四

一元方程解法（開方術）總部

不定問題總部

垜積招差總部

極限思想與無窮小分割方法總部

數學與天文曆法總部

引用書目

四

一元方程解法（開方術）總部

主編　段耀勇　周暢

開方部

綜論

宋・楊輝《楊輝算法・乘除通變本末》 開方乃筭法中大節目，勾股、旁要、演段、鎖積多用。例有七體：一曰開平方，二曰積平圓，三曰開立方，四曰開立圓，五曰開分子方，六曰開三乘以上方，七曰帶從開方。並載少廣、勾股二章作一日學一法，用兩月演習題目，須討論用法之源，庶久而無失念矣。

清・孔廣森《少廣正負術内篇》卷上 少廣者，所以測量物之形體，推積以知冪，推冪以知邊。凡數之始必生於邊，邊與邊乘是爲平冪，邊與冪乘是爲立積，冪與冪乘是爲三乘方，冪與積乘爲四乘方，積與積乘是爲五乘方。其廣袤相等者，爲正諸乘方，不等者爲從諸乘方。有廣袤故有和較，有和較故有正負。和則以所求之邊減之，較則於所求之邊加之，得多爲正，得少爲負。凡以正乘者，同名不變，異名則變。凡以負乘者，異名不變，同名則變。正負交變，必視其異形同實之件，相權而互齊之。斯隱詭糅錯之數皆見，蓋其理近於方程，而其用可以該商功句股之變，簡以御繁，易以知難者焉。自唐王孝通《緝古算經》，宋秦九韶《數學九章》已寓其術。厥後欒城李氏大申明之，著《測圓海鏡》《益古演段》二書。至明而失其傳，遂有顧氏《測圓釋術》之編出，不達敬齋所立天元一細草，盡舉而删去，妄哉。西人入中國，見此法取而更修之謂之借根方。然彼或譯言東來法，未嘗泯其得自中國也。但借根方不復因天元以取定法，又開方不用古從廉、負隅、益積、翻積諸式。於是有數無法，煩亂而不可究，非本少廣之意矣。廣森備官翰林，與窺中秘得見王秦李三家之書，覃思研究，通其義類，試諸籌計，得草若干。顧今人尠習於開諸乘方之法，苦其方廉稠疊，而莫明其方廉之所由生。宣城梅氏《少廣拾遺》亦但有平方立方廉隅圖，至三乘方以上則云不能爲圖。愚謂物之形體，平方、立方盡之矣。特平冪立積之不可知者，乃借諸乘方以求之。本有其數而無其形，將圖其有形者則冪不可以爲邊，積不可以爲冪。將於其無形者，而假圖以明其數，則冪積即可變爲邊，諸乘皆可變爲平方也。輒構諸乘方廉隅圖書首。

又 卷中 古《少廣經》，但有正立方開法。《隋志》云：宋末南徐州從事史祖沖之設開差冪開差立，學官莫能究其深奥。此實開從立方之權輿也。但從立方之視正立方變矣，而從立方之中，又有正變之不同。其正者方有六面，各兩兩相等，本以長濶相乘，與高再乘得積，故據較以求邊者，則以高濶較長濶較相併，爲從廉，兩較相乘爲方法，開之得濶也。據和以求邊者，即併兩和爲負廉，亦兩和相乘爲方法也。若其方法非由廉數相乘而得者，乃變而或缺其旁，或虚其裏，不必截然有六面之可尋矣。要其方廉之加減，立法仍同，固正變可以通御者爾。

清・梅文鼎《少廣拾遺》 少廣爲《九章》之一，其開平方法，爲薄海内外測量家所需，非隸首不能作也。

清・汪萊《乘方釋例序》 算學之書，汗牛充棟，莫不以開方爲大法。故九數之中，方田、粟米、商功、勾股四者之精義，反復研究終統於少廣一章。

清・黎應南《開方説跋》 開方者，除法也。超步定位，肇始於少廣。

清・丁取忠《開方説序》 開方之用進退步法，始于《九章》之少廣及《孫子算經》，然古人衹以馭開平方、立方之帶縱者，未嘗有正負相間之諸乘方也。

清・李善蘭《開方别術序》 算數莫難於開方。

開平方分部

開平方法

題解

《九章算術》卷四《少廣》 開方 **三國魏・劉徽注** 求方冪之一面也。

唐・李淳風等《九章算術注釋》 此術「開方」者，求方冪之面也。

宋・謝察微《謝察微筭經》 開方，即自乘還原也。

清・鄧建章《中西算法入門匯通》卷上《釋名》 方，大方也。一乘爲平方，再乘爲立方。三乘爲三乘方，以下類推。【略】廉，倍也。【略】隅，小方也。與大方同狀。平方隅，一曰廉。

清・張作楠《倉田通法・量倉通法》卷三　平方，長闊相等，如碁局。帶縱平方，長多於闊，如直田。縱之闊如平方，長則如縱。縱與方相乘，得縱積。以加方積，成長方形。

清・劉澤楨《中西數學通解》卷一〇　平方

平方者，等邊四直角之面積也。以形而言，則爲兩矩所合。以積而言，則爲自乘之數。因其有廣無厚，故曰平方。因其縱横相等，故曰正方。蓋方積面也，而其邊則線也。有線求面，則自乘而得積。有面求線，則開方而得邊。開方之法，略與歸除同，但歸除有法有實。而開方則有實無法，故古人立爲商除廉隅之制以相求。

平方帶縱

帶縱平方者，兩等邊直角長方面積也。有積數因長比闊之較，或長與闊之和而得邊，故曰帶縱。蓋正方之縱横皆同，故止有積，即可得其邊。若長方則縱横不等，知其積。又必知其縱横相差之較或縱横相併之和，始能得其邊。

算法

《九章算術》卷四《少廣》　今有積五萬五千二百二十五步。問爲方幾何。

荅曰：二百三十五步。

明・吴敬《九章算法比類大全》卷四《少廣》　法曰：置積五萬五千二百二十五步爲實。照前法商置第一位得二百。下法亦置二百進二位爲二萬，名曰方法。與上商二除實四萬，餘實一萬五千二百二十五。乃二乘方法得四萬，爲廉法，一退得四千。下法再退得百。續商置第二位，以廉法四千商實得三十，下法亦置三十進一位爲三百，爲隅法。以廉、隅二法共四千三百，皆與上商三除實一萬二千九百，餘實二千三百二十五。乃二乘隅法三百，得六百，併入廉法四千，共四千六百。一退得四百六十，下法再退得一。又商置第三位，以廉法四百六十商實得五。下法亦置五，爲隅法，以廉、隅二法共四百六十五，皆與上商五除實盡。合問。

《九章算術》卷四《少廣》　有積二萬五千二百八十一步。問爲方幾何。

荅曰：一百五十九步。

又　有積七萬一千八百二十四步。問爲方幾何。

荅曰：二百六十八步。

宋・楊輝《楊輝詳解九章算法》卷六《少廣》　解題：圓三象天。方四象地。圓居方四分之三。以積立術。求方助乘除之妙用。考究源流莫不由此。

明・嚴恭《通原算法》　術曰：置積爲實。借一筭步之超一等，言百之面十也，言萬之面百也。上商二百乘下隅爲廉二百，呼除本積二二除去四萬，餘積三萬一千八百二十四步爲實。倍廉爲方法，得四百。續上商六十，乘下隅爲廉六十，於四百之下，與上商六十呼除本積。四六除去二萬四千，六六除去三千六百。餘積四千二百二十四步爲實。又倍廉六十，得一百二十。併入方法，共五百二十。續上商八步，乘下隅爲廉八步，於五百二十之下，與上商八步，呼除本積。五八除去四千，二八除去一百六十，八八除去六十四步，適盡。得方面二百六十八步，合前問。

明・吴敬《九章算法比類大全》卷四《少廣》　法曰：圓三象天，方四象地，圓居方四分之三，以積立術求方，助乘除之妙用。考究源淵，莫不由此而治之。置積七萬一千八百二十四步爲實。別置一筭，爲下法。原下之法。從末位常超一位，約實。百下定十，萬下定百。於實上商置第一位得二百。下法之上亦置上商，二百進二位得二萬。名曰方法。與上商二除實四萬，餘實二萬一千八百二十四。乃二乘方法得四萬，爲廉法，一退得四千。下法再退，得百。於上商之次續商第二位。以廉法四千，商實得六十。下法之上亦置上商，六十進一位爲六百爲隅法。以隅、廉二法共四千六百，皆與上商六除實二萬七千六百。餘實四千二百二十四。乃二乘隅法六百得一千二百。併入廉法四千共五千二百，一退得五百二十。下法再退得一。又於上商置第三位，以廉法五百二十商實得八。下法亦置上商八爲隅法。以廉、隅二法共五百二十八，皆與上商

平方圖

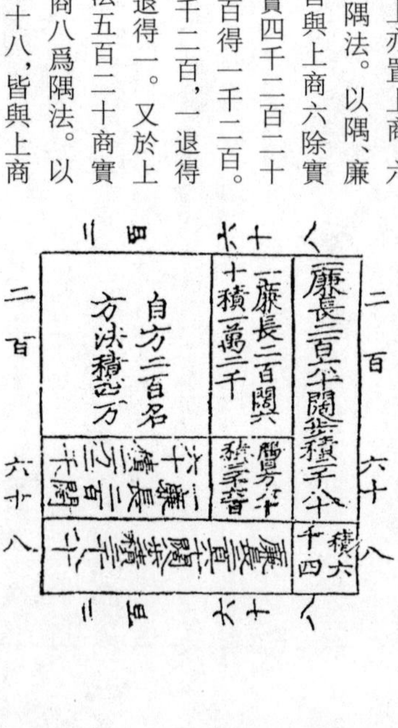

八除實盡。合問。

《九章筭術》卷四《少廣》 有積五十六萬四千七百五十二步四分步之一。問爲方幾何。

答曰：七百五十一步半。

明・嚴恭《通原筭法》 術曰：列積步以四分通之，納子。又以四分再自乘得六十四乘之爲實。以開方法除之，得一萬二千二十四分，却以四分自乘之，得一十六爲法，除之即得。

明・吴敬《九章筭法比類大全》卷四《少廣》 法曰：置積五十六萬四千七百五十二步，以分母四通之，加内子一共得二百二十五萬九千九。又以分母四乘之，得九百三萬六千三十六爲實。照前法商置第一位得三千，下法亦置三千，進三位爲三百萬爲方法，與上商三除實九百萬，餘實三萬六千三十六。乃二乘方法得六百萬，爲廉法，三退得六千。下法六退得一。續商置第四位以廉法六千商實得六，下法亦置六爲隅法，以廉、隅二法共六千六，皆與上商六，除實盡。得三千六，却以分母四爲法除之，得七百五十一步半。合問。

《九章筭術》卷四《少廣》 又有積三十九億七千二百一十五萬六百二十五步，問爲方幾何。

答曰：六萬三千二十五步。

開方術曰：置積爲實。借一筭，步之，超一等。**三國魏・劉徽注** 言百之面十也，言萬之面百也。議所得，以一乘所借一筭爲法，而以除。**劉徽注** 先得黄甲之面，上下相命，是自乘而除也。除已，倍法爲定法。**劉徽注** 倍之者，豫張兩面朱冪定袤，以待除，故曰定法。其復除。折法而下。**劉徽注** 欲除朱冪者，本當副置所得成方，倍之爲定法，以折、議、乘，而以除。如是當復步之而止，乃得相命，故使就上折下。復置借筭，步之如初，以復議一乘之，**劉徽注** 欲除朱冪之角黄乙之冪，其意如初之所得也。所得副以加定法，以除。以所得副從定法。**劉徽注** 再以黄乙之面加定法者，是則張兩青冪之袤。復除，折下如前。若開之不盡者，爲不可開，當以面命之。**劉徽注** 術或有以借筭加定法而命分者，雖粗相近，不可用也。凡開積爲方，方之自乘當還復其積分。令不加借筭而命分，則常微少；其加借筭而命分，則又微多。其數不可得而定。故惟以面命之，爲不失耳。譬猶以三除十，以其餘爲三分之一，而復其數可舉。不以面命之，加定法如前，求其微數。微數無名者以爲分子，其一退以十爲母，其再退以百爲母。退之彌下，其分彌細，則朱冪雖有所(乘)〔棄〕之數，不足言之也。若實有分者，通分内子爲定實，乃開之。訖，開其母，報除。**唐・李淳風等注釋** 分母可開者，竝通之積先合二母。既開之後，一母尚存，故開分母，求一母爲法，以報除也。若母不可開者，又以母(再)乘定實，乃開之。訖，令如母而一。**李淳風等注釋** 分母不可開者，本一母也。又以母乘之，乃合二母。既開之後，亦一母存焉。故令一母而一，得全面也。又按：此術「開方」者，求方冪之面也。「借一筭」者，假借一筭，空有列位之名，而無除積之實。方隅得面，是故借筭列之於下。「步之，超一等」者，方十自乘，其積有百，方百自乘，其積有萬，故超位至百而言十，至萬而言百。「議所得，以一乘所借筭爲法，而以除」者，先得黄甲之面，以方爲積者兩相乘。故開方除之，還令兩面上下相命，是自乘而除之。「除已，倍法爲定法」者，實積未盡，當復更除，故豫張兩面朱冪袤，以待復除，故曰定法。「其復除，折法而下」者，欲除朱冪，本當副置所得成方，倍之爲定法，以折、議、乘之，而以除。如(初)是，當復步之而止，乃得相命，故使就上折之而下。「復置借筭，步之如初，以復議一乘之，所得副以加定法，以定法除」者，欲除朱冪之角黄乙之冪。「以所得副從定法」者，再以黄乙之(冪)〔面〕加定法，是則張兩青冪之袤，故如前開之，即合所問。

宋・賈憲《黄帝九章筭經細草》卷四《少廣》《永樂大典》卷一六三四四 法曰：置積爲實，別置一筭名曰下法，原下之法。於實數之下，自末位常超一位，初乘時過一位，今超一位。約實至首位盡而止。一下定一，一百下定十，萬下定百，百萬下定千。於實上商置第一位得數，以方法一一，二二，三三，四四，五五，六六，七七，八八，九九之數爲商，商本體實數。下法之上，亦置上商數。即原乘法數也。名曰方法。於本積内，去其一方。命上商除實，法實相呼，以破積數。二乘方法，一退爲廉。一方帶兩直，以助其狀如廉，故二乘退位。下法再退，下法，即定位之筭，再退重定。於上商之次，續商第二位得數。與上意同。於廉法之次，照上商置隅，一方帶二廉，正闕一角，角即名隅。以方廉二法，亦原乘之法也。皆命上商除實，二乘隅法併入廉法一退。倍隅人廉作一大方，以乘次位得數。下法再退，前意。商置第三位得數。下法之上照上商置隅。以廉隅二法，皆命上商除實。第二位解意同。得平方一面之數。更有不盡之數，依第三位體面倍隅入廉退位商之。

《九章筭術》卷四《少廣》 今有積一千五百一十八步四分步之三。問爲圓周幾何。

答曰：一百三十五步。**三國魏・劉徽注** 於徽術，當周一百三十八步一十分步之一。**唐・李淳風等注釋** 此依密率，爲周一百三十八步五十分步之九。

宋・賈憲《黄帝九章算經細草》卷四《少廣》《永樂大典》卷一六三四四 法曰：分母乘全步入内，子以圓法十二乘之。又以分母再自乘乘之。開平方求積。以分母自乘爲法除之，以分母自乘爲法除實得周。

草曰：分母四乘全步，一千五百一十八步。入内子三，得六千七十五。以圓法十二乘之，得七萬二千九百。又以分母四再自乘爲六十四。乘之爲實，四百六十六萬五千六百。開平方别置一筭爲下法，原下之法。從末常超一位約實，百下約十，萬下約百，百萬下約千。實上商置第一位得數，二千。下法之上，亦置上商二十，名曰方法。乃命上商除實四百萬，二乘方法一退，爲廉，乘作四千退爲四十。下法再退，百下定十。於上商之次續商第二位得數，一百，共爲二千一百。廉法之次，上商置隅一百，以廉隅二法皆命上商除實，除四十一萬，餘二十五萬五千六百。二乘隅法，併爲廉一退，得四千二百。下法再退，於末位百下定十。又以上商置第三位得數，六十。下法之上亦置隅六十，除實，適盡得二千一百六十。以分母自乘爲法，除之。

宋・楊輝《楊輝詳解九章算法》卷六《少廣》 解題：以方改圓驗方圓相通也。圓居四分之三。

明・嚴恭《通原算法》 術曰：列積步，以四分通之，納子，十二乘之。又以四分再自乘，得六十四乘之爲實。以開方除之，得二千一百六十分。却以四分自乘得一十六爲法。除之即得。

明・吴敬《九章算法比類大全》卷四《少廣》 法曰：以方改圓，圓居方四分之三也。置積一千五百一十八步，以分母四乘之得六千七十二，加入内子三，共得六千七十五，以圓法十二乘之，得七萬二千九百。又以分母四乘之得二十九萬一千六百，爲實。以開平方法除之。照前法，商置第一位得五百，下法亦置上商五五進二位，得五萬爲方法，與上商五除實二十五萬，餘實四萬一千六百，乃三乘方法得一十萬爲廉法，一退得一萬，下法再退得萬，續商置第二位，以廉法一萬商實得四十，下法亦置上商四十，進一位爲四百，爲隅法，以廉、隅二法，共一萬四百，皆與上商四除實盡，得五百四十。却以分母四爲法除之。得圓周合問。

《九章算術》卷四《少廣》 又有積三百步。問爲圓周幾何。

答曰：六十步。**三國魏・劉徽注** 於徽術，當周六十一步五十分步之十九。**唐・李淳風等注釋** 依密率，爲周六十一步一百分步之四十一。

明・吴敬《九章算法比類大全》卷四《少廣》 法曰：置積三百步，以圓法十二乘之得三千六百步，爲實。以開平方法除之，上商六十步，下法亦置上商六十進一位爲六百，爲方法，與上商六除實盡。合問。

《九章算術》卷四《少廣》 開圓術曰：置積步數，以十二乘之，以開方除之，即得周。**三國魏・劉徽注** 此術以周三徑一爲率，與舊圓田術相返覆也。於徽術，以三百一十四乘積，如二十五而一，所得，開方除之，即周也。（開方除之，即徑。）是爲據見冪以求周，猶失之於微少。其以二百乘積，一百五十七而一，開方除之，即徑，猶失之於微多。**李淳風等注釋** 此注於徽術求周之法，其中不用「開方除之，即徑」六字，今本有者，衍賸也。依密率，八十八乘之，七而一。按周三徑一之率，假令周六徑二，半周半徑相乘得冪三。周六自乘得三十六，俱以等數除，冪得一，周之數十二也。其積：本周自乘，合以一乘之，十二而一，得積三也。術爲一乘不長，故以十二而一，得此積。今還元，置此積三，以十二乘之者，復其本周自乘之數。凡物自乘，開方除之，復其本數。故開方除之，即周。

晉・佚名《孫子算經》卷中 今有積二十三萬四千五百六十七步。問爲方幾何。

答曰：四百八十四步九百六十八分步之三百一十一。

術曰：置積二十三萬四千五百六十七步爲實。次借一筭爲下法。步之，超一位至百而止。商置四百於實之上。副置四萬於實之下，下法之上，名爲方法。命上商四百，除實。除訖，倍方法，一退，下法再退。復置上商八十，以次前商。副置八百於方法之下，下法之上，名爲廉法。方、廉各命上商八十，以除。訖，倍廉法，上從方法。方法一退，下法再退。復置上商四，以次前。副置四於方法之下，下法之上，名曰隅法。方、廉、隅各命上商四，以除實。除訖，倍隅法，從方法。上商得四百八十四，下法得九百六十八，不盡三百一十一。是爲方四百八十四步九百六十八分步之三百一十一。

北魏・張丘建《張丘建算經》卷中 今有田積一十二萬七千四百四十九步，問爲方幾何。

答曰：三百五十七步。

術曰：以開方除之即得。**隋・劉孝孫細草** 置前積步數於上。借一筭子於下。常超一位，步至百止。以上商置三百於積步之上。又置三萬於積步之下，下法之上，名曰方法。以方命上商，三三如九，除九萬。又倍方法，一退，下法再退。又置五百於下法之上，名曰隅法。以方、隅二法除實，餘有四千九百四十九。又倍隅法，以併方，得七千，退一等，下法再退。又置七於上商五十之下。又置七於下法之上，名曰隅法。以方、隅二法除實，得合前問。

今有田方一百二十一步，欲以爲圓，問周幾何。

答曰：四百一十九步八百三十九分步之一百三十一。

術曰：方自相乘，又以十二乘之爲實。開方除之即得。**劉孝孫細草**　以一百二十一步自相乘得一萬四千六百四十一。又以十二乘之得一十七萬五千六百九十二。借一算子於下。常超一位，步至百止。上商得四百。下置四萬爲方法，命上商除一十六萬。倍方法，退一位，得八千，下法退二等。又置上商得一十。又置下法之上一百，名曰隅法。以方、隅除實八千一百。又置倍隅法從方法，退一等，得八百二十。又置九於一十之下。又置九於下法之上，名隅法。以方命上商，八九七十二，除七千二百。又以方法二命上商九，除一百八十。又以隅法九命上商九，除八十一，餘一百三十一，即四百一十九步八百三十九分步之一百三十一。合前問。

又　今有圓田周三百九十六步，欲爲方，問得幾何。

答曰：一百一十四步二百二十九分步之七十二。

術曰：周自相乘，十二而一。所得，開方除之即得方。**劉孝孫細草**　置三百九十六，自相乘得一十五萬六千八百一十六。以十二而一得一萬三千六十八。以開方法除。借一算子於下。常超一位至百止。上商置一百，下置一萬於下法之上，名曰方法。以方法命上商，除實一萬。退方法，倍之，下法再退。又置一十於上商之下。又置一百於下法上，名曰隅法。以方、隅二法皆命上商，除實二千一百。又隅法倍之，以從方法，退一位，下法再退。又置四於上商一十之下。又置四於下法之上，名曰隅法。以方、隅二法皆命上商，除實八百九十六，餘得七十二。合前問。

唐・佚名《夏侯陽算經》卷上《明乘除法》　四曰：開平方除。借一算，爲下法。步之，超一位。冪方十，其積有百；冪方百，其積有萬。至百言十，至萬言百，故曰開平方除也。

又《論步數不等》　今有田二十一頃七十八畝一百八十步。問爲方幾何。

答曰：七百二十三步，奇一百七十一步。

術曰：先置頃、畝於上，以二百四十步乘之得五十二萬二千七百二十步。內零一百八十步。以開方除之。借一算爲下法。步之，超一位至百止。萬上置上商七百。下亦置七萬於實位之下，下法之上，名曰方法。命上商，除實，訖。倍方爲一十四萬。方法一退，下法再退。又置上商二十於前商後。又置二百於方法之下，下法之上，名曰隅法。以方、隅二法皆命上商，以除實，訖。倍隅法爲四百，從上。方法一退，下法再退。又置上商三於前商二十之後。又置三步於方法之下，下法之上，名曰隅法。以方、隅二法皆命上商，除實，訖。倍隅法得六，從上方法，得一千四百四十六。即是上方得七百二十三步，奇一百七十一步。

帶縱開平方法

算法

《九章算術》卷九《勾股》　今有邑方不知大小，各中開門。出北門二十步有木。出南門一十四步，折而西行一千七百七十五步見木。問邑方幾何。

答曰：二百五十步。

術曰：以出北門步數乘西行步數，倍之，爲實。**三國魏・劉徽注**　此以折而西行爲股，自木至邑[南]一十四步爲句，以出北門二十步爲(弦)[句]率，北門至西隅爲(單望)[股率]，半廣數。故以出北門乘(至南)[折西]行股，以(半)[股]率乘句之冪。然(北)[此]冪居半，以西行，故又倍之，合東，盡之也。并出南、[北]門步數，爲從法。開方除之，即邑方。**劉徽注**　此術之冪，東西[如邑方]，南北(邑)自木盡邑南(四)十[四]步之冪。各南、北步爲廣，邑方爲袤，故連兩廣爲[從]法(從)，并以爲隅外之冪也。

北魏・張丘建《張丘建算經》卷中　今有弧田，弦六十八步五分步之三，爲田二畝三十四步四十五分步之三十二。問矢幾何。

答曰：矢一十二步三分步之二。

術曰：置田積步，倍之爲實。以弦步數爲從法。開方除之即得矢。

又　卷下　今有圓圌上周一丈五尺，高一丈二尺，受粟一百六十八斛五斗二十七分斗之五。問下周幾何。

答曰：一丈八尺。

術曰：置粟積尺，以三十六乘之，以高而一。所得，以上周自相乘減之，餘以上周尺數從，而開方除之。所得，即下周。**隋・劉孝孫細草**　置粟一百六十八斛五斗，以分母二十七乘之，內子五，得四千五百五十。又以斛法乘之，得七千三百七十一。又以三十六乘，得二十六萬五千三百五十六。又以二十七除之，得九千八百二十八。又以高一丈二尺除之，得八百一十九。又以上周自乘，得二百二十五。以減上數，餘五百九十四。又以上周一丈五尺爲從法，開方。合前問。

北周·甄鸞《五經算術》卷下 《禮記》投壺法：「壺頸脩七寸，腹脩五寸，口徑二寸半，容斗五升。」注云：「脩，長也。腹容斗五升，三分益一，則爲二斗，得圜囷之象，積三百二十四寸。以腹脩五寸約之，所得求其圜周，二尺七寸有奇。是爲腹徑九寸有餘。」甄鸞按：斛法一尺六寸二分，上十之，得一千六百二十寸爲一斛。積寸下退一等，得一百六十二寸爲一斗。積寸倍之，得三百二十四寸爲二斗。積寸以腹脩五寸約之得六十四寸八分。乃以十二乘之得積七百七十七寸六分。又以開方除之得圓周二十七寸，餘四十八寸六分。倍二十七，從方法得五十四。下法一亦從方法，得五十五。以三除二十七寸得九寸。又以三除不盡四十八寸六分，得一十六寸二分。與法俱上十之，是爲壺腹徑九寸五百五十分寸之一百六十二。母與子亦可俱半之，爲二百七十五分寸之八十一。**唐·李淳風等《注釋》** 按：其問宜云：今有壺腹脩五寸，容斗五升。三分益一則爲二斗，得圓囷之象。問積寸之與周徑各幾何。　曰：積三百二十四寸。周二尺七寸二百七十五分寸之二百四十三。徑九寸二百七十五分寸之八十一。　術宜云：置二斗，以斗法乘之得積寸。以腹脩五寸除之。所得，以十二乘之。開方除之得周數。三約之即得徑數。

開立方法分部

開立方法

題解

《九章筭術》卷四《少廣》　開立方　**三國魏·劉徽注**　立方適等，求其一面也。**唐·李淳風等注釋**　開立方知，立方適等，求其一面之數也。

宋·謝察微《謝察微筭經》　用字例義　開立，即自乘再乘之還原也。

清·劉澤楨《中西數學通解》卷一六　立方　立方者，等邊六面之體積也。以形而言，雖爲六面十二邊之所合。以積而言則爲自乘再乘之數。因其縱横與高俱相等，故十二邊皆如一線。其得一邊，而十二邊莫不相同。其積之也，自線而面，自面而體，次第相乘，而後得其全積。其開之也，必次第折之，而後得其一邊，是故古人立爲方廉長廉之制。

帶縱較數立方　帶縱立方者，兩兩等邊長方體積也。高闊相等，惟長不同者，爲帶一縱立方。長闊相等，而皆比高多者，則爲帶兩縱相同之立方。至於長闊高皆不等者，則爲帶兩縱不同之立方。開之之法，大概與立方同，祗有帶縱之異耳。

又　帶縱和數立方　帶縱較數立方，其法已難。而帶縱和數立方，立法尤難。

算法

《九章筭術》卷四《少廣》　開立方　術曰：置積爲實。借一筭，步之，超二等。**三國魏·劉徽注**　言千之面十，言百萬之面百。　議所得，以再乘所借一筭爲法，而除之。**劉徽注**　再乘者，亦求爲方冪。以上議命而除之，則立方等也。　除已，三之爲定法。**劉徽注**　爲當復除，故豫張三面，以定方冪爲定法也。　復除，折而下。**劉徽注**　復除者，三面方冪以皆自乘之數，須得折、議定其厚薄爾。開平冪者，方百之面十；開立冪者，方千之面十。據定法已有成方之冪，故復除當以千爲百，折下一等也。　以三乘所得數，置中行。**劉徽注**　設三廉之定長。　復借一筭，置下行。**劉徽注**　欲以爲隅方，立方等未有定數，且置一筭定其位。　步之，中超一，下超二(位)[等]。**劉徽注**　上方法，長自乘而一折；中廉法，但有長，故降一等；下隅法，無面長，故又降一等也。　復置議，以一乘中，**劉徽注**　爲三廉備冪也。　再乘下，**劉徽注**　令隅自乘，爲方冪也。　皆副以加定法。以定除。**劉徽注**　三面、三廉、一隅皆已有冪，以上議命之而除去三(衰)[冪]之厚也。　除已，倍下、并中，從定法。**劉徽注**　凡再以中，三以下，加定法者，三廉各當以兩面之冪連於兩方之面，一隅連於三廉之端，以待復除也。言不盡意，解此要當以棊，乃得明耳。　復除，折下如前。　開之不盡者，亦爲不可開。**劉徽注**　術亦有以定法命分者，不如故冪開方，以微數爲分也。　若積有分者，通分內子爲定實。定實乃開之。訖，開其母以報除。**唐·李淳風等注釋**　分母可開者，竝通之積先合三母。既開之後一母尚存，故開分母，求一母爲法，以報除也。若母不可開者，又以母再乘定實，乃開之。訖，令如母而一。**李淳風等注釋**　分母不可開者，本一母也。又以母再乘之，令合三母。既開之後，一母猶存，故令母而一，得全面也。　按：開立方知，立方適等，求其一面之數。「借一筭，步之，超二(位)[等]」者，但立方求積，方再自乘，就積開之，故超二(位)[等]，言千之面十，言百萬之面百。「議所[得]，以再乘所借筭爲法，而以除」知，求爲方冪，以議命之而除，則立方等也。「除已，三之爲定法」，爲積未盡，當復更除，故豫張三面已定方冪爲定法。「復(折)除，[折]而下」知，三面方冪皆已有自乘之數，須得折、議定其厚薄。據開平方，百之面十，其開立方，即千之面十，而定法已有成方之冪，故復除之者，當以千爲百，折下一等。「以三乘所得數，置中行」者，設三廉之定長。「復借一筭，置下行」者，欲以爲隅方，立方等未有數，且置一筭定其位也。「步之，中超一，下超二」者，上方法長自乘而一折，中廉法但有長，故降一等，下隅法無面長，故又降一等。「復置議，以一乘中」者，爲三廉(借)[備]冪。「再乘下」，當令隅自乘爲方冪。「皆副以加定法，以定法除」者，三面、三廉、一隅皆已有冪，以上議命之而除去三(衺)[冪]之厚。「除已，倍下、併中，從定法」者，三廉各當以兩面之冪連於兩方之面，一隅連於三廉之端，以待復除。其開之不盡者，折下如前，開方，即合所問。有分者，通分內子開之。訖，開其母以報除。可開者，以通之積，先合三母，既開之後，一母尚存。故開分母者，求一母爲法，以報除。若母不可開者，又以母再乘定實，乃開之。訖，令如母而一。分母不可開者，本一母，又以母再乘，令合三母，既開之後，亦一母尚存。故令如母而一，得全面也。

又　今有積一百八十六萬八百六十七尺。**劉徽注**　此尺謂立方之尺也。凡物有高深而言積者，曰立方。問爲立方幾何。

答曰：一百二十三尺。

宋・賈憲《黄帝九章筭經細草》卷四《少廣》《永樂大典》卷一六三四四立方法曰：　**宋・楊輝詳解**　賈憲《細草》編寫沾法。　置積爲實，別置一筭，名曰下法。原下之法。於實數之下自乘。至首常超二位，約實原乘之法，過二位今還源，故超二位一下定一，千下定十，百萬下定百。　上商置第一位，得數。以方數爲主，自乘求商，不欲疊註詳見《細草》。下法之上，亦置上商，即平方面。又乘爲平方，命上商除實，訖。除去一立方也。三因平方，一退。亦三因從方面，二退爲廉。第一位得數乃立方，其第二位有一箇廉，一小隅，爲助。三因方廉；退方一廉，二者蓋其數，有等第也。下法三退，原超二位，今退三位，以定上商。　續商第二位得數。下法之上，亦置上商，爲隅。第二位中隅見在解。以上商數，乘廉、隅以平乘高。命上商，除實，訖。第二位取用如此。求第三位，即依第二位取用，以上商乘廉，三因隅法併入爲方，又以方法之下，復置上商三因爲廉，其方法一退，廉法再退，下法三退。續商第三位得數，下法之上，亦置上商，爲隅。三因廉法，隅自乘之，皆命上商，除實。見第二位解。適盡。合問。

草曰：置積一百八十六萬八百六十七尺。爲實。別置一筭，名曰下法，於實數之下，自末位常超二位約實。一下定一，千下定十，百萬下定百。上商置第一位得數。實數一百萬，上商置一百，原定百也。下法之上，亦置上商，一百。乘爲平方，一百乘一百得一萬尺。乃命上商，一百。除實。一百萬尺。三因平方一退，爲三萬尺。亦三因從方，二退爲廉。三百尺。下法三退。定十。續商置第二位得數。二十。下法之上，亦置上商，爲隅。二十。以上商乘廉，得六千。隅得四百。命上商，除實。訖。餘一十三萬二千八百六十七尺。以上商二十。乘廉，得一萬二千尺。三因隅法，得一千二百尺。併入方一退，共四萬三千三百尺。方法之下，復置上商，一百二十。三因爲廉，三百六十，廉法二退，下法三退。續商置第三位得數。三尺。下法之上亦置上商，爲隅。三尺。以上商乘廉一千八十。隅九尺。皆命上商，除實。適盡。合問。

宋・楊輝《詳解九章筭法》卷六《少廣》　今問積中，第一位是一立方自方百尺。第二位有三平方，各方一百尺，高二十尺，其三廉各長一百尺。方二十尺，其一隅立方二十尺。第三位積有三平方，各方一百二十尺，高三尺，(及)[其]三廉各長一百一十尺。方三尺，其一隅立方三尺。

解題：方自乘名爲平方，又以方乘平方名曰立方。狀如骰子，取用勾深致遠之筭。

明・吳敬《九章筭法比類大全》卷四《少廣》　法曰：置積一百八十六萬八百六十七尺爲實。別置一筭，名曰下法。自末位常超二位，約實。一下定一。一千下定十。百萬下得百。於實數之上商置第一位得一百，下法之上亦置上商一百，進四位，爲一百萬，自乘亦得一百萬，爲隅法與上商除實一百萬，餘實八十六萬八百六十七尺。乃三乘隅法得三百萬爲方法。再置上商一百進四位爲一百萬，以三乘之得三百萬，爲廉法。方法一退得三十萬，廉法再退得三萬，下法三退得千。續商置第二位，以方、廉二法共三十三萬，商實得二十。下法亦置上商二十，進二位爲二千，以二乘得四千，爲隅法。又

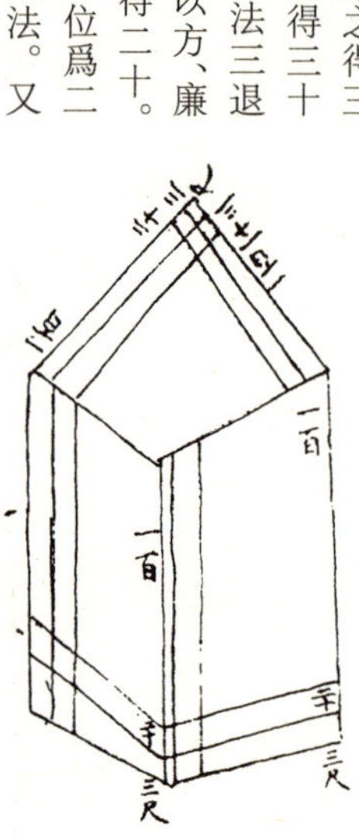

以上商二乘廉法得六萬。以方、廉、隅三法共三十六萬四千，皆與上商二除實七十二萬八千，餘實一十三萬二千八百六十七尺。乃二乘廉法得一十二萬，三乘隅法，得一萬二千，皆併入方法，共四十三萬二千。再置上商一百二十，進二位爲一萬二千，以三乘之得三萬六千，爲廉法。方法一退，得四萬三千二百。廉法再退，得三百六十。下法三退得一。續商置第三位，以方、廉二法共四萬三千五百六十，商實得三，下法亦置上商三，自乘得九，爲隅法。又以上商三乘廉法，得一千八十。以方、廉、隅三法共四萬四千二百八十九，皆與上商三除實盡。得一百二十三尺。合問。

《九章算術》卷四《少廣》　又有積一千九百五十三尺八分尺之一。問爲立方幾何。

答曰：一十二尺半。

明・吴敬《九章算法比類大全》卷四《少廣》　法曰：置積一千九百五十二尺，其八分尺之一作一寸一分五厘。爲實，照前法商置第一位得一十，下法亦置上商一十進二位爲一千。自乘亦得一千，爲隅法。與上商一除實一千，餘實九百五十三尺一千二分五厘。乃三乘隅法得三千，爲方法。再置上商一十進二位爲一千，以三乘之得三千，爲廉法。方法一退得三百，廉法再退得三十下法三退得一尺。續商置第二位，以方廉二法共三百三十。商實得二尺，下法亦置上商二尺自乘，得四尺。爲隅法。又以上商二乘廉法得六十以方廉隅三法共三百六十四皆與上商二除實七百二十八尺，餘實二百二十五尺一寸二分五厘。乃二乘廉法得一百二十，三乘隅法得一十二，皆併入方法共四百三十二，再置上商一十二尺，以三乘之得三十六尺，爲廉法。方法一退，得四十三尺六寸，廉法再退，得三寸六分，下法三退得一厘。續商置第三位以方、廉二法共四十三尺五寸六分，商實，得五。下法亦置上商五厘，自乘得二分五厘爲隅法。又以上商五乘廉法，得一尺八寸。以方、廉、隅三法共四十五尺二分五厘，皆與上商五除實盡。

《九章算術》卷四《少廣》　有積六萬三千四百一尺五百一十二分尺之四百四十七。問爲立方幾何。

答曰：三十九尺八分尺之七。

宋・賈憲《黄帝九章算經細草》卷四《少廣》《永樂大典》卷一六三四四　分母子立方法曰：置積，以分母通其全。加內子，爲實。通分之意。開立方除之。前術得積。多分母子一段，未可便見方而。別置分母，如立方而一，爲法。母先曾乘而又乘，故如立方而一。除積，還源。得立方一面之數。

草曰：置積，以分母五百十二。通全，六萬三千四百一尺。加內子，四百四十七。爲實。得三千二百四十六萬一千七百五十九。開立方除之，爲積。得三百一十九。別置分母，五百十二。如開立方而一爲法，得八。除積，三百十九。得立方一面之數。

宋・楊輝《詳解九章算法》卷六《少廣》　解題：此是帶子立方。

明・嚴恭《通原算法》卷一　術曰：置積以分母相乘納子，三千二百四十六萬一千七百五十九分爲積實。開立方除。借一筭爲下隅，常超二位約實。上商三百，乘下隅得三百爲廉法。以上商三百與廉三百乘，得九萬爲方法。與上商三百呼除本積，三九除去二千七百萬，餘積實存五百四十六萬一千七百五十九分爲實。三因廉得九百，三因方得二十七萬，續上商一十。乘下隅，得一十，却。乘廉九百，得九千，併入方法。又以上商一十，乘下隅一十，得一百。亦併入方法，共二十七萬九千一百分爲方法。與上商一十呼除本積，一二除去二百萬，再呼一七除去七十萬，一九除去九萬，一一除去一千，餘積存二百六十七萬七百五十九分爲實。以於方法內更加原廉九千。又倍商乘隅得二百，併入方法。次以上商三百一十，三因得九百三十爲廉法。續上商九分，乘下隅得九分，却。乘廉得八千三百七十，併入方法。又上商九分乘下隅九分，得八十一分亦併入方法，共二十九萬六千七百五十一分，爲方法。與上商九分呼除本積。二九除去一百八十萬，再呼九九除去八十一萬，六九除去五萬四千，七九除去六千三百，五九除去四百五十，一九除去九分，適盡。得三百一十九分爲實。次置分母五百一十二，亦以開立方除之得八爲法，實如法而一。合前問。

明・吴敬《九章算法比類大全》卷四《少廣》　法曰：置積六萬三千四百一尺，以分母五百一十二通之，加內子四百四十七，共得三千二百四十六萬一千七百五十九爲實。照前法商置第一位得三百，下法亦置上商三百，進四位爲三百萬。三乘得九百萬，爲隅法。與上商三除實二千七百萬，餘實五百四十六萬一千七百五十九。乃三乘隅法得二千七百萬，爲方法。再置上商三百，進四位爲三百萬，以三乘之得九百萬，爲廉法，方法一退得二百七十萬，廉法再退得九萬，下法三退得千。續商置第二位，以方、廉二法共二百七十九萬商實得一千。下法亦置上商一十，進二位得一千，自乘亦得一千，爲隅法。又以上商一乘廉法得九萬，以方、廉、隅三法共二百七十九萬一千，皆與上商一除實二百七十九萬一千，餘實二百六十七萬七百五十九。乃二乘廉法得一十八萬，三乘隅法得三千，皆併入方法共二百八十八萬三千，再置上商三百一十，進二位得三萬一千，以三乘之得九萬三千，爲廉法。方法一退，得二十八萬八千三百。廉法再退得九百三十，下法三退得一。續商置第三位，以方、廉二法共二十八萬九千二百三十，商實得九。下法亦置上商九，自乘得八十一，爲隅法。又以上商九乘廉法，得八千三百七十。以方、廉、隅三法共二十九萬六千七百五十一，皆與上商九除實盡。得三百一十九。別置分母五百一十二，如開立方而一，得八爲法除積三百一十九，得立方三十九尺，餘積七，以法命之。合問。

《九章算術》卷四《少廣》　有積一百九十三萬七千五百四十一尺二十七分尺之一十七。問爲立方幾何。

答曰：一百二十四尺太半尺。

唐・佚名《夏侯陽算經》卷上　明乘除法

五曰開立方除。借一算爲下法。步之，超二位。立方十，其積有千；立方百，其積有百萬。至千言十，至百萬言百，故曰開立方除也。

明・吳敬《九章算法比類大全》卷四《少廣》　法曰：置積，以分母二十七通之，加內子一十七共得五千二百三十一萬三千六百二十四爲實。照前法商置第一位得三百。下法亦置上商三百，進四位爲三百萬，以三乘得九百萬，爲隅法。與上商三除實二千七百萬，餘實二千五百三十一萬三千六百二十四。乃三乘隅法，得二千七百萬爲方法。再置上商三百進四位爲三百萬，以三乘之得九百萬爲廉法。方法一退，得二百七十萬，廉法再退得九萬，下法三退得千。續商置第二位，以方、廉二法共二百七十九萬，商實得七十，下法亦置上商七十，進二位爲七千，以七乘之，得四萬九千爲隅法。又以上商七乘廉法，得六十三萬，以方、廉、隅三法共三百三十七萬九千，皆與上商七除實二千三百六十五萬三千，餘實一百六十六萬六百二十四。乃二乘廉法，得一百二十六萬。三乘隅法得一十四萬七千。皆併入方法，共四百一十萬七千。再置上商三百七十進二位，爲三萬七千。以三乘之得一十一萬一千爲廉法。方法一退得四十一萬七百，廉法再退，得一千一百一十，下法三退得一。續商置第三位，以方、廉二法共四十一萬一千八百一十，商實得四，下法亦置上商四，自乘得一十六，爲隅法。又以上商四乘廉法，得四千四百四十，以方、廉、隅三法共四十一萬五千一百五十，皆與上商四除實盡。得三百七十四，爲實，別置分母二十七，如開立方而一得三，爲法除之得立方一百二十四。余實二，以法命之。合問。

《九章算術》卷四《少廣》　今有積四千五百尺。**三國魏・劉徽注**　亦謂立方之尺也。問爲立圓徑幾何。

答曰：二十尺。**佚名注**　依密率，立圓徑二十尺，計積四千一百九十尺二十一分尺之一十。

明・吳敬《九章算法比類大全》卷四《少廣》　法曰：置積以方法十六乘之得七萬二千尺。以圓法九而一得八千尺爲實，開立方法除之。上商二十，下法之上亦置上商二十，自乘，得四百尺爲隅法。與上商二十尺除實，盡。合問。

《九章算術》卷四《少廣》　有積一萬六千四百四十八億六千六百四十三萬七千五百尺。問爲立圓徑幾何。

答曰：一萬四千三百尺。**佚名注**　依密率，爲徑一萬四千六百四十三尺四分尺之三。

開立圓術曰：置積尺數，以十六乘之，九而一，所得，開立方除之，即(丸)[立圓]徑。**三國魏・劉徽注**　立圓，即丸也。爲術者蓋依周三徑一之率。令圓冪居方冪四分之三。圓囷居立方亦四分之三。更令圓囷爲方率十二，爲丸率九，丸居圓囷又四分之三也。置四分自乘得十六，三分自乘得九，故丸居立方十六分之九也。故以十六乘積，九而一，得立方之積。

宋・賈憲《黄帝九章算經細草》卷四《少廣》《永樂大典》卷一六三四四　積一百六十四萬四千八百六十六尺四寸三分七釐五毫。問爲立圓徑幾何。

答：一百四十三尺。

宋・楊輝《詳解九章算術》卷六《少廣》　立圓法曰：以方法十六乘積，如圓法九而一爲實。平圓居平方四分之三，更添一乘爲立圓立方，其立圓居立方十六分之九，取以爲法十六乘，九而一。即互換之意。開增乘立方除之。前注。

草曰：置積，宋・楊輝詳解　題數。以方法十六乘之，以九除之爲實。得二百九十二萬四千二百七尺。開增乘立方除之，立草在九章卷首布置圖內。

明・吳敬《九章算法比類大全》卷四《少廣》　開立圓法曰：以方法十六乘積，如圓法九而一開立方法開之。

法曰：置積以方法十六乘之，得二十六萬三千一百七十八億六千三百萬尺以圓法九而一，得二萬九千二百四十二億七百萬尺爲實，開立方法除之。照前法上商置第一位得一萬，下法亦置上商一萬，進八位爲一萬億。自乘亦得一萬億，爲隅法。與上商一除實一萬億，餘實一萬九千二百四十二億七百萬尺。乃三乘隅法得三萬億，爲方法。下法再置上商一萬，進八位爲一萬億，以三乘之得三萬億，爲廉法。方法一退得三千億，廉法再退得三百億，下法三退得一十億。續商置第二位，以方、廉二法共三千三百億商實得四千，下法亦置上商四十進六位得四十億。又以四乘之得一百六十億，爲隅法。又以上商四乘廉法得一千二百億，以方、廉、隅三法，共四千三百六十億，皆與上商四除實一萬七千四百四十億，餘實一千八百二億七百萬，乃二乘廉法得二千四百億，三乘隅法得四百八十億皆併入方法，共五千八百八十億，下法再置上商一萬四千，進六位爲一百四十億，以三乘之，得四百二十億，爲廉法。方法一退得五百八十八億，廉法再退得四億二千萬，下法三退得一百萬。續商置第三位，以方、廉二法共五百九十二億二千萬，商實得三百，下法亦置上商三百，進四位爲三百萬，以三乘得九百萬，爲隅法。又以上商三乘廉法，得一十二億六千萬。以方、廉、隅三法共六百億六千九百萬，皆與上商三除實盡得一萬四千三百尺，合問。

北魏・張丘建《張丘建算經》卷下　今有立方九十六尺，欲爲立圓，問徑幾何。

荅曰：一百一十六尺四萬三百六十九分尺之一萬一千九百六十八。

術曰：立方再自乘，又以十六乘之，九而一。所得，開立方除之，徑得丸徑。

隋・劉孝孫細草　曰：置九十六，再自乘，得八十八萬四千七百三十六。又以十六乘之，得一千四百一十五萬五千七百七十六。以九除之，得一百五十七萬二千八百六十四。以開立方法除。借一算子於下，常超二位，步至百而止。上商置一百。置一百萬於下法之上，名曰方法。以方法命上商一百，除實一百萬。方法三因之，得三百萬。又置一百萬於方法之下，名曰廉法。三因之。方法一退，廉法再退，下法三退。又置一十於上商一百之下。又置一千於下法之上，名曰隅法。以方、廉、隅三法皆命上商一十，除實畢。又倍廉法，三因之隅法，皆從方法。又置一百一十於方法之下，三因之，名曰廉法。方法一退，廉法再退，隅法三退。又置六於上商之下。又置六於下法之上，名曰隅法。乃自乘得三十六。又以六乘廉法，得一千九百八十。以方、廉、隅三法皆命上商六，除之。除實畢，倍廉法，三因隅法，皆從方法。得一百一十六尺四萬三百六十九分尺之一萬一千九百六十八。合前問。

又　今有立圓徑一百三十二尺，問爲立方幾何。

荅曰：一百八尺三萬四千九百九十三分尺之三萬四千二十。

術曰：令徑再自乘，九之，十六而一。開立方除之，得立方。劉孝孫細草　曰：置徑一百三十二尺，再自乘，得二百二十九萬九千九百六十八。又以九因之，得二千六十九萬九千七百一十二。又以十六除之，得一百二十九萬三千七百三十二。以開立方法除之，得合前問。

又　今有立方材三尺，鋸爲方枕一百二十五枚。問一枚爲立方幾何。

荅曰：一枚方六寸。

術曰：以材方寸數再自乘，以枚數而一。所得，開立方除之，得枕方。劉孝孫細草　曰：以三十寸再自相乘，得二萬七千寸。以枕一百二十五枚除之，得二百一十六。以開立方除之。置上商六於上，借一算子於下。置六於下法之上，以自乘得三十六，名曰方法。以方法命上商，除之，得六寸。乃合前問。

帶縱開立方法

算法

唐・王孝通《緝古算經》　假令太史造仰觀臺，上廣、袤少，下廣、袤多。上、下廣差二丈，上、下袤差四丈，上廣、袤差三丈，高多上廣一十一丈。甲縣差一千四百一十八人，乙縣差三千二百二十二人。夏程人功常積七十五尺，限五日役臺畢。羨道從臺南面起，上廣多下廣一丈二尺，少袤一百四尺，高多袤四丈。甲縣一十三鄉，乙縣四十三鄉，每鄉別均賦常積六千三百尺，限一日役羨道畢。二縣差到人共造仰觀臺，二縣鄉人共造羨道，皆從先給甲縣，以次與乙縣。臺自下基給高，道自初登給袤。問臺道廣、高、袤，及縣別給高、廣、袤各幾何。

答曰：臺高一十八丈，上廣七丈，下廣九丈；上袤一十丈，下袤一十四丈。

甲縣給高四丈五尺；上廣八丈五尺，下廣九丈；上袤一十三丈，下袤一十四丈。

乙縣給高一十三丈五尺；上廣七丈，下廣八丈五尺；上袤一十丈，下袤一十三丈。

羨道高一十八丈；上廣三丈六尺，下廣二丈四尺；袤一十四丈。

甲縣鄉人給高九丈；上廣三丈，下廣二丈四尺；袤七丈。

乙縣鄉人給高九丈；上廣三丈六尺，下廣三丈；袤七丈。

術曰：以程功尺數乘二縣人，又以限日乘之爲臺積。又以上、下袤差乘上、下廣差，三而一爲隅陽冪。以乘截高爲隅陽截積。又半上、下廣差，乘斬上袤爲隅頭冪。以乘截高爲隅頭截積。并二積，以減臺積餘爲實。以上、下廣差并上、下袤差，半之爲正數。加截上袤，以乘截高，所得增隅陽冪，加隅頭冪爲方法。又并截高及截上袤與正數，爲廉法，從。開立方除之，即得上廣。各加差，得臺下廣及上下袤、高。

求均給積尺受廣袤術曰：以程功尺數乘乙縣人，又以限日乘之爲乙積。三因之，又以高冪乘之，以上、下廣差乘袤差而一爲實。又以臺高乘上廣，廣差而一爲上廣之高。又以臺高乘上袤，袤差而一爲上袤之高。又以上廣之高乘上袤之高，三之爲方法。又并兩高，三之，二而一爲廉法，從。開立方除之即乙高。以減本高，餘即甲高。此是從下給臺甲高。又以廣差乘乙高，以本高而一。所得加上廣即甲上廣。又以袤差乘乙高，如本高而一。所得加上袤即甲上袤。其甲上廣、袤即乙下廣、袤。臺上廣、袤即乙上廣、袤。其後求廣、袤有增損者，皆放此。此應六因乙積，臺高再乘，上、下廣差乘袤差而一。又以臺高乘上廣，廣差而一爲上廣之高。又以臺高乘上袤，袤差而一爲上袤之高。以上廣之高乘上袤之高爲小冪二。因下袤之高爲中冪一。凡下袤、下廣之高即是截高與上袤與上廣之高相連并數。然此有中冪定有小冪一，又有上廣之高乘截高爲冪一。又下廣之高乘下袤之高爲大冪二。乘上袤之高爲中冪一。其大冪之中又有小冪一，復有上廣、上袤之高各乘截高爲中冪各一。又截高自乘爲冪一。其中冪之内有小冪一，又上袤之高乘截高爲冪一。然則截高自相乘爲冪二，小冪六，又上廣、上袤之高各三，以乘截高爲冪六。令皆半之，故以三乘小冪。又上廣、上袤之高各三，今但半之，各得一又二分之一，故三之二而一。諸冪乘截高爲積尺。

求羨道廣袤高術曰：以均賦常積乘二縣五十六鄉，又六因爲積。又以道上廣多下廣數加上廣少袤爲下廣少袤。又以高多袤加下廣少袤爲下廣少高。以乘下廣少袤爲隅陽冪。又以下廣少上廣乘之爲鼈隅積。以減積，餘，三而一爲實。并下廣少袤與下廣少高，以下廣少上廣乘之爲鼈從橫廉冪。三而一，加隅陽冪爲方法。又以三除上廣多下廣，以下廣少袤、下廣少高加之爲廉法，從。開立方除之即下廣。加廣差即上廣；加袤多上廣於上廣即袤；加高多袤即道高。

求羨道均給積尺，甲縣受廣、袤術曰：以均賦常積乘甲縣一十三鄉，又六因爲積。以袤再乘之，以道上、下廣差乘臺高爲法而一，爲實。又三因下廣，以袤乘之，如上、下廣差而一爲都廉，從。開立方除之即甲袤。以廣差乘甲袤，本袤而一。以下廣加之即甲上廣。又以臺高乘甲袤，本袤除之即甲高。

清・陳傑《校註緝古算經細草》 以程功椉二縣人，得三四八。限日椉之，得一七四爲臺積。上下袤差椉上下廣差，得八，三而一，得二六又三分之二爲隅陽冪。以椉截高，得二九又三分之一爲隅陽截積。半上下廣差椉斬上袤，得三爲隅頭冪。以椉截高得三三爲隅頭截積，并二積得六二又三分之一。以減臺積，餘一六七七又三分之二爲實。上下廣差并上下袤差半之，得三爲正數。加截上袤，得六，以椉截高，得六六。增隅陽冪隅頭冪得七一六又三分之二爲方灋。并截高及截上袤正數得一七爲廉灋，從。開立方除之。商得七，以椉方灋，得五〇一又三分之二，以所商自椉，椉廉灋，得八三三。又以所商再自椉，得三四三，并之，減實，恰盡。所商爲上廣，加廣差得九爲下廣，加上廣袤差得一爲上袤，上袤加上下袤差，得一四爲下袤，加高多，得一八爲高。合問。

又 以程功椉乙縣人，得二四一六五。限日椉之，得一二〇八二五爲乙積。三因之，得三六二四七五。高冪椉之，得一一七四四一九，以廣差椉袤差得八，而一，得一四六八〇二三七五爲實。臺高椉上廣，廣差而一，得六三爲上廣之高。臺高椉上袤，袤差而一，得四五爲上袤之高。兩高相椉，得二八三五，三之，得八五〇五爲方灋。并兩高三之二而一，得一六二爲廉灋，從，開立方除之。初商得一，以椉方灋得八五〇五爲初商方積。以初商自椉椉廉灋，得一六二爲初商廉積。又以初商再自乘得一爲初商積，并三積以減實，餘四四五五二三七五爲次商實。次商得三。以乘方濂，得二五五一五爲次商方積。又并初商自之，廉濂乘之，所得減初商廉積，餘一一一七八爲次商廉積。又并初商再自之，所得減初商積，餘□九七爲次商積。并三積以減實，餘六六六二三七□爲三商實。三商得五。以乘方濂，得四二五二五爲三商方積，又并初商、次商自之，廉濂乘之所得，減初商次商二廉積，餘二一四六五爲三商廉積。又并初商、次商再自之，所得減初商次商積，餘二六三三七五爲三商積。并三積減實，恰盡。所商爲乙高以減本高，餘四五爲甲高。廣坌乘乙高，如本高而一，得一五，加上廣得八五爲甲上廣。袤坌乘乙高，如本高而一，得三，加上袤，得一三爲甲上袤。合問。

仰觀臺均給積尺。

又 以均賦常積乘二縣五十六鄉，得三五二八。六因之，得二一一六八爲積。以道上廣多下廣數加上廣少袤，得一一六爲下廣少袤。以高多袤加下廣少袤，得一五六爲下廣少高。以乘下廣少袤，得一八〇九六爲隅冪。又以下廣少上廣乘之，得二一七一五二爲鼈隅。以減積，餘三而一，得六三三二一六爲實。并下廣少袤下廣少高，以下廣少上廣乘之，得三三六四爲鼈從横廉冪，三而一，得一〇八八，加隅冪，得一九一八四爲方濂。以三除上廣多下廣，得四，以下廣少袤下廣少高加之，得二七六爲廉濂，從，開立方除之。初商得二。以乘方濂得三八三六八爲初商方積。以所商自乘，乘廉濂，得一一〇四爲初商廉積。以所商再自乘，得八爲初商積。并之減實，餘一三二一三六爲次商實。次商得四，以乘方濂得七六七三六爲次商方積。以次商加初商自乘，所得，減初商自數，餘以乘廉濂，得四八五七六爲次商廉積。又以加初商再自乘所得，減初商積，餘五八二四爲次商積。并三積減實，恰盡。所商爲下廣，坌數加之。合問。

羨道。

又 以均賦常積乘甲縣一十三鄉，得八一九。六因之，得四九一四。袤再乘之得九六三一四四，道上下廣坌乘高爲濂而一，得四四五九爲實。三因下廣得七二，以袤乘之得一〇〇八，如上下廣坌而一，得八四爲都廉，從，開立方，除之商得七，以再乘廉濂，得四一一六，又再自乘，得三四三，并之，減實，恰盡。得甲袤，以廣坌乘之，本袤而一，得六。以加下廣，得三爲上廣。又以高乘之，本袤而一得九爲甲高。合問。

羨道均給積尺。

清・張敦仁《緝古算經細草》卷上 草曰：立天元一爲上廣，加上下廣差二十尺，得  爲下廣。又以天元加上廣袤差三十尺，得  爲上袤。又以上袤加上下袤差四十尺，得  爲下袤。又以天元加高多上廣一百一十尺，得 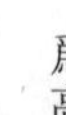 爲高。乃以上袤倍之，得 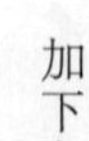 加下袤，得下 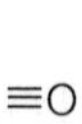 以天元上廣乘之，得下 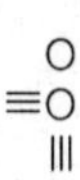 於頭又以下袤倍之，得  加上袤得下式  以下廣乘之，得下式 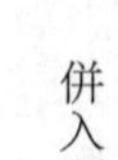 併入頭位，得 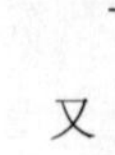 又以高乘之，得下式  合以六除之爲臺積。今不除便爲帶分臺積內寄六爲母。寄左。然後以甲縣一千四百一十八人、乙縣三千二百二十二人併之，得  以常積七十五尺乘之，得 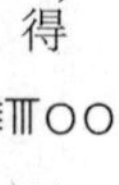 又以限日五乘之，得 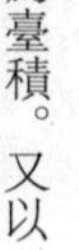 爲臺積。又以分母六乘之，得  爲同數，與左相消，得 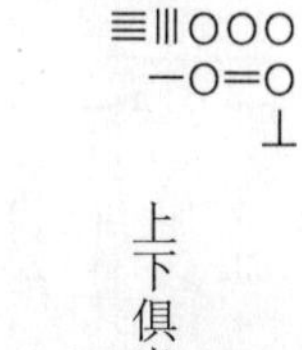 上下俱半之，得下 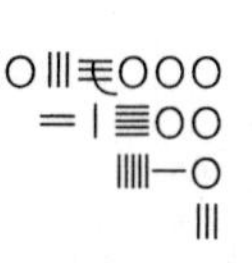 開立方，得七十尺即上廣也。各加差得下廣及上下袤高。合問。

又 草曰：立天元一爲乙高。合以廣差乘之本高而一爲乙廣差。今不

乘除，便以乙高爲乙廣差率，即如以本高乘乙廣差，以廣差除之也。又天元乙高，合以衰差乘之本高而一，爲乙衰差。今不乘除，便以乙高爲乙衰差率。即如以本高乘乙衰差，以衰差除之也。又以本高一百八十尺乘上廣七十尺，以廣差二十尺除之，得 ⊥Ⅲ〇 爲上廣率。以乙廣差率加之，得 ⊥Ⅲ〇| 爲乙下廣率。又以本高一百八十尺乘上衰一百尺，以衰差四十尺除之，得 Ⅲ≡〇 爲上衰率。以乙衰差率加之，得 Ⅲ≡〇| 爲乙下衰率。乃倍上衰率，得 ≟〇〇 加乙下衰率，得 |≡Ⅲ〇| 以上廣率乘之，得下 Ⅲ≡〇≡〇〇 ⊤≡〇 於頭又倍乙下衰率，得 Ⅲ〇〇‖ 加上衰率，得 |Ⅲ≡〇‖ 以乙下廣率乘之，得下 ≟Ⅲ〇Ⅲ〇〇 =⊤|〇‖ 加入頭位，得 |⊥〇|〇〇〇 Ⅲ=Ⅲ〇‖

以天元乙高乘之，得 〇 |⊤〇|〇〇〇 ≡‖≡〇‖ 此數合以六除之，又以廣差乘衰差乘之，本高冪除之爲乙積。今不乘除，便以爲乙積。即如六因乙積，又以本高冪乘之，以廣差乘衰差除之也。寄左。然後以常積七十五尺乘乙縣三千二百二十二人，得 ‖≡|⊥Ⅲ〇 又以限日五乘之，得 |=〇≟‖≡〇 爲乙積。又以六因之，得 ⊤=Ⅲ≟Ⅲ〇〇 又以本高冪三萬二千四百尺乘之，廣差乘衰差，得八百尺，除之得 ‖≟Ⅲ⊥〇≡⊤≡〇 爲同數。與左相消，得 ‖≟Ⅲ⊥〇≡⊤≡〇 |⊤〇|〇〇〇 ≡‖≡〇‖ 上下俱半之，得 |≡⊤≟〇=Ⅲ⊥Ⅲ Ⅲ≡〇≡〇〇 |⊤=〇| 開立方，得一百三十五尺即乙高也。餘各依術入之。合問。

又 草曰：立天元一爲下廣。加上廣多下廣一十二尺，得 |‖| 爲上廣。又以上廣少衰一百四尺加上廣，得 |⊤| 爲衰。又以高多衰四十尺加入衰，得下式 |≡⊤| 爲高。乃倍下廣，得 〇‖ 加入上廣，得下式 |=Ⅲ

以衰乘之，得下式 |≡Ⅲ= Ⅲ⊥〇‖ 又以高數乘之，得下式 ‖|⊤|Ⅲ= Ⅲ⊥Ⅲ≡‖ ≟‖≟Ⅲ 合以六除之爲羨道積。今不除，便以此爲道積。内寄六爲母。寄左。然後以甲縣一十三鄉、乙縣四十三鄉併之，得五十六鄉，以常積六千三百尺乘之得 Ⅲ≡‖≟〇〇 爲道積。又以分母六因之，得 ‖|⊥Ⅲ〇〇 爲同數。與左相消，得 |≟Ⅲ≟⊤≡Ⅲ ≡⊤≡Ⅲ= Ⅲ=Ⅲ ≡ 上下俱三約之，得 ⊥Ⅲ≡‖ |⊤|Ⅲ|⊤≡ =⊤⊥| 開立方，得二十四尺即下廣也。餘各依術入之。合問。

又 草曰：立天元一爲甲衰。合以廣差乘之，本衰除之，爲甲廣差。今不乘除，便以甲衰爲甲廣差率。即如以本衰乘甲廣，差以廣差除之也。又以本衰一百四十尺乘下廣二十四尺，以廣差一十二尺除之，得 ‖≟〇 爲下廣率。以甲廣差率加之，得 ‖≟〇| 爲甲上廣率。又天元甲衰。合以本高乘之，本衰除

之爲甲高。今不乘除，便以甲衺爲甲高率。即如以本衺乘甲高，以本高除之也。乃倍下廣率，得 ‖‖丄〇 加甲上廣率，得 ≡‖‖〇一 以甲衺乘之，得下式 ≡‖‖〇〇一 又以甲高率乘之，得 ≡‖‖〇〇〇一 合以六除之，又以廣差乘本高乘之，以本衺冪除之爲甲積。今不乘除便以爲甲積。即如六因甲積，又以本衺冪乘之，以廣差乘本高除之也。 寄左。 然後以常積六千三百尺乘甲縣一十三鄉，得 ≡一≡〇〇 爲甲積。 又六因之，得 ‖‖≡一≡〇〇 又以本衺冪一萬九千六百尺乘之，以廣差乘本高，得二千一百六十尺，除之得 ‖‖≡‖‖≡〇〇〇 爲同數。與左相消，得 ‖‖≡‖‖≡〇〇〇 ≡‖‖〇〇一 開立方，得七十尺即甲衺也。 餘各依術入之。合問。

清・揭廷鏘《緝古算經考注圖草》卷上 上下兩段各法

十二積内減去二積餘十積，得一隅四廉五方，以方廉隅開之，得上廣。

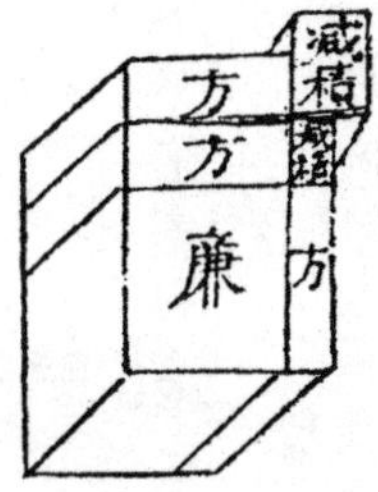

上段各法

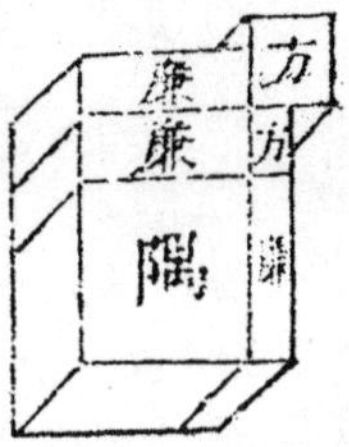

下段各法

命分開方法零分滿三收一。

通分開方法 零分二乘商七，得一四以減零分實二餘十二，以分母三收之得四爲全，歸上全實減之。 商七丈方廉隅，共得一六七三丈，以減實一六七七丈，餘四丈。此四丈即零分十二，以分母三收得全四之數減實，恰盡。得七丈爲上廣。

又 十冪各法

隅爲陽馬冪所變，故陽馬冪爲隅率。方爲上廣上衺冪所變，故上廣上衺冪爲方率。廉爲上廣上衺所變，故上廣上衺爲廉率。惟高不變，故以各法開之，得乙高。

又 七積各法 下廣四積爲一方二廉一隅。

開方法 初商一十，次商三丈，三商五尺。

下廣四積

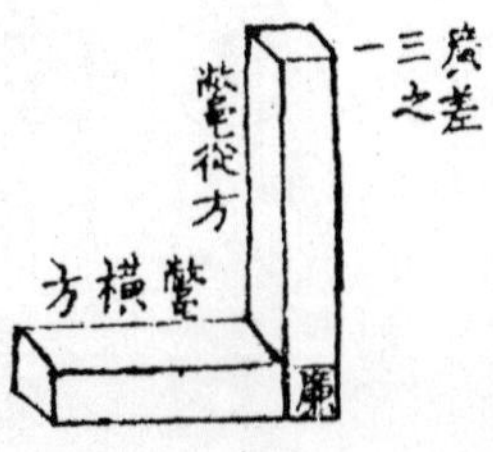

廣差三之一三積

廣差三之一三積，爲二方一廉，其鼈從横二方，即術文鼈從横廉冪，三而一之冪也。

初商二丈，次商四尺。

又 甲六因積四率 廣高四冪形

求甲衺應以廣之衺高之衺爲法，甲六因積爲六鼈腝，六塹堵，其鼈腝有廣差乘高冪一爲隅率，塹堵有下廣乘高冪三爲廉率，并得四冪爲三率，面積所得四率爲廣差衺乘高衺之隅冪，一下廣衺乘高衺之廉冪，三各乘甲衺爲積。其法只以鼈腝爲隅耳，六因積之鼈腝爲長立方，以三率法求之，則四率之鼈腝成正立方，即隅積仰觀臺求乙，均給以三陽馬積成正立方，此以六鼈腝積成正立方，其理同皆作法之巧也。詳現築隄術。

唐・王孝通《緝古算經》 假令築隄，西頭上、下廣差六丈八尺二寸，東頭上、下廣差六尺二寸，東頭高少於西頭高三丈一尺，上廣多東頭高四尺九寸，正衺

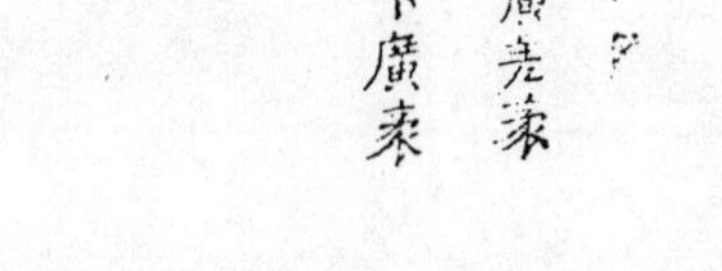

多於東頭高四百七十六尺九寸。甲縣六千七百二十四人，乙縣一萬六千六百七十七人，丙縣一萬九千四百四十八人，丁縣一萬二千七百八十一人。四縣每人一日穿土九石九斗二升。每人一日築常積一十一尺四寸十三分寸之六。穿方一尺得土八斗。古人負土二斗四升八合，平道行一百九十二步，一日六十二到。今隔山渡水取土，其平道只有一十一步，山斜高三十步，水寬一十二步。上山三當四，下山六當五，水行一當二。平道踟躕十加一，載輸一十四步。減計一人作功爲均積，四縣共造，一日役畢。今從東頭與甲，其次與乙、丙、丁。問給斜、正袤與高，及下廣，并每人一日自穿、運、築程功，及隄上、下高、廣各幾何。

答曰：一人一日自穿、運、築，程功四尺九寸六分。

西頭高三丈四尺一寸，上廣八尺，下廣七丈六尺二寸。

東頭高三尺一寸，上廣八尺，下廣一丈四尺二寸，正袤四十八丈，斜袤四十八丈一尺。

甲縣正袤一十九丈二尺，斜袤一十九丈二尺四寸，下廣三丈九尺，高一丈五尺五寸。

乙縣正袤一十四丈四尺，斜袤一十四丈四尺三寸，下廣五丈七尺六寸，高二丈四尺八寸。

丙縣正袤九丈六尺，斜袤九丈六尺二寸，下廣七丈，高三丈一尺。

丁縣正袤四丈八尺，斜袤四丈八尺一寸，下廣七丈六尺二寸，高三丈四尺一寸。

【略】

求隄上、下廣及高、袤術曰：一人一日程功乘總人爲隄積。以高差乘下廣差，六而一爲鼈冪。又以高差乘小頭廣差，二而一爲大卧塹頭冪。又半高差乘上廣多東頭高之數爲小卧塹頭冪。并三冪，爲大小塹鼈率。乘正袤多小高之數，以減隄積餘爲實。又置半高差，及半小頭廣差與上廣多小頭高之數，并三差，以乘正袤多小頭高之數。以加率爲方法。又并正袤多小高、并上廣多小高及半高差，兼半小頭廣差加之爲廉法，從。開立方除之即小高。加差即各得廣、袤、高。又正袤自乘、高差自乘，并，而開方除之即斜袤。

求甲縣高、廣、正、斜袤術曰：以程功乘甲縣人，以六因取積。又乘袤冪，以下廣差乘高差，以法除之爲實。又并小頭上、下廣，以乘小高，三因之爲垣頭冪。又乘袤冪，如法而一爲垣方。又三因小頭下廣，以乘正袤，以廣差除之爲都廉，從。開立方除之，得小頭即甲袤。又以下廣差乘之，所得，以正袤除之。所得，加東頭下廣即甲廣。又以兩頭高差乘甲袤，以正袤除之，以加東頭高即甲高。又以甲袤自乘；以隄東頭高減甲高，餘自乘，并二位，以開方除之即得斜袤。若求乙、丙、丁，各以本縣人功積尺，每以前大高、廣爲後小高、廣。凡廉母自乘爲方母，廉母乘方母爲實母。此平隄在上，羨除在下。兩高之差即除高。其除兩邊各一鼈臑，中一塹堵。今以袤再乘積，廣差乘高差而一，得截鼈臑袤再乘爲立方一。又塹堵袤自乘爲冪一。又三因小頭下廣，大袤乘之，廣差而一，與冪爲高，故爲廉法。又并小頭上、下廣，又三之，以乘小頭高爲頭冪，意同六除。然此頭冪本乘截袤。又袤再乘之，差相乘而一。今還依數乘除頭冪，爲從。開立方除之，得截袤爲廣。

清・陳傑《校註緝古筭經細草》 一人一日程功桒總人，得二七五九二四八爲隄積。高坙桒下廣坙，得一九二二，六而一，得三二〇三又三分之一爲鼈冪。又以高坙桒小頭廣坙，得一九二二，二而一，得九六一爲大卧塹頭冪。半高坙桒上廣多東頭高之數，得七五九五爲小卧塹頭冪。并之，得四九二三八又三分之一爲大小塹鼈率。以桒正袤多小高之數，得二三四八一七六一一又三分之二，以減隄積，餘四一一〇七一八八又三分之一爲實。置半高坙及半小頭廣坙，與上廣多小頭高之數，得二三五，以桒正袤多小頭高之數，得一一二〇七一五，以加率，得一一六九九五三又三分之一爲方灋。又并正袤多小高，上廣多小高，半高坙半小頭廣坙，得五〇〇四爲廉灋。從。開立方除之，商得三，以桒方灋，得三五〇九八六以所商自桒桒廉灋，得四五〇三六，以所商再自桒得二七，并之，減實，餘一四七七九八八又三分之一爲次商實。次商得一，以桒方灋，得一一六九九五三又三分之一，以所商并初商自之，所得，減初商自數，餘六一。以桒廉灋得五〇五二四四，又再自之，所得，減初商再自數，餘二七九一。并之，減實，恰盡。得小高。各加坙，得廣袤高正袤自桒得二三〇四，高坙自桒，得九六一，并之得二三一三六一，開平方除之，得四八一爲斜袤。合問。

隄。

又 以程功桒甲縣人，得三三三五一〇四爲積尺。六因之，得二〇〇一〇六二四。袤冪桒之，得四六一〇四四七七六九六。以下廣坙桒高坙，得一九二二爲灋，除之，得二三九八七七六一又三十一分之十七爲實。又并小頭上下廣，得二二二，以乘小高得六八八二，三因之，得二〇六四六爲垣頭冪。衺冪乘之，得四七五六八三八四，如灋而一，得二四七四九四又三十一分之六爲垣方。又三因小頭下廣，得二四六，以乘正衺，得二〇四四八廣坐除之，得三三九八又三十一分之二爲都廉，從。開立方除之，初商得一，以乘方灋，得二四七四九四又三十一分之六。以所商自乘乘廉灋，得三三九八又三十一分之二。以所商再自乘得一，并之。減實，餘一七二一四七五五又三十一分之三，爲次商實。次商得九，以乘方灋得二二二七四四又三十一分之二十四。又并初商自之，所得減一，餘二六一。以乘廉灋，得八六〇七九又三十一分之十五。又并初商再自之，所得減一，餘五八五九，并之。減實，餘五二〇三五八九又三十一分之二十一爲三商實。三商得二，以乘方灋，得四九四九八八又三十一分之十二，以并初商、次商自之，所得減三六一，餘以乘廉灋，得二五一九七二又三十一分之四。又并初商、次商再自之，所得減六九五九，餘二一八八八八，并之減實，恰盡。所商爲甲衺。以下廣坐乘之，得一一九〇四，以正衺除之，得二四八，加東頭下廣得三九爲甲下廣。以高坐乘甲衺，得五九五二，正衺除之，得一二四，加東頭高得一五五爲甲高。以甲衺自乘，得三六八六四，以一二四自乘得一五三七六，并之得三七〇一七七六。開方，得斜衺。若求乙、丙、丁俱準此求之。合問。

逐縣均給積尺。

清・張敦仁《緝古筭經細草》卷上　草曰：立天元一爲東頭高。加東頭高少於西頭高三十一尺，得 [illegible] 爲西頭高。又置天元加上廣多東頭高四尺九寸，得 [illegible] 爲上廣。又置天元加正衺多於東頭高四百七十六尺九寸，得 [illegible] 爲正衺。又置上廣加西頭廣差六十八尺二寸，得 [illegible] 爲西頭下廣。又置上廣加東頭廣差六尺二寸，得 [illegible] 爲東頭下廣。乃倍東頭高加西頭高，得下 [illegible] 併東頭上下廣，得 [illegible] 半之，得 [illegible] 乘之，得 [illegible] 於上。又倍西頭高，得下式 [illegible] 加東頭高，得 [illegible] 併西頭上下廣，得下式 [illegible] 半之，得下式 [illegible] 乘之得 [illegible] 加入上位得 [illegible] 以正衺乘之得下式 [illegible] 合以六除之爲隄積。今不除，便爲隄積。內寄六爲母。寄左。然後以甲縣六千七百二十四人，乙縣一萬六千六百七十七人，丙縣一萬九千四百四十八人，丁縣一萬二千七百八十一人，併之得五萬五千六百三十人。以程功四尺九寸六分乘之，得 [illegible] 爲隄積。又以分母六乘之，得 [illegible] 爲同數。與左相消，得 [illegible] 開立方，得三尺一寸即東頭高也。餘各依術入之，合問。

又　草曰：立天元一爲甲衺。合以高差乘之本衺除之爲甲高差。今不乘除，便以甲衺爲甲高差率。即如以本衺乘甲高差，以高差除之也。又以本衺四百八十尺乘東頭高三尺一寸，以高差三十一尺除之，得四十八尺爲東頭高率。以甲高差率加之，得 [illegible] 爲甲西頭高率。又天元甲衺合以下廣差乘之，本衺除之爲甲下廣差。今不乘除，又以分母三十一乘之得 [illegible] 爲甲下廣差率。即如以本衺乘甲下廣差，以下廣差除之。又以三十一乘之也。又以本衺四百八十尺乘東下廣一十四尺二寸，以下廣差六十二尺除之，得一百九尺六十二分尺之五十八，約爲三十一分尺之二十九，以分母三十一乘之，得三千四百八尺爲東下廣率。以甲下廣差率加之，得 [illegible] 爲甲西下廣率。又以本衺四百八十尺乘上廣八尺，以下廣差六十二尺除之，得六十一尺六十二分尺之五十八，約爲三十一分尺之二十九，以分母三十一乘之，得一千九百二十尺爲上廣率。乃倍甲西頭高率，得下 Ⅲ⊥‖ 加東頭高率，得 一Ⅲ≡‖ 於上。以上廣率加甲西下廣率而半之，得 ‖⊥T≡ / 一Ⅲ≡ 以乘上得 Ⅲ≟Ⅲ⊥丨T / ⊥ⅢT〇 / ≡丨 於頭又倍東頭高率，得 Ⅲ⊥ 加甲西頭高率，得 丨≡Ⅲ一 於上以上廣率加東下廣率而半之，得下 ‖⊥TⅢ 以乘上得 Ⅲ≟Ⅲ⊥丨⊥ / ＝T⊥Ⅲ 以併入頭位，得下 ⅢT⊥Ⅱ＝Ⅲ＝ / 丨〇‖＝Ⅲ / Ⅲ一 又以天元甲衺乘之，得 〇 / Ⅲ⊥Ⅱ＝Ⅲ＝ / 丨〇‖＝Ⅲ / Ⅲ一 合以六除之，又以高差乘下廣差乘之，本衺冪除之。又以分母三十一除之爲甲積。今不乘除，便爲帶分甲積。即如六因甲積，又以本衺冪乘之，以高差乘下廣差除之，又以分母三十一乘之也。寄左。然後以甲縣六千七百二十四人乘程功四尺九寸六分，得 Ⅲ≡Ⅲ≣丨〇Ⅲ尺 爲甲隄積。又六因之得 ‖〇〇丨〇⊥＝Ⅲ尺 又以本衺冪二十三萬四百尺乘之，以高差乘下廣差，得一千九百二十二尺除之，得二千三百九十八萬七千七百六十一尺一千九百二十二分尺之一千五十四，約爲三十一分尺之一十七，以分母三十一乘之，得 Ⅲ〇⊥〇＝T≡Ⅲ⊥ 爲同數。與左相消，得下式 Ⅲ〇⊥〇＝T≡Ⅲ⊥ / ‖≡‖⊥T⊥ / 一〇＝‖≡ / ≡丨

開立方得一百九十二尺，即甲衺也。餘各依術入之。合問。

清·揭廷鏘《緝古算經考注圖草》卷上 上下兩段各法

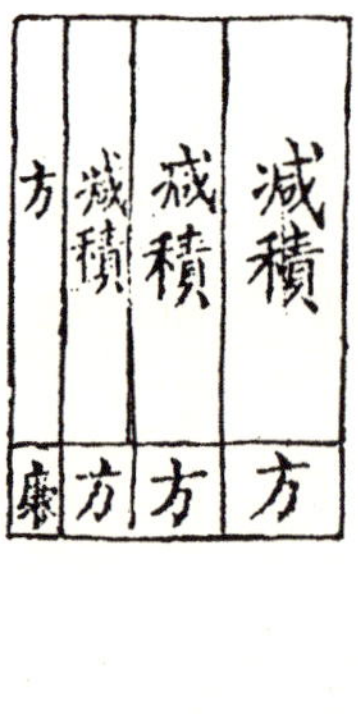

羨除各法

平隄各法

命分開方法零分滿六收一。

初商三尺，次商一寸。

又 甲衺通分開方法

初商一，次商九，三商二。

唐·王孝通《緝古算經》 假令築龍尾隄，其隄從頭高、上闊以次低狹至尾。上廣多，下廣少。隄頭上、下廣差六尺，下廣少高一丈二尺，少衺四丈八尺。甲縣二千三百七十五人，乙縣二千三百七十八人，丙縣五千二百四十七人。各人程功常積一尺九寸八分。一日役畢。三縣共築，今從隄尾與甲縣，以次與乙、丙。問龍尾隄從頭至尾高、衺、廣，及各縣別給高、衺、廣各多少。

答曰：高三丈，上廣二丈四尺，下廣一丈八尺，衺六丈六尺。

甲縣高一丈五尺，衺三丈三尺，上廣二丈一尺。

乙縣高二丈一尺，衺一丈三尺二寸，上廣二丈二尺二寸。

丙縣高三丈，衺一丈九尺八寸，上廣二丈四尺。

求龍尾隄廣、衺、高術曰：以程功乘總人爲隄積，又六因之爲虛積。以少高乘少衺爲隅冪，以少上廣乘之爲鼈隅積。以減虛積，餘三約之，所得爲實。并少高、衺，以少上廣乘之爲鼈從橫廉冪。三而一，加隅冪爲方法。又三除少上廣，以少衺、少高加之爲廉法，從。開立方除之得下廣。加差即高、

廣、袤。

求逐縣均給積尺受廣、袤術曰：以程功乘當縣人爲積尺。各六因積尺，又乘袤冪，廣差乘高爲法，除之爲實。又三因末廣，以袤乘之，廣差而一爲都廉，從。開立方除之即甲袤。以本高乘之，以本袤除之即甲高。又以廣差乘甲袤，以本袤除之，所得加末廣即甲上廣。其甲上廣即乙末廣，其甲高即垣高。求實與都廉如前。又并甲上、下廣，三之，乘甲高，以乘袤冪，以法除之，得垣方，從。開立方除之即乙袤。餘放此。此龍尾猶羨除也。其壍堵一、鼈腝一，并而相連。今以袤再乘積，廣差乘高而一，所得，截鼈腝袤再自乘爲立方一，又壍堵袤自乘爲冪一，又三因末廣，以袤乘之，廣差而一，與冪爲高，故爲廉法。

清・陳傑《校註緝古算經細草》 第四問凡二術。

以程功椉總人，得一九八爲隄積。六因之，得一一八八爲虛積。以少高椉少袤，得五七六爲隅冪。以廣差椉之，得三四五六爲鼈隅冪。以減虛積餘一一五三四四，三約之，得三八四四八爲實。并少高、少袤，以廣差椉之，得三六爲鼈從橫廉冪。三而一得一二，加隅冪，得六九六爲方瀵。又三除廣差，以少袤、少高加之，得六二爲廉瀵，從。開立方除之。初商得一，以椉方瀵得六九六，自椉以椉廉瀵得六二，再自椉得一，并之。減實，餘二四二八八爲次商實。次商得八，以椉方瀵得五五六八，以并初商自之，得三二四減一，以椉廉瀵，得一三八八。又再自之減一，得四八三二。并之，減實恰盡。合問。

隄。

以程功椉甲縣人，得四七〇二五爲積尺。六因之，得二八二一五，以椉袤冪，得一二二九〇四五四，如廣差椉高而一，得六八二八〇三爲實。三因末廣得五四，袤椉之，得三五六四，廣差而一，得五九四爲都廉，從。開立方除之，初商得三，自之得九，以椉廉瀵得五三四六，再自之得二七，并之。減實，餘一二一二〇三爲次商實。次商得三，以并初商自之，減九，餘以椉廉瀵，得一二二六六。再自之，減二七，得八九三七。并之，減實，恰盡。得甲袤。以本高椉之，得九九。本袤除之，得一五爲甲高。又以廣差椉之，得一九八六。本袤除之，得三，加一八，得二一爲甲上廣。又以程功椉乙縣人，得四七〇八四爲乙積。六因之，得二八二五〇六四，袤冪椉之，得一一三〇五九七八七八四，如瀵而一，得六八三六六五四八八爲實。并甲上下廣得三九，三之得一一七，椉甲高得一七五五，袤冪椉之，得七六四四七八，如瀵而一，得四二四七一爲垣方。三因甲上廣得六三，袤椉之得四一五八，廣差而一，得六九三爲廉瀵，從。開立方除之。初商得一，以椉方瀵，得四二四七一爲初商方積。以所商自之，椉廉瀵，得六九三爲初商廉積。再自之得一，爲初商積并之，減實，餘一八八六五五四八八爲次商實。次商得三，以椉方瀵得一二七四一三爲次商方積。以所商并初商自之，得一六九，以椉廉瀵，所得減初商廉積，餘四七八一七爲次商廉積。又再自之，所得減一，餘七四二四爲次商積，并之，減實，餘一二六八三〇八八爲三商實。三商得二，以椉方瀵，得八四九四二，爲三商方積。以所商并初商次商得一三二，自之得一七四二四，以廉瀵椉之，所得，減初商、次商廉積，餘三六三一三二爲三商廉積。又再自之，所得，減初商、次商積，餘五五七五六八爲三商積。并之，減實，恰盡。得乙袤。求高廣如前，其末廣即甲上廣，垣高即甲高。丙縣高廣即隄高廣。末廣即乙廣。垣高卽乙高。以程功椉丙縣人，得一〇三八九〇六爲丙積，并甲乙袤，以減本袤，餘一九八爲丙袤。合問。

逐縣均給積尺。

清・張敦仁《緝古算經細草》卷中 草曰：立天元一爲下廣。加上下廣差六尺得 ⊥丨 爲上廣。又以下廣少高一十二尺加下廣，得 一‖ 一 爲高。又以下廣少袤四十八尺加下廣，得 〣≐ 丨 爲袤。乃倍下廣，得下 〇‖ 加入上廣得下式 ⊥‖ 以高乘之得下式 ⊥‖ 〣= ‖ 又以袤乘之，得 ‖≡〣⊥ =〇≐丌 一丌⊥‖ 爲六隄積。寄左。然後以甲縣二千三百七十五人，乙縣二千三百七十八人，丙縣五千二百四十七人，併之得一萬人。以程功常積一尺九寸八分乘之，得 一≐丌〇〇 爲隄積。又六因之，得 丨一丌≐〇〇 爲同數。與左相消，得 丨一〣≡‖⺕ =〇≐丌 一丌⊥‖ 上下各三約之，得 ‖≐〣≡丌 ⊥丌⊥ ⊥‖ 一 開立方，得一十八尺即下廣也。合問。

又 求甲草曰：立天元一爲甲衰，合以廣差乘之，本衰除之爲甲廣差。今不乘除便以甲衰爲甲廣差率，即如以本衰乘甲廣差以廣差除之也。又以本衰六十六尺乘下廣一十八尺，以廣差六尺除之，得 丨≐Ⅲ 爲甲下廣率。以甲廣差率加之得 一Ⅲ≐丨 爲甲上廣率。又天元甲衰合以本高乘之，本衰除之爲甲高。今不乘除，便以甲衰爲甲高率。即如以本衰乘甲高，以本高除之也。乃倍甲下廣率，得 Ⅱ≐T 加甲上廣率，得 ≡Ⅲ≡丨 以甲高率乘之，得下 O≡丨 ≡Ⅲ 又以甲衰乘之得 OO ≡Ⅲ≡丨 合以六除之。又以廣差乘本高乘之，以本衰冪除之爲甲隄積。今不乘除，便以爲甲積。即如六因甲積，又以本衰冪乘之，以廣差乘本高除之也。寄左。然後以常積一尺九寸八分乘甲縣二千三百七十五人，得 Ⅲ⊥O≡Ⅲ尺 爲甲隄積。又六因之，得 Ⅱ≐Ⅱ一Ⅲ 又以本衰冪四千三百五十六尺乘之，以廣差乘本高，得一百八十尺。除之，得 T≐Ⅱ≐O≡ 爲同數。與左相消，得 T≐Ⅱ≐O乇 O ≡Ⅲ≡丨 開立方，得三十三尺即甲衰也。合問。

求乙丙草曰：立天元一爲甲乙并衰。依前入之，得 OO Ⅲ≐Ⅲ丨 寄左。然後以甲縣二千三百七十五人，乙縣二千三百七十八人，併之得四千七百五十三人，以常積尺數乘之，得 Ⅲ≡丨OⅢ≡尺 爲甲乙并隄積。又六因之得 ≡T≡T≡T≡尺 又以本衰冪乘之，廣差乘本高除之，得下 丨≡T⊥Ⅲ⊥Ⅲ≡Ⅲ≐尺 爲同數。與左相消，得 一Ⅲ⊥T≡T≐Ⅲ≐Ⅲ尺O ≡Ⅲ≡丨 開立方，得四十六尺二寸爲甲乙并衰，以甲衰三十三尺減之，餘一十三尺二寸即乙衰也。以甲乙并衰減本衰六十六尺，餘一十九尺八寸即丙衰也。合問。

清·揭廷鏘《緝古筭經考註圖草》卷下 第一術 龍尾隄

隄首即羨道後，隄尾即羨道前。上減餘三除後一隅三廉三方與羨道同。

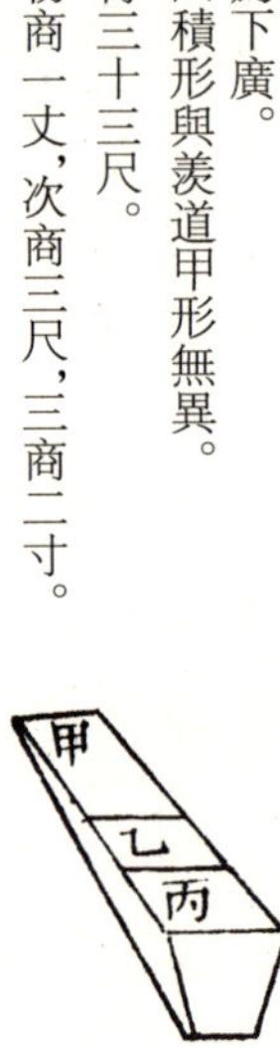

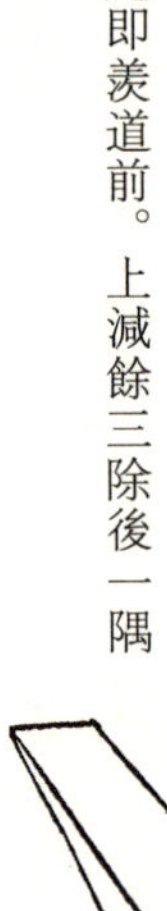

開得一十八尺爲下廣。

均給甲六因積四率四積形與羨道甲形無異。

甲衰開方法　得三十三尺。

乙衰開方法　初商一丈，次商三尺，三商二寸。

丙衰開方法　初商一丈，次商九尺，三商八寸。

乙丙各四率十積，與羨道乙形同。

唐·王孝通《緝古筭經》 假令穿河，袤一里二百七十六步，下廣六步一尺二寸；北頭深一丈八尺六寸，上廣十二步二尺四寸，南頭深二百四十一尺八寸，上廣八十六步四尺八寸。運土於河西岸造漘，北頭高二百二十三尺二寸，南頭無高；下廣四百六尺七寸五釐，袤與河同。甲郡二萬二千三百二十人，乙郡六萬八千七十六人，丙郡五萬九千九百八十五人，丁郡三萬七千九百四十四人。自穿、負、築，各人程功常積三尺七寸二分。限九十六日役河漘俱了。四郡分共造漘，其河自北頭先給甲郡，以次與乙、丙、丁，合均賦積尺。問逐郡各給斜、正袤、上廣及深，并滑上廣各多少。

答曰：滑上廣五丈八尺二寸一分。

甲郡正袤一百四十四丈，斜袤一百四十四丈三尺，上廣二十六丈四寸，深一十一丈一尺六寸。

乙郡正袤一百一十五丈二尺，斜袤一百一十五丈四尺四寸，上廣四十丈九尺二寸，深一十八丈六尺。

丙郡正袤五十七丈六尺，斜袤五十七丈七尺二寸，上廣四十八丈三尺六寸，深二十二丈三尺二寸。

丁郡正袤二十八丈八尺，斜袤二十八丈八尺六寸，上廣五十二丈八寸，深二十四丈一尺八寸。

術曰：如築隄術入之。覆隄爲河，彼注甚明。高深稍殊，程功是同，意可知也。以程功乘甲郡人，又以限日乘之，四之，三而一爲積。又六因，以乘袤冪，以上廣差乘深差爲法，除之爲實。又并小頭上、下廣，以乘小頭深，三之爲垣頭冪。又乘袤冪，以法除之爲垣方。三因小頭上廣，以乘正袤，以廣差除之爲都廉，從。開立方除之，即得小頭爲甲袤。求深、廣，以本袤及深廣差求之。以兩頭上廣差乘甲袤，以本袤除之，所得加小頭上廣，即甲上廣。以小頭深減南頭深，餘，以乘甲袤，以本袤除之，所得加小頭深，即甲深。又正袤自乘，深差自乘，并，而開方除之，即斜袤。若求乙、丙、丁，每以前大深、廣爲後小深、廣，準甲求乙，即得。

清·陳傑《校註緝古算經細草》 第五問凡二術。 以程功乘甲郡人，得八三〇三〇四。限日乘之，得七九九七〇九一八四，四之三而一，得一〇六二七八九一二爲積。六因之，得六三七六七三四七二，袤冪乘之，得七六一六三三一一三八三六五七九二，上廣差乘深差，得九九六三六四八，爲灋而一得七六四四一一九〇四爲實。并小頭上下廣得一一一六，以乘小頭深，得二〇七五七六，三之，得六二二七二八爲垣頭冪。袤冪乘之，得七四三七八二三三七七四〇八，如灋而一，得七四六四九六爲方灋。三因小頭上廣得二三三二，以乘正袤，得七七一三七九二，如廣差而一，得一七二八爲都廉，從。開立方除之。初商得一，以乘方灋得七四六四九六爲初商方積。以初商自乘乘廉灋，得一七二八爲初商廉積。又以所商再自乘，得一，并之。減實，餘四一六九六二三〇四，爲次商實。次商得四，以乘方灋，得二九八五九八四爲次商方積。以所商并入初商自之，廉灋乘之，所得，減初商廉積，餘一六五八八八爲次商廉積。又再自之，所得減一，餘一七四四。并之，減實，餘四六八一四四六四爲三商實。三商得四，以乘方灋，得二九八五九八四爲三商方積。以所商并入初商、次商自之，廉灋乘之，所得減初商次、商廉積，餘一九六三〇〇八爲三商廉積。又再自之，所得，減二七四四，餘二四一九八四并之，減實恰盡。得甲袤。置甲袤，上廣差乘之得六四二八一六；本袤除之，得一八六爲甲廣差。加小頭上廣得二六〇四爲甲上廣。又置甲袤深差乘之得三二一四〇八，本袤除之，得九三爲甲深差，加小頭深得一一一六爲甲深。又置甲袤自之，得二〇七三六，甲深差自之得八六四九。并之，得二〇八二二四九爲實。開平方除之，商得一四四三，依灋減實，恰盡。得甲斜袤。乙丙丁俱準此求之。合問。

逐郡各給斜正袤上廣及深。

清·張敦仁《緝古算經細草》卷中 求甲草曰：立天元一爲甲袤。合以深差乘之本袤除之爲甲深差。今不乘除便以甲袤爲甲深差率。即如以本袤乘甲深差以深差除之也。又置本袤一里二百七十六步，以里法三百步，步法六尺通之，得三千四百五十六尺，以乘北頭深一十八尺六寸。又以北頭深減南頭深二百四十一尺八寸，餘二百二十三尺二寸爲深差除之，得 ‖≟Ⅲ 爲甲北頭深率。以甲深差率加之，得下式 ═Ⅲ≟ 丨 爲甲南頭深率。又天元甲袤。合以廣差乘之，本袤除之爲甲廣差。今不乘除，便以甲袤爲甲廣差率。即如以本袤乘甲廣差以廣差除之也。又置北頭上廣十二步二尺四寸通之，得七十四尺四寸，以本袤乘之。又置南頭上廣八十六步四尺八寸通之，得五百二十尺八寸，以北頭上廣尺數減之，餘四百四十六尺四寸爲廣差。除之，得 Ⅲ⊥┬ 爲甲北頭上廣率。以甲廣差率加之，得下 ≡Ⅲ⊥ 丨 爲甲南頭上廣率。又置下廣六步一尺二寸通之，得三十七尺二寸，以本袤乘之廣差除之，得 ‖≟Ⅲ 爲甲下廣率。乃倍甲北頭深率得 ≡Ⅲ⊥ 加甲南頭深率，得 ≟┬≡ 丨 於上。以甲北頭上廣率加甲下廣率，得下 ≟┬≡ 半之，得 Ⅲ≡‖ 以乘上得 Ⅱ⊥Ⅲ═Ⅲ≟ Ⅲ≡‖ 列頭位又倍甲南頭深率,得[算籌] 加甲北頭深率,得[算籌] 於上。以甲南頭上廣率加甲下廣率,得下[算籌] 半之,得[算籌]尺 以乘上得[算籌] 併頭位得[算籌]

又以甲袤乘之得下式 [算籌] 合以六除之,又以深差乘廣差乘之,本袤冪除之爲甲積。今不乘除,便以爲甲積。即如六因甲積,又以本袤冪乘之,以深差乘廣差除之也。寄左。然後以常積三尺七寸二分乘甲郡二萬二千三百二十人,得[算籌]尺 又以限日九十六乘之,得[算籌]尺 又以穿率四乘之築率三除之,得[算籌]尺 爲甲積。又六因之,得[算籌]尺 又以本袤冪一千一百九十四萬三千九百三十六尺乘之,以深差乘廣差得九萬九千六百三十六尺四寸八分除之,得[算籌] 爲同數。與左相消,得[算籌] 開立方,得一千四百四十尺即甲袤也。合問。

清・揭廷鏘《緝古算經考注圖草》卷下 均給

各郡均給形與仰觀臺羨道乙形同。

甲袤開方法

初商一千,次商四百,三商四十尺。

唐・王孝通《緝古算經》 假令四郡輸粟,斛法二尺五寸。一人作功爲均,自上給甲,以次與乙、丙、丁。其甲郡輸粟三萬八千七百四十五石六斗,乙郡輸粟三萬四千九百五石六斗,丙郡輸粟二萬六千二百七十石四斗,丁郡輸粟一萬四千七十八石四斗。四郡共穿窖,上袤多於上廣一丈,少於下袤三丈,多於深六丈,少於下廣一丈。各計粟多少均出丁夫。自穿、負、築,冬程人功常積一十二尺,一日役。問窖上、下廣、袤、深,郡別出人及窖深、廣各多少。

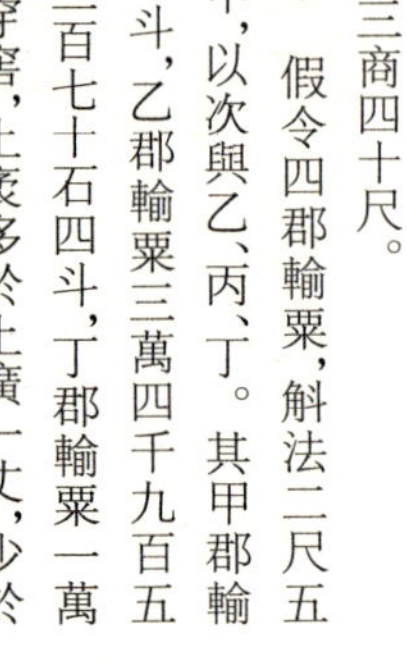

荅曰:窖上廣八丈,上袤九丈,下廣一十丈,下袤一十二丈,深三丈。

甲郡八千七十二人,深一十二尺,下袤一十丈二尺,廣八丈八尺。

乙郡七千二百七十二人,深九尺,下袤一十一丈一尺,廣九丈四尺。

丙郡五千四百七十三人,深六尺,下袤一十一丈七尺,廣九丈八尺。

丁郡二千九百三十三人,深三尺,下袤一十二丈,廣一十丈。

求窖深、廣、袤術曰:以斛法乘總粟爲積尺。又廣差乘袤差,三而一爲隅陽冪。乃置截上廣,半廣差加之,以乘截上袤,爲隅頭冪。又半袤差乘截上廣,以隅陽冪及隅頭冪加之爲方法。又置截上袤及截上廣,并之爲大廣。又并廣差及袤差,半之,以加大廣爲廉法,從。開立方除之即深。各加差即合所問。

求均給積尺受廣、袤、深術曰:如築臺術入之。以斛法乘甲郡輸粟爲積尺。又三因,以深冪乘之,以廣差乘袤差而一爲實。深乘上廣,廣差而一爲上廣之高。深乘上袤,袤差而一爲上袤之高。上廣之高乘上袤之高,三之爲方法。又并兩高,三之,二而一爲廉法,從。開立方除之即甲深。以袤差乘之,以本深除之,所得加上袤即甲下袤。以廣差乘之,本深除之,所得加上廣,即甲下廣。若求乙、丙、丁,每以前下廣、袤爲後上廣、袤。以次皆準此求之即得。若求人數,各以程功約當郡積尺。

清・陳傑《校註緝古算經細草》 以解灋乘總粟,得二八五爲積尺。廣差乘袤差三而一,得二爲隅陽冪。乃置塹上廣,半廣差加之,得六,以乘塹上袤，得三六爲隅頭冪。半袤差乘塹上廣，得七五隅陽冪。[與]隅頭冪加之，得四五五爲方灋。塹上袤并塹上廣，得一一爲大廣。廣差并袤差，半之得二五，加之，得一三五爲廉灋，從。開立方除之。商得三，以乘方灋得一三六五，以所商自乘[以]乘廉灋，得一二一五。又再自之得二七，并之，減實恰盡。合問。

窖深廣袤。

以斛灋乘甲郡輸粟，得九六八六四爲積尺。三因之，得二九〇五九二，深冪乘之，得二六一五三三八，廣差乘袤差爲灋而一，得四三五八八八爲實。深乘上廣，廣差而一，得一二爲上廣之高。深乘上袤，袤差而一，得九爲上袤之高。兩高相乘，三之，得三二四爲方灋。又并兩高，三之，二而一，得三一五爲廉灋，從。開立方除之。初商得一，以乘方灋，得三二四，自乘以乘廉灋，得三一五。再自乘得一。并之，減實，餘七九三八八爲次商實。次商得二，以乘方灋得六四八，又并初商自之，得一四四，廉灋乘之，所得，減三一五，餘一三八六。又再自之，所得減一，餘七二八，并之，減實，恰盡。得甲深。

清·張敦仁《緝古算經細草》卷中　草曰：立天元一爲窖深。加上袤多於深六十尺，得 [illegible] 爲上袤。又以上袤多於上廣一十尺減上袤，得 [illegible] 爲上廣。又以上袤少於下袤三十尺，加上袤得 [illegible] 爲下袤。又以上袤少於下廣一十尺，加上袤得下 [illegible] 爲下廣。乃倍上廣，得 [illegible] 加下廣得下式 [illegible] 以上袤乘之，得下式 [illegible] 於上又倍下廣，得 [illegible] 以上廣加之，得下式 [illegible] 以下袤乘之，得 [illegible] 加入上位得下式 [illegible] 以深乘之得下 [illegible] 以六約之得下 [illegible] 爲窖積。寄左。然後以甲郡三萬八千七百四十五石六斗，乙郡三萬四千九百五石六斗，丙郡二萬六千二百七十石四斗，丁郡一萬四千七十八石四斗，併之得一十一萬四千石，以斛法二尺五寸乘之，得 [illegible] 爲同數。與左相消，得 [illegible] 開立方得三十尺，即窖深也。合問。

求甲草曰：立天元一爲甲深。合以廣差乘之，窖深除之爲甲廣差。今不乘除，便以甲深爲甲廣差率。即如以窖深乘甲廣差以廣差除之也。又以窖深三十尺乘上廣八十尺，以廣差二十尺除之得 [illegible] 爲甲上廣率。以甲廣差率加之得 [illegible] 爲甲下廣率。又天元甲深合以袤差乘之，窖深除之爲甲袤差。今不乘除，便以甲深爲甲袤差率。即如以窖深乘甲袤差，以袤差除之也。又以窖深三十尺乘上袤九十尺，以袤差三十尺除之，得 [illegible] 爲甲上袤率。以甲袤差率加之得 [illegible] 爲甲下袤率。乃倍甲上廣率得 [illegible] 加甲下廣率得 [illegible] 以甲上袤率乘之，得 [illegible] 於上。又倍甲下廣率得下 [illegible] 加甲上廣率得 [illegible] 以甲下袤率乘之，得 [illegible] 加入上位得 [illegible] 以甲深乘之，得下式 [illegible] 可半先半之得下 [illegible] 合以三除之，又以廣差乘袤差乘之，深冪除之爲甲積。今不乘除，便以爲甲積。即如三因甲積。又以深冪乘之，以廣差乘袤差除之也。寄左。然後以斛法二尺五寸乘甲郡三萬八千七百四十五石六斗，得 [illegible] 爲甲積。又三因之得 [illegible] 又以深冪九百尺乘之，廣差乘袤差，得六百尺除之得 [illegible] 爲同數。與左相消，得 [illegible] 開立方，得一十二尺即甲深也。合問。

清・揭廷鏘《緝古算經考注圖草》卷下　均給　各郡求深方廉隅面冪，與仰觀臺乙縣求高圖同。

甲深開方法　得一十二尺。

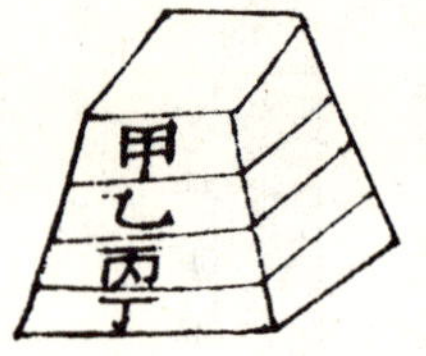

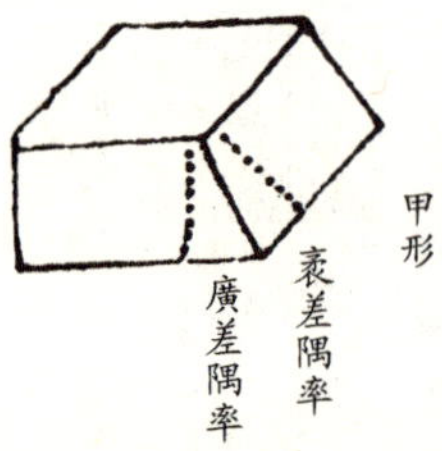

唐・王孝通《緝古算經》　假令亭倉，上小、下大。上下方差六尺，高多上方九尺，容粟一百八十七石二斗。今已運出五十石四斗。問倉上下方、高及餘粟深、上方各多少。

答曰：上方三尺，下方九尺，高一丈二尺。餘粟深、上方俱六尺。

求倉方、高術曰：以斛法乘容粟爲積尺。又方差自乘，三而爲隅陽冪。以乘截高，以減積，餘爲實。又方差乘截高，加隅陽冪爲方法。又置方差，加截高爲廉法，從。開立方除之即上方。加差即合所問。

求餘粟高及上方術曰：以斛法乘出粟，三之，以乘高冪，令方差冪而一爲實。此是大、小高各自乘，又相乘，各乘取高。是大高者，即是取高與小高并。高乘上方，方差而一爲小高。令自乘，三之爲方法。三因小高爲廉法，從。開立方除之，得取出高。以減本高，餘即殘粟高。置出粟高，又以方差乘之，以本高除之，所得加上方即餘粟上方。此本術曰：上下方相乘，又各自乘，并，以高乘之，三而一。今還元，三之，又高冪乘之，差冪而一，得大小高相乘，又各自乘之數。何者？若高乘下方，方差而一，得大高也。若高乘上方，方差而一，得小高也。然則斯本下方自乘，故須高冪乘之，差自乘而一即得大高自乘之數。小高亦然。凡大高者即是取高與小高并，相連。今大高自乘爲大方。大方之内即有取高自乘冪一，隅頭小高自乘冪一，又其兩邊各有以取高乘小高爲冪二。又大小高相乘爲中方。中方之内即有小高乘取高冪一，又小高自乘即是小方之冪又一。則小高乘大高，又各自乘三等冪，皆以乘取高爲立積。故三因小冪爲方，及三小高爲廉也。

清・陳傑《校註緝古算經細草》　以斛灋乘容粟，得四六八爲積尺。方差自乘得三六，三而一得一二爲隅陽冪。以乘截高得一〇八，以減積，餘三六爲實。方差乘截高得五四，加隅冪，得六六爲方灋。方差加截高，得一五爲廉灋，從。開立方除之，商得三。以乘方灋得一九八，自之得九。以乘廉灋得一三五，再自之得二七。并之，減實恰盡。合問。

倉。

又　以斛灋乘出粟，得一二六，三之得三七八。以乘高冪得五四四三二，令方差冪而一，得一五一二爲實。高乘上方，方差而一，得六爲小高。令自乘三之，得一〇八爲方灋。三因小高，得一八爲廉灋，從。開立方除之，商得六。以乘方灋得六四八，自之得三六，以乘廉灋得六四八。再自之得二一六。并之，減實恰盡。得取出高。以減本高，餘六即殘粟高。置出粟高，以方差乘之以本高除之得三。加上方，得六即餘粟上方。合問。

餘粟高。

清・張敦仁《緝古算經細草》卷下　草曰：立天元一爲上方。加方差六尺，得下 𝍥 𝍠 爲下方。又置天元加高多上方九尺，得下 𝍨 𝍠 爲高。乃以上方自乘得 〇 〇 𝍠 下方自乘得 𝍫𝍥 𝍩𝍡 𝍠 上下方相乘，得下式 〇 𝍥 𝍠 併三位得下 𝍫𝍥 𝍩𝍧 𝍢 又以高乘之，得下式 𝍢𝍪𝍣 𝍠𝍱𝍧 𝍬𝍤 𝍢 以三除之，得 𝍠〇𝍧 𝍮𝍥 𝍩𝍤 𝍠 爲亭倉積。寄左。然後置容粟一百八十七石二斗，以斛法二尺五寸乘之，得 𝍣𝍮𝍧 爲如積。與左相消，得 𝍢𝍮〇 𝍮𝍥 𝍩𝍤 𝍠 開立方得三尺，即上方也。加差得下方高。合問。

又　草曰：立天元一爲出粟高。合以方差乘之本高而一爲出粟方差。今不乘除，便以出粟高爲出粟方差率。即如以本高乘出粟方差，以方差除之也。又以本高一十二尺乘上方三尺，以方差六尺除之，得 𝍥 爲上方率。以出粟方差率加之，得 𝍥 𝍠 爲下方率。乃以上方率自乘得 𝍫𝍥 下方率自乘得 𝍫𝍥 𝍩𝍡 𝍠 上下方率相乘得 𝍫𝍥 𝍥 以三位併之，得下 𝍠〇𝍧 𝍩𝍧 𝍠 又以出粟高乘之得 〇 𝍠〇𝍧 𝍩𝍧 𝍠 此數合以三除之，又以方差冪乘之本高冪而一爲出粟積。今不乘除，便以爲帶分出粟積。即如以三因出粟積。又以本高冪乘之，以方差

冪除之也。寄左。然後以斛法二尺五寸乘出粟五十石四斗，得 丨=T 爲出粟積。又以分母三因之得 ||| ⊥||| 又以本高冪一百四十四尺乘之如方差冪三十六尺而一，得 |||||| 爲同數。與左相消，得 |||||〇| 開立方，得六尺爲出粟高。以減本高，餘六尺即餘粟高也。合問。

清・揭廷鏘《緝古算經考注圖草》卷下

亭倉

上段三積，以上方爲高。下段三積，以截高爲高。

求得三尺爲上方。

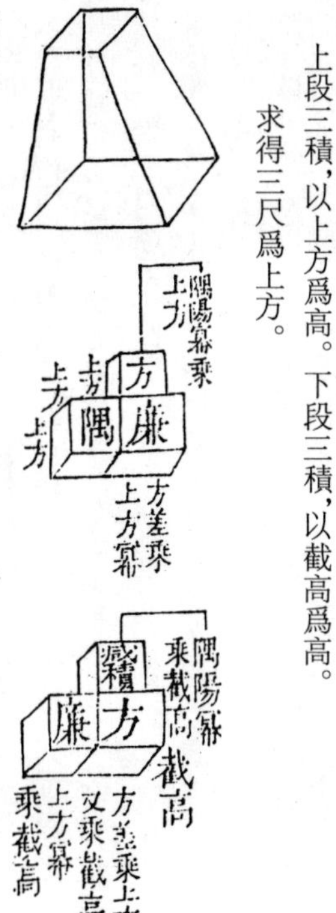

均給

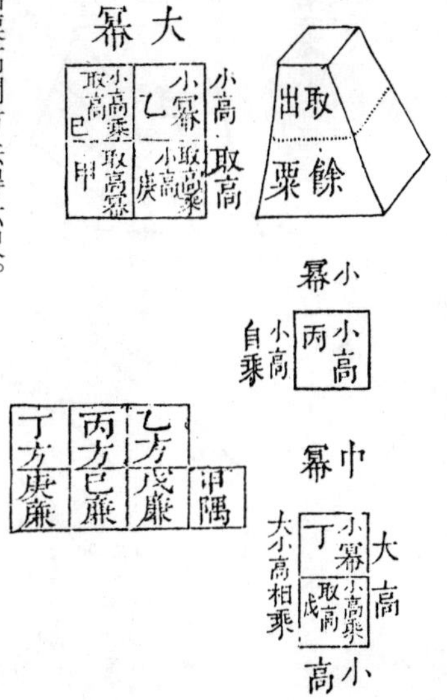

出粟高開方法得六尺。

唐・王孝通《緝古算經》 假令芻甍上袤三丈，下袤九丈，廣六丈，高一十二丈。有甲縣六百三十二人，乙縣二百四十三人。夏程人功常積三十六尺，限八日役。自穿、築，二縣共造。今甲縣先到，問自下給高、廣、袤各多少。

答曰：高四丈八尺，上廣三丈六尺，袤六丈六尺。

求甲縣均給積尺受廣、袤術曰：以程功乘乙縣人數，又以限日乘之爲積尺。以六因之，又高冪乘之，又袤差乘廣而一，所得，又半之爲實。高乘上袤，袤差而一爲上袤之高。三因上袤之高，半之爲廉法，從。開立方除之，得乙高。以減甍高，餘即甲高。求廣、袤，依率求之。此乙積本倍下袤，上袤從之，以下廣及高乘之，六而一爲一甍積。今還元，須六因之，以高冪乘之，爲實。袤差乘廣而一，得取高自乘。以乘三上袤之高，則三小高爲廉法，各以取高爲方。仍有取高爲立方者二，故半之爲立方一，又須半廉法。

清・陳傑《校註緝古算經細草》 第八問凡一術。 以程功乘乙縣人得八七四八，限日乘之得六九九八四爲積尺。六因之得四一九九〇四，高冪乘之得六〇四六六一七六，袤差乘廣得三，六而一得一六七九六一六，半之，得八三九八〇八爲實。高乘上袤得三六，袤差而一，得六爲上袤之高。三因之得一八，半之，得九爲廉瀀，從。開立方除之，初商得七。自之，得四九，以乘廉瀀得四四一爲初商廉積。再自之，得三四三爲初商積。并之，減實，餘五五八〇八爲次商實。次商得二，以并初商自之，得五八四，廉瀀乘之，所得減初商廉積，餘二五五六爲次商廉積。再自之，所得減初商積，餘三〇二四八爲次商積。并之，減實恰盡。所商爲乙高。以減甍高，餘四八爲甲高。置乙高，以袤差乘之本高除之，得三六。加上袤即甲上袤。又置乙高，以廣乘之本高除之，得三六即甲上廣。合問。

清・張敦仁《緝古算經細草》卷下 草曰：立天元一爲乙高。合以袤差乘之，本高除之爲乙袤差。今不乘除，便以乙高爲乙袤差率。即如以本高乘乙袤差，以袤差除之也。又以本高一百二十尺乘上袤三十尺，以上袤三十尺下袤九十尺相減，餘六十尺爲袤差，除之得 T〇 爲上袤率。加乙袤差率得 T〇丨 爲乙下袤率。又天元乙高，合以本廣乘之，本高除之爲乙廣。今不乘除，便以乙高爲乙廣率。即如以本高乘乙廣，以本廣除之也。乃倍乙下袤率得 丨‖〇‖ 加上袤率得 丨Ⅲ〇‖ 以乙廣率乘之得下式 丨Ⅲ〇‖ 又以乙高乘之得 〇〇〇‖丨Ⅲ 此數合以六除之，又以袤差乘廣乘之，以本高冪除之爲乙積。今不乘除，便以爲乙積。即如以六因乙積。又以本高冪乘之，以袤差乘本廣除之也。寄左。然後以程功三十六尺乘乙縣二百四十三人得 〔籌〕 又以限日八乘之得 〔籌〕 爲乙積。又以六因之，得 〔籌〕 又以高冪一萬四千四百尺乘之，以袤差乘廣，得三千六百尺。除之，得 〔籌〕 爲同數。與左相消，得 〔籌〕 半之得下 〔籌〕 開立方，得七十二尺爲乙高。以減甍高餘四十八尺即甲高也。合問。

清・揭廷鏘《緝古算經考注圖草》卷下 第五術

芻甍

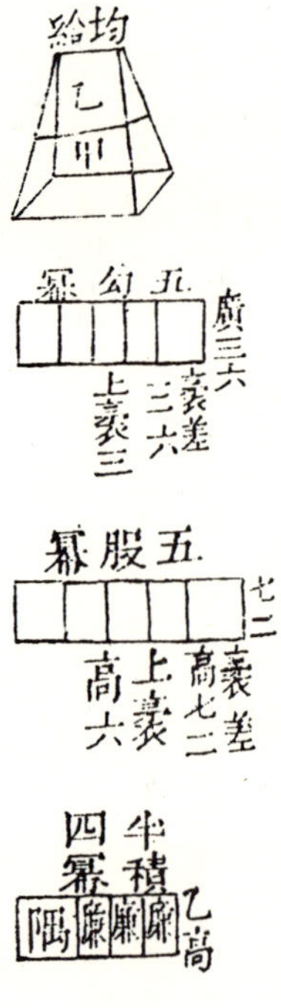

初商七十，次商二尺。

唐・王孝通《緝古算經》 假令圓囤上小、下大。斛法二尺五寸。以率徑一周三。上、下周差一丈二尺，高多上周一丈八尺。容粟七百五斛六斗。今已運出二百六十六石四斗。問殘粟去口上、下周、高，各多少。

答曰：上周一丈八尺，下周三丈，高三丈六尺。去口一丈八尺，粟周二丈四尺。

求圓囤上、下周及高術曰：以斛法乘容粟，又三十六乘之，三而一爲方亭之積。又以周差自乘，三而一爲隅陽冪。以乘截高，以減亭積，餘爲實。又周差乘截高，加隅陽冪爲方法。又以周差加截高爲廉法，從。開立方除之，得上周。加差，而合所問。

求粟去口術曰：以斛法乘出斛，三十六乘之，以乘高冪，如周差冪而一爲實。高乘上周，周差而一爲小高。令自乘，三之爲方法。三因小高爲廉法，從。開立方除之即去口。三十六乘訖，即是截方亭。之前方窖不別。置去口，以周差乘之，以本高除之，所得加上周即粟周。

清・陳傑《校注緝古算經細草》 第九問凡二術。

以斛灋乘容粟得一七六四三，十六乘之得六三五〇四，三而一，得二一一六八爲方亭積。周差自乘得一四四，三而一，得四八爲隅陽冪。以乘截高得八六四，以減亭積，餘二〇三〇四爲實。周差乘截高得二一六，加隅陽冪，得二六四爲方灋。以周差加截高，得三爲廉灋，從。開立方除之，商得一。以乘方灋得二六四，自乘以乘廉灋得三。再自乘得一。并之減實，餘一三六六四爲次商實。次商得，八以乘方灋得二一一二。以所商并入初商自之減一，餘以乘廉灋得六七二。又以兩商并數，再自之，所得減一，餘四八三二。并之，減實恰盡。合問。

囤。

以斛灋乘出粟得六六六，三十六乘之得二三九七六，以乘高冪得三一〇七二八九六。如周差冪而一，得二一五七八四爲實。高乘上周得六四八，周差而一，得五四爲小高。令自乘三之，得八七四八爲方灋。三因小高，得一六二爲廉灋，從。開立方除之，初商得一。以乘方灋得八七四八，自乘以乘廉灋得一六二。再自乘得一。并之，減實，餘一一一〇四爲次商實。次商得八，以乘方灋得六九九八四。以所商并入初商，自之所得減初商自數，餘以乘廉灋，得三六二八八。又以兩商并數再自之，所得減初商再自數，餘四八三二。并之減實恰盡。所商爲去口。

粟去口。

清・張敦仁《緝古算經細草》卷下 草曰：立天元一爲上周。加上下周差一十二尺，得 〔籌〕 爲下周。又置天元加高多上周一十八尺，得 〔籌〕 爲高。乃以上周自乘，得 〔籌〕 下周自乘，得 〔籌〕 上下周相乘，得

下式 〇=丨 三位併之，得 丨≡‖‖=⊥‖ 又以高乘之，得 ‖≡‖‖⊤≡‖〇‖ 以三除之，得下式 ‖⊥‖=⊤≡〇丨 爲方亭積。合以十二除之爲囤積。今不除，便爲囤積。內寄十二爲母。寄左。然後以斛法二尺五寸乘容粟七百五斛六斗，得 丨⊥⊤≡丨 爲囤積。又以分母十二因之，得 ‖丨一丨⊥‖ 爲如積。與左相消，得 ‖〇‖〇‖=⊤≡〇丨 開立方，得一十八尺即上周也。合問。

草曰：立天元一爲粟去口。合以周差乘之，以本高除之爲出粟周差。今不乘除，便以爲出粟周差率。即如以本高乘出粟周差，以周差除之也。又以本高三十六尺乘上周一十八尺，以周差一十二尺除之，得 ≡‖‖ 爲上周率。加出粟周差率得 ≡‖丨 爲出粟下周率。乃以上周率自乘得下式 ⊥丨‖≡丨 下周率自乘得 〇≡‖≡‖一⊤=丨 上下周相乘得 ‖≡丨⊥‖ 併三位得 ≡‖≡‖一⊤=丨 又以粟去口乘之得下 ⊥‖丨〇丨 此數合以三十六除之，又以周差冪乘之高冪而一爲出粟積。今不乘除，便爲出粟積。即如以三十六因出粟積。又以高冪乘之，周差冪除之也。寄左。然後以斛法二尺五寸乘出粟二百六十六石四斗，得 ⊥⊤⊥ 爲出粟積。又以分母三十六因之得 ‖≡‖⊥⊤ 又以高冪一千二百九十六尺乘之，以周差冪一百四十四尺除之，得 ‖一‖‖⊥‖≡ 爲同數。與左相消，得 ‖一‖‖⊥‖≡一⊤=丨 開立方，得一十八尺即粟去口也。合問。

清·揭廷鏘《緝古算經考注圖草》卷下　第六術

圓囤

上段以上周爲高。

方亭　下段以截高爲高。

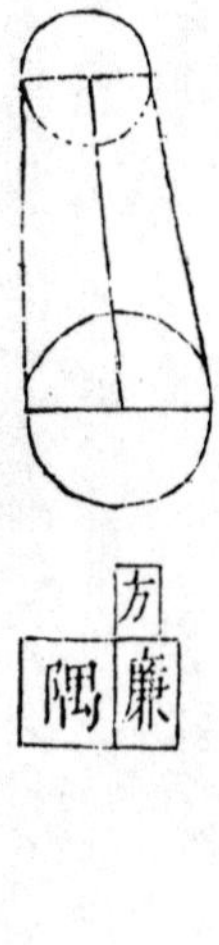

運出殘粟虛實形　去口形

圖與四術亭倉取出餘粟高同。

開得一十八尺爲粟去口。

唐·王孝通《緝古算經》　假令有粟二萬三千一百二十斛七斗三升。欲作方倉一、圓窖一，盛各滿中，而粟適盡。令高、深等，使方面少於圓徑九寸，多於高二丈九尺八寸。率徑七周二十二。問方、徑、深各多少。

答曰：倉方四丈五尺三寸，容粟一萬二千七百二十二斛九斗五升八合。

窖徑四丈六尺二寸，容粟一萬三百九十七石七斗七升二合。

高與深各一丈五尺五寸。

求方徑高、深術曰：十四乘斛法，以乘粟數，二十五而一爲實。又倍多加少，以乘少數，又十一乘之，二十五而一。多自乘加之爲方法。又倍少數，十一乘之，二十五而一，又倍多加之爲廉法，從。開立方除之即高、深。各加差即方、徑。一十四乘斛法，以乘粟爲積尺。前一十四除，今還元，一十四乘。爲徑自乘者是一十一，方自乘者是一十四，故并之爲二十五。凡此方圓二徑長短不同，二徑各自乘爲方，大小各別。然則此截方二丈九尺八寸、截徑三丈七寸皆成方面。此應截方自乘一十四乘之，截徑自乘一十一乘之，二十五而一爲隅冪，即方法也。但二隅方皆以截數爲方面。今此術就省，倍小隅方加差爲矩袤，以差乘之爲矩冪。一十一乘之，二十五而一。又差自乘之數即是方圓之隅，同有此數。若二十五乘之，還須二十五除。直以差自乘加之，故不復乘除。又須倍二廉之差，一十一乘之，二十五而一，倍差加之，故爲廉法，不復二十五乘除之也。

清・陳傑《校註緝古筭經細草》 第十問凡二術。

十四椉斛灋得三五。以椉粟數得八〇九二二五五五。二十五而一，得三二三六九〇二二爲實。又倍多加少得六〇五。以椉少數得五四四五，十一椉之得五九八九五。二十五而一得二三九五八。多自椉加之，得九一一九九八爲方灋。又倍少數，十一椉之，二十五而一，得七九二。又倍多加之，得六〇三九二爲廉灋，從。開立方除之，商得一。以椉方灋，得九一一九九八爲初商方積。以所商自椉椉廉灋，得六〇三九二爲初商廉積。再自椉得一爲初商積。并三積減實，餘一六二〇九八四二，爲次商實。次商五，以椉方灋得四五五九九九。又以并初商自之，所得減初商自數，餘以椉廉灋，得七五四九爲次商廉積。又并初商再自椉，所得，減初商再自數，餘一三三七五爲次商積。并三積以減實，餘一七二五八五二爲三商實。三商得五，以椉方灋得四五五九九九。并初商、次商自之，所得，減初商次商并自數，餘以椉廉灋，得九二〇九七八爲三商廉積。又并初商、次商再自之，所得，減初商次商再自數，餘三四八八七五爲三商積。并三積，以減實恰盡。合問。

清・張敦仁《緝古筭經細草》卷下 草曰：立天元一爲高。又爲深加方面多於高二百九十八寸，得　爲方面。又置方面加方面少於圓徑九寸，得　爲圓徑。乃以方面自之，得　以十四乘之得　爲十四段方冪。又以圓徑自乘之得下式　又十一乘之得　爲十四段圓冪。併二冪得　以高乘之得　爲十四方倉十四圓窖積。寄左。然後以斛法二尺五寸展爲二千五百寸乘粟二萬三千一百二十斛七斗三升，得　爲一方倉、一圓窖積。又以十四乘之得下　爲同數。與左相消，得　二十五約之得　開立方，得一百五十五寸即高深也。合問。

清・揭廷鏘《緝古筭經考注圖草》卷下 小方各法其甲乙丁巳小方內之方廉隅四冪，有圓有方不用乘除。

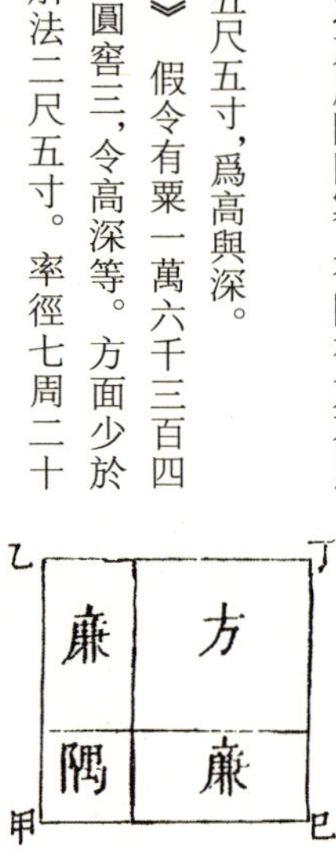

開方求得一丈五尺五寸，爲高與深。

唐・王孝通《緝古筭經》 假令有粟一萬六千三百四十八石八斗。欲作方倉四、圓窖三，令高深等。方面少於圓徑一丈，多於高五尺。斛法二尺五寸。率徑七周二十二。問方、高、徑各多少。

荅曰：方一丈八尺，高、深一丈三尺，圓徑二丈八尺。

術曰：以一十四乘斛法，以乘粟數，如八十九而一爲實。倍多加少，以乘少數，三十三乘之，八十九而一。多自乘加之爲方法。又倍少數，以三十三乘之，八十九而一，倍多加之爲廉法，從。開立方除之即高、深。各加差即方、徑。一十四乘斛法，以乘粟，爲徑自乘及方自乘數，與前同。今方倉四即四因十四；圓窖三即三因十一。并之爲八十九，而一。此截徑一丈五尺，截方五尺，以高爲立方。自外意同前。

清・陳傑《校註緝古筭經細草》 第十一問凡一術。

一十四椉斛灋，以椉粟數得五七二二〇八。如八十九而一得六四二九三又八十九分之三爲實。倍多加少，以椉少數得二，三十三椉之得六六。八十九而一得七四又八十九分之十四。多自椉加之，得九九又八十九分之十四爲方瀀。又倍少數得二，以三十三㚇之得六六。八十九而一得七四又八十九分之十四。倍多加之，得一七四又八十九分之十四爲廉瀀，從。開立方除之，初商得一。以㚇方瀀得九九又八十九分之十四，自㚇以㚇廉瀀，得一七四又八十九分之十四。再自㚇得一。并之得三七三又八十九分之二十八，以減實，餘二六九六一又八十九分之五十一爲次商實。次商得三，以㚇方瀀得二九七四又八十九分之六十四。以所商并初商自㚇，減一，以㚇廉瀀得一二〇一六又八十九分之七十六。又以并數再自之，減一，得一一九七。并之，減實恰盡。得高深。加坴得方徑。合問。

清・張敦仁《緝古算經細草》卷下　草曰：立天元一爲高。又爲深加方面多於高五尺得 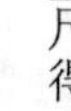 爲方面。又置方面加方面少於圓徑一十尺，得 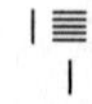 爲圓徑。乃以方面自之得  以十四乘之得  又以倉數四乘之，得 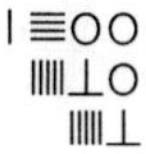 於頭。又以圓徑自之得 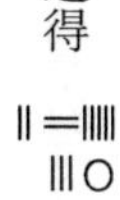 以十一乘之得 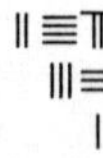 又以窖數三乘之得  併入頭位得  以高深乘之得下式 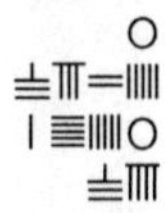 寄左。然後以斛法二尺五寸乘粟一萬六千三百四十八石八斗得 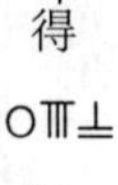 以十四乘之，得 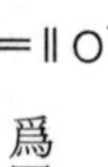 爲同數。與左相消，得下 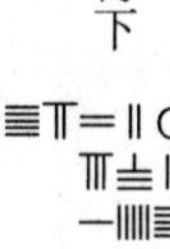 開立方，得一十三尺即高深也。合問。

清・揭廷鏘《緝古算經考注圖草》卷下　第八術

方倉四圓窖三

方廉隅圖共九冪，與第七術同。

命分開方，得一丈三尺爲高與深。

唐・王孝通《緝古算經》　假令有粟三千七十二石。欲作方倉一、圓窖一，令徑與方等，方多於窖深二尺，少於倉高三尺，盛各滿中，而粟適盡。圓率、斛法竝與前同。問方、徑、高、深各多少。

荅曰：方，徑各一丈六尺，高一丈九尺，深一丈四尺。

術曰：三十五乘粟，二十五而一爲率。多自乘，以并多少乘之，以乘一十四，如二十五而一，所得以減率，餘爲實。并多少，以乘多，倍之，乘一十四，如二十五而一。多自乘加之爲方法。又并多少，以乘一十四，如二十五而一，倍多加之爲廉法，從。開立方除之即窖深。各加差即方、徑、高。截高五尺，截徑及方二尺，以深爲立方。十四乘斛法，故三十五乘粟。多自乘，并多少乘之，爲截高隅積，即二廉，方各二尺，長五尺。自外意旨皆與前同。

清・陳傑《校註緝古算經細草》　第十二問凡一術。

三十五㚇粟得一〇七五二。二十五而一，得四三〇〇八爲率。多自㚇得四，以并多少㚇之得二，以㚇一十四得二八，如二十五而一得一一二，以減率，餘四二八九六爲實。并多少以㚇多得一，倍之得二，十四㚇之二十五而一，得一一二。多自㚇加之，得一五二爲方瀀。并多少得五，十四㚇之二十五而一，得二八。倍多加之，得六八爲廉瀀，從。開立方除之，初商得一。以㚇方瀀得一五二，自㚇以㚇廉瀀得六八。再自㚇得一。并之減實，餘二四五七八爲次商實。次商得四，以㚇方瀀得六〇八，又并初商，自之減一，廉瀀㚇之，得六五二八。又并初商再自之，減一，得一七四四，并之，減實恰盡。合問。

清・張敦仁《緝古算經細草》卷下　草曰：立天元一爲深。加方多於深二尺得  爲方又爲徑。又置方徑，加少於倉高三尺得 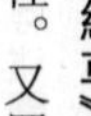 爲高。乃以方徑自之得下式  副置上下二位，上位以十四乘之得下式  又以高乘之得  下位以十一乘之得 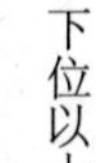 又以深乘之得  併二位，得下式 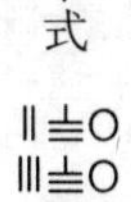 寄左。然後以斛法二尺五寸乘粟三千七十二石得  以十四乘之得 爲同數。與左相消，得下 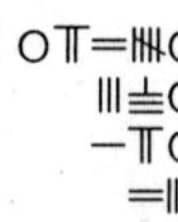 以二十五約之得下 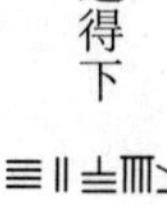 開立方，得一十四尺即深也。

合問。

清·揭廷鏘《緝古算經考注圖草》卷下 方倉一圓窖一方倉圓窖高深形

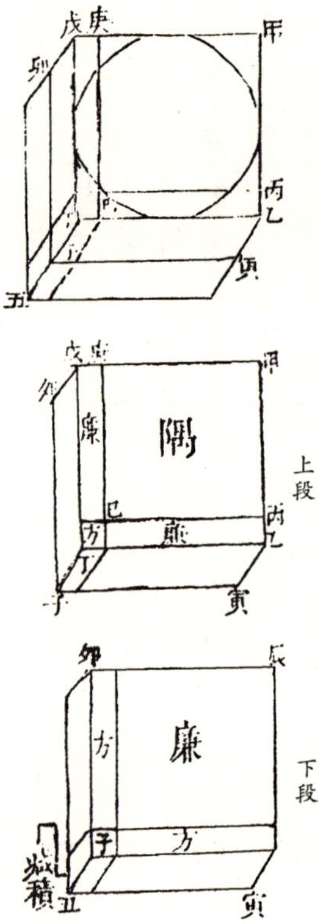

如圖，甲乙爲方面與圓徑等，以深分方爲深與方多深二數。甲丙爲深，丙乙爲方多深自之，得甲乙丁戊。方内分四冪，甲己爲深冪，己丁爲方多深冪，己戊己乙兩方爲深乘多冪。丁丑爲高以深，分高爲深與高多深二數，丁子爲深，子丑爲高多深，甲乙丁戊冪乘丁丑高，得甲丑立積，内分上下二段。

上段甲子形以深爲高，是方圓各相等之積，有圓有方方廉用本法，不用乘除。

下段寅辰卯子丑形，是高多深之積，有方無圓方廉用方法十四乘二十五除。

開立方求得一十四尺，爲深。

唐·王孝通《緝古算經》 假令有粟五千一百四十五石。欲作方窖、圓窖各一，令口小底大，方面與圓徑等，兩深亦同。其深少於下方七尺，多於上方一丈四尺，盛各滿中，而粟適盡。圓率、斛法竝與前同。問方、徑、深各多少。

荅曰：上方、徑各七尺，下方、徑各二丈八尺，深各二丈一尺。

術曰：以四十二乘斛法，以乘粟，七十五而一爲方亭積。令方差自乘，三而一爲隅陽冪。以截多乘之，減積，餘爲實。以多乘差，加冪爲方法。多加差爲廉法，從。開立方除之即上方。加差即合所問。凡方亭，上、下方相乘，又各自乘，并，以乘高爲虛。命三而一爲方亭積。若圓亭，上、下徑相乘，又各自乘，并，以乘高爲虛。又十一乘之，四十二而一爲圓亭積。今方、圓二積并在一處，故以四十二復乘之，即得圓虛十一，方虛十四，凡二十五，而一，得一虛之積。又三除虛積，爲方亭實。乃依方亭覆問法，見上、下方差及高差與積求上、下方、高術入之。故三乘，二十五而一。

清·陳傑《校註緝古算經細草》 第十三問凡一術。

四十二乘斛瀍得一〇五。以乘粟數得五四〇二二五。七十五而一，得七二〇三爲方亭積。令方差自乘三而一，得一四七爲隅陽冪。以截多乘之，得二〇五八以減積餘五一四五爲實。以多乘差，加冪得四四一爲方瀍。多加差得三五爲廉瀍，從。開立方除之，商得七。以乘方瀍得三〇八七，自乘以乘廉瀍得一七一五，再自乘得三四三。并之，減實恰盡。合問。

清·張敦仁《緝古算經細草》卷下 草曰：立天元一爲上方。加深多於上方一十四尺，得 |≡| ||一| 爲深。又置深數加深少於下方七尺，得下 ||一| 爲下方。乃以上方自乘，得 ○○| 下方自乘，得 ||||≡| ||||=| 上下方相乘，得下式 ○ ||一| 并三位得下 ||||≡| T≡ ||| 又以深乘之，得下式 T一𝍧≡ 一|||=||| 一○≣ |||

三而一得 ||○||||≟ ||||≡| |||≣ | 爲方窖積。寄左。然後以斛法二尺五寸乘粟五千一百四十五石，得 |=𝍧⊥||≣尺 又以方冪率十四乘之，以方冪率十四圓冪率十一并之，得二十五，除之得 𝍧=○≡ 爲如積。與左相消，得 ||||一|||𝍤 ||||≡| |||≣ | 開立方，得七尺即上方也。合問。

清·揭廷鏘《緝古算經考注圖草》卷下 方窖圓窖各一上下兩段減積方廉隅共六積，圖與第四術亭倉同。

開立方，求得七尺爲上方。

唐·王孝通《緝古算經》 假令有粟二萬六千三百四十二石四斗。欲作方窖六、圓窖四，令口小、底大，方面與圓徑等，其深亦同。令深少於下方七尺，多於上方一丈四尺。盛各滿中，而粟適盡。圓率、斛法竝與前同。問上、下方、深數各多少。

荅曰：方窖上方七尺，下方二丈八尺，深二丈一尺；圓窖上下徑、深與方窖同。

術曰：以四十二乘斛法，以乘粟，三百八十四而一爲方亭積尺。令方差自乘，三而一爲隅陽冪。以多乘之，以減積，餘爲實。以多乘差，加冪爲方法。又以多加差爲廉法，從。開立方除之即上方。加差即合所問。今以四十二乘。圓虛十一者四，方虛十四者六，合一百二十八虛，除之，爲一虛之積。得者仍三而一，爲方亭實積。乃依方亭見差覆問求之，故三乘一百二十八除之。

清・陳傑《校註緝古筭經細草》　四十二桀斛瀶，以桀粟數得二七六五九五二。如三百八十四而一，得方亭積。與前同。餘俱與前同。

唐・王孝通《緝古筭經》　假令有句股相乘冪七百六、五十分之一，弦多於句三十六、十分之九。問三事各多少。

荅曰：句十四、二十分之七，股四十九、五分之一，弦五十一、四分之一。

術曰：冪自乘，倍多數而一爲實。半多數爲廉法，從。開立方除之即句。以弦多數加之，即弦。以句除冪即股。句股相乘冪自乘，即句冪乘股冪之積。故以倍句弦差而一，得一句與半差相連，乘句冪爲方。故半差爲廉法，從。開立方除之。

清・陳傑《校註緝古筭經細草》

冪自桀得四十九萬八千四百六十四又二千五百分之六百一，倍多數得七十三又十分之八而一，得六千七百五十四又五百分之一百二十九爲實。半多數得一八又二十分之九爲廉瀶，從。開立方除之，初商得一十。自之，廉瀶桀之得一千八百四十五。再自之得一千。并之，減實，餘三千九百九又五百分之一百二十九爲次商實。次商得四，以并初商自之，減一百，廉瀶桀之得一千七百七十一又二十分之四。再自之，減一千，餘一千七百四十四，并之減實，餘三百九十四又五百分之二十九爲三商實。三商得二十分之七，以并初商、次商自之，所得減一百九十六，餘九十九又四十分之九。廉瀶桀之得一百八十三又八千分之五百六十一。又再自之，所得，減四千七百四十四，餘二百一十又八千分七千九百三。并之減實恰盡。得句。以八千分之五百六十一與八千分之七千九百三相并，適得一又五百分之二十九。故能恰盡。加弦多於句得五一又四分之一即弦。以句除冪得四九又五分之一即股。合問。

清・張敦仁《緝古筭經細草》卷下　草曰：立天元一爲句。又以弦多於句三十六十分之九加之，得 Ⅲ⊥Ⅲ 單丨 爲弦。自之得下 丨≡T一T一 單 ⊥Ⅲ≡丨 爲弦冪。又以天元自之得 〇〇丨 爲句冪。以減弦冪得 丨≡T一T一 單 ⊥Ⅲ≡ 爲股冪。以句冪乘之得 〇〇 丨≡T一T一 單 ⊥Ⅲ≡ 寄左。又以句股相乘冪七百六五十分之一。即百分之二。自之，得 Ⅲ≡Ⅲ≡T≡Ⅱ≡〇 單 爲同數。與左相消，得 Ⅲ≡Ⅲ≡T≡Ⅱ≡〇 單 〇 丨≡T一T一 ⊥Ⅲ≡ 開立方，得一十四二十分之七即百分之三十五。即句也。合問。

清・揭廷鏘《緝古筭經考注圖草》卷下　勾股冪勾弦較

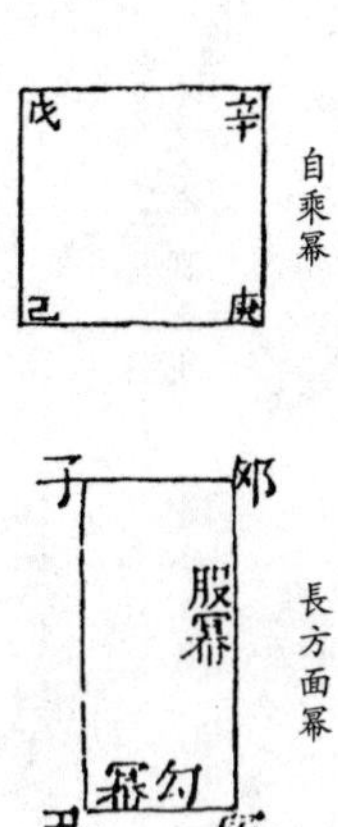

如圖，勾股相乘冪，自之得戊己庚辛正平方。此方與子丑寅卯長方等。子丑長爲股冪，丑寅闊爲勾冪。今以此長平方面積變爲長立方體積，成寅辰午未形，底爲勾冪高爲股冪，而股冪即勾弦較乘勾弦和之數，以勾弦較除之，得勾弦和乘勾冪之積，爲坎寅申艮形。坎寅爲勾弦和，而勾弦和爲兩勾一較共數，半之爲一勾與半較，乘勾冪之積，即術文倍多數而一也，爲坤寅兑申長方體。坤寅爲一勾與半較共數，坤巽爲半較，巽寅爲勾，與寅辰濶辰申長等，爲勾立方，并坤半和乘勾冪，巽半較成勾帶半較長立方。故以半較爲廉，勾爲隅□帶縱開立方法除之，得勾。

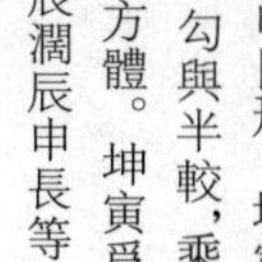

開立方得一十四又十之三五。

唐・王孝通《緝古筭經》　假令有句股相乘冪四千三百三十六、五分之一，股少於弦六、五分之一。問弦多少。

答曰：弦一百一十四、十分之七。

術曰：冪自乘，倍少數而一爲實。半少爲廉法，從。開立方除之即股。加差即弦。

清・陳傑《校註緝古筭經細草》 冪自乘得一千六百二十九萬九百一十又二十五分之十一，倍少數得一十二又五分之二而一，得一百三十一萬三千七百八十三又十分之一爲實。半少數得三又十分之一爲廉瀼，從。開立方除之，初商得一百。自之得一萬，廉瀼乘之得三萬一千。再自之，得一百萬，并之減實，餘二十八萬二千七百八十三又十分之一爲次商實。次商得〇，三商得八，以并初商自之減一萬餘一千六百六十四，廉瀼乘之，得五千一百五十八又十分之四，爲次商廉積。又以并初商再自之，減一百萬，餘二十五萬九千七百一十二爲三商積。并二積，以減實，餘一萬七千九百一十二又十分之七爲四商實。四商得二分之一，以并初商三商自之所得，減初商三商自數餘一百八又四分之一，廉瀼乘之得三百三十五又四十分之二十三爲四商廉積。又以所商并初商、三商再自之，所得減初商、三商再自數，餘一萬七千五百七十七又八分之一爲四商積。并二積以減實恰盡，得股。四十分之二十三與八分之一并適得十分之七，故亦恰盡。加股少於弦得一一四又十分之七即弦。合問。

清・張敦仁《緝古筭經細草》卷下 草曰：立天元一爲股，以少於弦六五分之一即十分之二。加之，得  爲弦，自之得下式  爲弦冪。以股自之，得 〇〇丨 爲股冪。以減弦冪得  爲句冪。以股冪乘之得  寄左。又以句股相乘冪四千三十六五分之一，自之得 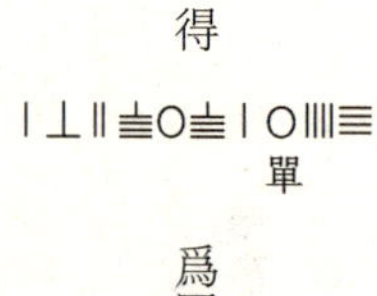 爲同數。與左相消，得 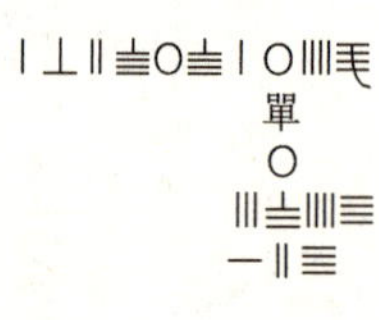 上下俱以一十二十分之四約之，得下式 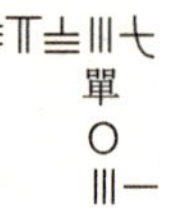 開立方，得一百八十分之五即股也。合問。

清・揭廷鏘《緝古筭經考注圖草》卷下 勾股冪股弦較

開立方，得一〇八五爲股。

唐・王孝通《緝古筭經》 假令有句弦相乘冪一千三百三十七、二十分之一，弦多於股一、十分之一。問股多少。

答曰：九十二、五分之二。

術曰：冪自乘，倍多而一爲立冪。又多再自乘，半之減立冪，餘爲實。又多數自乘，倍之爲方法。又置多數，五之，二而一爲廉法，從。開立方除之即股。句弦相乘冪自乘，即句冪乘弦冪之積。故以倍股弦差而一，得一股與半差□□□□爲方。今多再自乘，半之，爲隅□□□□橫虛二立廉□□□□□□□□□倍之，爲從隅□□□□□□□□多爲上廉即二多□□□□□□□□法故五之二而一□□□□□□□□

清・陳傑《校註緝古筭經細草》

冪自乘得一百七十八萬七千七百二又二千分之一千四百五，倍多數得二又十分之二而一，得八十一萬二千五百九十二又二千分之二百七十五爲立冪。多數再自乘，半之得二千分之一千三百三十一。以減立冪，餘八十一萬二千五百九十一又二千分之九百四十四爲實。又多數自乘倍之，得二又二千分之八百四十爲方瀼。又置多數五之二而一，得二又二千分之一千五百爲廉瀼，從。開立方除之，初商得九十。以乘方瀼，得二百一十七又二千分之一千六百爲初商方積。又以初商自之廉瀼乘之，得二萬二千二百七十五爲初商廉積。再自之，得七十二萬九千爲初商積。并之，減實，餘六萬一千九十八又二千分之一千三百四十四爲次商實。次商得二，以乘方瀼，得四又二千分之一千六百八十爲次商方積。又并初商自之，廉瀼乘之，所得減初商廉積，餘一千一爲次商廉積。又并初商再自之，所得減初商積，餘四萬九千六百八十八爲次商積。并三積以減實，餘一萬四百四又二千分之二千六百六十四爲三商實。三商得五分之二，以乘方瀼，得二千分之一千九百三十六爲三商方積。又并初商次商自之，廉瀼乘之，所得減初商、次商兩廉積，餘二百二又二千分之一千六百八十爲三商廉積。又再自之，所得減初商次商兩積，餘一萬二百一又二千分之四十八爲三商積并三積。減實恰盡。得股。加弦多於股，得九十三又二分之一，即弦以弦除冪，得一十四又十分之三即句，合問。

清・張敦仁《緝古算經細草》卷下　草曰：立天元一爲股。以弦多於股一十分之一加之，得 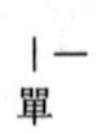 爲弦。自之，得 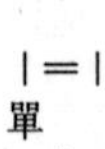 爲弦冪。又以股自之，得 ○○| 爲股冪。以減弦冪，得 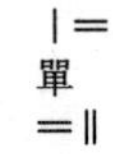 爲句冪。乘弦冪得  寄左。又以句弦相乘冪一千三百三十七又二十分之一，即百分之五。自之，得 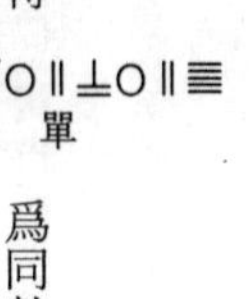 爲同數。與左相消，得 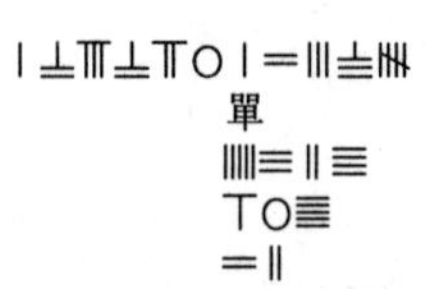 開立方，得九十二又五分之二即十分之四。即股也。合問。

清・揭廷鏘《緝古算經考注圖草》

勾弦冪股弦較

如圖，倍股弦較除冪自乘，得數，爲半股弦和乘弦冪之積。成子丑寅卯扁立方，辰子高爲半和。寅卯濶卯辰長皆爲弦，而弦爲一股，一股弦較共數，寅卯辰巳爲弦自乘冪，以股與較分弦自乘，得四冪。寅未爲股冪，未辰爲較冪，未巳未卯皆較乘股冪，各乘辰子高半和爲立積。而半和爲一股，與半較共數。巳酉爲半較，酉丑爲股，分上下兩段共八積。

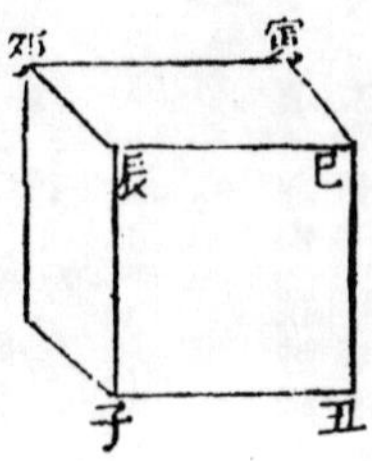

半和乘弦冪積

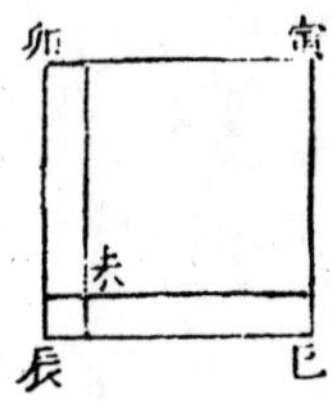

面冪

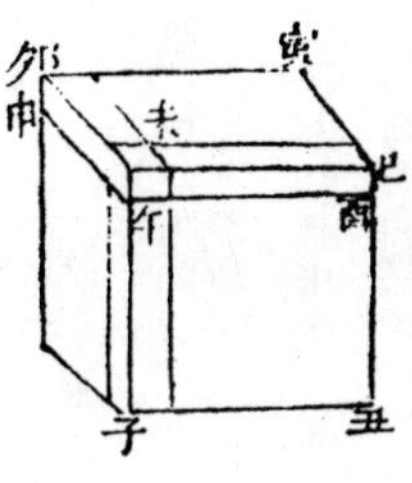

股與半較乘絃冪積

下段申酉午子形，以午子股爲高，股乘股冪爲隅，即再乘得股冪爲方較冪，乘股爲方即從一立廉較，乘股自乘二爲廉，即從二方廉爲四積。

上段寅午形，以辰午半較爲高較冪乘半較爲減積，即多再自乘半之，爲隅股冪，乘半較爲廉，即橫虛一方廉，倍較乘半較乘股爲方，即橫虛二立廉，爲四積。

上段各法

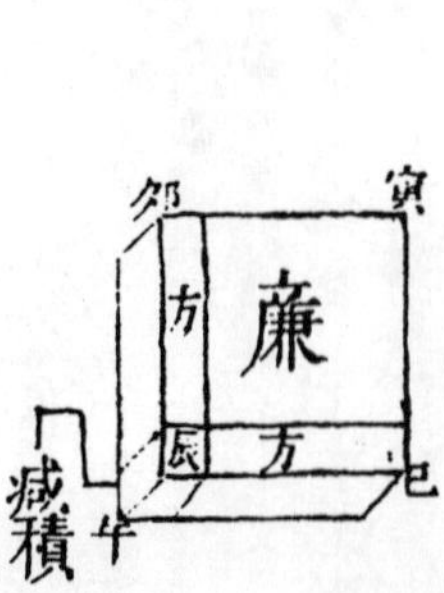

下段各法

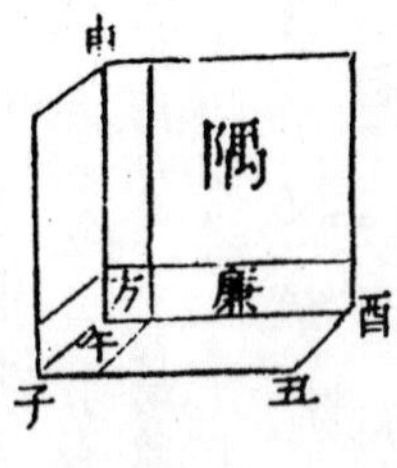

開立方得九二四，約十之四爲五之二，得九十二又五分之二爲股。

初商九，次商二，三商四。

立成釋鎖和賈憲三角分部

綜論

宋・賈憲《黄帝九章算經細草》卷四《少廣》《永樂大典》卷一六三四四　開方作法本源。宋・楊輝詳解出《釋鎖》算書，賈憲用此術。

宋・楊輝《楊輝算法・乘除通變本末》　劉益以勾股之術，治演段鎖方，撰《議古根源》二百問，帶從益隅開方實冠前(右)[古]。

又《田畝比類乘除捷法》卷下　中山劉先生序，謂：筭之術，入則諸門，出則直田。《議古根源》故立演段百問，盖欲演筭之片段也。知片段則能窮根源，既知根源而於心無懞昧矣。今姑摘數問，詳注圖草以明後學，其餘自可引而伸之，觸類而長不待盡述也。

元・朱世傑《算學啓蒙・總括》 明開方法：置積爲實，及方、廉、隅，同加異減，開之。**清・王鑒案：**開正方及帶縱方，皆不外乎同加異減。

清・梅文鼎《少廣拾遺》 《少廣》爲《九章》之一。其開平方法爲薄海内外測量家所需，非隸首不能作也。平方而外有立方，以爲鑿築土方之用，課工作者猶能言之。若三乘方以上，知之者蓋已尠矣。嘗見《九章比類》《曆宗筭會》《算法統宗》，俱載有「開方作法本原」之圖，而僅及五乘，並無算例。《同文算指》稍變其圖，具七乘方算法而不適于用。詮釋不無譌誤。《西鏡録》演其圖，爲十乘方，而舉數僅詳平、立、三乘一式而已，餘皆未及。

又 屢詢四乘方、十乘方法。蓋諸乘方法，獨此二端不可以借用他法，而問者及之。竊喜朋儕中固自有留心學問之人。遂稍取古圖紬繹發其指趣，爲作十二乘方算例，頗覺詳明。然後知今日所用開平方法，迺算數家徑捷之用，而不及古圖之簡括精深也。

又 平方外有立方，以爲鑿築土方之用，課工作者，猶能言之。

又 開諸乘方大法

諸乘方法，惟平方爲用最多。因有專法，今自平方立方，推之三乘以上。至于多乘，而通爲一法，是爲大法。諸乘方大法可以開平方，而平方專法不可以開諸乘方。

總法

凡諸乘方皆先列實，次作點分段，次查表以定初商，次求廉隅以定續商。

列實之法，依筆算作平行兩直線，以設積紀于右直線之右，皆自上而下，至單數止。無單數者作〇，存其位。

作點分段之法，皆于原積末位單數作一點起，凡減隅積必至單位，故分段之法以此爲宗。《同文算指》但言起末位，殊混。依各乘方，宜以若干位爲一段即隔若干位點之。或作實點，或作虛點。俱可。然虛點尤便。以減商積時有借上位之點，免淩雜也。如平方以每兩位爲一段，則隔一位點之，立方以三位爲一段，則隔兩位點之，乃至十二乘方以十三位爲一段，則隔十二位點之，並同一法。

謹按作點分段，其用有二。一以定開方有若干次也，如有一點，則只開一次，有兩點，則開二次，三點則開三次之類。一以定開方所得爲何等數也，如只有一點，則初商即單數，二點則初商是十數，三點則初商是百數之類。是故初商減積，必至于最上點而止也，次商減積，必至于次點而止也。每開一次，必減積一次，而所減之數必各盡于其作點之位，亦可以驗開方之無誤也。又最上點以上，初商實也。次點以上，次商實也。每商皆以點位截實，此法于初商尤爲扼要。

又按開方分段，古人舊法之精，錢塘吴信民《九章比類》，山陰周述學《曆宗算會》悉著其説，而《同文算指》《西鏡録》本其意以作點定之，施于筆算爲極善也。鼎于三十年前，見《同文算指》作點之法，驚嘆其奇，後讀諸書，始知其有所祖述非西人創也。

初商之法　皆以最上一點，截原積若干位爲初商實。乃查初商表，視本乘方下數，有與實相同，或較小于實者録之，紀于左線之左。皆以表數末位，對右線上原實最上點紀之。是爲初商應減之積，即于本表旁行查方根，紀于左線之右。皆對所紀表數首位進一位紀之。是爲初商數。

以初商應減之積，左行所紀。與初商實，右行最上點所截原實。對位相減。皆以左減右，須依筆算從小數減起，如左行減數大，右行實數反小而不及減，則作點于上一位，借十數減之。減不盡者爲餘實以待續商。

凡原實有二點，則初商爲十數而有次商。有三點初商爲百數而有次商及三商。以上倣論。如實只一點，則初商即是單數無續商。

次商之法，皆以第二點截餘實爲次商實。

凡初商皆爲方積，次商以後則有廉積隅積。

先求廉率　查廉率立成，本乘方廉率有若干等，等有若干數，平列之爲若干行，謂之定率。如平方只一種廉，其定率二。立方有二種廉，曰平廉，曰長廉，其定率並三。若三乘方則有三種廉，曰一廉，曰二廉，曰三廉，其定率曰四，曰六，曰四。詳後式。每增一乘，即廉增一等，而定率增一行。有廉之等，有廉之數，如平方有二廉。立方有三平廉，三長廉，此廉之數也。平方之兩廉同積，共爲一等。立方之三平廉同積爲一等，三長廉同積爲一等，共爲二等。此廉之等也。廉率中兼此二義。

求廉汎積，以各廉定率，乘初商應有各數，各依本乘方減小一等用之。廉多者又遞減挨次乘之，至根數止。是爲汎積。有初商數即各帶有自乘冪積，二乘立積，乃至三乘以上各積是爲應有各數也。今求汎積，當依本乘方減小一等，用之，如平方只用根數，立方用初商冪積，乃至十二乘方用初商十一乘，此爲減小一等也。至第二廉，則立方用初商根，三乘方用初商自乘，乃至十二乘方用初商十乘，此爲廉多者，二廉以上，又遞減挨次乘之也，遞減至初商根，則爲末後一廉矣。故曰至根數止。

求次商數以汎積約餘實得之。

求廉定積，以各廉汎積乘次商數，廉多者遞增一等，挨次乘之，至本乘方減小一等止，是爲定積。凡第一廉汎積，皆乘次商根而得定積，有第二廉，則以次商自乘積乘之，有三廉，則以次商立方積乘之，是爲遞增一等也。然增不得至本乘方，但增至本乘方減小一等數，即爲末後一廉矣。

求隅積，以次商數查初商表，各依本乘方取之。以次商對横行根數，以本乘方對直行，縱横相遇得之。列于廉積之後一行，是爲隅積。小隅體勢並同初商大方，如平方則隅即小平方，立方則隅即小立方。三乘方之隅亦爲小三乘方，四乘以上並同，故可借初商表用之。

求廉隅共積，以所得各廉定積及隅積用併法併之即得。

求次商定數，以所得廉隅共積紀左線之左，又在表數之左，以末位對第二點紀之，爲次商應減之數。與次商實右行第二點所截。對位相減，以左減右。減不盡者，又爲餘實以待三商，遂紀次商數于初商之下，爲次商定數。如廉隅共積大于次商實，不及減則改次商，至及減而止，乃爲次商定數。

三商以後並同上法。

不論三商四商以至多商，其廉定率不變，但求汎積時，三商則並初商次商兩位商數合而用之，四商則併前三次商數，皆取其應有各數以乘定率而得汎積，亦如上法之用初商。其求定積則三商即用三商之數，四商即用四商之數，以乘汎積而得定積，亦如上法之用次商。餘法並同次商。

審〇位之法，凡廉泛積大于餘實，或僅相等而無隅不能商一數，是次商爲〇位也。即紀〇位于先商之次，而併下一點餘實爲續商餘實。

次商單一之法，凡汎積與實僅同而有隅一，是商得一數也。即以汎積爲定積，不必更乘次商，惟單一則然，若商得一十一百一千，仍須如法乘之。

清·沈欽裴《四元玉鑒細草·自序》　梅氏《少廣拾遺》開至十二乘方而止。先作點分段，次查表以定初商。次求廉隅，以定續商。術已繁矣，且施諸帶縱則窮，施諸之分則又窮。是枝枝節節爲之，而未明廉隅進退之理也。

清·吴嘉善《白芙堂算學廿一種·開方術》　開方者，各乘方也。開方者，求各乘方之邊也。何謂乘方，以邊相乘則成方也。長邊乘闊邊則得平方，故平方亦曰冪，亦曰面。亦曰一乘方，以相乘一次也。以長邊乘闊邊再以高邊乘之則得立方，故立方亦曰體，亦曰再乘方。以相乘二次也。若置立方再以一數乘之則得三乘方，再以一數乘三乘方，則得四乘方，表如下。

二數相乘	三數相乘	四數相乘	五數相乘
平方	立方	三乘方	四乘方

餘準此

有方邊以求方積，其事易。有方積以求方邊，其事難。法當即其易者，以明其難者，故言開方而先明乘方焉。

清·華蘅芳《開方古義》　朱松庭《四元玉鑑》首列《今古開方會要之圖》內分爲二：一爲梯法七乘方圖，一爲古法七乘方圖。其如何用以開方，則朱書未明言。讀朱書者，亦弗知也。余謂是圖必能爲開正負諸乘方之用。其開卷而首列是圖者，必爲是書中所不可少者也。惟是心力懦鈍，未能遽通其義。攷之梅氏、駱氏、夏氏之説，亦覺未得要領。蓄疑於胸中者久之，邇年來因演算積較之術，始知圖中各數乃專爲遞開一數而設，是古時開方所用之乘數也。其梯法之圖，乃專明步法進退之例。與秦氏《數書九章》之法大略相同，蓋其所謂今法也。集今古之法，而會其要則朱氏之意也。數百年久晦之義，今得一旦復明。此亦數理之自然非余之力也。爰著《開方古義》二卷。卷一專演古題，卷二論余求得各術之故。

徵引舊説：梅氏《少廣拾遺》云嘗見《九章比類》《曆宗筭會》《筭法統宗》俱載有開方作法本原圖而僅及五乘，並無算例。《同文算指》稍變其圖，具七乘方算法而不適於用，詮釋不無譌誤。《西鏡録》演其圖爲十乘方，而舉數僅詳三乘方一式而已。康熙壬申，稍取古圖紬繹發其旨，爲作十二乘方算例，頗覺詳明。然後知今日所用開平方之法，迺算家徑捷之用，而不及古圖之簡括精深也。

駱氏開方作法本原圖解云：開方作法本原圖梅勿庵先生謂其相生之序，皆加一算是矣。然作法之原究未詳晰。則以勿庵固未知天元一術也。又云：是圖專爲天元一而設也。第天元一術久失其傳，故知之者鮮耳。

夏氏《洞方術》論整根遞加圖云：算學之遞加圖，猶農夫之耒耜，漁人之網罟也。亦猶璇璣迴文縱横反復，皆成文也。數雖至約，理則無窮。凡算法之精深者，皆不外乎是。梅氏《少廣拾遺》演爲圖，而未詳加詮釋。春池駱氏謂是圖專爲天元一而設，其論亦似囿一隅。蓋諸乘方之廉、率、方、隅亦祇屬遞加數之一端耳，烏足盡遞加數之妙哉。是圖求法有斜、横、直、側四種，自左上斜求至右下，自右上斜求至左下，曰斜行。自左横求至右，自右横求至左，曰横行。自上直求至下，曰直行。自右下斜求至左上，自左下斜求至右上，曰側行。以上四種相爲錯綜算法，皆有條不紊，亦數之賾而理之奥也。

平方以二數相乘得積。二數同者，爲正平方。二數不同者，爲從平方。從平方有大小二數之異，故有積較求濶、求長，積和求濶、求長之術。凡平方可開二數，如問者明言較數、和數則求得一數後，即可加減之得又一數也。若不明言和較，止言方法、隅法，則求得一數，必用除法方可又得一數。今立法以較數問者，則正商得一數，負商得一數。以和數問者，則兩正商得二數也。若平方外附一或大或小之長方，則如磬折形而不成方矣，古無此法。

立方以三數遞乘得積。三數同者，爲正立方。三數不同者，爲從立方。立方有大中小三數，故有一從、兩從、三從之異。而和較相求之術乃多矣。凡立方可開三數。如問者不明言和較，止言方法、廉法、隅法則求得一數，尚未知餘二數也。今立法求得一元後，以所變之方、廉、隅開平方得一數，除法得一數，即三數全知矣。或降位開方得和較數加減之，亦可得餘二數也。若其方法非由廉數相乘而得，或缺其旁，或虛其裏，則非三數遞乘之積，不成方矣。近見某氏算書臚列立方變體一十三種，《衡齋算學》並創爲可知、不可知之例，皆沿借根方之說，而無得於天元一者也。今俱不敢採入。

三乘方以四數遞乘得積。其正從不同之異與立方等，而和較相求其術愈繁矣。凡三乘方可開四數，求得一元後，以所變之方、廉隅、開立方得一數，又以所變之方、廉、隅開平方得一數，再以除法得一數，即四數皆知矣。或降位開方，用立方求各元法得和較數，加減之亦可得餘三數也。或謂三乘方帶下廉、方法者變也，其止帶上廉者，正也。不知三乘方本法，次商後諸廉畢具，豈得以本法爲變乎，殆近於不知而作矣。

四乘方，以往用者，甚尠。《測圓海鏡》有五乘方法，亦不可不詳其用也。今自四乘方推至九乘方，正從各殊廉法悉備，較之平立方廉數雖多，而開法則一。可補自來算書之缺，故彙爲一編置諸末卷。

又　開方列位總式

凡平方之積、方、隅三層，積列於上，方列於中，隅列於下。視其積有幾商，即以方隅對積列之。如有平方負積一萬二千五百尺，從方二十五尺，隅一。法從積之單位起，隔一位作點，以定初商。

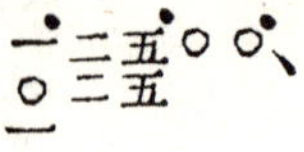

此積有三點，知有三商。而初商爲百也，即以方之單位對積之百位列之，以隅之一對方之百位列之。凡隅必與所商之點相對。此一開即盡者也。如有次開，則次商爲十，即以方之單位對積之十位列之，以隅之一對方之十位列之，而隅又必與所商之點相對矣。有多商者仿此。

凡立方之積、方、廉、隅四層，積列於上，方次之，廉次之，隅列於下。視其積有幾商，即以方廉隅對積列之。如有立方負積一百六十二萬五千，從方七百五十，廉五十五，隅一。法從積之單位起，隔二位作點，以定初商。

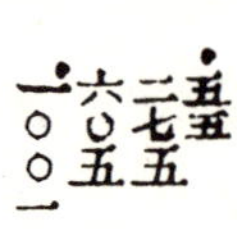

此積有三點，知有三商。而初商爲百也，以方之單位對積之百位列之。以廉之單位對方之百位列之，以隅之一對廉之百位列之，而隅與初商之點相對。如有次開，則次商爲十，以方之單對積之十，廉之單對方之十，隅之一對廉之十列之，而隅又必與所商之點相對，有多商者仿此。

凡三乘方之積、方、廉、隅五層，積列於上，方次之，上廉次之，下廉次之，隅列於下。視其積有幾商，以方、廉、隅對積列之。如有三乘方負積一十七萬一千〇七十二，從方一千四百四十，上廉四百四十四，下廉四十，隅一。法從積之單位起，隔三位作點，以定初商。

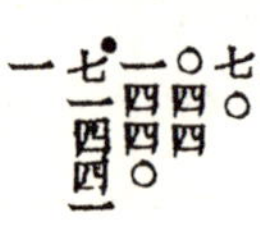

此積有二點，知有二商。而初商爲十也，以方之單對積之十，上廉之單對方之十，下廉之單對上廉之十，隅之一對下廉之十列之，而隅必與所商之點相對也。此有次開，則次商爲單，所以方、廉、隅之單，俱對積之單列之，而隅又與所商之點相對矣。

又　卷二　總論

雲門先生曰：諸乘方始於天元一法，以元數累乘得之。如元數三者，三自乘得平方。九再乘得立方二十七，三乘得三乘方八十一，即連比例之理也。凡開諸乘方法，以立方言之，隅法者，立方數也。廉法者，平方數也。方法者，商除之法元數也。實者，立方、平方與元數之共積也。除法以實之一位爲得數一位，挨次爲序。平方則以實之二位爲方之一位，立方則以實之三位爲方之一位。天元一法，平方兼除法，立方兼平方與除法，故步積者，方進一，廉超一即進二，隅超二即進三。以除法、平方、立方三法分步之，而開立方則合除法、平方、立方爲一法開之也。以隅乘商，則立方數化爲平方數，故可與廉法相加減，以廉法即平方數也。又以加減之廉乘商，則平方數化爲元數，故可與方法相加減，以方法即元數也。又以加減之方乘商，則元數化爲積數，故可與實相加減，以實即立方、平方與元之共積，亦即立方、平方所化之元，加減方法之元，共積也。初開之立方隅，即立方之隅算。廉法，即平方之隅算。方法，即除法之法數。以初商乘隅，則立方隅化爲廉數，是隅法爲初商一次乘也。又以隅化之廉數加減廉法，以乘初商，則廉化爲方，是隅法爲初商乘二次。廉法爲初商乘一次也，又以廉化之方加減方法，以乘初商爲初商實，是隅法爲初商乘三次，即初商再自乘之立方。而隅數，即立方之隅算也。廉法爲初商乘二次，即初商自乘之平方。

而廉法數，即平方之隅算也。方法爲初商乘一次，即初商乘元共數，而方法數即除法之法數也。次開有三平廉，三長廉，一次商隅。三因初商，則三平廉化爲平方數，故加減廉法爲次廉法。又三因初商，則三長廉化爲平方之兩長廉，故加減倍廉法，又乘商則長廉化爲元數，故加減方法，爲次方法。其立方隅法不變，以次商乘隅，則立方次隅化爲廉數。又加減次廉，以乘次商則廉化爲方數。在次隅，爲次商乘二次，在次廉爲次商乘一次。又以廉化之方加減，次方以乘次商爲次實，在次隅爲次商乘三次，即次商再自乘之立方。在次廉爲次商乘二次，即次商自乘之平方。在次方爲次商乘一次，即次商乘法數也。此立方兼平方及除法之理也，三乘方以上仿此，可知矣。

賈憲三角

算法

宋·賈憲《黃帝九章算經細草》卷四《少廣》《永樂大典》卷一六三四四　增乘方求廉法草曰：釋鎖求廉本源。列所開方數，如前五乘方，列五位，隅算在外。以隅算一，自下增入前位，至首位而止。首位得六，第二位得三，第三位得四，第四位得三，下一位得二。復以隅算如前陞增，遞低一位求之。

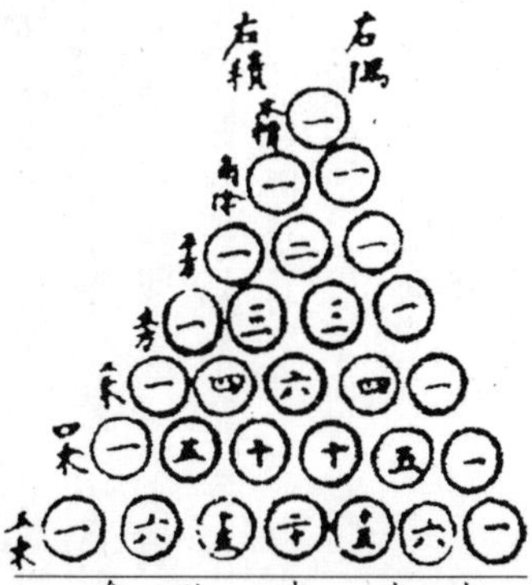

右袤乃積數　右袤乃隅算　中藏者皆廉　以廉乘商方　命實而除之

求第二位

六　舊數，五　加十而止，四　加六爲十，三　加三爲六，二　加一爲三。

求第三位

六　十五　並舊數，十　加十而止，六　加四爲十，三　加一爲四。

求第四位

六　十五，二十　並舊數，十　加五而止，四　加一爲五。

求第五位

六　上廉　十五　二廉　二十　三廉　十五　並舊數，四廉　五　加一爲六。下廉

元·朱世傑《四元玉鑒》　古法七乘方圖

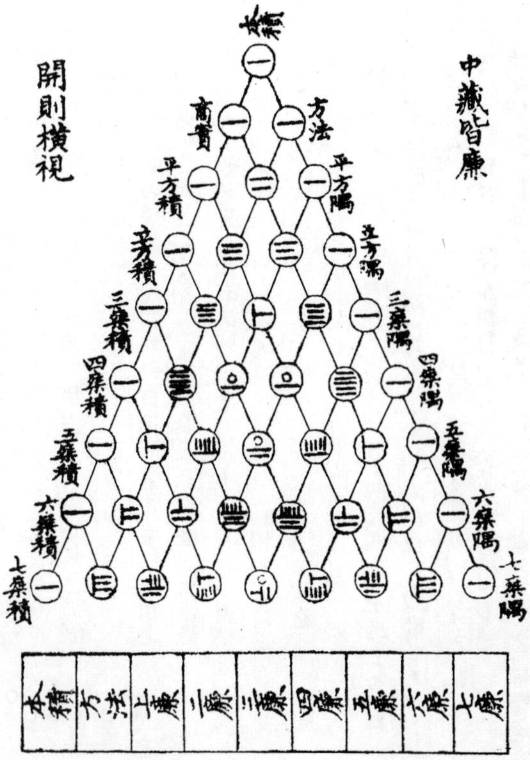

清·華蘅芳《開方古義》卷一《釋圖》　古法七乘方圖，言此爲古時開方之法也。程氏《算法統宗》有開方作法本原圖，數與此同，又名遞加圖，又名廉法表。

開則橫視，言開方之時，必將此圖橫看之也，猶言圖中橫行必改之爲直行也。

中藏皆廉，言其中間所含之各數皆爲廉法也。

本積商實至七乘積，言其左邊各層之一爲各乘方之積也。

方法至七乘隅，言其右邊各層爲法與隅也。

自中藏皆廉至此皆明造此各數之法也。如 |‖| 爲 || 之平方，其上層之 | 爲平方積，其下層之 | 爲平方隅，中藏之 ‖ 爲廉。如 |Ⅲ Ⅲ| 爲 || 之立方，其上層之 | 爲立方積，其下層之 | 爲立方隅，中藏之 Ⅲ Ⅲ 皆爲廉也。

亦言用數時截取之處也。如開平方則截取其三層，開立方則截取其四層，各至其本方之積廉隅爲止，而用之也。

本積至七廉，其字不注於各數之下，而別書於橫格之中，與其上各層若不相屬者，疑指開得之餘式而言，觀以下各算式自明其意。

明・吴敬《九章筭法比類大全》卷四《少廣》 開方作法本源

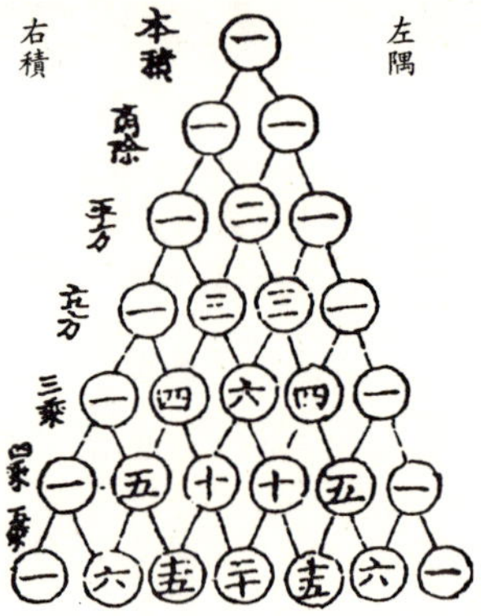

右袤乃積數，左袤乃隅筭，中藏者皆廉，以廉乘商方，命實而除之。

明・王文素《筭學寶鑒》卷三八《三乘以上方》

欲識三乘以上方，幾乘方隅幾行商。隨隅乘甲呼除寔，隅用商乘改作方。甲逆乘廉增一遍，隅廉乘乙順行當。增乘至尾加方內，命乙除餘法最良。

商數法曰：置積，從單一之位約之，假令三乘方，超三位，四乘方超四位，約之。以上倣此，次商並如商除定位。

欲識廉隅遞益生，直斜二上併分明。便知其下廉隅數，變化無窮照此行。

開方本源圖

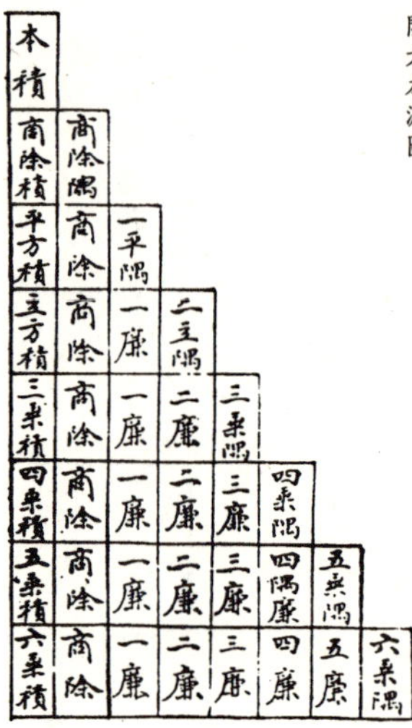

生廉圖

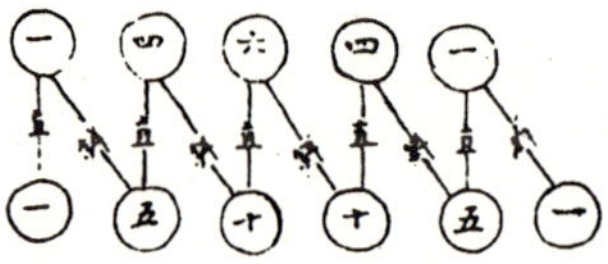

此一正抵左上斜一，故止得一。

此五抵正上直一左上斜四，併之得五。

此十抵正上直四左上斜六，併之得十。

此十抵正上直六左上斜四，併之得十。

此五抵正上直四左上斜一，併之得五。

此一正抵正上直一，故止得一。

三乘方生四乘方，餘皆倣此。

明・周述學《曆宗筭會》卷四 乘廉定法

平方，以方法二乘爲廉。立方，以方法三乘爲上廉，其下廉亦三乘之。三乘方，以方法四乘，上廉六乘，下廉四乘。四乘方，以方法五乘，上廉十乘，中廉十乘，下廉五乘。五乘方，以方法六乘，上廉十五乘，二廉二十乘，三廉十五乘，下廉六乘。凡各求次商其廉乘數，俱如之。

開方求廉法圖

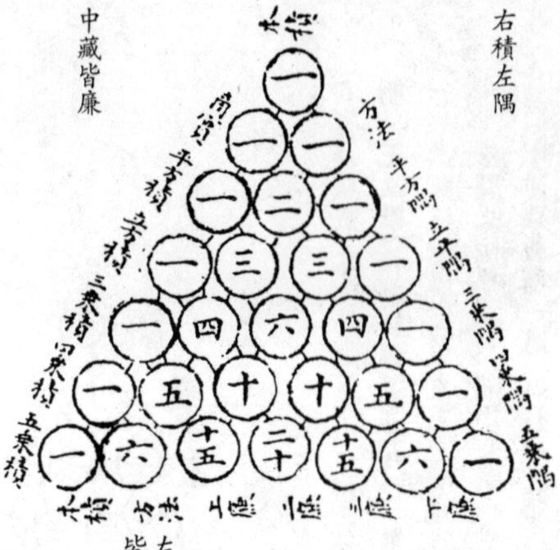

開方求廉率作法本源圖

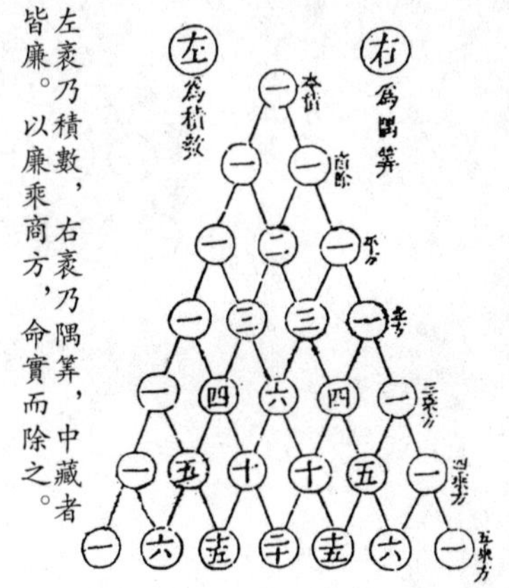

明・程大位《算法統宗》卷四《開方》 此圖雖吴氏《九章》内有自平方至五乘方，却不云如何作用，註釋不明。

今依[下]圖自上 一一 得二爲平方率，又併 一二一 得三三爲立方率。又併 一三三一 得四六四爲三乘方率。向下求出三十餘乘方，皆取自然生率之妙。

今畧具五乘方圖式，可爲求廉率之梯堦。

又考其平方形如方田，以平方面自乘得平方積數，是一乘方。其立方形如骰子様，以平方面自乘得平方積，再以高方面乘之，得立方積數。是二乘方。

其三乘方以平方面自乘，得平方積數，再以高方面乘得立方積數，又以方面乘得三乘方積數，故曰三乘方。其形不知如何模様，只是取數而已。或至十乘方，三十餘乘方，皆是先賢取生率之妙，以明開方正律，亦不可廢。

清・梅文鼎《少廣拾遺》 開方求廉率作法本原圖自開平方至開八乘方。

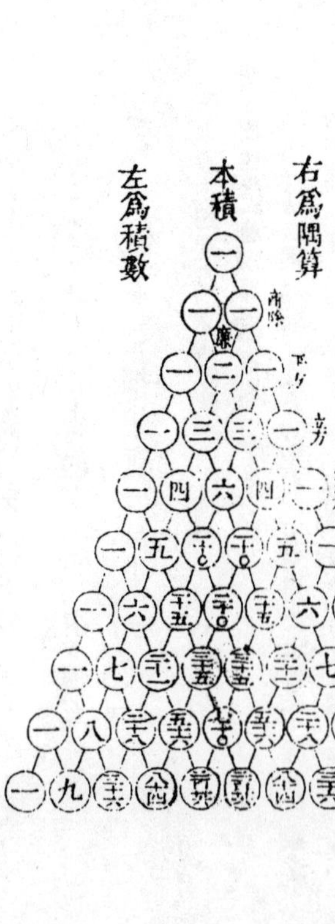

圖最上書一者本數也。本數者，即大方也。大方無隅無乘除之可言，而數從此起也。次並列一者方邊也。西法謂之根數，即一十一也。左一即本數，因有次商，而進位成一十爲初商之根。右單一爲次商之根，既有根數，即有平幂，故第三層 一二一 者，幂積也。西法謂之面，即一百二十一也，左一百爲初商自乘之幂，即大方積也。右單一爲次商自乘之幂，即隅積也，小平方也。中二十則兩廉積也，並長方也。

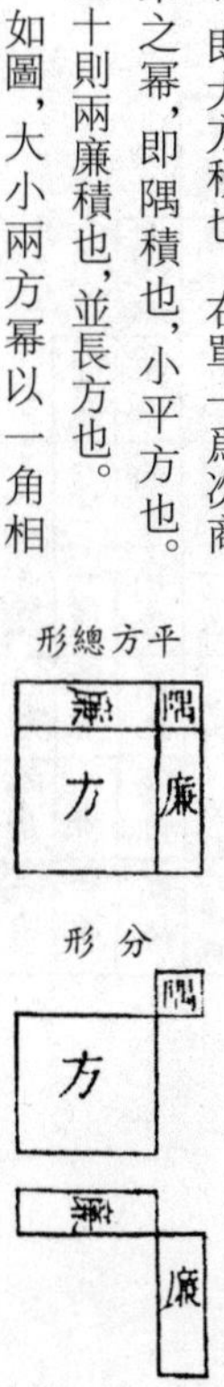

如圖，大小兩方幂以一角相聯，必得兩廉以輔之而其方始全，故平方廉積二也。

第四層 一三三一 者，立方積也。西法謂之體積，即一千三百三十一也。左一千初商再乘之積，大立方也。右單一爲次商再乘之積，隅積也，小立方也。中三百三十皆廉積也，三百爲三平廉積，扁立方也。三十爲三長廉積，長立方也。

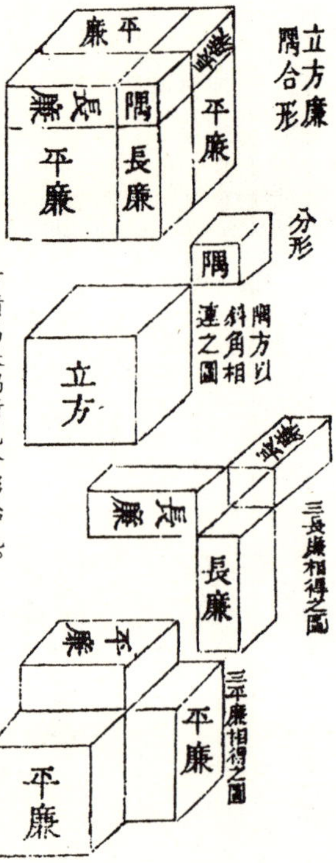

方積爲廉隅所包分形始見。

如圖，析觀之則初商大立方體。與次商隅積小立方體相連于一角，必得三平廉之扁立方體，補于大立方之三面。又有三長廉之長立方體，補于小立方之三面及三平廉之隙，而方體始全，故立方之廉積有二等，而其數各三也。

第五層 一四六四一 者三乘方也，即一萬四千六百四十一也。左一萬者大三乘方也，初商方積也。右單一者小三乘方也，次商隅積也。大方積既以三乘之故而積陞至萬，小隅雖三乘仍單一也，其相隔已三位，故必有第一廉舊名方法。爲千數。第二廉舊名上廉。爲百數，第三廉舊名下廉。爲十數，以補之，其數始足。其理亦如平方立方也。三乘方以上不可爲圖，諸書有强爲之圖者非也。然其理則有可言者焉，以其相生之序言之，則皆加一算法也。初商次商如十與一，而其冪則如百與一，故于 一一 之下各加 一一，即成 一二一。如十一之自乘也，此平方率也。又以十一乘之，成 一三三一 即立方率也。又以十一乘之成 一三三一 一三三一 即三乘方率。四乘以上，準此加之，皆加一法也。曰：若是則諸乘方皆以十一遞乘而得，非十一者何以處之。曰：根非十一，而其理皆如十與一，何則？凡增一乘，積陞一等，而亦增一廉，廉與廉之積，亦皆如十與一也。

廉率立成自開平方至開十二乘方。

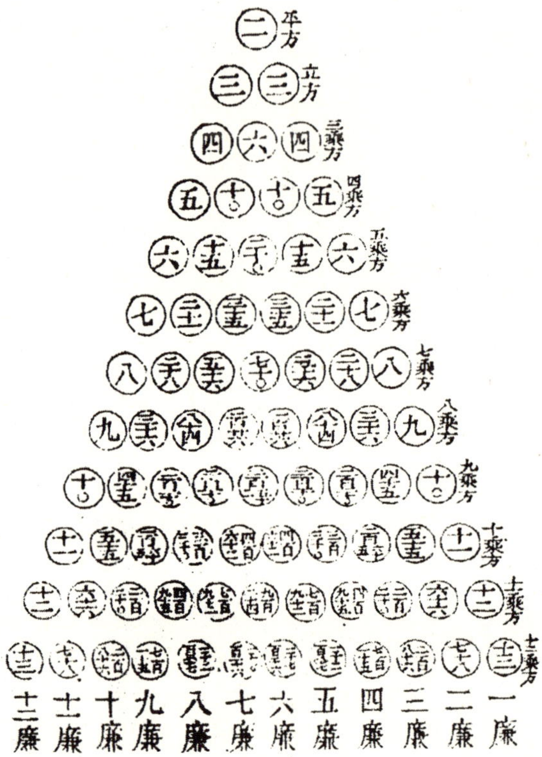

廉率立成附説

凡開方一位除盡者，無廉隅也。廉隅皆生于次商，次商之根必小于初商一等，而其小隅之體勢，必與初商之大方同狀。如再乘之隅即小立方，三乘方之隅即小三乘方。此可借初商表而降等求之，不必更立隅法也。廉法則不然，每增一乘，則廉增一等。如平方但有廉，立方則有平廉長廉二，三乘方則有三種廉，四乘方則有四種廉。其廉之等並與其乘數同增。而廉亦加多，如平方只二廉，立方則平廉長廉各三，三乘方則三種廉共有十四，四乘以上則更增而多，如圖所列。此廉率所由立也。

問廉既有等，如平方廉爲十，立方廉爲十爲百之類。而今廉率只作單數用，何也？曰：此廉之數也，非廉之積也。廉積有等，則既于其次序分之矣，挨次乘之，其等自見。如第一廉，必小于初商大方一等，第二廉又小一等，其最末之廉必大于小隅一等，各乘方皆如是。若同一等中，應各有若干廉，必先知之而後可用，故立成中所列皆單數。

問古圖以右爲隅法，其序自左而右，今廉率之序自右而左何也？曰：既皆作單數用，則左右一也。今依筆算自右而左，便于取用故也。廉法相生之序左右同數。如立方平廉三，長廉亦三也。三乘方第一廉四，第三廉亦四也，其近大方有若干廉，則其近小隅亦有若干廉，故左右並同。可以左爲初商大方，右爲小隅。亦可以右爲大方，而左爲小隅。此亦見古圖之妙也。問舊有方法廉法之目，今概曰廉法，何也？曰：開方法有方有廉有隅，其初商自乘即方也，次商自乘即隅也，方與隅之間，次商初商相乘而得者皆廉也。舊以立方之平廉有似扁方，故名之方法，而三乘方因之，遂又有上廉下廉之目，故不如一切去之，但以一二三四爲序，較畫一耳。

問平方之廉皆平冪也，立方之平廉長廉皆體積也，不知三乘方以上之廉積，亦能與方隅等狀乎？曰：凡諸乘方之廉積無不與方隅之乘數等也。試以三乘方言之，其第一廉有四，皆初商之再乘積，而又以次商根乘之，是三乘也。其第二廉有六，皆初商自乘之平冪也，而又以次商之平冪乘之。第三廉有四，皆初商之根數，而又以次商之立積乘之，皆三乘也。又以四乘方言之，其第一廉有五，皆初商三乘積也，又乘次商根，是四乘也。其第二廉有十，皆初商再乘積也，又以乘次商冪，亦四乘也。其第三廉亦十，皆初商冪積也，又以乘次商再乘積。其第四廉有五，皆初商根也，又以乘次商之三乘積，皆四乘也。五乘方以上俱如是。觀後算例自明。

初商表各以最上點截爲初商實，查表減積而得方根，即初商數也。

方根	平方一乘	立方再乘	三乘方	四乘方	五乘方
一	一	一	一	一	一
二	四	八	一六	三二	六四
三	九	二七	八一	二四三	七二九
四	一六	六四	二五六	一〇二四	四〇九六
五	二五	一二五	六二五	三一二五	一五六二五
六	三六	二一六	一二九六	七七七六	四六六五六

續表

方根	平方一乘	立方再乘	三乘方	四乘方	五乘方
七	四九	三四三	二四〇一	一六八〇七	一一七六四九
八	六四	五一二	四〇九六	三二七六八	二六二一四四
九	八一	七二九	六五六一	五九〇四九	五三一四四一

方根	六乘方	七乘方	八乘方
一	一	一	一
二	一二八	二五六	五一二
三	二一八七	六五六一	一九六八三
四	一六三八四	六五五三六	二六二一四四
五	七八一二五	三九〇六二五	一九五三一二五
六	二七九九三六	一六七九六一六	一〇〇七七六九六
七	八二三五四三	五七六四八〇一	四〇三五三六〇七
八	二〇九七一五二	一六七七七二一六	一三四二一七七二八
九	四七八二九六九	四三〇四六七二一	三八七四二〇四八九

方根	九乘方	十乘方
一	一	一
二	一〇二四	二〇四八
三	五九〇四九	一七七一四七
四	一〇四八五七六	四一九四三〇四
五	九七六五六二五	四八八二八一二五
六	六〇四六六一七六	三六二七九七〇五六
七	二八二四七五二四九	一九七七三二六七四三

續表

方根	九乘方	十乘方
八	一〇七三七四一八二四	八五八九九三四五九二
九	三四八六七八四四〇一	三一三八一〇五九六〇九

方根	十一乘方	十二乘方
一	一	一
二	四〇九六	八一九二
三	五三一四四一	一五九四三二三
四	一六七七七二一六	六七一〇八八六四
五	二四四一四〇六二五	一二二〇七〇三一二五
六	二一七六七八二三三六	一三〇六〇六九四〇一六
七	一三八四一二八七二〇一	九六八八九〇一〇四〇七
八	六八七一九四七六七三六	五四九七五五八一三八八八
九	二八二四二九五三六四八一	二五四一八六五八二八三二九

諸乘方進位例

	根一	一〇	一〇〇
平方	積一	一〇〇	一〇〇〇〇
立方	一	一〇〇〇	一〇〇〇〇〇〇
三乘方	一	一〇〇〇〇	一〇〇〇〇〇〇〇〇
四乘方	一	一〇〇〇〇〇	一〇〇〇〇〇〇〇〇〇〇
五乘方	一	一〇〇〇〇〇〇	一〇〇〇〇〇〇〇〇〇〇〇〇
六乘方	一	一〇〇〇〇〇〇〇	一〇〇〇〇〇〇〇〇〇〇〇〇〇〇
七乘方	一	一〇〇〇〇〇〇〇〇	一〇〇〇〇〇〇〇〇〇〇〇〇〇〇〇〇
八乘方	一	一〇〇〇〇〇〇〇〇〇	一〇〇〇〇〇〇〇〇〇〇〇〇〇〇〇〇〇〇

續表

九乘方	一	一〇〇〇〇〇〇〇〇〇〇	一〇〇〇〇〇〇〇〇〇〇〇〇〇〇〇〇〇〇〇〇
十乘方	一	一〇〇〇〇〇〇〇〇〇〇〇	一〇〇〇〇〇〇〇〇〇〇〇〇〇〇〇〇〇〇〇〇〇〇
十一乘方	一	一〇〇〇〇〇〇〇〇〇〇〇〇	一〇〇〇〇〇〇〇〇〇〇〇〇〇〇〇〇〇〇〇〇〇〇〇〇
十二乘方	一	一〇〇〇〇〇〇〇〇〇〇〇〇〇	一〇〇〇〇〇〇〇〇〇〇〇〇〇〇〇〇〇〇〇〇〇〇〇〇〇〇

諸乘方根同而積不同，本易知也。惟根之一者積同爲一，似乎無別矣。然有冪積之一，有體積之一，有三乘以上諸乘方之一，雖曰積同爲一，其實不同也。今以方根之爲單一，爲一十，爲一百者，爲例如右。

初商又表

方根	一乘方	再乘方	三乘方	四乘方	五乘方	六乘方
一〇	一〇〇	一〇〇〇	一〇〇〇〇	一〇〇〇〇〇	一〇〇〇〇〇〇	一〇〇〇〇〇〇〇
二〇	四〇〇	八〇〇〇	一六〇〇〇〇	三二〇〇〇〇〇	六四〇〇〇〇〇〇	一二八〇〇〇〇〇〇〇
三〇	九〇〇	二七〇〇〇	八一〇〇〇〇	二四三〇〇〇〇〇	七二九〇〇〇〇〇〇	二一八七〇〇〇〇〇〇〇
四〇	一六〇〇	六四〇〇〇	二五六〇〇〇〇	一〇二四〇〇〇〇〇	四〇九六〇〇〇〇〇〇	一六三八四〇〇〇〇〇〇〇
五〇	二五〇〇	一二五〇〇〇	六二五〇〇〇〇	三一二五〇〇〇〇〇	一五六二五〇〇〇〇〇〇	七八一二五〇〇〇〇〇〇〇
六〇	三六〇〇	二一六〇〇〇	一二九六〇〇〇〇	七七七六〇〇〇〇〇	四六六五六〇〇〇〇〇〇	二七九九三六〇〇〇〇〇〇〇
七〇	四九〇〇	三四三〇〇〇	二四〇一〇〇〇〇	一六八〇七〇〇〇〇〇	一一七六四九〇〇〇〇〇〇	八二三五四三〇〇〇〇〇〇〇
八〇	六四〇〇	五一二〇〇〇	四〇九六〇〇〇〇	三二七六八〇〇〇〇〇	二六二一四四〇〇〇〇〇〇	二〇九七一五二〇〇〇〇〇〇〇
九〇	八一〇〇	七二九〇〇〇	六五六一〇〇〇〇	五九〇四九〇〇〇〇〇	五三一四四一〇〇〇〇〇〇	四七八二九六九〇〇〇〇〇〇〇

續表

方根	七乘方	八乘方	九乘方	十乘方	十一乘方	十二乘方
一〇	一〇〇〇〇〇〇〇〇	一〇〇〇〇〇〇〇〇〇	一〇〇〇〇〇〇〇〇〇〇	一〇〇〇〇〇〇〇〇〇〇〇	一〇〇〇〇〇〇〇〇〇〇〇〇	一〇〇〇〇〇〇〇〇〇〇〇〇〇
二〇	二五六〇〇〇〇〇〇〇〇	五一二〇〇〇〇〇〇〇〇〇	一〇二四〇〇〇〇〇〇〇〇〇〇	二〇四八〇〇〇〇〇〇〇〇〇〇〇	四〇九六〇〇〇〇〇〇〇〇〇〇〇〇	八一九二〇〇〇〇〇〇〇〇〇〇〇〇〇
三〇	六五六一〇〇〇〇〇〇〇〇	一九六八三〇〇〇〇〇〇〇〇〇	五九〇四九〇〇〇〇〇〇〇〇〇〇	一七七一四七〇〇〇〇〇〇〇〇〇〇〇	五三一四四一〇〇〇〇〇〇〇〇〇〇〇〇	一五九四三二三〇〇〇〇〇〇〇〇〇〇〇〇〇
四〇	六五五三六〇〇〇〇〇〇〇〇	二六二一四四〇〇〇〇〇〇〇〇〇	一〇四八五七六〇〇〇〇〇〇〇〇〇〇	四一九四三〇四〇〇〇〇〇〇〇〇〇〇	一六七七七二一六〇〇〇〇〇〇〇〇〇〇〇〇	六七一〇八八六四〇〇〇〇〇〇〇〇〇〇〇〇〇
五〇	三九〇六二五〇〇〇〇〇〇〇〇	一九五三一二五〇〇〇〇〇〇〇〇〇	九一六五六二三〇〇〇〇〇〇〇〇〇〇	四八八二八一二五〇〇〇〇〇〇〇〇〇〇〇	二四四一四〇六二五〇〇〇〇〇〇〇〇〇〇〇〇	一二二〇七〇三一二五〇〇〇〇〇〇〇〇〇〇〇〇〇
六〇	一六七九六一六〇〇〇〇〇〇〇〇	一〇〇七七六九六〇〇〇〇〇〇〇〇〇	六〇四六六一七六〇〇〇〇〇〇〇〇〇〇	三六二七九七〇五六〇〇〇〇〇〇〇〇〇〇〇	二一七六七八二三三六〇〇〇〇〇〇〇〇〇〇〇〇	一三〇六〇六九四〇一六〇〇〇〇〇〇〇〇〇〇〇〇〇
七〇	五七六四八〇一〇〇〇〇〇〇〇〇	四〇三五三六〇七〇〇〇〇〇〇〇〇	二八二四七五二四九〇〇〇〇〇〇〇〇〇〇	一九七七三二六七四三〇〇〇〇〇〇〇〇〇〇〇	一三八四一二八七二〇一〇〇〇〇〇〇〇〇〇〇〇〇	九六八八九〇一〇四〇七〇〇〇〇〇〇〇〇〇〇〇〇〇
八〇	一六七七七二一六〇〇〇〇〇〇〇〇	一三四二一七七二八〇〇〇〇〇〇〇〇〇	一〇七三七四一八二四〇〇〇〇〇〇〇〇〇〇	八五八九九三四五九二〇〇〇〇〇〇〇〇〇〇〇	六八七一九四七六七三六〇〇〇〇〇〇〇〇〇〇〇〇	五四九七五五八一三八八八〇〇〇〇〇〇〇〇〇〇〇〇〇
九〇	四三〇四六七二一〇〇〇〇〇〇〇〇	三八七四一〇四八九〇〇〇〇〇〇〇〇〇	三四八六七八四四〇一〇〇〇〇〇〇〇〇〇〇	三一三八一〇五九六〇九〇〇〇〇〇〇〇〇〇〇〇	二八二四二九五三六四八一〇〇〇〇〇〇〇〇〇〇〇〇	二五四一八六五八二八三二九〇〇〇〇〇〇〇〇〇〇〇〇〇

因有續商，故方根以十數見例。方積以尾〇定位，無次商者去尾〇用之，則方根只爲單數。

方廉隅乘法圖以三乘方舉例。

方積	初商根	初商自乘	初商再乘	初商三乘
第一廉	初商根	初商自乘	初商再乘	次商根
第二廉	初商根	初商自乘	次商自乘	次商根
第三廉	初商根	次商再乘	次商自乘	次商根
隅積	次商三乘	次商再乘	次商自乘	次商根

凡方積皆初商自乘，如三乘方即自乘三次。凡隅積皆次商自乘，其自乘若干次一如初商。

凡廉積皆初商與次商相乘，但近大方者初商乘之次數多。如第一廉用初商立積，二廉則用初商冪，遞減以至三廉，則只用初商根。近小隅者次商乘之次數多。如第一廉只用次商根，第二廉則用次商冪，三廉則遞加而用次商立積。各乘方皆如是。

清・梅瑴成《增删算法統宗》卷五《少廣》 開方

開方求廉率作法本原圖

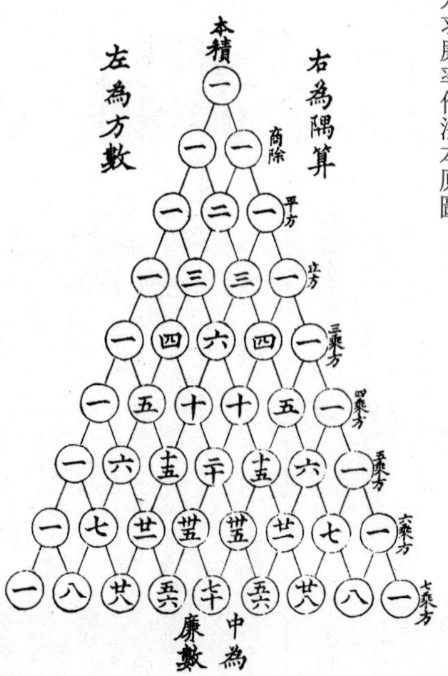

賓渠曰：此圖載吳氏《九章比類》。自平方至五乘方，其如何作用，並未註明。今依圖，自上[illegible]得二爲平方率。又併[illegible]得三三爲立方率。又併

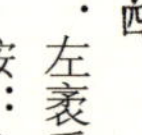
得四六四爲三乘方率。向下屢求以至多乘方，皆取自然生率之妙。又註云：左衺爲積數，右衺爲隅算，中藏者皆廉。以廉乘商方，命實而除之。

按：《統宗》此説頗能顯其自然遞生之妙。至其註曰：左衺乃積數，右衺乃隅數，中藏者皆廉數語，尚有未盡然者。蓋圖中每層所列者，皆方與廉隅之數，而非積也。凡開方一位除盡者，無廉隅也。廉隅皆生于次商，次商以後，自平方以至多乘方，其方與隅只一。圖左右所列之一，皆方隅之數，左爲方，右爲隅。至于廉則不然。每增一乘，其廉亦增而多，且非一等。如平方只二廉，立方則有平廉三，長廉三，共六廉而分二等。三乘方則有第一廉四，第二廉六，第三廉四，其廉既多，難以分別，故以次第名之。共十四廉而分三等。四乘方則有第一廉五，第二廉十，第三廉十，第四廉五，共三十廉。而分四等。五乘方以下，其廉愈多，其等亦遞增。觀圖自明，故曰圖中所列，皆方與廉隅之數，而非積也。其皆廉云者，殆亦未明其爲廉之數乎。

清・孔廣森《少廣正負術内篇》卷上 少廣者所以測量物之形體，推積以知冪，推冪以知邊。凡數之始，必生於邊，邊與邊乘，是爲平冪。邊與冪乘，是爲立積。冪與冪乘，是爲三乘方，冪與積乘，是爲四乘方。積與積乘，是爲五乘方。其廣衺相等者爲正諸乘方，不等者爲從諸乘方。有廣衺故有和較，有和較故有正負，和則以所求之邊減之，較則於所求之邊加之，得多爲正，得少爲負，凡以正乘者同名不變，異名則變。凡以負乘者，異名不變，同名則變。正負交變，必視其異形同實之件。相權而互齊之。斯隱詭糅錯之數皆見，蓋其理近於方程，而其用可以該商功句股之變。簡以御繁，易以知難者焉。自唐王孝通《緝古筭經》宋秦九韶《數學九章》已寓其術，厥後欒城李氏大申明之，著《測圓海鏡》《益古演段》二書。至明而失其傳，遂有顧氏《測圓釋術》之編出，不達敬齋所立天元一細草，盡舉而删去，妄哉。西人入中國見此法取而更修之，謂之借根方。然彼或譯言東來法，未嘗泯其得自中國也，但借根方不復因天元以取定法，又開方不用古從廉，負隅，益積，翻積諸式。於是有數無法，煩亂而不可究，非本少廣之意矣。廣森備官翰林，與窺中秘，得見王秦李三家之書，覃思研究，通其義類試諸籌計，得草若干，顧今人尠習於開諸乘方之法。苦其方廉稠疊而莫明其方廉之所由生。宣城梅氏《少廣拾遺》亦但有平方立方廉隅圖，至三乘方以上，則云不能爲圖。愚謂物之形體，平方立方盡之矣。特平冪立積之不可知者，乃借諸乘方以求之本有其數而無其形，將圖其有形者則冪不可以爲邊，積不可以爲冪，將於其無形者。而假圖以明其數則冪積即可變爲邊，諸乘皆可變爲平方也。輙構諸乘方廉隅圖書首。

諸乘方廉率表	長廉	平廉	立廉	三乘法廉	四乘法廉	五乘法廉	六乘法廉	七乘法廉	八乘法廉	九乘法廉	十乘法廉
平方	二										
立方	三	三									
三乘方	四	六	四								
四乘方	五	十	十	五							
五乘方	六	十五	二十	十五	六						
六乘方	七	二十一	三十五	三十五	二十一	七					
七乘方	八	二十八	五十六	七十	五十六	二十八	八				
八乘方	九	三十六	八十四	百二十六	百二十六	八十四	三十六	九			
九乘方	十	四十五	百二十	二百十	二百五十二	二百十	百二十	四十五	十		
十乘方	十一	五十五	百六十五	三百三十	四百六十二	四百六十二	三百三十	百六十五	五十五	十一	
十一乘方	十二	六十六	二百二十	四百九十五	七百九十二	九百二十四	七百九十二	四百九十五	二百二十	六十六	十二

凡加一乘，其廉亦加一等。故平方唯有長廉，立方即有平方之廉，三乘方即有立方之廉，推而至于百乘方皆然也。其最大最小之廉，自二以及十二，遞進一數，中間諸廉，莫不兩兩相對，而撿表每併右行得左行數。如立方首位三，次位三，併之，即三乘，方次位之六。三乘方首位四，次位六。併之，即四乘方次位之十。亦推而至于百乘方皆然也。平方廉隅人所共曉即帶從平方，秖以四因冪實與和冪較冪加減互求，仍與正平方無異，故後圖自立方始焉。右表列至十一乘者，取得五乘方又自乘而止。然唯三乘方施用最廣，特併詳其從法，四乘五乘各備一圖，五乘以外非布算所急則從略云。

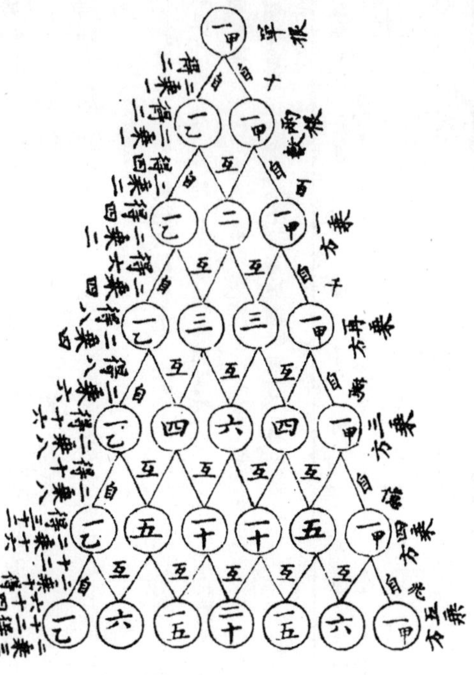

清·焦循《里堂學算記·加減乘除釋》卷二　（右）[下]古開方本原圖也。梅勿菴謂其僅及五乘，廣至八乘方。又去兩畔之單數爲廉率立成。循謂此圖義蕴精深，非《筭法統宗》等書所能擬。解者有所未盡也。正視之，自根而方而體，爲諸乘方遞增之等。斜視之，自單數以至兆數，爲諸乘方列位之等。横視之，自甲方以至乙方，爲諸乘方廉隅之數。平視其圍内之數，合一、二、一爲四，合一、三、三、一爲八，合一、四、六、四、一爲十六，合一、五、十、十、五、一爲三十二，合一、六、十五、二十、十五、六、一爲六十四。即甲乙徧乘之率，余所謂術之變也。或六，或十，或十五，或二十，各共一圍。即互乘相配之數，余所謂術之巧也。縷計其相繫之綫，由二而四，而六，而八，而十，而十二，即由平方遞乘之等。余所謂數之常也，以兩數遞乘，自得倍數緣互乘數等。因相配，而四配爲三，八配爲四，十六配爲五，三十二配爲六，六十四配爲七，於是二自乘位爲四者，適絡於二三之間。二乘四位爲六者，適絡於三四之間。二乘六位爲八者，適絡於四五之間。二乘八位爲十者，適絡於五六之間。二乘十爲十二者，適絡於六七之間。由此觀之，余所舉諸法之不同，皆不出此圖之範圍。終於五乘者，取卦終於六十四之義，解者以左爲積數，已非以一爲本積，亦非知解者非能爲圖者也，更析以明之。

（一）

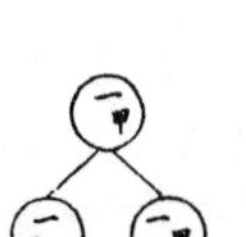

此單數自一至九。凡舉一數者，其乘皆無廉隅，如黄鍾之律，以三自乘至十乘，得十七萬七千一百四十七，皆單數，皆乘得一方。舊説以爲本數，梅勿菴解本數爲大方，不知此單數之根，尚未乘，何得有方。

單數無互乘，故無廉率，然爲一二三之自乘也。則甲仍得甲。三三如九，九仍單數。若四、五、六、七、八九之自乘，則乙必得甲乙四四一十六，一六爲兩數。有甲乙兩數，而諸廉之法乃立。

甲自乘爲甲方。
甲乘乙爲廉。
乙乘甲爲廉。
乙自乘爲乙方。

二廉數等，故同一圍下，凡同圍者放此。

右一乘方，甲乘乙猶乙乘甲。二乘三爲(五)[六]。三乘二亦(五)[六]。

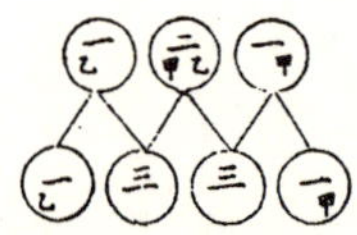

右再乘方。甲乘甲，又以乙乘之，猶甲乘乙，又以甲乘之。一之甲方，本是甲乘甲，又與二廉之乙相乘，是又以乙乘之也。二廉之乙，以甲方乘之，是不啻既以甲乘，又以甲乘也。其義詳見於後。乙乘乙，又以甲乘之，猶乙乘甲，又以乙乘之。一之乙方，本是乙乘乙。又與二廉之甲相乘，是又以甲乘之也。二廉之甲，以乙方乘之，是不啻既以乙乘，又以乙乘也。平方廉有二，每廉半甲半乙，是爲兩甲兩乙，以兩甲與一乙互乘，故得長廉有三。以兩乙與一甲互乘，故得平廉有三。

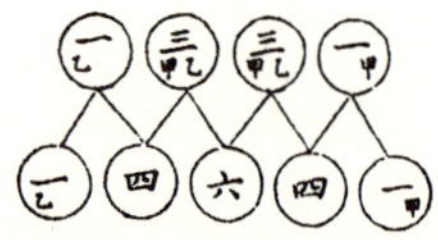

右三乘方。甲乘甲二次，乙乘一次，爲次商所加之立方平廉。本甲乘甲一次，乙乘一次，又以甲乘之，爲甲數諸立方之平廉。亦甲乘二次，乙乘二次也，故弟一廉有四。平廉三所加立方一。乙乘乙二次，甲乘一次，爲甲數諸立方之隅。長廉本乙乘乙一次，甲乘一次，又以乙乘之，爲次商所加立方之長廉。亦乙乘二次，甲乘一次也，故弟三廉有四。初商立方之隅一，次商所加長廉三。乙乘乙一次，甲乘二次，爲甲數諸立方之長廉。甲乘甲一次，乙乘二次，爲乙數諸立方之平廉。皆甲甲乙乙之累乘也，故弟二廉有六。長廉三所加平廉三。

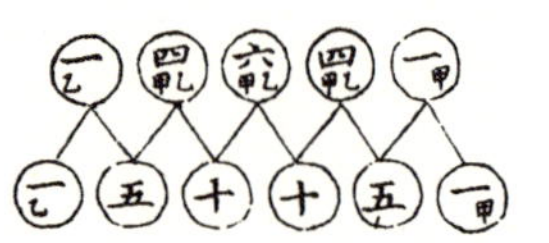

右四乘方。不獨初商之四乘方，因次商而加，而初商四乘方所累之三乘方，亦必因次商之根，而各加三乘方也。三乘方以乙乘之，次商所加四乘方，乃以乙乘三乘方所得。三平廉以甲再乘之，甲一乘之爲三乘方平廉，再乘之爲四乘方平廉。皆四甲一乙累乘之數，以乙乘立方，加於各三乘方，立方三甲累乘也。各三乘方累數視乎甲，各加之，又一甲也。是亦四甲一乙累乘矣，故弟一廉之率有五，抑不獨初商所累之三乘方。因次商而加，而所加四乘方所累之三乘方，亦必因次商之根，而各加三乘方也。以乙乘立方，各加於三乘方。又以乙乘之，初商三長廉，以甲再乘之，皆三甲兩乙累乘之數，所加四乘方之三平廉，平廉二甲一乙三乘之數，甲所加四乘之數乙亦合爲三甲兩乙。初商所加三乘方之三平廉，平廉二甲一乙，初商所加之數乙，初商三乘方之累數甲，亦三甲兩乙，故弟二廉之率十。初商之隅，爲三乙二甲累乘之數，所加四乘方之三長廉，初商所加三乘方之三長廉，長廉二乙一甲所累乘，所加四乘方屬乙，而所累三乘方屬甲，初商所累之三乘方屬甲，而三乘方所加之立方屬乙，亦三乙二甲，次商所加三乘方之三平廉，平廉二甲一乙，次商屬乙所加三乘方亦屬乙，凡云所加，皆屬乙。是亦三乙二甲也。故弟三廉之率有十。隅三乙所加乙，初商三乘方甲，則所加四乘方隅，初商三乘方隅，皆四乙一甲矣，長廉二乙一甲，次商所加三乘方爲二乙，合之亦四乙一甲，故弟四廉之率五。

(右)[左]五乘方，初商四乘積，與五乘方共冪等，次商根與次商所加數等。與平廉厚數亦等，故以初商四乘積乘次商根，爲弟一廉之率六，如根二十，以四乘之，積三百二十萬，五乘之冪亦三百二十萬。如次商五，則每四乘方，加五个三乘方，四乘方甲五乘，爲初商五乘方。

次商加四乘方，初商每四乘方加三乘方，初商每三乘方加立方，初商三平廉。

初商每四乘方所加三乘方每加立方，所加四乘方每加三乘方，所加四乘方每三乘方加立方，初商三長廉，所加四乘方三平廉。初商每四乘方所加三乘方三平廉，初商每三乘方所加立方三平廉。

所加四乘方，所加三乘方每加立方，初商隅，所加四乘方三長廉。初商每四乘方所加三乘方三長廉。初商每三乘方所加立方三長廉。初商每四乘方所加三乘方所加立方三平廉，所加四乘方所加三乘方三平廉。所加四乘方每三乘方所加立方三平廉，所加四乘方隅。初商每四乘方所加三乘方隅。初商每四乘方每三乘方所加立方隅。初商每四乘方所加三乘方所加立方三長廉，所加四乘方所加三乘方三長廉，所加四乘方每三乘方所加立方三長廉，所加四乘方所加三乘方所加立方三平廉。

初商每四乘方所加三乘方所加立方隅，所加四乘方所加三乘方隅，所加四乘方每三乘方所加立方隅，所加四乘方所加三乘方，所加立方三長廉。

乙五乘爲次商五乘方。

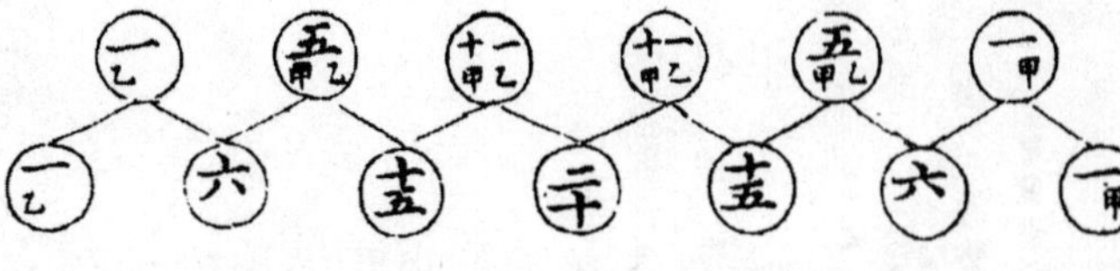

二十，則三乘方加一百，每四乘方爲三乘方二十，每三乘方加五个立方，合二千个立方，二千个立方，即一百个三乘方。一百个三乘方，即五个四乘方，故合之爲弟一廉。初商三乘積，與四乘方冪等，與五乘方綫數等。五乘方之立方有千，則綫積一萬。次商平冪，與次根乘兩次等，故以初商三乘積，乘次商平冪，爲弟二廉之率十五。次根五，冪二十五，乘初商三乘積十六萬，爲四百萬，四乘方之冪積十六萬，以次根乘之八十萬，又以所加之數乘之，亦爲四百萬。初商立積，與三乘方冪等，與四乘方綫積等。與五乘方立方累數等，次商立積，即立方隅。與次根乘三次等，故以初商立積，乘次商立積，爲弟三廉之率二十。初商平冪，與三乘方綫積等，與四乘方之立方累數等。次商三乘積，與次根乘四次等，與次冪乘一次，次根乘兩次等，與次冪乘兩次等，與次根次立積各乘一次等，故以初商平冪乘次商三乘積，爲弟四廉之率十五。初商根與三乘方之立方累數等，次商四乘積，與次根乘五次等，與次根乘三次，次冪乘一次等，與次立積乘一次，次根乘兩次等，故以初商根乘次商四乘積，爲弟五廉之率六，自此推至十二乘方，其理可見，其率似緐，其理實自然而無牽致。試更以甲乙表之於左。

甲　單根方
甲甲　一乘方　此爲自乘。
甲乙　平方廉一　此爲相乘，詳見卷三。
乙甲　平方廉二
乙乙　平方隅
甲甲甲　再乘方
甲甲乙　平廉一　此爲連乘，詳見卷三。
甲乙甲　平廉二
乙甲甲　平廉三
甲乙乙　長廉一
乙甲乙　長廉二
乙乙甲　長廉三
乙乙乙　再乘方隅
甲甲甲甲　三乘方
甲甲甲乙　弟一廉之一　四數以上，凡甲乙雜相乘者皆連乘。
甲甲乙甲　弟一廉之二
甲乙甲甲　弟一廉之三
乙甲甲甲　弟一廉之四
甲甲乙乙　弟二廉之一
甲乙乙甲　弟二廉之二
甲乙甲乙　弟二廉之三
乙甲乙甲　弟二廉之四
乙甲甲乙　弟二廉之五
乙乙甲甲　弟二廉之六
甲乙乙乙　弟三廉之一
乙甲乙乙　弟三廉之二

乙乙甲乙　弟三廉之三
乙乙乙甲　弟三廉之四
乙乙乙乙　三乘方隅
甲甲甲甲甲　四乘方
甲甲甲甲乙　弟一廉之一
甲甲甲乙甲　弟一廉之二
甲甲乙甲甲　弟一廉之三
甲乙甲甲甲　弟一廉之四
乙甲甲甲甲　弟一廉之五
甲甲甲乙乙　弟二廉之一
甲甲乙乙甲　弟二廉之二
甲乙乙甲甲　弟二廉之三
乙乙甲甲甲　弟二廉之四
甲乙甲乙甲　弟二廉之五
甲甲乙甲乙　弟二廉之六
甲乙甲甲乙　弟二廉之七
乙甲乙甲甲　弟二廉之八
乙甲甲乙甲　弟二廉之九
乙甲甲甲乙　弟二廉之十
甲甲乙乙乙　弟三廉之一
甲乙乙乙甲　弟三廉之二
乙乙乙甲甲　弟三廉之三
甲乙甲乙乙　弟三廉之四
甲乙乙甲乙　弟三廉之五
甲乙乙乙甲　弟三廉之六
乙甲乙甲乙　弟三廉之七
乙甲乙乙甲　弟三廉之八
乙甲甲乙乙　弟三廉之九
乙乙甲甲乙　弟三廉之十
甲乙乙乙乙　弟四廉之一
乙甲乙乙乙　弟四廉之二
乙乙甲乙乙　弟四廉之三
乙乙乙甲乙　弟四廉之四
乙乙乙乙甲　弟四廉之五
乙乙乙乙乙　四乘方隅
甲甲甲甲甲甲　五乘方
甲甲甲甲甲乙　弟一廉之一
甲甲甲甲乙甲　弟一廉之二
甲甲甲乙甲甲　弟一廉之三
甲甲乙甲甲甲　弟一廉之四
甲乙甲甲甲甲　弟一廉之五
乙甲甲甲甲甲　弟一廉之六
甲甲甲甲乙乙　弟二廉之一
甲甲甲乙乙甲　弟二廉之二
甲甲乙乙甲甲　弟二廉之三
甲乙乙甲甲甲　弟二廉之四
乙乙甲甲甲甲　弟二廉之五
甲甲甲乙甲乙　弟二廉之六
甲甲乙甲甲乙　弟二廉之七
甲乙甲甲甲乙　弟二廉之八
乙甲甲甲甲乙　弟二廉之九
甲甲乙甲乙甲　弟二廉之十
甲乙甲甲乙甲　弟二廉之十一
乙甲甲甲乙甲　弟二廉之十二
甲乙甲乙甲甲　弟二廉之十三
乙甲甲乙甲甲　弟二廉之十四
乙甲乙甲甲甲　弟二廉之十五
甲甲甲乙乙乙　弟三廉之一
甲甲乙乙乙甲　弟三廉之二
甲乙乙乙甲甲　弟三廉之三

乙乙乙甲甲甲　弟三廉之四
甲甲乙乙甲乙　弟三廉之五
甲乙乙甲甲乙　弟三廉之六
乙乙甲甲甲乙　弟三廉之七
甲乙乙甲乙甲　弟三廉之八
乙乙甲甲乙甲　弟三廉之九
乙乙甲乙甲甲　弟三廉之十
甲乙甲甲乙乙　弟三廉之十一
乙甲甲甲乙乙　弟三廉之十二
甲乙甲乙乙甲　弟三廉之十三
乙甲甲乙乙甲　弟三廉之十四
甲甲乙甲乙乙　弟三廉之十五
甲乙甲乙甲乙　弟三廉之十六
乙甲甲乙甲乙　弟三廉之十七
乙甲乙乙甲甲　弟三廉之十八
乙甲乙甲甲乙　弟三廉之十九
乙甲乙甲乙甲　弟三廉之二十
甲甲乙乙乙乙　弟四廉之一
甲乙乙乙乙甲　弟四廉之二
乙乙乙乙甲甲　弟四廉之三
甲乙乙乙甲乙　弟四廉之四
乙乙乙甲甲乙　弟四廉之五
甲乙乙甲乙乙　弟四廉之六
乙乙甲甲乙乙　弟四廉之七
甲乙甲乙乙乙　弟四廉之八
乙甲甲乙乙乙　弟四廉之九
乙乙甲乙乙甲　弟四廉之十
乙乙乙甲乙甲　弟四廉之十一
乙甲乙甲乙乙　弟四廉之十二
乙乙甲乙甲乙　弟四廉之十三
乙甲乙乙甲乙　弟四廉之十四
乙甲乙乙乙甲　弟四廉之十五
甲乙乙乙乙乙　弟五廉之一
乙甲乙乙乙乙　弟五廉之二
乙乙甲乙乙乙　弟五廉之三
乙乙乙甲乙乙　弟五廉之四
乙乙乙乙甲乙　弟五廉之五
乙乙乙乙乙甲　弟五廉之六
乙乙乙乙乙乙　五乘方隅

清・劉衡《籌表開諸乘方捷法》卷上　開方求廉率圖

左一爲方積，右一爲隅積，中各數爲廉率。

又　釋廉率圖

右廉率圖最上一層者，本數也，即大方也。大方無隅而數從此起，如易之太極。然次列一者，方邊也，西法謂之根，左一爲初商之根，右一即次商之根也。如易之兩儀。然自是而下其相生之序皆加一筭，如第二層一一以一一乘之即生

第三層之 一二一 中二即平方也，廉率也。置 一二一 又以 一一 乘之即生第四層之 一三三一 中 三三 即立方之廉率也。置 一三三一 又以 一一 乘之即生第五層之 一四六四一 中 四六四 即三乘方之廉率也。四乘以上準此，加之至于百乘其廉率皆加一法也，此廉率所由生也。

廉率何以不用圖左一右一之數。

左一爲初商之大方，右一爲次商之小隅，故用其中之廉率，若方率若隅率則有各乘方之各大籌在。

又 通率譜

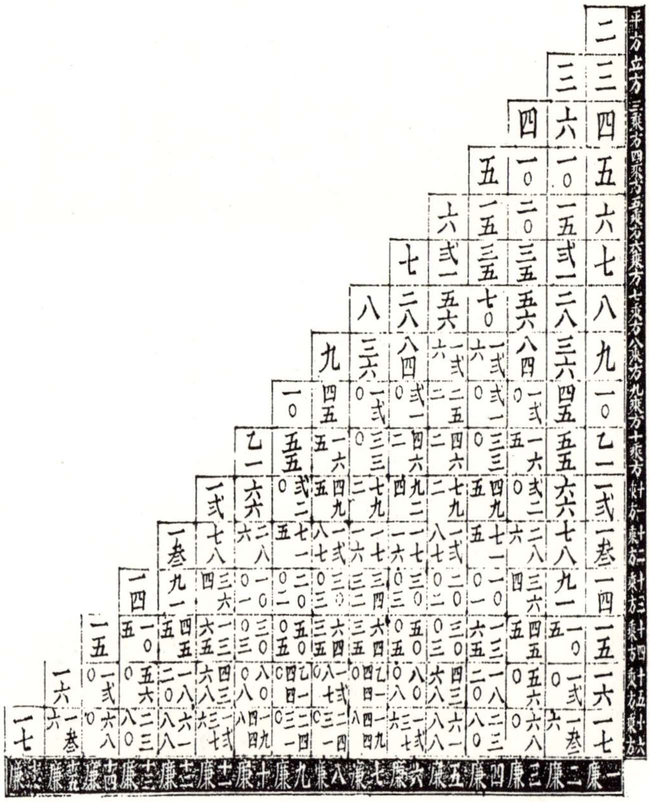

釋通率譜

廉率梅氏謂之定率，《同文筭指》謂之通率。今仍之梅氏有廉率立成圖式與古圖等。衡以鄙意創爲譜方之等。自上而下廉之等，則自右而左一格一方，一行一廉，方盡則格盡，廉盡則行盡，開方者按方求率，展譜即得。

釋譜

古但有圖譜，太史公乃易譜爲表，譜表一而已矣。此稱譜者，以有開方表故轉易譜爲表也。恐稱名之混也，篇中稱譜者三，此其一，下如列初商數進位譜，次商廉法譜義並同。

清・駱騰鳳《開方釋例》卷一　開方作法本原圖解

開方作法本原圖，梅勿庵先生謂其相生之序皆加一算法是矣。然作法之原，究未詳晰。則以勿庵固未知天元一術也，天元一術以初商、次商皆爲隅，與舊法以初商爲方、次商爲隅者異矣。是圖首列一，注曰本積，蓋謂一元數與餘數相乘之積也。次列 一一 注曰商除，蓋謂左一爲積數，右一爲隅算，凡諸乘方初商皆無廉第以隅算步積而商除之也。天元一術，於諸乘方初商以積列於上，隅列於下，廉空其中，正與此同，惟彼縱而此横耳。梅解左一爲初商根，右一爲次商根，則與左爲積數之説不合。次列 一二一 注曰平方，蓋謂左一爲積數，右一爲隅算，中二爲廉率，平方有二廉故以二爲率也。凡平方之次商及帶從平方皆然。天元一術以積方隅作三層列之，正與此同。次列 一三三一 注曰立方，蓋謂左一爲積數，右一爲隅算，中左三爲三平廉，中右三爲三長廉，凡立方之次商

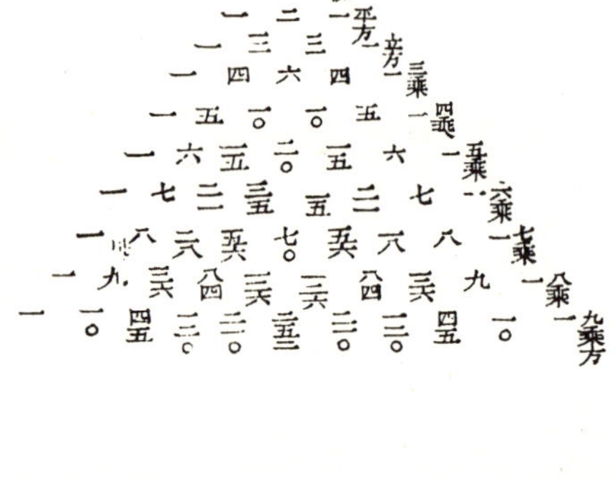

及帶從立方皆然。天元一術以積方廉隅作四層列之，正與此同。次列注曰三乘方，蓋謂左一爲積數，右一爲隅算。左四爲四立廉，中六爲六平廉，右四爲四長廉，凡三乘方之次商及帶從者皆然。天元一術以積，方，上廉，下廉，隅作五層列之，正與此同。四乘方以往俱如此解，乃知是圖專爲天元一而設也，第天元一術久失其傳，故知之者鮮耳。

又 **卷四**　諸乘方廉法遞增之圖

平　方　二因初商爲廉。

立　方　三因初商爲長廉，三因初商爲平廉。即方與二因長廉加減。

三乘方　四因初商爲長廉，六因初商爲平廉，與三因長廉加減。
四因初商爲立廉，即方與三因長廉加減，與二因平廉加減。

四乘方　五因初商爲長廉，十因初商爲平廉，與四因長廉加減。
十因初商爲立廉，與六因長廉加減，與三因平廉加減。
五因初商爲三乘廉，即方與四因長廉加減，與三因平廉加減，與二因立廉加減。

五乘方　六因初商爲長廉，十五因初商爲平廉，與五因長廉加減。
二十因初商爲立廉，與十因長廉加減，與四因平廉加減。
十五因初商爲三乘廉，與十因長廉加減，與六因平廉加減，與三因立廉加減。
六因初商爲四乘廉，即方與五因長廉加減，與四因平廉加減，與三因立廉加減，與二因三乘廉加減。

六乘方　七因初商爲長廉，二十一因初商爲平廉，與六因長廉加減。
三十五因初商爲立廉，與十五因長廉加減，與五因平廉加減。
三十五因初商爲三乘廉，與二十因長廉加減，與十因平廉加減，與四因立廉加減。
二十一因初商爲四乘廉，與十五因長廉加減，與十因平廉加減，與六因立廉加減，與三因三乘廉加減。
七因初商爲五乘廉，即方與六因長廉加減，與五因平廉加減，與四因立廉加減，與三因三乘廉加減，與二因四乘廉加減。

七乘方　八因初商爲長廉，二十八因初商爲平廉，與七因長廉加減。
五十六因初商爲立廉，與二十一因長廉加減，與六因平廉加減。
七十因初商爲三乘廉，與三十五因長廉加減，與十五因平廉加減，與五因立廉加減。
五十六因初商爲四乘廉，與三十五因長廉加減，與二十因平廉加減，與十因立廉加減，與四因三乘廉加減。
二十八因初商爲五乘廉，與二十一因長廉加減，與十五因平廉加減，與十因立廉加減，與六因三乘廉加減，與三因四乘廉加減。
八因初商爲六乘廉，即方與七因長廉加減，與六因平廉加減，與五因立廉加減，與四因三乘廉加減，與三因四乘廉加減，與二因五乘廉加減。

八乘方　九因初商爲長廉，三十六因初商爲平廉，與八因長廉加減。
八十四因初商爲立廉，與二十八因長廉加減，與七因平廉加減。
一百二十六因初商爲三乘廉，與五十六因長廉加減，與二十一因平廉加減，與六因立廉加減。
一百二十六因初商爲四乘廉，與七十因長廉加減，與三十五因平廉加減，與十五因立廉加減，與五因三乘廉加減。
八十四因初商爲五乘廉，與五十六因長廉加減，與三十五因平廉加減，與二十因立廉加減，與十因三乘廉加減，與四因四乘廉加減。
三十六因初商爲六乘廉，與二十八因長廉加減，與二十一因平廉加減，與十五因立廉加減，與十因三乘廉加減，與六因四乘廉加減，與三因五乘廉加減。
九因初商爲七乘廉，即方與八因長廉加減，與七因平廉加減，與六因立廉加減，與五因三乘廉加減，與四因四乘廉加減，與三因五乘廉加減，與二因六乘廉加減。

九乘方　十因初商爲長廉，四十五因初商爲平廉，與九因長廉加減。
一百二十因初商爲立廉，與三十六因長廉加減，與八因平廉加減。
二百一十因初商爲三乘廉，與八十四因長廉加減，與二十八因平廉加減，與七因立廉加減。
二百五十二因初商爲四乘廉，與一百二十六因長廉加減，與五十六因平廉加減，與二十一因立廉加減，與六因三乘廉加減。

二百一十因初商爲五乘廉，與一百二十六因長廉加減，與七十因平廉加減，與三十五因立廉加減，與十五因三乘廉加減，與五因四乘廉加減。

一百二十因初商爲六乘廉，與八十四因長廉加減，與五十六因平廉加減，與三十五因立廉加減，與二十因三乘廉加減，與十因四乘廉加減，與四因五乘廉加減。

四十五因初商爲七乘廉，與三十六因長廉加減，與二十八因平廉加減，與二十一因立廉加減，與十五因三乘廉加減，與十因五乘廉加減，與六因五乘廉加減，與三因六乘廉加減。

十因初商爲八乘廉，即方與九因長廉加減，與八因平廉加減，與七因立廉加減，與六因三乘廉加減，與五因四乘廉加減，與四因五乘廉加減，與三因六乘廉加減，與二因七乘廉加減。

清・李善蘭《垛積比類》卷一　三角垛附各乘方廉法表

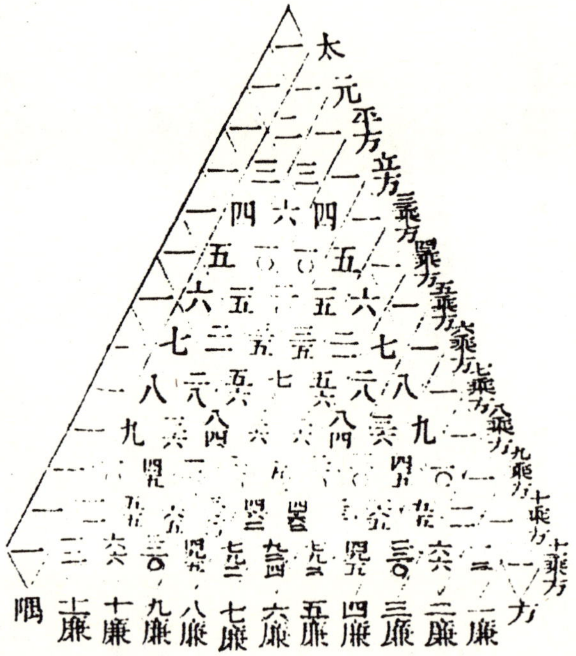

垛積之術，於《九章》外別立一幟。其說自善蘭始。

三角垛第一　造表法，并上層左右二數爲下層中一數。

三角垛表

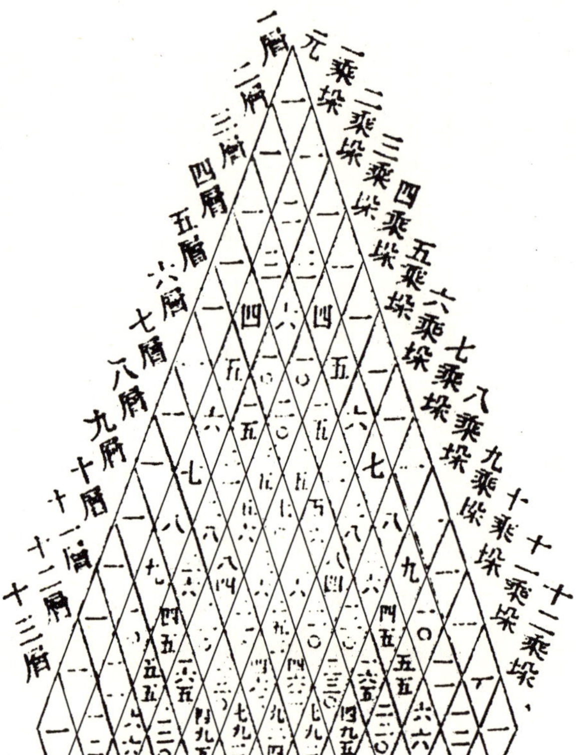

清・華蘅芳《開方古義》卷二　開方表第一

|
| |
|||| ⊤ ||||
||||| —〇 —〇 |||||
⊤ —||||| =〇 —||||| ⊤

此表各數次第相生，其法有二。

第一法　每行首末兩層之數皆爲|，其中間各層之數，各以右數與右上之數相加而成。

第二法　先由上法得其一二兩行之數，其第三行爲第二行自乘之數，其第四行爲第二行再乘之數，每後一行則多乘一次。

既得此表乃知《四元玉鑑》中古法七乘方圖其數皆與此合，知古人開方亦用此法也。

清·程之驥《開方用表簡術》 正商一之表

此表即行素軒所謂開方表第一也。因此表可開正商一，以求餘式故名正商一之表。其造法但取古法七乘方圖，各横層之數，即可爲此表各直行之數。

立成釋鎖平方法

算法

《九章筭術》卷四《少廣》 又有七萬一千八百二十四步，問爲方幾何。

宋·賈憲《黄帝九章筭經細草》卷四《少廣》《永樂大典》卷一六三四四 草曰：置積爲實，七萬一千八百二十四步。別置一筭爲下法，原下之法。從末[位]常超一位約實，百下約十，萬下約百，實上商置第一位得數。二百。下法之上，亦置上商二百。名曰方法。二百。乃命上商，除實四萬，餘三萬一千八百二十四。二乘方法，得四百步。一退，爲廉四百。下法再退百下約十。於上商之次，續商第二位得數。六十，共爲二百六十。廉法之次，照上商置隅六十。以廉、隅二法皆命上商，除實二萬七千六百。餘四千二百二十四。二乘隅法，併於廉，得五百二十。一退，五百二十。下法再退。於末位下，定一。又於上商置第三位得數。二百六十之次，商置八。下法之上，亦置八爲偶，除實，適盡。合問。

平方圖

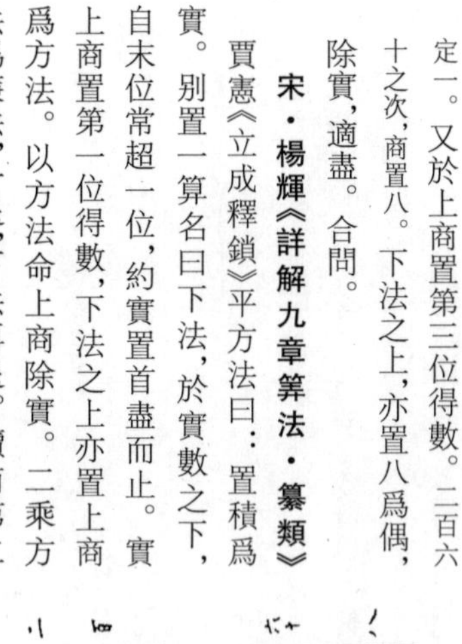

宋·楊輝《詳解九章算法·纂類》

賈憲《立成釋鎖》平方法曰：置積爲實。別置一算名曰下法，於實數之下，自末位常超一位，約實置首盡而止。實上商置第一位得數，下法之上亦置上商爲方法。以方法命上商除實。二乘方法爲廉法，一退，下法再退。續商第二位得數於廉法之次，照上商置隅。以方、廉二法，皆命上商，除實。二乘隅法併入廉法一退，下法再退。商置第三位得數，下法之上照上商，置隅，以廉、隅二法皆命上商，除實盡。得平方一面之數。積有分子者，以分母乘其全，入內子。又以分母再二次自乘之，積圓者，以圓法十二乘之。開平方求積，如分母自乘而一。

又楊輝《續古摘奇算法》 積一千三百尺，問平方一面幾尺。

荅曰：三十六尺七十三分尺之四。

開方草曰：置積爲實。一千三百。別置下法一筭，從常超一位約實。百下定十。上商方面三十，以乘下法爲方法三十，命上商，除實九百餘實四百。以二因方法，一退爲廉六十。下法再退定零上。又商第二位方面六尺，以乘下法爲隅六尺。以廉隅二法，六十六尺命上商，除實三百九十六尺。餘實四尺，即開方不盡之數。二因隅法，併入廉法，共七十二。添入下法一筭，共七十三。命爲分母，所餘四尺，命爲分子，合問。還源求原積草曰：置方面，三十六尺七十三分尺之四。以分母通全尺，併入分子共二千六百三十二，自乘於上，得六百九十二萬七千四百二十四。別置分子，減分母，餘分子四減分母七十三餘六十九，以乘分子六十九乘子四得二百七十六。併之爲實。得六百九十二萬七千七百。以分母自乘爲法。得五千三百二十九。以法除之，得原積。一千三百尺。

又 今有積一千五百九十尺，六十四分尺之一，問平方面幾何。

荅曰：三十九尺八分尺之七。

原積有分子開平方術曰：以分母六十四，通積尺，一千五百九十分子一併之爲實一十萬一千七百六十一。開平方，得方面分子積數三百一十九。置原分母開方，六十四開平方得八。爲方面分母，以除方面分積，三百一十九。得方面尺數三十九尺，餘八分尺之七。

元・丁巨《丁巨算法》 今有平方積六十二萬二千五百二十一尺，問一面幾何。

荅曰：七百八十九尺。

置積尺，以一算於一尺之下，爲隅。常超一位，至二萬尺之下，上商七呼一七生方七。即於隅法之上，布七作方法，呼七七四十九，去積四十九萬尺。倍方法爲一十四。方法一退，隅法二退。上商八，呼一八生方八。於方法之後，對上商八之下布方法，八呼一八如八去積八萬尺。餘積五萬二千五百二十一尺，呼四八三十二去積三萬二千尺。又呼八八六十四去積六千四百尺。倍方法八，得方法一百五十六。方法一退，隅法二退。上商九呼一九生方九，即於生法之後。對上商九之，下布方法九呼一九如九去積，九千尺，呼五九四十五去積四千五百尺，呼六九五十四去積五百四十尺，九九八十一去積八十一尺，適盡。此平方之法。頗難通，故復二例。若有積九千六百零四尺，開平方一面幾何？然九十八尺，置積在地，如上除也。

元・佚名《透簾細草》 今有平方積五萬五千六百九十六尺，問一面方多少。

荅曰：二百三十六尺。

法曰：平方開之。

草曰：置積爲實。借一筭子爲約法。常超一位，進二度，合商百，乃上商二百尺。二因常隅，又名下法，又名約法，得二萬爲方法。命商除實四萬了。倍方法，一退得四十，約法二退，於百之下。續商三百尺，三因隅法，得三百尺，併入方法，得四千三百。命商三十，除實，餘有二千七百九十六。在方法內又添隅法三百，一退得四百六十。隅法二退，爲二尺。上續商六尺。又於方法內添隅法六尺一步，得四百六十六尺。乃命商六尺，除實，恰盡。

《丁巨算法》術曰：置積在地。商二二如四除了四萬。另於上退二位。置二合商百，并於下置二爲方，倍之，得四。將四問得四三一十二。又除一萬二千。於上續商三，下方亦續三，又將上下三爲三三如九。又除九百實有二千七百九十六。又將方三倍，爲六，共得四六。却以四商得四六二十四，又除二千四百。續商六，以六除，盡。

元・賈亨《通元算法全能集》 開方

以積使商除，除得其間上，置諸下另倍爲方法數。却。將方倍減其餘，得其次數。上商續方，下旁邊也。續歟上，下再將續除積，積之數盡，自昭。如若還不盡，倍方次，逐一將方位數除，除見數，來商又續。只將此續取空虛。

開方之法有三：有平方，有直方，有立方。其法最難取筭，然公私亦少用之。但平方一法，間自用之，收筭方田一面，不可不載一法於其間也。

又 今有方田六畝零四步，問一方面該步幾何。

荅曰：該方三十八步。

法曰：置畝爲步，荅入零步。開平方除之，合問。

開平本法：置總法在地。用商三三如九。另於上退二位，置三合商十。下亦另置三爲方法在地，止有五百四十四，却。以方法三倍之得六。又以六商除六八四十八。續上商八在地。止有六十四，方下亦置八。以八八呼除六十四，恰盡。商得三十八步爲一方面。其餘開方，皆倣此。

明・嚴恭《通元算法》 今有積八萬步，問爲方若干。

荅曰：二百八十二步，五百六十五分之四百七十六。

術曰：置積爲實。借一筭步之，超一等。上商二百，乘下隅爲廉，二百呼除本積，二二除去四萬，餘積四萬步爲實。倍廉爲方法，得四百。續上商八十，乘下隅爲廉八十。於四百之下，與上商八十呼除本積四八除去三萬二千。八八除去六千四百，餘積一千六百步爲實。又倍廉八十，得一百六十，併入方法，共五百六十。續上商二步，乘下隅爲廉二步。於五百六十之下，與商二步呼除本積二五，除去一千二六，除去一百二十。二二除去四步，餘積四百七十六步。又倍廉，二步，得四，併入方法。并借一隅筭，共得五百六十五。是得方面二百八十二步五百六十五分之四百七十六。合前問。

明・吴敬《九章算法比類大全》卷首《乘除起例》 開平方法

一百以十定無疑，一千三十有零餘。
九千九九不離十，一萬繞爲一百推。
商實積張爲下法，下法亦置上商除。
除訖再依法布列，積盡方爲數已知。

法曰：置積爲實，列置一筭名曰：下法。原下之法。于實數之下，自末位常超一位，初乘時過一位，令超一位。約實，至首位盡而止；一下定一，一百下定十，萬下定百，百萬下定千。于實上置第一位得數，以方法一一、二二、三三、四四、五五、六六、七七、八八、九九之數爲商，商本體實數。下法之上，亦置上商數，積原乘法數也。名曰：方法。于本積内去其一方。命上商除實，法實相呼，以破積數。乃二乘方法爲廉法一退，謂乘廉，萬退爲千，一方帶兩邊直以助其壯如廉，故二乘退位。下法再退，下法即定之筭將退却，萬退爲百，重定其爲約實。于上商之次續商，置第二位得數，與上意同。下法之上亦置上商進一位爲隅，以廉隅二法，亦先乘之法也。皆命上商除實。照前法實相呼，以破其實。乃二乘隅法并入廉法一退，倍廉入方作一大方，以求次位得數。下法再退，前意百退爲一。續商置第三位得數，下法之上，照上商數置隅，以廉隅二法皆命上商除實，第二位商，意同。得平方一面之數。若更有不盡之數，依第三位體面倍廉入方，退位商之。

又　今有平方積四十二萬六千四百九步，問平方一面幾何。

答曰：六百五十三步。

法曰：列積四十二萬六千四百九步爲實，以開平方法除之。

布位定位，商第一位，得六百步。

九步　𝍱　下法約萬亦置上商六百進二位作六萬爲方法，與上商相
四百　𝍣　呼除實。超一位定十。
二萬　＝　六千　⊥
四十　𝍣　上商六百步相呼下法，六六除三十六除本身四十萬却於次位二
　　萬内加四萬改作六萬步。

作法求第二位

九步　𝍱　方法六萬以二乘，得一十二萬爲廉法。一退爲一萬二千
四百　𝍣　下法再退爲百。
六萬　⊤　六千　⊥　。

商第二位，得五十步。

九步　𝍱　廉法一萬二千。
四百　𝍣　下法定百亦置上商五十進一位爲五百爲隅法，以隅、廉二法共
　　一萬二千五百，皆與上商五十相呼除實。
六千　⊥　五五除二十五於六千内除三千存三千却次位四百内加五百爲
　　九百，二五除一十除存一萬
六萬　⊥　上商，得五十步，一五除如五於本身六萬内除五萬存一萬。

作法求第三位

九步　𝍨　隅法五百二乘，得一千併入廉法。
九百　𝍱　廉法一萬二千併隅法一千共一萬三千一退得一千三百。
三千　≡　下法定百再退定一。

商第三位，得三步。

廉法一千三百　下法定一亦置上商三步爲隅法，以隅、廉二法共一千三百
　　三步皆與上商三步除實，盡。

九步　𝍨　三三除如九除本身九步盡。
九百　𝍱　三三除如九除本身九百盡。
三千　≡　上商三步一三除如三除本身三千盡。

又　**卷四《少廣》**　積二萬五千二百八十一步，問平方一面幾何。

答曰：一百五十九步。

法曰：置積二萬五千二百八十一步爲實。別置一筭爲下法，從末當超一位約實。上商置第一位得一百。下法亦置上商一百，進二位得一萬，名曰方法。與上商一除實一萬餘實一萬五千二百八十一。乃二乘方法得二萬爲廉法。一退得二千，下法再退得百，於上商之次，續商置第二位。以廉法二千商實得五十，下法之上亦置上商五十，進一位得五百爲隅法。以廉、隅二法共二千五百，皆與上商五除實一萬二千五百餘實二千七百八十一。乃二乘隅法五百得一千，併入廉法二千，共三千，一退得三百下法再退得一。又於上商，置第三位，以廉法三百商實得九。下法之上亦置九爲隅法，以廉、隅二法共三百九，皆與上商九除實盡。合問。

積三十九億七千二百一十五萬六百二十五步，問平方一面幾何。

答曰：六萬三千二十五步。

法曰：置積爲實，照前法商置第一位得六萬。下法亦置上商六萬，進四位爲六億，爲方法，與上商六除實三十六億，餘實三億七千二百一十五萬六百二十五步。乃二乘方法得一十二億，爲廉法。一退得一億二千萬，下法再退得百萬，續商置第二位，以廉法一億二千萬，商實得三千。下法亦置上商三千，進三位爲三百萬，爲隅法。以廉、隅二法共一億二千三百萬，皆與上商三除實三億六千九

百萬，餘實三百一十五萬六百二十五步，乃二乘隅法得六百萬，併入廉法得一億二千六百萬。二退得一百二十六萬。下法四退得百，續商置第四位，以廉法一百二十六萬商實得二十。下法亦置上商二十進一位爲二百，爲隅法，以廉、隅二法共一百二十六萬二百，皆與上商二十除實二百五十二萬四百，餘實六十三萬二百二十五步，乃二乘隅法得四百，併入廉法共得一百二十六萬四百，一退得一十二萬六千四十，下法再退得一，續商置第五位，以廉法一十二萬六千四十商實得五，下法亦置上商五爲隅法，以廉、隅二法共一十二萬六千四十五皆與上商五除實盡。合問。

明・王文素《算學寶鑒》卷二一《分子立積》　方臺積一千八百六十六尺三分尺之二，高七尺七分尺之一，下方二丈。問上方幾何。

答曰：一丈二尺。

術曰：照前求總母及子。以總母通積，併子，以三因之爲實。以總母通高，併子爲法。除之，得數内減下方自乘，餘爲實。以下方爲從方，開平方除之。

草曰：置分母、子三分之二，七分之一。以三分乘七分，得二十一爲總母。得十四爲積子，得三爲高子。以總母通積一千八百六十六尺，加入子十四，得三萬九千二百。以三因之，得一十一萬七千六百爲實。另以總母通高七尺加入子三，得一百五十爲法。除實，得七百八十四。是上方自之，下方自之，及上方之下方之積數。另置下方二十尺，自乘得四百尺。以減之，餘三百八十四上方自之，上方之下方積。爲實。以下方二十爲從方。上商乘從方即是上方乘下方。開平方法除之。初商一十尺置于積上，另以一十併入從方，共三十尺。命上商一十。除實三百尺，餘八十四尺。又以上商一十入從方，得四十爲一廉。次商二尺置上初商之後。另以次商二尺爲一隅，併入乙廉得四十二。命次商二，除實八十四尺，恰盡。得上方一丈二尺。合問。求下方倣此。

盤池積四千五百一十五尺九分尺之五，高一丈三尺三分尺之一，上長二丈八尺，上廣一丈六尺。且云下廣不及下長八尺。問下廣、下長各幾何。形如蒭童，而陷下者。

答曰：下廣一丈二尺，下長二丈。

術曰：亦用合分，求同母、子。以總母通積，加子，以六因之爲實。以總母通高，加子爲法，除之。以倍上長加不及，乘上廣。減之餘爲實。倍不及，加上長、上廣爲從方。以二爲隅筭。開平方法除之得下廣。加不及爲下長。

草曰：置分子、分母九分之五、三分之一。如合分求之，又三約之，總母得九。積子得五，高子得三。以總母九通積四千五百一十五尺，加子五得四萬六百四十。又六因，得二十四萬三千八百四十爲實。另以總母通高一十三尺加入子三，得一百二十爲法。除之得二千三十二尺。寄位。另倍上長得五十六尺。加入不及八尺得六十四尺。以上廣一十六尺乘之得一千二十四尺。以減寄位，餘一千單八尺爲實。倍不及得一十六尺。加上長二十八尺，又加上廣一十六尺，共六十尺爲從方。以二爲隅筭。開平方法除之。初商一十，置于積上爲甲。另以甲乘隅筭二得二十。併入從方，共八十爲甲總。命上甲一十除實八百，餘二百八(十)。又以甲乘隅筭得二十。併入甲總，共一百爲乙廉。次商二尺續上甲後爲乙。另將乙乘隅筭得四。併入乙廉爲隅法，共一百單四。命乙二除實，盡。得下廣一丈二尺。加不及八尺得下長二丈。合問。

方臺一座，共積三十八尺，上方二尺，高六尺。問下方幾何。

答曰：三尺。

法曰：置總積三十八尺爲實。以三因之，得一百一十四又爲實。以高六尺爲法。除之得一十九。寄位。另將上方二尺自乘得四尺。以減寄位，餘一十五又爲實。二尺爲從方。開平方法除之，得下方三尺。合問。

明・周述學《曆宗筭會》卷四　開方　一乘之積謂之平方，二乘之積謂之立方，三乘之積長立方也，四乘之積平方之立方也，至五乘之積則立方中藏立方矣。各求方面法，用商除以開其積謂之開方。平方開積，約實得初商。副置爲方法。相乘除實得平方。倍方爲廉，約餘實得次商。副置於廉次爲隅。命廉隅以除實。如未盡，又倍隅入廉，約商第三位，俱如之，實不可盡。以法命之，求得平方一面之數，謂之開平方法。

圓積求徑　圓積五百八十八步，求徑。

古術：置積三歸四因平方開之得二十八步。

劉術：置積，以百因之得五萬八千八百，以七十八步半爲從隅，而平方開之。初商二十置一於左上爲法。置一乘從隅得一千五百七十爲隅法。與上法相乘，除實三萬一千四百餘實二萬七千四百。未盡。倍隅法得三千一百四十爲廉法。約次商七置一於左次，爲上法。置一乘從隅得五百四十九步半，併廉法共三千六百八十九步半爲下法。與上法相乘除實二萬五千八百二十六步半，餘實一千五百七十三步半。倍二十七加乙筭得五十五以七十八步，半因之得四千七百一十七步半，法實皆倍命之，得二十七步八千六百三十五分步之三千一百四十七。

密術：置積以一十四因之得八千二百三十二，以一十一爲從隅。平方開之，初商二十，置一於左上爲法。置一乘從隅得二百二十爲隅法。與上法相乘除實四千四百，餘實三千八百三十二。倍隅法得四百四十爲廉法。約次商七，置一於左次爲上法。置一乘從隅得七十七爲隅法，併廉、隅共五百一十七爲下法。與上法相乘，除實三千六百一十九。餘實二百一十三。未盡，如前法約之得二十七步六百○五分步之二百一十三。

積六百一十五步二十五分步之一十一，求徑。

古術：分母乘其全加分子得一萬五千三百八十六，以四因之得六萬一千五百四十四，分母三之得七十五爲從隅。平方開之，餘實二千七百四十四，倍開出之數加一筭得五十七，以從隅因之得四千二百七十五爲母。約之得二十八步四千二百七十五分步之二千七百四十四。

劉術：以積分母除分子得四分四厘，加全步得六百一十五步四分四厘百之得六萬一千五百四十四爲正實。以七十八步五分爲從隅。平方開之得二十八步。

密術：置積以分母通之，加分子得一萬五千三百八十六，以一十四因之得二十一萬五千四百○四爲正實。以二百七十五爲從隅。平方開之，餘實一萬四千九百二十九，倍徑加一筭，以從隅乘之爲分母。約之得二十七步一萬五千一百二十五分步之一萬四千九百二十九。

平圓積四十五步一十一分步之九，求圓徑幾何。

密術：分母乘其全加分子，以一十四乘之得七千○五十六。平方開之得八十四，以一十一除之不盡七，得七步一十一分步之七。

還原：分母乘七，加分子自之，又一十一因得七萬七千六百一十六爲實。分母自之，又一十四因得一千六百九十四爲法。除之得四十五，餘實一千三百八十六，法實皆一百五十四約之。

清・梅文鼎《少廣拾遺》 開平方即一乘方。

設平方積三千三百四十四萬三千○八十九，問方根若干。

答曰：五千七百八十三。

列實法　先作兩直綫，次以方積三三四四三○八九列右綫之右。作點法　于實末位單數作一點起，逆上每隔一位點之，有四點宜商四次。初商是千。

初商法曰：用最上一點三三爲初商實查表有小于實三三者是二五，其方根五。即以五爲初商對實首上一位，書于左綫之右，却以表數二五，對實三三書左綫之左，與原實對減，餘八以待次商。

初商五千。

求次商　用第二點上餘實八四四爲次商實。

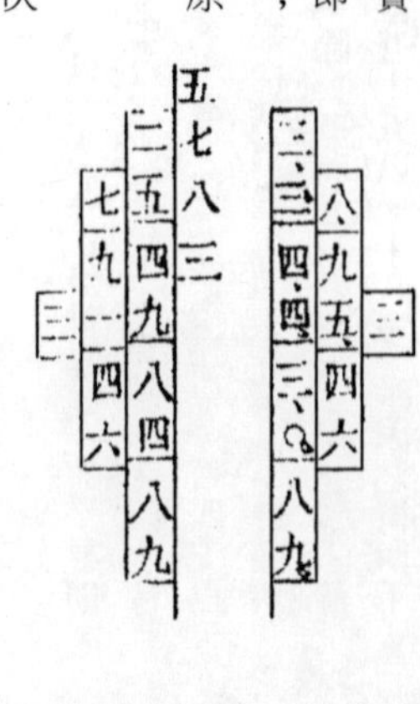

定率	以乘	初商根	得汎積	又乘	次商根	得定積
二		五○○○	一○○○○		七○○	七○○○○○○
隅	次商自乘					四九○○○○
廉隅共積	併				得	七四九○○○○

次商法曰：置廉率立成内定率二，乘初商五千，得一萬爲汎積。乃約實作七百，定爲次商。即以汎積乘之，得定積七百萬再用次商自乘爲隅，其積四十九萬，併定積成七百四十九萬，即廉隅共積也。如式列之將次商七續書初商五之下，又將共積七四九對實八四四書左綫之左，以減實，餘九五以待三商。求得次商七百。

求三商　用第三點上餘實九五三○爲三商實。

定率	以乘	初商合數次商	得汎積	又乘	三商根	得定積
二		五七○○	一一四○○		八○	九一二○○○
隅	三商自乘					六四○○
廉隅共積	併				得	九一八四○○

三商法曰：復置定率二，以乘初商次商合數五千七百，得一萬一千四百爲汎積。乃約實作八十爲三商，即以汎積乘之，得定積九十一萬二千。三商亦自乘爲隅，得積六千四百，以併定積，成九十一萬八千四百爲廉隅共積。俱如式列之，再將三商八十挨書次商七百之下，而以其廉隅積九一八四，對實九五三○，書于左綫之左，去減實，餘三四六，即改書之以待四商。求得三商八十。

求四商　用第四點上餘實三四六八九爲四商實。

定率 二	以 乘	初商 次商 三商合數	五七 八〇	得汎 積	一一五 六〇	又乘	四商 根	三	得定 積	三四六 八〇
隅						四商自乘				九
廉隅共積			併			得				三四六八九

四商法曰：用定率二，乘初商次商三商合數五千七百八十，得一萬一千五百六十爲汎積，乃約實，可商三，定爲四商。即以泛積乘之，得定積三萬四千六百八十，四商三自乘，得九爲隅積，併定積成三萬四千六百八十九，是爲廉隅共積。各如式列訖。再將四商三挨書于三商八十之下，而以其廉隅積三四六八九對第四點實書左線之左，就以減四商實，恰盡。求得四商單三。

凡開得平方根五千七百八十三。

清・駱騰鳳《開方釋例》卷一　開平方法

凡開平方，舊以初商自乘爲方法，次商有兩廉一隅。天元一法，初商自乘爲隅，次商以兩廉爲從方，次商自乘爲隅。

凡開方宜分正負，正負者所以定加減，非以別多少也。正商者，正負同名相加，異名相減。負商者正負同名相減，異名相加。今定負商之法，以商爲負，而同加異減。一如正商之例，較爲畫一，不致錯誤也。仿《測圓海鏡》例，負算悉以斜畫別之。

凡正負相乘，同名者得正。如正乘正，負乘負之類。異名者得負，如正乘負，負乘正之類。

凡開方必先點位，平方以積之兩位爲方邊一位，故從積之單位起，隔一位作點。有幾點，即知有幾商。然帶從方內，有點位多而商數少，亦有點位少而商數多者，故步法不可不知也。

凡平方以積、方、隅分三層，步法從積之單位起，以方隅單位對積之單位列之，單位不及除積，即步至十位。以方之單對積之十，是爲方進一位。以隅之單對積之百，即方之十。是爲隅進二位。如十位仍不及除，即步至百位，其方、隅之進位俱同。

凡平方之積、方、隅三層，其兩層之正負異名者，開一正商。同名者開一負商，故平方三層，能開兩數，如積較求濶，則正商得濶，而負商得長。積較求長，則正商得長，而負商得濶。惟和數之積、方、隅三層，恒得負、正、負，只有兩正商，而無負商也。

凡平方以和較數乘得方隅，皆與兩數相乘之積等。以方隅消積，則積爲正，而方隅之正負變。以積消方隅，則積爲負，而方隅之正負仍其舊。今欲積恒爲負，故以積消方隅也。

凡較數平方求濶，用減積法。求長則兼有益積法。和數則並有翻積法。

凡積較求濶者，得負積，正方，正隅。或正積，負方，負隅亦同。積較求長者，得負積、負方、正隅。或正積、正方、負隅亦同。和數求濶、求長者，俱得負積，正方，負隅。或正積，負方，正隅亦同。蓋正負可以互換，如積之負者，變爲正。則方、隅之正者，變爲負。如方之正者，變爲負，則積隅之負者變爲正。彼此交易，而加減無乖，此正負之名，所以勝於多少之號也。

凡正平方，初開無從，次開以二因初商爲從方。

凡開從平方，初商與方加減，得數與商乘減積。次開二因初商，與原方加減爲次方。凡商皆當與隅乘，因隅一爲正，故省。若負隅，則必乘之，得負。其隅不止於一者，亦必以商乘之。

正平方

今有正平方積一萬五千六百二十五尺，開平方除之。問每方邊幾何。

曰：一百二十五尺。

法先點位，從積之單位起隔一位作點，此積有三點，即知有三商。而初商爲百也，正方無從，故方空，次開以下，俱以兩廉爲從方。

初商一百自乘得一萬，與積減餘五千六百二十五爲次商積。乃二因初商，得二百爲從方。置餘積下，次商二十與從方并得二百二十。以次商二十乘之得四千四百。與餘積減餘一千二百二十五爲三商積。乃二因次商得四十，與原方并得二百四十爲從方，置餘積下。三商五與從方并得二百四十五，以三商五乘之，得一千二百二十五減積，恰盡。即一百二十五爲方邊數也。

今有正方積七十二尺，開方欲求奇零。問每方邊幾何。

曰：八尺四寸八分有奇。

凡開方欲求分秒，次開既得方法，乃於餘積下作兩空爲次積，方法下作一空爲次方。

初商八尺，自之得六十四尺，與積減餘八尺爲次商積。乃二因初商，得十六尺爲從方。

次開不可得尺，乃於餘積八尺下作兩〇，化作八百寸爲次商積。於從方十六尺下，作一〇化作一百六十寸爲從方。次商四寸，與從方并得一百六十四寸。以次商四寸乘之，得六百五十六寸與積減，餘一百四十四寸爲三商積。乃二因次商，得八寸，與原方并得一百六十八寸，爲從方。

三開不可得寸，乃於餘積一百四十四寸下作兩〇，化作一萬四千四百分，爲三商積。於從方一百六十八寸下，作一〇化作一千六百八十分爲從方，三商八分與從方，并得一千六百八十八分，以三商八分乘之，得一萬三千五百〇四分，與積減，餘八百九十六分，開得方邊八尺四寸八分不盡八九六。

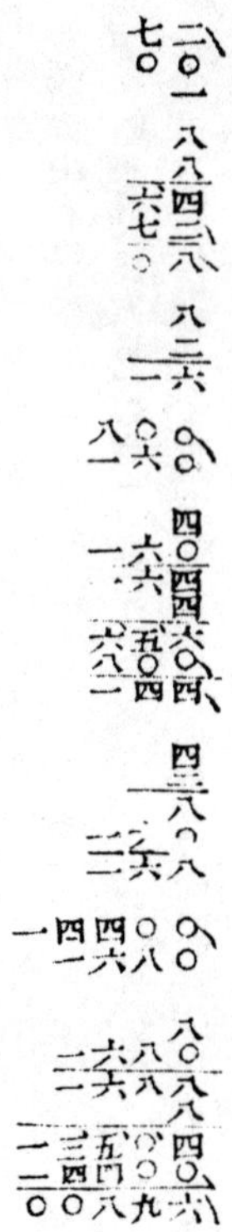

劉徽《少廣》注云：凡開積爲方，方之自乘當還復其積分。令不加借算而命分，則常微少。其加借算而命分，則又微多。其數不可得而定，故惟以面命之爲不失耳。今案：開方不盡者，舊有命分法，以所得方法加借算一而命分，然以之還原其數常贏，不加借算，則又不及。故術云：開之不盡者，爲不可開，當以面命之也。所謂以面命之者，當是紀其開得之面於上，而綴其零分於下耳，故今不用命分者以此。

清・屠文漪《九章録要》卷二　零分開方法

零分開平方除者，以母自開，得數爲母。以子自開，得數爲子。如有數九分之二十五，開方，得三分之五是也。歸整爲一又三分之二。按：此因論零分法而及開方，故聊舉大畧而已。其詳在《少廣》章中。

清・佚名《蒙學課本》卷四《少廣》　平方認商訣

一百一十定無疑，一千三十有零餘。
九千九百不離十。一萬方爲一百推。

開平方訣

初商爲方倍作廉，次商名隅併廉除。
餘數三商隅亦倍，只依此法取空虚。

帶縱平方訣

平方帶縱法爲奇，右位先安縱較基。
初商得數加縱内，縱較方法併爲題。
左右相呼除實畢，倍方不倍縱開餘。
餘數續商方再倍，何愁此術不能知。

長闊相差訣

長闊相差要識情，積數將來以四因。
差步自乘加入積，開方得數是和名。
和步加差須折半，此爲長數更無零。
以長減差便爲闊，學者留心仔細尋。

減縱平方訣

減縱開方法如何，中間置積右安和。
初商左數和中減，餘縱對左互除呼。
再把初商縱内退，次商左列亦除和。
餘數次商呼減盡，以求長闊定無訛。

長闊相和訣

長闊相和不識情，四因積步莫差争。
和步自乘減去積，餘以開方差步名。
欲將和步加差步，折半當爲長數成。
要知闊步如何見，長步減差闊便明。

梯田截積訣斜田截積同梯田。

梯田截積細端詳，倍積闊差乘最良。
卻用原長爲法則，歸除乘數實之行。
若截大頭田積步，大闊自乘減實當。
若截小頭田積步，小闊自乘併實旁。

俱用開方爲截闊，兩廣併來折半强。

折半數來爲法則，以除截積便知長。

環田截積訣

環田要截外周積，倍積二周差步乘。

原徑爲法除見數，另以外周周自乘。

以少減多餘作實，開方便得内周成。

二周相減餘零數，六而取一徑分明。

平圓訣此采《統宗》

平圓之法若求周，十二乘積數可求。

求徑四因三而一，開平方法以除收。

方圓三棱總訣還原即用前束法訣。

方圓三棱求周數，各減總一分明布。

十六乘方帶縱八，十二乘圓加縱六。

十八三棱添縱九，俱用帶縱開方術。

倍方不倍縱開除，何愁外周不知數。

清・陳世明《數學舉要》卷六《諸分章》　命分平方

假如有平方積一十四萬七千二百五十八尺，問每邊若干。

答曰：三百八十三尺又七百六十七分尺之五百六十九。

術以積尺爲實，初商得三百尺，除積九萬餘積五萬七千二百五十八尺。以初商倍之得六百尺爲廉法，次商八十尺。八八六千四百尺，六八四萬八千尺，共除積五萬四千四百尺。又以次商倍之與初商倍數相加，得七百六十尺爲廉法。三商三尺。三三共九尺，三六一百八十尺，三七二千一百尺，共除積二千二百八十九尺，再倍三商爲六尺，與初次倍數相加，得七百六十八尺，加隅一尺，共八千二百六十九爲命母之分，以不盡之數六千六百五十尺爲分子，命爲八千二百六十九分尺之六千六百五十。

又　如有平方積五百七十六萬四千八百尺。問每邊若干。

答曰：二千四百尺又四千八百〇一分尺之四千八百尺。

術以平方法開之得每面方邊二千四百尺，餘積四千八百尺不盡僅餘與廉法相同，是無隅積也不能商一數數者，十尺也。即補于四商位，而于五商位依法命之，以廉法四千八百加隅一尺共四千八百〇一尺爲命分之母，以不盡之四千八百爲分子，命爲四千八百〇一分尺之四千八百，即每邊尺，弱也。

清・劉澤楨《中西數學通解》卷一〇　平方

開方之法，略與歸除同，但歸除有法有實，而開方則有實無法，故古人立爲商除廉隅之制以相求，每積二位，得邊之一位，所謂一百一十定無疑，一千三十有零餘，九千九百不離十，一萬方爲一百推是也，其法先從一角而剖其冪，以自一至九自乘之數爲方根，與所有之積相審，量其足減者而定之，是爲初商，初商減盡無餘，則方邊止一位，若有餘實，即初商方積外，別成一磬折形，其附初商之兩旁者，謂之廉，兩廉之角所合一小方謂之隅，廉有二，故倍初商爲兩廉之共長，是爲廉法，視餘積足廉法幾倍，即定其次商，隅即次商之自乘，故次商爲隅法，合廉隅而以次商乘之，則得兩廉一隅之共積，所謂初商方積外，別成一磬折形者是也，故次商爲初商所得方邊外之零，如次商數與初商餘積相減，尚有不盡之實，則又成一磬折形，而仍爲兩廉一隅，但較前廉愈長而隅愈小耳，凡有幾層廉隅，俱照初次商之例，逐層遞折之，實盡而止，實不盡者，必非自乘之正數，遞折之至於纖塵，終有奇零。若餘實不足廉隅法之數者，則方邊爲空位，此開方之定法也。面形不一，而容積皆以方積爲準，故平方爲算諸面之本，諸面必通之方積，而後可施其法也。

設如正方面積五丈四十七尺五十六寸，開方。問每一邊之數幾何。

答曰：二丈三尺四寸。

法列方積五丈四十七尺五十六寸，自末位起算，每方積二位定方邊一位，故隔一位作記，即於六寸上定寸位，七尺上定尺位，五丈上定丈位，其五丈爲初商積，與二丈自乘之數相準，即定初商爲二丈，書於方積五丈之上。而以二丈自乘之四丈，書於初商積之下，相減餘一丈，即一百尺。爰以方邊第二位積四十七尺，續書於下，共一百四十七尺，爲次商廉隅之共積。乃以初商之二丈，作二十尺，倍之，得四十尺，爲廉法，以除一百四十七尺，足三倍，即定次商爲三尺。書於方積七尺之上，而以次商三尺爲隅法，與廉法四十尺相加共四十三尺爲廉隅共法，書於餘積之左，以次商三尺乘之得，一百二十九尺，與次商廉隅共積相減，餘一十八尺，即一千八百寸。復以方邊末位積五十六寸，續書於下，共一千八百五十六寸爲三商廉隅共積。乃以初商次商之二丈三尺，作二百三十寸，倍之，得四百六十寸爲廉

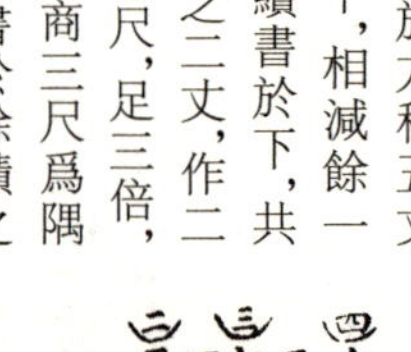

法。以除一千八百五十六寸，足四倍即定三商爲四寸，書於方積六寸之上而以三商四寸爲隅法，與廉法四百六十寸相加，共四百六十四寸爲廉隅共法。書於餘積之左，以三商四寸乘之，得一千八百五十六寸，與三商廉隅共積相減恰盡。是開得二丈三尺四寸，爲方邊之數也。

如圖，有一整方全積，欲開算其邊，設如邊數應有三位，即知有三商，如再減不盡，即多商幾次，俱同一例開法先取初商邊自乘之數，減去其積甲。然後將所餘定次商，次商積數，必是乙丙兩廉，及丁隅合成之數也。推乙廉之形，其長必與初商甲邊等，其寬必與次商等，而丙廉形，必與乙廉形同，故倍初商，而以次商乘之，即得乙丙兩廉共積。丁隅之形，長闊皆與次商等，故以次商自乘以加於兩廉共積內，即得次商廉隅共積，爲次商數，以減餘積。再以所餘定三商，三商之數，必是戊己兩廉，及庚隅合成之數也。推戊廉之形，其長必與初、次商合併之數等，而寬必與三商數等，己廉形同，故倍初次、商而以三商乘之，即得戊己兩廉共積。庚隅之形，長闊皆與三商數同，故再以三商自乘以加於戊己兩廉共積內，即得三商廉隅之共積爲三商數，以減餘積。如不能盡，再開四商，其形、其積，皆與三商同。五商以上，仿此類推。

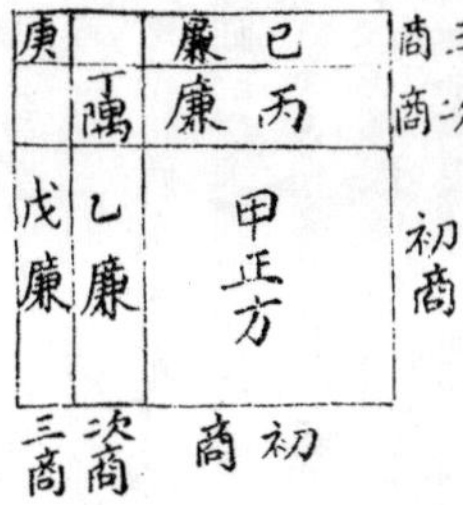

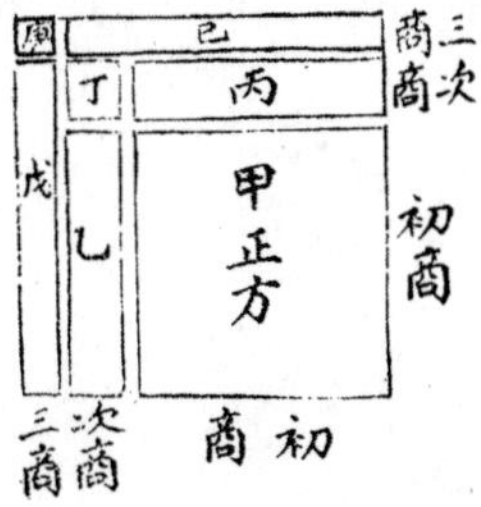

益積術與減縱術

算法

宋・劉益《議古根源》楊輝《田畝比類乘法捷法》 直田積八百六十四步，只云闊不及長一十二步。問闊幾何。

答曰：二十四步。

術曰：置積爲實，以不及步爲從方，開平方除之。

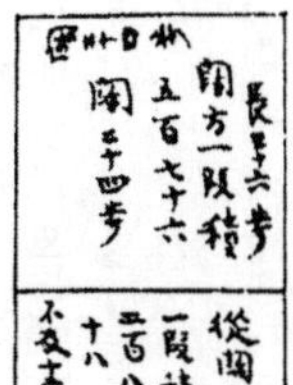

上是闊平方一段，

下是從闊方一段。

開方帶從段數草圖

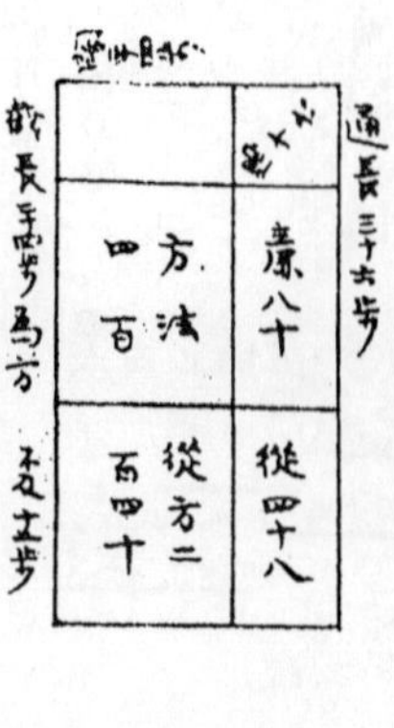

活法詳載《九章・少廣》

開方列位圖

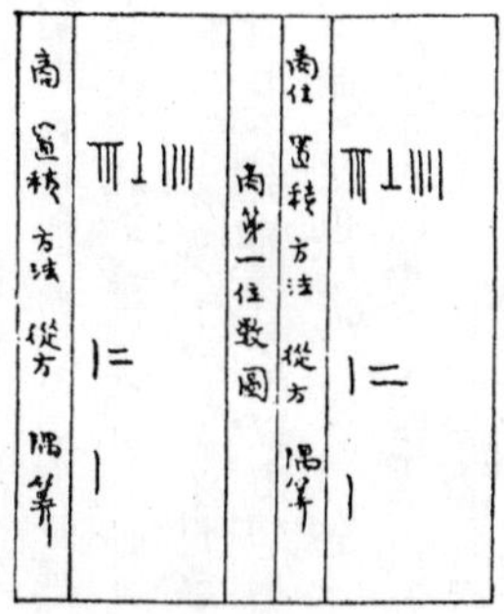

宋・楊輝《楊輝算法・田畝比類乘除捷法》卷下 置積爲實，別置一算，名隅。從實尾超一位，約實至百數下，定十步。上商置闊二十，乘隅，於從方之上，置二十名曰方法，以方數從數皆命上商，除實六百四十訖。二因方法一退，名廉。從法亦一退，隅算二退。又商置闊四步，乘隅於廉後置四名隅，以廉從隅三法皆命上商四，除實盡。得闊二十四步。

比類　給銀八百六十四兩，只云所得銀之兩數比總分人數其銀多十二兩。問總是幾人，每人各得幾兩。

答曰：二十四兩，三十六人。

銀多爲長，人少爲闊。銀多十二即長闊之差數也。取用同前，帶從開平方除之。

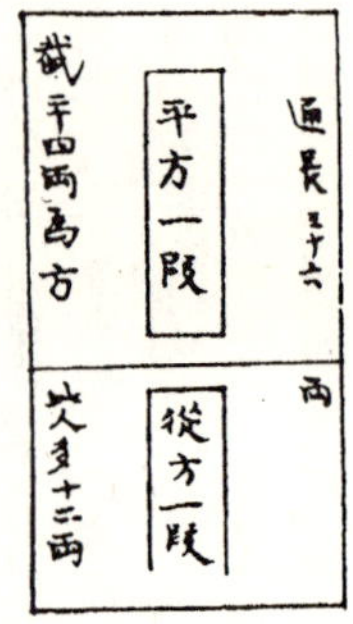

宋・劉益《議古根源》楊輝《田畝比類乘除捷法》　直田積八百六十四步，只云闊少長十二步。問長步幾何。

答曰：三十六步。

益積開方術曰：置積爲實，以不及十二步爲負從，以一爲(負)隅開平方除之得長。

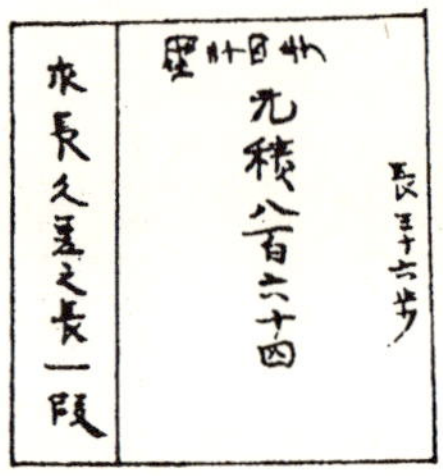

題圖

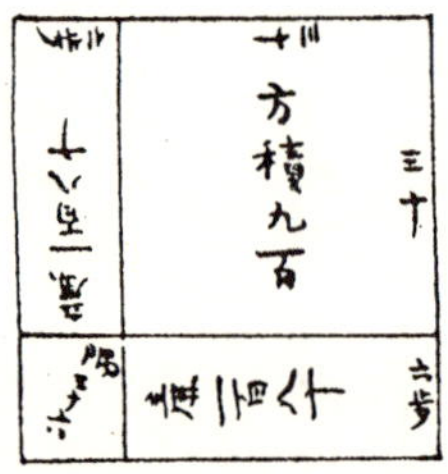

法圖

宋・楊輝《楊輝筭法・田畝比類乘除捷法》卷下　草曰：置積八百六十四，於第二級，置差十二步於第四級，爲負從。置負隅一筭於第五級。於第一級上商置長三十步，以乘負隅。於第三級置方法三十，以上商三十乘負從，添積三百六十。卻除積九百，餘積三百二十四步。二因方法，共六(寸)[十]，改名廉法一退，負從一退，負隅二退。又於實上商置長六步。以乘負隅一，置六於廉次，名隅。以上商六，命負從，添積七十二，共積三百九十六，以廉隅之數命上商，除實，適盡。得長三十六步。合問。

減從開方術曰：置積爲實，以不及十二步爲從減方法，開平方除之。

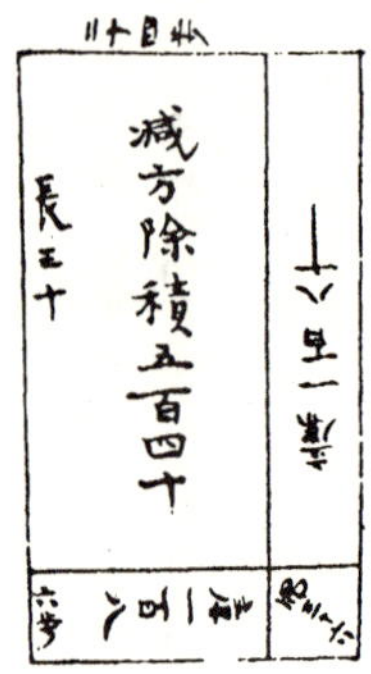

法圖

只就本段積。

草曰：依五級資次布置商，積，方法，負從，隅筭。置積爲實。於實上商置長三十。以乘隅筭，置三十於實數之下，名曰方法。以負從十二減三十，餘一十八命上商，除實五百四十，餘積三百二十四。復以上商三十乘隅，得三十併入方法，共四十八，退位爲廉。其隅筭再退，又於實上商置長六步，乘隅筭得六，併入廉法，共五十四。命上商六步，除實盡。得長三十六步。合問。

比類　以金换絹八百六十四疋，不知黄金一兩元换絹幾疋，但云元金總兩與每兩所换疋數，較之則兩多知疋十二。(令先)問元金幾兩。

答曰：三十六兩。

元金爲長，每兩换絹若干爲闊，其所换總絹疋數，即直田之積步也。

宋・劉益《議古根源》楊輝《田畝比類乘除捷法》　直田積八百六十四步，只云闊不及長十二步。問長闊共幾步。

答曰：六十步。

術曰：四因積步，以差步自乘，併而開平方除之，得長闊共步。

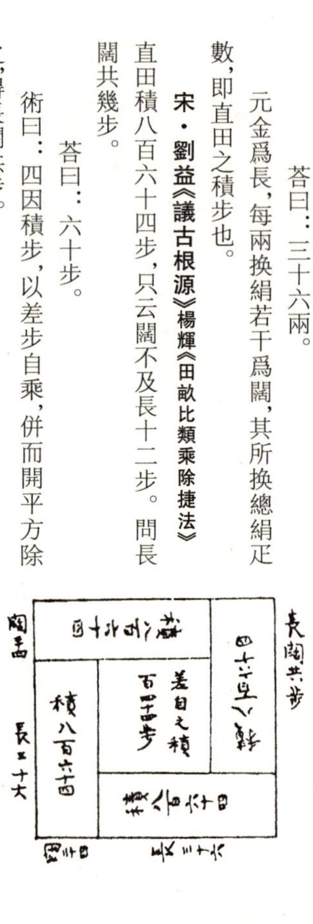

宋・楊輝《楊輝筭法・田畝比類乘除捷法》卷下　草曰：四因積步，有四長四闊居邊共三千四百五十六步。又補入差自乘一百四十四共三千六百。開平方，得一面六十步。合問。

比類　金八百六十四兩，只云鋌數少知兩數十二。問鋌數兩數共若干。

答曰：鋌數與兩數共六十，兩數爲長，鋌數爲闊。圖意法草同前。

宋・劉益《議古根源》楊輝《田畝比類乘除捷法》　直田積八百六十四步，只云長闊共六十步。欲先求闊步得幾何。

答曰：二十四步。

益隅術曰：置積爲實，共步爲從方，以一爲益隅，開平方除之。

演段曰：一積止有一長，若以長闊共長爲從方，正少一闊，所以用一爲益隅，益入一段闊方，以應從方除數。

二積一千四百四十步，以六十步除，得闊二十四步。

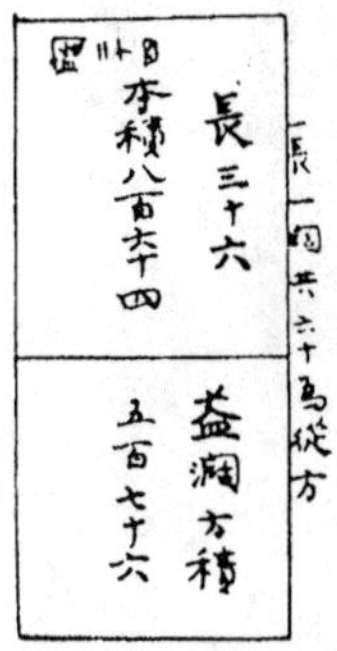

宋・楊輝《楊輝算法・田畝比類乘除捷法》卷下　草曰：置積八百六十四步爲實。別置一筭爲益隅。尾末位約實至百下，定十。上商闊二十，積下置方法二十，以上商命方法，乘四百益積，却以從方六十除積一千二百，餘六十四。二因方法，一退爲廉。從方亦一退，益隅二退。又上商闊四步，廉次之下亦置隅四，以上商乘廉，隅，益積實共二百四十。上商命從方，除實盡。得闊二十四步。合問。

宋・劉益《議古根源》楊輝《田畝比類乘除捷法》　減從術曰：置積爲實，共步爲從方，以一爲負隅，開平方除之。

演段曰：若不益積，便用減從。或有不可益積者，須用減從之術。

減從法圖

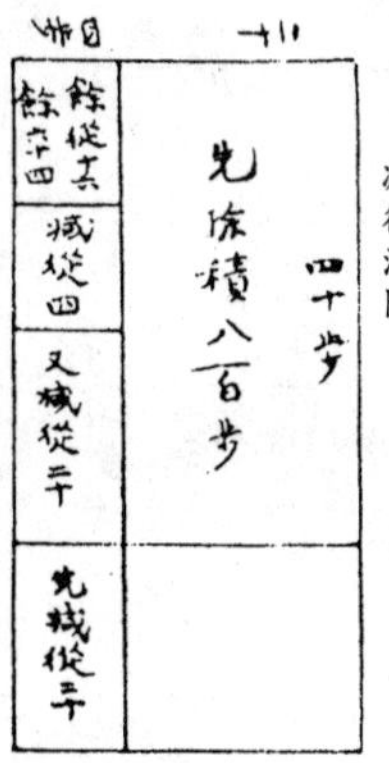

闊二十四步一長一闊六十爲從方

宋・楊輝《楊輝算法・田畝比類乘除捷法》卷下　草曰：置積八百六十四爲實。以六十步爲從方，以一筭爲負隅。上商置闊二十。以乘負隅，減從方二十。以上商命餘從四十，除積八百，餘積六十四。以上商乘負隅，又減從方二十，餘從二十步，一退。負隅二退。又於實上商置闊四步，以乘負隅，減從方四，餘從十六。命上商除實盡。得闊二十四步。合問。

宋・劉益《議古根源》楊輝《田畝比類乘除捷法》　直田積八百六十四步，只云長闊共六十步。欲先求長步，問得幾何。

答曰：三十六步。

飜積術曰：置積爲實。相和步爲從方，以一爲負隅，開平方除之。

演段曰：本積只有長之闊一段，正少長自之一段，所以用一爲負隅減去從方，以應積數。

演段圖

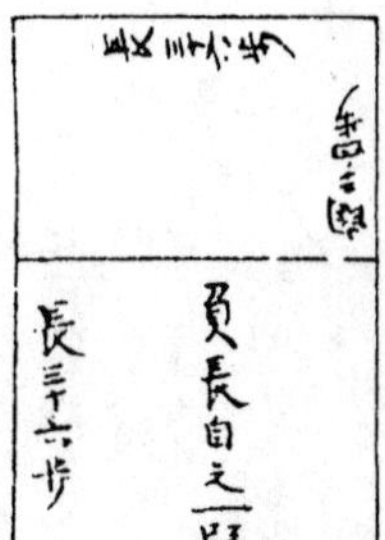

飜法圖

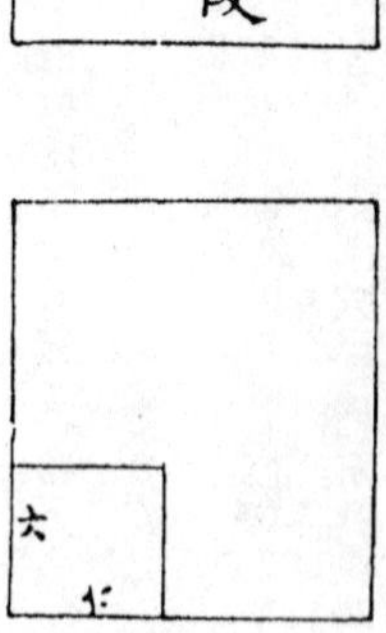

負積六六除三十六。

宋・楊輝《楊輝算法・田畝比類乘除捷法》卷下　草曰：置積爲實。以六十爲從方，置一筭爲負隅。於實上商置長三十，命負隅減從三十，以上商命餘從，合除積九百而積不及，乃命飜法，於商數之下積數之上，置合除積九百，及減元積八百六十四，餘負積三十六。以上商命負隅，減從三十盡。負隅二退，又上商長六步命負隅，置六於負積之下，復命之商除實盡。得長三十六步。合問。

宋・劉益《議古根源》楊輝《田畝比類乘除捷法》　直田積八百六十四步，只云長闊共六十步。問長多闊幾何。

答曰：十二步。

和步求差術曰：四之積步，減和自之積，餘開平方除之，得長闊之差步。

演段曰：和自乘有四段，直田積一段差方積，所以用四積減和方，剩下差方一段，却取方面。

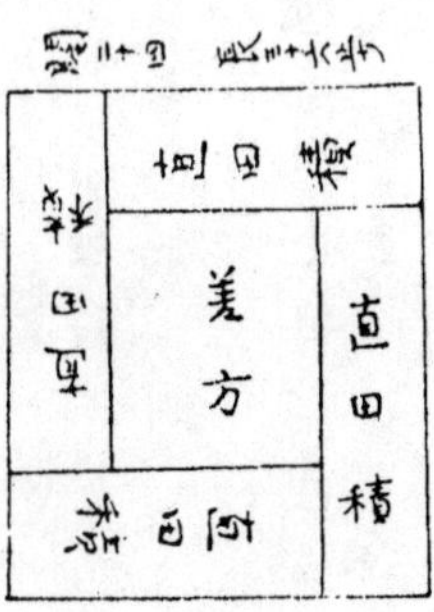

宋・楊輝《楊輝算法・田畝比類乘除捷法》卷下　草曰：共步六十自乘，得三千六百步。又四因田積得三千四百五十六步。以少減多，餘一百四十四，即差方一段也。開平方除，見差步十二。

宋・劉益《議古根源》楊輝《田畝乘除比類捷法》　直田積八百六十四（長）[步]，只云三長五闊共二百二十八步。問元闊幾何。

答曰：二十四步。

益積術曰：三之積步爲實，共步爲從方，五爲隅筭，開平方除之。

演段曰：題云三長，故三之田積是求出三長，比元題尚少五闊，故以五爲益隅明是暗添入五段闊方之積應從方除數。

宋・楊輝《楊輝算法・田畝比類乘除捷法》卷下　草曰：三之田積，得二千五百九十二步爲實。置五筭爲負隅，依法於百位下約(下)[十]。置從方二百二十八，於負隅級上進一位。上商置闊二十步，乘負隅，減從一百。以餘一百二十八命上商，除實二千五百六十，餘積三十二步。復以上商命負隅，又減從一百，餘從二十八，退一位。負隅退二位。又上商置闊四步，命負隅減從二十，餘八命上商四，除實盡。得闊二十四步。合問。

宋・劉益《議古根源》楊輝《田畝乘除比類捷法》　直田積八百六十四步，只云三長五闊共二百二十步。問長幾何。

答曰：三十六步。

術曰：五之積步爲實，共步爲從方，以三爲負隅，開平方除之。

演段曰：五之積步以應五闊，三爲負隅，於元徑減云三長開方。

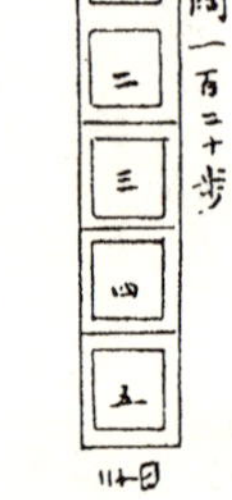

宋・楊輝《楊輝算法・田畝比類乘除捷法》卷下　草曰：五之田積，得四千三百二十。置三爲負隅，於百步下定十。置二百二十八爲從方，進位。上商置長三十步，命負隅三減從九十，復以上商三十命餘從一百三十八，除實四千一百四十，餘積一百八十。復以上商三十命負隅，又減從九十，餘從四十八步，一退。負隅二退。又於上商長六步，命負隅減從十八，餘從三十，命上商六步除實盡。得長三十六步。合問。

宋・劉益《議古根源》楊輝《田畝乘除比類捷法》　直田積八百六十四步，只云一長二闊三和四較共三百一十二步。問闊幾何。

答曰：二十四步。

術曰：八因積步爲實，一爲負隅，共步爲從方，開平方除之。

演段曰：三和內有三長三闊，併入一長二闊，又以四較併四闊爲四長，得八長一闊，所以用八因積步，以應八長，用一闊爲負隅也。

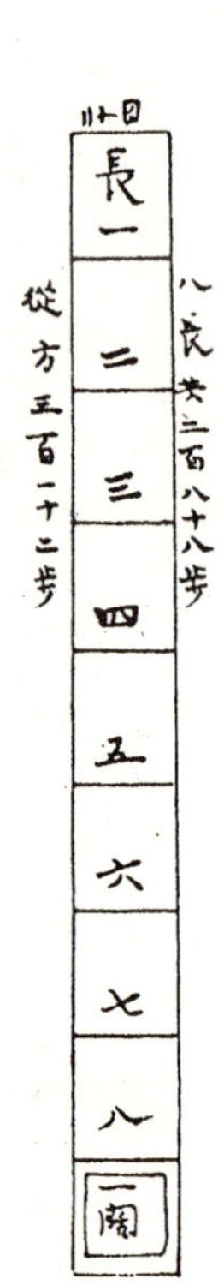

宋・楊輝《楊輝算法・田畝比類乘除捷法》卷下　草曰：八因積步，得六千九百一十二。置一爲負隅，置三百一十二爲從方。上商置二十，以乘負隅減從二十，餘從二百九十二。命上商闊二十，(餘)[除]實，餘一千七十二。復以上商命負隅，又減從二十，餘從二百七十二，退一位。負隅二退。上續商闊四步，命負隅減從四步，餘從二百六十八，命上商四，餘實盡。得闊二十四步。合問。

宋・劉益《議古根源》楊輝《田畝乘除比類捷法》　直田積八百六十四步，只云一長二闊三和四較共三百一十二步。問長幾何。

答曰：三十六步。

術曰：置積爲實，共步爲從方，八爲負隅，開平方除之。

演段曰：求長不得見差用闊數乘積，以長爲隅筭，上問如前題，演得八長一闊用一之積，八爲負隅也。

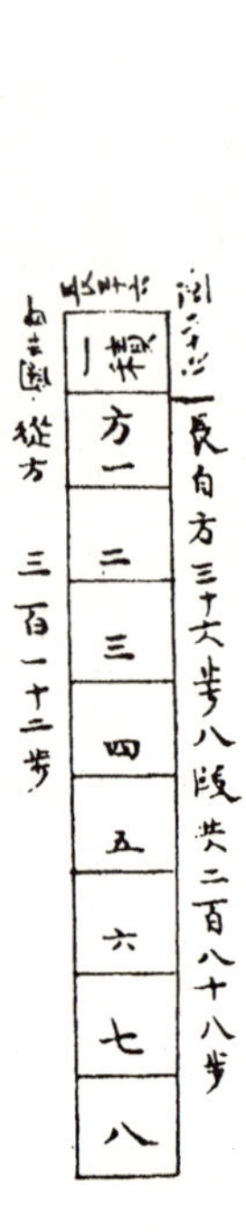

宋・楊輝《楊輝算法・田畝比類乘除捷法》卷下　草曰：置積八百六十四步爲實。置三百一十二步爲從方，以八爲負隅。實上商置長三十步，命負隅八減從二百四十，餘從七十二。命上商除實，其積不及合除二千一百六十之數，故用翻積。置負積二千一百六十，以元積八百六十四減之，商餘負積一千二百九十六，復以上商命負隅減從二百四十，而從亦不及，止有七十二。又用翻。置負從二百四十，以減七十二，餘負從一百六十八，而隅，從，積筭皆負矣。從一退，隅二退位。又上商置長六步，命隅八加從共二百一十六，命上商除實盡。得長。合問。

宋・劉益《議古根源》楊輝《田畝比類乘除捷法》　方田圓田各一段，共積二千二百六十八步。只云方田面與圓田徑相等。問各幾何。

答曰：三十六步。

術曰：四因積步爲實，七爲隅筭，開平方除之。

演段曰：四因積步，有四箇方田四箇圓田，而四圓田恰及三箇方田，總是七箇方積，故用七爲隅筭。開出七箇平方田，亦圓田之徑也。

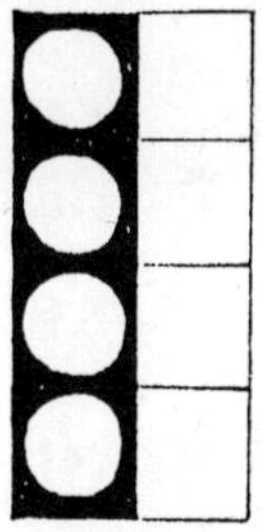

四箇方積一千二百九十六，

四箇圓積九百七十二。

宋・楊輝《楊輝算法・田畝比類乘除捷法》卷下　草曰：四因共積，得九千七十二步。以七爲正隅。於百下約實，上商三十，命正隅七，置一百一十爲方法，命上商除實，餘二千七百七十二步。二因方法，一退爲廉，隅法再退。又於上商置六，以命隅七，乘四十二爲隅，併入廉法，以廉隅二法皆命上商，除實盡。得方田面三十六步，而圓田徑亦同也。

宋・劉益《議古根源》楊輝《田畝比類乘除捷法》　有圭地一段，正長七十五步，南尖北闊三十步，今於小頭截地四百五步。問所截長闊各幾何。

答曰：截長四十五步，截闊一十八步。

術曰：二之截積，以元長乘之，元闊而一，開平方爲截長。置截長，以元闊乘之，元長除之爲截闊。

宋・楊輝《楊輝算法・田畝比類乘除捷法》卷下　草曰：二之截積，得八百一十步。以元長乘得六萬七百五十，元闊三十除得二千二十五爲實。開平方得截長四十五步。元闊乘截長得一千三百五十步，以元長七十五步除得截闊十八步。合[問]。

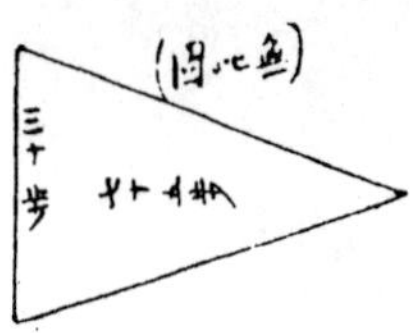

宋・劉益《議古根源》楊輝《田畝比類乘除捷法》　梯田一段長九十步，南闊二十步，北闊三十八步，今自南頭截地八百二十一步半。問所截長闊各幾何。

答曰：截長三十五步，截闊二十七步。

先求長術曰：二因截積，元長乘之，如闊差而一爲實。倍南闊，以元長乘之，如闊差而一爲從法。開方除得截長。以闊差乘截長，如元長而一，如南闊得截闊。

宋・楊輝《楊輝算法・田畝比類乘除捷法》卷下　草曰：二因截積，得一千六百四十五步，以元長九十步乘，以闊差十八除，得八(十)[千]二百二十五步爲實。二因南闊，以元長乘之，如闊差而一，得二百爲從法。開方除得截長。

宋・劉益《議古根源》楊輝《田畝比類乘除捷法》　先求闊術曰：二之截積，以闊差乘之，元長除之，併小頭闊自乘，開平方除之，得截闊。併兩廣，折半除截積即長。

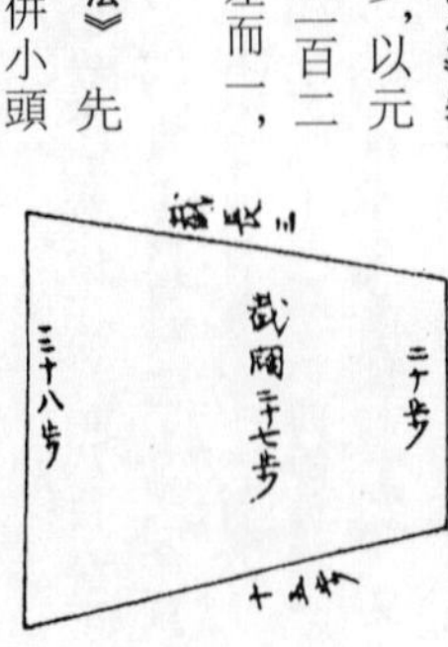

宋・楊輝《楊輝算法・田畝比類乘除捷法》卷下　草曰：二之截積，得一千六百四十五步。以闊差十八步乘之，以元長九十步除之，得三百二十九步。又小頭二十自乘併之，共得七百二十九。開平方除之，先得截闊。併兩廣，共四十七步。折半除截積，得長步。合問。

宋・劉益《議古根源》楊輝《田畝比類乘除捷法》　梯田長九十步，小頭闊二十步，大頭闊三十八步。今自大頭截田一千七百八十七步半。問所截長闊。

答曰：截長五十五步，小頭闊二十七步。

術曰：二因積步，以闊差乘之，元長除之，得數減大頭自乘，餘積開平方除之，爲截闊。加大頭闊，折半爲法除田積，爲長。

宋・楊輝《楊輝算法・田畝比類乘除捷法》卷下　草曰：二因積步，得三千五百七十五。以二闊相減餘差十八步乘，得六萬四千三百五十步。用元長九十步，除得七百一十五步。以大頭闊三十八自乘，得一千四百四十四。減積，餘七百二十九步。開平方除之，得截闊二十七步。併大頭闊三十八步，折半得三十二步半。除截積一千七百八十七步半，得長五十五步。合問。

宋・劉益《議古根源》楊輝《田畝比類乘除捷法》　梯田長一百二十步，北闊十二步，南闊十八步，計積一千八百步。今自北頭截長一半，問截闊田積幾何。

答曰：截闊一十五步，田積八百一十步。

術曰：置南北闊差步，以元長除之，截長乘之。又併北闊爲所截闊步，別併二闊，折半，以截長乘之爲田積步。

宋・楊輝《楊輝算法・田畝比類乘除捷法》卷下　草曰：置二闊以少減多，餘差六步，以元長一百二十除爲五釐。用半長六十乘得三步，併北闊共十五步，爲所截之闊。又併二闊，共二十七步，折半得十三步半，以乘截長六十步，得田積八百一十步。

宋・劉益《議古根源》楊輝《田畝比類乘除捷法》　環田外周七十二步，中周二十四步，實徑八步。今自外周截積二百八十五步。問所截內周并實徑幾何。

答曰：截徑五步，中周四十二步。

術曰：二因積步，以二周相減差步乘之，元徑除之。別置外周自乘，以少減多，餘開平方除之，得所截內周。以內用減外周餘，六而一，即徑也。

宋・楊輝《楊輝算法・田畝比類乘除捷法》卷下　草曰：外周中周相減，餘四十八乘二因積步，得二萬七千三百六十，元徑八步除得三千四百二十。又外周自乘，得五千一百八十四，以少減多餘一千七百六十四爲實。開平方除之，得內周四十二步。以內周減外周七十二餘三十，以六除之，即徑五步。

宋・劉益《議古根源》楊輝《田畝比類乘除捷法》　環田外周七十二步，中周二十四步，實徑八步。欲從內周截地一百九十五步。問所截外周實徑各幾何。

答曰：截徑五步，外周五十四步。

術曰：二因積步爲實，以徑步除二周差步爲正隅，二因中周爲從方。開平方除之，得所截徑步。副置徑步，六因，併中周爲外周。

宋・楊輝《楊輝算法・田畝比類乘除捷法》卷下　草曰：二因積步，得三百九十步爲實。二周相減餘差四十八，以徑八步除，得六步爲正隅。二因中周得四十八爲從方。開平方除得徑五步。別置徑五步，六因併中周，得五十四步爲截外周。合問。

宋・劉益《議古根源》楊輝《田畝比類乘除捷法》　圓田於內截弦矢田一段長十二步，矢闊四步。問圓田元徑幾何。

答曰：一十三步。

宋・楊輝《楊輝算法・田畝比類乘除捷法》卷下　輝術曰：半弦自乘爲實，以矢除而併矢，即圓田徑步也。圓勢同前。

草曰：半弦六步自乘，得三十六步。以矢四步除，得九步併矢四步，共十三步爲圓田徑步。

宋・劉益《議古根源》楊輝《田畝比類乘除捷法》　錢田積七十二步，只云面徑三步。問內方幾步。

答曰：六步。

術曰：四因積步，以面徑自乘，又十二乘之，用減積餘爲實，十二乘面徑爲從方，一爲益隅。開平方除得內方之數。

演段曰：四圖錢田變井田三段，負內方三段，有面徑方積十二段，又面徑之內方十二段。此錢田又負內方一段，所以用一爲益隅，開平方。

演段圖

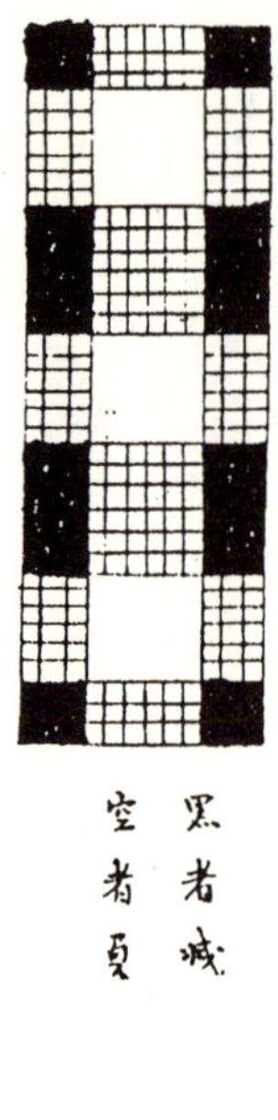

開積圖

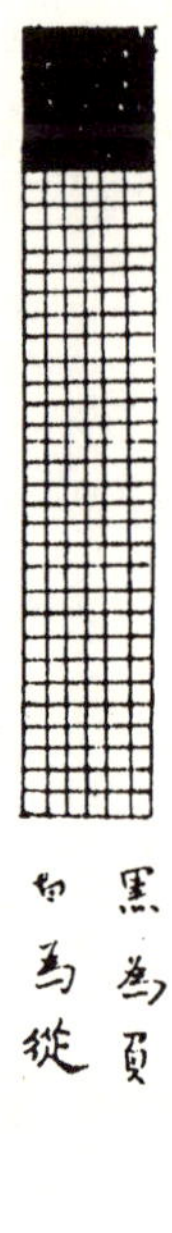

宋・楊輝《楊輝算法・田畝比類乘除捷法》卷下　草曰：四因積步，以面徑三步自乘得九。又十二乘爲減積，餘一百八十步爲實。以十二乘面徑三步，得三十六步爲從方，一爲益隅。上商六，益積三十六，共積二百一十六，命從方除實盡。得內方六步。合問。

宋・劉益《議古根源》楊輝《田畝比類乘法捷法》　錢田積七十二步，只云內方六步。問外周幾何。

答曰：三十六步。

術曰：內方自乘併積，以十二乘之爲實。開平方除得外周。

演段曰：內方自乘，併積變圓田一段，以十二乘者，變周自乘一段。開平方除出周步。

宋・楊輝《楊輝算法・田畝比類乘除捷法》卷下　草曰：內方自乘，得三十六步。併於七十二，又十二乘得一千二百九十六步。開平方除得外周。

合問。

宋・劉益《議古根源》楊輝《田畝比類乘法捷法》 錢田積七十二步，只云通徑十二步。問內方幾步。

荅曰：六步。

術曰：四因積步，以通徑自乘三之，減積餘爲實，四爲隅筭。開平方除得內方。

演段曰：徑自乘，三之，四而一，爲圓田。若減本積，則知內方之實。古人謂法拙，以通徑自乘，三之不用四除，却以四因積步，以少減多，除即四段內方，用四爲隅，開平方即是內方。

宋・楊輝《楊輝筭法・田畝比類乘除捷法》卷下 草曰：通徑十二自乘得一百四十四，三之得四百三十二，以四因積步二百八十八減之餘一百四十四爲實。用四爲正隅，開平方除出內方六步。合問。

立成釋鎖帶縱開平方法

算法

元・佚名《透簾細草》 今有艾草積三百五十一束，[問]底子多少。

荅曰：二十六束。

法曰：置積倍之爲實。以一爲從。開平方除之。

草曰：置積倍之得七百二束。一爲從，一爲立隅。此法一進，隅法二進。上合商二，命商除實，餘有二百八十二。二因於從法一(位)[得]四一，從法一退隅法二退。上商六，生於從法，得四七，命商除之，盡也。

今有方箭一百六十九隻，問外周多少。

荅曰：四十八隻。

法曰：置積減一，以十六乘之爲實，八爲從，開平方除之。

草曰：置積於上，減一以十六乘之得二千六百八十八爲實。八爲從。以從法一進，一爲隅隅法二進。上商四，從法添四命商除實，餘七百六十八。從法又生四，從法一退，隅法二退。上商八，從法得九十六，命商除之。恰盡。

今有圓箭積一百二十七隻，問外周多少。

荅曰：三十六隻。

法曰：置積減一十二乘之，爲實。以六爲從，開平方除之。

草曰：置一百二十七隻於上，減一，十二乘之得一千五百一十二爲實。六爲從，一爲隅。上商三生於從法，得三百六十，命商除之，得四百三十二。從法添三，得六百六十。從法一退，隅法二退。上商六，從法生六，得七十二，命商除之，盡也。

明・吳敬《九章筭法比類大全》卷一〇《各色開方》 帶從開平方法

法曰：置積若干爲實，以不及若干爲從方，於實數之下，將從方商一位者就商，商二位者一進，以一得十，商三位者二進，以一得百。下法，商二位者二進得百，商三位者四進得萬。於實上商，置第一位得數若干。下法亦置上商若干以進爲數。爲方法，與從方共得若干。皆與上商若干。除實若干。餘實若干。乃二乘方法，得若干。併入從方，共得若干。俱爲法一退，得若干。下法再退，得百。續商置第二位，以方法若干。商餘實，得若干。下法亦置上商若干，以退爲數。爲隅法，與方法共得若干。皆與上商若干。除餘實若干。仍餘實若干。乃二乘隅法，得若干。併入方法。一退得若干。下法再退得一。再商置第三位，以方法若干。商餘實得若干。下法亦置上商若干。爲隅法，與方法共若干，命與上商若干。除實盡，得闊若干。合問。

又 今有直田六頃九十六畝，只云闊不及長一百三十二步。問闊幾何。

荅曰：三百四十八步。

法曰：置田六頃九十六畝，以畝步通之得一十六萬七千四十步爲實。以不及一百三十二步爲從方。開平方法除之。於實數之下商置第一位，將從方二進得一萬三千二百步，下法四進得萬。以商實，得三百。下法亦置上商，得三萬爲方法，與從方共得四萬三千二百，皆與上商三，除實一十二萬九千六百，餘實三萬七千四百四十。乃二乘方法得六萬，併入從方共得七萬三千二百，俱爲方法。一退得七千三百二十；下法再退得百。續商置第二位，以方法七千三百二十，商餘實得四十。下法亦置上商，得四百爲隅法，與方法共得七千七百二十。皆與上商四，除餘實三萬八百八十，仍餘實六千五百六十。乃二乘隅法得八百。併入方法共得八千一百二十。一退得八百一十二；下法再退得一。再商置第三位，以方法八百一十二，商餘實得八步。下法亦置上商八爲隅法，與方法共得八百二十。皆與上商八，除餘實盡。得闊三百四十八步。合問。

今有直田積三千四百五十六步，只云闊不及長二十四步。問闊幾何。

答曰：四十八步。

法曰：置積三千四百五十六步爲實。以不及二十四步爲從方。開平方法除之。於實數之下，商置第一位。將從方一進得二百四十，下法二進得百，以商實得四十。下法亦置上商得四[百]爲方法，與從方共六百四十。皆與上商四，除實二千五百六十，餘實八百九十六。乃二乘方法得八百，併入從方共一千四十俱爲方法。一退得一百四；下法再退得一。續商置第二位，以方法一百四，商餘實得八步。下法亦置上商八爲隅法，以方隅二法共一百一十二，皆與上商八，除餘實盡。得闊四十八步。合問。

今有直田二十二頃五十畝，只云闊不及長一里。問闊幾何。

答曰：二里。

法曰：置積二十二頃五十畝，以畝步通之，得五十四萬步爲實，通不及長，一里爲三百步爲從方，開平方法除之。於實數之下，將從方二進得三萬步；下法四進得萬。以商實得六百。下法亦置上商，得六萬爲方法，與從方共九萬。皆與上商六，除實盡，得闊六百步。以里步法三百步，除之。合問。

今有直田一十九畝六分，只云長取强半，平取弱半，和取中半，較取大半，爲共不及二長二步少半步。問長平各幾何。

答曰：長八十四步，平五十六步。

法曰：置長四分之三，平四分之一，和二分之一，較三分之二，母互乘子，長之三乘四分得一十二，又以二分乘得二十四，又乘三分得七十二步。平之一乘四分得四，[次]二分乘得八，又乘三分得二十四步。和之一乘四分得四，又以四分乘得一十六，又乘三分得四十八步。較之二乘二分得四，又以四分乘得一十六，又乘四分得六十四步。分母四分乘四分得一十六，又乘二分得三十二，又乘三分得九十六。却以不及分母三乘之，得二百八十八。又以不及二步三分步之一，以分母三乘二步得六，加分子一得七。乘之，得二千一十六。却以二遍三除，得二百二十四，得八長內減八平，餘得八較，今從八約之得二十八步爲一較，即一長內減一平。置田一十九畝六分，以畝步通之，得四千七百四步爲實，以較二十八步爲從方，開平方法除之。於實數之下，商置第一位，將從方一進，得二百八十；下法二進，得百。以商實，得五十。下法亦置上商，得五百爲方法，與從方共七百八十。皆與上商五，除實三千九百，餘實八百四步。乃二乘方法，得一千，併入從方共得一千二百八十，俱爲方法。一退得一百二十八；下法再退得一。續商置第二位，得六步。下法亦置上商六爲隅法，以方隅二法共一百三十四，皆與上商六步，除餘實盡，得平五十六步。加較二十八步，得長八十四步。合問。

今有圓田積一十一畝九十步一十二分步之一，只云徑不及周一百二十步三分步之二。問周徑各幾何。

答曰：周一百八十一步；徑六十步三分步之一。

法曰：通田一十一畝，加零九十步共得二千七百三十步。以二分母十二分，三分，相乘得三十六。乘之加二分子，二共得九萬八千二百八十三爲實，以不及一百二十步，以分母三通之，加分子，二共得三百六十二爲從方，開平方法除之。於實數之下，商置第一位，將從方二進得三萬六千二百；下法四進得萬。以商實得一百。下法亦置上商，得一萬爲方法，與從方共四萬六千二百，皆與上商一除實四萬六千二百，餘實五萬二千八十三。乃二乘方法得二萬，併入從方共得五萬六千二百，俱爲方法。一退得五千六百二十；下法再退得百。續商置第二位，以方法五千六百二十，商餘實得八十。下法亦置上商，得八百爲隅法，以方隅二法共六千四百二十，皆與上商八，除餘實五萬一千三百六十，仍餘實七百二十三。乃二乘隅法得一千六百，併入從方，共七千二百二十爲方法，一退得七百二十二；下法再退得一。再商置第三位，以方法七百二十二，商餘實得一步。下法亦置上商一爲隅法，以方隅二法共七百二十三，皆與上商一，除餘實盡，得周一百八十一步。以三除之，得徑六十步三分步之一。合問。

今有環田積六畝九十六步，只云徑不及外周一百二十八步，又不及內周三十二步。問內外周徑各幾何。

答曰：徑一十六步，外周一百四十四步，內周四十八步。

法曰：通田六畝，加零九十六步，共得一千五百三十六步爲實，半二不及，得八十步爲從方，開平方法除之。於實數之下，商置第一位。將從方一進得八百，下法二進得百，以商實得一十；下法亦置上商，得一百爲方法，與從方共九百，皆與上商一除實九百，餘實六百三十六，乃二乘方法得二百，併入從方共得一千；俱爲方法，一退得一百；下法再退得一。續商置第二位，以方法一百，商餘實得六步；下法亦置上商六爲隅法，以方隅二法共一百六；皆與上商六除餘實盡，得徑一十六步。各加不及。合問。

今有牛角田積三畝一百二十五步，只云比闊不及西長三十六步，又不及東長四十二步。問東西長、北闊各幾何。

答曰：東長六十八步，西長六十二步，北闊二十六步。

法曰：通積三畝，加零一百二十五步，共得八百四十五步，倍之，得一千六百九十步爲實，半二不及，得三十九步爲從方，開平方法除之。於實數之下，商置第一位，將從方一進得三百九十；下法二進得百。以商實得二十。下法亦置上商，得二百爲方法，與從方共二百九十，皆與上商二除實一千一百八十，餘實五百二十。乃二乘方法得四百，併入從方共得七百九十，俱爲方法。一退得七十九；下法再退得一。續商置第二位，以方法七十九，商餘實得六步。下法亦置上商六爲隅法，以方隅二法，共八十五，皆與上商六除餘實盡，得北闊二十六步。各加不及。合問。

今有畹田積一百二十步，只云徑不及下周一十四步。問下周并徑各幾何。

答曰：下周三十步，徑一十六步。

法曰：四因積步，得四百八十步爲實，以不及一十四步爲從方，開平方法除之。於實數之下，商置第一位，將從方一進得一百四十；下法二進得百；以商實得一十。下法亦置上商，得一百爲方法，與從方共二百四十，皆與上商一除實二百四十，餘實二百四十。乃二乘方法得二百，併入從方共三百四十，俱爲方法。一退得三十四；下法再退得一。續商置第二位，以方法三十四，商餘實得六步，下法亦置上商六爲隅法，以方隅二法共四十，皆與上商六，除餘實盡，得徑一十六步，加不及一十四步，得下周三十步。合問。

今有方箭積一百四十四隻，問外周幾何。

答曰：四十四隻。

法曰：置積減一得一百四十三隻，以方法十六乘之，得二千二百八十八隻爲實，半方法得八爲從方，開平方法除之。於實數之下，商置第一位，將從方一進得八十；下法二進得百；以商實得四十。下法亦置上商，得四百爲方法，與從方共四百八十，皆與上商四，除實一千九百二十，餘實三百六十八。乃二乘方法得八百，併入從方共得八百八十，俱爲方法。一退得八十八；下法再退得一。續商置第二位，以方法八十八，商餘實得四。下法亦置上商四爲隅法，以方隅二法共九十二，皆與上商四除餘實盡，得外周四十四隻。合問。

今有圓箭積一百六十九隻，問外周幾何。

答曰：四十二隻。

法曰：置積減一得一百六十八，以圓法十二乘之，得二千一十六爲實，半圓法，得六爲從方，開平方法除之。於實數之下，商置第一位。將從方一進得六十；下法二進得百。以商實得四十。下法亦置上商，得四百爲方法，與從方共四百六十，皆與上商四除實一千八百四十，餘實一百七十六。乃二乘方法得八百，併入從方共得八百六十，俱爲方法。一退得八十六；下法再退得一。續商置第二位，以方法八十六，商餘實得二隻。下法亦置上商二爲隅法，以方隅二法共八十八，皆與上商二除餘實盡，得外周四十二隻。合問。

今有平尖草一垛積六百三十箇，問底子幾何。

答曰：三十五箇。

法曰：倍積得一千二百六十箇爲實，以一爲從方，開平方法除之。於實數之下，商置第一位。將從方一進得十；下法二進得百。以商實得三十。下法亦置上商，得三百爲方法，與從方共三百一十，皆與上商三除實九百三十，餘實三百三十。乃二乘方法得六百，併入從方，共得六百一十俱爲方法。一退得六十一；下法再退得一。續商置第二位，以方法六十一，商餘實得五箇。下法亦置上商五爲隅法，以方隅二法共六十六，皆與上商五，除餘實盡，得底子三十五箇。合問。

今有兵士二十二萬八千四百八十名，築圓寨一所，每五十六名爲一小隊，外圓圍二十四步。每一千一百二十名爲一中隊，每隊指揮一員、千户二員、百户一十員；每二萬二千八百四十名爲一大隊，每隊都督一員、都指揮二員、其所居之地，大將軍中軍帳用一十三隊數，都督每員用四隊數，都指揮每員用二隊數，指揮每二員合一隊，數千户每三員合一隊，數百户每四員合一隊數，每隊亦照前，外圓圍二十四步。問共該幾隊、積若干步，并外周幾隊、圓圍若干步及管軍頭目員數隊積各幾何。

答曰：通共四千九百二十一隊；每隊積六十一步；共積三十萬一百八十一步。

外圍二百四十隊；每隊徑九步；共外圓圍二千一百六十步；

大將軍中軍帳用十三隊；共積七百九十三步。

都督一十員，每員用四隊，共四十隊，共積二千四百四十步。

都指揮二十員，每員用二隊，共四十隊，共積二千四百四十步。

指揮二百四員，每二員合一隊，計一百二隊，共積六千二百二十二步。

千户四百八員，每三員合一隊，計一百三十六隊，共積八千二百九十六步。

百户二千四十員，每四員合一隊，計五百一十隊，共積三萬一千一百一十步。

兵士二十二萬八千四百八十名，每五十六名爲一隊，計四千八十隊，共積二十四萬八千八百八十步。

法曰：【略】

求外圍：置通共四千九百二十一隊，減中心一隊，餘四千九百一十隊，以圓法十二乘之，得五萬九千四十爲實，半圓法得六爲從方，開平方法除之。於實數之下，商置第一位，將從方二進，得六百；下法四進得萬；以商實得二百。下法亦置上商，得二萬爲方法，與從方共二萬六百，皆與上商二，除實四萬一千二百，餘實一萬七千八百四十。乃二乘方法得四萬，併入從方共得四萬六百。俱爲方法，一退得四千六十；下法二退得百。續商商置第二位，以方法四千六十，商實得四十。下法亦置上商，得四百爲隅法，以方隅二法共四千四百六十，皆與上商四，除實盡得外圍二百四十隊，每隊外圍二十四步；該徑八步，加中心一步，六十九步乘之得外圓圍二千一百六十步。合問。

今有盜馬乘去，馬主乃覺追之不及而還，若□追二百七十八里十六分里之七及之，只云馬主追之里數與追不及里數，多一百三十八，又云盜馬乘去已行里數內減馬主追不及里數餘十六。問盜馬乘去已行里數及馬主追之里數並不及里數各幾何。

荅曰：盜馬乘去已行四十三里；馬主乃覺追之一百六十五里；不及二十七里。

法曰：置更追里數二百七十八里，以分母十六乘之，分子七共得四千四百五十五，又以相余十六乘之，得七萬二百八十，却于分母十六約之，得四千四百五十五爲實，以相多一百三十八爲从方，開平方除之。于實數之下，商置第一位，將從方一進得一千三百八十，下法二進得百。商實得二十，下法亦置上商得二，百爲方法，與從方，共一千五百八十，皆與上商二除實三千一百六十，餘實一千二百九十五。乃二乘方法得四百，併入從方共得一千七百八十。俱爲方法，一退一百七十八，下法再退得一。續商置第二位，以方法一百七十八，商實得七里。下法亦置上商七爲隅法，以方隅二法共一百八十五，皆與上商七除實盡。得不及二十七里。副置二位上加相多一百十八里，得馬主乃覺追之一百六十五里。下加相多一十六里，得盜馬乘去已行四十三里。合問。

假令杭州府至鎮江府相去該七百三十五里。甲乙二人同日而發，甲發杭州至鎮江，乙發鎮江至杭州。只云甲到程比乙疾四日。又云甲乙到程日數相乘内減甲日行數，如乙日行多里數外餘一百一十九。問甲乙到程日行里數并甲多如乙日行里數各幾何。

荅曰：甲十日到程，日行七十三里半。乙十四日到程，日行五十二里半。甲多如乙日行二十一里。

法曰：置相去七百三十五里，以乙疾四日乘之，得二千九百四十，爲實。以外餘一百一十九爲從方，開平方法除之。於實數之下商置第一位，將從方一進得一千一百九十，下法二進得百以商實得二十。下法亦置上商得二百，爲方法，與從方共一千三百九十，皆與上商二除實二千七百八十，餘實一百六十。乃二乘方法得四百，併入從方共一千五百九十，俱爲方法。一退得一百五十九，下法再退得一。續商置第二位，以方法一百五十九，商實得一里。下法亦置上商一爲隅法。以方隅二法，共一百六十，皆與上商一除實盡。得甲多如乙日行二十一里。再置相去七百三十五里，以多日行二十一里爲法，除之得三十五里。却以乙疾四日。乘之得一百四十，爲實。以乙疾四爲從方，開平方法除之。於實數之下，將從方一進得四十，以下法再進得百，商實得一十，下法亦置上商得一百，爲方法，與從方共一百四十，皆與上商一除實盡。得甲到日程一十日，加疾四日得乙到日程一十四日。以各到日程爲法，除相去里數。合問。

又 帶減從開平方

今有直田九十畝三分，只云長闊共二百九十六步。問闊幾何。

荅曰：一百三十二步。

法曰：置田九十畝二分，以畝步通之，得二萬一千六百四十八步，爲實。以共步一百九十六爲減從，開平方法除之。於實數之下商置第一位得一百。以減從二百九十六，餘從一百九十六，與上商一百除實一萬九千六百，餘實二千四十八。又以上商一百再減從一百九十六，仍餘從九十六，爲方法。續商置第二位，以方法九十六商餘實得三十，又減方法九十六，仍餘方法六十六，與上商三十除餘實一千九百八十，仍餘實六十八。又以上商三十，再減方法六十六，仍餘三十六，爲方法。再商置第三位，以方法三十六，商餘實得二步。又減方法三十六，仍餘三十四，與上商二步除餘實盡。得闊一百三十二步。合問。

今有直田八畝，只云長闊共九十二步。問闊幾何。

答曰：三十二步。

法曰：通田八畝得一千九百二十步爲實。以共步九十二爲減從，開平方法除之。上商三十以減從九十二，餘從六十二，與上商三十除實一千八百六十，餘實六十。又以上商三十，再減餘從六十二，餘從三十二，爲方法。續商得二步，又減方法二步，餘三十步與上商二步除餘實盡。得闊三十二步。合問。

今有直田八畝，只云長闊共九十二步。問長幾何。

答曰：六十步。

法曰：通田八畝得一千九百二十步爲實。以共步九十二爲減從，開平方法除之。上商六十，以減從九十二，餘從三十二。與上商六十步除實盡。得長合問。

又　帶從負隅減從開平方

今有直田積三千四百五十六步，只云三長五闊共四百五十六步。問闊幾何。

答曰：四十八步。

法曰：置積三千四百五十六步，以長三乘之得一萬三百六十八步，爲實。以共步四百五十六步爲從方，以闊五爲負隅，開平方法除之。上商四十，下法亦置上商四十，以負隅五乘之，得二百。以減從方，餘從二百五十六，與上商四十除實一萬二百四十，餘實一百二十八。再置上商四十。又以負隅五乘之，得二百。又減從方餘從五十六。續商得八步，以負隅五乘之，得四十。再減從方，餘從得一十六，與上商八除餘實盡。得闊四十八步。合問。

今有直田積三千四百五十六步，只云三長五闊共四百五十六步。問長幾何。

答曰：七十二步。

法曰：置積三千四百五十六步，以闊五乘之。得一萬七千二百八十步爲實。以共步四百五十六步爲從方，以長三爲負隅，開平方法除之。上商七十下法亦置上商七十，以負隅三乘之，得二百一十，以減從方四百五十六，餘從二百四十六。與上商七十，除實一萬七千二百二十，餘實六十。再置上商七十。又以負隅三乘之，得二百一十，再減從方二百四十六，餘從三十六。續商得二步，下法亦置上商二步，以乘負隅三得六，再減從方三十六，餘從三十，與上商二步，除餘實盡。得長七十二步。合問。

今有直田三千四百五十六步，只云一長二闊三和四較共六百一十四步。問闊幾何。

答曰：四十八步。

法曰：以八乘田積得二萬七千六百四十八步，爲實。以共步六百一十四步爲從方，以一爲負隅，開平方法除之。上商四十，下法亦置上商四十，以負一乘之得四十，以減從方，餘從五百八十四，與上商四十除實二萬三千三百六十，餘實四千二百八十八。再置上商四十，又以負隅一乘之，得四十，又減從方，餘從五百四十四。續商得八步，下法亦置上商八，以負隅一乘之，得八，再減從方，餘從五百三十六，與上商八除實盡。得闊四十八步。合問。

今有直田九畝八分，只云長取八分之五，平取三分之二，相併得六十三步。問長平各幾何。

答曰：長五十六步，平四十二步。

法曰：置長分母八，乘平分子二，得一十六。爲平。又以平分母三乘長分子五，得一十五，爲長。又以分母三分，八分。相乘，得二十四。以乘相併六十三，得一千五百一十二，乃是十五長十六平數。置田九畝八分，以畝法通之，得二千三百五十二步。又以長十五乘之，得三萬五千二百八十爲實。以平十六爲負隅，以相併共步一千五百一十二爲從方，開平方法除之。上商四十，下法亦置上商四十，以負隅十六乘之得六百四十，以減從方餘從八百七十二，與上商四十除實三萬四千八百八十，餘實四百。再置上商四十，又以負隅十六，乘之得六百四十。又減從方，餘從二百三十二。續商得二步，下法亦置上商二，以乘負隅十六得三十二。再減從方，餘從二百。與上商二除餘實盡。得平四十二步。以除實積，得長五十六步。合問。

又　帶減積開平方

今有直田六頃九十六畝，只云闊不及長一百三十二步。問闊幾何。

荅曰：三百四十八步。

法曰：置田六頃九十六畝，以畝步通之得一十六萬七千四十步爲實。以不及一百三十二步爲減積，開平方法除之。於實數之下，商置第一位得三百，下法亦置上商三百爲方法。以乘減積得三萬九千六百。以減通積，餘實一十二萬七千四百四十。却以方法三百與上商三百除實九萬，餘實三萬七千四百四十。乃二乘方法得六百，爲廉法。續商置第二位，以廉法六百，商餘實得四十，下法亦置上商四十爲隅法。以乘減積一百三十二，得五千二百八十，以減餘實，仍餘三萬二千一百六十。却以廉、隅二法共六百四十，皆與上商四十除，仍餘二萬五千六百餘實六千五百六十。乃二乘隅法得八十，併入廉法共得六百八十。再商置第三位，以廉法六百八十，商餘實得八步。下法亦置上商八，爲隅法。以乘減積一百三十二，得一千五十六。以減餘實，仍餘實五千五百四。却以廉、隅二法共六百八十八，皆與上商八步，除餘實盡。得闊三百四十八步。合問。

今有直田積八畝，只云廣不及縱二十八步。問廣幾何。

荅曰：三十二步。

法曰：通積八畝得一千九百二十步爲實。以不及二十八步，爲減積，開平方法除之。上商三十，下法亦置上商三十爲方法，以乘減積二十八步得八百四十步。以減通積，餘實一千八十步。却以方法三十與上商三十除實九百步，餘實一百八十步。乃二乘方法得六十步，爲廉法。續商得二步，下法亦置上商二步爲隅法。以乘減積二十八步，得五十六步。以減餘實一百八十步，仍餘實一百二十四步。却以廉、隅二法共六十二步，皆與上商二步除餘實盡。得廣三十二步。合問。

又　帶從減積開平方

今有大小方田二段，共積六千五百二十九步，只云小方面乘大方面，得三千一百二十步。問大、小方面各幾何。

荅曰：大方面六十五步，小方面四十八步。

法曰：倍只云步，得六千一百四十步，以減共積六千五百二十九步，餘積二百八十九步，爲實。以開平方法除之得較一十七步。再置只云數三千一百二十步，爲實。以較一十七步，爲減從，開平方法除之。上商六十，下法亦置上商六十，以減從一十七，餘四十三，爲方法。與上商六十除實二千五百八十，餘實五百四十。方法四十三，加上商六十，共得一百三。俱爲方法。續商得五步，下法亦置上商五步爲隅法。以方、隅二法共一百八步，皆與上商五步，除餘實，乃得大方面六十五步。以減較一十七步，得小方四十八步。合問。

今有直田積三千四百五十六步，只云闊不及長二十四步。問長幾何。

荅曰：七十二步。

法曰：置積三千四百五十六步爲實。以不及長二十四步，爲減從，開平方法除之。上商七十，下法亦置上商七十，以減從二十四步，餘四十六步爲方法，與上商七十除實三千二百二十步，餘實二百三十六步。方法四十六步，加上商七十，共得一百一十六步，俱爲方法。續商得二步，下法亦置上商二步爲隅法，以方、隅二法共一百一十八，皆與上商二步除餘實，盡。得長七十二步。合問。

又　方法從方乘減積除實開平方

今有三廣田一十畝六十五步，只云中廣不及南廣八步，又不及北廣三十六步，正長六十七步。問三廣并長各幾何。

荅曰：中廣一十八步，南廣二十六步，北廣五十四步，正長八十五步。

法曰：通田一十畝，加零六十五步，共得二千四百六十五步爲實。併不及二廣，共得四十四步。以四而一，得一十一步，爲從方。以不及長六十七步，爲減積。開平方法除之。上商一十，下法亦置上商一十，爲方法，與從方共二十一，以乘減積六十七，得一千四百七。以減共積一千四百七，餘實一千五十八。却以方法、從方共二十一，皆與上商一十除餘實二百一十，仍餘實八百四十八。乃二乘方法，得二十，并減積六十七，皆併從方，共九十八。俱爲方法。續商得八步，下法亦置上商八步，爲隅法。以方、隅二法共一百六步，皆與上商八步除餘實盡。得中闊一十八步。各加不及，合問。

今有梯田一十四畝一分，只云南闊不及北闊二十八步，又不及長七十二步。問長闊各幾何。

荅曰：南闊二十二步，北闊五十步，長九十四步。

法曰：通田一十四畝一分得三千三百八十四步，爲實。半不及北闊，得一十四步，爲從方。以不及長七十二步，爲減積。開平方法除之。上商二十，下法亦置上商二十，爲方法，與從方共三十四，以乘減積七十二，得二千四百四十八，以減共積，餘實九百三十六。却以方法與從方，共三十四，皆與上商二十除餘實六百八十，仍餘實二百五十六。乃二乘方法得四十，并減積七十二，皆併入從方，共得一百二十六，俱爲方法。續商得二步，下法亦置上商二步，爲隅法，以方、隅二法共一百二十八，皆與上商二步，除餘實盡。得南闊二十二步。各加不及，合問。

今有箕田四十六畝二百三十二步半，只云踵闊不及舌闊六十七步，又不及正長八十五步。問二闊并長各幾何。

荅曰：踵闊五十步，舌闊一百一十七步，正長一百三十五步。

法曰：通田四十六畝，加零二百三十二步半，共得一萬一千二百七十二步，爲實，半不及舌闊，得三十三步半，爲從方。以不及正長八十五步，爲減積，開平方法除之。上商五十，下法亦置上商五十，爲方法，與從方，共八十三步半，以乘減積八十五步得七千九十七步半，以減共積，餘實四千一百七十五步。却以方法、從方共八十三步半，皆與上商五十，除實盡。得踵闊五十步。各加不及，合問。

今有斜田九畝一百四十四步，只云南闊不及北闊一十二步，又不及長三十四步。問二闊并長各幾何。

荅曰：南闊三十步，北闊四十二步，長六十四步。

法曰：通田九畝加零一百四十四步，共得二千三百四步，爲實。半不及北闊得六步，爲從方。以不及長三十四步，爲減積，開平方法除之。上商三十，下法亦置上商三十，爲方法，與從方共三十六步，以乘減積三十四步，得一千二百二十四步，以減共積，餘實一千八十步。却以方法與從方共三十六步，皆與上商三十，除實盡。得南闊三十步。各加不及，合問。

今有四不等田一十二畝一百九步，只云東闊不及西闊一十四步，又不及南長二十二步，北長一十六步。問四方長闊各幾何。

荅曰：東闊四十二步，西闊五十六步，南長六十四步，北長五十八步。

法曰：通田一十二畝，加零一百九步，共得二千九百八十九步，爲實。半不及西闊得七步，爲從方。半不及南北長共一十九步，爲減積，開平方法除之。上商四十，下法亦置上商四十，爲方法，與從方共四十七，以乘減積一十九，得八百九十三，以減共積，餘實二千九十六。却以方法與從方共四十七，皆與上商四十，除餘實一千八百八十，仍餘實二百一十六。乃二乘方法，得八十，并減積一十九，皆併入從方，共一百六，俱爲方法。續商得二步，下法亦置上商二步，爲隅法，以方、隅二法共一百八步，皆與上商二步，除餘實，盡。得東闊四十二步。各加不及，合問。

今有杖鼓田四畝一百六十五步，只云中闊不及南北闊五步，又不及正長三十步。問長闊各幾何。

荅曰：南北各闊二十五步，中闊二十步，正長五十步。

法曰：通田四畝，加零一百六十五步，共得一千一百二十五步，爲實。半不及南闊，得二步半，爲從方。以不及長三十步，爲減積，開平方法除之。上商二十，下法亦置上商二十，爲方法。與從方共二十二步半，以乘減積三十步，得六百七十五步，以減共積，餘實四百五十步。却以方法與從方共二十二步半，皆與上商二十，除實，盡。得中闊二十步。各加不及，合問。

今有直田九十畝二分，只云長闊共二百九十六步。問闊幾何。

荅曰：一百三十二步。

法曰：置田九十畝二分，以畝步通之得二萬一千六百四十八步，爲實。以共步二百九十六，爲從方。開平方法除之。於實數之下，商置第一位得一百，下法亦置上商一百，爲益隅，與上商一百相乘得一萬，添入積實共得三萬一千六百四十八步。却以從方二百九十六，與上商一百，除實二萬九千六百，餘實二千四十八。乃二乘益隅，得二百，爲方法。續商置第二位，以方法二百，商餘實得三十，下法亦置上商三十，爲益隅，添入方法共得二百三十，與上商三十，相乘得六千九百，添入餘實，共得八千九百四十八。却以從方二百九十六，與上商三十，除實八千八百八十，餘實六十八。乃二乘益隅，得六十，添入前方，共得二百六十，爲方法。再商置第三位，以方法二百六十，商餘實得二步。下法亦置上商二步，爲益隅添入方法，共得二百六十二，與上商二步相乘，得三百二十四，添入餘實，共得五百九十二。却以從方二百九十六，與上商二步，除餘實，盡。得闊一百三十二步。合問。

今有直田積三千四百五十六步，只云長闊共一百二十步。問闊幾何。

荅曰：四十八步。

法曰：置積三千四百五十六步，爲實。以共步一百二十，爲從方，開平方法除之。上商四十，下法亦置上商四十，爲益隅，與上商四十相乘，得一千六百，添入積實，共得五千五十六步。却以從方一百二十，與上商四十，除實四千八百步，餘實二百五十六步。乃二乘益隅，得八十步，爲方法。續商得八步，添入方法共得八十八步，與上商八步乘之得七百四步，添入餘實共得九百六十步，却以從方一百二十步，與上商八步，除餘實，盡。得闊四十八步。合問。

又　減從翻法開平方

今有直田三千四百五十六步，只云長闊共一百二十步。問長幾何。

荅曰：七十二步。

法曰：置積三千四百五十六步爲實，以共步一百二十爲從方，開平方法除之。上商七十，以減從方一百二十，餘從五十，與上商七十合除三千五百步，而積實不及，乃命翻法以除原積三千四百五十六步，餘負積四十四步，爲實。再置上商七十，以減餘從五十，餘二十爲方法。續商得二步，下法亦置上商二步，爲隅法，以方、隅二法共二十二步，皆與上商二步除實，盡。得長七十二步。合問。

負隅減從翻法開平方

今有直田積三千四百五十六步，只云一長二闊三和四較共六百二十四步。問長幾何。

荅曰：七十二步。

法曰：置積三千四百五十六步爲實，以共步六百二十四爲從方，以八爲負隅，開平方法除之。上商七十，以負隅八乘之，得五百六十，以減從方六百二十四，餘從得六十四，與上商七十除實該四千四百八十，其積不及，乃用翻法反減原積三千四百五十六步，餘負積一千二十四，爲實。再以上商七十，以乘負隅八，得五百六十，以減餘從止有六十四，亦不及。又用翻法，置負從五百六十，以減餘從六十四，餘負從四百九十六，其隅從積三法皆負矣。續商得二步，以負隅八乘之得一十六，加入負從，共得五百七十六，皆與上商二除實，盡。得長七十二步，合問。

減積隅筭益從添實開平方

今有直田不云積步，只云一長二闊三和四較，以闊乘得二萬九千九百五十二步，又云較二十四步。問長幾何。

荅曰：七十二步。

法曰：置積二萬九千九百五十二步，以較二十四步自乘，得五百七十六步，爲減積，餘二萬九千三百七十六步爲實。以較二十四步爲益從方，以六爲隅筭，開平方法除之。於實數之下商置第一位，將益從方一進得二百四十，隅筭二進得六百，以商實得七十，下法亦置上商七[十]，以隅筭六百乘之，得四千二百爲隅法。又以上商七乘益從方，得一千六百八十，添入餘實，共得三萬一千五十六。却以隅法四千二百與上商七十除實二萬九千四百，餘實一千六百五十六。乃二乘隅法，得八千四百爲方法，一退得八百四十，益從方一退得二十四，隅筭二退得六。續商置第二位，以方法八百四十，商餘實得二步，下法亦置上商二，以隅筭六乘之，得一十二爲隅法。又以上商二乘益從方，得四十八步，添入餘實，共得一千七百四。却以方、隅二法，共八百五十二，皆與上商二步除餘實，盡。得長七十二步，合問。

帶從隅益積開平方

今有直田不云積步，只云一長二闊三和四較，以長乘得四萬四千九百二十八步，又云較二十四步。問長幾何。

荅曰：七十二步。

法曰：置積四萬四千九百二十八步爲實，以較二十四步爲益從方，以九爲隅筭，開平方法除之。商置第一位，以益從方二十四步以上商實得七十，下法亦置上商七十，以隅筭九乘之得六百三十爲隅法。又以上商七十乘益從方，得一千六百八十，添入積實共得四萬六千六百八。却以隅法六百三十與上商七十，除實四萬四千一百，餘實二千五百八。乃二乘隅法得一千二百六十，爲方法。續商置第二位，以方法一千二百六十商實得二步，下法亦置上商二步，以隅筭九乘之得一十八，爲隅法。又以上商二步，乘益從方，得四十八，添入餘實，共得二千五百五十六。却以方、隅二法共一千二百七十八，皆與上商二步除餘實，盡。得長七十二步，合問。

又　益隅開平方

今有直田八畝，只云廣不及縱二十八步。問縱幾何。

荅曰：六十步。

法曰：通田八畝得一千九百二十步爲實，以不及二十八步，爲益隅，開平方法除之。上商六十，下法亦置上商六十爲方法，以乘益隅二十八步，得一千六百八十步，加入積實，共得三千六百步。却以方法六十步，與上商六十除實，盡。得縱六十步。合問。

又

帶從廉開平方

今有直田不云積步，只云一長二闊三和四較，以闊乘得二萬九千九百五十二步，又云闊不及長二十四步。問闊幾何。

荅曰：四十八步。

法曰：置乘積二萬九千九百五十二步爲實，半不及長得一十二步，爲從廉，開平方法除之。於實數之下商置第一位，將從廉二進得一千二百，下法二進得百，以商實得四十，下法亦置上商得四百，爲方法。又以四乘從廉，得四千八百。以方法、從廉二法，共五千二百，皆與上商四除實二萬八百，餘實九千一百五十二。乃二乘從廉得九千六百，方法得八百，併之得一萬四百，爲方法。再置從廉一千二百，乃方法一退得一千四十，從廉再退得一十二下法再退得一。續商置第二位，以方、廉二法共一千五十二，商實得八步，下法亦置上商八，爲隅法。又以上商八乘從廉，得九十六，以方、廉、隅三法共一千一百四十四，皆與上商八除餘實，盡。得闊四十八步。合問。

帶從方廉開平方

今有直田不云積步，只云一長二闊三和四較，以長乘得四萬四千九百二十八步，又云較二十四步。問闊幾何。

荅曰：四十八步。

法曰：置積四萬四千九百二十八步爲實，以較二十四步爲從方，以一十八，爲從廉，開平方法除之。於實數之下商置第一位，將從方一進得二百四十，從廉二進得一千八百，下法二進得百，以商實得四十，下法亦置上商得四百，爲方法。又以上商四乘從廉，得七千二百，以方廉二法，共七千八百四十，皆與上商四除實三萬一千三百六十，餘實一萬三千五百六十八。乃二乘方法，得八百，從廉，得一萬四千四百，皆併入從方，共得一萬五千四百四十，爲方法。別置從廉一千八百，方法一退得一千五百四十四，從廉再退得一十八，下法再退得一。續商置第二位，以方、廉二法，共一千五百六十二，商餘實得八步，下法亦置上商八，爲隅法。又以上商八乘從廉，得一百四十四，以方、廉、隅三法，共一千六百九十六，皆與上商八除餘實，盡。得闊四十八步。合問。

開鎖方

今有方田三段共積四千七百八十八步，計收米五十九石五斗八升，只云上禾田方面多中禾田方面一十八步，中禾田多下禾田方面一十二步。又云下禾田一步如上禾田一步收米三分之一，中禾田一步如上禾田一步收米三分之二。問三色田方面及收米各幾何。

荅曰：上禾田方面五十四步，共積二千九百一十六步，每步收米一升五合，計米四十三石七斗四升。

中禾田方面三十六步，共積一千二百九十六步，每步收米一升，計米一十二石九斗六升。

下禾田方面二十四步，共積五百七十六步，每步收米五合，計米二石八斗八升。

法曰：置積四千七百八十八步於上，以上禾田多下禾田三十步自乘得九百步，又以中禾田多下禾田一十二步自乘得一百四十四步，併二位共得一千四四步爲減積，以減上數餘積三千七百四十四步爲實。置上禾田多下禾田三十步，中禾田多下禾田一十二步，相併得四十二步，倍之得八十四步爲從方，以三爲從廉，開平方法除之。於實數之下商置第一位，將從方一進得八百四十，從廉二進得三百，下法三進得百，以商實得二十。下法亦置上商得二百爲隅法。又以上商二乘從廉得六百，以方、廉、隅三法共一千六百四十，皆與上商二除實三千二百八十，餘實四百六十四。乃將隅法二百併入從方共得一千四十爲方法，一退得一百四，從廉二退得三，下法二退得一。續商，置第二位。以方、廉二法共一百七商餘實得四步。下法亦置上商四以乘從廉三得一十二，以方、廉二法共一百一十六，皆與上商四步除實盡，得下禾田方面二十四步，加中禾田多一十二步共得三十六步爲中禾田方，又加上禾田多中禾田一十八步得五十四步爲上禾田。方面置共收米五十九石五斗八升爲實，三禾田各以方面自乘相併上禾田得二千九百一十六步，以三乘之得八千七百四十八步，中禾田得一千二百九十六步，以二乘之得二千五百九十二步，下禾田得五百七十六步，併三位共得一萬一千九百一十六步爲法，除實得五合，爲下禾田一步所收米數，以二乘得一升爲中禾田一步所收米數，再加五合得一升五合爲上禾田一步所收米數，各以積步乘之得共收米數。合問。

今有方田，圓田，直田，環田，梯田各一，共積一千七百四步，只云方田面，圓田徑，直田闊，環田實徑，梯田小頭闊各適等。又云方田面不及直田長三步，又不及環田內周三十三步，不及梯田大頭闊六步，長八步。問五田長闊方徑各幾何。

荅曰：方田面一十二步共積一百四十四步，圓田徑一十二步共積一百八步，直田闊一十二步長十五步共積一百八十八步。環田外周一百一十七步內周四十五步，實徑一十二步共積九百七十二步，梯田長二十步，大頭闊一十八步，小頭闊一十二步共積三百步。

法曰：置積一千七百四步，以四乘之得六千八百一十六於上，下置不及梯田大頭闊六步，乘不及長八步得四十八，又二乘得九十六爲減積，以減上數餘六千七百二十爲實。以方田面不及直田長三步，又不及圓田内周三十三步，相併得三十六步，以四乘之得一百四十四步，於上不及梯田闊六步，以二乘得一十二步，不及梯田長八步兩遍二乘得三十二步，皆併入上數共得一百八十八，爲從方。課四乘共積方田四段，圓田三段，直田四段，梯田四段，環田一十六段，共併得三十一爲隅筭，開平方法除之。於實數之下商置第一位，將從方一進得一千八百八十，隅筭二進得三千一百。以商實得一。下法亦置上商一爲廉法，以乘隅筭亦得三千一百爲隅法，與從方共四千九百八十，皆與上商一除實四千九百八十，餘實一千七百四十。及二乘隅法得六千二百，併入從方共得八千八十爲方法，一退得八百八，隅筭再退得三十一。續商置第二位，以方、隅二法共八百三十九，商實得二步。下法亦置上商二，以乘隅法得六十二，以方、隅二法共八百七十，皆與上商二除實，盡。得各田等數一十二步。加直差三得一十五步爲直田長，加環差三十三步得四十五步爲環内周，以内周三而一得一十五步，又倍實徑一十二併二十四，併之得三十九以三乘之得一百一十七步爲環田外周。以等數一十二步置二位，上加差六步得一十八步爲梯田大頭闊，下加差八步得二十步爲梯田長。合問。

今有大小方田三段，大小直田二段，圓田一段，不云通積。只云大小方田三段共積一千六十四步，其小方田面圓田徑與上中方面較等，又小方田面如大直田長六分之一，大直田闊如小直長二分之一，小直田長闊較一十八步。又云小直田闊再自乘之數加中方田面再自乘之積共得八千五百七十六步，又中方田面乘大方田面得四百六十八步，問大小方田面，直田長闊。圓田徑各幾何。

荅曰：大方田面二十六步共積六百七十六步，中方田面一十八步共積三百二十四步，小方田面八步共積六十四步，圓田徑八步共積四十八步，大直田長四十八步闊一十六步共積七百六十八步，小直田長三十二步闊一十四步共積四百四十八步。

法曰：置方田共積一千六十四步於上，倍相乘四百六十八步得九百三十六爲減積，餘一百二十八步折半得六十四步爲實。以開平方法除之得八步，爲小方田面，圓田徑并上中方田較，以六乘之得四十八步，爲大直長。却置相乘數四百六十八步爲實，以上中方田較八步爲從方，開平方法除之。於實數之下商置第一位，將從方一進得八十步，下法二進得百，以商實得一。下法亦置上商得一百，爲廉法，與從方共得一百八十，皆與上商一除實一百八十，餘實二百八十八步。乃二乘廉法得二百，併入從方共得二百八十爲方法，一退得二十八，下法再退得一。續商置第二位，以方法二十八商實，得八步。下法亦置上商八爲廉法，以方、廉二法共三十六，皆與上商八除實，盡。得一十八步爲中田方面。加較八步得二十六步爲大方田面。却以中方田面一十八步，再自乘得五千八百三十二爲減積，以減相併數餘得二千七百四十四步，爲實。以開立方法除之得一十四步，爲小直田闊。加較一十八步得三十二步爲小直田長，以二約之得一十六步爲大直闊。合問。

今有圓田直田各一段，圓田内有方池，直田内有直池共積一千一百二十步，只云圓田徑與直田長適等，又云等數多如直田闊九步。又云圓田楞至内方池角五步六分，直池較如圓田周二十一分之一，直池長闊相和得二十步，圓田周多如徑五十六步，直方池共積二百四十步。問圓田周徑，直田長闊，并方直池長闊，各幾何。

荅曰：圓田徑二十八步周八十四步共積五百八十八步，直田長二十八步闊一十九步共積五百三十二步，直池長一十二步闊八步共積九十六步，方池面一十二步共積一百四十四步。

法曰：置積一千一百二十步，以四乘之得四千四百八十步爲實。置田差九步以四乘之得三十六步，以減圓田差五十六步，餘得二十步爲從方，以五爲隅筭，開平方法除之。於實數之下商置第一位，將從方一進得二百步，隅筭二進得五百。以商實得二十，下法亦置上商二，以乘隅筭得一千爲隅法，以從方隅法共一千二百，皆與上商二除實二千四百，餘實二千八十。乃二乘隅法得二千，併入從方共得二千二百爲方法，一退得二百二十，隅筭再退得五。續商置第二位，以方法二百二十商實得八步，下法亦置上商八，以乘隅筭五得四十，以方隅二法共二百六十，皆與上商八除實，盡。得二十八步爲直田長圓田徑等數。內加圓田差五十六步得八十四步爲圓田周，又直田長內減直差九步得一十九步爲直田闊。却置圓田周八十四步，以分母二十一約之得四步，爲直池較，用減相和二十步餘一十六步，折半得八步，爲直池闊。加較四步得一十二步爲直田長，倍至角五步六分得一十一步二分，以減圓池徑二十八步餘一十六步八分，身外除四得一十二步爲方池面。合問。

今有大小直田二段，其大直田內有方池，小直田內有圓池，水占之外計積三千四百四步，只云大直田闊多如小直田長二十一步，將小直田長減二十步益於大直田長步，適及小直田餘長步六倍。却將大直田減二十步益於小直田長步內，二長適等。又云小直田兩隅步不及大直田兩隅五十步，又云方池面與圓池徑相和得六十步。問大小直田長闊兩隅相去并池方徑各幾何。

荅曰：大直田長七十六步，闊五十七步，兩隅相去九十五步，共積四千三百三十二步，小直田長三十六步，闊二十七步，兩隅相去四十五步，共積九百七十二步。方池面四十步，共積一千六百步。圓池徑二十步，共積三百步。

法曰：置兩互益各二十步，併之得四十步爲合差，倍之得八十步以適及六倍減一餘五，除之得一十六步爲小直長餘步，加益差二十步得三十六步爲小直田長，又加合差四十步共七十六步爲大直田長，將小直田三十六步加長闊差二十一步共五十七步爲大直田闊。却以大直田長自乘得五千七百七十六步，闊自乘得三千二百四十九步，併之得九千二十五步爲實。以開平方法除之得九十五步，爲大直田兩隅相去步，內減五十步餘四十五步爲小直田兩隅相去步，自乘得二千二十五步，內減小直田長自乘一千一百九十六步，餘七百二十九步爲實，以開平方法除之得二十七步爲小直田闊步。再置大直田長闊相乘得四千三百三十二步，小直田長闊相乘得九百七十二步併二位得五千三百四步，爲通積，內減實積三千四百四步餘一千九百步，以減池相和六十步，自乘得三千六百步，餘一千七百步爲實，倍相和六十步得一百二十步爲從方，以三十五步爲益隅，開平方法除之。上商二十，下法亦置上商二十爲廉法，以乘益隅三十五步得七百步，加入餘實共得一千四百步。却以從方一百二十步，與上商二十除實，蓋得圓池徑二十步。以減相和六十步餘四十步，爲方池面。合問。

明・周述學《曆宗算會》卷四《開方》 如平方不等，闊不及長，以長闊相乘爲直積，長闊相減爲較，長闊相併爲和。積和求較四之積減和自平方，開其餘得較。積較求和四之積加較自平方開之，得和。積較求闊，其長之積多於闊，使非加法以帶除其長，當於實內減其長之積也，故所求之法有二。一以較爲從方約實，得初商，別置爲方法，命方法從方以除實，乃倍方入從俱爲方法，約餘實得次商，別置爲隅法，命方隅除餘實，如未盡，又倍隅入方，如次商求之，謂之帶從開平方。一以較爲減積初商乘減積，以減原積餘爲實，別置初商爲方法相乘以除之，乃倍方爲廉約餘實得次商，別置爲隅又以次商乘減積，以減餘實。以餘爲實，併廉隅以除之，謂之減積開平方。積較求長，其闊之積少於長，非益積以補其闊，則當損其法之長也。所求之法亦有二。一以較爲負從，初商乘負從以添積，別置初商爲方法以除之，乃倍方爲廉約餘實，得次實。別置爲隅又以次商乘負從添積併廉隅以除之，謂之負從益積開平方。一以較爲減從約實，得初商。別置爲方法，以負從減之，命初商以除實。約餘實得次商，復以上商併方法爲廉，又以次商入之共爲下法，與次商除實。謂之帶減從開平方。積和求闊，以和爲從方，一爲負隅，和併一長一闊積得一長而少一闊，所以用一爲負隅，或益負隅於積，或減負隅於從，皆可以求其闊也。其益隅於積，初商乘負隅爲方法，又乘方法以益積，却命從方除之，乃倍方爲廉約餘實，得次商。別置爲隅，復以初商乘廉隅，以益積。次商命從法除之，謂之帶從益隅開平方。其減隅於從，初商乘負隅以減從方，命餘從除實，約餘實得次商。復以初商乘負隅減餘從，又以次商乘負隅減之，不盡之從命次商以除之，謂之帶從負隅減從開平方。積和求長，以和爲從方，以一爲負隅，元積只有長之闊，而負長自之之積，所以用一爲負隅減去從方，是以長減闊矣。初商命負隅減從，命餘從除積，而原積不及乃命翻法，以合除積反減原積，以餘負積爲實。復以初商命負隅減餘從，如餘從不及，再以初商反減餘從，以爲負從。於是隅積從三者俱負矣。以負從約餘負積，以得次商，命負隅亦置次商與上商除負積盡。謂之帶從負隅減從翻法開平方。是從方六術所以通平方之變也。翻法一術，又所以通從方之窮也。積與二闊較及長闊較求闊，而有所謂帶從減積開平方。大小二方積求徑，而有所謂減積帶從負隅并從開平方。至於虛張長闊和較之數互求長闊，而有所謂帶從隅益積開平方。帶從負隅減從開平方，減積帶從隅益積開平方，帶從負隅減從益實開平方，帶從廉開平方，帶從廉負隅開平方，帶從方廉開平方，帶從廉負隅乘從減實開平方，是以帶從諸法錯綜爲用，又所以御開平諸積之變也。

開平方

帶從開平方

積與長闊較求闊一：直田積八百六十四步，闊不及長一十二步，求闊幾步。

置積爲實，以不及爲從方，開平方除之。約實初商置闊二十步，於從方之上亦置二十步名曰方法，以方數從數皆命上商，除實六百四十步，餘實。二因方法一退，名廉從法亦一退，隅筭二退。次商置闊四步，以乘隅於廉，後置四步名隅，以廉從隅三法，皆命上商四步，除實盡。

得闊二十四步。

開方列位初商圖

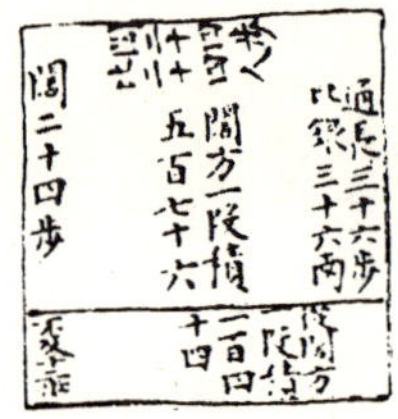
開方帶從圖

開方列位續商圖

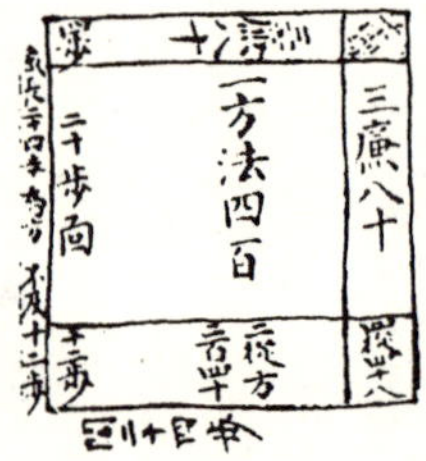
開方帶從段數圖

比類　給銀八百六十四兩，只云所得銀之兩，比得分人數其銀多一十二兩。求總是幾人，每人各得幾兩。

得二十四兩，三十六人。銀多爲長，人少爲闊，銀多十二即長闊之差數也。

直田積一十六萬七千四百四十步，闊不及長一百三十二步。求闊幾何。

置積爲實，以不及爲從方，開平方法除之。約實商置第一位，將從方二進得一萬三千二百步。下法四進得萬。以商實。得三百，下法亦置上商，得三萬爲方法，與從方共得四萬三千二百。皆與上商三除實一十二萬九千六百。餘實三萬七千四百四十。乃二乘方法得六萬，併入從方共得七萬三千二百俱爲方法。一退得七千三百二十，下法再退得百。續商置第二位，以方法七千三百二十，商餘實得四十。下法亦置上商，得四百爲隅法，與方法共得七千七百二十。皆爲上商四除餘實三萬八百八十，仍餘實六千五百六十。乃二乘隅法得八百，併入方法共得八千一百二十，一退得八百一十二，下法再退得一。再商置第三位，以方法八百一十二商餘實，得八步。下法亦置上商八爲隅法，與方法共得八百二十。皆與上商八除餘實。

得闊三百四十八步。

又　帶減從開平方

積與長闊較求長二：直積八百六十四步，闊不及長一十二步，求長幾何。

置積爲實，以不及爲減從開平方除之。於實上商置三十步，以乘隅筭一得三十，置於實數之下，名方法。以負從十二減三十餘一十八，命上商除實五百四十，餘積三百二十四。復以上商三十乘隅得三十，併入從方共四十八即是倍方法下廉十八步上廉三十步兩廉共四十八步，退位爲廉，其隅筭再退。次商六步以乘隅筭，得六併入廉法共五十四，命上商六步除實盡。

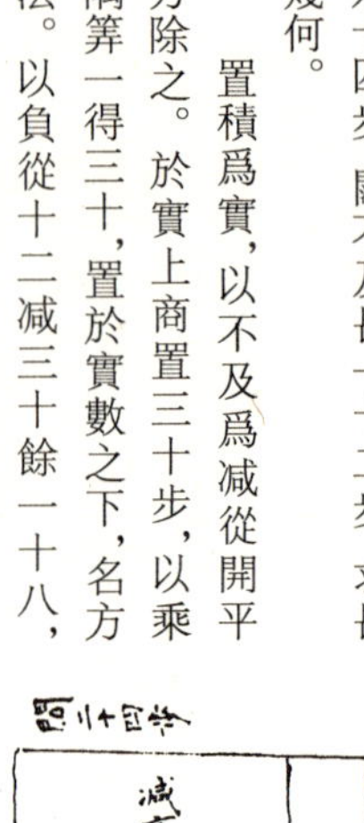
帶減從法圖

得三十六步。

比類　以金換絹八百六十四疋，不知黃金一兩元換絹幾疋，但云元金兩總兩，與每兩所換疋數，較之則兩多如疋十二。今先求元金幾何。得三十六兩元金爲長，每兩換絹若干爲闊，其所換絹疋數即直田之積也。

直積三千四百五十六步，闊不及長二十四步，求長幾何。

置積爲實，以不及爲減從，開平方法除之。上商七十，下法亦置上商七十以減從二十四步，餘四十六步爲方法，與上商七十除實三千二百二十步，餘實二百三十六步。方法四十六步加上商七十共得一百一十六步俱爲方法。續商得二步，下法亦置上商二步爲隅法，以方隅二法共一百一十八皆與上商二步除餘實盡。

得長七十二步。

大小方田二段共積六千五百二十九步，小方面乘大方面得三千一百二十步，求大[小]方面各幾何。

倍二方乘積得六千二百四十步，以減共積六千五百二十九步，餘積二百八十九步爲實。以較一十七步爲減從，開平方法除之。上商六十，下法亦置上商六十，以減從一十七餘四十三，爲方法，與上商六十除實二千五百八十，餘實五百四十。方法四十三，加上商六十共得一百三，俱爲方法。續商得五步，下法亦置上商五步爲隅法，以方隅二法共一百八步皆與上商五步除實盡。

得大方面六十五步。以減較一十七步。得小方面四十八步。

又　帶從負隅減從開平方七

積與長闊和求闊二：直積八百六十四步，長闊共六十步，求闊幾何。

帶從負隅減從法圖

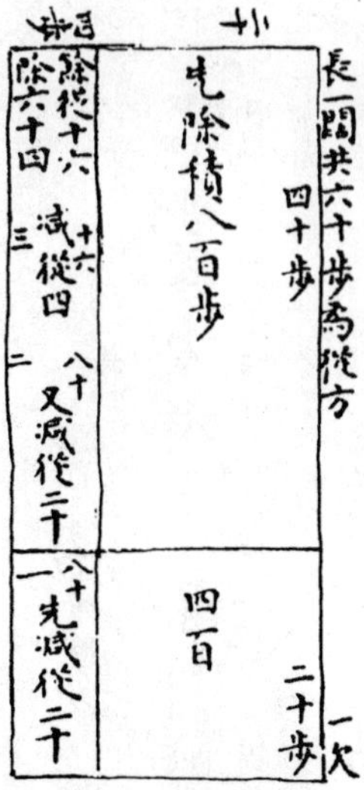

置積爲實，以共步爲從方，以一爲負隅開平方除之。上商置闊二十，以乘負隅減從方二十。以上商命餘從四十除積八百，餘積六十四。以上商乘負隅又減從方二十再減應兩廉之數猶倍方法爲廉也，再減則上下廉盡矣。餘從二十步一退，負隅一退，次商得闊四步，以乘負隅減從方四，餘從一十六命上商除實盡。

得闊二十四步。

先從非益實即減法。若有不可益積者，次用減從，不可減從者，次用益積也。

直積二萬一千六百四十八步，長闊和二百九十六步，求闊幾何。

置積爲實，以共步爲減從開平方除之。初商置第一位得一百，以減從二百九十六，餘從一百九十六，與上商一百除實，一萬九千六百餘實二千四十八。又以上商一百，再減從一百九十六，仍餘實九十六，爲方法續商第二位。以方法九十六商餘實得三十，又減方法九十六，仍餘方法六十六，與上商三十除餘實一千九百八十，仍餘實六十八。又以上商三十再減方法六十六，仍餘三十六爲方法，再商置第三位，以方法三十六，商餘實得二步。又減方法三十六，仍餘三十四，與上商二步除餘實盡。

得闊一百三十二步。

積與虛長闊和求闊：直積八百六十四步，三長五闊共二百二十八步，求闊幾何。

三之積步得二千五百九十二步爲實，以共步爲從方，五爲負隅開平方除之。初置商二十步乘負隅減從一百，以餘從一百二十八命上商除二千五百六十步餘積三十二步。再以上商乘負隅又減從一百餘從二十八，退一位，負隅退二位。續商置四步乘負隅再減從二十餘八，與上商除實盡。

得闊二十四步。

三長，故三之積是求出三長也。尚少五闊，故以五爲益隅，是暗添五段闊方之積，以應從方相除之數也。

積與虛長闊和求長：直積八百六十四步，三長五闊共二百二十八步，求長幾何。

五之田積得四千三百二十步爲實，以共步爲從方，三爲負隅開平方除之。初商置三十步命負隅三減從九十。復以上商三十命餘從一百三十八除實四千一百四十，餘積一百八十。復以上商三十命負隅，又減從九十，餘從四十八步一退，負隅一退。又於上商六步命負隅減從十八，餘從三十命上商六步，除實盡。

得長三十六步。

五之積步，以應五闊。三爲負隅，於元從減去三長也。

長闊演段圖

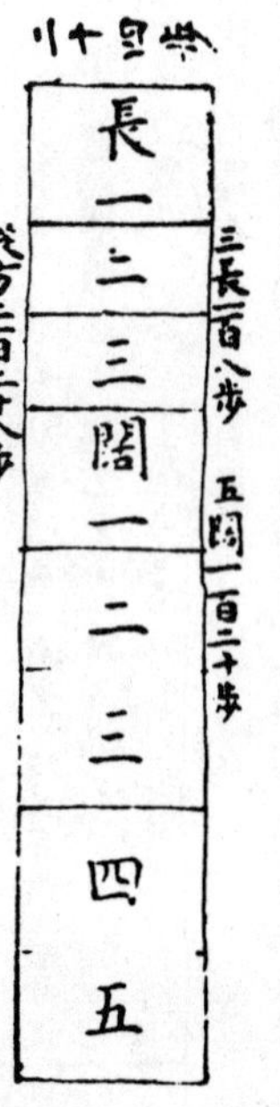

積與虛長闊和較求闊：直積八百六十四步，一長二闊三和四較共三百一十二步，求闊幾。

八因積步得六千一百九十二爲實，以共步爲從方，一爲負隅開平方除之。初商置二十，以乘負隅減從二十，餘從二百九十二，命上商二十除實，餘一千七十二。復以上商命負隅，又減從二十，餘從二百七十二退一位，負隅一退。續商四步命負隅減從四步，餘從二百六十八命上商四除實盡。

得闊二十四步。

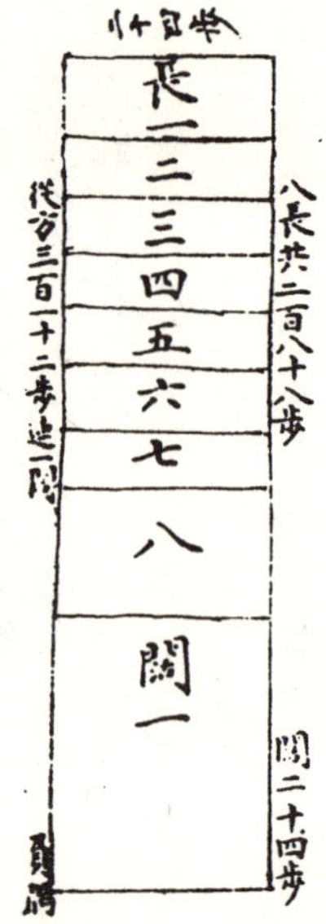

三和內，有三長三闊，併入一長二闊，又以四較併四闊爲四長，得八長一闊，所以用八因積步，以應八長用一闊爲負隅也。

直積二千三百五十二步，只云長取八分之五，平取三分之二，相併得六十三步，求長平各幾。

置長分母八乘平分子二得一十六，爲平。又以平分母三乘長分子五得一十五，爲長。又以分母三分八分相乘得二十四，以乘相併六十三得一千五百一十二，乃是十五長十六平數。置積二千三百五十二步以長十五乘之得三萬五千二百八十，爲實。以平十六爲負隅，以相併共步一千五百一十二爲從方，開平方法除之。上商四十，下法亦置上商四十，以負隅十六乘之得六百四十以減從方，餘從八百七十三與上商四十除實三萬四千八百八十，餘實四百。再置上商四十，又以負隅十六乘之得六百四十，又減從方餘從二百三十二。續商得二步，下法亦置上商二，以乘負隅十六得三十二，再減從方，餘從二百，與上商二除餘實盡。

得平四十二步，又以平除實積，得長五十六步。

又　帶從負隅減從開平方

田不知積，一長二闊三和四較，以長乘之共四萬七千二百一十二步，闊不及長二十八步，求幾何。

以長乘之積爲實，較爲從方，九爲負隅開平方除之。初商七十，置一於左上爲上法，置一於右下乘負隅得六百三十，爲方法，減去從方餘六百○二爲下法，與上商相乘除餘實五千○七十二，倍方法減從方得一千二百三十二爲約法，約實。左上次商得四，右下亦置四，乘負隅得三十六爲隅法，併廉法與次商相乘，除實盡。

得長七十四步。

又　帶減積開平方

積與長闊較求闊二：直積八百六十四步，闊不及長一十二步，求闊幾何。

置積爲實，以不及爲減積，開平方除之，上商二十，下法亦置上商二十，爲方法，以乘減積一十二步得二百四十步，以減通積，餘實六百二十四。却以方法二十，與上商二十除實四百步，餘實二百二十四。乃二乘方法得四十步，爲廉法。續商得四步，下法亦置上商四步，爲隅法，以乘減積得四十八步，以減餘實二百二十四，仍餘實一百七十六步。却以廉隅二法共四十四步，皆與上商四步除餘實，盡。

得二十四步。

直積一十六萬七千四十步，闊不及長一百三十二步，求闊幾何。

置積爲實，以不及一百三十二步爲減積，開平方法除之。於實數之下，商置第一位得三百，下法亦置上商三百，爲方法。以乘減積得三萬九千六百，以減通積餘實一十二萬七千四百四十步。却以方法三百與上商三百除實九萬，餘實三萬七千四百四十。乃二乘方法得六百爲廉法，續商置第二位，以廉法六百商餘實得四十，下法亦置上商四十爲隅法，以乘減積一百三十二得五千二百八十，以減餘實仍餘三萬二千一百六十。却以廉隅二法共六百四十，皆與上商四十除，仍餘二萬五千六百。餘實六千五百六十乃二乘隅法得八十併入廉法，共得六百八十。再商置第二位，以廉法六百八十商餘實得八步，下法亦置上商八爲隅法，以乘減積一百三十二得一千五十六，以減餘實仍餘實五千五百四。却以廉隅二法共六百八十八，皆與上商八步除餘實，盡。

得三百四十八步。

又　帶從減積開平方

三廣田積二千四百六十五步，中廣不及南廣八步，又不及北廣三十六步。正長六十七步。求二廣并長各幾。

置積二千四百六十五步爲實，併不及二廣共得四十四步，以四而一得一十一步爲從方，以不及長六十七步爲減積，開平方法除之。上商一十，下法亦置上商一十爲方法，與從方共二十一以乘減積六十七得一千四百七，以減田積一千四百七，餘實一千五十八。却以方法從方共二十一，皆與上商一十，仍餘實八百四十八。乃二乘方法得二十，併減積六十七皆併從方共九十八，俱爲方法。續商得八步，下法亦置上商八步爲隅法，以方隅二法共一百六步，皆與上商八步除餘實盡。

得中闊十八，各加不及。

得南廣二十六步，北廣五十四步，止長八十五步。

梯田，斜田，箕田，杖鼓田，四不等田積求長廣，俱以此法求之。

又　負從益積開平方

積與長闊較求長一：直積八百六十四步，闊不及長一十二步，求長幾何。

置積八百六十四步於第二級爲實，置不及一十二步於第四級爲負從，置負隅一算於第五級。置初商三十步於第一級，置方法三十於第三級，以上商三十乘負從十二，添積三百六十。却以方法與上商除積九百，餘積三百二十四。二因方法共六十，改名廉法一退，負從一退，負隅二退，又於實上商置六步，以乘負隅一得六，置於廉次，名隅。以上商六命負從添積七十二，共積三百九十六，以廉隅之數命上商，除實盡。

得三十六步。

負從益積圖

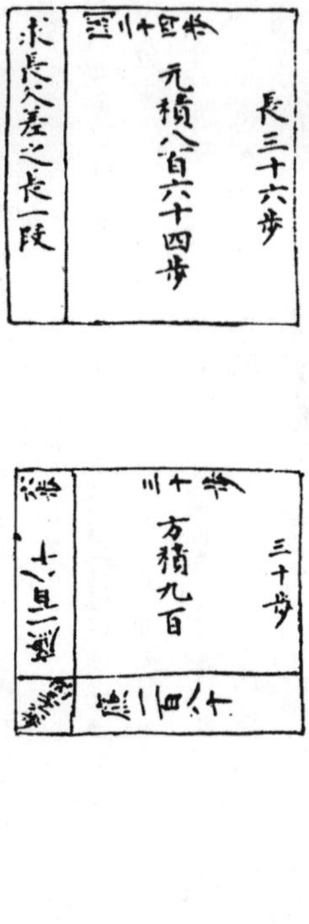

又　帶從負隅減從翻法開平方

積與長闊和求長一：直積八百六十四步，長闊和六十步，求長幾何。

置積爲實，以和步爲從方，一爲負隅，開平方除之。初商置三十步，命負隅減從三十，此前長闊平後損闊以益長也，上商命餘從除積九百，而原積不及。乃命翻法，於商數方法除之。

積與虛長闊和較求長：直積八百六十四步，一長二闊三和四較，共三百一十二步。求長幾何。

置積八百六十四步爲實，以共步爲從方，八爲負隅開平方除之。初商長三十步命負隅八，減從二百四十，餘從七十二命上商，除實其積不及合除二千一百六十步，故用翻積，置負積二千一百六十步，以元積八百六十四步減之，尚餘負積一千二百九十六，復以上商命負隅減從二百四十步，而從亦不及，止有七十二。又用翻，置負從二百四十以減七十二，餘負從一百六十八，而隅從積筭俱負矣。減法變作加法。從一退，隅二退，次商置長六步命負隅八乘之得四十八步，加入負從共二百一十六步，命上商除負實盡。

得長三十六步。

求長不得見差用闊數乘積，以長爲隅筭，演得八長一闊用一之積，八爲負隅也。

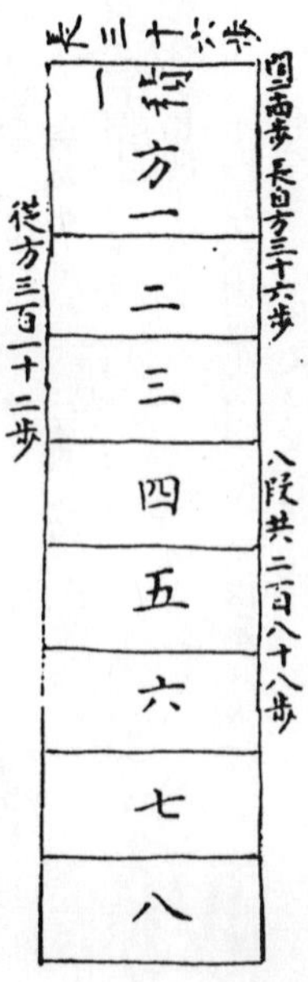

又　減積帶從隅益積開平方

直田不云積步，只云一長二闊三和四較，以闊乘得二萬九千九百五十二步，較二十四步，求長幾何。

置積二萬九千九百五十二步，以較二十四步自乘得五百七十六步，爲減積，餘二萬九千三百七十六步爲實。以較二十四步爲益從方，以六爲隅筭，開平方法除之。於實數之下商置第一位，將益從方一進得二百四十，隅筭一進得六百，以商實得七十，下法亦置上商七，以隅筭六百乘之得四千二百，爲隅法。又以上商七乘益從方得一千六百八十，添入餘實共得三萬一千五十六。却以隅方四千二百，與上商七除實二萬九千四百，餘實一千六百五十六。乃二乘隅法得八千四百，爲方法一退得八百四十，益從方一退得二十四，隅筭二退得六。續置第二位，以方法八百四十商餘實得二步，下法亦置上商二，以隅六乘之得一十二，爲隅法又以上商二乘益從方得四十八步，添入餘實共得一千七百四。却以方隅二法共八百五十二，皆與上商二步除餘實盡。

得長七十二步。

又　帶從負隅益隅開平方

積與長闊和求闊一：直積八百六十四步，長闊共六十步，求闊幾何。

置積爲實，以共步爲從方，以一爲益隅，開平方除之。約實上商闊二十步，乘益隅一得二十，置於積下爲方法，以上商命方法乘四百益積，却以從方六十除積一千一百餘六十四。二因方法一退，爲廉從方。亦一退，益隅二退。次商闊四步，廉次亦置隅四，以上商乘廉隅益積共二百四十步爲實，次商命從法除實盡。

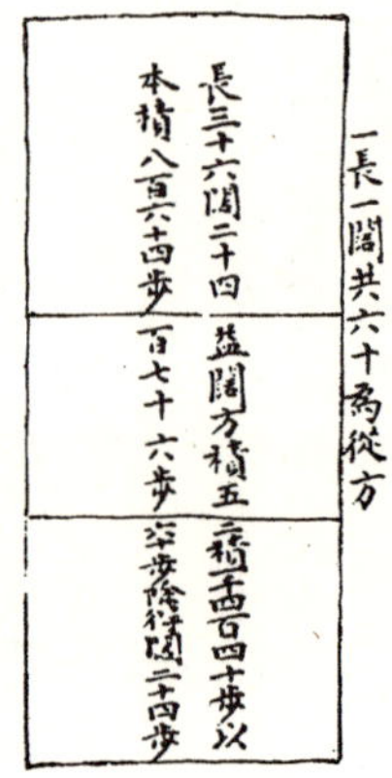

益隅法圖

得闊二十四步。

一積止，有一長。若以長闊共步爲從方正，少一闊，所以用一爲益隅，益入一段，開方以應從方除數。

直積二萬一千六百四十八步，長闊和二百九十六步，求闊幾何。

置積爲實，以和步爲從方開平方除之。初商置第一位得一百，下法亦置上商一百爲益隅，與上商相乘得一萬添積共得三萬一千六百四十八步。却以從方二百九十六，與上商一百除實二萬九千六百，餘實二千四十八。乃二乘益隅得二百爲方法。續商置第二位，以方法二百商餘實得三十，下法亦置上商三十，爲益隅添入方法共得二百三十，與上商三十相乘得六千九百，添入餘實共得八千九百四十八。却以從方二百九十六與上商三十除實八千八百八十，餘實六十八。乃二乘益隅得六十，添入前方共得二百六十爲方法。再商置第三位，以方法二百六十商餘實得二步，下法亦置上商二步爲益隅，添入方法共得二百六十二，與上商二步相乘得五百二十四添入餘實共得五百九十二。却以從方二百九十六，與上商二步除餘實盡。

得闊一百三十二步。

直田積三千四百五十六步，長闊共一百二十步，求闊幾何。

置積爲實，以共步爲從方，開平方法除之。上商四十，下法亦置上商四十，爲益隅，與上商相乘得一千六百，添入積實共得五千五十六步。却以從方一百二十與上商四十除實四千八百步，餘實二百五十六步。乃二乘益隅得八十步爲方法，續商得八步添入方法共得八十八步，與上商八步乘之得七百四步，添入餘實共得九百六十步。却以從方一百二十步與上商八步除餘實盡。得闊四十八步。

又　減積帶從負隅併從開平方

大小方田二段，共積七千五百九十二步，大方面較小方面多二十八步，求大小方面各幾。

較自乘得七百八十四，以減積餘六千八百〇八，爲實。倍較得五十六爲從方，二爲負隅開平方法除之。左上初商四十，置一乘負隅得八十，爲方法，併從方得一百三十六爲下法，與上商除實餘一千三百六十八。倍方法併從得二百一十六，爲廉法。次商得六，置一乘負隅得一十二，爲隅法，併入廉法共二百二十八，與次商除實盡。

得小方面四十六步，加較得大方面七十四步。

大小方田三段，共積四千七百八十八步，大方面多中方面十八步，中方面多小方面十二步，求三段方面各幾。

以大方面較小方面自乘得九百，中方面較小方面自乘得一千〇四十四，以減共積餘三千七百四十四，爲實。併二較倍之得八十四，爲從方，三爲負隅，開平方除之。初商二十，置一乘負隅得六十，爲方法。併從方得一百四十四爲下法，與上商相乘除實餘八百六十四。倍方法併從方得二百〇四，爲廉法約實，次商得四，置一乘負隅得一十二步，爲隅法，併入廉法共二百一十六，與次商除實盡。

得小方面二十四步，各以較加之，得中方面三十六步，大方面五十四步。

隅筭開平方

方田圓田各一段，共積二千二百六十八步。方田面與圓田徑相等，求各幾何。

四因共積得九千七十二步爲實，以七爲正隅，開平方除之。初商三十乘正隅七得二百一十步，爲方法，命上商除實餘實二千七百七十二步，二因方法，一退爲廉，隅法再退。又於上商置六，以乘隅七得四十二爲隅，併入廉法，以廉隅二法皆命上商，除實盡。

得方面圓徑各三十六步。

四因田積，有四箇方田，四箇圓田面。四圓田恰及三箇方田，總是七箇方積，故用七爲隅筭，開出七箇平方面亦圓田之徑也。

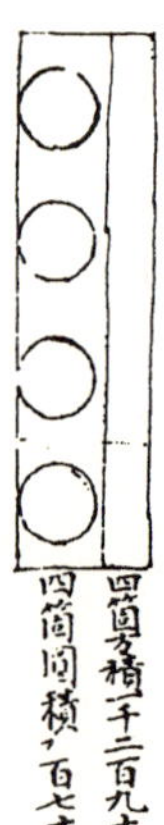

隅筭開方圖

又 帶從廉負隅開平方

田不知積，一長二闊三和四較，以闊乘之共貳萬九千三百四十八步，闊不及長二十八步，求闊幾何。

置闊乘之積爲實，八因較得二百二十四爲從廉，九爲負隅開平方除之。初商四十，置一於左上爲上法，置一於右下乘負隅得三百六十，爲方法，併從廉共五百八十四爲下法，與上商相乘除實，餘五千五百八十八。倍方法得七百二十，爲廉法，併從廉九百四十四約實，左上次商得六，右下亦置六，乘負隅得五十四爲隅法，併廉法從廉共九百九十八，爲下法，與次商相乘除實盡。

得闊四十六步。

以八因較爲從廉用九爲負隅，共得四十六步爲闊也。

又 帶從廉負隅乘從減實開平方。

田不知積，一長二闊三和四較，以長乘之共四萬七千二百一十二步，闊較長不及二十八步，求闊幾何。

以長乘之積爲實，八因較得二百二十四爲縱廉，九爲負隅。又以較爲減從方開平方除之。初商四十，置一於左上爲法，置一乘負隅得三百六十，爲方法併從廉共五百八十四，爲下法。即以下法乘減從方得一萬六千三百五十二，爲減實，以減積訖。餘積三萬〇八百六十，以下法乘上商除之餘七千五百。倍方法併從廉得九百四十四，爲廉法。約商左次得六，右下亦置六，以乘負隅得五十四爲隅法，即以隅法乘減從方得一千五百一十二，爲減實，以減積訖，餘實五千九百八十八，以廉隅二法與次商相乘，除實盡。

得闊四十六步。

清・駱騰鳳《開方釋例》卷一

積較求濶

較無論大小，皆以商并之爲共從，即初商之長。此長非原長，乃全長多於濶。次商之較必合濶，次商乃得原長。有多商者，亦是全長多於濶，次商以下共數之較，必合濶。次商以下共數爲原長也。共從乘商減積，餘爲濶。次商乘共從一段濶，次商乘全濶一段，并二段爲長方形，以濶次商爲濶，全濶并共從爲長，而濶初商併共從爲較，即倍初商并較之數也，故次開二因初商，并較爲方法。

今有負積一百九十二尺，正從方四尺即較數。問濶幾何。

此點位有二，知商從十起步。法以方之單對積之十，以隅之單對積之百列之。初商一十與方四，并得一十四，以商乘之，得一百四十減積，餘五十二爲次商積。乃二因初商，得二十，與原方并得二十四爲次方。次商二，與方并得二十六，以次商乘之，得五十二減積，恰盡。即十二爲濶也。

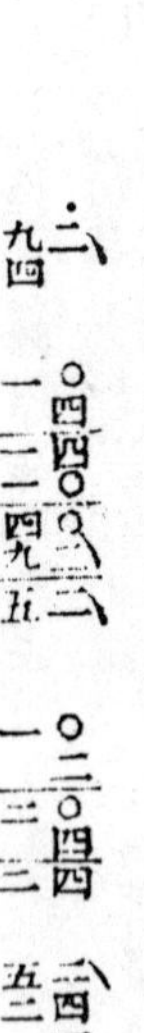

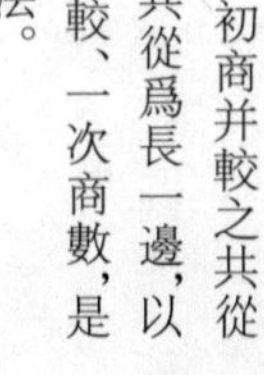

如圖，長方形長十六濶十二，較四。內長方，即初商并較之共從數也。餘曲尺形，以次商爲濶一邊，以初商并較之共從爲長一邊，以全濶爲長如移作長方形濶，即次商長有兩初商，一較，一次商數，是兩初商一較爲從多也，故次商二因初商，并較爲方法。

右正商得濶，若負商則得長十六尺。

負商一十與方減餘負六，以負商乘之，得正六十減積餘一百三十二爲次商積。乃二因負得商二十與原方減餘負十六爲次方，次負商六與負方并得二十二，以次負商乘之，得正一百三十二減積，恰盡。

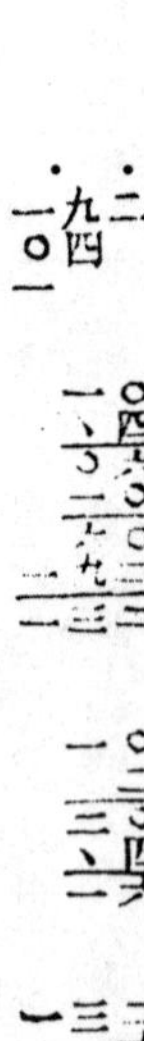

積較求長

較小於商者，以較減商得餘從，乃濶多於長。次商之較，必合長。次商乃得原濶。有多商者，亦然。餘從乘商減積餘爲次商，乘餘從一段，次商乘全長一段，并二段爲長方形。以次商爲濶全長，并餘從爲長。而以初商并餘從爲較，即倍商與較減之餘數也。此初開爲負從，次開以下變爲正從。蓋倍商減較餘在正商，故得正也。

較大於商者，以商減較得餘從，乃濶少於長。次商之較，必以此較減長。次商乃得原濶。有多商者，亦然。餘從乘商，益積爲長方形。以長次商爲濶全長，減餘從爲長。而初商減餘從爲較，即倍初商與較減之餘數也。此亦初商爲負從，次開以後，倍商減較餘在正商，故亦得變爲正從也。

較與商等者，較止一位，減商恰盡。此濶與次商等，故較與初商等也。此爲初商無除，即以原積爲次商積，變負從爲正從開之。三商以後，並如次商。

今有負積一百六十八尺，負從二尺即較數。問長幾何。

此較小於商，恒得減積。初開從方爲負，次開倍商減從餘在正商，故變爲正從，即與求濶等矣。

如圖，長方形長十四，濶十二，較二。內長方形，即初商乘餘從之數也。餘曲尺形，以次商爲濶一邊，以餘從爲長一邊，以全長爲長，移作長方。則濶即次商長。有一餘從，一初商。一次商數是一餘從，一初商爲從多也。故次開，二因初商與較減，即得一初商、一餘從之數矣。

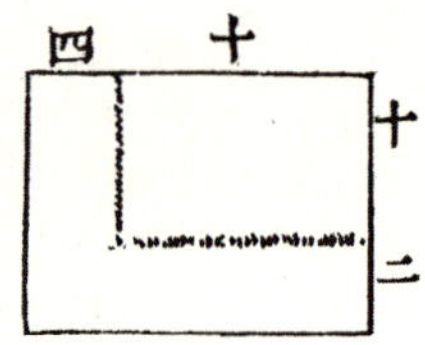

右正商得長十四，若負商則得濶十二。

今有負積一百六十八尺，負從二十二尺。問長幾何。

此較大於商恒得益積，但益積本法以商乘從益積，以商自乘減積所餘以益積者，秪是餘從乘商之數，故茲商與從減，即以餘從乘商益積，省却一乘一減矣。

如圖，長方形長二十八，濶六，較二十二。初商減較，以餘從乘商益積，如甲形。試以乙形移與甲並爲長方形濶，即次商長。有一次商，一初商減餘從之數，是初商減餘從之數爲從多也。故次開二因初商與較減，即得初商減餘從之數。

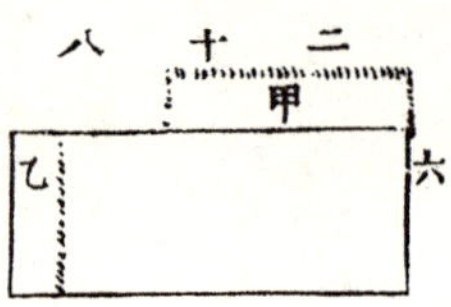

右正商得長二十八，若負商則得濶六。

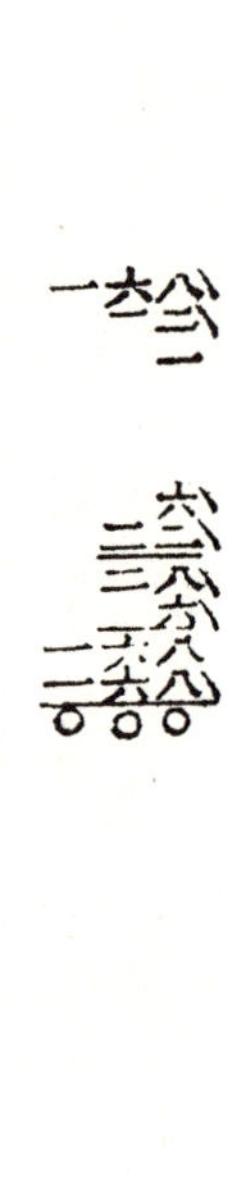

今有負積九十六尺，負從二十尺。問長幾何。

此較與初商等，相減恰盡。不須益積，徑以原積爲次商積，變負方爲正方開之。

如圖，長二十四濶四，較二十。初商減較適盡，無除。次開應倍初商以減較，而減餘之數仍與原方等，故徑以原負方作正方。開之。即與積較求濶同矣。

右正商得長二十四，若負商則得濶四。

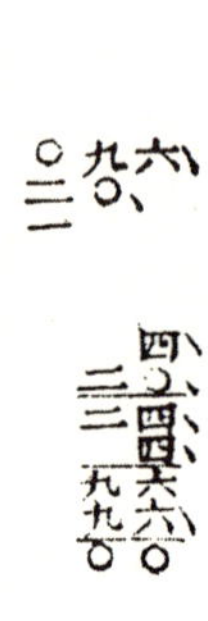

又案：積較求長之負方，爲大數多於小數之較。然小數有小於大數一位，又小於大數次位者，則大數首位即負方首位，當以負方首位爲商，用益積法。不可取大於負方首位之數也，如誤取大數，則得翻積。而次開之積、方、隅同名爲正，不可開矣。若應取大數而誤以負方首位爲商，則益積必多次商，又不及除矣。今欲辨其宜用益積與否，先取稍大於負方之數，減去負方以與商乘，如得數小於原積，則大數即爲定商，用減積法。若大於原積，即是翻法。不可取用，當以負方首位爲商也。

如有負積七十二負，方二十一，正隅一。此應以負方首位爲商也，若誤取大數三十，次商得三正，不可開。

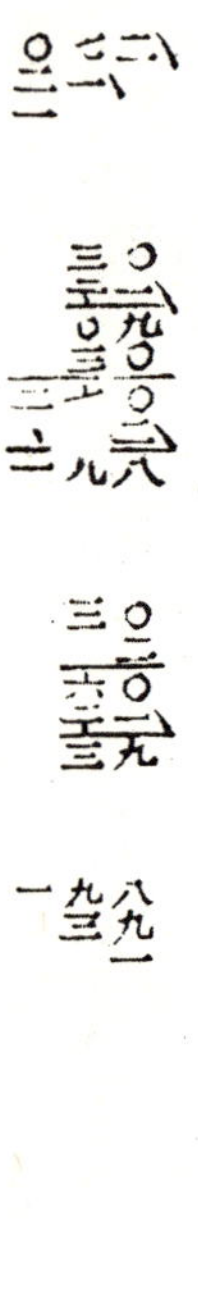

如有負積六十二，負方二十九，正隅一。此應取大於負方之數也，若誤用負方首位，則益積。而次商單位不及除。

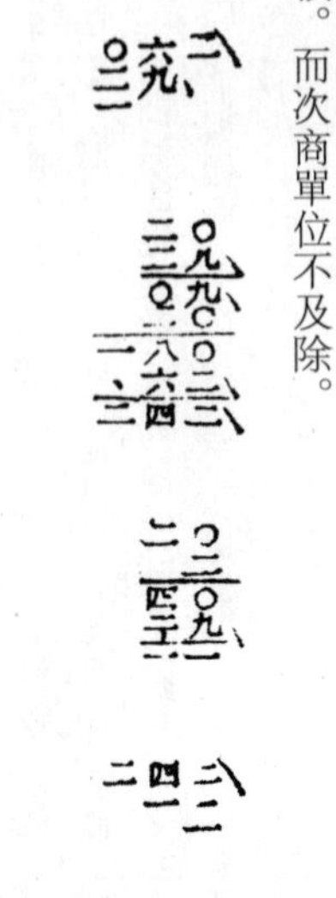

又

積和求闊

闊止一位者，初商即全闊。以商減和餘爲全長，與初商乘即如以闊乘長也，故一商減積而盡。

闊長兩初商等者，闊初商即長。初商以商減和餘闊，次商及全長以闊初商乘之，得闊。初、次商相乘一段，闊初商乘全長一段，試剖原積爲初商乘全長一段，次商乘全長一段，較之。則二積各有初商乘全長一段，足以相抵。惟一以初、次商相乘，一以次商乘全長爲異。二段相減，所餘爲闊。次商乘長次商之數，即餘積也。次開倍初商，以減和餘闊長兩次商之數，即餘積之長闊和也。故負隅、正從、負積、與初開同。

闊初商小於長初商者，以闊初商減和餘闊。次商及全長以乘初商，得初商乘次商積一段，初商乘全長積一段。以之減積餘。次商與全長多於初商之較相乘積一段，而全長多於初商之較，即長闊較與闊次商之共數。何也？全長多於全闊者，爲長闊較，而全闊多於初商者爲次商，是全長比闊初商多一長闊較。又一闊次商也。次開倍商以減和，餘爲二闊。次商一長闊較之數，即餘積之長闊和，故負隅、正從、負積亦與初開同。

今有從平方，負積一千九百八十尺，正方九十六尺即和數。負隅一。問闊幾何。

此闊止一位，故一商而盡。無餘積。

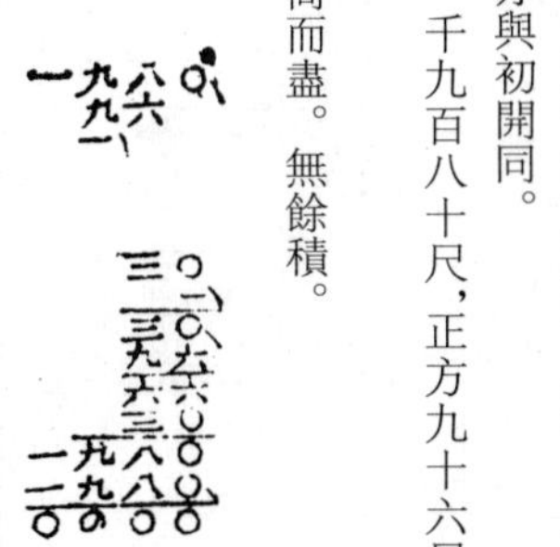

今有負積一百九十二尺，正方二十八尺，負隅一，問闊幾何。

此闊，長兩初商相等，恒得餘積。

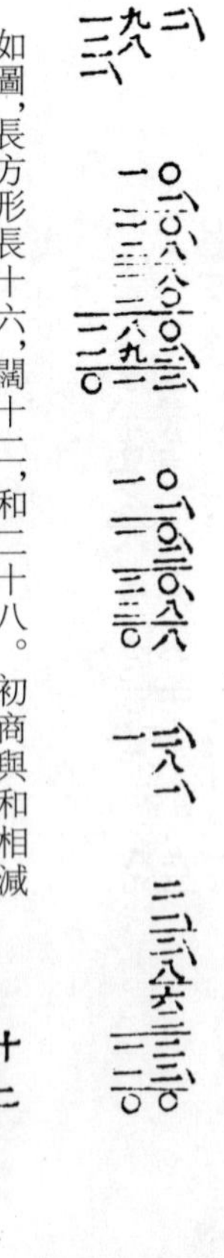

如圖，長方形長十六，闊十二，和二十八。初商與和相減餘數，以商乘之，如甲乙二方，而乙方與丙方等。移乙入丙，是原方内止餘一丁方。以闊次商爲闊長，次商爲長，而長、闊兩次商爲和。次開倍商減和，餘即長闊、兩次商之數。故以爲和也。

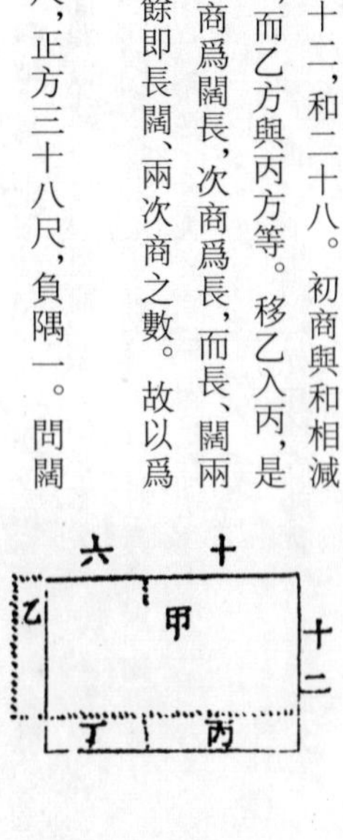

今有負積三百一十二尺，正方三十八尺，負隅一。問闊幾何。

此闊初商小於長，初商者亦得餘積。

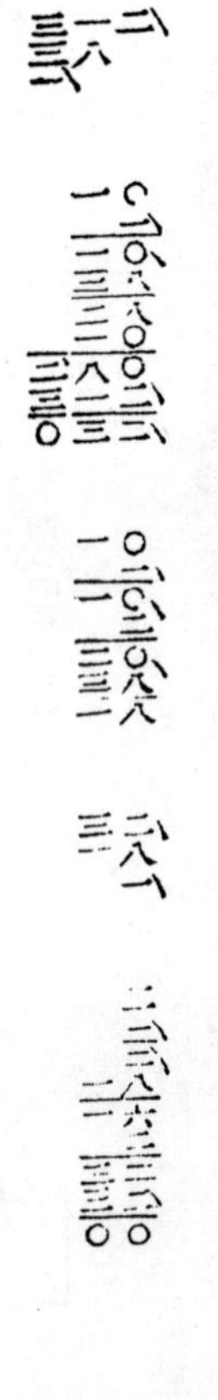

如圖，長方形長二十六，闊十二，和二十八。初開所減之積如甲、乙二方，而乙方與丙方等，移乙入丙是餘積。止一丁方，以次商爲闊，以次商并長闊較爲長，而以二次商一長闊較爲和，次開倍商減和，餘即二次商一長闊較之數，故以爲和也。

積和求長

闊與長初商等者，以商減和，即如以闊減和。而餘從爲長，此一商即盡者也。無餘積。

長闊兩初商等者，長初商減和，得餘從即長。次商與全闊之共數，以長初商乘之，得長初商乘次商一段，長初商乘全闊一段。試剖原積爲長初商乘全闊，與長次商乘全闊。二段較之，則兩積各有長初商乘全闊一段，可以相抵。惟一以長次商乘全闊，一以長次商乘初商爲異。兩者相減，餘長次商乘闊次商之數，即餘積也。倍初商以減和餘，即長次商闊次商之共數，爲餘積之長闊和，故負隅，正從，負積與初開同。

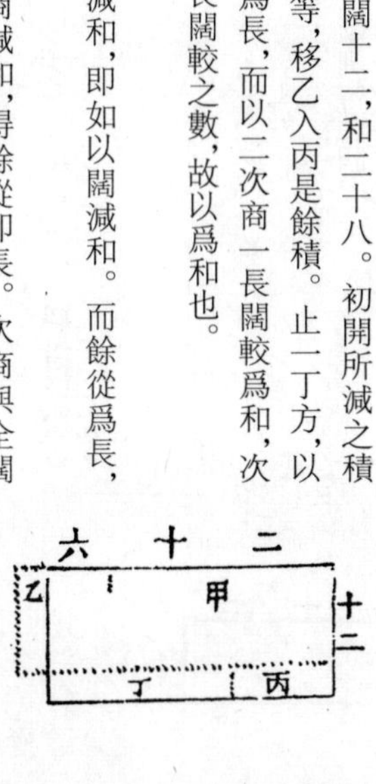

今有負積五百二十尺，正方四十六尺，負隅一。問長幾何。

此闊與長初商等，故一商而盡。無餘積。

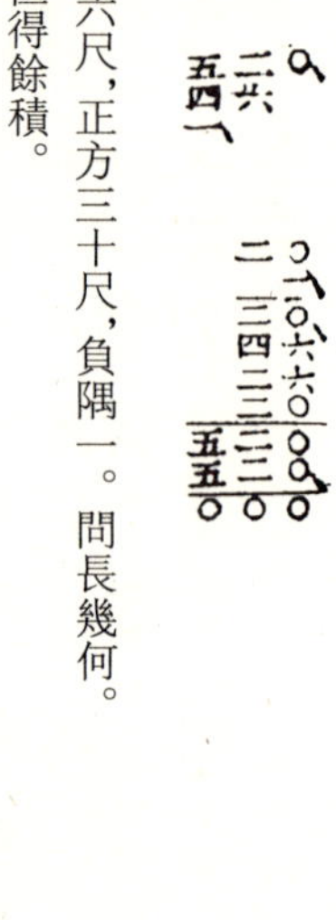

今有負積二百一十六尺，正方三十尺，負隅一。問長幾何。

此長闊兩初商等，恒得餘積。

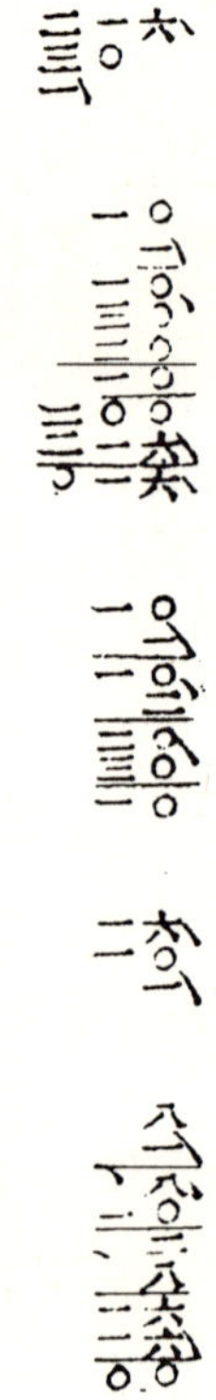

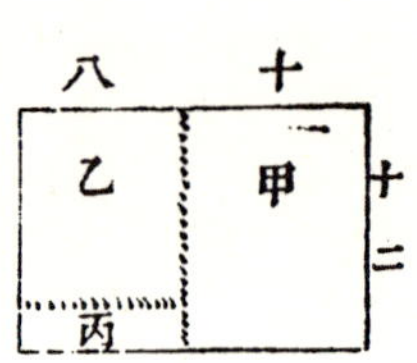

如圖，長方形長十八，闊十二，和三十。內甲方爲長初商乘全闊一段。乙方爲長初商乘次商一段。初開於長方內減此二段，餘丙方。以長次商爲長，以闊次商爲闊，而以長闊兩次商爲和。次開倍初商，以減和餘即長闊兩次商之和數。

全闊大於長初商者，長初商與闊初商必等，即用前法開之。然其中有初商同，而次商以下不同者，有前幾商同，而後幾商不同者。大抵同者之所開得餘積，不同者之所開得翻積也。得餘積者，亦得餘從爲次開積之長闊和，其負隅正從負積與初開同。得翻積者，恒得負隅正積，而從方則或正或負爲長闊較，或適盡。而無較其變不一也。具詳於後。

全闊小於長初商者，原積內少一，全闊小於長初商之較乘長次商一段，即翻積也。舊以此爲負積實，則正從多於負積之較，乃正積也。此積以全闊小於長初商之較後省云較。爲一邊長，次商爲一邊，兩邊相較，則次開之。正從、負從與無從者了然矣。如兩邊相較適盡者，爲無從。祇有正積、負隅而從空，以平方開之。凡有幾開，俱如平方之率不變。如兩邊相減，而較數小於長次商者，所小之數，即倍商小於和之數。次商爲長，而兩邊之較爲長多於闊之較，得負隅正從正積。即積較求長法也，如法開之。其較數大於長次商者，所大之數，即倍商大於和之數。次商爲闊，而兩邊之較爲闊少於長之較，得負隅、負從、正積，即積較求闊法。也如法開之。

今有負積三百九十六尺，正方四十尺，負隅一。問長幾何。

此闊小於長初商者，恒得翻積。次開無從，與平方同。

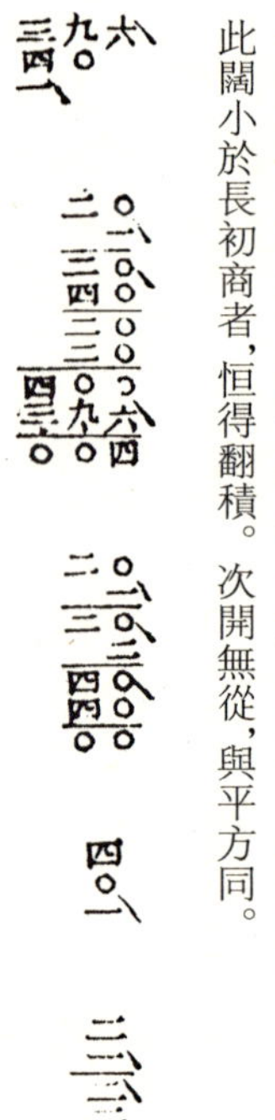

如圖，長方形長二十二，闊十八，和四十。初商減和餘從乘商之數，比原積多一丙方，即翻積也。此方一邊爲長，次商數一邊爲全闊小於長初商之數，兩數適等。故無從，與平方同。

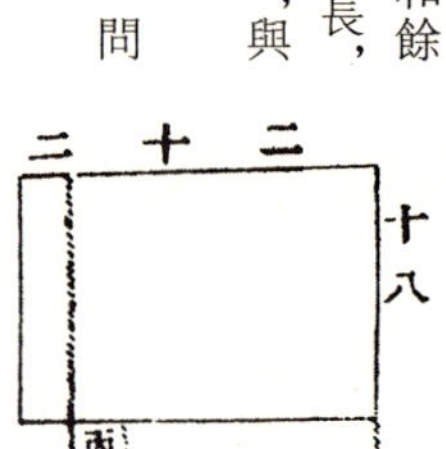

今有負積四百六十八尺，正方四十四尺，負隅一。問長幾何。

此亦闊小於長初商者，故亦得翻積。次開變負積爲正積，與積較求長同。

如圖，長方形長二十六，闊十八，和四十四。初商減和餘從乘商之數，比原積多一丙方。即翻積也。此方以長次商爲長，以全闊小於長初商之較爲闊，而較數小，故次開之積、方、隅與積較求長同。

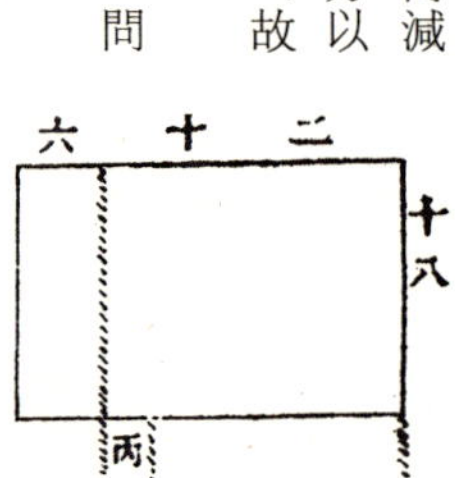

今有負積三百一十二尺，正方三十八尺，負隅一。問長幾何。

此亦翻積也。次開變正方爲負方，與積較求闊同。

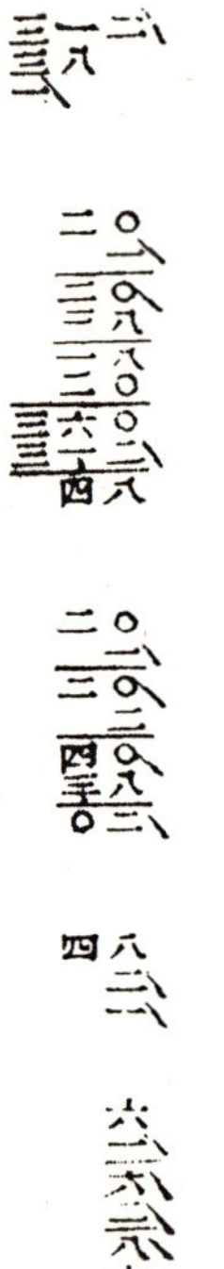

如圖，長方形長二十六，闊十二，和三十八。初商減和餘從乘商之數，比原

積多一丙方，即翻積也。此方以長次商爲闊，以全闊小於長初商之較爲長，而較數大，故次開之積、方、隅與積較求闊同。

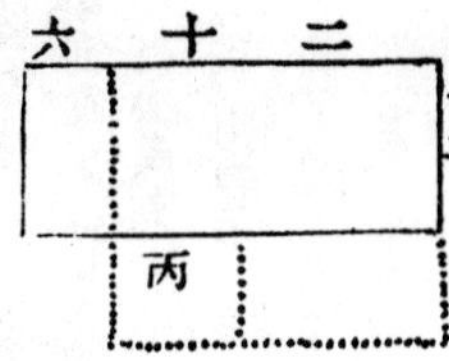

又(桉)[按]：和數求長用翻積者，初商須自半和以上，若商數少則翻積，多而次商必不及除矣。凡取翻積，以最少者爲定，故須自半和以上也。若商數過盈，則積餘從負，又必三層，同名不可開矣。如有負積三千四百五十六，正方一百二十，負隅一。求長得七十二。此和數一百二十，初商亦可六十，然翻積一百四十四比商七十之翻積轉多，而次商單位不及除積，故須自半和以上。而商七十也。若商至八十，則積有餘而方變爲負，次開三層同名，又不可開矣。

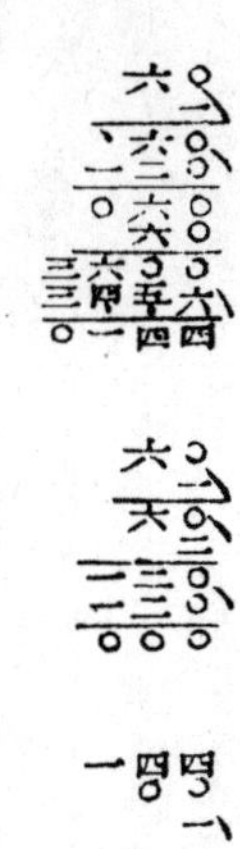

此初商少而次開單位不及除。

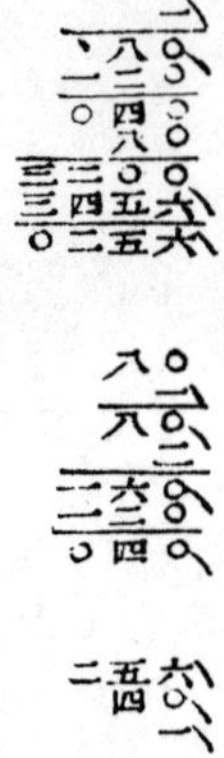

此初商多而次開同名不可開。

從方用半和半較説

置從方積，以半和自乘數減之爲實，開方除之得半較。若以半較自乘數加之爲實，開方除之得半和。

説曰：凡半和自乘必大於積，乃可減積有餘，開方得半較。猶和自乘必大於四因積也。如小於積者，不合率半較自乘必小於積，乃可加積得數開方得半和。猶較自乘必小於四因積也，如大於積者，不合率。

又用四因積説

置從方積四因之，以和自乘數減之爲實，開方除之得較。若以較自乘數加之爲實，開方除之得和。

説曰：此即前法，而加一倍也。凡方邊大一倍者，方面必大四倍。全和全較大於半和半較者一倍，全和全較自乘數即大於半和半較自乘數者四倍，故積用四因也。

帶分開方法

凡平方積有帶分者，以分母通其全而内其子爲積。又以分母通隅法，如法開之。所得即元數也，有元數帶分者，以分母通其元數而内其子。又以一數乘之爲實，以分母爲隅如法開之。若以分母通其兩數，以一爲隅所得即分數，以分母除之得元數。

今有平方積二十五尺又三分之二。法以分母三通二十五尺爲七十五内子二得七十七爲積，分母三爲隅法。

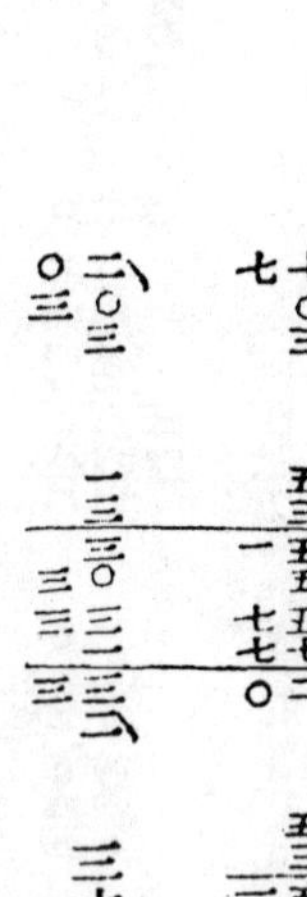

三十三爲母二爲子

右開得五尺又三十三分之二，如以子二減母餘三十一并入原積七十七，得一百〇八。以隅三開之得六，蓋以原積若多三十一，則可多商一數。今止七十七，故開得五又三十三之二也。然三十三之二即非三分之二，此古法之疎，梅勿庵先生所以有隅差之法也。

今有平方小數三，大數三又三之一。以分母三通大數而内其子，得十。通小數，得九相減餘一爲較，以小本數三乘大通數十，得三十爲積，分母三爲隅法。

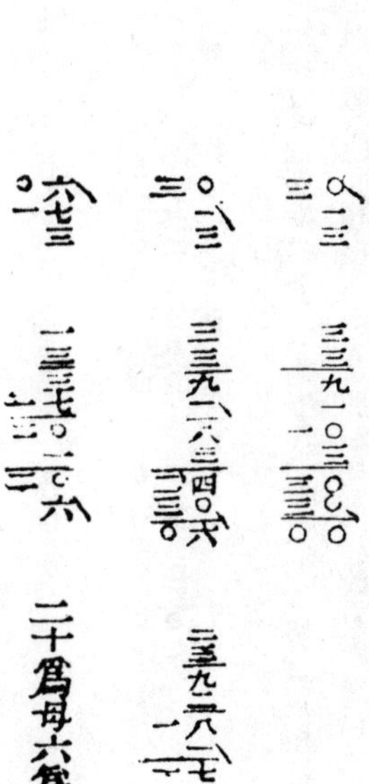

二十爲母六爲子

右商得小數三，大數三又二十分之六。此亦寄分母法也。若以小通數大通數相乘，得九十爲積，一爲較，一爲隅則開得小數九，大數十。各以分母三除之得元數。

清・劉澤楨《中西數學通解》卷一〇　帶縱平方

若長方則縱横不等，知其積，又必知其縱横相差之較，或縱横相併之和，始能得其邊，故以長闊之較爲問者，則用較爲帶縱，加所開之數商除之而得闊，或四因積數，加較自乘，平方開之，即長闊之和。和加較，半之而得長，和減較，半之而得闊。或半較自乘加原積而開平方，即得半和，加半較而得長，減半較而得闊，如以長闊之和爲問者，則用和爲帶縱，減去所開之數，商除之而得闊，或四因積數，減和自乘，平方開之，即長闊之較，較減和半之而得闊，較加和半之而得長。或半和自乘，減原積而開方，即得半較，加半和而得長，減半和而得闊，夫用半較半和之法，與四因積數之法，同出一理，蓋四因積數，加全較自乘，故開方而得全和，半較自乘加原積，故開方而得半和。四因積數，減全和自乘，故開方而得全較。半和自乘，減原積，故開方而得半較，此即面與線之比例，面加四倍，則邊加一倍。邊得其半，而積爲四分之一也，法雖不一，要之皆使歸於正方。以求其和較，是則雖曰帶縱，仍不外乎平方之理也。

設如長方面積一千二百五十四尺，縱多五尺。問長闊各幾何。

答曰：長三十八尺，闊三十三尺。

法列積如開平方法商之。其一千二百尺爲初商積，可商三十尺，乃以三十尺書於原積二百尺上。而以初商三十尺，加縱多五尺得三十五尺，以初商三十尺乘之，得一千零五十尺，書於原積之下，相減，餘二百零四尺爲次商廉隅共積。乃以初商三十尺倍之，得六十尺加縱多五尺，得六十五尺爲廉法。以除二百零四尺，足三倍，則以三尺書於原積四尺之上。而以廉法六十五尺，加隅法三尺，得六十八尺爲廉隅共法，以次商三尺乘之，得二百零四尺書於餘積之下，相減恰盡。即知長方之闊爲三十三尺，加縱多五尺，得三十八尺，即長方之長也。

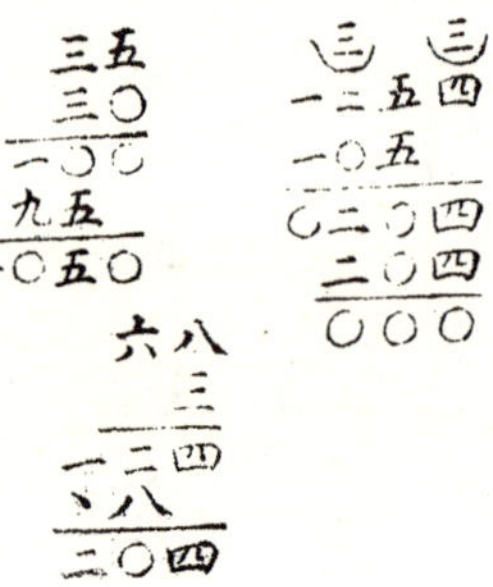

又法：以積一千二百五十四尺，用四因之，得五千零一十六尺。而以縱多五尺自乘，得二十五尺加入四因之數，得五千零四十一尺。開方得七十一尺。即爲長闊相和之數，乃以縱多五尺與七十一尺相加，共七十六尺，折半，得三十八尺，即長和減縱多五尺，得六十六尺。折半，得三十三尺，即闊。

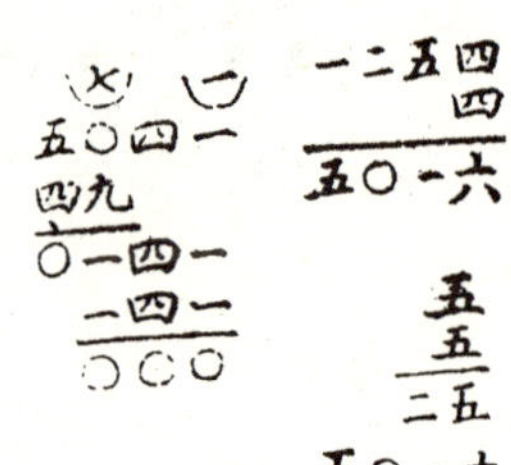

又法：先將縱多五尺折半，得二尺五寸爲半較，自乘，得六尺二十五寸與原積一千二百五十四尺相加，得一千二百六十尺零二十五寸。開方，得三十五尺五寸爲半和，於半和減半較，得三十三尺爲闊。於半和加半較，得三十八尺爲長。

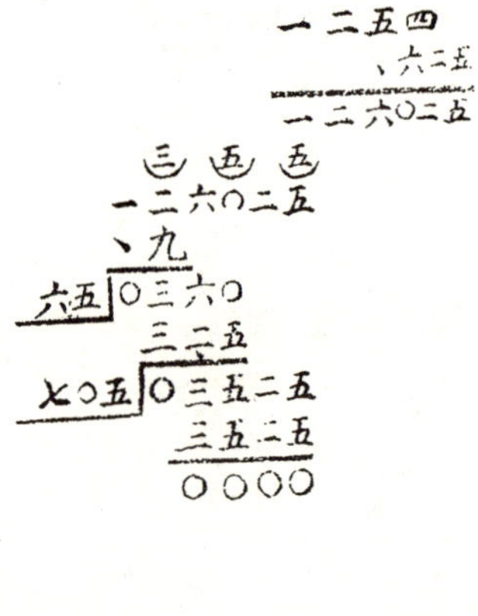

設如長方面積八尺，長闊相和六尺。問長闊各幾何。

答曰：長四尺，闊二尺。

法列積如開平方法算之，積八尺，止可商二尺，乃以二尺書於原積八尺之上，而以所商二尺，與和六尺相減餘四尺，以所商二尺乘之，得八尺，書於原積之下，相減恰盡。即知長方之闊爲二尺，與和六尺相減餘四尺，即爲長方之長也。如圖，甲乙丙丁長方形，容積八尺。其甲乙邊長四尺，甲丁邊闊二尺。其甲乙與甲丁相併，得六尺，即長闊之和。初商二尺，即甲戊己丁正方形之每一邊。蓋兩邊俱止一位，故以初商所得爲一邊。於長闊和內減去初商，所餘即又一邊。是以兩邊相乘，而與原積相等也。此法比以較數爲問者，在加減之異。其以較數爲問者，以所商之數與較數相加，此以和數爲問者，則以所商之數與和數相減也。

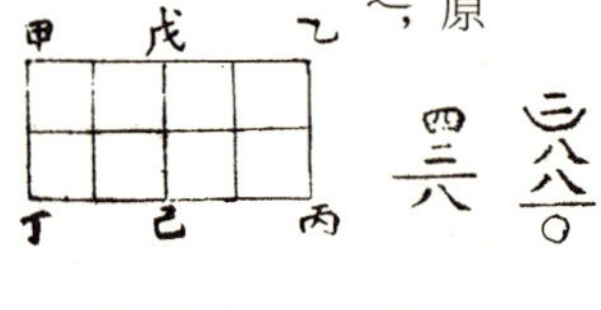

又法：以積八尺，用四因之，得三十二尺。而以和數六尺自乘，得三十六尺

減去四因之數，餘四尺。開方，得二尺，即爲長闊之較。乃以較數二尺，與和數六尺相加，得八尺。折半得四尺，爲長方之長，減較二尺，即長方之闊二尺。如圖，甲乙丙丁長方形，容積八尺四因之，得甲乙丙丁，戊己庚乙，辛壬癸己，子丁丑壬，四長方形。迴環相湊，成一空心正方式。較之和數六尺自乘之甲戊辛子正方形，所少者，止其中之丑丙庚癸小正方形。其丑丙類每一邊，即長闊之較，故四因積數。與和自乘數相減，餘即丑丙庚癸一小正方形。開方得長闊之較，較加於和數是爲倍長，故折半即長。減較即闊。此法以比較數爲問者，亦在加減之異。其以較數爲問者，用較自乘，與四因積數相加，開方而得和。其以和數爲問者，用和自乘，與四因積數相減，開方而得較也。

又法：先將和數六尺折半，得三尺爲半和。自乘得九尺，與原積八尺相減，餘一尺。平方開之，仍得一尺，爲半較，於半和減半較，得二尺，爲闊，於半和加半較，得四尺爲長。如圖，甲乙丙丁長方形，甲乙爲闊，甲丁爲長，甲壬爲長闊和。丁壬與丁丙闊等。折半爲甲庚半和，將甲乙丙丁長方形內之庚辛丙丁，移於乙丑癸己則成甲丑癸己辛庚一磬折形，與甲庚半和自乘之甲丑子庚正方形相減，餘己癸子辛一小正方形，即半較自乘之方，故開方而得半較也，於甲丑半和減乙丑半較，得甲乙闊，於甲庚半和，加庚丁半較，得甲丁長也。

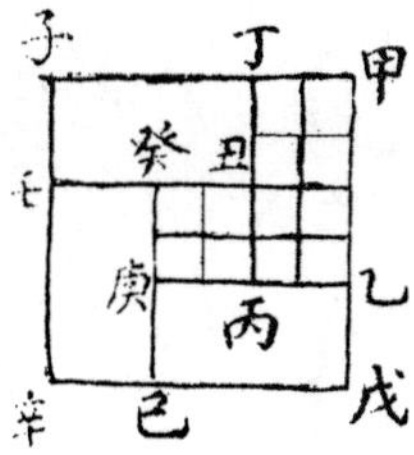

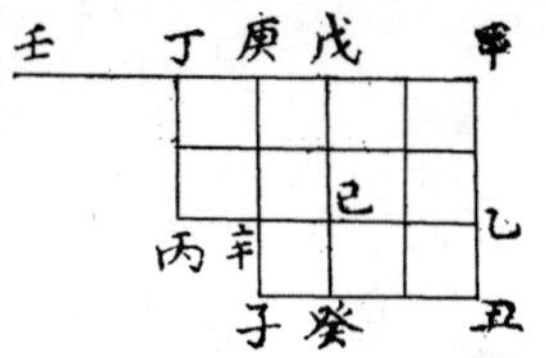

立成釋鎖立方法

算法

宋・賈憲《黃帝九章算經細草》卷四《少廣》《永樂大典》卷一六三四四　賈憲立成釋鎖立方法曰：置積爲實。別置一算名曰下法，於實數之下。自末至首常超二位，上商置第一位得數，下法之上亦置上商。又乘，置平方，命上商除實訖。取用第二位法三因平方一退，亦三因從方面二退爲廉，下法三退。續商第二位得數。下法之上亦置上商爲隅，以上商數乘廉、隅命上商，除實訖。求第三位即如第二位取用。

元・丁巨《丁巨算法》　今有積一萬五千六百二十五尺，問爲立方一面幾何。

答：二十五尺。

置積尺以一算於五尺之下，常超二位，至位之下。上商二，呼一二生廉二，二二生方四，呼二四如八，去積八千尺，餘七千六百二十五尺。呼一二添廉，二二四添方八。又呼一二添廉二。方法一退，廉法二退，下法三退。上商五，呼五六生方三十，五五生方二十五。命商除積，一五如五去積五十尺，五五二十五去積二千五百尺，二五一十去積一百尺，五五二十五去積二十五尺。適盡。

元・佚名《透簾細草》　今有立方積四千九百八十三萬六千三十二尺，問立方一面多少。

答曰：三百六十八尺。

法曰：開立方除之。舊草冗繁，今以透簾開之。

草曰：列積爲實。借一筭子，名立隅，又名約法。常超二位，約實。兩度進，上合商三百。三因立隅得三百萬，別置爲廉法，又三因得九百萬爲方法。只以方法命商，除實二千七百萬。三因方法爲二千七百萬，一退。三因廉得九百萬二退，立隅法三退。續商六十寸。廉法内添隅，添立隅六千，共九萬六千，六因加入方法，得三百二十七萬六千。命續商除實，餘有三百一十八萬三十二。在廉法内，更添隅法六千，得十萬二千，六因加入方法得三百八十八萬八千一退。廉法内又添六千共十萬八千二退，下法三退。續商八寸。廉法内添隅法八寸，共一千八十八，乃八因加入方法，得三十九萬七千五百四寸，命商八寸除實。恰盡。

明・嚴恭《通原算法》　術曰：置本積爲實。借一算爲下隅。常超二位約實，上商三百尺。乘下隅得三百尺，爲廉法。以上商三百尺與廉三百尺相乘，得九萬尺爲方法。與上商呼除本積，三九除去二千七百萬，餘積上存二千二百八十三萬六千三十二尺，爲實。三因廉得九百尺，三因方得二十七萬尺。

續上商六十尺，乘下隅得六十尺。却，乘廉得五萬四千尺，併入方法。又上商六十尺，與下隅六十尺相乘，得三千六百尺，亦併入方法，共三十二萬七千六百尺，爲方法。與上商六十尺，呼除本積。三六除去一千八百萬，再呼二六除去一百二十萬，再呼六七除去四十二萬，再呼六六除去三萬六千尺，餘存三百一十八萬三十二尺。再於方法內，更加原廉五萬四千尺。又倍商隅三千六百，得七千二百尺。亦併入方法，共三十八萬八千八百尺。次以上商三百六十三因得一千八十，爲廉法。續上商八尺。乘下隅得八尺，却，乘廉得八千六百四十。又上商八尺與下隅八相乘，得六十四尺。亦併入方法共三十九萬七千五百四尺，爲方法。與上商八尺呼除本積。三八除去二百四十萬，再呼八九除去七十二萬，再呼七八除去五萬六千，再呼五八除去四千尺，再呼四八除去三十二尺，適盡。得立方面三百六十八尺，合前問。

元・佚名《透簾細草》 今有立方圓積九百二十七寸，問徑多少。

荅曰：一尺二寸。

法曰：置積寸，以十六乘之九而一，得一千七百二十八寸爲實。開立方除之即得。合問。

草曰：十六乘之九除者，添入角積也。改立圓爲立方。是以開立方見一面數 一丅＝Ⅲ〇〇丨 隅法三進在千之下，置廉一千，方一千，除實一千。方三因一爲三千，一退。廉三因得三千，二退。下位三退。續商二寸。廉法內添隅法二寸，得三十二寸。二因添入隅法，得三百六十四，命商除實，盡也。

今有立方圓、平方各一所，共計積二十二萬九千六百七尺。只云立方面多如立圓徑七尺，其平方面如立圓徑三分之二。問三事各多少。

荅曰：立方面五十五尺，立圓徑四十八尺，平方面三十二尺。

法曰：以立方開之。

草曰：置共積二十二萬九千六百七尺在地。於頭位以多七尺自乘得數。又以七尺再乘之得三百四十三尺，減於頭位共積，餘有二十二萬九千二百六十四。又以一百四十四爲分母乘之，頭位共得三千三百一萬四千一十六尺爲實。置於頭位，又多數七尺自乘得數，以四百三十二乘之，得二萬一千一百六十八尺爲從法。又多七尺乘四百三十二，得三千二十四，又添入六十四，共得三千八十八爲廉。常以二百二十五爲隅。立方開之，計積爲實。三千三百一萬四千一十六於頭位。從法二萬一千一百六十八於下位，廉法三千八十八於從法下，隅法二百二十五於廉之下。從法一進，廉法二進，隅法三進。上商四，共隅法相呼，四因廉法得一百二十萬八千八百，廉法相呼生於從法，得五百四萬六千八百八十。命商除之，餘有一千二百八十二萬六千四百九十六。又四因隅法生於廉法，得二百一十萬八千八百，又生於從法，得一千三百四十八萬二千八十。又四因於廉法得三百萬八千八百。又八因隅法一退於廉，得三百一十八萬八千八百。從法一退，廉法二退，隅法三退，上商八生於廉法得三萬一千八百八十八。又八生於從法得一百六十萬三千三百一十二，命商除之恰盡。得立圓徑內加七尺，爲立方面，二因三除爲平方面也。合問。

今有圓毬一隻，徑一尺二寸。問計積寸多少。

荅曰：九百七十二寸。

法曰：徑再自相乘得一千七百二十八寸。又以九之，如十六而一，得積寸合問。

草曰：徑再自相乘爲立方。比立圓毬子多四角積寸，一十六分之九，立圓積是十六分之九，先九因而後十六除者，恐有不盡，免通分也。

又 今有立方圓積九百二十七寸，問徑多少。

荅曰：一尺二寸。

法曰：置積寸，以十六乘之九而一，得一千七百二十八寸爲實。開立方除之，即得。合問。

草曰：十六乘之，九除者，添入角積也。改立圓爲立方，是以開立方見一面數。一丅＝Ⅲ〇〇丨 隅法三進在千之下，置廉一千，方一千，除實一千。方三因，一爲三千一退。廉三因得三千，二退。下位三退。續商二寸，廉法內添隅法二寸，得三十二寸。二因添入隅法，得三百六十四，命商除實，盡也。

又 今有三角菓子一堆，積三百六十四箇。問底子一面多少。

荅曰：一十二箇。

法曰：置積六之爲實。以二爲從，三爲從廉，立方開之，得數也。

草曰：置積在地六之，得二千一百八十四爲實。二爲從，三爲從廉，一爲隅。從法一進，從廉二進，隅三進。上合商一，生於從廉得一千三百，又生於從法得一千三百二十，命商除實，餘有八百六十四。又生一於從廉得二千三百添入從法，得三千六百二十。從廉內添一得三千三百。從法一退得三百六十二，從廉二退得三十三，隅法三退至單止。上商二，從廉添二得三十五，二因從法得四百三十二，命商除之，盡也。

今有四角菓子一垜，積一千一十五箇。問一面底子多少。

荅曰：一十四箇。

法曰：置積三之爲實。以半爲從，一半爲從廉，立方開之。

草曰：置積於上，乃以三之得三千四十五爲實。半爲從廉，一半爲從隅。從法一進，從廉二進，隅法三進至千。上合商一，生於從廉又生於從法，命商除之，餘有一千八百九十。續生一於從廉，再生於從法，得二千三百五箇。又添一於從法一退，從廉二退，隅法三退，上合商四，生於從廉，又因於從法，得四百七十二箇半，命商除之，得數也。

又 今有立方，圓平方各一所，共計積二十二萬九千六百七尺。只云立方面多如立圓徑七尺，其平方面如立圓徑三分之二。問三事各多少。

荅曰：立方面五十五尺，立圓徑四十八尺，平方面三十二尺。

法曰：以立方開之。

草曰：置共積二十二萬九千六百七尺在地，於頭位以多七尺自乘得數，又以七尺再乘之，得三百四十三尺，減於頭位共積，餘有二十二萬九千二百六十四。又以一百四十四爲分母乘之，頭位共得三千三百一萬四千一十六尺爲實。置於頭位，又多數七尺自乘，得數以四百三十二乘之，得二萬一千一百六十八尺，爲從法。又多七尺乘四百三十二，得三千二十四，又添入六十四，共得三千八十八爲廉常。以二百二十五爲隅，立方開之。計積爲實三千三百一萬四千一十六於頭位，從法二萬一千一百六十八於下位，廉法三千八十八於從法下，隅法二百二十五於廉之下。從法一進，廉法二進，隅法三進，上商四，共隅法相呼，四因廉法，得一百二十萬八千八百，廉法相呼生於從法，得五百四萬六千八百八十，命商除之，餘有一千二百八十二萬六千四百九十六。又四因隅法生於廉法，得二百一十萬八千八百，又生於從法，得一千三百四十八萬二千八十，又四因於廉法，得三百萬八千八百，又八因隅法。一退於廉，得三百一十八萬八千八百。從法一退，廉法二退，隅法三退。上商八，生於廉法，得三萬一千八百八十八，又八生於從法，得一百六十萬三千三百一十二，命商除之，恰盡。得立圓徑，內加七尺爲立方面，二因三除爲平方面也。合問。

明・嚴恭《通原筭法》 今有積四萬六千六百五十六尺，問立方面若干。

荅曰：三十六尺。

術曰：置本積爲實。借一筭爲下隅，常超二位約實，上商三十尺，乘下隅得三十尺爲廉法。以上商三十尺，與廉三十尺相乘，得九百尺爲方法。與上商呼除本積。三九除去二萬七千尺，餘積實存一萬九千六百五十六尺爲實。再以三因廉得九十尺，三因方得二千七百尺，續上商六尺乘下隅得六。又却乘廉，得五百四十尺，併入方法。又上商六尺，與下隅六尺相乘，得三十六尺。亦併入方法。共三千二百七十六尺爲方法。與上商六尺呼除本積，三六除去一萬八千，再呼二六除去一千二百，再呼六七除去四百二十，再呼六六除去三十六尺，適盡。合前問。

今有積七億尺，問立方面若干。

荅曰：八百八十七尺，二百三十六萬二千九百六十九分尺之二百一十三萬五千八百九十七。

術曰：置本積爲實。借一筭爲下隅，常超二位約實。上商八百尺，乘下隅得八百尺爲廉法。以上商八百尺，與廉八百尺，相乘得六十四萬尺爲方法。與上商呼除本積，六八除去四億八千萬，再呼四八除去三千二百萬，餘積實存一億八千八百萬尺爲實。三因廉法得二千四百尺，三因方得一百九十二萬。續上商八十尺。乘下隅得八十尺，却，乘廉得一十九萬二千，併入方法。又上商八十尺，與下隅八十尺，相乘得六千四百尺，亦併入方法。共二百一十一萬八千四百尺爲方法。與上商八十呼除本積，二八除去一億六千萬，再呼一八除去八百萬，再呼一八除去八十萬，再呼八八除去六十四萬，再呼四八除去三萬二千，餘積實存一千八百五十二萬八千尺爲實。次於方法內，更加原廉一十九萬二千。又倍商乘隅得一萬二千八百，亦併入方法，共二百三十二萬三千二百。次以上商八百八十，三因得二千六百四十爲廉法。續上商七尺，乘下隅得七尺。却，乘廉得一萬八千四百八十，併入方法。又上商七尺與下隅七尺，相乘得四十九尺，亦併入方法。共二百三十四萬一千七百二十九尺爲方法。與上商七尺呼除本積，二七除去一千四百萬，三七除去二百一十萬，四七除去二十八萬，一七除去七千，七七除去四千九百，二七除去一百四十，七九除去六十三尺，餘積存二百一十三萬五千八百九十七尺。又於方法内更加原廉一萬八千四百八十，又倍商乘隅，得九十八尺，亦併入方法。次又以上商八百八十七尺，三因得二千六百六十一尺，更加原借一隅筭，亦併入方法。是得方面八百八十七尺，二百三十六萬二千九百六十九分尺之二百一十三萬五千八百九十七。合前問。

又 今有積二十六萬六千九百三十五尺半，欲爲立圓。問徑若干。

荅曰：七十八尺。

術曰：置本積以十六乘之，得四百二十七萬九百六十八尺。九除之，得四十七萬四千五百五十二尺爲實。以開立方除。借一筭爲下隅。常超二位約實，上商七十尺，乘下隅，得七十尺爲廉法。以七十尺與上商七十尺相乘，得四千九百尺爲方法，與上商七十尺呼除本積。四七除去二十八萬，七九除去六萬三千，餘積，實存一十三萬一千五百五十二尺爲實。三因廉，得二百一十尺，三因方得一萬四千七百尺。續上商八尺，乘下隅，得八尺。却乘廉，得一千六百八十尺，併入方法。以上商八尺乘下隅，得六十四尺。亦併入方法，共一萬六千四百四十四尺爲方法。與上商八尺，呼除本積。一八除去八萬，六八除去四萬八千，四八除去三千二百，四八除去三百二十，四八除去三十二，適盡。得圓徑七十八尺。合前問。

今有積七百三十五萬七千五百尺，欲爲立圓。問周若干。

荅曰：七百六尺，一百四十九萬七千四百二十七分尺之一百二十六萬四千一百八十四。

術曰：置積，以一百四十四乘，得一十億五千九百四十八萬，又三除之，得三億五千三百一十六萬尺爲實。以前開立方除之，即得。

明・吴敬《九章筭法比類大全・起例》 開立方法

一千商十定無疑，三萬繞爲三十餘。
九十九萬不離十，百萬方爲一百推。
下法自乘爲隅法，三乘隅法作方除。
三乘上商爲廉法，退而除盡數纔知。

法曰：列積爲實，別置一筭，名曰下法。原下之法，於實數之下，自末至首常超二位，原乘之法過二位，今還原，故超二位。約實，一下定一，千下定十，百萬下定百。於實上商，置第一位得數，以方數爲主，自乘求商，不□疊，注釋見法曰。下法之上。亦置上商，又乘爲平方。即平方面。命上商除實訖。除去一立方也。乃三乘平方，又名隅法。爲方法，再置上商數三乘爲廉法，方法一退，千萬[退]爲百萬。廉法再退，千萬退爲十萬。下法三退，百萬退爲千。續商第二位得數，下法置上數自乘名曰隅法。又以上商數乘廉法。以平乘高。以方廉隅三法，皆命上商除實訖。第二位取用如山。乃三乘廉法，三乘隅法，皆併入方法，復置上商數，三乘爲廉法，方法一退，廉法再退，下法三退。續商第三位得數，下法之上，亦置上商數，自乘爲隅法，亦以上商數乘廉法，以方廉隅三法，皆命上商除實適盡，乃得立方一面之數。若有不盡之數，依第三位體面退而再之。

又 今有立方積一億二百五十萬三千二百三十二尺，問立方一面幾何。

荅曰：四百六十八尺。

法曰：列積一億二百五十萬三千二百三十二尺爲實，以開立方法除之。布位定位商第一位得四百尺。

二尺═
三十|||
二百═

別置一筭名曰下法，約實定百萬，亦置上商四百。進四位爲四百萬，以四乘得一千六百萬，名曰隅法。與上商四百除實，超二位定十。

二百‖五十萬≣三千|||

四六除二十四於加六千萬内除三千萬餘存三千萬，却於次位二百萬内加六百萬爲八百萬。

一億—

上商四百尺，一四除如四，除本身一億却於次位加六千萬。

作法求第二位。

二尺═
三十|||
二百═
三千|||八百⊥≡五十萬||||三千≡

隅法一千六百萬三乘得四千八百萬爲方法，一退得四百八十萬。下法之上再置上商四百進四位爲四百萬，以三乘得一千二百萬。爲廉法再退得一十二萬，下法定百萬三退得千。

商第二位得六十尺。

二尺‖
方法四百八十萬，廉法一十二萬，以上商六
三千≡
乘得七十五萬。下法定千，亦置上商六十進
二百‖
二位爲六千，以六乘得三萬六千爲隅。方、
三千≡
廉、隅三法共五百五十五萬六千，皆與上商
六十除實。六六除三十六於得二十萬内減
一十萬止存一十萬，却於次位加六萬，又次
位三千内在四千爲七千。

五十萬𝍤
五六除三十，於五十萬内除三十萬，餘存二
十萬。

八百𝍧
五六除三十，於八百萬内除三百萬，餘存五
百萬。

三千≡
一十一
二尺‖
上商六十，五六除三十除本身三千萬盡。
作法求第三位。
二乘廉法七十二萬，得一百四十四萬。併入
方法。

三十≡
三乘隅法三萬六千，得一十萬八千。併入
方法。

二百‖
方法四百八十萬，併入二法，共六百三十四
萬八千。一退得六十三萬四千八百。

七千𝍦
六萬⊥
下法再置上商四百六十，退二位爲四萬六
千，三乘得一十三萬八千。爲廉法，二退得
一千三百八十。

一十一
五百𝍤
商第三位得八尺。
下法定千，三退得一。
方法六十三萬四千六百。
廉法一千三百八十，又以上商八尺乘得一萬
一千四十。
下法定一，亦置上商八尺自乘得六十四尺，
爲隅法。

二尺‖　三十≡
方、廉、隅三法共六十四萬五千九百四尺，與
上商八尺除盡。

二百‖
四八除三十二，除本身三十，更除次位二
尺盡。

七千𝍦
八九除七十二，除本身七千，更除次位二百
尺盡。

六萬⊥
五八除四十，除存四萬盡。四八除三十二，除爲
三十萬，更於次位六萬内除二萬，餘存四萬。

五百𝍤
上商八尺六八除四十八，除本身五百萬，却
於次位一十萬内加二十萬爲三十萬。

又　卷一〇《各色開方》　今有唇底相登四隅垛，常和二色酒共一所，不知瓶數，共賣到鈔五百八十二貫九百三十文，及有口底相登六辨垛夾和小瓶酒二所，亦不知瓶數，共賣到鈔二百七十六貫四百八十文。只云三色酒價相和得七百三十文，又云六辨垛一面如四隅垛底子一面三分之二，又云和酒價多常酒價九十文，夾和小瓶價如常酒價三分之二。問三色酒瓶數并各價及四隅垛六辨垛底子一面各幾何。

答曰：和酒八百五十三瓶，每瓶三百三十文，共鈔二百八十一貫四百九十文。

常酒一千二百五十六瓶，每瓶二百四十文，共鈔三百一貫四百四十文。

小瓶酒一千七百二十八瓶，每瓶一百六十文，共鈔二百七十六貫四百八十文。

四隅垛底子一面一十八瓶。六辨垛底子一面一十二瓶。

法曰：置相多價鈔七百三十文，以減相多九十文餘六百四十文，爲實。倍分母得六，加分子二共得八爲法，除之得八十文爲差率，副置二位。上以分母三乘之得二百四十文爲常酒一瓶價，加相多九十文得三百三十文爲和酒一瓶價。下以分子二乘之得一百六十文爲夾和小瓶酒價，置六辨垛共賣到鈔二百七十六貫四百八十文，以夾和小瓶價一百六十文除之得一千七百二十八瓶爲實。以開立方法除之得一十二瓶，爲六辨垛底子一面數。却折半得六瓶，以分母三乘之

得一十八瓶爲四隅垛底子一面數。置一十八瓶添一瓶得一十九瓶，相乘得三百四十二瓶。却以一十八瓶添半瓶得一十八瓶半，乘之得六千三百二十七瓶，如三而一得二千一百九瓶爲常和二色共垛酒數。置二千一百九瓶，以常酒瓶價二百四十文，乘之得五百六貫一百六十文，用減四隅垛共賣到鈔五百八十二貫九百三十文，餘鈔七十六貫七百七十文爲實。以常和二價相多九十文爲法，除之得八百五十三瓶爲和酒數，用減共垛二千一百九瓶，餘爲常酒一千二百五十六瓶。合問。

又　帶從方廉開立方法

法曰：置積若干爲實，倍不及得若干或以若干乘不及得若干又加不及自乘得若干共得若干，爲從方，倍不及得若干或倍不及又加若干共得若干，爲從廉。於實數之下商置第一位，將從方一進得若干，從廉二進得若干，下法三進得若干。以商實得若干，下法亦置上商若干，自乘得若干爲隅法。又以上商若干乘從廉，得若干。以方、廉、隅三法共若干，皆與上商若干除實若干，餘實若干。乃二乘從廉得若干，三乘隅法得若干，皆併入從方共得若干，爲方法。下法再置上商若干，以三乘之得若干，加入從廉，共得若干爲廉法，乃方法一退得若干，廉法再退得若干，下法三退得若干。續商置第二位，以方、廉二法共若干，商餘實得若干，下法亦置上商若干，自乘得若干爲隅法，又以上商若干乘廉法，得若干。以方、廉、隅三法共若干，皆與上商若干除實盡，得闊若干，各加不及合問。

今有直田積，内又加一長二闊三和四較，又以長乘得二十九萬三千七百六十步，只云闊不及長二十四步。問闊幾何。

答曰：四十八步。

法曰：置積二十九萬三千七百六十步爲實。以三乘不及得七十二步，又加不及自乘得五百七十六步，共得六百四十八爲從方，倍不及得四十八，又加一十八共六十六爲從廉，開立方法除之。於實數之下商置第一位，將從方一進得六千四百八十，從廉二進得六千六百，下法三進得千，以商實得四十，下法亦置上商得四千，以四乘之得一萬六千爲隅法。又以上商四乘從廉，得二萬六千四百，以方、廉、隅三法，共四萬八千八百八十，皆與上商四除實一十九萬五千五百二十，餘實九萬八千二百四十。乃二乘從廉，得五萬二千八百，三乘隅法得四萬八千，皆併入從方，共得一十萬七千二百八十爲方法，下法再置上商得四千，以三乘之得一萬二千，加入從廉共得一萬八千六百爲廉法。乃方法一退得一萬七百二十八，廉法再退得一百八十六，下法三退得一。續商置第二位，以方、廉二法共一萬九百一十四商餘實，得八萬，下法亦置上商八自乘得六十四，爲隅法。又以上商入從廉法得一千四百八十八，以方、廉、隅三法共一萬二千二百八十，皆與上商八除實，盡。得闊四十八步。合問。

今有長倉積米五千二百四十五石二斗，只云高不及闊二丈二尺，又不及長三丈八尺。問長、闊、高各幾何。

答曰：長四丈七尺，闊三丈一尺，高九尺。

法曰：置米五千二百四十五石二斗，以斛法二尺五寸，乘之得一萬三千一百一十三尺爲實。以二不及二丈二尺，三丈八尺相乘，得八百三十六爲從方。併二不及得六十，爲從廉，開立方法除之。上商九尺，下法亦置上商九，自乘得八十一，爲隅法。又以上商九乘從廉，得五百四十，以方、廉、隅三法，共一千四百三十七，皆與上商九除實，盡。得高九尺，各加不及合問。

今有方倉積米五百一十八石四斗，只云高不及方三尺。問方、高各幾何。

答曰：方一丈二尺，高九尺。

法曰：置米五百一十八石四斗，以斛法二尺五寸乘之，得一千二百九十六尺爲實，以不及三尺自乘，得九尺爲從方，倍不及得六尺，爲從廉，開立方法除之。上商九，下法亦置上商九，自乘得八十一，爲隅法。又以上商九乘，從廉，得五十四。以方、廉、隅三法共一百四十四，皆與上商九除實，盡。得高九尺。加不及三尺，得方一丈二尺。合問。

今有圓倉積米二百二石八斗，只云高不及周一丈七尺。問高、周各幾何。

答曰：周二丈六尺，高九尺。

法曰：置米二百二十八斗，以斛法二尺五寸乘之，得五百七尺。又以圓法十二乘之，得六千八十四尺，爲實。以不及一丈七尺自乘，得二百八十九尺，爲從方，倍不及得三十四尺，爲從廉，開立方法除之。上商九尺，下法亦置上商九，自乘得八十一，爲隅法。又以上商九乘從廉得三百六，以方、廉、隅三法，共六百七十六，皆與上商九，除實，盡。得高九尺，加不及一丈七尺，得周二丈六尺。合問。

今有平地堆米六十七石六斗，只云高不及下周三丈五尺，問高、周各幾何。

答曰：下周三丈九尺，高四尺。

法曰：置米六十七石六斗，以斛法二尺五寸乘之，得一百六十九尺。又以平地堆率三十六乘之，得六千八十四尺，爲實。以不及三十五尺，自乘得一千二百二十五尺，爲從方，倍不及，得七十尺爲從廉，開立方法除之。上商四尺，下法亦置上商四自乘，得一十六爲隅法。又以上商四乘從廉，得二百八十尺，以方、廉、隅三法共一千五百二十一尺，皆與上商四尺除實，盡。得高四尺，加不及三十五尺，得下周三丈九尺。合問。

今有倚壁。尖堆米三十三石八斗，只云高不及下周一丈五尺五寸。問高、周各幾何。

答曰：下周一丈九尺五寸，高四尺。

法曰：置米三十三石八斗，以斛法二尺五寸乘之，得八十四尺五寸。又以倚壁率十八乘之，得一千五百二十一尺，爲實。以不及一十五尺五寸，自乘得二百四十尺二寸五分爲從方，倍不及得三十一尺，爲從廉，開立方法除之。上商四尺，下法亦置上商四，自乘得一十六爲隅法，又以上商四乘從廉得一百二十四，以方廉、隅三法共三百八十尺二寸五分，皆與上商四除實，盡。得高四尺，加不及一丈五尺五寸，得下周一丈九尺五寸。合問。

今有倚壁外角堆米四百四十一石六斗，只云高不及周一丈三尺。問高、周各幾何。

答曰：下周三丈六尺，高二丈三尺。

法曰：置米四百四十一石六斗以斛法二尺五寸乘之，得一千一百四尺，又以倚壁外角率二十七，乘之得二萬九千八百八尺，爲實。以不及一十三尺自乘，得一百六十九尺爲從方，倍不及得二十六尺，爲從廉。開立方法除之。於實數之下，商置第一位，將從方一進得一千六百九十，從廉二進得二千六百，下法三進得千，以商實得二十尺，下法亦置上商得二千，以二乘之得四千爲隅法。又以上商二乘從廉，得五千二百，以方、廉、隅三法，共一萬八百九十，皆與上商二除實二萬一千七百八十，餘實八千二十八。乃二乘從廉得一萬四百，三乘隅法得一萬二千，皆併入從方，共二萬四千九十，爲方法。下法再置上商二，得二千，以三乘之，得六千，加入從廉共得八千六百爲廉法。乃方法一退得二千四百九。廉法再退得八十六。下法三退得一。續商置第二位，以方、廉二法共二千四百九十五，以商實得三尺。下法亦置上商三，自乘得九爲隅法。又以上商三乘廉法，得二百五十八。以方、廉、隅三法二千六百七十六，皆與上商三除實，盡。得高二丈三尺，加不及一丈三尺得周三丈六尺。合問。

今有方垜壔積三千八百四十尺，只云高不及方一尺。問高、方各幾何。

答曰：高一丈五尺，方一丈六尺。

法曰：置積三千八百四十尺爲實，以不及自乘亦得一尺爲從方，倍不及得二尺爲從廉。開立方法除之。於實數之下，商置第一位。將從方一進得一十，從廉二進得二百，下法三進得千。以商實得一十尺，下法亦置上商得一千，以一乘亦得一千爲隅法。又以上商一乘從廉，亦得二百。以方、廉、隅三法，共一千二百一十，皆與上商一除實一千二百一十，餘實二千六百三十。乃二乘從廉得四百，三乘隅法得三千，皆併入從方，共得三千四百一十，爲方法。下法再置上商得一千，以三乘之，得三千，加入從廉，共得三千二百，爲廉法。乃方法一退，得三百四十一。廉法再退，得三十二，下法三退一。續商置第二位，以方、廉二法共三百七十三以商實得五尺，下法亦置上商五，自乘得二十五爲隅法。又以上商五乘廉法得一百六十。以方、廉、隅三法共五百二十六皆與上商五除實，盡。得高一十五尺，加不及一尺得方一丈六尺。合問。

今有圓垜壔積二千一百一十二尺，只云高不及周三丈七尺。問高、周各幾何。

答曰：周四丈八尺，高一丈一尺。

法曰：置積二千一百一十二尺，以圓周十二乘之，得二萬五千三百四十四尺爲實。以不及三十七尺自乘，得一千三百六十九尺爲從方。倍不及得七十四尺，爲從廉。開立方法除之。於實數之下商置第一位，將從方一進得一萬三千六百九十，從廉一進得七千四百，下法三進得千。以商實得一十尺，下法亦置上商得一千，以一乘亦得一千爲隅法。又以上商一乘從廉，亦得七千四百。以方、廉、隅三法共二萬二千九十，皆與上商一除實二萬二千九十，餘實三千二百五十四。乃二乘從廉得一萬四千八百，三乘隅法得三千，皆併入從方共三萬一千四百九十，爲方法。下法再置上商得一千，以三乘之得三千，加入從廉，共得一萬四百爲廉法。乃方法一退得三千一百四十九，廉法再退得一百四，下法三退得一。續商置第二位，以方、廉二法共三千二百五十三，以商實得一尺。下法亦置上商一，自乘亦得一爲隅法。又以上商一乘廉法，亦得一百四。以方、廉、隅三法共三千二百五十四，皆與上商一除實，盡。得高一丈一尺，加不及三丈七尺得周四丈八尺。合問。

今有方錐積二千八百八十尺，只云高不及下方九尺。問方、高各幾何。

答曰：下方二丈四尺，高一丈五尺。

法曰：置積二千八百八十尺，以三乘之得八千六百四十尺爲實，以不及九尺自乘得八十一尺爲從方，倍不及得一十八尺爲從廉，開立方法除之。於實數之下商置第一位，將從方一進得八百一十，從廉二進得一千八百，下法三進得千。以商實得一十尺。下法亦置上商得一千，以一乘亦得一千爲隅法。又以上商一乘從廉亦得一千八百。以方、廉、隅三法共三千六百一十，皆與上商一除實三千六百一十，餘實五千三十。乃二乘從廉得三千六百，三乘隅法得三千，皆併入從方共得七千四百一十爲方法。下法再置上商得一千，以三乘之得三千，加入從廉共得四千八百，爲廉法。乃方法一退得七百四十一，廉法再退得四十八，下法三退得一。續商置第二位，以方、廉二法共七百八十九，以商實得五尺。下法亦置上商五，自乘得二十五爲隅法。又以上商五乘廉法得二百四十。以方、廉、隅三法共一千六，皆與上商五除實，盡。得高一丈五尺，加不及九尺得下方二丈四尺。合問。

今有城積一百八十九萬七千五百尺，只云上廣不及下廣二丈，又不及高三丈，不及袤一百二十四丈五尺。問上、下廣并高袤各幾何。

答曰：上廣二丈，下廣四丈，高五丈，袤一百二十六丈五尺。

法曰：置城積一百八十九萬七千五百尺於上，以不及下廣二十尺，乘不及袤一千二百四十五尺得二萬四千九百尺。又半不及高得一十五尺，乘之得三十七萬三千五百尺爲減積，以減城積餘一百五十二萬四千尺，爲實。以不及高乘袤得三萬七千三百五十尺，於上又併不及高袤折半，得六百三十七尺半，以乘不及下廣得一萬二千七百五十尺，加入上數共得五萬一百尺，爲從方。併不及高袤共一千二百七十五尺，又半及下廣得一十尺加之，共得一千二百八十五尺爲從廉。開立方法除之。於實數之下將從方一進，得五十萬一千尺，從廉二進得一十二萬八千五百尺，下法三進得千，以商實得二丈。下法亦置上商得二千，以二乘得四千，爲隅法。又以上商二乘從廉，得二十五萬七千尺。以方、廉、隅三法，共七十六萬二千尺皆與上商二除實，盡。得上廣二丈，各加不及合問。

今有塹堵積四萬六千五百尺，只云下廣不及高五尺，又不及袤一十六丈六尺。問下廣及高袤各幾何。

答曰：下廣二丈，高二丈五尺，袤一十八丈六尺。

法曰：倍積得九萬三千尺爲實，以二不及相乘得八百三十尺爲從方，併二不及得一百七十一尺爲從廉。開立方法除之。將從方一進得八千三百，從廉二進得一萬七千一百，下法三進得千。以商實得二十尺。下法亦置上商得二千，以二乘之得四千爲隅法。又以上商二乘從廉得三萬四千二百，以方、廉、隅三法共四萬六千五百，皆與上商二除實，盡。得下廣二丈，各加不及合問。

今有陽馬積九十三尺三分尺之一，只云廣不及高三尺，又不及袤二尺。問廣袤高各幾何。

答曰：廣五尺，袤七尺，高八尺。

法曰：置積九十三尺以分母三通之，加分子一共得三百八十尺爲實，以二不及相乘得六尺爲從方，併二不及得五尺爲從廉，開立方法除之。上商五尺，下法亦置上商五，自乘得二十五爲隅法。又以上商五乘從廉，得二十五尺。以方、廉、隅三法共五十六尺，皆與上商五除實，盡。得廣五尺，各加不及合問。

今有鼈臑積二十三尺六分尺之二，上無廣下無袤，只云上袤不及下廣一尺，又不及高三尺。問廣、袤、高各幾何。

答曰：上袤四尺，下廣五尺，高七尺。

法曰：置積二十三尺，以分母六通之加分子二，共得一百四十尺爲實。以二不及相乘得三尺爲從方，併二不及得四尺爲從廉。開立方法除之。上商四尺，下法亦置上商四，自乘得一十六爲隅法。又以上商四乘從廉得一十六。以方、廉、隅三法共三十五，皆與上商四除實，盡。得上袤四尺。各加不及合問。

今有芻童下廣二丈，長三丈，上廣三丈，長四丈，高五丈欲從下截積二萬二千八百六十尺。問截處上廣長及高各幾何。

答曰：截處上廣二丈六尺，上長三丈六尺，高三丈。

法曰：三乘截積得六萬八千三百八十尺。於上以高五十尺自乘得二千五百尺爲高冪，以乘前位得一億七千一百四十五萬。却以廣差一十尺乘長差一十尺得一百尺，除之得一百七十一萬四千五百爲實。以高五十尺乘下廣二十尺得一千尺。却以廣差一十尺除之，得一百尺爲上廣之高。又以高五十尺乘下長三十尺，得一千五百尺。却以長差一十尺除之，得一百五十尺爲上長之高。以二高相乘得一萬五千尺，以三乘得四萬五千尺爲從方，併二高得二百五十尺以三乘之得七百五十尺，半之得三百七十五尺爲從廉。開立方法除之。於實數之下，將從方一進得四十五萬，從廉二進得三萬七千五百，下法三進得千。以商實得三十尺，下法亦置上商得三千，以三乘之得九千爲隅法。又以上商三乘從廉，得一十一萬二千五百。以方、廉、隅三法，共五十七萬一千五百，皆與上商三除實，盡。得截處高三十尺。以長差一十尺，乘之得三百尺。却以原高五十尺，除之得六尺，加原長三丈共得三丈六尺爲截處上長。又置截高三十尺，以廣差一十尺，乘之得三百尺，却以原高五十尺除之得六尺，加入原廣二丈共得二丈六尺爲截處上廣。合問。

今有四角果子一垜積一千四百九十六箇，問底子一面幾何。

荅曰：一十六箇。

法曰：以三乘積得四千四百八十八个，以半个爲從方。又以一个半爲從廉。開立方法除之。於實數之下商置第一位，將從方一進得五个，從廉二進得一百五十，下法三進得千。以商實得一十。下法亦置上商得一千，以一乘亦得一千爲隅法。又以上商一乘從廉亦得一百五十。以方、廉、隅三法共一千一百五十五皆與上商一除實一千一百五十五，餘實三千三百三十三。乃二乘從廉得三百，三乘隅法得三千，皆併入從方共得三千三百五爲方法。下法再置上商得一千，以三乘之得三千，加入從廉共得三千一百五十爲廉法。乃方法一退得三百三十〇半个，廉法二退得三十一个半，下法三退得一。續商置第二位，以方、廉二法共三百六十二，以商實得六个。下法亦置上商六，自乘得三十六爲隅法。又以上商六乘廉法得一百八十九。以方、廉、隅三法共五百五十五个半，皆與上商六除實，盡。得底子一面一十六个。合問。

今有三角果子一垜積二千六百箇，問底子一面幾何。

荅曰：二十四箇。

法曰：以六乘積得一萬五千六百个爲實，以二箇爲從方，三箇爲從廉，開立方法除之。於實數之下商置第一位，將從方一進得二十个，從廉二進得三百个，下法三進得千，以商實得二十。下法亦置上商得二千，以二乘之得四千，爲隅法。又以上商二乘從廉得六百，以方、廉、隅三法共四千六百二十，皆與上商二除實九千二百四十，餘實六千三百六十。乃二乘從廉得一千二百，三乘隅法得一萬二千，皆併入從方，共一萬三千二百二十，爲方法。下法再置上商得二千，以三乘之得六千，加入從廉共得六千三百爲廉法。乃方法一退得一千三百二十二，廉法二退得六十三，下法三退得一。續商置第二位，以方、廉二法共一千三百八十五，以商實得四个，下法亦置上商四，自乘得一十六爲隅法。又以上商四乘廉法得二百五十二，以方、廉、隅三法共一千五百九十，皆與上商除實，盡。得底子一面二十四个，合問。

今有屋蓋垜積三百二十四箇，只云廣高相等，不及長一箇。問廣、長、高各幾何。

荅曰：下廣八箇，長九箇，高八箇。

法曰：倍積得六百四十八个，爲實。以不及一个爲從方，倍不及得二个爲從廉。開立方法除之。上商八个，下法亦置上商八，自乘得六十四爲隅法，以上商八乘從廉得一十六。以方、廉、隅三法共八十一，皆與上商八除實，盡。得下廣高各八个。加不及一个得長九个。合問。

今有酒瓶一垜積五百一十箇，只云闊不及長五箇。問長、闊各幾何。

荅曰：長一十四箇，闊九箇。

法曰：以三乘積得一千三百三十个爲實，半不及得二个半。添半个併入不及三个，共得八个爲從方。再添一个共得九个爲從廉，開立方法除之。上商九个，下法亦置上商九自乘得八十一爲隅法。又以上商九乘從廉，得八十一。以方、廉、隅三法共一百七十，皆與上商九除實，盡。得闊九个。加不及五个得長一十四个。合問。

今有大小立方三段共積，一十四萬七千七百四十四尺，只云大方面多中方面六尺，中方面多小方面六尺。問三事各幾何。

荅曰：大方面四十二尺共積七萬四千八十八尺，中方面三十六尺共積四萬六千六百五十六尺，小方面三十尺共積二萬七千尺。

法曰：置積一十四萬七千七百四十四尺於上，以大方面多小方面一十二尺再自乘得一千七百二十八尺，中方面多小方面六尺，再自乘得二百一十六尺，併二位共得一千九百四十四尺爲減積，以減積數，餘積一十四萬五千八百爲實。以大方面多小方面一十二尺，自乘得一百四十四尺，中方面多小方面六尺，自乘得三十六尺，併二位共得一百八十尺，以三乘之得五百四十尺爲從方，併二差得一十八尺，以三乘之得五十四尺，爲從廉，以三爲隅筭，開立方法除之。於實數之下，將從方一進得五千四百，從廉二進得五千四百，隅筭三進得三千，以商實得三十尺。下法亦置上商三，自乘得九。以乘隅筭三千得二萬七千爲隅法。又以上商三乘從廉得一萬六千二百，以方、廉、隅三法共四萬八千六百，皆與上商三除實，盡。得小方面三十尺。各加差數。合問。

又　帶從方廉隅筭開立方法

法曰：置積，或以分母若干，或以若干乘之，或加分子共得若干，或以不及自乘，又乘不及爲減積，餘得若干爲實。或以若干乘不及，又乘不及得若干爲從方，或併二不及，以若干乘之得若干爲從廉，以若干爲隅筭。於實數之下商置第一位，將從方一進得若干，從廉二進得若干，隅筭三進得若干。以商實得若干。下法亦置上商若干，以若干乘之得若干。又以隅筭若干乘之得若干爲隅法。又以上商若干乘從廉得若干。以方、廉、隅三法共若干，皆與上商若干除實若干，餘實若干。乃二乘從廉得若干，三乘隅法得若干，皆併入從方共得若干爲方法，下法再置上商若干，以三乘之得若干，又乘隅筭共得若干，加入從廉共得若干爲廉法。乃方法一退得若干，廉法再退得若干，隅筭三退得若干。續商置第二位，以方、廉二法共若干，以商餘實得若干。下法亦置上商若干，自乘得若干，又以隅筭若干乘之得若干，爲隅法。又以上商，若干乘廉法得若干。以方、廉、隅三法共若干，皆與上商若干除實，盡。得闊若干，各加不及合問。

今有方亭臺積一十萬一千六百六十六尺三分尺之二，只云上方不及下方一十尺，又不及高一十尺。問上下方，高各幾何。

荅曰：上方四丈，下方五丈，高五丈。

法曰：置積一十萬一千六百六十六尺，以分母三通之，加分子二共得三十萬五千尺，於上以不及下方一十尺，自乘得一百尺，又乘不及高得一千尺爲減積，餘三十萬四千尺爲實。以三乘不及下方一十尺得三十尺。又乘不及高一十尺得三百尺，併不及，下方自乘得一百尺共四百尺爲從方。併二不及得二十尺，以三乘得六十尺爲從廉。以三爲隅筭。開立方法除之。於實數之下，將從方一進得四千，從廉二進得六千，隅筭三進得三千，以商實得四丈。下法亦置上商四，自乘得一十六，又以隅筭三千乘之得四萬八千爲隅法。又以上商四乘從廉，得二萬四千。以方、廉、隅三法共七萬六千，皆與上商四除實，盡。得上方四丈。各加不及，合問。

今有圓亭臺積五百二十七尺九分尺之七，只云高不及上周十尺，又不及下周二十尺。問上、下周及高各幾何。

荅曰：上周二丈，下周三丈，高一丈。

法曰：置積五百二十七尺，以分母九乘之加分子七共得四千七百五十尺。以四乘之，得一萬九千尺爲實。以三乘不及上周一十尺得三十尺，以乘不及下周二十尺得六百尺。又加不及上周自乘得一百尺共得七百尺爲從方，併二不及一十、二十共得三十，以三乘之得九十爲從廉，以三爲隅筭，開立方法除之。於實數之下，將從方一進得七千，從廉二進得九千，隅筭三進得三千。以商實得一丈，下法亦置上商一，自乘亦得一。又以隅筭三千乘之亦得三千。又以上商一乘從廉，亦得九千爲隅法。以方、廉、隅三法共一萬九千，皆與上商一除實，盡。得高一丈。各加不及，合問。

今有仰觀臺積五萬六千七百尺，只云上廣不及下廣七尺，下長三丈一尺，又不及上長一丈三尺，高一丈七尺。問上下廣長及高各幾何。

荅曰：上廣二丈五尺，上長三丈八尺，下廣三丈二尺，下長五丈六尺，高四丈二尺。

法曰：以六乘積得三十四萬二百尺，於上以不及下廣七尺，乘不及下長三十一尺得二百一十七尺，以不及高一十七尺乘之得三千六百八十九尺，倍之得七千三百七十八尺於上。又不及下廣七尺，乘不及上長一十三尺得九十一尺，以不及高一十七尺乘之得一千五百四十七尺，併上數共得八千九百二十五尺爲減積，餘三十三萬一千二百七十五尺，爲實。併不及二長共四十四尺，以不及高一十七尺乘之得七百四十八尺。又以三乘之得二千二百四十四尺，於上。又併不及下長高共四十八尺，以下廣七尺乘之得三百三十六尺。又以二乘得六百七十二尺，於次。又併不及上長高共三十尺，以不及下廣七尺乘之，得二百一十尺，併三位共得三千一百二十六尺爲從方，併不及下廣七尺，下長三十一尺，上長一十三尺共五十一尺，以三乘之得一百五十三尺，又六乘不及高一十七尺得一百二尺，加前位共得二百五十五尺，爲從廉，以六爲隅筭，開立方法除之。於實數之下，商置第一位，將從方一進得三萬一千二百六十，從廉二進得二萬五千五百，隅筭三進得六千，以商實得二丈。下法亦置上商二自乘得四。又以隅筭六千乘之得二萬四千爲隅法。又以上商二乘從廉得五萬一千，以方、廉、隅三法共一十萬六千二百六十皆與上商二除實二十一萬二千五百二十，餘實一十一萬八千七百五十五。乃二乘從廉得一十萬二千，三乘隅法得七萬二千，皆併入從方共得二十萬五千二百六十爲方法，下法再置上商二，以三乘之得六，以乘隅筭六千得三萬六千，加入從廉共得六萬一千五百爲廉法。乃方法一退得二萬五百二十六，廉法再退得六百一十五，隅筭三退得六。續商置第二位，以方、廉二法共二萬一千一百四十一，以商餘實得五尺。下法亦置上商五自乘得二十五，以隅筭六乘之得一百五十爲隅法。又以上商五乘廉法得三千七十五。却以方、廉、隅三法共二萬三千七百三十一，皆與上商三除餘實盡。得上廣二丈五尺。各加不及，合問。

今有築墻積五千九百五十二尺，只云上廣不及下廣二尺，高六尺，長二百四十六尺，問上、下廣高長各幾何。

荅曰：上廣二尺，下廣四尺，高八尺，長二百四十八尺。

法曰：倍積得一萬一千九百四尺，以三不及相乘，二尺乘六尺又乘長二百四十六尺，共得二千九百五十二尺爲減積，餘八千九百五十二尺爲實，以不高六尺乘長二百四十六尺，得一千四百七十六尺，倍得二千九百五十二尺於上，并不及高長共二百五十二尺，以乘不及廣二尺，共得五百四尺，加上數共得三千四百五十六尺爲從方，并不及高長二百五十二尺，倍之得五百四尺，加不及下廣二尺共得五百六尺爲從廉，以二爲隅筭，開立方除之。上商二尺，下法亦置上商二，自乘得四，以隅筭二乘之得八爲隅法，又以上商二乘從廉得一千一十二。以方、廉、隅三法，共四千四百七十六皆與上商二除實，盡。得上廣二尺。各加不及合問。

今有堤積一百三萬三千二百尺，只云高不及上廣四尺，下廣八尺，長一百四十一丈一尺，問上、下廣高長各幾何。

荅曰：上廣二丈八尺，下廣三丈二尺，高二丈四尺，長一百四十三丈五尺。

法曰：倍積得二百六萬六千四百尺爲實，并不及二廣共一十二尺，以乘不及長一千四百一十一尺得一萬六千九百三十二尺爲從方，并不及二廣共一十二尺，倍不及長得二千八百二十二尺，併之得二千八百三十四尺爲從廉，以二爲隅筭，開立方法除之。於實數之下商置第一位，將從方一進得一十六萬九千三百二十，從廉二進得二十八萬三千四百，隅筭三進得二千，以商實得二十尺。下法亦置上商二，自乘得四，又以隅筭二千，乘之得八千爲隅法。又以上商二乘從廉得五十六萬六千八百。以方、廉、隅三法共七十四萬四千一百二十，皆與上商二除實一百四十八萬八千二百四十，餘實五十七萬八千一百六十。乃二乘從廉得一百一十三萬三千六百，三乘隅法得二萬四千皆併入從方，共得一百三十二萬六千九百二十爲方法，下法再置上商二，以三乘之得六，又乘隅筭得一萬二千，加入從廉共得二十九萬五千四百爲廉法。乃方法一退得一十三萬二千六百九十二，廉法再退得二千九百五十四，隅筭三退得二。續商置第二位，以方、廉二法共一十三萬五千六百四十六，以商餘實得四尺。下法亦置上商四，自乘得一十六，又以隅筭二乘之得三十二爲隅法。又以上商四乘廉法得一萬一千八百一十六。以方、廉、隅三法，共一十四萬四千五百四十，皆與上商四除實，盡。得高二丈四尺。各加不及合問。

今有蒭童積二萬六千五百尺，只云下廣不及，上廣一丈，又不及下袤一丈，高一丈。又云上下袤差一丈，問上下廣袤及高各幾何。

荅曰：上廣三丈，上袤四丈，下廣二丈，下袤三丈，高三丈。

法曰：置積二萬六千五百尺，以分母三通之得七萬九千五百尺於上，以不及上廣乘袤差得一百尺如三而一得三十三尺三分尺之一爲隅陽冪，半不及上廣得五尺，乘不及下袤一十尺得五十尺，爲隅頭冪，併二位共得八十三尺三分尺之一。却以分母三通之，加分子一共得二百五十，以乘不及高一十尺得二千五百爲減積，以減通積餘七萬七千尺爲實。却以不及上廣加袤差得二十尺，半之得一十尺爲正數，加不及下袤得二十尺，以乘不及高一十尺得二百尺加隅陽冪三十三尺三分尺之一，隅頭冪五十尺，共得二百八十三尺三分尺之一，以分母三通之加分子一共得八百五十，爲從方，并不及高下袤正數共三十尺，亦以分母三通之得九十尺爲從廉，以分母三爲隅筭，開立方法除之。於實數之下，將從方一進得八千五百，從廉二進得九千，隅筭三進得三千，以商實得二丈。下法亦置上商二自乘得四，又以隅筭三千乘之得一萬二千爲隅法。又以上商二乘從廉得一萬八千，以方、廉、隅三法共三萬八千五百，皆與上商二除實，盡。得下廣二丈。各加不及合問。

今有曲池積一千八百八十三尺三寸六分寸之二，只云下廣不及上中周一丈五尺，又不及上外周三丈五尺，上廣五尺，下中周九尺，下外周一丈九尺，深五尺，問上下廣，并上下中外周及深各幾何。

荅曰：上廣一丈，上中周二丈，外周四丈，下廣五尺，下中周一丈四尺，深一丈，外周二丈四尺。

法曰：置積一千八百八十三尺三寸，以分母六通之加分子二，共得一萬一千三百尺於上，并不及上中外周得五丈，半之得二丈五尺，爲不及上袤又并不及下中外周得二丈八尺，半之得一丈四尺，爲不及下袤。却以不及上廣五尺乘不及上袤二丈五丈得一百二十五尺，以乘不及深五尺得六百二十五尺，以二乘之得一千二百五十尺於上。又以不及深五尺乘不及下袤一十四尺，得七十尺。又乘不及深五尺得三百五十尺，加前位共得一千六百尺爲減積，以減通積，餘九千七百尺爲實，并不及上下袤共三十九尺，以乘不及深五尺，得一百九十五尺，又以三乘得五百八十五尺，於上。又并不及上袤二十五尺，深五尺共三十尺，以乘不及上廣五尺，得一百五十尺。却以二乘得三百尺於次。又併不及下袤一十四尺，深五尺，共一十九尺，以乘不及上廣五尺，得九十五尺。併三位共得九百八十尺，爲從方。又併不及上下袤上廣共四十四尺，以三乘得一百三十二尺，於上。以六乘不及深得三十尺，加前位共得一百六十二尺爲從廉。以六爲隅筭。開立方法除之。上商五尺，下法亦置上商五自乘得二十五，又以隅筭六乘之，得一百五十爲隅法。又以上商五乘從廉得八百一十。以方、廉、隅三法共一千九百四十皆與上商五除實，盡。得下廣五尺。各加不及合問。

今有盤池積七萬六百六十六尺六分尺之四，只云深不及上廣四丈，又不及上袤六丈，下廣二丈，下袤四丈，問上下廣袤及深各幾何。

荅曰：上廣六丈，上袤八丈，下廣四丈，下袤六丈，深二丈。

法曰：置積七萬六百六十六尺以分母六通之，加分子四共得四十二萬四千尺爲實，以不及上廣四十尺，乘上袤六十尺得二千四百尺。又下廣二十尺乘下袤四十尺得八百尺，併而倍之得六千四百尺於上。又以不及上廣四十尺乘下袤四十尺得一千六百尺，又下廣二十尺乘上袤六十尺得一千二百尺。併三位共得九千二百尺爲從方併四不及上下廣袤共一百六十尺，以三乘得四百八十尺爲從廉，以六爲隅筭，開立方法除之。於實數之下，將從方一進得九萬二千尺，從廉二進得四萬八千尺，偶筭三進得六千。以商實得二丈，下法亦置上商二自乘得四。又以隅筭六千乘之得二萬四千爲隅法。又以上商二乘從廉得九萬六千。以方、廉、隅三法共二十一萬二千，皆與上商二除實，盡。得深二丈。各加不及合問。

今有冥谷積五萬二千尺，只云下廣不及上廣一丈二尺，上袤六丈二尺，又不及下袤三丈二尺，深五丈七尺，問上下廣袤及深各幾何。

荅曰：上廣二丈，上袤七丈，下廣八尺，下袤四丈，深六丈五尺。

法曰：以六乘積得三十一萬二千尺於上，以不及上廣一十二尺，乘上袤六十二尺，得七百四十四尺。以乘深五十七尺，得四萬二千四百八尺，倍之得八萬四千八百一十六尺於上。又以不及上廣一十二尺乘下袤三十二尺，得三百八十四尺，以乘深五十七尺，得二萬一千八百八十八尺。加前位共得一十萬六千七百四尺爲減積，以減乘積，餘二十萬五千二百九十六尺爲實。併不及上下袤共九十四尺，以深五十七尺，乘之得五千三百五十八尺。又以三乘得一萬六千七十四尺於上，又併不及上袤深共得二百一十九尺，以乘不及上廣一十二尺，得一千四百二十八尺。又以三乘得二千八百五十六尺於次。又併不及下袤深共八十九尺，以乘不及上廣一十二尺得一千六十八尺，併前共三位共得一萬九千九百九十八尺，爲從方。併三不及上下袤上廣共得一百六尺，以三乘之得三百一十八尺，於上，又六乘深五十七尺得三百四十二尺，加前位共得六百六十尺爲從廉。以六爲隅筭。開立方法除之。上商八尺，自乘得六十四，又以隅筭六乘之得三百八十四爲隅法。又以上商八乘從廉得五千二百八十。以方、廉、隅三法共二萬五千六百六十二，皆與上商八除實，盡。得下廣八尺。各加不及合問。

今有芻甍積五千尺，無上廣。只云高不及上袤一丈，又不及下袤三丈，下廣二丈，問廣、袤、高各幾何。

荅曰：上袤二丈，下袤四丈，下廣三丈，高一丈。

法曰：以六乘積得三萬尺爲實，以不及下廣二十尺，乘不及上袤一十尺得二百尺，於上。又以不及下廣二十尺乘不及下袤三十尺得六百尺，倍之得一千二百尺，加入前位共得一千四百尺，爲從方。倍不及下袤三十尺得六十尺，又三乘不及下廣二十尺得六十尺，加不及上袤一十尺共得一百三十尺，爲從廉。以三爲隅筭。開立方法除之。於實數之下將從方一進得一萬四千，從廉二進得一萬三千，隅筭三進得三千，以商實得一丈。下法亦置上商一，自乘亦得一。又以隅筭三千乘之亦得三千爲隅法。又以上商一乘從廉亦得一萬三千。以方、廉、隅三法計三萬尺皆與上商一除實，盡。得高一丈。各加不及合問。

今有羨除積八十四尺，只云深不及下廣三尺，上廣七尺，末廣五尺，深袤四尺，問上下末廣深及深袤各幾何。

荅曰：上廣一丈，下廣六尺，末廣八尺，深三尺，深袤七尺。

法曰：以六乘積得五百四尺爲實。併不及三廣共二十五尺，以乘不及深袤四尺得六十尺爲從方，以三乘不及深袤，四尺得一十二尺，加不及三廣一十五尺共得二十七尺爲從廉，以三爲隅筭，開立方法除之。上商三尺，下法亦置上商三自乘得九。又以隅筭三乘之得二十七爲隅法，又以上商三乘從廉得八十一。以方、廉、隅三法共一百六十八，皆與上商三除實，盡。得深三尺，各加不及合問。

今有酒瓶垛積一百六十箇，只云下廣不及下長七箇，又不及上長三箇，問上下長并下廣各幾何。

荅曰：上長八箇，下長一十二箇，下廣五箇。

法曰：以六乘積得九百六十个爲實，倍不及下長得一十四个，加不及上長三个共得一十七个爲從方，再加不及上長三个共二十个爲從廉，以三爲隅筭，開立方法除之。上商五个，下法亦置上商五自乘得二十五。又以隅筭三乘之得七十五爲隅法。又以上商五乘從廉得一百。以方、廉、隅三法共一百九十二皆與上商五除實，盡。得下廣三十。各加不及合問。

今有方窖積米五百一十石七斗二升，只云上方不及下方四尺，又不及深四尺六寸，問上下方及深各幾何。

荅曰：上方八尺，下方一丈二尺，深一丈二尺六寸。

法曰：置積五百一十石七斗二升，以斛法二尺五寸乘之得一千二百七十六尺八寸。又以三乘之得三千八百三十尺四寸於上。却以不及下方四尺自乘得一十六尺，又以不及深四尺六寸乘之得七十三尺六寸，爲減積，餘積三千七百五十六尺八寸爲實。以二不及四尺六寸，四尺相乘得一十八尺四寸，又以三乘之得五十五尺二寸，加不及下方四尺，自乘得一十六尺共得七十一尺二寸爲從方，併二不及得八尺六寸，以三乘之得二十五尺八寸爲從廉，以三爲隅筭，開立方法，除之。上商八尺，下法亦置上商八自乘得六十四尺，以隅筭三乘之得一百九十二尺爲隅法。又以上商八乘從廉得二百六尺四寸。以方、廉、隅三法共四百六十九尺六寸，皆與上商八尺除實，盡。得上方八尺。各加不及合問。

今有圓窖積米三百七十石，只云深不及上周三丈一尺，又不及下周二丈一尺，問上下周及深各幾何。

荅曰：上周四丈，下周三丈，深九尺。

法曰：置米二百七十石，以斛法二尺五寸乘之得九百二十五尺，又以圓率三十六乘之得三萬三千三百爲實。以不及上周三十一尺自乘得九百六十一，下周二十一尺自乘得四百四十一，又不及上下周相乘得六百五十一，併三位得二千五十三爲從方，併二不及得五十二，以三乘之得一百五十六爲從廉，以三爲隅筭，開立方法除之。上商得九尺，下法亦置上商九，自乘得八十一，以隅筭三乘之得二百四十三爲隅法。又以上商九乘從廉得一千四百四。以方、廉、隅三法共三千七百，皆與上商九除實，盡。得深九尺。各加不及合問。

又　開鎖方法　今有金銀銅各一立方共積七百九十二寸，計價鈔二萬八千二百八十七貫二百文，只云金方面少如銀方面二寸，銀方面少如銅方面二寸，又云金一方寸價如銀一方寸一十二倍，銀一方寸價如銅一方寸六十倍，問三色方面并價鈔各幾何。

荅曰：金方面四寸共積六十四寸，每一方寸計鈔三百四十二貫，共鈔二萬一千八百八十八貫。

銀方面六寸共積二百一十六寸，每一方寸計鈔二十八貫五百文，共鈔六千一百五十六貫。

銅方面八寸共積五百一十二寸，每一方寸計鈔四百七十五文，共鈔二百四十三貫二百文。

法曰：置積七百九十二寸於上，下置銅多金四寸，再自乘得六十四寸，銀多金二寸，再自乘得八寸。併二位共得七十二寸爲減積，以減共積餘七百二十寸，爲實。又以銅差四寸自乘得一十六寸，銀差二寸自乘得四寸，併二位共得二十寸，以三乘之得六十寸爲從方。又併銅差四寸銀差二寸共得六寸，以三乘之得一十八寸爲從廉，以三爲隅筭開立方法除之。上商四寸，下法亦置上商四，自乘得一十六。以隅筭三乘之得四十八爲隅法。又以上商四乘從廉得七十二。以方、廉、隅三法共一百八十，皆與上商四除實，盡。得金方四寸，加差二寸得六寸爲銀方面，又加差二寸得八寸爲銅方面。又置金分數一十二倍，以乘銀分數六十倍共得七百二十倍，以乘金積六十四寸得四萬六千八十爲金差，置銀分數六十倍乘銀積二百一十六寸得一萬二千九百六十爲銀差，又置銅積五百一十二寸以一分乘之得五百一十二爲銅差，併三位共得五萬九千五百五十二爲差法。以除共價二萬八千二百八十七貫二百文得四百七十五文爲銅每方寸價，副置其位，上以六十乘之得二十八貫五百文爲銀方寸價，下以七百二十乘之得三百四十二貫爲金方寸價，以各數乘之。合問。

今有大小立方二，立圓一，平方一，共積一十四萬二千八百一十二尺，只云平方面如立圓徑三分之一，小立方面如立圓徑四分之二，大立方面多小立方面三十尺，問四事各幾何。

荅曰：大立方面四十八尺，共積一十一萬五百九十二尺。

立圓徑三十六尺，共積二萬六千二百四十四尺。

小立方面一十八尺，共積五千八百三十二尺。

平方面一十二尺，共積一百四十四尺。

法曰：置積一十四萬二千八百一十二尺於上，以多數三十尺，再自乘得二萬七千尺爲減積，餘一十一萬二千八百一十二尺於上，以立方分子二再自乘得八，又以十六乘之得一百二十八於上，以平方分母三自乘得九，以乘上數得一千一百五十二爲乘法，以乘餘積得一億二千三百四十一萬五千四百二十四爲實。

置乘法以分母三乘之得三千四百五十六，又以多數自乘得九百，乘得三百一十一萬四百爲從方。又置乘法以分母三乘之得三千四百五十六，以多數三十乘之得一十萬三千六百八十爲立圓廉，以立方分母四乘一十六得六十四，又以分子二乘之得一百二十八於上，以平方分子一自乘，以乘立方分母四亦得四，乘上數得五百一十二爲平方廉，併二廉共得一十萬四千一百九十二爲從廉。以立方分母四再自乘得六十四，又以立圓九乘之得五百七十六於上，立方分子二再自乘得八，以立方十六乘之得一百二十八加入前數共得七百四，又以平方分母三自乘得九，乘之得六千三百三十六，加乘法共得七千四百八十八爲隅筭，開立方法除之。於實數之下，商置第一位，將從方一進得三千一百一十萬四千，從廉二進得一千四十一萬九千二百，隅筭三進得七百四十八萬八千，以商實得一十。下法亦置上商一，自乘亦得一，以乘隅筭亦得七百四十八萬八千爲隅法。又以上商一乘從廉，亦得一千四十一萬九千二百。以方、廉、隅三法共四千九百一萬一千二百，皆與上商一除實四千九百一萬一千二百，餘實八千四百四十萬四千二百二十四。乃二乘從廉得二千八十三萬八千四百，三乘隅筭得二千二百四十六萬四千，皆併入從方共得七千四百四十萬六千四百爲方法。再置上商一以三乘之得三，以乘隅筭七百四十八萬八千得二千二百四十六萬四千，併入從廉共得三千一百八十八萬三千二百爲廉法。乃方法一退得七百四十四萬六百四十，廉法再退得三十二萬八千八百三十二，隅筭三退得七千四百八十八。續商置第二位，以方、廉、隅三法共七百七十七萬六千九百六十，以商餘實得八尺。下法亦置上商八，自乘得六十四，以乘隅筭得四十七萬九千二百三十二爲隅法。又以上商八，乘廉法得二百六十三萬六百五十六。以方、廉、隅三法共一千五十五萬五百二十八，皆與上商，除實，盡。得小立方面一十八尺。加多數三十共得四十八尺爲大立方面。又置一十八步，以二乘爲立圓徑三十六尺，以三而一得平方面一十二尺。合問。

今有立方平方立圓各一所，共積二十二萬九千六百七尺，只云立方面多如立圓徑七尺，平方面如立圓徑三分之二，問三事各幾何。

荅曰：立方面五十五尺，共積一十六萬六千三百七十五尺。立圓徑四十八尺，共積六萬二千二百八尺。平方面三十二尺，共積一千二十四尺。

法曰：置積二十二萬九千六百七尺，以多七尺再自乘得三百四十三尺，爲減積，餘積二十二萬九千二百六十四尺。於上置分母三自乘得九，以立方一十六，乘之得一百四十四爲乘法，以乘餘積得三千三百一萬四千一十六尺。爲實。以分母三乘乘法一百四十四得四百三十二，副置二位。第一位以多七尺自乘得四十九尺，乘之得二萬一千一百六十八爲從方。第二位以多七尺乘之得三千二十四爲立方廉。又以分子二自乘得四，以乘立方十六得六十四爲平方廉，併二廉共得三千八十八爲從廉。又置分母三自乘得九。副置二位，上以立方一十六乘之得一百四十四爲立方隅，下以立圓九乘之得八十一。爲立圓隅，併二隅共得二百二十五，爲隅筭，開立方法除之。於實數之下商置第一位，將從方一進得二十一萬一千六百八十，從廉二進得三十萬八千八百，隅筭三進得二十二萬五千，商實得四十。下法亦置上商四，自乘得一十六，以乘隅筭得三百六十萬爲隅法。又以上商四乘從廉得一百二十三萬五千二百，以方、廉、隅三法共五百四萬六千八百八十，皆與上商四除實二千一十八萬七千五百二十，餘實一千二百八十二萬六千四百九十六。乃二乘從廉得二百四十七萬四百，三乘隅法得一千八十萬皆併入從方共得一千三百四十八萬二千八十爲方法。別置上商四以三乘之得一十二，以乘隅筭得二百七十萬，併入從廉得三百萬八千八百爲廉法。乃方法一退得一百三十四萬八千二百八，廉法再退得三萬八十八，隅筭三退得二百二十五。續商置第二位，以方、廉、隅三法共一百三十七萬八千三百二十一，以商餘實得八尺，下法亦置上商八自乘得六十四，以乘隅筭得一萬四千四百爲隅法。又以上商八乘廉法得二十四萬七百四。以方、廉、隅三法共一百六十萬三千三百一十二，皆與上商八除實，盡。得立圓徑四十八尺。以三除二乘，得平方面三十二尺。又立圓徑四十八尺加七尺得立方面五十五尺。合問。

今有立方大平方小平方各一，共積五十一萬四千四百五十尺，只云小平方面如大平方面七分之一，其立方面多如大平方三十一尺，問三事各幾何。

荅曰：立方面八十尺，共積五十一萬二千尺。大平方面四十九尺，共積二千四百一尺。小平方面七尺，共積四十九尺。

法曰：置積五十一萬四千四百五十尺，以分母七自乘得四千九乘之，得二千五百二十萬八千五十於上，以分母七自乘得四十九，分子一自乘併之得五十。又多數三十一自乘得九百六十一，二位相乘得四萬八千五十爲減積，以減乘積，餘積二千五百一十六萬爲實。以分母七自乘得四十九，分子一自乘併而倍之得一百，以乘多數三十一得三千一百爲益從方。又以分母子各自乘，併之得五十爲從廉。又以分母七自乘得四十九爲隅筭。開立方法除之。於實數之下，將益從方一進得三萬一千，從廉二進得五千，隅筭三進得四萬九千。以商實得八十尺。下法亦置上商八，自乘得六十四，以乘隅筭得三百一十三萬六千爲隅法。又以上商八乘從廉，得四萬爲廉法。却以上商八乘益從方得二十四萬八千，添入餘積共得二千五百四十萬八千爲實。却以廉、隅二法共三百一十七萬六千，皆與上商八除實，盡。得立方面八十尺。內減多數三十一尺得大平方面四十九尺。以七約之得小平方面七尺。合問。

又　帶從廉開立方

今有方錐積七千四十七尺，只云下方不及高二尺，問高方各幾何。

答曰：下方二丈七尺，高二丈九尺。

法曰：以三乘積得二萬一千一百四十一尺，爲實。以不及二尺爲從廉，開立方法除之。於實數之下，商置第一位，將從廉二進得二百，下法三進得千，以商實得二十。下法亦置上商得二千，以二乘之得四千爲隅法。又以上商二乘從廉得四百。以廉、隅二法共得四千四百，皆與(實)[商]二除實八千八百，餘實一萬二千三百四十一。乃二乘從廉得八百，三乘隅法得一萬二千，併之得一萬二千八百爲方法。下法又置上商得二千，以三乘之得六千，併入從廉共得六千二百爲廉法。乃方法一退得一千二百八十，廉法再退得六十二，下法三退得一。續商置第二位，以方、廉二法共一千三百四十二，商餘實得七尺。下法亦置上商七，自乘得四十九爲隅法。又以上商七乘廉法得四百三十四。以方、廉、隅三法共一千七百六十三，皆與上商七尺除實，盡。得下方二丈七尺。加不及二尺得高二丈九尺。合問。

今有圓錐積一千七百三十五尺一十二分尺之五，只云下周不及高一丈六尺，問高周各幾何。

答曰：下周三丈五尺，高五丈一尺。

法曰：置積一千七百三十五尺，以三乘分母一十二得三十六，乘之加分子十五共得六萬二千四百七十五尺爲實。以不及一十六尺爲從廉，開立方法除之。於實數之下，商置第一位，將從廉二進得一千六百，下法三進得千，以商實得三丈。下法亦置上商得三千，以三乘之得九千，爲隅法。又以上商三乘從廉得四千八百。以廉、隅二法共一萬三千八百，皆與上商三除實四萬一千四百，餘實二萬一千七十五。乃二乘從廉得九千六百，三乘隅法得二萬七千，併二位共得三萬六千六百爲方法。下法又置上商得三千，以三乘之得九千，併入從廉共得一萬六百爲廉法。乃方法一退得三千六百六十，廉法再退得一百六，下法三退得一。續商置第二位，以方、廉二法共三千七百六十六，商實得五尺。下法亦置上商五，自乘得二十五爲隅法。又以上商五乘廉法得五百二十。以方、廉、隅三法共四千二百一十五，皆與上商五除實，盡。得下周三丈五尺。加不及一丈六尺得高五丈一尺。合問。

又　帶益從方從廉開立方

今有直田積內又加一長二闊三和四較，又以長乘得二十九萬三千七百六十步，只云闊不及長二十四步。問長幾何。

答曰：七十二步。

法曰：置乘積二十九萬三千七百六十步爲實。以不及二十四步自乘得五百七十六，又以三乘得一千七百二十八，又加不及二十四共得一千七百五十二爲益從方，以九爲從廉，開立方法除之。於實數之下商置第一位，將益從方一進得一萬七千五百二十，從廉二進得九百，下法三進得千。以商實得七十。下法亦置上商得七千，以七乘得四萬九千爲隅法。又以上商七乘從廉得六千三百，又以上商七乘益從方，得一十二方二千六百四十，添入積實共得四十一萬六千四百。却以廉、隅二法共五萬五千三百，皆與上商七除實三十八萬七千一百，餘實二萬九千三百。乃二乘從廉得一萬二千六百，三乘隅法得一十四萬七千，併之共得一十五萬九千六百爲方法。下法再置上商得七千，以三乘之得二萬一千，併入從廉共二萬一千九百爲廉法。乃方法一退得一萬五千九百六十，廉法再退得二百一十九，益從方一退得一千七百五十二，下法三退得一。續商置第二位，以方、廉二法商實得二步。下法亦置上商二，自乘得四爲隅法。又以上商二乘廉法得四百三十八，又以上商二乘益從方得三千五百四，添入餘實共得三萬二千八百四。却以方、廉、隅三法共一萬六千四百二，皆與上商二除實，盡。得長七十二步。合問。

明・周述學《曆宗筭會》卷四《開立方》　立方開積，約實得初商，副置自之爲平方，命所商以除實。乃三因平法爲方法，三因上商爲廉法，以方廉約餘實，得次商。副置二位，以一自之爲隅法，以一乘廉法併方廉隅，以除實。乃二乘法，三乘隅法，皆併入方法。又三因上商爲廉法，以方廉約餘實，得三商。副置二位，以一自之爲隅法，以一乘廉法，併方廉隅以除實，如實未盡，再商如之。得立方一面之數，謂之開立方法。

又　若高方不等，或方不及高，以多方之高積爲從廉，或高不及方，以多高之方積爲帶從方廉，故積較求方，以方不及高爲從廉，約實得初商，別置二位，以一自之爲隅法，以一乘從廉爲廉法，併廉隅以除實，三因隅，倍從廉併之爲方法，三因上商，帶從廉爲廉法，約餘實得次商。別置二位以，一自之爲隅法，以一乘廉法併方廉隅，以除實，謂之帶從廉開立方。積較求高，以高不及方自之爲從方，倍不及爲從廉，約實得初商。別置二位，以一自之爲隅法，以一乘從廉爲廉法，併方廉隅以除實。乃三因隅法，倍從廉併從方爲方法，以三因上商，加入帶從廉，爲廉法。以方廉商餘實，得次商。別置二位，以一自之爲隅法，以一乘廉法，併方廉隅以除實，謂之帶從方廉開立方。如上方不及下方，而又不及高，以積與二較求上方。以積三之，以不及下方自之，又以不及高乘之，以減積餘爲實。以不及下方乘不及高，又三因之併不及下方自乘，爲從方，併二不及三因爲從廉，以三爲隅算約實，得初商。別置二位，以一自之，乘隅算爲隅法。以一乘從廉，爲廉法，併方廉隅以除實。三因隅法，倍廉法併入從方，爲方法，三因上商乘隅算帶從廉爲廉法約餘實，得次商。別置二位，以一自之，乘隅算爲隅法。以一乘廉法，併方廉隅以除實，得上方，謂之帶從方廉隅算開立方。如直積加虛數，以長乘積與長闊較求長。以乘積爲實，以不及自而三因之，又加不及爲益從方，以若干九爲從廉約實，得初商。別置三位，以一自之爲隅法，以一乘從廉，以一乘益從方添入正實，併廉隅以除實。乃三乘隅法，倍從廉併爲方法，復以初商三乘之，併入從廉爲廉法。以方廉二法商餘實，得次商。別置三位，以一自乘爲隅法，以一乘廉法，以一乘益從方添入餘實，併方廉隅以除實，謂之帶益從方從廉開立方。

又　卷五《開立方》　帶從方廉開立方

方堡壔積一萬七千四百九十六，高不及方三尺，求方及高各幾。

置積爲實，以不及三尺自乘得九尺，爲從方，倍不及得六尺爲從廉，開立方除之。初商二十，置一於左上爲法，置一乘從廉得一百二十爲廉法。置一自之得四百，爲隅法，併從方從廉共五百二十九，與上法二十相乘，除實一萬○五百八十尺，餘實六千九百一十六爲再商之實。三因隅法得一千二百，倍從廉得二百四十，併從方共一千四百四十九尺爲方法，三因初商帶從廉得六十六，爲廉法。次商四，置一於左次得一十六，爲上法。置一乘廉法得二百六十四，置一自乘十爲隅法，併方廉隅共一千七百二十九爲下法，與上法相乘除實。盡。

得高二十四尺，加不及三尺。得方二十七尺。

初商平方圖

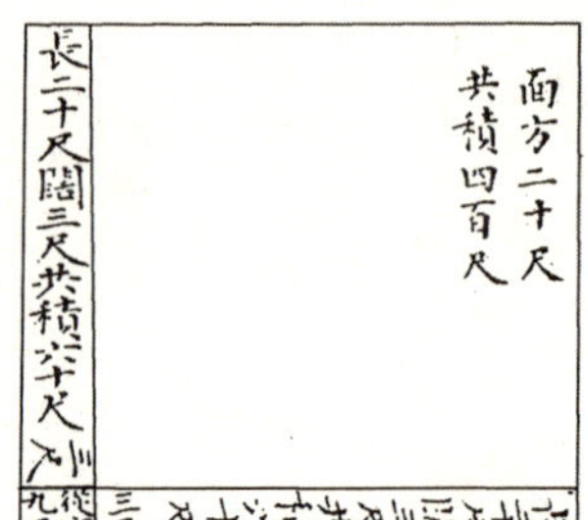

高不及方三尺，是方多於高三尺也。故初商即帶三尺從方，自之得九尺爲一平方從方，兩邊俱三尺倍之爲六，兩廉俱長二十尺闊三尺積六十尺，兩廉共一百二十尺併從及中間大方面共五百二十九，是此開出一平方之數也。

初商二十尺圖

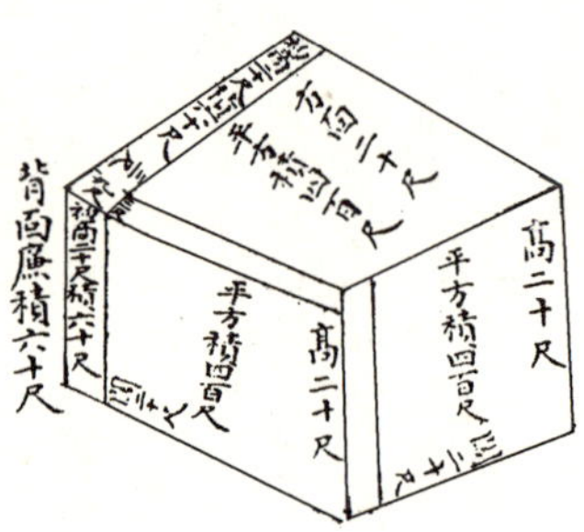

此是開出立方方面二十三尺，高二十尺。其積一萬五百八十。再商須用三面方上起方，故三其隅爲一千二百，長廉二，每塊平直六十。若續商竪處廉二面俱是六寸，故倍廉作二百四十，從方仍舊一面是九，再商須於廉上起廉，三面起廉，故以初商三因及從方兩面得六，共六十六。

再商二十四尺圖

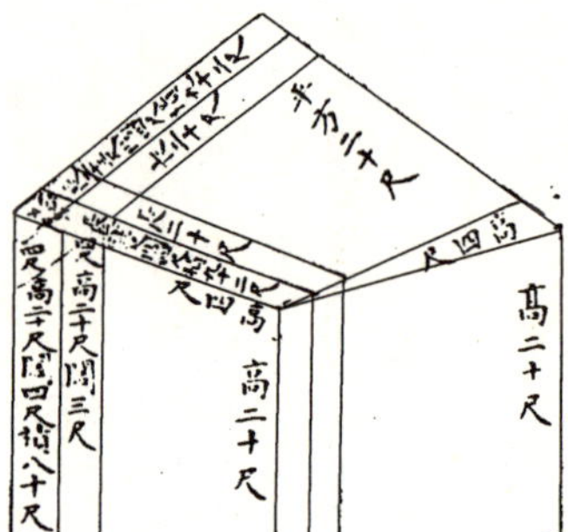

方堡壔一箇，高二十四尺，方二十七尺，積一萬七千四百九十六尺。

又 長立方積二萬八千一百八十八尺，高不及廣二尺，不及長九尺，求高及廣長各幾。

置積爲實，以二不及相乘得一十八尺爲從方，相併得一十一尺爲從廉，開立方法除之。初商二十，置一於左上爲上法，置二於右下以一乘從廉得二百二十，爲廉法。以一自乘得四百爲隅法，併從方共六百三十八爲下法。與上法相乘除實一萬二千七百六十，餘一萬五千四百二十八。三因隅法得一千二百，倍從廉得四百四十，併從方共一千六百五十八爲方法，三因初商得六十，帶從廉共七十一爲廉法，約實商第(一)[二]位得七。置一於左次爲上法，置一於右下，乘廉法得四百九十七，又自乘得四十九爲隅法，併方廉隅三法共二千二百〇四，爲下法。與次上法相乘除實。盡。

得高二十七尺，各以不及加之得廉二十九尺，長三十六尺。

又 帶從方廉隅算開立方

方亭臺積一萬三千八百九十六尺，上方不及下法六尺，又不及高三尺，求上下方高各幾。

置積於上，三因之得四萬一千六百八十八，以不及下方自乘得三十六，又乘不及高三尺得一百〇八尺，減積訖，餘四萬一千五百八十爲實。以不及下方乘不及高得一十八，又三因得五十四併不及下方自乘共九十尺，爲從方。併二不及共九尺，以三因之得二十七尺，爲從廉，以三爲隅算，開立方除之。初商二十，置一於左上爲法，置一乘從廉得五百四十爲廉法，自乘又以隅算因之得一千二百，爲隅法。併從方共一千八百三十爲下法，與上法相乘除實三萬六千六百，餘四千九百八十。三因隅法得三千六百，倍廉法得一千〇八十，併從方共四千七百七十爲方法。三因初商得六十，又隅算三因之得一百八十，帶從廉共二百〇七爲廉法，商次位得一，置一於左次爲上法，置一乘廉法仍得二百〇七，自乘仍得一，以隅算乘之得三爲隅法，併方廉隅共四千九百八十爲下法，與次上法相乘，除實。盡。

得上方貳拾壹尺。

方亭臺積二萬三千九百七十六尺，高不及上廣三尺，不及下廣一十二尺，求高及上下廣各幾。

三因積得七萬一千九百二十八爲實，以不及上廣自乘得九尺，不及下廣自乘得一百四十四尺，不及上廣與不及下廣相乘得三十六尺，併之共一百八十九爲從方，併二不及得二十五，以三因之得四十五尺，爲從廉，三爲隅算，開立方除之，約實初商得二十，置一於左上爲法，置一自乘又以隅算乘之得一千二百爲隅法，又以二十乘從廉得九百爲廉法，併從方廉隅共二千二百八十九爲下法，與上法相乘除實四萬五千七百八十八。三因隅法得三千六百，倍廉法得一千八百，併從方共五千五百八十九爲方法。三因初商，又以隅算因之得一百八十，帶從廉二百二十五爲廉法，約實商第二位得四，置一於左次爲上法，置一乘廉法得九百，又自乘得一十六，以隅算乘之得四十八爲隅法，併方廉隅共六千五百三十七爲下法，與次上法相乘，除實。盡。

得高二十四尺，加不及上廣三尺，得上廣二十七尺，加不及下廣一十二尺，得下廣三十六尺。

又 帶從廉開立方

積五萬八千三百二十尺，不及高九尺，求方及高各幾何。

置積爲實，以不及爲從廉，開立方除之。初商三十，置一於左上法置一於右乘從廉得二百七十，爲廉法。置一自之得九百爲隅法，併從廉共一千一百七十爲下法，與上法相乘除實三萬五千一百，餘二萬三千二百二十倍，從廉得五百四十，三因隅法得二千七百，併之得三千二百四十爲方法。又三因初商得九十，帶從廉共九十九爲廉法，約實。商第二位得六，置一於左次爲上法，置一乘廉法得五百九十四，又自乘得三十六爲隅法，併方廉隅共三千八百七十爲下法，與次上法相乘，除實。盡。

得方三十六尺，如不及九尺得高四十五尺。

方錐積七千四百四十七尺，下方不及高二尺，求高方各幾何。

以三乘積得二萬一千一百四十一尺爲實，以不及二尺爲從廉，開立方法除之。於實數之下商置第一位，將從廉二進得二百，下法三進得千，以商實得二十。下法亦置上商得二千，以二乘之爲隅法，又以廉得四百，以廉隅二法共得四千四百皆與上實二，除實八千八百餘實一萬二千三百四十一。乃二乘從廉得八百，三乘隅法得一萬二千，併之得一萬二千八百爲方法，下法又置上商得二千，以三乘之得六千併入從廉共得六千二百爲廉法，乃方法一退得一千二百八十。廉法再退得六十二，下法三退得一。續商置第二位，以方廉二法共一千三百四十二商餘實得七尺。下法亦置上商七，自乘得四十九尺爲隅法，又以上商七乘廉法得四百三十四，以方廉隅三法共一千七百六十三皆與上商七尺，除實。盡。

得下方二丈七尺，加不及二尺，得高二丈九尺。

圓錐積一千七百三十五尺一十二分尺之五，下周不及高一丈六尺，求高周各幾何。

置積一千七百三十五尺，以三乘分母一十二得三十六，乘之，加分子十五共得六萬二千四百七十五尺，爲實。以不及一十六尺，爲從廉開立方法除之。於實數之下，商置第一位，將從廉二進得一千六百，下法三進得千，以商實得三丈，下法亦置上商得三千。以三乘之得九千，爲隅法，又以上商三乘從廉得四千八百，以廉隅二法共一萬三千八百，皆與上商三除實四萬一千四百，餘實二萬一千七十五。乃二乘從廉得九千六百，三乘隅法得二萬七千，併二位共得三萬六千六百，爲方法。下法又置上商得三千，以三乘之得九千，併入從廉共得一萬六百，爲廉法。乃方法一退得三千六百六十，廉法再退得一百六十，下法三退得一。續商置第二位，以方廉二法共三千七百六十六商實得五尺，下法亦置上商五，自乘得二十五爲隅法，又以上商五乘廉法得五百三十，以方廉隅三法共四千三百一十五，皆與上商五除實。盡。

得下周三丈五尺，加不及一丈六尺，得高五丈一尺。

清・梅文鼎《少廣拾遺》 開立方即再乘方。

設立方積一千〇〇七萬七千六百九十六尺，問每面方若干。

答曰：二百一十六尺。

列實作點，自末位單數作一點起，每隔兩位點之。求初商。用最上一點一〇爲初商實，查初商表有小于一〇者是〇八，其方根二，即以二定爲初商，對實首上一位，書左綫之右，而以〇八對實一〇，書左綫之左，對減餘二。

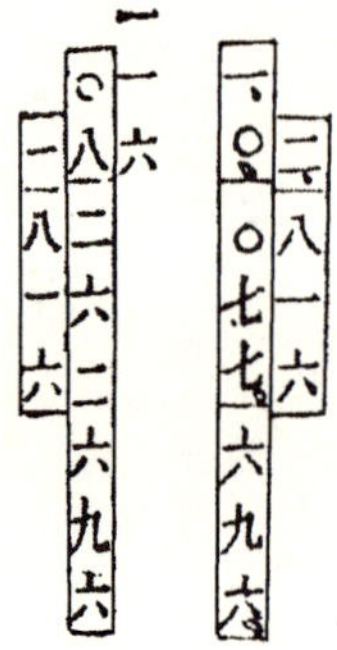

初商二百尺。

求次商，用第二點上餘實二〇七七爲次商實。

平廉	定	三	以	初商平冪	四〇〇〇〇	得	一二〇〇〇〇	又	次商根	一〇	得	一二〇〇〇〇〇
長廉	率	三	乘	初商根	二〇〇	泛積	六〇〇	乘	次商冪	一〇〇	定積	六〇〇〇〇
隅	次商再乘											一〇〇〇
廉隅共積	併						得					三六一〇〇〇

求得次商一十尺。書于初商二百之下，而以其廉隅共積一百二十六萬一千，減次商實餘八一六。改書之以待三商。

求三商，用第三點上餘實八一六六九六爲三商實。

平廉	定	三	乘	初次商平冪	四四一〇〇	得	一三二三〇〇	又	三商根	六	得	七九三八〇〇
長廉	率	三		初次商合數	二一〇	泛積	六三〇	乘	三商冪	三六	定積	二二六八〇
隅	三商再乘											二一六
廉隅共積	併						得					八一六六九六

求得三商六尺。續書次商一十之下，而以廉隅共積八十一萬六千六百九十六，減三商實恰盡。

凡開得立方根二百一十六尺。

清・陳世明《數學舉要》卷六《諸分》 命分立方

假如有立方積一十四萬七千二百五十八尺，問每面一邊若干。

答曰：每邊五十二尺又八千二百六十九分尺之六千六百五十。

術：以立方法開之得每邊五十二尺，餘積六千六百五十尺不盡，以平廉長廉法倍之得八千二百六。

又 如有立方積二千二百六十九億七千七百八十一萬一千五百七十尺，問每面方邊若干。

答曰：六千〇九十尺又一億一千一百二十八萬二千五百七十一分尺之一億一千一百二十八萬二千五百七十尺。

術：以立方法開之得方邊六千〇九十尺，餘積一億一千一百二十八萬二千五百七十尺，僅與長廉平廉共法同數無隅積矣。則依法命之，合平廉長加隅一爲分母，不盡數爲分子，命爲立方六千〇九十尺又一億一千一百二十八萬二千五百七十一尺之一億一千一百二十八萬二千五百七十六尺爲廉法，而今之餘積止共五百六十九尺則不足每邊一尺之數，故依法命之，但平方之術當於廉法外再加隅法一尺，是以命之曰三百八十三尺又七百六十七分尺之五百九十尺，以一尺剖之爲七十六十七分則不盡之五百六十九尺，共剖爲四十三萬六千四百二十三分，以廉隅共法除之，是以每分各得五百六十九分也。

清・孔廣森《少廣正負術内篇》卷上 (右)[如]圖，甲乙正方邊内，甲丑爲初商，戊壬同，卯丙同。其自乘再乘，除立方正積訖。甲丑酉亥平方，寅丙卯巳平方，申辰壬戌平方共有三段，並初商自乘，謂之方法，丑乙丁酉長方、巳卯癸戌長方、子申戌辛長方、亦共有三段，並初商次商相乘，謂之廉法。酉丁甲子小方，即次商自乘，謂之隅法。其方法以次商乘之，則得甲丑未午庚亥卧扁方形者一，未寅丙卯巳午立扁方形者一，又庚午巳辰壬戌立扁方形者一，是爲三平廉，其廉法以次商乘之，則得申午巳卯癸辰立長方形者一，丑乙寅巳午酉卧長方形者一，又亥酉午申戌辛卧長方形者一，是爲三長廉。其隅法以次商再乘，則成子酉丁巳戊申小立方形矣。蓋酉丁巳午面，午巳戊申面，申子甲戊面，即是三長廉堵頭，其方正相等，故隅適補其空。而三長廉又適補三平廉之空，如辛亥庚戌面、辰巳卯癸面、乙寅未丑面，皆平廉相湊之空，而亦是長廉堵頭也。

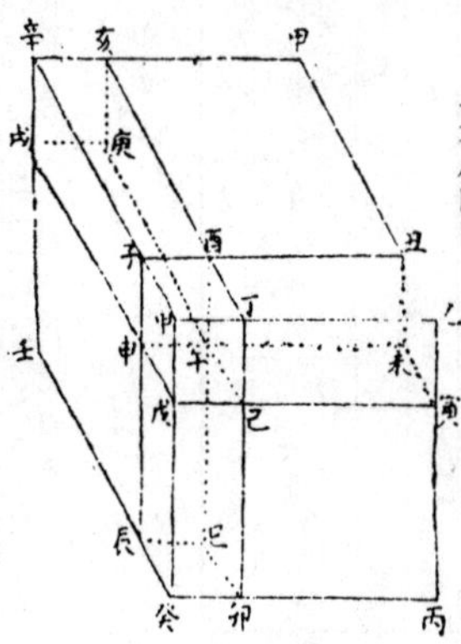

立方廉隅圖

開法

今有立方積一千七百二十八尺。

置實，超二位約初商十尺，再乘得一千尺減原積，餘七百二十八尺，爲次商共積。初商自乘，三因之得三百尺爲方法。初商三因之，得三十尺爲廉法。併之，共三百三十尺，爲汎法。以汎法除餘實約次商二尺。次商乘廉法得定法六十尺。次商自乘，得隅法四尺。併廉隅定法，投入方法，共三百六十四尺，爲下法與次商相乘銷積七百二十八尺，適盡。

或問：此止設次商，若有三商，當如之何。曰：既得次商，與初商相併，即亦爲初商，而三商乃次商也，故雖有數十商，其理其法，仍與兩商者同耳。

清・駱騰鳳《開方釋例》卷一　開立方法

凡開立方，舊以初商再、自乘爲方，次商有三平廉，三長廉，一隅。天元一法，初商再自乘爲隅，次商以三平廉爲方，三長廉爲廉，次商再自乘爲隅。

凡立方積、方、廉、隅四層，須分正負，其同加異減俱與平方同。

凡開立方必先點位，立方以積之三位爲方邊一位，故從積之單位起，隔二位作點，有幾點即知有幾商。

凡開立方，宜知步法。以方廉隅之單位對積之單位列之，如單位不及除積，即步至十位以方之單對積之十，是爲方進一位。以廉之單對積之百，是爲廉進二位。以隅之單對積之千，是爲隅進三位。如十位仍不及除，即步至百位，其方、廉、隅之進位並同。

凡立方以和較數乘得方、廉、隅皆與三數連乘之積等。以方、廉、隅消積，則積爲正，而方廉隅之正負變。以積消方廉隅則積爲負，而方廉隅之正負仍其舊。

今欲積恒爲負，故以積消方廉隅也。

凡立方之積、方、廉隅四層，其兩層之正負異名者，開一正商。正負同名者，開一負商。故立方四層可開三數也。

凡正立方，初開無從，初商再、自乘以減積。次開以下，三因初商爲長廉，即廉法。又三因初商，以初商乘之爲平廉，即方法。凡商皆當與隅乘，因隅一爲正，故省。若負隅則必乘之，以得負。又隅法不止於一者，名爲連枝。此合幾乘方而并除之也，故隅法不一者必與商相乘也。

凡開從立方，初商與廉加減得數，與商乘。乘與方加減，得數與商乘減積。次開三因初商，與原廉加減爲次廉。又三因初商與二因原廉加減，得數與商乘與原方加減，爲次方。

又　卷二　正立方

今有正立方積三千三百七十五尺，開立方除之。問每方邊若干。

曰：一十五尺。

法從積之單位起，隔二位作點，此積有二點，即知有二商。而初商爲十也。正立方無從，故方廉俱空。次開以下，以三平廉爲方，三長廉爲廉。

初商一十自乘，得一百，再乘得一千，與負積相減餘二千三百七十五爲次商負積。乃三因初商，得三十爲廉。又三因初商得三十，以初商乘之，得三百爲方。次商五與廉併，得三十五，以次商乘之，得一百七十五，與方併得四百七十五，再以次商乘之，得二千三百七十五，與負餘積相減，恰盡。即一十五爲立方每邊也。

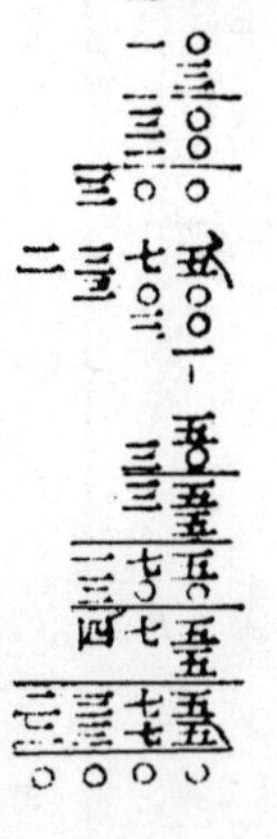

今有正立方積六百二十八尺，開立方除之。欲求分杪，問每方邊若干。

曰：八尺五寸六分零。

此積有一點，知初商爲單位。凡開立方欲求分秒，既得方廉。乃於積下作三〇爲次積，方下作二〇爲次方廉，下作一〇爲次廉。初商八尺自乘，再乘，得五百十二，與負積相減，餘一百一十六爲次商積。乃三因初商，得二十四尺爲廉。又三因初商，得二十四，以初商乘之，得一百九十二尺爲方。次商不可得尺，乃於餘積下作三〇，化爲一十一萬六千寸。方下作二〇，化爲一萬九千二百寸。廉下作一〇，化爲二百四十寸。次商五寸，與廉併得二百四十五寸，以次商乘之，得一千二百二十五寸，與方併得二萬〇四百二十五寸，再以次商乘之，得十萬〇二千一百二十五寸，與負餘積相減，餘一萬三千八百七十五寸爲三商積。乃三因次商，得十五寸與原廉二百四十寸併，得二百五十五寸爲廉。又三因次商，得十五，二因原廉得四百八十，相併得四百九十五，以次商乘之，得二千四百七十五寸，與原方一萬九千二百寸相併，得二萬一千六百七十五寸爲方。三商不可得寸，乃於餘積下作三〇，化爲一千三百八十七萬五千分，方下作二〇，化爲二百一十六萬七千五百分，廉下作一〇化爲二千五百五十分三。商六分，與廉併得二千五百五十六分。以三商乘之，得一萬五千三百三十六分，與方併得二百一十八萬二千八百三十六分，再以三商乘之，得一千三百〇九萬七千〇一十六，與負餘積相減，餘七十七萬七千九百八十四分。

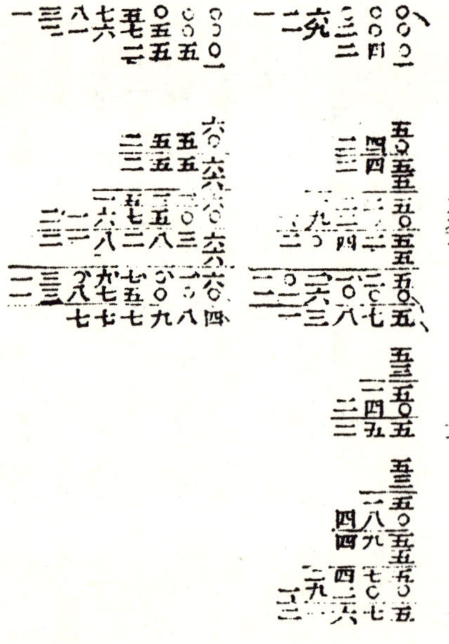

清・劉澤楨《中西數學通解》卷一六　立方

其開之也，必次第折之，而後得其一邊。是故古人立爲方廉長廉之制。每積三位，而得邊之一位，所謂一千商十定無疑，三萬纔爲三十餘，九十九萬不離十，百萬方爲一百推，是也。其法先從一角而剖其體，以自一至九自乘再乘之數爲方根，與實相審量其足減者而定之。是爲初商。初商減盡無餘，則方根止一位。若有餘實，即初商方積外，別成一缺角三面磬折體，其附初商之三面者，謂之方廉。其附初商之三邊者，謂之長廉。其附初商之角者，謂之隅。廉有三，故以三爲廉法，隅惟一。而隅之三面，即附於三長廉之端，合三方廉三長廉一小隅。始合次商之數，故商除之法，以初商自乘三因，爲三方廉面積。視初商餘實，足方廉面積幾倍，即定爲次商。乃以次商乘三長廉，爲三長廉面積，又以次商自乘爲小隅面積，共合三方廉三長廉一小隅面積，以次商數乘之。爲次商廉隅之共積。所謂初商方積外，別成一缺角三面磬折體者，是也。如次商外尚有不盡之實，則初商次商方積外，仍爲三方廉三長廉一小隅。又成一三面磬折體，但較前方廉愈大，長廉愈長，而隅愈小耳。凡有幾層廉隅，俱照次商之例遞析之，實盡而止。如開至多位，實仍不盡者，必非自乘再乘之正數。此開立方之定法也。體形不一，而容積皆以立方爲準，故立方爲算諸體之本。諸體必通之立方，而法乃可施也。

設如正方體積一丈七百二十八尺，問每一邊數幾何。

荅曰：每邊一丈二尺。

法列正方體積一丈七百二十八尺。自末位起算，每方積三位定方邊一位，故隔二位作記。即於八尺上定尺位，一丈上定丈位。其一丈爲初商積，與一丈自乘再乘之數相合，即定初商爲一丈，書於方積一丈之上。而以一丈自乘再乘之一丈。書於初商積下，相減恰盡。爰以方邊末位餘積七百二十八，續書於下。大凡以餘積續書於下者，每取方積之三位，以當方邊之一位。

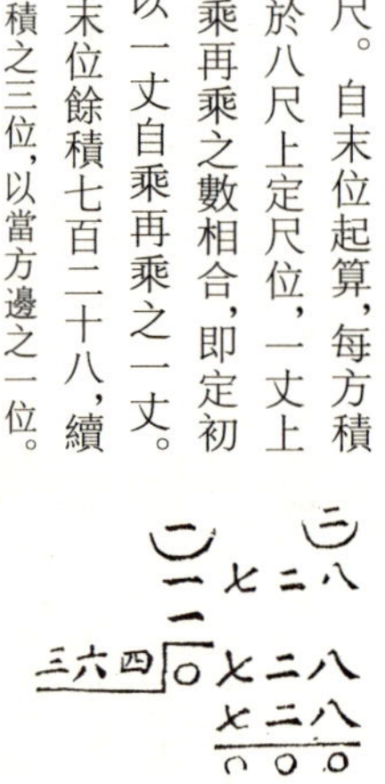

爲次商廉隅之共積，乃以初商之一丈作一十尺，自乘得一百尺。三因之，得三百尺爲次商三方廉面積，以除方積七百二十八尺，足二尺，即定次商爲二尺。書於方積八尺之上，而以初商之一十尺，與次商之二尺相乘，得二十尺。三因之，得六十尺，爲次商三長廉面積。復以次商二尺自乘，得四尺，爲次商一小隅面積。合三方廉三長廉一小隅面積，共得三百六十四尺，爲廉隅共法。書於餘積之左。以次商二尺乘之，得七百二十八尺，與餘積相減恰盡。是開得一丈二尺，即每邊數也。如圖，甲乙丙丁正方體形，每邊皆一丈二尺。其中函積一丈七百二十八尺，是爲共積。其先從一角所分戊乙庚己方體，每邊一丈。即初商數，其中函積亦一丈，即初商自乘再乘之數。所餘辛形壬形癸形三方體，爲三方廉，其每邊一丈，即初商數。其厚二尺，即次商數。而子形丑形寅形三長方體，爲三長廉，其每邊一丈，亦即初商數。其闊其厚皆二尺，亦即次商數方。廉有三，故三倍初商之自乘爲廉法，以定次商。其卯形一小正方體爲隅，其長與闊與厚皆二尺，亦即次商數，故以次商爲隅法。合辛壬癸三方廉，子丑寅三長廉。卯一方隅，而成一磬折體形，附於初商自乘再乘之方體三面，而成一甲乙丙丁之總正方體積。此立方廉隅之法所由生也，三商以後，皆仿此遞折開之。

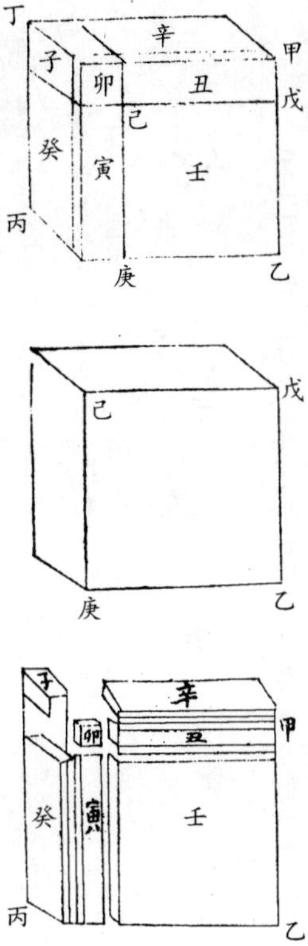

清・孔廣森《少廣正負術内篇》卷中　從立方廉隅圖

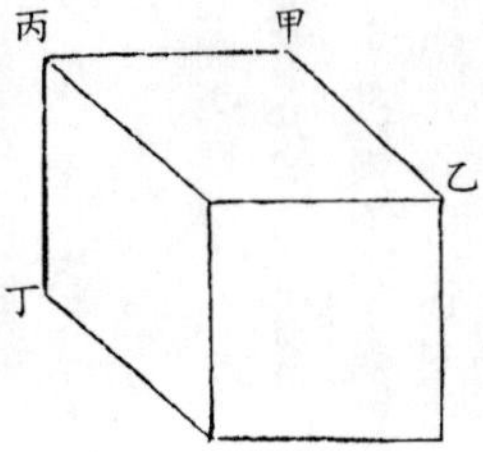

此第一段，甲乙、丙甲、丙丁三邊並相等，即正立方也。

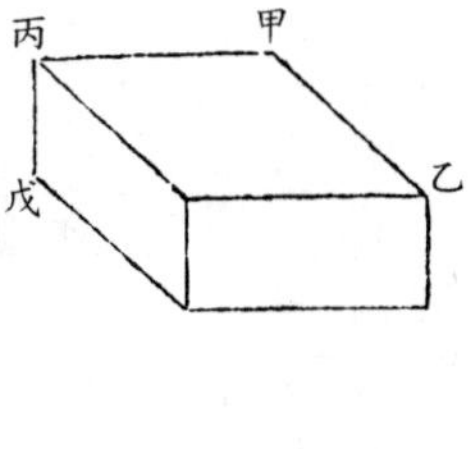

此第二段，甲乙、丙甲二邊仍與前同，而丙戊邊則別一數。

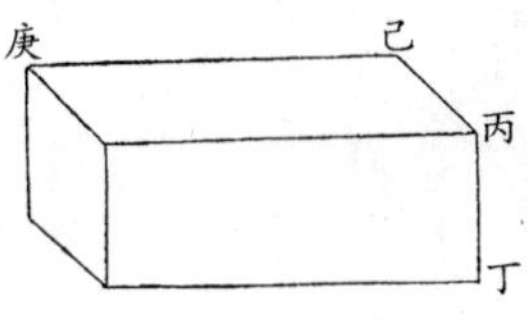

此第三段，丙丁高與上正立方同，而庚己長、己丙濶，則爲別兩數相乘之冪。

右三段，或同冪不同邊，或同邊不同冪，而苟有一色相同，即可聯成合形。所謂變體從立方者，是以第二段加于第一段之上，以第三段附于第一段之旁，故丙戊邊謂之從廉法，庚丙冪謂之從方法也。從廉西法號多幾平方，從方西法號多幾根。其或止以第一第二段相合，則爲帶從廉之立方。或以第一第二段相減，則其所帶一從爲丙丁丙戊之較，而爲負廉之立方。或止有第二段積，而求丙甲邊，則爲帶從廉負隅之立方。若質言之，從廉負廉，皆高濶之較，從廉負隅者，其廉法即高濶和也。又或止以第一第三段相合，則爲帶從方之立方。或以第一第三段相減，則爲帶負方之立方。或就第三段積而求丙丁邊，則爲帶從方負隅之立方。又或併第二第三段，而內減正積，則爲帶兩從負隅之立方。若正積內減此兩段，則爲負兩從之立方。又或併第一第三段，而內減甲戊立實，或併第一第二段，而內減庚丁立實，皆爲負一從立方也。又或從廉實大，而內減第一第三段，或從方數多，而內減第一第二段，皆爲負隅，又帶一負之立方也。已上十三種，正負之變盡矣。別有法實奇零避難就易。總衆立方之廉隅而同開之，於是連枝之名生焉，然止多隅法一乘，其所帶方廉，仍不越乎十三種之內。今悉舉式例如左。

開法

帶從立方一：今有從積三千六百尺，以一百五十六爲益方法開之。

置實超二位，約初商十尺。自乘得一百尺，投入從方，共二百五十六尺，爲下法，以初商再之，除積二千五百六十尺。餘實一千〇四十尺，以初商下法之三倍約之稍進，定次商二尺。假令求三商則直以次商下法約餘實，不用三倍，後放此。次商自乘得四尺，爲隅法。三因初商，以次商乘之，得六十尺，爲廉法。初商自乘，三因之，投入從方，共四百五十六尺，爲方法。併之，共五百二十尺，爲下法，與次商相乘，除積一千〇四十尺。適盡。

帶從立方二：今有從積三千六百尺，以十三爲益廉法開之。

置實，約初商十尺，與從廉相加，共二十三尺，以初商乘之，得二百三十尺爲下法，以初商再之，除積二千三百尺。餘實一千三百尺，約次商二尺。隅法四尺如前，三因初商與從廉相加，共四十三尺，以次商乘之，得八十六尺爲廉法。三因初商，與倍從廉相加，共五十六尺，以初商乘之，得五百六十尺爲方法。併之共六百五十尺，爲下法，與次商相乘，除積一千三百尺，適盡。

帶從立方三：今有從積三千六百尺，以九十六爲益方法，五爲益廉法開之。

置實約初商十尺，與從廉相加，共十五尺，以初商乘之，得一百五十尺，投入從方，共二百四十六尺，爲下法。以初商再之，除積二千四百六十尺。餘實一千一百四十尺，約次商二尺。隅法四尺如前，三因初商，與從廉相加共三十五尺，以次商乘之，得七十尺爲廉法。三因初商，與倍從廉相加，共四十尺，以初商乘之，得四百尺，投入從方，共四百九十六尺，爲方法。併之共五百七十尺，爲下法，與次商相乘，除積一千一百四十尺。適盡。

帶從立方四：今有從積三千六百尺，以八十四爲負方法，二十爲益廉法開之。

置實約初商十尺，與從廉相加，共三十尺，以初商乘之，得三百尺，銷負方訖。餘二百一十六尺，爲下法，以初商再之，除積二千一百六十尺。餘實一千四百四十尺，約次商二尺。隅法四尺，如前。三因初商，與從廉相加，共五十尺，以次商乘之，得一百尺爲廉法。三因初商，與倍從廉相加，共七十尺，以初商乘之，得七百尺，銷負方訖，餘六百一十六尺爲方法。併之共七百二十尺，爲下法，與次商相乘除積一千四百四十尺。適盡。

減從立方一：今有從積七百二十尺，以八十四爲負方法開之。

置實超二位，以負法多進約初商十尺，自乘得一百尺，銷負方訖餘十六尺爲下法，以初商再之，除餘實五百六十尺，約次商二尺。隅法四尺，如前，積一百六十尺。三因初商，以次商乘之，得六十尺爲廉法。初商自乘，三因之得三百尺，銷負方訖，餘二百一十六尺爲方法。併之共二百八十尺，爲下法，與次商相乘，除積五百六十尺。適盡。

減從立方二：今有從積七百二十尺，以七爲負廉法開之。

置實約初商十尺，與負廉相減，餘三尺，以初商乘之，得三十尺爲下法，以初商再之，除積三百尺。餘實四百二十尺，約次商二尺。隅法四尺如前。三因初商與負廉相減，餘二十三尺，以次商乘之，得四十六尺爲廉法。三因初商，與倍負廉相減，餘十六尺。以初商乘之，得一百六十尺爲方法。併之共二百一十尺爲下法，與次商相乘，除積四百二十尺。適盡。

減從立方三：今有從積七百二十尺，以四十八爲負方法，三爲負廉法開之。

置實約初商十尺，與負廉相減，餘七尺。以初商乘之，得七十尺。又銷負方，餘二十二尺，爲下法，以初商再之，除積二百二十尺，餘實五百尺，約次商二尺。隅法四尺如前。三因初商，與負廉相減，餘二十七尺，以次商乘之，得五十四尺爲廉法。三因初商，與倍負廉相減，餘二十四尺，以初商乘之，得二百四十尺。又銷負方餘一百九十二尺，爲方法。併之共二百五十尺爲下法，與次商相乘，除積五百尺。適盡。

減從立方四：今有從積七百二十尺，以九百爲益方法，八十二爲負廉法開之。

置實約初商十尺，以銷負廉仍負七十二尺。以初商乘之，得七百二十尺，以銷從方，餘一百八十尺。以初商再之，得一千八百尺，大于原實，翻減七百二十尺，餘一千〇八十尺，爲負積。次商二尺。隅法四尺如前。三因初商以銷負廉，餘五十二尺，以次商乘之，得一百〇四尺，爲負廉法。三因初商，以銷倍負廉，餘一百三十四尺，以初商乘之，得一千三百四十尺，銷從方訖。餘四百四十尺，爲負方法。併負方廉銷隅法訖，餘五百四十尺，爲定負法，與次商相乘，除積一千〇八十尺。適盡。

負隅立方一：今有從積二千八百八十尺，以三百八十四爲益方法，負隅開之。

置實以方法約之稍進，命初商十尺。自乘得一百尺，以銷從方，餘二百八十四尺爲下法，以初商再之，除積二千八百四十尺，餘實四十尺約次商二尺。此法當以初商之三倍，初商自乘之三倍併，而與益方法相減餘者，以約餘實，可得次商。然恒不得其準，必進取大數也。次商自乘，得四尺爲負隅法。三因初商以次商乘之，得六十尺爲負廉法。初商自乘三因之，以銷從方，餘八十四尺爲方法。方法内銷負廉隅訖，餘二十尺爲下法，與次商相乘，除積四十尺。適盡。

負隅立方二：今有從積二千八百八十尺，以三十二爲益廉法負隅開之。

置實以廉法約之，如平方稍進，命初商十尺。以銷從廉，餘二十二尺，以初商乘之，得二百二十尺爲下法，以初商再之，除積二千二百尺。餘實六百八十尺，以初商乘廉法約之，命次商二尺。後二條並放此。負隅法四尺如前。三因初商，以銷從廉餘二尺，以次商乘之得四尺爲廉法。三因初商以銷倍從廉，餘三十四尺，以初商乘之得三百四十尺爲方決。併方廉法銷負隅訖，餘三百四十尺爲下法，與次商相乘，除積六百八十尺。適盡。

負隅立方三：今有從積二千八百八十尺，以二百〇四爲益方法，十五爲益廉法負隅開之。

置實以廉法約之，如平方命初商十尺。不進者，以帶從方故也。以銷從廉餘五尺，以初商乘之，得五十尺投入從方，共二百五十四尺，爲下法，以初商再之，除積二千五百四十尺。餘實三百四十尺，約次商二尺。負隅法四尺如前。三因初商，與從廉相減餘十五尺，以次商乘之得三十尺爲負廉法。三因初商，與倍從廉對減恰盡，就以二百〇四尺爲方法。併負廉隅以銷方法，餘一百七十尺，爲下法與次商相乘除積三百四十尺。適盡。

負隅立方四：今有從積二千八百八十尺，以九十六爲負方法，四十爲益廉法負隅開之。

置實以廉法約之，如平方進命初商十尺。所進益多者，以帶兩負故也。下條放此。以銷從廉餘三十尺，以初商乘之，得三百尺，銷負方訖，餘二百〇四尺爲下法。以初商再之，除積二千〇四十尺。餘實八百四十尺，約次商二尺。負隅法四尺如前。三因初商，以銷從廉，餘十尺。以次商乘之，得二十尺爲廉法。三因初商以銷倍從廉，餘五十尺，以初商乘之，得五百尺銷負方訖，餘四百〇四尺爲方法。併方廉法銷負隅訖，餘四百二十尺，爲下法，與次商相乘除積八百四十尺。適盡。

負隅立方五：今有從積二千八百八十尺，以四百六十八爲益方法，七爲負廉法負隅開之。

置實以方法約之，進命初商十尺。與負廉相加共十七尺，以初商乘之得一百七十尺，以銷從方餘二百九十八尺。以初商再之，得二千九百八十尺，翻減原實餘一百尺，爲負積。次商二尺。負隅法四尺如前。三因初商與負廉相加，共三十七尺以次商乘之，得七十四尺，爲負廉法。三因初商，與倍負廉相加，共四十四尺，以初商乘之，得四百四十尺。以銷從方餘二十八尺爲方法。併負廉隅銷方法訖，餘五十尺，爲定負法與次商相乘，除積一百尺。適盡。

連枝正隅立方：今有從積九百尺，以二百二十五爲負方法，一爲益廉法，二爲隅法開之。

置實以隅法約之，因負方多進命初商十尺。與隅相生得二十尺，爲連枝法，與從廉相加，共二十一尺，以初商乘之，得二百一十尺，以銷負方，仍負十五尺。以初商再之，得一百五十尺，益入原積共一千〇五十尺，爲次商共實。凡正負方廉十三種皆可帶連枝隅法。今特任設兩例然如此例。雖已見前第四條，而彼負方數少，此負方數多故別有益積開法。又如下條，與前第十一條，均負隅帶兩從而商數小于廉數，則減餘，爲從，故與從方相併。商數大于廉數，則減餘仍負，故與從方相銷，皆法同用異，而互相備也。其餘各條，悉有應加減隨變者，苟達斯理，但視所設之數，以意消息，自無不通矣。仍以隅法乘初商自乘之三倍，約共實，命次商二尺。次商自乘與隅相生得八尺，爲隅法。三因初商連枝法，與從廉相加，共六十一尺，以次商乘之，得一百二十二尺，爲廉法。三因初商連枝法與倍從廉相加，共六十二尺，以初商乘之，得六百二十尺，銷負方訖。餘三百九十五尺爲方法。併之共五百二十五尺爲下法，與次商相乘，除積一千〇五十尺。適盡。

連枝負隅立方：今有從積九百尺，以二百五十五爲益方法九爲益廉法二爲負隅法開之。

置實以廉法約之，如平方命初商十尺。不進退者，以方隅足相準故也。與隅相生得二十尺，爲連枝法，與從廉相減，餘十一尺以初商乘之得一百一十尺，以銷從方，餘一百四十五尺。以初商再之得一千四百五十尺，翻減原實，餘五百五十尺，爲負積。次商二尺。連隅法八尺如前。三因初商連枝法，與從廉相減，餘五十一尺，以次商乘之，得一百〇二尺，爲負廉法。三因初商連枝法，與倍從廉相減，餘四十二尺，以初商乘之，得四百二十尺，銷從方訖，餘一百六十五尺，爲負方法。併之，共二百七十五尺，爲定負法，與次商相乘，除積五百五十尺。適盡。

清・駱騰鳳《開方釋例》卷二　較數立方

凡以小數爲元者，得負積、正方、正廉、正隅。後省云：負正正正。以中數爲元者，得負積、負方、正廉、正隅。後省云：負負正正。亦有負積、負方、負廉、正隅者。後省云：負負負正。此少較盈於多較，故得負廉。又有負積、負方、空廉正隅者。後省云：負負空正。此兩較相減恰盡，故廉空也。以大數爲元者，得負積、正方、負廉、正隅。後省云：負正負正。

凡負正正正，祇有減積法。負負正正兼有益積法。負正負正並有翻積法。凡取益積，翻積以最少者爲定，多則次商不及除矣。

凡兩小邊等者，爲一從立方。兩大邊等者，爲兩從相同立方。求小數得正廉，正隅。求大數，得負廉正隅。其方皆空也。兩從相同者，有益積法。

凡初商與較數首位同者，較止一位，則方廉相減恰盡。無除。較兩位以下者，必爲益積。

凡初商與較數首位同者，在負方恒得益積。在正方恒得翻積。次開得重翻者，其次商數必仍大於餘二數也。

今有從立方，負積二千六百八十八，正方八，正廉六，正隅一。問方邊幾何。

曰：小邊一十二。

此負正正正，是以小數爲元者。初商一十與廉并得十六。以初商乘之，得一百六十，與方并得一百六十八。以初商乘之，得一千六百八十，減積餘一千〇八爲次商積。乃三因初商，得三十與原廉并得三十六爲次廉。又三因初商，得三十與二因原廉十二并，得四十二。以初商乘之，得四百二十與原方并，得四百二十八爲次方。次商二與廉并得三十六，以次商乘之，得七十六與方并得五百〇四，以次商乘之，得一千〇八減積，恰盡。即一十二爲小邊。

解曰：廉法者，從多之數也。方法者，兩從相乘之方也。凡帶兩從者，必有相乘之方，次開以下三因初商者，爲三長廉也。加原廉者，從多之數也。其一長廉，即初商數。其二長廉各帶一從多數，廉法本兩從之并，故以加之也。又三因初商者，爲三平廉也。加二因原廉者，其二平廉之各帶一從者，加一原廉。其一平廉之帶兩從者，加一原廉也。又加原方者，帶兩從之廉必有相乘之方，以補其空也。

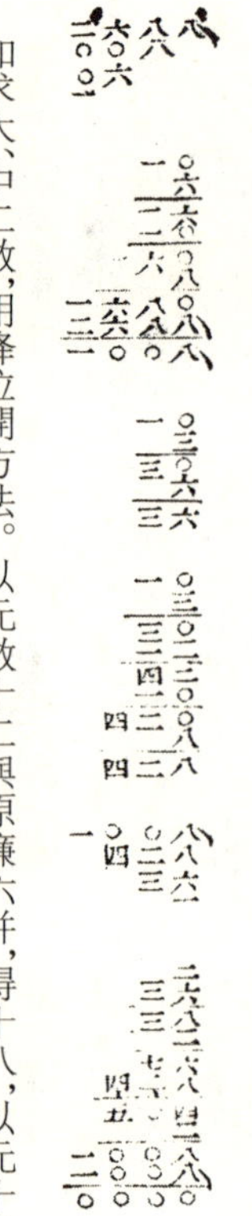

如求大、中二數，用降位開方法。以元數十二與原廉六并，得十八，以元十二乘之，得二百一十六，與原方八，并得二百二十四爲平方積。又二因元數，得二十四，與原廉六，并得三十爲從方。一爲隅法。和數平方開之，得中邊十四、大邊十六。

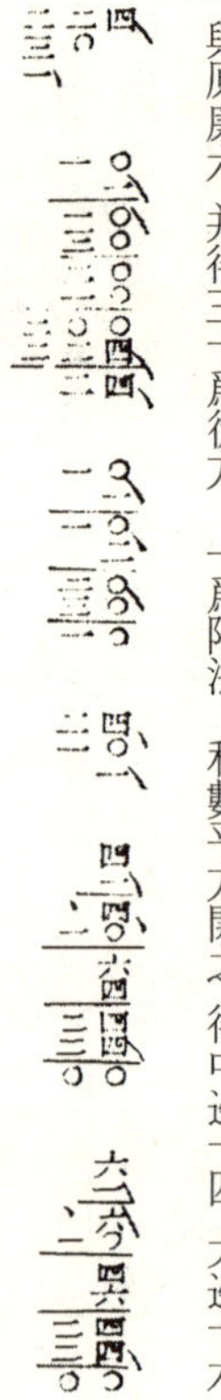

今有從立方，負積一千四百六十一萬二千五百，負方三十萬五千三百，正廉一千二百〇五，正隅一。問方邊幾何。

曰：中邊二百五十。

此負負正正，是以中數爲元者。初商與較數首位同，故得益積。

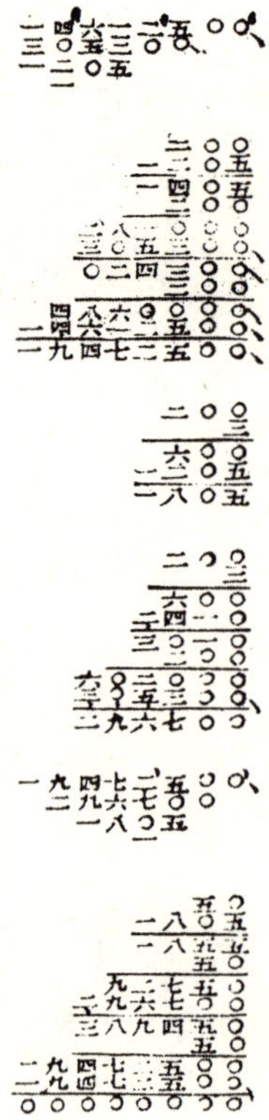

今有從立方，負積五千四十，負方四十四，負廉二十，正隅一。問方邊幾何。

曰：中邊二十八。

此負負負正，亦以中數爲元者，減較數盈，故得負廉。初商與廉相減，恰盡。即以初商乘方益積。

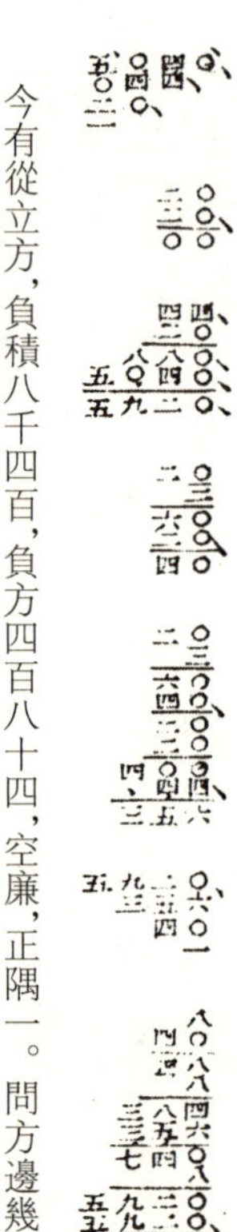

今有從立方，負積八千四百，負方四百八十四，空廉，正隅一。問方邊幾何。

曰：中邊二十八。

此負負空正，亦以中數爲元者，兩較相減，恰盡。故得空廉。

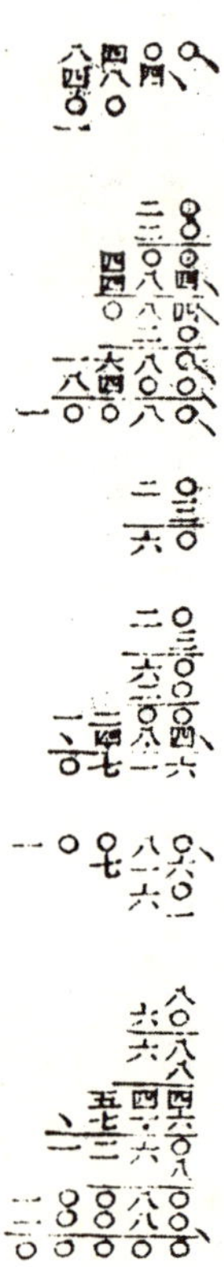

今有從立方，負積二千二百七十五，正方六百六十，負廉五十二，正隅一問方邊幾何。

曰：大邊三十五。

此負正負正，是以大數爲元者。初商與較數等，故方廉相減恰盡，無除。即以原積爲次商積。

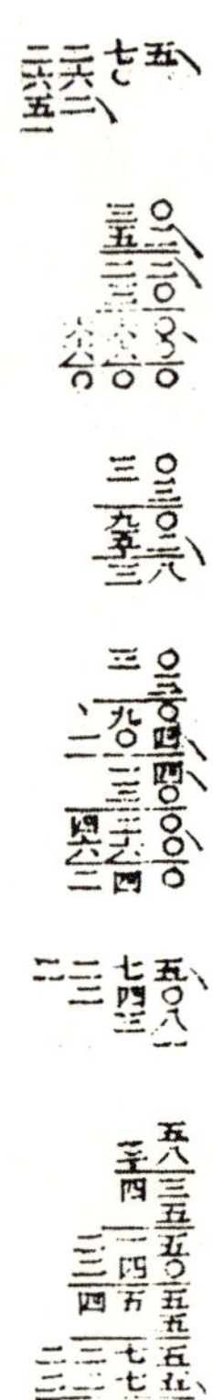

今有從立方，負積二千八百八十，空方，正廉八，正隅一。問方邊幾何。

曰：小邊一十二。

此負空正正，是一從立方也。以加較乘，故得正廉。所求得者小數也，加正廉即大數。

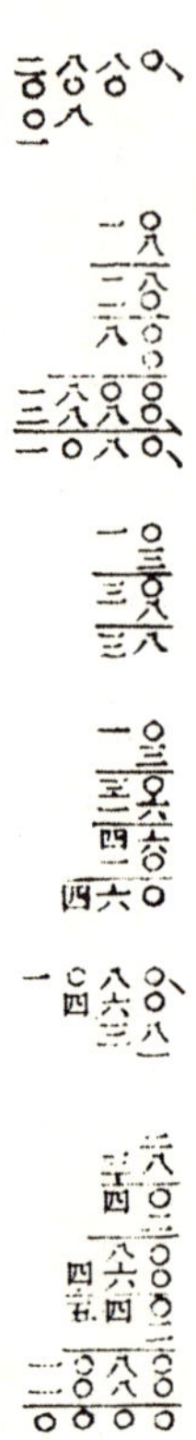

今有從立方，負積七萬五千二百六十四，空方，負廉三十二，正隅一。問方邊幾何。

曰：大邊五十六。

此負空負正，是兩從立方也。以減較乘，故得負廉。所求得者大數也，減負廉即小數。

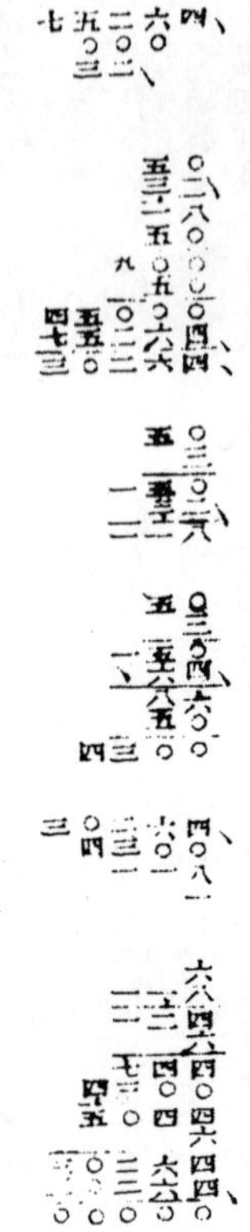

和數立方　和數立方，衹有負積、正方、負廉、正隅一類。後亦省云：負正負正。與較數以大爲元者同，蓋較數以大爲元，是一元減較之二數相乘。和數立方亦以和減一元之二數相乘，故皆得負正負正。

凡和數立方有翻積法，無益積法。

凡和數立方之爲一從兩從者，其方皆空而隅皆負也。俱得負積，空方，正廉，負隅。後省云：負空正負。

今有從立方，負積二千六百八十八，正方七百二十八，負廉五十四，正隅一。問方邊幾何。

曰：小邊一十二。

此負正負正，是和數立方也。初商一十，與負廉減，餘四十四以商乘之，得負四百四十，與正方減，餘二百八十八。以商乘之，得二千八百八十，減積得翻積一百九十二爲次商積。乃三因初商，得三十與負廉減餘二十四爲負。次廉又三因初商，得三十。與二因負廉一百〇八減，餘七十八。以初商乘之，得負七百八十，與正方減餘五十二爲負次方。次商二，與負廉減，餘二十二，以次商乘之，得負四十四，與負方并得負九十六。以次商乘之得，負一百九十二減積，恰盡，即一十二爲小邊。

解曰：此以十二、十四、十六三數連乘得積二千六百八十八，即如以十二爲高，以闊十四乘之，又以長十六乘之也。今初商一十而得翻積者，方法本以兩和相乘爲數，内多一高十二相乘數。廉法本以兩和相并爲數，内多一高十二數，故連乘後，過於原積也。試以原從方體析而計之，高十二再乘得一千七百二十八，闊多二，是十二自乘冪二，得二百八十八。長多四是十二自乘冪四，得五百七十六。長闊兩從相交之角，一邊四，一邊二，相乘得八。以高十二乘之，得九十六并之，得二千六百八十八與原積合。今翻積多兩從相乘，又以高乘之立積二，故次商二以消之也。

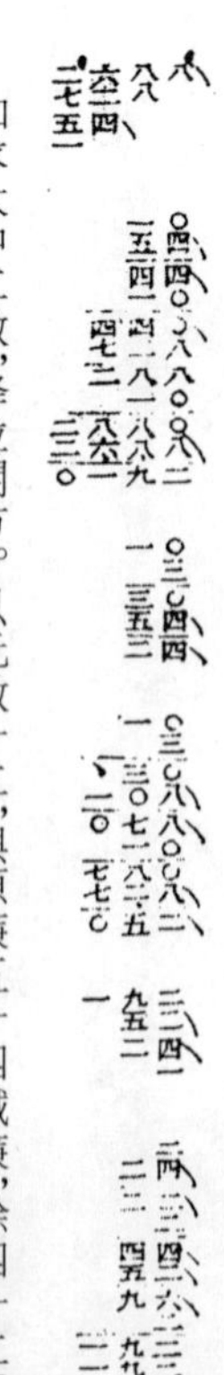

如求大中二數，降位開方。以元數十二，與原廉五十四減廉，餘四十二。以元數十二乘之，得負五百〇四，與原方七百二十八減，餘二百二十四爲正積。又二因元數，得二十四與原廉五十四減，餘三十爲負方。一爲正隅。平方開之，得中邊十四，大邊十六。

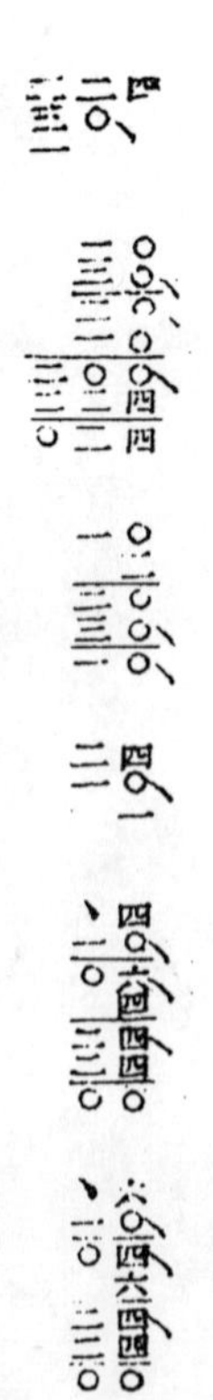

今有從立方，負積五千七百六十，空方，正廉五十二，負隅一。問方邊幾何。

曰：小邊一十二。

此一從立方，一從相同，在小，故求得小數。以減正廉，即大數。

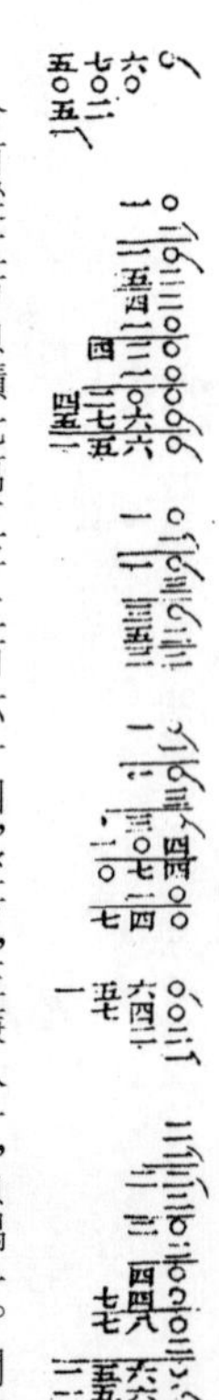

今有從立方負積七萬五千二百六十四，空方，正廉八十，負隅一。問方邊幾何。

曰：大邊五十六。

此兩從立方兩從相同，在大，故求得大數。以減正廉即小數。凡和數之一從、兩從者，廉法本大、小二數之并，故以小數減之得大數，以大數減之得小數也。

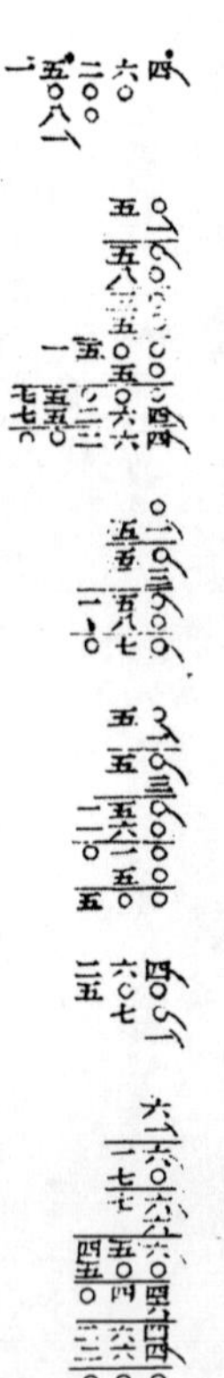

負隅立方

凡負積而爲負隅者，皆和較相乘之數也。較數立方，以兩較相乘爲方廉隅。和數立方以兩和相乘，爲方廉隅，其隅皆正也。惟以一和一較相乘者，隅恒爲負，故謂之負隅立方。蓋較有一元加較，減較之異，而元自爲正，和則以和減一元爲數，而元必爲負，故相乘後隅恒得負。廉以正負相減爲數者，廉正爲和多於較之數。廉負爲較多於和之數。其方皆正也，若以正負相并爲數者，則正廉即和較之并數，其方必負。蓋以減較乘和爲負方也。大抵正方負廉，與正方正廉者，其廉爲和較相減數。負方正廉者，其廉爲和較相并數。方以正負相乘得數，故加較乘和正者，爲正方。減較乘和正者爲負方。

凡負隅立方求小數，得正方負廉，并負積負隅計之，爲負正負負。或正方正廉，并負積負隅計之爲負正正負，求中數，得正方正廉同上，或負方正廉并負積負隅計之，爲負負正負。求大數，則得負方正廉一式同上。

凡負積正隅者，有空方正廉與空方負廉二類。又有負方空廉一類。無正方，空廉者，以乘率所不及也。負積，負隅者，有正方，負廉，與正方，正廉，與負方，正廉三類，無空方，負廉，與負方，空廉，與正方，空廉三類，其有空方，正廉者，此和數一從兩從立方也。

今有從立方負積五萬四千五百一十，正方三千九百〇四，負廉三，負隅一。問方邊幾何。

曰：小邊一十五。

此以小中和小大較相求者，較大於和，故得負廉。初商一十乘隅，得負。與廉并得十三，以商乘之得一百三十，與正方減，餘三千七百七十四，以商乘之，得三萬七千七百四十減積，餘一萬六千七百七十爲次商積。乃三因初商，得三十，乘隅得負，與廉并得三十三爲負次廉。又三因初商，得三十，乘隅得負，與二因原廉六，并得三十六，以初商乘之，得負三百六十，與原方減餘三千五百四十四爲次方。次商五乘隅得負，與廉并得三十八，以次商乘之得負一百九十，與正方減，餘三千三百五十四，以次商乘之，得一萬六千七百七十減積，恰盡。即一十五爲小邊。

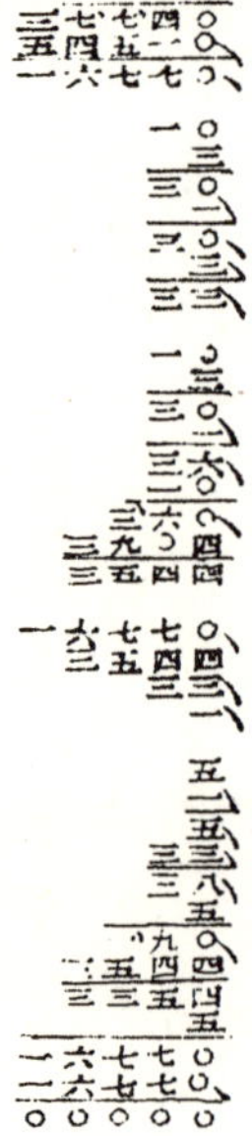

降位開方，以元數十五乘隅，得負，與負廉三，并得十八，以元十五乘之，得負二百七十，與原方減，餘三千六百三十四爲積。又以元十五乘隅，得負，二因之得三十，與負廉三，并得三十三爲負方，一爲負隅。平方開之，正商得中數四十六，負商得大數七十九。

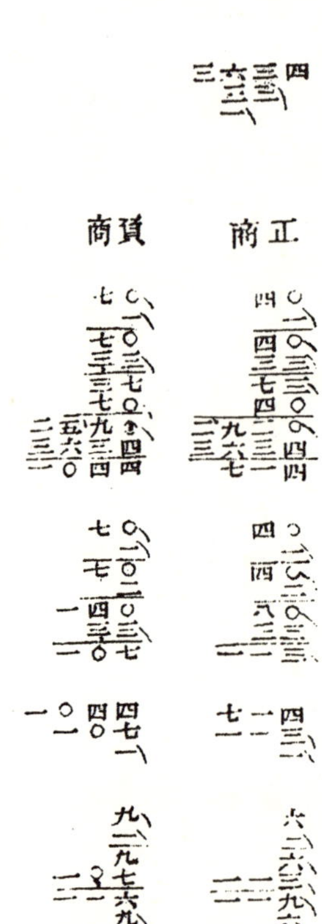

今有從立方負積五萬四千五百一十，正方二千一十三，正廉二十八，負隅一。問方邊幾何。

曰：中邊四十六。

此以中小和中大較，相求和大於較，故得正廉。

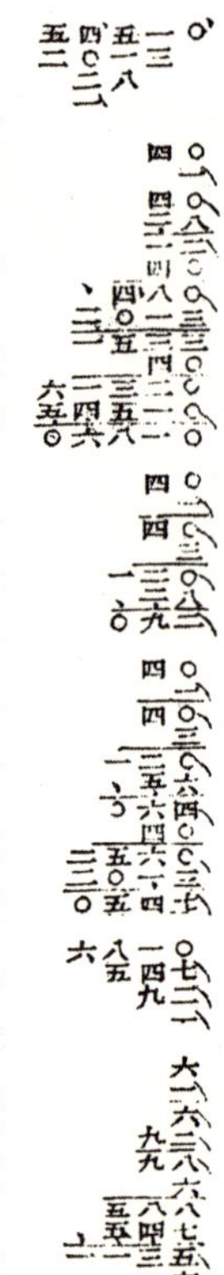

今有從立方負積五萬四千五百一十，負方三千一百〇二，正廉一百二十七，負隅一。問方邊幾何。

曰：大邊七十九。

此以大小和大中較，相求和與較并，故得正廉。

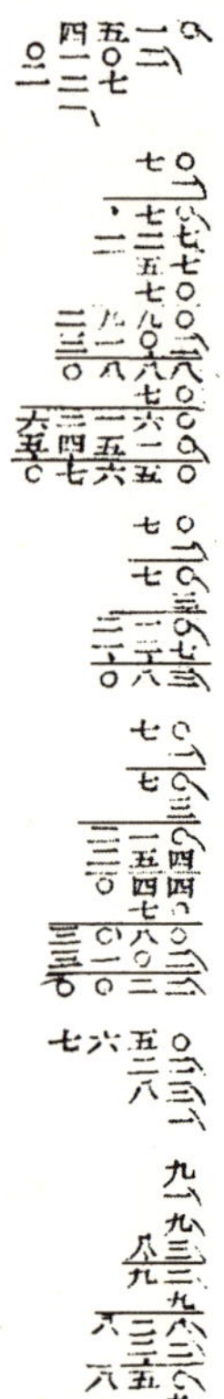

開方定商法　諸乘方各依步法步之，而商最難定。累商累改既患其勢，預以心計其勢更甚。非有簡法御之，未易云開諸乘方也。蓋嘗論之除法最易得商。平方雖有加減之煩，然以步法定之，亦大數可得。立方以上，商數正負不一，而方廉加減之變尤多。今立簡法於後。置所有積、方、廉、隅，以步法步之。以下步上，其方、廉退在隅後者，仍以應商之數商之。其方、廉與隅同位者，猝難得應商之數，則任設一數爲泛商，依法開之減積正負不定。求得次開之積、方、廉、隅如可開次商者，開之至末減積恰盡，則泛商，即定商也。如不可求次商者，在常法必改初商，今不必改商，但以次開之積、方、廉、隅重列步之，或正商，或負商如法開之，爲所有應商數之和、較數，以加減泛商數，即定商也。

今有立方負積六八〇四〇，正方二八八，正廉三六，正隅一。

此積點位分段，首段六八本可商四。茲以方、廉與隅同位，取略小之數以三爲定商，若誤商二，則餘積多，而次開單位不及除矣。若誤商四，則得翻積，而次開四層，同名無數可開矣。

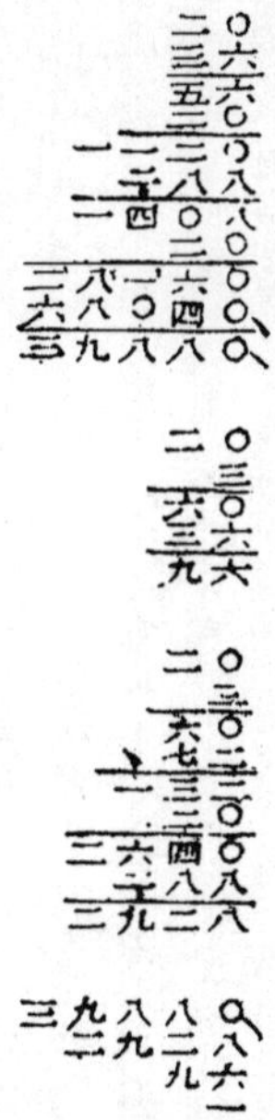

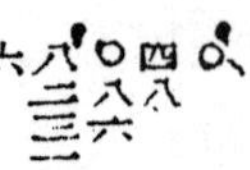

右商二〔〇〕，則次開單位不及除積，是初商失之小也。法以次開之積、方、廉、隅重列步之，仍開十位一數，以加前商得定商。

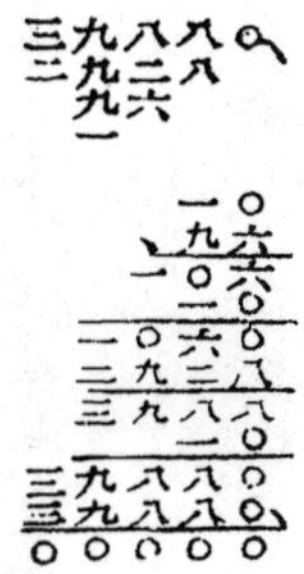

右商一〇恰盡。即以一〇加前商二〇，得三〇爲定商。

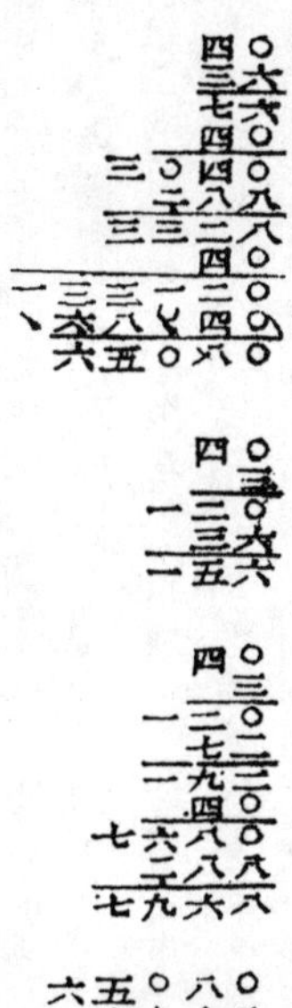

右商四〇得翻積，而次開之積、方、廉、隅四層同名，無數可開，是初商失之大也。法以次開之積、方、廉、隅重列步之，開一負商，以減前商得定商。

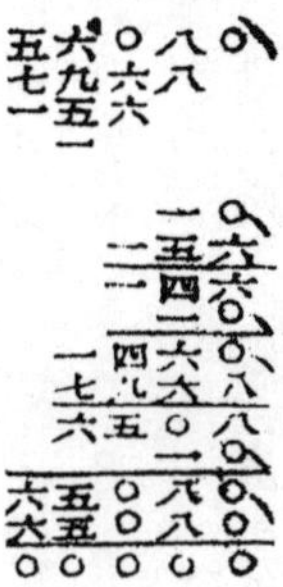

右負商一〇，恰盡。即以一〇減前商四〇，得三〇爲定商。

以上二條，即泛商以得定商，較之累商累改者，立法簡矣。然亦有以方、廉、隅步積而得其端緒者，不可不知也。今略擬數條於後。

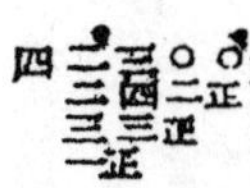

首段四二本可商三，茲以方、廉與隅同位，取略小數以二爲商。

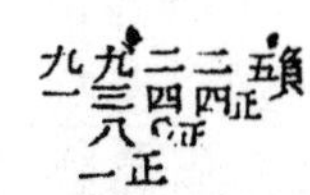

首段九九本可商四，茲以方位進在隅前，是方數過盈也，取小數以二爲商。

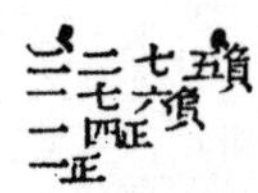

此積本應商一，即以廉除方亦得一，故商一也。

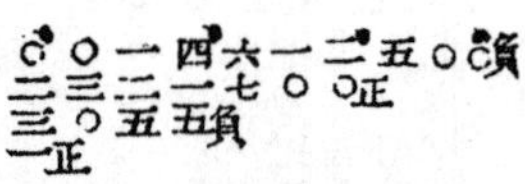

此亦增一商也。廉法多至三千，方法多至二百萬，其和較數必在千以外矣，故宜步至千位也。方、廉、隅三層同位，即以隅減廉，以廉除方，得一爲商。

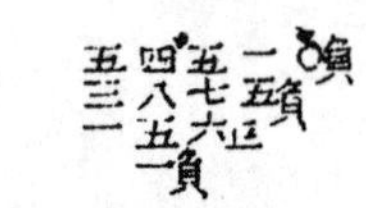

此積本可商三，因積方隅同類，取大數以四爲商。

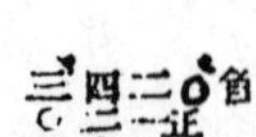

此積本應商一，方又退後，即以應商之數商之。

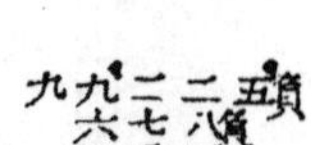

首段九九本應商四，而廉又退後，故徑以隅步積而商四也。

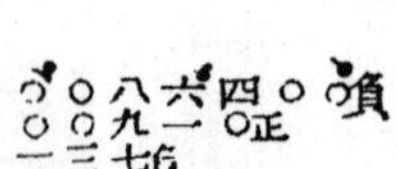

此積初步衹得兩商，然翻積多而次開不及除矣。宜增一商而重步之，積、方皆空，即以隅除廉，而商得一也。

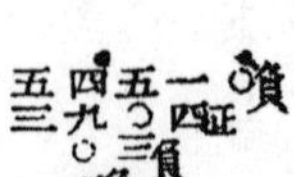

此積本可商三，因方數過大，即以方除積，得一爲商。

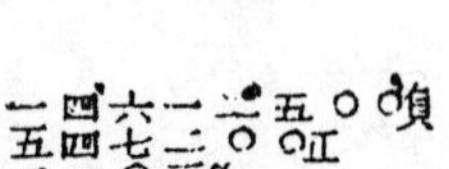

首段一四，本應商二。以廉除方亦得二，故以二爲商。

以上十條，有併方廉隅以步積者，有以方，以廉，以隅步積者，亦有以廉步方，以隅步廉者。式各不同，而定商猶可得其概也。若夫進退無數，猝難預定者，必其所設元數有大小懸絶之差，固不能無心計之勞也。詳見後條。

此題不但難於定商，亦且難於步積。以積之數計之，可得二商。以方之大計之，可增一商。無從計其商單位也。所可知者，方數至萬，則廉法之和較數必以百相乘矣。而和較數，又必有兩大數在百以外，一小數在十以内者。若小數至十，則積不止八萬，而與方同位矣，故可步至百位者，亦可步以單位也。法先以單位步之，則原積本可商四，以積廉同類，取略大之數，故商得五也。

又 開方求得元數，復求奇數之法

凡平方可開二數，立方可開三數，三乘方可開四數。惟平方正負二商皆得元數。立方則所命元數，仍得元數，餘二數皆得奇數。三乘方則所命元數仍得元數，餘三數皆得奇數。今以立方明之。凡積、方、廉、隅四層，其兩層之正負異名者，開一正商，同名者開一負商，故和數立方，可開三正商，較數則有正有負矣。

和數立方，負正負正者，第一正商初開，必餘積。所得之積、方、廉、隅四層仍可開三正商，如以下三層計之，可開二數。第二正商初開必翻積，所得之積、方、廉、隅仍可開二正商，如以下三層計之可開一數，或二數。第三正商初開必餘積，所得之積、方、廉、隅仍可開一正商，如以下三層計之，則三層同名無數可開矣。如求第二數，其次商四層，當開二正商。若仍可開三數，是初商失之小也。至不能退求次商，則更失之小矣。法當取所得四層重步之，開一正商得數，以加前商得定商。若只可開一正商，是初商失之大也，至無數可開，則更失之大矣。法當取所得四層重步之，開一負商，與前商相減得定商。此以一元數與二餘數相和爲法者，任以小數、中數、大數爲元者，三商悉備。若以大數爲元，與餘二數相較爲法者，亦得負正負正，然不能備三商也。

較數立方一正二負者，一正商爲一數，初開必餘積，所得積方廉隅四層，只可開一數，如以下三層計之，則必三層同名無數可。開其二負商小數爲第一數，初開必餘積。所得積、方、廉、隅四層仍可開二負商，如以下三層計之，可開一數。大數爲第二數，初開必翻積，所得積、方、廉、隅四層，只可開一負商，如以下三層計之，則無數可開矣。一負二正者，仿此。此較數以小、中爲元者，然必大數大於小、中二數甚遠者，乃有二負商。若三數相近者，無之。

凡正商代負商法，當間一層變其正負，如必取負積，則將方法變之，又間一層變其隅。

按：立方所開三數，皆視廉法爲準。和數廉爲兩和之併，較數廉爲兩較之併，故和數所開三數，一正商得一元數，二正商得二奇數，即三元數之併，以一元數併二奇數，同名相加。即與廉數合也。較數所開三數，一正商得一元數，二負商得二奇數。即一元數二較數之併，以一元數減二奇數，異名相減。即與廉數合也。惟較數以大爲元者，其廉只有一元數，一奇數，故不能備三商也。

又按：和數立方三商具備，若所設三數有小數至單位者，亦不能備三商，蓋小數至單位而止，不能別爲小數矣。

今有負積三六五五〇，正方四〇一二，負廉一二七，正隅一。

第一正商，初開餘積得一十七奇。

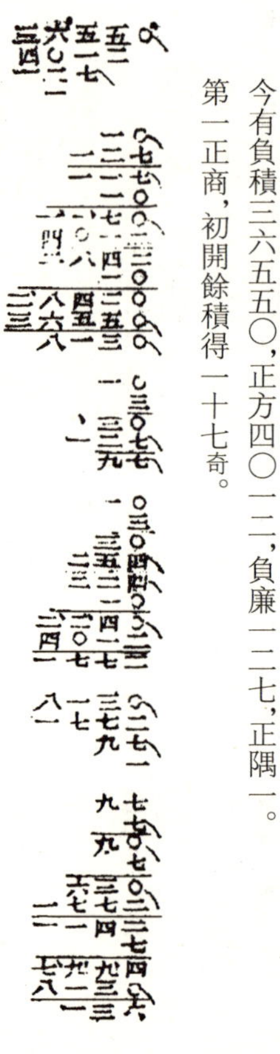

第二正商，初開翻積得二十五元。

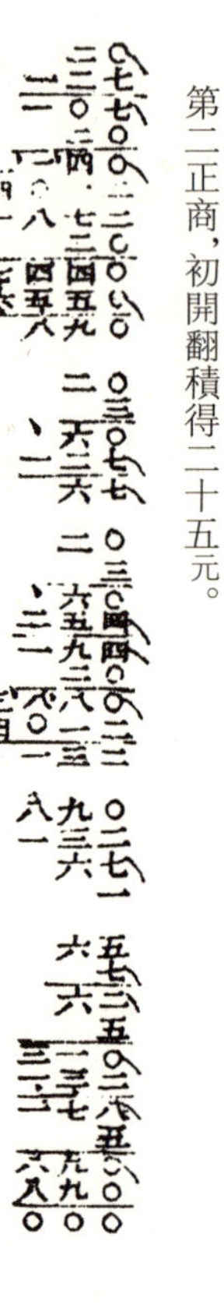

第三正商，初開餘積，得八十四奇。

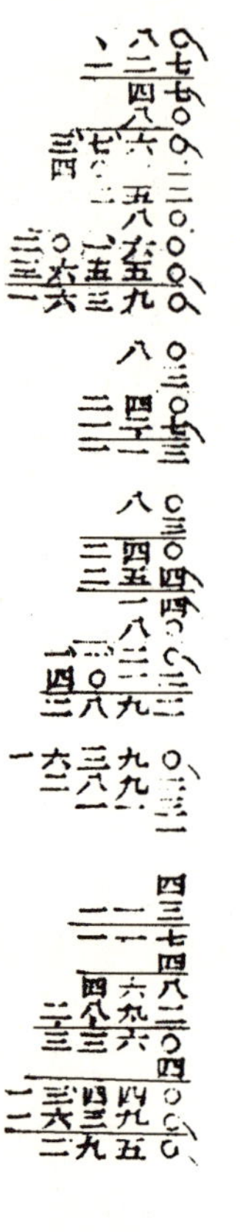

今有負積二九四〇〇，正方一一一八，正廉九九，正隅一。

正商餘積，得十二元。負商餘積得三十奇。負商翻積，得八十奇。

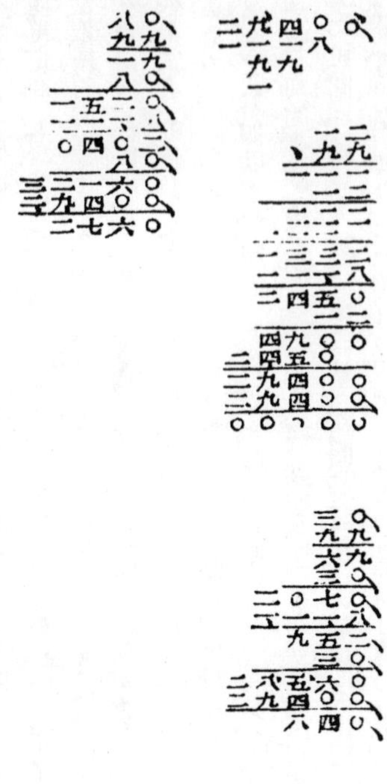

今有負積二九四〇〇，正方三一八二，負廉四九，負隅一。

正商餘積，得十二元。正商餘積，得三十奇。負商翻積，得九十奇。

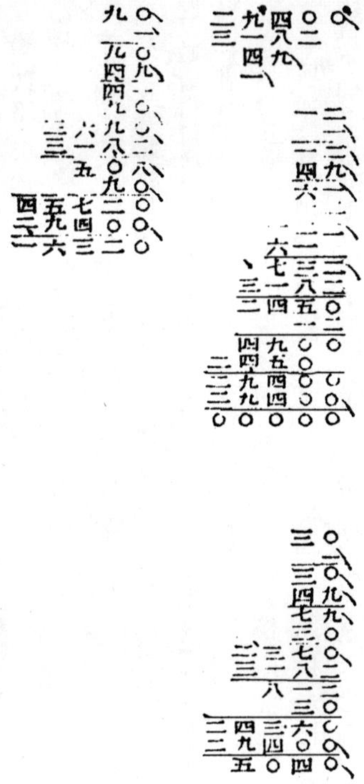

今按：立方以三數相乘得積，故可開三數。三乘方以四數相乘得積，故可開四數。然以和較爲法，立方有不備三數。三乘方有不備四數者。如欲悉得其元數，但於開得一數後，即以所變之方、廉、隅降位開之，即餘數悉得矣。如三乘方應開四數，開得一數後。即以所變之方、上廉、下廉、隅爲立方之積、方、廉、隅降三乘方一位開之，得又一數。再以立方之方、廉、隅爲平方之積、方、隅降立方一位開之，得又一數。再以除法求之，得又一數。并前爲四數也。立方則開得一數後，以所變方、廉、隅爲平方之積、方、隅降位開之，得一數。又以除法求之，得一數。即三數皆知矣。詳見後法。

立方求得一元數，降位開方得餘二數。

法以元數與原廉相加減，得數以元乘之，與原方相加減，爲從平方積。若原方空者，即以元數與原廉加減，以元乘之爲積。二因元數，與原廉相加減爲方法。若原廉空者，即二因元數爲方法。凡正隅者，用和數平方開之。負隅者，用較數平方開之。隅法原負者，以元數乘之爲負。其隅法原正者，可省一乘。

今有負積三萬六千五百五十，正方四千一十二，負廉一百二十七，正隅一。開立方得一元數二十五，今求餘二數。

法以一元數與原廉減，餘一百〇二。以元數乘之，得負二千五百五十，與原方減餘正一千四百六十二爲平方積。又二因元數，得五十與原廉減，餘負七十七爲從方，正隅一。平方開之，得三十四。又以三十四除積，得四十三，即餘二數。

按：立方積以和較爲問者，開得一數，以和較加減之，即得餘二數矣。若不知其和較，而以方法、廉法爲問者，開得一數，其餘二數尚不可得知，故立此降位開方之法也。

立方求得一元數降位開方得和較數

凡立方之方廉隅三層，即從平方式。欲知和較，取此三層爲從平方之積、方、隅如法開之，即得。

凡三層之正負仍舊，其負正正者，用積較求闊法。正商得小數，負商得大數。正負負同。其正正負者，用積較求長法。正商得大數，負商得小數。負負正同。其正負正者，用積和求闊法，正商得大小二數，負正負同。惟正正正者，變作正負正開之。

凡負正正者，求得二數。小數即小中較，大數即大中較，小數與原開立方一元數相減，大數與原開一元數相加，即得二餘數。其負空正者，以平方法開之，得數亦與原開一元數一加，一減即得二餘數。

凡正正正者，變作正負正開之，求得二數。即二較也。各與原開一元數相加，得二餘數。

凡正負正者，求得二數在和數。即二和在較數，即二較也。各與原開一元數相減，得二餘數。

凡正負負者，求得二數。小數爲和，大數爲較。小數與原開一元數相減，大數與原開一元數相加，得二餘數。

凡正正負者，求得二數。大數爲和，小數爲較。大數與原開一元數相減，小數與原開一元數相加，得二餘數。

凡負正負者，求得二數。大數爲和，小數爲較，各與原開立方一元數相減，得二餘數。

帶分開立方法

今有負積六千四百二十九尺又八十九分之二十七，正方九十九尺又八十九分之一十四，正廉一十七尺又八十九分之三十七，正隅一。

初商十尺，并廉法得二十七尺又八九之三七，以商十尺乘全二十七尺，得二百七十尺乘子三七，得三百七十。以八九收之，得四尺，餘八九之一四并全，得二百七十四尺又八九之一四，又并方法，得三百七十三尺又八九之二八。以商十尺乘全，得三千七百三十尺，乘子二八得二百八十以八九，收之得三尺又八九之一三，并全得三千七百三十三尺又八九之一三，減積餘二千六百九十六尺又八九之一四爲次商積。乃三因初商得三十尺，并廉法得四十七尺又八九之三七爲次廉。又三因初商得三十尺，并倍廉三十四尺又八九之七四，得六十四尺又八九之七四。以初商乘之，得全六百四十尺，乘子得七百四十以八九，收之得八尺又八九之二八，并全得六百四十八尺又八九之二八，又并方法得七百四十七尺又八九之四二，爲次方法。次商三尺并廉法，得五十尺又八九之三七，以商三尺乘全得一百五十尺，乘子得一百一十一以八九，收之得一尺又八九之二二，并全得一百五十一尺又八九之二二，又并方法得八百九十八尺又八九之六四，以商三尺乘全，得二千六百九十四尺，乘子得一百九十二以八九，收之得二尺又八九之一四，并全得二千六百九十六又八九之一四，減積而盡。

今按：此帶分以一爲隅，本法也。然乘全乘子收零爲整，未免煩碎不如寄分母法之簡易。其法以分母八九通積，方廉各數而內其子，以八九爲隅法開之，則徑得一十三尺矣。

今有負積二千三百九十八萬七千七百六十一尺又一千九百二十二分之一千〇五十四，正方二萬四千七百四十九又一千九百二十二分之八百〇六，正廉三百二十九又六十二分之五十，正隅一。

今按：此分母不同者也，法以廉母六二除積方母一九二二，得三一。即以三一乘廉母六二，得一九二二。乘廉子五〇，得一五五〇。而廉爲三百二十九又一千九百二十二分之一千五百五十，則分母同數，加減無礙矣。若用寄分母法，即以分母一九二二通積，方、廉各數。而內其子，以一九二二爲隅法，開之即得。又用約分法如前，以分母六二除一九二二，得三一。是一九二二乃六二與三一相乘之數也。如以三一爲等數約積，母一九二二爲六二，約子一〇五四，爲三四，是爲六二之三四，乃以六二通其全，內其子，得一四八七二四一二一六爲積。亦以三一約方母一九二二，爲六二，約子八〇六爲二三。是爲六二之二三，乃以六二通其全，內其子，得一五三四四六四爲方。其廉本以六二爲母，即以母通其全內其子，得二〇四四八爲廉。以六二爲隅法開之，即得。如以六二爲等數，約積一九二二之一〇五四，爲三一之一七。乃以三一通全內子，得七四三六二〇六〇八爲積。亦以六二約方一九二二之八〇六爲三一之一三乃以三一通全內子，得七六七二三三二爲方。其廉法六五之五十，即三一之倍數，以二約之，爲三一之二五，乃以三一通全內子，得一〇二二四爲廉。以三一爲隅法，開之即得。

清・劉澤楨《中西數學通解》卷一六

帶縱較數立方

開之之法，大概與立方同，祇有帶縱之異耳。其帶一縱之法，如以高闊相等，惟長不同爲問者，則以初商爲高與闊，以之自乘，又以初商加縱數爲長，以之再乘，得初商積。至次商以後，亦有三方廉、三長廉、一小隅。但其一方廉，附於初商積之方面者，即初商數。其二方廉附於初商積之長面者，則帶縱也。其二長廉附於初商積之方邊者，即初商數。其一長廉附於初商積之長邊者，則帶縱也。其帶兩縱相同之法，如以長闊相等，皆比高多爲問者，則以初商加縱數爲長與闊，以之自乘，又以初商爲高，以之再乘，得初商積。至次商以後，其一方廉附於初商積之正面者，則帶兩縱。其二方廉附於初商積之旁面者，則各帶一縱也。其一長廉附於初商積之高邊者，即初商數。其二長廉附於初商積之長闊兩邊者，則名帶一縱也。其帶兩縱不同之法，如以闊比高多長又比闊多爲問者，則以初商爲高，又以初商加闊縱爲闊，與高相乘，又加長縱爲長，以之再乘，得初商積。至次商以後，其一方廉附於初商積之正面者，則帶兩縱。其二方廉附於初商積之旁面者，則一帶闊縱。一帶長縱，其一長廉附於初商積之高邊者，即初商數。其二長廉附於初商積之長闊兩邊者，則各帶一縱。小隅則無論帶一縱兩縱，皆各以所商之數，自乘再乘，成一小正方體。其每邊之數，即三方廉之厚，亦即三長廉之闊與厚焉。凡有幾層廉隅，皆依次商之例，遞折推之，法雖不一，皆本於正方。而後加帶縱，故凡商出之數，皆爲小邊，方體共十二邊。若帶一縱，或帶兩縱相同者，則八邊相等，四邊相等。若帶兩縱不同者，則每四邊各相等，是故得其一邊，加入縱多。即得其各邊也。

帶縱和數立方

帶縱較數立方，其法已難而帶縱和數立方、立法尤難，帶一縱立方，高闊相等，惟長不同，如以高長和或長闊和爲問者，則以初商爲高與闊，而與和數相減，餘爲長，乃以高與闊自乘，以長再乘，爲初商積。其或和數甚多而積甚少，按立方法算之，必至大於原積者，則以和數除原積得數，約開平方，可得幾數，取略大數以定初商，初商減積有餘實者。其初商方積外，有二方廉一長廉成兩面磬折體形。而初商之高與闊少一次商，初商之長多一次商，故内少一方廉積，商除之法則以初商之高與闊與初商之長相乘倍之，爲二方廉面積，視餘實足方廉面積幾倍，取略大數以定次商，而以初商自乘，次商再乘得一方廉積與餘實相加，始足次商二方廉、一長廉之共積，故以次商與初商之長相減，餘爲初商、次商之共長。與初商相乘倍之，爲二方廉面積，又以初商、次商之共長，與次商相乘，爲一長廉面積，合二方廉一長廉面積以次商乘之，爲二方廉一長廉之共積，所謂初商方積外成兩面磬折體形是也。其帶兩縱相同立方，長闊相等，惟高不同，如以高闊和或高長和爲問者，則以初商爲高，與和數相減，餘爲長與闊。乃以長與闊自乘，以高再乘，爲初商積，其或和數甚多而積甚少，按立方法商之。必至大於原積者則以和數自乘除原積約足幾倍，取略大數以定初商，初商減積有餘實者，初商方積外止一方廉成一扁方體形。而初商之高少一次商，初商之長與闊，各多一次商故内少二方廉一長廉積，商除之法，則以初商之長與闊自乘，爲一方廉面積視餘實足方廉面積幾倍，取略大數以定次商，以次商與初商之長與闊相減，餘爲初商。次商之長與闊，而與初商相乘，次商再乘，倍之得二方廉積。又以次商自乘，初商再乘，爲一長廉積。合二方廉、一長廉積與餘積相加，始足次商一方廉積，故以初商、次商之長與闊自乘，次商再乘，爲一方廉積。所謂初商方積外成一扁方體形是也。其帶兩縱不同立方，與帶兩縱相同立方同，但帶兩縱相同者，其次商積爲一正方廉帶兩縱不同者，其次商積爲一長方廉耳。要之，定商皆以小於半和爲準，有時退商而反不足，進商而反有餘，須合初商次、商以斟酌之。至次商以後，因有益積之法，故廉法亦不足憑。則又須較量而增損之。

設如帶一縱立方積一百一十二尺，其高闊相等，長比高闊多三尺。問高闊長各幾何。

答曰：高闊俱四尺，長七尺。

法列積如開立方法商之，其積一百一十二尺，止可商四尺。乃以四尺書於原積二尺之上，而以所商四尺爲高與闊，因高與闊相等，故四尺，即方之高與闊也。加縱多三尺，得七尺爲長，即以高與闊四尺自乘，得一十六尺，又以長七尺乘之，得一百一十二尺。書於原積之下，相減恰盡。是知立方之高闊俱四尺，加縱多三尺，得七尺，即立方之長也。如圖甲乙丙丁戊己長方體形，容積一百一十二尺，其甲乙爲高，甲己爲闊，己戊爲長，甲乙甲己俱四尺，己戊爲七尺，己戊比己庚多三尺，即所帶之縱甲乙壬辛庚己正方形，即初商之正方積，庚辛壬丙丁戊扁方形，即帶縱所多之扁方積也。蓋因此法，高與闊俱止一位，其積止一位之積，故初商所得，即高與闊之邊加入縱多，即爲長邊也。凡有帶一縱無次商者，依此法推之。

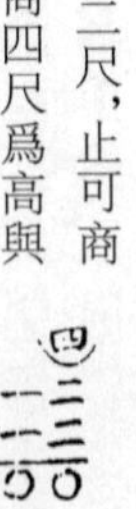

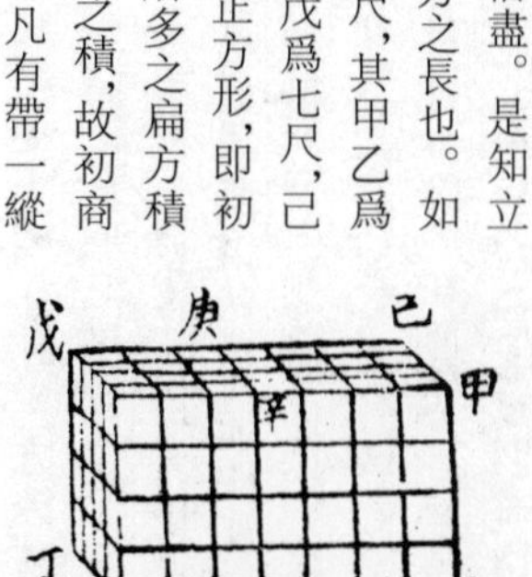

設如帶一縱立方積二千四百四十八尺，其高闊相等，長比高闊多五尺。問高、闊、長各幾何。

答曰：高與闊俱一十二尺，長一十七尺。

法列積如開立方法商之其二千尺爲初商積可商十尺，乃以十尺書於原積二千尺之上，以所商十尺，爲初商之高與闊，加縱多五尺，得十五尺爲初商之長。即以初商之高與闊十尺自乘，得一百尺，又以初商之長十五尺再乘，得一千五百尺。書於原積之下，相減餘九百四十八尺，爲次商廉隅之共積。乃以初商之高與闊十尺，自乘，得一百尺此一方廉，初商數也。又以初商之高與闊十尺，與初商之長十五尺相乘，得一百五十尺。倍之得三百尺，加倍爲帶縱兩方廉，即初商加縱多也。兩數相併，得四百尺爲次商三方廉面積。以除次商廉隅之共積九百四十八尺，足二尺，則以二尺書於原積八尺之上，而以初商之高與闊十尺倍之，得二十

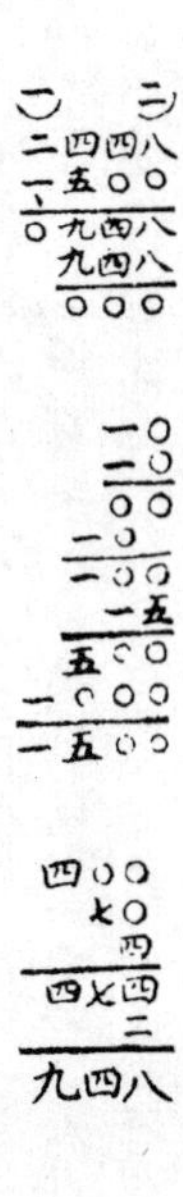

尺此兩長廉初商數也，與初商之長十五尺相併，此帶縱一長廉也。得三十五尺，以次商之二尺乘之，得七十尺爲次商三長廉面積，又以次商之二尺自乘，得四尺，爲次商一小隅面積，合三方廉、三長廉、一小隅面積，共得四百七十四尺，爲廉隅共法。以次商之二尺乘之得九百四十八尺，書於餘積之下相減恰盡。是知立方之高與闊俱一十二尺，加縱多五尺得一十七尺，即立方之長也。如圖，甲乙丙丁長方體形，容積二千四百四十八尺，其甲乙高，甲戊闊，皆十二尺，甲己長十七尺，甲己比庚己所多甲庚五尺，即縱多之數，其從一角所分辛乙癸壬長方體形，壬癸與辛乙皆十尺，即初商數。壬辛十五尺，即初商加縱多之數。辛乙癸壬長方積一千五百尺，即初商自乘，又以初商加縱多再乘之數，所餘子形丑形寅形爲三方廉，其中寅形爲一正方廉，每邊十尺，即初商數。子形丑形爲二長方廉，每闊十尺，長十五尺其長比闊多五尺，即縱多之數，其厚皆二尺，即次商數，卯形辰形巳形，爲三長廉，其辰形巳形皆長十尺，即初商數，卯形比辰形巳形皆長五尺，即縱多之數，其闊與高皆二尺亦即次商數，其巳形一小正方體爲隅。其長闊高皆二尺，亦即次商數，合子丑寅三方廉，卯辰巳三長廉，巳一小隅，共成一磬折體形。附於初商長方體之三面，而成甲乙丙丁之總長方體積也。三商以後，皆仿此遞折開之。

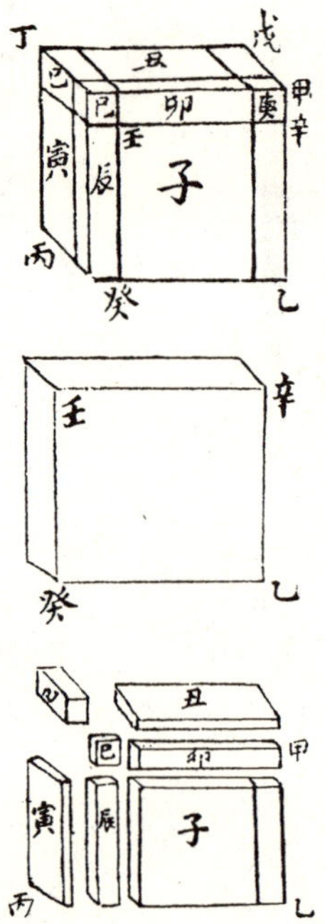

又　設如帶一縱立方積二千四百四十八尺，高闊相等。其長闊和二十九尺。問高闊長各幾何。

答曰：高與闊俱十二尺，長十七尺。

法列積如開立方法商之，其二千尺爲初商積可商十尺，乃以十尺書於原積二千尺之上，而以所商十尺爲初商之高與闊，與長闊和二十九尺相減，餘十九尺爲初商之長，即以初商之高與闊十尺自乘，得一百尺，又以初商之長十九尺再乘，得一千九百尺。書於原積之下，相減餘五百四十八尺，乃以初商之高與闊十尺，與初商之長十九尺相乘，得一百九十尺，倍之，得三百八十尺，以除餘積五百四十八尺，足一尺因仍益積，且初商之長，尚減去次商數，故取大數爲二尺，則以二尺書於原積八尺之上，而以初商十尺自乘，又以次商二尺，再乘，得二百尺與餘積五百四十八尺相加，得七百四十八尺。爲次商二方廉、一長廉之共積，乃以次商二尺與初商之長十九尺相減，餘十七尺，爲初商次商之長，與初商之高與闊十尺相乘，得一百七十尺。倍之，得三百四十尺，爲二方廉面積。又以次商二尺與初商次商之長十七尺相乘，得三十四尺爲一長廉面積，合二方廉、一長廉面積，共三百七十四尺。以次商二尺乘之，得七百四十八尺，書於餘實之下，相減恰盡。是知立方之高與闊俱十二尺，長十七尺也。如圖：甲乙丙丁長方體形，甲乙高，乙戊闊，皆十二尺，戊丙長十七尺，乙戊與戊丙共二十九尺，即長闊和。其從一角所分己乙壬癸長方體形。己乙與乙庚皆十尺，即初商數，壬庚十九尺，即長闊和。內減去初商所餘之數，比戊丙多子壬一段，即次商數，己乙壬癸長方積一千九百尺，即初商自乘，又以初商與長闊和相減之餘，再乘之數比初商原體積多丑寅壬癸一扁方體形。因初商積內多減去此數，故以初商自乘，次商再乘，

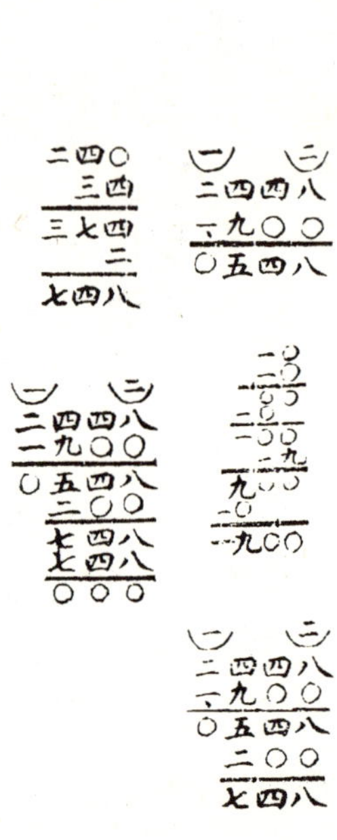

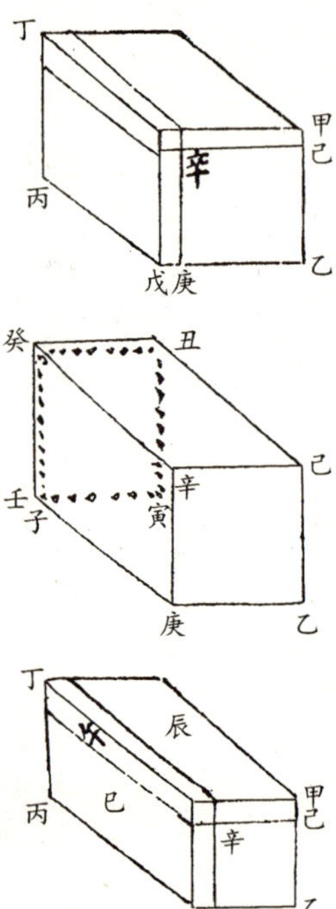

而得丑寅壬癸扁方體積，與餘積相加，即得甲己辛庚丙壬兩面磬折體形，其辰形己形爲兩方廉，其闊十尺，即初商數，其長十七尺，即長闊和内減初商次商之數，其厚皆二尺，即次商數，午形爲一長廉，其長十七尺，與方廉同其闊與厚皆二尺，亦即次商數，合二方廉、一長廉，共成一磬折體形，附於長方體之兩面，而成甲乙丙丁之總長方體積也。

立成釋鎖高次方法

算法

宋・劉益《議古根源》楊輝《田畝比類乘除捷法》

圓田一段直徑十三步。今從邊截積三十三步。問所截弦矢各幾何。

答曰：弦十二步，矢四步。

術曰：倍積，自乘爲實。四因積步爲上廉，四因徑步爲下廉，五爲負隅。開三乘方除之，得矢。以矢除倍積減矢，即弦。

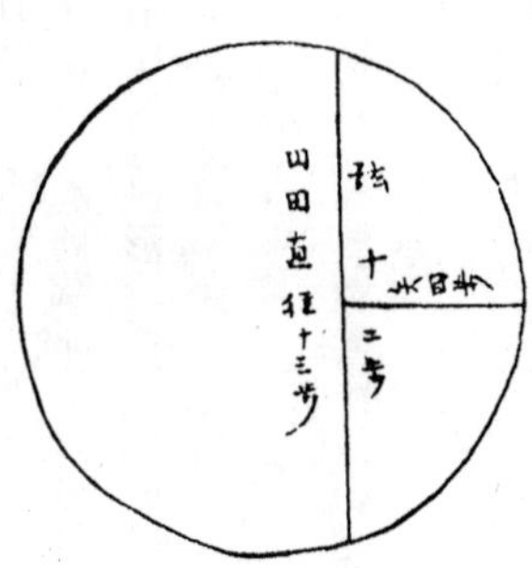

宋・楊輝《楊輝算法・田畝比類乘除捷法》卷下　草曰：倍田積自乘，得四千九十六步爲實。四因積步，得一百二十八爲上廉。別四因徑步得五十二爲下廉，置五筭爲負隅，於實上商置得矢四步。以命負隅五，減下廉二十，餘三十二以上商四步，依三乘方乘，下廉入上廉，共二百五十六。又以上商四步乘上廉，得一千二十四爲三乘方法。以上商命方法除實盡，得矢四步。別置二因積六十四，以矢四步除，得一十六，減矢四步，餘十二步爲弦。合問。

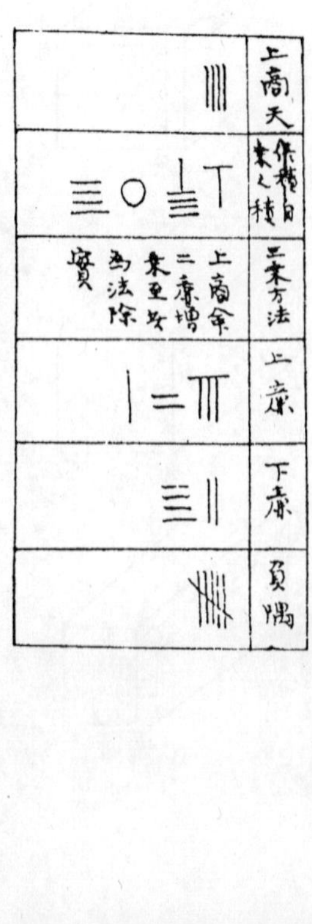

明・吴敬《九章算法比類大全》卷四《少廣》　積一百三十三萬六千三百三十六尺，問爲三乘方面幾何。

答曰：三十四尺。

法曰：三廣相乘其壯匾直。置積爲實，別置一筭名曰下法，自末位常超三位。一乘超一位，二乘超二位，三乘超三位，萬下定十。約實，商置第一位得三十。下法亦置上商三十，進三位爲三萬，以三再自乘得二十七萬，爲隅法。與上商三除實八十一萬，餘實五十二萬六千三百三十六尺。乃四乘隅法，得一百六十萬爲方法。下法再置上商三十進三位，爲三萬。置二位以三乘一位爲九萬。又六乘得五十四萬，爲上廉。又一位三萬以四乘得一十二萬，爲下廉。方法一退得一十萬八千，上廉再退得五千四百。下廉三退得一百二十，下法四退得一。續商置第二位，以方、廉三法共一十一萬三千五百二十，商實得四，下法亦置上商四，再自乘得六十四爲隅法。又以上商四，一遍乘上廉得二萬一千六百，二遍乘下廉得一千九百二十，以方、隅、廉、四法共一十三萬一千五百八十四皆與上商四，除實盡。得三十四尺。合問。

又　卷一〇《各色開方》　今有三乘方積二千七十五億九千四百一十四萬六百二十五尺，問一面幾何。

答曰：六百七十五尺。

法曰：置積爲實，別置一筭名曰下法。常超三位，一乘超一位，二乘超二位，三乘超三位，萬下定十，億下定百。約實下法，定億。商置第一位得六百，下法亦置上商爲六億。再自乘得二百一十六億爲隅法，與上商六，除實一千二百九十六億，餘實七百七十九億九千四百一十四萬六百二十五尺，乃四乘隅法，得八百六十四億爲方法。下法再置上商，爲六億。副置二位。第一位自乘得三十六億，又以六乘得二百一十六億爲上廉，第二位以四乘得二十四億爲下廉，乃方法一退得八十六億四千萬，上廉再退得二億一千六百萬，下廉三退得二百四十萬，下法四退得萬。續商置第二位，以方、廉三法共八十八億五千八百四十萬，商餘實得七十，下法亦置上商，爲七萬，再自乘得三百四十三萬爲隅法，又以上商七，一遍乘上廉得一十五億一千二百萬。二遍乘下廉得一億一千七百六十萬。以方、廉、隅四法共一百二億七千三百三萬，皆與上商七，除餘實七百一十九億一千一百二十一萬，仍餘實六十億八千二百九十三萬六百二十五尺。乃二乘上廉，得三十億二千四百萬，三乘下廉得三億五千二百八十萬，四乘隅法，得一千三百七十二萬，皆併入方法，共一百二十億三千五十二萬，又於下法，再置上商六百七十，進三位爲六十七萬。副置二位，第一位自乘得四千四百八十九萬，又以六乘得二億六千九百三十四萬爲上廉；第二位以四乘得二百六十八萬爲下廉，乃方法一退得一十二億三百五萬二千，上廉再退得二百六十九萬三千四百；下廉三退得二千六百八十，下法四退得一。再商置第三位。以方、廉三法共一十二億五百七十四萬八千八十，商餘實得五尺，下法亦置上商五尺，再自乘得一百二十五尺爲隅法，又以上商五尺，一遍乘上廉得一千三百四十六萬七千；二遍乘下廉得六萬七千，以方、廉、隅四法共一十二億一千六百五十八萬六千一百二十五尺，皆與上商五，除實盡，得六百七(千)[十]五。合問。

明・吴敬《九章筭法比類大全》卷一〇《各色開方》

開三乘方法

法曰：置積若干爲實，別置一筭名曰：下法，常超三位，一乘超一位，二乘超二位，三乘超三位，萬下定十，億下定百。約實下法，定億。商置第一位得若干，下法亦置上商爲若干，再自乘得若干爲隅法，與上商若干，除實若干，餘實若干，乃四乘隅法，得若干，爲方法。下法再置上商爲若干，副置二位，第一位自乘得若干，又以六乘得若干爲上廉，第二位以四乘得若干爲下廉，乃方法一退得若干，上廉再退得若干，下廉三退，下法四退得若干。續商置第二位，以方廉三法共若干，商餘實得若干，下法亦置上商爲若干，再自乘得若干爲隅法，又以上商若干。一遍乘上廉得若干，二遍乘下廉得若干，以方、廉、隅四法共若干，皆與上商若干，除餘實若干，仍餘實若干。乃二乘上廉得若干，三乘下廉得若干，四乘隅法得若干，皆併入方法共得若干；又於下法再置上商共若干，進三位爲若干。副置二位，第一位自乘得若干，又以六乘得若干爲上廉，第二位以四乘得若干爲下廉，乃方法一退得若干，上廉再退得若干，下廉三退得若干，下法四退得若干。再商置第三位，以方、廉二法共若干，商餘得若干，下法亦置上商若干，再自乘得若干爲隅法；又以上商若干，一遍乘上廉得若干；二遍乘下廉得若干；以方、廉、隅四法共若干，皆與上商除實盡。得若干。合問。

又　帶益從廉添積開三乘方

今有直田積步，以長自乘得一千七百九十一萬五千九百四步，只云長較相乘得一千七百二十八步。問長闊各幾何。

荅曰：長七十二步，闊四十八步。

法曰：置積一千七百九十一萬五千九百四步爲實。以相乘一千七百二十八步爲益從廉，開三乘方法除之。於實數之下商置第一位，將益從廉三進得一十七萬二千八百，下法四進得萬。以商實得七十，下法亦置上商得七萬，再自乘得三百四十三萬爲隅法，又以上商七二遍乘益從廉得八百四十六萬七千二百，添入乘積共得二千六百三十八萬三千一百四步。却以隅法三百四十三萬，與上商七除實二千四百一萬，餘實二百三十七萬三千一百四步。乃四乘隅法得一千三百七十二萬爲方法。下法再置上商得七萬，副置二位，第一位自乘得四十九萬，又以六乘得二百九十四萬爲上廉。第二位以四乘得二十八萬爲下廉。乃方法一退得一百三十七萬二千，上廉再退得二萬九千四百，下廉三退得二百八十，益從廉再退得一千七百二十八，下法四退得一。續商置第二位，以方、廉二法共一百四十万一千六百八十，以商餘實得二步。下法亦置上商二，自乘得四，以乘上商七十得二百八十，加自乘四共得二百八十四，以乘益從廉得四十九萬七百五十二，添入餘實共得一百八十六萬三千八百五十六。却以上商二一遍乘上廉得五萬八千八百，二遍乘下廉得一千一百二十，三遍乘隅筭一得八。以方、廉、隅三法共一百四十三萬一千九百二十八，皆與上商二除實，盡。得長七十二步。以除相乘一千七百二十八步得較二十四步，以減長得闊四十八步。合問。

又　開鎖方

今有方垛壔圓垛壔立方大平方小平方立圓毬各一，共積二萬七千八十尺，只云小平方面多如立圓毬徑三分之二，又云大平方面與小平方面冪等，立方面如二垛壔高三分之二，又云二垛壔高與小平方面等。却不及圓垛壔徑二尺，又不及方垛壔面六尺。問六事各幾何。

答曰：方垛壔高一十二尺面一十八尺，共積三千八百八十八尺。圓垛壔高一十二尺，徑一十四尺，共積一千七百六十四尺。大平方一百四十四尺，共積二萬七百三十六尺。小平方一十二尺，共積一百四十四尺。立方面八尺，共積五百一十二尺。立圓毬徑四尺，共積三十六尺。

法曰：求乘積，置積二萬七千八十尺，於上。以立方分母三再自乘得二十七，以立方率十六乘之，得四百三十二爲乘法。以乘積數得一千一百六十九萬八千五百六十爲實。求從方，以方垛壔高不及六尺自乘得三十六尺，以乘法四百三十二，乘之得一萬五千五百五十二於上。又圓法三因乘法得一千二百九十六。却以方法四約之得三百二十四。又以立圓毬差二自乘得四，乘之得一千二百九十三，加入前數共得一萬六千八百四十八爲從方。求從下廉，以方垛壔差六，以二乘得一十二，以乘法乘之得五千一百八十四於上。又倍圓垛壔差二得四，以乘法乘之得一千七百二十八。却以三因四除得一千二百九十六於中，以乘法四百三十二於下，併三位共得六千九百一十二爲從上廉。求從下廉，以立方分子二再自乘得八，以立方法十六乘之得一百二十八於上，又以立圓分子一再自乘亦得一，以立圓法九因之亦得九於中，又以方垛壔差隅筭四百三十二，圓垛壔差隅筭三百二十四，相併得七百五十六於下，併三位共得八百九十三爲從下廉。以大平方冪叚四百三十二爲隅筭，開三乘方法除之。於實數之下商置第一位，以布方、廉、隅、法四位。將從方一進得一十六萬八千四百八十，從上廉二進得六十九萬一千二百，從下廉三進得八十九萬三千，隅法四進得四百三十二萬，於實數萬位之下，商實得一十。下法亦置上商一，遂依三乘方法，一遍乘上廉，二遍乘下廉，一乘隅法，皆止得原數。以方、廉、隅四法共六百七萬二千六百八十，皆與上商一除實六百七萬二千六百八十，餘實五百六十二萬五千八百八十。二乘上廉得一百三十八萬二千四百，三乘下廉得二百六十七萬九千，四乘隅法得一千七百二十八萬，皆併入從方共得二千一百五十萬九千八百八十，爲方法。再置上、下廉二位，以三因上商一十得三十，以乘下廉八十九萬三千得二百六十七萬九千，加入上廉六十九萬一千二百共得三百三十七萬二百。又於隅法之下置上商一、二位上。自乘止得。又六乘得六，以乘隅法四百三十二萬得二千五百九十二萬，又加入上廉三百三十七萬二百共得二千九百二十九萬二百。下位只以四乘得四，以乘隅法四百三十二萬共得一千七百二十八萬，加入下廉八十九萬三千共得一千八百一十七萬三千。乃方法一退得二百一十五萬九千八百八十八，上廉再退得二十九萬二千九百二，下廉三退得一萬八千一百七十三，隅法四退得四百三十二。續商置第二位，以方、廉、隅四法共二百四十六萬二千四百九十四，商餘實得二尺。下法亦置上商二，一遍乘上廉得五十八萬五千八百四，二遍乘下廉得七萬二千六百九十二，三遍乘隅法得三千四百五十六。以方、廉、隅四法共二百八十一萬二千九百四十，皆與上商二除實，盡。得一十二尺爲方圓垛壔高小平方面等數。却以等數一十二尺副置五位，第一位以三約之得四尺爲立圓毬徑。第二位自乘得一百四十四尺爲大平方面。第三位以二乘得二十四尺，以三除得八尺，爲立方面。第四位加不及二尺得一十四尺爲圓垛壔徑。第五位加不及六尺得一十八尺爲方垛壔。合問。

今有方、垛壔、圓垛壔、大立方、小立方、大平方、小平方、大立圓、小立圓、陽馬、鼈臑共一十事計積一十五萬四百六十二尺，號曰十樣錦。只云方圓垛壔高，陽馬鼈臑廣與小平方面等其。大立方面大立圓徑多小平方面四分之一。又小立方面小立圓徑如小平方面三分之二。又云大平方面與小平方面冪等，陽馬廣少如袤二尺，高四尺。又鼈臑廣少如高二尺。上袤四尺。其方垛壔面多高六尺。圓垛壔徑多高四尺。問十事各幾何。

答曰：方垛壔高一十八尺面二十四尺，共積一萬三百六十八尺。

圓垛壔高一十八尺徑二十二尺，共積六千五百三十四尺。

大立方面二十四尺，共積一萬三千八百二十四尺。

大立圓徑二十四尺，共積七千七百七十六尺。

小立方面一十二尺，共積一千七百二十八尺。

小立圓徑一十二尺，共積九百七十二尺。

大平方面三百二十四尺，共積一十萬四千九百七十六尺。

小平方面一十八尺，共積三百二十四尺。

陽馬廣一十八尺，高二十二尺，袤二十尺，共積二千六百四十尺。

鼈臑廣一十八尺，高二十尺，上袤二十二尺，共積一千三百二十尺。

法曰：求乘積置積一十五萬四百六十二尺於上，以立方分母三再自乘得二十七，以立方十六乘之得四百三十二爲乘法。以乘積數得六千四百九十九萬九千五百八十四爲實。求從方，以方垛壔多數六，自乘得三十六。以乘法乘之得一萬五千五百五十二。又圓垛壔多數四自乘得一十六，以乘法乘之，又三因四而一得五千一百八十四。又陽馬二差相乘得八，以乘法乘之如三而一得一千一百五十二。又鼈臑二差相乘得八，以乘法乘之如六而一得五百七十六。併四位共得二萬二千四百六十四爲從方。求從上廉，倍方垛壔多數六得一十二，以乘法乘之得五千一百八十四，又倍圓垛壔多數四得八，以乘法乘之，又三因四而一得二千五百九十二。又陽馬二差相併得六，以乘法乘之，如三而一得八百六十四。又鼈臑二差相併得六，以乘法乘之如六而一得四百三十二。又用大平方冪段四百三十二，併五位共得九千五百四爲從上廉。求從下廉，以方垛壔分母三再自乘得二十七，以立方率十六乘之得四百三十二。又圓垛壔分母三再自乘，得二十七，以立方率十六乘之，又三因四而一得三百二十四。大立方分母四再自乘得六十四，以立方率十六乘之得一千二十四。小立方分母二再自乘得八，以立方率十六乘之得一百二十八。大立圓分母四再自乘得六十四，以立圓率九乘之得五百七十六。小立圓分母二再自乘得八，以立圓率九乘之得七十二。陽馬分母三再自乘得二十七，以立方率十六乘之又如三而一得一百四十四。鼈臑分母三再自乘得二十七，以立方率十六乘之，又如六而一得七十二，併八位共得二千七百七十二爲從下廉。以大平方冪段四百三十二爲隅筭，開三乘方法除之。於實數之下商置第一位，以布方、廉、隅四法。將從方一進得二十二萬四千六百四十，從上廉二進得九十五萬四百，從下廉三進得二百七十七萬二千，隅法四進得四百三十二萬，於實數萬位之上商實得一十。下法亦置上商一，遂依三乘方法，一遍乘上廉，二遍乘下廉，一乘隅法，皆止得原數。以方、廉、隅四法共八百二十六萬七千四十，皆與上商一除實八百二十六萬七千四十，餘實五千六百七十三萬二千五百四十四。乃二乘上廉得一百九十萬八百，三乘下廉得八百三十二萬六千，四乘隅法得一千七百二十八萬，皆併入從方共得二千七百七十二萬一千四百四十爲方法。再置上商一，以三乘之得三，乘下廉二百七十七萬二千得八百三十一萬六千，加入上廉九十五萬四百共得九百二十六萬六千四百。又於隅法之下置上商一，二位。上自乘，又六乘止得六，以乘隅法四百三十二萬得二千五百九十二萬，加入上廉九百二十六萬六千四百共得三千五百一十八萬六千四百，下位只以四乘止得四，以乘隅法得一千七百二十八萬，加入下廉二百七十七萬二千共得二千五萬二千。乃方法一退得二百七十七萬二千一百四十四，上廉再退得三十五萬一千八百六十四，下廉三退得二萬五十二，隅法四退得四百三十二。續商置第二位，以方、廉、隅四法共三百一十四萬四千四百九十二，商餘實得八尺。下法亦置上商八，一遍乘上廉得二百八十一萬四千九百一十二，二遍乘下廉得一百二十八萬三千三百二十八，三遍乘隅法得二十二萬一千一百八十四。以方、廉、隅四法共七百九萬一千五百六十八，皆與上商八除實，盡。得一十八尺爲方圓垛壔高，陽馬鼈臑廣，小平方面等數。却以等數一十八尺副置六位，第一位以二乘三而一得一十二尺，爲小立方面，小立圓徑。第二位以四乘三而一得二十四尺，爲大立方面，大立圓徑。第三位自乘得三百二十四爲大平方面。第四位加四尺共得二十二尺爲圓垛壔徑，陽馬高，鼈臑上袤。第五位加二尺得二十尺爲陽馬袤，鼈臑高。第六位加六尺得二十四尺爲方垛壔面。合問。

又 開四乘方法

法曰：置積若干爲實，別置一筭，名曰：下法。自末位常超四位，約實下法定得若干，商置第一位，得若干。下法亦置上商，爲若干。以三遍若干乘得若干爲隅法，與上商若干除實若干餘實若干，乃五乘隅法得若干爲方法，下法再置上商爲若干；副置三位，第一位以若干，二遍乘得若干，又以一十乘之得若干爲上廉，第二位以若干乘得若干，又以一十乘之得若干爲中廉，第三位以五乘得若干爲下廉，乃方法一退得若干，上廉再退得若干，中廉三退得若干，下廉四退得若干，下法五退得若干。續商置第二位，以方廉四法若干，商餘實得若干，下法亦置上商爲若干，三遍若干乘得若干爲隅法。又以上商若干，一遍乘上廉得若干，二遍乘中廉得若干，三遍乘下廉得若干，以方廉隅五法共若干，皆與上商若干，除餘實若干，仍餘實若干。乃二乘上廉得若干，三乘中廉得若干，四乘下廉得若干，五乘隅法得若干，皆併入方法共若干。又於下法，再置上商共若干，進四位爲若干。副置三位，第一位以若干，二遍乘得若干；又以一十乘之得若干爲上廉，第二位以若干乘之得若干，又以一十乘之得若干爲中廉；第三位，以五乘得若干爲下廉。乃方法一退得若干，上廉再退得若干，中廉三退得若干，下廉四退得若干，下法五退得若干。再商置第三位，以方、廉四法共若干，商餘實得若干。下法亦置上商若干，三遍自乘得若干爲隅法。又以上商若干，一遍乘上廉得若干，二遍乘中廉得若干，三遍乘下廉得若干，以方廉隅五法共若干，皆與上商若干，除實盡。得若干。合問。

今有四乘方積一十九萬七千一百六十二億四千五百三十二萬三千七百七十六尺，問一方面幾何。

荅曰：四百五十六尺。

法曰：置積爲實，別置一筭，名曰：下法。自末位常超四位，約實下法，得百億。商置第一位得四百，下法亦置上商爲四百億，以三遍四乘得二萬五千六百億爲隅法，與上商四，除實一十萬二千四百億，餘實九萬四千七百六十二億四千五百三十二萬三千七百七十六尺，乃五乘隅法得一十二萬八千億爲方法，下法再置上商爲四百億。副置三位，第一位以四二遍乘得六千四百億，又以一十乘之得六萬四千億爲上廉，第二位以四乘得一千六百億，又以一十乘之得一萬六千億爲中廉；第三位，以五乘得二千億爲下廉。乃方法一退得一萬二千八百億，上廉再退得六百四十億，中廉三退得一十六億，下廉四退得二千萬，下法五退得十萬。續商置第二位，以方廉四法共一萬三千四百三十六億二千萬，商餘實得五十。下法亦置上商爲五十萬，三遍五乘得六千二百五十萬爲隅法，又以上商五，一遍乘上廉得三千二百億，二遍乘中廉得四百億，三遍乘下廉得三十五億，以方廉隅五法共一萬六千四百二十五億六千二百五十萬，皆與上商五，除餘實八萬二千一百二十八億一千二百五十萬，仍餘實一萬二千六百三十四億三千二百八十二萬三千七百七十六尺。乃二乘上廉得六千四百億，三乘中廉得一千二百億，四乘下廉得一百億，五乘隅法得三億一千二百五十萬，皆併入方法共二萬五百三億一千二百五十萬。又於下法，再置上商四百五，進四位爲四百五十萬。副置三位，第一位以四十五，二遍乘得九十一億一千二百五十萬，又以一十乘之得九百一十一億二千五百萬爲上廉，第二位以四十五，乘之得二億二百五十萬，又以一十乘之得二千億二千五百萬爲中廉，第三位以五乘之，得二千二百五十萬爲下廉。乃方法一退，得二千五十億三千一百二十五萬，上廉再退得九億一千一百二十五萬，中廉三退得二百二萬五千，下廉四退得二千二百五十，下法五退得一。再商置第三位，以方廉四法共二千五十九億四千四百五十二萬七千二百五十尺，商餘實，得六尺。下法亦置上商六，三遍自乘得一千二百九十六尺爲隅法，又以上商六，一遍乘上廉，得五十四億六千七百五十萬，二遍乘中廉得七千二百九十萬，三遍乘下廉得四十八萬六千。以方廉隅五法，共二千一百五億七千二百一十三萬七千二百九十六尺，與上商六尺，除實盡。得四百五十六尺。合問。

開四乘方圖

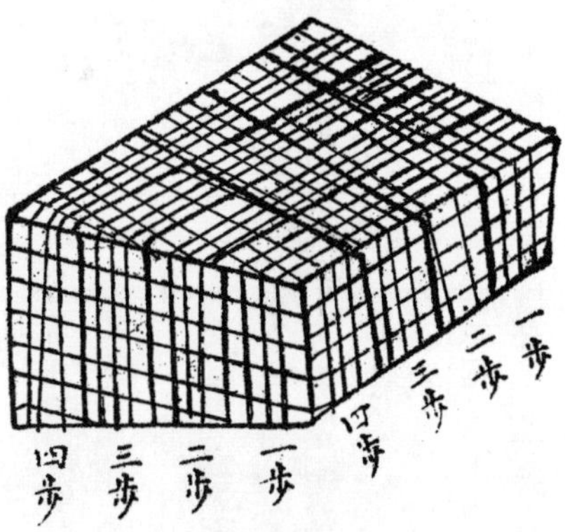

開五乘方圖

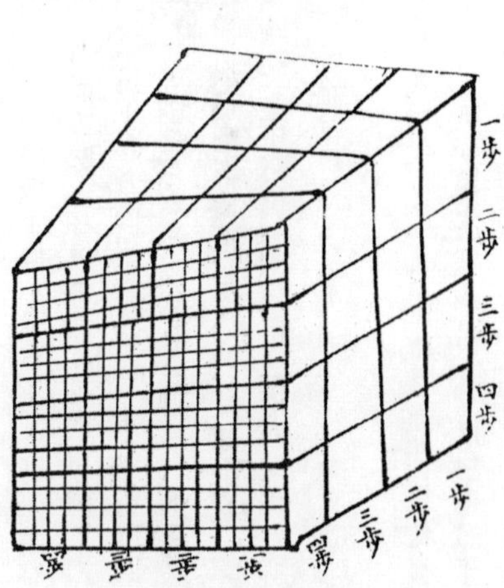

又　開五乘方法

法曰：置積若干爲實，別置一筭，名曰下法。自末位常超五位。約實得若干，商置第一位，得若干。下法亦置上商爲若干。四遍若干乘得若干爲隅法，與上商若干，除實若干，餘實若干。乃六乘隅法得若干爲方法，下法再置上商爲若干，列爲四位。第一位三遍上商若干，乘得若干，又以十五乘之，得若干爲上廉，第二位二遍上商若干，乘得若干，又以二十乘之，得若干爲二廉，第三位以上商若干，乘得若干，又以十五乘之，得若干爲三廉，第四位以六乘得若干爲下廉。乃方法一退得若干，上廉再退得若干，二廉三退得若干，三廉四退得若干，下廉五退得若干，下法六退得若干。續商置第二位，以方廉五法，共若干，商餘實得若干。下法亦置上商，若干。四遍若干乘得若干爲隅法，又以上商若干，一遍乘上廉得若干，二遍乘二廉得若干，三遍乘三廉得若干，四遍乘下廉得若干。以方廉隅六法共若干，皆與上商若干，除餘實若干，仍餘實若干。乃二乘上廉得若干，三乘二廉得若干；四乘三廉得若干；五乘下廉得若干；六乘隅法得若干。皆併入方法共若干。又於下法，副置上商若干，進五位爲若干。列爲四位，第一位三遍上商若干，乘得若干；又以十五乘之得若干爲上廉，第二位二遍上商若干，乘得若干，又以二十乘之得若干爲二廉；第三位以上商，若干乘得若干，又以十五乘之，得若干爲三廉；第四位，以六乘得若干爲下廉。乃方法一退得若干，上廉再退得若干，二廉三退得若干，三廉四退得若干，下廉五退得若干，下法六退得若干。再商置第三位，以方廉五法共若干，商餘實得若干，下法亦置上商若干。四遍自乘得若干爲隅法，又以上商若干，一遍乘上廉得若干，二遍乘二廉得若干，三遍乘三廉得若干，四遍乘下廉得若干，以方廉隅六法共若干，皆與上商若干，除實盡，得若干。合問。

今有五乘方積二百五萬八千九百一十一億三千二百九萬四千六百四十九尺。問一方面幾何。

答曰：二百四十三尺。

法曰：置積爲實，别置一筭，名曰：下法，自末位常超五位，約實，得萬億。商置第一位，得二百。下法亦置上商，爲二萬億。四遍二乘得三十二萬億爲隅法，與上商二，除實六十四萬億，餘實一百四十一萬八千九百一十一億三千二百九萬四千六百四十九尺。乃六乘隅法，得一百九十二萬億爲方法。下法副置上商，二百爲二萬億，列爲四位，第一位三遍二乘得一十六萬億，又以十五乘之，得二百四十萬億爲上廉，第二位二遍二乘得八萬億，又以二十乘之，得一百六十萬億爲二廉，第三位以二乘得四萬億，又以十五乘之，得六十萬億爲三廉，第四位以六乘，得一十二萬億爲下廉。乃方法一退，得一十九萬二千億，上廉再退，得二萬四千億，二廉三退，得一千六百億，三廉四退，得六十億，下廉五退，得一億二千萬，下法六退，得百萬。續商置第二位，以方廉五法，共二十一萬七千六百六十一億二千萬，商餘實，得四十。下法亦置上商，爲四百萬。四遍四乘，得一十億二千四百萬爲隅法，又以上商四，一遍乘上廉，得九萬六千億；二遍乘二廉，得二萬五千六百億；三遍乘三廉，得三千八百四十億；四遍乘下廉，得三百七億二千萬。以方、廉、隅六法，共三十一萬七千七百五十七億四千四百萬，皆與上商四，除餘實一百二十七萬一千二十九億七千六百萬，仍餘實一十四萬七千八百八十一億五千六百九萬四千六百四十九尺。乃二乘上廉，得一十九萬二千億；三乘二廉，得七萬六千八百億，四乘三廉，得一萬五千三百六十億，五乘下廉，得一千五百三十六億，六乘隅法，得六十一億四千四百萬，皆併入方法，共四十七萬二千七百五十七億四千四百萬，又於下法，副置上商二百四十，進五位，爲二千四百萬。列爲四位，第一位三遍二十四乘得三千三百一十七億七千六百萬，又以十五乘之，得四萬九千七百六十六億四十萬爲上廉，第二位二遍二十四乘得一百三十八億二千四百萬，又以二十乘之，得二千七百六十四億八千萬爲二廉，第三位以二十四乘得五億七千六百萬，又以十五乘之，得八十六億四千萬爲三廉，第四位以六乘，得一億四千四百萬爲下廉。乃方法一退，得四萬七千七百七十五億七千四百四十萬；上廉再退，得四百九十七億六千六百四十萬；二廉三退，得二億七千六百四十八萬；三廉四退，得八十六萬四千；下廉五退，得一千四百四十；下法六退，得一。再商置第三位，以方、廉五法共四萬八千二百七十六億一千八百一十四萬五千一百四十。商餘實得三尺。下法亦置上商三，四遍自乘，得二百四十三尺爲隅法，又以上商三，一遍乘上廉，得一千四百九十二億九千九百二十萬；二遍乘二廉，得二十四億八千八百五十二萬；三遍乘三廉，得二千三百三十二萬八十；四遍乘下廉，得一十一萬六千六百四十。以方廉隅六法，共四萬九千二百九十三億八千五百三十六萬四千八百八十三尺，皆與上商三，除實盡。得二百四十三尺。合問。

明・周述學《曆宗筭會》卷四　開方

三乘開積，約實得初商，别置，再自之爲隅法，命初商以除實，乃四乘隅法，爲方法，復置上商二位，以一自而六之，爲上廉。以一四乘爲下廉，以方廉三法，約餘實得次商。别置三位，以一再自乘爲隅法，以一一遍乘上廉，以一二遍乘下廉，併方廉隅四法以除實。乃二乘上廉，三乘下廉，四乘隅法，皆併入方法。復置上商，初次共數。二位，以一自而六之，爲上廉，以一四乘爲下廉，以方廉約餘實，得三商。别置三位，以一再自乘爲隅法，以一一遍乘上廉，以一二遍乘下廉，併方廉隅四法，以除實。如實未盡，再商如之，謂之開三乘方法。是三乘方乃長闊相等者。若長闊不同求長，則積不足，須用添闊，故以從廉爲益積求闊，則積有餘，須用減長，故以從廉爲減積。如以長(幕)[冪]乘直積，與長較相乘求長。以長較相乘爲益從廉，約實得初商，別置二位，以一再自乘爲隅法，以一二遍乘益從廉，添入乘積，爲通積命隅法，以除實。乃四乘隅法，爲方法。復置上商二位，以一自而六之，爲上廉。以一四乘爲下廉，以方廉二法，商餘實得次商。別置四位，以乘初商加自乘，以乘益從廉添入餘實。以一自乘再乘爲隅法，以一自乘以乘下廉，併方廉隅四法，以除實，謂之帶益從廉添積開三乘方。如以闊冪乘直積，與闊較相乘，求闊。以闊較相乘，爲減從約實，得初商。別置二位，以一自乘，以乘減從爲損實，以減積餘爲正實。以一自乘，再乘爲隅法，以除實。四因隅法，爲方法。復置初商二位，以一自而六之，爲上廉，以一四之爲下廉，約餘實得次商。別置四位，以一乘初商，倍之加入自乘，以乘減從廉爲損實，以減餘實，餘爲正實。以一自乘再乘爲隅法，以一自乘以乘下廉，以一乘上廉，併方廉隅四法，以除實，謂之帶從廉減積開三乘方。如圓徑與截積，求矢倍。截積自之爲正實，得三乘之積。四截積爲上廉，四徑爲下廉，五爲負隅。術非益隅以添積，則當減廉以損法也。故一以帶從廉益隅求之，約實得初商。別置三位，以一自而自之，爲方面。以隅因之爲益實加入正實，爲通實。以一乘上廉，以一自之乘下廉，併上下廉，以除實。約餘實得次商。別置加初商，自而自之爲方面，以隅因之減初益實，以餘爲益實，併入正實。倍初商加次商，以乘上廉，倍初商次加商，又併初次商，乘之加初商冪以乘下廉，併上下廉以除實，謂之帶從廉益隅開三乘方一。以帶從減廉求之，約實得初商，別置三位，以一乘上廉，以一乘負隅，以減從下廉，以一自之，以乘餘下廉，併上下廉以除實，約餘實得次商。倍初商，加次商以乘上廉，置一因隅以減隅下廉，倍初商加次商又併初次商，因之加初商冪，以乘下廉，以初商自乘再乘隅，因減之以存下廉，併上廉以除實，謂之帶從減廉開三乘方。四乘開積，約實得初商。別置，以三遍乘爲隅法，命初商以除實，乃五乘隅法，復置上商三位，以一二遍乘，又一十乘之爲上廉。以一自乘又一十乘之，爲中廉。以一五乘爲下廉，以方廉四法商餘實，得次商。別置四位，以一三遍乘爲隅法，以一一遍乘上廉，以一二遍乘中廉，以一三遍乘下廉，併方廉隅五法，以除實，乃二乘上廉，三乘中廉，四乘下廉，五乘隅法，皆併入方法，復置上商初次共數。三位，以一二遍乘，又一十乘之爲上廉。以一自乘，又一十乘之爲中廉。以一五乘爲下廉，以方廉四法商餘實，得三商。別置四位，以一三遍乘爲隅法，以一一遍乘上廉，以一二遍乘中廉，以一三遍乘下廉，併方廉隅五法以除實。實有未盡，再商如之，謂之開四乘方法。五乘開積，約實得初商，別置，以四遍乘爲隅法，命初商以除實。乃六乘隅法，爲方法。復置上商四位，以一三遍乘，又十五乘之爲上廉。以一二遍乘，又二十乘之爲二廉。以一自乘，又十五乘爲三廉。以一六乘爲下廉。以方廉五法約餘實，得次商。別置五位，以一四遍乘爲隅法，以一一遍乘上廉，以一二遍乘二廉，以一三遍乘三廉，以一四遍乘下廉，併方廉隅六法以除實，乃二乘上廉，三乘二廉，四乘三廉，五乘下廉，六乘隅法皆併入方法。復置上商初次共數。四位，以一三遍乘，又十五乘之，爲上廉。以一二遍乘，又二十乘之爲二廉。以一自乘，又十五乘之爲三廉。以一六乘爲下廉，以方廉五法商餘實，得三商，別置五位。以一四遍乘爲隅法，以一一遍乘上廉，以一二遍乘二廉，以一三遍乘三廉，以一四遍乘下廉，併方廉六法以除實，實有未盡，再商如之。謂之開五乘方法，方至五乘，則大小相因，巨細畢舉。大哉，數也。斯其至矣，又創六乘，七乘，不亦迂乎。

又 卷五 開立方

開三乘方法：積貳萬八千五百六十一尺，求爲三乘方面幾何。

置積爲實，別置一算名曰下法。從實尾數至首常超三位於萬下，定一十。置初商一十於左上，下法亦置上商一十自乘，再乘得一千爲隅法，與上法一十相乘除實一萬，餘一萬八千五百六十一爲次商之實。三乘方其形長方該方十三者十三塊。初商一十自乘再乘，而以初商乘之止，得高一十，闊一十，長一十者，每一塊尚欠三方三廉一隅，又另外欠立方一十三者。三塊，共得一萬八千五百六十一之數，正合。四因隅法得四千，爲方法。隅法四因，以立方一塊爲一隅，計積一千尺。每塊平方一面得一百，三面得三百十塊，共得三千。又將欠三塊，立方止。以一方爲計得一千是共四千也。故用四因之，或曰次三塊何以止，計一塊。蓋續商高三，以三因之，則三塊全矣。初商自之六因得六百，爲上廉。何以用自之，何以用六因。蓋初商得立方十塊，已補三方矣。每塊該三廉是三百之數，其欠立方三塊，將一塊補出三面，亦三百之數，故用自之，六因蓋以先十塊三廉與後一塊三分輳而成之也。初商四之，得四十，爲下廉。何以用四之，蓋初商立方十塊，方廉俱備矣。惟欠十角是一十也。欠三塊。立方，以一塊計之，該三廉是三十也，總而言之得四十，蓋以先十塊之隅與後一塊之三廉併而爲四也。

次商得三，置一於左次，爲上法。置一乘上廉得一千八百。何以乘上廉，蓋先十塊立方之三廉，每廉須用次商乘之以成扁長，後一塊之三方，每方須用次商乘之以成扁方。置一自之以乘下廉，得三百六十。何以用自之以乘，蓋先十塊。立方各一角，用次商自之以乘，得十塊小平方。後一塊三廉用次商自之以乘，得三條長方耳。置一自乘再乘，得二十七爲隅法。何以自乘再乘，蓋三三得九，三九二十七，以成一小角耳。併方廉隅共六千一百八十七爲下法，與上法相乘除實盡。得一面一十三尺。

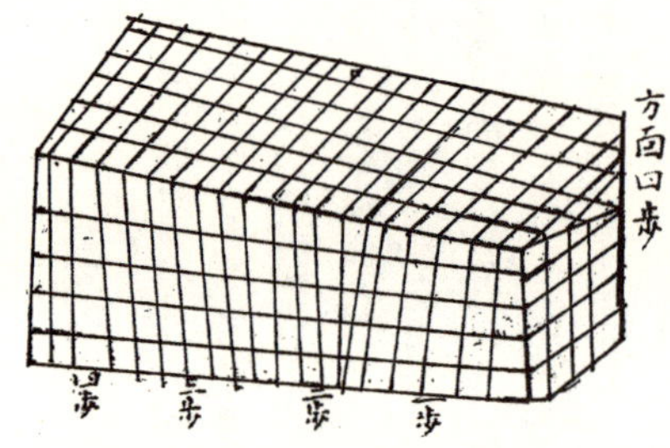

開三乘方圖

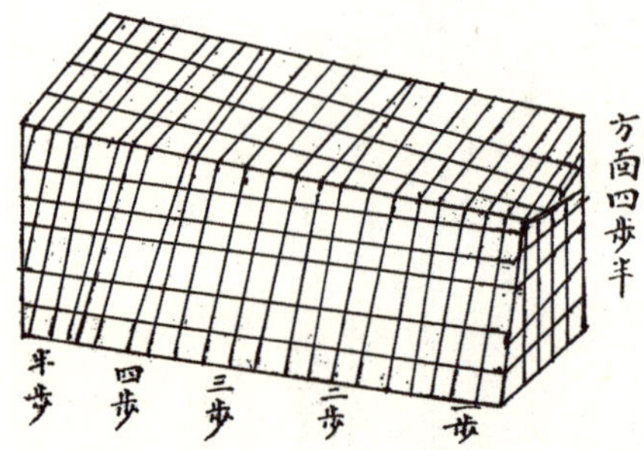

又

帶益從廉添積開三乘方

直田以長冪乘田積共一千五百九十四萬〇四百三十九步，長較相乘共九百三十八步，求長幾何。

長冪即自乘，乃一平方之數。田積乃一長平之數，又以長冪乘之是三度乘矣，故用三乘方法開之。以求平方一面之數，然三乘方乃長闊相等者。今長闊不同，故以長較相乘爲益從廉，所以補積之不足也。長冪四千四百八十九，立方冪三十〇萬〇七百六十三，三乘方冪二千〇一十五萬一千一百二十一。許少積四百二十一萬〇六百八十二步。置積爲實，以長較相乘爲益從廉，三乘方法開之。初商六十，置一於左上爲上法，置一自乘，以乘益從廉得三百三十七萬六千八百爲益實，添入積共一千九百三十一萬七千二百三十九，爲通積。置一自乘，再乘得二十一萬六千爲隅法，隅法與上法相乘得一千二百九十六萬，以除通積，記餘積六百三十五萬七千二百三十九爲次商之實。四因隅法得八十六萬四千爲方法，初商自乘，六之得二萬一千六百爲上廉，初商四之得二百四十爲下廉，作法。求第二位，再商七置一於左次，爲上法，置一乘初商，倍之爲八百四十，又加入自乘四十九共百八十九，以乘益從廉得八十三萬三千八百八十二，爲益實添入餘積共得七百一十九萬一千一百廿一，爲通積。置一自乘，再乘得三百四十三爲隅法。置一自乘，以乘下廉得一萬一十七百六十，置一乘上廉得一十五萬一千二百併方法，隅法上下廉共一百〇二萬七千三百〇三爲下，與上法相乘，除實盡。

得長六十七步。

帶從廉減積開三乘方

直田以闊冪乘田積共九百九十七萬四千七百五十九步，闊較相乘七百四十二步，求闊幾何。

闊冪二千八百〇九，立方冪一千四萬八千八百七十七，三乘方冪七百八十九萬〇四百八十一，計多積二百〇八萬四千二百七十八。置積爲實，闊較相乘爲減從廉，三乘方法開之。初商五十，置一於左上爲上法，置一自乘，以乘減從廉得一百八十五萬五千爲損實，以減積，餘八百一十一萬九千七百五十九爲正實。置一自乘，再乘得一十二萬五千爲隅法，與上法相乘除實六百二十五萬，餘積一百八十六萬九千七百五十九，爲再商之實。四因隅法得五十萬爲方法，初商自乘，六之得一萬五千爲上廉，初商四之得二百爲下廉作法。求第二位再商三置一，於左次爲下法，置一乘初商，倍之得三百加入自乘九得三百〇九，以乘減從廉得二十二萬九千二百七十八。爲損實。以減餘實訖，餘一百六十四萬〇四百八十一爲正實。置一自乘，再乘得二十七爲隅法。置一自乘，以乘下廉得一千八百，置一乘上廉得四萬五千，併方法隅法上下廉共五十四萬六千八百二十七爲下法，與上法相乘餘實盡。

得闊五十三步。

帶從廉益隅開三乘方

圓田周二百六十七步，從邊截積一千三百一十二步半，求截矢幾何。

倍截積自之得六百八十九萬〇六百二十五爲正實，四因截積得五千二百五十爲上廉，周三而一之得徑，又四之得三百五十六爲下廉。五爲負隅，三乘方法開之。約實初商二十，置一於左上爲上法，置一自之，又自之得一十六萬爲三乘方面，以隅因之得八十萬爲益實，加入正實共七百六十九萬〇六百二十五，爲通實。置一乘上廉得一十萬五千，置一自之以乘下廉得一十四萬二千四百，相併得二十四萬七千四百爲下法，與上法相乘除實四百九十四萬八千，餘實二百七十四萬二千六百二十五爲次商正實。約實次商得五，置一於左次爲上法，置一加初商自之，又自之得三十九萬〇六百二十五爲三乘方面，以隅法因之得一百九十五萬三千一百二十五，内減初益實八十萬餘一百一十五萬三千一百二十五爲益實，併入正實共三百八十九萬五千七百五十爲通實。併初商得四十加次商共四十五，以乘上廉得二十三萬六千二百五十，倍初商加次商又併初次商相因得一千一百二十五，加初商自之四百共得一千五百二十五，以乘下廉得五十四萬二千九百併上廉共得七十七萬九千一百五十，與上法相乘除實盡。

得矢二十五步。

帶從減廉開三乘方

圓田周二百六十七步，從邊截積一千三百一十二步半，求矢幾何。

倍截積自之得六百八十九萬〇六百二十五爲正實，四因截積得五千二百五十爲從上廉，周求徑四之得三百五十六爲從下廉，廉五爲負隅，三乘方開之。約實初商得二十，置一於左上爲法，置一乘上廉得一十萬五千，置一乘負隅五得一百以減從下廉，餘二百五十六。置一自之，以乘隅下廉得一十〇萬二千四百，與上法相乘，除實四百一十四萬八千，餘實二百七十四萬二千六百二十五。次商得五，置一於左上爲法，倍初商加次商得四十五步，以乘上商得二十三萬六千二百五十，置一因隅得二十五，以減餘下廉存二百三十一，倍初商加次商，又併初次商因之得一千一百二十五，加初商冪四百共一千五百二十五，以乘下廉得三十五萬二千二百七十五，以初商自乘，再乘得八千，隅因得四萬減之，止存三十一萬二千一百七十五，併上廉得五十四萬八千五百二十五爲下法，與上次法相乘，除實盡。

得矢二十五步。

清·梅文鼎《少廣拾遺》 開三乘方

設三乘方積一億三千六百〇四萬八千八百九十六。問方根若干。

答曰：一百〇八。

依法列實，作點。自末位單數作一點起，逆上每隔三位點之。

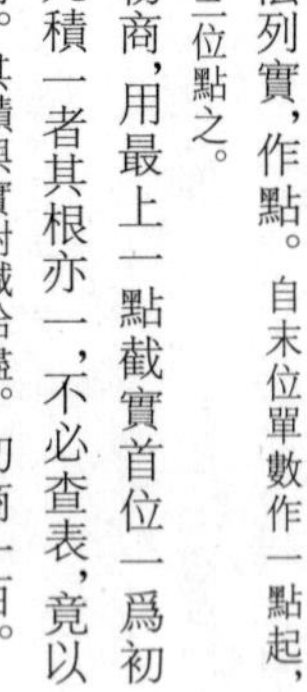

求初商，用最上一點截實首位一爲初商實。凡積一者其根亦一，不必查表，竟以一爲初商。其積與實對減恰盡。初商一百。

求次商，用第二點餘實三六〇四爲次商實。求得廉隅共積四千六百四十一萬爲次商一十之積，大于次商實，不及減，是無次商也。法于初商一百下書〇。

求三商，用第三點合上第二點餘實三六〇四八八九六共八位爲三商實。三商減積至末位第三點，故合八位爲其實。凡求三商，當合初商次商兩數乘定率以求泛積，今次商〇故只用初商數。求得三商八。續書次商〇之下，而以其廉隅共積三千六百〇四萬八千八百九十六，與餘實相減恰盡。凡開得三乘方根一百〇八。

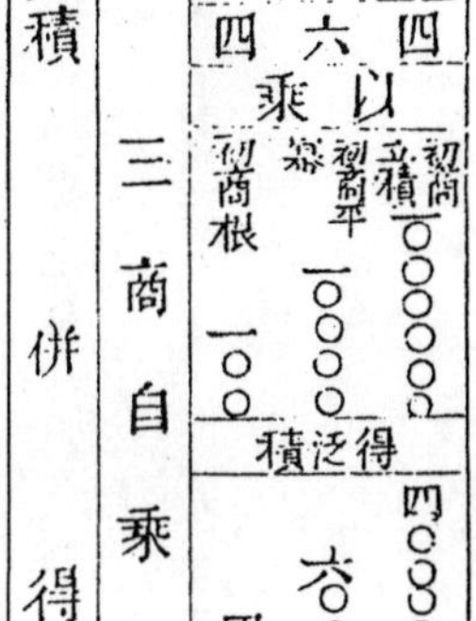

開方簡法，置三乘方積一三六〇四八八九六，以平方法開之，得一一六六四，再置一一六六四以平方法開之，得方根一百〇八。合問。

又 開四乘方

設四乘方積一十三億五〇一十二萬五千一百〇七，問方根若干。

答曰：六十七。

依法列實，作點。自末位單數作一點起，逆上每隔四位點之。

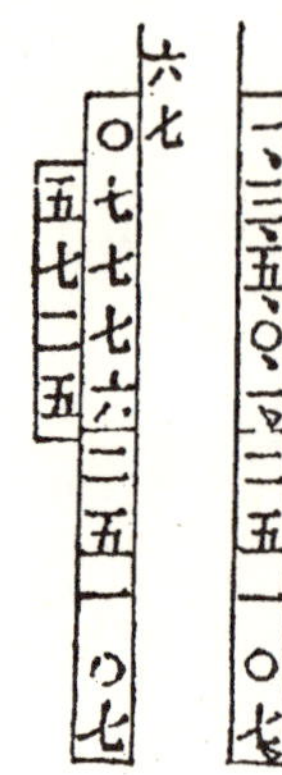

求初商，用最上一點截原實一三五〇一爲初商實。查表有七七七六小于實其根六，即以六爲初商，而以其積七七七六對減初商實，餘五七二五，改書之以待次商。初商六十。

求次商，用第二點上餘實五七二五一二五一〇七爲次商實。求得次商七。書于初商六十之下，而以廉隅共積五億七千二百五十一二萬五千一百〇七減次商實，恰盡。凡開得四乘方根六十七。

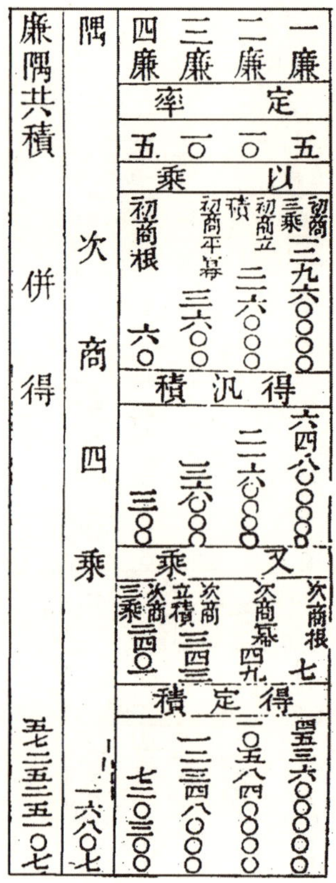

又 開五乘方

設五乘方積一兆七千五百九十六萬二千八百七十八億〇一百萬，問方根若干。

答曰：五百一十。

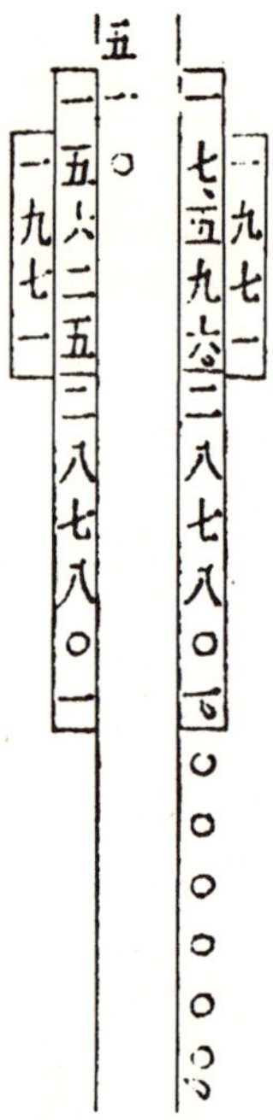

列實，數以單位爲根。今原積尾位是百萬故補六〇列之。作點。自末單位〇上作一點起，逆上每隔五位點之。求初商，用最上一點截原實五位一七五九六爲初商實，入表得五爲初商，對實首上一位録左綫右，即以其積數對實列左綫左，相減餘一九七一。改書之以待次商。初商五百。

求次商。用第二點上餘實一九七一二八七八〇一爲次商實。求得次商一十。書初商五百之下，再將廉隅共積一千九百七十一萬二千八百七十八億〇一百萬去減次商實，恰盡。原實三點，宜有三商，而次商已減實盡，無可商，作〇于次商下。凡開得五乘方根五百一十〇。

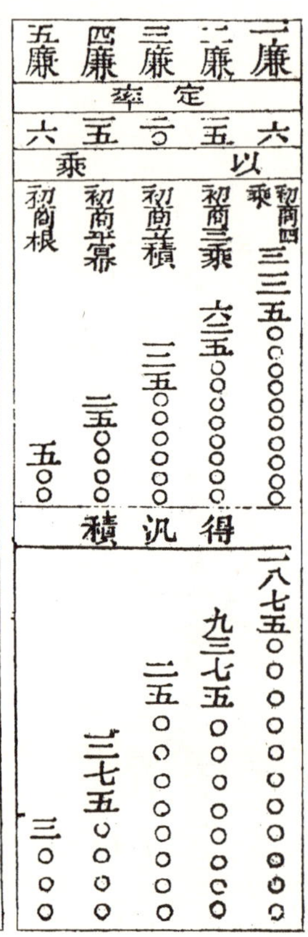

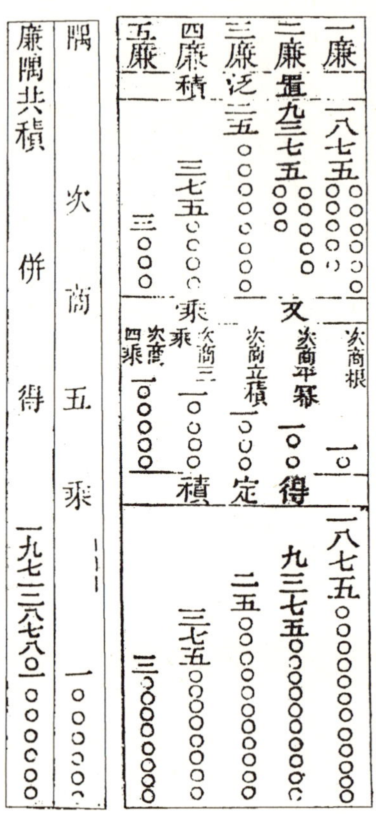

又 開六乘方

設六乘方積三百四十三億五千九百七十三萬八千三百六十八，問方根若干。

答曰：三十二。

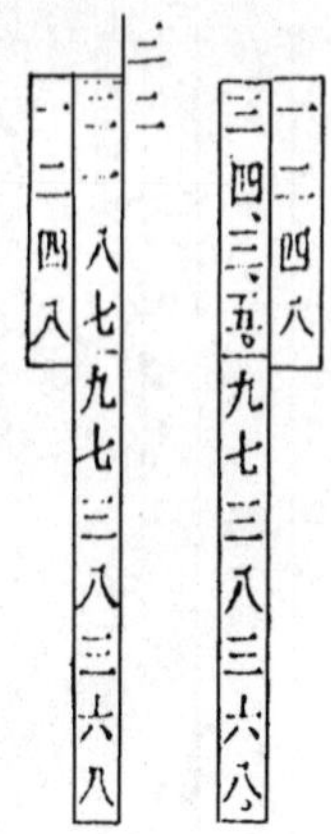

列實，作點。自末位單數作點起，逆上每隔六位點之。

求初商，用最上點，截原實三四三五爲初商實。查表得三爲初商，書左綫右，而以其積數二一八七書左綫之左對減初商實餘一二四八，改書之以待續商。初商三十。求次商，用第二點上餘實一二四八九七三八三六八爲次商實。

	定率	以	乘	得	又乘		得
一廉	七	初商五乘	七二九〇〇〇〇〇〇	五一〇三〇〇〇〇〇〇	次商根	二	一〇二〇六〇〇〇〇〇〇
二廉	二一	初商四乘	二四三〇〇〇〇〇	五一〇三〇〇〇〇〇	次商平冪	四	二〇四一二〇〇〇〇〇
三廉	三五	初商三乘	八一〇〇〇〇	二八三五〇〇〇〇	次商立積	八	二二六八〇〇〇〇〇
四廉	三五	初商立積	二七〇〇〇	九四五〇〇〇	次商三乘	一六	一五一二〇〇〇〇
五廉	二一	初商平冪	九〇〇	一八九〇〇	次商四乘	三二	六〇四八〇〇
六廉	七	初商根	三〇	二一〇	次商五乘	六四	一三四四〇
隅					次商六乘		一二八
廉隅共積				併得			一二四八九七三八三六八

求得次商二，書初商三十之下，再以廉隅共積與次商實對減，恰盡。凡開得六乘方根三十二。

又 開七乘方

設七乘方積一千一百〇〇億七千五百三十一萬四千一百七十六。問方根若干。

答曰：二十四。

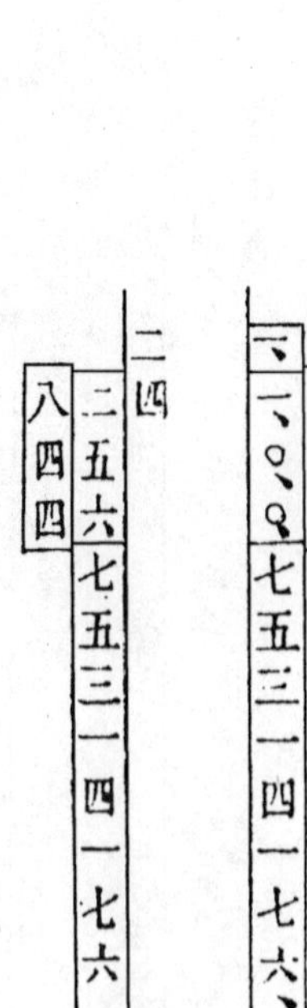

列實，作點。自末位單數作點起逆上每隔七位再作一點。

求初商，用最上點截原實一一〇〇爲初商實。查表得二爲初商。即以二書左線之右，而以其積二五六書左綫之左，對減初商實餘八四四，改書之以待續商。

初商二十。

求次商 用第二點上餘實八四四七五三一四一七六爲次商實。求得次商四。書初商二十之下，再將廉隅共積八四四七五三一四一七六與次商實對減，恰盡。凡開得七乘方根二十四。

求次商 用第二點上餘實八四四七五三一四一七六爲次商實

	定率	以	乘	得	又乘		得
一廉	八	初商六乘	一二八〇〇〇〇〇〇〇	一〇二四〇〇〇〇〇〇〇	次商根	四	四〇九六〇〇〇〇〇〇〇
二廉	二八	初商五乘	六四〇〇〇〇〇〇	一七九二〇〇〇〇〇〇	次商平冪	一六	二八六七二〇〇〇〇〇〇
三廉	五六	初商四乘	三二〇〇〇〇〇	一七九二〇〇〇〇〇	次商立積	六四	一一四六八八〇〇〇〇〇
四廉	七〇	初商三乘	一六〇〇〇〇	一一二〇〇〇〇〇	次商三乘	二五六	二八六七二〇〇〇〇〇
五廉	五六	初商立積	八〇〇〇	四四八〇〇〇	次商四乘	一〇二四	四五八七五二〇〇〇
六廉	二八	初商平冪	四〇〇	一一二〇〇	次商五乘	四〇九六	四五八七五二〇〇
七廉	八	初商根	二〇	一六〇	次商六乘	一六三八四	二六二一四四〇
隅					次商七乘		六五五三六
廉隅共積				併得			八四四七五三一四一七六

又 開方簡法：置設積一一〇〇七五三一四一七六，以平方開之，得三三

一七七六。又置爲實，以三乘方法開之，得方根二十四。或置設積一一〇〇七五三一四一七六，用平方法連開三次，亦得方根二十四。

又　開八乘方

設八乘方積一千六百二十八萬四千一百三十五億九千七百九十一萬〇四百四十九。問方根。

答曰：四十九。

一三六六二六九
一六二八四一三｜五九七九一〇四四九

四九
〇二六二一四四｜五九七九一〇四四九
一三六六二六九

列實，作點。自末位單數作點起，逆上每隔八位點之。

求初商，用最上一點截原實一六二八四一三爲初商實。查表得八乘方積一六二一二四四，其根四，即以四爲初商。書左綫右，而以其積數書左綫左，對減初商實。餘一三六六二六九，待次商。初商四十。

求次商，用第二點上餘實一三六六二六九五九七九一〇四四九爲次商實。求得次商九。書初商四十之下，再將廉隅共積對減次商實，恰盡。凡開得八乘方根四十九。

	定率	以乘		得沉積
一廉	九	初商七乘	六五五三六〇〇〇〇〇〇〇	五八九八二四〇〇〇〇〇〇〇〇
二廉	三六	初商六乘	一六三八四〇〇〇〇〇〇	五八九八二四〇〇〇〇〇〇〇
三廉	八四	初商五乘	四〇九六〇〇〇〇〇	三四四〇六四〇〇〇〇〇〇
四廉	一二六	初商四乘	一〇二四〇〇〇〇	一二九〇二四〇〇〇〇〇
五廉	一二六	初商三乘	二五六〇〇〇〇	三二二五六〇〇〇〇
六廉	八四	初商立積	六四〇〇〇	五三七六〇〇〇
七廉	三六	初商平冪	一六〇〇	五七六〇〇
八廉	九	初商根	四〇	三六〇

	復置沉積	又以乘		得定積
一廉	五八九八二四〇〇〇〇〇〇〇〇	次商根	九	五三〇八四一六〇〇〇〇〇〇〇〇
二廉	五八九八二四〇〇〇〇〇〇〇	次商平冪	八一	四七七七五七四四〇〇〇〇〇〇〇
三廉	三四四〇六四〇〇〇〇〇〇	次商立積	七二九	二五〇八二二六五六〇〇〇〇〇〇
四廉	一二九〇二四〇〇〇〇〇	次商三乘	六五六一	八四六五二六四六〇〇〇〇〇
五廉	三二二五六〇〇〇〇	次商四乘	五九〇四九	一九〇四六八四五四四〇〇〇〇
六廉	五三七六〇〇〇	次商五乘	五三一四四一	二八五七〇二六八一六〇〇〇
七廉	五七六〇〇	次商六乘	四七八二九六九	二七五四九〇一四四〇〇
八廉	三六〇	次商七乘	四三〇四六七二一	一五四九六八一九五六〇
隅		次商八乘		三八七四二〇四八九
廉隅共積		并得		一三六六二六九五九七九一〇四四九

又　開九乘方

設九乘方積八十三兆九千二百九十九萬三千六百五十八億六千八百二十四萬〇二百二十四，問方根若干。

答曰：六十二。

二三四六三七六〇
八三九二九九三六｜五八六八二四〇二二四

六二
六〇四六六一七六｜五八六八三四〇二二四
二三四六三七六〇

列實，作點。自末位單數作點起，逆上每隔九位點之。

求初商，如法用最上點原積八位截爲初商實，查表得九乘方根六即以六爲初商而以其積數六〇四六六一七六減初商實。餘二三四六三七六〇待續商，各如法書之。初商六十。

求次商，用第二點上餘實二三四六三七六〇五八六八三四〇二二四爲次商

廉	以	乘	得汎積
一廉	一〇	初商八乘一〇〇七七六九六〇〇〇〇〇〇〇〇〇	一〇〇七七六九六〇〇〇〇〇〇〇〇〇〇
二廉	四五	初商七乘一六七九六一六〇〇〇〇〇〇〇〇	七五五八二七二〇〇〇〇〇〇〇〇〇
三廉	一二〇	初商六乘二七九九三六〇〇〇〇〇〇〇	三三五九二三二〇〇〇〇〇〇〇〇
四廉	二一〇	初商五乘四六六五六〇〇〇〇〇〇	九七九七七六〇〇〇〇〇〇〇
五廉	二五二	初商四乘七七七六〇〇〇〇〇	一九五九五五二〇〇〇〇〇
六廉	二一〇	初商三乘一二九六〇〇〇〇	二七二一六〇〇〇〇〇
七廉	一二〇	初商立積二一六〇〇〇	二五九二〇〇〇〇
八廉	四五	初商平冪三六〇〇	一六二〇〇〇
九廉	一〇	初商根六〇	六〇〇

廉	各置汎積	又以次商乘	得各定積
一廉	一〇〇七七六九六〇〇〇〇〇〇〇〇〇〇	次商 二	二〇一五五三九二〇〇〇〇〇〇〇〇〇〇
二廉	七五五八二七二〇〇〇〇〇〇〇〇〇	次商平冪 四	三〇二三三〇八八〇〇〇〇〇〇〇〇〇
三廉	三三五九二三二〇〇〇〇〇〇〇〇	次商立積 八	二六八七三八五六〇〇〇〇〇〇〇〇
四廉	九七九七七六〇〇〇〇〇〇〇	次商三乘 一六	一五六七六四一六〇〇〇〇〇〇〇
五廉	一九五九五五二〇〇〇〇〇	次商四乘 三二	六二七〇五六六四〇〇〇〇〇
六廉	二七二一六〇〇〇〇〇	次商五乘 六四	一七四一八二四〇〇〇〇〇
七廉	二五九二〇〇〇〇	次商六乘 一二八	三三一七七六〇〇〇〇
八廉	一六二〇〇〇	次商七乘 二五六	四一四七二〇〇〇
九廉	六〇〇	次商八乘 五一二	三〇七二〇〇
隅		次商九乘	一〇二四
廉隅共積		併得	二三四六三七六〇五八六八三四〇二二四

實。求得次商二，書于初商六十之下，乃以其廉隅其積二十三兆四千六百三十七萬六千〇五十八億六千八百三十四萬〇二百二十四減次商實，恰盡。凡開得九乘方根六十二。

又法：置九乘方積八三九二九九三六五八六八三四〇二二四，以平方法開之，得九一六一二三二八三二一，爲四乘方積。再以四乘方法開之，得方根六十二。或置九乘方積，以四乘方開之，得三八四四。再以平方開之，得方根六十二並同。

又 開十乘方

設十乘方積七千四百三十〇億〇八百三十七萬〇六百八十八，問方根。

答曰：一十二。

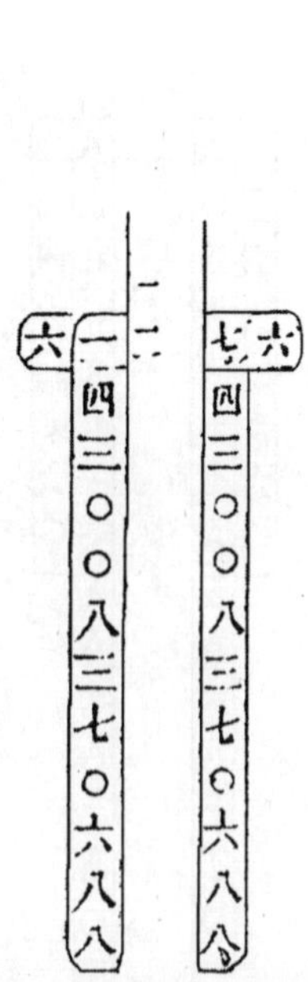

列實，作點。自末位單數作一點起，逆上每隔十位再作一點。

求初商，用最上點截實首位七爲初商實查表得十乘方根一，定爲初商，即以其積一減初商實七。餘六，改書之以待次商。初商一十。

廉	定率	以乘	得汎積
一廉	一一	初商九乘一〇〇〇〇〇〇〇〇〇〇	一一〇〇〇〇〇〇〇〇〇〇
二廉	五五	初商八乘一〇〇〇〇〇〇〇〇〇	五五〇〇〇〇〇〇〇〇〇
三廉	一六五	初商七乘一〇〇〇〇〇〇〇〇	一六五〇〇〇〇〇〇〇〇
四廉	三三〇	初商六乘一〇〇〇〇〇〇〇	三三〇〇〇〇〇〇〇〇
五廉	四六二	初商五乘一〇〇〇〇〇〇	四六二〇〇〇〇〇〇
六廉	四六二	初商四乘一〇〇〇〇〇	四六二〇〇〇〇〇
七廉	三三〇	初商三乘一〇〇〇〇	三三〇〇〇〇〇
八廉	一六五	初商立積一〇〇〇	一六五〇〇〇
九廉	五五	初商平冪一〇〇	五五〇〇
十廉	一一	初商根一〇	一一〇

一廉	二廉	三廉	四廉	五廉	六廉	七廉	八廉	九廉	十廉	隅
置各泛積										次商
一一〇〇〇〇〇〇〇〇〇〇	五五〇〇〇〇〇〇〇〇〇	一六五〇〇〇〇〇〇〇〇	三三〇〇〇〇〇〇〇〇	四六二〇〇〇〇〇〇	四六二〇〇〇〇〇	三三〇〇〇〇〇	一六五〇〇〇	五五〇〇	一一〇	
又以乘										十乘
次商根	次商平冪	次商立積	次商三乘	次商四乘	次商五乘	次商六乘	次商七乘	次商八乘	次商九乘	
二	四	八	一六	三二	六四	一二八	二五六	五一二	一〇二四	
得定積										
二二〇〇〇〇〇〇〇〇〇〇	二二〇〇〇〇〇〇〇〇〇〇	一三二〇〇〇〇〇〇〇〇〇	五二八〇〇〇〇〇〇〇〇	一四七八四〇〇〇〇〇〇	一九五六八〇〇〇〇〇	四二二四〇〇〇〇〇	四二二四〇〇〇〇	二八一六〇〇〇	一一二六四〇	二〇四八

廉隅共積併得：六四三〇〇八三七〇六八八

求次商，用第二點上餘實六四三〇〇八三七〇六八八爲次商實。求得次商二，書初商一十之下，再將廉隅共積減次商實，恰盡。

又 開十一乘方

設十一乘方積七千三百五十五萬八千二百七十五億一千一百三十八萬六千六百四十一。問方根。

答曰：二十一。

二 一

三三五九	
七三五五	八二七五一一三八六六四一
四〇九六	八二七五一一三八六六四一
三三五九	

列實，作點。自末位單數作一點起，每隔十一位點之。求初商，用最上一點截積四位爲初商實，查表得十一乘方根二爲初商，以其積四〇九六減初商實，餘三三五九以待次商。

初商二十。

一廉	二廉	三廉	四廉	五廉	六廉	七廉	八廉	九廉	十廉	十一廉	隅
定率											
一二	六六	二二〇	四九五	七九二	九二四	七九二	四九五	二二〇	六六	一二	
以乘											次商單一，雖十一乘只得本數。
初商十乘	初商九乘	初商八乘	初商七乘	初商六乘	初商五乘	初商四乘	初商三乘	初商立積	初商冪	初商根	
二〇四八〇〇〇〇〇〇〇〇〇〇〇	一〇二四〇〇〇〇〇〇〇〇〇〇	五一二〇〇〇〇〇〇〇〇〇	二五六〇〇〇〇〇〇〇〇	一二八〇〇〇〇〇〇〇	六四〇〇〇〇〇〇	三二〇〇〇〇〇	一六〇〇〇〇	八〇〇〇	四〇〇	二〇	
得汎積											因次商是單一，即以所得汎積爲各廉定積，不用更乘次商。
二四五七六〇〇〇〇〇〇〇〇〇〇〇	六七五八四〇〇〇〇〇〇〇〇〇〇	一一二六四〇〇〇〇〇〇〇〇〇〇	一二六七二〇〇〇〇〇〇〇〇〇	一〇一三七六〇〇〇〇〇〇〇	五九一三六〇〇〇〇〇〇	二五三四四〇〇〇〇〇	七九二〇〇〇〇〇	一七六〇〇〇〇	二六四〇〇	二四〇	〇〇〇〇〇〇〇〇〇〇〇〇一

廉隅共積併得：三三五九八二七五一一三八六六四一

求次商，用第二點上餘實，三三五九八二七五一一三八六六四一爲次商實。求得次商一，書初商二十之下，其廉隅共積三千三百五十九萬八千二百七十五億一千一百三十八萬六千六百四十一，減餘實恰盡。凡開得十一乘方根二十一。

開方簡法：置設積三五五八二七五一一三八六六四一，以平方法開之得五乘方積八五七六六一二八。又置爲實，以五乘方法開之得根二十一。

又 開十二乘方

設十二乘方積一十五兆四千四百七十二萬三千七百七十七億三千九百一十一萬九千四百六十一。問方根若干。

答曰：二十一。

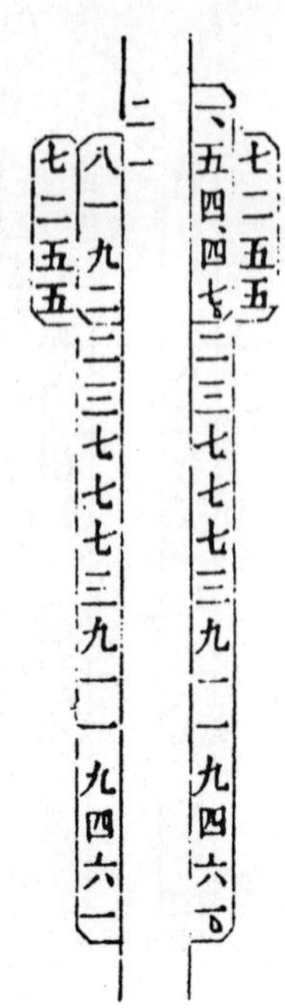

列實，作點。自末位單數作點起，逆上隔十二位點之。

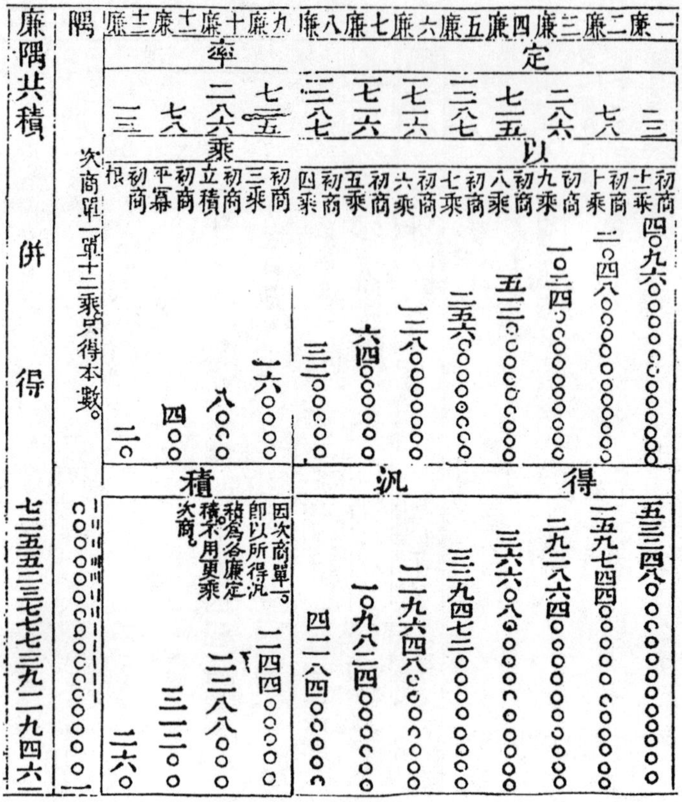

求初商，用最上一點截原實一五四四七爲初商實，查表得十二乘積八一九二，其方根二，即以二爲初商。其減數與實對減餘七二五五，再俟續商。初商二十。

求次商，用第二點上餘實七二五五二三七七七三九一一九四六一爲次商實。求得次商一。書于初商二十之下，再將廉隅共積七兆二千五百五十二萬三千七百七十七億三千九百一十一萬九千四百六十一，以減餘實，恰盡。凡開得十二乘方根二十一。

清·孔廣森《少廣正負術内篇》卷上

三乘方者，平方自乘也。平方冪內，本有一方兩廉一隅，共爲四段，故自之則有四四一十六段。

三乘方廉隅圖

右圖變平冪爲方邊，壬庚即平方初商冪，庚戊、戊丙、即平方兩廉冪。丙甲、即平方隅冪。其初商冪自乘者，爲三乘方初商正實。隅冪自乘者，爲三乘方次商正隅。初商冪與廉冪相乘四段，爲第一廉。廉冪自乘四段，初商冪與隅冪相乘二段，皆爲第二廉。壬庚丙甲相乘，與庚戊自乘等。一則先自乘，後相乘。一則先相乘，後自乘，得數故不異也。廉冪與隅冪相乘四段，爲第三廉，合之，凡得長廉四，古名下廉。自乘之廉六，古名上廉。再乘之廉四也。古名方廉。蓋諸乘方廉隅無不與本乘方同體，故一廉以初商再乘爲法，則與次商邊相乘得實。二廉以初商自乘爲法，則亦與次商自乘數相乘得實。三廉以初商邊爲法，則必與次商再乘數相乘得實。通之，乃皆得三乘矣，且達於此義。是立方廉隅八段，以初商次商各乘之，而成三乘方十有六段之體，又以初商次商各乘之，而遂成四乘方三十二段之體，皆可不解自明。

開法

今有三乘方實二萬〇七百三十六尺。

置實超三位約初商十尺，三乘得一萬尺，減原實餘一萬〇七百三十六尺，爲次商共實。初商再乘四因之，得四千尺爲方法。初商自乘六因之，得六百尺爲上廉法。初商四因之，得四十尺爲下廉法。併之，共四千六百四十尺，爲汎法，以汎法除餘實。約次商二尺。次商乘上廉，得定法一千二百尺。次商自乘以乘下廉，得定法一百六十尺。次商再乘，得隅法八尺。併廉隅定法，投入方法，共五千三百六十八尺，爲下法與次商相乘銷實一萬〇七百三十六尺。適盡。

又法

置實如平方開之，初商一百尺，自乘減實一萬尺。餘實一萬〇七百三十六尺，約次商四十尺，與倍初商相加，共二百四十尺，以次商乘之，減實九千六百尺。餘實一千一百三十六尺，約三商四尺，併初商次商倍之，與三商相加，共二百八十四尺，以三商乘之，銷實適盡。按此所得，即圖之甲壬邊數也。副置所得平方冪，約初商十尺，自乘減實一百尺。餘實四十四尺，約次商二尺，與倍初商相加，共二十二尺，以次商乘之，銷實。適盡。

又 **卷下** 從三乘方，亦有正有變。凡帶下廉方法者，變也。其止帶從上廉或負上廉者正也。蓋正三乘方，本可開兩次平方，而從三乘方帶上廉者亦可借爲從平方開之。【略】

開法

第一　今有從三乘實四萬三千二百尺，以一千八百七十二爲益方開之。

置實如正方超法，約初商十尺。自乘再乘得一千尺，投入從方共二千八百七十二尺，以初商三之，除實二萬八千七百二十尺。餘實一萬四千四百八十尺，如正方汜法約次商二尺。從多故稍退，負多則進，餘放此。次商再乘得八尺爲隅法。四因初商，以次商乘之再之，得一百六十尺，爲下廉法。六因初商，以次商乘之，初商再之，得一千二百尺，爲上廉法。初商再乘，四因之得四千尺，投入從方，共五千八百七十二尺，爲方法。併之共七千二百四十尺，爲下法，與次商相乘，除實一萬四千四百八十尺。適盡。

第二　今有從三乘實八千六百四十尺，以一千〇〇八爲負方開之。

置實約初商十尺自乘再乘，得一千尺，以銷負方，餘八尺。以初商三之，得八十尺，益入原實，共八千七百二十尺，爲次商共實。次商二尺。如前求得隅法八尺，下廉法一百六十尺，上廉法一千二百尺，方法四千尺併之共五千三百六十八尺，銷負方訖，餘四千三百六十尺，爲下法，與次商相乘除實八千七百二十尺。適盡。

第三　今有從三乘實四萬三千二百尺，以一百五十六爲益上廉開之。

置實約初商十尺。自之得一百尺，與從上廉相加，共二百五十六尺，以初商再之，三之，除實二萬五千六百尺。餘實一萬七千六百尺，約次商二尺。隅法八尺如前。四因初商，以次商乘之，與從上廉相加，共二百二十六尺，以次商再之，得四百七十二尺，爲下廉法。六因初商，以次商乘之，與倍從上廉初加共四百三十二尺，以初商再之，得四千三百二十尺爲上廉法。方法四千尺如前。併之共八千八百尺爲下法，與次商相乘，除實一萬七千六百尺。適盡。

第四　今有從三乘實八千六百四十尺，以八十四爲負上廉開之。

置實約初商十尺，自之與負上廉相減餘十六尺，以初商再之三之，除實一千六百尺。餘實七千〇四十尺，約次商二尺。隅法八尺如前。四因初商，以次商乘之以銷負上廉餘四尺。以次商再之，得八尺，爲負下廉法。六因初商，以次商乘之，以銷倍負上廉，餘四十八尺。以初商再之，得四百八十尺，爲負上廉法。方法四千尺如前，併方隅法，共四千〇〇八尺，銷負兩廉訖，餘三千五百二十尺爲下法。與次商相乘，餘實七千〇四十尺。適盡。

已上二條及後第二十八條並可如平方開法，已説具卷首。

第五　今有從三乘實四萬三千二百尺，以十三爲益下廉開之。

置實，約初商十尺。與從下廉相加，共二十三尺，以初商乘之，再之，三之，除實二萬三千尺。餘實二萬〇二百尺，約次商二尺。隅法八尺如前。四因初商，與從下廉相加，共五十三尺，以次商乘之，再之，得二百一十二尺，爲下廉法。六因初商，與三因從下廉相加，共九十九尺，以次商乘之，初商再之，得一千九百八十尺爲上廉法。四因初商，與三因從下廉相加，共七十九尺，以初商乘之再之，得七千九百尺，爲方法。併之，共一萬〇一百尺，爲下法，與次商相乘，除實二萬〇二百尺。適盡。

第六　今有從三乘實八千六百四十尺，以七爲負下廉開之。

置實，約初商十尺，與負下廉相減，餘三尺。以初商乘之，再之，三之，除實三千尺。餘實五千六百四十尺，約次商二尺。隅法八尺如前。四因初商，與負下廉相減餘三十三尺，以次商乘之，再之，得一百三十二尺爲下廉法。六因初商，與三因負下廉相減，餘三十九尺，以次商乘之，初商再之，得七百八十尺爲上廉法。四因初商，與三因負下廉相減，餘十九尺，以初商乘之，再之得一千九百尺爲方法。併之，共二千八百二十尺，爲下法。與次商相乘除實五千六百四十尺。適盡。

第七　今有從三乘實四萬三千二百尺，以六百七十二爲益方，一百爲益上廉，開之。

置實，約初商十尺，自之與從上廉相加，共二百尺。以初商再之，得二千尺，投入從方共二千六百七十二尺，以初商三之，除實二萬六千七百二十尺。餘實，一萬六千四百八十尺，約次商二尺。隅法八尺如前。四因初商，以次商乘之，與從上廉相加，共一百八十尺。以次商再之，得三百六十尺爲下廉法。六因初商，以次商乘之，與倍從上廉相加，共三百二十尺。以初商再之得三千二百尺爲上廉法。初商再乘，四因之，投入從方，共四千六百七十二尺，爲方法。併之共八千二百四十尺，爲下法，與次商相乘，除實一萬六千四百八十尺。適盡。

第八　今有從三乘實八千六百四十尺，以四百八十爲負方，四十四爲負上廉開之。

置實，約初商十尺。自之，與負上廉相減，餘五十六尺，以初商再之，得五百六十尺，銷負方訖，餘八十尺。以初商三之，除實八百尺。餘實七千八百四十尺，約次商二尺。隅法八尺如前。四因初商，以次商乘之，與負上廉相減，餘三十六尺，以次商再之，得七十二尺爲下廉法。六因初商，以次商乘之，與倍負上廉相減餘三十二尺，以初商再之得三百二十尺，爲上廉法。初商再乘四因之，銷負方訖餘三千五百二十尺，爲方法。併之，共三千九百二十尺，爲下法，與次商相乘除實七千八百四十尺。適盡。

第九　今有從三乘實四萬三千二百尺，以三千爲益方，九十四爲負上廉，開之。

置實，約初商十尺，自之，與負上廉相減餘六尺，以初商再之，得六十尺，投入從方，共三千〇六十尺，以初商三之，除實三萬〇六百尺。餘實一萬二千六百尺，約次商二尺。隅法八尺如前。四因初商，以次商乘之，以銷負上廉，餘十四尺，以次商再之，得二十八尺，爲負下廉法。六因初商，以次商乘之，以銷倍負上廉，餘六十八尺，以初商再之，得六百八十尺，爲負上廉法。初商再乘，四因之，投入從方，共七千尺爲方法。併方隅法，共七千〇〇八尺，銷負兩廉訖，餘六千三百尺，爲下法與次商相乘，除實一萬二千六百尺。適盡。

第十　今有從三乘實八千六百四十尺，以一千五百爲負方，四十一爲益上廉開之。

置實，約初商十尺，自之，與從上廉相加共一百四十一尺。以初商再之，得一千四百一十尺，以銷負方，餘九十尺。以初商三之，得九百尺，益入原實，共九千五百四十尺，爲次商共實。次商二尺。隅法八尺如前。四因初商，以次商乘之，與從上廉相加，共一百二十一尺。以次商再之，得二百四十二尺，爲下廉法。六因初商，以次商乘之，與倍從上廉相加，共二百〇二尺，以初商再之，得二千〇二十尺爲上廉法。初商再乘，四因之銷負方訖，餘二千五百尺，爲方法。併之，共四千七百七十尺爲下法，與次商相乘，除實九千五百四十尺。適盡。

第十一　今有從三乘實四萬三千二百尺，以四百三十二爲益方十爲益下廉開之。

置實，約初商十尺，與從下廉相加共二十尺，以初商乘之，再之得二千尺，投入從方共二千四百三十二尺，以初商三之，除實二萬四千三百二十尺。餘實一萬八千八百八十尺，約次商二尺。隅法八尺如前。四因初商，與從下廉相加，共五十尺，以次商乘之，再之，得二百尺爲下廉法。六因初商，與三因從下廉相加，共九十尺，以次商乘之，初商再之，得一千八百尺，爲上廉法。四因初商，與三因從下廉相加，共七十尺，以初商乘之，再之，得七千尺，投入從方，共七千四百三十二尺，爲方法。併之，共九千四百四十尺，爲下法，與次商相乘。除實一萬八千八百八十尺。適盡。

第十二　今有從三乘實八千六百四十尺，以二百八十八爲負方，五爲負下廉開之。

置實，約初商十尺。與負下廉相減，餘五尺，以初商乘之，再之，得五百尺，銷負方訖，餘二百一十二尺，以初商三之，除實二千一百二十尺。餘實六千五百二十尺，約次商二尺。隅法八尺如前。四因初商，與負下廉相減，餘三十五尺，以次商乘之，再之，得一百四十尺，爲下廉法。六因初商，與三因負下廉相減，餘四十五尺，以次商乘之，初商再之，得九百尺，爲上廉法。四因初商，與三因負下廉相減，餘二十五尺，以初商乘之，再之，得二千五百尺，銷負方訖，餘二千二百一十二尺，爲方法。併之，共三千二百六十尺，爲下法，與次商相乘，除實六千五百二十尺。適盡。

第十三　今有從三乘實四萬三千二百尺，以二百八十八爲負方，十五爲益下廉開之。

置實，約初商十尺。與從下廉相加，共二十五尺，以初商乘之，再之，得二千五百尺，銷負方訖。餘二千二百一十二尺，以初商三之除實二萬二千一百二十尺。餘實二萬一千〇八十尺，約次商二尺。隅法八尺如前。四因初商，與從下廉相加，共五十五尺，以次商乘之，再之得二百二十尺爲下廉法。六因初商，與三因從下廉相加，共一百〇五尺，以次商乘之，初商再之，得二千一百尺，爲上廉法。四因初商，與三因從下廉相加共八十五尺，以初商乘之再之，得八千五百尺，銷負方訖，餘八千二百一十二尺爲方法。併之，共一萬〇五百四十尺，爲下法，與次商相乘，除實二萬一千〇八十尺。適盡。

第十四　今有從三乘實八千六百四十尺，以一千八百七十二爲益方，二十爲負下廉開之。

置實，約初商十尺。以銷負下廉，餘十尺以初商乘之，再之得一千尺，轉銷從方，餘八百七十二尺，以初商三之得八千七百二十尺翻減原實，餘八十尺爲負實。次商二尺。隅法八尺如前。四因初商，與負下廉相減餘二十尺，以次商乘之，再之，得八十尺爲下廉法。六因初商，與三因負下廉數同對減訖。四因初商，以銷三因負下廉，餘二十尺，以初商乘之，再之，得二千尺，銷從方訖餘一百二十八尺爲負方法。併廉隅法共八十八尺，以銷負方法，餘四十尺，爲定負法，與次商相乘除實八十尺。適盡。

第十五　今有從三乘實四萬三千二百尺，以六十爲益上廉，八爲益下廉開之。

置實，約初商十尺。與從下廉相加，共十八尺。以初商乘之，得一百八十尺，又與從上廉相加，共二百四十尺，以初商再之，三之，除實二萬四千尺。餘實一萬九千二百尺，約次商二尺。隅法八尺如前。四因初商與從下廉相加，共四十八尺以次商乘之，得九十六尺，又與從上廉相加，共一百五十六尺，以次商再之，得三百一十二尺爲下廉法。六因初商，與三因從下廉相加，共八十四尺，以次商乘之，得一百六十八尺，又與倍從上廉相加，共二百八十八尺，以初商再之，得二千八百八十尺，爲上廉法。四因初商，與三因從下廉相加，共六十四尺，以初商乘之再之，得六千四百尺爲方法。併之，共九千六百尺，爲下法，與次商相乘，除實一萬九千二百尺。適盡。

第十六　今有從三乘實八千六百四十尺，以三十六爲負上廉，四爲負下廉開之。

置實，約初商十尺，與負下廉相減，餘六尺。以初商乘之，得六十尺，又與負上廉相減，餘二十四尺。以初商再之三之，除實二千四百尺。餘實六千二百四十尺，約次商二尺。隅法八尺如前。四因初商，與負下廉相減，餘三十六尺，以次商乘之，得七十二尺。又與負上廉相減，仍餘三十六尺。以次商再之，得七十二尺，爲下廉法。六因初商，與三因負下廉相減，餘四十八尺，以次商乘之，得九十六尺。又與倍負上廉相減，餘二十四尺，以初商再之，得二百四十尺，爲上廉法。四因初商與三因負下廉相減，餘二十八尺，以初商乘之，再之，得二千八百尺，爲方法。併之，共三千一百二十尺，爲下法，與次商相乘，除實六千二百四十尺。適盡。

第十七　今有從三乘實四萬三千二百尺，以三十六爲負上廉，十六爲益下廉開之。

置實，約初商十尺，與從下廉相加，共二十六尺。以初商乘之，得二百六十尺，銷負上廉訖，餘二百二十四尺。以初商再之三之，除實二萬二千四百尺，餘實二萬〇八百尺，約次商二尺。隅法八尺如前。四因初商，與從下廉相加共五十六尺，以次商乘之，得一百一十二尺，銷負上廉訖，餘七十六尺。以次商再之得一百五十二尺，爲下廉法。六因初商，與三因從下廉相加共一百〇八尺，以次商乘之，得二百一十六尺，銷倍負上廉訖，餘一百四十四尺，以初商再之得一千四百四十尺，爲上廉法。四因初商，與三因從下廉相加，共八十八尺。以初商乘之再之得八千八百尺，爲方法。併之，共一萬〇四百尺，爲下法，與次商相乘除實二萬〇八百尺。適盡。

第十八　今有從三乘實八千六百四十尺，以六十爲益上廉，十二爲負下廉開之。

置實，約初商十尺，以銷負下廉，餘二尺。以初商乘之，得二十尺，轉銷從上廉，餘四十尺，以初商再之，三之，除實四千尺。餘實四千六百四十尺，約次商二尺。隅法八尺如前。四因初商，與負下廉相減餘二十八尺，以次商乘之得五十六尺，加從上廉，共一百一十六尺。以次商再之，得二百三十二尺爲下廉法。六因初商，與三因負下廉相減，餘二十四尺。以次商乘之得四十八尺，加倍從上廉，共一百六十八尺。以初商再之，得一千六百八十尺，爲上廉法。四因初商，與三因負下廉相減餘四尺，以初商乘之，再之，得四百尺，爲方法。併之，共二千三百二十尺爲下法，與次商相乘，除實四千六百四十尺。適盡。

第十九　今有從三乘實四萬三千二百尺，以三百爲益方，九十五爲益上廉，三爲益下廉開之。

置實，約初商十尺，與從下廉相加，共十三尺，以初商乘之，得一百三十尺。又與從上廉相加，共二百二十五尺，以初商再之得二千二百五十尺，投入從方，共二千五百五十尺。以初商三之，除實二萬五千五百尺。餘實一萬七千七百尺，約次商二尺。隅法八尺如前。四因初商與從下廉相加，共四十三尺。以次商乘之得八十六尺。又與從上廉相加，共一百八十一尺。以次商再之得三百六十二尺，爲下廉法。六因初商，與三因從下廉相加共六十九尺。以次商乘之得一百三十八尺。又與倍從上廉相加，共三百二十八尺。以初商再之，得三千二百八十尺爲上廉法。四因初商，與三因從下廉相加共四十九尺。以初商乘之，再之，得四千九百尺。投入從方共五千二百尺，爲方法。併之共八千八百五十尺爲下法，與次商相乘，除實一萬七千七百尺。適盡。

第二十　今有從三乘實八千六百四十尺，以三百爲負方，三十五爲負上廉，二爲負下廉開之。

置實，約初商十尺。與負下廉相減餘八尺，以初商乘之，得八十尺。又與負上廉相減，餘四十五尺，以初商再之，得四百五十尺，銷負方訖，餘一百五十尺。以初商三之，除實一千五百尺。餘實七千一百四十尺，約次商二尺。隅法八尺如前。四因初商與負下廉相減，餘三十八尺，以次商乘之，得七十六尺。又與負上廉相減，餘四十一尺，以次商再之，得八十二尺，爲下廉法。六因初商，與三因負下廉相減，餘五十四尺。以次商乘之，得一百〇八尺。又與倍負上廉相減，餘三十八尺。以初商再之，得三百八十尺，爲上廉法。四因初商，與三因負下廉相減餘三十四尺。以初商乘之，再之，得三千四百尺，銷負方訖。餘三千一百尺爲方法。併之共三千五百七十尺，爲下法。與次商相乘，除實七千一百四十尺。適盡。

第二十一　今有從三乘實四萬三千二百尺，以五千四百七十二爲益方，一百二十爲負上廉，十五爲負下廉開之。

置實，約初商十尺。以銷負下廉，餘五尺。以初商乘之，得五十尺，與負上廉相加，共一百七十尺。以初商再之，得一千七百尺，以銷從方，餘三千七百七十二尺。以初商三之，除實三萬七千七百二十尺，餘實五千四百八十尺，約次商二尺。隅法八尺如前。四因初商，與負下廉相減，餘二十五尺。以次商乘之，得五十尺，以銷負上廉，餘七十尺。以次商再之，得一百四十尺爲負下廉法。六因初商與三因負下廉相減，餘十五尺。以次商乘之得三十尺，以銷倍負上廉，餘二百一十尺。以初商再之，得二千一百尺，爲負上廉法。四因初商，以銷三因負下廉，餘五尺。以初商乘之，再之，得五百尺。轉銷從方，餘四千九百七十二尺，爲方法。併方隅法，共四千九百八十尺，銷負兩廉法訖。餘二千七百四十尺，爲下法。與次商相乘，除實五千四百八十尺。適盡。

第二十二　今有從三乘實四萬三千二百尺，以一千二百七十二爲負方，一百三十爲益上廉，十一爲益下廉，開之。

置實，約初商十尺。與從下廉相加，共二十一尺。以初商乘之，得二百一十尺。又與從上廉相加共三百四十尺。以初商再之，得三千四百尺，銷負方訖。餘二千一百二十八尺，以初商三之，除實二萬一千二百八十尺。餘實二萬一千九百二十尺，約次商二尺。隅法八尺如前。四因初商，與從下廉相加共五十一尺。以次商乘之得一百〇二尺。又與從上廉相加共二百三十二尺。以次商再之得四百六十四尺，爲下廉法。六因初商，與三因從下廉相加共九十三尺。以次商乘之，得一百八十六尺。又與倍從上廉相加，共四百四十六尺。以初商再之，得四千四百六十尺，爲上廉法。四因初商，與三因從下廉相加，共七十三尺。以初商乘之，再之，得七千三百尺，銷負方訖。餘六(十)[千]〇二十八尺爲方法。併之，共一萬〇九百六十尺，爲下法。與次商相乘，除實二萬一千九百二十尺。適盡。

第二十三　今有從三乘實四萬三千二百尺，以二百四十爲負方，二百爲益上廉，二爲負下廉，開之。

置實，約初商十尺。與負下廉相減，餘八尺。以初商乘之，得八十尺，加從上廉，共二百八十尺。以初商再之，得二千八百尺銷負方訖，餘二千五百六千尺。以初商三之，除實二萬五千六百尺，餘實一萬七千六百尺，約次商二尺。隅法八尺如前。四因初商，與負下廉相減餘三十八尺。以次商乘之，得七十六尺，加從上廉，共二百七十六尺。以次商再之，得五百五十二尺，爲下廉法。六因初商，與三因負下廉相減，餘五十四尺。以次商乘之，得一百〇八尺，加倍從上廉，共五百〇八尺。以初商再之，得五千〇八十尺爲上廉法。四因初商，與三因負下廉相減，餘三十四尺。以初商乘之，再之，得三千四百尺。銷負方訖，餘三千一百六十尺，爲方法。併之共八千八百尺，爲下法。與次商相乘除實一萬七千六百尺。適盡。

第二十四　今有從三乘實四萬三千二百尺，以二千四百爲益方，八十爲負上廉，三爲益下廉開之。

置實，約初商十尺。與從下廉相加，共十三尺。以初商乘之，得一百三十尺，銷負上廉訖。餘五十尺，以初商再之，得五百尺，投入從方共二千九百尺。以初商三之，除實二萬九千尺。餘實一萬四千二百尺，約次商二尺。隅法八尺如前。四因初商，與從下廉相加，共四十三尺。以次商乘之，得八十六尺，銷負上廉訖。餘六尺，以次商再之，得十二尺，爲下廉法。六因初商，與三因從下廉相加，共六十九尺，以次商乘之，得一百三十八尺，以銷倍負上廉，餘二十二尺。以初商再之，得二百二十尺爲負上廉法。四因初商，與三因從下廉相加，共四十九尺。以初商乘之，再之，得四千九百尺，投入從方，共七千三百尺爲方法。併方隅下廉法，共七千三百二十尺，銷負上廉法訖，餘七千一百尺，爲下法。與次商相乘，除實一萬四千二百尺。適盡。

第二十五　今有從三乘實四萬三千二百尺，以一千八百爲負方，五十四爲負上廉，三十爲益下廉開之。

置實，約初商十尺。與從下廉相加，共四十尺，以初商乘之，得四百尺，銷負上廉訖。餘三百四十六尺。以初商再之，得三千四百六十尺。又銷負方訖，餘一千六百六十尺。以初商三之，除實一萬六千六百尺。餘實二萬六千六百尺，約次商二尺。隅法八尺如前。四因初商，與從下廉相加共七十尺，以次商乘之，得一百四十尺，銷負上廉訖。餘八十六尺，以次商再之，得一百七十二尺，爲下廉法。六因初商，與三因從下廉相加共一百五十尺。以次商乘之，得三百尺，銷倍負上廉訖，餘一百九十二尺。以初商再之，得一千九百二十尺，爲上廉法。四因初商與三因從下廉相加，共一百三十尺，以初商乘之，再之，得一萬三千尺，銷負方法訖，餘一萬一千二百尺，爲方法。併之，共一萬三千三百尺，爲下法。與次商相乘，除實二萬六千六百尺。適盡。

第二十六　今有從三乘實四萬三千二百尺，以一千八百爲益方，二百七十爲益上廉，二十二爲負下廉開之。

置實，約初商十尺。以銷負下廉，餘十二尺，以初商乘之，得一百二十尺，轉銷從上廉餘一百五十尺。以初商再之，得一千五百尺，投入從方，共三千三百尺。以初商三之，除實三萬三千尺。餘實一萬〇二百尺，約次商二尺。隅法八尺如前。四因初商，與負下廉相減餘十八尺。以次商乘之得三十六尺，加從上廉共三百〇六尺。以次商再之，得六百一十二尺，爲下廉法。六因初商，以銷三因負下廉餘六尺，以次商乘之，得十二尺，轉銷倍從上廉，餘五百二十八尺。以初商再之，得五千二百八十尺，爲上廉法。四因初商，以銷三因負下廉，餘二十六尺。以初商乘之，再之，得二千六百尺，銷從方訖，餘八百尺，爲負方法。併廉隅法共五千九百尺，銷負方法訖，餘五千一百尺，爲下法。與次商相乘除實一萬〇二百尺。適盡。

第二十七　今有從三乘實八千六百四十尺，以二千四百四十八爲益方，一爲負隅開之。

置實，約初商十尺。再乘得一千尺以銷從方餘一千四百四十八尺。以初商三之，得一萬四千四百八十尺，翻減原實餘五千八百四十尺，爲負實。次商二尺。依第一條，求得負隅法八尺，負下廉法一百六十尺，負上廉法一千二百尺，負方法四千尺，併之共五千三百六十八尺，銷從方訖。餘二千九百二十尺，爲定負法，與次商相乘除實五千八百四十尺。適盡。

第二十八　今有從三乘實八千六百四十尺，以二百〇四爲益上廉，一爲負隅開之。

置實，約初商十尺。自之以銷從上廉，餘一百〇四尺。以初商再之，三之，得一萬〇四百尺，翻減原實。餘一千七百六十尺，爲負實。次商二尺。負隅法八尺如前。四因初商，以次商乘之，以銷從上廉餘一百二十四尺，以次商再之，得二百四十八尺，爲下廉法。六因初商，以次商乘之，以銷倍從上廉，餘二百八十八尺。以初商再之得二千八百八十尺，爲上廉法。負方法四千尺如前。併負方隅法共四千〇〇八尺，銷兩廉法訖，餘八百八十尺，爲定負法。與次商相乘，除實一千七百六十尺。適盡。

第二十九　今有從三乘實八千六百四十尺，以十七爲益下廉，一爲負隅開之。

置實約初商十尺。以銷從下廉，餘七尺。以初商乘之，再之三之除實七千尺。餘實一千六百四十尺，約次商二尺。負隅法八尺如前。四因初商，與從下廉相減，餘二十三尺。以次商乘之，再之，得九十二尺爲負下廉法。六因初商，與三因從下廉相減，餘九尺。以次商乘之，初商再之，得一百八十尺爲負上廉法。四因初商，以銷三因從下廉，餘十一尺。以初商乘之，再之，得一千一百尺，爲方法。方法内銷負廉隅法。訖，餘八百二十尺，爲下法。與次商相乘除實一千六百四十尺。適盡。

第三十　今有從三乘實八千六百四十尺，以八百八十八爲益方，一百三十爲益上廉，一爲負隅開之。

置實，約初商十尺。自之，以銷從上廉，餘三十尺。以初商再之，得三百尺，投入從方，共一千一百八十八尺。以初商三之，得一萬一千八百八十尺，翻減原實，餘三千二百四十尺爲負實。次商二尺。負隅法八尺如前。四因初商，以次商乘之，以銷從上廉餘五十尺。以次商再之，得一百尺，爲下廉法。六因初商，以次商乘之，以銷倍從上廉，餘一百四十尺。以初商再之，得一千四百尺爲上廉法。初商再乘四因之，銷從方訖，餘三千一百一十二尺，爲負方法。併負方隅法，共三千一百二十尺，銷兩廉法訖，餘一千六百二十尺爲定負法，與次商相乘，除實三千二百四十尺。適盡。

第三十一　今有從三乘實八千六百四十尺，以二千五百八十爲益方，十一爲負上廉，一爲負隅開之。

置實約初商十尺。自之，與負上廉相加，共一百一十一尺，以初商再之，得一千一百一十尺。以銷從方，餘一千四百七十尺，以初商三之，得一萬四千七百尺，翻減原實，餘六千〇六十尺，爲負實。次商二尺。負隅法八尺如前。四因初商，以次商乘之，與負上廉相加，共九十一尺。以次商再之，得一百八十二尺，爲負下廉法。六因初商，以次商乘之，與倍負上廉相加，共一百四十二尺。以初商再之，得一千四百二十尺，爲負上廉法。初商再乘，四因之，銷從方訖，餘一千四百二十尺，爲負方法。併之，共三千〇三十尺，爲定負法，與次商相乘，除實六千〇六十尺。適盡。

第三十二　今有從三乘實八千六百四十尺，以九百爲負方，二百七十九爲益上廉，一爲負隅開之。

置實，約初商十尺。自之，以銷從上廉，餘一百七十九尺。以初商再之，得一千七百九十尺，銷負方訖，餘八百九十尺。以初商三之，得八千九百尺，翻減原實，餘二百六十尺爲負實。次商二尺。負隅法八尺如前。四因初商，以次商乘之，以銷從上廉，餘一百九十九尺，以次商再之，得三百九十八尺爲下廉法。六因初商，以次商乘之，以銷倍從上廉，餘四百三十八尺。以初商再之，得四千三百八十尺，爲上廉法。初商再乘四因之，投入負方，共四千九百尺，爲負方法。併負方隅法，共四千九百〇八尺，銷兩廉法訖，餘一百三十尺，爲定負法。與次商相乘，除實二百六十尺。適盡。

第三十三　今有從三乘實八千六百四十尺，以一千〇〇八爲益方，十爲益下廉，一爲負隅開之。

置實，約初商十尺，與從下廉數同，對減訖，就以初商乘從方，得一萬〇〇八十尺，翻減原實，餘一千四百四十尺，爲負實。次商二尺。負隅法八尺如前。四因初商，與從下廉相減，餘三十尺。以次商乘之，再之得一百二十尺，爲負下廉法。六因初商，與三因從下廉相減，餘三十尺。以次商乘之，初商再之，得六百尺，爲負上廉法。四因初商，與三因從下廉相減，餘十尺，以初商乘之，再之，得一千尺，以銷從方，餘八尺爲方法。併負廉隅法共七百二十八尺，銷方法訖，餘七百二十尺，爲定負法，與次商相乘，除實一千四百四十尺。適盡。

第三十四　今有從三乘實八千六百四十尺，以四百三十二爲負方，二十爲益下廉，一爲負隅開之。

置實，約初商十尺。以銷從下廉，餘十尺。以初商乘之，再之，得一千尺，銷負方訖，餘五百六十八尺。以初商三之，除實五千六百八十尺。餘實二千九百六十尺，約次商二尺。負隅法八尺如前。四因初商與從下廉相減，餘二十尺，以次商乘之，再之，得八十尺，爲負下廉法。六因初商，與三因從下廉數同，對減訖。四因初商，以銷三因從下廉，餘二十尺。以初商乘之，再之，得二千尺，銷負方訖，餘一千五百六十八尺，爲方法。併負廉隅法，共八十八尺，以銷方法，餘一千四百八十尺，爲下法。與次商相乘，除實二千九百六十尺。適盡。

第三十五　今有從三乘實八千六百四十尺，以二千八百八十爲益方，三爲負下廉，一爲負隅開之。

置實，約初商十尺。與負下廉相加，共十三尺，以初商乘之再之得一千三百尺，以銷從方，餘一千五百八十尺。以初商三之，得一萬五千八百尺，翻減原實，餘七千一百六十尺，爲負實。次商二尺。負隅法八尺如前。四因初商，與負下廉相加，共四十三尺。以次商乘之，再之，得一百七十二尺，爲負下廉法。六因初商，與三因負下廉相加，共六十九尺，以次商乘之，初商再之，得一千三百八十尺，爲負上廉法。四因初商，與三因負下廉相加，共四十九尺，以初商乘之，再之，得四千九百尺，銷從方訖，餘二千〇二十尺爲負方法。併之，共三千五百八十尺，爲定負法，與次商相乘，除實七千一百六十尺。適盡。

第三十六　今有從三乘實八千六百四十尺，以一百二十爲益(七)[上]廉，七爲益下廉，一爲負隅開之。

置實，約初商十尺。與從下廉相減，餘三尺。以初商乘之，得三十尺，以銷從上廉，餘九十尺。以初商再之三之，得九千尺，翻減原實，餘三百六十尺爲負實。次商二尺。負隅法八尺如前。四因初商，與從下廉相減餘三十三尺，以次商乘之，得六十六尺。以銷從上廉，餘五十四尺。以次商再之，得一百〇八尺，爲下廉法。六因初商，與三因從下廉相減餘三十九尺。以次商乘之，得七十八尺，以銷倍從上廉，餘一百六十二尺，以初商再之，得一千六百二十尺，爲上廉法。四因初商，與三因從下廉相減，餘十九尺。以初商乘之，再之，得一千九百尺，爲負方法。併負方隅法，共一千九百〇八尺，銷兩廉法訖，餘一百八十尺，爲定負法。與次商相乘除實三百六十尺。適盡。

第三十七　今有從三乘實八千六百四十尺，以九十六爲負上廉，二十五爲益下廉，一爲負隅開之。

置實，約初商十尺。以銷從下廉，餘十五尺。以初商乘之，得一百五十尺，與負上廉相減餘五十四尺。以初商再之三之，除實五千四百尺。餘實三千二百四十尺約次商二尺。負隅法八尺如前。四因初商與從下廉相減，餘十五尺。以次商乘之，得三十尺，與負上廉相加，共一百二十六尺。以次商再之，得二百五十二尺，爲負下廉法。六因初商，以銷三因從下廉，餘十五尺，以次商乘之，得三十尺，轉以銷倍負上廉，餘一百六十二尺。以初商再之得一千六百二十尺，爲負上廉法。四因初商，以銷三因從下廉，餘三十五尺，以初商乘之，再之，得三千五百尺，爲方法。併負廉隅法，共一千八百八十尺，以銷方法，餘一千六百二十尺，爲下法。與次商相乘，除實三千二百四十尺。適盡。

第三十八　今有從三乘實八千六百四十尺，以三百爲益上廉，八爲負下廉，一爲負隅開之。

置實，約初商十尺。與負下廉相加，共十八尺，以初商乘之，得一百八十尺。以銷從上廉，餘一百二十尺。以初商再之三之得一萬二千尺，翻減原實，餘三千三百六十尺，爲負實。次商二尺。負隅法八尺如前。四因初商，與負下廉相加共四十八尺。以次商乘之，得九十六尺，以銷從上廉餘二百〇四尺。以次商再之，得四百〇八尺，爲下廉法。六因初商與三因負下廉相加，共八十四尺。以次商乘之，得一百六十八尺，以銷倍從上廉，餘四百三十二尺。以初商再之，得四千三百二十尺，爲上廉法。四因初商，與三因負下廉相加，共六十四尺，以初商乘之，再之，得六千四百尺，爲負方法。併負方隅法，共六千四百〇八尺，銷兩廉法訖，餘一千六百八十尺，爲定負法。與次商相乘，除實三千三百六十尺。適盡。

第三十九　今有從三乘實四萬三千二百尺，以九百六十爲益方，一百二十四爲益上廉，三十二爲益下廉，二爲負隅開之。右所列，自第七至第二十六固即首六條之法，而錯綜合用之。第二十七以下，負隅諸變，又即前二十六條，而反其加減者也。觀者循序至此，則此下七題本不待覼縷而後悉矣。故今兼寓連枝帶分之數，以備博涉，且以上三十八條，類若遇隅法有異者，亦可因此以互推。善學者，庶識愚詳畧相濟之意云。

置實，約初商十尺。與隅相生，得二十尺以銷從下廉，餘十二尺。以初商乘之，得一百二十尺。與從上廉相加，共二百四十四尺。以初商再之，得二千四百四十尺，投入從方，共三千四百尺，以初商三之，除實三萬四千尺。餘實九千二百尺，約次商二尺。次商再乘，與隅相生得十六尺，爲負隅法。四因初商與隅相生，得八十尺。與從下廉相減餘四十八尺，以次商乘之，得九十六尺。以銷從上廉，餘二十八尺，以次商再之，得五十六尺，爲下廉法。六因初商，與隅相生得一百二十尺，與三因從下廉相減，餘二十四尺，以次商乘之，得四十八尺，以銷倍從上廉，餘二百尺。以初商再之得二千尺，爲上廉法。四因初商與隅相生，以銷三因從下廉，餘十六尺，以初商乘之，再之，得一千六百尺，投入從方，共二千五百六十尺，爲方法。併方廉法，共四千六百一十六尺，銷連枝負隅訖，餘四千六百尺，爲下法，與次商相乘，除實九千二百尺。適盡。

第四十　今有從三乘實四萬三千二百尺，以六千爲益方，二十爲負上廉，九爲負下廉，半爲負隅開之。

置實，約初商十尺。半之，與負下廉相加，共十四尺。以初商乘之得一百四十尺，又與負上廉相加，共一百六十尺。以初商再之，得一千六百尺。以銷從方，餘四千四百尺，以初商三之，得四萬四千尺。翻減原實，餘八百尺爲負實。次商二尺。次商再乘半之，得四尺，爲負隅法。倍初商，此本四因，今當半之，故用二因也，下放此。與負下廉相加，共二十九尺，以次商乘之，得五十八尺。又與負上廉相加，共七十八尺，以次商再之，得一百五十六尺，爲負下廉法。三因初商，與三因負下廉相加，共五十七尺，以次商乘之得一百一十四尺。又與倍負上廉相加共一百五十四尺，以初商再之，得一千五百四十尺，爲負上廉法。倍初商，與三因負下廉相加，共四十七尺。以初商乘之再之，得四千七百尺，以銷從方，餘一千三百尺爲方法。併負廉隅法，共一千七百尺，銷方法訖，餘四百尺爲定負法。與次商相乘，除實八百尺。適盡。

第四十一　今有從三乘實四萬三千二百尺，以三千爲負方，四百三十爲益上廉，二十八爲益下廉，一有半爲負隅開之。

置實，約初商十尺。與隅相生，得十五尺。以銷從下廉餘十二尺。以初商乘之，得一百三十尺。與從上廉相加，共五百六十尺。以初商再之，得五千六百尺，銷負方訖，餘二千六百尺。以初商三之，除實二萬六千尺。餘實一萬七千二百尺，約次商二尺。次商再乘，與隅相生得十二尺爲負隅法。六因初商，即四因加半，下放此。與從下廉相減，餘三十二尺，以次商乘之，得六十四尺。以銷從上廉餘三百六十六尺。以次商再之，得七百三十二尺，爲下廉法。九因初商，與三因從下廉相減，餘六尺。以次商乘之，得十二尺，以銷倍從上廉餘八百四十八尺。以初商再之，得八千四百八十尺爲上廉法。六因初商，以銷三因從下廉，餘二十四尺。以初商乘之，再之，得二千四百尺，以銷負方，餘六百尺，爲負方法。併兩廉法，共九千二百一十二尺，銷負方隅法訖，餘八千六百尺，爲下法。與次商相乘，除實一萬七千二百尺。適盡。

第四十二　今有從三乘實四萬三千二百尺，以一百四十四爲負方，四百四十四爲益上廉，二爲負下廉，四分之三爲負隅開之。

置實，約初商十尺。四歸三因，得七尺五寸，與負下廉相加，共九尺五寸。以初商乘之，得九十五尺，以銷從上廉，餘三百四十九尺。以初商再之，得三千四百九十尺。銷負方訖，餘三千三百四十六尺。以初商三之，除實三萬三千四百六十尺。餘實九千七百四十尺，約次商二尺。次商再乘四分減一，得六尺，爲負隅法。三因初商，本當四因之，又取其四分之三，今直三因，爲省算也。與負下廉相加，共三十二尺。以次商乘之，得六十四尺，以銷從上廉，餘三百八十尺。以次商再之，得七百六十尺，爲下廉法。六因初商，四分減一，得四十五尺，與三因負下廉相加，共五十一尺。以次商乘之，得一百〇二尺，以銷倍從上廉，餘七百八十六尺。以初商乘之，得七千八百六十尺，爲上廉法。三因初商，與三因負下廉相加，共三十六尺。以初商乘之，再之，得三千六百尺，投入負方，共三千七百四十四尺，爲負方法。併兩廉法，共八千六百二十尺，銷負方隅法訖，餘四千八百七十尺，爲下法。與次商相乘，除實九千七百四十尺。適盡。

第四十三　今有從三乘實四萬三千二百尺，以九百六十爲益方，六十爲負上廉，三十五又三分之一爲益下廉，一爲負隅開之。

置實，約初商十尺。以銷從下廉，餘二十五尺三分尺之一。以初商乘之，得二百五十三尺三分尺之一，與負上廉相減，餘一百九十三尺三分尺之一，以初商再之，得一千九百三十三尺三分尺之一，投入從方共二千八百九十三尺三分尺之一。以初商三之，除實二萬八千九百三十三尺三分尺之一。餘實一萬四千二百六十六尺三分尺之二，約次商二尺。負隅法八尺如前。四因初商與從下廉相減，餘四尺三分尺之二，以次商乘之，得九尺三分尺之一轉與負上廉相加，共六十九尺三分尺之一。以次商再之，得一百三十八尺三分尺之二，爲負下廉法。六因初商，以銷三因從下廉，餘四十六尺，以次商乘之得九十二尺，與倍負上廉相減，餘二十八尺。以初商再之得二百八十尺，爲負上廉法。四因初商，以銷三因從下廉，餘六十六尺。以初商乘之，再之，得六千六百尺，投入從方，共七千五百六十尺，爲方法。併負廉隅法，共四百二十六尺三分尺之二，以銷方法餘七千一百三十三尺三分尺之一，爲下法與次商相乘，除實一萬四千二百六十六尺三分尺之二。適盡。

第四十四　今有從三乘實四萬三千二百尺，以五百〇一爲負方，九十又四分之一爲負上廉，四十八爲益下廉，一爲負隅開之。

置實，約初商十尺。以銷從下廉，餘三十八尺，以初商乘之，得三百八十尺，與負上廉相減，餘二百八十九尺四分尺之三。以初商再之，得二千八百九十七尺半，銷負方訖餘二千三百九十六尺半，以初商三之，除實二萬三千九百六十五尺。餘實一萬九千二百三十五尺，約次商二尺。負隅法八尺如前。四因初商，以銷從下廉，餘八尺。以次商乘之，得十六尺，轉以銷負上廉，餘七十四尺四分尺之一，以次商再之，得一百四十八尺半，爲負下廉法。六因初商，以銷三因從下廉，餘八十四尺，以次商乘之，得一百六十八尺。轉以銷倍負上廉，餘十二尺半。以初商再之，得一百二十五尺，爲負上廉法。四因初商，以銷三因從下廉，餘一百〇四尺，以初商乘之，再之，得一萬〇四百尺，銷負方訖，餘九千八百九十九尺，爲方法。併廉隅負法，共二百八十一尺半，以銷方法，餘九千六百一十七尺半，爲下法。與次商相乘，除實一萬九千二百三十五尺適盡。

第四十五　今有從三乘實四萬三千二百尺，以三千二百二十一又八分之五爲益方，二百爲益上廉，二爲負下廉，一爲負隅開之。

置實，約初商十尺。與負下廉相加，共十二尺。以初商乘之，得一百二十尺，以銷從上廉餘八十尺。以初商再之，得八百尺，投入從方，共四千〇二十一尺八分尺之五。以初商三之，除實四萬〇二百一十六尺二千五百寸。餘實二千九百八十三尺七千五百寸，約次商二尺。負隅法八尺如前。四因初商與負下廉相加，共四十二尺。以次商乘之得八十四尺，以銷從上廉，餘一百一十六尺。以次商再之，得二百三十二尺，爲下廉法。六因初商，與三因負下廉相加，共六十六尺，以次商乘之得一百三十二尺。以銷倍從上廉，餘二百六十八尺。以初商再之，得二千六百八十尺，爲上廉法。四因初商，與三因負下廉相加共四十六尺，以初商乘之，再之，得四千六百尺，銷從方訖，餘一千三百七十八尺八分尺之三爲負方法。併負方隅法，共一千三百八十六尺八分尺之三，以銷兩廉法餘一千五百二十五尺八分尺之五，爲下法。與次商相乘，得三千〇五十一尺二千五百寸，大于餘實，亦用翻減法餘六十七尺五千寸，爲負實。三商五寸，再乘得一百二十五寸，爲負隅法。併前兩商，共十二尺，四因之，與負下廉相加，共五十尺。以三商乘之，得二十五尺，以銷從上廉，餘一百七十五尺。以三商再之，得八十七尺五百寸，爲下廉法。六因兩商併數，與三因負下廉相加，共七十八尺，以三商乘之，得三十九尺。以銷倍從上廉，餘三百六十一尺，以兩商併數再之，得四千三百三十二尺，爲上廉法。四因兩商併數，與三因負下廉相加，共五十四尺，以兩商併數乘之再之，得七千七百七十六尺，銷從方訖，餘四千五百五十四尺三百七十五寸，爲負方法。併負方隅法，共四千五百五十四尺五百寸，銷兩廉法訖，餘一百三十五尺爲定負法，與三商相乘，除實六十七尺五千寸適盡。

既繁列之以盡其體矣，歸諸簡以善其用。

又　四乘方者，平方立方相乘也，平方廉隅四段，立方廉隅八段，故其相乘則有四八三十二段。右圖以平冪爲橫，立積爲從，辛癸即平方初商冪，己辛、丁己，即平方兩廉冪。乙丁，即平方隅冪，子丑立方初商積也。丑寅、寅卯、卯辰、立方三平廉積也。辰巳、巳午、午未，立方三長廉積也。未申，立方隅積也。其平方初商冪、立方初商積相乘者，爲四乘方初商正實。平方隅冪、立方隅積相乘者，爲四乘方次商正隅。平方廉冪與立方初商積相乘二段，平方初商冪與立方平廉積相乘三段，皆初商乘三次，次商乘一次，故爲第一廉。平方初商冪，與立方長廉積相乘三段，平方廉冪與立方平廉積相乘六段，平方隅冪與立方初商積相乘一段，皆初商乘兩次，次商乘兩次，故爲第二廉。平方初商冪與立方隅積相乘一段，平方廉冪與立方長廉積相乘六段，平方隅冪與立方平廉積相乘三段，皆初商乘一次，次商乘三次，故爲第三廉。平方廉冪與立方隅積相乘二段，平方隅冪與立方長廉積相乘三段，皆以次商四乘初商故爲第四廉。合之，凡得長廉五，自乘之廉十，再乘之廉十，三乘之廉五矣。

四乘方廉隅圖

開法

今有四乘方實二十四萬八千八百三十二尺。

置實超四位約初商十尺，四乘得十萬尺，減原實。餘十四萬八千八百三十二尺，爲次商共實。初商三乘五因之，得五萬尺，爲一廉法。初商再乘十因之，得一萬尺爲二廉法。初商自乘十因之，得一千尺，爲三廉法。初商五因之，得五十尺，爲四廉法。併之，共六萬一千○五十尺，爲汎法，以汎法除餘實，約次商二尺。次商乘二廉，得定法二萬尺。次商自乘以乘三廉，得定法四千尺。次商再乘以乘四廉，得定法四百尺。次商三乘，得隅法十六尺。併廉隅定法，投入方法，即一廉法。共七萬四千四百一十六尺，爲下法，與次商相乘，銷實十四萬八千八百三十二尺，適盡。

又　五乘方者，立方自乘也。立方積内，本有一方、一隅、三平廉、三長廉，共爲八段，故自之，則有八八六十四段。右圖從横邊，皆爲立積。申子邊與四乘方圖之從邊同。其初商積自乘者初商五乘正實也。其隅積自乘者，次商五乘隅實也。以初商積乘平廉積，得六段是爲四乘廉者六也。以平廉積自乘，得九段，以長廉積乘初商積得六段，是爲三乘廉者十有五也。以長廉積乘平廉積，得十八段，以隅積乘初商積，得二段，是爲再乘廉者二十也。以長廉積自乘，得九段，以隅積乘平廉積，得六段，是爲自乘廉者，亦十五也。以隅積乘長廉積，得六段是爲長廉者六也。總三圖觀之，凡諸廉之附正方，彌近彌大，彌遠彌小，密密乎不罅，秩秩乎不借，推而六乘已上，可以隅反矣。

五乘方廉隅圖

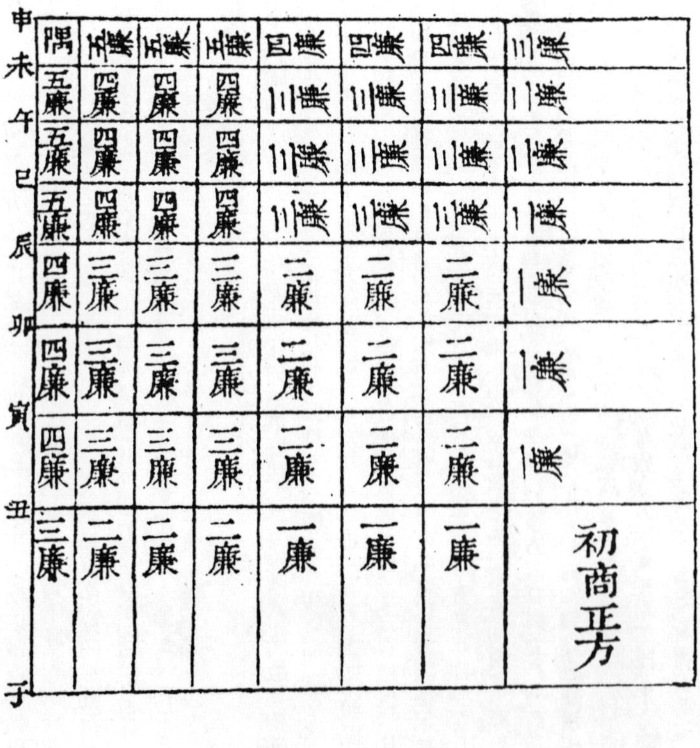

開法

今有五乘方實二百九十八萬五千九百八十四尺。

置實超五位約初商十尺，五乘得一百萬尺，減原實，餘一百九十八萬五千九百八十四尺，爲次商共實。初商四乘六因之，得六十萬尺爲一廉法。亦名方法。初商三乘十五因之，得十五萬尺爲二廉法。初商再乘二十因之，得二萬尺爲三廉法。初商自乘十五因之，得一千五百尺爲四廉法。初商六因之，得六十尺爲五廉法。併之共七十七萬一千五百六十尺，爲汎法。以汎法除餘實，約次商二尺。次商乘二廉，得定法三十萬尺。次商自乘以乘三廉，得定法八萬尺。次商再乘以乘四廉，得定法一萬二千尺。次商三乘以乘五廉，得定法九百六十尺。

次商四乘，得隅法三十二尺。併廉隅定法，投入方法，共九十九萬二千九百九十二尺，爲下法與次商相乘銷實一百九十八萬五千九百八十四尺，適盡。

又法：置實如平方開之，按此先求圖之申子邊。初商一千尺，自乘減實一百萬尺，餘實一百九十八萬五千九百八十四尺。約次商七百尺，與倍初商相加，共二千七百尺，以次商乘之，減實一百八十九萬尺。餘實九萬五千九百八十四尺。約三商二十尺，併兩商倍之，與三商相加，共三千四百二十尺，以三商乘之，減實六萬八千四百尺。餘實二萬七千五百八十四尺約四商八尺，併三商倍之，與四商相加，共三千四百四十八尺，以四商乘之，銷實適盡。副置所得積一千七百二十八尺，立方開之，得方邊十二尺。法見前。

又法：置實如立方開之，按平方自乘，爲三乘方，三乘方乘平方，則爲五乘方，故五乘方數。又即平方自乘再乘之數也。超二位，約初商一百尺，再乘減實一百萬尺。餘實一百九十八萬五千九百八十四尺，約次商四十尺。乃以初商自乘，三因之，得三萬尺，爲方法，三因初商，與次商相乘得一萬二千尺，爲廉法。次商自乘，得一千六百尺爲隅法。併之，共四萬三千六百尺，爲下法。以次商再之，減實一百七十四萬四千尺。餘實二十四萬一千九百八十四尺，約三商四尺，又以初商次商相併，自乘，三因之，得五萬八千八百尺爲方法，併兩商三因之，與三商相乘，得一千六百八十尺，爲廉法。三商自乘，得十六尺，爲隅法，併之，共六萬〇四百九十六尺，爲下法，以三商再之，銷實適盡。副置所得冪一百四十四尺，平方開之，得方邊十二尺。法見前。

清・駱騰鳳《開方釋例》卷三　三乘方論

自立方以至多乘方，皆以平方爲底，以底乘積得高。今以三乘方之有次商者言之。初商方積一，次商隅積一，立廉積四，平廉積六，長廉積四。凡爲體積者，十六合之爲一。三乘方試以平方分爲四形，初商自乘方一，次商自乘方一，初、次商相乘之長方二，平方乘平方爲三乘方。是三乘方，既以平方之四形爲底，又以平方之四形展之爲高，底與高各有四形，則其相乘之體積，即得十六矣。試以其高與底相乘之體積，分爲四段言之，第一段以平方之四形爲底，以平方中初商自乘之數爲高剖之，則爲初商自乘方乘高者一，即初商之三乘方也。初、次商相乘方乘高者二，即四立廉之二也。次商自乘方乘高者一，即六平廉之一也。第二段以平方中初、次商相乘之數爲高，剖之，則爲初商自乘方乘高者一，即四立廉之一也。初、次商相乘方乘高者二，即六平廉之二也。次商自乘方乘高者一，即四長廉之一也。第三段亦以平方中初、次商相乘之數爲高，剖之，亦得立廉一，平廉二，長廉一，其體積俱同二段。第四段，以平方中次商自乘之數爲高，剖之，則爲初商自乘方乘高者一，即六平廉之一也。初次商相乘方乘高者二，即四長廉之二也。次商自乘方乘高者一，即次商之三乘方也。合一初商積一，次商積四，立廉積六，平廉積四，長廉積而爲一，三乘方也。立廉爲初次相乘方又乘初商自乘方，蓋初商乘二次，次商乘一次也。平廉爲次商自乘方又乘初商自乘方，亦爲初次相乘方，又乘初次相乘方。蓋初商乘一次，次商乘二次也。長廉爲次商自乘方又乘初次相乘方，蓋次商乘三次也。

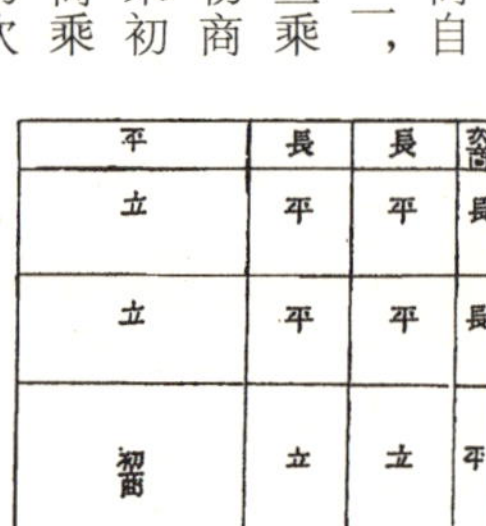

又解曰：平方冪乘平方冪爲三乘方，即如以平方冪爲底又以平方冪乘之爲高也。試以平方冪分爲四段，初商冪一，從方冪二，即初次商相乘之二廉冪。次商冪一，又以四段乘之，得初商冪。自乘之，正隅一，初商冪乘從方冪之立廉二，初商冪乘次商冪之平廉一，此以初商冪乘四段也。從方冪乘初商冪之立廉二，從方冪自乘之平廉四，從方冪乘次商冪之長廉二，此以二從方冪乘四段也。次商冪乘初商冪之平廉一，次商冪乘從方冪之長廉二，次商冪自乘之次隅一，此以次商冪乘四段也。合而計之，初商冪自乘之正隅一，以初商爲根而初商乘三次也。初商冪與從方冪相乘之立廉四，以初商爲根而初商乘二次，次商乘一次也。從方冪爲初次商相乘，是次商乘一次。又以初商冪乘之，是初商乘二次。從方冪自乘之平廉六，從方冪爲初次商相乘之冪，與初商冪乘次商冪者同。初商冪是初商乘一次，又以次商冪乘之，是次商乘二次。以初商爲根而初商乘一次，次商乘二次也。從方冪與次商冪相乘之長廉四，以初商爲根而次商乘三次也。次商冪自乘之次隅一，以次商爲根而次商乘三次也。

開三乘方法

古以初商三乘爲方法，次商有四立廉、六平廉、四長廉、一隅。天元一法以初次商三乘皆爲隅，次商以四立廉爲從方、六平廉爲上廉、四長廉爲下廉。

凡三乘方以積四位爲方邊一位，故從積之單位起，隔三位作點，其步法及正負加減，俱與立方同。

凡三乘方以四數連乘得積，大小不等。今以甲、乙、丙、丁別之，甲爲小數，乙爲中數，丙爲次大數，丁爲極大數。

凡較數以甲爲元得負積，正方，正上廉，正下廉，正隅。後省云：負正正正正。以乙爲元得，負積，負方，負上廉，正下廉，正隅後省云：負負負正正。以丙爲元，得負積，正方，負上廉，負下廉，正隅。後省云：負正負負正。以丁爲元，得負積，負方，正上廉，負下廉，正隅後省云：負負正負正。

凡和數以甲爲元或以乙丙丁爲元者，俱得負積，正方，負上廉，正下廉，負隅後省云：負正負正負。

凡兩和一較爲法者，得負積，正方，正上廉，負下廉，正隅。後省云：負正正負正。或有負方者，亦有負上廉者。大約以加較乘者，得正方，以減較乘者得負方。又較數小者，得正上廉，較數大者得負上廉。

凡兩較一和爲法者，得負積，正方，正上廉，正下廉，負隅後省云：負正正正負。或有負方者，亦有負下廉者，大約兩較同名者，得正方。兩較異名者，得負方，又和數大於兩較并者，得正下廉，和數小於兩較并者，得負下廉。

凡三乘方之四數並同者，爲正三乘方。四數内有三數同者，則四數爲大小二數，三小數同者爲帶一從三，大數同者爲帶三從也。四數内有二數同，而餘二數亦同者，則四數亦爲大小二數，斯爲帶兩從相同。三乘方四數内有二數同而餘二數不同者，則四數爲小中大三數，斯爲帶兩從不同。三乘方若四數俱不同者，則爲帶三從不同三乘方。

凡正三乘方，初開無方廉，次開以下四因初商爲下廉，六因初商得數與商乘爲上廉，四因初商得數與商乘得數又與商乘爲從方。

凡從三乘方，初商與下廉加減得數與商乘，乘與上廉加減得數，與商乘，乘與從方加減得數，與商乘減積。次開四因初商以加減原下廉爲次下廉，六因初商以加減三因原下廉得數，與商乘以加減原上廉爲次上廉。四因初商以加減三因原下廉得數，與商乘以加減二因原上廉得數，與商乘以加減原方爲次方。次開先三因下廉爲立方用數，又二因上廉爲平方用數，其六因初商爲上廉，而與三因原下廉相加減者，即立方之三長廉也。其四因初商爲方法，而與三因原下廉相加減者，即立方之三平廉也。又與二因原上廉相加減者，即平方之方法也。

又　卷四　諸乘方論

今案：平方、立方、三乘方之用甚多，故前三卷内，和較帶從之必詳，正負立元之悉備。四乘以往，則用者尠矣。梅勿庵先生《少廣拾遺》推至十二乘方，乃其十二乘中有正無從，特舉其大概而已。近世羿軒孔氏算書，有三乘、四乘、五乘方圖説，後有簡法，則諸方帶從並可開矣。然三乘方中，右定左定之外，有左泛之目，四乘方中又別爲三泛，五乘方中又別爲隅泛，是多一乘即易一術，設推至六乘以上，當必別爲名目，蓋其術本非通率，故其名亦意爲增置而已，固未見其簡也。今用天元一法自平方以至多乘方，悉用一術推至九乘而止，其帶從次開以下，所取廉法立方則兼有平方廉，三乘方則兼有立方、平方廉，四乘方則兼有三乘方、立方、平方廉，五乘以往遞增如之數，生生而不窮理，絲絲而入扣，實爲《少廣》術中另闢一徑，惜不令勿庵先生見之也。由是以推雖百乘以上，無不可得，但數繁而無所用，故不爲術耳。得其意者，自可以三隅反也。

又案：平方止一等廉，立方有二等廉，三乘方有三等廉，四乘以往多一乘即多一等廉。玩《作法本原圖》可知，所謂長廉者，不與初商乘。平廉者，初商乘一次。立廉者，初商乘二次。三乘廉者，初商乘三次，四乘廉以往，以次增乘皆然。《少廣拾遺》改爲一廉、二廉之目，然多乘方中，廉數滋繁難於識別，不如仍用本稱。爲得顧名思義之意，故今自四乘方以上，悉用長廉、平廉、立廉、三乘廉等名，亦可見廉法遞增之故，固自有條不紊也。

又案：開方中惟平方最易，立方則諸乘方之關鍵。其中條例頗繁，必了然於立方，而後諸乘方可得而論也。平方一乘，立方再乘，其元數不必皆等，而平方必四邊兩兩相等，立方必六面兩兩相等，無所謂或缺其旁或虛其裏者，若缺旁虛裏，則平方非兩數相乘之冪，立方非三數遞乘之積，此借根方之異於古法者也。故《釋例》中不載此體，蓋諸乘方無不自平方、立方起者，以平方乘平方爲三乘方，以平方乘立方爲四乘方，以立方乘立方爲五乘方，以平方乘四乘方爲六乘方，以立方乘四乘方爲七乘方，以平方乘六乘方爲八乘方，以立方乘六乘方爲九乘方，是諸乘方皆由平立方遞乘而得也。豈缺旁虛裏之方所得乘乎。固知缺旁虛裏之體非古法也。

又　卷四　四乘方圖説

四乘方者，平方冪立方積相乘之方也。平方廉隅四段，立方廉隅八段相乘，則得三十二段。試以平冪爲底，立積爲高作圖以觀之，則初商平冪乘立積者，爲四乘方正積。次商平隅乘立隅者，爲四乘方隅積。其平方廉冪與初商立方積相乘二段，立方平廉積與初商平方冪相乘三段，皆初商乘三次故爲三乘廉，即方也。其立方長廉積與初商平方冪相乘三段，平方廉冪與立方平廉積相乘六段，平方隅冪與初商立方積相乘一段，皆初商乘二次，故爲立廉。其立方隅積與初商平方冪相乘一段，平方廉冪與立方長廉積相乘六段，平方隅冪與立方平廉積相乘三段，皆初商乘一次，故爲平廉。其平方廉冪與立方隅積相乘二段，平方隅冪與立方長廉積相乘三段，皆不與初商乘，故爲長廉。三乘廉以次商乘一次，立廉以次商乘二次，平廉以次商乘三次，長廉以次商乘四次，則皆得四乘矣。合一初商積，一次商積五，三乘廉十，立廉十，平廉五，長廉而爲一，四乘方也。

次商	長	長	長	平	平	平	立
長	平	平	平	立	立	立	方
長	平	平	平	立	立	立	方
平	立	立	立	方	方	方	初商

凡正四乘方，初開無從。次開以下有五長廉，十平廉，十立廉，五三乘廉，即方。

凡開正四乘方，初商四乘減積，次開五因初商爲長廉，十因初商以初商乘之爲平廉，十因初商以初商再乘之爲立廉，五因初商以初商三乘之爲方。

凡開從四乘方，初商與長廉加減，以初商乘之得數，與平廉加減，以初商乘之，得數與立廉加減，以初商乘之，得數與方加減，以初商乘之，得數減積。次開五因初商與原長廉加減爲次長廉。十因初商與四因原長廉加減，以乘初商與原平廉加減爲次平廉。十因初商與六因原長廉加減，以乘初商。又與三因原平廉加減，以乘初商與原立廉加減，爲次立廉。五因初商與四因原長廉加減，以乘初商。又與三因原平廉加減，以乘初商。又與二因原立廉加減，以乘初商與原方加減，爲次方。次開先四因原長廉六因原長廉爲三乘方用數。又三因原平廉爲立方用數。又二因原立廉爲平方用數。

又　五乘方圖説

五乘方者，立方積之自乘也。立方廉隅八段，自乘則得六十四段。試以立積爲底，立積爲高作圖以觀之。則初商積自乘爲五乘方正積。次商隅積自乘爲五乘方隅積。其平廉積乘初商積者，六段是爲四乘廉，即方也。其平廉積自乘者，九段長廉積，乘初商積者，六段是爲三乘廉。其長廉積乘平廉積者十八段隅積，乘初商積者二段，是爲立廉。其長廉積自乘者，九段隅積。乘平廉積者，六段是爲平廉。其隅積乘長廉積者，六段是爲長廉。合一初商積一，次商積六，四乘廉十五，三乘廉二十，立廉十五，平廉六，長廉而爲一五乘方也。五乘方又爲平方冪與三乘方相乘之方。如以平方冪爲底三乘方積爲高乘之，其廉隅亦得六十四段也。

次商	長	長	長	平	平	平	立
長	平	平	平	立	立	立	三乘
長	平	平	平	立	立	立	三乘
長	平	平	平	立	立	立	三乘
平	立	立	立	三乘	三乘	三乘	方
平	立	立	立	三乘	三乘	三乘	方
平	立	立	立	三乘	三乘	三乘	方
立	三乘	三乘	三乘	方	方	方	初商

凡正五乘方，初開無從。次開以下有六長廉，十五平廉，二十立廉，十五三乘廉，六四乘廉，即方。

凡開正五乘方，初商五乘減積。次開六因初商爲長廉，十五因初商以初商乘之爲平廉。二十因初商，以初商再乘之爲立廉。十五因初商，以初商三乘之爲三乘廉。六因初商，以初商四乘之爲方。

凡開從五乘方，初商與長廉加減，以初商乘之，得數與平廉加減，以初商乘之，得數與立廉加減，以初商乘之，得數與三乘廉加減，以初商乘之，得數與方加減，以初商乘之，得數減積。次開六因初商與原長廉加減，爲次長廉。十五因初商與五因原長廉加減，以乘初商與原平廉加減爲次平廉。二十因初商與十因原長廉加減，以乘初商。又與四因原平廉加減，以乘初商與原立廉加減，爲次立廉。十五因初商，與十因原長廉加減，以乘初商。又與六因原平廉加減，以乘初商，又與三因原立廉加減，以乘初商與原三乘廉加減，爲次三乘廉。六因初商，與五因原長廉加減，以乘初商，又與四因原平廉加減，以乘初商，又與三因原立廉加減，以乘初商，又與二因原三乘廉加減，以乘初商與原方加減，爲次方。次開先五因原長廉，十因原長廉爲四乘方用數，又四因原平廉，六因原平廉爲三乘方用數。又三因原立廉爲立方用數，又二因原三乘廉爲平方用數。

又　六乘方

六乘方者，平方冪與四乘方積相乘之方也。平方廉隅四段，四乘方廉隅三十二段，相乘則得一百二十八段。又爲立方積與三乘方積相乘之方，立方廉隅八段，三乘方廉隅十六段，相乘亦得一百二十八段。蓋初商積一，次商積一，長廉七，平廉二十一，立廉三十五，三乘廉三十五，四乘廉二十一，五乘廉七也。仿四、五乘方法亦可爲圖。然段數滋繁得其意，不必泥夫象也。故六乘以往俱不爲圖。

凡正六乘方，初開無從。初商六乘得數減積。次開以下七因初商爲長廉，二十一因初商以初商乘之爲平廉，三十五因初商以初商再乘之爲立廉，三十五因初商以初商三乘之爲三乘廉，二十一因初商以初商四乘之爲四乘廉，七因初商以初商五乘之爲五乘廉，即方。

凡從六乘方，初商與長廉加減，以初商乘之，得數與平廉加減，以初商乘之，得數與立廉加減，以初商乘之，得數與三乘廉加減，以初商乘之，得數與四乘廉加減，以初商乘之，得數與方加減以初商乘之，得數減積。次開七因初商，與原長廉加減爲次長廉。二十一因初商與六因原長廉加減，以乘初商，與原平廉加減爲次平廉。三十五因初商，與十五因原長廉加減，以乘初商，又與五因原平廉加減，以乘初商與原立廉加減，爲次立廉。三十五因初商，與二十因原長廉加減，以乘初商，又與十因原平廉加減，以乘初商，又與四因原立廉加減，以乘初商，與原三乘廉加減爲次三乘廉。二十一因初商，與十五因原長廉加減，以乘初商，又與十因原平廉加減，以乘初商，又與六因原立廉加減，以乘初商。又與三因原三乘廉加減，以乘初商與原四乘廉加減。爲次四乘廉。七因初商，與六因原長廉加減，以乘初商。又與五因原平廉加減，以乘初商，又與四因原立廉加減，以乘初商，又與三因原三乘廉加減，以乘初商，又與二因原四乘廉加減，以乘初商，與原方加減爲次方。次開先六因原長廉，十五因原長廉，二十因原長廉爲五乘方用數。五因原平廉，十因原平廉，爲四乘方用數。四因原立廉，六因原立廉，爲三乘方用數。三因原三乘廉，爲立方用數。二因原四乘廉爲平方用數。

又　七乘方

七乘方者，平方冪與五乘方積相乘之方也。平方廉隅四段，五乘方廉隅六十四段，相乘則得廉隅二百五十六段。又爲立方積與四乘方積相乘之方。立方廉隅八段，四乘方廉隅三十二段，相乘亦得二百五十六段。蓋初商積一，次商積一，長廉八，平廉二十八，立廉五十六，三乘廉七十，四乘廉五十六，五乘廉二十八，六乘廉(七)[八]也。又三乘方積自乘即七乘方

凡正七乘方，初開無從。初商七乘得數減積。次開以下八因初商爲長廉，二十八因初商以初商乘之爲平廉，五十六因初商以初商再乘之爲立廉。七十因初商，以初商三乘之爲三乘廉。五十六因初商，以初商四乘之爲四乘廉。二十八因初商，以初商五乘之爲五乘廉。八因初商，以初商六乘之爲六乘廉，即方。

凡從七乘方，初商與長廉加減，以初商乘之，得數與平廉加減，以初商乘之，得數與立廉加減，以初商乘之，得數與三乘廉加減，以初商乘之，得數與四乘廉加減，以初商乘之，得數與五乘廉加減，以初商乘之，得數與方加減，以初商乘之，得數減積。次開八因初商，與原長廉加減爲次長廉。二十八因初商，與七因原長廉加減，以乘初商與原平廉加減，爲次平廉。五十六因初商，與二十一因原長廉加減，以乘初商。又與六因原平廉加減，以乘初商，與原立廉加減爲，次立廉。七十因初商與三十五因原長廉加減，以乘初商。又與十五因原平廉加減，以乘初商。又與五因原立廉加減，以乘初商與原三乘廉加減爲次三乘廉。五十六因初商，與三十五因原長廉加減，以乘初商。又與二十因原平廉加減，以乘初商。又與十因原立廉加減，以乘初商。又與四因原三乘廉加減，以乘初商，與原四乘廉加減爲次四乘廉。二十八因初商，與二十一因原長廉加減，以乘初商。又與十五因原平廉加減，以乘初商。又與十因原立廉加減，以乘初商。又與六因原三乘廉加減，以乘初商。又與三因原四乘廉加減，以乘初商，與原五乘廉加減，爲次五乘廉。八因初商，與七因原長廉加減，以乘初商。又與六因原平廉加減，以乘初商。又與五因原立廉加減，以乘初商。又與四因原三乘廉加減，以乘初商。又與三因原四乘廉加減，以乘初商。又與二因原五乘廉加減，以乘初商與原方加減爲次方。次開，先七因原長廉，二十一因原長廉，三十五因原長廉，爲六乘方用數。六因原平廉，十五因原平廉，二十因原平廉，爲五乘方用數。五因原立廉，十因原立廉，爲四乘方用數。四因原三乘廉，六因原三乘廉爲三乘方用數。三因原四乘廉爲立方用數。二因原五乘廉爲平方用數。

又　八乘方

八乘方者，平方冪與六乘方積相乘之方也。平方廉隅四段，六乘方廉隅一百二十八段，相乘則得五百一十二段。若以立方積與五乘方積相乘，以三乘方積與四乘方積相乘，其廉隅之數亦同。蓋長廉九，平廉三十六，立廉八十四，三

乘廉一百二十六，四乘廉一百二十六，五乘廉八十四，六乘廉三十六，七乘廉九也。

凡正八乘方，初開無從，初商八乘得數減積。次開以下九因初商爲長廉，三十六因初商以初商乘之爲平廉，八十四因初商以初商再乘之爲立廉，一百二十六因初商，以初商三乘之爲三乘廉。一百二十六因初商，以初商四乘之爲四乘廉。八十四因初商，以初商五乘之爲五乘廉。三十六因初商，以初商六乘之爲六乘廉。九因初商，以初商七乘之爲七乘廉，即方。

凡從八乘方，初商與長廉加減，以初商乘之，得數與平廉加減，以初商乘之，得數與立廉加減，以初商乘之，得數與三乘廉加減，以初商乘之，得數與四乘廉加減，以初商乘之，得數與五乘廉加減，以初商乘之，得數與六乘廉加減，以初商乘之，得數與方加減，以初商乘之，得數減積。次開九因初商與原長廉加減，爲次長廉。三十六因初商，與八因原長廉加減，以乘初商，與原平廉加減，爲次平廉。八十四因初商，與二十八因原長廉加減，以乘初商，又與七因原平廉加減，以乘初商，與原立廉加減，爲次立廉。一百二十六因初商，與五十六因原長廉加減，以乘初商，又與二十一因原平廉加減，以乘初商，又與六因原立廉加減，以乘初商，與原三乘廉加減，爲次三乘廉。一百二十六因初商，與七十因原長廉加減，以乘初商，又與三十五因原平廉加減，以乘初商，又與十五因原立廉加減，以乘初商，與原四乘廉加減，爲次四乘廉。八十四因初商，與五十六因原長廉加減，以乘初商，又與三十五因原平廉加減，以乘初商，又與二十因原立廉加減，以乘初商，又與十因原三乘廉加減，以乘初商。又與四因原四乘廉加減，以乘初商，與五乘廉加減，爲次五乘廉。三十六因初商，與二十八因原長廉加減，以乘初商，又與二十一因原平廉加減，以乘初商，又與十五因原立廉加減，以乘初商，又與十因原三乘廉加減，以乘初商，又與六因原四乘廉加減，以乘初商，又與三因原五乘廉加減，以乘初商，與六乘廉加減，以乘初商，爲次六乘廉。九因初商，與八因原長廉加減，以乘初商，又與七因原平廉加減，以乘初商，又與六因原立廉加減，以乘初商，又與五因原三乘廉加減，以乘初商，又與四因原四乘廉加減，以乘初商，又與三因原五乘廉加減，以乘初商，又與二因原六乘廉加減，以乘初商，與原七乘廉加減，爲次方。次開先八因原長廉，二十八因原長廉，五十六因原長廉，七十因原長廉，爲七乘方用數。七因原平廉，二十一因原平廉，三十五因原平廉，爲六乘方用數。六因原立廉，十五因原立廉，二十因原立廉，爲五乘方用數。五因原三乘廉，十因原三乘廉，爲四乘方用數。四因原四乘廉，六因原四乘廉，爲三乘方用數。三因原五乘廉爲立方用數。二因原六乘廉，爲平方用數。

又　九乘方

九乘方者，平方冪與七乘方積相乘之方也。平方廉隅四段，七乘方廉隅二百五十六段，相乘則得一千〇二十四段。若以四乘方積自乘，及以立方積與六乘方積相乘，以三乘方積與五乘方積相乘，其廉隅之數亦同。蓋長廉十，平廉四十五，立廉一百二十，三乘廉二百一十，四乘廉二百五十二，五乘廉二百一十，六乘廉一百二十，七乘廉四十五，八乘廉十也。

凡正九乘方，初開無從。初商九乘得數減積。次開以下，十因初商爲長廉，四十五因初商，以初商乘之爲平廉，一百二十因初商以初商再乘之爲立廉，二百一十因初商以初商三乘之爲三乘廉，二百五十二因初商以初商四乘之爲四乘廉，二百一十因初商，以初商五乘之爲五乘廉，一百二十因初商，以初商六乘之爲六乘廉，四十五因初商以初商七乘之爲七乘廉，十因初商以初商八乘之爲八乘廉，即方。

凡從九乘方，初商與長廉加減，以初商乘之，得數與平廉加減，以初商乘之，得數與立廉加減，以初商乘之，得數與三乘廉加減，以初商乘之，得數與四乘廉加減，以初商乘之，得數與五乘廉加減，以初商乘之，得數與六乘廉加減，以初商乘之，得數與七乘廉加減，以初商乘之，得數與八乘廉加減，以初商乘之，得數減積。次開，十因初商，與原長廉加減，爲次長廉。四十五因初商，與九因原長廉加減，以乘初商，與原平廉加減，爲次平廉。一百二十因初商，與三十六因原長廉加減，以乘初商，又與八因原平廉加減，以乘初商，與原立廉加減，爲次立廉。二百一十因初商，與八十四因原長廉加減，以乘初商，又與二十八因原平廉加減，以乘初商，又與七因原立廉加減，以乘初商，與原三乘廉加減，爲次三乘廉。二百五十二因初商，與一百二十六因原長廉加減，以乘初商，又與五十六因原平廉加減，以乘初商，又與二十一因原立廉加減，以乘初商，又與六因原三乘廉加減，以乘初商，與原四乘廉加減，爲次四乘廉。二百一十因初商，與一百二十六因原長廉加減，以乘初商，又與七十因原平廉加減，以乘初商，又與三十五因原立廉加減，以乘初商，又與十五因原三乘廉加減，以乘初商，又與五因原四乘廉加減，以乘初商，與原五乘廉加減，爲次五乘廉。一百二十因初商，與八十四因原長廉加減，以乘初商，又與五十六因原平廉加減，以乘初商，又與三十五因原立廉加減，以乘初商，又與二十因原三乘廉加減，以乘初商，又與十因原四乘廉加減，以乘初商，又與四因原五乘廉加減，以乘初商，與原六乘廉加減，爲次六乘廉。四十五因初商，與三十六因原長廉加減，以乘初商，又與二十八因原平廉加減，以乘初商，又與二十一因原立廉加減，以乘初商，又與十五因原三乘廉加減，以乘初商，又與十因原四乘廉加減，以乘初商，又與六因原五乘廉加減以乘初商。又與三因原六乘廉加減，以乘初商，與原七乘廉加減，爲次七乘廉。十因初商，與九因原長廉加減，以乘初商，又與八因原平廉加減，以乘初商，又與七因原立廉加減，以乘初商，又與六因原三乘廉加減，以乘初商，又與五因原四乘廉加減，以乘初商，又與四因原五乘廉加減，以乘初商，又與三因原六乘廉加減，以乘初商，又與二因原七乘廉加減，以乘初商，與原八乘廉加減，爲次方。次開，先九因原長廉，三十六因原長廉，八十四因原長廉，一百二十六因原長廉，爲八乘方用數。八因原平廉，一十八因原平廉，五十六因原平廉，七十因原平廉，爲七乘方用數。七因原立廉，二十一因原立廉，三十五因原立廉，爲六乘方用數。六因原三乘廉，十五因原三乘廉，二十因原三乘廉，爲五乘方用數。五因原四乘廉，十因原四乘廉，爲四乘方用數。四因原五乘廉，六因原五乘廉，爲三乘方用數。三因原六乘廉，爲立方用數。二因原七乘廉，爲平方用數。

開諸乘方簡法

算法

清・梅文鼎《少廣拾遺》 論諸乘方簡法

凡開平方二次，即三乘方也，是謂方之方。開平方、立方各一次，五乘方也，可名爲立方之平方，亦可名爲平方之立方。

開平方三次，七乘方也，或三乘方、平方各開一次亦同，可名爲平方之三乘方，亦可名爲三乘方之平方。

開立方二次，八乘方也。可名爲立方之立方。

開四乘方平方各一次，九乘方也。可名爲四乘方之平方。

開平方二次，立方一次，十一乘方也。或三乘方立方各一次，亦同可名爲三乘方之立方，亦可名爲立方之三乘方。

按：惟四乘方六乘方、十乘方，不能借用他法。《同文算指》謂四乘方開二次爲六乘方。又謂四乘方、開三次爲十乘方，非也。且四乘方、平方各一次，已爲九乘方矣。安得有開四乘方二次而反爲六乘，開四乘方三次而止爲十乘乎，必不然矣。

演諸乘方遞增通法

平方積自乘爲三乘方，立方積自乘爲五乘方。三乘方積自乘爲七乘方，四乘方積自乘爲九乘方，五乘方積自乘爲十一乘方，六乘方積自乘爲十三乘方，七乘方積自乘爲十五乘方，八乘方積自乘爲十七乘方，九乘方積自乘爲十九乘方，十乘方積自乘爲二十一乘方，十一乘方積自乘爲二十三乘方，十二乘方積自乘爲二十五乘方，十三乘方積自乘爲二十七乘方，十四乘方積自乘爲二十九乘方，十五乘方積自乘爲三十一乘方。以上並迢兩位。

平方積再自乘爲五乘方，立方積再乘爲八乘方，三乘方積再乘爲十一乘方，四乘方積再乘爲十四乘方，五乘方積再乘爲十七乘方，六乘方積再乘爲二十乘方，七乘方積再乘爲二十三乘方，八乘方積再乘爲二十六乘方，九乘方積再乘爲二十九乘方，十乘方積再乘爲三十二乘方。以上並超三位。

平方積自乘三次爲七乘方，立方積自乘三次爲十一乘方，三乘方積自乘三次爲十五乘方，四乘方積自乘三次爲十九乘方，五乘方積自乘三次爲二十三乘方，六乘方積自乘三次爲二十七乘方，七乘方積自乘三次爲三十一乘方。以上並超四位。

平方積四乘爲九乘方，立方積四乘爲十四乘方，三乘方積四乘爲十九乘方，四乘方積四乘爲二十四乘方，五乘方積四乘爲二十九乘方。以上並超五位。

平方積五乘爲十一乘方，立方積五乘爲十七乘方，三乘方積五乘爲二十三乘方，四乘方積五乘爲二十九乘方。以上並超六位。

平方積六乘爲十三乘方，立方積六乘爲二十乘方，三乘方積六乘爲二十七乘方，四乘方積六乘爲三十四乘方。以上並超七位。

平方積七乘爲十五乘方，立方積七乘爲二十三乘方，三乘方積七乘爲三十一乘方。以上並超八位。

平方積八乘爲十七乘方，立方積八乘爲二十六乘方，三乘方積八乘爲三十五乘方。以上並超九位。

平方積九乘爲十九乘方，立方積九乘爲二十九乘方。並超十位。

自平方至十二乘方，已有初商表。其十三乘以後不及詳列，惟以根之爲二爲三者，演之至三十二乘。如左。

	根二	根三
十三乘	一六三八四	四七八二九六九
十四乘	三二七六八	一四三四八九〇七
十五乘	六五五三六	四三〇四六七二一
十六乘	一三一〇七二	一二九一四〇一六三
十七乘	二六二一四四	三八七四二〇四八九
十八乘	五二四二八八	一一六二二六一四六七
十九乘	一〇四八五七六	三四八六七八四四〇〇
二十乘	二〇九七一五二	一〇四六〇三五三二〇三
二十一乘	四一九四三〇四	三一三八一〇五九六〇九
二十二乘	八三八八六〇八	九四一四三一七八八二七
二十三乘	一六七七七二一六	二八二四二九五三六四八一
二十四乘	三三五五四四三二	八四七二八八六〇九四四三
二十五乘	六七一〇八八六四	二五四一八六五八二八三二九
二十六乘	一三四二一七七二八	七六二五五九七四八四九八七
二十七乘	二六八四三五四五六	二二八七六七九二四五四九六一
二十八乘	五三六八七〇九一二	六八六三〇三七七三六四八八三
二十九乘	一〇七三七四一八二四	二〇五八九一一三二〇九四六四九
三十乘	二一四七四八三六四八	六一七六七三三九六二八三九四七
三十一乘	四二九四九六七二九六	一八五三〇二〇一八八八五一八四一
三十二乘	八五八九九三四五九二	五五五九〇六〇五六六五五五二三

附開多乘方求次商捷法

列實，作點，截實求初商，如常法。既得初商，減一等自乘爲廉積，如五乘方則用四乘。以本乘方數加一爲廉數，如五乘方則用六。廉數乘廉積爲法，以除餘實爲次商，乃合初商、次商數。依本乘方數乘之，如五乘方，即自乘五次。得積合原數。定所得爲方根。如原積少不及減，則改次商，及減而止。

假如三乘方積五百七十六萬四千八百〇一，問方根若干。

答曰：四十九。

三二〇
五七六四八〇一
四九
二五六

如法于初商表取三乘方積二五六減原實。定初商爲四十，餘實三二〇四八〇一爲次商實。置初商四，自乘再乘，得六四〇〇〇爲廉積。本方三乘廉積減一等，故用再乘。以四爲廉數，廉數比本乘方加一數，故用四。廉數乘廉積，得二五六〇〇〇爲法，以除次商實，得九爲次商。得數可進一十，因欲存第二廉以下廉隅積數，不得滿除，故只商九數。乃合初商、次商共四十九。依法自乘，得二四〇一，又自乘得五七六四八〇一，以較原實，相同減盡。即定四十九爲三乘方根。

清·孔廣森《少廣正負術内篇》卷下

從三乘方簡法

凡得初商與下廉法相加減，以初商乘之。此設通法故加減兩言也，兩正兩負則相加，正一負則相減，後仿此。一次與上廉法相加減，又以初商乘之次與方法相加減，又以初商乘之，而除實。若帶連枝法者，既得初商。即以連枝法乘之，然後與下廉相加減，其餘並同。四乘以上連枝方，皆推此可知。餘實約取次商。併初商次商而自之，以下廉法乘之，與方法相加減，爲右定。不帶方，或不帶下廉者科取其一爲右法。以併兩商自乘冪，與初商自乘冪相加，以隅法乘之。諸言以隅法乘之者，皆爲連枝方設也，非連枝則省乘。與上廉法相加減，爲左泛。不帶上廉者，就以初商自之，併兩商自之，相加爲泛。又以初商乘下廉法，不帶下廉者省此。與泛相加減，以倍初商加次商之數乘之爲左定。左右兩定相加減爲下法，與次商相乘，而除餘實，不盡，則依此遞商。

從四乘方簡法

凡得初商與第四廉法相加減，以初商乘之，次與第三廉法相加減，又以初商乘之，次與第二廉法相加減，又以初商乘之，次與第一廉法相加減，又以初商乘之而除實。有空廉者，省其加減，意會可也。餘實約取次商。併初商次商而自之，爲泛法初商自之，與三廉法相加減，以泛乘之爲右定。雖無三廉者，其右位泛定亦同。以三廉法乘初商，爲小泛。以併兩商自乘冪，與初商自乘冪相加，以四廉法乘之，爲中泛。初商再之，又併初商次商而再之，兩積相加，以隅法乘之，爲大泛。三泛相加減所得，又與二廉法相加減，乃以倍初商加次商之數乘之，爲左定。不帶四廉者，無中泛；不帶三廉者，無小泛；不帶二廉者，省加減。餘同。左右兩定相加減，有一廉法者，又與一廉相加減，爲下法，與次商相乘，而除餘實，不盡，則依此遞商。

從五乘方簡法

凡得初商，與五廉法相加減，以初商乘之，次與四廉法相加減，又以初商乘之，次與三廉法相加減，又以初商乘之，次與二廉法相加減，又以初商乘之，次與一廉法相加減，又以初商乘之，而除實。餘實約取次商。初商自之，又併初商次商而自之，兩冪相加，以四廉乘之，初商再之，以五廉乘之，兩乘數相加減，乃與二廉相加減，以平方率即倍初商加次商。乘之，爲右定。併初商次商而再之，與初商再乘積相加，爲隅泛。又以五廉乘併兩商自乘冪，與泛相加減所得，乃與三廉相加減，以立方率三因初商，三因次商，通以初商乘之，又加入次商自乘數。即得乘之，爲左定。左右兩定相加減，又與第一廉相加減，爲下法，與次商相乘，而除餘實。如有三商法亦視此。連枝者多隅法，與左泛一乘，空廉者隨宜省其加減，若止帶第三廉者，可如從平方開之，所得又開立方，即方邊也。或止帶二廉四廉者，可如從立方開之，所得又開平方，亦方邊也。

增乘開方部

增乘開諸乘方分部

題解

宋・楊輝《詳解九章算法》卷六《少廣》《永樂大典》卷一六三四四　增乘開平方法：以商數乘下法，遞增求之。

綜論

元・朱世傑《四元玉鑒》卷首　今古開方會要之圖

梯法七乘方圖，正者爲從，負者爲益。

不動數	直置數	弟一等	定實位
方位法	進退一	弟二等	除實法
弟一廉	進退二	弟三等	平方隅
弟二廉	進退三	弟四等	立方隅
弟三廉	進退四	弟五等	三乘隅
弟四廉	進退五	弟六等	四乘隅
弟五廉	進退六	弟七等	五乘隅
弟六廉	進退七	弟八等	六乘隅
弟七廉	進退八	弟九等	七乘隅

清・焦循《開方通釋》

實方
實〇隅
實〇〇隅
實〇〇〇隅
實〇〇〇〇隅
實〇〇〇〇〇隅
實〇〇〇〇〇〇隅
實〇〇〇〇〇〇〇隅
實〇〇〇〇〇〇〇〇隅
實〇〇〇〇〇〇〇〇〇隅

右開方無從者，故諸廉無數，而必存其空位者。以備商生之，遞入也。《九章》開方術云：置積爲實，借一算步之，置積爲實，即此式之實也。借一算步之，即此式之隅也。有一位即有一乘，故一廉即一乘方，二廉即二乘方，三廉即三乘方，四廉即四乘方，五廉即五乘方，六廉即六乘方，七廉即七乘方，八廉即八乘方，九廉即九乘方。《測圓海鏡》之式實在下，隅在上，諸乘之位了然。《益古演段》與《數學九章》皆實在上隅在下，自隅起算，上達於方，以便與實相消故也。隅遞加至方，逐位相生，九入則是九乘。八入則是八乘。相入相生之間，精甚亦簡甚也。

正者爲從，負者爲益。言相消得式之後，惟實之正者則曰正實，其方、廉、隅之正者，則曰從方、從廉、從隅。其實、方廉、隅，之負者，則曰益實、益方、益廉、益隅也。

不動數：即太極也，言此數有一定之位，不能上下左右移動也。
方位法：言此爲方之位，亦爲實之法也。
第一廉至第七廉：言此爲第幾廉之位也。
直置數：言此數直置之，不進退也。
進退一至進退八：言相步之時，此數每進幾位，每退幾位也。
第一等至第九等：其等字非相等之等，乃等級之等，猶言第幾層也。
定實位：言其最上之一數，定爲實之位也。
除實法：言此若爲末層之數，則可用之爲法，以除其實也。
平方隅至七乘隅：言此若爲末層之數，則爲某方之隅也。

清・沈欽裴《四元玉鑒細草・自序》　梅氏《少廣拾遺》開至十二乘方而止。先作點分段，次查表以定初商。次求廉隅，以定續商。術已繁矣，且施諸帶縱則窮，施諸之分則又窮。是枝枝節節爲之，而未明廉隅進退之理也。余讀《四元玉鑑》載古今開方會要之圖，試取而衍之。多一乘，即多一廉，即多一進退。平方有實、方、隅，方一進者，隅二進。立方有實、方、廉、隅，方一進者，廉二進，隅三進。三乘方有實、有方、有上廉、有下廉、有隅，方一進者，上廉二進，下廉三進，隅四進，其退亦然。自平方至七乘方成《細草》一卷，八乘以上可以類推。即以御帶縱開方、之分開方，亦無不可。乃知古法簡易一以貫之也。

增乘開平方法

算法

《九章筭術》卷四《少廣》　今有積七萬一千八百二十四步，問爲方幾何。

答曰：二百六十八步。

宋・賈憲《黄帝九章算經細草》卷四《少廣》《永樂大典》卷一六一四四　增乘開平方法：商第一位，上商得數，以乘下法爲乘方。命上商除實。上商得數，以乘下法，入乘方。一退爲廉，下法再退。商第二位。商得數以乘下法，爲隅。命上商除實，訖。以上商得數乘下法入隅，皆名曰廉。一退，下法再退。以求第三位商數。商第三位用法，如第二位求之。

又　增乘開平方圖，以圖参法，取用可知。

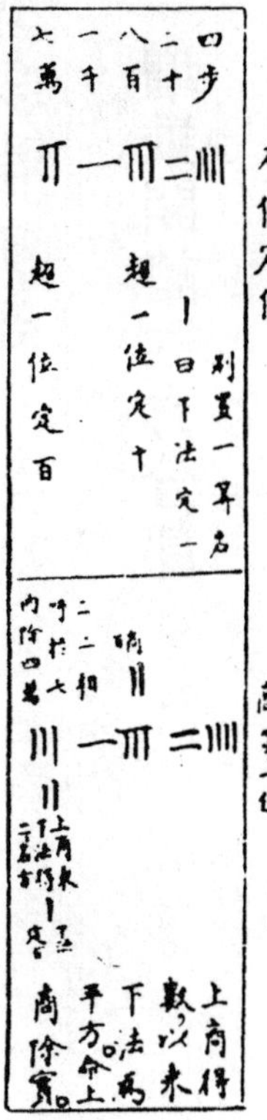

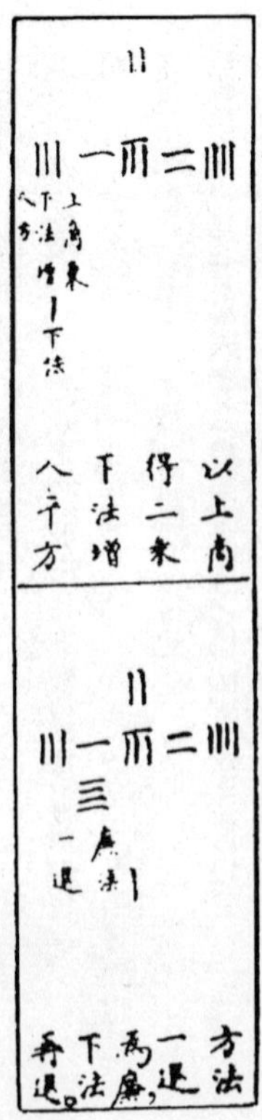

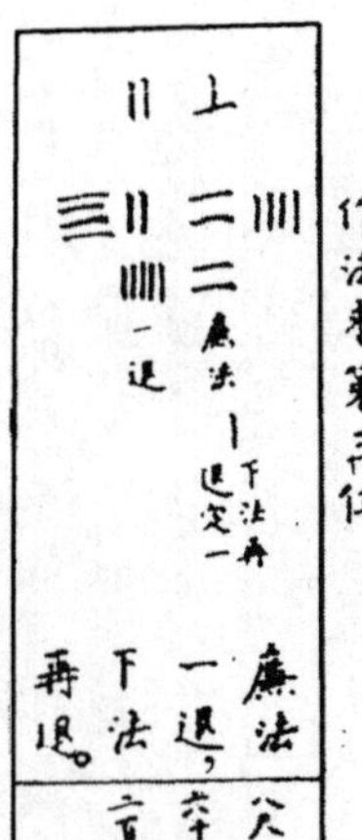

宋・秦九韶《數書九章・田域類》卷五　斜蕩求積

問有蕩一所，正北闊一十七里，自南尖穿徑中長二十四里，東南斜二十里，東北斜一十五里，西斜二十六里。欲知畝積幾何。

答曰：蕩積一千九百一十一頃六十畝。

術曰：以少廣求之。置中長，乘北闊，半之，爲寄。以中長冪減西斜冪，餘爲實。以一爲隅，開平方，得數，減北闊，餘自乘，併中長冪，共爲内率。以小斜冪，併率，減中斜冪，餘半之，自乘於上。以小斜冪乘率，減上，餘四約之爲

斜蕩圖

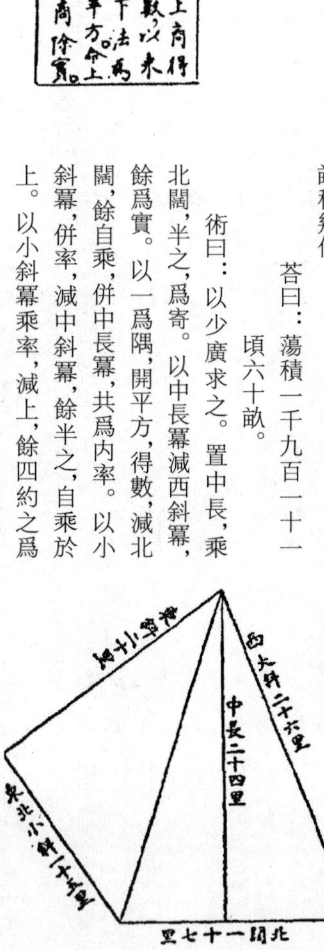

實。以一爲隅，開平方得數，加寄，共爲蕩積。

草曰：以中長二十四里，乘北闊一十七里得四百八。乃半之，得二百四里，爲寄。以中長自乘，得五百七十六，爲長冪。以西斜二十六里自乘，得六百七十六，爲大冪。以減長冪，餘一百里，爲實。開平方，得一十里。以減北闊數一十七里，餘七里，自乘，得四十九。併長冪五百七十六，得六百二十五，爲內率。次置東小斜一十五里自乘，得二百二十五，爲小斜冪。又置東南中斜二十里自乘，得四百，爲中冪。卻以小斜冪併率，得八百五十，以減中冪四百，餘四百五十。乃半之，得二百二十五。自乘，得五萬六百二十五里於上。又以小斜冪二百二十五，乘率六百二十五，得一十四萬六百二十五。減上，餘九萬里。以四約，得二萬二千五百，爲實。開平方，得一百五十，併寄二百四里，得三百五十四里，爲泛。以里法三百六十自乘，得一十二萬九千六百步，乘泛，得四千五百八十七萬八千四百步。以畝法二百四十步約之，得一千九百一十一頃六十畝，爲蕩積。

計地容民

問沙洲一段，形如棹刀。廣一千九百二十步，縱三千六百步，大斜二千五百步，小斜一千八百二十步，以安集流民，每户給一十五畝。欲知地積容民幾何。

荅曰：地積(一百四十九頃九十五)[二百三頃五十二]畝。

容民(九百九十九)[一千三百五十六]户，餘地一十畝。

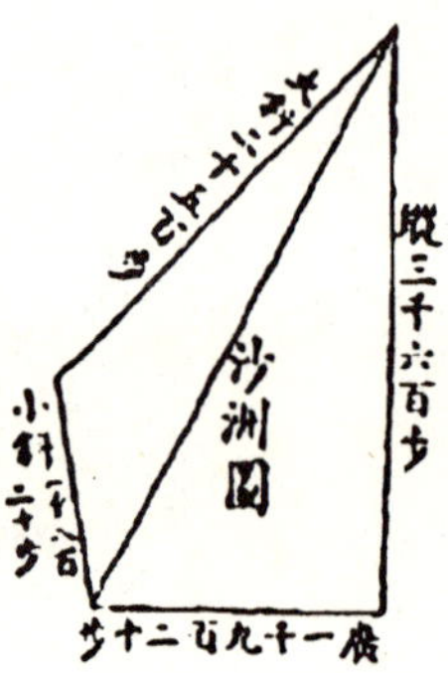

術曰：以少廣求之。置廣乘長，半之爲寄。以廣冪併縱冪，爲中冪。以小斜冪併中冪，減大斜冪，餘半之，自乘於上。以小斜冪乘中冪，減上，餘以四約之爲實。以一爲隅，開平方得數，加寄，共爲積。以每户給數，除積，得容民户數。

草曰：置廣一千九百二十步，乘縱三千六百步，得六百九十一萬二千步，乃半之，得三百四十五萬六千步爲寄。以廣自乘，得三百六十八萬六千四百步爲廣冪，又以縱自乘，得一千二百九十六萬步，爲縱冪。併廣冪，得一千六百六十四萬六千四百步，爲中冪。次以小斜一千八百二十步自乘，得三百三十一萬二千四百步，爲小斜冪。又以大斜二千五百步自乘，得六百二十五萬步，爲大斜冪。卻以小斜冪併中冪，得一千九百九十五萬八千八百步，以大斜冪減之，餘一千三百七十萬八千八百步，乃半之，得六百八十五萬四千四百步，自乘，得四十六萬九千八百二十七億九千九百三十六萬步于上。次以小斜冪乘中冪，得五十五萬一千三百九十五億三千五百三十六萬步，減上，餘八萬一千五百六十七億三千六百萬，(爲實)以四約之，得二萬三百九十一億八千四百萬，爲實。以一爲隅，開平方，得一(十四萬二千八百)[百四十二萬八千]步，併寄三百四十五萬六千步，共得(三百五十九萬八千八百)[四百八十八萬四千]步以畝法二百四十步除之，得(一萬四千九百九十五)[二百三]頃(九十五)[五十]畝，爲地積。又爲實，以每户所給一十五畝爲法，除實，得(九百九十九)[一千三百五十六]户。不盡一十畝，不及一户所給數，以爲餘地一十畝。

三斜求積

問沙田一段，有三斜，其小斜一十三里，中斜一十四里，大斜一十五里，里法三百步，欲知爲田幾何。

荅曰：田積三百一十五頃。

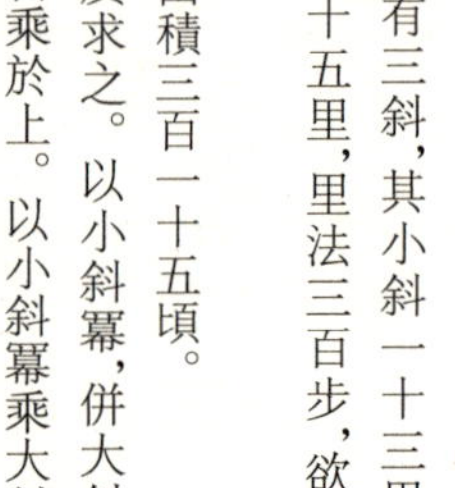

術曰：以少廣求之。以小斜冪，併大斜冪，減中斜冪，餘半之，自乘於上。以小斜冪乘大斜冪，減上，餘四約之，爲實。一爲從隅，開平方，得積。

草曰：以小斜一十三里自乘，得一百六十九里，爲小斜冪。以大斜一十五里自乘，得二百二十五里，爲大斜冪。併小斜冪，得三百九十四里於上。以中斜一十四里自乘，得一百九十六里，爲中斜冪。減上，餘一百九十八里，以半之，得九十九里，自乘，得九千八百一里於上。以小斜冪一百六十九，乘大斜冪二百二十五，得三萬八千二十五，減上，餘二萬八千二百二十四，以四約之，得七千五十六里，爲實。以一爲隅，開平方，以隅超步，爲一百，乃於實上商置八十，以商生隅，得八百，爲從方。乃命上商，除實，餘六百五十六，又以商生隅，入方，得數，退一位，爲一百六十，隅退二位，爲一。乃於實上續商四里，生隅，入從方內，得一百六十四，乃命續商，除實適盡。所得八十四里，爲田積。其形長八十四里，廣一里，以里法三百步自乘，得九萬步，乘八十四里，得七百五十六萬步。以畝法二百四十除之，得三萬一千五百畝。又以頃法一百畝約之，得三百一十五頃。

又　《軍旅類》卷一五　方變鋭陳

問步兵五軍，軍一萬二千五百人，作方陳。人立地方八尺，欲變爲前後鋭陳,陳後闊,今多元方面半倍。陳間仍容騎路五丈以上,順鋭形出入,求方陳面,鋭陳長,及前後鋭陳各布兵幾何。

方陣圖

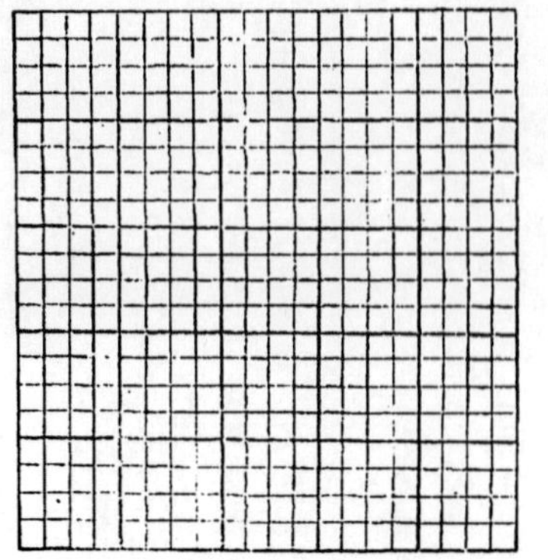

內鋭一萬六千六百五十三人,外鋭四萬五千八百四十七人。

鋭陣圖

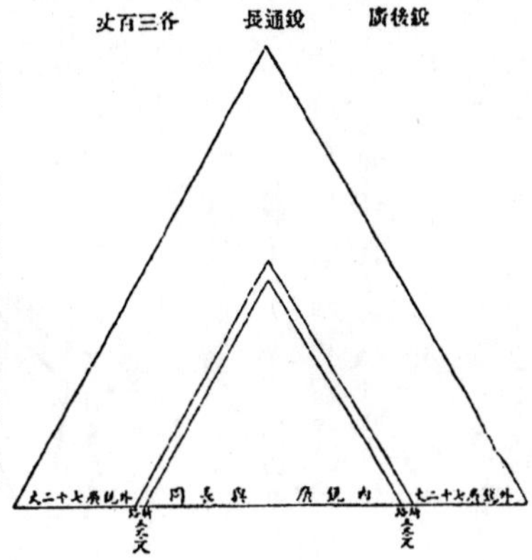

每方目爲十丈,一面目爲大方,每面目五十人,共立二百五十人。

計立六萬二千五百人。

答曰:方面二百丈。方面布兵,二百五十人。

鋭後廣,三百丈。鋭廣列兵,三百六十二人。

鋭通正長,三百丈。騎路二條,各闊五丈二尺。

內鋭陳廣,一百四十五丈六尺,列一百八十二人,長一百四十五丈六尺。

計布兵,一萬六千六百五十三人。外鋭兩廣,各七十二丈,列九十人。

計布兵,四萬五千八百四十七人。

術曰:以少廣求之,置兵,開平方,得方面人數。闊不盡方,爲補隊。以人立尺數乘之,爲元方面。置元方面,以欲多數加之,爲鋭後闊,亦爲通長。倍馬路,減之,餘爲實。以人立尺約爲闊布兵,不盡,輩歸馬路。以四約闊布兵,得外鋭一邊人。倍一邊人,併不歸,爲內鋭長闊人數。副置,加一,以乘其副,得數半之,爲內鋭布兵。以減總兵,餘爲外鋭布兵。

草曰:置一軍一萬二千五百,以五軍因之,得總兵六萬二千五百人,爲實。開平方,得二百五十人,以人立八尺乘之,得方面二百丈。置二百丈,加半倍一百丈,得三百丈,爲鋭陳後闊,亦爲鋭陳通長。先倍騎路五丈,得一十丈,以減後闊三百丈,餘二百九十丈,爲實。以人立八尺約之,得三百六十二,爲鋭後闊布兵。不盡四尺,以半之,得二尺,輩歸騎路,作五丈二尺。以四約鋭後闊布兵三百六十二人,得九十人,爲外鋭一邊人。倍一邊九十,得一百八十,併不盡二人,共得一百八十二人,爲內鋭廣布兵數,亦爲長布兵。副置,加一,得一百八十三,乘副一百八十二,得三萬三千三百六,以半之,得一萬六千六百五十三人,爲內鋭陳布兵。以減總兵六萬二千五百,餘四萬五千八百四十七人,爲外鋭兵。

Ⅲ軍　丨=〇〇〇人　T=〇〇〇實 校軍　丨隅　上乘副,得次。

T=〇〇〇　〇方　丨隅　隅超一位。

商〇〇　實T=〇〇〇　〇方　丨隅　隅再超一位。

南‖〇〇　T=〇〇〇　〇方　丨隅　約實,置商,生隅,入方。

商‖〇〇　實T=〇〇〇　‖〇〇方　丨隅　以方命商,除實。

商‖〇〇　‖=〇〇〇=　‖〇〇方　丨隅　以商生隅,入方。

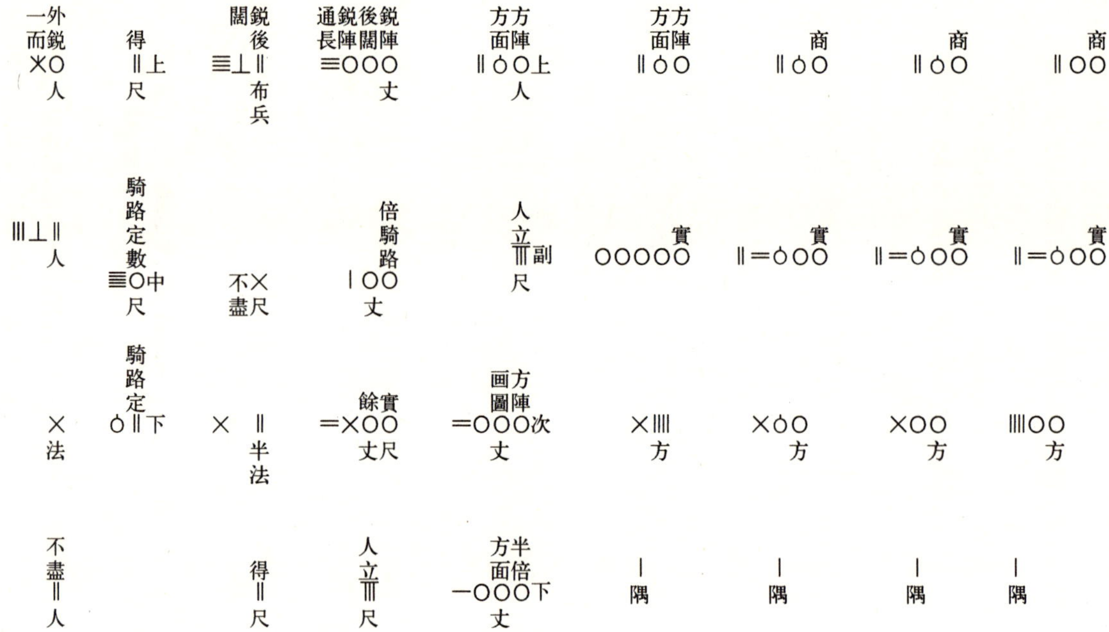

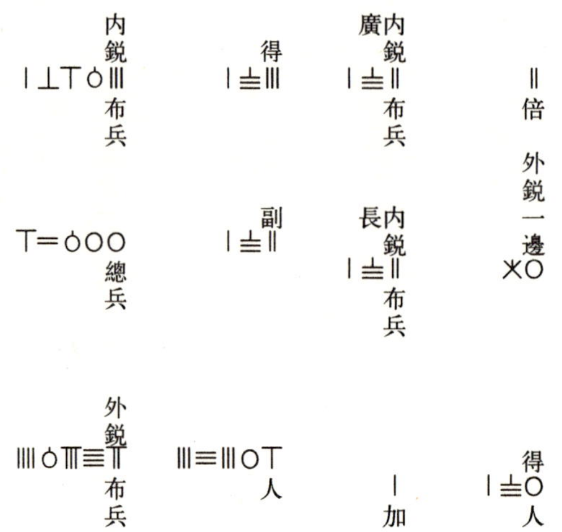

元・朱世傑《筭學啓蒙》卷下《開方釋鎖門》 今有積五萬九千四百一十四步一十六分步之一。問爲平方面幾何。

答曰：二百四十三步四分步之三。

術曰：列全步，通分內子得九十五萬六百二十五爲實。以一爲廉，平方開之，得九百七十五。乃每面積分也。又列分母爲實，一爲廉平方開之，得四報除得二百四十三步，不滿法者命之。合問。

今有積一十三萬三千七百六十八尺三百四十三分尺之二百八十八，問爲立方面幾何。

答曰：五十一尺七分尺之一。

術曰：列全步通分內子，得四千五百八十八萬二千七百一十二爲實，以一爲隅，立方開之，得三百五十八。乃每面方積分。又列分母爲實，一爲隅，立方開之得七，報除，不滿法者命分。合問。

宋・楊輝《詳解九章算法・纂類》 增乘開平方法曰：第一位上商得數，以乘下法爲平方，命上商除實。上商得數以乘下法，入平方，一退爲廉。第二位再商得數，以乘下法爲隅，命上商除實訖。以上商得數，乘下法入隅，皆名曰廉，一退。下法再退，以求第三位商數。第三位，如第二位用法求之。

元·朱世傑《四元玉鑑》卷首　今古開方會要之圖

今有積一百二十一，問爲方幾何。

答曰：一十一尺。

清·沈欽裴《四元玉鑑細草》　草曰：置積一百二十一爲負實，方空，隅一正，於位。

實 〡‖〡
方 〇
隅 〡

方一進，隅二進。

實 〡‖〡
方 〇
隅 〡

初商一十，以商乘隅入方，以商乘方減實，餘二十一，爲次商實。

商 〡〇
實 〡‖〡
方 〡〇
隅 〡

變之，以商乘隅加方。

商 〡〇
實 ‖〡
方 ‖〇
隅 〡

變訖，方一退，隅二退。

商 〡
實 ‖〡
方 ‖〇
隅 〡

次商，次商乘隅加方，次商乘方減實，盡。

〡〡
‖〇〡〡
〡

開得一十一，初商積一百，方積二十，隅積一。

《孫子算經》云：凡算之法，先識其位。一從十橫，百立千僵，千十相望，百萬相當，今從之。

清·焦循《開方通釋》　假如積九，隅一，開一乘方得幾何。

答曰：得三。

商 實 〇 隅
〧 〇 〡
乘入商
消方生
盡 隅

清·李鋭《開方説》卷上　實九萬，負方空，隅一正，開平方得三百。

商
實 〧〇〇〇〇
方 〇
隅 〡

如法列位商一。

商 〇〇
實 〧〇〇〇〇
方 〇
隅 〡

方進一位，隅進二位，商十。

商 〣〇〇
實 〧〇〇〇〇
方 〇
隅 〡

如前。又進商百，不可進。約商三百。

清·吳嘉善《白芙堂算學廿一種·開方術》　開方

假如平方積三百六十一，問方邊若干。

答曰：十九。

草曰：識別得 〣⊥〇〡 爲開方式。此以相當定其正負也。上層爲積數中空下層爲方邊，自乘冪一積數，即方邊自乘所得，故數必相當。今實負則隅必正矣，或令實正隅負亦可。

如法列位：

實 〣⊥〡
廉 〇
隅 〡

以隅步實如下式。

實ト⊥||| 廉〇〇〇 隅|〇〇 步進一次，初商乃十位也。

初商一，凡商數不必計其爲十，爲百，爲千。視若單數用之，以已用步法，令各數超位故也。以乘隅得一〇〇列入廉，再以商一乘之得一〇〇，以減實餘二六ト爲次商實，式如下：

ト⊥||| |〇〇 ||⊥ト
〇〇〇 |〇〇 |〇〇
|〇〇

實減餘　廉加得　隅　初商一

變之，以商一乘隅得一〇〇，以加廉得二〇〇，退一位得二〇爲次商廉，隅退二位得一，爲次商隅，式如下：

實 ト⊥||　廉加得退 |〇〇 |〇〇 ||〇〇 ||〇　隅退 |〇〇|

次商九，以乘隅得九，以加廉得二九，以商乘之得二六一，以減實，恰盡。式如下：

ト|〇 ⊥⊥〇 ||||〇
||〇 ≡ ||≡
|

實減餘　廉加得　隅　次商九

乃總計各商得一九，爲開得數也。

增乘開立方法

算法

《九章筭術》卷四《少廣》　今有積一百八十六萬八百六十七尺，問爲立方幾何。

答曰：一百二十三尺。

宋・賈憲《黄帝九章筭經細草》卷四《少廣》《永樂大典》卷一六三四四　增乘方法：宋・楊輝詳解　立方原是乘而又乘至數，今以增乘爲除求源。草曰：實上商置第一位得數，一百。以上商乘下法，置廉。一百。乘廉爲方，一萬。除實訖。後以上商，一百。乘下法，入廉。共二百。乘廉入方，共三萬。又乘下法，入廉。共三百。其方一，廉二，下三退。定十。再於第一位商數之次，復商第二位得數，二十。以乘下法，入廉。共三百二十。乘廉入方，共三萬六千四百。命上商除實，訖。餘一十三萬二千八百六十七。復以次商，二十。乘下法，入廉。共三百四十。乘廉入方，共四萬三千二百尺。又乘下法，入廉。共三百六十。其方一，廉二，下三退。如前上商第三位得數，三尺。乘下法，入廉。共三百六十三。乘廉，入方。共四萬四千二百八十九。命上商，三尺。除實，適盡。得立方一面之數。

又　積一百六十四萬四千八百六十六尺四寸三分七釐五毫，問爲立圓徑幾何。

答：一百四十三尺。

立圓法曰：以方法十六乘積，如圓法九而一爲實。平圓居平方四分之三，更添一乘爲立圓，立方。其立圓居立方十六分之九，取以爲法，十六乘九而一。即互换之意。開增乘立方除之。前注。草曰：置積，題數。以方法十六乘之，以九除之爲實。得二百九十二萬四千二百七尺。開增乘立方除之。立草在九章卷首，布置圓内。

宋・楊輝《詳解九章筭法》卷六《少廣》　解題：立圓其狀如毬，居立方十六分之九。

宋・楊輝《詳解九章筭法・纂類》　增乘方法

曰：實上商置第一位得數，以上商乘下法，置廉。乘廉爲方，除實訖。復以上商，乘下法入廉，乘廉入方。又乘下法入廉。其方一，廉二，下三退。再於第一位商數之次，復商第二位得數，以乘下法入廉，乘廉入方，命上商除實訖。復以次商乘下法入廉，乘廉入方，又乘下法入廉，其方一，廉二，下三退如前。上商第三位得數，乘下法入廉，乘廉入方，命上商除實適盡。得立方一而之數。

元・朱世傑《筭學啓蒙》卷下《開方釋鎖門》　今有立方羃一萬七千五百七十六尺，問爲方面幾何。

答曰：二十六尺。

術曰：列羃一萬七千五百七十六尺爲實。借一筭於六尺之下，名曰隅法。

常超二位約實，至千尺下止。乃上商二十，以隅法因上商二十，得二千，於隅法之上，方法之下，名曰廉法。又廉法因上商二十，得四千，於廉法之上，實數之下，名曰方法。乃命上商除實八千，實餘九千五百七十六。以隅法因上商二十，加入廉法，又廉法因上商二十，加入方法，又隅法因上商二十加入廉法，方法得一萬二千，廉法得六千。方法一退，廉法再退，隅法三退。續又上商六尺，以隅法因上商六尺，加入廉法，又廉法因上商六尺，加入方法，得一千五百九十六，乃命上商除實恰盡。合問。

清·李鋭《開方説》卷上 實六千四百萬負方空廉空隅一正，開立方得四百。

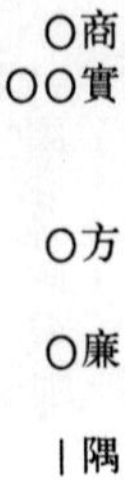

如法列位商一。

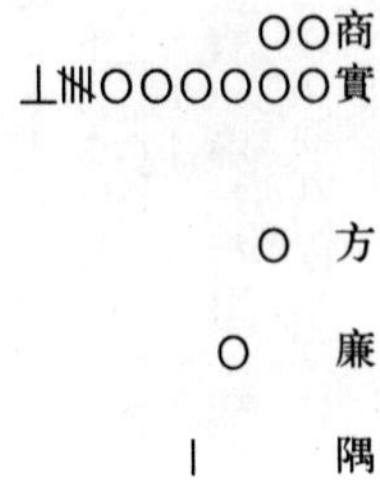

方進一位，廉進二位，隅進三位，商十。

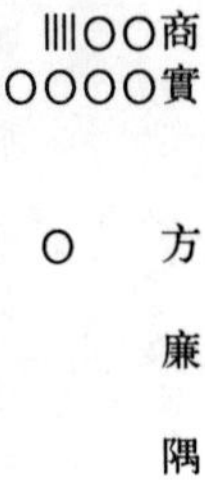

如前，又進商百不可進約商四百。

又 卷下 實三千二百四十六萬一千七百五十九負，方空廉空隅一正，如立方法開之。

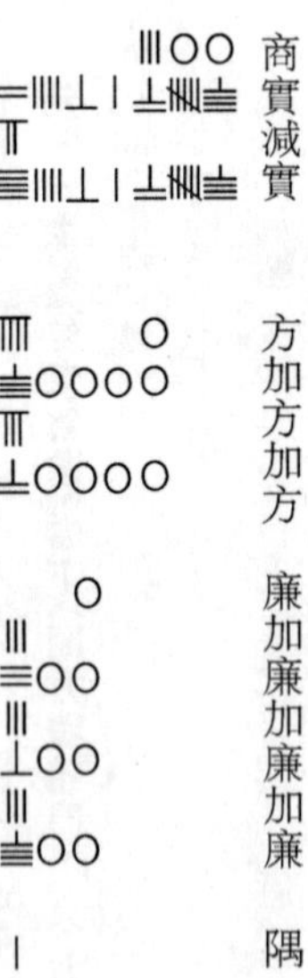

初商三百正。

先開得三百正，變之得，實五百四十六萬一千七百五十九負，方二十七萬正，廉九百正，隅一正，如立方法開得一十正，即與負實正方正廉正隅者同。

次商一十正。

三商九正。

清·沈欽裴《四元玉鑑細草》 今古開方會要之圖細草

今有積一千三百三十一，問爲立方幾何。

答曰：一十一。

草曰：置積一千三百三十一爲負實，方空，廉空，隅一正，於位。

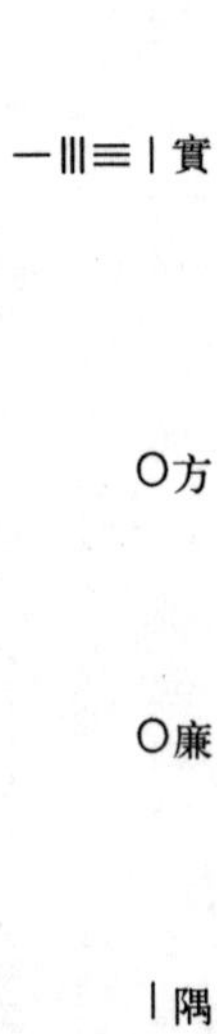

方一進，廉二進，隅三進。

初商一十，以商乘隅入廉，以商乘廉入方。以商乘方減實。餘三百三十一，爲次商實。

變一，以商乘隅加廉，以商乘廉加方。

又變之，以商乘隅加廉。

變訖。方一退，廉二退，隅三退，次商一。

次商乘隅加廉，次商乘廉加方，次商乘方減實，盡。

開得一十一。初商積一千，方積三百，廉積三十，隅積一。

清・吴嘉善《白芙堂算學廿種・開方術》 開方

假如立方積一千七百二十八，問立方邊若干。

答曰：十二。

草曰：識別得　爲開方式。

如法列位。

以隅步實如下式。

實　方　廉　隅

步進一次，初商乃十位也。

實　方　廉　隅

初商一，以乘隅得一〇〇〇，列入廉中得一〇〇〇，商乘之得一〇〇〇，列入方中，又以商乘之得一〇〇〇，列於實下以減實，餘七二八爲後商實，式如下：

實減餘　方　廉　隅　初商一

乃變之，以商乘隅得一〇〇〇，以加廉得二〇〇〇，以商乘之得二〇〇〇，以加方得三〇〇〇，退一位得三〇〇，爲後商方。又以商乘隅得一〇〇〇，以加廉得三〇〇〇，退二位得三〇，爲後商廉。隅退三位得一，爲後商隅。式如下：

實　方加得退　廉加得加得退　隅退

次商二，以乘隅得二，以加廉得三二，商乘之得六四，以加方得三六四，又以商乘之得七二八，以減實恰盡。式如下：

實減餘　方加得　廉加得　隅次商二

乃統計所商得一二，爲開得數，即方邊也。

增乘開三乘、四乘方法

算法

宋・賈憲《黃帝九章筭經細草》卷四《少廣》《永樂大典》卷一六三四四　積一百三十三萬六千三百三十六尺，問爲三乘方幾何。

荅曰：三十四尺。

遞增三乘開方法草曰：上商得數，下法增爲立方，除實。即原乘意。置積爲實，別置一筭，名曰下法。於實末常超三位，約實。一乘超一位，三乘超三位，萬下定實。上商得數，三十。乘下法，生下廉。三十。乘下廉，生上廉。九百。乘上廉，生立方。二萬七千。命上商，除實。餘五十二萬六千三百三十六。作法，商第二位得數。以上商乘下法，入下廉，共六十。乘下廉，入上廉，共二千七百。乘上廉，入方共一十萬八千。又乘下法入下廉，共九十。乘下廉入上廉，共五千四百。又乘下法，入下廉共一百二十。方一，上廉二，下廉三，下法四退。方一十萬八千，上廉五千四百，下廉一百二十，下法定一。又於上商之次續商，置得數。第二位四以乘下法，入廉一百二十四。乘下廉，入上廉共五千八百九十六。乘上廉，併爲立方，一十三萬一千五百八十四。命上商，除實。盡。得三乘方一面之數。如三位立方依第二位取用。又術曰：兩度開平方。開第一次平方，得一千一百五十六。開第二次平方得，三十四。

宋・楊輝《詳解九章算法》卷六《少廣》　解題：三度相乘其狀匾直。

元・朱世傑《筭學啓蒙》卷下《開方釋鎖門》　今有積一百一十一萬九千四百五十八尺六百二十五分尺之五百一十一。問爲三乘方幾何。

荅曰：三十二尺五分尺之三。

術曰：列全步通分内子，得七億五百九十一萬一千七百六十一爲實，以一爲隅，三乘方開之，得一百六十三。乃每面方積分。又列分母爲實，以一爲隅，開三乘方而一，得五。報除。合問。

清・焦循《開方通釋》　假如積五百十二，隅二，開三乘方得幾何。

荅曰：得四。

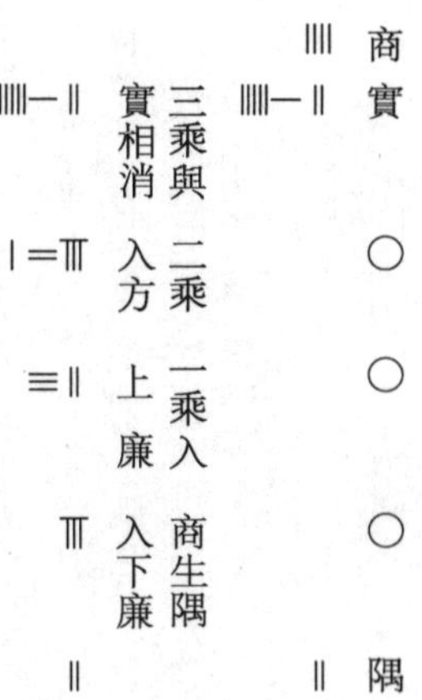

清・李銳《開方説》卷上　實六百二十五億負，方空，第一廉空，第二廉空，隅一正，開三乘方得五百。

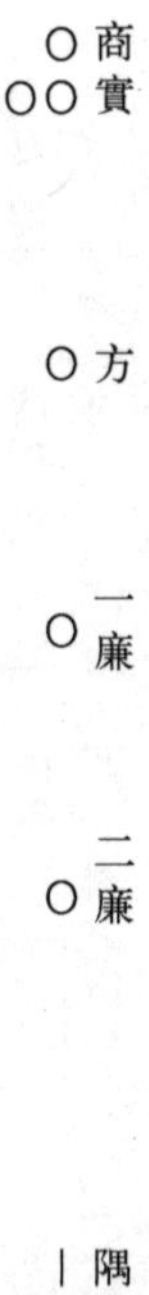

如法列位商一。

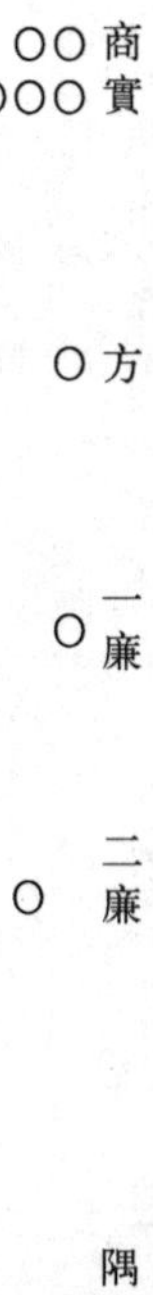

方進一位，第一廉進二位，第二廉進三位，隅進四位，商十。

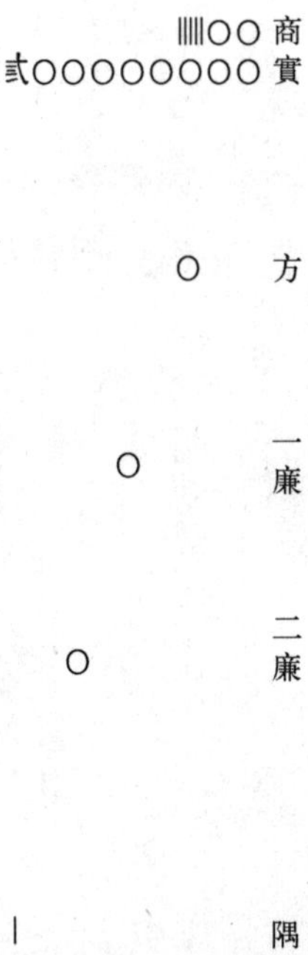

如前又進商百，不可進約商五百。

清・沈欽裴《四元玉鑒細草》 今古開方會要之圖細草

今有積一萬四千六百四十一，問爲三乘方幾何。

答曰：一十一。

草曰：置三乘方積一萬四千六百四十一，方空，上廉空，下廉空，隅一於位。

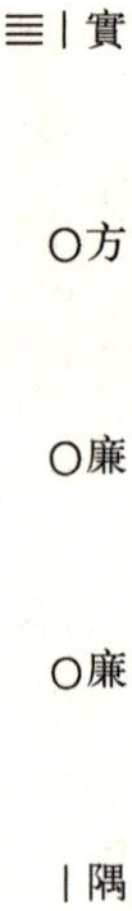

方一進，上二進，下廉三進，隅四進，初商一十。

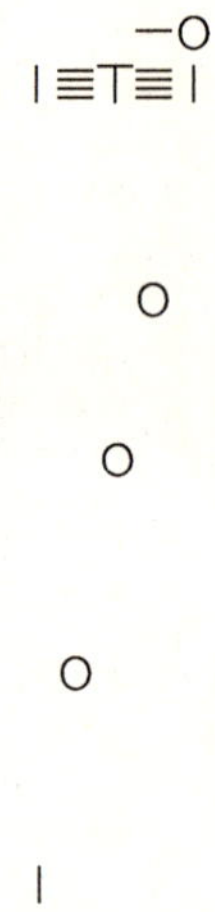

以商乘隅入下廉，商乘下廉入上廉，商乘上廉入方，商乘方減實，餘四千六百四十一，爲次商實。

以商乘隅加下廉，商乘下廉加上廉，商乘上廉加方，是爲一變。

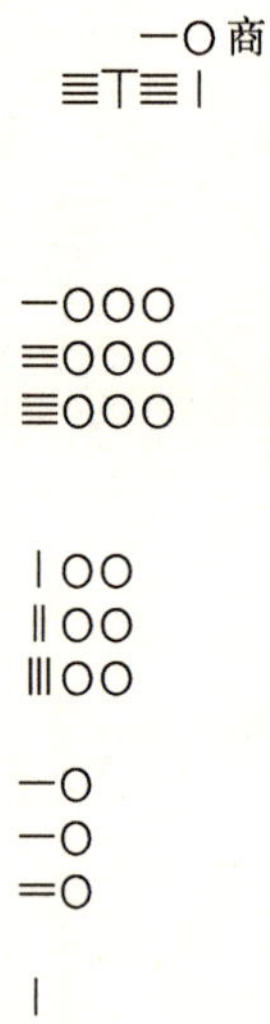

又以商乘隅加下廉，商乘下廉加上廉，是爲二變。

又以商乘隅加下廉，是爲三變。

變訖。方一退，上廉二退，下廉三退，隅四退。

次商一，次商乘隅加下廉，次商乘下廉加上廉，次商乘上廉加方，次商乘方減實盡。

開得一百二十一，初商積一萬，方積四千，上廉積六百，下廉積四十，隅積一。

今有積一十六萬一千五百五十一，問爲四乘方幾何。

答曰：一十一。

草曰：置四乘方積一十六萬一千五百五十一，方空，上廉空，二廉空，下廉空，隅一於位。

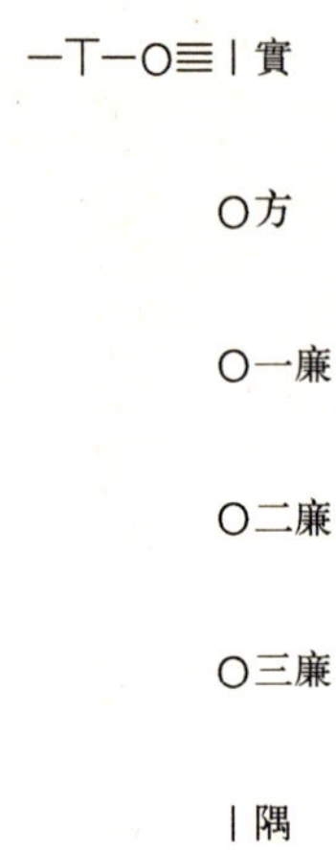

方一進，一廉二進，二廉三進，三廉四進，隅五進。

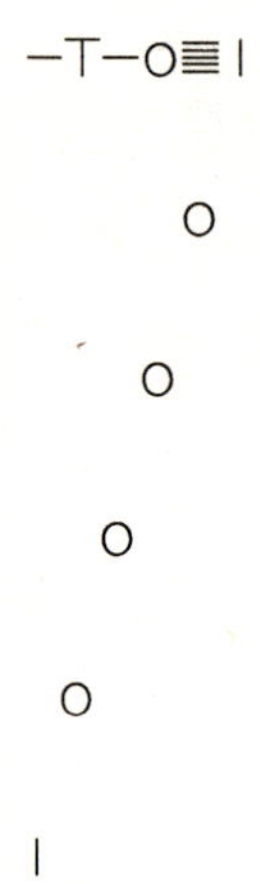

初商一十，以商乘隅入下廉，商乘下廉入二廉，商乘二廉入上廉，商乘上廉

入方，商乘方減實，餘六萬一千五十一爲次商實。

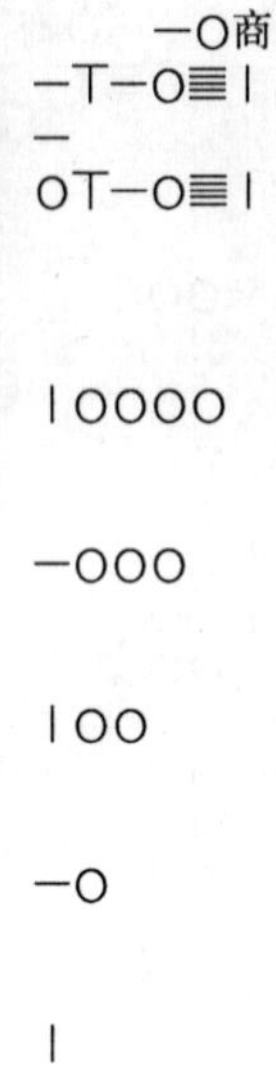

以商乘隅加下廉，商乘下廉加二廉，商乘二廉加上廉，商乘上廉加方，是爲一變。

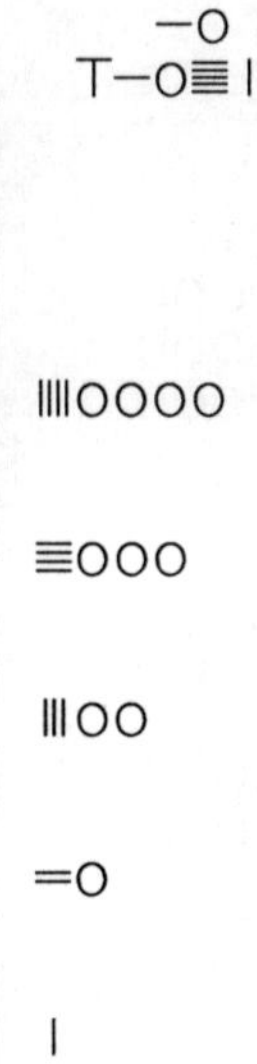

又以商乘隅加下廉，商乘下廉加二廉，商乘二廉加上廉，是爲二變。

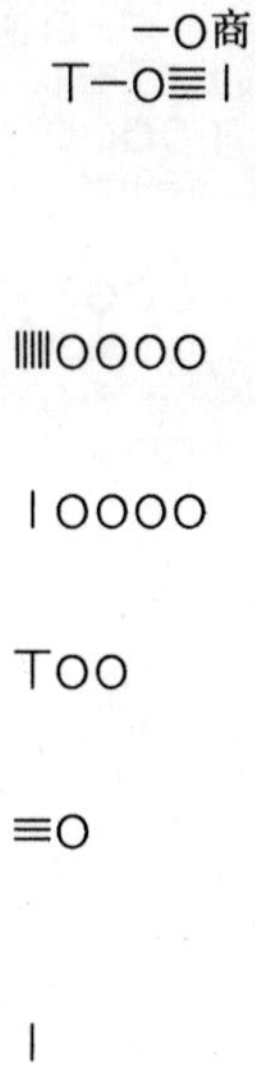

又以商乘隅加下廉，商乘下廉加二廉，是爲三變。

又以商乘隅加下廉，是謂四變。

方一退，上廉二退，二廉三退，下廉四退，隅五退。

次商一。次商乘隅加下廉，次商乘下廉加二廉，次商二廉加上廉，次商乘上廉加方，次商乘方減實盡。

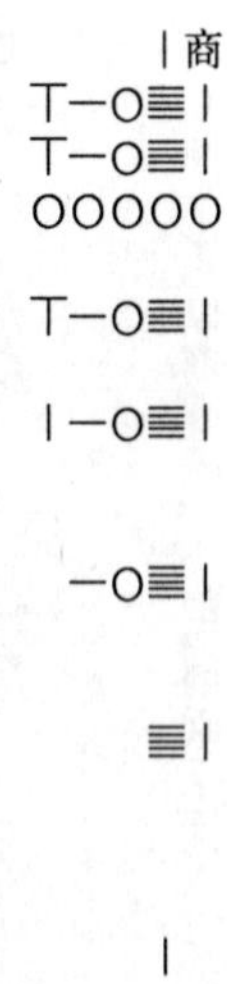

開得一十一，初商積一十萬，方積五萬，上廉積一萬，二廉積一千，下廉積五十，隅積一。

增乘開五乘以上方法

算法

清・焦循《開方通釋》 假如積五千四百二十萬六千九百八十二，隅一百二，開五乘方得幾何。

答曰：得九。

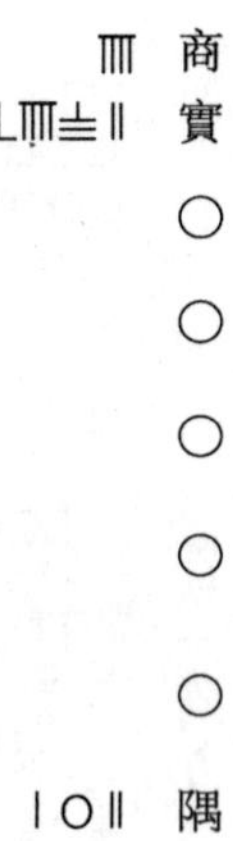

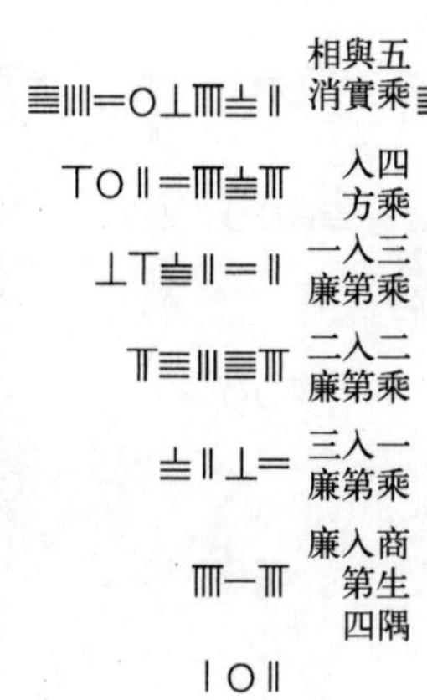

清・沈欽裴《四元玉鑑細草》 今古開方會要之圖細草

今有積一百七十七萬一千五百六十一，問爲五乘方幾何。

答曰：一十一。

草曰：置實一百七十七萬一千五百六十一，方空，上廉空，二廉空，三廉空，下廉空，隅一於位。

方一進，上廉二進，二廉三進，三廉四進，下廉五進，隅六進。

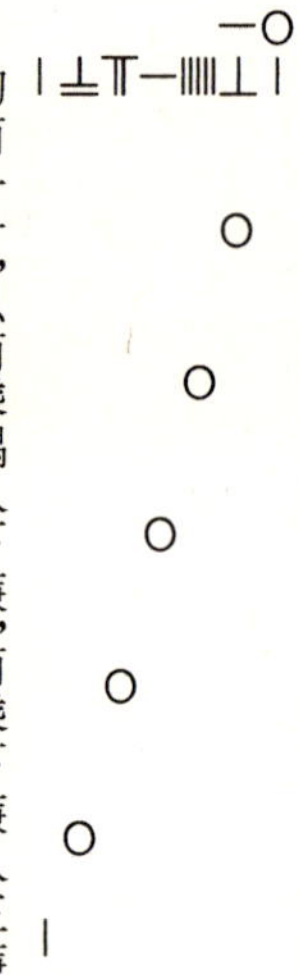

初商一十，以商乘隅入下廉，商乘下廉入三廉，商乘三廉入二廉，商乘二廉入上廉，商乘上廉入方，商乘方減實，餘七十七萬一千五百六十一。

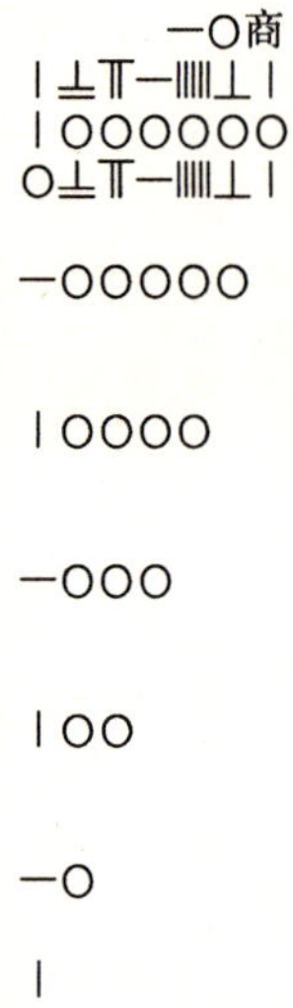

變之，以商乘隅加下廉，商乘下廉加三廉商乘三廉加二廉，商乘二廉加上廉，商乘上廉加方。

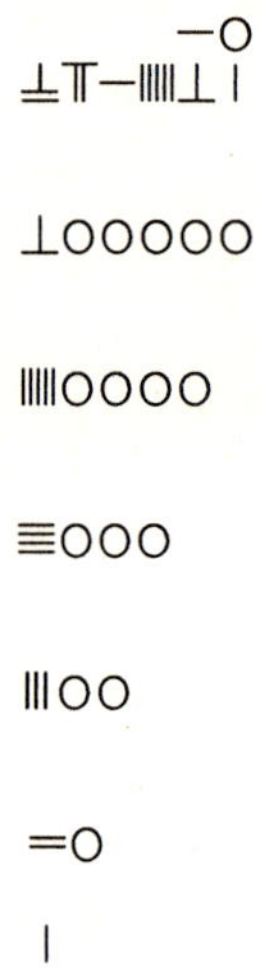

又變之，以商乘隅加下廉，商乘下廉加三廉，商乘三廉加二廉，商乘二廉加上廉。

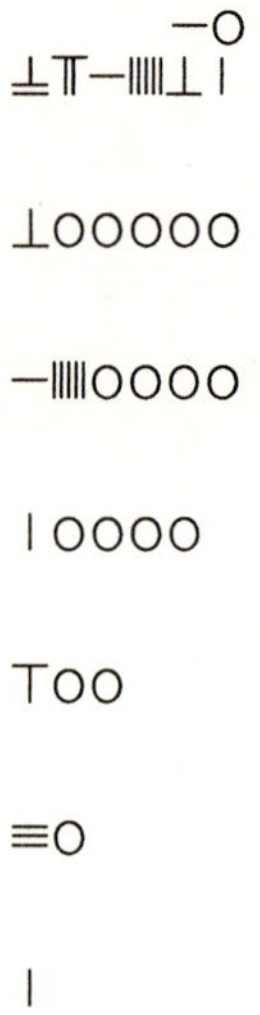

又變之，以商乘隅加下廉，商乘下廉加三廉商乘三廉，加二廉。

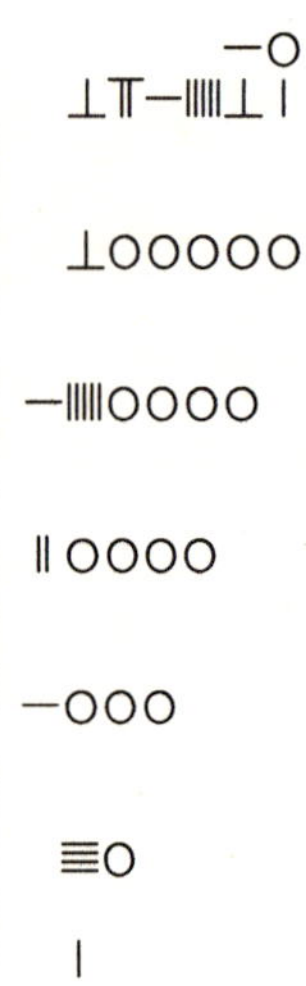

又變之，以商乘隅加下廉，商乘下廉加三廉。

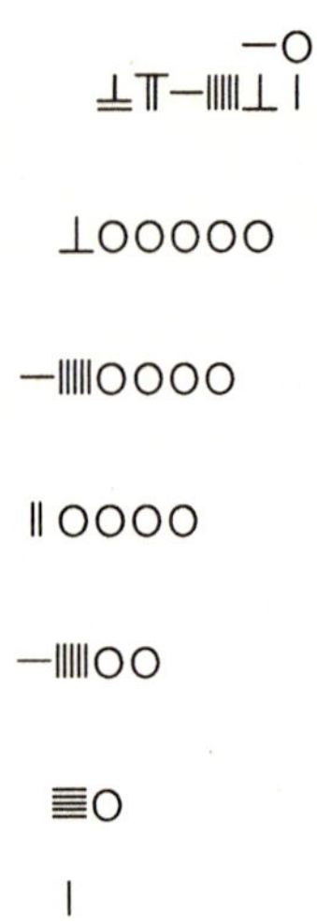

又變之，以商乘隅加下廉。

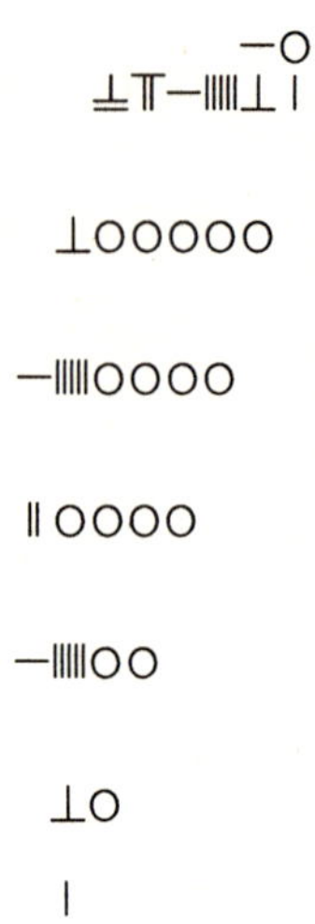

變訖。方一退，上廉二退，二廉三退，三廉四退，下廉五退，隅六退。

次商一，次商乘隅加下廉，次商乘下廉加三廉，次商乘三廉加二廉，次商乘二廉加上廉，次商乘上廉加方，次商乘方，減實盡。

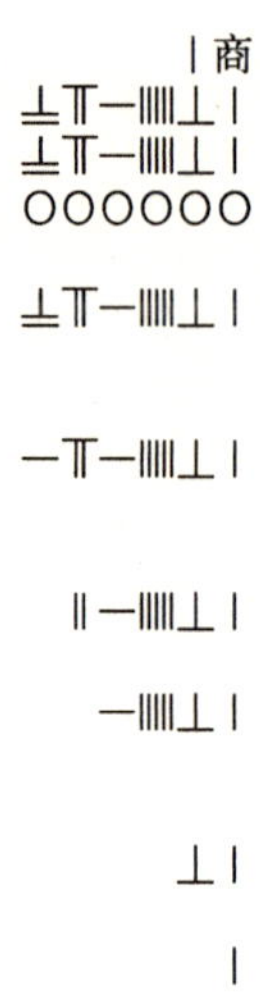

開得一十一。初商積一百萬，方積六十萬，上廉積一十五萬，二廉積二萬，三廉積一千五百，下廉六十，隅積一。

今有積一千九百四十八萬七千一百七十一，問爲六乘方幾何。

答曰：一十一。

草曰：置積一千九百四十八萬七千一百七十一爲負實，方空，上廉空，二廉空，三廉空，四廉空，下廉空，隅一於位。

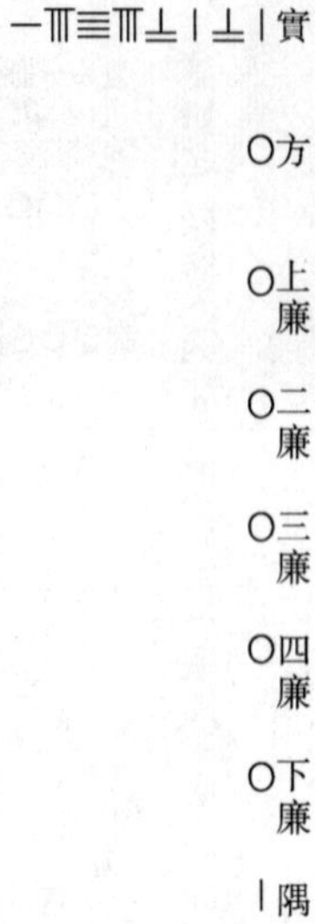

方一進，上廉二進，二廉三進，三廉四進，四廉五進，下廉六進，隅七進。

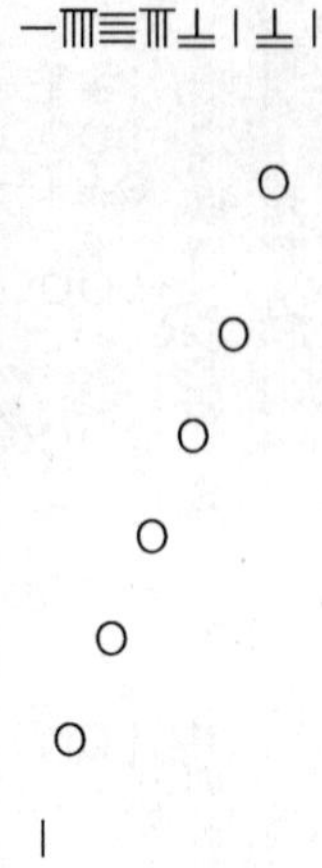

初商一十，以商乘隅加入下廉，商乘下廉加入四廉，商乘四廉加入三廉，商乘三廉加入二廉，商乘二廉加入上廉，商乘上廉加入方，商乘方減實，餘九百四十八萬七千一百七十一爲次商實。

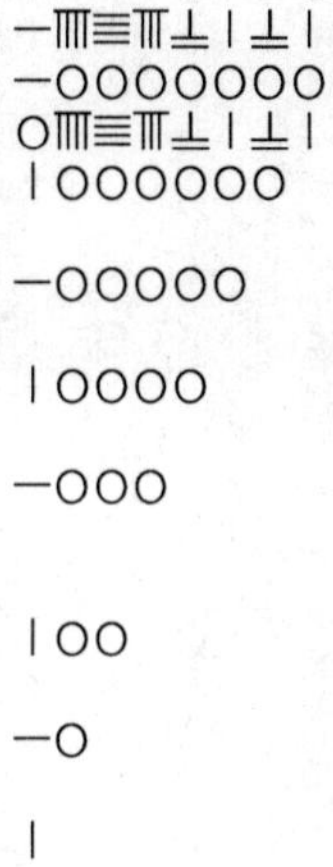

變之，以商乘隅加下廉，商乘下廉加四廉，商乘四廉加三廉，商乘三廉加二廉，商乘二廉加上廉，商乘上廉加方。

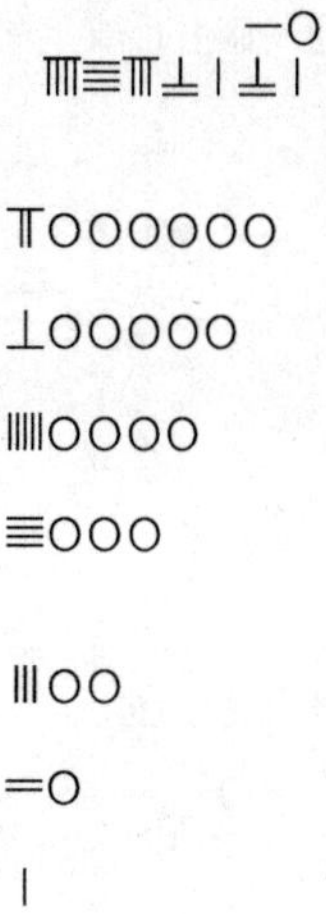

又變之，以商乘隅加下廉，商乘下廉加四廉，商乘四廉加三廉，商乘三廉加二廉，商乘二廉加上廉。

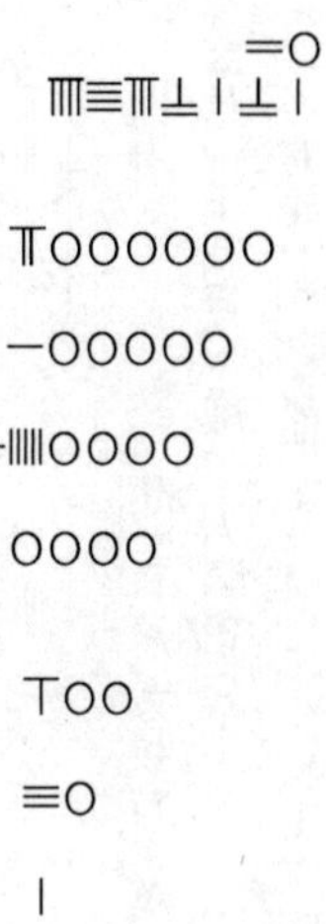

又變之，以商乘隅加下廉，商乘下廉加四廉，商乘四廉加三廉，商乘三廉加二廉。

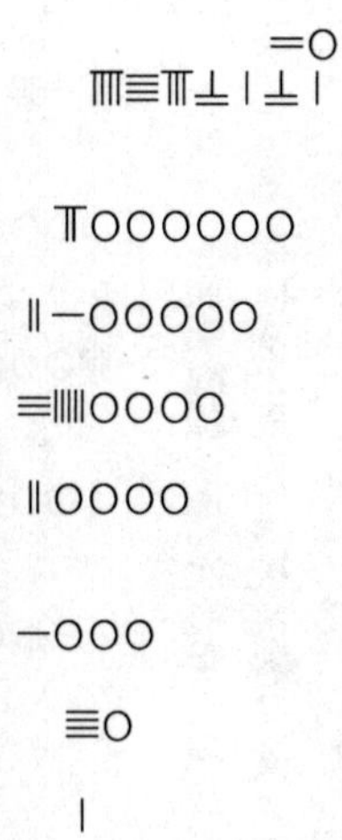

又變之，以商乘隅加下廉，商乘下廉加四廉，商乘四廉加三廉。

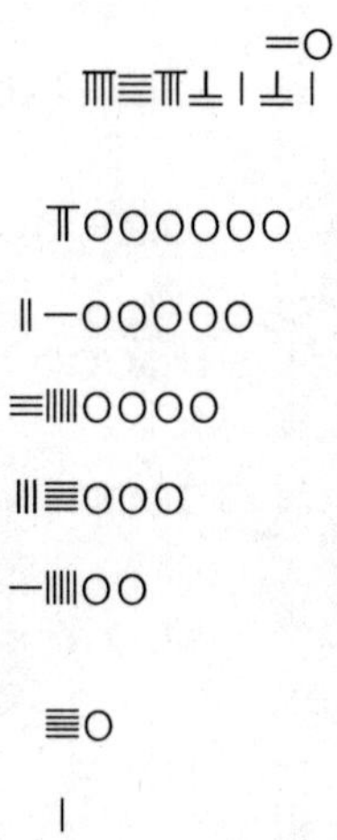

又變之，以商乘隅加下廉，商乘下廉加四廉。

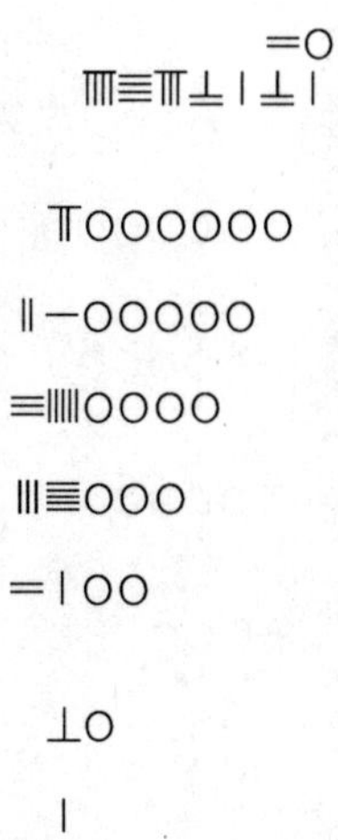

又變之，以商乘隅加下廉。

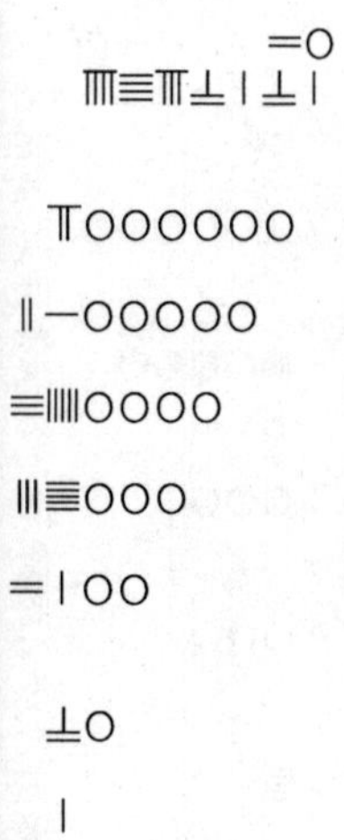

變訖，方一退，上廉二退，二廉三退，三廉四退，四廉五退，下廉六退，隅七退。

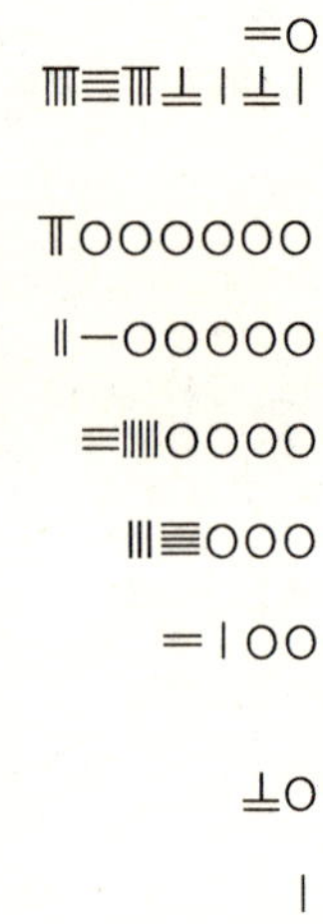

次商一，次商乘隅加下廉，次商乘下廉加四廉，次商乘四廉加三廉，次商乘三廉加二廉，次商乘二廉加上廉，次商乘上廉加方，次商乘方減實盡。

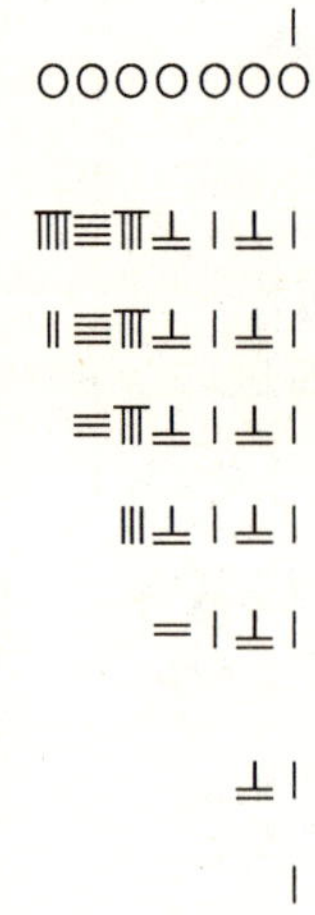

開得一十一。初商積一千萬，方積七百萬，上廉積二百一十萬，二廉積三十五萬，三廉積三萬五千，四廉積二千一百，下廉積七十，隅積一。

今有積二億一千四百三十五萬八千八百八十一，問爲七乘方幾何。

答曰：一十一。

草曰：置積二億一千四百三十五萬八千八百八十一爲負實，方空，上廉空，二廉空，三廉空，四廉空，五廉空，下廉空，隅一正於位。

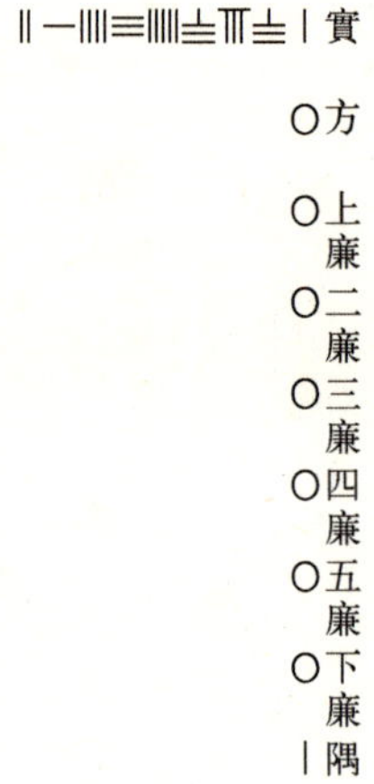

方一進，上廉二進，二廉三進，三廉四進，四廉五進，五廉六進，下廉七進，隅八進。

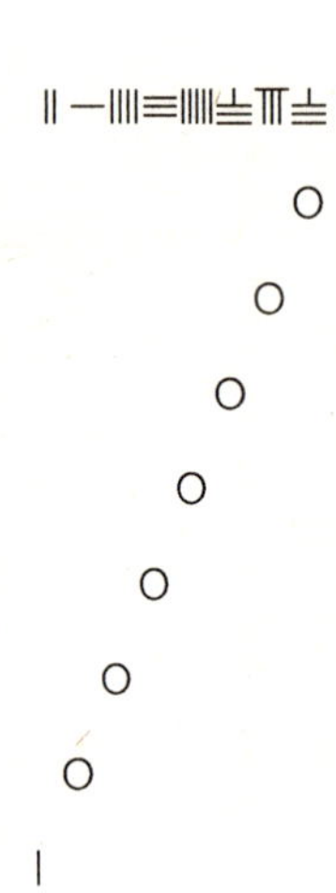

初初商一十，以商乘隅入下廉，商乘下廉入五廉，商乘五廉入四廉，商乘四廉入三廉，商乘三廉入二廉，商乘二廉入上廉，商乘上廉入方，商乘方減實，餘一億一千四百三十五萬八千八百八十一爲次商實。

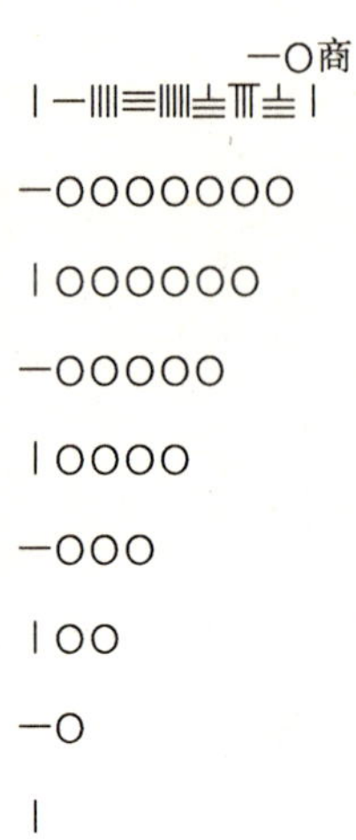

變之，以商乘隅加下廉，商乘下廉加五廉，商乘五廉加四廉，商乘四廉加三廉，商乘三廉加二廉，商乘二廉加上廉，商乘上商加方。

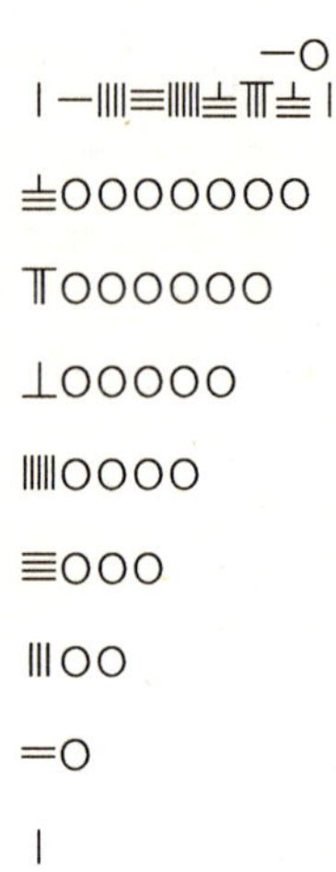

又變之，以商乘隅加下廉，商乘下廉加五廉，商乘五廉加四廉，商乘四廉加三廉，商乘三廉加二廉，商乘二廉加上廉。

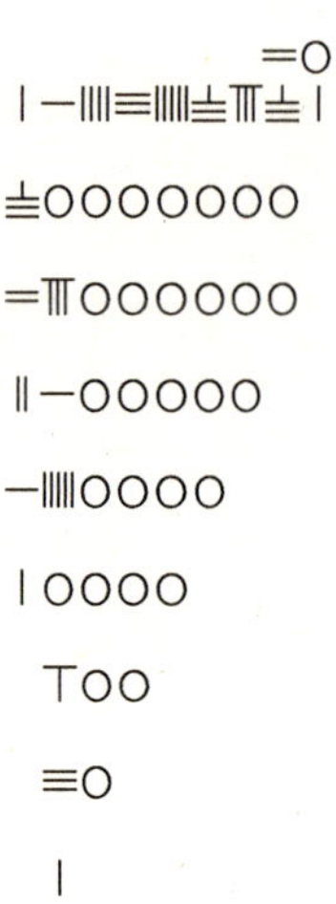

又變之，以商乘隅加下廉，商乘下廉加五廉，商乘五廉加四廉，商乘四廉加

三廉，商乘三廉加二廉。

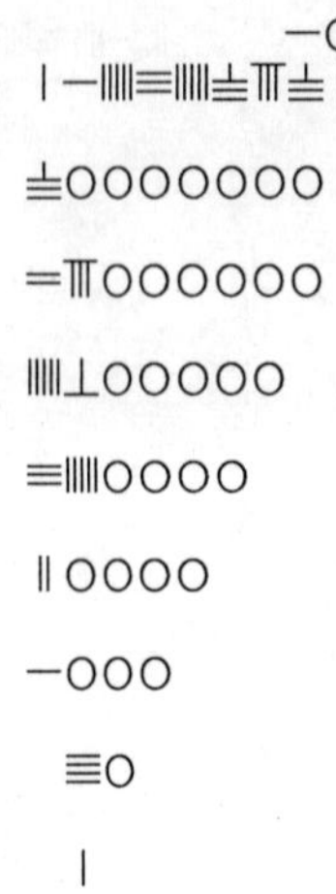

又變之，以商乘隅加下廉，商乘下廉加五廉，商乘五廉加四廉，商乘四廉加三廉。

又變之，以商乘隅加下廉，商乘下廉加五廉，商乘五廉加四廉。

又變之，以商乘隅加下廉，商乘下廉加五廉。

又變之，以商乘隅加下廉。

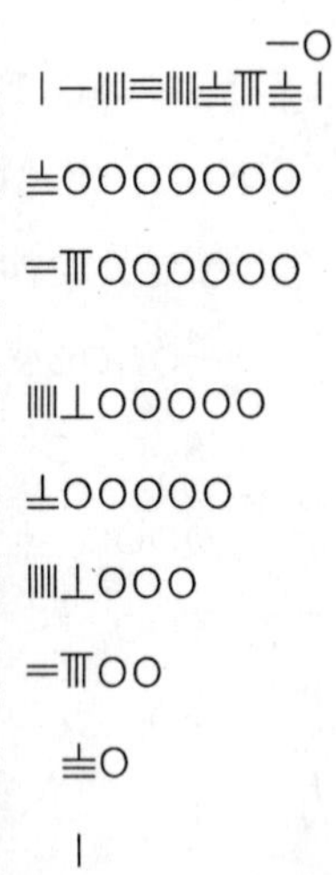

變訖，方一退，上廉二退，二廉三退，三廉四退，四廉五退，五廉六退，下廉七退，隅八退。

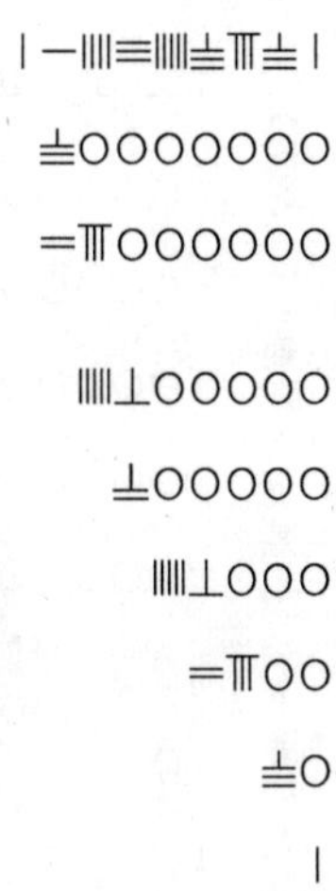

次商一，次商乘隅加下廉，次商乘下廉加五廉，次商乘五廉加四廉，次商乘四廉加三廉，次商乘三廉加二廉，次商乘二廉加上廉，次商乘上廉加方，次商乘方減實盡。

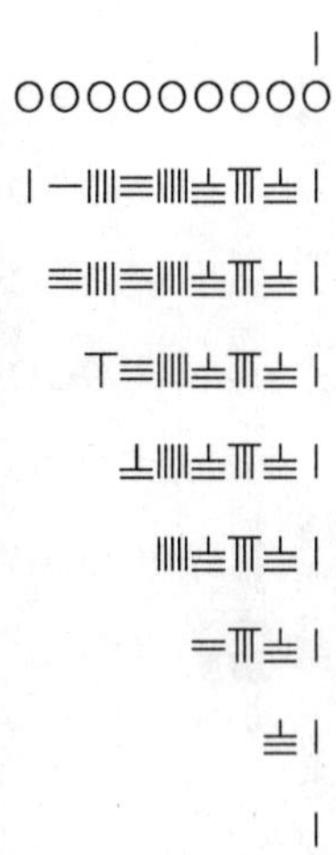

初商積一億，方積八千萬，上廉積二千八百萬，二廉積五百六十萬，三廉積七十萬，四廉積五萬六千，五廉積二千八百，下廉積八十，隅積一。

增乘帶縱開諸乘方法

算法

宋・秦九韶《數書九章・田域類》卷五　蕉田求積

問蕉葉田一段，中長五百七十六步，中廣三十四步，不知其周，求積畝合幾何。

答曰：田積四十五畝一角十一步，六萬三千七十分步之五千二百一十三。

術曰：以長併廣，再自乘，又十乘之，爲實。半廣半長各自乘，所得相減，餘爲從方，一爲從隅，開平方。半之，得積。

草曰：以長五百七十六步，併廣三十四步，得六百一十。以兩度自乘，得二億二千六百九十八萬一千步，進一位，即是以十乘之，得二十二億六千九百八十一萬步，定得此數以爲實。置長五百七十六，以半之，得二百八十八，自乘，得八萬二千九百四十四於上。又置廣三十四步，以半之，得一十七，自乘，得二百八十九，減上，餘八萬二千六百五十五，爲從方。以一爲從隅，開平方，得二萬一千七百四十二步。不盡一萬四百二十六步，以商生隅，入方，又併隅算，共得一十二萬六千一百四十，爲母。與不盡及開方田積數，皆半之，田積定得一萬八百七十一步(六萬三千七十)[十二萬六千一百四十]分步之五千二百一十三。以畝法二百四十約之，得四十五畝一角一十一步(六萬三千七十)[十二萬六千一百四十]分步之五千二百一十三。

又《軍旅類》卷一五　計立方營

問一軍三將，將三十三隊，隊一百二十五人。遇暮立營，人占地方八尺。須令隊間容隊，帥居中央，欲知營方幾何。

答曰：營方，一百七十一丈。隊方，九丈。

術曰：以少廣求之。置人占方冪，乘每隊人，爲隊實。以一爲隅，開平方，所得，爲隊方面。或開不盡，就爲全數。次置隊數，乘將，又四因之，增三，共爲實。以二爲從方，一爲從隅，開平方，得率，以乘隊方面，爲營方面。開不盡，爲全數。

隊方九丈，每人占八尺。共布一百二十五人。營方一百七十一丈，隊方九丈。

隊中四眼，各立三十人，隊心，立五人。

草曰：置人占八尺自乘，得六十四尺，爲人占方冪。以乘每隊一百二十五人，得八千尺，爲實。以一爲隅，開平方，步法常超一位，今隅超一度，至實之百下，約實，置商八十尺，以商八十生隅一，得八十，爲方，乃命上商，除實訖，實餘一千六百。次以商生隅入方，得一百六十，畢，方一退，隅再退之，復於上商之次，續商九尺。乃以續商九生隅一，入方，得一百六十九，乃命續商除實訖，得八十九尺，不盡七十九尺，就爲九十尺，得隊方面。次置三十三隊，乘三將，得九十九，又四因，得三百九十六，增三，得三百九十九，爲實。以二爲從方，一爲從隅，開平方，步法以從方進一位，至實之十下，隅超一位，至實之百下，乃約實，置商一十隊。以商一十生隅一，入方，得一十二，乃命上商，除實訖，實餘二百七十九。又以商一十生隅，入方，得二十二，畢，方一退，隅再退之，續於實上商九隊。以續商九生隅，(又)[入]方，得三十一，乃以命續商，除實，適盡。得一十九，乘隊方面九十，得一千七百一十隊，展爲營方一百七十一丈。合問。

方營各隊圖

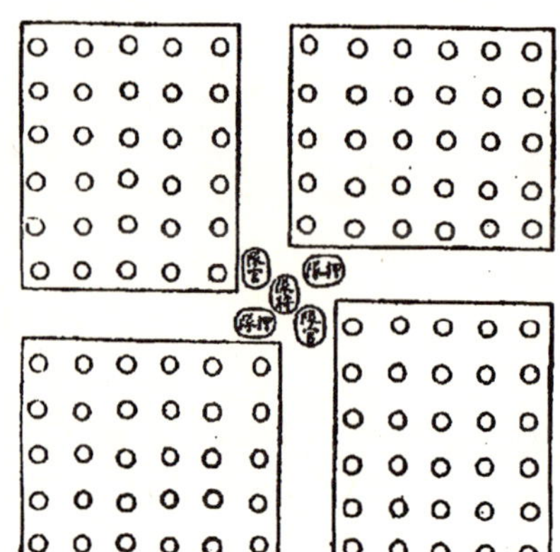

方營總圖

方冪乘隊，得實。

人占方〣尺　人占方〣　人占方冪〣尺 ⊥

以一爲隅，開平方。

方冪×尺 ⊥　每隊〢〇尺 〡　實〇〇〇人 ≡

隅超一位，方進一位，

商〇尺　實〇〇〇尺 ≡　〇方　〡隅

商	實	方	隅	說
商≟O尺	實≟OOO尺	O方	一隅	商數與隅相生，
商≟O尺	實≟OOO	ⅢO方	一隅	乃命除實。
商≟O	實—TOO餘	Ⅲ方	一隅	商隅又相生，增入方。
商≟O	實—TOO	—T方	一隅	方一退，隅二退，
商≟文	實—TOO	—⊥O方	一隅	續商數與隅相生。
商≟文	實—TOO	—⊥文方	一隅	乃命除實。
商≟文	實⊥文	—⊥文方	一隅	收不盡爲尺，入商，得九十尺。
隊方面上㐅O尺	中≡Ⅲ隊		下Ⅲ將	以中乘下，得後上隊。
≟文隊	因率Ⅲ	得Ⅲ㐅T	增Ⅲ	以上乘副，得次，以下併次得實。

商	實	方	隅	說
商O隊	實Ⅲ㐅Ⅲ隊	Ⅱ從方	一從隅	方一進，隅再進，商一進，
商OO	實Ⅲ㐅Ⅲ	＝方	一隅	約商置率。
商—O	實Ⅲ㐅Ⅲ	＝方	一隅	以商生隅，入方。
商—O	實Ⅲ㐅Ⅲ	一＝方	一隅	以方命商，除實。
商—O	實Ⅱ⊥文	一＝方	一隅	以商生隅，入方。
商—O	實Ⅱ⊥Ⅲ	Ⅱ＝方	一隅	方一退，隅再退。
商—O	實Ⅱ⊥文	＝Ⅱ方	一隅	續商九，
商—文	實Ⅱ⊥文	＝Ⅱ方	一隅	以商生隅，入方。
商—文	實Ⅱ⊥文	≡一方	一隅	以商命方，除實。
商—文	OOO	≡一方	一隅	開盡，商爲隊數。

得〇隊　隊方面〇尺　得〇尺　營方丄丨丈　上乘副，爲營方積尺。以次退位，爲營積丈。

元·朱世傑《筭學啓蒙》卷下《開方釋鎖門》 今有直積二千六十五步，只云較乘和得二千二百五十六步。問長平各幾何。

答曰：平三十五步。長五十九步。

術曰：立天元一爲平 〇丨 自之爲平冪式 〇〇丨 加入云數爲長冪，又以平冪乘之爲積冪也 〇〇丅〇丨 ‖≡‖ 寄左，列積自之與寄左相消得開方式 ≡〇丅〇丨 ‖≡‖ 三乘方開之，得平。以平除積，爲長也。

今有方錐積九千四百八尺，只云高爲實平方開之，得數少如下方二十二尺。問下方及高各幾何。

答曰：下方二十八尺，高三十六尺。

術曰：立天元一爲開方數 〇丨 自乘爲高也 〇〇丨 再列開方數，加少如爲下方也 ‖‖丨 自之又高乘之爲三段方錐積數也 〇〇≡‖丨 寄左列積三之，與寄左相消得開方式 ≡〇≡‖丨 三乘方開之，得六尺，爲開平方數。加少如得下方二十八尺又六尺。自之，即高。合問。

今有圓錐積三千七十二尺，只云高爲實，立方開之得數，不及下周六十一尺。問下周及高各幾何。

答曰：下周六十四尺，高二十七尺。

術曰：立天元一爲開立方數 〇丨 再自乘爲高也 〇〇〇丨 再列開立方數，加不及爲下周也 丄丨 自之又高乘之，爲三十六段積 〇〇〇丨‖丨 寄左列積三十六乘之，與寄左相消得開方式 〇〇丨‖丨 四乘方開之得，三尺。爲開立方之數。加不及得下周六十四尺。又列三尺，再自乘得高二十七尺。合問。

元·佚名《透簾細草》 今有方箭一百六十九隻，問外周多少。

答曰：四十八隻。

法曰：置積減一以十六乘之，爲實。八爲從，開平方除之。

草曰：置積於上，減一以十六乘之得二千六百八十八爲實，八爲從。以從法一進，一爲隅隅法二進。上商四，從法添四命商除實，餘七百六十八，從法又生四，從法一退，隅法二退。上商八，從法得九十六，命商除之。恰盡。

今有圓箭積一百二十七隻，問外周多少。

答曰：三十六隻。

法曰：置積減一，十二乘之爲實，以六爲從，開平方除之。

草曰：置一百二十七隻於上減一，十二乘之得一千五百一十二，爲實。六爲從，一爲隅。上商三，生於從法，得三百六十，命商除之，得四百三十二，從法添三得六百六十。從法一退，隅法二退，上商六，從法生六得七十二，命商除之。盡也。

今有三角菓子一堆，積三百六十四箇，問底子一面多少。

答曰：一十二箇。

法曰：置積六之爲實，以二爲從，三爲從廉，立方開之，得數也。

草曰：置積在地，六之得二千一百八十四爲實，二爲從，三爲從廉，一爲隅。從法一進，從廉二進，隅三進，上合商一。生於從廉得一千三百，又生於從法得一千三百二十，命商除實，餘有八百六十四。又生一於從廉得二千三百，添入從法得三千六百二十，從廉內添一得三千三百。從法一退，得三百六十二。從廉二退，得三十三，隅法三退，至單止。上商二，從廉添二得三十五，二因從法得四百三十二，命商除之。盡也。

今有四角菓子一垛，積一千一十五箇，問一面底子多少。

答曰：一十四箇。

法曰：置積三之爲實，以半爲從，一半爲從廉，立方開之。

草曰：置積於上，乃以三之得三千四十五爲實。半爲從廉，一半爲從，隅。從法一進，從廉二進，隅法三進，至千上，合商一，生於從廉又生於從法，命商除之，餘有一千八百九十。續生一於從廉，再生於從法，得三千三百五箇，又添一於從法一退，從廉二退，隅法三退，上合商四，生於從廉又因於從法，得四百七十二箇半，命商除之得數也。

正負開方分部

綜論

清·汪萊《開方通釋·叙》　平方求積之法，見於王制。方十里者，爲方一里者，百是也。開平方之法，見於逸周書，制郊甸方六百里，因西土爲方千里是也。立方求積之法，見於《考工記》㮚人爲量，深尺，内方尺其實一鬴是也。開立方之法，亦見於《考工記》旊人爲簋，其實一觳崇尺是也。算學之書汗牛充棟，莫不以開方爲大法，故九數之中，方田、粟米、商功、勾股四者之精義，反覆相究統於少廣一章。有明算學中衰，三乘之方無能排解，自宣城梅徵君文鼎發明廉率立成之圖，三乘以上之形體始如門山掌果，至於帶縱之方，有舉多少而分正負者，則不外乎同名相加，異名相減二術，而自宋秦道古九韶、元李欒城冶而後，至今罕有能綜其條理者。吾友元和李尚之鋭、江都焦里堂循各立天元一術，於古開方法皆有所發明，近晤陽城張司馬敦仁，請其《緝古算徑細草》與尚之里堂相頡頏，三君子之用力於古也深矣。里堂既爲諸乘方圖及天元一釋，兹復本秦道古《數學九章》，爲《開方通釋》以秦氏之旨闡古開方之術，可謂無遺矣。獲請於邗江之上爲之序，而歸之若夫借根益實，後人損之又損之道，萊有成書不必與此衡高下也。

清·焦循《開方通釋·序》　梅勿菴《少廣拾遺》發明諸乘方，於正負如減之際，問而未備，故其廉隅繁瑣，步算既艱，亦且莫適於用。循向爲加減乘除釋於此，欲貫而通之。反覆再三，猶未得立法之要。近來因講明天元一術，於金山文淙閣借得秦道古《數學九章》。原名《數學大略》。其中用開方法，既精且簡，不特與《測圓海鏡》相表裏，究其原，實古《九章》之遺焉。嘉慶庚申冬十一月，與元和李尚之同客武林節署，共論及此，尚之耑志求古，於是法尤深好而獨信相約廣爲傳播，俾古學大著於海内。時江甯談階平教諭亦客督學劉侍郎，幕中時過余寓舍互相證訂甚獲朋友講習之益。竊謂乘除之法，負販皆知，至開正負帶從諸乘方，儒者竭精敝神，或有未能了了者。使知道古此法，則自一乘以至百乘、千乘庶幾一以貫通，人人可以布筴而求也，列爲十二式，設問以明之，欲便於初學，故不厭詳爾。

秦氏于商兩次者，有投胎、换骨二法。投胎即益積，方與實同名相加也。换骨即翻積，方與實異名相消也。大約和在隅，乃有益積。和在方，乃有翻積。和在隅，益方大于初商，則益積。初商大于益方，則不益積。和在方，較數小于初商，則翻積，初商小于較數則不翻積，皆隨數目之多寡而自然得之，非有成法也，故不爲式，而設題以明之。

清·羅士琳《算學啓蒙後記》　啓蒙述義

故言筭要當以宋元時秦李朱三家爲大備。秦氏筭《數學九章》，而古正負開方術顯。李氏筭《測圓海鏡》《益古演段》二書，而古立天元一術傳。朱氏集秦李之大成而兼而有之。又推廣以至四元，于是實事求是無隱不見，無微不彰矣。

又羅士琳《四庫未收書提要》　《四元玉鑑》

元朱世傑撰，按世傑字漢卿，號松庭。寓居燕山，不知何處人。其書【略】，總二十四門，凡二百八十八問。具開方實方廉隅之數。漢卿於九章既熟，於天元一術，正負開方之法，又神而明之，是誠算學一大家也。

又羅士琳續補《疇人傳》卷四七　朱世傑

更有一門而專明一義者，如和分索隱之之分開方、三率究圓、明積演段之反復互求是已。末後四門，言地元者，兩儀合轍、左右逢元二門；言人元、物元者，三才變通、四象朝元各一門。惟通體但有開方、實方廉隅諸數，不許乘除升降、正負相消之法，厘於假令四問各具細草，撮其大綱，列今式云式、三元式、物元式、前得、後得、左得、右得以及内二行、外二行諸式，并和會配合、互隱通分、剔消易位以見例。

論曰：漢卿在宋元間，與秦道古、李仁卿可稱鼎足而三。道古正負開方，仁卿天元如積，皆足上下千古。漢卿又兼包衆有，充類盡量，神而明之，尤超越乎秦、李兩家之上。【略】又有類於盈不足術，假令令之兩式，惟假令令之兩式消後一行，僅得實法兩層，天元兩式消後一行不盡，爲實法兩層，其階級重重，率由屢乘所得，故又假借爲實方廉隅諸數，而以開諸乘方法御之。

又　趙城

燕山松庭朱君，篤學《九章》，旁通諸術，於寥寥絶響之餘，出意編撰算書三卷，分二十門，立二百五十九問，細草備辭，置圖折體，訓爲《算學啓蒙》。其於會計租庸、田疇經界、盈朒隱互、正負方程、開方之類，已足以貫通古今，發明後學。

清・阮元《疇人傳》卷二二　秦九韶　其遥度圓城術，以開九乘方得數，運算尤爲緐賾。【略】諸術所載開方圖，于正負、加減、益積、翻法，説之尤詳。凡開平、開立及開三乘以上方，通一爲道，有投胎、換骨、玲瓏、連枝諸目。

又　卷二四　李冶

論曰：立天元術，算氏至精之詣也。明季數學名家，乃不省爲何語，而其術幾亡矣。梅文穆公穀成供奉内廷，我聖祖仁皇帝授以西洋借根方法，始知西洋借根方即古之立天元術，于是其學復明於世。冶所撰《測圓海鏡》《益古演段》並著録《欽定四庫全書》，元視學浙江，從文淵閣抄讀，屬元和縣學生李鋭覆校算式，貽歙縣學生鮑廷博刊入《知不足齋叢書》，以廣其傳。江都貢生焦循又作《天元一釋》，闡其奥義，洞淵遺法，庶幾千古永存矣。

又　卷五〇　李鋭

《開方説》三卷，鋭讀秦氏書，見其於超步退商、正負加減、借一爲隅諸法頗得古《九章》少廣之遺，較梅氏《少廣拾遺》之無方廉者，不可以道里計。蓋梅氏本於《同文算指》《西鏡録》二書，究出自西法，初不知立方以上無不帶從之方。鋭因秦法推廣詳明，以著其説，甫及上、中二卷而卒，年四十有五。其下卷則弟子黎應南續成之。【略】所傳者，惟《開方説》後跋。其略曰：憶自庚午之冬，應南始從先生受算學，由《九章》兼及西法。甲戌之秋，以《開方説》見授。曰開方者，除法也，超步定位，肇於少廣。宋元諸家，入以天元之術，有天元斯有正負，因有帶從諸乘方。其式如階級重重，迤邐遞進，或以正步負，或以負步正，有翻積，有益積，皆一定之理。李氏《測圓海鏡》、秦氏《數學九章》均通其法，誠算家絶詣也。宣城梅氏著《少廣拾遺》，立開一乘方以至開十二乘方法，枝枝節節，窒礙難通，未免舍本而逐末。爰著《開方説》三卷。上卷起例發凡，臚列算式。中卷正負互易，平立代開，得數可定。其大小命分，則齊以并差。下卷反覆推求，有義必搜，無法弗備，可謂盡開方之變矣。【略】與郡人巴樹穀最友善，客江淮間，又與焦孝廉循、江上舍藩、李秀才鋭辯論宋秦九韶、元李冶立天元一及正負開方諸法。天性敏絶，極能攻堅，不肯苟於著述。凡所言，皆人所未言與夫人所不能言。

論曰：孝嬰超異絶倫，凡他人所未能理其緒者，孝嬰目一二過，即默識静會，洞悉其本原，而貫達其條目。諸所著論，皆不欲苟同於人，是誠算家之最。特矯枉過正，未免有時失之於偏。尤於西學太深，雖極加駁斥，究未能出其範圍。觀其用真數、根數，以多少課和較，而泥於可知、不可知，尚是墨守西法。其於正負開方之妙，終不逮李尚之秀才鋭之能通變也。即如所悟得之等積、等弦和，謂有兩形倚伏於其中，固亦善於入深，然用帶縱兩次開方，不無委曲繁重。若以正負開方古法御之，四倍積自乘爲實，和自乘爲益廉，倍和爲隅，開立方得兩正數爲兩句，和再自乘與四倍積自乘相併爲實，四倍和再乘爲益方，五倍和自乘爲從廉，倍和爲益隅，開立方得兩大數爲兩弦，尤覺簡捷。蓋凡和數形皆有兩荅，不僅等積已也。如句三十三，股五十六，弦六十五，句弦和九十八，黄方二十四；又句四十，股四十二，弦五十八，句弦和亦九十八，黄方亦二十四之屬，不勝枚舉。所争者，不過有奇零無奇零而已。如句股積六，句弦和八，既爲句三股四弦五之句股形矣。又有一句股形，爲句二又四之一，股五又五之一，弦五又四之三，是已。《四元玉鑑》明積演段一門前九題，悉以直積十二步與勾弦和八步爲問，原荅之外，尚有奇零之一荅。而果垜疊藏一門，則又於堆垜之法，推演無遺矣。

又　卷五一　焦循

循又嘗與吴中李尚之鋭、歙汪孝嬰萊討論宋秦九韶《數學九章》及元李冶《測圓海鏡》《益古演段》諸書，因知立天元一爲算家至精之術。秦書雖亦有立天元一名，而術與李殊。尚之所校《海鏡》《演段》二書，專主辯天元借根之殊，故但指其大概之所近，其於盈朒和較之理，究未析其微芒之所分。乃復貫通其理，舉而明之，撰《天元一釋》二卷、《開方通釋》一卷，以述兩家之學。謂常法亦謂之隅法，益隅亦謂之虚隅益，從亦謂之益方。益方者，別於從方也。益廉者，別於從廉也，常法者，別於益隅也。如積相消，則同減而異加，開方相生，則同加而異減。【略】又謂梅勿庵以《少廣拾遺》發明諸乘方，於正負加減之際闕而未備，故其廉隅繁鎖，步算既艱，亦且莫適於用。近讀秦書，其中有開方法，既精且簡，不特與《測圓海鏡》相表裏，究其原實古《九章》之遺。竊以乘除之法，負販皆知，至開正負帶從諸乘方，儒者竭精敝神，或有未能了了者。使知道古此法，則自一乘以至百乘、千乘庶幾一以貫之。爰列爲十二式，設問以明之。又致書與李尚之，謂天元未消之前，有和而較不備，有較而和不備，及既相消合而爲一，其和較始備。和在冪，則天元爲益從，和在天元，則冪爲益隅。以正負別之，正與正、負與負爲同名，正與負爲異名。從與積同名相加，有益積，秦道古謂之投胎，從與積異名相消，有翻積，秦道古謂之換骨。推而核之，和在隅乃有益積，益從大於初商則益積，初商大於益從則不益，和在從乃有翻積，較數小於初商則翻積，初商小於較數則不翻。是爲少廣之變境，又非方程所能盡也。【略】又庭訓謂李欒城、秦道古之學，既撰有《天元一釋》《開方通釋》以闡明之，而《測圓海鏡》《益古演段》兩書，未詳開方之法，讀者依然溟涬。因以同名相加，異名相消，用超用變諸法示廷琥，廷琥乃知以秦氏之法讀李氏之書。布策推算，一一符合，遂取《益古演段》六十四問，每問皆詳畫其式，書成，其父見而喜曰：得此可讀《演段》矣。即命名爲《益古演段開方補》，且云可附於《學算記》之末。

正負開平方法

算法

宋·秦九韶《數書九章·軍旅類》卷一五　計布圓陣

問步卒二千六百人，爲圓陣。人立圓邊九尺，形如車輻，魚麗布陣。陳重間，倍人立圓邊尺數，須令內徑七十二丈。圓法用周三徑一之率。欲知陳重幾數，及內外周通徑，并所立人數，各幾何。

荅曰：內周二百一十六丈，立二百四十人。外周，三百二十丈四尺，立三百三十六人。通徑，一百丈八尺，陳計九重。不盡八人。

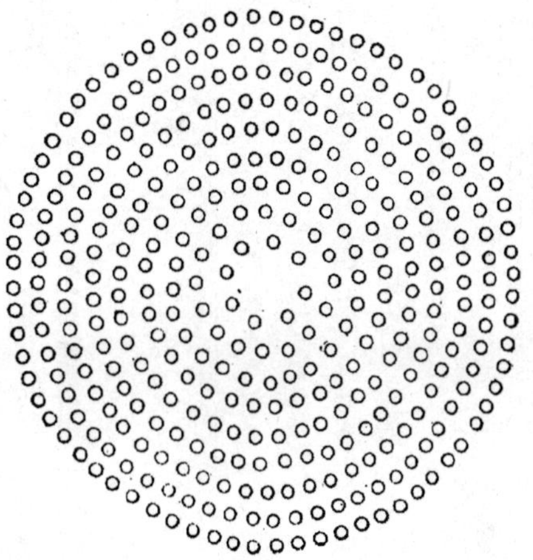

圓陣圖每圍七人

術曰：以商功求之。以圓率因內徑，爲內周。以人立尺約之，爲內周人數。乃以圓束差率爲隅，次置內周人，減隅，餘爲從方。列兵數爲實，開平方，得重數。不盡，爲餘兵。置重數，減一，餘四因，又乘圓邊尺數，併內經，共爲通徑。以圓率因通徑，得外周。

圓率Ⅲ　內徑丅=〇丈　得〇尺爲內周 =|⊥　上乘中，得下。

內周〇數 立人Ⅹ Ⅱ　實〇尺 =|⊥　圓邊Ⅹ尺 法　下除中，得上，爲後中。

ⅡⅢⅩ從方　內周人〇 ⅡⅩ　圓差丅從隅　以下減中，得上。

商〇　實〇兵數 =丅〇〇　ⅡⅢⅩ從方　丅隅　方一進，隅一超。

商Ⅹ　實〇人 =丅〇〇　Ⅱ≡Ⅲ方　丅隅　以商生隅，入方。

商Ⅹ　Ⅲ餘兵 不盡　ⅡⅢ≡方　丅隅　不盡，爲餘兵。

重Ⅹ上　減|副　餘Ⅲ次　法Ⅲ下　以副減上，得次。以下乘次，得後上。

得≡Ⅱ　圓邊Ⅹ　得Ⅲ尺 Ⅱ≡　內徑丅=〇　以上乘副，得次。以下併次，得後上。

通徑 一〇〇Ⅲ尺　‖因率　外周 ≡〇=✕尺　圓邊✕　以圓邊除外周，得外周人數。

草曰：以圓率三，因內徑七十二丈，得二千一百六十尺，爲內周。以圓邊九尺約內周，得二百四十，爲內周人數。乃以圓束差六，爲從隅。次置內周二百四十人，減隅，餘二百三十四，爲從方。列兵二千六百，爲實。開平方，步法，從方進一位，隅法超一位，今方隅皆不可超進，乃於實約商，置九重。以商生隅六，得五十四，增入從方內。共得二百八十八，乃命上商九重，除實訖，實餘八人，爲餘兵。副置九重，減一，餘八，以四因之，得三十二。又乘圓邊九尺，得二百八十八尺。併內徑七百二十尺，得一千八尺，爲通徑。又以圓率三，因通徑，得三千二十四尺，爲外周。次以圓邊九尺爲法，除外周尺數，得三百三十六人，爲外周人數。合問。

元·李冶《測圓海鏡》卷六《大勾》 或問：乙出南門東行七十二步，甲從西北隅取直東行三百二十步見乙。問荅同前。

法曰：二行相乘爲實，以乙東行爲從，一步常法。得半徑。

草曰：立天元一爲半城徑，以減甲東行步，得 〆元 ‖=〇 爲梯底。以乙東行七十二步爲梯頭。以乘之，得 ⊤〆元 ‖≡〇≡〇 爲半徑冪，寄左。然後以天元冪與左相消，得 〆 ⊤〆 ‖≡〇≡〇 以平方開之，得一百二十步，倍之即城徑也。合問。

或問：東門南不知遠近有樹。甲從乾隅東行三百二十步，望樹與城參相直，復就樹斜行一百七十步至樹。問荅同前。

法曰：兩段東行步冪內減兩段東行斜行相乘數爲實，案：或云倍東行步以二行差乘之亦同。二之東行爲從，一益隅。

草曰：別得東行步即大勾，斜行步即小弦也。乃立天元一爲城徑，減東行步得 〆元 ‖=〇 爲勾圓差也。今爲小勾。置東行步以斜步乘之得 ≣Ⅲ≡〇〇 合，以小勾除之，今不受除，便以此爲大弦。內帶小勾分母。再置東行步，以小勾差之，得 ‖=Ⲟ元 ㅣ〇‖≡〇〇 爲大勾。以減大弦，得 ‖=〇元 Ⅲ≟〇〇Ⲟ 爲大差，合以小差乘之，緣內帶小差分母。更不須乘，便以此爲半段黃方冪。更無分母。又二之得 ⊤Ⅲ〇元 Ⲟ〇〇⊤Ⅲ 爲一段黃方冪。寄左。然後以天元冪與左相消，得下式 〆 ⊤Ⅲ〇 Ⲟ〇〇⊤Ⅲ 開平方，得二百四十步。即城徑也。合問。

清·焦循《開方通釋》

實方上實下法

實方隅一乘方

實方廉隅二乘方

實方廉廉隅三乘方

實方廉廉廉隅四乘方

實方廉廉廉廉隅五乘方

實方廉廉廉廉廉隅六乘方

實方廉廉廉廉廉廉隅七乘方

實方廉廉廉廉廉廉廉隅八乘方

實方廉廉廉廉廉廉廉廉隅九乘方

式一

實方

實〇隅

實〇〇隅

實〇〇〇隅

實〇〇〇〇隅

實〇〇〇〇〇隅

實○○○○○○隅
實○○○○○○○隅
實○○○○○○○○隅
實○○○○○○○○○隅

式二

右開方無從者，故諸廉無數，而必存其空位者，以備商生之遞入也。《九章》開方術云：置積爲實借一算步之，置積爲實，即此式之實也。借一算步之，即此式之隅也。有一位即有一乘，故一廉即一乘方，二廉即二乘方，三廉即三乘方，四廉即四乘方，五廉即五乘方，六廉即六乘方，七廉即七乘方，八廉即八乘方，九廉即九乘方。《測圓海境》之式實在下隅在上，諸乘之位了然。《益古演段》與《數學九章》皆實在上隅在下，自隅起算上達於方，以便與實相消故也。隅遞加至方，逐位相生，九入則是九乘，八入則是八乘，相入相生之間，精甚，亦簡甚也。

實方
實○隅
實方○隅
實○廉○隅
實方○廉○隅
實○廉○廉○隅
實方○廉○廉○隅
實○廉○廉○廉○隅
實方○廉○廉○廉○隅
實○廉○廉○廉○廉○隅

式三

右玲瓏開方式。如三乘方帶平方，而不帶立方，不帶從。九乘方帶一乘方，三乘方，五乘方，七乘方，而不帶二乘方，四乘方，六乘方，八乘方，是也。其法皆相生而入之。

負正
負正正
負正正正
負正正正正
負正正正正正
負正正正正正正
負正正正正正正正
負正正正正正正正正
負正正正正正正正正正
負正正正正正正正正正正

式四

右正負式術云：商常爲正，實常爲負，從常爲正，益常爲負，此負在實其下，方廉隅皆正，則開方常法也。自隅而上至方皆正，故皆同名相入，方與實一正一負異名相消，故如等乘之至末相消而盡也。蓋秦氏此術，全在以正負分同異。商生隅而上行遇同則入。遇異則消。相入則正仍爲正，負仍爲負。相消則減餘在正爲正，在負爲負。守此例以行之，無往而不自得也。李尚之云，于術商常爲正，又正負同名相乘所得爲正，異名相乘所得爲負，故商生從隅，凡從隅爲正者，以商正乘之是爲同名，所得爲正。凡從隅爲負者，以商正乘之是爲異名所得爲負也。

負正
負負正
負負負正
負負負負正
負負負負負正
負負負負負負正
負負負負負負負正
負負負負負負負負正
負負負負負負負負負正
負負負負負負負負負負正

式五

右正在隅，爲異名。實方廉皆負爲同名，正負相消餘必在正，雖至負方減餘仍在正隅，故以一正上消諸負，消一度餘仍在正仍得正，則仍異名相消，轉轉消至於實，而盡。

負正
負正負
負正負負
負正負負負
負正負負負負
負正負負負負負
負正負負負負負負
負正負負負負負負負
負正負負負負負負負負
負正負負負負負負負負負

式六

右正在方，與實廉隅皆異名，實廉隅皆同名。隅而上同名相入至正方，異名相消，消餘必在正，方仍得正與負實異名相消而盡。其消餘必在正方者。正方既是和數，則其數已足包括諸廉及隅與實在内。如立方商數二，在負廉爲一，在正方則爲二，在負隅爲一，在負廉爲三，在正方則爲九，以九視三，視一多已數倍任下之，相生相入其勢皆足以有餘，雖至九乘方，負隅負廉相生者，遞有九層而正方亦隨層數而增，故相消之餘皆在正方也。

負正
負正負
負負正負
負負正負負
負負負正負
負負負正負負
負負負負正負負負
負負負負正負負負負
負負負負負正負負負負
負負負負負正負負負負負

式七

右正在廉與正在方之例一也。隨正所在減餘皆在於正，與負實爲異名相消。若減餘在負，則與實爲同名相入，是爲益積。必有續商，無續商者，減餘必在正也。

負正
負正負
負正負正
負正負正負
負正負正負正
負正負正負正負
負正負正負正負正
負正負正負正負正負
負正負正負正負正負正
負正負正負正負正負正負

式八

右正負相雜。皆同則相入，異則相消，隨所遇，以置算式有萬殊，術止一例，惟正負相雜，則減餘或正或負，變幻萬端，非復原位正負之可定，而加減之易淆，亦惟此式爲最。然益知同加異減，及減餘之隨負爲負，隨正爲正，乃一定不易之例矣。

商	一乘隅	二乘隅	三乘隅	四乘隅	五乘隅	六乘隅	七乘隅	八乘隅	九乘隅
單	單	單	單	單	單	單	單	單	單
十	百	千	萬	十萬	百萬	千萬	億	十億	百億
百	萬	百萬	億	百億	萬億	百萬億	兆	百兆	萬兆
千	百萬	十億	萬億	千萬億	百兆	十萬兆	京	千京	百萬京
萬	億	萬億	兆	萬兆	京	萬京	垓	萬垓	秭
	常超	常超	常超	常超	常超	常超	常超	常超	常超
	一位	二位	三位	四位	五位	六位	七位	八位	九位

式九

右定位式，爲開方要法。《九章》開方術云：借一算步之，超一等。注云：言百之面十也，言萬之面百也。開立方術云：借一算步之，超二等。注云：言千之面十，言百萬之面百。李淳風注：步之超一等者，方十自乘其積有百，方百自乘其積有萬，借一算步之超二等者，立方求積，方再自乘就積開之，故超二位。《孫子算經》云：置積二十三萬四千五百六十七步爲實，次借一算爲下法，步之超一位，至百而止。《夏侯陽算經》云：開平方除，借一算爲下法，步之超一，冪方十其積有百，冪方百其積有萬，至百言十，至萬言百。開立方除借一算爲下法，步之超二位。立方十其積有千，立方百其積有百萬，至千言十，至百萬言百。《張邱建算經》云：置積一十二萬七千四百四十九步，於上借一算子於下，常超一位步至百止。《五經算術》解：論語千乘之國開方法云：借一算爲下法，步之常超一位，至萬而止。循按古經開方術均有超位之法，但今可考者僅平方、立方二術。然由此可推諸乘方之超位也。蓋商數視乎實數超位，視乎商數，商進亦進，商退亦退。《孫子》術積二十三萬四千五百六十七，開立方，故至百而止。《五經》算千乘得九十億，開平方，故至萬而止。至百萬始商千未，至百萬雖九十九萬仍商百，故積二十萬超位至百止也，至百億始商十萬，未至百億，雖九十九億仍商萬，故積九十億超位至萬止也。

一乘進一位	超一位							
二乘進一位	超一位	超二位						
三乘進一位	超一位	超二位	超三位					
四乘進一位	超一位	超二位	超三位	超四位				
五乘進一位	超一位	超二位	超三位	超四位	超五位			
六乘進一位	超一位	超二位	超三位	超四位	超五位	超六位		
七乘進一位	超一位	超二位	超三位	超四位	超五位	超六位	超七位	
八乘進一位	超一位	超二位	超三位	超四位	超五位	超六位	超七位	超八位
九乘進一位	超一位	超二位	超三位	超四位	超五位	超六位	超七位	超八位	超九位
方	一乘	二乘	三乘	四乘	五乘	六乘	七乘	八乘	九乘

式十

右方廉隅定位式，隅視商爲進退，方廉隅雁行相次。蓋爲九乘方則第八廉爲八乘方，第七廉爲七乘方，第六廉爲六乘方，第五廉爲五乘方，第四廉爲四乘方，第三廉爲三乘方，第二廉爲二乘方，第一廉爲一乘方，平方止於一乘，則一乘爲隅。立方止於二乘，則二乘爲隅，以至九乘止於九乘，則九乘爲隅。超一位即是進二位，超三位即是進四位。古經不詳帶縱之術，故止言平方超一，立方超二，然引而不發，其機躍如。乃知李欒城秦道古之學所由來，而古術之精密，有如此也。

又

商生方加減實上實下法

商生隅入方　生方入實一乘方初商

商生隅入方廉法一變

商生隅入廉　生廉入方　生方入實二乘方初商

商生隅入廉廉法二變

商生隅入廉　生廉入方廉法一變

商生隅入下廉　生下廉入上廉　生上廉入方　生方入實三乘方初商

商生隅入下廉　生下廉入上廉　生上廉入方廉法一變

商生隅入下廉　生下廉入上廉廉法二變

商生隅入下廉廉法三變

商生隅入第三廉　生第三廉入第二廉　生第二廉入第一廉　生第一廉入方　生方入實四乘方初商

商生隅入第三廉　生第三廉入第二廉　生第二廉入第一廉　生第一廉入方廉法一變

商生隅入第三廉　生第三廉入第二廉　生第二廉入第一廉廉法二變

商生隅入第三廉　生第三廉入第二廉廉法三變

商生隅入第三廉廉法四變

商生隅入第四廉　生第四廉入第三廉　生第三廉入第二廉　生第二廉入第一廉　生第一廉入方　生方入實五乘方初商

商生隅入第四廉　生第四廉入第三廉　生第三廉入第二廉　生第二廉入第一廉　生第一廉入方廉法一變

商生隅入第四廉　生第四廉入第三廉　生第三廉入第二廉　生第二廉入第一廉廉法二變

商生隅入第四廉　生第四廉入第三廉　生第三廉入第二廉廉法三變

商生隅入第四廉　生第四廉入第三廉廉法四變

商生隅入第四廉廉法五變

商生隅入第五廉　生第五廉入第四廉　生第四廉入第三廉　生第三廉入第二廉　生第二廉入第一廉　生第一廉入方　生方入實六乘方初商

商生隅入第五廉　生第五廉入第四廉　生第四廉入第三廉　生第三廉入第二廉　生第二廉入第一廉　生第一廉入方廉法一變

商生隅入第五廉　生第五廉入第四廉　生第四廉入第三廉　生第三廉入

第二廉　生第二廉入第一廉廉法二變
商生隅入第五廉　生第五廉入第四廉　生第四廉入第三廉　生第三廉入
第二廉廉法三變
商生隅入第五廉　生第五廉入第四廉　生第四廉入第三廉廉法四變
商生隅入第五廉　生第五廉入第四廉廉法五變
商生隅入第五廉廉法六變
商生隅入第六廉　生第六廉入第五廉　生第五廉入第四廉　生第四廉入
第三廉　生第三廉入第二廉　生第二廉入第一廉　生第一廉入方　生方入實
七乘方初商
商生隅入第六廉　生第六廉入第五廉　生第五廉入第四廉　生第四廉入
第三廉　生第三廉入第二廉　生第二廉入第一廉　生第一廉入方廉法一變
商生隅入第六廉　生第六廉入第五廉　生第五廉入第四廉　生第四廉入
第三廉　生第三變入第二廉　生第二廉入第一廉廉法二變
商生隅入第六廉　生第六廉入第五廉　生第五廉入第四廉　生第四廉入
第三廉　生第三廉入第二廉廉法三變
商生隅入第六廉　生第六廉入第五廉　生第五廉入第四廉　生第四廉入
第三廉廉法四變
商生隅入第六廉　生第六廉入第五廉　生第五廉入第四廉廉法五變
商生隅入第六廉　生第六廉入第五廉廉法六變
商生隅入第六廉廉法七變
商生隅入第七廉　生第七廉入第六廉　生第六廉入第五廉　生第五廉入
第四廉　生第四廉入第三廉　生第三廉入第二廉　生第二廉第第一廉　生第
一廉入方　生方入實八乘方初商
商生隅入第七廉　生第七廉入第六廉　生第六廉入第五廉　生第五廉入
第四廉　生第四廉入第三廉　生第三廉入第二廉　生第二廉入第一廉　生第
一廉入方廉法一變
商生隅入第七廉　生第七廉入第六廉　生第六廉入第五廉　生第五廉入
第四廉　生第四廉入第三廉　生第三廉入第二廉　生第二廉入第一廉廉法二變
商生隅入第七廉　生第七廉入第六廉　生第六廉入第五廉　生第五廉入
第四廉　生第四廉入第三廉　生第三廉入第二廉廉法三變
商生隅入第七廉　生第七廉入第六廉　生第六廉入第五廉　生第五廉入
第四廉　生第四廉入第三廉變法四變
商生隅入第七廉　生第七廉入第六廉　生第六廉入第五廉　生第五廉入
第四廉廉法五變
商生隅入第七廉　生第七廉入第六廉　生第六廉入第五廉廉法六變
商生隅入第七廉　生第七廉入第六廉廉法七變
商生隅入第七廉變法八變
商生隅入第八廉　生第八廉入第七廉　生第七廉入第六廉　生第六廉入
第五廉　生第五廉入第四廉　生第四廉入第三廉　生第三廉入第二廉　生第
二廉入第一廉　生第一廉入方　生方入實九乘方初商
商生隅入第八廉　生第八廉入第七廉　生第七廉入第六廉　生第六廉入
第五廉　生第五廉入第四廉　生第四廉入第三廉　生第三廉入第二廉　生第
二廉入第一廉　生第一廉入方廉法一變
商生隅入第八廉　生第八廉入第七廉　生第七廉入第六廉　生第六廉入
第五廉　生第五廉入第四廉　生第四廉入第三廉　生第三廉入第二廉　生第
二廉入第一廉廉法二變
商生隅入第八廉　生第八廉入第七廉　生第七廉入第六廉　生第六廉入
第五廉　生第五廉入第四廉　生第四廉入第三廉　生第三廉入第二廉廉法三變
商生隅入第八廉　生第八廉入第七廉　生第七廉入第六廉　生第六廉入
第五廉　生第五廉入第四廉　生第四廉入第三廉廉法四變
商生隅入第八廉　生第八廉入第七廉　生第七廉入第六廉　生第六廉入
第五廉　生第五廉入第四廉廉法五變
商生隅入第八廉　生第八廉入第七廉　生第七廉入第六廉　生第六廉入
第五廉廉法六變
商生隅入第八廉　生第八廉入第七廉　生第七廉入第六廉廉法七變
商生隅入第八廉　生第八廉入第七廉廉法八變
商生隅入第八廉廉法九變

式十一

右廉法。凡初商不盡者，則有廉隅方屬，初商隅屬，次商廉，則初商次商相雜之數，故初商既消之後，次商未立之先，必豫立廉法。廉法者，先立初商之半，以待次商之半也。古法于平方倍方法，于立方三倍方法，然至三乘方以上，廉愈多而算愈繇，未有簡要如此法之妙也。余《加減乘除釋》中説開方之理最詳。末以甲乙明之，此商生一次即一甲，次商生一次即一乙。如甲甲乙則商生二次，留以待次商之生一次。甲甲乙乙則商生一次留以待次商之生二次。二乘方三甲三乙，其甲乙之交互有二色，故廉有二變。三乘方四甲四乙，其甲乙之交互有三色，故廉有三變。明其理，可知立法之故矣。秦道古諸開方式，于同加謂之入于異消，亦云入某某内相消，是加減均謂之入此式，但以入言之至，正負加減無容更贅爾。

初商進一　續商退一
初商超一　續商退二
初商超二　續商退三
初商超三　續商退四
初商超四　續商退五
初商超五　續商退六
初商超六　續商退七
初商超七　續商退八
初商超八　續商退九
初商超九　續商退十
初商超一次　商位有二退一次
初商超二次　商位有三退二次
初商超三次　商位有四退三次
初商超四次　商位有五退四次
初商超五次　商位有六退五次
初商超六次　商位有七退六次
初商超七次　商位有八退七次
初商超八次　商位有九退八次
初商超九次　商位有十退九次

式十二

右退位式。《九章》開方術云：其復除折法而下，復置借算布之如初。開立方術云：復除折而下。注云：開平方者，方百之面十，開立方者方千之面十，據定法，已有成方之冪，故復除，當以千爲百，折下一等也。《孫子算經》言：次商云，除訖倍方法，方法一退，下法再退，三商云，除訖，倍廉法，上從方法，方法一退，下法再退。《五經算術》云，以上商九萬以除實畢，倍方法九億爲十八億，乃折之。方法一折，下法再折。蓋有進，則有退。初商百，宜進位爲三萬。次商十，自宜退位爲百矣。明于進之故，自了然于退之故矣。退位，既定以續商，上生一，如初商之例。

清・李鋭《開方説》卷上　凡步之法，除置實法，萬千百十一上下相當，商一法進一，商十又進如前，商百至不可進，而約初商。實不可減法則不可進。平方置實方隅，萬千百十一，上下相當。商一方進一位，隅進二位，商十又進如前，商百至不可進，而約初商。立方置實方廉隅，萬千百十一，上下相當，商一方進一位，廉進二位，隅進三位，商十，又進如前，商百至不可進，而約初商。三乘方置實方第一廉第二廉隅，萬千百十一上下相當，商一方進一位。第一廉進二位，第二廉進三位，隅進四位，商十，又進如前，商百至不可進，而約初商。

凡步之法，以正步負，或以負步正，皆主於減所步。

凡求第二第四等偶數用翻法。若一位開盡者，無翻法。

凡商之法除，以商乘法以減實爲次商實，法退一位約商如前，實盡乃止。平方以商乘隅同名相乘所得爲正，異名相乘所得爲負。加減方同名加，異名減，不足減者反減之，正者負之負者正之。又以商乘之加減實爲次商實，乃變之。以商乘隅加減方，爲次商方，是爲一變。變訖。方退一位，隅退二位，約商如前。實盡乃止。立方以商乘隅加減廉，又以商乘之加減方，又以商乘之加減實爲次商實，乃變之。以商乘隅加減廉，又以商乘之加減方，爲次商方是爲一變。以商乘隅加減廉爲次商廉，是爲二變。變訖。方退一位，廉退二位，隅退三位，約商如前，實盡乃止。三乘方以商乘隅加減第二廉，又以商乘之加減第一廉，又以商乘之加減方，又以商乘之加減實爲次商實。乃變之，以商乘隅加減第二廉，又以商乘之加減第一廉，又以商乘之加減方，爲次商方，是爲一變。以商乘隅加減第二廉，又以商乘之加減第一廉，爲次商第一廉是爲二變。以商乘隅加減第二廉爲次商第二廉，是爲三變。變訖。方退一位，第一廉退二位，第二廉退三位，隅退四位，約商如前，實盡乃止。

凡加實者名曰益積實。不足減而反減者，名曰翻法。凡一位開盡者無翻法益積。

清・吴嘉善《白芙堂算學廿一種・開方術》　開方

開平方術曰：列式在位，其式須立天元一求之，凡平方式有三層，首層實，次廉，末位則隅也。步之，常取異名之毘連兩層，以下步上。亦有用同名相步者，爲求負商，乃餘法非常法也。先以廉步實，遇實廉同名，乃以隅步廉，或廉可步實，隅又可步廉，則分二次步而開之，常可開大小二數也。至若廉位空者，又可以隅步實，則正方之步法也，定法廉進一位，隅進二位。爲步進一次。廉再進一位，隅再進二位，爲步進二次，餘準此。退步者，亦準此。凡步進一次，則所得初商其位十也，進二次則百也，餘準此。既以步法定初商之位，又令商乘各數，位已預定，無審視位次之勞法誠至便也。至後人間位作點法，僅可用於正方，失其旨矣。以步至略小於所步之數，而止。乃定商，記於副位以乘隅，指步定後之隅而言，以後倣此。得數列於廉下，指步定後之廉而言，若經相消後，則又指消後之廉而言，以後俱倣此。以消廉，異名相減不足減，反減之。從數大者之名，遇同名則相加，遇空位亦相加也。得數列於下，商乘之得數以減實，如消廉法，凡減積開方者，其常也。不足減則反減之，爲翻積。開方遇同名則相加，爲益積開方也。爲後商實。乃變之，以商乘隅得數列於廉下，以消廉得數列於下，退位爲後商廉，變訖。隅退位，爲後商隅。定法廉退一位，隅退二位，爲退位一次。故得後商常降於前商一等，若退一次後，下數尚大於上數者，當審視須再退位否，須退則再退一次，而後商之與前商中閒一空位，再退一次，則閒二位也。餘倣此。乃定次商，以乘隅消廉再乘消實，及變之。退位均如初，求得若干商，乃統計所商，爲開得數也。

正負帶縱開平方法

算法

清・焦循《開方通釋》 假如積二十七，益方六從，隅一，開一乘方得幾何。

答曰：得九。

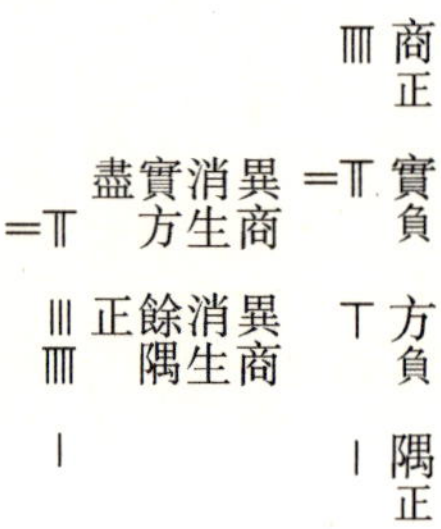

假如積七百二十，從方五十四，益隅一，開一乘方得幾何。

答曰：二十四。

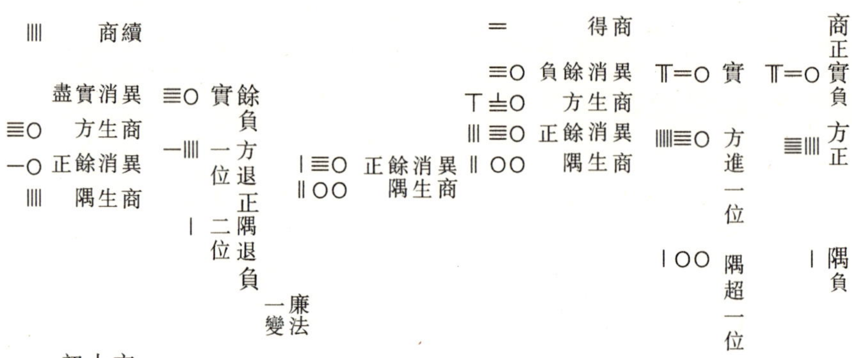

方實異名相消減餘在實，故不爲翻積。

方五十四商二十四較二十大於初商二十，是爲初商小於較數不翻積。

甲乙丙丁爲益隅，乙戊丁己爲實，丙己爲從方，丙未爲初商，初商消從方爲未己，未己乘初商爲子亥未己，減積餘庚戊壬亥在原積，故不爲翻，丁己爲較大于初商，則子丑未丁自

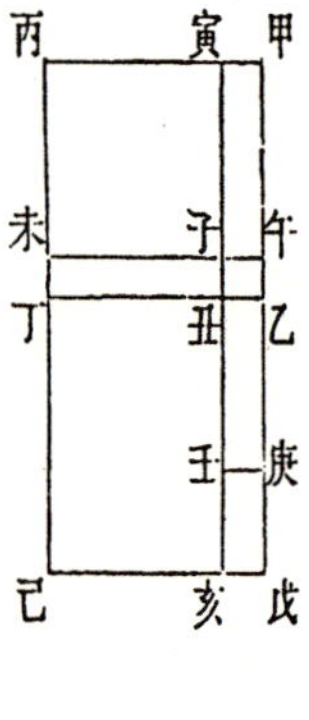

小於乙戊丑亥。

假如積一百二十，益方十九，從隅一，開一乘方得幾何。

答曰：二十四。

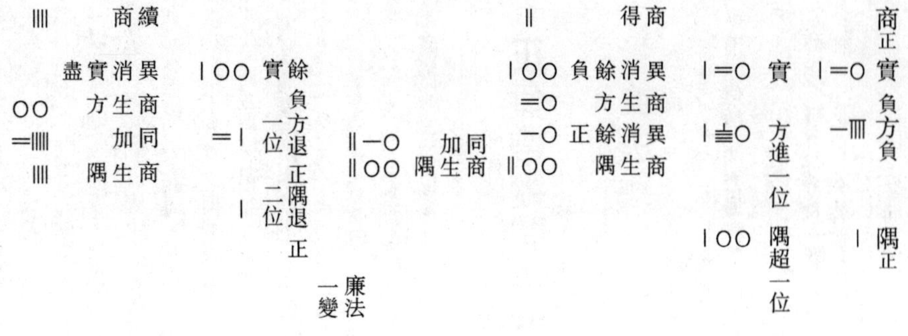

方實異名，相消不益積。

甲乙初商大於甲丁益方，相消餘丁乙。以初商乘之爲寅壬乙丁，在積內減積成子丑丙乙寅壬形爲次商實。

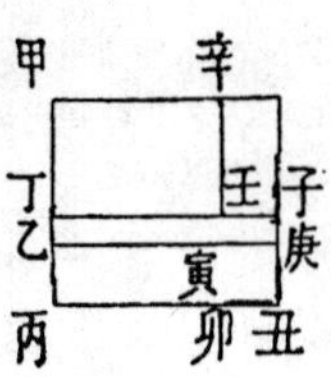

清・李銳《開方說》卷上　實二千一百四十二負，方二十九正，隅一正，開平方得三十四。

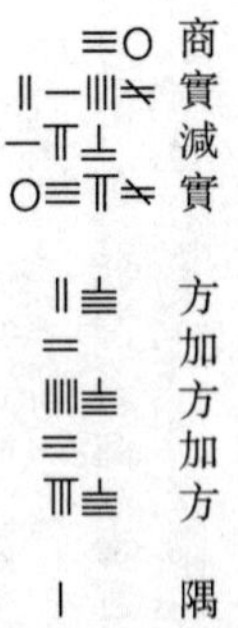

初商三十正，以商三正乘隅一百正得三百正，以加方二百九十正得方五百九十正。又以商三正乘之得一千七百七十正，以減實二千一百四十二負餘三百七十二負，爲次商實。變之，以商三正乘隅一百正得三百正，以加方五百九十正得八百九十正，爲次商方，一變訖。方退一位，隅退二位。

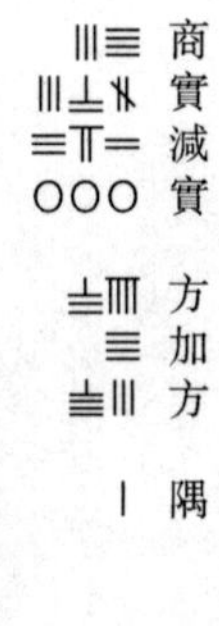

次商四正，以商四正乘隅一正得四正，以加從八十九正得九十三正，又以商四正乘之得三百七十二正，以減實三百七十二負，適盡。

又　卷下　實一百四十四負，方七十負，隅一正，開平方得七十二。

次商二正。

凡開方止有隅，無方廉者，其次商已後即與有方廉者同。

實二千二百九負，方空，隅一正，如平方法開之。

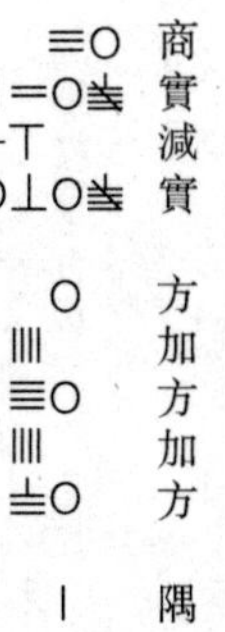

初商四十正。

先開得四十正，變之得，實六百九負，方八十正，隅一正，如平方法開得七正，即與負實正方正隅者同。

商　實減實　方加方　隅

次商七正。

商　實減實　方減方減方　隅

實二千九負，方九十正，隅一負，開平方得四十一爲第一數。

初商四十正。

商　實減實　方減方　隅

次商一正。

復置初商，變，餘實九負，方一十正，隅一負，如法開之。

商　實減實　方減方　隅

商九正。

開得九以加初商四十，得四十九爲第二數。此第一數第二數初商同爲四十，故不翻法。

清・吴嘉善《白芙堂算學廿一種・開方術》 開方

假如平方積三百八十七，衹知長闊較一百二十六，問長闊若干。

答曰：長一百二十九，闊三。

求闊草曰：識別得　爲開方式。所求爲闊，則隅一之積乃闊自乘冪也。以較長闊相乘之實積，必少一闊乘長闊較之積，此積即廉積也，故令廉隅同名，而與實異名，乃得正負相當。或翻爲實正廉負隅負亦可。

如法列位。

實　廉　隅

此式應以廉步實而不可步即止不步，初商乃單數也。

初商三，以乘隅得三以加廉得一二九，商乘之得三八七，以減實，恰盡。如下式。

實減餘　廉加得　隅　商三

乃計所商得三爲開得數，即闊也。以較加之得一二九，爲長。若欲逕求長者，則如下法。

求長草曰：識別得　爲開方式。求長則隅一之積，乃長自乘冪也，以較長闊相乘之實，積必多一長乘長闊較之積，此積即廉積也，故令實廉同名，而與隅異名，乃得正負相當。或翻爲實正廉正隅負亦可。

如法列位。

實　廉　隅　以隅步廉式如下。

實　廉　隅　再步之得下式。

實　廉　隅　計步進二次，初商所得乃百位也。

初商一，以乘隅得一〇〇〇〇，以減廉餘二六〇〇，商乘之得二六〇〇，以益實同名故。得二九八七爲次商實。如下式。

實加得　廉減餘　隅　初商

變之，以商一乘隅得一〇〇〇〇，反減廉得七四〇〇，退一位得七四〇爲次商廉，隅退二位得一〇〇，爲次商隅，式如下。

實　廉減得退　隅退

次商二，以乘隅得二〇〇，以加廉得九四〇，商乘之得一八八〇以減實，餘一一〇七，爲三商實。式如下。

實減餘　廉加得　隅　次商二

變之，以商二乘隅得二〇〇，以加廉得一一四〇退一位，得一一四爲三商廉，隅退二位得一，爲三商隅，式如下。

實　廉加得退　隅退

三商九，以乘隅得九，以加廉得一二三，以商乘之得一一〇七，以減實恰盡。式如下：

實減餘　廉加得　隅　三商九

乃統計所商得一二九爲開得數，即長也。

正負帶縱開立方法

算法

清·焦循《開方通釋》　假如積十二，從方十九，益廉二，隘隅一，開二乘方得幾何。　答曰：得三。

商正實負方正廉負隅負

異商異商同商

消生消生加生

實方餘廉　隅

盡　正

清·李鋭《開方説》卷下　凡以商乘隅減廉適盡，則以商乘方加減實如法入之。

實五十六負，方八正，廉七正，隅一負，開立方得七。

商實減實　方減方　廉減廉　隅

商七正。

清·吴嘉善《白芙堂算學廿一種·開方術》　開方

開立方術曰：列式在位，凡立方式有四層，首位實、次方、次廉、末位則隅也。步之，先以方步實，遇實方同名者，乃以廉步方，大略與平方法同。定法方進一位，廉進二位，隅進三位，爲步進一次。餘如平方術推之。以步至略小於所步之數而止。乃定商，以乘隅得數列於廉下。以消廉得數列於下，商乘之得數列於方下，以消方得數列於下，商乘之得數列於實下以消實餘，列於下，爲後商實。乃變之，以商乘隅得數列於廉下，以消廉得數列於下，商乘之得數列於方下，以消方得數列於下，退位爲後商方，又以商乘隅得數列於廉下，以消廉得數列於下，退位爲後商廉，變訖。隅退位爲後商隅，定法方退一位，廉退二位，隅退三位，餘如平方術推之。乃定次商，以乘隅消廉，再乘消方，再乘消實。及變之退位，均如初。求至若干商，乃統計所商，爲開得數也。

假如有開方式三千〇二十四爲實負，二十四爲方正，一十爲廉負，一爲隅正，問開立方得若干。

答曰：十八。

草曰：如法列位。　步之如下：

實　方　廉　隅

實	𝍢〇𝍡〤
方	𝍡𝍬〇
廉	𝍠̸〇〇〇
隅	𝍠〇〇〇

步進一次，初商乃十位也。

初商一，以乘隅得一〇〇〇，以減廉得〇〇〇〇，乃以商乘方得二四〇，以減實餘二七八四，爲次商實。式如下。

實	𝍢〇𝍡〤
減	〇𝍡〤〇
餘	𝍡𝍯𝍧〤
方	𝍡𝍬〇
廉	𝍠̸〇〇〇
減	𝍠〇〇〇
餘	〇〇〇〇
隅	𝍠〇〇〇
初商一	

變之，以商乘隅得一〇〇〇，以加廉得一〇〇〇，商乘之得一〇〇〇，以加方得一二四〇，退一位得一二四，爲次商方。又以商乘隅得一〇〇〇，以加廉得二〇〇〇，退二位得二〇，爲次商廉。隅退三位得一，爲次商隅。式如下。

實	𝍡𝍯𝍧〤
方	𝍡𝍬〇
加	𝍠〇〇〇
得	𝍠𝍪𝍣〇
退	𝍠𝍪𝍣
廉	〇〇〇〇
加	𝍠〇〇〇
得	𝍠〇〇〇
加	𝍠〇〇〇
得	𝍡〇〇〇
退	𝍡〇
隅	𝍠〇〇〇
退	𝍠

次商八，以乘隅得八，以加廉得二八，商乘之得二二四，以加方得三四八，商乘之得二七八四，以減實恰盡。式如下。

實	𝍡𝍯𝍧〤
減	𝍡𝍯𝍧𝍬
餘	〇〇〇〇
方	𝍠𝍪𝍣
加	𝍡𝍪𝍣
得	𝍢𝍬𝍧
廉	𝍡〇
加	𝍰
得	𝍡𝍰
隅	𝍠
次商八	

乃計商得一八，爲開得數也。

正負開三乘及以上方法

綜論

清・吴嘉善《白芙堂算學廿一種・開平術》 開方

開三乘方術曰：列式在位。凡三乘方式有五層首層實次方次上廉次下廉末位則隅也，四乘方以上準此推之。步之先以方步實遇實方同名者乃以上廉步方及各異名之毘連兩層相步大略同平方法，四乘方以上準此推之。以步至略小於所步之數，而止。乃定商，以乘隅得數列於下廉下，以消下廉得數列於下，商乘之得數列於上廉下，以消上廉得數，列於下，商乘之得數，列於方下，以消方得數列於下，商乘之得數列於實下，以消實餘列於下，爲後商實。乃變之，以商乘隅得數，列於下廉下，以消下廉得數列於下，商乘之得數列於上廉下，以消上廉得數列於下，商乘之得數列於方下，以消方得數列於下，退位爲後商方，又以商乘隅得數列於下廉下，以消下廉得數列於下，商乘之得數列於上廉下，以消上廉得數列於下，退位爲後商上廉，又以商乘隅得數，列於下廉下，以消下廉得數列於下，退位爲後商下廉，變訖。隅退位爲後商隅，定法方退一位上廉退二位下廉退三位隅退四位餘以平方術推之四乘方以上準此推之。乃定次商，以乘隅消下廉，再乘消上廉，再乘消方，再乘消實。及變之退位均如初，求至若干商，乃統計所商，爲開得數也。

其開四乘方以上各乘方之法，準前求之。大略可知，未演爲術。

右開方法，本李尚之氏所述，而詳述之。實古法也，其中條理井然。自平方起，以至無數乘方法，皆一貫也。

算法

清・焦循《開方通釋》 假如積四千二百四十九，從方二千，從上廉一百九，從下廉十二，益隅八。開三乘方得幾何。

答曰：得七。

商正	𝍦		
實負	𝍬𝍡𝍬𝍨	異商消生實方盡	𝍬𝍡𝍬𝍨
方正	𝍪〇〇〇	異商消生餘上正廉	〇𝍥〇𝍦 𝍩𝍢𝍱𝍢
廉正	𝍠〇𝍨	異商消生餘下負廉	𝍠𝍱𝍨 𝍢〇𝍧
廉正	𝍩𝍡	異商消生負餘隅	𝍬𝍣 𝍭𝍥
隅負	𝍧		𝍧

相消之餘初雖在負，終必轉而在正，蓋三正中必有一正大於商所生之負者也。

假如積三十萬二千九百八十一，從方九，從上廉五十，從下廉九百三十二，益隅八。開三乘方得幾何。

答曰：得七。

商正 ⊤
實負 ≡○=Ⅲ≟| 　異消實盡
　　商生方廉 ≡○=Ⅲ≟|
方正 Ⅲ 　同加 ⅢⅢ≡‖≟Ⅲ
　　商生上廉 ⅢⅢ≡‖⊥ⅢⅢ
廉正 ≣○ 　同加 ⊥|≟‖
　　商生下廉 ⊥|≡‖
廉正 Ⅲ≡‖ 　異消餘正 Ⅲ⊥T
　　商生隅 ⅢⅢT
隅負 Ⅲ 　Ⅲ

實既常爲負，則方以下無論幾正幾負而正之數必常處乎，全負之數必常處乎，不足雖商生益隅數必下敵正方正廉，故減餘必在正，必與實爲異名相消也。

假如積二十二，益方三，第一益廉一。第二從廉四，第三從廉二，益隅一。開四乘方得幾何。

答曰：得二。

商正 ‖
實負 =‖ 　異消實盡
　　商生方 =‖
方負 Ⅲ 　異消餘正 一|
　　商生第一廉 一ⅢⅢ
廉負 | 　異消餘正 ⊤
　　商生第二廉 Ⅲ
廉正 ⅢⅢ
廉正 ‖ 　異消盡 ‖
　　商生隅 |
隅負 |

此第三廉消盡，即以商生第二廉。凡有消盡者仿此式。

假如積九千六百六十九，從方四，第一益廉五十五，第二從廉二十八，第三益廉七，第四益廉三十一，從隅二十四，開五乘方得幾何。

答曰：得三。

商正 Ⅲ
實負 ⅢⅢT⊥一Ⅲ 　異消實盡
　　商生方 ≟T⊥Ⅲ
方正 ⅢⅢ 　同加 ≡‖=ⅢⅢ
　　商生第一廉 ≡‖一Ⅲ
廉負 ≣ⅢⅢ 　異消餘正 一○≟Ⅲ
　　商生第二廉 一|=Ⅲ
廉正 =Ⅲ 　同加 Ⅲ≟T
　　商生第三廉 Ⅲ≣Ⅲ
廉負 ⊤ 　異消餘正 |一T
　　商生第四廉 |=Ⅲ
廉負 ≡| 　異消餘正 ≣|
　　商生隅 ≟‖
隅正 =ⅢⅢ 　=ⅢⅢ

又明吏前第二草，又法相消得下式，五百一十三億三千六百六十八萬三千七百七十六爲實，從方一十七億二千五百六十萬二千八百一十六，第一廉八千二百九十二萬六千八百一十六，第二益廉二百二十二萬三百二，第三益廉六萬二千一百六十五，第四益廉七百一十四，益隅二，開五乘方得三十四。

商正
實負 T⊥T≡T⊥Ⅲ≡T⊥Ⅲ≡Ⅲ一ⅢⅢ
方負 T一Ⅲ=○⊥ⅢⅢ=⊤一
廉負 T一Ⅲ⊥‖≟‖≟
廉正 ‖○Ⅲ○‖=‖
廉正 ⅢⅢ⊥|=T
廉正 ⅢⅢ一⊤
隅正 ‖

實 T⊥T≡T⊥Ⅲ≡T⊥Ⅲ≡Ⅲ一ⅢⅢ 　異消餘負
方進一位 ○⊥|≟‖○T≣‖⊥| 　商生方
　　異消餘正
　　商生第一廉
廉超一位 ○○T一Ⅲ⊥‖≟‖≟ 　異消餘正
　　商生第二廉
　　同加
廉超二位 ○○○=○≡○=‖= 　商生第三廉
　　同加
　　商生第四廉
廉超三位 ○○○○ⅢⅢ⊥|=T 　同加
　　商生隅
廉超四位 ○○○○○≡|⊥
隅超五位 ○○○○○○‖
　　得商

三

𝍣𝍰𝍥=𝍧𝍰𝍨𝍰𝍥𝍣𝍥	加同
=𝍦〇𝍦𝍭𝍧≡丨=〇	
𝍨〇‖≡𝍨≡〇≡〇	
丨𝍰丨≡𝍦𝍭‖≡‖〇〇	
𝍭〇≡‖𝍰𝍦≡𝍣〇〇	
丨≡𝍢≡𝍣≡𝍣𝍭〇〇〇	
≡𝍦𝍰丨𝍰𝍣=〇〇〇	
=𝍣𝍭丨≡𝍣〇〇〇〇	
𝍦≡𝍢𝍰𝍣〇〇〇〇	
‖≡‖=〇〇〇〇〇	
𝍭𝍦≡〇〇〇〇〇	
𝍥〇〇〇〇〇〇	

方實異消，故非益積。消餘在實，故非翻積。

𝍨一𝍨〇𝍦=𝍢𝍭‖≡〇	廉一第生商
𝍨一〇〇𝍣𝍭𝍣一‖〇〇	加同
𝍢〇𝍢≡𝍢𝍰𝍦〇𝍣〇〇	廉二第生商
‖≡‖𝍰‖〇〇𝍭〇〇〇	加同
𝍰〇𝍰𝍣〇〇=〇〇〇	廉三第生商
≡𝍢一‖一𝍣〇〇〇〇	加同
一丨〇𝍣〇𝍣〇〇〇〇	廉四第生商
‖≡〇=〇〇〇〇〇	加同
𝍰𝍢≡〇〇〇〇〇	隅生商
𝍥〇〇〇〇〇〇	

一廉變法

𝍥𝍭𝍨𝍭𝍦一𝍢𝍭𝍣〇〇	加同
𝍢𝍭𝍥≡‖=𝍣𝍭〇〇〇	廉二第生商
丨=‖一〇𝍰𝍣=〇〇〇	加同
≡丨一𝍥𝍰𝍣〇〇〇〇	廉三第生商
一𝍢𝍰‖=𝍣〇〇〇〇	加同
‖𝍭𝍦=〇〇〇〇〇	廉四第生商
𝍰𝍨≡〇〇〇〇〇	加同
𝍥〇〇〇〇〇〇	隅生商

二廉變法

丨𝍰丨𝍰𝍥一〇=〇〇〇	加同
≡𝍨𝍭𝍣≡𝍣〇〇〇〇	廉三第生商
一𝍥≡𝍦≡𝍣〇〇〇〇	加同
‖𝍰𝍥=〇〇〇〇〇	廉四第生商
𝍰𝍣≡〇〇〇〇〇	加同
𝍥〇〇〇〇〇〇	隅生商

三廉變法

一𝍨𝍭‖𝍭𝍣〇〇〇〇	加同
𝍢〇𝍣=〇〇〇〇〇	廉四第生商
丨〇丨≡〇〇〇〇〇	加同
𝍥〇〇〇〇〇〇	隅生商

四廉變法

一〇𝍰𝍣	加同
𝍥〇〇〇〇〇	隅生商

五廉變法

𝍣𝍰𝍥=𝍧𝍰𝍨𝍰𝍥≡𝍥	實餘負
𝍰一𝍰〇𝍰‖≡𝍥=𝍣	方一位退正
𝍥𝍭𝍨𝍭𝍦一𝍢𝍭𝍣	廉二位退正
一𝍦一𝍨𝍭丨〇‖	廉三位退正
丨𝍨𝍭‖𝍭𝍣	廉四位退正
一〇𝍰𝍣	廉五位退正
‖	隅六位退正

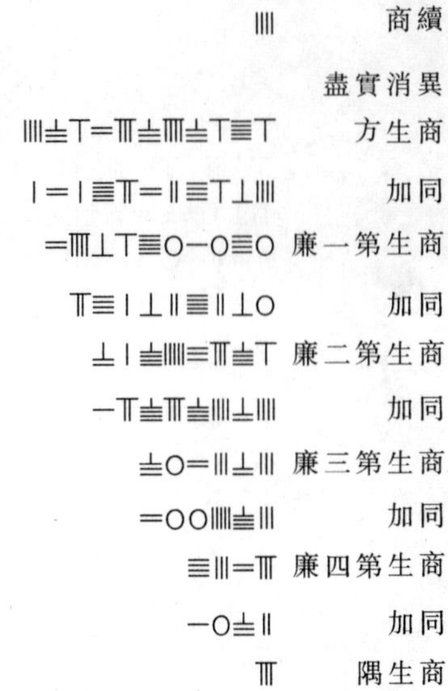

假如積四十五萬四百八十，從方，第一益廉，第二益廉，第三從廉，第四益廉，第五益廉，第六從廉，從隅皆一，開七乘方得幾何。

答曰：得五。

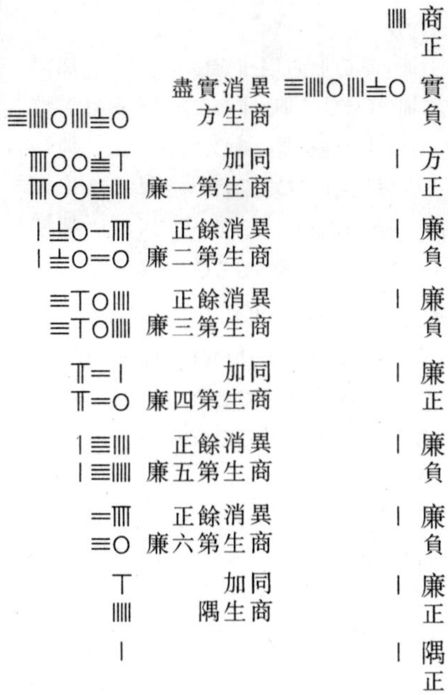

假如積四十九萬三千六百八，從方四十七萬二千九百二十六，第一益廉，第二益廉，第三益廉，第四益廉，第五益廉，第六益廉，第七益廉，第八益廉，益隅皆一，開九乘方得幾何。

答曰：得四。

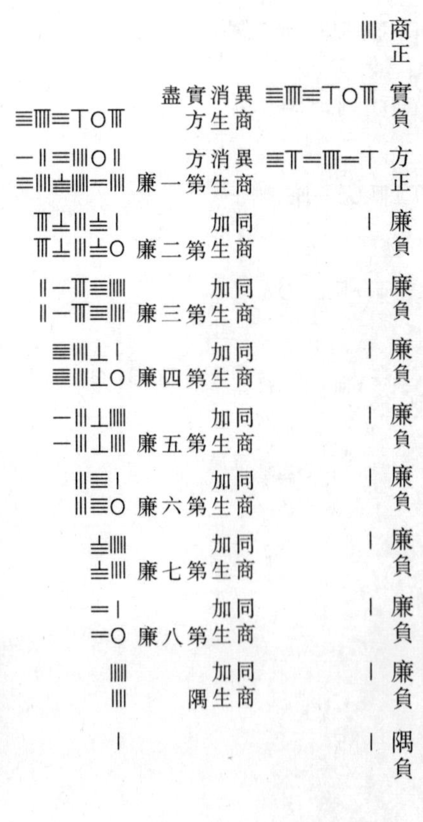

假如積七百三十二萬四千二百二十，從方，第一從廉，第二從廉，第三從廉，第四從廉，第五從廉，第六從廉，第七從廉，第八從廉，從隅皆一，開九乘方得幾何。

答曰：得五。

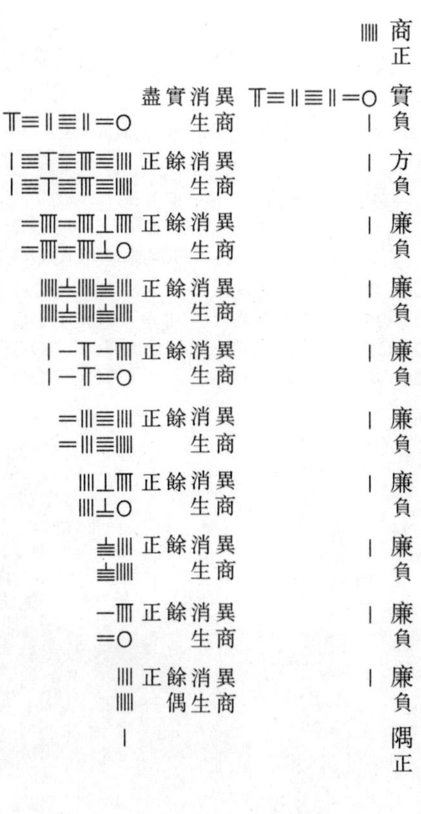

正負投胎開方法

算法

宋・秦九韶《數書九章・測望類》卷八　古池推元

問有方中圓古池，堙圮止餘一角。從外方隅，斜至内圓邊，七尺六寸。欲就古跡修之。欲求圓方，方斜各幾何。

荅曰：池圓徑三丈六尺六寸四百二十九分寸之四百一十二。方面三丈六尺六寸四百二十九分寸之四百一十二。方斜五丈一尺八寸四百二十九分寸之四百一十二。

術曰：以少廣求之，投胎術入之。斜自乘，倍之，爲實。倍斜爲益方，以半爲從隅，開投胎平方得徑，又爲方面。以隅併之，共爲方斜。

草曰：以斜七十六寸自乘，得五千七百七十六，倍之，得一萬一千五百五十二寸，爲實。倍斜七十六寸，得一百五十二，爲益方。以半寸爲從隅，開平方。置實一萬一千五百五十二於上，益方一百五十二於中，從隅五分於下。超步，約得百，乃於實上商置三百寸，方再進，爲一萬五千二百，隅四進，爲五千。以商隅相生，得一萬五千，爲正方。以消益方一萬五千二百，其益方餘二百。次與商相生，得六百，投入實，得一萬二千一百五十二。又商隅相生，又得正方一萬五千，内消負方二百訖，餘一萬四千八百，爲從方一退，爲一千四百八十。以隅再退，爲五十。乃於上商之次，續商置六十寸。與隅相生，增入正方，得一千七百八十。乃命驗續商，除實訖，實餘一千四百七十二。次以商生隅，增入正方，爲二千八十。方一退，爲二百八。隅再退，爲五分。乃於續商之次，又商置六寸，與隅相生，增入正方，爲二百一十一。乃命商，除實訖，實不盡二百六寸，不開，爲分子。乃以商生隅，增入正方，又併隅，共得二百一十四寸五分，爲分母。以分母分子求等，得五分爲等數，皆以五分約其分子分母之數，爲四百二十九分寸之四百一十二。通命之，得池圓徑及方面皆三丈六尺六寸四百二十九分寸之四百一十二。又倍隅斜七尺六寸，得一丈五尺二寸，併徑三丈六尺六寸，共得五丈一尺八寸四百二十九分寸之四百一十二，爲方斜。

清・焦循《開方通釋》　秦道古《數學九章》古池推原法草云：一萬一千五百五十二寸爲實，一百五十二爲益方，半寸爲從隅，開投胎平方得三丈六尺六寸四百二十九分寸之四百一十二。

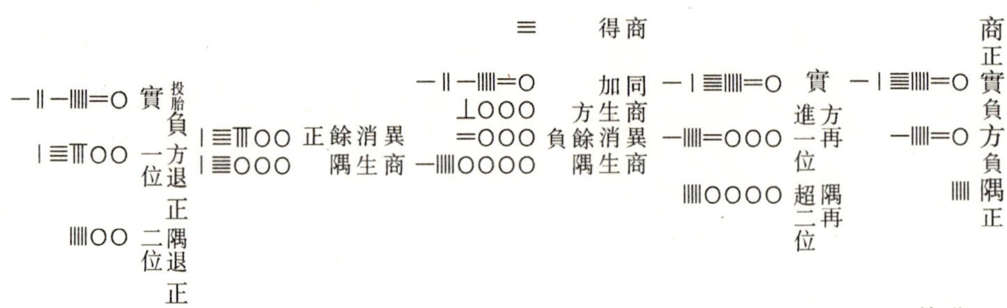

此式方正隅負，而題中稱益方從隅。可見益常爲負，從常爲正之例，秦氏亦不拘。

方實同名相加，爲投胎。秦氏術云以少廣求之，以股胎入之。

次商廉法一變

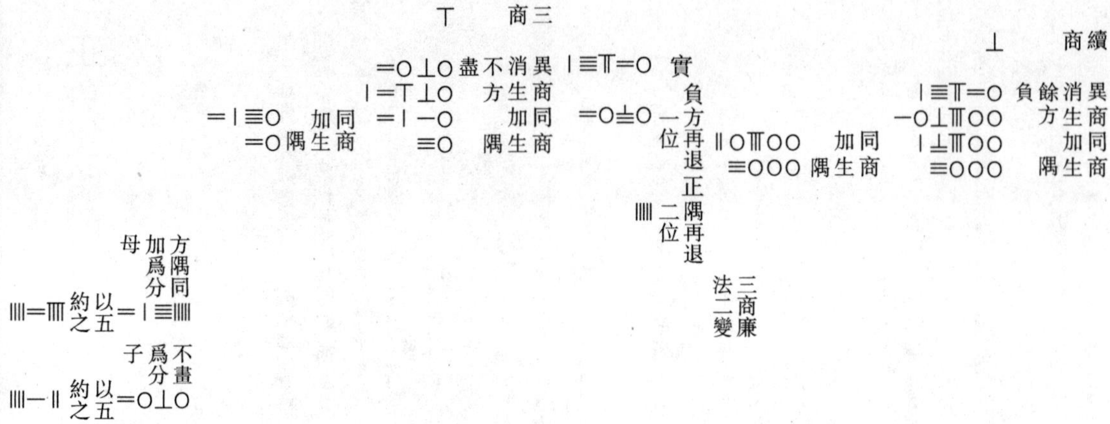

又 假如積七十二，益方二十一，從隅一，開一乘方得幾何。

答曰：二十四。

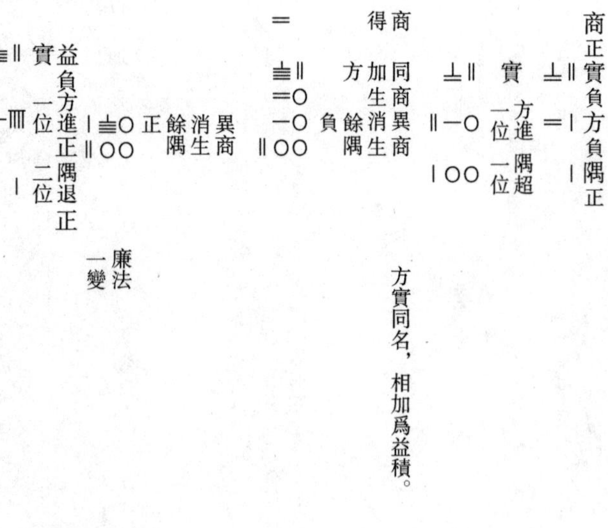

方實同名，相加爲益積。

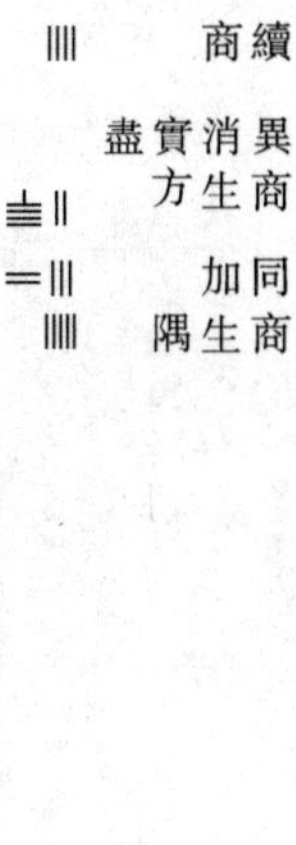

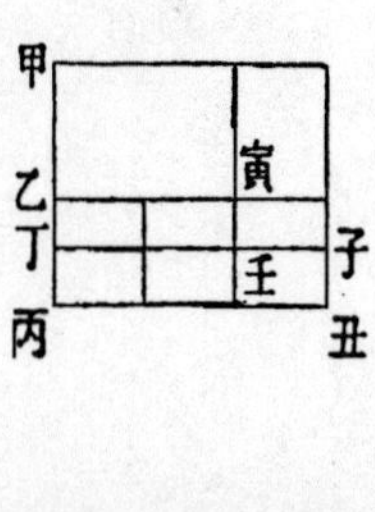

甲乙初商小于甲丁益方，相消餘乙丁。以初商乘之爲寅壬乙丑，在積外加入子丑丁丙積數內成子丑丙乙寅壬形，爲次商實。

又明叀前第二草消得積四百六十六萬五千六百，從方六十五萬二千三百二十，從上廉八千六百四十，下廉空，益隅一，益積開三乘方得一百二十。

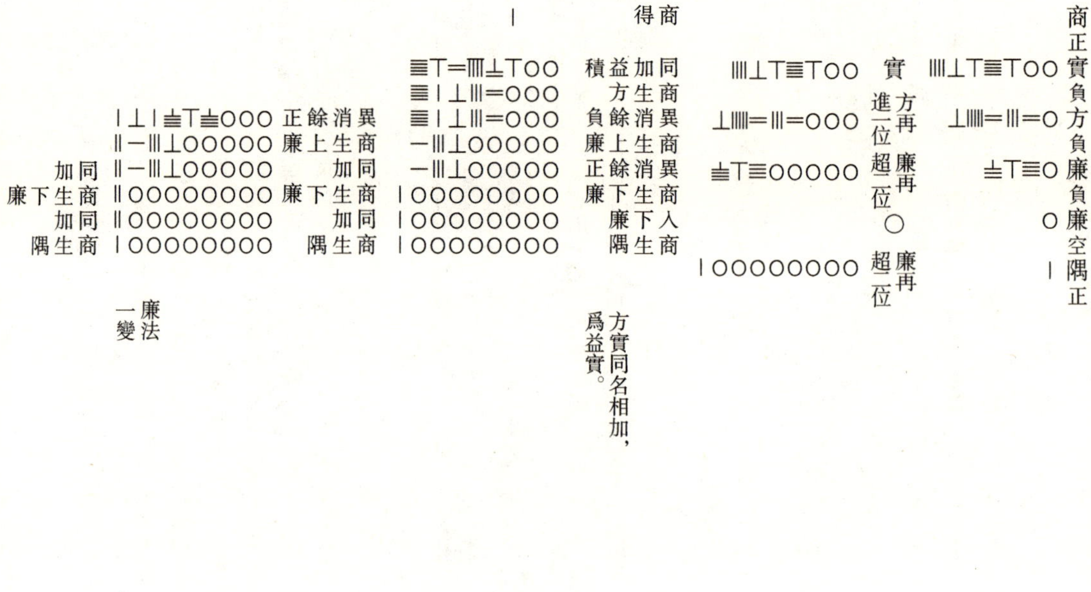

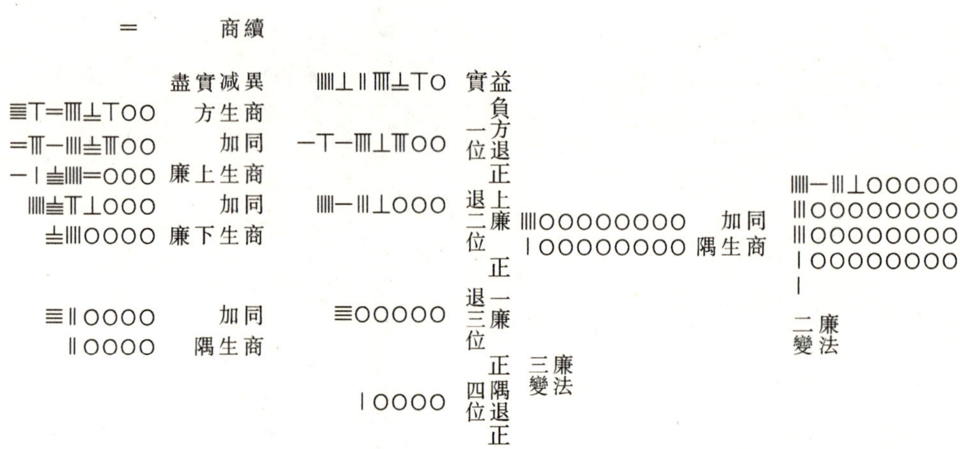

清·李鋭《開方説》上 實一千六百八十負，方五百九十正，廉六十六負，隅一正，益積開立方得五十六。

商實加實　方減方減方　廉減廉減廉加廉　隅

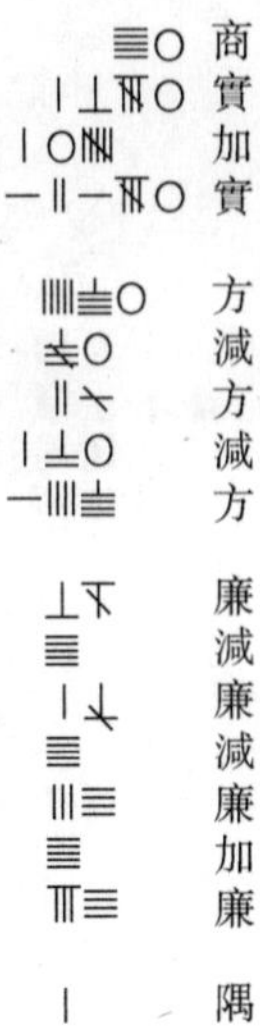

初商五十正，以初商五正乘隅一千正得五千正，以減廉六千六百負，餘廉一千六百負，又以商五正乘之得八千負，以減方五千九百正，不足減反減之，餘從二千一百負，以商五正乘之得一萬五百負，以加實一千六百八十負，得一萬二千一百八十負，爲次商實。變之，以商五正乘隅一千正得五千正，以廉一千六百負反減之，餘廉三千四百正，又以商五正乘之得一萬七千正，以方二千一百負反減之，餘一萬四千九百正，爲次商方，已上一變。以商五正乘隅一千正，得五千正以加廉三千四百正，得八千四百正，爲次商廉，已上二變。變訖，方退一位，廉退二位，隅退三位。

商實減實　方加方　廉加廉　隅

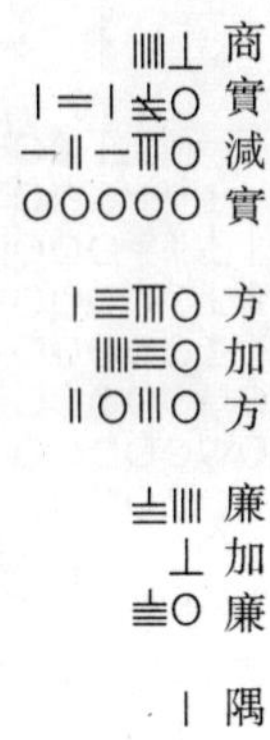

次商六正，以商六正乘隅一正，得六正。以加廉八十四正得廉九十正，又以商六正乘之，得五百四十正，以加方一千四百九十正，得方二千三十正，又以商六正乘之得一萬二千一百八十正，以減實一萬二千一百八十負，適盡。

正負換骨開方法

算法

宋·秦九韶《數書九章·田域類》卷五　尖田求積

問有兩尖田一段，其尖長不等，兩大斜三十九步，兩小斜二十五步，中廣三十步。欲知其積幾何。

荅曰：田積八百四十步。

尖田步

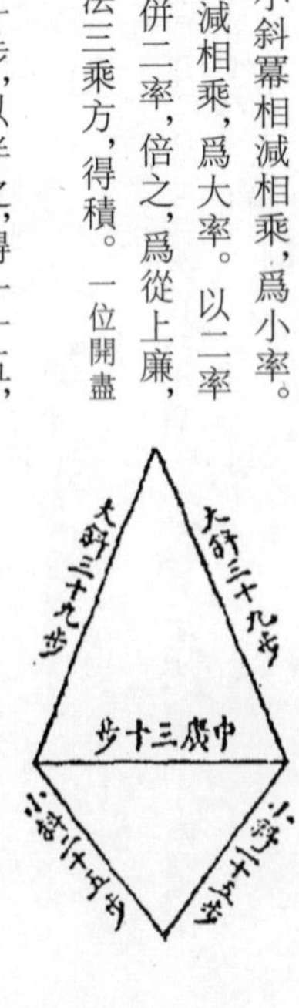

術曰：以少廣求之，翻法入之。置半廣自乘，爲半冪。與小斜冪相減相乘，爲小率。以半冪與大斜冪相減相乘，爲大率。以二率相減，餘自乘爲實，併二率，倍之，爲從上廉，以一爲益隅，開翻法三乘方，得積。一位開盡者，不用翻法。

草曰：置廣三十步，以半之，得一十五，以自乘，得二百二十五，爲半冪。以小斜二十五步自乘，得六百二十五，爲小斜冪。與半冪相減，餘四百，與半冪二百二十五相乘，得九萬步，爲小率。置大斜三十九步自乘，得一千五百二十一，爲大斜冪。與半冪二百二十五相減，餘一千二百九十六，與半冪二百二十五相乘，得二十九萬一千六百，爲大率。以小率九萬減大率，餘二十萬一千六百，自乘，得四百六億四千二百五十六萬，爲實。以小率九萬，併大率二十九萬一千六百，得三十八萬一千六百，倍之，得七十六萬三千二百爲從上廉。以一爲益隅，開玲瓏翻法三乘方。步法，乃以從廉超一位，益隅超三位，約商得十，今再超進，乃商置百。其從上廉爲七十六億三千二百萬，其益隅爲一億，約實，置商八百，爲定商。以商生益隅，得八億，爲益下廉，又以商生下廉，得六十四億，爲益上廉。與從上廉七十六億三千二百萬相消，從上廉餘十二億三千二百萬，又與商相生，得九十八億五千六百萬，爲從方。又與商相生，得七百八十八億四千八百萬，爲正積。與元實四百六億四千二百五十六萬相消，正積餘三百八十二億五百四十四萬，爲正實。又以益隅一億，與商相生，得八億，增入益下廉，爲一十六億，又以益下廉與商相生，得一百二十八億，爲益上廉。乃以益上廉與從上廉一十二億三千二百萬相消，餘一百一十五億六千八百萬，爲益上廉。又與商相生，得九百二十五億四千四百萬，爲益方。與從方九十八億五千六百萬相消，益方餘八百二十六億八千八百萬，爲益方。又以商生益隅一億，得八億，增入益下廉，得二十四億。又以商相生，得一百九十二億，入益上廉，得三百七億六千八百萬，爲益上廉。又以商生益隅一億，得八億，入益下廉，得三十二億畢。其益方一退，爲八十二億六千八百八十萬，益上廉再退，得三億七百六十八萬，益下廉三退，得三百二十萬，益隅四退，爲一萬，畢。乃約正實，續置商四十步，與益隅一萬相生，得四萬，入益下廉爲三百二十四萬，又與商相生，得一千二百九十六萬，入益上廉內，爲三億二千六十四萬，又與商相生，得一十二億八千二百五十六萬，入從方內，爲九十五億五千一百三十六萬，乃命上續商四十，除實，適盡。所得八百四十步，爲田積。今列求率開方圖于後。

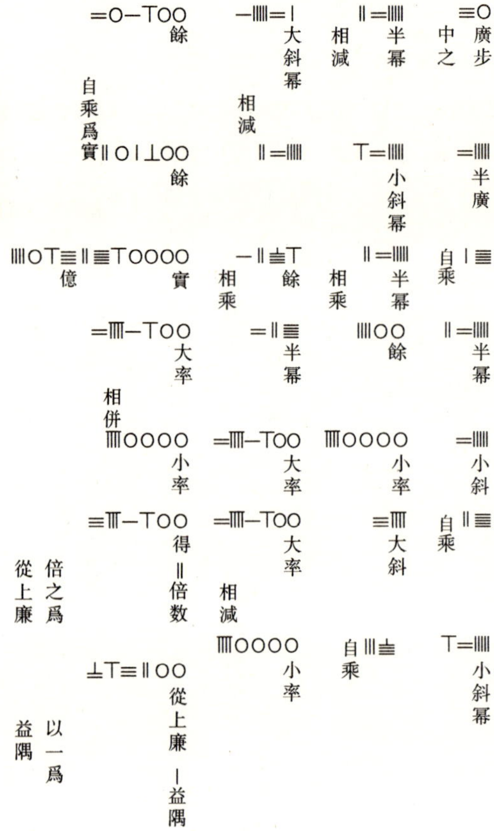

正負開三乘方圖

術曰：商常爲正，實常爲負。從常爲正，益常爲負。

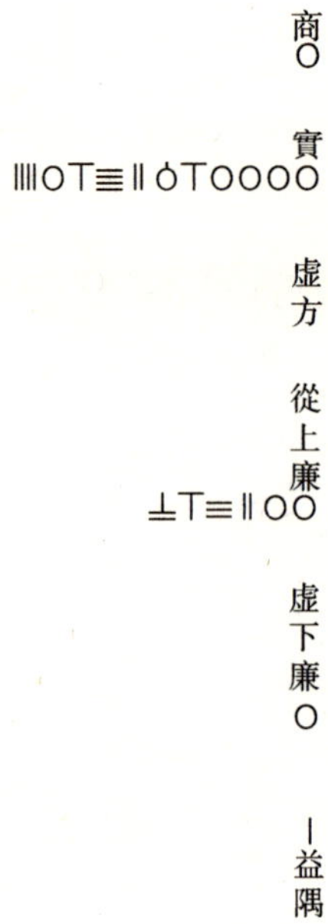

上廉超一位，益隅超三位，商數進一位。

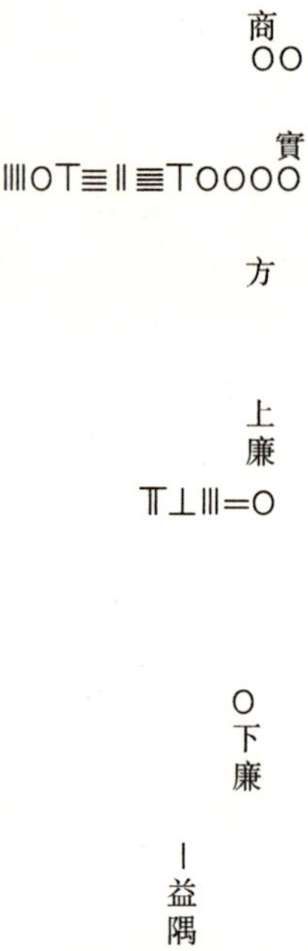

上廉再超一位，益隅再超三位，商數再進一位。

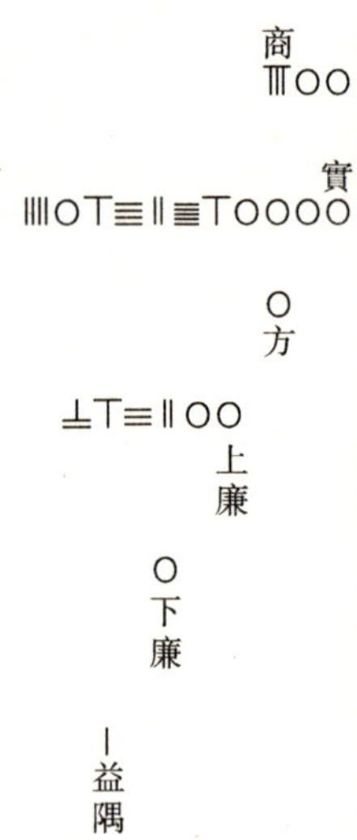

上商八百爲定，以商生隅，入益下廉。

以商生下廉，消從上廉。

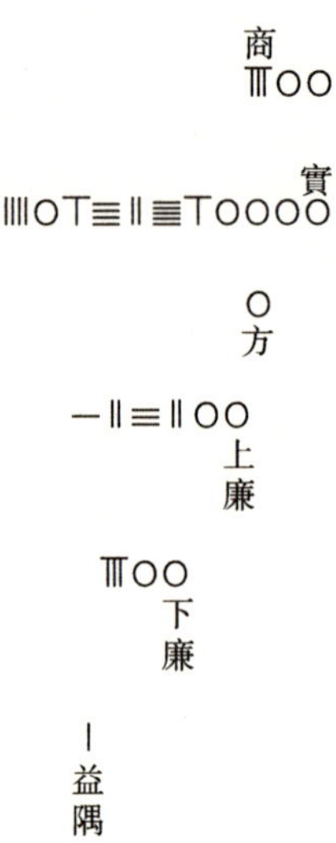

以商生上廉，入方。

以商生方，得正積。乃與實相消。

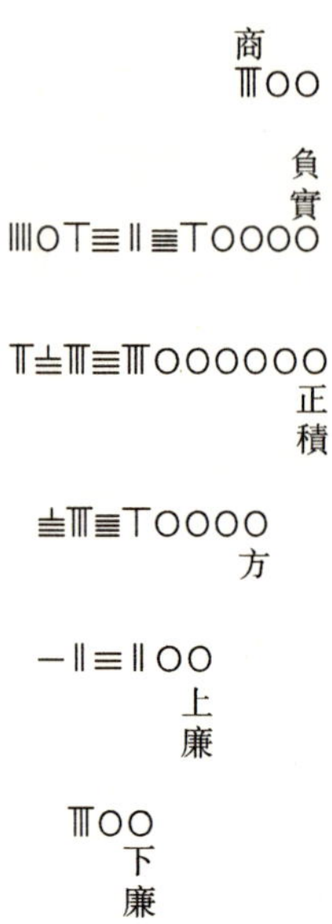

以負實消正積，其積乃有餘，爲正實。謂之換骨。

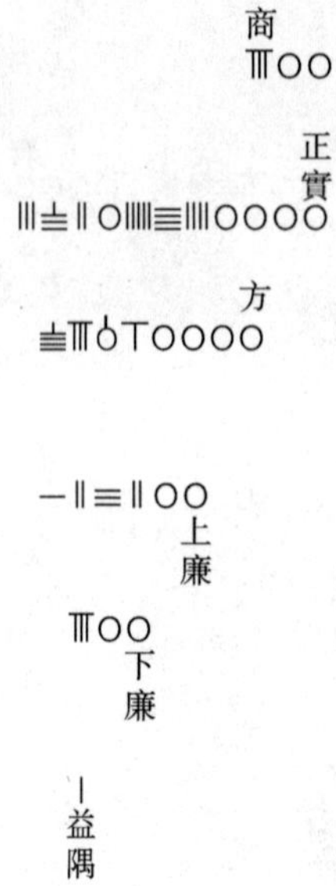

以商生隅，入下廉。

一變

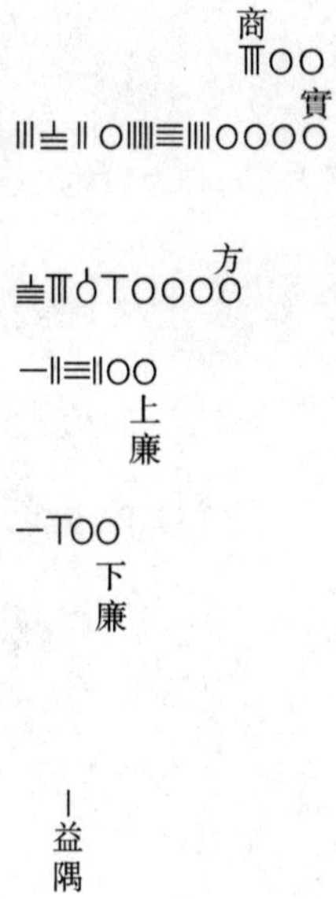

以商生下廉，入上廉內，相消。

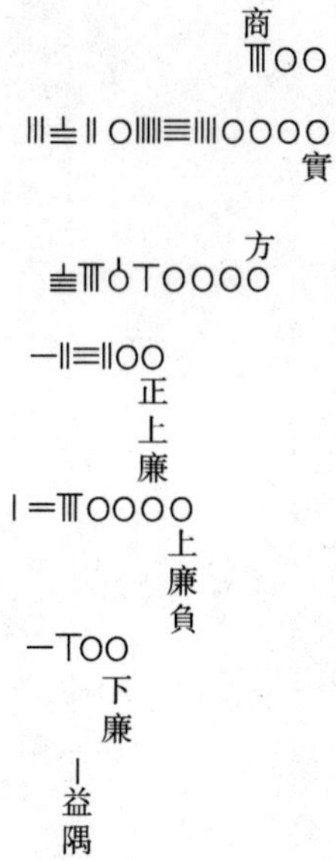

以正負上廉相消。

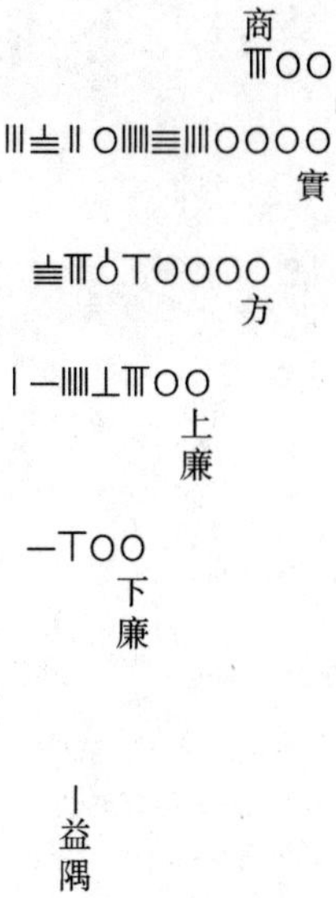

以商生下廉，入方內，相消。

以正負方相消。

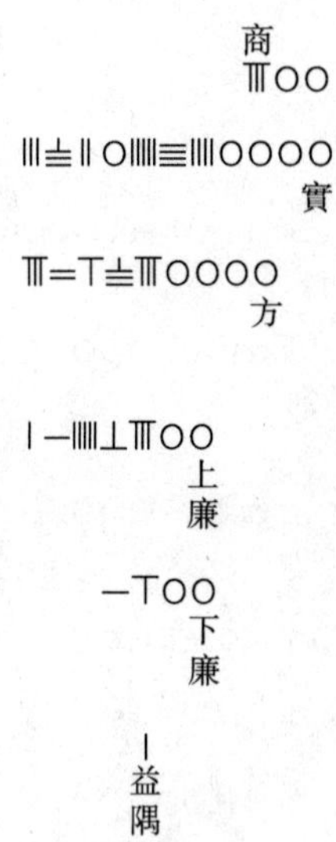

以商生隅，入下廉。

二變

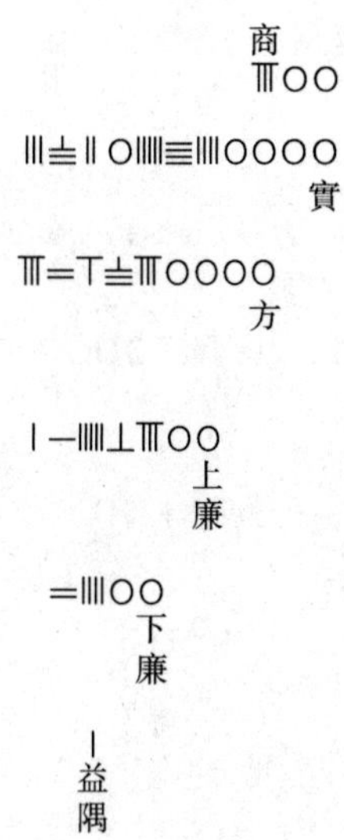

以商生下廉，入上廉。

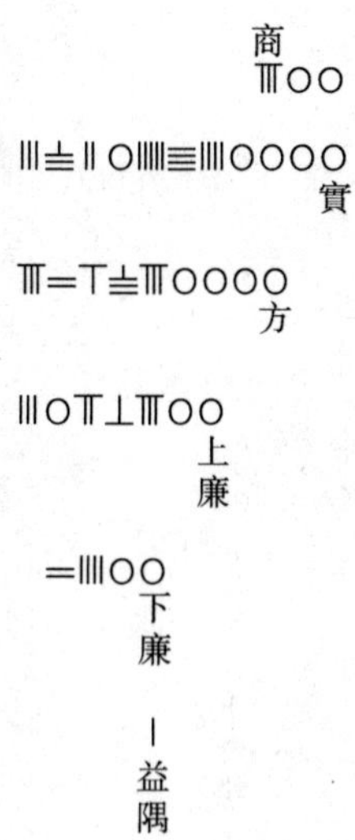

以商生隅，入下廉。

三變

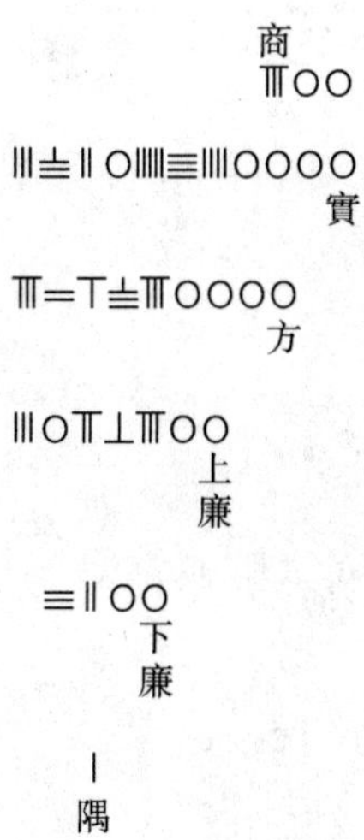

方一退，上廉二退，下廉三退，隅四退，商續置。

四變

以方約實，續商置四十，生隅入下廉內。

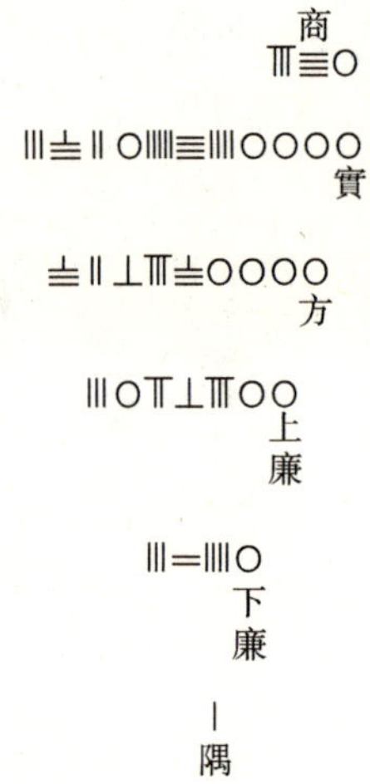

以商生下廉，入上廉內。

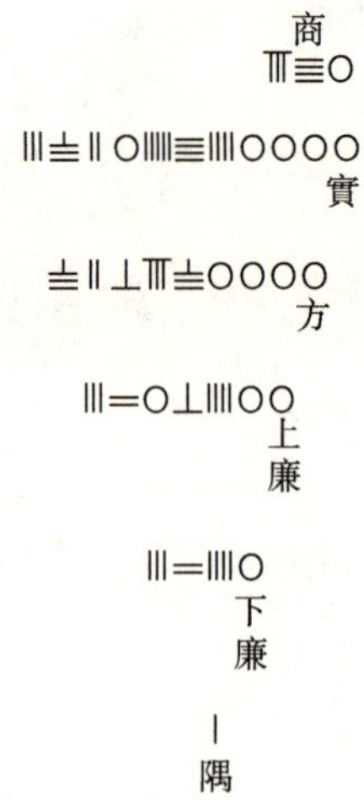

以商生上廉，入方內。

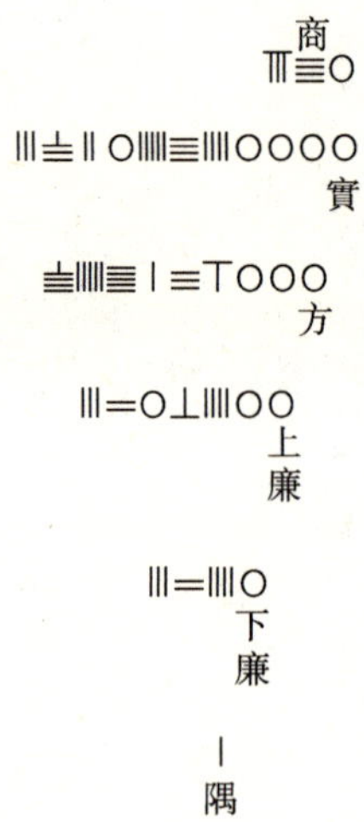

以續商四十命方法，除實，適盡。

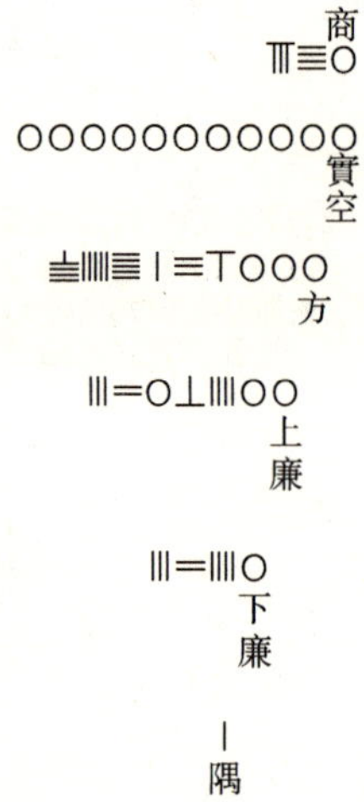

所得商數八百四十步，爲田積。

已上係開三乘方翻法圖，後篇效此。

清・焦循《開方通釋》 又尖田求積術草云，四百六億四千二百五十六萬爲實，七十六萬三千二百爲從上廉，一爲益隅開玲瓏翻法三乘方步法，得八百四十步。

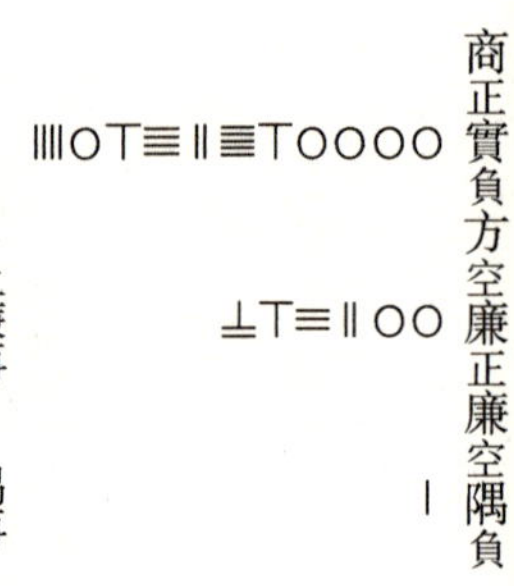

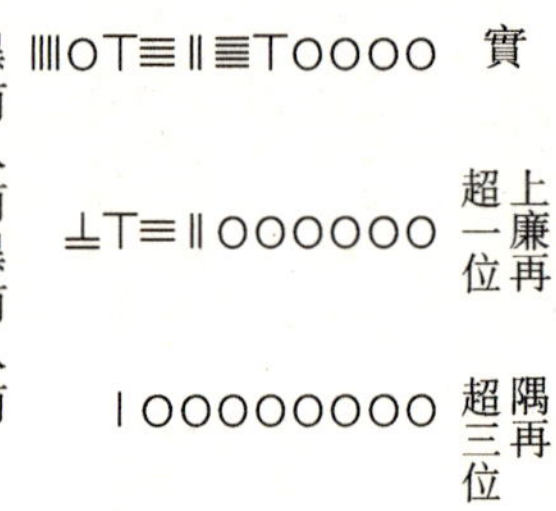

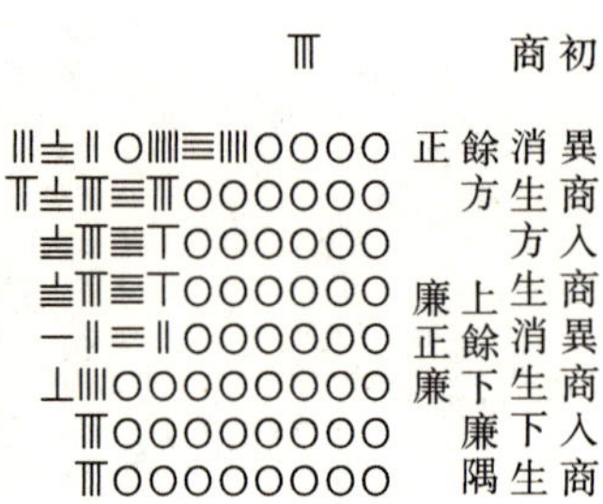

方實異名相消，餘在方爲換骨。

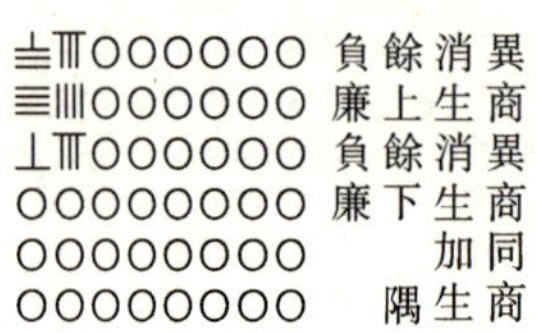

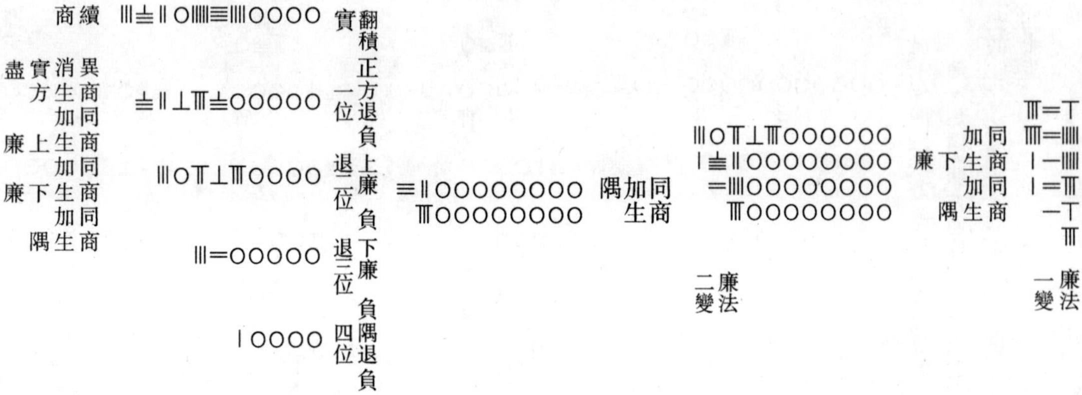

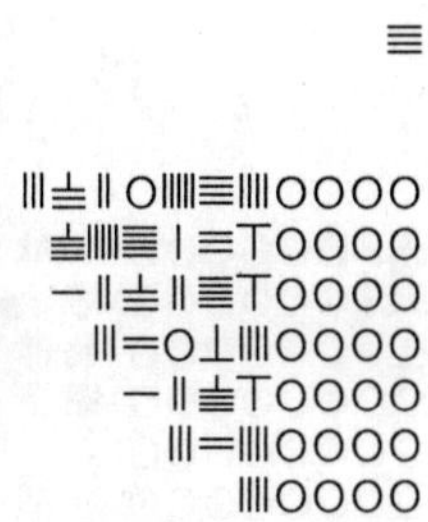

秦氏于商兩次者，有投胎、換骨二法。【略】換骨即翻積，方與實異名相消也。【略】和在方，乃有翻積。【略】和在方較數小于初商，則翻積，初商小于較數則不翻積，皆隨數目之多寡而自然得之，非有成法也，故不爲式，而設題以明之。

假如積七十二，從方二十七，益隅一，開一乘方得幾何。

答曰：二十四。

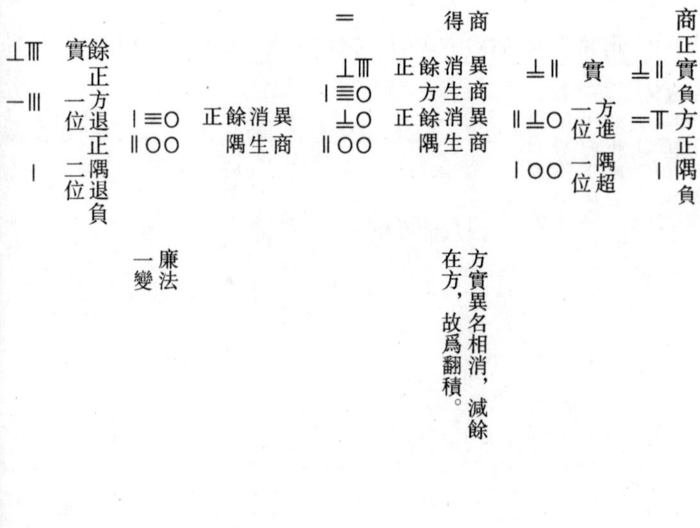

續商　異商同商　消生加生　實方隅　盡

方二十七商二十四，較三小於初商二十，是爲初商大於較數翻積。

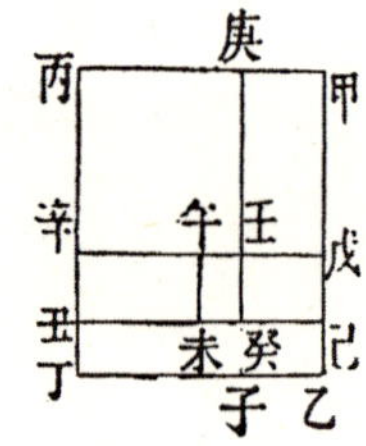

丙己丙丑益隅，己乙丑丁積，丙辛初商，丙丁從方，初商減從方餘辛丁，辛丁乘初商爲壬子辛丁，壬子辛丁大於積相消餘午未辛丑爲翻積，丑丁爲較小於丙辛，則壬癸辛丑自大於己乙癸子。

《益古演段》第二十四問消得積一千四百四十九，從方一百八，益隅一個七分半，倒積倒從，開平方得四十二。

商　正實　負方　正隅　負

實　方進一位　隅超一位

得商　異商異商　消生消生　餘方餘隅　正正

方實異名，相消餘在方，是爲倒積即翻積。

異商　消生　餘隅　正

隅方異名，相消餘在負隅，是爲倒從。

翻積　正方退一位　負隅退二位　負

廉法一變

續商　異商同商　消生加生　實方隅　盡

元・朱世傑《算學啓蒙》卷下《開方釋鎖門》 今有方圓田各一段，共地七畝二十八步。只云方面不及圓徑一十三步。問圓徑、方面各幾何。

答曰：圓徑三十八步，方面二十五步。

術曰：立天元一爲圓徑　減不及餘爲方面，自之　就分四之爲四段方積　寄左。又列圓徑自之三因亦爲四段圓積　加入寄左，得　再寄。列畝通步，內子四之，與再寄相消，得開方式

平方飜法開之，得圓徑，減不及，即方面。合問。

今有直田一十一畝九分，只云長平和取十一分之二，長平較取十三分之七，較平差取八分之五，多於一平二步。問長、平各幾何。

答曰：平四十二步，長六十八步。

術曰：依圖布筭　和較差　母互乘子，乃得和二百八箇，較六百一十六箇，差七百一十五箇。分母相乘，得一千一百四十四，以多於二步乘之，得二千二百八十八。別得一百九，長內減一百二十二平餘數。立天元一爲長　一百九之內減

餘數式 爲一百二十二段平，以長乘之，爲一百二十三段積 寄左，列積。以一百二十二乘之，與寄左相消，得開方式 飜法開之，得長。以長除積，得平。合問。

今有直積四千九十六步。只云長除平，平除長，二數相減餘三步七分半。問長、平各幾何。

荅曰：平三十二步，長一百二十八步。

術曰：立天元一爲小長 內減云數，餘爲小平。以小長乘之，爲小積 與小積一算相消，得開方式 平方飜法開之，得小長四步。以除直積，得一千二十四步，爲大平冪。平方開之，得大平三十二步，以小長乘之，即大長也。合問。

今有大小方田二段，共積六千五百二十九步。只云小方面乘大方面，得三千一百二十步。問二方面各幾何。

荅曰：大方面六十五步。小方面四十八步。

術曰：別得今數爲弦冪，云數爲直積。倍之減弦冪，餘有二百八十九步，平方開之，得較一十七步。立天元一爲大方面 以減較步，餘爲小方面 以大方面乘之，爲直積 與只云數相消，得開方式 平方飜法開之，得大方面。減較，即小方面。合問。

今有圓臺一所。計積五千四十尺。只云上下周相和得一百八尺。高不及上周一十六尺。問上下周及高幾何。

荅曰：上周三十六尺。下周七十二尺。高二十尺。

術曰：立天元一爲臺高 加一十六尺爲上周 以減於相和數，爲下周 自乘 又上周自乘 又上下周相乘，得 三位併之，又以高乘之，爲三十六段圓臺積 寄左。列積以三十六乘之，與寄左相消，得開方數式 飜法開之，得臺高。加不及，即上周。又上周減相和數，得下周也。

又 今有大小方田二段。只云大方冪內減小方面，餘一千二百六十八步。又云小方冪內減大方面，餘七百四十八步。問大小方面各幾何。

荅曰：大方面三十六步。小方面二十八步。

術曰：立天元一爲小方面 自乘內減又云數，爲大方面 自之爲大方冪 寄左。又列小方面 加入先云數 亦爲大方冪。與寄左相消得開方式 三乘方飜法開之，得小方面。加入先云數，共得一千二百九十六，爲實。一爲廉，平方開之，得大方面。合問。

今有圓田一段，周爲實，平方開之，得數。加入圓積，共得一百一十四步。問周徑各幾何。

荅曰：周三十六步，徑一十二步。

術曰：立天元一爲圓徑 自之三因爲四段圓積。以減四之共數，得 餘爲四箇外周開方數。自乘爲十六箇外周也 寄左。

列徑三之，爲外周以十六乘之得  與寄左。相消，得開方數式

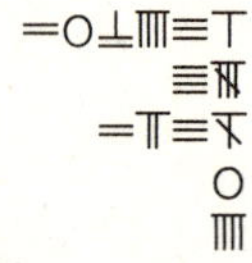

三乘方翻法開之，得圓徑十二步。三之，即周三十六步也。

清·焦循《開方通釋》《測圓海鏡》大股第九草消得積一千八萬，從方二十一萬三千六百，益廉一千二百，從隅一，開立方得一百二十，翻法在記。

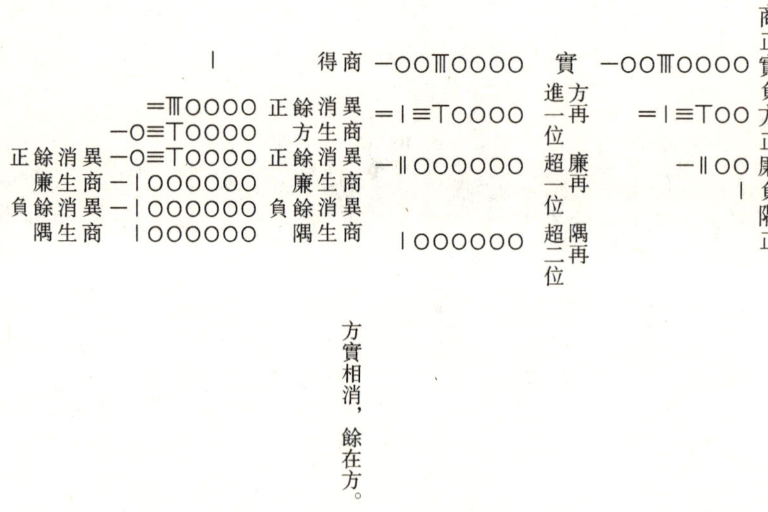

方實相消，餘在方。

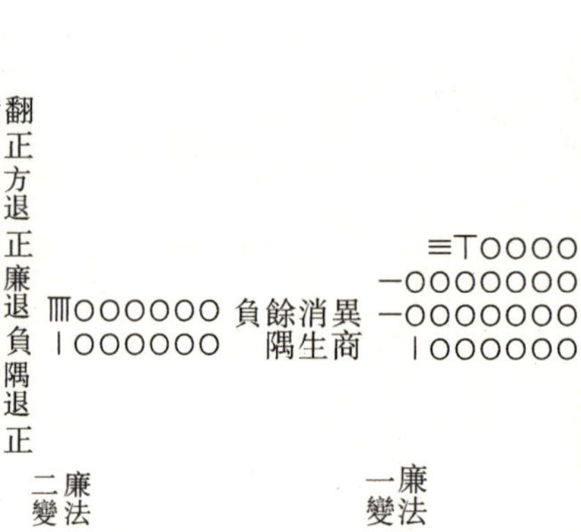

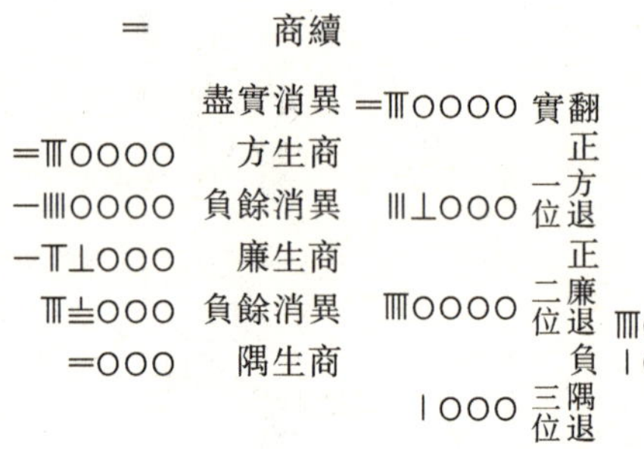

又明叀前第十草消得積五億五千三百一十九萬四百，益方四千六百四十二萬八千四百八十，從上廉一百三十三萬六千三百二十八，益下廉一萬五千七百九十二，從隅六十三，翻法開三乘方得一百二十。

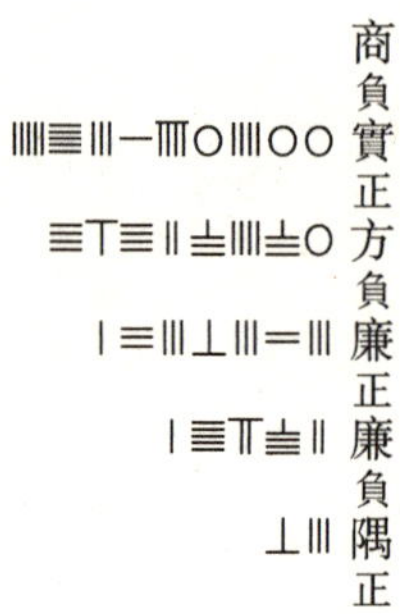

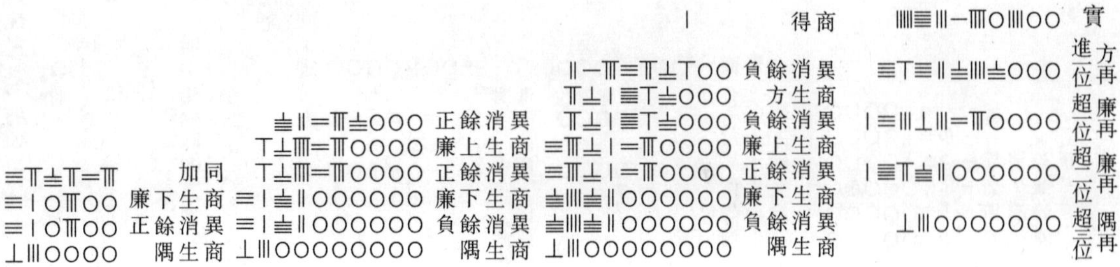

李欒城正負不拘，或從稱正益稱負，或從稱負益稱正，負皆以斜畫明之。秦道古則實常爲負，從常爲正，益常爲負，今式中一作秦例而題中仍用李之原文以見正負本可相通爾。

方實異名相消餘在方。翻積。

廉法一變

廉法二變

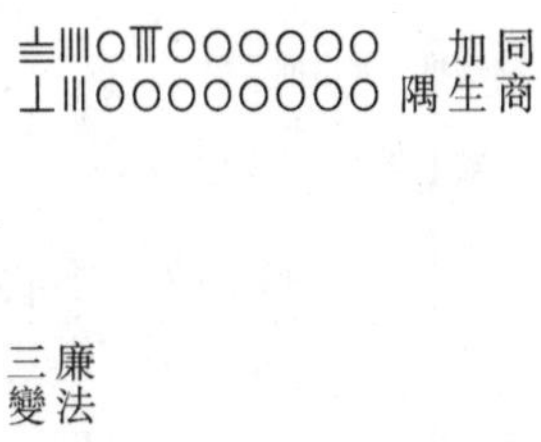

廉法三變

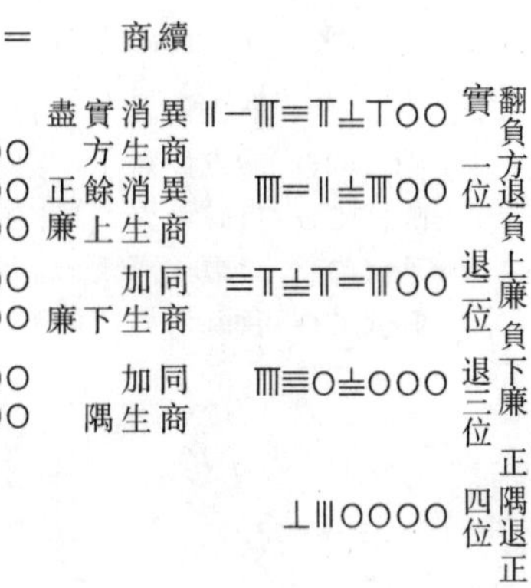

清·李鋭《開方説》卷上　實七萬八千負，方一萬六千六百正，第一廉一千七百六十負，第二廉九十八正，隅一負，翻法開三乘方得七十八。

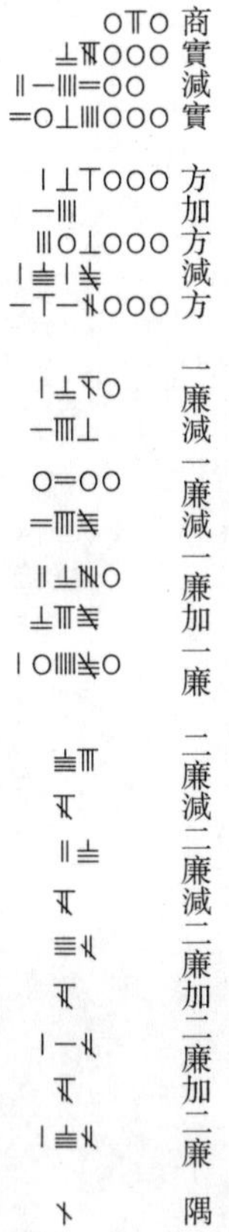

初商七十正，以商七正乘隅一萬負，得七萬負，以減二廉九萬八千正，餘二廉二萬八千正，又以商七正乘之得一十九萬六千正，以一廉一十七萬六千負，反

減之餘一廉二萬正，又以商七正乘之得一十四萬正，以加方一十六萬六千正，得方三十萬六千正，又以商七正乘之得二百一十四萬二千正，以實七萬八千負反減之，餘二百六萬四千正，爲次商實。變之。以商七正乘隅一萬負，得七萬負，以二廉二萬八千正反減之，餘二廉四萬二千負，又以商七正乘之得二十九萬四千負，以廉二萬正反減之，餘一廉二十七萬四千負，又以商七正乘之得一百九十一萬八千負，以方三十萬六千正反減之餘一百六十一萬二千負，爲次商方，已上一變。以商七正乘隅一萬負，得七萬負，以加二廉四萬二千負，得二廉一十一萬二千負。又以商七正乘之，得七十八萬四千負，以加一廉二十七萬四千負，得一百五萬八千負，爲次商一廉，已上二變。以商七正乘隅一萬負，得七萬負，以加二廉一十一萬二千負，得一十八萬二千負，爲次商二廉，已上三變。變訖。方退一位，一廉退二位，二廉退三位，隅退四位。

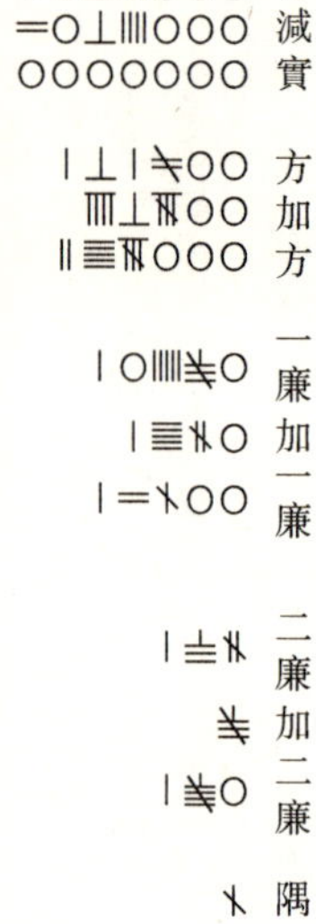

次商八以商八正乘隅一負，得八負，以加二廉一百八十二負，得二廉一百九十負。又以商八正乘之得一千五百二十負，以加一廉一萬五百八十負，得一廉一萬二千一百負。又以商八正乘之得，九萬六千八百負，以加方一十六萬一千二百負，得方二十五萬八千負，又以商八正乘之得二百六萬四千負，以減實二百六萬四千正，適盡。

右三乘方。

正負玲瓏開方法

算法

宋・秦九韶《數書九章・田域類》卷六　環田三積

問環田大小圓田共三段，環田外周三十步，虛徑八步，大圓田徑一十步，小圓田周三十步。欲知三田積及環內周，通、實徑，大圓周，小圓徑各幾何。

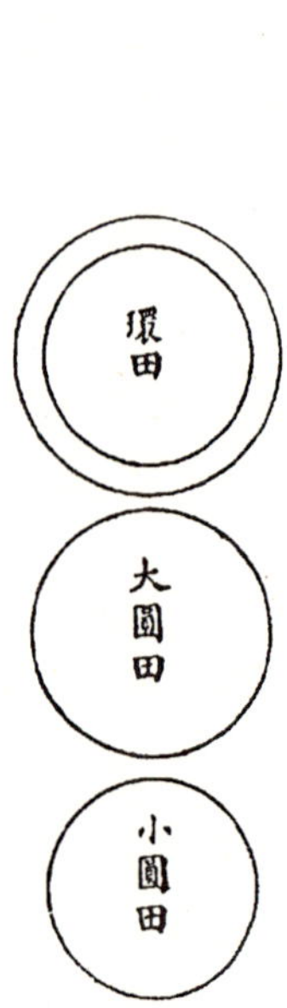

答曰：環田積二十步二百三十六萬二千二百五十六分步之一百二十九萬八千二十五。通徑九步一十九分步之九。實徑一步一十九分步之九。內周二十五步一十七分步之五。大圓田積七十九步五十三分步之三。周三十一步二十一分步之十三。小圓田積七十一步二百八十六分步之四十三。徑九步一十九分步之九。

術曰：以方田及少廣率變求之。各置環圓徑自乘，爲冪，進位爲實。以一爲隅，開平方，得周。各置環圓周自乘，爲冪，退位爲實。以一爲隅，開平方，得徑。以周冪或徑冪乘各實，以一十六約之，爲實，以一爲隅，開平方，得圓積。置環周冪，乘徑實，十六約之，爲大率。置虛徑冪，乘內周實，十六約之，爲小率。以二率相減之餘，以自乘，爲實。併二率，倍之，爲從上廉，一爲益隅，開三乘方，得環積。置環周自乘，退位爲實，一爲隅，開平方，得通徑。以虛徑減通徑，餘爲實徑。其有開不盡者，約而命之。

草曰：置大圓徑一十步自乘，得一百，爲徑冪。進位得一千，爲實。以一爲隅，開平方，得三十一步。不盡三十九爲分子，乃以隅生方，又益隅，共得六十三，爲分母。以分子與母求等，得三，俱以三約之，母子得二十一分步之一十三，爲大圓周三十一步二十一分步之一十三，次以徑冪一百，乘前實一千，得一十萬，以十六約之，得六千二百五十，爲實。以一爲隅，開平方，得七十九步。不盡九，爲分子，乃以隅生方，又增隅，得一百五十九，爲分母。以分子母求等，得三，俱以三約母子，得五十三分步之三，爲大圓積七十九步五十三分步之三。次置小圓田周三十步，以自乘，得九百，爲周冪。退位得九十，爲徑實。以一爲隅開平方，得九步。不盡九，以隅生方，又益隅，得一十九分步之九，爲小圓徑九步一十九分步之九。次以周冪九百，乘前實九十，得八萬一千，以十六約之，得五千六十二步五分，爲實。以一爲隅，開平方，得七十一步有不盡數二十一步五分爲子，以隅生方，以益隅，得一百四十三爲分母，以分子母求等，得五分，俱約之，得二百八十六分步之四十三爲積。

商≡丨　≡Ⅲ餘　⊥‖方　丨隅　商≡丨　實≡Ⅲ子　⊥‖母　‖等

商=丨　=丨子　=丨母　凡九變，至此得大圓周。次求大圓積。

六圓(周)[積]

徑冪丨〇〇步　周實一〇〇〇步　得一〇〇〇〇〇步　一丅法　實⊥‖≡〇步　丨隅　上副自乘，得中，以次約之，得下爲實。

上　副　中　次　下

商〇　實⊥‖≡〇　〇方　丨隅　商⊥〇　實⊥‖≡〇　丅〇〇方　丨隅

商⊥〇　一‖≡〇餘　丅〇〇方　丨隅　商⊥〇　一‖≡〇實　一Ⅲ〇方　丨隅

商⊥〇　一‖≡〇實　丨≡〇方　丨隅　商⊥Ⅲ　一‖≡〇實　一≡Ⅲ方　丨隅

商⊥Ⅲ　Ⅲ實　丨≡Ⅲ方　丨隅　商⊥Ⅲ　Ⅲ實　丨≡Ⅲ方　丨隅

商⊥Ⅲ　實Ⅲ餘　丨≡Ⅲ母　〇　實⊥Ⅲ　Ⅲ餘子　丨≡Ⅲ母　‖等

大圓徑⊥Ⅲ步　‖子　≡‖母　〇　凡十一變，至此得大圓積。次求小圓徑。

小圓周≡〇步　小周≡〇步　小周冪Ⅲ〇〇　徑〇　商　徑≡〇實　〇方　丨隅

自乘

商Ⅲ　實≡〇　〇方　丨隅　商Ⅲ　實≡〇　Ⅲ方　丨隅

商Ⅲ　Ⅲ餘　Ⅲ方　丨隅　商Ⅲ　Ⅲ餘　一Ⅲ　Ⅲ方　丨隅

小圓徑Ⅲ　Ⅲ子　一Ⅲ母　凡七變，至此得小圓徑。次求小圓積。

次置環田周三十步自乘，得九百，爲周冪。退位得九十，爲實。以一爲隅，開平方，得九步。不盡九，爲分子，以隅生方，併隅，得一十九，爲分母，直命之爲環田通徑九步一十九分步之九。次以環周冪九百乘環實九十，得八萬一千，以十六約之，得五千六十二步五分，爲大率。次置環田虛徑八步自乘，得六十四，爲虛冪。進位得六百四十，爲實。以一爲隅，開平方，得二十五步。不盡一十五，爲分子，以隅生方，又併隅，得五十一爲分母。與子求等，得三，俱約之，得一十七分步之五，爲環田內周二十五步一十七分步之五。次以虛冪六十四，乘周實六百四十，得四萬九百六十，以十六約之，得二千五百六十，爲小率。以小率減大率，餘二千五百二步五分，自乘，得六百二十六萬二千五百六步二分五釐，爲實。以小大二率併之，得七千六百二十二步五分，倍之，得一萬五千二百四十五，爲從上廉。以一爲益隅，開玲瓏三乘方，得二十步。不盡三十二萬四千五百六步二分五釐爲分子，續商無數，乃以益隅一，益下廉八十，併之，得八十一，爲減母。次以從上廉一萬二千八百四十五，併從方五十七萬七千八百得五十九萬六百四十五，以減母八十一減之，餘五十九萬五百六十四，爲分母。以分子求等，得二分五釐，俱約之，得二百三十六萬二千二百五十六分步之二百二十九萬八千二十五，爲環田積二十步二百三十六萬二千二百五十六分步之二百二十九萬八千二十五。次置環田通徑九步一十九分步之九，以虛徑八步減之，餘一步一十九分步之九，爲環田實徑。合問。

問數圖

上≡〇步環田外周　環田虛徑Ⅲ步　副　大圓田徑一〇步　次一　小圓田周≡〇步　下

此圖，照問列位，以後照草運算，乃先置次大徑。

大徑一〇步　大徑一〇步　大徑冪丨〇〇步　實一〇〇〇步　隅丨　自乘，得中，以中進位爲次實，以一段爲下隅。以上副

上　副　中　次一〇〇〇步　下

商〇　一〇〇〇實　〇方　丨隅　商≡〇　一〇〇〇步實　Ⅲ〇〇方　丨隅

商≡〇　丨〇〇餘　Ⅲ〇〇方　丨隅　商≡〇　丨〇〇實　⊥〇方　丨隅

商=丨　丨〇〇實　⊥丨方　丨隅　商=丨　≡Ⅲ餘　⊥丨方　丨隅

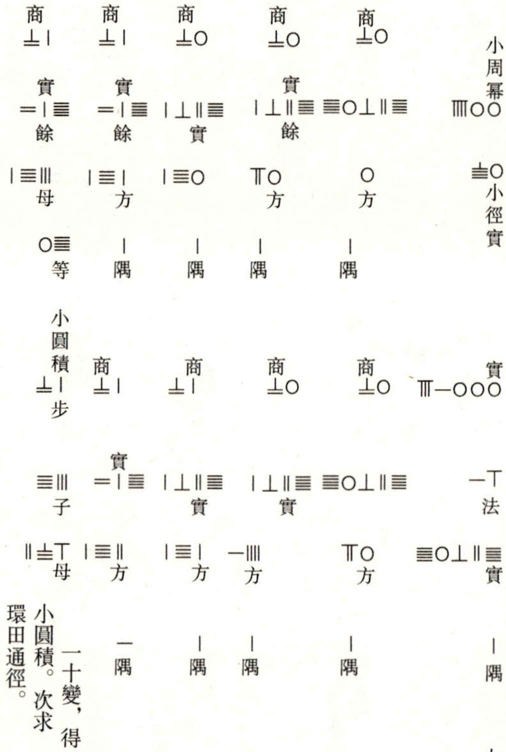

一十變，得小圓積。次求環田通徑。

當求環田通徑，蓋環之外周三十步，與小圓田外周同，則不過與前七變諸圖一理，茲不復繁。乃求實徑。

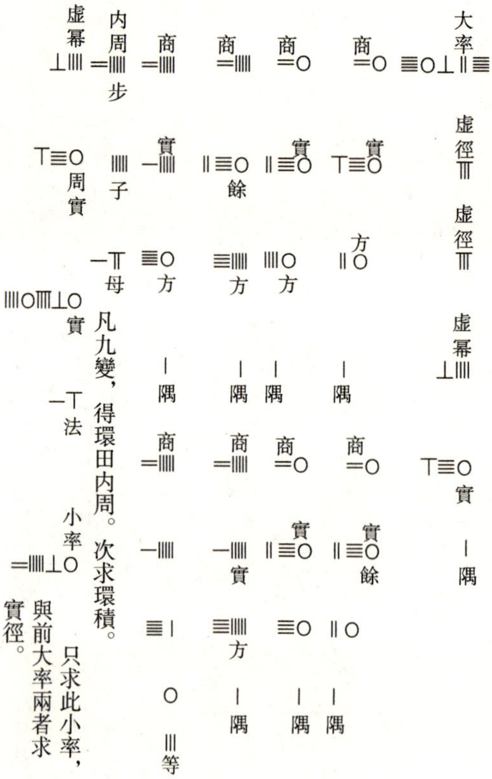

凡九變，得環田內周。次求環積。

只求此小率，與前大率兩者求實徑。

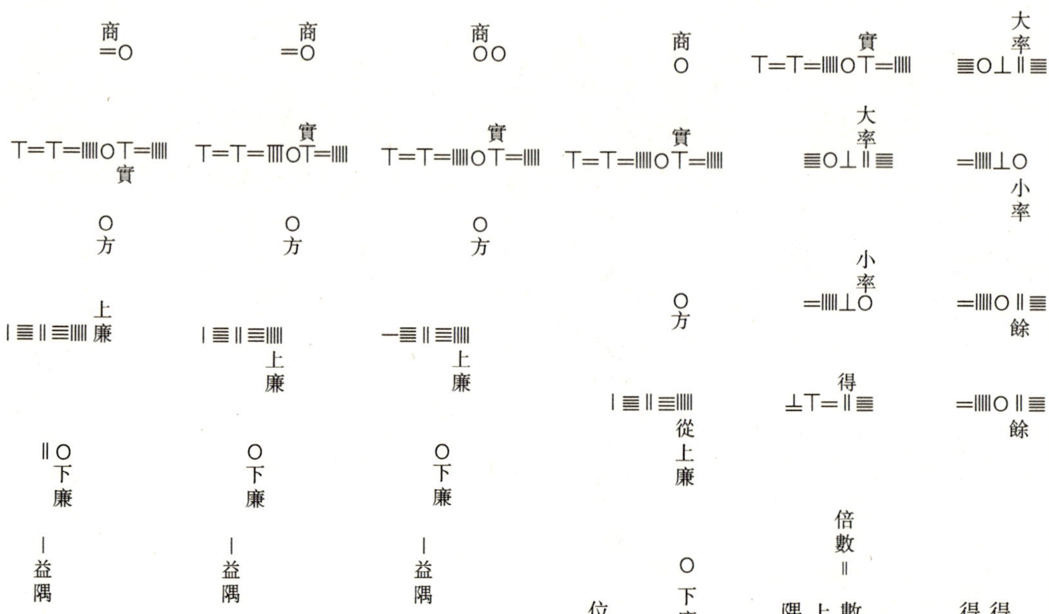

二率相減，得餘，以餘自乘，得後實。

併二率爲得數，倍得數爲從上廉，以一爲益隅。

從上廉超二位，益隅超三位。

乃商置二十步。

以商生隅，入下廉。

以下廉生負廉。

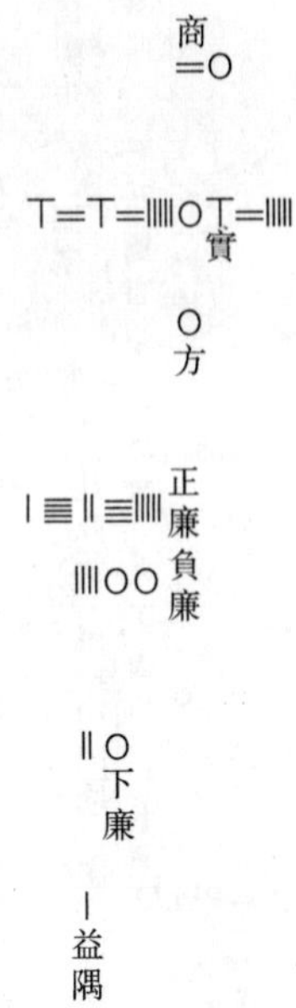

以負廉與正廉相消，得正上廉。

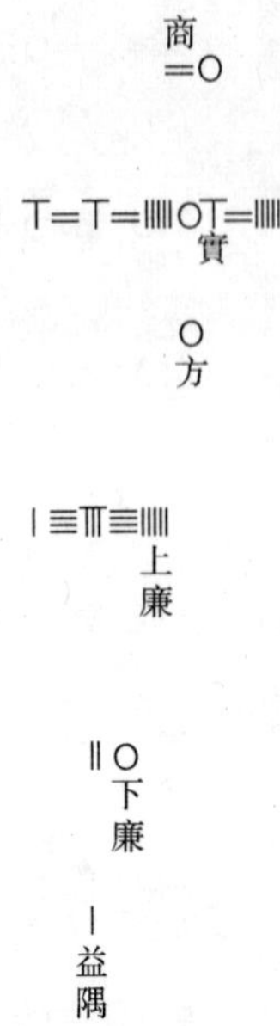

以商與上廉生方。

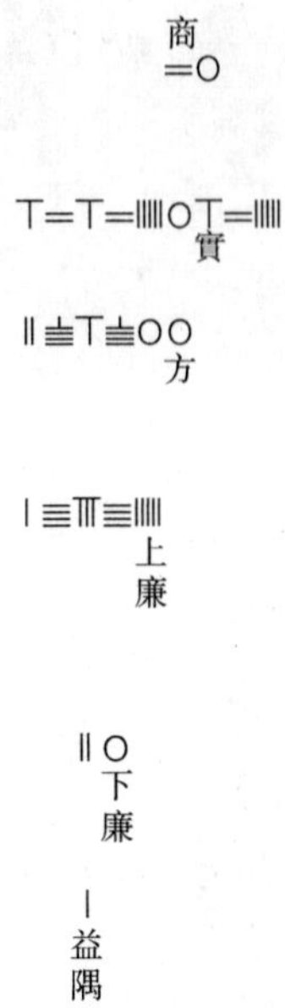

以方法命商，除實。

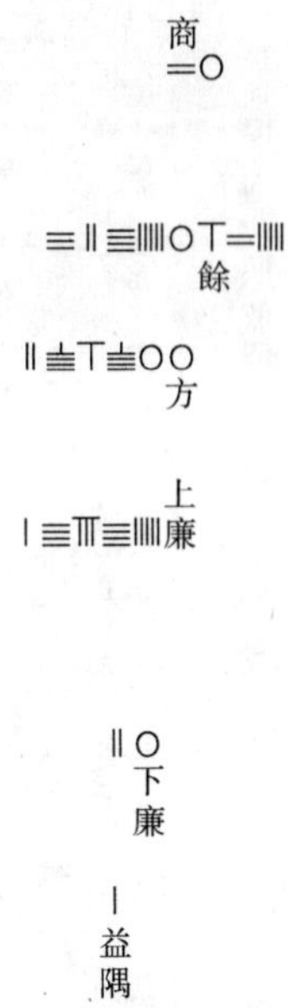

又以商生隅，入下廉。

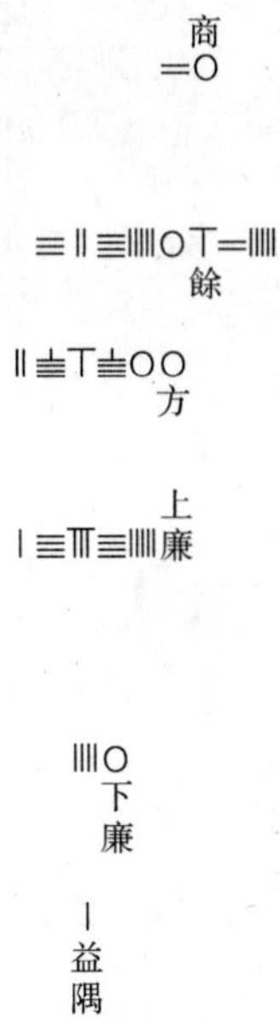

以下廉與商，生負上廉。

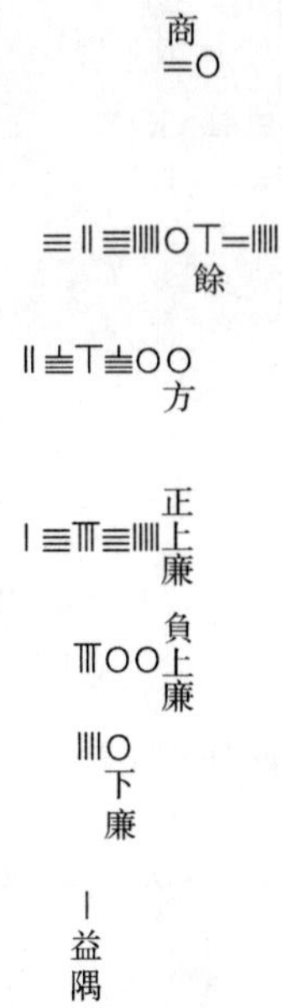

負上廉與正廉相消。

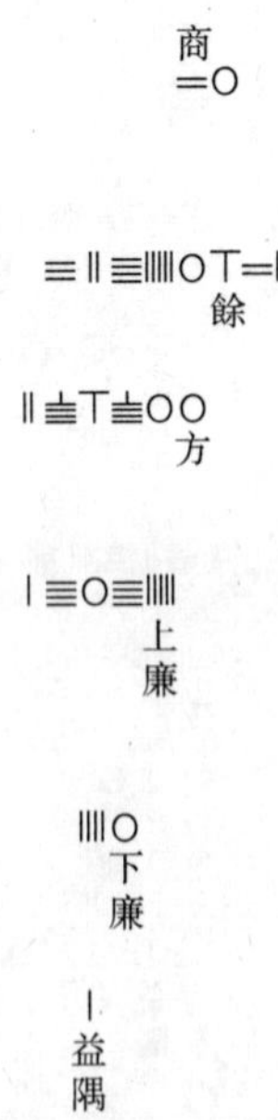

商與上廉生方。

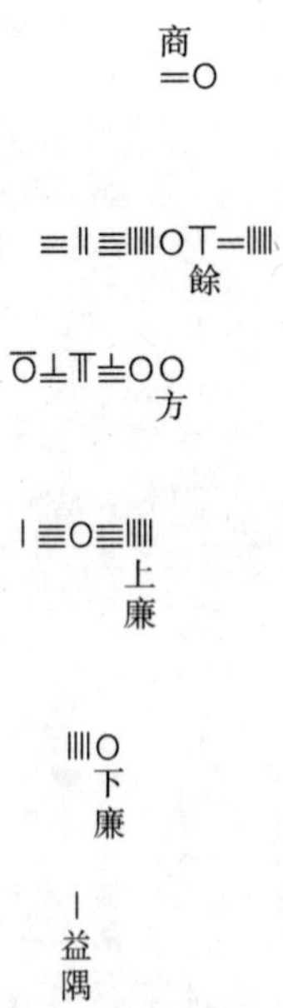

商隅又相生，入下廉。

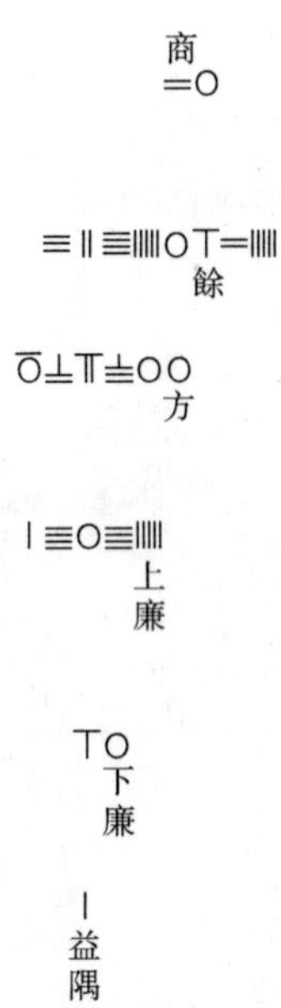

商又與下廉生負廉。

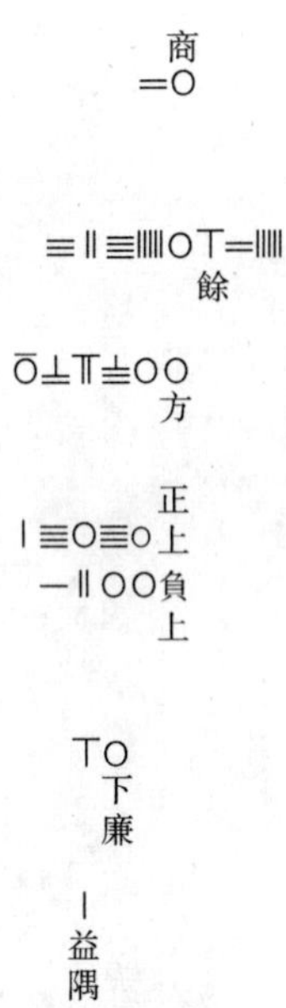

負廉與正廉相消。

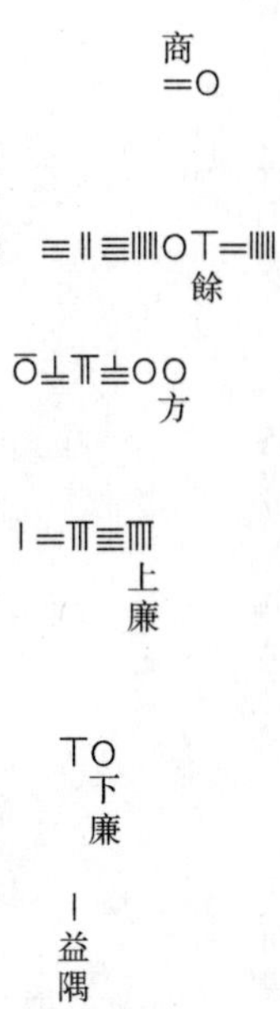

商又與隅生，入下廉。

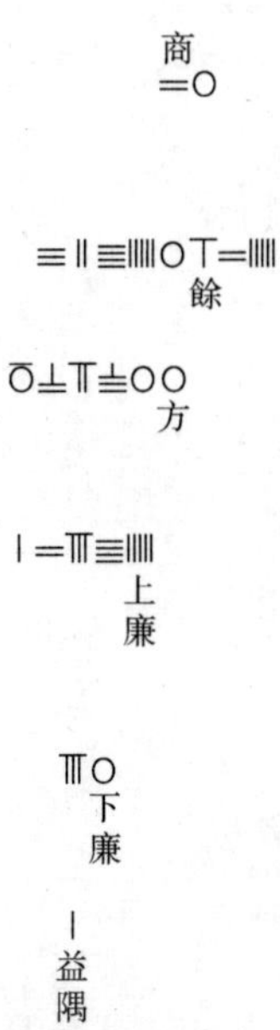

方一退，上廉再退，下廉三退，隅四退。

商元步〇　餘　方　上廉　下廉　益隅

無商，以上廉併入方，隅併下廉。

商〇步　餘　從方正廉　〇　下廉益隅　〇

益隅併負廉，與正方廉相消，命爲母。

商〇步　餘　母　〇　〇　〇

求等，約之。

商〇步　餘　母　等數〇爲法

得數。

開三乘方，凡二十變，至此得環田積數。

所求是實徑者。但以虛徑減通徑之餘一步一十九分步之九，爲環田實徑。

又《測望類》卷八　遥度圓城

問有圓城不知周徑，四門中開，北外三里有喬木，出南門便折東行九里乃見木。欲知城周徑各幾何。圓用古法。

答曰：徑九里，周二十七里。

術曰：以勾股差率求之。一爲從隅，伍因北外里，爲從七廉。置北里冪，八因，爲從五廉。以北里冪爲正率，以東行冪爲負率，二率差，四因，乘北里爲益從三廉。倍負率，乘五廉，爲益上廉。以北里乘上廉，爲實。開玲瓏九乘方，得數，自乘，爲徑。以三因徑，得周。遥度圓城圖具于後。

遥度圓城圖

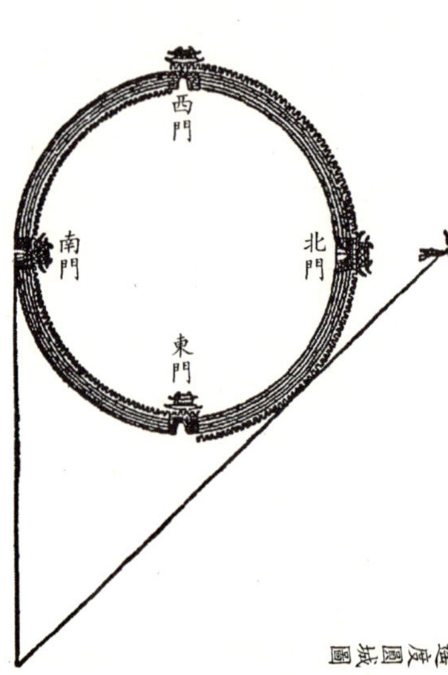

上　從隅　副　因率　次　北里　下　從七廉

以副乘次，得下。

北里　北里　正率　因率

以上乘副，得次。以次乘下，得後上。

從五廉　東行步　東行步　負率

以副乘次，得下。

正率　負率　負差　因率

以上減副，得次。以次乘下，得後上。

得數　北里　益三廉　〇

以上乘副，得次。

負率　倍數　得數　從立廉

以上乘副，得次。以次乘下，得後上。

益上廉　北里　實　〇

以上乘副，得次實。

已上係求率圖，以後係開方圖。

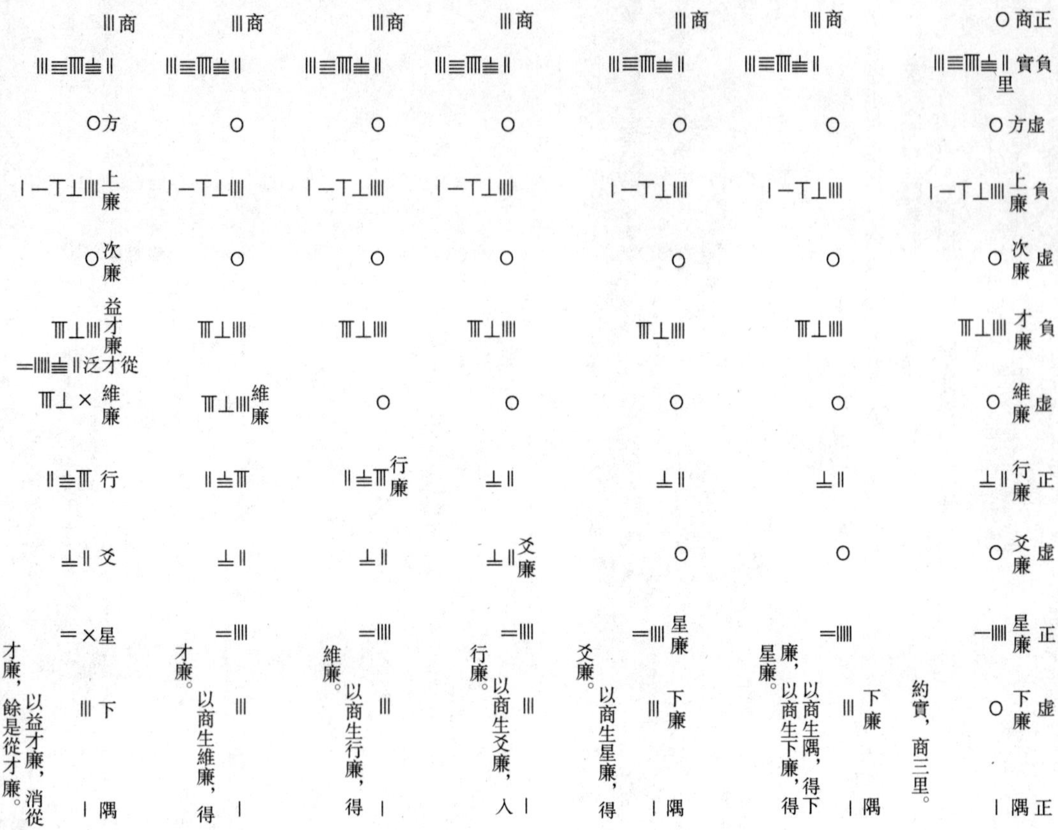

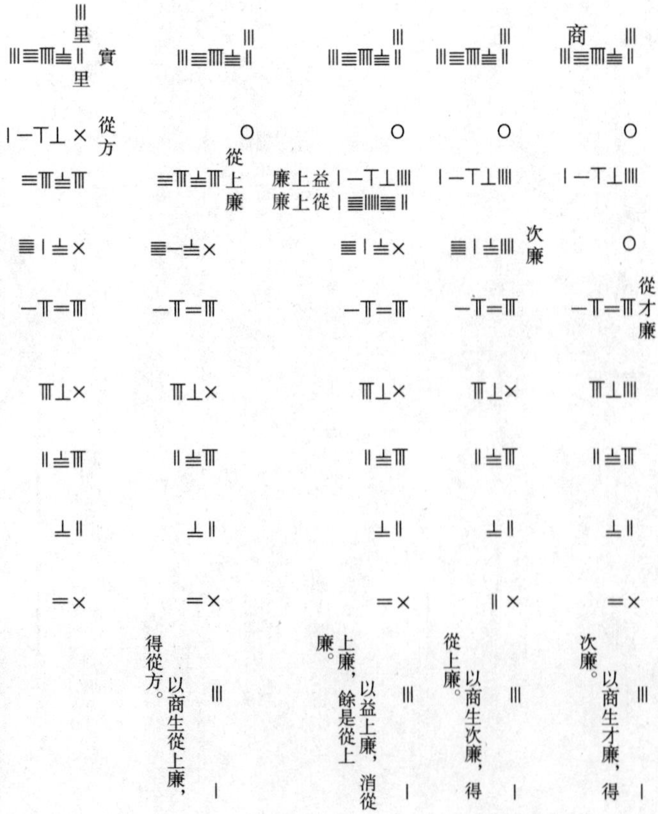

草曰：以一爲從隅，以五因北三里，得一十五里，爲從七廉。以北三里自乘，得九里，爲正率，以八因率，得七十二，爲從五廉。以東行九里自乘，得八十一，爲負率。以正率九，減負率，餘七十二，爲負差。以四因之，得二百八十八，以乘北三里，得八百六十四，係負差所乘者，爲益三廉。倍負率八十一，得一百六十二，乘五廉七十二，得一萬一千六百六十四，爲益上廉。以北三里乘上廉，得三萬四千九百九十二，爲實。各置實廉隅。玲瓏空耦位方廉，以約實，衆法不可超進，乃於實上定商三里，其隅與商相生，得三，爲從下廉。又與商相生，入從七廉，共得二十四，爲星廉。又與商相生，得七十二，爲從六廉。又與商相生，入五廉內，共得二百八十八。又與商相生，得八百六十四，爲從四廉。又與商相生，得二千五百九十二，爲正三廉。內消益三廉八百六十四訖，餘一千七百二十八，爲從三廉。又與商相生，得五千一百八十四，爲從二廉。又與商相生，得一萬五千五百五十二，爲正上廉。內消益上廉一萬一千六百六十四訖，餘三千八百八十八，爲從上廉。又與商相生，得一萬一千六百六十四，爲從方。乃命上商三里，除實，適盡。所得三里，以自乘之，得九里，爲城圓徑之里數。又以古法圓率三因之，得二十七爲城周。

清・焦循《開方通釋》

實方

實〇隅

實方〇隅

實〇廉〇隅

實方〇廉〇隅

實〇廉〇廉〇隅

實方〇廉〇廉〇隅

實〇廉〇廉〇廉〇隅

實方〇廉〇廉〇廉〇隅

實〇廉〇廉〇廉〇廉〇隅

式三

右玲瓏開方式，如三乘方，帶平方而不帶立方，不帶從。九乘方，帶一乘方，三乘方，五乘方，七乘方，而不帶二乘方，四乘方，六乘方，八乘方是也。其法皆相生而入之。

假如積四千二百八十八，方空，上廉三，下廉空，隅一。開三乘方得幾何。

答曰：得八。

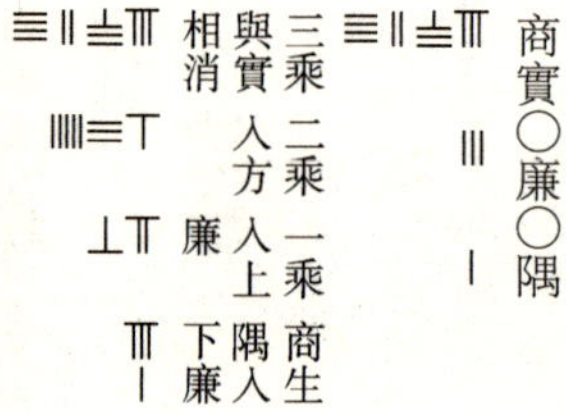

假如積一十八萬一千四百三十一，方空，第一廉八，第二廉空，第三廉三十四，第四廉空，第五廉二十，第六廉空，隅二十五。開七乘方得幾何。

答曰：得三。

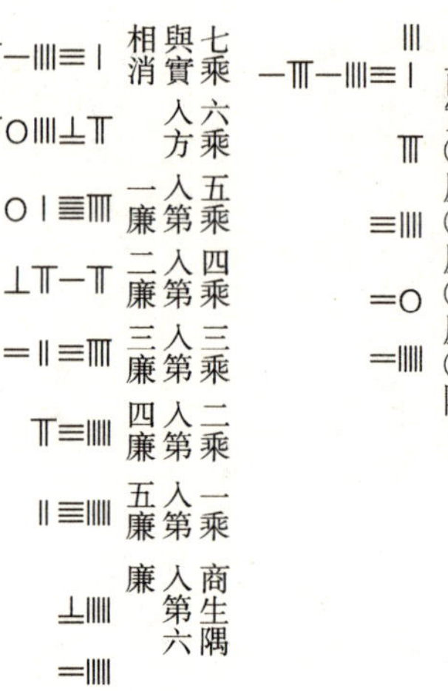

假如積五百三十七萬八千一十八又四分，方八百四分，第一廉空，第二廉三十六，第三廉空，第四廉四百二十，第五廉空，隅七又五分。開六乘方得幾何。

答曰：得六。

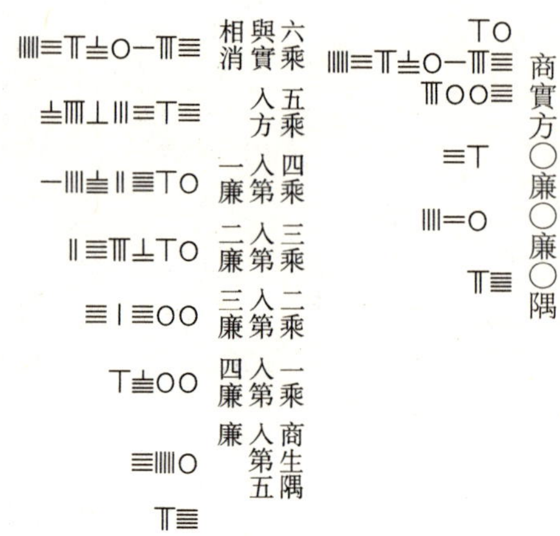

之分術分部

綜論

清・焦循《開方通釋》 秦道古又有開連枝平方法。蓋即帶分開方，前所推《數學九章》古池推原法是也。《益古演段》第四十問分別之分天元一術及連枝同體術最詳。與道古可以互證。之分天元一者，所知數中帶有零分不便立天元一，始以分母通之，既相消，開方後以分母約之是也。詳見《天元一釋》。連枝同體者，隅多而開方不盡，以隅數乘實而變隅爲一，開方後以原數約之是也，并録其術于左，以備參考。

之分天元一術云：今有直田一段，中心有圓池，外計地四畝五十三步，長濶和七十六步太半步，田四角至池十八步，問池徑外田徑。立天元一爲三個池徑，以自之得 太〇〇丨 加十二段，見積得 丨〇丨≡丅丨=丨 爲十二段直積，又身外加五爲十八段直積於頭列和步七十六步太，通分內子得二百三十，自之爲和冪，九段內減頭位得 丅〇〓丨 ‖≡丅⊥丅 爲九段斜冪寄左。再置天元圓徑加六之角至步一百八得 太丨〇Ⅲ 丨 爲三個田斜，自之得 Ⅲ⊥丅一丨 丅一‖ 丨 亦爲九段斜冪。與寄左相消得，‖〇〇≡‖ 丅一‖ 開平方得，六十二步，爲三個圓池徑，以三約之得一個圓徑二十步三分之二。循案：此題，長濶和七十六步太半步。太半步者三分之二也，有此奇零不便乘除，故以分母三通七十六步太半步，爲二百三十也。既通爲三倍，則立天元一遂當圓徑三也，爲圓徑者三故乘爲徑冪九，方之於圓，三之四而一，故九方冪當十二圓冪也。圓冪池也，見冪外計地四畝五十三步也，畝法二百四十故化爲一千一十三也。直積勾股積也，池積加見積是成勾股積矣。天元冪一個當直積十二半個，則六矣，故加五爲十八也。和冪爲四勾股積，一勾股較冪斜弦冪爲二勾股積，一勾股較冪故以九和冪，減十八個勾股積，餘十八個勾股積，九個較冪，適當弦冪九也。天元一，既當三圓徑，故必六其角步之十八以加之，乃得三弦數，自之亦是九弦冪也。求一而得三，故開方後又必報除也。連枝同體術云：立天元一爲內池徑，加倍角至步三十六得 太Ⅲ⊥丨 爲直田斜，自之得 太丅≡‖丨 ⊥‖ 丨 爲田斜冪，又九之得下式 Ⅲ⊥丅一丨 Ⅲ丅≡丅 爲十八積，九較冪寄左列和，步七十六步太通分納子得 太〇≡‖ 以自之得五萬二千九百步爲九段和冪于頭，又置天元圓徑以自之，又三之四而一得 元〇 Ⅲ⊥〇 爲一段圓積也。加入見積一千一十三步得 太丨≡丨〇 Ⅲ⊥ 共爲直積，一段又十八之得 丨≡‖Ⅲ⊥丨 〇 Ⅲ≡丨 爲十八段直積，以減頭位得 太丅⊥丅≡‖ 〇 Ⅲ≡丨 亦爲九段田斜冪，與寄左相消得 ‖〇〇≡‖ Ⅲ≡丅 ≡‖= 合以平方開之。今不可開，先以隅法二十二步半，乘實二萬三千單二步，得五十一萬七千五百四十五步正爲實，元從六百四十八，負依舊爲從一，益隅平方開之，得四百六十五步。以元隅二十二步半約之，得二十步三分之二爲内池徑。循按：同體連枝爲隅數多者設也。秦氏連枝法，即古開方約分法，古法倍得數加隅爲分母，所餘實爲分子見《加減乘除釋》秦氏以商生隅入廉加隅爲分母，所餘實爲分子，又以隅數約之者，爲隅數之不止於一也。是法爲連枝之常法。李欒城緣隅數之多，而有同體連枝。連枝之約分不可以定母數，同體連枝之約分，則可以定母數。蓋開方之術，凡隅之多者以其數乘積，而化隅爲一，既開得數，以原隅數約之，與原數原積開方數同，此一例也。凡隅之多者，開有帶分不能盡，以分母乘積數，而開之則能盡，此又一例也。試以欒城之法演之。積二萬三千單二步，負從六百四十八，負隅二十二又五。商得二十，從進一，隅超一，以商生隅，爲四千五百入從，同加爲一萬九百八十，又以商生之爲二萬一千九百六十入積，異消餘一千四十二爲次商積，乃變。初商以商生隅爲四千五百，入從同加爲一萬五千四百六十，爲廉法。于是廉一退，爲一千五百四十六，隅再退爲二十二五，廉法已多於積，商一猶盈，必開之必以此爲空位而更退位，退從爲一百五十四六，退隅爲二步二五，商得六。生隅爲一步三五入從，同加爲一百五十六步一五，又以商生之爲九百三十六步六入積，異消餘一百五步四，爲四商積。更開之，仍得六，仍不可盡，故欒城以爲不可開也。用連枝同體術：開得四百六十五步，是不可開。變而爲可開也，後一例之證也。因以二十二步半除之得二十步，是除去四百五十步，尚餘一十五步，此一十五步當二十二步半爲不足，不可得一，故約爲三分之二耳，必除之亦必存空位，亦除得六，去積一十三步半仍餘一五，是爲六不盡，所得二六六不盡與原隅原積開方數，同前一例之證也。開之不盡，用同體連枝術則盡者，其天元爲三分之二不盡者也。今隅有三，則爲三分之二者，三爲三分之二者，三是六矣，六則盡矣，然是形長六濶，仍三分之二欲得其濶，仍爲不盡。惟又以三乘之，則長濶皆六矣，大抵三不盡者，三倍之則盡。六不盡者，六倍之則盡，九不盡者，九倍之則盡。由是推之，不獨多隅者可用此術，即一隅者用分母再乘可也。不獨以分母再乘也，即倍分母幾倍，分母幾十倍，分母以再乘之可也。此二二五之一五者，是以六七五乘三之二也，故二二五不盡，以二二五乘之而盡，同一不盡，而所謂三分之二，所謂二十二分半之一十五分母分子俱實有此數，此李氏同體連枝法異於秦氏之連枝法也。

之分開平方法

算法

宋·秦九韶《數書九章·天時類》卷四　峻積驗雪

問驗雪占年，墻高一丈二尺，倚木去址五尺，梢與墻齊，木身積雪厚四寸，峻積薄，平積厚。欲知平地雪厚幾何。

荅曰：平地雪厚一尺四分。

術曰：以少廣求之，連枝入之，以去址自乘，爲隅，以墻高自乘，併隅於上，以雪厚自之，乘上，爲實。可約者，約而開之。開連枝平方，得地上雪厚。

草曰：以問數皆通爲寸，置去址五十寸自乘，得二千五百，爲隅。以墻高一百二十寸自乘，得一萬四千四百寸，併隅，得一萬六千九百寸於上。以雪厚四寸自之，得一十六，乘上，得二十七萬四百寸，爲實。開連枝平方，今隅實可求等，得一百，俱約之，得二千七百四爲實，得二十五爲隅，開平方，得一十寸四分，展爲一尺四分，爲平地雪厚。合問。

又《田域類》卷六

圍田先計

問有草蕩一所，廣三里，縱一百十八里，夏日水深二尺五寸，與溪面等平。溪濶一十三丈，流長一百三十五里入湖。冬日水深一尺，欲趁此時，圍裹成田，於蕩中順縱開大港一條，磬折通溪。順廣開小港二十四條，其深同。其小港濶，比大港六分之一，大港深，比大港面三分之一。大小港底，各不及面一尺，取土爲埂，高一丈，上廣六尺，下廣一丈二尺，蕩縱當溪，其岸高廣倍其埂數，上下流各立斗門一所，須令田内止容水八寸，遏餘水復溪入湖。里法三百六十步，步法五尺，欲知田積，埂土積，大小港底面深濶，冬夏積水，田港容水，遏水，溪面泛高，各幾何。

荅曰：田積，一千八百六十六頃八畝二十四步。埂土積，九百六十五億五千二百萬立方寸。大港：面濶，六丈一尺七寸。底濶，六丈七寸。深，六尺八寸。小港：面濶，一丈二寸六分寸之五。底濶，九尺二寸六分寸之五。深，六尺八寸。夏積水，二萬八千六百七十四億萬立方寸。冬積水，一萬一千四百六十九億六千萬立方寸。田容水，九千七十二億六千九百七十二萬立方寸。港容水，九百六十五億五千二百萬立方寸。港上者在田內。遏出水，一萬八千六百三十五億七千八百八十八萬立方寸。溪面泛高，一尺三寸一十三萬一千六百二十五分寸之一萬四千四百一十一。

術曰：以商功求之，步里法皆先化寸，各通廣縱爲率，二率相併爲和，二率相乘爲寄，三因縱率於上，倍和加上爲段，併埂二廣乘半埂高，又乘段，爲土積，亦爲港容水。以濶母乘土積爲實，以濶子乘小港數，又乘廣率爲泛，濶母乘縱率併泛，共爲隅。開平方，所得至寸收之。爲堡。以深子乘堡，爲實。以深母除之，爲大小港等深，以深母因堡，爲實。以深子除之，爲中。以半不及加中，爲大港面。以闊母除之，爲小港面。二面各減不及，爲底。以埂下廣乘段，爲址。以大港面乘隅，爲實。以闊母除之，爲港平。以港平併址，減寄，餘爲田積。以址減寄，餘乘容水，爲田容水。以夏冬水深乘寄，得夏冬積水。以田容水併港容水，減夏積水，餘爲遏出水。以八節乘之，爲實。以溪闊乘流長，又乘歲日，爲法，除之，得溪面泛高。

漂田推積

問三斜田，被水衝去一隅，而成四不等直田之狀。元中斜一十六步，如多長，水直五步，如少闊。殘小斜一十三步，如弦，殘大斜二十步，如元中斜之弦。横量徑一十二步，如殘田之廣。又如元中斜之句，亦是水直之股。欲求元積、殘積、水積、元大斜、元(中)[小]斜、二水斜各幾何。

荅曰：元積，一百三十(八)[九]步一十一分步之(八)[七]。殘積，一百二十六步。水積，一十(二)[三]步一十一分步之(八)[七]。元大斜，二十九步一十一分步之一。元小斜，一十八步一十一分步之一十。水大斜九步一十一分步之一。水小斜，五步一十一分步之二[十]。

術曰：以少廣求之，連枝入之，又句股入之。置水直減中斜，餘爲法。以中斜乘大殘，爲大斜實。以法除實，得元大斜。以殘大斜減之，餘爲水大斜。以法乘徑，又自之，爲小斜隅。以水直冪併徑冪，爲弦冪。又乘徑冪，又乘中斜冪，爲小斜實。與隅可約，約之。開連枝平方，得元小斜。以殘小斜減之，餘爲水小斜。以水直乘之，爲水實。倍水小母爲法，除之，得水積。以水直併中斜，乘徑，爲實。以二爲法，除之，得殘積。以殘積併水積，共爲元積。有分者通之，重有者重通之。

草曰：以水直五減中斜一十六，餘一十一，爲法。以中斜一十六乘大殘二十，得三百二十，爲大斜實。以法除之，得二十九步一十一分步之一，爲元大斜。內減殘大斜二十步，餘九步一十一分步之一，爲水大斜。以法一十一乘徑一十二，得一百三十二，自之，得一萬七千四百二十四，爲小斜隅。以水直五自乘，得二十五，爲水直冪，以徑一十二自之，得一百四十四，爲徑冪。併水直冪，得一百六十九，爲弦冪。以乘徑冪一百四十四，得二萬四千三百三十六於上。又以中斜一十六自乘，得二百五十六，爲中斜冪。以乘上，得六百二十三萬一千一十六，爲小斜實，開平方，與隅求等，得一百四十四。俱約之，實得四萬三千二百六十四，隅得一百二十一，開方，不盡，以連枝術入之，用隅一百二十一乘實四萬三千二百六十四，得五百二十三萬四千九百四十四，爲定實，以一爲定隅。開平方，得二千二百八十八，爲實，以約隅一百二十一。除之，得一十八步，不盡一百一十，與法一百二十一，俱以一十一約之，得一十一分步之十，爲元小斜。減殘小斜一十三步，餘五步一十一分步之十，爲水小斜。置水小斜通步內子，得六十五，以水直五步乘之，得三百二十五，爲水實。倍水小母一十一，得二十二，爲法。除之，得一十四步，不盡一十七。以法命之，得一十四步二十二分步之一十七，爲水積。置中斜一十六，併水直五，得二十一，乘徑一十二，得二百五十二。以半之，得一百二十六，爲殘積。以併水積，共得一百四十步二十二分步之一十七，爲元積。

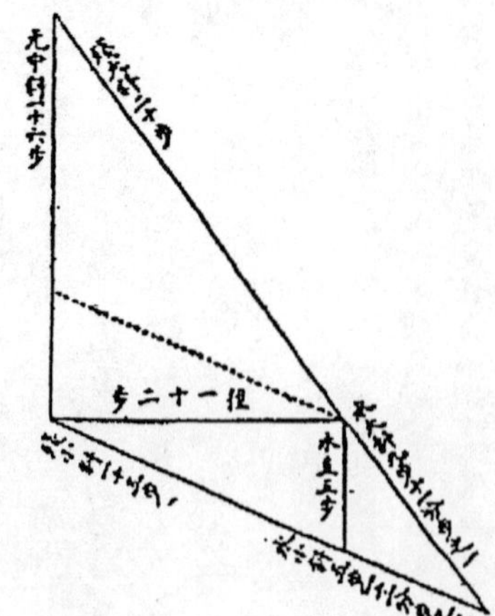

元·朱世傑《四元玉鑑》卷中《三率究圓》　今有平圓積四十九步三百一十四分步之二百三十九。問爲徽圓徑幾何。

荅曰：七步一百五十七分步之一百五十一。

術曰：立天元一爲徽圓徑。如積求之，得一百五十六萬二千五百爲益實，二萬四千六百四十九爲從隅。平方開之。不盡，以連枝同體術求之。**清·羅士琳案**　此下當有合問二字。

清·羅士琳《四元玉鑑細草》　艸曰：立天元一爲徽圓徑，自之得 太〇〒 以徽圓率一百五十七乘之，得 太〇|≣〒 合如徽方率二百而一，爲平圓積。今不除，轉以一百五十七通之，得 太〇‖≣丅≣Ⅲ 爲三萬一千四百段平圓

積，寄左。乃以平圓積，通分內子，得一萬五千六百二十五。又以一百通之，得一百五十六萬二千五百爲同數。消左，得 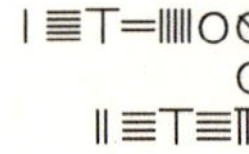 開平方，得七步。不盡  以隅二萬四千六百四十九爲母，乘實爲實。方不動，隅定爲一得 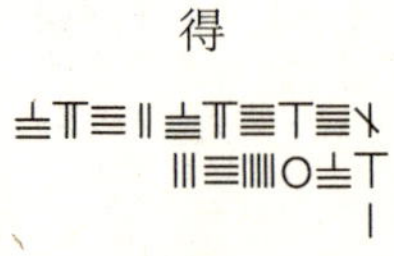 開平方，得二萬三千七百七爲子，子母各以一百五十七約之，得一百五十七分步之一百五十一。合問。

元・朱世傑《四元玉鑑》卷中《三率究圓》 今有平圓積四十五步一十一分步之九。問爲密圓徑幾何。

荅曰：七步一十一分步之七。

術曰：立天元一爲密圓徑。如積求之，得七千五十六爲益實，一百二十一爲從隅。平方開之得七步，不盡，按之分法求之。合問。

清・羅士琳《四元玉鑑細草》 艸曰：立天元一爲密圓徑，自之得  以密圓率十一乘之，得 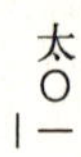 合如密方率十四而一，爲平圓積。今不除，轉以十一通之，得 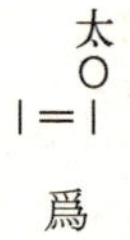 爲一百五十四段平圓積，寄左。乃以平圓積通分內子，得五百四，又以十四通之，得七千五十六爲同數。消左得 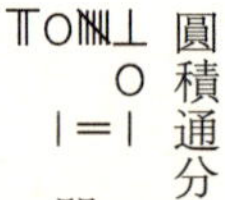 開平方得七步。不盡  以隅一百二十一爲母，乘實爲實。方不動隅定爲一，得 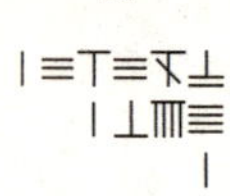 開平方，得七十七爲子，子母各以十一約之，得十一分步之七。合問。

之分帶縱開平方法

算法

宋・秦九韶《數書九章・田域類》卷五 均分梯田

問戶業田一段，若梯之狀。南廣小三十四步，北廣大五十二步，正長一百五十步，合係兄弟三人，均分其田，邊道各欲出入，其地難分。經官乙分定南甲乙，北丙，欲知其田共積，各人合得田數，及各段正長大小廣幾何。

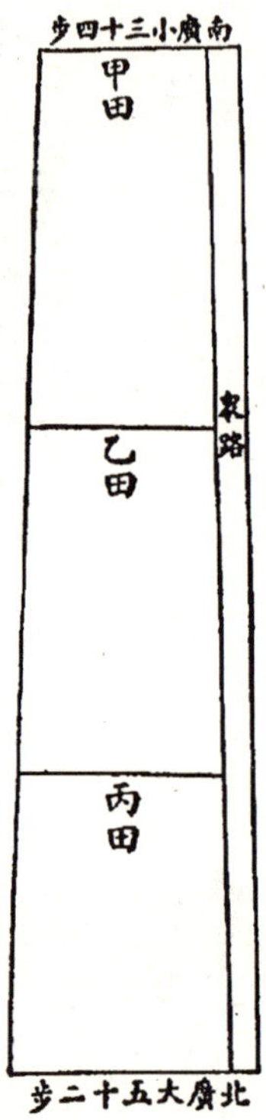

荅曰：田共積二十六畝二百一十步。甲得八畝三角五十步。小廣三十四步。係元南廣。大廣四十步，五萬八千七百九分步之五萬二千二百八十四，大約百分步之八十九分。正長五十七步，二千四百五分步之八百五十三。大約一百分步之四十一分。乙得八畝三角五十步。小廣，同甲大廣。大廣四十六步，八萬四千八百二十六億八千九百五十七萬二千六百五十一分步之六萬五千八百七十四億五千四百八十二萬五千二百八十三。計大率約百分步之七十七分半强。正長四十九步，四億一千二百四十萬六千三百九分步之二千二十七萬六千三百一十九。大約百分步之四分九釐。丙得八畝三角五十步。小廣，同乙大廣。大廣五十二步，係元北廣。正長四十三步，八千四百三十三億七千九十萬一千九百五分步之四千四百八十八億八千六百二萬七千四十六。大約百分步之五十三分强。

術曰：以少廣及從法求之。併兩廣，乘長，得數，以分田人數約之，爲通率，半之，爲各積。以長乘各積，爲共實。以長乘南廣，爲甲從方，二廣差，半之，爲共隅。開連枝平方，得甲截長，以甲長除通率，得數，減小廣，餘爲甲廣，即爲乙小廣。以元長乘乙小廣，爲乙從方。置共隅共實，開連枝平方，得乙截長。以乙長除通率，得數，減乙小廣餘爲乙大廣，即爲丙小廣。併甲乙長，減元長，餘爲丙長。以元大廣爲丙大廣，各有分者通之。

草曰：置小廣三十四，併大廣五十二，得八十六，乘長一百五十，得一萬二千九百，爲實。以兄弟三人約之，得四千三百，爲通率。半之，得二千一百五十，爲各積。以畝法二百四十步約之，得八畝。不盡二百三十步，以角法六十步約之，得三角五十步。是三人各得八畝三角五十步。以元長一百五十步，乘各積二千一百五十，得三十二萬二千五百，爲共實。以長一百五十，乘小廣三十四，得五千一百爲甲從方。以小廣減大廣餘一十八，乃半之，得九，爲共隅。開連枝平方，開方草，更不繁具。得五十七步，不盡三，約爲二千四十五分步之八百五十三，爲甲截長。乃以分母二千四十五通全步，內子，共得一十一萬七千四百一十八，爲法。又以分母乘通率四千三百，得八百七十九萬三千五百，爲實。以法除之，得七十四步，不盡一十萬四千五百六十八，與法求等，得二，俱約之，爲五萬八千七百九分步之五萬二千二百八十四。乃以小廣三十四步，於所得全步七十四步內減之，餘四十步五萬八千七百九分步之五萬二千二百八十四，爲甲大廣，即爲乙小廣。今次求乙長，乃以分母五萬八千七百九，通乙小廣四十步，得二百三十四萬八千三百六十，內子五萬二千二百八十四，得二百四十萬六百四十四。又元長一百五十乘之，得三億六千九萬六千六百，爲乙從方。又以分母五萬八千七百九，通共實三十二萬二千五百，得一百八十九億三千三百六十五萬二千五百，爲乙實。又以分母通共隅九，得五十二萬八千三百八十一，爲乙從隅。開連枝平方，更不立草。得四十九步，不盡二千二十七萬六千三百一十九，隅併方，得共四億一千二百四十萬六千三百九，爲母。與不盡求等，單一不可約，乃定爲四十九步四億一千二百四十萬六千三百九分步之二千二十七萬六千三百一十九，爲乙截長。以乙長母通全步，內子，得二百二億二千八百一十八萬五千四百六十，爲法。以乙長步下，母四億一千二百四十萬六千三百九，乘通率四千三百，得一萬七千七百三十三億四千七百一十二萬八千七百，爲實。以法除之，得八十七步，不盡一百三十四億九千四百九十九萬三千六百八十，與法求等，得一百四十。俱約之，爲八十七步一億四千四百四十八萬七千三十九分步之九千六百三十九萬二千八百一十二，爲得數。乃以乙小廣母五萬八千七百九，乘得數子九千六百三十九萬二千八百一十二，得五萬六千五百九十一億二千五百五十九萬九千七百八，爲泛。卻以得數母一億四千四百四十八萬七千三十九分，乘乙小廣子五萬二千二百八十四，得七萬五千五百四十三億六千三十四萬七千七十六以爲寄數於上。乃以小廣母五萬八千七百九，乘得數母一億四千四百四十八萬七千三十九，得八萬四千八百二十六億八千九百五十七萬二千六百五十一，以寄減泛。今不及減，乃破全步一爲分，併泛，得八十六步十四萬一千四百一十八億一千五百一十七萬二千三百五十九，減去小廣四十步及分，餘四十六步八萬四千八百二十六億八千九百五十七萬二千六百五十一分步之六萬五千八百七十四億五千四百八十二萬五千二百八十三，爲乙大廣。亦丙小廣。求丙長，置甲長五十七步二千四十五分步之八百五十六，乙長四十九步四億一千二百四十萬六千三百九分步之二千二十七萬六千三百一十九，以甲乙分母互乘子，甲乙分母相乘，得甲正長五十七步八千四百三十三億七千九十萬一千九百五分步之三千五百三十億一千九百八十萬五百四，乙正長四十九步八千四百三十三億七千九十萬一千九百五分步之四百一十四億六千五百七萬二千三百五十五，併甲乙長及分，共長一百六步三千九百四十四億八千四百八十七萬二千八百五十九分，用減元長一百五十步，先破一步，通分母，作八千四百三十三億七千九十萬一千九百五，減去甲乙共長，餘四十三步八千四百三十三億七千九十萬一千九百五分步之四千四百八十八億八千六百二萬九千四十六，爲丙正長。

又《測望類》卷七　臨臺測水

問臨水城臺，立高三丈，其上架樓。其下址側脚闊二尺，護下排沙下樁，去址一丈二尺，外樁露土高五尺，與址下平。遇水漲時，浸至址。今水退不知多少，人從樓上欄杆腰串間，虛駕一竿出外，斜望水際，得四尺一寸五分，乃與竿端參合。人目高五尺，欲知水退立深，涸岸斜長，自臺址至水際，各幾何。

答曰：水退立深一丈五尺一百五十七分尺之一百三十五。涸岸自臺址至水際斜長四丈一尺一百五十七分尺之三十七。

術曰：以勾股變法，兼少廣求之。求涸岸斜長。置出竿乘臺高，爲段。以去基乘段，爲闊泛。以岸高乘段，爲淺泛。以目高乘去基，爲約泛。三泛可約者，約之，爲定率。不可約，徑爲率。以闊率自乘，爲闊冪。以淺率自乘，爲淺冪，併闊、淺二冪，共爲峻冪。復乘闊冪於上，以臺高冪乘上，爲峻實。次以闊率乘淺率，爲寄。以臺高數乘闊率，又乘約率，得數。內減寄，餘自乘，爲峻隅。驗峻實、峻隅兩者可約，求等約之，爲峻定實、峻定隅。開同體連枝平方，得峻岸斜長。同體格，先以隅開平方，得數，名同隅。以同隅乘定實，開之，得數，爲實，以同隅爲法，除之，得峻斜。求水退深，置岸高冪乘峻定實，爲深實。以去岸冪併岸高冪，乘峻定隅，爲深隅。其深、實深隅可約，約之。仍以同體格入之。開連枝平方得水退深。

臨臺測水圖

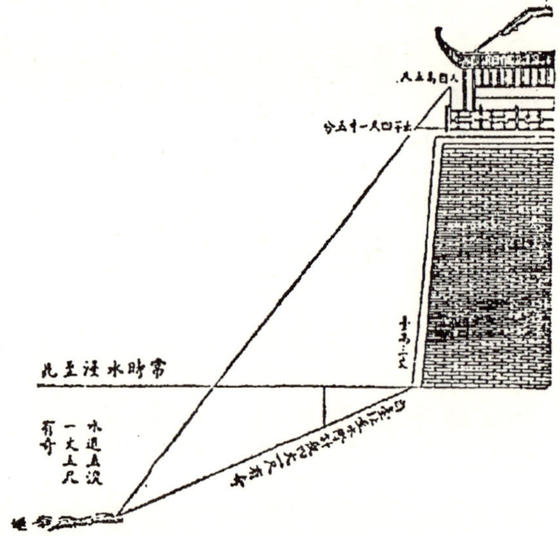

草曰：以出竿四尺一寸五分，乘臺高三十尺，得一百二十四尺五寸，爲段。以去址一十二尺乘段，得一千四百九十四尺，爲闊泛。以護岸高五尺，乘段一百二十四尺五寸，得六百二十二尺五寸，爲淺泛。以目高五尺，乘去址一十二尺，得六十尺，爲約泛。以闊泛、淺泛、約泛三者求等，得一尺五寸，皆以約之，其闊泛得九百九十六尺，爲濶率。其淺泛得四百一十五尺，爲淺率，其約泛得四十尺，爲約率。以闊率九百九十六自乘，得九十九萬二千一十六尺，爲闊冪。以淺率四百一十五自乘，得一十七萬二千二百二十五尺，爲淺冪。併闊淺二冪得一百一十六萬四千二百四十一，爲峻冪。以闊冪九十九萬二千一十六，乘峻冪，得一萬一千五百四十九億四千五百六十九萬九千八百五十六尺於上。又以臺高三十尺自乘，得九百，爲臺高冪。乘上，得一千三十九萬四千五百一十一億二千九百八十七萬四百尺，爲峻實。次以闊率九百九十六，乘淺率四百一十五，得四十一萬三千三百四十，爲寄。以臺高三十，乘闊率九百九十六，得二萬九千八百八十。又乘約率四十，得一百一十九萬五千二百，內減寄，餘七十八萬一千八百六十尺，自乘，得六千一百一十三億五百五萬九千六百尺，爲隅。以隅與峻實求等，得二千四百八十萬四百俱以約之，得四千一百九十一萬二千六百七十六尺，爲峻定實，得二萬四千六百四十九爲峻定隅，開同體連枝平方，得峻岸至水際斜長，驗同體格。乃以定隅二萬四千六百四十九爲實，先以一爲隅，開平方得一百五十七，爲同體法。次以峻定實四千一百九十一萬二千六百七十六尺爲實，亦以一爲隅，開平方得六千四百七十四尺，爲同體實，實如同體法一百五十七而一，得四十一尺，不盡三十七，與法一百五十七，求等，得一。俱以一各約之，其法與餘，只得此數，乃直命之得四丈一尺一百五十七分尺之三十七，爲涸岸斜長至水際。求退水深，置岸高五尺，自乘，得二十五，爲岸高冪。乘峻定實四千一百九十一萬二千六百七十六尺，得一十億四千七百八十一萬六千九百，爲深泛。以去岸一十二尺，自乘，得一百四十四尺，爲去岸冪。併岸高冪二十五得一百六十九，以乘峻定隅二萬四千六百四十九，得四百一十六萬五千六百八十一，爲隅泛。置二泛求等，得一百六十九，俱約二泛，得六百二十萬一百爲定實，得二萬四千六百四十九爲深定隅，開連枝平方得水退立深，驗同體格。乃以深定隅二萬四千六百四十九爲實，先以一爲隅，開平方得一百五十七，爲同體法。次以深定實六百二十萬一百爲實，亦以一爲隅，開平方得二千四百九十，爲同體實，實如法一百五十七而一，得一十五尺，不盡一百三十五，與法求等，得一。俱以一各約法，餘只得此數，乃直命之得一丈五尺一百五十七分尺之一百三十五，爲水退立深。

又《錢谷類》卷一二　囤積量容

問有圓囤米二十五個，內有大囤一十二個，上徑一丈，下徑九尺，高一丈二尺。小囤一十三個，上徑九尺，下徑八尺，高一丈。今出租斗一隻，口方九寸六分，底方七寸，正深四寸，並裏明準尺。先令準數造五斗方斛及圓斛各二隻，須令二斛口徑正深，大小不同，各得多少，及囤積米幾何。

答曰：方斛一隻，口方六寸四分，底方一尺二寸，深一尺五寸九分二釐。又一隻，口方一尺，底方一尺二寸，深一尺一寸四分五釐。圓斛一隻，口徑一尺二寸七分，底徑一尺二寸，深一尺(一)[二]寸一分四釐。又一隻，口徑二尺三寸，底徑一尺二寸，深一尺一寸八分五釐。囤米計(八)[六]千(六)[五]十(七)石[二斗](四)[八]升(七)[五]合(四)[五]勺(一)[六]抄(八)[三]撮。

術曰：以商功及少廣求之。置出斗上下方，相乘之，又各自乘，併之。乘深，又以五斗乘之，爲積于上。

求方斛，先自如意立數，爲斛深。又如意立數，爲底方。置深爲從隅，以底方乘隅，爲從方，又以底乘從方，爲減率。以減上積，餘爲實，開連枝平方，得方斛口方。不盡，以所得數爲基，增損求之。以口底方相乘，又各自乘，併之，爲法，除前上積，得深。餘分收棄之。

求圓斛，置四數，以因前積，爲寄。如意立數爲斛深，別如意立數爲底徑，以三因深，爲從隅。以底徑乘隅，爲從方。以底徑乘從方，爲減率。以減寄，餘爲實。開連枝平方，得口徑。不盡。以所得爲基，如意求差，以口底徑相乘。又各自乘，併之，爲法，除寄，得深。餘方收棄之。

求囤米，置各囤上徑下徑相乘，又各自乘，併之，乘高，又乘囤數所得之數，爲積。囤有大小，以類併之，爲共積。如四而一，爲實。以斛法除之，得米。

出斗

口方 寸　底方 寸　正深 寸　出斗為率。

上得 寸 上　口方 寸 中　底方 寸 下　中乘下，得上。

上位 寸 上　得 寸 副　口方 寸 次　口方 寸 下　次乘下，得副，以併上。

上 寸 上　得 寸 副　底方 寸 次　底方 寸 下　次乘下，得副，以併上。

上乘副，得次。

得 寸 上　深 寸 副　得 寸 次　斗 下　次乘下，得斛積三段。

斛積 寸　母　如意寸 斛深　寸 斛底方　如意立此二數。

減積 寸 上　底方 寸 副　從方 次　隅 下　副乘次，得上之減積數。

實 寸　從方　從隅　方隅皆不可超進，乃約實，置商六寸。

商 寸　實 寸　從方　從隅　約實，置首商六寸，生隅入方。

商 寸　實　方　隅　以方命商，實。

商 寸　實　方　隅　又以商生隅，入方。

商 丅 寸　實 |≡||||=　方 |||≟||||　一丅 隅　方一退，隅再退。

商 丅 寸　實 |≡||||=　方 ≡Ⅲ≡　一丅 隅　約實，續商三分。

商 丅≡ 寸　實 |≡||||=　方 ≡Ⅲ≡　一丅 隅　以續商生隅，入方。

商 丅≡ 寸　實 |≡||||=　方 ≡Ⅲ≟Ⅲ　一丅 隅　以方命續商，除實。

商 丅≡ 寸　實 一ⅢＯ丅 寸　方 ≡Ⅲ≟Ⅲ　一丅 隅　以續商又生隅，入方。

商 丅≡ 寸　實 一ⅢＯ丅　方 ≡Ⅲ≡丅　一丅 隅　方一退，隅再退。

商 丅≡　實 一ⅢＯ丅　方 |||≟|||⊥　一丅 隅　約實，又續商五釐。

商 丅≡|||| 寸　實 一ⅢＯ丅　方 |||≟|||⊥　一丅 隅　以續商生隅，入方。

商 丅≡|||| 寸　實 一ⅢＯ丅 不|一丅 及寸　方 |||≟||||≡　一丅 隅　以續命方，除實。

益|||| 基 丅≡ 寸　益|||| 釐　口方 丅≡ 基 寸　元底 一|| 寸　造解盡無釐，又益釐爲分，基乘底，得上。

上 ⊥丅≟　副 口方 丅≡ 基　次 口方 丅≡ 基　下 ≡Ｏ≟丅　副次基自乘得下，上下相并，得後圖上數。

上 |一Ⅱ⊥丅　副 底方 |≡|||| 冪　次 底方 一||　下 底方 |=　底方自乘，得底方冪，并上爲法。

斗積圖　斗積實 ≡|⊥Ⅱ= 寸　||⊥|⊥丅 法　實如法，除之，得泛深。

得泛深 一||||≟||　口方 丅≡　|||⊥ 累加 寸　自基數變至於此，除得一尺五寸九分二釐，爲深。尚在如意數一十六寸以下，故累加口方，又求。

口方 一Ｏ 寸　口方 一Ｏ　口方 一Ｏ　底方 一||　累加口方自乘，得後圖上。口方乘底方，得後圖副。

上 |ＯＯ 寸　副 |=Ｏ 寸　次 底 一||　下 底 一||　上併副，得後圖副。底自乘，得後上。

上 |≡||||　副 ||=Ｏ　次 |||⊥|||| 法　上併副，得次法。

商 一|≡|||| 寸　實 ≡|⊥Ⅱ=　|||⊥|||| 法　以法除前斗積圖内實得商，爲此深。

斛深　一||||≟|| 寸　一|≡|||| 寸　兩等斛深。

方斛一隻　口方⊤≡　深—Ⅲ≐‖　底方—‖

答數。

上|≡‖≡寸　口徑冪得|⊥|=Ⅲ寸　口徑—‖⊥　口徑|‖⊥

口徑自乘，得口冪。口冪併上，得後上。

又一隻　口方—〇　深—|≡Ⅲ寸　底方—‖寸

答數。

上‖—‖⊥Ⅲ　底冪|≡Ⅲ　底—‖徑　底徑—‖

底徑自乘，得底冪。底冪併上，得後上。

求圓斛　因數Ⅲ　前積≡|⊥Ⅲ=寸　寄|⊥⊤⊥Ⅲ≐寸

因數乘前積，爲寄。

常用因率Ⅲ　如意深—‖寸　如意底徑|〇寸

因率乘如意深，爲從隅。

上Ⅲ≡Ⅲ⊥Ⅲ寸　‖因率　法⊤〇Ⅲ⊥—寸

三因上，得法。

≡⊤從隅　—〇底

從隅乘如意底，爲從方。

≐　〇⊤

從方Ⅲ⊥〇寸　—〇底

從方乘底，爲減積。

|⊥|⊥寸爲實　法—Ⅲ⊥Ⅲ寸

法除實，得商。

減積≡⊤〇〇寸率　圓寄|⊥⊤⊥Ⅲ≐

以減積損圓寄。

商—‖—　實〇≡Ⅲ⊥Ⅲ≡　|≡⊤≡〇⊥法

法退，續商。

實≐⊥Ⅲ〇|≡|寸　從方Ⅲ⊥〇寸　從隅≡⊤

進退開除，得商。

商—‖—Ⅲ寸　實〇≡Ⅲ⊥〇Ⅲ寸不=⊤×Ⅲ及　|Ⅲ⊥Ⅲ〇⊤法

實不及，收就續商，爲斛深。

商—Ⅲ⊥寸　ⅢⅢ⊥‖≐實　不‖≡Ⅲ及　|≡Ⅲ≡‖方　⊤≡隅

以益不及就商，爲基。

因斛深—‖—Ⅲ　基—Ⅲ⊥寸　如意〇≡寸　得徑—Ⅲ寸

如意益分入基，爲口徑。

口徑基—Ⅲ⊥　底徑—〇寸　口底和=Ⅲ≐寸　如意〇≐寸為差

基併底，爲和。如意差減和，得餘。

如意差|　和=Ⅲ寸　底徑—〇寸　口徑—Ⅲ寸

口徑，底徑併爲和，如意立差損和，爲餘。

餘寸=Ⅲ　‖半法　底徑—‖寸　差〇⊥

半餘爲底徑差，併底徑，爲口徑。

餘=Ⅲ寸　‖半法　中—‖得寸　|差寸

半餘，得中。以差併中，爲口徑。

上|≡⊤寸　口徑—Ⅲ寸　底徑—‖寸

口徑相乘，得上。

|≡‖≡　—‖　—‖⊥

口徑相乘，得上。

併上|⊥Ⅲ　口徑—Ⅲ寸　口徑—Ⅲ寸

口徑自乘，得併。

圓斛一隻

又一隻

併上。底自乘，

數，三因得數，爲法。

圓寄，以法除，得商。

之。餘釐棄

得斛深。收餘毫，

答數。

答數。

上下徑相乘，得後上。

上徑自乘，爲徑冪。併上，得後上。

下徑自乘，爲徑冪。併上，得後上。

上乘囤高，得次。

乘囤數，得寄。

副乘下徑，得次。

徑自乘，得副。以副併上，得後上。

下徑自乘，得副。併上，得後上。

以上乘副，得次。乘下，得後上。

上併寄，爲實。二因斗積，爲法。

法除實，得商。

其商，即囤米。

大小二十五囤米

方圓四斛，皆同得此數。

草曰：置出租斗口方九寸六分，與底方七寸相乘，得六十七寸二分於上。又以口方九寸六分自乘之，得九十二寸一分六釐加上。又以底方七寸自乘，得四十九寸，又加上，共得二百八寸三分六釐。乘深四寸，得八百三十三寸四分四鼈。又以五斗乘之，得四千一百六十七寸二分爲三段斛積於上。

求方斛，如意立一尺六寸，爲斛深。又如意立一尺二寸，爲斛底。以深一十六寸爲從隅。以底一十二寸乘隅，得一百九十二寸，爲從方。又以底一十二寸，乘從方一百九十二寸，得二千三百四寸，爲減積。以減上積四千一百六十七寸二分，餘一千八百六十三寸二分，爲實。開連枝平方，得六寸三分五釐，爲基。其積不及一寸一分六釐，係有虧數，其基數爲未可用。須合損益基數，今益作六寸四分，爲口方。以元立一尺二寸爲底方，以口方乘底方，得七十六寸八分於上。又以口方六寸四分自乘，得四十寸九分六釐，又以底方一十二寸自乘，得一百四十四寸，併以加上，共得二百六十一寸七分六釐，爲法。以除前積四千一百六十七寸二分，得一尺五寸九分二釐，爲方斛深。其積不及一釐九毫二絲，收爲閏。又累增至一十寸，爲口方。仍以一十二寸，爲底方。乃以口方一十寸，乘底方一十二寸，得一百二十寸於上。又以口方自乘，得一百寸，加上。又以底方自乘，得一百四十四寸，又加上，共得三百六十四寸，爲法。亦除前實積四千一百六十七寸二分，得一十一寸四分五釐，爲方斛深。其積不及六分，收爲閏。此是求出兩等斛數，在人擇而用之。

求圓斛，置四數，以因前積四千一百六十七寸二分，得一萬六千六百六十八寸八分爲寄。如意立一尺二寸，爲圓斛深。又如意立一尺，爲底徑。以三因深，得三十六寸，爲從隅。以底一十寸乘隅，得三百六十寸，爲從方。又以底一十寸乘從方，得三千六百寸，爲減率。以減寄一萬六千六百六十八寸八分，餘一萬三千六十八寸八分，爲實。開連枝平方，得一尺四寸七分，爲基。其實不及二寸四分四釐，收爲閏。次以元立底徑一尺，併基一尺四寸七分，得二尺四寸七分，只減七分爲差，餘二尺四寸，以半之，得一尺二寸，爲底徑。以差七分，併底徑，得一尺二寸七分，爲口徑。始以口徑一尺二寸七分，乘底徑一尺二寸，得一百五十二寸四分於上。次以口徑自乘，得一百六十一寸二分九釐，加上。又以底徑自乘，得一百四十四寸，又加上，共得四百五十七寸六分九釐。以三因之，得一千三百七十三寸七釐，爲法。除前圓寄一萬六千六百六十八寸八分，得一尺二寸一分四釐，爲圓斛正深。其實不及二毫六絲九忽八微，收爲閏。又以基一尺四寸七分，增三分，得一尺五寸，併底徑一尺，得二尺五寸，減一寸爲差，餘二尺四寸，以半之，得一尺二寸，爲底徑。以差一寸併底徑一尺二寸，得一尺三寸，爲口徑。始以口徑一十三寸，乘底徑一尺二寸，得一百五十六寸於上。又以口徑一十三寸自乘，得一百六十九寸，加上。又以底徑一十二寸自乘，得一百四十四寸，又加上，共得四百六十九寸。以三因之，得一千四百七寸，爲法。除前圓寄一萬六千六百六十八寸八分，得一尺一寸八分四釐七毫，爲圓斛深。寄餘七釐一毫，卻收深七毫，作一釐，通得一尺一寸八分五釐，爲圓斛深。此是求出兩等圓斛，在人擇而用之。

求囤米，置大囤上徑一丈，通爲百寸，乘上徑九十寸，得九千寸於上。又以上徑自乘，得一萬寸，加上。又以下徑九十寸自乘，得八千一百寸，加上，共得二萬七千一百寸。乘高一百二十寸，得三百二十五萬二千寸。又乘大囤一十二個，得三千九百二萬四千寸，爲寄。次置小囤上徑九十寸下徑八十寸相乘，得七千二百寸於次。又上徑自乘，得八千一百，加次。又下徑自乘，得六千四百寸，加次，共得二萬一千七百寸。又乘高一百寸，得二百一十七萬寸。又乘小囤一十三個，得二千八百二十一萬寸，併寄，共得六千七百二十三萬四千寸，[以三因之，以四除之，得五千四十二萬五千五百寸]，爲實。倍前斛積四千一百六十七寸二分，爲法，除之得(八)[六]千(六)[五]十(七)石[二斗](四)[八]升(七)[五]合(四)[五]勺(一)[六]抄(八)[三]撮。

元・朱世傑《四元玉鑒》卷上 端匹互隱

今有錢三貫四百一十九文，買羅一端。只云端長内加八尺之價共得五百七十八文尺。問端長，尺價各幾何。

荅曰：端長五丈二尺。尺價六十五文四分文之二。

術曰：立天元一爲尺價。如積求之，得三千四百一十九爲益實，五百七十八爲從方，八爲益隅。平方開之，得尺價。不盡，以連枝同體術求之。士琳案：此下落合問二字。

清・羅士琳《四元玉鑒細草》 艸曰：立天元一爲尺價，以八尺乘之，得爲八尺之價。以減共得五百七十八，得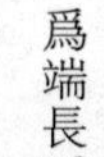爲端長。用乘天元，得爲一端價。與三貫四百十九文相消，得開平方得六十五文。不盡。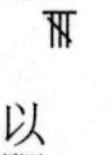以隅八爲母，乘實爲實，方不動，隅定爲一，得

 開平方得六爲子,子母各半之,得四分文之三爲尺價。通分內子,得二百六十三,又倍之得五百二十六,以減共得錢,餘五十二尺爲端長。合問。

元·朱世傑《四元玉鑑》卷上 和分索引

今有直積加平減較餘一百一十五步一十二分步之一。只云三長二平多於二和三較一十二分步之六。問長平各幾何。

荅曰:平八步三分步之二。長一十二步四分步之三。

術曰:立天元一爲長。如積求之,得四千一百三十一爲益實,一十八爲從方,二十四爲從隅。平方開之,得長。不盡。按之分法求之。合問。

清·羅士琳《四元玉鑑細草》 艸曰:立天元一爲長,以十二通之,得  倍之得 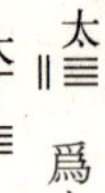 爲十二段二長。加多分子六,得  爲十二段三平。棄天元得 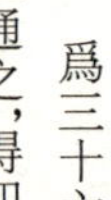 爲三十六段直積,寄左。乃以餘步通分內子,得一千三百八十一。又以三通之,得四千一百四十三,爲三十六段餘步於上。以十二段三平爲三十六段平,以減上位得 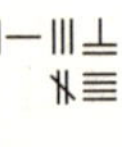 仍於上。又以天元三十六之得 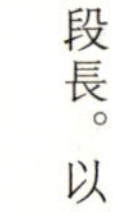 爲三十六段長。以三十六段平減之,得 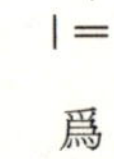 爲三十六段較。加上得  爲同數,消左得 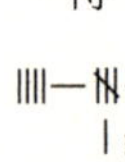 開平方,得十二步。不盡。 以隅二十四爲母,棄實爲實,方不動,隅定爲一,得 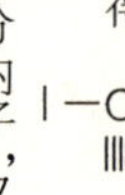 開平方,得十八爲子,子母各以六約之,得四分步之三爲長。通分內子,又以六通之,得三百六,加分子六,得三百十二爲實,以三十六爲法。實如法而一,得八步三十六分之二十四,約爲三分步之二爲平。合問。士琳案:此式尚可用三約。

之分開立方及高次方法

算法

宋·秦九韶《數書九章·錢谷類》卷三 推知糴數

問和糴三百萬貫,求米石數。聞每石牙錢三十,糴場量米折支牙人所得。每石出牽錢八百,牙人量米四石六斗八合,折與牽頭。欲知米數石價牙錢牙米牽錢各幾何。

荅曰:糴到米一十二萬石。石價,二十五貫文。牙錢,三千六百貫文。折米,一百四十四石。牽錢,一百一十五貫二百文。以石價除都牽錢,得牽米。見問。

術曰:以商功求之,率變入之。置糴本,牙錢,牽錢,相乘爲實,以牽米爲隅,開連枝立方,得石價。以價除本,得糴到米。以牙錢乘米,得總牙錢。以價除之,得牙米。以牽錢乘牙米,得共牽錢。

草曰:置糴米三百萬貫,乘牙錢三十文,得九千萬貫,又乘牽錢八百文,得七百二十億萬貫,爲價實。置牽米四石六斗八合,於實數零文之下,爲立方從隅。起步,步法常超二位,每超一度,商進之。今隅凡超四度,當於實上約定首商二十貫。乃以商生隅四石六斗八合,得九十二貫一百六十文,乃以爲廉。又以商生廉,得一百八十四萬三千二百貫,爲方。乃以方命上商二十貫,除實訖,實餘三百五十一億三千六百萬貫。復以商生隅四石六斗四合,入廉,得一百八十四貫三百二十文。又以商生廉,加入方內,得五百五十二萬九千六百貫,爲方法。復以商又生隅四石六斗八合,加入廉,得二百七十六貫四百八十文,爲廉法。其方法一退,廉法二退,從隅三退,乃於首商之次,約實續商五貫。以續商生隅四石六斗八合,入廉,得二百九十九貫五百二十文。又以續商生廉,入方,得七百二萬七千二百貫。乃命續商五貫,除實適盡。所得二十五貫,爲每石米價,以爲法。以糴本三百萬貫爲實,如法而一,得一十二萬石,爲糴到米數。以米數乘牙錢三十,得三千六百貫,爲牙錢。以石價二十五貫,除牙錢三千六百貫文，得一百四十四石，爲糴場量米折牙錢。以牽錢八百，乘牙米一百四十四石，得一百一十五貫二百文，爲牽頭得牙人所與牽錢之數。今乃以石價二十五貫文，約牽錢一百一十五貫二百文，得四石六斗八合，爲牽米折錢。合問。

先以上乘副，得次，乃以次乘下，得實。

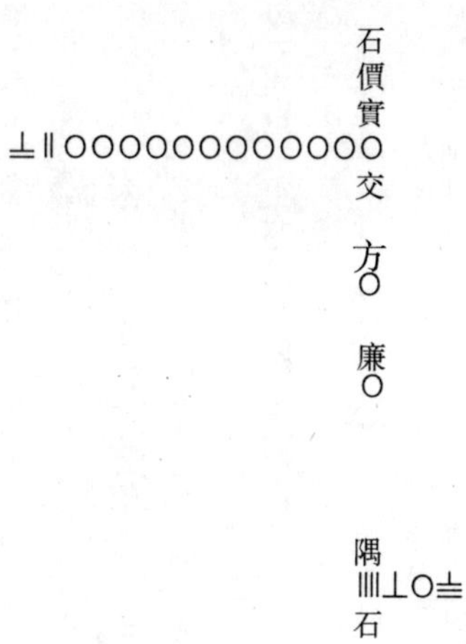

首圖牙錢牽錢，皆係石率，所乘糴本，爲石價之實。今以牽米爲立方隅，當以四石自文下起步。

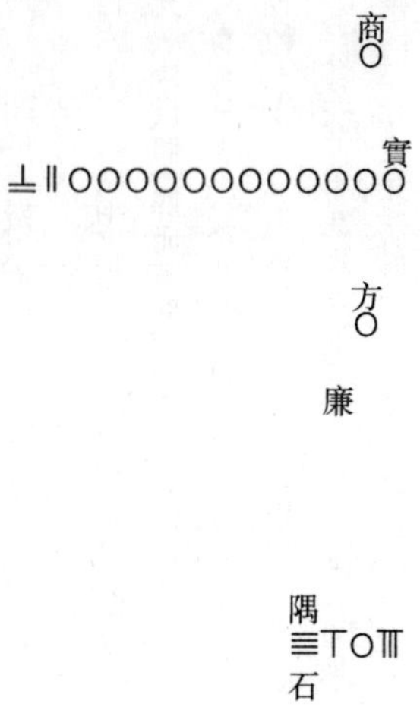

隅超二位，約商得十。

隅再超二，商約得百。

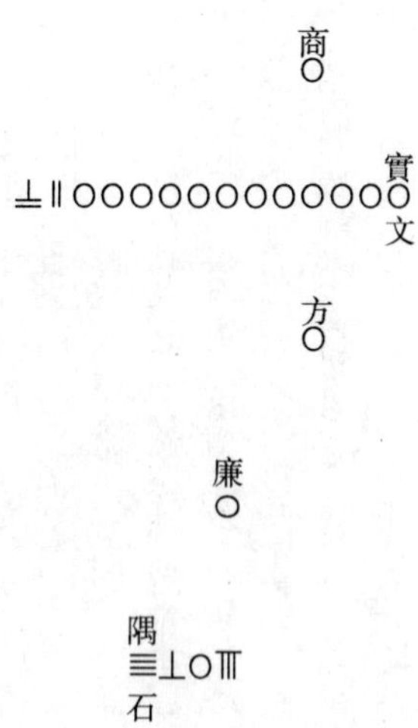

隅又超二，商約得貫。

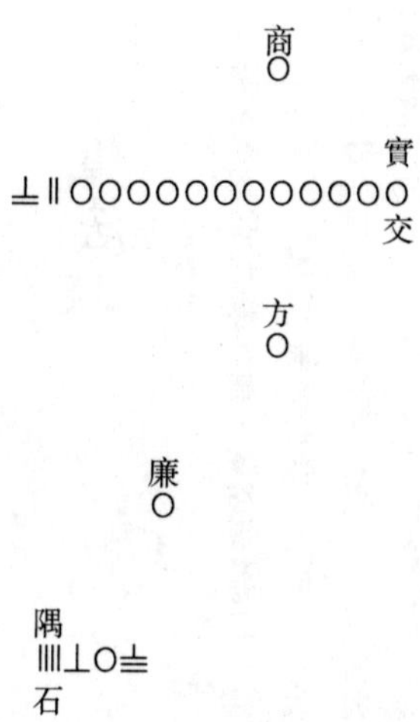

隅復超二，商約十貫。

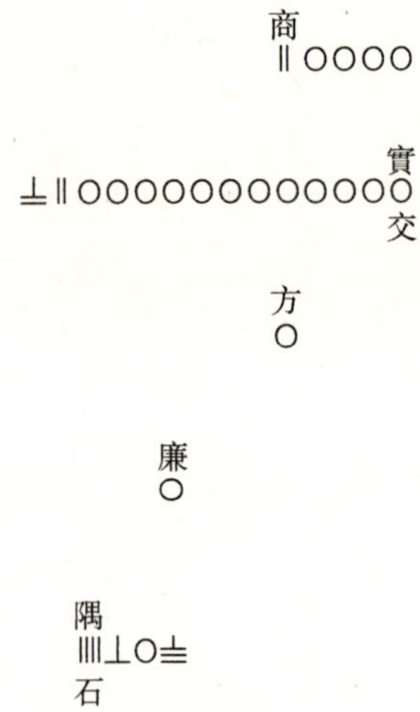

隅不可超。

商定廿貫。

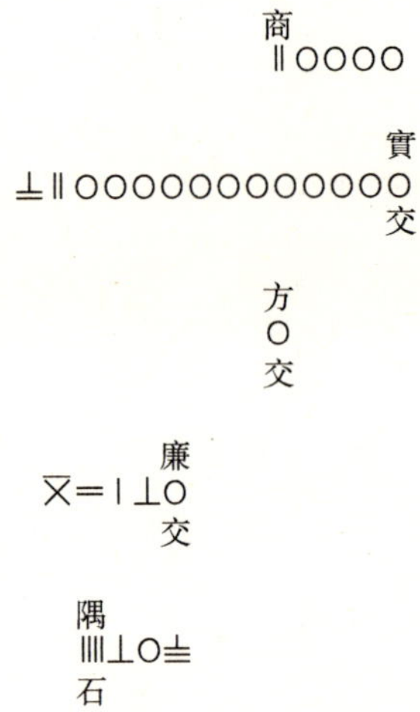

以商生隅，得廉。

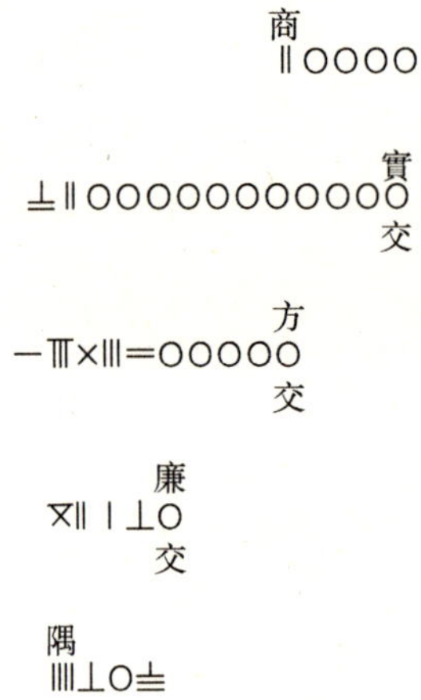

以商生廉，得方。

以方命商，除實。

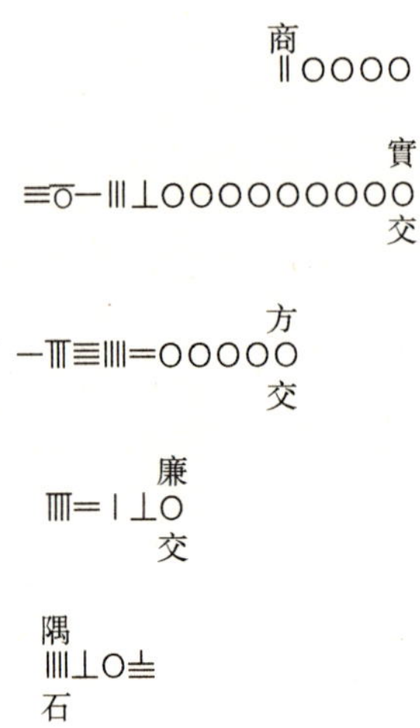

以商生隅，入廉。

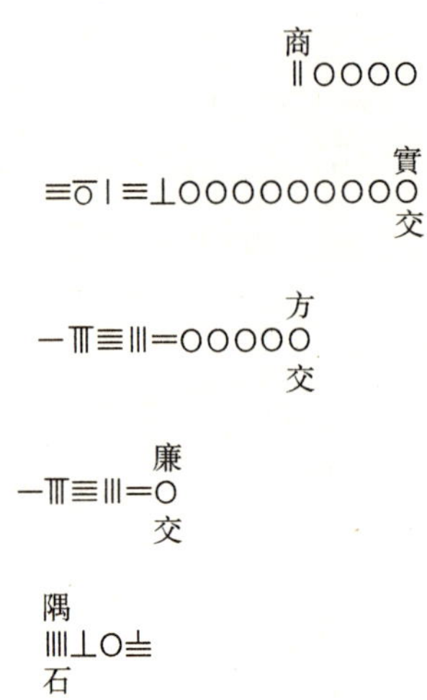

以商生廉，入方。

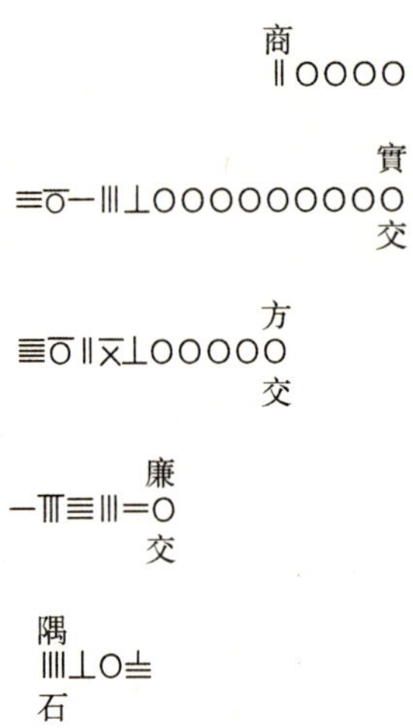

以商[生]隅，續入廉。

商 ‖〇〇〇〇
實 ≡〇丨−‖⊥〇〇〇〇〇〇〇〇〇 交
方 ≡〇=Ⅲ⊥〇〇〇〇〇 文
廉 =Ⅱ⊥Ⅲ≐〇 交
隅 ≐〇⊥Ⅲ 石

方一退，廉再退，隅三退。

商 ‖〇〇〇〇
實 ≡〇丨−‖⊥〇〇〇〇〇〇〇〇〇 交
方 Ⅲ〇‖≐⊥〇〇〇〇〇 交
廉 =Ⅱ⊥Ⅲ≐〇 交
隅 ≡⊥〇Ⅲ 石

約實，續商五貫。

商 ‖≡〇〇〇
實 ≡〇丨−‖⊥〇〇〇〇〇〇〇〇〇 交
方 Ⅲ〇‖×⊥〇〇〇〇〇 交
廉 =Ⅱ⊥Ⅲ≐〇 交
隅 ≡⊥〇Ⅲ 石

以續商生隅，入廉。

商 ‖≡〇〇〇
實 ≡〇丨−‖⊥〇〇〇〇〇〇〇〇〇 交
方 〇〇‖≐⊥〇〇〇〇〇
廉 =Ⅲ≐〇=〇 交
隅 ≡⊥〇Ⅲ 石

以續商生廉，入方。

商 ‖≡〇〇〇
實 ≡〇丨−‖⊥〇〇〇〇〇〇〇〇〇 交
方 Ⅱ〇‖⊥‖〇〇〇〇〇 交
廉 =×〇× =〇 交
隅 ≡⊥〇Ⅲ 石

乃以方命續商。除實適盡。

商〇 每石實 ≡〇〇〇〇〇〇〇〇〇 交 Ⅲ⊥〇〇〇〇〇
法 ‖≡〇〇〇 交
糴到米石 −‖〇〇〇〇 牙錢 ≡〇 交

以石價除糴本，得糴到米。以牙錢乘糴到米，得牙錢。

法 ‖≡〇〇〇 交
牙米 丨≡Ⅲ 石 牽 Ⅲ〇〇 錢交

以石價除牙錢，得牙米。以牽錢乘牙米，得都牽錢。

都牽錢 −丨≡‖〇〇 實
石價 ‖≡〇〇〇 法

又《天時類》卷四　竹器驗雪

問以圓竹籮驗雪，籮口徑一尺六寸，深一尺七寸，底徑一尺二寸，雪降其中，高一尺，籮體通風，受雪多，則平地少。欲知平地雪高幾何。

答曰：平地雪厚九寸三千四百三十九分寸之七百六十四。

術曰：口徑減底徑，餘乘雪深，半之自乘爲隅。以籮深冪乘雪深冪，併隅，又乘雪深冪，爲實。隅實可約，約之。開連枝三乘方，得平地雪厚。

草曰：列問數，各通爲寸，置口徑一十六寸，減底徑一十二寸，餘四寸，乘雪深一十寸，得四十寸，以半之，得二十寸，自乘，得四百寸，爲隅。以籮深一十七寸自乘，得二百八十九寸，爲籮深冪。次置雪深一十寸自乘，得一百寸，爲雪深冪，以乘籮深冪數，加隅，又乘深冪。得二百九十三萬寸，爲實。隅實求等，得四百，俱約之，得七千三百二十五，爲實。得一爲隅，開三乘方，步法不可超，乃約實，置商九寸，與隅一相生，得九，爲下廉。又與商相生，得八十一寸，爲上廉。又與商相生，得七百二十九，爲從方，乃命上商，除實，不盡七百六十四，已而復以商生隅，入二廉，至方，陸續又生畢，以方廉隅共併之，得三千四百三十九分寸之七百六十四，爲平地雪厚九寸三千四百三十九分寸之七百六十四，合問。列問數，各通爲寸，口徑得一十六寸，深一十七寸，底徑一十二寸，籮中雪高一十寸。

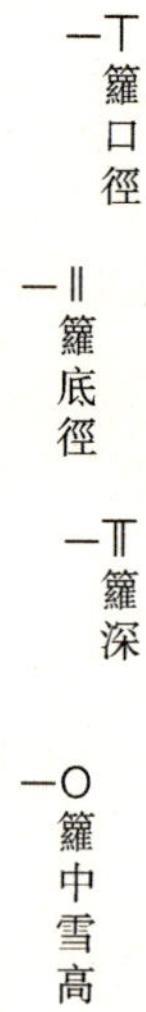

乃以底徑減口徑，餘四寸，乘雪深一十寸，得四十寸。

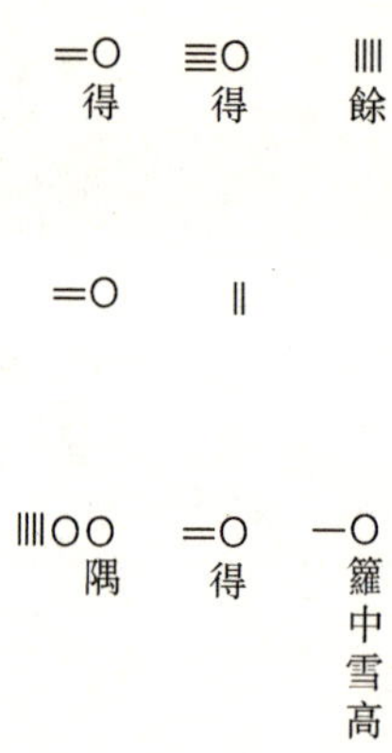

以半得數二十寸自乘，得四百寸，爲隅。以籮深一十七寸自乘，得二百八十九寸，爲籮深冪。

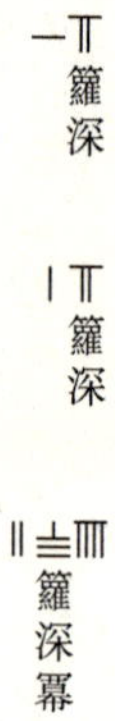

次置雪深一十寸自乘，得一百，爲雪深冪。

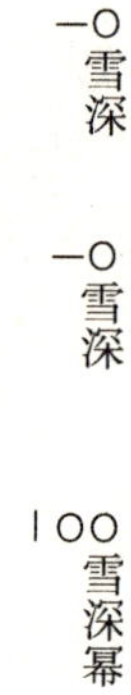

以雪深冪一百寸，乘籮深冪二百八十九寸，得二萬八千九百寸，併隅四百寸，得二萬九千三百寸，爲上。

置上位數二萬九千三百寸，又乘雪深冪一百寸，得二百九十三萬寸，爲實，開三乘方。

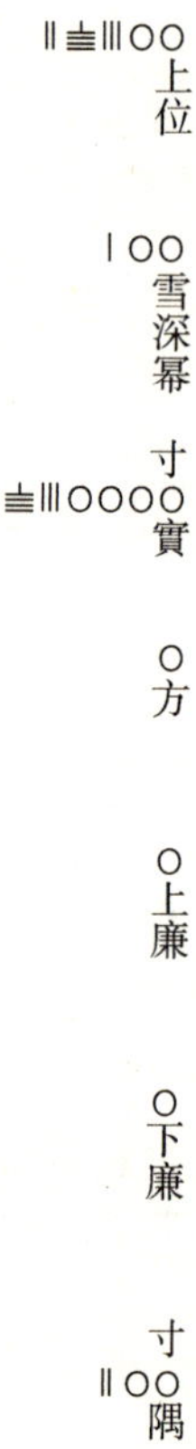

以隅實求等，得四百，俱爲約之，得七千三百二十五，爲實。一爲隅，開之。

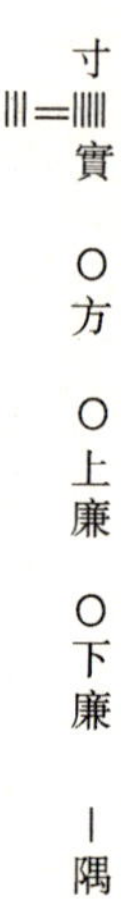

步法不可超，乃約實，置商九寸。與隅相生，得九，［爲］下廉。

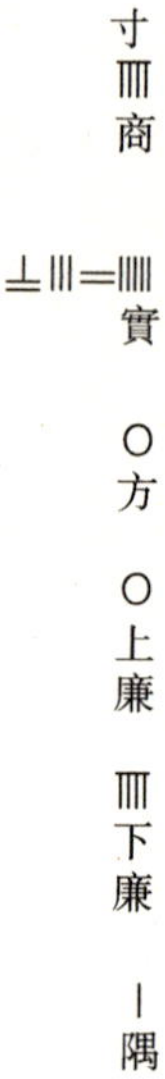

下廉九，又與商九相生，得八十一，爲上廉。

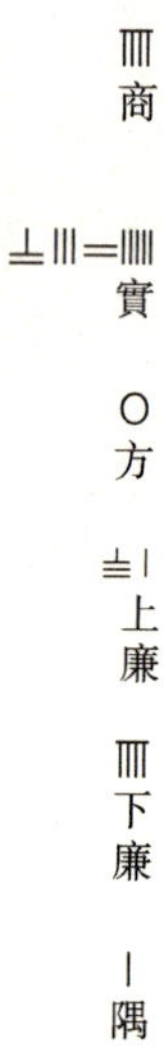

上廉又與商相生，得七百二十九，爲從方。

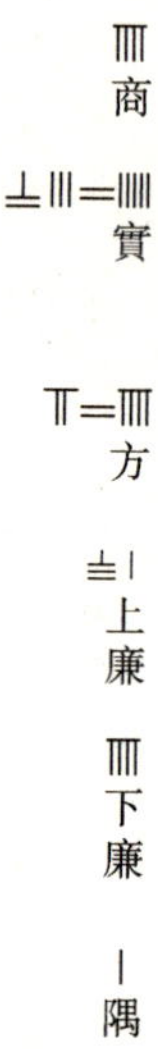

乃以從方七百二十九，命上商九，除實七千三百二十五訖，實餘七百六十四，既而復以商生隅，入下廉。

𝍨商　𝍦𝍮𝍣實餘　𝍦𝍪𝍨方　𝍰𝍠上廉　𝍩𝍦下廉　𝍠隅

𝍨商　𝍦𝍮𝍣實　𝍦𝍪𝍨方　𝍡𝍫𝍢上廉　𝍩𝍦下廉　𝍠隅

下廉得一十八，又與商九相生，入上廉。

𝍨商　𝍦𝍮𝍢實　𝍪𝍱𝍩𝍥方　𝍡𝍫𝍢上廉　𝍩𝍦下廉　𝍠隅

上廉得二百四十三，又以商相生，入方，得二千九百一十六。

𝍨商　𝍦𝍮𝍣實餘　𝍪𝍱𝍩𝍥方　𝍡𝍫𝍢上廉　𝍪𝍦下廉　𝍠隅

又以商九生隅一，入下廉一十八内，得二十七。

𝍨商　𝍦𝍮𝍣　𝍪𝍱𝍩𝍥方　𝍣𝍰𝍥上廉　𝍪𝍦下廉　𝍠隅

又以商九生下廉二十七，入上廉二百四十三内，得四百八十六。又以商生隅，入下廉二十七内，得三十六，爲末圖。乃以末圖方廉隅四者併之，得三千四百三十九，爲母。以實餘七百六十四，爲子。

末圖　𝍨商　𝍦𝍮𝍣實　𝍪𝍱𝍩𝍥方　𝍣𝍰𝍥上廉　𝍫𝍥下廉　𝍠隅

雪厚寸　𝍨商　𝍦𝍮𝍣實餘　𝍫𝍣𝍫𝍨方廉隅

子　　母

命爲平地雪厚九寸三千四百三十九分寸之七百六十四。合問。

又《**測望類**》**卷八**　望敵圓營

問敵臨河爲圓營，不知大小。自河南岸至某地七里，於其地立兩表，相去二步，其西表與敵營南北相置。人退西表一十二步，遥望東表，適與敵營圓邊參合。圓法用密率，里法三百六十步。欲知其營周及徑各幾何。

答曰：營周六里(一百二步七分步之六)〔八十七步三萬五千九百一十七分之二千三百三十七。〕徑(二)〔一〕里。

望敵圓營圖

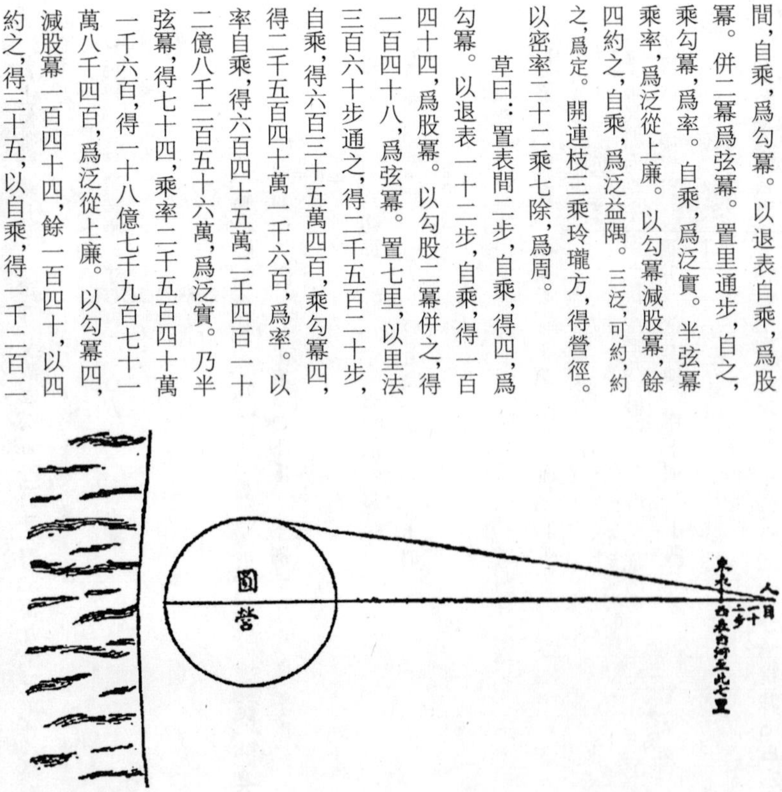

術曰：以勾股夕桀求之。置表間，自乘，爲勾冪。以退表自乘，爲股冪。併二冪爲弦冪。置里通步，自之，乘勾冪，爲率。自乘，爲泛實。半弦冪乘率，爲泛從上廉。以勾冪減股冪，餘四約之，自乘，爲泛益隅。三泛，可約，約之，爲定。開連枝三乘玲瓏方，得營徑。以密率二十二乘七除，爲周。

草曰：置表間二步，自乘，得四，爲勾冪。以退表一十二步，自乘，得一百四十四，爲股冪。以勾股二冪併之，得一百四十八，爲弦冪。置七里，以里法三百六十步通之，得二千五百二十步，自乘，得六百三十五萬四百，乘勾冪四，得二千五百四十萬一千六百，爲率。以率自乘，得六百四十五萬二千四百一十二億八千二百五十六萬，爲泛實。乃半弦冪，得七十四，乘率二千五百四十萬一千六百，得一十八億七千九百七十一萬八千四百，爲泛從上廉。以勾冪四，減股冪一百四十四，餘一百四十，以四約之，得三十五，以自乘，得一千二百二十五，爲泛益隅。置三泛，求等得一千二百二十五，俱以約之，得五千二百六十七億二千七百五十七萬七千六百，爲定實。一百五十三億四千四百六十四，爲從上廉，一爲定益隅，開玲瓏三乘方。乃以廉隅超二度，約商，置七百，上廉約一百五十三億，益隅爲一億。乃以上商生隅，得七億，爲益下廉。又以上商生益廉，減從廉，餘一百四億四千四百六十四萬。又以上商生從廉，得七百三十一億一千二百四十八萬，爲從方。乃命上商除實，實餘一百四十九億四千二十一萬七千六百，又以上商生益隅，入下廉，得一十四億。又以上商生益廉，減從廉，餘六億四千四百六十四萬。又以上商生從廉，入方，得七百七十六億二千四百九十六萬。又以上商生益隅，入下廉，得二十一億。又以上商生益廉，減從廉，餘一百四十億五千五百三十六萬，爲益上廉。又以上商生益隅，入下廉，得二十八億。諸法皆退。方一退，爲七十七億六千二百四十九萬六千。益上廉再退，爲一億四千五十五萬三千六百。益下廉三退，爲二百八十萬。益隅四退，爲一萬。乃於上商之次，續商，置二十步，以續商生隅，入下廉，爲二百八十二萬。又以續商生下廉，入上廉，爲一億四千六百一十九萬三千六百。又以續商生上廉，減從方，餘七十四億七千一十萬八千八百，乃命續商除實，適盡。所得七百二十步，以里法約之，得二里，爲營徑。次以密率二十二，乘七百二十，得一萬五千八百四十，爲實。以七餘之，得二千二百六十二步七分步之六，以里法約得六里一百二步七分步之六，爲營周。

表間‖　表間‖　句冪Ⅲ步　退表−‖　退表−‖　股冪|≡Ⅲ步

句冪Ⅲ　股冪|≡Ⅲ　弦冪|≡Ⅲ步　里數Ⅲ　里法Ⅲ⊥〇步　得=Ⅲ=〇步

得=Ⅲ=〇　Ⅱ≡Ⅱ〇得　得冪T≡Ⅲ〇Ⅲ〇〇　Ⅲ　率=Ⅲ≡〇−T〇〇　率〇〇⊥|〇Ⅲ≡Ⅱ

泛實T≡Ⅲ=Ⅲ−‖≟‖≡T〇〇〇〇　半弦冪⊥Ⅲ　率=Ⅲ≡〇−T〇〇　泛從上廉−Ⅲ⊥Ⅲ⊥|≟Ⅲ〇〇　句冪Ⅲ　股冪|≡Ⅲ

餘|≡〇　Ⅲ約法　=Ⅲ得　Ⅱ≡得　泛益隅−‖=Ⅲ

置三泛，求等，得一千二百二十五，以約三泛數。

泛實T≡Ⅲ=Ⅲ−‖≟‖≡T〇〇〇〇步　泛從上廉−Ⅲ⊥Ⅲ⊥|≟Ⅲ〇〇　泛益隅−‖=Ⅲ　等數−‖=Ⅲ

以等，約三泛。

商〇　〇〇⊥Ⅲ≡Ⅲ⊥=Ⅲ⊥‖≡　〇方　×⊥×Ⅲ×|≡Ⅲ|從廉　〇下廉　|益隅

空方一進，從上廉二進，空下廉三進，益隅四進。

商〇　〇〇⊥Ⅲ⊥〇Ⅲ=⊥Ⅲ‖≡實　〇方　×⊥××Ⅲ〇|　〇下廉　|益隅

同前各進。

商Ⅲ〇〇步　〇〇⊥Ⅲ≡Ⅲ=Ⅲ⊥‖≡　〇方　Ⅲ⊥×≡Ⅲ〇|上廉　〇下廉　|益隅

約實，置商七百步，生隅，得下廉。

商 ⫪OO
實 ≣‖⊥⫪=⫪≣⫪⊥⊤OO
方 O
上廉 |O|||≣×⊥||||
下廉 ⫪OO
益隅 |

以商生下廉，得益上廉。

商 ⫪OO
實 ≣‖⊥⫪=⫪≣⫪⊥⊤OO
方 O
從上廉 |O|||⊥×
益上廉 ≣⫼OOOO
下廉 ⫪OO
益隅 |

以益上廉，消從上廉，餘是從上廉。

商 ⫪OO
實 ≣‖⊥⫪=⫪≣⫪⊥⊤OO
方 O
上廉 |O×××⊥||||
下廉 ⫪OO
益隅 |

以商生上廉，得從方。

商 ⫪OO
實 ≣‖⊥⫪=⫪≣⫪⊥⊤OO
方 ⫪≡|−‖≣⫼OO
上廉 |O×≣×⊥||||
下廉 ⫪OO
益隅 |

乃以從方命上商，除實。

商 ⫪OO
餘實 |≣⫼≣O=|⊥⊤OO
方 ⫪≡|−‖≣⫼OO
上廉 |O×≣×⊥×
下廉 ⫪OO
益隅 |

復以商生隅，入下廉。

商 ⫪OO
實 |≣⫼≣O=|⊥⊤OO
方 ⫪≡|−‖×⫼OO
從上廉 |O×≣×⊥×
益上廉 ≜⫼OOOO
下廉 −||||OO
益隅 |

以商生下廉，得益上廉，相消。

商 ⫪OO
實 |≣⫼≣O=|⊥⊤OO
方 ⫪≡|−‖≣⫼OO
上廉 ⊤×|||| |×
下廉 −||||OO
益隅 |

以商生上廉，入方。

商 ⫪OO
實 |≣⫼≣O=|⊥⊤OO
方 ⫪⊥⊤=××⊤OO
上廉 ⊥×||||⊥×
下廉 −||||OO
益隅 |

仍以商復生隅，入下廉。

商 ⫪OO
實 |≣⫼≣O=|⊥⊤OO
方 ⫪⊥⊤=××⊤OO
上廉 ⊥×||||⊥×
下廉 =|OO
益隅 |

又以商生下廉，得益上廉。

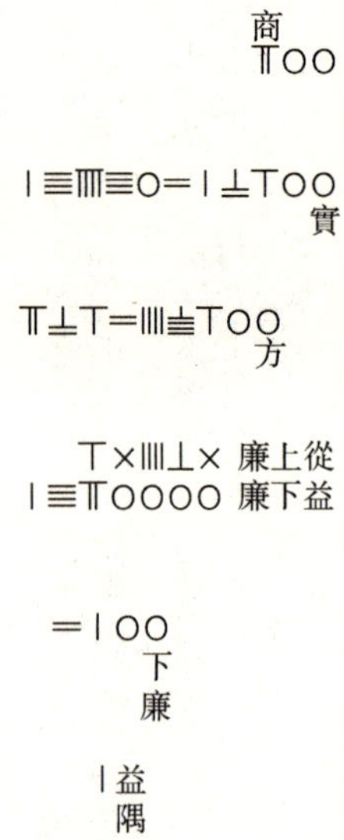

上廉益從相消。

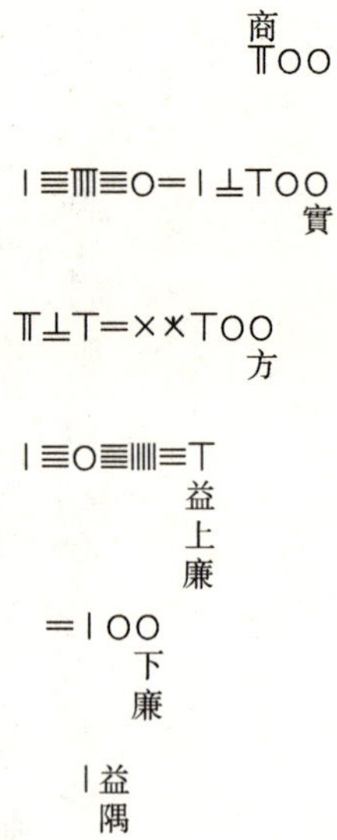

還以商生隅，入下廉。

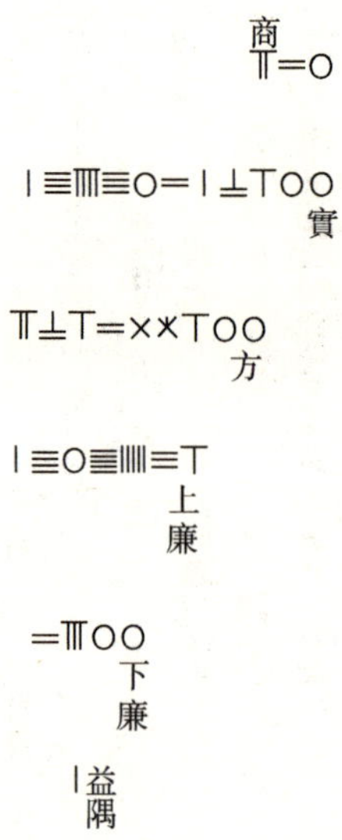

從方一退，上廉再退，下廉三退，益隅四退。

續以商生隅，入下廉。

又以商生下廉，入上廉。

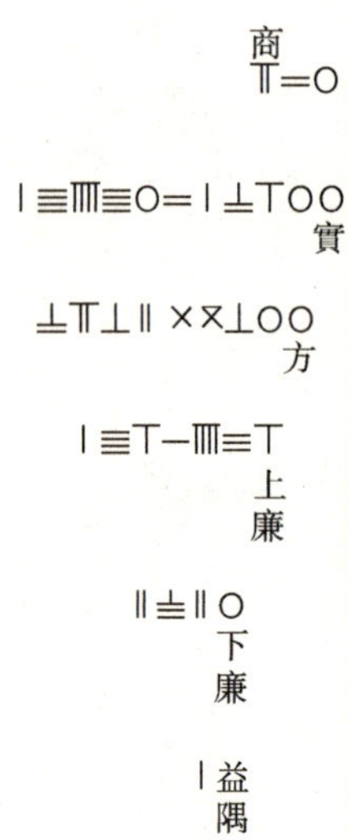

再以商生上廉，消從方。

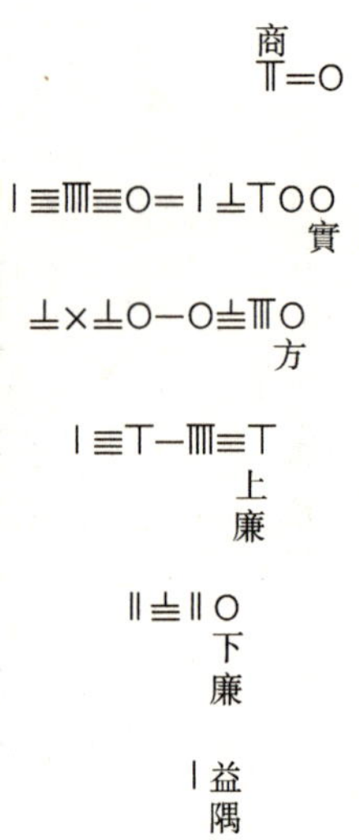

乃以從方命上續商，除實適盡。

元·朱世傑《四元玉鑒》卷上 和分索隱

今有直積加長，以平乘之，得一千六十八步六分步之一。只云二和一長內減三平五較餘九步六分步之一。問長平各幾何。

答曰：平八步三分步之二。長一十二步四分步之三。

術曰：立天元一爲平。如積求之，得一萬二千八百一十八爲益實，五十五爲益方，三十一爲益廉，二十四爲從隅。立方開之，得平。不盡。按之分法求之。合問。

清·羅士琳《四元玉鑑細草》 艸曰：立天元一爲平，以二十四通之，得太 爲六段四平於上。副以餘步通分內子，得五十五爲六段餘步。又爲六段四平少二長，以減上位，得 爲六段二長。又爲十二段長，乘天元得 爲十二段直積。加十二段長，得 又乘天元，得 爲十二段。如積寄左。乃以得步通分內子，得六千四百九。倍之得一萬二千八百十八爲同數。消左，得 開立方得八步。不盡。以隅二十四爲母，以母再乘實爲實，以母一乘方爲方，廉不動，隅定爲一，得  開立方，得十六爲子，子母各以八約之，得三分步之二爲平。通分內子，又八之，得二百八爲六段四平，減六段餘步五十五，餘一百五十三爲實，十二爲法。實如法而一，得十二步十二分之九，約爲四分步之三，爲長。合問。

元・朱世傑《四元玉鑒》卷上　和分索隱

今有直積自乘，減和冪，餘一萬一千七百五十一步一百四十四分步之八十三。只云較不及平四步一十二分步之七。問長平各幾何。

答曰：平八步三分步之二。長一十二步四分步之三。

術曰：立天元一爲平。如積求之，得一百六十九萬五千二百五十二爲益實，三千九百六十爲從方，一千七百二十九爲從上廉，二千六百四十爲益下廉，五百七十六爲從隅。三乘方開之，得平。不盡。按之分法求之。再得一百四萬二千八十四億五千二百八十一萬二千八百爲益實，二千三百三十七億三十六萬一百九十二爲從方，九千一百九十萬二千五百二十八爲從上廉，一萬五千七百九十二爲從下廉，一爲正隅。三乘方開之，得三百八十四。與分母約之。合問。

清・羅士琳《四元玉鑑細草》　艸曰：立天元一爲平，以分母十二通之，得 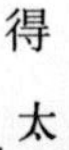 爲十二段平。倍之得 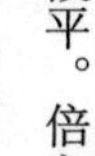 爲十二段倍平副，以較不及平通分內子，得五十五以減之，得 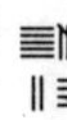 爲十二段長。用加十二段平，得  爲十二段和。自之，得 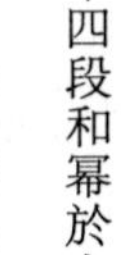 爲一百四十四段和冪於上。又以天元乘十二段長，得  爲十二段直積，自之，得  爲一百四十四段直積自乘，以上位減之，得 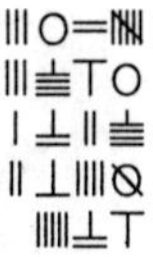 爲一百四十四段如積，寄左。乃以餘步通分內子，得一百六十九萬二千二百二十七爲同數。消左，得  開三乘方，得八步。不盡 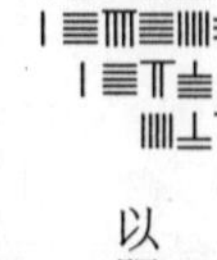 以隅五百七十六爲母，以母三乘實爲實，以母再乘方爲方，以母一乘上廉爲上廉，下廉不動，隅定爲一，得 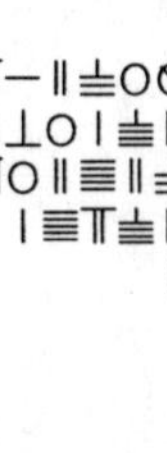 開三乘方，得三百八十四爲子，子母各以一百九十二約之，得三分步之二爲平。通分內子，又八之，得二百八以較不及平五十五減之，餘一百五十三爲實，十二爲法。實如法而一，得十二步十二分之九，約爲四分步之三爲長。合問。

增乘開方的拓展分部

綜論

清・華蘅芳《開方古義》卷一　朱松庭《四元玉鑑》首列今古開方會要之圖，內分爲二，一爲梯法七乘方圖，一爲古法七乘方圖。其如何用以開方，則朱書未明言。讀朱書者，亦弗知也。余謂是圖必能爲開正負諸乘方之用。其開卷而首列是圖者，必爲是書中所不可少者也。惟是心力懦鈍，未能遽通其義。攷之梅氏、駱氏、夏氏之説，亦覺未得要領。蓄疑於胸中者久之，邇年來因演算積較之術，始知圖中各數乃專爲遞開一數而設，是古時開方所用之乘數也。其梯法之圖，乃專明步法進退之例，與秦氏《數書九章》之法大略相同。蓋其所謂今法也，集今古之法而會其要，則朱氏之意也。數百年久晦之義，今得一旦復明，此亦數理之自然，非余之力也。爰著《開方古義》二卷。卷一專演古題，卷二論余求得各術之故。庚辰十一月，若汀氏識。

徵引舊説

梅氏《少廣拾遺》云，嘗見《九章比類》《曆宗筭會》《筭法統宗》俱載有開方作法本原圖，而僅及五乘並無算例。《同文算指》稍變其圖，具七乘方算法而不適於用，詮釋不無譌誤。《西鏡録》演其圖爲十乘方，而舉數僅詳三乘方一式而已。康熙壬申，稍取古圖紬繹發其旨趣，爲作十二乘方算例。頗覺詳明，然後知今日所用開平方之法，迺算家徑捷之用，而不及古圖之簡括精深也。駱氏開方作法本原圖解云，開方作法本原圖，梅勿菴先生謂其相生之序皆加一算是矣，然作法之原，究未詳晰，則以勿菴固未知天元一術也。又云，是圖專爲天元一而設也，第天元一術久失其傳，故知之者鮮耳。夏氏洞方術論整根遞加圖云，算學之遞加圖，猶農夫之耒耜，漁人之網罟也。亦猶璇璣迴文，縱横反復皆成文也。數雖至約，理則無窮。凡算法之精深者，皆不外乎是梅氏《少廣拾遺》演爲圖，而未詳加詮釋。春池駱氏謂是圖專爲天元一而設，其論亦似囿一隅。蓋諸乘方之廉、率、方、隅，亦祇屬遞加數之一端耳。烏足盡遞加數之妙哉，是圖求法有斜、横、直、側四種，自左上斜求至右下，自右上斜求至左下，曰斜行。自左横求至右，自右横求至左，曰横行。自上直求至下，曰直行。自右下斜求至左上，自左下斜求至右上，曰側行。以上四種相爲錯綜算法，皆有條不紊，亦數之賾而理之奥也。

清・程之驥《開方用表簡術》　謹按：行素軒《開方古義》二卷解釋今古開方會要之圖，暢明厥恉，且示圖中各數專爲遞開一數而設，因之化圖立表，爲開正商遞加一之用。復將表數變作正負相間，爲開負商遞加一之用。又推增表中倍數，爲開正負各商遞加二之用，共成四表。證以算草佐以論説固已理，詳法備矣。惟是原術用表，必迭次遞求餘式，始開得元之一位商數，其在平方、立方本自便易。儻在多乘方式，而元數又有多位布算，仍覺甚繁。爰從原表進推得表若干，通併原表計之遂成九箇正商分表，九箇負商分表，再將各表首層之數，依次疊爲一箇正商總表，一箇負商總表，無論開何乘方，必先於總表得初商，繼於分表求餘式，復於總表得次商，循是，以推凡多求一次餘式，即多得一位商數，擬名《開方用表簡術》益較原術以可略從簡省云。

清・華蘅芳《開方古義》卷二

表一　此即用平常開方之法。而每次遞商一數也，其算式之逐行漸低者，即常法所謂一變、二變、三變之數也。其改直之數，即變訖之式也。因此式可第二次開之，故名之爲餘式。此種變法，諸乘方皆通爲一例，故可用代數求其公式。將各乘方式之實、方、廉、隅代以甲、乙、丙、丁等字如法求其變訖之式，則得各式如下：

平方之式爲

甲丄乙丄丙
乙丄丙
丙
乙丄二丙
丙
丙

其餘式爲

甲丄乙丄丙
乙丄二丙
丙

立方之式爲

甲丄乙丄丙丄丁
乙丄丙丄丁
丙丄丁
丁
乙丄二丙丄三丁
丙丄二丁
丁
丙丄三丁
丁
丁

其餘式爲

甲丄乙丄丙丄丁
乙丄二丙丄三丁
丙丄三丁
丁

三乘方式爲

戊⊥丁⊥丙⊥乙⊥甲
戊⊥丁⊥丙⊥乙
戊⊥丁⊥丙
戊⊥丁
戊

四戊⊥三丁⊥二丙⊥乙
三戊⊥二丁⊥丙
二戊⊥丁
戊

六戊⊥三丁⊥丙
三戊⊥丁
戊

四戊⊥丁
戊

戊

其餘式爲

戊⊥丁⊥丙⊥乙⊥甲
四戊⊥三丁⊥二丙⊥乙
六戊⊥三丁⊥丙
四戊⊥丁
戊

則可見,各餘式內之甲、乙、丙、丁、戊在某層中所用之倍數相同,故可將其倍數列爲表,以諸乘方式之實、方、廉、隅乘之,即可得商一之餘式。

開方表第一

|
| |
|||| T ||||
||||| —○ —○ |||||
T —||||| =○ —||||| T

此表各數次第相生,其法有二。第一法　每行首末兩層之數皆爲 | 其中間各層之數,各以右數與右上之數相加而成。第二法　先由上法得其一二兩行之數,其第三行爲第二行自乘之數,其第四行爲第二行再乘之數,每後一行則多乘一次。既得此表,乃知《四元玉鑑》中古法七乘方圖其數皆與此合,知古人開方,亦用此法也。

表二　用前表以開方其便有四。造表極易一便也,位數甚少二便也,有乘無除三便也,數多相同四便也。有此四便,故覺他法皆不能及。前表本專爲開正數而設,故遇欲開負數之時,必將開方式間層,反其正負。令負元變爲正元,此乃還就之法也。茲於常法外,更求其專開負數之表。將各乘方式之實、方、廉、隅,代以甲、乙、丙、丁,等字。如開負數之法,求其變訖之式,則其各乘方之式如下:

平方之式爲

丙T乙⊥甲
T丙⊥乙
丙

T二丙⊥乙
丙

丙

其餘式爲

丙T乙⊥甲
T二丙⊥乙
丙

立方之式爲

T丁⊥丙T乙⊥甲
丁T丙⊥乙
T丁⊥丙
丁

三丁T二丙⊥乙
T二丁⊥丙
丁

T三丁⊥丙
丁

丁

其餘式爲

T丁⊥丙T乙⊥甲
三丁T二丙⊥乙
T三丁⊥丙
丁

戊丅丁⊥丙丅乙⊥甲
丅戊⊥丁丅丙⊥乙
戊丅丁⊥丙
丅戊⊥丁
戊

三乘方之式爲

丅四戊⊥三丁丅二丙⊥乙
三戊丅二丁⊥丙
丅二戊⊥丁
戊

六戊丅三丁⊥丙
丅三戊⊥丁
戊

丅四戊⊥丁
戊

戊

其餘式爲

戊丅丁⊥丙丅乙⊥甲
丅四戊⊥三丁丅二丙⊥乙
六戊丅三丁⊥丙
丅四戊⊥丁
戊

則可見各餘式內之甲、乙、丙、丁、戊，在其層中所用之倍數及正負皆相同。故可列其各倍數爲表。

開方表第二

一
〤一
一〤一
〤〣〤一
一〤丅〤一
〤〣⊘〇〥一
一〥〣〢⊘〣〥一

此表以諸乘方式之實、方、廉、隅，乘之即可得商負一之餘式。以上兩表正數、負數皆可求矣。惟每求一次必乘一次，若遇四、五以上之數，則求之甚費楮墨。必設法稍免其繁。

如將呷、吃、哂、叮、哎，代餘式

戊⊥丁⊥丙⊥乙⊥甲
四戊⊥三丁⊥二丙⊥乙
六戊⊥三丁⊥丙
四戊⊥丁
戊

中之甲、乙、丙、丁、戊，則

哎＝戊
叮＝四戊⊥丁
哂＝六戊⊥三丁⊥丙
吃＝四戊⊥三丁⊥二丙　乙
呷＝戊⊥丁⊥丙⊥乙⊥甲

四哎＝四戊
三叮＝一二戊⊥三丁
二哂＝一二戊⊥六丁⊥二丙
吃＝四戊⊥三丁⊥二丙⊥乙

六哎＝六戊
三叮＝一二戊⊥三丁
哂＝六戊⊥三丁⊥丙

四哎＝四戊
叮＝四戊⊥丁

則

又令

得

哎⊥叮⊥哂⊥吃⊥呷
四哎⊥三叮⊥二哂⊥吃
六哎⊥三叮⊥哂
四哎⊥叮
哎

於此式之各層中，取其甲、乙、丙、丁、戊，所用之各倍數，得

一六戊⊥八丁⊥四丙⊥二乙⊥甲
三二戊⊥一二丁⊥四丙⊥乙
二四戊⊥六丁⊥丙
八戊⊥丁
戊

齊其行而列之爲表，則用此表一次可抵前表二次。

開方表第三

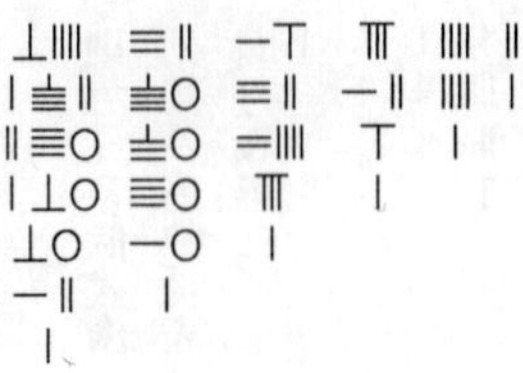

此表亦專爲開正數之用,若將此表之每行自下而上反其偶層之號,則得下表爲專開負數之用。

清·程之驥《開方用表簡術》

正商一之表 此表即行素軒所謂開方表第一也。因此表可開正商一,以求餘式故名正商一之表,其造法但取古法七乘方圖,各横層之數即可爲此表各直行之數。

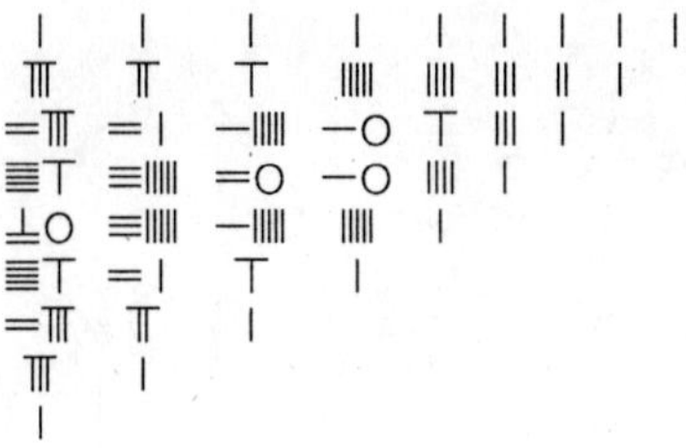

開方表第四

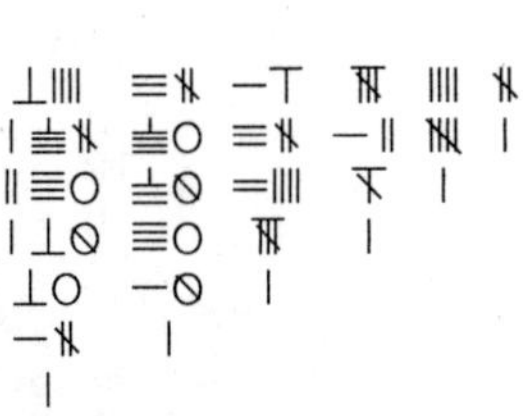

以上四表,若兼用其一、三兩表以開正數,兼用二四兩表開其負數,則可省少半工夫。

正商二之表 此表即行素軒所謂開方表第三也。因此表可開正商二,以求餘式故名正商二之表,下俱仿此造法。見後。

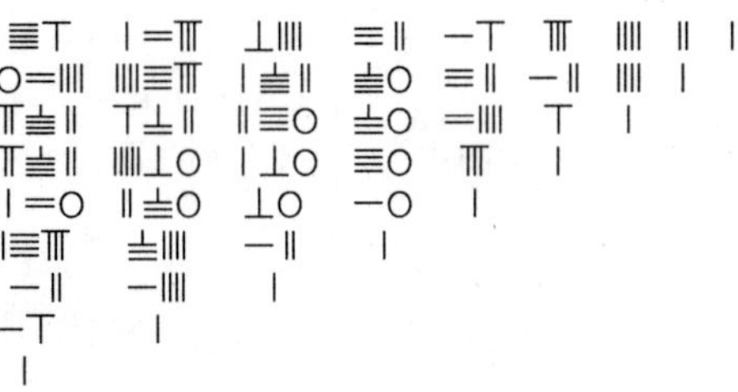

造表通法

先定各表右邊斜列之數恒爲一,如第一行之第一層,第二行之第二層,第三行之第三層之類,皆是。次取各表之本數爲根,如造二之表,則以二爲根,造三之表,則以三爲根。下仿此推。遞乘得諸乘方數,從第二行起依次横列之,本數居第二行,本數平方居第三行,本數立方居第四行。下遞推。爲各表第二行以下各首層數,又次取各表之本數及本數爲根之諸乘方數,與一之表第三行以下第二層各數齊其行次,本數當第三行,本數平方當第四行,本數立方當第五行,下遞推。逐數相乘得數,爲各表第三行。以下第二層各數,又次取各表之本數及本數爲根之諸乘方數與一之表。第四行,以下第三層各數齊其行次,本數當第四行,本數平方當第五行本數,立方當第六行,下遞推。逐數相乘爲各表第四行,以下第三層各數。此後均可循是遞推。

正商三之表

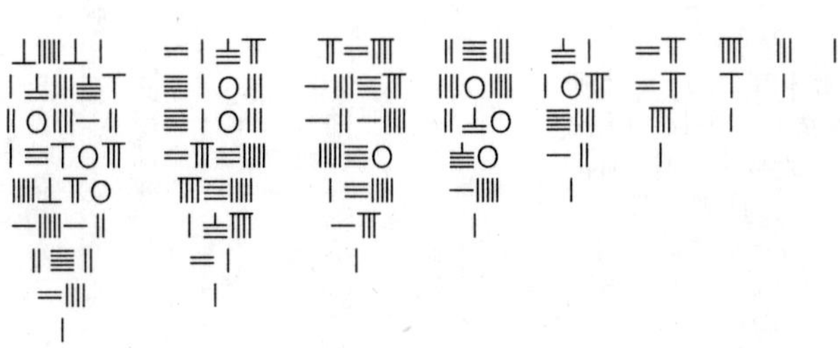

正商四之表

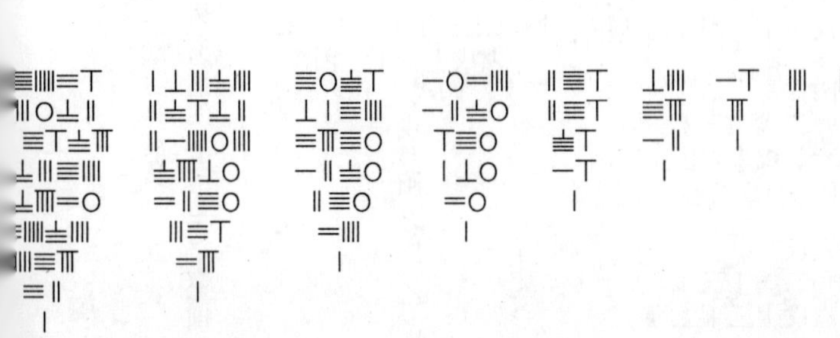

正商五之表

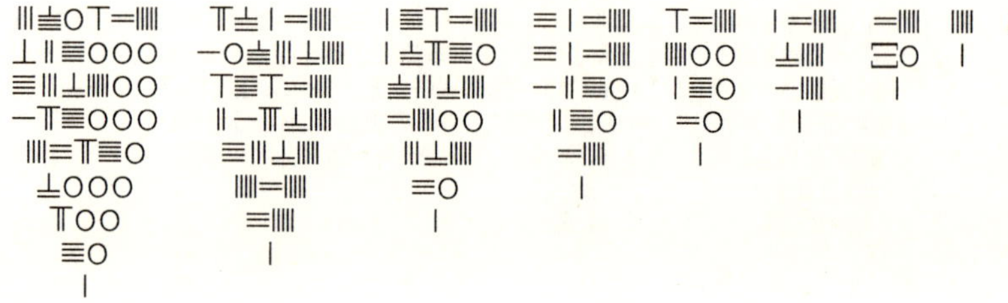

正商六之表

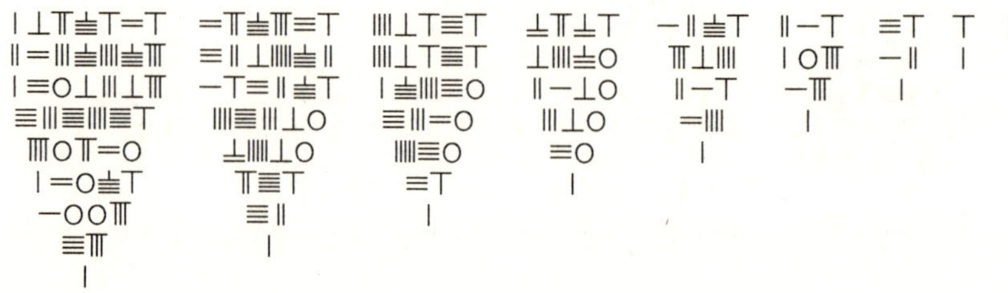

正商七之表

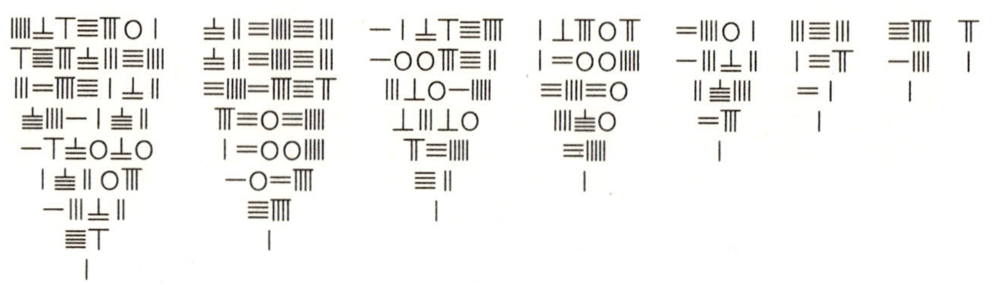

正商八之表

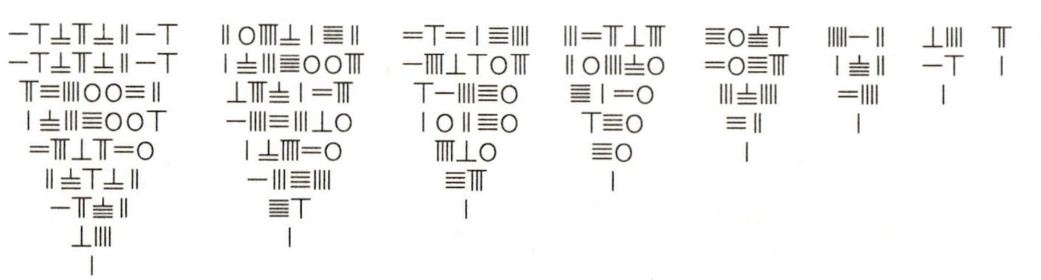

正商九之表

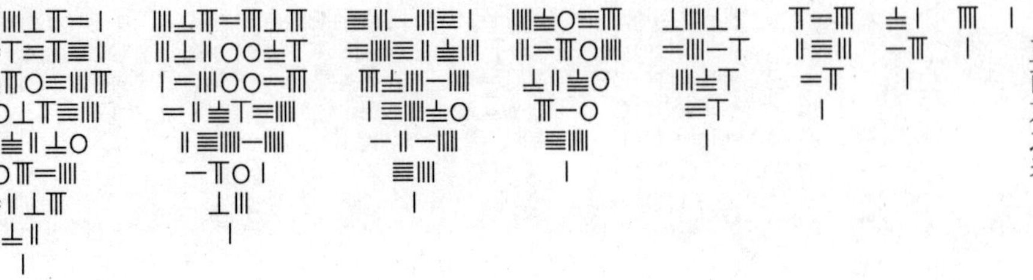

開方正商總表此表即前九箇表之各首曾依次而疊之者。其二行以下亦即一至九箇諸乘方之數也。因此表可開正商幾何，故名開方正商總表。

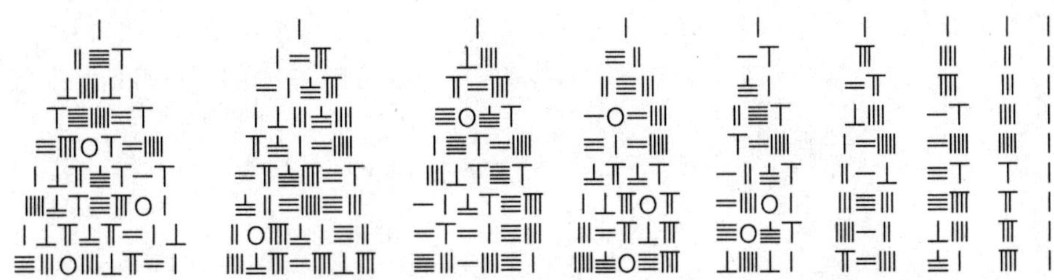

以上九箇正商分表，一箇正商總表，足備七乘以内諸乘方式開正元數之用。若開負元數，須用負表，而負表各數仍與正表同，所異者表内奇行之偶層，偶行之奇層必作負號，而全表俱爲正負相間耳。其負商總表，則奇行之數俱爲正，偶行之數俱爲負。兹惟列負商一之表，負商二之表及負商總表，以見例。餘不贅演。

負商一之表此表即行素軒所謂開方表第二也。因此表可開負商一，以求餘式故名負商一之表，其造法但取正商一之表，而以奇行偶層，偶行奇層變爲負號，即得。下俱仿此。

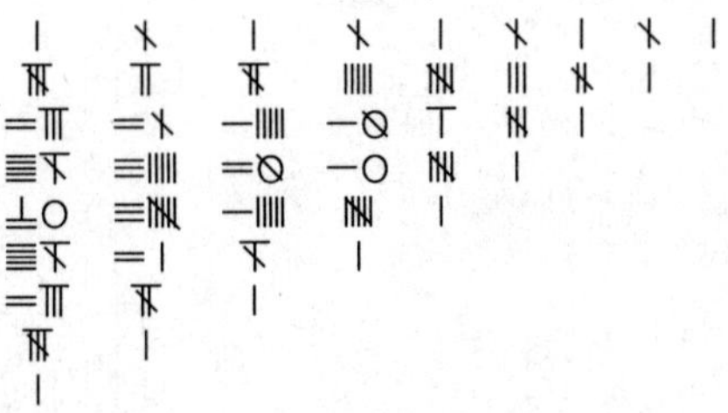

負商二之表此表即行素軒所謂開方表第四也。因此表可開負商二，以求餘式故名負商二之表。

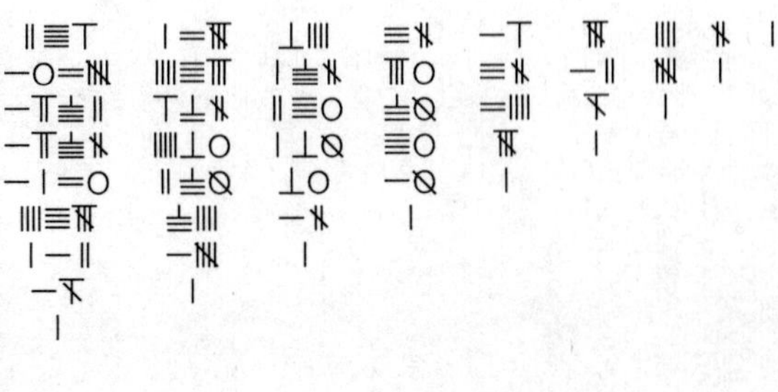

以後自負商三之表至負商九之表，其數俱同正商表之數，而其號俱爲正負相間。

開方負商總表此表即將九箇負商表之各首層，依次而疊之者，亦即如正商總表數，而以偶行爲負號也。因此表可開負商幾何，故名開方負商總表。

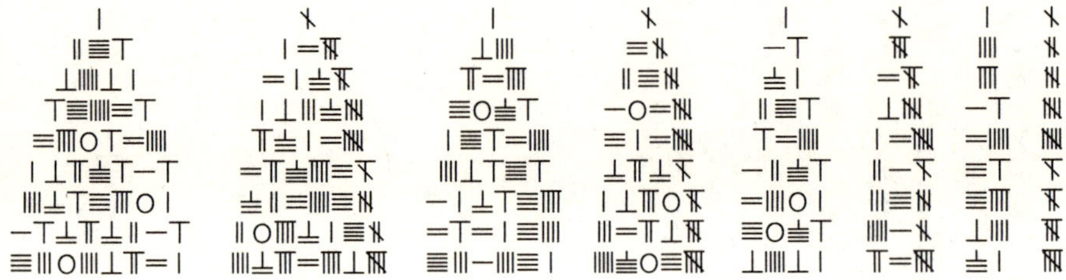

表數既成，則開正負諸乘方式，即可隨宜而用之矣。

算法

元・朱世傑《四元玉鑒》卷下　左右逢元

今有直積加平與二和一較等，只云長冪減較冪亦與二和一較等。問四事各幾何。

答曰：平三步，長四步。

清・華蘅芳《開方古義》卷一《立術》　左右逢元第十六問

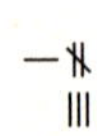　開無隅平方。

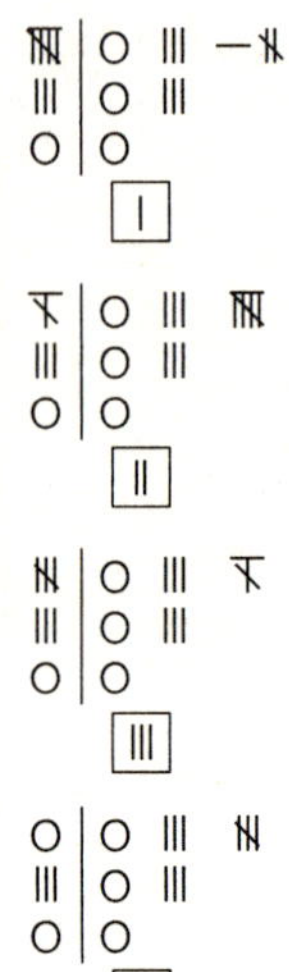

元・朱世傑《四元玉鑒》卷上　兩儀化元

今有股冪減弦較較與股乘句等，只云句冪加弦較和與句乘弦同。問股幾何。

答曰：四步。

清・華蘅芳《開方古義》卷一《立術》　兩儀化元

　平方開之。

取圖數 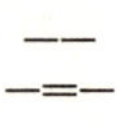 列之如 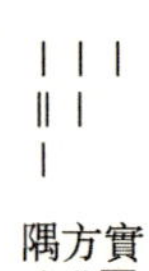

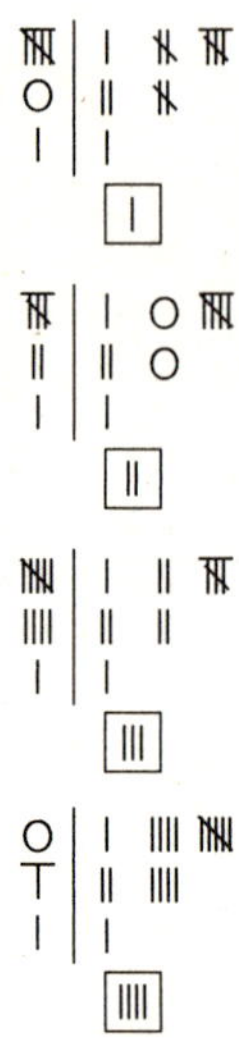

爲開得之數。

元・朱世傑《四元玉鑒》卷上　四象會元

今有股乘五較與弦冪加句乘弦等，只云句除五和與股冪減句弦較同。問黃方帶句弦共幾何。

答曰：二十四步。

清・華蘅芳《開方古義》卷一《立術》 四象會元

平方開之。

將原式方進一位，隅進二位，得

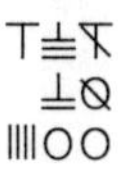

然後開之。

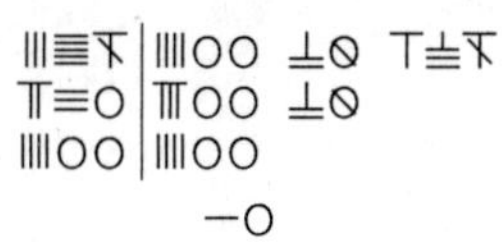

將餘式方退一位，隅退二位，得

再如法開之。

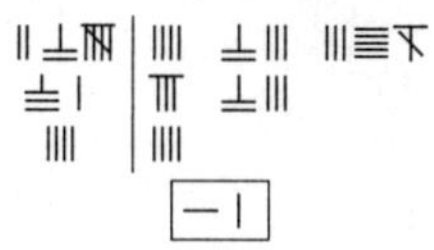

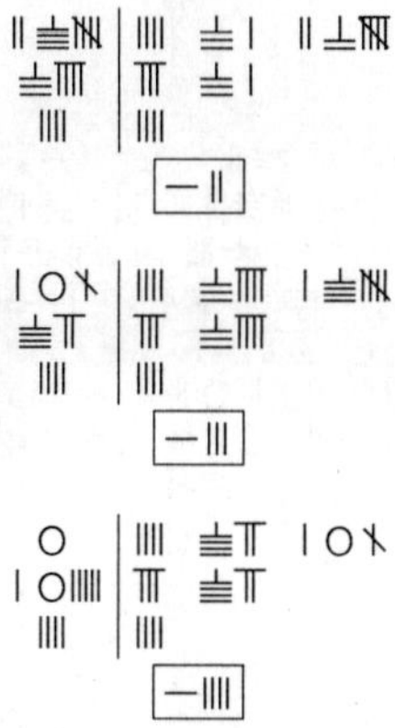

即爲開得十四。合問。

元・朱世傑《四元玉鑒》卷上 端匹互隱

今有綾一疋直錢一貫五百四十八文，只云尺價内減匹長，餘以尺價乘之，減尺價，餘一貫三百一十四文。問各幾何。

答曰：疋長二丈八尺三分尺之二，尺價五十四文。

清・華蘅芳《開方古義》卷一《立術》 端匹互隱第二問

平方開之。

將原式之隅步其實，進位作

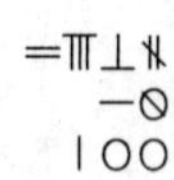

然後開之。

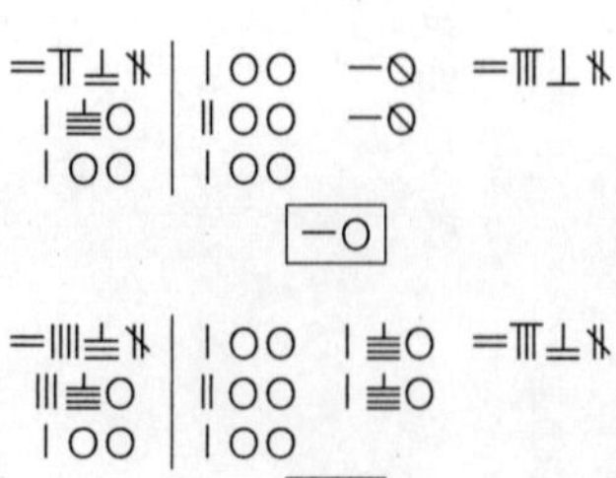

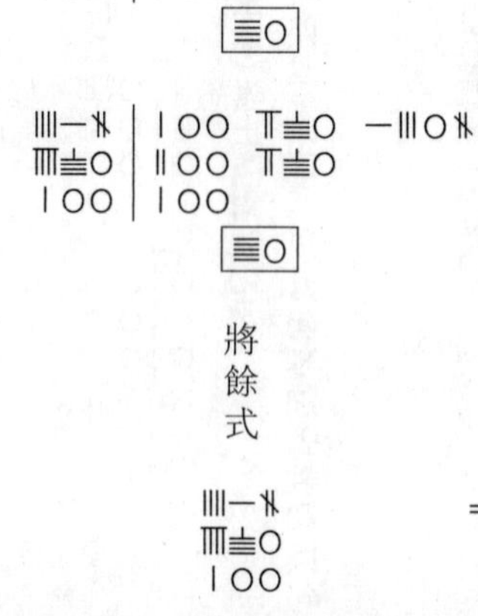

將餘式

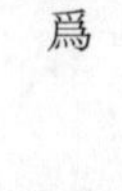

退其位爲

再開之。

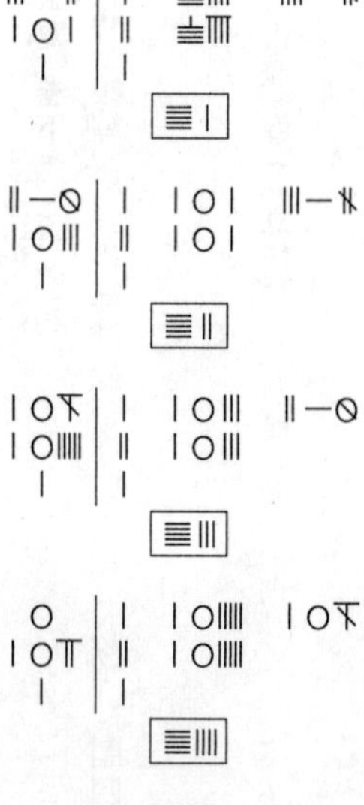

即爲開得五十四。

元・朱世傑《四元玉鑒》卷中 或問歌彖

六貫二百一十錢，倩人去買幾株椽，每株脚錢三文足，無錢準與一株椽。

答曰：椽四十六株，株價一百三十五文。

清・華蘅芳《開方古義》卷一《立術》 或問歌彖第七問

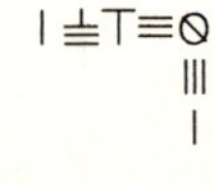

平方開之。

將原式方進二位，隅進四位，爲

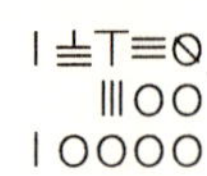

然後開之。

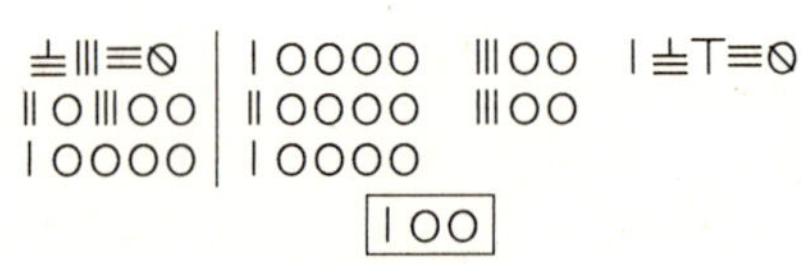

將餘式退其位，爲

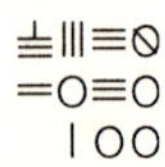

再開之。

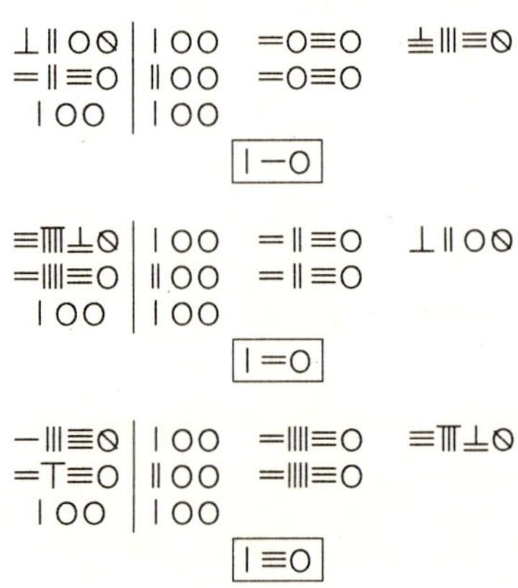

將餘式退其位，爲

再開之。

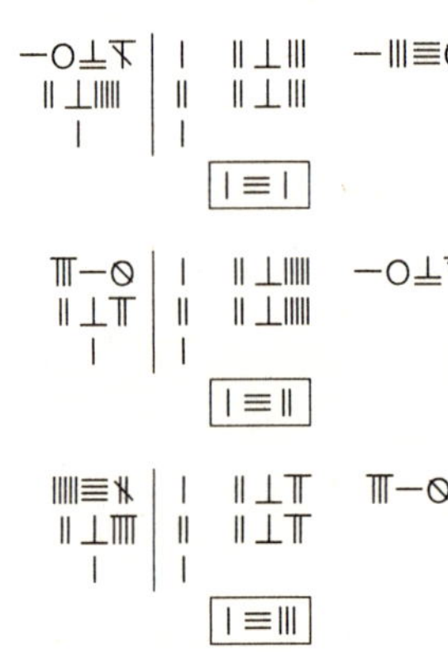

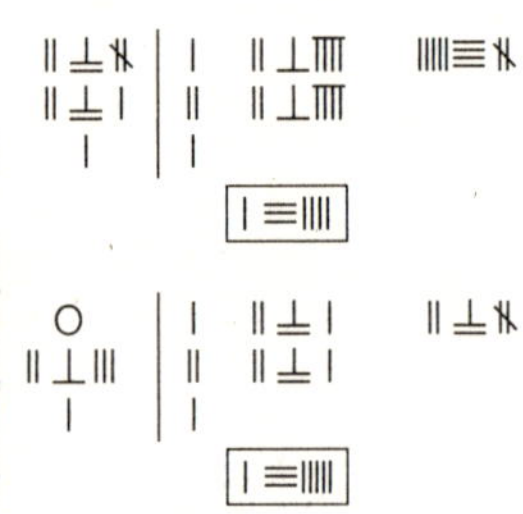

即爲開得一百三十五。

元・朱世傑《四元玉鑑》卷下 鎖套吞容

今有梯田一段，大闊三十二步，小闊八步，長二十二步半。欲於小頭容圓池一所，問容池周幾何。

答曰：四十步。

清・華蘅芳《開方古義》卷一《立術》 鎖套吞容第十八问

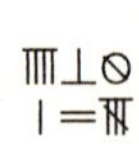

平方開之。

將原式方進一，隅進二，爲

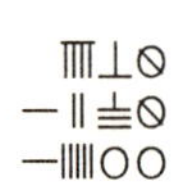

開之。

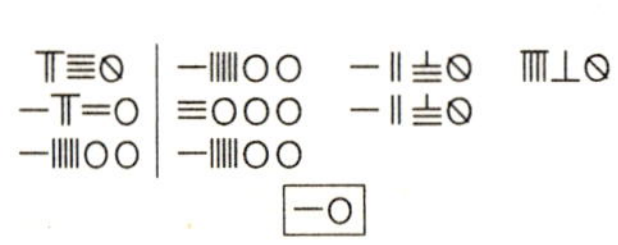

將餘式退之，

爲 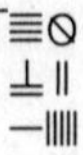 再開之。

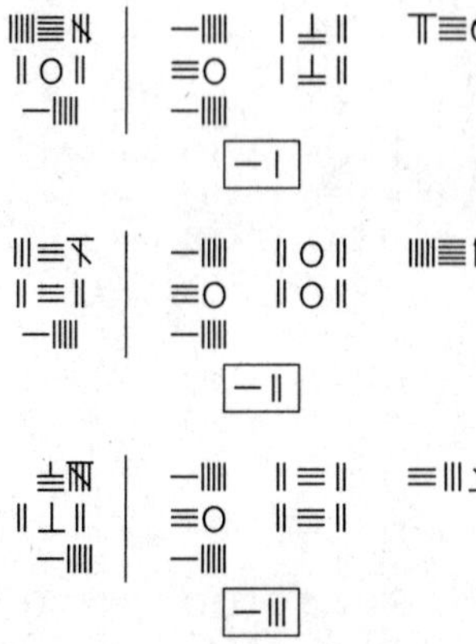

將其餘式  以隅十五爲分母，乘實約隅得 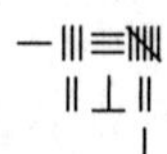 另開之。

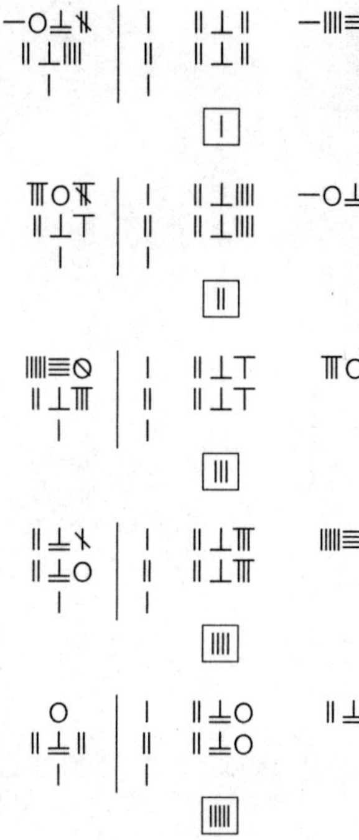

即爲開得分子五，與分母十五求等得五約其母子，與前開得之整數十三相加，即爲開得十三又三分之一。

元・朱世傑《四元玉鑑》卷下　雜範類會

今有人買酒持錢一十二貫七百四十四文，只云每瓶納稅八十五文，又共與用錢一百二十六文。無錢納官，準酒九瓶。問共酒及瓶價各幾何。

荅曰：共酒三十六瓶，瓶價三百五十四文。

清・華蘅芳《開方古義》卷一《立術》　雜範類會第一問

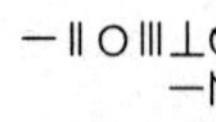 平方開之。

將原式進其方、隅之位爲 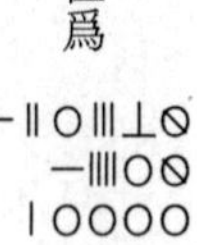 然後開之。

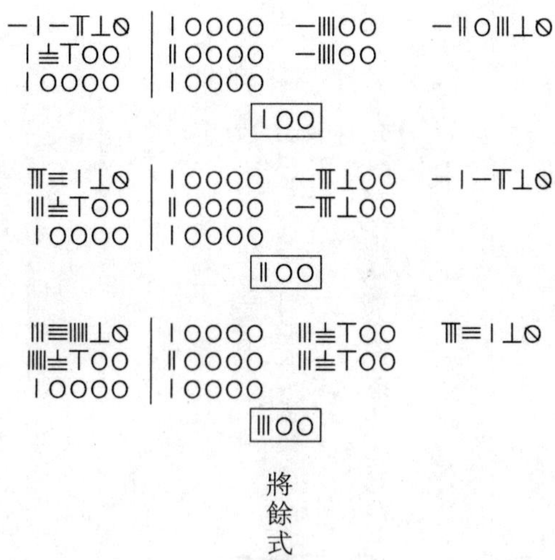

將餘式退其位爲 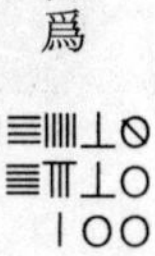 再開之。

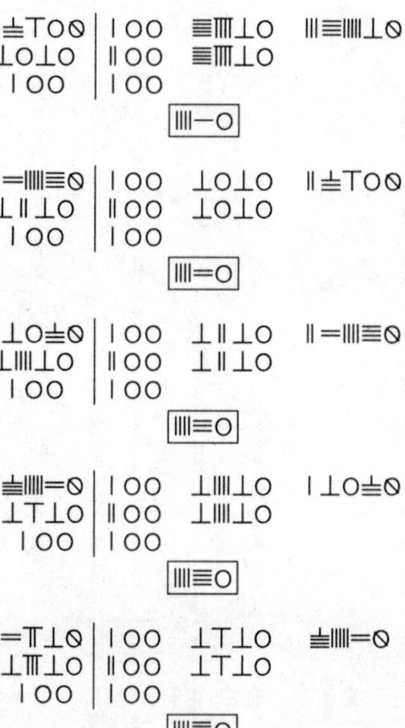

將

餘式退其位爲 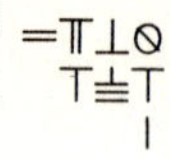 再開之。

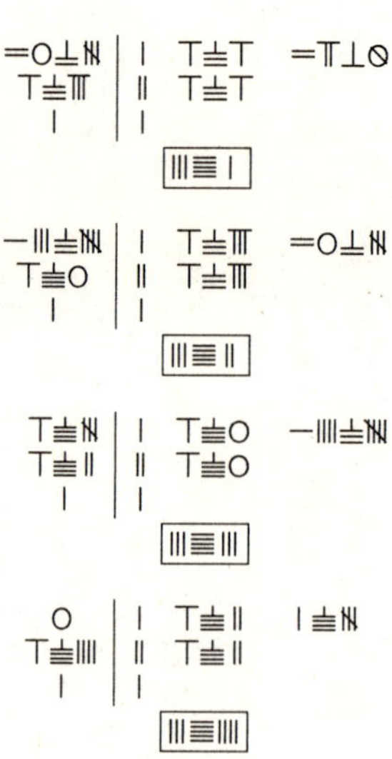

即爲開得三百五十四。

元・朱世傑《四元玉鑒》卷上　三才運元

今有股弦較除弦和和與直積等，只云句弦較除弦較和與句同。問弦幾何。

答曰：五步。

清・華蘅芳《開方古義》卷一《立術》　三才運元

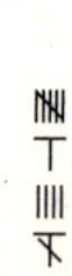 三乘方開之。

因餘式之上，兩層皆爲空，故知開得兩箇小元數，皆爲正一。惟此數與題中所問之理不合，故用其餘式 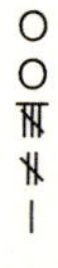 再開之。

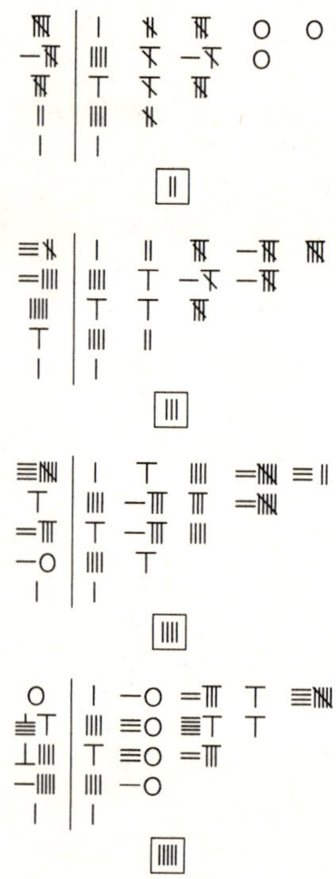

即爲開得五，與問合。

元・朱世傑《四元玉鑒》卷上　直段求源

今有積減平，以積乘之，又減五平四積，餘二十七萬九千六百三十步。只云長取五分之一，平取三分之二，其長分子數如平分子數二分之一。問長平各幾何。

答曰：平一十八步，長三十步。

清・華蘅芳《開方古義》卷一《立術》　直段求源第十二問

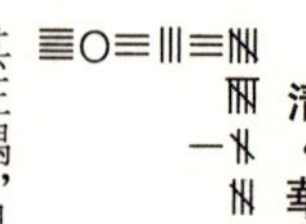 三乘方開之。此式之實，方，上、下廉，皆爲負，不能步得正商。其正隅，負下廉，俱爲單位之數。若拘於李氏《開方説》之例，不應進位。較數平方此類極多，前四象會元式是也。惟因負實甚大，方廉甚小，則可以隅步實，其理與方廉俱空者無異，所以將原式之方、廉、隅遞進一位，得 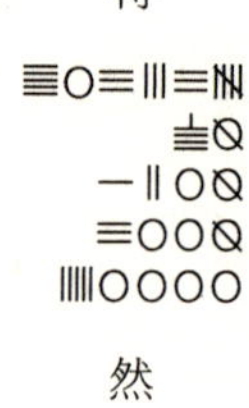 然

後開之。

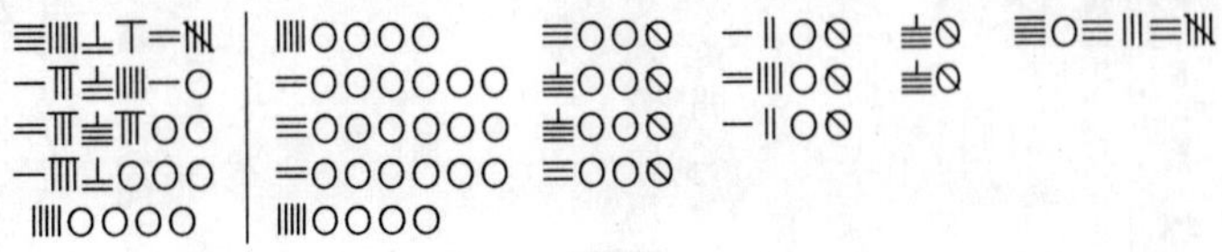

一〇

併其餘式之方、廉、隅，已大於餘實知，不能再開

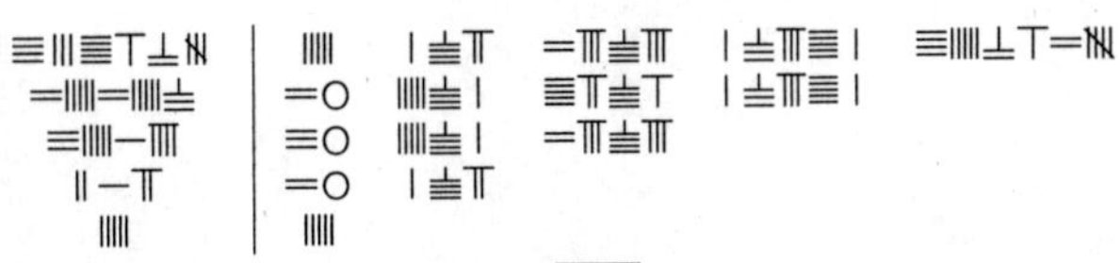

一一

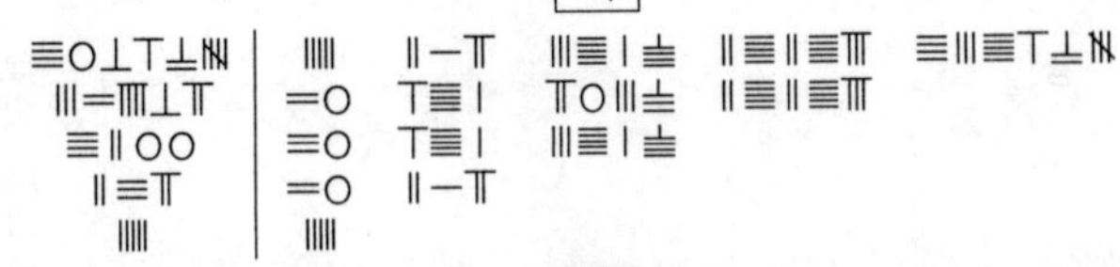

一二

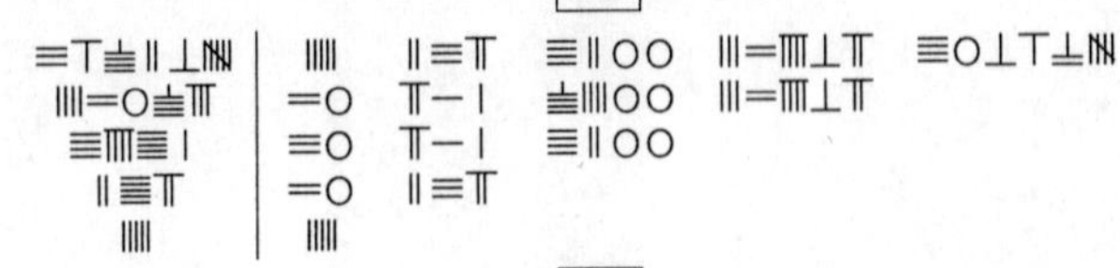

一三

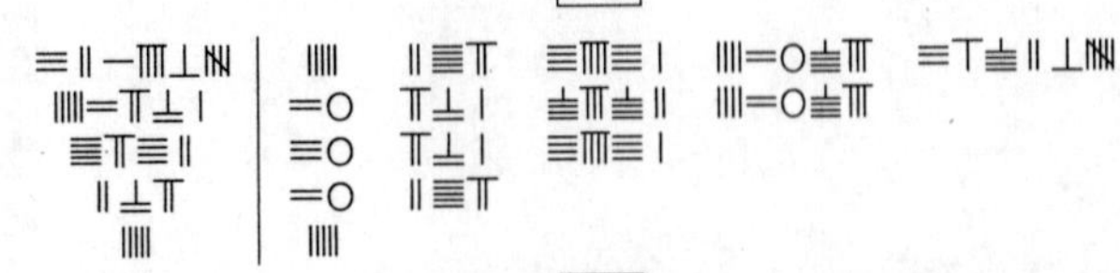

一四

十數，故退其所進之位爲

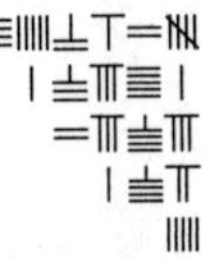

再開之。

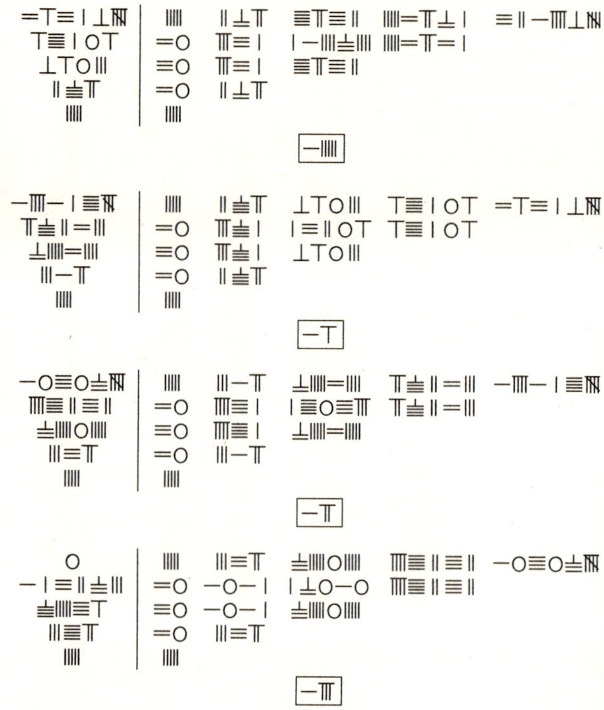

即爲開得十八。

元・朱世傑《四元玉鑑》卷中　方圓交錯

今有方圓田各一段，原注圓從古法。二積相乘得一萬五千五百五十二步，只云方田面除圓田周，得三步，問方面圓周各幾何。

答曰：方面一十二步，圓周三十六步。

清・華蘅芳《開方古義》卷一《立術》　方圓交錯第一問

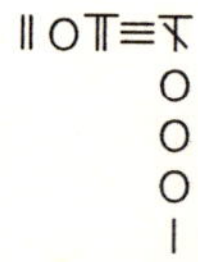

三乘方開之。

將原式之隅步其實，得

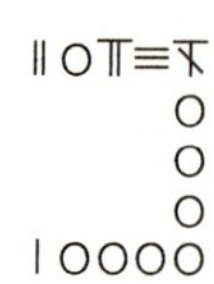

然後開之。

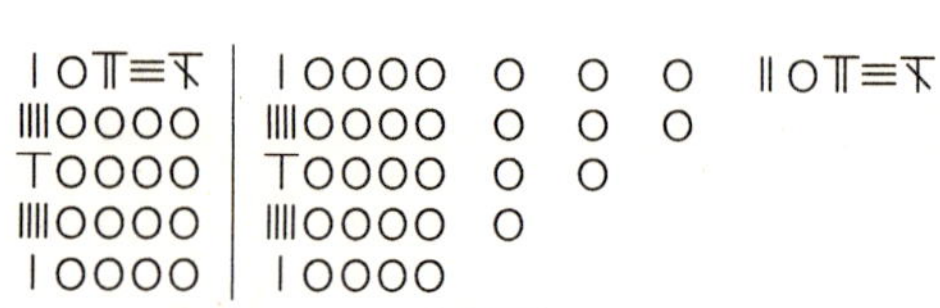

將

餘式退其位爲

再開之。

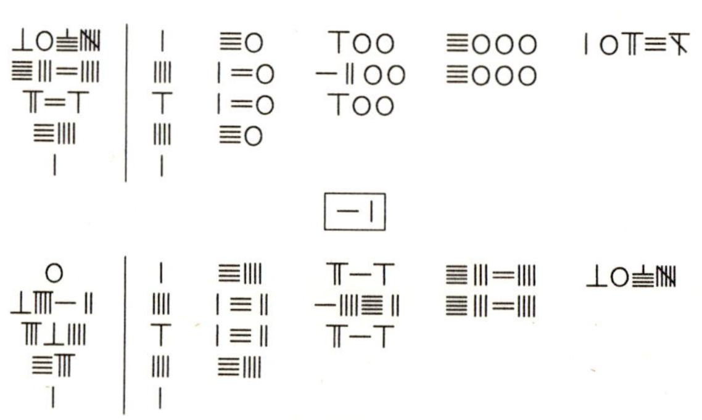

即爲開得十二。

元·朱世傑《四元玉鑒》卷上　一氣混元

今有黄方冪直積得二十四步，只云股弦和九步。問句幾何。

答曰：三步。

清·華蘅芳《開方古義》卷一《立術》　一氣混元

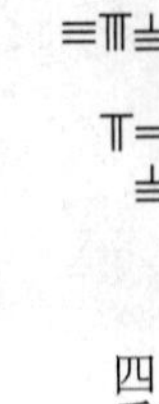

四乘方開之。

從圖取各數如

乃齊其行，而横列之。

如

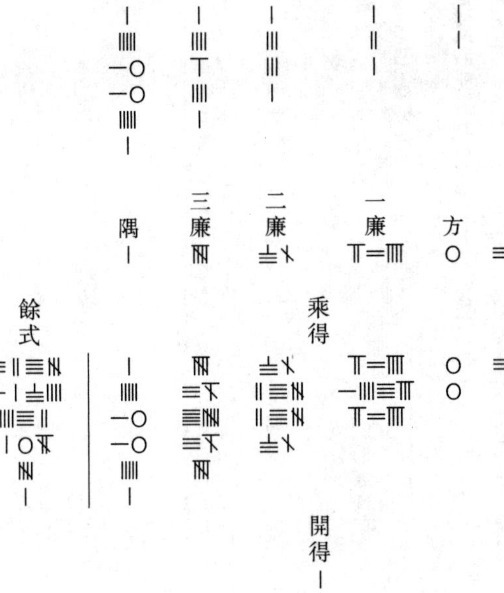

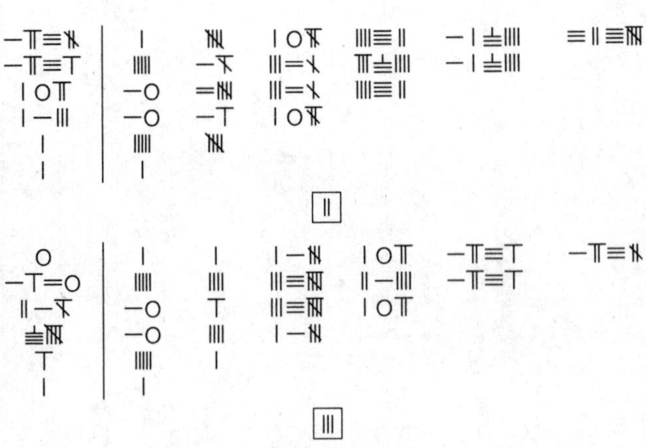

實已盡，故三爲開得之數。

元·朱世傑《四元玉鑒》卷中　方圓交錯

今有方圓田各一段，圓從密率。圓田積内加二箇圓田周，減一段方田積，餘數於上，又方田積内加二箇方田面，減一段圓田積，餘數加上，以方田面少平士琳案：當作半。冪之，又以圓田周六分之一冪之，得二千三百四步。只云方田面爲益實，四爲益方，三爲從廉，一爲正隅，立方開之，得數以十八冪之，與圓田周等。問方面圓周各幾何。

答曰：方面一十二步，圓周三十六步。

清·華蘅芳《開方古義》卷一《立術》　方圓交錯第九問

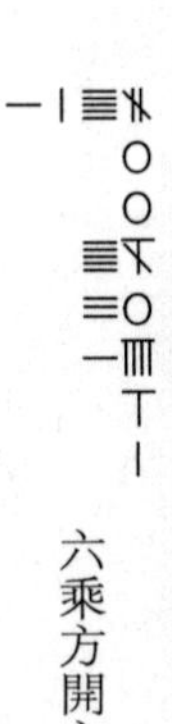

六乘方開之。

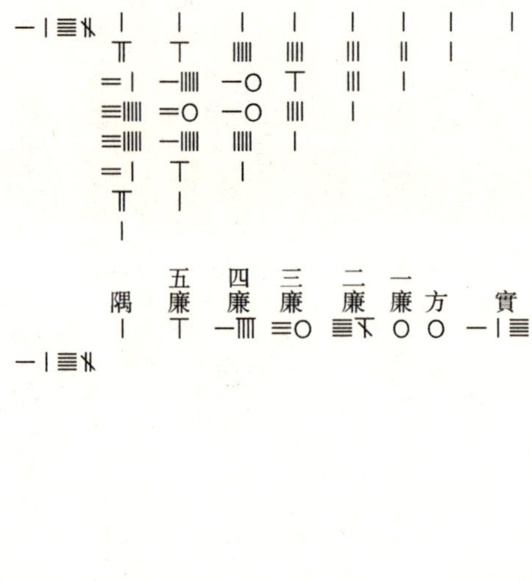

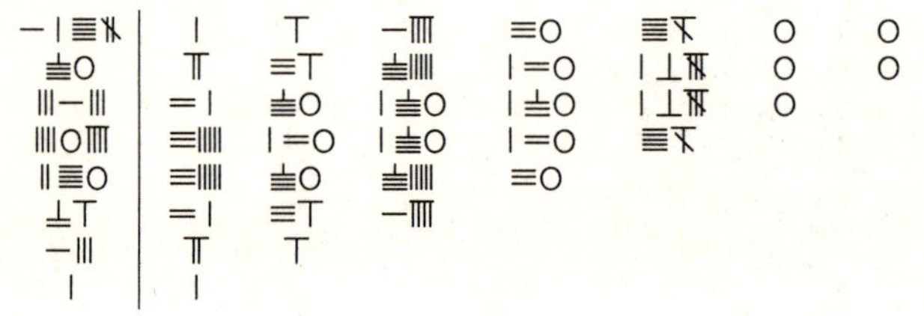

一

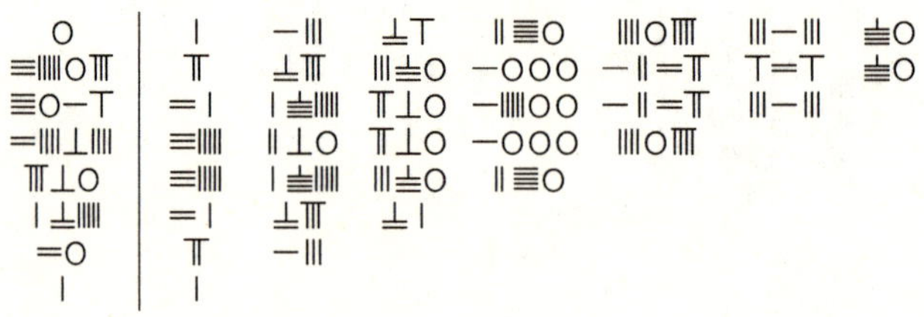

二

即爲開得二。

元・朱世傑《四元玉鑑》卷下 左右逢元

今有直積三乘方開之，以士琳案：當作如。平而一，所得少平三步。只云長以平方開之，不及長八分之七。問長平各幾何。

答曰：平四步，長六十四步。

清・華蘅芳《開方古義》卷一《立術》 左右逢元第十九問

六乘方開之。

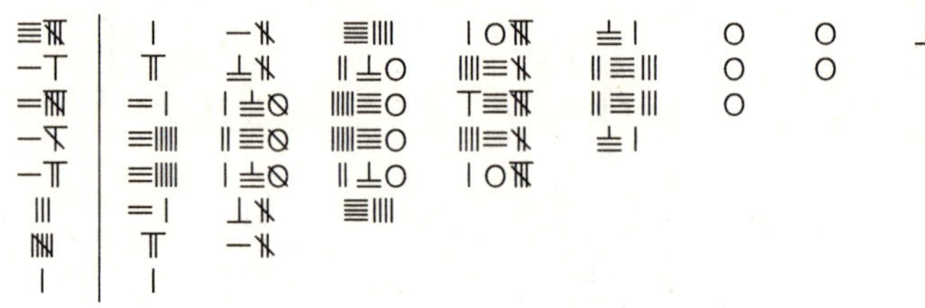

一

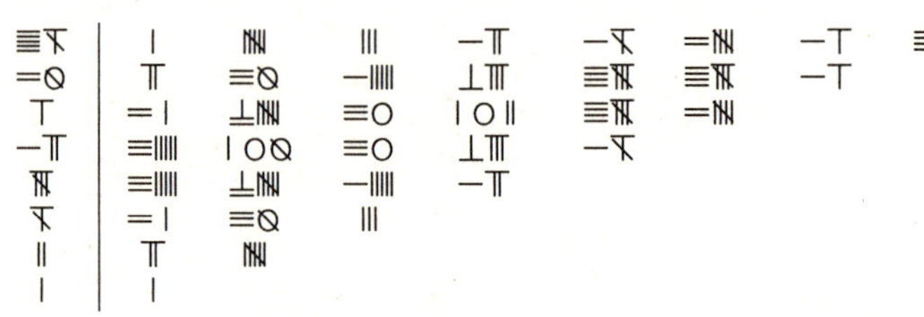

二

爲空，故知其元數爲二。

又將其 〇〆一 去其上層之空位，爲 〆一 再求之 〆一 〇一 |一| 改其斜行爲直行 〇一 因求一次而上層爲空，即知第二元數與第一元數之較爲一，以較數一，與第一元數二相加，得第二元數爲三。

如平方式 ≡〆一 求其元之兩同數。

≡〆一 ≡≢一 |一| 一≢一 〆一 |‖| 〇〆一 〇一 |Ⅲ| 求至三次，而上兩層同時變爲空，即知元之兩箇同數，皆爲三。

如有平方式 ⊥≢一 求其元之兩同數，則取表中三行之數，與實、方、隅列如 ⊥ ≢ 一 乘之得 ⊥≢≢ ‖≢一 |一| ≢≢ 〇〆一 |‖| 即得元數二。又將其〆一 上實下法除得 一 與 ‖ 相加得又一元數三。

如平方式 ≢〇一 求其元之兩同數。

≢〇〇 ≢‖一 |一| ≢‖ 〇Ⅲ一 |‖| 即得元數二。又將 Ⅲ一 除得 ≢ 與 ‖ 相加得 〆 爲又一箇元數。

如有平方式 T≣≢一 求其元之兩同數。

將原式方進一，隅進二，爲 T≣≢ 一=〇 一〇〇 乃求之

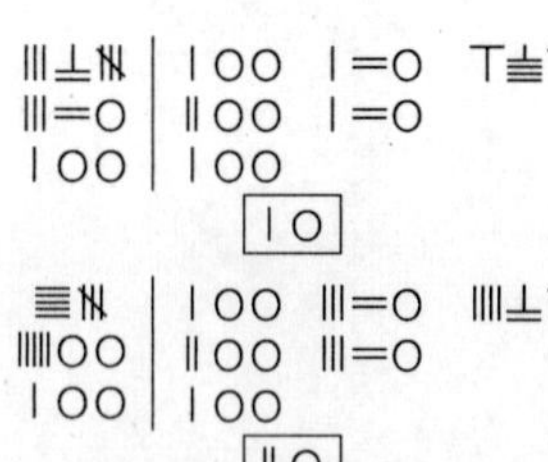

將

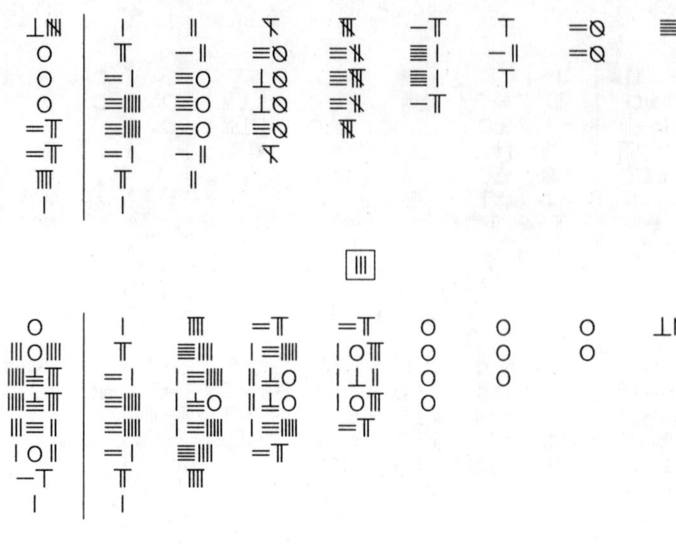

即爲開得四。

又 **卷二** 列諸乘方式之實、方、廉、隅，而於後各行之末，屢列其隅，每以右上與左下相加，爲左上之數，至得餘式之實、方、廉、隅而止，則爲開得一數。如是，屢求之，必可開得各元之數。

如平方式 T≢一 求其元之兩同數。

則其算式爲 ⊥≢一 ‖≢一 是爲求一次以 |一| 記之。

乃將其斜行之數 ‖ ≢ 一 改爲直行 ‖≢一 再求之 ‖≢一 〇〆一 爲求二次以 |‖| 記之。又改其斜行 〇〆一 爲直行 〇〆一 因求至二次，而實

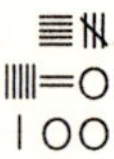方退一，隅退二，爲再求之

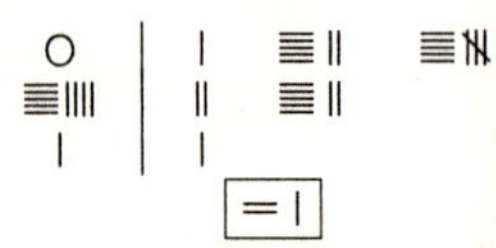

即得元數二十一。又將除得與相加，得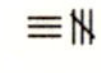爲又一箇元數。

如有平方式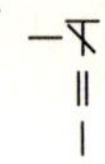求其元之十位密率。

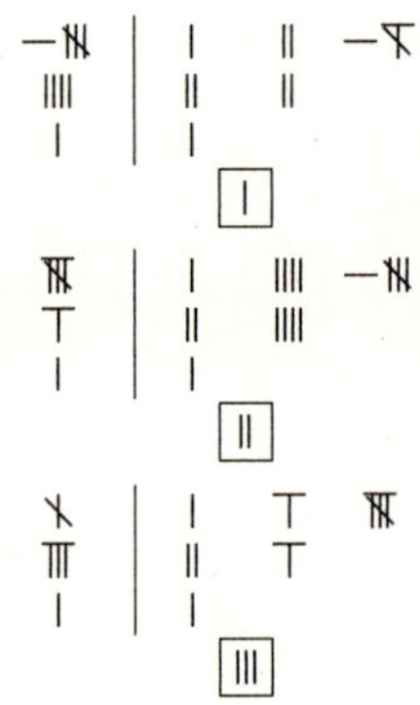

則開得元之單位數爲三，其餘式應將方退一，隅退二，然不如將實進二，方進一爲便，故作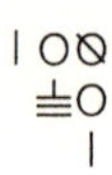再求之。

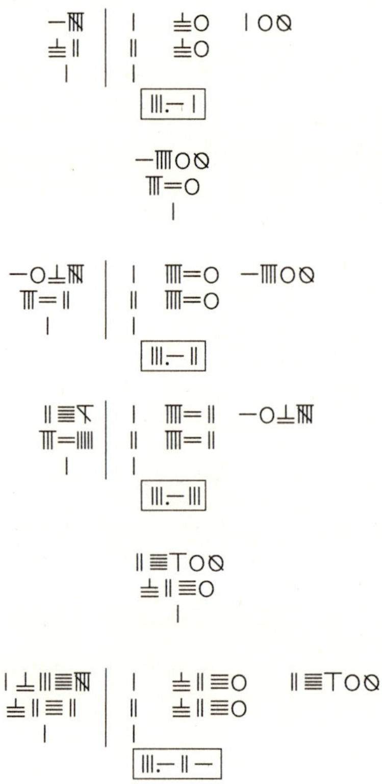

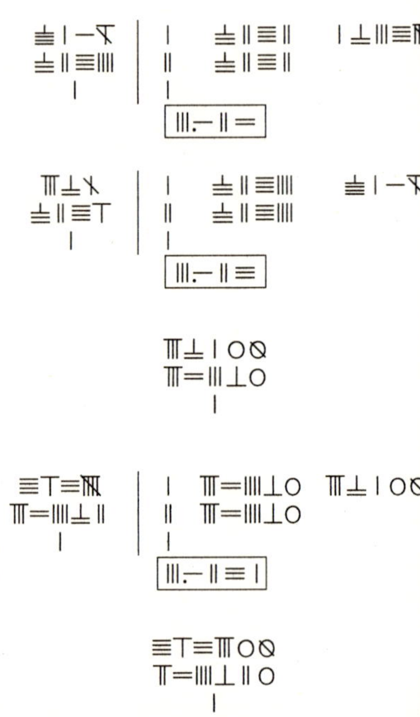

此式之方，仍大於實。故作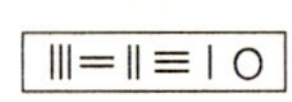以記之，而再進其位爲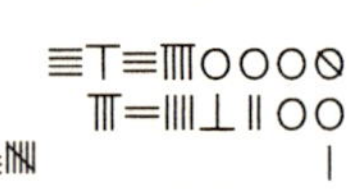

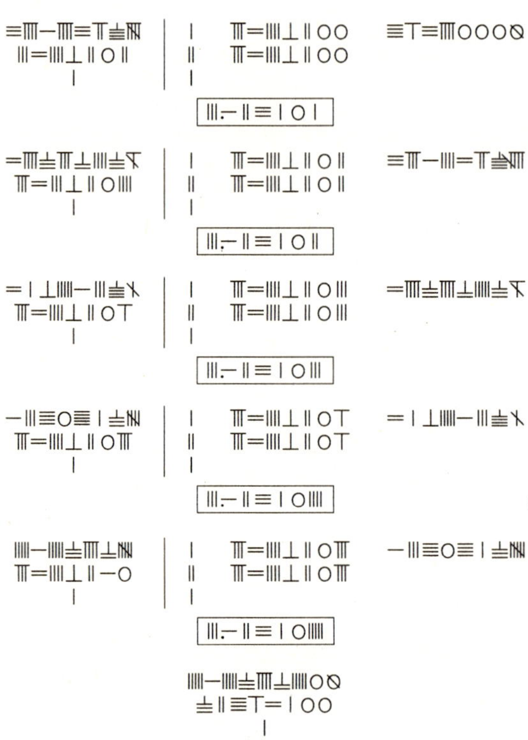

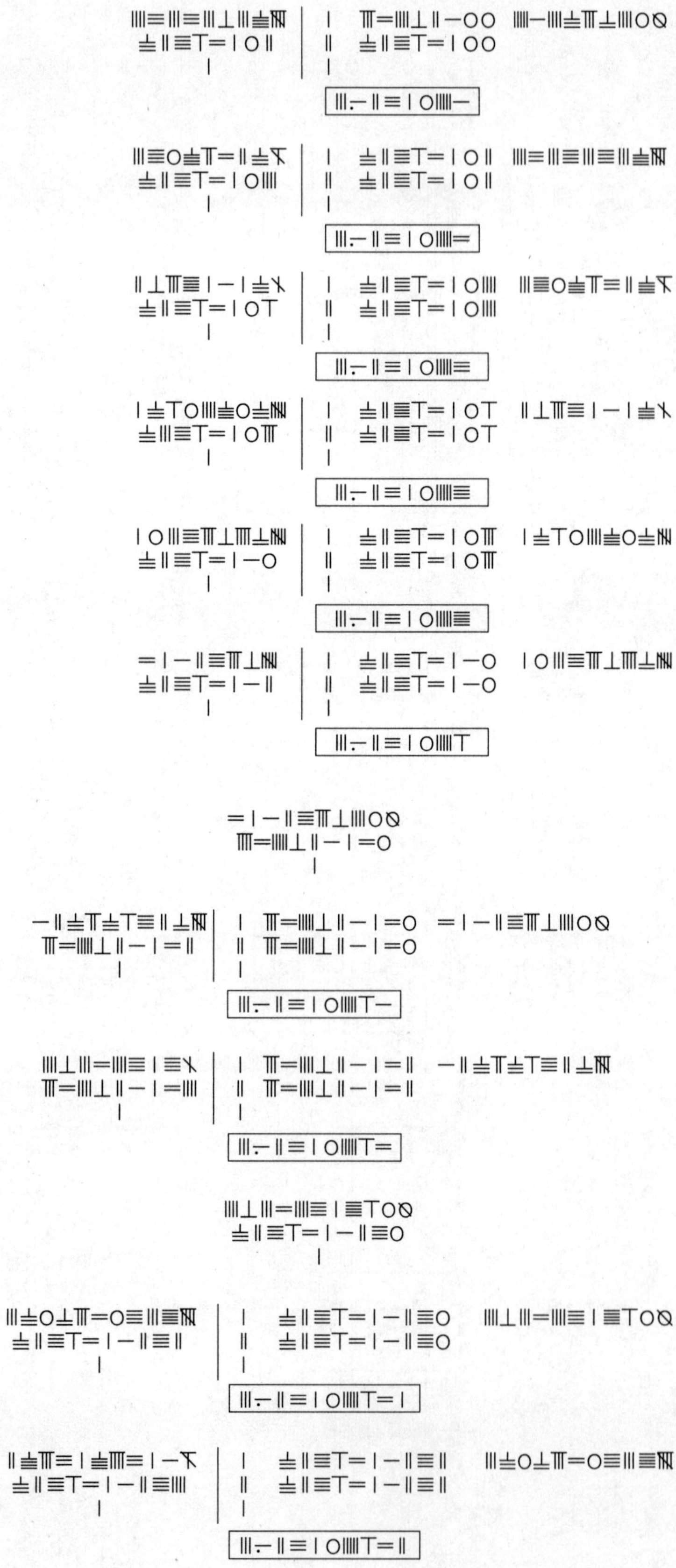

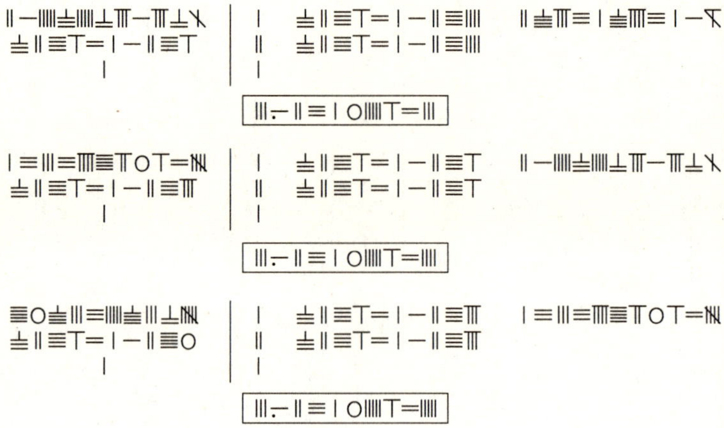

則求得正元之十位密率，爲三·一二三二〇五六二五。惟因題式爲較數，平方其方 ‖ 爲正負兩元，反號相加之數，故知其負元之十位密率爲五·一二三一〇五六二五。

如有平方式  求其元之負同數。

將原式方進一，隅進二，爲  乃列

即得元之兩箇負同數，皆爲十二。

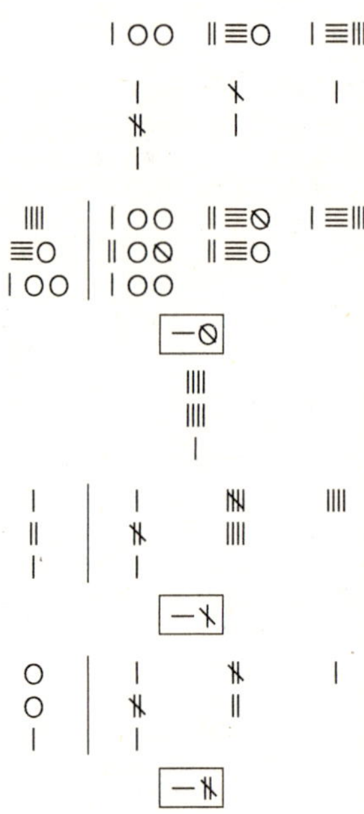

如有平方式 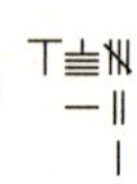 求其元之負同數。

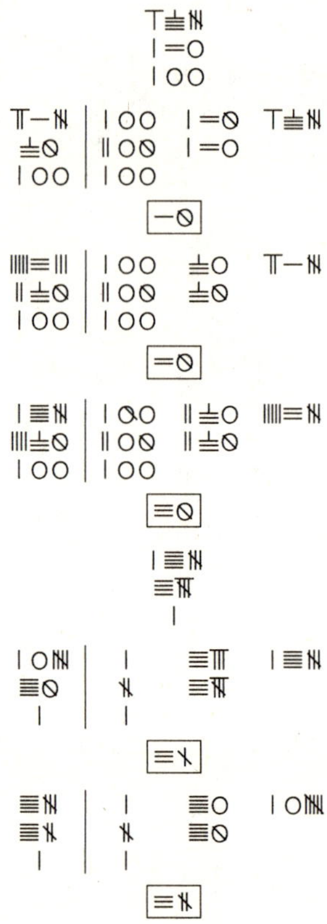

即得元之負同數爲三十三。

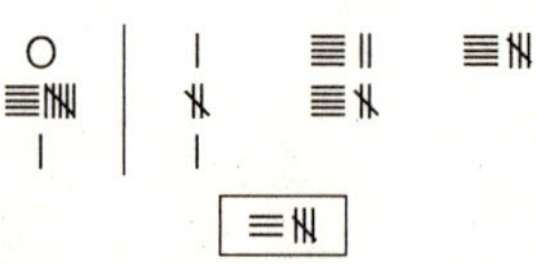

如有平方式 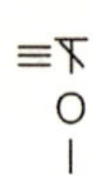 求其元之負同數。

如有立方式 求其元之各同數。

則列  各齊其行而乘之 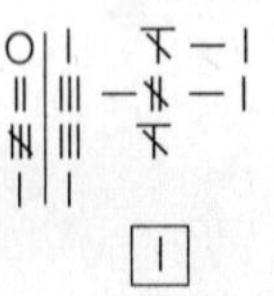 即得元之小同數爲一。

又列  乘得 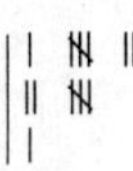 即得較數一，與小元數一相加，得二爲第二箇元數。又將 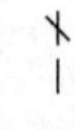 除得一與二相加，得三爲大元數。

如有立方式 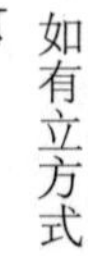 求其元之各同數。

 其實、方、廉，同時俱變爲空，故知元之三箇同數，俱爲二。

如有立方式  求其元之各同數。

將原式方進一，廉進二，隅進三，爲  乃求之。

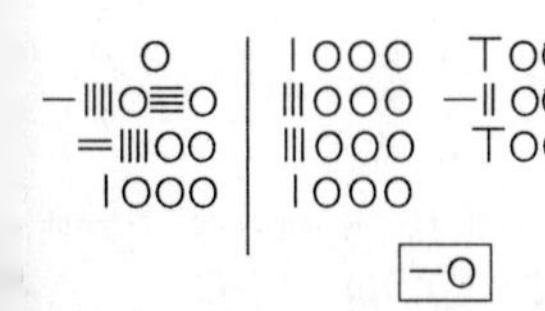 即得元數爲十。乃將餘式 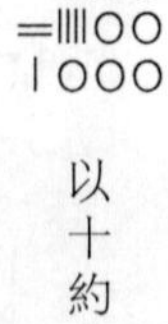 以十約之得，

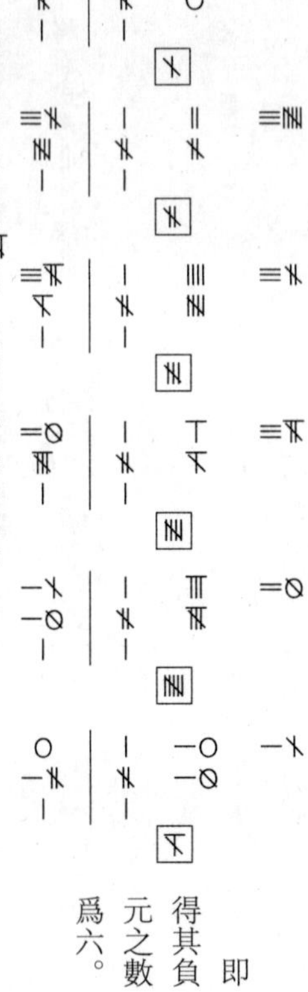 即得其負元之數爲六。

如有平方式 ，求其元之兩同數。

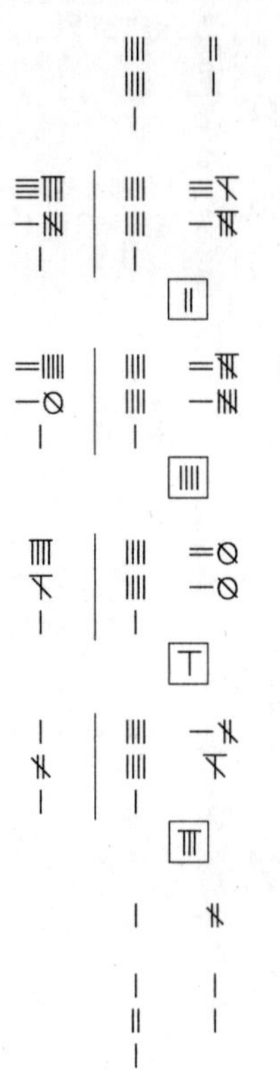 即得元之兩箇同數皆爲九。

又 **卷二** 如立方式 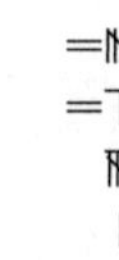 求其元之各同數。

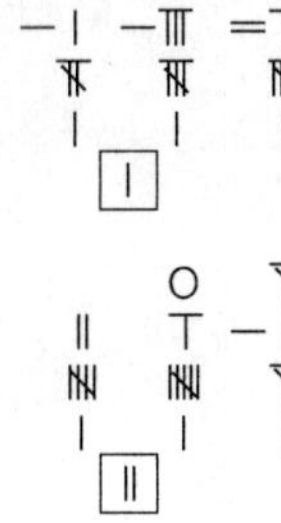，即得元數二。

，即得較數一與第一元數二相加得第二元數三。

 即得較數一以與第二元數三相加，得第三箇元數四。

實、方、隅，皆同名，只能開負數，故反其偶、層之號，爲 乃求之。

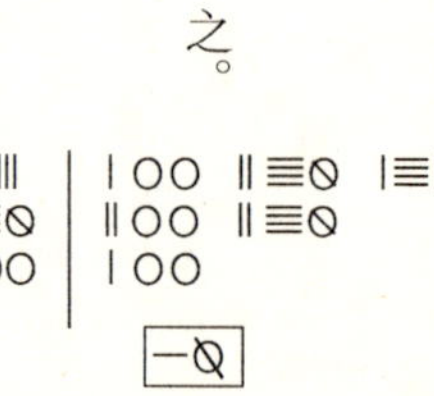

將餘式 方退一，隅退二，爲 求之。

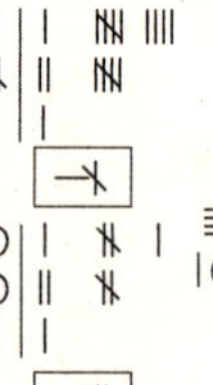

即得較數 與前開得之 相加，得 因其上兩層同時爲空，故知其兩箇負元之數皆爲二。

如有立方式 求其元之各同數。

從第三表得 從第一表得 即得元數三。又從第三表得

即得較數二，與三相加得又一元數五。

又從第三表得 即又得較數二，與五相加得其大元數七。

如有三乘方式 求其元之負同數。

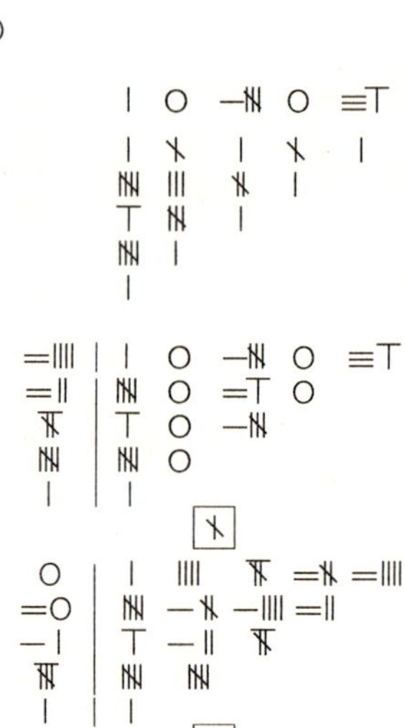

即得負元二。

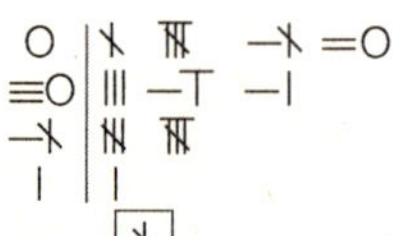

爲較數與負二相加，得又一負元三。

又 凡諸乘方式，每開得一元，則其實爲空，故可將餘式去其空位，爲降一乘之方，開其較數既得一較數。則其上層又爲空，故又可去其空位爲再降一乘之方，開其第二較數。如是，屢開屢降以至爲法、實兩層而止，此乃開方之常法。其理至當不易。今從用表之法，忽得一奇異之理，因可不去其空位，仍用本乘方開之，亦得較數也。

如立方式 其元數爲三，爲五，爲七。

則先開得小元數三，其餘式爲 本可去其上層之空位，將 平方開之得其較數二。

今不去其空位，即將 仍用立方之法開之，

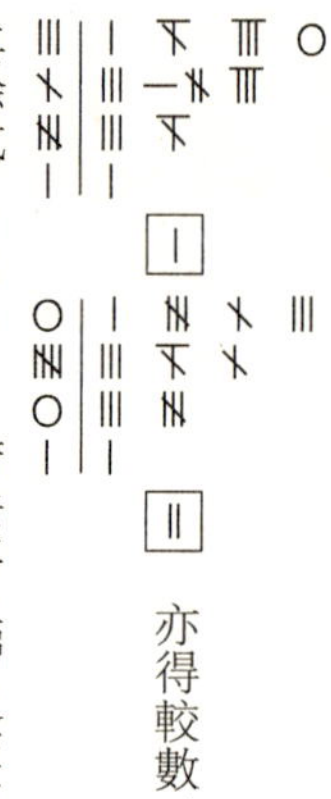

亦得較數二。

其餘式 若去其上層之空位，將 平方開之，

得又一較數二。

若不去空位，即將　立方開之。

亦得又一較數二。

又如將　平方開之得其較數二，其餘式爲　本可去其空位，將　上實下法除得又一較數二。若不去空位，即將　平方開之。

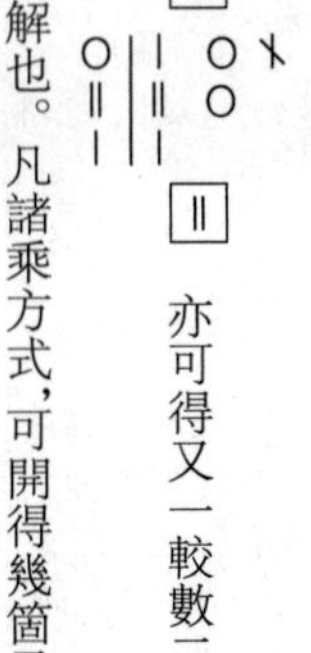

亦可得又一較數二。

此理不難解也。凡諸乘方式，可開得幾箇元數者，本無論先開何元，皆可今既一一商之，則必先得其小元，而實爲空不去空位，仍用本乘方一一續商之，則又必遇其第二元，而實又爲空。仍留其空位用本乘方，再一一續商之，乃遇其大元。則其屢次不去空位，而用本乘方一一開之者，猶之先開其大元也。此固事之至常惟不用此法，則習焉而不察耳。惟明見其上層已空，本可降一方開之者。今可不降其方開之，此理又不可謂之不奇。因其開去一元，而變訖之式，與本未開去而原少一乘之式，其形無異，所以知無論何乘方之式，皆可於其上增一空位之層，而用多一乘之方開之，其所得各元之正同數必無異，所增者負元耳。由是推之，則知於其上任增數空位，而用多數乘之方開之，其各元之正同數亦必無異。

如立方式　其元數爲三，爲五，爲七。

若於其上加空位爲　三乘方開之，

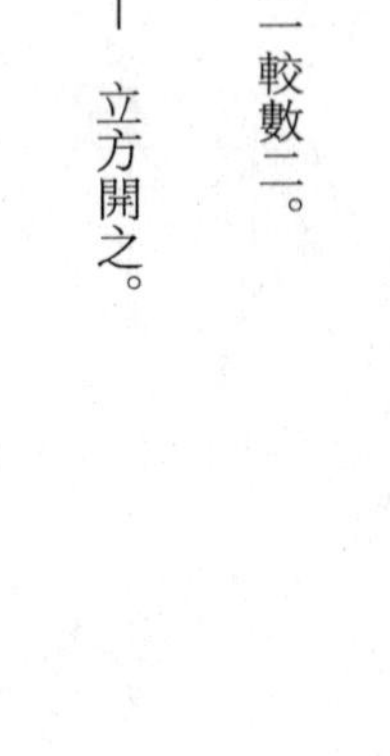

亦得元數三。

又將其餘式，仍用三乘方開之。

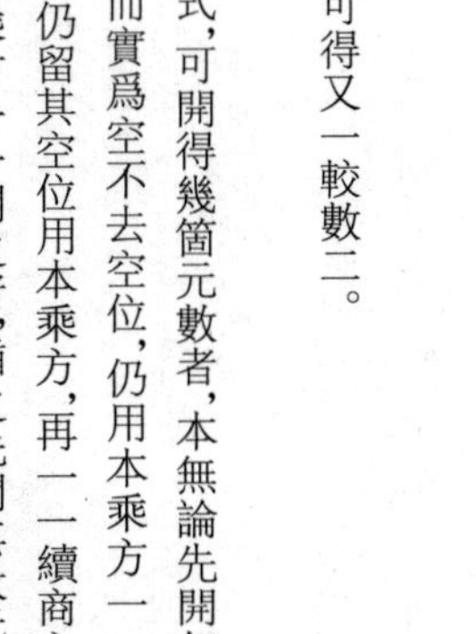

爲第一較數。

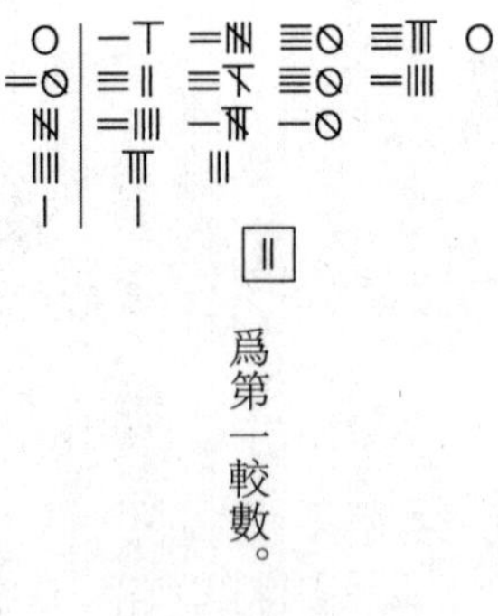

爲第二較數。故亦得其元數爲三，爲五，爲七。

若於原式之上增兩空位爲　四乘方開之，亦得其正元之數爲三，爲五，爲七。

由此法所變得之多乘方，皆與原式爲同式之形，故可任造多乘方式，使其正元與所設之數同，而實、方、廉、隅皆爲極簡之數。

如欲造四乘方式，其正元之數爲二，爲四，爲六，則用立方式　於其上加兩空位求之，

[算籌] 又逐層書其併數於上。[算籌]

右併數即爲餘式，又以此餘式方退一位，隅退二位，橫列之，與正商總表前三行逐層相乘，得數如下 [算籌] 又逐層書其併數如下 [算籌]

見第四層併數爲 〇 。可知元數本商爲四，以末商四加初商二十得二十四，即爲第一箇元數。又因末商四，乃取正商四之表前三行，與上橫式齊其行次，

逐層相乘得數如下 [算籌] 併數 [算籌] 此併數，可去其首層 〇，餘兩層。上實下法除之，得八爲兩元之較，以此較數與第一箇元數二十四相加，得三十二。即爲第二箇元數。

右平方。

假如有立方式 [算籌] 求其三箇元之同數。二正元，一負元。

[算籌] 法以原式橫列，與正商總表前四行，逐層相乘得數如上。

併數 [算籌] 見第一、第三兩層併數俱爲〇，即知兩箇正元數爲一與三。

[算籌] 又以橫式，與負商總表前四行，逐層相乘得數如下： [算籌] 併數

[算籌] 〇。見第三層併數爲〇，即知負元數爲二。

右立方。

[算籌]

爲求得之四乘方式。其正元之數爲二，爲四，爲六，兩負元皆爲一。

清・程之驥《開方用表簡術》 假如有平方式 [算籌] 求兩箇正元之同數。

法當橫列原式如下 [算籌] 以乘正商總表前三行，一層乘得 [算籌] 二層乘得 [算籌] 三層乘得 [算籌] 一層併數 [算籌] 二層併數 〇 三層併數 〇

見第二、第三兩層併數俱爲 〇 ，即知兩箇正元數爲二與三。不必再求餘式。

假如有平方式 [算籌] 求兩箇正元之同數。

[算籌] 法以原式方進一位，隅進二位，橫列之。與正商總表前三行，

[算籌] 遂層相乘得數如上。

[算籌] 又逐層併數如下 [算籌] 見第二、第三兩層併數異號，可知元數初商爲二十。

[算籌] 乃取正商二之表前三行，與上橫式齊其行次，逐層相乘得數如下：

清・華蘅芳《開方古義》卷一《立術》 開諸乘方術曰：取圖中之數，從一起至本乘方之層爲止。齊其行而横列之，亦横列其實、方、廉、隅，直乘圖數之各行，乘訖。依横行相加，書於左爲餘式，記開得一數於下。再將餘式求之如前，記其共開得二數於下。如是屢求至實盡而止，則其共開之數，即爲所求之數。方、廉、隅應進退其位者，進退訖，乃乘之，其開得之數亦必隨方進退。實不盡者，如常法命分之。開得之數不合於問者，仍用本乘方之法續開之。若遇上兩層俱適盡者，則爲開得兩數相同。多層俱空者仿此。

清・程之驥《開方用表簡術》 術曰：凡開正負諸乘方式，先將原式横列之實、方、廉、隅，自右而左。審式之須進位者，進其位。如方進一位，廉進二位，隅進三位，則商數爲十。方進二位，廉進四位，隅進六位，則商數爲百，餘類推。不須進位者，仍原式。原式不進位，則商數爲單位。與總表齊其行次，横列之式有幾行，則用總表前幾行。逐層相乘，隨將乘得諸數每層併爲一數。正負同號者，以相加爲併。異號者，以相減爲併。各書於左，識其正負，但遇某層併數爲〇者，正負適相抵爲〇。即知某數爲元數。如第三層併數爲〇，則三爲元數。第五層併數爲〇，則五爲元數。或遇相連兩層各併數，爲正負異號者，視上層爲某層，即知某數爲元之初商。如第二、第三兩層併數異號，則二爲初商。或第五、第六兩層併數異號則五爲初商。乃檢用某數之表，仿原術以横列之式，與表齊行逐層相乘，每層以乘得數併爲一數，書左，識其正負，即以此逐層各併數爲餘式，自方遞退其位，仍如前法即可，於總表得次商。如是迭次相求，可得元之各位商數。求至式乘總表，有某層併數爲〇者，即知某數爲元之末商。以末商與前各商相併即爲第一箇元數。若求第二箇元數，可將原式仍於總表進求之，亦可由前一箇元數之末商檢表，如前一箇元之末商爲四，則用四之表。或末商爲六，則用六之表。求得餘式，去其首層〇，爲減一乘方式，亦如前法開得數，爲前後兩箇元之較，較數與前一箇元數相加，即爲第二箇元數。任有若干元數，均可如是遞推。儻求負元術，亦同。

珠算開方部

題解

明・程大位《算法統宗》卷一　乘除用字釋

以者，用也。置者，列也。爲者，數未定也。得者，數已成也。呼者，呼唤其數也。命者，言也。首者，第一位也。尾者，末位也。身者，本位也。率者，齊數也。實者，所問之物也。法者，所求之價也。乘之者，九字相生之數也。除之者，謂九歸、歸除、商除之類。

用字凡例

法：様數也。　實：本數也。　因：法之單位者。又，由也。　歸：入巳之數也。

加：增添也。　減：除少也。　乘：法之多位者。　歸：先歸後除合名也。

除：減少也。　積：乘成之數也。　乘：法實合變數也。　如：九數用此，下一位也。

身：本位也。　則：法也。　左：上邊大位也。　右：下邊小位也。

直：長也。　面：方面也。　高：立起也。　深：陷下也。

縱：直長也。　横：廣濶也。　廣：横濶也。　濶：横廣也。

倍：加上本數也。　併：二數相令。　截：割斷也。　分：撥開也。

原：初數也。　差：多少不同數也。　通：會同其數。　變：改换其數。

約：量度。　中：算置之中。　進：移上前一位。　逢：遇有數而言逢。

上：脊梁之上，又，位之左。　下：脊梁之下，又，位之右。　挨：隨身變數也。　退：移下後一位。

勾：濶也。　股：長也。　斜：兩隅相去。又，不正也。　弦：勾股斜曰弦。弧矢亦有弦。

隅：曲角也。　長：直也。　周：外圍也。　較：相減餘也。

廉：方直也。　方：四面同數。　徑：周中之弦。　脊：盤中横梁隔木。

列位：各置位次。　折半：減去一半。　還原：復舊數也。　商除：心與意商量而除之。

相乘：長濶或銀價等。　自乘：法實數同相乘。　再乘：自乘之而又乘。

遍乘：先以一法遍乘諸數。

商總：合用商開之法于盤中。　開方：即自乘還原也。　開立：即自乘再乘之還原。

中實：即商總也。　併率：如一、二、三、四、五併得十九數也。　得令：斤、兩、貫、箇、石、等類也。

得術：乃法首位每下該得之名。　互乘：如四處數目上下斜角相乘。

相減：如二數以少減多，餘曰較。　合得：算數定奪。　維乘：四處顛倒相乘。

若干：一爲數始，十爲數終，未算難定。　幾何：與若干相同。

又　開平方法者：謂如平地四面皆然也。如長十步，濶十步，自乘得積一百步。開者，以積求方面之數也。今新增歸除開方，而法之便矣。此法别是一種，有實而無法，則商約而除之，所以最難之法也。

開立方法者：立者，立起之方也。如長十尺，濶十尺，自乘得一百尺，再以高十尺乘之，得積一千尺。開者，以積求立方每面之數也。有實而無法，則商約而除之，所以又難之法也。今新增歸除開立，故法之易便矣。

又　卷六《少廣》　開方求廉率作法本源圖

此圖雖吴氏《九章》内有，自平方至五乘方，却不云如何作用，註釋不明。

【略】

今依圖自上  得二，爲平方率。又併 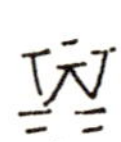 得三、三爲立方率。又併  得四、六、四爲三乘方率。向下求出三十餘乘方，皆取自然生率之竗。今略具五乘方圖式，可爲求廉率之梯堦。又考其平方形如方田，以平方面自乘得平方積數，是一乘方。其立方形如骰子様，以平方面自乘得平方積，再以高方面乘之，得立方積數，是二乘方。其三乘方以平方面自乘得平方積數，再以高方面乘得立方積數，又以方面乘得三乘方積數，故曰三乘方。其形不知如何模様，只是取數而已。或至十乘方、三十餘乘方，皆是先賢取生率之竗，以明開

方正律，亦不可廢。

綜論

明・程大位《算法統宗》卷一 習學之法

一要先熟讀九數，二要誦歸除歌法。三要知加減定位，四要知量度衡畝。五要知諸分母子，六要知長濶堆積。七要知盈朒五隱，八要知正負行例。九要知勾股弦數，十要知開方各色。

明・朱載堉《算學新説・初學凡例》 凡學開方，須造大算盤長九九八十一位共五百六十七子，方可算也。不然只用尋常算盤四五個接連在一處算之，亦無不可也。其算盤梁上帖紙一長條，上寫第一位、第二位等項字樣，使初學易曉也。

清・李長茂《算海説詳》卷四《開方》 此章以平方求方面，以平圓求圓徑，以帶縱減縱求直長濶，以一乘再乘求立方立圓，以一乘再乘三乘等求立方立圓之積高。開方與勾股法相爲表裏，乃諸數借爲權輿，誠筭家所宜考究。

開方總解

平方即方面自乘之積，還源曰開平方者，開四面而成方也。其法有初商、再商、三商、四商不等，以商除積盡。爲定商者，約略之意，乃量積數多寡而約略定方，百則下十，萬則下百之類是也。初商是方法，次商以後用廉法、隅法。方法者，先約略積數，可以四面成方者。左定一數，右定一法，相呼乘法以除積數，除數不盡，又用次商廉，即方外所加之直，謂一方帶兩邊直，以助其壯，取名曰廉。一方不盡，須從兩面加益，故廉用倍法。次商是方外再加之濶廉，即初方兩面之長，相呼除積。兩邊俱與初商方齊，尚缺一角，故即用次商相呼成一小方，以補兩廉之角，所謂隅法也。如商除不盡，再用三商，或終有不盡，以法命之。此爲一乘方法。曰乘者，呼乘法而除積也，再以方面自乘之積，以方面乘之爲二乘方。又以方面乘二乘之積，爲三乘方。二乘方即成立方，上下六面俱同一方面，如骰子樣是也。三乘者，立方之上再加高，如窖深之類是也。求立方其商除之數，須依一乘、再乘約略定數。如平方四步至八步商二步，立方八步至二十六步俱商二步等是也。三乘、四乘以止只其數理可以類推，用處亦鮮。平圓、立圓不外平方、立方數，有不盡亦同方法命之。謂之命者，餘實若干不盡，却以所商得平方數若干倍作兩廉，再加一隅共得若干分，餘數止若干分，即爲若干分之幾，以命之也。

清・江南商業學堂編《最新珠算教科書》 叙例

西人經商善用筆算，中國經商善用珠算，各有所長，不相掩也。近時學堂林立俱崇尚筆算，而於吾國固有之珠算反不屑措意。誠以學筆算易，不若學珠算難耳。不知珠算所難，在於無教科善本，苟有善本，學之甚易。何畏其難。或詰之曰：筆算之誤，有迹可尋，查之立見。珠算之誤無迹可尋，非覆算不爲功。二者比較珠算雖速於筆算，而覆算亦費事也。應之曰：此事關乎學之熟不熟，學苟未熟雖查筆算亦難立見其誤，且工夫不亞於覆珠。算學既熟矣，覆珠算一次亦甚易事。豈吾國商家簿記難盡恃耶。邇來東書輸入筆算，而外兼課珠算，溯其法所由來，本出中土吾國。棄固有而忽諸亦一缺點，爰採東書之所長，并補其所未備。編成三卷，計十三章，蓋不僅爲學堂課本，計兼爲商家守舊法者，闢一簡捷之門也。附記例言於左。

是書分三卷，上卷開端及加減，中卷乘除及四法雜問。下卷自乘除簡法，以至開方而演數之法略備。

又　卷下《開方》 珠算開平方與除法之比較

凡置一數自乘，爲平方積。其原數爲平方根，有根求積用自乘法。有積求根，用開平方法。以算盤開平方，初商以後大略與除相仿，而用法則有同有異。除之法另置於算盤左端，平方則以倍初商爲法，即連於實之左。除則以商數乘法次行以後，平方即以商數連於法之右，以商數乘法次行以後必兼乘商數。故除之法爲定數，平方之法則遞增。至其商數位置之進退，除視乎法位數之多寡，開方亦視乎倍根位數之多寡，能熟除法，即能開平方。定初商之法爲除法所無，茲先列初商根積之表於左以備用。

平方積	一	四	九	一六	二五	三六	四九	六四	八一
平方根	一	二	三	四	五	六	七	八	九

觀表初商一至四，倍根不滿十，其位數與根同。五至九倍根進一十，其位數多於根一位，位數既不同。開方法亦分兩類。

開平方和開帶縱平方分部

開平方法

算法

明・王文素《算學寶鑒》卷一六　平方帶分子

積連分子要開方，分母先將整步通。
子併於中爲實積，開方分子積呼稱。
今將分母開方取，爲法除前分積明。
便見方面多大小，有餘分母命其零。

方田積八百六十六步八十一分步之七十九。問方面幾何。

荅曰：二十九步。

草曰：置整步八百六十六以分母八十一通得七萬一百四十六，併入分子七十九，得七萬二百二十五爲分子積，開平方除之。法已見前。得二百六十五爲分子面方之實。今置分母八十一，亦以開平方法除之，得九爲法，除實，得面方二十九步。餘四爲分子以法九爲分母，故曰：每面二十九步九分步之四，合問。

此係開盡分母之題可用是術，或開不盡分母者，如下云。

假有方田積八百六十六步三分步之二。問面方幾何。

荅曰：二十九步一百七十七分步之七十七。

術曰：以分母通全步，併子爲實。以分母爲隅筭，開方。

草曰：置積八百六十六步，以分母三通之，得二千五百九十八，併入子二，得二千六百爲實。以分母三爲隅筭。初商二十步爲甲，置于積上。今以甲二十乘隅三，得六十，置於積下爲方法。命上甲除實一千二百，餘積一千四百零。又以甲乘隅入方六十，共一百二十爲廉法。次商九步爲乙，續上甲後。另以乙九步乘隅得二十七，續入下廉爲隅法。廉隅共一百四十七，命上乙除積一千三百二十三，餘積七十七爲分子。置乙九步加入一筭共一十，乘隅筭得三十，益入下位廉隅，共一百七十七爲分母，得方二十九步一百七十七分步之七十七。合問。

又法：不通整步，即用整步八百六十六爲寔，開平方法除得方二十九步。除積二十五步，以分母三通之，得七十五，加入分子二，得七十七爲分子，倍面方加入一筭，共五十九，亦以分母三通之，得一百七十七爲分母，亦合問。

又　平方開不盡零口訣

開平不盡數如何，以此名爲分子呼。
即倍已開添一數，名爲分母命其餘。

不盡題：方田積一千步，問每面方幾何。

荅曰：三十一步六十三分步之三十九。

草曰：置積一千步爲寔。初商三十步爲甲，置於積上。今置三十步於積下，爲方法。今上甲命下方除積九百步，餘積一百步。倍下方法，得六十步爲廉法。次商一步爲乙，置於上位甲後。另置乙一步於下位方法，爲隅法。[廉]隅共六十一步，命乙除寔六十一步。餘積三十九步爲分子。倍上開甲乙，得六十二步，再加一步，得六十三爲分母。是得面方三十一步六十三分步之三十九，合問。

解曰：於原積一千步內減出分子三十九，加入分母六十三，得一千二十四，便開三十二步，故以此命之。

明・程大位《算法統宗》卷六《少廣》　此章如田截縱之多，益廣之少，故曰少廣。如方田還原之意。以方法除積冪而求方，以圓法除方實而求圓，所註開平方、平圓，頭緒繁冗，初學者難。今註釋簡明于後。

開平方法認商歌

一百一十定無疑，一千三十有零餘。
九千九九不離十，一萬纔爲一百推。
得商方除倍作廉，次商名隅併廉除。
餘數續商隅又倍，只依此法取空虛。

解曰：平方者，乃方面自乘之積也。開者，以求方面之數也。「一百一十定無疑」者，謂如積一百步，可約方面十步，已無疑矣。「一千三十有零餘」者，謂積一千步，可約方面三十步有零也。「九千九九不離十」者，謂如積九千步，約方面九十步，自乘九九八十一也。一萬纔爲一百步，自乘得一萬步也。此言約初商之訣。再具商積于後。

開平方初商定首位訣，是自乘之數也。

商	積	商	積
商一步	積一步	商一十步	積一百步
商二步	積四步	商二十步	積四百步
商三步	積九步	商三十步	積九百步
商四步	積一十六步	商四十步	積一千六百步
商五步	積二十五步	商五十步	積二千五百步
商六步	積三十六步	商六十步	積三千六百步
商七步	積四十九步	商七十步	積四千九百步
商八步	積六十四步	商八十步	積六千四百步
商九步	積八十一步	商九十步	積八千一百步

法曰：置積爲實，別置一筭，名曰下法，于實數之下，自末位至首常超一位。約實，一下定一，千百下定十，萬下定百，百萬下定千。實上商置第一位得若干，下位亦置上商若干，名曰方法。與上商相呼除實若干，餘實若干，乃以二乘方法，即倍法也。得若干，爲廉法。續商置第二位于上商之次得若干，下法亦置續商若干爲隅法。于倍方之次，共若干，皆與續商相呼除實盡，得平方一面數。如不盡，仍前再商之。隅法者，乃曲尺樣，二廉之角爲隅，則小方也。或數不及，以法命之。何謂之命？若餘實若干不盡，却以所商得平方數若干，倍之，再添一箇，共得若干，便商得面方多一數也。因此數不及而爲之命。

平圓不盡數亦倣此。其立方、立圓不同。

若要還原，如方田，以面方自乘見積。若還原遇面方下原有不盡數者，以面方自乘，併入不盡數，見積。

歸除開平方

今有平方積五萬四千七百五十六步，問平方一面若干。

答曰：二百三十四步。

歸除開平方法曰：置積五萬四千七百五十六步爲實於盤中，見實約商二百於實左。亦置二百於右下。左右相呼，二二除實四萬步，餘實一萬四千七百五十六步。以右下二百步倍之得四百步爲法，歸除之。呼四一二十二，逢四進一十，得商三十步。就置三十步于右四百之下，相呼三三除實九百步，餘實一千八百五十六步。就以右下三十步倍之得六十步共四百六十步，爲法。歸除之。呼四一二十二，逢八進二十，得商四步。亦置四步于右六十之下。相呼四六除實二百四十步，又呼四四除實一十六步。恰盡。以左上所商得二百三十四步爲平方一面之數也。

今有平方積四百九十步，欲爲平方，問每面若干。

答曰：二十二步四十五分步之六。

歸除開平方法曰：置積四百九十爲實于盤中，見實四百，商二十步于實左。亦置二十步于右下。左右相呼，二二除實四百步，餘實九十步。就以右位二十步倍之得四十步，爲法，歸除之。呼逢八進二步，就置二步于右四十之下，相呼二二除實四步除實六步，不盡。以直方命之法曰：以所商二十二步倍之，又添一步共得四十五步，爲分母，命之曰四十五分步之六。

解曰：若以積四百九十步加入四十五步減去分子六步，仍得五百二十九步，便商得二十三步。所謂不及，故謂之命也。

又　開平方有實而無法，商約而除之。

平方積三百二十四步。

法曰：置積三百二十四步爲實。約初商一十步于實左，下法亦置一十步于實右，名曰方法。與上商相呼，一一除實一百步，餘實二百二十四步，就以方法一十步，倍之得二十步，名曰廉法。又約次商八步于左初商一十之次。共得一十八步。亦置八步于實右廉法二十步之次，名曰隅法，共得二十八步。與左位次商八步相呼，二八除實一百六十步，又左八對右八相呼，八八除實六十四步，恰盡。得方面一十八步。若還原，自乘是也。右法以明方、廉、隅之名也。

假如今有圍棊盤，其子三百六十一箇。問每面子若干。

方廉隅法之圖

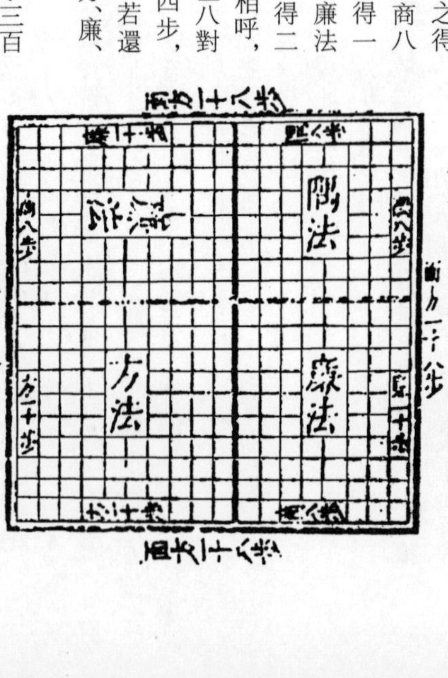

廉法謂一方帶兩邊直，以助其壯爲廉。

隅法謂一方帶兩廉，餘一小方角爲隅。

答曰：每面一十九箇。

法曰：置棊子爲實。約初商一十步于實左，下法亦置一十步于實右。左右相呼，一一除實一百箇，餘實二百六十一箇。就以下法一十倍之得二十。次商九箇于左初商一十之次，亦置九箇于右倍方二十之次，共得二十九。皆與左次商九相呼，二九除實一百八十箇。又左九對右九相呼，九九除實八十一箇，恰盡。

今列開平方法定分左、中、右式：凡看字亦照筭盤，自左至右。

右 下法 初商 (一箇) (一十)爲方法與左初商，呼除中實。後倍作(二十)爲廉法與左次商，呼除中實。(九箇)爲隅法亦與左次商，呼除中實。

除恰盡

中 (六十) 加二，共八十。又呼九九除實八十一，併下位一，去盡。

(實)(三百) 次商呼二九除一百八十箇，本身去二，下位加二。初商呼除本身一百箇，餘二百。

空位

左 次商 (九箇) 又對右九呼九九除實八十一箇，恰盡。左九對右二，呼二九除實一百八十箇。

初商 (一十) 左一，對右一呼，一一除實一百箇。

今有方田積三千一百三十六步，問平一面若干。

答曰：五十六步。

法曰：置田積爲實。約實定初商五十步于左，下法亦置五十步于右，左右相呼，五五除實二千五百步，餘積六百三十六步。就以下法五十步，倍之得一百步。次商六步于左初商五十之下，亦置六步于右倍方一百隔位之下，共得一百零六步。皆與次商六步相呼，一六除實六百步。又左六對右六相呼，六六除實三十六步。恰盡。

今有方田積二十萬零七千九百三十六步，問平方一面若干。

答曰：四百五十六步。

法曰：置方積爲實。約初商四百于左位，亦置四百于右位爲方法，與上商相呼，四四除實一十六萬，餘實四萬七千九百三十六步。就以方法四百，倍作八百爲廉法。次商五十于左初商四百之下，亦置五十于右廉法八百之下，爲隅法。共八百五十，皆與次商五十呼除，先以左五對右八呼，五八除實四萬。又左五對右五呼，五五除實二千五百，餘實五千四百三十六步。却以下法次商五十倍之，併廉共得九百，又爲廉法。又商六步于左初次商四百五十之下。亦置六步于廉法九百隔位之下，共九百零六，皆與左再商六步呼除，先左六對右九呼，六九除實五千四百。又左六對右六呼，六六除實三十六步，恰盡。合問。

今有方磚一千四百六十一塊，欲爲平方，問一(兩)[面]方若干。

答曰：面方三十八塊、七十七塊之十七。

法曰：置磚積爲實。初商三十塊于左，下法亦置三十于右爲方法，左右相呼，三三除實九百，餘實五百六十一塊。就以方法三十倍作六十爲廉法，次商八于左初商三十之下，亦置八于右廉法六十之下，爲隅法，共六十八。皆與上商八相呼，六八除實四百八十。又呼八八除實六十四，餘實一十七。不盡。却將所商三十八倍之，再添一塊，共得一方數七十七，命一十七。何謂之命？以原總數內除一十七，加上七十七，便商得面方三十九塊，因此不及，而爲之命。餘倣此。

今有方田積七萬一千八百二十四步，問平方一面若干。

答曰：每一面方二百六十八步。

法曰：置方田積爲實，以開平方法除之。初商二百于左位，亦置二百于右位，爲方法。以左二對右二相呼，二二除實四萬，訖，餘實三萬一千八百二十四步。就以方法二百倍作四百爲廉法。次商六十于左初商二百之下，亦置六十于廉法四百之下，爲隅法，共四百六十。皆與次商六十呼除，先以左六對右四呼，四六除積二萬四千。又左六對右六呼，六六除積三千六百，餘實四千二百二十四步。却以右位次商六十，倍加六十于四百之下，共五百二十，皆爲廉法。又商八于左初次商二百六十之下。亦置八于右廉法五百二十之下，皆與上商八步呼除，先以左八對右五呼除，五八除積四千。又呼二八除一百六十。又呼八八除實六十四步。恰盡。

又 平圓法歌

平圓之法若求周，十二乘積數可求。

求徑四因三而一，開平方法以除收。

法曰：問外周者。置積若干，以圓法十二乘得若干爲實。以開平方法除之得周。若要還原，如圓田，以外周自乘，又以十二除，見積。若周下原有不盡數者，以周自乘併入不盡，以十二除，見積。問徑者，置積若干，以四因三歸，得若干爲實，以開平方法除之，得徑。其圓居方四分之三，故用四因三歸之。若要還原，如圓田，以徑自乘併入不盡數，以三因四歸之，見積。若問周、問徑遇有餘積不盡者，依開平方法下命之。

今有圓田積二千三百五十二步，問平圓徑若干。

荅曰：徑五十六步。

法曰：置積步，先以四因，後用三歸，得三千一百三十六步爲實，以開平方法除之。初商五十于左位，亦置五十于右位爲方法，左右相呼五五除積二千五百，餘積六百三十六步。却以右位五十倍作一百，爲廉法。次商六于左初商五十之次，亦置六于右廉法一百，隔一位下爲隅法，共一百〇六，皆與上商六相呼，一六除積六百，又左六對右六呼六六除積三十六步。恰盡。

清・李長茂《算海説詳》卷四《開方》 解義：圓田由方而自乘三因四歸，得積。將圓積四因三歸復合方積，故開方得方面，即圓徑。

明・程大位《算法統宗》卷六《少廣》 今有圓田，積二千三百五十二步，問平圓周若干。

荅曰：周一百六十八步。

法曰：置圓田積步，以十二乘之，得二萬八千二百二十四步爲實。以開平方法除之。初商一百于左位，下法亦置一百爲方法，呼一一除積一萬，餘積一萬八千二百二十四。就以方法一百倍之，得二百爲廉法。續次商六十于左初商一百之下，右位亦置六十于廉法二百之下爲隅法，共二百六十，皆與上商六十呼除。先呼二六除積一萬二千。又呼六六除積三千六百，餘積二千六百二十四。另以右位次商六十倍作一百二十，併入廉法二百，共三百二十又爲廉法。再商八步于左位初、次商一百六十之下，右位亦置八步又爲隅法，於廉法之下，共三百二十八，皆與上商八呼除，先呼三八除積二千四百，又呼二八除積一百六十，又呼八八除積六百四十，恰盡。

今有圓積五萬四千箇，欲爲平圓，問徑若干。

荅曰：徑二百六十八箇，五百三十七箇之一百七十六。

法曰：置積數，先以四因後用三歸之，得七萬二千爲實，以開平方法除之。初商二百于左位，下法右位亦置二百爲方法，呼二二除積四萬，餘積三萬二千。就以右位二百倍之，得四百爲廉法。次商六十于左，亦置六十于右廉法四百之次爲隅法相呼，四六除積二萬四千，又呼六六除積三千六百，餘積四千四百。却以右位六十倍之，併入廉法，共五百二十，皆爲廉法。又商八于左二百六十之次，右位亦置八于廉法之次，共五百二十八皆與上商八呼除。先呼五八除積四千，又呼二八除積一百六十。又呼八八除積六十四，餘積一百七十六，不盡。却將所商數倍之再加一箇得五百三十七命之一百七十六。若於總内減去一百七十六，加上五百三十七，便商得徑二百六十九也。

清・李長茂《算海説詳》卷四《開方》 解義：本積開方圓徑，應二百六十八步三分二釐八毫不盡，因數有難盡，故以法命之。若問積以二百六十八步自乘，得七萬一千八百二十四步，加入不盡一百七十六步即合原積。

又 立圓開方問周法：今有立圓積六萬二千二百零八尺，問立圓周若干。

增法：置積數以四十八尺乘之，得二百九十八萬五千九百八十四尺爲實，以開平方除之。初商一百尺於左，自乘得一萬，再乘得一百萬除實，訖。次商四十於左，初商一百之次位，就於下法置初次商共一百四十，自乘得一萬九千六百。又置初商一百自乘，得一萬併三數，共四萬三千六百。以次商四十乘之，得一百七十四萬四千除實，訖，餘積二十四萬一千九百八十四尺。再商四尺於左，初次商一百四十之下，亦置四尺於下法，共一百四十四尺，自乘得二萬零七百三十六尺。又置初次三商一百四十四尺，以初次商一百四十尺乘之，得二萬零一百六十尺。又置初次商，共一百四十尺，自乘得一萬九千六百，併三數共六萬零四百九十六尺，以三商四尺乘之，得二十四萬一千九百八十四尺，除實恰盡。得周一百四十四尺。

明・程大位《算法統宗》卷六《少廣》 假如方箭積六十四根，問外周若干。

荅曰：外周二十八根。

法曰：此是雙層者。只以方箭積爲實，以開平方法除之，得一面方八根。却減去一根，得七根，以四因，得外周二十八根。若前方箭積八十一根，乃是單層者，若只以方箭爲實，以開平方法除之得一面方九根，却減去一根，得八根，以四因得外周三十二根，亦得面方八數爲雙，乃八八六十四也。九數爲單，乃九九八十一也。此法不論雙層單層皆可用，捷徑無差。

今有直田積八百六十四步，只云長濶相差一十二步。問長濶相和共若干。

荅曰：長濶相和六十步。

法曰：置田積，以四因得三千四百五十六步。另以差一十二步自乘，得一百四十四步，併四因積，共三千六百步乃是相和之積，用開平方法除之，得長濶相和六十步。合問。

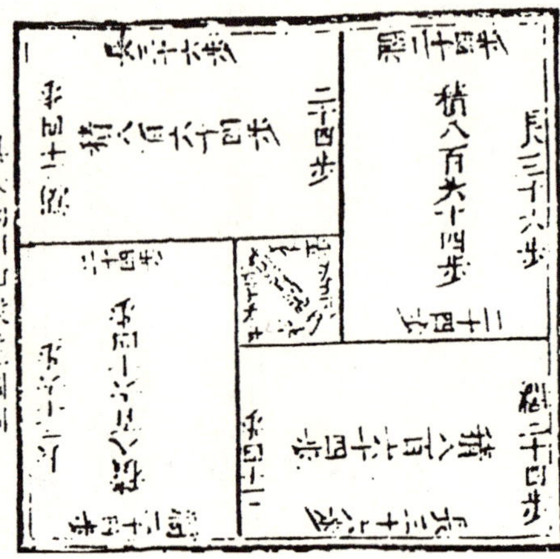

長濶相當求和圖

若問長數加差折半即得。

演段解曰：四因積者，乃是四長四濶積，居邊共三千四百五十六步。却以相差一十二步自乘，得一百四十四步，補中得相和積三千六百步，以開平方法除之，得長濶相和六十步也。

今有直田積八百六十四步，只云長濶相和六十步。問長濶相差若干。

荅曰：長濶相差一十二步。

法曰：置田積，以四因得三千四百五十六步。另以相和六十步自乘，得三千六百步。却減去四因積三千四百五十六步，餘一百四十四步。乃相差自乘積，用開平方法除之。得長濶相差一十二步。合問。

長濶相和求差同前圖。

解曰：其相和六十步，自乘積三千六百步，內有四因積四箇，共三千四百五十六步。居邊有一箇相差自乘積一百四十四步，用開平方法除之，得長濶相差一十二步。

今有方田一段，圓田一段，共積二百五十二步，只云方面圓徑適等。問方圓徑各若干。

荅曰：方面圓徑各一十二步。

法曰：置共積，以四因，得一千零八步，併方四圓三共七爲法，除之得一百四十四步，以開平方法除之，得方面一十二步，圓徑亦同。

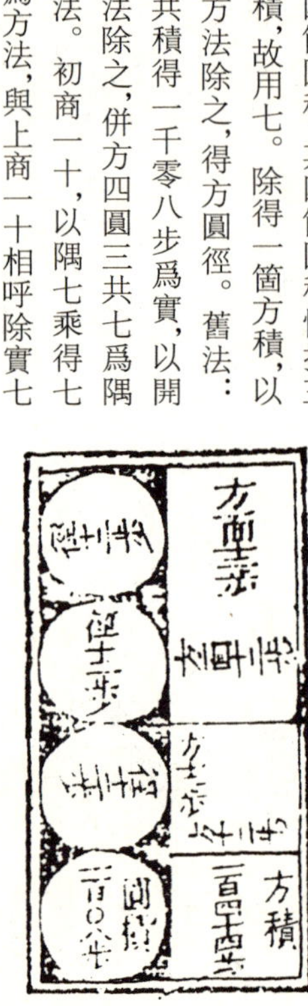

方圓求徑圖

術曰：四因方圓共積，得四箇方積四箇圓積，其四箇圓積恰折三箇方積，故用七。除得一箇方積，以開平方法除之，得方圓徑。舊法：四因共積得一千零八步爲實，以開平方法除之，併方四圓三共七爲隅于下法。初商一十，以隅七乘得七十，爲方法，與上商一十相呼除實七百，餘實三百零八步。另倍方法得一百四十爲廉法。次商二步，以隅七乘得十四，併入廉法一百四十，共一百五十四，與次商二步相呼除實恰盡。合問。

又 今有大中小方田三段，相併共積八百步，只云大方田面比中方面多四步，中方田面多小方田面四步。問大中小方面併積各若干。

荅曰：大方面二十步，計積四百步。中方面一十六步，計積二百五十六步。小方面一十二步，計積一百四十四步。

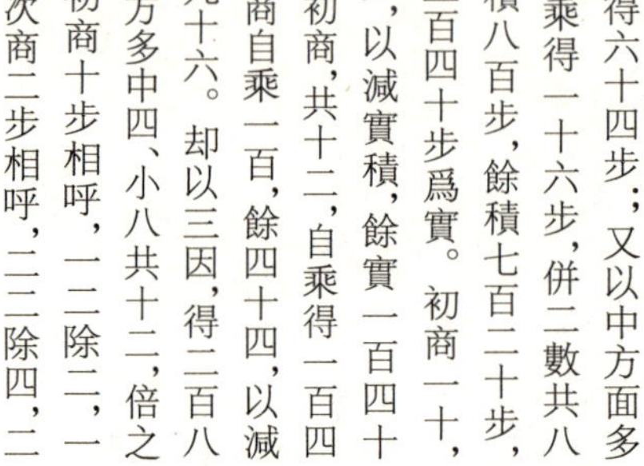

大小三方總一圖

法曰：置共積于上，另置大方面多小方面八步自乘得六十四步；又以中方面多小方面四步自乘得一十六步，併二數共八十步，以減共積八百步，餘積七百二十步，以三歸之，得二百四十步爲實。初商一十，自乘得一百步，以減實積，餘實一百四十步。次商二併初商，共十二，自乘得一百四十四。內除初商自乘一百，餘四十四，以減餘實，又餘實九十六。却以三因，得二百八十八。另併大方多中四、小八共十二，倍之得二十四，與初商十步相呼，一二除二，一四除四。又與次商二步相呼，二二除四，二四除八，得小方面十二步，加多四步得中方面十六步，又加多四步，得大方面二十步，各以方面自乘，得各積。合問。若四段則用四歸，五段則用五歸。

清・李長茂《算海説詳》卷四《開方》　增法：置大方多小方八步，中方多小方四步，各自乘，共八十步。減共積八百步，餘積七百二十步。以三歸之，得二百四十步爲實。另以多四步加倍，得八步爲縱方。初商十步，即置八步於實右，縱方先以左商十步自呼除一百步。又與右縱八步相呼，一八除八十步，餘實八十步。次商二步於左初商十步之下，即以二與初商呼，一二除二十。又以二與十二，呼一二除二十，二二除四步。又以二與縱八步，二八除一十六步，除實恰盡。得小方面一十二步。遞加多步得中方、大方面。

增法：置大方多中方面四步自乘，得一十六步。又置中方多小方面四步自乘，得一十六步。二共三十二步，以減共積八百步，餘七百六十八步。以三歸之，得二百五十六步。用開平方法除之，得中方面一十六步。加四步，得大方面二十步。減四步，得小方面一十二步。

明・程大位《筭法統宗》卷六《少廣》　假如大小圓田二段共積，只云大圓徑多小圓徑者，法置共積，以四因三歸，得數，仍如大小方田筭。或只云大圓周多小圓周者，法置共積以十二乘得數，仍如大小方田筭。

今有米七百零五石六斗，欲作圓倉盛之。只云高一十二尺，問周若干。

答曰：周四十二尺。

法曰：置米數以斛法二五乘之，得一千七百六十四尺，又以圓率十二乘之，再以高一十二尺除之如故，爲實。以開平方法除之，得周四十二尺。合問。

或云：高九尺，問方若干。

答曰：方一十二尺。

法曰：仍以前實以高九尺除之，得一百四十四尺，以開平方法除之，得方一十二尺。合問。

又　卷七　環田截積歌

環田要截外周積，倍積二周差步乘。
原徑爲法除見數，另以外周周自乘。
以少減多餘作實，開方便得内周成。
二周相減餘零數，六而取一徑分明。

今有環田外周七十二步，内周二十四步，徑八步，今自外周截積二百八十五步。問截中周併徑若干。

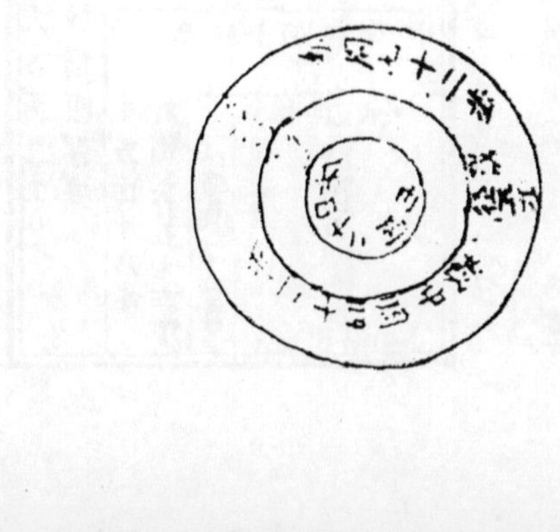

環截外周

答曰：中周四十二步，截徑五步。

法曰：置截積二百八十五步倍之，得五百七十步，却以外周減内周二十四步，餘四十八步爲差步，以乘倍積五百七十步，得二万七千三百六十步，以原徑八步除之，得三千四百二十步，又置外周七十二步自乘得五千一百八十四步，以少減多餘一千七百六十四步爲實。以開平方法除之，得中周四十二步，以減外周七十二步，餘三十步。以六除之，得徑五步。合問。

圓徑與截矢求截弦歌　冪相乘數也。

圓徑與矢求弧弦，半徑自乘立一邊。
另以半徑減去矢，餘亦自乘減却前。
又餘平方開見數，倍之名即是弧弦。

圓徑十寸弧，矢濶一寸。問截弦若干。

答曰：弦六寸。

法曰：置半徑五寸爲弦，自乘得二十五寸。另以半徑五寸減矢一寸，餘四寸爲股，自乘得一十六寸相減餘九寸。平方開之，得三寸爲勾，倍之得六寸，爲截弧弦，即自二勾相併爲弦，餘皆倣此。又法以圓徑自乘，得一百寸爲弦冪，另以圓徑減倍矢二寸餘八寸，自乘得六十四寸，爲股冪，相減餘三十六寸爲勾冪，平方開之得全弦六寸。

圓徑與截弦求截矢歌

弧矢内股弦求勾圖

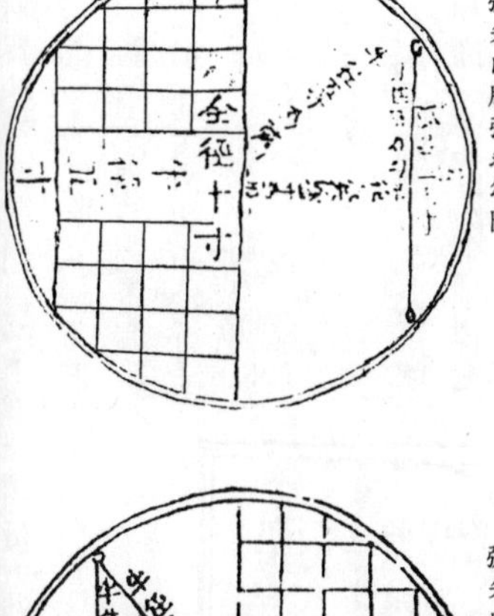

弧矢内勾弦求股圖

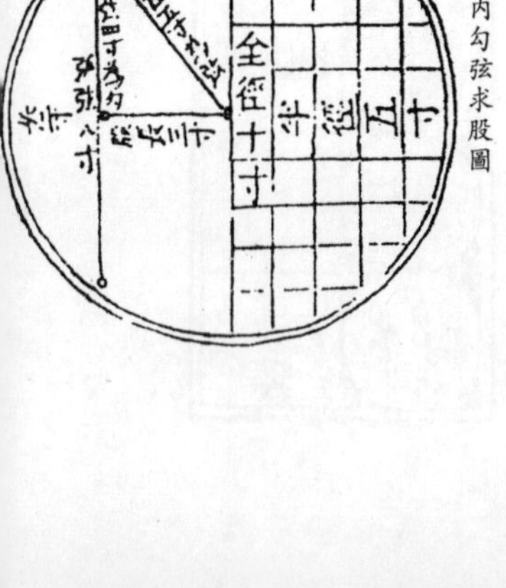

圓徑與弦求截矢，半徑爲弦自乘是。
弧弦折半名爲勾，亦自乘之相減矣。
餘用開方得股數，半徑減股餘者矢。

圓徑十寸，弧弦長八寸。問截矢若干。

荅曰：矢二寸。

法曰：以半徑五寸爲勾股之弦。另以弧弦八寸折半，得四爲勾，各自乘相減餘九寸，平方開之，得股三寸，以減半徑五寸餘二寸，即矢。圓徑與截矢求截弧背，截弦求弧背同。

術曰：先求出弦徑，除矢冪得半弦背差。

一段田禾之外，東邊近有荒坵。離邊五步繫頭牛，只爲繩長遊走，踐跡五分八步，如同弧矢弦疇。索長多少是根由，演立天源窮究。右調西江月。原在難題《少廣》章中，無圖今共圖之于此，便人目矣。

解題：弧矢田積一百二十八步，離徑五步。問矢潤、弦長各若干。

荅曰：索長一十三步，弧周二十八步有令，矢潤八步，離徑五步，弧弦二十四步，圓徑二十六步。

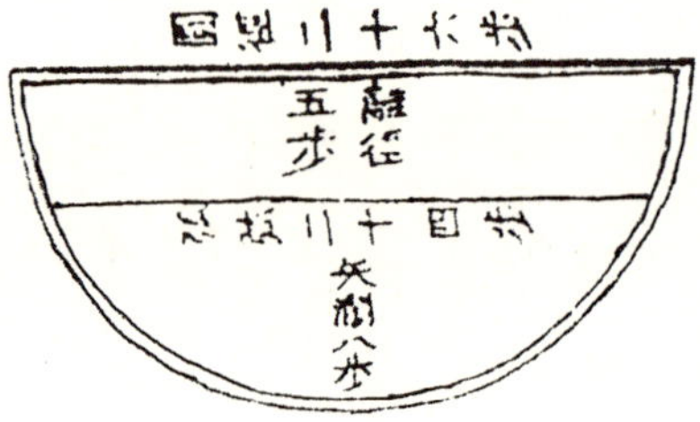

弧矢求積積求弦矢圖

法曰：置積一百二十八步爲實，另以此數倍之，得二百五十六步，以開平方法除之，得一十六步爲法，除實，得矢八步。加法十六，共二十四步，是弦長，折半得一十二步，自乘得一百四十四步爲實。以矢八步爲法除之得一十八步，加矢八步。共得圓徑二十六步。若問索長，以矢八步加離邊五步，乃是索長一十三步。合問。

圓徑及弧徑求離徑併矢潤歌

徑弦求離徑矢潤，圓徑弧弦各折半。
各自乘減餘開方，離徑圓徑弧矢辦。

法曰：置圓徑二十六步折半，得一十三步，自乘，得一百六十九步。另以弧弦二十四步，折半得一十二步，自乘得一百四十四步，二數相減，餘二十五步。以開平方法除之，得離徑五步。另以圓徑二十六步，折半得一十三步，減離徑五步，餘爲矢八步。

圓徑及矢潤求弧弦歌

圓徑矢潤求弧弦，圓徑矢潤減餘存。
復以矢潤乘爲實，開方倍之得弧弦。

法曰：置徑二十六步減矢八步，餘一十八步。以矢八步乘之，得一百四十四步。以開平方法除之得一十二步。倍之得弧弦二十四步。

弧弦及離徑求圓徑歌

弧弦離徑求圓徑，弧弦折半自相乘。
離徑自乘併爲實，開方倍數爲圓徑。

法曰：置弦二十四步，折半得一十二步，自乘得一百四十四步，以離徑五步自乘得二十五步，相併得一百六十九步爲實。以開平方法除之，得一十三步，倍之得二十六步，爲圓徑。

圓徑及離徑求弧弦歌

圓徑離徑求弧弦，圓徑折半自相乘。
離徑自乘減餘實，開方倍得弧弦成。

法曰：置圓徑二十六步，折半得一十三步，自乘得一百六十九步，以離徑五步自乘得二十五步，相減餘一百四十四步爲實。以開平方法除之，得一十二步，倍之得弧弦二十四步。

又　開平方通分法

今有積一千五百九十步六十四分步之一，問平方一面若干。

荅曰：三十九步八分步之七，即八分七釐五毫。

法曰：置積一千五百九十步，以分母六十四分乘之加入分子一，共得一十萬零一千七百六十一分。以開平方法除之，得面方三百一十九分爲實。另以分母六十四，以開平方法除之，得八分爲法除之，得方面三十九步，不盡七，命之曰八分步之七。

今有方田一段，面方四步一十八分步之一十七，問弦、積步各若干。

荅曰：斜弦七步，方積二十四步五分。

法曰：置四步，以分母一十八乘之加入分子一十七，共得八十九步，自乘得七千九百二十一步。另以分母、分子相減餘一。以乘分子十七，如故併前，共得七千九百三十八步爲實。另以分母十八自乘，得三百二十四爲法，除之得二十四步五分爲方積，倍之得四十九步，以開平方法除之，得斜弦七步。使方面下有零分數求積者，倣此。

右商法開方、歸除開方，二者聽從人便。

明・朱載堉《算學新説》　又平積一，一自乘所得也。四，二自乘所得也。九，三自乘所得也。一十六，四自乘所得也。二十五，五自乘所得也。三十六，六自乘所得也。四十九，七自乘所得也。六十四，八自乘所得也。八十一，九自乘所得也。

一已上開一，四已上開二，九已上開三，一十六已上開四，二十五已上開五，三十六已上開六，四十九已上開七，六十四已上開八，八十一已上開九，一百已上開一十，四百已上開二十，九百已上開三十，一千六百已上開四十，二千五百已上開五十，三千六百已上開六十，四千九百已上開七十，六千四百已上開八十，八千一百已上開九十，一萬已上開一百，四萬已上開二百，九萬已上開三百，一十六萬已上開四百，二十五萬已上開五百，三十六萬已上開六百，四十九萬已上開七百，六十四萬已上開八百，八十一萬已上開九百。

又　初學凡例

第二問：【略】今黃鍾正律長十寸，蕤賓倍律、正律各長幾何。

荅曰：黃鍾長十寸是爲平方面，其兩隅斜弦即蕤賓倍律，倍律折半即蕤賓正律也。若以蕤正爲平方面，而其斜弦即黃正也。《周禮・桌氏》爲量，內方尺而圓其外，算法求方之斜即圓之徑，得斜弦一尺四寸一分四釐二毫一絲三忽五微六纖二三七三〇九五〇四八八〇一六八九，即蕤賓倍律也。折半得七寸〇七釐一毫〇六忽七微八纖一一八六五四七五二四四〇〇八四四五，即蕤賓正律也。纖已下數不立名色，餘皆放此。

法曰：依句股求弦算。置方面自南至北一十寸，自乘得一百寸，爲股冪。別置方面自東至西一十寸，自乘得一百寸爲句冪相併共得二百寸，爲弦冪。就置弦冪二百寸爲實，看前式內一百已上該開一，十寸命作一歸，爲下法，用開方歸除法除之。於實首位歸實，呼逢一進一十得一十寸，有歸不除，餘實一百寸。倍下法，一十寸改作二十寸命作二歸。自此已後，有歸有除。於實第一位歸實，呼二一添作五，起一還二只得四寸。下法亦置四寸於二十寸之下，共得二十四寸。於實第二位除實，呼四四除一十六，餘實四寸。倍下法，四寸改作八寸，共得二十八寸。於實第三位歸實，呼逢二進一十得一分。下法亦置一分於二十八寸之下，共得二十八寸一分。於實第三位除實，呼一八退位除八。於第四位除實，呼一一退位除一，餘實一寸一十九分。倍下法，一分改作二分，共得二十八寸二分。於實第三位歸實，呼二一添作五，起一還二，只得四釐。下法亦置四釐於二十八寸二分之下，共得二十八寸二分四釐。於實第四位除實，呼四八除三十二。於第五位除實，呼二四退位除八。於第六位除實，呼四四除一十六。餘實六分〇四釐。倍下法，四釐改作八釐共得二十八寸二分八釐。於實第五位歸實，呼逢四進二十，得二毫。下法亦置二毫於二十八寸二分八釐之下，共得二十八寸二分八釐二毫。於實第五位除實，呼二八除一十六。於第六位除實，呼二二退位除四。於第七位除實，呼二八除一十六。於第八位除實，呼二二退位除四。餘實三十八釐三十六毫。倍下法，二毫改作四毫，共得二十八寸二分八釐四毫。於實第六位歸實，呼逢二進一十，得一絲。下法亦置一絲於二十八寸二分八釐四毫之下，共得二十八寸二分八釐四毫一絲。於實第六位除實，呼一八退位除八。於第七位除實，呼一二退位除二。於第八位除實，呼一八退位除八。於第九位除實，呼一四退位除四。於第十位除實，呼一一退位除一。餘實一十釐〇〇七毫五十九絲，倍下法，一絲改作二絲，共得二十八寸二分八釐四毫二絲。於實第六位歸實，呼二一添作五，起二還四，只得三忽。下法亦置三忽於二十八寸二分八釐四毫二絲之下，共得二十八寸二分八釐四毫二絲三忽。於實第七位除實，呼三八除二十四。於第八位除實，呼二三退位除六。於第九位除實，呼三八除二十四。於第十位除實，呼三四除一十二。於第十一位除實，呼二三退位除六。於第十二位除實，呼三三退位除九。餘實一釐五十九毫〇六絲三十一忽，倍下法，三忽改作六忽，共得二十八寸二分八釐四毫二絲六忽。於實第七位歸實，呼二一添作五，得五微。下法亦置五微於二十八寸二分八釐四毫二絲六忽之下，共得二十八寸二分八釐四毫二絲六忽五微。於實第八位除實，呼五八除四十。於第九位除實，呼二五除一十。於第十位除實，呼五八除四十。於第十一位除實，呼五四除二十。於第十二位除實，呼二五除一十。於第十三位除實，呼五六除三十。於第十四位除實，呼五五除二十五。餘實一十七毫六十四絲一十七忽七十五微，倍下法，五微改作一忽〇微，共得二十八寸二分八釐四毫二絲七忽〇微。於實第八位歸實，呼二一添作五，逢二進一十，得六纖。下法亦置六纖於二十八寸二分八釐四毫二絲七忽〇微之下，共得二十八寸二分八釐四毫二絲七忽〇六纖。於實第九位除實，呼六八除四十八。於實第十位除實，呼二六除一十二。於第十一位除實，呼六八除四十八。於第十二位除實，呼四六除二十四。於第十三位除實，呼二六除一十二。於第十四位除實，呼六七除四十二至第十五位，下法空微無除。於第十六位除實，呼六六除三十六。餘實六十七絲一十二忽一十二微六十四纖。自此已後開至二十五位，其術同前。但纖已下不立名色，共得斜弦一尺四寸一分四釐二毫一絲三忽五微六纖二三七三〇九五〇四八八〇一六八八九，即蕤賓倍律也。折半即得蕤賓正律。與下條開方所得蕤賓正律數同。

第三問：黄正爲方面斜弦，即蕤倍，前條既明之矣。黄正爲斜弦，方面即蕤正，亦須明之。今黄鍾正律長十寸，其蕤賓正律長幾何。

荅曰：長七寸〇七釐一毫〇六忽七微八纖一一八六五四七五二四四〇〇八四四五。即蕤賓正律也。

法曰：依弦求股術筭。置斜弦即黄正長十寸。自乘，得一百寸。爲弦冪。於内減去句冪正方者句與股相同，去五十寸。餘五十寸，爲股冪。就置股冪五十寸，爲實。看前式内四十九已上該開七寸命作七歸。爲下法，用開方歸除法除之。於實首位歸實呼七五七十一得七寸。倍下法七寸改作一十四寸命作七歸呼逢七進七十，雖進一位仍作七寸，有歸不除，餘實一寸。自此已後有歸有除。第一位得空分。於第二位歸實，呼見一無除作九一，起二還二，只得七釐。下法亦置七釐於一十四寸〇分之下共得一十四寸〇分七釐。於實第三位除實，呼四七除二十八，第四位下法空分無除。於第五位除實，呼七七除四十九。餘實一分五十一釐，倍下法七釐改作一分四釐共得一十四寸一分四釐。於實第四位歸實呼逢一進一十得一毫，下法亦置一毫於一十四寸一分四釐之下，共得一十四寸一分四釐五毫，於實第四位除實呼一四退位除四，於第五位除實呼一一退位除一，於第六位除實呼一四退位除四，於第七位除實呼一一退位除一，餘實九釐五十九毫。倍下法一毫改作二毫，共得一十四寸一分四釐二毫，第五位得空絲，於第六位歸實呼逢六進六十得六忽，下法亦置六忽於一十四寸一分四釐二毫〇絲之下，共得一十四寸一分四釐二毫〇絲六忽。於實第六位除實呼四六除二十四，於第七位除實呼一六退位除六，於第八位除實呼四六除二十四，於第九位除實呼二六除一十二，第十位下法空絲無除，於第十一位除實呼六六除三十六，餘實一釐一十毫〇四十七絲六十四忽。倍下法六忽改作一絲二忽共得一十四寸一分四釐二毫一絲二忽，於實第六位歸實呼見一無除作九一起二還二只得七微，下法亦置七微於一十四寸一分四釐二毫一絲二忽之下共得一十四寸一分四釐二毫一絲二忽七微，於實第七位除實呼四七除二十八，於第八位除實呼一七退位除七，於第九位除實呼四七除二十八，於第十位除實呼二七除一十四，於第十一位除實呼一七退位除七，於第十二位除實呼二七除一十四，於第十三位除實呼七七除四十九，餘實一十一毫四十八絲一十五忽一十一微。倍下法七微改作一忽四微共得一十四寸一分四釐二毫一絲三忽四微，於實第七位歸實呼見一無除作九一起一還一得八纖。下法亦置八纖於一十四寸一分四釐二毫一絲三忽四微之下共得一十四寸一分四釐二毫一絲三忽四微八纖，於實第八位除實呼四八除三十二，於第九位除實呼一八退位除八，於第十位除實呼四八除三十二，於第十一位除實呼二八除一十六，於第十二位除實呼一八退位除八，於第十三位除實呼三八除二十四，於第十四位除實呼四八除三十二，於第十五位除實呼八八除六十四，餘實一十六絲七十八忽〇三微一十六纖。

自此已後，開至二十五位，其術同前。但纖已下不立名色，所得方面七寸〇七釐一毫〇六忽七微八纖一一八六五四七五二四四〇〇八四四五，即蕤賓正律也。加倍即得蕤賓倍律，與上條開方所得蕤賓倍律數同。

第四問：以黄鍾正律乘蕤賓正律，得平方積七十寸〇七十一分〇六釐七十八毫一十一絲八十六忽五十四微七十五纖二四四〇〇八四四五。開平方所得，即夾鍾正律，其長幾何。

荅曰：長八寸四分〇八毫九絲六忽四微一纖五二五三七一四五四三〇三一一二五。即夾鍾正律也。

法曰：置所得蕤賓長七寸〇七釐一毫〇六忽七微八纖一一八六五四七五二四四〇〇八四四五，以黄鍾長十寸乘之，得平方積七十寸〇七十一分〇六釐七十八毫一十一絲八十六忽五十四微七十五纖二四四〇〇八四四五爲實。看前式内六十四已上，該開八寸，命作八歸。爲下法，用開方歸除法除之。於實首位歸實，呼八七八十六得，八寸。倍下法，八寸改作一十六寸，命作一歸，呼逢八進八十，雖進一位，仍作八寸。有歸不除，餘實六寸七十一分〇六釐七十八毫一十一絲八十六忽五十四微七十五纖二四四〇〇八四四五。自此已後，有歸有除。於實第二位歸實，呼逢四進四十得四分。下法亦置四分於一十六寸之下，共得一十六寸四分。於實第二位除實，呼四六除二十四。於第三位除實，呼四四除一十六。餘實一十五分〇六釐七十八毫一十一絲八十六忽五十四微七十五纖二四四〇〇八四四五。倍下法，四分改作八分，共得一十六寸八分。第二位得空釐。於第三位歸實，呼見一無除作九一，起一還一，得八毫。下法亦置八毫於一十六寸八分〇釐之下，共得一十六寸八分〇釐八毫。於實第四位除實，呼六八除四十八。於第五位除實，呼八八除六十四，第六位下法空釐無除。於第七位除實，呼八八除六十四。餘實一分六十二釐一十四毫一十一絲八十六忽五十四微七十五纖二四四〇〇八四四五。倍下法，八毫改作一釐六毫，共得一十六寸八分一釐六毫。於實第四位歸實，呼見一無除作九一，得九絲。下法亦置九絲於一十六寸八分一釐六毫之下，共得一十六寸八分一釐六毫九絲。於實第五位除實，呼六九除五十四。於第六位除實，呼八九除七十二。於第七位除實，呼一九退位除九。於第八位除實，呼六九除五十四。於九位除實，呼九九除八十一。餘實一十釐〇七十八毫九十絲〇八十六忽五十四微七十五纖二四四〇〇八四四五。倍下法，九絲改作一毫八絲，共得一十六寸八分一釐七毫八絲。於實第五位歸實，呼見一無除作九一，起三還三，得六忽。下法亦置六忽於一十六寸八分一釐七毫八絲之下，共得一十六寸八分一釐七毫八絲六忽。於實第六位除實，呼六六除三十六。於第七位除實，呼六八除四十八。於實第八位除實，呼一六退位除六。於第九位除實，呼六七除四十二。於第十位除實，呼六八除四十八。於第十一位除實，呼六六除三十六。餘實六十九毫八十三絲七十忽〇五十四微七十五纖二四四〇〇八四四五。倍下法，六忽改作一絲二忽，共得一十六寸八分一釐七毫九絲二忽。於實第七位歸實，呼逢四進四十得四微。下法亦置四微於一十六寸八分一釐七毫九絲二忽之下，共得一十六寸八分一釐七毫九絲二忽四微。於實第七位除實，呼四六除二十四。於第八位除實，呼四八除三十二。於第九位除實呼一四退位除四。於第十位除實，呼四七除二十八。於第十一位除實，呼四九除三十六。於第十二位除實，呼二四退位除八。於第十三位除實，呼四四除一十六。餘實二毫五十六絲五十三忽五十八微七十五纖二四四〇〇八四四五。倍下法，四微改作八微，共得一十六寸八分一釐七毫九絲二忽八微。於實第八位歸實，呼逢一進一十得一纖。下法亦置一纖於一十六寸八分一釐七毫九絲二忽八微之下，共得一十六寸八分一釐七毫九絲二忽八微一纖。於實第八位除實，呼一六退位除六。於第九位除實，呼一八退位除八。於第十位除實，呼一一退位除一。於第十一位除實，呼一七退位除七。於第十二位除實，呼一九退位除九。於第十三位除實，呼一二退位除二。於第十四位除實，呼一八退位除八。於第十五位除實，呼一一退位除一。餘實八十八絲三十五忽六十五微九十四纖有奇。自此已後，開至二十五位其術同前，但纖已下不立名色，所得長八寸四分〇八毫九絲六忽四微一纖五二五三七一四五四三〇三一一二五即夾鍾正律也，倍之得一尺六寸八分一釐七毫九絲二忽八微三纖〇五〇七四二九〇八六〇六二二五一，即夾鍾倍律也。

第五問：以黄鍾正律乘蕤賓倍律，得平方積一百四十一寸四十二分一十三釐五十六毫二十三絲七十三忽〇九微五十纖〇四八八〇一六八九，開平方所得即南吕倍律，其長幾何。

荅曰：長一尺一寸八分九釐二毫〇七忽一微一纖五〇〇二七二一〇六六七一七五〇〇，即南吕倍律也。

法曰：置所得蕤賓長一十四寸一分四釐二毫一絲三忽五微六纖二三七三〇九五〇四八八〇一六八九，以黄鍾長十寸乘之，得平方積一百四十一寸四十二分一十三釐五十六毫二十三絲七十三忽〇九微五十纖〇四八八〇一六八九爲實。看前式内一百已上該開一十寸命作一歸爲下法，用開方歸除法除之。於實首位歸實，呼逢一進一十得一十寸，有歸不除，餘實四十一寸四十二分一十三釐五十六毫二十三絲七十三忽〇九微五十纖〇四八八〇一六八九。倍下法，一十寸改作二十寸，命作二歸。自此已後，有歸有除。於實第二位歸實，呼逢二進一十得一寸。下法亦置一寸於二十寸之下，共得二十一寸。於實第二位除實，呼一一退位除一。餘實二十寸〇四十二分一十三釐五十六毫二十三絲七十三忽〇九微五十纖〇四八八〇一六八九。倍下法，一寸改作二寸，共得二十二寸。於實第二位歸實，呼見二無除作九二，起一還二得八分。下法亦置八分於二十二寸之下，共得二十二寸八分。於實第三位除實，呼二八除一十六。於第四位除實，呼八八除六十四。餘實二寸一十八分一十三釐五十六毫二十三絲七十三忽〇九微五十纖〇四八八〇一六八九。倍下法，八分改作一寸六分，共得二十三寸六分。於實第三位歸實，呼見二無除作九二，得九釐。下法亦置九釐於二十三寸六分之下，共得二十三寸六分九釐。於實第四位除實，呼三九除二十七。於第五位除實，呼六九除五十四。於第六位除實，呼九九除八十一。餘實四分九十二釐五十六毫二十三絲七十三忽〇九微五十纖〇四八八〇一六八九。倍下法，九釐改作一分捌釐，共得二十三寸七分八釐。於實第五位歸實，呼逢四進二十得二毫。下法亦置二毫於二十三寸七分八釐之下，共得二十三寸七分八釐二毫。於實第五位除實，呼二三退位除六。於第六位除實，呼二七除一十四。於第七位除實，呼二八除一十六。於第八位除實，呼二二退位除四。餘實一十六釐九十二毫二十三絲七十三忽〇九微五十纖〇四八八〇一六八九。倍下法，二毫改作四毫，共得二十三寸七分捌釐四毫。第五位得空絲。於第六位歸實，呼二一添作五，逢四進二十，得七忽。下法亦置七忽於二十三寸七分八釐四毫〇絲之下，共得二十三寸七分八釐四毫〇絲七忽。於實第七位除實，呼七七除四十九。於第八位除實，呼七七除四十九。於第九位除實，呼七八除五十六。於第十位除實，呼四七除二十八。第十一位，下法空絲無除。於第十二位除實，呼七七除四十九。餘實二十七毫三十五絲二十四忽〇九微五十纖〇四八八〇一六八九。倍下法，七忽改作一絲四忽，共得二十三寸七分八釐四毫一絲四忽。於實第八位歸實，呼逢二進一十得一微。下法亦置一微於二十三寸七分八釐四毫一絲四忽之下，共得二十三寸七分八釐四毫一絲四忽一微。於實第八位除實，呼三退位除三。於第九位除實，呼一七退位除七。於第十位除實，呼一八退位除八。於第十一位除實，呼一四退位除四。於第十二位除實，呼一一退位除一。於第十三位除實，呼一四退位除四。於第十四位除實，呼一一退位除一。餘實三毫五十六絲八十二忽六十八微五十纖〇四八八〇一六八九。倍下法，一微改作二微，共得二十三寸七分八釐四毫一絲四忽二微。於實第九位歸實，呼逢二進一十得一纖。下法亦置一纖於二十三寸七分八釐四毫一絲四忽二微之下，共得二十三寸七分八釐四毫一絲四忽二微一纖。於實第九位除實，呼一三退位除三。於第十位除實，呼一七退位除七。於第十一位除實，呼一八退位除八。於第十二位除實，呼一四退位除四。於第十三位除實，呼一一退位除一。於第十四位除實，呼一四退位除四。於第十五位除實，呼一二退位除二。於第十六位除實，呼一一退位除一。餘實一毫一十八絲九十八忽五十四微二十九纖四八八〇一六八九。

自此已後，開至二十五位其術同前，但纖已下不立名色，所得長一尺一寸八分九釐二毫〇七忽一微一纖五〇〇二七二一〇六六七一七五〇〇即南呂倍律也。半之得五寸九分四釐六毫〇三忽五微五纖七五〇一三六〇五三三三五八七五〇，即南呂正律也。

清・李長茂《算海説詳》卷四《開方》 開平方認商歌

一百一十定無疑，一千三十有零時。
九千九九不離十，一萬纔作一百推。
方除倍方作廉法，次商除廉并隅除。
餘數倍廉重商起，商除不盡命共餘。

開平方初商定首位數

商一步　積一步起至三步止皆商一步
商二步　積四步起至八步止
商三步　積九步起至一十四步止
商四步　積一十六步起至二十四步止
商五步　積二十五步起至三十五步止
商六步　積三十六步起至四十八步止
商七步　積四十九步起至六十三步止
商八步　積六十四步起至八十步止
商九步　積八十一步起至九十九步止
商十步　積一百步起至三百九十九步止
商二十步　積四百步起至八百九十九步止
商三十步　積九百步起至一千五百九十九步止
商四十步　積一千六百步起至二千四百九十九步止
商五十步　積二千五百步起至三千五百九十九步止
商六十步　積三千六百步起至四千八百九十九步止
商七十步　積四千九百步起至六千三百九十九步止
商八十步　積六千四百步起至八千零九十九步止
商九十步　積八千一百步起至九千九百九十九步止
商一百步　積一萬步起至三萬九千九百九十九步止

置原積實居中，左置商位，右照依所商別置一位。於積實之下，名曰下法。左商置左第一位得若干，下法亦置上商若干，於左法之第一位與上商相呼除

開方算盤定位之圖

實，名曰方法。餘實若干，乃將法位上加一倍，名爲廉法。又再商若干，置右初商之第二位。下法亦置若干，於法之第二位，名爲隅法，併廉法共得若干，皆與再商相呼除實，盡。得平方一面之數。如不盡，仍前再倍次商作廉重商之，或數不盡以法命之。

歸除開平方法歌

歸除開方法最良，初商對呼除內方。
下法加倍爲廉法，歸除實位得次商。
商法相呼除隅積，再商仍依前法詳。

今有方田積五萬四千七百五十六步，問平方每面長若干。

舊法：置積五萬四千七百五十六步於盤中爲實。見實五萬，約商二百於左，亦置二百於右爲下法。左右相呼二二除實四萬步，餘實一萬四千七百五十六步。即以右法二百步，倍之得四百步爲廉法，歸除之。呼四一二十二，逢四進一十，得次商三十步。就置三十步於右法四百之下，相呼三三除實九百步，餘實一千八百五十六步。又將右法三十步倍之，得六十步，共四有六十步。爲法歸除之。呼四一二十二，逢八進二十，得三商四步。亦置四步於右法六十步之下，相呼四六除實二百四十步。又呼四四除實一十六步，恰盡。以左上所商得方面二百三十四步。

解義：歸除開方與商除一理，共用倍廉爲法。歸除即同以倍廉與次內呼除，故歸除之後，直以次商隅法相呼，不同倍廉呼除也。若倍有二位，如四百六十四作歸除，止用一位六十四與次商呼除。然若于歸除時得併六十除去則後，止用隅法相呼除一理也。

又 商除本位開方法歌

商位開方法尤精，不用張廉一隅稱。
初商自呼除方積，次商呼初除積行。
又用次商呼初次，除完廉隅皆在中。
三商四商同一理，惟此省便易爲功。

今有方田積七萬一千八百二十四步，開平方一面若干。

增法：置田積七萬一千八百二十四步爲實於右。約商二百步於左，二二自呼除實四萬步，餘實三萬一千八百二十四步。次約商六十步於初商之下，即以次商六十步與初商二百步呼除，二六除一萬二千步。以又次商與初次商共二百六十呼除，二六除一萬二千步，六六除積三千六百步，餘寔四千二百二十四步。再約商八步於左二百六十之下，即以再商八步乘初次商，共二百六十步。二八除積一千六百步，六八除四百八十步。又以再商呼初次再共二百六十八步，二八除一千六百步，六八除四百八十步，八八除六十四步，恰盡。得方面二百六十八步。

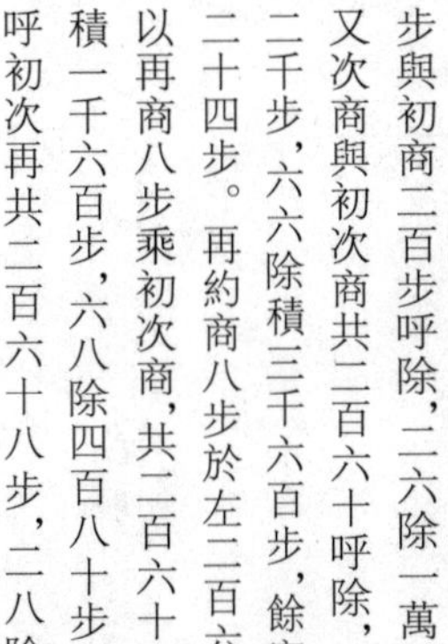

一方四直開方圖

解義：此如一叚田分作五叚。初商自乘是方田。次商呼初商是二層短直田。次商呼初次共商，是二層長直田。三商呼初次商，是三層短直田。三商併呼初次三商，是三層長直田，兩短直各一廉之積。兩長直各一廉一隅之積，此法更覺捷便。

又商位開平方命法：今有平方積四百九十步，問每面若干。

舊法：置積四百九十步於盤右，見實四百商二十步於左。自對呼二二除實四百步，餘實九十步。次商二步於左二十步之下，即以二步與初商二十步相呼，二二除實四十步。又以二步與二十二步相呼除實，二二除四十步，二二除四步，共除八十四步，餘六步。不盡。却以所商二十二步倍之，又添一步，共得四十五步爲分母命之曰方面，得二十二步零四十五分步之六。

解義：積四百九十步，方面二十二步一分三至五毫不盡。因數有難盡，故以法命之。其云四十五分步之六者，因再得四十五步便可完兩廉一隅，再商一步，今止六步尚少三十九步因四十五分步之六，乃四十五步內僅有六步也。

又 今有大小方田二段相併共積四百步，只云大方面比小方面多四步。問大、小方面併積各若干。

舊法：置大方面多小方面四步自乘，得一十六步以減共積四百步，餘積二百八十四步。折半，得一百九十二步爲實。另置大方面多小方面四步爲縱方，以帶縱開平方法除之。初商一十於左，下法亦置一十於縱方之上，共一十四步。皆與上商一十相呼，一一除一百，一四除四十，共除一百四十步。餘實五十二步。却以下法初商一十倍作二十，倍法不倍縱，併縱共二十四步。次商二步於左初商一十之次，下法亦置二步於右法次位縱上，共二十六步，皆與次商二步相呼，二二除四十，二六除一十二步，除實恰盡。得小方面一十二步。加多四步，得大方面一十六步。各以方面自乘得積大方二百五十六步，小方一百四十四步。

解義：大方多小方四步，兩面各多四步如二廉，又多一隅，以四步自乘減去隅積共存二廉。二小方積折半止存一小方一廉，如一直田，故以四步爲縱，開方得小方面，猶直田得濶也。

又 今有平方積三千一百三十六步，問方面若干。

舊法：置積三千一百三十六步於中爲實，約實定初商五十步，於左。下法亦置五十步於右。左右相呼，五五除實二千五百步，餘積六百三十六步。就將下法五十步，倍作廉法一百步。次商六步於左。初商五十步之下位亦置六步於右，倍廉一百步，隔位之下，共得一百零六步。皆與次商六步相呼，一六除實六百步，又左六對右六相呼，六六除實三十六步，恰盡。得方面五十六步。

解義：左位約商，方面之數也。右位加廉隅，求方面之法，故除寔恰盡。即以左位所得之數爲方面，倍廉成百，則次商之六步，下法即置隔位，凡商位、法位、積寔位或千或百或十，須記認明白，開除庶無錯誤。

今有方田積七萬一千八百二十四步，問平方一面若干。

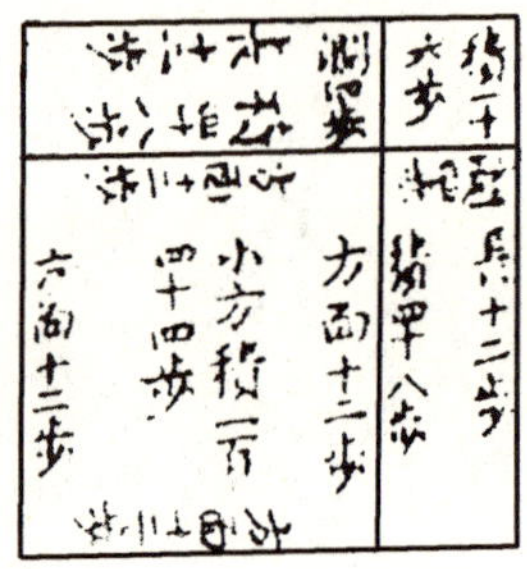

大小二方併積圖

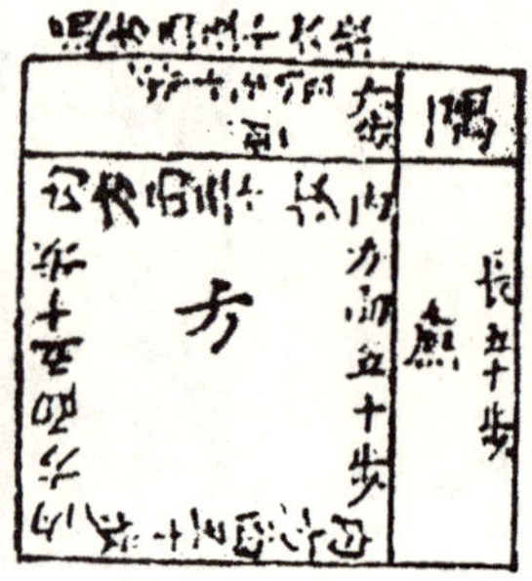

一方二廉一隅圖

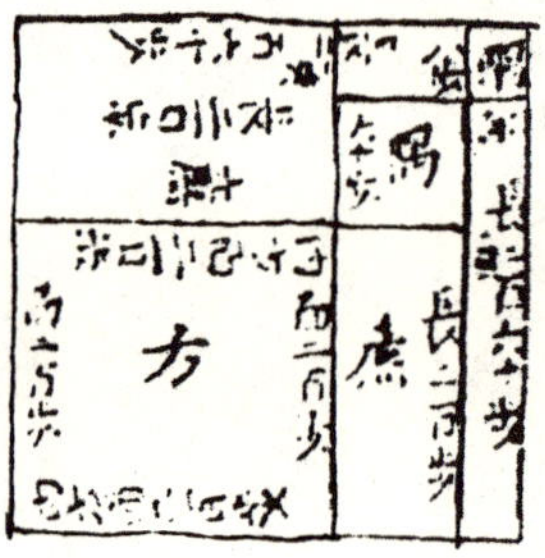

一方四廉兩隅圖

舊法：置田積於中爲實。初商二百步，於左位。亦置二百步於右爲方法，以左二對右二相呼，二二除實四萬步，餘實三萬一千八百二十四步。就以方法二百步，倍作四百步爲廉法。次商六十於左初商二百之下。亦置六十於廉法四百之下，爲隅法，共四百六十，皆與次商六十相呼，先以左六對右四呼，四六除積二萬四千步。又左六對右六呼，六六除積三千六百步，餘實四千二百二十四步。又將右位次商六十倍加六十共五百二十。又爲廉法，再商八步於左初次商二百六十之下位。亦置八於右廉法五百二十之下位。皆與上商八步相呼，先以左八對右五相呼，五八除積四千步。又以左八與右二相呼，二八除一百六十步。又以左八與右八相呼，八八除實六十四步，恰盡。得方面二百六十八步。

解義：以同一段方田，分作七段。內方二百步一段，積四萬步。次商六十內有濶六十步長二百步兩段，故倍初商二百作四百爲廉法，與次商六十相呼除寔二萬四千，是兩段直田積。隅法六六相呼除寔三千六百步，是二層小方田積。又商八步，內有濶八步長二百六十步兩段，故再倍六十併先兩廉共爲廉法，以又商八步與五百二十遍呼共除四千一百六十步，是外層二段直田積。八八相呼除積六十四步，是外層隅角小方田積。問圖自可了然。上圖二層，此圖三層萬千百十步分釐毫，每一等分一層，每層皆有二廉一隅。

難題船缸均載歌

三百六十一隻缸，任君分作幾舡裝。
不許一舡多一隻，不許一舡少一缸。

舊法：置缸三百六十一隻爲實，以開平方法除之。初商一十於左，自呼除一百，餘實二百六十一。次商九於左初商之次，即以九呼初商十，除實九十。又以呼初商十，除實九十。又呼次商九，除實八十一。恰盡。得一十九舡。每舡載缸一十九隻。

難題糧船均載歌

今歲都要納秋糧，僱舡裝載去上倉。
五萬七千六百石，河中漏濕一舡糧。
每舡負帶一石去，舡仍剩得一石糧。
秌糧納米已有數，不知原用幾舡裝。

舊法：置米五萬七千六百石爲實於右，用開平方法。初商二百於左，自呼除實四萬，餘實一萬七千六百石。次商四十於左初商二百之下，即以次商四十與初商二百相呼，除實八千。又以四十與初商二百相呼，除實八千。又次商四十自呼，除實一千六百。恰盡。得舡二百四十隻，每舡裝糧二百四十石。

解義：開方此法最省，便復載此二法。以見開方之法無事不可推筭，不止田畝一節。

今有方田一段，圓田一段共積二百五十二步，只云方面圓徑適等。問面徑各若干。

舊法：置共積以四因之，得一千零八步，併方四圓三，共七爲法除之，得一百四十四步爲實。以開平方法除之，得方面圓徑各一十二步。

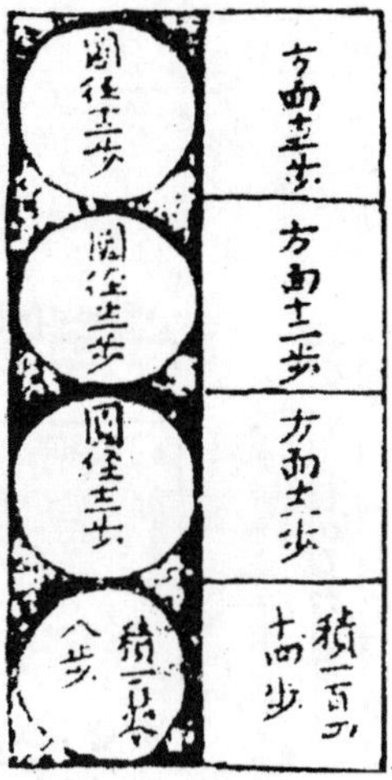

方圓相併求面徑圖

又法：置共積以四因之，得一千零八步爲實。另併方四圓三共七，置於右爲隅法，用帶隅開方除之。初商一十於左，以隅七乘，得七十。與上一十相呼，一七除定七百餘實三百零八步。另倍方法七十，得一百四十爲廉法。次商二步，以隅七乘，得十四，併入廉法一百四十，共一百五十四步，與次商二步相呼，一二除實二百，二五除實一百，二四除實八步，恰盡。得方面圓徑各一十二步。

解義：圓得方四分之三，一方積一圓積共計七分。四因七歸即歸成一個四分，適合一方田四分之數，故開方得方面，即圓徑。

又法：四因積是四個方積，四個圓積。四圓積折三方積，共七個方積，用七爲隅法，以七除七方田之積，止存一方田之積，與上一理也。

清・方中通《數度衍》 凡例

歸除開平方式　積五萬四千七百五十六，問平方一面幾何。

曰：二百三十四。

術：置實盤中，初商二百，置實首左位。另置二百於右，左右相呼，曰二二如四，除實四萬，餘實一萬四千七百五十六。以右二百倍作四百爲法歸除之。呼曰四一二餘二，逢四進一十，得三十爲次商。置右四百之下，呼曰三三如九，除實九百，餘實一千八百五十六。又以右下三十倍作六十，共四百六十爲法歸除之。呼曰四二二餘二，逢八進二十，得四爲三商。置右六十之下，呼曰四六二十四，除實二百四十，呼曰四四一十六，除實十六，實盡。變爲二百三十四，即方面也。

又　卷一二《開平方》　珠算開平方法

通曰：四算中，惟尺算不便於開方，而珠、筆、籌法亦不同，故分衍之。

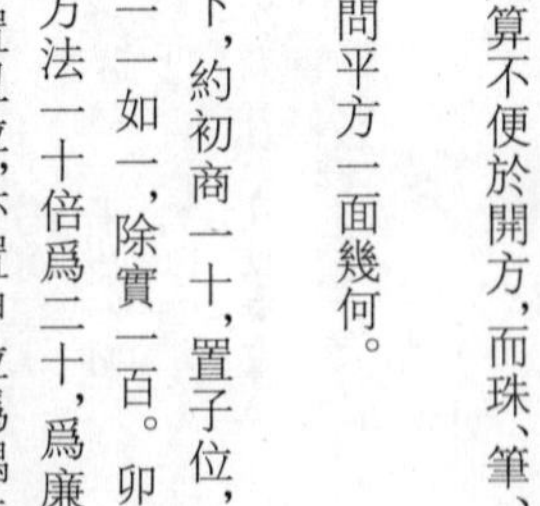

式　橫參百貳十肆，問平方一面幾何。

曰：十八。

術：列實於卯辰巳下，約初商一十，置子位，亦置未位爲方法。左右相呼曰一一如一，除實一百。卯位參變二，餘實二百二十四，以方法一十倍爲二十，爲廉法。變未位一爲二，約次商八。置丑位，亦置申位爲隅法，先左右二八相呼，曰二八一十六，除實一百六十，卯位實盡。辰位貳變六，餘實六十四。次左右八八相呼，曰八八六十四，除實六十四，辰巳二位實盡。則所商之一十八，即方面也。

通曰：次商與初商不同，須視實內除廉外，尚有隅之自乘否，如次商八，除二八一百六十之外，餘實尚有六十四，可除隅八之自乘，故用八。若止餘六十三，則不用八而用七矣。

清・江南商業學堂編《最新珠算教科書》卷下《開方》

開平方第一類

設題一　平方積五百二十九其方根若干。

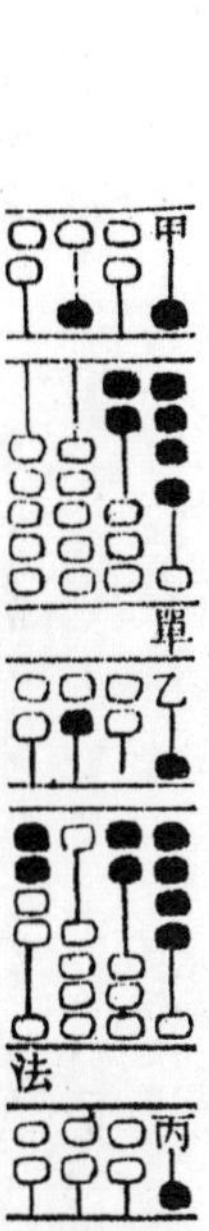

解：置積五百二十九如甲圖，自單位起每積兩位定根【略】初商爲三如甲圖。三三三十一，倍三作六爲法，如乙圖。六一下加四，逢六進一十。又將次商二二除四，如丙圖。又倍次商爲四得六四爲法，以除實，六二三十二逢六進一十，如丁圖。四四除十六，四四除十六又以五乘倍數六四，如戊圖。即得三二〇四即方根也。根爲四位比積升左四位。

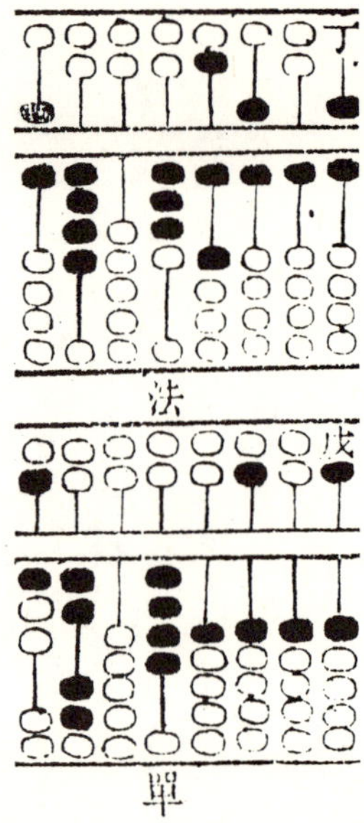

設題四　平方積一方丈四方尺八十五方寸七十六方分，其方根若干。

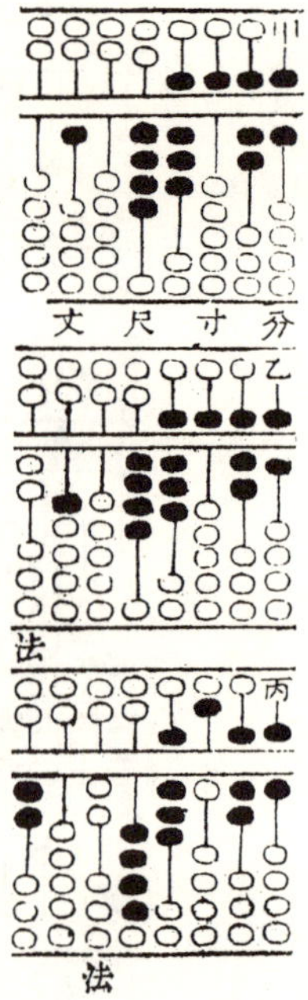

解：截實一方丈爲初商積如甲圖。逢一進一十，倍之得二爲法如乙圖。逢四進二十，二二除四如丙圖。又倍次商得四。以初商二除之，即逢八進四十如丁圖。四四除十六，四除十六，又以五乘倍數，如戊圖。得一丈二寸四分。即平方根也。

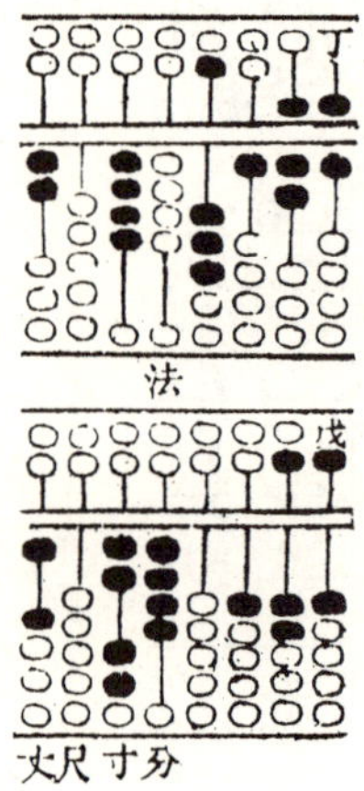

開平方第二類

設題一　平方積三千一百三十六，其方根若干。

解：截首二位三一爲初商積，置初商五於實左一行，如甲圖。五五減二十五。又倍初商爲法如乙圖。逢六進六十，六六除三十六如丙圖。以五乘倍初商，得五十六爲方根，如丁圖。倍根爲三位，故方根亦升左二位。若如第一類法求之，必用定身除，仍截三一爲初商積，以初商五除積，得五三倍作六。如子圖。無除，去一下還五，又倍五爲法如丑圖。即以餘實首行六爲除得數，六六除三十六。又將初商折半如寅圖，方根爲二位，即比實升左二位。

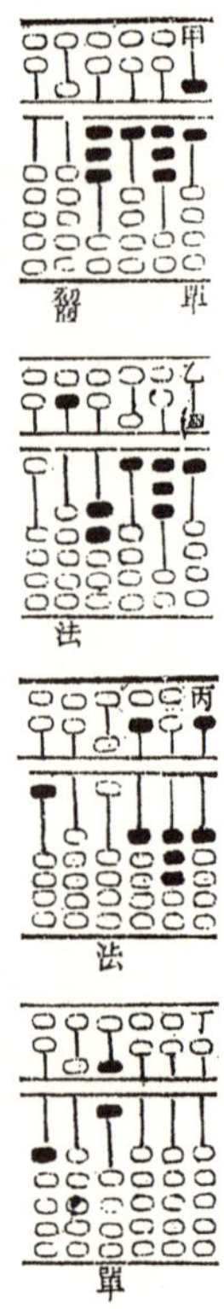

設題二　平方積六千二百四十一，其方根若干。

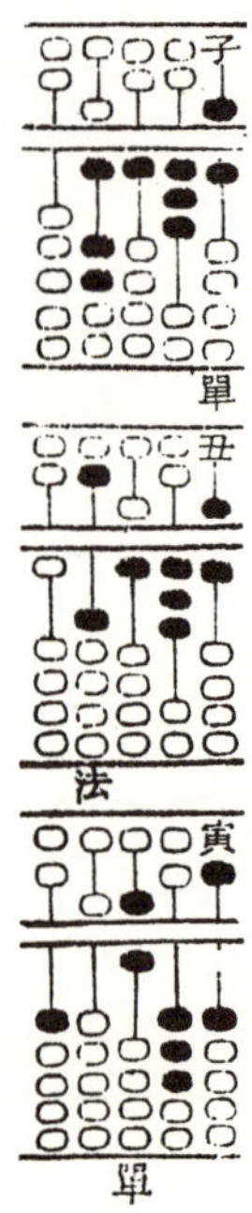

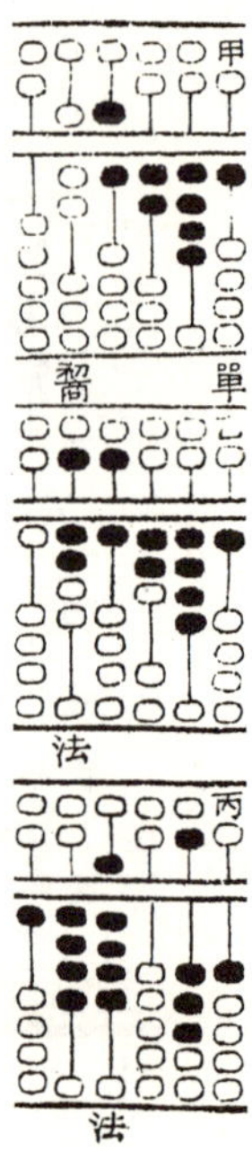

解：截實六二爲初商積，先置初商七於實左一行如甲圖。七七除四十九。又倍初商得十四爲法如乙圖。見一無除，作九一，四九除三十六，九九除八十一，如丙圖。又將倍初商折半，得方根七十九。倍根爲三位數，根比實升左三位。若用定身除法，如後圖，以初商七除實首行六，得七六八十四如子圖。無除去一下還七，又倍初商如丑圖。四九除三十六，九九除八十一如寅圖。仍將倍初商折半，亦得方根七十九。根爲二位，比實升左二位。

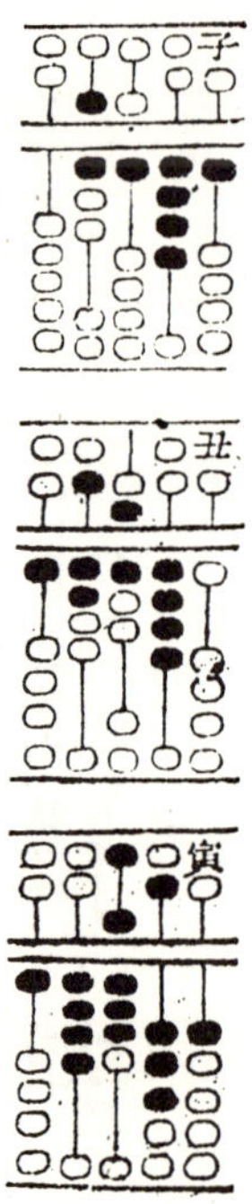

設題三　平方積九九八〇〇一，其方根若干。

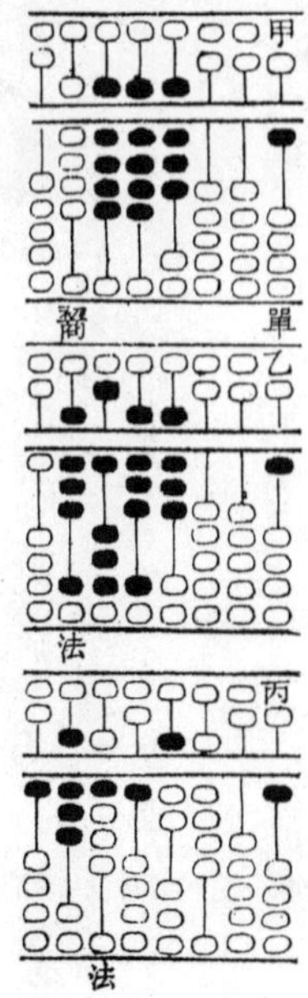

解法同前，初商太大，用定身除不甚便，故不列圖。

設題四　三千七百二十一萬，其平方根若干。

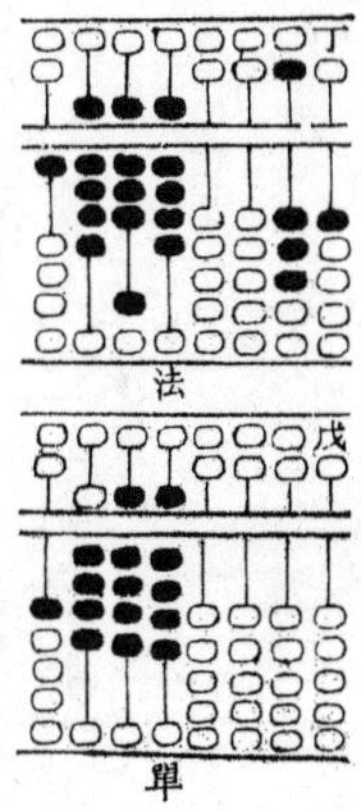

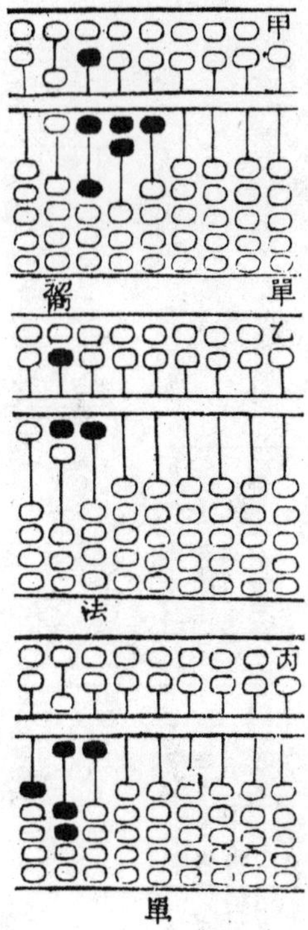

解：此用定身除較便，積有四空位，根必有二空位，爲六千一百根有四位數。即比積升左四位，餘法同前。

又　小數開平方定位法

小數開平方法：與整數同，惟定位不同。整數定初商，自單位起數右至左，每積二位，定方根一位。小數定初商，亦由單位起，數左至右，每積之小數二位，定根之小數一位。惟小數定位，必在初商爲法之首行，首行爲單位，根升左一位首行爲第一位小數，位置不動。首行爲第二位小數，根降右一位，與除法小數之定位相同。茲列題於左。

設題一　平方積五八〇〇一，其方根若干。

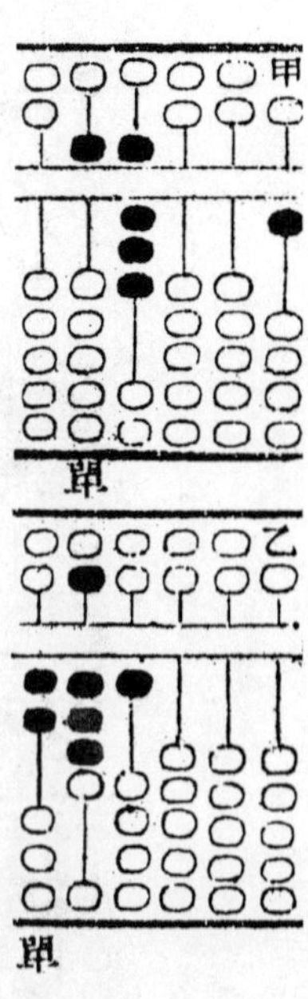

開方法同前。甲圖爲積之位置，乙圖爲根之位置。倍初商爲單位，根亦升左一位。

設題二　平方積四七六一，方根之位置若何。左圖甲爲積之位置，乙爲開得根之位置。倍初商之首行爲整數一，故根升左一行。若用定身除，根之位置不動，與第二類開方式同。

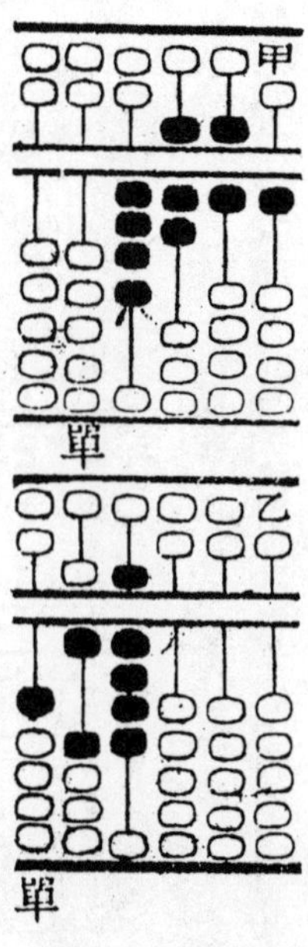

算法列前，不另立多圖。

設題三　平方積.〇〇〇六七六，其方根若干。

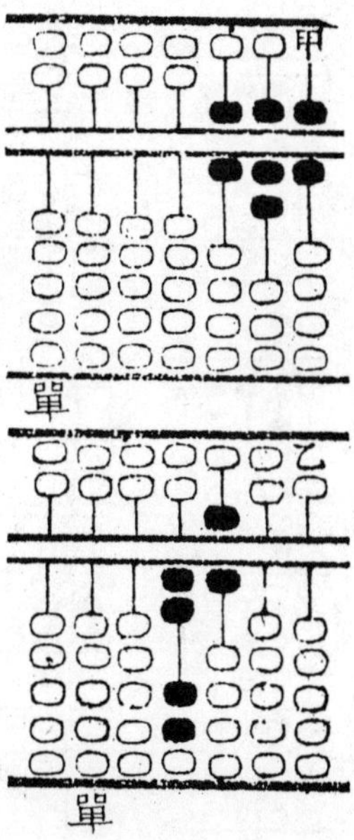

甲圖爲積，乙圖爲根。實首行爲第四位小數，倍根之首行，爲第二位小數。故根比積降右一行，餘類推。

又　開不盡之方根截位法

開不盡之方根。開至位數過半，可以倍前商之法除餘實。不必以所除數遞加爲法，且前法亦可逐位減少，不必全用以歸簡易。列題於左。

設題一　五十六之平方根，試開至小數四位得若干。

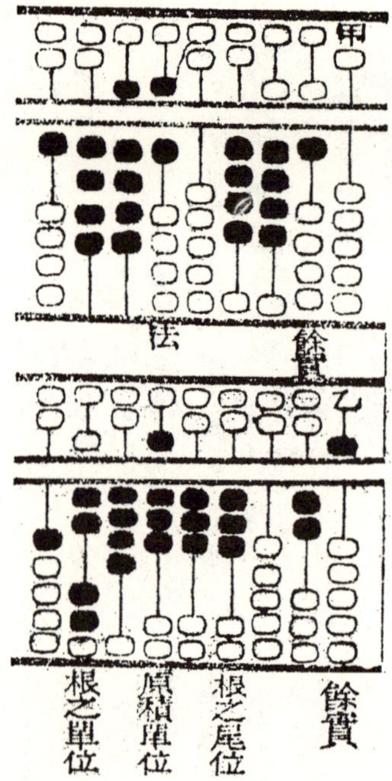

解：置五十六，先開得方根之倍一四九六爲法。餘實〇四九六爲實如甲圖。以法除餘實。又以截法一四九除新餘實，得〇〇三三，其尾數之餘實〇〇〇〇二五可棄之。再將法折半，得根七.四八三三如乙圖。

設題二　以二開平方根至小數七位得若干。

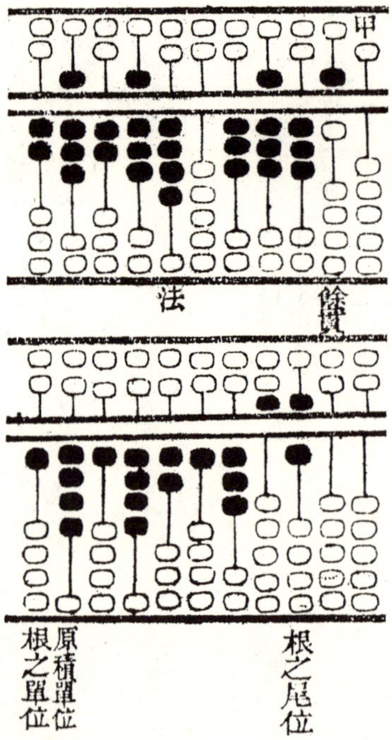

截位法同前。既得根，可將餘實拂去之。

開帶縱平方法

算法

明・王文素《算學寶鑒》卷一六《帶從開平方》

帶從開平法最良，初商得甲併差方。
甲呼除積先知濶，濶内添差便是長。
先要求長商得甲，於中減從所餘張。
甲呼除積知長步，長内除差濶步當。

宋・劉益《議古根源》　直田積八百六十四步，且云濶少長十二步，問長濶幾何。

明・王文素《算學寶鑒》卷一六《帶從開平方》

荅曰：濶二十四步，長三十六步。

先求濶益從術曰：置積爲寔，以差步爲益從方，開平方除之，得濶。搭入差從爲長。

益從求濶圖

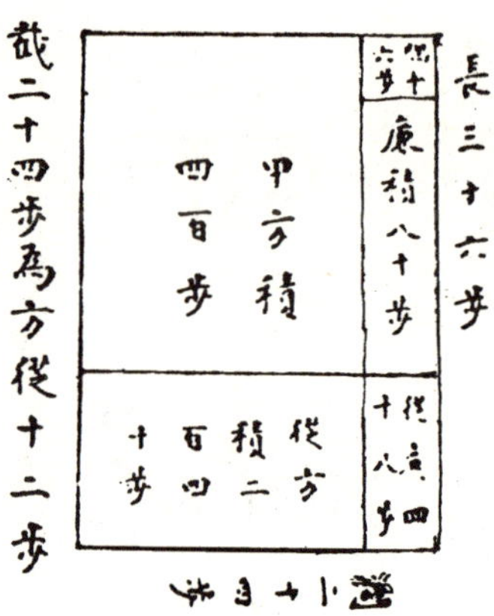

開甲圖

從方 |=
方法 =
總 T×
積 ⊥
初商二十

開乙圖

從方 |=
開方 ×
廉法 ×
餘 =×
積 ‖
次商四步

益從開平方草曰：置田積八百六十四步爲實。以濶少長一十二步爲從方。初商二十步爲甲，置於積上。另置二十步於積下爲方法，併從方一十二步，共三十二步。命上甲二十步除積六百四十步，餘積二百二十四步。又添甲二十步入下位方從，共五十二步更爲廉從。次商四步爲乙，續於上位甲後。另置乙四步入下廉從，爲隅法，廉隅從共五十六步。命上乙四步除積二百二十四步，適盡。得濶二十四步。加從十二步，得三十六步爲長，合問。

減從求長術曰：置積爲實，以差步爲減從方，開平方除之，得長。內減差從，餘爲濶。

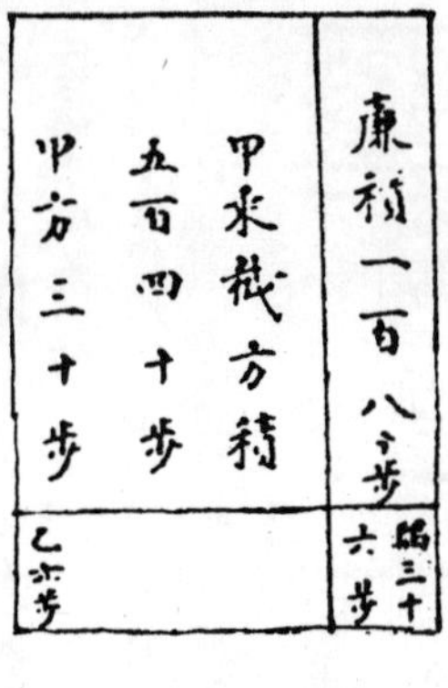

減從求長圖

開甲圖

餘方 ‖≡　總　積 ≡T×
隅 ×　共 一〇　無　餘 ×　積 ‖≡

初商二十　次商六步

減從求長草曰：置積八百六十四步爲寔。以長多濶十二步爲減從方。初商三十步爲甲，置於積上。另置三十步於下，爲方法。內減差從十二步，餘一十八步。命上甲三十除積五百四十步，餘積三百二十四步。又於下位添甲三十，共四十八爲廉法。次商六步爲乙，續於上位甲後。另置六步添於下位廉內，爲隅法，共五十四。命上乙六步除積三百二十四步，適盡。得長三十六步，內減差從一十二步，餘二十四步爲濶，亦合問。

益積求長口訣

益積先商甲數清，乘差併入積之中。
開方便見田長步，餘積還商乙丙丁。

益積求長草曰：置積八百六十四步爲寔，以長濶差十二步[爲差]從(隅)。初商三十步爲甲，置於積上。另置三十於積下，爲方法。另以甲乘差十二步，得三百六十步，益入原積，共一千二百二十四步。以上甲命下方除積九百步，餘三百二十四步。下倍方法，得六十步爲廉法。次商六步爲乙，續入上甲。另以六步續入下廉，爲隅法，廉隅共六十六步。另以乙步乘差十二步，得七十二步，益入餘積，共三百九十六步。以上乙命下廉隅除積三百九十六步，適盡。得長三十六步。內減差從十二步，餘二十四步爲濶，亦合問。

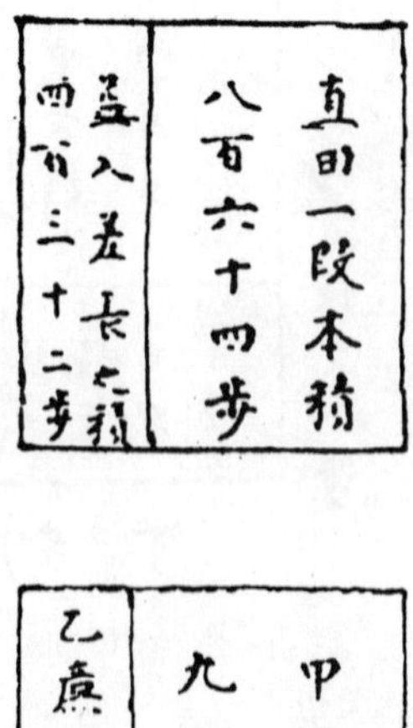

益積圖

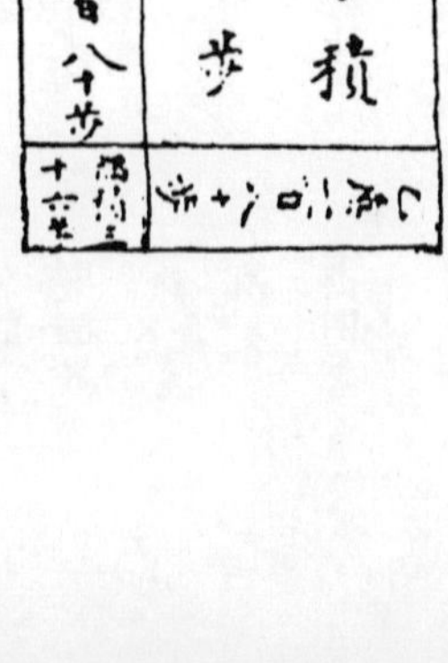

開積方

明·顧應祥《測圓海鏡分類釋術》卷一《通勾股求容圓》　甲乙二人俱在城西北隅乾地。甲直南行不知步數而立，乙直東行三百二十步望見，乃斜行六百八十步與甲相會，測城徑。

又術：勾弦較乘勾倍之，得二十三萬〇四百爲實，倍較爲從，作帶從開平方法除之。

帶從開平方曰：列實於左，倍較得七百二十爲從，約初商，得二百。置一於左上爲法，置一爲隅法。帶從方共九百二十爲下法，除實一十八萬四千，餘實四萬六千四百。倍隅法得四百爲廉法，約次商，得四十。置一於左次爲上法，置一爲隅法，併從方廉法共一千一百六十爲下法，與上次法相乘，除實盡。

後凡言帶從開平方法者，俱倣此。

又　卷七《通勾股和與諸和較立法測望》　甲丙二人俱在城外西北乾隅，甲東行，丙南行，乙丁二人俱出南門，乙東行，丁南行各不知步數而立，四人遙相望俱與城相參直。既而甲復斜行與丙會，乙復斜行與丁會，問其行步，則甲之斜與丙之直共一千二百八十步，乙之斜與丁之直共二百八十八步。問城徑。

釋曰：此通股弦和與明股弦和立法測望，甲東行爲通勾，丙南行通股也。甲斜行與丙會通弦也，甲之斜丙之直共步通股弦和也。乙出南門東行爲明勾，丁南行明股也，乙斜行與丁會明弦也。乙之斜丁之直共步，明股弦和也。

術曰：二和相減餘九百九十二，以明和乘之得二十八萬五千六百九十六減明和冪餘二十〇萬二千七百五十二，半之得一十〇萬一千三百七十六爲泛率，以五萬七千六百乘泛率，得五十八億三千九百二十五萬七千六百爲平實。通和加二之明和又半之得九百二十八爲次率，次率乘泛率得九千四百〇七萬六千九百二十八，明和乘泛率得二千九百一十九萬六千二百八十八，二數相減餘六千四百八十八萬〇六百四十爲從方。次率自之得二千二百〇八，以明和乘之得六十三萬五千九百〇四，二數相減餘二十二萬五千二百八十爲隅法。作帶從平方開之得明勾七十二，勾自乘和除之得股弦較，以加和半之爲弦，減和半之爲股。

帶從隅開平方曰：置實從隅約之，初商七十。置一於左上爲法，置一乘負隅得一千五百七十六萬九千六百爲隅法，併從方共八千〇六十五萬〇二百四十爲下法，與上法相乘除實五十六億四千五百五十一萬六千八百，餘一億九千三百七十四萬〇八百爲次實，二因隅法得三千一百五十三萬九千二百爲廉法。次商二置一於左上爲法，置一乘隅法得四十五萬〇五百六十爲隅法，併從方廉法，共九千六百八十七萬〇四百爲下法，與上法相乘。

此條平實原係一百〇二億七千七百〇九萬三千三百七十六，數多故減之。

明・程大位《算法統宗》卷六《少廣》 帶縱開平方法歌 兼商除

平方帶縱法爲奇，下位先安縱步基。
上商得數加縱內，縱方下法併爲題。
上下相呼除實畢，倍方不倍縱開餘。
餘數續商方再倍，何愁此術不能知。

法曰：如有田積若干，只云濶不及長若干，問濶者。置田積若干爲實，以不及若干爲縱，列于下法，以帶縱開平方法除之。實上初商得若干，下法亦置初商若干于縱內，共得若干。皆與上商相呼，除實若干，餘實若干。另以下法初商若干倍之，倍方不倍縱。次商若干于左位初商之次，下法亦置次商若干于倍方之次，共若干。皆與次商相呼，除實盡，得濶數。加不及數爲長。若要還原，以所商得濶若干爲實，另以所得商數加上縱多共或減不及餘，若干乘之見積。

歸除平方帶縱歌

平方帶縱法最奇，四因積步不須疑。
縱多自乘加因積，又用開方法除之。
再以縱多併開積，折半方爲長數施。
若問濶步知多少，將長減却縱多基。

今有直田積一千七百五十步，長比濶多一十五步。問該長濶各若干。

荅曰：長五十步，濶三十五步。

法曰：置積一千七百五十步，以四因之得七千步。另以縱多一十五步自乘得二百二十五步相併，共得七千二百二十五步爲實。以開平方法除之。約商八十于左，亦置八十于右，左右相呼八八除實六千四百步，餘實八百二十五步。就以下法八十倍之，得一百六十步爲法。歸除之，呼逢五進五于初商八十之次，共得八十五步。下法亦置五于一百六十之下，共一百六十五步。左五對右六相呼，五六除實三百步。又左五對右五，呼五五除實二十五步，恰盡。得左商八十五步，如長濶相和之步加入縱多一十五步，共得一百步折半得五十步，于內減去縱多一十五步，餘三十五步。即是濶也。

今有田積一千七百五十步，只云長比濶多一十五步。問長濶各若干。

荅曰：長五十步，濶三十五步。

法曰：置積爲實，以多一十五步爲縱，列于下位，以帶縱開平方法除之。初商三十于左位，下法亦置三十，加于縱上，共得四十五步，與上商相呼。左三對右四，呼三四除實一千二百。又左三對右五，呼三五除實一百五十。另以下法初商三十倍作六十，加縱多十五，共得七十五。次商五于左位，下法亦置五于倍方之下共八十，皆與次商五相呼，左五對右八，呼五八除實四百步，恰盡。得濶三十五步，加多一十五步爲長。合問。

又法名減積開平方　置田積爲實于中，另置不及十五步于右位爲減積。上商三十于左位，下法亦置三十于右爲方法，以乘減積一十五步得四百五十步，以減中實，餘實一千三百步。却以初商三十與上商三十相呼，三三減積九百，餘實四百。就以方法三十倍作六十爲廉法。次商五步于左三十之次，下位亦置五步，以乘減積一十五步，得七十五步，以減中積，仍餘實三百二十五步。却以下位廉法六十併入次商五步，共六十五步。皆與上商五步呼，五六除實三百。五五除二十五步，得廣三十五步。合問。

若問縱，照前布列，上商五十，以乘不及十五，得七百五十步，併加前積，共二千五百步。却呼五五除實二千五百步盡，得縱。合問。

今有圭田積一百二十六步，濶不及長九步。問長濶各若干。

荅曰：長二十一步，濶一十二步。

法曰：倍田積得二百五十二步，爲實。以不及九步爲縱方于右，上商十步，下法亦置十步于縱九步上，共一十九步，與上商十步除實一百九十步，餘六十二步。另以下法初商一十倍之作二十。次商二步于左，下法亦置二步加于縱方九上，共三十一步，皆與上商二相呼除實，盡。得濶一十二步，加不及九步，得長。合問。

今有勾股田，積四百八十六步，只云勾少弦一十八步，問各若干。

答曰：勾濶二十七步，股長三十六步，弦斜四十五步。

法曰：倍積得九百七十二步爲實，以弦差一十八步折半得九步爲縱方，開平方法除之，得勾二十七步，加差一十八步爲弦斜四十五步。另以勾自乘、弦自乘二數相減餘一千二百九十六步爲實，以開平方法除之，得股長三十六步。合問。

今有勾股田，積四百八十六步，只云股少弦九步，問各若干。

答曰：股三十六步，勾二十七步，弦四十五步。

法曰：三因積得一千四百五十八步爲實，以弦差九步折半得四步五分爲縱方，開平方法除之，得股長三十六步，加九步爲弦四十五步。另以股自乘、弦自乘二數相減餘七百二十九步爲實，以開平方法除之，得勾濶二十七步。合問。

長濶相差歌　與帶縱開平方法同

長濶相差要識情，積數將來以四乘。差步自乘加入積，開方得數以和名。和步加差須折半，此爲長數更無零。以長減差便爲濶，學者留心仔細尋。

今有直田積一千九百二十步，長濶相差二十八步，問長濶若干。

答曰：長六十步，濶三十二步。

法曰：置積，以四因之，得七千六百八十步。另以相差二十八步自乘得七百八十四步，加入積數，共八千四百六十四步爲實。以開平方法除之，得長濶相和九十二步。加入差步二十八，共一百二十步，折半得長六十步，内減相差二十八步，餘得濶三十二步。合問。

又法名帶縱開平方　置田積一千九百二十步爲實，以相差二十八步爲帶縱，列于右。上商三十于左，右位亦置三十加于縱上，共得五十八步。皆與上商三十相呼，三五除實一千五百。又呼三八除實二百四十，餘實一百八十。另以下法初商三十倍之，得六十，加差二十八，共得八十八步。次商二于左三十之次，下法亦置二于倍方之次，共九十步。皆與次商二相呼，二九除實一百八十。恰盡。得濶三十二步，加差二十八步。得長六十步。合問。

如勾股田積長濶相差，問荅倍積用法同前。

今有米五百七十七石二斗，欲作方窖盛之。只云上方九尺，深一十三尺。問下方若干。

答曰：下方一十二尺。

法曰：置米數以斛法二五乘之，得一千四百四十三尺，以三因之，得四千三百二十九尺，以深一十三尺除之，得三百三十三尺。内減上方自乘，得八十一尺，餘二百五十二尺爲實。以上方九尺爲縱方，開平方法除之得，下方一十二尺。合問。

或云：下方一十二尺，深一十三尺。問上方若干。

答曰：上方九尺。

法曰：仍以前實四千三百二十九尺，以深除之，得三百三十三尺，内減下方自乘一百四十四尺，餘一百八十九尺爲實。以下方十二爲縱方，以開平方法除之，得上方九尺。合問。

今有米七十七石二斗，欲造圓窖盛之，只云上周一十四尺深九尺。問下周若干。

答曰：下周一十八尺。

法曰：置米數以斛法二五乘之，得一百九十三尺，又以圓率三十六尺乘之，得六千九百四十八尺，以深九尺除之，得七百七十二尺。内減上周自乘一百九十六尺，餘五百七十六爲實，以上周十四爲縱方，以開平方法除之，得下周一十八尺。合問。

或云：下周一十八尺，深九尺。問上周若干。

答曰：上周一十四步。

法曰：仍以前實六千九百四十八尺以深九尺除之，得七百七十二尺，内減下周自乘得三百二十四尺，餘四百四十八尺爲實，以下周一十八尺爲縱方，以開平方法除之，得上周一十四尺。合問。

減積帶縱開平方

今有大小方田二段，相併共積四百步，只云大方田面比小方田面多四步。問大小方面併積各若干。

答曰：大方面一十六步，計積二百五十六步。小方面一十二步，計積一百四十四步。

法曰：置共積于中，另置大方田面多小方面四步自乘，得一十六步，以減共積四百步，餘積三百八十四步，折半得一百九十二步爲實。另置大方面多小方面四步爲縱方，以帶縱開平方法除之。初商一十于左，下法亦置一十于縱方之上，共一十四，皆與上商一十相呼除實一百四十步，餘實五十二步。却以下法初商一十倍作二十，併入縱四步共二十四步。次商二步于左初商一十之次，下法亦置二步于縱方之次，共二十六步，皆與次商二步相呼除實，恰盡。得小方面一十二步，加四步得大方面一十六步。各以方面自乘得各積。合問。

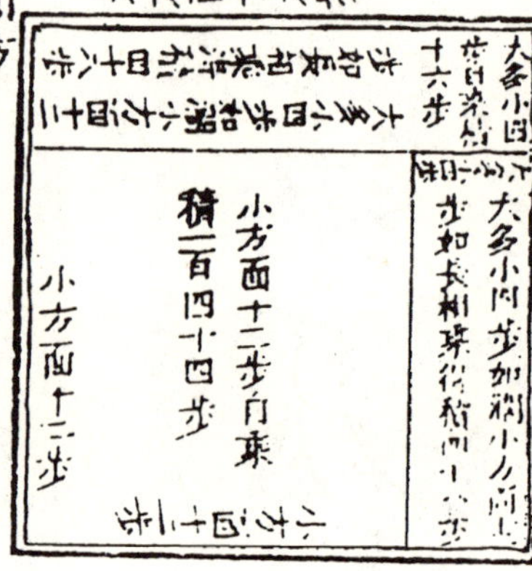

方積帶縱開平方圖

解曰：共積是一段大方積一段小方積。其大方積內有一段小方積，一段大多小方自乘積如隅，又大多小的兩段長濶積如廉，每廉長即小方面數，濶即大多小數。先用大多小方步數自乘得數以減共積者，是減去大方田一段小隅積，餘積折半是一段小方積一段長濶廉積就如一段直田，用帶縱開平方法除之，求出一段小方面數，加多步爲大方數也。

方圓三稜總歌

方圓三稜求周數，各減總一分明布。
十六乘方帶縱八，十二乘圓加縱六。
十八三稜添縱九，俱用帶縱開方術。
倍方不倍縱開除，何愁外周不知數。

今有方箭八十一根，問外周若干。

荅曰：外周三十二根。

法曰：
○○○
○○○
○○○
此是八箇周中包一。置方箭八十一根，減去中心一根，餘八十根。以十六乘之，得一千二百八十根爲實。于中位，以八爲縱列于右位。

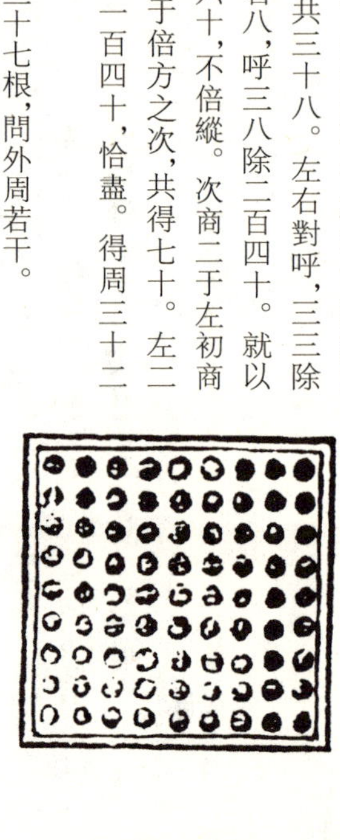
方箭圖

用帶縱開平方法除之。初商三十于左位，下法亦置三十于右縱八之上，共三十八。左右對呼，三三除實九百。又左三對右八，呼三八除二百四十。就以下法初商三十倍作六十，不倍縱。次商二于左初商三之次，下法亦置二于倍方之次，共得七十。左二對右七，呼二七除實一百四十，恰盡。得周三十二根。合問。

今有圓箭一百二十七根，問外周若干。

荅曰：外周三十六根。

法曰：
○○
○○○
○○
此是六箇周中包一。置圓箭一百二十七根，減去中心一，餘一百二十六根，以十二乘之，得一千五百一十二根爲實于中。以縱六列于右，用帶縱開平方法除之。初商三十于左，下法亦置三十于右縱六之上，共三十六。左右相呼，三三除實九百，又呼三六除實一百八十。就以右位初商三十倍作六十，不倍縱。次商六于初商三十之次，下法亦置六于倍方之次，共七十二。左六對右七，呼六七除實四十二。又左六對右二，呼二六除實一十二，恰盡。合問。

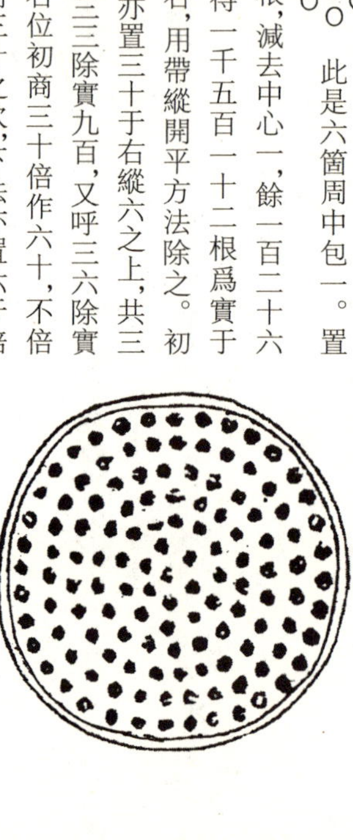
圓箭圖

今有三稜物九十一箇，問外周若干。

荅曰：外周三十六箇。

法曰：
○
○○
○○○
○○○○
此是九箇周中包一。置三稜物九十一箇，減去中心一箇，餘九十箇。以十八乘之，得一千六百二十箇爲實。以九爲縱列于右，用帶縱開平方法除之。初商三十于左，下法亦置三十于右縱九之上，共三十九。左右相呼三三除實九百。又呼三九

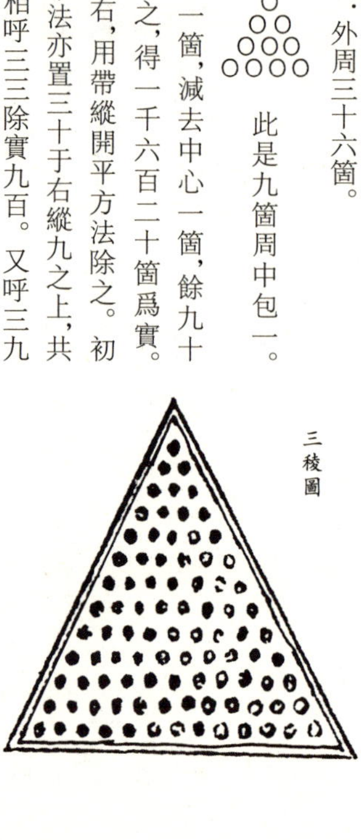
三稜圖

除實二百七十，餘實四百五十。另以下法初商三十倍作六十，不倍縱，共六十九。次商六于左初商三之次，下法亦置六于倍方之次，共七十五。以左六對右七，呼六七除實四百二十。又左六對右五，呼五六除實三十，恰盡。合問。

今有直田積八百六十四步，只云濶不及長一十二步。問長濶各若干。

荅曰：長三十六步，濶二十四步。

法曰：置積爲實，以不及十二列于右，爲帶縱開平方法除之。初商二十于左，下法亦置二十加于縱上，共三十二，皆與上商二十相呼除實六百四十，餘實二百二十四。却以下法初商二十倍之，共五十二。次商四于初商二十之次，下法亦置四于倍方之次，共五十六皆與左次商四相呼除實，恰盡。得濶二十四步，加差一十二步，得長三十六步。合問。

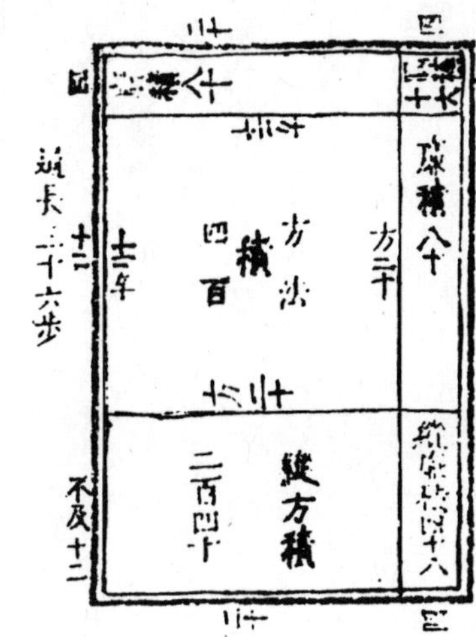

帶縱平方圖

清・李長茂《算海說詳》卷四《開方》　舊法：置積八百六十四步於盤中爲實，以不及一十二步列於右爲縱方。初商二十步於左，第一位亦置二十步，加於縱十二之位，共三十二。皆與上商二十相呼除實六百四十，餘實二百二十四步。却將下法初商二十倍之，倍法不倍縱共五十二。次商四步於初商二十之次，下法亦置四步於法之次位，共五十六。皆與左次商四步相呼除實，恰盡。得濶二十四步，加不及一十二步，得長三十六步。

解義：倍法不倍縱者，法是取方要兩廉俱加，故用倍法，縱是長多濶一定之數。見圖列次商方二廉，縱一廉，槩可見矣。以濶長差問長濶，四因積併差自乘，開方得長濶共步。以差步加減，得長濶法。見直田并勾股。下故不復贅。

今有大小圓田二段相併，共積三百步，只云

大小二圓田問徑圖

大圓徑比小圓徑多四步。問大小徑併積各若干。

舊法：置共積四因三歸，得四百步爲實。大圓徑多小圓徑四步自乘得一十六步以減積四百步，餘三百八十四步折半，得一百九十二步爲實。另置大圓徑多小圓徑四步爲縱方，以帶縱開方法除之，得小圓徑一十二步，加多四步，得大圓徑一十六步。各以徑自乘三因四歸得，大圓積一百九十二步小圓積一百零八步。

解議：即此前大小二方中所容求圓，不□方故帶縱。與方同。

開減縱平方法

算法

明・顧應祥《測圓海鏡分類釋術》卷二《兩勾求容圓》　乙出東門直行一十六步，甲出南門東行七十二步，望乙，與城相叅直。問城徑。

釋曰：甲行明勾也，乙之直行叀勾也，此以城南半勾與城東餘勾，求城徑。

術曰：二行相減餘五十六爲明勾叀勾較，自之得三千一百三十六，爲較冪。東門直行自之，得二百五十六爲叀勾冪，二冪相減餘二千八百八十爲平實，倍明勾，得一百四十四爲從，作減從翻法開平方開之，得半徑。

減從翻法開平方曰：布實於左，從於右，約初商，得一百。置一於左上爲法，置一爲隅法，以減從方，餘四十四爲下法，與上法相乘，應除實四千四百，實不滿法，就於應除數内反減實二千八百八十，餘一千五百二十，爲負積。倍初商得二百爲廉法，約次商得二十，置一於左次爲上法，置一爲隅法，併廉法共二百二十，從不及減反減從一百四十四，餘七十六爲下法，與上次法相乘，除實盡。或於初商，反減實二千八百八十，餘一千五百二十爲負積。又以初商一百反減餘從四十四，餘五十六爲負從。次商二十併負從共七十六爲下法，亦通。後凡言減從翻法開平方者，俱倣此。

乙出東門南行三十步而立，甲出南門直行一百三十五步望乙，與城叅直問城徑。

釋曰：乙出東門南行叀股也，甲直行明股也，此以城中餘股與城東小股，求圓徑明勾叀勾同法。

術曰：二行相減，餘自之得一萬一千〇二十五，爲差冪。甲直行自之，得一萬八千二百二十五爲明股冪，減差冪餘七千二百爲正實。倍乙行得六十爲從方，作以從減法開平方法除之，得半徑。

以從減法開平方曰：布實于左從于右，約初商得一百，置一於左上爲法，置一於右下爲隅法，以從減隅，餘四十爲下法，與上法相乘，除實四千餘三千二百爲實。倍隅法得二百爲廉法，約次商得二十，置一於左次爲上法，置一爲隅法，併廉法共二百二十減去從方，餘一百六十爲下法，與上次法相乘，除實盡。後凡言減法開平方者，俱倣此。

又爲添積帶從開平方法　初商一百，置一於左上爲法，置一於右下爲隅法對上法相乘，得一萬爲益實，添入積内共一萬七千二百爲實。置一帶從得一百六十爲下法與上法相乘，除實一萬六千，餘一千二百爲實。倍隅法得二百，爲廉法，約次商得二十，置一於左次爲上法，置一爲隅法，併廉法共二百二十與上次法相乘，得四千四百爲益實，添入餘積共五千六百，爲實。置一併廉、法從方共二百八十，爲下法，與上次法相乘，除實盡。

又術：明股冪減差冪餘七千二百爲實，六之叀股得一百八十爲從方，作減從翻法開平方法開之，得半徑。

又顧應祥《測圓算術》卷二　甲出北門東行二百步，乙出東門南行三十步斜視甲與城相參直，問城徑。

此以城北半句與城東南半股求城徑也。甲行爲底句城北之半也，乙行爲叀股城東南半截也。

術曰：二行相乘得六千爲平實，相減得一百七十爲從方，作減從翻法開平方法除之，得半徑。

減從方開平方曰：置積以從約初商一百。置一於左上爲法，置一以減從方餘七十爲下法，與上法相乘除實七千，實不滿法於法内反減實六千，餘爲負積，倍初商得二百爲廉法，約次商得二十。置一於左次爲上法，置一併廉法得二百二十，從不及減，反減從一百七十，餘五十爲下法，與上法相除負積盡。

明・顧應祥《測圓海鏡分類釋術》卷二《兩勾求容圓》　乙出東門直行一十六步，甲出北門東行二百步望乙，與城參直。問城徑。

釋曰：甲行底勾也，乙出東門直行叀勾也，此以城北半大勾，城東小餘勾，求城徑。

術曰：二行相減餘一百八十四爲底勾叀勾較，乙東行自之得二百五十六爲叀勾冪較，自之得三萬三千八百五十六。減叀勾冪得三萬三千六百，爲實倍甲東行得四百爲從方，作減從開平方法除之，得半徑。

減從開平方法曰：布實於左從於右，約初商一百。置一於左上爲法，置一爲隅法，以減從方餘三百，爲下法。與上法相乘。除實三萬，餘實三千六百。倍隅法得二百爲廉法，約次商得二十，置一於左次，爲上法。置一爲隅法，併廉法共二百二十，以減原從餘一百八十爲下法，與上法相乘除實，盡。

或於初商除實三萬訖，於從内再減一百餘二百爲從方，次商二十於餘從内減二十餘一百八十爲下法。亦通。

後凡言減從開平方法者俱倣此。

又　卷三《明勾與别股測望》　甲出南門東行七十二步而立，乙出東門南行三十步望乙，與城相參直。問城徑。

釋曰：此明勾叀股立法測望，甲出南門東行明勾也，乙出東門南行叀股也。

術曰：二行相乘得二千一百六十爲實，相併得一百〇二爲從，作以從減法開平方除之，得半徑。

以從減法翻法開平方曰：置實于左從於右，約初商得一百。置一於左上爲法，置一爲隅法，以從減隅，隅不及減從内翻減偶一百，餘二爲負從，以負從爲下法，與上法相乘得二百，反增入實内，共二千三百六十四爲次商之實。倍隅法得二百爲廉法，約次商得二十。置一於左次爲上法，置一爲隅法併廉隅共二百二十，以從減之餘一百一十八爲下法，與上法相乘，除實盡。

後凡如此類者，俱倣此通變隨宜。

又術：二行相併得一百〇二爲太虚弦，相減餘四十二即太虚勾股較，倍弦冪減較冪餘一萬九千〇四十四平方開之得，一百三十八爲太虚勾股和，加較半之爲股減較半之爲勾，以太虚勾股求圓徑，又曰二行相乘倍爲實，相減餘爲從，作帶從開平方法除之，得虚勾二行相併，即虚弦。以勾弦求股，以得圓徑。

又　卷五《邊股與别弦測望》　乙出南門東行不知步數而立，甲出西門南行四百八十步望乙與城相叅直，又斜行四百〇八步與乙相會。問城徑。

釋曰：此以邊股大差弦立法測望，甲出西門南行邊股也，又斜行就乙乃天之月大差弦也。

術曰：二行相減餘七十二爲差，以乘甲南行得三萬四千五百六十爲實。以斜行四百○八步爲益從方，作減從開平方法除之，得半徑。

減從開平方法曰：初商一百。置一於左上爲法，置一減從方餘三百○八爲下法與上法相乘除實三萬○八百，餘實三千七百六十，從方內再減一百，商次位得二十。置一於左次爲上法，置一減餘從，餘一百八十八爲下法，與上法相乘，除實盡。

此法已見二卷底勾叀勾下，因從有重位，故重出。

又卷六《弦與和測望》 甲乙二人同出東門，甲東行，乙南行，丙丁二人同出南門，丙南行丁東行，各不知步數而立。四人遥相望，悉與城相衆直，問其步數，則曰甲丙共行了一百五十一步，乙丁立處相距一百○二步。問城徑。

釋曰：此太虛弦與叀勾明股和立法測望，甲出東門直行爲叀勾，而乙南行爲股，丙出南門南行爲明股，而丁東行爲勾，甲丙共步叀勾明股和也，乙丁相距太虛弦也。

術曰：共步相距步相減餘四十九爲差，自之得二千四百○一爲差冪，共步自之得二萬二千八百○一爲和冪，差冪減和冪餘二萬○四百爲實。倍距步減差餘一百五十五爲從，作以從減法開平方法除之，得全徑。

以從減法開平方法見前

又爲以從添積開平方　其法曰：初商二百。置一於左上爲法，置一乘從得三萬一千爲益積，添入原積共五萬一千四百爲實，置一爲隅法與上法相乘，除實四萬，餘實一萬一千四百，倍隅法得四百爲廉法，次商四十。置一於左上爲法，置一乘從方得六千二百爲益實，添入餘積，共一萬七千六百爲實，置一併廉法共四百四十爲下法，與上法相乘，除實盡。

後凡言以從添積開平方法，俱倣此。

又顧應祥《測圓算術》卷四 乙出南門東行不知步數而立，甲出西門南行四百八十步望乙與城相衆直，乃斜行四百○八步與乙會，問城徑。

此以城西半股與城南斜弦求城徑也。甲南行邊股也，斜行乃天之月大差弦也。

術曰：二行相減差乘甲南行得三萬四千五百六十爲實，斜行四百○八步爲從方，作減從開平方法除之，得半徑。

附法：初商一百。置一於左上爲法，置一減從方餘三百○八爲下法，與上法相乘除實三萬○八百，餘三千七百六十爲次商。從內再減廉一百，次商二十。置一於左次爲上法，置一減餘從，餘一百八十八爲下法，與上法相乘，除實盡。

南門外不知步數有樹，乙從南門東行亦不知步數而立，甲出北門東行二百步望樹與乙俱與城相衆直，乙斜行一百五十三步至樹下，問城徑。

此以城北半句與城南東邊少半斜弦求城徑。甲東行底句也。乙斜行一百五十三步至樹下乃日之月明弦也。

術曰：半東行乘斜行得一萬五千三百爲實，二行相併半之得一百七十六步半爲從方，半爲隅筭，作帶從負隅開平方法除之，得明句七十二。

附法：初商七十。置一於左上爲法，置一以隅筭因之，得三十五步爲方法，併從方共二百一十一步半爲下法，與上法相乘除實一萬四千八百○五，餘實四百九十五。倍方法得七十爲廉，次商二。置一於左上爲法，置一以隅筭，因之得一爲隅，併廉法從方共二百四十七步半爲下法，與上法相乘，除實盡。

明·程大位《筭法統宗》卷六《少廣》 長濶相和歌：與減縱開平方法同。

長濶相和不識情，四因積步莫差爭。
和步自乘減去積，餘用開方差步名。
却將和步加差步，折半當爲長數成。
要知濶步如何見，長步減差濶便明。

今有直田積一千九百二十步，長濶相和九十二步。問長濶各若干。

荅曰：長六十步，濶三十二步。

法曰：置田積，以四因之，得七千六百八十步。另以和步九十二步自乘得八千四百六十四步減去因積，餘七百八十四步爲實，以開平方法除之得長濶相差二十八步，加入和步九十二步共一百二十步，折半得長六十步，內減差步二十八，餘得濶三十二步。合問。

又法名減縱開平方　置田積一千九百二十步爲實，以相和九十二步于右爲減縱。上商三十，以減九十二步餘縱六十二步，與上商三十相呼，三六除實一千八百。又呼二三除六十餘實六十步。又以上商三十再減餘縱六十二，仍餘縱三十二。次商二，又減縱二餘縱三十，與次商二相呼，二三除實六十盡。合問。

若先問長者，仍前布列。先商長六十減縱亦得。

今有勾股田積九百六十步，長濶相和九十二步。問長濶各若干。

荅曰：長六十步，濶三十二步。

法曰：置田積以八因之，或倍田積以四因，同得七千六百八十步。另以和步自乘，得八千四百六十四步，相減餘七百八十四步。以平方開之得長濶相差二十八步，加入和步共一百二十步，折半得長六十步。内減差步二十八，餘得濶三十二步。合問。

若以減縱開平方法筭，置積倍之得一千九百二十步爲實，以相加九十二步爲減縱，如前商之，即得。

今有直田積八百六十四步，只云長濶相和六十步。問長濶各若干。

荅曰：長三十六步，濶二十四步。

法曰：置積爲實，以相和六十步于右爲減縱，開平方法除之。上商二十于左，就將右縱減去上商二十，餘四十，與上商二十相呼除實八百，餘實六十四步。又以上商二十再減餘縱二十，仍餘縱二十。次商四步，亦減餘從二十，仍净餘縱十六，與次商四相呼除實，盡。得濶二十四步。以減相和六十步，餘得長三十六步。合問。

減縱開方圖

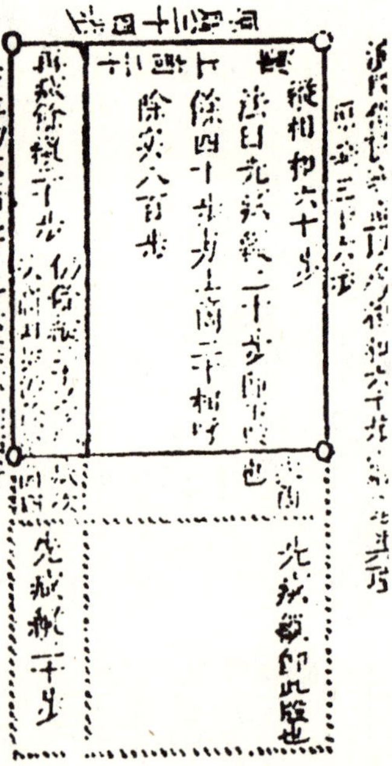

解曰：若不益積，便用減縱，或有不可益積者，須用減縱之術。此是先問濶用此，若先問長，用減縱飜積法。

法曰：置積爲實，以相和爲減縱，開平方法除之。上商三十，以減縱六十，餘縱三十，與上商三十相呼，合除積九百，面積實不及，乃命飜法除原積八百六十四，餘負積三十六爲實。再置上商三十以減餘縱三十訖。次商六步，下法亦置六爲隅法，與上商六呼，除負積恰盡，得長三十六步。合問。

減縱飜積法

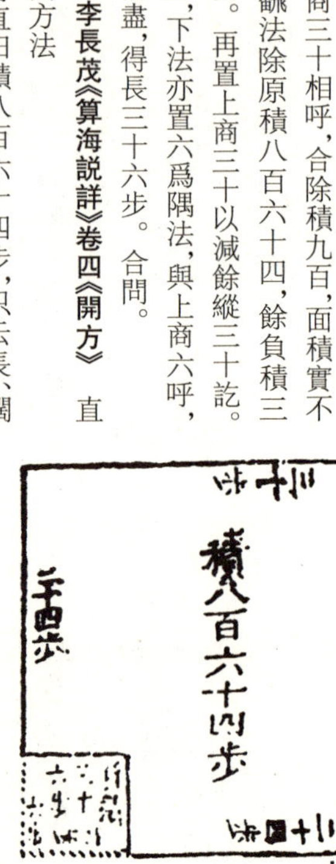

清・李長茂《算海説詳》卷四《開方》 直田減縱開方法

今有直田積八百六十四步，只云長、濶六十步。問長濶各若干。

舊法：置積八百六十四步於盤中爲實，以相和六十步置下法位爲縱，用減縱開方法。上商二十步於左，就將右縱減上商二十步，餘四十步。與上商相呼，二四除實八百步，餘實六十四步。又以上商二十步，再減餘縱二十步，仍餘縱二十步。次商四步，亦再減餘縱四步，仍餘縱一十六步。與次商四步相呼，一四除四十步，四六除二十四步，共除六十四步除實，恰盡。得上商濶二十四步，以減相和六十步，得長三十六步。

解義：因未言縱多若干，無縱可帶故即就相和共步通作縱。論用減縱法除之，但舊圖其理未明。今另立圖解于後。

今有直田積八百六十四步，只云長濶相和六十步。問長、濶各若干。

增法：置積於中，以左上爲横方，右法爲縱方，將相和六十步列於法位爲縱，約略積。商二十步爲横於左，下法除縱二十步，餘四十步。即以横二十與縱四十相呼除實八百步，餘實六十四步。即將横二十步亦減縱二十步，餘二十步爲縱，與横共步又約略餘積，商四步于左爲横，縱方

約商縱横相乘除積開方圖即減縱法。

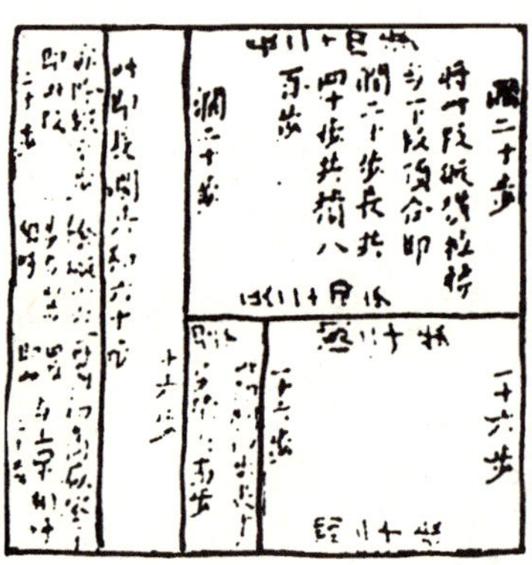

亦除四步，餘縱一十六步。與次商四步除實，恰盡。于左位先商二十，次商四步，得濶二十四步，於右法餘縱一十六步加後除縱二十步，得長三十六步。

解義：此即明舊法減縱之義。首圖是列明初商、次商所除積實。二因是將長濶共步伸直，以明相除之理。大抵長濶相和共六十步。初商是將積寔以十步約略之，濶應二十步，長應四十步。以濶乘長除寔不盡，却將縱亦減二十步，是濶去二十步，長亦去二十步，餘二十步。又以步約略餘寔六十四步，將餘縱二十步以長濶分之，以四步乘十六步除寔，恰盡。便是長濶各二十步，外濶加四步得二十四步，長加一十六步得三十六步。古人立爲減縱法，其理在此，或長加盈濶邊縮，或長與濶位數多寡，如長几百几十几步，濶步止几十几步。或濶几十几步，長几十步，或濶几十步，長几十几步，約商步數，皆一定難易，今再圖于後。

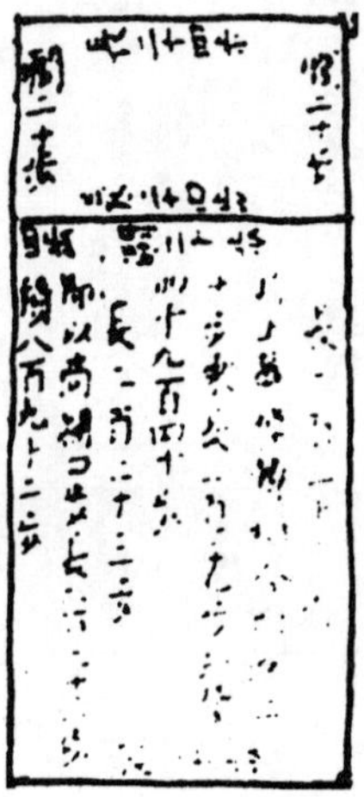
發明減縱圖

今有直田積五千八百三十二步，只云長濶相和共二百六十七步。問長、濶各若干。

增法：置積五千八百三十二步於中，以左上爲橫方，右法爲縱方，將相和二百六十七步列於法位爲縱，約略積實。商二十步爲橫濶於左，下法除縱二十步，餘二百四十七步。與左橫二十步相呼二二除四十，二四除八百，二七除一百四十，共除四千九百四十步，餘實八百九十二步。即以左橫濶二十步亦除縱長二十步，餘縱二百二十七步。仍爲長濶共步，却約略餘積。將二百二十七步分別長濶次商橫四步，即於縱位除四步，餘縱二百二十三步。與次商四步相呼，四二除八百，四二除八十，四三除一十二，共除八百九十二步，恰盡。於左位先商二十，次商四步，得濶二十四步。於右法餘縱二百二十三步，加後除縱二十步，得長二百四十三步。

解義：長濶共二百六十七步，若商橫三十則積不足，若商十步則積過，餘所商之數皆一定难易，故復圖此發明。若或長三十四步，濶三十步，長濶相和六十四步，積一千零二十步，約積定商三十，與餘縱三十四步除，恰盡。即爲直濶之數矣。

今有直田積八百六十四步，長濶共六十步。問長、濶各若干。

舊法：置積八百六十四步爲實，以相和六十步爲減縱於右。先商三十步於左，以減縱六十步，餘縱三十步，與上商三十步相呼，合除積九百，而積實不及，乃命翻法除原積八百六十四步，餘負積三十六步，爲實。再置上商三十，以減餘縱三十訖。次商六步，下法亦置六爲隅法，與上商六步相呼除實，恰盡。得長三十六步，以減共長得濶。

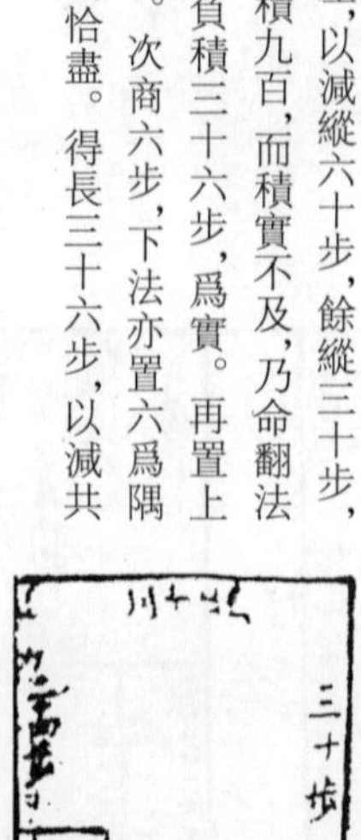
減縱翻積圖

解義：翻積法唯長濶不甚懸絶。又長或四十，五十無零餘，猶可以翻。若長步過多，故長多零數則亦無可翻矣。此未可立準則也。長濶相和自乘，以四因積減之，餘開方得長濶差步。解見《直田》及《勾股》章，不再贅。

圭田，斜田，勾股田開方法：俱倍積，用帶縱或減縱法。與直田同。

直田減積開方法：今有直田積一千七百五十步，只云濶不及長一十五步，問長、濶各若干。

舊法：置積一千七百五十步於盤中爲實。另置不及十五步於右法位爲減積。初商三十於左位，下法亦置三十於右爲方法，以乘減積一十五步得四百五十步，以減中實，餘實一千三百步。却以初商三十與下法三十相呼，三三減積九百，餘積四百步。就將下法三十，倍作六十爲廉法，次商五步於左三十之次，下法亦置五步，以乘減積十五步，得七十五步。以減中實，仍餘積三百二十五步。却以下位廉法六十併入次商五步，共六十五步，皆與上次商五步相呼，五六除實三百，五五除二十五步，恰盡。得濶三十五步，加不及十五步，得長五十步。

解義：此與上帶縱之法無異，又多乘減積一轉折耳，只用帶縱爲便。

開負隅和翻法平方法

算法

明·王文素《算學寶鑒》卷一六《差步求和》 和步求長

和步求長仔細詳，先商甲數減和當。
餘呼上甲除其積，積少之時互減陽。
反減剩餘仍作寔，甲還減從寄餘傍。
次商乙内除餘從，命乙呼除積數良。

直田積八百六十四步，且云長濶共六十步。欲先求長，問得幾何。

答曰：三十六步。

演段曰：本積求長止用一濶，若以長濶共步爲從方乃多一濶，所以用上商減去一濶，止剩一長開平方。

和步求長圖

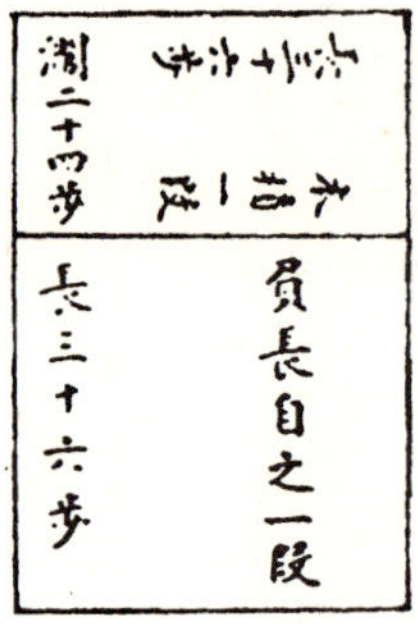

飜積圖

和步求長飜積草曰：置積八百六十四步爲寔。以和步六十爲從方，以一爲負隅。凡負隅是一者不用亦可，故前多署之。初商長三十步爲甲，置於積上。另以甲減從方，餘三十步。命甲合除積九百而積不及，反以田積八百六十四步而減九百，餘三十六步，曰飜積。又以爲實。又以甲減餘從三十，盡。次商六步爲乙，自呼除飜積三十六步，恰盡。得長三十六步。合問。

解曰：此題從方是六十，用上商三十步二次減之適盡者，其反減之餘積即次商自乘之數，可用平方除之。前一題是也。或用上商二次減從而從有餘者，於次商乙内減出餘從，餘命乙而除飜積。或以上商二次減從，而從不及者，却以餘從減上商，餘曰飜從。次商乙併入飜從，命乙除飜積。故下設二題，以便初學。

從方有餘以減次商題：直田積九百步，且云長濶共六十一步。欲先求長，問得幾步。

答曰：三十六步。

法曰：置積九百步爲寔。以和步六十一爲從方。初商甲三十步，以減從方，餘三十一步。命甲合除積九百三十而積不及，則反減之，就於九百三十步内減原積九百步之餘三十步爲翻積，仍爲寔。又以甲減餘從，止餘一步。次商乙六步，内減餘從一步，餘五步。命乙除飜積三十，適盡。得長三十六步。合問。

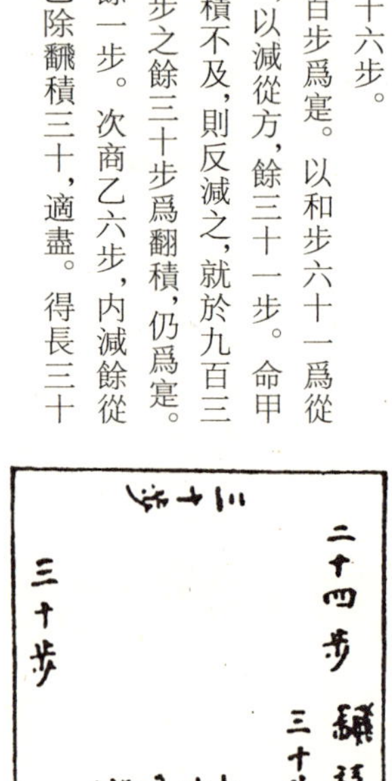

從方不及飜從併商題，直田積八百五步，且云長濶共五十八，（濶）[長]幾何步。

答曰：長三十五步。

法曰：置積八百五步爲實。以和步五十八爲從方。初商甲三十，以減從方，餘二十八步。命甲合除積八百四十而積不及，則反減之。八百四十步内減原積八百零五步，餘三十五步爲飜積。又以減餘從二十八而從不及，亦反減之，餘二步爲飜從。次商乙五步。併飜從，共七步。命乙除積三十五步，恰盡。得長三十五步。合問。

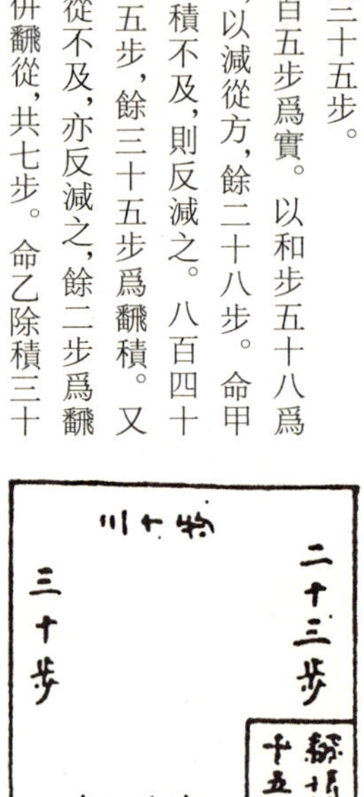

益積求濶草曰：置積八百五步[爲實]。以長濶共五十八步爲從方。初商甲濶二十步，自乘得四百步，益入原積，共一千二百五步。然後却以甲命從方除積一千一百六十，餘四十五步。倍甲，商乙三步。併之共四十三，以乙三乘之，得一百二十九。益入餘積，共一百七十四步。以乙命從方除積一百七十四步，恰盡。得濶二十三步。合問。

解曰：嘗論益積之法求濶爲易，求長爲難。蓋有反減翻積。初學必不能悟，亦不可略，並戴于左。

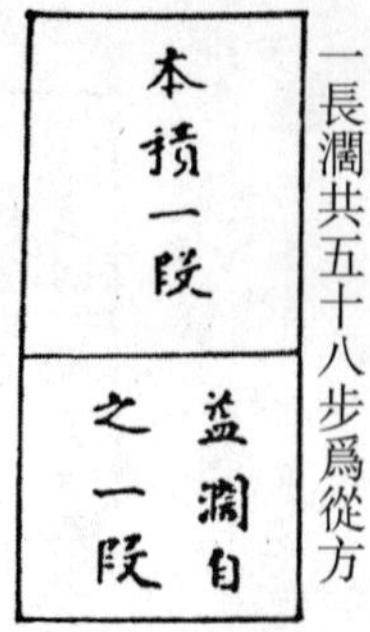

求濶圖

一長濶共五十八步爲從方

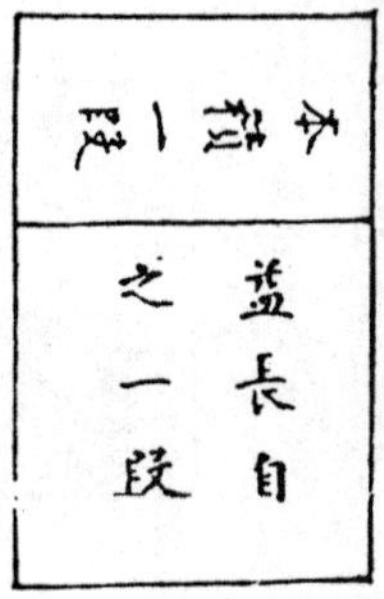

求長圖

長濶共五十八步爲從方

益積求長草曰：置積八百五步［爲實］，以長、濶共五十八步爲從方。初商甲三十步，自乘得九百步，益入原積八百五步，共一千七百五步。以甲三十命從合積一千七百四十，而積不及，却以積反減之，餘三十五步爲翻積。另倍甲作六十，次商乙五步。併之，共六十五步，以乙乘之，得三百二十五步，内減翻積三十五步，餘二百九十步爲實。以乙五命從方五十八除積二百九十步，適盡。得長三十五步。合問。

解義曰：一積求濶止用一長，今以長濶共步爲從方止少一濶之積。所以益入濶自之積一段。求長止用一濶，今以長濶共步爲後方止少長自之積一段，所以益入其積，並用開方求之。

明·顧應祥《測圓海鏡分類釋術》卷二《兩勾求容圓》　乙出東門直行一十六步而止，甲從城外乾隅東行三百二十步望乙與城相叅直。問城徑。

釋曰：甲東行通勾也，乙東行叀勾也，此以城北大勾與城東小餘勾求城徑。

術曰：甲行内減二之乙行餘二百八十八，以乘甲行得，九萬二千一百六十爲平實，四之甲東行減二之乙東行，餘一千二百四十八爲從方，四爲隅法，作負隅減從開平方法開之，得半徑。

負隅減從開平方曰：布實于左從于右，約初商得一百，置一於左上爲法，置一隅因得四百爲隅法，以減從方餘八百四十八爲下法，與上法相乘，除實八萬四千八百，餘實七千三百六十。倍隅法，得八百爲廉法，約次商得二十。置一於左次爲上法，置一隅因得八十爲隅法，併廉法共八百八十以減原從，餘三百六十爲下法，與上次法相乘，除實盡。後凡言負隅減從開平方法者，俱倣此。

乙出東門南行三十步，甲從乾隅東行三百二十步望乙，與城叅直。問城徑。

釋曰：此以通勾叀股測望，甲東行通勾也，乙出東門南行三十步叀股也。

術曰：二行相乘得九千六百爲實，以東行三百二十爲從方，二爲隅算，作減從負隅翻法開平方除之，得半徑。

減從負隅翻法開平方曰：初商一百，置一於左上爲法。置一隅因得二百爲隅法，以減從方，餘一百二十爲下法，與上法相乘，除實一萬二千。實不滿法，反減實九千六百，餘二千四百爲負積。倍餘法得四百爲廉法。次商二十，置一於左次爲上法，置一隅因得四十爲隅法，併廉隅共四百四十減從，不足，反減從方三百二十，餘一百二十爲下法，與上次法相乘，除實，盡。後凡言帶從負隅翻法開平方者，俱倣此。

又顧應祥《測圓算術》卷三　圓城南門之東有樹，人從城外西北乾隅往東行三百二十步見之，乃斜行二百七十二步至樹下。問城徑。

此以城北大句與城東半斜弦求城徑，人從乾隅東行三百二十通句也，斜行二百七十二步至樹下黃長弦也。

術曰：二行相減餘四十八爲句弦差，倍差倍東行相乘得六萬一千四百四十爲平實，倍差倍東行相併得七百三十六爲益從，二爲隅法，作減從負隅翻法開平方法開之，得全徑。

附法：初商二百。置一於左上爲法，置一隅因得四百以減從方，餘三百三十六爲下法，與上法相乘，除實六萬七千二百，實不滿法反除實六萬一千四百四十，餘法五千七百六十爲負積，倍隅法，得八百爲廉法，次商四十。置一於左次爲上法，置一隅因得八十爲廉法，併廉隅共八百八十，以減從方亦不及減，反減從方七百三十六，餘一百四十四爲下法，與上法相乘，除實盡。

又術：差乘東行倍之得三萬〇七百二十爲平實，差併東行得三百六十八爲從方，作減從開平方法除之，得全徑。

圓城東門外有樹，人從城外西北乾隅東行三百二十步見樹，與城相叅直，乃向西南斜行一百三十六步至樹下。問城徑。

此以城北大句與城東北角斜弦求城徑也，自乾東行通句也，斜行至樹下平弦也。

術曰：【略】一萬五千三百六十爲平實，三百六十八爲從方，二爲隅法，作減從負隅翻法開平方法除之，得半徑。

附法：初商一百。置一於左上爲法，置一隅因得二百，以減從方共一百六十八爲下法，與上法相乘除實一萬六千八百，實不滿法反除實一萬五千三百六十，餘一千四百四十爲負隅，倍隅得四百爲廉法，次商二十。置一於左次爲上法，置一隅因得四十爲隅法，併廉隅共四百四十以減從方，亦不及減，反減從三百六十八，餘七十二爲下法，與上法相乘，除負積一千四百四十盡。

明・顧應祥《測圓海鏡分類釋術》卷四《通勾與別弦測望》　乙出城東門，上南不知步數而立，甲從城外西北乾隅東行三百二十步望乙與城相叅直，復斜行一百七十步與乙相會。問城徑。

釋曰：此以通勾小差弦立法測望，甲東行通勾也，斜行小差弦也。

術曰：二行相減餘一百五十爲差，自之得二萬二千五百以乘東行得七百二十萬爲實，倍差以乘東行得九萬六千爲從方，倍差得三百爲隅筭，作負隅減從開平方法除之，得半徑。

負隅減從開平方法見二卷。通勾叀勾條。

又術：倍東行冪得二十三萬四千八百，倍二行相乘數得一十〇萬八千八百，相減餘九萬六千爲實，倍東行得六百四十爲從，作減從開平方法除之，得全徑二百四十。

減從開平方法曰：列實于左，從于右，約初商得二百。置一於左上爲法，置一爲隅法，以減從方餘四百四十爲下法，與上法相乘除實八萬八千，餘八千爲次商之實。餘從内再減二百，餘二百四十爲從，次商四十。置一於左上爲法，置一爲隅法，以減從方餘二百爲下法，與上法相乘，除實盡。法見二卷底勾叀勾條下，因從有重位，故重出。

乙從城外西北乾隅南行不知步數而立，甲出北門東行二百步見之，復斜行六百八十步與乙會。

釋曰：此以底勾通弦測望。甲出北門東行二百步底勾也，斜行六百八十步，通弦也。

術曰：二行相減餘四百八十曰差，相併得八百八十曰和，差和相乘得四十二萬二千四百減去差冪，餘一十九萬二千爲實。差和相併得一千三百六十爲從，二爲隅筭，作帶從負隅開平方除之，得半徑。

帶從負隅開平方法曰：置實于左從於右，約初商得一百。置一於左上爲法，置一乘隅筭得二百爲隅法，併從方共一千五百六十爲下法，與上法相乘除實一十五萬六千餘實三萬六千，倍隅法得四百爲廉法，約次商二十。置一於左上爲法，置一乘隅筭得四十爲隅法，併從方廉隅共一千八百爲下法，與上法相乘，除實盡。後凡言帶從負隅開平方法者，俱倣此。

乙從城外東北艮偶東行不知步數而立，甲從城外西南坤隅東行一百九十二步望乙與城角相叅直，復斜行二百七十二步與乙會。

釋曰：此以大差勾黄長弦立法測望，甲從坤隅東行爲坤之月大差勾也，斜行與乙會乃月之地黄長弦也。

術曰：倍大差勾減黄長弦，餘一百一十二爲倍勾。減弦差自之得一萬二千五百四十四，黄長弦自之得七萬三千九百八十四，相減餘六萬一千四百四十爲平實。以倍勾減弦差，四之得四百四十八爲從，八爲益隅，作負隅減法開平方法除之，得半徑。

負隅以從減法開平方曰：置實于左，以從約之，初商一百。置一于左上爲法，置一乘隅法得八百以減去從方四百四十八，餘三百五十二爲下法，與上法，相乘除實三萬五千二百，餘實二萬六千二百四十，倍隅法得一千六百爲廉法，次商二十。置一於左上爲法，置一乘隅法得一百六十，併入廉法共一千七百六十減去從方四百四十八，餘一千三百一十二爲下法，與上法相乘，除實盡。後凡言負隅以從減法開平方法者，倣此。

又　卷六《弦與和測望》　南門之東有槐，東門之南有柳，丙出南門直行，丁出南門東至槐下，甲出東門直行，乙出東門南至柳下，相望俱與城相叅直，計丙南丁東共行二百〇七步，甲東乙南共行四十六步，其二樹相距一百〇二步。問城徑。

釋曰：此與前問同，前以遠相距言，此以近相距言。近相距太虛弦也，以太虛弦與明叀二和立法測望。

術曰：叀和乘虛弦，又自之得二千二百〇一萬四千八百六十四爲平實，併二和自之得六萬四千〇〇九爲二和冪，叀和自之得二千一百一十六爲叀和冪，明和自之得四萬二千八百四十九爲明和冪，併明和冪叀和冪以減二和冪，餘一萬九千〇四十四爲益隅，作負隅開平方法除之，得叀弦。倍弦冪與和冪相減，開其餘得叀勾股較，加和半之爲股，減和半之爲勾。

負隅開平方曰：置所得平實，以益隅約之，初商三十。置一於左上爲法，置一乘益隅得五十七萬一千三百二十爲下法，與上法相乘除實一千七百一十三萬九千六百，餘實四百八十七萬五千二百六十四，倍下法得一百一十四萬二千六百四十爲廉法，約次商得四。置一於左上爲法，置一乘益隅得七萬六千一百七十六併入廉法共一百二十一萬八千八百一十六爲下法，與上法相乘，除實盡。

此法已見一卷底勾弦條下，因隅算多故重出。

又曰：隅算除平實，即得叀弦冪。

又曰：明和乘虛弦，又自之得四億四千五百八十〇萬〇〇九百九十六爲平實，如前法爲負隅平方開之得明弦，若以益隅除平實徑得明弦冪。又術虛弦自之得一萬〇四百〇四爲虛弦冪，以叀和乘之得四十七萬八千五百八十四爲平實，倍明和得四百一十四爲益隅開之得叀弦。若以益隅除平實徑，得叀弦冪。虛弦自之以明和乘之，得二百一十五萬三千六百二十八爲平實，倍叀和爲益隅開之得明弦，若以益隅除平實徑，得明弦冪。

三位負隅開平方曰：置平實四億四千五百八十〇萬〇九百九十六于左，以益隅一萬九千〇四十四約之，初商一百。置一於左上爲法，置一於右下乘益隅得一百九十〇萬四千四百爲下法與上法相乘除實一億九千〇四十四萬，餘實二億五千五百三十六萬〇九百九十六，倍下法得三百八十〇萬八千八百爲廉法，次商五十。置一於左上爲法，置一乘益隅得九十五萬二千二百爲隅法，併廉法共四百七十六萬一千爲下法，與上次相乘除實二億三千八百〇五萬，餘實一千七百三十一萬〇九百九十六，倍隅法得一百九十〇萬四千四百，併入廉法共五百七十一萬三千二百爲廉法，約三商得三。置一於左爲法，置一右下乘益隅得五萬七千一百三十二爲隅法，併入廉法共五百七十七萬〇三百三十二爲下法，與上法相乘，除實盡。

又　卷七《通勾弦和與諸和較測望》　甲丙二人俱在城外西北乾隅，甲直往東，丙直往南，乙丁二人俱在城之南門，乙向東行，丁向南行俱不知步數而立，四人遥相望，俱與城相叅直。既而甲向西南斜至丙立處，乙亦斜行至丁立處。問其行步，則甲直斜共行一千步，乙直斜共行二百二十五步。問城徑。

釋曰：此以通勾弦和明勾弦和立法測望。甲在乾往東爲通勾，斜行就丙爲通弦，直斜共步勾弦和也。乙在南門東行爲明勾，斜行就丁爲明弦，直斜共步勾弦和也。

術曰：乙共步自乘再乘得一千一百三十九萬〇六百二十五爲平實，乙共步自之得五萬〇六百二十五爲從，甲共步一千爲隅算，作負隅以從減法開平方法除之，得明股一百三十五。

負隅以從減法開平方曰：置實以從隅約之，初商一百。置一於左上爲法，置一乘隅算，得一十萬減去從方，餘四萬九千三百七十五，爲下法，與上法相乘除實四百九十三萬七千五百，餘實六百四十五萬三千一百二十五爲次實，下法再加十萬共一十四萬九千三百七十五爲方法，次商三十。置一於左次爲上法，置一乘隅算得三萬併入方法共一十七萬九千三百七十五爲下法，與上法相乘除實五百三十八萬一千二百五十餘實一百〇七萬一千八百七十五爲次實。下法內再加三萬共二十〇萬九千三百七十五爲方法，次商五。置一於左次爲上法，置一乘隅算得五千併入方法共二十一萬四千三百七十五爲下法，相乘除實盡，得明股一百三十五。明股自之，以勾弦和除之，得勾弦較八十一，加和半之爲股，減和半之爲勾。

負隅以從減法開平方，已見四卷大差勾黄長弦下，因此法有三位故重出而小變之。

又爲以從添積開平方，其法曰：初商一百。置一於左上爲法，置一乘從得五百〇六萬二千五百爲益積，添積共一千六百四十五萬三千一百二十五爲實。置一乘隅得一十萬，與上法相乘除實一千萬，餘實六百四十五萬三千一百二十五，倍隅法得二十萬爲方法，約次商三十。置一於左次爲上法，置一乘從得一百五十一萬八千七百五十爲益實，添餘積共七百九十七萬一千八百七十五爲實，置一乘隅得三萬，併方法共二十三萬爲下法，與上法相乘，除實六百九十萬，餘實一百〇七萬一千八百七十五，下法內再加三萬共二十六萬爲方法，次商五。置一於左上爲法，置一乘從方得二十五萬三千一百二十五爲益積，添入餘積共一百三十二萬五千爲實，置一乘隅得五千併方法共二十六萬五千爲下法，與上法相乘，除實盡。

甲丙二人俱在城外西北乾隅，甲東行，丙南行，乙出東門南行，丁出南門東行，各不知步數而立。四人遥相望與城相叅直。既而甲復斜行與丙會，乙復斜行與丁會，問其行步。則曰：甲一東一斜與丙之南共一千六百步，乙斜行一百〇二步。問城徑。

釋曰：此通弦和和與太虛弦立法測望。甲東行爲通勾，斜行爲通弦，丙南行爲通股，共步一千六百通弦和和也，乙斜行與丁會，即月之山太虛弦也。

術曰：半乙斜行以乘甲丙共步得八萬一千六百爲實，以共步一千六百爲從，四爲隅算作負隅減從翻法開平方法除之，得三百四十爲半通弦，倍之以減弦和和，餘九百二十爲勾股和，再減通弦即弦和較。

負隅減從翻法開平方曰：置所得平實，以從約之初商三百。置一於左上爲法，置一隅因得一千二百爲隅法，以減從方餘四百爲下法，與上法相乘得一十二萬除實，不足反減實八萬一千六百，餘三萬八千四百爲負積，倍隅法得二千四百爲廉法，次商四十。置一於左上爲法，置一隅因得一百六十爲隅法，併廉法共二千五百六十減從，不足反減從一千六百，餘九百六十爲下法，與上法相乘，除實盡，得半通弦三百四十。後凡言負隅減從開平方法，俱倣此。

又　卷八《諸和立法測望》　甲乙二人俱出東門，甲東行，乙南行，丙丁二人俱出南門，丙南行，丁東行，各不知步數而立。四人遥相望俱與城相叅直。既而甲復斜行與乙會，丁復斜行與丙會，詢其行步。甲云：我直斜共五十步。丁云：我直斜共二百二十五步。問城徑。

釋曰：此明勾弦和與叀勾弦和立法測望。甲出東門直行爲叀勾，斜行就乙爲叀弦，共步和也。丁出南門東行爲明勾，斜行就丙爲明弦共步和也。

術曰：以丁共步自之得五萬〇六百二十五爲明和冪，又自之得二十五億六千二百八十九萬〇六百二十五於上，二共步相乘得一萬一千二百五十，半之得二億八千四百七十六萬五千六百二十五以減上位餘二十二億七千八百一十二萬五千爲平實。二共步相減餘一百七十五爲二和差以乘明和冪倍之，得一千七百七十一萬八千七百五十於上，倍甲共步得一百以乘明和冪，又半之得二百五十三萬一千二百五十，併上共二千〇二十五萬爲從。以二行相減差自之得三萬〇六百二十五於上，又以二共步相乘數半得五千六百二十五減上位，餘二萬五千爲隅法，作負隅減從開平方法除之，得明股。

負隅減從開平方法曰：初商一百。置一於左上爲法，置一乘隅法得二百五十萬，以減從方，餘一千七百七十五萬爲下法，與上法相乘除實一十七億七千五百萬，餘實五億〇三百一十二萬五千爲實，餘從內再減二百五十萬，餘一千五百二十五萬爲從，次商三十。置一於左上爲法，置一乘隅法得七十五萬，以減從方，餘一千四百五十萬，與上法相乘除實四億三千五百萬，餘實六千八百一十二萬五千爲實，餘從內再減七十五萬，餘一千三百七十五萬爲從，次商五。置一於左上爲法，置一乘隅法得一十二萬五千，以減餘從，餘一千三百六十二萬五千爲下法，與上法相乘，除實盡。

負隅減從開平方法：已見二卷通勾叀勾下，因有三位，故重出。

甲乙俱出東門，甲東行乙南行，丙丁俱出南門，丙南行，丁東行，各不知步數而立，四人遥相望俱與城相叅直，問其行步，則甲乙共四十六步，丙丁共二百〇七步。問城徑。

釋曰：此明勾股和與叀勾股和立法測望，甲東行叀勾，乙南行叀股，丁出南門東行明勾，丙南行明股，甲乙共步叀勾股和也，丙丁共步明勾股和也。

術曰：二共步相併得二百五十三自之得六萬四千〇〇九，二共步相乘四之得三萬八千〇八十八，二數相減，餘二萬五千九百二十一爲實。二共步相併，以六步半因之，得一千六百四十四步半，二共步相併以四步半因之，又四之，得四千五百五十四步，二數相併得六千一百九十八步半爲從方，以七十〇步四分三釐七毫五絲爲隅法，作負隅帶從開平方法除之，得四步爲叀股弦較。

負隅帶從開平方法曰：置實從方隅約之，商得四。置一於左上爲法，置一乘隅得二百八十一步七分五釐，帶從方共六千四百八十〇步二分五釐與上法相乘，除實盡。

又曰：副置二和以約分法約之，得二十三爲平率，以除明和，得九，除叀和得二，二和相減，餘一百六十一，以平率除之得七爲較率，九因得明較六十三，二因得叀較一十四，以較加和半之爲股，減和半之爲勾。

又　《諸和與較參互立法》　甲丙二人俱在城中心，丙望南門直行出城不知步數而立，甲望東門出城亦不知步數，望見之，丙復斜行與甲相會，問其行步，則曰甲丙直斜共行了六百八十步，又曰甲東直行少於丙南直行一百一十九步。問城徑。

釋曰：此皇極弦和和與勾股較立法測望。甲從城中心東行爲皇極勾，丙從中心南行爲皇極股，斜行與甲會爲皇極弦，共行六百八十步爲皇極弦和和也。甲東行不及丙南一百一十九步爲皇極勾較也。

術曰：二數相減餘五百六十一爲差，差自之得三十一萬四千七百二十一爲差冪，較自之得一萬四千一百六十一爲較冪，二冪相減餘三十〇萬〇五百六十爲平實，四其差二其較相併得二千四百八十二爲從方，二爲隅筭作負隅開減從開平方法除之，得一百三十六爲皇極勾。

負隅減從開平方曰：置所得平實，以從方隅筭約之，初商一百。置一於左上爲法，置一乘隅筭得二百，以從減方餘二千二百八十二爲下法，與上法相乘，除實二十二萬八千二百，餘實七萬二千三百六十，從方內再減二百餘二千〇八十二，次商三十。置一於左上爲法，置一隅因得六十以減從方，餘二千〇二十二爲下法，與上法相乘，除實六萬〇六百六十，餘實一萬一千七百爲實，餘從內再減六十餘一千九百六十二，次商六。置一於左上爲法，置一隅因得一十二，以減餘從，餘一千九百五十爲下法，與上法相乘，除實盡。此法已見二卷通勾叀勾條，因有三位故重出。

圓城南門往東有槐，東門往南有柳，甲乙二人俱在城中心，甲出南門直行，乙出東門各不知步數而立，丙丁二人俱在城外東南巽隅，丙西行至槐下，丁北行至柳下，四人遥相望俱與城參直，既而甲復斜行與乙會，丙復斜行與丁會，問其行步，則甲一直一斜與乙直行共六百八十步，丙西丁北二直行較丙斜行多三十六步。問城徑。

釋曰：此皇極弦和和與太虛弦和較立法測望。乙從城中心東行爲皇極勾，甲從城中心南行爲皇極股，斜行與乙會爲皇極弦，共步爲皇極弦和和也。丙從巽隅西至槐樹下即太虛勾，丁從巽隅北至柳樹下即太虛股，丙斜行與丁會爲太虛弦，丙西丁北相併即太虛勾股和，多於斜行爲太虛弦和較也。

術曰：和較相乘得二萬四千四百八十爲實，半較得一十八爲從，半步爲隅冪，作以從添積負隅開平方法除之，得全徑。

以從添積負隅開平方曰：置所得平實，以從約之，初商二百。置一於左上爲法，置一乘益從得三千六百爲益實，添入積内共二萬八千〇八十爲實，置一以隅因之得一百爲下法，與上法相乘除實一萬，餘八千〇八十爲實，倍下法得二百爲廉法，次商四十。置一於左上爲法，置一乘益從得七百二十爲益實，添入餘積得八千八百爲實，置一以隅因得二十併廉法，共二百二十與上法相乘，除實盡。又爲負隅以從減法開平方法，法見四卷大差勾黃長弦條下。

開立方和帶縱立方分部

開立方法

算法

明·王文素《算學寶鑑》卷三五《開立方積》　立方開積求甲術曰：置積若干，爲寔。從寔尾常超二位逆數約之，一位只寔一，千位寔十，百萬位寔百，十億位寔千。初商若干爲甲，置於積數之上爲法。另置甲若干於積數之下，自乘得若干，名曰甲隅。命上甲若干除實若干。求乙術曰：仍三因甲隅若干得若干，改名曰乙方。下三因甲若干得若干，名曰乙廉。次商若干爲乙。續於上甲之後爲法。以乘乙廉若干得若干，最下置乙若干自乘，得若干爲乙隅。皆副併入乙方，共若干爲乙總。命上乙若干，除實若干尚餘若干。求丙術曰：乃一因乙廉，仍是若干，[二因乙隅，仍是若干]皆併入乙總，共若干爲丙方。下三因甲乙若干得若干，爲丙廉。再商丙若干。續上甲[乙]之後爲法。以乘丙廉若干得若干，最下置丙若干自乘，得若干爲丙隅。皆副併入丙方，共若干爲丙總。命上丙若干，除寔若干。更餘寔若干。倣此求丁，求戊。

初商首位口訣

一商一兮八商二，二七商三六四四。
一二五商五不差，二一六商六纔是。
商七須盈三四三，商八必滿五一二。
七二九商九數全，比係立方商甲字。

解曰：商乙、丙以下，並如商除定數。

立方開積口訣

立方開積甲先商，甲自乘爲隅法當。
隅甲相呼除寔訖，三因隅甲各排張。
甲爲廉法隅方法，商乙乘廉併入方。
乙自乘爲隅又併，乙呼除寔再開商。

積二十七尺，欲爲立方。問每面幾何。

荅曰：三尺。謂横、竪、高，皆三尺也。

草曰：置積二十七尺爲寔。以立方約之得三尺。訣曰二七商三，是也。置於積上。另置三于積下自乘，得九名曰隅法。即平方積。命上商三尺除寔二十七尺，恰盡。得立方每面皆三尺。合問。

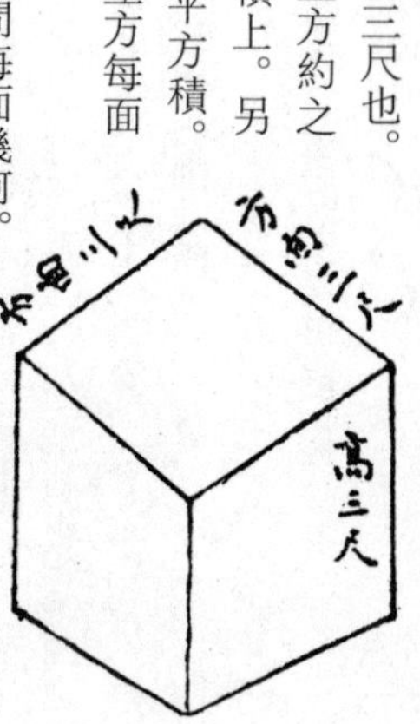

積一千七百二十八尺，欲爲立方。問每面幾何。

荅曰：一丈二尺。

草曰：置積一千七百二十八尺爲寔。從尾從尾常超二位逆數約之，千位定

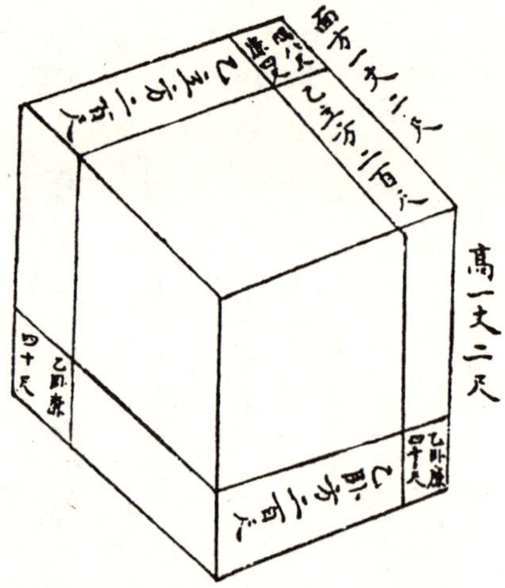

開二位立方圖

開甲列位圖

隅法 一百
≐八尺
‖二十
原積 ⊥七百
一 一千
上商 十尺

開乙列位圖

隅法 × 四
廉法 ≡ 三十
方法 ‖ 三百
≐八尺
‖二十
餘積 ⊥七百
上商 乙二尺

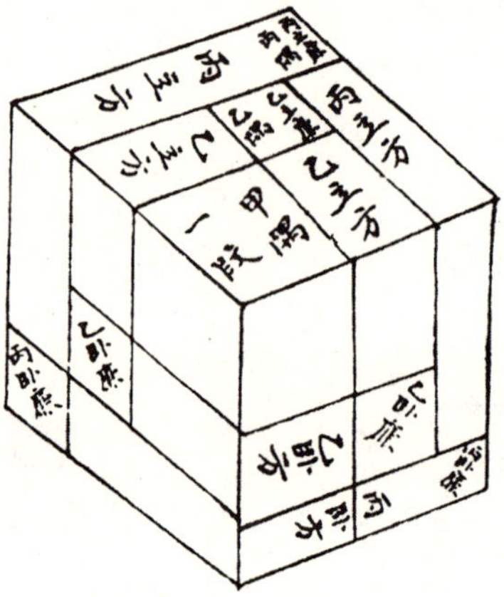

開三位立方圖

十。商甲一十，置於積上。另置一十于積下自乘，得一百爲甲隅。命上甲一十除寔一千尺，餘七百二十八尺。乃三因甲隅，得三百爲乙方。於下三因甲，得三十爲乙廉。商乙二尺，續上甲後。以乘乙廉，得六十，最下置乙二自乘，得四爲乙隅。皆併入乙方，共三百六十四爲乙總。命上乙二除餘寔七百二十八尺，得立方每面一丈二尺。合問。

積二億四千四百一十四萬六百二十五尺，問爲立方幾何。

答曰：六百二十五尺。

甲隅一段積二億一千六百萬尺，乙方三段共積二千一百六十萬尺，乙廉三段共積七十二萬尺，乙隅一段積八千尺，丙方三段共積五百七十六萬六千尺，丙廉三段共積四萬六千五百尺，丙隅積一百二十五尺。

開甲布位圖

甲隅 ⊥六萬
Ⅲ三十
原積 〇五尺
‖二十
⊥六百
〇空千
×四萬
一十
×四百
×四千
‖二億

開乙布位圖

乙隅 〇五尺
‖二十
乙廉 Ⅲ三百
×九千
Ⅲ八萬
乙方 〇空十萬
一一百萬
餘積 〇五尺
‖二十
⊥六百
〇空千
×四萬
一十萬
≐八百萬
‖二千萬

開丙布位圖

丙隅 〇五尺
‖二十
丙廉 Ⅲ三百
×九千
二二百
Ⅲ三十
丙方 〇五萬
一十萬
一百萬
〇五尺
‖二十
⊤六百
餘積 =二千
一萬
≐八十萬
〇五百萬

草曰：置積二億四千四百一十四萬六百二十五尺爲寔。從末位超二位約之，商甲六百。置於積上，另置六百於積下自乘，得三十六萬爲甲隅。命上甲六百除寔二億一千六百萬尺，餘寔二千八百一十四萬六百二十五尺。三因甲隅，得一百八萬爲乙方。三因甲，得一千八百爲[乙]廉。以方、廉之數約其餘寔，百萬之上定一，千萬之上定十。商乙得二十，續上甲後。乙乘乙廉，得三萬六千，乙自乘得四百爲乙隅。皆副入乙方，共一百一十一萬六千四百爲(一)[乙]總。命上乙除寔二千二百三十二萬八千尺，尚餘寔五百八十一萬二千六百二十五尺。乃一因乙廉，仍是三萬六千，二因乙隅，得八百，皆併入乙總，共一百一十五萬三千二百爲丙方。三因甲乙，得一千八百六十爲丙廉。商丙五尺，續上甲乙之後。以乘丙廉，得九千三百。另置丙自乘，得二十五爲丙隅。皆併入丙方，共一百一十六萬二千五百二十五爲丙總。命丙五除餘[寔]五百八十一萬二千六百二十五，適盡。得立方面六百二十五尺。合問。

開立方法歌自乘爲平方，再乘爲立方。

自乘再乘除實積，三因初商方另列。
次商遍乘名爲廉，方法乘廉除次積。
次商自再乘名隅，依數除積方了畢。
初次三因又爲方，三商偏乘倣此的。

認商歌

一千商十定無疑，三萬纔爲三十餘。
九千九萬不離十，百萬方爲一百推。

解曰：謂如積一千步，約商一十步。又如積三萬，就約商三十步。又如積九十九萬步，就約商九十步。如積一百萬步，可約商一百步。乃自乘再乘之積，而求原數也。此謂有實無法，故曰約之。

又認商歌

商一步　積一步起至七步止皆商一步
商二步　積八步起至二十六步止
商三步　積二十七步起至六十三步止
商四步　積六十四步　至一百二十四步
商五步　積一百二十五步　至二百一十五步
商六步　積二百一十六步　至三百四十二步
商七步　積三百四十三步　至五百一十一步
商八步　積五百一十二步　至七百二十八步
商九步　積七百二十九步　至九百九十九步
商一十步　積一千步　至七千步
商二十步　積八千步　至二萬六千步
商三十步　積二萬七千步　至六萬步
商四十步　積六萬四千步　至一十二萬
商五十步　積一十二萬五千步　至二十一萬
商六十步　積二十一萬六千步　至三十四萬
商七十步　積三十四萬三千步　至五十一萬
商八十步　積五十一萬二千步　至七十二萬
商九十步　積七十二萬九千步　至九十九萬
商一百步　積一百萬步　至七百萬步

以上皆言初商首位之積，以所商自乘再乘之數，次商用法不同。

今有物三千三百七十五尺，問立方若干。

答曰：立方面一十五尺。

法曰：置物三千三百七十五尺爲實，約初商得一十于左，下法亦置一十于右，自乘得一百，再乘得一千，除實訖，餘實二千三百七十五尺。却以三乘下法一十，得三十爲方法列位。次商五尺于左初商之次，下法亦置次商五于初商一十之次，共一十五。就以五遍乘之，得七十五爲廉法。再以方法三十乘廉法七十五，得二千二百五十，除實訖，餘實一百二十五。却以次商五自乘、再乘得一百二十五爲隅法，除實恰盡。

開立方法圖式，此如方倉還原之意。

（右）
次商（五尺）　併初商共一十五尺。又用次商五尺乘之得七十五尺爲廉法，以乘方法除實。
下法初商（一十）　自乘得一百，再乘得一千，除實訖。就以因三初商一十得三十爲方法
尾實（五尺）
（七十）　次除本身五十餘二
（三百）　次除本身二百，餘一。　再以次商五尺自乘再乘得一百二十五尺爲隅法，除實俱盡。
（中）
首實（三千）　右法呼先除本身一開。　又以右法方廉相乘得二千二百五十除本身二盡，更于挨次二三位除。
次商（五尺）
（左）
初商（一十）

今有積一百九十五萬三千一百二十五尺，問立方面若干。

答曰：立方面一百二十五尺。

法曰：置積尺數爲實，約初商一百，自乘、再乘，得一百萬除實訖，餘實九十五萬三千一百二十五尺。却以三乘下法一百，得三百爲方法列位。次商二十于初商一百之次，下法亦置二十于初商一百之次，共一百二十。就以二十乘之，得

二千四百爲廉法，再以方法三百乘廉，得七十二萬，除實訖，餘實二十三萬三千一百二十五尺。却以次商二十自乘、再乘，得八千爲隅法，除實訖，餘實二十二萬五千一百二十五。另以三乘下法一百二十，得三百六十又爲方法列位。再商五千左初次商一百一十之下，共一百二十五，就以五乘之，得六百二十五，又爲廉法，再以方法三百六十乘廉法六百二十五，得二十二萬五千除實訖。再以再商五自乘、再乘，得一百二十五，又爲隅法除實盡。合問。

假如大小立方二所共積，只云大立方面多小立方面者，法置共積，另置大立方面多小立方面數，自乘，再乘以減共積，餘積折半爲實。初商自乘，再乘得數，除實訖。次商若干，併入初商共若干，自乘、再乘得數，内減去初商自乘、再乘數，餘若干，除實訖。仍餘實若干，倍之。却以大多小數，併入初次商數，共若干。以初、次商若干乘得數，又以大多小數乘得若干，却以三因之，得若干除實，恰盡。得小立方面數，如多數得大立方面數。各以方面自乘，再乘得各積立方。

三所共積用三歸，若四所共積用四歸，餘倣此。

今有田積三千三百七十五尺，問方面若干。

答曰：面方一十五尺。

法曰：置積三千三百七十五尺爲實，以開立方法除之。古法用三爲廉率，約實定位，從實末位尺十尺定尺，百尺千尺定十尺。初商一十于左，下法亦置初商一十，自乘得一百再乘得一千除實訖，餘實二千三百七十五尺。却以下法初商一十自乘得一百，用三因爲方法。又以初商一十以三因得三十爲廉。次商五尺于左初商之次，下法亦置次商五尺，自乘得二十五尺爲隅法。又以次商五尺乘廉三十，得一百五十爲廉法。併方法三百，廉法一百五十，隅法二十五共四百

開立方廉隅圖

平廉

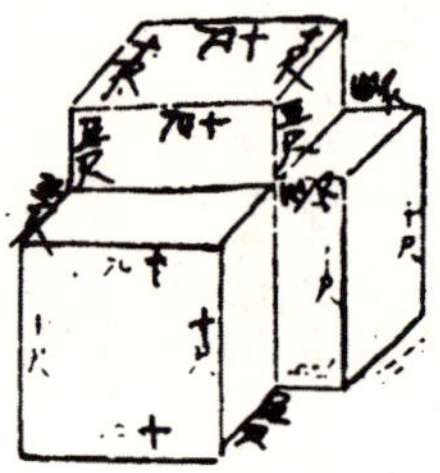

此三段平廉是初商十尺自乘得一百用五因得五百尺以三因共得一千五百尺。

小隅方

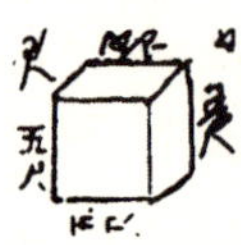

此小隅方是次商五尺自乘，再乘積一百二十五尺。

七十五尺，皆與次商五尺相呼，四五除二，五七除三十五，五五除二十五，恰盡。得方面一十五尺。合問。

大方

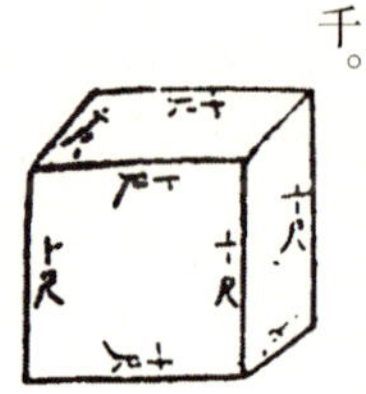

此大方，是初商方十尺自乘，再乘積一千。

長廉

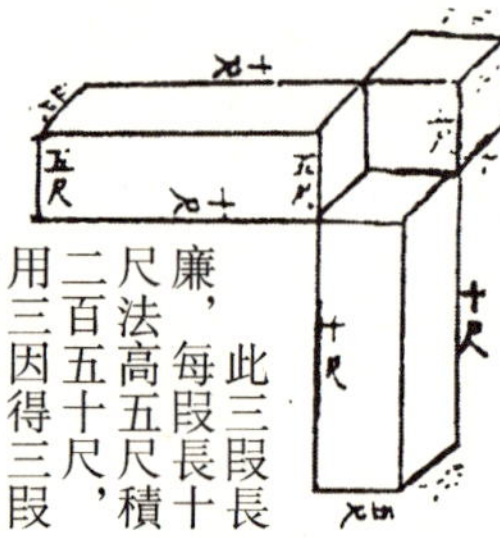

此三段長廉，每段長十尺法高五尺積二百五十尺，用三因得三段積七百五十尺。

立方聚形總圖

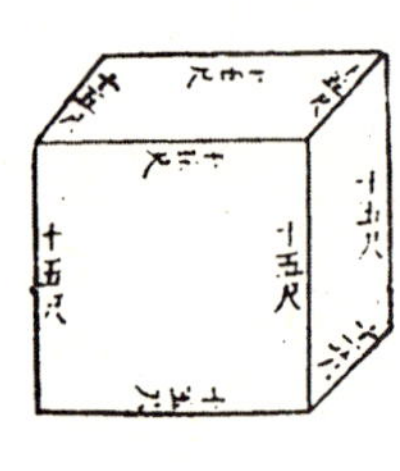

此爲上列平廉、小隅、大方、長廉、四圖總歸于一，以明立方之義。

立方總積三千三百七十五步。

大段解曰：此立方積形如骰子，有上下左右前後六面。方如一段大方積是初商方高十尺，自乘再乘得一千尺。三段平廉，每段方十尺、高五尺，即初商十尺自乘，又以次商五尺乘積五百尺，用三因，即三段積一千五百尺。三段長廉，每段長十尺，濶五尺，高五尺，即初商十尺，以次商五尺乘，又以次商五尺乘，得每段積二百五十尺。用三因，即三段積七百五十尺。一段小方隅，即次商五尺自乘，再乘積一百二十五尺也。

米求倉窖盛貯歌　每石斛法二尺五寸。

米求倉窖要知源，斛法先乘米數全。

若要圓倉乘十二，方窖三因米數然。

三十六乘圓窖米，各爲實積定無偏。

却用立方開見約，方求長濶約爲先。

圓數求周爲約數，各將約數自乘焉。

乘來爲法除實積，便見深高法更玄。

今有米七百零五石六斗，欲作圓倉盛之。問周圍及高各若干。

答曰：周四十二尺，高一十二尺。

法曰：置米數以斛法二尺五寸乘之，得一千七百六十四尺，再以圓法十二乘之，得二萬一千一百六十八尺爲實，以開立方法約之，得周四十二尺，自乘得

一千七百六十四尺爲法除實，得高一十二尺。合問。

今有米五百七十七石二斗，欲作方窖盛之。問上下方及深各若干。

荅曰：上方九尺，下方一十二尺，深一十三尺。

法曰：置米數以斛法二五乘之，得一千四百四十三尺，又以三因之得四千三百二十九尺爲實，以開立方法約之，得上方九尺，便約下方一十二尺，却以上方自乘得八十一尺。另以下方自乘，得一百四十四尺，又以上方九尺乘下方一十二尺，得一百零八尺，併三位共三百三十三尺爲法，除實得深一十三尺。合問。

今有米七十七石二斗，欲作圓窖盛之。問上、下周及深若干。

荅曰：上周一十四尺，下周一十八尺，深九尺。

法曰：置米數以斛法二尺五寸乘之，得一百九十三尺，再以圓率三十六乘之，得六千九百四十八尺爲實。以開立方法約之，得上周一十四尺，便約下周一十八尺。另以上周一十四尺自乘，得一百九十六尺，又以下周一十八尺自乘，得三百二十四尺，又以上周十四乘下周十八，得二百五十二尺，併三位共七百七十二尺，爲法除實，得深九尺。合問。

今有米五百一十八石四斗，欲造方倉盛之。問方高若干。

荅曰：方一十二尺，高九尺。

法曰：置米數以斛法二五乘之，得一千二百九十六尺爲實，以開立方法約之，得方一十二尺。却以方一十二尺自乘，得一百四十四尺爲法除實，得高九尺。合問。

明·朱載堉《筭學新説·初學凡例》 又立積一，一再乘所得也。八，二再乘所得也。二十七，三再乘所得也。六十四，四再乘所得也。一百二十五，五再乘所得也。二百十六，六再乘所得也。三百四十三，七再乘所得也。五百一十二，八再乘所得也。七百二十九，九再乘所得也。一已上開一，八已上開二，二十七已上開三，六十四已上開四，一百二十五已上開五，二百一十六已上開六，三百四十三已上開七，五百一十二已上開八，七百二十九已上開九，一千已上開一十，八千已上開二十，二萬七千已上開三十，六萬四千已上開四十，一十二萬五千已上開五十，二十一萬六千已上開六十，三十四萬三千已上開七十，五十一萬二千已上開八十，七十二萬九千已上開九十，一百萬已上開一百，八百萬已上開二百，二千七百萬已上開三百，六千四百萬已上開四百，一億二千五百萬已上開五百，二億一千六百萬已上開六百，三億四千三百已上開七百，五億一千二百萬已上開八百，七億二千九百萬已上開九百。

又《初學立方凡例》 凡開立方，將算盤梁上帖紙一條，寫千百十寸百十分百十釐百十毫百十絲百十忽百十微百十纖之名，至於纖已下位數不立名色，只隔二位書一圈，使開方除實不錯耳。

隅法定式

一減〇〇一，二減〇〇八，三減〇二七，四減〇六四，五減一二五，六減二一六，七減三四三，八減五一二，九減七二九。

第六問：置夾鍾正律，以黄鍾再乘，得立方積八百四十寸〇八百九十六分四百一十五釐二百五十三毫七百一十四絲五百四十三忽〇三十一微一百二十五纖。開立方所得，即大吕正律也。其長幾何。

荅曰：長九寸四分三釐八毫七絲四忽三微一纖二六八一六九三四九六六四一九一三四，即大吕正律也。

法曰：置所得夾鍾正律長八寸四分〇八毫九絲六忽四微一纖五二五三七一四五四三〇三一一二五，初以黄鍾正律長一十寸乘之，得八十四寸〇八分九十六釐四十一毫五十二絲五十三忽七十一微四十五纖四三〇三一一二五。名平方積，再以黄鍾正律長一十寸乘之，得八百四十寸〇八百九十六分四百一十五釐二百五十三毫七百一十四絲五百四十三忽〇三十一微一百二十五纖。名立方積爲實。

商第一位，得九寸。看式七百二十九寸已上，該商九寸。置於左，而於實內減去再乘數七百二十九寸，餘實一百一十一寸有奇。

商第二位，得四分。三因所商九寸，得二尺七寸。置於右爲下法，與實一百一十一寸相商，五則太過，三則不及。所得該四爲分，置於上商九寸之下，共得九寸四分。別置九寸四分，以所商四分乘之，得三百七十六分。又以下法二尺七寸，乘之，滿千分爲寸，得一百〇一寸五百二十分。隅法六十四分相併，減實一百〇一寸五百八十四分，餘實一十寸〇三百一十二分有奇。

商第三位，得三釐。三因所商四分，得一寸二分。併入下法，共得二尺八寸二分。與實一十寸〇三百一十二分相商，四則太過，二則不及。所得該三爲釐，置於上商九寸四分之下，共得九寸四分三釐。別置九寸四分三釐。以所商三釐乘之，滿千釐爲分，得二分八百二十九釐。又以下法二尺八寸二分，乘之滿千分爲寸，得七寸九百七十七分七百八十釐。隅法二十七釐相併，減實七寸九百七十七分八百○七釐。餘實二寸三百三十四分六百○八釐有奇。

商第四位，得八毫。三因所商三釐，得九釐。併入下法，共得二尺八寸二分九釐。與實二寸三百三十四分六百○八釐，相商九則太過，七則不及。所得該八爲毫，置於上商九寸四分三釐之下，共得九寸四分三釐八毫。別置九寸四分三釐八毫，以所商八毫乘之，滿千毫爲釐，得七十五釐五百○四毫。又以下法二尺八寸二分九釐乘之，滿千釐爲分，滿千分爲寸，得二寸一百三十六分○○八釐一百六十毫。隅法五百一十二毫。相併減實二寸一百三十六分○○八釐六百七十二毫。餘實，一百九十八分五百九十九釐五百八十一毫有奇。

商第五位，得七絲。三因所商八毫，得二釐四毫。併入下法，共得二尺捌寸三分一釐四毫。與實一百九十八分五百九十九釐五百八十一毫相商，八則太過，六則不及。所得該七爲絲，置於上商九寸四分三釐八毫之下，共得九寸四分三釐八毫七絲。別置九寸四分三釐八毫七絲，以所商七絲乘之，滿千絲爲毫，得六百六十毫○七百○九絲。又以下法二尺八寸三分一釐四毫乘之，滿千毫爲釐，滿千釐爲分，得一百八十七分○七十三釐一百四十六毫二百六十絲。隅法三百四十三絲，相併減實一百八十七分○七十三釐一百四十六毫六百○三絲。餘實一十一分五百二十六釐四百三十五毫一百壹十一絲有奇。

商第六位，得四忽。三因所商七絲，得二毫一絲。併入下法，共得二尺八寸三分一釐六毫一絲。與實一十一分五百二十六釐四百三十五毫一百一十一絲相商，五則太過，三則不及。所得該四爲忽，置於上商九寸四分三釐八毫七絲之下，共得九寸四分三釐八毫七絲四忽。別置九寸四分三釐八毫七絲四忽，以所商四忽乘之，滿千忽爲絲，滿千絲爲毫，得三毫七百七十五絲四百九十六忽。又以下法二尺八寸三分一釐六毫一絲乘之，滿千毫爲釐，滿千釐爲分，得一十分○六百九十釐○七百三十二毫二百二十八絲五百六十忽。隅法六十四忽相併，減實一十分○六百九十釐○七百三十二毫二百二十八絲六百二十四忽。餘實八百三十五釐七百○二毫八百八十二絲九百一十九忽有奇。

商第七位，得三微。三因所商四忽得一絲二忽，併入下法共得二尺八寸三分一釐六毫二絲二忽。與實八百三十五釐七百○二毫八百八十二絲九百一十九忽相商，四則太過，二則不及。所得該三爲微，置於上商九寸四分三釐八毫七絲四忽之下，共得九寸四分三釐八毫七絲四忽三微。別置九寸四分三釐八毫七絲四忽三微。以所商三微乘之，滿千微爲忽，滿千忽爲絲，得二十八絲三百一十六忽二百二十九微。又以下法二尺八寸三分一釐六毫二絲二忽乘之，滿千絲爲毫，滿千毫爲釐，得八百○一釐八百○八毫五百六十九絲九百三十四忽三百八十微。隅法二十七微相併，減實八百○一釐八百○八毫五百六十九絲九百三十四忽四百○七微，餘實三十三釐八百九十四毫三百一十二絲九百八十四忽六百二十四微有奇。

商第八位，得一纖。三因所商三微得九微，併入下法共得二尺八寸三分一釐六毫二絲二忽九微，與實三十三釐八百九十四毫三百一十二絲九百八十四忽六百二十四微相商，二則太過，一則適足。所得該一爲纖，置於上商九寸四分三釐八毫七絲四忽三微之下，共得九寸四分三釐八毫七絲四忽三微一纖。別置九寸四分三釐八毫七絲四忽三微一纖。以所商一纖乘之，滿千纖爲微，滿千微爲忽，得九十四忽三百八十七微四百三十一纖。又以下法二尺八寸三分一釐六毫二絲二忽九微，乘之滿千忽爲絲，滿千絲爲毫，滿千毫爲釐，得二十六釐七百二十六毫九百六十一絲一百○九忽一百七十六微九百九十纖。隅法一纖相併，減實二十六釐七百二十六毫九百六十一絲一百○九忽一百七十六微九百九十一纖，餘實七釐一百六十七毫三百五十一絲八百七十五忽四百四十七微一百三十四纖。

如欲開至二十五位，須用八十一位算盤，先將蕤賓、夾鍾等律各開至於七十餘位，然後乃得立方積實。其商除法，俱與前同。

或問二十五位主意何也。

荅曰：河圖中數五五自乘得二十五。易曰：天數二十有五，算家立方積從千寸至幾百、幾十、幾纖，是二十五位，從一至京亦是二十五位，故以二十五位爲極數耳。亦猶俗間算盤皆十七位，從一至兆爲極則之數也。

第七問：置南呂倍律，以黄鍾再乘，得立方積一千一百八十九寸二百○七分一百一十五釐○○二毫七百二十一絲○六十六忽七百一十七微五百○○纖。開立方所得，即應鍾倍律也。其長幾何。

荅曰：一尺○五分九釐四毫六絲三忽○九纖四三五九二九五二二六四五六一八二五。

法曰：置所得南吕倍律長一尺一寸八分九釐二毫○七忽一微一纖五○○二七二一○六六七一七五○○，初以黄鍾正律長一十寸乘之，得一百一十八寸九十二分○七釐一十一毫五十絲○○二忽七十二微一十纖○六六七一七五○○。名平方積，再以黄鍾正律長一十寸乘之，得一千一百八十九寸二百○七分一百一十五釐○○二毫七百二十一絲○六十六忽七百一十七微五百○○纖。名立方積爲實。

商第一位，得一尺。看式一千寸以上，該商一十寸。置於左，而於實内減去再乘數一千寸，餘實一百八十九寸有奇。

商第二位，得空寸。三因所商一十寸，得三十寸。置於右爲下法，與實一百八十九寸相商，一寸該三百三十寸，實不及減。所得空位爲寸，置於上商一十寸之下，共得一十空寸，無減。餘實同上。

商第三位，得五分。三因所商一十寸，得三十寸。爲下法，與實一百八十九寸相商，六則太過，四則不及。所得該五爲分，置於上商一十空寸之下，共得一十寸○五分。別置一十寸○五分。以所商五分乘之，得五百二十五分。又以下法三十空寸乘之，滿千分爲寸，得一百五十七寸五百分。隅法一百二十五分相併，減實一百五十七寸六百二十五分。餘實三十一寸五百八十二分有奇。

商第四位，得九釐。三因所商五分，得一寸五分。併入下法共得三十一寸五分。與實三十一寸五百八十二分相商，九則適足，八則不及。所得該九爲釐，置於上商一十寸○五分之下，共得一十寸○五分九釐。別置一十寸○五分九釐，以所商九釐乘之，滿千釐爲分，得九分五百三十一釐。又以下法三十一寸五分乘之，滿千分爲寸，得三十寸○○二十二分六百五十釐。隅法七百二十九釐相併，減實三十寸○○二十三分三百七十九釐。餘實一寸五百五十八分七百三十六釐有奇。

商第五位，得四毫。三因所商九釐，得二分七釐。併入下法，共得三十一寸七分七釐。與實一寸五百五十捌分七百三十六釐相商，五則太過，三則不及。所得該四爲毫，置於上商一十寸○五分九釐之下，共得一十寸○五分九釐四毫。別置一十寸○五分九釐四毫。以所商四毫乘之，滿千毫爲釐，得四十二釐三百七十六毫。又以下法三十一寸七分七釐乘之，滿千釐爲分，滿千分爲寸，得一寸三百四十六分二百八十五釐五百二十毫。隅法六十四毫相併，減實一寸三百四十六分二百八十五釐五百八十四毫。餘實二百一十二分四百五十釐○四百一十八毫有奇。

商第六位，得六絲。三因所商四毫，得一釐二毫。併入下法，共得三十一寸七分八釐二毫。與實二百一十二分四百五十釐○四百一十八毫相商，七則太過，五則不及。所得該六爲絲，置於上商一十寸○五分九釐四毫之下，共得一十寸○五分九釐四毫六絲。別置一十寸○五分九釐四毫六絲。以所商六絲乘之，滿千絲爲毫得六百三十五毫六百七十六絲又以下法三十一寸七分八釐二毫乘之，滿千毫爲釐，滿千釐爲分，得二百○二分○三十釐○五百四十六毫三百二十絲。隅法二百一十六絲相併，減實二百○二分○三十釐○五百四十六毫五百三十六絲。餘實一十分○四百一十九釐八百七十二毫一百八十五絲有奇。

商第七位，得三忽。三因所商六絲，得一毫八絲。併入下法，共得三十一寸七分八釐三毫八絲。與實一十分○四百一十九釐八百七十二毫一百八十五絲相商，四則太過，二則不及。所得該三爲忽，置於上商一十寸○五分九釐四毫六絲之下，共得一十寸○五分九釐四毫六絲三忽。別置一十寸○五分九釐四毫六絲三忽以所商三忽乘之，滿千忽爲絲，滿千絲爲毫，得三毫一百七十八絲三百八十九忽。又以下法三十一寸七分八釐三毫八絲乘之，滿千毫爲釐，滿千釐爲分，得一十分○一百○二釐一百二十八毫○二十九絲八百二十忽。隅法二十七忽相併，減實一十分○一百○二釐一百二十八毫○二十九絲八百四十七忽。餘實三百一十七釐七百四十四毫一百五十五絲二百一十九忽有奇。

商第八位，得空微。三因所商三忽，得九忽。併入下法，共得三十一寸七分八釐三毫八絲九忽。與實三百一十七釐七百四十四毫一百五十五絲二百一十九忽相商，一微該三百三十六釐，實不及減。所得空位爲微，置於上商壹十寸○五分九釐四毫六絲三忽之下，共得一十寸○五分九釐四毫六絲三忽空微無減。餘實同上。

商第九位，得九纖。三因所商空微，得空微。併入下法，共得三十一寸七分八釐三毫八絲九忽○微。與實三百一十七釐七百四十四毫一百五十五絲二百一十九忽相商，九則適足，八則不及。所得該九爲纖，置於上商一十寸○五分九釐四毫六絲三忽○微之下，得一十寸○五分九釐四毫六絲三忽○九纖。別置一十寸○五分九釐四毫六絲三忽○九纖。以所商九纖乘之，滿千纖爲微，滿千微爲忽，得九百五十三忽五百一十六微七百八十一纖。又以下法三十一寸七分八釐三毫八絲九忽〇微乘之，滿千忽爲絲，滿千絲爲毫，滿千毫爲釐，得三百〇三釐〇六十四毫七百二十四絲八百〇四忽五百八十微〇九百纖。隅法七百二十九纖相併，減實三百〇三釐〇六十四毫七百二十四絲八百〇四忽五百八十一微六百二十九纖。餘實一十四釐六百七十九毫四百三十絲〇四百一十五忽一百三十五微八百七十一纖。

如欲開至二十五位，須用八十一位算盤。先將蕤賓、南吕等律各開至於七十餘位，然後乃得立方積實，其商除法俱與前同。

清・李長茂《算海説詳》卷四《開方》 開立方法認商歌

一千商十定無疑，三萬纔爲三十餘。九十九萬不離十，百萬方爲一百推。

初商定首位數此言商積定初商，自乘再乘之數，次商用法不同。

商一步　積一步起至七步止皆商一步

商二步　積八步起至二十六步止

商三步　積二十七步起至六十三步止

商四步　積六十四步起至一百二十四步止

商五步　積一百二十五步起至二百一十五步止

商六步　積二百一十六步起至三百四十二步止

商七步　積三百四十三步起至五百一十一步止

商八步　積五百一十二步起至七百二十八步止

商九步　積七百二十九步起至九百九十九步止

商十步　積一千步起至七千九百九十九步止

商二十步　積八千步起至二萬六千九百九十九步止

商三十步　積二萬七千步起至六萬三千九百九十九步止

商四十步　積六萬四千步起至一十二萬四千九百九十九步止

商五十步　積一十二萬五千步起至二十一萬五千九百九十九步止

商六十步　積二十一萬六千步起至三十四萬二千九百九十九步止

商七十步　積三十四萬三千步起至五十一萬一千九百九十九步止

商八十步　積五十一萬二千步起至七十二萬八千九百九十九步止

商九十步　積七十二萬九千步起至九十九萬九千九百九十九步止

商一百步　積一百萬起至七百九十九萬九千九百九十九步止

開立方法歌

立方之法要推詳，自乘再乘始初商。三因自乘面方法，三因初商三廉長。次商又乘全廉濶，次商自乘隅法當。合併三法次商乘，積餘再商依次商。

立方商法一方

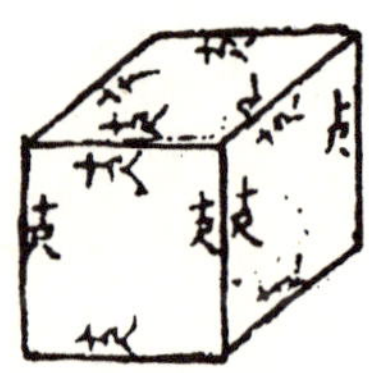

此初商方法一十尺自乘再乘成一立方積，計一千尺。

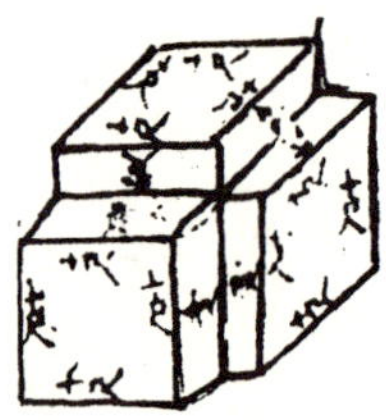

此初商成方外，次商五尺，三面平方各十尺，立濶五尺，即三面平廉也。一面平廉積五百尺，三面積，共一千五百尺。

三平廉長廉一隅圖

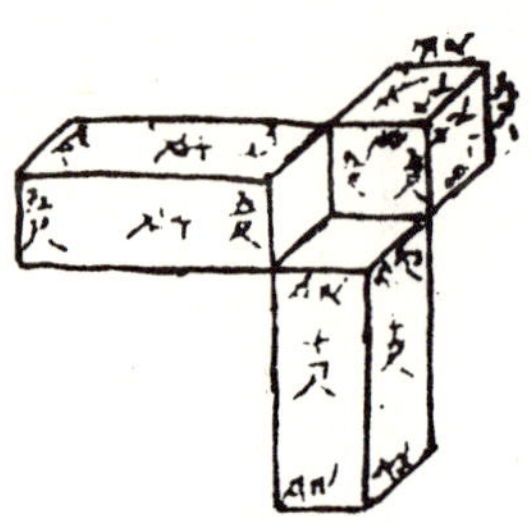

此三長廉補三面方平廉。廉長十尺，立横濶皆五尺，每廉積二百五十尺，三廉積，共七百五十尺。

小隅六面皆五尺，積一百二十五尺。

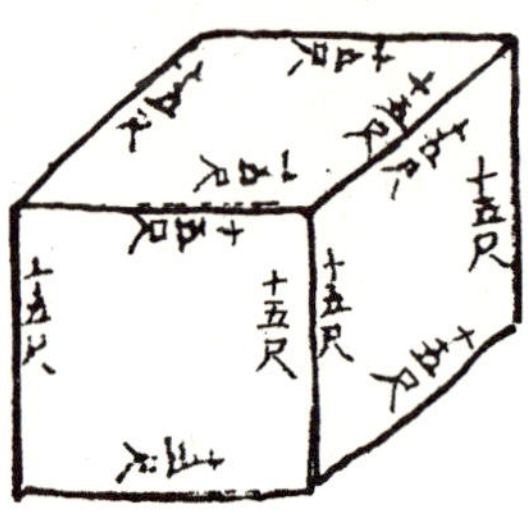

此上四圖總合爲一，六面皆平方一十五尺，共積三千三百七十五尺，爲全立方。

今有立方積三千三百七十五尺，問面方若干。

舊法：置積三千三百七十五尺爲實於中，約實千尺定十尺。初商一十於左，亦置一十於右爲下法，自乘得一百，再以十乘一百，得一千尺，除實訖，餘實二千三百七十五尺。却以三因初商自乘，得三百爲面方平廉法。又以三因初商一十，得三十爲廉長。次商五尺於左初商一十之次，下法亦置五尺於右。即以次商五尺乘三廉長三十，得一百五十爲長廉法。又以五尺自乘，得二十五尺爲隅法，併平廉三百，長廉一百五十，隅法二十五，共四百七十五尺。皆與次商五尺相呼，四五除二千尺，五七除三百五十，五五除二十五，共除二千三百七十五尺，除實恰盡，得平面五面皆一十五尺。

解義：平方是四面，以一面自乘即得四面數。立方如骰子，是六面。如一面十尺自乘得一百尺是平方，再乘得一千尺是一層得一百尺，十層十得一百尺，共一千尺，乃合上下四旁六面皆十尺。平方四面積有不盡，須從兩面加增故用兩廉倍法。立方六面積有不盡，須從三面加增，故用三廉三因法。平方止加兩邊，立方須連面併加，故有平廉，有長廉，平方一層只用一乘，立方橫竪皆方，須用二乘再乘，如平廉用初商自乘是一乘長廉，以次商乘之是一乘隅法，次商自乘亦是一乘，合三法併以次商乘之，是再乘。總之不離二乘再乘之義。

又立方問面法　今有立方積一百九十五萬三千一百二十五尺，問面方若干。

舊法：置積一百九十五萬三千一百二十五尺爲實於中。初商一百於左，下法亦置一百於右，自乘再乘得一百萬，除實訖。餘實九十五萬三千一百二十五尺。却以三乘下法一百，得三百爲方法列位。次商二十於左，初商一百之次，下法亦置二十於初商一百之次，共一百二十，就以次商二十乘之，得二千四百爲廉法。再以方法三百乘廉，得七十二萬除實訖，餘實二十三萬三千一百二十五尺。却以次商二十自乘再乘，得八千爲隅法，除實訖，餘實二十二萬五千一百二十五尺。另以三乘下法一百二十，得三百六十又爲方法列位。再商五尺於左，初次商一百二十之下，共一百二十五尺，就以五尺乘之，得六百二十五尺，又爲廉法，再以方法三百六十乘廉法六百二十五尺，得二十二萬五千尺，除實訖。再以再商五尺自乘再乘，得一百二十五尺，又爲隅法除實，恰盡。得立方面一百二十五尺。

解義：以三因初商爲方法，乃三面方之長也。以次商二十乘初商次商共一百二十，即一面通長之立隅也。又以方法三百乘之，即三面方之橫濶也。合之共成長一百二十，橫濶一百，立濶二十之三廉，止少一隅，故用次商自乘再乘爲隅法除之，以完立方。與上法通屬一理，特變換其文耳。

又開立方捷法歌

捷法可求開立方，不用廉隅費思量。
初商再乘除方積，就約餘積定次商。
合併初次自乘訖，又用初乘初次商。
再置初商亦自乘，三數總合次乘良。
得數除積知方面，三商四商依様詳。

今有立方積一百九十五萬三千一百二十五尺，問面方若干。

增法：置積爲實。初商一百於左，就於下法置初商一百自乘再乘，得一百萬除實訖，餘實九十五萬三千一百二十五尺。次商二十於左，初商一百之次位就於下法，置初次商共一百一十自乘得一萬四千四百。又置初次共商一百二十，以初商一百乘之，得一萬二千，又置初商一百自乘，得一萬，併三次共三萬六千四百，以次商二十乘之，得七十二萬八千尺，除實訖。仍餘實二十二萬五千一百二十五尺，再約商五尺於左，一百二十之下位就於下法，置初次再共商一百二十五尺自乘，得一萬五千六百二十五尺，又置初次再共商一百二十五尺，以初次商一百二十乘之，得一萬五千，又置初次商一百二十自乘，得一萬四千四百，併三數共四萬五千零二十五，以再商五尺乘之，得二十二萬五千一百二十五尺，除實，恰盡。得立方面一百三十五尺。

解義：次商法：以初次商自乘，再以次商二十乘之，便是直橫皆一百二十尺，立濶二十尺內有一面方平廉二長廉一隅在內，以初商乘初次商，再以次商二十乘之，便是直長一百二十橫濶一百，立闊二十內有一平廉一長廉，以初商自乘再以次商二十乘之，便是直積，皆一百立濶二十止一平廉合之，併完三平廉三長廉一隅之積，故併三數，總以次商二十乘之可盡積而得方面，不盡，再用三商。

清・方中通《數度衍》卷一三《開立方》　珠算開立方法

式　積一百九十五萬三千一百二十五，問立方一面幾何。

曰：一百二十五。

子丑寅卯辰巳午未申酉戌亥甲乙丙丁		
列實	下法	方法
一九五三一二五	一二五	
二三五	次商廉	次方法
一	二四〇〇	三〇〇
初商　次商　三商	次商乘方廉	
一　二　五	七二〇〇〇〇	
自乘　自乘　自乘	三商廉	三方法
一萬　四百　二十五	六二五	三六〇
再乘　再乘　再乘	三商乘方廉	
一百萬　八千　一百二十五	二二五〇〇〇	

術：置積盤中，約初商一百，别立下法，亦置一百，以初商自乘再乘，得一百萬。以減實，餘九十五萬三千一百二十五。以三乘下法一百，得三百爲方法，列右。次商二十，置下法一百之次，共一百二十。又以次商乘之，得二千四百爲廉法，再以方法三百乘廉法，得七十二萬以減餘實。尚餘二十三萬三千一百二十五。又以次商自乘再乘，得八千爲隅法。以減餘實，尚餘二十二萬五千一百二十五。以三乘下法一百二十，得三百六十爲方法，列右。三商五，置下法一百二十之次，共一百二十五。又以三商乘之，得六百二十五爲廉法。又以方法三百六十乘廉法，得二十二萬五千以減餘實，尚餘一百二十五。又以三商自乘再乘，得一百二十五爲隅法，以減餘實。實盡。得面一百二十五。

清·江南商業學堂編《最新珠算教科書》卷下《開方》　開立方法

以算盤開立方。不能如開平方之簡便，必用算盤兩面或三面，始能布算。爰仿天元開方之例，酌列數題，以備學珠算之一格。然非乘除極熟，恐難學步。

茲先列初商立方積於左，以備初商之用。

立方根	立方積
一	一
二	八
三	二七
四	六四
五	一二五
六	二一六
七	三四三
八	五一二
九	七二九

根自乘再乘，成立方積，名爲實。根自乘之位置名爲方，亦曰方廉。根之位置名爲廉，亦曰長廉。列廉於上，列方於中，列實於下，隅定爲一。可省去不用，爰設題於左。

設題一　立方積二千一百九十七，其方根若干。

先列算盤三面，廉與方俱空位，實得二一九七如甲三圖。從實尾位起，每積三位定方根一位，截實首行二千爲初商積。定初商爲一十，加於廉如上圖乙，以一十乘廉加於方，如中圖乙，一十乘方以減實如下圖乙，即定爲次商之實。又加一十於廉如上圖乙，十乘廉加於方如中圖乙，即定爲次商方。又加十於廉如上圖乙，即定爲次商廉，乃作綫爲界定次商。以定方三百爲法，除餘實，得次商三。加三於廉如上圖丙，三乘廉各行加於方如中圖丙，三乘方各行以減實，適盡如下圖丙。即開得方根十三。

初商廉空　初商方空　實二一九七

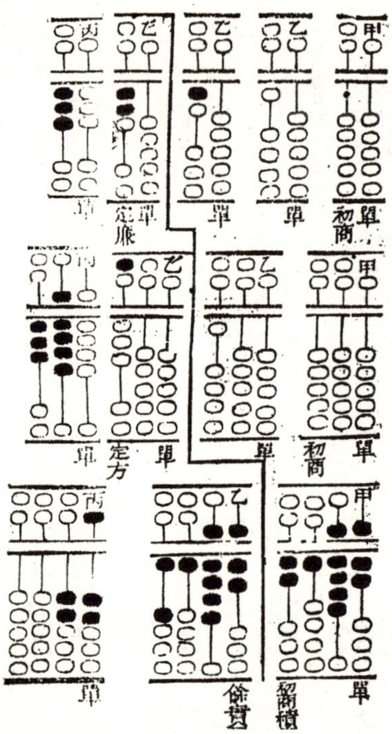

設題二　立方積十一萬七千六百四十九，其方根若干。仍如前列算盤如甲三圖，截實一一七爲初商積。即定初商爲四十。加於廉如上圖乙，以四十乘之加於方如中圖乙，又以四十乘之以減實如下圖乙。又加四十於廉如上圖乙，又以四十乘之，加於方如中圖乙。即定爲次商方。又加四十於廉如上圖乙，即定爲次商廉，將次商之數作線界之。乃以方除實，仍得十。即減次商爲九次商必小於實，先試之始可定。加於廉如上圖丙，以九乘各行加於方如中圖丙。又以九乘方各行遞減實，適盡。即得根四十九。

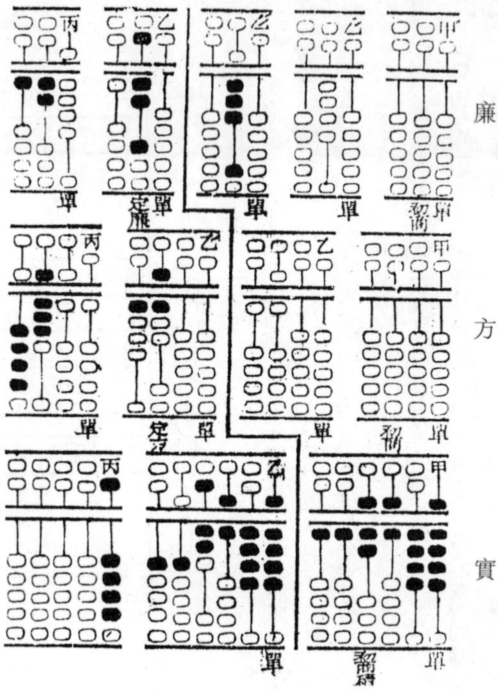

設題三　立方積一二八一二九〇四，方根若干。

解：仍如前，以初商二百加廉，遞乘加方減實，乃將上甲，中甲，下甲三圖，作直線爲界，定次商爲三十。以三十加廉如上圖乙，又三十乘廉以加方如中圖乙，又三十乘方以減實如下圖乙，爲三商實。加三十於廉如上圖乙，又三十乘廉以加方如中圖乙，爲三商方。又加三十於廉如上圖乙，爲三商廉。又作界線定三商爲四。仍如次商法，遞乘加方減實，適盡如丙圖。開得根二百三十四。有四商以上仿此。

設題四　立方積一三一九六五一二，方根若干。

解：法亦同前，惟次商爲空位，可以逕得三商，凡有空位者，仿此。

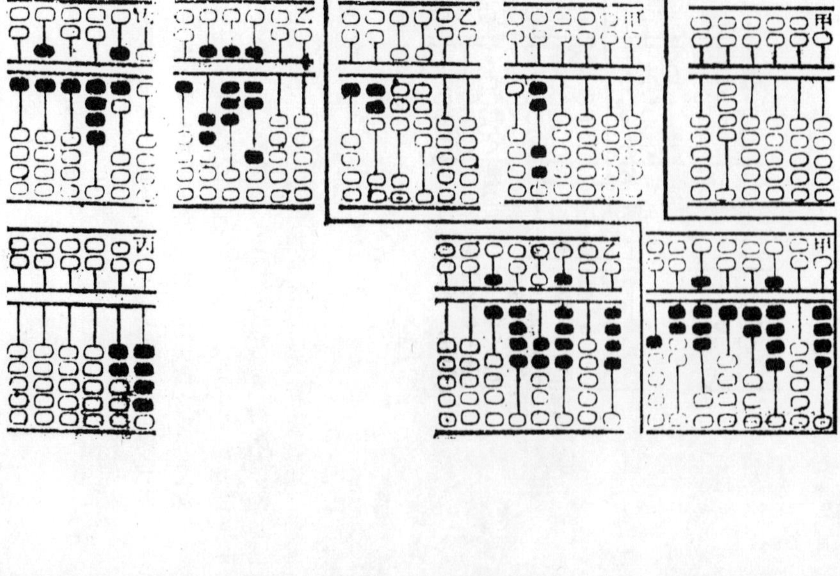

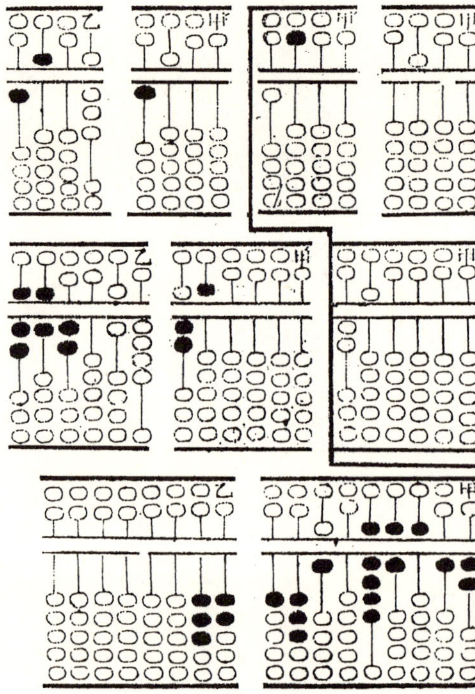

明・王文素《算學寶鑑》卷三五《開分子[立]方》

立方積内帶分零，以母通之子併中。

即用立方開作寔，另將分母亦開行。

開來爲法除前實，便見其與立[面]同。

拙積若還開不盡，母爲隅算法通玄[玄通]。

巧積題　積四十九二十七分尺之八，問爲立方幾何。

荅曰：三尺三分尺之二。

草曰：置全積四十九尺以分母二十七通之得一千三百二十三，併入分子八共得一千三百三十一爲分子積，開立方法約之。商甲一十置於積上，另置一十于積下，自乘得一百爲甲隅，上甲一十除寔一千餘三百三十一。乃三因甲隅得三百爲乙方。另三因甲得三十爲乙廉。以方廉共數以約餘寔。商乙一續上甲後爲法，乘乙廉仍是三十。乙自乘仍只是一爲乙隅。皆併入乙方共三百三十一爲乙總，命上乙一除寔三百三十一適盡，得一十一爲寔。另置分母二十七爲實開立方法約之，商三置於積上，另置三於積下，自乘得九爲隅法。[命上商三尺除寔二十七尺，恰盡。得三，爲法。以三除一十一，得三尺三分尺之二。合問。]

清・江南商業學堂編《最新珠算教科書》卷下《開方》　小數開立方截位法

小數開立方截位，亦與開平方相同。惟立方開至所求位數，過三分之一。可以不加廉，祇乘廉加方以減餘實。若開至位數過半，祇以方除餘實，即得尾數列題於左。

設題一　立方積．一八六二，試開方根至小數六位。

截一八六爲初商積，立方積小數三位，定方根小數一位。即定初商爲五，如前法開去初次兩商得五七，其求三商之廉方實如左。三商爲○○一，其立方已爲第九位小數，可以不加廉，即以○○一乘廉加方，仍如前法，得四商之餘實爲．○○○○三○五九，再加方爲九七八一三，以方除實得．○○○○三一，加於前所開數，得五七一○三一，即立方根也。

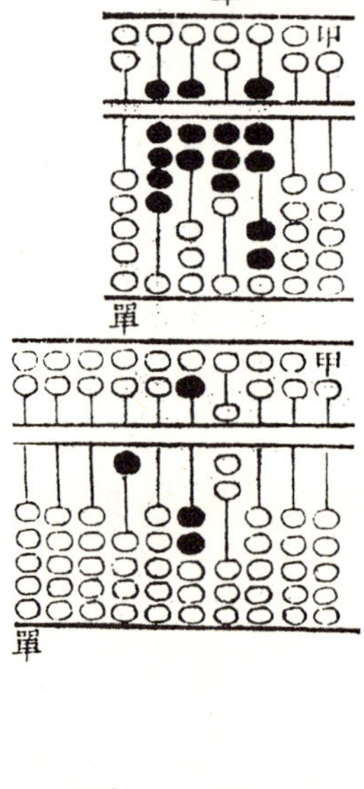

明・王文素《算學寶鑑》卷三五《開立方積》　開不盡命零口訣

立積開除不盡零，上商添一自重乘。

内除原寔加分子，以此名爲分母稱。

假令積二千尺，欲爲立方，開每面幾何。

荅曰：一丈二尺四百六十九分尺之二百七十二。

草曰：置積二千尺爲寔。以立方法約之，千位定十。商甲一十，置於積上。另置一十於積下自乘，得一百爲甲隅。命上甲一十除寔一千尺，餘一千尺。乃三因甲隅，得三百爲乙方。三因甲，得三十爲一廉。以方、廉共數以約餘寔，百位之上定一。商乙二尺，續上甲後爲法，乘乙廉，得六十。乙另自乘，得四爲乙隅，皆併入乙方，共三百六十四爲乙總。命上乙二除餘寔七百二十八尺，尚餘不盡寔二百七十二爲分子。求分母，於上商甲乙共一十二添一，得一十三，再自乘，得二千一百九十七，内減原實二千，餘一百九十七。却加分子二百七十二，得四百六十九分爲母。合問。

明・程大位《算法統宗》卷六《少廣》　法曰：置積爲實，別置一筭，名曰下法。于實數之下，自末位至首常超二位。約實，千至九十餘萬，俱定十〇。百萬後俱定百。實上商置第一位得若干，下法亦置初商若干，自乘、再乘得若干，除實訖，餘實若干。却以三乘下法初商若干，得若干，爲方法。列位。次商置第一位于初商之次，得若干，下法亦置次商若干于初商之次，共得若干，就以次商若干遍乘，得若干爲廉法。再以方法乘廉，得若干，除實訖，餘實若干。却以次商若干，自乘、再乘得若干，爲隅法，除實盡，得立方面數。若有不盡數，仍前再商之。或有不盡數，以法命之。何謂之命。若餘實若干不盡，却以所商得立方數若干，自乘得若干，又以三因之得若干，另以所商得立方數若干，用三因之得若干，再添一箇，共得若干，便商得多一立方數也。因此不及而爲之命。

立圓法：遇有不盡者，亦倣此。

若要還原，以立方面自乘、再乘見積。若還原遇立方原有不盡數者，以立方面自乘、再乘併入不盡數，見積。

今有積四千一百五十尺，問立方面若干。

答曰：立方面一十六尺八百一十七之五十四。

法曰：置積爲實，初商一十自乘、再乘，得一千尺除實訖，餘實三千一百五十。却以三乘下法一十，得三十爲方法列位。次商六尺于上初商一十之次，共一十六，就以六乘之，得九十六爲廉法，再以方法三十乘廉法九十六，得二千八百八十除實訖，餘實二百七十。却以次商六自乘、再乘，得二百一十六爲隅法，除實訖，餘實五十四尺不盡。却以所商立方一十六尺自乘，得二百五十六，又以三因得七百六十八。另以十六以三因之，得四十八，再添一箇併入，共得一立方數積八百一十七之五十四。

何謂命，以原總數除去五十四加上八百一十七，便商得面方一十七，因此不及而爲之命。

假如今有銀一萬兩，問方若干。

答曰：八寸九分三厘有奇難盡。

法曰：置銀一萬兩爲實，以銀率每寸一十四兩爲法除之，得七百一十四寸二分八釐，又爲實，以開立方法除之。初商八寸于左，亦置八寸于右爲下法，自乘得六十四寸，再乘得五百一十二寸除實訖，餘實二百令二寸二分八釐。却以三乘下法八寸，得二十四寸爲方法。次商九分于初商八寸之次，亦置九分于右初商八寸之次，共八寸九分，就以九分遍乘得八寸，令一爲廉法。再以方法二十四寸乘廉法，得一百九十二寸二分四釐除實訖，餘實十寸令四釐。却以次商九分自乘、再乘，得七寸二分九釐除實訖，餘實不盡二分七釐五毫。

清・李長茂《算海説詳》卷四《開方》　解義：將銀一萬兩以十四兩爲法除之，有不盡四寸，該七百一十四寸零十四分寸之四細分之，得七百一十四寸二分八釐五毫七絲一忽四微不盡，開方除之，該每面八寸九分三釐九毫零三忽不盡。

明・程大位《算法統宗》卷六《少廣》　立圓法歌

立圓問徑法何如，十六乘積九歸除。
除此數當爲實積，立方開見更何如。
立圓若問周圍數，四十八乘積數軀。
乘爲實積用開立，即見周圍數不虛。

法曰：外周者，置積若干，以四十八乘之，得若干爲實，以開立方法除之，得周。若要還原，以周自乘再乘，以四十八除之，見積。問徑：置積若干，以十六乘之，得若干，又用九歸之，得若干，爲實以開立方法除之，得徑。若要還原，以徑自乘再乘，以九因十六除之，見積。周徑下原有不盡者，或周徑自乘再乘併入不盡數。周以四十八除，徑以九因十六除之見積。

若問周問徑遇有餘積不盡者，依開立方下命之。

今有積六萬二千二百零八尺，欲爲立圓，問徑若干。

答曰：徑四十八尺。

法曰：置積尺數以十六乘之，又用九歸之，得一十一萬零五百九十二尺爲實，以開立方法除之。初商四十，自乘得一千六百，再乘得六萬四千除實，餘實四萬六千五百九十二尺。另將初商四十以三因，得一百二十爲方法列位。次商八尺于初商之次得四十八尺，就以八乘之，得三百八十四尺爲廉法。以方乘廉，得四萬六千令八十除實，餘實五百一十二。另以次商八尺自乘、再乘，得五百一十二尺爲隅法，除實恰盡。得立圓徑合問。此問周徑如圓毬。

今有積六萬二千二百零八尺，欲爲立圓，問周若干。

答曰：周一百四十四尺。

法曰：置積尺，以四十八乘之得二百九十八萬五千九百八十四尺爲實，以
開立方法除之。初商一百尺，自乘得一萬，再乘得一百萬除實，餘實一百九十八
萬五千九百八十四尺。另以初商一百，以三因得三百爲方法。次商四十于初商
之下，共一百四十，就以四十乘之，得五千六百爲廉法，以方乘廉，得一百六十八
萬除實，餘實三十萬五千九百八十四。另以次商四十自乘再乘，得六萬四千爲
隅法除實，餘實二十四萬一千九百八十四。再以初次商一百四十，以三因得四
百二十爲方法，再商四尺于初次商之下，共得一百四十四尺，就以四尺因之得五
百七十六爲廉法。以方乘廉，得二十四萬一千九百二十除實，餘實六十四，又以
再商四尺自乘，再乘，得六十四除實訖。合問。

凡立圓問周徑遇數單者，則有不盡。

清・李長茂《算海説詳》卷四《開方》 立圓開方問徑周歌

立圓問徑法何如，十六乘積九歸除。
立圓若問圍周數，四十八乘爲則度。
二數俱用開立方，問徑問周兩不誤。

立圓開方問徑法 今有立圓積六萬二千二百零八尺，問立圓徑若干。

舊法：置積六萬二千二百零八尺，以十六乘之，得九十九萬五千五百二十
八尺，以九歸之得一十一萬零五百九十二尺爲實，以開立方法除之。初商四十
於左，亦置四十於右，自乘得一千六百，再乘得六萬四千，除實，餘實四萬六千五
百九十二尺。另將初商四十以三因之，得一百二十爲方法列位。次商八尺於初
商之次，亦置八尺於下法，共四十八尺，就以次商八尺乘之，得三百八十四尺爲
廉法，以方乘廉，得四萬六千零八十尺，除實。又另置次商八尺自乘再乘，得五
百一十二尺爲隅法，除實恰盡。得立圓徑四十八尺。此問立圓如圓毬。

明・程大位《算法統宗》卷六《少廣》 今有立方積一萬五千六百二十五步，
問立方一面若干。

荅曰：二十五步。

歸除開立方法曰：置積一萬五千六百二十五尺爲實，以萬積商二十置于積
前。就置二十于右下，自乘得四百步，與上商二十相呼，二四除實八十，餘實七
千六百二十五步。却以右下四百步，以三乘之，得一千二百爲法，歸除之，呼逢
五進五，又呼二五除一千。另置初商二十步，以次商五步乘之，得一百步。以三
因之，得三百步。加入自乘次商五步得二十五步，共三百二十五步，於右與次商
五步相呼除之，呼三五除一千五百步，又二五除一百步，又五五除二十五步，積
盡。以左上二十五步爲立方一面之數。合問。

今有立方積一億零二百五十萬零三千二百三十二尺，問立方一面若干。

荅曰：四百六十八尺。

歸除開立方法曰：置積爲實，以七千萬該商四百尺于左上，又置四百尺
于右下，自乘得一十六萬相呼，一四除四千萬尺，又四六除二千四百萬，餘實
三千八百五十萬零三千二百三十二尺。却以右下一十六萬尺以三乘之，得
四十八萬爲法，歸除之。呼四三七十二少除，呼四歸起一下還四，呼六八除
四十八。另置初商四百尺，以次商六十尺乘之，得二萬四千尺，以三因之，得
七萬二千尺爲廉法，加入次商六十尺自乘，得三千六百尺，共七萬五千六百
尺。却以次商六十尺相呼除之，六七除四十二，又五六除三十，又六六除三
十六，餘實五百一十六萬七千二百三十二尺。以方法四十八萬併入兩箇廉
法七萬二千，再併入隅法，三箇三千六百尺共得方法六十三萬四千八百尺爲
法，歸除之。呼六五八十二，呼三八除二十四，又呼四八除三十二，又八八除
六十四，右下之法不用，再置所商共四百六十尺，以次商八尺乘之，得三千六
百八十尺以三因之，得一萬一千令四十尺併入再商八尺自乘，得六十四尺共
一萬一千一百零四尺。又以次商八尺相呼除之，一八除八萬，又一八除八
千，又一八除八百，又四八除三十二尺除實恰盡。以左上所商四百六十八尺
爲立方一面之數。合問。

清・李長茂《算海説詳》卷四《開方》 解義：以初商四百尺自乘一十六
萬尺，以三因之，得四十八萬尺，即面方三平廉也。另置初商四百尺以次商六
十尺乘之，以三因之共七萬二千尺，即三長廉也。又次商六十尺自乘，得三千
六百尺即一隅也。以之作法歸除，仍以次商乘平廉、長廉、一隅之法，七以上
已完。次商之法，又將方法四十八萬併入兩個廉法。三個隅法者，方法，即初
商三平廉，兩個廉法，即六個長廉，乃每平廉一面如二長廉一隅，共成四百六
十尺之四平廉，故又爲法歸除得三商若干，没炤前法以三商乘初次商得長廉。
三商自乘，得隅法呼除餘積完。三商之法，以三次所商，得立方面也。

清・方中通《數度衍》卷一三《開立方》歸除開立方式

積一億〇二百五十萬〇三千二百三十二，問立方一面幾何。

曰： 四百六十八。

術：置積爲實，初商四百於左，亦置四百於右，自乘得一十六萬，乃與左四百相呼，一四除實四千萬，四六除實二千四百萬，餘實三千八百五十萬〇三千二百三十二。以三乘右下一十六萬，得四十八萬爲方法歸除之。曰：四三七餘二，實不足除，曰起一還四，則次商不可用七，止可用六也。乃呼六八除實四百八十萬，餘實九百七十萬〇三千二百三十二。另以次商六十乘初商四百，得二萬四千。以三乘之，得七萬二千爲廉法。次商自乘，得三千六百爲隅法。廉隅并得，七萬五千六百。却以次商呼除之，六七除實四百二十萬，五六除實三十萬，六六除實三萬六千。餘實五百一十六萬七千二百三十二。以方法四十八萬，并入兩回廉法十四萬四千，三回隅法一萬〇八百，共得六十三萬四千八百爲方法歸除之。曰六五八餘二，則三商爲八也。乃呼三八除實二十四萬，四八除實三萬二千，八八除實六千四百，餘實八萬八千八百三十二。再置初次兩商共四百六十，以三商八乘之，得三千六百八十。以三乘之，得一萬一千〇四十。并入三商自乘得六十四，共一萬一千一百〇四。却以三商呼除之，一八除實八萬，一八除實八千，一八除實八百，四八除實三十二，實盡。得面四百六十八。

開帶縱立方法

算法

明・王文素《算學寶鑑》卷三五《立方帶從》

[求少率題：立方積二千八百五十六尺，且云高不及長五尺，不及廣二尺，問高長廣各幾何。]

[答曰：高一丈二尺，長一丈七尺，廣一丈四尺。]

求少率術曰：置積爲[寔]，以二不及相乘爲從方，併二不及爲從廉，以一爲隅筭，開立方除之。

草曰：置積二千八百五十六尺爲寔。以不及長五尺乘不及廣二尺，得一十爲從方。即商除一十叚。置於從方之下。併二不及，共七爲從廉。即平方七叚。置於從方之下。以一爲隅筭。即立方一叚。置於從廉之下。開立方法除之。商甲一十，置於積數之上爲法。一遍乘從廉，得七十。二遍乘隅筭，得一百。皆副併入從方，共一百八十爲甲總。命上甲一十除實一千八百尺，餘寔一千五十六尺。乃一因廉法，仍是七十。二因隅法，得二百，皆併入甲總，共四百五十爲乙方。三因上甲，得三十，加入從廉七，共三十七爲乙廉。仍以一爲隅。以方、廉、隅共數以約餘寔，百(爲)[位]之上定一。商乙二尺，續入上甲爲法。一遍乘乙廉，得七十四爲廉法。二遍乘乙隅，得四，或乙自乘亦然。皆併入乙方，共五百二十八爲乙總。命上乙二除餘寔一千五十六尺，適盡。得高一丈二尺。副置二位，上加不及五尺，得長一丈七尺。下加二尺得(廉)[廣]一丈四尺。合問。

求中率題：積二千八百五十六尺，欲爲立方。且云廣不及長三尺，多高二尺，問廣幾何。

答曰：一丈四尺。

求中率術曰：置積爲寔，二較相乘爲負從方，二較相減，餘不及爲正從廉，餘多爲負從廉。一爲正隅筭，開立方除之。

正隅　|　乘甲二遍得一百爲隅法，相併廉法。
正廉　一　乘甲一遍得一十爲廉法，相併隅法。
負方　⊥　次減廉隅餘爲乙總，命乙除算。
原積　‖≣一〇⊥　除寔一千四十尺。
上商甲壹拾爲法

乙隅　一　乘乙二遍得一十六，併入乙方。
乙廉　Ⅲ一　乘乙一遍得一百二十四，併入(一)[乙]方。
乙方　≡X　共併得四百五十四命乙除寔。
餘積　|Ⅲ一⊥　除寔適盡。
上商乙肆尺爲法

草曰：置積二千八百五十六尺爲寔。以多二尺乘不盡三尺，得六爲負從方。以多二尺減不及三尺，餘一爲正從廉。以一爲正隅筭。開立方法約之。商甲一十，置于積上爲法。一遍乘正廉，得一十爲廉法。二遍乘正隅，得一百爲隅法。副併廉、隅二法，共一百一十，內減負方六，餘一百四爲甲總。命上甲一十除寔一千四十尺，餘寔一千八百一十六尺。一因廉法仍是一十，二因隅法[得]二百，皆併入甲總，共三百一十四爲(一)[乙]方。乃三因上甲，得三十，加入正廉一，共三十一爲一廉，仍以一爲乙隅。以方、廉、隅共數，以約餘寔。商乙得四尺，續上甲後爲法。一遍乘乙廉，得一百二十四，二遍乘乙隅，得一十六，皆併入乙方，共四百五十四爲乙總。命乙四除餘寔一千八百一十六尺，適盡。得廣一丈四尺。副置二位，上加不及三尺爲長一丈七尺，下位内減多二尺，餘一丈二尺爲高，合問。

又《開分子方》 求多率題：立方積二千八百五十六尺，且云長多廣三尺，多高五尺，問長幾何。

荅曰：一丈七尺。

求多率術曰：置積爲寔，二多相乘爲正從方，併二多爲負從廉，一爲正隅算，開立方法除之。

開甲圖

正隅 丨 乘甲二遍併入從方

負廉 𝍫 乘甲一遍以減從方

正方 丨 一〇

原積 ‖ 一 Ⅲ 〇 ⊤

上商 甲壹十

開乙圖

正隅 丨 乘乙二遍併入乙方

正廉 ‖ 乘乙一遍併入乙方

乙方 丨‖〇 〇

餘寔 ‖ 丨〇〇⊥

上商 乙柒尺

正者，正數也。故併之負者，欠數也，故減之。

草曰：置積二千八百五十六尺爲寔。以多廣三尺乘多高五尺，得一十五爲正從方。併二多，共八爲負從廉。以一爲正隅算。開立方法約之。商甲一十，置于積上爲法，一遍乘負從廉得八千，寄位。二遍乘正隅筭，得一百，副併入正從方，共一百一十五，内減寄位負廉八十，餘三十五爲甲總。命上甲一十除寔三百五十尺，餘寔二千五百六尺。乃二因隅法，得二百，併入甲總，共二百三十五，内再減負廉八十，餘一百五十五爲乙方。三因甲，得三十，内減負廉八，餘二十二爲正廉。仍以一爲正偶。以方、廉、隅共數，以約餘寔。商乙七尺，續上甲後爲法。一遍乘正廉，得一百五十四，二遍乘正隅，得四十九，皆併入乙方，共三百五十八爲乙總。命乙七除餘寔二千五百六尺，適盡。得長一丈七尺。各減其多，餘爲高、廣。合問。

解曰：求多率之法有二，其一曰減從開方，其二曰益積開方。嘗較二法，益積繁，然學者不可不知。

益積術曰：置積爲寔，以二多相乘爲正從方，併二多爲益積平方（廉）[隅]，一爲正隅算，開立方法除之。

開甲圖

正隅 丨 乘甲二遍得一百併入正方

從廉無

正方 丨〇 甲總一百一十五命甲除寔

原積 ‖丨Ⅲ〇⊤ 益入八百尺除一千一百五十

上商 甲壹拾

右上爲立方開積圖。左下爲平方益積圖。

平方益積圖

平方隅 丨Ⅲ 乘甲得八十爲隅法命甲益寔八百

從方無

開甲圖

乙隅 丨 乘乙二遍得四十九併入乙方

乙廉 Ⅲ[〇] 乘乙一遍得二百一十益入乙方

乙方 Ⅲ丨〇 乙五百七十四命乙除寔

餘寔 ‖〇〇⊥ 益一千五百一十二尺

上商 乙柒尺

乙隅 ≟ 乘乙二遍益寔三百九十二尺

乙方 丨⊤ 乘乙一遍益寔一千一百二十

草曰：置積二千八百五十六尺爲寔。以二多相乘，得一十五爲立從方。以一爲立隅算。另併二多，得八爲平方隅。開立方法約之。商甲一十，置于積上爲法。二遍乘立隅，得一百爲隅法，併入立從方，共一百一十五爲甲總。另以甲一十乘平方偶，得八十爲平方隅法。命甲益積八百尺入原積，共三千六百五十六尺。却以甲總命上甲一十除寔一千一百五十尺，餘寔二千五百六尺。乃二因立隅法，得二百併入甲總，共三百一十五爲立乙方。三因甲，得三十爲立乙廉。仍以一爲立隅筭。二因平方隅法，得一百六十爲平乙方。仍以八爲平隅。商乙七尺，續上甲之後爲法。一遍乘立廉，得二百一十。二遍乘立隅，得四十九，皆併入立乙方，共五百七十四爲乙總。另以乙乘平乙方，得一千一百二十。二遍乘平隅，得三百九十二，皆益入餘寔，共四千一十八。却以乙總命上乙七除餘寔四千一十八尺，適盡。亦得長一丈七尺。合問。

益積求長仔細評，各挑正負另開方。先將負數乘添積，用正開除便見長。

又《圓套方》

圓套空方方率通，方廉却要用圓乘。

方圓差率爲隅負，開立方除取内空。

立圓内套空方，其外圓腔積一萬八百八寸，且云面徑厚七寸，問空方、[外高各]幾何。

答曰：內方一尺四寸，外高(一)[二]尺八寸，此密率數。依周三徑一，內方一尺五寸[一萬一千九六十三寸之七千四百二十]，外高二尺九寸一萬一千九百六十三分寸之七千四百二十七。

密率草曰：置積一萬八百八(尺)[寸]，以方率一百九十六通之，得二百一十一萬八千三百六十八寸於上。另置面厚七寸，再自乘，得三百四十三，以八角因之，得二千七百四十四。以圓率一百二十一乘之，得三十三萬二千二十四寸，以減上數餘一百七十八萬六千三百四十四寸爲寔。另置厚自乘，得四十九，以十二乘之，得五百八十八，以圓率乘之，得七萬一千一百四十八爲正從方。以六因面厚七寸，得四十二寸，以圓率乘之，得五千八十二爲從廉。以圓率減方率，餘七十五爲負隅算。開立方法除之。

負隅　⊥=○　乘甲二遍得七千五百爲隅法，以減正方。二因隅法得一萬五千，以減甲總。

正廉　|○○⊥≡‖　乘甲一遍得五萬八百二十(八)入正方。一因廉法如故加入甲總。

正方　⊥=|×‖　共一十萬四千四百六十八爲甲總，命上甲除寔。

本積　|Ⅲ⊥≡T‖××　甲除寔一百一十四萬四千六百八十寸，餘寔求乙。

上商　甲壹拾爲法。

商甲一十，置於積上爲法。一遍乘正廉，得五萬八百二十，副併正方，共一十二萬一千九百六十八。二遍乘負隅，得七千五百，以減方廉餘一十一萬四千四百六十八爲甲總。命上甲一十，(餘)[除]實，一百一十四萬四千六百八十寸，餘寔六十四萬一千六百六十四寸。又併廉法五萬八百二十，入甲總，共一十六萬五千二百八十八。却二因負隅法，得一萬五千，減甲總餘一十五萬二百八十八爲乙方。三因上甲得三十，乘負隅七十五，得二千二百五十，以減正廉五千八十二，餘二千八百三十二爲乙正廉。仍以七十五爲乙負隅。

負隅　⊥=○　乘乙二遍得一千二百，以減乙方。

正廉　=⊥≡Ⅲ　乘乙一遍得一萬一千三百二十八，併入乙方。

乙方　=○○=⊥≡Ⅲ　併正廉減負隅得一十六萬〇四百一十六爲(一)[乙]總，命乙除寔。

餘積　|×T⊥×　乙總命乙除寔，適盡。

上商乙肆(尺)[寸]爲法。

商乙四尺，續於甲後爲法。乘正廉一遍，得一萬一千三百二十八，併入乙方，得一十六萬一千六百一十六爲正數。二遍乘負隅，得一千二百以減正數，餘一十六萬四百一十六，爲(一)[乙]總。命上乙四，除餘寔六十四萬一千六百六十四寸，適盡。得內方一尺四寸。加上下共厚一尺四寸，得外高二尺八寸，合問。

周三徑一術曰：以方率十六通積，厚再自乘，八因，以圓率九乘之，減通積餘爲寔。厚自乘，又十二乘，以圓率乘之，爲正從方。六因厚，以圓率乘之爲正從廉，以圓率減方率餘七爲負隅筭，開立方法除之。得內方加上下共厚，爲外高。不盡者，以分母命之。

明・顧應祥《測圓海鏡分類釋術》卷三《底勾與別股測望》　乙出南門直行一百三十五步，甲出北門東行二百步見之。問城徑。

釋曰：此底勾明股立法則望，乙出南門直行明股也，甲出北門東行底勾也，底勾爲城北半勾，明股爲城南餘股。

術曰：東行自之以南行乘之，得五百四十萬，又四之得二千一百六十萬爲立方實，以南門餘股一百三十五爲從廉，作帶從廉開立方法除之，得全徑。

帶從廉開立方曰：置所得立積爲實，以從廉約之初商二百。置一於左上爲法，置一乘從廉得二萬七千，置一自之得四萬爲隅法，併從廉共六萬七千爲下法，與上法相乘除實一千三百四十萬，餘實八百二十萬。倍從廉得五萬四千，三因隅法得一十二萬相併得一十七萬四千爲方法，三因初商帶從廉得七百三十五爲廉法，約次商得四十。置一於左次爲上法，置一乘廉法得二萬九千四百，置一自之得一千六百爲隅法，併方廉隅共二十，萬五千爲下法，與上法相乘，除實盡。

乙出南門東行七十二步而立，甲出西門南行四百八十步望乙與城相參直。問城徑。

釋曰：此明勾邊股立法則望，乙東行明勾也，甲南行邊股也。

術曰：乙東行自之得五千一百八十四爲明勾冪，以南行乘之，得二百四十八萬八千三百二十爲立方實。明勾冪爲從，南行內減二東行，餘三百三十六爲益廉，作帶從減廉開立方法除之，得半徑。

帶從減廉開立方曰：置所得立方實，以從方從廉約之，初商一百。置一於左上爲法，置一乘益廉得三萬三千六百，置一自之，得一萬爲隅法，帶從方共一萬五千一百八十四，以減益廉，餘一萬八千四百一十六爲下法，與上法相乘除實一百八十四萬一千六百，餘實六十四萬六千七百二十爲次商之實。倍益廉，得六萬七千二百，三因隅法得三萬爲方法，三因初商得三百爲廉法，約次商得二十。置一於左上爲法，置一乘益廉，得六千七百二十加入前倍廉共七萬三千九百二十，置一乘廉法得六千，置一自之得四百爲隅法，併方法從方廉隅共四萬一千五百八十四，以減益廉，餘三萬二千三百三十六爲下法，與上法相乘，除實盡。

後凡言帶從減廉開立方法者俱倣此。

又曰：明勾邊股相乘得三萬四千五百六十爲實，明勾邊股相減餘四百〇八爲從方，一虛法作減從開平方除之，尤捷。

又　卷四《底勾與別弦測望》　南門外不知步數有塔一座，東門外往南不知步數有樹，甲出北門東行二百步望樹與塔俱與城相參直，及量樹斜距塔二百五十五步。

釋曰：此以底勾下高弦立法測望，出北門東行二百底勾也，塔距樹即日之山下高弦也。

術曰：底勾冪與下高弦相乘得一千〇二十萬爲立方實，以底勾冪四萬爲從方，高弦爲從廉，作帶從方廉開立方法除之，得半徑。

帶從方廉開立方曰：置實于左，以從方從廉約之，初商一百。置一於左上爲法，置一乘從廉得二萬五千五百，置一自之，得一萬爲隅法，併從方從廉隅共七萬五千五百爲下法，與上法相乘除實七百五十五萬，餘實二百六十五萬。二因從廉得五萬一千，三因隅法得三萬，相併得八萬一千爲方法，三因初商得三百帶從廉得五百五十五爲廉法，次商二十。置一於左上爲法，置一乘廉法，得一萬一千一百。置一自之得四百爲隅法，併方法從方廉隅共一十三萬二千五百爲下法，與上法相乘，除實盡。後凡言帶從方廉開立方法者，俱倣此。

明・顧應祥《測圓海鏡分類釋術》卷三《底勾與別股測望》　乙出東門南行三十步而立，甲出北門東行二百步望乙，與城相參直。問城徑。

釋曰：此底勾叀股立法則望，乙出東門南行叀股也，甲出北門東行底勾也。

術曰：二行相乘得六千爲平實，相減得一百七十爲從方，作減從翻法開平方法除之，得半徑。

減從翻法開平方法見二卷。

又曰：乙南行自之得九百爲叀股冪，以乘東行得一十八萬爲立實，叀股冪爲從方，東行內減二之乙南行，餘一百四十爲益廉，作帶從減益廉翻法開立方法除之，得半徑。

帶從減益廉翻法開立方曰：置所得積一十八萬以從方廉約之，初商一百，置一於左上爲法，置一乘從廉得一萬四千，置一自之得一萬爲隅法，帶從方共一萬，九百以減益廉，餘三千一百爲下法，與上法相乘，除實二十一萬，實不滿法，反減實一十八萬，餘一十三萬爲負積。倍益廉得二萬八千，三因隅法得三萬爲方法。三因初商得三百爲廉法，約次商得二十。置一於左次爲上法，置一乘益廉，得二千八百併入倍益廉，得三萬〇八百。置一乘廉法，得六千，置一自之，得四百爲隅法，併方從方廉隅共三萬七千三百，反減益廉三萬〇八百，餘六千五百爲下法，與上法相乘，除實盡。

後凡言帶從減廉翻法開立方法者，倣此。

又　卷四《通勾與別弦測望一》　圓城南門之南有樹，甲從城外西北乾隅東行三百二十步，乙出西門南行望樹及甲與城相參直，乃斜行二百五十五步至樹下。問城徑。

釋曰：此以通勾上高弦立法測望，甲東行通勾也，乙斜行乃天之日上高弦也，乙從西門南行四百八十步爲邊股，樹在南門外一百三十五步，爲明股。

術曰：二行相乘，又以半甲東行乘之，得一千三百〇五萬六千爲立方實，二行相乘，得八萬一千六百，半甲東行乘甲東行，得五萬一千二百相併，得一十三萬二千八百爲益從，甲東行三百二十爲減從廉，減從開立方法除之，得半徑。

帶從以廉減從開立方曰：布實於左，從於右，別置減從廉，約初商得一百，置一於左上爲法。置一乘從廉得三萬二千，以減從方餘一十〇〇八百，置一自之得一萬併餘從共一十一萬〇八百爲下法，與上法相乘除實一千一百〇八萬，餘一百九十七萬六千，倍減廉得六萬四千，三因隅法得三萬爲方法，三因初商得三百爲廉法，約次商得二十。置一於左次爲上法，置一乘減廉，得六千四百，併倍廉共七萬〇四百，以減原從，餘六萬二千四百，置一乘廉法得六千，置一自之，得四百爲隅法，併方廉隅共三萬六千四百，帶餘從共九萬八千八百爲下法，與上法相乘，除實盡。得半徑一百二十。

後凡言帶從以廉減從開立方法者，倣此。

又　卷五《通股與別弦測望一》　圓城乙出東門東行不知步數而立，甲從城外西北乾隅南行六百步見之，復斜行五百四十四步與乙相會。

釋曰：此以通股邊弦立法測望，甲從乾隅南行六百步通股也，斜行乃天之川邊弦也。

術曰：二行相減餘五十六爲差，差乘南行得三萬三千六百又以半南行乘之得一千〇〇八萬爲立方實，半南行以乘南行得一十八萬與差乘南行相併得二十一萬三千六百爲從方，倍南行得一千二百爲從廉作帶從廉減從方翻法開立方法除之，得半徑。

帶從廉減從翻法開立方曰：置所得實于左，以從方從廉約之，初商一百。置一於左上爲法，置一乘從廉得一十二萬以減從方餘九萬三千六百爲從，置一自之得一萬爲隅法，併從方共一十〇萬三千六百爲下法，與上法相乘應除實一千〇三十六萬，實不滿法反除實一千〇〇八萬，餘二十八萬爲負積。倍從廉得二十四萬，三因隅法得三萬爲方法，三因初商得三百爲廉法，約次商二十。置一於左上爲法，置一乘從廉得二萬四千，併入倍廉共二十六萬四千以減從方，不及反減從方二十一萬三千六百餘五萬〇四百爲負從，置一乘廉法得六十，置一自之得四百爲隅法，併方廉隅共三萬六千四百以減負從餘一萬四千爲下法與上法相乘除實盡。此術改爲以從廉添積開立方亦可。

後凡言帶從廉減從方翻法開立方法者俱倣此。

又　卷八《諸和與較參互立法測望二》　南門外不知步數有槐一株，甲從城外西北乾隅直往東行至一柳樹下望見槐樹，遂斜行至槐，自云我直斜共行了七百四十五步，乙從城外西南坤隅南行望見槐柳與城相參直，亦斜行至槐，自云我斜行不及直行一百〇五步。

釋曰：此通勾底弦和與大差股上高弦較立法測望，南門有槐乃日之南爲明股，甲從乾東行至柳乃乾之地爲通勾，斜行至槐下乃日之地爲底弦，共行七百四十五步者，通勾底弦和也。乙從坤隅南行至望處乃天之坤，爲大差股，亦斜行至槐，乃天之日爲上高弦，不及直行一百〇五步者，大差股上高弦較也。

術曰：甲知步內減乙較步半之爲通勾，加乙較步半之爲底弦，用通勾底弦測城徑法，求之得半徑。

又曰：四較步乘通勾冪得四千三百〇〇八千爲立實，倍通勾乘通勾得二十〇萬四千八百，四較乘通勾得一十三萬四千四百，相減餘七萬〇四百爲從方，四之通勾得一千二百八十爲益廉，作帶從減廉開立方法除之，得全徑。

帶從減從廉開立方曰：列置所得立實方廉，初商二百。置一於左上爲法，置一乘從廉得二十五萬六千，置一自之，得四萬爲隅法，併從方共一十一萬〇四百以減從廉，餘一十四萬五千六百爲下法，與上法相乘，除實二千九百一十二萬餘一千三百八十八萬〇八千爲次實，倍從廉得五十一萬二千，三因隅法得一十二萬爲方法，三因初商得六百爲廉法，次商四十。置一於左上爲法，置一乘從廉，得五萬一千二百，併入倍廉共五十六萬三千二百爲益廉，置一乘廉法得二萬四千，置一自之得一千六百爲隅法，併方法從方廉隅共二十一萬六千，以減益廉，餘三十四萬七千二百，與上法相乘，除實盡。

明·顧應祥《測圓海鏡分類釋術》卷三《通勾與別股測望》　南門外一百三十五步有樹，甲從城外西北乾隅東行三百二十步，見之。問城徑。

釋曰：此以通勾明股立法，樹距南門明股也，甲之東行通勾也。通勾乃城北大勾，明股乃城南餘股。

術曰：東行自之，又以樹距南門步乘之，得一千三百八十二萬四千爲立實，倍樹距南門步，以乘東行步，得八萬六千四百爲從方，二爲隅算，作帶從負隅開立方法除之，得半徑。

帶從負隅開立方曰：布實於左，從尾數至首常超二位，又以從方約之，定首位得一百。置一於左上爲法，置一自之，隅因得二萬爲隅法，併從方得一十〇萬六千四百爲下法，與上法相乘，除實一千〇六十四萬，餘實三百一十八萬四千。三因隅法得六萬爲方法，三因初商得三百，又以隅筭因之得六百爲廉法。約次商得二十，置一於左次爲上法，置一乘廉法得一萬二千，置一自之，隅因得八百爲隅法，併方法、從方、廉隅共一十五萬九千二百，爲下法，與上法相乘，除實盡。

又　卷四《通勾與別弦測望》　丙出南門東行，乙出東門南行，各不知步數而立，甲從城外西北乾隅東行三百二十步望乙丙俱與城相叅直，既而乙欲就丙，乃斜行一百〇二步相會。問城徑。

釋曰：此以通勾太虛弦立法測望，丙出南門東行七十二爲明勾，乙出東門南行三十步爲叀股，甲東行通勾也，乙斜行太虛弦也，以此勾弦立法。

術曰：甲東行自之得一十〇萬二千四百爲東行冪，倍斜行乘之得二千〇八十八萬九千六百爲立方實，倍斜行乘東行得數又加倍東行冪得二十七萬〇〇八十爲從方，四之東行得一千二百八十爲益廉，四爲隅法，作帶從負隅以廉添積開立方法除之，得半徑。

帶從負隅以廉添積開立方曰：置所得立方實于左，以從方益廉隅筭約之，初商一百。置一於左上爲法，置一乘益廉得一十二萬八千與上法相乘得一千二百八十萬爲益實，添入積内，得三千三百六十八萬九千六百爲通實，置一自之，又以隅筭因之，得四萬爲隅法，併從方共三十一萬〇〇八十爲下法，與上法相乘除實三千一百〇〇萬八千，餘實二百六十八萬一千六百爲次實，二因乘過益廉得二十五萬六千爲益廉，三因隅法得一十二萬爲方法，三因初商得三百爲廉法，次商二十。置一於左上爲法，置一乘原益廉得二萬五千六百併入乘過益廉得二十八萬一千六百，與上法相乘得五百六十三萬二千爲益實，添入次實共八百三十一萬三千六百爲通實。置一乘廉法得六千，隅因得二萬四千，置一自之，隅因得一千六百爲隅法，併方廉隅共一十四萬五千六百，帶從方共四十一萬五千六百八十爲下法，與上法相乘，除實盡。

後凡言帶從負隅以廉添積開立方法，俱倣此。

又爲帶從廉半翻法減從負隅開立方法

法曰：初商一百。置一於左上爲法，置一乘從廉得一十二萬八千以減從方餘一十四萬二千〇八十，置一自之，隅因得四萬爲隅法，併減餘從方共一十八萬二千〇八十爲下法，與上法相乘除實一千八百二十〇萬八千，餘實二百六十八萬一千六百爲次商之實。二因從廉得二十五萬六千，三因隅法得一十二萬爲方法，三因初商得三百爲廉法，約次商得二十。置一於左次爲上法，置一乘從廉得二萬五千六百併入前二因從廉得二十八萬一千六百，以減從方，不及，反減從方二十七萬〇〇八十，餘一萬一千五百二十爲負從，置一乘廉法以隅因得二萬四千，置一自之，隅因得一千六百爲隅法，併方廉隅共一十四萬五千六百，反減負從，餘一十三萬四千〇八十爲下法，與上法相乘，除實盡。

丙出東門南行，乙出東門直行，各不知步數而立。甲從城外西北乾隅東行三百二十步，回望乙丙與城相叅直，既而乙欲就丙乃斜行三十四步相會。問城徑。

釋曰：此以通勾叀弦立法測望，甲東行通勾也，乙斜行三十四步就丙叀弦也。

術曰：通勾自之得一十〇萬二千四百爲通勾冪，又以通勾增乘得三千二百七十六萬八千，倍叀弦乘通勾冪得六百九十六萬三千二百，二數相減餘二千五百八十〇萬四千八百爲立方實。叀弦乘通勾得一萬〇八百八十以減二之通勾冪，得一十九萬三千九百二十爲從方，通勾加五得四百八十爲益廉，五分爲隅法，作帶從負隅以廉添積開立方法除之，得全徑。

帶從負隅以廉添積開立方曰：置所得立方實及從方益廉，約初商得二百。置一於左上爲法，置一乘益廉，得九萬六千，與上法相乘得一千九百二十萬爲益實添入積内，得四千五百〇〇萬四千八百爲實，置一自之得四萬，以隅算五分因之，得二萬爲隅法，併從方共二十一萬三千九百二十爲下法，與上法相乘除實四千二百七十八萬四千餘實二百二十二萬〇八百，倍益廉得一十九萬二千〇，三因隅法得六萬爲方法，三因初商得六百，以隅因得三百爲廉法，約商次位得四十。置一於左上爲法，置一乘原益廉得一萬九千二百，併入倍廉得二十一萬一千二百，與上法四十相乘得八百四十四萬八千爲益實，加入餘實得一千〇六十六萬八千八百爲實。置一乘廉法，得一萬二千，置一自之隅因得八百爲隅法，併方法從方廉隅共二十六萬六千七百二十爲下法，與上法相乘，除實盡。

此法已見前通勾太虛弦條下，因隅筭不同故又重出。

又爲帶從以廉減從負隅開立方法

其法曰：初商二百。置一於左上爲法，置一乘從廉得九萬六千，以減從方餘九萬七千九百二十爲從，置一自之，隅因得二萬爲隅法，併從方共一十一萬七千九百二十爲下法，與上法相乘除實二千三百五十八萬四千，餘實二百二十二萬〇八百，從方内再減從廉九萬六千，餘一千九百二十爲從方，三因隅法得六萬爲方法，三因初商，隅因得三百爲廉法，次商四十。置一於左上爲法，置一乘從廉，得一萬九千二百，以減餘從，不及減，於從廉内反減餘從一千九百二十，餘一萬七千二百八十爲負從。置一乘廉法得一萬二千，置一自之，隅因得八百爲隅法，併方廉隅共七萬二千八百，反減負從餘五萬五千五百二十爲下法，與上法相乘，除實盡。

又　卷五《通股與別弦測望》　丙出南門南行，乙出南門東行，各不知步數而立，甲從城外西北乾隅南行六百步望乙丙悉與城相叅直。既而丙欲就乙，乃斜行一百五十三步相會。問城徑。

釋曰：此以通股明弦立法測望，丙出南門而南爲明股，乙出南門而東爲明勾，丙之斜行就乙則明弦也，甲南行六百通股也。

術曰：通股自之得三十六萬爲通股冪，又以通股乘之得二億一千六百萬，明弦乘通股冪，倍之得一億一千○一十六萬，二數相減餘一億○五百八十四萬爲立方實，倍通股冪得七十二萬，明弦通股相乘，倍之得一十八萬三千六百，二數相減餘五十三萬六千四百爲從方，通股六之得三千六百爲從廉，六爲隅冪，作帶從廉負隅以隅減從開立方法除之，得半徑。

帶從廉負隅以隅減從開立方曰：置所得立實，以從方廉約之初商一百。置一於左上爲法，置一乘從廉，得三十六萬，置一自之，又以隅因之得六萬爲隅法，以減從方餘四十七萬六千四百，併從廉，共八十三萬六千四百爲下法，與上法相乘，除實八千三百六十四萬，餘實二千二百二十萬，倍從廉得七十二萬，三因隅法得一十八萬爲方法，三因初商得三百以隅因之得一千八百爲廉法，次商二十。置一於左上爲法，置一乘從廉得七萬二千加入倍廉得七十九萬二千，置一自之又隅因得二千四百爲隅法，置一乘廉法得三萬六千，併方法廉隅共二十一萬八千四百，以減原從方，餘三十一萬八千，併入從廉共一百一十一萬爲下法，與上法相乘，除實盡。

又爲帶從方廉負隅以隅添積，開立方法。

其法曰：初商一百，置一於左上爲法，置一自之，以隅因得六萬，與上法相乘得六百萬爲益實，添入積内共一億一千一百八十四萬爲實，置一乘從廉得三十六萬，併從方共八十九萬六千四百爲下法，與上法相乘除實八千九百六十四萬，餘實二千二百二十萬，三因隅法得一十八萬爲方法，三因初商以隅因，得一千八百爲廉法，次商二十。置一於左次爲上法，置一乘廉法，得三萬六千，置一自之，隅因得二千四百爲隅法，併方廉隅共二十一萬八千四百與上法相乘，得四百三十六萬八千爲益實，添入餘積共二千六百五十六萬八千爲實，倍初商加次商，得二百二十，以乘從廉得七十九萬二千，併從方共一百三十二萬八千四百爲下法，與上法相乘除實，盡。

後凡言帶從廉負隅以隅減從開立方法，俱倣此。或減從或添積隨意。

又術：通股自之得三十六萬爲通股冪，又以斜行乘之得五千五百○八萬爲立方實。通股明弦相乘得九萬一千八百，與半通股冪相減餘八萬八千二百爲從方，五分爲隅法，作帶從負隅開立方法除之，得三百六十爲股圓差，以減通股得城徑。

帶從方負隅開立方曰：置實於左，從于右，約初商得三百。置一於左上爲法，置一自之得九萬，以隅算五分因得四萬五千爲隅法，併從方共一十三萬三千二百爲下法，與上法相乘除實三千九百九十六萬，餘實一千五百一十二萬，三因隅法得一十三萬五千，併從方共二十二萬三千二百爲方法，三因初商得九百，隅因得四百五十爲廉法，次商六十。置一於左上爲法置一乘廉法得二萬七千，置一自之，隅因得一千八百爲隅法，併方廉隅共二十五萬二千爲下法，與上法相乘除實盡。

後凡言帶從方負隅開立方法者，俱倣此。

又　卷六《勾與和測望》　乙出東門南行丙出南門東行各不知步數而立，只云丙行多於乙步，甲從乾隅東行三百二十步望乙丙與城相叅直，計乙丙共行一百○二步。問城徑。

釋曰：此以通勾與明勾叀股和測望，甲東行通勾也。乙出東門南行爲叀股，丙出南門東行爲明勾，共計一百○二步明勾叀股和也。

術曰：倍共步乘東行冪得二千○八十八萬九千六百爲立方實，共步乘東行加東行冪得一十三萬五千○四十爲從方，東行爲從廉，五分爲隅算，作帶從負隅以廉減從開立方法除之，得全徑。

帶從負隅以廉減從半翻法開立方曰：置所得實，以從方約之，初商二百。置一於左上爲法，置一乘從廉得六萬四千，以減從方存七萬一千○四十爲從，置

一自之，得四萬，以隅算五分因之得二萬爲隅法，併從共九萬一千〇四十爲下
法，與上法相乘除實一千八百二十〇萬八千，餘實二百六十八萬一千六百，從方
内再減六萬四千止，餘七千〇四十爲從，三因隅法得六萬爲方法，三因初商得六
百爲廉法，次商四十。置一於左次爲上法，置一乘從廉得一萬二千八百，以減餘
從，不及減反減餘從七千〇四十，餘五千七百六十爲負從，置一乘廉法，以隅因
得一萬二千，置一自之，隅因得八百爲隅法，併方廉隅共七萬二千八百減去負
從，餘六萬七千〇四十爲下法，與上法相乘，除實盡。

法已見四卷通勾太虚弦條，因以五分爲隅，故重出。

又　卷七《通勾股和與諸和較立法測望》　甲丙二人俱在城外西北乾隅，甲
東行，丙南行，共九百二十步。乙從城外東北艮隅南行，丁從城外西南坤隅東
行，各不知步數而立，與甲丙共四人遥相望，俱與城相叅直，既而乙復向東北斜
行與甲會，丁復向西南斜行與丙會，問其行步，乙曰：我南行不及斜行二十步，
丁曰：我東行不及斜行二百一十六步。問城徑。

釋曰：此通勾股和與大差勾弦較小差股弦較立法測望，甲東行爲通勾，丙
南行爲通股，共行九百二十步通勾股和也，乙從艮隅南行爲小差股斜行就甲爲
小差弦不及二十步小差股弦較也，丁從坤隅東行爲大差勾斜行就丙爲大差弦不
及二百一十六步大差勾弦較也。

術曰：以小差股弦較減通和，餘九百步，復以二十步乘之得一萬八千於上，
又以大差勾弦較減九百餘六百八十四，半之得三百四十二，乘上位得六百一十
五萬六千爲立實，三因小差股弦較得六十，以減通和餘八百六十於上，以半之大
差勾弦較一百〇八減三百四十二，餘二百三十四乘上位得二十〇萬一千二百四
十爲從方，以大差勾弦較減通和餘七百〇四，三之小差股弦較減通和餘八百六
十，相併得一千五百六十四於上，又以大差勾弦較併三百四十二，得五百五十
八，倍之得一千一百一十六，減去小差股弦較二十，餘一千〇九十六，以減上位
餘四百六十八爲益廉，四爲常法，作負隅帶廉減從開立方法除之，得一百五十爲
小差股，加較爲弦。弦較各自乘相減，開其餘爲勾。

負隅帶益廉減從開立方曰：初商一百。置一於左上爲法，置一乘益廉得四
萬六千八百，置一自之，得一萬以隅法因之，得四萬爲隅法，併益廉共八萬六千
八百，以減從方餘一十一萬四千四百四十爲下法，與上法相乘除實一千一百四
十四萬四千，實不滿法反除實六百一十五萬六千，餘五百二十八萬八千爲負積。
倍益廉得九萬三千六百，三因隅法得一十二萬爲方法，三因初商得三百爲廉法，
次商五十。置一於左上爲法，置一乘從廉，得二萬三千四百併入倍廉，共一十一
萬七千爲益廉，置一乘廉法，得一萬五千，隅因得六萬，置一自之，得二千五百，
隅因得一萬爲隅法，併方廉隅共一十九萬，加益廉共三十〇萬七千，以減從方，
不及減反減從方二十〇萬一千二百四十，餘一十〇萬五千七百六十爲負從，與
上法相乘，除負積盡。

此法雖已見前，因有翻法，故重出。

又　卷八《諸和與較參互立法三》　圓城西門外直上南有柳樹一株，東門外
往東有槐樹一株，俱不知步數。甲從城外西北乾隅南行至柳樹下，望見槐樹，又
斜行至槐樹下，直斜共行了一千一百四十四步。乙從城外東北艮隅東行望槐
柳，與城相叅直，復斜行至槐樹下，與甲會，乙東行不及斜行五十六步。問城徑。

釋曰：此通股邊弦和與小差勾下平弦較立法測望，甲從乾隅南行至柳下爲通
股，斜行至槐爲邊弦共行一千一百四十四步通股邊弦和也，乙從艮隅東行乃艮之
地爲小差勾，斜行至槐乃地之川爲下平弦，不及五十六步小差勾與下平弦較也。

術曰：如乙直行不及斜行五十六，即甲斜行不及直行差也。副置甲共步，
其一加五十六而半之，得甲直行六百步爲通股。其一減五十六，而半之得甲斜
行五百四十四步爲邊弦。以五十六乘甲南行，又倍南行得一千二百乘之，得四
千〇三十二萬爲立方實，又以五十六乘南行倍之，得六萬七千二百，半甲南行乘
二之甲南行，得三十六萬，相併得四十二萬七千二百爲從方，倍南行得一千二百
爲從廉，五分爲隅法，作從負隅以廉減從翻法開立方法除之，得全徑。

帶從負隅以廉減從翻法開立方曰：置所得立方實，以從方廉隅約之，初商
二百。置一於左上爲法，置一乘從廉得二十四萬，以減從方，餘一十八萬七千二
百爲從，置一自之得四萬，隅因得二萬，併從方共二十〇萬七千二百爲下法，與
上法相乘除實四千一百四十四萬，實不滿法反除實四千〇三十二萬，餘一百一
十二萬爲負積。餘從内再減從廉二十四萬，亦不及減。反減餘從一十八萬七千
二百，餘五萬二千八百爲負從，三因隅法，得六萬爲方法，三因初商，得六百爲廉

法，次商四十。置一於左上爲法，置一乘從廉得四萬八千，反併負從得一十〇萬〇八百俱爲負從，置一乘廉法，隅因得一萬二千，置一自之，隅因得八百爲隅法，併方廉隅共七萬二千八百，反減負從，餘二萬八千爲下法，四千相乘，除實盡。

又顧應祥《測圓算術》卷三　丙出東門南行，乙出東門直行，各不知步數而立，甲從城外西北乾隅東行三百二十步，回首斜視乙丙與城相叅直，既而乙向西南斜行三十四步與丙會，問城徑。此以城北大句與城東小斜弦求城徑，東行通句也。斜行與丙會叀弦也。

術曰：東行自之爲東行冪，又以東行增乘之得三千二百七十六萬八千。倍斜行乘東行冪得六百九十六萬三千二百，二數相減餘二千五百八十〇萬四千八百爲立方實。斜行與東行相乘得一萬〇八百八十，倍東行冪得二十〇萬四千八百，二數相減餘一十九萬三千九百二十爲從方。東行步加五得四百八十爲從廉，半步爲隅筭，作帶從以廉添積開立方法除之，得全徑。或作以廉減從開立方法亦同。

附法：初商二百。置一於左上爲法，置一乘從廉得九萬六千，與上法相乘得一千九百二十萬爲益實，添入原積得四千五百〇〇萬四千八百爲通實。置一自之得四萬，以隅筭因之得二萬爲隅法，併從方共二十一萬三千九百二十爲下法，與上法相乘除實四千二百七十八萬四千，餘二百二十二萬〇八百爲次商之實。倍益廉得一十九萬二千，三因隅法得六萬爲方法，三因初商得六百，以隅因之得三百爲廉法。約次商四十。置一於左次爲上法，置一乘從廉得一萬九千二百併入倍廉得二十一萬一千二百，與上法四十相乘得八百四十四萬八千爲益實，加餘實得一千〇六十六萬八千八百爲通實，置一乘廉法得一萬二千，置一自之隅因得八百爲隅法，併方法從方廉隅共二十六萬六千七百二十爲下法，與上法相乘，除實盡。

丙出南門南行，乙出南門東行，各不知步數而立，甲從城外西北乾隅南行六百步，向東北望丙乙與城相叅直，既而乙斜行一百五十三步與丙相會，問城徑。

此以城西大股與城東南外斜弦求城徑也。甲南行通股也。乙斜行明弦也。

術曰：南行自之爲冪，又以南行乘之得二億一千六百萬。倍斜行乘東行冪得一億一千〇一十六萬，二數相減餘一億〇五百八十四萬爲立方實，倍南行冪得七十二萬，倍斜行乘南行得一十八萬三千六百，二數相減乘五十三萬六千四百爲從方，六之南行得三千六百爲從廉，六爲隅筭，作負隅減從以廉益從開立方法除之，得半徑。或作以隅添積亦通。

附法：初商一百，置一於左上爲法，置一乘從廉得三十六萬，置一自之，以隅因之，得六萬爲隅法，以減從方，餘四十七萬六千四百帶從廉，共八十三萬六千四百爲下法，與上法相乘，除實八千三百六十四萬，餘二千二百二十萬爲次商之實。倍從廉得七十二萬，三因隅法得一十八萬爲方法，三因初商得三百，以隅因之得一千八百爲廉法，次商二十。置一於左次爲上法，置一乘原從廉，得七萬二千，加入倍廉得七十九萬二千爲從廉，置一乘廉法得三萬六千，置一自之以隅因得二千四百爲隅法，併方廉隅共二十一萬八千四百，以減原從方，餘三十一萬八千帶從廉共一百一十一萬爲下法，與上法相乘，除實盡。

又　圓城南門直南有樹，人從城外西北乾隅東行三百二十步見樹，與城相叅直，乃斜行四百二十五步至樹下，問城徑。

此以城北大句與城東大半斜弦求城徑也。從乾東行三百二十步通句也，斜行至樹下底弦也。

術曰：二行相減餘一百〇五爲句弦差，以乘通句得三萬三千六百，又以半通句乘之，得五百三十七萬六千爲立實，半通句乘通句得，五萬一千二百與差乘通句之數相減，餘一萬七千六百爲從方，倍通句得六百四十爲益廉，作帶從減益廉開立方法除之，得半徑。

附法：初商一百。置一於左上爲法，置一乘從廉得六萬四千，置一自之得一萬爲隅法，連從方共二萬七千六百，以減從廉餘三萬六千四百爲下法，與上法相乘除實三百六十四萬，餘積一百七十二萬九千爲次實。倍從廉得一十二萬八千，三因初隅法得三萬併從方得四萬七千六百爲方法，三因初商得三百爲廉法，次商二十。置一於左次爲上法，置一乘從廉得一萬二千八百，加入倍廉得一十四萬〇八百，置一乘廉法得六千，置一自之得四百爲隅法，併方廉隅共五萬四千，以減從廉餘八萬六千八百爲下法，與上法相乘，除實盡。

明・程大位《算法統宗》卷六《少廣》　開立方帶縱法

今有方倉，貯米五百一十八石四斗，方比高多三尺，問方、高各若干。

答曰：方一丈二尺，高九尺。

法曰：置米五百一十八石四斗，以斛法二尺五寸乘之，得積一千二百九十六尺爲實，以開立方帶縱除之。以方多三尺自乘，得九尺爲縱方，再置三尺倍之，得六尺爲縱廉。約積一千，商十尺，今有縱方，只商九尺置于實前。另以九尺自乘，得八十一尺，加入縱方九尺共九十尺爲方法。另以縱廉六尺，以九尺乘之，得五十四尺爲廉法。二法併，共一百四十四尺，于右下，以所商九尺相呼，一九除九，又呼四九除三十六，又四九除三十六，實盡。以商九尺爲高。加入方多三尺得方倉一十二尺。合問。

今有立方一所積一千七百八十七萬五千尺，只云高濶相等，長多濶三十六尺，問立方高、濶及長若干。

荅曰：長二百八十六尺，濶二百五十尺，高二百五十尺。

法曰：置積一千七百八十七萬五千尺爲實，以開立方帶縱法除之。初商約得二百尺，自乘得四萬尺，再乘得八百萬尺，又約二百五十尺自乘得六萬二千五百尺，再以二百五十尺乘之，得一千五百六十二萬五千尺減去積，餘積二百二十五萬尺爲實。另置長多三十六尺，以所商二百五十尺乘之，得九千尺，再以二百五十尺乘之，得二百二十五萬尺除實，恰盡。得濶二百五十尺，加入長多三十六尺共二百八十六尺爲長數。合問。

今有立方積二萬九千八百零八尺，高比方不及一丈三尺，問高、方各若干。

荅曰：高二丈三尺，方倉三丈六尺。

法曰：置積二萬九千八百〇八尺爲實，以開立方帶縱法除之。約實二萬商三十尺，自乘得九百尺，再以三十尺乘之，得二萬七千尺，又約商三十六尺自乘，得一千二百九十六尺。另置三十六尺減不及一十三尺，餘二十三尺，乘之，得二萬九千八百零八尺，除實盡。得方倉三十六尺，高二十三尺。合問。

清・李長茂《算海説詳》卷四《開方》

約縱開立方法

解義：以三十六尺自乘，方面也。以二十三乘之，以高乘方也。約量積數先商三十除寔不盡，又改商三十六尺是從大方，約商故以高比方不及十三尺減除方數，以乘方積，合除積盡爲準也。

帶縱開立方法

今有立方積一千二百九十六尺，只云方比高多三尺，問方高各若干。

舊法：置積一千二百九十六尺爲實於中，另置方多三尺自乘，得九尺爲縱方，再置三尺倍之，得六尺爲縱廉。約積一千，商十尺。今有縱方止商九尺，置於左位，另以九尺自乘，得八十一尺，加入縱方九尺，共九十尺爲方法。另以縱方九尺以縱廉六尺乘之，得五十四尺爲廉法，二法併共一百四十四尺。置於右下，與所商九尺相呼，一九除實九百，四九除實三百六十，四九除實三十六尺，共除一千二百九十六尺。實盡。以所商，得高九尺。加方多三尺，得方一丈二尺。

解義：以所商九尺自乘得八十一尺，平方面也。縱廉六尺，每廉三尺共二廉也，加入縱方九尺小隅方也。縱多三尺隅應三三，得九尺也，合之共成每面一十二尺。却以所商九尺呼十二尺平方之積，以除原積恰盡者，益原積是十二尺自乘得一百四十四尺，以高九尺乘之，得一千一百九十六尺。若以一百四十四尺除原積，即得高九尺。今以九尺與一百四十四尺合除，是除九個一百四十四尺，故除積恰盡。而所商九尺，即高也。此乃先開平方，却以高尺數乘之除積也。

開三乘方及以上方分部

開三乘方法

算法

明・王文素《算學寶鑒》卷三八《三乘以上方》

欲識三乘以上方，幾乘方隔幾行商。
隨隅乘甲呼除寔，隅用商乘改作方。
甲逆乘廉增一遍，隅廉乘乙順行當。
增乘至尾加方內，命乙除餘法最良。

商數法曰：置積，從單一之位約之，假令三乘方，超三位，四乘方超四位，約之。以上倣此，次商並如商除定位。

開方本源圖

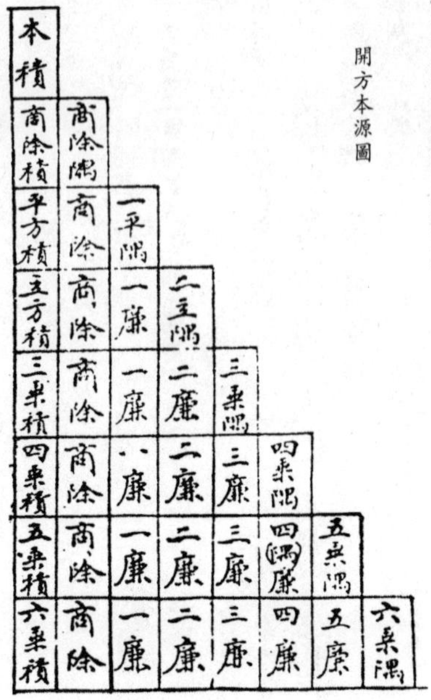

欲識廉隅遞益生，直斜二上併分明。便知其下廉隅數，變化無窮照此行。

生廉圖

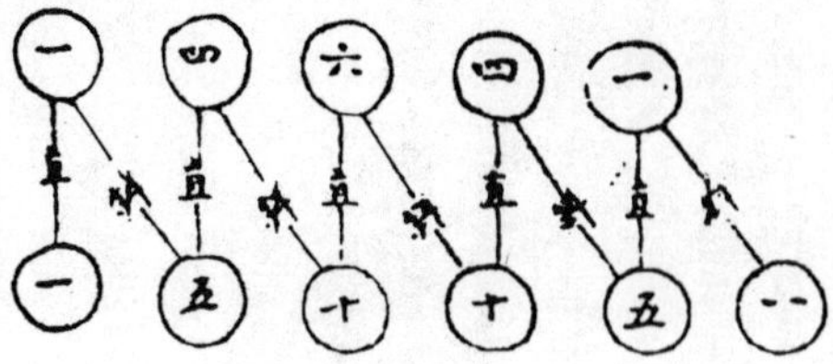

此一正抵左上斜一故止得一。

此五抵正上直一左上斜四併之得五。

此十抵正上直四左上斜六併之得十。

此十抵正上直六左上斜四併之得十。

此五抵正上直四左上斜一併之得五。

此一正抵正上直一故止得一。

三乘方生四乘方，餘皆倣此。

三乘方積二萬七百三十六尺，問方面幾何。

答曰：一十二尺。

法曰：置置積二萬七百三十六尺爲實。以一爲偶算，開三乘方法除之。常超三位約寔。一位定一，[萬]位定十，億位定百。後倣此。初商甲得一十，置於積寔之上爲法。另置一十於積下，自乘二遍，得一千爲隅法。或以隅算一乘甲三遍，亦得一千。命甲除寔一萬尺，餘實一萬七百三十六尺。乃四因隅法，得四千，改名方法，移置積數之下。以甲如圖生廉求之。

三乘方布位圖

隅算㊀乘乙三遍得八，加入方法。

下廉㊃乘甲一遍得四十，乘乙二遍得一百六十，加入方法。

上廉㊅乘甲二遍得六百，乘乙一遍得一千二百，加入方法。

商除㊃乘隅法得四千爲方法，加廉隅共五千三百六十八爲乙總。

本積二萬七百三十六尺，隅法命甲除去一萬，餘實一萬七百三十六尺，乙総命乙除盡。

上商初商甲一十爲法生廉，次商乙二尺爲法。

以上廉六乘甲二遍，得六百。以下廉四乘甲一遍得四十。以方、廉、隅四位，共四千六百四十一以商餘寔。得乙二尺，續于甲下爲法。以上廉六百乘乙一遍，得一千二百。下廉四十乘乙二遍，得一百六十。隅算一乘乙三遍，得八。皆併入方法，共五千三百六十八爲乙総。命乙二除餘寔，適盡。得方面一十二尺，合問。

又《三乘以上圓》

算家若要開圓積，積乘方率通爲實。
圓率爲隅列下張，開方取徑無差失。

解曰：且以圓三方四言之，四自乘，得一十六爲立方率。三自乘得九爲立圓率。其立方率十六，又以四乘，得六十四爲三乘方率。其立圓率九又以三乘，得二十七爲三乘圓率。以上倣此。

古法：
平方四　立方十六　三乘方六十四　四乘方二百五十六　五乘方一千二十四
平圓三　立圓九　三乘圓二十七　四乘圓八十一　五乘圓二百四十三

密率：
平方十四　立方一百九十六　三乘方二千七百四十四　四乘方三萬八千四百一十六
平圓十一　立圓一百二十一　三乘圓(一)[一]千三百三十一　四乘圓一萬四千六百四十一

徵術　平方二百　立方四萬　三乘方八百萬　[四乘圓六億七百五十七萬三千二百]
平圓一百五十七　立圓二萬四千六百四十九　三乘圓三百八十六萬九千八百九十三　[四乘方一十六億]

璇璣　平方三十二立方一千二十四　三乘方三萬二千七百六十八　四乘方一百四萬八千五百七十(文)[六]
平圓二十五　立圓六百二十五　三乘圓一萬五千六百二十五　四乘圓三十九萬六百二十五

三乘圓積一千七百二十八尺，問圓徑幾何。

答曰：古法，該徑八尺。

密率，該徑七尺二百二十五萬六千四十五分尺之一百五十四萬五千九百一。

徵術，該徑七尺六十五億五千九百四十六萬八千六百三十五分尺之四十五億三千二百三十八萬六千九百七。

璇璣，該徑七尺二千六百四十八萬四千三百七十五分尺之一千九百一十萬七千四百七十九。

古法草曰：置積一千七百二十八尺，以方率六十四乘之，得一十一萬五百九十二尺爲實。以圓率二十七爲隅算，開三乘方法約之。商徑八尺，置於實上爲法。乘隅算三遍，得一萬三千八百二十四爲隅法。命上商八除實，恰盡。合古問。

密率草曰：置前積以方率二千七百四十四乘之，得四百七十四萬一千六百三十二尺爲實。以圓率一千三百三十一爲隅算，開三乘方法約實。上商置徑七尺，爲法。乘隅三遍，得四十五萬六千五百三十三爲隅法。命上商七除實三百一十九萬五千七百三十一尺，餘實一百五十四萬五千九百單一爲分子。乃四因隅法，得一百八十二萬六千一百三十二爲方法。上商七自乘一遍，得四十九，以六因之，得二百九十四，乘隅算一千三百三十一，得三十九萬一千三百一十四爲上廉。另以四因上商，得二十八，乘隅算，得三萬七千二百六十八[爲下廉]。併廉、隅三法皆入方法，共二百二十五萬六千四十五爲分母，以命分子合問。又求分母法：以上商添一爲八，乘隅算四遍，得五百四十五萬一千七百七十六，内減除積三百一十九萬五千(九)[七]百三十一尺，餘亦得分母。

徵術草曰：置前積以方率八百萬乘之，得一百三十八億二千四百萬尺爲實。以圓率三百八十六萬九千八百九十三爲隅算，開三乘方法約之。上商置徑七尺，於積上爲法。乘隅算三遍，得一十三億二千七百三十七萬三千二百九十九爲隅法。命上商七除實九十二億九千一百六十一萬三千九十三尺，餘四十五億三千二百三十八萬六千九百七尺爲分子。上商添一得八，乘隅算四遍，得一百五十八億五千一百八萬一千七百二十八，内減除實九十二億九千一百六十一萬三千九十三尺，餘六十五億五千九百四十六萬八千六百三十五爲分母，以命其子，合問。

璇璣草曰：置前積，以方率三萬二千七百六十八乘之，得五千六百六十二萬三千一百四尺爲實。以圓率一萬五千六百二十五爲[隅]算，開三乘方法約實。上商置徑七尺，爲法。乘隅算三遍，得五百三十五萬九千三百七十五爲隅法。命上商七除實三千七百五十一萬五千六百二十五尺，餘一千九百一十萬七千四百七十九爲分子。於上商添一，得八，乘隅算四遍，得六千四百萬，内減除實三千七百五十一萬五千六百二十五尺，餘二千六百四十八萬四千三百七十五爲分母，命子，合問。

明・程大位《算法統宗》卷六《少廣》　今有三乘方積二千零一十五萬一千一百二十一尺，問一面若干。

答曰：六十七尺。

法曰：置積爲實，下法常超三位。初商六十于左，下法亦置六十，自乘得三千六百，再乘得二十一萬六千，爲隅法。與上商六十相呼，除實一千二百九十六萬，餘實七百一十九萬一千一百二十一尺。乃以四乘隅法二十一萬六千，得八十六萬四千，爲方法。另置上商六十自乘得三千六百，又以六因之，得二萬一千六百尺，爲上廉。又置上商六十，以四乘得二百四十尺，爲下廉。次商七尺于左六十之次，下法亦置七尺自乘得四十九尺，再以七因得三百四十三尺，爲隅法。又以次商七尺乘上廉二萬一千六百，得一十五萬一千二百，又以七因下廉二百四十二次。一次因得一千六百八十尺，二次亦以七因，得一萬一千七百六十尺，以方法八十六萬四千，上廉一十五萬一千二百，下廉一萬一千七百六十，隅法三百四十三。併四法共一百零二萬七千三百零三尺。皆與次商七尺相呼，除實恰盡。得一面六十七尺，合問。此三乘方捷徑。

一法：用二次開平方法除之亦得。初一次置積數爲實，以開平方法除之，商得四千四百八十九尺。第二次就以此初商數爲實，亦以開平方法除之，即得一面六十七尺。合問。此又捷徑。

清・李長茂《算海説詳》卷四《開方》

解義：三乘之法：如方面六十七尺一乘得四千四百八十九尺。是一方面，再乘得三十萬零七百六十三尺是六面，皆六十七尺即立方。三乘得二千零一十五萬一千一百二十一尺，是六十七個六面。皆六十七尺高，計四千四百八十九尺。初商以六十自乘再乘三乘，得一千二百九十六萬，即六十個六面。皆六十尺，小立方高計三千六百尺，其以一乘再乘，得二十一萬六千，本是方法。乃以爲隅法者，因高數過長，一小方止在一隅，故言隅也。又四因隅法爲方法，即六十個小立方面方平廉也。立方宜用三平廉，今四因者其三係平廉，其一即一小立方，後皆以七因之，七因三平廉爲平廉之立濶，七因一小方。又因作七個六十尺，一乘再乘三乘之小方也，又六因三千六百，即六十個小立方之長廉也，長廉亦宜用三廉，今六因者，其三係長廉，其三係一個小立方，每面積三千六百尺，三個三千六百尺即一小立方之三平廉也。後又以七因，再七因之，再因三長廉爲長廉之立濶。横濶再因一小方之三平廉，一因爲平廉之立闊。再因即因作七個小立面之平廉也。又以四因六十尺爲下廉，即下七個小立方之長廉也。長廉亦止用三廉，又四因者，其三爲一小方之三長廉，其一即上六十個小立方之數也。後皆以七因，再以七因三，以七因三次，七因長廉二次，爲長廉之立闊横闊一次，爲因作七個小方之長廉三次，七因一個六十，因上六十個小方，内平廉長廉俱備各缺一七尺，小隅將六十以七因再以七因三以七因，即是以七尺自乘再乘得，一七尺小立方。却以六十乘之，得六十個小立方，以完各隅也。下七個小立方平廉長廉亦備，止缺七隅其將七尺自乘，再乘爲隅法，即一個小方之隅也。後又以七乘即乘作七個小隅，以完七小方也，此皆前人規筭成數，立法高妙。然今人思索難，到今依開立方正法備刻于後，俾覽者易了。前法將積兩度開方即得方面者，緣兩度自乘與三乘，同積故也。

增法：置積二千零一十五萬一千一百二十一尺爲實。初商六十於左，亦置六十於右法位，自乘得三千六百尺爲平方，再乘得二十一萬六千爲小立方，三乘得一千二百九十六萬，爲六十個小立方，除積一千二百九十六萬訖，餘積七百一十九萬一千一百二十一尺。次商七尺於左初商六十之次，下法亦置七尺於六十之次。却以三千六百尺爲一立方面，以三因之得一萬零八百尺，爲一小方平廉，又以六十尺爲一方面長，以三因之得一百八十尺爲一小方長廉，又以次商七尺自乘再乘得三百四十三尺爲一小方隅法，却將平廉以次商七尺因之爲平廉立闊，得七萬五千六百尺，又將長廉以次商七尺因之爲長廉横闊，再因爲長廉立闊，得八千八百二十尺併平廉七萬五千六百，長廉八千八百二十，隅法三百四十三尺，共得八萬四千七百六十三尺。却以小方六十因之，得五百零八萬五千七百八十尺除積訖，餘積二百一十萬五千三百四十一尺。另將初次商共六十七尺，自乘，得四千四百八十九尺再乘，得三十萬零七百六十三尺。以次商七尺。因之，得二百一十萬五千三百四十一尺，除實恰盡，得方面六十七尺。

又增法：置積爲實。初商六十於左，自乘再乘三乘得一千二百九十六萬。次商七尺於左初商六十之次，即將初次商共六十七尺，自乘得四千四百八十九尺。又置初次商六十七尺，以初商六尺乘之，得四千零二十尺。又置初商六十尺，自乘得三千六百尺，併三數共一萬二千一百零九尺。另置初商六十尺，以次商七尺乘之，得四百二十尺，以乘一萬二千一百零九尺，得五百零八萬五千七百八十尺，併加前初商三乘一千二百九十六萬，共一千八百零四萬五千七百八十尺。却以初次商六十七尺乘之，得一十二萬零九百零六萬七千二百六十尺，以初商六十尺歸之，得二千零一十五萬一千一百二十一尺。除實恰盡，以所商得，方面六十七尺。

解義：前法以初商六十自乘再乘爲立方三乘，是乘作六十個立方，即以一立方爲準，究其平廉長廉隅法亦以六十乘作六十個廉隅，共成全六十個六十七尺方面的立方。尚少七個立方，却以六十七一乘再乘三乘得一個立方。又以七因，得七個立方，以完六十七尺三乘之積，後法以初次商自乘又以初商乘初於商，又以初商自乘，即前不用廉隅求立方之法。其又以次商七乘初商六十爲法乘三數者，以七乘是完三數之立闊，以六十乘，是前三數亦止一立方之廉隅，故因作六十個立方之廉隅也。然原積是六十七個立方，今止有六十個，是比原積止有六十七分之六十，故以六十七因乘，以六十歸，合原積而除恰盡也。

明・程大位《算法統宗》卷七《少廣》　今有圓田，中徑一十三步，今從邊截積三十二步。問所截弦、矢各若干。

荅曰：弦一十二步，矢四步。

法曰：倍積得六十四步，自乘得四千令九十六步爲實，以四因積三十二步，得一百二十八步爲上廉，又以四因徑一十三步得五十二步爲下廉，以五爲負隅用開三乘方法除之。商四步于左上爲法，以乘上廉，得五百一十二步，就以商四乘隅五，得二十，以減下廉五十二步餘三十二。另以商四自乘得一十六，以乘下廉三十二，得五百一十二，併上廉五百一十二，共一千令二十四爲下法除實，得矢四步。另置積倍之，得六十四步，以矢除之得一十六步，減矢四步餘得弦一十二步。合問。

圓田截積

今有圓田徑二十六步，今從旁截一弦矢積一百二十八步。問截弦、矢各若干。

答曰：矢八步，弦二十四步。

法曰：倍積自乘，得六萬五千五百三十六步爲實。另以四因積得五百一十二步爲上廉，又以四因徑得一百令四步爲下廉。以五爲負隅法。商得八於左上爲法，以乘上廉，得四千令九十六步。又以商八乘隅五，得四十以減下廉，餘六十四步。另以商八步自乘，得六十四步，以乘餘下廉，得四千令九十六步，併上廉共八千一百九十二步爲下法，除實得矢八步。

若問求弦法。曰：置積倍之得二百五十六步，以矢八除之，得三十二，於內減矢八步，餘得弦二十四步。合問。

開帶縱三乘方法

算法

明·王文素《算學寶鑒》卷三九《三乘以上方帶從》

帶從諸方法展舒，隨隅乘甲入商除。
総呼初甲先除寔，照數因隅又併居。
(偶)[隅]算生廉乘舊甲，加乘到頂莫乘隅。
按廉乘乙加商総，命乙絶除寔積餘。

[鎖積開方] 甲、乙、丙、丁四位連乘積六萬四千八百尺。只云丁不及甲八尺，不及乙六尺，不及丙三尺，問四位數各幾何。

答曰：甲二十尺，乙十八尺，丙十五尺，丁十二尺。

帶從求隅有妙方，天元差數按圖張。
差乘正上加斜左，次第生來用下行。
三位連乘開立取，五家乘積四乘商。
四股乘積三乘展，寄語諸君仔細詳。

三乘方帶從圖

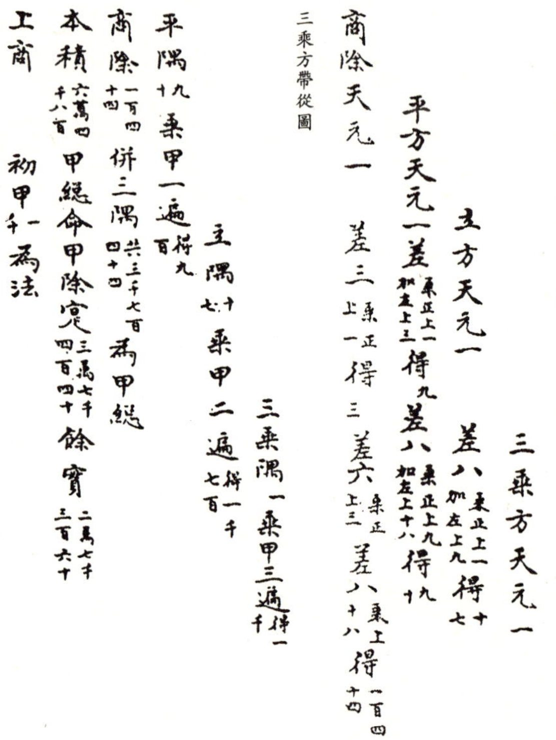

求甲草曰：商甲一十，置于積上爲法。一遍乘平隅九十，得九百。二遍乘立隅十七，得一千七百。三遍乘三乘隅一，得一千。皆併副入商除一百四十四內，共得三千七百四十四爲甲総。命上甲一十除寔三萬七千四百四十尺，餘寔二萬七千三百六十。乃一因平隅，仍是九百。二因立隅，得三千四百。三因三乘隅，得三千。皆起而併入甲総，共一萬一千四十四爲乙方。列位如左。

三乘方求乙圖

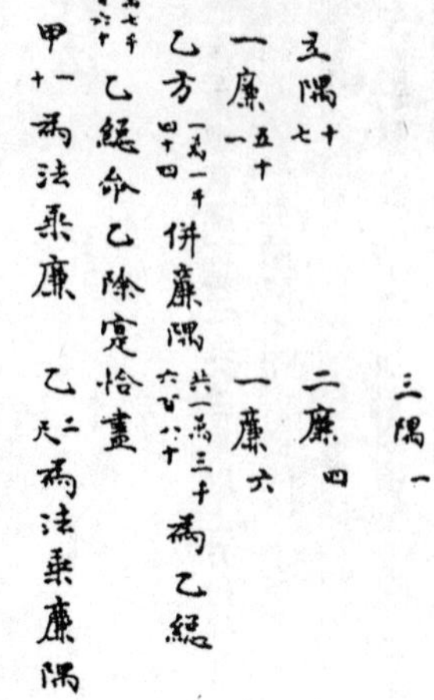

求乙草曰：各以隅算照圖生廉。以三因立隅十七，得五十一爲立方一廉。以六因三乘隅一，得六爲三乘方一廉。以四因三乘隅一，得四爲三乘方二廉。先以三乘方一廉乘甲一十得六十，加立方一廉，共一百一十一，又以甲乘之，得一千一百一十，加入平方隅九十，得一千二百爲一廉。另以三乘[方]二廉乘甲，得四十，加入立隅十七，共五十七爲二廉。以方、廉、隅共一萬二千三百單二以約餘寔。次商乙二尺，續于甲後爲法。以一廉乘乙一遍，得二千四百。二廉乘乙二遍，得二百二十八。以三乘隅乘乙三遍，得八。皆併入乙方，共一萬三千六百八十爲(一)[乙]總。命乙二除寔二萬七千三百六十尺，適盡。得丁十二尺。各加不及，得甲、乙、丙，合問。

又 卷四〇《乘積開方》

相乘諸積要還源，亘古無人立法傳。

平立相乘知五位，四乘方取理常然。

平方二位相乘積，法用三乘四位全。

或有面差爲帶從，依圖變化作隅玄。

大平方積乘小平方積，得総積三萬二千四百尺，只云小平方面不及大平方面三尺，問二面各方幾何。

答曰：小平方面十二尺，大平方面十五尺。

求生隅算法圖

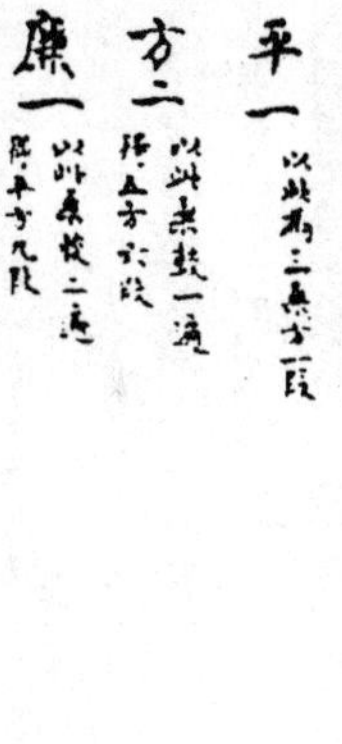

術曰：置総積爲寔，以九爲平方隅，以六爲立方隅，一爲三乘隅，開三乘方法除之。大小二平方共四位，乃以三乘方法除之。

隅生廉圖

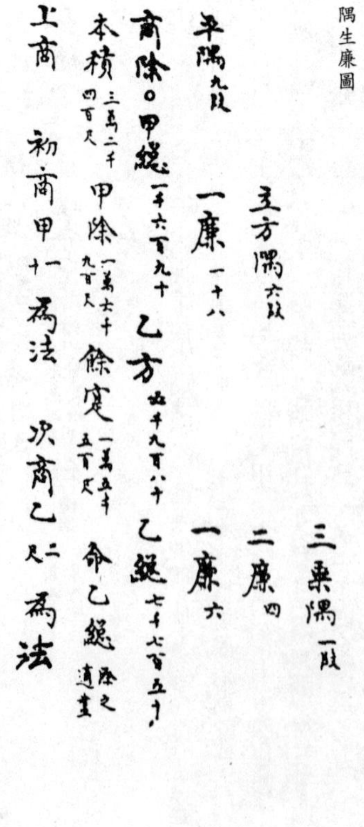

草曰：置総積三萬二千四百尺爲寔。以九爲平方隅算，六爲立方隅算，一爲三乘方隅算，開三乘方法除之。初商甲一十，置于積上爲法。一遍乘平隅，得九十。二遍乘立隅，得六百。三遍乘三隅，得一千。副併于商[除]位，共一千六百九十爲甲総。命甲一十除寔一萬六千九百尺，餘寔一萬五千五百尺。乃一因平隅，仍是九十。二因立隅，得一千二百。三因三隅，得三千，皆起併入甲総，共得五千九百八十爲乙方。各以隅算生廉。平隅無廉，立隅得十八爲一廉，三乘隅六爲一廉，四爲二廉。各與本隅並列如圖。自下遞以乘甲如廉。先以三乘一廉乘甲，得六十，加入立方一廉，共七十八，又以甲乘之，得七百八十，加入平隅，共七百八十九爲一(十)廉。次以三乘二廉乘甲，得四十，加入立隅，共四十六爲二廉。以三乘方一叚，爲隅算。以方、廉、隅四位，共六千八百一十六以約餘寔。次商乙二尺，續于上甲之後爲法。一遍乘一廉，得一千五百七十八，二遍乘二廉，得一百八十四，三遍乘隅算，得八，皆併入[乙]方，共得七千七百五十爲乙総。命乙二除餘寔一萬五千五百尺，適盡。得小平方面一十二尺。加不及三尺，得大平方面十五尺，合問。

或先求大平方面，用減從三乘方法除之。

又補新題：直田積步又與闊自之積相乘，得積四十九萬七千六百六十四步，只云較十二步，問長闊幾何。

答曰：長三十六步，闊二十四步。

術曰：置相乘積爲寔，以較爲立隅，以一爲三隅，開三乘方法除之，得闊。加較爲長。

草曰：置相乘積四十九萬七千六百六十四步爲寔。以較十二步爲立隅，以一爲三隅，開三乘方法除之。初商甲二十，置于績上爲法。二遍乘立隅，得四千八百，三遍乘三隅，得八千，副併于[積]下，共一萬二千八百爲甲総。命甲除寔二十五萬六千步，餘寔二十四萬一千六百六十四步。乃二因二廉，得九千六百，三因三廉，得二萬四千，皆併入甲総，共四萬六千四百爲(一)[乙]方。以六因甲，得一百二十，另以三因立隅，得三十六，併之，共一百五十六，以甲乘之，得三千一百二十爲一廉。四因甲，得八十，加入立隅，共九十二爲二廉。仍以一爲三隅。以方、廉[隅]共數約[餘]寔。次商四步，續于甲後爲法。一遍乘一廉，得一萬二千四百八十，二遍乘二廉，得一千四百七十二，三遍乘三隅，得六十四，皆併入乙方，共六萬四百一十六爲(一)[乙]総。命乙四除餘寔，適盡。得闊二十四步。加較得三十六步，爲長。合問。

方田積而與直田積[相][乘]，得三萬四千五百六十步，(相)(乘)且云方面不及直田長四步，不及闊三步，問方面，長，闊各幾何。

荅曰：方田面十二步，直田長十六步，闊十五步。

術曰：置相乘積爲寔，以二較相乘爲平隅，併二較爲立隅，一爲三隅，開三乘方法除之，得方田面。各加其較，爲長闊。

草曰：置相乘積三萬四千五百六十步爲寔。以二較三步，四步相乘，得一十二步爲平隅。併二較，共七步爲立隅。以一爲三隅，開三乘方法除之。初商甲一十，置積(于)上爲法。一遍乘平隅，得一百二十，二遍乘立隅，得七百，三遍乘三隅，得一千，副併于積下，共一千八百二十爲甲総。命甲一十除寔一萬八千二百步，餘寔一萬六千三百六十步。乃一因平隅，仍是一百二十，二因立隅，得一千四百，三因三隅，得三千，皆併入甲総，共六千三百四十爲乙(萬)[方]。以六因甲，得六十，另以三因立隅，得二十一，[并之，得八十一。]又以甲乘，得八百一十，加平隅，共八百三十二爲一廉。另以四因甲，得四十，加入立隅，共四十七爲二廉。仍以一爲三隅。以方、廉、隅共數以商餘寔。次商乙二步，續于甲後爲法。一遍乘[一]廉，得一千六百四十四，二遍乘二廉得一百八十八，三遍乘三隅得八，皆併入乙方，共得八千一百八十爲乙総。命乙二除餘寔，盡。得方田面一十二步。加四步，得直田長十六步。若加三步，得直田闊十五步。合問。

新增

直田積内又加三長，五闊，又以闊二遍乘之，得積四萬一千四十步，且云闊不及長三步，問長，闊幾何。

荅曰：長十五步，闊十二步。

術曰：置乘積爲寔，以長數乘較爲平隅，併長闊數加較爲立隅，以一爲三隅，開三乘方法除之。得闊。

草曰：置相乘積四萬一千四十步爲寔。以三長乘較三步，得九爲平隅。併三長，五闊，共八，加較，得一十一爲立隅。以一爲三乘隅，開三乘方法約之。初商甲一十，置于積上爲法。一遍乘平隅，得九十，二遍乘立隅，得一千一百，三遍乘三隅，得一千，副併于積下，共二千一百九十爲甲総。命甲除寔二萬一千九百步，餘寔一萬九千一百四十步。乃一因平隅，仍是九十。二因立隅，得二千二百。三因三隅，得三千。皆併入甲総，共七千四百八十爲乙方。以六因甲，得六十，另以三因立隅，得三十三，併之，共九十三，以甲乘之，得九百三十，加入平隅，共九百三十九爲一廉。以四因甲，得四十，加入立廉，共五十一爲二廉。仍以一爲三隅。以方、廉、隅共數約之。次商乙二步，續于甲後爲法。一遍乘一廉，得一千八百七十八。二遍乘二廉，得二百四。三遍乘三隅，得八，皆併入乙方，共九千五百七十爲乙総。命乙除餘寔，盡。得闊十二步。加較，得長十五步。合問。

又　卷四一《約面開方》　平方三乘方各一段，共積二萬八百尺，且云平方面如三乘方面三分之二，問二面各方幾何。

荅曰：平方面八尺，三乘方面十二尺。

求三乘方面術曰：以分母自乘，通積爲寔。分母自乘爲三乘隅。分子自乘爲平隅。開三乘方除之。

草曰：置積二萬八百尺，以分母三自乘得九，乘之得一十八萬七千二百尺爲寔。分子二自乘得四，爲平隅。分母[三]自乘，[得]九爲三乘隅。開三乘方法除之。初商甲一十，置于積上爲法。一遍乘平隅，得四十。三遍乘三隅，得九千。副併，共九千四十爲甲総。命甲除寔九萬四百尺，餘寔九萬六千八百尺。乃一因平隅，仍是四十。三因三乘隅，得二萬七千。皆併入甲総，共三萬六千八十爲乙方。甲自乘，得一百以六因之，得六百，乘三乘隅，得五千四百，加入平隅，共五千四百四十爲一廉。四因甲，得四十。乘三乘隅，得三百六十爲二廉。仍以九爲三乘隅。以方廉隅共數以約餘寔。次商得乙二尺，續于甲後爲法。一遍乘一廉，得一萬八百八。二遍乘二廉，得一千四百四十。三遍乘三隅，得七十二。皆併入乙[方]，共四萬八千四百爲乙總。命乙二除餘寔，適盡。得三乘方面十二尺。就之二之，三而一，得平方面八尺。合問。

先求平方面術曰：置積，以分子自乘三遍，乘之爲寔。分子自乘三遍爲平隅。分母自乘三遍爲三乘隅。開三乘方法除之。

草曰：置積二萬八百尺，以分子二自乘三遍，得一十六乘之，得三十三萬二千八百尺爲寔。分子自乘三遍，得一十六爲平隅。分母三自乘三遍，得八十一爲三乘隅。開三乘方法除之。商八尺，爲甲置于積上爲法。一遍乘平隅，得一百二十八，三遍乘三隅，得四萬一千四百七十二。併之，共得四萬一千六百爲甲總。命甲八除寔三十三萬二千八百尺，恰盡。得平方面八尺。就以三之，二而一，得三乘方面一十二尺。合問。

立方三乘方各一段，共積三萬九千四百一十六尺，且云立方面如三乘方面七分之五，問二事面方各幾何。

荅曰：立方面一丈，三乘方面一丈四尺。

先求立方面術曰：置積，以分子乘四遍爲寔，分子自乘三遍爲立方隅，分母自乘三遍爲三乘隅，開三乘方法除之。

草曰：置積三萬九千四百一十六尺，以分子五爲法，四遍乘之，得二千四百六十三萬五千尺爲寔。另置分子自乘三遍，得六百二十五爲立方隅。另置分母七[自]乘三遍，得二千四百一爲三乘方隅。開三乘方法約之。商一十，置于積上爲法。二遍乘立隅，得六萬二千五百。三遍乘(三)三乘隅，得二百四十萬一千。併之，共得二百四十六萬三千五百爲甲總。命上商一十除寔二千四百六十三萬五千尺，恰盡。得立方面一十尺。以七因，五而一，得三乘方面一十四尺，合問。

先求三乘方面術曰：置積，以分母三遍乘之，爲寔。以分子自乘二遍爲立隅。分母自乘二遍爲三乘隅。開三乘方法除之。

平方立方三乘方各一段，共積二萬一千八百尺，且云平方面如立方面五分之四，立方面如三乘方面六分之五，問三事面方各幾何。

荅曰：平方面八尺，立方面一丈，三乘方面十二尺。

先求平方面術曰：置積，以平方分子四遍乘之爲實。平方分子自乘三遍，爲平隅。另置立方分子自乘二遍，乘平方分子一遍爲立隅。再另置三乘方分母，自乘三遍爲三乘隅。開三乘方法除之。

草曰：置積二萬一千八百尺，以平方分子四爲法，乘四遍，[得]五百五十八萬八百尺爲寔。平方分子自乘三遍，得二百五十六爲平隅。立方分子五自乘二遍，得一百二十五，乘平方分子一遍，得五百爲立隅。三乘[方]分母六自乘三遍，得一千二百九十六爲三乘隅。開三乘方法除之。商平方面八尺，置於積上爲法。一遍乘平隅，得二千四十八。二遍乘立隅，得三萬二千。三遍乘三乘隅，得六十六萬三千五百五十二。併三位，共六十九萬七千六百爲甲總。命上商八尺除寔，盡。得平方面八尺。以五因四歸，得立方面一十尺。就以六因五歸，得三乘方面一十二尺。合問。

先求立方面術曰：置積，以立方分子爲法四遍乘之爲寔。以平方分子自乘一遍，又乘立方分子二遍爲平方隅。立方分子自乘三遍爲立方隅。三乘方分母自乘三遍爲三乘隅。開三乘方法除之。

先求三乘方面術曰：置積，以三乘方分母爲法，三遍乘之爲寔。平方分子自乘一遍，又乘三乘[方]分[母]一遍爲平方隅。立方分子自乘二遍爲立隅。三乘方分母自乘二遍爲三乘方隅。開三乘方法除之。

《九章》題：今有方垜壔，圓垜壔，立方，立圓，大平方，小平方各一，共積二萬七千八十尺，只云小平方面多如立圓徑三分之二，又云大平方面與小平方面冪等，立方面如二垜壔高三分之二，又云二垜壔高與小平方面等，却不及圓垜壔徑二尺，不及方垜壔面六尺，問六事各幾何。

荅曰：方垜壔高十二尺，面十八尺積三千八百八十八尺。圓垜壔高十二尺，徑十四尺積一千七百六十四尺。大平方面一百四十四尺，積二萬七百三十六尺。小平方面十二尺，積一百四十四尺。立方面八尺，積五百一十二尺。立圓徑四尺，積三十六尺。

《九章》法曰：求乘積，置積二萬七千八十尺於上，以立方分母三再自乘，得二十七，以立方率十六乘之，得四百三十二爲乘法，以乘積數，得一千一百六十九萬八千五百六十爲寔。求從方。以方垜壔高不及六尺自乘，得三十六尺，以乘乘法四百三十二，得一萬五千五百五十二於上，又圓法三因乘法，得一千二百九十六，却以方法四除之，得三百二十四，以立圓毬差二自[乘]乘之，得一千二百九十六，加入前數，共一萬六千八百四十八爲從方。求從下廉，以方垜壔差六以二乘，得一十二，以乘法乘之，得五千一百八十四於上。又倍圓垜壔差二，得四，以乘法乘之得，一千七百二十八，以三因四除，得一千二百九十六於中。以乘法四百三十二於下，併三位，共得六千九百一十二爲從上廉。求從下廉，以立方分子二再自乘，得八，以立方法十六乘之，得一百二十八於上。又以立圓分子一再自乘，亦得一，以圓法九乘之，亦得九，於中。又以方垜壔差隅算四百三十二，圓垜壔差隅算三百二十四，相併，共七百五十六於下。併三位，共八百九十三爲從下廉。次以大平方冪段四百三十二爲隅算，開三乘方法除之。於是數之下商置第一位。以布方廉隅四位，將從方一進，得一十六萬八千四百八十，從上廉二進，得六十九萬一千二百，從下廉三進，得八十九萬三千，隅算四進，得四百三十二萬。於寔數萬位之下，商寔得一十。下法亦置上商一，遂依三乘方法，一遍乘上廉，二遍乘下廉，三遍乘隅算，皆止得原數。以方廉隅四法，共六百七萬二千六百八十，皆與上商一除寔六百七萬二千六百八十，餘寔五百六十二萬五千八百八十。乃二乘上廉，得一百三十八萬二千四百，以三乘下廉，得二百六十七萬九千。以四乘隅法，得一千七百二十八萬，皆併入從方，共得二千一百五十萬九千八百八十爲方法。再置上下廉二位，以三因上商一十，得三十，以乘下廉八十九萬三千，得二百六十七萬九千，加入上廉六十九萬一千二百，共得三百三十七萬二百。又於隅法之法下，置上商一，列二位。上自乘，止得一，又六乘，得六，以乘隅法四百三十二萬，得二千五百九十二萬，又加入上廉(二)[三]百三十七萬二百，共得(一)[二]千九百二十九萬二百。下位，以四乘得四，以乘隅法四百三十二萬，得一千七百二十八萬，加入下廉八十九萬三千，共得一千八百一十七萬三千。乃方法一退，得二百一十五萬九百八十八。上廉再退，得二十九萬二千九百二。下廉三退，得一萬八千一百七十三。隅法四退，得四百三十二。續商置第二位，以方廉隅四法，共二百四十六萬二千四百九十四商餘寔。得二尺，下法亦置上商(一)[二]，以一遍乘上廉，得五十八萬五千八百四，以二遍乘下廉，得七萬二千六百九十二，以三遍乘隅，得三千四百五十六。以方廉隅四法，共二百八十一萬二千九百四十，皆與上商二除實，盡。得一十二尺爲方，圓垜壔高，小平方面等數。却以等數一十二尺副置五位。第一位以三約之，得四尺，爲主圓球徑。第二位自乘，得一百四十四尺，爲大平方面。第三位以二乘，得二十四尺，以三除，得八尺爲立方面。第四位加不及二尺，得一十四尺爲圓垜壔徑。第五位加不及六尺，得一十八尺爲方垜壔面。合問。

先求立圓徑術曰：置積，以十六乘之爲寔。以一千八百七十二爲從方。即是商除。以二千三百四段爲平方隅。以八百九十三段爲立方隅。以一千二百九十六段爲三乘方隅。開三乘方法除之。

草曰：置積二萬七千八十尺，以立圓(分)[身]子一爲法，乘四遍仍如故。以立方率十六乘之，得四十三萬三千二百八十尺爲寔。先課段數，平方分母三自乘一遍，得九，又乘立圓身子二遍，仍是九，以十六乘之，得一百四十四段。立方分子二自乘二遍，得八，乘身子一遍，仍是八，以十六乘之，得一百二十八段。方垜壔分母三自乘二遍，[得]二十七，乘身子一遍如故，以十六乘之，得四百三十二段。圓垜壔用方垜壔段，以三因四歸，得三百二十四段。立圓身子一自乘三遍，仍止得一，以十六乘之，得一十六段。另以小平方分母三自乘，得九，就以九自乘，得八十一，以十六乘之，得一千二百九十六段爲三乘隅。求從方，置方垜壔差較六尺，以身子乘之，本母除之，得二爲變差，自乘得四，以四百三十二段乘之，得一千七百二十八於上。另置圓垜壔差二尺自乘，得四，以三百二十四段乘之，得一千二百九十六，以身子自乘，得一，乘之如故。却以分母自乘，得九，除之，得一百四十四，併上數，共一千八百七十二爲從方。求平隅，置方垜壔變差二尺，倍作四，以四百三十二段乘之，得一千七百二十八於上。又倍圓垜壔差二，得四，以三百二十四段乘之，得一千二百九十六，以身子一，乘之如故。以本母三除之，得四百三十二，併上數，共二千一百六十，加入小平方一百四十四段，共二千三百四爲平方隅。求立隅，併方垜壔四百三十二段，圓垜壔三百二十四段，立方一百二十八段，立圓九段，共八百九十三爲立方隅。以一千二百九十六段爲三乘方隅。以方隅四位而商寔，得四，置於積上爲法。一遍乘平隅，得九千二百一十六。二遍乘立隅，得一萬四千二百八十八。三遍乘三乘隅，得八萬二千九百四十四。皆併入從方，共一十萬八千三百二十。命上商四除寔四十三萬三千二百八十尺，恰盡。得立圓徑四尺。副置二位，上以二因，得八尺爲立方面。下以三因，得一十(八)[二]尺爲小平方面，二垜壔高。[加]不及六尺，得方垜壔面一十八尺。另置十二尺，加不及二尺，得一十四尺爲圓垜壔徑。合問。

先求立方面術曰：置積，以分子二爲法，乘四遍，又只以八乘之爲寔。以七千四百八十八爲從方。四千六百八爲平方隅。八百九十三爲立隅。六百四十八爲三乘隅。開三乘方法除之。先得立方面八尺。折半，得四尺爲立圓徑。另置立方面，以三因二歸，得一十二尺爲二垜壔高。各加不及，爲方面圓徑。

明・顧應祥《測圓海鏡分類釋術》卷三《底勾與別股測望》　圓城出北門北

行一十五步，折而東行二百〇八步有樹。出西門西行八步，折而南行四百九十五步見之。問城徑。

釋曰：此以底勾過步帶短股邊股過步帶短勾立法測望，出北門北行爲短股，折而東爲長勾過於底勾，出西門西行爲短勾，折而南爲長股過於邊股。

術曰：西行爲短勾東行爲長勾，北行爲短股，南行爲長股，短勾併長勾以長股乘之，得一十〇萬六千九百二十，短股併長股以短勾乘之，得四千〇八十相減餘一十〇萬二千八百四十爲勾股維乘差，又自之得一百〇五億七千六百〇六萬五千六百爲三乘方實，長股内減二短勾餘與長勾相減餘二百七十一爲股減勾差，長勾内減二短股餘與長股相減餘三百一十七爲勾減股差，股減勾差與勾減股差復相減，餘四十六以乘勾股維乘差，得四百七十三萬〇六百四十爲從方，股減勾差與勾減股相乘，得八萬五千九百〇七，長短勾併與長短股併相乘，又倍之得二十二萬〇三百二十，倍勾股維乘差，得二十〇萬五千八百六十，三數相併得五十一萬一千九百〇七爲從一廉，長短勾併得二百一十六，又四之得八百六十四，倍股減勾差，得五百四十二，二數相併得一千四百，六爲從二廉作帶從方廉開三乘方法除之，得半徑。

帶從方廉開三乘方曰：置所得三乘方積爲實，以從方廉約之，初商得一百。置一於左上爲法，置一乘從一廉，得五千一百一十九萬〇七百，置一自之以乘從二廉，得一千四百〇六萬，置一自乘再乘得一百萬爲隅法，併從方廉隅共七千〇九十八萬一千三百四十爲下法，與上法相乘除實七十〇億九千八百一十三萬四千，餘積三十四億七千七百九十三萬一千六百爲次商之實。倍從一廉，得一億〇二百三十八萬一千四百，三因從二廉得四千二百一十八萬，四因隅法得四百萬，初商自之，六因得六萬，初商三之，以乘下廉得四十二萬一千八百，相併加入從一廉得九十九萬三千七百〇七爲上廉，初商四之帶從二廉得一千八百〇六爲下廉，次商二十。置一爲法，置一乘上廉得一千九百八十七萬四千一百四十，置一自之以乘下廉，得七十二萬二千四百，併方廉隅共一億七千三百八十九萬六千五百八十爲下法，與上法相乘除實，盡。

或作初商一百，置一爲法，置一乘從一廉，置一自之以乘從二廉，置一自乘再乘爲隅法，併從方廉隅共七千〇九十八萬一千三百四十爲下法，與上法相乘除實七十〇億九千八百一十三萬四千，餘實三十四億七千七百九十三萬一千六百爲次實。四因隅法得四百萬爲方法，初商自之，六因得六萬爲上廉，初商四之得四百爲下廉，次商二十。置一於左次爲上法，倍初商加次商得二百二十，以乘從一廉，得一億一千二百六十一萬九千五百四十，初商三之併初次商因之得三萬六千，次商自之得四百共三萬六千四百，以乘從二廉得五千一百一十七萬八千四百。以兩從廉併入從方共一億六千八百五十二萬八千五百八十爲從。置一乘上廉，得一百二十萬，置一自之以乘下廉，得一十六萬，置一自乘再乘，得八千爲隅法，併方廉隅共五百三十六萬八千，帶從共一億七千三百八十九萬六千五百八十爲下法，與上法相乘除實，盡。

此法分別從方從廉明白，故重録附之。

又 卷九《諸較參互立法》 丙出南門直行，甲出東門直行，各不知步數。相望與城相參直，問其行步，甲云我東行少於城徑二百二十四步，丙云我南行少於城徑一百〇五步。問城徑。

釋曰：此明股城徑較與叀勾城徑較立法測望，甲出東門直行叀勾也，丙出南門直行明股也。

術曰：二少步相乘又自之得五億五千三百一十九萬〇四百爲三乘方實，二少步相乘得二萬三千五百二十，六之共步得一千九百七十四，二數相乘得四千六百四十二萬八千四百八十爲從方，以五十六萬二千五百二十爲從一廉，四之共步得一萬五千七百九十二爲從二廉，六十三爲隅法，作帶從廉隅添積開三乘方法除之，得半城徑。

帶從方一廉添積以二廉爲法開三乘方曰：置所得三乘方實，以從方從廉隅法約之，初商一百。置一於左上爲法，置一乘從一廉得五千六百二十五萬二千爲益廉，置一自乘，再乘以隅算因得六千三百萬爲隅法，併從方益廉得一億六千五百六十八萬〇四百八十，以初商因之得一百六十五億六千八百〇四萬八千爲益積，添入原積共一百七十一億二千一百二十三萬八千四百爲通實，置一自之，以乘從二廉得一億五千七百九十二萬爲下法，與上法相乘，除實一百五十七億九千二百萬，餘一十三億二千九百二十三萬八千四百爲次商之實，二因益廉得一億一千二百五十〇萬四千爲從一廉之方，三因從二廉，得四億七千三百七十六萬爲從二廉之方，三之初商，以乘元從二廉得四百七十三萬七千六百爲從二廉之廉，四因隅法得二億五千二百萬，併從方共二億九千八百四十二萬八千四百八十爲方法，初商自之，六因，又隅因之得三百七十八萬爲上廉，初商四之，隅因得二萬五千二百爲下廉，次商二十。置一於左上爲法，置一乘原從一廉得一千一百二十五萬〇四百爲從一廉之廉，併從一廉之方共一億二千三百七十五萬四千四百爲益廉之實。置一乘上廉得七千五百六十萬，置一自之，以乘下廉得一千〇〇八萬，置一自乘，再乘得八千，隅因得五十〇萬四千爲隅法，併方、上、下廉隅共三億八千四百六十一萬二千四百八十，又加益廉之實得五億〇八百三十六萬六千八百八十，以次商因之得一百〇一億六千七百三十三萬七千六百爲益實，加入次實得一百一十四億九千六百五十七萬六千爲通實，置一乘從二廉之廉得九千四百七十五萬二千，置一自之，以乘從二廉得六百三十一萬六千八百爲從二廉之隅，併從二廉之方廉隅共五億七千四百八十二萬八千八百爲下法，與上法相乘，除實盡。

開益縱三乘方法

算法

明・王文素《算學寶鑒》卷三九　減從開積口訣

減從開方法要通，諸隅正負列分明。

正加負減隨題用，帶從開方一列行。

益積開方口訣

益積開方仔細詳，各依本法另開方。

再乘隅算添于積，甲乙纔除命上商。

解曰：減從與益積並係求長開積之法。然減從爲簡，益積稍繁，學者亦不可不知。

立方，三乘方，各一段，共積八十九尺，且云立方面多三乘方面三尺，問二方面各幾何。

荅曰：立方面十二尺，三乘方面九尺。

三乘方廉圖

正三乘方一　以此一段爲三乘隅。

負立方四　以此乘較一遍得十二，内減一段餘十一爲立隅。

正平方六　以此乘較二遍得五十四爲平隅。

負商除四　以此乘較三遍得一百八爲商除。

正本積一　以此乘較四遍得八十一爲減積。

術曰：先求立方面，用三乘方廉圖求隅，一正一負，間隔列之。置本積内減正積八十一，餘爲寔。以一百八爲負商除，以五十四爲正平隅，以十一爲負立隅，以三乘方一段爲隅算，開三乘方除之。

三乘方減從圖

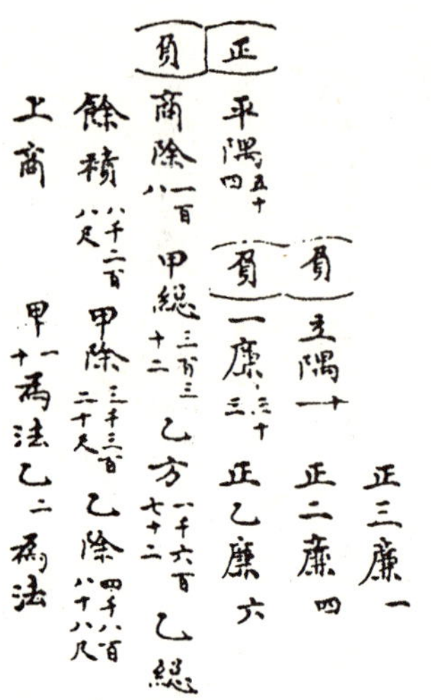

減從開方草曰：置総積，以較三尺自乘三遍，得八十一減積，餘八千二百八尺爲寔。以一百八爲負商除，以五十四爲正平隅，以十一爲負立隅，以一爲正三乘隅，開三乘方法除之。初商甲一十，置于積上爲法。一遍乘正平隅，得五百四十。三遍乘正三隅，得一千。副併，共一千五百四十。另二遍[乘]負立隅，得一千一百。以減併正數，餘四百四十，又減負啇[除]一百八，餘三百三十二爲甲総。命甲除寔三千三百二十尺，餘寔四千八百八十八尺。乃一因平隅，仍是五百四十。三因三隅，得三千。併入甲総，共三千八百七十二。另二因立隅，得二千二(千)[百]以減之，餘一千六百七十二爲乙方。以六因甲，得六十，内減負廉三十三，餘二十七，又以甲乘之，得二百七十，加入正平隅，得三百二十四爲一廉。以四因甲，得四十，内減負立隅，餘二十九爲二廉。以一爲三乘隅。以方、廉、隅共二千二十六，以約餘實。次商乙二尺，置于甲後爲法。一遍乘一廉，得六百四十八。二遍乘二廉，得一百一十六。三遍乘隅算，得八。皆併入乙方，共二千四百四十四爲乙總。命乙二除餘實四千八百八十八尺，適盡。得立方面十二尺。內減多三尺，餘九尺，爲三乘方面。合問。

益積法曰：置前積八千二百八尺爲寔。隅廉俱如前數，開三乘方法除之。初商甲一十，置于積上爲法。一(定)[遍]乘正平隅，得五百四十。三遍乘三正隅，得一千，併二數，內減負商，除一百八，餘一千四百三十二爲正甲総。另以甲二遍乘負立隅，得一千一百爲負甲総。命甲益積一萬一千尺，共一萬九千二百八尺。却以正甲総命甲除寔一萬四千三百二十尺，餘寔四千八百八十八尺。乃一因正平隅，仍是五百四十。三因三正隅，得三千。皆併入正甲総，共四千九百七十二爲正乙方。二因負立隅，得二千二百，併入負甲総，共三千三百爲負乙方。以六乘甲二遍，得六百，加入正[平](中)隅，共六百五十四爲正一廉。以四因甲，得四十爲正二廉。以三乘方一段，爲正隅算。以負立廉三十三乘甲，得三百三十爲負一廉。次商乙二尺，續于甲後爲法。一遍乘負一廉，得六百六十。二遍乘負立隅，[得]四十四。皆併入負乙方共四千四爲負乙総。命乙益積八千八尺，共一萬二千八百九十六尺。另以乙一遍乘正一廉，得一千三百八，二遍乘正二廉，得一百六十，三遍乘正三隅得八，皆併入正乙方，共六千四百四十八爲正乙総。命乙二除寔一萬二千八百九十六尺，得立方面十二尺。內減較三尺，餘九尺爲三乘方面。合問。

先求三乘方面術曰：置積內減二十七，餘爲實。以二十七[爲商除]，以九爲平隅，以一爲立方隅，以一爲三乘隅，開三乘方法除之。求隅用立方廉乘較取之。

又《九章》古題：今有直田，積步以長自乘，得一千七百九十一萬五千九百四步。只云長較相乘，得一千七百二十八步，問長闊幾何。

答曰：長七十二步，濶四十八步。

《九章》原立法曰：置積一千七百九十一萬五千(七)[九]百四步爲寔。以相乘積一千七百二十八步爲益從廉。開三乘方法除之。於寔數之下商置第一位。將(一)[益]從廉三進，得一十七萬二千八百，當進二位爲是。下法四進，得萬。以商寔，得七十。下法亦置上商得七萬，再自乘，得三百四十三萬爲隅法。以上商七乘益從廉二遍，得八百四十六萬七千二百，添入寔，共得二千六百三十八萬(二)[三]千一百四步。却以隅法三百四十三萬與上[商]七除實二千四百一萬，餘寔二百三十七萬三千一百四步。乃四乘隅法，得一千三百七十二萬爲方法。下法再置上商七萬副置二位。第一位自乘，得四十九萬，又以六乘，得二百九十四萬爲上廉。第二位以四乘，得二十八萬爲下廉。乃方法一退，得一百三十七萬二千。上廉再退，得二萬九千四百。下廉三退，得二百八十。益從廉再退，得一千七百二十八。下法四退，得一。續商[置]第二位。以方、廉二法，共一百四十萬一千六百八十以商餘寔，得二步。下法亦置上商二自乘，得四。當以倍二作四爲是。以乘上啇七十，得二百八十，加自乘四，共二百八十四。證曰：當以倍舊商加新商，以新商乘之，方是正法。以乘益從廉，得四十九萬七百五十二，添入餘寔，共得二百八十六萬三千八百五十六。却以上商二步一遍乘上廉，得五萬八千八百。另二遍乘下廉，得一千一百二十。又另以三遍乘隅算一，得八。以方、廉、隅三法，共一百四十三萬一千九百二十八，皆與上商二除餘寔，盡。得長七十二步。以除相乘積一千七百二十八，得較二十四步。以減長餘四十八步，爲濶。合問。

新立減從求長術曰：置相乘総積爲寔，以長較相乘積爲[負]平隅，以一爲正三隅，開三乘方法除之，甚捷。

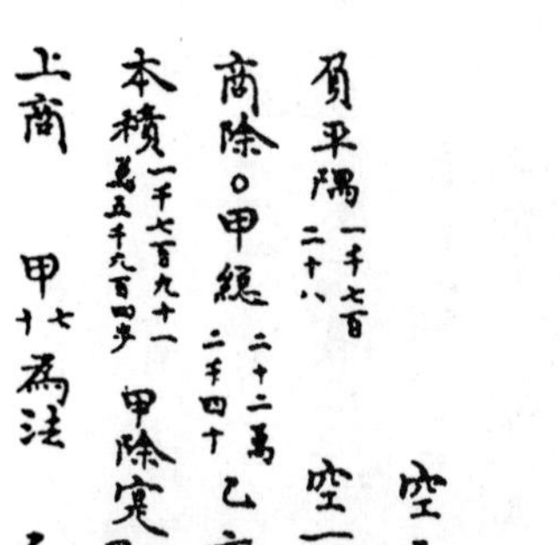

草曰：置相乘積一千七百九十一萬五千九百四步爲寔。以長較相乘積一千七百二十八步爲負平隅，以一爲正三隅，減從開三乘方法除之。初商甲七十，置於積上爲法。三遍乘正三隅，得三十四萬三千。一遍乘負平隅，得一十二萬九百六十。相減，餘二十二萬二千四十，置於商除位爲甲総。命甲除寔一千五百五十四萬二千八百步，餘寔二百三十七萬三千一百四步。乃三因正三隅，得一百二萬九千，內減負平隅一十三萬九百六十，餘九十萬八千四十，加入甲総，共一百一十三萬八(千)[十]爲乙方。甲自乘，得四千九百，以六因之，得二萬九千四百，内減負平隅一千七百二十八，餘二萬七千六百七十二爲正一廉。以四因甲，得二百八十爲正二廉。仍以一爲正三隅。以方、廉隅四位共數以約餘寔。次商乙二步，續于甲後爲法。一遍乘一廉，得五萬五千三百四十四。二遍乘二廉，得一千一百二十。三遍乘三隅得八。皆併入乙方，共一百一十八萬六千五百五十二爲乙総。命乙除餘寔二百三十七萬三千一百四步，適盡。得長七十二步。以除長較相乘積一千七百二十八步，得較二十四步。以較減長，餘四十八步爲濶。合問。

此證新題：假令直田積步而與長自乘之積相乘，得総積一百八十億八千七百八十九萬六百二十五步，只云長較相乘積一萬二千步，問長濶幾何。

荅曰：長三百七十五步，濶三百四十三步。

核正益積術曰：置総積爲寔，以長較相乘積爲益積平方隅，以一爲三乘隅，開三乘方法除之。求甲，以甲自乘，乘平方隅，添積。求乙，乃倍甲入乙，以乙乘之，乘平方隅添積。求丙，倍甲乙入丙，以丙乘之，乘平方隅添積。《九章》之法，以乙自乘乘甲，加乙自乘而乘益積、廉積者，誤矣。

草曰：置総積一百八十億八千七百八十九萬六百二十五步爲寔。以長較相乘一萬二千步爲益積平方隅，以一爲三乘隅，開三乘方法除之。商甲三百，置于積上爲法。三遍乘三隅，得二千七百萬爲隅法。副置商除位爲甲総。另以甲二遍乘平隅，得一十億八千[萬]添積，共一百九十一億六千七百八十九萬六百二十五步，却以甲総二千七百萬命甲三百除寔八十一億步，餘寔一百一十億六千七百八十九萬六百二十五步。乃三因隅法，得八千一百萬，加入甲総，共一億八百萬[爲]乙方。甲自乘一遍，得九萬，以六因之，得五十四萬爲一廉。四因甲，得一千二百爲二廉。乃以一爲三隅。[以方廉隅共數約寔。]次商乙七十，置于甲後爲法。一遍乘一廉，得三千七百八十萬。二遍乘二廉，得五百八十八萬。三遍乘三隅，得三十四萬三千。皆副併乙方，共一億五千二百二萬三千爲乙総。另倍甲，得六百，入乙七十，共六百七十，以乙乘之，得四萬六千九百，乘平方隅一萬二千，得五億六千二百八十萬，添入餘寔，共一百一十六億三千六十九萬六百二十五步。却以乙総命乙除餘寔一百六億四千一百六十一萬步，尚餘寔九億八千九百八萬六百二十五步。乃一因一廉，仍是三千七百八十萬。二因二廉，得一千一百七十六萬。三因三隅，得一百二萬九千。皆起併入乙総，共二億二百六十一萬二千爲丙方。另併甲乙共三百七十，自乘一遍，得十三萬六千九百，以六因之，得八十二萬一千四百爲一廉。四因甲乙，得一千四百八十爲二廉。仍以一爲三隅。以方、廉、隅商餘寔。再商丙五步，續于甲乙後爲法。一遍乘一廉，得四百一十萬七千。二遍乘二廉，得三萬七千。三遍乘三隅，得一百二十五。皆併入丙方，共二億六百七十五萬六千一百二十五爲丙総。另倍甲乙，得七百四十，加丙，共七百四十五，以丙乘之，得三千七百二十五，乘平隅，得四千四百七十萬，添入餘寔，共一十億三千三百七十八萬六百二十五步。却以丙総命丙除餘實，適盡。得長三百七十五步。以除長較相乘[積]一萬二千步，得較三十二步。以較減長，餘三百四十三步爲闊，合問。

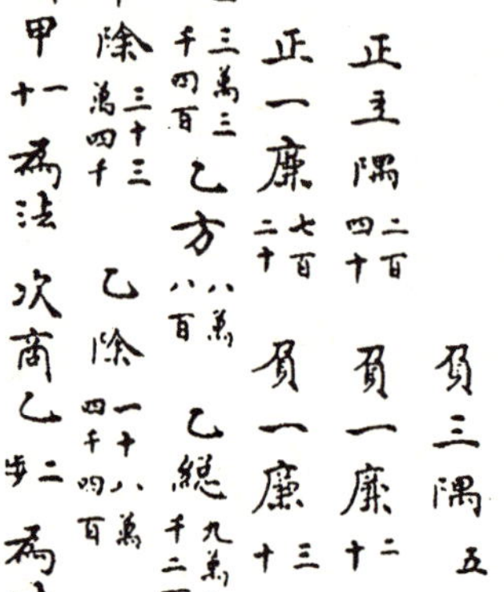

減從術曰：置総積爲寔，以長較相乘積爲負平隅，以一爲正三隅，開[三]乘方法除之，不必立草。

圓田截弦矢

圓田傍截弧田積，倍積自乘総作寔。
四因積步作平隅，四因圓徑立隅的。
五作三乘減負隅，法用三乘開矣直。
倍其截積矢除乘，内減矢餘弦不矢。

新立證題：假令圓田直徑六十步，於傍截弦矢田積三百六十步，問截弦，矢幾何。

荅曰：弦四十八步，矢一十二步。

術曰：倍積自乘爲寔。四因積爲正平隅，四因圓徑爲正立隅，以五爲負三乘隅。減從開三乘方法除之。得矢。以矢除倍積，内減矢餘，(多)[爲]弦。

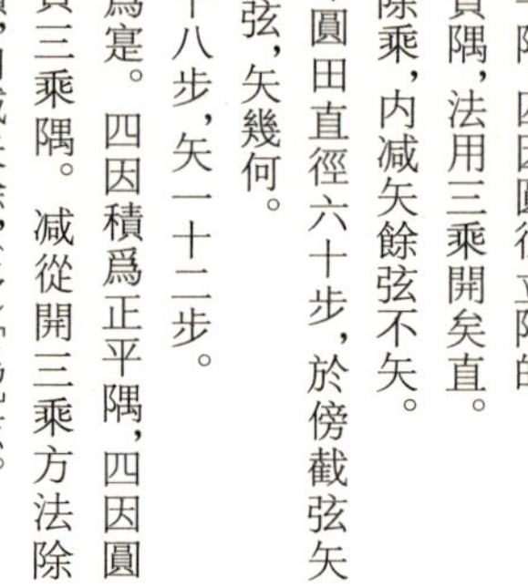

草曰：倍截積，得七百二十步，自乘，得五十一萬八千四百步爲寔。四因截積，得一千四百四十爲正平隅。四因圓徑，得二百四十爲正立隅。以五爲負三乘隅。減從開三乘方法除之。初商甲一十，置于積上爲法。一遍乘正平隅，得一萬四千四百。二遍乘正立隅，得二萬四千。併二位，共三萬八千四百。三遍乘負三隅，得五千，以減併數餘三萬三千四百，置于商除位爲甲総。命上甲除寔，三十三萬四千步，餘寔一十八萬四千四百步。乃一因正平隅，仍是一萬四千四百。二因正立隅，得四萬八千。併二正隅，共六萬二千四百。三因負三隅，得一萬五千，以減併數，餘四萬七千四百，併入甲総，共八萬八百爲乙方。乃三因正立隅，得七百二十爲正[一]廉。以六因負三隅，得三十爲負一廉。四因負三隅，得二十爲負二廉。布位如圖。以甲乘負一廉，得三百，以減正一廉，餘四百二十，又以甲乘之，得四千二百，加入正平隅，共五千六百四十爲正一廉。另以甲乘負二廉，得二百，以減正立隅，餘四十爲正二廉。仍以五爲負三偶。以方、廉、隅以約餘寔。次商得乙二步，續于甲後爲法。以乙乘負三隅，得一十，以減正二廉，餘三十，又以乙乘之，得六十，加入正一廉，共五千七百，又乙乘之，得一萬一千四百，加入乙方，共九萬二千二百爲乙総。命乙除餘寔一十八萬四千四百步，適盡。得截矢一十二步。另倍截積，得七百二十，以矢除之，得六十，內減截矢，餘四十八步，爲截弦，合問。

又證新題：圓田直徑八十二步，於旁截弧田積一千七百九十二步，問截弦，矢幾何。

荅曰：弦八十步，矢三十二步。

術曰：倍積自乘爲寔。四因截積爲正平隅，四因圓徑爲正立隅，以五爲負三隅，減從開三乘方法除之。湧矢。以矢除倍積，內減矢，餘爲弦。

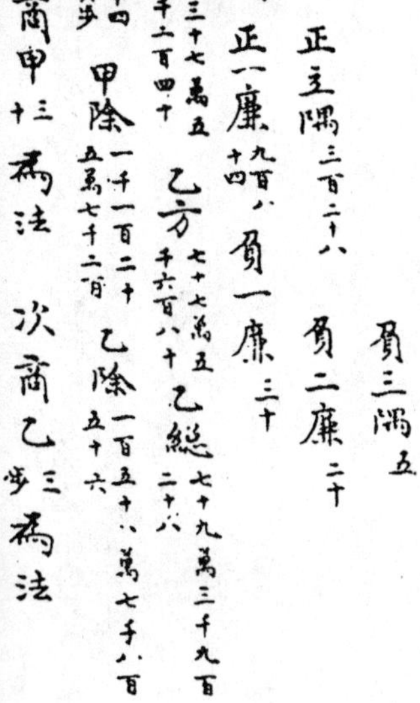

草曰：倍截積，得三千五百八十四步，自乘得一千二百八十四萬五千五十六步爲寔。四因截積，得七千一百六十八爲正平隅。四因圓徑八十二步，得三百二十八爲正立隅。以五爲負三隅。減從開三乘方法除之。初商甲三十，置于積上爲法。一遍乘正平隅，得二十一萬五千四十。二遍乘正立隅，得二十九萬五千二百。副併二正，共得五十一萬二百四十。三遍乘負三隅，得一十三萬五千，以減併數，餘三十七萬五千二百四十，置于商除位爲甲総。命甲三十除積一千一百二十五萬七千二百步，餘寔一百五十八萬七千八百五十六步。乃一因正平隅，仍二十一萬五千四十。二[因]正立隅，得五十九萬四百。併二正，共八十萬五千四百四十。三因負三隅，得四十萬五千，以減併數，餘四十萬四百四十，併入甲総，共七十七萬五千六百八十爲乙方。乃三因正立隅，得九百八十四爲正一廉。六因負三隅，得三十爲負一廉。四因負三隅，得二十爲負(三)[二]廉。列位如圖。以甲三十乘負一廉，得九百，以減正一廉，餘八十四。又以甲乘之，得二千五百二十，加入正平隅，共九千六百八十八爲正一廉。另以甲乘負二廉，得六百內減正[立]隅，餘二百七十二爲負二廉。仍以五爲負三隅。以方、廉[隅]約餘寔。次商得乙二步，續上甲後爲法。乘負三隅，得一十，加入負二廉，共二百八十二。又以乙乘之，得五百六十四，以減正一廉，餘九千一百二十四，又以乙乘之，得一萬八千二百四十八，加入乙方，共得七十九萬三千九百二十八爲乙総。命乙二除餘寔一百五十八萬七千八百五十六步，適盡。得截矢三十二步。以矢除(截)[倍]積三千五百八十四步，得一百一十二步，內減矢三十二步，餘八十步爲截弦。合問。

又 **卷四〇《乘積開方》** 補遺新題：直田積步而與闊自之積相乘，得二億七千五百三十九萬六百二十五步，另以闊乘較，得二千步，問長闊幾何。

荅曰：濶一百二十五步，長一百四十一步。

益從術曰：置総積爲寔，以闊較相乘積爲平方隅，以一爲[三平隅，開]三乘方法除之。得闊。以闊除平方隅，得較，加闊爲長。

草曰：総置積二億七千五百三十九萬六百二十五步爲寔，以闊較相乘積二千步爲平方隅，以一爲三乘隅，開三乘方法約之。初商甲一百，置于積上爲法。一遍乘平隅，得二十萬。三遍乘三隅，得一百萬。副併于積下，共一百二十萬爲甲総。命甲除寔一億二千萬步，餘寔一億五千五百三十九萬六百二十五步。乃一因平隅，仍二十萬。三因三隅，得三百萬。皆併入甲総，共四百四十萬爲乙方。甲自乘一遍，得一萬，以六因之，得六萬，加入平隅，共六萬二千爲一廉。四因甲得四百爲二廉。仍以一爲三乘隅。以方廉隅商餘寔。次商乙二十，續于甲後爲法。一遍乘一廉，得一百二十四萬。二遍乘二(隅)[廉]，得一十六萬。三遍乘三隅，得八千。皆副併入乙方，共五百八十萬八千爲乙総。命乙除餘寔一億一千六百一十六萬步，尚餘寔三千九百二十三萬六百二十五步。乃一因一廉，仍是一百二十四萬。二因二廉，得三十二萬。三因三隅，得二萬四千。皆併[入]乙総，共七百三十九萬二千爲丙方。併甲乙共一百二十，自乘一遍，得一萬四千四百，以六因之，得八萬六千四百，加入平隅，共八萬八千四百爲一廉。四因甲乙，得四百八十爲二廉。仍以一爲三隅。以方、廉、隅商餘寔。再商丙五步，續于甲乙之後爲法。一遍乘一廉，得四十四萬二千。二遍乘二廉，得一萬二千。三遍乘三隅[得]一百二十五。皆併入丙方，共七百八十四萬六千一百二十五爲丙総。命丙五除餘[寔]，適盡。得闊一百二十五步。就以潤除平隅二千，得較一十六步，加入闊步，得長一百四十一步。合問。

明·顧應祥《測圓海鏡分類釋術》卷四《底勾與別弦測望》 東門外往南有樹，乙出東門直行不知步數而立，甲出北門東行二百步望乙與樹俱與城相叅直，乙遂斜行三十四步至樹下。

釋曰：此以底勾叀弦立法測望，甲出北門東行底勾也，乙斜行至樹下叀弦也。

術曰：底勾減二叀弦，餘一百三十二，以底勾乘之得二萬六千四百，又以叀弦冪一千一百五十六乘之，得三千○五十一萬八千四百爲三乘方實，倍底勾以叀弦冪乘之得，四十六萬二千四百爲從方，底勾減叀弦，餘自之得，二萬七千五百五十六爲從一廉，底勾減叀弦餘倍之得三百三十二爲從二廉，作帶從方上廉以下廉減從開三乘方法除之，得叀股三十。求城徑以叀勾股求容圓法求之。

帶從方廉以下廉減從開三乘方曰：約初商得三十。置一於左上爲法，置一自之得九百以乘從二廉得二十九萬八千八百爲減廉，以減從方餘一十六萬三千六百爲從方，置一乘第一廉得八十二萬六千六百八十爲益廉，置一自乘再乘得二萬七千爲隅法，併從方益廉隅法共一百○一萬七千二百八十爲下法，與上法相乘，除實盡，得三十爲叀股。

後凡如此類者，俱倣此。

又 卷八《諸和立法測望》 甲丙二人俱在城外西北乾隅，甲東行，丙南行，乙出南門東行，丁出東門南行，各不知步數而立。四人遥相望與城相叅直。既而相會，各言步數，甲云我與乙共行了三百九十二步，丙云我與丁共行了六百三十步。問城徑。

釋曰：此通勾明勾和與通股叀股和立法測望。甲從乾東行爲通勾，乙從南門外東行爲明勾，共行三百九十二步通勾明勾和也。丙從乾隅南行爲通股，丁出東門南行爲叀股，共行六百三十步通股叀股和也。

術曰：甲乙共步自之得一十五萬三千六百六十四爲通勾明勾和冪，丙丁共步自之得三十九萬六千九百爲通股叀股和冪，二冪相乘得六百○九億八千九百二十四萬一千六百爲三乘方實，丙丁共步互乘通勾明勾和冪得九千六百八十○萬八千三百二十，甲乙共步互乘通股叀股和冪得一億五千五百五十八萬四千八百，二數相併得二億五千二百三十九萬三千一百二十爲從方，又以二冪相併得五十五萬○五百六十四步，以七分半因之，得四十一萬二千九百二十三，二共步相乘得二十四萬六千九百六十，二數相減餘一十六萬五千九百六十三爲從一廉，二共步相併得一千○二十二，以七分半因之得七百六十六步半爲第二廉，以七分半因七分半得五分六釐二毫五絲，以減全步餘四分三釐七毫五絲爲隅筭，作帶從方廉隅以二廉減從開三乘方法除之，得全徑。

帶從方廉隅筭以二廉減從開三乘方曰：置所得三乘方實，以廉隅約之，初商二百。置一於左上爲法，置一自之得四萬，以乘從二廉得三千○六十六萬，以減從方，餘二億二千一百七十三萬三千一百二十爲從，置一乘從一廉得三千三百一十九萬二千六百，置一自乘，再乘得八百萬，以隅筭因之得三百五十萬爲隅法，併從方從廉隅法共二億五千八百四十二萬五千七百二十爲下法，與上法相乘除實五百一十六億八千五百一十四萬四千，餘實九十三億○四百○九萬七千六百爲次商之實。四因隅法得一千四百萬爲方法，初商自之，六因，又以隅筭因之得一十○萬五千爲上廉，初商四之，又以隅筭因之得三百五十爲下廉，約次商得四十。置一於左上爲法，倍初商加次商得四百四十，以乘從二廉得三十三萬七千二百六十，又併初次商得二百四十因之，得八千○九十四萬二千四百爲減廉，以減餘從，餘一億四千○七十九萬○七百二十爲從，倍初商加次商得四百四十，以乘從一廉得七千三百○二萬三千七百二十爲益廉，置一乘上廉得四百二十萬，置一自之，以乘下廉得五十六萬，置一自乘，再乘得六萬四千，又以隅筭因之得二萬八千爲隅法，併方法從方益廉上下廉隅法共二億三千二百六十○萬二千四百四十爲下法，與上法相乘，除實盡。

又顧應祥《測圓算術》卷四　東門外往南有樹，乙出東門東行不知步數而立，甲出北門東行二百步望乙與樹正與城相參直，乙遂斜行三十四步至樹下。

此以城北半句與城東小斜弦測城徑也，甲出北門東行底句也，乙斜行至樹下山之川叀弦也。

術曰：東行内減二斜行餘一百三十二以乘東行得二萬六千四百，又以斜行冪一千一百五十六乘之，得三千○五十一萬八千四百爲三乘方實，倍東行以斜行冪乘之，得四十六萬二千四百爲從方，二行相減差自之，得二萬七千五百五十六爲從一廉，二行相減差倍之得，三百三十二爲從二廉，作帶從方廉以二廉減從開三乘方法除之，得叀股三十，以叀股弦求句，以叀句股求通圓術，求城徑。

南門外往東有樹，乙出南門南行不知步數而立，甲出西門南行四百八十步望乙與樹俱與城相參直，乙又斜行一百五十三步至樹下，問城徑。

此以城西半股與城南東角斜弦求城徑也，甲出西門南行邊股也，乙斜行乃日之月明弦也。

術曰：南行内減二斜行餘一百七十四以乘南行得八萬三千五百二十。斜行自之得二萬三千四百○九，二數相乘得一十九億五千五百一十一萬九千六百八十爲三乘方實，斜行自之以乘南行又倍之得二千二百四十七萬二千六百四十爲從方，二行相減餘自之得一十○萬六千九百二十九爲從一廉，二行相減餘倍之得六百五十四爲從二廉，作帶方廉以二廉減從開三乘方法除之，得明句七十二。

附法：初商七十。置一於左上爲法，置一乘從一廉，得七百四十八萬五千○三十爲益從之實。置一自之以乘從二廉得三百二十○萬四千六百爲減從，置一自乘再乘得三十四萬三千爲隅法，以減從之實減從方，餘一千九百二十六萬八千○四十，加益從之實得二千六百七十五萬三千○七十，併隅法共二千七百○九萬六千○七十爲下法，與上法相乘除實一十八億九千六百七十二萬四千九百，餘五千八百三十九萬四千七百八十爲次商之實。二因益從之廉，得一千四百九十七萬○○六十。三因減從之廉，得九百六十一萬三千八百爲減從之方，三因初商，得二百一十，以乘從二廉，得一十三萬七千三百四十爲起下減廉，四因隅法，得一百三十七萬二千爲方法，初商自之，六因，得二萬九千四百爲上廉，初商四之得二百八十爲下廉，次商二。置一於左次爲上法，置一乘從一廉得二十一萬三千八百五十八，併入前二因益從廉共一千五百一十八萬三千九百一十八爲益從之實，置一乘起下減廉得二十七萬四千六百八十爲減從之廉，置一自之以乘從二廉，得二千六百一十六，併減從方廉共九百八十九萬一千○九十六爲減從之實。置一乘上廉得五萬八千八百，置一自之以乘下廉得一千一百二十，置一自乘再乘得八爲正隅，併方法上下廉共一百四十三萬一千九百二十八爲隅法，以減從之實減從方，餘一千二百五十八萬一千五百四十四，加益從之實共二千七百七十六萬五千四百六十二，併隅法共二千九百一十九萬七千三百九十爲下法，與上法相乘，除實盡。

明・顧應祥《測圓海鏡分類釋術》卷三《底勾與別股測望》　乙出南門南行一百三十五步而立，甲出北門北行一十五步折而東行二百○八步，見之。問城徑。

釋曰：此底勾帶短股與明股立法測望，乙出南門南行明股也，甲出北門北行北門外短股也，折而東行類底勾而過之。

術曰：以東行乘南行得二萬八千○八十，自之得七億八千八百四十八萬六千四百爲三乘方實，東行自之，得四萬三千二百六十四，以乘南行得五百八十四萬○六百四十，倍之得一千一百六十八萬一千二百八十爲從方，北行自之於上，併南北二行以減東行餘自之減上位餘數減上寄位，併南北二行，以東行乘之倍之以減寄位，餘五萬六千九百八十八爲從一廉，四之東行得八百三十二於上，併南北二行減東行，餘五十八，四之得二百三十二，以減上位餘六百爲從二廉，四爲虛隅，作帶從二廉減從翻法開三乘方開之，得半徑。

帶一廉以從二廉益從減從爲法翻法開三乘方曰：列所得三乘方實，從一廉從二廉隅法約之，初商一百，置一於左上爲法，置一乘從一廉得五百六十九萬八千八百爲益隅之廉。置一自之，以乘從二廉，得六百萬爲益從之廉，併入從方共一千七百六十八萬一千二百八十爲通法。置一自乘再乘，以隅因之，得四百萬爲隅法，併益隅之廉共九百六十九萬八千八百爲減實，以減通法，餘七百九十八萬二千四百八十爲下法，與上法相乘除實七億九千八百二十四萬八千，實不滿法，翻減實七億八千八百四十八萬六千四百，餘九百七十六萬一千六百爲負積。二因乘出從一廉，得一千一百三十九萬七千六百爲益隅之廉，三因乘出從二廉得一千八百萬爲益從之廉，又三之初商乘從二廉得一十八萬爲益從次廉，四因隅法得一千六百萬爲方法，初商自之，六因，又以隅因，得二十四萬爲上廉，初商四之，隅因得一千六百爲下廉，次商二十，置一於左上爲法，置一乘從一廉，得一百一十三萬九千七百六十，併益隅之廉，共一千二百五十三萬七千三百六十共爲益隅。置一乘益從次廉，得三百六十萬。置一自之，以乘從二廉得二十四萬，併二數加入益從之廉，共二千一百八十四萬爲益從，併入從方共三千三百五十二萬一千二百八十爲通法，置一乘上廉得四百八十萬，置一自之，以乘下廉得六十四萬，置一自乘再乘隅因得三萬六千爲隅法，併方法上下廉隅法得二千一百四十七萬二千，併益隅共三千四百〇〇萬九千三百六十爲減實，以減通法，不及減反減通法三千三百五十二萬一千二百八十，餘四十八萬八千〇八十爲負法，與上法相乘，除負積盡。

後凡言帶一廉以二廉益從減從翻法開三乘方法者俱倣此。

又　圓城不知周徑，南門外一百三十五步有樹，出東門直行一十六步見之。問城徑。

釋曰：此吏勾明股立法測望，出東門外一十六步爲吏勾，城東之餘勾也，樹在城南一百三十五步爲明股，城南之餘股也，以餘勾餘股測城徑。

術曰：餘勾餘股相乘爲勾乘股冪，自之得四百六十六萬五千六百爲三乘方實，勾乘股冪倍之得四千三百二十，又以餘勾餘股併乘之，得六十五萬二千三百二十爲從方，餘勾餘股相併自之，得二萬二千八百〇一，餘勾餘股相減自之，得一萬四千一百六十一，二數相減餘八千六百四十爲益廉，作帶從廉添積開三乘方法除之，得半徑。

帶從益廉添積開三乘方曰：置所得三乘方積，以從方廉約之，初商一百。置一於左上爲法，置一乘從益廉，得八十六萬四千，併從方共一百五十一萬六千三百二十爲益積之法，與上法相乘得一億五千一百六十三萬二千爲益實，添入原積共一億五千六百二十九萬七千六百，爲通實。置一自乘再乘得一百萬爲隅法，與上法相乘除實一億，餘五千六百二十九萬七千六百爲次實，二因益廉，得一百七十二萬八千，四因隅法，得四百萬爲方法，初商自之，六因得六萬爲上廉，初商四之得四百爲下廉，約次商得二十。置一於左次爲上法，置一乘益廉得一十七萬二千八百，併前倍廉共一百九十〇萬〇八百，併從方共二百五十五萬三千一百二十爲益積之法，與上法相乘得五千一百〇六萬二千四百爲益實，添入次實共一億〇七百三十六萬爲通實。置一乘上廉得一百二十萬，置一自之以乘下廉，得一十六萬，置一自乘再乘得八千爲隅法，併方廉隅共五百三十六萬八千爲下法，與上法相乘，除實盡。

又爲帶從方廉減隅翻法開三乘方　其法曰：初商一百。置一於左上爲法，置一自乘再乘得一百萬爲隅法，置一乘從廉得八十六萬四千，併從方共一百五十一萬六千三百二十，以減隅法不及，反減隅法一百，餘五十一萬六千三百二十爲負隅，與上法相乘得五千一百六十三萬二千，加原實共五千六百二十九萬七千六百爲次商之實，四因隅法得四百萬爲方法，初商自之，六因得六萬爲上廉，初商四之得四百爲下廉，次商二十。置一於左次爲上法，置一乘上廉得一百二十萬，置一自之以乘下廉得一十六萬，置一自乘再乘，得八千爲隅法，併方法廉隅共五百三十六萬八千爲通隅，倍初商加次商得二百二十，以乘從廉，得一百九十〇萬〇八百，併從方共二百五十五萬三千一百二十，以減通隅餘二百八十一萬四千八百八十爲下法，與上法相乘，除實盡。

後凡言如此類立法者，倣此。

又術曰：以樹去南門步，自之得一萬八千二百二十五爲餘股冪，副置二位一以餘股乘之，得二百四十六萬〇三百七十五爲餘股立冪，一以餘勾乘之，得二十九萬一千六百爲勾乘股立冪，相乘得七千一百七十四億四千五百三十五萬爲三乘方實，餘勾餘股相乘，得二千一百六十，爲勾股相乘冪，倍之以乘餘股立冪，得一百〇六億二千八百八十二萬爲從方，餘勾自之，得二百五十六爲餘勾冪，四之，以乘餘股，得一十三萬八千二百四十，倍勾乘股立冪，得五十八萬三千二百，二數相減，餘四十四萬四千九百六十爲從二減廉，以勾股相乘冪爲隅筭，作從廉減從方負隅開三乘方法除之，得八十一爲明勾弦較，以除明股冪，得二百二十五爲明勾弦和，加較半之爲弦，減較半之爲勾，勾股相乘倍爲實，以較除之得，通弦和較，通弦和較即城徑也。

從廉減從方負隅開三乘方曰：約初商八十，置一於左上爲法，置一自之，以乘從廉得二十八億四千七百七十四萬四千，以減從方餘七十七億八千一百〇七萬六千。置一自乘再乘，得五十一萬二千，以隅筭因之得，一十一億〇五百九十二萬爲隅法，併從方共八十八億八千六百九十九萬六千爲下法，與上法相乘除實七千一百〇九億五千九百六十八萬，餘實六十四億八千五百六十七萬爲次實，四因隅法，得四十四億二千三百六十八萬爲方法，初商自之，六因，又以隅因得八千二百九十四萬四千爲上廉，初商四之，隅因得六十九萬一千二百爲下廉，約次商得一。置一於左次爲上法，倍初商加次商得一百六十一，又併初次商爲八十一乘之，得一萬三千〇四十一，以乘從廉得五十八億〇二百七十二萬三千三百六十，以減餘從，餘一十九億七千八百三十五萬二千六百四十爲從方，置一乘上廉，置一自之以乘下廉俱如舊，置一自乘再乘仍得一爲隅法，併方法從方廉隅共六十四億八千五百六十七萬爲下法，與上法相乘，除實盡。

又 卷五《邊股與別弦測望》 南門外往南不知步數有樹，乙出南門東行不知步數而立，甲出西門南行四百八十步望乙與樹，正與城相參直，乙乃斜行一百五十三步至樹下。問城徑。

釋曰：此以邊股明弦立法測望，甲出西門南行邊股也，乙斜行至樹下明弦也。

術曰：邊股內減二明弦餘一百七十四，以乘邊股得八萬三千五百二十，明弦自之，得二萬三千四百〇九，二數相乘得一十九億五千五百一十一萬九千六百八十爲三乘方實，邊股乘明弦冪倍之，得二千二百四十七萬二千六百四十爲從方，邊股減明弦餘自之，得一十〇萬六千九百二十九爲從一廉，邊股減明弦餘倍之，得六百五十四爲從二廉，作帶從益廉以二廉減從開三乘方法除之，得明勾七十二，以勾弦求股得一百三十五，以明勾股求容圓術求之，得城徑。

帶從益廉以二廉減從開三乘方曰：以所得三乘方實，以從方廉約之，初商七十。置一於左上爲法，置一自之以乘二廉，得三百二十〇萬四千六百爲減從之廉，以減從方餘一千九百二十六萬八千〇四十爲從，置一乘一廉得七百四十八萬五千〇三十爲益從之廉，置一自乘再乘，得三十四萬三千爲隅法，併從方益廉隅法共二千七百〇九萬六千〇七十爲下法，與上法相乘除實一十八億九千六百七十二萬四千九百，餘實五千八百三十九萬四千七百八十爲次商之實。四因隅法，得一百三十七萬二千爲方法，初商自之，六因得二萬九千四百爲上廉，初商四之得二百八十爲下廉，次商得二。置一於左上爲法，倍初商加次商，得一百四十二以乘二廉，得九萬二千八百六十八，又併初次商，得七十二，因之得六百六十八萬六千四百九十六爲減從，以減餘從尚餘一千二百五十八萬一千五百四十四爲從方，倍初商加次商得一百四十二，以乘從一廉，得一千五百一十八萬三千九百一十八爲益從廉，置一乘上廉，得五萬八千八百，置一自之以乘下廉得一千一百二十，置一自乘再乘，得八爲隅法，併方法從方益廉上下廉隅法共二千九百一十九萬七千三百九十爲下法，與上法相乘，除實盡。此法已見四卷底勾叀弦條，因此有重位，故重出。

開負隅三乘方法

算法

明·顧應祥《測圓海鏡分類釋術》卷四《通勾與弦測望》 圓城南門外有槐樹一株，東門外有柳樹一株，兩樹斜相距二百八十九步，甲從城外西北隅向東行三百二十步望槐柳與城相參直。問城徑。

釋曰：此以通勾皇極弦立法測望，甲東行通勾也，兩樹斜相距皇極弦也，原法先求出皇極勾，即柳至城心步后，以勾弦求股，以皇極勾股求容圓即是。

術曰：通勾與皇極弦相乘，得九萬二千四百八十，自之得八十五億五千二百五十五萬〇四百，爲三乘方實，皇極弦自乘得，八萬三千五百二十一爲皇極弦冪，以通勾乘之，得二千六百七十二萬六千七百二十，倍之得五千三百四十五萬三千四百四十爲從方，倍通勾皇極弦相乘之數，得一十八萬四千九百六十爲第一從廉，倍皇極弦得五百七十八爲第二益廉，以二爲隅算作帶從廉負隅以廉隅添積開三乘方法除之，得一百三十六爲皇極勾。求城徑以皇極勾弦求皇極股二百五十五，勾股相乘倍爲實，以弦除之即得容圓全徑。勾弦求股見一卷。

帶從廉負隅以廉隅添積開三乘方曰：置所得三乘方積爲實。列從方，從一廉，從二益廉，約商首一位得一百。置一於左上爲法，置一自之，以乘益廉得五百七十八萬，置一自乘再乘，以隅算因之，得二百萬爲隅法，益廉共七百七十八萬與上法相乘，得七億七千八百萬爲益實，添入積內共九十三億三千〇五十五萬〇四百爲通實，置一乘從一廉，得一千八百四十九萬六千爲益從，併入從方，共七千一百九十四萬九千四百四十爲下法，與上法相乘除實七十一億九千四百九十四萬四千，餘實二十一億三千五百六十〇萬六千四百爲次商之實。四因隅法，得八百萬爲方法，初商自之，六因，又以隅算因之，得一十二萬爲上廉，初商四之，隅因得八百爲下廉。次商三十。置一於左次爲上法，倍初商加次商，得二百三十，併初次商爲一百三十相乘得二萬九千九百，又加初商自之一萬共三萬九千九百，以乘從二益廉，得二千三百〇六萬二千二百爲益廉之實。置一乘上廉得三百六十萬，置一自之得九百，以乘下廉得七十二萬，置一自乘再乘，得二萬七千隅因得五萬四千爲隅法，併方廉隅共一千二百三十七萬四千爲益隅之實，與益廉之實相併，得三千五百四十三萬六千二百爲益積之法，與上次法相乘，得一十〇億六千三百〇八萬六千爲益積之實，添入餘實共三十一億九千八百六十九萬二千四百爲通實。倍初商加次商得二百三十，以乘從一廉，得四千二百五十四萬〇八百爲益從，併入從方，共九千五百九十九萬四千二百四十爲下法，與上次法相乘除實二十八億七千九百八十二萬七千二百，尚餘三億一千八百八十六萬五千二百爲三商之實。二因上廉得七百二十萬，三因下廉得二百一十六萬，四因隅法得二十一萬六千，併入方法共一千七百五十七萬六千爲方法，併初次商自之，又六因得一十〇萬一千四百，以隅筭因之，得二十〇萬二千八百爲上廉，併初次商，四之得五百二十，以隅因得一千〇四十爲下廉，三商得六。置一於左上爲法，倍初次商加三商得二百六十六，併初次商加三商得一百三十六，相乘得三萬六千一百七十六，又以初次商併自之，得一萬六千九百加之，共五萬三千〇七十六，以乘從二益廉，得三千〇六十七萬七千九百二十八爲益廉之實。置一乘上廉得一百二十一萬六千八百，置一自之以乘下廉得三萬七千四百四十，相併得一百二十五萬四千二百四十爲廉法，置一自乘再乘，得二百一十六，以隅因之，得四百三十二爲隅法，併方法廉法隅法，共一千八百八十三萬〇六百七十二爲益隅之實，併益廉之實共四千九百五十〇萬八千六百爲益積之法，與上法相乘得二億九千七百〇五萬一千六百爲益積，添入餘實共六億一千五百九十一萬六千八百爲通實。倍初次商加三商得二百六十六，以乘從一廉得四千九百一十九萬九千三百六十爲益從，併從方共一億〇二百六十五萬二千八百爲下法，與上法六相乘，除實盡。得一百三十六爲皇極勾，此法以二廉與隅添積，以第一廉益從爲法。

又爲帶從負隅以廉隅減從開三乘方法　其法曰：以八十五億五千二百五十五萬〇四百爲正實，以五千三百四十五萬三千四百四十爲從方，以一十八萬四千九百六十爲從一廉，以五百七十八爲從二減廉，二爲隅算。約初商得一百，置一於左上爲法，置一自之得一萬以乘從二廉得五百七十八萬爲減廉，置一自乘再乘，又以隅因得二百萬爲隅法，併減廉隅法，得七百七十八萬爲減從，置一乘從一廉，得一千八百四十九萬六千爲益從，以益從加入原從，得七千一百九十四萬九千四百四十，以減從減之餘六千四百一十六萬九千四百四十爲下法，與上法相乘除實六十四億一千六百九十四萬四千，餘實二十一億三千五百六十〇萬六千四百爲次商之實。四因隅法得八百萬爲方法，初商自之，六因又以隅因之得一十二萬爲上廉，初商四之隅因得八百爲下廉，約次商得三十。置一於左上爲法，倍初商加次商得二百三十，併初次商得一百三十相因得二萬九千九百，又加初商自乘一萬共三萬九千九百，以乘從二廉，得二千三百〇六萬二千二百爲減廉，置一乘上廉得三百六十萬，置一自之，以乘下廉得七十二萬，置一自乘再乘隅因得五萬四千爲隅法，併方廉隅共一千二百三十七萬四千爲減隅，併減廉減隅共三千五百四十三萬六千二百爲減從，倍初加次商得二百三十，以乘從一廉，得四千二百五十四萬〇八百爲益從，以加原從得九千五百九十九萬四千二百四十，以減從減之，餘六千〇五十五萬八千〇四十爲下法，與上法相乘除實一十八億一千六百七十四萬一千二百，餘實三億一千八百八十六萬五千二百爲三商之實。二因上廉，得七百二十萬，三因下廉得二百一十六萬，四因隅法得二十一萬六千，併入方法共一千七百五十七萬六千爲方法，初次商併自之，六因又以隅筭因之，得二十〇萬二千八百爲上廉，初次商併四之隅因得一千〇四十爲下廉，約三商得六。置一於左次爲上法，倍初次商加三商得二百六十六，併初次三商共一百三十六相因得三萬六千一百七十六，又加初次商相併，自之一萬六千九百共五萬三千〇七十六，以乘從二廉得三千〇六十七萬七千九百二十八爲減廉，置一乘上廉得一百二十一萬六千八百，置一自之，以乘下廉得三萬七千四百四十，置一自乘再乘以隅因得四百三十二爲隅法，併方廉隅共一千八百八十三萬〇六百七十二爲減隅，減廉減隅相和，得四千九百五十〇萬八千六百爲減從，倍初次加三商得二百六十六，以乘從一廉得四千九百一十九萬九千三百六十爲益從，以加原從得一億〇二百六十五萬二千八百，以減從減之，餘五千三百一十四萬四千二百爲下法，與上法相乘，除實盡。此法以第一廉爲益從第二廉與隅爲減從以從爲法。

後凡如此類者，俱倣此。

又　圓城南門外直南不知步數有槐樹一株，南門外東行不知步數有柳樹一株，槐柳斜相距一百五十三步，甲從城外西北隅東行三百二十步望槐柳與城相叅直。問城徑。

釋曰：此以通勾明弦立法測望，二樹斜相距明弦也，甲東行通勾也。

術曰：通勾自之得一十〇萬二千四百爲通勾冪，二行相乘得四萬八千九百六十，又以二數相乘得五十〇億一千三百五十〇萬四千爲三乘方實。明弦乘通勾冪三之得四千七百〇〇萬一千六百爲從方，倍二行相乘數以減通勾冪餘四千四百八十爲第一廉，倍通勾得六百四十爲第二益廉，二步爲隅法，作帶從負隅以二廉減從方開三乘方法除之，得半徑。

帶上廉負隅以下廉減從開三乘方法曰：置所得三乘方實，以廉隅從方約之，初商一百。置一於左上爲法，置一自之，以乘從二廉，得六百四十萬爲減廉以減從方，餘四千〇六十〇萬一千六百爲從方，置一乘第一廉得四十四萬八千爲益廉，置一自乘再乘得一百萬，又以隅因之得二百萬爲隅法，併從方益廉隅法共四千三百〇四萬九千六百爲下法，與上法相乘除實四十三億〇四百九十六萬，餘實七億〇八百五十四萬四千爲次商之實，四因隅法得八百萬爲方法，初商自之六因又以隅法因之得一十二萬爲上廉，初商四之隅因得八百爲下廉，約次商得二十。置一於左上爲法，倍初商加次商得二百二十，以乘從二廉得一十四萬〇八百，併初次商得一百二十因之，得一千六百八十九萬六千爲減廉，以減餘從，餘二千三百七十〇萬五千六百爲從方，倍初商加次商得二百二十，以乘第一廉得九十八萬五千六百爲益廉，置一乘上廉得二百四十萬，置一自之以乘下廉得三十二萬，置一自乘再乘，又以隅因之得一萬六千爲隅法，併方法從方廉益上下廉隅法共三千五百四十二萬七千二百爲下法，與上法相乘，除實盡。

又　卷五《通股與別弦測望》　圓城南門外不知步數有槐一株，東門外不知步數有柳一株，有人從城外西北隅南行六百步望二樹與城東南角相參直，其槐柳斜相距二百八十九步。問城徑。

釋曰：此以通股皇極弦立法測望，南行爲通股，二樹斜相距步，即皇極弦日之川也。

術曰：南行步與二樹相距步相乘，又自之得三百〇〇億六千七百五十六萬爲三乘方實，通股乘皇極弦冪倍之，得一億〇〇二十二萬五千二百爲從方，通股皇極弦相乘倍之，得三十四萬六千八百爲從一廉，倍皇極弦得五百七十八爲從二廉，二爲隅算，作帶從負隅以廉隅添積開三乘方法除之，得二百五十五爲皇極股。求城徑，以皇極股弦求皇極勾得一百三十六，勾股相乘倍爲實以弦除之，得容圓全徑。

帶從負隅以廉隅添積開三乘方曰：置所得三乘方實，從方從廉隅算約之，

初商二百。置一於左上爲法，置一乘從一廉，得六千九百三十六萬爲益從，加從方共一億六千九百五十八萬五千二百爲下法，置一自之，以乘從二廉得二千三百一十二萬爲益隅，置一自乘再乘以隅算因之，得一千六百萬爲隅法，併益隅共三千九百一十二萬爲益積之法，以初商因之得七十八億二千四百萬爲益實，添入原積得三百七十八億九千一百五十六萬爲通實，以下法上法相乘除實三百三十九億一千七百〇四萬，餘三十九億七千四百五十二萬爲次商之實。二因益從得一億三千八百七十二萬爲益從方，三因益隅得六千九百三十六萬爲益隅之方，三之初商乘從二廉，得三十四萬六千八百爲益隅之廉，四因隅法得六千四百萬爲方法，初商自之，六因又隅因之，得四十八萬爲上廉，初商四之，隅因得一千六百爲下廉，約次商得五十。置一於左上爲法，置一乘從廉得一千七百三十六萬爲益從廉，併益從方共一億五千六百〇六萬爲益從之實，加入從方共二億五千六百二十八萬五千二百爲下法，置一乘益隅之廉，得一千七百三十四萬，置一自之以乘從二廉得一百四十四萬五千爲益隅之隅，併益隅方廉隅共八千八百一十四萬五千爲益隅之實。置一乘上廉得二千四百萬，置一自之以乘下廉得四百萬，置一自乘再乘隅因得二十五萬爲隅法，併方上下廉隅法共九千二百二十五，加益隅之實，共一億八千〇三十九萬五千爲益積之法，以次商乘之得九十〇億一千九百七十五萬爲益實，添入餘積共一百二十九億九千四百二十七萬爲通實，以下法與上法相乘除實一百二十八億一千四百二十六萬，餘一億八千〇〇一萬爲三商之實。二因益從廉得三千四百六十八萬，併入益從方得一億七千三百四十萬爲益從方，二因益隅之廉得三千四百六十八萬，三因益隅之隅得四百三十三萬五千，俱併入益隅方，得一億〇八百三十七萬五千爲益隅方，併初次商三之，以乘從二廉得四十三萬三千五百爲益隅之廉，二因上廉得四千八百萬，三因下廉得一千二百萬，四因隅法得一百萬，併入方法共一億二千五百萬爲方法，併初次商自之六因又隅因之，得七十五萬爲上廉，併初次商四之隅因得二千爲下廉，約三商得五。置一於左上爲法，置一乘從一廉得一百七十三萬四千爲益從廉，併益從方得一億七千五百一十三萬四千爲益從之實。加入從方共二億七千五百三十五萬九千二百爲下法，置一乘益隅之廉，得二百一十六萬七千五百，置一自之以乘從二廉得一萬四千四百五十爲益隅之隅，併益隅方廉隅共一億一千〇五十五萬六千九百五十爲益隅之實。置一乘上廉得三百七十五萬，置一自之以乘下廉得五萬，置一自乘再乘隅因得二百五十爲隅法，併方上下廉隅共一

億二千八百八十〇萬〇二百五十，加益隅之實得二億三千九百三十五萬七千二百爲益積之法，以三商因之得一十一億九千六百七十八萬六千爲益實，添入餘積得一十三億七千六百七十九萬六千爲通實。下法與上法相乘，除盡。

又爲以二廉隅減一廉從方開三乘方，其法曰：初商二百。置一於左上爲法，置一乘從一廉得六千九百三十六萬爲益從方，併從方共一億六千九百五十八萬五千二百爲從，置一自之以乘從二廉，得二千三百一十二萬爲益隅之實。置一自乘再乘隅因得一千六百萬爲隅法，加益隅之實，得三千九百一十二萬爲減實，以減從餘一億三千〇四十六萬五千二百爲下法，與上法相乘除實二百六十〇億九千三百〇四萬，餘三十九億七千四百五十二萬爲次商之實。二因益從之實，得一億三千八百七十二萬爲益從方，三因益隅之實得九千六百三十六萬爲益隅之方，三之初商以乘從二廉得三十四萬六千八百爲益隅之廉，初商自之六因又隅因，得四十八萬爲上廉，初商四之隅因得一千六百爲下廉，次商五十。置一於左上爲法，置一乘從一廉得一千七百三十四萬，爲益從之廉，併益從方，得一億五千六百〇六萬爲益從之實，加入從方共二億五千六百二十八萬五千二百爲從，置一乘益隅之廉得一千七百三十四萬，置一自之以乘從二廉得一百四十四萬五千爲益隅之隅，併益隅方廉隅共八千八百一十四萬五千爲益隅之實。置一乘上廉得二千四百萬，置一自之以乘下廉得四百萬，置一自乘再乘隅因得二十五萬爲隅法，併方廉隅得九千一百二十五萬，加益隅之實得一億八千〇三十九萬五千爲減實，以減從餘七千五百八十九萬〇二百爲下法，與上法相乘除實三十七億九千四百五十一萬，餘一億八千〇〇一萬爲三商之實。二因益從方廉得三千四百六十八萬，併入益從方得一億七千三百四十萬爲益從方。二因益隅之廉，得三千四百六十八萬三因益隅之隅，得四百三十三萬五千，俱併入益隅之方得一億〇八百三十七萬五千爲益隅之方。併初次商三之，以乘從二廉得四十三萬三千五百爲益隅之廉，二因上廉得四千八百萬，三因下廉得一千二百萬，四因隅法得一百萬，併入方法共一億二千五百萬爲方法，併初次商自之十二因得七十五萬爲上廉，併初次商八因得二千爲下廉，三商得五。置一於左上爲法，置一乘從一廉得一百七十三萬四千爲益從廉，併益從方得一億七千五百一十三萬四千爲益從之實，加入從方，共二億七千五百三十五萬九千二百爲從，置一乘益隅之廉得二百一十六萬七千五百，置一自之以乘從二廉得一萬四千四百五十爲益隅之隅，併益隅方廉隅共一億一千〇五十五萬六千九百五十爲益隅之實。置一乘上廉得三百七十五萬，置一自之以乘下廉得五萬，置一自乘再乘隅因得二百五十爲隅法，併方廉隅共一億二千八百八〇萬〇二百五十，加益隅之實得二億三千九百三十五萬七千二百爲減實，以減從餘三千六百〇〇二千爲下法與上法相乘，除實盡。

右二法已見四卷通勾皇極弦下，因其頭緒太繁，故重出以便學者。

又 東門外往南不知步數有石柱一箇，乙出東門直行不知步數而立，甲從城外西北乾隅南行六百步望石柱與乙與城相參直，乙乃斜行三十四步至石柱下。問城徑。

釋曰：此以通股吏弦立法測望，甲南行通股也，乙斜行吏弦也。

術曰：通股吏弦相乘得二萬〇四百，又以通股冪三十六萬乘之，得七十三億四千四百萬爲三乘方實，吏弦乘通股冪三之，得三千六百七十二萬爲從方，通股冪内減去兩箇通股吏弦相乘之數，餘三十一萬九千二百爲從一廉，倍通股得一千二百爲第二廉，二爲隅算，作帶從方廉負隅以二廉減從開三乘方法除之，得半徑。

帶從方廉負隅以二廉減從開三乘方曰：置所得三乘方實，以從方廉隅算約之，初商一百。置一於左上爲法，置一自之以乘二廉，得一千二百萬爲減廉以減從方，餘二千四百七十二萬爲從方，置一乘從一廉得三千一百九十二萬爲益廉，置一自乘再乘又以隅法因之，得二百萬爲隅法，併從方益廉隅法，得五千八百六十四萬爲下法，與上法相乘除實五十八億六千四百萬，餘實一十四億八千萬，四因隅法得八百萬爲方法，初商自之六因又以隅法因之，得一十二萬爲上廉，初商四之又以隅因之得八百爲下廉，約次商得二十。置一於左次爲上法，倍初商加次商，得二百二十以乘二廉得二十六萬四千，又併初次商得一百二十因之，得三千一百六十八萬爲減廉，以減餘從不及減，反減餘從二千四百七十二萬，餘六百九十六萬爲負從，倍初商加次商爲二百二十，以乘從一廉得七千〇二十二萬四千爲益廉，置一乘上廉得二百四十萬，置一自之以乘下廉得三十二萬，置一自乘再乘又以隅因之得一萬六千爲隅法，併方法益廉上下廉隅法共八千〇九十六萬，減去負從六百九十六萬，餘七千四百萬爲下法，與上法相乘，除實盡。

此術已見四卷通勾明弦條下，因後有翻減從不同，故重出。

又爲帶從方負隅以二廉添積開三乘方　如前，約初商一百。置一於左上爲法，置一自之以乘從二廉，得一千二百萬，與上法相乘得一十二億爲益積，添入原積共八十五億四千四百萬爲實。置一乘從一廉得三千一百九十二萬爲益廉,置一自乘再乘又以隅算因之得二百萬爲隅法,併從方益廉隅法共七千〇六十四萬爲下法,與上法相乘除實七十〇億六千四百萬,餘實一十四億八千萬,倍益廉得六千三百八十四萬,四因隅法得八百萬爲方法,初商自之六因又隅因,得一十二萬爲上廉,初商四之,又隅因得八百爲下廉,約次商得二十。置一於左次爲上法,倍初商加次商爲二百二十,併初次商得一百二十相因得二萬六千四百,又加初商自之一萬共三萬六千四百,以乘從二廉得四千三百六十八萬,與上法相乘得八億七千三百六十萬爲益實,添入餘積共二十三億五千三百六十萬爲實。置一乘從一廉得六百三十八萬四千,併倍益廉共七千〇二十二萬四千,置一乘上廉得二百四十萬,置一自之以乘下廉得三十二萬,置一自乘再乘以乘隅算得一萬六千爲隅法,併方法從方益廉上下廉隅法,共一億一千七百六十八萬爲下法,與上法相乘,除實盡。

又術曰:半通股冪以乘通股冪,得六百四十八億爲三乘方實。通股自乘再乘得二億一千六百萬,叀弦乘通股冪,得一千二百二十四萬,倍得二千四百四十八萬,二數相併得二億四千〇四十八萬爲從方,叀弦乘通股倍之爲四萬〇八百,以減通股冪,餘三十一萬九千二百爲從一廉,以通股六百爲從二廉,半步爲隅算,作帶從廉負隅減從以二廉益從開三乘方法除之,得三百六十爲股圓差,以減通股即圓徑。

帶一廉負隅減從以二廉益從開三乘方曰:置所得三乘方實,以從方廉隅約之,初商三百。置一於左上爲法,置一乘從一廉得九千五百七十六萬爲益隅之廉,置一自乘再乘以隅算半步因得一千三百五十萬爲隅法算,併益隅之廉共一億〇九百二十六萬以減從方,餘一億三千一百二十二萬爲從,置一自之得九萬以乘從二廉,得五千四百萬爲益從,併入餘從共一億八千五百二十二萬爲下法,與上法三百相乘除實五百五十五億六千六百萬,餘實九十二億三千四百萬,倍益隅之廉,得一億九千一百五十二萬,四因隅法得五千四百萬爲方法,初商自之六因又以隅算因之得二十七萬爲上廉,初商四之,又以隅算因之得六百爲下廉,約次商得六十。置一於左次爲上法,置一乘從一廉得一千九百一十五萬二千,併入倍益隅之廉得二億一千〇六十七萬二千爲益廉,置一乘上廉得一千六百二十萬,置一自之以乘下廉得二百一十六萬,置一自乘再乘又以隅因之得一十〇萬八千,併方法廉隅共七千二百四十六萬八千,加益廉得二億八千三百一十四萬,以減原從不及,翻減從方二億四千〇四十八萬,餘四千二百六十六萬爲負從,倍初商加次商得六百六十,併次商得三百六十,相因得二十三萬七千六百,又加初商自之九萬,共三十二萬七千六百,以乘二廉得一億九千六百五十六萬,減去負從四千二百六十六萬,餘一億五千三百九十萬爲下法,與上次法六十相乘,除餘實盡。

若不翻減乘出二廉併從方,以從一廉隅法減之,亦是。

又 **卷六《勾與和測望》** 乙出東門東行,丙出南門南行各不知步數而立,甲從乾隅東行三百二十步望乙丙二人俱與城相參直,計乙丙共行一百五十一步。問城徑。

釋曰:此以通勾與叀勾明股和立法測望,甲東行通勾,乙東行叀勾,丙南行明股也。

術曰:通勾自之得一十萬〇二千四百,半之得五萬一千二百,又自之得二十六億二千一百四十四萬爲三乘方實,以三百六十二乘半通勾冪,得一千八百五十三萬四千四百爲從方,通勾乘和步得四萬八千三百二十爲從一廉,五之通勾得一千六百爲從二廉,二分五釐爲常法作帶從方廉三乘方法開之,得八十爲小差。小差者,通股弦較也。以減通勾,即城徑。

帶從方廉負隅單位開三乘方曰:置所得三乘方實,以廉隅約之,商得八十。置一於左上爲法,置一乘從一廉得三百八十六萬五千六百,置一自之,以乘從二廉得一千〇二十四萬,置一自乘再得五十一萬二千以二分五釐因之,得一十二萬八千爲隅法,併從方一廉二廉隅法得三千二百七十六萬八千爲下法,與上法相乘,除實盡。

甲從乾隅南行六百步而立,乙出南門直行,丙出東門直行,三人相望俱與城相參直,計其行步則乙與丙共行一百五十一步。

又 釋曰:此以通股叀勾明股和立法測望,甲行通股,乙行明股,丙行叀勾也,共之和也。

術曰:通股爲冪,半而自之得三百二十四億爲三乘方實,倍和加通股以乘半通股冪,得一億六千二百三十六萬爲從方,通股乘和步得九萬〇六百爲從一廉,通股加半股得九百爲從二廉,二分五釐爲隅算,作帶從方廉負隅以二廉減從翻法開三乘方法除之,得三百六十爲股圓差,以減通股,即圓徑。

帶從方廉負隅以二廉減從翻法開三乘方曰:置所得三乘方實,以從方廉隅

約之，初商三百。置一於左上爲法，置一自之以乘二廉得八千一百萬，以減從方
餘八千一百三十六萬，置一乘從一廉得二千七百一十八萬，置一自乘再乘，以隅
算二分五釐因之，得六百七十五萬爲隅法，併從方從一廉隅法，共一億一千五百
二十九萬爲下法，與上法相乘除實三百四十五億八千七百萬，實不滿法反減實
三百二十四億，餘二十一億八千七百萬爲負積，四因隅法得二千七百萬爲方法，
初商自之六因又以隅因之，得一十三萬五千爲上廉，初商四之隅因之得三百爲
下廉，商次位得六十。置一於左次爲上法，倍初商加次商得六百六十，以乘從二
廉得五十九萬四千，又併初次商得三百六十因得二億四千三百八十四萬，以減
餘從，亦不及減反減從八千一百三十六萬，餘一億三千二百四十八萬爲負從。
置一倍初商加次商，得六百六十，以乘從一廉，得五千九百七十九萬六千，置一
乘上廉得八百一十萬，置一自之以乘下廉，得一百〇八萬，置一自乘再乘隅因之
得五萬四千爲隅法，併方法從一廉上下廉隅法共九千六百〇三萬，以減負從餘
三千六百四十五萬，與上次法除負積二十一億八千七百萬。

又爲帶從方負隅以二廉添積開三乘方　其法曰：初商三百。置一於左上爲法，置一自之以乘從二廉，得八千一百萬與上法相乘，得二百四十三億爲益實，加入原實共五百六十七億爲實。置一乘從一廉得二千七百一十八萬爲益廉，置一自乘再乘，得二千七百萬，以隅算二分五釐因之，得六百七十五萬爲隅法，併從方從益廉隅法共一億九千六百二十九萬爲下法，與上法相乘除實五百八十八億八千七百萬，實不滿法反除實五百六十七億，餘二十一億八千七百萬爲負積。四因隅法得二千七百萬爲方法，初商自之六因又以隅因之得，一十三萬五千爲上廉，初商四之隅因得三百爲下廉，次商六十。置一於左次爲上法，置一倍初商加次商得六百六十，又併初次商相因得三百六十得二十三萬七千六百，又加初商自之九萬共三十二萬七千六百，以乘從二廉得二億九千四百八十四萬，與上次法六十相乘，得一百七十六億九千〇四十萬，減去負積存一百五十五億〇三百四十萬爲實。倍初加次共六百六十，以乘從一廉，得五千九百七十九萬六千爲益從廉，置一乘上廉得八百一十萬，置一自之以乘下廉得一百〇八萬，置一自乘再乘隅因，得五萬四千爲隅法，併方法益廉上下廉隅法，共九千六百〇三萬，併從方共二億五千八百三十九萬爲下法，與上法相乘，除實盡。

右開三乘方內俱帶翻法，后如此類者，倣此。

又顧應祥《測圓算術》卷三　圓城南門之南有槐，東門之東有柳二樹，斜相距二百八十九步，甲從城外西北乾隅南行六百步立定，望樹與城相叅直，問城徑。

此以城西大股與城東南角斜弦求城徑也。樹相距步爲皇極弦，中南行爲通股。

術曰：南行步二樹相距步相乘又自之，得三百〇〇億六千七百五十六萬爲三乘方實，二樹相距步自之爲冪以南行步乘而倍之得，一億〇〇二十二萬五千二百爲從方，南行步乘二樹相距步倍之得，三十四萬六千八百爲從一廉，倍二樹相距步得五百七十八爲從二廉，二爲隅算，作帶從負隅以二廉隅添積開三乘方法除之，得皇極股二百五十五。從一廉益從，從二廉益隅。

附法：初商二百。置一於左上爲法，置一乘從一廉得六千九百三十六萬爲益從，置一自之以乘從二廉得二千三百一十二萬爲益隅，置一自乘再乘以隅法因之得一千六百萬爲正隅，併益隅共三千九百一十二萬，以初商因之，得七十八億二千四百萬爲益實，添入原積得三百七十八億九千一百五十六萬爲通實，以益從加入從方共一億六千九百五十八萬五千二百爲下法，與上法相乘除實三百三十九億一千七百〇四萬，餘三十九億七千四百五十二萬爲次商之實。二因益從得一億三千八百七十二萬爲益從方，三因益隅得六千九百三十六萬爲益隅之方，三之初商乘從二廉，得三十四萬六千八百爲益隅之廉，四因隅法，得六千四百萬爲方法，初商自之，六因，又隅因得四十八萬爲上廉，初商四之，隅因得一千六百爲下廉，約次商五十。置一於左次爲上法，置一乘從一廉，得一千七百三十四萬爲益從廉，併入益從方共一億五千六百〇六萬爲益從，置一乘益隅之廉，得一千七百三十四萬，置一自之，以乘從二廉，得一百四十四萬五千爲益隅之隅，併益隅方廉共八千八百一十四萬五千共爲益隅之實，置一乘上廉得二千四百萬，置一自之，以乘下廉得四百萬，置一自乘，再乘隅因得二十五萬爲隅法，併方法上下廉共九千二百二十五爲正隅，加益隅共一億八千〇三十九萬五千，以次商因之得九十〇億一千九百七十五萬爲益實，添入餘積共一百二十九億九千四百二十七萬爲通實。以益從方併從方，共二億五千六百二十八萬五千二百爲下法，與上法相乘，除實一百二十八億一千四百二十六萬，餘一億八千〇〇一萬爲三商之實。二因益從廉，得三千四百六十八萬併入益從方，得一億七千三百四十萬爲益從方，二因益隅之廉，得三千四百六十八萬，三因益隅之隅得四百三十三萬五千，俱併入益隅方得一億〇八百三十七萬五千爲益隅方，併初次商三之

以乘從二廉，得四十三萬三千五百爲益隅之廉，二因上廉得四千八百萬，三因下廉得一千二百萬，四因隅法得一百萬併入方法，共一億二千五百萬爲方法，併初次商自之，六因又隅因之得七十五萬爲上廉，併初次商四之隅因得二千爲下廉，約三商得五。置一於左次爲上法，置一乘從一廉，得一百七十三萬四千爲益從廉，併益從方得一億七千五百一十三萬四千爲益從，置一乘益隅之廉得二百一十六萬七千五百，置一自之以乘從二廉，得一萬四千四百五十爲益隅之隅，併益隅方廉共一億一千〇五十五萬六千九百五十爲益隅之實，置一乘上廉得三百七十五萬，置一自之，以乘下廉得五萬，置一自乘再乘隅因得二百五十爲隅法，併方法上下廉共一億二千八百八十〇萬〇二百五十爲正隅，加益隅共二億三千九百三十五萬七千二百，以三商因之得一十一億九千六百七十八萬六千爲益實，添入餘積得一十三億七千六百七十九萬六千爲通實，以益從加從方，得二億七千五百三十五萬九千二百爲下法，與上法相乘，除實盡。

此術與前術相同，或作減從，或作添積俱可。

圓城南門外直南有槐一株，南門東行不知步數有柳一株，二樹斜相距一百五十三步，甲從城外西北乾隅東行三百二十步望槐柳與城相參直。問城徑。

此以城北大句與城東南角外斜弦求城徑也。二樹相距爲明弦，甲東行則通句也。

術曰：東行自之爲東行冪，東行與二樹相距步相乘爲句乘弦冪，二冪又相乘得五十〇億一千三百五十〇萬四千爲三乘方實，以相距步乘東行冪，又三之，得四千七百〇〇萬一千六百爲從方，倍句乘弦冪與東行冪相減，餘四千四百八十爲從一廉，倍東行得六百四十爲第二廉，二爲隅法，作帶從負隅以二廉減從開三乘方法除之，得半徑。

附法：初商一百。置一於左上爲法，置一乘從一廉得四十四萬八千爲益從之法，置一自之以乘從二廉得六百四十萬爲減從之法，置一自乘再乘以乘隅箅得二百萬爲隅法，以減從之法減從方，餘四千〇六十〇萬一千六百，加益從之法得四千一百〇四萬九千六百，併隅法共四千三百〇四萬九千六百爲下法，與上法相乘除實四十三億〇四百九十六萬，餘七億〇八百五十四萬四千爲次商之實。二因益從之法，得八十九萬六千爲益從之廉，三因減從之法得一千九百二十萬爲減從之方，三因初商以乘從二廉得一十九萬二千爲減從之廉，四因隅法得八百萬爲方法，初商自之六因又以隅因得一十二萬爲上廉，初商四之隅因得八百爲下廉，約次商得二十。置一於左次爲上法，置一乘從一廉得八萬九千六百，併入益從之廉共九十八萬五千六百爲益從之法，置一乘減從之廉得三百八十四萬，置一自之以乘從二廉得二十五萬六千，併減從方廉隅共二千三百二十九萬六千爲減從之法，置一乘上廉得二百四十萬，置一自之以乘下廉得三十二萬，置一自乘再乘隅因得一萬六千併方法上下廉共一千〇七十三萬六千爲隅法，以減從之法減從方，餘二千三百七十〇萬五千六百加益從之法得二千四百六十九萬一千二百，併隅法共三千五百四十二萬七千二百爲下法，與上法相乘，除實盡。

開四乘方及五乘法

算法

明・王文素《算學寶鑒》卷三八《三乘以上方》 四乘方積一萬九百九十五億一千一百六十二萬七千七百七十六尺，問方面幾何。

答曰：二百五十六尺。

法曰：置積一萬九百九十五億一千一百六十二萬七千七百七十六尺爲寔。以一爲隅算，開四乘方法除之。常超四位約寔。一(五)[位]定一，十萬位定十，一億位定百。後倣此。初商甲二百，置于積上爲法。另置二百于積下，自乘三遍，得一十六億爲隅法。命甲二百除寔三千二百億尺，餘寔七千七百九十五億一千一百六十二萬七千七百七十六尺。乃五因隅法，得八十億爲方法，移置積下。以甲生廉求乙，布置圖位如左。

求乙草曰：以上廉一十乘甲三遍得八千萬。中廉一十乘甲二遍得四十萬。下廉五乘甲一遍得一千。以方、廉、隅五位，共八十億八千四十萬一千單一以商餘寔。次商得五十，續上甲後爲法。以上廉八千萬乘乙一遍得四十億。以中廉四十萬乘乙二遍，得一十億。下廉一千乘乙三遍得一億二千五百萬。以隅箅一乙四遍得六百二十五萬。皆副併入方法，共一百三十一億三千一百二十五萬爲

四乘方開乙數圖

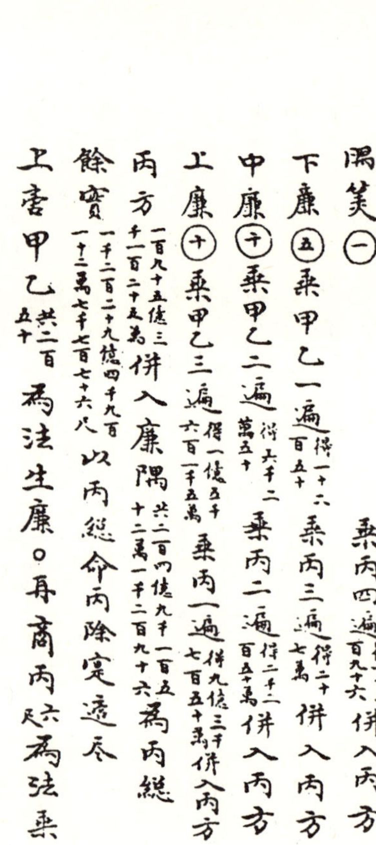

乙總。命乙五十除餘寔六千五百六十五億六千二百五十萬尺，尚餘寔一千二百二十九億四千九百一十二萬七千七百七十六尺。乃一因上廉仍是四十億。二因中廉淂二十億。三因下廉得三億七千五百萬。四因隅法得二千五百萬。皆併乙總，共一百九十五億三千一百二十五萬爲丙方。以甲乙生廉求丙。

四乘方開丙數圖

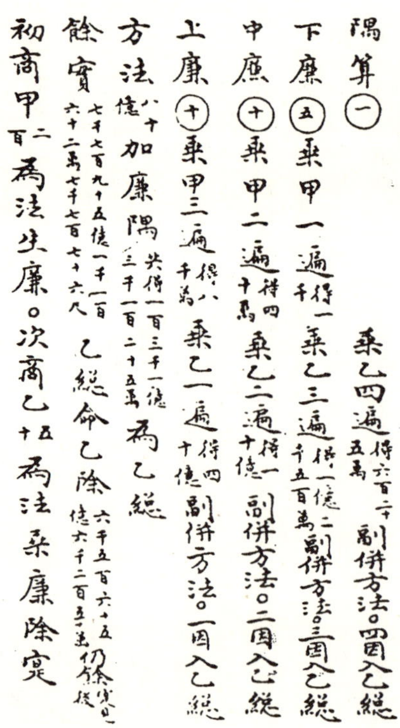

求丙草曰：併甲、乙，共二百五十爲法。以上廉一十乘甲乙三遍得一億五千六百二十五萬。中廉一十乘甲乙二遍得六十二萬五千。下廉五乘甲乙一遍

得一千二百五十。以方、廉、隅，共一百九十六億八千八百一十二萬六千二百五十一以商餘寔。再商丙六尺，續于甲乙之後爲法。一遍乘上廉得九億三千七百五十萬。二遍乘中廉得二千二百五十萬。三遍乘下廉得二十七萬。四遍乘隅算得一千二百九十六。皆併入丙方，共二百四億九千一百五十二萬一千二百九十六爲丙總。命丙六除餘寔，適盡。得方面二百五十六尺，合問。

又《三乘以上圓》四乘圓積一十萬，問徑幾何。

荅曰：古法：徑十二尺九百九十一萬九千三百四十一分尺之五百四十四萬四千六百八。

密率：徑十二尺一十(六)[七]億九千二百九十五萬一千五百一分尺之[一億]九千八百四十五萬六千[八]百八十八。

徽術：徑十二尺七十四萬四千四十(一)億(四)[二]千(四)[一]百(二)[七]十(二)[六]萬(八)[七]千六百六十一分尺之八萬八千一百六十[三]億(九)[四]千(六)[五]百(四)[二]十(一)[四]萬(六)[八]千七百六十八。

璇璣：徑十二尺四百七十八億三千六百三十二萬八千一百二十五分尺之七十六億五千七百六十萬。

古法草曰：置積一十萬尺，以方率二百五十六通之，得二千五百六十萬尺爲寔。以八十一爲隅算，開四乘方法除之。初商甲一十，置於積上爲法。乘隅算四遍得八十一萬[爲]隅法。命上甲一十除寔八百一十萬尺，餘寔一千七百五

四乘方開乙圖

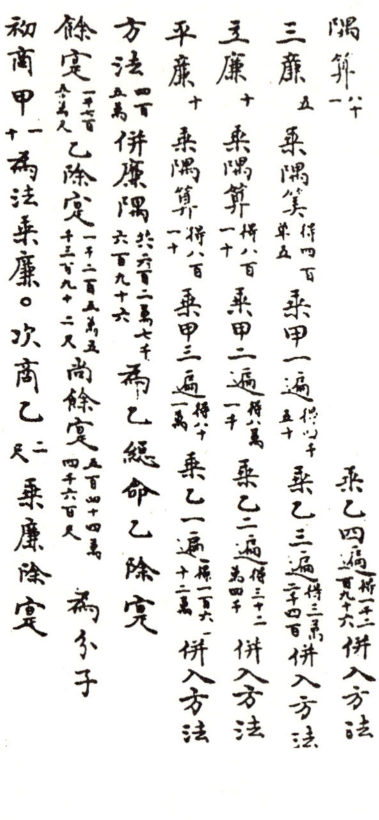

十萬尺。乃五因隅法，得四百五萬爲方法。依四乘方圖，平廉一十乘隅算得八百一十，乘甲三遍得八十一萬爲平方廉。立廉一十乘隅算得八百一十，乘甲二遍，得八萬一千爲立方廉。以［三］［廉］五［乘］隅算得四百五，乘甲一遍，得四千五十爲三乘廉。以方、廉、（偶）［隅］五位共四百九十四萬五千一百三十一，以約餘實，次商求乙。次商乙二尺，續上甲後爲法。乘平方廉一遍得一百六十二萬。二遍乘立方廉得三十二萬四千。三遍乘三廉得三萬二千四百。四遍乘隅算［得］一千二百九十六。皆併入方法，共六百二萬七千六百九十六爲（一）［乙］總。命乙二除寔一千二百五萬五千三百九十（三）［二］尺，餘不盡五百四十四萬四千六百八爲分子。於已開甲乙添一，得一十三爲法。五遍乘偶算得三千七萬四千七百三十三，内減甲乙二次除寔二千一十五萬五千三百九十二尺，餘九百九十一萬九千三百四十一爲分母，命子。合問。

密率法曰：置積一十萬尺，以方率三萬八千四百一十六乘之得三十八億四千一百六十萬尺爲寔。以圓率一萬四千六百四十一爲隅算，開四乘方法約寔。初商甲一十，置于積上爲法。四遍乘隅算，得一億四千六百四十一萬爲隅算（法）。命甲一十除寔一十四億六千四百一十萬尺，餘寔二十三億七千七百五十萬尺。乃五因隅法，得七億三千二百五萬爲方法。以十乘隅算得一十四萬六千四百一十，乘甲三遍，得一億四千六百四十一萬爲一廉。以十乘偶算得一十四萬六千四百一十，乘甲二遍，得一千四百六十四萬一千爲二廉。以五乘隅算得七萬三千二百五，乘甲一遍，得七十三萬二千五十爲三廉。以方、廉、隅五位共捌億九千三百八十四萬七千六百九十一，以商餘寔。次商得（一）［乙］二尺，置上甲後爲法。一遍乘一廉，［得］二（百一）［億］九千二百八十二萬。二遍乘二廉得五千八百五十六萬四千。三遍乘三廉得五百八十五萬六千四百。四遍乘隅算得二十三萬四千二百五十六。皆併入方法，共一十億八千九百五十二萬四千六百五十六爲乙總。命乙二除寔二十一億七千九百四萬九千三百一十二尺，餘［一］［億］九千八百四十五［萬］六百（四）［八］十八爲分子。得全徑一十二尺。添一，得一十三爲法。五遍乘隅法得五十四億三千六百一十萬八百一十三，内減甲乙二次除寔三十六億四千三百一十四萬九千三百一十二，餘一十（六）［七］億九千二百九十五萬一千五百單一爲分［母］命子。合問。

徽術術曰：以一十六億爲方率，乘積爲實。以圓率六億七百五十七萬（四）［三］千二百一爲隅算。開四乘方法除之。不盡，亦以法命之。

璿璣術曰：以一百四萬八千五百七十六爲方率，乘積爲實。以圓率三十九萬六百二十五爲隅算，開四乘方法除之。不盡者，以法命之。

又《開三乘以上方》　五乘方積五兆九千六百四萬六千四百四十七億七千五百（二）［三］十九萬六百二十五尺，問面方幾何。

答曰：六百二十五尺。

法曰：置積五兆九千六百四萬六千四百四十七億七千五百（二）［三］十九萬六百二十五尺爲寔。以一爲隅算，開五乘方法除之。常超五位約寔，一位中定一，百萬位中定十，萬億位中定百，［后］位倣此。初商甲六百，置於積上爲法。另置六百於積下，自乘四遍，得七十七萬七千六百（萬）億爲隅法。命甲六百除寔四兆六千六百五十六萬億尺，餘寔一兆二千九百四十八萬六千四百四十七億七千五百三十九萬六百二十五尺。乃六因隅法得四百六十六萬五千六百億，改爲方法，移置商除位。用甲生廉求乙。布圖如左。

五乘方開乙數位圖

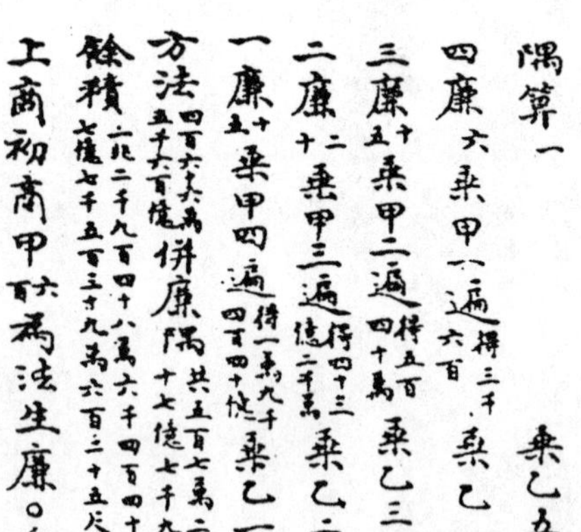

求乙法曰：一廉十五乘甲四遍得一萬九千四百四十億。二廉二十乘甲三遍得四十三億二千萬。三廉十五乘甲二遍得五百四十萬。四廉六乘甲一遍，得三千六百。以方、廉、隅六位共四百六十八萬五千八十三億二千五百四十萬三千六百一約寔。商乙二十，續上甲後爲法。一遍乘一廉得三十八萬八千八百億。二遍乘二廉得一萬七千二百八十億。三遍乘三廉得四百三十二億。四遍乘四廉得五億七千六百萬。五遍乘隅一得三百二十萬。皆副併入方法，共五百七萬二千一百一十七億七千九百二十萬爲乙總。命乙二十除餘寔一兆一百四十四萬二千三百五十五億八千四百萬尺，尚餘寔二千八百四萬四千九十一億九千一百三十九萬六百二十五尺。乃一因一廉，乃是三十八萬八千八百億。二回二廉得三萬四千五百六十億。三回三廉得一千二百九十六億。四因四廉得二十三億四百萬。五因隅法，得一千六百萬。皆起併入乙總，共五百四十九萬六千七百九十六億九千九百二十萬爲丙方。以甲乙生廉求丙。

五乘方開丙數位圖

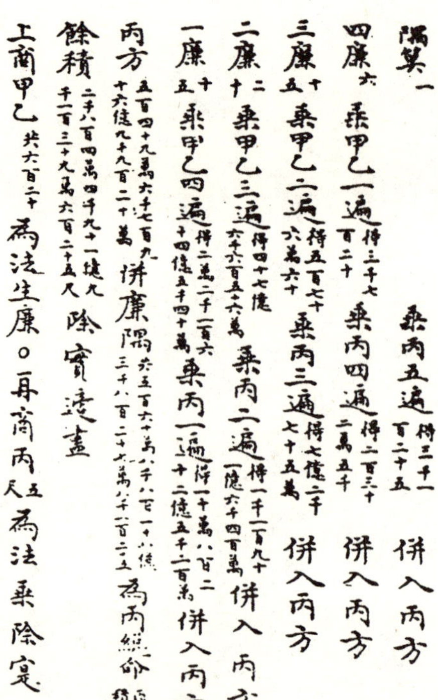

求丙法曰：併甲、乙，共六百二十爲法。四遍乘一廉得二萬二千一百六十四億五千四十萬。三遍乘二廉得四十七億六千六百五十六萬。二遍乘三廉得五百七十六萬六千。一遍乘四廉得三千七百二十。併方、廉、隅六位，共五百五十一萬九千九億二千一百九十二萬九千七百二十一，以約餘寔。再商得丙五尺，續上甲乙之後爲法。一遍乘一(遍)[廉]得一十一萬八百二十二億五千二百萬。二遍乘二廉得一千一百九十一億六千四百萬。三遍乘三廉得七億二千七十五萬。四遍乘四廉得(三)[二]百三十二萬五千。五遍乘隅算得三千一百二十五。皆併入丙方，共五百六十萬八千八百一十八億三千八百二十七萬八千一百二十五爲丙総。命丙五除餘寔，適盡。得面方六百二十五尺。合問。

又　六乘方積四百五十萬七千六百六十六億六千九百五十九萬四千六百二十四尺，問面方幾何。

答曰：一百二十四尺。

法曰：置積四百五十萬七千六百六十六億六千九百五十九萬四千六百二十四尺爲寔。以一爲隅算，開六乘方法除之。常起六位約寔，一位定一，千萬位定十，百萬億位定百。初商甲得一百，置於積上爲法。另置一百於積下，自乘五遍，得一萬億爲隅法。命上甲一百除實一百萬億尺，餘寔三百五十萬七千六百六十六億六千九百五十九萬四千六百二十四尺。乃七因隅法，得七萬億，改爲方法。以甲生廉求之。

六乘方開乙數圖

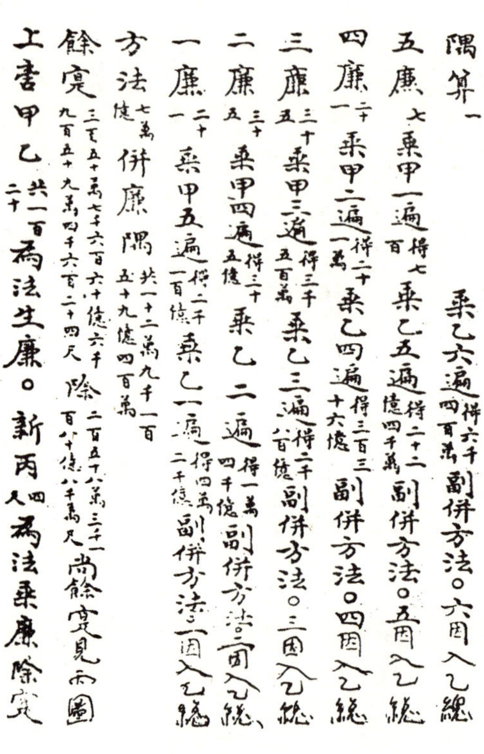

求乙法曰：以一廉二十一乘甲五遍得二千一百億。以二廉三十五乘甲四遍得三十五億。以三廉三十五乘甲三遍得三千五百萬。以四廉二十一乘甲二遍得二十一萬。以五廉七乘甲一遍得七百。以方、廉、隅七位，共七萬二千一百三十五億三千五百二十一萬七百單一約寔。次商乙得二十，續上甲後爲法。一遍乘一廉得四萬二千億。二遍乘二廉得一萬四千億。三遍乘三廉得二千八百億。四遍乘四廉得三百三十六億。五遍乘五廉得二十二億四千萬。六遍乘隅算得六千四百萬。副併方法，共一十二萬九千一百五十九億四百萬爲乙總。命乙二十[除]餘[寔]二百五十八萬三千一百八十億八千萬尺，餘寔九十二萬四千四百八十五億八千九百五十九萬四千六百二十四尺。乃一因一廉得四萬二千億。二因二廉得二萬八千億。三因三廉得八千四百億。四因四廉得一千三百四十四億。五因五廉得一百一十二[億]。六因隅法得三億八千四百萬。皆併入乙總，共得二十萬九千一十八億八千八百萬爲丙方。以甲乙生廉求丙。

六乘方開丙數圖

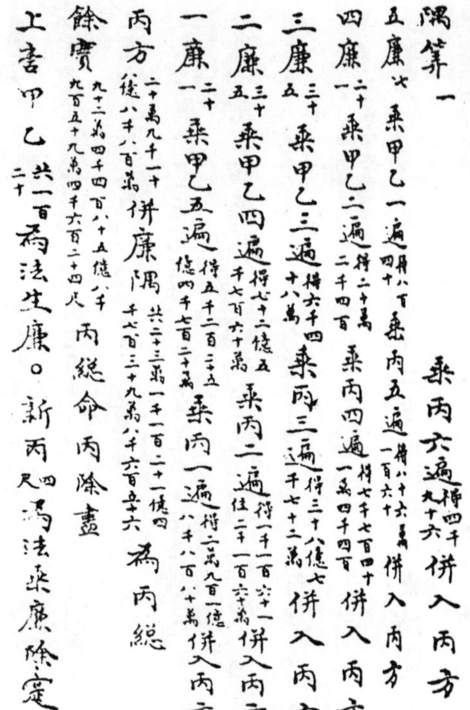

求丙法曰：併甲、乙共一百二十爲法。一(遍)[廉]二十一乘甲乙五遍得五千二[百][二]十五億四千七百二十萬。二廉三十五乘甲乙四遍得七十二億五千七百六十萬。三廉三十五乘甲乙三遍得六千四十八萬。四廉二十一乘甲乙二遍得三十萬二千四百。五廉七乘甲乙一遍得八百四十。以方、廉、隅七位，共二十一萬四千三百一十七億五千三百五十八萬三千二百四十一，以約餘寔。得再啇丙四尺，續上甲乙之後爲法。一遍乘一廉得二萬九百一億八千八百八十萬。二遍乘二廉得一千一百六十一億二千一百六十萬。三遍乘三廉得三十八億七千七百七十二萬。四遍乘四廉得七千七百四十一萬四千四百。五遍乘五廉得八十六萬一百六十。六遍乘隅算得四千九十六。皆併入丙方，共得二十三萬一千一百二十一億四千七百三十九萬八千六百五十六爲丙總。命丙四除餘寔，適盡。得面方一百二十四尺。合問。

又　七乘方積一千五百二十五億八千七百八十九萬六百二十五尺，問每面幾何。

答曰：二十五尺。

七乘方開丙數圖

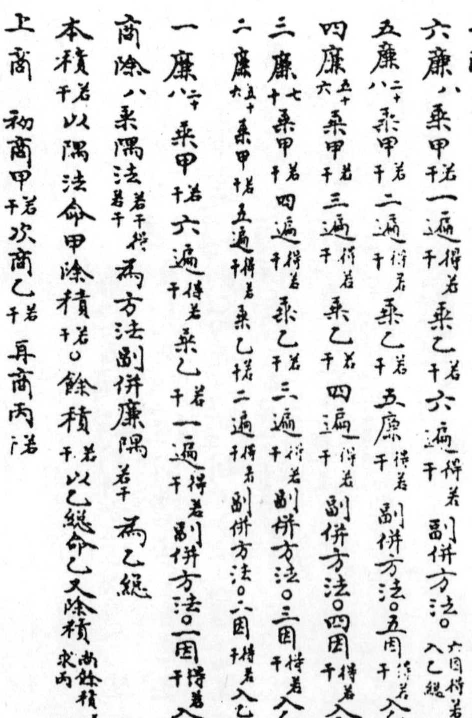

法曰：置積一千五百二十五億八千七百八十九萬六百二十五尺爲寔。以一爲隅算，開七乘方法除之。常起七位約寔。初商甲二十，置于積上爲法。七遍乘隅算一，得一十二億八千萬[爲]隅法。命上甲二十除寔二百五十六億尺，餘寔一千二百六十九億八千七百八十九萬六百二十五尺。乃八因隅法得一百二億四千萬，置于商除位爲方法。乃以八乘甲一遍，[得]一百六十爲六廉。以二十八乘甲二遍，得一萬一千二百爲五廉。以五十六乘甲三遍，得四十四萬八千爲四廉。以七十乘甲四遍，得一千一百二十萬爲三廉。以五十六乘甲五遍，得一億七千九百二十萬爲二廉。以二十八乘甲六遍，得一十七億九千二百萬爲一廉。方、廉七位，共一百二十二億二千二百八十五萬九千三百六十，以約餘實。次商乙五尺，續于積上甲後爲法。以一廉乘乙一遍得八十九億六千萬。二廉乘乙二遍得四十四億八千萬。三廉乘乙三遍得一十四億。四廉乘乙四遍得二億八千萬。五廉乘乙五遍得三千五百萬。六廉乘乙六遍得二百五十萬。隅算一乘乙七遍得七萬八千一百二十五。皆併入方法，共得二百五十三億九千七百五十七萬八千一百二十五爲乙総。命乙五除寔一千二百六十九億八千七百八十九萬六百二十五尺，適盡。得每面方二十五尺。合問。

又　卷三九《三乘以上方帶從》　平方立方三乘方四乘方共積三十萬五千六百八十九尺，且云四乘方而不及平方面八尺，不及立方面六尺，不及三乘方面三尺。問各方面幾何。

荅曰：平方面二十尺，立方面一十八尺，三乘方面一十五尺，四乘方面一十二尺。

草曰：置共積三十萬五千六百八十九尺于上。平方較八尺自乘一遍得六十四。另置立方較六尺，自乘二遍得二百一十六。再另置三乘方較三尺，自乘三遍得八十一。併[之，得]三百六十一，以減上積，餘三十萬五千三百二十八尺爲實。求商除，置平方較，以二因之得一十六，另置立方較，自乘一遍得三十六，以三因之得一百八。再另置三乘方較，自乘二遍得二十七，以四因之得一百八。併三數，共二百三十二爲商除。求平方隅，置立方較，以三因之得一十八。另置三乘方較，自乘一遍得九，以六因之得五十四。併二位，又加平方一段，共七十三爲平方隅。求立方隅，置三乘較，以四因之得一十二，加立方一段，共一十三爲立方隅。以三乘方一段，[爲三乘方隅。以四本方一段]爲四乘隅。開(立)[四]乘方法除之。初商甲一十，置於積上爲法。一遍乘平隅得七百三十。二遍乘立隅得一千三百。三遍乘三隅得一千。四遍乘四隅得一萬。皆副併入商除內，共一萬三千二百六十二爲甲総。命甲一十除寔一十三萬二千六百二十尺，除寔一十七萬二千七百八尺。乃一因平隅，仍是七百三十。二因立隅得二千六百。三因三隅得三千。四因四隅得四萬。皆起入甲総，共五萬九千五百九十二爲(一)[乙]方。求廉，以三因立隅，得三十九，爲立方(乙)[一]廉。六爲三乘一廉。四爲三乘二廉。十爲四乘一廉。十爲四乘二廉。五爲四乘三廉。入圖列之。求一廉，先以四乘一廉，乘甲一十得一百，(甲)[加]三乘一廉，得一百六，又以甲乘之，得一千六十，又加立方一廉，得一千九十九，又以甲乘之，得一萬九百九十，又加平隅，共一萬一千六十三爲一廉。求二廉，先以四乘二廉乘甲，得一百(甲)[加]三乘二廉，得一百四，又以甲乘之得一千四十，加入立隅，共一千五十三爲二廉。求三廉，以四乘三廉乘甲，得五十，加三乘[隅]，共五十一爲三廉。以方、廉、隅，共七萬一千七百六十以約除寔。次商得乙二尺，續上甲后爲法。一遍乘一廉得二萬二千一百二十六。二遍乘二廉得四千二百一十二。三遍乘三廉得四百八。四遍乘四隅得一十六。皆併入乙方，共八萬六千三百五十四爲乙総。命乙二除餘實一十七萬二千七百八尺，適盡。得四乘方面一十二尺。各加不及得各方面。(何)[合]問。

平方、平圓、直田、梯田、三廣田、圭田、立方、立圓、方臺、方錐、塹堵、鼈臑、三乘方、四乘方各一段，通共鎖積一百一十四萬四百一十八尺。且云四乘方面與平方面、平圓徑、直田闊、梯(四)[田]小頭濶、三廣田中濶、圭田底濶、立方面、立圓徑、方臺高、方錐下方、塹堵高、鼈臑高、三乘方面俱相等。又云四乘方面不及直田長十二尺，不及梯田大濶四尺，長二十尺，不及三廣田南廣四尺，北廣八尺，長十四尺，不及圭田長十六尺，不及方臺上方二尺，下方十四尺，不及塹堵廣四尺，長十四尺，不及方錐高八尺，不及鼈臑廣四尺，長八尺。問十四事各該幾何。

荅曰：四乘方面十六尺，積一百四萬八千五百七十六尺。三乘方面十六尺，積六萬五千五百三十六尺。立方[面]十六尺，積四千九十六尺。立圓[徑]十六尺，積二千三百四尺。方臺高十六尺，下方三十尺，上方十八尺，積九千四百八尺。方(睢)[錐]下方十六尺，高二十四尺，積二千四十八尺。塹堵高十六尺，廣二十尺，[長三十尺]積四千八百尺。鼈臑高十六尺，長二十四尺，廣二十尺，積一千二百八十尺。平方面十六尺，積二百五十六尺。平圓徑十六尺，積一百九十二尺。直田長二十八尺，濶十六尺，積四百四十八尺。梯田小濶十六尺，大濶二十尺，長三十六尺，[積]六百四十八尺。圭田長三十二尺，闊十六尺，積二百五十六尺。三廣田中廣十六尺，南廣二十尺，北廣二十四尺，長三十尺，積五百七十尺。

法曰：置積於上。以梯田、三廣田折濶較，乘長較爲減積，餘以四十八乘之爲寔。以八千八十爲商除，以一千六百七十六爲平方隅算。以一百七十一爲立方隅算。四十八爲三乘隅算。四十八爲四乘方隅。開四乘方法除之，得四乘等面。各[加]該不及，得各長、濶、徑。

四乘方帶從

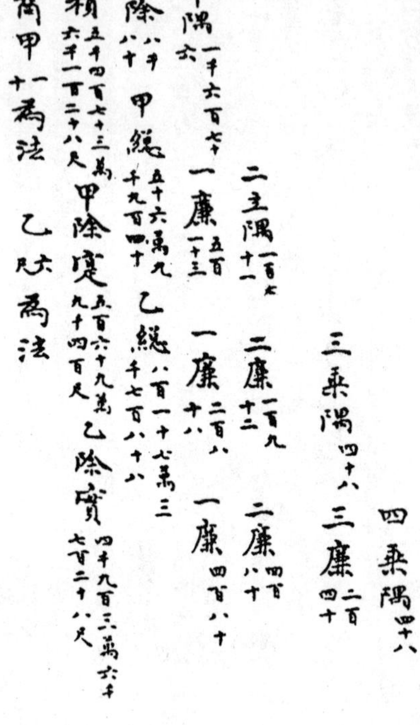

草曰：置総積一百一十四萬四百一十八尺於上。先求減積，以不及梯田大濶四尺折半得二尺，乘不及長二十尺得四十尺，另併不及三廣田南、北二濶，共十二尺，如四而一得三尺，乘不及長十四尺得四十二尺，併二數，共八十二尺，以減積，餘一百一十四萬三百三十六尺，以四十八爲総母，以乘之得五千四百七十三萬六千一百二十八尺爲寔。先課諸色段數，無折變者，各如総母之數。有折變者，各從本法變之。四乘方四十八段。三乘方四十八段。立方四十八段。方臺四十八段。立圓以九因総母如十六而一得二十七段。方錐以三除総母得一十六段。塹堵以二除総母得二十四段。鼈臑以六除総母得八段。共計立方一百七十一段，平方四十八段，直田四十八段，梯田四十八段，三廣田四十八段。平圓以三因総母，如四而一得三十六段。圭田以二除総母得二十四段。共計平方二百五十二段。求從商除，以不及方臺上方二尺自乘得四，不及下方十四尺自乘得一百九十六，另以不及上、下方相乘得二十八尺。併三數共二百二十八，如三而一得七十六以四十八段乘之得三千六百四十八。塹堵廣較四尺乘長較十四尺得五十六，以二十四段乘之，得一千三百四十四。鼈臑廣較四尺乘長較八尺得三十二，以八段乘之得二百五十六。梯田大廣較四尺，折作二尺，併長較二十尺，共二十二，以四十八段乘之得一千五十六。三廣田併兩頭較共十二尺，如四而一得三，併長較十四尺，共一十七，以四十八段乘之得八百一十六。直田長較十二尺，以四十八段乘之得五百七十六。圭田長較十六尺，以二十四段乘之得三百八十四。併七數，共八千八十爲商除。求從，平方臺併上下、方較共十六尺，以四十八段乘之得七百六十八。方錐高較八尺，以十六段乘之得一百二十八。鼈臑併長、廣較共十二尺，以八段乘之得九十六。塹堵併長、廣較共十八尺，以二十四段[乘]之得四百三十二。併四數共一千四百二十四，加入平方二百五十二段，共一千六百七十六爲平方隅算。以立方一百七十一爲立方隅算。三乘方四十八段爲三乘隅算。四乘[方]四十八段爲四乘隅算。開四乘方法除之。初商甲一十，置于積上爲法。一遍乘平隅得一萬六千七百六十。二遍乘立隅得一萬七千一百。三遍乘三隅得四萬八千。四遍乘四隅得四十八萬。副併入商除，共五十六萬九千九百四十爲甲総。命甲除寔五百六十九萬九千四百尺，餘寔四千九百三萬六千七百二十八尺。乃一因平隅仍是一萬六千七百六十。二因立隅得三萬四千二百。三因三隅得一十四萬四千。四因四隅得一百九十二萬。皆起而併入甲総，共二百六十八萬四千九百爲(一)[乙]方。各照廉數乘各隅算，以三因立隅，得五百一十三爲一廉。以[六]因三乘隅，得二百八十八爲三乘一廉。以四因三乘隅，得一百九十二爲二廉。以十乘四乘隅，得四百八十爲一廉。以十乘四乘隅，得四百八十爲二廉。以五回四乘隅，得二百四十爲三廉。各與本隅並列之如圖。求一廉，先置四乘一廉，以甲乘之得四千八百，加入三乘一廉得五千八十八，又以甲乘之得五萬八百八十，加入立方一廉得五萬乙千三百九十三，再以甲乘之得五十一萬三千九百三十，加入平方隅共得五十一萬五千六百六爲一廉。另置四乘二廉，以甲乘之得四千八百，加入三乘二廉得四千九百九十二，又以甲乘之得四萬九千九百二十，加入立方隅，共五萬九千一爲二廉。再另四乘三廉，以甲乘之得二千四百，加入三乘隅，共二千四百四十八爲三廉。以四乘隅四十八爲隅算。以方、廉、隅五數，共三百二十五萬三千九十三，以約除實。次商得乙六尺，續於上甲之後爲法。一遍乘一廉得三百九萬三千六百三十六。二遍乘二廉得一百八十萬三千二百七十六。三遍乘三廉得五十二萬八千七百六十八。四遍乘四乘隅算得六萬二千二百八。皆併入乙方，共得八百一十七萬二千七百八十八爲乙総。命乙六除餘寔四千九百三萬六千七百二十八尺，適盡。得四乘等方面一十六尺。各加不及。俱合問。

又　卷四〇《乘積開方》　平方積而與立方積相乘，得積一百二十五萬尺，只云立方面不及平方面五尺，問平立二方面各幾何。

荅曰：立方面十五尺，平方面二十尺。

解曰：此平立二積相乘之題，盖平方乃二位相乘之積，立方乃三相相乘之積，共五位也。當用四乘方除之。

求隅算法曰：置較五尺，依(平)[開]方本源圖：以二因之，得一十爲三乘隅筭。較自乘，得二十五，以一因之仍是二十五，爲立方隅筭。以一爲四乘隅筭。布位如左。

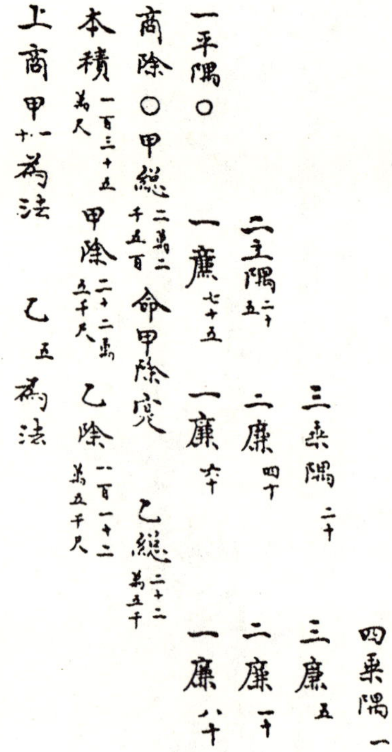

法曰：置相乘積一百二十五萬尺爲寔。以二十五爲立方隅，以一十爲三乘隅，以[一]爲四乘隅，開四乘方法除之。商甲一十，置于積上爲法。乘立隅二遍，得二千五百。三遍乘三隅，得一萬。四遍乘四隅，得一萬。副併於商除位，得共二萬二千五百爲甲総。命甲一十除寔二十二萬五千尺，餘寔一百一十二萬五千尺。乃二因立隅，得五千。三因三隅，得三萬。四因四隅，得四萬。皆併入甲総，共九萬七千(五)五百爲乙方。乃三因立隅，得七十五爲立方一廉。六因三乘隅，得六十爲三乘一廉。四因三乘隅，得四十爲三乘二廉。十乘四乘隅，得一十爲四乘一廉。十乘四乘隅，得一十爲四乘二廉。五因四乘隅，得五爲四乘三廉。各與本隅並列如圖。求一廉，先以甲乘四乘一廉，得一百，加入三乘一廉，得一百六十，又以甲乘之，得一千六百，加入立方一廉，得一千六百七十五，又以甲乘之，得一萬六千七百五十。求二廉，以甲乘四乘二廉，得一百，加入三乘二廉，得一百四十，又以甲乘之，得一千四百，加入立隅二十五，得一千四百二十五。求三廉，以甲乘四乘三廉，得五十，加入三乘隅一十，得六十。以四乘隅一筭如故。以[方]、廉、隅五位，共一十一萬五千七百三十六以約餘寔。次商乙五尺，續于甲後爲法。一遍乘一廉，得八萬三千七百五十，二遍乘二廉，得三萬五千六百二十五，三遍乘三廉，得七千五百，四遍乘四隅，得六百二十五，皆併入乙方，共得二十二萬五千爲乙総。命乙(六)[五]除餘寔一百一十二萬五千尺，適盡。得立方面一十五尺。加不及五尺，得平方面二十尺。合問。

直田積内又加一長，二濶，七較，又以長三遍乘之，得八十一萬步，且云長濶差三步，問長、濶幾何。

荅曰：長一十五步，濶一十二步。

解題曰：一長二濶七較，即三長五較也。

術曰：置積爲寔。以較數乘較，爲正立隅。另以較與長數相減，餘長數爲正三隅。餘較爲負三隅。相等不用。以一爲正四隅，開四乘方法除之。得長，内減較，餘爲濶。

草曰：置積八十一萬爲寔。以五較乘較三步，得一十五爲正立隅。另以三長減較三步，適等不用。三乘隅，一爲正四隅。商甲一十，置于積上爲法。乘立隅二遍，得一千五百爲二隅。以四遍乘四隅，得一萬爲四[隅]，副併，共一萬一千五百，置于積下從方位爲甲総。命上甲一十除寔一十一萬五千(尺)[步]，餘六十九萬五千步。二因二隅，得三千，以四因四隅，得(五)[四]萬，皆併入甲総，共五萬四千五百爲乙之方。甲自乘一遍，得一百，以十乘之，得一千，以三因立隅，得四十五，併之，共一千四十五，又以甲乘之，得(五)[一]萬(二)(千)(二)[四]百五十爲一廉。甲自乘一遍得，[一百，以十乘之，得]一千，加入立隅，共一千一十五爲二廉。以五因甲，得五十爲三廉。仍以一爲四隅。[以方廉隅共四數約寔。]商乙五步，置上甲後爲法。一遍乘一廉，得五萬二千二百五十，二遍乘二廉，得二萬五千三百七十五，三遍乘三廉，得六千二百五十，四遍乘四隅，得六百二十五，皆併入乙方，共一十三萬九千爲(一)[乙]総。命乙五除寔六十九萬五千步，適盡。得長十五步。内減較三步，餘一十二步爲濶，合問。

又　卷四一《約面開方》　新立総題：大四乘方，小四乘方，大三乘方，[小]三乘方，大立方，小立方，大立圓，小立圓，大平方，小平方，大平圓，小平圓，方亭，臺圓，亭臺，方垜壔，圓垜壔，大直田，小直田，大環田，小環田，共二十叚，総積一千一百四十萬六千七百(二)[五]十(五)[二]尺，且云大四乘方面與大直田濶相等，多大三乘方面等者六分之一。大三乘方面、大立方面、大環田、徑相等，多方垛壔高等者五分之一。方垛壔高，圓垛壔高，圓亭臺高，小立圓徑相等，多小四乘方面等者四分之[一]，小四乘方面，小立方面，方亭臺高相等，多小三乘方面等者三分之一。小三乘方面，小平[方]面，小平圓徑，小直田濶，小環田徑相等。又云：小立圓徑不及大立圓徑四尺，又小平圓徑不及大[平]圓徑二十尺，又小立方積與大平方面相等。又云：大直田濶不及長一十二尺，小直田濶不及長一十二尺，大[環](直)田徑不及外周[一][百]六十(四)尺，不及内周四十尺。小環田徑不及外周六十四尺，不及内周一十六尺。方垛壔高不及方面四尺，圓垛壔高不及徑四尺，方亭臺高不及上方二尺，不及下方八尺。圓亭臺高不及上徑八尺，不及下徑一十六尺。問二十事各幾何。凡圓積皆周三徑一之數。

荅曰：大四乘方面二十四尺，計積七百九十六萬二千六百二十四尺。小四乘方面一十二尺，計積二十四萬八千八百三十二尺。大三乘方面二十尺，計積一十六萬尺。小三乘方面八尺，計積四千九十六尺。大立方面二十尺，積八千尺。小立方面十二尺，積一千七百二十八尺。大立圓徑二十尺，積四千五百尺。小立圓徑十六尺，計積二千三百四尺。大平方面一千七百二十八尺，計積二百九十八萬五千九百八十四尺。小平方面八尺，計積六十四尺。大平圓徑二十八尺，計積五百八十八尺。

小平圓徑八尺，積四十八尺。方垛壔高十六尺方面二十尺積六千四百尺。圓垛壔高十六尺圓徑二十尺，計[積]四千八百尺。方亭臺高十二尺，上方十四尺，下方二十尺，計積三千五百四尺。圓亭臺高十(二)[六]尺，上徑二十四尺，下徑三十二尺，計積九千四百七十二尺。大直田長三十六尺，濶二十四尺，計積八百六十四尺。小直田長二十尺，濶八尺，積一百六十尺。大環田徑二十尺，外周一百八十尺，内周六十尺，積二千四百尺。[小](大)環田徑八尺，外周七十二尺，内周二十四尺，計積三百八十四尺。

先求小三乘方等面術曰：置積於上，以大小平圓徑差自乘，三之，四而一，減積。又以大小立圓徑差再自乘，九因，十六而一，又減積。以小三乘等面分子二爲法，乘六遍爲寔。以四萬七千六百一十六爲從方。以一萬二千六百二十四爲平隅。以三千二百八十八爲立隅。以二千五百六十四爲三乘隅。以一萬六千三十八爲四乘隅。以七百二十九爲五乘隅。開五乘方法除之。

草曰：置積一千一百四十萬六千七百五十二尺於上，以大、小平圓徑相差二十尺自乘，[得]四百尺，以圓法三因四歸，得三百尺，減積。又以大小立圓徑相差四尺，再自乘，得六十四尺，以立圓法九因，十六而一，得三十六尺，又減積。餘一千一百四十萬六千四百一十六尺，以小三乘等面分子二爲法乘六遍，得七億三千〇〇一萬〇六百二十四尺爲寔。先課段數。大四乘方分母六自乘四遍，乘身(母)[子]二(數)一遍，得大四乘方一萬五千五百五十二段。另置小四乘方分子三自乘四遍，又乘身子一遍，得四百八十六段，併共四乘方一萬六千三十八段。大三乘分子五自乘三遍，乘身子二遍，得二千五百段。小三乘分子二自乘五遍，得六十四段，併，共三乘方二千五百六十四段。大立方分子五自乘二遍，乘身子三遍，得一千段，小立方分子三自乘二遍，乘身子三遍，得二百一十六段。大立圓分子四自乘二遍，乘身子三遍，得五百一十二，依立圓法，九因，十六而一，得二百八十八段。小立圓亦得二百八十八段。方垛壔分子四自乘二遍，乘身子三遍，得五百一十二段。圓垛壔用方垛壔段數，以三因四歸，得三百八十四段。方[亭]臺如(大)[小]立方，亦得二百一十六段。圓亭臺如圓垛壔，亦得三百八十四段。併，共立方三千二百八十八段。大直田分(母)[子]六自乘一遍，乘身子四遍，得五百七十六段。大環田分子五自乘一遍，乘身子四遍，得四百段。小平方分子二自乘五遍，得六十四段。小直田亦是六十四段。小環田亦是六十四段。小平圓用小平方段數，以三因，四而一得四十八段。大平圓亦是四十八段。以上本段，以下帶從。又置大小立圓差徑四尺，以身子二乘之，本子四除之，得變差二尺，以三因之，得六尺，以二百八十八段乘之，得一千七百二十八段。另置方垛壔高差四尺，亦如前折作變差二尺，倍之，得四尺，以五百一十二段乘之，得二千四十八段。圓垛壔用方垛壔[段]數，以三因，四而一，得一千五百三十六段。方亭臺上方差二尺，下方差八尺，併得一十，以二百一十六段乘之，得二千一百六十，以身子二乘之，以本子三除之，得一千四百四十段。圓亭臺上徑差八尺，以身子乘之，本子除之，得折差四尺，上徑差十六尺，合折得八尺，併之，共一十二尺，以三百八十四段乘之，得四千六百八段，併共平方一萬二千六百二十四段。求從方，以二立圓差徑變作二尺，自乘，得四尺，又三因之，得一十二尺,以二百八十八段乘之,得三千四百五十六段。方垜壔亦得變差二尺,自乘,得四尺,以五百一十二段乘之,得二千四十八段。圓垜壔差徑亦折作二尺,自乘,得四尺,以三百八十四段乘之,得一千五百三十六段。方亭臺上方差二尺,自乘得四尺,下方差八尺,自乘得六十四尺,又上下方差相乘,得一十六尺,併三數,共八十四尺,如三而一,得二十八尺,以二百一十六段乘之,得六千四十八,以身子二自乘,得四乘之,得二萬四千一百九十二,却以本子三自乘得九,除之,得二千六百八十八段。圓亭臺上徑折差四尺,自乘得一十六尺,下徑折差八尺,自乘得六十四尺,又上下折差相乘,得三十二尺,併三數,共一百一十二,以三百八十四段乘之,得四萬三千八段,如三而一,得一萬四千三百三十六段。二平圓差徑二十尺,倍之得四十,以四十八段乘之,得一千九百二十段。大直田長濶差十二尺,折作四尺,以五百七十六段乘之,得二千三百四段。小直田長濶差十二尺,以六十四段乘之,得七百六十八段。大環田外周差一百六十尺,併内周差四十,共二百,折半得一百,以身子二乘之,本子五除之,得四十,以四百段乘之,得一萬六千段。小環田外周差六十四尺,内周差一十六尺,併共八十,折半得四十,以六十四段乘之,得二千五百六十段,併,共從方四萬七千六百一十六段。求五乘隅段,借小立方分子三,自乘五遍,得七百二十九段。以從方隅筭六位商寔,得八尺,置於積上爲法。一遍乘平方隅一萬二千六百二十四段,得一十萬〇〇九百九十二。二遍乘立方隅三千二百八十八段,得二十一萬四百三十二。三遍乘三乘隅二千五百六十四段,得一百三十一萬二千七百六十八。四遍乘四乘隅一萬六千三十八段,得六千五百六十九萬一千六百四十八。五遍乘五乘隅七百二十九段,得(三)[二]千三百八十八萬七千八百七十二。皆併入從方四萬七千六百一十六内,共得九千一百二十五萬一千三百二十八。命上商八除寔七億三千〇〇一萬〇六百二十四尺,恰盡。得八尺,爲小三乘方面,小平方面,小平圓徑,小直田濶,小環田徑。副置四位八尺,其一位,以三因二[歸],得一十二尺爲小四乘方面,方亭臺高,小立方面。其二位以四因二歸,得一十六尺爲方垜壔高,圓垜壔高,圓亭臺[高],小立圓徑。其三位,以五因二歸,得二十尺,爲大三乘方面,大立方面,大環田徑。其四位,以六因二歸,得二十四尺,爲大[四]乘方面,大直田濶。另置小立方面一十二尺,自乘二遍,得一千七百二十八尺,爲大平方面。另置小立圓徑一十六尺,加不及四尺,得二十尺爲大立圓[徑]。又另置小平圓徑八尺,加不及二十尺,得二十八尺爲大平圓徑。其餘方、圓垜壔,方、圓亭臺,大、小直田,大、小環田各加不及,得各方長、周、徑。并合問。

先求小四乘方等面術曰:置積,亦照前,内減三百三十六尺,餘[以小四乘等面分子三爲法,乘五遍]爲寔。以一十二萬五百二十八爲從方。以二萬一千三百三爲平隅。以三千六百九十九爲立隅。以一千九百二十三爲三乘隅。以八千一十九爲四乘隅。以二百四十三爲五乘隅。開五乘方法除之。

又《乘積開方》 平方積,立方積,三乘方積三積連乘得總積二百七十九億九千三百六十萬尺,且云三乘方面[不及立方面]三尺,立方面不及平方面五尺,問三方面各幾何。

荅曰:三乘方面十二尺,立方面一十五尺,平方面二十尺。

解曰:平方二位,立方三位,三乘方四位,共九位,當用八乘方法除之。

術曰:置乘積爲寔,以一千七百二十八爲三乘隅算,以二千一百六十爲四乘隅算,以(一)[二]百三十五爲五乘隅算,以二十五爲六乘隅算,以二十五爲七乘隅算,以一爲八乘隅算,開八乘方法除之。先立平方廉圖,以立方較求之。

次立方,三乘方,四乘方廉圓,各以段數乘之,如圖,以三乘較三尺生廉。

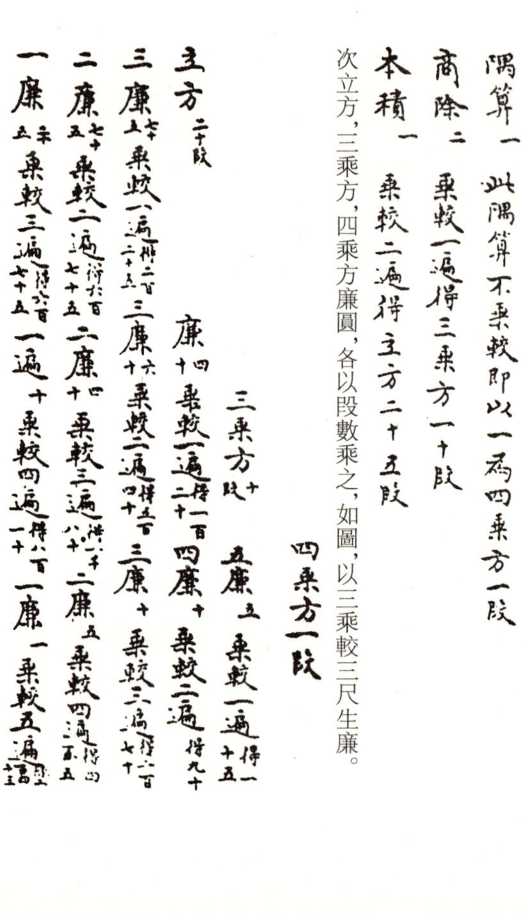

另併一(遍)[廉]三位，共一千七百二十八爲三乘隅筭。另併二廉三位，共二千一百六十爲四乘隅筭。併三廉，共一千三百三十五爲五乘隅算。併四廉二位，加立方二十五，共二百三十五爲六乘隅算。併五廉，加三乘一十，共二十五爲七乘隅算。一爲八乘隅算。

草曰：置乘積二百七十九億九千三百六十萬尺爲寔。以一千七百二十八爲三乘隅算，以二千一百六十爲四乘隅算，以一千三百三十五爲五乘隅筭，以二百三十五爲六乘[隅]算，以二十五爲七乘隅算，以一爲八乘隅筭，開八乘方法除之。初商甲一十，置于續上爲法。三遍乘三乘隅算，得一百七十二萬八千。四遍乘四乘隅算，得二千一百六十萬。五遍乘五乘隅算，得一億三百五十萬。六遍乘六乘隅算，得二億三千五百萬。七遍乘七乘隅算，得二億五千萬。八遍乘八乘隅算，得一億。皆副併入商除位，共得七億一千一百八十二萬八千爲甲總。命甲一十除寔七十一億一千八百二十八萬尺，餘寔二百八億七千五百三十二萬尺。乃三因三乘隅算，得五百一十八萬四千。四因四乘隅算，得八千六百四十萬。五因五乘隅算，得五億一千七百五十萬。六因六乘隅算，得一十四億一千萬。七因七乘隅算，得一十七億五千萬。八因八乘隅筭，得八億。皆起而併入甲總，共得五十二億八千九十一萬二千爲乙方。乃鴈斜排六等隅算，各照本圖生廉。先置原三乘隅筭一千七百二十八爲法，以六因之，得一萬三百六十八爲一廉，以四因之，得六千九百一十二爲二廉。另置四乘隅算二千一百六十爲法，以十乘之，得二千六百爲一廉。另以二萬一千六百爲二廉，以五因之，得一萬八百爲三廉。置五乘隅算一千三百三十五，以十五乘之，得一萬五千五百二十五爲一廉。以二十乘之，得二萬七百爲二廉。又以一萬五千五百二十五爲三廉，以六因之，得六千二百一十爲四廉。另置六乘隅筭二百三十五，以二十一乘之，得四千九百三十五爲一廉。以三十五乘之，得八千二百二十五爲二廉。另以八千二百二十五爲三廉，又以四千九百三十五爲四廉，以[七]因之，得一千(八)[六]百(八)[四]十爲五廉。另置七乘隅算二十五，以二十八乘之，得七百爲一廉。以五十六乘之，得一千四百爲二廉。以七十乘之，得一千七百五十爲三廉。又以一千四百爲四廉，又以七百爲五廉，以八因之，得二百爲六廉。依八乘方圖，以三十六爲一廉，以八十四爲二廉，以一百二十六爲四廉，以八十四爲五廉，以三十六爲六廉，以九爲七廉。各與本隅並列如圖。皆自底廉乘甲加廉，遞以乘加到頂而止，惟不乘隅算。或遇無廉有圈者，亦須乘甲一次，列圖于左。

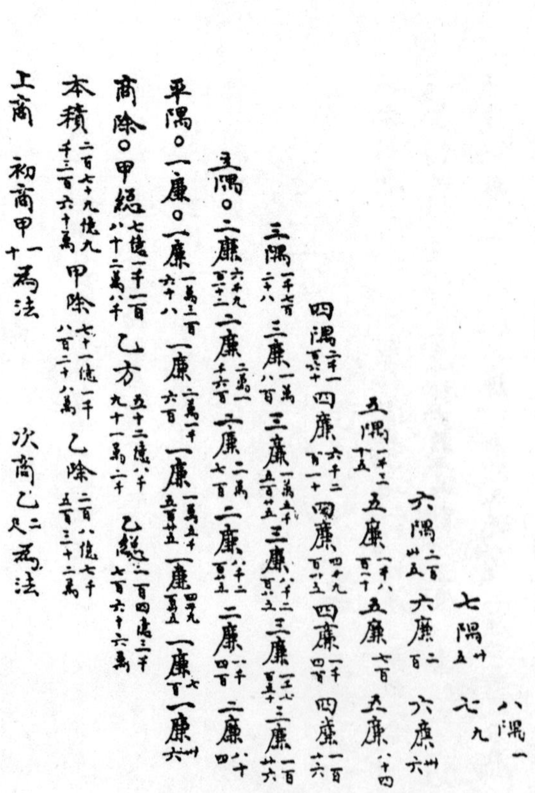

求廉法曰：先置八乘一廉三十六，以甲一十乘之，得三百六十，加入七乘一廉七百，共一千六十，又以甲乘之，淂一萬六百，又加入六乘一廉四千九百三十五，共一萬五千五百三十五，又以甲乘之，得一十五萬五千三百五十，又加入五乘一廉一萬五千五百(三)[二]十五，共一十七萬八百七十五，又以甲乘之，得一百七十萬八千七百五十，又加入四乘一廉二萬一千六百，共一百七十三萬三百五十，又以甲乘之，得一千七百三十萬三千五百，又加入三乘一廉一萬三百六十八，共一千七百三十一萬三千八百六十八，又以甲乘之，得一億七千三百一十三萬八千六百八十，立方無廉亦乘一次。又以甲乘之，得一十七億三千一百三十八萬六千八百爲一廉。平方無隅，不加，求餘廉並倣此。二廉得三億二千九百一十七萬九千一百二十。三廉得三千九百九十八萬七千二百二十八。四廉得三百二十一萬七千七百六十。五廉得一十七萬一千四百八十五。六廉得五千八百三十五。七廉得一百一十五。以八乘一叚爲隅算。以方、廉、隅共七十三億八千四百八十六萬三百四十四以約餘寔。次商得(一)二尺，續于甲後爲法。一遍乘一廉，得三十四億六千二百七十七萬二千六百，二(遍)乘[二]廉，得一十三億一千六百七十一萬六千四百八十。三遍乘三廉，得三億一千九百八十九萬七千八百二十四。四遍乘(四)四廉，得五千一百四十八萬四千一百六十。五遍乘五廉，得五百四十八萬七千五百二十。六遍乘六廉，得三十七萬三千四百四十。七遍乘七廉，得一萬四千七百二十。八遍乘八隅，得二百五十六。皆併入(一)[乙]方，共得一百四億三千七百六十六萬爲(一)[乙]緫。命乙二除餘寔二百八億七千五百三十二萬尺，適盡。得三乘方面一十二尺。加立方較三尺，得立方面一十五尺。又加平方面較五尺，得平方面二十尺。合問。

根與係數的關係部

題解

清·李鋭《開方説》卷上 凡不可開者爲無數。

又 凡可開三數或止一數，可開四數，或止二數，其二數不可開，是爲無數。凡無數必兩無，無一數者。

又 卷中 凡商數爲正，今令之爲負，則凡平方皆可開二數，立方皆可開三數或一數，三乘方皆可開四數或二數。異名相步所得爲正商，同名相步所得爲負商。

又 卷下 凡可開二數以上而各數俱等者，非無數也。以代開法入之可知。

清·阮元《疇人傳》卷五〇《汪萊》 蓋以一荅爲可知，不止一荅爲不可知。

綜論

清·汪萊《衡齋算學》卷六《第五册算書跋》 論曰：尚之此例足爲余書之凡，而余書所謂不可知之數有二數相淆者、有三數相淆者，推之三乘方以上，則有恒河沙、不可思議、無量數相淆者。必辨其爲二、爲三、爲恒河沙、不可思議、無量數，皆著其求之之法，以示後人使不生疑惑，則又非例所能括者。故余于二乘方以下已煞費苦心，而尚之亦不得例也。且尚之之第二例亦稍有未當處。蓋所謂隅實異名而中間從廉正負相間者，即余書之第五十一條也。此條有可知、有不可知。若非先以余法審别之而驟以正負法開方，設遇不可知之數，如一與一千與一十萬三數相淆，而題爲一萬萬真數，少一萬一十萬一千根積，又多一十萬一千一一乘方積，與一二乘方積相等者，自一至一十萬相去遠矣，茫無進退之限，初商何以下算？初商不能下算，何以開方而知其翻爲同名與否？又况雖翻而不同名亦有可知者。如八百真數，少一百根積，又多一十二一乘方積，與一二乘方積相等，則每根之數惟十，斷無相淆，以余補法按之可以得其故矣。

清·李鋭《衡齋算學·算書跋》 是卷窮幽極微，真算氏之最也。愚更以正負開方爲説括爲三。例其一，凡隅實異名，正在上負在下，或負在上正在下，中間正負不相間者，可知。其二，凡隅實異名，中間正負相間，開方時其與隅異名之從、廉皆翻而與隅同名者，可知；不者，不可知。其三，凡隅實同名者，不可知。

清·丁取忠《開方説序》 開方之用進退步法，始於《九章》之少廣及《孫子算經》。然古人祇以馭平方立方之帶縱者，未嘗有正負相間之諸乘方也。自天元術出而始有正負開方，其法始見於宋秦道古九韶《數書九章》。蓋其時天元始出，因其以天元相乘而有正負，又因其以乘代除，而層累益增，開方之有翻法、益積由此起矣。非以步法進退審之，無以定初商之位數。非以正負層層審之，無以定可開幾數。非以超進之法層層審之，無以定各商之數。而後歎古人之法爲蔑以加矣。有明一代無人知天元，誰復究心步法。而西人乘其敝創爲隔位作點之法人皆便之。而不知隔位作點衹能馭無縱之方，而不能馭有縱之方。天元自立方以上無不帶縱者。國朝康熙閒雖天元四元之法復明，而步法不傳，學者病之。自元和李尚之鋭作《開方説》，而古法始復明於世。法雖一貫而布筭甚繁，然以之開十數位之方，非旬日莫辨。近日南海鄒特夫伯奇著《乘方捷術》，杭州夏紫笙鸞翔著《少廣縋鑿》，特夫又立截算續商二法。無論正負雜糅翻法，益積皆能得數頃刻，豈非快事。然遇無盡方根雖求十餘位而無難，若遇無奇零者，惟逼近真數，終不能與原數相合，是以終當以尚之之法爲正法也。余故於敘尚之之書，而并及之。

清·黎應南《開方説跋》 右《開方説》三卷，吾師李四香先生所撰也。憶自庚午之冬，應南始從先生受算學，由《九章》兼及西法，甲戌之秋，以《開方説》見授。曰開方者，除法也。超步定位，肇於少廣。宋元諸家，入以天元之術。有天元，斯有正負。因有帶從諸乘方，其式如階級，重重迤邐遞進，或以正步負，或以負步正，有翻積，有益實，皆一定之理。李氏《測圓海鏡》，秦氏《數學九章》，均通其法，誠算家絶詣也。宣城梅氏著《少廣拾遺》，立開一乘方以至十二乘方法，枝枝節節，窒礙難通，未免舍本而逐末。爰著《開方説》三卷，上卷起例發凡，臚列算式。中卷正負互易，平立代開得數，可定其大小。命分則齊以并差。下卷反覆推求，有義必搜，無法弗備，可謂盡開方之變矣，上中兩卷早有成書，惟下卷止有條例，未立設問。丁丑之夏，先生病且革，因應南鑽仰有日，特於易簀之際，再三屬爲補成。故下卷諸數，皆謹遵先生遺命，依法推衍非敢參以己見。并將先生平日論開方之語，識於簡末，與海内明算者共深究焉。

清・阮元《疇人傳》卷五〇　汪萊

與郡人巴樹穀最友善，客江淮間，又與焦孝廉循、江上舍藩、李秀才鋭辯論宋秦九韶、元李冶立天元一及正負開方諸法。天性敏絶，極能攻堅，不肯苟於著述。凡所言，皆人所未言與夫人所不能言。

又糾正梅文穆公句股知積術，及指識天元一正負開方之可知不可知。

其指識正負開方也，元李冶傳洞淵九容術，撰《測圓海鏡》《益古演段》，以明天元如積相消，其究必用正負開方，互詳於宋秦九韶《數學九章》。梅文穆公雖指天元一爲西人借根方所由來，而正負開方則未有闡明者。元和李秀才鋭，特爲讎校，謂少廣一章，得此始貫於一。好古之士，翕然相從。萊獨推其有可知、有不可知。如《測圓海鏡》邊股第五問，圜田求徑，二百四十步與五百七十六步共數，而李仁卿專以二百四十爲荅。《數學九章》田域第二題，尖田求積，二百四十步與八百四十步共數，而秦道古專以八百四十爲荅。乃自二乘方以下，縷析推之，得九十五條。凡幾根數爲帶縱長闊較，則可知；爲帶縱長闊和，則不可知。又推得幾真數少，幾根數又多，幾平方與一立方積等，多少雜糅，和較莫定。立法以審之。以幾平方數，用幾立方數除之，得數乘幾根數，以較幾真數。若少於真數，則以幾平方爲高闊較，是爲可知。若多於真數，則或幾平方爲通分法三母總數，幾真數爲三母維乘之共數，幾根數爲通分之共子。如二、如六、如十二。設真數一百四十四，少二百八根數，多二十平方積，與一立方積，相等，則三數皆同，是爲不可知。蓋以一荅爲可知，不止一荅爲不可知。故李秀才鋭跋其書，括爲三例以證明之，謂：隅實同名者，不可知；隅實異名而從廉正負不雜者，可知；隅實異名而從廉正負相雜，其從翻而與隅同名者，可知，否則不可知。隅實異名，即帶縱之長闊較也，較僅一荅；隅實同名，即帶縱之長闊和也，和則不止一荅。鋭以隅實同名、異名，明一荅與不止一荅；萊以長闊、和較，明可知、不可知，其義一也。

論曰：孝嬰超異絶倫，凡他人所未能理其緒者，孝嬰目一二過，即默識静會，洞悉其本原，而貫達其條目。諸所著論，皆不欲苟同於人，是誠算家之最。特矯枉過正，未免有時失之於偏。尤於西學太深，雖極加駁斥，究未能出其範圍。觀其用真數、根數，以多少課和較，而泥於可知、不可知，尚是墨守西法。其於正負開方之妙，終不逮李尚之秀才鋭之能通變也。即如所悟得之等積、等弦和，謂有兩形倚伏於其中，固亦善於入深，然用帶縱兩次開方，不無委曲繁重。若以正負開方古法御之，四倍積自乘爲實，和自乘爲益廉，倍和爲隅，開立方得兩正數爲兩句，和再自乘與四倍積自乘相併爲實，四倍和再乘爲益方，五倍和自乘爲從廉，倍和爲益隅，開立方得兩大數爲兩弦，尤覺簡捷。蓋凡和數形皆有兩荅，不僅等積已也。如句三十三，股五十六，弦六十五，句弦和九十八，黄方二十四；又句四十，股四十二，弦五十八，句弦和亦九十八，黄方亦二十四之屬，不勝枚舉。所争者，不過有奇零無奇零而已。如句股積六，句弦和八，既爲句三股四弦五之句股形矣。又有一句股形，爲句二又四之一，股五又五之一，弦五又四之三，是已。《四元玉鑑》明積演段一門前九題，悉以直積十二步與句弦和八步爲問，原荅之外，尚有奇零之一荅。

又　李鋭

《開方説》三卷，鋭讀秦氏書，見其於超步退商、正負加減，借一爲隅諸法頗得古《九章》少廣之遺，較梅氏《少廣拾遺》之無方廉者，不可以道里計。蓋梅氏本於《同文算指》《西鏡録》二書，究出自西法，初不知立方以上無不帶從之方。鋭因秦法推廣詳明，以著其説，甫及上、中二卷而卒，年四十有五。其下卷則弟子黎應南續成之。

又　應南，字見山，號斗一，廣東順德人。【略】所傳者，惟《開方説》後跋。其略曰：「憶自庚午之冬，應南始從先生受算學，由《九章》兼及西法。甲戌之秋，以《開方説》見授。曰開方者，除法也，超步定位，肇於少廣。宋元諸家，入以天元之術，有天元斯有正負，因有帶從諸乘方。其式如階級重重，迤邐遞進，或以正步負，或以負步正，有翻積，有益積，皆一定之理。李氏《測圓海鏡》、秦氏《數學九章》均通其法，誠算家絶詣也。宣城梅氏著《少廣拾遺》，立開一乘方以至開十二乘方法，枝枝節節，窒礙難通，未免舍本而逐末。爰著《開方説》三卷。上卷起例發凡，臚列算式。中卷正負互易，平方代開，得數可定。其大小命分，則齊以并差。下卷反覆推求，有義必搜，無法弗備，可謂盡開方之變矣。

論曰：尚之在嘉慶間，與汪君孝嬰、焦君里堂齊名，時人目爲「談天三友」。

然汪期於引申古人所未言，故所論多創。創則或失於執。焦期於闡發古人所已言，故所論多因，因則或失於平。惟尚之兼二子之長，不執不平，於實事中匪特求是，尤復求精，此所以較勝於二子也。慨自利氏西來，羣相趨附，古法不彰久矣。王、梅、江、戴諸君，非不力争復古，其時書籍未見，文獻無徵，所謂挽回絶詣者，則純是臆測耳。猶幸戴氏於殘叢中掇拾得《算經十書》，而後諸古秝算書，始次第復顯。尚之爲錢少詹事高弟，成藍謝青，又能專志求古，不遺餘力，繼往開來，續殘補缺，遂使二千年來淪替之緒，得大昌於世。是王、梅、江、戴諸君，不過開其先，猶不能踐其實，而啓簫窮源，則端自尚之始，厥功不誠偉哉！以尚之之才智抱負，何難致通顯。

清・駱騰鳳《開方釋例・序》 問算術於李雲門夫子獲聞緒論，而尤諄諄於天元一術。蓋見近日之言開方者，創爲可知、不可知之例，而於秦、李之書且多詆議。其説本不足辨，第恐斯術之不彰也。

又 卷二《立方求各元法》 各元法與天元一以一元消積者異。以和數立方言之，天元一并四數爲負廉，內有二元數，二餘數，并四冪爲從方。內有三維乘數，一元自乘數，與積相消開得一元數，二奇零數。蓋以負廉之四數作三數，正方之四冪作三冪開之，故只得一元數，而餘二數皆開之不盡，而有奇零也。各元法與一元法實同一法，而所得皆整數，無奇零。視有分母子者爲省，故方廉隅消積之理得此最爲明晰。知其意者，自可通之一元法也。

可知方程分部

二次可知方程

算法

清・汪萊《衡齋算學》卷五《一乘方形二乘方形》 根方多少糅雜每根之數，知不知條目。

有幾真數，多幾根積，與幾一乘方積相等。以幾根數爲帶縱平方長濶較，以幾一乘方數乘幾真數爲帶縱平方積，帶縱平方法開之，得長根。以幾一乘方數除之。每根之數，可知。

有幾根積，多幾真數，與幾一乘方積相等。可知。同第一。

有幾根積，多幾一乘方積，與幾二乘方積相等。左右降位，命爲幾真數，多幾根積，與幾一乘方積相等。可知。同第一。

有幾一乘方積少幾真數，與幾根積相等。可知。同第一。

有幾一乘方積，少幾根積，與幾真數相等。可知。同第一。

有幾一乘方積，多幾根積與，幾二乘方積相等。左右降位，命爲幾根積，多幾真數與幾一乘方積相等。可知。同第一。

有幾二乘方積，少幾根積，與幾一乘方積相等。左右降位，命爲幾一乘方積，少幾真數，與幾根積相等。可知。同第一。

有幾二乘方積，少幾一乘方積，與幾根積相等。左右降位，命爲幾一乘方積，少幾根積，與幾真數相等。可知。同第一。

有幾真數，少幾根積，與幾一乘方積相等。以幾根數爲帶縱平方長闊較，以幾一乘方數乘幾真數爲帶縱平方積，帶縱平方法開之，得闊根。以幾一乘方數除之。每根之數，可知。

有幾真數，少幾一乘方積，與幾根積相等。可知。同第二。

有幾根積，多幾一乘方積，與幾真數相等。可知。同第二。

有幾根積，少幾一乘方積，與幾二乘方積相等。左右降位，命爲幾真數，少幾根積，與幾一乘方積相等。可知，同第二。

有幾一乘方積，多幾根積，與幾真數相等。可知。同第二。

有幾根積，少幾二乘方積，與幾一乘方積相等。左右降位，命爲幾真數，少幾一乘方積，與幾根積相等。可知，同第二。

有幾一乘方積，多幾二乘方積，與幾根積相等。左右降位，命爲幾根積，多幾一乘方積，與幾真數相等。可知。同第二。

有幾二乘方積，多幾一乘方積與幾根積相等。左右降位，命爲幾一乘方積，多幾根積，與幾真數相等。可知。同第二。

清・李鋭《開方説》卷上 實四百負，法二正，法除實得二百。

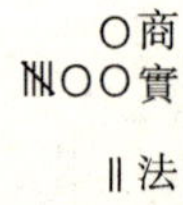

如法列位

商 凡算式有斜畫者爲負，無者爲正。

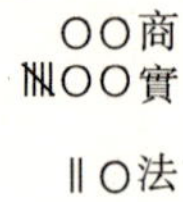

法進一位，商十。

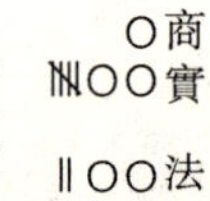

如前又進商百，不可進約商二百。

實三十六負，法三正，除實得一十二。

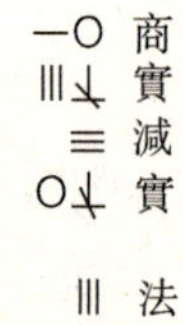

初商一十正，以商一正乘法三十正得三十正，以減實三十六負，餘六負爲次商實，法退一位。

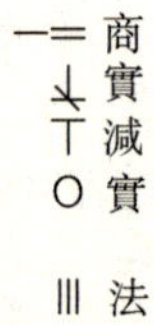

次商二正，以商二正乘法三正，得六正，以減實六負，適盡。

又 實九萬負，方空，隅一正。開平方得三百。

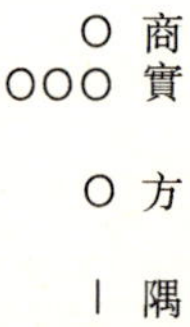

如法列位商一。

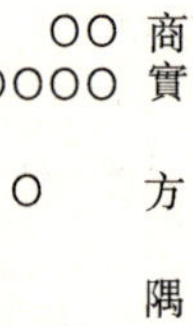

方進一位，隅進二位，商十。

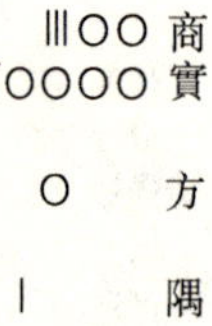

如前又進，商百，不可進約商三百。

實二千一百四十二負，方二十九正，隅一正，開平方得三十四。

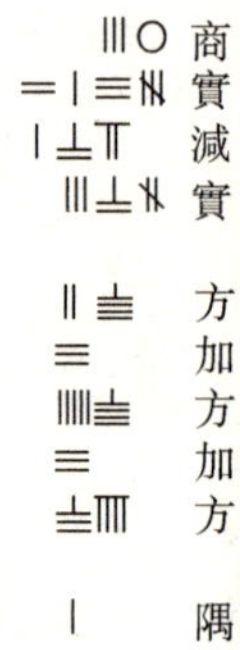

初商三十正，以商三正，乘隅一百正，得三百正，以加方二百九十正，得方五百九十正。又以商三正乘之，得一千七百七十正，以減實二千一百四十二負，餘三百七十二負，爲次商實，變之，以商三正乘隅一百正，得三百正，以加方五百九十正，得八百九十正，爲次商方，一變訖。方退一位，隅退二位。

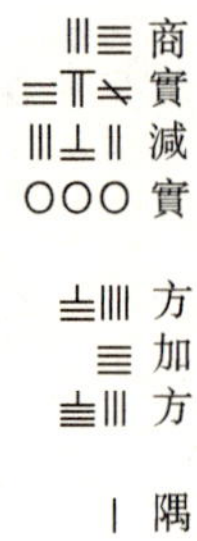

次商四正，以商四正，乘隅一正，得四正，以加從八十九正，得九十三正，又以商四正乘之，得三百七十二正，以減實三百七十二負，適盡。

又 **卷下** 凡以商乘隅減方適盡，則次商實即初商實。

實一百四十四負，方七十負，隅一正。開平方得七十二。

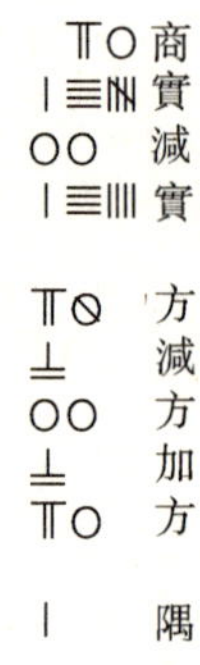

初商七十正

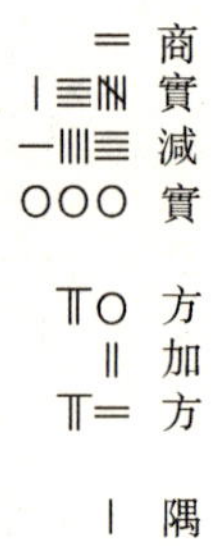

次商二正

凡開方止有隅，無方、廉者，其次商已後即與有方廉者同。

實二千二百九負，方空，隅一正。如平方法開之。

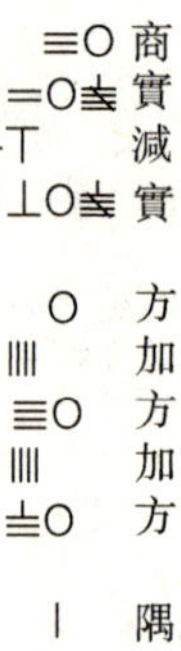

初商四十正

先開得四十正，變之得，實六百九負，方八十正，隅一正，如平方法開得七正，即與負實正方正隅者同。

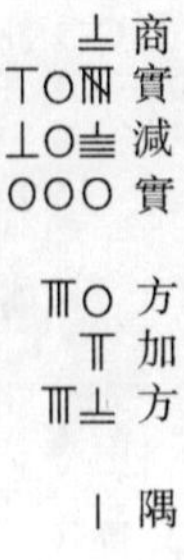

次商七正

實二千九負，方九十正，隅一負。開平方得四十一爲第一數。

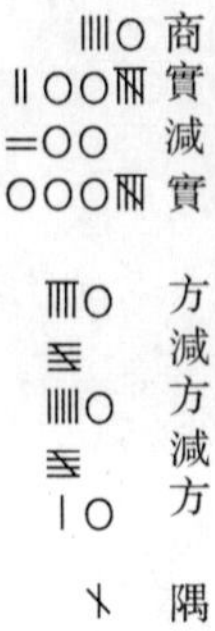

初商四十正

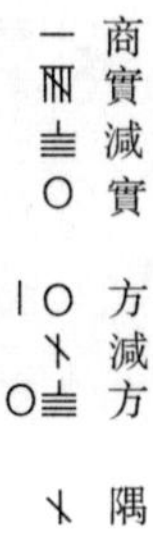

次商一正

復置初商，變，餘實九負，方一十正，隅一負。如法開之。

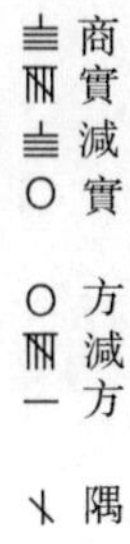

商九正

開得九，以加初商四十，得四十九爲第二數。

此第一數、第二數初商同爲四十，故不翻法。

凡商數誤多、誤少者，置餘實變之。誤多，則商負減之而得所求。誤少，則商正加之而得所求。或各商俱誤，或次商誤爲初商，初商誤爲次商，而實盡。并各商皆得所求。

實二十五負，方空，隅一正。開平方應得五，今誤商九。

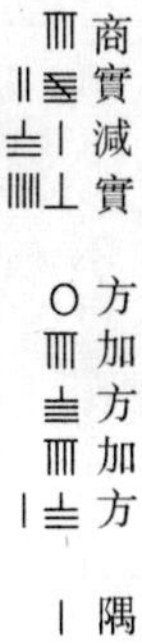

商九正

乃置餘實五十六正，變，餘方一十八正，隅一正，如法開之。

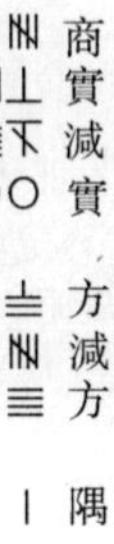

商四負

開得四負，以減誤商九正得五正，爲所求數。

實六十三負，方二，正隅一正。開平方應得七，今誤商一。

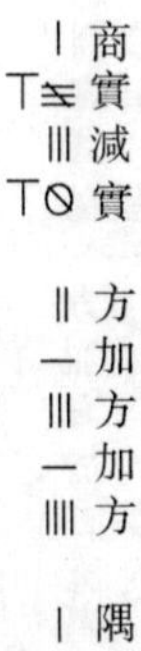

商一正

乃置餘實六十負，變餘方四正，隅一正，如法開之。

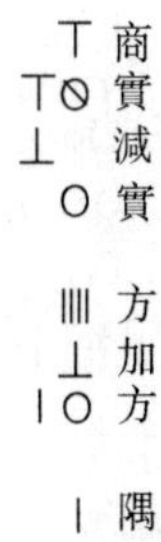

商六正

開得六正，以加誤商一正得七，爲所求數。

實一千九百負，方八十一正，隅一正。開平方應得一十九，今誤商四十三。

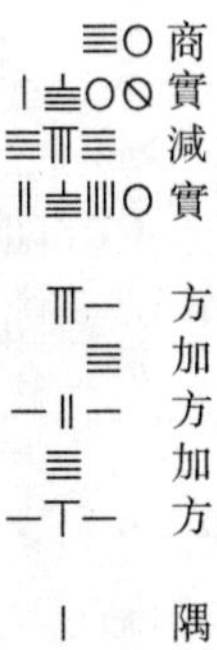

初商四十正

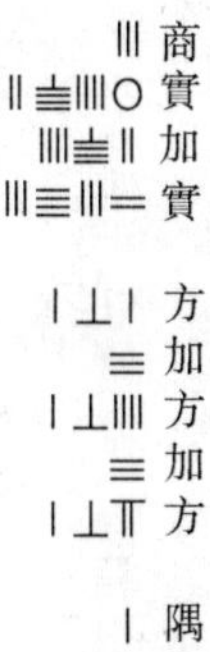

次商三正

乃置餘實三千四百三十二正，變，餘方一百六十七正，隅一正，如法開之。

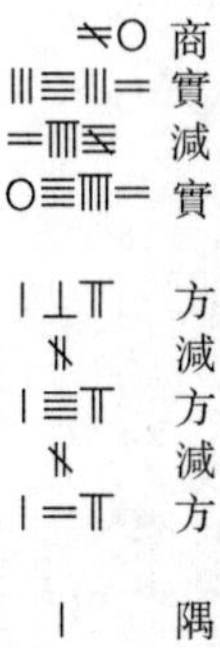

初商二十負

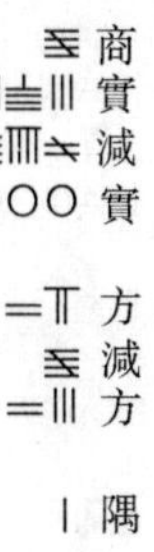

次商四負。

開得二十四負，以減誤商四十三正，得一十九爲所求數。

三次可知方程

算法

清・汪萊《衡齋算學》卷五《一乘方形二乘方形》 有幾真數，多幾根積，與幾二乘方積相等。以幾根數爲帶縱長立方高闊較，以幾真數自乘又以幾二乘方數乘之爲帶縱長立方積，帶縱長立方法開之，得高根。以幾二乘方數除之，得數以一乘方法開之。每根之數，可知。冊內帶縱立方，言闊皆底數四邊等者。言高即高數與底不等者。

有幾根積，多幾真數，與幾二乘方積相等。可知。同第三。

有幾二乘方積，少幾真數，與幾根積相等。可知。同第三。

有幾二乘方積，少幾根積，與幾真數相等。可知。同第三。

有幾真數，少幾根積，與幾二乘方積相等。以幾根數爲帶縱扁立方高濶較，以幾真數自乘又以幾二乘方數乘之爲帶縱扁立方積，帶縱扁立方法開之，得高根。以幾二乘方數除之，得數以一乘方法開之。每根之數，可知。

有幾真數，少幾二乘方積，與幾根積相等。可知。同第四。

有幾根積，多幾二乘方積，與幾真數相等。可知。同第四。

有幾二乘方積，多幾根積，與幾真數相等。可知。同第四。

有幾真數，多幾一乘方積，與幾二乘方積相等。以幾一乘方數爲帶縱扁立方高濶較，以幾二乘方數自乘乘幾真數爲帶縱扁立方積，帶縱扁立方法開之，得濶根。以幾二乘方數除之。每根之數，可知。

有幾一乘方積，多幾真數，與幾二乘方積相等。可知。同第七。

有幾二乘方積，少幾真數，與幾一乘方積相等。可知。同第七。

有幾二乘方積，少幾一乘方積，與幾真數相等。可知。同第七。

有幾真數，少幾一乘方積，與幾二乘方積相等。以幾一乘方數爲帶縱長立方高濶較，以幾二乘方數自乘乘幾真數爲帶縱長立方積，帶縱長立方法開之，得濶根。以幾二乘方數除之。每根之數，可知。

有幾真數，少幾二乘方積，與幾一乘方積相等。可知。同第八。

有幾一乘方積，多幾二乘方積，與幾真數相等。可知。同第八。

有幾二乘方積，多幾一乘方積，與幾真數相等。可知。同第八。

有幾真數多幾根積，又多幾一乘方積，與幾二乘方積相等。以幾一乘方數爲帶縱扁立方高濶較，以幾二乘方數乘幾根數爲減方法，以幾二乘方數自乘乘幾真數爲帶縱扁立方積，帶縱扁立方有減方法開之，商數減去高濶較，以商數乘之，得數減去減方法，又以商數乘之，除積。得闊根。以幾二乘方數除之。每根之數，可知。

有幾二乘方積，少幾根積，又少幾一乘方積，與幾真數相等。可知。同第四十九。

有幾根積，多幾真數，又多幾一乘方積，與幾二乘方積相等。可知。同第四十九。

有幾一乘方積，多幾真數，又多幾根積，與幾二乘方積相等。可知。同第四十九。

有幾二乘方積，少幾真數，又少幾根積，與幾一乘方積相等。可知。同第四十九。

有幾二乘方積，少幾真數，又少幾一乘方積，與幾根積相等。可知。同第四十九。

有幾真數，多幾根積，又少幾一乘方積，與幾二乘方積相等。以幾一乘方數爲帶縱長立方高濶較，以幾二乘方數乘幾根數爲減方法，以幾二乘方數自乘乘幾真數爲帶縱長立方積帶縱長立方有減方法開之，商數立入高濶較，以商數乘之，得數減去減方法，又以商數乘之，除積。得闊根。以幾二乘方數除之。每根之數，可知。

有幾真數，多幾根積，又少幾二乘方積，與幾一乘方積相等。可知。同第五十。

有幾根積，多幾真數，又少幾一乘方積，與幾二乘方積相等。可知。同第五十。

有幾根積，多幾真數，又少幾二乘方積，與幾一乘方積相等。可知。同第五十。

有幾一乘方積，少幾真數，又多幾二乘方積，與幾根積相等。可知。同第五十。

有幾一乘方積，少幾根積，又多幾二乘方積，與幾真數相等。可知。同第五十。

有幾二乘方積，少幾真數，又多幾一乘方積，與幾根積相等。可知。同第五十。

有幾二乘方積，少幾根積，又多幾一乘方積，與幾真數相等。可知。同第五十。

有幾真數，少幾根積，又少幾一乘方積，與幾二乘方積相等。以幾一乘方數爲帶縱長立方高濶較，以幾二乘方數乘幾根數爲方法，以幾二乘方數自乘乘幾真數爲帶縱長立方積，帶縱長立方有帶方法開之，商數竝入高濶較，以商數乘之，得數加入方法，又以商數乘之，除積。得濶根。以幾二乘方數除之。每根之數，可知。

有幾真數，少幾根積，又少幾二乘方積，與幾一乘方積相等。可知。同第五十二。

有幾真數少幾一乘方積，又少幾二乘方積，與幾根積相等。可知。同第五十二。

有幾根積，多幾一乘方積，又多幾二乘方積，與幾真數相等。可知。同第五十二。

有幾一乘方積，多幾根積，又多幾二乘方積，與幾真數相等，可知。同第五十二。

有幾二乘方積，多幾根積，又多幾一乘方積，與幾真數相等。可知。同第五十二。

清·李鋭《開方説》卷上 實六千四百萬負，方空，廉空，隅一正。開立方得四百。

商 實 方 廉 隅

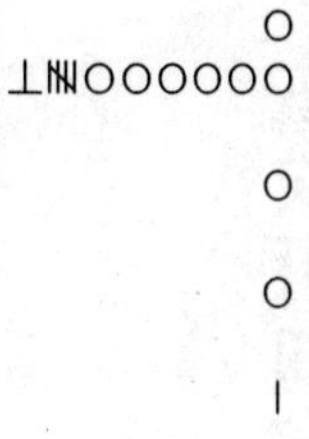

如法列位商一。

商 實 方 廉 隅

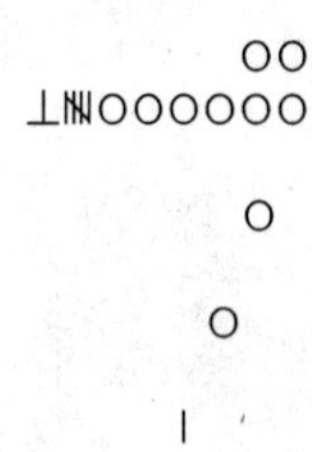

方進一位，廉進二位，隅進三位，商十。

商 實 方 廉 隅

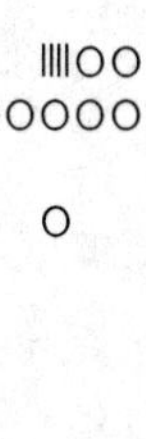

如前，又進，商百不可進，約商四百。

實一千六百八十負，方五百九十正，廉六十六負，隅一正。益積開立方得五十六。

商 實 加實 方 減方 減方 廉 減廉 減廉 加廉 隅

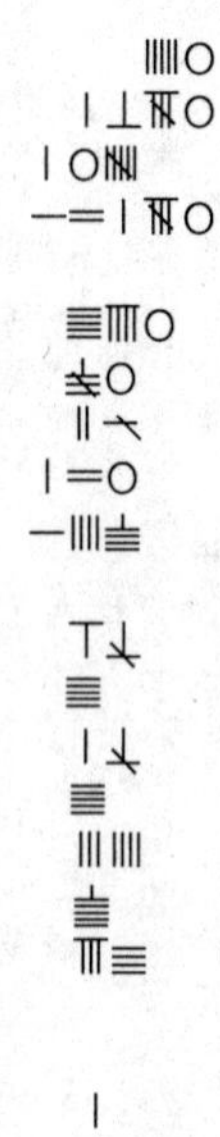

初商五十正，以初商五正，乘隅一千正得五千正，以減廉六千六百負，餘廉一千六百負。又以商五正乘之，得八千負，以減方五千九百正，不足減反減之，餘從二千一百負。以商五正乘之得一萬五百負，以加實一千六百八十負，得一萬二千一百八十負爲次商實。變之，以商五正乘隅一千正得五千正，以廉一千六百負反減之，餘廉三千四百正。又以商五正乘之，得一萬七千正，以方二千一百負反減之，餘一萬四千九百正爲次商方。已上一變。以商五正乘隅一千正，得五千正，以加廉三千四百正，得八千四百正爲次商廉。已上二變，變訖。方退一位，廉退二位，隅退三位。

商 實 減實 方 加方 廉 加廉 隅

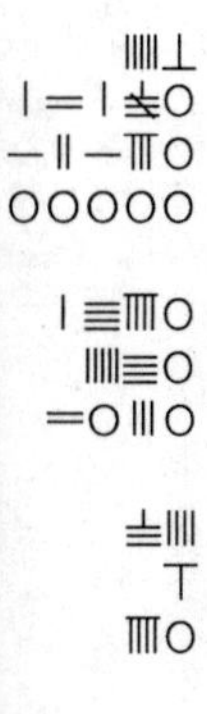

次商六正。以商六正乘隅一正得六正。以加廉八十四正得廉九十正。又以商六正乘之，得五百四十正，以加方一千四百九十正得方二千三十正。又以商六正乘之，得一萬二千一百八十正，以減實一萬二千一百八十負，適盡。

右立方。

又 卷下 實三千二百四十六萬一千七百五十九負，方空，廉空，隅一正。如立方法開之。

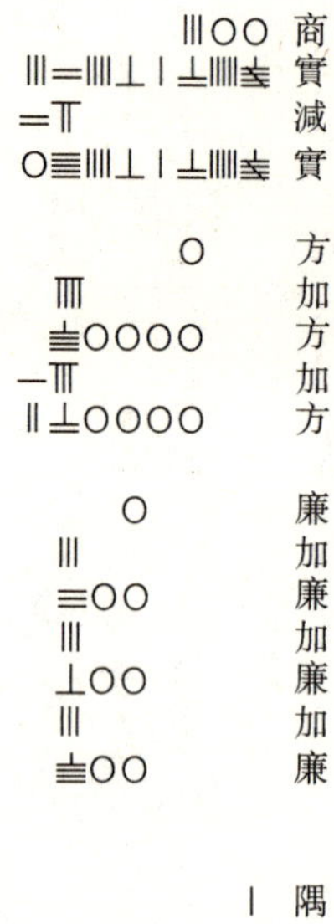

初商三百正

先開得三百正，變之得實五百四十六萬一千七百五十九負，方二十七萬正，廉九百正，隅一正。如立方法開得一十正，即與負實，正方，正廉，正隅者同。

次商一十正

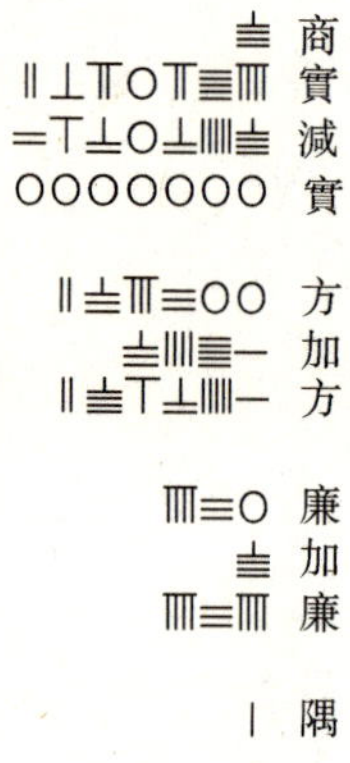

三商九正

凡以商乘隅減廉適盡，則以商乘方加減實如法入之。

實五十六負，方八正，廉七正，隅一負。開立方得七。

商七正

實五千三百一十二負，方一千二百六十四負，廉六十七負，隅一正。開立方應得八十三，今初商誤三，次商記八十。

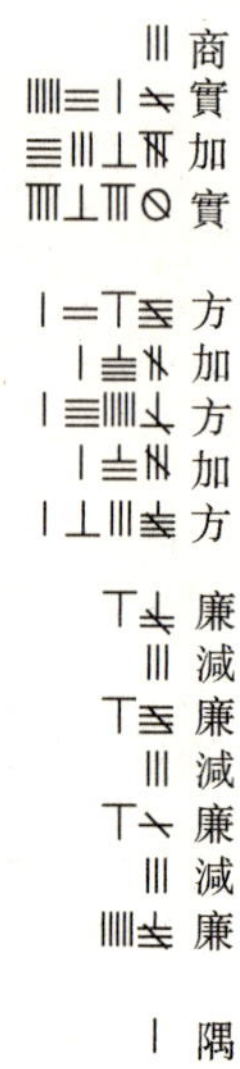

初商三正

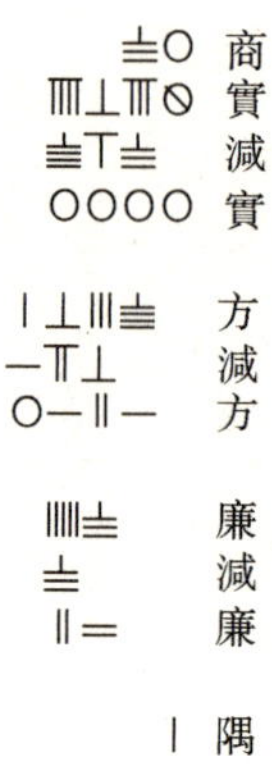

次商八十正

開訖，減實適盡。并兩誤商得八十三爲所求數。

實六百二十五億負，方空，第一廉空，第二廉空，隅一正。開三乘方得五百。

如法列位商一。

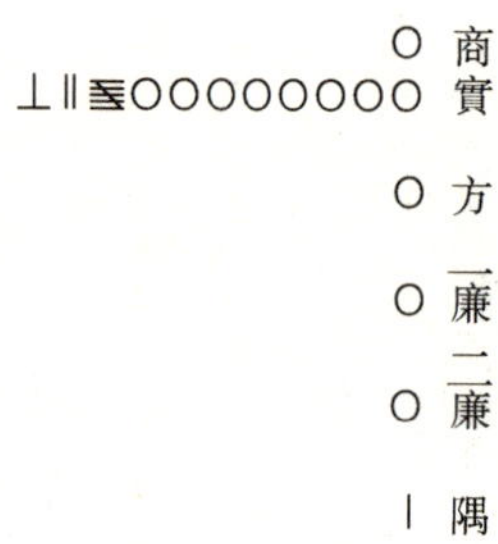

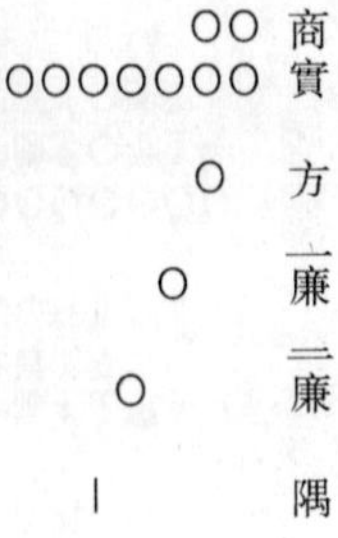

方進一位，第一廉進二位，第二廉進三位，隅進四位，商十。

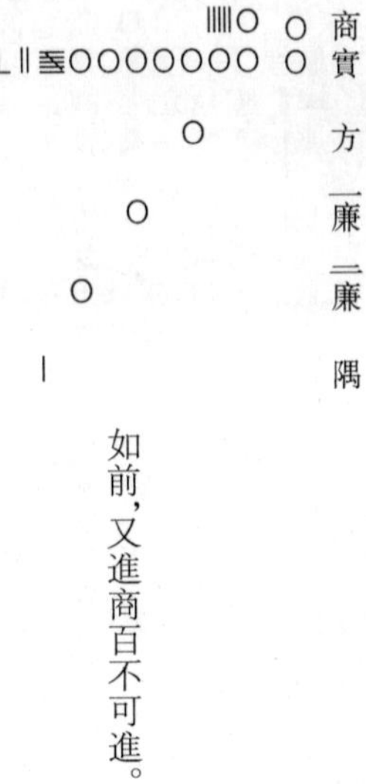

如前，又進商百不可進。約商五百。

又 實七萬八千負，方一萬六千六百正，第一廉一千七百六十負，第二廉九十八正，隅一負。翻法開三乘方得七十八。

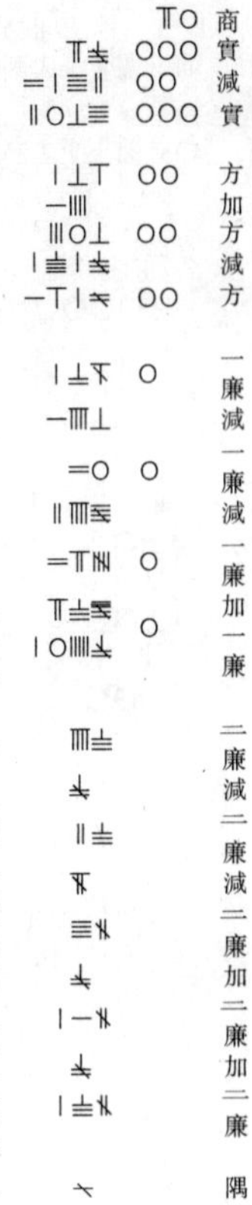

初商七十正。以商七正乘隅一萬負得七萬負。以減二廉九萬八千正，餘二萬八千正。又以商七正乘之得一十九萬六千正，以一廉一十七萬六千負反減之，餘一廉二萬正。又以商七正乘之得一十四萬正，以加方一十六萬六千正，得方三十萬六千正。又以商七正乘之得二百一十四萬二千正，以實七萬八千負反減之，餘二百六萬四千正爲次商實。變之。以商七正乘隅一萬負得七萬負。以二廉二萬八千正反減之，餘二廉四萬二千負。又以商七正乘之得二十九萬四千負，以一廉二萬正反減之，餘一廉二十七萬四千負。又以商七正乘之得一百九十一萬八千負，以方三十萬六千正反減之，餘一百六十一萬二千負爲次商方。已上一變。又以商七正乘隅一萬負得七萬負。以加二廉四萬二千負得二廉一十一萬二千負。又以商七正乘之得七十八萬四千負。以加一廉二十七萬四千負，得一百五萬八千負爲次商一廉。已上二變。又以商七正乘隅一萬負得七萬負，以加二廉一十一萬二千負，得一十八萬二千負爲次商二廉。已上三變。訖。方退一位，一廉退二位，二廉退三位，隅退四位。

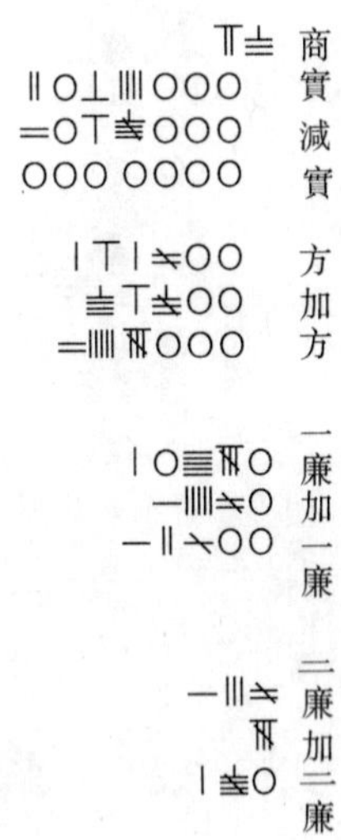

次商八。以商八正乘隅一負得八負。以加二廉一百八十二負得二廉一百九十負。又以商八正乘之得一千五百二十負，以加一廉一萬五百八十負，得一廉一萬二千一百負。又以商八正乘之得九萬六千八百負，以加方一十六萬一千二百負得方二十五萬八千負。又以商八正乘之得二百六萬四千負，以減實二百六萬四千正。適盡。

不可知方程分部

題解

清·汪萊《衡齋算學》卷五《一乘方形二乘方形》 有幾真數，多幾一乘方積，與幾根積相等。以幾根數爲帶縱平方長闊和，以幾一乘方數乘幾真數爲帶縱平方積，帶縱平方長濶和法開之，得長濶兩根。各以幾一乘方數除之，得數各爲每根之數，以計原真數皆合其實。每根之數，不可知。

有幾根積，少幾真數，與幾一乘方積相等。不可知。同第五。

有幾根積，少幾一乘方積，與幾真數相等。不可知。同第五。

有幾根積，多幾二乘方積，與幾一乘方積相等。左右降位，命爲幾真數，多幾一乘方積，與幾根積相等。不可知。同第五。

有幾一乘方積，多幾真數，與幾根積相等。不可知。同第五。

有幾一乘方積，少幾根積，與幾二乘方積相等。不可知。同第五。左右降位，命爲幾根積，少幾真數，與幾一乘方積相等。不可知。同第五。

有幾一乘方積，少幾二乘方積，與幾根積相等。左右降位，命爲幾根積，少幾一乘方積，與幾真數相等。不可知。同第五。

有幾二乘方積，多幾根積，與幾一乘方積相等。左右降位，命爲幾一乘方積，多幾真數，與幾根積相等。不可知。同第五。

有幾真數，多幾二乘方積，與幾根積相等。以幾根數爲帶縱立方高濶和，以幾真數自乘又以幾二乘方數乘之爲帶縱立方積，用第二册内帶縱立方高濶和法求得首、末二率兩高。各以幾二乘方數除之，得數以一乘方法開之，各爲每根之數，以計原真數皆合其實。每根之數，不可知。

有幾根積，少幾真數，與幾二乘方積相等。不可知。同第九。

有幾根積，少幾二乘方積，與幾真數相等。不可知。同第九。

有幾二乘方積，多幾真數，與幾根積相等。不可知。同第九。

有幾真數，多幾二乘方積，與幾一乘方積相等。以幾一乘方數爲帶縱立方高濶和，以幾二乘方數自乘乘幾真數爲帶縱立方積，用第二册内帶縱立方高濶和法求得首率并中率、末率並中率兩濶。各以幾二乘方數除之，各爲每根之數，以計原真數皆合其實。每根之數，不可知。

有幾一乘方積，少幾真數，與幾二乘方積相等。不可知。同第十一。

有幾一乘方積，少幾二乘方積，與幾真數相等。不可知。同第十一。

有幾二乘方積，多幾真數，與幾一乘方積相等。不可知。同第十一。

有幾真數，多幾根積，又多幾二乘方積，與幾一乘方積相等。取幾真數以一乘方法開之爲一根之數，與實有幾一乘方數用一乘方法開之之數相乘之積，用疊借法。以其數用原幾二乘方數乘之命爲真數，別以其數除原幾根數得數命爲幾一乘方數，原幾一乘方數命爲幾根數，原幾二乘方數不問多少總命爲一二乘方數。其命爲幾真數，多一二乘方積，又多幾一乘方積，與幾根積相等。迺以後幾真數自乘爲帶縱長立方積，以原幾一乘方數爲帶縱長立方高闊較，以後幾一乘方數乘後幾真數爲方法，帶縱長立方有帶方法開之，得濶根，爲原實有一乘方兩數之中率。以原幾一乘方數減去中率以其餘數爲帶縱平方長闊和，又以方法加入中率自乘數爲帶縱平方積，帶縱平方長闊和法開之，得長、濶二根，各爲兩寔，有一乘方數各帶一乘方法開之之幾數。各以其數與原幾一乘方數相減，餘，又各以原幾二乘方數除之，各爲原每根之數，以計原真數皆合其寔。每根之數，不可知。

有幾根積，多幾真數，又多幾二乘方積，與幾一乘方積相等。不可知。同第五十三。

有幾一乘方積，少幾真數，又少幾根積，與幾二乘方積相等。不可知。同第五十三。

有幾一乘方積，少幾真數，又少幾二乘方積，與幾根積相等。不可知。同第五十三。

有幾一乘方積，少幾根積，又少幾二乘方積，與幾真數相等。不可知。同第五十三。

有幾二乘方積，多幾真數，又多幾根積，與幾一乘方積相等。不可知。同第五十三。

有幾真數，多幾一乘方積，又多幾二乘方積，與幾根積相等。以幾根數爲中率之帶縱長立方高濶較。以幾真數爲方法，以幾真數自乘乘幾一乘方數爲帶縱長立方積，帶縱長立方有帶方法開之，得濶根爲中率。中率與幾根數相減，餘爲帶縱平方長濶和。中率自乘，得數加入方法爲帶縱平方積，帶縱平方長濶和法開之，得長、濶兩根。各以幾二乘方數除之，得數又各爲帶縱平方積，以幾二乘方數除幾一乘方數，又爲帶縱平方長濶較，帶縱平方法開之，各得濶根各爲每根之數，以計原真數皆合其實。每根之數，不可知。

有幾根積，少幾真數，又少幾一乘方積，與幾二乘方積相等。不可知。同第五十七。

有幾根積，少幾真數，又少幾二乘方積，與幾一乘方積相等。不可知。同第五十七。

有幾根積，少幾一乘方積，又少幾二乘方積，與幾真數相等。不可知。同第五十七。

有幾一乘方積，多幾真數，又多幾二乘方積，與幾根積相等。不可知。同第五十七。

有幾二乘方積，多幾真數，又多幾一乘方積，與幾根積相等。不可知。同第五十七。

二次方程有兩正根

算法

清・汪萊《衡齋算學》卷二《句股形帶縱立方形附》 有兩積相等、兩句弦和相等求兩句股形各數。一句弦和、一股弦和相等法同。

法曰：四倍句股積，自乘，句弦和除之，得數爲帶縱長立方積，以句弦和爲所帶之縱，用帶縱長立方法開之，得本方根數，爲兩句股形中兩句弦較之中率。以中率自乘，得數爲帶縱平方積，又以中率與句弦和相減，得數爲帶縱平方長闊和，用帶縱平方長闊和法開之，得長、闊兩根爲兩句股形中兩句弦較數。再用句弦較與句弦和，求句股弦法，即得兩句股形各數。

解曰：凡一句弦和，任設一句弦較，求得句股積，必有又一句弦較所求之句股積與之相等。或一股弦較所求句股積與之相等，則句弦和變股弦和法同。蓋兩句弦較兩數，及兩句弦較相併與句弦和相減之餘數，必爲連比例之三率。兩句弦較兩數必爲首末二率，兩句弦較相併與句弦和相減之餘數必爲中率。句弦和必爲三率併數。此等積、等句弦和得有兩形之故也。詳後有此形之句弦較求彼形之句弦較法。

句弦和		
三率併數		
句弦較	餘數	句弦較
首率	中率	末率

又凡一句股積必以句爲一邊，以股爲一邊相乘，折半，得數。若四倍之即是以兩句相併爲一邊，以股爲一邊相乘，長方之積也。今有兩句股形之積相等，則是此形之句倍之爲一邊，以此形之股爲又一邊可也，以彼形之句，倍之爲一邊，彼形之股爲又一邊可也。若以四倍之積自乘之，則即可視作此形之倍句乘彼形之倍句爲底，又以兩形之股相乘爲高。蓋此

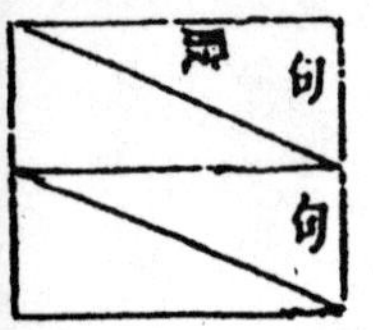

積本以倍句與股相乘爲一乘，又以倍句與股相乘之數乘之爲再乘。此再乘中，即可分作倍句爲再乘、股爲三乘。而凡三次之乘，或此先而彼後，或彼先而此後無不可。故即可視作倍句自乘爲一乘，股爲再乘，復爲三乘。而此兩形之句股原可互用，故即可視作兩形之倍句相乘爲底，兩形之股相乘爲高。又凡句弦和開方得根之數，與句弦較開方得根之數相乘，即得股數。今此四倍句股積自乘之立體，既視作兩形之股相乘爲高，若以句弦和除之即如以句弦和之根除過二次，而此形即變爲兩句弦較各開方之根數相乘爲高矣。準前論，句弦和爲三率併數，兩形句弦較爲首、末二率。今此形以兩句弦較之根相乘爲高，即是以首、末二率之根相乘爲高。夫首、末二率之根相乘即中率也。又準前論，句弦和爲三率併數，兩句弦較爲首、末二率。今此形之底原以此形之倍句乘彼形之倍句。兩形之倍句皆爲句弦和中減去句弦較之數，即一爲三率中減去首率之數，一爲三率中減去末率之數。兩數相乘即有一中率自乘之方、一首率乘中率長方、一首率乘末率長方同於中率自乘之方、一末率乘中率長方。皆以中率齊之則以中率爲闊、以三率併數爲帶縱矣。又準前論，既以中率爲高，則恰成中率自乘爲底，三率併數爲帶縱之長立方。故四倍句股積自乘，句弦和除之，爲帶縱長立方積，以句弦和爲所帶之縱，求得中率也。

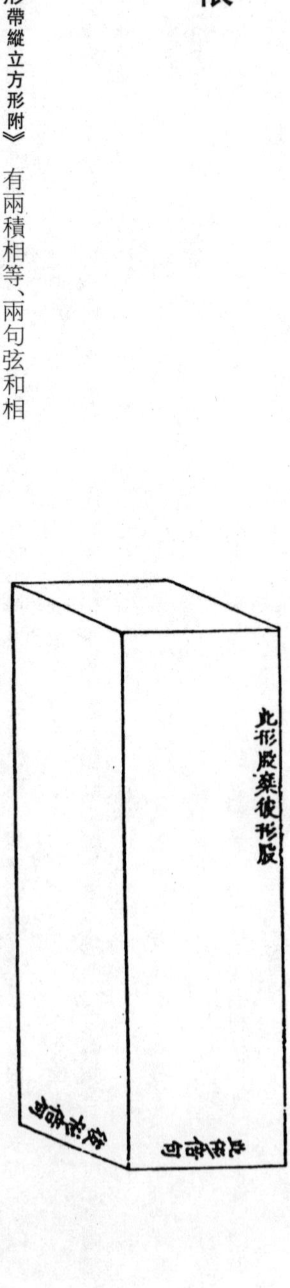

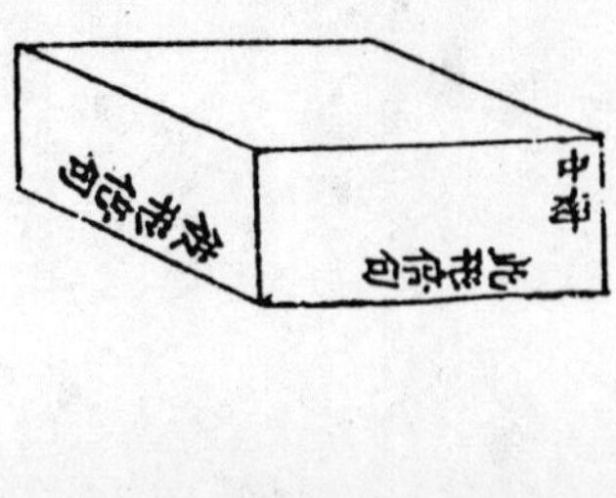

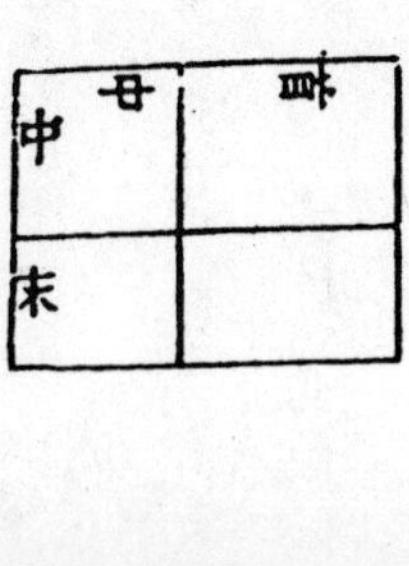

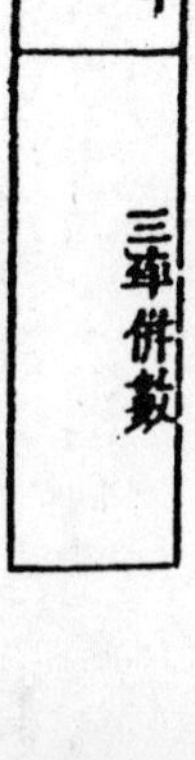

以此中率與句弦和三率併數相減，自餘首、末二率併數。中率自乘之數即同首、末二率相乘之數。以此數爲帶縱平方積，自合以首、末二率併數爲長闊和。故以中率自乘爲帶縱平方積，中率與句弦和相減，餘爲長闊和，用帶縱平方長闊和法，求得長、闊二根爲首、末二率，亦即爲兩形之兩句弦較也。

中率有奇零求兩句弦較密數。

法曰：凡中率以帶縱立方開之，得數遇有奇零不盡者，不得不截其餘以求得帶縱平方長、闊二根爲首、末二率，必有微差。長根恒失之多，闊根恒失之少。用益實歸除法則可得其密數。以前所得長根之數先就首位減去一數，用其餘數爲減過長根之數，自乘得積。又用句弦和倍之，減去減過長根之數，用其餘數以乘前自乘之積。得數加入前帶縱立方積爲實，句弦和自乘之數爲法除之。視其得數較減過長根之數恰合，則即爲密數矣。若多，則更當減，少，則不可減。更當減，則又減一數，如前法求之。如前法視之不可減，則還其本數，待次位之減。次位、三位、以下若有多位，皆如前法定之。求闊根，以前所得之數先就首位加一數，爲加過闊根之數，自乘得積。又用句弦和倍之，減去加過闊根之數，用其餘數以乘前自乘之積。得數加入前帶縱立方積爲實，句弦和自乘之數爲法除之。視其得數較加過闊根之數恰合，則即爲密數矣。若多，則更當加，少，則不可加。更當加，則又加一數，如前法求之。如前法視之不可加，則還其本數，待次位之加。次位、三位、以下若有多位，皆以前法定之。

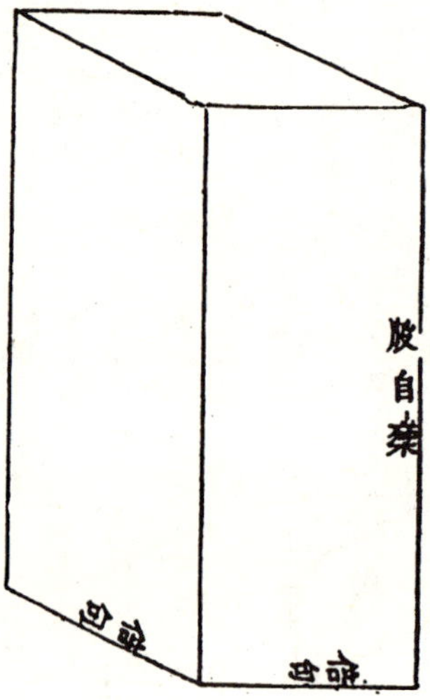

此一加一減之法皆以中率爲限。長根之減不得過中率以下，闊根之加不得過中率以上，則長闊不至相淆，雖有奇零之數皆無慮其不合矣。

解曰：前帶縱立方積本數也，就句弦和未除之先三次之乘互易觀之，即可視作倍句自乘爲底，股自乘爲高。然句弦和與句弦較相乘即如股自乘之數，則就句弦和既除之後觀之，即可視作倍句自乘爲底、句弦較爲高。

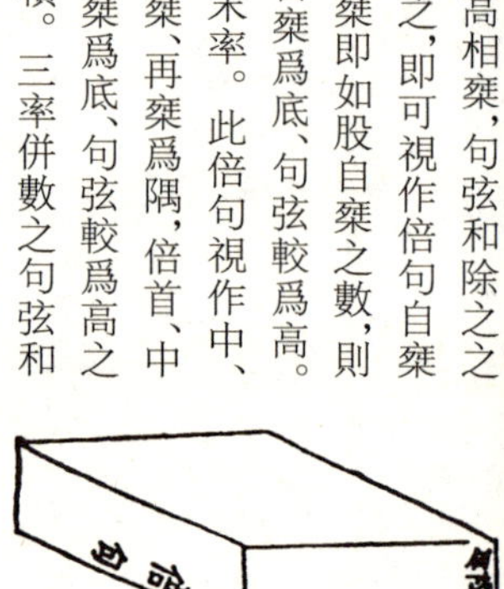

夫此倍句視作首、中二率，則句弦較必爲末率。此倍句視作中、末二率，則句弦較必爲首率。若以末率自乘，再乘爲隅，倍首、中二率乘末率自乘之數爲兩廉，加八倍句自乘爲底、句弦較爲高之積，即成三率併數自乘爲底、末率爲高之積。三率併數之句弦和自乘，得數除之，必得末率之句弦較矣。或以首率自乘、再乘爲隅，倍中、末二率乘首率自乘之數爲兩廉，加八倍句自乘爲底、句弦較爲高之積，即成三率併數自乘爲底，首率爲高之積。三率併數之句弦和自乘，得數除之，必得首率之句弦較矣。而今所得長、闊二根爲首、末二率，皆有微差，故益實之時必須加減。其長恒失之多、闊恒失之少者，緣中率既截奇零已失之，少自乘爲帶縱平方積則積亦少，及與句弦和相減，餘爲長闊和又失之多。積失之少而長闊和失之多，則長闊較必失之多，而長恒失多、闊恒失少矣。益實之時，失多用減、失少用加，加減不過中率，皆易明也。其以除得數恰合、加過、減過之根爲密，而多則更加減、少則還本數者，由相補之積有定限。試以長根命爲首率，闊根命爲末率，帶縱立方積命爲中、末二率併數自乘爲底、首率爲高之積觀之。設三率併數自乘之方爲範。

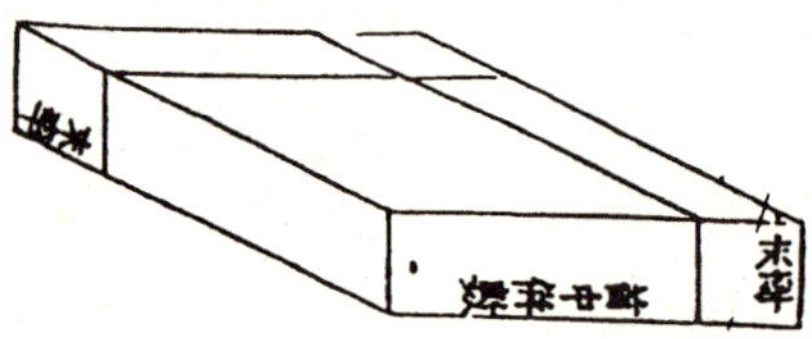

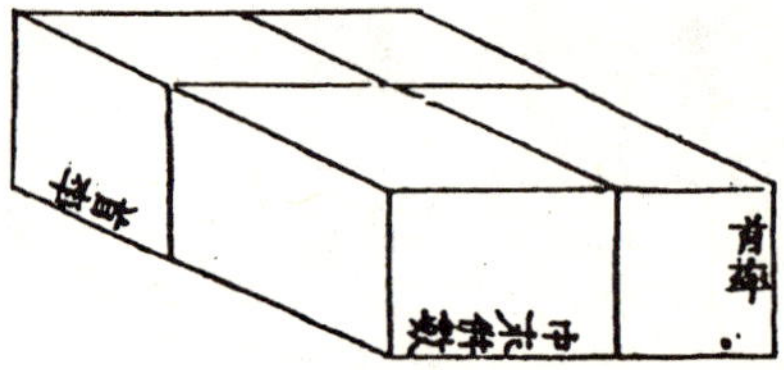

以中、末二率併數自乘爲底、首率爲高之積置於中、末二率併數之方，又以末率自乘、再乘爲隅、末率自乘、乘倍首、中二率併數爲兩廉之曲矩形積，置於所設範對中、末二率併數方角之兩旁，其間必空首、末二率之較乘首、中、末、中四率併數之曲矩形爲底、末率爲高之積。若以末率之數截立方之下體，取其上之餘積以補之，其高爲首、末二率之較即合空曲矩形之闊。其底冪析之爲四形：一末自乘，合空曲矩之末率高乘末率長，二末乘中，合空曲矩之末率高乘二中率長，一中自乘，合空曲矩之末率高乘首率長。如此相補，適足一末率爲高、三率併數自乘爲底之立方形。以三率併數自乘之方除之得末率之數，自無多少不合矣。而或原所設之末率微差而少，則以所截立方形首、末二率相較數之高對空曲矩形首、末二率相較數之闊亦無不合。而空曲矩形中四段積之立冪，則爲末率微少之數乘中率之長二，較立方之冪末率不差之數乘二中率者少矣，爲末率微少數乘末率長一，較立方冪末率不差之數自乘者少矣，爲末率微少之數乘首率微多之長一，而首率之微多僅以末率微少之數爲長，末率之微少直以首率不差之數爲長，微多、微少之數雖恰相同，而一長、一短之積不足相補，則較立方冪之中率自乘同於末率不差乘自率不差之數者又少矣。夫以所截立方積之多補入空曲矩之少其積必浮而出，以三率併數自乘之方除之，所得之數能不多於所設之數乎。故以除得之數多於所設之數定知設數之尚少，所當更加者也。又或原所設之末率微差而多，則以所截立方形首、末二率相較數之高對空曲矩形首、末二率相較數之闊亦無不合。而空曲矩形中四段積之立冪，爲末率微多之數乘中率之長二，較立方之冪末率不差之數乘二中率者多矣，爲末率微多數乘末率長一，較立方冪末率不差之數自乘者多矣，爲末率微多之數乘首率微少之長，一而首率之微少僅以末率不差之數爲長，末率之微多直以首率微少之數過於中率者爲長，微多、微少之數雖恰相同，一長、一短之積不足相消，則較立方冪之中率自乘同於首率不差乘末率不差之數者又多矣。夫以所截立方積之少補入空曲矩之多其積必竄而下，以三率併數自乘之方除之，所得之數能不少於所設之數乎？故以除得之數少於所設之數定知設數之已多，所當還其本數者也。至於求首率法，若減數過多，設數微差而少，與末率加多之形絲豪無異，故反以除得之數少於所設之數定知設數之已少，所當還其本數者也。其正當首率無差，則所益之曲矩形積以首率自乘、再乘爲隅，亦以首率自乘、乘倍中、末二率併數爲兩廉，合於中、末二率併數自乘爲底、首率爲高之立方積恰成一三率併數自乘爲底、首率爲高之立方積，中間始無空曲矩，兩高始無不齊，不須截彼補此。以三率併數自乘之方除之，必恰得首率之數，亦無多少不合矣。然或減數尚少，設數微差而多，則所益之曲矩形積以首率微多之數爲闊、亦以首率微多之數爲高，必須抉出向内首率所多之數爲闊、首率微多之數爲高之曲矩形，乃能合首率爲高、中、末二率併數自乘爲底之立方積，同容於三率併數自乘之方内。而立方積之高較之曲矩之高則少首率所多之數，取抉出曲矩以首率所多之數爲闊對空立方以首率所多數爲高亦無不合。而抉出曲矩四段積之立冪，爲首率微多乘末率之長二，較空立方冪末率不差乘二中率不差者多矣，爲首率微多乘中率之長一，較空立方冪中率不差自乘者多矣，爲首率微多乘中率微少之長一，此段内雖所少之數以首率爲長，所多之數以中率微少之數爲長不能相補成首率不差乘中率不差之數，而取第三段首率所多之數乘中率之積以補此段中率之所少，即其下截已成中率不差之自乘，較空立方冪末率自乘者必多矣。夫以抉出曲矩之多補入空立方之少其積亦必浮而出，以三率併數自乘之方除之，所得之數亦必多於所設之數。故反以除得之數多於所設之數定知設數之尚多，所當更減者也。

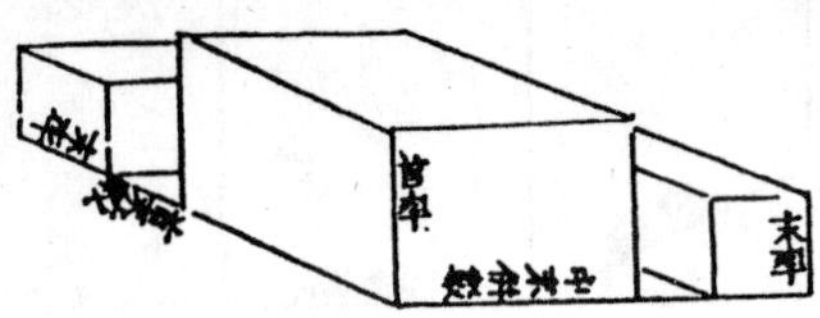

有兩句弦和相等、有此形之句弦較求等積兩句股形彼形之句弦較及兩形相等之積。一句弦和一股弦和相等法同。

法曰：此形句弦較與句弦和相減，餘爲此形之倍句。倍句與句弦較相乘爲帶縱平方積，句弦較爲所帶之縱，用帶縱平方法開之，得闊邊爲兩形兩句弦較之中率。此形倍句減去中率即得彼形句弦較。兩較各與句弦和求得句、股、弦諸數，其句股相乘折半之積必等。

解曰：凡三率連比例併數以首率乘之，開方得根，别以末率乘之，開方得根，兩根之比例必與首、中併數，中、末併數兩數之比例等，是成四率斷比例。何以知之？凡此兩方積與彼兩方積成比例，則此兩方根與彼兩方根亦成比例。

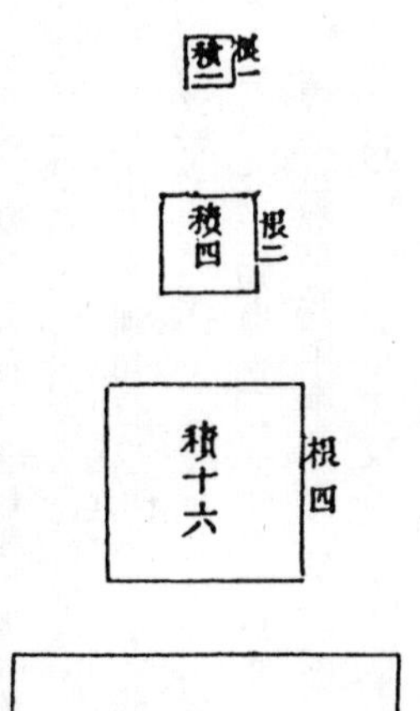

今此兩根之方積，一以首率乘三率併數，一以末率乘三率併數，其長皆同以三率併數，則其差分惟在闊之首、末二率矣。若以首、中併數爲根，自乘得方積，

則其中有首率自乘一、首率乘中率二、中率自乘一同於首率乘末率一。以首率齊之則首率爲闊，首、末、中、中四率併數爲長。以中、末併數爲根，自乘得方積，則其中有末率自乘一、末率乘中率二、中率自乘一同於末率乘首率一。以末率齊之則末率爲闊，亦首、末、中、中四率併數爲長。兩積之差分亦惟在首、末二率。是此兩方積與彼兩方積比例等矣。積之比例既等，根之比例有不等乎？故必成四率斷比例也。凡斷比例四率，若交互乘之其積必等。今句弦和内減去句弦較，其餘即爲倍句。句弦較乘句弦和開方得股。是句弦和爲三率併數之象，兩積相等之兩句弦較爲首率與末率之象，兩積相等之兩倍句爲首、中併數及中、末併數之象，兩積相等兩句弦較之併數與句弦和相減，餘必爲中率之象。兩積相等之兩股，一爲首率與三率併數相乘、開方之象，一爲末率與三率併數相乘、開方之象。而首率所得之股其倍句必爲中、末二率，末率所得之股其倍句必爲中、首二率，於四率斷比例中皆爲斜對，然後相乘之積必等矣。故句弦和中截此形句弦較爲首率其餘倍句爲中、末併數。以首率乘中、末併數有一首率乘中率長方、有一首率乘末率長方同於中率自乘之方。兩方相就，成中率爲闊，首率爲帶縱之長方矣。故以此形句弦較乘倍句爲帶縱平方積，句弦較爲所帶之縱，用帶縱平方法開得闊根即爲兩積相等兩句弦較之中率，以減倍句得末率，即爲彼形之句弦較也。

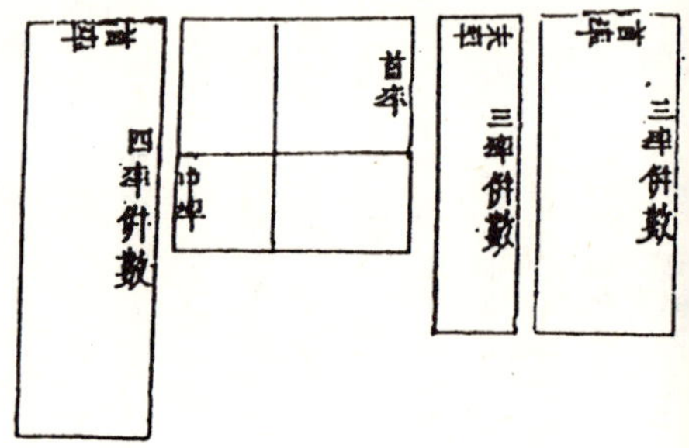

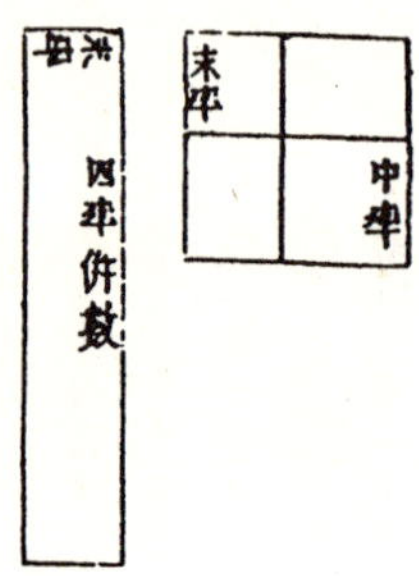

有兩句弦較求等積兩句股形相等之句弦和。

法曰：以兩句弦較相乘，開方得中率。中率與兩句弦較相併，得數爲等積兩句股形共得之句弦和數。

有等積、等高闊和數求兩帶縱扁立方形諸數。一長立方高闊和一扁立方高闊和相等，法同。

法曰：命積爲帶縱長立方積，以高闊和爲所帶之縱，用帶縱長立方法開得本方根爲兩形高數之中率。中率與高闊和相減，餘爲帶縱平方之長闊和，中率自乘爲帶縱平方積，用帶縱平方長闊和法開之，得長、闊二根爲兩形之兩高數。兩高與和相減爲兩闊。數、理、解並同等積、等句弦和兩句股法。

有股弦和、句股積求諸數。

法曰：如前兩句弦和相等、兩句股積相等法，求得闊根即爲股弦較。用股弦較與股弦和求句、股、弦法即得諸數。

解曰：準前論，等積、等弦和得有兩形。由弦和中含比例連三率，兩弦較當首、末二率，而連三率之理，末率不及三率併數三分之一者，首率必過三率併數三分之一。股弦較之法，則必在股弦和十二分有奇之二有奇以下，斷不及股弦和三分之一。故首、末二率，其一爲股弦較者，其一必爲句弦較，三率併數，此形爲股弦和者，等積之彼形必爲句弦和。不至有兩積相等、兩股弦和相等之相淆。而凡句弦和與句股積遇有求得闊根變爲股弦較者，亦不至有兩積相等、兩句弦和相等之互易矣。又，前法既以長、闊二根得首、末二率，則股弦較不及三率併數三分之一者必當闊根。故以闊根得股弦較也。

有帶縱長立方高闊和、帶縱長立方積求高、闊兩數。

法曰：如前兩帶縱扁立方等積、等高闊和法，求得長根爲高，以高減高闊和爲闊。

解曰：等積、等高闊和之兩帶縱立方形兩高數恒爲首、末二率，高闊和恒爲三率併數，與等積、等弦和之兩弦較及弦和絲豪無異。而連三率之理，首率過三率併數之半者，其餘中、末併數尚不及半，何況末率。帶縱長立方之法，則高必過高闊和之半，斷無在半以下之事。故首、末二率，其一爲長立方之高者，其一必爲扁立方之高，三率併數，此形爲長立方之高闊和者，等積之彼形必爲扁立方之高闊和。不至有兩積相等、兩長立方高闊和相等之相淆。而扁立方高闊和與積有求得長根變爲長立方之高者，亦不至有等積、等扁立方高闊和之互易矣。又，前法之求兩高既以長、闊二根，則長立方之高過高闊和之半者自當長根，故以長根得立方高也。

論曰：句股形等積、等弦和，帶縱立方形等積、等高闊和，皆有兩形互易。雖股弦和所通在句弦和，長立方所通在扁立方，幸有名之可辨，然其數莫不由兩形相引而出。至如句弦和有時所通亦句弦和。句二十，股二十一，弦二十九，句弦和四十九，句股積二百一十。句十二，股三十五，弦三十七，句弦和亦四十九，句股積亦二百一十。扁立方有時所通亦扁立方高九，闊十，高闊和十九，立方積九百。高四，闊十五，高闊和亦十九，立方積亦九百。若問者暗執一形，則對者交盲兩數。循齋諸君見未及此，謂以理推之和數與較數有對待者，遂意此和、此積之僅有一形。苦思力索，法成而不可用，惜哉。梅君循齋法見《增删算法統宗》，丁君維烈法見《赤水遺珍》。

又　卷六《平圓形》　有圓内若干度之通弦，求其度三分之一之通弦。

法曰：置所有若干度之通弦，以一百萬萬萬乘之，得數自乘，爲帶縱立方積，以三百萬萬萬爲帶縱立方高潤和，用第二册中帶縱立方高闊和法開之，得末率之高。以一乘方法開之，得三分之一之通弦。

解曰：三全分之通弦較三分之一之通弦爲三倍而少一半徑爲一率、三分之一通弦爲二率之四率，第三册五分取一法中已暢發西士之旨。然西法布算迺用益實歸除而不顯立進退之限，推求較難。今改用帶縱立方而以末率當之，斯顯然易得矣。其法之原，先借一根爲二率。一根自乘得一平方，以一率半徑一千萬除之，應得三率。不除，即命一平方爲三率，轉以一率一千萬乘二率一根，得一千萬根爲二率當之。於是，又以三率一平方自乘得一三乘方以二率一千萬根除之，應得四率。不除，即命一三乘方爲四率，轉以二率一千萬根自乘，得一百萬萬萬平方當之。乃三倍二率減去一四率爲三百萬萬萬平方，少一三乘方與三全分之通弦之率相等矣。而此二率與四率乃用一率半徑乘之，又以一率乘二率乘之之數也，故取三全分通弦亦以一率半徑一千萬乘之爲若干數，又以一率半徑乘二率一根所得一千萬根乘之爲若干根，與前借根數乃相等矣。左右俱無真數，法宜降位。其根數者當降爲真數也。既後當降爲真數，則前之以二率根數乘者即命爲以真數乘而後不煩降矣。故法徑以半徑一千萬自乘得一百萬萬萬，乘三全分通弦爲真數也，其一乘方數者則降爲根數，三乘方數者則降爲二乘方數也。於是，命爲三百萬萬萬根，少一二乘方，與若干真數相等。此不論三全分者爲何度，第半徑既立，可通爲一法也。夫借根而至於有幾根，少一二乘方，與幾真數相等，以其真數自乘，其形即變爲帶縱立方，而幾根數即當其高闊和，則有兩高數相淆。故第五册之目列在根數不可知之條。而今之法何以能斷其爲末率乎？蓋所有之根數本平方數也，本以一率半徑自乘又三乘之之數也所少之二乘方本三乘方也，則爲二率之數自乘之平方數也。三分之一之度之通弦以爲二率必不多於半徑一率之數，則以所少之平方數較原有之平方數必不及三分之一。遞降而下，所少一二乘方之根數必不及原有之根數三分之一。夫原有之根數，帶縱立方之高潤和也，所少一二乘方之根數帶縱立方之所以爲高也。帶縱立方而以不及高潤和三分之一之數爲高，必爲末率之高可知也。

清・李鋭《開方説》卷上　凡平方可開二數者，以正方步負實，得第一數，小數也。以負隅步正方得第二數。大數也。立方可開三數者，以正方步負實，得第一數，小數。以負廉步正方，得第二數，中數。以正隅步負廉，得第三數，大數。它皆倣此。

實一萬負，方一萬一正隅一負，開平方，得第一數一，第二數一萬。

商　一
實　𝍩〇〇〇〇
方　一〇〇〇一
隅　𝍩

此以正方步負實商一。

商　一〇〇〇〇
實　𝍩〇〇〇〇
方　一〇〇〇一
隅　𝍩

此以負隅步正從，商一萬。

又　卷中　凡可開二數以上商數皆有之分者，原實不盡不可代開。如法，先開一數，乃依倣代開法續開之，與寄位相加減即得又一數。

實二十三負，方一十正，隅一負，開平方得第一數三三分之二正，第二數六三分之一正。

商　‖
實減實　≡‖ 〇
方減方減方　|〇 ‖〇 ≡
隅　|

商三正

借子母
商實減　一 ≡
方減方　Ⅲ Ⅲ
隅　𝍩

借商一正

開得第一數三三分之二正，副之，以末商三分之二減之，餘三正爲寄位，重列借商之實、方、隅，續開之。

商實減實　方減方減方　隅

[illegible]

商三正

借子母

商實減　方加方　隅

[illegible]

借商一正

續開得三分之一正，以加前寄位三正，得六三分之一正，爲第二數。

右加寄位。

商實減實　方減方減方　隅

[illegible]

商六正

借子母

商實減　方加方　隅

[illegible]

借商一正

開得六三分之一正，爲第二數，副之，以末商三分之一正減之，餘六正爲寄位。重列借商之實、方、隅，續開之。

商實減實　方減方加方　隅

[illegible]

商二負

借子母

商實減　方加方　隅

[illegible]

借商一負

續開得二三分之一負，以減前寄位六正，餘三三分之二爲第一數。

右減寄位。

凡可開二數以上，或有之分，或無之分。若先開得有之分者，以續開法入之。若先開得無之分者，以代開法入之。

實六十四負，方三十二正，隅三負，開平方得第一數二十七分之一十二正，第二數八正。

商實減實　方減方減方　隅

[illegible]

商二正

借子母

商實減　方減方　隅

[illegible]

借商一正

開平方得二十七分之一十二正，爲第一數，乃列借商之實、方、隅，續開之。

商實減實　方減方　隅

[illegible]

商六正

續開得六正，與前寄位二正相加，得八正爲第二數。右續開加寄位。

商實減實　方加方加方　隅

[illegible]

商八正

開平方得八正爲第二數，變之。以除代開之。

商實減實　法

[illegible]

商五負

借子母

商實減　法

[illegible]

借商一負

除得五三分之一負爲較數，以減第二數八正，得二三分之二正爲第一數。

右代開較數減。

實一百一十六負，方四十五正，隅四負，開平方得第一數四正，第二數(七一十五分之三正)[七四分之二]。

商實減實　方減方減方　隅

商四正

開平方得四正爲第一數，變之。以除代開之。

商實減實　法

商三正

借子母

商實減　法

借商一正

除得三四分之二正爲較數，以加第一數四正，得七四分之二正爲第二數。

右代開較數加。

商實減實　方減方減方　隅

商七正

借子母

商實減　方加方　隅

借商一正

開平方得(七一十五分之三)[七四分之二]正爲第二數。乃列借商之實方隅，續開之。

商實減實　方減方　隅

商三負

續開得三負，以減前寄位七正，得四正爲第一數。

右續開減寄位。

又　卷下　實四萬六千六百五十五負，方四百三十二正，隅一負，開平方得二百一十五爲第一數。

商實減實　方減方減方　隅

初商二百正

商實減實　方減方減方　隅

次商一十正

商實減實　方減方　隅

三商五正

復置次商，變，餘實三十五負方一十二正，隅一負，如法開之。

商實減實　方減方　隅

商七正

開得七，以加初次商二百一十，得二百一十七爲第二數，此第一數第二數初次商同爲二百一十，故不翻法。

實九百二十三負，方八十四正，隅一負，開平方，小數應得一十三，大數應得七十一。今小數誤商九，大數誤商五十七。

商實減實　方減方減方　隅

商九正

商實減實　方減方減方　隅

初商五十正

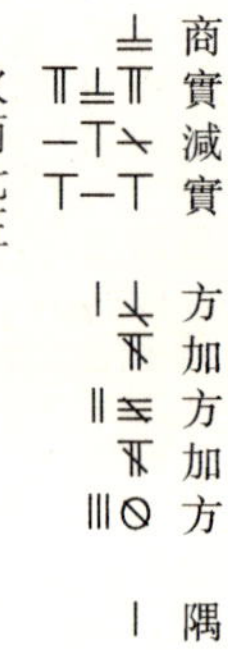

次商七正

乃置小數誤商餘實二百四十八負，變餘方六十六正，隅一負，如法開之。

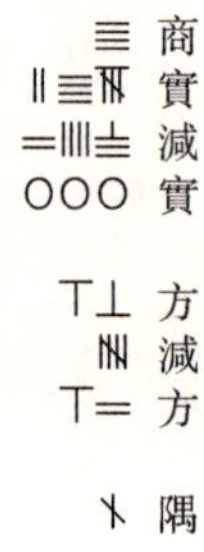

商四正

開得四正，以加小數誤商九正，得一十三爲所求數。復置大數誤商餘實六百一十六正，變餘方三十負，隅一負，如法開之。

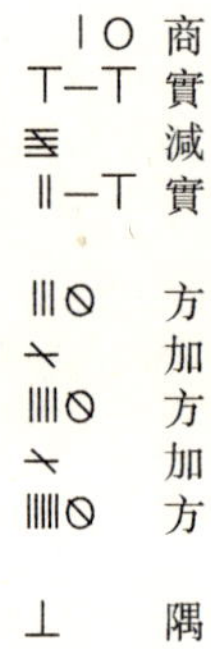

初商一十正

次商四正

開得一十四正，以加大數誤商五十七，得七十一爲所求數。

三、四次方程有三、四正根

算法

清・李鋭《開方説》卷上 實一億負，方一億一十萬一千正，廉一十萬一千負，隅一正，開立方得第一數一，第二數一千，第三數一十萬。

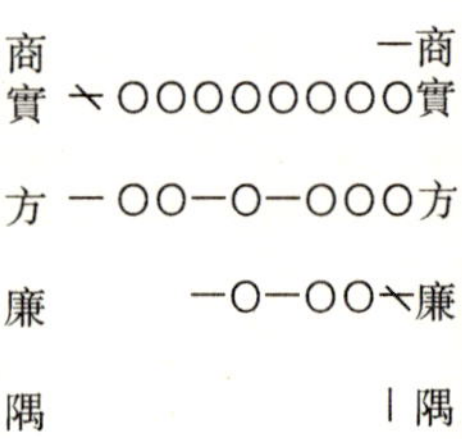

此以正方步負實商一。

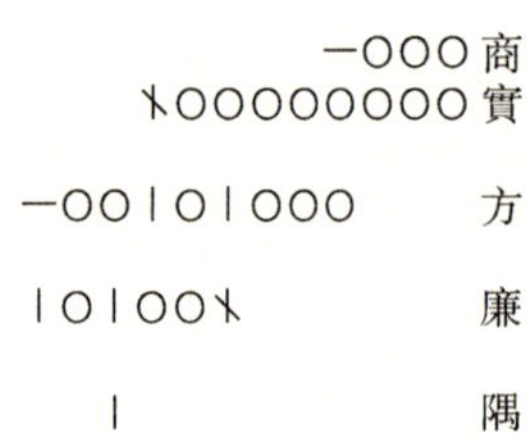

此以負廉步正方商一千。

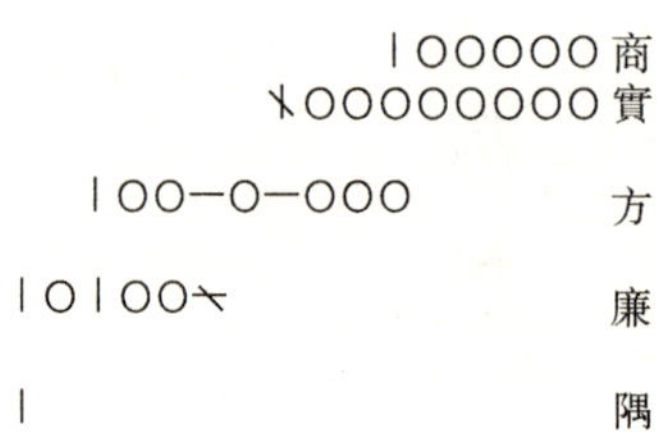

此以正隅步負廉商一十萬。

凡求第二、第四等偶數，用翻法。若一位開盡者，無翻法。

又 卷中 凡代開所得之分與本乘方所得之分不同，今立法變之。令同。以代開得數，徧乘其所餘之實方、廉、隅，各與其上一位相加減，同加異減。則實方廉隅多一位以求之分，即多一乘。又以前代開得數，與後代開得數相加減，同加異減。爲兩數并差。相加曰并，相減曰差。又徧乘實、方、廉、隅各與其上一位相加減，則實、方、廉隅又多一位，以求之分又多一乘。如是累求，即與本乘方所得同。

實一千八百三十六負，方一千二百八十一正，廉一百五十四負，隅五正，開立方得第一數一八百五十四分之七百四十四正，第二數一十二正，第三數一十七正。

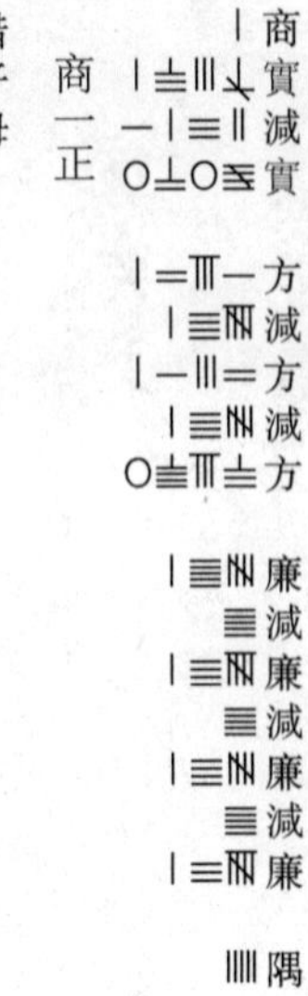

商一正

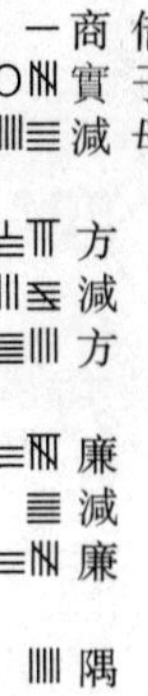

借商一正

開立方得一八百五十四分之七百四十四正，爲第一數。

右以立方求之分爲之分本數。

初商一十正

次商二正

又立方開得一十二正，爲第二數。變之，以平方代開之。

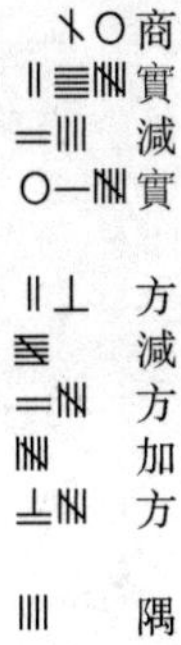

商一十負

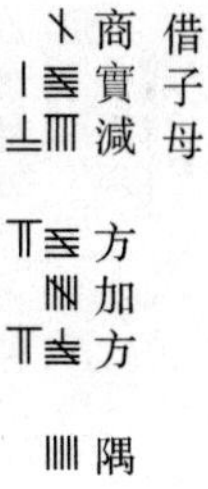

借商一負

平方代開得一十七十九分之一十五負，爲較數。以減第二數一十二正，得一七十九分之六十四正，爲第一數。此平方所得之分，與立方所得之分不同，變之。[令]同。置平方餘實一十五負，方七十四負，隅五正，以平方開得數一十負，徧乘之。先乘平方實一十五負，得一百五十正，爲立方實。又乘平方方七十四負，得七百四十正，以平方實一十五負減之，餘七百二十五正爲立方方，又乘平方隅五正得五十負，以加平方方七十四負，得一百二十四負，爲立方廉，平方隅五正即爲立方隅。共得變立方餘實一百五十正方七百二十五正，廉一百二十四負，隅五正。

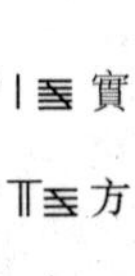

平方餘

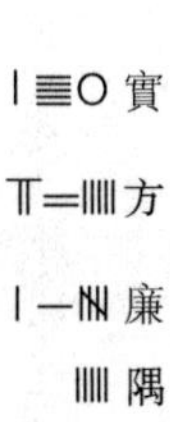

變立方餘

借子母

借商一負

以變立方餘求得八百五十四分之一百五十負，以加平方開得數一十負，共得一十八百五十四分之一百五十負，爲較數。以減第二數一十二正，得一八百五十四分之七百四四爲第一數，則與立方所得之分同。

右變平方之分爲立方之分。平方開得數負。

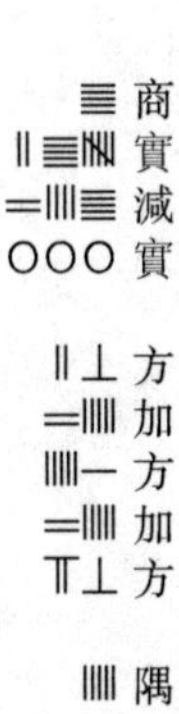

商五正

或平方代開得五正，爲較數，以加第二數一十二正，得一十七正，爲第三數。

變之，以除代開之。

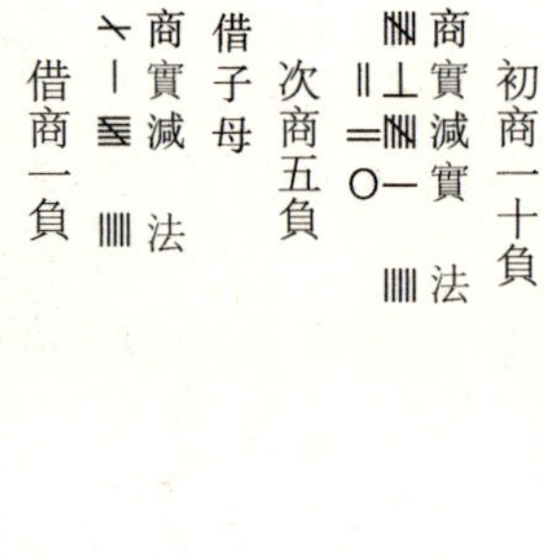

除得一十五五分之一負，爲較數，以減第三數一十七正，得一五分之四正，爲第一數。此除所得之分與平方、立方所得之分，俱不同。先變令與平方同，置除餘實一正法五正以除，得數一十五負偏乘之。先乘除實一正，得一十五負爲平方實，又乘除法五正得七十五負，以除實一正減之，得七十四負爲平方方，除法五正，即爲平方隅，其得變平方餘實一十五負，方七十四負，隅五正。

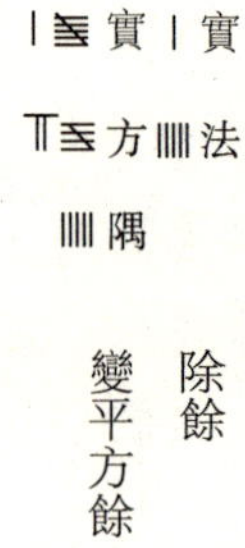

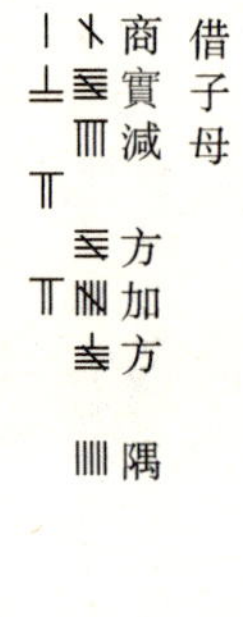

借商一負

以變平方餘求得七十九分之一十五負，以加除得數一十五負，共得一十五七十九分之一十五負，爲較數，以減第三數一十七正得一七十九分之六十四正爲第一數，則與平方所得之分同，與立方所得之分仍不同，又變之令同。以平方開得數五正，與除得數一十五負相減，得一十負爲兩數差，置變平方餘實一十五負，方七十四負，隅五正，以兩數差一十負偏乘之，如前變之，得變立方餘實一百五十正，方七百二十五正，廉一百二十四負，隅五正。

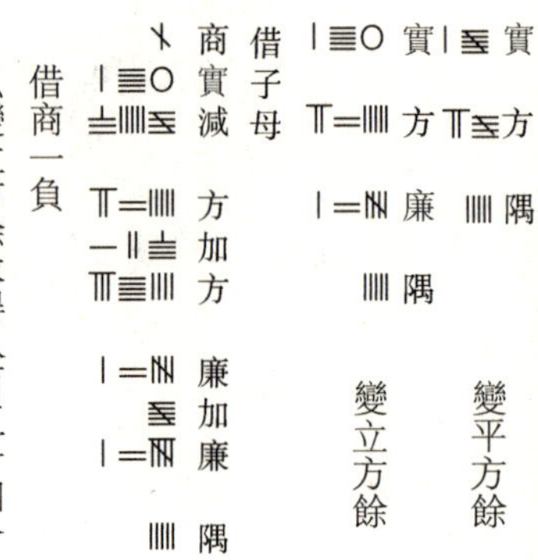

以變立方餘求得八百五十四分之一百五十負，以加兩數差一十負，共得一十八百五十四分之一百五十負，以減第三數一十七正，得一八百五十四分之七百四正，則與立方所得之分同。

右變除之分爲立方之分。兩數差負。

次商七正

又立方開得一十七正，爲第三數。變之，以平方代開之。

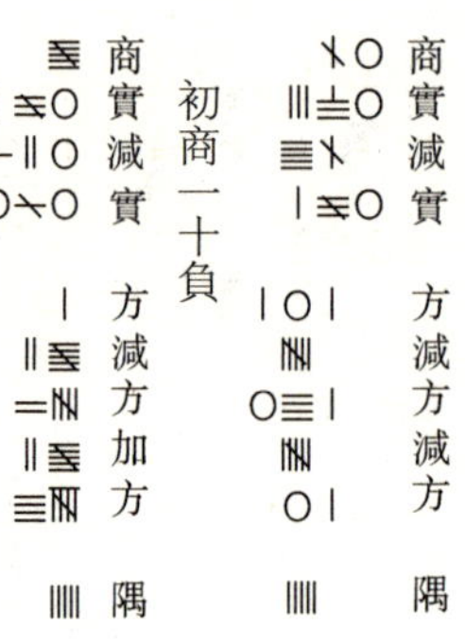

次商五負

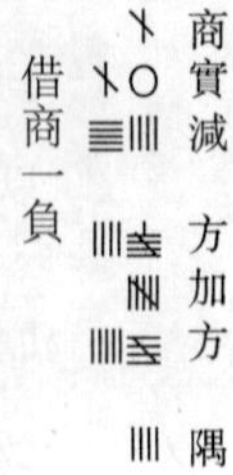

平方代開得一十五五十四分之一十負，爲較數。以減第三數一十七正，得一五十四分之四十四正，爲第一數。此平方所得之分與立方所得之分不同，變之令同。置平方餘實一十負，方四十九負，隅五正，以平方開得數一十五負，徧乘之。先乘平方實一十負，得一百五十正，爲立方實，又乘平方方四十九負，得七百三十五正，以平方實一十負減之，得七百二十五正，爲立方方，又乘平方隅五正，得七十五負，以加平方方四十九負，得一百二十四負，爲立方廉，平方隅五正即爲立方隅，共得變立方餘實一百五十正，方七百二十五正，廉一百二十四負，隅五正。

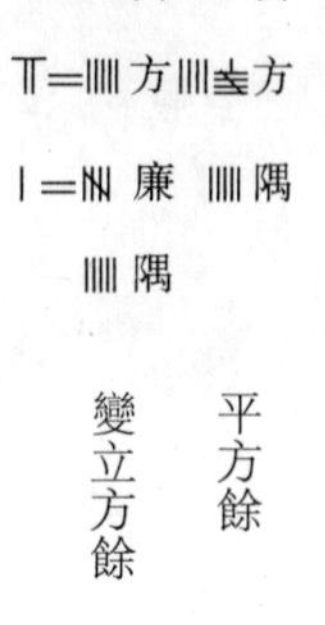

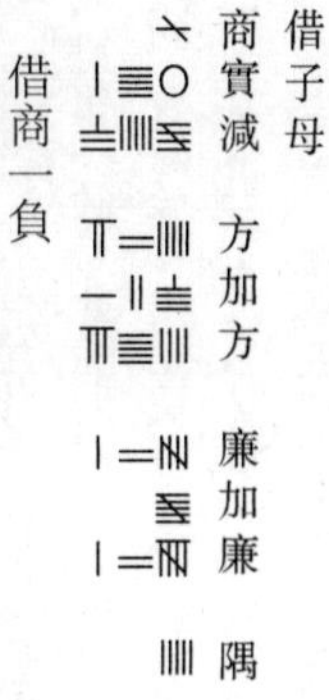

以變立方餘求得八百五十四分之一百五十負，以加平方開得數一十五負，共得一十五八百五十四分之一百五十負爲較數，以減第三數一十七正，得一八百五十四分之七百四爲第一數，則與立方所得之分同。

右變平方之分爲立方之分。平方開得數負。

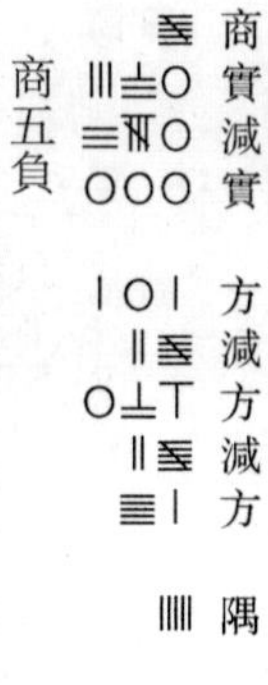

或平方代開得五負爲較數，以減第三數一十七正，得一十二正，爲第二數。變之以除代開之。

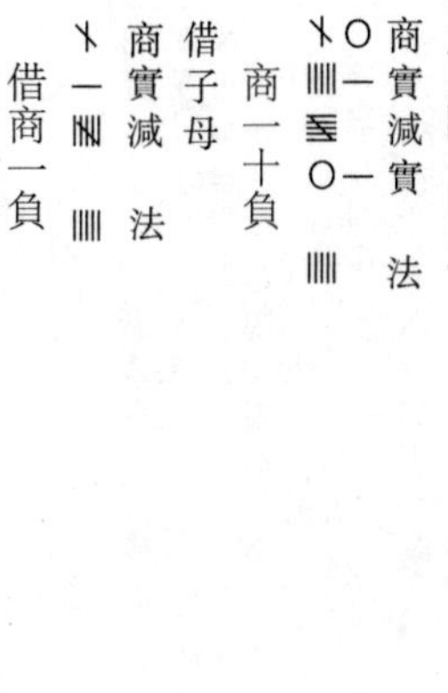

除得一十五分之一負，爲較數，以減第二數一十二正，得一五分之四正，爲第一數。此除所得之分與平方、立方所得之分俱不同。先變令與平方同，置除餘實一正，法五正，以除得數一十負，徧乘之。先乘除實一正得一十負爲平方，實又乘除法五正得五十負，以除實一正減之，得四十九負，爲平方方，除法五正，即爲平方隅，共得變平方餘實一十負，方四十九負，隅五正。

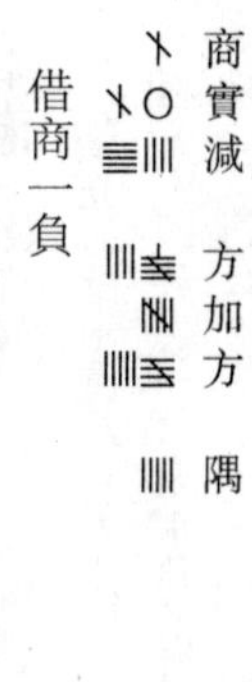

以變平方餘，求得五十四分之一十負，以加除得數一十負，共得一十五十四分之一十負，爲較數以減第二數一十二正，得一五十四分之四十四正，爲第一數。則與平方所得之分同，而與立方所得之分仍不同。又變之令同。以平方開得數五負，與除所得數一十負相加，得一十五負爲兩數并，置變平方餘實一十負，方四十九負，隅五正，以兩數并一十五負，徧乘之。如前變之得，變立方餘實一百五十正，方七百二十五正，廉一百二十四負，隅五正。

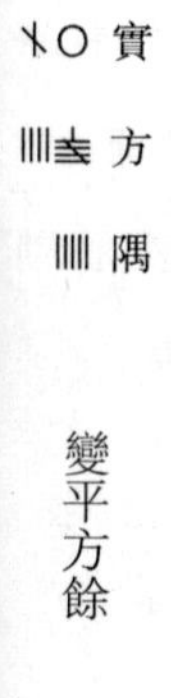

實 方 廉 隅 變立方餘

借子母

商實減 方加方 廉加廉 隅

借商一負

以變立方餘，求得八百五十四分之一百五十負，以加兩數并一十五負，共得一十五八百五十四分之一百五十負，爲較數，以減第三數一十七正，得一八百五十四分之七百四，爲第一數，則與立方所得之分同。

右變除之分爲立方之分。兩數并負。

已上可開三數之分爲第一數。

實二百八十八負，方二百三十正，廉四十九負，隅三正，開立方得第一數二正，第二數五三十六分之一十二正，第三數九正。

商實減實 方減方減方 廉減廉減廉減廉 隅

商五正

借子母

商實減 方加方 廉減廉 隅

借商一正

立方開得五三十六分之一十二正，爲第二數，以末商三十六分之一十二減之，餘五正爲寄位，以借商之實、方、廉、隅，續開之。

商實減實 方減方減方 廉減廉加廉加廉 隅

商四正

立方續開得四正，以加寄位五正，得九正爲第三數，變之，以平方代開之。

商實減實 方減方 隅

商七負

平方代開得七負，爲較數，以減第三數九正，得二正爲第一數。

商實減實 方減方加方 廉加廉加廉加廉 隅

商三負

或立方續開得三負，以減寄位五正，得二正爲第一數。

商實減實 方減方 隅

商七正

平方代開得七正，爲較數。以加第一數二正，得九正爲第三數。

右以立方求之分爲之分本數。

商實減實 方減方減方 廉減廉減廉減廉 隅

商二正

立方開得二正，爲第一數。變之，以平方代開之。

商實減實 方減方減方 隅

商三正

借子母

商實減 方減方 隅

借商一正

平方代開得三一十分之四正，爲較數。以加第一數二正，得五一十分之四正，爲第二數。此平方所得之分與立方所得之分不同，變之令同。以借商之實、方、隅重列如下，

實　方　隅

[illegible]

以較數去之分得，三正乘平方實四正，得一十二正爲立方實，又以較數三正乘平方方一十三負，得三十九負，以平方實四正減之，餘三十五負，爲立方方，又以較數三正乘平方隅三正，得九正，以減平方方一十三負，餘四負爲立方廉，平方隅即爲立方隅，列之如下，

借子母

商實減　方加方　廉減廉　隅

[illegible]

借商一正

如前求之，得三十六分之一十二正，與立方所得之分同。

右變平方之分爲立方之分。平方開得數正。

商實減實　方減方減方　隅

[illegible]

商七正

或平方代開得七正爲較數，以加第一數二正，得九正爲第三數。變之，以除代開之。

商實減實　法

[illegible]

商三負

借子母

商實減　法

[illegible]

借商一負

除代開得三三分之二負，爲較數，以減第三數九正，餘五三分之一正，爲第二數。此除所得之分與平方立方所得之分皆不同。今先變令與平方同，以借商法實重列如下，

實　法

[illegible]

以較數三負，去之分不用。如前累乘累加減得下，

借子母

商實減　方加方　隅

[illegible]

借商一負

得一十分之六負，以加較數三負，共得較數三一十分之六負，以減第三數九正，得五一十分之四正爲第二數。此平方之分仍與立方所得不同，又變之令同。以平方借商實方隅重列如下，

實　方　隅

[illegible]

以平除較三負，與立平較七正相減，餘四正爲兩較差，以兩較差累乘累加減得下，

借子母

商實減　方加方　廉減廉　隅

[illegible]

借商一負

如前求之，得三十六分之二十四負，以加平除較三負，得三三十六分之二十四負，爲較數。以減第三數九正得五三十六分之一十二正，爲第二數。與立方所得之分同。

右變除之分爲立方之分。兩數差正。

商實減實　方減方加方　廉減廉減廉加廉　隅

[illegible]

商九正

立方開得九正爲第三數，變之，以平方代開之。

商實減實　方減方減方　隅

[illegible]

商三負

借子母

商實減　方減方　隅

[illegible]

借商一負

平方開得三一十一分之八負，爲較數。以減第三數九正得五一十一分之三正，爲第二數。此平方所得之分與立方不同，變之，令與立方同。以平方借商之實、方、隅重列如下，

實　方　隅

以立平較三負，如前累乘累加減得下，

借子母

商實減　方加方　廉減廉　隅

借商一負

如前求之得三十六分之二十四負，以加平立較三負，共得三三十六分之二十四負，爲較數，以減第三數九正，得五三十六分之一十二正爲第二數，與立方所得之分同。

右變平方之分爲立方之分。平方開得數負。

商七負

商實減實　方減方減方　隅

或平方代開得七負，爲較數，以減第三數九正，得二正爲第一數，變之，以除代開之。

商實減實　法

商三正

借子母

商實減　法

借商一正

除代開得三三分之一正，以加第一數二正，得五三分之一正，爲第二數。此除所得之分與平方立方俱不同，先變令與平方同，以除借商之實法重列如下，

實　法

以平除較三正如前累乘累加減得下，

借子母

商實減　方加方　隅

借商一正

如前求之得一十一分之三正，以加平除較三正，共得三一十一分之三正，爲較數，以加第一數二正，得五一十一分之三正，爲第二數，此平方之分與立方仍不同。又變之，令與立方同，以平方借商之實、方、隅重列如下，

實　方　隅

以平除較三正，與立平較七負相減，餘四負爲兩較差，以兩較差如前累乘累加減得下，

借子母

商實減　方加方　廉減廉　隅

借商一正

如前求之得三十六分之一十二正，以加平除較三正，共得三三十六分之一十二正，爲較數，以加第一數二正，得五三十六分之一十二正，爲第二數。則之分與立方所得之分同。

右變除之分爲立方之分。兩數差負。

已上可開三數之分在第二數。

實一千九百七十四負，方一千三百六十七正，廉二百四負，隅七正，開立方得第一數二正，第二數七正，第三數二十一千八百三十分之二百三十四正。

商實減實　方減方加方　廉減廉減廉加廉　隅

商二十正

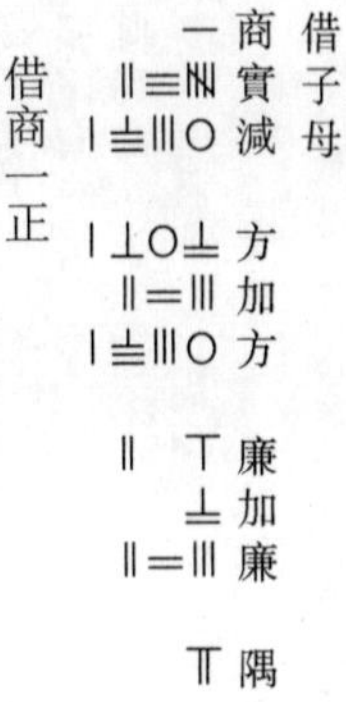

借商一正

立方開得二十一千八百三十分之二百三十四正，爲第三數。

右以立方求之分爲之分本數。

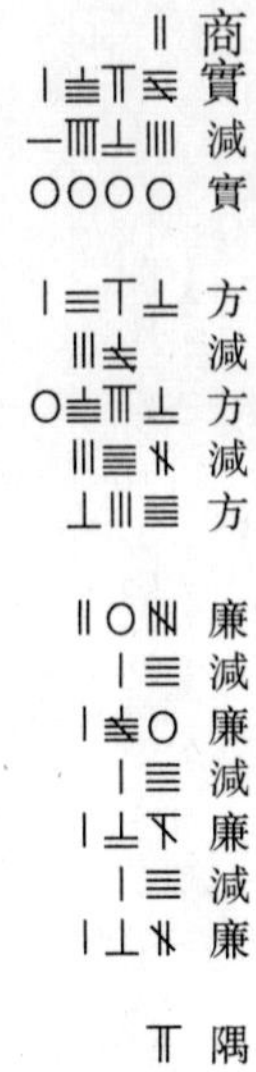

商二正

又立方開得二正，爲第一數，變之，以平方代開之。

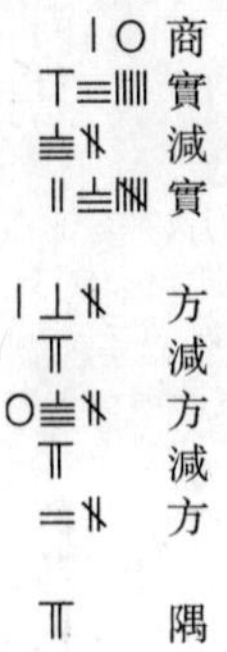

初商一十正

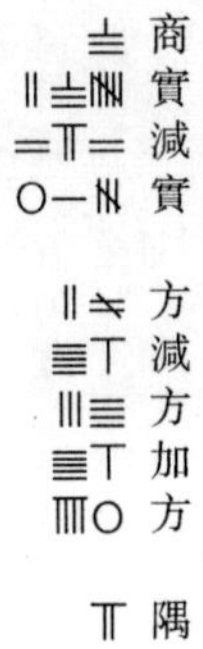

次商八正

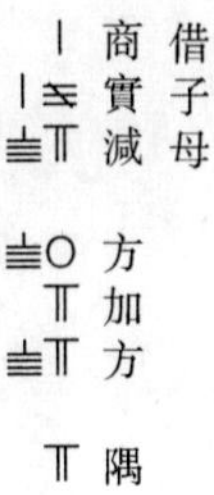

借商一正

平方代開得一十八九十七分之一十三正，爲較數，以加第一數二正，得二十九十七分之一十三正，爲第三數，此平方所得之分與立方不同，變之，令與立方同，以平方借商之實方隅重列如下：

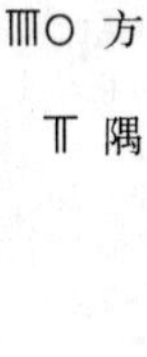

以立平較一十八正，即前較數，去之分不用。如前累乘累加減得下：

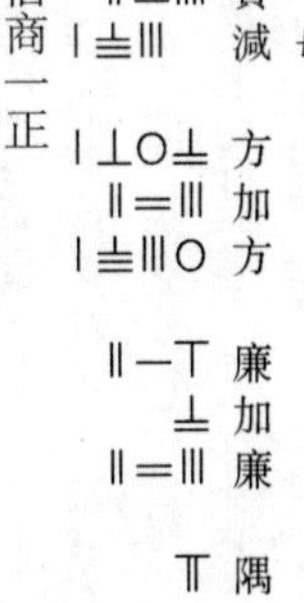

借商一正

如前求得一千八百三十分之二百三十四正，以加立平較一十八正，共得一十八一千八百三十分之二百三十四正，爲較數，以加第一數二正，得二十一千八百三十分之二百三十四正爲第三數，與立方所得之分同。

右變平方之分爲立方之分。平方開得數正。

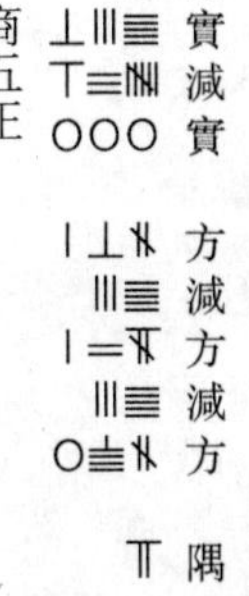

商五正

或平方代開得五正，爲較數，以加第一數二正，得七正爲第二數。變之，以除代開之。

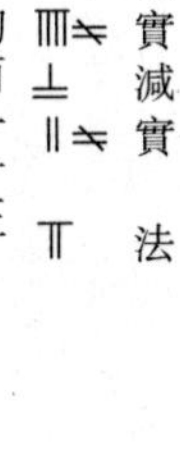

初商一十正

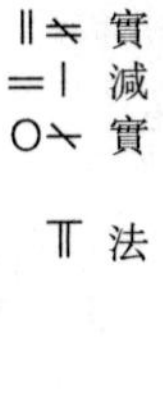

次商三正

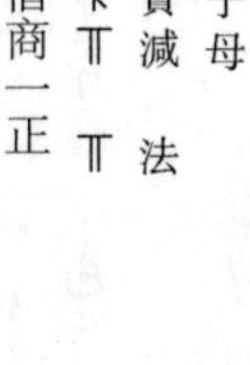

借商一正

除代開得一十三七分之一正，爲較數，以加第二數七正，得二十七分之一正，爲第三數，此除所得之分與平方立方所得之分俱不同。今先變令與平方同，以除借商之實法重列如下：

實	法
𝍠̸	𝍦

以平除較一十三正，如前累乘累加減得下，

借子母

商	實	減	方	加	方	隅
𝍠	𝍠𝍫̸	𝍰𝍦	𝍣〇	𝍦	𝍣𝍮	𝍦

借商一正

如前求得九十七分之一十三正，以加平除較一十三正，共得一十三九十七分之一十三正，爲較數，以加第二數七正得二十九十七分之一十三正，此平方所得之分與立方所得之分仍不同。又變之令同，以平方借商之實、方、隅重列如下，

實	法	隅
𝍠𝍫̸	𝍣〇	𝍦

以平除較一十三正，與立平較五正相加得，一十八正。以兩數并如前累乘累加減得下，

借子母

商	實	減	方	加	方	廉	加	廉	隅
𝍩	𝍡𝍫𝍬̸	𝍠𝍰𝍢〇	𝍠𝍮〇𝍯	𝍡𝍪𝍢	𝍩𝍧𝍫〇	𝍡𝍩𝍥	𝍯	𝍡𝍪𝍢	𝍦

借商一正

如前求得一千八百三十分之二百三十四正，以加兩數并一十八正，共得一十八一千八百三十分之二百三十四正，爲較數，以加第一數二正，得二十一千八百三十分之二百三十四正爲第三數，與立方所得之分同。

右變除之分爲立方之分。兩數并正。

商	實	減	實	方	減	方	減	方	廉	減	廉	減	廉	減	廉	隅
𝍦	𝍠𝍯𝍦𝍬̸	𝍩𝍧𝍮𝍢	〇〇〇〇	𝍠𝍫𝍥𝍮	𝍩〇𝍯𝍣	𝍪𝍧𝍪	𝍦𝍫𝍤̸	𝍬𝍮̸〇	𝍡 𝍤̸	𝍣𝍯	𝍠𝍬𝍭̸	𝍣𝍯	𝍠〇𝍮̸	𝍣𝍯	〇𝍬𝍮̸	𝍦

商七正

又立方開得七正爲第二數，變之，以平方代開之。

商	實	減	實	方	減	方	加	方	隅
𝍠〇	𝍣𝍮̸〇	𝍩𝍢	𝍢𝍫̸〇	𝍣𝍮̸	𝍯	𝍩𝍢	𝍦	𝍯𝍢	𝍦

初商一十正

商	實	減	實	方	加	方	加	方	隅
𝍫	𝍢𝍫̸〇	𝍫𝍠𝍪	〇𝍩𝍧̸	𝍧𝍫	𝍪𝍠	𝍩〇𝍬	𝍪𝍠	𝍩𝍡𝍬	𝍦

次商三正

借子母

商	實	減	方	加	方	隅
𝍠	𝍠𝍯̸	𝍠𝍫𝍡	𝍠𝍪𝍣	𝍯	𝍠𝍫𝍡	𝍦

借商一正

平方代開得一十三二百三十二分之一十八正，爲較數，以加第二數七正，得二十一百三十二分之一十八正，爲第三數。此平方所得之分，與立方所得不同。變之令同，以平方借商之實方隅重列如下：

實	方	隅
𝍠𝍯̸	𝍠𝍪𝍣	𝍦

以立平較一十三正，如前累乘累加減得下，

借子母

商	實	減	方	加	方	廉	加	廉	隅
𝍠	𝍪𝍢𝍫̸	𝍠𝍰𝍢〇	𝍠𝍮〇𝍯	𝍡𝍪𝍢	𝍠𝍰𝍢〇	𝍡𝍩𝍥	𝍯	𝍡𝍪𝍢	𝍦

借商一正

求得一千八百三十分之二百三十四正，以加平方開得數一十三正，共得一十三一千八百三十分之二百三十四正爲較數，以加第二數七正，得二十一千八百三十分之二百三十四正，爲第三數。與立方所得之分同。

右變平方之分爲立方之分。平方開得數正。

商實減實　方加方加方　隅

商五負

或平方代開得五負，爲較數，以減第二數七正，得二正，爲第一數。變之，以除代開之。

商實減實　法

初商一十正

商實減實　法

次商八正

借子母

商實減　法

借商一正

除代開得一十八七分之一正，爲較數，以加第一數二正，得二十七分之一正，爲第三數。此除所得之分與平方立方所得之分俱不同。先變令與平方同，以除借商之實法重列如下，

實　法

以除得數一十八正，如前累乘累加減得下，

借子母

商實減　方加方　隅

借商一正

如前求得一百三十二分之一十八正，以加除得數一十八正，共得一十八一百三十二分之一十八正，爲較數，以加第一數二正，得二十一百三十二分之一十八正爲第三數。此平方之分仍與立方不同。又變之，令同。以平方借商之實方隅重列如下：

實　方　隅

以除得數一十八正，與平方開得數五負相減，得一十三正爲兩數差，如前累乘累加減得下，

借子母

商實減　方加方　廉加方　隅

借商一正

求得一千八百三十分之二百三十四正，以加兩數差一十三正，得一十三一千八百三十分之二百三十四正爲較數，以加第二數七正，得二十一千八百三十分之二百三十四正，爲第三數。

右變除之分爲立方之分。兩數差。

已上可開三數之分在第三數。

又　凡平方二數，以平方開一數，其一數可以除代開之。立方三數，以立方開一數，其二數可以平方代開一數，除代開一數。三乘方四數，以三乘方開一數，其三數可以立方代開一數，平方代開一數，除代開一數。其法以本乘方先開一數，副置先開數加減同名減，異名加。末商，名曰寄位。以其餘遞降一乘開之，所得加減寄位同名加，異名減。爲又一數。

實一萬四千四十負，方二千八百三十八正，廉一百五十一負，隅一正，開立方得第一數九，第二數一十二，第三數一百三十。

商實減實　方減方　廉減廉　隅

商九正

立方開得第一數九正，副之以末商九正減之，餘空爲寄位，以餘方一千五百六十正爲實，餘廉一百四十二負爲方，隅一正仍爲隅，以平方代開之。

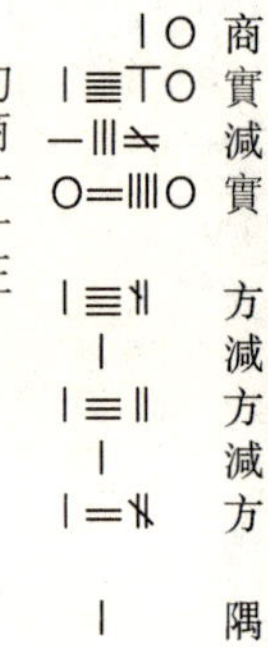

初商一十正

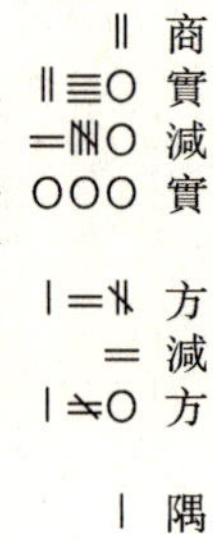

次商二正

平方開得一十二正，以加前寄位空，得第二數一十二正，副之，以末商二正減之，餘一十正爲寄位，以餘方一百二十負爲實，隅一正爲法，以除代開之。

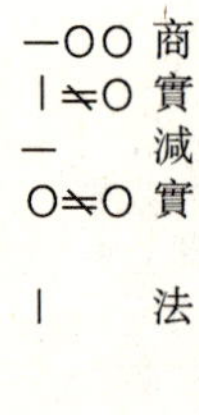

初商一百正

次商二十正

除得一百二十正，以加前寄位一十正，得第三數一百三十正。

右立方得第一數，平方得第二數，除得第三數，代開所得皆正。

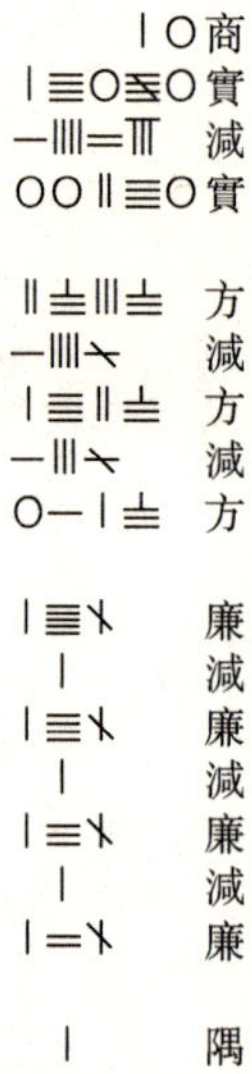

初商一十正

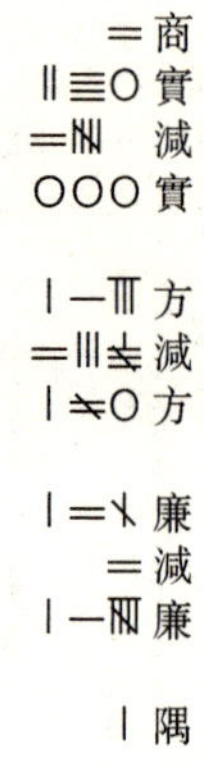

次商二正

先以立方開得第二數一十二正，副之，以末商二正減之，餘一十正爲寄位，以餘方一百二十負爲實，餘廉一百一十九負爲方，隅一正仍爲隅，以平方代開之。

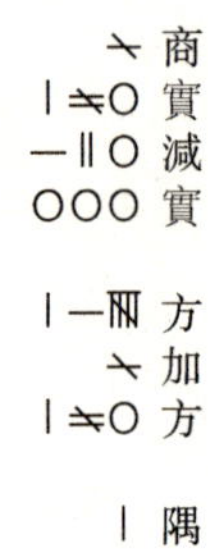

商一負

平方開得一負，以減前寄位一十正，餘得第一數九正。副之，以末商一負加之，得一十正，爲寄位。以餘方一百二十負爲實，隅一正爲法，以除代開之。

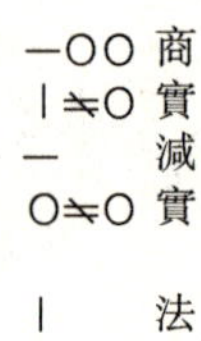

初商一百正

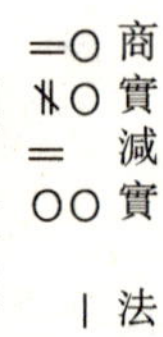

次商二十正

除得一百二十正，以加前寄位一十正，得第三數一百三十正。

右立方得第二數，平方得第一數，除得第三數，代開所得一正一負。

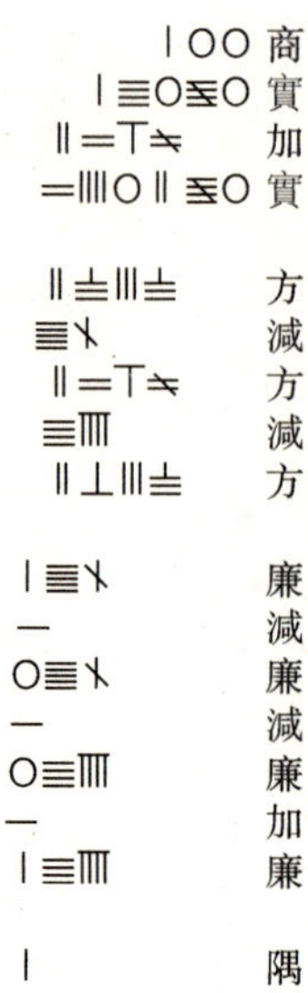

初商一百正

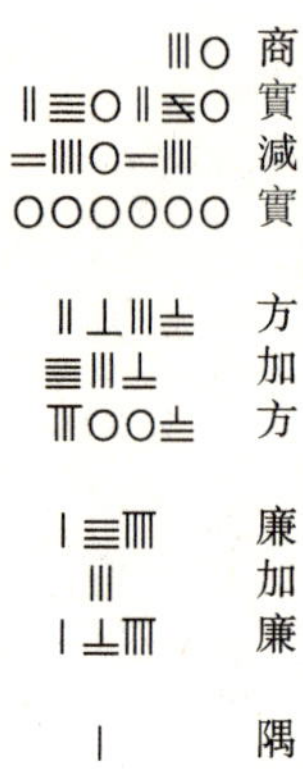

次商三十正

立方開得第三數一百三十正，副之，以末商三十正減之，餘一百正爲寄位，立方開得二正，爲第一數。變之，得方二十一正爲實，廉一十負爲方，隅一正仍爲隅，以平方代開之，此平方尚可開二正數，故知二正爲第一數。

商實減實　方減方減方　隅

商三正

平方開得三正爲較數，以加第一數二正，得五正爲第二數。變之，得方四負爲實，隅一正爲法，以除代開之，此除尚可開一正數，故知五正爲第二數。

商實減實　法

商四正

除得四正爲較數，以加第二數五正，得九正爲第三數。

商實減實　方減方減方　隅

商七正

或平方開得七正，爲較數，以加第一數二正，得九正爲第三數，變之得方四正爲實。隅一正爲法，以除代開之，此除無正數可開，故知九正爲第三數。

商實減實　法

商四負

除得四負爲較數，以減第三數九正得五正，爲第二數。

右本乘方開第一數。

商實減實　方減方減方　廉減廉減廉　隅

商五正

又立方開得五正，爲第二數。如前變之，以平方代開之。此平方尚可開一正數，故知五正爲第二數。

商實減實　方減方加方　隅

以餘方八千八正，爲實。餘廉一百七十九正爲從，隅一正仍爲隅，以平方代開之。

商實減實　方減方減方　隅

初商八十負

商實減實　方減方　隅

次商八負

平方開得八十八負，以減前寄位一百正，餘得第二數一十二正，副之，以末商八負加之，得二十正爲寄位，以餘方一十一正爲實，隅一正爲法，除代開之。

商實減實　法

初商一十負

商實減實　法

次商一負

除得一十一負，以減前寄位二十正，餘得第一數九正。

右立方得第三數，平方得第二數，除得第一數，代開所得皆負。

又一術，以本乘方先開一數，訖。變之，以遞降一乘代開之，所得爲較數，以較數加減，同名加，異名減。先得數爲又一數，并釋在下。

凡立方可開三數，先開一數訖。變之，驗其所變之數，若可開二數則先開數爲第一數，若可開一數則先開數爲第二數，若無數可開謂無正數可開。則先開數爲第三數。他皆仿此。

實九十負，方七十三正，廉一十六負，隅一正。開立方得第一數二，第二數五，第三數九。

商實減實　方減方減方　廉減廉減廉　隅

商二正

商四正

平方開得四正，爲較數，以加第二數五正，得九正爲第三數。如前變之，以除代開之，此除無正數可開，故知九正爲第三數。

商實減實　法

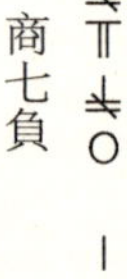

商七負

除得七負爲較數，以減第三數九正，得二正爲第一數。

商實減實　方加方加方　隅

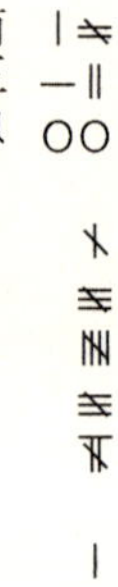

商三負

或平方開得三負爲較數，以減第二數五正，得二正爲第一數。如前變之，以除代開之，此除尚可開一正數，故知二正爲第一數。

商實減實　法

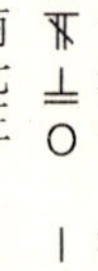

商七正

除得七正爲較數，以加第一數二正，得九正爲第三數。

右本乘方開第二數。

商實減實　方減方加方　廉減廉減廉加廉　隅

商九正

又立方開得九正，爲第三數。如前變之，以平方代開之。此平方不可開正數，故知九正爲第三數。

商實減實　方減方減方　隅

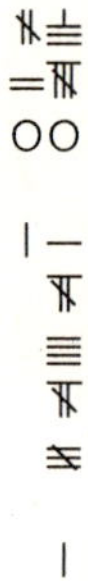

商七負

平方開得七負爲較數，以減第三數九正，得二正爲第一數。如前變之，以除代開之。此除尚可開一正數，故知二正爲第一數。

商實減實　法

商二正

除得二正爲較數，以加第一數二正，得五正爲第二數。

商實減實　方減方減方　隅

商四負

或平方開得四負爲較數，以減第三數九正，得五正爲第二數，如前變之。以除代開之，此除無正數可開，故知五正爲第二數。

商實減實　法

商三負

除得三負爲較數，以減第二數五正得，二正爲第一數。

右本乘方開第三數。

又　卷下　凡可開三數，其第三數初商與第二數初商同，則初、次兩商皆翻積，翻而又翻猶不翻也。可開四數，其第四數初商與第二、第三數初商同，次商與第三數次商同，則初、次、三三商皆翻積，翻而又翻，又翻，猶一翻也。

實四十一萬六千一百七十九負，方二萬一千三百一十一正，廉二百六十九負，隅一，而如立方法開之。

商實減實　方減方減方　廉減廉減廉減廉　隅

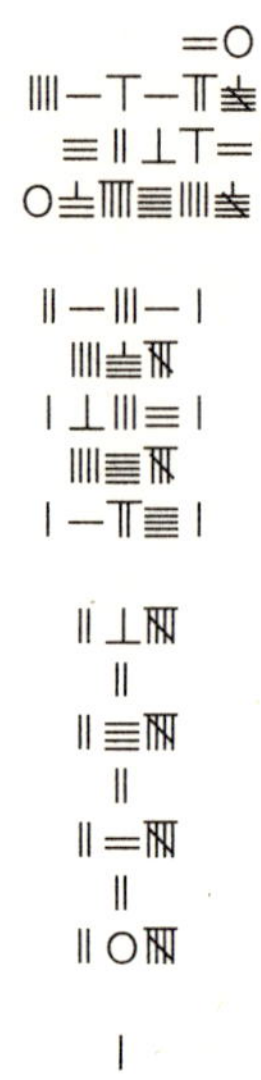

初商二十正

商實減實　方減方　廉減廉　隅

次商九正

先開得二十九正爲第一數，復置實、方、廉、隅，如法開之。

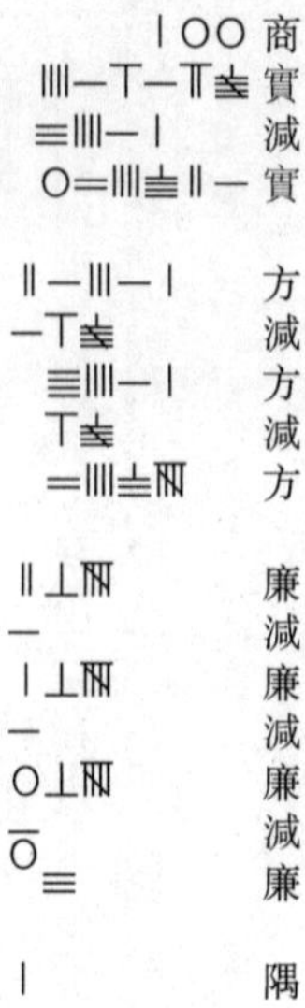

初商一百正

次商一十正

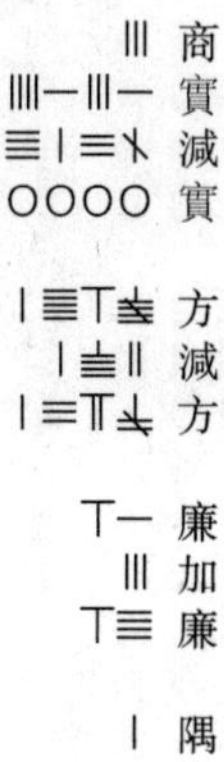

三商三正

次開得一百一十三正爲第二數，此初商翻積。復置實、方、廉、隅，如法開之，

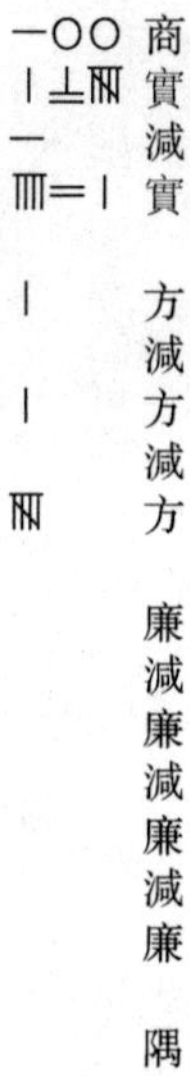

初商一百正

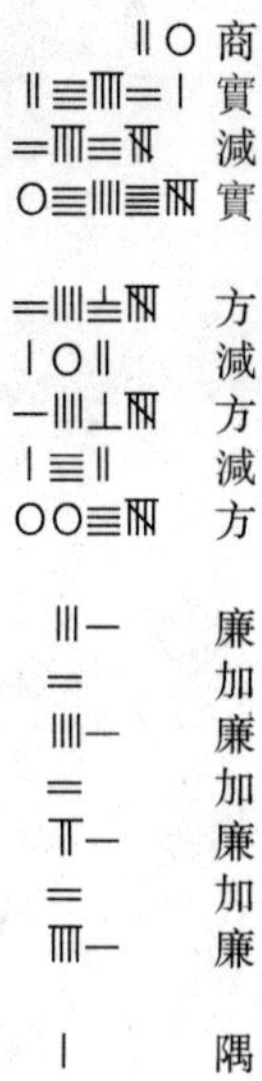

次商二十正

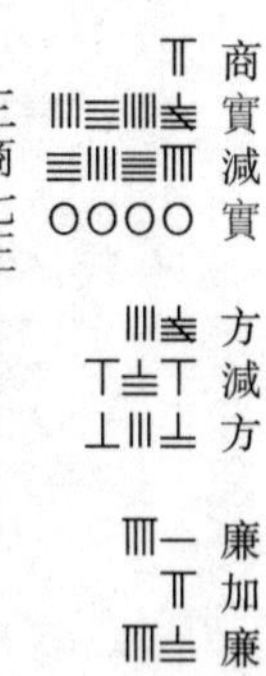

三商七正

又次開得一百二十七正爲第三數，此初、次兩商皆翻積。

又 **卷中** 實一百四十六萬七千六百三十一億八千四百六十三萬五千四百四十三負，方三千五百八十一億六千二百六十二萬二百三十八正，第一廉一億四千一百九十九萬一千一百一十六負，第二廉二萬四百二正，隅一負，如三乘方法開之。

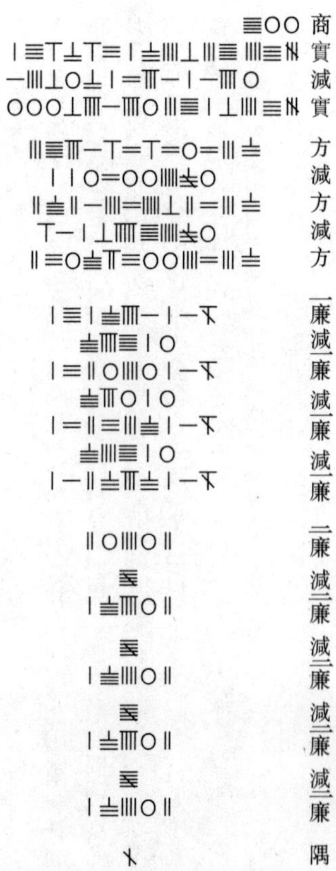

初商五百正

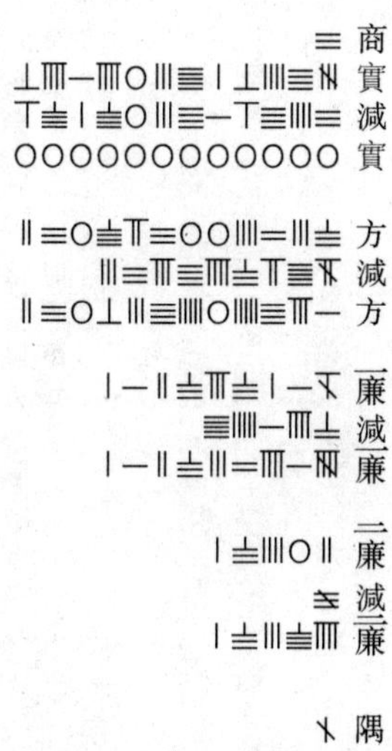

次商三正

先開得五百三爲第一數，復置實方廉隅如法開之，

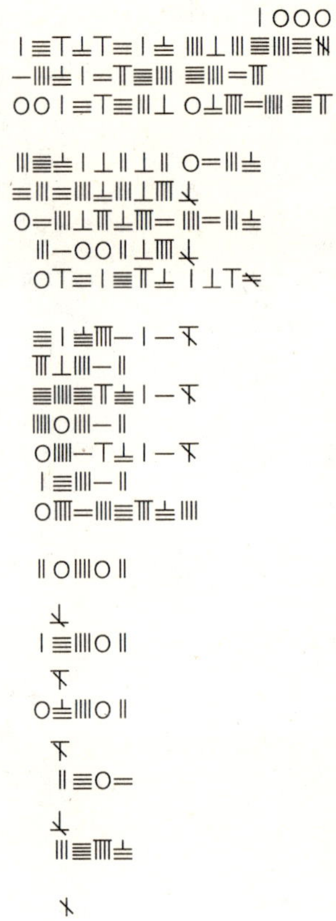

初商六千正

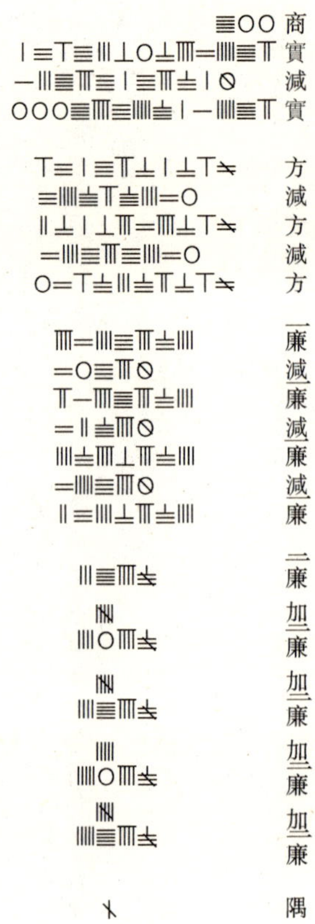

次商五百正

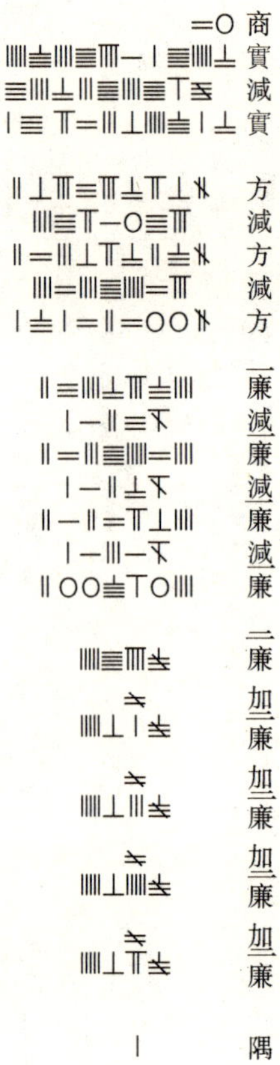

三商二十正

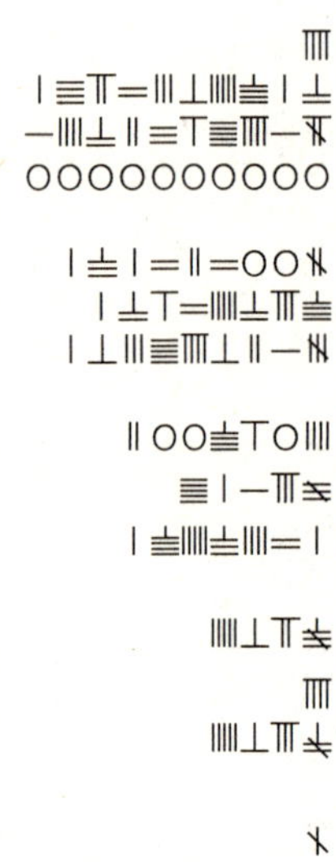

四商九正

次開得六千五百二十九爲第二數，此初商翻積，復置實、方、廉、隅，如法開之。

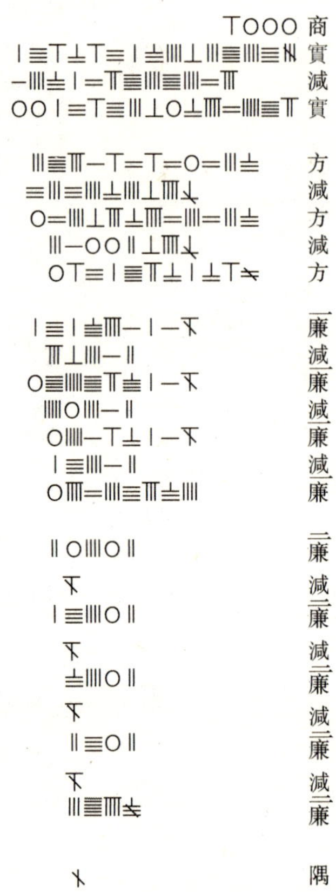

初商六千正

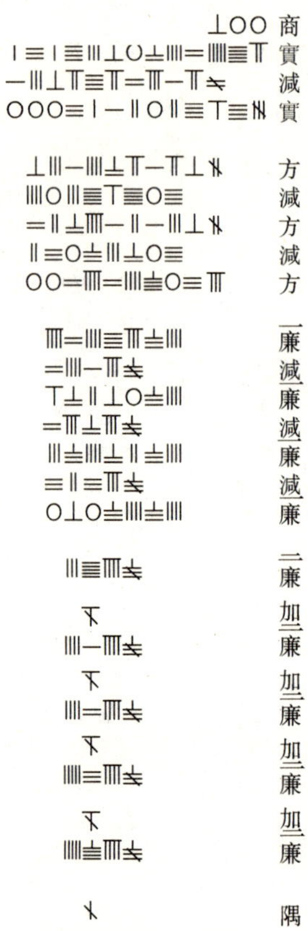

次商六百正

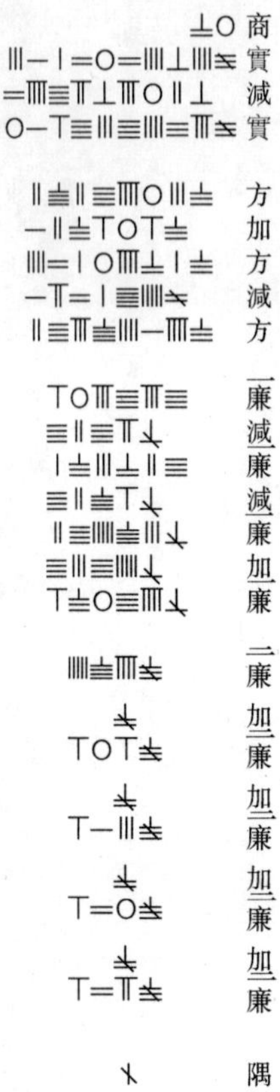

三商七十正

四商九正

又次開得六千六百七十九正爲第三數，此初、次兩商皆翻積，復置實、方、廉、隅，如法開之。

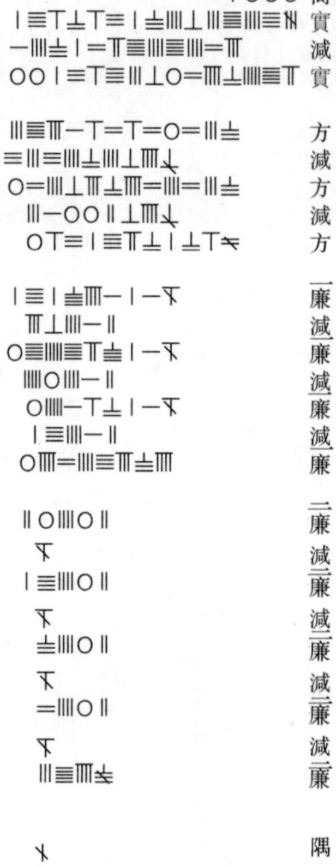

初商六千正

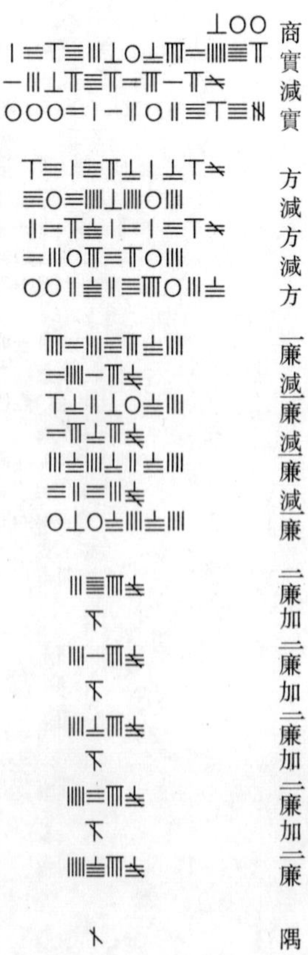

次商六百正

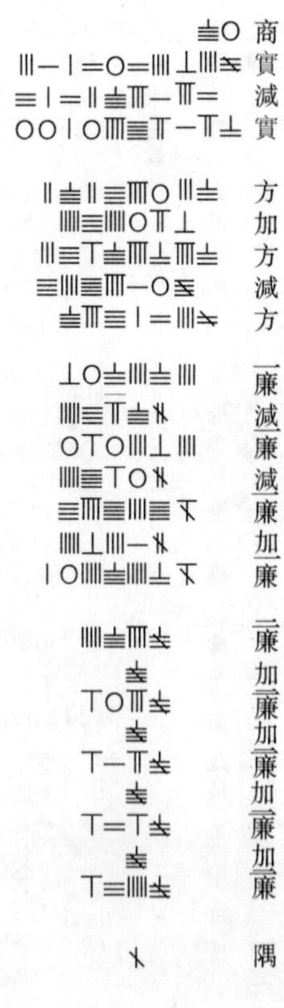

三商九十正

四商一正

又次開得六千六百九十一爲第(三)[四]數，此初、次、三三商皆翻積。凡可開四數，其第四數初商即第一數，初、次兩商即第二數，初、次、三三商即第三數。如此者，若以本乘方開之止得第一數，以代開法入之，則各數皆可知。

實一百九萬八千七百九十億一千一百萬負，方一千三百五十八億八千六百七十萬七千正，一廉六千二百九十七萬五千七百九十負，二廉一萬二千九百六十三正，隅一負，開三乘方，得第一數三千，第二數三千三百，第三數三千三百三十，第四數三千三百三十三。

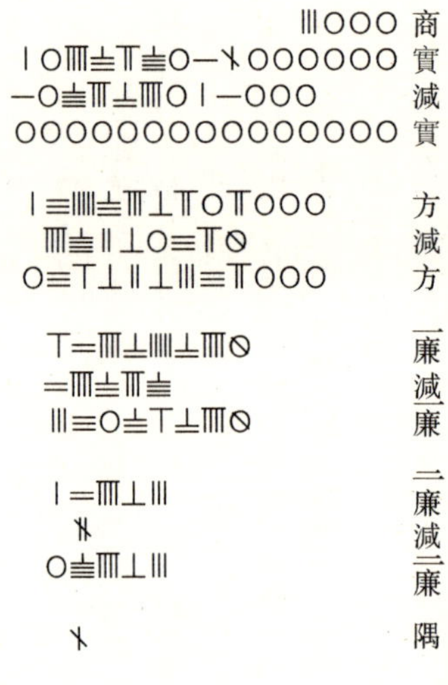

商三千正

先開得三千爲第一數，以末商三千減之餘空爲寄位。乃列餘方三百六十六億二千六百三十三萬七千正爲實，一廉三千三百八萬六千七百九十負爲方，二廉九千九百六十三正爲廉，隅一負爲隅，如法開之。

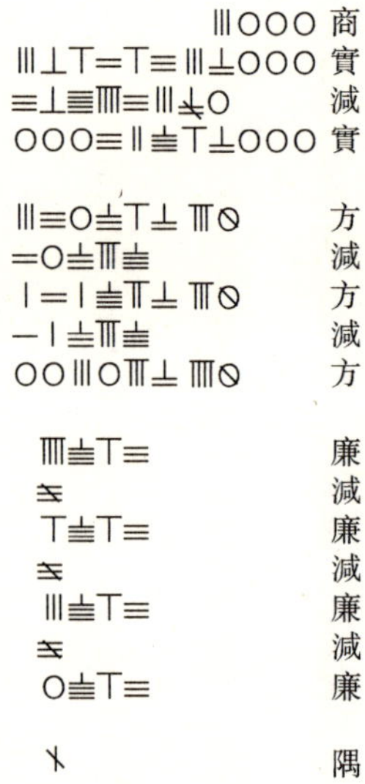

初商三千正

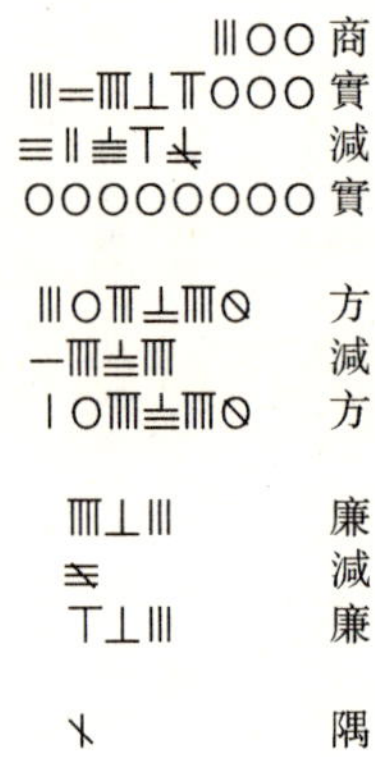

次商三百正

開得三千三百，與寄位空相加，得三千三百爲第二數。以末商三百減之餘三千爲寄位，乃列餘方十萬九千八百九十負爲實，廉六百六十三正爲方，隅一負爲隅，如法開之。

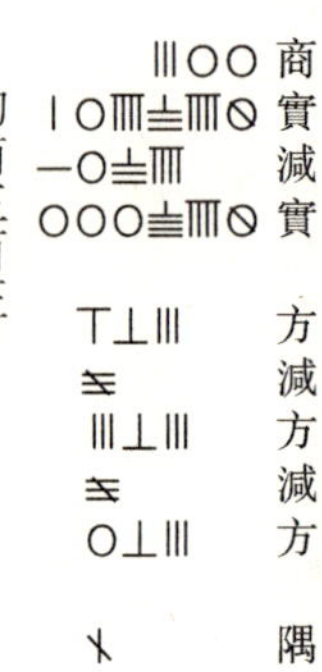

初商三百正

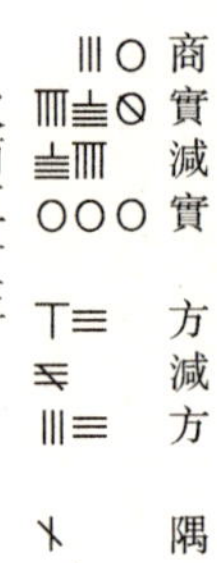

次商三十正

開得三百三十，與寄位三千相加得三千三百三十爲第三數。以末商三十減之餘三千三百爲寄位，乃列餘方三十三正爲實，隅一負爲法，除之。

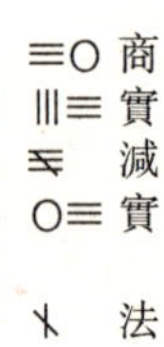

初商三十正

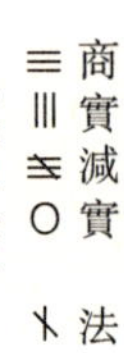

次商三正

除得三十三，與寄位三千三百相加，得三千三百三十三爲第四數。

凡可開二數以上，而各數俱等者，非無數也。以代開法入之可知。

可知或不可知方程分部

根與係數的關係

算法

清・汪萊《衡齋算學》卷五《一乘方形二乘方形》 有幾真數，少幾根積，又多幾二乘方積，與幾一乘方積相等。以幾根數爲中率之帶縱長立方高濶較，以幾真數乘幾一乘方數爲減方法，以幾真數自乘乘幾二乘方數爲帶縱長立方積，帶縱長立方有減方法開之，得闊根爲中率。中率與幾根數相減，餘，爲帶縱平方長濶和，中率自乘，得數減去方法，餘，爲帶縱平方積，帶縱平方長濶和法開之，得長濶兩根。各以幾二乘方數除之，得數又爲帶縱平方積，以幾二乘方數除幾一乘方數，又爲帶縱平方長濶較，帶縱平方法開之，各得長根爲每根之數，以計原真數皆合其寔。每根之數，不可知。或中率多於根數，中率自乘數少於方法，立術皆合小變，而不可知則同。

有幾真數，少幾一乘方積，又多幾二乘方積，與幾根積相等。不可知。同第五十五。

有幾根積，少幾真數，又多幾一乘方積，與幾二乘方積相等。不可知。同第五十五。

有幾根積，多幾一乘方積，又少幾二乘方積，與幾真數相等。不可知。同第五十五。

有幾一乘方積，少幾真數，又多幾根積，與幾二乘方積相等。不可知。同第五十五。

有幾一乘方積，多幾根積，又少幾二乘方積，與幾真數相等，不可知。同第五十五。

有幾二乘方積，多幾真數，又少幾根積，與幾一乘方積相等。不可知。同第五十五。

有幾二乘方積，多幾真數，又少幾一乘方積，與幾根積相等。不可知。同第五十五。

第五十五條小變之術

中率自乘數減方法恰盡者：視中率少於根數，即以減餘數用幾二乘方數除之爲帶縱平方積，以幾二乘方數除幾一乘方數爲帶縱平方長闊較，帶縱平方法開之，得長根，爲每根之一數。以幾二乘方數除中率爲積，所得一數爲法除之，得每根之又一數。若中率多於根數，即以根數用幾二乘方數除之爲積，一乘方法開之，得每根之一數。以幾二乘方數除中率爲積，所得一數爲法除之，得每根之又一數。或中率與根數恰合，則以幾二乘方數除中率爲積，一乘方法開之，即得每根之數，而無相淆之又一數。其中率自乘數少於方法者，視中率多於根數，以中率自乘數反減方法，餘，爲帶縱平方積，根數反減中率，餘，爲帶縱平方長闊較，帶縱平方法開之，得闊根。以幾二乘方數除之，又爲帶縱平方積，以幾二乘方數除幾一乘方數，又爲帶縱平方長闊較，帶縱平方法開之，得長根，爲每根之一數。以幾二乘方數除中率爲積，所得一數爲法除之，得每根之又一數。若中率少於根數，以中率自乘數反減方法，餘，爲帶縱平方積，中率減根數，餘，爲帶縱平方長闊較，帶縱平方法開之，得長根。以幾二乘方數除之，又爲帶縱平方積，以幾二乘方數除幾一乘方數，又爲帶縱平方長闊較，帶縱平方法開之，得長根，爲每根之一數。以幾二乘方數除中率爲積，所得一數爲法除之，得每根之又一數。或中率與根數恰合，以中率自乘數反減方法，餘，爲積，一乘方法開之，得根。以幾二乘方數除之，爲帶縱平方積，以幾二乘方數除幾一乘方數，爲帶縱平方長闊較，帶縱平方法開之，得長根，爲每根之一數。以幾二乘方數除中率爲積，所得一數爲法除之，得每根之又一數。其中率自乘數多於方法者：視中率多於根數，以中率自乘數減去方法，餘，爲帶縱平方積，根數反減中率，餘，爲帶縱平方長闊和，帶縱平方長闊和法開之，得長闊二根。各以幾二乘方數除之，得數又各爲帶縱平方積，以幾二乘方數除幾一乘方數，又爲帶縱平方長闊和，帶縱平方長闊和法開之，各得長根，爲每根之數。凡得兩數者，其計原真數皆合也。若中率少於根數，法在本條。無中率與根數恰合者。

有幾真數，少幾根積，又多幾一乘方積，與幾二乘方積相等。以幾一乘方數用幾二乘方數除之，得數乘幾根數，以較幾真數。若少，則以幾一乘方數爲帶縱扁立方高闊較，以幾二乘方數乘幾根數爲方法，以幾二乘方數自乘乘幾真數爲帶縱扁立方積，帶縱扁立方有帶方法開之，商數減去高闊較，以商數乘之，得數加入方法，又以商數乘之，除積。得濶根。以幾二乘方數除之，每根之數，可知。若多，則或幾一乘方數爲通分法三母摠數，幾真數爲三母維乘之共母，幾根數爲通分之共子，三數之計原真數皆合其實。每根之數，不可知。如二與六與十二，設一百四十四真數，少一百八根積，又多二十一乘方積，與一二乘方積相等，則三數皆合也。

有幾真數，多幾一乘方積，又少幾二乘方積，與幾根積相等。可知，不可知。并同第五十一。

有幾根積，少幾真數，又多幾二乘方積，與幾一乘方積相等。可知，不可知。并同第五十一。

有幾根積，少幾一乘方積，又多幾二乘方積，與幾真數相等。可知，不可知。

并同第五十一。

有幾一乘方積，多幾真數，又少幾根積，與幾二乘方積相等。可知，不可知。

并同第五十一。

有幾一乘方積，多幾真數，又少幾二乘方積，與幾根積相等。可知，不可知。

并同第五十一。

有幾二乘方積，少幾真數，又多幾根積，與幾一乘方積相等。可知，不可知。

并同第五十一。

有幾二乘方積，多幾根積，又少幾一乘方積，與幾真數相等。可知，不可知。

并同第五十一。

第五十一條補法

既以幾一乘方數用幾二乘方數除之，以乘幾根數，與原幾真數相較而多於原幾真數之後，則取原幾一乘方數、幾根數、幾真數皆以幾二乘方數除之，總命爲一二乘方積，少幾一乘方積，多幾根積，與幾真數相等。於是，以此所命幾一乘方數折半，爲假一根之數，以其數自乘，與所命幾根數相較，視少於幾根數：則即取減餘根數又以假一根之數乘之，與所命幾真數相較，如其恰合，則真一根即折半之數矣。若見少於幾真數，即以此相較餘真數命爲帶縱長立方積，相減餘根數命爲方法，假一根之數命爲帶縱長立方高闊較，帶縱長立方有帶方法開之，得高根，爲真一根之數。以此真一根之數除所命幾真數爲帶縱平方積，真一根之數與所命幾一乘方數相減，餘，爲帶縱平方長闊和，帶縱平方長闊和法開之，得長、闊兩根，與前真一根之數共爲通分法之三母，三數之計原真數皆合也。然或爲長闊和之數過少，折半自乘尚不及其爲帶縱平方積之數，則即無三數相淆，其真一根之數即爲可知者已。其以所命幾一乘方數折半、爲假一根之數、以其數自乘、與所命幾根數相較，而少於幾根數，即取減餘根數又以假一根之數乘之，與所命幾真數相較，而見多於幾真數者，則又以所命幾一乘方數三分之一爲假一根之數，如前法較而視之。如其恰合，則真一根即三分之一矣。如其或多或少，則復以前折半法見多相較，餘真數命爲幾真數，前折半法相較，餘根數命爲幾根數，前折半法假一根之數命爲幾一乘方數，共命爲一二乘方積，少幾一乘方積，多幾根積，與幾真數相等。仍用前折半法更折半，較而視之，總以見少而止，即用前法求得真一根之數。與原假一根之數相減，餘，即得原真一根之數。其求有無三數相淆亦如前法也。其後得真一根之數，由原假一根之數較，視幾次而得者仍當按理累次轉減幾次之假一根，而後得原真一根之數。其以所命幾一乘方數折半，爲假一根之數、以其數自乘、與所命幾根數相較、而多於幾根數者：即以較餘根數爲積，一乘方法開之，得根。以此根與假一根之數相加爲帶縱長立方高闊較，倍此根爲廉法，此根乘高闊較，倍之爲方法，所命幾真數爲帶縱長立方積，帶縱長立方有帶廉帶方法開之，得高根，爲真一根之數。其求有無三數相淆如前法。其以所命幾一乘方數折半、爲假一根之數、以其數自乘、與所命幾根數相較，而恰合者：即以假一根之數爲帶縱長立方高闊較，所命幾真數爲帶縱長立方積，帶縱長立方法開之，得高根，爲真一根之數。其求有無三數相淆亦如前法。又本法，以幾一乘方數乘原幾根數時，視與原幾真數恰合，則幾一乘方數即爲每一根可知之數而無相淆者矣。

又　卷七《諸乘方數根數真數糅雜設題式並訣》

一根，一真數之合。

正　正
一　五　正　正　　正
正　正　一　一十一　三十
一　六
正　負
一　七　正　負　負
正　正　一　二　三十五
一　五
正　負
一　八　正　負　　正
正　負　一　一十一　二十四
一　三

右二行。首，兩無數，合無數。中，一有一無，合一數。末，兩有數，合兩數。合而有數皆如本。後倣此。

正　正
一　五
正　正　正　正　　正　　正
一　七　一　一十五　七十一　一百五

正 正

一 三

正 負

一 八

正 正 正 負 負

一 二 一 三 七十 一百四十四

正 正

一 九

正 負

二 五

正 負 正 負 正 正

三 九 二十四 一百一十四 八十一 一百三十五

正 正

四 三

正 負

二 五

正 負 正 負 正 負

一 八 一十四 一百五十三 三百四十三 一百二十

正 負

七 三

右三行。知三行即知四行以上。

一平方、一真數之合。

正 正

一 ○ 八 正 正 正

正 正 三 ○ 三十六 ○ 九十六

三 ○ 一十二

正 負

二 ○ 八 正 負 負

正 正 一十 ○ 一十 ○ 一百二十

五 ○ 一十五

正 負

三 ○ 二十七 正 負 正

正 負 一十五 ○ 五百一十 ○ 三千三百七十五

五 ○ 一百二十五

右二行。

正 正

二 ○ 八

正 正 正 正 正 正 正

三 ○ 二 三十 ○ 一百八十二 ○ 二百七十六 ○ 一百一十二

正 正

五 ○ 七

正 負

二 ○ 八

正 正 正 負

正 正 二 ○ 七百 ○ 二千一 ○ 二萬

三 ○ 二十七 十 二十 百三十 一千

四 六 六百

正 正

四 ○ 一百

正 負

二 ○ 八

正 正 正 負 正

正 負 二 ○ 二百 ○ 六千九 ○ 二萬

三 ○ 二十七 十 八十 百三十 一千

四 八 六 六百

正 正

四 ○ 一百

正 負

二 ○ 八

正 負 正 負

正 負 二 ○ 九百 ○ 八千六 ○ 二萬
三 ○ 二十七 十 一十 百六十 一千
四 二 四 六百
正 負
四 ○ 一百
右三行。
一平方、一根、一真數之合。
正 正 正
一 二 三 正 正 正 正 正
正 正 正 四 一十三 二十八 二十七 一十八
四 五 六
正 正 負
二 四 三十 正 正 負 負 負
正 正 正 六 二十 六十四 一百 一百五十
三 四 五
正 負 正
二 五 四 正 負 負 負 正
正 正 正 六 五 一 一十 二十四
三 五 六
此題無數。
正 負 正
二 一十 一十二 正 負 正 正
正 正 正 八 三十 一十 ○ 七十二
四 五 六
此題二數，同式異理。
正 負 負
五 一十 一十五 正 負 負 負 負
正 正 正 三十 二十五 一百二十 一百八十五 一百二十
六 七 八
正 正 負

二 四 三十 正 正 負 負 正
正 正 負 六 二十二 一百一十四 二百三十八 六百六十
三 五 二十二
正 負 正
二 一十 一十二 正 負 負 正 負
正 正 負 六 二十 五十八 二百八十 二百六十四
三 五 二十二
正 負 負
五 一十 一十五 正 負 負 正 正
正 正 負 一十五 五 二百五 一百四十五 三百三十
三 五 二十二
正 負 正
二 五 四 正 負 正 負 正
正 負 正 二 二十一 七十八 一百一十七 六十八
一 八 一十七
此題無數。
正 負 正
二 一十 一十二 正 負 正 負 正
一十 二百 九百二 一千七百 一千一百
正 負 正 六 八 十八 二十八 五十二
八 六十四 九十六
此題四數，同式異理。
正 負 負
一 三 七十 正 負 負 正 負
正 負 正 二 一十六 九十八 六百六十四 八百四十
二 一十 一十二
正 負 負
一 三 七十 正 負 負 正 正
正 負 負 五 二十五 三百三十五 七百四十五 一千五十
五 一十 一十五

右二行。知二行即知三行以上。

訣曰：如其行數爲互乘數，横之，斜之。既乘，如其所得之位而布之。正乘正，正之；正乘負，負之；負乘負，正之；空乘實，空之。同名布其和，異名布其較。

清·李鋭《開方説》卷上 凡除之位，上實下法，商在實上。平方之位，上實中從從亦曰方下隅，商在實上。立方，上實，次方從，次廉，下隅，商在實上。三乘方，上實，次方從，次第一廉亦曰上廉，次第二廉亦曰下廉，下隅，商在實上。自三乘方以上，每增一乘即多一廉。四乘方有第三廉，五乘方有第四廉之類。

商　實　法

右除。

商　實　方　隅

右平方。

商　實　方　廉　隅

右立方。

商　實　方　一廉　二廉　隅

右三乘方。

凡實常爲負，商常爲正。除法爲正開方，方廉有正有負有空，隅有正有負。凡正方正廉正隅，亦謂之從方從廉從隅。負方負廉負隅，亦謂之益方益廉益隅。

凡上負下正，可開一數。除一，平方三，立方八，三乘方二十。上負中正下負，可開二數，平方一，立方五，三乘方一十八。上負次正次負下正，可開三數，或一數，立方一，三乘方七。上負次正次負次正下負可開四數，或二數，三乘方一。假令有五位，上二位負，下三位正即是上負下正，非止謂上一位負，下一位正也，它皆放此。【略】

實負法正

右除一。

實負方空隅正

實負方正隅正

實負方負隅正

右平方三。

實負方空廉空隅正

實負方空廉負隅正

實負方正廉空隅正

實負方負廉空隅正

實負方正廉正隅正

實負方負廉負隅正

實負方負廉正隅正

右立方八。

實負方空一廉空二廉空隅正

實負方空一廉空二廉正隅正

實負方空一廉空二廉負隅正

實負方空一廉正二廉空隅正

實負方空一廉負二廉空隅正

實負方正一廉空二廉空隅正

實負方負一廉空二廉空隅正

實負方空一廉正二廉正隅正

實負方空一廉負二廉負隅正

實負方正一廉空二廉正隅正

實負方負一廉空二廉負隅正

實負方正一廉正二廉空隅正

實負方負一廉負二廉空隅正

實負方空一廉負二廉正隅正

實負方負一廉空二廉正隅正

實負方負一廉正二廉空隅正

實負方正一廉正二廉正隅正

實負方負一廉正二廉正隅正

實負方負一廉負二廉正隅正

實負方負一廉負二廉負隅正

右三乘方二十。

已上皆上負下正，可開一數。

實負方正隅負

右平方一。
實負方空廉正隅負
實負方正廉空隅負
實負方正廉正隅負
實負方正廉負隅負
實負方負廉正隅負
右立方五。
實負方空一廉空二廉正隅負
實負方空一廉正二廉空隅負
實負方正一廉空二廉空隅負
實負方空一廉正二廉正隅負
實負方空一廉正二廉負隅負
實負方空一廉負二廉正隅負
實負方正一廉空二廉正隅負
實負方正一廉空二廉負隅負
實負方負一廉空二廉正隅負
實負方正一廉正二廉空隅負
實負方正一廉負二廉空隅負
實負方負一廉正二廉空隅負
實負方正一廉正二廉正隅負
實負方正一廉正二廉負隅負
實負方正一廉負二廉負隅負
實負方負一廉正二廉正隅負
實負方負一廉正二廉負隅負
實負方負一廉負二廉正隅負
右三乘方一十八。
已上皆上負，中正，下負，可開二數。
實負方正廉負隅正
右立方一。
實負方空一廉正二廉負隅正
實負方正一廉空二廉負隅正
實負方正一廉負二廉空隅正
實負方正一廉正二廉負隅正
實負方正一廉負二廉正隅正
實負方正一廉負二廉負隅正
實負方負一廉正二廉負隅正
右三乘方七。
已上皆上負，次正，次負，下正，可開三數，或一數。
實負方正一廉負二廉正隅負
右三乘方一。
已上上負，次正，次負，次正，下負，可開四數或二數。

又 卷下 凡開方有正商、負商者，以其實、方、廉、隅之正負隔一位易之，如法開之，則所得正商變爲負商，負商變爲正商。

實三百八負，方七十三正，隅一正，開平方得正商四，負商七十七。

商四正

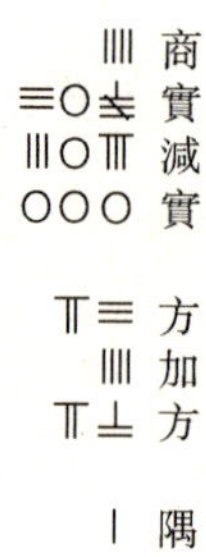

復置實方隅，重列如法開之。

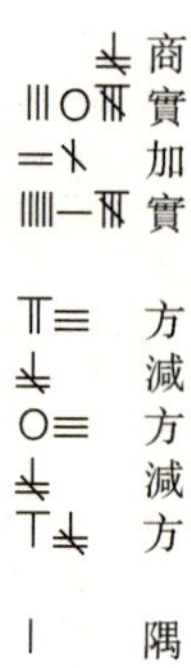

初商七十負

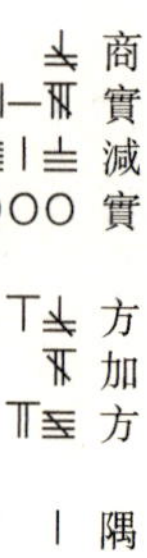

次商七負

今令實三百八負易爲正，方七十三正仍爲正，隅一正易爲負。如法開之，得正商七十七，負商四。

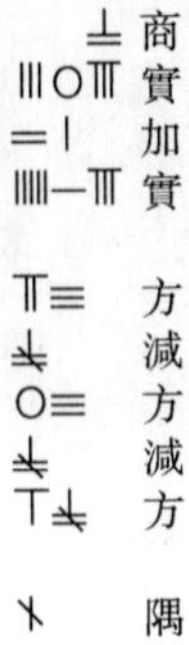

初商七十正

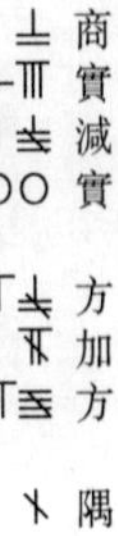

次商七正

復置實方隅,重列如法開之。

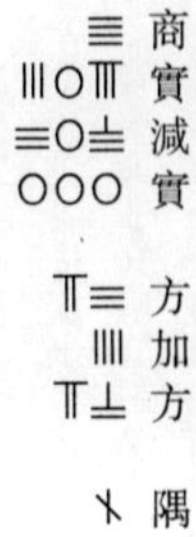

商四負

實四百二十負,方一十一正,廉一十四正,隅一負,開立方得正商第一數七,第二數一十二,負商五。

商七正

復置實、方、廉、隅,重列如法開之。

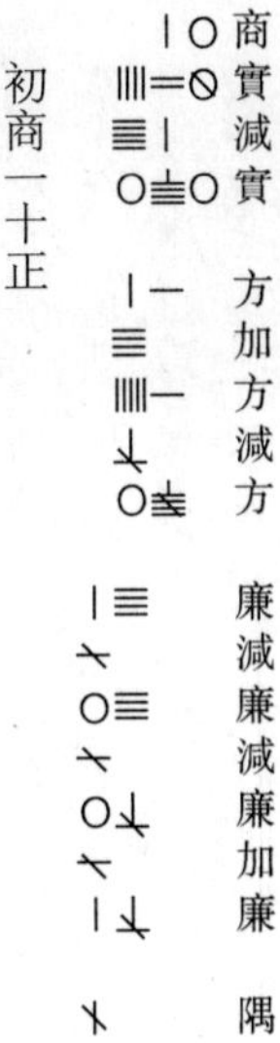

初商一十正

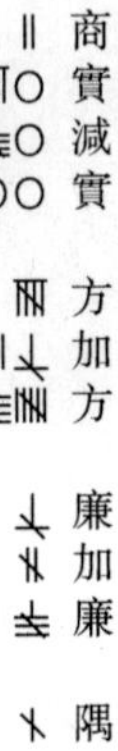

次商二正

復置實、方、廉、隅,重列如法開之。

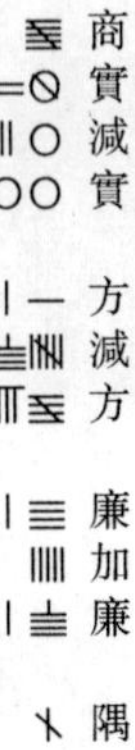

商五負

今令實四百二十負易爲正,方一十一正仍爲正,廉一十四正易爲負,隅一負仍爲負,如法開之得正商五,負商第一數七,第二數一十二。

商五正

復置實、方、廉、隅,重列如法開之。

商七負

復置實、方、廉、隅,重列如法開之。

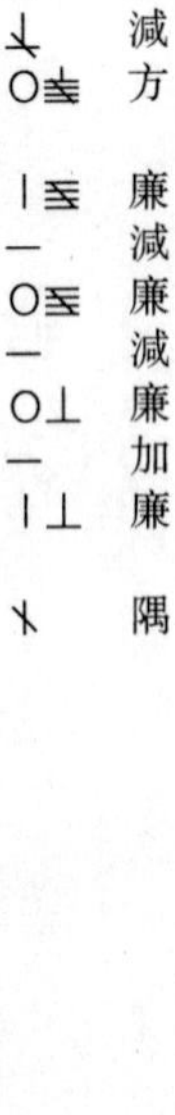

初商一十負

次商二負

又 凡有正負,各數累乘之,即得實、方、廉、隅各數。實二十五負法,一正除,得二十五正。實二十五正,法一正,除得二十五負。今以兩法實相乘,得實六百二十五,負方空,隅一正,開平方得數正、負皆二十五。

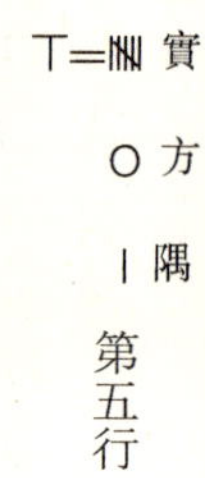

置實二十五負，法一正，於第一行。實二十五正，法一正，於第二行，乃以第二行下一正，乘第一行下一正，得一正於第三行下。次以第二行下一正，乘第一行中二十五負，得二十五負，於第三行中，次以第二行中二十五正，乘第一行下一正，得二十五正，於第四行中。次以第二行中二十五正，乘第一行中二十五負，得六百二十五負於第四行上。乃并三四兩行上六百二十五負，仍爲負。中二十五負與二十五正相減得空。下一正，仍爲正，即第五行實、方、隅之數。

實一十四負，法二正，除得七正。實二十七正法九負，除得三正。今以兩法實相乘，得實三百七十八負，方一百八十正，隅一十八負，開平方得小數三，大數七。

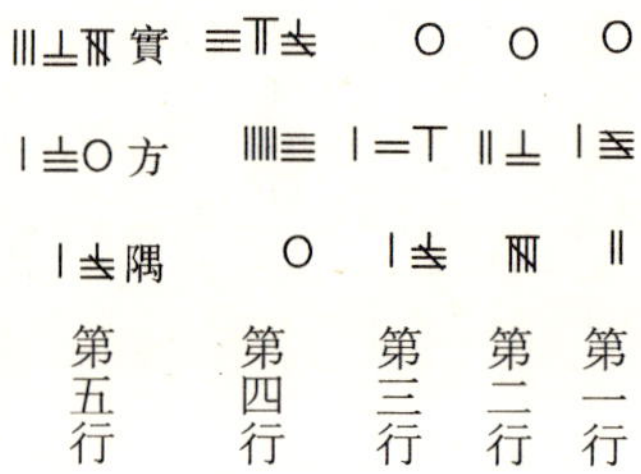

置實一十四負，法二正，於第一行。實二十七正，法九負於第二行。乃以第二行下九負，乘第一行下二正，得一十八負，於第三行下。次以第二行下九負，乘第一行中一十四負，得一百二十六正，於第三行中。次以第二行中二十七正乘第一行下二正，得五十四正，於第四行中。次以第二行中二十七正乘第一行中一十四負，得三百七十八負，於第四行上。乃并三四兩行上三百七十八負，仍爲負。中一百二十六正與五十四正相加，得一百八十正，下十八負仍爲負，即第五行實、方、隅之數。實八十負，方二正，隅一正開平方得正數八負數一十。實三十正，法六負，除得五正。今以實、方、隅與法實相乘，得實二千四百負，方五百四十正，廉一十八正，隅六負，開立方得小數五，大數八，負數一十。

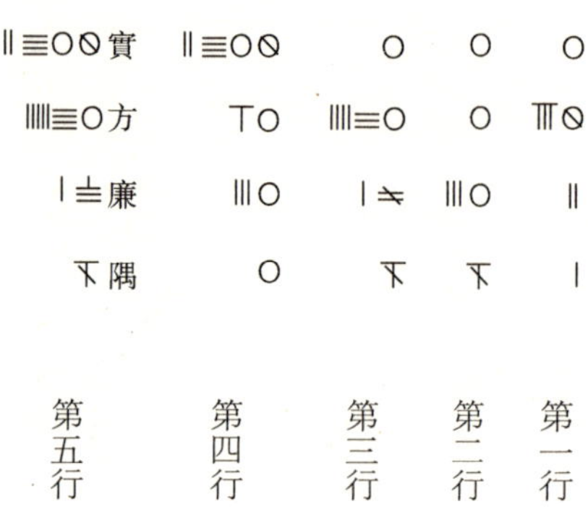

置實八十負，方二正，隅一正於第一行，實三十正，法六負於第二行。乃以第二行下六負乘第一行下一正，得六負於第三行下，次以第二行下六負，乘第一行中下二正，得一十二負於第三行中下。次以第二行下六負乘第一行中上八十負，得四百八十正，於第三行中上。次以第二行中下三十正，乘第一行下一正，得三十正於第四行中下。次以第二行中下三十正，乘第一行中下二正，得六十正於第四行中上。次以第二行中下三十正，乘第一行中上八十負，得二千四百負，於上。乃并三四兩行上二千四百負，仍爲負。中上四百八十正與六十正相加，得五百四十正。中下一十二負與中下三十正相減，得一十八正，下六負仍爲負，即第五行實、方、廉、隅之數。

實一百二十六正，方三十二負，隅二正，開平方得小數七，大數九實。八十負，方三十六正，隅四負，開平方得小數四，大數五。今以兩實、方、隅相乘，得實一萬八十負，方七千九十六正，一廉一千八百一十六負，二廉二百正，隅八負，開三乘方得第一數四，第二數五，第三數七，第四數九。

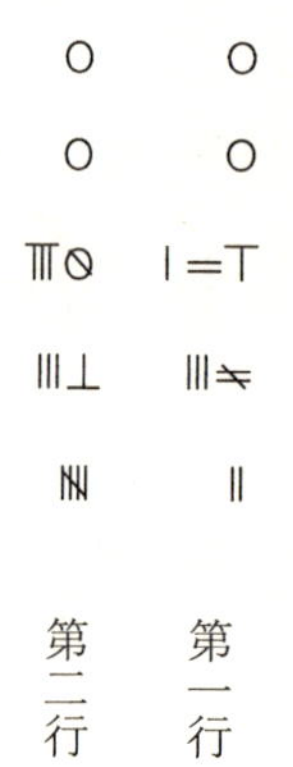

正者，正方。三數連乘爲負積。

二正商一負商者，一爲正隅。并二正與一負相減爲廉。正負同前。以二正相乘爲正冪，一負乘二正爲負冪，相減爲方。正負同前。三數。連乘爲正積。

凡立方三數有小、中、大之不等。今以甲乙丙代之，甲爲小數，乙爲中數，丙爲大數。

凡甲乙相乘方爲丙用冪，今省曰丙方。甲丙相乘方爲乙用冪，今省曰乙方。乙丙相乘方爲甲用冪，今省曰甲方。

凡丙内有一甲，一甲丙較。丙内有一乙，一乙丙較。乙内有一甲，一甲乙較。

凡甲方内有一乙方，一甲乙較乘丙。乙丙相乘爲甲方，甲丙相乘爲乙方，二方同以丙爲一邊。而乙大於甲，故甲方之大於乙方者，爲甲乙較乘丙也。

凡甲方内有一丙方，一甲丙較乘乙。乙丙相乘爲甲方，甲乙相乘爲丙方，二方同以乙爲一邊。而丙大於甲，故甲方之大於丙方者，爲甲丙較乘乙也。

凡乙方内有一丙方，一乙丙較乘甲。甲丙相乘爲乙方，甲乙相乘爲丙方，二方同以甲爲一邊，而丙大於乙，故乙方之大於丙方者，爲乙丙較乘甲也。

又　立方求各元正商負商遞乘之式

今有甲數六，乙數十二，丙數十六。

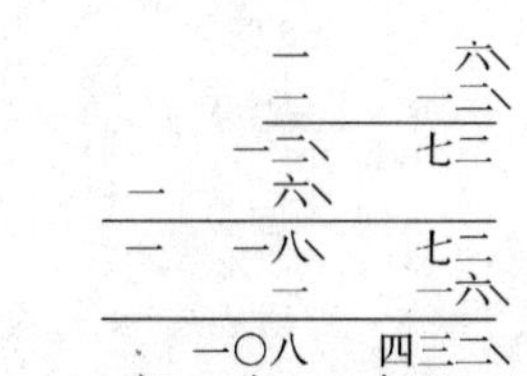

如命甲乙丙爲三正商，則變三數爲負也。置甲元負六，以乙元負十二乘之。又以丙元負十六乘之，得負積，正方，負廉，正隅。三正商得三數。

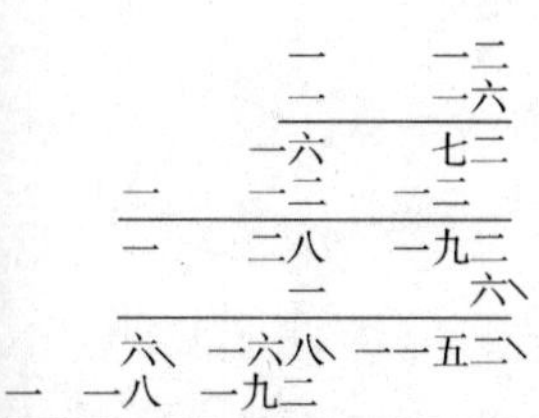

如命甲爲正商，則變甲數爲負也。置乙元十二，以丙元十六乘之，又以甲元負六乘之，得負積，正方，正廉，正隅。一正商得甲數，二負商得乙、丙數。凡甲小於乙，丙甚遠者，得此式。若三數相近者，則同後式。

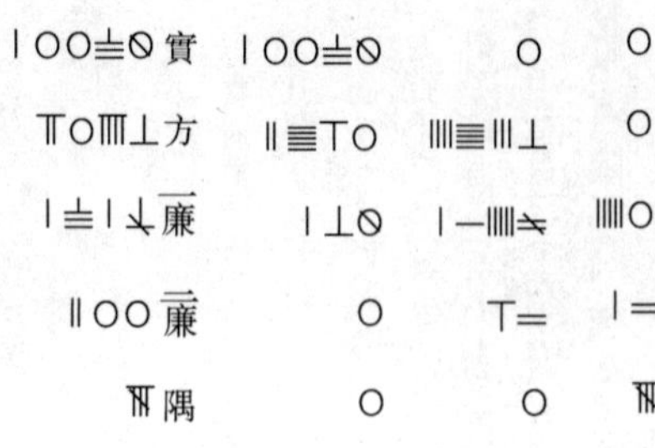

第三行　第四行　第五行　第六行

置實一百二十六正，方三十二負，隅二正，於第一行。實八十負，方三十六正，隅四負於第二行。乃以第二行下四負，乘第一行下二正，得八負於第三行下。次以第二行下四負，乘第一行中下三十二負，得一百二十八正於第三行中下。次以第二行下四負，乘第一行中一百二十六正，得五百四負於第三行中。次以第二行中下三十六正，乘第一行下二正，得七十二正於第四行中下。次以第二行中下三十六正，乘第一行中下三十二負，得一千一百五十二負於第四行中。次以第二行中下三十六正，乘第一行中一百二十六正，得四千五百三十六正於第四行中上。次以第二行中八十負，乘第一行下二正，得一百六十負於第五行中。次以第二行中八十負，乘第一行中下三十二負，得二千五百六十正於第五行中上。次以第二行中八十負，乘第一行中一百二十六正，得一萬八十負於第五行上。乃并三四五三行上一萬八十負，仍爲負。中上四千五百三十六正，與二千五百六十正相加，得七千九十六正，中五百四負與一千一百五十二負相加，又與一百六十負相加，得一千八百一十六負。中下一百二十八正，與七十二正相加，得二百正。下八負仍爲負，即第六行實、方、廉、隅之數。

清・駱騰鳳《開方釋例》卷二《立方求各元法》　三正商者，一爲正隅，并三數爲負廉，三數維乘并之爲正方，三數連乘爲負積。

一正商二負商者，一爲正隅，并二負與一正相減爲廉，餘在負者，正廉。餘在正者，負廉。以二負相乘爲正冪，一正乘二負爲負冪相減爲方。餘在負者，負方。餘在如命乙爲正商，則變乙數爲負也。置甲元六，以丙元十六乘之，又以乙元負十二乘之，得負積，負方，正廉，正隅。一正商得乙數，二負商得甲、丙數。如以丙爲正商，亦同此式。若丙大於甲，乙甚遠者則，如後式。

```
六
一六
一　一　　　九六
一六
丶六
一　一　二二　九六
一二丶
一二丶　二六四丶　一九二丶
一　二二　丶九六　丶九六丶
一　一〇　一六八　一一五二丶
```

今有甲數六，乙數十四，丙數二十七。

```
六
一四
一　一　　　八四
一四　六
一　一　二〇　一　八四
二七丶
二七丶　五四〇丶　五八八
一　二〇　丶八四　一六八
一　〇七丶　四五六　二二六八
```

如命丙爲正商，則變丙數爲負也。置甲元六，以乙元十四乘之，又以丙元負二十七乘之，得負積，負方，負廉，正隅。一正商得丙數，二負商得甲、乙數。凡丙大於甲，乙甚遠者，得此式。

```
六丶
一二丶
一　一　　　七二
一二丶
六丶
一　一　一八　七二
一　一六
一〇八　四三二
一八丶　七二
一六　二八八丶
一　一八　七二
一　〇二丶　二一六丶　一一五二
```

如命甲乙爲二正商，則變甲乙二數爲負也。置甲負六，以乙負十二乘之，又以丙十六乘之，得正積，負方，負廉，正隅。二正商得甲、乙數，一負商得丙數。若丙數大於甲，乙甚遠者，則得正廉。若甲數小於乙，丙甚遠者，則得正方。

立方求各元以方廉隅消積之理

負正負正三正商。

求甲正者，以甲減負廉得乙丙并，以甲乘之，得乙丙二方并，與正方減餘甲方，再以甲乘之，得甲之立積。負廉爲甲、乙、丙三數并，以甲減之，故餘乙、丙并。正方爲甲、乙、丙三方并，以乙、丙二方減之，故餘甲方。求乙正，丙正者，仿此。

負正正正一正商二負商。

求甲正者，以甲加正廉得乙丙并，以甲乘之得乙丙二方并，與正方并得甲方，再以甲乘之得甲之立積。正廉爲乙丙并多於甲之較，是以甲減乙丙并，爲正廉也。故仍以甲加正廉爲乙丙并。正方爲甲方多於乙丙二方并之較，是以乙丙二方并減甲方，爲正方也。故仍以乙丙二方并，加正方爲甲方。

求乙負者，以乙減正廉爲甲丙較，以乙乘之得乙乘甲丙較與正方減，爲乙方。再以乙乘之得乙之立積。正廉爲乙丙并多於甲之較，是以甲減丙，餘甲丙較。又以乙并之爲正廉，蓋正廉有乙與甲丙較二數也。故以乙減正廉，得甲丙較。正方爲甲方多於乙丙二分并之較，是以丙方減甲方，餘甲丙較乘乙。又以乙方減之，爲正方。蓋甲丙較乘乙，有乙方、正方二數也。故以正方減之，得乙方求丙負者，仿此。

負負正正一正商二負方。

求乙正者，以乙加正廉得甲丙併。以乙乘之得甲丙二方并，與負方減得乙方，再以乙乘之得乙之立積。正廉爲甲丙并多於乙之較，是以乙減甲丙并，爲正廉也。故仍以乙加正廉爲甲丙并。負方爲甲丙二方并多於乙方之較，是以乙方減甲丙二方并，爲負方也。故仍以負方減甲丙二方并，爲乙方。

求甲負者，以甲減正廉得乙丙較，以甲乘之得，甲乘乙丙較，與負方并得甲方，再以甲乘之，得甲之立積。正廉爲甲丙并多於乙之較，是以乙減丙餘乙丙較。又以甲并之，爲正廉。蓋正廉有甲與乙、丙較二數也。故以甲減正廉，得乙丙較。負方爲甲丙二方并多於乙方之較，是以丙方減乙方，餘乙丙較。乘甲，又以減甲方，爲負方。蓋甲方有乙丙較乘甲與負方二數也，故以乙丙較乘甲，加負方。即得甲方。求丙負者，仿此。

負負負正一正商二負商。

求丙正者，以丙減負廉得甲乙并，以丙乘之得甲乙二方并。與負方減得丙方，再以丙乘之得丙之立積。負廉爲丙大於甲乙并之較，是以甲乙并減丙，爲負廉也。故仍以負廉減丙爲甲乙并。負方爲甲乙二方并大於丙方之較，是以丙方減甲乙二方并，爲負方也。故仍以負方減甲乙二方并，爲丙方。

求甲負者，以甲加負廉得乙丙較，以甲乘之得甲乘乙丙較，與負方減得甲方，再以甲乘之得甲之立積。負廉爲丙大於甲乙并之較，是以乙減丙餘乙丙較。又以甲減之，爲負廉。蓋乙丙較，有甲與負廉二數也。故以甲加負廉，得乙丙較。負方爲甲乙二方并大於丙方之較，是以丙方減乙方餘乙丙較乘甲，又以甲方并之爲負方。蓋負方有乙丙較乘甲，與甲方二數也。故以乙丙較乘甲減負方，即得甲方。求乙負者，仿此。

正負負正二正商一負商。

求甲正者，以甲減負廉餘乙丙較，以甲乘之得甲乘乙丙較。與負方減得甲方，再以甲乘之得甲之立積。負廉爲甲乙并多於丙之較，是以乙減丙餘乙丙較，又以乙丙較減甲爲負廉。蓋甲有乙丙較與負廉二數也。故以負廉減甲，得乙丙較。負方爲甲乙二方并多於丙方之較，是以丙方減乙方，餘乙丙較，乘甲。又以甲方并之爲負方。蓋負方有乙丙較乘甲與甲方二數也，故以乙丙較乘甲減負方，即得甲方求乙正者，仿此。

求丙負者，以丙加負廉得甲乙并。以丙乘之得甲乙二方并，與負方減得丙方，再以丙乘之得丙之立積。負廉爲甲乙并多於丙之較，是以丙減甲乙并，爲負廉也。故仍以丙加負廉，爲甲乙并。負方爲甲乙二方并多於丙方之較，是以丙方減甲乙二方并爲負方也。故仍以負方減甲乙二方并，爲丙方。

正負正正二正商一負商，丙大於甲乙甚遠者，得此。

求甲正者，以甲加正廉得乙丙較，以甲乘之得甲乘乙丙較，與負方減得甲方，再以甲乘之得甲之立積。正廉爲丙大於甲乙并之較，是以乙減丙餘乙丙較。又以甲減之爲正廉，蓋乙丙較有甲與正廉二數也。故以甲加正廉得乙丙較。負方爲甲乙二方并多於丙方之較，是以丙方減乙方，餘乙丙較，乘甲。又以甲方并之，爲負方。蓋負方有乙丙較乘甲與甲方二數也。故以乙丙較乘甲，減負方。即得甲方。求乙正者，仿此。

求丙負者，以丙減正廉餘甲乙并，以丙乘之得甲乙二方并，與負方減得丙方，再以丙乘之得丙之立積。正廉爲丙大於甲乙并之較，是以甲乙并減丙爲正廉也。故仍以正廉減丙爲甲乙并。負方爲甲乙二方并多於丙方之較，是以丙方減甲乙二方并爲負方也。故仍以負方減甲乙二方并，爲丙方。

正正負正二正商一負商，甲小於乙丙甚遠者，得此。

求乙正者，以乙減負廉得甲丙較，以乙乘之得乙乘甲丙較，與正方減餘乙方，再以乙乘之得乙之立積。負廉爲乙丙并多於甲之較，是以甲減丙餘甲丙較，又以乙并之爲負廉。蓋負廉有乙與甲丙較二數也。故以乙減負廉，得甲丙較。正方爲甲方多於乙丙二方并之較，是以丙方減甲方餘甲丙較，乘乙。又以乙方減之爲正方。蓋甲丙較乘乙，有乙方、正方二數也。故以正方減之，即得乙方。求丙正者，仿此。

求甲負者，以甲加負廉得乙丙并，以甲乘之得乙丙二方并，與正方并得甲方，再以甲乘之得甲之立積。負廉爲乙丙并多於甲之較，是以甲減乙丙并爲負廉也。故仍以甲加負廉，爲乙丙并。正方爲甲方多於乙丙二方并之較，是以乙丙二方并減甲方，爲正方也。故仍以乙丙二方并，加正方爲甲方。

又 卷三《三乘方求各元法》 甲乙丙丁四元數，遞乘爲三乘方積。一爲隅算，四元數爲四長廉，今曰下廉。四數并爲和。四正商所用。

甲與乙丙丁并之較，乙與甲丙丁并之較，丙與甲乙丁并之較，丁與甲乙丙并之較。

右一正商及三正商所用。

甲乙并與丙丁并之較，甲丙并與乙丁并之較，甲丁并與乙丙并之較。

右二正商所用。

四元數各以二數相乘，得六平冪爲六平廉，今曰上廉。

甲乙冪、甲丙冪、甲丁冪、乙丙冪、乙丁冪、丙丁冪。六冪并爲和。四正商所用。

甲三正冪并丁乙冪，丁丙冪，乙丙冪。與三負冪并甲乙冪，甲丙冪，甲丁冪。之較，乙三正冪并甲丙冪，甲丁冪，丙丁冪。與三負冪并乙甲冪，乙丙冪，乙丁冪。之較。丙三正冪并甲乙冪，甲丁冪，乙丁冪。與三負冪并丙甲冪，丙乙冪，丙丁冪。之較，丁三正冪并甲乙冪，甲丙冪，乙丙冪。與三負冪并丁甲冪，丁乙冪，丁丙冪。之較。

右一正商及三正商所用。

甲乙二正冪并甲乙冪，丙丁冪，甲乙二正，丙丁二負。同名相乘，故皆正冪。與四負冪并甲丙冪，甲丁冪，乙丙冪，乙丁冪。之較。

乙丙二正冪并乙丙冪，甲丁冪。與四負冪并乙甲冪，乙丁冪，丙甲冪，丙丁冪。之較，甲丙二正冪并甲丙冪，乙丁冪。與四負冪并甲乙冪，甲丁冪，丙乙冪，丙丁冪。之較。丙丁二正冪并與四負冪并之較與甲乙二正冪同，甲丁二正冪并與四負冪并之較與乙丙二正冪同，乙丁二正冪并與四負冪并之較與甲丙二正冪同。

右二正商所用。

四元數各以三數相乘得四立積，爲四立廉，今曰方。

甲積爲乙丙丁遞乘數，乙積爲甲丙丁遞乘數，丙積爲甲乙丁遞乘數，丁積爲甲乙丙遞乘數。

四積并爲和。四正商所用。

甲正積與乙丙丁積并之較，乙正積與甲丙丁積并之較，丙正積與甲乙丁積并之較，丁正積與甲乙丙積并之較。

右一正商及三正商所用。

甲乙二正積并與丙丁二負積并之較，正丙丁、負甲乙同。甲丙二正積并與乙丁二負積并之較，正乙丁、負甲丙同。乙丙二正積并與甲丁二負積并之較。正甲丁、負乙丙同。

右二正商所用。

又《三乘方求各元正商負商遞乘之式》 今有甲數三，乙數五，丙數七，丁數九。

如命甲爲一正商，則變甲三爲負也。置乙元五，以丙元七乘之，又以丁元九乘之，又以甲元負三乘之，得負積，負方，正上廉，正下廉，正隅。一正商得本數，三負商得餘三數。

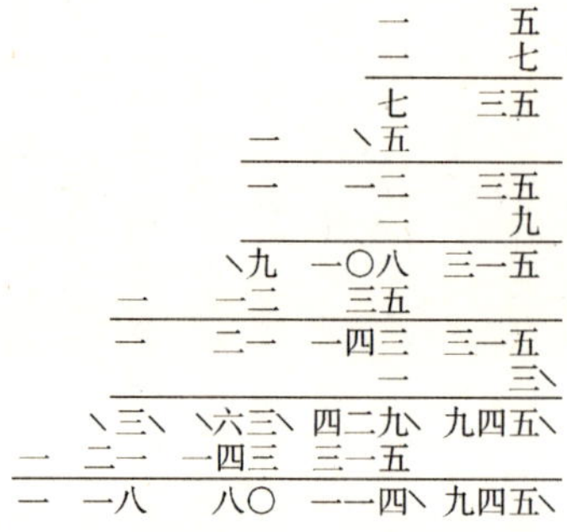

如命甲乙爲二正商，則一變其本數爲負一，變其元爲負也。置丙元七，以丁元九乘之，又以甲元負三乘之，又以乙負元五乘之，得負積，正方，正上廉，負下廉，負隅。二正商得二本數，二負商得餘二數。

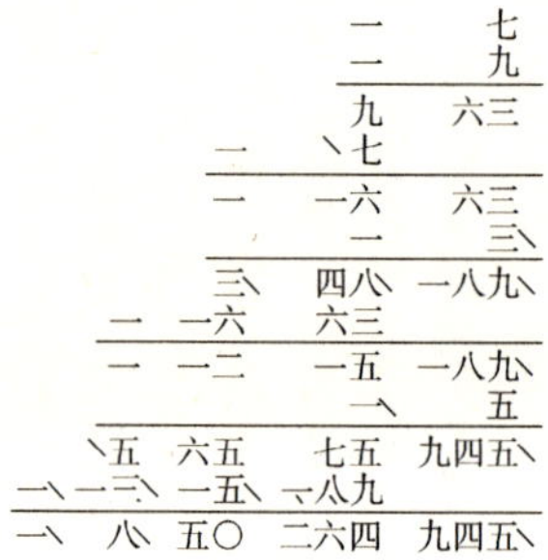

如命甲乙丙爲三正商，則變三數爲負也。置丁元九，以甲元負三乘之，又以乙元負五乘，又以丙元負七乘之，得負積，正方，負上廉，負下廉，正隅。三正商得三本數，一負商得餘一數。

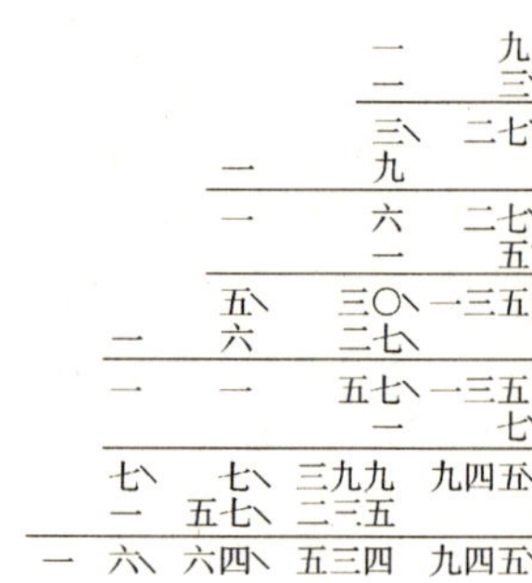

如命甲乙丙丁爲四正商，則變其三數爲負，變其一元爲負也。置甲元負三，以乙元負五乘之，又以丙元負七乘之，又以丁負元九乘之，得負積，正方，負上廉，正下廉，負隅。四正商得四本數。

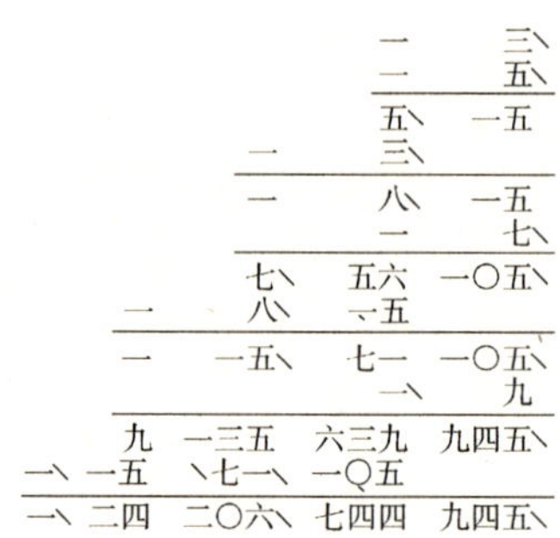

又《三乘方求各元以方廉隅消積之理》 負積，負方，正上廉，正下廉，正隅。一正商三負商。一負商三正商，同法。

此以甲爲正商，乙丙丁爲負商也。

求甲正者，正下廉爲乙丙丁并多於甲之較。以甲并之，即乙丙丁并，以甲乘之，得乙甲、丙甲、丁甲三負冪并。正上廉爲乙丙、丙丁、乙丁三正冪并，多於乙甲、丙甲、丁甲三負冪并之較，以三負冪加之，得乙丙、丙丁、乙丁三正冪并，以甲乘之，得甲丙丁遞乘之乙積，甲乙丁遞乘之丙積，甲乙丙遞乘之丁積，之三負積并。負方爲乙、丙、丁三負積并，多於甲正積之較，以減三負積并，得乙丙丁遞乘之甲積，本以甲積減三負積爲負方，故以負方減三負積得甲積。以甲乘之得三乘方積。

求乙負者，正下廉爲乙丙丁并多於甲之較。以乙減之，負商用減。得丙丁并多於甲之較，以乙乘之，得乙丙、乙丁冪，并多於乙甲冪之較，負商乘正得負。正上廉爲乙丙、丙丁、乙丁三正冪并多於乙甲、丙甲、丁甲三負冪并之較，以乙丙、乙丁冪并多於乙甲冪之較減之，餘丙丁冪多於丙甲、丁甲冪并之較，蓋丙丁冪大於丙甲、丁甲冪并也。以乙乘之，得乙丙丁遞乘之甲積多於乙丙、甲乙、丁甲遞乘之丁丙積并之較，負商乘正得負。負方爲乙丙丁三負積并多於甲正積之較，以甲積多於丁丙二積并之較加之，得乙積。蓋并丙丁二積，則少於甲積，而并乙丙丁三積則多於甲積，是有一乙積既補其少，又增其多也。則此一多一少者，即乙積矣。以乙乘之得三乘方積。負商乘負得正，與負積消。

求丙負者，丙減正下廉，餘乙丁并多於甲之較。以丙乘之，得丙乙丁冪并多於丙甲冪之較負。正上廉爲乙丙、丙丁、乙丁三正冪并多於乙甲、丙甲、丁甲三負冪并之較，以丙乙、丙丁冪并多於丙甲冪之較減之，餘乙丁冪多於乙甲、丁甲冪并之較，以丙乘之，得丙乙丁遞乘之甲積多於丙乙、甲丙、丁甲遞乘之丁、乙積并之較。負。負方爲乙丙丁三負積并多於甲正積之較，以甲積多於丁乙積并之較加之得丙積。以丙乘之得三乘方積正。桉此與求乙負法並同。

求丁負者，丁減正下廉餘乙丙并多於甲之較，以丁乘之，得丁乙、丁丙冪并多於丁甲冪之較負。正上廉爲乙丙、丙丁、乙丁三正冪并多於乙甲、丙甲、丁甲三負冪并之較，以丁乙、丁丙冪并多於丁甲冪之較相減，餘乙丙冪少於乙甲、丙甲冪并之較，即乙丙、乙甲冪并多於乙丙冪之較，以丁乘之得丁乙、甲丁、丙甲，遞乘之丙乙積并多於丁乙丙遞乘之甲積之較，正。負方爲乙、丙、丁三負積，并多於甲正積之較，以丙、乙二積并多於甲積之較減之，餘丁積，以丁乘之得三乘方積正。桉此與求乙負法小異。

負積，正方，正上廉，負下廉，負隅。二正商二負商。

此以甲乙爲正商，丙丁爲負商也。

求甲正者，負下廉爲丙丁并多於甲乙并之較，以甲加之，正商乘隅得負，故以相加。得一丙一乙丁較，亦爲丙丁并多於乙之較，丙丁并多於甲乙并者，即甲丙較乙丁較也，以甲加甲丙較得一丙并乙丁較，而丙丁皆大於乙，故又爲丙丁并多於乙之較也。以甲乘之得甲丙、甲丁冪并多於甲乙冪之較。負。正上廉爲甲丙、乙丙、甲丁、乙丁四負冪并多於甲乙、丙丁二正冪并之較，即甲丙、甲丁冪并多於甲乙冪與乙丙、乙丁冪并多於丙丁冪之共數，以甲丙、甲丁冪并多於甲乙冪之較減之，餘乙丙、丁冪并多於丙丁冪之較，即丙丁冪少於乙丙、乙丁冪并之較，以甲乘之，得甲丙丁遞乘之乙積少於甲乙、丙甲、乙丁。遞乘之丁丙積并之較。正。正方爲甲乙二積并多於丙丁二積并之較，以乙積少於丙丁二積并之較加之，即甲積。蓋以乙積與丙丁二積較則少，而以甲乙二積與丙丁二積較則多，是有一甲積既補其少，又增其多也。則此一多一少者，即甲積矣，以甲乘之得三乘方積。正。

求乙正者，負下廉爲丙丁并多於甲乙并之較，以乙并之得一丁一甲丙較，亦爲丙丁并多於甲之較，以乙乘之得乙丙、乙丁冪并多於乙甲冪之較。負。正上廉爲甲丙、乙丙、甲丁、乙丁四負冪并多於甲乙、丙丁二正冪并之較。即乙丙、乙丁冪并多於甲乙冪之數，內少甲丙、甲丁冪并少於丙丁冪之數，以減乙丙、乙丁冪并多於甲乙冪之較，餘甲丙、甲丁冪并少於丙丁冪之較，即丙丁冪多於甲丙、甲丁冪并之較。以乙乘之得乙丙丁遞乘之甲積多於乙甲、丙乙、甲丁遞乘之丁丙積并之較。負。正方爲甲乙積并多於丙丁積并之較，以甲積多於丙丁積并之較減之，餘乙積，以乙乘之得三乘方積。正。

求丙負者，丙減負下廉，負商乘負隅得正，故用減。爲甲乙并少於丁之較，以丙乘之。得丙甲、丙乙冪并少於丙丁冪之較。負乘負得正。正上廉爲丁甲、丁乙冪并多於甲乙冪之數，內少丙甲、丙乙冪并少於丙丁冪之數，以丙甲、丙乙冪并少於丙丁冪之較加之得，丁甲、丁乙冪并多於甲乙冪之較，以丙乘之得甲乙積并多於丁積之較。負乘正得負。正方爲甲乙積并多於丙丁積并之較，以減甲乙積并多於丁積之較，餘丙積。以丙乘之得三乘方積。負乘負得正。

求丁負者，丁減負下廉爲丙少於甲乙并之較，即爲甲乙并多於丙之較。此較爲負商之餘，而負商乘負隅得正，故較亦得正。以丁乘之，得丁甲、丁乙冪并多於丁丙冪之較。負。正上廉爲丙甲、丙乙冪并多於甲乙冪與丁甲、丁乙冪并多於丁丙冪之共數，以丁甲、丁乙冪并多於丁丙冪之較減之，餘丙甲、丙乙冪并多於甲乙冪之較，以丁乘之得甲乙積并多於丙積之較。負。正方爲甲乙積并多於丙丁積并之較，以減甲乙積并多於丙積之較，餘丁積，以丁乘之得三乘方積。正。

負積，正方，負上廉，正下廉，負隅。四正商四負商同。

此以甲乙丙丁，俱爲正商也。

求甲正者，正下廉爲甲乙丙丁之并，以甲減之餘，乙丙丁并以甲乘之得甲乙、甲丙、甲丁三冪并。負上廉爲六平冪并，以甲乙、甲丙、甲丁三冪并減之，餘乙丙、丙丁、乙丁三冪并，以甲乘之得丁乙丙三積并。正方爲甲乙丙丁四積并，以乙丙丁三積并減之，得甲積。以甲乘之得三乘方積。

求乙、丙、丁者，仿此。

虛根

算法

清·汪萊《衡齋算學》卷七《開諸乘方數、根數、真數糅雜訣》　定進退　凡初商除實不盡，或翻爲他實，或益爲多實，至求次商遞變，內，通行爲同名者，退；不者，進。

入諸商　列原題，方、根爲法，真數爲實。令法在上，實在下，如設題式。初商乘上層，同名相加。異名相減，以入於次層，復乘。既入之次層，遞入於下層。下層減盡則無次商。不盡，復列原題上層，初商既入實爲下層，中間以初商數如初商法入於初商既入之次層。近下者一入，轉而上，遞加一入。畢入，則列之，爲變題。如初商法入次商。視三商之有無。及入之，如次商之於初商也。諸商統於此。

求次數　既得一數無奇零，合諸商數，於原題內如初商法入之。變題恒省下一層降其位，通行同名即無次數。異名不相糅即仍有一數，異名相糅審有無如前。有，則重求之。若初得數奇零不盡，各按原題於進退間求之，盈其法之層數。俱奇零不盡者，是爲不可開。

又　審有無　平方正，幾根負，幾真數正。取根數二分之一，自乘，與真數比。真數少或相等者，有；真數多者，無。

立方正，幾平方負，幾真數正。取平方數三分之二，自乘，又以三分之一乘之，與真數比。真數少或相等者，有；真數多者，無。

三乘方正，幾立方負，幾真數正。取立方數四分之三，自乘，再乘，又以四分之一乘之，與真數比。真數少或相等者，有；真數多者，無。

右除真數外皆相連二層。若三乘方以上亦相連二層者，按三條之理索之即得。

立方正，幾根負，幾真數正。取根數三分之一，平方開之，又以三分之二乘之，與真數比。真數少或相等者，有；真數多者，無。

三乘方正，幾平方負，幾真數正。取平方數二分之一，自乘，與真數比。真數少或相等者，有；真數多者，無。

四乘方正，幾立方負，幾真數正。取立方數五分之三，平方開之，又以五分之三乘之，又以五分之二乘之，與真數比。真數少或相等者，有；真數多者，無。

五乘方正，幾三乘方負，幾真數正。取三乘方數三分之二，自乘，又以三分之一乘之，與真數比。真數少或相等者，有；真數多者，無。

六乘方正，幾四乘方負，幾真數正。取四乘方數七分之五，平方開之，又以七分之五再乘之，又以七分之二乘之，與真數比。真數少或相等者，有；真數多者，無。

七乘方正，幾五乘方負，幾真數正。取五乘方數四分之三，自乘，再乘，又以四分之一乘之，與真數比。真數少或相等者，有；真數多者，無。

右除真數外皆間一位二層。若七乘方以上亦間一位二層者，按六條之理索之即得。

三乘方正，幾根負，幾真數正。取根數四分之一，立方開之，又以四分之三乘之，與真數比。真數少或相等者，有；真數多者，無。

四乘方正，幾平方負，幾真數正。取平方數五分之二，立方開之，自乘，又以五分之三乘之，與真數比。真數少或相等者，有；真數多者，無。

五乘方正，幾立方負，幾真數正。取立方數二分之一，自乘，與真數比。真數少或相等者，有；真數多者，無。

六乘方正，幾三乘方負，幾真數正。取三乘方數七分之四，立方開之，又以七分之四乘之，又以七分之三乘之，與真數比。真數少或相等者，有；真數多者，無。

七乘方正，幾四乘方負，幾真數正。取四乘方數八分之五，立方開之，自乘，又以八分之五乘之，又以八分之三乘之，與真數比。真數少或相等者，有；真數多者，無。

八乘方正，幾五乘方負，幾真數正。取五乘方數三分之二，自乘，又以三分之一乘之，與真數比。真數少或相等者，有；真數多者，無。

九乘方正，幾六乘方負，幾真數正。取六乘方數十分之七，立方開之，又以十分之七再乘之，又以十分之三乘之，與真數比。真數少或相等者，有；真數多者，無。

十乘方正，幾七乘方負，幾真數正。取七乘方數十一分之八，立方開之，自乘，又以十一分之八再乘之，又以十一分之三乘之，與真數比。真數少或相等者，有；真數多者，無。

十一乘方正，幾八乘方負，幾真數正。取八乘方數四分之三，自乘，再乘，又以四分之一乘之，與真數比。真數少或相等者，有；真數多者，無。

右除真數外皆間二位二層。若十一乘方以上間二位二層者，按九條之理索之即得。

立方正，幾平方負，幾根負，幾真數正。以幾平方數爲長濶較，幾根數爲帶縱平方積，開得長、濶二根。取長根及長濶和相乘以九分之五又爲帶縱平方積，前長根加長濶和又爲後長濶和，開得濶根。以前相乘積九分之四乘之，與真數比。真數少或相等者，有；真數多者，無。

立方正，幾平方負，幾根正，幾真數正。以平方數爲長濶和，幾根數爲帶縱平方積，不可開則無，可開則開得長、濶二根。取長根與長濶較相乘以九分之五又爲帶縱平方積，前長根加長濶較又爲後長濶和，開得濶根。以前相乘積九分之四乘之，與真數比。真數少或相等者，有；真數多者，無。

立方正，幾平方正，幾根負，幾真數正。以平方數爲長濶較，幾根數爲帶縱平方積，開得長、濶二根。取濶根與長濶和相乘以九分之五又爲帶縱平方積，前濶根加長濶和又爲後長濶和，開得濶根。以前相乘積九分之四乘之，與真數比。真數少或相等者，有；真數多者，無。

立方正，幾平方負，幾根正，幾真數負。恒有。

右除真數外相連三層。若相間三層及相連、相間多層者，統按二十二條之理索之即得。

清·李鋭《開方説》卷上　實三十二七分之六負，方二負，第一廉空，第二廉一七分之一正，隅七分之五正。開三乘方得二五分之一八千九百二十一分之七千三百一十一。如法通之，得實二百三十負，從一十四負，第一廉空，第二廉八正，隅五正。以隅五爲母，以母五三乘實得二萬八千七百五十負，爲實。再乘方得三百五十負爲方。當以母一乘第一廉爲第一廉，今第一廉空不乘。第二廉八正，仍爲第二廉。以母五除隅五正，得一正爲隅。如法開之。

初商一十

次商一

借子母

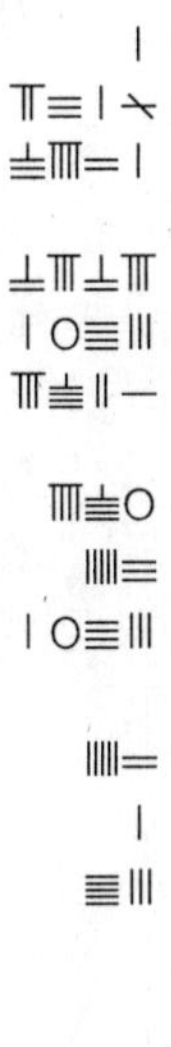

母八千九百二十一正，子七千三百一十一負。開得一十一。八千九百二十一分之七千三百一十一。以母五除之得二五分之一八千九百二十一分之七千三百一十一。

右三乘方開方不盡，以母除之亦不盡。

凡不可開者，爲無數。

實一百負，方一正，隅一十負。

右不可步，故不可開。

實一萬負，方一百九十正，隅一負。

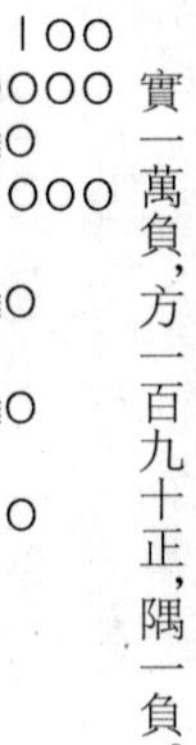

初商一百

右雖得初商，而不可求次商，故不可開。

實一百四十五負，方二十四正，隅一負。

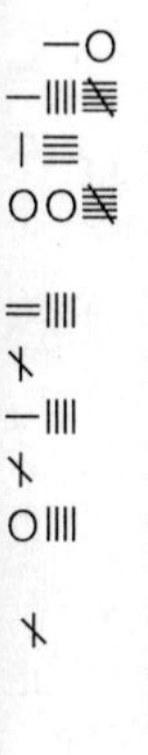

初商一十

次商二

右雖得次商，而不可求之分，故不可開。

又 卷下 凡可開三數，一數有兩數無者。或第一數有，第二、第三數無；或第一、第二數無，第三數有，必無第二數有，第一、第三數無者，以兩無數必相連，故也。

實一百八十八負，方九十五正，廉一十六負，隅一正。開立方得四。

商實減實　方減方　廉減廉　隅

商四正

開訖變之，得實一十五正，方四負，隅一正。如下式：

實　方　隅

此無數可開於例尚可開兩數，故知無數者爲第二數、第三數。

實三千二百七十負，方七百九正，廉五十負，隅一正。開立方，得三十。

商實減實　方減方　廉減廉　隅

商三十正

開訖變之，得實四百九正方，四十正，隅一正。如下式：

實　方　隅

此無數可開，於例爲無數，故知無數者爲第一數、第二數。

凡第二數當用翻法，若第二數，初、次等商與第一數同，惟末商不同者，亦不用翻法。

又 凡有相等兩數，依前求得平方實、方、隅。若以實内加一算，或一算已上，此平方即兩數皆不可開。以如是，兩平方相乘，得三乘方。實、方、廉、隅此三乘方，即四數皆不可開。

實八負，法一正。依前法，自相乘得實六十四正，方一十六負，隅一正。開平方得第一、第二兩數皆八。今於實内加一算得六十五正，即不可開。

商八正

商實減實　方減方減方　隅

借商一正

借子母

商實減　方加方　隅

假令商八減實，餘一正。變之，重列實、方、隅，以借商一求得分母一正，子母同名數又相等，即不可命分，故不可算。

商九正

商實減實　方減方減方　隅

借商一正

借子母

商實減　方加方　隅

假令商九減實餘二正，變之，重列實、方、隅，以借商一求得分母三正，子母又同名，不可命分，故不可算。

商七正

商實減實　方減方減方　隅

借子母

商實減　方減方　隅

借商一正

假令商七減實餘二正，變之，重列實、方、隅，以借商一求得分母一負，母小於子不可命分，故不可算。

若七以下之數減實後，變餘。以借商命分，皆母小於子，故皆不可算。

實二十五負，方一十正，隅一負。開平方得五。今於實内加一算得二十六負，即不可開。實一百正，方二十負，隅一正。開平方得一十。今於實内加七算，得一百七正，即不可開。依前法，兩平方相乘得實二千七百八十二負，方一千五百九十正，一廉三百二十三負，二廉三十正，隅一負。此三乘方，四數皆不可開。

商五正

借子母

借商一正

假令商五減實，餘三十二負。變之，重列實、方、隅，以借商一求得分母一十四負，子母同名，母又小於子不可命分，故不可算。若商五以上、五以下之數皆不可算，緣小數減實惟五最相近也。

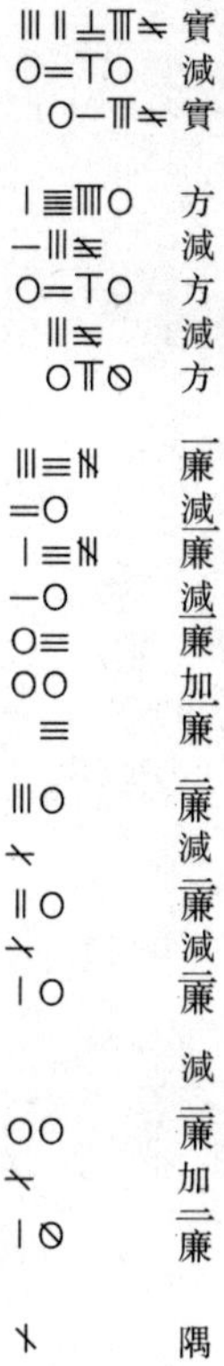

商一十正

借子母

借商一正

假令商一十減實，餘一百八十二負。變之，重列實、方、廉、隅，以借商一求得分母一百一十四負，子母同名，母又小於子，不可命分，故不可算。若商十以上、十以下之數皆不可算，緣大數減實惟十最相近也。

重根

算法

清・李鋭《開方説》卷下 實二百八十九負，方三十四正，隅一負。開平方得第一數、第二數，皆一十七。

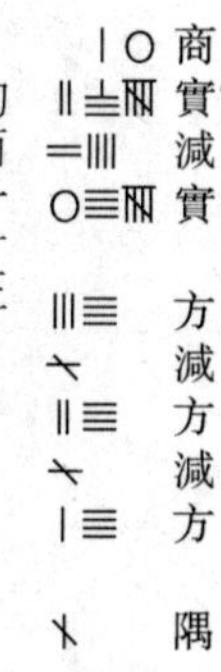

初商一十正

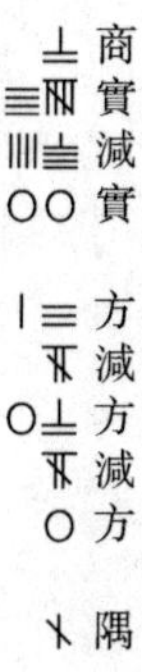

次商七正

開訖變之，以商七乘隅一負，得七負，以減方七正，適盡。無數可除，是無較數，故知兩數皆一十七。

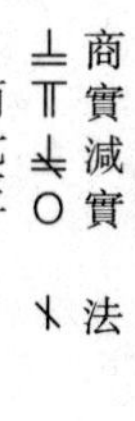

商七正

或開訖減去末商七，餘一十爲寄位，以餘方七正爲實，隅一負爲法，除得七以加寄位一十，仍得一十七。

實六百四十負，方二百二十四正，廉二十六負，隅一正。開立方得第一數、第二數皆八，第三數一十。

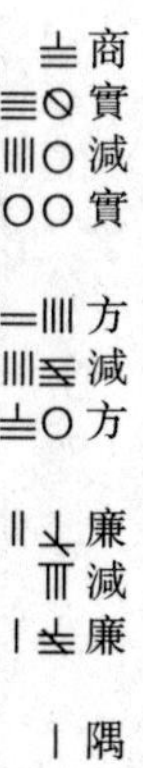

借商一正

商八正

先開得第一數，即第二數。開訖變之，以商八乘隅一正得八正，以減廉一十八負餘一十負，以商八乘之得八十負，以減方八十正，適盡。餘尚可除一數，故知所開八爲第一、第二兩數。又以商八乘隅一正，得八正以減廉一十負，餘二負爲實，以隅一除之得二正，與開得數八相加，得一十爲第三數。

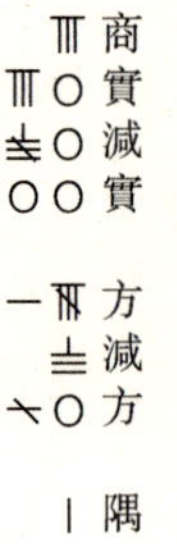

商八正

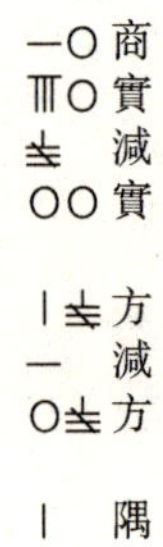

商一十正

或開訖，減去末商八，餘空爲寄位。以餘方八十正爲實，廉一十八負爲方，隅一正爲隅，如法開得小數八，大數一十，各與寄位空相加，得小數八大數一十。其小數即第一、第二兩數。

實七百二十負，方二百六十四正，廉二十九負，隅一正。開立方得第一數五，第二數、[第]三數皆一十二。

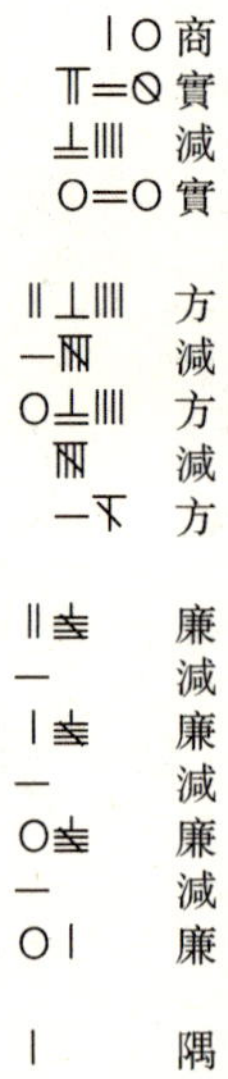

初商一十正

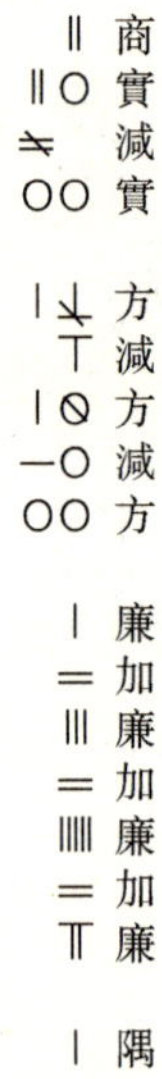

次商二正

先開得第二數，即第三數。開訖變之，以商二乘隅一正得二正，以加廉三正得五正。以商二乘之得一十正，以減方一十負，適盡。餘無正數可除，故知所開得一十二爲第二、第三兩數。又以商二乘隅一正得二正，以加廉五正得七正爲實，以隅一正除之得七負，與開得數一十二正相減得五正，爲第一數。

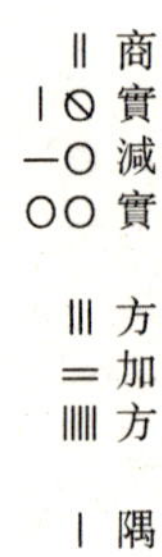

商二正

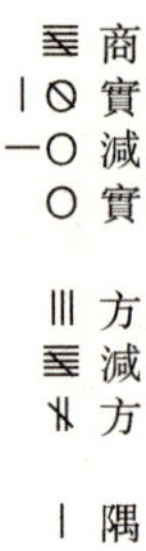

商五負

或開訖，減去末商二，餘一十爲寄位。以餘方一十負爲實，廉三正爲方，隅一正爲隅。如法開得正數二，負數五。以正數二與寄位一十相加，仍得一十二，即第二、第三兩數。以負數五與寄位相減，得五正即第一數。

實五萬六百五十三負，方四千一百七正，廉一百一十一負，隅一正。開立方得第一數、第二數、第三數皆三十七。

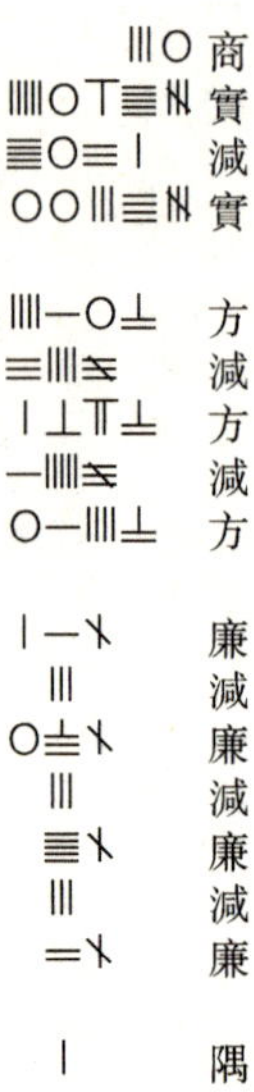

初商三十正

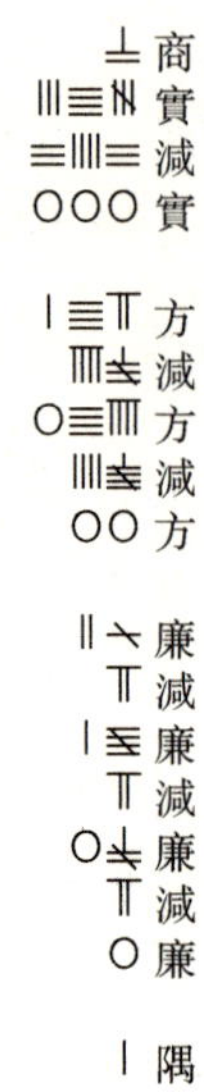

次商七正

開訖變之，以商七乘隅一正得七正，以減廉一十四負餘七負。以商七乘之得四十九負，以減方四十九正，適盡。又以商七乘隅一正得七正，以減廉，適盡。是無較數可除，故知三數同爲三十七。

商七正

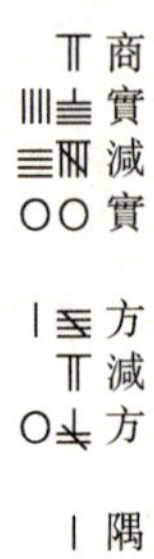

或開訖減去末商七，餘三十爲寄位，以餘方四十九正爲實，廉一十四負爲方，隅一正爲隅。如法開得七，與寄位三十相加，仍得三十七。

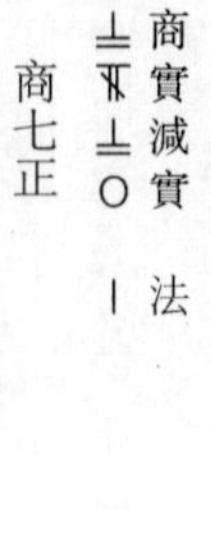

商七正

或代開訖，減去末商七餘三十爲寄位。以餘方七負爲實，隅一正爲法。除得七與寄位三十相加，仍得三十七。

負根

算法

清・李銳《開方説》卷中　凡商數爲正，今令之爲負，則凡平方皆可開二數，立方皆可開三數或一數，三乘方皆可開四數或二數。異名相步所得爲正商，同名相步所得爲負商。

實二十負，方一十九正，隅一正。開平方得正商一，負商二十。

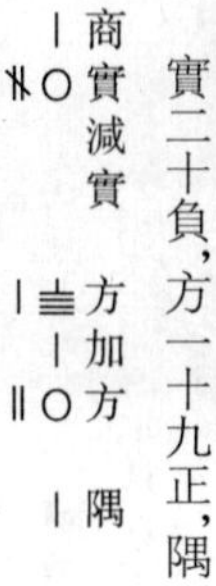

商一正法見上。

右以正方步負實，異名相步，得正商。

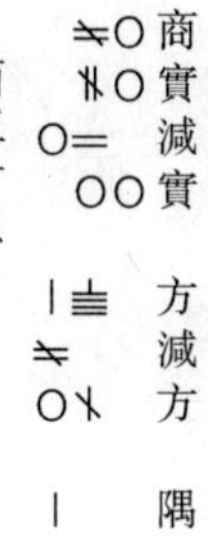

商二十負

以商二負乘隅一百正得二百負，以方一百九十正反減之，餘方一十負，又以商二負乘之得二十正，以減實二十負。適盡。

右以正隅步正方，同名相步，得負商。

已上平方二數，一正一負。

實六萬負，方一萬八千三百八十正，廉五百三十七正，隅一正。開立方得正商三，負商第一數四十，第二數五百。

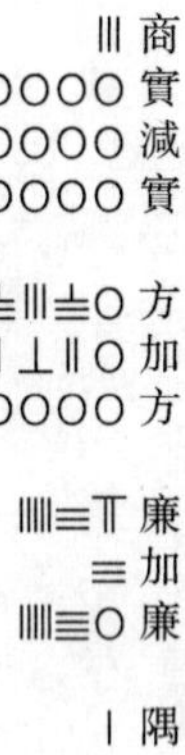

商三正法見上。

右以正方步負實，異名相步，得正商。

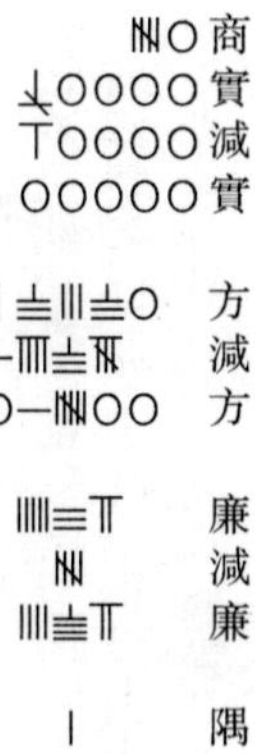

商四十負

以商四負乘隅一千正得四千負，以減廉五萬三千七百正，餘四萬九千七百正。又以商四負乘之得一十九萬八千八百負，以方一十八萬三千八百正反減之，餘方一萬五千負。又以商四負乘之得六萬正，以減實六萬負，適盡。

右以正廉步正方，同名相步，得負商第一數。

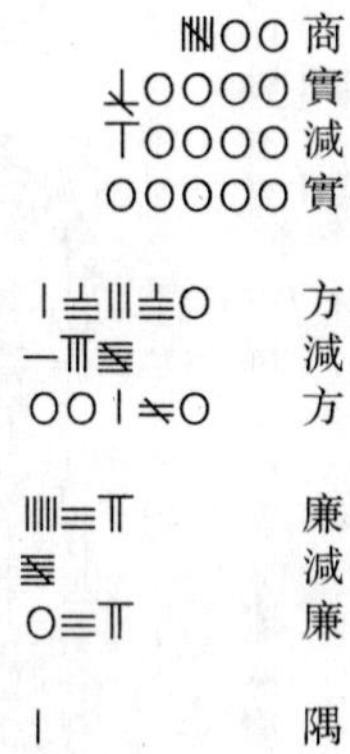

商五百負

以商五負乘隅一百萬正得五百萬負，以減廉五百三十七萬正餘廉三十七萬正，又以商五負乘之得一百八十五萬負，以方一百八十三萬八千正反減之，餘方一萬二千負，又以商五負乘之得六萬正，以減實六萬負。適盡。

右以正隅步正廉，同名相步，得負商第二數。

已上立方三數，一正二負。

實三十億二千四百萬負，方四億六千四百二十四萬四千正，第一廉六百六十七萬五千六百二十正，第二廉八千二百六十四負，隅一負。開三乘方得正商第一數六，第二數八百，負商第一數七十，第二數九千。

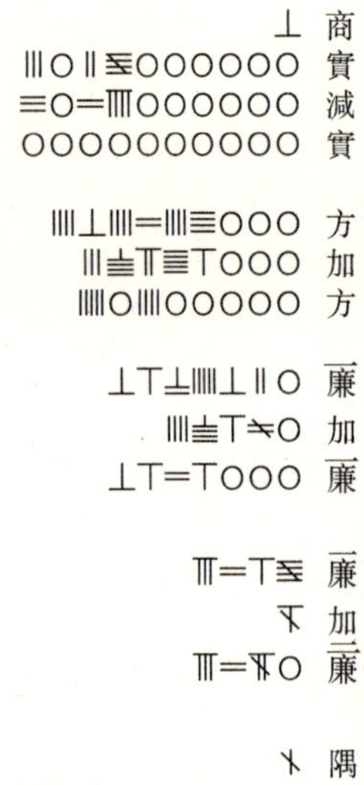

商六正法見上。

右以正方步負實，異名相步，得正商第一數。

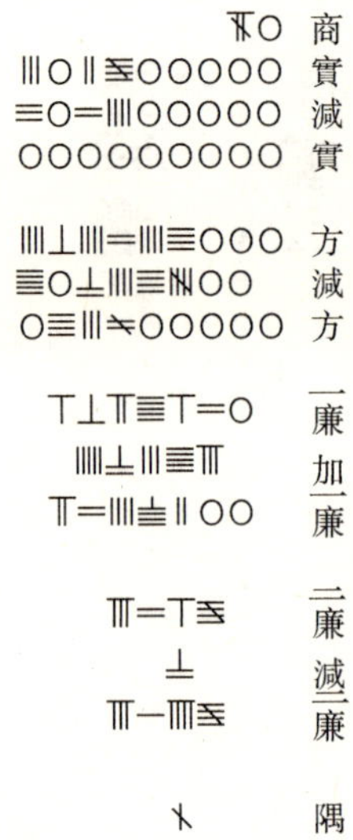

商七十負

以商七負乘隅一萬負得七萬正，以減第二廉八百二十六萬四千負餘第二廉八百一十九萬四千負，又以商七負乘之得五千七百三十五萬八千正，以加第一廉六億六千七百五十六萬二千正得第一廉七億二千四百九十二萬正。又以商七負乘之得五十億七千四百四十四萬負，以方四十六億四千二百四十四萬正反減之，餘方四億三千二百萬負，又以商七負乘之得三十億二千四百萬正，以減實三十億二千四百萬負。適盡。

右以正一廉步正方，同名相步，得負商第一數。

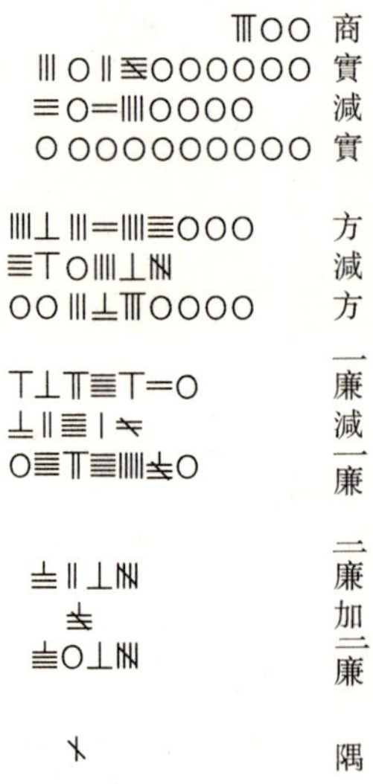

商八百正法見上。

右以負二廉步正一廉，異名相步，得正商第二數。

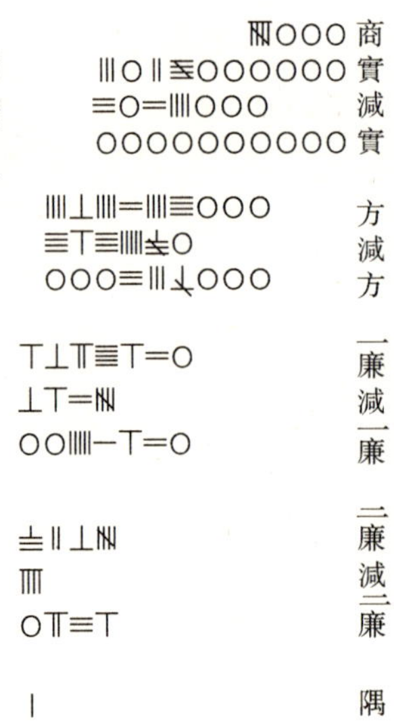

商九千負

以商九負乘隅一萬億負得九萬億正，以二廉八萬二千六百四十億負反減之，餘二廉七千三百六十億正，又以商九負乘之得六萬六千二百四十億負，以減一廉六萬六千七百五十六億二千萬正，餘一廉五百一十六億二千萬正，又以(負)[商]九負乘之，得四千六百四十五億八千萬負，以方四千六百四十二億四千四百萬正，反減之餘方三億三千六百萬負，又以商九負乘之得三十億二千四百萬正，以減實三十億二千四百萬負。適盡。

右以負隅步負二廉，同名相步得負商第二數。

已上三乘方四數，二正二負。

凡方、廉有空位，視所空之位爲一位。三位等奇數者，空位之上下異名，可商一正、一負，同名正負皆不可商。所空之位爲二位，四位等偶數者，空位之上下異名可商一正，而不可商負。同名可商一負而不可商正。

實八十一負，方空，隅一正。開平方得正商九、負商九。

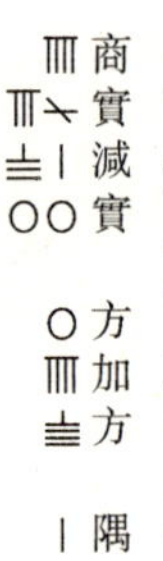

商九正

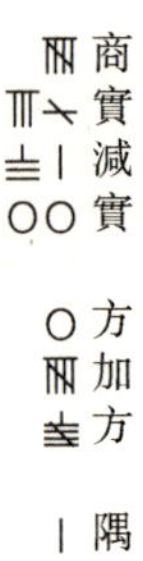

商九負

右空奇位上實下隅異名，得商一正一負。

若實、隅同名，則商正商負皆恒爲益積，故不可開。

實五百一十二負，方空，廉空，隅一正。開立方得正商八。

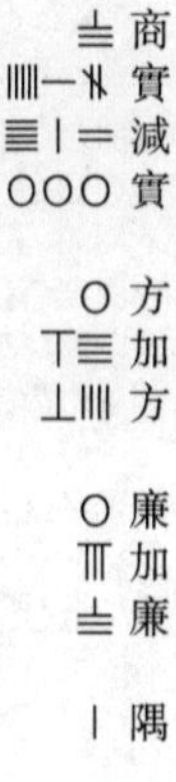

商八正

右空偶位，上實下隅異名，得商一正。

若商負則亦恒爲益積，故不可開。

實五百一十二負，方空，廉空，隅一負，開立方得負商八。

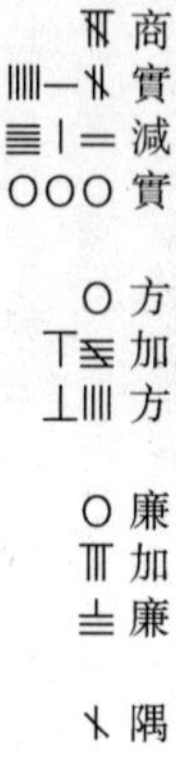

商八負

右空偶位，上實下隅同名得商一負。

若商正亦恒爲益積，故不可開。

已上以平方、立方爲例，其實不論平、立、三乘方，凡有空位皆準此。

方程變形

算法

清·李鋭《開方説》卷下 凡實、方、廉、隅，如意立一數爲母，偏乘之，如法開之，所得與不乘同。

實三十負，方七負，隅一正，開平方得一十。

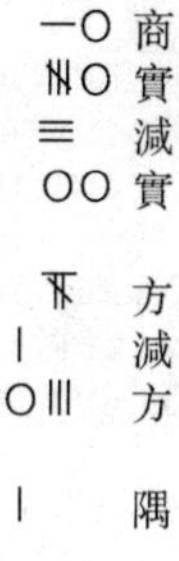

商一十正

設如以五十一爲母，則以五十一偏乘之，實得一千五百三十負，方得三百五十七負，隅得五十一正。如法亦開得一十。

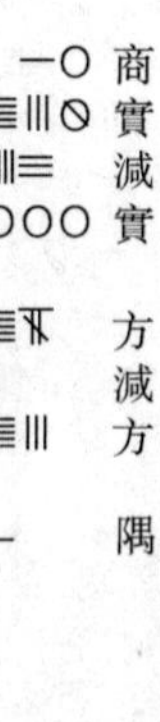

商一十正

實四千四百六十六負，方六百八十七負，廉空，隅一正。開立方得二十九。

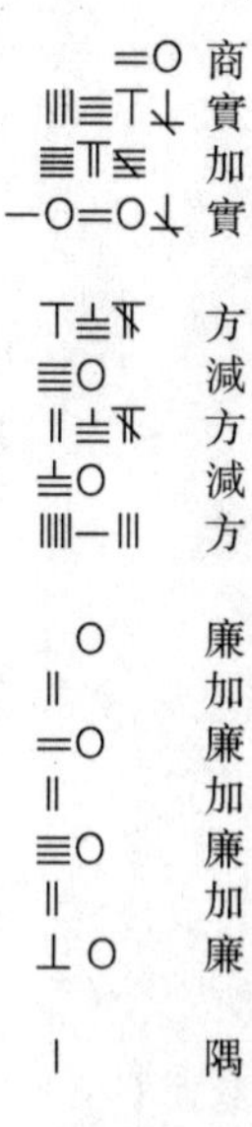

初商二十正

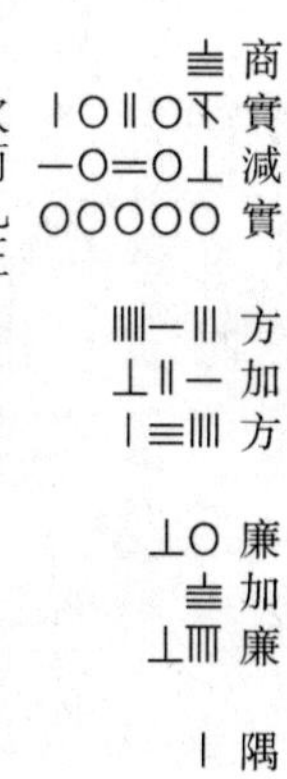

次商九正

設如以一百七爲母，則以一百七偏乘之，實得四十七萬七千八百六十二負，方七萬三千五百九負，廉空，隅一百七正。如法亦開得二十九。

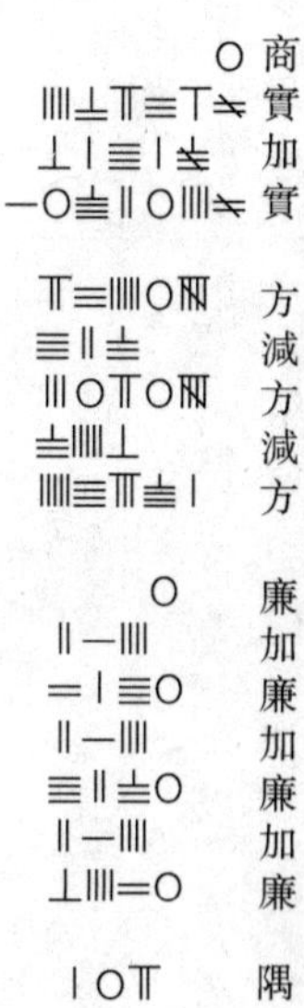

初商二十正

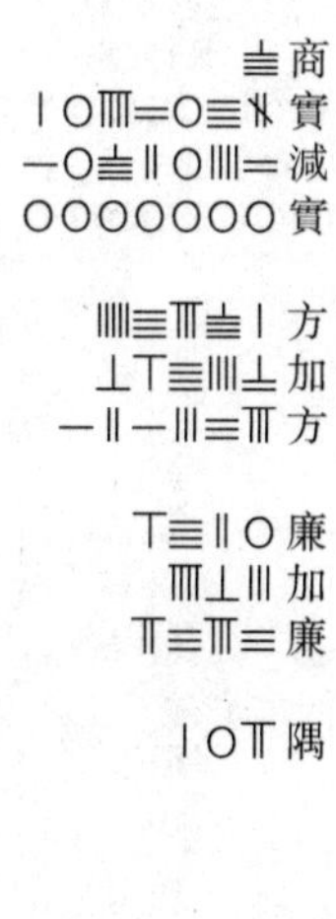

次商九正

凡實、方、廉、隅，如意立一數爲母，一乘隅，再乘廉，三乘方，四乘實，每上一位則增一乘，如是累乘訖。如法開之所得爲母，乘所求數之數，以母除之得所求。

實三十四負，方一十五正，隅一正。開平方得二。

商二正

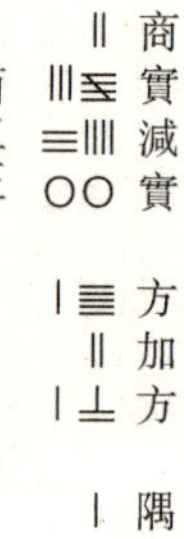

設如以九爲母，乃置實、方、隅，先以九乘隅一正，得九正爲隅。次以九再乘方一十五正，得一千二百一十五正爲方。次以九三乘實三十四負，得二萬四千七百八十六負爲實。重列如法開之。

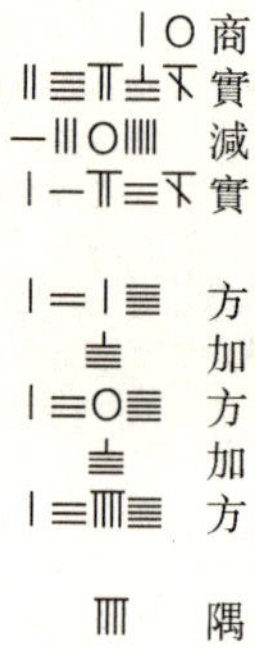

初商一十正

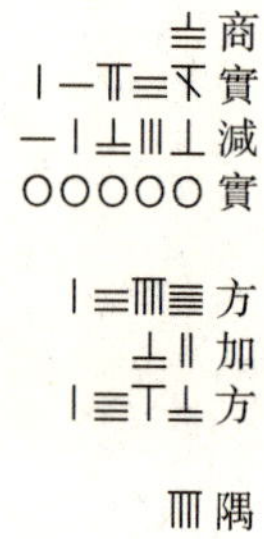

次商八正

開得一十八，以母九除之，得二爲所求數。

實五千一百八十四負，方空，廉七十三正，隅一正。開立方得八。

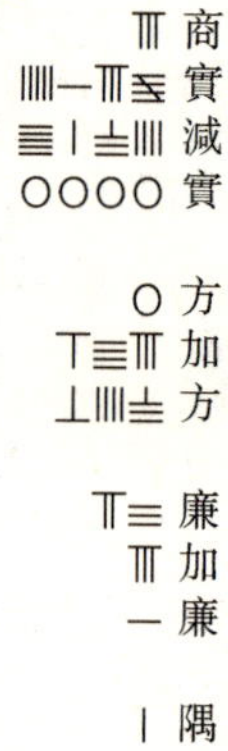

商八正

設如以七十七爲母，乃置實、方、廉、隅，先以七十七乘隅一正，得七十七正爲隅。次以七十七再乘廉七十三正，得四十三萬二千八百一十七正爲廉。方空仍爲方。次以七十七回乘實五千一百八十四負，得一千八百二十二億三千三百三十六萬四千五百四十四負爲實。重列如法開之。

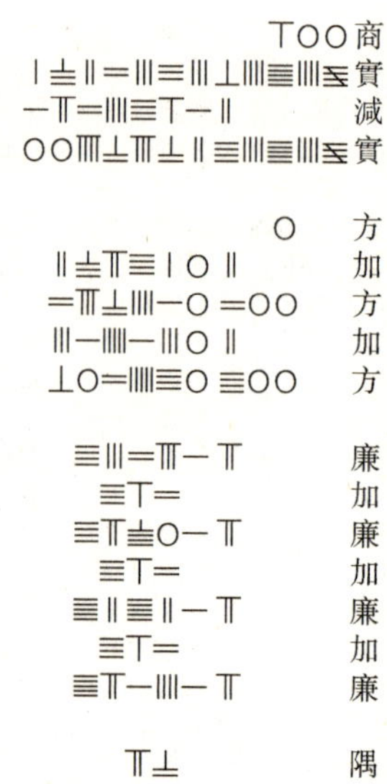

初商六百正

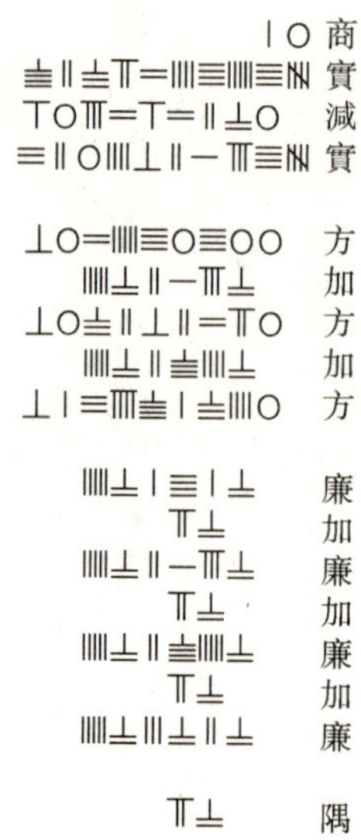

次商一十正

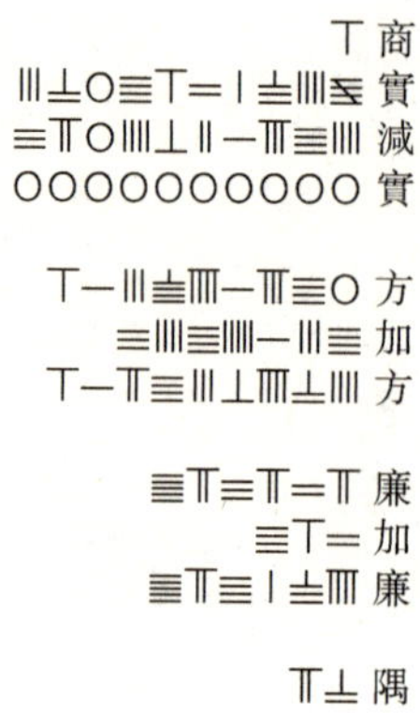

三商六正

開得六百一十六，以母七十七除之得八，爲所求數。

凡實、方、廉、隅如意立一數爲母，一除隅，再除廉，三除方，四除實。每上一位則增一除，如是累除訖。如法開之，所得爲母除所求數之數，以母乘之得所求。

實九百三十一萬五千二百八十負，方五萬九千八百二十六正，隅九十一正，開平方得一百三十。

初商二百正

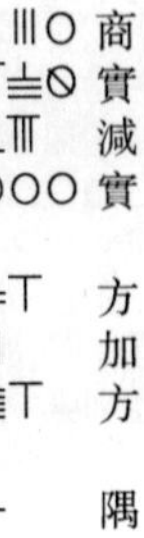

次商三十正

設如以一十三爲母，乃置實、方、隅，先以一十三除隅九十一正，得七正爲隅。次以一十三再除方五萬九千八百二十六正，得三百五十四正爲方。次以一十三三除實九百三十一萬五千二百八十負，得四千二百四十負爲實。重列如法開之。

商一十正

開得一十，以母一十三乘之得一百三十爲所求數。

實一億一千五百九十一萬二千七百九十七負，方一千一百七十七萬二千六百九十五負，廉一十萬八千七百七十九負，隅三百一十九正，開立方得四百二十九。

初商四百正

次商二十正

三商九正

設如以一十一爲母，乃置實、方、廉、隅，先以一十一除隅三百一十九正，得二十九正爲隅。次以一十一再除廉一十萬八千七百七十九負，得八百九十九負爲廉。次以一十一三除方一千一百七十七萬二千六百九十五負，得八千八百四十五負爲方。次以一十一四除實一億一千五百九十一萬二千七百九十七負，得七千九百一十七負爲實。重列如法開之。

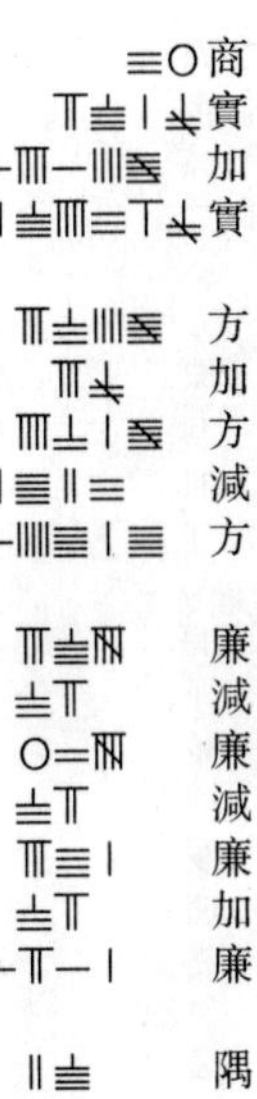

初商三十正

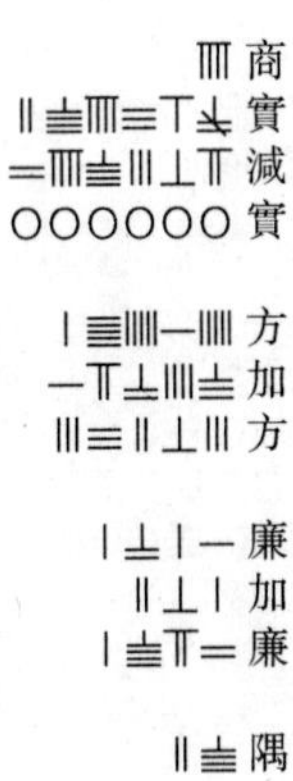

次商九正

開得三十九，以母一十一乘之，得四百二十九爲所求數。

凡開方有正商、負商者，以其實、方、廉、隅之正負徧易之，如法開之，所得之正商、負商與不易同。

實三百一十五負，方二十六負，隅一正。開平方得正商三十五，負商九。

商 實減實 方減方加方 隅

初商三十正

商 實減實 方加方 隅

次商五正

復置實、方、隅，重列之如法開之。

商 實減實 方加方 隅

商九負

今令實三百一十五負易爲正，方二十六負易爲正，隅一正易爲負。如法開之，亦得正商三十五，負商九。

商 實減實 方減方加方 隅

初商三十正

商 實減實 方加方 隅

次商五正

復置實、方、隅，重列開之。

商 實減實 方加方 隅

商九負

實一千一百五十二負，方空，廉二十六正，隅一正。開立方得正商六，負商第一數八，第二數二十四。

商 實減實 方加方 廉加廉 隅

商六正

復置實、方、廉、隅，重列如法開之。

商 實減實 方加方 廉減廉 隅

商八負

復置實、方、廉、隅，重列如法開之。

商 實減實 方加方減方 廉減廉減廉加廉 隅

初商二十負

商 實減實 方加方 廉加廉 隅

次商四負

今令實一千一百五十二負易爲正，方空仍爲空，廉二十六正易爲負，隅一正易爲負。如法開之，亦得正商六，負商第一數八，第二數二十四。

商 實減實 方加方 廉加廉 隅

商六正

復置實、方、廉、隅，重列如法開之。

商　實減實　方加方　廉減廉　隅

[illegible]

商八負

復置實、方、廉、隅，重列如法開之。

商　實減實　方加方減方　廉減廉減廉加廉　隅

[illegible]

初商二十負

商　實減實　方加方　廉加廉　隅

[illegible]

次商四負

不定問題總部

主編　吕興焕

同餘問題部

題解

宋・秦九韶《數書九章・大衍類》卷一　大衍總數術曰：置諸問數，類名有四。一曰元數，謂尾位見單零者，本門揲蓍、酒息、斛糶、砌甎、失米之類是也。二曰收數，謂尾位見分釐者，假令冬至三百六十五日二十五刻，欲與甲子六十日爲一會而求積日之類。三曰通數，謂諸數各有分子母者，本門問一會積年是也。四曰復數。謂尾位見十或百及千以上者，本門築堤并急足之類是也。

清・李善蘭《天算或問》　或問曰：秦氏大衍術亦有立天元一，而其法與李氏、朱氏迥異何也。

答曰：法雖異，理實同也。但李、朱二家所立天元爲未知數，秦氏所立天元爲已知數，則不同耳。試以二元式演之即曉然矣。

假如有衍奇三，定母 ||| 欲求衍奇若干。倍定母去之，餘一。立天元一爲衍奇。以三消之，得 丰丨 爲天元式。立地元一爲定母。以四消之，得 〨丨 爲地元式。二式相消，則得 〤〤丨 爲二元式。倍之，得 〨〨‖ 以消天元式，得 〤||| 便知衍奇三倍去二定母當餘一也。

清・黄宗憲《求一術通解・叙》　自《孫子筭經》物不知數一題有術無草，後人罕通其妙，遂無有論及者。宋秦氏道古以大衍釋之，其法始顯。

國朝駱氏春池、張氏古愚各有專書，然求等約分頭緒不一，初學茫然。近日時君清甫《求一術指》立法稍簡，亦僅識其當然而於所以然，終闕如也。同治癸酉左君壬叟《衍通分捷法》一帙，將分母分子析爲各數根，任以多項通分，頃刻可得，可謂善於求較者矣。余因悟大衍術析各泛母以求定母，形跡顯露，術理朗然，較之舊術簡而愈詳。夫立天元一始見於秦氏《數書九章》，繼見於李氏《測圓海鏡》，李氏之天元，得梅文穆以借根方釋之而彰。而秦氏之天元，焦氏理堂、李氏秋紉各執一説，究之皆未暢其旨。竊謂秦氏以記衍數一、次爲天元，别無深理，以此釋之，令閲者瞭如指掌，於是思索三日，復商榷左君，乃盡爲注釋，竝就正吾師丁果臣先生。先生精筭理，爲楚南絶學之倡，而於時君《術指》尤所推許，余故就時君諸題更别爲演草，然則筭數之理，其果爲無盡者耶，使時君見之，未知更以爲何如也。

例言

一，求定母，舊術極繁，至《求一術指》，稍歸簡捷，而約分之理，仍不易明。今析各泛母爲極小數根，瞭如指掌，遇題有多式者，一索無遺。

一，求衍母，以各定母連乘，與舊術同。

一，求衍數，舊術以定母除衍母得其衍數。今以餘位定母連乘，亦得本位衍數，布筭時取便用之。

一，舊術有求奇數之例，今不用。

一，求乘率，舊術先以奇定相求得奇一。再立天元，累乘累加，亦覺眩目。今以定母衍數對列，輾轉相減，遞求寄數，即爲乘率，不立天元。

一，定母累減衍數，即餘一者無乘率，即以衍數爲用數，有乘率者，以乘率乘衍數，所得爲用數，與舊術同。

一，舊術有借用數之法，贅設删之。

一，大衍題荅數無窮，古人皆設所求數少於衍母，故併各總數，滿衍母去之，不滿即所求。若遇所求數多於衍母者，則不然也。此論原書未及，今特詳之。

一，是編所定新法，意在明數理之相通，非敢與古人辨得失，謹述數題，申明術意而止。

一，是編分上下二卷，上卷發明古人立公式之理，下卷則隨題立法，故另設數題，以明用捷法之理。

一，求乘率恒以衍數餘一而止，玆增補求反乘率法，卻以定母餘一而止。卷末亦另設新題，以明其用。

一，大衍術有可以代數求者，乃近日曾君栗諴所述，附録於後，理亦與本術相通。

一，是編釋案辭取淺顯，以便初學，雖傷煩冗，亦所不計，倘有不盡術意者，更俟高明增補之。

清・左潛《求一術通解序》　清甫《求一術指》閲余法，遂悟泛母求定母捷法，繼又悟求乘率捷法。又月餘，遂成《通解》二卷。示余，余惟近日精筭諸家，後先接踵，精思妙理，鑿險通幽，其因仍舊術而絶無增變者，惟大衍一術已耳。

夫《孫子筭經》物不知數一題，以三、五、七立算，在大衍題尚爲淺顯，經中有術無草，殆未深求至理，原非有意故秘機緘。至宋秦氏始立約分求等、求乘率諸法，數雖煩瑣，理實精深。後之攻是術者，皆未能洞悉其源。是以於所以然之理，俱未能切近言之也。今黄君是書極力推闡，簡捷精詳，於秦術之外別樹一幟，而理亦殊塗同歸，且大衍諸題筭式不一，古法每次約分祇得一式，遺漏良多。今變爲數根，端倪畢露，可謂簡而彌賅而以記數。解秦氏天元尤爲千古卓見，較之前人洵所謂後來居上者矣。

綜論

宋・秦九韶《數書九章・序》 昆侖旁礴，道本虛一，聖有大衍，微寓于易，奇餘取策，羣數皆捐，衍而究之，探隱知原，數術之傳，以實爲體，其書《九章》，惟兹弗紀。曆家雖用，用而不知，小試經世，姑推所爲。述大衍第一。

七精迴穹，人事之紀，追綴而求，宵星晝晷。歷久則疎，性智能革，不尋天道，模襲何益。三農務穡，厥施自天，以滋以生，雨膏雪零。司牧閔焉，尺寸驗之，積以器移，憂喜皆非。述天時第二。

宋・周密《志雅堂雜鈔》卷二 鬼谷算，一名隔牆算。其法先將錢不拘多少，三數數之，凡遇剩一則下七十，二則下百四十。次五數數之，剩一則下二十一，二則下四十二。又七數數之，剩一則下十五，二則下三十。總計其數，然後退一百五，或多則退二百十。之外餘者，即是見在錢數也。有一詩隱括云：三歲孩兒七十稀，五留廿一事尤奇，七度上元重相會，寒食清明便可知。按此法，取相乘之數也。如三則以五七相乘數倍之，五則以三七相乘之數，七則以三五相乘乘數，合之得百零五。

清・焦循《天元釋一》卷下 秦道古《數學九章》卷一大衍術有立天元一法，其名同，其用異，未可强爲合也。其一爲求衍數法云：以定相乘爲衍母，以各定約衍母得各衍數。或列各定數于右方，各立天元一爲子于左行，以母互乘子亦得衍數。又云：以右行互乘左行異子一，弗乘對位本子，各得對數。按：此即張邱建蕩杯之法。衍母者，右行三母相乘之數也。衍數者，右行二母，與左行一子維乘之數也。左行本無子數，借一爲子，是爲立天元一。一乘不長，其實仍右行二母相乘耳。衍母爲三母相乘，衍數爲二母相乘，以一母除衍母，猶之二母相乘，故或立天元一以乘二母之所乘。或不立天元一而以各定約衍母，其理可通也。

二　三　四　此行即大衍數之定母

一　一　一　此行即大衍數之立天元一

以右行互乘左行異子一，弗乘對位本子，右上于

三　二　二

十二　八　六　此行即大衍術之衍數

二　三　四　以定相乘爲衍母。

左上爲本子，于左中下爲異子。

二乘三　三乘六　此行即大衍術之衍母

得六　得廿四

張邱建云：置人數二、三、四列于右行，置一、一、一杯數左行，以右中三乘左上一得三，又以右下四乘之得十二，又以右上二乘左中一得二，以右下四乘之得八，以右上二乘左下一得二，又以右中三乘之得六，又以二、三、四相乘得二十四。

其一爲大衍求一術：云置奇右上，定居右下，立天元一于左上，先以右上除右下，所得商數，與左上一相生入左下，相生即相乘。然後乃以右行上下，以少除多，遞互除之，所得商數，隨即遞互累乘歸左行上，下須使右上末後奇一而止，乃驗左上所得，以爲乘率。或奇數已見單一者，便爲乘率。説者謂其極和較之用，窮奇偶之情。又謂遞互乘除之語未詳。循按大衍之術，即孫子算經三三、五五、七七之術也。此術《九章》所無，而見于《孫子》。今則婦人孺子，或以爲戲《孫子》雖詳其術，而秦氏則闡其微而暢發之。其三三置七十，即大衍求一術也。大衍術者，以元母用連環求等法，求得定母，定母連乘得衍母，立天元一互乘得衍數，以定母約衍數得奇，以奇與定母用求一術得乘率，以乘率乘衍數得用數，以用數乘所問之餘數，併之爲總。滿衍母去之，不滿爲所分。今先以《孫子》術解之。題云：今有物不知其數，三三數之賸二，五五數之賸三，七七數之賸二。問物幾何。答曰：二十三。三、五、七，元母也。約之得一爲無等，不用連環求等法，則元母即定母也。賸二、賸三。賸二，分數也。二十三，總數也。術曰：三三數之賸二，置一百四十五。五五數之賸三，置六十三。七七數之賸二，置三十。并之，得二百三十三。以二百一十減之，即得。一百四十、六十三、三十，用數也。二百三十三，總數也。二百一十，衍母約兩次也。術又曰：凡三三數之賸一，則置七十。五五數之賸一，則置二十一。七七數之賸一，則置十五。一百六以上，以一百五減之，即得。置七十、置二十一、置十五，乘率也。二十一、十

五，以衍數爲乘數也。七十，以定母與奇用求一術得之也。何也？三七二十一，以五約之，餘一。三五一十五，以七約之，亦餘一。所謂奇數已餘單一，便爲乘率是也。五七乘得三十五，以三約之，去三十三。餘二，不可爲乘率，乃以餘二列右上，定母三列右下，立天元一于左上，以右上約右下，餘一，歸左下。又以餘一約右上，使右上奇一，商數得一，與左下乘仍得一，與左上天元一相加爲乘率二。以一乘二十一，與一十五，俱不變，以二乘三十五，爲七十，此所以置七十也。依秦氏式列于左方。

元數即爲定母　|||　|||||　╥　　　衍母　|〇≣
立天元一　一　一　一　　|〇≣
衍數　≡|||||　‖一　|≣
奇數　‖　|　|
乘率　‖　|　|
乘數　╥〇　‖一　一|||||
分數　‖　|||　‖
用數　|≣〇　┬|||　|||〇　|

大衍求一術，所以用遞互乘除者，蓋是術之分數，與盈不足方程差數異。去差數則母齊，加分數則總齊，惟母不齊，斯分亦不齊，用連乘，所以齊其母也。分即奇也，分不止于一乃必令奇成一數，而奇乃齊，此所以既立天元以求母衍數，復立天元以求乘數也，既齊其母矣。又以一母互約之而得奇，約之而奇一，無煩更齊之矣。約之而奇不止一，則務齊其奇數之一，而不妨數倍其母，以化不一者爲一也。倍其母以齊其奇，有二法焉。一以奇遞加，以母遞減之，餘一而止，列其減數與餘爲乘率。一以奇遞減母，又以母遞減奇，餘一而止，列其減數與餘爲乘率，即求一法也。立天元一于左上者，與右上餘一爲預存倍數也。既以奇減母，而母亦存奇，以母之奇減奇，故商一即一倍，商二即二倍，惟右上奇減母一次，固猶是一耳。若二三以上，則必以母之奇所減奇之數，與此相乘，而後加于天元一，故曰遞互除之。又曰遞互累乘也，此可詳者也。如衍數十五，以四四數之，約去十二，奇三，欲齊奇，因而倍母，以三列右上，四列右下，立天元一于左上，以三約四，一次得奇一，乃列一于左下，又列奇一于右下，以一約三，二次而得奇一，以二次乘左下一，仍是二，加於天元爲三，是爲乘率。以三乘衍數十五，爲四十五，以四約之，約去四十四，恰餘一，此左下歸數是一，不見互乘之妙也。設如衍數十七，以七七數之，約去十四，奇三，欲齊奇，因而倍母，以三列右上，以七列右下，立天元一于左上，以三約七，二次而得奇一，乃列二于左下，又列奇一于右下，以一約三，二次而得奇一，以二乘左下二得四，加天元爲五，是爲乘率，以五乘十七，得八十五，以七約之，去八十四，正餘一。蓋以奇減母，則不必以奇遞加，而以母之奇約之，即得。所減之母，不啻所加之奇，減母二次，則約奇一次，即如兩次矣。非用互乘，何以合耶？加奇以減母，梟雁術之義也。減母以減奇，矯矢術之義也。詳見《加減乘除釋》弟五卷。李氏之立天元一，蓋不知真數，立一數爲比例之根，其究不必一也。秦氏之立天元一，乃欲得一數，立一數以爲齊同之準，其究必是一也。李氏立天元一之相消，此元殊于彼元，以不齊而得其齊也。秦氏立天元一之相約，此一即合彼一，以齊而齊不齊也。李氏之寄左，乃同類之一率，寄之以待類之合也。秦氏之寄左，則未齊之衍數，寄之以俟奇之齊也。李氏之所立，可以馭一切之算。秦氏之所立，止以定歸奇之用。二者貌不相同，各有秘奧。或言李演秦説，豈其然邪。至大衍術連環求等之法，亦互約以化緐爲簡，所以爲奇一地耳。如九與十五，其等爲三，何也？九爲三三，十五爲五三也。可約九爲三，亦可約十五爲五，蓋可半則半之遺意也。三數以上，彼此遞約，故有連環之名，連環約後，猶有可約之等，則續約之。續約者，約此則乘彼，如甲二十七，乙一十二，丙三十二，甲乙之等三，乙丙之等四，甲丙無等，以三約甲爲九，以四約乙爲三，此連環求等也。甲九乙三，尚可求等得三，乃以三除乙三爲一，以三乘甲九爲二十七，此續等也。秦氏所謂皆約而猶有類數存，姑置之，俟與他約徧，而後乃與姑置者求等，約之是也。術云：求定位，勿使兩位見偶。又云：約奇弗約偶，或元數俱偶，約畢，可存一位見偶。解者云：衆數連乘中，有兩偶數，則所得總數，以一偶數除之，必仍得偶數，不能求餘一之乘數是也。解者又云：約奇弗約偶，專爲等數爲偶者言之。若等數爲奇者，則約偶弗約奇。解者蓋以求等後約元數所得，爲約奇約偶。按元數兩偶者，求等約之，可得奇。元數兩奇者，求等約之，不能得偶。如三與九，其等三，約三得一，約九得三，皆奇。五與十五，其等五，約五得一，約十五得三，亦皆奇。他若七與二十一，九與二十七，亦然，皆約得奇，不能約得偶也。元和李尚之解奇偶爲元數，其説最詳。謂約元數爲定母，必令約畢更無可約，而後得爲定母。欲令無可約，須先令無等；欲令無等，則兩兩相約時，須先令約得之數，皆爲奇數。蓋凡兩奇，與一奇一偶，相約，或有等，或無等。凡兩偶相約，必有等。今約得皆奇數，則約畢之後，必止有一位偶；而衆位皆奇，若有兩偶，則必又有等。又云：一奇一偶相約，所求之等亦必奇，以約奇數必得奇，以約偶數必得偶。今欲令約得爲奇，故術云：

約奇弗約偶也。兩偶相約，所求之等必偶，以約兩偶數，或皆得奇；或一得奇，一得偶。今亦欲令得奇，故術云：或元數俱偶，可存一位見偶也。又云：約奇弗約偶一法，有時當約偶弗約奇。其故有二：其一恐約畢仍有等數也。如甲二十五、乙二十，求等得五，常法約甲爲五，然五與二十，仍有等，須約乙爲四，二十五與四，則無等矣。故術云：約得五而彼有十，乃約偶而弗約奇也。其一恐定母見一也。凡定母見一則無衍數，而有借用之繇，故求定位。術云：勿使見一太多。程行計地草云：于術約奇不約偶，慮恐無衍數，乃先約甲三百也。兩偶求等，約得單一，亦當舍此而約彼，然約彼得奇，則可不見一。若約彼得偶，則不得不見一，何也？兩偶必有等，展轉推之，終須見一也。尚之此解，可發秦氏之蘊，而正前此之誤解矣。所以必求定母者，如甲二、乙三、丙四，二與四有等，約爲甲一、乙三、丙四，依法求之，得用數一一三。若不約，則二三四之衍數，爲

=Ⅲ丅　奇數爲　‖‖‖　以　‖　與四立天元求一，不可得一，此所以必用求
|

等法也。

太極朒，則天元爲盈；太極盈，則天元爲朒；真數積于下，而盈朒差於上也。

清・張敦仁《求一筭術・序》　筭數之學，自《九章》而後，述作滋多。其最善者則有二術，一曰立天元一，二曰求一。盡方圓之變，莫善於立天元一；窮奇偶之情，莫善於求一。求一之術出於《孫子筭經》物不知數之問，宋史《藝文志》有龍受益求一筭術化零歌，當即此術。而其書不傳，推步家謂之方程。周琮《明天術義略》所謂以方程約而齊之。鮑澣之《論統天術》所謂虛廢方程之筭者是也。然其布筭行列，迥與方程不同，則名之爲方程者，非也。其法以各數，及不滿各數之殘，求未以各數除去之數。必先求以各數去之餘一之數，而後諸數可求，故曰求一也。筭之用無所不包，至於步天而極。求一術之於步天，其用尤爲切要何者？氣朔交轉之策，即各數也。氣朔交轉之應，即不滿各數之殘也。上元以來，距所求年之積分，即未以各數除去之數也。是故由唐《麟德術》以下，迄於宋元諸家演撰，皆依賴是術而成。五代曹士蔿始變古法，不復推上古爲元，然世謂之小術，祇行於民間。元郭守敬造《授時術》，斷取近距，不用積年日法，而李謙議仍有附演積數三法，以釋或者之疑。蓋臺官師説相傳，罔敢失墜，求一術之見重當時如此。明用《大統》，一切皆仍《授時》之舊。鄭世子載堉所進《萬年術》，亦依郭法截筭，不立積年。上元之法久不行用，於是古人所以推求七曜齊同之故，五百年來無有知其説者矣。

算法

晉・佚名《孫子筭經》卷下　今有物，不知其數。三、三數之，賸二；五、五數之，賸三；七、七數之，賸二。問物幾何。

答曰：二十三。

術曰：「三、三數之，賸二」，置一百四十；「五、五數之，賸三」，置六十三；「七、七數之，賸二」，置三十。并之，得二百三十三。以二百一十減之，即得。凡三、三數之，賸一，則置七十；五、五數之，賸一，則置二十一；七、七數之，賸一，則置十五。一百六以上，以一百五減之，即得。

宋・楊輝《楊輝筭法・續古摘奇筭法》卷一　解題：俗名秦王暗點兵，猶覆射之術，或過一百五數，須於題内云知。

翦管術曰：三數剩一，下七十。題内剩二，下百四十。五數剩一，下二十一。題内剩三，下六十三。七數剩一，下十五。題内剩二，下三十。三位併之，得二百三十三。滿一百五數去之，減兩箇一百五，餘二十三爲荅數。

明・吳敬《九章筭法比類大全》卷三《衰分》　法曰：三數剩二，剩一該七十，剩二該一百四十。五數剩三，剩該二十一，剩三該六十三。七數剩二，剩一該十五，剩二該三十。併之，共二百三十三。滿數一百五，則去之，凡兩次，共去二百一十。餘二十三。合問。

明・王文素《筭學寶鑑》卷二二《翦管》　通證解曰：嘗疑此術以三五七爲題者，術云：三數剩一下七十，五數餘一下二十一，七數餘一下十五。愚謂此數，不知自何而得，思之既久，忽得拙法，未知是否。且如三、五、七者，令三、五相乘得一十五數，以七除之餘一。故術曰：七數餘一下十五。又另以三、七相乘得二十一，以五除之餘一，故曰：五數餘一下二十一。又另以五、七相乘得三十五，以三除之餘二，不可，再下三十五，以三除之，方纔餘一，故曰：三數餘一下七十。各以下數乘各餘數，併之爲實。另以三、五、七連乘

得一百五爲滿數，去之，餘不滿法者，爲原總物數，餘皆倣此。凡數犯相可約者，不可同題，如有三不可用六、九，有四不可用八之類。

明・程大位《算法統宗》卷五《衰分》 法曰：列三、五、七維乘，以三乘五，得一十五。又以七乘之，得一百零五爲滿法數。列位。另以三乘五，得一十五爲七數剩一之衰。又以三乘七，得二十一爲五數剩一之衰。

又以五乘七，得三十五，倍作七十，以三除之餘一，故用七十爲三數剩一之衰。其三數剩二者，剩一下七十，剩二下一百四十。五數剩三者，剩一下二十一，剩二下四十二，剩三下六十三。

七數剩二者，剩一下十五，剩二下三十。併之，得二百三十三，内減去滿數一百令五，又減一百令五，餘二十三箇。合問。

清・方中通《數度衍》卷二三 其法：三數每餘一，作七十，今當作一百四十。五數每餘一，作二十一，今當作六十三。七數每餘一，作十五，今當作三十。并得二百三十三，滿百則減去，并帶去五。今於并數内減二百，又帶去一十，餘二十三爲積也。

通曰：五用二十一者，三七相乘數也。七用十五者，三五相乘數也。三用七十者，五七相乘而倍之之數也。減百零五者，并七十與二十一及十五，得一百零六，減百零五而餘一也。

清・駱騰風《藝游録》卷一 孫子算經解 【略】

今案：此術未易得解，惟以大衍求一法入之，始合耳。三、五、七各母連乘，得一百五爲衍母。以定母七除之，得十五爲衍數。又以七除之，餘一爲乘率。以乘衍數，得十五爲用數。此七之一，所以置十五也。以定母五除之，得二十一爲衍數。又以五除之，餘一爲乘率。以乘衍數，得二十一爲用數。此五之一，所以置二十一也。以定母三除之，得三十五爲衍數。又以三除之，餘二爲奇，不可用。乃以奇定相求法，求得二爲乘率。以乘衍數，得七十爲用數。此三之一，所以置七十也。既得各用數，乃以乘各賸數。其三之賸二者，以用數七十乘之，得一百四十。其五之賸三者，以用數二十一乘之，得六十三。其七之賸二者，以用數十五乘之，得三十。并之，得二百三十三爲總實。以衍母一百五除之，減去二百一十，餘二十三，即所求之數。

又案：此術任設三數兩數皆可求，不必三、五、七也。詳見下文。

如有四、五、六之三母，四、六兩偶不可用，以等二約四、六爲二、三，并原五爲二、三、五，連乘得三十爲衍母。以二除之，得十五爲衍數。又以二除之，餘一爲乘率。以乘衍數十五爲用數。如以三除之，得十爲衍數。又以三除之，餘一爲乘率。以乘衍數十爲用數。如以五除之，得六爲衍數。又以五除之，餘一爲乘率。以乘衍數六爲用數。

又如有四、六、八母數俱偶，以等二約爲二、三、四。又約二、四爲一、二是爲母。一、二、三連乘，得六爲衍母。一數不用，以二除之，得三爲衍數。又以二除之，餘一爲乘率。以乘衍數三爲用數。如以三除之，得二爲衍數。又以三除之，不滿法，即爲奇用。奇定相求法，求得二爲乘率。以乘衍數二，得四爲用數。此三母。

清・黄宗憲《求一術通解》卷下 草曰：三三之數賸二，則置三十五；五五數之賸三，置六十三；七七數之賸二，置三十。併之得一百二十八。滿一百〇五去之，不滿二十三。即所求物數。

釋曰：孫子原術，三三數之賸二，置一百四十，今祇置三十五。所求得物數皆同者，蓋一百四十即三十五四倍之數，而兩數中所餘俱應題中賸數也。試置一百四十，以三三數之必餘二。又置三十五，以三三數之亦必餘二。衍數中所餘，既應題中賸數。是此位求一可省，而徑以衍數爲總數也。若遇三三數之賸一，則又非求一不能馭。故自當以求一中所得之總數一百四十爲通法。而以衍數三十五爲總數，乃捷法耳。

草曰：置三、五、七列爲三行，曰泛母。依術求定母、衍母、衍數，列式如左。

一行泛母 𝍢 三即數根不可析 定母 𝍢 衍數 𝍫𝍤

二行泛母 𝍤 五即數根不可析 定母 𝍤 衍母 𝍠〇𝍤 衍數 𝍪𝍠

三行泛母 𝍦 七即數根不可根 定母 𝍦 衍數 𝍩𝍤

三位泛母俱是數根，不可析，即爲定母。連乘之，得 𝍠〇𝍤 爲衍母。副直三位。以一行定母 𝍢 除之得 𝍫𝍤 爲一行衍數。以二行定母 𝍤 除之，得 𝍪𝍠 爲二行衍數。以三行定母 𝍦 除之，得 𝍩𝍤 爲三行衍數。

求衍數又法，以二、三行定母五、七相乘，得三十五，爲一行衍數。以一、三行定母三、七相乘，得二十一，爲二行衍數。以一、二行定母三、五相乘，得一十五，爲三行衍數。

按：舊術求衍數用除，今以乘易之，得數皆同，不獨此題可易。即他題之有多位者，乘除皆可相通。蓋衍母爲諸定連乘所得，故餘定連乘之數，即爲本定除衍母之數矣。後凡求衍數，做此餘題不備述。

既得各行定母、衍數，兩兩對列以求一入之。式如左。

定母　Ⅲ　右累減　Ⅲ左減右　一次餘｜　｜右減左　一次餘｜
衍數　一Ⅲ≣　左餘‖　一‖　一‖　二｜　寄數二爲乘率

列定母　Ⅲ　於右行，衍數　Ⅲ≣　左角上預寄一數。於左行。以右累減左餘　‖　仍列左行。仍寄一數。再以定母　Ⅲ　對列右行，以左減右一次，餘　｜　仍列右行，以次數一乘左上寄數一，仍得一，寄右角上。左餘一　‖　對列左行，以右減左一次，餘　｜　仍列左行。以次數一乘右上寄數一，仍得一，加於左上寄數一中得二，仍寄左角。左行得一即止，其左角寄數二即乘率，以乘衍數　Ⅲ≣　得　⊤○　爲一行用數。

定母　⊤　右累減左餘　｜
衍數　｜≣　一｜　寄數一爲乘率

如法列式，以右累減左，餘　｜　仍列左行，仍寄一數。左行得一即止。其左角寄數一即乘率，以乘衍數　‖一　仍得　‖一　爲二行用數。

按：以一乘者，其數不長。數既不長，乘率可省。凡遇定母累減，衍數得一者，是爲無乘率。即以衍數爲用數。

定母　⊤　右累減左餘　｜
衍數　｜≣　一｜　無乘率

依法求之，無乘率。即以衍數　｜≣　爲三行用數。

既得各用數，分位列之如左。

三用數　⊤○　五用數　‖一　七用數　｜≣

右表爲公式。凡以三、五、七分位各累減之。所賸之數，皆可以此式馭之，餘題仿此。

乃視題中三三數之賸二，以二乘三用數　⊤○　得　｜≣○　爲總。五五數之賸三，以三乘五用數　‖一　得　⊤≡　爲總。七七數之賸二，以二乘七用數　｜≣　得　‖○　爲總。併三總，得二百三十三，爲所求率。滿衍母一百〇五去之，不滿二十三，即所求物數。

右即《孫子》原題，爲求一之祖。首録之，取其淺近，爲初學示規矩，故詳演細草而不釋。

曾君栗誠以代數推求一題附。

今有物不知數，三三數之賸二，五五數之賸三，七七數之賸二。問物幾何。

法：以卯代所求物數，先將三所度之次數以天代之，五所度之次數以地代之，故得　卯＝三天⊥二㊀　卯＝五地⊥三㊁　所以　三天⊥二＝五地⊥三㊂　兩邊同減二，得　三天＝五地⊥一㊃　兩邊均以三除，得　天＝(五地⊥一)/三　即　天＝地⊥(二地⊥一)/三㊄　令　(二地⊥一)/三＝亥㊅　則　天＝二地⊥亥㊆　變六式，得　地＝(三亥丅一)/二　即　地＝亥⊥(亥丅一)/二㊇　令　(亥丅一)/二＝酉㊈　則　地＝亥⊥酉㊉　變九式，得　亥＝二酉⊥一　兩邊分母均已消盡，可用酉之同數推之，得各相等式如下　亥＝二酉⊥一、　地＝亥⊥酉＝三酉⊥一、　天＝地⊥亥＝五酉⊥二　惟　卯＝三天⊥二　故　卯＝三（五酉⊥二）⊥二　即　卯＝一五酉⊥八　以一十五除八，不足法，則知以三三數之賸二，五五數之賸三者，可改爲一十五數之賸八也。

法：又以卯代所求物數，次將七所度之次數以天代之，十五所度之次數以地代之，故得　卯＝七天⊥二㊀　卯＝一五地⊥八㊁　所以　七天⊥二＝一五地⊥八㊂　兩邊同減二，得　七天＝一五地⊥六㊃　兩邊均以七除之，得　天＝(一五地⊥六)/七　即　天＝二地⊥(地⊥六)/七㊄　令　(地⊥六)/七＝亥㊅　則　天＝二地⊥亥㊆　變六式，得　地＝七亥丅六　兩邊分母均已消盡，可用亥之同數推之，得各相等式　地＝七亥丅六、天=二地丄亥=一五亥丅一二　惟　𠮷=七天丄二　故　𠮷=七（一五亥丅一二）丄二　即　𠮷=一〇五亥丅八四丄二　即　𠮷=一〇五亥丅八二　乃以八十二反減一百〇五，餘二十三，即所求物數。按：本應以一〇五減八二，不足減即以八二爲所求物數。緣八二爲負數，故反減耳，後仿此。

宋・秦九韶《數書九章・大衍類》卷一　蓍卦發微　問《易》曰：大衍之數五十，其用四十有九。又曰：分而爲二以象兩，掛一以象三，揲之以四，以象四時，三變而成爻，十有八變而成卦。欲知所衍之術及其數各幾何。

答曰：衍母一十二，衍法三。

一元衍數二十四，二元衍數一十二，三元衍數八，四元衍數六，已上四位衍數計五十。

一揲用數一十二，二揲用數二十四，三揲用數四，四揲用數九，已上四位用數計四十九。

大衍總數術曰：置諸問數。【略】

元數者，先以兩兩連環求等，約奇弗約偶。或約得五而彼有十，乃約偶而弗約奇。或元數俱偶，約畢可存一位見偶。或皆約而猶有類數存，姑置之，俟與其他約徧，而後乃與姑置者求等約之。或諸數皆不可盡類，則以諸元數命曰復數，以復數格入之。

收數者，乃命尾位分釐作單零，以進所問之數。定位訖，用元數格入之，或如意立數爲母，收進分釐，以從所問，用通數格入之。

通數者，置問數，通分内子，互乘之，皆曰通數。求總等，不約一位，約衆位，得各元法數，用元數格入之。或諸母數繁就，分從省通之者，皆不用元，各母仍求總等，存一位，約衆位，亦各得元法數，亦用元數格入之。

復數者，問數尾位見十以上者。以諸數求總等，存一位，約衆位，始得元數。兩兩連環求等，約奇弗約偶，復乘偶。或約偶或約奇，復乘奇。或彼此可約而猶有類數存者，又相減以求續等，以續等約彼，則必復乘此，乃得定數。所有元數收數通數三格，皆有復乘求定之理，悉可入之。求定數，勿使兩位見偶，勿使見一太多，見一多則借用繁，不欲借，則任得一，以定相乘爲衍母，以各定約衍母，各得衍數。或列各定爲母于右行，各立天元一爲子于左行，以母互乘子，亦得衍數。

諸衍數，各滿定母去之，不滿曰奇。以奇與定，用大衍求一入之，以求乘率。或奇得一者，便爲乘率。

大衍求一術云：置奇右上，定居右下，立天元一於左上。先以右上除右下，所得商數與左上一相生，入左下。然後乃以右行上下以少除多，遞互除之，所得商數隨即遞互累乘，歸左行上下，須使右上末後奇一而止。乃驗左上所得，以爲乘率。或奇數已見單一者，便爲乘率。

置各乘率，對乘衍數，得泛用。併泛，課衍母，多一者爲正用。或泛多衍母倍數者，驗元數，奇偶同類者，損其半倍，或三處同類，以三約衍母，于三處損之。各爲正用數。或定母得一，而衍數同衍母者爲無用數。當驗元數同類者，而正用至多處借之。以元數兩位求等，以等約衍母爲借數，以借數損有以益其無，爲正用。或數處無者，如意立數爲母，約衍母，所得以如意子乘之，均借補之。或欲從省勿借，任之爲空可也。然後其餘各乘正用，爲各總。併總，滿衍母去之，不滿爲所求率數。

陰陽象數圖

水	火	木	金	始此四數以揲
一	二	三	四	
老陽	少陰	少陽	老陰	終此四者爲爻。

本題術曰：置諸元數，兩兩連環求等，約奇弗約偶，徧約畢，乃變元數，皆曰定母，列右行。各立天元一爲子，列左行。以諸定母互乘左行之子，各得，名曰衍數。次以各定母滿去衍數，各餘，名曰奇數。以奇數與定母用大衍術求一，大衍求一術云：以奇于右上，定母于右下，立天元一于左上，先以右行上下兩位，以少除多，所得商數乃遞互乘内左行，使右上得一而止，左上爲乘率。得乘率。以乘率乘衍數，各得用數。驗次所揲，餘幾何，以其餘數乘諸用數，併名之曰總數。滿衍母去之，不滿爲所求數，以爲實。易以三才爲衍法，以法除實，所得爲象數。如實有餘，或一或二，皆命作一，同爲象數。其象數得一，爲老陽；得二，爲少陰；得三，爲少陽；得四，爲老陰。得老陽畫重爻，得少陰畫拆爻，得少陽畫單爻，得老陰畫交爻。凡六畫乃成卦。

草曰：置一二三四，列右行。立天元一，列左行。

一二三四　元數　右行

一一一一　天元　左行　以右行互乘左行。

以右行一二三四，互乘左行異子一，弗乘對位本子，各得衍數。

𝍠𝍡𝍢𝍣　元數　右行

上副次下

𝍩𝍡𝍩𝍡𝍣𝍢　衍數　左行　以左行併之得五十。

乃併左行衍數四位，共計五十，故易曰大衍之數五十。

算理不可以此五十爲用，蓋分之爲二，則左右手之數奇偶不同，見陰陽之伏數，必須復求用數，先名此曰衍數，以爲限率。遂乃復以一二三四之元數，求等數，約定。

按：前術，以兩兩連環求等約之。先以一與二求等，一與三求等，一與四求等，皆得一，各約奇弗約偶，數不變。次以二與三求等，亦得一，約奇弗約偶，數亦不變。及以二與四求等，乃得二，此二只約副數二，變爲一，而弗約四。

次以三與四求等，亦得一，約奇亦不變。所得一一三四各爲定數母，列右行。仍各立天元一爲子，列左行。

𝍠𝍠𝍢𝍣　定母　右行

𝍠𝍠𝍠𝍠　天元　左行　以右行互乘左行。

以右行定母一一三四，互乘左行各子一，惟不對乘本子畢。左上得一十二，左副得一十二，左次得四，次下得三，皆曰衍數。

上副次下

𝍠𝍠𝍢𝍣　定母　右行

𝍩𝍡𝍩𝍡𝍣𝍢　衍數　左行　以右行定母滿去左，行衍數，餘各爲奇數。

次以各母滿去衍數，其上母去衍一十二，奇一；其副母一亦去副子一十二，亦奇一；其次母三去次衍四，亦奇一；其下母四，欲去下子三，則不滿，便以三爲左下奇數。其左、上、副次更不大衍，只以左下與右下衍之。

上副次下

𝍠𝍠𝍢𝍣　定母　右行

𝍠𝍠𝍠𝍢　奇數　左行

凡奇數得一者，便爲乘率。今左下衍是三，乃與本母四，用大衍求一術入之。列衍奇三於右上，定母四於右下，立天元一於左上，空其左下。

〇　𝍢　衍奇　𝍣　定母　𝍠　商

𝍠　天元　〇

先以右上少數三，除右下多數四，得一爲商，以商一乘左上天元一，只得一，歸左下，其右下餘一。

𝍡　商　𝍢　衍奇　𝍠　定母餘　〇

𝍠　天元　𝍠　歸數

次以右下少數一，除右上多數三，須使右上必奇一算乃止，遂於右行最上商二，以除右衍，必奇一。乃以上商，命右下定餘一，除之，右衍餘一。

𝍡　商　𝍠　衍奇餘　𝍠　定母餘

𝍠　天元　𝍠　歸數

次以商二與左下歸數相乘得二，加入左上天元一內，共得三。驗至右上，得一，只以左上所得爲乘率。

𝍠　衍奇餘　𝍠　右行

𝍢　乘率　𝍠　左行

今驗右上衍餘，得一當止，乃以左上三爲乘率，與前三者乘率各一，與衍定圖衍數對列之，通計三行。

𝍠𝍠𝍢𝍣　定母

𝍩𝍡𝍩𝍡𝍣𝍢　衍數

𝍠𝍠𝍠𝍢　乘率

以乘率對乘左行畢，左上得一十二，左副得一十二，左次得四，左下得九，皆曰泛用數。

上副次下

𝍩𝍡𝍩𝍡𝍣𝍨　泛用

𝍠𝍠𝍢𝍣　定母　𝍩𝍡　衍母

次以右行一、一、三、四相乘，得一十二，名曰衍母。復推元用等數二，約副母二爲一，今乃復歸之爲二，遂用衍母一十二，益於左副一十二內，共爲二十四。

𝍠𝍡𝍢𝍣　元數

𝍩𝍡𝍪𝍣𝍣𝍨　定用

今驗用數圖，右行之一二三四即是所揲之數。左行一十二并二十四，及四與九併之，得四十九，名曰用數。用爲蓍草數，故易曰其用四十有九是也。假令用蓍四十九，信手分之爲二，則左手奇，右手必偶；左手偶，右手必奇。欲使蓍數近大衍五十，非四十九或五十一不可，二數信意分之，必有一奇一偶，故所以用四十九，取七七之數始者。左副二十四扐，益一十二，就其三十七泛爲用數，但三十七無意義，兼蓍少太露，是以用四十有九。凡揲蓍求一爻之數，欲得一二三四出，於無爲，必令揲者不得知，故以四十九蓍，分之爲二，只用左手之數。假令左手分得三十三，自一一揲之，必奇一。故不繁揲，乃徑掛一。故《易》曰：分而爲二以象兩，掛一以象三。次後又令筮人以二二揲之，其三十三，亦奇一，故歸奇於扐。又令之以三三揲之，其三十三，必奇三，故又歸奇於扐。又令之以四四揲之，又奇一，亦歸奇於扐。與前掛一，并三度揲，通有四扐，乃得一一三一。其掛一者，乘用數圖，左上用數一十二。其二揲扐一者，乘左副用數二十四；其三揲扐三者，乘左次用數四，得一十二；其四揲一者，乘左下用數九。

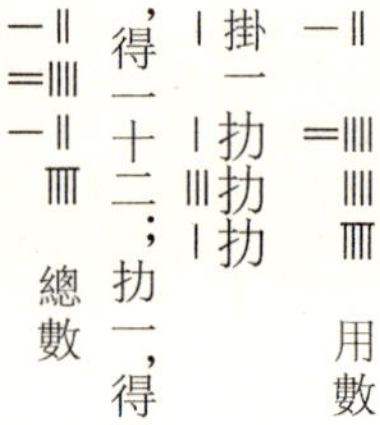

左行三扐，謂之三變。

掛一，得一十二；扐一，得二十四；扐三，得一十二；又扐一，得九。竝爲總數。

併此四總，得五十七。不問所握幾何，乃滿衍母一十二去之，得不滿者九，或使知其所握三十七，亦滿衍母去之，亦只數九數。以爲實。用三才衍法約之，得三，乃畫少陽單爻。或不滿得八得七爲實，皆命爲三。他皆倣此。

術意：謂揲二、揲三、揲四者，凡三度，復以三十三從頭數揲之，故曰：三變而成爻。既卦有六爻，必一十八變，故曰：十有八變而成卦。

古(歷)[曆]會積　問古(歷)[曆]冬至以三百六十五日四分日之一，朔策以二十九日九百四十分日之四百九十九，甲子六十日，各爲一周。假令至淳祐丙午十一月丙辰朔初五日庚申冬至，初九日甲子。欲求古(歷)[曆]氣朔甲子一會積年積月積日，及(歷)[曆]過、未至年數各幾何。

答曰：一會積一萬八千二百四十年，二十二萬五千六百月，六百六十六萬二千一百六十日。(歷)[曆]過，九千一百六十三年；

未至，九千七十七年。

術曰：同前。置問數，有分者通之，互乘之，得通數。求總等，不約一位，約衆位，得各元法。連環求等，約奇弗約偶，各得定母。本題欲求一會，不復乘偶。以定相乘爲衍母，定除母得衍數。滿定去衍得奇。以大衍入之，得乘率。以乘衍數，得泛用數。併諸泛以課衍母，如泛內多倍數者損之，乃驗元數奇偶同類處，各損半倍，或三位同類者，三約衍母，損泛。各得正用。然後推氣朔不及，或所過甲子日數，乘正用，加減之，爲總。滿衍去之，餘爲所求(歷)[曆]過率實。如紀元法而一，爲(歷)[曆]過。以氣元法除衍母，得一會積年。以氣周日刻乘一會年，得一會積日。以朔元法除衍母，得一會積月數。

右本題，問氣朔甲子相距日數，係□開禧(歷)[曆]推到。或甲子日在氣朔之間，及非十一月前後者，其總數必滿母，贅去之，所得(歷)[曆]過年數，尾位雖倫，首位必異。今設問以明大衍之理，初不計其前多後少之(歷)[曆]過。

草曰：置問數冬至三百六十五日四分日之一，朔策二十九日九百四十分之四百九十九，甲子六十日，各通分內子，互乘之，列三等位，具圖如后。

問數圖

冬至得一千四百六十一，朔實得二萬七千七百五十九，甲子無母只是六十，列三行互乘之，具圖如后。

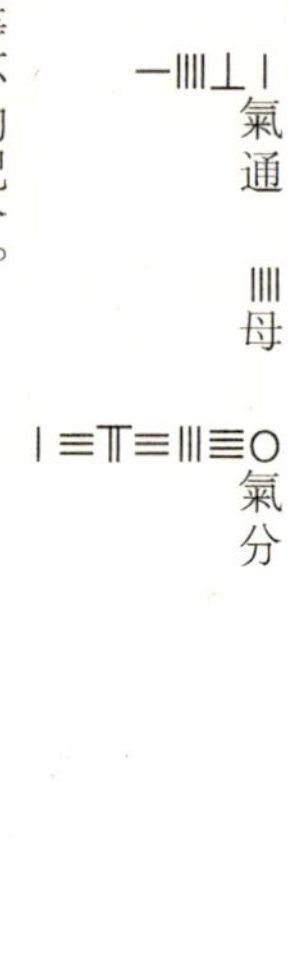

總等不約紀分。

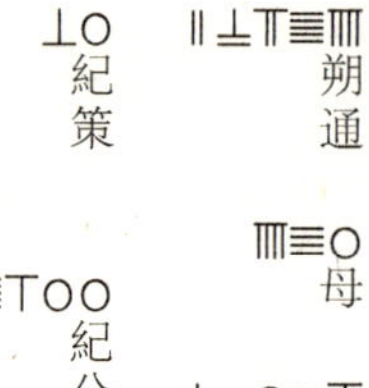

法元圖

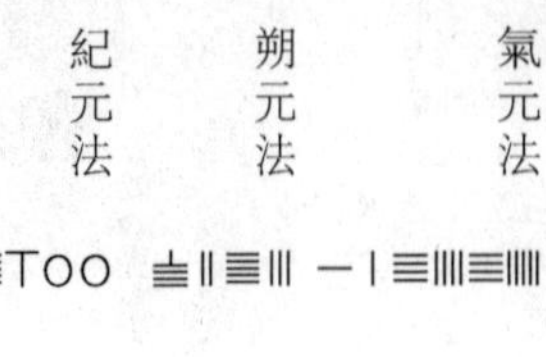

以三行互乘，右得一百三十七萬三千三百四十，爲氣分。中得一十一萬一千三十六，爲朔分。左得二十二萬五千六百，爲紀分。先求總等，得一十二。乃存紀分一位不約，只以等一十二約氣分，得一十一萬四千四百四十五；又約朔分，得九千二百五十三。皆爲元法。乃以連環求等，次以紀元二十二萬五千六百與朔元九千二百五十三求等，得一，不約。又以紀元與氣元一十一萬四千四百四十五求等，得二百三十五，只約氣元，得四百八十七。次以氣元四百八十七與朔元九千二百五十三求等，得四百八十七，只約朔元九千二百五十三，得一十九。約偏畢，得四百八十七爲氣定，得一十九爲朔定，得二十二萬五千六百爲紀定。以三定相乘，得二十億八千七百四十七萬六千八百，爲衍母。具圖如后。

各以定數約衍母，各得衍數，氣得四百二十八萬六千四百，朔得一億九百八十六萬七千二百，紀得九千二百五十三，寄左行。各滿定數去之，各得奇數。

氣奇得三百一十三，朔奇得四，紀奇得九千二百五十三。各與定數用大衍求一，各得乘率，列右行。對寄左行衍數，具圖如后。

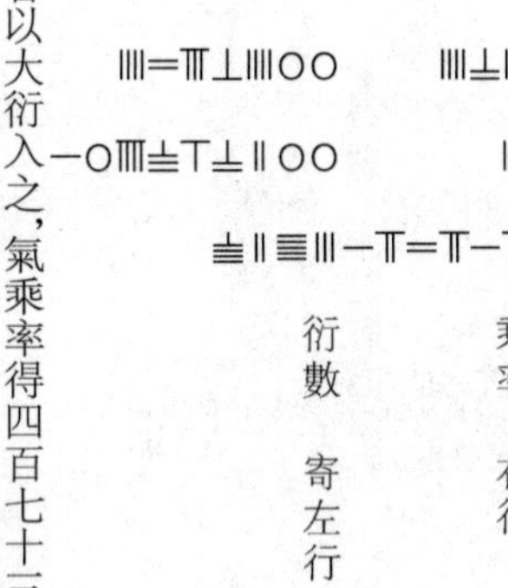

各以大衍入之，氣乘率得四百七十三，朔乘率得五，紀乘率得一十七萬二千七百一十七，對左行衍數。以右行乘率對乘左行衍數，氣泛得二十億二千七百四十六萬七千二百，朔泛得五億四千九百三十三萬六千，紀泛得一十五億九千八百一十五萬四百一。具圖如后。

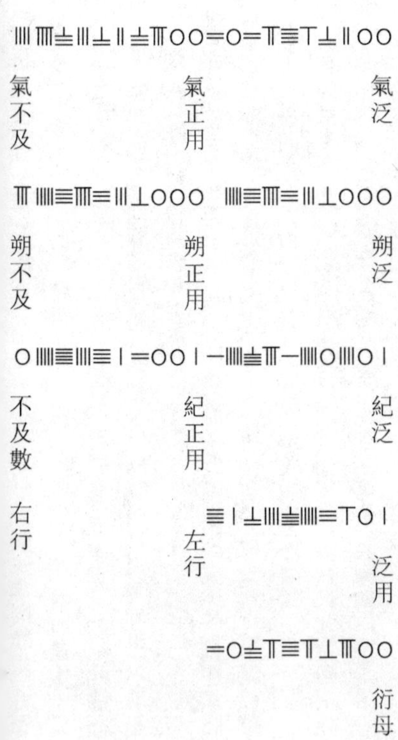

右列用數併之，共得四十一億七千四百九十五萬三千六百一，爲泛用數。與衍母二十億八千七百四十七萬六千八百驗之，在衍母以上，就以衍母除泛，得二，乃知泛内多一倍母數，當於各用内損去所多一倍。按術，驗法元圖内諸元數奇偶同類者，各損其半。今驗法元圖，氣元尾數是五，紀元尾數是六百，爲俱五同類，乃以衍母二十億八千七百四十七萬六千八百折半，得一十億四千三百七十三萬八千四百，以損泛用圖内氣泛紀泛畢，其朔泛不損，各得氣朔紀正用數。其氣正用得九億八千三百七十二萬八千八百，朔正用五億四千九百三十三萬六千，紀正用五億五千四百四十一萬二千一，列爲正用圖在前。

既得正用數，次驗問題。十一月朔日丙辰，冬至初五日庚申，初九日甲子，乃以初一減初九甲子，餘八日爲朔不及。次以初五亦減初九甲子，餘四日爲氣不及。以二不及各乘正用，得數具圖如后。

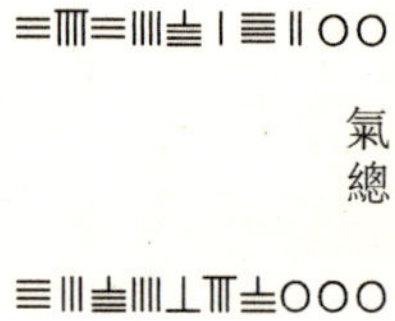

先以氣不及甲子四日，以乘氣正用數九億八千三百七十二萬八千八百，得三十九億三千四百九十一萬五千二百爲氣總，次以朔不及甲子八日數，以乘其朔正用數五億四千九百三十三萬六千，得四十三億九千四百六十八萬八千爲朔總，併之得八十三億二千九百六十萬三千二百爲總數。滿母二十億八千七百四十七萬六千八百去之，不滿二十億六千七百一十七萬二千八百爲所求率實。具圖如后。

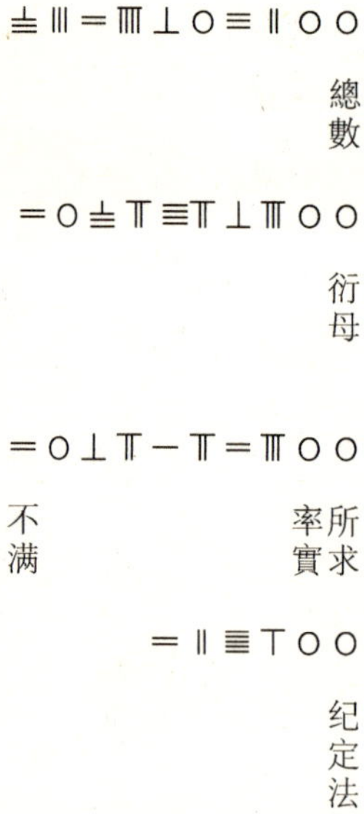

置所得率實二十億六千七百一十七萬二千八百，如法元圖紀元法二十二萬五千六百而一，得九千一百六十三年爲(歷)[曆]過年數。次置衍母二十億八千七百四十七萬六千八百爲實，如法元圖氣元一十一萬四千四百四十五爲法而一，得一萬八千二百四十年爲氣朔甲子一會積年。内減(歷)[曆]過九千一百六十三年，餘九千七十七年，爲未至年數。次以冬至周日三百六十五日二十五刻乘一會積年一萬八千二百四十，得六百六十六萬二千一百六十日爲一會積日。又以衍母爲實，如法元圖朔元法九千二百五十三而一，得二十二萬五千六百月爲一會積月。合問。

推計土功　問築堤起四縣夫，分給里步皆同齊，闊二丈，里法三百六十步，步法五尺八寸。人夫以物力差定，甲縣物力一十三萬八千六百貫，乙縣物力一十四萬六千三百貫，丙縣物力一十九萬二千五百貫，丁縣物力一十八萬四千八百貫。每力七百七十貫科一名，春程人功平方六十尺。先到縣先給，今甲乙二縣俱畢，丙縣餘五十一丈，丁縣餘一十八丈，不及一日，全功。欲知堤長及四縣夫所築各幾何。

答曰：堤長一十九里二百三十五步五尺。甲縣夫築一千二十六丈，乙丙丁同。乙縣夫築一千七百六十八步五尺六寸，甲丙丁同。丙縣夫築四里三百二十八步五尺六寸，甲乙丁同。丁縣夫築。同前三縣數。

術曰：置各縣力，以程功乘爲實。以力率乘堤齊闊爲法除之，得各縣日築復數。有分者通之，互乘之，得通數。求總等，不約一位約衆位，曰元數。連環求等，約奇，得定母。陸續求衍數奇數乘率用數。以丙丁縣不及數乘本用，併爲總數。以定母相乘，爲衍母。滿母去總數，得各縣分給里步積尺數。以縣數因之，爲堤長。各以里法步法約之，爲里步。

草曰：置甲縣力一十三萬八千六百貫，乙縣力一十四萬六千三百貫，丙縣力一十九萬二千五百貫，丁縣力一十八萬四千八百貫，以程功六十尺偏乘之，皆以貫默約之，甲得八百三十一萬六千尺，乙得八百七十七萬八千尺，丙得一千一百五十五萬尺，丁得一千一百八萬八千尺，各爲實。次以力率七百七十貫乘堤齊闊二十尺，亦以貫默約之，得一萬五千四百尺，爲法。偏除諸各實，甲得五十四丈，乙得五十七丈，丙得七十五丈，丁得七十二丈，各爲四縣衆夫每日築長率。按大衍術，命曰復數，列右行。

元數	5尺4寸	5尺7寸	7尺5寸	7尺2寸	右行

以復數求總等，得三寸，以約三位多者，不約其少者，甲得五十四，乙得一十九，丙得二十五，丁得二十四，仍爲元數，次以兩兩連環求等，各約之。

	甲	乙	丙	丁	
仍元	54	19	25	24	左行

先以丁丙求等，又以丁乙求等，皆得一，不約。次以丁甲求等，得六，只約甲五十四，得九，不約丁。次以丙與乙求等，又以丙與甲九求等，皆得一，不約。後以乙與甲九求等，得一，不約。復驗甲九與丁二十四，猶可再約，又求等，得三，以約丁二十四，得八，復甲爲二十七。

甲	乙	丙	丁	
27	19	25	8	定母　右行

衍母 102600

次以定母四位相乘，求得一十萬二千六百，爲衍母。各以定母約衍母，甲得三千八百，乙得五千四百，丙得四千一百四，丁得一萬二千八百二十五，爲衍數。

甲	乙	丙	丁	
3800	5400	4104	12825	衍数　左行

滿定母，各去衍數，甲不滿二十，乙不滿四，丙不滿四，丁不滿一，各爲奇數。

	[甲]	[乙]	[丙]	[丁]
定數	27	19	25	8
奇數	20	4	4	1

以各定母與本奇數，用大衍求一術入之，各得乘率。甲得二十三，乙得五，丙得一十九，丁得一。

甲	乙	丙	丁	
23	5	19	1	乘率　右行

3800	5400	4104	12825	衍數　寄左行

以右行乘率，對乘寄左行衍數，甲得八萬七千四百，乙得二萬七千，丙得七萬七千九百七十六，丁得一萬二千八百二十五，各爲用數。

87400	27000	77976	12825
甲用	乙用	丙用	丁用

次驗四縣所築，有無不及零丈尺寸，今甲乙俱畢，爲無。丙餘五十一丈，丁餘一十八丈，爲有。以丙丁二縣餘丈，各乘丙丁二用數，其丙五十一，乘丙用七萬七千九百七十六，得三百九十七萬六千七百七十六丈，爲丙總。以丁餘一十八，乘丁用一萬二千八百二十五，得二十三萬八百五十丈，爲丁總。併二總，得四百二十萬七千六百二十六丈，爲總數。亦以丈通衍母，得一十萬二千六百丈，仍爲衍母，滿去總數，不滿一千二十六丈，爲所求長率。以四縣因之，得四千一百四丈，爲實。以步法五尺八寸除之，得七千七十五步五尺，爲堤積步。以里法三百六十步約之，得一十九里二百三十五步五尺，爲堤通長。置長率一千二十六丈，以步法約之，得一千七百六十八步五尺六寸，又以里法約之，得四里三百二十八步五尺六寸，爲各縣所給道里步尺數。

清・黄宗憲《求一術通解》卷上　乃置甲五十四丈、乙五十七丈、丙七十五丈、丁七十二丈，各爲泛母。列爲四行，依法求定母、衍母、衍數。式如左。

甲泛母	54	析母	二三△三△三△	定母	27
乙泛母	57	析母	三 19△	定母	19
丙泛母	75	析母	三五△五△	定母	25
丁泛母	72	析母	二△二△二△三三	定母	8

衍母 102600

衍数	衍数	衍数	衍数
3800	5400	4104	12825

甲泛 54 以二除之，得 27 以三除之，得 9 又以三除之，得 3

併法數二三三三，共得二三三三。書於本位下。乙泛 57 以三除之，得 19

併法數三，共得三 丨≡ 書於本位下。

丙泛 ╥≡ 以三除之，得 ‖≡ 以五除之，得 ‖‖‖ 併法數三五，共得三五五。書於本位下。丁泛 ╥= 以二除之，得 Ⅲ⊥ 又以二除之，得 丨≡ 又以二除之，得 Ⅲ 以三除之，得 Ⅲ 併法數二二二三，共得二二二三。書於本位下。凡析泛母，先以二、三、五、七各爲法仿此除之。至四數皆不可除，即得諸根者。本題詳之，或有末次得數未成根者，則求等除之，詳新擬第一題餘題不備述。

甲行有一個二、三個三，其一個二，少於丁行，棄之。三個三，多於餘行，用之。凡已用之根旁必作△號。乙行有一個三、一個 丨≡ 其一個三，少於甲行，棄之。一個 丨≡ 餘行所無，用之。

丙行有一個三、兩個五，其一個三少於甲行，棄之。兩個五，餘行所無，用之。丁行有三個二、兩個三，其兩個三，少於甲行，棄之。三個二，多於甲行，用之。審畢，以甲行所用三個三連乘，得 ‖⊥ 爲甲定。以乙行所用 一≡ 即爲乙定。以丙行所用兩個五相乘，得 ‖≡ 爲丙定。以丁行所用三個二連乘，得 Ⅲ 爲丁定。乃以四位定母連乘，得 丨〇‖⊥〇〇 爲衍母。各依法求之，即得各位衍數。

釋曰：泛母中所藏各根，參差不一。今析之，使其顯露在外，以之求定母，一目了然。求定母亦無深理，是必使各行皆無等，方可爲求一之用，其以某根用於此行而餘行同者棄之，即欲此行不與餘行同等之意。假如有兩數，各藏有同根，試以此兩數互減必有等，其等即同根。舊術云：約一存一，即棄彼用此之謂。各定母既已無等，仍與各泛母相應，故求得衍母，亦必與各泛母相應。試置衍母，以各定母分位累減之，必適盡。若以泛母依樣減之亦然，是衍母爲全題之範圍矣。衍數爲餘定連乘所得，必爲餘定度盡之數，而諸定皆無等，故獨爲本定度不盡，有此餘定可度盡，而本定度不盡之衍數，然後馭題有把握矣。

既得各行定母衍數，兩兩對列，以求一入之，式如左。

甲定 ‖⊥　右累減左餘 ‖〇　左減右一次餘 ╥

衍數 Ⅲ≡〇〇　一‖〇　‖⊥

一╥　右減左二次餘 ⊤　一╥　左減右一次餘 丨

二‖〇　三⊤

四丨　右減左五次餘 丨　二三丨

三⊤

列定母 ‖⊥ 於右行，衍數 Ⅲ≡〇〇 左角上預寄一數。於左行，以右累減左，餘 ‖〇 仍列左行，仍寄一數。再以定母 ‖⊥ 對列右行，以左減右一次，餘 ╥ 仍列右行，以次數一，乘左上寄數一，仍得一，寄右角上。左餘 一‖〇 對列左行，以右減左二次，餘 ⊤ 仍列左行，以次數二乘右上寄數一，得二。加入左上寄數一，得三仍寄左角。右餘 一╥ 對列右行，以左減右一次，餘 丨 仍列右行，以次數一乘左上寄數三，仍得三，加入右上寄數一，得四，仍寄右角。左餘 三⊤ 對列左行，以右減左五次，餘 丨 仍列左行，以次數五乘右上寄數四，得二十，加入左上寄數三，得二十三，仍寄左角。左行餘一即止。其左角寄數二十三爲乘率，凡定母小衍數大者，仿此。其定母大衍數小者，詳程行相及題中，餘題不備述。以乘衍數 Ⅲ≡〇〇 得 ≡╥≡ 爲甲用數。

釋曰：前式求得衍數，不能備全題之用，凡遇題中某位賸數與某行定母累減衍數之所餘相應者，即以衍數爲總數。不相應者，則不合。如甲賸餘四十七丈或二十丈，則甲行可不求乘率，即以其衍數爲甲總。乙賸餘二十三丈或四丈或四十二丈，則乙行可不求乘率，即以其衍數爲乙總。餘倣此。故有求一之法以通之。求一者，是求衍數中之一。所以寄數衹記衍數之次數，其首層餘 ‖〇 是以若干個定母減一個衍數之所餘也。故餘數上角寄一數。第二層餘 ╥ 是以一個衍數減若干個定母之所餘也。故餘數上角亦寄一數。第三層餘 ⊤ 是以若干個定母減三個衍數之所餘也，故餘數上角寄三數。第四層餘 丨 是以四個衍數減若

干個定母之所餘也，故餘數上角寄四數。第五層餘 | 是以若干個定母減二十三個衍數之所餘也，故餘數上角寄二十三數。其衍數至此已得一，故以二十三爲乘率，以乘衍數爲用數者，是用二十三個衍數以求一也。所以然之理，試而知之。置一個衍數爲實，以定母累減之，餘 ‖〇 再加一個衍數，共 Ⅲ≟‖〇 仍以定母累減之，餘 |≡ 再加一個衍數，共 Ⅲ≟|≡ 仍以定母累減之，餘 ⊤ 再如是累加累減，必加至二十二個，併初置爲實一個，共計二十三個衍數，定母累減始餘一也。求一之理固如此，而式中用輾轉互減者，乃捷法耳。

乙定 |≟ 右累減 |≟ 左減右四 Ⅲ 右減左一
衍數 ⅢⅢ≡〇〇 左餘 Ⅲ 次餘 Ⅲ 次餘 |

依法求得乘率五，以乘衍數 ⅢⅢ≡〇〇 得 ‖⊥〇〇〇 爲乙用數。

丙定 ‖≡ 右累減 ‖≡ 左減右六 ⊥ 右減左三
衍數 ≡|〇Ⅲ 左餘 Ⅲ 次餘 | 次餘 |

依法求得乘率一十九，以乘衍數 ≡|〇Ⅲ 得 ⊥Ⅲ≟Ⅲ⊥ 爲丙用數。

丁定 Ⅲ 右累減左餘 |
衍數 一‖≟‖≡

依法求之無乘率，即以衍數 一‖≟‖≡ 爲丁用數。

既得各用數，仍分位列之。式如左。

甲數用 Ⅲ≟ⅢⅢ〇〇 乙數用 ‖⊥〇〇〇 丙數用 ⊤⊥Ⅲ⊥⊤ 丁數用 |=Ⅲ=Ⅲ

乃視題中甲乙二縣無餘數，唯丙縣餘 Ⅲ一 以乘用數 ⊥Ⅲ≟Ⅲ⊥ 得 [illegible] 爲丙總。丁縣餘 |≟ 以乘用數 一‖≟‖≡ 得 =Ⅲ〇Ⅲ≡ 爲丁總。併二總，得四百二十〇萬七千六百二十六丈，爲所求率。滿衍母 |〇‖⊥〇〇 去之，餘一千〇二十六丈，爲各縣所築堤長。

釋曰：凡置一個角數爲實，以本位定母累減，必餘一。以他位定母累減，必無餘。若置二個用數爲實，以本位定母累減，必餘二。以他位定母累減，亦必無餘。由是推之三個用數以往無不皆然。以賸數乘用數爲總者，是倍用數中之餘一與賸數等，仍爲他定所度盡也。試以丙泛因泛母與定母相應。累減丙總，必餘 Ⅲ一 即丙縣賸數。若以甲乙丁各泛累減，皆無餘。又以丁泛累減丁總，必餘 |≟ 即丁縣賸數。若以甲乙丙各泛累減，皆無餘。按：遇有泛母累減本總，餘數與題中賸數不合者，以本定母加減之必合。又以他泛母減不盡者，以他定母減必盡。以二總併之者，是合二賸數歸一數中矣。再試以丙泛累減之，必餘 Ⅲ一 以丁泛累減之，必餘 |≟ 若以甲乙二泛累減之，必無餘。與題旨合。滿衍母去之者，衍母中所涵之數，循環相同，每減一次，仍合題旨。故首云荅數無窮即其理也。

又法：題中丙縣餘 Ⅲ一 以丙定 ‖≡ 累減之，餘 | 即以丙用數 ⊥Ⅲ≟Ⅲ⊥ 爲丙總。丁縣餘 |≟ 以丁定 Ⅲ 累減之，餘 ‖ 以二乘丁用數 一‖≟‖≡

得 ‖≣T≣○ 爲丁總。併二總得 |○Ⅲ⊥‖⊥ 爲所求率。滿衍母去之，得數亦同。

按：舊法得所求率，須去多次衍母，始得初荅。今以定母減賸數，以再賸之數，如法求之，得所求率。衹去一次衍母即得初荅，較舊法稍簡耳，後凡遇賸數大於定母者，倣此。

以四縣因之，得四千一百〇四丈，以步法五尺八寸除之，得七千〇七十五步五尺，爲堤積步。以里法三百六十步約之，得一十九里二百三十五步五尺，即堤通長。又置各縣所築堤長 |○‖⊥ 以步法約之，得一千七百六十八步五尺六寸。又以里法約之，得四里三百二十八步五尺六寸，各爲縣所給道里步尺數。

按：此題求一術指於求得衍母後，以甲乙二縣無餘數棄之，衹求丙丁二縣之用數，其於本題自是捷法。惜未達秦氏立術之原，是編於有定母之位，皆求用數，立爲公式，倘更其題曰：甲丙丁三縣無餘，乙縣餘四十二丈，此題不可無乙用數。又更其題曰：甲縣餘三十七丈，乙縣餘四十九丈，丙縣餘二十二丈，丁縣餘五十五丈，此題不可無公式，由是推之，求得公式。凡同泛母之題，其用不窮矣。

宋・秦九韶《數書九章・大衍類》卷一 推庫額錢 問有外邑七庫，日納息足錢適等，遞年成貫整納，近緣見錢希少，聽各庫照當處市陌，準解舊會。其甲庫有零錢一十文；丁、庚二庫各零四文；戊庫零六文；餘庫無零錢。甲庫所在市陌一十二文，遞減一文至庚庫而止。欲求諸庫日息元納足錢、展省及今納舊會并大小月分各幾何。

荅曰：諸庫元納日息足錢二十六貫九百五十文，展省三十五貫文。

甲庫日息舊會二百二十四貫五百一十文，大月舊會六千七百三十七貫五百文，小月舊會六千五百一十二貫九百二文。

乙庫日息舊會二百四十五貫文，大月舊會七千三百五十貫文，小月舊會七千一百五貫文。

丙庫日息舊會二百六十九貫五百文，大月舊會八千八十五貫文，小月舊會七千八百一十五貫五百文。

丁庫日息舊會二百九十九貫四百四文，大月舊會八千九百八十三貫三百三文，小月舊會八千六百八十三貫八百八文。

戊庫日息舊會三百三十六貫八百六文，大月舊會一萬一百六貫二百四文，小月舊會九千七百六十九貫三百六文。

己庫日息舊會三百八十五貫文，大月舊會一萬一千五百五十貫文，小月舊會一萬一千一百六十五貫文。

庚庫日息舊會四百四十九貫一百四文，大月舊會一萬三千四百七十五貫文，小月舊會一萬三千二十五貫八百二文。

術曰：同前。以大衍求之。置甲庫市陌，以遞減數減之，各得諸庫元陌。連環求等，約奇弗約偶得定母，諸定相乘爲衍母。以定約衍母得衍數。衍數同衍母者去之爲無。無者，借之同類。其各滿定母，去餘爲奇數。以奇定，用大衍求乘率，乘衍數爲用數。無者則以元數同類者求等，約衍母，得數爲借數。次置有零文庫零錢數，乘本用數，併爲總數。滿衍母去之，不滿爲諸庫日息足錢。各大小月日數乘之，各爲實。各以元陌約爲舊會。

草曰：置甲庫市陌一十二，遞減一，得一十一爲乙庫陌，一十爲丙庫陌，九爲丁庫陌，八爲戊庫陌，七爲己庫陌，六爲庚庫陌，得諸庫元陌。

甲	乙	丙	丁	戊	己	庚	
𝍩𝍡	𝍩𝍠	𝍩〇	𝍨	𝍧	𝍦	𝍥	元陌

以連環求等，約訖，甲得一，乙得一十一，丙得五，丁得九，戊得八，己得七，庚得一，各爲定母。立各一爲子。

𝍠	𝍩𝍠	𝍤	𝍨	𝍧	𝍦	𝍠	定母	右行
𝍠	𝍠	𝍠	𝍠	𝍠	𝍠	𝍠	天元	左行

互乘

先以諸定相乘，得二萬七千七百二十爲衍母。次以諸定互乘諸子，甲得二萬七千七百二十，乙得二千五百二十，丙得五千五百四十四，丁得三千八十，戊得三千四百六十五，己得三千九百六十，庚得二萬七千七百二十，各爲衍數。

甲	乙	丙	丁	戊	己	庚		
𝍠	𝍩𝍠	𝍤	𝍨	𝍧	𝍦	𝍠	定母	右行
𝍡𝍯𝍦𝍪〇	𝍪𝍤𝍪〇	𝍭𝍤𝍬𝍣	𝍫〇𝍰〇	𝍫𝍣𝍮𝍤	𝍫𝍨𝍮〇	𝍡𝍯𝍦𝍪〇	衍數	左行

𝍡𝍯𝍦𝍪〇 【衍母】

次驗諸衍數，有同衍母者，皆去之，爲無衍數。次各滿定母去各本衍，各得奇數。甲無，乙得一，丙得四，丁得二，戊得一，己得五，庚無，各爲奇數。

	甲	乙	丙	丁	戊	己	庚
定母	1	11	5	9	8	7	1
奇數	〇	1	4	2	1	5	〇

次驗有奇數者，得一便以一爲乘率。或得二數以上者，各以奇數於右上，定母於右下，立天元一於左上，用大衍求一之術入之，驗乘除至右上餘一而止，皆以左上所得爲乘率，甲無，乙得一，丙得四，丁得五，戊得一，己得三，庚無，各爲乘率，列右行。以對寄左衍。

	甲	乙	丙	丁	戊	己	庚
乘率　右行	〇	1	4	5	1	3	〇
衍數　左行	〇	2520	5544	3080	3465	3960	〇

以兩行對乘之爲用數。甲無，乙得二千五百二十，丙得二萬二千一百七十六，丁得一萬五千四百，戊得三千四百六十五，己得一萬一千八百八十，庚無。

	甲	乙	丙	丁	戊	己	庚
用數	〇	2520	22176	15400	3465	11880	〇

次以推無用數者，惟甲庚合於同類處借之。其同類，謂元陌列而視之。

	甲	乙	丙	丁	戊	己	庚
元陌	12	11	10	9	8	7	6

今視甲一十二、庚六，皆與丙一十、戊八，俱偶爲同類。其戊用數三千四百六十五，其數少，不可借。唯丙一十之用數，係二萬二千一百七十六爲最多，當以借之。乃以甲一十二、丙一十、庚六求等，得二。以等數二約衍母二萬七千七百二十，得一萬三千八百六十，爲借數。乃減丙用二萬二千一百七十六，餘八千三百一十六爲丙用數。乃以所借出之數一萬三千八百六十爲實，以元等二爲法，除之，得六千九百三十爲甲用數。以甲用數減借出數，餘亦得六千九百三十，爲庚用數。今不欲使甲庚之借數同，乃驗借出數一萬三千八百六十，可用幾約如意，乃立三，取三分之一，得四千六百二十爲甲用。取三分之二，得九千二百四十爲庚用。列右行。

	甲	乙	丙	丁	戊	己	庚
用數　右行	4620	2520	8316	15400	3465	11880	9240
定數　左行	10	〇	〇	4	6	〇	4

乃視諸庫有無零錢數，驗得乙、丙、己三庫無，先去其用數。乃以甲、丁、戊、庚四庫零錢，列左行，對乘本用，甲得四萬六千二百，丁得六萬一千六百，戊得二萬七百九十，庚得三萬六千九百六十，各爲總。

	甲	乙	丙	丁	戊	己	庚
各總	46200	〇	〇	61600	20790	〇	36960

併此四總，得一十六萬五千五百五十，滿衍母二萬七千七百二十去之，不滿二萬六千九百五十，爲所求率。以貫約爲二十六貫九百五十文，爲諸庫日息等數。以官省七十七陌，展得三十五貫文。各以其庫元陌紐計，各得舊會零錢。各以三十日乘，爲大月息。以日息減大息，餘爲小月息。合問。

又 卷二 分糶推原　問有上農三人，力田所收之米，係用足斗均分，各往他處出糶，甲糶與本郡官場，餘三斗二升。乙糶與安吉鄉民，餘七斗。丙糶與平江攬户，餘三斗。欲知共米及三人所分各糶石數幾何。

荅曰：共米七百三十八石。三人分米，各二百四十六石。甲糶官斛二百九十六石，乙糶安吉斛二百二十三石，丙糶平江斛一百八十二石。

術曰：以大衍求之。置官場斛率，安吉鄉斛率，平江市斛率，官私共知者，官斛八斗三升，安吉鄉斛一石一斗，平江市斛一石三斗五升。爲元數。求總等，不約一位，約衆位，連環求等，約奇不約偶，或猶有類數存者，又求等，約彼必復乘此，各得定母。相乘爲衍母，互乘爲衍數，滿定去之得奇，大衍求一得乘率，乘衍數爲用數，以各餘米乘用，併之爲總。滿衍母去之，不滿爲所分，以元人數乘之爲共米。

草曰：置文思院官斛八十三升，安吉州鄉斛一百一十升，平江府市斛一百三十五升,各爲其斛元率。

官斛	安吉斛	平江斛	
83	110	135	元數

先以三率求總等,得一,不約。次以連環求等,其安吉率一百一十,與平江率一百三十五,求等得五,以約平江率,得二十七。餘皆求等,得一,不約,各得定數。

官斛	安吉	平江	
83	110	27	定母　右行

以定數相乘,得二十四萬六千五百一十爲衍母。各以元率約之,得二千九百七十爲官斛衍數,得二千二百四十一爲安吉斛衍數,得九千一百三十爲平江斛衍數。

官斛	安吉	平江		
2970	2241	9130	衍數　寄左	246510　衍母

次以定母滿去衍數,得不滿六十五爲官斛奇,不滿四十一爲安吉奇,不滿四爲平江奇數。

官斛	安吉	平江	
83	110	27	定母　右行
65	41	4	奇數　左行

定母、奇數,各以大衍入之,求得乘數。得二十三爲官斛乘率,得五十一爲安吉乘率,得七爲平江乘率。

83	110	27	定母
23	51	7	乘數

以乘率各乘寄左行衍數,得六萬八千三百一十爲官斛用數,得一十一萬四千二百九十一爲安吉用數,得六萬三千九百一十爲平江用數。

官斛	安吉	平江	
68310	114291	63910	用數

	甲	乙	內
升	32	70	30
			餘米

次以甲餘三十二升,乘官斛用數六萬八千三百一十,得二百一十八萬五千九百二十升於上。次以乙餘七十升,乘安吉用數一十一萬四千二百九十一,得八百萬三百七十升於中。次以丙餘三十升,乘平江用數六萬三千九百一十,得一百九十一萬七千三百於下。各爲總併之,得一千二百一十萬三千五百九十升爲總數。滿衍母二十四萬六千五百一十升去之,不滿二萬四千六百升爲所求率。展爲二百四十六石,爲三人共米。置分米二百四十六石,各以官斛八斗三升,安吉斛一石一斗,平江斛一石三斗五升,約之,甲得二百九十六石,餘三斗二升。乙得二百二十三石,餘七斗。丙得一百八十二石,餘三斗。各爲糶過及餘米。合問。

程行計地　問軍師獲捷,當早點差急足三名,往都下節節走報。其甲於前數日申末到,乙後數日未正到,丙於今日辰末到。據供甲日行三百里,乙日行二百四十里,丙日行一百八十里。問自軍前至都里數,及三人各行日數幾何。

荅曰:軍前至都三千三百里。甲行一十一日,乙行一十三日四時,丙行一十八日二時。

術曰:以大衍求之。置各行里,先求總等,存一約衆得元里。次以連環求等,約奇復乘偶得定母。以定相乘爲衍母。滿定除衍得衍數。滿定去衍數得奇。奇定大衍得乘率。以乘衍數得用數。

次置辰刻正末,乘各行里爲實。以晝六時約之得餘里。各乘用數,併爲總,滿衍母去得所求至都里。以各日行約之,得日辰刻數。

草曰:置甲三百里、乙二百四十里、丙一百八十里,先求總等,得六十。只存甲三百勿約,乃約乙二百四十得四,次約丙一百八十得三,各爲元數。連環求等:

甲	乙	丙	
300	4	3	元數

先以丙乙求等,得一,不約。次以丙甲求等,得三,於術約奇不約偶,蓋以等三約三,因得一,爲奇,慮無衍數,乃便徑先約甲三百,爲一百,復以等三乘丙三,爲九,既丙九爲奇,甲百爲偶,此即是約奇弗約偶。次以乙四與甲百求等,得四,以四約一百,得二十五,爲甲。復以四乘乙四,得一十六,爲乙,各爲定母。

甲	乙	丙		
25	16	9	[定母]	3600　衍母

以定母相乘，得三千六百，爲衍母。以各定約衍母，爲衍數。甲得一百四十四，乙得二百二十五，丙得四百。

=Ⅲ　一丅　Ⅲ　定母　右行

|≡Ⅲ　‖=Ⅲ　Ⅲ○○　衍數　左行

衍數各滿定母去之，不滿爲奇數。甲得一十九、乙得一、丙得四。

=Ⅲ　一丅　Ⅲ　定母

一Ⅲ　一　Ⅲ　奇數

以各奇數與定母，用大衍入之，各得乘數。甲得四、乙得一、丙得七。各爲乘率，列右行。

Ⅲ　一　丅　乘率　右行

|≡Ⅲ　‖=Ⅲ　Ⅲ○○　衍數　寄左

以乘率對乘寄左行衍數，甲得五百七十六、乙得二百二十五、丙得二千八百，各爲用數。

甲Ⅲ⊥丅　乙‖=Ⅲ　丙=Ⅲ○○　用數

次置甲申末到者，其酉初爲夜，此是甲以全日到，爲無餘里。次置乙於未正到，乃於丣時數至未正，得四箇半辰，以四半乘乙行二百四十里，得一千八十爲實。以晝六時約之，得一百八十里，爲乙行不及全日之餘里。次置丙於辰末到，自丣初數至辰末，得二時，以因丙行一百八十里，得三百六十爲實。以六時除之，得六十里，爲丙行不及全日之餘里。

甲用Ⅲ⊥丅　乙用‖=Ⅲ　丙用=Ⅲ○○　上○　中Ⅲ○Ⅲ○○　下一丅≐○○○　總數=○≐Ⅲ○○　衍母≡丅○○

○　○　|≐○　餘里　⊥○

以乙餘一百八十乘乙用二百二十五，得四萬五百於中。以丙餘六十乘丙用二千八百，得十六萬八千加中，共得二十萬八千五百，爲總。滿衍母三千六百去之，不滿三千三百里爲軍前至都里。以甲三百除之，得一十一日。以乙二百四十除之，得一十三日四時半。以丙一百八十除之，得一十八日二時。合問。

程行相及　問有急足三名，甲日行三百里，乙日行二百五十里，丙日行二百里。先差丙往他處下文字，既兩日，又有文字遣乙追付，已半日，復有文字續令甲趕付乙。三人偶不相及，乃同時俱至彼所。先欲知乙果及丙、甲果及乙得日并里，次欲知彼處去此里數各幾何。

答曰：乙果追及丙八日，行二千里；甲果追及乙二日半，行七百五十里；彼處去此三千里。

術曰：以均輸求之，大衍入之。置乙已去日數，乘乙行里爲實。以甲乙行里差爲法，除之，得甲及乙日數辰刻。以乘甲行得里。次置丙既去日，乘丙行里爲實，以丙乙行里差爲法，除之，得乙及丙日數。以乘乙行得里。然後置三人日行，求總等，約得元數。以連環求等，約得定母。以定相乘，得衍母。各定約衍，得衍數。滿定去衍得奇。奇定大衍得乘率。以乘寄衍得用數。視甲及乙里爲乙率。見乙及丙里爲丙率。以乙日行滿去乙率，不滿爲乙餘。以丙日行滿去丙率，不滿爲丙餘。以二餘各乘本用，併之爲總。滿衍去之，不滿爲彼去此里。

草曰：置乙已去半日，乘乙日行二百五十里，得一百二十五里爲實。次置甲日行三百里減乙行二百五十里，餘五十里爲差法，除實，得二日五十刻，爲甲果及乙數，以乘甲行三百里，得七百五十，爲甲及乙里數。次置丙既行二日，乘丙日行二百里，得四百里爲實。次置乙行二百五十里，減丙行二百里，餘五十里爲差法，除實，得八日爲乙及丙日數。以乘乙行二百五十里，得二千里，爲乙行及丙之里數。已上爲先欲知果及數，次列甲、乙、丙三名日行，求總等得五十，先約甲、丙，存乙，得甲六、乙二百五十、丙四。

甲丅　乙‖≡○　丙Ⅲ　元數

以甲六丙四求等，得二，以二約甲爲三，復以二因丙爲八。次將乙二百五十與丙八相約，得二，乃約乙爲一百二十五。復以二因丙爲十六。定得甲三、乙一百二十五、丙十六，爲定母。

	甲	乙	丙	
定母	Ⅲ	〡=Ⅲ	−⊤	
衍母				⊥〇〇〇

以定相乘，得六千爲衍母。以各定約衍母，得衍數。甲得二千、乙得四十八、丙得三百七十五。求奇數：

	甲	乙	丙	
定母	Ⅲ	〡=Ⅲ	−⊤	右行
衍數	=〇〇〇	≡⊤	Ⅲ⊥Ⅲ	奇左行

左上二千，以甲三去之，奇二。左中四十八，即爲乙奇。左下三百七十五，以丙十六去之，奇七。

	甲	乙	丙
定母	Ⅲ	〡=Ⅲ	−⊤
奇數	〢	≡⊤	⊤

各以大衍，求得甲二、乙一百一十二、丙七，各爲乘率。

	甲	乙	丙
乘率	〢	〡−〢	⊤
衍數	=〇〇〇	≡⊤	Ⅲ⊥Ⅲ

以乘率對乘衍數，甲得四千、乙得五千三百七十六、丙得二千六百二十五，爲泛用數。

	甲	乙	丙
泛用數	≣〇〇〇	≣Ⅲ⊥⊤	=⊤=Ⅲ

併三泛，得一萬二千〇〇一，乃多衍母一倍，當半衍母六千，得三千。以消甲四千，餘一千。又消乙五千三百七十六，餘二千三百七十六。丙不消，各爲定用數。

	甲	乙	丙
定用數	−〇〇〇	=Ⅲ⊥⊤	=⊤=Ⅲ

既得用數，次視前草中甲及乙七百五十里爲乙率，乙及丙二千里爲丙率，各滿乙丙日行里去之。

	乙	丙	
率	⊤≡〇	=〇〇〇	右行
行	〢≡〇	〢〇〇	左行

今乙丙二人所行，各皆適滿，去之無餘。雖稱同時俱至，乃各係全日所行。便以乙丙二人約六千里，得三千里，爲彼去此里數。合問。

清・黄宗憲《求一術通解》卷上　按：原題矛盾已甚，今改之。

答曰：彼處去此三千里。乙果及丙一十二日，果果及乙一十日。

按：原題既三日誤既兩日，又二日誤已半日，以致與同時俱至彼所句不合。又原術云，均輸求之，大衍入之，是謂均輸可求，而大衍亦可求。是編專言大衍，無庸雜入均輸。

草曰：置甲、乙、丙三名日行率列爲三行，曰泛母。依法求定母、衍母、衍數。式如左。

	泛母	析母	定母	衍母	衍數
甲	Ⅲ〇〇	二二三五五	Ⅲ		〡〇〇〇
乙	〢≡〇	二五五五	〡=Ⅲ	Ⅲ〇〇〇	〢≡
丙	〢〇〇	二二二五五	Ⅲ		≡⊤≡

各泛母如法析爲根，乃視甲行有一個三，餘行所無，用之。乙行有三個五，多於餘行，用之。丙行有三個二，多於餘行，用之。以甲行所用一個三，即爲甲定。乙行所用三個五，連乘得 〡=Ⅲ 爲乙定。丙行所用三個二，連乘得 Ⅲ 爲丙定。乃以三定母連乘，得 Ⅲ〇〇〇 爲衍母。各依法求之，得各位衍數。

既得各行定母、衍數，兩兩對列，以求一入之。式如左。

甲定 Ⅲ　右累減左餘 〡

衍數 〡〇〇〇　一〡

依法求之，無乘率，即以衍數 |〇〇〇 爲甲用數。

乙定 |=|||| 左減右五 ||||| 右減左四 ||||| 左減右 二六| 右減左三

衍數 一||≡ 次餘|||| 一||≡ 次餘|||| 二一|||| 次餘| 二一|||| 次餘| 九九|

如法列位，以左減右五次，餘 |||| 仍列右行。以次數五乘左上寄數一仍得五，寄右角上。再以衍數 一||≡ 對列左行，以右減左四次，餘 |||| 仍列左行。以次數四乘右上寄數五，得二十，加入左上寄數一得二十一，仍寄左角。右餘 五|||| 對列右行。以左減右一次，餘 | 仍列右行。以次數一乘左上寄數二十一，仍得二十一，加入右上寄數五得二十六，仍寄右角。左餘 二一|||| 對列左行。以右減左三次，餘 | 仍列左行。以次數三乘右上寄數二十六，得七十八，加入左上寄數二十一，得九十九，仍寄左角。左行得 | 即止。其左角寄數九十九，即乘率，幾定母大衍數小者，仿此。以乘衍數 ||≡ 得 ||≡⊤⊥ 爲乙用數。

丙定 ||| 右累減 ||| 左減右 二| 右減左六

衍數 二≡⊤≡ 左餘⊤ 一⊤ 次餘| 一⊤ 次餘| 七|

依法求得乘率七。以乘衍數 ≡⊤≡ 得 ||⊥||≡ 爲丙用數。

既得各用數，乃分位列之，式如左。

甲用數 |〇〇〇　乙用數 ||≡⊤⊥　丙用數 ||⊥||≡

視題中甲乙丙同時俱至彼所，皆無餘數。即以衍母三千爲彼處去此里數，以丙行率 ||〇〇 除之得一十五，爲丙行日數。以乙行率 ||≡〇 除之得一十二，爲乙行日數。即乙追及丙日數。以甲行率 |||〇〇 除之得一十爲甲行日數。即甲追及乙日數。

釋曰：此題不須用數者，因三位俱無餘數故也。其衍母乃定母連乘所得，而定母又從泛母中約得來。試以泛母連乘，得數以衍母累減之，必適盡。是衍母與泛母連乘積相應矣。題中皆無餘數，則所求率必爲泛母連乘之積。其積與衍母相應，故以一個衍母爲初答，而兩個衍母必爲第二答矣。

按：此題無用用數之處，然則求得公式果無用耶？試更一題如左。

假如有道里不知遠近，滿甲行率三百去之，賸一百；滿丙行率二百去之，賸一百；滿乙行率二百五十去之，賸二百；問里幾何。

答曰：七百里。

草曰：以甲賸一百乘用數 |〇〇〇 得 |〇〇〇〇〇 爲總。以乙賸二百乘用數 ||≡⊤⊥ 得 ≡⊤≡||〇〇 爲總。以丙賸一百乘用數 ||⊥||≡ 得 ||⊥||≡〇〇 爲總。併三總得 |||≡⊤⊥〇〇 爲所求率。滿衍母 |||〇〇〇 去之，不滿 ⊤〇〇 即所求里。

按：若以各定母減各賸數，以再賸之數求之，得所求率 |≡|||⊥〇〇 較舊法所得少六十四萬八千。所求初答皆同。

宋·秦九韶《數書九章·大衍類》卷二　積尺尋源　問欲砌基一段，見管大、小方甎、六門、城甎四色。令匠取便，或平或側，只用一色甎砌，須要適足。匠以甎量地計料，稱：「用大方料，廣多六寸，深少六寸。用小方，廣多二寸，深少三寸。用城甎，長、廣多三寸，深少一寸；以闊，深少一寸，廣多三寸；以厚，廣多五分，深多一寸。用六門甎，長、廣多三寸，深多一寸；以闊、廣多三寸，深多一寸；以厚，廣多一寸，深多一寸；皆不匼匝，未免修破甎料裨補。」其四色甎，大方，方一尺三寸。小方，方一尺一寸。城甎，長一尺二寸，闊六寸，厚二寸五分。六門，長一尺，闊五寸，厚二寸。欲知基深、廣幾何。

答曰：深三丈七尺一寸，廣一丈二尺三寸。

術曰：以大衍求之。置甎方長、闊、厚爲元數，以小者爲單起一。先求總等，存一位約衆位列位多者，隨意立號。乃爲元數。連環求等，約爲定母。以定相乘爲衍母。各定約衍母得衍數。滿定去之得奇。奇定大衍得乘率。以乘衍數得用數。次置廣、深多少數，多者乘用，少者減元數，餘以乘用，併爲總。滿衍母去之，不滿得廣、深。

草曰：置四甎方、長、闊、厚係八數。城甎厚有分爲小者，皆通之爲單。大方得一百三十分；小方得一百一十分；城甎長得一百二十分、闊得六十分、厚得二十五分；六門甎長得一百分、闊得五十分、厚得二十分。[合]問(數)。

	大方	城甎長	小方	六門長	城甎闊	六門闊	城甎厚	六門厚
分	〇	〇	〇	〇	〇	〇	𝍤	〇
寸	≡	=	|	〇	⊥	𝍤	=	=
尺	|	|	|	|				
	金	石	絲	竹	匏	土	革	木

錐行置之右列。位稍多，甎名相互，今假八音爲號。位先以最少者，自木二十與革二十五求等，得五，乃反約木二十爲四。木四與土五十求等，得二，以約五十爲二十五。木四與匏六十求等，得四，約六十爲一十五。木四與[竹]百求等，得四，約一百爲二十五。木四與絲一百一十求等，得二，約一百一十爲五十五。木四與石一百二十求等，得四，反約木四爲一。以木一與金一百三十求等，得一，不約，爲木與諸數求等。約訖，爲一變，得數具圖如后。

金	石	絲	竹	匏	土	革	木
|≡〇	|=〇	𝍤𝍤	=𝍤	—𝍤	=𝍤	=𝍤	|

次以革二十五與土五十求等，得二十五，約五十爲(二)[二]；以革二十五與匏一十五求等，得五，約匏一十五爲三。以革二十五與竹二十五求等，得二十五，約竹二十五爲一。又以革二十五與絲五十五求等，得五，約絲五十五得一十一。以革二十五與石一百二十求等，得五，約一百二十爲二十四。以革二十五與金一百三十求等，得五，約金一百三十得二十六。革與諸數偏約訖，爲二變，具圖如后。

金	石	絲	竹	匏	土	革	木
=⊤	=||||	—|	|	|||	||	=𝍤	|

乃以土(一)[二]與匏三、竹一、絲一十一求等，皆得一，不約。以土二與石二十四求等，得二，反約土二得一；又以土一與金二十六求等，得一，不約。土與諸數約訖，爲三變，具圖如后。

金	石	絲	竹	匏	土	革	木
=⊤	=||||	—|	|	|||	|	=𝍤	|

乃以匏三與竹一、絲一十一求等，皆得一。又以匏三與石二十四求等，得三，約石二十四爲八。又匏三與金二十六求等，得一。匏與諸數約訖，以爲四變。次以竹一、與絲一十一、與石二十四、與金二十六求等，皆得一。竹與諸數約訖，爲五變。次以絲一十一與石二十四、金二十六求等，皆得一，爲六變。後以石二十四與金二十六求等，得二，約金二十六爲一十三。至此，七變連環求等約俱畢，得數爲定母，列圖如后。

	金	石	絲	竹	匏	土	革	木
定母	—|||	𝍧	—|	|	|||	|	=𝍤	|

右定母列右行，以相乘，得八萬五千八百，爲衍母。以各定母約衍母，各得衍數。其竹、木、土定得一者，爲無。

	金	石	絲	竹	匏	土	革	木	
定母	—|||	𝍧	—|	|	|||	|	=𝍤	|	右行
衍母	𝍧≣𝍧〇〇								
衍數	⊥⊤〇〇	|〇⊤=𝍤	⊥𝍧〇〇	〇	||≟⊤〇〇	〇	≡||||≡||	〇	左行

金定一十三，得衍數六千六百。石定八，得衍數一萬七百二十五。絲定一十一，得衍數七千八百。竹定一，無衍數。匏定三，得衍數二萬八千六百。土定一，無衍數。革定二十五，得衍數三千四百三十二。木定一，無衍數。各滿定母去之，得奇數。

	金	石	絲	竹	匏	土	革	木
定母	—|||	𝍧	—|	|	|||	|	=𝍤	|
奇數	𝍨	𝍤	|	〇	|	〇	⊤	〇

金得奇九，石得奇五，絲得奇一，匏得奇一，革得奇七。其絲、匏得奇數一者，便以一爲乘率。其金、石、革三處奇數，皆與本定母用大衍求一入之，各得乘率。列右行。

	右行	衍數寄左
金	Ⅲ	⊥TOO
石	Ⅲ	|OT=Ⅲ
絲	|	≟ⅢOO
竹	O	O
匏	|	Ⅱ≟TOO
土	O	O
革	—Ⅲ	≡Ⅲ≡Ⅱ
木	O	O

金得三,石得五,絲得一,匏得一,革得一十八,各爲乘率。

對乘寄左行衍數,各得爲用數。

	用數
金	|≟ⅢOO
石	Ⅲ≡T=Ⅲ
絲	≟ⅢOO
竹	O
匏	Ⅱ≟|OO
土	O
革	T—Ⅲ⊥T
木	O
衍母	Ⅲ≡ⅢOO

凡諸用數同類者,數必多,可互借以補無者。先驗革元數二十五,與木元數二十,爲同類,求等,得五,以等五約衍母八萬五千八百,得一萬七千一百六十。乃於革用數內減出以補木位,爲木用。餘四萬四千六百一十六,爲革用。次驗竹元數一百,與土五十爲同類,以求等,得五十,以等五十,約衍母八萬五千八百,得一千七百一十六。亦於革用內各借與竹土爲用數。革止餘四萬一千一百八十四爲用,得諸定用數。

	正用数
金	|≟ⅢOO
石	Ⅲ≡T=Ⅲ
絲	≟ⅢOO
竹	—Ⅲ—T
匏	Ⅱ≟TOO
土	—Ⅲ—T
革	Ⅲ—|≟Ⅲ
木	|≟|⊥O

右行定用,始列錐行假號求得。今照甎色,遷次列之。

	正用 右行
金	|≟ⅢOO
絲	⊥ⅢOO
石	Ⅲ≡T=Ⅲ
匏	Ⅱ≟TOO
革	Ⅲ—|≟Ⅲ
竹	—Ⅲ—T
土	—Ⅲ—T
木	|≟|⊥O

大方	小方	城甎長	城甎闊	城甎厚	六門長	六門闊	六門厚
⊥O	=O	≡O	≡O	Ⅲ	≡O	≡O	—O

既照甎次序,列用數於右行。乃驗問題所謂大方甎砌廣多六寸、小方多二寸,城甎長多三寸、城甎闊多三寸、厚多五分,六門長多三寸、闊多三寸、厚多一寸。對本用列左行,各對乘之,具圖如后。

金	絲	石	匏	革	竹	土	木
|—Ⅲ≟OOO	—Ⅲ⊥OOO	|⊥O≟Ⅲ≡O	≟Ⅲ≟OOO	=O≡Ⅲ=O	Ⅲ—Ⅲ≟O	Ⅲ—Ⅲ≟O	—Ⅲ—TOO

兩行乘畢,金得一百一十八萬八千,絲得一十五萬六千,石得一百六十萬八千七百五十,匏得八十五萬八千,革得二十萬五千九百二十,竹得五萬一千四百八十,土亦得五萬一千四百八十,木得一十七萬一千六百。乃併前八位數,共得四百二十九萬一千二百三十分爲總。滿衍母八萬五千八百去之,不滿一千二百三十分約之,爲一丈二尺三寸爲基元廣數。乃求其深,驗問題,大方砌少六寸、小方砌少三寸,城甎長砌少一寸、闊砌少一寸、厚砌多一寸,六門長砌多一寸、六門闊砌多一寸、厚砌多一寸,列爲中行。次置諸甎元數列爲左行,課減之,具圖如后。

大方	小方	城甎長	城甎闊	城甎厚	六門長	六門闊	六門厚
⊥O 少	≡O 少	—O 少	—O 少	—O 多	—O 多	—O 多	—O 多

金	絲	石	匏	革	竹	土	木
|≡O	|—O	|=O	⊥O	=Ⅲ	|OO	≡O	=O

今以中行多者存之,少者用減左行,存者左行元數去之,所減者左行餘數存之。金得七十,絲得八十,石得一百一十,匏得五十,革得一十,竹一十,土一十,木一十,具圖如后。

右行	左行	
O	⊥O	餘
O	≟O	餘
O	|—O	餘
O	≡O	餘
—O 多	O	
—O 多	O	
—O 多	O	
—O 多	O	

列爲左行,以對右行定用數。具圖如后。

	正用数
金	|≡ⅢOO
絲	⊥ⅢOO
石	Ⅲ≡T=Ⅲ
匏	Ⅱ≟TOO
革	Ⅲ—|≟Ⅲ
竹	—Ⅲ—T
土	—Ⅲ—T
木	|⊥|⊥O

⊥〇	≟〇	一〇	≣〇	一〇	一〇	一〇	一〇	餘多數

以左行多餘數，對乘右行用數，金得一百三十八萬六千，絲得六十二萬四千，石得五百八十九萬八千七百五十，匏得一百四十三萬，革得四十一萬一千八百四十，竹得一萬七千一百六十，土得一萬七千一百六十，木得一十七萬一千六百。具圖如后。

金	絲	石	匏	革	竹	土	木	總數	衍母
丨≡Ⅲ⊥〇〇〇	⊥‖≣〇〇〇	Ⅲ≟Ⅲ≟Ⅲ≣〇	丨≣Ⅲ〇〇〇〇	≣丨一Ⅲ≣〇	一⊥丨丅〇	一⊥丨丅〇	一Ⅲ一丅〇〇	Ⅲ≟Ⅲ⊥Ⅲ一〇	Ⅲ≣Ⅲ〇〇

併八位，得九百九十五萬六千五百一十分，爲總。滿衍母八萬五千八百去之，不滿三千七百一十分展爲三丈七尺一寸，爲基地深。

清・黄宗憲《求一術通解》卷上　草曰：置四甎方長闊厚係八數，城甎厚有分爲小者，皆通之爲單，大方得一百三十分，小方得一百一十分。城甎長得一百二十分，闊得六十分，厚得二十五分；六門甎長得一百分，闊得五十分，厚得二十分。錐行置之，右列位稍多，甎名相互，今假八音爲號，各爲泛母，依法求定母、衍母、衍數。式如左。

	泛母	析母		定母		衍數
金大方	丨≡〇	二五 丨≡		丨≡		⊥丅〇〇
石城甎長	丨=〇	二二二三五		‖≡		Ⅲ≣Ⅲ≣
絲小方	丨一〇	二五 丨一		丨一		Ⅲ≟〇〇
竹六門長	丨〇〇	二二五五		‖≡		Ⅲ≡‖=Ⅲ
匏城甎闊	丅〇	二二三五	廢位			
土六門闊	Ⅲ〇	二五五	廢位			
革城甎厚	‖≣	五五	廢位			
木六門厚	‖〇	二二五	廢位			

衍母 Ⅲ≣Ⅲ〇〇

各行泛母依法析爲根。乃視金行一個丨≡餘行所無，用之。石行三個二，多於餘行，用之。一個三，等於匏行，亦用之。絲行一個丨一餘行所無，用之。竹行兩個五，等於土革二行，亦用之。匏行有兩個二、一個三、一個五，其兩個二，少於石行，棄之；一個三，因石行已用，棄之；一個五，少於竹行及土革二行，棄之。此位廢。土行有一個二、兩個五，其一個二，少於石行，棄之；兩個五，因竹行已用，棄之。此位廢。革行兩個五，因竹行已用，棄之。此位廢。木行有兩個二、一個五，其兩個二，少於石行，棄之；一個五，少於竹、土、革三行，棄之。此位廢。審畢，其四廢位皆無定母，以金行所用丨≡即爲金定。石行所用三個二、一個三，連乘得‖≡爲石定。絲行所用丨一即爲絲定。竹行所用兩個五，相乘得‖≡爲竹定。乃以金、石、絲、竹四定連乘，得Ⅲ≣Ⅲ〇爲衍母。各依法求之，得各衍數。

釋曰：此題泛母八位，約成定母四位，緣後四位泛母中所藏各根，皆少於前四位，筭例用多棄少，故祇存前四位，以求衍母及用數，足備全題之用矣。其後四位自宜廢之。其位中遇有賸數者並廢。試驗匏泛丅〇與石泛丨=〇相應，土泛Ⅲ〇與竹泛丨〇〇相應，革泛‖≣與竹泛丨〇〇相應，木泛‖〇與石泛丨=〇竹泛丨〇〇俱相應。凡廢位中有賸，其相應之位亦必有賸，其兩位所賸，數或不同，而端倪已露，故泛母廢而賸數亦廢，自然之理也。秦書於求得各用數後，視某位空者，則借同類即同根。之用數以補之。法嫌贅設，是編不採。

既得各行定母衍數，兩兩對列，以求一入之。式如左。

金定 丨≡　右累減 左餘Ⅲ　丨≡　左減右一 次餘Ⅲ　一 Ⅲ　右減左二 次餘丨　三丨
衍數 ⊥丅〇〇 一 　一Ⅲ　一Ⅲ

依法求得乘率三，以乘衍數 ⊤⊥〇〇 得 |≐Ⅲ〇〇 爲金用數。

石定 ‖≡　右累減左餘 ‖≡　‖≡ 左減右一次餘 |　| 右減左二十二次餘 |

衍數 一Ⅲ≣T≣　一‖≡　一‖≡　二三|

依法求得乘率二十三，以乘衍數 Ⅲ≣T≣ 得 ≐‖=‖≣ 爲石用數。

絲定 |一　右累減左餘 |

衍數 一⊥Ⅲ〇〇　一|

依法求之，無乘率，即以衍數 ⊥Ⅲ〇〇 爲絲用數。

竹定 ‖≣　右累減左餘 T　‖≣ 左減右三次餘 Ⅲ　三Ⅲ 右減左一次餘 Ⅲ

衍數 一Ⅲ≣Ⅲ=　一T　一T

三Ⅲ 左減右一次餘 |　七| 右減左二次餘 |

四Ⅲ　四Ⅲ　一八|

依法求得乘率一十八，以乘衍數 Ⅲ≡Ⅲ= 得 ⊥|⊥T⊥ 爲竹用數。

既得各位用數，乃分位列之如左。

金用數 |≐Ⅲ〇〇　石用數 Ⅲ=‖=Ⅲ　絲用數 T≐〇〇　竹用數 ⊥|⊥T⊥

求廣：視題中用大方，廣多六寸，以六十乘金用數 |≐Ⅲ〇〇 得 |一Ⅲ≐〇〇〇 爲總。又用小方，又用城甎，長、廣多三寸，以三十乘石位用數 ≐‖=‖≣ 得 Ⅲ≣T⊥T≣ 爲總。又用六門甎，長、廣多三寸，廣多二寸，以二十乘絲用數 T≐〇〇 得 |≣T〇〇〇 爲總。以三十乘竹用數 ⊥|⊥T⊥ 得 |≐Ⅲ≡‖≐〇 爲總。併四總，得五百六十六萬四千〇三十，爲所求率。滿衍母八萬五千八百去之，不滿一千二百三十，草中以分爲單位是一丈二尺三寸，即所求基廣也。

求深：視題中用大方，深少六寸，以六十減金泛母 |≡〇 餘 ⊥〇 以七十乘金用數 一≐Ⅲ〇〇 得 |≡Ⅲ⊥〇〇 爲總。又用城甎，長、深少一寸，以一十減石泛母 |=〇 餘 |一〇 以一百一十乘石用數 ≐‖=‖≣ 得 ≐〇≡Ⅲ⊥Ⅲ〇 爲總。又用小方，深少三寸，以三十減絲泛母 |一〇 餘 Ⅲ〇 以八十乘絲用數 T≐〇〇 得 ⊥‖≡〇〇〇 爲總。又

用六門甎，長、深多一寸，以一十乘竹用數 ⊥|⊥T⊥ 得 ⊥|⊥T⊥〇 爲總。併四總，得一千一百六十七萬二千五百一十爲所求率。滿衍母八萬五千八百去之，不滿三千七百一十，分爲單位，是三丈七尺一寸，即所求基深也。

按：此題以金、石、絲、竹四定母，求衍母並用數公式，乃此題之正式也。若仿求一術指例補之，可變成六式。列表如左。

	第一式	第二式	第三式	第四式	第五式	第六式
金析母二五|≡	定|≡	定|≡	定|≡	定|≡	定|≡	定|≡
石析母二二二三五	定‖≣	定Ⅲ	定‖≣	定‖≣	定Ⅲ	定Ⅲ
絲析母二五|一	定|一	定|一	定|一	定|一	定|一	定|一
竹析母二二五五	定‖≣	定‖≣	〇	〇	〇	〇
匏析母二二三五	〇	定Ⅲ	〇	〇	定Ⅲ	定Ⅲ
土析母二五五	〇	〇	定‖≣	〇	定‖≣	〇
革析母五五	〇	〇	〇	定‖≣	〇	定‖≣
木析母二二五	〇	〇	〇	〇	〇	〇

右表中六式，俱從各析母根數中審得之。除第一式審法已詳外。再以石行中所用之一個三，移用於匏行，即爲匏定；則石行祇用三個二，連乘得八，爲石定；共得金、石、絲、竹、匏五位，爲第二式。再以第一式中竹行所用兩個五，移用於土行，相乘爲土定，得第三式。再移用於革行，爲革定，得第四式。又以第二式中竹定，如法移之，即得五、六。兩式。總之，求得一式，其用不窮，餘式皆贅，是編姑存其式，不遑演草，後之明算君子，試任取一式依法求之，得數無不脗合矣。

宋·秦九韶《數書九章·大衍類》卷二　餘米推數　問有米鋪，訴被盜去米一般三籮，皆適滿，不記細數。今左壁籮剩一合，中間籮剩一升四合，右壁籮剩一合。後獲賊係甲乙丙三名。甲稱當夜摸得馬杓，在左壁籮滿舀入布袋。乙稱踢着木履，在中籮舀入袋。丙稱摸得漆椀，在右邊籮舀入袋。將歸食用，日久不知數。索到三器，馬杓滿容一升九合，木履容一升七合，漆椀容一升二合。欲知所失米數，計贓結斷三盜各幾何。

答曰：共失米九石五斗六升三合。甲，米三石一斗九升二合；乙，米三石一斗七升九合；丙，米三石一斗九升二合。

術曰：以大衍求之。列三器所容爲元數，連環求等，約爲定母。以相乘爲衍母，以定各約衍母，得衍數。各滿定母去之，得奇。以奇定，用大衍求得乘率。以乘衍數，得用數。次以各剩米乘用，併之爲總。滿衍母去之，不滿爲每籮米。各以剩米減之，餘爲甲、乙、丙盜米，併之爲共失米。

草曰：列三器所容，一升九合、一升七合、一升二合爲元數。連環求等，皆得一，不約。便以元數相乘，得三千八百七十六爲衍母，以各元數爲定母，以定約衍母，得衍數。甲得二百〇四、乙得二百二十八、丙得三百二十三，各爲衍數，列左行。以三定母，甲一十九、乙一十七、丙一十二，列右行。具圖如后。

合升	甲	乙	丙	
定數 右行	一Ⅲ	一T	一‖	T 衍母
衍數 左行	‖〇Ⅲ	‖=Ⅲ	Ⅲ=Ⅲ	≡Ⅲ⊥

各滿定母去衍數，得奇數。甲得一十四、乙得七、丙得一十一。

	甲	乙	丙
定母	一Ⅲ	一T	一‖
奇數	一Ⅲ	T	一|

各以奇定，用大衍求一，各得乘率。甲得一十五、乙得五、丙得一十一，各爲乘率列右行。對寄左行衍數。具圖如后。

	甲	乙	丙
乘率	一Ⅲ	Ⅲ	一|
衍數	‖〇Ⅲ	‖=Ⅲ	Ⅲ=Ⅲ

以兩行對乘之，得用數。甲得三千六十、乙得一千一百四十、丙得三千五百五十三，列右行。具圖如后。

≡〇⊥〇	一丨≡〇	≡‖‖≣‖	用數	右行
合　丨甲	一Ⅲ乙	丨丙	餘米	左行
左籮	中籮	右籮		

甲總 丨≣Ⅲ⊥〇　乙總 ≡‖‖≣‖　丙總 ‖=‖‖⊥‖　總數 ≡Ⅲ⊥T　衍母 合 ≡丨≟Ⅲ　不滿

既得用數，始驗問題，三籮剩米列左行。對三人所用，以兩行對乘之，甲得三千六十、乙得一萬五千九百六十、丙得三千五百五十三。

併三數得二萬二千五百七十三，爲總數，滿衍母三千八百七十六去之，不滿三千一百九十三合，展爲三石一斗九升三合，爲三籮適滿細數。以左籮剩一合減之，餘三石一斗九升二合，爲甲盜米，又爲丙盜米。以中籮剩米一升四合減之，餘三石一斗七升九合爲乙盜米。併三人米，共得九石五斗六升三合爲所失米。合問。

宋·楊輝《楊輝算法·續古摘奇算法》卷一　今續四問：用工不知其數，差人支犒，每三人支肉一斤，剩零五兩八銖，乃三數剩二。每五人支錢一貫，剩零四百，是五數剩三。每七人支酒一掇，拾撞成掇，是七數無剩。問總工所支各幾何。

答曰：九十八人，錢一十九貫六百，酒十四掇，肉三十二斤一十兩十六銖。

草曰：三剩二，下百四十。五剩三，下六十三。七無剩，不下。併之得二百三。減一百五，餘九十八工。以二百乘工數爲錢，七除工數爲酒，三除爲肉。

七數剩一，八數剩二，九數剩三，問本總數幾何。

答曰：四百九十八。

術曰：七餘一，下二百八十八。題内餘一，下二百八十八。八餘一，下四百四十一。題内餘二，下八百八十二。九餘一，下二百八十。題内餘三，下八百四十。併之二千一千。滿五百四去之，去三箇五百四，餘四百九十八。合問。

十一數餘三，十二數二，十三數餘一，問元總數幾何。

答(數)[曰]：一十四。

術曰：十一餘一，下九百三十六。題内餘三，下二千八百八。十二餘一，下一千五百七十三。題内餘二，下三千一百四十六。十三餘一，下九百二十四。題内餘一，下九百二十四。併之六十八百七十八。滿總法一千七百一十六去之，去四箇一千七百一十六，餘一十四。合問。

二數餘一，五數餘二，七數餘三，九數餘四。問元總數幾何。

答曰：一百五十七。

術曰：二數餘一，下三百一十五。題内餘一，下三百一十五。五數餘一，下一百二十六。題内餘二，下二百五十二。七數餘一，下五百四十。題内餘三，下一千六百二十。九數餘一，下二百八十。題内餘四，下一千百二十。併之三千三百令七。滿總法六百三十去之，去五箇六百三十，餘一百五十七爲答數。合問。

又　六十曰子内音起例

用甲已子午九積成之數，滿五去之，以零數而命納音，凡金、木自有聲，用木三金四本數，水遇土而有聲，火遇水而有聲，土遇火煆則有聲。故火用水數一，水用土數五，土用火數二，爲音也。

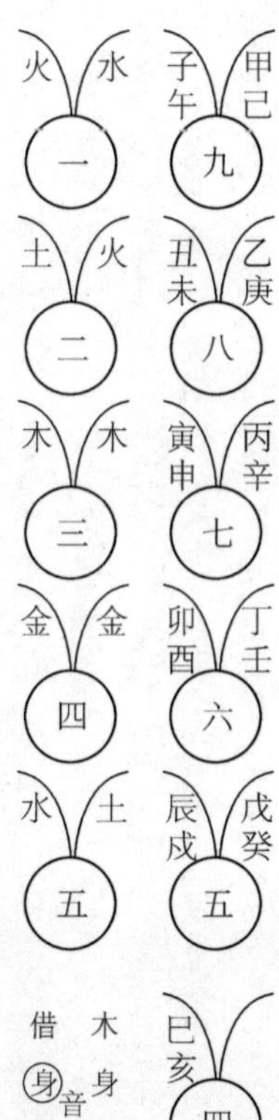

甲九戊五乙八亥四　火共二十六，退二十五餘一，借水數爲音。

丙七子九丁六丑八　水共三十，退二十五餘五，借土數爲音。

戊五寅七己九卯六　土共二十七，退二十五餘二，借父數爲音。

庚八辰五辛七巳四　金共二十四，退二十餘四，本音。

壬六午九癸五未八　木共二十八，退二十五，餘三本音。

又　求本年内日甲起例

乙亥年正且癸酉。問十一月二十六日冬至是何日甲。

答曰：壬辰。

總術曰：置正且積數，有(肉)[圖]在後。求隻月者，加三十，求雙月，只加零日，退小盡。遇閏月通理，滿六十去之，以所存餘數，命日甲數圖。

歲且日甲積數圖乙亥年癸酉下三十七，丙子年丁卯下三十一。

丁酉一　戊戌二　已亥三　庚子四　辛丑五　壬寅六
癸卯七　甲辰八　乙巳九　丙午十　丁未十一　戊申十二
己酉十三　庚戌十四　辛亥十五　壬子十六　癸丑十七　甲寅十八
乙卯十九　丙辰二十　丁巳廿一　戊午廿二　巳未廿三　庚申廿四
辛酉廿五　壬戌廿六　癸亥廿七　甲子廿八　乙丑廿九　丙寅三十
丁卯卅一　戊辰卅二　己巳卅三　庚午卅四　辛未卅五　壬申卅六
癸酉卅七　甲戌卅八　乙亥卅九　丙子四十　丁丑四一　戊寅四二
巳卯四三　庚辰四四　辛巳四五　壬午四六　癸未四七　甲申四八
乙酉四九　丙戌五十　丁亥五一　戊子五二　己丑五三　庚寅五四
辛卯五五　壬辰五六　癸巳五七　甲午五八　乙未五九　丙申六十

求出積數，取年内日甲圖

一丙寅　二丁卯　三戊辰　四己巳　五庚午　六辛[未]
七壬申　八癸酉　九甲戌　十乙亥　十一丙子　十二丁丑
十三戊寅　十四己卯　十五庚辰　十六辛巳　十七壬午　十八癸未
十九甲申　二十乙酉　廿一丙戌　廿二丁亥　廿三戊子　廿四己丑
廿五庚寅　廿六辛卯　廿七壬辰　廿八癸巳　廿九甲午　三十乙未
卅一丙甲　卅二丁酉　卅三戊戌　卅四己亥　卅五庚子　卅六辛丑
卅七壬寅　卅八癸卯　卅九甲辰　四十乙巳　四一丙午　四二丁未
四三戊申　四四己酉　四五庚戌　四六辛亥　四七壬子　四八癸丑
四九甲寅　五十乙卯　五一丙辰　五二丁巳　五三戊午　五四己未
五五庚申　五六辛酉　五七壬戌　五八癸亥　五九甲子　六十乙丑

前術草曰：置正且癸酉積數三十七，加隻月三十，亦加零日二十六，退小盡六日，去一箇六十，餘二十七，命求出積數圖，得壬辰日。

明・嚴恭《通原算法》　今有散錢不知其數，作七十七陌穿之，欠五十文揍穿。若作七十八陌穿之，不多不少。問錢數若干。此係管數却非不足適足。

答曰：二千一百六文。

術曰：列七十八自乘，得六千八十四。又以七十七減欠五十，餘二十七。乘頭位，得一十六萬四千二百六十八爲實。別以七十八、七十七相乘，得六千六。減除頭位，實不滿法，却合前問。若以七十八數有零，當五千九百二十九乘。

今有瓦不知其數，若三十四片作一堆，剩五片。若三十六片作一堆，剩七片。問瓦若干。亦非兩盈也。

答曰：二千一百九十五片。

術曰：以三十四片加一乘之，得一千一百九十。半之，得五百九十五。却以七片乘之，得四千一百六十五片。別以三十六減一乘之，得一千二百六十。半之，得六百三十。却以五片乘之，得三千一百五十片。併之，得七千三百一十五片爲實。却以三十四三十六相乘，得一千二百二十四。減除頭位，實不滿法，即九數。合前問。

明・吴敬《九章算法比類大全》卷三《衰分》　今有錢不知總。只云七數剩一，八數剩二，九數剩三。問總幾何。

答曰：四百九十八。

法曰：七數剩二，下二百八十八。八數剩二，剩一該四百四十一，剩二下八百八十二。九數剩三，剩一該二百八十，剩三下八百四十。併之，共二千一十。滿數五百四，則去之，凡三次，減去共一千五四一十二，餘四百九十八。合問。

今有物不知總。只云十一數剩三，數十二剩二，數十三剩一數。問總幾何。

答曰：一十四。

法曰：十一數剩三，剩一該九百三十六，剩三該一千八百八。十二數剩二，剩一該一千五百七十三，剩二該三千一百四十六。十三數剩一，下九百二十四。併之，共六千八百七十六，滿數一千七百一十六，則去之凡四次，減去共六千八百六十四，餘一十四。合問。

今有物不知總。只云：三數剩一，五數剩二，七數剩三，九數剩四。問總幾何。

答曰：一百五十七。

法曰：三數剩一，下三百一十五。五數剩二，剩一該一百二十六，剩二下二百五十二。七數剩三，剩一該五百四十，剩三下一千六百二十。九數剩四，剩一該二百八十，剩四下一千一百二十。併之，共三千三百零七，滿數六百三十，則去之，九五次，減去共三千一百五十，餘一百五十七。合問。

又　**卷五《商功》**　今有瓦不知數。只云三十四片作一堆，剩五片。若三十六片作一堆，剩七片。問該瓦幾何。

答曰：一千一百九十五片。

法曰：置瓦三十四片，加一片得三十五片。相乘，得一千一百九十片。半之，得五百九十五，却以七片乘之，得四千一百六十五。於上再置三十六片，減一片得三十五片。相乘，得一千二百六十。半之，得六百三十。却以五片乘之，得三千一百五十。併前，共得七千三百一十五片，爲實。却以三十四片、三十六片相乘，得一千二百二十四。以對減除實，不滿法者，即得瓦數。合問。

明·王文素《算學寶鑑》卷二二《翦管》　求原母子有根基，衆母連乘滿數齊。三母問題乘二母，其餘一母去除之。惟餘一者方堪下，以子乘乘併實奇。滿數去之餘剩數，便爲原總數無移。

楊氏輝曰：此猶覆射之術。俗名曰：秦王暗點兵。可以暗聽人隔壁分物，聞其零即知其總也，以爲翦管之術。

不用滿數以少減多口訣

求原母子另詳推，以少減多要合題。不合再加多母數，合其題者總無移。或將三母爲題問，餘母除前二總宜。不合相乘前母併，合其題者總纔知。

以少減多術曰：先下多母、多子，以少母、少子約之，合其題者爲二母總數。題云：余一，得餘一之數即是。題云：餘二，得餘二之數即是。以上倣此。以三母題，先以二母如前求之，得二母小總，以所餘一母約之，合題者即是。或不合，以先求二母相乘，併之，再約，四母以上者，次第求之。

以多減少口訣

求原母子細躊躇，多母之餘減少餘。不勾減時加少母，減餘爲實且傍居。別將二母相差數，爲法將前寄實除。除盡數乘多母數，加多餘子總無虛。

解術曰：先下少子，以多子減之，或不勾，再加少母，減之，餘爲寔。別置多母，以少母去之，餘爲法。以法除寔，務令除盡。不盡，再加少母，以除得之數而乘多母，搭入多子，爲二母原總數。如三母題，先以二母如前求之，得二母小總，爲多子，以二母相乘爲多母，與所母子如前求之，母多者遞以求之。

又　有物不知總數，以七七數之餘三，以九九數之餘五。問總數幾何。

答曰：五十九。

滿數法曰：七數餘一下三十六。題云：餘三下一百零八。九數餘一下二十八。題云：餘五下一百四十。併之，共二百四十八爲實。另以二母七、九相乘，得六十三爲滿數去之，三次去一百八十九。餘五十九爲原總數。合問。

以少約多法曰：下多子五，以少母約之，亦餘五，不合題數。（九）下六次九共五十四，併入子五共五十九，以七約之，方纔餘三，乃合題爲總數。合問。

以多減少法曰：下少子三，以多子五減之，不足，即加少母七共一十，內減多子伍，餘五爲實。別置多母九，內減少母七，餘二爲法。除寔五不盡，再加少母七共一十二，以法除之得六。乘多母九，得五十四，加子五，共五十九爲總數。亦合問。

有物不知其數，置以爲實，以三爲法，除之餘一。即是三分之一。又以四爲法，除之餘二。即是四分之二。又以五爲法，除之餘三。即是五分之三。問總數幾何。

答曰：五十八。

滿數法曰：三除餘一下四十。題云：餘一下四十。四除餘一下四十五。題云：餘二下九十。五除餘一下三十六。題云：餘三下一百八。併之共二百三十八。爲實。另以三母三、四、五連乘得六十。爲滿數去之，三次去一百八十。餘五十八爲總數。合問。

以少約多法曰：下多子三，以中母四約，亦餘三，不合題數。下三次五，併多子三，共一十八，以四約之，方纔餘二，合題。就以一十八爲多子，以少母三約，除之無零，不合題。以先求二母四、五相乘得二十，併十八共三十八，以三除之，餘二，亦不合題。再下二十，共五十八，以三約之，方合題數。

以多減少法曰：先下中母餘二，以多子三減之，不足即加少母，共六，內減多子三亦餘三，爲寔。別置多中二母四、五相減，餘一爲法，除之得三。以多母五乘之得一十五，加多子三共一十八。又爲多子以四、五相乘二十，又爲多母此一節。下少子一，以多子十八減之，不足，再下六次三，加一十八，共子一十九，內減多子，餘一爲寔。別置多母二十以少母三去之，餘二爲法。除實不盡，再加少母三共四，以法除之得二，乘多母得四十，加多子十八，共五十八爲原總。合問。

又　錢不知總數，置以爲寔，以五除之餘三，即是五分之三。以七除之餘二，即是七分之二。以九除之餘八，即是九分之八。問總錢幾何。

答曰：二百三十三文。

滿數法曰：五除餘一下一百二十六。題云：餘三下三百七十八。七除餘一下二百二十五。題云：餘二下四百五十。九除餘一下二百八十。題云：餘八下二千二百四十。併之共三千六十八。爲實，以滿數三百一十五去之，九次去二千八百三十五。餘二百三十三爲總錢數。合問。

以少約多法曰：先下多母餘八，以中母七約之餘一，不合題。下四次九，加三十六，共四十四。以七約之餘二。方合題數。就以四十四爲多子，以少母五除餘三，約之餘四。不合。另以多中二母七、九相乘得六十三。爲多母，併子，共一百七。以五約之餘二。不合。再下兩多母，下一百二十六。併前共二百三十三，以五約之餘三。方合題數。

以多減多法曰：先下中母餘二，以多子八減之，不足，加中母七得九，内減多子八餘一爲寔。別置多母九，内減中母七餘二爲法。除寔不盡，再加中母七得八，以二除之得四。以多母九乘之得三十六。併多子八共四十四。又爲多子以減少子三，不足，加少母九次，加四十五，共四十八。内減多子四十四，餘四爲實。另以先求二母七、九相乘，得六十三爲實。以少母五去之，餘三爲法。除前實四不盡，加少母五得九，以法三除之得三，以多母六十三乘之得一百八十九，加入多子四十四，共二百三十三爲總錢。亦合問。

有物不知總數，七人分之餘一，以八人分之餘二，再以九人分之餘三。問總數。

荅曰：四百九十八。

滿數法曰：七分餘一下二百八十八，題云：餘一即下。八分餘一下四百四十一，題云：餘二下八百八十二。九分餘一，下二有八十，題云：餘三下八百四十。併之，得一千一十，爲實。以滿數五百四去之，三次去一千五百一十二，餘四百九十八爲總物。合問。

以少約多法曰：先下多母餘三，内減中子餘一爲實。以中母八爲法，除之不盡，加多母九七，次下六十三，共六十四。以法八除之得八，以中母八乘[illegible]六十四，加中子二得六十六。又爲多子以少母餘一減之，餘六十五爲[illegible]以少母七爲法，除不盡。另以先求二母八、九相乘得七十二，併之六次，下四百三十二，加入多子六十六，共四百九十八爲總數。合問。

以多減少法曰：先下中子二，以多子三減之，不足，加中母八共一十，減之餘七爲寔。別置多母九，以中母八去之，餘一爲法，除之得七，以多母九乘之得六十三，加多子三共六十六，又爲多子。另置少子一，以多子六十六減之，不足，加少母七凡十次，七十減之，餘五爲寔。另以先求二母八、九相乘得七十二，爲多母以少母七去之，餘二爲法，除寔五，不盡，加少母七得一十二，除之得六，以多母七十二乘之，得四百三十二，加多子六十六，得四百九十八爲總數。合問。

本府用鷄不知總數，着落所屬三縣均出。且云：上縣二十一里，均出餘一十三隻。中縣一十九里，均出餘一十二隻。下縣一十七里，均出餘一十四隻。問原總數并各縣各里該幾何。

荅曰：原總鷄共用三千隻，每縣各一千隻。上縣每里四十七隻，二十一里共九百八十七隻。中縣每里五十二隻，一十九里共九百八十八隻。下縣每里五十八隻，一十七里共九百八十六隻。

滿數法曰：十七餘一，下五千九百八十五，題云：餘十四。下八萬三千七百九十〇十九餘一，下四千九百九十八，題云：餘十二。下五萬九千九百七十六〇二十一餘一，下二千五百八十四，題云：餘十三。下三萬三千五百九十二〇併之，得一十七萬七千三百五十八爲寔。以滿數六千七百八十三去之，凡二十六次，去一十七萬六千三百五十八，餘一千爲一縣之數。各以里數除之，以上縣二十一里除之，每里出四十七隻，餘一十三隻。以中縣十九里除之，每里出五十二隻，餘十二隻。以下縣十七里除之，每里出五十八隻，餘十四隻。合問。

以多減少法曰：先下中子十二，以多子十三減之，不足，併入中母十九共三十一，内減多子，餘十八爲實。另置多母二十一，以少母減之，餘二爲法，除實得九，以乘多母得一百八十九，加入多子十三得二百二，又爲多子。另以多中二母相乘，得三百九十九爲多母〇末下少子十四，以多子二百二減之，不足，加少母十七，[illegible]次下二百四，併少子共二百一十八，内減多子二百二，餘一十六爲實。另置多母三百九十九，以少母十七去之，凡二十三次去三百九十一，餘八爲法，除寔淂二，以乘多母三百九十九得七百九十八，加入多子二百二，共一千隻爲一縣之總。亦同。

解曰：滿數一術固是正法，求下數亦難，投至求出下數，用多減少術，已求得原總數矣。

又 四母題：物不知總數爲寔，以三除之餘一，以四除之餘二，以五除之餘三，以七除之餘四。問總物幾何。

荅曰：二百九十八。

滿數法曰：三(數)[除]餘一，下二百八十，題云：餘一。下二百八十四除餘一，下一百零五，題云：餘二。下二百一十五除餘一，下三百三十六，題云：餘三。下一千零八。七除餘一，下一百二十，題云：餘四。下四百八十。併之，共一千九百七十八爲實。以滿數四百二十去之，凡四次，去一千六百八十，餘二百九十八爲原實。合問。

以多減少法曰：先下五除餘三，以七除餘四，減之，不足，加上母五共八，減之，餘四爲實。别置七以五去之，餘二爲法，除實得二，以七乘之得一十四，加入子四，共一十八爲二率之子。另以五、七相乘，得三十五爲二率母，此第一節。另下四除餘二，以二率子十八減之，不足，加母四，凡四次，下一十六，共一十八，以十八減之，適盡，仍以十八又爲三率子。另以母四乘二率母三十五，得一百四十，爲三率母，此三節。另下三除餘一，加母三，凡六次，下一十八，共一十九，以三率子十八減之，餘一爲實。另置三率母一百四十，以母三去之，餘二爲法，除寔一不盡，加母三得四，以法二除之得二，以三率母一百四十乘之得二百八十，加三率子十八，共二百九十八爲原総實物。合問。

絹一疋值錢二百八文，布一疋值錢一百三文，兩物相换，布貼絹錢四十三文。問絹布幾疋各共值錢幾何。

答曰：絹七十三疋，值一萬五千一百八十四文。布一百四十七疋，值一萬五千一百四十一文。

法曰：置布貼絹錢四十三文爲實。别置絹價二百八文，以布價一百三文去之，二次去二百六文，餘二爲法，除實不盡，加布價一百三文入實，共一百四十六〇以法二除之，得絹七十三疋，乘本價二百八文，得一萬五千一百八十四文爲寔。以布價一百文爲法，除之得布一百四十七疋，餘四十三文爲貼絹錢。合問。

鵝一隻值二百一十四文，鴨一隻值五十三文，二物交换兩不貼錢，鷄值二十五文，却來换鴨貼鴨錢七文。問三物數。

答曰：鵝一千一百一十三隻，值二十三萬八千一百八十二文。鴨四千四百九十四隻，值二十三萬八千一百八十二文。雞九千五百二十七隻，值二十三萬八千一百七十五文。

法曰：置鵝價二百一十四，鴨價五十三相乘，得一萬一千三百四十二爲二率母。以雞價二十五去之，餘十七爲法〇别置貼錢七文爲寔，以法除之，不盡，加鷄價十四，次加三百五十入寔，共三百五十七，以法除之，得二十一，以二率母一萬一千三百四十二乘之，得二十三萬八千一百八十二爲三率母。令三物各以價錢除之，以鵝價二百一十四除之，得鵝一千一百一十三隻。以鴨價五十三除之，得鴨四千四百九十四隻。以雞價二十五除之，得雞九千五百二十七隻。餘七文爲貼鴨錢。合問。

昔唐太宗點軍傳令，下營每一千人爲一營，只剩一名。每一千二人爲一營，秖剩四名。問総軍幾何。

答曰：一百萬。

法曰：下少母一千一人，併少子一人，共一千二人，内減多子四，餘九百九十八爲寔。别置多母一千二人，内減少母一千一人，餘一人爲法除寔，仍是九百九十八，以多母一千二人乘之，得九十九萬九千九百九十六，加少子四，共一萬爲総軍數。合問。

今年净花三包，片數相等。一包换豆，一包换穀，一包换米。且云：四斤换豆一石有零二斗五升五斤，换穀一石有零四斗九斤，换米一石無零。問花每包斤重及三包物各幾何。

答曰：花每包一百一十七斤，米一十三石，穀二十三石四斗，豆二十九石一斗五升。

法曰：置换豆四斤，加零一斤共五斤，内減换穀零二，餘三爲寔。以四斤減五斤餘一斤爲法，除之得三，乘换穀五斤得十五，加零二得十七斤。另置米九斤三，以下二十七，内減十七，餘一十爲實。以四、五相乘，得二十，内減二九一十八餘二爲法，除之得五，以二十乘得一百，加零十七，得每包花一百一十七斤。合問。

明·周述學《曆宗算會》卷一〇 《総分》 若非盈不足，而惟各餘率者，或以三、五、七，或以七、八、九參伍之餘，欲求其揔，則視其所餘，而布例下之數，如滿會數去之，餘爲淂所求揔也。若以二、三、四參伍之，而無餘率者，須有一揔以求之。假令各幾人共一物，又令各幾人共一物更露物揔，以求揔人。即以各人數爲分毋，各共物爲分子，以分毋相乘，乘揔物爲實。以子互乘毋，併以爲法，除之爲淂所求揔人也。若有揔價而又有餘率者，以餘價乘揔價，以餘物除之爲實。開方除之淂價率。以除揔價爲淂揔物也。税率求総：若以所税分毋相乘，以乘共税爲實。以税剩餘分相乘，減所税分毋相乘，餘爲法除之。若以所税分毋相乘，乘存物爲實。以税剩餘分相乘爲法，除之俱淂揔物。互工求揔：以各物率母。

爲分毋，工匠爲分子，以毋互乘子，併之爲法，毋相乘爲實。實如法而一淂揔。貸息求揔： 以求淂貸息月日爲實，以原鈔與月利相乘爲法，乘之爲淂所求揔息也。遲疾求合之法： 有追合、回合、冲合之殊。 追合以遲日行乘先行爲實，以遲疾二行減餘爲法，除之淂追合日數。 如以追及日數除揔程，淂疾日行里數。如併已去追及除揔程，淂遲日行里數。 若以疾日行乘共日爲實，以二行減餘除之，爲遲行日數。 以減共日餘爲疾行日數。 如併二行而半之，以除揔程，得回迎揔實，以疾日行里數乘之，用減揔程餘，淂回迎里數。 如併二行以除揔程，爲淂冲合日數也。

物不知総，只云十一數剩三，十二數剩二，十三數剩一，求総幾何。

十一數剩一，剩一該九百三十六，剩三該二千八百八。 十二數剩二，剩一該一千五百七十三，剩二該三千一百四十六。 十三數剩一，下九百二十四。 併之，共六千捌百七十八。 滿數一千七百一十六。 則去之，九四次減去共六千八百六十四。 餘淂総一十四。

木綿三駄四斤，換粟一石零貼七斗五升五斤，換麥一石零貼二斗九斤，換絹一疋無餘。 求各幾何。

四數剩一下四十五，題内剩三該下一百三十五。 五數剩一下三十六，題内剩一該下三十六。 九數剩一下一百，無零不下。 併該下，共淂木綿一百七十一斤。 爲實。 以粟四斤、麥五斤、絹九斤。 各爲法，除之淂各數。 粟四十二石七斗半，麥三十四石二斗，絹一十九疋。

明・程大位《筭法統宗》卷一四《衰分》 水仙子 元宵十五鬧縱横，來往觀燈街上行。 我見燈上下，紅光映。 遶三遭，數不真，從頭兒三數無零。 五數時四甌不盡，七數時六盞不停。 端的是幾盞明燈。

解題： 初以三筭之恰盡，次以五筭之餘四盞，再以七筭之餘六盞，問共燈若干。

荅曰： 六十九盞。

法曰： 此如孫子物不知總法也。 先置三數無零，不必下五數剩四。 每一下二十一。 四共該下八十四。 七數剩六。 每一下十五，六共該下九十。 併之，共得一百七十四。 減去滿法一百令五，餘得六十九盞。 合問。

又程大位《筭法纂要》卷二五《衰分》 物不知總 孫子歌曰： 又云，韓信暗點兵也。

三人同行七十稀，五樹梅花念一枝，七子團圓正月半，除百零五便得知。

解曰： 凡三數剩一箇，下七十； 剩二箇，下一百四十。 五數剩一箇，下二十一； 剩二箇，下四十二； 剩三箇，下六十三； 剩四箇，下八十四。 七數剩一箇，下十五； 剩二箇，下三十； 剩三箇，下四十五； 剩四箇，下六十； 剩五箇，下七十五； 剩六箇，下九十。 此乃小數，每堆三個、五個、七個。 若無剩者，不必下也。 三次總合若干，内除一百零五，餘者，是數也。 或有不必除者，亦然，在於臨時機變。

今有物不知總，只云： 三數剩二箇，五數剩三箇，七數剩二箇。 問共若干。

荅曰： 二十三箇。

法曰： 三數剩二箇，下一百四十。 五數剩三箇，下六十三。 七數剩二箇，下三十。 併得二百三十三，内減去滿法一百零五，又減一百零五，餘二十三箇。合問。 視總物少，必用除之，或除二次止矣。

今有兵士，不知人數。 每堆三十，剩一十。 又分堆，匀作五十無剩。 又分堆，匀作七十，剩二十。 問共兵若干。

荅曰： 一千。

法曰： 三數剩一，下七百。 五數無剩，不必下也。 七數剩二十，下三百。併之共兵一千。 合問。 視總數多，不必除也。

今有兵卒，不知人數，三數無剩，五數剩三十箇，七數剩四十箇。 問共若干。

荅曰： 一千二百三十箇。

法曰： 三數無剩，不必下。 五數剩三十，下六百三十。 七數剩四十，下六百。 併之得一千二百三十合問。

假如： 三數三十作一堆，剩三箇； 五數剩三十三； 七數剩四十三。 三次俱是零二箇，即是一千二百三十三箇； 但頭遍零幾箇，五、七皆同，餘倣此。 或萬數已上，每堆以百，零者照前。

清・張敦仁《求一筭術》卷一 連環相約： 術曰： 置各問數，識其位，如甲、乙、丙、丁之類。 自上而下列之。 先以上位與下諸位各求等，依約分術約一存一，爲第一變。 若上位當約，即以既約之數與下諸位求等。 後皆放此。 又以次位與下諸位各求等，約之爲第二變。 每自上而下，以一位與下諸位各求等，約之，爲一變。凡問數有三位，則有二變；有四位，則有三變。 每多一位，則多一變。 訖各爲泛母。 復置泛母如前，自上而下求等，依再約術約一乘一，爲一變，訖各爲定母。 若各問數俱無等，即以各問數爲定母。若泛母俱無等，即以泛母爲定母。

案：秦氏元法，問數有元數、收數、通數、復數之别，其復數條有求總等一法。今驗求總等於筭未啮，如程行相及問衍母當三千緣求總等誤作六千，故此術定以約分求泛母、再約求定母，較元法爲省約而無弊。

今有甲數二十四、乙數三十、丙數五十四，問定母各幾何。

答曰：甲八、乙五、丙二十七。

草曰：先以甲二十四偶。與乙三十偶。求等得六。偶。以約乙得五。奇。此是令約得數爲奇。又以甲二十四偶。與丙五十四偶。求等得六。偶。以約丙得九。奇。此亦是令約得數爲奇。得甲二十四、乙五、丙九爲第一變。又以乙五與丙九求等，得一不約，此第一變即爲第二變。又問數止三位，此第二變即爲泛母。又置泛母，以甲二十四與乙五求等，得一不約。又以甲二十四與丙九求等得三。以約甲得八。偶。此反約法。乘丙得二十七。奇。得甲八、乙五、丙二十七爲第一變。又以乙五與丙二十七求等，得一不約。此第一變即爲第二變，亦即爲定母。合問。

今有甲數二十八、乙數二十六、丙數三十二，問定母各幾何。

答曰：甲七、乙一十三、丙三十二。

草曰：以甲二十八偶。與乙二十六偶。求等得二。偶。以約乙得一十三。奇。又以甲二十八偶。與丙三十二偶。求等[得]四，偶。以約甲得七，奇。得甲七、乙一十三、丙三十二爲第一變。又以乙一十三與丙三十二求等，得一不約。此第一變即爲第二變，問數止三位即爲泛母。又視甲七與乙一十三與丙三十二，又乙一十三與丙三十二皆無等，此泛母即爲定母。合問。

今有甲數一十一、乙數九、丙數四。問定母各幾何。

答曰：甲一十一、乙九、丙四。無等，即以問數爲定母。

草曰：以甲一十一與乙九求等，得一。又以甲一十一與丙四求等得一，皆不約。又以乙九與丙四求等得一，亦不約，則甲一十一、乙九、丙四即爲定母。合問。

連環相乘

泛母	甲	乙	丙
	四	五	九
	二		

術曰：列各問數累相乘，所得即衍母也。如甲、乙、丙三位，以甲乘乙得數，又以丙乘之即得衍母。四位以上放此。列各問數，存一位，餘累相乘，所得即所存位之衍數也。如甲、乙、丙三位，存甲一位，以乙、丙兩位相乘，所得爲甲衍數。餘放此。

其一術曰：置衍母，依位數副之，如有甲、乙、丙三位，即副置衍母三位，四位已上放此。以各問數除之，即各得衍數也。如以甲除衍母，所得爲甲衍數。餘放此。

今有甲數八、乙數五、丙數二十七。問衍母、衍數各幾何。

答曰：衍母一千八十，甲衍數一百三十五，乙衍數二百一十六，丙衍數四十。

草曰：以甲數八乘乙數五，得四十，又以丙數二十七乘之，得一千八十即衍母也。以乙數五乘丙數二十七，得一百三十五即甲衍數也。以甲數八乘丙數二十七，得二百一十六即乙衍數也。以甲數八乘乙數五，得四十即丙衍數也。合問。

其一草曰：置衍母一千八十爲三位，以甲數八除之得一百三十五。以乙數五除之得二百一十六。以丙數二十七除之得四十，並與前同。合問。

今有甲數三、乙數五、丙數七、丁數十一。問衍母、衍數各幾何。

答曰：衍母一千一百五十五，甲衍數三百八十五，乙衍數二百三十一、丙衍數一百六十五、丁衍數一百五。

草曰：以甲數三乘乙數五得一十五，又以丙數七乘之得一百五，又以丁數十一乘之得一千一百五十五，即衍母也。以乙數五乘丙數七得三十五。又以丁數十一乘之得三百八十五，即甲衍數也。以甲數三乘丙數七得二十一。又以丁數十一乘之得二百三十一，即乙衍數也。以甲數三乘乙數五得一十五。又以丁數十一乘之得一百六十五，即丙衍數也。以甲數三乘乙數五得一十五，又以丙數七乘之得一百五，即丁衍數也。合問。

其一草曰：置衍母一千一百五十五爲四位，以甲數三除之，得三百八十五。以乙數五除之，得二百三十一。以丙數七除之，得一百六十五。以丁數十一除之，得一百五。並與前同，合問。

大衍求一以乘率乘少數，滿多數去之必餘一。一猶大衍之奇一，故曰大衍求一。

術曰：列少數於上，多數於下，以上除下，所得爲第一數。有餘，復以下除上，所得爲第二數。如是上下相除，所得以次命之。如第三數、第四數之類。上位餘一，如上位除盡，即減得數一爲餘一。如上位五、下位一，常法以一除五，得五除盡。此術以一除五，則爲得四，餘一，與常法不同。即止不除。乃列各得數於左行，立天元一爲右行。第一數以左行，第一數乘之得右行第二數。此無上位可加，故即爲第二數。復置右行第二數，以左行第二數乘之，如入右行第一數，得右行第三數。每置右行數，以左行相當之數乘之，謂第一、第二位數相當。以右行上位加之，得右行次位。如右行第三數，即以左行相當第三數乘之，以右行上位第二數加之，得右行次位第四數。它倣此。其右行最後得數，即乘率也。右行位數恒多於左行一位，如左行有四數，右行即有五數，此第五數即乘率也。

今有少數五、多數六。問乘率幾何。

荅曰：五。以乘率五乘少數五，得二十五。以多數六去之，餘一。

	第一數	第二數	乘率
右行	一	一	五
左行	一	四	

草曰：列五於上六於下。以上五除下六，得一爲第一數，下餘一。又以下一除上五，得四爲第二數，上餘一即止不除。得第一數一、第二數四列左行，乃立天元一爲右行第一數。以左行第一數一乘之，仍得一爲右行第二數。又置右行第二數一，以左行第二數四乘之，仍得四。加入右行第一數一得五，爲右行第三數。左行更無第三數無可對乘，此右行第三數即爲乘率。合問。

今有少數五、多數二十三。問乘率幾何。

荅曰：一十四。以乘率一十四乘少數五得七十。以多數二十三去之，餘一。

草曰：列五於上二十三於下。以上五除下二十三，得四爲第一數，下餘三。又以下三除上五，得一爲第二數上，餘二。又以上二除下三，得一爲第三數，下餘一。又以下一除上二，得一爲第四數，上餘一，即止不除。得第一數四、第二數一、第三數一、第四數一，列左行，乃立天元一爲右行第一數。以左行第一數乘之，仍得四爲右行第二數。又置右行第二數四，以左行第一數一乘之仍得四。加入右行第一數一得五，爲右行第三數。又置右行第三數五，以左行第三數一乘之，仍得五。加入右行第二數四，得九爲第四數。又置右行第四數九，以左行第四數一乘之，仍得九。加入右行第三數五得一十四，爲右行第五數，即乘率。合問。

	第一數	第二數	第三數	第四數	乘率
右行	一	四	五	九	一四
左行	四	一	一	一	

今有少數一百、多數一百一。問乘率幾何。

荅曰：一百。以乘率一百乘少數一百得一萬，滿多數一百一去之，餘一。

	第一數	第二數	乘率
右行	一	一	一〇〇
左行	一	九九	一〇〇

草曰：列一百於上，一百一於下。以上一百除下一百一，得一爲第一數，下餘一。又以下一除上一百得九十九爲第二數，上餘一，即止不除。得第一數一、第二數九十九列左行，乃立天元一爲右行第一數。以左行第一數一乘之，仍得一爲右行第二數。又置右行第二數一，以左行第二數九十九乘之，仍得九十九。(如)[加]入右行第一數一，得一百爲右行第三數，即乘率。合問。求一此總術也。

術曰：置元問各全數，依連環相約術求得各定母。復置各定母，若定母爲一，即減去此位不用。依連環相乘術求得衍母及衍數。置各衍數，各以定母去之，餘爲各奇數。各置奇數、定母，奇數一者，即以衍數爲用數，不求乘率。依大衍求一術求得各乘率。復置各衍數，以各乘率乘之，得各用數。乃置元問各賸數，各以用數乘之爲各總。以各總并之爲總數，滿衍母去之，餘即所求數也。

今有物不知其數，三三數之賸二，五五數之賸三，七七數之賸二。問物幾何。此問出《孫子筭經》，爲求一術之原本，故首列之。

荅曰：二十三。

元問全數	甲	乙	丙
	三	五	七

草曰：置元問全數三、五、七，列甲、乙、丙三位。

定母	甲	乙	丙
	三	五	七

依連環相約術約之，先以甲三與乙五相約，無等。次以甲三與丙七相約，亦無等。又以乙五與丙七相約，亦無等，即以各全數爲各定母。

衍數	甲	乙	丙	衍母
	三五	二一	一五	一〇五

又依連環相乘術求衍母、衍數，以甲定母三乘乙定母五，得一十五。以乘丙定母七，得一百五爲衍母。置衍母三位，各以定母除之，甲得三

十五、乙得二十一、丙得一十五，各爲衍數。

置各衍數，各以定母除去之，甲得二、乙得一、丙得一，各爲奇數。

奇數	甲	乙	丙
	二	一	一

視乙、丙二位奇數，皆得一，不求乘率，即以衍數爲用數。甲奇數二，當求乘率，依大衍求一術入之。列甲奇數二於上，甲定母三於下，以上二除下三，得一爲第一數，下餘一。又以下一除上二，得一爲第二數，須令有餘，故一除二得一。上餘一。得第一數一、第二數一。

上	二	元	二	餘	一
下	三	餘	一		
第一數	一	第二數	一		

列第一數一、第二數一于左行，立天元一爲右行第一數。以左行第一數一乘之，得一爲右行第二數。又置右行第二數一，以左行第二數一乘之得一。加入右行第一數一得二，爲右行第三數。即甲乘率。

	第一數	第二數	甲乘率
右行	一	一	二
左行	一	一	

以甲乘率二乘甲衍數三十五，得七十爲甲用數。乙衍數二十一、丙衍數一十五，即爲用數。

用數	甲	乙	丙
	七〇	二一	一五

乃置元問賸數二、三、二，亦列甲、乙、丙三位。各乘用數，甲得一百四十、乙得六十三、丙得三十，各爲總。并各總，得二百三十三爲總數。

賸數	甲	乙	丙	
	二	三	二	
各總	甲	乙	丙	總數
	一四〇	六三	三〇	二三三

置總數，以衍母一百五除去之，餘二十三即物數也。合問。

今有物不知其數，四四數之賸一，六六數之賸五，八八數之賸一。問物幾何。

答曰：一十七。

草曰：列元問全數四、六、八爲甲、乙、丙三位。

元問全數	甲	乙	丙
	四	六	八

依連環相約術約之，先以甲四與乙六求等得二。以約乙六得三。四、六皆偶數，若約四得二，仍是偶數，則與六仍有等，故約六得三爲奇數，即與四無等。又以甲四與丙八求等得四。以約甲四得一。此所約得亦是奇數。又以乙三即用約得數。與丙八求等，得一不約，約畢，得甲一、乙三、丙八各爲定母。又甲定母止有一，即減去甲位，不用。

定母	乙	丙
	三	八

案：秦氏元法定母一者，有借用數之法。又云或欲從省勿借，任之爲空，是借用法本可不立，輾轉補綴，易滋學者之惑，故此術直削去不用。但以乙三、丙八爲各定母。以後只以乙、丙二位入算。

又依連環相乘術求衍母、衍數。以乙定母三乘丙定母八，得二十四爲衍母。列衍母爲二位，各以定母除之，乙得八、即定母。丙得三，即乙定母。各爲衍數。

衍數	乙	丙	衍母
	八	三	二四

置各衍數，以各定母除去之，乙得二，丙不滿定母，即爲得三，各爲奇數。

奇數	乙	丙
	二	三

各置定母、奇數，依大衍求一術入之。

先求乙乘率，列乙奇數二於上，乙定母三於下，以上除下，得一爲第一數，下餘一。又以下一除上二，得一爲第二數，上餘一。得第一數一、第一數一。

上	二	元上	二	上餘	一
下	三	下餘	一		
第一數	一	第二數	一		

列第一數、第二數一於左行，立天元一爲右行第一數。以左行第一數一乘之，得一爲右行第二數。又置右行第二數一，以左行第二數一乘之得一，加入右行第一數一，得二爲右行第三數，即乙乘率。

	第一數	第二數	乙乘率
右行	一	一	二
左行	一	一	

次求丙乘率，列丙奇數三於上，丙定母八於下。以上三除下八，得二爲第一數，下餘二。又以下二除上三，得一爲第二數，上餘一，即止不除。得第一數二、第二數一。

上	三	元上	三	上餘
下	八	下餘	二	
第一數	二	第二數	一	

列第一數二、第二數一於左行，立天元一爲右行第一數。以左行第一數二乘之，得二爲右行第二數。又置右行第二數二，以左行第二數一乘之得二，加入右行第一

	第一數	第二數	丙乘率
右行	一	二	三
左行	二	一	

數一，得三爲右行第三數，即丙乘率。

乘率	乙	丙
	二	三

用數	乙	丙
	一六	九

賸數	乙	丙
	五	一

各總	乙	丙	總數
	八〇	九	八九

以各乘率與各衍數相乘，乙乘率二乘乙衍數八得一十六。丙乘率三乘丙衍數三得九，各爲用數。

乃列元問賸數五、一爲乙、丙二位，四四所賸一當爲甲位，亦棄不用。各乘用數。乙賸數五乘乙用數一十六得八十，丙賸數一乘丙用數九仍得九，各爲總。併各總，得八十九爲總數。

置總數以衍母二十四除(去)之，餘一十七即物數也。合問。

今有物不知其數，五五數之賸四，七七數之賸五，九九數之賸一，問物幾何。

答曰：一十九。

元問全數	甲	乙	丙
	五	七	九

草曰：列元問全數，五爲甲位、七爲乙位、九爲丙位。

依連環相約術約之，以甲五與乙七、丙九相約求等，又以乙七與丙九求等，皆得一不約，即以甲五、乙七、丙九各爲定母。

定母	甲	乙	丙
	五	七	九

又依連環相乘術求衍數、衍母。以甲五乘乙七，得三十五。又以丙九乘之，得三百一十五爲衍母。又以乙七乘丙九，得六十三爲甲衍數。以甲五乘丙九，得四十五爲乙衍數。以甲五乘乙七，得三十五爲丙衍數。

衍數	甲	乙	丙	衍母
	六三	四五	三五	三一五

置各衍數，各以定母去之，甲餘三、乙餘三、丙餘八，各爲奇數。

奇數	甲	乙	丙
	三	三	八

依大衍求一術求乘率。先求甲列甲奇數三於上，甲定母五於下。以上三除下五，得一爲第一數，下餘二。又以下二除上三，得一爲第二數，上餘一，即止不除，得第一數一、第二數一。

上	下	第一數
三	五	一
元上	下餘	第二數
三	二	一
上餘		
一		

列第一數一、第二數一於左行，立天元一爲右行第一數。以左行第一數一乘之得一爲右行第二數。又置右行第二數一，以左行第二數一乘之得一，加入右行第一數，得二爲右行第三數，即甲乘率。

第一數	第二數	第三數 即甲乘率	
一	一	二	右行
一	一		左行

次求乙列。乙奇數三於上，乙定母七於下。以上三除下七，得二爲第一數，下餘一。又以下一除上三，得二爲第二數，上餘一。得第一數二、第二數二。

上	下	第一數
三	七	二
元上	下餘	第二數
三	一	二
上餘		
一		

列第一數二、第二數二於左行，立天元一爲右行第一數。以左行第一數二乘之，得二爲右行第二數。又置右行第二數二，以左行第二數二乘之得四，加入右行第一數一，得五爲右行第三數，即乙乘率。

第一數	第二數	乙乘率	
一	二	五	右行
二	二		左行

次求丙列。丙奇數八於上，丙定母九於下。以上八除下九，得一爲第一數，下餘一。又以下一除上八，得七爲第二數，上餘一。得第一數一、第二數七。

上	下	第一數
八	九	一
元上	下餘	第二數
八	一	七
上餘		
一		

列第一數一、第二數七於左行，立天元一爲右行第一數。以左行第一數一乘之，得一爲右行第二數。又置右行第二數一，以左行第二數七乘之得七，加入右行第一數一，得八爲右行第三數，即丙乘率。

第一數	第二數	丙乘率	
一	一	八	右行
一	七		左行

以各乘率各乘衍數，甲得一百二十六、乙得二百二十五、丙得二百八十，各爲用數。

用數	甲	乙	丙	
	一二六	一二五	二八〇	
賸數	甲	乙	丙	
	四	五	一	
各總	甲	乙	丙	總數
	五〇四	一一二五	二八〇	一九〇九

乃列元問賸數四爲甲位、五爲乙位、一爲丙位。各以用數乘之，甲得五百四、乙得一千一百二十五、丙得二百八十，各爲總。并三總，得一千九百九爲總數。

置總數一千九百九，滿衍母三百一十五去之，餘一十九即物數也。合問。

又 卷二 今有乾、坎、艮、震、巽、離、坤、兌八庫貯銀相等，聽乾、坎、艮、震、巽、離、坤、兌八項人各於當庫支用。如乾項人於乾庫支用，坎項人於坎庫支用是也。乾每次支銀一十兩，坎每次支銀二十兩，艮每次支銀三十兩，震每次支銀四十兩，巽每次支銀五十兩，離每次支銀六十兩，坤每次支銀七十兩，兌每次支銀八十兩。今各不記支用次數，但查驗餘銀。乾庫餘九兩，坎庫餘十九兩，艮庫餘十九兩，震庫餘十九兩，巽庫餘九兩，離庫餘十九兩，坤庫餘六十九兩，兌庫餘五十九兩。問八庫貯銀數及八項人各支用次數幾何。

荅曰：每庫貯銀六千八百五十九兩。乾支過六百八十五次，坎支過三百四十二次，艮支過二百二十八次，震支過一百七十一次，巽支過一百三十七次，離支過一百一十四次，坤支過九十七次，兌支過八十五次。

草曰：置乾一十兩、坎二十兩、艮三十兩、震四十兩、巽五十兩、離六十兩、坤七十兩、兌八十兩，各爲全數。

八數	乾	坎	艮	震	巽	離	坤	兌
	一〇	二〇	三〇	四〇	五〇	六〇	七〇	八〇

用連環相約術約之。先以乾一十與坎二十求等，得一十。以約乾一十，得一。乾既得一，與艮、震以下各位皆無等，得乾一、坎二十、艮三十、震四十、巽五十、離六十、坤七十、兌八十，爲第一變。

一變	乾	坎	艮	震	巽	離	坤	兌
	一	二〇	三〇	四〇	五〇	六〇	七〇	八〇

又以坎二十與艮三十求等，得一十。以約艮三十，得三。又以坎二十與震四十求等，得二十。以約坎二十，得一。坎既得一，與下俱無等，得乾一、坎一、艮三、震四十、巽五十、離六十、坤七十、兌八十，爲第二變。

二變	乾	坎	艮	震	巽	離	坤	兌
	一	一	三	四〇	五〇	六〇	七〇	八〇

次以艮三與震四十求等，得一不約。又以艮三與巽五十求等，亦得一不約。又以艮三與離六十求等，得三。約艮三，得一。得乾一、坎一、艮一、震四十、巽五十、離六十、坤七十、兌八十，爲第三變。

三變	乾	坎	艮	震	巽	離	坤	兌
	一	一	一	四〇	五〇	六〇	七〇	八〇

次以震四十與巽五十求等，得一十。以約震四十，得四。此反約法。又以震四與離六十求等，得四。以約離六十，得一十五。又以震四與坤七十求等，得二。以約坤七十，得三十五。又以震四與兌八十求等，得四。以約震四，得一。得乾一、坎一、艮一、震一、巽五十、離一十五、坤三十五、兌八十，爲第四變。

四變	乾	坎	艮	震	巽	離	坤	兌
	一	一	一	一	五〇	一五	三五	八〇

次以巽五十與離一十五求等，得五。以約離一十五，得三。又以巽五十與坤三十五求等，得五。以約坤三十五，得七。又以巽五十與兌八十求等，得一十。以約巽五十，得五。得乾一、坎一、艮一、震一、巽五、離三、坤七、兌八十，爲第五變。次以離三與坤七、兌八十求等，皆得一，不約，此第五變即爲第六。以坤七與兌八十求等，得一，不約，此第五變即爲第七變。泛母有八位，故有七變。

泛母	乾	坎	艮	震	巽	離	坤	兌
	一	一	一	一	五	三	七	八〇

又置泛母如前求等，皆得一。惟巽五與兌八十求等，得五。以約巽五得一。以乘兌八十，得四。百得乾一、坎一、艮一、震一、巽一、離三、坤七、兌四百，各爲定母。定母單一者，皆減去不用。但置離三、坤七、兌四百，爲三位。

定母	離	坤	兌
	三	七	四〇〇

用連環相乘術求衍母、衍數。以離三乘坤七，得二十一。又以兌四百乘之，得八千四百，爲衍母。又以坤七乘兌四百，得二千八百，爲離衍數。又以離三乘兌四百，得一千二百，爲坤衍數。又以離三乘坤七，得二十一，爲兌衍數。

衍數	離	坤	兌	衍母
	二八〇〇	一二〇〇	二一	八四〇〇

置各衍數，以各定母去之，得離一、坤三、兌二十一，各爲奇數。

奇數	離	坤	兌
	一	三	二一

用大衍求一術求乘率。先求坤乘率，離奇數一，即爲乘率。置坤奇數三於上，坤定母七於下。以上三除下七，得二爲第一數，下餘一。又以下一除上三，得二爲第二數，上餘一，即止不除。得第一數二、第二數二，

	第一數	第二數	坤乘率
右行	一	二	五
左行	二	二	

列左行，乃立天元一爲右行第一數。以左行第一數二乘之，仍得二爲右行第二數。又置右行第二數二，以左行第二數二乘之，得四。加入右行第一數一，得五，爲右行第三數，即坤乘率。

	第一數	第二數	兌乘率
右行	一	一九	三八一
左行	一九	二〇	

次求兌乘率。置兌奇數二十一於上，兌定母四百於下。以上二十一除下四百，得十九，爲第一數，下餘一。又以下一除上二十一，得二十，爲第二數，上餘一，即止不除。得第一數十九、第二數二十，列左行，乃立天元一爲右行第一數。以左行第一數十九乘之，仍得十九，爲右行第二數。又置右行第二數十九，以左行第二數二十乘之，得三百八十。加入右行第一數一，得三百八十一，爲右行第三數，即兌乘率。

乘率	離	坤	兌
	一	五	三八一

置離乘率一、坤乘率五、兌乘率三百八十一，各乘衍數。離乘率一，即以衍數二千八百爲離用數。坤乘率五，以乘坤衍數一千二百，得六千，爲坤用數。兌乘率三百八十一，以乘兌衍數二十一，得八千一，爲兌用數。

用數	離	坤	兌
	二八〇〇	六〇〇〇	八〇〇一

乃置離庫餘十九兩、坤庫餘六十九兩、兌庫餘五十九兩，各爲賸數。

賸數	離	坤	兌
	一九	六九	五九

置各賸數。各以用數乘之，離用數二千八百以乘離賸數十九，得五萬三千二百，爲離總。坤用數六千以乘坤賸數六十九，得四十一萬四千，爲坤總。兌用數八千一以乘兌賸數五十九，得四十七萬二千五十九，爲兌總。并各總，得九十三萬九千二百五十九，爲總數。

各總	離	坤	兌	總數
	五三二〇〇	四一四〇〇〇	四七二〇五九	九三九二五九

置總數九十三萬九千二百五十九，滿衍母八千四百去之，餘六千八百五十九，即各庫貯銀兩數。副置八位，以乾每次支銀一十兩除之，得六百八十五次，餘九兩。以坎每次支銀二十兩除之，得三百四十二次，餘十九兩。以艮每次支銀三十兩除之，得二百二十八次，餘十九兩。以震每次支銀四十兩除之，得一百七十一次，餘十九兩。以巽每次支銀五十兩除之，得一百三十七次，餘九兩。以離每次支銀六十兩除之，得一百一十四次，餘十九兩。以坤每次支銀七十兩除之，得九十七次，餘六十九兩。以兌每次支銀八十兩除之，得八十五次，餘五十九兩。合問。

支過次數	乾	坎	艮	震	巽	離	坤	兌	每庫銀數
	六八五	三四二	二二八	一七一	一三七	一一四	九七	八五	六八五九

今有江寧府差人進京，先差甲，次差乙，次差丙。各於差日黎明起行，甲日行一百七十八里，乙日行二百二十四里，丙日行三百里。甲、乙、丙三人同於本

月十五日到京，其十四日抵暮宿店，各離京遠近不等。甲宿處離京五十八里，乙宿處離京八十六里，丙宿處離京一百五十里。問江寧府距京師里數，并甲、乙、丙每人所行日數及於何日自江寧起行。

荅曰：江寧距京師二千五百五十里。甲行十四日八十九分日之二十九，於初一日起行。乙行十一日一百一十二分日之四十三，於初四日起行。丙行八日半，於初七日起行。

草曰：置甲行一百七十八里，乙行二百四十四里，丙行三百里，各爲全數。

用連環相約術約之。先以甲一百七十八與乙二百二十四求等，得二。以約甲，得八十九。又以甲八十九與丙三百求等，得一，不約，得甲八十九、乙二百二十四、丙三百，爲第一變。

次以乙二百二十四與丙三百求等，得四。以約丙三百，得七十五。得甲八十九、乙二百二十四、丙七十五，爲第二變。視甲、乙、丙俱無等數，即爲定母。

置定母，用連環相乘術求之。以乙二百二十四乘甲八十九，得一萬九千九百三十六。又以丙七十五乘之，得一百四十九萬五千二百，爲衍母。置衍母爲三位。以甲八十九除之，得一萬六千八百，爲甲衍數。以乙二百二十四除之，得六千六百七十五，爲乙衍數。以丙七十五除之，得一萬九千九百三十六，爲丙衍數。

置各衍數，各以定母去之，得甲六十八、乙一百七十九、丙六十一，各爲奇數。

	甲	乙	丙	
全數	一七八	二二四	三〇〇	
一變	八九	二二四	三〇〇	
定母	八九	二二四	七五	
衍數	一六八〇〇	六六七五	一九九三六	衍母 一四九五二〇〇
奇數	六八	一七九	六一	

用大衍求一術求乘率。先求甲，置甲奇數六十八於上，甲定母八十九於下。以上六十八除下八十九，得一爲第一數，下餘二十一。又以下二十一除上六十八，得三爲第二數，上餘五。又以上五除下二十一，得四爲第三數，下餘一。又以下一除上五，得四爲第四數，上餘一。即止不除，得第一數一、第二數三、第三數四、第四數四，列左行，乃立天元一爲右行第一數，以左行第一數一乘之，得一爲右行第二數。又置右行第二數一，以左行第二數三乘之，仍得三。加入右行第一數一，得四，爲右行第三數。又置右行第三數四，以左行第三數四乘之，得一十六。加入右行第二數一，得一十七，爲右行第四數。又置右行第四數一十七，以左行第四數四乘之，得六十八。加入右行第三數四，得七十二，爲右行第五數，即甲乘率。

	第一數	第二數	第三數	第四數	甲乘率
右行	一	一	四	一七	七二
左行	一	三	四	四	

次求乙。置乙奇數一百七十九於上，乙定母二百二十四於下。以上一百七十九除下二百二十四，得一，爲第一數，下餘四十五。又以下四十五除上一百七十九，得三，爲第二數上，餘四十四。又以上四十四除下四十五，得一，爲第三數，下餘一。又以下一除上四十四，得四十三，爲第四數，上餘一。即止不除，得第一數一、第二數三、第三數一、第四數四十三，列左行。乃立天元一爲右行第一數。以左行第一數一乘之，仍得一，爲右行第二數。又置右行第二數一，以左行第二數三乘之，仍得三。加入右行第一數一，得四，爲右行第三數。又置右行第三數四，以左行第三數一乘之，得四。加入右行第二數一，得五，爲右行第四數。又置右行第四數五，以左行第四數四十三乘之，得二百一十五。加入右行第三數四，得二百一十九，爲右行第五數，即乙乘率。

	第一數	第二數	第三數	第四數	乙乘率
右行	一	一	四	五	二一九
左行	一	三	一	四三	

	第一數	第二數	第三數	第四數	二
左行	一	二	一	三四	

次求丙。置丙奇數六十一於上，丙定母七十五於下。以上六十一除下七十五，得一，爲第一數，下餘一十四。又以下一十四除上六十一，得四，爲第二數，上餘五。又以上五除下一十四，得二，爲第三數，下餘四。又以下四除上五，得一，爲第四數，上餘一，即止不除。得第一數一、第二數四、第三數二、第四數一，

列左行，乃立天元一爲右行第一數。以左行第一數一乘之，仍得一，爲右行第二數。又置右行第二數一，以左行第二數四乘之，仍得四。加入右行第一數一，得五，爲右行第三數。又置右行第三數五，以左行第三數二乘之，得一十。加入右行第二數一，得一十一，爲右行第四數。又置右行第四數一十一，以左行第四數一乘之，仍得一十一。加入右行第三數五，得一十六，爲右行第五數，即丙乘率。

	第一數	第二數	第三數	第四數	丙乘率
右行	一	一	五	一一	一六
左行	一	四	二	一	

置各乘率，以乘各衍數。以甲乘率七十二，乘甲衍數一萬六千八百，得一百二十萬九千六百，爲甲用數。以乙乘率二百一十九，乘乙衍數六千六百七十五，得一百四十六萬一千八百二十五，爲乙用數。以丙乘率一十六，乘丙衍數一萬九千九百三十六，得三十一萬八千九百七十六，爲丙用數。

	甲	乙	丙
乘率	七二	二一九	一六
用數	一二〇九六〇〇	一四六一八二五	三一八九七六
賸數	五八	八六	一五〇

乃置甲離京五十八里，乙離京八十六里，丙離京一百五十里，各爲賸數。置各賸數，以乘各用數。以甲賸數五十八，乘甲用數一百二十萬九千六百，得七千一十五萬六千八百，爲甲總。以乙賸數八十六，乘乙用數一百四十六萬一千八百二十五，得一億二千五百七十一萬六千九百五十，爲乙總。以丙賸數一百五十，乘丙用數三十一萬八千九百七十六，得四千七百八十四萬六千四百，爲丙總。并三總，得二億四千三百七十二萬一百五十，爲總數。

	甲	乙	丙	總數
各總	七〇一五六八〇〇	一二五七一六九五〇	四七八四六四〇〇	二四三七二〇一五〇

置總數二億四千三百七十二萬一百五十，滿衍母一百四十九萬五千二百去之，餘二千五百五十，即江寧府距京里數。置總里二千五百五十爲三位，以甲日行一百七十八里除之，得十四日一百七十八分日之五十八，子母各半之，得八十九分日之二十九。爲甲到京日數。以十四日減十五日，餘一，得甲起行爲初一日。以乙日行二百二十四里，除總里，得十一日二百二十四分日之八十六，子母各半之，得一百一十二分日之四十三。爲乙到京日數。以十一日減十五日餘四，得乙起行爲初四日。以丙日行三百里除總里，得八日三百分日之一百五十，子母各以一百五十約之，得二分日之一即半日。爲丙到京日數。以八日減十五日餘七，得丙起行爲初七日。合問。

	甲子母	乙子母	丙子母	總里
共行日	一四 五八 一七八	一一 八六 二二四	八 一五〇 三〇〇	二五五〇

	甲	乙	丙
起行日	一	四	七

今有和、豐、永、盈四字號廒存米相等，每廒各設臼、春米。和字廒設臼六隻，每臼容米五斗七升七合。豐字號設臼七隻，每臼容米五斗五升四合。永字號設臼八隻，每臼容米四斗九升六合。盈字號設臼九隻，每臼容米四斗四升八合。各廒每臼用春夫一名，春夫每名每日春米二臼，四廒同日開春，各於每日清晨在廒取一日應春米。今盤驗餘米，和字號餘十六石九斗一升二合，豐字號餘六石九斗二升八合，永字號餘四石七斗六升八合，盈字號餘三石二斗三升二合。問各廒共米及春過米數、臼數、日數各幾何。

荅曰：共米一百石。和春過米八十三石八升八合，計一百四十四臼，一十二日。盈春過米九十三石七升二合，計一百六十八臼，一十二日。永春過米九十五石二斗三升二合，計一百九十二臼，一十二日。盈春過米九十六石七斗六升八合，計二百一十六臼，一十二日。

草曰：置各臼容米，並通爲合。和得五百七十七合，豐得五百五十四合，永得四百九十六合，盈得四百四十八合，各爲全數。

	和	豐	永	盈
全數	五七七	五五四	四九六	四四八

二變	和	豐	永	盈
	五七七	二七七	四九六	四四八

用連環相約術約之。以和五百七十七、與豐五百五十四、永四百九十六、盈四百四十八求等，皆得一，不約，即以全數爲第一變。次以豐五百五十四與永四百九十六求等，得二。以約豐五百五十四，得二百七十七。又以豐二百七十七與盈四百四十八求等，得一，不約。得和五百七十七、豐二百七十七、永四百九十六、盈四百四十八，爲第二變。

定母	和	豐	永	盈
	五七七	二七七	三一	四四八

次以永四百九十六與盈四百四十八求等，得一十六。以約永四百九十六，得三十一。得和五百七十七、豐二百七十七、永三十一、盈四百四十八，爲第三變，即爲泛母。視各數無等，即爲定母。

衍數	和	豐	永	盈	衍母
	三八四六九七六	八〇一三三七六	七一六〇三三九二	四九五四六九九	二二一九七〇五一五二

以連環相乘術求衍母、衍數。置和定母五百七十七，以豐定母二百七十七乘之，得一十五萬九千八百二十九。又以永定母三十一乘之，得四百九十五萬四千六百九十九。又以盈定母四百四十八乘之，得二十二億一千九百七十萬五千一百五十二，爲衍母。又置衍母四位，以和定母除之，得三百八十四萬六千九百七十六爲和衍數。以豐定母二百七十七除之，得八百一萬三千三百七十六，爲豐衍數。以永定母三十一除之，得七千一百六十萬三千三百九十二，爲永衍數。以盈定母四百四十八除之，得四百九十五萬四千六百九十九，爲盈衍數。

奇數	和	豐	永	盈
	一一七	四三	二六	二六七

置各衍數，各以定母去之。和得一百一十七，豐得四十三，永得二十六，盈得二百六十七，各爲奇數。

用大衍求一術各求乘率。先求和，置和奇數一百一十七於上，和定母五百七十七於下。以上一百一十七除下五百七十七，得四爲第一數，下餘一百九。又以下一百九除上一百一十七，得一爲第二變，上餘八。又以上八除下一百九，得一十三爲第三數，下餘五。又以下五除上八得一爲第四數，上餘三。又以上三除下五得一爲第五數，下餘二。又以下二除上三得一爲第六數，上餘一，即止不除。得第一數四、第二數一、第三數一十三、第四數一、第五數一、第六數一列左行，乃立天元一爲右行第一數，以左行第一數四乘之，仍得四爲右行第二數。又置右行第二數四，以左行第二數一乘之，仍得四。加入右行第一數一，得五爲右行第三數。又置右行第三數五，以左行第三數一十三乘之，得六十五。加入右行第二數四，得六十九，爲右行第四數。又置右行第四數六十九，以左行第四數一乘之，仍得六十九。加入右行第三數五，得七十四，爲右行第五數。又置右行第五數七十四，以左行第五數一乘之，仍得七十四。加入右行第四數六十九，得一百四十三，爲右行第六數。又置右行第六數一百四十三，以左行第六數一乘之，仍得一百四十三。加入右行第五數七十四，得二百一十七，爲右行第七數，即和乘率。

	第一數	第二數	第三數	第四數	第五數	第六數	和乘率
右行	一	四	五	六九	七四	一四三	二一七

	第一數	第二數	第三數	第四數	第五數	第六數
左行	四	一	一三	一	一	一

次求豐。置豐奇數四十三於上，豐定母二百七十七於下。以上四十三除下二百七十七，得六爲第一數，下餘一十九。又以下一十九除上四十三，得二爲第二數，上餘五。又以上五除下一十九，得三爲第三數，下餘四。又以下四除上五，得一爲第四數，上餘一，即止不除。得第一數六、第二數二、第三數三、第四數一列左行，乃立天元一爲右行第一數，以左行第一數六乘之，仍得六爲右行第二數。又置右行第二數六，以左行第二數二乘之，得一十二。加入右行第一數一，得一十三爲右行第三數。又置右行第三數一十三，以左行第三數三乘之，得三十九。加入右行第二數六，得四十五爲右行第四數。又置右行第四數四十五，以左行第四數一乘之，仍得四十五。加入右行第三數一十三，得五十八爲右行第五數，即豐乘率。

	第一數	第二數	第三數	第四數	豐乘率
右行	一	六	一三	四五	五八

	第一數	第二數	第三數	第四數
左行	六	二	三	一

第一數	第二數	永乘率	
一	一	六	右行
第一數	第二數		
一	五		左行

次求永。置永奇數二十六於上，永定母三十一於下。以上二十六除下三十一，得一爲第一數，下餘五。又以下五除上二十六，得五爲第二數，上餘一，即止不除。得第一數一、第二數五列左行，乃立天元一爲右行第一數，以左行第一數一乘之，仍得一爲右行第二數。又置右行第二數一，以左行第二數五乘之，得五。加入右行第一數一，得六爲右行第三數，即永乘率。

次求盈。置盈奇數二百六十七於上，盈定母四百四十八於下。以上二百六十七除下四百四十八，得一爲第一數，下餘一百八十一。又以下一百八十一除上二百六十七，得一爲第二數，上餘八十六。又以上八十六除下一百八十一，得二爲第三數，下餘九。又以下九除上八十六，得九爲第三數，上餘五。又以上五除下九，得一爲第五數，下餘四。又以下四除上五，得一爲第六數，上餘一，即止不除。得第一數一、第二數一、第三數二、第四數九、第五數一、第六數一列左行，乃立天元一爲右行第一數，以左行第一數一乘之，得一爲右行第二數。又置右行第二數一，以左行第二數一乘之，得一。加入右行第一數一，得二爲右行第三數。又置右行第三數二，以左行第三數二乘之，得四。加入右行第二數一，得五爲右行第四數。又置右行第四數五，以左行第四數九乘之，得四十五。加入右行第三數二，得四十七爲右行第五數。又置右行第五數四十七，以左行第五數一乘之，得四十七。加入右行第四數五，得五十二爲右行第六數。又置右行第六數五十二，以左行第六數一乘之，得五十二。加入右行第五數四十七，得九十九爲右行第七數，即盈乘率。

第一數	第二數	第三數	第四數	第五數	第六數	盈乘率	
一	一	二	五	四七	五二	九九	右行
第一數	第二數	第三數	第四數	第五數	第六數		
一	一	二	九	一	一		左行

置各乘率，以乘各衍數。以和乘率二百一十七，乘和衍數三百八十四萬六千九百七十六，得八億三千四百七十九萬三千七百九十二爲和用數。以豐乘率五十八乘豐衍數八百一萬三千三百七十六，得四億六千四百七十七萬五千八百八爲豐用數。以永乘率六乘永衍數七千一百六十萬三千三百九十二，得四億二千九百六十二萬三百五十二爲永用數。以盈乘率九十九乘盈衍數四百九十五萬四千六百九十九，得四億九千五十一萬五千二百一爲盈用數。

	和	豐	永	盈
乘率	二一七	五八	六	九九
用數	八三四七九三七九二	四六四七七五八〇八	四二九六二〇三五二	四九〇五一五二〇一
餘米全數	一六九一二	六九二八	四七六八	三二三二
賸數	一七九	二八〇	三〇四	九六
各總	一四九四二八〇八八七六八	一三〇一三七二二六二四〇	一三〇六〇四五八七〇〇八	四七〇八九四五九二九六
總數	四五七二五九三六一三一二			

乃置各餘米，亦通爲合，各滿全數去之。和餘米一萬六千九百一十二合，滿和全數五百七十七去之，餘一百七十九爲和賸數。豐餘米六千九百二十八合，滿豐全數五百五十四去之，餘二百八十爲豐賸數。永餘米四千七百六十八合，滿永全數四百九十六去之，餘三百四爲永賸數。盈餘米三千二百三十二合，滿盈全數四百四十八去之，餘九十六爲盈賸數。

以賸數各乘用數。和賸數一百七十九乘和用數八億三千四百七十九萬三千七百九十二，得一千四百九十四億二千八百八萬八千七百六十八爲和總。以豐賸數二百八十乘豐用數四億六千四百七十七萬五千八百八，得一千三百一億三千七百二十二萬六千二百四十爲豐總。以永賸數三百四乘永用數四億二千九百六十二萬三百五十二，得一千三百六億四百五十八萬七千八爲永總。以盈賸數九十六乘盈用數四億九千五十一萬五千二百一，得四百七十億八千九百四十五萬九千二百九十六爲盈總。并四總，得四千五百七十二億五千九百三十六萬一千三百一十二爲總數。

置總數四千五百七十二億五千九百三十六萬一千三百一十二，滿衍母二十二億一千九百七十萬五千一百五十二去之，餘一十萬合，命爲一百石，即每廒共米。置共米，各以餘米減之，和得八十三石八升八合，豐得九十三石七升二合，

	和	豐	永	盈
春過米數	八三〇八八	九三〇七二	九五二三二	九六七六八
春過臼數	一四四	一六八	一九二	二一六
每日舂臼數	一二	一四	一六	一八
春過日數	一二	一二	一二	一二

永得九十五石二斗三升二合，盈得九十六石七斗六升八合，各爲春過米數。

置春過米數，各以每臼容米除之。和得一百四十四，豐得一百六十八，永得一百九十二，盈得二百一十六，各爲春過臼數。

又置每厫設臼數，各以每日舂米二臼乘之。和得十二，豐得十四，永得十六，盈得十八，各爲每日舂臼數。

置各春過臼數，各以每日舂臼數除之，皆得十二爲各春過日數。合問。

今有後漢四分術，木日率四千七百二十五，火日率一千八百七十六，土日率九千四百一十五，金日率四千六百六十一，水日率一千八百八十九。熹平三年甲寅，木日率餘五，火日率餘七十五，土日率餘四十，金日率餘一百三十三，水日率餘一十。此各日率所餘即是。置上元盡熹平三年積算，以各日率除去所餘之數。問上元以來盡熹平三年甲寅積歲幾何，及上元太歲所在。

荅曰：積九千四百五十五，歲上元太歲在庚辰。

草曰：置木日率四千七百二十五，火日率一千八百七十六，土日率九千四百一十五，金日率四千六百六十一，水日率一千八百八十九，各爲全數。

	木	火	土	金	水
全數	四七二五	一八七六	九四一五	四六六一	一八八九

用連環相約術約之。以木四千七百二十五與火一千八百七十六求等，得七。以約木四千七百二十五，得六百七十五。又以木六百七十五與土九千四百一十五求等，得五。以約土九千四百一十五，得一千八百八十三。又以木六百七十五與金四千六百六十一、水一千八百八十九求等，皆得一，不約。得木六百七十五、火一千八百七十六、土一千八百八十三、金四千六百六十一、水一千八百八十九爲第一變。

	木	火	土	金	水
變	六七五	一八七六	一八八三	四六六一	一八八九

次以火一千八百七十六與土一千八百八十三求等，得七。以約土一千八百八十三，得二百六十九。又以火一千八百七十六與金四千六百六十一、水一千八百八十九求等，皆得一，不約。得木六百七十五、火一千八百七十六、土二百六十九、金四千六百六十一、水一千八百八十九爲第二變。此第二變，各數皆無等，即爲定母。

	木	火	土	金	水
定母	六七五	一八七六	二六九	四六六一	一八八九

以連環相乘術求衍母、衍數。置木定母六百七十五，以火定母一千八百七十六乘之，得一百二十六萬六千三百。又以土定母二百六十九乘之，得三億四千六十三萬四千七百。又以金定母四千六百六十九乘之，得一萬五千八百七十六億九千八百三十三萬六千七百。又以水定母一千八百八十九乘之，得二千九百九十九萬一千六百二十一億五千八百二萬六千三百爲衍母。案：四分術曰，日率相約取之，得二千九百九十萬一千六百二十一億五十八萬二千三百，而五星終即此衍母也。今本九十下脱九字五十八萬二千，當作五千八百二萬六千傳寫脱誤。又置衍母五位，以木定母六百七十五除之，得四萬四千四百三十二億三百一十九萬七千七十六，爲木衍數。以火定母一千八百七十六除之，得一萬五千九百八十七億五十一萬六百七十五，爲火衍數。以土定母二百六十九除之，得一十一萬一千四百九十三億一百七十萬二千七百，爲土衍數。以金定母四千六百六十一除之，得六千四百三十四億五千八百九十四萬八千三百，爲金衍數。以水定母一千八百八十九除之，得一萬五千八百七十六億九千八百三十三萬六千七百，爲水衍數。

	木	火	土	金	水	衍母
衍數	四四四三二〇三一九七〇七六	一五九八七〇〇五一〇六七五	一一一四九三〇一七〇二七〇〇	六四三四五八九四八三〇〇	一五八七六九八三三六七〇〇	二九九九一六二一五八〇二六三〇〇

置各衍數，各以定母去之。木餘六百二十六、火餘五百二十七土餘一百七十五、金餘二千五百六十六、水餘五百七，各爲奇數。

	木	火	土	金	水
奇數	六二六	五二七	一七五	二五六六	五〇七

以大衍求一術各求乘率。先求木，置木奇數六百二十六於上，木定母六百七十五於下。以上六百二十六除下六百七十五，得一爲第一數，下餘四十九。又以下四十九除上六百二十六，得一十二爲第二數，上餘三十八。又以上三十八除下四十九，得一爲第三數，下餘一十一。又以下一十一除上三十八，得三爲第四數，上餘五。又以上五除下一十一，得二爲第五數，下餘一。又以下一除上五，得四爲第六數，上餘一。得第一數一、第二數一十二、第三數一、第四數三、第五數二、第六數四列左行，乃立天元一爲右行第一數，以左行第一數一乘之，得一爲右行第二數。又置右行第二數一，以左行第二數一十二乘之，得一十二，加入右行第一數一，得一十三爲右行第三數。又置右行第三數一十三，以左行第三數一乘之，得一十三。加入右行第二數一，得一十四爲右行第四數。又置右行第四數一十四，以左行第四數三乘之，得四十二。加入右行第三數一十三，得五十五爲右行第五數。又置右行第五數五十五，以左行第五數二乘之，得一百一十。加入右行第四數一十四，得一百二十四爲右行第六數。又置右行第六數一百二十四，以左行第六數四乘之，得四百九十六。加入右行第五數五十五，得五百五十一爲右行第七數，即木乘率。

	第一數	第二數	第三數	第四數	第五數	第六數	木乘率
右行	一	一	一三	一四	五五	一二四	五五一
左行	一	一二	一	三	二	四	

次求火。置火奇數五百二十七於上，火定母一千八百七十六於下，以上五百二十七除下一千八百七十六，得三爲第一數，下餘二百九十五。又以下二百九十五除上五百二十七，得一爲第二數，上餘二百三十二。又以上二百三十二除下二百九十五，得一爲第三數，下餘六十三。又以下六十三除上二百三十二，得三爲第四數，上餘四十三。又以上四十三除下六十三，得一爲第五數，下餘二十。又以下二十除上四十三，得二爲第六數，上餘三。又以上三除下二十，得六爲第七數，下餘二。又以下二除上三，得一爲第八數，上餘一。得第一數三、第二數一、第三數一、第四數三、第五數一、第六數二、第七數六、第八數一列左行，乃立天元一爲右行第一數，以左行第一數三乘之，得三爲右行第二數。又置右行第二數三，以左行第二數一乘之，得三，加入右行第一數一，得四爲右行第三數。又置右行第三數四，以左行第三數一乘之，得四，加入右行第二數三，得七爲右行第四數。又置右行第四數七，以左行第四數三乘之，得二十一，加入右行第三數四，得二十五爲右行第五數。又置右行第五數二十五，以左行第五數一乘之，得二十五，加入右行第四數七，得三十二爲右行第六數。又置右行第六數三十二，以左行第六數二乘之，得六十四，加入右行第五數二十五，得八十九爲右行第七數。又置右行第七數八十九，以左行第七數六乘之，得五百三十四，加入右行第六數三十二，得五百六十六爲右行第八數。又置右行第八數五百六十六，以左行第八數一乘之，得五百六十六，加入右行第七數八十九，得六百五十五爲右行第九數，即火乘率。

	第一數	第二數	第三數	第四數	第五數	第六數	第七數	第八數	火乘率
右行	一	三	四	七	二五	三二	八九	五六六	六五五
左行	三	一	一	三	一	二	六	一	

次求土。置土奇數一百七十五於上，土定母二百六十九於下，以上一百七十五除下二百六十九，得一爲第一數，下餘九十四。又以下九十四除上一百七十五，得一爲第二數，上餘八十一。又以上八十一除下九十四，得一爲第三數，下餘一十三。又以下一十三除上八十一，得六爲第四數，上餘三。又以上三除下一十三，得四爲第五數，下餘一。又以下一除上三，得二爲第六數，上餘一。得第一數一、第二數一、第三數一、第四數六、第五數四、第六數二列左行，乃立天元一爲右行第一數。以左行第一數一乘之，得一爲右行第二數。又置右行第二數一，以左行第二數一乘之，得一，加入右行第一數一，得二爲右行第三數。又置右行第三數二，以左行第三數一乘之，得二，加入右行第二數一，得三爲右行第四數。又置右行第四數三，以左行第四數六乘之，得一十八，加入右行第三數二，得二十爲右行第五數。又置右行第五數二十，以左行第五數四乘之，得八十，加入右行第四數三，得八十三爲右行第六數。又置右行第六數八十三，以左行第六數二乘之，得一百六十六，加入右行第五數二十，得一百八十六爲右行第七數，即土乘率。

	第一數	第二數	第三數	第四數	第五數	第六數	土乘率
右行	一	一	二	三	二〇	八三	一八六

	第一數	第二數	第三數	第四數	第五數	第六數
左行	一	一	一	六	四	二

次求金。置金奇數二千五百六十六於上，金定母四千六百六十一於下，以上二千五百六十六除下四千六百六十一，得一爲第一數，下餘二千九十五。又以下二千九十五除上二千五百六十六，得一爲第二數，上餘四百七十一。又以上四百七十一除下二千九十五，得四爲第三數，下餘二百一十一。又以下二百一十一除上四百七十一，得二爲第四數，上餘四十九。又以上四十九除下二百一十一，得四爲第五數，下餘一十五。又以下一十五除上四十九，得三爲第六數，上餘四。又以上四除下一十五，得三爲第七數，下餘三。又以下三除上四，得一爲第八數，上餘一，止不除。得第一數一、第二數一、第三數四、第四數二、第五數四、第六數三、第七數三、第八數一列左行，乃立天元一爲右行第一數，以左行第一數一乘之，得一爲右行第二數。又置右行第二數一，以左行第二數一乘之，得一，加入右行第一數一，得二爲右行第三數。又置右行第三數二，以左行第三數四乘之，得八，加入右行第二數一，得九爲右行第四數。又置右行第四數九，以左行第四數二乘之，得一十八，加入右行第三數二，即二十爲右行第五數。又置右行第五數二十，以左行第五數四乘之，得八十，加入右行第四數九，得八十九爲右行第六數。又置右行第六數八十九，以左行第六數三乘之，得二百六十七，加入右行第五數二十，得二百八十七爲右行第七數。又置右行第七數二百八十七，以左行第七數三乘之，得八百六十一，加入右行第六數八十九，得九百五十爲右行第八數。又置右行第八數九百五十，以左行第八數一乘之，得九百五十，加入右行第七數二百八十七，得一千二百三十七爲右行第九數，即金乘率。

	第一數	第二數	第三數	第四數	第五數	第六數	第七數	第八數	金乘率
右行	一	一	二	九	二〇	八九	二八七	九五〇	一二三七

	第一數	第二數	第三數	第四數	第五數	第六數	第七數	第八數
左行	一	一	四	二	四	三	三	一

次求水。置水奇數五百七於上，水定母一千八百八十九於下，以上五百七除下一千八百八十九，得三爲第一數，下餘三百六十八。又以下三百六十八除上五百七，得一爲第二數，上餘一百三十九。又以上一百三十九除下三百六十八，得二爲第三數，下餘九十。又以下九十除上一百三十九，得一爲第四數，上餘四十九。又以上四十九除下九十，得一爲第五數，下餘四十一。又以下四十一除上四十九，得一爲第六數，上餘八。又以上八除下四十一，得五爲第七數，下餘一。又以下一除上八，得七爲第八數，上餘一。得第一數三、第二數一、第三數二、第四數一、第五數一、第六數一、第七數五、第八數七列左行，乃立天元一爲右行第一數，以左行第一數三乘之，得三爲右行第二數。又置右行第二數三，以左行第二數一乘之，得三，加入右行第一數一，得四爲右行第三數。又置右行第三數四，以左行第三數二乘之，得八，加入右行第二數三，得一十一爲右行第四數。又置右行第四數一十一，以左行第四數一乘之，得一十一，加入右行第三數四，得一十五爲右行第五數。又置右行第五數一十五，以左行第五數一乘之，得一十五，加入右行第四數一十一，得二十六爲右行第六數。又置右行第六數二十六，以左行第六數一乘之，得二十六，加入右行第五數一十五，得四十一爲右行第七數。又置右行第七數四十一，以左行第七數五乘之，得二百五，加入右行第六數二十六，得二百三十一爲右行第八數。又置右行第八數二百三十一，以左行第八數七乘之，得一千六百一十七，加入右行第七數四十一，得一千六百五十八爲右行第九數，即水乘率。

	第一數	第二數	第三數	第四數	第五數	第六數	第七數	第八數	水乘率
右行	一	三	四	一一	一五	二六	四一	二三一	一六五八

	第一數	第二數	第三數	第四數	第五數	第六數	第七數	第八數
左行	三	一	二	一	一	一	五	七

乘率	木	火	土	金	水
	五五一	六五五	八六	一二三七	一六五八

各置乘率，各以乘衍數木，得二千四百四十八萬二千四十九億六千一百五十八萬八千八百七十六，火得一千四十七萬一千四百八十八億三千四百四十九萬二千一百二十五，土得二千七十三萬七千七百一億一千六百七十萬二千二

	木	火	土	金	水
用數	二四四八二〇四九六一五八八八七六	一〇四七一四八八三四四九二一二五	二〇七三七七〇一一六七〇二二〇〇	七九五九五八七一九〇四七一〇〇	二六三二四〇三八四二二四八六〇〇
賸數	五	七五	四〇	一三三	一〇
各總	一二二四一〇二四八〇七九四四三八〇	七八五三六一六二五八六九〇九三七五	八二九五〇八〇四六六八〇八八〇〇〇	一〇五八六二五〇九六三三二六四三〇〇	二六三二四〇三八四二二四八六〇〇〇

總數 三〇五九一四五四〇一一八六九二〇五五

百，金得七百九十五萬九千五百八十七億一千九百四萬七千一百，水得二千六百三十二萬四千三十八億四千二百二十四萬八千六百，各爲用數。

乃置木日率餘五，火日率餘七十五，土日率餘四十，金日率餘一百三十三，水日率餘一十，各爲賸數。

以各賸數各乘用數。木得一兆二千二百四十一萬二百四十八億七百九十四萬四千三百八十，火得七兆八千五百三十六萬一千六百二十五億八千六百九十萬九千三百七十五，土得八兆二千九百五十萬八千四十六億六千八百八萬八千，金得一十兆五千八百六十二萬五千九十六億三千三百一十六萬四千三百，水得二兆六千三百二十四萬三百八十四億二千二百四十八萬六千，各爲總。并五總，得三十兆五千九百一十四萬五千四百一億一千八百六十九萬二千五十五，爲總數。

置總數，滿衍母去之，餘九千四百五十五，即上元盡熹平三年甲寅積歲。置積歲九千四百五十五，減一餘九千四百五十四，滿六十去之，餘三十四，反減六十，餘二十六。命起甲寅筭外，得庚辰，即上元太歲所在也。合問。

又 卷三 演紀唐《麟德術》以後，元《授時術》以前，皆用此術推求上元積筭。卷中舉《麟德》《大衍》《崇天》《紀元》四術及《授時》，附演一法爲例，餘可類推。

術曰：以日法斗分求得等率，以約日法得蔀率。以約斗分得奇率，以蔀率、奇率用求一術求得因率。以等率乘紀法六十，所得爲約率。以約氣應所得，以因率乘之，蔀率去之，餘以紀法六十乘之，得入元歲。又以紀法六十乘蔀率，得氣元率。此氣元率爲氣分、歲名、日名俱終之數。又置入元歲，以歲閏乘之，滿朔實去之，餘爲入閏。此入閏爲入元歲應有之閏餘。以減閏應，不足減加朔實。□減之，餘爲閏縮。此閏朔爲今所求入元歲初年之閏餘。又置氣元率，以歲閏乘之，滿朔實去之，餘爲元閏。此元閏爲氣元率應有之閏餘。以朔實元閏求得等數，以約朔實，得蔀數。以約元閏，得奇數。以蔀數奇數，用求一術求得因數。以等數約閏縮，所得以因數乘之，滿蔀數去之，餘爲乘元限數。以乘氣元率，所得爲朔積年。以入元歲加之，即得上元。以來所求積筭也。

今有唐《麟德術》日法一千三百四十，歲實四十八萬九千四百二十八，朔實三萬九千五百七十一，實測到麟德元年甲子歲天正冬至日辰甲子，小餘二百四十，閏餘一萬七千七百七十。欲以甲子歲天正十一月，甲子夜半合朔冬至爲上元。問上元距麟德元年歲積幾何。

答曰：積二十六萬九千八百八十筭。

草曰：置歲實以日法除去之，餘三百二十八爲斗分。以日法斗分求得等率四，以約日法一千三百四十，得三百三十五爲蔀率。以約斗分三百二十八，得八十二爲奇率。次以大衍求一術求因率，置蔀率三百三十五於下，奇率八十二於上，以上八十二除下三百三十五，得四爲第一數，下餘七。又以下七除上八十二，得一十一爲第二數，上餘五。又以上五除下七，得一爲第三數，下餘二。又以下二除上五，得二爲第四數，上餘一，即止不除。第一數四、第二數一十一、第三數一、第四數二列左行，立天元一爲右行第一數，以左行第一數四乘之，得四爲右行第二數。又置右行第二數四，以左行第二數一十一乘之，得四十四，加入右行第一數一，得四十五爲右行第三數。又置右行第三數四十五，以左行第三數一乘之，得四十五，加入右行第二數四，得四十九爲右行第四數。又置右行第四數四十九，以左行第四數二乘之，得九十八，加入右行第三數四十五，得一百四十三爲右行第五數，即因率。得等率四、因率一百四十三、蔀率三百三十五。

第一數	第二數	第三數	第四數	第五數	
一	四	四五	四九	一四三	右行

第一數	第二數	第三數	第四數	
四	一一	一	二	左行

等率	因率	蔀率
四	一四三	三三五

氣應	約率	入元歲	氣元率
二四〇	二四〇	八五八〇	二〇一〇〇

乃視天正冬至日辰甲子，今欲令上元起甲子日，即爲無大餘。小餘二百四十，即爲麟德元年甲子氣應。又欲令上元起甲子歲即從是年演之。置氣應二百四十，以等率四乘紀法六十，得二百四十爲約率。約之得一，以因率乘之，得一百四十三。不滿蔀率，即以紀法六十乘之，得八千五百八十爲入元歲。又置蔀率三百三十五，以紀法六十乘之，得二萬一百爲氣元率。

入閏	閏應	閏縮	元閏
一七七二〇	一七七七〇	五〇	三三四八七

置入元歲八千五百八十，以朔實除去歲實，餘一萬四千五百七十六爲歲閏。乘之，得一億二千五百六萬二千八十，滿朔實三萬九千五百七十一去之，餘一萬七千七百二十爲入閏。置閏應一萬七千七百七十，即閏餘。以入閏減之，餘五十爲閏縮。又置氣元率二萬一百，以歲閏乘之，得二億九千二百九十七萬七千六百，滿朔實去之，餘三萬三千四百八十七爲元閏。

以元閏朔實求得等數一，即以元閏三萬三千四百八十七爲奇數，朔實三萬九千五百七十一爲蔀數。依大衍求一術求因數。列奇數三萬三千四百八十七於上，蔀數三萬九千五百七十一於下，以上三萬三千四百八十七除下三萬九千五百七十一，得一爲第一數，下餘六千八十四。又以下六千八十四除上三萬三千四百八十七，得五爲第二數，上餘三千六十七。又以上三千六十七除下六千八十四，得一爲第三數，下餘三千一十七。又以下三千一十七除上三千六十七，得一爲第四數，上餘五十。又以上五十除下三千一十七，得六十爲第五數，下餘一十七。又以下一十七除上五十，得二爲第六數，上餘一十六。又以上一十六除下一十七，得一爲第七數，下餘一。又以下一除上一十六，得一十五爲第八數，上餘一。得第一數一、第二數五、第三數一、第四數一、第五數六十、第六數二、第七數一、第八數一十五，列左行。立天元一爲右行第一數，以左行第一數一乘之，得一爲右行第二數。又置右行第二數一，以左行第二數五乘之，得五，加入右行第一數一，得六爲右行第三數。又置右行第三數六，以左行第三數一乘之，得六，加入右行第二數一，得七爲右行第四數。又置右行第四數七，以左行第四數一乘之，得七，加入右行第三數六，得一十三爲右行第五數。又置右行第五數一十三，以左行第五數六十乘之，得七百八十，加入右行第四數七，得七百八十七爲右行第六數。又置右行第六數七百八十七，以左行第六數二乘之，得一千五百七十四，加入右行第五數一十三，得一千五百八十七爲右行第七數。又置右行第七數一千五百八十七，以左行第七數一乘之，得一千五百八十七，加入右行第六數七百八十七，得二千三百七十四爲右行第八數。又置右行第八數二千三百七十四，以左行第八數一十五乘之，得三萬五千六百一十，加入右行第七數一千五百八十七，得三萬七千一百九十七爲右行第九數，即因數。得等數一、因數三萬七千一百九十七、蔀數三萬九千五百七十一。

	第一數	第二數	第三數	第四數	第五數	第六數	第七數	第八數	第九數
右行	一	一	六	七	一三	七八七	一五八七	二三七四	三七一九七
左行	一	五	一	一	六〇	二	一	一五	

等數	因數	蔀數
一	三七一九七	三九五七一

乃置閏縮五十，以等數一約之，仍得五十。以因數三萬七千一百九十七乘之，得一百八十五萬九千八百五十，滿蔀數三萬九千五百七十一去之，餘一十三爲乘元限數。以乘氣元率二萬一百，得二十六萬一千三百爲朔積年。以入元歲八千五百八十加之，得二十六萬九千八百八十，即上元甲子至麟德元年甲子積筭也。合問。

乘元限數	朔積年	入元歲	積筭
一三	二六一三〇〇	八五八〇	二六九八八〇

今有唐《大衍術》日法三千四十，歲實一百一十一萬三百四十三，朔實八萬九千七百七十三。實測到開元十二年甲子歲天正冬至日辰戊寅，小餘二千二百

六十，閏餘四萬九千一百七。欲以甲子歲天正十一月甲子夜半合朔冬至爲上元。問上元距開元十二年積筭幾何。

答曰：積九千六百九十六萬一千七百四十筭。

草曰：置歲實以日法除去之，餘七百四十三爲斗分。以日法斗分求得等率一，即以斗分七百四十三爲奇率，以日法三千四十爲蔀率，依大衍求一術求因率。列奇率七百四十三於上，蔀率三千四十於下。以上七百四十三除下三千四十，得四爲第一數，下餘六十八。又以下六十八除上七百四十三，得一十爲第二數，上餘六十三。又以上六十三除下六十八，得一爲第三數，下餘五。又以下五除上六十三，得一十二爲第四數，上餘三。又以上三除下五，得一爲第五數，下餘二。又以下二除上三，得一爲第六數，上餘一，止不除。得第一數四、第二數一十、第三數一、第四數一十二、第五數一、第六數一、第七數一列左行，立天元一，爲右行第一數。以左行第一數四乘之，得四爲右行第二數。又置右行第二數四，以左行第二數一十乘之，得四十。加入右行第一數一，得四十一爲右行第三數。又置右行第三數四十一，以左行第三數一乘之，得四十一。加入右行第二數四，得四十五爲右行第四數。又置右行第四數四十五，以左行第四數一十二乘之，得五百四十。加入右行第三數四十一，得五百八十一爲右行第五數。又置右行第五數五百八十一，以左行第五數一乘之，得五百八十一。加入右行第四數四十五，得六百二十六爲右行第六數。又置右行第六數六百二十六，以左行第六數一乘之，得六百二十六。加入右行第五數五百八十一，得一千二百七爲右行第七數，即因率。得等率一、因率一千二百七、蔀率三千四十。

第一數	第二數	第三數	第四數	第五數	第六數	第七數	
一	四	四一	四五	五八一	六二六	一二〇七	右行

第一數	第二數	第三數	第四數	第五數	第六數	
四	一〇	一	一二	一	一	左行

等率	因率	蔀率
一	一二〇七	三〇四〇

氣應	約率	入元歲	氣元率
四四八二〇	六〇	一〇七三四〇	一八二四〇〇

乃視天正冬至日辰戊寅，今欲令上元起甲子日，則爲大餘一十四。以日法通大餘，得四萬二千五百六十。加入小餘二千二百六十，得四萬四千八百二十，爲開元十二年甲子氣應。今欲令上元起甲子歲，即從是年演之。置氣應四萬四千八百二十，以等率一乘紀法六十，仍得六十爲約率。約之得七百四十七。以因率一千二百七乘之，得九十萬一千六百二十九。滿蔀率三千四十去之，餘一千七百八十九。以紀法六十乘之，得一十萬七千三百四十爲入元歲。又置蔀率三千四十，以紀法六十乘之，得一十八萬二千四百爲氣元率。

置入元歲一十萬七千三百四十，以朔實除去歲實，餘三萬三千六十七爲歲閏。乘之得三十五億四千九百四十一萬一千七百八十。滿朔實八萬九千七百七十三去之，餘五萬六千六百七十九爲入閏。置閏應四萬九千一百七，即閏餘。加入朔

入閏	閏應	閏縮	元閏
五六六七九	四九一〇七	八二二〇一	二一七九五

實，得一十三萬八千八百八十。以入閏減之，餘八萬二千二百一爲閏縮。又置氣元率一十八萬二千四百，以歲閏乘之，得六十億三千一百四十二萬八百。滿朔實去之，餘二萬一千七百九十五爲元閏。

以元閏朔實求得等數一，即以元閏爲奇數，朔實爲蔀數，依大衍求一術求因數。列奇數二萬一千七百九十五於上，蔀數八萬九千七百七十三於下。以上二萬一千七百九十五除下八萬九千七百七十三，得四爲第一數，下餘二千五百九十三。又以下二千五百九十三除上二萬一千七百九十五，得八爲第二數，上餘一千五十一。又以上一千五十一除下二千五百九十三，得二爲第三數，下餘四百九十一。又以下四百九十一除上一千五十一，得二爲第四數，上餘六十九。又以上六十九除下四百九十一，得七爲第五數，下餘八。又以下八除上六十九，得八爲第六數，上餘五。又以上五除下八，得一爲第七數，下餘三。又以下三除上五，得一爲第八數，上餘二。又以上二除下三，得一爲第九數，下餘一。又以下一除上二，得一爲第十數，上餘一得第一數四、第二數八、第三數二、第四數二、第五數七、第六數八、第七數一、第八數一、第九數一、第十數一列左行，立天元一爲右行第一數。以左行第一數四乘之，得四爲右行第二數。又置右行第二數四，以左行第二數八乘之，得三十二。加入右行第一數一，得三十三爲右行第三數。又置右行第三數三十

三，以左行第三數二乘之，得六十六。加入右行第二數四，得七十爲右行第四數。又置右行第四數七十，以左行第四數二乘之，得一百四十。加入右行第三數三十三，得一百七十三爲右行第五數。又置右行第五數一百七十三，以左行第五數七乘之，得一千二百一十一。加入右行第四數七十，得一千二百八十一爲右行第六數。又置右行第六數一千二百八十一，以左行第六數八乘之，得一萬二百四十八。加入右行第五數一百七十三，得一萬四百二十一爲右行第七數。又置右行第七數一萬四百二十一，以左行第七數一乘之，得一萬四百二十一。加入右行第六數一千二百八十一，得一萬一千七百二爲右行第八數。又置右行第八數一萬一千七百二，以左行第八數一乘之，得一萬一千七百二。加入右行第七數一萬四百二十一，得二萬二千一百二十三爲右行第九數。又置右行第九數二萬二千一百二十三，以左行第九數一乘之，得二萬二千一百二十三。加入右行第八數一萬一千七百二，得三萬三千八百二十五爲右行第十數。又置右行第十數三萬三千八百二十五，以左行第十數一乘之，得三萬三千八百二十五。加入右行第九數二萬二千一百二十三，得五萬五千九百四十八爲右行第十一數，即因數。得等數一、因數五萬五千九百四十八、蔀數八萬九千七百七十三。

	第一數	第二數	第三數	第四數	第五數	第六數	第七數	第八數	第九數	第十數	第十一數
右行	一	四	三三	七二	一七三	一二八一	一〇四二一	一一七〇二	二二一二三	三三八二五	五五九四八
左行	四	八	二	二	七	八	一	一	一	一	

等數	因數	蔀數
一	五五九四八	八九七七三

乘元限數	朔積年	入元歲	積筭
五三一	九六八五四四〇〇	一〇七三四〇	九六九六一七四〇

乃置閏縮八萬二千二百一，以等數一約之，仍得八萬二千二百一。以因數五萬五千九百四十八乘之，得四十五億九千八百九十八萬一千五百四十八。滿蔀數八萬九千七百七十三去之，餘五百三十一爲乘元限數。以乘氣元率一十八萬二千四百，得九千六百八十五萬四千四百爲朔積年。以入元歲一十萬七千三百四十加之，得九千六百九十六萬一千七百四十，即上元甲子至開元十二年甲子積筭也。合問。

今有宋《崇天術》，日法一萬五百九十，歲實三百八十六萬七千九百四十，朔實三十一萬二千七百二十九。實測到天聖二年甲子天正冬至日辰壬辰，小餘一千六百八十，閏餘一萬六千一百四十九。欲以甲子歲天正十一月甲子夜半合朔冬至爲上元。問上元距天聖二年積筭幾何。

荅曰：積九千七百五十五萬六千三百四十筭。

草曰：置歲實，以日法除去之，餘二千五百九十爲斗分。以日法斗分求得等率一十，以約日法，得一千五十九爲蔀率。以約斗分，得二百五十九爲奇率。依大衍求一術求因率，列奇率二百五十九於上，蔀率一千五十九於下。以上二百五十九除下一千五十九，得四爲第一數，下餘二十三。又以下二十三除上二百五十九，得一十一爲第二數，上餘六。又以上六除下二十三，得三爲第三數，下餘五。又以下五除上六，得一爲第四數，上餘一，即止不除。得第一數四、第二數一十一、第三數三、第四數一列左行，立天元一爲右行第一數。以左行第一數四乘之，得四爲右行第二數。又置右行第二數四，以左行第二數一十一乘之，得四十四。加入右行第一數一，得四十五爲右行第三數。又置右行第三數四十五，以左行第三數三乘之，得一百三十五。加入右行第二數四，得一百三十九爲右行第四數。又置右行第四數一百三十九，以左行第四數一乘之，得一百三十九。加入右行第三數四十五，得一百八十四爲右行第五數，即因率。得等率一十、因率一百八十四、蔀率一千五十九。

	第一數	第二數	第三數	第四數	第五數
右行	一	四	四五	一三九	一八四
左行	四	一一	三	一	

等率	因率	蔀率
一〇	一八四	一〇五九

氣應	約率	入元歲	氣元率
二九八二〇〇	六〇〇	二二四四〇	六三五四〇

乃視天正冬至日辰壬辰，今欲令上元起甲子日，即爲大餘二十八。以日法通大餘，得二十九萬六千五百二十。加入小餘一千六百八十，得二十九萬八千二百，爲天聖二年甲子氣應。今欲令上元起甲子歲，即從是年演之，置氣應二十九萬八千二百，以等率一十乘紀法六十，得六百爲約率。約之，得四百九十七。以因率一百八十四乘之，得九萬一千四百四十八。滿蔀率一千五十九去之，餘三百七十四。以紀法六十乘之，得二萬二千四百四十爲入元歲。又置蔀率一千五十九，以紀法六十乘之，得六萬三千五百四十爲氣元率。

置入元歲二萬二千四百四十，以朔實除去歲實，餘一十一萬五千二百九十二爲歲閏。乘之，得二十五億八千四百九十萬八千四百八十。滿朔實三十一萬二千七百二十九去之，餘二十萬三千二百九十五爲入閏。置閏應一萬六千一百四十九，加朔實得三十二萬八千八百七十八。以入閏減之，餘一十二萬五千五百八十三爲閏縮。又置氣元率六萬三千五百四十，以歲閏乘之，得七十二億一千九百二十九萬九千六百八十，滿朔實去之，餘一十九萬一百六十四爲元閏。

以元閏朔實求得等數三，以約元閏，得六萬三千三百八十八爲奇數。以約朔實，得一十萬四千二百四十三爲蔀數。依大衍求一術求因數，列奇數六萬三千三百八十八於上，蔀數一十萬四千二百四十三於下，以上六萬三千三百八十八除下一十萬四千二百四十三，得一爲第一數，下餘四萬八百五十五。又以下四萬八百五十五除上六萬三千三百八十八，得一爲第二數，上餘二萬二千五百三十三。又以上二萬二千五百三十三除下四萬八百五十五，得一爲第三數，下餘一萬八千三百二十二。又以下一萬八千三百二十二除上二萬二千五百三十三，得一爲第四數，上餘四千二百一十一。又以上四千二百一十一除下一萬八千三百二十二，得四爲第五數，下餘一千四百七十八。又以下一千四百七十八除上四千二百一十一，得二爲第六數，上餘一千二百

入閏	閏應	閏縮	元閏
二〇三二九五	一六一四九	一二五五八三	一九〇一六四

五十五除下一千四百七十八，得一爲第七數，下餘二百二十三。又以下二百二十三除上一千二百五十五，得五爲第八數，上餘一百四十。又以上一百四十除下二百二十三，得一爲第九數，下餘八十三。又以下八十三除上一百四十，得一爲第十數，上餘五十七。又以上五十七除下八十三，得一爲第十一數，下餘二十六。又以下二十六除上五十七，得二爲第十二數，上餘五。又以上五除下二十六，得五爲第十三數，下餘一。又以下一除上五，得四爲第十四數，上餘一。得第一數一、第二數一、第三數一、第四數一、第五數四、第六數二、第七數一、第八數五、第九數一、第十數一、第十一數一、第十二數二、第十三數五、第十四數四列左行，立天元一爲右行第一數。以左行第一數一乘之，得一爲右行第二數。又置右行第二數一，以左行第二數一乘之，得一。加入右行第一數一，得二爲右行第三數。又置右行第三數二，以左行第三數一乘之，得二。加入右行第二數一，得三爲右行第四數。又置右行第四數三，以左行第四數一乘之，得三。加入右行第三數二，得五爲右行第五數。又置右行第五數五，以左行第五數四乘之，得二十。加入右行第四數三，得二十三爲右行第六數。又置右行第六數二十三，以左行第六數二乘之，得四十六。加入右行第五數五，得五十一爲右行第七數。又置右行第七數五十一，以左行第七數一乘之，得五十一。加入右行第六數二十三，得七十四爲右行第八數。又置右行第八數七十四，以左行第八數五乘之，得三百七十。加入右行第七數五十一，得四百二十一爲右行第九數。又置右行第九數四百二十一，以左行第九數一乘之，得四百二十一。加入右行第八數七十四，得四百九十五爲右行第十數。又置右行第十數四百九十五，以左行第十數一乘之，得四百九十五。加入右行第九數四百二十一，得九百一十六爲右行第十一數。又置右行第十一數九百一十六，以左行第十一數一乘之，得九百一十六。加入右行第十數四百九十五，得一千四百一十一爲右行第十二數。又置右行第十二數一千四百一十一，以左行第十二數二乘之，得二千八百二十二。加入右行第十一數九百一十六，得三千七百三十八爲右行第十三數。又置右行第十三數三千七百三十八，以左行第十三數五乘之，得一萬八千六百九十。加入右行第十二數一千四百一十一，得二萬一百一爲右行第十四數。又置右行第十四數二萬一百一，以左行第十四數四乘之，得八萬四百四。加入右行第十三數三千七百三十八，得八萬四千一百四十二爲右行第十五數，即因數。得等數三、因數八萬四千一百四十二，蔀數一十萬四千二百四十三。

右行	
第一數	一
第二數	一
第三數	二
第四數	三
第五數	五
第六數	二三
第七數	五一
第八數	七四
第九數	四二一
第十數	四九五
第十一數	九一六
第十二數	一四一一
第十三數	三七三八
第十四數	二〇一〇一
第十五數	八四一四二

左行	
第一數	一
第二數	一
第三數	一
第四數	一
第五數	四
第六數	二
第七數	一
第八數	五
第九數	一
第十數	一
第十一數	一
第十二數	二
第十三數	五
第十四數	四

等數	因數	蔀數
三	八四一四二	一〇四二四三

乃置閏縮一十二萬五千五百八十三，以等數三約之，得四萬一千八百六十一。以因數八萬四千一百四十二乘之，得三十五億二千二百二十六萬八千二百六十二。滿蔀數一十萬四千二百四十三去之，餘一千五百三十五爲乘元限數。以乘氣元率六萬三千五百四十，得九千

乘元限數	朔積年	入元歲	積筭
一五三五	九七五三三九〇〇	二二四四〇	九七五五六三四〇

七百五十三萬三千九百爲朔積年。以入元歲二萬二千四百四十加之，得九千七百五十五萬六千三百四十，即上元甲子至天聖二年甲子積筭也。合問。

今有《宋紀元術》，日法七千二百九十，歲實二百六十六萬二千六百二十六，朔實二十一萬五千二百七十八。實測到元符三年庚辰天正冬至日辰庚午，小餘一千一百七十，閏餘五千六百二十二。欲以庚辰歲天正十一月己卯夜半合朔冬至爲上元。問上元至元符三年積筭幾何。

答曰：積二千八百六十一萬三千四百六十筭。

草曰：置歲實，以日法除去之，餘一千七百七十六爲斗分。以日法斗分求得等率六，以約斗分，得二百九十六爲奇率。以約日法，得一千二百一十五爲蔀率。依大衍求一術求因率，列奇率二百九十六於上，蔀率一千二百一十五於下。以上二百九十六除下一千二百一十五，得四爲第一數，下餘三十一。又以下三十一除上二百九十六，得九爲第二數，上餘一十七。又以上一十七除下三十一，得一爲第三數，下餘一十四。又以下一十四除上一十七，得一爲第四數，上餘三。又以上三除下一十四，得四爲第五數，下餘二。又以下二除上三，得一爲第六數，上餘一，止不除。得第一數四、第二數九、第三數一、第四數一、第五數四、第六數一列左行，立天元一爲右行第一數。以左行第一數四乘之，得四爲右行第二數。又置右行第二數四，以左行第二數九乘之，得三十六。加入右行第一數一，得三十七爲右行第三數。又置右行第三數三十七，以左行第三數一乘之，得三十七。加入右行第二數四，得四十一爲右行第四數。又置右行第四數四十一，以左行第四數一乘之，得四十一。加入右行第三數三十七，得七十八爲右行第五數。又置右行第五數七十八，以左行第五數四乘之，得三百一十二。加入右行第四數四十一，得三百五十三爲右行第六數。又置右行第六數三百五十三，以左行第六數一乘之，得三百五十三。加入右行第五數七十八，得四百三十一爲右行第七數，即因率。得等率六、因率四百三十一、蔀率一千二百一十五。

右行	
第一數	一
第二數	四
第三數	三七
第四數	四一
第五數	七八
第六數	三五三
第七數	四三一

左行	
第一數	四
第二數	九
第三數	一
第四數	一
第五數	四
第六數	一

等率	因率	蔀率
六	四三一	一二一五

氣應	約率	入元歲	氣元率
三七二九六〇	三六〇	三六六六〇	七二九〇〇

乃視天正冬至日辰庚午，今欲令上元起己卯日，則爲大餘五十一。以日法通大餘，得三十七萬一千七百九十。加入小餘一千一百七十，得三十七萬二千九百六十爲元符三年庚辰氣應。今欲令上元起庚辰歲，即從是年演之。置氣應三十七萬二千九百六十，以等率六乘紀法六十，得三百六十爲約率。約之，得

一千三十六。以因率四百三十一乘之，得四十四萬六千五百一十六。滿蔀率一千二百一十五去之，餘六百一十一。以紀法六十乘之，得三萬六千六百六十爲入元歲。又置蔀率一千二百一十五，以紀法六十乘之，得七萬二千九百爲氣元率。

置入元歲三萬六千六百六十，以朔實除去歲實，餘七萬九千二百九十爲歲閏。乘之，得二十九億六千七十七萬一千四百。滿朔實二十一萬五千二百七十八去之，餘八萬七千八百四十四爲入閏。置閏應五千六百二十二，即閏餘。加入朔實，得二十二萬九百。以入閏減之，餘一十三萬三千五十六爲閏縮。又置氣元率七萬二千九百，以歲閏乘之，得五十七億八千二十四萬一千。滿朔實去之，餘二萬六千七百爲元閏。

入閏	閏應	閏縮	元閏
八七八四四	五六二二	一三三五六	二六七〇〇

以元閏朔實求等數，得二。以約元閏，得一萬三千三百五十爲奇數。以約朔實，得一十萬七千六百三十九爲蔀數。依大衍求一術求因數，列奇數一萬三千三百五十於上，蔀數一十萬七千六百三十九於下。以上一萬三千三百五十除下一十萬七千六百三十九，得八爲第一數，下餘八百三十九。又以下八百三十九除上一萬三千三百五十，得一十五爲第二數，上餘七百六十五。又以上七百六十五除下八百三十九，得一爲第三數，下餘七十四。又以下七十四除上七百六十五，得一十爲第四數，上餘二十五。又以上二十五除下七十四，得二爲第五數，下餘二十四。又以下二十四除上二十五，得一爲第六數，上餘一，即止不除。得第一數八、第二數一十五、第三數一、第四數一十、第五數二、第六數一列左行，立天元一爲右行第一數。以左行第一數八乘之，得八爲右行第二數。又置右行第二數八，以左行第二數一十五乘之，得一百二十。加入右行第一數一，得一百二十一爲右行第三數。又置右行第三數一百二十一，以左行第三數一乘之，得一百二十一。加入右行第二數八，得一百二十九爲右行第四數。又置右行第四數一百二十九，以左行第四數一十乘之，得一千二百九十。加入右行第三數一百二十一，得一千四百一十一爲右行第五數。又置右行第五數一千四百一十一，以左行第五數二乘之，得二千八百二十二。加入右行第四數一百二十九，得二千九百五十一爲右行第六數。又置右行第六數二千九百五十一，以左行第六數一乘之，得二千九百五十一。加入右行第五數一千四百一十一，得四千三百六十二爲右行第七數，即因數。得等數二、因數四千三百六十二、蔀數一十萬七千六百三十九。

	第一數	第二數	第三數	第四數	第五數	第六數	第七數
右行	一	八	一二一	一二九	一四一一	二九五一	四三六二
左行	八	一五	一	一〇	二	一	

等數	因數	蔀數
二	四三六二	一〇七六三九

乘元限數	朔積年	入元歲	積筭
三九二	二八五七六八〇〇	三六六六〇	二八六一三四六〇

乃置閏縮一十三萬三千五十六，以等數二約之，得六萬六千五百二十八。以因數四千三百六十二乘之，得二億九千一十九萬五千一百三十六。滿蔀數一十萬七千六百三十九去之，餘三百九十二爲乘元限數。以乘氣元率七萬二千九百，得二千八百五十七萬六千八百爲朔積年。以入元歲三萬六千六百六十加之，得二千八百六十一萬三千四百六十，即上元庚辰至元符三年庚辰積筭也。合問。

今有元《授時術》，不用積年日法。日周一萬，歲實三百六十五萬二千四百二十五分，朔實二十九萬五千三百五分九十三秒。今欲仍用積年日法定至元十八年辛巳歲天正冬至，氣應五十五日六百二分，閏應二十日一千八百五十三分，調得日法二千一百九十，以己亥歲天正十一月甲子夜半冬至合朔爲上元。問上元距至元十八年積筭幾何。

答曰：積九千八百二十五萬一千四百二十二筭。

草曰：置歲實三百六十五萬二千四百二十五分，以日法二千一百九十乘之，得七十九億九千八百八十一萬七百五十。以日周一萬除之，得七十九萬九千八百八十一爲今用歲實，不盡七百五十棄之。置歲實七十九萬九千八百八十一，滿日法二千一百九十去之，餘五百三十一爲斗分。以日法斗分求得等率三，以約日法，得七百三十爲蔀率。以約斗分，得一百七十七爲奇率。依大衍求一術求因率，列奇率一百七十七於上，蔀率七百三十於下。以上一百七十七除下七百三十，得四爲第一數，下餘二十二。又以下二十二除上一百七十七，得八爲第二數，上餘一，即止不除。得第一數四、第二數八列左行，立天元一爲右行第一數，以左行第一數四乘之，得四爲右行第二數。又置右行第二數四，以左行第二數八乘之，得三十二。加入右行第一數一，得三十三爲右行第三數，即因率。得等率三、因率三十三、蔀率七百三十。

	第一數	第二數	第三數
右行	一	四	三三
左行	四	〇八	

等率	因率	蔀率
三	三三	七三〇

乃置氣應五十五日六百二分，以日法乘之，得一十二億五百八十一萬八千三百八十。以日周除之，得一十二萬五百八十一，不盡八千三百八十，亦得一。共得一十二萬五百八十二爲今用至元辛巳氣應。今欲令上元起己亥歲，己亥在辛巳後一十八年。置一十八年，以歲實七十九萬九千八百八十一乘之，得一千四百三十九萬七千八百五十八。加入辛巳氣應一十二萬五百八十二，得一千四百五十一萬八千四百四十。以日法除之，得六千六百二十九爲積日，不盡九百三十爲小餘。以紀法六十去積日，餘二十九爲大餘。復以日法通之，得六萬三千五百一十。加入小餘九百三十，得六萬四千四百四十爲至元辛巳後己亥歲氣應。乃從是歲演之，置氣應六萬四千四百四十，以等率三乘紀法六十，得一百八十爲約率。約之，得三百五十八。以因率三十三乘之，得一萬一千八百一十四。滿蔀率七百三十去之，餘一百三十四。以紀法六十乘之，得八千四十爲入元歲。又置蔀率七百三十，以紀法六十乘之，得四萬三千八百爲氣元率。

氣應	約率	入元歲	氣元率
六四四四〇	一八〇	八〇四〇	四三八〇〇

次置朔實二十九萬五千三百五分九十三秒，以日法乘之，得六億四千六百七十一萬九千九百八十六分七十秒。以日周除之，得六萬四千六百七十一，不盡九千九百八十六分七十秒，亦得一，共得六萬四千六百七十二爲今用朔實。置歲實七十九萬九千八百八十一，滿朔實六萬四千六百七十二去之，餘二萬三千八百一十七爲歲閏。置入元歲八千四十，以歲閏乘之，得一億九千一百四十八萬八千六百八十。滿朔實六萬四千六百七十二去之，餘五萬九千五百六十爲入閏。又置閏應二十日一千八百五十三分，以日法乘之得四億四千二百五萬八千八百八十七。以日周除之，得四萬四千二百五，不盡八千七十，亦得一，共得四萬四千二百六爲今用至元辛巳歲閏應。又置辛巳距己亥一十八年，以歲閏乘之，得四十二萬八千七百六。加入辛巳閏應四萬四千二百六，得四十七萬二千九百一十二。滿朔實六萬四千六百七十二去之，餘二萬八百八爲至元辛巳後己亥歲閏應。置閏應二萬二百八，加朔實六萬四千六百七十二，得八萬四千八百八十。以入閏五萬九千五百六十減之，餘二萬五千三百二十爲閏縮。又置氣元率四萬三千八百，以歲閏乘之，得一十億四千三百一十八萬四千六百。滿朔實六萬四千六百七十二去之，餘二萬五千二百四十爲元閏。

入閏	閏應	閏縮	元閏
五九五六〇	二〇二〇八	二五三二〇	二五二四〇

以元閏朔實求得等數八，以約元閏，得三千一百五十五爲奇數。以約朔實，得八千八十四爲蔀數。依大衍求一術求因數，列奇數三千一百五十五於上，蔀數八千八十四於下，以上三千一百五十五除下八千八十四，得二爲第一數，下餘一千七百七十四。又以下一千七百七十四除上三千一百五十五，得一爲第二數，上餘一千三百八十一。又以上一千三百八十一除下一千七百七十四，得一爲第三數，下餘三百九十三。又以下三百九十三除上一千三百八十一得三爲第四數，上餘二百二。又以上二百二除下三百九十三，得一爲第五數，下餘一百九十一。又以下一百九十一除上二百二，得一爲第六數，上餘一十一。又以上一十一除下一百九十一，得一十七爲第七數，下餘四。又以下四除上一十一，得二爲第八數，上餘三。又以上三除下四，得一爲第九數，下餘一。又以下一除上三，得三爲第十數，上餘一，得第一數二、第二數一、第三數一、第四數三、第五數一、第六數一、第七數一十七、第八數二、第九數一、第十數三列左行，立天元一爲右行第一數。以左行第一數二乘之，得二爲右行第二數。又置右行第二數二，以左行第二數一乘之，得二。加入右行第一數一，得三爲右行第三數。又置右行第三數三，以左行第三數一乘之，得三。加入右行第二數二，得五爲右行第四數。又置右行第四數五，以左行第四數三乘之，得一十五。加入右行第三數三，得一十八爲右行第五數。又置右行第五數一十八，以左行第五數一乘之，得

一十八。加入右行第四數五，得二十三爲右行第六數。又置右行第六數二十三，以左行第六數一乘之，得二十三。加入右行第五數一十八，得四十一爲右行第七數。又置右行第七數四十一，以左行第七數一十七乘之，得六百九十七。加入右行第六數二十三，得七百二十爲右行第八數。又置右行第八數七百二十，以左行第八數二乘之，得一千四百四十。加入右行第七數四十一，得一千四百八十一爲右行第九數。又置右行第九數一千四百八十一，以左行第九數一乘之，得一千四百八十一。加入右行第八數七百二十，得二千二百一爲右行第十數。又置右行第十數二千二百一，以左行第十數二乘之，得四千四百二。加入右行第九數一千四百八十一，得五千八百八十三爲右行第十一數，即因數。得等數八、因數五千八百八十三、蔀數八千八十四。

	第一數	第二數	第三數	第四數	第五數	第六數	第七數	第八數	第九數	第十數	第十一數
右行	一	二	三	五	一八	二三	四一	七二〇	一四八一	二二〇一	五八八三
左行	一	一	一	三	一	一	一七	二	一	二	

等數	因數	蔀數
八	五八八三	八〇八四

乃置閏縮二萬五千三百二十，以等數八約之，得三千一百六十五。以因數五千八百八十三乘之，得一千八百六十一萬九千六百九十五。滿蔀數八千八十四去之，餘二千二百四十三爲乘元限數。以乘氣元率四萬三千八百，得九千八百二十四萬三千四百爲朔積年。以入元歲八千四十加之，得九千八百二十五萬一千四百四十，爲上元己亥距至元辛巳後己亥積年。減一十八年，餘九千八百二十五萬一千四百二十二，即上元己亥距至元十八年辛巳積筭也。合問。

乘元限數	朔積年	入元歲	己亥積筭	辛巳積筭
二二四三	九八二四三四〇〇	八〇四〇	九八二五一四四〇	九八二五一四二二

清·許桂林《算牖》卷四《雜收》 韓信點兵　舊傳韓信暗點兵，亦非通法。三三數餘一爲七十，五五數餘一爲二十一，七七數餘一爲十五。告以三次所餘。據此，算併除百零五，即所數數。然特一百零一錢，依此可算一百零二錢，則得本數無可除一百零四錢，須兩除一百零五，故曰非通法。

清·駱騰鳳《藝遊録》卷一 大衍求一法　先求定數　如大小二數，必求等約之爲大定數、小定數，亦以等約總數爲定實。如約之無等者，即以大小本數爲大小定數，亦以本總數爲定實。凡以等約者，必令約得數爲二奇、或一奇一偶，一三五七九爲奇，二四六八十爲偶。乃可求一。如約得數爲二偶，則除之必盡，不能得一也。

次求用數　既約得二定數，則以小定爲大定衍數，大定爲小定衍數。凡衍數係各定連乘之衍母數，而以本定母除之，即異母連乘數也。如有甲、乙、丙三定母者，甲、乙、丙三定連乘數爲衍母。以甲母除之，得乙丙相乘數爲甲衍數。以乙母除之，得甲丙相乘數爲乙衍數。以丙母除之，得甲乙相乘數爲丙衍數。或徑以乙丙相乘爲甲衍數，甲丙相乘爲乙衍數，甲乙相乘爲丙衍數，亦得。若衹大小二定數無他數可乘，則小定即大衍數，大定即小衍數也。凡衍數以本定母除之，餘一者爲乘率。以乘率乘衍數爲用數。若除之不滿本定母數，又不能爲一數者，是爲奇數。奇者零也，與奇偶異。用奇定相求法別求乘率，以乘奇而定除之，令其餘一也。既得一，即以乘率乘衍數爲用數矣。

置各用數，乃以其餘乘之，爲定用。併之，滿衍母去之，不滿爲所求率數。凡併各用數，以衍母除之，必餘一。如併各用數，以乘所求數，以衍母除之，必得所求數，而又餘一，所求數也。

今有總物不知數，以七數之剩一，以八數之剩二，以九數之剩三。問本總數幾何。

荅曰：四百九十八。

法以七、八、九各母連乘，得五百〇四爲衍母。

定母七以七十二爲衍數，即八九相乘數。以定七除之，奇二。用奇定相求法得乘率四，以乘衍數得二百八十八爲用數。

定母八以六十三爲衍數，即七九相乘數。以定八除之，奇七。用奇定相求法得乘率七，以乘衍數得四百四十一爲用數。

定母九以五十六爲衍數，即七八相乘數。以定九除之，奇二。用奇定相求法得乘率五，以乘衍數得二百八十爲用數。

既得各用數，乃以所剩者乘之爲定用。七之剩一，不乘，即以二百八十八爲定用。八之剩二，以乘用數得八百八十二爲定用。九之剩三，以乘用數得八百四十爲定用。併定用得二千〇一十，以衍母五百〇四除之，其不滿法者四百九十八，即本總數也。合問。

今有十一數餘三，十二數餘二，十三數餘一。問本總數。

[答]曰：一十四。

法：以十一、十二、十三三母連乘，得一千七百一十六爲衍母。

定十一衍數得一百五十六，以十一除之，奇二。求乘率得六，以乘衍數得九百三十六爲用數。三之，得二千八百〇八爲定用。

定十二衍數得一百四十三，以十二除之，奇十一。求乘率得十一，以乘衍數得一千五百七十三爲用數。二之，得三千一百四十六爲定用。

定十三衍數得一百三十二，以十三除之，奇二。求乘率得七，以乘衍數得九百二十四爲用數，即爲定用。

併定用得六千八百七十八，以衍母一千七百十六除之，餘十四即本總數。

今有二數餘一，五數餘二，七數餘三，九數餘四。問本總數。

[答]曰：一百五十七。

法以二、五、七、九各母連乘，得六百三十爲衍母。

定二衍數三百一十五，以二除之，奇一。即以衍數三百一十五爲用數，即爲定用。

定五衍數一百二十六，以五除之，奇一。即以衍數一百二十六爲用數，二之，得二百五十二爲定用。

定七衍數九十，以七除之，奇六。求乘率得六，以乘衍數得五百四十爲用數，三之，得一千六百二十爲定用。

定九衍數七十，以九除之，奇七。求乘率得四，以乘衍數得二百八十爲用數，四之，得一千一百二十爲定用。

併定用得三千三百〇七，以衍母六百三十除之，餘一百五十七，即本總數。

右題俱見宋楊輝《續古摘奇》算法，而未詳其立法之原。今以大衍求一法推之，無不脗合。與《孫子算經》三、五、七之問，參看則知，任設三數、四數皆可相求也，即任設兩數亦可求之，但總數多者不能得其本數矣。

大衍奇定相求法

大衍求一術云：置奇右上，定居右下，立天元一於左上。先以右行上下兩位，以少除多，所得商數乃遞互乘歸左行，使右行末後奇一而止，乃驗左行所得，以爲乘率。

凡大衍求一法，先列一奇元於左，空定元於中，正奇數於右。在上位次列空奇元于左，一定元于中，負定數于右。在下位，其理爲一奇元，比空定元多奇數，空奇元比一定元少定數也。凡奇命爲正定，命爲負奇，餘恒得正定，餘恒得負。以定母除衍數，不滿法者爲奇，是奇恒少於定也。法以奇數商除定數，定必有餘，故第一次即以商除數乘一奇元、空定元、正奇數。而與空奇元、一定元、負定數相減，奇元、定元以加爲減。則得幾奇元比一定元少定餘數，如干也。

如奇七定三十，以奇除定商得四，餘二。即以商四乘一奇元，得四。乘空定元，得空。正奇七，得二八。與空奇元、一定元負定三十相減，得四奇元、一定元、負定二，是爲四奇比一定少二也。以真數明之，即二十八比三十少二也。奇所少之定餘數，即定不滿奇之數，是奇數恒多於定餘也。法宜於奇數內減定餘，而奇數或不止於一定餘數，故法以定餘商除奇數，得數以乘第一次之奇元、定元、定餘，則爲幾倍奇元、比幾倍定元、少幾倍定餘也。

如前題定餘二以除奇七，商得三餘一。以商三乘四奇、一定、二定餘，得十二奇、三定、六定餘，是爲十二奇比三定少六，即八十四比九十少六也。

乃以一奇空定、正奇數與乘出之倍奇、倍定、倍定餘相減，而所餘者正奇，即第二次所得之數，爲幾奇元比幾定元多奇餘數也。如前題以一奇元、空定元、正奇七，與乘出之十二奇、三定、六定餘相減，得十三奇、三定奇餘一，是爲十三奇比三定多一，即九十一比九十多一也。

此第二次即得奇一之法。若二次奇餘不得一者，則必累次求之。法以奇餘除定餘，得定餘之餘。又以定餘之餘除奇餘，得奇餘之餘。展轉相求，俱如上法，其奇元、定元則累次相加，奇餘、定餘則累次相減也，以右行末後得一而止。乃驗左行所得以爲乘率。

右行末餘奇一，左行末數即乘率。

正負	奇	定		
奇定、七〇 三	七四八〇、二三	二、三六、七	一	奇一
定元〇一	〇 〇一	一 三〇	三	
奇元一〇	一四〇	四 二一 一	一三	乘率

以左行末數十三乘奇七，得九十一。以中行末數三乘定三十，得九十，相減餘一。

若有等數者，必幾奇元、幾定元、負定數與正奇數相等而盡。

八〇、二六	八二六〇、二五五六	四、六四、八 〇 二三	四四、	〇
旬定〇一	〇 〇一	一 六〇	六一	七
宿奇一〇	一 二〇	二三一 一	三二	一五

如列宿二十八、旬周六十相約。法以數少者爲奇，多者爲定。先列宿奇一元，旬定空元，正宿數二八於上，次列宿奇空元、旬定一元、負旬數六十於下。以正宿二八除負旬六十，得二餘四。即以得二乘一宿元、空旬元、正宿二八，得二宿元、空旬元、正宿五六。與空宿元、一旬元、負旬六十相減，得二宿元、一旬元、負旬餘四。乃以旬餘四除二八，可得七，留一不約，得六。以乘二宿元、一旬元、旬餘四，得十二宿元、六旬元、旬餘二四。與一宿元、空旬元、正宿二八相減，得十三宿元、六旬元、宿餘四。又以宿餘四除旬餘四，得一，不乘。徑列二宿元、一旬元、旬餘四與之相減，得十五宿元、七旬元、旬餘四、宿餘四無多少適盡，即等數也。蓋以四約列宿二十八，得七。以四約旬周六十，得十五也。而以十五乘二十八，得四百二十。以七乘六十，亦得四百二十。故適盡無多少之差也。

求一法與求等法同，但求等者必除之至盡，求一者則留一不除爲奇。

凡求一者，其左行末數爲乘率，即奇之倍數也。其中行末數，即定之倍數也。其右行末數，即奇一也。凡奇數少於定數，而定倍數必少於奇倍數。故以左行末數乘奇數，置上位。以中行末數乘定數以除上位，必得一。或徑以定數除之，亦得一。

凡求等者，其左行末數亦奇之倍數，即以等約定之數也。其中行末數亦定之倍數，即以等約奇之數也。故以左末數乘奇，以中末數乘定其數必相等。

所以必求一者，爲合原餘數也。如五之餘三，以二十一爲衍數，以乘所餘三，得六十三。以五除之，餘三，即五之原餘三也。七之餘二，以十五爲衍數。以乘所餘二，得三十。以七除之，餘二，即七之原餘二也。若三之，餘二，以三十五爲衍數。以三除之，餘二，奇不可作率。如以三十五乘所餘二，得七十。以三除之，餘一，不合三之原餘數二。惟求得乘率二，以乘衍數三五，得七十爲用數。以乘三所餘二，得一百四十，以三除之，餘二，恰合三之原餘數二矣。五、七、三之數本《孫子算經》，詳見後。

大衍求一求等前圖略具，茲取數之繁多者詳之。

今有歲率六百一十七萬二千六百八分，紀率一百一萬四千分，求等數。

等數六百二十四。約紀率得一千六百二十五，約歲率得九千八百九十二。

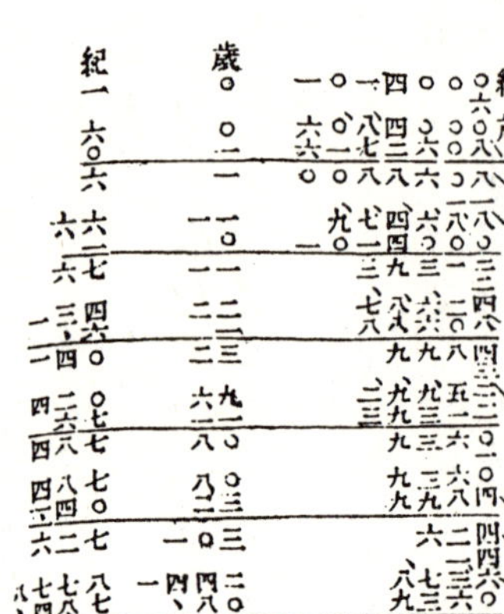

今有紀泛定數一千六百二十五分，歲泛定數六百一十七萬二千六百八分，求等數。

等數一十三。約紀泛得一百二十五，約歲泛得四十七萬四千八百一十六。

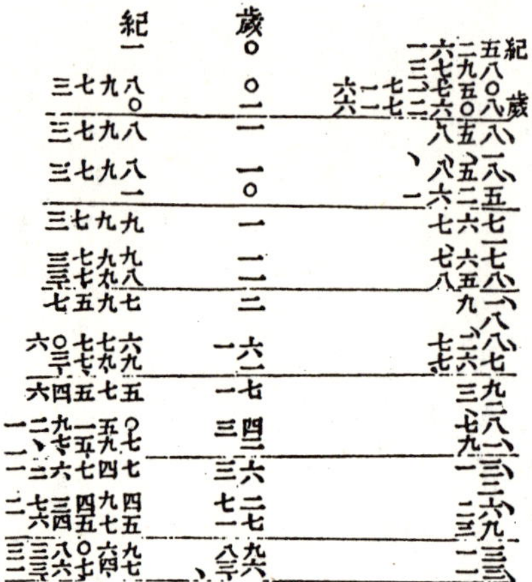

今有紀奇數一萬六十六分，紀定數二萬一千一百二十五分，求一並乘率。

右行末餘奇一，左行末數即乘率。

以左行末數九千七百八十六乘紀奇一萬六十六，得九千八百五十萬五千八百七十六。以中行末數四千六百六十三乘紀定二萬一千一百二十五，得九千八百五十萬五千八百七十五。以減前數，餘一。

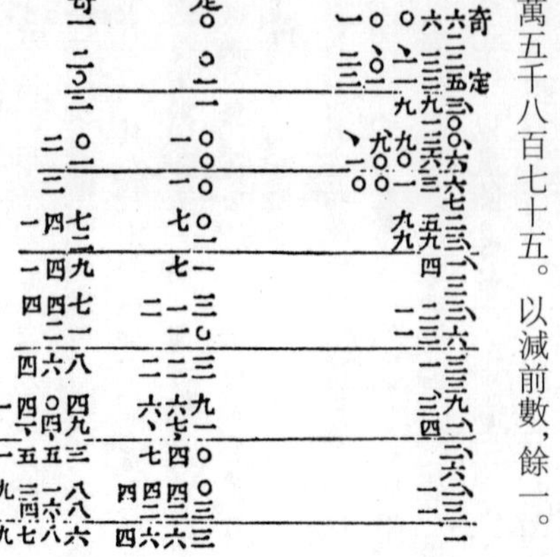

今有朔奇數二十三萬九千四百三十四，朔定數四十九萬九千六十七，求一並乘率。

右行末餘奇一，左行末數即乘率。

以左行末數六千二百五十一乘朔奇二十三萬九千四百三十四，得十四億九千六百七十萬一千九百二十四。以中行末數二千九百九十九乘朔定四十九萬九千六十七，得十四億九千六百七十萬一千九百二十三。以減前數，餘一。

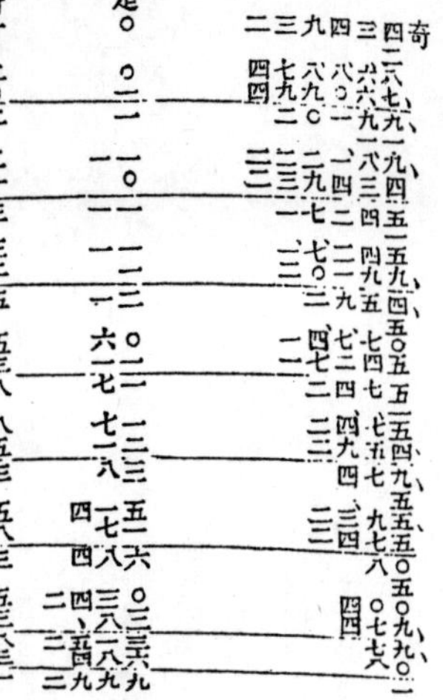

清・宋景昌《數書九章札記》卷一　沈氏欽裴用《四分術》《開禧術》推之，以正其誤。法最詳盡，今附録於此。

問《四分術》：冬至三百六十五日四分日之一，朔策二十九日九百四十分日之四百九十九，甲子六十日，各爲一周。假令天正朔甲戌日九百四十分日之四百一十；冬至丁酉日四分日之三。欲求氣朔甲子一會積年、積月、積日及歷過、未至年數各幾何。

答曰：一會積年一千五百二十，積月一萬八千八百，積日五十五萬五千一百八十。歷過年一千一百一十五，未至年四百五。

術曰：如元術，求得氣分、朔分、紀分、衍母及各正用，以氣分除衍母得積年。以朔分除衍母得積月。以紀分除衍母得積紀。六十通之得積日。以氣骨乘紀正用爲紀總。以閏骨乘朔正用爲朔總。併二總，滿衍母去之，餘爲所求歷過率實。如氣分而一爲歷過。以減積年餘爲未及。

草曰：如元草，氣分一百三十七萬三千三百四十，朔分一十一萬一千三十六，紀分二十二萬五千六百，衍母二十億八千七百四十七萬六千八百。以氣分除衍母，得一千五百二十爲積年，即四分術之紀法也。以朔分除衍母，得一萬八千八百爲積月，即四分術之紀月也。以紀分除衍母，得九千二百五十三爲積紀。以六十通之，得五十五萬五千一百八十爲積日。乃以氣分母四，朔分母九百四十相乘，得三千七百六十爲日法。以氣分子三乘朔分母九百四十，得二千八百二十爲氣小餘。以朔分子四百一十乘氣分母四，得一千六百四十爲朔小餘。置冬至大餘三十三，自甲子數至丙申。乘日法三千七百六十，得一十二萬四千八十。內氣小餘二千八百二十，得一十二萬六千九百爲氣骨。置朔大餘一十自甲子數至癸酉。乘日法三千七百六十，得三萬七千六百。內朔小餘一千六百四十，得三萬九千二百四十爲朔骨。以朔骨減氣骨，餘八萬七千六百六十爲閏骨。以氣骨一十二萬六千九百，乘紀正用五億五千四百四十一萬二千一，得七十萬三千五百四十八億八千二百九十二萬六千九百爲紀總。以閏骨八萬七千六百六十乘朔正用五億四千九百三十三萬六千，得四十八萬一千五百四十七億九千三百七十六萬爲朔總。併二總，得一百一十八萬五千九十六億七千六百六十八萬六千九百。滿衍母二十億八千七百四十七萬六千八百，去之，餘一十五億三千一百二十七萬四千一百爲所求率實。如氣分一百三十七萬三千三百四十而一，得一千一百一十五爲歷過。即四分術所謂入紀年數也。以減積年一千五百二十，餘四百五爲未至年數。依四分術推天正朔。置入紀年數一千一百一十五，以蔀法七十六除之，得一十四。數從甲子蔀起算，外爲庚午蔀，不盡五十一，即入庚午蔀之年數也。置入蔀年五十一，以章月二百三十五乘之，得一萬一千九百八十五，如章法一十九而一，得六百三十爲積月。不盡一十五爲閏餘。置積月六百三十，以蔀日二萬七千七百五十九乘之，得一千七百四十八萬八千一百七十，如蔀月九百四十而一，得一萬八千六百四爲積日。滿六十去之，餘四日爲朔大餘。數從庚午起算，外得甲戌。不盡四百一十爲朔小餘。推冬至。置入蔀年五十一，以没數二十乘之得一千七十一，如日法四而一，得二百六十七，滿六十去之，餘二十七爲冬至大餘。數從庚午起算，外得丁酉，不盡三爲小餘。與問適合。

右問甲子在天正朔前。

假如天正朔大餘五十九，小餘一百七十五。冬至大餘二十二，小餘二。問入蔀年數幾何。

答曰：入己卯蔀七十一年。

草曰：以日法三千七百六十，通冬至大餘二十二，得八萬二千七百二十。內分子一千八百八十，蔀法九百四十，通冬至小餘二之數。得八萬四千六百爲氣骨。以日法三千七百六十，通天正朔大餘五十九，得二十二萬一千八百四十。內分子七百，日法四乘小餘一百七十五之數。得二十二萬二千五百四十。以減紀分二十二萬五千六百，餘三千六十，與氣骨八萬四千六百相加，得八萬七千六百六十爲閏骨。以氣骨乘紀正用，得四十六萬九千三十二億五千五百二十八萬四千六百爲紀總。以閏骨乘朔正用，得四十八萬一千五百四十七億九千三百七十六萬爲朔總。併二總，得九十五萬五百八十億四千九百四萬四千六百。滿衍母，去之，餘六億一千八百萬三千爲所求率實。以氣分除之，得四百五十爲歷過年數。以蔀法七十六除之，得五，爲歷過甲子癸卯壬午辛酉庚子五蔀。不盡七十，爲歷過己卯蔀七十年，現入己卯蔀七十一年也。

右問甲子在氣朔之間。

假如天正朔大餘五十，小餘六百三十四，冬至甲子日無小餘。問歷過蔀數年數幾何。

答曰：歷過甲子、癸卯、壬午、辛酉、庚子、己卯、戊午七蔀，又丁酉蔀二十八年。

草曰：以日法三千七百六十，通天正大餘五十，得一十八萬八千。內小餘二千五百三十六，四因小餘六百三十四。得一十九萬五百三十六。以減紀分二十二萬五千六百，餘三萬五千六十四爲閏骨。以乘朔正用五億四千九百三十三萬六千，得一十九萬二千六百一十九億一千七百五十萬四千爲朔總。滿衍母二十億八千七百四十七萬六千八百，去之，餘七億六千九百七萬四百爲所求率實。以氣分一百三十七萬三千三百四十爲法，除之，得五百六十爲歷過年數。以蔀法七十六除之，得七爲歷過甲子、癸卯、壬午、辛酉、庚子、己卯、戊午蔀。不盡二十八，爲歷過丁酉蔀年數。

右問甲子與冬至同日。

假如天正朔、冬至，同在日首大餘二十一。問歷過蔀數幾何。

答曰：歷過一十九蔀。

草曰：置大餘二十一，以三千七百六十通之，得七萬八千九百六十，爲氣骨即朔骨。以乘紀正用五億五千四百四十一萬二千一，得四十三萬七千七百六十三億七千一百五十九萬八千九百六十爲紀總。滿衍母二十億八千七百四十七萬六千八百，去之，餘一十九億八千三百一十萬二千九百六十爲所求率實。以氣分一百三十七萬三千三百四十爲法，除之，得一千四百四十四爲歷過年數。如蔀法七十六而一，得一十九爲歷過甲子蔀至丙午蔀。

右問天正朔冬至同在日首。

問《開禧術》：冬至三百六十五日一萬六千九百分日之四千一百八，朔策二十九日一萬六千九百分日之八千九百六十七，甲子六十日，各爲一周。假令至淳祐丙午十一月丙辰朔初五日庚申冬至，欲求本術氣朔甲子一會積年、積月、積日及歷過、未至年數各幾何。

答曰：一會積年八億一千九十八萬三千八百七十五年，積月一百億三千四十八萬八千，積日二千九百六十二億六百二十四萬五千八百四十。歷過年九千三百四十萬一千四百二十五，未至年七億一千七百五十八萬二千四百五十。

術同前。

草曰：置問數，冬至三百六十五日一萬六千九百分日之四千一百八，朔策二十九日一萬六千九百分日之八千九百六十七，甲子六十日。通分內子，冬至得六百一十七萬二千六百八爲氣分。朔實得四十九萬九千六十七爲朔分。甲子得一百一萬四千爲紀分。三行列之，具圖如後。

三行無總等，各分數即爲各元數。乃連環求等，以氣元與朔元求等，得一，不約。以氣元與紀元求等，得六百二十四。只約紀元，得一千六百二十五，爲紀泛定。氣元、朔元，即爲氣泛定、朔泛定。

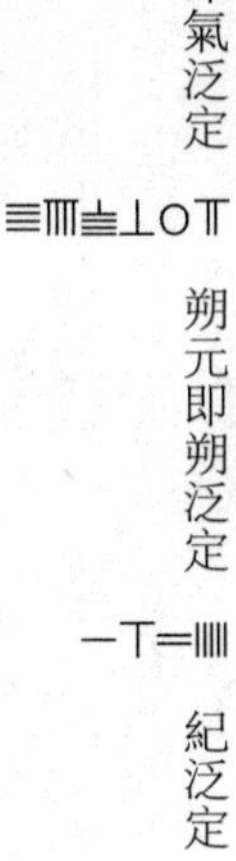

再求續等。氣泛定、紀泛定，等數一十三。以等數約氣泛定，得四十七萬四千八百一十六，爲氣定。以等數乘紀泛定，得二萬一千一百二十五，爲紀定。朔泛定四十九萬九千六十七，即爲朔定。三定相乘，得五千五萬八千八百五十五億五千四百六十九萬六千，爲衍母。具圖如後。

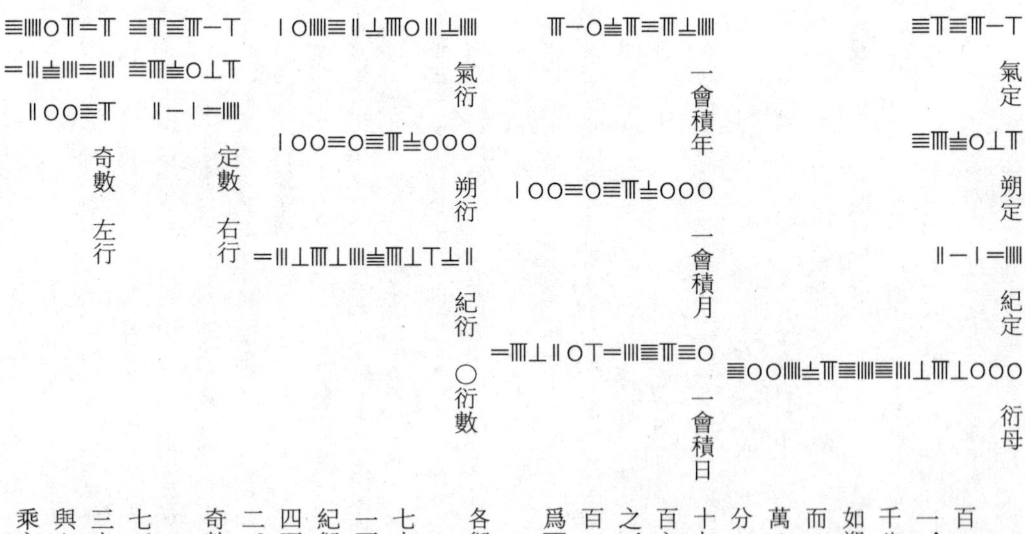

置衍母爲實。如氣分六百一十七萬二千六百八而一，得八億一千九十八萬三千八百七十五，爲一會積年。如朔分四十九萬九千六十七而一，得一百億三千四十八萬八千，爲一會積月。如紀分一百一萬四千而一，得四十九億三千六百七十七萬七百六十四，爲積紀，以六十通之，得二千九百六十二億六百二十四萬五千八百四十，爲[一會]積日。

次以各定數約衍母，得各衍數。

氣衍一百五億四千二百七十九萬三百七十五，朔衍一百億三千四十八萬八千，紀衍二千三百六十九億六千四百九十九萬六千六百七十二。各滿定數去之，各得奇數。

氣奇四十五萬七百二十七，朔奇二十三萬九千四百三十四，紀奇二萬四十七各與定數，用大衍求一，各得乘率。

右行 氣奇 ≡||||O丅=丅 氣定 ≡丅≡Ⅲ一丅 商 |

左行 天元 | 氣奇 ≡||||O丅=丅 空〇 氣定 ||≡O≐Ⅲ 餘

商 一Ⅲ 天元 | 氣奇 ≡||||O丅=丅 歸數 | 氣定 ||≡O≐Ⅲ 餘

天元 | 氣奇 ≡||||O丅=丅 餘 歸數 | 氣定 ||≡O≐Ⅲ 餘

乘率 一Ⅲ|丄|=|||| 氣奇 餘 歸數 | 氣定 ||≡O≐Ⅲ 餘 商 |

乘率 一Ⅲ|丄|=|||| 氣奇 餘 歸數 | 氣定 丄Ⅲ丄|||| 餘

商 || 乘率 一Ⅲ|丄|=|||| 氣奇 餘 歸數 O= 氣定 丄Ⅲ丄|||| 餘

乘率 一Ⅲ 氣奇 ≡|≐丅 餘 歸數 O= 氣定 丄Ⅲ丄|||| 餘

右行 朔奇 =|||≐||||≡|||| 朔定 ≡Ⅲ≐O丄丅 商 ||

左行 天元 | 朔奇 =|||≐||||≡|||| 空〇 朔定 ||O|≐Ⅲ 餘

商 一| 天元 | 朔奇 =|||≐||||≡|||| 歸數 || 朔定 ||O|≐Ⅲ 餘

天元 | 朔奇 =|||≐||||≡|||| 餘 歸數 || 朔定 ||O|≐Ⅲ 餘

乘率 =||| 一丄||≡|||| 朔奇 餘 歸數 || 朔定 ||O|≐Ⅲ 餘 商 |

乘率 =||| |丄||≡|||| 朔奇 餘 歸數 =|||| 朔定 =Ⅲ≡|||| 餘

商 |||| 乘率 =||| |丄||≡|||| 朔奇 餘 歸數 =|||| 朔定 =Ⅲ≡|||| 餘

乘率 =||| |丄||| 歸數 =||||

右行 紀奇 ||OO≡丅 紀定 ||一|=|||| 商 |

左行 天元 | 紀奇 ||OO≡丅 空〇 紀定 一O丄Ⅲ 餘

商 一Ⅲ 天元 | 紀奇 ||OO≡丅 歸數 | 紀定 一O丄Ⅲ 餘

天元 | 紀奇 丅≡||| 餘 歸數 | 紀定 一O丄Ⅲ

乘率 一Ⅲ 紀奇 丅≡||| 餘 歸數 | 紀定 一O丄Ⅲ 餘 商 |

乘率 一Ⅲ 紀奇 丅≡||| 餘 歸數 =O 紀定 |||≡|||| 餘

商 | 乘率 一Ⅲ 紀奇 丅≡||| 餘 歸數 =O 紀定 |||≡|||| 餘

乘率 ≡Ⅲ 紀奇 ||OⅢ 餘 歸數 =O 紀定 |||≡|||| 餘

乘率≡Ⅲ　歸數〇＝‖‖⊥Ⅲ⊥

氣奇⊤≟|＝　餘氣定⊥Ⅲ⊥〇　餘　商|

乘率≡Ⅲ　歸數〇＝〇

氣奇⊤≟|＝　餘氣定Ⅲ⊥〇‖‖　餘

乘率≡Ⅲ　歸數|＝Ⅲ

氣奇⊤≟|＝　餘氣定‖‖⊥〇|　餘　商‖‖‖‖

乘率≡Ⅲ　歸數|＝Ⅲ

氣奇⊤≡‖　餘氣定Ⅲ⊥〇‖‖‖‖　餘

乘率≡Ⅲ⊤　歸數|≡Ⅲ

氣奇⊤≡‖‖　餘氣定Ⅲ⊥〇‖‖‖‖　餘　商|

乘率≡Ⅲ⊤　歸數|≡Ⅲ

氣奇⊤≡‖‖　餘氣定‖｜＝Ⅲ　餘

乘率≡Ⅲ⊤　歸數⊤≟Ⅲ

氣奇⊤≡‖‖　餘氣定‖｜＝Ⅲ　餘　商|

乘率≡Ⅲ⊤　歸數⊤≟Ⅲ

氣奇|＝‖‖　餘氣定‖｜＝‖‖　餘

乘率⊥≡⊤|—　歸數Ⅲ⊤≟Ⅲ

商‖‖‖‖

朔奇‖‖⊥Ⅲ＝　餘　朔定Ⅲ≡Ⅲ＝　餘　商‖

乘率Ⅲ≡|　歸數‖‖‖＝

朔奇‖‖⊥Ⅲ＝　餘　朔定‖‖≡Ⅲ＝　餘　商|

乘率Ⅲ≡|　歸數‖‖‖＝

朔奇‖‖⊥Ⅲ＝　餘　朔定Ⅲ⊥Ⅲ　餘

乘率Ⅲ≡|　歸數‖⊥—

朔奇‖‖⊥Ⅲ＝　餘　朔定Ⅲ⊥Ⅲ　餘

乘率Ⅲ≡|　歸數‖⊥|

朔奇〇≟|　餘　朔定Ⅲ⊥Ⅲ　餘

乘率Ⅲ—〇—　歸數|⊥|

朔奇〇≟　餘　朔定Ⅲ⊥Ⅲ　餘　商‖‖‖‖

乘率Ⅲ—〇—　歸數|⊥|

朔奇〇≟　餘　朔定⊥Ⅲ　餘

紀奇Ⅲ〇‖　餘　紀定‖‖≡Ⅲ　餘　商‖

乘率Ⅲ≡　歸數〇＝

紀奇Ⅲ〇‖　餘　紀定Ⅲ—　餘

乘率Ⅲ≡　歸數≟Ⅲ

紀奇Ⅲ〇‖　餘　紀定Ⅲ—　餘　商—〇

乘率Ⅲ≡　歸數≟Ⅲ

紀奇Ⅲ—　紀定Ⅲ—

乘率Ⅲ—〇—　歸數≟Ⅲ

紀奇Ⅲ—　餘　紀定Ⅲ—　餘　商|

乘率Ⅲ—〇—　歸數Ⅲ|

紀奇Ⅲ—　紀定|　餘

乘率Ⅲ—〇—　歸數Ⅲ|—|

紀奇Ⅲ—　餘　紀定|　餘　商—Ⅲ

乘率Ⅲ—〇—　歸數Ⅲ|—|

紀奇|　餘　紀定|　餘

乘率Ⅲ〇〇〇‖　歸數Ⅲ|—|—

氣奇　餘　氣定　餘　商一

乘率　歸數

氣奇　餘　氣定　餘

乘率　歸數

氣奇　餘　氣定　餘

乘率　歸數

氣奇　餘　氣定　餘

乘率　歸數

氣奇　餘　氣定　餘　商一

乘率　歸數

氣奇　餘　氣定　餘

乘率　歸數

氣奇　餘　氣定　餘

乘率　歸數

氣奇　餘　氣定　餘　商一

乘率　歸數

乘率　歸數

朔奇　餘朔定　餘　商一

乘率　歸數

朔奇　餘朔定　餘

乘率　歸數

乘率　右行

衍數　左行

右求得氣乘率一萬九千一百五十九。

右求得朔乘率六千二百五十一。

右求得紀乘率二萬八。

氣乘率一萬九千一百五十九，朔乘率六千二百五十一，紀乘率二萬八，列右行，對乘左行衍數，各得泛用。

氣泛即氣定

朔泛即朔定

紀泛即紀定

衍母

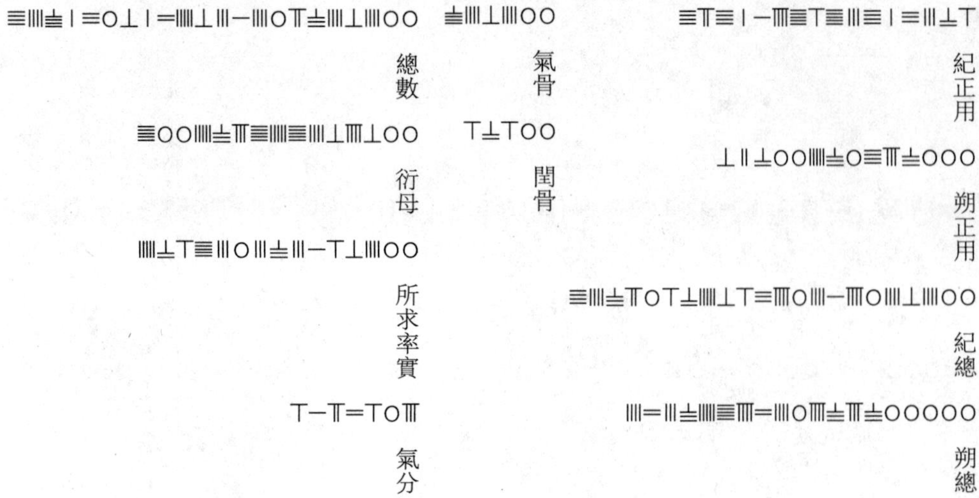

氣泛得二百一萬九千八百九十三億二千七十九萬四千六百二十五，朔泛得六十二萬七千五億八千四十八萬八千，紀泛得四千七百四十一萬一千九百五十六億五千三百四十一萬三千三百七十六，併之，得五十五萬八千八百五十五億五千四百六十九萬六千一。以課衍母多一，則泛用即爲定用。次驗問題十一月朔日丙辰冬至初五日庚申，自甲子數至乙卯，得五十二。以日法一萬六千九百乘之，得八十七萬八千八百，爲朔骨。自甲子數至己未，得五十六。以日法一萬六千九百乘之，得九十四萬六千四百，爲氣骨。以朔骨減氣骨餘六萬七千六百，爲閏骨。以氣骨乘紀正用，得紀總。以閏骨乘朔正用，得朔總。具圖如後。

紀總得四十四萬八千七百六兆七千五百六十六萬三千九百四億一千九百四萬六千四百，朔總得四百二十三兆八千五百五十九萬二千四百九億八千八百八十萬，併之，得四十四萬九千一百三十兆六千一百二十五萬六千三百一十四億七百八十四萬六千四百，爲總數。滿衍母五千五萬八千八百五十五億五千四百六十九萬六千去之，不滿五百七十六萬五千三百三億八千三百一十六萬六千四百，爲所求率實。具圖如後。

置所得率實五百七十六萬五千三百三億八千三百一十六萬六千四百，如氣分六百一十七萬二千六百八而一，得九千三百四十萬一千四百二十五，爲歷過年數。以減一會積年八億一千九十八萬三千八百七十五，餘七億一千七百五十八萬二千四百五十，爲未至年數。合問。

案：《宋志》開禧上元甲子至開禧三年丁卯，歲積七百八十四萬八千一百八十三。自丁卯至淳祐丙午，加三十九算，歲積七百八十四萬八千二百二十二。乃推歷過年數，得九千三百四十萬一千四百二十五，所差甚多。由本題氣朔甲子相距日數，任意設問，非用本術推到故也。今依術，推得淳祐丙午氣朔日分，轉求歷過年數，于後。

推淳祐六年丙午冬至日辰。

術曰：置上元距所求年積算，滿氣蔀率去之。不滿爲入蔀歲。以歲餘乘之，滿紀率去之。不滿爲氣骨。如日法而一爲大餘。不盡爲小餘。其大餘命甲子算外，即得日辰。

草曰：開禧術上元甲子，距淳祐丙午，歲積七百八十四萬八千二百二十二。滿氣蔀率一千六百二十五，去之。餘一千九十七，爲入蔀歲。以歲餘八萬八千六百八乘之，得九千七百二十萬二千九百七十六。滿紀率一百一萬四千，去之。不滿八十七萬二千九百七十六，爲氣骨。如日法一萬六千九百而一，得五十一，爲大餘。不盡一萬一千七十六，爲小餘。其大餘數起甲子算外，乙卯即冬至日辰。

推天正經朔。

術曰：置積算，以歲率乘之，爲氣積。滿朔率去之，不滿爲閏骨。以閏骨減氣積，餘滿紀率去之。不滿，如日法而一，爲大餘。不盡爲小餘。命之如前。

草曰：置積算七百八十四萬八千二百二十二，以歲率六百一十七萬二千六百八乘之，得四十八萬四千四百三十九億九千七百九十萬二千九百七十六，爲氣積。滿朔率四十九萬九千六十七，去之。不滿三十九萬七千五百三十四，爲閏骨。以閏骨減氣積，餘四十八萬四千四百三十九億九千七百五十萬五千四百四十二，滿紀法一百一萬四千，去之。不滿四十七萬五千四百四十二，如日法一萬六千九百而一，得二十八，爲大餘。不盡二千二百四十二，爲小餘。其大餘數起甲子算外，壬辰即天正經朔日辰。

轉求歷過年數。

法以氣骨八十七萬二千九百七十六，乘紀正用四千七百四十一萬一千九百五十六億五千三百四十一萬三千三百七十六，得四十一萬三千八百九十五兆一十六萬七千三百四十一億九千五百三十二萬六千九百七十六，爲紀總。以閏骨三十九萬七千五百三十四，乘朔正用六十二萬七千五億八千四十八萬八千，得二千四百九十二兆五千六百一十二萬五千六百三十七億一千六百五十九萬二千，爲朔總。併之，得四十一萬六千三百八十七兆五千六百二十九萬二千九百七十九億一千一百九十一萬八千九百七十六，爲總數。滿衍母五千五萬八千八百五十五億五千四百六十九萬六千，去之。不滿四十八萬四千四百三十九億九千七百九十萬二千九百七十六，爲所求率實。以氣分六百一十七萬二千六百八爲法，除之，得七百八十四萬八千二百二十二，爲歷過年數。適合。

景昌案：道古所用天正冬至日名，俱不誤，但略去小餘，故以求歷過年數，有不合耳。先生所推，乃是淳祐丙午歲前冬至，即淳祐乙巳十一月冬至也。求淳祐丙午十一月朔及冬至，當以淳祐丁未立算，今改推于後。

術：同前。

草曰：開禧上元甲子距淳祐丁未，歲積七百八十四萬八千二百二十三。滿氣蔀率一千六百二十五，去之，餘一千九十八，爲入蔀歲。以歲餘八萬八千六百八乘之，得九千七百二十九萬一千五百八十四。滿紀率一百一萬四千，去之。不滿九十六萬一千五百八十四，爲氣骨。如日法一萬六千九百而一，得五十六，爲大餘。不盡一萬五千一百八十四，爲小餘。其大餘數起甲子算外，[得]庚申。與元問合。置積算七百八十四萬八千二百二十三，以歲率六百一十七萬二千六百八乘之，得四十八萬四千四百四十億四百七萬五千五百八十四，爲氣積。滿朔率四十九萬九千六十七，去之。不滿八萬二千二百七十一，爲閏骨。在氣骨以下，便以閏骨減氣骨，餘八十七萬九千三百一十三，爲朔骨。以日法除之，得五十二，爲大餘。不盡五百一十三，爲小餘。其大餘數起甲子算外，得丙辰。與元問合。

如求歷過積年，則以氣骨九十六萬一千五百八十四，乘紀正用，得四十五萬五千九百五兆七千八百八十一萬一千九百一十八億四千七百七十四萬七千五百八十四，爲紀總。以閏骨八萬二千二百七十一，乘朔正用，得五百一十五兆八千四百三十九萬四千五百七十三億二千八百二十四萬八千，爲朔總。併二總，得四十五萬六千四百二十一兆六千三百二十萬六千四百九十一億七千五百九十九萬五千五百八十四。滿衍母，去之。不滿四十八萬四千四百四十億四百七萬五千五百八十四，爲所求率實。以氣分六百一十七萬二千六百八爲法，除之，得七百八十四萬八千二百二十三，爲歷過年數，即丁未年距算也。

清・黃宗憲《求一術通解》卷上　今有數不知總，任命一數累減之。或有賸，或無賸。復易一數累減之。或有賸，或無賸。再易一數累減之。或有賸，或無賸。欲求總數，其術如何。

答曰：荅數無窮。理固如是，然各題所求，總以初荅爲主。

按：此衹三次減數，即孫子原術也。凡製題，自兩次以至多次，皆可任意命數，求法不殊。

術曰：置各減數分行列之，曰泛母，析泛母，析法詳後。爲諸數根，凡二、三、五、七及不能成算之數，皆曰數根。以求定母。求法詳後。各定母連乘爲衍母，復以定母除衍母，得其衍數。或以餘位定母連乘，亦得本位衍數。再以定母累減衍數以求一。其初次減得一者，即以衍數爲用數。；若初次減未得一者，則輾轉互減以求之，必至衍數得一而止。其所寄數求法詳後。爲乘率。以乘衍數得用數，既得各用數。仍分位列之爲一表，乃視題中某位賸數若干，某位無賸數，則棄之不用。以本位用數乘之爲總數，逐位求總數畢，乃併之爲所求率。每減衍母一次得一荅，不足減者即初荅。若每加衍母，則荅數無窮。

析泛母法

置各行泛母爲實，先以二、三、五、七各小根爲法，逐行分次累除之，至四小根皆不受除，乃驗不受除之數，皆成根即止。或有未成根者，則以除得之根爲法除之，至皆不受除，再驗不受除之數，皆成根即止。抑或有未成根，又不受已得各根之除者，以未成根之數求等，以等爲法除之，至各數皆無等而止。書其末次得數及每次用以爲法之數於本位下，是爲諸根。

表根數

單	一十	二十	三十	四十	五十	六十	七十	八十	九十
𝍦	𝍩𝍨	𝍪𝍨	𝍫𝍦	𝍬𝍦	𝍭𝍨	𝍮𝍦	𝍯𝍨	𝍰𝍨	𝍱𝍦
𝍤	𝍩𝍦	𝍪𝍢	𝍫𝍠	𝍬𝍢	𝍭𝍢	𝍮𝍠	𝍯𝍢	𝍰𝍢	
𝍢	𝍩𝍢			𝍬𝍠			𝍯𝍠		
𝍡	𝍩𝍠								

求定母法

前法析泛母畢，乃徧視各同根，如三與三、五與五之類。取某行最多者用之，餘行所有棄之不用。再視本行所有異根，如三與五之類。或少於他行則棄之，因他行已用，則此行必棄。抑或多於餘行亦用之。或與他行最多者等，則此兩行隨意用之。用此則棄彼，用彼則棄此。以所用數根連乘之，即得本行定母。若某行各根皆少於他行者，則此位無定母。

求寄數法

列定母於右行，列衍數於左行，左角上預寄一數，按：預寄一數者，是記此一個衍數也。原書謂之立天元一。輾轉累減，凡定母與衍數輾轉累減，則其上所寄數必輾轉累加。至衍數餘一即止。視左角上寄數爲乘率，若求反乘率，至定母餘一即止，視右角上寄數爲反乘率。

按：兩數相減必以少數爲法，多數爲實。其法上無寄數者，不論減若干次，減餘數上仍以一爲寄數。其實上無寄數者，減餘數上以所減次數爲寄數。其法上實上俱有寄數者，視累減若干次，以法上寄數亦累加若干次於實上寄數中，即得減餘數上之寄數矣。已上求一術之大旨明，後則隨題演草詳釋。

今有數不知總，以五累減之無賸，以七百一十五累減之賸一十，以二百四十七累減之賸一百四十，以三百九十一累減之賸二百四十五，以一百八十七累減之賸一百零九。問總數若干。

答曰：一萬〇〇二十。

草曰：命一次減數五爲甲，二次減數七百一十五爲乙，三次減數二百四十七爲丙，四次減數三百九十一爲丁，五次減數一百八十七爲戊。列爲五行，曰泛母。依法求定母、衍母、衍數。式如左。

	泛母	析母	定母	衍數
甲	𝍤	五	廢位	
乙	𝍦𝍩𝍤	五△ 𝍩𝍢 𝍩𝍠△	𝍭𝍤	𝍨𝍮𝍤𝍯𝍦
丙	𝍡𝍬𝍦	𝍩𝍢△ 𝍩𝍨△	𝍡𝍬𝍦	𝍡𝍩𝍤〇𝍤
丁	𝍢𝍱𝍠	𝍩𝍦△ 𝍪𝍢△	𝍢𝍱𝍠	𝍠𝍫𝍤𝍰𝍤
戊	𝍠𝍰𝍦	𝍩𝍠 𝍩𝍦		

衍母 𝍤𝍫𝍠𝍩𝍦𝍫𝍤

視甲泛 𝍤 已成根不可析，即書五於本位下。以四小根除各泛，皆不受除，惟以五爲法，除乙泛 𝍦𝍩𝍤 得 𝍠𝍬𝍢 以 𝍠𝍬𝍢 與丙泛求等，得 𝍩𝍢 以 𝍩𝍢 爲法，除 𝍠𝍬𝍢 得 𝍩𝍠 併兩次法數五 𝍩𝍢 共得五 𝍩𝍢 𝍩𝍠 書於乙位下。又以 𝍩𝍢 爲法，除丙泛 𝍡𝍬𝍦 得 𝍩𝍨 併法數 𝍩𝍢 共得 𝍩𝍢 𝍩𝍨 書於丙位下。又以 𝍩𝍨 爲法，除丁泛、戊泛，皆不受除。又以 𝍩𝍠 爲法除丁泛，不受除。除戊泛 𝍠𝍰𝍦 得 𝍩𝍦 併法數 𝍩𝍠 共得 𝍩𝍠 𝍩𝍦 書於戊位下。又以 𝍩𝍦 爲法，除丁泛 𝍢𝍱𝍠 得 𝍪𝍢 併法數 𝍩𝍦 共得 𝍩𝍦 𝍪𝍢 書於丁位下。析畢。乃視甲行一個五，等於乙行，棄之。此位廢。乙行一個五，用之，一個 𝍩𝍢 棄之，一個 𝍩𝍠 用之。丙行一個 𝍩𝍢 用之，一個 𝍩𝍨 用之。丁行一個 𝍩𝍦 用之，一個 𝍪𝍢 用之。戊行一個 𝍩𝍠 一個 𝍩𝍦 俱棄之。此位廢。以乙行所用五 𝍩𝍠 相乘，仍得 𝍭𝍤 爲乙定。以丙行所用 𝍩𝍢 𝍩𝍨 相乘，仍得 𝍡𝍬𝍦 爲丙定。以丁行所用

|⊥ ‖≡ 相乘，仍得 Ⅲ≟| 爲丁定。乃以乙、丙、丁三定連乘，得 ≣Ⅲ一|⊥Ⅲ≣ 爲衍母。

依法求之，得各衍數。既得各定母、衍數，兩兩對列，以求一入之，式如左。

乙定 Ⅲ≣ 右累減 左餘 Ⅲ= Ⅲ≣ 左減右一 次餘 Ⅲ ‖ 右減左一十 七次餘 |

衍數 一≟T≣T⊥ 一Ⅲ= 一Ⅲ= 一八 |

依法求得乘率一十八，以乘衍數 ≟T≣T⊥ 得 |⊥Ⅲ≟Ⅲ≟T 爲乙用數。

丙定 ‖≡T 右累減 左餘 |⊥ =Ⅲ⊥ 左減右十五次餘 T 一五 T 右減左二 次餘 ‖ 一五 T 左減右三 次餘 |

衍數 二=|≣O≣ 一|⊥ 一|⊥ 三一 ‖

一〇八 | 右減左一 次餘 | 三一 ‖ 一三九 |

依法求得乘率百卅九，以乘衍數 =|≣O≣ 得 ‖≟Ⅲ≟|≟Ⅲ 爲丙用數。

丁定 Ⅲ≟| 右累減 左餘 ‖≟| Ⅲ≟| 左減右一 次餘 |OO 一 |OO 右減左二 次餘 ≟| 一 |OO 左減右一 次餘 Ⅲ

衍數 二 一Ⅲ≣T≣ 一 ‖≟| 一 ‖≟| 三 Ⅲ一

四 Ⅲ 右減左十 次餘 | 三 Ⅲ一 四三 |

依法求得乘率四十三，以乘衍數 一Ⅲ≣T≣ 得 ≣T≡|≣Ⅲ 爲丁用數。既得各位用數，乃分位列之如左。

乙用數 |⊥Ⅲ≟Ⅲ≟T 丙用數 ‖≟Ⅲ≟|≟Ⅲ 丁用數 ≣T≡|≣Ⅲ

視題中 ⊥|≣ 累減之賸一十，以一十乘乙用數 |⊥Ⅲ≟Ⅲ≟T 得 |⊥Ⅲ≟Ⅲ≟TO 爲總。又 ‖≡T 累減之賸一百四十，以一百四十乘丙用數 ‖≟Ⅲ≟|≟Ⅲ 得 ≡|≟Ⅲ≟T≡OO 爲總。又 Ⅲ≟| 累減

之賸二百四十五，以二百四十五乘丁用數 483144 得 143117874 爲總。併三總，得五億七千八百九十八萬九千一百三十五，爲所求率。滿衍母五百三十一萬一千七百三十五去之，不滿一萬○○二十，即得所求之總數矣。

坿列各變式表於左，以資考證。

	甲析母 五、	乙析母 五△ 13 11△	丙析母 13△ 19△	丁析母 17△ 23△	戊析母 11、 17、
式	定	定	定	定	定
第一式	○	55	247	291	○
第二式	○	715	19	291	○
第三式	○	55	247	23	17
第四式	○	715	19	23	17
第五式	○	5	247	391	11
第六式	○	65	19	391	11
第七式	○	5	247	23	187
第八式	○	65	19	23	187
第九式	5	11	247	391	○
第十式	5	143	19	391	○
第十一式	5	11	247	23	17
第十二式	5	143	19	23	17
第十三式	5	○	247	391	11
第十四式	5	13	19	391	11
第十五式	5	○	247	23	187
第十六式	5	13	19	23	187

今有數不知總，以一十七累減之賸二，以一十一累減之賸九。問總數若干。

答曰：五十三。

草曰：命前減數爲前，後減數爲後，列爲兩行，曰泛母，依法求定母、衍母、衍數，式如左。

前泛母 17 析母 17 定母 17 衍母 187 衍數 11

後泛母 11 析母 11 定母 11 衍數 17

兩行泛母皆是數根，即爲定母。兩定母相乘，得 187 爲衍母。以兩定母互爲衍數。

既得定母、衍數，兩兩對列，以求一入之。式如左。

前定 17 左減右一 次餘 6 右減左一 次餘 5 左減右一 次餘 1 右減左四 次餘 1

衍數 11 一 11 一 6 二 5 二 5 三 1 一四 1

依法求得乘率一十四，以乘衍數 11 得 154 爲前用數。

後定 11 右累減 左餘 6 11 左減右一 次餘 5 右減左一 次餘 1

衍數 17 一 6 一 6 二 5 二

依法求得乘率二，以乘衍數 17 得 34 爲後用數。

既得兩位用數，依位列之如左。

前用數 154 後用數 34

視題中 17 減之賸二，以二乘前用數 154 得 308 爲總。又 11 減之賸九，以九乘後用數 34 得 306 爲總。併二總得 614 爲所求率。滿衍母 187 去之，不滿 53 爲所求總數。

右二題新擬。

求一術別題坿

按：題爲嘉定時清甫先生擬以寄詢。宗憲曾立術答之，已坿刊《百雞術衍》書後。茲又稍加變通，並補演真數四草，坿録於此。以見求一術不僅能馭孫子題類耳。

今有總數若干爲實，以若干數爲法除之，不盡若干。乃滿若干數去之，欲知去若干次滿數，而以法除之適盡。其術如何。

術曰：命法數爲天，滿數爲地，不盡數爲人。先以三項求總等，各約之。無等不約。乃置天地二項以求一入之，以天比定母，地比衍數。求得乘率。以人乘之，天累減之。不足減者，即所求去地之次數。以地乘之，得數以減原實。餘即爲法除盡之數也。

今有數若干爲實，以若干數爲法除之，不足法，乃滿若干數加之。欲知加若干次滿數，而以法除之適盡。其術如何。

術曰：命法數爲天，滿數爲地，不足法之實數爲人。先以三項求總等，各約之。無等不約。乃置天地二項以求一入之，以天比定母，地比衍數。求得反乘率。以人乘之，天累減之，不足減者，即所求加地之次數。以地乘之，得數加入原實，即爲法除盡之數也。

今有數三十三萬三千二百一十七，以一百七十四爲法除之，不盡七，乃滿五百八十一去之。問去若干次滿 581 而以法 174 除之適盡。

答曰：去六十五次。

草曰：先以法數 174 滿數 581 不盡數 7 三項求總等。無等不約。乃以法數、比定母下同。滿數比衍數下同。對列兩行，求乘率。

法 174　右累減左餘 59　174　左減右二次餘 56　右減左一次餘 3　左減右十八次餘 2

滿 581　59　56　3　2　1

如法求得乘率五十九，以乘不盡數七，得 413 以 174 累減之，餘 65 即所求去滿數之次數。以 581 乘之，得 37765 以減原實 333217 餘 295452 而以法 174 除之適盡。

今有數一十九萬九千九百一十四，以八十七爲法除之，不盡七十五。乃滿二十一去之，問去若干次滿 21 而以法 87 除之適盡。

答曰：去一十六次。

草曰：先以法數 87 滿數 21 不盡數 75 求總等得三。以等三各約之，法數得 29 滿數得 7 不盡數得 25 乃以法定、即法之約數。滿定即滿之約數。對列兩行，求乘率。

法 29　左減右四次餘 1　右減左六次餘 1

滿 7　1　25

如法求得乘率二十五，以乘不盡數之約數 25 得 625 以 29 累減之，餘 16 即所求去滿數之次數。以 21 乘之，得 336 以減原實 199914 餘 199578

而以法 87 除之適盡。

今有數七，以五百八十一爲法除之，不足法，乃滿一百七十四加之。問加若干次滿 174 而以法 581 除之適盡。

答曰：加一百一十七次。

草曰：先以法數 581 滿數 174 原實 7 三項求總等。無等不約。乃以法數、滿數對列兩行，求反乘率。

又　卷下　設有堤長不知丈數，派甲、乙、丙、丁四縣均築之。甲縣夫每日築長率五十四丈，乙縣夫每日築長率五十七丈，丙縣夫每日築長率七十五丈，丁縣夫每日築長率七十二丈，各縣俱築畢，不計日數，甲縣餘二十丈，乙縣餘二十三丈，丙縣餘二十六丈，丁縣餘二丈，皆不及一日全功。問堤通長若干及各縣應築堤長若干。

答曰：堤通長四萬〇九百〇四丈。各縣應築堤長一萬〇二百二十六丈。

草曰：如上卷推計土功題，求得衍母及各行定母、衍數。試以甲日築率五十四累減甲行衍數 |||≟〇〇 餘二十丈，與甲縣餘數同，即以其衍數 |||≟〇〇 爲甲總。

又試以乙日築率五十七累減乙行衍數 ≣||||〇〇 餘 |||= 又以乙定母 |≟ 減之，餘二十三丈，與乙縣餘數同，即以其衍數 ≣||||〇〇 爲乙總。

又試以丙日築率七十五累減丙行衍數 ||||一〇≣ 餘 ||||≣ 又以丙定母 ||≣ 累減之，餘 ||| 不應丙縣餘數，則此位必求一，如前卷求得丙用數 ⊥╥≟╥⊥ 乃以丙定 ||≣ 減丙縣餘數 ||⊥ 餘 | 以一乘丙用數不變，即以用數 ⊥╥≟╥⊥ 爲丙總。又試以丁日築率七十二累減丁行衍數 一||≟||≣ 餘 ╥ 又以丁定母 ╥ 減之，餘 | 不應丁縣餘數，則此位必求一，如前卷求得丁用數 一||≟||≣ 以丁縣餘

法 ||||≟|　左減右三次餘 ||||≟（三）　右減左二次餘 ||||⊥（三）　左減右一次餘 |||　右減左十八次餘 ||

滿 一|⊥||||　一|⊥||||　七||||⊥　七||||⊥

一〇|||　左減右一次餘 |　一九七|

一八七 ||

如法求得反乘率一百九十七，以乘原實七得 |≡╥≟ 以 ||||≟| 累減之，餘 ||一╥

即所求。加滿數之次數，以 |⊥|||| 乘之，得 |||⊥╥≣╥ 加入原實 ╥ 得 ≡╥⊥╥≣ 而以

法 ||||≟| 除之適盡。

今有數七十五，以八十七爲法除之。不足法，乃滿二十一加之。問加若干次。

次滿 ||一 而以法 ≟╥ 除之適盡。

答曰：加一十三次。

草曰：先以法數、滿數、原實，求得總等三。各約之，法數得 ||≟ 滿數得

╥ 原實得 ||≣ 乃以法定、滿定對列求反乘率。

法 ||≟　左減右四次餘 |　四|

滿 一⊥

如法求得反乘率四，以乘原實之約數 ||≣ 得 |〇〇 以 ≟╥ 減之，餘 |≡

即所求加滿數之次數。以 ||一 乘之，得下 ||⊥||| 加入原實 ⊥|||| 得 |||≡╥ 而以

法 ≟╥ 除之。適盡。

二乘之，得 ‖≣T≣〇 爲丁總。併四總得一十一萬二千八百二十五爲所求率。滿衍母一十萬〇二千六百去之，不滿一萬〇二百二十六丈，即爲各縣所築之長，以四因之，得四萬〇九百〇四丈，爲堤通長。

按：此題舊法於求得公式後，必以甲縣餘二十丈乘甲用數 ≐T≡〇〇 得 |⊥Ⅲ≐〇〇 爲甲總。以乙縣餘二十三丈乘乙用數 ‖⊥〇〇〇 得 T=|〇〇〇 爲乙總。以丙縣餘二十六丈乘丙用數 ⊥T≐T⊥ 得 ‖〇|⊥Ⅲ⊥ 爲丙總。以丁縣餘二丈乘丁用數 —‖≐‖≣ 得 ‖≣T≣〇 爲丁總。併四總，得 Ⅲ≡‖〇〇〇T 滿衍母 |〇‖⊥〇〇 去之，不滿 |〇‖=T 爲所求數，與新法所得同數。

釋曰：依前題之理推之，則甲總 |⊥Ⅲ≐〇〇 即甲衍數 Ⅲ≐〇〇 四百六十倍之數，而兩數中所餘，俱應題中賸數也。試置甲總 |⊥Ⅲ≐〇〇〇 以甲日築率五十四累減之，必餘 ‖〇 又置甲衍數 Ⅲ≐〇〇 以五十四累減之，亦必餘 ‖〇 是二數中所餘，皆與甲縣餘數同矣，所以用衍數 Ⅲ≐〇〇 爲總數，即同於用 |⊥Ⅲ≐〇〇〇 爲總數，尤爲簡捷也。

右二題論以衍數爲總之理，有時遇以定母、衍數輾轉互減以求一，其衍數未得一，而衍數中之餘數恰與題中本位賸數相應者，即以其餘數上寄數爲乘率，以乘衍數爲總數，所得亦同，再設題於後以明其理。

今有堤長不知丈數，派甲、乙、丙、丁四縣均築之。其四縣夫每日築長率同前題，各縣俱築畢，不計日數，甲縣賸六丈，乙縣賸五十四丈，丙縣賸三十丈，丁縣賸二十四丈，皆不及一日全功。問堤通長若干及各縣應築堤長若干。

荅曰：堤通長四萬九千九百二十丈。各縣應築堤長一萬二千四百八十丈。

草曰：如上卷推計土功題，求得衍母及各行定母、衍數。試以甲日築率五十四累減甲行衍數 Ⅲ≐〇〇 餘 ‖〇 不應題中賸數，知此位必求一，如上卷法以定母、衍數對列，輾轉互減，至第三層而衍數餘 T 恰與題中甲縣賸數同，即以其上寄數三，爲乘率，以乘衍數 Ⅲ≐〇〇 得 |—Ⅲ〇〇 爲甲總。

又試以乙日築率五十七累減乙行衍數 Ⅲ≡〇〇 餘 Ⅲ= 不應題中賸數，知此位必求一，如前卷法求得乙用數 ‖⊥〇〇〇 乃以乙定母 |≐ 累減題中乙縣賸數 Ⅲ≡ 餘 |⊥ 以 |⊥ 乘乙用數 ‖⊥〇〇〇 得 ≣Ⅲ=〇〇〇 爲乙總。又試以丙日築率七十

五累減丙行衍數 ||||一〇≡ 餘 ||||≡ 以丙定母 ‖≡ 減之，餘 ‖≐ 不應題中賸數，知此位必求一，如上卷法求得丙用數 ⊥Ⅲ≐Ⅲ⊥ 乃以丙定母 ‖≡ 減題中丙縣賸數 Ⅲ〇 餘 |||| 以五乘丙用數 ⊥Ⅲ≐Ⅲ⊥ 得 |||≐Ⅲ≐Ⅲ〇 爲丙總。又試以丁日築率七十二累減丁行衍數 一‖≐‖≡ 餘 Ⅲ 以丁定 Ⅲ 加二次，得 ‖≡ 不應題中賸數，又以丁定母 Ⅲ 累減題中丁縣賸數 ‖≡ 適盡，知此位可廢。乃併前三總，得八十三萬三千二百八十爲所求率，滿衍母一十萬〇二千六百去之，不滿一萬二千四百八十，即各縣所築堤長。四因之，得四萬九千九百二十丈，即爲堤通長。

設有道里不知遠近，依上卷程行相及題例。滿甲行率三百去之，賸七十九里。滿乙行率二百五十去之，賸一百二十九里。滿丙行率二百去之，賸七十九里。問里遠近若干。

答曰：一千八百七十九里。

草曰：如上卷程行相及題，求得衍母及各行定母、衍數。試以甲行率 |||〇〇 累減甲行衍數 一〇〇〇 餘 |〇〇 又以甲定母 ||| 累減之，餘 | 即以衍數 一〇〇〇 爲用數，乃以甲定母 ||| 累減題中甲賸數 Ⅲ≐ 餘 | 以一乘用數不變，即以用數 一〇〇〇 爲甲總。又試以乙行率 ‖≡ 及乙定母 |═Ⅲ 減乙行衍數 ‖≡ 皆不足減，乃以乙定母減乙賸數 |═Ⅲ 餘 ||| 不相應，知此位必求一，如上卷法求至第二層衍數餘 |||| 恰與題中乙再賸數同，即以其上寄數二十一爲乘率，以乘衍數 ‖≡ 得 ≡〇≡ 爲乙總。又試以丙行率 ‖〇〇 減丙行衍數 |||Ⅲ≡ 餘 |⊥|||| 以丙定 Ⅲ 累減之，餘 Ⅲ 乃以丙定母 Ⅲ 累減丙賸數 ⊥Ⅲ 亦餘 Ⅲ 兩餘數皆同，即以衍數 ≡Ⅲ≡ 爲丙總。併三總，得一千八百七十九爲所求率，不滿衍母 |||〇〇〇 即以一千八百七十九爲所求里數。

右二題能明求乘率不拘求一之理，凡求得衍數中餘數與題中賸數相應者，仿此推之，其理相通，較求一爲稍簡。

已上諸題求法稍簡，而與舊法略同，此外有舊法不用之位，今拾而求之，得數不殊，其算理則無二也。述之如左。

即如上卷推計土功原題舊法，以甲乙二縣無餘數，棄之。祗用丙、丁二縣之餘數求之，得各縣所築堤長一千〇二十六丈。今以甲乙二縣爲主求之，得數亦同，演草如下。

草曰：以甲日築率 ||||≡ 與乙日築率 ||||⊥ 求等，得三。以等三約 ||||⊥ 得 |≐ 以 |≐ 與 ||||≡ 相乘，得 |〇‖⊥ 試以丙日築率 ⊥|||| 累減之，餘 ||||一 與丙縣餘數同。又試以丁日築率 ⊥‖ 累減之，餘 |≐ 與丁縣餘數同。故知 |〇‖⊥ 即各縣所築堤長也。

按：此草得數太易，或不免偶合之疑，再設新題驗之如後。

今有物不知總，以九百九十五數之賸一十二；以九百九十六數之適盡；以九百九十七數之適盡；以九百九十八數之賸一十二；以九百九十九數之賸三十六。問物幾何。

答曰：五百九十五萬八千〇七十二。

草曰：以 ≐Ⅲ⊥ 與 ≐Ⅲ⊥ 求等，無等不約。以兩數相乘，得 ≐Ⅲ≡〇一‖ 試以 ≐Ⅲ≡

累減之，餘 ‖ 以二除題中本位賸數 |= 得 ⊥ 以六乘 ≐Ⅲ≡〇一‖ 得 ≡Ⅲ≡Ⅲ〇Ⅲ= 又試以 ≐Ⅲ≐ 累減 ≡Ⅲ≡Ⅲ〇Ⅲ= 餘 |= 與題中本位賸數合。又試以 ≐Ⅲ≐ 累減之，餘 ‖⊥ 與題中本位賸數合。即知 ≡Ⅲ≡Ⅲ〇Ⅲ= 爲所求物數。

右二題取數最速，然必題中有兩位適盡者，始能馭之。由此推之，更立新術如後。

術曰：先取題中減數最大者命爲甲，其本位賸數爲子。又取略小於甲之減數爲乙，其本位賸數爲丑。乃以甲乙求等，以等約乙，無等不約，或以等約乙，得數與甲仍有等者，則不約乙而約甲。或任約甲約乙俱有等者，則用析根法求之。後仿此。甲乙相乘得甲′，以乙累減子餘丙，又以乙累減甲餘丁，於丙內減去一丑，不足減者，加一乙以減之。下同。餘戊。以乙比定母。丁比衍數。對列兩行，求得反乘率，以乘戊得巳，甲巳相乘得庚。併子庚得辛。以甲累減辛餘子′。已上爲次求法。

按：凡題中有三次減數者，其求法有二次。有四次減數者，其求法有三次。以後減數每增一次，其求法亦每增一次。

又取題中略小於乙之減數命爲乙′，其本位賸數爲丑′。乃以甲′乙′求等，以等約乙′。甲′乙′相乘得甲″。以乙′累減子′餘丙′，又以乙′累減甲′餘丁′。於丙′內減去一丑′，餘戊′。以乙′丁′對列兩行求得反乘率，以乘戊′得巳′，甲′巳′相乘得庚′。併子′庚′得辛′，以甲″累減辛′，餘子″。已上爲二次求法。

按：其三次、四次以往，仿此求之。唯疊次各干支字上，多加一「丿」爲識耳。

今有物不知總，以一十一數之賸三，以一十九數之賸五，以二十七數之賸一十七，以三十五數之賸二十一。問物幾何。

荅曰：二萬一千二百六十六。

草曰：依術得 Ⅲ≡ 甲 ‖一 子 ‖⊥ 乙 |⊥ 丑。乃以甲乙求等，無等不約。甲乙相乘，得 T一≐Ⅲ≡ 甲′。以乙減子，不足減，即得 ‖一 丙。又以乙累減甲，餘 Ⅲ 丁。於丙內減去一丑，餘 Ⅲ 戊。以乙丁對列兩行，求反乘率。式如左。

乙 ‖⊥　左減右三 次餘Ⅲ　三‖　右減左二 次餘‖　三‖　左減右一 次餘|
丁 一Ⅲ　一Ⅲ　七‖　一〇|

如法求得反乘率一十。以乘戊，得 Ⅲ〇 巳。甲巳相乘，得 T一|≡〇〇 庚。併子庚，得 |≡‖一 辛。以甲′累減辛，餘 Ⅲ⊥T 子′。

又依術得 ≐Ⅲ≡ 甲′ Ⅲ⊥T 子′ |≐ 乙′ Ⅲ 丑′。乃以甲′乙′求等，無等不約。甲′乙′相乘，得 T一|⊥Ⅲ≡Ⅲ 甲″。以乙′累減子′，餘 | 丙′。又以乙′累減甲′，餘 |≡ 丁′。於丙′內減去一丑′，不足減，加一乙′以減之，餘得 |≡ 戊′。以乙′丁′對列兩行，求反乘率。式如左。

乙′ |≐　左減右一 次餘Ⅲ　一Ⅲ　右減左二 次餘Ⅲ　一Ⅲ　左減右一 次餘|　四|
丁′ 一|≡　一|≡　三Ⅲ

如法求得反乘率四，以乘戊′，得 T〇 巳′。甲′巳′相乘，得 ≡T⊥〇〇 庚′。併子′庚′，得 ≡T一T⊥ 辛′。以甲″累減辛′，餘得 Ⅲ≡|一 子″。

又：依術得 丅一 一丅≐Ⅲ≡ 甲″ ‖≡|一 子″ |一 乙″ ||| 丑″。乃以甲″乙求等，無等不約。甲″乙相乘，得 丅一 |≐丅≡〇≡ 甲‴。以乙″累減子″，餘〇丙″。又以乙″累減甲″，餘 ||| 丁″。應於丙內減去一丑″，而丙位空，乃加一乙″以減之，餘 Ⅲ 戊″。以乙″丁″對列兩行，求反乘率。式如左。

乙″	丨一	左減右三 次餘‖	三‖	右減左一 次餘丨	三‖	左減右一 次餘丨
丁″	一‖		一‖		四丨	七丨

如法求得反乘率七，以乘戊″，得 Ⅲ⊥ 巳″。甲″巳″相乘，得 |〇〇≡Ⅲ≐〇 庚″。併子″庚″，得 |〇〇≐丅≐| 辛″。以甲‴累減辛″，餘得 ‖一‖⊥丅 子‴。題中衹四次減數，故其子‴數二萬一千二百六十六，即所求物數。

今有後漢四分術。木日率四千七百二十五，火日率一千八百七十六，土日率九千四百一十五，金日率四千六百六十一，水日率一千八百八十九。熹平三年甲寅，木日率餘五，火日率餘七十五，土日率餘四十，金日率餘一百三十三，水日率餘一十。此各日率所餘，即是置上元盡熹平三年積算，以各日率除去所餘之數。問上元以來盡熹平三年甲寅積歲幾何及上元太歲所在。此題録求一算術。

荅曰：積九千四百五十五歲，上元太歲在庚辰。

草曰：依術得 Ⅲ≡|≡ 甲 Ⅲ〇 子 Ⅲ≐‖≡ 乙 Ⅲ 丑，乃以甲乙求等，得 Ⅲ≡ 試以等約乙得 一Ⅲ≡ 與甲仍有等，知不約乙。以約甲，得 丅一 ‖⊥Ⅲ 與乙相乘，得 一‖≐|〇‖≡ 甲′以乙減子，不足減，即得 Ⅲ〇 丙。又以乙減甲之約數，不足減，即得 ‖⊥Ⅲ 丁。於丙內減去一丑，餘 Ⅲ≡ 戊。以乙丁對列兩行，求反乘率，式如左。

乙	Ⅲ⊥‖≡	左減右十七 次餘丨≡‖	一七 丨≡‖	右減左一 次餘丨一丅	一七 丨≡‖	左減右一 次餘Ⅲ≡	三五 Ⅲ≡	右減左三 次餘丨=
丁	丅⊥Ⅲ		一 ‖⊥Ⅲ		一八 丨一丅		一八 丨一丅	

三五 Ⅲ≡	左減右二 次餘丨一	二八一 丨一	右減左一 次餘丨	二八一 丨一	左減右十 次餘丨	四三二一 丨
一二三 丨=		一二三 丨=		四〇四 丨		

如法求得反乘率四千三百二十一，以乘戊，得 |≡|=Ⅲ≡ 巳。與甲之約數相乘，得 Ⅲ〇丅⊥‖〇|≡ 庚。併子庚，得 Ⅲ〇丅⊥‖=Ⅲ≡ 辛。以甲′累減辛，餘 ≐Ⅲ≡Ⅲ 子′。試以金日率 Ⅲ⊥丅一 累減子′，餘得 |≡Ⅲ 與題中本位餘數合。又試以水日率 |≐Ⅲ≐ 累減子′，餘得 |〇 與題中本位餘數合。又試以火日率 |≐丅⊥ 累減子′，餘得 丅≡ 與題中本位餘數合。故知子′數九千四百五十五，即上元盡熹平三年甲寅積歲。置積歲減一，餘

九千四百五十四。滿六十去之，餘三十四。反減六十，餘二十六。命起甲寅算外，得庚辰。即上元太歲所在也。

按此一次求法，即以子數爲所求數者。緣子數已應題中各賸數，故不必再求也。或子數與題中某位賸數不應，即命某位爲乙，依術求之。至盡合乃止。

今有數不知總，以四十二數之賸一十三，以一百二十六數之賸九十七，以一百三十二數之賸三十七，以三十九數之賸三十一。問總數若干。

荅曰：一千三百五十七。

草曰：依術得 丨=T 甲 Ⅲ⊥ 子 Ⅲ= 乙 丨≡ 丑，乃以甲乙求等，得 Ⅲ= 與乙同數，知乙位可廢。

再依術得 丨≡Ⅱ 甲 Ⅲ⊥ 子 丨=T 乙 Ⅲ⊥ 丑。乃以甲乙求等，得 ⊥ 試以等六約乙得 Ⅱ一 與甲仍有等，知不約乙。又試以等六約甲得 Ⅱ= 與乙仍有等，知不約甲。任約甲乙皆有等，則不約。以析根法求之，式如左。

甲泛 丨≡Ⅱ 析母 二二三一 定 Ⅲ≡

乙泛 丨=T 析母 二三三七 定 T≡

以甲定乙定相乘，得 Ⅱ⊥T= 甲。以乙定減子，不足減，即得 Ⅲ⊥ 丙。又以乙定減甲定，不足減，即得 Ⅲ≡ 丁。於丙内減去一丑，不足減，加一乙定以減之，餘 Ⅲ 戊。以乙定與丁對列兩行，求反乘率。式如左。

乙定 T≡ 左減右一 次餘 丨≡ 右減左二 次餘 T 左減右三 次餘 丨 一○丨

丁 Ⅲ≡ 一 Ⅲ≡ 三T

如法求得反乘率一十，以乘戊，得 Ⅲ○ 巳。與甲定相乘，得 丨≡Ⅱ○ 庚。併子庚，得 丨≡Ⅲ⊥ 辛。應以甲減辛，不足減，即得 丨≡Ⅲ⊥ 子。

試以題中末次減數 Ⅲ≡ 累減子餘 Ⅲ一 與本位賸數合。故即以子數一千三百五十七爲求得總數。

紀事

清・阮元《疇人傳》卷二二 秦九韶

論曰：自元郭守敬授時術截用當時爲元，迄今五百年來，疇官術士，無復有知演紀之法者。獨《數學九章》猶存其術。耆古之士得以攷見古人推演積年日法之故，蓋猶告朔之餼羊矣。明顧應祥《測圓海鏡分類釋術》，詳衍開方諸法。然加減混淆學者，昧其原不讀九韶書，而後知昔人開方除法，固有一以貫之者，留情九數之士所宜孰復而研究之也。

清・焦循《天元一釋》卷二 或謂李冶之説天元一，爲演秦九韶之法。蓋以秦爲宋人，李爲元人，元宜在宋後也。循按《元史》，冶以至元郭于李上，均非實也。

清・張敦仁《求一算術・序》 國朝數學昌明，邁越千古，潛心九九之士，後先相望。立天元術，見於元李敬齋冶《益古演段》《測圓海鏡》者，唐荊川、顧箬溪諸君已不解爲何物。及宣城梅文穆公以西洋借根方釋之，其術復大顯。獨求一術廑見於宋秦九韶道古《數學九章》中，學者罕見其書，知之者鮮。余宦遊江右，上交學使李雲門先生，借録所藏秦李諸書，乃得窺尋立天元一、求一之妙。及來吴門，有元和諸生李尚之鋭篤好斯言，因共日夕討論，研窮祕奥。官曹多暇，輒依秦氏所説，略加修飾，推而衍之，得書一卷，名曰《求一算術》。以篇帙稍繁，分爲上、中、下。上以究其原，中、下以明其法。中爲雜法，下則演紀也。竊謂隨時測驗，以明合天則，演撰之法，不可復用，上攷往古，求其已然，則算造之原，不可不知。况乎術體精微，未易窺測。秦氏自言窮年致志，感於夢寐，幸而得知。神明變化存乎其人，又安知無用之用，其用不有更大者在乎。此則區區之心所以自矜一得之愚，亟思有以章明之也。

五家共井和百雞問題部

五家共井分部

算法

《九章算術》卷八《方程》　今有五家共井，甲二綆不足，如乙一綆；乙三綆不足，以丙一綆；丙四綆不足，以丁一綆；丁五綆不足，以戊一綆；戊六綆不足，以甲一綆。如各得所不足一綆，皆逮。問井深綆長各幾何。

荅曰：井深七丈二尺一寸，甲綆長二丈六尺五寸，乙綆長一丈九尺一寸，丙綆長一丈四尺八寸，丁綆長一丈二尺九寸，戊綆長七尺六寸。

術曰：如方程。以正負術入之。此率初如方程爲之，名各一逮井。其後，法得七百二十一，實七十六，是爲七百二十一綆而七十六逮井，并用逮之數以法除實者，而戊一綆逮之數定，逮七百二十一分之七十六。是故七百二十一爲井深，七十六爲戊綆之長，舉率以言之。

宋・賈憲《黄帝九章算經細草》卷八《方程》　術曰：户綆數爲分母，相乘，通其分也。借綆數爲分子。併内其子也。先得井深，副列各户本綆所借及深積，井深之積。如方程正負入之，前法。

草曰：五綆數爲分母，相乘得七百二十，借綆數，借一爲分子，併之得七百二十一，爲深積，副列各户本綆所借及深積求。

甲乙丙丁戊　深積

二　一　七百二十一

三　一　七百二十一

四　一　七百二十一

五　一　七百二十一

六　一　七百二十一

如方程正負入之。只求戊行，可取諸綆。二乘戊行，以甲行同名減之，甲空，乙正無入負其一乙，戊一十二，積七百二十一。三乘戊行以，乙行異名減之，乙空，丙負無入正其一丙，戊三十六，同名加積得二千八百八十四。四乘戊行，以丙行同名減之，丙空，丁負無入負其一丁，戊一百四十四，同名減積得一萬八百一十五。

五乘戊行，以丁行異名減之，丁空，同名加戊爲七百二十一，加積得五萬四千七百九十六。積爲實，戊爲法，除得戊綆七尺六寸。遞除丁、丙、乙、甲所借，以求四綆。合問。

比類：三人易物，甲以朱二兩、粉一兩，乙以粉三兩、丹一兩，丙以丹四兩、朱一兩，皆得椒一斤。問各價幾何。

荅曰：椒二貫五百，朱九百，粉七百，丹四百。

草曰：以朱二、粉三、丹四爲分母，相乘，加内子一。粉、丹、朱皆一也。得二十五。前術約綆爲寸，今問約錢上百，即二貫五百文。以三人出物，列位如方程，正負術入之。

甲　朱二［粉］一　無入　價二貫五百

乙　無入　粉三　丹一　價二貫五百

丙　朱一　無入　丹四　價二貫五百

以二因丙行，甲行同名減，朱空，正無入負粉一，同名減積得二貫五百。三因丙行，以乙行異名減，粉空，同名加丹爲二十五，同名加積得一十貫。

以丹除錢，得四百。遞減甲、乙，即得所荅數。

宋・楊輝《詳解九章算法・方程》　解題：即分母子方程也。古人變五家借綆逮深爲問，可謂佳作。

明・吴敬《九章算法比類大全》卷八《方程》　井不知深，五家用綆不等。甲二借乙一，乙三借丙一，丙四借丁一，丁五借戊一，戊六借甲一，皆及井深。問各綆幾何。【略】

法曰：竝問户綆數爲分母，相乘通其分也。借綆數爲分子，併之，内冥子也。如方程正負入之得井深綆數。五綆數爲分母相乘，二三得六。丙四，四六得二十四。丁五因二十四，得一百二十。戊六因一百二十，得七百二十。再借綆數一爲分子，併之得七百二十一。爲深積，列各户本綆所借及深積，只戊行可取諸綆。

先以甲二爲法，乘戊六得十二。甲行空無減亦得戊正十二，七百二十一得一千四百四十二，却以戊行甲正一乘甲行七百二十一，減積餘得七百二十一。再以乙三爲法，乘戊正十二得正三十六，乙行戊空亦得戊正三十六。七百二十一。得二千一百六十三。以戊行乙負一乘乙行七百二十一如入積戊行，得積二千八百八十四。再以丙四爲法，乘戊正三十六得正一百四十四。丙空無減亦得戊正一百四十四。二千八百八十四得一萬一千五百三十六。減戊行丙負一乘丙行七百二十一，以減積餘得一萬八百一十五。再以丁五爲法，乘戊正一百四十四，得正七百二十。加戊正一得七百二十一。爲法正一萬八百一十五得正五萬四千七十五。以戊行丁負一乘丁行士百二十一，加入積共得五萬四千七百九十六。爲實，以法除得戊綆七尺六寸。丁行七百一十一。以減戊綆，七尺六寸。餘得。六百四十五。以丁五除得丁綆一丈二尺九寸。丙行七百二十一。以減丁綆，一丈二尺九寸。餘五百九十二寸。以丙四除得丙綆一丈四尺八寸。乙行七百二十。以減丙綆，一丈四尺八寸。餘得五百□□□。以乙三除得七綆一丈九尺一寸。甲行七百二十一。以減乙綆，一丈九尺一寸。餘得。五百三十。以甲二除得甲綆二丈六尺五寸。合問。

明·周述學《曆宗筭會》卷一一《各分》 草曰：户綆數爲分母，借綆數爲分子，以分母二、三、四、五、六，連乘，淂七百二十。加分子一，淂七百二十一，爲井深七丈二尺一寸。

百雞問題分部

綜論

明·王文素《筭學寶鑒》卷二七《衆率分身》 衆率分身法立新，物銀並列兩邊存。

頭乘對減餘諸價，都要商除減剩銀。

除得錯綜各樣數，各乘銀物俱明真。

都教減総餘銀物，便是當頭貴賤身。

解術曰：以所問各樣銀、物分列兩行，物列一畔，價列于一壁，本物與價並肩而列。務令貴物居首，中者、賤者列於下，不拘次第。或賤物居首亦可，切不可以中物居乎首矣。惟総物、総價列于最下。先以居首之物遍乘其銀價，次以居首之價遍乘其物，令本物、本銀對減，餘諸價爲法，餘総價爲寔。以各法除之，宜先儘多數之法除之，務令那探除盡其寔，各淂錯綜之數記於本物、本價之間。乘物而淂物數，乘價而得價銀。以減総物、総價，餘物、餘銀爲居首之物銀也。

《辨古通源》及《張丘建筭經》并《九章》三田分糧、四物分數，秖有細草，俱無成術。楊輝亦云：本無三率分身之術。愚乃玩之既久，得此拙法，雖十率以上亦可求之，豈止三率乎？故名之曰：「衆率分身。」

又 楊輝曰：本無三率分身之術。《張丘建算經》《辯古通源》秖有細草，本無成術，宜於三價中除出一位所得之數，其餘二物共價，如雙分身法求之。夏源澤差分歌曰：隨問五六七八色，惟留二色取中平。辦述楊輝之意，非正術也。

證曰：嘗讀《張丘建算經》《辯古通源》及《九章》《指明》四家元草參玩，其張丘建元草，乘機就巧，不足言之。惟《辯古通源》略似而未發互乘對減之旨；《九章》近是，而不明退減、换那之法，以致術意不通。且楊輝尚未明之，况吴夏輩乎。

清·焦循《加減乘除釋》卷六 兩單數在母，則相乘維乘，皆不用。兩單數在子，則用相乘，而不用互乘。

如云每桃一枚三錢，每杏一枚五錢，此兩單數在母也。如云每桃三枚一錢，每杏五枚一錢，此兩單數在子也。詳見前。梟鴈之術即兩單數在子。

兩單數互在子母，則以兩母、兩子各相乘，而專以子母之不單數者互乘。

兩單數互在子母者，如云物一價三，物三價一是也。物一價三，則三分物之一而價一也，必三分物之一而價一，而後與物三價一相齊。今曰物一價三，則既參差而不等，若以齊同之常法馭之，則以物一乘物三價一，仍得物三價一。若置物一於左上，置價三於左下；又置物三於右上，置價一於右下。以右上之物三，平乘左上之物一，爲物三，是兩母相乘也。又維乘左下之價三爲價九，是物一價三化爲物三價九也。以左下價三，平乘右下價一爲價三，是兩子相乘也。又維乘右上物三爲物九，是物三價一化爲物九價三也。物三價九，物九價三，乃兩兩相當，而無單數矣。《張邱建算經》有雞翁之術云：今有雞翁一，直錢五；雞母一，值錢三；雞雛三，值錢一。凡百錢買雞百隻。問翁、母、雛各幾何？下列答云：翁四，錢二十；母十八，錢五十四；雛七十八，錢二十六。又答云：翁八，錢四十；母十一，錢三十三；雛八十一，錢二十七。又答云：翁十二，錢六十；母四，錢十二；雛八十四，錢二十八。術曰：雞翁每增四，雞母每減七，雞雛每益三，即得。甄鸞以此術，難以通曉，而定其術。云：置錢一百在地，以九爲法除之，得雞母之數。不盡者，反減下法，爲雞翁之數。李淳風釋云：既雛三直錢一，則是每雛值三分錢之一。宜以雞翁、母各三因，并之爲九。劉孝孫草云：置錢一百文在地爲實。又置雞翁一，雞母一，各以雞雛三因之，翁得三，母得三，並雛三，并之共得九，爲法。除實得一十一爲雞母數。不盡一，返減下法九，餘八，爲雞翁數。循謂此術既非經旨，亦非通術。《術數記遺》云：計數既舍算術，宜從心計。甄鸞注舉計數之事云：今有雞翁一隻，值五文；雞母一隻，值四文；雞兒一文得四隻。合有錢一百文，買雞大小一百隻。若依前術：以雞兒四乘翁母并得十二爲法，除實得八，餘四，減十二，亦得八，則是雞母、雞翁皆八。翁八得錢四十，母八得錢三十四，於實內減七十二，存二十八，以雞兒一文四隻計之，當得雞兒一百十二，更加雞翁、雞母之十六，則百二十八矣。《術數記遺》注又舉一問云：雞翁一隻四文，雞母一隻三文，雞兒一文三隻，各錢一百文，還買雞大小一百隻。還字承上所舉言之。依前術算之，以雞兒乘翁、母，并得九，除實得一十一，餘一，減九爲八，是雞母一十一，錢三十三；雞翁八，錢三十二。并得六十五，減實，餘三十五。以雞兒一文三隻計之，當得一百□五隻，合翁母一十九爲一百二十四，均與百隻不符。故曰：非通術也。然則其術何如？此貴賤差分之法耳。貴賤之術，於九章屬粟米，如云：今有出錢五百七十六，買竹七十八箇，欲其大小率之，問各幾何。術曰：置所買以爲法，以所率乘錢數爲實，實如法而一，不滿法者反以實減法，法賤實貴依此術算之。一百錢除一百雞不成法，宜以三色差分之法取之。以三除一百，得三十三爲中數。雞母處翁雛之中，以當中數，則以三十三爲雞母之值，以三錢一隻除之，是雞母爲一十一隻也。於共物減一十一，存八十九；於共價減三十三，存六十七，是爲六十七錢。共買雞翁雞雛八十九，錢少物多，宜與反率之貴賤術等。乃以六十七除八十九得一物，餘二十二，以二十二爲雛與翁皆不合，蓋粟米貴賤之術。雖有共錢共物，而所謂貴賤者，原無定率，故除餘即貴以貴減法即賤。今既有共錢共物，而復有貴賤之率是必以雞翁之價五，乘物餘之八十九，得四百四十五。以雞雛之數三，乘價餘之六十七，得二百□一。以二百□一減八十七，餘一百一十二。以四百四十五減六十七，餘三百七十八。五文一枚與一文三枚，不便於減，乃通一文三枚爲五文十五枚，以十五枚與一枚相減，餘十四枚。用除一百一十二，得數八，即雞翁之八也。又通五文一枚爲十五文三枚，與一文三枚相減，餘十四，以除三百七十八，得二十七即雞雛之價二十七也。惟術有一定，而數非一定，故又立增四減七益三之例，所以連列三答者此也。李淳風、劉孝孫所立之術：所謂不盡返減者，似本諸粟米貴賤之術，然不用共價除共物，而以翁、母、雛并數除之，亦異於本法。以雞雛之三乘翁、母，此乘之無義理可言也。蓋此術無他難，惟五文一枚與一文三枚，不便於減耳。故必先以五文乘一文爲五文，又乘三雞爲十五雞。以三雞乘一雞爲三雞，又乘五文爲十五文，如是始有減地也。

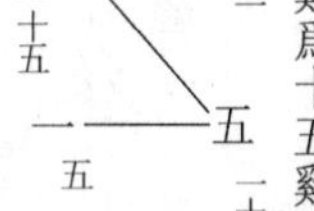

甲乙丙各爲母子，以甲乙兩母相乘，得數。維乘丙子，以甲乙兩母互乘兩子，相加，得數。維乘丙母，又相加，則母同而子齊。若以乙丙兩母相乘，以維乘甲子，以乙丙兩母維乘，兩子相加，以維乘甲母。又相加，其數等。以甲丙兩母相乘，以維乘乙子；以甲丙兩母維乘兩子，相加，維乘乙母，又相加，其數等。以甲母乘丙子，以乙母連乘之，以丙母乘甲子，以乙母連乘之，以甲母乘乙子，以丙母連乘之，相加，其數等。以甲母乙母相乘，以丙子連乘之，以乙母丙母相乘，以甲子連乘之，以甲母丙母相乘，以乙子連乘之，其數等。三母連乘，各以母除之，以子乘之，其數等。

清・丁取忠《數學拾遺》

駱春池氏《藝游録》中載四色差分。《藝游録》正數

今有銀九十六兩買物一百六十枚，其價：甲九錢，乙七錢，丙五錢，丁三錢。問物各幾何法：以丁價三錢乘共物一百六十，得四十八兩，以減共銀，餘四十八兩爲甲、乙、丙共較實。又以丁價各減甲、乙、丙價，得甲較六錢、乙較四錢、丙較二錢，以等約之，得實二十四兩、甲較三錢、乙較二錢、丙較一錢。如以一爲甲數，乘甲較得三錢，減實，餘二十三兩七錢爲乙、丙較實。以乙較二錢除之，得一百一十八爲乙數。餘實一錢以丙較除之，得一爲丙數。并甲一、丙一、乙一百一十八，得一百二十以減共物，餘四十爲丁數。各以其價乘之，得甲九錢、乙八十二兩六錢、丙五錢、丁一十二兩。并之，得九十六兩，既得各數。乃累以乙較二加丙，丙較一減乙，乙、丙二較之較一減丁，連本得四十數。如以甲爲二數，甲較得六錢，減實，以前法求之，亦得四十數。如以甲累加至七十九，則得四十數，至七十八數者，各二；七十九數者一。計此問可得四千六百八十一數。

取忠按：春池之立法誠善矣，而所計之數，則非亦智者千慮之一也，此問祇有三千一百二十一答其云，四千六百八十一者誤也。試如法求之，自甲一起累至甲四十止，其首得四十答者後，每歷二數同一答數，其答數按數而增。自甲四十一起至甲七十九止，其首得五十八答者後，每歷二數超一數得相連答數，其

答數按數而減。春池以爲累加甲數，累增答。故緣此致誤，茲按數計答，開列於左。

甲一　四十答，甲二　四十答，甲三　四十一答，甲四　四十一答，甲五　四十二答，甲六　四十二答，甲七　四十三答，甲八　四十三答，甲九　四十四答，甲十　四十四答，甲十一　四十五答，甲十二　四十五答，甲十三　四十六答，甲十四　四十六答，甲十五　四十七答，甲十六　四十七答，甲十七　四十八答，甲十八　四十八答，甲十九　四十九答，甲二十　四十九答，甲二十一　五十答，甲二十二　五十答，甲二十三　五十一答，甲二十四　五十一答，甲二十五　五十二答，甲二十六　五十二答，甲二十七　五十三答，甲二十八　五十三答，甲二十九　五十四答，甲三十　五十四答，甲三十一　五十五答，甲三十二　五十五答，甲三十三　五十六答，甲三十四　五十六答，甲三十五　五十七答，甲三十六　五十七答，甲三十七　五十八答，甲三十八　五十八答，甲三十九　五十九答，甲四十　五十九答。

以上共得一千九百八十答，皆歷二數同一答數，其得答數按數而增者也。

甲四十一　五十八答，甲四十二　五十六答，甲四十三　五十五答，甲四十四　五十三答，甲四十五　五十二答，甲四十六　五十答，甲四十七　四十九答，甲四十八　四十七答，甲四十九　四十六答，甲五十　四十四答，甲五十一　四十三答，甲五十二　四十一答，甲五十三　四十答，甲五十四　三十八答，甲五十五　三十七答，甲五十六　三十五答，甲五十七　三十四答，甲五十八　三十二答，甲五十九　三十一答，甲六十　二十九答，甲六十一　二十八答，甲六十二　二十六答，甲六十三　二十五答，甲六十四　二十三答，甲六十五　二十二答，甲六十六　二十答，甲六十七　十九答，甲六十八　十七答，甲六十九　十六答，甲七十　十四答，甲七十一　十三答，甲七十二　十一答，甲七十三　十答，甲七十四　八答，甲七十五　七答，甲七十六　五答，甲七十七　四答，甲七十八　三答，甲七十九　一答。

以上共得一千一百四十一答，皆歷二數超一數得相連答數，其得答數按數而減者也。其中增減之故，蓋原以一乙、一丙當一甲、一丁。今設甲數不變，惟以二丙當一乙、一丁加減之。先以甲一計之，其首答爲乙一百一十八、丙一、丁四十，減乙、丁以加丙，而丁數少於乙、丁，必先儘，故視丁可減若干次，即爲若干答。自甲一以後丁數漸增，故答數亦增也，甲增至四十，其首答爲丙二而乙、丁同爲五十九矣。過此至甲四十一，乙祇五十八、丙一、丁六十，則乙數反少於丁、乙，必先減盡，故視乙可減若干次，即爲若干答。自甲四十一以後，乙數漸減，故答數亦減也。至甲七十九，丁亦七十九，而乙與丙同爲一矣，故祇有一答也。

三色貴賤差分解正《里堂學算》之誤。

《里堂學算》云：《張邱建算經》有翁雞之術云：今有雞翁一值錢五，雞母一值錢三，雞雛三值錢一。凡百錢買雞百隻。問翁母雛各幾何。下列答云：翁四錢，二十；母十八錢，五十四；雛七十八錢，二十六。又答云：翁八錢，四十；母十一錢，三十三；雛八十一錢，二十七。又答云：翁十二錢，六十；母四錢，十二；雛八十四錢，二十八。術曰：雞翁每增四，雞母每減七，雞雛每益三，即得。甄鸞以此術難以通曉，而定其術云：置錢一百在地，以九爲法除之，得雞母之數。不盡者，反減下法爲雞翁之數。李淳風釋云：既雛三值錢一，則是每雛值三分錢之一。宜以雞翁、母各三因并之，爲九。劉孝孫草云：置錢一百文在地爲實。又置雞翁一、雞母一，各以雞雛三因之，翁得三、母得三並雛三。并之，共得九爲法。除實，得一十一爲雞母。數不盡一返減下法九，餘八爲雞翁數。循謂此術，既非經旨，亦非通術。《術數記遺》云：計數既舍算術，宜從心計。甄鸞注：舉計數之事云。今有雞翁一隻值五文，雞母一隻值四文，雞兒一文得四隻，合有錢一百文買雞大小一百隻。若依前術，以雞兒四乘翁、母，并得十二爲法，除實得八餘四，減十二亦得八，則是雞母、雞翁皆八，翁八得錢四十，母八得錢三十二，於實內減七十二存二十八，以雞兒一文四隻計之，當得雞兒一百十二，更加雞翁、雞母之十六則百二十八矣。《術數記遺》注：又舉一問云，雞翁一隻四文，雞母一隻三文，雞兒一文三隻，合錢一百文還買雞大小一百隻。還字承上所舉言之。依前術算之，以雞兒乘翁、母，并得九，除實得一十一餘一，減九爲八是雞母一十一錢三十三，雞翁八錢三十二，并得六十五，減實餘三十五，以雞兒一文三隻計之，當得一百〇五隻。合翁母一十九爲一百二十四。均與百隻不符，故曰：非通術也，然則其術何如此？貴賤差分之法耳。貴賤之術於九章屬粟米。如云：今有出錢五百七十六，買竹七十八箇，欲其大小率之。問各幾何。術曰：置所買以爲法，以所率乘錢數爲實，實如法而一，不滿法者反以實減法，法賤實貴，依此術算之。一百錢除一百雞不成法，宜以三色差分之法馭之，以三除一百得三十三爲中數，雞母處翁、雛之中以當中數，則以三十三爲雞母之值，以三錢一隻除之是雞母，爲一十一隻也。於共物減一十一存八十九，於共價減三十三存六十七，是爲六十七錢。共買雞翁、雞雛八十九，錢少物多，宜與反率之貴賤術等，乃以六十七除八十九得一，物餘二十二，以二十二爲雛與翁，皆不合蓋。粟米貴賤之術，雖有共錢共物，而所謂貴賤者，原無定率，故除餘即貴，以貴減法即賤。今既有共錢共物而復有貴賤之率，是必以雞翁之價五乘物餘之八十九，得四百四十五。以雞雛之數三乘價餘之六十七，得二百〇一。以二百〇一減八十九，餘一百一十二。以四百四十五減六十七，餘三百七十八。五文一枚與一文三枚不便於減，乃通一文三枚爲五文十五枚，以十五枚與一枚相減，餘十四枚。用除一百一十二，得數八，即雞翁之八也。又通五文一枚爲十五文三枚，與一文三枚相減，餘十四。以除三百七十八，得二十七，即雞雛之價二十七也。惟術有一定而數非一定，故又立增四減七益三之例。所以連列三荅者，此也李淳風、劉孝孫所立之術。所謂不盡返減者，似本諸粟米貴賤之術，然不用共價除共物，而以翁、母、雛并數除之，亦異於本法。以雞雛之三乘翁母，此乘之無義理可言也。蓋此術無他難，惟五文一枚與一文三枚不便於減耳，故必先以五文乘一文爲五文，又乘三雞爲十五雞，以三雞乘一雞爲三雞，又乘五文爲十五文，如是始有減地也。

取忠按：里堂所言，二色不便於減者，必用互乘以齊其分，固是至謂三色。以三除錢一百，得三十三爲中數。雞母處翁雛之中，以三錢一隻除錢三十三，得一十一爲雞母數，則亦偶合，非通術也。即如《術數記遺》注所載，雞翁一隻值五文，雞母一隻值四文，雞兒一文得四隻，合有錢一百文買雞大小一百隻。此問應得雞翁十五隻，雞母一隻，雞兒八十四隻。安可先定中數乎？又如《術數記遺》注所載，雞翁一隻四文，雞母一隻三文，雞兒一文三隻，合錢一百文還買雞大小一百隻，此問應得雞翁八隻，雞母十四隻，雞兒七十八隻。又得雞翁十六隻，雞母三隻，雞兒八十一隻。俱不能先定中數，故曰：非通術也。《術數記遺》謂：計數既舍算術，宜從心計。焦氏謂：術有一定數非一定。故又立增四減七益三之例，所以連列三荅者，此也予謂此二説皆未明經旨，蓋此問原有術可馭並可以術求其有幾荅合問。增四減七益三即其術也，蓋三色以雞母爲中數，惟七母可當四翁三雛。雞母數七錢二十一。雞翁四、雞雛三數亦七，錢亦二十一。故爲相當。故以雞母每減七以增上下二色之數。然何以知雞母原數爲二十五以爲減地乎？經中第一荅云：雞母十八加七，得二十五。則當先以二色差分之法馭之也。

清·時曰醇《百雞術衍·自序》

《張邱建算經》雞翁、雞母題問，甄、李兩註及劉孝孫草皆未達術意，不可通。近日《理堂學算》中所釋尤誤讀。吾友丁君果臣《數學拾遺》設術與二色方程暗合，乃通法也。駱氏《藝游録》用大衍求一術以大、小較求中數，取徑頗巧，然於較除共較實適盡者，不可求。方程術則遇法除實得中數不盡者，以分母與減率相求而齊同之，無不可得。駱氏蓋不知有方程本術也，夫題祗本經一術耳。算理之微妙，不如《孫子》物不知數一問，而術文各隱秘，彼則但舉用數，此亦僅著加減三率，其於前半段取數之法，並皆闕如。豈古人不傳之奥，必待學者深思而自得乎。《孫子》求一術至宋秦道古發之，獨是題襲謬傳訛，莫有借方程以問途者。曰醇蓄疑既久，今年春與果臣連榻鄂城，復一商榷，別後數月乃得通之，怡然涣然了無滯礙，亦窮愁中一快事也。因衍方程術爲《數學拾遺》補求負數法及加減率求荅數法。梅氏方程論所謂他術不能御者，方程能御之。坿述求一術爲《藝游録》補以中小較求大數一法及大中較、大小較互求得中數、小數二法。引伸鈎索，温故知新，庶足以暢厥旨乎。易翁、母、雛爲大、中、小，設數不必以百，而統以百雞命之，識斯術所自昉。

例言二十二則。

製題以耦，物直大小，交變其數，有對待之義，參伍錯綜，合數題爲總題，亦合諸題而爲一題，一題者何？算經百雞是也。法以迭見，理則同歸。

序題以類，從立二十八題。以「舊學商量加邃密，新知培養轉深沈」十四字，識其上下爲十四耦，諸上題物率同，量上加上爲二上題，邃上、密上、新上爲三上題，自知上至沈上爲六上題，諸下題仿此。同其母也。以題從法，譬之異水而同源，故較數加減不異。諸下題直率同，同其子也。以法從題，不啻同牀而各夢，故較數加減皆殊。分各耦求之，上題法繁，下題法簡。合全題求之，後諸耦法繁，前諸耦法簡。初學次第以觀，自易了然。

凡一題必先於所問三物求其等數，約之爲物率。物率兩兩相乘求其等數，約之爲直乘率。所問三直求其等數，約之爲直率。三總等數，亦副置之爲用。直率唯求一術，約共較實用及。由三率求得較數，大小較爲中減率，中小較爲大加率，中大較爲小加率。大小較爲中大、中小兩較相并之數，故減中以分加大小，亦可減大小以并加中。題雖蕃變，以率加減求之各得，舍此無以馭題也。其求一術兼用大小較加中，中小較減大，中大較減小之法。

《算經原》問數，雞、翁、母及所直皆無等，故無物率、直率、直乘率。因無通率，而法除實即盡，先得一色。今廣之，既有除實雖盡，依率加減乃得答數者。又有除實不盡，依率加減而得答數者。又有用約率加減得初答，乃用通率加減而得又答者。依《算經》三答爲限，各立題以述其概，精繹詳語，非曰能之。

方程本術法除實不盡者，所得命分。百雞術雖借徑二色方程，法除實或盡或不盡，各依率加減而得三物。雖借徑兩數求一，既得二物，依率加減而得三物。

如方程求者，先得中物必大，以減總物而得大小物。求一術用大小較求者，則得中物必小，以減總物而得大小物。用中小較或中大較求者，各得大小物必小，以減總物，餘爲中物必大。并中大或中小兩物，以減共物而不足減者，爲負小、負大物，依率加減而去其負數。

法除實不盡者，有中數減較法。雖盡而所得物數或與某物分母不相應。中分母大者，求中分子減較法。中分母小者，求大小分子加較法。如三上題，新下題。中母雖大，與約率大小較求等約之，小亦於大小分子求加較。如六上題。而加減之各得求一，所得三物必正數，無通分數。其不應分母者，以率加減之。

《算經》原題答數下註，如計得二十六雛，是滿雛分母三者二十六也。餘題言大、中、小各若干，亦以滿分母爲一。《算經序》云：不患乘除之爲難，而患通分之爲難，百雞術通分題也。原其設數之理，詳於六上題之草後。

《算經》劉孝孫草：置雛雛八十一，以分母三除之，得共雛錢數，其分子爲三分錢之一也。擬題分子既不至一，當仿劉註，用大中小分母各除所得三等共物數，得數各以乘其分子數，而得某等共直數。今草不備述，省繁冗也。

減較法：各置大小較，去其不應法、不應中分母之數，仍不應，則遞加其較，滿法、滿分母去之，至相應而止。計初置及遞加凡若干較，即應減較數。加較法：大小分子或不應分母，各遞加其較，至應分母而止。求其巧捷之法而不可得，間有捷得者乃偶合，非通法也，姑用其拙。

術雖借方程爲之，而以中數爲主，列次位。或用大數或用小數與之相求，各列首位。物直各爲左右行，借和數方程求之。此以下專言方程。

法與中分母求等，約中母爲乘率，亦約法爲除率。除實不盡者，求通分中數減較法。置大小較，先減其不盡數，遞加其較，滿法去之，至除之適盡而後止。計所加若干較，即爲應減若干較。

法除實不盡，以率加減，既去其負數，復以法除仍不盡者，分母子雖有等，不再約，即用不盡數求中數減較法。如深下。

百雞借方程爲本術，而求一之用，亦學者所當知也。隨題並述以博其趣，求一左右定母減共較實，而無賸者，爲不可求。此以下專言求一。

列大小較，或與中大較，或與中小較，各爲左右定母互爲衍數。奇定相求，而得乘率，兩母相乘爲衍母。

定母疊減衍數，餘爲奇數。其奇一者，如二上題。不求乘率。其衍數一者，如舊下，量下加下。即以所賸爲中物，即爲中實。而以減共較實，餘或大實，或小實。

通分總物與通分之大物、小物相減，爲共較實。三直乘率之等，三直之等，三較之等，連約之得定實。左定、右定各疊減之，或有賸，或無賸。

術滿衍母去之爲定實，是累減法，算理固如是。若求者以除代減，衍母爲法，其不盡數爲定實，取數較捷，亦得。

大中小分母皆同者，即以分母本數約之，爲一而三直自相減爲較數。其簡法，祇用一分母通共直爲通分總物。其總物乘大直、小直，各爲通分大小物與通分總物相減，餘即爲共較實。乘率乘衍數，又以賸數乘，雖滿衍母不去，即各爲實。如商上。

求一本以乘率乘衍數，又以所賸乘，而滿衍母去之爲實。本不滿衍母即爲實。如舊上、二上題，加下、三上題遂下。今擬又法，大小較爲定母，遇乘率與右定中大較相同者，即以所賸爲中物衍數乘之，爲中實以減共較實求之。如密下、知下、轉下。又乘率衍數相同，徑以所賸乘衍數反減衍母，餘爲中實。以減共較實求之，如舊下、量下、加下、密下、知下、轉下。可各相題而商其法也，學者或取數不熟，則姑用常法。

求一術以三物本數兩兩相乘，爲直乘率。與三物率兩兩相乘爲乘率者，不同其求等數，亦祇爲約共較實之用。

求乘率法，各詳草後爲初學演，故不避煩瑣乘除之數，舊以左右、上下分別，今祇各記其乘除次數，省立位眉目亦清。

又《百雞術衍・附記》 例言第七則：「中母雖大，各有等數可約者，約之則小。」十五字。增改爲：「中母雖大，與減率求等，而有等者，約之則小。」十七字。

清・丁取忠《百雞術衍敍》 昔張邱建序《算經》云：學算不患乘除之爲難，而患通分之爲難。所云通分，百雞術即其一也。甄李去古未遠，莫溯心源，晚近辯説所及，徒滋聚訟甚矣。作者難述者，更不易也。取忠舊有《數學拾遺》之刻，略及此術。嘉定時君清甫見之，謂與二色方程暗合，因爲廣衍。得若干題於是，此術乃燦然大著矣。如《探源》《星宿》《拾遺》其濫觴，此則挾百川而循故道，如初闢蠶叢《拾遺》不方軌，此則駕驊騮而逞康莊。如營建都邑郊圻，内外分母同者，四通八達，殊塗同歸。母不同者，委巷曲徑，紛歧悉辨，鍼綫之迹密矣。良工之心苦矣，而要非好學深思，心知其意者不能索解人而共明斯義也。是書肇自咸豐辛酉時，同客鄂城，往復商榷，別後遂已成書，迄今十有二年矣。取忠近集資彙刻算書，乃得索其稟授之梨棗，以報故人。由其問世之難，以卜傳世之永。世謂古今人不相及，吾謂古人實有藉於今人。彼四七三增減之數，不得此以闡其藴而通其變，世烏知古術之足貴哉。使向有此術，則《拾遺》可不作。清甫則謂向無《拾遺》，則此術何由作。此清甫不没人善之盛心也，而予實滋愧矣。

長沙丁取忠謹序。

清・黄宗憲《百雞術衍後記》　《百雞術衍》二卷，時清甫先生所撰。嘗聞丁果臣先生云：先生深於《九章》，治算甚精，所著書發明古人術，意無不入微。同治癸酉夏，果臣先生將以此書付剞劂屬爲校讎，受而讀之。其每題分立兩法，一馭以方程，一馭以求一以示術。理之通，又另設大、中、小各色，皆有分子之題，以盡通分之妙。嘻。百雞術至此無餘藴矣。唯讀例言第十則，有減較加較未得捷法之語。心甚疑之，刻既竣，果臣先生以二題見示，今有總數三十三萬三千二百一十七，以一百七十四除之，不盡七。乃滿五百八十一去之，問去幾何滿。而以一百七十四除之適盡。今有數七，以一百七十四除之，不足法。乃滿五百八十一加之，問加幾何滿。而以一百七十四除之，適盡。云：係先生所函詢者。觀其題意，即減較加較題也。因思索累日，得一通法，不敢言捷埒之於後，或可爲讀先生書者之一助云。新化後學黄宗憲小谷記。

今有總數若干爲實，以若干數爲法除之，不盡若干。乃滿若干數去之，欲知去若干次滿數，而以法除之適盡。其術如何？

術曰：命法數爲天，滿數爲地，不盡數爲人。先以三項求總等，各約之。無等不約。乃置天、地二項，仿求一入之，以天比定母，地比衍數。求得乘率。以人乘之，天累減之，不足減者，即所求去地之次數。以地項真數乘之，得數以減實，餘即爲法，除盡之數也。此即減較術也。

今有數若干爲實，以若干數爲法除之，不足法，乃滿若干數加之，欲知加若干次滿數，而以法除之適盡。其術如何？

術曰：命法數爲天，滿數爲地，不足法之實數爲人。先以三項求總等，各約之。無等不約。乃置天地二項，仿求一入之，以天比定母，地比衍數。求得乘率。副置。以人減天，餘以乘率乘之，天累減之，不足減者，即所求加地之次數。以地項真數乘之，加入原實，即爲法除盡之數也。此即加較術也。

算法

北魏・張丘建《張丘建算經》卷二　今有雞翁一直錢五，雞母一直錢三，雞雛三直錢一。凡百錢買雞百隻。問雞翁、母、雛各幾何。

荅曰：雞翁四，直錢二十；雞母十八，直錢五十四；雞雛七十八，直錢二十六。

又荅：雞翁八，直錢四十；雞母十一，直錢三十三；雞雛八十一，直錢二十七。

又荅：雞翁十二，直錢六十；雞母四，直錢十二；雞雛八十四，直錢二十八。

術曰：雞翁每增四，雞母每減七，雞雛每益三。即得。所以然者，其多少互相通融於同價。則無術可窮盡其理。

宋・秘書省刻本　此問若依上術推算，難以通曉。然較之諸本並同，疑其從來脱漏闕文。蓋流傳既久，無可考證。自漢、唐以來，雖甄鸞、李淳風注釋，未見詳辨。今將算學教授謝察微擬立術、草，刱新添入。

其術曰：置錢一百在地，以九爲法，除之，以九除之：既雛三直錢一，則是每雛直三分錢之一。宜以雞翁、母各三因，併之得九。得雞母之數。不盡者返減下法，爲雞翁之數。別列雞都數一百隻在地，減去雞翁、母數，餘即雞雛。得合前問。若雞翁每增四，雞母每減七，雞雛每益三。或雞翁每減四，雞母每增七，雞雛每損三。即各得又荅之數。

草曰：置錢一百文在地，爲實。又置雞翁一，雞母一，各以雞雛三因之，雞翁得三，雞母得三。并雞雛三，併之，共得九，爲法。除實，得一十一，爲雞母數。不盡一，返減下法九，餘八，爲雞翁數。別列雞都數一百隻在地，減去雛翁八、雛母一十一，餘八十一，爲雛雛數。置翁八，以五因之，得四十，即雛翁直錢。又置雛母一十一，以三因之，得三十三，即雛母直。又置雛雛八十一，以三除之，得二十七，即雛雛直。合前問。

又草曰：置雛翁八，增四，得一十二，雛母一十一，減七，得四；雛雛八十一，益三，得八十四，得百雞之數。如前求之，得百錢之數。亦合前問。

又草曰：置雛翁八，減四，得四，雛母一十一，增七，得一十八，雛雛八十一，損三，得七十八。如前求之，各得百雞百錢之數。亦合前問。

北周·甄鸞《數術記遺注》 或問曰：今有雞翁一隻直五文，雞母一隻直四文，雞兒一文得四隻。今有錢一百文，買雞大小一百隻。問各幾何。

荅曰：雞翁十五隻，雞母一隻，雞兒八十四隻，合大小一百隻。計數多少略舉其例。

或問曰：今有雞翁一隻直四文，雞母一隻直三文，鷄兒三隻直一文。今有錢一百文，還買雞大小一百隻。問各幾何。

荅曰：雞翁八隻，雞母十四隻，雞兒七十八隻，合一百隻。

宋·楊輝《續古摘奇筭法》卷二 雞翁一直五文，雞母一直三文，雞雛一直一文，凡一百文，買雞百隻。問翁母雛各幾何。

[荅曰]：雞翁八隻，直四十文；雞母十一隻，直三十三文；雞雛八十一，直二十七文。

[張丘建]算經術云：雞翁每增四，雞母每減七，雞雛每益三，謂已成數上增減也。

本經自云：疑其從來闕文，流傳既久，無可攷證。今將細草參攷，於已算出數上增減，正無本法。

元草曰：置錢一百文，爲實。又置雞翁一，雞母一，各以雞雛三因之。雞翁得三，雞母得三，并雞雛三併之，共得九，爲法。除實，得十一，爲雞母數。不盡一，返減下法九，餘八，爲雞翁數。別列雞都數百隻，減去雞翁八雞母十一，餘八十一，爲雞雛數。置翁母雛價，因之，合問。

前法草曰：置所荅數，雞翁增四，得十二隻。雞母減七，得四隻。雞雛益三，得八十四隻。共百雞，合問。

明·吴敬《九章筭法比類大全》卷二《粟米》 鷓鴣天

家有百文買百鷄，五文雄價不差池。草鷄每箇三文足，小者一文三箇知。玄妙法，實幽微，乘除加減任公爲。要知三色該多少，特問明公甚法推。

荅曰：雄鷄一十二箇，該錢六十文。草鷄四箇，故十二文。小鷄八十四箇，該錢二十八文。

法曰：置錢一百，以三因，得三百。內減共數一百，餘二百爲實。以三因雄鷄五文，得十五，內減一，餘十二爲法。除之得雄鷄十二餘實三十二，却三因草鷄三文，得九文。內減一，餘八除餘實，得草鷄四。以減總數一百，餘得小鷄八十四。各價乘除，合問。

明·王文素《算學寶鑑》卷二七《衆率分身》 新證曰：參張丘建元草及楊輝本無正法之説，俱未得正術，令立新術圖草如左。

新立術圖

右行　一翁　一母　三雛　共鷄一百隻

左行　五文　三文　一文　共錢一百文

新立草曰：以右行一翁互乘左行母價三文，得三；却以右行一母互乘左行翁價五文，得五文；以少減多，餘二文爲母法。又以右行一翁互乘左行雛價一文，得一；却以右行雛三互乘左行翁價五文，得一十五；以五減多，餘十四爲雛法。又以右行一翁互乘左行總錢一百，得一百文；却以右行総一百隻互乘左行翁價五文，得五百文；以少減多，餘四百文爲母雛二率之寔。先以雛法十四除之，得二十八爲雛錯綜之數。餘不盡殘寔八，以母法二除之，得四爲母錯綜之數。以錯綜四乘母一，得鷄母四。乘價三文，得鷄母錢十二文。以錯緒二十八乘三雛，得八十四。乘錢一，得雛錢二十八。各減総錢一百，餘雞翁十二，餘翁錢六十。合問。

要見淩二荅數，於雞雛錯綜二十八內起一退回十四，以母法二除之，又得鷄母七。是鷄母每增七，鷄翁每減四，鷄雛每減三也。最後一荅放此。

又賤物居首圖

三雛　一翁　一母　共鷄一百隻

一文　五文　三文　共錢一百文

法曰：以三雛互乘五文，得一十五；却以一翁互乘一文，仍是一文；以少減多，餘十四爲翁法。又以三雛互乘三文，得九文；却以一母互乘一文，仍是一文；以少減多，餘八爲母法。又以三雛互乘総價一百文，得三百文；却以共一百隻互乘一文，得一百文；亦以少減多，餘二百文爲翁、母二鷄之寔。

倂二法，共得二十二，除之，翁、母各得八，餘寔二十四，以母法八除之，又得母三，并八，共得母十一，翁得八。以減総鷄一百，餘八十一爲雛。各以其價因之，得各用錢數。合問。

明·程大位《算法統宗》卷一四《難題》 歌：今有千文買百雞，五十雄價不差池，草雞每箇三十足，小者十文三箇知。

答曰：公雞八隻，價錢四百文；母雞十一隻，價錢三百三十文；小雞八十一隻，價錢二百七十文。

原法曰：置錢千文爲實。另置公雞一，母雞一。各以小雞三因之，得公雞三，母雞三。小雞三共得九爲法。除實得十一爲母雞數，不盡一返減下法九，餘八爲公雞數。另列總雞一百隻，減去公雞八隻，母雞一十一隻，餘八十一隻爲小雞數。各以價錢因之。合問。又引前法置所荅數，公雞八隻增四作十二，母雞十一減七爲四，小雞八十一益三得八十四，共百雞千文也。此乃張丘建云：雞公增四，雞母減七，雞雛益三。又細參之，仍置原數，却將雞公八隻減四得四隻，雞母十一增七得一十八隻，雞雛八十一減三得七十八隻，亦得百雞千文也。

其一法而生三數，在變通之意也。

清·駱騰鳳《藝游録》卷二 雞雛爲三分錢之一，三爲分母，通五錢爲十五，通三錢爲九，通三之一爲一，通錢一百爲三百。先以雛作百隻算之，乘價一得百錢，以減三百餘二百爲雞翁、母價多於雛之共較。以雛價一減翁價十五、母價九，得翁較十四，母較八。以等二約之，得翁七、母四，爲定母。約價較二百，得一百爲定實。定母七四相乘，得二十八爲衍母。以翁七除定實百，得十四奇二。乃置定七，以四爲衍數除，不滿法，求得乘率二。以乘衍數四，得八爲翁七之用數。以奇二乘用八，得十六，不滿衍母，即爲雞母實。以母定四除之得四，爲雞母數。以雞母實十六減定實，餘八十四。以翁定七除之，得十二，爲雞翁數。并翁、母數以減共雞一百，餘八十四即雞雛數也。

置雞翁十二，以定四除之得三。故知有三數，翁每減母較四，母每加翁較七，雛每減翁母二較之較三即得。

雞翁十二，價六十。雞母四，價十二。雛八十四，價二十八。雞翁八，價四十。雞母十一，價三十三。雛八十一，價二十七。雞翁四，價二十。雞母十八，價五十四。雛七十八，價二十六。

今按：此亦三色差分也，與前題同。又按：謝察微算術，置錢一百，以九爲法，除之，得雞母之數。不盡者反減下法，爲雞翁之數。蓋以雛三通翁一、母一，各得三，并爲九，以除實一百，得十一爲雞母數。不盡一反減下法九，餘八爲雞翁數。此數雖偶合，然不可爲率，且不知有遞增遞減之三數，以其徒以肊測不憑算理故也。今以大衍法求之，悉合爲止於此。

清·丁取忠《數學拾遺》 法：先取雞母、雞雛二色差分求雞母原數。置雞百隻以四歸之，一雞三錢、三雞一錢合計，得四雞四錢，故用四歸，然祇可用之共錢共雞相等者。得二十五爲原母數。以原母減雞百隻，餘七十五爲原雛數。於是於原雛內加三雞，則百雞外多三雞，百錢外多一錢。乃於原母內減去三雞，以合百雞之數，則百錢內反少八錢，雞母值比雞翁值少二錢。今少八錢，則以母易翁可得四翁，此雞翁之所以增四也。原母二十五以三易雛，以四易翁，共去七雞，此母之所以減七也。雞雛一錢三雞，加雛必自一錢始，此雞雛之所以益三也。原母二十五以七減之，過三度，故知有三荅也。

清·時曰醇《百雞術衍》卷一 案：此註并草，乃偶合未可從也。假令凡九十二錢買雞九十二隻。置九十二在地爲實，以九爲法除之，得一十爲雞母數。不盡二，返減下法九，餘七爲雞翁數。別列雞都數九十二隻在地，減去雞翁七、雞母一十，餘七十五爲雞雛數。置翁七，以五因之，得三十五爲雞翁直錢。又置雞母一十，以三因之得三十爲雞母直錢。又置雞雛七十五，以三除之，得二十五爲雞雛直錢。併翁直、母直、雛直，祇得九十錢，與問數九十二錢不合，必借徑方程求之而得翁四母一十六、雛七十二，爲初答也。

如方程

用雞雛求題：雞母一直錢三，雞少錢多。雞雛三直錢一，雞多錢少。百雞百錢既同數，雛率必贏。以所得母減雞多數，餘爲雛。故先取母雛相求，既得母雛數，加減而得雞翁數。若先取翁、母相求，各是雞少錢多，既得翁母數。以減雞都數，則得負雛數。擬題悉仿此。

右行雛三 ||| 　母一 | 　共雞一百 |〇〇

減盡　減餘 ||| 　減餘 ||〇〇

左行雛直一 ||| 　母直三 |||| 　共錢一百 |||〇〇

以左行首位雛直一，偏乘右行。右行首位雛三，偏乘左行。兩兩相減，上餘八爲法。下餘二百爲實。除之，得二十五。以母一乘不變，即爲雞母數。以減共雞一百，餘七十五爲雞雛數。乃用翁雛較七減母，母雛較四加翁，母翁較三加雛，得雞母一十八、雞翁四、雞雛七十八，爲一答。又各依較數加減，而得又答。

用雞翁求

右行翁一 ||||　母一 ||||　共雞一百 ||||○

減盡　減餘 ||　減餘 |||○○

左行翁直五 ||||　母直三 |||　共錢一百○

以左行首位翁直五，偏乘右行。右行首位翁一，偏乘左行。兩兩相減，上餘二爲法。下餘四百爲實。除之，得二百。以母一乘不變，即爲雞母數。以減共雞一百，不足一百爲雞翁負數。翁加率母、雛較四，除翁負一百，得二十五。先以二十五乘翁雛較七，得一百七十五。減母乘母雛較四，得一百。加翁乘母翁較三，得七十五。加雛而去其翁負一百，得雞母二十五、雞雛七十五、雞翁空。如前草法求之，得數並同。

求一術

先以雛分母三通共錢一百，得三百爲通分共雞。

母翁較翁雛較相求

雛分母三通翁直五，得一十五。以共雞一百乘，得一千五百爲通分雞翁。以通分共雞減，餘一千二百。以較之等二約之，得六百爲共較實。母翁較三疊減之，適盡。翁雛較七疊減之，賸五。乃各以定母列左右兩行。

右定三　無賸　共較實 TOO　衍母 =|

左定七　衍數 |||　奇 |||　乘率 ||||　賸 ||||

左定七減衍數三，不足減，即以三爲奇數，求得乘率五。以乘衍數三，得一十五。又以賸五乘，得七十五。滿衍母二十一去之，餘一十二爲母實。以減共較實六百，餘五百八十八爲雛實。左定七除雛實，得雛八十四。右定三除母實一十二，得母四。并雞母、雞雛，得八十八。以減共雞一百，餘一十二爲雞翁，是爲一答。又以翁雛較七減母，母雛較四加翁母，翁較三加雛，而得又答。凡左定右定相乘，以爲衍母。

定母七以奇三除，得二爲第一除數，定餘一。以除奇三，得二爲第二除數，奇餘一。立天元一，以乘第一除數二，得二爲第一乘數。以乘第二除數二，得四。加天元一，得五，爲第二乘數，即乘率。

翁雛較母雛較相求

翁一、母一通雛直一，仍得一。以共雞一百乘，得一百，即爲通分雞雛。以減通分共雞三百，餘二百。以較之等二約之，得一百爲共較實。翁雛較七疊減之，賸二。母雛較四疊減之，適盡。乃各以定母列左右兩行。

右定七　衍數 ||||　奇 ||||　乘率 ||　共較實 |OO　賸 ||　衍母 =||||

左定四　無賸

右定七以衍數四爲奇數，求得乘率二。以乘衍數四，得八。又以賸二乘，得一十六。不滿衍母二十八，即以一十六爲母實。以減共較實一百，餘八十四爲翁實。右定七除翁實，得翁一十二。左定四除母實一十六，得母四。併雞翁、雞母，得一十六。以減共雞一百，餘八十四爲雞雛。是爲一答。又依法加減，同左定草。

定母七，以奇四除，得一爲第一除數，定餘三。以除奇四，得一爲第二除數，奇餘一。立天元一，以乘第一除數一，得一爲第一乘數。以乘第二除數一，仍得一。加天元一，得二爲第二乘數，即乘率。

宋·楊輝《續古摘奇筭法》卷二　錢一百，買温柑、緑橘、匾橘共一百枚。只云温柑一枚七文，緑橘一枚三文，匾橘三枚一文。問各買幾何。

[答曰]：温柑六枚，計四十二文。緑橘十枚，計三十文。匾橘八十四枚，計二十八文。

《辯古通源》算草曰：置錢一百，以三因爲三百分，内減共數一百枚，餘二百分爲實。三因温柑價得二十一，内減一餘二十分。又三因緑橘價得九，内減一餘八分。併之，得二十八爲法。除實，得六枚，乃温柑緑橘各六枚之數。實餘三十二分，以元法二十八，減去温柑二十分餘八，除實得四，加先得緑橘，共十枚之數。以温柑緑橘共十六枚，減都數一百，餘八十四，即匾橘之數。

明·王文素《筭學寶鑑》卷二七《衆率分術》　證曰：此題尚有三答，令續於左。

新補荅曰：温(相)[柑]二枚值十四文，緑橘二十枚值錢六十文，匾橘七十八枚值二十六文。

又曰：温柑四枚值二十八文，緑橘十五枚值四十五文，匾橘八十一枚值二十七文。

又曰：温柑八枚值五十六文，緑橘五枚值十五文，匾橘八十七枚值二十九文。

《辯古通源》草曰：置錢一百文，以三因之，得三百分，内減共數一百枚，餘二百分爲寔。三因温柑價得二十一，内減一餘二十分。三因緑橘價得九文，内減一餘八分。併之，得二十八分爲法。除寔，得六枚，乃温柑、緑橘各六枚之數。餘寔三十二分。於元法二十八内減去温柑二十分，餘八。除寔，得四，加先得緑橘共十枚之數。以温柑、緑橘共十六枚，減都數一百，餘八十四即匾橘之數。

賤物居首之圖

匾橘三 緑橘一 温柑一 共果一百枚

值一文 值三文 值七文 共錢一百文

新草曰：以匾橘三乘三文，得九文。却以緑橘一乘一文，得一文。以少減多，餘八爲緑橘法。另以匾橘三乘七文，得二十一文。却以温柑一乘一文以少減多，餘二十爲温柑法。以匾橘三乘共錢一百文，得三百文。另以共果一百枚乘一文，得一百文。以五減多，餘二百文爲温(相)[柑]、緑橘二果之實。併二位法，共二十八。除之，得温柑、緑橘各六枚。餘寔三十二，以緑橘法八除之，又得緑橘四。併前，共得緑橘十枚。置総果一百枚内[減]緑橘十枚，又減温柑六枚，餘八十四爲匾橘。合問。要見錢數，各以其價乘之。除得温柑六、緑橘十，本是錯綜之數。遇温柑、緑橘皆一，不乘即是。要見其餘三樣荅數，温柑每減二，緑橘每增五，匾橘每減三。

列貴物居首圖

温柑一 緑橘一 匾橘三 共果一百枚

值七文 值三文 值一文 共錢一百文

法曰：以温柑一乘三文，得三文；以緑橘一乘七文，得七文；以少減多，餘四爲緑橘法。又以温柑一乘一文，得一文；以匾橘三乘七文，得二十一文；以少減多，餘二十爲匾橘法。又以温柑一乘共價一百文，得一百文；以共果一百枚乘七文，得七百文；以少減多，餘六百文爲緑橘、匾橘二果之寔。先儘匾橘法二十除之，本可得三十，然無緑橘之數，起一退回二十，以緑橘法四除之，得五爲緑橘錯綜數。以二十九乘匾橘三，得匾橘八十七。乘一文，得匾橘錢二十九文。以五乘緑橘一，得緑橘五枚，乘價三文，得十五文。置総果一百枚内減緑橘五枚，又減匾八十七枚，餘八枚即温柑數。另置総錢一百文内減緑橘錢十五文，再減匾橘錢二十九文，餘五十六文爲温柑錢。合問。

宋·楊輝《續古摘奇筭法》卷二 醇酒每㪷七貫，行酒每㪷三貫，醨酒三㪷直一貫。今支一十貫，買酒十㪷。問各幾何。

荅曰：醇酒六升價四貫二百文，行酒一㪷價三貫文，醨酒八㪷四升價二貫八百文。本無三分身之術，《張丘建算經》《辯古通源》秖有細草，輝偶見寫本，有此題問，亦無成術。宜云三價中以一價除出一位所得之數，其餘二物共價，如雙分身法求之。題有分子者通之。

草曰：置十貫酒十㪷，先以行酒一斗三貫，除出一㪷，餘錢七貫，即醇醨酒九㪷共價也。如雙分身術求之。内醨酒三㪷直一貫，合通分，以共價七貫。三因，作二十一。醇酒一㪷直七貫。亦用三因。醨酒三㪷直一貫，以醨酒一貫乘九㪷，減共錢，餘一十二貫，爲實。以醇醨二價相減，餘二十貫爲法。除實，得醇酒六升，反減九㪷共數，得醨酒八㪷四升，以各價乘之，合問。

明·吴敬《九章筭法比類大全》卷二《粟米》 九文買箇桃，二文買箇梨，一文六箇杏，百文買百枚。

荅曰：桃三枚，該二十七文，梨三十一枚，該六十二文，杏六十六枚該一十一文。

法曰：列置百文、百果，約之先得一十一文、六十六杏，以減總數一百，餘得八十九文、三十四果，以桃價九文乘果，得三百六文，以減八十九文，餘二百一十七文爲實。却以桃九文減梨二文，餘七文爲法。除之得梨三十一，以減果三十四，餘得桃三枚，合問。

又 卷八《方程》 今有舊有、雲宗、站田共二十六畝五分，該秋糧米六石三升五合。只云每畝科米，站田二斗五升，雲宗田二斗三升五合，舊有田二斗。問三色田并米各幾何。

答曰：站田八畝七分五厘，該米二石一斗八升七合五勺；雲宗田八畝五分，該米一石九斗九升七合五勺；舊有田九畝二分五厘，該米一石八斗五升。

法曰：排列問數，先以右行米二斗五升爲法，遍乘左行得數。

右二斗五升　二斗三升五合　二斗　六石三升五合

左一畝得二斗五升　一畝得二斗五升　一畝得二斗五升　得六石六斗二升五合二十六畝五分

却以左行站田米對減盡，雲宗田餘米一升五合，舊有田餘米五升。總餘米五斗九升，爲實。以雲宗、舊有田共餘六升五合爲法。除之，得二色田各九畝。餘米五合。約商，得舊有田九畝二分五厘。以餘米五升乘之，得米四斗六升二合五勺，以減總餘米五斗九升，餘米一斗二升七合五勺。却以雲宗田餘米一升五合除之，得田八畝五分。以每畝科米二斗三升五合乘之，得米一石九斗九升七合五勺。舊有田九畝二分五厘，每畝科米二斗乘之，得米一石八斗五升。將二項田米以減原，科米六石三升五合，餘米二石一斗八升七合五勺，爲實。以站田每畝科米二斗五升爲法。除之，得田八畝七分五厘。合問。

明・王文素《算學寶鑒》卷二七《衆率分身》

新證答曰：站田八畝四分，該米二石一斗；雲宗田九畝，該米二石一斗一升五合；舊有田九畝一分，該米一石八斗二升。

又答曰：站田七畝七分，該米一石九斗二升五合；雲宗田十畝，該米二石三斗五升；舊有田八畝八分，該米二石五斗八升五合。

又答曰：站田七畝，該米一石七斗五升；雲宗田十一畝，該米二石五斗八升五合；舊有田八畝五分，該米一石七斗。

證曰：此問答數甚多，不及備載。雲宗田每加一畝，站田每減七分，舊有田每減三分，皆可答之。計不破分者，凡二十六荅。破爲厘者，凡二百六十五荅。清爲較之。【略】

解曰：此題以三率分身入之固是正術，遇論價者，當以論價捷法求之。

新立論價術曰：置総物乘貴價，內減総價，餘爲寔。各以中賤價以減貴價，餘價爲法。除寔必盡，得中賤二物之數。以減総物，餘爲貴物。各以其價乘之，得各共價。

草曰：置総田二十六畝五分，以站田每畝科米二斗五升乘之，得六石六斗五合，內減総科米六石三升五合，餘五斗九升爲雲宗、舊有二田之實。以雲宗每畝科米二斗三升五合，以減站田每畝科米，餘一升五合爲雲宗田法；另以舊有田每畝科米二斗，亦減站田每畝科米，餘五升爲舊有田法。併二法，共六升五合。除實，得雲宗、舊有田各九畝。餘殘寔五合，以舊有四法五升除之，又得舊有田一分。併前九畝共九畝一分。置総田二十六畝五分，內減雲宗田九畝，又減舊有田九畝一分，（餘八分）餘八畝四分即站田也。各以科米數乘之，得各米數。合問。

証曰：切觀九章之法，餘下殘寔五合，五一可奈何，復將筭就，田畝遷變多端，正猶造屋已成，毀而又造，用功甚繁，可不証乎。

三率新題：西瓜三枚值錢七文，甜瓜四枚值九文，菜瓜二十三枚值錢八文。凡用錢一千文，共買三色瓜一千枚。問每樣瓜錢幾何。

答曰：菜瓜六百六十七枚，錢二百三十二文。甜瓜一百枚，錢二百四十三文。西瓜二百二十五枚，錢五百二十五文。

西瓜三　甜瓜四　菜瓜二十三　共瓜一千枚

值七文　值九文　值八文　共錢一千文

新立草曰：以右行西瓜三互乘左行九文，得二十七文。卻以甜瓜四互乘七文，得二十八文。以少減多，餘一文爲甜瓜法。又以右行西瓜三互乘左行八文，得二十四文。卻以右行菜瓜二十三互乘左行七文，得一百六十一文。以少減多，餘一百三十七爲菜瓜法。以右行西瓜三互乘左行總錢一千文，得三千文。卻以右行共瓜一千枚互乘左行七文，得七千文。以少減多，餘四千文，爲甜、菜二瓜之實。先以菜瓜法一百三十七除之，得二十九爲菜瓜錯綜之數。餘一個盡殘實二十七，以甜瓜法一除之，得二十七爲甜瓜錯綜之數。以錯綜二十九乘菜瓜二十三，得菜瓜數六百六十七枚，以八文乘之，得錢二百三十二文。以錯綜數二十七乘甜瓜四，得甜瓜數一百八枚，以九文乘之，得錢二百四十三文。置總瓜一千枚，內減菜瓜六百六十七枚，再減甜瓜一百八枚，餘二百二十五枚爲西瓜數。另置錢一千文，內減菜瓜錢二百三十二文，再減甜瓜錢二百四十三文，餘五百二十五文爲西瓜錢。合問。

又　四率題：今有綾、羅、絹、布共二百四十一匹，共價鈔四百九十九貫二百文。只雲綾匹價二貫四百文，羅匹價二貫一百文，絹匹價一貫八百文，布匹價一貫六百文。問四色各幾匹價幾何。

答曰：綾八十五匹，該鈔二百四貫。羅七十二匹，該鈔一百五十一貫二百文。絹四十八匹，該鈔八十六貫四百文。布三十六匹，該鈔五十七貫六百文。

《九章》法曰：排列問數，以右行首位遍乘左行得數，卻以左行對減，上盡。次餘三百爲上法，又次餘六百爲中法，次三餘八百爲下法。下餘七十九貫二百爲實。以上法商除之，得羅七十三匹。減實二十一貫六百，餘殘實五十七貫六百。又以中法商除之，得絹四十八匹。減實二十八貫八百，餘殘實二十八貫八百，再以下法商除之，得布三十六疋。以羅七十二疋，以價二貫一百文乘之，得一百五十一貫二百文。絹四十八疋，以價一貫八百文乘之，得八十六貫四百文。布三十六疋，以價一貫六百文乘之，得五十七貫六百文。併三數，得二百九十五貫二百，以減総價，餘二百四貫爲寔。以綾價二貫四百爲法。除之，得綾八十五疋。合問。

証曰：此四率論價之題，計荅數凡一千五百九十有六，不及備載，略記數荅于左。

新証荅曰：綾九十七疋，該鈔二百三十二貫八百。羅五十四疋，該鈔一百一十三貫四百。絹四十五疋，該鈔八十一貫。布四十五疋，該鈔七十二貫。

又曰：綾九十六疋，該鈔二百三十貫四百。羅五十六疋，該鈔一百一十七貫二百。絹四十四疋，該鈔七十九貫二百。布四十五疋，該鈔七十二貫。

証曰：綾每減一，羅每加二，絹每減一，皆合其數。

論價草曰：置総物二百四十一疋，以貴綾價二貫四百乘之，得五百七十八貫四百，內減総價四百九十九貫二百，餘七十九貫二百爲羅、絹、布三色之寔。以羅價二貫一百減綾價，餘三百爲羅法。另以絹價一貫八百減綾價餘六百爲絹法。又以布價一貫六百減綾價，餘八百爲布法。併三法，共一貫七百。除寔，羅、絹、布各得四十五疋。除積七十六貫五百，餘二貫七百。以羅法三百除之，又得羅九疋，併前共五十四疋。共置二百四十一疋，內減羅五十四疋，又減絹四十五疋，再減布四十五疋，餘九十七疋即綾數也。各以其價乘之，得各用錢數。合問。

四率新題：米五石三斗九升，直銀三兩三錢一分；麥二石七斗五升，直銀一兩一錢三分；麻八石一斗二升，直銀三兩二錢五分；豆七石七斗四升，直銀二兩三錢一分。共用銀二百五十兩，共買米、麥、麻、豆六百石。問四色各幾何。

答曰：米一百三十四石七斗五升，銀八十二兩七錢五分；麥六十八石七斗五升，銀二十八兩二錢五分；麻二百三石，銀八十一兩二錢五分；豆一百九十三石五斗，銀五十七兩七錢五分。

法圖

米五石三斗九升　麥三石七斗五升　麻八石一斗二升　豆七石七斗四升　共六百石

銀三兩三錢一分　銀一兩一錢三分　銀三兩二錢五分　銀二兩三錢一分　共二百五十兩

草曰：以米互乘麥銀，得六兩九分七毫；卻以麥乘米銀，得九兩一錢二厘五毫；以少減多，餘三兩一分一厘八毫爲麥法。又以米乘麻銀，得一十七兩五錢一分七厘五毫；又麻乘米銀，得二十六兩八錢七分七厘二毫；以少減多，餘九兩三錢五分九厘七毫爲麻法。再以米乘豆銀，得一十二兩四錢五分九毫卻以豆乘米銀得二十五兩六錢一分九厘四毫；以少減多，餘一十三兩一錢六分八厘五毫爲豆法。又再以米乘総銀二百五十兩，得一千三百四十七兩五錢；卻以総糧六百石乘米銀，得一千九百八十六兩，以少減多，餘六百三十八兩五錢爲麥、麻、豆三色之寔。併三法，共得二十五兩五錢四分，除之，得麥、麻、豆錯綜數各二十五。皆以此二十五遍乘麥、麻、豆石兩之數。乘麥二石七斗五升，得麥六十八石七斗五升。乘麥銀一兩一錢三分，得麥銀二十八兩二錢五分。乘麻八石一斗二升，得麻二百三石。乘麻銀三兩二錢五分，得麻銀八十一兩二錢伍分。乘豆七石七斗四升得豆一百九十三石五斗乘豆銀二兩三錢一分，得豆銀五十七兩七錢五分。置共六百石內減麥、麻、豆數，餘一百三十四石七斗五升即米也。另置総銀二百五十兩內減麥、麻、豆銀，餘八十二兩七錢五分爲米銀也。合問。

《指明》四率題：今有銀一百一十兩五錢六分五厘，買到桃、李、梨、栗四色果子共九萬六千三百五十箇。只云四色果個相倣，桃一百二十五個價銀一錢，每李一百個價銀一錢，每梨八十個價銀一錢，每栗六十五個價銀一錢。問四色果子及價若干。

《指明》算集荅曰：桃二萬三千九百五十，銀十九兩一錢六分。李二萬四千一百三十，銀二十四兩一錢三分。梨二萬四千二百二十，銀三十兩二錢七分五厘。栗子二萬四千五十，銀三十七兩。

証曰：此題荅數尤多，不可枚舉。題以果不相做爲問，令將相做之甚者証荅于左。

［荅曰］：桃二萬四千五十，銀十九兩二錢四分；李二萬四千二十五，銀二十四兩二分五厘；梨二萬四千一百六十，銀三十兩二錢；栗二萬四千一百一十五，銀三十七兩一錢。

又 桃二萬四千七十五，銀十九兩二錢六分；李二萬四千二十五，銀二十四兩二分五厘；梨二萬四千九十六，銀三十兩一錢二分；栗二萬四千一百五十四，銀三十七兩一錢六分。

証曰：田前所荅三數，加減變化，其四色果個俱在二萬四千以上，在亦荅數十其不相做，在可荅萬餘，豈可歷載乎！但將加減之數記于左云。

一、粟價不動，李價加一分八厘，梨價減一分，桃價減八厘。二、梨價不動，李價加四分八厘，栗價減二分，桃價二分八厘。三、李價不動，梨價加八分，栗加減六分，桃價減二分。四、李價加八分四厘，桃價減四分四厘，梨價減二分，栗價亦減二分。其上四變，凡云加者則減之，減者則加之，皆合其數。清爲較之，始住可荅萬餘不妄矣。

《指明》算籍法曰：置総果以四歸之，每分該二萬四千，有餘不載，便以爲寔。就約中等李、梨二色，各以每錢買該個數爲法。除之，先得李、梨二停銀價，各以每錢買該個數乘之，各得個［數］。俱於総内減果減價，餘價以桃爲高價乘之。就内減其餘果，剩爲寔。另以桃個内減栗個爲法。除寔，先得栗果銀價。却又餘價内減去栗價，剩爲桃價。各以每錢買該個數之，合問。

証曰：此特術耳，非細草也。既用四歸総果，各得二萬四千，先以李、梨二色除之，次要約量添減，於総内減出李、梨價數，餘桃、栗二色。如貴賤差分求之，必用桃、粟差數六十爲法除之，恐遇不盡有磚。以愚言之，莫若先約出桃、栗二色，餘李、梨二色差數二十，除實必盡。或先約出梨、栗二色，餘桃、李二色差數二十五，除實亦盡爲便。況又此題乃四率論數之法也。

新豆四率論數草曰：置総銀一百一十兩五錢六分五厘，以多數桃個一百二十五乘之，得一十三萬八千二百六個二分五厘，内減總乘九萬六千三百五十，餘四萬一千八百五十六個二分五厘，爲李、梨、粟三果之寔。以李、梨、粟三樣個數皆減桃數一百二十五個，李餘二十五個，梨餘四十五個，粟餘六十個。或題内不拘果個相做，在併三法，共一百三十除寔。此問果個相做，在各以其法除之。先得買粟銀三十七兩一錢。乘粟差六十，得二萬二千二百六十減寔。次約梨粟三十兩二錢。以梨差四十五乘之，得一萬三千五百九十減矣。餘殘寔六千零六個二分五厘，以李差二十五除寔，得李價二十四兩二分五厘。置総價一百一十兩零五錢六分五厘内減李價二十四兩零二分五厘，又減梨價三十兩零二錢，又再減粟價三十七兩一錢，餘一十九兩二錢四分即桃價也。各以買該果個之數乘之，得各果荅數。合問。

或併二法共一百三十，除實，李、梨、粟銀各淂三十二兩一錢，餘一百二十六個二分五厘，以李差二十五除之，又得五錢五厘，并前共李銀三十二兩六錢五厘。俱減総銀，餘一十三兩七銀六分爲買桃銀數。各以所買果個乘之，得各果數亦可。

又 五率新題：総用錢六百九十四文，共買五様瓜三百六十二枚。且云西瓜七枚值錢二十二文，甜瓜十三枚直四十文，絲瓜十七枚值五十文，王瓜二十三枚直四十一文，菜瓜三十一枚直九文。問五様瓜數及各用錢幾何。

荅曰：西瓜二十一枚，該錢六十六文；甜瓜五十二枚，該錢一百六十文；絲瓜一百一十九枚，該錢三百五十文；王瓜四十六枚，該錢八十二文；菜瓜一百二十四枚，該錢三十六文。

法圖

西瓜七	甜瓜十三	絲瓜十七	王瓜二十三	菜瓜三十一	共三百六十二枚
二十二文	四十文	五十文	四十一文	九文	錢六百九十四文

法曰：以圖，西瓜七互乘甜瓜錢四十文，得二百八十文；却以甜瓜十三互乘西瓜錢二十二文，得二百八十六文；以少減多，餘六文爲甜瓜法。又以西瓜七乘絲瓜錢五十文，得三百五十文；却以絲瓜十七乘西瓜錢二十二文，得三百七十四文；以少減多，餘二十四文爲絲瓜法。又以西瓜七乘王瓜錢四十一文，得二百八十七文；却以王瓜二十三乘西瓜錢二十二文，得五百六十文；以少減多，餘二百一十九爲王瓜法。又以西瓜七乘菜瓜錢九文，得六十

三文；却以菜瓜三十一乘西瓜錢二十二文，得六百八十二文；以少減多，餘六百一十九爲菜瓜法。又以西瓜七互乘總錢六百九十四文，得四千八百五十八文；却以共瓜三百六十二枚乘西瓜錢二十二文，得七千九百六十四文；以少減多，餘三千一百六文爲下四瓜之總寔。先以多數菜瓜法除之，得四爲錯綜數。餘寔六日三十，次以王瓜法除之，得二爲錯綜數。餘寔一百九十二，以絲瓜法除之，得七爲錯綜數。餘寔二十四文，以甜瓜法除之，得四爲錯綜數。各乘本物本價。四因甜瓜十三，得五十二枚。四因甜瓜價四十，得一百六十文。七因系瓜十七，得一百一十九枚。七因系瓜價五十，得三百五十文。二因王瓜二十三，得四十六枚。二因王瓜價四十一文，得八十二文。四因菜瓜三十一，得一百二十四枚。又四因菜瓜價九文，得三十六文。各減總瓜、總錢。置共瓜三百六十二枚，内減甜瓜五十二枚，又減系瓜一百一十九枚，再減王瓜四十六枚，又再減菜瓜一百二十四枚，餘二十一枚即西瓜數也。又置共錢六百九十四文，内減甜瓜錢一百六十文，又減系瓜錢三百五十文，又減王瓜錢八十二文又，再減菜瓜錢三十六文，餘六十六文即西瓜錢數也。合問。

又　七率新題：綾一疋價銀三兩，羅一疋價銀二兩四錢，紗一疋價銀一兩八錢，紬一疋價銀一兩三錢，葛布一疋價銀九錢，絹三疋直一兩，綿布七疋直一兩。凡百疋共價銀一百。問七色各幾何。疋及各該銀幾何。

答曰：綾十八疋，該銀五十四兩；羅五疋，該銀一十二兩；葛布五疋，該銀四兩五錢；紗五疋，該銀九兩；紬五疋，該銀六兩五錢；絹二十七疋，該銀九兩；綿布三十五疋，該銀五兩。

又曰：綾十三疋，該銀三十九兩；羅五疋，該銀一十二兩；紗十五疋，該銀二十七兩；紬五疋，該銀六兩五錢；葛布五疋，該銀四兩五錢；絹十五疋，該銀五兩；棉布四十二疋，該銀六兩。

解曰：自此以下，綾每減一，羅每增二，紗每減一，皆是。

法圖

綾一疋	羅一疋	紗一疋	紬一疋	葛一疋	絹三疋	綿七疋	共一百疋
銀三兩	二兩四錢	一兩八錢	一兩三錢	銀九錢	銀一兩	銀一兩	共一百兩

法曰：以羅價減綾價，餘六錢爲羅法。以紗價減綾價，餘一兩二錢爲紗法。以紬價減綾價銀，餘一兩七錢爲紬法。以葛布價減綾價，餘二兩一錢爲葛布法。另以綾一疋互乘絹價一兩，得一兩；以絹三疋互乘綾價，得九兩；以少減多，餘八兩爲絹法。以綾一疋互乘布銀一兩，得一兩；以布七疋互乘綾銀三兩，得二十一兩；以少減多，餘二十兩爲布法。以綾一疋互乘總銀一百兩，得一百兩；以共一百疋互乘綾價三兩，得三百兩；以少減多，餘二百兩爲寔。併六法，共三十三兩六錢。除實，六色各得錯綜數五。餘三十二兩，以絹法八兩除之，又得四爲錯綜數，併前五共九爲絹之錯綜數，併前五共九爲絹之錯綜數。各以本物、本價乘之，並各得荅數。合問。

又　配銷荒金：令有官追八色不等零金一百五十兩。有九七五色金四十兩，九五色金二十兩，九色金十兩，八五色金二十兩，八色金十六兩，七五色金十兩，七色金二十二兩，六五色金十二兩。欲配銷作三色，八成、八五、九成，每色一錠五十兩。問各色零金内取用分兩若干。

《指明》荅曰：九成金一錠五十兩，折赤四十兩；内用。本色金五兩，折赤四兩五錢；九七五金二十五兩，折赤二十四兩三錢七分五厘；九五八兩，折赤七兩六錢；七五金二兩五錢，折赤一兩八錢七分五厘；七成金九兩五錢，折赤六兩六錢五分。

八五色金一錠五十兩，折赤四十二兩五錢；内用。本色金二十兩，折赤十七兩；九七五金十五兩，折赤十四兩六錢二分五厘；七五金七兩五錢，折赤五兩六錢二分五厘；七成金七兩五錢，折赤五兩二錢五分。

八成金一錠五十兩，折赤四十兩；内用。本色金十六兩，折赤十二兩八錢；九五金十二兩，折赤十一兩四錢；九成金五兩，折赤四兩五錢；七成金五兩，折赤三兩五錢；六五色金十二兩，折赤七兩八錢。

証曰：切照此題，任意約配，所荅甚多，不及歷舉。令特將尤簡者一荅，繼之于左。

九成金一錠五十兩，折赤四十五兩；内用。九五色金二十兩，折赤十九兩；九色金十兩，折赤九兩；八五色二十兩，折赤十七兩。

八五色金一錠，折赤四十二兩五錢。内用。九七五色金二十兩，折赤十九兩五錢；八成金十六兩，折赤十二兩八錢；七五金八兩，折赤六兩；七成金六兩，折赤四兩二錢。

八成金一錠五十兩，折赤四十兩；内用。九五色金二十兩，折赤十九兩五錢；七五色金二兩，折赤一兩五錢；七成金十六兩，折赤十一兩二錢；六五色金十二兩，折赤七兩八錢。

《指明》原立法曰：置八色不等金分兩，各以成色折之，共併赤一百二十七兩五錢。另置令作三色，每色五十兩，各以成色折之，併數與前相同。各列其位，各將高低成色荒金約之。先定中等荒金分兩，各以折赤數俱於五十兩內荒赤兩減，餘赤計位。餘荒，充以高色折見赤數，於內減去餘赤，剩爲寔。別將高色內減去低色，剩爲法。以法除寔。光得低色荒金分兩，各以成色折之，併赤相同，合前所問。

証曰：此亦術耳，又非細草。觀其術意，亦與買四色果同，約減求之，未是成術。此題雖云八色零金，寔三率分身之法也。

新立術圖

荒金一兩　荒金一兩　荒金一兩　共荒五十兩

折赤九錢五分　折赤九錢　折赤八錢半　共赤四十五兩

新立論價草曰：置共荒金一錠五十兩，以九五色乘之，得四十七兩五錢，內減共折赤四十五兩，餘二兩五錢，爲九成、八五二色之實。以九成減九五，餘五分爲九成金法。另以八五減九五，餘一錢爲八五法。先以一錢除寔二兩，得八五金二十兩。餘寔五錢，以五分除之，得九成金十兩。共三十兩，以減共荒金五十兩，餘二十兩爲九五色金。合問。

求八五色金法曰：置一錠五十兩，以九七五色乘之，得四十八兩七錢五分，內減折赤四十二兩五錢，餘六兩二錢五分爲八五色、七五色、七成三等之寔。各以低色減高色金。八五餘一錢二分五厘爲法。七五餘二錢一分五厘。先商除八五色二十兩，以一錢二分五厘除寔二兩五錢，餘寔三兩五錢，併餘二法，共五錢，除之，得七成、七五金各七兩五錢。共三色三十五兩，以成五十兩，餘十五兩爲九七五金，合問。

求八成金法曰：以前二錠所用荒金分兩減之，餘者即得，不待如前算之。

又《犯同方程》 價物皆逢左右同，蓋因合數犯相衡。就將同價爲其寔，同物除乘上價稱。工物相乘減総價，餘錢下物以除攻。便知下物該銀價，荅數尤多仔細評。

二物相犯題：綾三疋，紗六疋，共銀二十一兩；又綾四疋，紗八疋，共銀二十八兩。問二物每疋價值幾何。

荅曰：綾一疋值三兩五錢，紗一疋一兩七錢五分。

又曰：綾一疋值三兩，紗一疋二兩。

又曰：綾一疋值三兩二錢，紗一疋一兩九錢。

解曰：此荅數甚多，不及備載。綾價可以逓加二錢，紗價可以逓減乙錢。或綾價逓加一錢，紗價可以逓減五，供可荅之。

布列位圖

右行　綾三　紗六　共價二十一兩

左行　綾四　紗八　共價二十八兩

法曰：以右行綾三互乘左行紗八，得二十四疋；以左行綾四互乘右行紗六，得二十四疋；相同，就用爲法。又以右行綾三互乘左行價二十八兩，得八十四兩；以左行綾四互乘右價二十一兩，亦得八十四兩；相同，就用爲寔。以法除之，得綾價三兩五錢。以左行四綾乘之，得一十四兩，以減左價二十八兩，餘一十四兩，以左紗疋除之，得紗價一兩七錢五分，合問。

又 三物犯同題：一馬、二牛、三驢，共價銀四十五兩；又四馬、五牛、六驢，共價銀一百二十六兩；又七馬、八牛、九驢，共價銀二百七兩。問三物每匹值幾何。

荅曰：馬價十三兩五錢，牛價九兩，驢價四兩五錢。

又曰：馬價十四兩，牛價八兩，驢價五文。

又曰：馬價十四兩，牛價七兩，驢價五兩五錢。

解曰：此題荅數亦一兩，馬、驢逓加五錢，牛價逓加一兩。或馬、驢逓減五分，牛價逓加一錢，皆合所問。

初列圖

甲　一馬　二牛　三驢　共銀四十五兩

乙　四馬　五牛　五牛　共一百二十六兩

丙　七馬　八牛　九驢　共二百七兩

法曰：以甲行一馬互乘乙行五牛，得五；以乙行四馬乘甲行二牛，得八；以少減多，甲餘三牛。又以甲行一馬乘乙行六驢，得六；以乙行四馬乘甲行三驢，得一十二；以少減多，甲餘六驢。以甲行一馬乘一行價一百二十六兩，仍得一百二十六兩；以乙行四馬乘甲價四十五兩，得一百八十兩；以少減多，餘甲五十四兩。又以甲行一馬乘丙行八牛，得八；以丙行七乘甲行二牛，得一十四；以少減多，甲餘六牛。以甲行一馬乘丙行九驢，得九；以丙行七馬乘甲三驢，得二十一；以少減多，甲餘十二驢。以甲行一馬乘丙價二百七兩，仍是二百七兩；以丙行七馬乘甲行價四十五兩，得三百一十五兩；以少減多，甲餘一百八兩。變其正負，又到于位。

第二位圖

乙行　正牛三　正驢六　正銀五十四兩

丙行　正牛六　正驢十二　正銀一百八兩

以乙行三牛乘丙行十二，得三十六；以丙行六牛乘乙行六驢，亦得三十六；相同，就以爲法。以乙行三牛乘丙價一百八兩，得三百二十四兩；以丙行六牛乘乙銀五十四兩，亦得三百二十四兩；相同，就以爲寔。以法除之，却先得牛價九兩。以乙行三牛乘之，得二十七兩，以減乙銀五十四兩，餘二十七兩，以乙行六驢除之，得驢價四兩五錢。置初圖，甲銀四十五兩內減二牛價十八兩，又減三驢價十三兩五錢，餘十三兩五錢爲一馬之價，合問。又法：將同價三百二十四兩，折半，得一百六十二兩爲寔。以法三十六除之，先得驢價四兩五錢。即以二因驢價，得牛價九兩。用三因驢價，得馬價十三兩五錢，尤捷。

明・程大位《算法統宗》卷五《衰分》　貴賤差分歌

差分貴賤法尤精，高價先乘共物情。却用都錢減今數，餘留爲實甚分明。別將二價也相減，用此餘錢爲法行。除了先爲低物價，自餘高價物方成。

今有銀五十五兩五錢，共買銅錫鐵八萬三千零五十兩。只云銀價相倣，每銀一錢買銅一百三十兩，每銀一錢買錫一百五十兩，每銀一錢買鐵一百七十兩。問三色各若干。此爲三色差分。

荅曰：　銅二萬四千七百兩，價銀一十九兩。　錫二萬七千七百五十兩，價銀一十八兩五錢。　鐵三萬零六百兩，價銀一十八兩。

法曰：　置總銀以三歸之，得一十八兩五錢。約錫爲中，以每錢買一百五十兩。乘得錫二萬七千七百五十兩。於總物內減訖餘。　五萬五千三百兩。另置總銀內減去一十八兩五錢，餘三十七兩。却以銅一百三十兩，乘之得四萬八千一百。減去五萬五千三百，餘七千二百爲實。另以銅鐵數相減，餘四十爲法。除實得鐵價一十八兩。又于三十七兩減去一十八兩，餘一十九兩爲銅價。各以每錢買數乘之。合問。

今有綾、羅、紗、絹一百六十疋，共價九十三兩。綾每疋價九錢，羅每疋七錢，紗每疋五錢，絹每疋三錢。問四色各若干。

荅曰：　綾三十五疋，該銀三十一兩五錢。　羅四十疋，該銀二十八兩。　紗四十疋，該銀二十兩。　絹四十五疋，該銀一十三兩五錢。

法曰：　此四色差分。先置一百六十疋，以四除之，得四十疋。就是中物羅、紗二色及價。却于一百六十疋內減，羅、紗共八十疋餘八十疋。又于共價九十三兩內減去，羅價二十八兩、紗價二十兩，餘四十五兩。以貴賤差分筭之。置餘八十疋，以綾價九錢乘之，得七十二兩。減去四十五兩，餘二十七兩爲實。以綾價九錢減絹價三錢，餘六錢爲法。除之得四十五疋爲絹數。却于八十疋，內減絹四十五疋，餘三十五疋爲綾。各以原價乘之。合問。

訣：　三色、四色差分之法，俱先定中等，惟留首尾二色以貴賤差分法筭之，不拘五、六、七、八、九色者倣此。

清・李長茂《算海説詳》卷八《衰分》　難題：　貴賤三位相和差分歌　今有千錢買百鷄，五十雄鷄不差池。草鷄每個三十足，小者十文三個知。

增法：　置雄鷄價五十，雄鷄一隻以每十文一鷄較之多鷄價四個。又置小鷄三隻，價十文。以每十文一鷄較之多鷄二隻，就將□□各折半，以小鷄一互乘雄鷄一得一隻。以雄鷄價二互乘小鷄三得六隻，併之得鷄七隻。又以小鷄一互乘雄鷄價五十得五十。以雄鷄價二互乘小鷄價二十得二十，併之，共得鷄價七個爲半平法。另置母鷄價三十母鷄一隻，以每十文一鷄較之多鷄價二個，與小鷄多鷄二隻亦折半互乘，以母鷄價一個乘小鷄三隻得三隻，以小鷄一乘草鷄一得一隻，併之，共得鷄四隻。以母價一互乘小鷄價一十仍得一。以小鷄一互乘母鷄價三十，得三十。併之亦得鷄價四個爲半平法。併二法共得十一爲總法。以除共價一千文，得九。不盡一十。即以法約，退一個七十加二個四十，恰盡。就於九內減一餘八，得雄鷄八隻。加二，得母鷄十一隻。另將雄鷄八以二因之，得十六。加母鷄十一共二十七，以小鷄三隻因之，得小鷄八十一隻。

解義：　貴賤相和差分，二位者可以互乘對減得數。三位則不能，如十文買百鷄，每十文該鷄一隻。雄鷄五十文、母鷄三十文，俱足價多于物，小鷄十文三隻是物多于價，應以小鷄共雄鷄、母鷄各較取平，併合爲法，用除原共價。不盡，則以法約之，用各分平法減加合數乃爲正。則舊法以小鷄三隻，因雄鷄、母鷄共九爲法，除共價湯十一爲母鷄數。以不盡一減反法九，湯八爲雄鷄數。杜撰偶合不可爲准。若改作雄鷄五十、母鷄四十、小鷄十文三隻，則以母鷄一貫錢四十對較多鷄價，三個小鷄十文，三鷄多鷄二隻，以多鷄二互乘母鷄一，湯二隻。以多價三互乘小鷄三隻，湯九，併之湯鷄十一隻。以多鷄二互乘母鷄價四十，湯八。以多價三互乘小鷄價一十，湯三，併之湯價一百一十，應以十一爲母，小鷄分平法併雄鷄，小鷄平法七共十八爲法，除共價湯五，不及一百，即以法約退一百一十加三個七十，恰盡。就于五內加三湯雄鷄八隻，于五內退一作四，以二因之，湯母鷄六八隻。另將公鷄八以二因湯十六。母鷄八以一五乘，湯十二。併之湯二十八。以小鷄三隻因之，湯八十四隻。若拋舊則仍應用小鷄三隻因雄、母鷄各一共九爲法，除共價母鷄十一，則不合矣。前法因雄、母鷄求小鷄，將公鷄以二因者雄鷄，小鷄取平原雄鷄二，小鷄二也，併雄鷄、母鷄。又以三因者小鷄三隻也。後將公鷄八以二因母鷄八，以一五乘，亦然千文百鷄，雖價十倍于□，然千文百個數俱齊同，與百文買百物同故不另贅。又按雄鷄十二隻、母鷄四隻、小鷄八十四隻，亦千文百鷄。又雄隻四隻，母鷄一十八隻、小鷄七十八隻，亦千文百鷄。

又　三位價物不等約求差分法　今有上菓每九個錢十一文，中菓每六個錢五文，下菓每七個錢四文，共用錢一千三百五十文，買上、中、下菓一千四百三十八個，問三色菓併價各若干。

增法：置共菓一千四百三十八個，以共價一千三百五十文減之，餘多菓八十八個。另置中菓六個價五文相減，餘多菓一個。又置下菓七個價四文相減，餘多菓三個。併之，得四個爲法。以除多菓八十八個，得二十二，爲中、下平法。以中菓價五文因之，得一百一十文。以下菓四文因之，得八十八文。併之，共得一百九十八文。以減總價，餘一千一百五十二文。又將平法二十二，以中菓六個因之，得一百三十二個。以下菓七個因之，得一百五十四個。併之，共得二百八十六個。以減總菓亦餘一千一百五十二個。各爲實。另置上菓多錢二文，中菓多菓一個，以二乘中菓六個，得一十二。以一乘上菓九個，得九個。併之，得二十一菓。以二乘中菓價三文，得一十文。以一乘上菓價十一文，得十一文。併之，亦得二十一文。即以二十一爲上、中菓平法。又置上菓多錢二文，下菓多菓三個，以二乘下菓七個，得一十四個。以三乘上菓九個，得二十七個。併之，共四十一菓。以二乘下菓價四文，得八文。以三乘上菓價十一文，得三十三文。併之，亦共四十一文。即以四十一爲上、下菓平法，併二法共六十二爲合法。除實一千一百五十二個，得一十八。不盡三十六，以分平法較之不足四十一，即再除一二十一，仍餘不盡一十五，即將四十一以二十一加倍對減，餘一。以除十五，得十五。便將十八個四十一退一十五個，餘三個四十一，十八個二十一加二倍十五，共三十個。又加後再除一個，共四十九個，却分列三位，一位置四十九，以二因之，得九十八。再加先二十二，共一百二十爲中菓併價平法。以價五文因之，得中菓價錢六百文。以中菓七個因之，得中菓七百二十個。一位置三個，以二因之，得六。再加先二十二，共二十八爲下菓與價平法。以價四文因之，得下菓價一百一十二文。以菓七個因之，得下菓一百九十六個。二位置中菓共數四十九，又置下菓共數三，以三因之，得九。併之，共五十八爲上菓與價平法。以價十一文，因之，得上菓價六百三十八文。以菓九個，因之，得上菓五百二十二個。

解義：共物多于共價，須先將三位內，價少物多之位較量分數平除多物，餘共物共價齊平之數。以價多與價少折平。合法以除之，不盡則以分平法進退加減約之，或分或合或加或減。又有應一倍、二倍、三倍之不同頭緒多端，須辨記清楚。至上、中、下菓數菓價，俱與上法不符者，共價共物比買物數目積倍。遇多中問多寡互微湊合。自多如雄鷄十二，母鷄四，小鷄八十四；雄鷄四，母鷄一十八，小鷄七十八，皆可湯千文百鷄是也。

清・方中通《數度衍》卷一七《差分》　差分法

式二　銀五十五兩五錢，買銅、錫、鐵共重八萬三千〇五十兩。每銀一錢，買銅一百三十兩，錫一百五十兩，鐵一百七十兩。問各若干。

曰：銅二萬四千七百兩共價十九兩，錫二萬七千七百五十兩共價十八兩五錢，鐵三萬〇六百兩共價十八兩。

術：以總銀用三色除之，得十八兩五錢爲中間錫價。以每一錢買一百五十兩乘之，得錫數。共重內減錫數，餘五萬五千三百兩，爲銅鐵和。總銀內減錫價，餘三十七兩，爲銅鐵和價。以每一錢買銅一百三十兩乘和價，得四萬八千一百兩。以減銅鐵和，餘七千二百爲實。以銅一百三十與鐵一百七十相減，餘四十。除實得一百八十錢，爲鐵價十八兩。以一百七十乘之，得鐵數。又於和價內減鐵價，餘十九兩爲銅價。以一百三十乘之，得銅數。

又　式四　綾、羅、紗、絹共一百六十疋，共價九十三兩。綾每疋九錢，羅每疋七錢，紗每疋五錢，絹每疋三錢。問：各若干。

曰：綾三十五疋價三十一兩五錢，羅四十疋價二十八兩，紗四十疋價二十兩，絹四十五疋價十三兩五錢。

術：以四色除總疋，得四十疋，即中間羅紗之數。羅四十疋，以每疋價推得銀數。紗四十疋，以每疋價推得銀數。總疋內減羅紗，餘八十疋爲綾絹和。共價內減羅紗價，餘四十五兩，爲綾絹價和。乃以綾九錢乘綾絹和，得七十二兩，以減餘銀，尚餘二十七兩爲實。以綾九錢減絹三錢，餘六錢爲法。除實，得四十五爲絹數。於綾絹和內減之，餘三十五爲綾數。各以每疋價乘得各價。

又　卷一八《差分》　和較三率

和較三率差分法

凡數分合，不離三率，而互和難測。則立較以測之，立中率以較之，而又互置較位以求之。

式五　椒一斤，價四錢。丁香一斤，價三錢。桂皮一斤，價六錢。阿魏一斤，價一兩。硇砂一斤，價八錢。今以銀七錢，買上五色共一斤。問各色若干。

曰：椒十三分斤之一，丁十三分斤之三，桂十三分斤之一，魏十三分斤之四，砂十三分斤之四。

立七錢　價　椒四　丁三　桂六　魏十　砂八
　　　　較　砂一　魏三　砂一　丁四　椒三　較積一十三
　　　　　　　　　　　　　　　　　　桂一

術：立七錢於上，此係多位者。先定互對，有對者尋對而互列之，如椒砂互，丁魏互是也。若桂則無對，須借砂作對而互。又列其桂較之一於砂左，砂傍凡兩數矣。凡相對互位者，務取一大於立數，一小於立數，和砂數大對椒數小也。以較積爲首率，一斤爲次率，各傍列較數爲各三率，砂傍之椒三桂一，并四爲砂之三率也。

　　　椒四　丁三　桂六　魏十　砂八
立七錢　砂一　砂一　砂一　椒三　椒三　較積二十八
　　　魏三　魏三　魏三　丁四　丁四
　　　　　　　　　　　桂一　桂一

又術：取一大一小，雜互更位，如椒砂互，椒魏又互，丁砂互，桂砂又互，丁魏互，桂魏又互，凡六互，得較積二十八，以爲首率，一斤爲次率，各傍列較爲各三率，椒傍一三并四，丁傍一三并四，桂傍一三并四，魏傍三四一并八，砂傍三四一并八，求出四率即各數。

三率　四椒　四丁　四桂　八魏　八砂
四率　二十八分斤之四　二十八分斤之四　二十八分斤之四　二十八分斤之八　二十八分斤之八

又術：隨意易位，亦以大數互小數，砂傍丁四、桂一并五。

立七錢　椒四　丁三　桂六　魏十　砂八
　　　　魏三　砂一　砂一　椒三　丁四　較積十三
　　　　　　　　　　　　　　　桂一

四率　十三分斤之三，十三分斤之一，十三分斤之一，十三分斤之三，十三分斤之五。

通曰：後二術求出之數，與前不同，不可爲準，姑存其法耳。

式六　綠緞每丈價四兩，青緞每丈價六兩，紅緞每丈價十兩。今有銀四百八十兩，買緞八十丈。問各若干。

曰：綠三十二丈，青三十二丈，紅一十六丈。

　　　　　　青○
立六兩　綠四　青六　紅一十
　　　　紅四　紅四　綠二　較積一十

術：先以八十丈，除四百八十兩，得每丈六兩爲立價。依法列之，綠與紅互，青又與紅互，以較積爲首率，總丈爲次率，各傍列較爲各三率，紅傍之綠二青，止作二。

通曰：青價六與立六等，故青較作。而紅傍之較數無并，仍作二也。凡價與立等者皆作。若價皆大於立，皆小於立，皆等於立，則不可較矣。

式七　酒四等，甲酒每瓶二錢一分，乙酒每瓶二錢七分，丙酒三錢，丁酒四錢。今有酒共三百瓶，每瓶立價三錢三分。問各若干。

曰：甲酒五十瓶，乙酒五十瓶，丙酒五十瓶，丁酒一百五十瓶。

立三十三　甲二十一　乙二十七　丙三十　丁四十
丁七　丁七　丁七　甲十二　較積四十二
乙六
丙三

術：以三錢三分作三十三爲立數，其四色惟丁四十，四錢。大於立。其甲二十一，二錢一分。乙二十七，二錢七分。丙三十，三錢。皆小於立。則此三小數皆與丁相互矣。依法列之，丁傍之甲十二，乙六，丙三，并爲二十一。以較積爲首率，總瓶爲次率，各較爲各三率。

式八　銀四百兩，買藥四百斤。內丁香每斤價六錢，椒每斤價七錢，桂九錢，蘇合一兩一錢，辰砂一兩二錢，阿魏一兩六錢。問各若干。

曰：丁八十七斤又二之一，椒一百斤，桂二十五斤，合五十斤，砂五十斤，魏八十七斤又二之一。

立十　丁六　椒七　桂九　合十一　砂十二　魏十六
魏六　砂二　砂二　丁四　椒三　丁四　較積三十二
合一　魏六　桂一　椒三

術：先以四百斤除四百兩，每斤得一兩作一十爲立數，列之，丁魏互，丁合互，椒砂互，椒魏互，桂砂互，首率較積，次率總藥。

三率　七丁，八椒，二桂，四合，四砂，七魏。

又術：以丁互合，又互砂，又互魏。以椒互合，又互砂，又互魏。以桂互合，又互砂，又互魏。以上三位偏互下三位也。

立一十　丁六　椒七　桂九　合十一　砂十二　魏十六
合一　合一　合一　丁四　丁四　丁四　并較五十一
砂二　砂二　砂二　椒三　椒三　椒三
魏六　魏六　魏六　桂一　桂一　桂一

三率　九丁，九椒，九桂，八合，八砂，八魏。

四率　七十斤又五十一分斤之三十，同上，同上，同上，六十二斤又五十一之三十八，同上，同上。

又術：以丁互合，椒互砂，桂互魏。

立一十　丁六　椒七　桂九　合十一　砂十二　魏十六
合一　砂二　魏六　丁四　椒三　桂一　并較十七

又術：以丁互魏，椒互砂，桂互合。

立一十　丁六　椒七　桂九　合十一　砂十二　魏十六
魏六　砂二　合一　桂一　椒三　丁四　并較十七

又術：以丁互砂，椒互合，桂互魏。

立一十　丁六　椒七　桂九　合十一　砂十二　魏十六
砂二　合一　魏六　椒三　丁四　桂一　并較十七

又　式十一　銀二十八兩二錢，買銅錫鐵共重三百斤。其價銅一斤銀一錢五分，錫一斤銀九分，鐵一斤銀四分。問各若干。

曰：銅九十六斤又七之三，錫九十六斤又七之三，鐵一百〇七斤又七之一。

立九十四　銅一百五十　錫九十　鐵四十
鐵五十四　鐵五十四　銅錫五十六四　并較一百六十八

術：以共重除總銀，得九分四釐作九十四爲立數，互之，以并較爲首率，共重爲次率，各較爲各三率。

式十二　銀九十三兩，買綾羅紗絹共一百六十疋。每疋價：綾九錢，羅七錢，紗五錢，絹三錢。問各若干。

曰：三十六疋又四之一爲綾與羅同數，四十三疋又四之三爲紗與絹同數。

術：先以總疋除總銀，得五錢八分一釐二毫五絲，作五萬八千一百二十五爲立數，他皆以錢作萬列之，羅絹互，羅紗又互，綾紗互，綾絹又互，并較爲首率，總疋爲次率，各較爲各三率。

立五萬八千一百二十五　綾九萬　羅七萬　紗五萬　絹三萬
紗八千一百二十五　綾三萬一千八百七十五　并較一
絹二萬八千一百二十五　同上　羅一萬一千八百七十五　同上　十六萬

通曰：右二式，以貴賤差分法推之亦可。

通曰：中率者，兩差之中較也，三四五六及多差之中較也，得乎中率，而以多較少，以少較多，故又須互用而數始出，非互則無所用較矣。

又　卷二三《雜收》　式一　銀八百八十二兩，分甲乙丙三等人共一百四十四名。云：甲每人七兩，則乙每人五兩，丙每人三兩。問人銀各若干。

通曰：以總人暫作三分，每等四十八人。以七兩乘甲四十八人，得三百三十六。以五兩乘乙四十八人，得二百四十。以三兩乘丙四十八人，得一百四十四。并得七百二十兩，較總銀尚少一百六十二兩。須益一甲、損一丙，則多四兩，乃以四兩除一百六十二，得四十人，計多一百六十兩。尚少二兩，又須益一甲損一乙，則多銀二兩也。甲初四十八人，加丙移四十人，乙移一人，共八十九人，分銀六百二十三兩。乙初四十八人，減移甲一人，止四十七人，分銀二百三十五兩。丙初四十八人，減移甲四十人，止八人，分銀二十四兩。又甲八十二人，乙六十一人，丙一人，亦可。

式二　甲、乙、丙三物共百枚，錢百文。云：甲一枚錢二文，乙三枚錢一文，丙五枚錢一文。問各若干。

通曰：暫以甲作三十二，錢六十四，乙作三十三，錢十一，丙作三十五，錢七文，并得錢八十二文，較之百文，尚少十八文。須益十甲、損十丙，則多十八文也。甲四十二，錢八十四，乙三十三，錢十一，丙二十五，錢五文。又甲四十四，乙六，丙五十，亦可。

通曰：右二式無準，不可立通數，差分不可，盈朒亦不可，姑存此。

清・杜知耕《數學鑰》卷三《衰分》　三色差分四色、五色、六色附。

設銀十兩零五錢，共買稻、麥、菽一十八石。稻每石價八錢，麥每石價六錢，菽每石價三錢。求三色各若干。

法曰：置共糧以三歸之，得六石爲麥數。以麥價因之，得三兩六錢爲麥共價。另以麥數減共糧，餘一十二石。以菽價因之，得三兩六錢。另以麥共價減原銀，餘六兩九錢。兩數相減，餘三兩三錢爲實。稻、菽兩價相減，餘五錢爲法。除之，得六石六斗爲稻數。以稻、麥兩數減共糧，餘五石四斗爲菽數。

解曰：若四色則四歸，共物得若干即第二色數，亦即第三色數。以第二色價乘之，得第二色共價。以第三色價乘之，得第三色共價。以兩數減共物，兩共價減原銀，餘依二色差分法求之。五色則五歸，六色則六歸之，倣此。

按：三色以上，亦可與共物共價相合無差，然實非一定不易之數。即前三色論之，設稻九石共價七兩二錢，麥二石共價一兩二錢，菽七石共價二兩一錢，亦與原銀共糧共價皆合，而與上法所求三色之數不同。

清・梅瑴成《增删算法統宗》卷四《差分》　貴賤差分歌

差分貴賤法尤精，高價先乘共物情。却用都錢減今數，餘留爲實甚分明。別將二價也相減，用此餘錢爲法行。除了先爲低物數，自餘高物數方成。

今有銀五十五兩五錢，共買銅、錫、鐵八萬三千零五十兩。但言每銅一百三十兩，錫一百五十兩，鐵一百七十兩，其價銀俱一錢。問三色各若干。此三色差分也。

答曰：銅二萬四千七百兩，價銀一十九兩。錫二萬七千七百五十兩，價銀一十八兩五錢。鐵三萬零六百兩，價銀一十八兩。

法曰：置總銀三歸之，得一十八兩五錢。約錫爲中，定爲錫價。乃以每錢買一百五十兩乘之，得二萬七千七百五十兩爲錫數。以減總物，餘五萬五千三百兩。又以錫價減總銀，餘三十七兩。乃以銅一百三十兩乘之，得四萬八千一百。以減五萬五千三百，餘七千二百爲實。另以銅、鐵數相減，餘四十爲法。法除實，得鐵價一十八兩。以減三十七兩，餘一十九兩即銅價。又各以每錢買數乘之。合問。

今有綾、羅、紗、絹一百六十疋，共價九十三兩。綾每疋價九錢，羅每疋七錢，紗每疋五錢，絹每疋三錢。問四色各若干。此四色差分也。

答曰：綾三十五疋該銀三十一兩五錢，羅四十疋該銀二十八兩，紗四十疋該銀二十兩，絹四十五疋該銀一十三兩五錢。

法曰：先以一百六十疋四除之，得四十疋，定爲中二色羅、紗及價。却于一百六十疋內減羅、紗各四十疋，餘八十疋。又于共價九十三兩內減羅價二十八兩，紗價二十兩，以貴賤差分算之。置餘八十疋，以綾價九錢乘得七十二兩，減去四十五兩，餘二十七兩爲實。以綾價九錢，減絹價三錢餘六錢爲法。法除實，得四十五疋爲絹數。以減八十疋，餘三十五疋爲綾數。各以原價乘之。合問。

訣曰：三色、四色差分之法，俱先定中等，留首尾二色。以貴賤差分法算之，不拘五、六、七、八、九色者倣此。

又　卷一〇《難題》　今有千文買百鷄，五十雄價不差池，草鷄每個三十足，小者十文三個知。

答曰：公鷄八隻價四百文，母鷄十一隻價三百三十文，小鷄八十一隻價二百七十文。

原法：置錢千文爲實。另置公鷄一、母鷄一各以小鷄三因之，得公鷄三、母鷄三。加小鷄三共得九爲法。除實，得十一爲母鷄數。不盡一，返減下法九，餘八爲公鷄數。另置總鷄一百隻，減去公鷄八隻，母鷄一十一隻，餘八十一隻爲小鷄數。各以價錢因之。合問。

又引前法：置所答數，公鷄八增四作十二，母鷄十一減七爲四，小鷄八十一益三得八十四，共百鷄千文。此張北建所云：鷄公增四，鷄母減七，鷄雛益三者也。又細參之：仍置原數，卻將鷄公八隻減四，得四隻。鷄母十一增七，得一十八隻。鷄雛八十一減三，得七十八隻。亦得百鷄千文也。一法而三數生，故貴乎變通也。

柳下居士曰：此乃偶合耳，非法也。以九爲除法，得數爲母鷄，已不可解。至以不盡之數，減法而得公鷄，尤不可解矣。如後增減之，而得兩數，豈以九除而得乎。昔仁廟曾以一數問老臺官曰：一百銀買一百牛，大牛十兩買一頭，小牛二當大牛一，犢子十與小牛侔，問三種牛數。數日後，始奏曰：大牛一，小牛九，犢子九十。

問：何以得之？奏曰：乃臣子算出者。問：你子何爲？曰：是舉人。遂召見，供奉内廷，賜進士，選翰林，居清要者四十餘年，官終大宗伯。其際遇之奇如此。然問其術，不過以心計湊合。

清・許桂林《算牖》卷四《雜綴》 雞子、鴨子百文百枚。雞子一文三枚，鴨子三文一枚。算得雞子七十五枚，二十五文；鴨子二十五枚，七十五文。又雞子一文三枚，鴨子三文一枚，鵝子八文一枚，共百文百枚。爲鵝子六十四文，八枚；鴨子六文，二枚；雞子三十文，九十枚。皆非通法。然算家當知，至算孕婦腹中男女，不經之談。善算者所不道。

清・駱騰鳳《藝游録》卷二《衰分補遺》 今有七人運糧，甲乙二人共運廿三石七斗，戊己庚三人共運廿六石一斗，其遞差之數俱等，問七人各運幾何。

法：以甲乙二人互乘廿六石一斗，得五十二石二斗。戊己庚三人互乘廿三石七斗，得七十一石一斗。二數相減，餘十八石九斗，爲一差之實。并分母二人、三人得五。折半，得二人半。以減總七人，餘四人半。以分母二三相乘之，六乘之，得二十七爲一差之法。除實，得七斗爲遞差之數。

今按：此即衰分之帶分者也。試以甲乙二人共運之數二除之，得十一石八斗五升，爲甲乙相和折半之數。以較乙所應運之數，多半差分。又以戊己庚三人共運之數三除之，得八石七斗，即己所應運之數。以減甲乙相和折半之數，餘三石一斗五升，即乙多半差分。乙多於丙丁戊庚各一差分之共差數也。今以二人三人相并之，五人折半，得二人半，以減總七人，餘四人半，蓋減去甲一分、乙半分，已一分而餘四分半也。故以爲法除所餘三石一斗五升，而得一差之分七斗也。術：以互乘之數相減，餘十八石九斗者，即二三分母相乘之六以乘三石一斗五升之數，故所得四分半，亦以分母相乘之六乘之也。

又按：《九章》均輸竹九節一問，與此正同。蓋以求差數之均，故附於均輸也，又此題用方程求之亦得。

今有銀六十七兩五錢，共買物一百，大價八錢，小價三錢。問大小物各幾何。

法：以共物一百作小者算之，三錢乘百物，得三十兩。減共價餘三十七兩五錢，以大小價較五錢除之，得七十五即大數也。如以共物作大者算之，八錢乘百物，得八十兩。減共價則少十二兩五錢，以價較五錢除之，得二十五即小數也。前餘三十七兩五錢者，爲大多於小之共價。故以價較除之，得大數。後少十二兩五錢者，爲小少於大之共價，故以價較除之得小數。

若問者不言共物若干，只云共價六十七兩五錢，大價八錢，小價三錢。問大小物各幾何。

法：以大衍術求之。大八、小三爲定母。八三相乘得二十四，爲衍母。定八以三爲衍數。合以定八除之，不滿法求得乘率三，以乘衍數三，得九爲定八之用數。乃以大價八除共價六十七兩五錢，得八十四。奇三以乘用數九，得二十七。滿衍母除之，餘三即小實也。以小價三除之，得一爲小數。以小實三減共價，餘六十七兩二錢即大實。以大價八除之，得八十四爲大數，其不求三之用數者。小價三除共價適盡，無奇故也。

前問有共價共物，求得大數七十五、小數二十五。置大數七十五以小價三除之，得二十五，當連本數有二十五數，小每增八、大價大每減三，小價皆得共價六十七兩五錢。然共物數則每增以五即大小價之較。不能合一百元數也。

後問只有共價，求得小數一、大數八十四。置大數八十四以小價三除之，得二十八知連本數有二十八數，小每增八、大每減三，皆合共價其共物亦每增以五。

今有銀十兩五錢，共買物十八枚。上八錢，中六錢，下三錢，問物各幾何。

法：以下價三錢乘共物十八，得五兩四錢。減共價，餘五兩一錢爲上、中二較實。乃以上、下較五爲上定母。中、下較三爲中定母。五三相乘，得十五爲衍母。以上定五除較實，得一奇一。以中定三除較實而盡，不必求。置上定五，以中三爲衍數，合以定五除之，不滿法，求得乘率二，以乘衍數三，得六爲上之用數。乃以奇一乘用數六，不滿衍母，即六爲中實。以中三除之，得二爲中數。以中實六減較實，餘四兩五錢，即上實。以上五除之，得九，爲上數。并上中數十一以減共物，餘七爲下數。

置上數九，以中定三除之，得三。知連本數有三數，以中較三減上數，以上較五加中數，以上中二較之較減下數即得。并上下二減，即中加數。此遞減遞加之數，皆與原共價共物合，與二色差分之不合，原共物者異。

按：較實爲二較之共實，假令二較之物相等，即可并二較數得八除之，而二較物不等不可用併除法，故以大衍法求之。

今有物八百八十二枚，以一百四十四人分之，甲得七，乙得五，丙得三。問甲乙丙人數各幾何。

法：以丙三乘共人一百四十四，得四百三十二。以減共物餘四百五十，爲共較實。以甲七、乙五與丙三相減，得甲較四、乙較二。以等二約之，得甲二、乙一爲定母。約較實，得二百二十五爲定實。甲二、乙一相乘，得二爲衍母。以甲二除定實，得一百一十二奇一。置甲定二，以乙一爲衍數，合以定二除之，不滿法求得乘率三，以乘衍數一，得三爲甲之用數。乃以奇一乘用數三，得三滿衍母去之，餘一爲乙實，即乙數也。以乙實減定實，餘二百二十四，以甲二除之，得一百一十二爲甲數。并甲乙數以減共人一百四十四，餘三十一即丙數也。

置甲數一百一十二，以乙較一除之，應得一百一十二數。然丙數三十一以甲乙二較之較一除之，只得三十一數。以乙較一減甲，甲較二加乙，甲乙二較之較減丙，即得方氏《數度衍》所云：甲八十九、乙四十七、丙八者乃第二十四數。又云：甲八十二、乙六十一、丙一者，則第三十一數也。

今有甲乙丙三物共百枚，價錢百文。甲一價二文，乙三價一文，丙五價一文。問各幾何。

乙一爲三分錢之一，丙一爲五分錢之一，分母三五相乘，得十五，乘分子一爲十五之五，丙爲十五之三。又以總母十五通甲二爲三十，通價一百爲一千五百，是爲甲乙丙物共百枚價共一千五百錢。甲一價三十錢，乙一價五錢，丙一價三錢。

法：以丙三錢乘百物，得錢三百。減通價，餘一千二百爲較實。以丙三減甲三十、乙五，得甲二十七、乙二爲定母。較實一千二百，即爲定實。定母相乘，得五十四爲衍母。以定母二十七除定實一千二百，得四十四奇十二。置甲定二七，以乙二爲衍數除，不滿法，求得乘率十四，乘衍數二，得二十八爲甲之用數。以奇十二乘用數二十八，得三百三十六，滿衍母除之，餘一十二爲乙實。以乙定二除之，得六爲乙數。以乙實一十二減定實一千二百，餘一千一百八十八。以甲定二七除之，得四十四爲甲數。并甲、乙數以減共物，餘五十即丙數也。乃以甲原價二乘甲四十四，得八十八。又以乙分母三除乙六，得二。以丙分母五除丙五十，得十。并之，合原價百錢。

置甲數四十四，以乙較二除之，應得二十二數。然丙數五十以甲、乙二較之較二十五除之，只得二數。乃以乙較二減甲，甲較二十七加乙，甲乙二較之較二十五，減丙即得。方氏所云：甲四十二、乙三十三、丙二十五，即第二數也。

以上二式見方氏《數度衍》中，方氏謂二式無準不可立通數。今以大衍求一與遞增遞減二法求之，悉合方氏僅以三色除共物爲中數之疏法，計之固宜其不知定式矣。

今有銀九十六兩，買物一百六十枚。其價：甲九錢，乙七錢，丙五錢，丁三錢。問各幾何。

法：以丁價三錢乘共物一百六十，得四十八兩，以減共銀，餘四十八兩爲甲、乙、丙共較實。又以丁價各減甲、乙、丙價，得甲較六錢、乙較四錢、丙較二錢，以等二約之，得實二十四兩，甲較三錢，乙較二錢，丙較一錢。

如以一爲甲數乘甲較，得三錢，減實餘二十三兩七錢爲乙、丙較實以乙較二錢除之得一百一十八爲乙數餘實一錢以丙較，除之得一爲丙數。并甲一、丙一、乙一百一十八，得一百二十以減共物，餘四十爲丁數。各以其價乘之，得甲九錢，乙八十二兩六錢，丙五錢，丁一十二兩，并之得九十六兩。

既得各數，乃累以乙較二加丙，而較一減乙，乙、丙二較之，較一減丁，連本數得四十數。

如以甲爲二數，甲較得六錢減實，以前法求之，亦得四十數。如以甲累加至七十九，則得四十數。至七十八數者，各二七。十九數者，一。計此問可得四千六百八十一數。

今有錢二百二，買物三十二枚。大者十四枚，小者十八枚。問價各幾何。

答曰：大價八，小價五。

此有共錢、共物及各物數。即命各物數爲各價數，以大衍法求得各物數，即各價數。蓋物乘價猶價乘物可互易也。

法：以等二約大十四，得七爲大定母。約小十八，得九爲小定母。約共錢二百二，得一百一爲定實。定母七九相乘，得六十三爲衍母。小定九以大七爲衍數，以定九除之，不滿法求得乘率四。以乘衍數七，得二十八爲小用數。乃以小定九除定實一百一，得十一奇二。以奇二乘用數，得五十六。不滿衍母，即爲大實。以大定七除之，得八爲大物數，即大價數。以大十四枚乘之，得一百一十二，以減共價二百二，餘九十爲小共價。以小十八枚除之，得小價五。

今有錢三百六十五，買盌三十五、盉十五。問價各幾何。

此有共錢數及各物數而無共物數也。亦以大衍法求得各物數，即各價數，然遞增、遞減不止一數矣。

法：以等五約盌三十五，得七。約盉十五，得三，爲定母。約錢三百六十五，得七十三，爲定實。定母七三相乘，得二十一，爲衍母。定盌七，以盉三爲衍數除，不滿法求得乘率五，以乘衍數三，得十五爲用數。乃以定盌七除定實七十三，得十奇三。以奇三乘用數，得四十五。滿衍母去之，餘三，即盉實。以定盉三除之，得一，爲盉數，即盉價。以盉十五乘之，得錢十五。以減共價，餘三百五十。以盌三十五除之，得錢十爲盌價。

置盌價十，以盉定三除之，得三奇一。知連本數有四數，盌每減價三、盉每增價七即得。

今有甲銀七錠，壬銀九錠。相較，甲多十五兩。以甲二錠易壬三錠，甲仍多二十七兩。問甲壬每重幾何。

答曰：甲每重三十三兩，壬每重二十四兩。

法：以兩多相減，餘十二兩，半之，得六兩，爲甲二錠少於壬三錠之較。甲得之而增其重是三壬多也。易後甲增十二兩，是一多一少之所并也，故半之爲三壬多較。二甲少於三壬者六兩，則六甲少於九壬者十八兩矣。以十八兩加原多十五兩，得三十三兩，即甲一錠之重。蓋甲六錠少於壬九錠者十八兩，而甲七錠則多於壬九錠者十五兩，是甲多一錠，既補十八兩之少，又得十五兩之多也，則此一少一多者，非即甲一錠之重乎。

今有甲銀十錠，壬銀八錠。相較，甲多五十二兩。相易二錠，甲仍多三十六兩。問甲壬每重幾何。

答曰：甲每十兩，壬每八兩。

法：以兩多相減，餘十六兩，半之，得八兩，爲甲二錠多於壬二錠之較，甲得之而減其重，是二壬少也。二甲多於二壬者八兩，則八甲多於八壬者三十二兩矣。以三十二兩與原多五十二兩相減，餘二十兩即甲多二錠之重。蓋八壬同而八甲則多三十二兩，十甲則多五十二兩，是甲多二錠而重多二十兩也，二錠重二十兩，即一錠重十兩矣。

今有甲銀七錠，壬銀九錠。相較，壬少十五兩。以一錠相易，則壬多三兩。問甲壬每重幾何。

答曰：甲每三十三兩，壬每二十四兩。

法：以多少相并，半之，得九兩，爲甲多於壬之較。壬得之而變爲重，是甲多也。一壬少九兩，則七壬少六十三兩，與原少十五兩相減，餘四十八兩即壬二錠之重。蓋七壬少六十三，而九壬少一十五，是壬多二錠而重四十八兩也，即一錠爲二十四兩矣。

今有甲銀十錠，壬銀九錠。相較，壬少四十八兩。以甲二錠易壬三錠，壬仍少四十八兩。問甲壬每重幾何。

答曰：甲每十二兩，壬每八兩。

相易後少數仍前是，甲二與壬三等也，則甲六必與壬九等矣。今壬少四十八，兩者非以甲多四錠，故乎即以甲四除四十八兩，而得十二兩爲甲一錠之重也。或以少四十八兩半之，得二十四兩，各以甲二壬三除之，即得甲壬每錠之重。

今按：甲銀、壬銀諸問，據梅氏方程論，俱以方程算之，然其本法則宜用衰分也，今補之如此。

清·丁取忠《數學拾遺》 今有雞翁一隻值五文，雞母一隻值四文，雞兒一文得四隻，合有錢一百文買雞大小一百隻。問翁、母、兒各幾何。

答云：雞翁十五隻錢七十五文，雞母一隻錢四文，雞兒八十四隻錢二十一文。

術曰：雞翁增十五，雞母減十九，雞兒益四，即得。十九母當十五翁、四兒，減母逼原母不能有再荅。

法：先取雞母、雞兒二色差分，求雞母原數。置雞一百隻以五歸之，一隻四文、四隻一文，合計得五隻五文。又共雞共錢相等，故竟用五歸之。得二十隻爲原母數。以原母減雞一百隻，餘八十隻爲原兒數。於是於原兒內加雞四隻，則雞一百多四隻，錢一百多一文，乃於原母內減去雞四隻，以合百隻之數，則錢一百文反少十五文，雞母值比雞翁值少錢一文，今少十五文，則以母易翁，可得十五隻原母，二十以四易兒，以十五易翁，共去母十九，以十九減二十過一度，故知祇有一荅也。

今有雞翁一隻四文，雞母一隻三文，雞兒一文三隻，合錢一百文買雞大小一百隻。問翁母兒各幾何。

荅云：雞翁八隻錢三十二文，雞母十四隻錢四十二文，雞兒七十八隻錢二十六文。

又荅云：雞翁十六隻錢六十四文，雞母三隻錢九文，雞兒八十一隻錢二十七文。

術曰：雞翁每增八，雞母每減十一，雞兒每益三。十一母當八翁、三兒，故每次加減如之。

法：先取雞母、雞兒二色差分，求雞母原數。置雞一百隻以四歸之，得二十五隻爲原母數。以原母減雞一百隻，餘七十五隻爲原兒數。於是於原兒內加雞三隻，則雞一百多三隻，錢一百多一文。乃於原母內減去雞三隻，以合百隻之數，則錢一百文反少八文，雞母值比雞翁值少一文。今少八文，則以母易翁，可得八隻，原母二十五，以三易兒，以八易翁，共去母十一。以十一減二十五過二度，故知有二荅也。

論曰：其二色共物共錢不能相等，及各物各價不能相當者，皆當以互乘法齊之。

今有雞翁一隻值四文，雞母一隻值三文，雞兒一文得三隻，合有錢一百三十文買雞大小七十隻。問翁母兒各幾何。

荅云：雞翁八隻錢三十二文，雞母二十九隻錢八十七文，雞兒三十三隻錢十一文。

又荅云：雞翁十六隻錢六十四文，雞母十八隻錢五十四文，雞兒三十六隻錢十二文。

又荅云：雞翁二十四隻錢九十六文，雞母七隻錢二十一文，雞兒三十九隻錢十三文。

術曰：雞翁每增八，雞母每減十一，雞兒每益三，即得。十一母當八翁、三兒，故每次加減如之。

法：先取雞母、雞兒二色差分，求雞母原數，以雞母一隻乘雞兒三隻，得雞母、雞兒各三隻。又以雞母一隻互乘錢一文，得一文爲雞兒三隻之值。又雞兒三隻互乘錢三文，得九文爲雞母三隻之值。兩值相減，餘八文爲較數，爲法。再以錢一百三十文，以雞兒三隻乘之，得雞三百九十隻，內減共雞七十隻，餘三百二十隻，爲實。以法除實，得四十隻爲原母數。以原母減共雞七十隻，餘三十隻爲原兒數。於是於原兒內加雞三隻，則共雞外多雞三隻，共錢外多錢一文，乃於原母內減去雞三隻，以合共雞之數，則共錢內反少錢八文，雞母值比雞翁值少一文，今少八文，則以母易翁可得翁八隻，原母四十以三易兒，以八易翁，共去母十一，以十一減四十可過三度，故知有三荅也。

今有雞翁一隻值五文，雞母一隻值二文，雞兒一文得三隻，合有錢一百文買雞大小一百隻。問翁母兒各幾何。

荅云：雞翁五隻錢二十五文，雞母二十六隻錢五十二文，雞兒六十九隻錢二十三文。

又荅云：雞翁十隻錢五十文，雞母十二隻錢二十四文，雞兒七十八隻錢二十六文。

術曰：雞翁每增五，雞母每減十四，雞兒每益九，即得。十四母當五翁、九兒，故每次加減如之。

法：先取雞母、雞兒二色差分，以求雞母原數。以雞母一隻乘雞兒三隻，得雞母、雞兒各三隻。又以雞母一隻互乘錢一文，得一文，爲雞兒三隻之值。以雞兒三隻互乘錢二文，得六文，爲雞母三隻之值。兩值相減，餘五文爲較數，爲法。再置錢一百文，以雞兒三隻乘之，得雞三百隻，內減共雞一百隻，餘二百隻爲實，以法除實，得四十隻爲原母數。以四十隻減雞一百隻，餘六十隻爲原兒數。於是於原兒內加雞三隻，則雞一百多三隻，錢一百多一文。乃於原母內減去雞三隻，以合百隻之數，則錢一百文反少五文，雞母值比雞翁值少三文，今少五文，兩數不能度盡，因三次加減得少十五文，始可度盡。三五兩數十五文，以三約之，得五，故以母易翁可得翁五隻。原母四十以九易兒、以五易翁，共去母十四，以十四減四十過二度，故知有二答也。

論曰：其二色差分不盡者，以二色之整數求餘錢。

今有雞翁一隻值五文，雞母一隻值四文，雞兒一文得二隻。合錢一百文買雞大小一百隻。問翁、母、兒各幾何。

答云：雞翁一隻錢五文，雞母十三隻錢五十二文，雞兒八十六隻錢四十三文。

又答曰：雞翁八隻錢四十文，雞母四隻錢十六文，雞兒八十八隻錢四十四文。

術曰：雞翁每增七，雞母每減九，雞兒每益二，即得。九母當七翁、二兒，故加減如之。

法：先取雞母、雞兒二色差分，求雞母原數。以雞母一隻乘雞兒二隻，得雞母、雞兒各二隻。又以雞母一隻互乘錢一文，得一文，爲雞兒二隻之值。以雞兒二隻互乘錢四文，得八文，爲雞母二隻之值。兩值相減，餘七文，爲較數，爲法。再以錢一百文，以雞兒二隻乘之，得雞二百隻。內減共雞一百隻，餘一百隻爲實。以法除實，得十四不盡二。即以十四隻爲原母數，以十四隻減共雞一百隻，餘八十六隻，爲原兒數。各以值乘之，得共值九十九文。以減共錢一百文，餘一文，雞翁值比雞母值多一文。今餘一文，則以母易翁，得翁一隻。原母十四以一易翁，餘十三，爲雞母數。以九減十三過二度，故知有二答也。

清・時曰醇《百雞術衍》卷上 設大物一，直三。中物三，直一。小物五，直一。共物一百共直一百。問物大中小各幾何。

答曰：大物二十六，直七十八。中物五十四，直一十八。小物二十，直四。計得二十六大，一十八中，四小。

又答：大物二十七，直八十一。中物三十三，直一十一。小物四十，直八。計得二十七大，一十一中，八小。

又答：大物二十八，直八十四。中物一十二，直四。小物六十，直一十二。計得二十八大，四中，一十二小。

大小較二十一，中小較一，中大較二十。中三、小五乘大直三，得四十五。大一、小五乘中直一，得五。大一、中三乘小直一，得三。相減得大小較四十二。中小較二，中大較四十，又求等，得二各約之。

如方程

用大數求。

右行大一 ||| 中三 |||| 共物一百 |||○○

減盡 減餘 |||| 減餘 ||○○

左行大直三 ||| 中直一 | 共直一百 |○○○

以左行首位大直三，偏乘右行。右行首位大一，偏乘左行。兩兩相減，上餘八爲法。下餘二百爲實。除之，得二十五。以中分母三乘，得七十五爲中物。以減共物一百，餘二十五爲大物。乃用大小較二十一減中，中小較一加大，中大較二十加小，得中物五十四。大物二十六、小物二十，爲一答。又依較數加減，而得又答。

用小數求。

右行小五 ||||| 中三 ||| 共物一百 |○○

減盡 減餘 || 減餘 ||||○○

左行小直一 ||||| 中直一 ||||| 共直一百 |||||○○

以左行首位小直一，偏乘右行。右行首位小五，偏乘左行。兩兩相減，上餘二爲法。下餘四百爲實。除之，得二百以中分母三乘，得六百爲中物。以減共物一百，不足五百爲負小物。小加率中大較二十除負小物五百，得二十五。先以二十五乘大小較二十一，得五百二十五。減中乘中小較一，得二十五。加大乘中大較二十，得五百。加小而去其負小物五百，得中物七十五、大物二十五、小物空。如前草法求之，得數並同。

求一術

先以大一、中三、小五爲三物分母，通共直一百，得一千五百爲通分總物。

中大較大小較相求。

中三、小五兩物分母，通大直三，得四十五。以共物一百乘，得四千五百爲通分大物。以通分總物減，餘三千。以較之等二約之，得一千五百爲共較實。中大較二十疊減之，適盡。大小較二十一疊減之，賸九。乃各以定母列左右兩行。

右定二十　無賸

左定二十一　衍數𝍪〇　奇𝍪〇　乘率𝍪〇　共較實𝍠𝍭〇〇　賸𝍨　衍母𝍣𝍪〇

左定二十一，以衍數二十爲奇數，求得乘率二十，數與右定同。徑以賸九乘，得一百八十。反減衍母四百二十，餘二百四十爲中實。以減共較實一千五百，餘一千二百六十爲小實。左定二十一，除小實，得小物六十。右定二十，除中實二百四十，得中物一十二。併中物、小物，得七十二。以減共物一百，餘二十八爲大物。得一答。又以大小較二十一加中，中小較一減大，中大較二十減小，而得又答。

定母二十一，以奇二十除，得一爲第一除數。定一，以除奇二十，得一十九爲第二除數，奇餘一。立天元一，以乘第一除數一，得一爲第一乘數。以乘第二除數一十九，仍得一十九。加天元一，得二十爲第二乘數，即乘率。

大小較中小較相求。

大一、中三兩物分母通小直一，得三。以共物一百乘，得三百爲通分小物。以減通分總物一千五百，餘一千二百。以較之等二約之，得六百爲共較實。大小較二十一疊減之，賸一十二。中小較一省減，乃各以定母列左右兩行。

右定二十一　衍數𝍠　奇𝍠　乘率空　共較實𝍥〇〇　賸𝍩𝍡　衍母𝍪𝍠

左定一　無賸

右定二十一，以衍數一爲奇數，不求乘率。徑以賸一十二爲中物，亦爲中實，以減共較實六百，餘五百八十八爲大實。右定二十一，除大實，得大物二十八。併大物、中物得四十。以減共物一百，餘六十爲小物。又依法加減，同前左定草。

右二題，首列原問尊經也。次大小物直對易其數配之，衍術從此始。

設大物一，直三。中物三，直五。小物五，直一。共物一百，共直一百。問物大、中、小各幾何。《學上》。

答曰：大物五，直一十五。中物四十五，直七十五。小物五十，直一十。計得五大、一十五中、一十小。

又答：大物一十六，直四十八。中物二十四，直四十。小物六十，直一十二。計得一十六大、八中、一十二小。

又答：大物二十七，直八十一。中物三，直五。小物七十，直一十四。計得二十七大、一中、一十四小。

大小較二十一，中小較一十一，中大較一十。中三、小五乘大直三，得四十五。大一、小五乘中直五，得二十五。大一、中三乘小直一，得三。相減，得大小較四十二，中小較二十二，中大較二十。又求等，得二，各約之。

如方程

用小數求。

右行小五𝍤　中三𝍢　共物一百𝍠〇〇

減盡　減餘𝍪𝍡　減餘𝍣〇〇

左行小直一𝍠　中直五𝍪𝍤　共直一百𝍤〇〇

以左行首位小直一，徧乘右行。右行首位小五，徧乘左行。兩兩相減，上餘二十二爲法。下餘四百爲實。除之，得一十八。不盡四，分母子各半之，爲一十一分之二。通內爲二百。以中分母三乘，得六百爲通分中物。亦以法一十一，通共物一百，爲一千一百。而以所通中物減之，餘五百爲通分小物。復以法除通分中物，得中物五十四。不盡六，分母子無等不約。仍通內爲六百，依法求中數減較。置大小較二十一，先去其六，遞加至五較，而除之適盡。乃五因大小較二十一，得一百〇五，以減中。五因中小較一十一，得五十五以加大。五因中大較一十，得五十以加小。得通分中物四百九十五，通分大物五十五，通分小物五百五十。復以法各除，得中物四十五、大物五、小物五十爲一答。又各依較數加減，而得又答。

用大數求。

右行大一𝍠　中三𝍢　共物一百𝍠〇〇

減盡　減餘𝍣　減餘𝍡〇〇

左行大直三𝍢　中直五𝍤　共直一百𝍠〇〇

以左行首位大直三，徧乘右行。右行首位大一，徧乘左行。兩兩相減，上餘四爲法。下餘二百爲實。除之，得五十。以中分母三乘，得一百五十爲中物。

以減共物一百，不足五十爲負大物。大加率中小較一十一除負大物五十，得四。不盡六，乃五因大小較二十一，得一百〇五以減中。五因中小較一十一，得五十五以加大。五因中大較一十，得五十以加小。而去其負大物五十，得中物四十五、大物五、小物五十爲一答。又各依較數加減，而得又答。

求一術

先以大一、中三、小五爲三物分母，通共直一百，得一千五百，爲通分總物。

中大較大小較相求。

中三、小五兩物分母，通大直三，得四十五。以共物一百乘，得四千五百爲通分大物。以通分總物減，餘三千。以較之等二約之，得一千五百爲共較實。中大較一十疊減之適盡。大小較二十一疊減之，賸九。乃各以定母列左右兩行。

右定一十　無賸　共較實 𝍠𝍭〇〇　衍母 𝍡〇〇

左定二十一　衍數 𝍠〇　奇 𝍠〇　乘率 𝍠𝍱　賸 𝍨

左定二十一，以衍數一十爲奇數，求得乘率一十九。以乘衍數一十，得一百九十。又以賸九乘，得一千七百一十。滿衍母二百一十去之，餘三十爲中實。以減共較實一千五百，餘一千四百七十爲小實。左定二十一，除小實，得小物七十。右定一十，除中實三十，得中物三。併中物、小物，得七十三。以減共物一百，餘二十七爲大物。得一答。又以大小較二十一加中，中小較一十一減大，中大較一十減小，而得又答。

定母二十一，以奇一十除，得二爲第一除數。定餘一，以除奇一十，得九爲第二除數，奇餘一。立天元一，以乘第一除數二，得二爲第一乘數。以乘第二除數九，得一十八。加天元一，得一十九爲第二乘數，即乘率。

大小較中小較相求。

大一、中三兩物分母，通小直一，得三。以共物一百乘，得三百，爲通分小物。以減通分總物一千五百，餘一千二百。以較之等二約之，得六百，爲共較實。大小較二十一疊減之，賸一十二。中小較一十一疊減之，賸六。乃各以定母列左右兩行。

右定二十一　衍數 𝍠𝍩　奇 𝍠𝍩　乘率 𝍡　賸 𝍠𝍪　衍母 𝍡𝍫𝍠

左定一十一　衍數 𝍡𝍩　奇 𝍠〇　乘率 𝍠〇　共較實 𝍥〇〇　賸 𝍥

右定二十一，以衍數一十一爲奇數，求得乘率二。以乘衍數一十一，得二十二。又以賸一十二，乘得二百六十四。滿衍母二百三十一去之，餘三十三爲中實。以減共較實六百，餘五百六十七爲大實。右定二十一，除大實，得大物二十七。左定一十一，除中實三十三，得中物三。併大物、中物，得三十。以減共物一百，餘七十爲小物。得一答。又依法加減，同前左定草。

定母二十一，以奇一十一除，得一爲第一除數。定餘一十，以除奇一十一，得一爲第二除數，奇餘一。立天元一，以乘第一除數一，得一爲第一乘數。以乘第二除數一，仍得一。加天元一，得二爲第二乘數，即乘率。

左定一十一，減衍數二十一奇一十求得乘率一十。以乘衍數二十一，得二百一十。又以賸六乘，得一千二百六十。滿衍母二百三十一去之，餘一百〇五爲大實。以減共較實六百，餘四百九十五爲中實。左定一十一，除中實，得中物四十五。右定二十一，除大實一百〇五，得大物五。併大物、中物，得五十。以減共物一百，餘五十爲小物。得一答。又各依較數加減，同方程草。

定母一十一，以奇一十除，得一爲第一除數。定餘一，以除奇一十，得九爲第二除數，奇餘一。立天元一，以乘第一除數一，得一爲第一乘數。以乘第二除數九，仍得九。加天元一，得一十爲第二乘數，即乘率。

設大物一直五，中物五直三，小物三直一。共物一百共直一百。問物大中小各幾何。《學下》

答曰：大物一十，直五十。中物七十五，直四十五。小物一十五，直五。計得一十大、一十五中、五小。

又答：大物一十二，直六十。中物四十，直二十四。小物四十八，直一十六。計得一十二大、八中、一十六小。

又答：大物一十四，直七十。中物五，直三。小物八十一，直二十七。計得一十四大、一中、二十七小。

大小較三十五，中小較二，中大較三十三。中五、小二乘大直五，得七十五。大一、小三乘中直三，得九。大一、中五乘小直一，得五。相減，得大小較七十、中小較四、中大較六十六。又求等，得二，各約之。

如方程

用大數求。

右行大一 𝍤　中五 𝍪𝍤　共物一百 𝍤〇〇

減盡　減餘 𝍪𝍡　減餘 𝍣〇〇

左行大直五 𝍤　中直三 𝍢　共直一百 𝍠〇〇

以左行首位大直五偏乘右行，右行首位大一偏乘左行，兩兩相減，上餘二十二爲法，下餘四百爲實。除之，得一十八。不盡四，分母子各半之，爲一十一分之二。通内爲二百，以中分母五乘，得一千，爲通分中物。亦以法一十一通共物一百爲一千一百，而以所通中物減之，餘一百爲通分大物。復以法除通分中物，得中物九十。不盡一十，分母子無等不約，仍通内爲一千，依法求中數減較。置大小較三十五，先去其一十，遞加至五較而除之適盡。乃五因大小較三十五，得一百七十五。以減中五因中小較二，得一十。以加大五因中大較三十三，得一百六十五。以加小得通分中物八百二十五。通分大物一百一十，通分小物一百六十五，復以法各除，得中物七十五、大物一十、小物一十五，爲一答。又各依較數加減，而得又答。

用小數求。

右行小三 𝍢　中五 𝍤　共物一百 𝍠〇〇

減盡　減餘 𝍣　減餘 𝍡〇〇

左行小直一 𝍢　中直三 𝍨　共直一百 𝍢〇〇

以左行首位小直一偏乘右行，右行首位小三偏乘左行，兩兩相減，上餘四爲法，下餘二百爲實。除之得五十，以中分母五乘，得二百五十爲中物。以減共物一百，不足一百五十爲負小物。小加率中大較三十三除負小物一百五十，得四，不盡一十八。乃五因大小較三十五，得一百七十五以減中。五因中小較二得一十以加大。五因中大較三十三，得一百六十五以加小。而去其負小物一百五十，得中物七十五、大物一十、小物一十五，爲一答。又各依較數加減而得又答。

求一術

先以大一、中五、小三爲三物分母通共直一百，得一千五百爲通分總物。

中大較大小較相求。

中五、小三兩物分母，通大直五，得七十五。以共物一百乘，得七千五百爲通分大物。以通分總物減，餘六千。以較之等二約之，得三千爲共較實。中大較三十三疊減之，賸三十。大小較三十五疊減之，賸二十五。乃各以定母列左右兩行。

右定三十三　衍數 𝍫𝍤　奇 𝍡　乘率 𝍩𝍦　賸 𝍫〇　衍母 𝍩𝍠𝍭𝍤

共較實 𝍢〇〇〇

左定三十五　衍數 𝍫𝍢　奇 𝍫𝍢　乘率 𝍩𝍦　賸 𝍪𝍤

右定三十三減衍數三十五，奇二求得乘率一十七。以乘衍數三十五，得五百九十五。又以賸三十乘，得一萬七千八百五十。滿衍母一千一百五十五去之，餘五百二十五爲小實。以減共較實三千，餘二千四百七十五爲中實。右定三十三除中實，得中物七十五。左定三十五除小實五百二十五，得小物一十五。併中物、小物得九十。以減共物一百，餘一十爲大物，得一答。又各依較數加減，同方程草。

定母三十三，以奇二除得一十六爲第一除數，定餘一。以除奇二，得一爲第二除數，奇餘一。立天元一，以乘第一除數一十六，得一十六爲第一乘數。以乘第二除數一，仍得一十六。加天元一，得一十七爲第二乘數，即乘率。

左定三十五，以衍數三十三爲奇數，求得乘率一十七。以乘衍數三十三，得五百六十一。又以賸二十五乘，得一萬四千〇二十五。滿衍母一千一百五十五去之，餘一百六十五爲中實。以減共較實三千，餘二千八百三十五爲小實。左定三十五除小實，得小物八十一。右定三十三除中實一百六十五，得中物五。併中物、小物，得八十六。以減共物一百，餘一十四爲大物。得一答。又以大小較三十五加中，中小較二減大中，大較三十三減小，而得又答。

定母三十五，以奇三十三除，得一爲第一除數，定餘二。以除奇三十三，得一十六爲第二除數，奇餘一。立天元一，以乘第一除數二，得一爲第一乘數。以乘第二除數一十六，仍得一十六。加天元一，得一十七爲第二乘數，即乘率。

大小較中小較相求。

大一、中五兩物分母通小直一，得五。以共物一百乘，得五百爲通分小物。以減通分總物一千五百，餘一千。以較之等二約之，得五百爲共較實。大小較三十五疊減之，賸一十。中小較二疊減之，適盡。乃各以定母列左右兩行。

右定三十五　衍數‖　奇‖　乘率｜≐

左定二　右定三十五　衍數‖　奇‖　乘率｜≐　賸｜〇　衍母⊥〇

共較實|||〇〇　無賸

右定三十五，以衍數二爲奇數，求得乘率一十八。以乘衍數二，得三十六。又以賸一十乘，得三百六十。滿衍母七十去之，餘一十爲中實。以減共較實五百，餘四百九十爲大實。右定三十五除大實，得大物一十四。左定二除中實一十，得中物五。併大物、中物，得一十九。以減共物一百，餘八十一爲小物，得一答。又各依較數加減，同前左定草。

定母三十五，以奇二除，得一十七爲第一除數，定餘一。以除奇二，得一爲第二除數，奇餘一。立天元一，以乘第一除數一十七，得一十七爲第一乘數。以乘第二除數一，仍得一十七。加天元一，得一十八爲第二乘數，即乘率。

設大物三直七，中物三直五，小物三直二。共物一百三十八，共直一百三十八。問物大中小各幾何。《商上》。

答曰：大物六，直一十四。中物三十六，直六十。小物九十六，直六十四。計得二大、一十二中、三十二小。

又答：大物一十五，直三十五。中物二十一，直三十五。小物一百〇二，直六十八。計得五大、七中、三十四小。

又答：大物二十四，直五十六。中物六，直一十。小物一百〇八，直七十二。計得八大、二中、三十六小。

物率：大三、中三、小三，以等三各約爲一。

約率：大小較五，中小較三，中大較二。三物率皆得一，故無直乘率，徑以三直本數相減得此。

通率：大小較一十五，中小較九，中大較六。以三物之等三通，約率得此。

如方程

用小數求。

右行小三丅　中三丅　共物一百三十八‖⊥丅

減盡　減餘Ⅲ　減餘｜≡Ⅲ

左行小直二丅　中直五｜≣　共直一百三十八|||〇|||

以左行首位小直二徧乘右行，右行首位小三徧乘左行，兩兩相減，上餘九爲法，下餘一百三十八爲實。法九與中分母三，求等得三。約母三爲一，省乘，亦約法九，得三。以除實一百三十八，得中物四十六。以減共物一百三十八，餘九十二爲小物。驗四十六、九十二各不應分母三，依法求中分子減較。以母三約中物四十六，餘一。置大小較五，先去其一，又加一較驗之而應分母。乃倍大小較五，得一十以減中。倍中小較三，得六以加大。倍中大較二，得四以加小。得中物三十六、大物六、小物九十六，爲一答。又以通率大小較一十五減中，中小較九加大，中大較六加小，而得又答。

用大數求。

右行大三‖一　中三‖一　共物一百三十八Ⅲ⊥丅

減盡　減餘丅　減餘||||≣‖

左行大直七‖一　中直五｜≣　共直一百三十八||||||

以左行首位大直七徧乘右行，右行首位大三徧乘左行，兩兩相減，上餘六爲法，下餘五百五十二爲實。法六與中分母三求等得三，約母三爲一省乘，亦約法六，得二。以除實五百五十二，得中物二百七十六。以減共物一百三十八，不足一百三十八爲負大物。大加率中小較三除負大物一百三十八，得四十六。先以四十六乘大小較五，得二百三十。減中乘中小較三，得一百三十八。加大乘中大較二，得九十二。加小而去其負大物一百三十八，得中物四十六、小物九十二、大物空。驗中物、小物不應分母，如前草求之，得數並同。

求一術

此題大三、中三、小三，三物分母皆同連乘，得二十七。大中相乘，中小相乘，各得九。與二十七求等，得九。約九得一，各爲大直小直乘率。約二十七，得三，爲共直乘率。乃先以率三通共直一百三十八，得四百一十四，爲通分總物。若依本法以三物分母連乘，得二十七。通共直一百三十八，得三千七百二十六爲通分總物。

中大較大小較相求。

率一通大直七,不變。以共物一百三十八乘,得九百六十六爲通分大物。以通分總物四百一十四減,餘五百五十二爲共較實。若依本法,以中三、小三通大直七得六十三以共物一百三十八乘,得八千六百九十四。以通分總物三千七百二十六減,餘四千九百六十八。以較之等九約之,亦得五百五十二,爲共較實。中大較二疊減之,適盡。大小較五疊減之,朒二。乃各以定母列左右兩行。

右定二　　　無朒

左定五　衍數𝍡　奇𝍡　乘率𝍢　共較實𝍤𝍬𝍡　朒𝍡　衍母𝍠〇

左定五以衍數二爲奇數,求得乘率三。以乘衍數二,得六。又以朒二乘,得一十二。他題滿衍母則去之,題三物分母皆同數,滿分母不去。即爲中實。以減共較實五百五十二,餘五百四十爲小實。左定五除小實,得小物一百〇八。右定二除中實一十二,得中物六。併中物、小物,得一百一十四。以減共物一百三十八,餘二十四爲大物。得一答。又以通率大小較一十五加中,中小較九減大中大較六減小,而得又答。

定母五以奇二除,得二爲第一除數,定餘一。以除奇二,得一爲第二除數,奇餘一。立天元一,以乘第一除數二,得二爲第一乘數。以乘第二除數一,仍得二。加天元一,得三爲第二乘數,即乘率。

大小較中小較相求。

率一通小直二,不變。以共物一百三十八乘,得二百七十六爲通分小物。以減通分總物四百一十四,餘一百三十八爲共較實。若依本法,以大三、中三通小直二得一十八以共物一百三十八乘,得二千四百八十四。以減通分總物三千七百二十六,餘一千二百四十二。以較之等九約之,亦得一百三十八,爲共較實。大小較五疊減之,朒三。中小較三疊減之,適盡。乃各以定母列左右兩行。

右定五　衍數𝍢　奇𝍢　乘率𝍡　朒𝍢

左定三　共較實𝍠𝍫𝍧　無朒　衍母𝍠𝍤

右定五以衍數三爲奇數,求得乘率二。以乘衍數三,得六。又以朒三乘,得一十八,即爲中實。以減共較實一百三十八,餘一百二十爲大實。右定五除大實,得大物二十四。左定三除中實一十八,得中物六。併大物、中物,得三十。以減共物一百三十八,餘一百〇八爲小物,得一答。又各依法加減同前左定草。

定母五,以奇三除,得一爲第一除數。定餘二,以除奇三,得一爲第二除數奇餘一。立天元一以乘第一除數一,得一爲第一乘數。以乘第二除數一,仍得一。加天元一,得二爲第二乘數。即乘率。

設大物二,直三。中物五,直三。小物七,直三。共物一百三十八,共直一百三十八。問物大中小各幾何。《商下》。

答曰:大物六十四,直九十六。中物六十,直三十六。小物一十四,直六。計得三十二大、一十二中、二小。

又答:大物六十八,直一百〇二。中物三十五,直二十一。小物三十五,直一十五。計得三十四大、七中、五小。

又答:大物七十二,直一百〇八。中物一十,直六。小物五十六,直二十四。計得三十六大、二中、八小。

直率:大直三、中直三、小直三,以等三名約爲一。大小較二十五,一中小較四,中大較二十一。三直率皆一,故省互乘。中五、小七相乘,得三十五。大二、小七相乘,得一十四。大二、中五相乘,得一十。徑和減,得此數。

如方程

用大數求。

右行大二𝍪　　中五𝍠𝍤　　共物一百三十八𝍠𝍫𝍧

減盡　　減餘𝍧　　減餘𝍠𝍫𝍧

左行大直三𝍮　　中直三𝍮　　共直一百三十八𝍠𝍫𝍧

以左行首位大直三徧乘右行,右行首位大二徧乘左行,兩兩相減,上餘九爲法。下餘一百三十八爲實。除之,得一十五。不盡三,與法九求等,得三。約爲三分之一,通內爲四十六。以中分母五乘,得二百三十爲通分中物。亦以法三通共物一百三十八,爲四百一十四。而以所通中物減之,餘一百八十四爲通分大物。復以法除通分中物,得中物七十六。不盡二,分母子無等不約。仍通內爲二百三十,依法求中數減較。置大小較二十五,先去其二,又加一較而除之,適盡。乃倍大小較二十五,得五十。以減中,倍中小較四,得八。以加大,倍中大較二十一,得四十二。以加小,得通分中物一百八十,通分大物一百九十二,通分小物四十二，復以法各除，得中物六十、大物六十四、小物一十四，爲一答。
又各依較數加減，而得又答。

用小數求。

右行小七 丅 中五 ‖≣ 共物一百三十八 丨≡Ⅲ

減盡 減餘 丅 減餘 Ⅲ≣‖

左行小直三 ‖一 中直三 ‖一 共直一百三十八 Ⅲ〇丅

以左行首位小直三偏乘右行，右行首位小七偏乘左行，兩兩相減，上餘六爲法。下餘五百五十二爲實。除之，得九十二。以中分母五乘，得四百六十爲中實。以減共物一百三十八，不足三百二十二爲負小物。小加率中大較二十一除負小物三百二十二，得一十五，不盡七。乃以一十六乘大小較二十五，得四百。減中乘中小較四，得六十四。加大乘中大較二十一，得三百三十六。加小而去共負小物三百二十二，得中物六十、大物六十四、小物一十四，爲一答。又各依較數加減，而得又答。

求一術

先以大二、中五、小七爲三物分母，通共直一百三十八，得九千六百六十爲通分總物。

中大較大小較相求。

中五、小七兩物分母，通大直三，得一百〇五，以共物一百三十八乘，得一萬四千四百九十爲通分大物。以通分總物減，餘四千八百三十，以三直之等三約之，得一千六百一十爲共較實。中大較二十一疊減之，賸一十四。大小較二十五疊減之賸一十。乃各以定母列左右兩行。

右定二十一 衍數 ‖≣ 奇 Ⅲ 乘率 丨⊥ 賸 丨Ⅲ 共較實 丨⊥丨〇 衍母 Ⅲ‖≣

左定二十五 衍數 ‖一 奇 ‖一 乘率 丅 賸 丨〇

右定二十一減衍數二十五，奇四，求得乘率一十六。以乘衍數二十五，得四百。又以賸一十四乘，得五千六百。滿衍母五百二十五去之，餘三百五十爲小實。以減共較實一千六百一十，餘一千二百六十爲中實。右定二十一除中實，得中物六十。左定二十五除小實三百五十，得小物一十四。併中物、小物，得七十四。以減共物一百三十八，餘六十四爲大物。得一答。又各依較數加減，而得又答。

定母二十一，以奇四除，得五爲第一除數，定餘一。以除奇四，得三爲第二除數，奇餘一。立天元一，以乘第一除數五，得五爲第一乘數。以乘第二除數三，得一十五。加天元一，得一十六爲第二乘數，即乘率。

左定二十五以衍數二十一爲奇數，求得乘率六。以乘衍數二十一，得一百二十六。又以賸一十乘，得一千二百六十。滿衍母五百二十五去之，餘二百一十爲中實。以減共較實一千六百一十，餘一千四百爲小實。左定二十五除小實，得小物五十六。右定二十一除中實二百一十，得中物一十。併中物、小物，得六十六。以減共物一百三十八，餘七十二爲大物，得一答。又以大小較二十五加中，中小較四減大中大較二十一減小，而得又答。

定母二十五，以奇二十一除，得一爲第一除數，定餘四。以除奇二十一，得五爲第二除數，奇餘一。立天元一，以乘第一除數一，得一爲第一乘數。以乘第二除數五，仍得五，加天元一，得六爲第二乘數，即乘率。

大小較中小較相求。

大二、中五兩物分母通小直三，得三十。以共物一百三十八乘，得四千一百四十爲通分小物。以減通分總物九千六百六十，餘五千五百二十。以三直之等三約之，得一千八百四十爲共較實。大小較二十五疊減之，賸一十五。中小較四疊減之，適盡，乃各以定母列左右兩行。

右定二十五 衍數 Ⅲ 奇 Ⅲ 乘率 丨≣ 共較實 ≟Ⅲ〇 賸 丨≣ 衍母 丨〇〇

左定四 無賸

右定二十五以衍數四爲奇數，求得乘率一十九。以乘衍數四，得七十六。又以賸一十五乘，得一千一百四十。滿衍母一百去之，餘四十爲中實。以減共較實一千八百四十，餘一千八百爲大實。右定二十五除大實，得大物七十二。左定四除中實四十，得中物一十。併大物、中物，得八十二。以減共物一百三十八，餘五十六爲小物，得一答。又各依較數加減，同前左定草。

定母二十五，以奇四除，得六爲第一除數，定餘一。以除奇四，得三爲第二除數，奇餘一。立天元一，以乘第一除數六，得六爲第一乘數。以乘第二除數三，得一十八。加天元一，得一十九爲第二乘數，即乘率。

設有物大各三，甲直四，乙直二。中各九，甲直八，乙直二。小各六，甲直五，乙直一。共物各九十三，甲共直九十三，乙共直三十一。問：物大中小各幾何。《量加上》。

答曰：大物各二十四，甲直三十二，乙直一十六。中物各六十三，甲直五十六，乙直一十四。小物各六，甲直五，乙直一。計得八大、七中、一小。

[又]答：大物各二十七，甲直三十六，乙直一十八。中物各三十六，甲直三十二，乙直八。小物各三十，甲直二十五，乙直五。計得九大、四中、五小。

又答：大物各三十，甲直四十，乙直二十。中物各九，甲直八，乙直二。小物各五十四，甲直四十五，乙直九。計得一十大、一中、九小。

物率：大三約爲一，中九約爲三，小六約爲二。以等三相約得。

直乘率：中、小物率三、二相乘，得六。大、小物率一、二相乘，得二。大、中物率一、三相乘，得三。

約率：大小較九，中小較一，中大較八。以乘率六乘大直，乘率二乘中直，乘率三乘小直，相減而得。

通率：大小較二十七，中小較三，中大較一十四。以三物之等三，通約率得之。

右總題分之，得二如左。物率同。

如方程

用大數求。

設甲物大三，直四。中九，直八。小六，直五。共物九十三，共直九十三。

問物大中小各幾何。《量上》。

答曰：大物二十四，直三十二。中物六十，直五十六。小物六，直五。

又答：大物二十七，直三十六。中物三十六，直三十二。小物三十，直二十五。

又答：大物三十，直四十。中物九，直八。小物五十四，直四十五。

右行大三 𝍠𝍪　中九 𝍢𝍮　共物九十三 𝍢𝍮𝍡

減盡　減餘 𝍠𝍪　減餘 𝍣𝍫

左行大直四 𝍠𝍪　中直八 𝍡𝍬　共直九十三 𝍡𝍮𝍣

以左行首位大直四偏乘右行，右行首位大三偏乘左行，兩兩相減，上餘一十二爲法，下餘九十三爲實。

設乙物大三，直二。中九，直二。小六，直一。共物九十三，共直三十一。

問物大中小各幾何。《加上》。

答曰：大物二十四，直一十六。中物六十三，直一十四。小物六，直一。

又答：大物二十七，直一十八。一中物三十六，直八。小物三十，直五。

又答：大物三十，直二十。中物九，直二。小物五十四，直九。

右行大三 𝍥　中九 𝍠𝍰　共物九十三 𝍠𝍰𝍥

減盡　減餘 𝍠𝍪　減餘 𝍣𝍫

左行大直二 𝍥　中直二 𝍥　共直三十一 𝍣𝍫

以左行首位大直二偏乘右行，右行首位大三偏乘左行，兩兩相減，上餘一十二爲法，下餘九十三爲實。右甲、乙二題，各得法一十二，與中分母九求等，得三。約九，得三爲乘率。亦約法一十二，爲四。以除實九十三，得二十三。不盡一，分母子無等不約，仍通內爲九十三。以乘率三乘，得二百七十九爲通分中物。亦以法四通總物九十三，爲三百七十二。而以所通中物減之，餘九十三爲通分大物。復以法除通分中物，得中物六十九。依法求中數減較，置大小較九，先去其三，遞加至三較，而除內爲二百七十九。不盡三，分母子無等不約，仍通之適盡。乃三因大小較九，得二十七以減中。三因中小較一，得三以加大。三因中大較八，得二十四以加小得。通分中物二百五十二，通分大物九十六，通分小物二十四，復以法各除，得中物六十三，大物二十四，小物六，爲一答。又以通率大小較二十七減中，中小較三加大，中大較二十四加小，而得，又答。

用小數求。

設甲物，甲直問，答同前甲題。

右行小六〇 〣〇　中九 〣≡　共物九十三 〣⊥〣
減盡　減餘〣　減餘〣≡

左行小直五 〣〇　中直八 〣≐　共直九十三 〣〣〣〣
以左行首位小直五偏乘右行，右行首位小六偏乘左行，兩兩相減，上餘三爲法。下餘九十三爲實。

設乙、物乙直，問、答同前乙題。

右行小六 ⊤　中九 〣　共物九十三 〣≡
減盡　減餘〣　減餘〣≡

左行小直一 ⊤　中直一 |＝　共直三十一 |≐⊤
以左行首位小直一偏乘右行，右行首位小六偏乘左行，兩兩相減，上餘三爲法，下餘九十三爲實。

右甲、乙二題，各得法三，與中分母九求等，得三。約九，得三爲乘率。亦約法三爲一，以除實九十三，不變。乘率三乘之，得二百七十九爲中物。以減共物九十三，不足一百八十六爲負小物。小加率中大較八，除負小物一百八十六，得二十三。不盡二，乃以二十四乘大小較九，得二百一十六減中。乘中小較一，得二十四加大。乘中大較八，得一百九十二加小。而去其負小物一百八十六，得中物六十三，大物二十四，小物六。爲一答。又以通率加減，同用大數草。

求一術

甲：先以大三、中九、小六爲三物分母，通共直九十三，得一萬五千〇六十六爲通分總物。

乙：先以三物分母通共直三十一，得五千〇二十二爲通分總物。

中大較大小較相求。

甲以中九、小六兩物分母，通大直四，得二百一十六。以共物九十三乘，得二萬〇〇八十八爲通分大物。

乙以中小兩物分母，通大直二，得一百〇八。以共物乘，得一萬〇〇四十四爲通分大物。

右甲、乙通分大物，各以其通分總物減，餘五千〇二十二。以直乘率之等九中九、小六相乘，得五十四爲大直乘率。大三、中九相乘，得二十七爲小直乘率。大三、小六相乘，得一十八爲中直乘率。相求等得此。約之，得五百五十八爲共較實。以中大較八疊減之，賸六。大小較九疊減之，適盡。乃各以定母列左右兩行。

右定八　衍數〣　奇|　乘率空　共較實 〣≡〣　賸⊤　衍母 ⊤＝

左定九　無賸

右定八減衍數九，奇一。不求乘率，徑以賸六乘衍數九，得五十四。不滿衍母七十二，即爲小實。以減共較實五百五十八，餘五百〇四爲中實。右定八除中實，得中物六十三。左定九除小實五十四，得小物六。併中物、小物得六十九，以減共物九十三，餘二十四爲大物，得一答。又以通率加減，同方程草。

大小較、中小較相求。

甲以大三、中九兩物分母通小直五，得一百三十五。以共物九十三乘，得一萬二千五百五十五爲通分小物。

乙以大、中兩物分母通小直一，得二十七。以共物乘，得二千五百一十一爲通分小物。

右甲、乙通分小物，各以減其通分總物，餘二千五百一十一。以直乘率之，等九直乘率詳前草註。約之，得二百七十九爲共較實。大小較九疊減之，適盡。中小較一，省減，爲不可求。

設有大物甲五、乙一，各直六。中物甲八、乙二，各直九。小物甲四、乙二，各直三。甲共物九十三，乙共物三十一，各共直九十三。問物大中小各幾何。《量加下》

答曰：大物甲五、乙一，各直六。中物甲五十六、乙一十四，各直六十三。小物甲三十二、乙一十六，各直二十四。計得一大、七中、八小。

又答：大物甲二十五、乙五，各直三十。中物甲三十二、乙八，各直三十六。小物甲三十六、乙一十八，各直二十七。計得五大、四中、九小。

又答：大物甲四十五、乙九，各直五十四。中物甲八、乙二，各直九。

用大數求。

右行大五 𝍤〇　　中八 𝍧　　共物九十三 𝍲𝍢　　減餘 𝍲𝍢

左行大直六 𝍥〇　　減盡　　中直九 𝍨　　減餘 𝍢　　共直九十三 𝍲𝍢

以左行首位大直六偏乘右行，右行首位大五偏乘左行。兩兩相減，上餘三爲法，下餘九十三爲實。除之，得三十一。以中分母八乘，得二百四十八爲中物。以減共物九十三，不足一百五十五，爲負大物。大加率中小較五除負大物一百五十五，得三十一。先以三十一乘大小較六，得一百八十六減中。乘中小較五，得一百五十五加大。乘中大較一，得三十一加小。而去其負大物一百五十五，得中物六十二、小物三十一、大物空。驗中物、大物各不應分母，如前草法遞求，得數並同。

求一術

先以大五、中八、小四爲三物分母，通共直九十三，得一萬四千八百八十爲通分總物。

中大較、大小較相求。

中八、小四兩物分母通大直六，得一百九十二。以共物九十三乘，得一萬七千八百五十六爲通分大物。以通分總物減，餘二千九百七十六。以直乘率之等四，三直之等三，相乘得一十二約之，得二百四十八爲共較實。中大較一，省減。大小較六疊減之，賸二。乃各以定母列左右兩行。

右定一　　無賸　　共較實 𝍢𝍫𝍧　　衍母 𝍥

左定六　衍數 𝍠　奇 𝍠　乘率空　　賸 𝍡

左定六以衍數一爲奇數，不求乘率，徑以賸二爲中物，亦爲中實。以減共較實二百四十八，餘二百四十六爲小實。左定六除小實，得小物四十一。併中物、小物得四十三，以減共物九十三，餘五十爲大物。驗中物二不應母八，小物四十一不應母四。先以大小較六加中，中小較五減大，中大較一減小，得中物八、大物四十五、小物四十，爲一答。又以通率大小較二十四加中，中小較二十減大，中大較四減小，而得又答。

小物甲四十、乙二十，各直三十。計得九大、一中、一十小。

直率：大六約爲二，中九約爲三，小三約爲一。以等三相約得。

右總題分之得二，如左。直率同。

設甲物大五直六，中八直九，小四直三。共物九十三，共直九十三。問物大中小各幾何。《量下》。

答曰：大物五，直六。中物五十六，直六十三。小物三十二，直二十四。

又答：大物二十五，直三十。中物三十二，直三十六，小物三十六，直二十七。

又答：大物四十五，直五十四。中物八，直九。小物四十，直三十。

直乘率：中、小物八、四相乘，得三十二，約爲八。大、小物五、四相乘，得二十，約爲五。大、中物五、八相乘得四十，約爲一十。以等四相約得。

約率：大小較六、中小較五、中大較一。以乘率八乘大直率二，爲一十六。乘率五乘中直率三，爲一十五。乘率一十乘小直率一，爲一十，相減而得。

通率：大小較二十四、中小較二十、中大較四。以直乘率之等四，通約率得之。

如方程

用小數求。

右行小四 𝍠𝍡　　中八 𝍡𝍫　　共物九十三 □□□　　減餘 𝍲𝍢

左行小直三 𝍠𝍡　　減盡　　中直九 □□　　減餘 𝍠𝍡　　共直九十三 𝍢𝍭𝍡

以左行首位小直三偏乘右行，右行首位小四偏乘左行。兩兩相減，上餘一十二爲法，下餘九十三爲實。法與中分母八求等得四，約八得二爲乘率。亦約法一十二爲三，以除實九十三，得三十一。以乘率二乘，得六十二爲中物。以減共物九十三，餘三十一爲小物。驗六十二不應母八，三十一不應母四。依法求中分子減較，以母八約中物六十二，餘六。徑以大小較六減中，中小較五加大，中大較一加小，得中物五十六、大物五、小物三十二，爲一答。又以通率大小較二十四減中，中小較二十加大，中大較四加小，而得又答。

右行小二丅　　中二丅　　共物三十一 Ⅲ≡

　　減盡　　　減餘 |=　　　減餘 Ⅲ≡

左行小直三丅　　中直九 |≟　　共直九十三 |≟丅

以左行首位小直三徧乘右行，右行首位小二徧乘左行。兩兩相減，上餘一十二爲法。下餘九十三爲實。法一十二與中分母二，求等得二。約母二爲一，省乘。亦約法一十二得六，以除實九十三，得一十五，不盡三。分母子各半之爲二分之一，通內得三十一，即爲通分中物。亦以法二通共物三十一，爲六十二。而以所通中物減之，餘三十一爲通分小物。徑以大小較三減中，中小較二加大，中大較一加小，而各半之，得中物一十四、大物一、小物一十六，爲一答。又以通率大小較六減中，中小較四加大，中大較二加小，而得又答。

用大數求。

右行大一丅　　中二 |=　　共物三十一 |≟丅

　　減盡　　　減餘 Ⅲ

左行大直六丅　　中直九 Ⅲ　　共直九十三 Ⅲ≡　　減餘 Ⅲ≡

以左行首位大直六徧乘右行，右行首位大一徧乘左行。兩兩相減，上餘三爲法。下餘九十三爲實。除之，得三十一。以中分母二乘，得六十二爲中物。以減共物三十一，不足三十一爲負大物。大加率中小較二除負大物三十一，得一十五，不盡一。乃以一十六乘大小較三，得四十八減中。乘中小較二，得三十二加大。乘中大較一，得一十六加小。而去其負大物三十一，得中物一十四、大物一、小物一十六，爲一答。又以通率加減，同用小數草。

求一術

先以大一、中二、小二爲三物分母，通共直九十三，得三百七十二爲通分總物。

中大較大小較相求。

中二、小二兩物分母，通大直六，得二十四。以共物三十一乘，得七百四十四爲通分大物。以通分總物減，餘三百七十二。以直乘率之等二，三直之等三，相乘得六約之，得六十二爲共較實。中大較一，省減。大小較三疊減之，賸二。

大小較中小較相求。

大五、中八兩物分母通小直三，得一百二十。以共物九十三乘，得一萬一千一百六十爲通分小物。以減通分總物一萬四千八百八十，餘三千七百二十。以直乘率之等四，三直之等三，相乘得一十二約之，得三百一十爲共較實。大小較六疊減之，賸四。中小較五疊減之，適盡。乃各以定母列左右兩行。

右定六　　衍數 Ⅲ　　奇 Ⅲ　　乘率 Ⅲ　　賸 Ⅲ　　衍母 Ⅲ〇

　　共較實 Ⅲ|〇　　無賸

左定五

右定六以衍數五爲奇數，求得乘率五，數與左定同。徑以賸四乘，得二十，反減衍母三十，餘一十爲中實。以減共較實三百一十，餘三百爲大實。右定六除大實，得大物五十。左定五除中實一十，得中物二。併大物、中物得五十二，以減共物九十三，餘四十一爲小物。驗中物、小物各不應分母，依法加減，同前左定草。

定母六，以奇五除，得一爲第一除數，定餘一。以除奇五，得四爲第二除數，奇餘一。立天元一，以乘第一除數一得一爲第一乘數。以乘第二除數四，仍得四，加天元一得五，爲第二乘數，即乘率。

設乙物大一直六，中二直九，小二直三。共物三十一，共直九十三。問物大中小各幾何。《加下》。

答曰：大物一，直六。中物一十四，直六十三。小物一十六，直二十四。

又答：大物五，直三十。中物八，直三十六。小物一十八，直二十七。

又答：大物九，直五十四。中物二，直九。小物二十，直三十。

直乘率：中、小物二、二相乘得四，約爲二。大、小物一、二相乘得二，約爲一。大、中物一、二相乘得二，約爲一。以等二相約得。

約率：大小較三、中小較二、中大較一。以乘率二乘大直率二，爲四。乘率一乘中直率三，爲三。乘率一乘小直率一，爲一，相減而得。

通率：大小較六、中小較四、中大較二。以直乘率之等二，通約率得之。

如方程

用小數求。

乃各以定母列左右兩行。

右定一　　共較實 ⊤═　　無臏　　衍母 Ⅲ

左定三　衍數Ⅰ　奇Ⅰ　乘率空　臏Ⅱ

左定三以衍數一爲奇數,不求乘率,徑以臏二爲中物,亦爲中實。以減共較實六十二,餘六十爲小實。左定三除小實,得小物二十。併中物、小物得二十二,以減共物三十一,餘九爲大物,得一答。又以通率大小較六加中,中小較四減大,中大較二減小,而得又答。

大小較中小較相求。

大一、中二兩物分母,通小直三得六,以共物三十一乘,得一百八十六爲通分小物。以減通分總物三百七十二,餘一百八十六。以直乘率之等二,三直之等三,相乘得六約之,得三十一爲共較實。大小較三、中小較二疊減之,各臏一。乃各以定母列左右兩行。

右定三　衍數Ⅱ　奇Ⅱ　乘率Ⅱ　臏Ⅰ　　共較實 Ⅲ一　　衍母 ⊤

左定二　衍數Ⅲ　奇Ⅰ　乘率空　臏Ⅰ

右定三以衍數二爲奇數,求得乘率二數與左定同。徑以臏一乘,仍得二,反減衍母六,餘四爲中實。以減共較實三十一,餘二十七爲大實。右定三除大實,得大物九。左定二除中實四,得中物二。併大物、中物得一十一,以減共物三十一,餘二十爲小物,得一答。又以通率加減,同前左定草。

定母三,以奇二除,得一爲第一除數,定餘一。以除奇二,得一爲第二除數,奇餘一。立天元一,以乘第一除數一,得一爲第一乘數。以乘第二除數一,仍得一,加天元一,得二爲第二乘數,即乘率。

左定二減衍數三,奇一。不求乘率,徑以臏一乘衍數三,仍得三。不滿衍母六,即爲大實。以減共較實三十一,餘二十八爲中實。左定二除中實,得中物一十四。右定三除大實三,得大物一。併大物、中物得一十五,以減共物三十一,餘一十六爲小物,得一答。又以通率加減,同方程草。

設有物大各六,甲直一十七,乙直七,丙直一十三。中各四,甲直三,乙直三,丙直七。小各八,甲直一,乙直五,丙直一十三。共物各三百八十四,甲共直七百六十八,乙共直三百八十四,丙共直七百六十八。問物大中小各幾何。《邃密新上》。

答曰:大物各二百四十,甲直六百八十,乙直二百八十,丙直五百二十。中物各一百一十二,甲直八十四,乙直八十四,丙直一百九十六。小物各三十二,甲直四,乙直二十,丙直五十二。計得四十大、二十八中、四小。

又答:大物各二百五十二,甲直七百一十四,乙直二百九十四,丙直五百四十六。中物各六十,甲直四十五,乙直四十五,丙直一百〇五。小物各七十二,甲直九,乙直四十五,丙直一百一十七。計得四十二大、一十五中、九小。

又答:大物各二百六十四,甲直七百四十八,乙直三百〇八,丙直五百七十二。中物各八,甲直六,乙直六,丙直一十四。小物各一百一十二,甲直一十四,乙直七十,丙直一百八十二。計得四十四大、二中、一十四小。

物率:大六約爲三,中四約爲二,小八約爲四。以等二相約得。

直乘率:中、小物率二、四相乘得八,約爲四。大、小物率三、四相乘得一十二,約爲六。大、中物率三、二相乘得六,約爲三。以等二相約得。

約率:大小較一十三,中小較三,中大較一十。以乘率四乘大直,乘率六乘中直,乘率三乘小直,乙丙即得此。甲得大小較六十五,中小較一十五,中大較五十。又求等得五約之。

通率:大小較五十二,中小較一十二,中大較四十。以物率之等二,直乘率之等二相乘,得四,通約率得之。

右總題分之得三,如左。物率同。

如方程

用大數求。

設甲物大六直一十七,中四直三,小八直一。共物三百八十四,共直七百六十八。問物大中小各幾何。《邃上》。

答曰:大物二百四十,直六百八十。中物一百一十二,直八十四。小物三十二,直四。

又答:大物二百五十二,直七百一十四。中物六十,直四十五。小物又答：大物二百六十四，直三百〇八。中物八，直六。小物一百一十二，直七十。

右行大六 𝍬𝍡　中四 𝍪𝍧　共物三百八十四 𝍪𝍥𝍰𝍧

左行大直七 𝍬𝍡　中直三 𝍩𝍧　共直三百八十四 𝍪𝍢〇𝍣

減盡　減餘 𝍩〇　減餘 𝍢𝍰𝍣

以左行首位大直七偏乘右行，右行首位大六偏乘左行。兩兩相減，上餘一十爲法，下餘三百八十四爲實。

設丙物大六直一十三，中四直七，小八直一十三。共物三百八十四，共直七百六十八。問物大中小各幾何。《新上》。

答曰：大物二百四十，直五百二十。中物一百一十二，直一百九十六。小物三十二，直五十二。

又答：大物二百五十二，直五百四十六。中物六十，直一百〇五。小物七十二，直一百一十七。

又答：大物二百六十四，直五百七十二。中物八，直一十四。小物一百一十二，直一百八十二。

右行大六 𝍯𝍧　中四 𝍭𝍡　共物三百八十四 𝍬𝍨𝍱𝍡

左行大直一十三 𝍯𝍧　中直七 𝍬𝍡　共直七百六十八 𝍬𝍥〇𝍧

減盡　減餘 𝍩〇　減餘 𝍢𝍰𝍣

以左行首位大直一十三偏乘右行，右行首位大六偏乘左行。兩兩相減，上餘一十爲法。下餘三百八十四爲實。

右乙、丙二題，各得法一十，與中分母四求等得二，約四得二爲乘率。亦約法一十爲五，以除實三百八十四，得七十六，不盡四。分母子無等不約，仍通內爲三百八十四，如前草法求之，得數並同。

用小數求。

設甲物甲直。問答同前甲題。

七十二，直九。

又答：大物二百六十四，直七百四十八。中物八，直六。小物一百一十二，直一十四。

右行大六 𝍠〇𝍡　中四 𝍮𝍧　共物三百八十四 𝍮𝍤𝍪𝍧

左行大直一十七 𝍠〇𝍡　中直三 𝍩𝍧　共直七百六十八 𝍬𝍥〇𝍧

減盡　減餘 𝍭〇　減餘 𝍩𝍨𝍪〇

以左行首位大直一十七偏乘右行，右行首位大六偏乘左行。兩兩相減，上餘五十爲法。下餘一千九百二十爲實。法與中分母求等得二，約中分母四，得二爲乘率。亦約法五十爲二十五，以除實一千九百二十，得七十六，不盡二十。分母子求等，得五約之，爲五分之四。通內得三百八十四，以乘率二乘，得七百六十八爲通分中物。亦以法五通共物三百八十四，爲一千九百二十。而以所通中物減之，餘一千一百五十二爲通分大物。復以法除通分中物，得中物一百五十三，不盡三。分母子無等不約，仍通內爲七百六十八。依法求中數減較，置大小較一十三，去其三，而除之即盡。徑以大小較一十三減中，中小較三加大，中大較一十加小，得通分中物七百五十五、通分大物一千一百五十五、通分小物一十。復以法各除，得中物一百五十一、大物二百三十一、小物二。驗三物皆不應分母，依法求小分子加較。小分母八雖大於中分母四，以小率一十與母八求等，得二，約八，亦得四，數同中分母四，則依法求中分子減較，亦可。惟小分子加較法稍簡於求減較，姑用加較法求之。置小物二，遞加中大較一十，至三加而應母八。乃三因大小較一十三，得三十九以減中。三因中小較三，得九以加大。三因中大較一十，得三十以加小。得中物一百一十二、大物二百四十、小物三十二，爲一答。又以通率大小較五十二減中，中小較一十二加大，中大較四十加小，而得又答。

設乙物大六直七，中四直三，小八直五。共物三百八十四，共直三百八十四。問物大中小各幾何。《密上》。

答曰：大物二百四十，直二百八十。中物一百一十二，直八十四。小物三十二，直二十。

又答：大物二百五十二，直二百九十四。中物六十，直四十五。小物七十二，直四十五。

右行小八 𝍧　中四 𝍣　共物三百八十四 𝍢𝍰𝍣

減盡　減餘 𝍡〇　減餘 𝍤𝍯𝍥〇

左行小直一 𝍧　中直三 𝍡𝍬　共直七百六十八 𝍥𝍩𝍣𝍬

以左行首位小直一偏乘右行，右行首位小八偏乘左行。兩兩相減，上餘二十爲法。下餘五千七百六十爲實。法二十與中分母四求等得四，約母四爲一，省乘。亦約法二十爲五，以除實五千七百六十，得一千一百五十二爲中物。以減共物三百八十四，不足七百六十八爲負小物。小加率中大較一十，除負小物七百六十八，得七十六，不盡八。乃以七十七乘大小較一十三，得一千〇〇一減中。乘中小較三，得二百三十一加大。乘中大較一十，得七百七十加小。而去其負。小物七百六十八，得中物一百五十一、大物一百三十一、小物二。如用大數草求之，得數並同。

設乙物乙直。問答同前乙題。

右行小八 𝍣〇　中四 𝍡〇　共物三百八十四 𝍠𝍱𝍡〇

減盡　減餘 𝍣　減餘 𝍠𝍩𝍤𝍪

左行小直五 𝍣〇　中直三 𝍡𝍬　共直三百八十四 𝍢〇𝍯𝍡

以左行首位小直五偏乘右行，右行首位小八偏乘左行。兩兩相減，上餘四爲法。下餘一千一百五十二爲實。

設丙物丙直。問答同前丙題。

右行小八 𝍠〇𝍣　中四 𝍤𝍪　共物三百八十四 𝍣𝍱𝍨𝍪

減盡　減餘 𝍣　減餘 𝍠𝍩𝍤𝍪

左行小直一十三 𝍠〇𝍣　中直七 𝍤𝍮　共直七百六十八 𝍥𝍩𝍣𝍬

以左行首位小直一十三偏乘右行，右行首位小八偏乘左行。兩兩相減，上餘四爲法。下餘一千一百五十二爲實。

右乙、丙二題，各得法四，以等四約中分，母四爲一省乘。亦約法四爲一，省除，即以實一千一百五十二爲中物。以減共物三百八十四，不足七百六十八爲負小物。如前草法求之，得數並同。

求一術

甲：先以大六、中四、小八爲三物分母，通共直七百六十八，得一十四萬七千四百五十六爲通分總物。

乙：先以三物分母通共直三百八十四，得七萬三千七百二十八爲通分總物。

丙：先以三物分母通共直七百六十八，得一十四萬七千四百五十六爲通分總物。

中大較、大小較相求。

甲以中四、小八兩物分母，通大直一十七，得五百四十四。以共物三百八十四乘，得二十萬〇八千八百九十六爲通分大物。

乙以中小兩物分母，通大直七，得二百二十四。以共物乘，得八萬六千〇一十六，爲通分大物。

丙以中、小兩物分母，通大直一十三，得四百一十六。以共物乘，得一十五萬九千七百四十四，爲通分大物。

右甲、乙、丙通分大物，各以其通分總物減，甲餘六萬一千四百四十，乙、丙各餘一萬二千二百八十八。各以直乘率之等八，中四、小八相乘，得三十二，爲大直乘率。大六、小八相乘，得四十八爲中直乘率。大六、中四相乘，得二十四，爲小直乘率，相求等得此。約乙、丙各得一千五百三十六，較無等不再約。甲得七千六百八十，以較之等五再約，甲之較再求等得五，詳前約率條下。亦得一千五百三十六，各爲共較實。中大較一十疊減之，賸六。大小較一十三疊減之，賸二。乃各以定母列左右兩行。

右定一十　衍數 𝍠𝍢　奇 𝍢　乘率 𝍦　賸 𝍥

共較實 𝍠𝍤𝍢𝍥

左定一十三　衍數 𝍠〇　奇 𝍠〇　乘率 𝍣　賸 𝍡　衍母 𝍠𝍢〇

右定一十減衍數一十三，奇三。求得乘率七，以乘衍數一十三，得九十一。又以賸六乘，得五百四十六。滿衍母一百三十去之，餘二十六爲小實。以減共較實一千五百三十六，餘一千五百一十爲中實。右定一十除中實，得中物一百五十一。左定一十三除小實二十六，得小物二。併中物、小物得一百五十三，以減共物三百八十四，餘二百三十一爲大物。驗三物皆不應分母，依法加減而遞求之，同方程草。

定母一十，以奇三除，得三爲第一除數。定餘一。以除奇三，得二爲第二除數。奇餘一。立天元一，以乘第一除數三，得三爲第一乘數。以乘第二除數二，得六，加天元一，得七爲第二乘數，即乘率。

左定一十三以衍數一十爲奇數，求得乘率四，以乘衍數一十，得四十。又以賸二乘，得八十。不滿衍母一百三十，即爲中實。以減共較實一千五百三十六，餘一千四百五十六爲小實。左定一十三除小實，得小物一百一十二。右定一十除中實八十，得中物八。併中物、小物得一百二十，以減共物三百八十四，餘二百六十四爲大物，得一答。又以通率大小較五十二加中，中小較一十二減大，中大較四十減小，而得又答。

定母一十三，以奇一十除，得一爲第一除數，定餘三。以除奇一十，得三爲第二除數，奇餘一。立天元一，以乘第一除數一，得一爲第一乘數。以乘第二除數三，仍得三。加天元一，得四爲第二乘數。即乘率。

大小較、中小較相求。

甲以大六、中四兩物分母，通小直一，得二十四。以共物三百八十四乘，得九千二百一十六，爲通分小物。

乙以大、中兩物分母，通小直五，得一百二十。以共物乘，得四萬六千〇八十，爲通分小物。

丙以大中兩物分母，通小直一十三，得三百一十二。以共物乘，得一十一萬九千八百〇八，爲通分小物。

右甲、乙、丙通分小物，各以減其通分總物，甲餘一十三萬八千二百四十，乙、丙各餘二萬七千六百四十八。各以直乘率之等八，直乘率詳前草註。約乙丙各得三千四百五十六，較無等不再約。甲得一萬七千二百八十，以較之等五再約，甲之較再求等得五，詳前約率條下。亦得三千四百五十六，各爲共較實。以大小較一十三疊減之，賸一十一。中小較三疊減之，適盡。乃各以定母列左右兩行。

右定一十三　衍數𝍢　奇𝍢　乘率𝍨　共較實𝍢𝍬𝍤𝍮　賸𝍩𝍠　衍母𝍫𝍨

左定三　無賸

右定一十三，以衍數三爲奇數。求得乘率九，以乘衍數三，得二十七。又以賸一十一乘，得二百九十七。滿衍母三十九去之，餘二十四爲中實。以減共較實三千四百五十六，餘三千四百三十二爲大實。右定一十三除大實，得大物二百六十四。左定三除中實二十四，得中物八。併大物、中物得二百七十二，以減共物三百八十四，餘一百一十二爲小物，得一答。又以通率加減，同前左定草。

定母一十三，以奇三除，得四爲第一除數，定餘一。以除奇三，得二爲第二除數，奇餘一。立天元一，以乘第一除數四，得四爲第一乘數。以乘第二除數二。得八，加天元一，得九爲第二乘數，即乘率。

設有大物甲一、乙五、丙一十三，各直八。中物甲三、乙三、丙七，各直四。小物甲一十七、乙七、丙一十三，各直六。甲共物七百六十八，乙共物三百八十四，丙共物七百六十八，各共直三百八十四。問物大中小各幾何。《邃密新下》。

答曰：大物甲四、乙二十、丙五十二，各直三十二。中物甲八十四、乙八十四、丙一百九十六，各直一百一十二。小物甲六百八十、乙二百八十、丙五百二十，各直二百四十。計得四大、二十八中、四十小。

又答：大物甲九、乙四十五、丙一百一十七，各直七十二。中物甲四十五、乙四十五、丙一百〇五，各直六十。小物甲七百一十四、乙二百九十四、丙五百四十六，各直二百五十二。計得九大、一十五中、四十二小。

又答：大物甲一十四、乙七十、丙一百八十二，各直一百一十二。中物甲六、乙六、丙一十四，各直八。小物甲七百四十八、乙三百〇八、丙五百七十二，各直二百六十四。計得一十四大、二中、四十四小。

直率：大八約爲四、中四約爲二、小六約爲三。以等二相約得。

右總題分之得三，如左。直率同。

設甲物大一直八，中三直四，小一十七直六。共物七百六十八，共直三百八十四。問物大中小各幾何。《遼下》。

答曰：大物四，直三十二。中物八十四，直一百一十二。小物六百八十，直二百四十。

又答：大物九，直七十二。中物四十五，直六十。小物七百一十四，直二百五十二。

又答：大物一十四，直一百一十二。中物六，直八。小物七百四十八，直二百六十四。

大小較三十九、中小較五、中大較三十四。中三、小一十七乘大直率四，得二百〇四。大一、小一十七乘中直率二，得三十四。大一、中三乘小直率三，得九。相減得大小較一百九十五。中小較二十五。中大較一百七十，又求等得五，各約之。

如方程

用小數求。

右行小一十七 |〇‖　中三 |≡　共物七百六十八 ≡‖⊥〇≡　減餘 |≡=〇

左行小直六 |〇‖　減盡　中直四 ⊤≡　減餘 ‖‖〇　共直三百八十四 ⊤≡=≡　減餘 |≡=〇

以左行首位小直六徧乘右行，右行首位小一十七徧乘左行。兩兩相減，上餘五十爲法。下餘一千九百二十爲實。除之，得三十八，不盡二十。分母子退位爲五分之二，通內得一百九十二。以中分母三乘，得五百七十六爲通分中物。亦以法五通共物七百六十八，爲三千八百四十。而以所通中物減之，餘三千二百六十四爲通分小物。復以法除通分中物，得中物一百一十五，不盡一。仍通內爲五百七十六，依法求中數減較。置大小較三十九，先去其一，遞加至四較，而除之適盡。乃四因大小較三十九，得一百五十六以減中。四因中小較五，得二十以加大。四因中大較三十四，得一百三十六以加小。得通分中物四百二十、通分大物二十、通分小物三千四百。復以法各除得中物八十四、大物四、小物六百八十，爲一答。又各依較數加減，而得又答。

用大數求。

右行大一 Ⅲ　中三 ‖≡　共物七百六十八 ⊤一‖‖≡　減餘 ‖‖⊥⊤〇

左行大直八 Ⅲ　減盡　中直四 ‖‖　減餘 ‖〇　共直三百八十四 ‖≡‖‖

以左行首位大直八徧乘右行，右行首位大一徧乘左行。兩兩相減，上餘二十爲法。下餘五千七百六十爲實。除之，得二百八十八。以中分母三乘，得八百六十四爲中物。以減共物七百六十八，不足九十六爲負大物。大加率中小較五，除負大物九十六，得一十九，不盡一。乃以二十乘大小較三十九，得七百八十減中。乘中小較五，得一百加大。乘中大較三十四，得六百八十加小。而去其負大物九十六，得中物八十四、大物四、小物六百八十，爲一答。又各依較數加減，而得又答。

求一術

先以大一、中三、小一十七爲三物分母，通共直三百八十四，得一萬九千五百八十四爲通分總物。

中大較大小較相求。

中三、小一十七兩物分母，通大直八，得四百〇八。以共物七百六十八乘，得三十一萬三千三百四十四爲通分大物。以通分總物減，餘二十九萬三千七百六十。以三直之等二，較之等五，相乘得一十約之，得二萬九千三百七十六爲共較實。中大較三十四疊減之，適盡。大小較三十九疊減之，賸九。乃各以定母列左右兩行。

右定三十四　無賸　共較實 ‖≡‖‖⊥⊤　衍母 |≡‖⊥

左定三十九　衍數 ‖≡　奇 ‖≡　乘率 ‖一　賸 Ⅲ

左定三十九以衍數三十四爲奇數，求得乘率二十一，以乘衍數三十四，得一千〇五十四。又以賸九乘，得九千四百八十六。滿衍母一千三百二十六去之，餘二百〇四爲中實。以減共較實二萬九千三百七十六，餘二萬九千一百七十二爲小實。左定三十九除小實，得小物七百四十八。右定三十四除中實二百〇四，得中物六。併中物、小物得七百五十四，以減共物七百六十八，餘一十四爲大物，得一答。又以大小較三十九加中，中小較五減大，中大較三十四減小，而得又答。

定母三十九，以奇三十四除，得一爲第一除數，定餘五。以除奇三十四，得六爲第二除數，奇餘四。以除定餘五，得一爲第三除數，定餘一，以除奇餘四，得三爲第四除數。奇餘一。立天元一，以乘第一除數一，得一爲第一乘數。以乘第二除數六，仍得六，加天元一，得七爲第二乘數。以乘第三除數一，得七，加第一乘數一，得八爲第三乘數。以乘第四除數三，得二十四，加第二乘數七，得三十一爲第四乘數，即乘率。

大小較中小較相求。

大一、中三兩物分母，通小直六，得一十八。以共物七百六十八乘，得一萬三千八百二十四爲通分小物。以減通分總物一萬九千五百八十四，餘五千七百六十。以三直之等二、較之等五，相乘得一十約之，得五百七十六爲共較實。大小較三十九疊減之，賸三十。中小較五疊減之，賸一。乃各以定母列左右兩行：

右定三十九　衍數 𝍤　奇 𝍤　乘率 𝍧　賸 𝍫〇

共較實 𝍤𝍯𝍥　衍母 𝍠𝍱𝍤

左定五　衍數 𝍫𝍨　奇 𝍣　乘率 𝍣　賸 𝍠

右定三十九以衍數五爲奇數，求得乘率八，以乘衍數五，得四十。又以賸三十乘，得一千二百。滿衍母一百九十五去之，餘三十爲中實。以減共較實五百七十六，餘五百四十六爲大實。右定三十九除大實，得大物一十四。左定五除中實三十，得中物六。併大物、中物得二十，以減共物七百六十八，餘七百四十八爲小物，得一答。又各依較數加減，同前左定草。

定母三十九，以奇五除，得七爲第一除數，定餘四。以除奇五，得一爲第二除數，奇餘一。立天元一，以乘第一除數七，得七爲第一乘數。以乘第二除數一，得七，加天元一，得八爲第二乘數，即乘率。

左定五疊減衍數三十九，奇四。求得乘率四，以乘衍數三十九，得一百五十六。又以賸一乘不變，不滿衍母一百九十五，即爲大實。以減共較實五百七十六，餘四百二十爲中實。左定五除中實，得中物八十四。右定三十九除大實一百五十六，得大物四。併大物、中物得八十八，以減共物七百六十八，餘六百八十爲小物，得一答。又各依較數加減，同方程草。

定母五以奇四除，得一爲第一除數，定餘一。以除奇四，得三爲第二除數，奇餘一。立天元一，以乘第一除數一，得一爲第一乘數。以乘第二除數三，仍得三，加天元一，得四爲第二乘數，即乘率。

設乙物大五直八，中三直四，小七直六。共物三百八十四，共直三百八十四。問物大中小各幾何。《密下》

答曰：大物二十，直三十二。中物八十四，直一百一十二。小物二百八十，直二百四十。

又答：大物四十五，直七十二。中物四十五，直六十。小物二百九十四，直二百五十二。

又答：大物七十，直一百一十二。中物六，直八。小物三百〇八，直二百六十四。

大小較三十九，中小較二十五，中大較一十四。中三、小七乘大直率四，得八十四。大五、小七乘中直率二，得七十。大五、中三乘小直率三，得四十五。相減而得。

如方程

用小數求。

右行小七 𝍬𝍡　中三 𝍩𝍧　共物三百八十四 𝍪𝍢〇𝍣

減盡　減餘 𝍩〇　減餘 𝍢𝍰𝍣

左行小直六 𝍬𝍡　中直四 𝍪𝍧　共直三百八十四 𝍪𝍥𝍰𝍧

以左行首位小直六徧乘右行，右行首位小七徧乘左行。兩兩相減，上餘一十爲法。下餘三百八十四爲實。除之，得三十八，不盡四。分母子各半之，爲五分之二，通內得一百九十二。以中分母三乘，得五百七十六爲通分中物。亦以法五通共物三百八十四，爲一千九百二十。而以所通中物減之，餘一千三百四十四爲通分小物。復以法除通分中物，得中物一百一十五，不盡一。仍通內爲五百七十六。依法求中數減較，置大小較三十九，先去其一，遞加至四較，而除之適盡。乃四因大小較三十九，得一百五十六以減中。四因中小較二十五，得一百以加大。四因中大較一十四，得五十六以加小。得通分中物四百二十、通分大物一百、通分小物一千四百。復以法各除得中物八十四，大物二十、小物二百八十，爲一答。又各依較數加減，而得又答。

用大數求。

右行大五 𝍤〇　中三 𝍡𝍫　共物三百八十四 𝍢〇𝍧𝍡

減盡　減餘 𝍢　減餘 𝍠𝍩𝍣𝍡

左行大直八 𝍣〇　中直四 𝍡〇　共直三百八十四 𝍠𝍭𝍡〇

以左行首位大直八徧乘右行，右行首位大五徧乘左行。兩兩相減，上餘四爲法。下餘一千一百五十二爲實。除之，得二百八十八。以中分母三乘，得八百六十四爲中物。以減共物三百八十四，不足四百八十爲負大物。大加率中小較二十五，除負大物四百八十得一十九，不盡五。乃以二十乘大小較三十九，得七百八十減中。乘中小較二十五，得五百加大。乘中大較一十四，得二百八十加小。而去其負大物四百八十，得中物八十四、大物二十、小物二百八十，爲一答。又各依較數加減，而得又答。

求一術

先以大五、中三、小七爲三物分母，通共直三百八十四，得四萬〇三百二十爲通分總物。

中大較大小較相求。

中三、小七兩物分母，通大直八，得一百六十八。以共物三百八十四乘，得六萬四千五百一十二爲通分大物。以通分總物減，餘二萬四千一百九十二。以三直之等二約之，得一萬二千〇九十六爲共較實。中大較一十四疊減之，適盡。大小較三十九疊減之，賸六。乃各以定母列左右兩行。

右定一十四　無賸

左定三十九　衍數 𝍠𝍫　奇 𝍠𝍫　乘率 𝍠𝍫　共較實 𝍠𝍩〇𝍱𝍥　賸 𝍥　衍母 𝍣𝍫𝍥

左定三十九以衍數一十四爲奇數，求得乘率一十四，數與右定同，即以賸六爲中物。衍數一十四乘之，得八十四爲中實。以減共較實一萬二千〇九十六，餘一萬二千〇一十二爲小實。左定三十九除小實，得小物三百〇八。併中物、小物得三百一十四，以減共物三百八十四，餘七十爲大物，得一答。又以大小較三十九加中，中小較二十五減大，中大較一十四減小，而得又答。

定母三十九，以奇一十四除，得二爲第一除數，定餘一十一。以除奇一十四，得一爲第二除數，奇餘三。以除定餘一十一，得三爲第三除數，定餘二。以除奇餘三，得一爲第四除數，奇餘一。立天元一，以乘第一除數二，得二爲第一乘數。以乘第二除數一，得二，加天元一，得三爲第二乘數。以乘第三除數三，得九，加第一乘數二，得一十一爲第三乘數。以乘第四除數一，得一十一，加第二乘數三，得一十四爲第四乘數，即乘率。

大小較中小較相求。

大五、中三兩物分母，通小直六，得九十。以共物三百八十四乘，得三萬四千五百六十爲通分小物。以減通分總物四萬〇三百二十，餘五千七百六十。以三直之等二約之，得二千八百八十爲共較實。大小較三十九疊減之，賸三十三。中小較二十五疊減之，賸五。乃各以定母列左右兩行。

右定三十九　衍數 𝍡𝍬　奇 𝍡𝍬　乘率 𝍡𝍬　賸 𝍢𝍫　衍母 𝍦𝍱𝍤

左定二十五　衍數 𝍢𝍱　奇 𝍠𝍫　乘率 𝍦　共較實 𝍡𝍰𝍧〇　賸 𝍤

右定三十九以衍數二十五爲奇數，求得乘率二十五，數與左定同。徑以賸三十三乘，得八百二十五，反減衍母九百七十五，餘一百五十爲中實。以減共較實二千八百八十，餘二千七百三十爲大實。右定三十九除大實，得大物七十。左定二十五除中實一百五十，得中物六。併大物、中物得七十六，以減共物三百八十四，餘三百〇八爲小物，得一答。又各依較數加減，同前左定草。

定母三十九以奇二十五除，得一爲第一除數，定餘一十四。以除奇二十五，得一爲第二除數，奇餘一十一。以除定餘一十四，得一爲第三除數，定餘三。以除奇餘一十一，得三爲第四除數，奇餘二。以除定餘三，得一爲第五除數，定餘一。以除奇餘二，得一爲第六除數，奇餘一。立天元一，以乘第一除數一，得一爲第一乘數。以乘第二除數一，得一，加天元一，得二爲第二乘數。以乘第三除數一，得二，加第一乘數一，得三爲第三乘數。以乘第四除數三，得九，加第二乘數二，得一十一爲第四乘數。以乘第五除數一，得一十一，加第三乘數三，得一十四爲第五乘數。以乘第六除數一，得一十四，加第四乘數一十一，得二十五爲第六乘數，即乘率。

左定二十五減衍數三十九，奇一十四。求得乘率九，又乘衍數三十九，得三百五十一。又以贉五乘，得一千七百五十五。滿衍母九百七十五去之，餘七百八十爲大實。以減共較實二千八百八十，餘二千一百爲中實。左定二十五除中實，得中物八十四。右定三十九除大實七百八十，得大物二十。併大物、中物得一百〇四，以減共物三百八十四，餘二百八十爲小物，得一答。又各依較數加減，同方程草。

定母二十五，以奇一十四除，得一爲第一除數，定餘一十一。以除奇一十四，得一爲第二除數，奇餘三。以除定餘一十一，得三爲第三除數，定餘二。以除奇餘三，得一爲第四除數，奇餘一。立天元一，以乘第一除數一，得一爲第一乘數。以乘第二除數一，仍得一，加天元一，得二爲第二乘數。以乘第三除數三，得六，加第一乘數一，得七爲第三乘數。以乘第四除數一，得七，加第二乘數二，得九爲第四乘數，即乘率。

設丙物大一十三直八，中七直四，小一十三直六。共物七百六十八，共直三百八十四。問物大中小各幾何。《新下》。

答曰：大物五十二，直三十二。中物一百九十六，直一百一十二。小物五百二十，直二百四十。

又答：大物一百一十七，直七十二。中物一百〇五，直六十。小物五百四十六，直二百五十二。

又答：大物一百八十二，直一百一十二。中物一十四，直八。小物五百七十二，直二百六十四。

直乘率：中、小物七、一十三相乘得九十一，約爲七。大、小物一十三、一十三相乘得一百六十九，約爲一十三。大、中物一十三、七相乘得九十一，約爲七。以等一十三相約得。

約率：大小較七、中小較五、中大較二。以乘率七乘大直率四，爲二十八。乘率一十三乘中直率二，爲二十六。乘率七乘小直率三，爲二十一。相減而得。

通率：大小較九十一、中小較六十五、中大較二十六。以直乘率之等一十三，通約率得之。

如方程

用小數求。

右行小一十三 ╥≟　中三 ||||═　共物七百六十八 |||⊥○≟

減盡　減餘 |○　減餘 |||≟||||

左行小直六 ╥≟　中直四 ||||═　共直三百八十四 ||||≟╥═

以左行首位小直六偏乘右行，右行首位小一十三偏乘左行。兩兩相減，上餘一十爲法。下餘三百八十四爲實。除之，得三十八，不盡四。分母子各半之，爲五分之二。通內爲一百九十二。以中分母七乘，得一千三百四十四爲通分中物。亦以法五通共物七百六十八，爲三千八百四十。而以所通中物減之，餘二千四百九十六爲通分小物。復以法除通分中物，得中物二百六十八，不盡四。分母子無等不約，仍通內爲一千三百四十四。依法求中數減較，置大小較七，先去其四，又加一較，而除之適盡。乃倍大小較七，得一十四以減中。倍中小較五，得一十以加大。倍中大較二，得四以加小。得通分中物一千三百三十，通分大物一十，通分小物二千五百。復以法各除得中物二百六十六、大物二、小物五百。驗大物二、小物五百，各不應分母一十三。依法求大分子加較，大小分母皆一十三，可任求。置大物二，遞加中小較五，至十加而應分母一十三。乃進大小較七爲七十以減中，進中小較五爲五十以加大，進中大較二爲二十以加小，得中物一百九十六、大物五十二、小物五百二十，爲一答。又以通率大小較九十一減中，中小較六十五加大，中大較二十六加小，而得又答。

用大數求。

右行大一十三 |○|||　中七 ||||⊥　共物七百六十八 ⊤—|||≡

減盡　減餘 ||||　減餘 |—||||═

左行大直八 |○||||　中直四 ||||═　共直三百八十四 ||||⊥╥═

以左行首位大直八偏乘右行，右行首位大一十三偏乘左行。兩兩相減，上餘四爲法。下餘一千一百五十二爲實。除之，得二百八十八。以中分母七乘，得二千〇一十六爲中物。以減共物七百六十八，不足一千二百四十八爲負大物。大加率中小較五，除負大物一千二百四十八，得二百四十九，不盡三。乃以二百五十乘大小較七，得一千七百五十減中。乘中小較五，得一千二百五十加大。乘中大較二，得五百加小。而去其負大物一千二百四十八，得中物二百六十六、大物二、小物五百。驗大物小物各不應分母。如前草法遞求，得數並同。

求一術

先以大一十三、中七、小一十三爲三物分母，通共直三百八十四，得四十五萬四千二百七十二爲通分總物。

中大較、大小較相求。

中七、小一十三兩物分母，通大直八，得七百二十八。以共物七百六十八乘，得五十五萬九千一百〇四爲通分大物。以通分總物減，餘一十萬〇四千八百三十二。以直乘率之等一十三，三直之等二，相乘得二十六約之，得四千〇三十二爲共較實。中大較二、大小較七各疊減之，適盡，不可求。

大小較、中小較相求。

大一十三、中七兩物分母，通小直六，得五百四十六。以共物七百六十八乘，得四十一萬九千三百二十八爲通分小物。以減通分總物四十五萬四千二百七十二，餘三萬四千九百四十四。以直乘率之等一十三、三直之等二，相乘得二十六約之，得一千三百四十四爲共較實。大小較七疊減之，適盡。中小較五疊減之，賸四。乃各以定母列左右兩行。

右定七　　共較實 |≡||||≣　　無賸　　衍母 |||≣

左定五　衍數 ⊤　奇 ‖　乘率 |||　　賸 ||||一

左定五減衍數七，奇二。求得乘率三，以乘衍數七，得二十一。又以賸四乘，得八十四，滿衍母三十五去之，餘一十四爲大實。以減共較實一千三百四十四，餘一千三百三十爲中實。左定五除中實，得中物二百六十六。右定七除大實一十四，得大物二。併大物、中物得二百六十八，以減共物七百六十八，餘五百爲小物。驗大物、小物各不應分母，依法加減而遞求之，同方程草。

定母五，以奇二除，得二爲第一除數，定餘一。以除奇二，得一爲第二除數，奇餘一。立天元一，以乘第一除數二，得二爲第一乘數。以乘第二除數二，得二加天元一，得三爲第二乘數，即乘率。

又 **卷下** 設有物，大各二十八，甲直五、乙直二十九、丙直三十三、丁直二十五、戊直四十七、己直五十五。中各六十三，甲直八、乙直六十二、丙直七十一、丁直四十、戊直八十三、己直六十二。小各二十一，甲直二、乙直二十、丙直二十三、丁直一十、戊直二十三、己直八。共物各一千四百六十三，甲共直一百八十七、乙共直一千四百四十一、丙共直一千六百五十、丁共直九百三十五、戊共直一千九百三十六、己共直一千四百六十三。問物大、中、小各幾何。《知培養》轉《深沈上》。

答曰：大物各一百四十，甲直一十五、乙直一百四十五、丙直一百六十五、丁直一百二十五、戊直二百三十五、己直二百七十五。中物各一千一百三十四，甲直一百四十四、乙直一千一百一十六、丙直一千二百七十八、丁直七百二十、戊直一千四百九十四、己直一千一百一十六。小物各一百八十九，甲直一十八、乙直一百八十、丙直二百〇七、丁直九十、戊直二百〇七、己直七十二。計得五大、一十八中、九小。

又答：大物各三百〇八，甲直五十五、乙直三百一十九、丙直三百六十三、丁直二百七十五、戊直五百一十七、己直六百〇五。中物各六百九十三，甲直八十八、乙直六百八十二、丙直七百八十一、丁直四百四十、戊直九百一十三、己直六百八十二。小物各四百六十二，甲直四十四、乙直四百四十、丙直五百〇六、丁直二百二十、戊直五百〇六、己直一百七十六。計得一十一大、二十一中、二十二小。

又答：大物各四百七十六，甲直八十五、乙直四百九十三、丙直五百六十一、丁直四百二十五、戊直七百九十九、己直九百三十五。中物各二百五十二，甲直三十二、乙直二百四十八、丙直二百八十四、丁直一百六十、戊直三百三十二、己直二百四十八。小物各七百三十五，甲直七十、乙直七百、丙直八百〇五、丁直三百五十、戊直八百〇五、己直二百八十。計得一十七大、四中、三十五小。

物率：大二十八約爲四，中六十三約爲九，小二十一約爲三。以等七相約得。

直乘率：中、小物率九、三相乘得二十七，約爲九。大、小物率四、三相乘得一十二，約爲四。大、中物率四、九相乘得三十六，約爲一十二。以等三相約得。

約率：甲、乙、丙大小較各二十一，中小較各八，中大較各一十三。以乘率九乘大直，乘率四乘中直，乘率一十二乘小直，相減而得。

丁大小較一百〇五，中小較四十，中大較六十五。戊大小較一百五十七，中小較五十六，中大較九十一。己大小較三百九十九，中小較一百五十二，中大較二百四十七。各以乘率九乘大直，乘率四乘中直，乘率一十二乘小直，相減而得。丁以等五再相約，戊以等七再相約，己以等一十九再相約，丁、戊、己亦各得大小較二十一，中小較八，中大較一十三。

通率：大小較四百四十一，中小較一百六十八，中大較二百七十三。以三物之等七，三直乘率之等三，通約率得之。

右總題分之得六，如左。物率同。

如方程

用大數求。

設甲物大二十八直五，中六十三直八，小二十一直二。共物一千四百六十三，共直一百八十七。問物大中小各幾何。《知上》。

答曰：大物一百四十直二十五，中物一千一百三十四直一百四十四，小物一百八十九直一十八。

又答：大物三百〇八直五十五，中物六百九十三直八十八，小物四百六十二直四十四。

又答：大物四百七十六直八十五，中物二百五十二直三十二，小物七百三十五直七十。

右行大二十八	中六十三	共物一千四百六十三
ǀ≡〇	ǀǀǀǀǀǀǀǀ	丅≡ǀ≡
減盡	減餘 ǁǁ一	減餘 ǁ〇丅≡
左行大直五	中直八	共直一百八十七
ǀ≡〇	ǁ=ǁǁ	ǁǁ=ǁǀ丄

以左行首位大直五偏乘右行，右行首位大二十八偏乘左行。兩兩相減，上餘九十一爲法。下餘二千〇七十九爲實。

設乙物大二十八直二十九，中六十三直六十二，小二十一直二十。共物一千四百六十三，共直一千四百四十一。問物大中小各幾何。《培上》。

答曰：大物一百四十直一百四十五，中物一千一百三十四直一千一百一十六，小物一百八十九直一百八十。

又答：大物三百〇八直三百一十九，中物六百九十三直六百八十二，小物四百六十二直四百四十。

又答：大物四百七十六直四百九十三，中物二百五十二直二百四十八，小物七百三十五直七百。

右行大二十八	中六十三	共物一千四百六十三
丌一ǁ	ǀ≐ǁ丄	ǁǁ⊨ǁǁ⊨≐
減盡	減餘 ǁǁ一	減餘 ǁ〇丅≡
左行大直二十九	中直六十二	共直一千四百四十一
丌=ǁ	ǀ丄ǁǀ丄	ǁǁ〇ǁǀ≡ǁǀ

以左行首位大直二十九偏乘右行，右行首位大二十八偏乘左行。兩兩相減，上餘九十一爲法。下餘二千〇七十九爲實。

設丙物大二十八直三十三，中六十三直七十一，小二十一直二十三。共物一千四百六十三，共直一千六百五十。問物大中小各幾何。《養上》。

［又］答曰：大物一百四十直一百六十五，中物一千一百三十四直一千二百七十八，小物一百八十九直二百〇七。

又答：大物三百〇八直三百六十三，中物六百九十三直七百八十一，小物四百六十二直五百〇六。

又答：大物四百七十六直五百六十一，中物二百五十二直二百八十四，小物七百三十五直八百〇五。

右行大直二十八	中六十三	共物一千四百六十三
丌=ǁǀ	ǁ〇丅≡	ǁǁ丄ǁ丄丌
減盡	減餘 ǁǁ一	減餘 ǁ〇丅≡
左行大直三十三	中直七十一	共直一千六百五十
丌=ǁǀ	ǀ≐丌≐	ǁǁ丄ǁ〇〇

以左行首位大直三十三偏乘右行，右行首位大二十八偏乘左行。兩兩相減，上餘九十一爲法。下餘二千〇七十九爲實。

右甲、乙、丙三題，各得法九十一，與中分母六十三求等得七，約六十三得九爲乘率。亦約法九十一爲一十三，以除實二千〇七十九，得一百五十九，不盡一十二。分母子無等不約，仍通内爲二千〇七十九。以乘率九乘，得一萬八千七百一十一爲通分中物。亦以法一十三通總物一千四百六十三，爲一萬九千〇一十九。而以所通中物減之，餘三百〇八爲通分大物。復以法除通分中物，得中物一千四百三十九，不盡四。分母子無等不約，仍通内爲一萬八千七百一十一。依法求中數減較，置大小較二十一，先去其四，遞加至七較，而除之適盡。乃七因大小較二十一，得一百四十七以減中。七因中小較八，得五十六以加大。七因中大較一十三，得九十一以加小。得通分中物一萬八千五百六十四，通分大物三百六十四，通分小物九十一。復以法各除得中物一千四百二十八、大物二十八、小物七。驗小物七不應小分母二十一，依法求加較。以小加率中大較一十三，遞加至十四較，而應分母。驗中物一千四百二十八，亦不應中分母六十三。用中率二十一兩減之，即應。而用小率一十三兩加小物七，仍不應小分母二十一。又本題大加率八。小加率一十三，小率大於大率，故必用小率求其加數也。乃以一十四乘大小較二十，得二百九十四減中。乘中小較八，得一百一十二加大。乘中大較一十三，得一百八十二加小。得中物一千一百三十四、大物一百四十、小物一百八十九，爲一答。又以通率大小較四百四十一減中，中小較一百六十八加大，中大較二百七十三加小，而得又答。

設丁物大二十八直二十五，中六十三直四十，小二十一直一十。共物一千四百六十三，共直九百三十五。問物大中小各幾何。《轉上》。

答曰：大物一百四十直一百二十五，中物一千一百三十四直七百二十，小物一百八十九直九十。

又答：大物三百〇八直二百七十五，中物六百九十三直四百四十，小物四百六十二直二百二十。

又答：大物四百七十六直四百二十五，中物二百五十二直一百六十，小物七百三十五直三百五十。

右行　大二十八　中六十三　共物一千四百六十三

左行　大直二十五　減盡　中直四十　減餘　共直九百三十五　減餘

以左行首位大直二十五偏乘右行，右行首位大二十八偏乘左行。兩兩相減，上餘四百五十五爲法。下餘一萬〇三百九十五爲實。法與中分母六十三求等得七，約六十三得九爲乘率。亦約法四百五十五爲六十五，以除實一萬〇三百九十五，得一百五十九，不盡六十。分母子求等得五約之，得一十三分之一十二，通内爲二千〇七十九。如前草法求之，得數並同。

設戊物大二十八直四十七，中六十三直八十三，小二十一直二十三。共物一千四百六十三，共直一千九百三十六。問物大中小各幾何。《深上》。

答曰：大物一百四十直二百三十五，中物一千一百三十四直一千四百九十四，小物一百八十九直二百〇七。

又答：大物三百〇八直五百一十七，中物六百九十三直九百一十三，小物四百六十二，直五百〇六。

又答：大物四百七十六直七百九十九，中物二百五十二直三百三十二，小物七百三十五直八百〇五。

右行　大二十八　減盡　中六十三　共物一千四百六十三　減餘

左行　大直四十七　中直八十三　減餘　共直一千九百三十六

以左行首位大直四十七偏乘右行，右行首位大二十八偏乘左行。兩兩相減，上餘六百三十七爲法。下餘一萬四千五百五十三爲實。法與中分母六十三求等得七，約六十三得九爲乘率。亦約法六百三十七爲九十一，以除實一萬四千五百五十三，得一百五十九，不盡八十四。分母子求等得七約之，得一十三分之一十二，通內爲二千〇七十九。如前草法求之，得數並同。

設己物大二十八直五十五，中六十三直六十二，小二十一直八。共物一千四百六十三，共直一千四百六十三。問物大中小各幾何。《沈上》

答曰：大物一百四十直二百七十五，中物一千一百三十四直一千一百一十六，小物一百八十九直七十二。

又答：大物三百〇八直六百〇五，中物六百九十三直六百八十二，小物四百六十二直一百七十六。

又答：大物四百七十六直九百三十五，中物二百五十二直二百四十八，小物七百三十五直二百八十。

右行大二十八　減盡　中六十三　減餘　共物一千四百六十三　減餘

左行大直五十五　中直六十二　共直一千四百六十三

以左行首位大直五十五偏乘右行，右行首位大二十八偏乘左行。兩兩相減，上餘一千七百二十九爲法。下餘三萬九千五百〇一爲實。法與中分母六十三求等得七，約六十三得九爲乘率。亦約法一千七百二十九爲二百四十七，以除實三萬九千五百〇一，得一百五十九，不盡二百二十八。分母子求等得一十九約之，得一十三分之一十二，通內爲二千〇七十九。如前草法求之，得數並同。

用小數求。

設甲物、甲直。問答同前甲題。

右行小二十一　減盡　中六十三　減餘　共物一千四百六十三　減餘

左行小直二　中直八　共直一百八十七

以左行首位小直二偏乘右行，右行首位小二十一偏乘左行。兩兩相減，上餘四十二爲法。下餘一千〇〇一爲實。

設乙物、乙直。問答同前乙題。

右行小二十一　減盡　中六十三　減餘　共物一千四百六十三　減餘

左行小直二十　中直六十二　共直一千四百四十一

以左行首位小直二十偏乘右行，右行首位小二十一偏乘左行。兩兩相減，上餘四十二爲法。下餘一千〇〇一爲實。

設丙物、丙直。問答同前丙題。

右行小二十一　減盡　中六十三　減餘　共物一千四百六十三　減餘

左行小直二十三　中直七十一　共直一千六百五十

以左行首位小直二十三偏乘右行，右行首位小二十一偏乘左行。兩兩相減，上餘四十二爲法。下餘一千〇〇一爲實。

右甲、乙、丙三題各得法四十二，與中分母六十三求等得二十一，約六十三得三爲乘率。亦約法四十二爲二，以除實一千〇〇一，得五百，不盡一。分母子無等不約，仍通內爲一千〇〇一。以乘率三乘，得三千〇〇三爲通分中物。亦以法二通總物一千四百六十三，爲二千九百二十六。而以所通中物減之，不足七十七爲通分負小物。以小加率中大較一十三，除通分負小物七十七，得五，不盡一十二。乃六因大小較二十一，得一百二十六以減中。六因中小較八，得四十八以加大。六因中大較一十三，得七十八以加小。而去其負小物七十七，得通分中物二千八百七十七、通分大物四十八、通分小物一。以法除通分中物，得一千四百三十八，不盡一。分母子無等不約，仍通內爲二千八百七十七。依法求中數減較，得一減。凡不盡二分之一者，徑減通分中數一較，即應法，無待於求也。徑以大小較二十一，中小較八，中大較一十三，各加減之，得通分中物二十八百五十六，通分大物五十六，通分小物一十四。復以法各除，得中物一千四百二十八，大物二十八，小物七。驗小物七，不應小分母二十一。依前草法求加較，而遞爲之，得答數同前用大數草。

設丁物、丁直。問答同前丁題。

右行小二十一 Ⅱ一　　中六十三 ⊤≡〇　　共物一千四百六十三 ㄧ≡⊤≡〇

減盡　　減餘 Ⅱ一〇　　減餘 ≣〇〇Ⅲ

左行小直二十一 Ⅱ一〇　　中直四十 Ⅲ≡〇　　共直九百三十五 ㄧ≟⊤≡Ⅲ

以左行首位小直一十偏乘右行，右行首位小二十一偏乘左行。兩兩相減，上餘二百一十爲法。下餘五千〇〇五爲實。法與中分母六十三求等得二十一，約六十三得三爲乘率。亦約法二百一十爲一十，以除實五千〇〇五，得五百，不盡五。分母子求等得五約之，得二分之一，通内爲一千〇〇一。如前草法求之，得數並同。

設戊物、戊直。問答同前戊題。

右行小二十一 Ⅲ≟Ⅱ　　中六十三 ㄧ≡Ⅲ≟　　共物一千四百六十三 Ⅲ≡⊤≡Ⅲ

減盡　　減餘 Ⅱ≟Ⅲ　　減餘 ⊤〇〇⊥

左行小直二十三 Ⅲ≟Ⅱ　　中直八十三 ㄧ⊥Ⅲ≡ㄧ　　共直一千九百三十六 Ⅲ一⊤≡⊤

以左行首位小直二十三偏乘右行，右行首位小二十一偏乘左行。兩兩相減，上餘二百九十四爲法。下餘七千〇〇七爲實。法與中分母六十三求等得二十一，約六十三得三爲乘率。亦約法二百九十四爲一十四，以除實七千〇〇七，得五百，不盡七。分母子求等得七約之，得二分之一，通内爲一千〇〇一。如前草法求之，得數並同。

設己物、己直。問答同前己題。

右行小二十一 ㄧ⊥Ⅲ　　中六十三 Ⅲ〇Ⅲ　　共物一千四百六十三 ㄧ一⊤〇Ⅲ

減盡　　減餘 ⊤≟Ⅲ　　減餘 ㄧ≟〇一Ⅲ

左行小直八 ㄧ⊥Ⅲ　　中直六十二 ㄧ≡〇═　　共直一千四百六十三 Ⅲ〇⊤═Ⅱ

以左行首位小直八偏乘右行，右行首位小二十一偏乘左行。兩兩相減，上餘七百九十八爲法。下餘一萬九千〇一十九爲實。法與中分母六十三求等得二十一，約六十三得三爲乘率。亦約法七百九十八爲三十八，以除實一萬九千〇一十九得五百，不盡一十九。分母子求等得一十九約之，得二分之一，通内爲一千〇〇一。如前草法求之，得數並同。

求一術

甲：先以大二十八、中六十三、小二十一爲三物分母，通共直一百八十七，得六百九十二萬七千二百二十八，爲通分總物。

乙：先以三物分母，通共直一千四百四十一，得五千三百三十八萬〇四百〇四，爲通分總物。

丙：先以三物分母，通共直一千六百五十，得六千一百一十二萬二千六百，爲通分總物。

丁：先以三物分母，通共直九百三十五，得三千四百六十三萬六千一百四十，爲通分總物。

戊：先以三物分母，通共直一千九百三十六，得七千一百七十一萬七千一百八十四，爲通分總物。

己：先以三物分母，通共直一千四百六十三，得五千四百一十九萬五千三百七十二，爲通分總物。

中大較、大小較相求。

甲以中六十三、小二十一兩物分母通大直五，得六千六百一十五。以共物一千四百六十三乘，得九百六十七萬七千七百四十五，爲通分大物。

乙以中小兩物分母通大直二十九，得三萬八千三百六十七。以共物乘，得五千六百一十三萬〇九百二十一，爲通分大物。

丙以中小兩物分母通大直三十三，得四萬三千六百五十九。以共物乘，得六千三百八十七萬三千一百一十七，爲通分大物。

丁以中小兩物分母通大直二十五，得三萬三千〇七十五。以共物乘，得四千八百三十八萬八千七百二十五，爲通分大物。

戊以中小兩物分母通大直四十七，得六萬二千一百八十一。以共物乘，得九千〇九十七萬〇八百〇三，爲通分大物。

己以中小兩物分母通大直五十五，得七萬二千七百六十五。以共物乘，得一億〇六百四十五萬五千一百九十五，爲通分大物。

右甲、乙、丙、丁、戊、己通分大物，各以其通分總物減，甲、乙、丙各餘二百七十五萬〇五百一十七，丁餘一千三百七十五萬二千五百八十五，戊餘一千九百二十五萬三千六百一十九，己餘五千二百二十五萬九千八百二十三。各以直乘率之等一百四十七，中六十三、小二十一相乘，得一千三百二十三爲大直乘率。大二十八、小二十一相乘，得五百八十八爲中直乘率。大二十八、中六十三相乘，得一千七百六十四爲小直乘率，相求等得此。約甲乙丙各得一萬八千七百一十一爲共較實，較無等不再約。丁得九萬三千五百五十五，以較之等五再約。戊得一十三萬〇九百七十七，以較之等七再約。己得三十五萬五千五百〇九，以較之等一十九再約。丁、戊、己之較各再求等約，詳前約率條下。各得一萬八千七百一十一爲共較實。以中大較一十三疊減之，賸四。以大小較二十一疊減之，適盡。乃各以定母列左右兩行。

右定一十三　衍數𝍡𝍩　奇𝍧　乘率𝍤　賸𝍣

共較實𝍠𝍰𝍦𝍩𝍠　衍母𝍡𝍯𝍢

左定二十一　無賸

右定一十三減衍數二十一，奇八。求得乘率五，以乘衍數二十一，得一百〇五。又以賸四乘，得四百二十。滿衍母二百七十三去之，餘一百四十七爲小實。以減共較實一萬八千七百一十一，餘一萬八千五百六十四爲中實。右定一十三除中實，得中物一千四百二十八。左定二十一除小實一百四十七，得小物七。併中物、小物得一千四百三十五，以減總物一千四百六十三，餘二十八爲大物。

驗中物、小物不應分母，依法加減，同方程用大數草。

定母一十三，以奇八除，得一，爲第一除數。定餘五。以除奇八，得一，爲第二除數，奇餘三。以除定餘五，得一，爲第三除數，定餘二。以除奇餘三，得一，爲第四除數，奇餘一。立天元一，以乘第一除數一，得一爲第一乘數。以乘第二除數一，仍得一，加天元一，得二爲第二乘數。以乘第三除數一，得二，加第一乘數一，得三爲第三乘數。以乘第四除數一，得三，加第二乘數二，得五爲第四乘數，即乘率。

大小較、中小較相求。

甲以大二十八、中六十三兩物分母通小直二，得三千五百二十八。以共物一千四百六十三乘，得五百一十六萬一千四百六十四，爲通分小物。

乙以大、中兩物分母通小直二十，得三萬五千二百八十。以共物乘，得五千一百六十一萬四千六百四十，爲通分小物。

丙以大、中兩物分母通小直二十三，得四萬〇五百七十二。以共物乘，得五千九百三十五萬六千八百三十六，爲通分小物。

丁以大、中兩物分母通小直一十，得一萬七千六百四十。以共物乘，得二千五百八十萬〇七千三百二十，爲通分小物。

戊以大、中兩物分母通小直二十三，得四萬〇五百七十二。以共物乘，得五千九百三十五萬六千八百三十六，爲通分小物。

己以大中兩物分母通小直八，得一萬四千一百一十二。以共物乘，得二千〇六十四萬五千□百五十六，爲通分小物。

右甲、乙、丙、丁、戊、己通分小物，各以減其通分總物。甲、乙、丙各餘一百七十六萬五千七百六十四，丁餘八百八十二萬八千八百二十，戊餘一千二百三十六萬〇三百四十八，己餘三千三百五十四萬九千五百一十六。各以直乘率之等一百四十七，直乘率，詳前草註。約甲乙丙各得一萬二千〇一十二爲共較實。較無等不再約。丁得六萬〇〇六十，以較之等五再約。戊得八萬四千〇八十四，以較之等七再約。己得二十二萬八千二百二十八，以較之等一十九再約。丁、戊、己之較，各再求等約之，詳前約率條下。各得一萬二千〇一十二爲共較實。以中小較八疊減之，賸四。以大小較二十一疊減之，適盡。乃各以定母列左右兩行。

右定二十一　　無賸

共較實 |=○一‖　　衍母 |⊥Ⅲ

左定八　衍數‖一　奇||||　乘率||||　賸||||

左定八疊減衍數二十一，奇五。求得乘率五，以乘衍數二十一，得一百〇五。又以賸四乘，得四百二十。滿衍母一百六十八去之，餘八十四爲大實。以減共較實一萬二千〇一十二，餘一萬一千九百二十八爲中實。左定八除中實，得中物一千四百九十一。右定二十一除大實八十四，得大物四。併大物、中物得一千四百九十五，以減總物一千四百六十三，不足三十二爲負小物。以小加率中大較一十三，除負小物三十二，得二，不盡六。乃以三因大小較二十一，得六十三減中。三因中小較八，得二十四加大。三因中大較一十三，得三十九加小。而去其負小物三十二，得中物一千四百二十八、大物二十八、小物七。驗中物小物不應分母，依法加減，同方程用大數草。

定母八，以奇五除，得一爲第一除數，定餘三。以除奇五，得一爲第二除數，奇餘二。以除定餘三，得一爲第三除數，定餘一。以除奇餘二得一爲第四除數，奇餘一。此奇定相求，四除數皆得一，與前草定母一十三所求同，其乘率亦得五，省另求。

題原或問：總題設數之原，輒以之分言之。其上下卷各題以此類推，不隨題備釋，問數及草雖不言分母子，而無一非通分數。

《算經》雞雛三，直錢一，是一雛直三分錢之一也。擬題易雞翁爲大物，雞母爲中物，雞雛爲小物，試以所直爲錢言之。甲、乙、丙、丁、戊、己大物各二十八，以一錢爲二十八分。甲得其五、乙得其二十九、丙得其三十三、丁得其二十五、戊得其四十七、己得其五十五。中物各六十三，以一錢爲六十三分。甲得其八、乙得其六十二、丙得其七十一、丁得其四十、戊得其八十三、己得其六十二。小物各二十一，以一錢爲二十一分。甲得其二、乙得其二十、丙得其二十三、丁得其一十、戊得其二十三、己得其八。共物各一千四百六十三，渾大、中、小諸分而均之，以一錢爲一千四百六十三分。甲得其一百八十七、乙得其一千四百四十一、丙得其一千六百五十、丁得其九百三十五、戊得其一千九百三十六、己得其一千四百六十三。各以等一十一約之，則一錢爲一百三十三分。甲得其一十七、乙得其一百三十一、丙得其一百五十、丁得其八十五、戊得其一百七十六、己得其一百三十三。以各乘其共物一千四百六十三爲共直。甲得二萬四千八百七十一、乙得一十九萬一千六百五十三、丙得二十一萬九千四百五十、丁得一十二萬四千三百五十五、戊得二十五萬七千四百八十八、己得一十九萬四千五百七十九。分母一百三十三各約之，爲共直數。

設有大物甲二、乙二十、丙二十三、丁一十、戊二十三、己八，各直二十一。中物甲八、乙六十二、丙七十一、丁四十、戊八十三、己六十二，各直六十三。小物甲五、乙二十九、丙三十三、丁二十五、戊四十七、己五十五，各直二十八。甲共物一百八十七、乙共物一千四百四十一、丙共物一千六百五十、丁共物九百三十五、戊共物一千九百三十六、己共物一千四百六十三，各共直一千四百六十三。問物大中小各幾何。《知培養》轉《深沈下》。

答曰：大物甲一十八、乙一百八十、丙二百〇七、丁九十、戊二百〇七、己七十二，各直一百八十九。中物甲一百四十四、乙一千一百一十六、丙一千二百七十八、丁七百二十、戊一千四百九十四、己一千一百一十六，各直一千一百三十四。小物甲二十五、乙一百四十五、丙一百六十五、丁一百二十五、戊二百三十五、己二百七十五，各直一百四十。計得九大、一十八中、五小。

又答：大物甲四十四、乙四百四十、丙五百〇六、丁二百二十、戊五百〇六、己一百七十六，各直四百六十二。中物甲八十八、乙六百八十二、丙七百八十一、丁四百四十、戊九百一十三、己六百八十二，各直六百九十三。小物甲五十五、乙三百一十九、丙三百六十三、丁二百七十五、戊五百一十七、己六百〇五，各直三百〇八。計得二十二大、一十一中、一十一小。

又答：大物甲七十、乙七百、丙八百〇五、丁三百五十、戊八百〇五、己二百八十，各直七百三十五。中物甲三十二、乙二百四十八、丙二百八十四、丁一百六十、戊三百三十二、己二百四十八，各直二百五十二。小物甲八十五、乙四百九十三、丙五百六十一、丁四百二十五、戊七百九十九、己九百三十五，各直四百七十六。計得三十五大、四中、一十七小。

直率：大直二十一，約爲三。中直六十三，約爲九。小直二十八，約爲四。以等七相約得直率。

右總題分之得六，如左。

設甲物大二直二十一，中八直六十三，小五直二十八。共物一百八十七，共直一千四百六十三。問物大中小各幾何。《知下》。

答曰：大物一十八，直一百八十九。中物一百四十四，直一千一百三十四。小物二十五，直一百四十。

又答：大物四十四，直四百六十二。中物八十八，直六百九十三。小物五十五，直三百〇八。

又答：大物七十，直七百三十五。中物三十二，直二百五十二。小物八十五，直四百七十六。

直乘率：中、小物八、五相乘得四十，約爲二十。大、小物二、五相乘得一十，約爲五。大、中物二、八相乘得一十六，約爲八。以等二相約得。

約率：大小較二十八、中小較一十三、中大較一十五。以乘率二十乘大直率三，爲六十。乘率五乘中直率九，爲四十五。乘率八乘小直率四，爲三十二。相減而得。

通率：大小較五十六、中小較二十六、中大較三十。以直乘率之等二通約率得之。

如方程

用小數求。

右行小五　中八　共物一百八十七

減盡　減餘　減餘

左行小直二十八　中直六十三　共直一千四百六十三

以左行首位小直二十八偏乘右行，右行首位小五偏乘左行。兩兩相減，上餘九十一爲法。下餘二千〇七十九爲實。除之，得二十二，不盡七十七。以等七約爲一十三分之一十一，通內爲二百九十七，以中分母八乘，得二千三百七十六爲通分中物。亦以法一十三通總物一百八十七，爲二千四百三十一。而以所通中物減之，餘五十五爲通分小物。復以法除通分中物，得中物一百八十二，不盡一十。分母子無等不約，仍通內爲二千三百七十六。依法求中數減較，置大小較二十八，先去其一十，遞加至五較，而除之適盡。乃五因大小較二十八，得一百四十以減中。五因中小較一十三，得六十五以加大。五因中大較一十五，得七十五以加小。得通分中物二千二百三十六、通分大物六十五、通分小物一百三十。復以法各除，得中物一百七十二、大物五、小物一十。中分母八約中物一百七十二，餘四。依法求中分子減較，置大小較二十八，去其四，而約之適盡。徑以大小較二十八減中，中小較一十三加大，中大較一十五加小，得中物一百四十四、大物一十八、小物二十五，爲一答。又以通率大小較五十六減中，中小較二十六加大，中大較三十加小，而得又答。

用大數求。

右行大二　中八　共物一百八十七

減盡　減餘　減餘

左行大直二十一　中直六十三　共直一千四百六十三

以左行首位大直二十一偏乘右行，右行首位大二偏乘左行。兩兩相減，上餘四十二爲法。下餘一千〇〇一爲實。法與中分母求等得二，約中八得四爲乘率。亦約法四十二爲二十一，以除實一千〇〇一，得四十七，不盡一十四。以等七約爲三分之二，通內爲一百四十三。以乘率四乘，得五百七十二爲通分中物。亦以法三通總物一百八十七，爲五百六十一。而以所通中物減之，不足一十一爲通分負大物。大加率中小較一十三，除通分負大物一十一，不滿法。先以大小較二十八減中，中小較一十三加大，中大較一十五加小，而去其負大物一十一，得通分中物五百四十四、通分大物二、通分小物一十五。復以法除通分中物，得一百八十一，不盡一。分母子無等不約，仍通內爲五百四十四。依法求中數減較，置大小較二十八，去其一，而除之適盡。徑以大小較二十八中小較一十三、中大較一十五，各加減之，得通分中物五百一十六、通分大物一十五、通分小物三十。復以法各除，得中物一百七十二、大物五、小物一十。如前草法求之，得數並同。

求一術

先以大二、中八、小五爲三物分母，通共直一千四百六十三，得一十一萬七千〇四十，爲通分總物。

中大較、大小較相求。

中八、小五兩物分母，通大直二十一，得八百四十。以共物一百八十七乘，得一十五萬七千〇八十爲通分大物。以通分總物減，餘四萬〇〇四十。以直乘率之等二、三直之等七，相乘得一十四約之，得二千八百六十爲共較實。中大較一十五疊減之，賸一十大。小較二十八疊減之，賸四。乃各以定母列左右兩行：

右定一十五　衍數‖≡　奇|≡　乘率╥　賸|○　共較實‖≡╥○　衍母||||=○

左定二十八　衍數|≣　奇|≣　乘率|≣　賸||||

右定一十五減衍數二十八，奇一十三。求得乘率七，以乘衍數二十八，得一百九十六。又以賸一十乘，得一千九百六十。滿衍母四百二十去之，餘二百八十爲小實。以減共較實二千八百六十，餘二千五百八十爲中實。右定一十五除中實，得中物一百七十二。左定二十八除小實二百八十，得小物一十。併中物、小物得一百八十二，以減共物一百八十七，餘五爲大物。驗三物皆不應分母，依法加減，同方程用小數草。

定母一十五，以奇一十三除，得一爲第一除數，定餘二。以除奇一十三，得六爲第二除數，奇餘一。立天元一以乘第一除數一，得一爲第一乘數。以乘第二除數六，仍得六，加天元一，得七爲第二乘數，即乘率。

左定二十八以衍數一十五爲奇數，求得乘率一十五，數與右定中大較同。即以賸四爲中物，衍數一十五乘之，得六十爲中實。以減共較實二千八百六十，餘二千八百爲小實。左定二十八除之，得小物一百。併中物小物得一百〇四，以減共物一百八十七，餘八十三爲大物。驗三物皆不應分母，以所得中物四與大小較二十八求等得四，約四得一。徑以大小較二十八加中，中小較一十三減大，中大較一十五減小，得大物七十、中物三十二、小物八十五，爲一答。又以通率大小較五十六加中，中小較二十六減大，中大較三十減小，而得又答。

定母二十八，以奇一十五除，得一爲第一除數，定餘一十三。以除奇一十五，得一爲第二除數，奇餘二。以除定餘一十三，得六爲第三除數，定餘一。以除奇餘二，得一爲第四除數，奇餘一。立天元一，以乘第一除數一，得一爲第一乘數。以乘第二除數一，仍得一，加天元一，得二爲第二乘數。以乘第三除數六，得一十二，加第一乘數一，得一十三爲第三乘數。以乘第四除數一，得一十三，加第二乘數二，得一十五爲第四乘數，即乘率。

大小較、中小較相求。

大二、中八兩物分母通小直二十八，得四百四十八。以共物一百八十七乘，得八萬三千七百七十六爲通分小物。以減通分總物一十一萬七千〇四十，餘三萬三千二百六十四。以直乘率之等二、三直之等七，相乘得一十四約之，得二千三百七十六爲共較實。大小較二十八疊減之，賸二十四。中小較一十三疊減之，賸一十。乃各以定母列左右兩行。

右定二十八　衍數|≡　奇|≡　乘率|≡　賸‖≣　共較實‖≡╥⊥　衍母|||⊤||||

左定一十三　衍數‖≡　奇‖　乘率╥　賸|○

右定二十八以衍數一十三爲奇數，求得乘率一十三，數與左定同。徑以賸二十四乘，得三百一十二。反減衍母三百六十四，餘五十二爲中實。以減共較實二千三百七十六，餘二千三百二十四爲大實。右定二十八除大實，得大物八十三。左定一十三除中實五十二，得中物四。併大物、中物得八十七，以減共物一百八十七，餘一百爲小物。驗三物皆不應分母，依法加減，同左定草。

定母二十八，以奇一十三除，得二爲第一除數，定餘二。以除奇一十三，得六爲第二除數，奇餘一。立天元一，以乘第一除數二，得二爲第一乘數。以乘第二除數六，得一十二，加天元一，得一十三爲第二乘數，即乘率。

左定一十三疊減衍數二十八，奇二。求得乘率七，以乘衍數二十八，得一百九十六。又以賸一十乘，得一千九百六十。滿衍母三百六十四去之，餘一百四十爲大實。以減共較實二千三百七十六，餘二千二百三十六爲中實。右定二十八除大實一百四十，得大物五。左定一十三除中實，得中物一百七十二。併大物、中物得一百七十七，以減共物一百八十七，餘一十爲小物。驗三物皆不應分母，依法加減，同方程用小數草。

定母一十三，以奇二除，得六爲第一除數，定餘一。以除奇二，得一爲第二除數，奇餘一。立天元一，以乘第一除數六，得六爲第一乘數。以乘第二除數一，得六，加天元一，得七爲第二乘數，即乘率。

設乙物大二十直二十一，中六十二直六十三，小二十九直二十八。共物一千四百四十一，共直一千四百六十三。問物大中小各幾何。《培下》。

答曰：大物一百八十，直一百八十九。中物一千一百一十六，直一千一百三十四。小物一百四十五，直一百四十。

又答：大物四百四十，直四百六十二。中物六百八十二，直六百九十三。小物三百一十九，直三百〇八。

又答：大物七百，直七百三十五。中物二百四十八，直二百五十二。小物四百九十三，直四百七十六。

直乘率：中、小物六十二、二十九相乘得一千七百九十八，約爲八百九十九。大、小物二十、二十九相乘得五百八十，約爲二百九十。大、中物二十、六十二相乘得一千二百四十，約爲六百二十。以等二相約得。

約率：大小較二百一十七、中小較一百三十、中大較八十七。以乘率八百九十九乘大直率三，爲二千六百九十七。乘率二百九十乘中直率九，爲二千六百一十。乘率六百二十乘小直率四，爲二千四百八十。相減而得。

通率：大小較四百三十四、中小較二百六十、中大較一百七十四。以直乘率之等二，通約率得之。

如方程

用小數求。

右行小二十九	中六十二 𝍩𝍦𝍫𝍥	共物一千四百四十一 𝍣〇𝍢𝍬𝍧
減盡	減餘 𝍱𝍠	減餘 𝍪〇𝍯𝍨
左行小直二十八	中直六十三 𝍩𝍧𝍪𝍦	共直一千四百六十三 𝍣𝍪𝍣𝍪𝍦

以左行首位小直二十八偏乘右行，右行首位小二十九偏乘左行。兩兩相減，上餘九十一爲法。下餘二千〇七十九爲實。除之，得二十二，不盡七十七。以等七約爲一十三分之一十一，通內爲二百九十七。以中分母六十二乘，得一萬八千四百一十四爲通分中物。亦以法一十三通總物一千四百四十一，爲一萬八千七百三十三。而以所通中物減之，餘三百一十九爲通分小物。復以法除通分中物，得中物一千四百一十六，不盡六。分母子無等不約，仍通內爲一萬八千四百一十四。乃依法求中數減較，置大小較二百一十七，先去其六，遞加至五較，而除之適盡。五因大小較二百一十七，得一千〇八十五以減中。五因中小較一百三十，得六百五十以加大。五因中大較八十七，得四百三十五以加小。得通分中物一萬七千三百二十九，通分大物六百五十，通分小物七百五十四。復以法各除，得中物一千三百三十三、大物五十、小物五十八。中分母六十二約中物一千三百三十三，餘三十一。依法求中分子減較，置大小較二百一十七，去三十一，而約之適盡。徑以大小較二百一十七減中，中小較一百三十加大，中大較八十七加小，得中物一千一百一十六、大物一百八十、小物一百四十五，爲一答。又以通率大小較四百三十四減中，中小較二百六十加大，中大較一百七十四加小，而得又答。

用大數求。

右行大二十 𝍣𝍪	中六十二 𝍩𝍢〇𝍡	共物一千四百四十一 𝍢〇𝍡𝍮𝍠
減盡	減餘 𝍬𝍡	減餘 𝍩〇〇𝍠
左行大直二十一 𝍣𝍪〇	中直六十三 𝍩𝍡𝍮〇	共直一千四百六十三 𝍡𝍱𝍡𝍮〇

以左行首位大直二十一偏乘右行，右行首位大二十偏乘左行。兩兩相減，上餘四十二爲法。下餘一千〇〇一爲實。法與中分母求等得二，約中六十二得三十一爲乘率。亦約法四十二爲二十一，以除實一千〇〇一，得四十七，不盡一十四。以等七約爲三分之二，通內爲一百四十三。以乘率三十一乘，得四千四百三十三爲通分中物。亦以法三通總物一千四百四十一，爲四千三百二十三。而以所通中物減之，不足一百一十，爲通分負大物。大加率中小較一百三十，除通分負大物一百一十，不滿法。先以大小較二百一十七減中，中小較一百三十加大，中大較八十七加小，而去其負大物一百一十，得通分中物四千二百一十六、通分大物二十、通分小物八十七。復以法除通分中物，得一千四百〇五，不盡一。分母子無等不約，仍通內爲四千二百一十六。依法求中數減較，置大小

較二百一十七,去其一,而除之適盡。徑以大小較二百一十七、中小較一百三十、中大較八十七,各加減之,得通分中物三千九百九十九、通分大物一百五十、通分小物一百七十四。復以法各除,得中物一千三百三十三、大物五十、小物五十八。如前草法求之,得數並同。

求一術

先以大二十、中六十二、小二十九爲三物分母,通共直一千四百六十三,得五千二百六十萬〇九千四百八十,爲通分總物。

中大較、大小較相求。

中六十二、小二十九兩物分母,通大直二十一,得三萬七千七百五十八。以共物一千四百四十一乘,得五千四百四十萬〇九千二百七十八爲通分大物。以通分總物減,餘一百七十九萬九千七百九十八。以直乘率之等二、三直之等七,相乘得一十四約之,得一十二萬八千五百五十七爲共較實。中大較八十七疊減之,賸五十八。大小較二百一十七疊減之,賸九十三。乃各以定母列左右兩行。

右定八十七　衍數 𝍡𝍩𝍦　奇 𝍣𝍫　乘率 𝍧𝍭　賸 𝍤𝍰

共較實 𝍠𝍪𝍧𝍭𝍤𝍯　衍母 𝍠𝍰𝍧𝍯𝍨

左定二百一十七　衍數 𝍧𝍯　奇 𝍧𝍯　乘率 𝍤　賸 𝍨𝍫

右定八十七疊減衍數二百一十七,奇四十三。求得乘率八十五,以乘衍數二百一十七,得一萬八千四百四十五。又以賸五十八乘,得一百〇六萬八千八百一十。滿衍母一萬八千八百七十九去之,餘一萬二千五百八十六爲小實。以減共較實一十二萬八千五百五十七,餘一十一萬五千九百七十一爲中實。右定八十七除中實,得中物一千三百三十三。左定二百一十七除小實一萬二千五百八十六,得小物五十八。併中物、小物得一千三百九十一,以減共物一千四百四十一,餘五十爲大物。驗三物皆不應分母,依法加減,同方程用小數草。

定母八十七,以奇四十三除,得二爲第一除數,定餘一。以除奇四十三,得四十二爲第二除數,奇餘一。立天元一,以乘第一除數二,得二爲第一乘數。以乘第二除數四十二,得八十四,加天元一,得八十五爲第二乘數,即乘率。

左定二百一十七,以衍數八十七爲奇數。求得乘率五,以乘衍數八十七,得四百三十五。又以賸九十三乘,得四萬〇四百五十五。滿衍母一萬八千八百七十九去之,餘二千六百九十七爲中實。以減共較實一十二萬八千五百五十七,餘一十二萬五千八百六十爲小實。左定二百一十七除小實,得小物五百八十。右定八十七除中實二千六百九十七,得中物三十一。併中物、小物得六百一十一,以減共物一千四百四十一,餘八百三十爲大物。驗大物、中物不應分母,以所得中物三十一,與大小較二百一十七求等,得三十一,約三十一得一。徑以大小較二百一十七加中,中小較一百三十減大,中大較八十七減小,得大物七百、中物二百四十八、小物四百九十三,爲一答。又以通率大小較四百三十四加中,中小較二百六十減大,中大較一百七十四減小,而得又答。

定母二百一十七,以奇八十七除,得二爲第一除數,定餘四十三。以除奇八十七,得二爲第二除數,奇餘一。立天元一,以乘第一除數二,得二爲第一乘數。以乘第二除數二,得四,加天元一,得五爲第二乘數,即乘率。

大小較、中小較相求。

大二十、中六十二兩物分母,通小直二十八,得三萬四千七百二十。以共物一千四百四十一乘,得五千〇〇三萬一千五百二十爲通分小物。以減通分總物五千二百六十萬〇九千四百八十,餘二百五十七萬七千九百六十。以直乘率之等二、三直之等七,相乘得一十四約之,得一十八萬四千一百四十爲共較實。大小較二百一十七疊減之,賸一百二十四。中小較一百三十疊減之,賸六十。乃各以定母列左右兩行。

右定二百一十七　衍數 𝍠𝍫〇　奇 𝍠𝍫〇　乘率 𝍡𝍩𝍡　賸 𝍠𝍪𝍣

共較實 𝍠𝍰𝍣𝍩𝍣〇　衍母 𝍡𝍰𝍡𝍩〇

左定一百三十　衍數 𝍡𝍩𝍦　奇 𝍧𝍯　乘率 𝍢　賸 𝍮〇

右定二百一十七,以衍數一百三十爲奇數。求得乘率二百一十二,以乘衍數一百三十,得二萬七千五百六十。又以賸一百二十四乘,得三百四十一萬七千四百四十。滿衍母二萬八千二百一十去之,餘四千〇三十爲中實。以減共較實一十八萬四千一百四十,餘一十八萬〇一百一十爲大實。右定二百一十七除大實，得大物八百三十。左定一百三十除中實四千〇三十，得中物三十一。併大物、中物得八百六十一，以減共物一千四百四十一，餘五百八十爲小物。驗大物、中物不應分母，依法加減，同左定草。

定母二百一十七，以奇一百三十除，得一爲第一除數，定餘八十七。以除奇一百三十，得一爲第二除數，奇餘四十三。以除定餘八十七，得二爲第三除數，定餘一。以除奇餘四十三，得四十二爲第四除數，奇餘一。立天元一，以乘第一除數一，得一爲第一乘數。以乘第二除數一，仍得一，加天元一，得二爲第二乘數。以乘第三除數二，得四，加第一乘數一，得五爲第三乘數。以乘第四除數四十二，得二百一十，加第二乘數二，得二百一十二爲第四乘數，即乘率。

左定一百三十減衍數二百一十七，奇八十七。求得乘率三，以乘衍數二百一十七，得六百五十一。又以臜六十乘，得三萬九千〇六十。滿衍母二萬八千二百一十去之，餘一萬〇八百五十爲大實。以減共較實一十八萬四千一百四十，餘一十七萬三千二百九十爲中實。左定一百三十除中實，得中物一千三百三十三。右定二百一十七除大實一萬〇八百五十，得大物五十。併大物、中物得一千三百八十三，以減共物一千四百四十一，餘五十八爲小物。驗大物、中物不應分母，依法加減，同方程用小數草。

定母一百三十，以奇八十七除，得一爲第一除數，定餘四十三。以除奇八十七，得二爲第二除數，奇餘一。立天元一，以乘第一除數一，得一爲第一乘數。以乘第二除數二，仍得二，加天元一，得三爲第二乘數，即乘率。

設丙物大二十三直二十一，中七十一直六十三，小三十三直二十八。共物一千六百五十，共直一千四百六十三。問物大中小各幾何。《養下》

答曰：大物二百〇七，直一百八十九。中物一千二百七十八，直一千一百三十四。小物一百六十五，直一百四十。

又答：大物五百〇六，直四百六十二。中物七百八十一，直六百九十三。小物三百六十三，直三百〇八。

又答：大物八百〇五，直七百三十五。中物二百八十四，直二百五十二。小物五百六十一，直四百七十六。

大小較四百九十七、中小較二百九十九、中大較一百九十八。以中七十一、小三十三乘大直率三，爲七千〇二十九。大二十三、小三十三乘中直率九，爲六千八百三十一。大二十三、中七十一乘小直率四，爲六千五百三十二。相減而得。

如方程用小數求。

右行小三十三　　中七十一　　共物一千六百五十

左行小直二十八　　中直六十三　　共直一千四百六十三

減盡　　減餘　　減餘

以左行首位小直二十八偏乘右行，右行首位小三十三偏乘左行。兩兩相減，上餘九十一爲法。下餘二千〇七十九爲實。除之，得二十二，不盡七十七。以等七約第一十三分之一十一，通内爲二百九十七。以中分母七十一乘，得二萬一千〇八十七爲通分中物。亦以法一十三通總物一千六百五十，爲二萬一千四百五十。而以所通中物減之，餘三百六十三爲通分小物。復以法除通分中物，得中物一千六百二十二，不盡一。分母子無等不約，仍通内爲二萬一千〇八十七。依法求中數減較，置大小較四百九十七，先去其一，遞加至九較，而除之適盡。乃九因大小較四百九十七，得四千四百七十三以減中。九因中小較二百九十九，得二千六百九十一以加大。九因中大較一百九十八，得一千七百八十二以加小。得通分中物一萬六千六百一十四。通分大物二千六百九十一。通分小物二千一百四十五。復以法各除，得中物一千二百七十八、大物二百〇七、小物一百六十五，爲一答。又各以較數加減三物，而得又答。

用大數求。

右行大二十三　　中七十一　　共物一千六百五十

左行大直二十一　　中直六十三　　共直一千四百六十三

減盡　　減餘　　減餘

以左行首位大直二十一偏乘右行，右行首位大二十三偏乘左行。兩兩相減，上餘四十二爲法。下餘一千〇〇一爲實。除之，得二十三，不盡三十五。以等七約爲六分之五，通內得一百四十三。以中分母七十一乘，得一萬〇一百五十三。以法六除，得一千六百九十二，不盡一。分母子無等不約，仍通內爲一萬〇一百五十三爲通分中物。亦以法六通總物一千六百五十，爲九千九百。而以所通中物減之，不足二百五十三爲通分負大物。大加率中小較二百九十九，除通分負大物二百五十三，不滿法。先以大小較四百九十七減中，中小較二百九十加大，中大較一百九十八加小，而去其負大物二百五十三，得通分中物九千六百五十六，通分大物四十六通分小物一百九十八。復以法六除通分中物，得一千六百〇九，不盡二。分母子無等不約，仍通內爲九千六百五十六。依法求中數減較，置大小較四百九十七，先去其二，遞加至四較，而除之適盡。乃四因大小較四百九十七，得一千九百八十八以減中。四因中小較二百九十九，得一千一百九十六以加大。四因中大較一百九十八，得七百九十二以加小。得通分中物七千六百六十八，通分大物一千二百四十二，通分小物九千九百。復以法各除，得中物一千二百七十八，大物二百〇七，小物一百六十五，爲一答。又各以較數加減三物，而得又答。

求一術

先以大二十三、中七十一、小三十三爲三物分母，通共直一千四百六十三，得七千八百八十三萬九千六百〇七，爲通分總物。

中大較、大小較相求。

中七十一、小三十三兩物分母，通大直二十一，得四萬九千二百〇三。以共物一千六百五十乘，得八千一百一十八萬四千九百五十爲通分大物。以通分總物減，餘二百三十四萬五千三百四十三。以三直之等七約之，得三十三萬五千〇四十九爲共較實。中大較一百九十八疊減之，朓三十三。大小較四百九十七疊減之，朓七十一。乃各以定母列左右兩行。

	定	衍數	奇	乘率	朓
右	一百九十八	𝍣𝍱𝍦	𝍠〇𝍠	𝍠𝍬𝍨	𝍫𝍢
左	四百九十七	𝍠𝍱𝍧	𝍠𝍱𝍧	𝍠𝍪𝍢	𝍯𝍠

共較實 𝍫𝍢𝍭〇𝍬𝍨

衍母 𝍨𝍰𝍣〇𝍥

右定一百九十八疊減衍數四百九十七，奇一百〇一。求得乘率一百四十九，以乘衍數四百九十七，得七萬四千〇五十三。又以朓三十三乘，得二百四十四萬三千七百四十九。滿衍母九萬八千四百〇六去之，餘八萬二千〇〇五爲小實。以減共較實三十三萬五千〇四十九，餘二十五萬三千〇四十四爲中實。右定一百九十八除中實，得中物一千二百七十八。左定四百九十七除小實八萬二千〇〇五，得小物一百六十五。併中物、小物得一千四百四十三，以減共物一千六百五十，餘二百〇七爲大物，得一答。又各以較數加減三物，而得又答。

定母一百九十八，以奇一百〇一除，得一爲第一除數，定餘九十七。以除奇一百〇一，得一爲第二除數，奇餘四。以除定餘九十七，得二十四爲第三除數。定餘一，以除奇數四，得三爲第四除數，奇餘一。立天元一，以乘第一除數一，得一爲第一乘數。以乘第二除數一，仍得一，加天元一，得二爲第二乘數。以乘第三除數二十四，得四十八，加第一乘數一，得四十九爲第三乘數。以乘第四除數三，得一百四十七，加第二乘數二，得一百四十九爲第四乘數，即乘率。

左定四百九十七，以衍數一百九十八爲奇數。求得乘率一百二十三，以乘衍數一百九十八，得二萬四千三百五十四。又以朓七十一乘，得一百七十二萬九千一百三十四。滿衍母九萬八千四百〇六去之，餘五萬六千二百三十二爲中實。以減共較實三十三萬五千〇四十九，餘二十七萬八千八百一十七爲小實。左定四百九十七除小實，得小物五百六十一。右定一百九十八除中實五萬六千二百三十二，得中物二百八十四。併中物、小物得八百四十五，以減共物一千六百五十，餘八百〇五爲大物，得一答。又以大小較四百九十七加中，中小較二百九十九加大，中大較一百九十八加小，而得又答。

定母四百九十七，以奇一百九十八除，得二爲第一除數，定餘一百〇一。以除奇一百九十八，得一爲第二除數，奇餘九十七。以除定餘一百〇一，得一爲第三除數，定餘四。以除奇餘九十七，得二十四爲第四除數，奇餘一。立天元一，以乘第一除數二，得二爲第一乘數。以乘第二除數一，得一，加天元一，得二爲第二乘數。以乘第三除數一，得三，加第一乘數二，得五爲第三乘數。以乘第四除數二十四，得一百二十，加第二乘數三，得一百二十三爲第四乘數，即乘率。

大小較、中小較相求。

大二十三、中七十一兩物分母，通小直二十八，得四萬五千七百二十四。以共物一千六百五十乘，得七千五百四十四萬四千六百爲通分小物。以減通分總物七千八百八十三萬九千六百〇七，餘三百三十九萬五千〇〇七。以直率之等七約之，得四十八萬五千〇〇一爲共較實。大小較四百九十七疊減之，賸四百二十六。中小較二百九十九疊減之，賸二十三。乃各以定母列左右兩行。

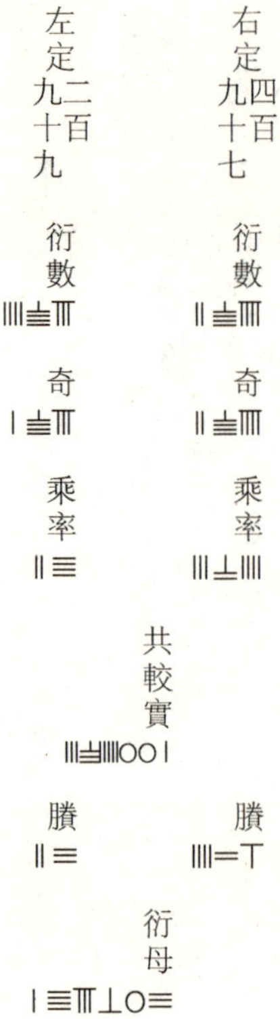

右定四百九十七以衍數二百九十九爲奇數，求得乘率三百七十四，以乘衍數二百九十九，得一十一萬一千八百二十六。又以賸四百二十六乘，得四千七百六十三萬七千八百七十六。滿衍母一十四萬八千六百〇三去之，餘八萬四千九百一十六爲中實。以減共較實四十八萬五千〇〇一，餘四十萬〇〇〇八十五爲大實。右定四百九十七除大實，得大物八百〇五。左定二百九十九除中實八萬四千九百一十六，得中物二百八十四。併大物、中物得一千〇八十九，以減共物一千六百五十，餘五百六十一爲小物，得一答。又各以較數加減三物，而得又答。

定母四百九十七，以奇二百九十九除，得一爲第一除數，定餘一百九十八。以除奇二百九十九，得一爲第二除數，奇餘一百〇一。以除定餘一百九十八，得一爲第三除數，定餘九十七。以除奇餘一百〇一，得一爲第四除數，奇餘四。以除定餘九十七，得二十四爲第五除數，定餘一。以除奇餘四，得三爲第六除數，奇餘一。立天元一，以乘第一除數一，得一爲第一乘數。以乘第二除數一，仍得一，加天元一，得二爲第二乘數。以乘第三除數一，得二，加第一乘數一，得三爲第三乘數。以乘第四除數一，得三，加第二乘數二，得五爲第四乘數。以乘第五除數二十四，得一百二十，加第三乘數三，得一百二十三爲第五乘數。以乘第六除數三，得三百六十九，加第四乘數五，得三百七十四爲第六乘數，即乘率。

左定二百九十九，減衍數四百九十七，奇一百九十八。求得乘率七十四，以乘衍數四百九十七，得三萬六千七百七十八。又以賸二十三乘，得八十四萬五千八百九十四。滿衍母一十四萬八千六百〇三去之，餘一十萬〇二千八百七十九爲大實。以減共較實四十八萬五千〇〇一，餘三十八萬二千一百二十二爲中實。左定二百九十九除中實，得中物一千二百七十八。右定四百九十七除大實一十萬〇二千八百七十九，得大物二百〇七。併大物、中物得一千四百八十五，以減共物一千六百五十，餘一百六十五爲小物，得一答。又各以較數加減三物，而得又答。

定母二百九十九，以奇一百九十八除，得一爲第一除數，定餘一百〇一。以除奇一百九十八，得一爲第二除數，奇餘九十七。以除定餘一百〇一，得一爲第三除數，定餘四。以除奇餘九十七，得二十四爲第四除數，奇餘一。立天元一，以乘第一除數一，得一爲第一乘數。以乘第二除數一，仍得一，加天元一，得二爲第二乘數。以乘第三除數一，得二，加第一乘數一，得三爲第三乘數。以乘第四除數二十四，得七十二，加第二乘數二，得七十四爲第四乘數，即乘率。

設丁物大一十直二十一，中四十直六十三，小二十五直二十八。共物九百三十五，共直一千四百六十三。問物大中小各幾何。《轉下》。

答曰：大物九十，直一百八十九。中物七百二十，直一千一百三十四。小物一百二十五，直一百四十。

又答：大物二百二十，直四百六十二。中物四百四十，直六百九十三。小物二百七十五，直三百〇八。

又答：大物三百五十，直七百三十五。中物一百六十，直二百五十二。小物四百二十五，直四百七十六。

物率：大一十，約爲二。中四十，約爲八。小二十五，約爲五。以等五相約得。

直乘率：中、小物率八、五相乘得四十，約爲二十。大、小物率二、五相乘得一十，約爲五。大、中物率二、八相乘得一十六，約爲八。以等二相約得。

約率：大小較二十八、中小較一十三、中大較一十五。以乘率二十乘大直率三，爲六十。乘率五乘中直率九，爲四十五。乘率八乘小直率四，爲三十二。

相減而得。

通率：大小較二百八十、中小較一百三十、中大較一百五十。以三物之等五，三直乘率之等二，通約率得之。

如方程

用小數求。

右行小二十五 𝍦〇〇　中四十 𝍠𝍩𝍡𝍪　共物九百三十五 𝍡𝍮𝍠𝍰〇

減盡　減餘 𝍣𝍭𝍤　減餘 𝍠〇𝍢𝍫𝍤

左行小直二十八 𝍦〇〇　中直六十三 𝍠𝍭𝍦𝍭　共直一千四百六十三 𝍢𝍮𝍤𝍯𝍤

以左行首位小直二十八偏乘右行，右行首位小二十五偏乘左行。兩兩相減，上餘四百五十五爲法。下餘一萬〇三百九十五爲實。法與中分母求等，得五。約中四十，得八爲乘率。亦約法四百五十五，爲九十一。以除實一萬〇三百九十五，得一百一十四，不盡二十一。以等七約爲一十三分之三，通內爲一千四百八十五。以乘率八乘，得一萬一千八百八十爲通分中物。亦以法一十三通總物九百三十五，爲一萬二千一百五十五。而以所通中物減之，餘二百七十五爲通分小物。復以法除通分中物，得中物九百一十三，不盡一十一。分母子無等不約，仍通內爲一萬一千八百八十。依法求中數減較，置大小較二十八，先去其一十一，遞加至一十二較，而除之適盡。乃以一十二乘大小較二十八，得三百三十六以減中。乘中小較一十三，得一百五十六以加大。乘中大較一十五，得一百八十以加小。得通分中物一萬一千五百四十四、通分大物一百五十六、通分小物四百五十五。復以法各除，得中物八百八十八、大物一十二、小物三十五。中分母四十約中物八百八十八，餘八。依法求中分子減較，置大小較二十八，先去其八，遞加至六較，而除之適盡。乃六因大小較二十八，得一百六十八減中。六因中小較一十三，得七十八加大。六因中大較一十五，得九十加小。得中物七百二十、大物九十、小物一百二十五，爲一答。又以通率大小較二百八十減中，中小較一百三十加大，中大較一百五十加小，而得又答。

用大數求。

右行大一十 𝍡𝍩〇　中四十 𝍧𝍬〇　共物九百三十五 𝍠𝍱𝍥𝍫𝍤

減盡　減餘 𝍡𝍩〇　減餘 𝍤〇〇𝍭

左行大直二十一 𝍡𝍩〇　中直六十三 𝍥𝍫〇　共直一千四百六十三 𝍠𝍬𝍥𝍫〇

以左行首位大直二十一偏乘右行，右行首位大一十偏乘左行。兩兩相減，上餘二百一十爲法，下餘五千〇〇五爲實。法與中分母求等得一十，約中四十得四爲乘率。亦約法二百一十爲二十一，以除實五千〇〇五，得二百三十八，不盡七。以等七約爲三分之一，通內爲七百一十五。以乘率四乘，得二千八百六十爲通分中物。亦以法三通總物九百三十五，爲二千八百〇五。而以所通中物減之，不足五十五爲通分負大物。大加率中小較一十三，除通分負大物五十五，得四，不盡三。乃五因大小較二十八，得一百四十減中。五因中小較一十三，得六十五加大。五因中大較一十五，得七十五加小。而去其負大物五十五，得通分中物二千七百二十、通分大物一十、通分小物七十五。復以法除通分中物，得九百〇六，不盡二。分母子無等不約，仍通內爲二千七百二十。依法求中數減較，置大小較二十八，先去其二，又加一較，而除之適盡。乃倍大小較二十八，得五十六以減中。倍中小較一十三，得二十六以加大。倍中大較一十五，得三十以加小。得通分中物二千六百六十四、通分大物三十六、通分小物一百〇五。復以法各除，得中物八百八十八、大物一十二、小物三十五。如前草法求之，得數並同。

求一術

先以大一十、中四十、小二十五爲三物分母，通共直一千四百六十三，得一千四百六十三萬爲通分總物。

中大較、大小較相求。

中四十、小二十五兩物分母，通大直二十一，得二萬一千。以共物九百三十五乘，得一千九百六十三萬五千爲通分大物。以通分總物減，餘五百萬〇〇五千。以三直乘率之等五十、中四十、小二十五相乘，得一千爲大直乘率。大一十、小二十五相乘，得二百五十爲中直乘率。大一十、中四十相乘，得四百爲小直乘率。相求等得五十。三直之等七，相乘得三百五十約之，得一萬四千三百爲共較實。中大較一十五右定二百八十二疊減衍數五百八十一，奇一十七。求得乘率八十三，以乘衍數五百八十一，得四萬八千二百二十三。又以賸四十七乘，得二百二十六萬六千四百八十一。滿衍母一十六萬三千八百四十二去之，餘一十三萬六千五百三十五爲小實。以減共較實五十五萬七千八百四十三，餘四十二萬一千三百〇八爲中實。右定二百八十二除中實，得中物一千四百九十四。左定五百八十一除小實一十三萬六千五百三十五，得小物二百三十五。併中物、小物得一千七百二十九，以減共物一千九百三十六，餘二百〇七爲大物，得一答。又各以較數加減三物，而得又答。

定母二百八十二，以奇一十七除，得一十六爲第一除數，定餘一十。以除奇一十七，得一爲第二除數，奇餘七。以除定餘一十，得一爲第三除數，定餘三。以除奇餘七，得二爲第四除數，奇餘一。立天元一，以乘第一除數一十六，得一十六爲第一乘數。以乘第二除數一，得一十六，加天元一，得一十七爲第二乘數。以乘第三除數一，得一十七，加第一乘數一十六，得三十三爲第三乘數。以乘第四除數二，得六十六，加第二乘數一十七，得八十三爲第四乘數，即乘率。

左定五百八十一，以衍數二百八十二爲奇數。求得乘率四百一十，以乘衍數二百八十二，得一十一萬五千六百二十。又以賸八十三乘，得九百五十九萬六千四百六十。滿衍母一十六萬三千八百四十二去之，餘九萬三千六百二十四爲中實。以減共較實五十五萬七千八百四十三，餘四十六萬四千二百一十九爲小實。左定五百八十一除小實，得小物七百九十九。右定二百八十二除中實九萬三千六百二十四，得中物三百三十二。併中物、小物得一千一百三十一，以減共物一千九百三十六，餘八百〇五爲大物，得一答。又以大小較五百八十一加中，中小較二百九十九減大，中大較二百八十二減小，而得又答。

定母五百八十一，以奇二百八十二除，得二爲第一除數，定餘一十七。以除奇二百八十二，得一十六爲第二除數，奇餘一十。以除定餘一十七，得一爲第三除數，定餘七。以除奇餘一十，得一爲第四除數，奇餘三。以除定餘七，得二爲第五除數，定餘一。以除奇餘三，得三爲第六除數，奇餘一。立天元一，以乘第一除數二，得二爲第一乘數。以乘第二除數一十六，得三十二，加天元一，得三十三爲第二乘數。以乘第三除數一，得三十三，加第一乘數二，得三十五爲第三乘數。以乘第四除數一，得三十五，加第二乘數三十三，得六十八爲第四乘數。以乘第五除數二，得一百三十六，加第三乘數三十五，得一百七十一爲第五乘數。以乘第六除數二，得三百四十二，加第四乘數六十八，得四百一十爲第六乘數，即乘率。

大小較、中小較相求。

大二十三、中八十三兩物分母，通小直二十八，得五萬三千四百五十二。以共物一千九百三十六乘，得一億〇三百四十八萬三千〇七十二爲通分小物。以減通分總物一億三千一百二十六萬四千七百四十九，餘二千七百七十八萬一千六百七十七。以四十九約，得五十六萬六千九百七十三爲共較實。大小較五百八十一疊減之，賸四百九十八。中小較二百九十九疊減之，賸六十九。乃各以定母列左右兩行。

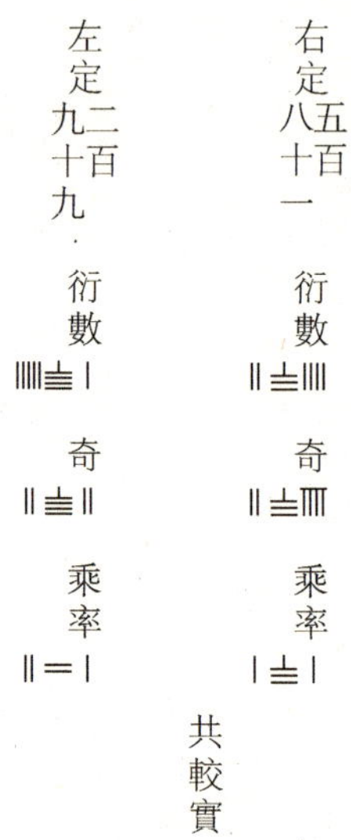

右定五百八十一，以衍數二百九十九爲奇數。求得乘率一百七十一，以乘衍數二百九十九，得五萬一千一百二十九。又以賸四百九十八乘，得二千五百四十六萬二千二百四十二。滿衍母一十七萬三千七百一十九去之，餘九萬九千二百六十八爲中實。以減共較實五十六萬六千九百七十三，餘四十六萬七千七百〇五爲大實，右定五百八十一除大實，得大物八百〇五。左定二百九十九除中實九萬九千二百六十八，得中物三百三十二。併大物、中物得一千一百三十七，以減共物一千九百三十六，餘七百九十九爲小物，得一答。又以大小較五百八十一加中，中小較二百九十九減大，中大較二百八十二減小，而得又答。

定母五百八十一，以奇二百九十九除，得一爲第一除數，定餘二百八十二。以除奇二百九十九，得一爲第二除數，奇餘一十七。以除定餘二百八十二，得一十六爲第三除數，定餘一十。以除奇餘一十七，得一爲第四除數，奇餘七。以除定餘一十，得一爲第五除數，定餘三。以除奇餘七，得二爲第六除數，奇餘一。立天元一，以乘第一除數一，得一爲第一乘數。以乘第二除數一，仍得一，加天元一，得二爲第二乘數。以乘第三除數一十六，得三十二，加第一乘數一，得三十三爲第三乘數。以乘第四除數一，仍得三十三，加第二乘數二，得三十五爲第四乘數。以乘第五除數一，得三十五，加第三乘數三十三，得六十八爲第五乘數。以乘第六除數二，得一百三十六，加第四乘數三十五，得一百七十一爲第六乘數，即乘率。

左定二百九十九，減衍數五百八十一，奇二百八十二。求得乘率二百一十一，以乘衍數五百八十一，得一十二萬二千五百九十一。又以朓六十九乘，得八百四十五萬八千七百七十九。滿衍母一十七萬三千七百一十九去之，餘一十二萬〇二百六十七爲大實。以減共較實五十六萬六千九百七十三，餘四十四萬六千七百〇六爲中實。左定二百九十九除中實，得中物一千四百九十四。右定五百八十一除大實一十二萬〇二百六十七，得大物二百〇七。併大物、中物得一千七百〇一，以減共物一千九百三十六，餘二百三十五爲小物，得一答。依法加減，同方程用小數草。

定母二百九十九，以奇二百八十二除，得一爲第一除數，定餘一十七。以除奇二百八十二，得一十六爲第二除數，奇餘一十。以除定餘一十七，得一爲第三除數，定餘七。以除奇餘一十，得一爲第四除數，奇餘三。以除定餘七，得二爲第五除數，定餘一。以除奇餘三，得二爲第六除數，奇餘一。立天元一，以乘第一除數一，得一爲第一乘數。以乘第二除數一十六，仍得一十六，加天元一，得一十七爲第二乘數。以乘第三除數一，得一十七，加第一乘數一，得一十八爲第三乘數。以乘第四除數一，得一十八，加第二乘數一十七，得三十五爲第四乘數。以乘第五除數二，得七十，加第三乘數一十八，得八十八爲第五乘數。以乘第六除數二，得一百七十六，加第四乘數三十五，得二百一十一爲第六乘數，即乘率。

設己物大八直二十一，中六十二直六十三，小五十五直二十八。共物一千四百六十三，共直一千四百六十三。問物大中小各幾何。《沈下》。

答曰：大物七十二，直一百八十九。中物一千一百一十六，直一千一百三十四。小物一百七十五，直一百四十。

又答：大物一百七十六，直四百六十二。中物六百八十二，直六百九十三。小物六百〇五，直三百〇八。

又答：大物二百八十，直七百三十五。中物二百四十八，直二百五十二。小物九百三十五，直四百七十六。

直乘率：中、小物六十二、五十五相乘得三千四百一十，約爲一千七百〇五。大、小物八、五十五相乘得四百四十，約爲二百二十。大、中物八、六十二相乘得四百九十六，約爲二百四十八。以等二相約得。

約率：大小較二百一十七、中小較五十二、中大較一百六十五。以乘率一千七百〇五乘大直率三，爲五千一百一十五。乘率二百二十乘中直率九，爲一千九百八十。乘率二百四十八乘小直率四，爲九百九十二。相減得大小較四千一百二十三、中小較九百八十八、中大較三千一百三十五。又求等得一十九約之。

通率：大小較四百三十四、中小較一百〇四、中大較三百三十。以直乘率之等二，通約率得之。

如方程

用小數求。

右行小五十五　中六十二　共物一千四百六十三

減盡　減餘　減餘

左行小直二十八　中直六十三　共直一千四百六十三

以左行首位小直二十八偏乘右行，右行首位小五十五偏乘左行。兩兩相減，上餘一千七百二十九爲法。下餘三萬九千五百〇一爲實。除之，得二十二，不盡一千四百六十三。以等一百三十三約爲一十三分之一十一，通內爲二百九十七。以中分母六十二乘，得一萬八千四百一十四爲通分中物。亦以法一十三通總物一千四百六十三，爲一萬九千〇一十九。而以所通中物減之，餘六百〇五爲通分小物。復以法除通分中物，得中物一千四百一十六，不盡六。分母子無等不約，仍通內爲一萬八千四百一十四。依法求中數減較，置大小較二百一十七，先去其六，遞加至五較，而除之適盡。乃五因大小較二百一十七，得一千〇八十五以減中。五因中小較五十二，得二百六十以加大。五因中大較一百六十五，得八百二十五以加小。得通分中物一萬七千三百二十九、通分大物二百六十、通分小物一千四百三十。復以法各除，得中物一千三百三十三、大物二十、小物一百一十。中分母六十二約中物一千三百三十三，餘三十一。依法求中分子減較，置大小較二百一十七，去三十一，而約之適盡。徑以大小較二百一十七減中，中小較五十二加大，中大較一百六十五加小，得中物一千一百一十六、大物七十二、小物二百七十五，爲一答。又以通率大小較四百三十四減中中小較一百〇四加大中大較三百三十加小而得又答用大數求。

右行大八 丨⊥Ⅲ　中六十二 丨≡〇═　共物一千四百六十三 ‖‖〇⊤═‖‖
減盡　減餘 ⊤≣Ⅲ　減餘 丨≣〇一Ⅲ
左行大直二十一 丨⊥Ⅲ　中直六十三 ‖‖〇‖‖　共直一千四百六十三 丨⊤〇‖‖

以左行首位大直二十一偏乘右行，右行首位大八偏乘左行。兩兩相減，上餘七百九十八爲法。下餘一萬九千〇一十九爲實。法與中分母求等得二，約中六十二得三十一爲乘率。亦約法七百九十八，爲三百九十九。以除實一萬九千〇一十九，得四十七，不盡二百六十六。以等一百三十三約爲三分之二，通內爲一百四十三。以乘率三十一乘，得四千四百三十三爲通分中物。亦以法三通總物一千四百六十三，爲四千三百八十九。而以所通中物減之，不足四十四爲通分負大物。大加率中小較五十二，除通分負大物四十四，不滿法。先以大小較二百一十七減中，中小較五十二加大，中大較一百六十五加小。而去其負大物四十四，得通分中物四千二百一十六、通分大物八、通分小物一百六十五。復以法除通分中物，得一千四百〇五，不盡一。分母子無等不約，仍通內爲四千二百一十六。依法求中數減較，置大小較二百一十七，去其一而除之適盡。徑以大小較二百一十七減中，中小較五十二加大，中大較一百六十五加小，得通分中物三千九百九十九、通分大物六十、通分小物三百三十。復以法各除，得中物一千三百三十三、大物二十、小物一百一十。如前草法求之，得數並同。

求一術

先以大八、中六十二、小五十五爲三物分母，通共直一千四百六十三，得三千九百九十一萬〇六百四十爲通分總物。

中大較、大小較相求。

中六十二、小五十五兩物分母，通大直二十一，得七萬一千六百一十。以共物一千四百六十三乘，得一億〇四百七十六萬五千四百三十爲通分大物。以通分總物減，餘六千四百八十五萬四千七百九十。以三直乘率之等二、三直之等七、三較之等一十九連乘，得二百六十六約之，得二十四萬三千八百一十五爲共較實。中大較一百六十五疊減之，賸一百一十。大小較二百一十七疊減之，賸一百二十四。乃各以定母列左右兩行。

右定一百六十五　衍數 ‖一⊤　奇 ‖‖═　乘率 ⊤≡　共較實 ‖≡‖≡⊥丨≡　賸 丨一〇　衍母 ‖‖≡⊤〇‖‖
左定二百一十七　衍數 □□□　奇 □□□　乘率 丨═丨　賸 丨═‖‖

右定一百六十五減衍數二百一十七，奇五十二。求得乘率七十三，以乘衍數二百一十七，得一萬五千八百四十一。又以賸一百一十乘，得一百七十四萬二千五百一十。滿衍母三萬五千八百〇五去之，餘二萬三千八百七十爲小實。以減共較實二十四萬三千八百一十五，餘二十一萬九千九百四十五爲中實。右定一百六十五除中實，得中物一千三百三十三。左定二百一十七除小實二萬三千八百七十，得小物一百一十。併中物、小物得一千四百四十三，以減共物一千四百六十三，餘二十爲大物。驗大物、中物不應分母，依法加減，同方程用小數草。

定母一百六十五，以奇五十二除，得三爲第一除數，定餘九。以除奇五十二，得五爲第二除數，奇餘七。以除定餘九，得一爲第三除數，定餘二。以除奇餘七，得三爲第四除數，奇餘一。立天元一，以乘第一除數三，得三爲第一乘數。以乘第二除數五，得一十五，加天元一，得一十六爲第二乘數。以乘第三除數一，得一十六，加第一乘數三，得一十九爲第三乘數。以乘第四除數三，得五十七，加第二乘數一十六，得七十三爲第四乘數，即乘率。

左定二百一十七，以衍數一百六十五爲奇數，求得乘率一百二十一。以乘衍數一百六十五，得一萬九千九百六十五。又以賸一百二十四乘，得二百四十七萬五千六百六十。滿衍母三萬五千八百〇五去之，餘五千一百一十五爲中實。以減共較實二十四萬三千八百一十五，餘二十三萬八千七百爲小實。左定二百一十七除小實，得小物一千一百。右定一百六十五除中實五千一百一十五，得中物三十一。併中物、小物得一千一百三十一，以減共物一千四百六十三，餘三百三十二爲大物。驗大物、中物不應分母，依法求中分子加較。置中物三十一，加大小較二百一十七，即應中分母六十二。徑以大小較二百一十七加中，中小較五十二減大，中大較一百六十五減小，得中物二百四十八、大物二百八十、小物九百三十五，爲一答。又以通率大小較四百三十四加中，中小較一百〇四減大，中大較三百三十減小，而得又答。

定母二百一十七，以奇一百六十五除，得一爲第一除數，定餘五十二。以除奇一百六十五，得三爲第二除數，奇餘九。以除定餘五十二，得五爲第三除數，定餘七。以除奇餘九，得一爲第四除數，奇餘二。以除定餘七，得三爲第五除數，定餘一。以除奇餘二，得一爲第六除數，奇餘一。立天元一，以乘第一除數一，得一爲第一乘數。以乘第二除數三，仍得三，加天元一，得四爲第二乘數。以乘第三除數五，得二十，加第一乘數一，得二十一爲第三乘數。以乘第四除數一，得二十一，加第二乘數四，得二十五爲第四乘數。以乘第五除數三，得七十五，加第三乘數二十一，得九十六爲第五乘數。以乘第六除數一，得九十六，加第四乘數二十五，得一百二十一爲第六乘數，即乘率。

大小較、中小較相求。

大八、中六十二兩物分母，通小直二十八，得一萬三千八百八十八。以共物一千四百六十三乘，得二千〇三十一萬八千一百四十四爲通分小物。以減通分總物三千九百九十一萬〇六百四十，餘一千九百五十九萬二千四百九十六。以二百六十六約之，得七萬三千六百五十六(以)[爲]共較實。大小較二百一十七疊減之，朓九十三。中小較五十二疊減之，朓二十四。乃各以定母列左右兩行。

右定二百一十七 衍數𝍣𝍪 奇𝍣𝍪 乘率𝍤𝍮 朓𝍤𝍫

共較實𝍦𝍫𝍥𝍬𝍥

衍母𝍠𝍩𝍡𝍯𝍣

左定五十二 衍數𝍡𝍩𝍦 奇𝍣 乘率𝍡𝍯 朓𝍡𝍫

右定二百一十七，以衍數五十二爲奇數，求得乘率九十六。以乘衍數五十二，得四千九百九十二。又以朓九十三乘，得四十六萬四千二百五十六。滿衍母一萬一千二百八十四去之，餘一千六百一十二爲中實。以減共較實七萬三千六百五十六，餘七萬二千〇四十四爲大實。右定二百一十七除大實，得大物三百三十二。左定五十二除中實一千六百一十二，得中物三十一。併大物、中物得三百六十三，以減共物一千四百六十三，餘一千一百爲小物。驗大物中物不應分母，依法加減，同左定草。

定母二百一十七，以奇五十二除，得四爲第一除數，定餘九。以除奇五十二，得五爲第二除數，奇餘七。以除定餘九，得一爲第三除數，定餘二。以除奇餘七，得三爲第四除數，奇餘一。立天元一，以乘第一除數四，得四爲第一乘數。以乘第二除數五，得二十，加天元一，得二十一爲第二乘數。以乘第三除數一，得二十一，加第一乘數四，得二十五爲第三乘數。以乘第四除數三，得七十五，加第二乘數二十一，得九十六爲第四乘數，即乘率。

左定五十二疊減衍數二百一十七，得六千二百九十三。求得乘率二十九，以乘衍數二百一十七，得六千二百九十三。又以朓二十四乘，得一十五萬一千〇三十二。滿衍母一萬一千二百八十四去之，餘四千三百四十爲大實。以減共較實七萬三千六百五十六，餘六萬九千三百一十六爲中實。左定五十二除中實，得中物一千三百三十三。右定二百一十七除大實四千三百四十，得大物二十。併大物、中物得一千三百五十三，以減共物一千四百六十三，餘一百一十爲小物。驗大物中物不應分母，依法加減，同方程用小數草。

定母五十二，以奇九除得五，爲第一除數，定餘七。以除奇九，得一爲第二除數，奇餘二。以除定餘七，得三爲第三除數，定餘一。以除奇餘二，得一爲第四除數，奇餘一。立天元一，以乘第一除數五，得五爲第一乘數。以乘第二除數一，得五，加天元一，得六爲第二乘數。以乘第三除數三，得一十八，加第一乘數五，得二十三爲第三乘數。以乘第四除數一，得二十三，加第二乘數六，得二十九爲第四乘數，即乘率。

清·丁取忠《百雞術衍附記》 六上題草中註一段，八十字。增改爲：中分母六十三，即以減率二十一與加率一十三無等不約，是爲小二十一大於大七中三也。今七，小分母二十一，以加率八之等四約得驗大物二十八，適合分母。中物一千四百二十八雖不應分母六十三，用中率二十一兩減之，即應而用大率八兩加大物二十八，得四十四。小率一十三兩加小物七，得三十三。各不應其分母矣。故必用小分子七於小物求加而不用中分子於中物求減。一百六十二字。刻既竣，復得清甫書有所增改如右。

調日法部

零約術分部

算法

漢・班固《漢書》卷二一下《律曆志下》 五步

木，晨始見，去日半次。順，日行十一分度二，百二十一日。始留，二十五日而旋。逆，日行七分度一，八十四日。復留，二十四日三分而旋。復順，日行十一分度二，百一十一日有百八十二萬八千三百六十二分而伏。凡見三百六十五日有百八十二萬八千三百六十五分，除逆，定行星三十度百六十六萬一千二百八十六分。凡見一歲，行一次而後伏。日行不盈十一分度一。伏三十三日三百三十三萬四千七百三十七分，行星三度百六十七萬三千四百五十一分。一見，三百九十八日五百一十六萬三千一百二分，行星三十三度三百三十三萬四千七百三十七分。通其率，故曰日行千七百二十八分度之百四十五。

金，晨始見，去日半次。逆，日行二分度一，六日。始留，八日而旋。始順，日行四十六分度三十三，四十六日。順，疾，日行一度九十二分度十五，百八十四日而伏。凡見二百四十四日，除逆，定行星二百四十四度。伏，日行一度九十二分度三十三有奇。伏八十三日，行星百一十三度四百三十六萬五千二百二十分。凡晨見、伏三百二十七日，行星三百五十七度四百三十六萬五千二百二十分。夕始見，去日半次。順，日行一度九十二分度十五，百八十一日百七分日四十五。順，遲，日行四十六分度四十三，四十六日。始留，七日百七分日六十二分而旋。逆，日行二分度一，六日而伏。凡見二百四十一日，除逆，定行星二百四十一度。伏，逆，日行八分度七有奇。伏十六日百二十九萬五千三百五十二分，行星十四度三百六萬九千八百六十八分。一凡夕見伏，二百五十七日百二十九萬五千三百五十一分，行星二百二十六度六百九十萬七千四百六十九分。一復，五百八十四日百二十九萬五千三百五十二分。行星亦如之，故曰日行一度。

土，晨始見，去日半次。順，日行十五分度一，八十七日。始留，三十四日而旋。逆，日行八十一分度五，百一日。復留，三十三日八十六萬二千四百五十五分而旋。復順，日行十五分度一，八十五日而伏。凡見三百四十日八十六萬二千四百五十五分，除逆，定餘行星五度四百四十七萬三千九百三十分。伏，日行不盈十五分度三。三十七日千七百一十七萬一百七十分，行星七度八百七十三萬六千五百七十分。一見，三百七十七日千八百三萬二千六百二十五分，行星十二度千三百二十一萬五百分。通其率，故曰日行四千三百二十分度之百四十五。

火，晨始見，去日半次，順，日行九十二分度五十三，二百七十六日，始留，十日而旋。逆，日行六十二分度十七，六十二日。復留，十日而旋。復順，日行九十二分度五十三，二百七十六日而伏。凡見六百三十四日，除逆，定行星三百一度。伏，日行不盈九十二分度七十三，伏百四十六日千五百六十八萬九千七百分，行星百一十四度八百二十一萬八千五分。一見，七百八十日千五百六十八萬九千七百分，凡行星四百一十五度八百二十一萬八千五分。通其率，故曰日行萬三千八百二十四分度之七千三百五十五。

水，晨始見，去日半次。逆，日行二度，一日。始留，二日而旋。順，日行七分度六，七日。順，疾，日行一度三分度一，十八日而伏。凡見二十八日，除逆，定行星二十八度。伏，日行一度九分度七有奇，三十七日一億二千二百二萬九千六百五分，行星六十八度四千六百六十一萬一百二十八分。凡晨見、伏，六十五日一億二千二百二萬九千六百五分，行星九十六度四千六百六十一萬一百二十八分。夕始見，去日半次。順，[疾]，日行一度三分度一，十六日二分日一。順，遲，日行七分度六，七日。留，一日二分日一而旋。逆，日行二度，一日而伏。凡見二十六日，除逆，定行星二十六度。伏，逆，日行十五分度四有奇，二十四日，行星六百五千八百六十六萬二千八百二十分。凡夕見伏，五十日，行星十九度七千五百四十一萬九千四百七十七分。一復，百一十五日一億二千二百二萬九千六百五分。行星亦如之，故曰日行一度。

調日法分部

題解

元・脱脱等《宋史》卷七四《律曆志七・明天曆》 宋世何承天更以四十九分之二十六爲强率，十七分之九爲弱率，於强弱之際以求日法。承天日法七百五十二，得一十五强一弱。自後治曆者，莫不因承天法，累强弱之數。

清・李鋭《日法朔餘彊弱攷・序》 何承天調日法以四十九分之二十六爲彊率，十七分之九爲弱率，累彊弱之數得中平之率，以爲日法朔餘。唐宋演撰家皆墨守其法，無敢失墜。元明以來，疇人子弟罔識古義，竟無知其説者。今年春讀《宋史・志》，忽有啟悟，爰列《開元占經》《授時術》議所載五十一家日法朔餘之數，一一攷其彊弱。凡合者三十五家，不合者十六家，反復推驗，知不合之故，蓋有三端。其一，朔餘彊於彊率。如統天術，朔餘六千三百六十八約餘五千三百六萬六千六百六十六。鮑澣之譏其無復彊弱之法者是也。其一，朔餘之下增立秒數。如乾道術，朔餘一萬五千九百一十七秒七十六。裴伯壽詆爲不入術格者是也。其一，日法積分太多，朔餘雖在彊弱之閒，亦爲於率不合。如劉智正術，日法三萬五千二百五十，命爲七百一彊五十三弱，則朔餘正得一萬八千七百三。若命爲七百一十八彊四弱，則朔餘爲一萬八千七百四較多一分。《玉海》載至道元年王睿獻新術言，於二萬以下修撰《日法》者是也。次爲一卷，以質當世明算君子，或亦步天者求故之一助也。嘉慶四年五月十八日。

何承天彊弱率

彊母四十九，子二十六。以萬萬平之得約餘五千三百六萬一千二百二十四。

弱母一十七，子九。以萬萬平之得約餘五千二百九十四萬一千一百七十六。

漢劉歆三統術

日法八十一，朔餘四十三。約餘五千三百八萬六千四百一十九。

右術於率不合。

後漢四分術古黄帝、顓頊、夏、殷、周、魯六術並同四分。

日法九百四十，朔餘四百九十九。約餘五千三百八萬五千一百六。

右術於率不合。

劉洪乾象術

日法一千四百五十七，朔餘七百七十三。約餘五千三百五萬四千二百二十一。

右術二十八彊，五弱。

綜論

宋・李心傳《建炎以來朝野雜記乙集》卷五《製作》 宋何承天考正日晷，知南至之端。又用强弱率以配日，立法以求朔策之餘分，乃合簡易之要。北齊張子正以圜儀揆天，測知五星有入氣盈縮之差。傅仁均以合朔定月之大小，不過連三，則日月之食，常在朔望。李淳風謂前曆日分度數參差不齊，立演撰法，使一術以齊之。一行立九服晷漏之術，隨所在而求合焉。徐昇創氣刻二差，定日之分稍驗。各成一家法，後代述之者，互有損益，漸加精密。自五代之調元次及欽天，而曆法始弊，調元作于馬重績，施于晉代，其法則不復推古上元、冬至、七曜之會而起。唐天寶十四載乙未爲上元，用正月雨水爲氣首，蓋倣曹士蔿小曆之舊，失之矣。欽天作于王朴，施于周世宗時，而朴昧乎前人簡易之要求之不合運于朔分之下，橫立小分，而謂之秒，説者謂前代諸曆，朔餘未有秒者，若朔餘可以用秒，則可隨意而加減，何待求日法以齊朔分也。是時民間又有所謂萬分曆者，明曆之士，往往鄙之。太祖皇帝建隆二年，始命王處訥造應天曆，處訥乃用一萬二分爲日法，蓋用萬分增二，得强率二百有一，得弱率九百二十六，以六乘强率，以九乘弱率，併二者得五千三百七爲朔策之餘分，則强弱適中，合簡易之要，自然無秒。

元・脱脱等《宋史》卷七四《律曆七・明天曆》 調日法朔餘、周天分、斗分、歲差、日度母附。

造曆之法，必先立元，元正然後定日法，法定然後度周天以定分、至，三者有程，則曆可成矣。日者，積餘成之；度者，積分成之。蓋日月始離，初行生分，積分成日。自《四分曆》洎古之六曆，皆以九百四十爲日法。率由日行一度，經三百六十五日四分之一，是爲周天；月行十三度十九分之七，經二十九日有餘，與日相會，是爲朔策。史官當會集日月之行，以求合朔。

自漢太初至于今，冬至差十日，如劉歆《三統》復强於古，故先儒謂之最疏。後漢劉洪考驗《四分》，於天不合，乃減朔餘，苟合時用。自是已降，率意加減，以造日法。宋世何承天更以四十九分之二十六爲强率，十七分之九爲弱率，於强弱之際以求日法。承天日法七百五十二，得一十五强，一弱。自後治曆者，莫不因承天法，累强弱之數，皆不悟日月有自然合會之數。

今稍悟其失，定新曆以三萬九千爲日法，六百二十四萬爲度母，九千五百爲斗分，二萬六百九十三爲朔餘，可以上稽於古，下驗於今，反覆推求，若應繩準。又以二百三十萬一千爲月行之餘，月行十三度之餘。以一百六十萬四百四十七爲日行之餘。日行周天之餘。乃會日月之行，以盈不足平之，并盈不足，是爲一朔之法。日法也，名元法。今乃以大月乘不足之數，以小月乘盈行之分，平而并之，是爲一朔之實。周天分也。以法約實，得日月相會之數，皆以等數約之，悉得今有之數。盈爲朔虛，不足爲朔餘。又二法相乘爲本母，各母互乘，以減周天，餘則歲差生焉，亦以等數約之，即得歲差、度母、周天實用之數。此之一法，理極幽眇，所謂反覆相求，潛遁相通，數有冥符，法有偶會，古曆家皆所未達。以等數約之，得三萬九千爲元法，九千五百爲斗分，二萬六百九十三爲朔餘，六百二十四萬爲日度母，二十二億七千九百二十萬四百四十七爲周天分，八萬四百四十七爲歲差。

又 朔實：一百一十五萬一千六百九十三。本會日月之行，以盈不足平而得二萬六百九十三，是爲朔餘，備在調日法術中。是則四象全策之餘也。今以元法乘四象全策二十九，總而并之，是爲一朔之實也。古曆以一百萬平朔餘之分，得五十三萬六百以下、五百七十已上，是爲中平之率。新曆以一百萬平之，得五十三萬五百八十九，得中平之數也。若以四象均之，得七日，餘一萬四千九百二十三，秒，是爲弦策也。

又 周天分：二十二億七千九百二十萬四百四十七。本齊日月之行，會合朔而得之。在調日法。使上考仲康房宿之交，下驗姜岌月食之衝，三十年間，若應準繩，則新曆周天，有自然冥符之數，最爲密近。

又 **卷七五《律曆八·明天曆》** 《明天曆》悟日月會合爲朔，所立日法，積年有自然之數，及立法推求晷景，知氣節加時所在。自《元嘉曆》後所立日法，以四十九分之二十六爲强率，以十七分之九爲弱率，并强弱之數爲日法、朔餘，自後諸曆効之。殊不知日月會合爲朔，并朔餘虛分爲日法，蓋自然之理。其氣節加時，晉、漢以來約而要取，有差半日，今立法推求，得盡其數。後之造曆者，莫不遵用焉。其疏謬之甚者，即苗守信之《乾元曆》、馬重績之《調元曆》、郭紹之《五紀曆》也。大概無出於此矣。然造曆者，皆須會日月之行，以爲晦朔之數，驗《春秋》日食，以明强弱。其於氣序，則取驗於《傳》之南至；其日行盈縮，月行遲疾，五星加減，二曜食差，日宿月離，中星晷景，立數立法，悉本之於前語。然後較驗，上自夏仲康五年九月「辰弗集于房」，以至於今，其星辰氣朔，日月交食等，使三千年間若應準繩。而有前有後，有親有疏者，即爲中平之數，乃可施於後世。其較驗則依一行、孫思恭，取數多而不以少，得爲親密。較日月交食，若一分二刻以下爲親，二分四刻以下爲近，三分五刻以上爲遠。以曆注有食而天驗無食，或天驗有食而曆注無食者爲失。其較星度，則以差天二度以下爲親，三度以下爲近，四度以上爲遠；其較晷景尺寸，以二分以下爲親，三分以下爲近，四分以上爲遠。若較古而得數多，又近於今，兼立法、立數，得其理而通於本者爲最也。琮自謂善曆，嘗曰：「世之知曆者尠，近世獨孫思恭爲妙。」而思恭又嘗推劉羲叟爲知曆焉。

清·李鋭《日法朔餘彊弱攷·序》 調日法

術曰：視當時測定朔餘，置其術朔餘以萬萬乘之，如其術日法而一所得，即其術當時測定朔餘也。在彊率約餘以下，弱率約餘以上者。若在彊率約餘以上，即不可算。列彊母於右上，彊子於右次，一彊於右副，右下空。又列弱母於左上，弱子於左次，左副空，一弱於左下。并左右兩行得中行，以中上退除中次爲約餘，約餘多於測定數，即棄去右行，以中行爲右行，仍前左行。約餘少於測定數，即棄去左行，以中行爲左行，仍前右行。依前累求約餘，與當時測定數合，中上即日法，中次即朔餘，中副即彊數，中下即弱數也。

草曰：置朔餘七百七十三，以一億乘之，得七百七十三億，以日法一千四百五十七除之，得五千三百五萬四千二百二十一，即乾象術當時測定朔餘也。在彊率約餘以下，弱率約餘以上。列彊母四十九於右上，彊子二十六於右次，一彊於右副，右下空。又列弱母一十七於左上，弱子九於左次，左副空，一弱於左下。并左右兩行，得中上六十六，中次三十五，中副一，中下一。

	上	次	副	下
右行	𝍬𝍨	𝍪𝍥	𝍠	〇
中行	𝍮𝍥	𝍫𝍤	𝍠	𝍠
左行	𝍩𝍦	𝍨	〇	𝍠

以中上六十六退除中次三十五，得約餘五千三百三萬三百三。少於測定數，即棄去左行，以中行爲左行，仍前右行。并左右兩行，得中上一百一十五，中次六十一，中副二，中下一。

以中上一百一十五退除中次六十一，得約餘五千三百四萬三千四百七十八。少於測定數，又棄去左行，以中行爲左行，仍前右行。并左右兩行，得中上一百六十四，中次八十七，中副三，中下一。

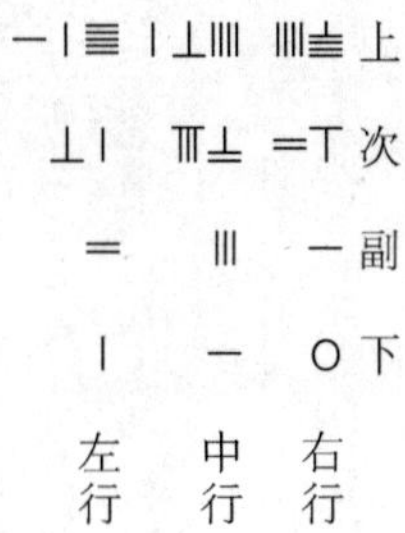

以中上一百六十四退除中次八十七，得約餘五千三百四萬八千七百八十。少於測定數，又棄去左行，以中行爲左行，仍前右行。并左右兩行，得中上二百一十三，中次一百一十三，中副四，中下一。

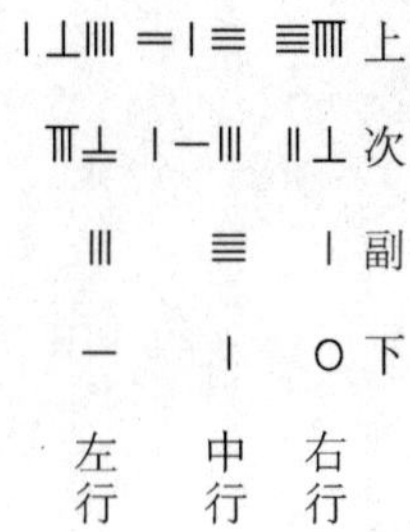

以中上二百一十三退除中次一百一十三，得約餘五千三百五萬一千六百四十三。少於測定數，又棄去左行，以中行爲左行，仍前右行。并左右兩行，得中上二百六十二，中次一百三十九，中副五，中下一。

以中上二百六十二退除中次一百三十九，得約餘五千三百五萬三千四百三十五。少於測定數，又棄去左行，以中行爲左行，仍前右行。并左右兩行，得中上三百一十一，中次一百六十五，中副六，中下一。

以中上三百一十一退除中次一百六十五，得約餘五千三百五萬四千六百六十二。多於測定數，即棄去右行，以中行爲右行，仍前左行。并左右兩行，得中上五百七十三，中次三百四，中副一十一，中下二。

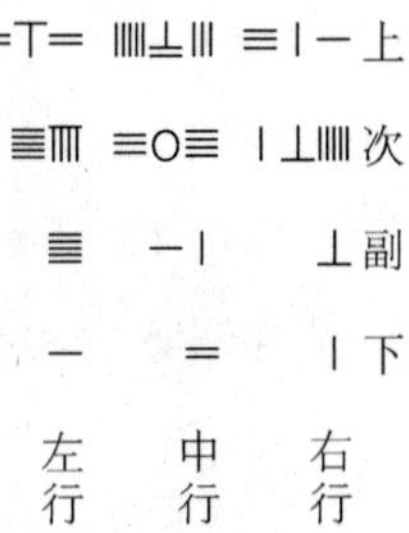

以中上五百七十三退除中次三百四，得約餘五千三百五萬四千一百一。少測於定數，復棄去左行，以中行爲左行，仍前右行。并左右兩行，得中上八百八十四，中次四百六十九，中副一十七，中下三。

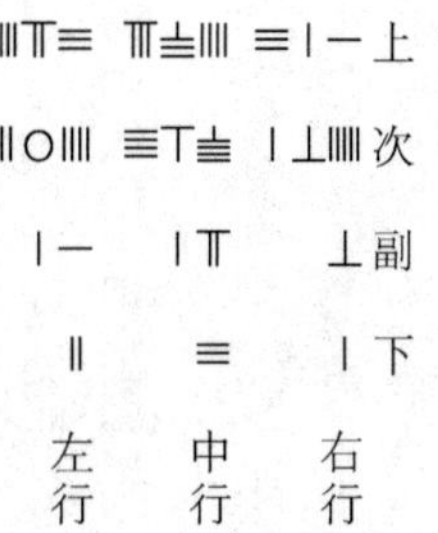

以中上八百八十四退除中次四百六十九，得約餘五千三百五萬四千二百九十八。多於測定數，復棄去右行，以中行爲右行，仍前左行。并左右兩行，得中上一千四百五十七，中次七百七十三，中副二十八，中下五。

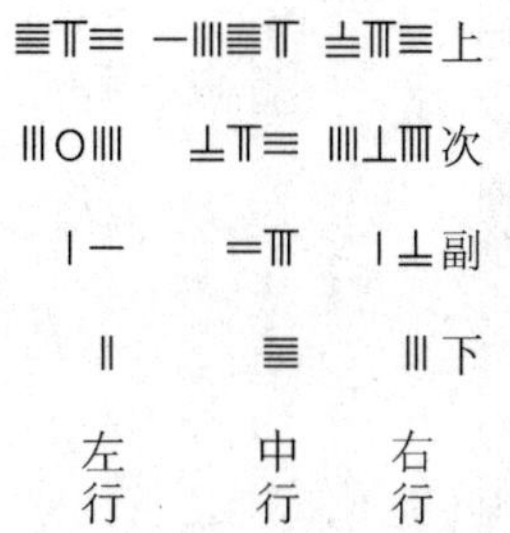

以中上一千四百五十七退除中次七百七十三，得約餘五千三百五萬四千二百二十一。與測定數合，中上一千四百五十七即日法，中次七百七十三即朔餘，中副二十八即彊數，中下五即弱數也。它皆放此。

求日法朔餘有彊弱求日法朔餘，依此術算。

術曰：以彊母乘彊數，又以弱母乘弱數，并之得日法。以彊子乘彊數，又以弱子乘弱數，并之得朔餘。

草曰：以彊母四十九乘彊數二十八，得一千三百七十二於上。又以弱母一十七乘弱數五，得八十五，以并上位，得一千四百五十七，即日法也。以彊子二十六乘彊數二十八，得七百二十八於上。又以弱子九乘弱數五，得四十五，以并上位，得七百七十三，即朔餘也。它皆放此。

求彊弱有日法求彊弱，依此術算。

術曰：置日法，以彊母去之，餘以四百四十二此數以弱母去之適盡，以彊母去之餘一。乘之，滿八百三十三此數以彊、弱二母去之皆盡。去之，餘爲弱實，以弱母除之得弱數。以弱實轉減日法，餘爲彊實，以彊母除之得彊數。

草曰：置日法一千四百五十七，以彊母四十九去之，餘三十六，以四百四十二乘之，得一萬五千九百一十二，滿八百三十三去之，餘八十五爲弱實，以弱母一十七除之，得五即弱數也。以弱實八十五轉減日法一千四百五十七，餘一千三百七十二爲彊實，以彊母四十九除之，得二十八即彊數也。他皆放此。

魏韓翊黃初術

日法一萬二千七十九，朔餘六千四百九。約餘五千三百五萬九千二十八。

右術二百四十二彊，一十三弱。

楊偉景初術

日法四千五百五十九，朔餘二千四百一十九。約餘五千三百五萬九千八百八十一。

右術九十二彊，三弱。

晉劉智正術

日法三萬五千二百五十，朔餘一萬八千七百三。約餘五千三百五萬八千一百五十六。

右術於率不合。

後秦姜岌三紀甲子元術

日法六千六十三，朔餘三千二百一十七。約餘五千三百五萬九千五百四十一。

右術一百二十二彊，五弱。

涼趙𢾺元始術

日法八萬九千五十二，朔餘四萬七千二百五十一。約餘五千三百六萬九。

右術於率不合。

宋何承天元嘉術

日法七百五十二，朔餘三百九十九。約餘五千三百五萬八千五百一十。

右術一十五彊，一弱。

祖沖之大明術

日法三千九百三十九，朔餘二千九十。約餘五千三百五萬九千一百五十二。

右術七十九彊，四弱。

梁大同術

日法一千五百三十六，朔餘八百一十五。約餘五千三百五萬九千八百九十五。

《隋志》及《開元占經》俱無此朔餘數，此以算推知下。劉孝孫術、馬顯丙寅元術同，案《占經》載大同術：章歲六百一十九，紀法三萬九千六百一十六。置紀法，以章歲除之，得六十四，是大同以六十四章爲一紀也。以古章閏七乘章歲，得四千三百三十三，如古章歲十九而一，得二百二十八爲章閏，餘一棄之。又以十二乘章歲，得七千四百二十八爲章中。以加章閏，得七千六百五十六爲章月。以六十四乘之，得四十八萬九千九百八十四爲紀月。凡日法爲紀月之約數，月法爲紀日之約數，以日法除紀月，得三百一十九即約率也。置紀法，以三百六十五日乘之，得一千四百四十五萬九千八百四十。又以四除紀法，得九千九百四爲假歲，餘加之共得一千四百四十六萬九千七百四十四爲假歲分。以約率除之，得四萬五千三百五十九爲月法，餘二百二十三棄之。置月法，以約率乘之，得一千四百四十六萬九千五百二十一爲歲分，一名紀日。以日法除月法，得二十九日，餘八百一十五爲朔餘。

右術三十一彊，一弱。

後魏張龍祥正光術

日法七萬四千九百五十二，朔餘三萬九千七百六十九。約餘五千三百五萬九千二百九十一。

右術於率不合。

東魏李業興興和術

日法二十萬八千五百三十，朔餘一十一萬六百四十七。約餘五千三百六萬四百七十。

右術於率不合。

劉孝孫術

日法一千一百四十四，朔餘六百七。約餘五千三百五萬九千四百四十。

案：《隋志》及《占經》載劉孝孫術：章歲六百一十九，紀法八千四十七，歲餘一千九百六十六，此章歲與大同術同，則亦以七千六百五十六爲章月也。置紀法，以章歲除之，得一十三，是孝孫以十三章爲一紀。以一十三乘章月，得九萬九千五百二十八爲紀月，以日法除之，得八十七爲約率。又以三百六十五日乘紀法，加歲餘，得二百九十三萬九千一百二十一爲紀日，以約率除之，得三萬三千七百八十三爲月法，以日法除之，得二十九日，餘六百七爲朔餘。

右術二十三彊，一弱。

北齊宋景業天保術

日法二十九萬二千六百三十五，朔餘一十五萬五千二百七十二。約餘五千三百五萬九千九百五十五。

右術於率不合。

周甄鸞天和術

日法二十九萬一百六十，朔餘一十五萬三千九百六十一。約餘五千三百六萬七百二十五。

右術於率不合。

馬顯丙寅元術

日法五萬三千五百六十三，朔餘二萬八千四百二十二。約餘五千三百六萬，二千七百四十八。

案：《隋志》及《占經》載丙寅元術：章歲四百四十八，章閏一百六十五，斗分三千一百六十七，蔀法一萬二千九百九十二。置蔀法，以章歲除之，得二十九，是以二十九章爲一蔀也。以十二乘章歲，加章閏，得五千五百四十一，爲章月。以二十九乘之，得一十六萬六百八十九爲蔀月。以日法除之，得三爲約率。又以三百六十五日乘蔀法，加八斗分，得四百七十四萬五千二百四十七爲蔀日。以約率約之，得一百五十八萬一千七百四十九爲月法。以日法除之，得二十九日餘二萬八千四百二十二爲朔餘。

右術於率不合。

隋張賓開皇術

日法一十八萬一千九百二十，朔餘九萬六千五百二十九。約餘五千三百六萬一千二百三十五。

右術於率不合。

張胄元大業術

日法一千一百四十四，朔餘六百七。

右術與劉孝孫術同。

劉焯皇極術

日法一千二百四十二，朔餘六百五十九。約餘五千三百五萬九千五百八十一。

右術二十五彊，一弱。

唐傅仁均戊寅術

日法一萬三千六，朔餘六千九百一。約餘五千三百六萬一百二十六。

右術二百六十三彊，七弱。

南宫説神龍術

日法一百，朔餘五十三秒六。約餘五千三百六萬。

右術於不合。

李淳風麟德術

日法一千三百四十，朔餘七百一十一。約餘五千三百五萬九千七百一。

右術二十七彊，一弱。

僧一行大衍術

日法三千四十，朔餘一千六百一十三。約餘五千三百五萬九千二百一十。

右術六十一彊，三弱。

郭獻之五紀術

日法一千三百四十，朔餘七百一十一。

右術與麟德術同。

徐承嗣貞元術

日法一千九十五，朔餘五百八十一。約餘五千三百五萬九千三百六十。

右術二十二彊，一弱。

徐昂宣明術

日法八千四百，朔餘四千四百五十七。約餘五千三百五萬九千五百二十三。

右術一百六十九彊，七弱。

邊岡崇元術

日法一萬三千五百，朔餘七千一百六十三。約餘五千三百五萬九千二百五十九。

右術二百七千一彊，一十三弱。

後周王朴欽天術

日法七千二百，朔餘三千八百二十秒二十八。約餘五千三百五萬九千四百四十四。

右術於率不合。

宋王處訥應天術

日法一萬二，朔餘五千三百七。約餘五千三百五萬九千三百八十八。

右術二百一彊，九弱。

吴昭素乾元術

日法二千九百四十，朔餘一千五百六十。約餘與彊率約餘同。

右術六十彊，弱空。

史序儀天術

日法一萬一百，朔餘五千三百五十九。約餘五千三百五萬九千四百五。

右術二百三彊，九弱。

宋行古崇天術

日法一萬五百九十，朔餘五千六百一十九。約餘五千三百五萬九千四百九十。

右術二百一十三彊，九弱。

周琮明天術

日法三萬九千，朔餘二萬六百九十三。約餘五千三百五萬八千九百七十四。

右術七百八十一彊，四十三弱。

衛朴奉元術

日法二萬三千七百，朔餘一萬二千五百七十五。約餘五千三百五萬九千七十一。

案：此及占天、淳祐、會天、金乙未五術，各史志不載朔餘數，此以算推知。置日法，以彊母四十九去之，餘三十三，以四百四十二乘之，得一萬四千五百八十六，滿八百三十三去之，餘四百二十五爲弱實。以弱母一十七除之，得二十五爲弱數。以弱子九乘之，得二百二十五，於上以弱實反減日法，餘二萬三千二百七十五爲彊實。以彊母除之，得四百七十五爲彊數。以彊子二十六乘之，得一萬二千三百五十，加上位，得一萬二千五百七十五爲朔餘。

右術四百七十五彊，二十五弱。

皇居卿觀天術

日法一萬二千三十，朔餘六千三百八十三。約餘五千三百五萬九千一十九。

右術二百四十一彊，一十三弱。

姚舜輔占天術

日法二萬八千八十，朔餘一萬四千八百九十九。約餘五千三百五萬九千一百一十六。

置日法，以彊母四十九去之，餘三，以四百四十二乘之，得一千三百二十六，滿八百三十三去之，餘四百九十三爲弱實。以弱母一十七除之，得二十九爲弱數。以弱子九乘之，得二百六十一，於上以弱實反減日法，餘二萬七千五百八十七爲彊實。以彊母除之，得五百六十三爲彊數。以彊子二十六乘之，得一萬四千六百三十八，加上位，得一萬四千八百九十九爲朔餘。

右術五百六十三彊，二十九弱。

紀元術亦姚舜輔造。

日法七千二百九十，朔餘三千八百六十八。約餘五千三百五萬八千九百八十四。

右術一百四十六彊，八弱。

陳德一統元術

日法六千九百三十，朔餘三千六百七十七。約餘五千三百五萬九千一百六十三。

右術一百三十九彊，七弱。

劉孝榮乾道術

日法三萬，朔餘一萬五千九百一十七秒七十六。約餘五千三百五萬九千二百。

右術於率不合。

淳熙術

日法五千六百四十，朔餘二千九百九十二秒五十六。約餘五千三百五萬九千五百七十四。

右術於率不合。

會元術以上二術亦劉孝榮造。

日法三萬八千七百，朔餘二萬五百三十四。約餘五千三百五萬九千四百三十一。

右術七百七十八彊，三十四弱。

楊忠輔統天術

日法一萬二千，朔餘六千三百六十八。約餘五千三百六萬六千六百六十六。

案此朔餘彊於彊率，故推天正經朔，有百五乘距算、退位減之之法，然較諸家終爲太彊。

右術於率不合。

鮑澣之開禧術

日法一萬六千九百，朔餘八千九百六十七。約餘五千三百五萬九千一百七十一。

右術三百三十九彊，一十七弱。

李德卿淳祐術

日法三千五百三十，朔餘一千八百七十三。約餘與崇天術同。

置日法，以彊母四十九去之，餘二，以四百四十二乘之，得八百八十四，滿八百三十三去之，餘五十一爲弱實。以弱母一十七除之，得三爲弱數。以弱子九乘之，得二十七，於上以弱實反減日法，餘三千四百七十九爲彊實。以彊母除之，得七十一爲彊數。以彊子二十六乘之，得一千八百四十六，加上位，得一千八百七十三爲朔餘。

右術七十一彊，三弱。

譚玉會天術

日法九千七百四十，朔餘五千一百六十八。約餘五千三百五萬九千五百四十八。

置日法，以彊母四十九去之，餘三十八，以四百四十二乘之，得一萬六千七百九十六，滿八百三十三去之，餘一百三十六爲弱實。以弱母一十七除之，得八爲弱數。以弱子九乘之，得七十二，於上以弱實反減日法，餘九千六百四爲彊實。以彊母除之，得一百九十六爲彊。數以彊子二十六乘之，得五千九百六加上位得五千一百六十八爲朔餘。

右術一百九十六彊，八弱。

陳鼎成天術

日法七千四百二十，朔餘三千九百三十七。約餘五千三百五萬九千二百九十九。

右術一百四十九彊，七弱。

金楊級大明術

日法五千二百三十，朔餘二千七百七十五。約餘五千三百五萬九千二百七十三。

案：金元二史志俱不載級術，朔餘數。此據趙知微重修大明術補。

右術一百五彊，五弱。

趙知微重修大明術

日法五千二百三十，朔餘二千七百七十五。

右術與前術同。

耶律履乙未術

日法二萬六百九十，朔餘一萬九百七十八。約餘五千三百五萬九千四百四十九。

置日法，以彊母四十九去之，餘一十二，以四百四十二乘之，得五千三百四，滿八百三十三去之，餘三百六爲弱實。以弱母一十七除之，得一十八爲弱數。以弱子九乘之，得一百六十二，於上以弱實反減日法，餘二萬三百八十四爲彊實。以彊母除之，得四百一十六爲彊數。以彊子二十六乘之，得一萬八百一十六，加上位，得一萬九百七十八爲朔餘。

右術四百一十六彊，一十八弱。

元郭守敬授時術

日法一萬，朔餘五千三百五秒九十三。約餘五千三百五萬九千三百。

案：日法一萬於率，爲二百二彊六弱，朔餘當五千三百六。今朔餘止五有奇，不合彊弱之率，不得爲日法，故術議云積年日法不用也。術議未演紀三條。其云日法二千一百九十者，以彊弱求之，爲四十四彊二弱，朔餘一千一百六十二。其云日法八千二百七十者，爲一百六十六彊八弱，朔餘四千三百八十八。其云日法六千五百七十者，爲一百三十二彊六弱，朔餘三千四百八十六。此三日法並與何承天率密合，言若用日法則如此三條也。所以爲此説者，彊弱率爲唐宋相傳舊法，一旦廢棄，恐議者非之，故反復申明，以示改憲之意爾。

右術於率不合。

算法

宋・秦九韶《數書九章》卷三　治(歷)[曆]演紀　問：《開禧(歷)[曆]》，積年七百八十四萬八千一百八十三，欲知推演之原，調日法，求朔餘、朔率、斗分、歲率、歲閏、入元歲、入閏、朔定骨、閏泛骨、閏縮、紀率、氣元率、元閏、元數，及氣等率、因率、蔀率、朔等數、因數、蔀數、朔積年，二十三事各幾何。

荅曰：日法，一萬六千九百。　朔餘，八千九百六十七。　朔率，四十九萬九千六十七。　斗分，四千一百八。　歲率，六百一十七萬二千六百八。　歲閏，一十八萬三千八百四。　入元歲，九千一百八十。　入閏，四十七萬四千二百六十。　朔定骨，二萬九千六百六十九。　閏泛骨，一十六萬三千七百七十一。　閏縮，一十八萬八千五百七十八。　紀率，一百一萬四千。　氣元率，一萬九千五百。　元閏，三十七萬七千八百七十三。　元數，四百二。　氣等率，五十二。　因率，一百四十四。　蔀率，三百二十五。　朔等數，一。　因數，四十五萬七千九百九十九。　蔀數，四十九萬九千六十七。　朔積，年七百八十三萬九千。　積年，七百八十四萬八千一百八十三。

術曰：　以(歷)[曆]法求之，大衍入之。調日法，如何承天術，用強弱母子互乘得數，併之爲朔餘。以二十九日通日法，增入朔餘爲朔率。又以日法乘前(歷)[曆]所測冬至氣刻分，收棄末位爲偶數，得斗分。與日法，用大衍術入之，求等數、因率、蔀率。以紀乘等數爲約率。置所求氣定骨，如約率而一，得數以乘因率，滿蔀率去之，不滿以紀法乘之爲入元歲。次置歲日，以日法通之，併以斗定分爲歲率。以十二月乘朔率，減歲率，餘爲歲閏。以歲閏乘入元歲，滿朔率去之，不滿爲入閏。與閏骨相減之，得差，或適足，便以入元歲爲積年，後術竝不用，或差在刻分法半數以下者，亦以入元歲爲積年。必在刻分法半數以上，卻以閏泛骨併朔率，得數内減入閏，餘與朔率，求閏縮。在朔率以下，便爲閏縮。以上，用朔率減之，亦得。以紀法乘日法爲紀率。以等數約之爲氣元率。以氣元乘歲閏，滿朔率去之，不滿爲元閏。虚置一億，減入元歲餘爲實，元率除之得乘限。乃以元閏與朔率，用大衍入之，求得等數、因數、蔀數。以等數約閏縮，得數以因數乘之，滿蔀數去之，不滿，在乘限以下，以乘元率，爲朔積年。併入元歲爲演紀積年。又加成(歷)[曆]年。今人相乘演積年，其術如調日法，求朔餘朔率，立斗分歲餘，求氣骨朔骨閏骨，及衍等數約率因率蔀率，求入元歲歲閏入閏元率元閏，已上皆同此術。但其所以求朔積年之術，乃以閏骨減入閏，餘謂之閏贏，卻與閏縮朔率列號甲乙丙丁四位，除乘消減，謂之方程，乃求得元數，以乘元率，所得謂之朔積年。加入元歲，共爲演紀歲積年。所謂方程，正是大衍術。今人少知。非特置算繫名，初無定法可傳，甚是惑誤後學，易失古人之術意。故今術不言閏贏，而曰入閏差者，蓋本將來可用入元歲便爲積年之意。故今止將元閏、朔率二項，以大衍先求等數、因數、蔀數者，乃倣前求入元歲之術理，假閏骨如氣骨，以等數爲約數，及求乘數蔀數。以等約閏縮，得因乘數，滿蔀去之，不滿在限下，以乘元率，便得朔積年。亦加入元歲，共爲演紀積年。此術非惟止用乘除省便，又且於自然中取見積年，不惑不差矣。新術敢不用閏贏而求者，實知閏贏已存於入閏之中。但求朔積年之奇分與閏縮等。則自與入閏相合，必滿朔率所去故也。數理精微，不易窺識，窮年致志，感於夢寐，幸而得之，謹不敢隱。

草曰：　本(歷)[曆]以何承天術，調得一萬六千九百爲日法。係三百三十九強，一十七弱，先以强數三百三十九乘强子二十六，得八千八百一十四於上。次以弱數一十七乘弱子九，得一百五十三，併上，共得八千九百六十七爲朔餘。次以日法通朔策二十九日，得四十九萬一百，增入朔餘，得四十九萬九千六十七爲朔率。又以日法乘《統天(歷)[曆]》所測每歲冬至周日下二十四刻三十一分，得四千一百八分三十九秒爲斗泛分。驗八分既偶，遂棄三十九秒，只以四千一百八分爲斗定分。與日法，以大衍術入之，求得五十二爲等數，一百四十四爲因率，三百二十五爲蔀率。以甲子六十爲紀法，乘等數，得三千一百二十，爲約率。卻置本(歷)[曆]上課所用嘉泰甲子歲氣骨一十一日四十四刻六十一分五十四秒，以乘日法，得一十九萬三千四百四十分二十六秒，爲氣泛骨。欲滿約率三千一百二十而一，故就近乃棄微秒，只以一十九萬三千四百四十爲氣定骨。然後以約率三千一百二十除之，得六十二，以因率一百四十四乘之，得八千九百二十八，滿蔀率三百二十五去之，不滿一百五十三以紀法六十乘之，得九千一百八十年爲入元歲。次置歲日三百六十五，以日法通之，得六百一十六萬八千五百，併斗定分四千一百八，得六百一十七萬二千六百八爲歲率。卻以十二月乘朔率四十九萬九千六十七，得五百九十八萬八千八百四，減歲率，餘一十八萬三千八百四爲歲閏。以歲閏乘入元歲九千一百八十，得一十六億八千七百三十二萬七百二十，滿朔率去之，不滿四十七萬四千二百六十爲入閏。次置本(歷)[曆]所

𝍧𝍮𝍠上位　𝍩〇得數　𝍩𝍦餘　𝍩𝍦弱　以弱母乘得數　𝍧𝍮𝍠上位　𝍩𝍮〇得數　𝍩𝍦餘　以得數併上位。

𝍫𝍪𝍧强數　𝍩𝍦弱數

𝍪𝍥强子　𝍧弱子　以兩行强弱數、子對乘之。

𝍢𝍩𝍨𝍫　𝍠〇𝍪得　𝍫𝍨𝍮𝍦朔餘

次以日法乘朔策日，得數併朔餘，爲朔率。

𝍠𝍮𝍨〇〇日法　𝍪𝍨朔策　〇〇𝍠〇𝍨𝍫得數

𝍫𝍨𝍬〇𝍮𝍦朔率　𝍫𝍨𝍮𝍦朔餘　〇〇𝍠〇𝍨𝍫得數

𝍠𝍮𝍨〇〇日法　𝍩𝍫𝍢𝍪〇𝍪日　𝍫𝍠〇𝍨𝍫𝍧斗泛分　斗分見偶則棄，見奇則收爲偶。

右行　斗分𝍦〇𝍠𝍫　日法〇〇𝍭𝍮𝍠　商𝍢

左行　天元𝍠　空〇

斗分𝍦〇𝍠𝍫　日法𝍦𝍮𝍢𝍫餘　商𝍢

用嘉泰甲子歲天正月朔一日七十五刻五十五分六十二秒，以日法乘之，得二萬九千六百六十八分九千九百七十八秒爲朔泛骨。就近收秒爲一分，共爲二萬九千六百六十九爲朔定骨數。然後乃以朔定骨減氣定骨一十九萬三千四百四十，餘一十六萬三千七百七十一爲閏泛骨。置日法，以二百約之，得八十四半爲半刻法。次以閏泛骨與入閏相課，減之，餘三十一萬四百八十九，此是閏贏。爲差，半刻法以上，乃以閏泛骨併朔率，共得六十六萬二千八百三十八，以入閏四十七萬四千二百六十減之，餘一十八萬八千五百七十八，在朔率下，便爲閏縮。次以紀策六十乘日法，得一百一萬四千爲紀率。以等數五十二約紀率，得一萬九千五百爲氣元率。以氣元率，乘歲閏一十八萬三千八百四，得三十五億八千四百一十七萬八千，滿朔率去之，不滿三十七萬七千八百七十三爲元閏。次置一億，以入元歲九千一百八十減之，餘九千九百九十九萬八百二十爲實。以元率一萬九千五百爲法，除之，得五千一百二十七爲乘元限數。乃以元閏三十七萬七千八百七十三，與朔率四十九萬九千六十七，用大衍術求之，得等數一，因數四十五萬七千九百九十九，蔀數四十九萬九千六十七。然後以等數一約閏縮，只得一十八萬八千五百七十八；以因數四十五萬七千九百九十九乘之，得八百六十三億六千八百五十三萬五千四百二十二，滿蔀數四十九萬九千六十七去之，不滿四百二，在乘元限數以下，爲可用，乃以乘元率一萬九千五百，得七百八十三萬九千年爲朔積年。併入元歲九千一百八十，共得七百八十四萬八千一百八十，爲嘉泰四年甲子歲積算。本(歷)[曆]係於丁卯歲進呈，又加丁卯三年，共爲七百八十四萬八千一百八十三算，爲本(歷)[曆]積年。

合具算圖如后。

𝍫𝍪𝍧强母　𝍪𝍥强子　𝍩𝍦弱母　𝍧弱子　何承天調日法强弱四率。

日法〇分　𝍠𝍮𝍨〇〇　〇〇𝍠約法　以百約之。

上𝍨𝍠下𝍨𝍡　𝍠𝍮　𝍠𝍮　副置上以一因，下以三因。

𝍨𝍮𝍠
𝍦〇𝍫
𝍢
上下　强母　以强母約下位。

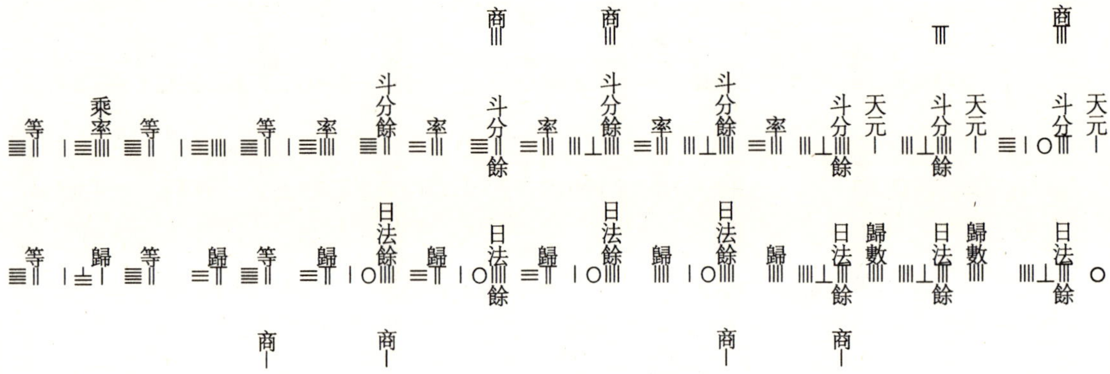

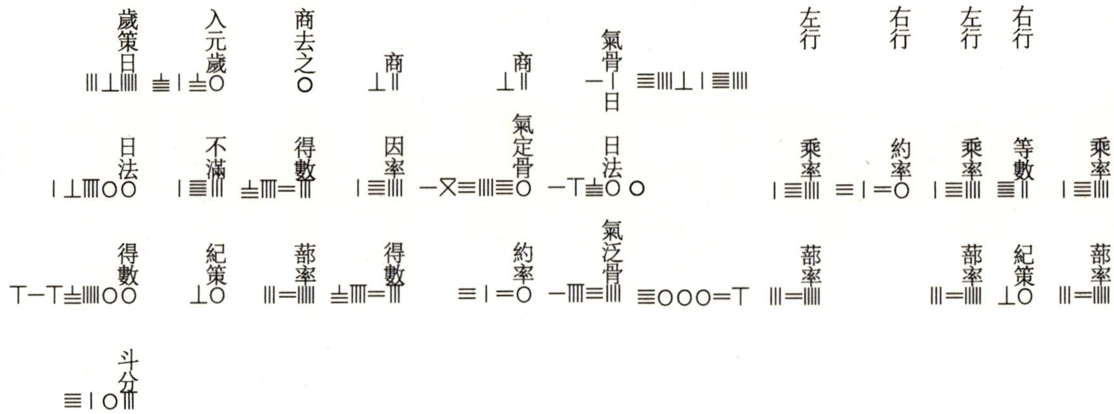

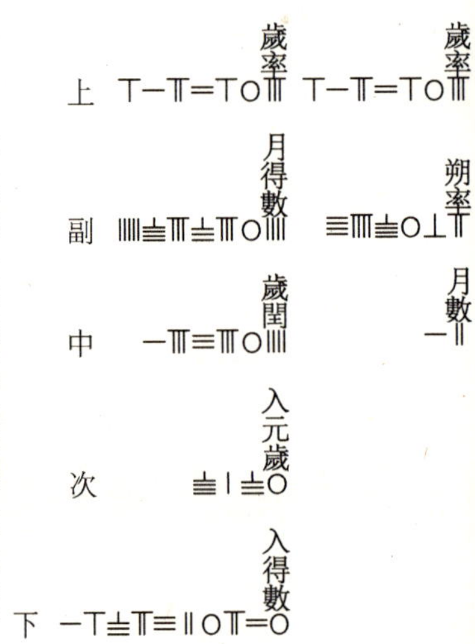

乃以副位得數，減上位歲率，餘爲歲閏。次以次位入元歲乘中位歲位歲閏，成下位。

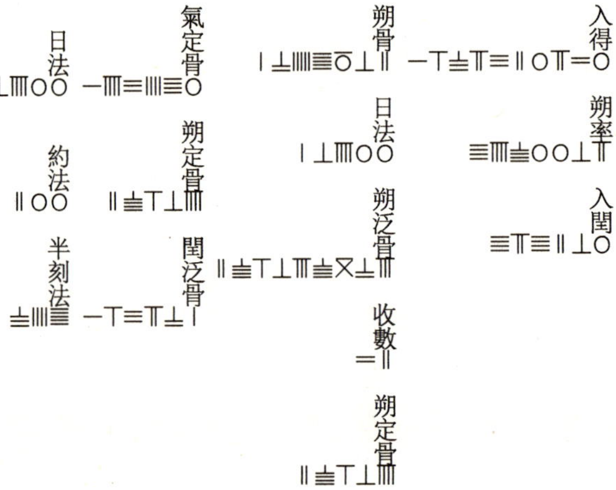

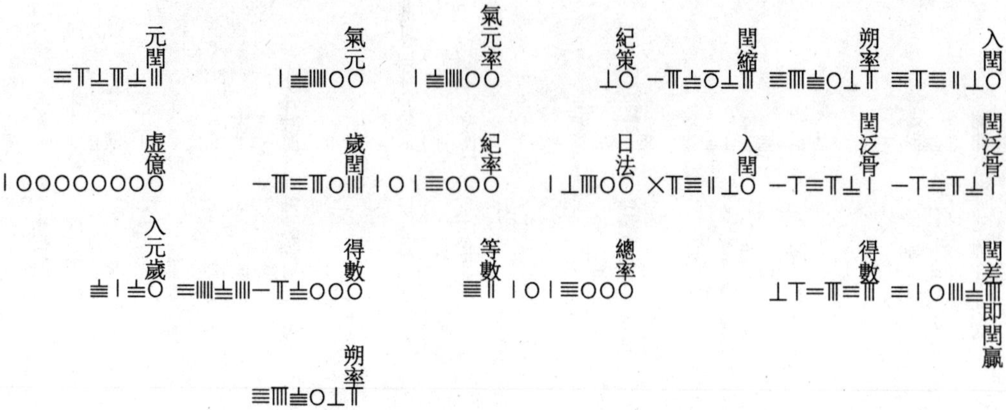
入閏
閏泛骨
閏差即閏贏
朔率
閏泛骨
得數
閏縮
入閏
紀策
日法
總率
氣元率
紀率
等數
氣元
歲閏
得數
朔率
元閏
虛億
入元歲

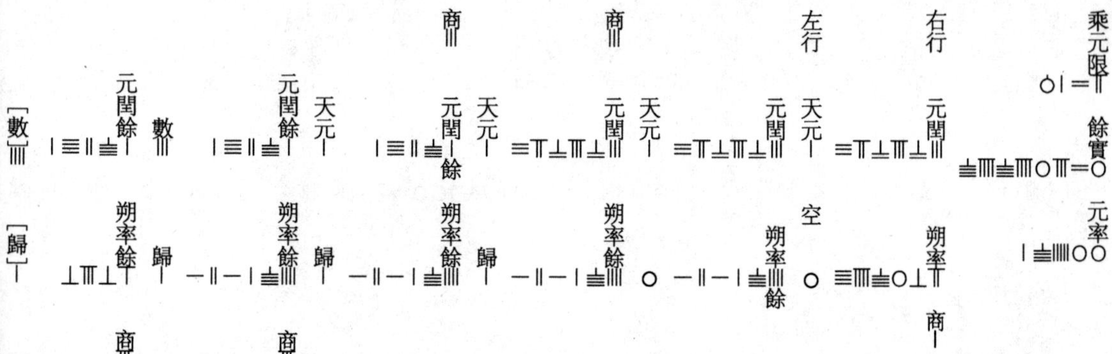
乘元限
餘實
元率
右行
元閏
朔率
商
左行
天元
空
元閏
朔率餘
商
天元
元閏
朔率餘
天元
元閏餘
歸
朔率餘
數
天元
元閏餘
歸
朔率餘
商
[數]
元閏餘
歸
朔率餘
商
[歸]

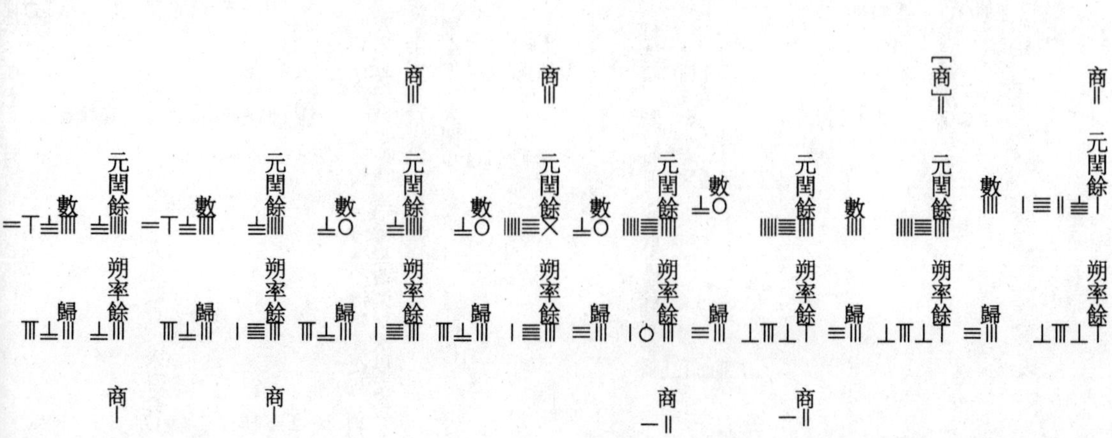
商
元閏餘
朔率餘
數
歸
[商]
元閏餘
朔率餘
歸
元閏餘
朔率餘
商
數
歸
元閏餘
朔率餘
商
數
歸
商
元閏餘
朔率餘
數
歸
商
元閏餘
朔率餘
數
歸
元閏餘
朔率餘
商
數
歸
元閏餘
朔率餘
商

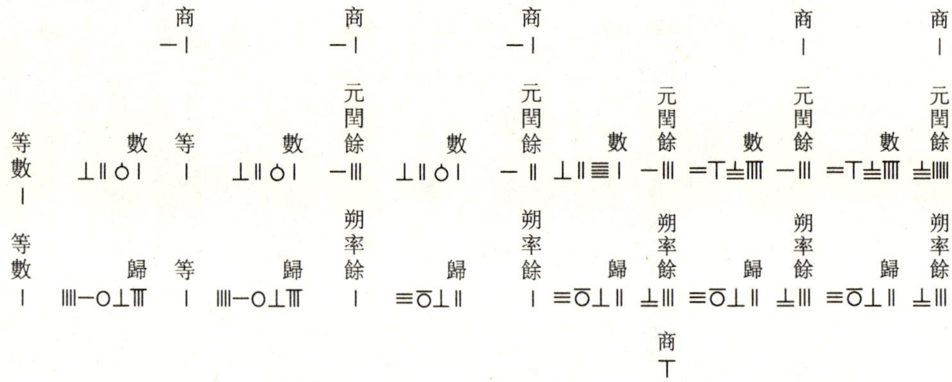

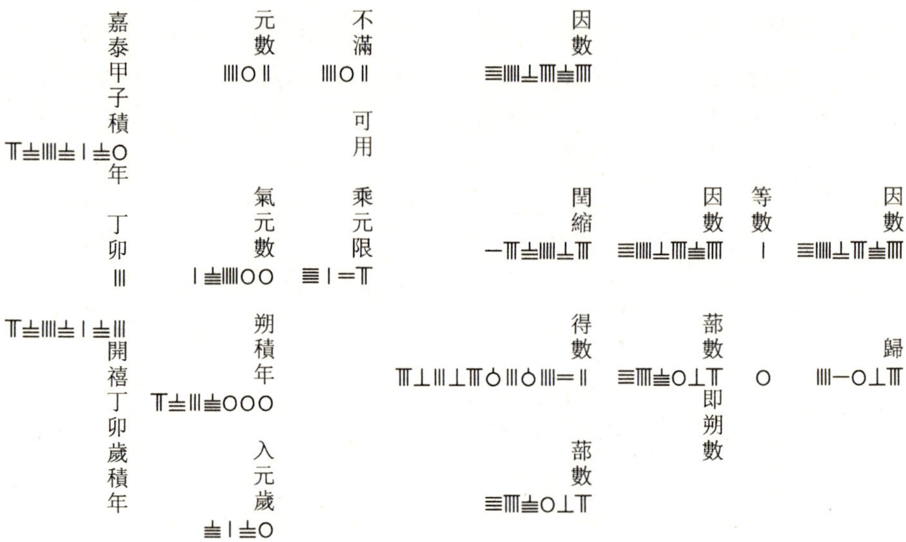

清·宋景昌《數書九章札記》卷二　草曰：本歷以何承天術調得一萬六千九百爲日法，係三百三十九强，一十七弱。案：此術自授時術不用日法積年以來，少有知者，惟李氏鋭《日法朔餘强弱》考，實足闡不傳之祕，其書刊行已久，兹不悉録，録其調日法術。術曰：視當時測定朔餘，［自注］置其術朔餘，以萬萬乘之，如其術日法而一，所得，即其術當時測定朔餘也。案：此爲後人追考古術者言之。在强率約餘案：强子二十六，以萬萬乘之，如强母四十九而一，得約餘五千三百六萬一千二百二十四。以下，弱率約餘案：弱子九，以萬萬乘之，如弱母一十七而一，得約餘五千二百九十四萬一千一百七十六。以上者，[自注]若在强率約餘以上，即不可算。列强母於右上，强子於右次，一强於右副，右下空。又列弱母於左上，弱子於左次，左副空，一弱於左下。并左右兩行，得中行。以中上退除中次，爲約餘。約餘多於測定數，即棄去右行，以中行爲右行，仍前左行。約餘少於測定數，即棄去左行，以中行爲左行，仍前右行。依前累求約餘，與當時測定數合，中上即日法，中次即朔餘，中副即强數，中下即弱數也。

案：開禧術測定朔餘，係五千三百五萬九千一百七十一小分五十九，如法調之如左。

置强母於右上，强子於右次，一强於右副，右下空。又列弱母於左上，弱子於左次，左副空，一弱於左下。并左右兩行，得中行。

以中上六十六，退除中次三十五，得約餘五千三百三萬三百三，少於測定數，即棄去左行，以中行爲左行，仍前右行，并左右兩行，得中上一百一十五，中次六十一，中副二，中下一。

以中上一百一十五，退除中次六十一，得約餘五千三百四萬三千四百七十八，少於測定數，又棄去左行，以中行爲左行，仍前右行，如此累求至中上九百四十八，中次五百三，中副一十九，中下一。以中上退除中次，得約餘五千三百五萬九千七百七十二，仍少於測定數，又棄去左行，以中行爲左行，仍前右行，并左右兩行，得中上九百九十七，中次五百二十九，中副二十，中下一。

以中上九百九十七，退除中次五百二十九，得約餘五千三百五萬九千一百七十七，多於測定數，乃棄去右行，以中行爲右行，仍前左行，并左右兩行，得中上一千九百四十五，中次一千三十二，中副三十九，中下二。

以中上一千九百四十五，退除中次一千三十二，得約餘五千三百五萬九千一百五，少於測定數，乃棄去左行，以中行爲左行，仍前右行，并左右兩行得中上二千九百四十二，中次一千五百六十一，中副五十九，中下三。

以中上二千九百四十二，退除中次一千五百六十一，得約餘五千三百五萬九千一百四十三，少於測定數，又棄去左行，以中行爲左行，仍前右行，如此累求至中上一萬五千九百三，中次八千四百三十八，中副三百一十九，中下一十六。以中上退除中次，得約餘五千三百五萬九千一百七十一小分二十二，其小分少於測定數，又棄去左行，以中行爲左行，仍其右行，并左右兩行，得中上一萬六千九百，中次八千九百六十七，中副三百三十九，中下一十七。

以中上退除中次，得五千三百五萬九千一百七十一小分五十九，與測定數合，中上一萬六千九百，即日法。中次八千九百六十七，即朔餘。中副三百三十九，即强數。中下一十七，即弱數也。卻以十二月乘朔率四十九萬九千六十七，原本六十七誤六百七。滿蔀數四十九萬九千六十七，七誤二。約法以百約之。案：此兩行算圖，皆係巧合，於率不通，舊圖多舛，今皆改正。

沈氏欽裴曰：此所求入閏、閏縮、元閏、朔因數、朔積年，皆因入元歲而誤。求入元歲，當以歲餘爲奇，紀率爲定，用大衍術求之，得蔀率。此蔀率者，是甲子子正初刻與冬至一會之年數也。若如元術，以斗分與日法，用大衍術求得蔀率，則是子正初刻與冬至一會之年數，五周而後爲甲子子正初刻冬至也。一會戊子，再會壬子，三會丙子，四會庚子，五會甲子。每歲氣骨分，爲歲餘所積滿紀率去之之數，非斗分所積滿日法去之之數。有氣骨分求入元歲，而以斗分與日法，用大衍入之，與率不相通，此其所由誤也。又虚設氣元率，乘元限數以强合之，而積年之不可知已多矣。今別立術草，并設問于後，以課元術新術之疎密焉。

改正答數：入元歲，一千五十五。　入閏，二十七萬五千二百二十四。　閏縮，三十八萬七千六百一十四。　元閏，二十三萬九千四百三十四。　元數，四千八百二十九。　氣等率，六百二十四。　因率，一百三。　蔀率，一千六百二十五。　朔因數，六千二百五十一。　朔積年，七百八十四萬七千一百二十五。

新術曰：調日法求朔餘、朔率、斗分、歲率、氣骨、朔骨、閏骨、歲閏、紀率，皆如元術。以紀率除歲率，不滿，爲歲餘，與紀率用大衍術入之，求氣等率、因率、蔀率。以等率約所求氣骨分，得數，以乘因率，滿蔀率去之，不滿，爲入元歲。以入元歲乘歲閏，滿朔率去之，不滿，爲入閏。以入閏減閏骨分，爲閏縮，若閏骨不足減，加朔率減之。以蔀率乘歲閏，滿朔率去之，餘爲元閏，與朔率用大衍入之，求得朔等數、因數、蔀數。以等數約閏縮，得數，以因數乘之，滿蔀數去之，不滿，以乘蔀率，爲朔積年。并入元歲，爲演紀積年。

草曰：置歲率六百一十七萬二千六百八，滿紀率一百一萬四千去之，不滿八萬八千六百八，爲歲餘。與紀率以大衍術入之，求得六百二十四爲等率，一百三爲因率，一千六百二十五爲蔀率。置嘉泰甲子歲氣定骨一十九萬三千四百四十，以等率六百二十四約之，得三百一十，以因率一百三乘之，得三萬一千九百三十，滿蔀率一千六百二十五去之，不滿一千五十五，爲入元歲。以入元歲乘歲閏一十八萬三千八百四，得一億九千三百九十一萬三千二百二十，滿朔率四十九萬九千六十七去之，不滿二十七萬五千二百二十四，爲入閏。次置嘉泰甲子歲閏泛骨一十六萬三千七百七十一，并朔率四十九萬九千六十七，共得六十六萬二千八百三十八，以入閏二十七萬五千二百二十四減之，餘三十八萬七千六百一十四，爲閏縮。次以蔀率一千六百二十五，乘歲閏一十八萬三千八百四，得二億九千八百六十八萬一千五百，滿朔率去之，不滿二十三萬九千四百三十四，爲元閏。乃以元閏與朔率用大衍術求之，得等數一，因數六千二百五十一，蔀數四十九萬九千六十七，然後以等數一約閏縮，仍得三十八萬七千六百一十四，以因數六千二百五十一乘之，得二十四億二千二百九十七萬五千一百一十四，滿蔀數四十九萬九千六十七去之，不滿四千八百二十九，爲元數。乃以乘蔀率一千六百二十五，得七百八十四萬七千一百二十五，爲朔積年。并入元歲一千五十五，共得七百八十四萬八千一百八十，爲嘉泰四年甲子歲積算。

歲率 T—Ⅲ=TOⅢ　紀率 |O|≡OOO　不滿 Ⅲ≐TOⅢ 歲餘

右行　歲餘 Ⅲ≐TOⅢ　紀率 |O|≡OOO　商 一|

左行　天元 |　空 O

歲餘 Ⅲ≐TOⅢ　紀率 Ⅲ≐Ⅲ一Ⅱ 餘　商 一|

天元 |　O

商 Ⅱ　歲餘 Ⅲ≐TOⅢ　紀率 Ⅲ≐Ⅲ一Ⅱ 餘

天元 |　歸數 一|

商‖ 歲餘 ≟Ⅲ≟Ⅲ餘 紀率 Ⅲ≟Ⅲ一‖餘
天元 | 歸數 一|
歲餘 ≟Ⅲ≟Ⅲ餘 紀率 Ⅲ≟Ⅲ一‖餘 商Ⅲ
率 =Ⅲ 歸 一|
歲餘 ≟Ⅲ≟Ⅲ餘 紀率 ≟Ⅲ⊥〇餘 商Ⅲ
率 =Ⅲ 歸 一|
商| 歲餘 ≟Ⅲ≟Ⅲ餘 紀率 ≟Ⅲ⊥〇餘
率 =Ⅲ 歸 〇≟
商| 歲餘 T=Ⅲ餘 紀率 ≟Ⅲ⊥〇餘
率 =Ⅲ 歸 〇≟
歲餘 T=Ⅲ餘 紀率 ≟Ⅲ⊥〇餘 商 一Ⅲ
因率 |〇Ⅲ 歸 〇≟
等 T=Ⅲ 等 T=Ⅲ 商 一Ⅲ

因率 |〇Ⅲ 歸 〇≟
等 T=Ⅲ 等 T=Ⅲ
因率 |〇Ⅲ 歸數 一Ⅲ=‖
等 T=Ⅲ 等 T=Ⅲ
因率 |〇Ⅲ 蔀率 一T=Ⅲ
商 Ⅲ一〇 氣定骨 一Ⅲ≡Ⅲ≡〇 等率 T=Ⅲ
商 Ⅲ一〇 因率 |〇Ⅲ 得數 〇≡Ⅲ一Ⅲ
商去之 〇 得數 〇≡Ⅲ一Ⅲ 蔀率 一T=Ⅲ 不滿 一〇≡Ⅲ入元歲
人元歲 一〇≡Ⅲ 歲閏 一Ⅲ≡Ⅲ〇Ⅲ 得數 〇=‖≡|≡Ⅲ≟| 朔率 ≡Ⅲ≟〇⊥T 不滿 =T≡‖=Ⅲ入閏
閏泛骨 一T≡T⊥| 朔率 ≡Ⅲ≟〇⊥T 共得 ⊥T=Ⅲ≡Ⅲ 入閏 =T≡‖=Ⅲ 閏縮 ≡Ⅲ⊥T一Ⅲ元閏

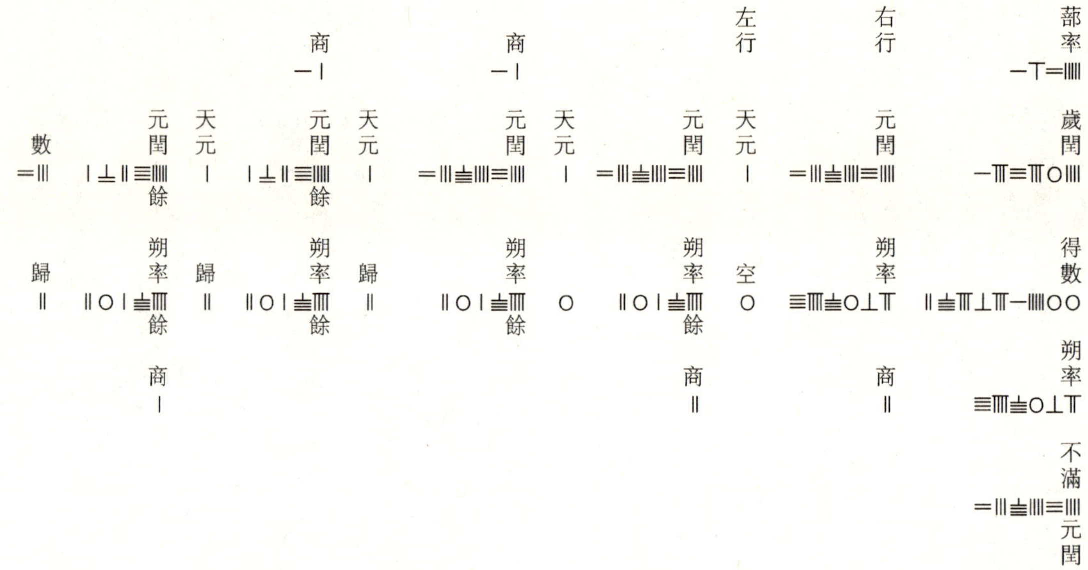

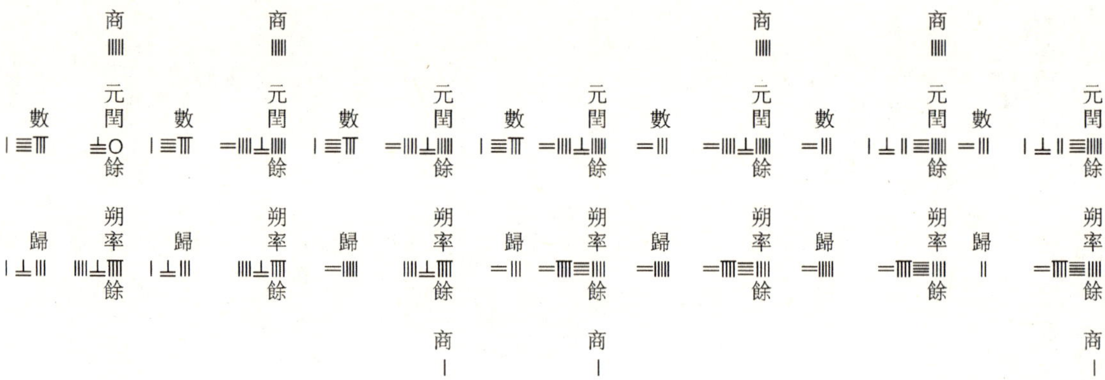

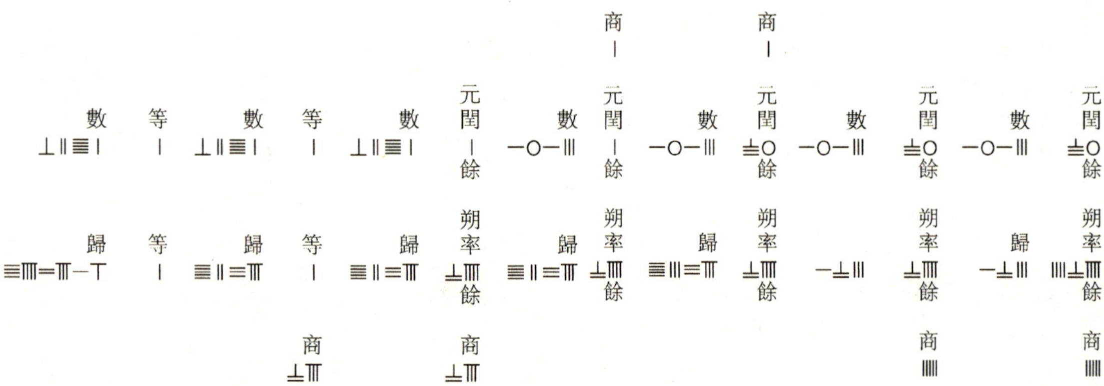

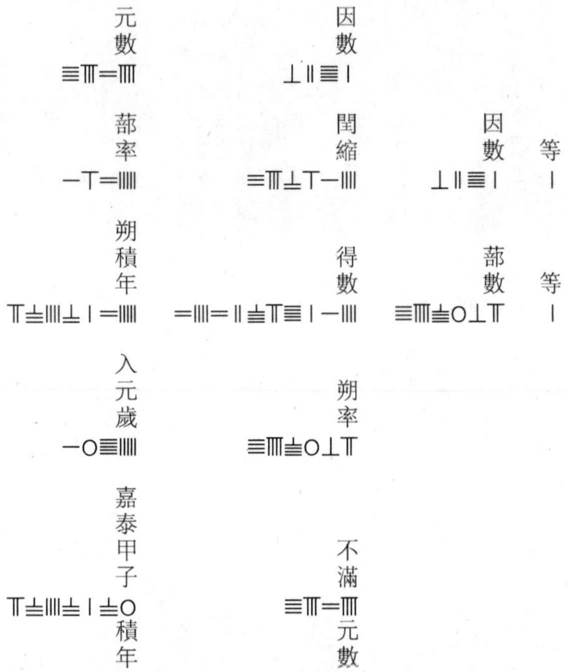

設氣骨分三十七萬四千四百，閏骨分二十萬六千九百九十四。問距上元甲子歲積算幾何。

答曰：五十年。

依元術推之。以約率三千一百二十，除氣骨分三十七萬四千四百，得一百二十。以因率一百四十四乘之，得一萬七千二百八十，滿蔀率三百二十五去之，不滿五十五，以紀法六十乘之，得三千三百，爲入元歲。以乘歲閏一十八萬三千八百四，得六億六百五十五萬三千二百，滿朔率四十九萬九千六十七去之，不滿一十八萬六千七百九十五，爲入閏。以減閏骨分二十萬六千九百九十四，餘二萬一百九十九，爲閏縮。以等數一約之，仍得二萬一百九十九，以因數四十五萬七千九百九十九乘之，得九十二億五千一百一十二萬一千八百一，滿蔀數四十九萬九千六十七去之，不滿四十一萬五千八百八十九，在乘元限數以上，乘元限最大者，不過五千一百二十八。爲不可用。依新術推之，以等數六百二十四，約氣骨三十七萬四千四百，得六百。以因率一百三乘之，得六萬一千八百，滿蔀率一千六百二十五去之，不滿五十，爲入元歲。以入元歲乘歲閏一十八萬三千八百四，得九百一十九萬二百，滿朔率四十九萬九千六十七去之，不滿二十萬六千九百九十四，爲入閏。與閏骨分適合，便以入元歲五十，爲上元甲子歲距所求年積算。

設氣骨分四十四萬三千四十，閏骨分一十六萬三百二十。問積年幾何。

答曰：一千六百三十年。

依元術推之。以約率三千一百二十，除氣骨分四十四萬三千四十，得一百四十二。以因率一百四十四乘之，得二萬四百四十八，滿蔀率三百二十五去之，不滿二百九十八，以紀法六十乘之，得一萬七千八百八十，爲入元歲。以乘歲閏一十八萬三千八百四，得三十二億八千六百四十一萬五千五百二十，滿朔率四十九萬九千六十七去之，不滿五萬九千三百二十五，爲入閏。以減閏骨分一十六萬三百二十，餘一十萬九百九十五，爲閏縮。以因數四十五萬七千九百九十九乘之，得四百六十二億五千五百六十萬九千五，滿蔀數四十九萬九千六十七去之，不滿八萬三千一百七十七，在乘元限數上，爲不可用。依新術推之。以等數六百二十四，約氣骨分四十四萬三千四十，得七百一十。以因率一百三乘之，得七萬三千一百三十，滿蔀率一千六百二十五去之，不滿五年，爲入元歲。以乘歲閏一十八萬三千八百四，得九十一萬九千二十，滿朔率四十九萬九千六十七去之，不滿四十一萬九千九百五十三，爲入閏。以閏骨分一十六萬三百二十，并朔率四十九萬九千六十七，共得六十五萬九千三百八十七，以入閏減之，餘二十三萬九千四百三十四，爲閏縮。以因數六千二百五十一乘之，得一十四億九千六百七十萬一千九百三十四，滿蔀數四十九萬九千六十七去之，不滿一，以乘蔀率，得一千六百二十五，爲朔積年。并入元歲五，共得一千六百三十年，爲距上元甲子歲積算。

設氣骨分一十五萬六千，閏骨分四十四萬二千三十二。問積年幾何。

答曰：三千年。

依元術推之。以約率三千一百二十，除氣骨分一十五萬六千，得五。以因率一百四十四乘之，得七千二百，滿蔀率三百二十五去之，不滿五十，以紀法六十乘之，得三千年，爲入元歲。以乘歲閏一十八萬三千八百四，得五億五千一百四十一萬二千，滿朔率去之，不滿四十四萬二千三十二，爲入閏。與閏骨分適合，便以入元歲三千年，爲積年。依新術推之。以等數六百二十四，約氣骨分一十五萬六千，得二百五十。以因率一百三乘之，得二萬五千七百五十，滿蔀率一千六百二十五去之，不滿一千三百七十五，爲入元歲。以乘歲閏一十八萬三千八百四，得二億五千二百七十三萬五百，滿朔率去之，不滿二十萬二千五百九十八，爲入閏。以減閏骨分四十四萬二千三十二，餘二十三萬九千四百三十四。以因數六千二百五十一乘之，得一十四億九千六百七十萬一千九百三十四，滿蔀數四十九萬九千六十七去之，不滿一，以乘蔀率，得一千六百二十五，爲朔積年。并入元歲一千三百七十五，得三千，爲積年。與元術所推合。

設氣骨分八十五萬八千，閏骨分四十七萬五千三百六。問積年幾何。

答曰：一萬年。

依元術推之。以約率三千一百二十，除氣骨分八十五萬八千，得二百七十五。以因率一百四十四乘之，得三萬九千六百，滿蔀率三百二十五去之，不滿二百七十五，以紀法六十乘之，得一萬六千五百，爲入元歲。以乘歲閏一十八萬三千八百四，得三十億三千二百七十六萬六千，滿朔率去之，不滿四十三萬四千九百八，爲入閏。以減閏骨分四十七萬五千三百六，餘四萬三百九十八，爲閏縮。以因數四十五萬七千九百九十九乘之，得一百八十五億二百二十四萬三千六百二，滿蔀數四十九萬九千六十七去之，不滿三十三萬二千七百一十一，在乘元限數上，爲不可用。依新術推之。以等數六百二十四，約氣骨分八十五萬八千，得一千三百七十五。以因率一百三乘之，得一十四萬一千六百二十五，滿蔀率一千六百二十五去之，不滿二百五十，爲入元歲。以乘歲閏一十八萬三千八百四，得四千五百九十五萬一千，滿朔率去之，不滿三萬六千八百三十六，爲入閏。以減閏骨分四十七萬五千三百六，餘四十三萬八千四百七十，爲閏縮。以因數六千二百五十一乘之，得二十七億四千八十七萬五千九百七十，滿蔀數四十九萬九千六十七去之，不滿六爲元數，以乘蔀率一千六百二十五，得九千七百五十，爲朔積年。并入元歲二百五十，共得一萬年，爲距上元甲子積算。

設氣骨分二十四萬六千四百八十，閏骨分四十二萬六千六百三十九。問：積年幾何。

答曰：一萬九千五百六十年。

依元術推之。以約率三千一百二十，除氣骨分二十四萬六千四百八十，得七十九。以因率一百四十四乘之，得一萬一千三百七十六，滿蔀率三百二十五去之，不滿一，以乘紀法，得六十，爲入元歲。以入元歲乘歲閏一十八萬三千八百四，得一千一百二萬八千二百四十，滿朔率去之，不滿四萬八千七百六十六，爲入閏。以減閏骨分四十二萬六千六百三十九，餘三十七萬七千八百七十三，爲閏縮。以因數四十五萬七千九百九十九乘之，得一千七百三十億六千五百四十五萬六千一百二十七，滿蔀數四十九萬九千六十七去之，不滿一，爲元數。在乘元限數下，爲可用。以乘元率一萬九千五百，即得一萬九千五百，爲朔積年。并入元歲六十，共得一萬九千五百六十，爲演紀積年。依新術推之。以等數六百二十四，約氣骨分二十四萬六千四百八十，得三百九十五。以因率一百三乘之，得四萬六百八十五，滿蔀率一千六百二十五去之，不滿六十，爲入元歲。求入閏，閏縮數，與元術同。以因數六千二百五十一，乘閏縮三十七萬七千八百七十三，得二十三億六千二百八萬四千一百二十三，滿蔀數四十九萬九千六十七去之，不滿一十二，爲元數。以乘蔀率一千六百二十五，得一萬九千五百，爲朔積年。并入元歲六十，得一萬九千五百六十，爲積年。與元術所推合。

設開禧三年丁卯，氣骨分四十五萬九千二百六十四，閏骨分二十一萬六千一百一十六。問距上元甲子歲積算幾何。

答曰：積年七百八十四萬八千一百八十三。

依元術推之。以約率三千一百二十，除氣骨分四十五萬九千二百六十四，得一千四百七十二。以因率一百四十四乘之，得二十一萬一千九百六十八，滿蔀率三百二十五去之，不滿六十八，以紀法六十乘之，得四千八十，爲入元歲。以乘歲閏一十八萬三千八百四，得七億四千九百九十二萬三百二十，滿朔率去之，不滿三十二萬一千六百八十六，爲入閏。以減閏骨分二十一萬六千一百一十六，不足減，加一朔率於閏骨分內，得七十一萬五千一百八十三。乃以入閏減之，餘三十九萬三千四百九十七，爲閏縮。以因數四十五萬七千九百九十九乘之，得一千八百二億二千一百二十三萬二千五百三，滿蔀數四十九萬九千六十七去之，不滿一十五萬三千七百三十一，在乘元限數上，爲不可用。

依新術推之。以等數六百二十四，約氣骨分四十五萬九千二百六十四，得七百三十六。以因率一百三乘之，得七萬五千八百八，滿蔀率一千六百二十五去之，不滿一千五十八，爲入元歲。以乘歲閏一十八萬三千八百四，得一億九千四百四十六萬四千六百三十二，滿朔率去之，不滿三十二萬七千五百六十九，爲入閏。以減閏骨分二十一萬六千一百一十六，不足減，加一朔率，得七十一萬五千一百八十三。乃以入閏減之，餘三十八萬七千六百一十四，爲閏縮。以朔因數六千二百五十一乘之，得二十四億二千二百九十七萬五千一百一十四，滿蔀數四十九萬九千六十七去之，不滿四千八百二十九，爲元數。以蔀率一千六百二十五乘之，得七百八十四萬七千一百二十五年，爲朔積年。并入元歲一千五十八，得七百八十四萬八千一百八十三年，爲上元甲子歲距開禧三年丁卯歲積算。

右設問六則，以元術推之，可知者二，不可知者四。以新術推之，皆可知，則新術爲密。景昌案：元術惟甲子歲爲可知，其餘皆不可知。先生新術，則歲歲可知。疎密相去遠矣，但删去氣元率不用，而即以入蔀歲爲入元歲，似尚未盡，蓋新術蔀率一千六百二十五，爲冬至與日名甲子一會，第可謂之蔀，未可謂之元。又歷十二蔀而冬至與年名甲子一會，始可謂之元也。古人命名，各有取義，未可混耳。

垛積招差總部

主編　劉建軍

數列部

等差數列分部

算法

《周髀算經》卷上　一衡之間萬九千八百三十三里、三分里之一，即爲百步。欲知次衡徑，倍而增内衡之徑。漢・趙爽注　倍一衡間數，以增内衡即次二衡徑。二之以增内衡徑得三衡徑。趙爽注　二乘所倍一衡之間數，以增内衡徑即得三衡徑。次衡放此。趙爽注　次至皆如數。

【略】

又　内一衡徑二十三萬八千里，周七十一萬四千里。【略】

次二衡徑二十七萬七千六百六十六里二百步，周八十三萬三千里。【略】

次三衡徑三十一萬七千三百三十三里一百步，周九十五萬二千里。【略】

次四衡徑三十五萬七千里，周一百七萬一千里。【略】

次五衡徑三十九萬六千六百六十六里二百步，周一百一十九萬里。【略】

次六衡徑四十三萬六千三百三十三里一百步，周一百三十萬九千里。【略】

次七衡徑四十七萬六千里，周百四十二萬八千里。

北魏・張丘建《張丘建算經》卷中　今有戶出銀一斤八兩一十二銖。今以家有貧富不等，令戶別作差品，通融出之：最下戶出銀八兩，以次戶差各多三兩。問戶幾何。

荅曰：一十二戶。

術曰：置一戶出銀斤兩銖數，以最下戶出銀兩銖數減之。餘，倍之，以差多兩銖數加之，爲實。以差兩銖數爲法。實如法而一。隋・劉孝孫細草　草曰：置二十四兩，以二十四乘之，内一十二銖，得五百八十八銖。減最下戶八兩數一百九十二銖，餘三百九十六。倍之，得七百九十二。又加差多三兩數七十二銖，共得八百六十四，爲實。以差多兩數七十二爲法，除實，得一十二戶。合前問。

又　卷下　今有城周二十里，欲三尺安鹿角一枚，五重安之。問凡用鹿角幾何。

荅曰：六萬一百枚。

城若圓，凡用鹿角六萬六十枚。

術曰：置城周裡尺數，三而一，所得，五之。又置五，以三乘之，又自相乘，以三自乘而一。所得，四之。併上位，即得凡數。城若圓者，置城周裡尺數，三而一，所得，五之。又併一、二、三、四，凡得一十。以六乘之，併之，得凡數。隋・劉孝孫細草　草曰：置二十裡，以三百步乘之，得六千。步法六因之，得三萬六千。以三尺除之，得一萬二千。以重數五乘之，得六萬於上位。又以五乘三，得一十五。又自相乘，得二百二十五。又以三自乘，得九，爲法。以除二百二十五，得二十五。四因之，得一百。若求圓者，置城圍尺數，三而一，得一萬二千。所得，五因之，爲六萬於上位。又以一、二、三、四併之，得一十，以六因之，得六十。從上位，得六萬六十，是圓也。

宋・秦九韶《數書九章・營建類》卷一四　竹圍蘆束

問受給場交收竹二千三百七十四把，内筀竹一千一百五十一把，每把外圍三十六竿。水竹一千二百二十三把，每[把]外圍四十二竿。蘆三千六十五束，每束圍五尺，其蘆元様五尺五寸。今納到圍小，合準元蘆幾束，及水筀竹各幾何。

荅曰：筀竹一十四萬六千一百七十七竿，水竹二十萬六千六百八十七竿，合準元蘆二千五百三十三束一百二十一分束之七。

術曰：以方田及圓率求之。置圓束差，併[筀]竹外圍竿數，以乘外圍，又乘把數，爲竹實。倍圓束差，爲竹法。除之，各得二竹數。皆以把數爲心，加入，各得竹條數。置蘆圍尺數，自乘，以乘蘆束數，爲蘆實。以蘆元尺數自乘，爲蘆法。除實，得所準蘆束數。

草曰：置圓束差六，併筀竹外圍三十六竿，得四十二竿。以乘外圍三十六竿，得一千五百一十二竿。又乘筀竹一千一百五十一把，得一百七十四萬三百一十二竿，爲筀竹實。倍圓束差六，得一十二，爲竹法。除實，得一十四萬五千二十六竿。以把數一千一百五十一併之，得一十四萬六千一百七十七竿，爲筀竹。又置圓差六，併水竹外圍四十二竿，得四十八竿。以乘水竹圍四十二竿，得二千一十六竿。又乘水竹一千二百二十三把，得二百四十六萬五千五百六十八竿，爲水竹實。亦以竹法一十二除之，得二十萬五千四百六十四竿。以水竹把數一千二百二十三併之，得二十萬六千六百八十七竿，爲水竹數。次置蘆圍五尺，通爲五十寸。以自乘，得二千五百寸。又乘蘆束數三千六十五，得七百六十六萬二千五百寸，爲蘆實。以元樣蘆圍五尺五寸亦通爲五十五寸，以自乘，得三千二十五寸，爲蘆法。除實，得二千五百三十三束。不盡一百七十五寸，與法求等，得二十五。俱以約之，得一百二十一分束之七。爲蘆二千五百三十三束一百二十一分束之七。合問。

積木計餘

問元管杉木一尖垛，偶不記數。從上取用，至中間，見存九條，爲面闊。元木及見存各幾何。

答曰：元木一百五十三條，見存木一百一十七條。

術曰：商功求之，堆積入之。倍中面，副置。減一，以乘其副。得數半之，爲元木。副置上層，減一，以乘其副。得數半之，用減元木，餘爲見存。其非中一層數者，各以自地上至面層數，立術求之。

草曰：倍中面九條，得一十八，副置。減一，餘一十七。以乘副一十八，得三百六條。以半之，得一百五十三條，爲元本之數。副置中面九條，減一，餘八。以乘副九，得七十二。以半之，得三十六。以減元木一百五十三，餘一百一十七條，爲見存木數。合問。

明·嚴恭《通原算法》 今有給與人錢，初一人與三錢，次一人與四錢，以次轉多一錢。與訖，還收聚却均分之，各人淂一百錢。問人数若干。

答曰：一百九十五人。

術曰：置一百錢，減初與三錢，餘九十。七倍之，淂一百九十四，加初一人，即得。

今有户出銀二兩，今以家有貧富不等，令户品搭高下出之。最下户出銀四錢，以次户差各多二錢。問幾户可以通滚。

答曰：一十七户。

術曰：列出銀二兩，減最下户出銀四錢，餘一兩六錢。倍之，淂三兩二錢。又加户差二錢，共三兩四錢為寔，以户差二錢為法。除之，即淂。

今有負貨期約，如違限一日罰錢二兩五錢，二日罰錢五兩，如是日多二兩五錢。今違限一十二日，問罰錢若干。

答曰：一百九十五兩。

術曰：置一十二日加一，乘之，淂一百五十六。又以二兩五錢乘之，淂三百九十兩。半之，即淂。

等比數列分部

綜論

《易經》 是故《易》有太極，是生兩儀，兩儀生四象，四象生八卦。

《莊子·天下篇》 一尺之棰，日取其半，萬世不竭。

明·程大位《算法統宗》卷五《衰分》 衰者，等也。物之混者，求其等而分之，以物之多寡求之出稅，以人戸等第求之差徭，以物價求貴賤高低者也。

清·安清翹《矩线原本·比例篇》 凡矩之位以十為等，自一而十、而百、而千、而萬，以至無窮，謂之乘除連比例。

【略】

凡矩上兩數求連比例之數，任以一數為第二率，自乘，以一數為首率，除之即得第三率也。若求第四率，則任以一數為第二率，自乘、再乘，以一數為首率，自乘，除之即得第四率也。求第五率以上，按各乘方位數加之。

算法

《九章算術》卷三《衰分》 今有蒲生一日，長三尺；莞生一日，長一尺。蒲[生]日自半；莞生日自倍。問幾何日而長等。

答曰：二日十三分日之六。各長四尺八寸一十三分寸之六。

術曰：假令二日，不足一尺五寸；令之三日，有餘一尺七寸半。**唐·李淳風等按** 「假令二日，不足一尺五寸」者，蒲生二日，長四尺五寸，莞生二日，長三尺，是爲未相及一尺五寸，故曰不足。「令之三日，有餘一尺七寸半」者，蒲增前七寸半，莞增前四尺，是爲過一尺七寸半，故曰有餘。以盈、不足乘除之，又以後一日所長各乘日分子，如日分母而一者，各得日分子之長也。故各增二[日定]長，即得其數。

晉·佚名《孫子筭經》卷下 今有出門望見九隄。隄有九木，木有九枝，枝有九巢，巢有九禽，禽有九雛，雛有九毛，毛有九色。問各幾何。

答曰：木八十一。枝七百二十九。巢六千五百六十一。禽五萬九千四十九。雛五十三萬一千四百四十一。毛四百七十八萬二千九百六十九。色四千三百四萬六千七百二十一。

術曰：置九隄，以九乘之，得木之數。又以九乘之，得枝之數。又以九乘之，得巢之數。又以九乘之，得禽之數。又以九乘之，得雛之數。又以九乘之，得毛之數。又以九乘之，得色之數。

宋·楊輝《算法通變本末》卷上 解錢九貫文，月利一分八釐，在庫十一箇月零十七日。問息錢若干。

答曰：一貫八百七十三文八分。

術曰：三因月數，皆通爲日，而併零日，日上定分。以所解錢數九因，又日利六因爲息解，一貫月利十八文日得六分，故用六因。

草曰：置十一箇月，以三因併零日，共三百四十七。以所解錢數九貫因之，又日利六分因之。合問。

垛積部

三角垛分部

綜論

明・周述學《曆宗算會》卷一四《隙積》 今三角尖堆不破積數，則得五十有五，是於平方之積，侵其半數，故以二歸則當添一，不用二歸則添半數也。若三角平尖之外，或多一箇或多二箇，其積以従法求之。如以積求三角平尖一面之數，則倍積為實，帶減廉一筭，以平方開之。三角立尖梁其形不類鼈臑，其積與鼈臑同也。以下方開三位，以一位添一箇，相乘為平積。又以一位添二箇，乘之為立積，此六鼈臑積也。故其法如六而一。

清・李善蘭《垛積比類》卷一 垛積爲少廣一支，而元郭太史以步躔離。近汪氏孝嬰以釋遞兼，董氏方立以推割圜，西人代數微分中所有級數大半皆是其用亦廣矣哉。顧歷來算書中不恆見，惟元朱氏《玉鑑》茭草形段、如象招數、果垛疊藏諸門爲垛積術，然其意在發明天元，一故言之不詳，亦無條理。汪氏董氏之書有條理矣，然一但言三角垛一但言四角垛，餘皆不及則亦不備。今所述有表有圖有法分條別派詳細言之，欲令習算家知垛積之術。於《九章》外別立一幟，其說自善蘭始。

清・阮元《疇人傳》卷五二 論曰：垛積之術不見于《九章》，沈括《夢溪筆談》云算術求積尺之法，如芻荫、芻童、方池、冥谷、塹堵、鼈臑、圓錐、陽馬之類，物形備矣，獨未有積隙一術。所謂積隙，卽是垛積，蓋其法實始於括耳。芻荫、芻童之等並具九章商功篇，然則垛積之術，乃商功之流而以爲少廣者，近代算家之陋也。

茭草垛——圭垛

算法

宋・楊輝《田畝比類乘除捷法》卷上 今有圭垛一堆，上一束底闊八束，梯垛草二堆，小堆上有六束，底闊十三束，大堆上有九束，底闊十六束。問共幾束。

答曰：二百一十二束。

術曰：依梯垛併三堆上下廣，以高乘之折半。

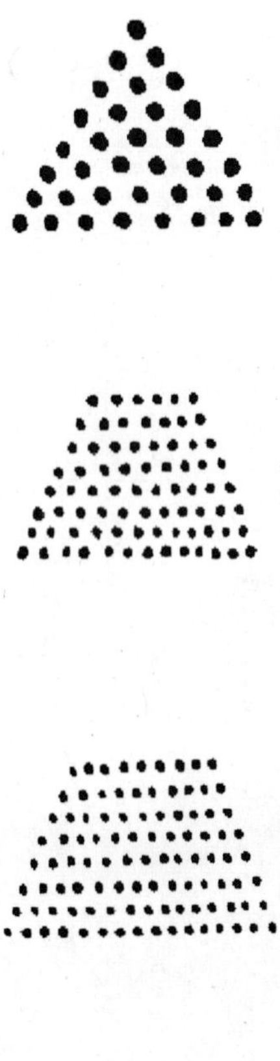

圭垛　小梯垛　大梯垛

草曰：併三堆上下廣共五十三，以高八層乘得四百二十四，折半得二百一十二束。合問。

元・朱世傑《筭學啟蒙》卷上《堆積還源門》 今有茭草底子，每面五十四束，問積幾何。

答曰：一千四百八十五束。

術曰：副置五十四束，下位添一束以乘上位，得二千九百七十，半之得積。合問。

清・王鑒《筭學啓蒙述義》卷下 此平三角堆也。其頂上一層一束，以下每層遞加一束，其形與斜剖正方面相似，但丈尺之積雖至細微，皆有數以命之，剖則徑剖，而堆積不能剖一物而半之，故每面加一爲乘數，使成長方形，然後始能斜剖也。題言每面五十四束其數太繁難，於作圖，茲設小數以明之。

下問倣此。

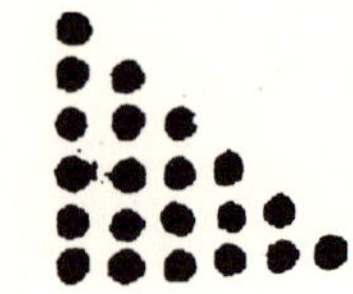

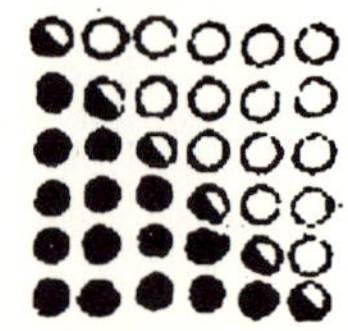

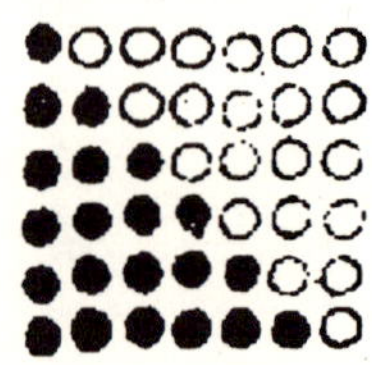

右上一圖茭草形，設每面爲六束。

右中一圖不加一，爲乘法，即以六束乘六束，得正方形自對角斜剖之，所剖之處皆成半束。

右下一圖加一束得七，以乘六束成長方形，斜剖之分而爲二，兩積適相等，觀此可知立法之意矣。

元・朱世傑《四元玉鑒》卷中《茭草形段》 今有茭艸一垛，直錢二十五貫五百七十八文。只云最上一束直錢九文，次下層層每束累貴三文。問底子幾何。

答曰：二十八束。

術曰：立天元一為茭艸底子，如積求之，得一十五萬三千四百六十八為益實，二十一為從方，二十七為從廉，六為從隅。立方開之。合問。

清・沈欽裴《四元玉鑑細草》 草曰：立天元一為茭草底子，以天元加一 [算籌式] 乘之，得 [算籌式] 為茭草積，便為上積，乘上差九，得 [算籌式] 三之得 [算籌式] 于上位。置天元減一 [算籌式] 以天元 [算籌式] 乘之。又以天元加一 [算籌式] 乘之，得 [算籌式] 為下積，乘下差六，得 [算籌式] 併上位得 [算籌式] 為六倍直，寄左。乃置直錢二十五貫五百七十八文。六因之，得一十五萬三千四百六十八。與左相消，得 [算籌式] 立方開之，得二十八束。合問。

清・羅士琳《四元玉鑒細草》 艸曰：立天元一為茭艸底子，倍累貴三文得六為直差，乘天元得 [算籌式] 於上，副以最上九文三之，得二十七，減直差，餘二十一，加上得 [算籌式] 以天元乘之，得 [算籌式] 又以天元加一，得 [算籌式] 乘之，得 [算籌式] 合以六除之為共直。今不除，便為六倍共直，寄左。乃以六通共直，得十五萬三千四百六十八為同數，消左，得 [算籌式] 開立方，得二十八束。合問。

茭艸束	乘得數	抛差
一	九	九
二	二四	一二
三	四五	一五
四	七二	一八
五	一〇五	二一
六	一四四	二四
七	一八九	二七
八	二四〇	三〇
九	二九七	三三
一〇	三六〇	三六
一一	四二九	三九
一二	五〇四	四二
一三	五八五	四五
一四	六七二	四八
一五	七六五	五一
一六	八六四	五四
一七	九六九	五七
一八	一〇八〇	六〇
一九	一一九七	六三
二〇	一三二〇	六六
二一	一四四九	六九
二二	一五八四	七二
二三	一七二五	七五
二四	一八七二	七八
二五	二〇二五	八一
二六	二一八四	八四
二七	二三四九	八七
二八	二五二〇	九〇

右圖列茭艸束於上方，列抛差於下方，上下相乘，置得數於中央。併上方所列為共積。併中央所得為共直錢。

清・華蘅芳《古今算學叢書・垛積演較》 茭艸之垛，最上爲一束，以下每層累多一束，所以設底〇則直〇，底一則直九，底二直三十三，底三直七十八，底四直一百五十。用積較術求之。

[算籌式]

從表求得 [算籌式] 以分母六通共直消之，得 [算籌式] 開立方，得二十八束。合問。

如將立方式改爲代數式 $積=\frac{二一卯\perp二七卯^{二}\perp六卯^{三}}{六}$ 化之得

積＝$\frac{卯(六卯丄二一)(卯丄一)}{六}$　即爲本垛以底求共直之式。

元・朱世傑《四元玉鑒》卷中《茭草形段》　今有茭艸一垛，直錢四十二貫八百四十六文。只云最下每束直錢六文，次上層層，每束累貴五文，問底子幾何。

答曰：三十六束。

術曰：立天元一為茭艸底子，如積求之，得二十五萬七千七十六為益實，一十三為從方，一十八為從廉，五為從隅。立方開之。合問。

清・沈欽裴《四元玉鑑細草》　草曰：立天元一為茭草底子，以茭草積 太｜｜ 為下積，乘下差六，得 太⊤⊤ 三之得 太⫼⫼一一 於下位置 太〡〤〇〡 為上積，乘上差五，得 太〥〇‖‖一 併下位，得 太‖⫼‖‖一一 為六倍茭草直，寄左。乃置直錢四十二貫八百四十六文。六因之，得二十五萬七千七十六。與左相消，得 〤⊥〇⊤‖‖‖＝ ＝‖一⫼‖‖ 立方開之，得三十六束。合問。

茭草形

底子求積。

術曰：底子加一，以底子乘之，二而一。

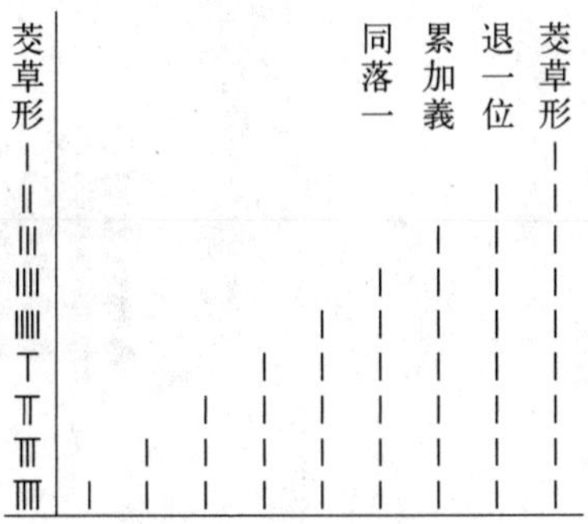

積求底子。

術曰：二因積為益實，一為從方，一為正隅。平方開之，即得。

清・羅士琳《四元玉鑑細草》　艸曰：立天元一為茭艸底子，以累貴五文乘之，得 太‖‖ 於上，副以最下六文三之，得十八減累貴，餘十三，加上得 ‖‖‖一 以天元乘之，得 太‖‖‖ 一 又以天元加一得 一一 乘之，得 太‖‖‖ 一 合以六除之，為共直。今不除，便為六倍共直，寄左。乃以六通共直得二十五萬七千七十六為同數，消左，得 〤⊥〇⊤‖‖‖＝ ＝‖一⫼‖‖ 開立方，得三十六束。合問。

拋差	乘得數	茭艸束
一八一	一八一	一
一七六	三五二	二
一七一	五一三	三
一六六	六六四	四
一六一	八〇五	五
一五六	九三六	六
一五一	一〇五七	七
一四六	一一六八	八
一四一	一二六九	九
一三六	一三六〇	一〇
一三一	一四四一	一一
一二六	一五一二	一二
一二一	一五七三	一三
一一六	一六二四	一四
一一一	一六六五	一五
一〇六	一六九六	一六
一〇一	一七一七	一七
九六	一七二八	一八
九一	一七二九	一九
八六	一七二〇	二〇
八一	一七〇一	二一
七六	一六七二	二二
七一	一六三三	二三
六六	一五八四	二四
六一	一五二五	二五
五六	一四五六	二六
五一	一三七七	二七
四六	一二八八	二八
四一	一一八九	二九
三六	一〇八〇	三〇
三一	九六一	三一
二六	八三二	三二
二一	六九三	三三
一六	五四四	三四
一一	三八五	三五
六	二一六	三六

右圖列茭艸束於上方，列拋差於下方，上下相乘，置得數於中央。併上方所列為共積。併中央所得為共直錢。

清・華蘅芳《古今算學叢書・垛積演較》　設底〇則直〇，底一直六，底二直二十三，底三直五十六，底四直一百十。用積較術求之。

〇〇｜‖‖
⊤⊤⊤‖‖
⊤＝‖｜‖‖
≣⊤≡‖一⊤‖‖
｜一〇≣‖＝｜‖‖

從表求得 〇‖⫼‖‖ 一一 以分母六通其共直之數，消之得

〤丄〇丅〣〢
一〣
一〦
〣 開立方,得三十六。合問。

如將立方式改爲代數式 $積=\frac{一三卯丄一八卯丄五卯^{三}}{六}$ 以泛倍數之法化其分子爲乘數,得 $積=\frac{卯(五卯丄一三)(卯丄一)}{六}$ 卽爲本垜以底求共直之式。

元・佚名《透簾細草》 今有艾草,積三百五十一束,底子多少。

答曰:二十六束。

法曰:置積倍之爲實,以一爲從。開平方除之。

草曰:置積倍之得七百二束,一爲從,一爲立隅。此法一進,隅法二進,上商二,命商除實,餘有二百八十二,二因於從法一位四一從法一退,隅法二退,上商六,生於從法得四七,命商除之盡也。

明・吳敬《九章筭法比類大全》卷五《商功》 今有平尖草一垜,底子三十五箇。問積幾何。

答曰:六百三十箇。

法曰:置底子三十五箇,張二位。以一位增一箇,得三十六箇,相乘得一千二百六十箇,折半。合問。

明・王文素《筭學寶鑑》卷二一《堆垛》

缶瓶直垛細推詳,脚底先將濶減長。

餘數折來添半箇,併於長内濶乘相。

再將濶搭一乘實,三以除之數便當。

若筭圭梯上下併,乘高折半法誠良。

酒瓶一垛,底脚長八箇濶五箇,問積幾何。

荅曰:一百箇。

法曰:置長八箇,内減濶五箇餘三箇,折半得一箇半。添半箇得二箇,併長共一十箇,乘濶五箇得五十箇。另將一箇搭濶共六箇,以五十乘之得三百箇為實,如三而一得一百箇。合問。

圭梁底脚四箇,問積幾何。

荅曰:十箇。

法曰:置底四箇,併尖上一箇共五箇,乘高四層得二十箇,折半得一十箇。合問。

梯梁上四箇,底脚八箇。問積幾箇。

荅曰:三十箇。

法曰:置上四箇併底八箇共一十二箇,乘五層得六十箇,折半得三十箇。合問。

求高層術曰:令上下相減餘添一即得。

三梁求總:圭梁上一箇下七箇,小梯梁上三箇下九箇,尖梯梁上七箇下十三箇。問共積幾何。

荅曰:一百四十箇。

法曰:置圭梁上一下七,小梯梁上三下九,大梯梁上七下十三,併之共四十,以七層乘之得二百八十,折半得一百四十箇。合問。層數相等者可求。

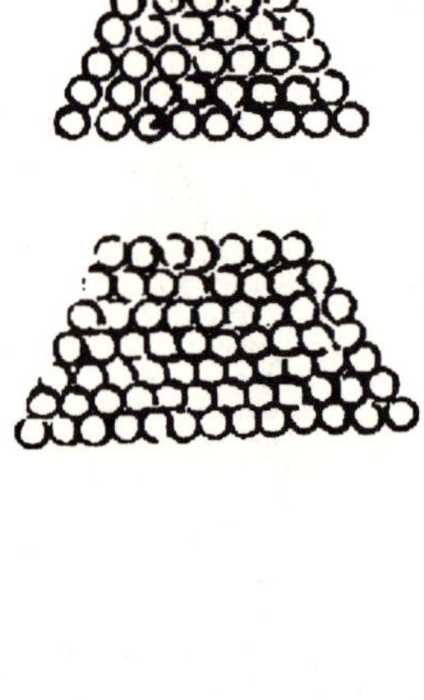

圭垜　小梯垜　大梯垜

圭梁積二十八,小梯梁積四十二,大梯梁積七十,三梁共積一百四十。

明・黃龍吟《算法指南》卷下《筭垛物法》 筭垛物法

堆物層層直至尖,却求脚下數其原。

一頭添一相乘过,五則折半数无偏。

今有稻包一堆,脚下二十四個,每層少一個,直至尖一個方住。問共計若干。

荅曰:共稻包三百個。

法曰:以二十四在位,又于後位添一作二十五,相乘淂六,復用五因。合問。

又　今有磚一垛，脚下四十個，问至尖共若干。

答曰：共八百二十個。

法曰：以四十在位，用四十一乘之。一四如四，四四一十六，浔一六四，復用五固，四五當二十，五六當三十，一五如五。

明・王文素《筭學寶鑑》卷三七《開堆梁積》　圭梁口訣

圭梁如求底腳時，二因積數寔為寄，
一為帶從開平取，底下原排幾個知。

圭梁積二十八箇，問底子幾何。

答曰：七個。

法曰：置積物二十八，以二因之得五十六為寔，以一為從方開平方法除之，商七置於積上。另以七併入從方共八，命上商七除寔盡得底子七個。合問。

梯梁口訣

梯梁如將上下圖，高除倍積是良謀，
加差折半先知底，相減差餘上數呼。

梯梁積物七十五箇，且云上面不及底腳五個，上下高問幾何。

答曰：上面十個，底腳十五個，高六箇。

法曰：置積七十五倍之得一百五十，以上下差五個添一得高六層，除之得二十五，加差共三十，折半得底子十五個，内減不及餘得上面十箇。合問。

明・程大位《筭法統宗》卷八　〇堆垛歌

缶瓶堆垛要推詳，底脚先將濶減長。
餘数折來添半箇，併入長内闊乘良。
再將濶搭一乘實，以三除之数相當。
一面尖堆只添一，乘來折半積如常。
三角果垛亦堪知，脚底先求箇数齊。
一二添來乘兩遍，六而取一不差池。
要知四角盤中果，添半仍添一箇隨。
乘此数來以爲實，如三而一法求之。

今有物靠壁，一面尖堆底脚濶一十八箇，問積若干。

答曰：一百七十一箇。

法曰：置濶一十八箇爲實，另以一十八箇加頂一箇共一十九箇爲法，乘之，得三百四十二箇，折半卽得。

今有物一面平堆，底脚濶七箇，上濶三箇。問積若干。

答曰：二十五箇。

法曰：置底脚七箇減去上濶三箇餘四箇加一箇共五箇爲法，乃是五層也。另併上下濶共得十箇爲實，以法五乘之得五十箇，折半得二十五箇。合問。

圖式具左。

一面平堆圖用梯形法。併上下数爲实，以高数爲法乘之，折半得積。其平堆底数卽連尖高数，却減今上二層卽平堆高五層也。

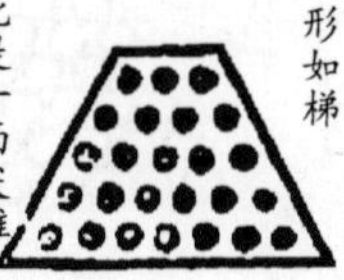

形如梯

此是一面尖堆無上二層者

形如圭

一面尖堆圖借梯田法。置底数併入上，一爲实，以底数爲法乘之折半得積。其尖堆底脚濶数卽是高数同。

右二圖用法權變便人易曉，故立此以倣其餘。

清・方中通《數度衍》卷一六《商功》　一面尖堆式　一面尖堆，腳濶十八，問積若干。

曰：一百七十一。

術：用順加求積法。以十九乘十八得三百四十二。折半卽得。說詳少廣。

一面平堆式　一面平堆，腳七上三。問積若干。

曰：二十五。

術：用順加異首求積法。以腳七并上三，得一十爲實。以腳七減上三，餘四，加一得五，爲法乘之，得五十。折半卽得。

清・强汝詢《垛積衍術》卷一　今有茭草垛子十三層，問共積幾何。

答曰：九十一束。

術曰：層數加一以乘層數，二而一。凡茭垛底子必與層數同，以層數乘層數卽是以底子乘層數。蓋以底子爲闊以層數爲高，高闊相乘得方冪。但此方冪中實積以占卻底子全數，則虛積較實積必少一底數，故必以層數加一乘之補一段底數。俾虛積與實積相等，半之恰得實積也。凡三角四角諸垜加一加二諸數皆當以此理推之。

今有茭草台垜九層，上面五束。問共積幾何。

荅曰：八十一束。

術曰：倍上面數減一加入層數，以層數乘之，二而一。

又術曰：層數加一以乘層數，半之。又以上面數減一乘層數，并之得積。

又術曰：上面數減一加入層數爲底面，以之自乘又加底面數爲總積，副置上面數減一以乘上面爲虛積，二積相減得數，二而一。

今有茭草垜子九十一束，問底面幾何。

荅曰：十三束。

術曰：倍積爲負實，一正方，一正隅。開平方，得底面。實從隅亦可半之。

草曰：立天元一爲底面 太｜ 加一得 太｜｜ 以乘天元得 太｜｜｜ 平方爲倍積，寄左。置眞積倍之得一百八十二爲同數，與左相消得 𝍤｜｜ 開之，得十三。合問。茭草底面自乘本係一段平方冪，但倍積之數，由底面加一以乘底面而得是一段平方冪，又多一底面之數，故置一爲從并除之得底面也。三角四角諸垜有積求底面開方從廉之數其理并同。

今有茭草台垜九層共積八十一束，問上面幾何。

荅曰：五束。

術曰：置高減一以高乘之，半之。以減共積餘爲實，高爲法實，如法而一。

草曰：立天元一爲上面數 太｜ 倍之得 太‖ 減一得 太‖ 以高九層加之得 太‖ 又以高乘之得 太 半之得 太 爲共積，寄左。置眞積八十一爲同數，與左相消得 上實下法而一得五束。合問。

今有茭草台垜共積八十一束。只云上面五束。問高幾層。

荅曰：九層。

術曰：倍積爲負實，倍上面減一爲正方，一隅。開平方除之。

草曰：立天元一爲高 太｜ 倍上面得一十，減一得九加入天元得 太｜ 以天元乘之得 太｜ 爲倍積，寄左。置眞積倍之得一百六十二爲同數，與左相消得 開平方。合問。

清·劉彝程《九章實義》卷二　今有三角平堆六層，問積幾何。

荅：二十一。

層數即高亦即底，法以高六與高加一得七相乘，得四十二，二除之，得二十一，為積。

如圖，甲乙丙為三角平堆，戊庚丁同，其形每多一層，即多一箇，甲戊庚丙長方積，甲戊為長，戊庚為濶，長比濶恒多一，此長方可分為相等兩箇平堆，其高皆如長方之濶，故以高為濶，以高加一為長，長濶相乘半之，即平堆積。無論若何層數，其理皆然。

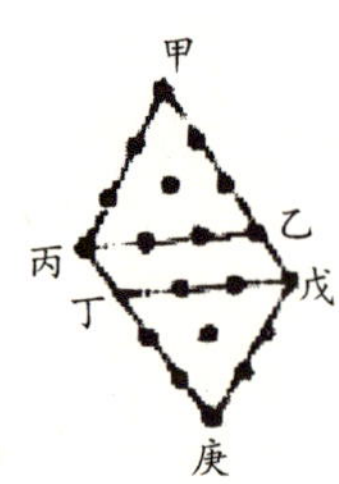

三角垜——落一形垜

算法

宋·楊輝《詳解九章筭法》卷七《商功》　比類　三角垜下廣一面一十二箇，上尖。問計幾何。

荅曰：三百六十四箇。

術曰：下廣加一乘之，平積。下廣加二乘之，立高方積。如六而一。

又楊輝《算法通變本末》卷上　三角垜底面七箇，問積幾何。《日用》有圖。

荅曰：八十四箇。

術曰：置底面數張三位，本位不加，中加一，下加二，於內取一位可以六除者，六除訖，以三位相乘爲積。

草曰：置底層七箇。張三位，一闊一長一高。本位七箇。不加，中加一，八箇。下加二，九箇。內取九箇可用六除，爲一箇半。以七因之，又八因之。合問。

又三角垜底層四箇，問積幾何。

荅曰：二十箇。

草曰：置底層四箇。副置中位加一，五箇。副置下位加二，六箇。遇六數不用，直以五四相因得積，不用六因亦免六除。合問。

元·朱世傑《算學啓蒙》卷上《堆積還源門》 今有三角垛果子，每面底子四十四箇，問共積幾何。

答曰：一萬五千一百八十箇。

術曰：列底子，添三，以底子乘之得數。又添二。又以底子乘之，得九萬一千八十爲實。以六爲法，實如法而一。合問。

清·王鑒《算學啓蒙述義》卷下 此立三角形也。凡立三角積得同底、同高之立方積六分之一，果垛當用加法，相乘以補其缺處，如法相乘後所得爲長立方形，恰得六箇立三角垛積，故以六爲法也。

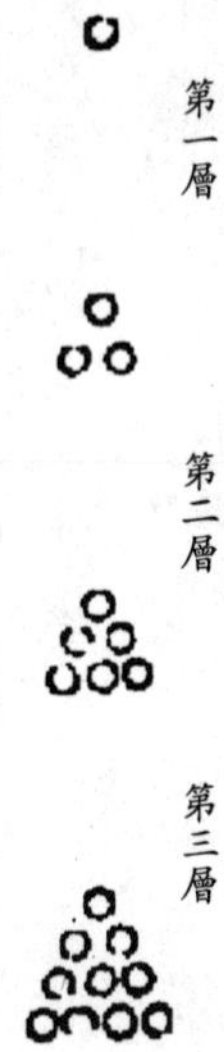

右三角垛積，設底子爲四箇，

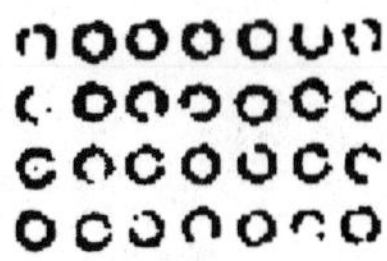

右列底子添三，以底子乘之之數，

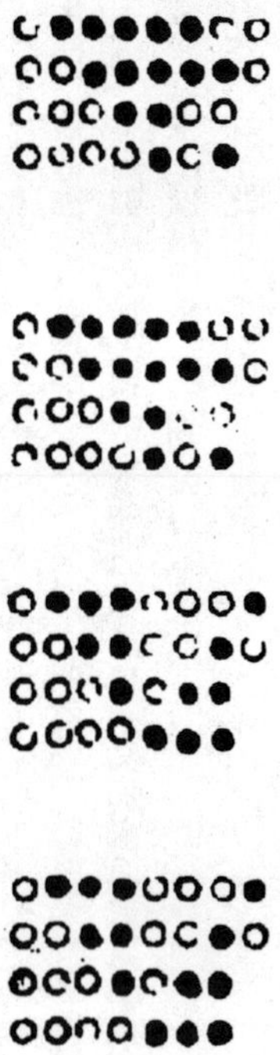

右即前圖，又添二，以底子乘之之數，剖而觀之，恰得六箇三角果垛積。

明·吳敬《九章算法比類大全》卷五《商功》 今有三角果子一垛，下方一面二十四箇。問積幾何。

答曰：二千六百箇。

法曰：置下一面二十四箇。張三位，一位添一箇得二十五箇。相乘，得六百箇。又以一位添二箇得二十六箇，乘之，得一万五千六百箇。如六而一。合問。

明·王文素《算學寶鑑》卷二二《堆垜》

三角果垜要求知，腳底先查箇數齊。

一二添來乘兩遍，六而取一積無移。

要知四角盤中果，添半仍添一箇隨。

乘此數來為實積，如三而一去除之。

三角尖垜底腳五箇，問積幾何。

答曰：三十五箇。

法曰：張三位，五箇六箇七箇連乘，得二百一十箇為實。如六而一，得三十五箇。合問。

楊輝曰：三位中取可六除者，以六除之得數，三位連乘尤便，此三位中有六不用，只以五七相乘即是三十五箇。甚捷。

明·程大位《算法統宗》卷八 今有三角果一垜，底濶每面七箇，問該若干。

答曰：八十四箇。

法曰：置底濶，七箇，另以七箇添一箇，共八箇。相乘得五十六箇。又以七箇添二箇共九箇，乘五十六箇，得五百令四箇爲實。以六歸之。合問。

又 今有三角半堆果一垜，每面上濶五箇底濶一十二箇，問該若干。

答曰：三百四十四箇。

法曰：亦用三角法。先以底濶一十二箇，求出全積三百六十四。另以上尖虚底濶四箇，求出虚積二十。以減全積餘半堆積三百四十四箇。

一法上濶五箇，自乘得二十五。下法十二，自乘得一百四十四。上濶五乘下濶十二，得六十。又倍下濶得二十四，加上濶五，得二十九。併四数共二百五十八爲實。另以下濶十二減上濶五，餘七加一得高八爲法，乘實得二千令六十四，以六除之。合問。

元·朱世傑《四元玉鑑》卷中《茭草形段》 今有茭草六百八十束，欲令落一形埵之，問底子幾何。

答曰：一十五束。

術曰：立天元一為落一底子，如積求之，得四千八十為益實，二為從方，三為從廉，一為正隅。立方開之。合問。

清・沈欽裴《四元玉鑑細草》 草曰：立天元一為落一底子，以天元加一乘之，得 太𝍠 𝍠 又以天元加二乘之，得 太𝍡 𝍢 𝍠 為六段落一積，寄左。乃置茭草六百八十束，六因之得四千八十。與左相消，得

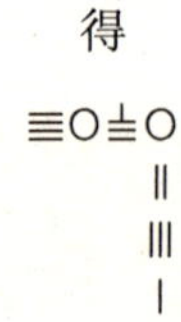

立方開之，得一十五束。合問。

落一形

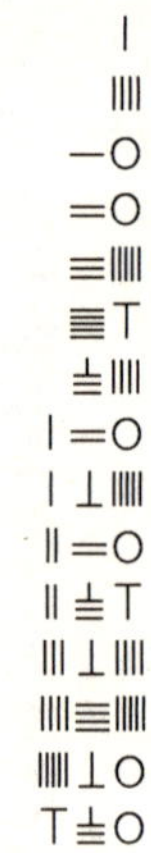

又

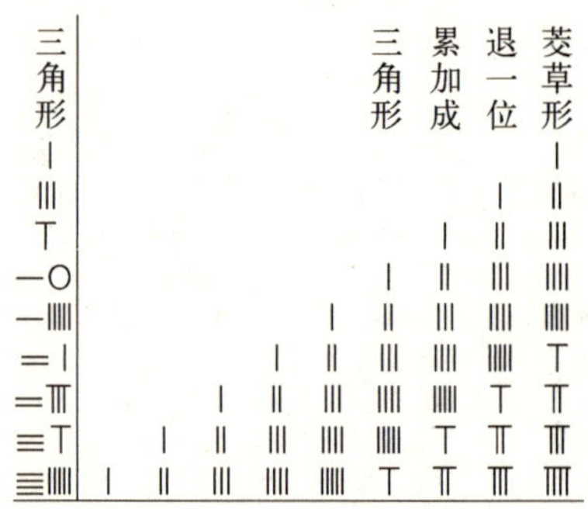

三角形

底子求積。

術曰：底子加一，以底子乘之。又以底子加二乘之。六而一。

積求底子。

術曰：六因積為益實，二為從方，三為從廉，一為正隅。立方開之，即得。

又

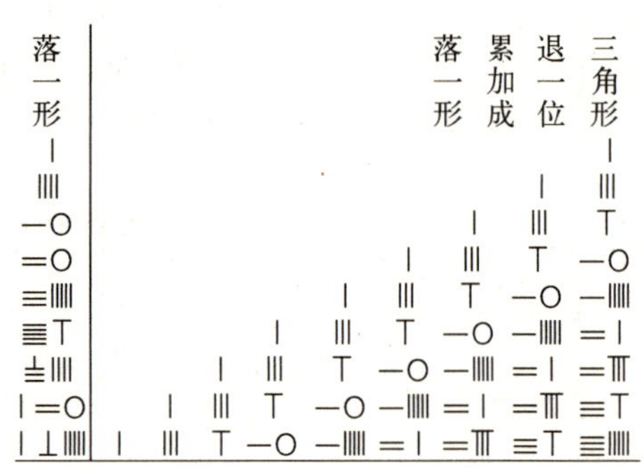

落一形

底子求積。

術曰：底子加一，以底子乘之。又以底子加二乘之。六而一。

積求底子。

術曰：六因積為益實，二為從方，三為從廉，一為正隅。立方開之，即得。

三角形者分而觀之，落一形者合而計之，故其術同。

清・罗士琳《四元玉鑑細草》 艸曰：立天元一為落一底子，以天元加一得 𝍠 𝍠 椉之，得 太𝍠 𝍠 又以天元加二得 𝍡 𝍠 椉之，得 太𝍡 𝍢 𝍠 合以六除之，為共積，今不除，便為六段共積，寄左。乃以六通共束，得四千八十為同數，消左，得

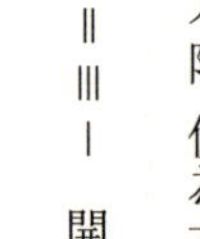

開立方，得十五束。合問。

椉數	三角底積	茭艸形
一〇	一	一
一半	三	二
二〇	六	三
二半	一〇	四
三〇	一五	五
三半	二一	六
四〇	二八	七
四半	三六	八
五〇	四五	九
五半	五五	一〇
六〇	六六	一一
六半	七八	一二
七〇	九一	一三
七半	一〇五	一四
八〇	一二〇	一五

右圖列茭艸形於上方，列乘數於下方，上下相乘，置得數於中央。併中央所得為共積。

清・華蘅芳《算草叢存・垛積演較》 落一形之垛，第一層為一，第二層為三，第三層為六，第四層為十，每下一層之數，即以上層之數加層數，即得。

所以可設底為〇，則積亦為〇，底一則積一，底二則積四，底三則積十，底四則積二十，以此各積，用積較術求其累次之較並補足其缺處，則可得其〇底之積較 [illegible] 以〇底積較橫列之，如 [illegible] 與求立方之表 [illegible] 直行相乘，得 [illegible] 以公分母六，通其束數消之，得 [illegible] 開立方，得十五束。合問。

如將開方式 [illegible] 改為代數式，令其底為卯，則得

$$積=\frac{二卯+三卯^{二}+卯^{三}}{六}$$

以泛倍數之法，化其分子為乘數，得

$$積=\frac{卯(卯+一)(卯+二)}{六}$$

即知本垛以底求積之術，為底與底加一相乘。又以底加二乘之，六除之得積。

元・朱世傑《四元玉鑒》卷下《果垛疊藏》 今有三角垛果子一所，直錢一貫三百二十文。只云從上一箇直錢二文，次下層層每箇累貴一文，問底子每面幾何。

答曰：九箇。

術曰：立天元一為每面底子，如積求之，得三萬一千六百八十為益實，十為從方，二十一為從上廉，一十四為從下廉，三為從隅，三乘方開之，得每面底子，合問。

清・沈欽裴《四元玉鑑細草》 草曰：上差二，副差七，次差八，下差三。立天元一 [illegible] 二十四因之，得 [illegible] 為上積。置茭草積 [illegible] 十二因之，得 [illegible] 為副積。又置三角積 [illegible] 四因之，得 [illegible] 為次積。又置撒星積 [illegible] 為下積。以各差乘各積，并之，得 [illegible] 為二十四段三角垛果子直錢數，寄左。乃置直錢一貫三百二十文，二十四因之，得三萬一千六百八十。與左相消，得 [illegible] 三乘方開之，得九箇。合問。

清・罗士琳《四元玉鑑細草》 艸曰：立天元一為每面底子，置累貴一文，三因之，得三為直差，乘天元得 [illegible] 於上，副置從上直錢二文，四因之得八，以直差減之餘五，加上位得 [illegible] 用乘天元，得 [illegible] 又以天元加一，得 [illegible] 乘之，得 [illegible] 又以天元加二，得 [illegible] 乘之，得 [illegible] 合以二十四除之，為共直。今不除便為帶分共直，內寄二十四為母。寄左。乃以二十四通共直，得三萬一千六百八十為同數，消左，得 [illegible] 開三乘方得九箇。合問。

三角積	一	三	六	一〇	一五	二一	二八	三六	四五
乘得數	二	九	二四	五〇	九〇	一四七	二二四	三二四	四五〇
拋差	二	三	四	五	六	七	八	九	一〇

右圖列三角積於上方，列拋差於下方，上下相乘，置得數於中央。併中央所得為共直錢數。

清・華蘅芳《古今算學叢書・垛積演較》 設底〇，則積〇直錢〇，底一則積一直錢二，底二則積四直錢十一，底三則積十直錢三十五，底四則積二十

直錢八十五，底五則積三十五直錢一百七十五。則可將各直錢數，用積較之術，求其〇底之積較。

〇〇〇〤〣　〢〢〢〢〣　一丨〨〦〨〣　〣〨一〨〧〣　〣〨〇〦一丨〣　〨〸〇〣〇一〨〣　丨〸〨〸〇〣〇一〨〣　丨　從表求得　〇〧一〤〧　〇一〧〣〣一〧〣　併之爲一行，得　〇一〇〢丨一〨〣

以公分母二十四通其共直之數消之，得　〥〸丁一〨　一〇〢丨一〇〢丨一〨〣　三乘方開之，

得本垜底子之數九箇。合問。

如改爲代數式　$積=\frac{一〇卯^{四}+三一卯^{三}+四一卯^{二}+二一卯}{二四}$　化得

$積=\frac{卯(卯+一)(卯+二)(三卯^{二}+三卯+五)}{二四}$　即爲以底求直之式。

清・汪萊《衡齋算學》卷四　十物合併得數一〇。

解曰：推遞兼之分數用三角堆，其説有五。一系以一物爲主而兼他物得若干數，至以又一物爲主而兼他物，即不復兼先爲主之物，故所得必少一數，由此遞少遂成三角堆形。一系以一物爲主而兼他物得若干數，至以二物爲主而兼他物受兼之物已減爲主之一，故所得必少一數，由此遞少故根數遞減。一系一物爲主而兼他物成一根，各物遞減而進成一平三角堆，至二物爲主則此物與彼物相與爲二物以兼他物成一根，此物與彼又一物又相與爲二物以兼他物，又成一根，由此遞減而進則一物爲主已成平三角堆，各物遞減而進遂成立三角堆，由此遞進，故乘數遞加。一系中數之前後其前相兼之數與後不及兼之數等，故得數等。一系中數在一物各立一數及一物不及兼之中，故各物合併之一位不計，設如筮者求卦，每一卦六爻，自一爻變，以至六爻皆變，問變卦共幾何及諸幾何，爻變之卦各幾何。法以六爻減一數得五爲倍根之次數，乃以一爲根第一次倍之加一得三，第二次倍之加一得七，第三次倍之加一得十五，第四次倍之加一得三十一，第五次倍之加一得六十三，計變卦共六十三卦。又以六爻之數即爲一爻變之卦數，五爻變之卦數同以六爻減一數得五爲平三角堆之根，用平三角堆法推得積數十五即爲兩爻變之卦數，四爻變之卦數同以前根數減一得四爲立三角堆之根，用立三角堆法推得積數二十即爲三爻變之卦數，六爻合併得一即爲六爻皆變之卦數。

三角堆求積通法

凡平三角堆，以根數加一與根數相乘，折半得積數，立三角堆以根數加一與根數相乘。又以根數加二乘之得數，六歸之得積數，此定法也。

至三乘以上則未有其術，故立爲通法。法取根數用一二三四五六七八九十以至百千萬億相挨，諸數分別加之至如其乘數而止，爲累乘法。乃置根數以累乘法累乘之得數爲實，又置一爲法，首用二三四五六七八九十以至百千萬億相挨諸數累乘之，爲諸乘三角堆之除法，以所求乘數相當之除法除前實得積數。

設如設根數五，求四乘三角堆。以五加一爲六、加二爲七、加三爲八、加四爲九所求系四乘加四止矣，共計六七八九得四累乘法，乃置根數五累乘之，初次用六乘得三十，次用七乘得二百一十，次用八乘得一千六百八十，次用九乘得一萬五千一百二十爲實，又置一初次用二乘得二，二次用三乘得六，三次用四乘得二十四，四次用五乘得一百二十，所求系四乘與此第四次所得之除法相當矣，即以此除法一百二十除前實得一百二十六爲積數。

清・吴嘉善《九章翼・衰分術》　凡堆垜各形，其衰必不平行而求之有法，皆此術所統也採緝附入於後。

三角垜表

單　數	一	一	一	一	一	一
遞加數	一	二	三	四	五	六
平三角垜一名茭草垜。	一	三	六	一〇	一五	二一
立三角垜一名三角垜，一名落一垜。	一	四	一〇	二〇	三五	五六
三乘三角垜一名撒星垜。	一	五	一五	三五	七〇	一二六

續　表

四乘三角垜一名撒星更落一垜。	一	六	二一	五六	一二六	二五二
五乘三角垜	一	七	二八	八四	二一〇	四六二

餘未盡列。

作表法：先列單一數，一横一直，以後行上位數與前行下位數相并，得後行下位。假如第三行第三位數六與第二行第四位數四相并，得一〇，爲第三行第四位數是也。又如第七行第五位數二一〇與第六行第六位數二五二相并，得四六二爲第七行第六位數是也。

求積法：凡表中各行，以後行視前行數，則衰數也。以前行視後行數，則積數也。積者，卽各衰相并所得也。

平三角垜有層數求積術曰：層數爲實，層數加一乘之。得數，二除之，爲積。此以一乘而得，故命之爲平三角垜。下倣此推之。

假如求平三角四層之積法：置層數四，爲實。層數加一，得五。乘之，得二十。以二除之，得十是也。

立三角垜有層數求積術曰：層數爲實，層數加一乘之，又以層數加二乘之，簡之則曰以層數加一，加二，累乘之。得數，二除之，又三除之。簡之則曰二，三累除之。爲積。

假如求立三角九層之積法：以層數九爲實。以九加一，得十。乘之，得九〇。又以九加二，得十一。乘之，得九九〇。以二除之，得四九五。又以三除之，得一六五，爲積也。

三乘三角垜有層數求積術曰：層數爲實，層數加一，加二，加三累乘之。得數，二、三、四累除之，爲積。四乘以上倣此推之，未列術。捷法：以本乘三角垜指數減一，爲末次加數之數。以原指數爲累除法末次之數。

假如二十乘三角垜求積者，法：以二十乘之，指數二十一減一，得二十，爲最末一次加數。謂此垜求積之乘法，從加一起至加二十而止也。以原指數二十一爲累除法末次之數，謂此垜求積之除法，從二起至二十一而止也。倣前法求之。

有積求層數者，立天元一爲層數，如本術步之，得式。以本術累除法乘積，得數，消之，爲求式。另詳《天元一草》。

色相雜術：卽汪《衡齋算學》中所云物相兼法也，此題不一，應分別立術。術如後。

本色雜餘色兼自雜者。

術曰：以色數爲底，如有六色則以六爲底，有十色則以十爲底，以相雜數，或令二色相雜或令三色相雜，此所謂相雜數也。爲指數，如二色相雜則平方指數也，四色相雜則三乘方指數也。如本乘三角垜求積法入之。

假如骰子六色，以二色相雜，得數若干。

答曰：二十一。

草曰：以色數六爲底，視相雜數二爲平方指數，乃依平方三角垜求積法。法置底六加一得七，乘底六得四十二，如二而一得二十一。合問。

本色雜餘色不自雜者。

術曰：置色數加一，以相雜數減之，餘爲底，亦以相雜數爲指數，依本乘三角垜求積法入之。

假如十物，以二物相雜，得數若干。

答曰：四十五。

草曰：置物數十，加一得十一，以雜數二減之得九爲底，相雜數二用平三角垜法求之，法以底九加一得十，相乘得九十，以二除之得四十五。合問。

案：以色數爲兩相雜數之和，其兩得數等，故有下術。

假如十物以三物相雜，與十物以七物相雜，如法求之均得一百二十是也。

若相雜數多於半色數者，以相雜數減色數餘爲相雜數，如前法入之。此爲相雜數多，則依以爲指數用本數三角垜法求之，其法較繁故立此更換法耳。

清·强汝詢《垜積衍術》卷一　今有三角錐垜果子四百五十五枚，問底面幾何。

答曰：十三枚。

術曰：六之積爲負實，二正方，三正廉，一正隅。開立方，得底面。

草曰：立天元一爲底面　太|　加一得　太‖　以乘天元得　太||　於上。又置天元加二得　‖太|　以乘上位得　太‖|||　合以六除之爲共積。今不除，便爲六倍共積，寄左。置眞積亦以六通之得二千七百三十爲同數。與左相消得　⊘‖‖|||‖　立方開之得十三。合問。

清·崔朝慶《垜積一得》　二立垜求積術曰：置層數以層數加一乘之，以層數加二乘之爲實，二三相乘爲法得積。

因

$\frac{二}{層數(層數丄一)}$ 層數 ＝一 × 層數
二 × 層數
三 × 層數
⋮
(層數丅一) × 層數
層數 × 層數

即等于

一 × [一丄(層數丅一)]
二 × [二丄(層數丅二)]
三 × [三丄(層數丅三)]
⋮
(層數丅一) × [(層數丅一)丄一]
層數 × 層數

分為二幅，一為

平垛與平垛逐層相乘，如

一 × (層數丅一)
二 × (層數丅二)
三 × (層數丅三)
⋮
(層數丅二) × 二
(層數丅一) × 一

即

一丄一丄一丄一丄 … 而止 至層數丅一項
二丄二丄二丄 … 而止 至層數丅二項
三丄三丄 … 而止 至層數丅三項

平垛與平垛逐層相乘，如

一 × 一
二 × 二
三 × 三
⋮
(層數丅一) × (層數丅一)
層數 × 層數

逐層依層數與層數相乘例化

⋮
(層數丅二) (層數丅二)
(層數丅一)

即

一
一丄二
一丄二丄三
⋮
一丄二丄三丄…丄(層數丅二)
一丄二丄三丄…丄(層數丅二)丄(層數丅一)

又即

$\frac{二}{一×二}$
$\frac{二}{二×三}$
$\frac{二}{三×四}$
⋮
$\frac{二}{(層數丅二)(層數丅一)}$
$\frac{二}{(層數丅一)層數}$

所以

之，得

一
(一丄二)丄一
(一丄二丄三)丄(二丄二)
⋮
(一丄二丄三丄…丄[層數丅一])丄(一丄二丄三丄…丄[層數丅二])
(一丄二丄三丄…丄層數)丄(一丄二丄三丄…丄[層數丅一])

即

$\frac{二}{一×二}$
$\frac{二}{二×三}$ 丄 $\frac{二}{一×二}$
$\frac{二}{三×四}$ 丄 $\frac{二}{二×三}$
⋮
$\frac{二}{(層數丅一)層數}$ 丄 $\frac{二}{(層數丅二)(層數丅一)}$
$\frac{二}{層數(層數丄一)}$ 丄 $\frac{二}{(層數丅一)層數}$

一為倒置

$\frac{二}{層數(層數丄一)}$ 層數 ＝ $\frac{二}{一×二}$
$\frac{二}{二×三}$ 丄 $\frac{二}{一×二}$
$\frac{二}{三×四}$ 丄 $\frac{二}{二×三}$
⋮
$\frac{二}{(層數丅一)層數}$ 丄二 $\frac{二}{(層數丅二)(層數丅一)}$
$\frac{二}{層數(層數丄一)}$ 丄二 $\frac{二}{(層數丅一)層數}$

觀此知，以層數與平垛相乘，內爲一箇立垛及兩箇

低一層之立垛。兩邊各加 $\frac{二}{層數(層數⊥一)}$ 二 又同以三約之,得

$$\frac{二\cdot三}{層數(層數⊥一)(層數⊥二)}=\frac{二}{一\times二}\ \frac{二}{二\times三}\ \frac{二}{三\times四}\ \cdots\ \frac{二}{(層數丅一)層數}\ \frac{二}{層數(層數⊥一)}$$

清・劉彝程《九章實義》卷二

一圖

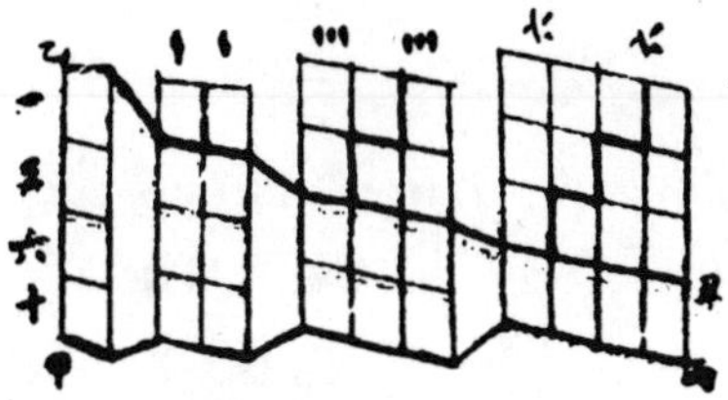

二圖

三圖

假如正立方體,欲剖作三角立垛積,問共得幾箇。答六箇。其一箇與立方同高,其四箇以高減一為高,又一箇以高減二為高,如一圖,為四之立方,置此積,自上面丁點,依界線至下面己點剖之,分全積為左右二分,復將左分依一二三四行剖之,則一行為一四相乘積,二行為二四相乘積,三行為三四相乘積,四行為四自乘積。又以同法將右分依一二三行剖之,易見右分比左分少一箇四之平方,若將左分剖開諸積分列之,如二圖。試自醜至乙,又自丙至甲,各作一界線,將諸積分為兩段,其左下一段,自乙點向下,由左而右分數之,則一層為一箇,二層為一二相加,得三箇,三層為一二三相加,得六箇,四層為一二三四相加,得十箇,以四層相並,為一箇三角立垛積。以四為高,其右上一段,可另作界線,分為兩箇一,又兩箇三,又兩箇六,以三層相並,可得兩箇三角立垛積,皆以三為高。再將一圖右分諸積分列之,如三圖。試自辛至壬,又自庚至戊,各作一界線,將諸積分為兩段,其左下一段,自壬點向下,由左而右,分數之,則一層為一箇,二層為一二相加,得三箇,三層為一二三相加,得六箇,以三層相並,得一箇三角立垛積,以三為高,其右上一段,可另作界線,由左而右,先分為一箇一,及一箇三,又一箇六,則其餘數,為一箇一,又一箇三,共成三角立垛積,高三者一箇,高二者一箇,合計一圖所分,共得三角立垛,高四者一箇,高三者四箇,高二者一箇,故以正立方分作三角立垛,其公理為同高者一箇,高減一者四箇,高減二者一箇。

按將正立方以高之平方斜剖之為底,以原高為高,可分作相等之尖錐積六箇,此理人所易知,至將以上二三圖重疊之,仍如一圖狀,依界線之理憶度之,顯然可分作不同高之三角立垛六箇,其形整齊,其理自然,惟諸算書中,從未道及此耳。

再此題如立天元為高,演得三角立垛式,同高者一箇,高減一者四箇,高減二者一箇,以諸式相並,必與天元再乘方等,如此證之,益徵其理確實可據。

又 今有三角立垛五層,問積幾何。

答:三十五。

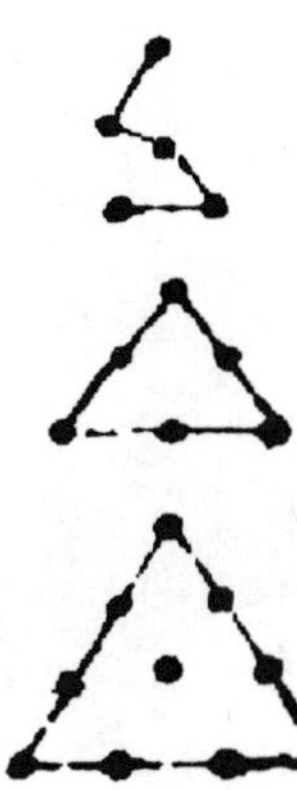

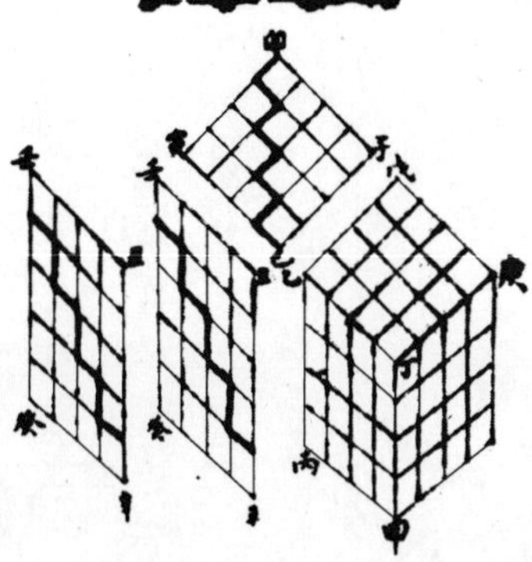

法以層數為高,以高五與高加一得六相乘。又以高加二得七乘之,得二百十,六除之,得三十五,為積。如圖,一層一箇,二層三箇,三層六箇,四層十箇,其全積為三角立堆,亦名三角立垛,內各層之數,即平堆各層共積。求立垛積,

應以高為高，以高加一為濶，高加二為長，三數相乘，得長立方積。此積可分為六箇相等之同高三角立垛積，故以六除之得積。欲求其理，準前題正立方體，可分為六箇三角立垛積。其一同高，其四以高減一為高，其一以高減二為高。若欲將高減一及高減二之五垛，皆補成同高垛。如圖，置戊甲立方積，另增一高之平方，如子卯寅巳方，内以界線分作三角平垛，三層者一塊四層者一塊以補高減二垛之下二層，則高減二之垛，變為同高垛，再增高乘高加一之長方相等者二塊，皆如醜辛壬癸長方，内以界線共分作三角平垛。四層者四塊，以補四箇高減一垛之底層，則高減一之垛，亦皆變為同高垛。乃將醜辛壬癸二長方重疊之，以附於丁甲乙丙旁，而齊其底層。又將子卯寅巳方，重疊於庚戊乙丁面上，則正立方變為高乘高加一又乘高加二之長立方，内所函三角立垛，皆變為同高相等六積，故以六除之，得積。

三角落一形垛——撒星形垛

算法

元・朱世傑《四元玉鑒》卷中《茭草形段》 今有茭艸一千八百二十束，欲令撒星形埵之，問底子幾何。

答曰：一十三束。

術曰：立天元一為撒星底子，如積求之，得四萬三千六百八十為益實，六為從方，二十一為從上廉，六為從下廉，一為正隅，三乘方開之。合問。

清・沈欽裴《四元玉鑑細草》 草曰：立天元一為撒星底子，加三得 𝍢 𝍠 以乘落一底子積 太 𝍡 𝍢 𝍠 得 太 𝍥 𝍩𝍠 𝍥 𝍠 為二十四段撒星積，寄左。乃置茭草一千八百二十束，以二十四乘之，得四萬三千六百八十。與左相消，得 𝍢𝍫𝍥𝍰〇 𝍥 𝍩𝍠 𝍥 𝍠 三乘方開之，得一十三束。合問。

撒星形

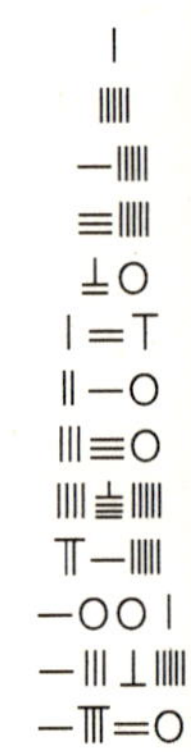

又

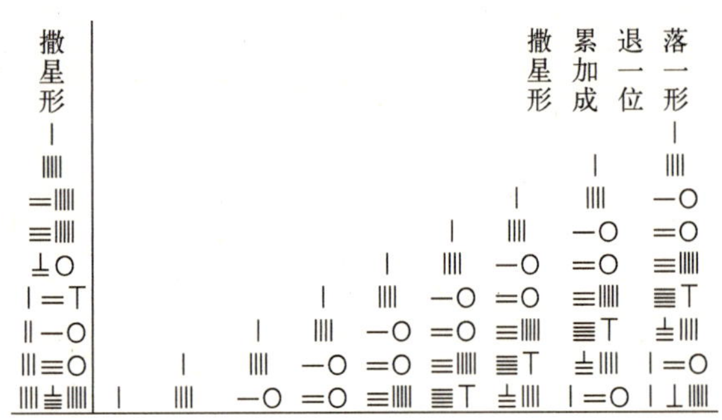

撒星形

底子求積。

術曰：底子加一，以底子乘之。又以底子加二乘之。又以底子加三乘之。二十四而一。

積求底子。

術曰：二十四乘積為益實，六為從方，一十一為從上廉，六為從下廉，一為正隅。三乘方開之，即得。

清・羅士琳《四元玉鑑細草》 艸曰：立天元一為撒星底子，以天元加一得 𝍠 𝍠 乘之，得 太 𝍠 𝍠 又以天元加二得 𝍡 𝍠 乘之，得 太 𝍡 𝍢 𝍠 又以天元加三得 𝍢 𝍠 乘之，得 太 𝍥 𝍩𝍠 𝍥 𝍠 合以二十四除之，為共積，今

不除，便為二十四段共積，寄左。乃以二十四通共束，得四萬三千六百八十為同數，消左，得 ||||≡丅≟〇 丅 一丨 丅丨 開三乘方得十三束。合問。

三角積	一	三	六	一〇	一五	三六	四五	五五	六六	七八	九一
乘得數	一三	三六	六六	一〇〇	一三五	二一六	二二五	二二〇	一九八	一五六	九一
反錐差	一三	一二	一一	一〇	九	六	五	四	三	二	一

右圖列三角積於上，方列反錐差於下方，上下相乘，置得數於中央。併中央所得為共積。

清・華蘅芳《古今算學叢書・垛積演較》 撒星形之垛，乃合諸落一形，其底子遞少一數也，其各層之數爲
一 三 六 十
一 三 六
一 三
一 …
即一四十二十三十五，所以可設底〇則積〇，底一則積一，底二則積五，底三則積十五，底四則積三十五，底五則積七十。

以此各積，用積較術求其累次之較，並補足其缺處，則可得〇底之積較

〇 〇 〇 〇 〇 〇 一
丨 丨 丨 丨 丨 丨
||||| ||| || || || |
一||| 一〇 丅 || 一 |
≡||| =〇 一〇 ||| 一
丄〇 ≡||| 一||| ||| 丨

以 丨〇〇〇〇 乘表

=|||| 〇 一||=||| 〇 丅 一||一||一|| 〇 丅 一| 丅 〇 丅 一|丅丨 |||

依橫行併之，得 〇丅 一丨 丅丨

以分母二十四通束數 一Ⅲ=〇 消之，得 ||||≡丅≟〇 丅 一丨 丅丨 三乘方開之，得一十三束。合問。

如將三乘方式改之爲代數之式，令其底爲卯則得

$$積=\frac{六卯丄一一卯^{二}丄六卯^{三}丄卯^{四}}{二四}$$

以泛倍數化其分子爲乘數，得

$$積=\frac{卯(卯丄一)(卯丄二)(卯丄三)}{二四}$$

即得本垛以底求積之術，爲底與底加一相乘。又以底加二乘之。又以底加三乘之，二十四除之得積。

清・崔朝慶《垛積一得》 三三乘垛求積術曰：層數，以層數加一乘之。又以層數加二乘之。又以層數加三乘之為實。二三四連乘為法，得積。

因

$$\frac{二\cdot三}{層數(層數丄一)(層數丄二)層數}=\frac{二}{一\times二}層數\quad\frac{二}{二\times三}層數\quad\frac{二}{三\times四}層數\quad\cdots\quad\frac{二}{(層數丅一)層數}層數\quad\frac{二}{層數(層數丄一)}層數$$

即等于

$$\frac{二}{一\times二}[一丄(層數丅一)]$$
$$\frac{二}{二\times三}[二丄(層數丅二)]$$
$$\frac{二}{三\times四}[三丄(層數丅三)]$$
$$\vdots$$
$$\frac{二}{(層數丅一)層數}[(層數丅一)丄一]$$
$$\frac{二}{層數(層數丄一)}層數$$

分為二幅，一為平垛與立垛逐層相乘，如

$$\frac{二}{一\times二}\times一$$
$$\frac{二}{二\times三}\times二$$
$$\frac{二}{三\times四}\times三$$
$$\vdots$$
$$\frac{二}{(層數丅一)層數}(層數丅一)$$
$$\frac{二}{層數(層數⊥一)}層數$$

逐層依層數與平垛相乘例化之，

得

$$\frac{二}{一\times二}$$
$$\left(\frac{二}{一\times二}⊥\frac{二}{二\times三}\right)⊥二\frac{二}{一\times二}$$
$$\left(\frac{二}{一\times二}⊥\frac{二}{二\times三}⊥\frac{二}{三\times四}\right)⊥\left(\frac{二}{一\times二}⊥\frac{二}{二\times三}\right)$$
$$\vdots$$
$$\left(\frac{二}{一\times二}⊥\frac{二}{二\times三}⊥\cdots⊥\frac{二}{[層數丅一]層數}\right)⊥\left(\frac{二}{一\times二}⊥\frac{二}{二\times三}⊥\cdots⊥\frac{二}{[層數丅二][層數丅一]}\right)$$
$$\left(\frac{二}{一\times二}⊥\frac{二}{二\times三}⊥\cdots⊥\frac{二}{層數[層數⊥一]}\right)⊥\left(\frac{二}{一\times二}⊥\frac{二}{二\times三}⊥\cdots⊥\frac{二}{[層數丅一]層數}\right)$$

即

$$\frac{二·三}{一\times二\times三}$$
$$\frac{二·三}{二\times三\times四}⊥二\frac{二·三}{一\times二\times三}$$
$$\frac{二·三}{三\times四\times五}⊥二\frac{二·三}{二\times三\times四}$$
$$\vdots$$
$$\frac{二·三}{(層數丅一)層數(層數⊥二)}⊥二\frac{二·三}{(層數丅二)(層數丅一)層數}$$
$$\frac{二·三}{層數(層數⊥一)(層數⊥二)}⊥二\frac{二·三}{(層數丅一)層數(層數⊥一)}$$

一為倒置平垛與立垛逐層相乘，如

$$\frac{二}{一\times二}(層數丅一)$$
$$\frac{二}{二\times三}(層數丅二)$$
$$\frac{二}{三\times四}(層數丅三)$$
$$\vdots$$
$$\frac{二}{(層數丅二)(層數丅一)}\times二$$
$$\frac{二}{(層數丅一)層數}\times一$$

即

$$\frac{二}{一\times二}⊥\frac{二}{一\times二}⊥\frac{二}{一\times二}⊥\frac{二}{一\times二}⊥\cdots 而止 \overset{至}{\underset{項}{層數丅一}}$$
$$\frac{二}{二\times三}⊥\frac{二}{二\times三}⊥\frac{二}{二\times三}⊥\cdots 而止 \overset{至}{\underset{項}{層數丅二}}$$
$$\frac{二}{三\times四}⊥\frac{二}{三\times四}⊥\cdots 而止 \overset{至}{\underset{項}{層數丅三}}$$
$$\vdots$$
$$\frac{二}{(層數丅二)(層數丅一)}⊥\frac{二}{(層數丅二)(層數丅一)}$$
$$\frac{二}{(層數丅一)層數}$$

即

$$\frac{二}{一\times二}$$
$$\frac{二}{一\times二}⊥\frac{二}{二\times三}$$
$$\frac{二}{一\times二}⊥\frac{二}{二\times三}⊥\frac{二}{三\times四}$$
$$\vdots$$
$$\frac{二}{一\times二}⊥\frac{二}{二\times三}⊥\cdots⊥\frac{二}{[層數丅二][層數丅一]}$$
$$\frac{二}{一\times二}⊥\frac{二}{二\times三}⊥\cdots⊥\frac{二}{[層數丅二][層數丅一]}⊥\frac{二}{[層數丅一]層數}$$

又即

$$\frac{二\cdot三}{一\times二\times三}$$
$$\frac{二\cdot三}{二\times三\times四}$$
$$\frac{二\cdot三}{三\times四\times五}$$
$$\vdots$$
$$\frac{二\cdot三}{(層數丅二)(層數丅一)層數}$$
$$\frac{二\cdot三}{(層數丅一)層數(層數丄一)}$$

所以

$$\frac{二\cdot三}{層數(層數丄一)(層數丄二)}層數=\frac{二\cdot三}{一\times二\times三}$$
$$\frac{二\cdot三}{二\times三\times四}丄三\frac{二\cdot三}{一\times二\times三}$$
$$\frac{二\cdot三}{三\times四\times五}丄三\frac{二\cdot三}{二\times三\times四}$$
$$\vdots$$
$$\frac{二\cdot三}{(層數丅一)層數(層數丄一)}丄三\frac{二\cdot三}{(層數丅二)(層數丅一)層數}$$
$$\frac{二\cdot三}{層數(層數丄一)(層數丄二)}丄三\frac{二\cdot三}{(層數丅一)層數(層數丄一)}$$

觀此知，以層數與立垛相乘，内爲一箇三乘垛及三箇低一層之三乘垛。兩邊各加 $三\frac{二\cdot三}{層數(層數丄一)(層數丄二)}$ 又同以四約之，得

$$\frac{二\cdot三\cdot四}{層數(層數丄一)(層數丄二)(層數丄三)}=\frac{二\cdot三}{一\times二\times三}$$
$$\frac{二\cdot三}{二\times三\times四}$$
$$\frac{二\cdot三}{三\times四\times五}$$
$$\vdots$$
$$\frac{二\cdot三}{(層數丅一)層數(層數丄一)}$$
$$\frac{二\cdot三}{層數(層數丄一)(層數丄二)}$$

平垛、立垛、三乘垛，立術之根，既已解明，四乘以上諸垛，可推而知矣。

三角撒星形垛——撒星更落一形垛

算法

元·朱世傑《四元玉鑒》卷中《茭草形段》 今有茭艸八千五百六十八束，欲令撒星更落一形埵之。問底子幾何。

答曰：一十四束。

術曰：立天元一為撒星更落一底子，如積求之，得一百二萬八千一百六十為益實，二十四為從方，五十為從上廉，三十五為從二廉，一十為從三廉，一為正隅，四乘方開之。合問。

清・沈欽裴《四元玉鑑細草》 草曰：立天元一為撒星更落一底子，加四束得 以乘撒星底子積  得  為一百二十段撒星更落一積，寄左。乃置茭草八千五百六十八束，以一百二十乘之，得一百二萬八千一百六十。與左相消，得  四乘方開之，得一十四束。合問。

撒星更落一形

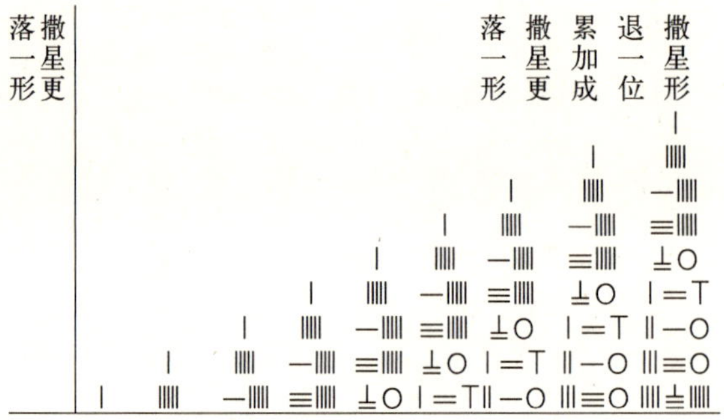

又

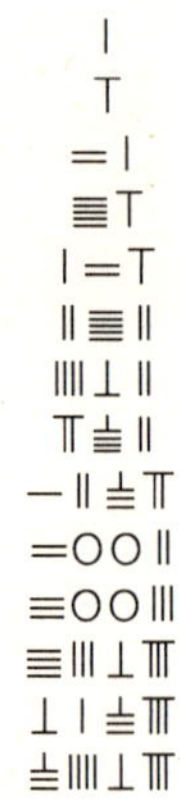

撒星更落一形

底子求積。

術曰：底子加一，以底子乘之。又以底子加二乘之。又以底子加三乘之。又以底子加四乘之。一百二十而一。

積求底子。

術曰：一百二十乘積為益實，二十四為從方，五十為從上廉，三十五為從二廉，一十為從下廉，一為正隅。四乘方開之，即得。

清・羅士琳《四元玉鑑細草》 艸曰：立天元一為撒星更落一底子，加一得 乘天元，得 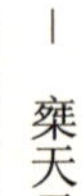 又以天元加二得  乘之，得 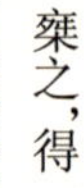 又以天元加三得 乘之，得  又以天元加四得  乘之，得  合以一百二十除之，為共積，今不除，便為一百二十段共積寄左。乃以一百二十通共束，得一百二萬八千一百六十為同數，消左，得 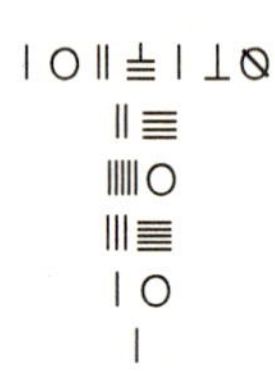 開四乘方得十四束。合問。

三角積	乘得數	三角積
一	一〇五	一〇五
三	二七三	九一
六	四六八	七八
一〇	六六〇	六六
一五	八二五	五五
二一	九四五	四五
二八	一〇〇八	三六
三六	一〇〇八	二八
四五	九四五	二一
五五	八二五	一五
六六	六六〇	一〇
七八	四六八	六
九一	二七三	三
一〇五	一〇五	一

右圖順列三角積於上方，副之逆列於下方，上下相乘，置得數於中央。併中央所得為共積。

清・華蘅芳《古今算學叢書・垛積演較》 設底〇積〇，底一積一，底二積六，底三積二十一，底四積五十六，…以積較之術求之。

[illegible]

從表求得 [illegible] 以分母一百二十通束數消之,得 [illegible] 開四乘方,得十四束。合問。

如改爲代數式 $積=\frac{二四卯+五〇卯^{二}+三五卯^{三}+一〇卯^{四}+卯^{五}}{一二〇}$ 化得 $積=\frac{卯(卯+一)(卯+二)(卯+三)(卯+四)}{一二〇}$ 卽爲以底求積之式。

三角撒星更落一形垛

算法

元·朱世傑《四元玉鑒》卷下《果垛疊藏》 今有三角撒星更落一形果子積九百二十四箇,問底子幾何。

答曰:七箇。

術曰:立天元一為三角撒星更落一底子,如積求之,得六十六萬五千二百八十為益實,一百二十為從方,二百七十四為從上廉,二百二十五為從二廉,八十五為從三廉,一十五為從四廉,一為正隅,五乘方開之。合問。

清·沈欽裴《四元玉鑑細草》 草曰:立天元一為三角撒星更落一底子,加五 [illegible] 乘三角撒星積 太 [illegible] 得 太 [illegible] 為七百二十段三角撒星更落一積,寄左。乃置積九百二十四箇,七百二十因之,得六十六萬五千二百八十。與左相消,得 [illegible] 五乘方開之,得七箇。合問。

三角撒星更落一形	一	六	二一	五六	一二六	二五二	四六二
撒星更落一形	一	五	一五	三五	七〇	一二六	二一〇
		一	五 一	一五 五 一	三五 一五 五 一	七〇 三五 一五 五 一	一二六 七〇 三五 一五 五 一

列撒星更落一形,於位累進一位,加之得三角撒星更落一形。

清·羅士琳《四元玉鑑細草》 艸曰:立天元一為三角撒星更落一底子,以天元加一得 [illegible] 乘之,得 太 [illegible] 又以天元加二得 [illegible] 乘之,得 太 [illegible] 又以天元加三得 [illegible] 乘之,得 太 [illegible] 又以天元加四得 [illegible] 乘之,得 太 [illegible] 又以天元加五得 [illegible] 乘之,得 太 [illegible] 合以七百二十除之為共積。今不除,便為帶分共積,內寄七百二十為母,寄左。乃以七百二十通共積,得六十六萬五千二百八十為同數,消左,得 [illegible] 開五乘方得七箇。合問。

三角積	乘得數	三角積積數
二八	二八	一
二一	二四	四
一五	一五〇	一〇
一〇	二〇〇	二〇
六	二一〇	三五
三	一六八	五六
一	八四	八四

右圖順列三角積積數於上方,逆列三角積於下方,上下相乘,置得數於中

央。併中央所得，為共積。

清・華蘅芳《古今算學叢書・垛積演較》 設底〇則積〇，底一則積一，底二則積七，底三則積二十八，底四則積八十四，底五則積二百十，底六則積四百六十二。以積較術求之。

〇 〇 〇 〇 〇 〇 𝍠
𝍠 𝍠 𝍠 𝍠 𝍠 𝍠 𝍠
𝍦 𝍥 𝍤 𝍣 𝍢 𝍡 𝍠
𝍪𝍧 𝍪𝍠 𝍩𝍤 𝍩〇 𝍥 𝍢 𝍠
𝍰𝍣 𝍭𝍥 𝍫𝍤 𝍪〇 𝍩〇 𝍣 𝍠
𝍡𝍩〇 𝍠𝍪𝍥 𝍯〇 𝍫𝍤 𝍩𝍤 𝍤 𝍠
𝍣𝍮𝍡 𝍠𝍭𝍡 𝍪𝍥 𝍭𝍥 𝍪𝍠 𝍥 𝍠

從表得 〇 𝍠𝍪〇 𝍡𝍯𝍣 𝍡𝍪𝍤 𝍰𝍤 𝍩𝍤 𝍠 以分母 𝍦𝍪〇 通其共積消之，得 𝍥𝍮𝍤𝍪𝍧⊘ 𝍠𝍪〇 𝍡𝍯𝍣 𝍡𝍪𝍤 𝍰𝍤 𝍩𝍤 𝍠 開五乘方得七箇。合問。

如改爲代數式

$$積=\frac{一二〇卯丄二七四卯^{二}丄二二五卯^{三}丄八五卯^{四}丄一五卯^{五}丄卯^{六}}{七二〇}$$

化之得 $積=\frac{卯(卯丄一)(卯丄二)(卯丄三)(卯丄四)(卯丄五)}{七二〇}$ 爲以底求積之式。

清・张煜《讀玉鑒隨筆》 第六題

他書撒星更落一皆作

一 一 一
× ×
一〇

底子遞減一，垛數遞加一。此乃作

一 一 一 一 一 一
× × ×
一〇

底子遞減一，垛數照三角每層積數遞加。

立法多天元加五，乘易一百二十，除爲七百二十。除尚不難記。

三角垛

算法

清・李善蘭《則古昔齋算學四・垛積比類》卷一 三角垛第一

三角垛有高求積術

一乘垛置高，以高加一乘之爲實，二爲法，得積。

二乘垛置高，以高加一乘之，又以高加二乘之爲實，二三相乘爲法，得積。

三乘垛置高，以高加一乘之。又以高加二乘之。又以高加三乘之爲實，二三四連乘爲法，得積。

四乘垛置高，以高加一乘之。又以高加二乘，之又以高加三乘之。又以高加四乘之爲實，二三四五連乘爲法，得積。

凡有高求積者，置高以高遞加一累乘之，加至如本乘垛數，乘之而止（如三乘垛加三乘之而止也）爲實，以一、二三諸數連乘至視本乘垛數多一而止（如四乘垛連乘至五而止也）爲法，實如法而一，得積。

三角垛有積求高開方廉隅表

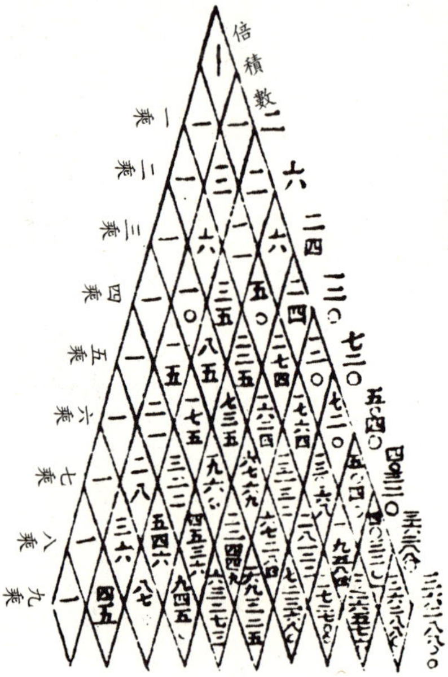

造表法

以乘數乘上層左數，加上層右數爲下層中數，倍積數，乃二三四諸數連乘所得也。

三角垛有積求高術

一乘垛，倍積爲正實，一負方一負隅，。開平方，得高。

草曰：立天元一爲高於上，以一加天元得 丨丨元 以乘上得 太○丨丨 爲二段積，寄左。乃以積倍之得 ‖積 爲同數，與左相消得 ‖積〆〆 爲開方式。

二乘垛，六倍積爲正實，二爲負方三爲負廉，一負隅開立方，得高。

草曰：立天元一爲高於上，以天元 丨 加一得 丨丨元 又以天元 丨 加二得 ‖丨元 相乘得 ‖‖丨元 以乘上得 ‖‖‖丨元 合以六，一二三相乘所得。除之，不除，便以爲六段積，寄左。乃以積六之爲同數與左相消得 ⊤積〆〆〆 爲開方式。

三乘垛，二十四倍積爲正實，六爲負方，十一爲負上廉，六爲負下廉，一爲負隅開三乘方得高。

草曰：立天元一爲高於上，以天元加一乘之得 ○丨丨元 又以天元加二乘之得 太○‖‖丨 又以天元加三乘之得 太○⊤丨⊤丨 合以二十四，一二三四連乘數。除之，不除，便以爲二十四段積，寄左。乃以積二十四之爲同數與左相消得 積‖‖⊤〆丄〆〆 爲開方式。

四乘垛，一百二十倍積爲正實，二十四爲負方，五十爲第一負廉，三十五爲第二負廉，十爲第三負廉，一爲負隅開四乘方得高。

草曰：立天元一爲高以天元加一乘之得 ○丨丨元 又以天元加二乘之得 太○‖‖丨 又以天元加三乘之得 太○⊤丨⊤丨 又以天元加四乘之得 太○‖‖○‖‖‖○丨 合以一百二十，一二三四五連乘數。除之，不除，便以爲一百二十段積，寄左。乃以積一百二十之爲同數與左相消得 積○丨‖‖‖〆○〆 爲開方式。

五乘垛以上以天元仿此推之。

清·陳修齡《公式演算》卷四《垛積公式》

命　天＝本垛層數　甲＝本垛積數　先以本垛各層之積横列之，依次求較，至卯者，乘較數至末較齊同爲止，乃視較數共卯層，則以 一·二·三·四·卯 至卯者，乘較數首層，以消去 一·二 者，乘較數二層，以消去 一·二·三 者，乘較數三層，以下類推。至較數末第二層止，其較數末層仍之，又視較數共卯層，則於垛積公用表内自上取出卯層，於是以已乘較數首層，乘公用表首層，以已乘數數二層，偏乘公用表二層，以已乘較數三層，偏乘公用表三層，以下類推至用末較偏乘公用表卯層爲止。乃依天之各方相加，由右而左，順序列之，則等於 一·二·三·四·卯×甲

四·卯×甲　其公式爲　$天^{巳}+乙天^{巳-1}+丙天^{巳-2}+\cdots=$一·二·三·四·卯×甲

開各次雜方，即得天之同數。法本算學題鏡而變通之，其各種垛積每層之數，詳見李氏垛積各表中。

垛積公用表

層首	上一天					
層二	下一天	上一$天^{二}$				
層三	上二天	下三$天^{二}$	上一$天^{三}$			
層四	下六天	上一一$天^{二}$	下六$天^{三}$	上一$天^{四}$		
層五	上二四天	下五○$天^{二}$	上三五$天^{三}$	下一○$天^{四}$	上一$天^{五}$	
層六	下一二○天	上二七四$天^{二}$	下二二五$天^{三}$	上八五$天^{四}$	下一五$天^{五}$	上一$天^{六}$

造表之法：恆以層數乘本層倍數，加右一倍數，爲下層倍數，其每行得數，正負相間。

演算

設如有草三百二十五束，欲令三角一乘垛疊之。問層數幾何。

命　天＝層數　先以三角一乘垛各層之積一、二三，横列之，依次求較，如

一　二　三

一　一

其末較已齊同，而較數共二層，爲一、一，則以 一·二 卽二乘較數首層一，得 二×一＝二 其較數末層一仍之，故 一＝一 因較數共二層，乃於垛積

公用表內，自上取二層，如

	丄一天
丄一天^{二}	丅一天

於是以已乘較數首層之二，乘公用表首層，得 丄二天 以末較之一，偏乘公用表二層，得

丄一天^{二}丅一天

將所得二數，依天之各方相加，得 天^{二}丄天 與 一・二 倍積相等，照公式 天^{二}丄天＝一・二×三＝二五 即 天^{二}丄天＝六五〇 開二次雜方，故 天＝二五

設如有磚六百八十塊，欲令三角二乘垛疊之，問層數幾何。

命 天＝層數 先以三角二乘垛各層之積一 三 六 一〇 一五，橫列之，依次求較，如

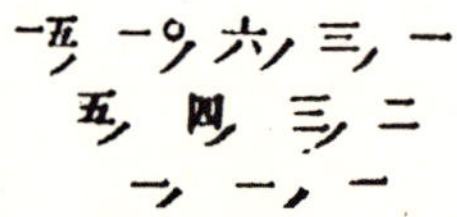

其較已齊同，而較數共三層，爲一 二 一，則以 一・二・三 即六乘較數首層之一，得 六×一＝六 又以消去 一・二 所餘之三，乘較數二層之二，得 三×二＝六 其較數末層一仍之，故 一＝三 因較數共三層，乃於垛積公用表内自上取三層，如

		丄一天
	丄一天^{二}	丅一天
丄天^{三}	丅三天^{二}	丄二天

於是以已乘較數首層之六，乘公用表首層，得 丄六天 以已乘較數二層之六，偏乘公用表二層，得 丄一天^{二}丅三天^{二}丄二天 以末較一偏乘公用表三層，得 丄六天^{二}丅六天 將所得三數，依天之各方相加，得 天^{三}丄三天^{二}丄二天 與 一・二・三 倍積相等，照公式 天^{三}丄三天^{二}丄二天＝一・二・三×六八〇 即 天^{三}丄三天^{二}丄二天＝四〇八〇 開三次雜方，故 天＝一五

設如有果一千八百二十個，欲令三角三乘垛疊之。問層數幾何。

命 天＝層數 先以三角三乘垛各層之積一 四 一〇 二〇 三五，橫列之，依次求較，如

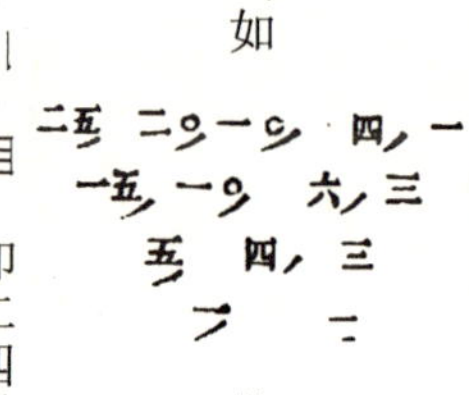

其末較已齊同，而較數共四層，爲一 三 三 一，則以 一・二・三・四 即二四乘較數首層一，得 二四×一＝二四 又以消去 一・二 所餘之 三・四 即一二，乘較數二層之三，則得 一二×三＝三六 又以消去 一・二・三 所餘之四，乘較數三層之三，則得 四×三＝一二 其較數末層一仍之，故 一＝一 。因較數共四層，乃於垛積公用表内，自上取四層，如

			丄一天
		丄一天	丅一天
	丄一天^{三}	丅三天^{二}	丄二天
丄一天^{四}	丅三天^{三}	丄一一天^{二}	丅六天

於是以已乘較數首層之二四，乘公用表首層，得丄二四天。以已乘較數二層之三六，偏乘公用表二層，得 丄三六天^{二}丅三六天 以已乘較數三層之一二，偏乘公用表三層，得 丄一二天^{三}丅三六天^{二}丄二四天 以末較一偏乘公用表四層，得 丄一天^{四}丅六天^{三}丄一一天^{二}丅六天 將所得四數，依天之各方相加，得 天^{四}丄六天^{三}丄一一天^{二}丄六天 與 一・二・三・四 倍

積相等。照公式　天四丄六天三丄一一天二丄六天＝一・二・三・四×一八二〇
卽　天四丄六天三丄一一天二丄六天＝四三六八〇　開四次雜方，故　天＝一三

設如有盒八千五百六十八個，欲令三角四乘垛疊之。問層數幾何。

命　天＝層數　先以三角四乘垛各層之積一　五　一五　三五　七五　一二六，橫列之，依次求較，如

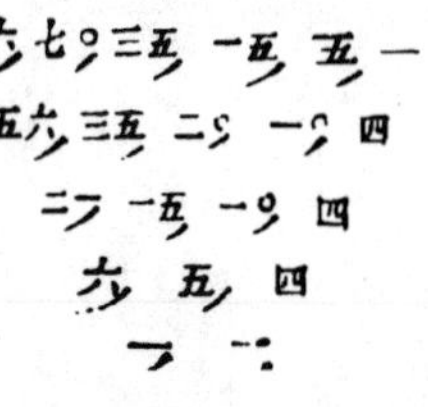

其末較已齊同，而較數共五層，爲一四六四一，則以　一・二・三・四・五　卽一二〇乘較數首層之一，得　一二〇×一＝一二〇　又以消去　一・二　所餘之　三・四・五　卽六〇，乘較數二層之四，得　六〇×四＝二四〇　又以消去　一・二・三　所餘之　四・五　卽二〇，乘較數三層之六，得　二〇×六＝一二〇　又以消去　一・二・三・四　所餘之五，乘較數四層之四，得　五×四＝二〇　其較數末層一仍之，故　一＝一　因較數共五層，乃於垛積公用表內，自上取五層，如

丄一天	丅一天	丄二天	丅六天	丄二四天
	丄一天二	丅三天二	丄一一天二	丅五〇天二
		丄一天三	丅六天三	丄三六天三
			丄一天四	丅一〇天四
				丄一天五

於是以已乘較數首層之　一二〇　乘公用表首層，則得　丄一二〇天　以已乘較數二層之　二四〇　徧乘公用表二層，則得　丄二四〇天二丅二四〇天　以已乘較數三層之　一二〇　徧乘公用表之三層，得　丄一二〇天三丅三六〇天二丄二四〇天　以已乘較數四層之　二〇　徧乘公用表四層，得　丄二〇天四丅一二〇天三丄二二〇天二丅一二〇天　以末較一徧乘公用表五層，得　丄一天五丅一〇天四丄三五天三丅五〇天二丄一四天　將所得五數，依天之各方相加，與　一・二・三・四・五　倍積相等，照公式　天五丄一〇〇天四丄二五〇天三丄五〇天二丄二四天＝一・二・三・四・五・×八五六八
卽　天五丄一〇天四丄三五天三丄五〇天二丄二四天＝一〇二八一六〇　開五次雜方，故　天＝一四　其餘各種垛積，但先查明本垛各層之積，依次求較，照公式推之，無不可通。

三角自乘垛

算法

清・李善蘭《則古昔齋算學四・垛積比類》卷三

三角自乘垛有層求積術

子垛有方一，隅一。方以層爲高，隅以層減一爲高，各以三角二乘垛求積術入之。

丑垛有方一，廉四，隅一。方以層爲高，廉以層減一爲高，隅以層減二爲高。各以三角四乘垛求積術入之。

寅垛有方一，甲廉九，乙廉九，隅一。方以層爲高，甲廉以層減一爲高，乙廉以層減二爲高，隅以層減三爲高。各以三角六乘垛求積術入之。

卯垛有方一，甲廉十六，乙廉三十六，丙廉十六，隅一。方以層爲高，甲廉以層減一爲高，乙廉以層減二爲高，丙廉以層減三爲高，隅以層減四爲高。各以三角八乘垛術入之。

辰垛以下可類推。本表平列諸格，卽各垛方廉隅諸數也。

三角自乘垛有積求層術

子垛六倍積爲正實，一爲負方，三爲負廉，二爲負隅。開立方，得層。

草曰：立天元一爲層加一得 [籌式] 以乘天元得 [籌式] 于上，以天元加二得 [籌式] 以乘上，得 [籌式] 爲一數。以天元減一得 [籌式] 以乘上得 [籌式] 爲二數，并一二數得 [籌式] 爲六段積，寄左。乃以積六之爲同數，與左相消，得 [籌式] 爲開方式。

丑垛一百二十倍積爲正實，四爲負方，三十爲負甲廉，五十爲負乙廉，三十爲負丙廉，六爲負隅。開四乘方得層。

草曰：立天元一爲層加三得 [籌式] 以乘前草一數，得 [籌式] 又以天元加四乘之，得 [籌式] 仍爲一數，天元加二，得 [籌式] 以乘前草二數，得 [籌式] 又以天元加三乘之，得 [籌式] 仍爲二數。以天元減二得 [籌式] 以乘前草二數，得 [籌式] 又以天元加二乘之，得 [籌式] 爲三數，以二數四之，得 [籌式] 并一三兩數以加之，得 [籌式] 爲一百二十段積，寄左。乃以積一百二十之爲同數，與左相消，得 [籌式] 爲開方式。

寅垛五千〇四十倍積爲正實，三十六爲負方，六百三十爲負甲廉，一千六百十爲負乙廉，一千六百八十爲負丙廉，八百五十四爲負丁廉，二百十爲負戊廉，二十爲負隅。開六乘方得層。

草曰：立天元一爲層，加五得 [籌式] 副加六得 [籌式] 相乘得 [籌式] 以乘前草一數，得 [籌式] 仍爲一數。以天元加四得 [籌式] 副加五得 [籌式] 相乘得 [籌式] 以乘前草二數，得 [籌式] 仍爲二數。以天元加三得 [籌式] 副加四得 [籌式] 相乘得 [籌式] 以乘前草三數，得 [籌式] 仍爲三數。以天元減三，得 [籌式] 副加三得 [籌式] 相乘得 [籌式] 以乘前草三數，得 [籌式] 爲四數。并二三兩數而九之，得 [籌式] 加入一四兩數，得 [籌式] 爲五千〇四十段共積，寄左。乃置積以 [籌式] 乘之，得 [籌式] 爲同數，與左相消，得 [籌式] 爲開方式。

卯垛三十六萬二千八百八十倍積爲正實，五百七十六爲負方，二萬五千二百爲負甲廉，八萬三千七百二十爲負乙廉，十一萬七千一百八十爲負丙廉，八萬七千六百五十四爲負丁廉，三萬七千八百爲負戊廉，九千四百二十爲負己廉，一千二百六十爲負庚廉，七十爲負隅。開八乘方得層。

草曰：立天元一爲層加七得 [籌式] 副加八，得 [籌式] 相乘得 [籌式] 以乘前草一數，得 [籌式] 仍爲一數。以天元加六得 [籌式] 副加七得 [籌式] 相乘得 [籌式] 以乘前草二數，得 [籌式] 仍爲二數。以天元加五得 [籌式] 副加六得 [籌式] 相乘得 [籌式] 以乘前草三數，得 [籌式] 仍爲三數。以天

元加四得 副加五得 相乘得 以乘前草四數，得 仍爲四數。以天元減四，得 副加四，得 相乘得 以乘前草四數，得 爲五數。置三數三十六之，得 于上。并二四兩數而十六之，得 以加上，又併入一五兩數得 爲三十六萬二千八百八十段共積，寄左。乃置積以 乘之，得 爲同數，與左相消，得 爲開方式。

又 寅支垜有層求積術

各垜皆有方一，甲廉九，乙廉九，隅一。方以層爲高，甲廉以層少一爲高，乙廉以層少二爲高，隅以層少三爲高。

方垜方廉隅俱以三角一乘垜術入之。

又法：層減二以層乘之，十之加十二得積。

甲垜方廉隅俱以三角二乘垜術入之。

又法：層減一箇半以層乘之，十之加十一，以層乘之，減三爲實，三爲法。得積。

乙垜方廉隅俱以三角三乘垜術入之。

又法：層自乘十之加二，以層乘之。又以層乘之爲實，三四相乘爲法。得積。

丙垜方廉隅俱以三角四乘垜術入之。

又法：倍層加一，以層加一乘之，五之以層乘之。又以層層加一疊乘之爲實，三四五連乘爲法。得積。

丁垜方廉隅俱以三角五乘垜術入之。

又法：倍層加四，以層加一乘之，五之以層乘之。又以層層加一、層加二疊乘之爲實，三四五六連乘爲法。得積。

第一垜方廉隅俱以三角六乘垜術入之。

又法：倍層加七，以層加一乘之，五之加十二，以層乘之，加三以層層加一、層加二、層加三，疊乘之爲實，三四五六七連乘爲法。得積。

第二垜方廉隅俱以三角七乘垜術入之。

又法：倍層加十，以層加一乘之，五之加三十六，以層乘之，加十二，以層層加一、層加二、層加三、層加四，疊乘之爲實，三四五六七八連乘爲法。得積。

第三垜方廉隅俱以三角八乘垜術入之。

又法：倍層加十三，以層加一乘之，五之加七十二，以層乘之，加三十，以層層加一、層加二、層加三、層加四、層加五，疊乘之爲實，三四五六七八九連乘爲法。得積。

第四垜以下可類推。

寅支垜有積求層術

方垜倍積減二十四爲正實，四十爲正方，二十爲負隅。開平方，得層。若倍積恰得二十四，則減盡四十爲實，二十爲法，法除實得層。

草曰：立天元一爲層加一得 以天元乘之得 爲一數。置天元減一得 以天元乘而九之，得 爲二數。副置天元上減一、下減二相乘，得 九之得 爲三數。又副置天元上減二、下減三相乘得 爲四數。各數并之，得 爲二段積，寄左。乃以積倍之，得 [illegible] 積爲同數，與左相消，得 [illegible] 爲開方式。

又法：積減十二爲正實，二十爲正方，十爲負隅。開平方，得層。

草曰：立天元一爲層，減二得 [illegible] 以天元乘而十之，得 [illegible] 加十二得 [illegible] 爲一段積，寄左。乃以積爲同數，與左相消，得 [illegible] 爲開方式。

甲垛六倍積加六爲正實，二十二爲負方，三十爲正廉，二十爲負隅。開立方，得層。

草曰：立天元一爲層加二得 [illegible] 以乘前草一數得 [illegible] 仍爲一數，天元加一得 [illegible] 以乘前草二數，得 [illegible] 仍爲二數。以天元乘前草三數，得 [illegible] 仍爲三數，天元減一得 [illegible] 以乘前草四數，得 [illegible] 仍爲四數。并各數得 [illegible] 爲六段積，寄左。乃以積六之爲同數，與左相消，得 [illegible] 爲開方式。

又法：三倍積加三爲正實，十一爲負方，十五爲正廉，十爲負隅。開立方，得層。

草曰：立天元一爲層，減一箇半得 [illegible] 以天元乘而十之，得 [illegible] 加十一得 [illegible] 以天元乘之，得 [illegible] 減三得 [illegible] 爲三段積，寄左。乃以積三之爲同數，與左相消，得 [illegible] 爲開方式。

乙垛二十四倍積爲正實，方空，四爲負甲廉，乙廉空，二十爲負隅。開三乘方得層。

草曰：立天元一爲層加三得 [illegible] 以乘前草一數，得 [illegible] 仍爲一數。天元加二得 [illegible] 以乘前草二數，得 [illegible] 仍爲二數。天元加一得 [illegible] 以乘前草三數，得 [illegible] 仍爲三數。以天元乘前草四數，得 [illegible] 仍爲四數。并諸數，得 [illegible] 爲二十四段積，寄左。乃以積二十四之爲同數，與左相消，得 [illegible] 爲開方式。

又法：十二倍積爲正實，方空，二爲負甲廉，乙廉空，十爲負隅。開三乘方得層。

草曰：立天元一爲層，自乘十之，得 [illegible] 加二得 [illegible] 以天元乘之，得 [illegible] 再以天元乘之，得 [illegible] 爲十二段積，寄左。乃以積十二之爲同數，與左相消，得 [illegible] 爲開方式。

丙垛一百二十倍積爲正實，方空，十爲負甲廉，四十爲負乙廉，五十爲負丙廉，二十爲負隅。開四乘方得層。

草曰：立天元一爲層，加四得 [illegible] 以乘前草一數，得 [illegible] 仍爲一數。以天元加三，得 [illegible] 以乘前草二數，得 [illegible] 仍爲二數。天元加二，得 [illegible] 以乘前草三數，得 [illegible] 仍爲三數。天元加一，得 [illegible] 以乘前草四數，得 [illegible] 仍爲四數。并諸數得 [illegible] 爲一百二十段積，寄左。乃以積一百二十之爲同數，與左相消，得 [illegible] 爲開方式。

又法：六十倍積爲正實，方空，五爲負甲廉，二十爲負乙廉，二十五爲負丙廉，十爲負隅。開四乘方得層。

草曰：立天元一爲層，倍之加一得 [illegible] 以天元加一乘之，得 [illegible] 五之得 [illegible] 以天元乘之，得 [illegible] 又以天元乘之，得 [illegible] 又以天元加一乘之，得 [illegible] 爲六十段積，寄左。乃以積六十之爲同數，與左相消，得〔籌式〕爲開方式。

丁挅七百二十倍積爲正實，方空，八十爲負甲廉，二百四十爲負乙廉，二百六十爲負丙廉，一百二十爲負丁廉，二十爲負隅。開五乘方得層。

草曰：立天元一爲層，加五得〔籌式〕以乘前草一數，得〔籌式〕仍爲一數。天元加四得〔籌式〕乘前草二數，得〔籌式〕仍爲二數。天元加三得〔籌式〕乘前草三數，得〔籌式〕仍爲三數。天元加二得〔籌式〕乘前草四數，得〔籌式〕仍爲四數。并諸數，得〔籌式〕爲七百二十段積，寄左。乃以積七百二十之爲同數，與左相消，得〔籌式〕爲開方式。

又法：三百六十倍積爲正實，方空，四十爲負甲廉，一百二十爲負乙廉，一百三十爲負丙廉，六十爲負丁廉，十爲負隅。開五乘方得層。

草曰：立天元一爲層，倍之加四，得〔籌式〕以天元加一乘之，得〔籌式〕五之得〔籌式〕以天元乘之，得〔籌式〕于上，以天元加一乘天元得〔籌式〕又以天元加二乘之，得〔籌式〕以乘上，得〔籌式〕爲三百六十段積，寄左。乃以積三百六十之爲同數，與左相消，得〔籌式〕爲開方式。

第一挅五千〇四十倍積爲正實，三十六爲負方，六百三十爲負甲廉，一千六百十爲負乙廉，二千六百八十爲負丙廉，八百五十四爲負丁廉，二百十爲負戊廉，二十爲負隅。開六乘方得層。

草曰：立天元一爲層加六得〔籌式〕以乘前草一數，得〔籌式〕仍爲一數。天元加五得〔籌式〕乘前草二數，得〔籌式〕仍爲二數。天元加四得〔籌式〕乘前草三數，得〔籌式〕仍爲三數。天元加三得〔籌式〕乘前草四數，得〔籌式〕爲四數。并諸數得〔籌式〕爲五千〇四十段積，寄左。乃以積五千〇四十之爲同數，與左相消，得〔籌式〕爲開方式。

又法：二千五百二十倍積爲正實，十八爲負方，三百十五爲負甲廉，八百〇五爲負乙廉，八百四十爲負丙廉，四百二十七爲負丁廉，一百〇五爲負戊廉，十爲負隅。開六乘方得層。

草曰：立天元一爲層，倍之加七得〔籌式〕以天元加一乘之，得〔籌式〕五之得〔籌式〕加十二，得〔籌式〕以天元乘之得〔籌式〕加三得〔籌式〕于上。乃置天元，以天元加一乘之，得〔籌式〕又以天元加二乘之，得〔籌式〕又以天元加三乘之，得〔籌式〕以乘上，得〔籌式〕爲二千五百二十段積，寄左。乃以積二千五百二十之爲同數，與左相消，得〔籌式〕爲開方式。

第二挅四萬〇三百二十倍積爲正實，五百七十六爲負方，五千三百二十八爲負甲廉，一萬二千三百二十爲負乙廉，一萬二千七百四十爲負丙廉，六千九百四十四爲負丁廉，二千〇七十二爲負戊廉，三百二十爲負己廉，二十爲負隅。開七乘方得層。

草曰：立天元一爲層加七得 乘前草一數，得 仍爲一數。天元加六得 乘前草二數，得 仍爲二數。天元加五得 乘前草三數，得 仍爲三數。天元加四得 乘前草四數，得 仍爲四數。并諸數得 爲四萬〇三百二十段積，寄左。乃置積，以 乘之爲同數，與左相消，得 爲開方式。

又法：二萬〇一百六十倍積爲正實，二百八十八爲負方，二千六百六十四爲負甲廉，六千一百六十爲負乙廉，六千三百七十爲負丙廉，三千四百七十二爲負丁廉，一千〇三十六爲負戊廉，一百六十爲負己廉，十爲負隅。開七乘方得層。

草曰：立天元一爲層，倍之加十得 以天元加一乘之，得 加三十六得 以天元乘之得 加十二得 五之得 于上。置天元以天元加一乘之，得 又以天元加二乘之，得 又以天元加三乘之，得 又以天元加四乘之，得 以乘上得 爲二萬〇一百六十段積，寄左。乃置積以 乘之爲同數，與左相消，得 爲開方式。

第三垛三十六萬二千八百八十爲正實，七千二百爲負方，四萬九千三百二十爲負甲廉，十萬〇六千五百七十六爲負乙廉，十一萬〇二百五十爲負丙廉，六萬三千四百二十爲負丁廉，二萬一千四百二十爲負戊廉，四千二百二十四爲負己廉，四百五十爲負庚廉，二十爲負隅。開八乘方得層。

草曰：立天元一爲層，加八得 乘前草一數，得 仍爲一數。天元加七得 乘前草二數，得 仍爲二數。天元加六得 乘前草三數，得 仍爲三數。天元加五得 乘前草四數，得 仍爲四數。并諸數得 爲三十六萬二千八百八十段積，寄左。乃以 ≡T=Ⅲ≟○ 乘積，得 ≡T=Ⅲ≟積 爲同數，與左相消，得 [算籌] 爲開方式。

又法：十八萬一千四百四十爲正實，三千六百爲負方，二萬四千六百六十爲負甲廉，五萬三千二百八十八爲負乙廉，五萬五千一百二十五爲負丙廉，三萬一千七百十爲負丁廉，一萬〇七百十爲負戊廉，二千一百十二爲負己廉，二百二十五爲負庚廉，十爲負隅。開八乘方得層。

草曰：立天元一爲層，倍之加十三得 [算籌] 以天元加一乘之，得 [算籌] 加五之得 [算籌] 加七十二得 [算籌] 以天元乘之，得 [算籌] 加三十得 [算籌] 于上。乃置天元，以天元加一、天元加二、天元加三、天元加四、天元加五疊乘之，得 [算籌] 以乘上得 [算籌] 爲十八萬一千四百四十段積，寄左。乃置積，以 [算籌] 乘之爲同數，與左相消，得 [算籌] 爲開方式。

三角变垛

算法

清·李善蘭《則古昔齋算學四·垛積比類》卷四

三角變垛有層求積術

第二垛以下皆有方有隅。方以層爲高，隅以層減一爲高。

第一垛以三角一乘垛術入之。

第二垛有方一隅一，皆以三角二乘垛術入之。

又法：倍層加一，以層乘之。又以層加一乘之爲實，二三相乘爲法。得積。

第三垛有方一隅二，皆以三角三乘垛術入之。

又法：三倍層加一，以層乘之。又以層加一層、加二疊乘之爲實，二三四連乘爲法。得積。

第四垛有方一隅三，皆以三角四乘垛術入之。

又法：四倍層加一，以層乘之。又以層加一、層加二、層加三疊乘之爲實，二三四五連乘爲法。得積。

第五垛有方一隅四，皆以三角五乘垛術入之。

又法：五倍層加一，以層乘之。又以層加一、層加二、層加三、層加四疊乘之爲實，二三四五六連乘爲法。得積。

第六垛以下可類推。

三角變垛有積求層術

第一垛即三角一乘垛。術詳卷一。

第二垛六倍積爲正實，一爲負方，三爲負廉，二爲負隅。開立方，得層。

草曰：立天元一爲層，加二得 [算籌] 以天元加一乘之，得 [算籌] 又以天元乘之，得 [算籌] 爲上數。置天元加一得 [算籌] 以天元乘之，得 [算籌] 又以天元減一乘之，得 [算籌] 爲下數。并二數得 [算籌] 爲六段積，寄左。乃以積六之，得 [illegible] 爲同數，與左相消，得 [illegible] 爲開方式。

又草曰：立天元一爲層，倍之加一，得 [illegible] 以天元乘之，得 [illegible] 又以天元加一乘之，得 [illegible] 爲六段積，寄左。乃以積六之，與左相消，得式亦同。

第三垜二十四倍積爲正實，二爲負方，九爲負甲廉，十爲負乙廉，三爲負隅。開三乘方得層。

草曰：立天元一爲層，加三得 [illegible] 乘前草上數，得 [illegible] 仍爲上數。天元加二得 [illegible] 乘前草下數，得 [illegible] 仍爲下數。倍之得 [illegible] 并入上數，得 [illegible] 爲二十四段積，寄左。乃以積二十四之爲同數，與左相消，得 [illegible] 爲開方式。

又草曰：立天元一爲層，三之加一得 [illegible] 以天元乘之，得 [illegible] 又以天元加一乘之，得 [illegible] 又以天元加二乘之，得 [illegible] 爲二十四段積，寄左。乃以積二十四之爲同數，與左相消，得式亦同。

第四垜一百二十倍積爲正實，六爲負方，三十五爲負甲廉，五十爲負乙廉，二十五爲負丙廉，四爲負隅。開四乘方得層。

草曰：立天元一爲層，加四得 [illegible] 乘前草上數，得 [illegible] 仍爲上數。天元加三，得 [illegible] 乘前草下數，得 [illegible] 仍爲下數，三之得 [illegible] 并入上數，得 [illegible] 爲一百二十段積，寄左。乃以積一百二十之爲同數，與左相消，得 [illegible] 爲開方式。

又草曰：立天元一爲層，四之加一，得 [illegible] 以天元乘之，得 [illegible] 又以天元加一乘之，得 [illegible] 又以天元加二乘之，得 [illegible] 又以天元加三乘之，得 [illegible] 爲一百二十段積，寄左。乃以一百二十倍積，與左相消，得式亦同。

第五垜七百二十倍積爲正實，二十四爲負方，一百七十爲負甲廉，二百八十五爲負乙廉，一百八十五爲負丙廉，五十一爲負丁廉，五爲負隅。開五乘方得層。

草曰：立天元一爲層，加五得 [illegible] 乘前草上數，得 [illegible] 仍爲上數。天元加四得 [illegible] 乘前草下數，得 [illegible] 仍爲下數，四之得 [illegible] 并入上數，得 [illegible] 爲七百二十段積，寄左。乃以積七百二十之爲同數，與左相消，得 [illegible] 爲開方式。

又草曰：立天元一爲層，五之加一得 [illegible] 以天元乘之，得 [illegible] 又以天元加一乘之，得 [illegible] 又以天元加二乘之，得 [illegible] 又以天元加三乘之，得 [illegible] 又以天元加四乘之，得 [illegible] 爲七百二十段積，寄左。乃如數倍積，與左相消，得式亦同。

第六垜五千〇四十倍積爲正實，一百二十爲負方，九百九十四爲負甲廉，一千八百六十九爲負乙廉，一千四百三十五爲負丙廉，五百二十五爲負丁廉，九十一爲負戊廉，六爲負隅。開六乘方得層。

草曰：立天元一爲層，加六得 [illegible] 乘前草上數，得 [illegible] 仍爲上數。天元加五得 [illegible] 乘前草下數，得 [illegible] 仍爲下數，五之得 [illegible] 并入上數，得 [illegible] 爲五千〇四十段積，寄左。乃以積五千〇四十之爲同數，與左相消，得[算式]爲開方式。

又草曰：立天元一爲層，六之加一得[算式]以天元乘之，得[算式]又以天元加一乘之，得[算式]又以天元加二乘之，得[算式]又以天元加三乘之，得[算式]又以天元加四乘之，得[算式]又以天元加五乘之，得[算式]爲五千〇四十段積，寄左。乃如數倍積，與左相消，得式亦同。

又 三角再變垛有層求積術

第一垛有方有隅，方以層爲高，隅以層減一爲高。第二垛以下皆有方有廉有隅，方以層爲高，廉以層減一爲高，隅以層減二爲高。

第一垛有方一隅一，皆以三角二乘垛術入之。

又法：倍層加三，以層乘之，加一此數遞減一以層乘之爲實，二三相乘爲法。得積。

第二垛有方一廉四隅一，皆以三角三乘垛術入之。

又法：三倍層加三，倍層乘之，無加減，以層乘之。又以層加一乘之爲實，二三四連乘爲法。得積。

第三垛有方一廉七隅四，皆以三角四乘垛術入之。

又法：四倍層加三，三倍層乘之，減一，以層乘之。又以層加一、層加二疊乘之爲實，二三四五連乘爲法。得積。

第四垛有方一廉十隅九，皆以三角五乘垛術入之。

又法：五倍層加三，四倍層乘之，減二，以層乘之。又以層加一、層加二、層加三疊乘之爲實，二三四五六連乘爲法。得積。

第五垛有方一廉十三隅十六，皆以三角六乘垛術入之。

又法：六倍層加三，五倍層乘之，減三，以層乘之。又以層加一層加二層加三層加四疊乘之爲實，二三四五六七連乘爲法。得積。

第六垛以下可類推。

三角再變垛有積求層術

第一垛六倍積爲正實，一爲負方，三爲負廉，二爲負隅。開立方，得層。

草曰：立天元一爲層，加一得[算式]以天元乘之，得[算式]又以天元加二乘之，得[算式]爲上數。天元減一得[算式]以天元乘之得[算式]又以天元加一乘之，得[算式]爲下數。并二數，得[算式]爲六段積，寄左。乃以積六之，與左相消，得[算式]爲開方式。

又草曰：立天元一爲層，倍之得[算式]加三得[算式]以天元乘之，得[算式]加一得[算式]以天元乘之，得[算式]爲六段積，寄左。乃六倍積相消，得式亦同。

第二垛二十四倍積爲正實，方空，六爲負上廉，十二爲負下廉六爲負隅。開三乘方得層。

草曰：立天元一爲層，加三得[算式]乘前草上數，得[算式]仍爲上數。天元加二得[算式]乘前草下數，得[算式]爲中數。天元減二得[算式]乘前草下數，得[算式]仍爲下數。四倍中數，得[算式]併入上下數，得[算式]爲二十四段積，寄左。乃以積二十四之爲同數，與左相消，得[算式]爲開方式。

又草曰：立天元一爲層，三之得[算式]加三得[算式]倍天元乘之，得[算式]以天元乘之，得[算式]。又以天元加一乘之，得[算式]爲二十四段積，寄左。乃如數倍積，相消得式亦同。

第三垛一百二十倍積爲正實，二爲正方，十五爲負甲廉，五十爲負乙廉，四十五爲負丙廉，十二爲負隅。開四乘方得層。

草曰：立天元一爲層，加四得[算式]乘前草上數，得[算式]仍爲上數。天元加三得[算式]乘前草中數，得[算式]仍爲中數。

天元加二得　乘前草下數，得　仍爲下數。七倍中數得　四倍下數　相并得　加上數得　爲一百二十段積，寄左。乃以積一百二十之爲同數，與左相消，得　爲開方式。

又草曰：立天元一爲層，四之得　加三得　以三之天元乘之，得　減一得　以天元乘之，得　又以天元加一乘之得　又以天元加二乘之，得　爲一百二十段積，寄左。乃如數倍積，相消得式亦同。

第四垛七百二十倍積爲正實，十二爲正方，五十爲負甲廉，二百四十爲負乙廉，二百九十爲負丙廉，一百三十二爲負丁廉，二十爲負隅。開五乘方得層。

草曰：立天元一爲層，加五得　乘前草上數，得　仍爲上數。天元加四得　乘前草中數，得　仍爲中數。天元加三得　乘前草下數，得　仍爲下數。乃十倍中數，得　九倍下數，得　相并又加入上數，得　爲七百二十段積，寄左。乃以積七百二十之爲同數，與左相消，得　爲開方式。

又草曰：立天元一爲層，五之得　加三得　以四之天元乘之，得　減二得　以天元乘之，得　又以天元加一乘之，得　又以天元加二乘之，得　又以天元加三乘之，得　爲七百二十段積，寄左。乃如數倍積相消，得式亦同。

第五垛五千〇四十倍積爲正實，七十二爲正方，二百十爲負甲廉，一千三百六十五爲負乙廉，一千九百九十五爲負丙廉，一千一百九十七爲負丁廉，三百十五爲負戊廉，三十爲負隅。開六乘方得層。

草曰：立天元一爲層，加六得　乘前草上數，得　仍爲上數。天元加五得　乘前草中數，得　仍爲中數。天元加四得　乘前草下數，得　仍爲下數。中數十三之，得　下數，十六之得　相并又加入上數，得　爲五千〇四十段積，寄左。乃以積五千〇四十之爲同數，與左相消，得　爲開方式。

又草曰：立天元一爲層，六之得　加三得　以五箇天元乘之，得　減三得　以天元乘之，得　又以天元加一乘之，得　又以天元加二乘之，得　又以天元加三乘之，得　又以天元加四乘之，得　爲五千〇四十段積，寄左。乃如數倍積相消，得式亦同。

又　三角三變垛有層求積術

第一垛有方有廉有隅，方以層爲高，廉以層減一爲高，隅以層減二爲高。第二垛以下皆有方，有甲廉，有乙廉，有隅。方以層爲高，甲廉以層減一爲高，乙廉以層減二爲高，隅以層減三爲高。

第一垛有方一廉四隅一，皆以三角三乘垛術入之。

又法：六倍層倍數依三角二乘垛數遞增，加十二此數依三角一乘垛遞增，以層乘之，加六此數第二垛以下依三角奇層一乘垛遞減，以層乘之，無加減。以層乘之爲實，二三四連乘爲法。得積。

第二垛有方一甲廉十二乙廉十一隅一，皆以三角四乘垛術入之。

又法：二十四倍層加三十六以層乘之，加四以層乘之，減四此數解詳有積求層術以層乘之。又以層加一乘之爲實，二三四五連乘爲法。得積。

第三垛有方一甲廉十八乙廉三十三隅八，皆以三角五乘垛術入之。

又法：六十倍層加七十二，以層乘之，減六以層乘之，減六以層乘之。又以層加一、層加二疊乘之爲實，二三四五六連乘爲法。得積。

第四垛有方一甲廉二十五乙廉六十七隅二十七，皆以三角六乘垛術入之。

又法：一百二十倍層加一百二十，以層乘之，減二十四，以層乘之，減六以層乘之。又以層加一、層加二、層加三疊乘之爲實，二三四五六七連乘爲法。得積。

第五垛有方一甲廉三十二乙廉一百十三隅六十四，皆以三角七乘垛術入之。

又法：二百十倍層加一百八十，以層乘之，減五十以層乘之，減四以層乘之。又以層加一、層加二、層加三、層加四疊乘之爲實，二三四五六七八連乘爲法。得積。

第六垛以下可類推。

三角三變垛有積求層術

第一垛二十四倍積爲正實，方空，六爲負甲廉，十二爲負乙廉，六爲負隅。開三乘方得層。

草曰：立天元一爲層，加一得 |元 | 以天元乘之，得 元 || 于上。以天元加二乘之，得 元 ||| 以天元加三乘之，得 元 T|T| 爲子數。天元減一得 ㄨ|元 以天元加二乘之，得 ㄨ||元 以乘上得 ㄨ|| 元 為丑數。天元減二得 ㄨ|元 以天元減一乘之，得 ||ㄨ|元 以乘上得 ||元ㄨㄨ|

爲寅數。四倍丑數，得 元≣≣Ⅲ|| 并入子寅二數，得 元〇T|=T 爲二十四段積，寄左。乃以積二十四之爲同數，與左相消，得 積||≡〇ㄨ|ㄨ 爲開方式。

又草曰：立天元一爲層，六之加十二，得 |=T元 以天元乘之，得 元|=T 加六得 T元|=T 以天元乘之，得 元T|=T 無加減，三層并之得 ||≡ 與第二垛隅數等，故無加減。以天元乘之，得 〇元T|=T 爲二十四段積，寄左。乃如數倍積與左相消，得式亦同。

第二垛一百二十倍積爲正實，四爲正方，甲廉空，四十爲負乙廉，六十爲負丙廉，二十四爲負隅。開四乘方得層。

草曰：立天元一爲層，加四得 |||元| 乘前草子數，得 元||≡〇≡|||〇| 仍爲子數。天元加三得 ||元| 乘前草丑數，得 元ㄒ≣|||||| 仍爲丑數。天元加二得 ||元| 乘前草寅數，得 元≡|||〇≣〇| 仍爲寅數。天元減三得 ≣|元 乘前草寅數，得 元ㄒ≡|||≣| 爲卯數。以十一乘丑數，得 元T⊥≣≣|||| 以十一乘寅數，得 元≡|||〇≣〇| 并二乘得數，又加入子卯二數，得 ≣〇≡〇T〇||≡ 爲一百二十段積，寄左。乃以積一百二十之爲同數，與左相消，得 積|=〇|||〇≡T〇||≣ 爲開方式。

又草曰：立天元一爲層，二十四之加三十六，得 |||⊥||≡元 以天元乘之，得 元|||⊥||≡ 加四得 元|||⊥||≡ 以天元乘之，得 元||||⊥||≡ 減四三層并之得 T≡ 較第三垛隅數多四，故減四，得 ≣元|||⊥||≡ 以天元乘之，得 ≣元|||⊥||≡ 又以天元加一乘之，得 元≣〇≡〇T〇||≡ 爲一百二十段積，寄左。乃如數倍積，與左相消，

得式亦同。

第三垛七百二十倍積爲正實，十二爲正方，三十爲正甲廉，一百二十爲負乙廉，三百三十爲負丙廉，二百五十二爲負丁廉，六十爲負隅。開五乘方得層。

草曰：立天元一爲層，加五得 [illegible] 乘前草子數，得 [illegible] 仍爲子數。天元加四得 [illegible] 乘前草丑數，得 [illegible] 仍爲丑數。天元加三得 [illegible] 乘前草寅數，得 [illegible] 仍爲寅數。天元加二得 [illegible] 乘前草卯數，得 [illegible] 仍爲卯數。以十八乘丑數，[得] [illegible] 以三十三乘寅數，得 [illegible] 以八乘卯數，得 [illegible] 并三乘得數，加入子數，得 [illegible] 爲七百二十段積，寄左。乃以積七百二十之爲同數，與左相消，得 [illegible] 爲開方式。

又草曰：立天元一爲層，六十之加七十二，得 [illegible] 以天元乘之，得 [illegible] 減六得 [illegible] 以天元乘之，得 [illegible] 減六三層幷正數減負數較第四垛隅數尚多六，故減六後俱仿此，得 [illegible] 以天元乘之，得 [illegible] 又以天元加一乘之，得 [illegible] 又以天元加二乘之，得 [illegible] 爲七百二十段積，寄左。乃如數倍積，與左相消，得式亦同。

第四垛五千〇四十倍積爲正實，三十六爲正方，二百十爲正甲廉，四百二十爲負乙廉，一千八百九十爲負丙廉，二千〇十六爲負丁廉，八百四十爲負戊廉，一百二十爲負隅。開六乘方得層。

草曰：立天元一爲層，加六得 [illegible] 以乘前草子數，得 [illegible] 仍爲子數。天元加五得 [illegible] 以乘前草丑數，得 [illegible] 仍爲丑數。天元加四得 [illegible] 以乘前草寅數，得 [illegible] 仍爲寅數。天元加三得 [illegible] 以乘前草卯數，得 [illegible] 仍爲卯數。以二十五乘丑數，得 [illegible] 以六十七乘寅數，得 [illegible] 以二十七乘卯數，得 [illegible] 并三乘得數加入子數，得 [illegible] 爲五千〇四十段積，寄左。乃以積五千〇四十之爲同數，與左相消，得 [illegible] 爲開方式。

又草曰：立天元一爲層，一百二十之加一百二十得 [illegible] 以天元乘之，得 [illegible] 減二十四得 [illegible] 以天元乘之，得 [illegible] 減六得 [illegible] 以天元乘之，得 [illegible] 又以天元加一乘之，得 [illegible] 又以天元加二乘之，得 [illegible] 又以天元加三乘之，得 [illegible] 爲五千〇四十段積，寄左。乃如數倍積，與左相消，得式亦同。

第五垜四萬〇三百二十倍積爲正實，九十六爲正方，一千四百爲正甲廉，一千六百八十爲負乙廉，一萬二千二百五十爲負丙廉，一萬六千二百九十六爲負丁廉，九千一百爲負丁廉，二千二百八十爲負己廉，二百十爲負隅。開七乘方得層。

草曰：立天元一爲層，加七得 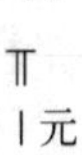 乘前草子數，得  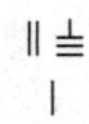 仍爲子數。天元加六得 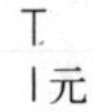 乘前草丑數，得  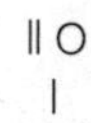 仍爲丑數。天元加五得 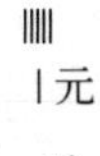 乘前草寅數，得 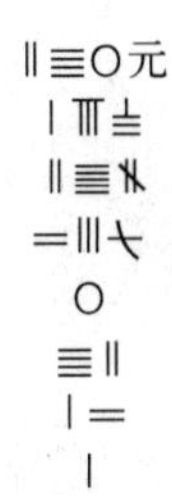 仍爲寅數。天元加四得  乘前草卯數，得  仍爲卯數。以三十二乘丑數，得  以一百十三乘寅數，得  以六十四乘卯數，得  幷三乘得數加入子數，得  爲四萬〇三百二十段積，寄左。乃以積四萬〇三百二十倍之爲同數，與左相消，得  爲開方式。

又草曰：立天元一爲層，二百一十之加一百八十，得 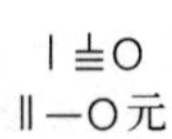 以天元乘之，得 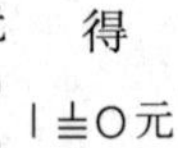 減五十得 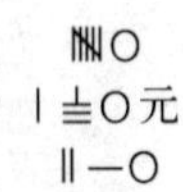 以天元乘之，得 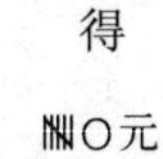 減四得  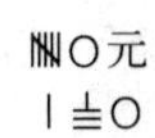 以天元乘之，得 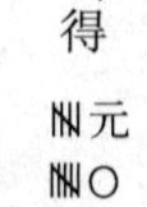 以天元加一乘之，得 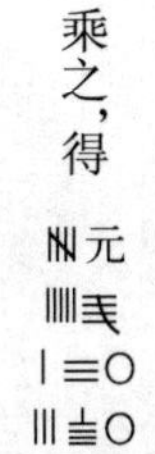 以天元加二乘之，得  以天元加三乘之，得 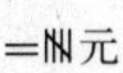 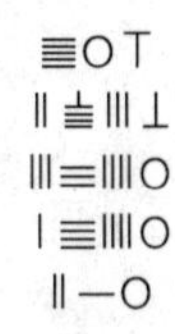 以天元加四乘之，得  爲四萬〇三百二十段積，寄左。乃如數倍積，與左相消，得式亦同。

四變以下諸垜今不復演。【略】

四角垜分部

四角垜——方垜

算法

宋·楊輝《算法通變本末》卷上　四隅垜底層六箇，問積幾何。

荅曰：九十一箇。

術曰：置底層數張三位，上不加，中加半，下加一，內取一位可三除者，除訖，三位相乘爲積。

草曰：置底層六箇張三位一闊一長一高，上不加，中加半六箇半，下加一七箇，內上位六箇，三除爲二，以因六箇半，又七因之。合問。以六爲二免三除也。

又楊輝《詳解九章算法》卷七《商功》　比類菓子一垜，下方一十四箇。問計幾何。荅曰：一千一十五箇。術曰：下方加一乘下方爲平積。又加半爲高，以乘下方爲高積。如三而一。

又 比類方垛上方四箇，下方九箇，高六箇。問計幾何。荅曰：二百七十一箇。術曰：上下方各自乘，上下方相乘，本法上方減下方，餘半之，圓積添此相併，以高乘，三而一。

元・朱世傑《筭學啟蒙》卷上《堆積還源門》 今有四角垛果子，每面底子四十四箇，問共積幾何。

荅曰：二萬九千三百七十箇。

術曰：列底子，添一箇半，以底子乘之得數，又添半箇。又以底子乘之得八萬八千一百一十爲實，以三爲法，實如法而一。合問。

清・王鑒《筭學啓蒙述義》卷下 此與方錐術略同，但垛積須補其缺處，故用加法相乘。

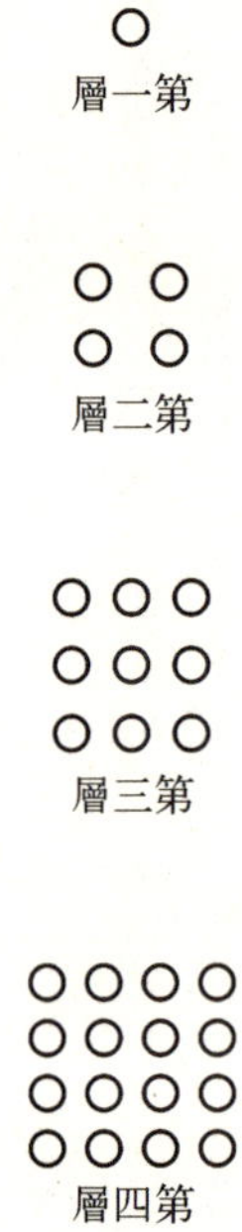

右四角垛積，設底子爲四箇。

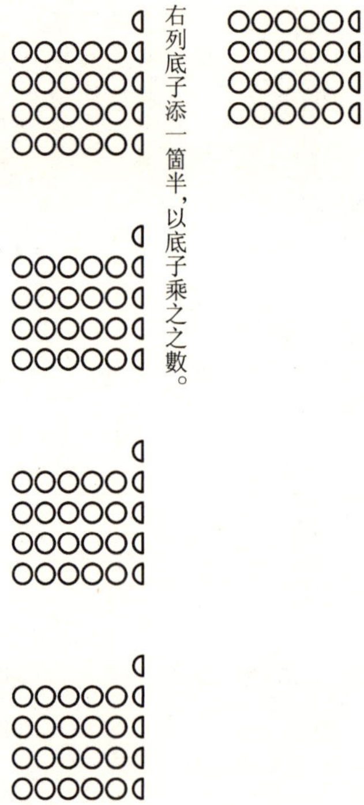

右列底子添一箇半，以底子乘之之數。

右卽前圖，又添半箇，以底子乘之之數。

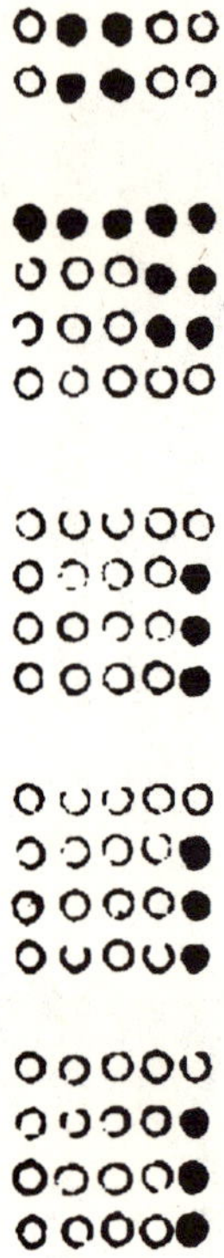

右卽前圖，取其半者合之，彼此相補，恰得三箇四角垛積。

元・朱世傑《四元玉鑒》卷下《果垛疊藏》 今有四角垛果子一所，直錢一貫三百六十五文。只云底子每箇直錢一文，次上層層每箇累貴二文，問底子每面幾何。

荅曰：九箇。

術曰：立天元一為每面底子，如積求之，得八千一百九十為益實，一為從方，二為從上廉，二為從下廉，一為正隅，三乘方開之。合問。

清・沈欽裴《四元玉鑑細草》 草曰：下差一，上差二。立天元一為四角底子，倍之加一 丨‖ 以天元乘之，又以天元加一乘之，得六段四角積 太丨Ⅲ‖ 為下積，乘下差一，仍得 太丨Ⅲ‖ 於下位。次置天元減一 〤丨 為四角落一底子，加一，自乘，得 太〇丨 以底子 〤丨 乘之，得。又以底子加二 丨丨 乘之，得 太〇〤〇丨 為十二段四角落一積，為下積，乘上差二，得 太〇〤〇‖ 仍以二除之，得 太〇〤〇丨 於上。并上下位，得 太丨‖Ⅲ丨 為六段四角垛果子直錢數，寄左。乃置直錢一貫三百六十五文，六因之，得八千一百九十。與左相消，得 〇𝍤丨𝍤 三乘方開之，得九箇。合問。

清・羅士琳《四元玉鑒細草》 艸曰：立天元一為每面底子，以累貴二文乘之，得 太‖ 於上，副置最下直錢一文，四因之得四，以累貴減之餘二，加上位，得 ‖‖ 乘天元，得 太‖‖ 二而一得 太丨丨 加直錢得 丨丨 乘之，得 太丨‖ 用乘天元，得 太丨丨丨 又以天元加一得 丨丨 乘之，得 太丨‖‖ 丨 合以六除之為共直。今不除，便為帶分共直，內寄六為母，寄左。乃以分母六通共直，得八千一百九十為同數消左，得 〇Ⅲ丨Ⅲ 丨‖‖丨 開三乘方得九箇。合問。

平方積	一	四	九	一六	二五	三六	四九	六四	八一
乘得數	一七	六〇	一一七	一七六	二二五	二五二	二四五	一九二	八一
抛差	一七	一五	一三	一一	九	七	五	三	一

右圖順列平方積於上方，列拋差於下方，上下相乘，置得數於中央。併中央所得為直錢共數。

清・華蘅芳《古今算學叢書・垜積演較》　設底〇則積〇直錢〇，底一則積一直錢一，底二則積五直錢七，底三則積十四直錢二十六，底四則積三十直錢七十，底五則積五十五直錢一百五十五。可將各直錢數，用積較之術，求其〇底之積較。

〇〇一〧〣
一一一〇〣
〩〦〡〦〣　從表求得　〇〣〩〩〣　以分母二十四通共直之數消
〨〇〣〢〣
〣〤〧〡〦〣

之。又以四約之，得　〡〢〡〡〡　開三乘方得底子九箇。合問。

如將三乘方式，改爲代數式　積$=\dfrac{卯^{四}\bot 二卯^{三}\bot 二卯^{二}\bot 卯}{六}$　化得

積$=\dfrac{卯(卯^{三}\bot 卯\bot 一)(卯\bot 一)}{六}$　即爲以底求共直之式。

元・朱世傑《四元玉鑒》卷下《果垜疊藏》　今有四角垜果子一所，令甲乙丙分之，甲分五百九十箇，乙分四百四十六箇，丙分二百四箇，從下給甲，次中與乙，次上與丙。問各分層數幾何。

答曰：甲三層，乙四層，丙八層。

術曰：立天元一為共高層數，如積求之，得七千四百四十為益實，一為從方，三為從廉，二為從隅。立方開之，得共高層數。又立天元一為丙分層數，如積求之，得一千二百二十四為益實，一為從方，三為從廉，二為從隅。立方開之，得丙分八層。又立天元一為乙丙分層數，如積求之，得三千九百為益實，一為從方，三為從廉，二為從隅。立方開之，得一十二層，內減乙分層數，餘為丙分層數，以減共高，餘即甲分層數。合問。

清・沈欽裴《四元玉鑑細草》　草曰：立天元一為共高層數，以甲分五百九十、乙分四百四十六、丙分二百四并之，得一千二百四十。六之，得七千四百四十，寄左。乃置六倍方錐積　太〡〣〢　與左相消，得　〧〣〢〇〡〣〢　立方開之，得十五層為共高數。又立天元一為丙分層數，以丙分二百四六之，得一千二百二十四，寄左。乃置六倍方錐積　太〡〣〢　與左相消，得　〧〡〢〡〣〢　立方開之，得八層為丙分。又立天元一為乙丙共分層數，以乙分四百四十六、丙分二百四并之，得六百五十。六之得三千九百，寄左。乃置六倍方錐積　太〡〣〢　與左相消，得　〣〩〇〇〡〣〢　立方開之，得一十二層。內減丙八層，餘四為乙層數。以十二層減共高十五層，餘三即甲分層數也。合問。

清・羅士琳《四元玉鑑細草》　艸曰：立天元一為共高層數，倍之得　太〢　加一得　〡〢　以天元乘之，得　太〡〡　又以天元加一得　〡〡　乘之，得　太〡〣〢　合以六除之為共積。今不除，便為帶分共積，內寄六為母，寄左。乃併三積，得一千二百四十，以六通之，得七千四百四十為同數，消左，得　〧〣〢〇〡〣〢　開立方，得共高十五層。又立天元一為丙分層數，倍之得　太〢　加一得　〡〢　以天元乘之，得　太〡〡　又以天元加一得　〡〡　乘之，得　太〡〣〢　合以六除之為丙積。今不除，便為帶分丙積，內寄六為母，寄左。乃以六通丙積，得一千二百二十四為同數，消左，得　〧〡〢〡〣〢　開立方，得丙八層。又立天元一為乙丙共分層數，倍之得　太〢　加一得　〡〢　以天元乘之，得　太〡〡　又以天元加一得　〡〡　乘之，得　太〡〣〢　合以六除之，為乙丙共積。今不除，便為帶分乙丙共積，內寄六為母，寄左。乃併乙丙二積，得六百五十，以六通之，得三千九百為同數，消左，得　〣〩〇〇〡〣〢　開立方，得十二層，以丙八層減之，餘四層為乙分層數，副以十二層減共高，餘三層為甲分層數。合問。

清・華蘅芳《古今算學叢書・垛積演較》 設層數爲〇則積亦爲〇，層數爲一則積亦爲一，層數爲二則積爲五，層數爲三則積爲十四，層數爲四則積爲三十。以此諸積用積較術求之。

〇　〇　〆　‖
｜　｜　｜　‖
𝍣　𝍢　|||　‖
—|||　𝍧　𝍣　‖
≡〇　—丅　𝍮　‖

從表求得　〇〆〆　〇𝍣丅‖　併得　〇｜|||‖　以六通丙積消之，得　𝍥＝‖—　｜|||‖　開立方，得八爲丙分層數。

以六通乙丙共積，消前式　〇｜|||‖　得　〇〇𝍧＝　｜|||‖　開立方，得十二。

以八減之得四，爲乙分層數。

以六通甲乙丙共積，消前式得　〇≡𝍣⊥　｜|||‖　開立方，得十五。減去乙丙層數，得三爲甲分層數。

元・佚名《透簾細草》 今有四角菓子一垜，積一千一十五箇，問一面底子多少。

荅曰：一十四箇。

法曰：置積三之爲實，以半爲從，一半爲從廉。立方開之。

草曰：置積於上，乃以三之得三千四十五爲實，半爲從廉，一半爲從隅，從法一進，從廉二進，隅法三進至千，上合商一，生於從廉，又生於從法，命商除之，餘有一千八百九十，續生一於從廉，再生於從法，得三千三百五箇，又添一，於從法一退，從廉二退，隅法三退，上合商，四生於從廉，又因於從法，得四百七十二箇半，命商除之得數也。

明・吳敬《九章算法比類大全》卷五《商功》 紅桃堆起一盤中，八百一十有九箇。四角堆之尖上一，未知底子如何垜。

荅曰：底子一十三箇。

法曰：置積八百一十九箇，以三乘，得二千四百五十七箇爲實。以半箇為從方，一箇半爲從廉，一爲隅筭。開立方法除之。合問。

今有果子一垜，下方一十六箇。問該幾何。

荅曰：一千四百九十六箇。

法曰：置下方一十六箇，張三位，一位添一箇得一十七箇。相乘得二百七十二箇。又以一位添半箇得一十六箇半乘之，得四千四百八十八箇。如三而一。合問。

明・王文素《算學寶鑑》卷二一《堆垛》 四角尖垛底脚五箇，問積幾何。

荅曰：五十五箇。

法曰：張三位，五箇、五箇半、六箇連乘，得一百六十五箇為實，如三而一得五十五箇。合問。

變術曰：此三位有六，可以三除得二，連乘即是。

又　卷三七《開堆垛積》　四角垛口訣

四角尖堆求底則，三因積數為之寔。
半個為方箇半廉，立方帶從開其積。

四角尖垛積一百四十個，問每面底子幾何。

荅曰：七個。

法曰：置積一百四十以三因之得四百二十為寔，以半箇為從方，以一個半為平隅，以一為立隅。開立方法除之，商七置於積上為法。一遍乘平隅得十個半。二遍乘立隅得四十九。皆併入從方共六十為甲総。命上商七除寔四百二十盡得底子七個。合問。

又　四方平垛口訣

平垛開求上下方，三因積數莫思糧，
差添一箇高除了，差自乘未去減傷。
再用半差仍又減，三歸除數寔居行，
差為帶從平方取，便見其堆上下方。

方垛積一百九十個，且云上下方差四箇，問上下方高幾何。

荅曰：上方四個，下方八箇，高五箇。

法曰：置積一百九十箇，以三因之得五百七十於上。另置方差四箇添一得五箇為高，以除上數得一百一十四，寄位，以差自乘得一十六，減之又以半差二個減之餘九十六，以三歸之得三十二為寔，以方差四個為從方開平方法除之得商四置於積上。另以四併從方共八，命上商四除寔三十二恰盡，得上方四箇加差四箇得下方八箇。合問。

明・周述學《曆宗算會》卷一四《隙積》　四角立尖垛下方一十六箇，求積幾何。

此方錐之比類也。置下方一十六箇，張三位，一位添一箇得一十七箇，相乘得二百七十二箇為平積。又以一位添半箇得一十六箇半，乘之得四千四百八十八箇，為高積，如三而一，得積一千四百九十六箇。

四角立尖垛積一千四百九十六箇，求下方面幾何。

以三乘積得四千四百八十八箇，以半箇為從方，以一箇半為從廉。開立方法除之，商置第一位，將從方一進得五箇，從廉二進得一百五十，下法三進得千，以商實得一十下法，亦置上商得一千，以一乘亦得一千為隅法。又以上商一乘從廉亦得一百五十，以方廉隅三法共一千一百五十五箇皆與上商一除實一千一百五十五，餘實三千三百三十三，乃二乘從廉得三百，三乘隅法得三千，皆併入從方共得三千三百五為

四角尖堆圖

方法，下法再置上商得一千，以三乘之得三千，加入從廉共得三千一百五十為廉法，乃方法一退得三百三十〇半箇，廉法二退得三十一箇半，下法三退得一〇續商置第二位以方廉二法共三百六十二，以商實得六箇下法亦置上商六，自乘得三十六為隅法。又以上商六乘廉法得一百八十九，以方廉隅三法共五百五十五箇半，皆與上商六除實盡，得下方一面一十六箇。

明・程大位《算法統宗》卷八《商功》　今有物四面尖堆，底濶一十二箇。問該若干。

荅曰：六百五十箇。

法曰：置底濶一十二箇。另以十二加一箇共一十三箇。乘之得一百五十六箇。又以十二加半箇共一十二箇半乘一百五十六箇得一千九百五十箇。以三歸之即得。

今有物一堆，橫面下濶十箇上濶一箇，正面下濶一十二箇上濶三箇。問該若干。

荅曰：四百九十五箇。

法曰：置正面下濶一十二箇倍之得二十四。加上廣三共二十七，以橫面下廣一十乘之得二百七十。另置二百七十以橫下廣一十乘之得二千七百，併入二百七十得二千九百七十以六。除之即得。

清・方中通《數度衍》卷一六《商功》　四面尖堆式　底長濶皆十二。問積若干。

術：置底十二，以十二加一為十三乘之，得一百五十六。又以十二加半為十二五乘之，得一千九百五十爲實。以三爲法，除實卽得。

曰：六百五十。

清・屠文漪《九章錄要》卷七　方尖堆物求積自此以下皆隙積之法，隙積謂積之有隙者，如累棊及積酒罌之類，與前積尺法不同。

假如方尖堆下廣十二，問積幾何。

法：置下廣十二，別以下廣加一枚為十三，而乘之得一百五十六。又以下廣加半枚為十二有半，而乘之得一千九百五十，以三除之得積六百五十。

清・董祐誠《董方立遺書・堆垛求積術》　方錐堆求積術舉平方堆至四乘堆爲例。

層數	平方錐堆積	立方錐堆積	三乘方錐堆積	四乘方錐堆積
一	一	一	一	一
二	四	五	六	七
三	九	十四	二十	二十七
四	十六	三十	五十	七十七
五	二十五	五十五	一百〇五	一百八十二
六	三十六	九十一	一百九十六	三百七十八

平方錐堆有層數求積

置層數，以層數加倍乘之，二除之。得積。平方錐堆如斜置平方形，本以層數自乘得積，今設此者欲與諸乘方通爲一術。

立方錐堆有層數求積

置層數，以層數加一乘之。又以層數加倍復加一乘之，二除之三除之。得積。舊法用層數加半，今設此者亦欲與諸乘方通爲一術。

三(層)[乘]方錐堆有層數求積

置層數，以層數加一乘之。又以層數加二乘之。又以層數加倍復加二乘之，二除之三除之四除之。得積。

四乘方錐堆有層數求積

置層數，以層數加一乘之。又以層數加二乘之。又以層數加三乘之。又以層數加倍復加三乘之，二除之三除之四除之五除之。得積。

五乘以上層數，倍層數並同，皆以層數遞加一數乘之，倍層數亦遞加一數，又於除數上遞加一數除之。

縱方堆求積術亦舉平方至四乘方爲例，凡縱方堆首位無定數，茲以首數三數爲例。

層數	平方錐堆積	立方錐堆積	三乘方錐堆積	四乘方錐堆積
一	三	三	三	三
二	八	十一	十四	十七
三	十五	二十六	四十	五十七
四	二十四	五十	九十	一百四十七
五	三十五	八十五	一百七十五	三百二十二
六	四十八	一百三十三	三百〇八	六百三十

平方縱堆有層數有首層數求積

置首層數減一爲差數，迺置層數，以層數加倍與二乘差數相加乘之，二除之。得積。平方縱堆如斜置縱方形，本以層數爲濶首層數減一又加層數爲長，相乘得積。今亦與諸乘方通爲一術。

立方縱堆有層數有首層數求積

置首層數減一爲差數，迺置層數以層數加一乘之。又以層數加倍與三乘差數相加復加一數乘之，二除之三除之。得積。

三乘方縱堆有層數有首層數求積

置首層數減一爲差數，迺置層數以層數加一乘之。又以層數加二乘之。又以層數加倍與四乘差數相加，復加二數乘之，二除之三除之四除之。得積。

四乘方縱堆有層數有首層數求積

置首層數減一爲差數，迺置層數以層數加一乘之。又以層數加二乘之。又以層數加三乘之。又以層數加倍與五乘差數相加復加三數乘之，二除之三除之四除之五除之。得積。

五乘以上層數、差數、倍層數並同，皆以層數遞加一數乘之，其乘差數之數亦遞加一而相加後亦遞加一，又於除數上遞加一數除之。

右術如求還原，則各按本法除數以乘積爲諸乘方實，以天元術如本法求得方廉隅各數，如諸乘方法開之卽得。

清・梅啟照《學彊恕齋筆算》卷四　尖堆體上小下大層累而上。堆垛

如尖堆底六尖一，其高六層，問積。

答曰：九十一。

法：以第六層，六自乘得三十六，第五層五自乘得二十五，第四層四自乘得一十六，第三層三自乘得九，第二層二自乘得四，第一層一自乘得一，併之合問。

清・强汝詢《垛積衍術》卷一　今有方錐垛果子八百一十九枚，問底面幾何。

答曰：十三枚。

術曰：六之積爲負實，一正方，三正廉，二正隅。開立方，得底面。若用三倍積入算，則實方廉隅皆可半之，但方廉皆有畸零耳。

草曰：立天元一爲底面 太丨 倍之得 太‖ 加一得 太丨‖ 以乘天元得 太丨‖ 於上。又以天元加一得 丨太丨 以乘上位得 太丨Ⅲ‖ 爲六倍共積，寄左。置眞積亦以六通之得四千九百十四爲同數，與左相消得 丨Ⅲ‖ 開立方，得十三。合問。

今有方錐垛十三層，問共積幾何。

答曰：八百一十九枚。

術曰：層數加一以乘層數。又以層數加一乘之，六而一。凡四角垛底數亦與層數同，長闊高遞乘得一段立方冪，與三角法同。兩次加一以補虛積之闕合成六段方錐垛積，故以六除之得實積也。

清・劉彝程《九章實義》卷二　今有四角立垛四層，問積幾何。

答：三十。

法：以層數為高，以高四與高加一得五相乘。又以二高加一得九乘之，得百八十，六除之，得三十。為積。

如圖，一層一，為一之平方，二層四，為二之平方，三層九，為三之平方，下皆如是，為四角立垛。此積可分為兩箇三角立垛積，右四層，仍以高為高。左三層，以高減一為高。各依三角立垛有高求積法，求得兩積相並，即全積。惟左邊既以高減一為高，則其求積法，應以高減一與高與高加一三數連乘六除之，得積。此三箇乘數，與求右積之三箇乘數，同用高與高加一，所不同者，左用高減一，右用高加二。若欲合此兩積並求，可以高減一與高加二相並，得二高加一，然後以高與高加一遞乘之，六除之，即得兩三角立垛共積，亦即四角立垛積，故法云云。

四角落一形垛——嵐峰形垛

算法

元・朱世傑《四元玉鑒》卷中《茭草形段》　今有茭艸三千三百六十七束，欲令嵐峯形埵之，問底子幾何。

答曰：一十二束。

術曰：立天元一為嵐峯底子，如積求之，得八萬八百八為益實，二為從方，九為從上廉，十為從下廉，三為從隅，三乘方開之。合問。

清・沈欽裴《四元玉鑑細草》　草曰：立天元一為嵐峰底子，三之加一，得 丨Ⅲ 以乘落一底子積 太‖Ⅲ丨 得 太‖Ⅲ一〇Ⅲ 為二十四段嵐

峰積，寄左。乃置茭草三千三百六十七束，以二十四乘之，得八萬八百八。與左相消，得 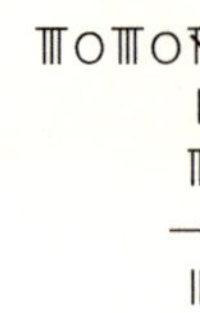 三乘方開之，得一十二束。合問。

嵐峯形

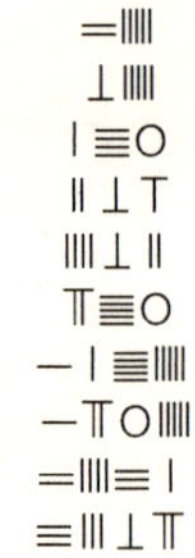

又

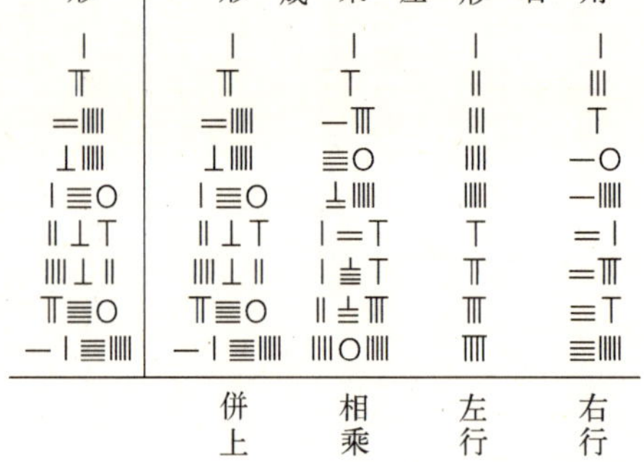

嵐峯形

底子求積。

術曰：三因底子加一，以底子乘之。又以底子加一乘之。又以底子加二乘之。二十四而一。

積求底子。

術曰：二十四乘積為益實，二為從方，九為從上廉，十為從下廉，三為正隅。三乘方開之，即得。

清・羅士琳《四元玉鑒細草》 艸曰：立天元一為嵐峯底子，三之得 太〢 加一得 〡〢 以天元乘之，得 太〡〢 又以天元加一得 〡〡 乘之，得 [illegible] 又以天元加二得 〢〡 乘之，得 [illegible] 合以二十四除之為共積，今不除，便為二十四段共積，寄左。乃以二十四通共束，得八萬八百八為同數，消左，得 [illegible] 開三乘方，得十二束。合問。

三角積	乘得數	錐差
一	一	一
三	六	二
六	一八	三
一〇	四〇	四
一五	七五	五
二一	一二六	六
二八	一九六	七
三六	二八八	八
四五	四〇五	九
五五	五五〇	一〇
六六	七二六	一一
七八	九三六	一二

右圖列三角積於上方，列錐差於下方，上下相乘置得數於中央。併中央所得為共積。

清・華蘅芳《古今算學叢書・垛積演較》 嵐峯形之垛，乃將落一形之每層自上而下，以一、二、三、四…乘之也，其各層之數爲一、六、十八、四十…設底〇則積〇，底一則積一，底二則積七，底三則積二十五，底四則積六十五，底五則積一百四十。以此各積用積較術求之。

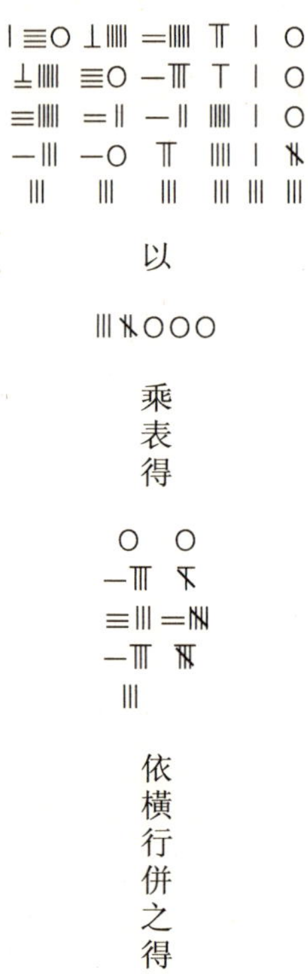

以分母二十四通束數消之，得 [illegible] 開三乘方，得十二束。合問。

如改爲代數式 $積=\frac{二卯丄九卯^{二}丄一〇卯^{三}丄三卯^{四}}{二四}$ 化其分子爲乘 [illegible]

數，得　積＝卯(三卯丄一)(卯丄一)(卯丄二)／二四　即得本垛以底求積之術，爲底與三底加一相乘。又以底加一乘之，底加二乘之，二十四除之，得積。

元・朱世傑《四元玉鑑》卷下《果垛疊藏》　今有四角落一形果子，積五百四十箇，問底子幾何。

答曰：八箇。

術曰：立天元一爲四角落一底子，如積求之，得六千四百八十爲益實，二爲從方，五爲從上廉，四爲從下廉，一爲正隅，三乘方開之。合問。

清・沈欽裴《四元玉鑑細草》　草曰：立天元一爲四角落一底子，加一〡〡　自乘，得〡〢〡　以底子乘之，又以底子加二乘之，得太〢〣〡　爲一十二段四角落一形果子積，寄左。乃置積五百四十箇，十二因之，得六千四百八十。與左相消，得〇〢〣〡　三乘方開之，得八箇。合問。

清・羅士琳《四元玉鑑細草》　艸曰：立天元一爲四角落一底子，加一得〡〡　乘天元得太〡〡　又以天元加一〡〡　乘之，得太〡〢〡　又以天元加二〢〡　乘之，得太〢〣〡　合以十二除之爲共積。今不除，便爲帶分共積，內寄十二爲母，寄左。乃以十二通共積，得六千四百八十爲同數，消左，得〇〢〣〡　開三乘方得八箇。合問。

乘數	三	五	七	九	一一	一三	一五	一七
四角積積數	一	五	一四	三〇	五五	九一	一四〇	二〇四
三角積	一	三	六	一〇	一五	二一	二八	三六

右圖列三角積於上方，列乘數於下方，上下相乘如三而一得四角積積數於中央。併中央所得爲共積。

清・華蘅芳《古今算學叢書・垛積演較》　設底〇則積〇，底一則積一，底二則積六，底三則積二十，底四則積五十，底五則積一百五。將此各積，用積較術求之。

〇　〇　〇　〆　〢
〡　〡　〡　〡　〢
〒　〣　〣　〢　〢
〇　〡　〣　〣　〢　〢
〇　〡　〤　〒　〣　〢
〡〇　〥　〣　〣

從表求得　〇〆〆
〇〢〢〢〢
〡〢〡〡〡

兩行併之，得〇〣〇〒〢

以二約之，得〇〢〣〡　亦以二約分母二十四爲十二，以通共積消之，得〇〢〣〡　開三乘方，得八箇。合問。

如將三乘方改爲代數式　積＝二卯丄五卯^{三}丄四卯^{三}丄卯^{四}／一二　化之得積＝卯(三卯丄一)(卯丄一)(卯丄二)／一二　即爲本垛以底求積之式。

元・朱世傑《四元玉鑑》卷下《果垛疊藏》　今有三角嵐峯形果子，積六百三十箇，問底子幾何。

答曰：六箇。

術曰：立天元一爲三角嵐峯底子如積求之，得七萬五千六百爲益實，六爲從方，三十五爲從上廉，五十爲從二廉，二十五爲從三廉，四爲從隅，四乘方開之。合問。

清・沈欽裴《四元玉鑑細草》　草曰：立天元一爲三角嵐峯底子，四因之，加一〡〣　以底子乘之，得太〡〣　又以底子加一〡〡　乘之，得太〡〥〣　又以底子加二〢〡　乘之，得太〢〡〡〣　又以底子加三〣〡　乘之，得太〒〥〇〣〣　爲一百二十段三角嵐峯果子積，寄左。乃置積六百三十箇，以一百二十乘之，得七萬五千六百。與左相消，得 ⊤≡⊤〇𝍤 ⊤ ≡𝍣〇 ≣〇 =𝍣 Ⅲ 四乘方開之，得六箇。合問。

清·羅士琳《四元玉鑑細草》 艸曰：立天元一為三角嵐峯底子，四之得 太Ⅲ 加一得 |Ⅲ 乘天元得 太|Ⅲ 又以天元加一得 || 乘之，得 太|≡Ⅲ 又以天元加二得 Ⅱ| 乘之，得 太Ⅱ|≡Ⅲ 又以天元加三得 Ⅲ| 乘之，得 太⊤Ⅲ≣〇≣Ⅲ 合以一百二十除之為共積。今不除，便為帶分共積，內寄一百二十為母，寄左。乃以一百二十通共積得七萬五千六百為同數，消左，得 ⊤≡⊤〇〇 ⊤ Ⅲ≡ ≣〇≡ Ⅱ≡Ⅲ 開四乘方得六箇。合問。

三角積積數	一	四	一〇	二〇	三五	五六
乘得數	一	八	三〇	八〇	一七五	三三六
錐差	一	二	三	四	五	六

右圖列三角積積數於上方，列錐差於下方，上下相乘置得數於中央。併中央所得為共積。

清·華蘅芳《古今算學叢書·垛積演較》 設底〇則積〇，底一則積一，底二則積九，底三則積三十九，底四則積一百十九，底五則積二百九十四，底六則積六百三十。如是則已知底爲六矣，再以積較證之。

〇 〇 〇 一 ≢ Ⅲ
一 一 一 一 Ⅲ
Ⅲ Ⅲ ⊤ Ⅲ Ⅲ
Ⅲ≡〇 =Ⅱ Ⅲ Ⅲ
|一Ⅲ ≟〇 ≣〇 =Ⅲ |一Ⅲ
Ⅱ≡Ⅲ |⊥| ≟Ⅲ ≡Ⅲ |一⊤ =Ⅲ
⊤≡〇 Ⅲ≡⊤ |⊥| ⊥⊤ =|= Ⅲ

從表求得 〇⊤ ≡Ⅲ ≣〇 =Ⅲ Ⅲ 以分母 |=〇 通其共積

消之，得 ⊤≡⊤〇〇 ⊤ ≡Ⅲ ≣〇 =Ⅲ Ⅲ 開四乘方得六箇。合問。

如將四乘方改爲代數式 積$=\frac{六卯+三五卯^{二}+五〇卯^{三}+二五卯^{四}+四卯^{五}}{一二〇}$

化之得 積$=\frac{卯(四卯+一)(卯+一)(卯+二)(卯+三)}{一二〇}$ 即爲本垛以底求積之式。

一乘支垛——四角撒星落垛系統

算法

清·李善蘭《則古昔齋算學四·垛積比類》卷一

一乘支垛有高求積術

方垛，以高自乘卽得。

第一垛，倍高加一，以高乘之。又以高加一乘之爲實，二三相乘爲法卽得。

第二垛，倍高加二，以高乘之。又以高加一乘之爲實，二三四連乘爲法卽得。

第三垛，倍高加三，以高乘之。又以高加三乘之。又以高加二乘之。又以高加一乘之爲實，二三四五連乘爲法卽得。

第四垛，倍高加四，以高乘之。又以高加四乘之。又以高加三乘之。又以高加二乘之。又以高加一乘之爲實，二三四五六連乘爲法卽得。

第五垛以上可類推。

一乘支垛有積求高術

元垛積爲正實，方空，一爲負隅。開平方卽得。

第一垛，六倍積爲正實，一爲負方，三爲負廉，二爲負隅。開二乘法得高。

草曰：立天元一爲高，倍之加一得 |Ⅱ 元 以天元乘之，得 〇|Ⅱ 元 又

以天元加一乘之，得 [元 算式] 合以法除之，不除，寄爲母便以爲積，寄左。乃以二三相乘得六爲法，以乘積得 [積 算式] 爲同數，與左相消，得 [積 算式] 爲開方式。

第二垛，二十四倍積爲正實，四爲負方，十爲負甲廉，八爲負乙廉，二爲負隅。開三乘方得高。

草曰：立天元一爲高，倍之加二得 [元 算式] 以天元乘之，得 [元 算式] 又以天元加一乘之，得 [元 算式] 又以天元加二乘之，得 [元 算式] 合以法除之，今寄爲母，便以爲積，寄左。乃以二三四連乘得二十四爲法，以乘積得 [積 算式] 爲同數，與左相消，得 [積 算式] 爲開方式。

第三垛，一百二十倍積爲正實，十八爲負方，四十五爲負甲廉，四十爲負乙廉，十五爲負丙廉，二爲負隅。開四乘方得高。

草曰：立天元一爲高，倍之加三，得 [元 算式] 以天元乘之得 [元 算式] 又以天元加一乘之，得 [元 算式] 又以天元加二乘之得 [元 算式] 又以天元加三乘之，得 [元 算式] 合以法除之，寄爲母，便以爲積，寄左。乃以二三四五連乘得一百二十爲法，以乘積得 [積 算式] 爲同數，與左相消，得 [積 算式] 爲開方式。

第四垛，七百二十倍積爲正實，九十六爲負方，二百四十八爲負甲廉，二百四十爲負乙廉，一百十爲負丙廉，二十四爲負丁廉，二負隅。開五乘方得高。

草曰：立天元一爲高，倍之加四得 [元 算式] 以天元乘之得 [元 算式] 又以天元加一乘之，得 [元 算式] 又以天元加二乘之，得 [元 算式] 又以天元加三乘之，得 [元 算式] 又以天元加四乘之，得 [元 算式] 合以法除之，寄爲毋便以爲積，寄左。乃以二三四五六連乘得七百二十爲法，以乘積，得 [積 算式] 爲同數，與左相消，得 [積 算式] 爲開方式。

乘方垛

算法

清・李善蘭《則古昔齋算學四・垛積比類》卷二

乘方垛有層數求積術

太垛，層數卽積數。

元垛，以層數爲高，以三角一乘垛求積術入之。

一乘方垛，有方一隅一。方以層數爲高，隅以層數減一爲高，各以三角二乘垛求積術入之。

二乘方垛，有方一廉四隅一。方以層數爲高，廉以層數減一爲高，隅以層數減二爲高，各以三角三乘垛求積術入之。

乘方垛各廉表

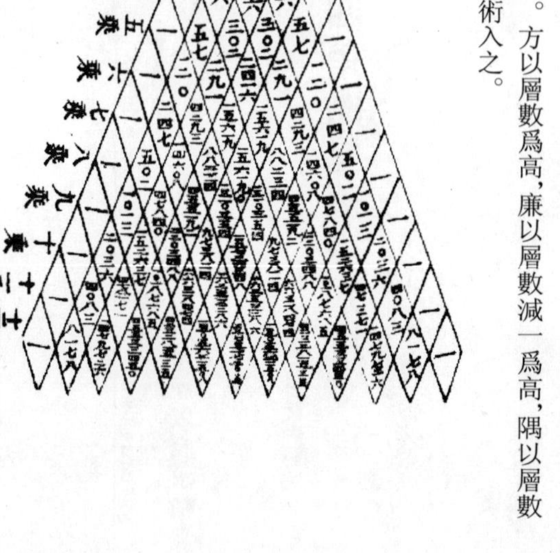

三乘方垛，有方一，上廉十一，下廉十一，隅一，方以層數爲高，上廉以層數減一爲高，下廉以層數減二爲高，隅以層數減三爲高，各以三角四乘垛求積術入之。

四乘方垛，有方一，甲廉二十六，乙廉六十六，丙廉二十六，隅一，方以層爲高，甲廉以層減一爲高，乙廉以層減二爲高，丙廉以層減三爲高，隅以層減四爲高，各以三角五乘垛求積術入之。

五乘方垛以上，遞增一廉，各廉之數，詳左表，餘法可類推。

造表法

每格視上層左右二格，左格係左斜下第幾行，右格係右斜下第幾行，各依行數倍之，相并，卽本格數。

乘方垛有積求層數術

元垛，卽三角一乘垛術，詳卷一。

一乘方垛，六倍積爲正實，一爲負方，三爲負廉，二爲負隅。開立方，得層。

草曰：立天元一爲層數，以天元加一，得 [丨太 / 丨] 以乘天元得 [〇太 / 丨 / 丨] 于上，副置天元一加二，得 [‖元 / 丨] 一減一得 [ㄨ元 / 丨] 相并，得 [丨太 / ‖] 以乘上，得 [〇太 / 丨 / 〣 / ‖] 爲六段積，寄左。乃以積六之，得 [丅積] 爲同數，與左相消，得 [丅積 / ㄨ / 〩 / ㄨ] 爲開方式。

二乘方垛，二十四倍積爲正實，方空，六爲負上廉，十二爲負下廉，六爲負隅。開三乘方得層。

草曰：立天元一爲層數，加一，得 [丨元 / 丨] 以乘天元，得 [元 / 丨 / 丨] 于上。副置天元一，加二，得 [‖元 / 丨] 加三，得 [〣元 / 丨] 相乘，得 [丅元 / 〤 / 丨] 爲甲數。又副置天元，其一加二得 [‖元 / 丨] 其一減一得 [ㄨ元 / 丨] 兩相乘，得 [〩元 / 丨 / 丨] 四倍之，得 [〨元 / 〤] 爲乙數。又副置天元一減二，得 [〩元 / 丨] 一減一得 [ㄨ元 / 丨] 兩相乘，得 [‖元 / 〩 / 丨] 爲丙數。并甲、乙、丙三數，得 [〇元 / 丅 / 丅] 以乘上，得 [〇元 / 〇 / 丅 / ‖ / 丅] 爲二十四段積，寄左。乃置積二十四之，得 [‖〣積] 爲同數，與左相消，得 [〇 / ㄨ / 丨 / 〨 / ㄨ] 爲開方式。

三乘方垛，一百二十倍積爲正實，四爲正方，甲廉空，四十爲負乙廉，六十爲負丙廉，二十四爲負隅。開四乘方得層。

草曰：立天元一爲層數，加一，得 [丨元 / 丨] 以天元乘之，得 [元 / 丨 / 丨] 于上。副置天元，一加二得 [‖元 / 丨] 一加三得 [〣元 / 丨] 相乘得 [丅元 / 〣 / 丨] 副置之，一以天元加，四乘之，得 [‖〣 / 〓丅元 / 〨 / 丨] 爲甲數。一以天元減一乘之，得 [丅元 / 丨〡 / 〣〤 / 丨] 十一之，得 [丅⊥元 / 丨一 / 〣〤 / 丨一] 爲乙數。又副置天元，一減一，得 [ㄨ元 / 丨] 一減二得 [〩元 / 丨] 相乘得 [‖元 / 〩 / 丨] 副置之。一以天元加二乘之，得 [〤元 / 〨 / ㄨ / 丨] 十一之得 [〣〤元 / 〣〩 / 一ㄨ / 丨一] 爲丙數。一以天元減三乘之，得 [〨元 / 丨一 / 〨 / 丨] 爲丁數。并四數，得 [〩元 / 〤 / 〓丅 / ‖〣] 以乘上，得 [〇元 / 〩 / 〇 / 〤〇 / 丅〇 / ‖〣] 爲一百二十段積，寄左。乃置積以一百二十乘之，得 [丨=〇積] 爲同數，與左相消，得 [丨=〇積 / 〤 / 〇 / 〩〇 / 〨〇 / ‖〣] 爲開方式。

四乘方垛，七百二十倍積爲正實，方空，六十爲正甲廉，乙廉空，三百爲負丙廉，三百六十爲負丁廉，一百二十爲負隅。開五乘方得層。

草曰：立天元一爲層數，加一，得 [丨元 / 丨] 以天元乘之，得 [元 / 丨 / 丨] 于上。副置天元一加二，得 [‖元 / 丨] 一加三，得 [〣元 / 丨] 相乘得 [丅元 / 〤 / 丨] 爲初數。又副置天元，一減一得 [ㄨ元 / 丨] 一減二，得 [〩元 / 丨] 相乘，得 [‖元 / 〩 / 丨] 爲末數。副置初數，以天元加四乘之，得 [‖〣 / ‖⊥元 / 〨 / 丨] 副置之，一以天元加五乘之，得 [丨=〇 / 丨〣〤元 / 〨一 / 丨〣 / 丨] 爲甲數。一以天元減一乘之，得 [‖〤元 / 〩 / 丨⊥ / 〨 / 丨] 二十六之，得 [丨=〇 / 丨〣〤元 / 〨一 / 丨〣 / 丨] 爲乙數。以初末二數相乘，得 [丨=元 / 〩 / 〨 / ‖ / 丨] 六十六之，得 [⊥‖〤 / 〣〩元 / 〣〤= / ‖〇⊥ / ‖⊥] 爲乙數。以初末二數相乘，得 [丨=元 / 〩 / 〨 / ‖ / 丨] 六十六之，得 [丅⊥‖ / 〣‖〤元 / 〣丅〤 / 丨〣‖ / ⊥丅] 爲丙數。又置末數，以天元減三乘之，得 [〨元 / 丨一 / 〨 / 丨]

副置之，一以天元加二乘之，得 [illegible]元 二十六之，得 [illegible]元

爲丁數。一以天元減四乘之，得 [illegible]元 爲戊數。并甲、乙、丙、丁、戊

五數，得 [illegible]元 以乘上，得 [illegible]元 爲七百二十段共積，寄

左。乃置積七百二十之，得 [illegible]積 爲同數，與左相消，得 [illegible] 爲

開方式。

五乘方垜，五千〇四十倍積爲正實，一百二十爲負方，甲廉空，八百四十爲正乙廉，丙廉空，二千五百二十爲負丁廉，二千五百二十爲負戊廉，七百二十爲負隅。開六乘方得層。

草曰：立天元一爲層數，加一，得 [illegible]元 以天元乘之，得 [illegible]元 于上。副置天元，一加二，得 [illegible]元 加三，得 [illegible]元 相乘得 [illegible]元 爲初數。以天元加四，得 [illegible]元 以乘初數，得 [illegible]元 爲中數。以天元加五，得 [illegible]元 以乘中數，得 [illegible]元 爲末數。以天元加六，得 [illegible]元 以乘末數，得 [illegible]元 爲甲數。以天元減一，得 [illegible]元 以乘末數，得 [illegible]元 爲乙數。置初數，以天元減一乘之，得 [illegible]元 爲二中數。以天元減二，得 [illegible]元 以乘二中數，得 [illegible] 爲二末數。以天元加四乘之，得 [illegible]元 爲丙數。以天元減三得 [illegible]元 以乘二末數，得 [illegible]元 爲丁數。又副置天元，一減一、一減二相乘，得 [illegible]元 又以天元減三乘之，得 [illegible] 爲三中數。以天元減四，得 [illegible]元 以乘三中數，得 [illegible]元 爲三末數。以天元加二乘之，得 [illegible]元 爲戊數。又以天元減五得 [illegible]元 以乘三末數，得 [illegible]元 爲己數。并乙、戊二數得 [illegible]元 以五十七乘之，得 [illegible]元 爲前數。并丙、丁二數，得 [illegible]元 以三百〇二乘之，得 [illegible]元 爲後數。并前、後二數，又加入甲、己二數，得 [illegible]元 以乘上，得 [illegible]元 爲五千〇四十段共積，寄左。乃置原積以五千〇四十乘之，得 [illegible]積 爲同數，與左相消，得 [illegible]積 爲開方式。

六乘方垜以上以天元仿此推之。

又 二乘方支垜有層求積術

各垜皆有方一、廉四、隅一方。以層爲高，廉以層減一爲高，隅以層減二爲高。

方垜，方廉隅俱以三角一乘垜術入之。

又法：層減一，以層乘之，三之加一，得積。

甲垜，方廉隅俱以三角二乘垜術入之。

又法：層自乘三之，以層乘之爲實，三爲法，得積。甲垜，即立方層自乘二次，

即得積。今三之復三爲法者，欲與諸垛通爲一例也。

第一垛，方廉隅俱以三角三乘垛術入之。

又法：層加一以層乘之，三之以層乘之。又以層加一乘之爲實，十二爲法。得積。

第二垛，方廉隅俱以三角四乘垛術入之。

又法：層加二以層乘之，三之加一，以層乘之。又以層加一、層加二疊乘之爲實，六十爲法。得積。

第三垛，方廉隅俱以三角五乘垛術入之。

又法：層加三以層乘之，三之加三，以層乘之。又以層加一、層加二、層加三疊乘之爲實，三百六十爲法。得積。

第四垛，方廉隅俱以三角六乘垛術入之。

又法：層加四以層乘之，三之加六以層乘之。又以層加一、層加二、層加三、層加四疊乘之爲實，二千五百二十爲法。得積。

第五垛，方廉隅俱以三角七乘垛術入之。

又法：層加五以層乘之，三之加十，以層乘之。又以層加一、層加二、層加三、層加四、層加五疊乘之爲實，二萬〇一百六十爲法。得積。

第六垛以下可類推。

二乘方支垛有積求層術

方垛，倍積減二爲正實，六爲正方，六爲負隅。開平方，得層。

草曰：立天元一爲層，加一得 丨元 丨 以天元乘之，得 丨元 丨 爲首數。又以一減天元得 〨元 丨 以天元乘之又四之得 〨元 〣 爲中數。又副置天元一減一得 〨元 丨 一減二得 〨元 丨 相乘得 ‖元 〨 丨 爲末數。并首中末三數得 ‖元 〨 丅 合以法除之，寄爲母，便以爲積，寄左。乃置積，以法二乘之，得 積 ‖ 丅 〨 爲同數，與左相消，得 積 ‖ 丅 〨 爲開方式。

又法：積減一爲正實，三爲正方，三爲負隅。開平方，得層。

又草曰：立天元一爲層減一得 〨元 丨 以天元乘而三之，得 〨元 〣 加一得 丨元 〨 〣 爲積，寄左。乃以積爲同數，與左相消，得 積 丨 〣 〨 爲開方式。

甲垛，六倍積爲正實，方空，廉空，六爲負隅。開立方，得層。

草曰：立天元一爲層，加二得 ‖元 丨 以乘前草首數，得 ‖元 〣 丨 仍爲首數。又以天元加一得 丨元 丨 以乘前草中數，得 〨元 〇 〣 仍爲中數。又以天元乘前草末數，得 ‖元 〨 丨 仍爲末數。并三數得 〇元 〇 丅 合以法除，寄爲母，便以爲積，寄左。乃以二三相乘爲法，以乘積，得 積 丅 爲同數，與左相消得 積 丅 〇 〇 〨 爲開方式。此式本當以六約之，不約者，便與諸垛通爲一例也。

又法：三倍積爲正實，方空，廉空，三爲負隅。開立方，得層。

又草曰：立天元一爲層，以天元乘之得 〇元 丨 三之得 〇元 ‖ 以天元乘之得 〇元 〇 ‖ 合以法除之寄爲母便以爲積，寄左。乃以法三乘積爲同數，與左相消得 積 ‖ 〇 〇 〨 爲開方式。

第一垛，二十四倍積爲正實，方空，六爲負甲廉，十二爲負乙廉，六爲負隅。開三乘方得層。

草曰：立天元一爲層加三以乘前草首數得 元 丨 丅 丨 仍爲首數。又以天元加二以乘前草中數得 元 〨 〣 仍爲中數。又以天元加一以乘前草末數得 ‖元 〨 丨 仍爲末數。并三數得 〇元 丅 丨 丅 爲帶母積，寄左。乃以二三四連乘得二十四爲母以乘積得 積 ‖ 〣 爲同數，與左相消得 積 ‖ 〣 〇 〨 爲開方式。

又法：十二倍積爲正實，方空，三爲負甲廉六爲負乙廉三爲負隅。開三乘方得層。

又草曰：立天元一爲層加一得 丨元 丨 以天元乘之得 元 丨 三之得 元 〣 以天元乘之得 〇元 〣 又以天元加一乘之得 〇元 〣 丅 〣 爲帶母積，寄左。乃以三四相乘得十二爲母以乘積得 積 丨 ‖ 爲同數，與左相消得 積 丨 ‖ 〇 〨 丅 〨 爲開方式。

第二垛，一百二十倍積爲正實，四爲負方，三十爲負甲廉，五十爲負乙廉，三十爲負內廉，六爲負隅。開四乘方得層。

草曰：立天元一爲層，加四得 [illegible] 以乘前草首數得 [illegible] 仍爲首數。又以天元加三得 [illegible] 以乘前草中數得 [illegible] 仍爲中數。又以天元加二得 [illegible] 以乘前草末數得 [illegible] 仍爲末數。幷三數得 [illegible] 爲帶母積，寄左。乃以二三四五連乘得一百二十爲母，以乘積得 [illegible] 爲同數，與左相消得 [illegible] 爲開方式。

又法：六十倍積爲正實，二爲負方，十五爲負甲廉，二十五爲負乙廉，十五爲負丙廉，三爲負隅。開四乘方得層。

又草曰：立天元一爲層加二得 [illegible] 以天元乘之得 [illegible] 三之得 [illegible] 加一得 [illegible] 以天元乘之得 [illegible] 又以天元加一乘之得 [illegible] 又以天元加二乘之得 [illegible] 爲帶母積，寄左。乃以三四五連乘得六十爲母以乘積得 [illegible] 爲同數，與左相消得 [illegible] 爲開方式。

第三垛，七百二十倍積爲正實，三十六爲負方，一百七十四爲負甲廉，二百七十爲負乙廉，一百八十爲負丙廉，五十四爲負丁廉，六爲負隅。開五乘方得層。

草曰：立天元一爲層加五得 [illegible] 以乘前草首數，得 [illegible] 仍爲首數。以天元加四得 [illegible] 以乘前草中數得 [illegible] 仍爲中數。以天元加三得 [illegible] 以乘前草末數得 [illegible] 仍爲末數。幷三數得 [illegible] 爲帶母積，寄左。乃以二三四五六連乘得七百二十爲母，以乘積得 [illegible] 爲同數，與左相消得 [illegible] 爲開方式。

又法：三百六十爲正實，十八爲負方，八十七爲負甲廉，一百三十五爲負乙廉，九十爲負丙廉，二十七爲負丁廉，三爲負隅。開五乘方得層。

又草曰：立天元一爲層加三得 [illegible] 以天元乘之得 [illegible] 三之得 [illegible] 加三得 [illegible] 以天元乘之得 [illegible] 又以天元加一乘之得 [illegible] 又以天元加二乘之得 [illegible] 又以天元加三乘之得 [illegible] 爲帶母積，寄左。乃以三四五六連乘，得三百六十爲母，以乘積得 [illegible] 爲同數，與左相消得 [illegible] 爲開方式。

又 三乘方支垛有層求積術

各垛皆有方一，甲廉十一，乙廉十一，隅一。方以層爲高，甲廉以層減一爲高，乙廉以層減二爲高，隅以層減三爲高，方垛方廉隅俱以三角一乘垛術入之。

又法：倍層減四，以層乘之，六之加十四，得積。

甲垛方廉隅俱以三角二乘垛術入之。

又法：倍層減三，以層乘之，六之加十二，以層乘之，減三爲實，三爲法，得積。

乙垛方廉隅俱以三角三乘垛術入之。

又法：層自乘三次得積。

第一垛方廉隅俱以三角四乘垛術入之。

又法：倍層加三，以層乘之，六之加二，以層乘之，減一以層乘之。又以層加一乘之爲實，六十爲法。得積。

第二垛方廉隅俱以三角五乘垛術入之。

又法：倍層加六，以層乘之，六之加十八，兩箇三之自乘方也。以層乘之，減六以層乘之。又以層加一，層加二，疊乘之爲實，三百六十爲法。得積。

第三垛方廉隅俱以三角六乘垛術入之。

又法：倍層加九，以層乘之，六之加五十，二箇五之自乘方也。減二以層乘之，減九以層乘之。又以層加一，層加二，層加三，疊乘之爲實，二千五百二十爲法。得積。

第四垛方廉隅俱以三角七乘垛術入之。

又法：倍層加十二，以層乘之，六之加九十八，二箇七之自乘方也。減六以層乘之，減八以層乘之。又以層加一，層加二，層加三，層加四，疊乘之爲實，二萬○一百六十爲法。得積。

第五垛方廉隅俱以三角八乘垛術入之。

又法：倍層加十五，以層乘之，六之加一百六十二，二箇九之自乘方也。減十二以層乘之，無加減，以層乘之又以層加一，層加二，層加三，層加四，層加五，疊乘之爲實，十八萬一千四百四十爲法。得積。

第六垛方廉隅俱以三角九乘垛術入之。

又法：倍層加十八，以層乘之，六之加二百四十二，二箇十一自乘方也。減二十以層乘之，加十八以層乘之。又以層加一，層加二，層加三，層加四，層加五，層加六，疊乘之爲實三四五六七八九十連乘爲法。得積。

第七垛以下可類推。

三乘方支垛有積求層術

方垛倍積減二十八爲正實，四十八爲正方，二十四爲負隅。開平方，得層。

草曰：立天元一爲層加一得 元 以天元乘之得 元 爲首數，以一減天元得 元 以天元乘之得 元 十一之得 元 爲次數。副置天元一減一，一減二相乘得 元 十一之得 元 爲中數。副置天元一減二。一減三相乘得 元 爲末數。并四數得 元 合以二除之，寄爲母，便以爲積，寄左。乃置積以二乘之得 積 爲同數，與左相消得 積 爲開方式。

又法：積減十四爲正實，二十四爲正方，十二爲負隅。開平方，得層。

草曰：立天元一爲層，倍之，減四得 元 以天元乘而六之得 元 加十四得 元 爲積，寄左。乃以積爲同數，與左相消得 積 爲開方式。

甲垛六倍積，加六爲正實，二十四爲負方，三十六爲正廉，二十四爲負隅。開立方，得層。

草曰：立天元一爲層加二得 元 以乘前草首數，得 元 仍爲首數。以天元加一得 元 以乘前草次數，得 元 仍爲次數。以天元乘前草中數，得 元 仍爲中數，以一減天元得 元 以乘前草末數，得 元 仍爲末數。并四數得 元 合以二三相乘除之，寄爲母，便以爲積，寄左。乃以二三相乘得六，以乘積得⊥積爲同數，與左相消得 積 爲開方式。

又法：三倍積加三爲正實，十二爲負方，十八爲正廉，十二爲負隅。開立方，得層。

草曰：立天元一爲層，倍之減三得 元 以天元乘之得 元 六之得 元 加十二得 元 以天元乘之，減三得 元 爲帶母積，寄左。乃以三爲母乘積，得 積 爲同數，與左相消得 積 爲開方式。

乙垛二十四倍積爲正實，方空，甲廉空，乙廉空，二十四爲負隅。開三乘方得層。

草曰：立天元一爲層加三得 元 以乘前草首數，得 元 仍爲首數。以天元加二得 元 以乘前草次數，得 元 仍爲次數。以天元加一得 元 以乘前草中數，得 元 仍爲中數。以天元乘前草末數，得 元 仍爲末數。并四數得 ○○○ 合以二三四連乘除之，不除，爲帶母積，寄左。乃以二三四連乘，得二十四以乘積，得 積 爲同數，與左相消得 積○○○ 爲開方式。

第一垛一百二十倍積爲正實，四爲正方，甲廉空，四十爲負乙廉，六十爲負丙廉，二十四爲負隅。開四乘方得層。

草曰：立天元一爲層加四得　以乘前草首數，得　仍爲首數。以天元加三得　以乘前草次數，得　仍爲次數。以天元加二得　以乘前草中數，得　仍爲中數。以天元加一得　以乘前草末數，得　仍爲末數。并四數得　合以二三四五連乘除之，不除，爲帶母積，寄左。乃以二三四五連乘，得一百二十以乘積得　爲同數，與左相消，得　爲開方式。

又法：六十倍積爲正實，二爲正方，甲廉空，二十爲負乙廉，三十爲負丙廉，十二爲負隅。開四乘方得層。

草曰：立天元一爲層，倍之加三此數第二垛以下遞增三得　以天元乘而六之，得　加二此數依二箇奇數平方遞增得　以天元乘之得　減二得　此式并正數減負數，倍之與三四五連乘積等。以天元乘之得　又以天元加一乘之，得　爲帶母積，寄左。乃以三四五連乘，得六十爲母，以乘積得　爲同數，與左相消，得　爲開方式。

第二垛七百二十倍積爲正實，二十四爲正方，三十六爲負甲廉，二百四十爲負乙廉，三百爲負丙廉，一百四十四爲負丁廉，二十四爲負隅。開五乘方得層。

草曰：立天元一爲層，加五得　以乘前草首數，得　仍爲首數。以天元加四，得　以乘前草次數，得　仍爲次數。以天元加三得　以乘前草中數，得　仍爲中數。以天元加二得　以乘前草末數，得　仍爲末數。并四數得　合以二三四五六連乘除之，不除，爲帶母積，寄左。乃以二三四五六連乘得七百二十，以乘積得　爲同數，與左相消，得　爲開方式。

又法：三百六十倍積爲正實，十二爲正方十八爲負甲廉，一百二十爲負乙廉，一百五十爲負丙廉，七十二爲負丁廉，十二爲負隅。開五乘方得層。

又草曰：立天元一爲層，倍之加六得　以天元乘而六之，得　加十八得　以天元乘之，得　減六得　此式并正數減負數，倍之與四五六連乘積等。以天元乘之，得　又以天元加一乘之，得　又以天元加二乘之，得　爲帶母積，寄左。乃以三四五六連乘，得三百六十爲母，以乘積得　爲同數，與左相消，得　爲開方式。

第三垛五千〇四十倍積爲正實，一百〇八爲正方，三百七十八爲負甲廉，一千五百九十六爲負乙廉，一千八百九十爲負丙廉，一千〇〇八爲負丁廉，二百五十二爲負戊廉，二十四爲負隅。開六乘方得層。

草曰：立天元一爲層加六得　以乘前草首數，得　仍爲首數。以天元加五，得　以乘前草次數，得

[illegible] 仍爲次數。以天元加四得 [illegible] 以乘前草中數，得 [illegible] [illegible] 仍爲中數。以天元加三，得 [illegible] 以乘前草末數，得 [illegible] [illegible] 仍爲末數。并四數得 [illegible] 合以二三四五六七連乘爲法除之，不除爲帶母積，寄左。乃以二三四五六七連乘，得五千〇四十以乘積，得 [illegible] 爲同數，與左相消，得 [illegible] 爲開方式。

又法：二千五百二十爲正實，五十四爲正方，一百八十九爲負甲廉，七百九十八爲負乙廉，九百四十五爲負丙廉，五百〇四爲負丁廉，一百二十六爲負戊廉，十二爲負隅。開六乘方得層。

草曰：立天元一爲層，倍之加九，得 [illegible] 以天元乘而六之，得 [illegible] 加五十得 [illegible] 減二，此數第四垛以下依二箇三角一乘垛遞增，得 [illegible] 以天元乘之，得 [illegible] 減九得 [illegible] 此式并正數減負數，倍之，與五六七連乘積等。以天元乘之，得 [illegible] 又以天元加一乘之，得 [illegible] 又以天元加二乘之，得 [illegible] 又以天元加三乘之，得 [illegible] 爲帶母積，寄左。乃以三四五六七連乘得二千五百二十，以乘積，得 [illegible] 爲同數，與左相消，得 [illegible] 爲開方式。

支垛

算法

清・李善蘭《則古昔齋算學四・垛積比類》卷三

卯支垛有層求積術

各垛皆有方一，甲廉十六，乙廉三十六，丙廉十六，隅一。方以層爲高，甲廉以層減一爲高，乙廉以層減二爲高，丙廉以層減三爲高，隅以層減四爲高，方垛方廉隅俱以三角一乘垛術入之。

又法：層減二以層減一乘之，七之加四，五倍之。得積。

甲垛方廉隅俱以三角二乘垛術入之。

又法：層減二以層減一乘之，七之加十二，以層乘之，減十二五之爲實，三四相乘爲法。得積。

乙垛方廉隅俱以三角三乘垛術入之。

又法：層減一自乘，七之加十，以層乘之，減十，以層乘之，五之加十二爲實，三四相乘爲法。得積。

丙垛方廉隅俱以三角四乘垛術入之。

又法：層自乘，七之加五，以層連乘三次，五之爲實，三四五連乘爲法。得積。

丁垛方廉隅俱以三角五乘垛術入之。

又法：層加一自乘，七之加四，以層乘之加四，五之，以層乘之。又以層層加一疊乘之爲實，三四五六連乘爲法。得積。

戊垛方廉隅俱以三角六乘垛術入之。

又法：層加二自乘，七之加七，以層乘之加十四，五之，以層乘之。又以層層加一、層加二疊乘之爲實，三四五六七連乘爲法。得積。

己垛方廉隅俱以三角七乘垛術入之。

又法：層加三自乘，七之加十四，以層乘之加四十二，五之，以層乘之。又以層層加一、層加二、層加三疊乘之爲實，三四五六七八連乘爲法。得積。

第一垜方廉隅俱以三角八乘垜入之。

又法：層加四自乘，七之加二十五，以層乘之加一百，五之，以層乘之，加十二，以層層加一、層加二、層加三、層加四疊乘之爲實，三四五六七八九連乘爲法。得積。

第二垜方廉隅俱以三角九乘垜術入之。

又法：層加五自乘，七之加四十，以層乘之加二百，五之，以層乘之，加六十，以層層加一、層加二、層加三、層加四、層加五疊乘之爲實，三四五六七八九十連乘爲法。得積。

第二垜以下可類推。

卯支垜有積求層術

方垜倍積減一百八十爲正實，二百十爲正方，七十爲負隅。開平方，得層。若倍積恰得一百八十減盡，則二百十爲實，七十爲法，法除實得層。若倍積小于一百八十，必一層或二層，不必推也。

草曰：立天元一爲層，加一得 [illegible] 以天元乘之，得 [illegible] 爲一數。置天元減一得 [illegible] 以天元乘之，得 [illegible] 十六之得 [illegible] 爲二數。置天元減二得 [illegible] 以天元減一乘之，得 [illegible] 三十六之，得 [illegible] 爲三數。置天元減三得 [illegible] 以天元減二乘之，得 [illegible] 十六之，得 [illegible] 爲四數。置天元減四，得 [illegible] 以天元減三乘之，得 [illegible] 爲五數。并諸數，得 [illegible] 爲二段積，寄左。乃以倍積爲同數，與左相消，得 積 [illegible] 爲開方式。

又法：積減九十爲正實，一百〇五爲正方，三十五爲負隅。開平方，得層。

草曰：立天元一爲層，減二得 [illegible] 以天元減一乘之，得 [illegible] 七之得 [illegible] 加四得 [illegible] 五之得 [illegible] 爲一段積，寄左。乃以積爲同數，與左相消，得 積 [illegible] 爲開方式。

甲垜六倍積加一百二十爲正實，二百六十爲負方，二百十爲正廉，七十爲負隅。開立方，得層。

草曰：立天元一爲層，加二得 [illegible] 乘前草一數得 [illegible] 仍爲一數。天元加一得 [illegible] 乘前草二數，得 [illegible] 仍爲二數。以天元乘前草三數，得 [illegible] 仍爲三數。天元減一得 [illegible] 乘前草四數，得 [illegible] 仍爲四數。天元減二得 [illegible] 乘前草五數，得 [illegible] 仍爲五數。并諸數得 [illegible] 爲六段積，寄左。乃以積六之爲同數，與左相消，得 積 [illegible] 爲開方式。

又法：三倍積加六十爲正實，一百三十爲負方，一百〇五爲正廉，三十五爲負隅。開立方，得層。

草曰：立天元一爲層，減二得 [illegible] 以天元減一乘之，得 [illegible] 七之得 [illegible] 加十二得 [illegible] 以天元乘之，得 [illegible] 減十二得 [illegible] 五之得 [illegible] 爲三段積，寄左。乃以積三之爲同數，與左相消，得 積 [illegible] 爲開方式。

乙垜二十四倍積減二十四爲正實，一百爲正方一百七十爲負甲廉，一百四十爲正乙廉，七十爲負隅。開三乘方，得層。

草曰：立天元一爲層，加三得 [illegible] 乘前草一數，得 [illegible] 仍爲一數。天元加二得 [illegible] 乘前草二數，得 [illegible] 仍爲二數。天元加

一得 [illegible] 乘前草三數，得 [illegible] 仍爲三數。天元乘前草四數，得 [illegible] 仍爲四數。天元減一得 [illegible] 乘前草五數，得 [illegible] 仍爲五數。并諸數，得 [illegible] 爲二十四段積，寄左。乃以積二十四倍之爲同數，與左相消，得 [illegible] 爲開方式。

又法：十二倍積減十二爲正實，五十爲正方，八十五爲負甲廉，七十爲正乙廉，三十五爲負隅。開三乘方，得層。

草曰：立天元一爲層，減一得 [illegible] 自乘得 [illegible] 七之得 [illegible] 加十得 [illegible] 以天元乘之，得 [illegible] 減十得 [illegible] 五之得 [illegible] 以天元乘之，得 [illegible] 加十二得 [illegible] 爲十二段積，寄左。乃以積十二之爲同數，與左相消，得 [illegible] 爲開方式。

丙垛一百二十倍積爲正實，方空，甲廉空，五十爲負乙廉，丙廉空，七十爲負隅。開四乘方，得層。

草曰：立天元一爲層，加四得 [illegible] 乘前草一數，得 [illegible] 仍爲一數。天元加三得 [illegible] 乘前草二數，得 [illegible] 仍爲二數。天元加二得 [illegible] 乘前草三數，得 [illegible] 仍爲三數。天元加一得 [illegible] 乘前草四數，得 [illegible] 仍爲四數。以天元乘前草五數，得 [illegible] 仍爲五數。并諸數，得 [illegible] 爲一百二十段積，寄左。乃以積一百二十倍之爲同數，與左相消，得 [illegible] 爲開方式。

又法：六十倍積爲正實，方空，甲廉空，二十五爲負乙廉，丙廉空，三十五爲負隅。開四乘方，得層。

草曰：立天元一爲層，自之得 [illegible] 七之得 [illegible] 加五得 [illegible] 以天元連乘三次，得 [illegible] 五之得 [illegible] 爲六十段積，寄左。乃以積六十之爲同數，與左相消，得 [illegible] 爲開方式。

丁垛七百二十倍積爲正實，方空，四十爲負甲廉，一百五十爲負乙廉，二百五十爲負丙廉，二百十爲負丁廉，七十爲負隅。開五乘方，得層。

草曰：立天元一爲層，加五得 [illegible] 乘前草一數，得 [illegible] 仍爲一數。天元加四得 [illegible] 乘前草二數，得 [illegible] 仍爲二數。天元加三得 [illegible] 乘前草三數，得 [illegible] 仍爲三數。天元加二得 [illegible] 乘前草四數，得 [illegible] 仍爲四數。天元加一得 [illegible] 乘前草五數，得 [illegible] 仍爲五數。并諸數，得 [illegible] 爲七百二十段積，寄左。乃以積七百二十倍之爲同數，與左相消，得 [illegible] 爲開方式。

又法：三百六十倍積爲正實，方空，二十爲負甲廉，七十五爲負乙廉，一百二十五爲負丙廉，一百〇五爲負丁廉，三十五爲負隅。開五乘方，得層。

草曰：立天元一爲層加一得 [illegible] 自之得 [illegible] 七之得 [illegible]

加四得 以天元乘之,得 加四得 五之得 以天元乘之,得 于上。以天元加一得 乘天元得 以乘上得 爲三百六十段積,寄左。乃以積三百六十倍之爲同數,與左相消,得 爲開方式。

戊垛五千〇四十倍積爲正實,方空,二百八十爲負甲廉,一千一百二十爲負乙廉,一千七百五十爲負丙廉,一千三百三十爲負丁廉,四百九十爲負戊廉,七十爲負隅。開六乘方,得層。

草曰:立天元一爲層,加六得 乘前草一數,得 仍爲一數。天元加五得 乘前草二數,得 仍爲二數。天元加四得 乘前草三數,得 仍爲三數。天元加三得 乘前草四數,得 仍爲四數。天元加二得 乘前草五數,得 仍爲五數。幷諸數,得 爲五千〇四十段積,寄左。乃以積五千〇四十倍之爲同數,與左相消,得 爲開方式。

又法:二千五百二十倍積爲正實,方空,一百四十爲負甲廉,五百六十爲負乙廉,八百七十五爲負丙廉,六百六十五爲負丁廉,二百四十五爲負戊廉,三十五爲負隅。開六乘方,得層。

草曰:立天元一爲層,加二得 自之得 七之得 加七得 以天元乘之,得 加十四得 以天元乘之,得 五之得 于上。置天元以天元加一乘之,得 又以天元加二乘之,得 以乘上,得 爲二千五百二十段積,寄左。乃以積二千五百二十倍之爲同數,與左相消,得 爲開方式。

己垛四萬〇三百二十倍積爲正實,方空,二千五百二十爲負甲廉,九千二百四十爲負乙廉,一萬三千五百十爲負丙廉,一萬〇〇八十爲負丁廉,四千〇六十爲負戊廉,八百四十爲負己廉,七十爲負隅。開七乘方,得層。

草曰:立天元一爲層,加七得 乘前草一數,得 仍爲一數。天元加六得 乘前草二數得 仍爲二數。天元加五得 乘前草三數,得 仍爲三數。天元加四得 乘前草四數,得 仍爲四數。天元加三得 乘前草五數,得 仍爲五數。并諸數得 [illegible] 爲四萬〇三百二十倍積，寄左。乃以積四萬〇三百二十倍之爲同數，與左相消，得 [illegible] 爲開方式。

又法：二萬〇一百六十倍積爲正實，方空，一千二百六十爲負甲廉，四千六百二十爲負乙廉，六千七百五十五爲負丙廉，五千〇四十爲負丁廉，二千〇三十爲負戊廉，四百二十爲負己廉，三十五爲負隅。開七乘方，得層。

草曰：立天元一爲層，加三得 [illegible] 自之得 [illegible] 七之得 [illegible] 加十四得 [illegible] 以天元乘之，得 [illegible] 加四十二得 [illegible] 以天元乘而五之，得 [illegible] 于上。乃置天元，以天元加一乘之，得 [illegible] 又以天元加二乘之，得 [illegible] 又以天元加三乘之，得 [illegible] 以乘上得 [illegible] 爲二萬〇一百六十段積，寄左。乃以積二萬〇一百六十倍之爲同數，與左相消，得 [illegible] 爲開方式。

第一垜三十六萬二千八百八十倍積爲正實，五百七十六爲負方，二萬五千二百爲負甲廉，八萬三千七百二十爲負乙廉，十一萬七千一百八十爲負丙廉，八萬七千六百五十四爲負丁廉，三萬七千八百爲負戊廉，九千四百二十爲負己廉，一千二百六十爲負庚廉，七十爲負隅。開八乘方，得層。

草曰：立天元一爲層，加八得 [illegible] 乘前草一數，得 [illegible]

[illegible] 仍爲一數。天元加七得 [illegible] 乘前草二數，得 [illegible] 仍爲二數。天元加六得 [illegible] 乘前草三數，得 [illegible] 仍爲三數。天元加五得 [illegible] 乘前草四數，得 [illegible] 仍爲四數。天元加四得 [illegible] 乘前草五數，得 [illegible] 仍爲五數。并諸數，得 [illegible] 爲三十六萬二千八百八十段積，寄左。乃以 [illegible] 乘積爲同數，與左相消，得 [illegible] 爲開方式。

又法：十八萬一千四百四十爲正實，二百八十八爲負方，一萬二千六百爲負甲廉，四萬一千八百六十爲負乙廉，五萬八千五百九十爲負丙廉，四萬三千八百二十七爲負丁廉，一萬八千九百爲負戊廉，四千七百一十爲負己廉六百三十爲負庚廉，三十五爲負隅。開八乘方，得層。

草曰：立天元一爲層，加四得 [illegible] 自之得 [illegible] 七之得 [illegible] 加二十五得 [illegible] 以天元乘之，得 [illegible] 加一百得

以天元乘而五之，得 加十二得 于上。乃置天元，以天元加一乘之，得 又以天元加二乘之，得 又以天元加三乘之，得 又以天元加四乘之，得 以乘上得 爲十八萬一千四百四十段積，寄左。乃以積十八萬一千四百四十倍之爲同數，與左相消，得 爲開方式。

第二垛三百六十二萬八千八百倍積爲正實，一萬四千四百爲負方，二十七萬二千八百八十爲負甲廉，八十三萬三千爲負乙廉，一百十三萬三千三百爲負丙廉，八十五萬五千七百五十爲負丁廉，三十八萬九千五百五十爲負戊廉，十萬〇九千五百爲負己廉，一萬八千六百爲負庚廉，一千七百五十爲負辛廉，七十爲負隅。開九乘方，得層。

草曰：立天元一爲層，加九得 乘前草一數，得 仍爲一數。天元加八得 乘前草二數，得 仍爲二數。天元加七得 乘前草三數，得 仍爲三數。天元加六得 乘前草四數，得 仍爲四數。天元加五得 乘前草五數，得 仍爲五數。幷諸數，得 爲三百六十二萬八千八百段積，寄左。乃以 乘積爲同數，與左相消，得 爲開方式。

又法：一百八十一萬四千四百倍積爲正實，七千二百爲負方，十三萬六千四百四十爲負甲廉，四十一萬六千五百爲負乙廉，五十六萬六千六百五十爲負丙廉，四十二萬七千八百七十五爲負丁廉，十九萬四千七百七十五爲負戊廉，五萬四千七百五十爲負己廉，九千三百爲負庚廉，八百七十五爲負辛廉，三十五爲負隅。開九乘方，得層。

草曰：立天元一爲層，加五得 自之得 七之得 加四十得 以天元乘之，得 加二百得 五之得 以天元乘之得 加六十得

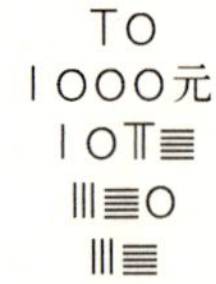

于上。置天元，以天元加一乘之，得 元丨 又以天元加二乘之，得 元‖≡ 丨≡T≡Ⅲ 又以天元加三乘之，得 元T 丨一 丨T 丨 又以天元加四乘之，得 元丨=〇 ‖丄Ⅲ ‖=Ⅲ Ⅲ≡ 丨≡ 丨 又以天元加五乘之，得 以乘上，得 元丄‖〇〇 丨≡T≡Ⅲ

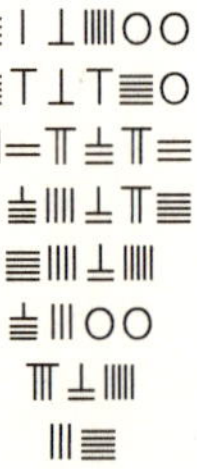

為一百八十一萬四千四百段積，寄左。乃置積以一百八十一萬四千四百乘之為同數，與左相消，得

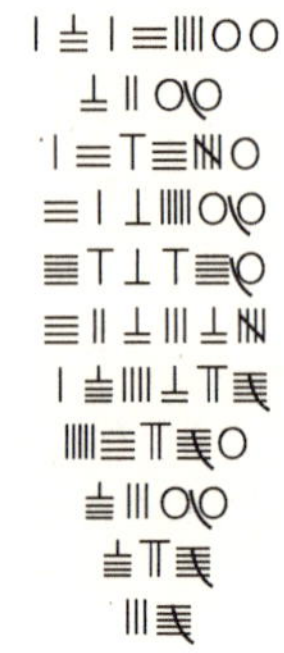

為開方式。

三角、四角垜疊藏

算法

元・朱世傑《四元玉鑑》卷下《果垜疊藏》 今有三角四角垜果子各一所，共積一百一十一箇。只云四角底面不及三角底面一箇。問二底面各幾何。

答曰：三角底面六箇，四角底面五箇。

術曰：立天元一為三角底面，如積求之，得二百二十二為益實，一為從方，一為從隅。立方開之，得三角底面。合問。

清・沈欽裴《四元玉鑑細草》 草曰：立天元一為三角底面，置六倍積 太‖≡‖ 于上位。天元減一 〤丨 為四角底面，倍之加一 〤‖ 以天元減一乘之，得 一〤‖ 又以天元乘之，得 太一〤‖ 為六倍四角垜積於下位。并兩位。得 太‖〇‖ 三約之，得 太一〇一 為二段共積，寄左。乃置共積一百一十一箇，倍之得二百二十二箇。與左相消，得 ‖=〤一〇一 立方開之，得六箇。合問。

清・羅士琳《四元玉鑑細草》 草曰：立天元一為三角底面，以不及一箇減之，得 〤丨 為四角底面，倍之得 〤‖ 加一得 〤丨 乘四角底面得 〤‖ 又以四角底面加一，得 太丨 乘之，得 太一〤‖ 合以六除之，為四角積。今不除，便為帶分四角積，內寄六為母，副以天元加一得 一丨 乘天元得 太丨丨 又以天元加二得 ‖丨 乘之，得 太‖≡‖ 合以六除之為三角積。今亦不除，便為帶分三角積，內寄六為母，與四角積相加，得 太‖〇‖ 三約之得 太一〇一 為兩所共積，寄左。乃倍共積，得二百二十二為同數，消左得 ‖=〤一〇一 開立方，得六箇，為三角底面，以不及一箇減之，餘五箇為四角底面。合問。

清・華蘅芳《垜積演較》 設三角底面為一，則四角底面為〇，而共積為一。三角底面為二，則四角底面為一，而共積為五。三角底面為三，則四角底面為二，而共積為十五。三角底面為四，則四角底面為三，而共積為三十四。以此諸積，用積較術求之。

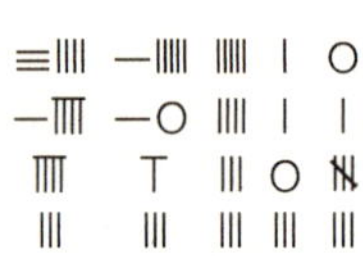

從表求得 〇T 〇𝍦𝍦 〇T≡‖ 併得 〇‖〇‖ 以六通共積一百一十一，得 T丄T 消之得 T丄〤 丄‖〇‖ 以三約之，得 ‖=〤一〇一 開立方，得六，為三角底面。以一減之得五，為四角底面。合問。

元・朱世傑《四元玉鑑》卷下《果垜疊藏》 今有三角四角垜果子各一所，四角積內減三角積，餘二十箇。只云三角四角底面和得一十五箇。問各幾何。

答曰：四角底面七箇，三角底面八箇。

術曰：立天元一為四角底子，如積求之，得一千四百為益實，二百五十六為從方，一十五為益廉，一為正隅。立方開之。合問。

清・沈欽裴《四元玉鑑細草》 草曰：立天元一為四角底子，置六倍積太 于上位。以天元減和一十五，得 為三角底子，以一十六少一天元 乘之，得 又以一十七少一天元 乘之，得 減上位，得 三約之，得 為二段餘積，寄左。乃置餘積二十箇，倍之，得四十箇。與左相消，得 立方開之，得七箇。合問。

清・羅士琳《四元玉鑑細草》 艸曰：立天元一為四角底子，以減和十五箇，得 為三角底子，加一得 乘三角底子，得 又以三角底子加二得 乘之，得 合以六除之，為三角積。今不除，便為帶分三角積，內寄六為母。副倍天元得太 加一得 乘天元得太 又以天元加一得 乘之，得太 合以六除之為四角積。今亦不除，便為帶分四角積，內寄六為母。減三角積，得 三約之，得 為兩段餘積，寄左。乃倍餘積，得四十箇為同數，消左，得 開立方，得七箇為四角底面，以減和十五箇，餘八箇為三角底面。合問。

清・華蘅芳《古今算學叢書・垛積演較》 設三角底面爲〇，則四角底面爲十五，而兩積之較爲一千二百四十。三角底面爲一，則四角底面爲十四，而兩積之較爲一千十四。三角底面爲二，則四角底面爲十三，而兩積之較爲八百十五。三角底面爲三，則四角底面爲十二，而兩積之較爲六百四十。三角底面爲四，則四角底面爲十一，而兩積之較爲四百八十六。

以此諸數，用積較術求之。

從表中求得 并得 以六通餘積二十得 消之得 以三約之，得 開立方，得八，爲三角底面。以減十五得七，爲四角底面。合問。

元・朱世傑《四元玉鑑》卷下《果垛疊藏》 今有三角垛果子三所，四角垛果子六所，共積一千二百七十二箇。只云四角底面乘三角底面得四十八箇。問各幾何。

答曰：四角底面四箇，三角底面十二箇。

術曰：立天元一為四角底子，如積求之，得五萬五千二百九十六為正實，三千四百五十六為從方，四十八為從上廉，一千二百七十二為益二廉，一為從三廉，三為從下廉，二為從隅，五乘方開之。合問。

清・沈欽裴《四元玉鑑細草》 草曰：立天元一為四角底子，置六倍積太 于下位。以天元除四十八箇，得 太 為三角底子。以底子加一 乘之，得 又以底子加二 乘之，得半之，得 丅≟‖≣‖‖‖ 丅≣‖‖‖≡ 〇Ⅲ≣ 為三倍三角垛積。併下位得 丅≟‖≣‖‖‖ 丅≣‖‖‖≡ 〇Ⅲ≣ 丨‖‖ ‖

為共積，寄左。乃置積一千二百七十二，與左相消，得 丅≟‖≣‖‖‖ 丅≣‖‖‖≡ Ⅲ≣ 〆⊥‖丨 丨‖ ‖

五乘方開之，得四箇。合問。

清・羅士琳《四元玉鑑細草》 艸曰：立天元一為四角底子，倍之得 太‖ 加一得 丨‖ 以天元乘之，得 太丨‖ 又以天元加一得 丨丨 乘之，得 太丨‖‖ 合以六除之為四角積。今不除，便為六所四角積。副以天元除四十八，得 ≟‖‖‖太 為三角底子，加一得 ≟丨‖‖太 以三角底子乘之，得 ‖≡〇‖‖‖ ≟‖‖‖太 又以三角底子加二得 ≟‖‖‖ ‖太 乘之，得 ‖≟‖‖‖〇—丨 ‖—‖‖‖⊥ ⊥‖‖‖ 太 合以六除之為三角積。今亦不除，但半之，得 丅≟‖≣‖‖‖ ⊥‖‖‖≣‖ ≟‖‖‖ 太 為三所三角積，加六所四角積，得 丅≟‖≣‖‖‖ ⊥‖‖‖≣‖ ≟‖‖‖ 太丨‖‖ 用消共積，得 丅≟‖≣‖‖‖ ⊥‖‖‖≣‖ ≟‖‖‖ ═〆═丨 丨 ‖ ‖ 開五乘方，得四箇為四角底面，以除四十八，得十二箇為三角底面。合問。

清・華蘅芳《古今算學叢書・垛積演較》 四十八之乘數，不外乎一×四八、二×二四、三×一六、四×一二、六×八各數，其一二三四雖按次而下，然前不能有〇，後不能有五與七，故不能以積較之術求之。

元・朱世傑《四元玉鑑》卷下《果垛疊藏》 今有三角垛果子二所，四角垛果子三所，共積六百五十二箇。只云三角底面除四角底面得二箇。問二底面各幾何。

答曰：三角底面四箇，四角底面八箇。

術曰：立天元一為三角底子，如積求之，得一千九百五十六為益實，五為從方，二十一為從上廉，二十五為從隅。立方開之。合問。

清・沈欽裴《四元玉鑑細草》 草曰：立天元一為三角底子，置六倍積 太‖≡丨 于上位。倍天元 太‖ 為四角底子。又倍之，加一 丨≡ 以底子 太‖ 乘之，得 太‖Ⅲ 又以底子加一 丨‖ 乘之，得 太‖Ⅲ 丨丅 三乘二除得 太‖Ⅲ ‖Ⅲ 於下位。并上下位，得 太Ⅲ ═丨═ 為三段共積，寄左。乃置共積六百五十二，三因之，得 —Ⅲ≣〆 ‖丨Ⅲ ═ 立方開之，得四箇。合問。

清・羅士琳《四元玉鑑細草》 艸曰：立天元一為三角底子，加一得 丨丨 以天元乘之得 太丨丨 又以天元加二得 ‖丨 乘之，得 太‖≡ 丨 合以六除之為三角積。今不除，便為六所三角積於上。副以除得二箇乘天元，得 太‖ 為四角底子，倍之得 太Ⅲ 加一得 丨Ⅲ 以四角底子乘之，得 太‖ 又以四角底子加一得 〇‖ 丨 乘之，得 太‖ 丨丨 合以六除之為四角積。今三之，得 太丅 Ⅲ‖丨 ⊥≟ 復二而一，得 太‖ 丨≟≣ 為九所四角積，加上得 太Ⅲ ‖—≣ 為三倍共積，寄左。乃以三通共積，得一千九百五十六為同數，消左，得 ⊥〆≟丨 Ⅲ—≣ ‖ 開立方，得四箇為三角底面，以二乘之，得八箇為四角底面。合問。

清・華蘅芳《古今算學叢書・垛積演較》 設三角底面為〇，則四角底面亦為〇，因二乘〇得〇故也，而共積亦為〇。三角底面為一，則四角底面為二，而共積為十七。三角底面為二，則四角底面為四，而共積為九十八。三角底面為三，則四角底面為六，而共積為二百九十三。以此諸數，用積較術求之。

〇 ‖ 〆 ≣
—Ⅲ —Ⅲ ≣〇
≟Ⅲ ≟丨 ⊥‖‖ ≣〇
‖≟‖ 丨≟ 丨— ≣〇
丅≣‖ ‖Ⅲ 丨⊥ ≣〇

從表中求得

〇 —Ⅲ
〇 丨〇〆 丨〇〆
〇 丨〇〇 丨≣〇 ≣〇

并得 〇 —〇 ≡‖〇 ≣〇 以六通共積

得 [籌] 與之相消得 [籌] 以二約之，得 [籌] 開立方，得四，爲三角底面。以二乘之得八，爲四角底面。合問。

元·朱世傑《四元玉鑒》卷下《果垛疊藏》 今有四角垛果子積，以三角垛果子積除之，得七箇。只云三角底面如四角底面七分之四。問二底面各幾何。

答曰：三角底面四箇，四角底面七箇。

術曰：立天元一為三角底子，如積求之，得三百九十二為正實，三百七十八為從方，一百一十九為益隅。平方開之。合問。

清·沈欽裴《四元玉鑑細草》 草曰：立天元一為三角底子，置六倍積 太[籌] 七因之，得 太[籌] 以分母六十四乘之，得 太[籌] 寄左。乃七因天元 太[籌] 為四角底子，內寄四為分母。倍之，加四得 [籌] 乘底子得 太[籌] 又以底子加四 [籌] 乘之，得 太[籌] 與左相消，得 [籌] 半之，得 [籌] 平方開之，得四箇。合問。

清·羅士琳《四元玉鑒細草》 艸曰：立天元一為三角底子，以分母七乘之，得 太[籌] 合四而一為四角底子。今不除，便為四段四角底子，以四通半箇得二箇加之，得 [籌] 乘四角底子，得 太[籌] 內寄四自乘為母。又以四通一箇，得四箇，加四角底子得 [籌] 乘之，得 太[籌] 內寄六十四為母，合以三除之，為六十四所四角積。今不除，便為一百九十二所四角積，寄左。乃以天元加一，得 [籌] 乘天元，得 太[籌] 又以天元加二得 [籌] 乘之，得 太[籌] 合以六除之，為三角積。今不除，轉以三十二通之，得 太[籌] 為一百九十二所三角積，用與除得數七箇相乘，得 太[籌] 為同數，消左，得 [籌] 開平方，得四箇，為三角底面，四而七，得七箇為四角底面。合問。

元·朱世傑《四元玉鑒》卷下《果垛疊藏》 今有三角四角果子積相乘，得二萬三千一百箇。只云併三角四角底面。平方開之，不及四角底面三箇。問二底面各幾何。

答曰：四角底面七箇，三角底面九箇。

術曰：立天元一為四角底面，如積求之，得八十三萬一千六百為益實，九百九十為從方，八百七十七為從上廉，二千五百三十為益二廉，三百五十八為從三廉，一千四百二十六為從四廉，一千一十六為益五廉，二百九十二為從六廉，三十九為益下廉，二為從隅，八乘方開之。合問。

清·沈欽裴《四元玉鑑細草》 草曰：立天元一為四角底面，置六倍積 太[籌] 於上位。次置四角底面 太[籌] 減三 [籌] 自乘得 [籌] 減一天元，得 [籌] 為三角底面，加一 [籌] 乘底面，得 [籌] 又以底面加二 [籌] 乘之，得六段三角垛積 [籌] 於下位。上下位相乘，得 太[籌] 為三角四角果子積，相乘，寄左。乃置兩積相乘二萬三千一百箇，三十六因之，得八十三萬一千六百。與左相消，得 [籌] 八乘方開之，得七。合問。

清·羅士琳《四元玉鑒細草》 艸曰：立天元一為四角底面，倍之得 太[籌] 加一得 [籌] 以天元乘之，得 太[籌] 又以天元加一得 [籌] 乘之，得 太[籌] 合以六除之為四角積。今不除，便為六所四角積。副以不及三箇減天元，得 [籌] 為開方數，自之得 [籌] 為兩底和，以天元減之，得 [籌] 為三角底面，加一得 [籌] 以三角底面乘之，得 [籌] 又以三角底面加二得 [籌] 乘之，得 [籌] 合以六除之，為三角積。今亦不除，便為六所三角積，用乘六所四角積，得為三十六所相乘積，寄左。乃以三十六通相乘積，得八十三萬一千六百為同數，消左，得 開八乘方，得七箇為四角底面，減不及三箇，餘四箇自之，得十六箇為兩底和，減七箇，餘九箇為四角底面。合問。

元・朱世傑《四元玉鑑》卷下《果垛疊藏》 今有三角四角果子各一所，共積二百一十一箇。只云三角底子一層之數，與四角底子一層之數等，問各幾何。

答曰：三角底面八箇，四角底面六箇。

術曰：立天元一為三角底面，如積求之，得六百四十一萬一千二十四為正實，三萬五千四百五十為益方，四萬五千五百三十三為益上廉，一萬一十二為益二廉，九十九為從三廉，三十為從下廉，二為正隅，五乘方開之。合問。

清・沈欽裴《四元玉鑑細草》 草曰：立天元一為三角底子 太｜ 加一 ｜｜ 以天元乘之 太｜｜ 為底面一層之倍。又加一 ｜｜｜ 自之，得 又倍底面一層 太｜｜ 乘之，得 又以分母二因之，得 寄左。乃置六倍三角底子積 倍之，得 以減十二倍積 于上。天元加一 ｜｜ 天元乘之 太｜｜ 為三角一層之倍，三之 減上 自之，得 與左相消，得 五乘方開之，得八箇。合問。

清・羅士琳《四元玉鑑細草》 艸曰：立天元一為三角底子，以天元加一得 ｜｜ 乘之，得 太｜｜ 為兩所三角底積，又為兩所四角底積。以天元加二得 ‖｜ 乘之，得 太‖｜ 為六所三角積，以六通共積，得一千二百六十六為六所共積，以六所三角積減之，得 為六所四角積，倍之得 為六所四角倍積。副以兩所四角底積三之，得 太‖ 為六所四角底積，以減六所四角倍積，得 自之得 寄左。乃以兩段四角底積加一，得 ｜｜｜ 自之得 於上。又以兩所四角底積倍之，得 太‖ 用乘上位得 為同數，消左，得 開五乘方，得八箇為三角底面，加一得九箇乘之，得七十二箇，二而一，得三十六箇為三角底積，又為四角底積。開平方，得六箇為四角底面。合問。

明・王文素《算學寶鑑》卷三七《開堆垛積》 三角垛四角垛各一所，共積三百二十四個，且云底子相等。問該幾何。

答曰：八箇。

術曰：六因共積為寔，以三為從方，以六為從廉，以三為隅算。開立方法除之。

解曰：六因共積，變作三角垛一所，四角垛二所，故用三為隅算三為從方六為從廉開立方取出底數。

草曰：置共積三百二十四，以六因之，得一千九百四十四為寔，以三為從方，六為從廉，三為隅算。開立方法除之，商八置於積上為法。一遍乘從廉得四十八。二遍乘隅得一百九十二。皆併入從方共二百四十三，命上商八除寔一千九百四十四恰盡，得二梁底子各八個。合問。

三角梁四角梁各一所，共積一千三百三十個，且云四角底不及三角底三箇，問二梁底子各幾何。

荅曰：四角梁底子十二個，三角梁底子十五個。

術曰：六因共積於上，另置不及三位『一位添一，一位添二，一位不添』，三位連乘減上數餘為寔。另以三位轉換乘又加四角一為從方，又另併三位加四角三為從廉，以三為隅筭開立方法除之。

草曰：置共積一千三百三十，以六因之，得七千九百八十於上。另張不及三箇列三位。一位不添如故。一位添一為四。一位添二為五。三位連乘得六十，以減上積。餘七千九百二十為寔。另以前三位轉換相乘『三乘四得一十二，四乘五得二十，五乘三得一十五』。併之得四十七，加四角梁從方一共四十八為從方。另併前三位共一十二，又四角梁從廉三共一十五為從廉。以三為隅筭。開立方約之，商甲一十置於積上為法。一遍乘從廉得乙百五十。二遍乘隅筭得三百。副併入從方共四百九十八為甲總，命上甲一十除寔四千九百八十。餘二千九百四十。乃一因廉法仍是一百五十。二因隅法得六百。皆併入甲總共乙千二百四十八為乙方。另三因甲得三十乘隅筭得九十加入從廉十五共一百五為廉。仍以三為隅筭。以方廉隅三數以約餘寔商乙得二續上甲後為法。一遍乘廉法得二百一十。二遍乘隅筭一十二。皆併入乙方共得一千四百七十，命上乙二除寔二千九百四十恰盡，得四角梁底子一十二箇，加不及三箇得三角梁底子一十五箇。合問。

圖表

清·李善蘭《則古昔齋算學四·垛積比類》卷一

一乘支垛表

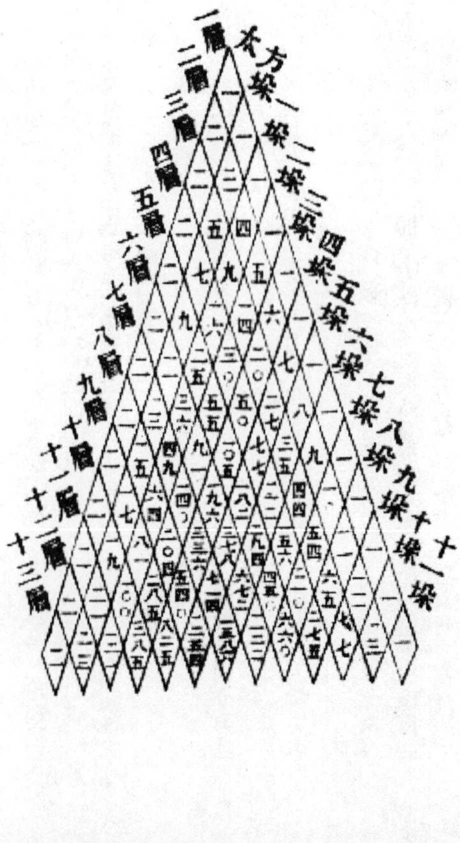

第二層右一左二爲表根，三層以下如三角垛表法。

一乘支垛圖

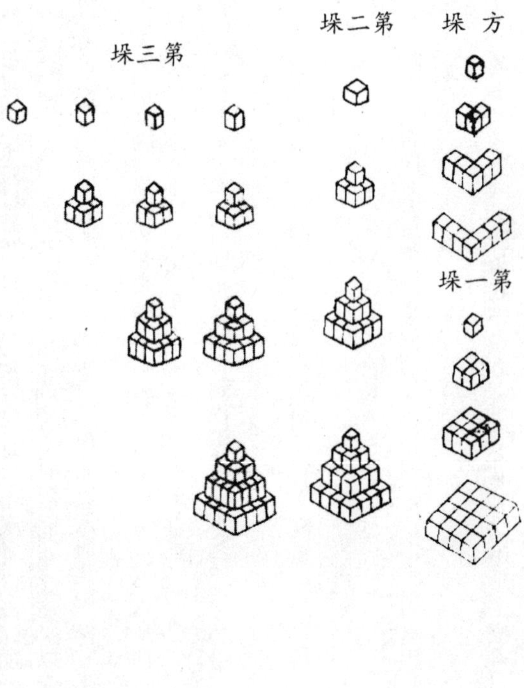

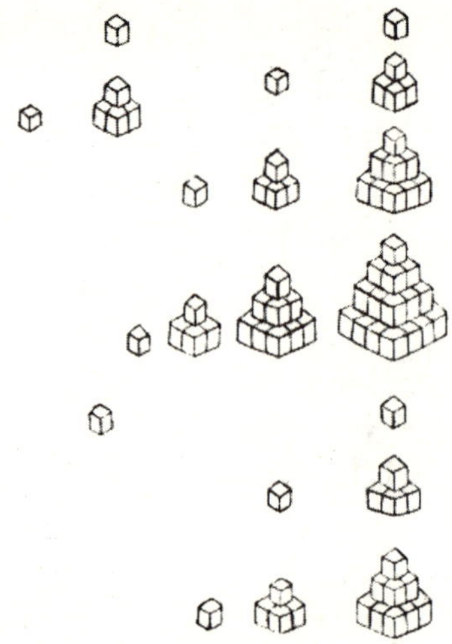

第四垛

又　卷二　乘方垛第二

乘方垛表

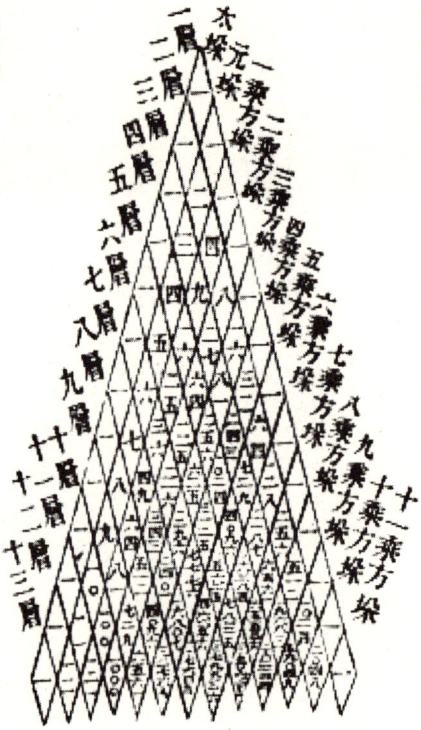

造表法

各層以本層數連乘，即得各格數。

乘方垛圖

太垛

元垛

一乘方垛

二乘方垛

三乘方垛

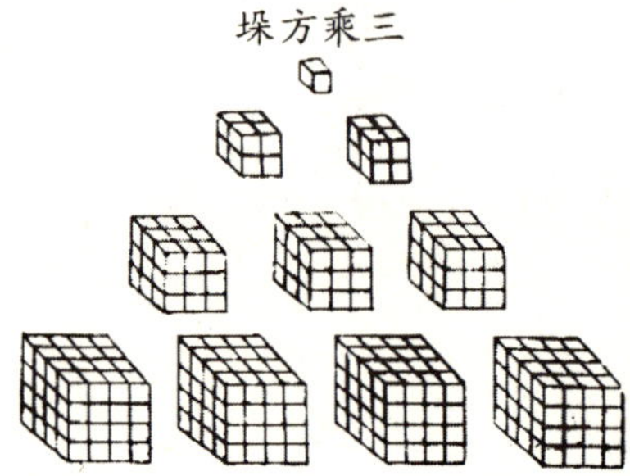

解曰：太垛疊單數而成，元垛疊根數而成，一乘方垛疊平方而成，二乘方垛疊立方而成，三乘方垛疊三乘方而成，四乘方垛以上可類推。又太垛遞減一疊成元垛，元垛從頂起遞去一層疊成一乘方垛，一乘方垛從頂起遞去一層疊成二乘方垛，二乘方垛從頂起遞去一層疊成三乘方垛。以上可類推。

二乘方支垛表

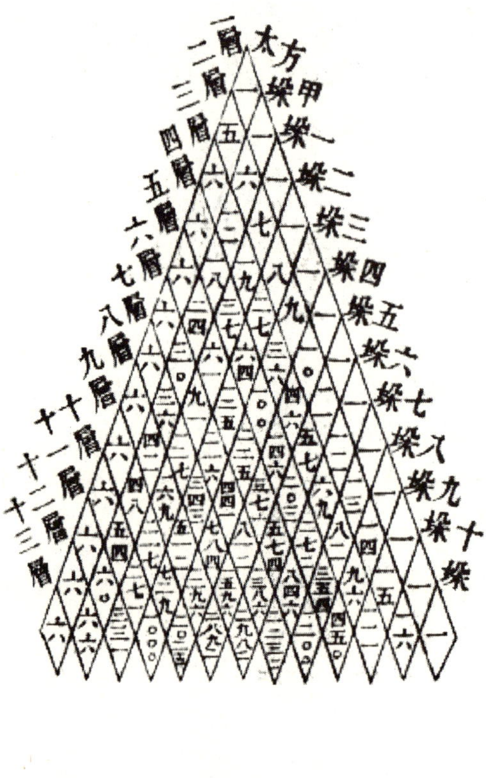

左邊斜下一五六三數爲表根，餘如三角垛表法。五者，一加四也。六者，一加四又加一也。一四一三數乃二乘垛之方廉隅也。

二乘方支垛圖

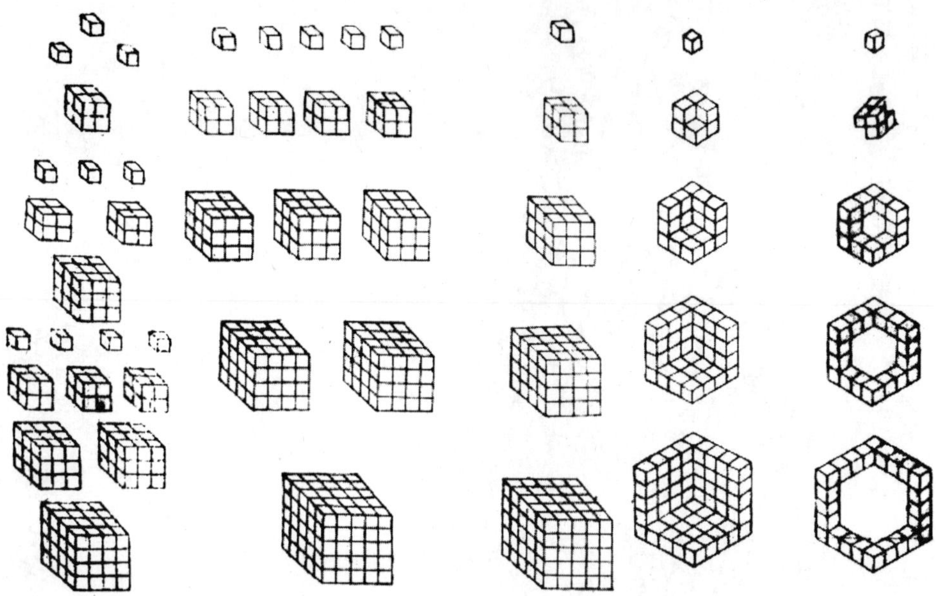

又 卷三

三乘方支垛表

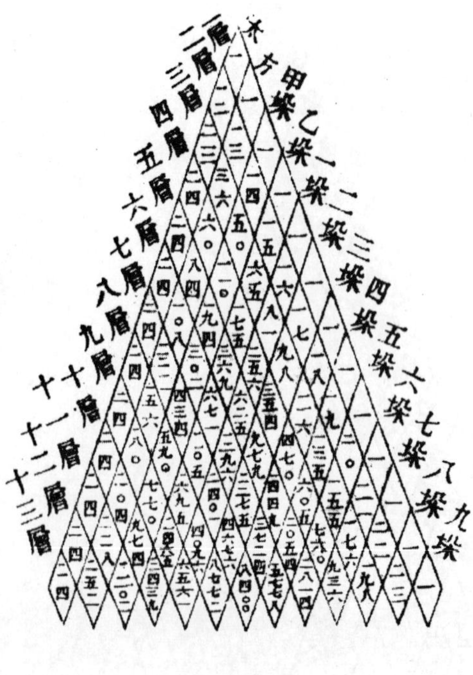

左邊斜下一，一二，一三，一四，四數爲表根，餘如三角垛表法。一二者一加十一也。一三者，一加十一再加十一也。一四者，一加十一再加十一再加一也。一，十一，十一，一，四數乃三乘方垛之方廉隅也。

三乘方支垛圖

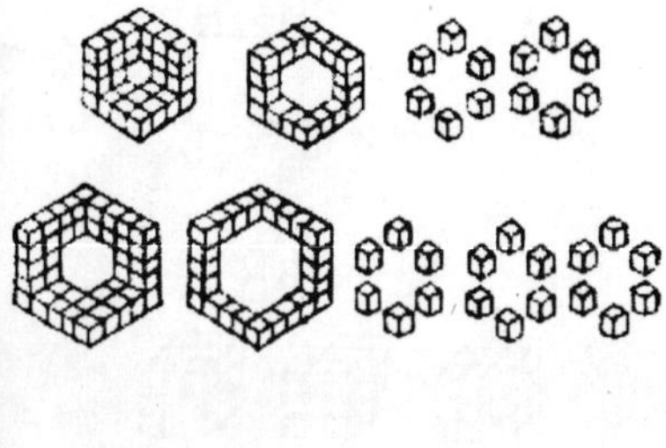

甲垜

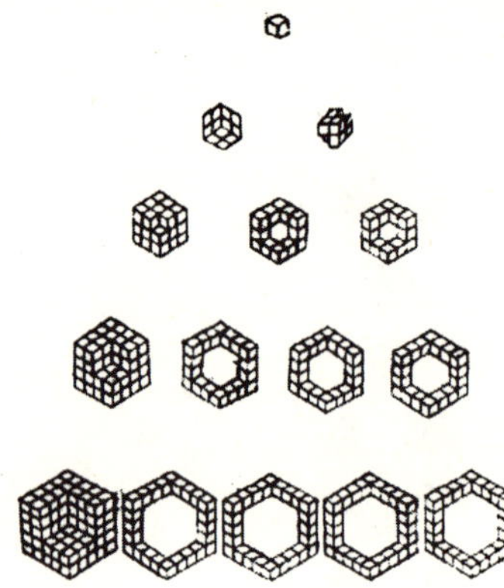

乙垜

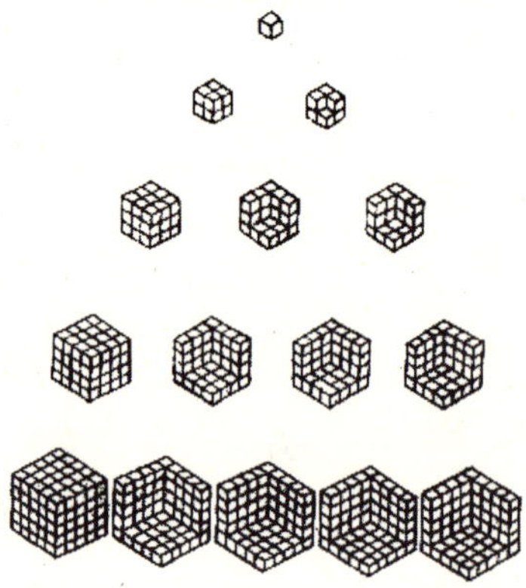

第一垜

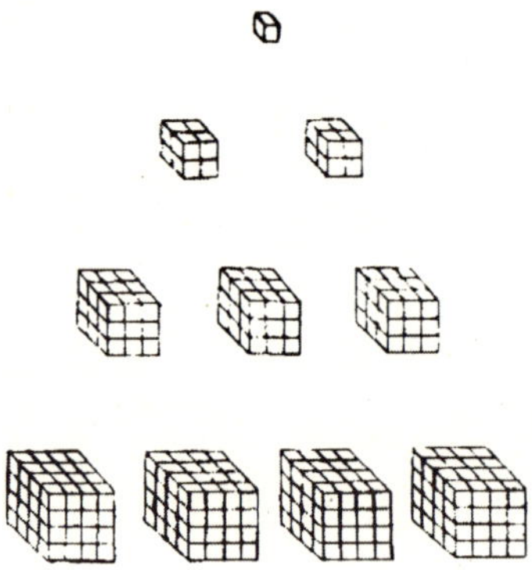

第二垜

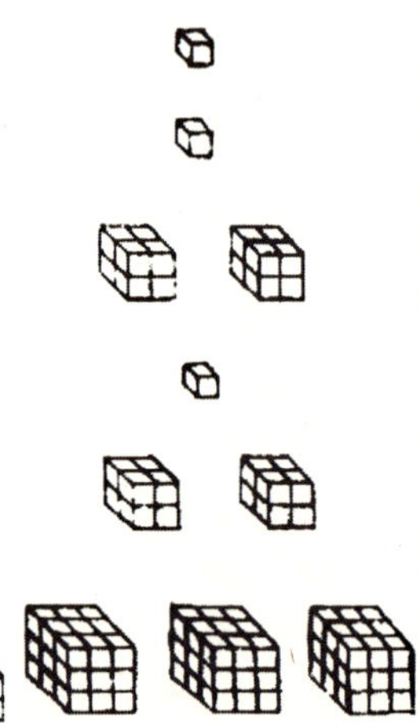

第三垜

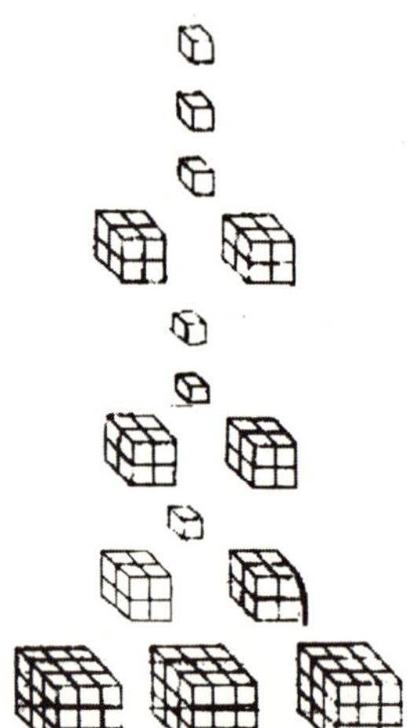

卯支垜表

左邊斜下一、一七、五三、六九、七〇，五數爲表根，餘法如三角垛表。一七者，一加十六也。五三者，十七加三十六也。六九者，五三加十六也。七〇者，六九加一也。一、十六、三十六、十六、一，五數者，卯垛之方廉隅也。

卯支垛圖

方垛

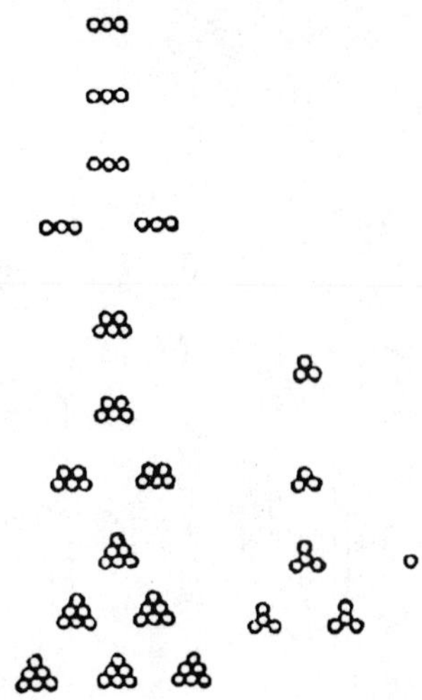

甲垛

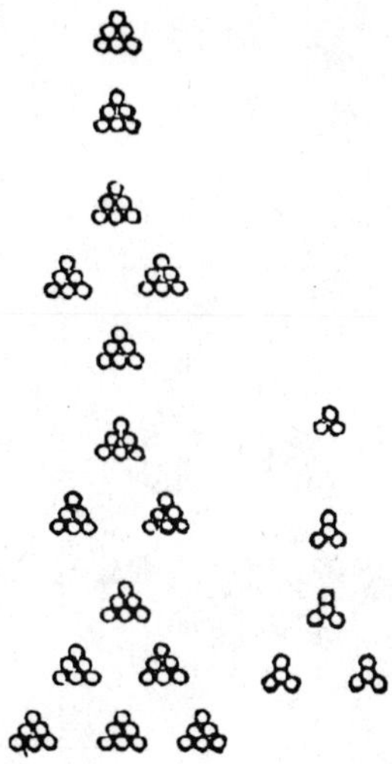

乙垛

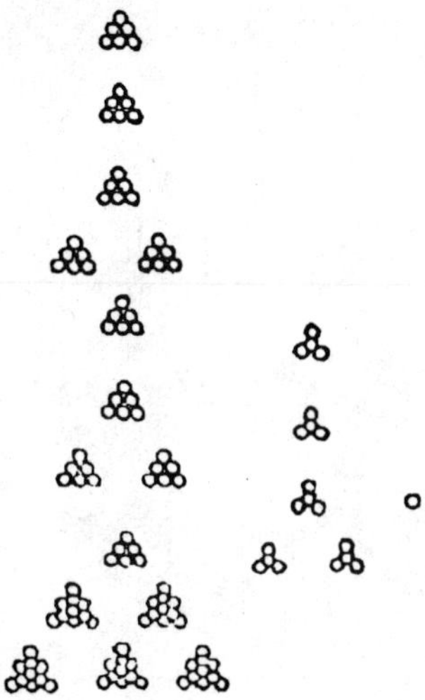

丙垛

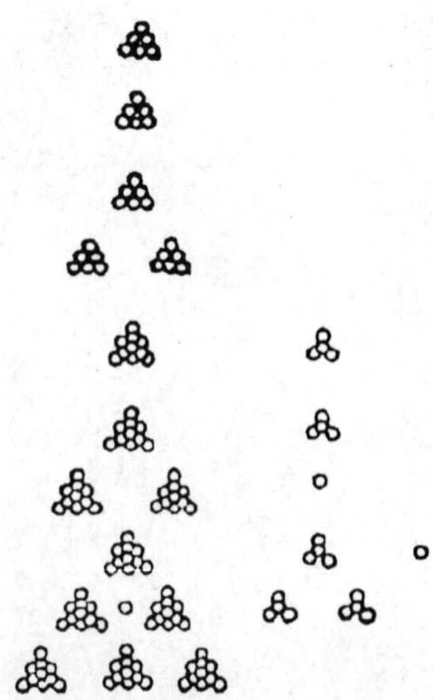

丁垛

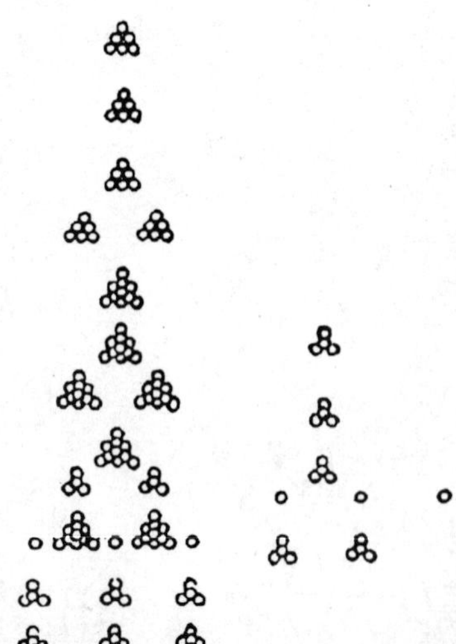

戊垛

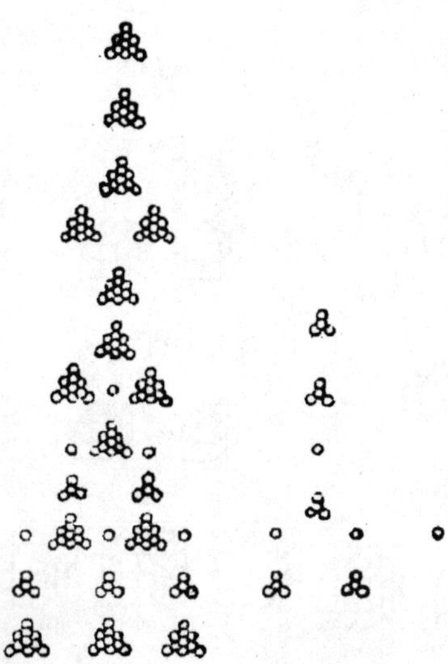

茭草嵐峰形垛——二乘支垛分部

己垛

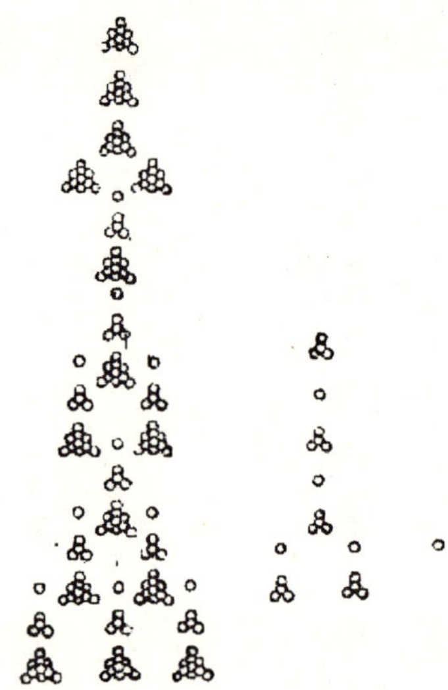

第一垛

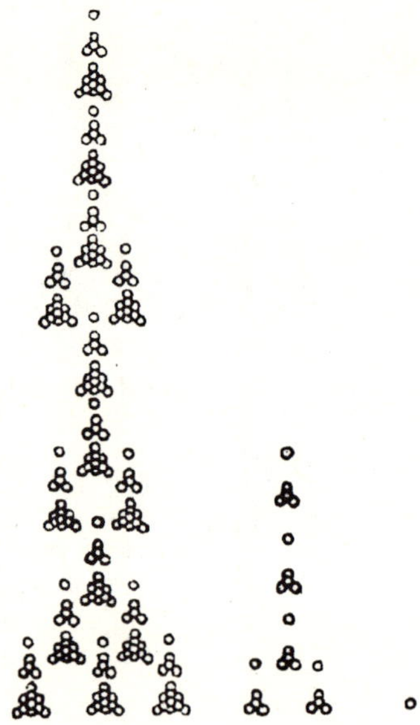

第二垛

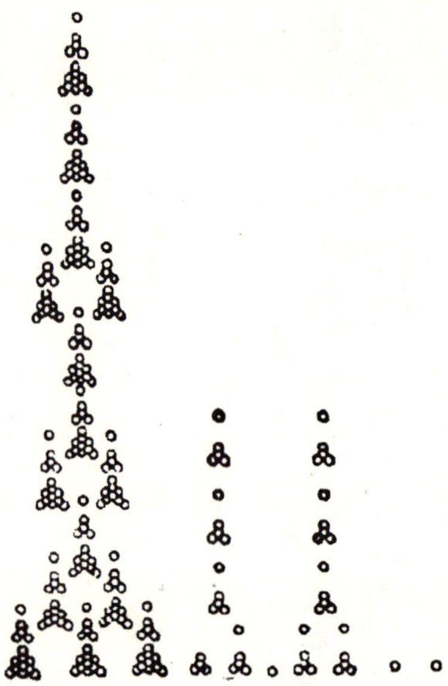

題解

清·李善蘭《則古昔齋算學四·垛積比類》卷一　二乘支垛者，三角二乘垛之分支也。方垛卽三箇三角一乘垛，其一自一層起，其二自二層起。甲垛卽三箇三角二乘垛，其一自一層起，其二自二層起。曰方垛、甲垛者，乃垛之萌芽，尚未成垛，不得謂之第一、第二垛，故異其稱也。第一垛合三箇三角三乘垛而成，第二垛合三箇三角四乘垛而成，第三垛合三箇三角五乘垛而成，皆一自一層起，二自二層起。第四垛以下可類推，三乘支垛以下理俱同。

算法

清·李善蘭《則古昔齋算學四·垛積比類》卷一

二乘支垛有高求積術

方垛，三倍高減一，以高乘之爲實，二爲法得積。

甲垛，三倍高以高乘之。又以高加一乘之爲實，二三相乘爲法得積。

第一垛，三倍高加一，以高乘之。又以高加一、高加二連乘之爲實，二三四連乘爲法得積。

第二垛，三倍高加二，以高乘之。又以高加一、高加二、高加三連乘之爲實，二三四五連乘爲法得積。

第三垛，三倍高加三，以高乘之。又以高加一、高加二、高加三、高加四連乘之爲實，二三四五六連乘爲法得積。

第四垛以下可類推。

二乘支垛有積求高術

方垛，倍積爲正實，一爲正方，三爲負隅。。開平方，得高。

草曰：立天元一爲高，三之減一得 [illegible] 以天元乘之得 [illegible] 合以二除之寄爲母，便以爲積，寄左。乃以積二倍之爲同數，與左相消得 [illegible] 爲開方式。

甲垛，六倍積爲正實，方空，三爲負廉，三爲負隅。開立方，得高。

草曰：立天元一爲高，三之，得 [illegible] 以天元乘之，得 [illegible] 又以天元加一乘之，得 [illegible] 合以六除之，寄爲母便以爲積，寄左。乃以積六倍之爲同數，與左相消得 [illegible] 爲開方式。

第一垛，二十四倍積爲正實，二爲負方，九爲負甲廉，十爲負乙廉，三爲負隅。開三乘方得高。

草曰：立天元一爲高，三之加一得 [illegible] 以天元乘之得 [illegible] 又以天元加一乘之得 [illegible] 又以天元加二乘之得 [illegible] 合二十四除之，寄爲母，便以爲積，寄左。乃以積二十四倍之，爲同數，與左相消得 [illegible] 爲開方式。

第二垛，一百二十倍積爲正實，十二爲負方，四十爲負甲廉，四十五爲負乙廉，二十爲負丙廉，三爲負隅。開四乘方得高。

草曰：立天元一爲高，三之加二得 [illegible] 以天元乘之，得 [illegible] 又以天元加一乘之，得 [illegible] 又以天元加二乘之，得 [illegible] 又以天元加三乘之，得 [illegible] 合以一百二十除之，寄爲母便以爲積，寄左。乃以積一百二十倍之，爲同數，與左相消，得 [illegible] 爲開方式。

第三垛，七百二十倍積爲正實，七十二爲負方，二百二十二爲負甲廉，二百五十五爲負乙廉，一百三十五爲負丙廉，三十三爲負丁廉，三爲負隅。開五乘方得高。

草曰：立天元一爲高，三之加三得 [illegible] 以天元乘之，得 [illegible] 又以天元加一乘之，得 [illegible] 又以天元加二乘之，得 [illegible] 又以天元加三乘之，得 [illegible] 又以天元加四乘之，得 [illegible] 合以七百二十除之，不除，寄爲母，便以此爲積，寄左。乃以積七百二十倍之爲同數，與左相消，得 [illegible] 爲開方式。

圖表

清・李善蘭《則古昔齋算學四・垛積比類》卷一

二乘支垛表

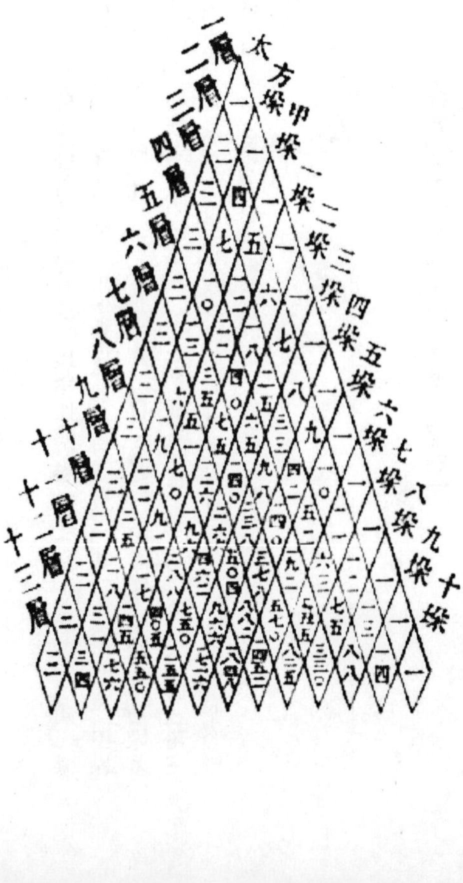

第二層右一左三爲表根，三層以下如三角垛表法。

二乘支垛圖

方垛

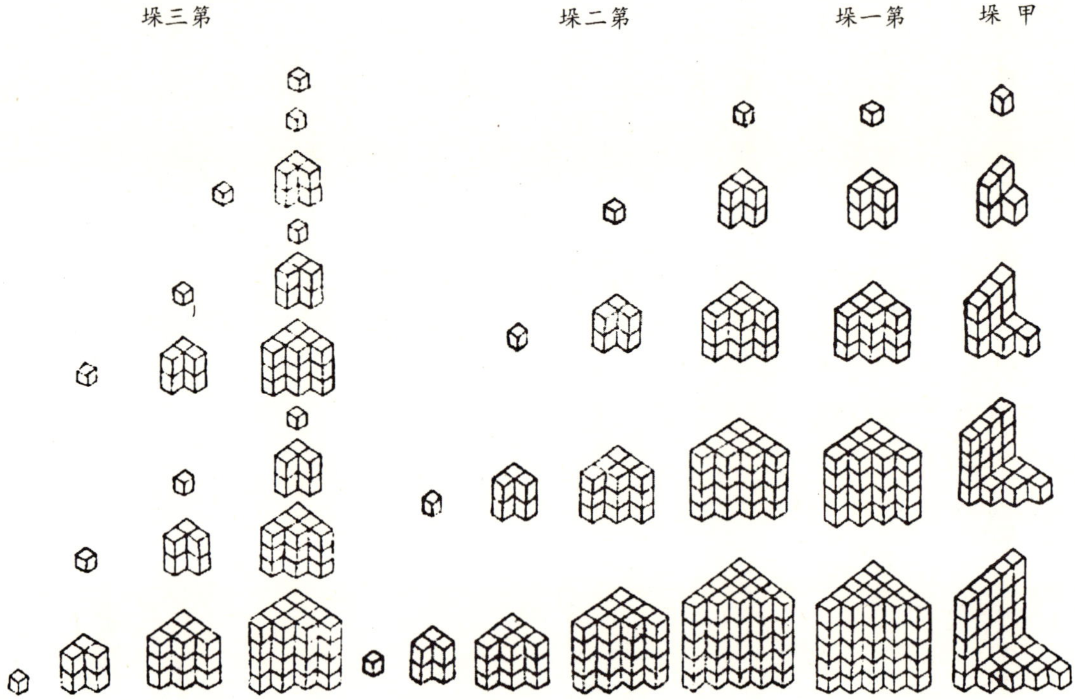

三角嵐峰形垛系統

——嵐峰更落一形垛、三乘支垛分部

題解

清・李善蘭《則古昔齋算學四・垛積比類》卷一　三乘支垛者，三角三乘垛之分支也。

算法

元・朱世傑《四元玉鑑》卷中《茭草形段》　今有茭草五萬三百八十八束，欲令嵐峯更落一形埵之，問底子幾何。

答曰：一十六束。

術曰：立天元一為嵐峯更落一底子，如積求之，得六百四萬六千五百六十為益實，六為從方，三十五為從上廉，五十為從二廉，二十五為從三廉，四為正隅，四乘方開之。合問。

清・沈欽裴《四元玉鑑細草》　草曰：立天元一為嵐峰更落一底子，四之加一 丨 ‖‖ 乘撒星底子積 太 丅 丨 一 丅 丨 得 太 丅 ≡ ‖‖ 〇 ≣ ‖ = ‖‖ 為一百二十段嵐峰更落一積，寄左。乃置茭草五萬三百八十八束，以一百二十乘之，得六百四萬六千五百六十。與左相消，得 丅 〇 ‖‖ 丅 ‖‖ 〇 丅 ≡ ‖‖ 〇 ≣ ‖‖ = ‖‖ 四乘方開之，得一十六束。合問。

嵐峰更落一形

[illegible]

又

置嵐峰	[illegible]
形以落	[illegible]
一形退	[illegible]
位累加	[illegible]
併上成	[illegible]
嵐峰更	[illegible]
落一形	[illegible]
嵐峰更落一形	[illegible]

嵐峰更落一形

底子求積。

術曰：四因底子加一，以底子乘之。又以底子加一乘之。又以底子加二乘之。又以底子加三乘之。一百二十而一。

積求底子。

術曰：一百二十乘積為益實，六為從方，三十五為從上廉，五十為從二廉，二十五為從下廉，四為正隅。四乘方開之，即得。

清·羅士琳《四元玉鑑細草》 艸曰：立天元一為嵐峯更落一底子，四之加一，得 [illegible] 以天元乘之，得 太[illegible] 又以天元加一得 [illegible] 乘之得 太[illegible] 又以天元加二得 [illegible] 乘之，得 太[illegible] 又以天元加三得 [illegible] 乘之，得 太[illegible] 合以一百二十除之，為共積，今不除，便為一百二十段共積，寄左。乃以一百二十通共束，得六百四萬六千五百六十為同數，消左得 [illegible] 開四乘方得十六束。合問。

梯田積	乘得數	三角積
一三六	一三六	一
一三五	四〇五	三
一三三	七九八	六
一三〇	一三〇〇	一〇
一二六	一八九〇	一五
一二一	二五四一	二一
一一五	三二二〇	二八
一〇八	三八八八	三六
一〇〇	四五〇〇	四五
九一	五〇〇五	五五
八一	五三四六	六六
七〇	五四六〇	七八
五八	五二七八	九一
四五	四七二五	一〇五
三一	三七二〇	一二〇
一六	二一七六	一三六

右圖順列三角積於上方，逆列梯田積於下方，上下相乘，置得數於中央。併中央所得為共積。坿求梯田積，置底子加一，以底子乘之，二而一為初段，又底子加二，以底子減一乘之，二而一為次段，又底子加三，以底子減二乘之，二而一為三段，如是加者遞加一，減者遞減一，得四段五段，以次類推。

清·華蘅芳《古今算學叢書·垛積演較》 設本垛之各積從〇起，用積較術求之。

[illegible]

從表求得 [illegible] 以分母一百二十通束數

消之，得 [算籌式] 開四乘方，得一十六東。合問。

如改爲代數式 $積=\frac{六卯\perp三五卯^{二}\perp五〇卯^{三}\perp二五卯^{四}\perp四卯^{五}}{一二〇}$ 化

得 $積=\frac{卯(四卯\perp一)(卯\perp一)(卯\perp二)(卯\perp三)}{一二〇}$ 即爲以底求積之式。

清・李善蘭《則古昔齋算學四・垛積比類》卷一

三乘支垛有高求積術

方垛，四倍高，減二，以高乘之爲實，二爲法得積。

甲垛，四倍高，減一，以高乘之。又以高加一乘之爲實，二三相乘爲法得積。

乙垛，四倍高，以高乘之。又以高加一乘之。又以高加二乘之爲實，二三四連乘爲法得積。

第一垛，四倍高，加一，以高乘之。又以高加一、高加二、高加三疊乘之爲實，二三四五連乘爲法得積。

第二垛，四倍高，加二，以高乘之。又以高加一、高加二、高加三、高加四疊乘之爲實，二三四五六連乘爲法得積。

第三垛，四倍高加三，以高乘之。又以高加一、高加二、高加三、高加四、高加五疊乘之爲實，二三四五六七連乘爲法得積。

第四垛以下可類推。

三乘支垛有積求高術

方垛，二倍積爲正實，二爲正方，四爲負隅。開平方，得高。

草曰：立天元一爲高，四之，減二得 [算籌式] 以天元乘之得 [算籌式] 爲二段積，寄左。乃以積二之得 [算籌式] 爲同數，與左相消，得 [算籌式] 爲開方式。

甲垛，六倍積爲正實，一爲正方，三爲負廉，四爲負隅。開立方，得高。

草曰：立天元一爲高，四之，減一，得 [算籌式] 以天元乘之得 [算籌式] 又以天元加一乘之，得 [算籌式] 爲六段積，寄左。乃以積六之，爲同數，與左相消，得 [算籌式] 爲開方式。

乙垛，二十四倍積爲正實，方空，八爲負甲廉，十二爲負乙廉，四爲負隅。開三乘方，得高。

草曰：立天元一爲高，四之得 [算籌式] 以天元乘之，得 [算籌式] 又以天元加一乘之，得 [算籌式] 又以天元加二乘之，得 [算籌式] 爲二十四段積，寄左。乃以積二十四之爲同數，與左相消，得 [算籌式] 爲開方式。

第一垛，一百二十倍積爲正實，六爲負方，三十五爲負甲廉，五十爲負乙廉，二十五爲負丙廉，四爲負隅。開四乘方，得高。

草曰：立天元一爲高，四之加一得 [算籌式] 以天元乘之，得 [算籌式] 又以天元加一乘之，得 [算籌式] 又以天元加二乘之，得 [算籌式] 又以天元加三乘之，得 [算籌式] 爲一百二十段積，寄左。乃以積一百二十之爲同數，與左相消得 [算籌式] 爲開方式。

第二垛，七百二十倍積爲正實，四十八爲負方，一百九十六爲負甲廉，二百七十爲負乙廉，一百六十爲負丙廉，四十二爲負丁廉，四爲負隅。開五乘方，得高。

草曰：立天元一爲高，四之，加二，得 [算籌式] 以天元乘之，得 [算籌式] 又以天元加一乘之，得 [算籌式] 又以天元加二乘之。得 [算籌式] 又以天元加三乘之，得 [算籌式] 又以天元加四乘之，得 [算籌式] 爲七百二十段積，寄左。乃以積七百二十之爲同數，與左相消，得 [算籌式] 爲開方式。

圖表

清・李善蘭《則古昔齋算學四・垛積比類》卷一

三乘支垛表

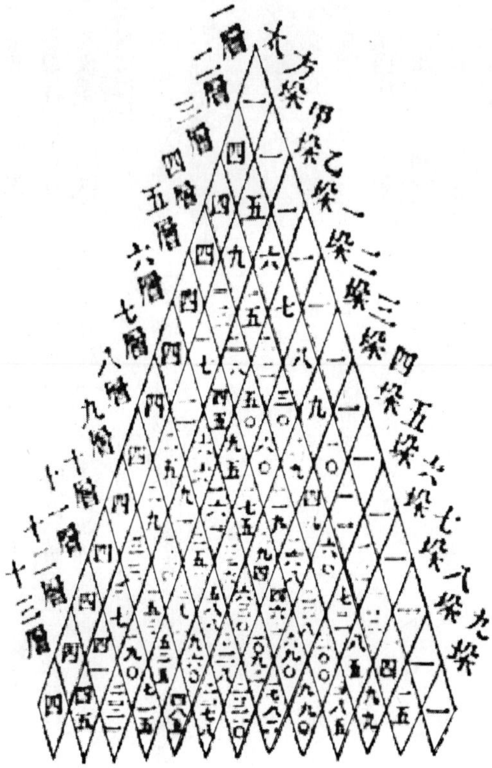

第二層右一左四爲表根，餘如三角垛表法。

三乘支垛圖

方垛

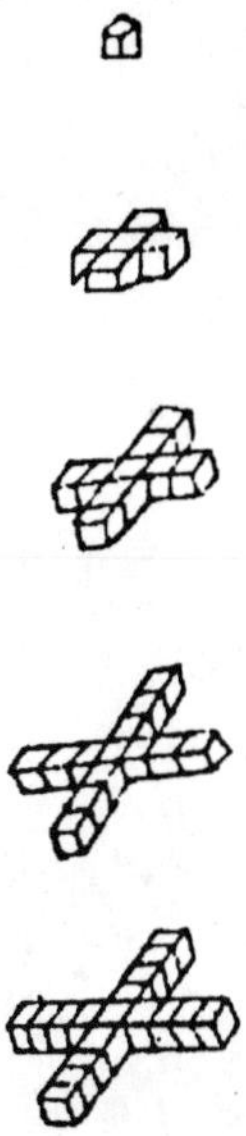

甲垛

乙垛

第一垛

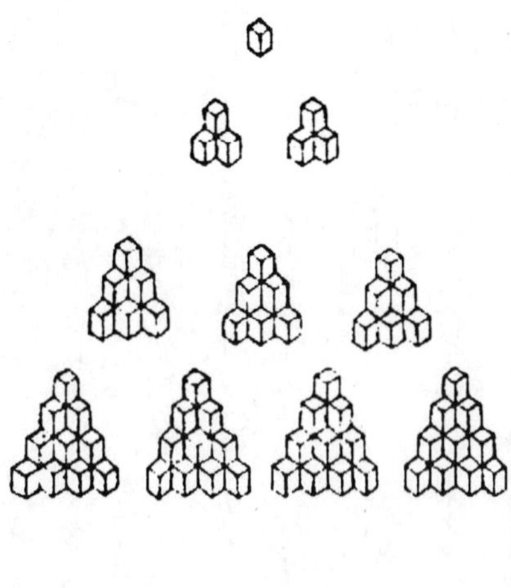

第二垛

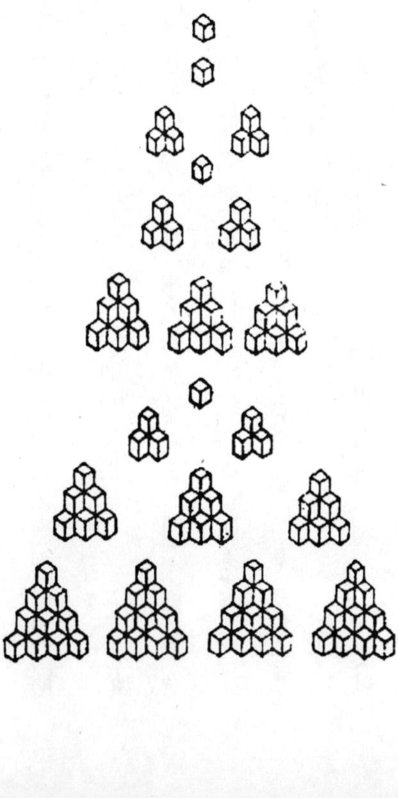

第三垛

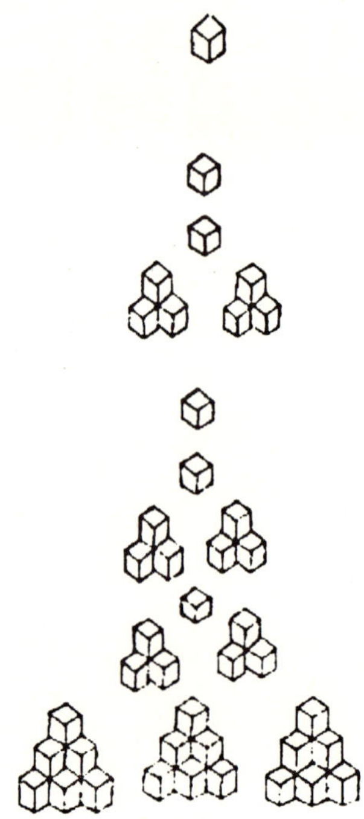

清·江衡《垛積解義》卷一

遞加一之數，各級自乘之，即四角一乘垛，亦名一乘方垛，即平四角垛也。

一乘方垛

一二三四五各自乘，得一四九十六二十五，此爲四角一乘垛。如圖，其各層之積爲一二三四五各數之平方積。

遞加一之數，各級再自乘之，即四角二乘垛，亦名二乘方垛，即立四角垛也。

一二三四五各自乘，再乘之，得一八二十七六十四一百二十五，此爲四角二乘垛。如圖，其各層之積，爲一二三四五各數之立方積。

二乘方垛

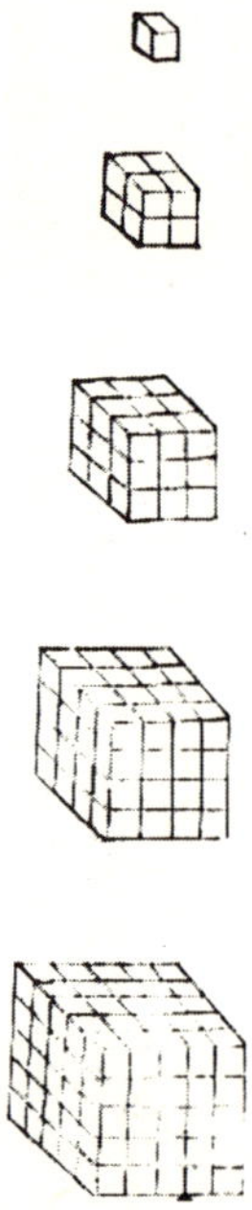

遞加一之數，各級三自乘之，即四角三乘垛，亦名三乘方垛。

一二三四各自乘，再乘，三乘之，得一十六八十一二百五十六，此爲四角三乘垛。如圖，其各層之積，爲一二三四各數之三乘方積。

三乘方垛

元垛	一乘方垛	二乘方垛	三乘方垛	四乘方垛	五乘方垛	六乘方垛	七乘方垛	……
一	一	一	一	一	一	一	一	…
二	四	八	一六	三二	六四	一二八	二五六	…
三	九	二七	八一	二四三	七二九	二一八七	六五六一	…
四	一六	六四	二五六	一〇二四	四〇九六	一六三八四	六五五三六	…
五	二五	一二五	六二五	三一二五	一五六二五	七八一二五	三九〇六二五	…
六	三六	二一六	一二九六	七七七六	四六六五六	二七九九三六	一六七九六一六	…
七	四九	三四三	二四〇一	一六八〇七	一一七六四九	八二三五四三	五七六四八〇一	…
八	六四	五一二	四〇九六	三二七六八	二六二一四四	二〇九七一五二	一六七七七二一六	…
⋮	⋮	⋮	⋮	⋮	⋮	⋮	⋮	…

推之四自乘之，即四角四乘垜，五自乘之，即四角五乘垜，餘俱倣此，每增乘一次，即爲四角垜之增乘一次。

此四角諸乘垜表，恒以本層數乘右行之各層，得左行之，各層。反之，恒以本層數約左行之各層，得右行之各層，前數表以加減爲用，此一表以乘除爲用。

李氏乘方垜表

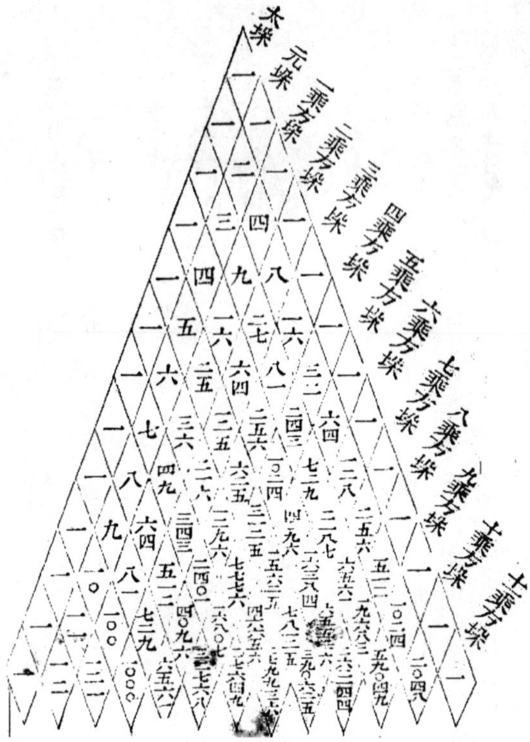

此表與前表對觀之，其數皆合。

由前表李氏三角垜表。可見諸乘垜生於一乘垜，原爲遞加一之數，是故遞加一之數，爲三角諸乘垜之原。

遞加二之數，各級如前法併之，即一乘支垜。

遞加二之數	一垜	二垜	三垜	四垜	五垜	六垜	七垜	……
一	一	一	一	一	一	一	一	…
三	四	五	六	七	八	九	一〇	…
五	九	一四	二〇	二七	三五	四四	五四	…
七	一六	三〇	五〇	七七	一一二	一五六	二一〇	…
九	二五	五五	一〇五	一八二	二九四	四五〇	六六〇	…
一一	三六	九一	一九六	三七八	六七二	一一二二	一七八二	…
⋮	⋮	⋮	⋮	⋮	⋮	⋮	⋮	…

此一乘支垜表。仍如前法，以右行併得左行。

李氏《比類》云，一乘支垜者，三角一乘垜之分支也。於一乘方支垜又云與一乘支垜同，然則一乘支垜者，三角與方共之者也。支垜各圖，李氏《比類》中有之，是卷不復載。

李氏一乘支垛表

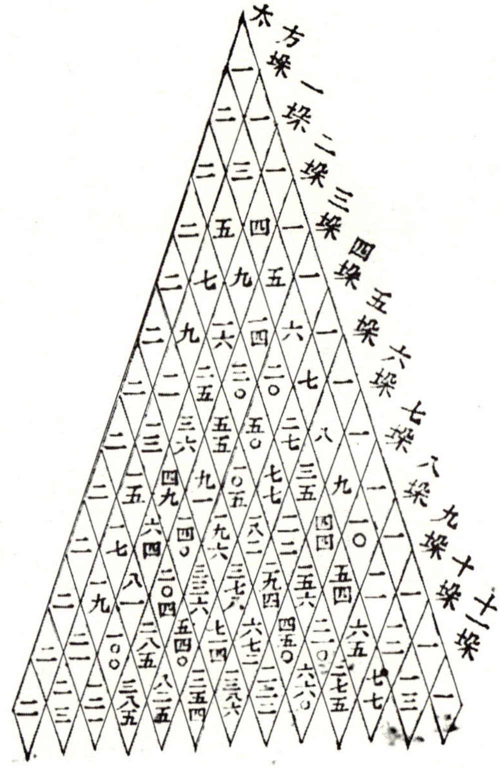

此表與前表對觀之，其數皆合。

前言各垛之併法，恒以左上併右下，得左下。反之，得減法，恒以左上減左下，得右下。假如有七垛，求六垛，其第一層恒爲一，不必求，以左上一減左下一〇得右下九，左上一〇減左下五四得右下四四，順是而下，至左上六六〇減左下一七八二得右下一一二二，所得各層爲六垛，是表中兼有減法之用也。併法自右而左，遞求增一乘之垛，減法自左而右，遞求降一乘之垛，可以互求，各表皆如是。李氏表中一乘垛之前有元，一垛之前，有方垛，有太，卽可以減法通之。一乘垛爲遞加一之數，逐層減之，其較皆得一，是爲元。華氏積較術云，遞加數有一次較，卽此義，一垛之各層爲平方，逐層減之，餘殘積成方垛，方垛逐層復減之，其較皆得二，是爲太。積較術云平方積有二次較，卽此義，然由元併成一乘垛，由太併之成方垛，方垛併之成一垛，則仍可以併法通之也。

由前表，知一垛以下皆生於方垛，原爲遞加二之數，是故遞加二之數，爲一乘支垛之原，遞加三之數，各級如前法併之，卽二乘支垛。

方垛	甲垛	一垛	二垛	三垛	四垛	五垛	六垛	七垛	…
一	一	一	一	一	一	一	一	一	…
四	五	六	七	八	九	一〇	一一	一二	…
七	一二	一八	二五	三三	四二	五二	六三	七五	…
一〇	二二	四〇	六五	九八	一四〇	一九二	二五五	三三〇	…
一三	三五	七五	一四〇	二三八	三七八	五七〇	八二五	一一五五	…
一六	五一	一二六	二六六	五〇四	八八二	一四五二	二二七七	三四三二	…
…	…	…	…	…	…	…	…	…	…

此二乘支垛表，仍如前法，以右行併得左行。

李氏《比類》云二乘支垛者，三角二乘垛之分支也，又云方垛甲垛，乃垛之萌芽，尚未成垛，不得謂之第一第二垛，故異其稱，今仍之。

方垛各層相減，其較皆爲三，卽李氏表中之太也。

李氏二乘支垛表

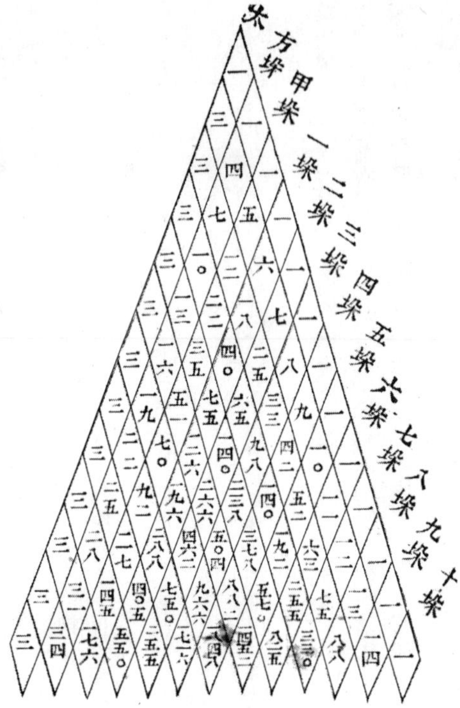

此表與前表對觀之，其數皆合。

方垛	甲垛	乙垛	一垛	二垛	三垛	四垛	五垛	六垛	……
一	一	一	一	一	一	一	一	一	…
五	六	七	八	九	一〇	一一	一二	一三	…
九	一五	二二	三〇	三九	四九	六〇	七二	八五	…
一三	二八	五〇	八〇	一一九	一六八	二二八	三〇〇	三八五	…
一七	四五	九五	一七五	二九四	四六二	六九〇	九九〇	一三七五	…
二一	六六	一六一	三三六	六三〇	一〇九二	一七八二	二七七二	四一四七	…
⋮	⋮	⋮	⋮	⋮	⋮	⋮	⋮	⋮	…

由前表，知甲垛以下皆生於方垛，原爲遞加三之數，是故遞加三之數爲二乘支垛之原，遞加四之數，各級如前法併之，即三乘支垛。

此三乘支垛表，仍如前法，以右行併得左行。

李氏《比類》云，三乘支垛者，三角三乘垛之分支也，方垛甲垛乙垛爲一垛以上所由生。

方垛各層相減，其較皆爲四，即李氏表中之太也。

李氏三乘支垛表

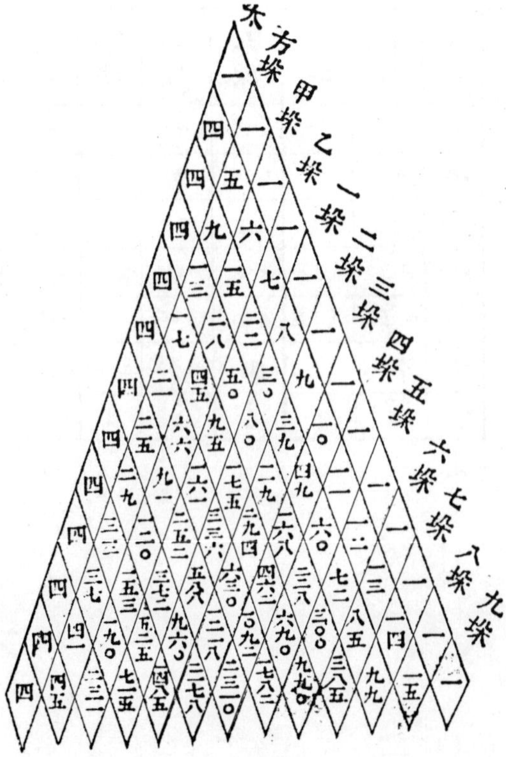

此表與前表對觀之，其數皆合。

由前表，知甲垛以下皆生於方垛，原爲遞加四之數，是故遞加四之數，爲三乘支垛之原。

推之遞加五之數併之，即四乘支垛，遞加六之數併之即五乘支垛，餘俱倣此可通爲一例也。

四角嵐峰形垛系統分部

算法

元・朱世傑《四元玉鑒》卷下《果垛疊藏》 今有四角嵐峯形果子，積四百四十八箇，問底子幾何。

答曰：五箇。

術曰：立天元一為四角嵐峯底子，如積求之，得二萬六千八百八十為益實，一為從方，一十二半為從上廉，二十五為從二廉，一十七半為從三廉，四為正隅，四乘方開之。合問。

清・沈欽裴《四元玉鑑細草》 草曰：求得上差一，副差九，中差二十，三次差二十三，下差八。立天元一為四角嵐峯底子，一百二十因天元，得 [籌式] 為上積。六十因茭草積，得 [籌式] 為副積。二十因三角積，得 [籌式] 為中積。五因撒星積，得 [籌式] 為次積。三角撒星積 [籌式] 為下積。以各差乘各積，并而半之，得 [籌式] 為六十段四角嵐峯形果子積，寄左。乃置積四百四十八箇，六十因之，得二萬六千八百八十。與左相消，得 [籌式] 四乘方開之，得五箇。合問。

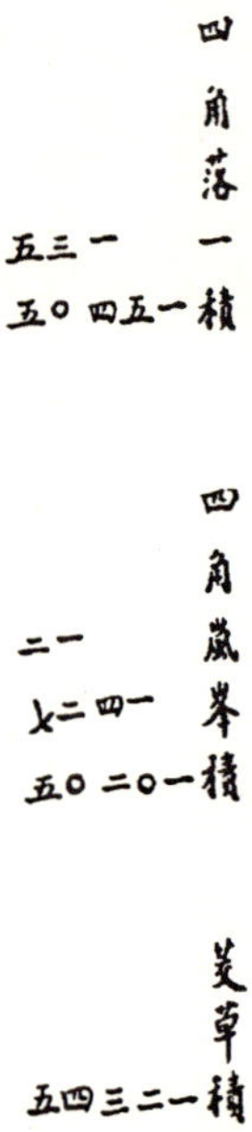

列四角落一積於上位，茭草積於下位。上下相乘得數置中為四角嵐峯積。

清・羅士琳《四元玉鑑細草》 艸曰：立天元一為四角嵐峯底子，四之得 [籌式] 副置上下二位，以上位加箇半，得 [籌式] 乘天元得 [籌式] 乘天元得 [籌式] 仍於上，復以下位加半箇，得 [籌式] 併上得 [籌式] 又以天元加一，得 [籌式] 乘之，得 [籌式] 又以天元加二得 [籌式] 乘之，得 [籌式] 合以六十除之，為共積。今不除，便為帶分共積，內寄六十為母，寄左。乃以六十通共積，得二萬六千八百八十為同數，消左，得 [籌式] 開四乘方得五箇。合問。

四角積積數	乘得數	錐差
一	一	一
五	一〇	二
一四	四二	三
三〇	一二〇	四
五五	二七五	五

右圖列四角積積數於上方，列錐差於下方，上下相乘，置得數於中央。併中央所得為共積。

清・華蘅芳《古今算學叢書・垛積演較》 設底〇則積〇，底一則積一，底二則積十一，底三則積五十三，底四則積一百七十三，底五則積四百四十八。如是則已知其底爲五箇矣。惟論算學之理，貴求通法，不能以臆計所得者爲憑也，故若爲不知也者，仍以積較之術求之。

從表求得 併之得

〇=|||〇|||≡||| 以分母 |=〇 通其共積之數消之，得 ⊘⊥Ⅱ≡||| =|||〇||| ≡|||

開四乘方得五箇。合問。

如將四乘方，改爲代數式

$$積=\frac{二卯丄二五卯^{二}丄五〇卯^{三}丄三五卯^{四}丄八卯^{五}}{一二〇}$$ 化之得

$$積=\frac{卯\{卯(八卯丄三)丄(八卯丄一)\}(卯丄一)(卯丄二)}{一二〇}$$ 卽爲本垜以底求積之式。

箭束垜分部

綜論

明·周述學《曆宗筭會》卷一四《隙積》 圓垜假隙形成六觚形，雖殊圓積同圓策，準之以方，故其正策止有三廉。補隅益方，負在四隅，故其負策恊用四廉。角徑隙徑數殊隙徑負徑策，似正負互求，觚積交見。若圓隙不假，仍為圓垜非六觚矣。四方平垜，其隙難假，如假其隙，破方成斜，又非方垜矣。方圓平垜，以圍求積，皆以外圍加中圍，以外圍乘之為實，圓梁以圓法十二除之，方垜以方法十六除之，又加中心一筭，各淂垜積。四方平垜，其隙難假，如假其隙，破方成斜，又非方垜矣。方圓平垜，以圍求積，皆以外圍加中圍，以外圍乘之為實，圓梁以圓法十二除之，方垜以方法十六除之，又加中心一筭，各淂垜積。三角平以方面張二位，以一位添一箇相乘，半之淂積。其原自一箇、二箇以至於十箇，凡積五十有五。平尖立尖斜積之數，皆從此出。其下平一十，左右二斜亦各一十。若取一斜與下平相乘，淂平方積一百，以二歸之淂五十，不及原積五數。故法添一數與實相乘，則成闊十長十一之積，半之各淂五十有五。所以法用二歸淂合原積。如取一斜折半而止，添半數以之求積，不必二歸而積徑淂矣。其或添一數或添半數者，以斜分平方之積，破其積數，則淂五十。

又 圓梁求積法以方圓為准，以圓假隙而積與方圓有異，其求折變之法，則亦異於方圓之折變矣。【略】

明·程大位《筭法統宗》卷六《隙積》 方圓三稜總歌

方圓三稜求周數，各減總一分明布。
十六乘方帶縱八，十二乘圓加縱六。
十八三稜添縱九，俱用帶縱開方術。
倍方不倍縱開除，何愁外周不知數。

還原束法歌

四方之束添八乘，十六歸除數頗明。
圓束外周加六湊，乘來十二法除清。
三角加九乘周數，十八歸除不差爭。
各要臨時添一數，卽中心也，束積推詳數可成。

方箭束

算法

宋·楊輝《田畝比類乘除捷法》卷上 方箭外圍三十二隻，問共箭幾隻。

答曰：八十一隻。

草曰：內圍八隻併外圍三十二共四十隻，折半以四層乘之。合問。

以八除外圍卽得四層。

元・朱世傑《算學啟蒙》卷上《堆積還源門》　今有方箭一束，外周四十四隻。問積幾何。

答曰：一百四十四隻。

術曰：副置四十四隻，各添四隻相乘，得二千三百四爲實，以一十六爲法而一。合問。

清・王鑒《算學啓蒙述義》卷下　此與平方周求方面積法同義。凡方周自乘，十六而一得面積，但以丈尺計，方面之四周爲四箇方邊數，堆積則四周之數較四箇方邊數必少四，蓋四隅之數屬於此邊，卽不得仍屬彼邊，故必各加四隻相乘，方合於方周求面積法。

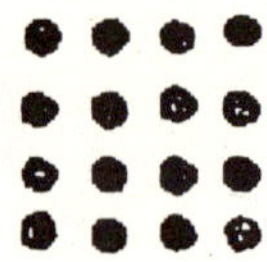

右上一圖以丈尺言，設每面爲四，合四周而計之，得一十六。下一圖方箭積與上圖全積同，合四周而計之得十二，較上圖四周之數少四，故必各加四隻相乘也。

元・佚名《透簾細草》　今有方箭一百六十九隻，問外周多少。

答曰：四十八隻。

法曰：置積減一，以十六乘之爲實，八爲從。開平方除之。

草曰：置積於上，減一，以十六乘之，得二千六百八十八爲實，八爲從。以從法一進一爲隅，隅法二進上商四，從法添四，命商除實，餘七百六十八。從法又生四，從法一退，隅法二退，上商八，從法得九十六，命商除之，恰盡。

又　今有方箭一束外周四十八隻，問計箭若干。

答曰：一百六十九隻。

法曰：置外周添四，自乘，如十六而一。合問。

草曰：置外周上添四隻，得五十二隻，自乘得二千七百四隻。方率法十六而一。合問。

明・吳敬《九章算法比類大全》卷五《商功》　今有方箭一束，外圍四十四隻。問共幾何。

答曰：一百四十四隻。

法曰：置外圍四十四隻，加中圍八隻共得五十二隻。以外圍四十四隻乘之，得二千二百八十八隻爲實。以方法十六除之，得一百四十三隻。加中心一隻共得一百四十四隻。合問。又法：外圍一面一十二隻，自乘。合問。

明・王文素《算學寶鑑》卷二一《算箭》　方箭一束外圍二十四隻，問積幾何。

答曰：四十九隻。

法曰：置外圍二十四加入內圍八共三十二，乘外圍二十四得七百六十八為實，如十六而一得四十八隻，加心箭一隻得四十九隻。合問。

楊輝法曰：併內外圍折半得一十六，以三層乘之得四十八隻，加心箭一。合問。

求層術曰：以八除外圍增自乘。

通證術曰：以除外圍增一自乘。

草曰：置外圍二十四以四除之得六，增一得七自乘得四十九隻，亦合問。

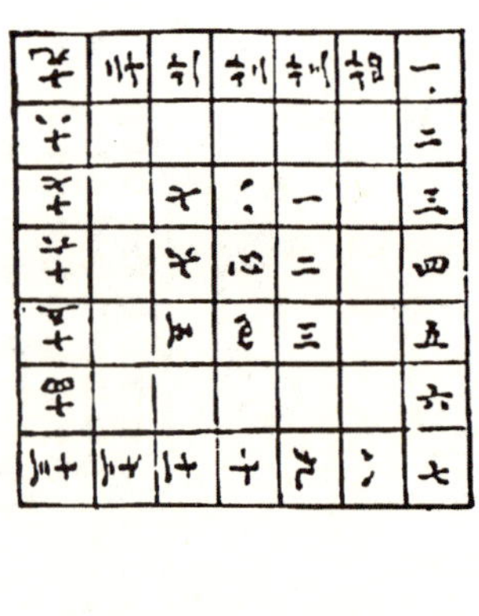

方箭一束外圍二十隻，問積幾何。

答曰：三十六隻。

法曰：置外圍加八共二十八，乘外圍二十得五百六十，如十六而一得三十五隻，加心箭一。合問。

證曰：此積無心，依楊輝術曰併內外圍共二十四，折半得一十二，以三層乘之得三十六隻，亦合問。

新術草曰：置外圍二十以四除之得五，添上一得六，自乘得三十六，亦合問。

又　術草曰：置外圍添四得二十四，自

方箭無心圖

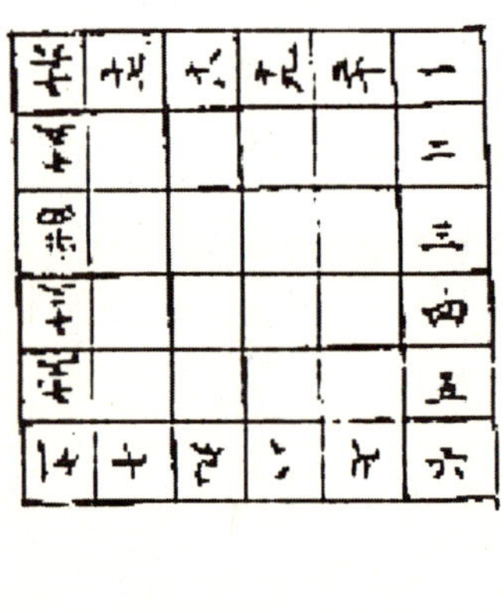

乘得五百七十六為實，如十六而一得三十六隻，亦又合問。雙者無心。

砌地問磚。方磚砌地外周三十箇，且云長多濶三箇，問共用磚幾何。

論物積箇圖

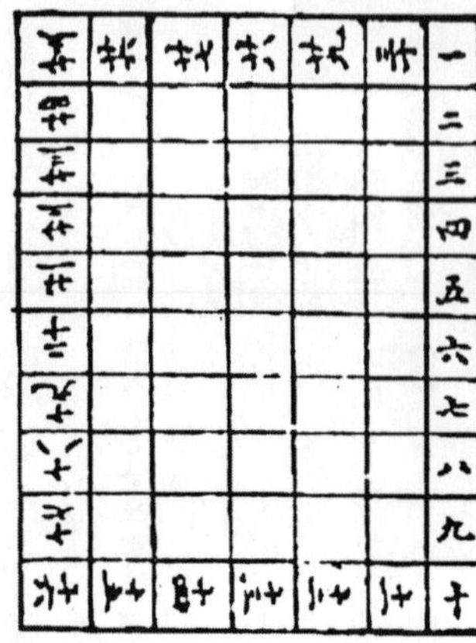

荅曰：七十箇。

口訣

積物周求総數詳，外周添四莫思量。

濶差另倍同相併，以四除之便得長。

長內減差餘是濶，相乘得積法尤良。

法曰：置外周添四另倍長濶差得六，又併之共四十，如四而一得長十箇，內減差三餘七為濶。以長濶相乘得積七十箇。合問。

明·周述學《曆宗筭會》卷一四《隙積》 方箭一束，外圍四十四隻，求積幾何。

四方平梁非隙積也，以梁法起於中一，故次之與方匝求積稍異。

置外圍四十四隻加中圍八隻共得五十二隻，以外圍四十四隻乘之得二千二百八十八隻為實，以方法十六除之得一百四十三隻，加中心一隻得一百四十四隻。

又法：以外圍一面一十二隻自乘之。

又 方箭積一百四十四隻，求外周幾何。

置積減一得一百四十三隻，以方法十六乘之得二千二百八十八隻為實，半方法得八隻為從方。開平方法除之於實數之下，商置第一位，將從方一進得八十，下法二進得百，以商實得四十下法亦置上商四百為方法，併從方共四百八十皆與上商四除實一千九百二十，餘實三百六十八乃二乘方法得八百，併入從方共得八百八十俱為方法，一退得八十八，下法再退得一〇續商置第二位，以方法八十八，商餘實得四，下法亦置上商四為隅法，以方隅二法共九十九，皆與上商四除餘實盡，得外周四十四隻。

明·黃龍吟《算法指南》下卷《筭垛物法》 筭方束木歌方木一要数其周，兩頭添四不須憂，相乘二八帰為准，劝君熟記在心頭。

又 今有方木一束，周匝四十根，问：共計若干。

荅曰：共一百二十一根。

法曰：以四十根添四共四十四根，自相乘得一千九百三十六，復用五因折半八帰一遍是也。

明·程大位《算法統宗》卷六《隙積》 今有方箭八十一根，問外周若干。

荅曰：外周三十二根。

法曰：

此是八箇周中包一。置方箭八十一根，減去中心一根，餘八十根，以十六乘之，得一千二百八十根爲實於中位，以八爲縱列於右位。用帶縱開平方法除之。初商三十于左位，下法亦置三十於右縱八之上，共三十八。左右對呼，三三除實九百。又左三對右八，呼三八除二百四十。就以下法初商三十倍作六十，不倍縱。次商二于左，初商三之次，下法亦置二于倍方之次，共得七十。左二對右七，呼二七除實一百四十，恰盡。得周三十二根。合問。

方箭圖

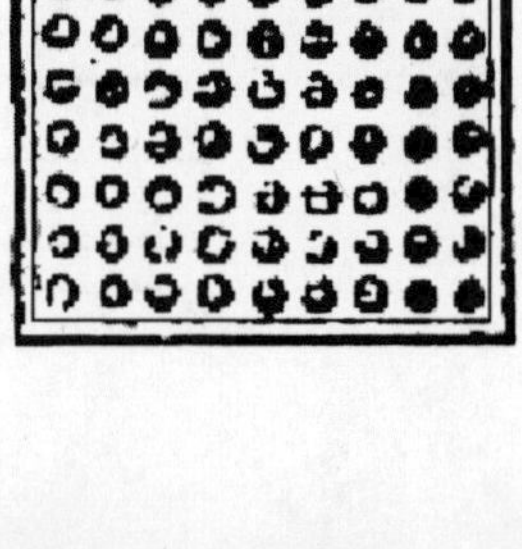

又 今有方箭一束，外周三十二根，問總積若干。

荅曰：八十一根。

法曰：置外周三十二于左，亦置三十二於右，加內周八共四十，相乘得一千二百八十爲實，以方束法十六除之得八十，加上中心一共得八十一根。合問。

九方物乃是八箇周中包一。以八歸外周卽知層數也。自內之外每層加八自外之內每層減八。

又 假如方箭積六十四根，問外周若干。

答曰：外周二十八根。

法曰：此是雙層者。只以方箭積爲實，以開平方法除之得一面方八根，却減去一根得七根，以四因得外周二十八根。

若前方箭積八十一根，乃是單層者，若只以方箭爲實以開平方法除之得，一面方九根，却減去一根得八根，以四因得外周三十二根，亦得。面方八數爲雙，乃八八六十四也。九數爲單，乃九九八十一也。

此法不論雙層單層皆可用，捷徑無差。

清·李鏐《衍元海鑑·如積正軌》 求四角界即方束置外周加内周八，以外周乘以束，法十六除，加中心一，得四角束總數。開四角束減中心一，以束法十六乘之，為平方實。以八為加縱，一為隅。開平方，得四角外周。

清·劉彝程《九章實義》卷二 今有四角平堆五層，問積幾何。

答：二十五。

層數即高，即底邊加一折半之數，法以高五自乘，得二十五，為積。

如一圖，一層一箇，二層三箇，三層五箇，每多一層，即多兩箇，為四角平堆，其形如平方積，故以高自之得積。

一圖

再此積可分為兩箇三角平堆，如二圖，其一以層數為高，其一以層數減一為高，各依三角平堆有高求積法，求得兩積相並，亦得全積。

二圖

圓箭束——六角箭束

算法

宋·楊輝《田畝比類乘除捷法》卷上 圓箭外圍三十隻，問共箭幾隻。

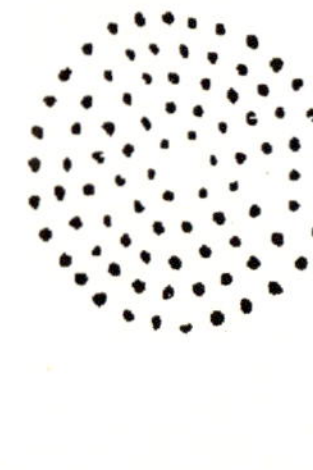

答曰：九十一隻。

草曰：内圍六隻併外圍三十共三十六隻，折半以五層乘之。合問。

以六除外圍求得五層。

元·朱世傑《算學啟蒙》卷上《堆積還源門》 今有圓箭一束，外周五十四隻，問積幾何。

答曰：二百七十一隻。

術曰：副置五十四隻，上位添六隻，以下位乘之得三千二百四十爲實，以圓法十二而一，加心箭一隻。合問。

清·王鑒《算學啓蒙述義》卷下 圓箭束係六角形，乃六箇平三角堆合成，特中有心箭一隻耳。原術即用第一問之法變而通之。

如圖，外周之數係六箇平三角，每面共數。平三角求積法：以每面加一爲乘法，二除之得積。今於外周數内加六，即六箇平三角，每面加一之共數也，相乘後以十二爲法者，即以六箇二爲除法也。

元·佚名《透簾細草》 今有圓箭一束，外周三十六隻，問積箭多少。

答曰：一百二十七隻。

法曰：置外周，副之下位添六，以乘上數，如十二而一，添心。合問。

草曰：上置三十六隻，下位添六，乘之得一千五百一十二。如元法十二而一，得數添心子一隻，是也。

今有圓箭積一百二十七隻，問外周多少。

答曰：三十六隻。

法曰：置積減一，十二乘之爲實，以六爲從。開平方除之。

草曰：置一百二十七隻於上，減一，十二乘之，得一千五百一十二爲實，六爲從，一爲隅，上商三生於從法，得三百六十，命商除之得四百三十二，從法添三得六百六十，從法一退，隅法二退，上商六，從法生六得七十二，命商除之盡也。

明·吳敬《九章算法比類大全》卷五《商功》 今有圓箭一束，外周四十二隻。問共幾何。

答曰：一百六十九隻。

法曰：置外周四十二隻，加中圍六隻共得四十八隻。以外周四十二隻乘之，得二千一十六隻爲實。以圓法十二除之，得一百六十八隻。加中心一隻共得一百六十九隻。合問。

明・王文素《算學寶鑑》卷二二《算箭》　六角箭一束，外圍二十四隻，問積幾何。

答曰：六十一隻。

術與圍箭同。

法曰：置外圍二十四加內圍六共三十，以外圍乘之得七百二十，如十二而一得六十，加心一隻。合問。

楊輝術：併內外圍，折半，以四層乘之，增心箭。亦同。

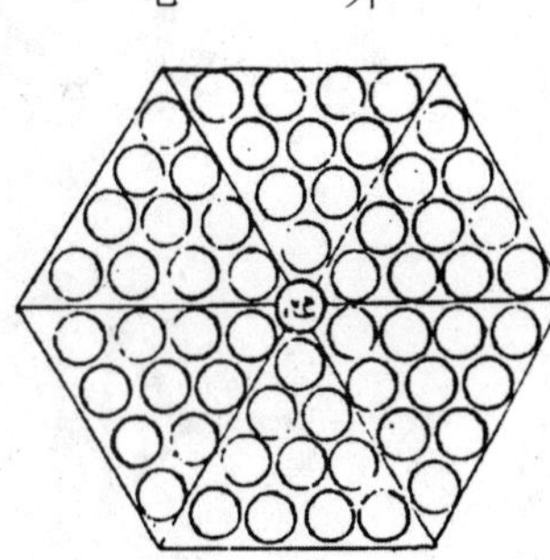

六角積物圖

又　筭箭百二十一

筭箭從來數外圍，內圍有數也當知。
圓六方八三角九，併外相乘外面圍。
圓十二除方十六，三角十八去除之。
除來增入中心一，積放無差不必疑。

解曰：筭箭之法，即平方平圓積物之法也。圓者必要而圍一每層遞加六箇，此一定之數，萬無一失者也。方者雖云八而圓一每層遞加八箇，亦有內圓四箇而無中心者，三角者雖云九而圓二每層遞加九箇，亦有內圍三箇及內圍六箇者俱無中心，學者可知。

圓箭一束外圍一十八隻，問共幾何。

答曰：二十七隻。

通術草曰：置外圍十八加內圍六共二十四，以乘外圍得四百三十二為實，如十二而一得三十六，加入中心一隻共得三十七隻。合問。

楊輝借用環田法曰：置外圍一十八隻併內圍六隻共二十四隻，折半得一十二隻，以三層乘之得三十六隻，增心箭一隻。合問。以六除外圍即得三層。

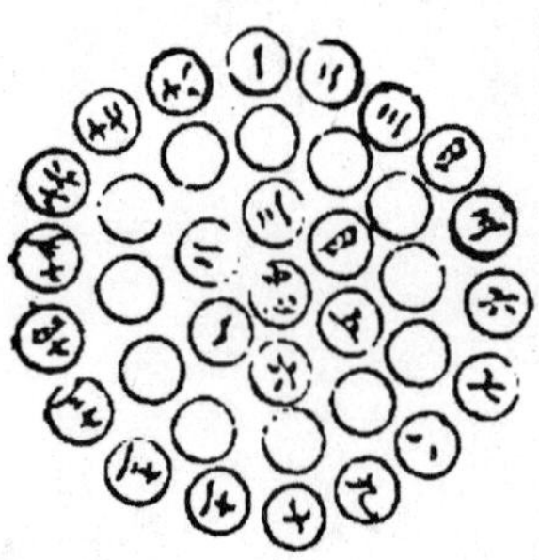

圓箭積數圖

解曰：平圓積物雖與圓田形體相似而用法積數不同者，蓋積物自周中而數之，圓田自周外而步之，故用法積物不相同也，亦如壘土梁果不同之類，故又設圓田圖以驗之。

圓田外周十八步，問積幾步。

答曰：依周三徑一積二十七步。

依周二十五徑八積二十五步二十五分步之二十三，

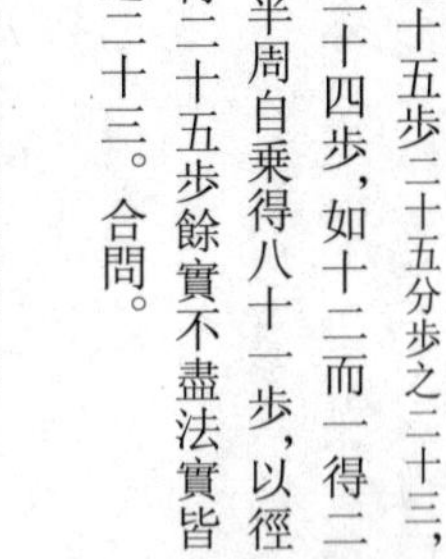

圓田積步圖

周三徑一周自乘得三百二十四步，如十二而一得二十七步，周二十五徑八以半周自乘得八十一步，以徑八乘之以周二十五除之得二十五步餘實不盡法實皆以一約之得二十五分步之二十三。合問。

又　圓環積物口訣

物擺圓環問積時，二周相併徑乘之，
乘來折半知其數，法與環田一樣兒。

又　圓物將來欲擺圈，六枚以上擺才圓，
每層添減均差六，不信將錢試布觀。

圓物擺環，內周十二箇外周三十箇，問積幾何。

答曰：八十四箇。

法曰：併內外周共四十二，以四層乘之得一百六十八，折半得八十四箇。合問。

求徑術曰：以內周減外周餘六而一添一。

銅錢擺作圓環，內周十箇外周二十二箇，問積幾何。

答曰：四十八文。

法曰：併內外周共三十二文，以三層乘之得九十六文，折半得四十八文。合問。

又　環梁如求積數時，二周相併徑乘之，
徑添一數再乘了，用四歸來數便知。

環梁內周十二箇，外周三十箇，問幾何。

答曰：二百一十箇。

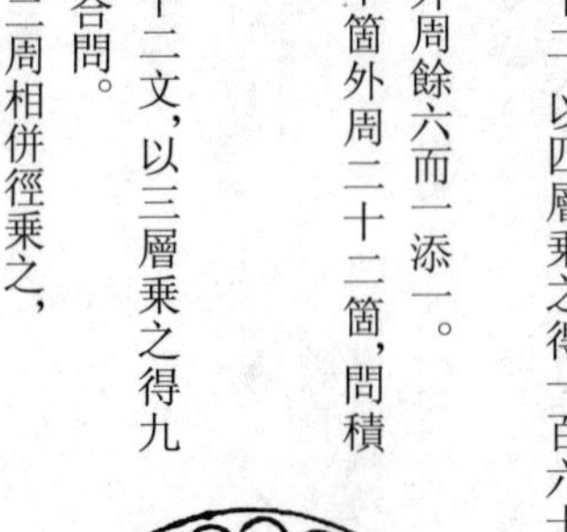

法曰：置內周一十二併外周三十共四十二，乘徑四箇得一百六十八。又以

五乘之得八百四十為實，如四而一得二百一十箇。合問。

求徑術曰：以内外周相減餘，六而一添一為底徑，求高層亦同。

環朶脚底外周四十箇，高五層，問積幾何。

荅曰：四百二十箇。

術曰：層内減一餘六因，以減外周餘為内周併内，外周乘高於高内添一又乘，如四而一。

草曰：置五層内減一餘四，以六因之得二十四，以減外周四十餘一十六為内周，併外周共五十六，乘高五層得二百八十，又於五層添一得六，以二百八十乘之得一千六百八十為實，如四而一得積四百二十箇。合問。

明・周述學《曆宗筭會》卷一四《隙積》 六觚平朶

六觚正積二百一十六觚，周四十八觚，徑一十七觚，面九一觚，積三十六，負積一百四十四，隙徑一十二，互求折變。

正積求觚：置積二百一十六為實，用商除以觚法，約實上商得九。下法亦置九減一，以三策為正廉，乘之得廉法二十四，與上商除實盡，得觚九。

觚求積：置觚九為實，下置觚九減一，以三乘之得二十四為法，與實相乘，添一得積二百一十七。

負積求觚：置積一百四十四為實，用商除以觚法，約實得上商九。下法亦置九減一，半之得四，以四策為負廉乘之，得一十六為廉法，與上商除實盡，得九。又法倍積為實，以上商置九，下法亦置九，減一與負策四廉相乘，得三十二為法，以下法與上商除實亦得觚九。

觚求負積：置觚九為實，又置觚九減一，半之與負策四廉相乘，得一十六為法，法實相乘得負積一百四十四。

觚求一積：置觚九為實，別置觚九減一，半之為法，法實相乘得一觚斜積三十六。

觚徑求積：置觚徑一十七自之得二百八十九，減一四歸三因得積二百一十六。

觚積求徑：置積二百一十七，減一以四因三歸得二百八十八，加一共為實，以開平方法除之，得徑一十七。

觚徑求半積：置觚九為實，以全徑十七與觚九併半之減一為法，法實相乘得積一百〇八。

觚求周：置觚九減一以六乘之得周四十八。

周求觚：置周四十八為實，以六除之得八，添一得觚九。

觚周求積比類：圓箭一束，外周四十二隻，求積幾何。

置外周四十二隻，加中圍六隻，共得四十八隻。得二千一十六隻為實，以圓法十二除之得一百六十八隻，加中心一隻得積一百六十九隻。

觚積求周比類：圓箭積一百六十九隻，求外周幾何。

置積減一得一百六十八，以圓法十二乘之，得二千一十六為實，半圓法得六為從方。開平方法除之於實數之下，商置第一位，將從方一進得六十下法二進得百以商實得四十下法亦置上商得四百為方法，與從方共四百六十皆與上商四除實一千八百四十，餘實一百七十六乃二乘方法得八百，併入從方共得八百六十俱為方法，一退得八十六下法，再退得一〇商置第二位，以方法八十六商餘實得二隻，下法亦置上商二為隅法，以方隅二法共八十八皆與上商二除餘實盡，得外周四十二隻。

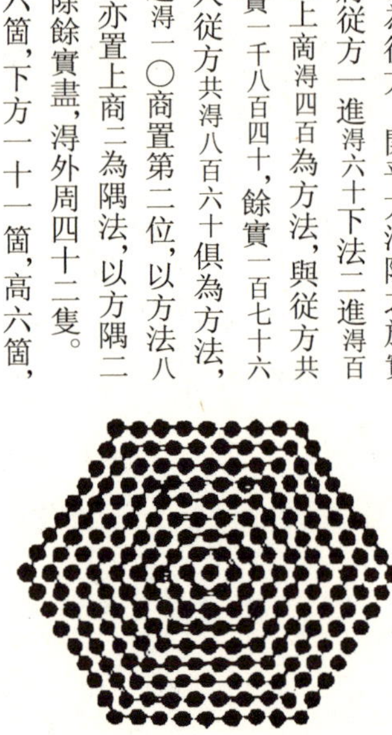

六觚平朶圖

四角平尖朶上方六箇，下方一十一箇，高六箇，求積幾何。

此方亭臺之比類。置上方六箇，自乘得三十六箇。下方一十一箇，自乘得一百二十一箇。以上下方相乘，得六十六箇。併三位，共得二百二十三箇。此以上俱方亭臺之本法。又以上下減下方，餘五箇。半之，得二箇半，隙積添此一段。併入前積，共得二百一十三箇半。以高六箇乘之，得一千三百五十三箇。如三而一，得積四百五十一箇。

明・黄龍吟《筭法指南》卷下《筭朶物法》 筭圓束木歌圓木一束数周圍，一頭添六互乘之，二六帰之為实数，中心添一的无疑。

今有箚竹一梱，圓束周圍一轉三十二根，问共若干。

荅曰：共竹一百〇二根。

法曰：以周三十二根在位，另以后位添六共三十八，相乘得一千二百十六根，復用五因折半六帰一遍，然後再添中心一根。是也。

明・程大位《筭法統宗》卷六《隙積》 今有圓箭一百二十七根，問外周若干。

答曰：外周三十六根。

又 今有圓箭一束，外周三十六根，問總積若干。

答曰：一百二十七根。

法曰：置外周三十六于左，亦置三十六於右，加內周六共四十二，相乘得一千五百一十二爲實。以圓束法十二除之，得一百二十六，加中心一。合問。

凡圓物乃是六箇周中包一。以六歸外周卽知層數也。自内之外每層加六，自外之内每層減六。

清・李鏐《衍元海鑑・如積正軌》 求六角束即圓束。

置外周加內周六，以外周乘，以束法十二除，加中心一，得六角束總數。

開六角束減中心一，以束法十二乘之為平方實，六為加縱，一為隅。開平方，得六角外周。

方圓箭束交參

算法

元・朱世傑《四元玉鑑》卷中《箭積交參》 今有方圓箭各一束，共積九十七隻。只云方箭外周不及圓箭外周四隻。問方圓周各幾何。

答曰：圓周二十四隻，方周二十隻。

術曰：立天元一為圓箭外周，如積求之，得四千六百八為益實，二十四為從方，七為從隅。平方開之得圓周。合問。

清・沈欽裴《四元玉鑑細草》 草曰：立天元一為圓箭外周，加六得 [算籌式] 乘外周，得 [算籌式] 合十二而一。今不受除，轉以一十六乘之，得 [算籌式] 又加一百九十二，得 [算籌式] 為帶分圓箭積於上。又置天元減四，餘 [算籌式] 為方箭外周，加八隻 [算籌式] 乘方箭外周，得 [算籌式] 合十六而一。今不受除，轉以十二乘之，得 [算籌式] 加一百九十二，得 [算籌式] 為帶分方箭積。并上得 [算籌式] 寄左。乃置共積九十七隻，以一百九十二乘之，得一萬八千六百二十四。與左相消，得 [算籌式] 四約之，得 [算籌式] 平方開之，得二十四隻，即圓周也。減四隻，餘二十隻，即方周也。合問。

清・羅士琳《四元玉鑑細草》 艸曰：立天元一為圓箭外周，加圓率六，得 [算籌式] 乘天元得 [算籌式] 合如倍圓率十二而一。今不除，轉以四通之，得 [算籌式] 加圓心四十八，得 [算籌式] 為四十八段圓積。副以不及四隻減天元，得 [算籌式] 為方箭外周，加方率八得 [算籌式] 乘方周得 [算籌式] 合如倍方率十六而一。今不除，轉以三通之，得 [算籌式] 加方心四十八，得 [算籌式] 為四十八段方積。併二積得 [算籌式] 為四十八段共積，寄左。乃以四十八通共積，得四千六百五十六為同數，消左，得 [算籌式] 開平方，得二十四隻為圓周，減四隻，餘二十隻為方周。合問。

元・朱世傑《四元玉鑑》卷中《箭積交參》 今有方圓箭各一束，共積六十二隻。只云二周相和得三十四隻。問方圓周各幾何。

答曰：方周一十六隻，圓周一十八隻。

術曰：立天元一為方箭外周，如積求之，得二千五百六十為正實，二百七十二為益方，七為正隅。平方開之得方周。合問。

清・沈欽裴《四元玉鑑細草》 草曰：立天元一為方箭外周，加八隻，得 [算籌式] 乘方周，得 [算籌式] 以十二乘之，得 [算籌式] 加一百九十二隻，得 [算籌式] 於上。又置二周相和三十四隻，減天元，餘 [算籌式] 為圓箭外周，加六隻 [算籌式] 乘之，得 [算籌式] 以十六乘之，得 [算籌式] 加一百九十二，得〔算籌〕并上得〔算籌〕寄左。乃置共積六十二隻，以分母一百九十二乘之，得一萬一千九百四。與左相消，得〔算籌〕四約之，得〔算籌〕平方開之，得一十六隻，即方周也。減二周相加三十四隻，得一十八隻，即圓周也。合問。

清·羅士琳《四元玉鑒細草》 艸曰：立天元一為方箭外周，加方率八得〔算籌〕乘天元得〔算籌〕合如倍方率十六而一。今不除，轉以三通之，得〔算籌〕加方心四十八得〔算籌〕為四十八段方積。副以天元減和三十四隻，得〔算籌〕為圓箭外周，加圓率六，得〔算籌〕乘圓周，得〔算籌〕合如倍圓率，十二而一。今不除，轉以四通之，得〔算籌〕加圓心四十八，得〔算籌〕為四十八段圓積。併二積得〔算籌〕為四十八段共積，寄左。乃以四十八通共積，得二千九百七十六為同數，消左，得〔算籌〕開平方，得十六隻為方周，以減三十四隻，餘十八隻為圓周。合問。

元·朱世傑《四元玉鑒》卷中《箭積交參》 今有方圓箭各一束，圓箭多如方箭一十二隻。只云方箭與圓箭外周等。問方圓周各幾何。

答曰：周各二十四隻。

術曰：立天元一為方圓箭外周，如積求之，得五百七十六為益實，一為正隅。平方開之。合問。

清·沈欽裴《四元玉鑑細草》 草曰：立天元一為圓箭外周，加六隻，得〔算籌〕乘圓周〔算籌〕以十六乘之，得〔算籌〕加一百九十二隻，得〔算籌〕於上。又立天元一為方箭外周，加八得〔算籌〕乘方周得〔算籌〕以十二乘之，得〔算籌〕加一百九十二隻，得〔算籌〕減上，餘〔算籌〕寄左。乃置多如一十二隻，以分母一百九十二乘之，得二千三百四隻。與左相消，得〔算籌〕四約之，得〔算籌〕平方開之，得二十四隻，即方圓周也。合問。

清·羅士琳《四元玉鑒細草》 艸曰：立天元一為方圓箭外周，加方率八得〔算籌〕乘天元得〔算籌〕合如倍方率十六而一。今不除，轉以三通之，得〔算籌〕加方心四十八，得〔算籌〕為四十八段方積。副以天元加圓率六，得〔算籌〕乘天元得〔算籌〕合如倍圓率，十二而一。今不除，轉以四通之，得〔算籌〕加圓心四十八，得〔算籌〕為四十八段圓積，以方積減之，得〔算籌〕為四十八段圓多方數，寄左。乃以四十八通圓多方數，得五百七十六為同數，消左得〔算籌〕開平方，得二十四隻。合問。

元·朱世傑《四元玉鑒》卷中《箭積交參》 今有方圓箭各一束，共積九十七隻。只云方箭外周如圓箭外周六分之五，問方圓周各幾何。

答曰：方周二十隻，圓周二十四隻。

術曰：立天元一為方箭外周，如積求之，得一十一萬四千為益實，一千三百二十為從方，二百一十九為從隅。平方開之，得方周。合問。

清·沈欽裴《四元玉鑑細草》 按：此實方隅誤多三倍。

草曰：立天元一為方箭外周，加八隻，得〔算籌〕乘外周，得〔算籌〕以十二乘之，得〔算籌〕又以二十五乘之，得〔算籌〕加四千八百隻，得〔算籌〕於上。又六因天元，得〔算籌〕合五而一。今省不除，即以為帶分圓箭外周，加三十隻〔算籌〕乘之，得〔算籌〕以十六乘之，得〔算籌〕加四千八百隻，得〔算籌〕并上，得〔算籌〕寄左。乃置共積九十七隻，以分母四千八百乘之，得四十六萬五千六百隻。與左相消，得 [illegible] 四約之，得 [illegible] 與術合，又可以三約之，得 [illegible] 平方開之，得二十隻，即方周也。六之，五而一，得二十四隻，即圓周也。合問。

清・羅士琳《四元玉鑒細草》 艸曰：立天元一為方箭外周，加方率八得 [illegible] 乘天元得 [illegible] 合如倍方率十六而一。今不除，轉以七十五通之，得 [illegible] 加方心一千二百，得 [illegible] 為一千二百段方積。副以天元六之，得 [illegible] 為五段圓箭外周，加五段圓率三十得 [illegible] 乘圓周，得 [illegible] 合如二十五段，倍圓率，三百而一。今不除，轉以四通之，得 [illegible] 加圓心一千二百，得 [illegible] 為一千二百段圓積。併二積得 [illegible] 為一千二百段共積，寄左。乃以一千二百通共積，得十一萬六千四百為同數，消左，得 [illegible] 開平方，得二十隻為方周，五而六得二十四隻為圓周。合問。此式尚可用三約。

元・朱世傑《四元玉鑒》卷中《箭積交參》 今有方圓箭各一束，共積六十二隻。只云圓箭外周太半與方箭外周強半等。問方圓周各幾何。

答曰：圓周一十八隻，方周一十六隻。

術曰：立天元一為圓箭外周，如積求之，得一萬九千四百四十為益實，三百六為從方，四十三為從隅。平方開之，得圓周。合問。

清・沈欽裴《四元玉鑑細草》 草曰：立天元一為圓箭外周，加六隻，得 [illegible] 乘外周，得 [illegible] 以十六乘之，得 [illegible] 又以八十一乘之 [illegible] 加一萬五千五百五十二隻，得 [illegible] 於上。以圓周三分之二為方周四分之三，則方周一得圓周九分之八。乃以 [illegible] 為帶分方周，加七十二隻 [illegible] 乘之得 [illegible] 以十二乘之，得 [illegible] 加一萬五千五百五十二隻，得 [illegible] 并上，得 [illegible] 寄左。乃置共積六十二隻，以分母一萬五千五百五十二乘之，得九十六萬四千二百二十四。與左相消，得 [illegible] 以四十八約之，得 [illegible] 平方開之，得一十八隻，即圓周也。八之，九而一，得一十六隻，即方周也。合問。

清・羅士琳《四元玉鑒細草》 艸曰：立天元一為圓箭外周，加圓率六，得 [illegible] 乘天元得 [illegible] 合如倍圓率十二而一。今不除，轉以二十七通之，得 [illegible] 加圓心三百二十四，得 [illegible] 為三百二十四段圓積。副以圓母三乘方子三，得九為方母。又以方母四乘圓子二，得八為方子，通天元得 [illegible] 為九段方周。加九段方率七十二，得 [illegible] 乘方周，得 [illegible] 合如八十一段，倍方率一千二百九十六而一。今四除之，得 [illegible] 加方心三百二十四，得 [illegible] 為三百二十四段圓積。併二積得 [illegible] 為三百二十四段共積，寄左。乃以三百二十四通共積，得二萬八十八為同數，消左，得 [illegible] 開平方，得十八隻為圓周，九而八得十六隻為方周。合問。

元・朱世傑《四元玉鑒》卷中《箭積交參》 今有方圓箭各一束，共積二百八十一隻。只云圓周四分之一，不及方周七分之五八隻。問方圓周各幾何。

答曰：方周二十八隻，圓周四十八隻。

［術］曰：立天元一為方箭外周，如積求之，得四十九萬三千一百三十六為益實，三萬一千三百四為益方，一千七百四十七為正隅。平方開之，得方周。合問。

清·沈欽裴《四元玉鑑細草》 草曰：立天元一為方箭外周，加八隻，得〔算籌〕乘外周，得太〔算籌〕以十二乘之，得太〔算籌〕又以四十九乘之，得太〔算籌〕加九千四百八隻，得〔算籌〕於上。五因天元，得太〔算籌〕合以七除之。今不受除，徑減五十六隻，餘〔算籌〕為帶分圓周四分之一，四之得〔算籌〕為帶分圓周，加四十二隻〔算籌〕乘之，得〔算籌〕以十六乘之，得〔算籌〕又以九十四百八隻加之，得〔算籌〕并上得〔算籌〕寄左。乃置共積二百八十一隻，以分母九千四百八乘之，得二百六十四萬三千六百四十八。與左相消，得〔算籌〕四約之，得〔算籌〕平方開之，得二十八隻，即方周也。五之，七而一，得二十，減八隻，餘十二隻。四之得四十八隻，即圓周也。合問。

清·羅士琳《四元玉鑑細草》 艸曰：立天元一為方箭外周，加方率八得〔算籌〕棄天元得太〔算籌〕合如倍方率十六而一。今不除，轉以一百四十七通得太〔算籌〕加方心二千三百五十二，得〔算籌〕為二千三百五十二段方積。副以方母七棄圓子一，仍得七為圓母，通八隻得五十六，為七段不及之減數。又以方子五先通天元，得太〔算籌〕為七段方周七分之五，以七段減數減之，得〔算籌〕為七段圓周四分之一，再以圓母四通之，得〔算籌〕為七段圓周，加七段圓率四十二，得〔算籌〕棄圓周，得〔算籌〕合如四十九段，倍圓率五百八十八而一。今不除，轉以四通之，得〔算籌〕加圓心二千三百五十二，得〔算籌〕為二千三百五十二段圓積。併二積，得〔算籌〕為二千三百五十二段共積，寄左。乃以二千三百五十二通共積得六十六萬九百一十二為同數，消左得〔算籌〕開平方，得二十八隻為方周，七而五，得二十隻，減八隻，餘十二隻，四之得四十八隻為圓周。合問。

元·朱世傑《四元玉鑑》卷中《箭積交參》 今有方圓箭各一束，共積二百八隻。只云圓箭外邊弟二層周數，士琳案：此下當有「加二隻」三字。與方箭外邊弟一層周數同，問方圓周各幾何。

答曰：圓周三十六隻，方周三十二隻。

術曰：立天元一為圓箭外周，如積求之，得九千九百三十六為益實，二十四為從方，七為從隅。平方開之，得圓周。合問。

清·沈欽裴《四元玉鑑細草》 草曰：立天元一為圓箭外周，加六隻，得〔算籌〕乘外周，得太〔算籌〕以十六乘之，得太〔算籌〕加一百九十二隻，得〔算籌〕於上。以六隻減圓外周，餘〔算籌〕為圓箭外邊第二層周數，加八隻，得〔算籌〕為方箭外邊第一層周數，加二隻，得〔算籌〕乘外周〔算籌〕得〔算籌〕以十二乘之，得〔算籌〕加一百九十二隻，得太〔算籌〕并

上得 丨≟‖丅Ⅲ 寄左。乃置共積二百八隻，以母分一百九十二乘之，得三萬九千九百三十六。與左相消，得 Ⅲ≟丅≣〨≟丅‖Ⅲ 四約之，得 ≟Ⅲ≡丅‖Ⅲ丅 平方開之，得三十六隻，即圓周也。減六餘三十隻，即圓箭外邊第二層周数。加二隻得三十二隻，即方周也。合問。

清·羅士琳《四元玉鑑細草》 艸曰：立天元一為圓箭外周，加圓率六，得 丅丨 乘天元，得 太丅丨 合如倍圓率十二而一。今不除，轉以四通之，得 太‖≣Ⅲ 加圓心四十八，得 Ⅲ≟‖≣Ⅲ 為四十八段圓積。副以圓率六減天元，得 〨丨 為圓外邊弟二層周數，加二得 〨丨 為方周，加方率八得 Ⅲ丨 乘方周得 ⊥〇丨 合如倍方率十六而一。今不除，轉以三通之，得 〨≟〇‖ 加方心四十八，得 太〇‖ 為四十八段方積。併二積，得 Ⅲ≟‖≣丅 為四十八段共積，寄左。乃以四十八通共積，得九千九百八十四為同數，消左得 Ⅲ≟〨⊥‖≣丅 開平方，得三十六隻為圓周，加二減六，得三十二隻為方周。合問。

三角箭束

算法

明·王文素《算學寶鑑》卷二一《算箭》 三角箭一束外圍二十七隻，問共積幾何。

荅曰：五十五隻。

法曰：置外圍二十七加上九共三十六隻，乘外圍得九百七十二，如十八而一得五十四，加

三角有心圖

心箭一。合問。

楊輝法曰：併內外圍共三十六，折半得一十八，以三層乘之得五十四，加心箭一隻，亦合問。

求層術曰：以九除外圍即得層數，其後餘三餘六者即內圍亦是一層也。

通證新術曰：置兩箇外圍，一位添三一位添六相乘，如十八而一。草曰：置兩箇二十七其一添三得三十，其二添六得三十三，相乘得九百九十為實，如十八而一得五十五隻，亦合問。

又新術曰：以三除外圍張兩位，一位添一箇一位添兩箇相乘，折半。草曰：以三除外圍得九，另再下九其一添一作十，其二添二作一十一，相乘得一百一十，折半五十五隻，又合問。

解曰：切照此積立之為三角箭，臥之為圭梁，蓋以三除外圍添一為底腳，再另添一相乘折半借圭梁法也。

三角箭外圍二十一隻，問共幾何。

荅曰：三十六隻。

通術草曰：置外圍二十一加上九共三十，以乘外圍得六百三十為實，如十八而一得三十五，加心箭一共三十六隻。合問。

新術曰：以九除外圍不滿者入外圍，折半乘層數。

新術草曰：置外圍二十一以九除之餘三，即內圍併外圍共二十四，折半得一十二，以三層乘之得三十六隻，亦合問。

又法：以三除外圍得七，添一作八。另置七上添二作九，以八九相乘得七十二，折半得三十六隻，亦同。

三角無心圖

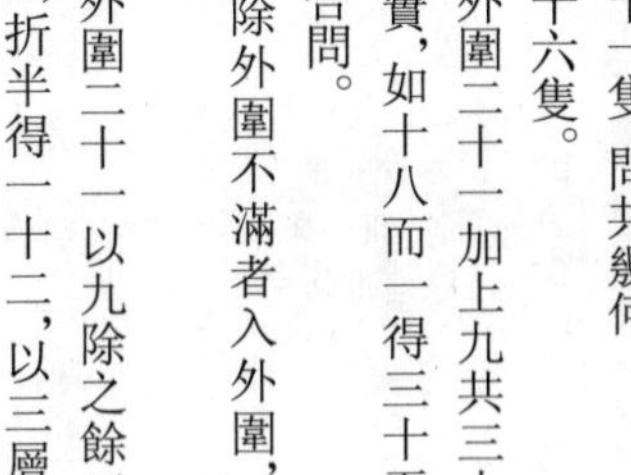

三角箭外圍二十四隻，問共幾何。

荅曰：四十五隻。

通術曰：置外圍二十四加入九共三十三，乘二十四得七百九十二為實，如十八而一得四十四，加心箭一共四十五隻。合問。

内六無心圖

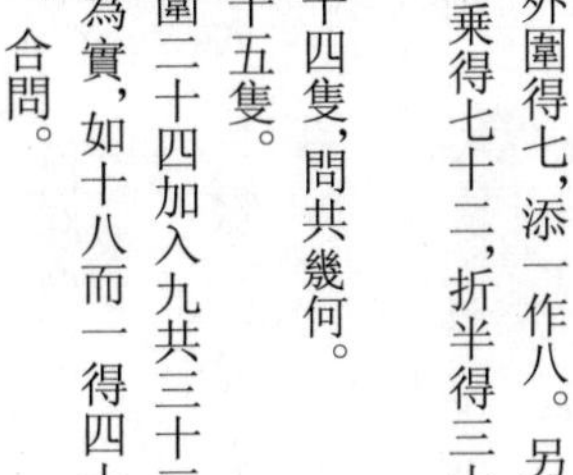

新術草曰：以九除外圍餘六，即內圍併入外圍二十四共三十，折半得一十五，乘三層得四十五隻，又合問。

又術：置兩箇外圍，一用三除一用六除，各添一相乘。

草曰：置外圍二十四以三除之，添一得九。另置外圍以六除之添一得五。以五九相乘得四十五，亦同。

又借圭垜法：以三除外圍添一得九。另添二得一十，相乘得九十，折半亦得四十五隻，又同。

明・程大位《算法統宗》卷六《隙積》 今有三稜物九十一箇，問外周若干。

荅曰：外周三十六箇。

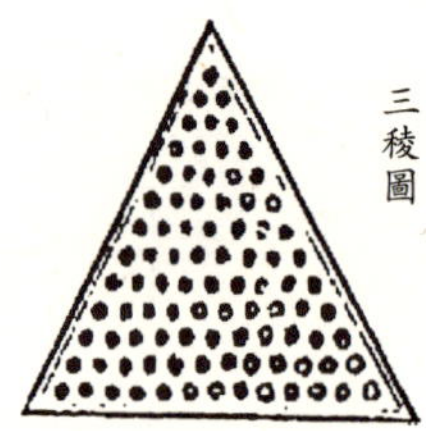

三稜圖

法曰：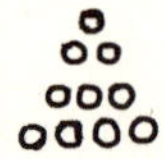 此是九箇周中包一。置三稜物九十一箇，減去中心一箇，餘九十箇，以十八乘之得一千六百二十箇爲實，以九爲縱列於右，用帶縱開平方法除之。初商三十于左，下法亦置三十於右縱九之上，共三十九。左右相呼，三三除實九百，又呼三九除實二百七十，餘實四百五十。另以下法初商三十倍作六十，不倍縱，共六十九。次商六十于左初商三十之次，下法亦置六于倍方之次，共七十五。以左六對右七，呼六七除實四百二十。又左六對右五，呼五六除實三十，恰盡。合問。

又 今有三稜物外周三十六箇，問總積若干。

荅曰：九十一箇。

法曰：置外周三十六于左，亦置三十六於右，加內周九共四十五，相乘得一千六百二十爲實，以束法十八除之得九十，加中心一。合問。

几三稜物乃是九箇周中包一，以九歸外周即知層數也。自內之外每層加九，自外之內每層減九。

清・李鏐《衍元海鑑・如積正軌》 求三角束

置外周加內周九，以外周乘以束，法十八除，加中心一，得三角束總數。

開三角束減中心一，以束法十八乘之為平方實。以九為加縱，一為隅。開平方，得三角外周。

圓錐垜、臺垜分部

題解

清・劉澤楨《中西數學通解》卷一八 堆垜

堆垜之法雖為體屬，而一面平堆與方圓束形，實與面同。方者，即平方法，其餘則用梯形法，以其每層皆遞加之數也。束形亦與一面平堆同法。蓋圓者以六包一，方者以八包一，三角者以九包一。有邊求積，有周求積，其理皆相通也。若夫以方面層累者，則為四角尖堆。以三角面層累者，則為三角尖堆。此二者每層之邊，皆同為遞加一數，每層之面積，則三角為按位相加之數，四角為按位自乘相加之數。其旁皆峻嶒不平，故與體亦微異也。至於以長方面層累者，則為長方堆。以全堆而減去上截者，則為平堆。總以尖堆之法禦之，分之以立其法，合之以明其理。

綜論

明・周述學《曆宗算會》卷一四《隙積》 尖方垜其形與方錐相類也，以下方張三位，以一位添一箇，相乘為平積。又以一位添半箇乘之，為高積，如三而一。上平方垜形類方臺，以上下方各自乘，再以上下方相乘，併三位。又上下相減，半其餘以加之，以高乘之，如三而一。

圓錐——臺垜

算法

元・朱世傑《四元玉鑑》卷下《果垜疊藏》 今有圓錐垜果子，積九百三十二箇，問高幾層。

答曰：一十五層。

術曰：立天元一為層數，如積求之，得七千四百五十五為益實，二為從方，三為從廉，二為從隅。立方開之。合問。

清・沈欽裴《四元玉鑑細草》 草曰：立天元一為層數，以加方錐積箇，八因之，得七千四百五十六。減一，奇層減一偶層不減。與左相消，得 〇|‖≡‖ 得 太‖≡‖ ⊥‖≡‖ 立方開之，得一十五。合問。

清・羅士琳《四元玉鑑細草》 求圓錐垛積，術倍層數加一，以層數乘之。又以層數加一乘之於上，偶層以層數從之，奇層以層數加一從之，八而一，此問「今有」下似當有「奇層」二字。

艸曰：立天元一為層數，倍之得 太‖ 加一得 |‖ 乘天元得 太|‖ 又以天元加一得 || 乘之，得 太|≡‖ 於上，副以天元加一得 || 併上位，此因奇層，故以天元加一併上，得 |‖≡‖ 合以八除之，為共積。今不除，便為帶分共積，內寄八為母，寄左。乃以八通共積，得七千四百五十六為同數，消左，得 ⊥‖≡‖ 開立方，得十五層。合問。

三角積	○	一	三	六	一○	一五	二一	二八
乘得數	一	七	一九	三七	六一	九一	一二七	一六九
奇層數差	一一	三一	五一	七一	九一	一一一	一三一	一五一

右奇層圖，列層數於上方，坿差於旁，列三角積於下方，以六乘下方，加上方差，置得數於中央。

偶層數	二	四	六	八	一○	一二	一四
乘得數	三	一二	二七	四八	七五	一○八	一四七
乘數	一半	三	四半	六	七半	九	一○半

右偶層圖，列層數於上方，列乘數於下方，上下相乘，置得數於中央。併奇偶兩圖中央得數為共積。

清・華蘅芳《古今算學叢書・垛積演較》 設層數為○則積亦為○，層數為一則積為一，層數為二則積為四，層數為三則積為十一，層數為四則積為二十三，層數為五則積為四十二。以此各積，用積較術求之，不能減得末較，惟將各積皆以八通之。凡遇層數為奇者，以一減其乘得之數，則得

八×○=○
(八×一)丅一=七
八×四=三二
(八×一一)丅一=八七
八×二三=一八四
(八×四二)丅一=三三五

以此諸數用積較術求之。

〇 | 一‖ ; 丅 丅 丅 一‖ ; 丅 =Ⅲ 一丅 一‖ ; ⊥丅 ≡Ⅲ ≡〇 一‖ ; |⊥Ⅲ ⊥丅 ≡‖ 一‖ ; Ⅲ≡Ⅲ |≡| ≡Ⅲ 一‖

從表求得

〇 〇 〇 〇 ; =Ⅲ 一丅 丅 ; ≡丅 一丅 ; 一‖

併得 〇 一‖ 一Ⅲ 一‖ 以六約之，得 〇‖≡‖ 以八通其共積消之，則可得 ⊥Ⅲ≡丅 ‖≡‖ 開立方，得十五，而餘實為一，因所求之層數為奇故

也。若層數爲偶者，必能開盡。

元・朱世傑《四元玉鑒》卷下《果垛疊藏》 今有圓錐垛果子一所，令甲乙丙分之。甲分五百八箇，乙分四百一箇，丙分二百一十五箇，從上給丙，次中給乙，次下與甲。問各分層數幾何。

答曰：甲三層，乙四層，丙九層。

術曰：立天元一為丙分層數，如積求之，得一千七百一十九為益實，二為從方，三為從廉，二為從隅。立方開之，得丙分層數。又立天元一為乙、丙共分層數，如積求之，得四千九百二十七為益實，二為從方，三為從廉，二為從隅。立方開之，得一十三層，內減丙分層數，餘即乙分層數。又立天元一為共高層數，如積求之，得八千九百九十二為益實，二為從方，三為從廉，二為從隅。立方開之，得共高一十六層，內減乙、丙層數，餘即甲分層數。合問。

清・沈欽裴《四元玉鑑細草》 草曰：立天元一為丙分層數，以丙分二百一十五，八之減一，奇層減一偶層不減。得一千七百一十九，寄左。乃置八倍圓錐積 太‖‖‖ 與左相消，得 [illegible] 立方開之，得九為丙層數。又立天元一為乙丙共分層數，以乙分四百一、丙分二百一十五并之，得六百一十六。八之減一，得四千九百二十七，寄左。乃置八倍圓錐積 太‖‖‖ 與左相消，得 [illegible] 立方開之，得十三，即乙丙共分層數。內減丙九層，餘四為乙層數。又立天元一為共高層數，以甲分五百八、乙分四百一、丙分二百一十五并之，得一千一百二十四，八之，得八千九百九十二，寄左。乃置八倍圓錐積 太‖‖‖ 與左相消，得 [illegible] 立方開之，得一十六為共高層數。內減乙丙十三層，餘三為甲分層數。合問。

清・羅士琳《四元玉鑑細草》 準前第七問例，給丙下似當有奇層二字，給乙下，似當有偶層二字，與甲下，又似當有奇層二字。

艸曰：立天元一為丙分層數，倍之得 太‖ 加一得 |‖ 以天元乘之得 太|‖ 又以天元加一得 || 乘之得 太|‖‖ 於上，副以天元加一，得 || 併上位，丙分奇層，故以天元加一，得 |‖‖‖ 合以八除之為丙積。今不除，便為帶分丙積，內寄八為母，寄左。乃以八通丙積，得一千七百二十為同數，消左，得 [illegible] 開立方，得九層為丙分層數。又立天元一為乙、丙共分層數，倍之得 太‖ 加一得 |‖ 以天元乘之，得 太|‖ 又以天元加一得 || 乘之，得 太|‖‖ 於上，副以天元加一，得 || 併上位，丙奇乙偶相併，仍為奇，故加一，得 |‖‖‖ 合以八除之，為乙丙共積。今不除，便為帶分乙、丙共積，內寄八為母，寄左。乃併乙、丙二分，得六百十六，以八通之，得四千九百二十八為同數，消左，得 [illegible] 開立方，得十六層，內減乙、丙共十三層，餘三層為甲分層數。合問。

清・華蘅芳《古今算學叢書・垛積演較》 前於圓錐果垛草中，已用積較術求得 [illegible] 式，茲可用之。將丙積以八通之得 [illegible] 與前式相消，即得 [illegible] 開立方，得九，而餘實爲一，因奇層故也，即知丙分得九層。將乙丙共積以八通之，得 [illegible] 與式相消，得 [illegible] 開立方，得十三，餘實爲一，亦因奇層之故，以九減之得四，爲乙分層數。將甲乙丙共積以八通之，得 [illegible] 與式相消，得 [illegible] 開立方，得十六適盡，因層數爲偶之故，內減乙丙層數，得三爲甲分層數。合問。

清・方中通《數度衍》卷一六《商功》 圓底尖堆式 底外周十五，問積若干。

曰：六十九。

術通曰：用少廣超三遞加法。首三尾十五得積，外加一得四十六。又首三尾九得積，外加一得十九。相并得六十五。又加四，共六十九爲積。

通曰：凡圓堆每層外周，自頂一起，第二層是三，第三層加三爲六。從此每層加三，故用超三也。每次以三爲首，故每外加頂一也。底外周十五，用圓包加六率推之。內周減六必九，故初曰首三尾十五，次曰首三尾九也。內周九內，又減六餘三，爲底中心。三上必有一頂，故又加四也。蓋底周至九者必加四，至十二者必加十一爲率也。

清・羅士琳《臺錐積演》 圓錐梁有底周求底積

術曰：底周加半圓率三為方邊，自之為方積。奇層加半圓率三，偶層不加。如倍圓率，十二而一，得底積。奇層底積較偶層多四分圓率之一，故求奇層加半圓率。

右一術為圓錐梁周積起例。凡圓錐梁，乃圓束積絫所成。然圓束外周遞差六，圓錐梁底周逐層遞差三，圓束應圓錐梁之底悉間一層。舊傳求圓束法秖可施于奇層之圓錐梁，而不能合于偶層。今小變之，使成通法。

圓錐梁有底周求共積

術曰：底周加圓率六為初數，初數減半圓率三為次數，初次兩數各自乘。相併復，以底周乘之于上。初次兩數相乘，偶層加半圓率三，奇層加圓率六，復以半圓率冪九乘之，加上，如二百一十六而一得共積。

臺錐梁有原層數及截去之層數求截積

術曰：兩層數相併為和，加一自之。又以半圓率三乘之為寄位，兩層數相減為較，自之併寄位加一，復以較乘之。視層數之奇偶，以二為加減率，原為奇層，截去偶層，則加原為偶層。截去奇層，則減。若原層數與截去之層數同為奇或同為偶，則不加不減。如十六而一，得截積。

臺錐梁有頂底兩周求截積

術曰：兩周相併為和，加圓率六，自之為初數。兩周相減為較，以半圓率三乘之為泛差。初數加圓率六，以半圓率冪九乘之為寄位。較加圓率六自之于上。置半圓率三，以初數乘之，加上減泛差。又以較乘之，併寄上。視層數之奇偶，以五十四為加減率。偶層臺錐梁不加不減。奇層者，兩周同為偶，則加。同為奇，則減。如四百三十二而一，得截積。

右三術前一術為圓錐梁有積求底周之根，後二術為臺錐梁有截積求層數及周數之根。《四元玉鑑》所謂天元如積是已。其後二術舍層數、周數之簡捷，而轉以兩層數、兩周數之和較立算。取塗似覺紆折，然法貴匯通，使徒務簡捷合乎此不合乎彼，則必枝枝節節而為之，非法也要之。

凡數莫遁乎和較之外，故本和較為通法，庶肆應咸宜矣。

層數	底周 置半圓率，以逐層減一乘之為逐層底周	層積 併奇層周為奇層積，併偶層周為偶層積梁	梁積 梁積即共積，不分奇偶，但併諸層積即得
一	一	一	一
二	三	三	四
三	六	七	一一
四	九	一二	二三
五	一二	一九	四二
六	一五	二七	六九
七	一八	三七	一〇六
八	二一	四八	一五四
九	二四	六一	二一五
一〇	二七	七五	二九〇
一一	三〇	九一	三八一
一二	三三	一〇八	四八九
一三	三六	一二七	六一六
一四	三九	一四七	七六三
一五	四二	一六九	九三二
一六	四五	一九二	一一二四

今有奇層圓錐梁一所，其底積六十一枚。求底周。

答曰：二十四枚。

艸曰：立天元為底周，加半圓率三，得 $\begin{array}{c}3\\1\end{array}$ 自之，得 $\begin{array}{c}9\\6\\1\end{array}$ 為方積。因奇層合加半圓率三，得 $\begin{array}{c}12\\6\\1\end{array}$ 為帶分底積，寄左。乃以十二通底積，得七百三十二為同數，消左，得 $\begin{array}{c}-720\\6\\1\end{array}$ 開平方，得二十四枚。合問。

今有偶層圓錐梁一所，其底積七十五枚。求底周。

答曰：二十七枚。

術曰：立天元為底周，加半圓率三，得 [3; 1] 自之，得 [9; 6; 1] 為方積。因偶層不加，即以 [9; 6; 1] 為帶分底積，寄左。乃以十二通底積，得九百為同數，消左得 [−891; 6; 1] 開平方，得二十七枚。合問。

今有奇層圜錐垛一所，其共積二百一十五枚。求底周。

答曰：二十四枚。

術曰：立天元為底周，加圜率六，得 [6; 1] 為初數。自之得 [36; 12; 1] 副以半圓率三減初數，得 [3; 1] 為次數。自之得 [9; 6; 1] 兩自乘數相併，得 [45; 18; 2] 以天元底周乘之，得 [太; 45; 18; 2] 于上。初次兩數相乘，得 [18; 9; 1] 因奇層合加圜率六，得 [24; 9; 1] 復以半圓率冪九乘之，得 [216; 81; 9] 加上得 [216; 126; 27; 2] 為帶分共積，寄左。乃以二百一十六通共積，得四萬六千四百四十為同數，消左得 [−46224; 126; 27; 2] 開立方，得二十四枚。合問。

今有偶層圜錐垛一所，其共積二百九十枚。求底周。

答曰：二十七枚。

術曰：立天元為底周，加圜率六，得 [6; 1] 為初數。自之得 [36; 12; 1] 副以半圓率三減初數，得 [3; 1] 為次數。自之得 [9; 6; 1] 兩自乘數相併，得 [45; 18; 2] 以天元底周乘之，得 [太; 45; 18; 2] 于上。初次兩數相乘，得 [18; 9; 1] 因偶層合加半圓率三，得 [21; 9; 1] 復以半圓率冪九乘之，得 [189; 81; 9] 加上得 [189; 126; 27; 2] 為帶分共積，寄左。乃以二百一十六通共積，得六萬二千六百四十為同數，消左得 [−62451; 126; 27; 2] 開立方，得二十七枚。合問。

今有奇層圜錐垛一所，從上截去九層。但知截餘臺錐垛積四百一枚。求原層數及截餘層數。

答曰：原十三層，截餘四層。

術曰：立天元為原層數，減截層得 [−9; 1] 為較。自之得 [81; −18; 1] 為寄位。副置天元，原層數加截層得 [9; 1] 為和，加一得 [10; 1] 自之得 [100; 20; 1] 又以半圓率三乘之，得 [300; 60; 3] 併寄位，得 [381; 42; 4] 加一得 [382; 42; 4] 復以較乘之，得 [−3438; 4; 6; 4] 因兩層數同為奇，即以 [−3438; 4; 6; 4] 為帶分截積，寄左。乃以十六通截積，得六千四百一十六為同數，消左得 [−9854; 4; 6; 4] 開立方，得十三層。合問。

又術曰：立天元為截餘層數，即兩層數較。自之得 [太; 0; 1] 為寄位。副倍截層，加天元得 [18; 1] 為和，加一得 [19; 1] 自之得 [361; 38; 1] 又以半圓率三乘之，得 [1083; 114; 3] 併寄位加一，得 [1084; 114; 4] 復以較乘之，得 [太; 1084; 114; 4] 與前帶分截積六千四百一十六為同數，相消得 [−6416; 1084; 114; 4] 開立方，得四層。合問。

今有偶層圜錐垛一所，從頂截去十層。但知截餘臺錐垛積八百三十四枚。求原層數及截餘層數。

答曰：原十六層，截餘六層。

術曰：立天元為原層數，減截層得 [−10; 1] 為較。自之得 [100; −20; 1] 為寄位。副置天元，原層數加截層，得 [10; 1] 為和，加一得 [11; 1] 自之得 [121; 22; 1] 又以半圓率三乘之，得 [363; 66; 3] 併寄位，得 [463; 46; 4] 加一得 [464; 46; 4] 復以較乘之，得 [−4640; 4; 6; 4] 因兩層數同為偶，即以 [−4640; 4; 6; 4] 為帶分截積，寄左。乃以十六通截積，得一萬三千三百四十四為同數，消左得 [−17984; 4; 6; 4] 開立方，得十六層。合問。

又艸曰：立天元為截餘層數，即兩層數較，自之得 [籌式] 為寄位。副倍截層，加天元得 [籌式] 為和，加一得 [籌式] 自之得 [籌式] 又以半圓率三乘之，得 [籌式] 併寄位加一，得 [籌式] 復以較乘之，得 [籌式] 與前帶分截積一萬三千三百四十四為同數，相消得 [籌式] 開立方，得六層。合問。

今有奇層圜錐垜一所，從頂截去八層。但知截餘臺錐積四百六十二枚。求原層數及截餘層數。

答曰：原十三層，截餘五層。

艸曰：立天元為原層數，減截層得 [籌式] 為較，自之得 [籌式] 為寄位。副置天元原，層數加截層，得 [籌式] 為和，加一得 [籌式] 自之得 [籌式] 又以半圓率三乘之，得 [籌式] 併寄位得 [籌式] 加一得 [籌式] 復以較乘之，得 [籌式] 因原為奇層，截去者偶層，合加二得 [籌式] 為帶分截積，寄左。乃以十六通截積，得七千三百九十二為同數，消左得 [籌式] 開立方，得十三層。合問。

又艸曰：立天元為截餘層數，即兩層數較，自之得 [籌式] 為寄位。副倍截層，加天元得 [籌式] 為和，加一得 [籌式] 自之得 [籌式] 又以半圓率三乘之，得 [籌式] 併寄位加一，得 [籌式] 復以較乘之，得 [籌式] 又合加二，得 [籌式] 與前帶分截積七千三百九十二為同數，相消得 [籌式] 開立方，得五層。合問。

今有偶層圜錐垜一所，從頂截去十三層。但知截餘臺錐積五百八枚。求原層數及截餘層數。

答曰：原十六層，截餘三層。

艸曰：立天元為原層數，減截層得 [籌式] 為較，自之得 [籌式] 為寄位。副置天元原，層數加截層，得 [籌式] 為和，加一得 [籌式] 自之得 [籌式] 又以半圓率三乘之，得 [籌式] 併寄位，得 [籌式] 加一得 [籌式] 復以較乘之，得 [籌式] 因原為偶層，截去者奇層，合減二得 [籌式] 為帶分截積，寄左。乃以十六通截積，得八千一百二十八為同數，消左得 [籌式] 開立方，得十六層。合問。

又艸曰：立天元為截餘層數，即兩層數較，自之得 [籌式] 為寄位。副倍截層，加天元，得 [籌式] 為和，加一得 [籌式] 自之得 [籌式] 又以半圓率三乘之，得 [籌式] 併寄位加一得 [籌式] 復以較乘之，得 [籌式] 又合減二得 [籌式] 與前帶分截積八千一百二十八為同數，相消得 [籌式] 開立方，得三層。合問。

士琳案：以上四題為一例。凡有原層數並臺錐垜積，求截去層數及截餘層數仿此。

今有奇層圜錐垜一所，從頂截去上層，僅餘四層。但知截餘臺錐積四百一枚。求原層數及截去層數。

答曰：原十三層，截去九層。

艸曰：立天元為原層數，先以餘層自之，得一十六為寄位副。倍天元以餘層減之，得 [籌式] 為和，加一得 [籌式] 自之得 [籌式] 又以半圓率三乘之，得〔籌式〕併寄位得〔籌式〕加一得〔籌式〕復以較乘之，得〔籌式〕因原層奇而餘層偶，是兩層數同為奇，即以〔籌式〕為帶分截積，寄左。乃以十六通截積得六千四百一十六為同數，消左得〔籌式〕開平方，得十三層。合問。

又艸曰：立天元為截去層數，倍之加餘層，得〔籌式〕為和，加一得〔籌式〕自之得〔籌式〕又以半圓率三乘之，得〔籌式〕併前寄位，加一得〔籌式〕復以較乘之，得〔籌式〕與前帶分截積六千四百一十六為同數，相消得〔籌式〕開平方，得九層。合問。

今有偶層圜錐垛一所，從頂截去上層，僅餘六層。但知截餘臺錐垛積八百三十四枚。求原層數及截去層數。

答曰：原十六層，截去十層。

艸曰：立天元為原層數，先以餘層自之，得三十六為寄位。副倍天元，以餘層減之得〔籌式〕為和，加一得〔籌式〕自之得〔籌式〕又以半圓率三乘之得〔籌式〕併寄位得〔籌式〕加一得〔籌式〕復以較乘之，得〔籌式〕因原層偶而餘層復偶，是兩層數同為偶，即以〔籌式〕為帶分截積，寄左。乃以十六通截積，得一萬三千三百四十四為同數，消左得〔籌式〕開平方，得十六層。合問。

又艸曰：立天元為截去層數，倍之加餘層，得〔籌式〕為和，加一得〔籌式〕自之得〔籌式〕又以半圓率三乘之，得〔籌式〕併前寄位，加一得〔籌式〕復以較乘之，得〔籌式〕與前帶分截積一萬三千三百四十四為同數，相消得〔籌式〕開平方，得十層。合問。

今有奇層圜錐垛一所，從頂截去上層，僅餘五層。但知截餘臺錐垛積四百六十二枚。求原層數及截去層數。

答曰：原十三層，截去八層。

艸曰：立天元為原層數，先以餘層自之，得二十五為寄位。副倍天元，以餘層減之得〔籌式〕為和，加一得〔籌式〕自之得〔籌式〕又以半圓率三乘之，得〔籌式〕併寄位，得〔籌式〕加一得〔籌式〕復以較乘之，得〔籌式〕因原層奇而餘層亦奇，是截層為偶，合加二，得〔籌式〕為帶分截積，寄左。乃以十六通截積，得七千三百九十二為同數，消左得〔籌式〕開平方，得十三層。合問。

又艸曰：立天元為截去層數，倍之加餘層，得〔籌式〕為和，加一得〔籌式〕自之得〔籌式〕又以半圓率三乘之，得〔籌式〕併前寄位，加一得〔籌式〕復以較乘之，得〔籌式〕又合加二得〔籌式〕與前帶分截積七千三百九十二為同數，相消得〔籌式〕開平方，得八層。合問。

今有偶層圜錐垛一所，從頂截去上層，僅餘三層。但知截餘臺錐垛積五百八枚。求原層數及截去層數。

答曰：原十六層，截去十三層。

艸曰：立天元為原層數，先以餘層自之，得九為寄位。副倍天元，以餘層減之，得〔籌式〕為和，加一得〔籌式〕自之得〔籌式〕又以半圓率三乘之，得〔籌式〕併寄位得〔籌式〕加一得〔籌式〕復以較乘之，得〔籌式〕因原層偶而餘層奇，是截層亦為奇，合減二得〔籌式〕為帶分截積，寄左。乃以十六通截積得八千一百二十八為同數，消左得〔籌式〕開平方，得十六層。合問。

又艸曰：立天元為截去截數，倍之加餘層，得〔籌式〕為和，加一得〔籌式〕

自之得 又以半圓率三乘之，得 併前寄位，加一得 復以較乘之，得 又合減二得 與前帶分截積八千一百二十八為同數，相消得 開平方，得十三層。合問。

士琳案：以上四題為一例。凡有兩層數和並臺錐梁積，求原層數及截去截餘兩層數者仿此。

今有偶層臺錐梁一所，共積四百一枚。但知頂周二十七枚。求底周。

答曰：底周三十六枚。

艸曰：立天元為底周，用減頂周，得 為較，以半圓率三乘之，得 為泛寄。副以頂底相併，得 為和，加圓率六得 自之得 為初數。加圓率六，得 以半圓率冪九乘之，得 為寄位。較加圓率六，得 自之得 于上。三因初數，得 加上得 減泛寄，得 又以較乘之，得 併寄位，得 因偶層，即以 為帶分共積，寄左。乃以四百三十二通共積，得一十七萬三千二百三十二為同數，消左得 開立方，得三十六枚。合問。

今有偶層臺錐梁一所，共積八百三十四枚。但知頂周三十枚。求底周。

答曰：底周四十五枚。

艸曰：立天元為底周，用減頂周，得 為較。以半圓率三乘之，得 為泛寄。副以頂底相併，得 為和，加圓率六得 自之得 為初數。加圓率六，得 以半圓率冪九乘之，得 為寄位。較加圓率六，得 自之得 于上。三因初數，得 加上得 減泛寄得 又以較乘之得 併寄位，得 因偶層，即以 為帶分共積，寄左。乃以四百三十二通共積，得三十六萬二百八十八為同數，消左得 開立方，得四十五枚。合問。

今有奇層臺錐梁一所，共積四百六十二枚。但知頂周二十四枚。求底周。

答曰：底周三十六枚。

艸曰：立天元為底周，用減頂周得 為較，以半圓率三乘之，得 為泛寄。副以頂底相併，得 為和，加圓率六得 自之得 為初數。加圓率六，得 以半圓率冪九乘之，得 為寄位。較加圓率六，得 自之得 于上。三因初數，得 加上得 減泛寄得 又以較乘之，得 併寄位得 因偶周合加五十四，得 為帶分共積，寄左。乃以四百三十二通共積，得一十九萬九千五百八十四為同數，消左得開立方，得三十六枚。合問。

今有奇層臺錐梁一所，共積五百八枚。但知頂周三十九枚。求底周。

答曰：底周四十五枚。

艸曰：立天元為底周，用減頂周得 為較，以半圓率三乘之，得 為泛寄。副以頂底相併得 為和，加圓率六得 自之得 為初數。加圓率六，得 以半圓率冪九乘之，得 為寄位。較加圓率六，得 自之得 于上。三因初數，得 加上得 減泛寄得 又以較乘之，得 併寄位得 因奇周，合減五十四，得 為帶分共積，寄左。乃以四百三十二通共積，得二十一萬九千四百五十六為同數，消左得 開立方，得四十五枚。合問。

士琳案：以上四題為一例。凡有底周求頂周者仿此。

今有偶層臺錐梁一所，共積四百一枚。但知兩周較九枚。求頂底兩周。

答曰：頂周二十七枚，底周三十六枚。

艸曰：立天元為頂周，先以半圓率三乘較，得二十七為泛寄。副倍天元頂周，得 太 加較得 為和。和加圓率六，得 自之得 為初數。又加圓率六得 以半圓率冪九乘之，得 為寄位。較加圓率六，得一十五，自之得二百二十五於上。三因初數，得 加上得 減泛寄得 又以較乘之得 併寄位得 因偶層，即以 為帶分共積，寄左。乃以四百三十二通共積，得一十七萬三千二百三十二為同數，消左得 開平方，得二十七枚。合問。

又艸曰：立天元為底周，倍之得 太 減較得 為和。和加圓率六，得 自之得 為初數。又加圓率六得 以半圓率冪九乘之，得 為寄位。三因初數，得 加前上位，得 減前泛寄，得 又以較乘之，得 併寄位，得 與前帶分共積一十七萬三千二百三十二為同數，相消得 開平方，得三十六枚。合問。

今有偶層臺錐梁一所，共積八百三十四枚。但知兩周較十五枚。求頂底兩周。

答曰：頂周三十枚，底周四十五枚。

艸曰：立天元為頂周，先以半圓率三乘較，得四十五為泛寄。副倍天元頂周，得 太 加較得 為和。和加圓率六，得 自之得 為初數。又加圓率六，得 以半圓率冪九乘之，得 為寄位。較加圓率六，得二十一，自之得四百四十一于上。三因初數，得 加上得 減泛寄得 又以較乘之，得

併寄位得　因偶層，即以　為帶分共積，寄左。乃以四百三十二通共積，得三十六萬二百八十八為同數，消左得　開平方，得三十枚。合問。

又艸曰：立天元為底周，倍之得 太　減較得　為和。和加圜率六，得　自之得　為初數。又加圜率六，得　以半圜率冪九乘之，得　為寄位。三因初數，得　加前上位，得　減前泛寄，得　又以較乘之得　併寄位得　與前帶分共積三十六萬二百八十八為同數，相消得　開平方，得四十五枚。合問。

今有奇層臺錐垜一所，共積四百六十二枚。但知兩周數同為偶其較十二枚。求頂底兩周。

答曰：頂周二十四枚，底周三十六枚。

艸曰：立天元為頂周，先以半圜率三乘較，得三十六為泛寄。副倍天元頂周，得 太　加較得　為和。和加圜率六，得　自之得　為初數。又加圜率六，得　以半圜率冪九乘之，得　為寄位。較加圜率六，得一十八，自之得三百二十四于上。三因初數，得　加上得　減泛寄得　又以較乘之，得　併寄位得　因偶周，合加五十四，得　為帶分共積，寄左。乃以四百三十二通共積，得一十九萬九千五百八十四為同數，消左得　開平方，得二十四枚。合問。

又艸曰：立天元為底周，倍之得 太　減較得　為和。和加圜率六，得　自之得　為初數。又加圜率六得　以半圜率冪九乘之，得　為寄位。三因初數，得　加前上位，得　減前泛寄得　又以較乘之，得　併寄位得　又合加五十四，得　與前帶分共積一十九萬九千五百八十四為同數，相消得　開平方，得三十六枚。合問。

今有奇層臺錐垜一所，共積五百八枚。但知兩周數同為奇其較六枚。求頂底兩周。

答曰：頂周三十九枚，底周四十五枚。

艸曰：立天元為頂周，先以半圜率三乘較，得一十八為泛寄。副倍天元頂周，得 太　加較得　為和。和加圜率六，得　自之得　為初數。又加圜率六得　以半圜率冪九乘之，得　為寄位。較加圜率六，得一十二，自之得一百四十四于上。三因初數，得　加上得　減泛寄得　又以較乘之，得　併寄位得　因奇周，合減五十四，得　為帶分共積，寄左。乃以四百三十二通共積，得二十一萬九千四百五十六為同數，消左得　開平方，得三十九枚。合問。

又艸曰：立天元為底周，倍之得　減較得　為和。和加圜率六，得　自之得　為初數。又加圜率六，得　以半圜率冪九乘之，得　為寄位。三因初數得　加前上位，得　減前泛寄，得　又以較乘之，得　併寄位得　又合減五十四得　與前帶分共積二十一萬九千四百五十六為同數，相消得　開平方，得四十五枚。合問。

士琳案：以上四題為一例。凡有和求頂底兩周者仿此。

清・强汝詢《垜積衍術》卷一　今有偶層圓錐垜十二層，問共積幾何。

答曰：四百八十九枚。

術曰：倍層數加一以乘層數。又以層數加一乘之，求得六倍方錐積加入層數，八而一。凡有方求圓者，三之四而一。若六之則當八而一也。但以六倍方錐積較八倍偶層圓錐積，每層尚少一枚，故于六倍方錐積内加入層數適補足八倍偶層圓錐積也。

又　今有奇層圓錐垜十三層，問共積幾何。

答曰：六百一十六枚。

術曰：如偶層法求得六倍方錐積，以層數加一幷之，八而一。奇層與偶層不同，以六倍方積加入層數尚少最上層一枚，故以層數加一幷之方補足八倍奇層圓錐積也。

又　今有偶層圓錐垜四百八十九枚，問層數幾何。

答曰：十二層。

術曰：八之積爲負實，二正方，三正廉，二正隅。開立方，得層數。

草曰：立天元一爲層數　倍之得　加一得　以乘天元得　於上。又以天元加一得　以乘上位得　爲八倍共積，寄左。置眞積亦以八通之得三千九百一十二爲同數，與左相消得　開立方，得十二。合問。

又　今有奇層圓錐垜六百十六枚，問層數幾何。

答曰：十三層。

術曰：八之積減一爲負實，二正從，三正廉，二正隅。開立方，得層數。

草曰：立天元一爲層數，倍之得　加一得　以乘天元得　於上。又置天元加一得　以乘上位得　爲方率。又以天元加一得　幷入方率得　爲八倍共積，寄左。置眞積亦以八通之得四千九百二十八爲同數，與左相消得　開立方，得十三。合問。

三角臺垜

算法

元・朱世傑《四元玉鑒》卷下《果垜疊藏》　今有三角臺垜果子，積五百四箇。只云上下面底子和得二十一箇，問上下面各幾何。

答曰：上面七箇，下面一十四箇。

術曰：立天元一為下面底子，如積求之，得六千一百三十二為益實，六百六十二為從方，三十為益廉，一為正隅。立方開之。合問。

清・沈欽裴《四元玉鑑細草》　草曰：立天元一為下面底子，置六段三角積　于下位。次置上下面底子和二十一箇，以底子減之，得　為上面底子。又減一，餘　為上半截三角底子。以　乘之，得　(人)[又]以　乘之，得　為六段上半截三角積於上位。以上位減下位，得六段三角臺垜式　半之，得　為三段三角臺垜果子積，寄左。乃置積五百四，三因之，得一千五百一十二。與左相消，得 [illegible] 立方開之，得一十四。合問。

清·罗士琳《四元玉鑑細草》卷下　艸曰：立天元一為下面底子，加一得 一｜ 以減和二十一箇，得 ‖〇〆 為上面虛底，置虛底加一，得 ‖一〆 乘虛底得 ≡‖〇 又以虛底加二，得 ‖一〆 乘之，得 [illegible] 合以六除之為虛尖積差。今不除，便為帶分虛尖積差，内寄六為母，副置天元加一，得 一｜ 乘天元得 太一｜ 又以天元加二得 ‖｜ 乘之，得 太‖‖｜ 合以六除之為三角尖積。今不除，便為帶分三角尖積，内寄六為母，以虛尖積差減之，得 [illegible] 為帶分臺垛共積，内寄六為母，寄左。乃以六通共積，得三千二十四為同數，消左，得 [illegible] 約為 [illegible] 開立方，得十四箇為下面，以減和二十一箇，餘七箇為上面。合問。

面　數	七	八	九	一〇	一一	一二	一三	一四
三角積	二八	三六	四五	五五	六六	七八	九一	一〇五
乘　數	四	四半	五	五半	六	六半	七	七半

右圖列面數於上方，列乘數於下方，上下相乘，置得數於中央。併中央所得為共積。

清·華蘅芳《古今算學叢書·垛積演較》　設上面爲一，則下面二〇，而積 一Ⅲ≡〇 上面二，則下面 一Ⅲ 而積 一‖=Ⅲ 上面三，則下面 一Ⅲ 而積 一｜≡丅 上面四，則下面 一Ⅲ 而積 Ⅲ≡Ⅲ 以此各積用積較術求之。

[illegible]

從表求得 [illegible] 以分母六通其共積消之，得 [illegible] 以二約之得 [illegible] 開立方，得七爲上面，以減二十一得十四爲下面。合問。

明·吳敬《九章算法比類大全》卷五《商功》　紅桃一垛積難知，共該六百八十枚。三角垛來尖上一，每面底子幾何爲。

荅曰：底子一十五箇。

法曰：置積六百八十箇，以六乘，得四千八十箇爲實。以二爲從方，三爲從廉，一爲隅筭。開立方法除之。合問。

明·王文素《筭學寶鑑》卷二一《堆垛》

垛成三角上平平，積數難求法另行。

脚底添一添兩箇，連乘三位寄傍停。

上邊面數另求取，添一乘來減一乘。

以少減多餘作實，六而取一積分明。

三角平垛上面四箇底脚六箇，問積幾何。

荅曰：四十六箇。

法曰：置底六箇七箇八箇連乘得三百三十六，另置上面四箇五箇三箇連乘得六十，以少減多餘二百七十六，如六而一得四十六箇。合問。

又　卷三七《開堆垛積》　三角垛口訣

三角尖堆求底脚，六因積數寔堪作。
二作從方三作廉，立方帶從開除約。

三角果堆積三百六十四枚，問每面底子幾何。

荅曰：一十二枚。

法曰：置積果三百六十四枚，以六因之得二千一百八十四為寔，以二為從方，以三為平隅，一為立隅開立方法除之，商甲一十置於積上為法，一遍乘平隅得三十。二遍乘立隅得一百為隅法。皆副併入從方共一百三十二為甲總，命上甲一十除一千三百二十。餘八百六十四。乃一因平隅仍是三十。二因立隅得二百皆入甲總，共三百六十二為乙方。另三因甲得三十加入平隅共三十三為一廉。仍以一為立隅。次商乙二續於甲後為法，一遍乘一廉得六十六。二遍乘立隅得四皆入乙方共得四百三十二為乙總，命乙除寔八百六十四適盡得與面底子一十二枚。合問。

明・周述學《曆宗算會》卷一四《隙積》 三角平垛

三角平尖垛方面三十五箇，求積幾何。

置方面三十五箇張二位，以一位增一箇得三十六箇相乘得一千二百六十箇，折半得積六百三十箇。

三角平尖垛積六百三十箇，求方面幾何。

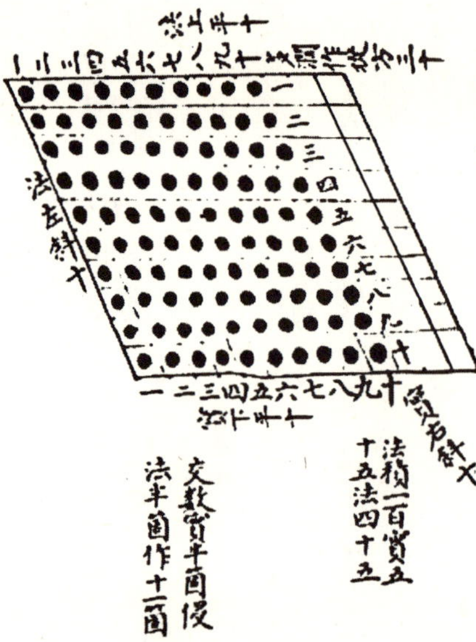

三角平垛圖

倍積得一千二百六十箇為實，以一為從方平方開之，商置第一位，將從方一進得十下法二進得百，以商實得三十，下法亦置上商得三百為方法，與從方共三百一十皆與上商三除實九百三十，餘實三百三十乃二乘方法得六百，併入從方共得六百一十俱為方法，一退得六十一下法再退得一。續商置第二位以方法六十一商餘實得五箇，下法亦置上商五為隅法，以方隅二法共六十六，皆與上商五除餘實盡，得底子三十五箇。

平尖垛積三十五箇，底較面多五箇，求面上幾箇。

倍積為實，五為從方開之，折半，得面層三箇。

三角立尖垛

三角立尖梁下方一面二十四箇，求積幾何。

法與鼈臑相類，以下方二十四箇張三位，却以一位添一箇得二十五箇相乘得六百箇，平積又以一位添二箇得二十六箇乘之得一萬五千六百箇為立積，如六而一得二千六百箇。

三角立尖梁積二千六百箇，求下方一面幾何。

以六乘積，得一萬五千六百箇為實，以二箇為從方，三箇為從廉。開立方法除之，商置第一位，將從方一進，得二十箇，從廉二進，得三百箇，下法三進，得千，以商實得二十。下法亦置上商得二千，以乘之得四千為隅法。又以上商二乘從廉，得九百，以方廉隅三法共四千六百二十，皆與上商二除實九千二百四十，餘實六千三百六十。乃二乘從廉得一千二百，三乘隅法得一萬二千，皆併入從方共一萬三千二百二十為方法，下法再置上商得二千，以三乘之得六千，加入從廉共得六千二百為廉法。乃方法一退，得一千三百二十三，廉法二退，得六十三，下法三退得一。續商置第二位，以方廉二法共一千三百八十五，以商實得四箇。下法亦置上商四，自乘得一十六為隅法。又以上商四乘廉法，得二百五十二。以方廉隅三法共二千五百九十，皆與上商四除實盡，得底子一面二十四箇。

三角立尖圖

明・程大位《算法統宗・難題》卷一五《少廣》 歌

紅桃一垛積難知，共該六百八十枚。

三角垜來尖上一，每面底子幾何爲。

荅曰：底子一十五箇。

法曰：置果積六百八十，以六因之得四千(令)[零]八十個爲實。以二爲縱方，三爲縱廉，以開立方法除之。初商一十于左。下法亦置一十於右，自乘得一百爲隅法。又以上商一十乘縱廉三得三十，併方二隅一百共一百三十二，皆與上商一十相呼，除實一千三百二十，餘實二千七百六十，乃二乘縱廉三十得六十，以三乘隅法一百得三百，皆併入縱方二，共三百六十二爲方法。下法再置上商一十，以三因得三十，加入縱廉三共三十三爲廉法。次商五，下法亦置五，自乘得二十五爲隅法，又次商五乘廉三十三得一百六十五，併方三百六十二、廉一百六十五、隅二十五三法，共五百五十二，皆與上商五相呼，除實盡，得底脚一十五個。合問。

清·方中通《數度衍》卷一六《商功》 三角尖堆式 底面七，問積若干。

曰：八十四。

術以底七加一爲八，乘底七得五十六。又以底七加二得九乘之，得五百〇四爲實。以六爲法，除實即得。

又 三角半堆式 每面上濶五，底濶十二。問積若干。

曰：三百四十四。

術：以底濶求出全積，得三百六十四。另以上尖虛底四，求出虛積二十。相減餘爲實積。

又術：上濶自乘得二十五，底濶自乘得一百四十四。兩濶相乘得六十。倍下濶加上濶，得二十九。并四數，共二百五十八爲實，以下濶減上濶餘七，加一，得高八爲法乘實，得二千〇六十四。又以六除之。亦合。

清·屠文漪《九章錄要》卷七

三角尖堆求積

假如三角尖堆下廣八，問積幾何。

法：置下廣八，別以下廣加一枚為九而乘之，得七十二。又以下廣加二枚為十而乘之得，七百二十，以六除之，得積一百二十。

又 三角平堆求積

法：以上廣自乘。又以下廣自乘。又以上廣乘下廣，又倍下廣加上廣，并四數，以高乘之，上下廣較加一數得高，以六除之得積。按此法亦可用之三角尖堆。

清·强汝詢《垜積衍術》卷一 今有三角錐垛果子十三層，問共積幾何。

荅曰：四百五十五枚。

術曰：層數加一以乘層數。又以層數加二乘之，六而一。凡三角垛底面之數亦與層數同，當以底子一面爲長一面爲闊層數爲高，長闊高連乘得一段立方冪加一加二，所以補虛積之闕合成六段三角錐垛積，故以六除之恰得實積也。

今有三角台垛九層，上層每面五枚。問共積幾何。

荅曰：四百三十五枚。

術曰：上面數減一以加層數爲底面，置底面加一以乘底面。又以底面加二乘之爲錐積。副置上面數減一以乘上面。又以上面加一乘之爲虛積。二積相減餘六而一。凡三角錐垛每面數與層數同。此問上層每面五枚，則是從第五層起截去錐垛上四層也。故先求得六倍錐垛積，次求得上四層，六倍虛積於六倍十三層錐垛積內減去六倍上四層虛積，餘得六倍九層台垛也。四角台垛倣此。前芟草台垛第三術亦此意也。

又 今有三角台垛九層，共積四百三十五枚。問上面幾何。

荅曰：五枚。

術曰：層數減一乘層數。又以層數加一乘之，以減六之共積，餘以三之層數約之爲負實，層數爲正方，一正隅。開平方除之。

草曰：立天元一爲上面數 太 / | 減一得 ≟太 / | 爲錐層，加一得 Ⅲ太 / | 以乘錐層得 ⊥‖太 / |⊥ / | 又以錐層加二得 |○太 / | 乘之得 ⊥‖○太 / ‖≡‖ / ‖⊥ / | 爲六倍錐積。副置天元減一得 ⊀太 / | 爲虛底，加一得 太 / | 以乘虛底得 太 / ⊀ / | 又以虛底加二得 |太 / | 乘之得 太 / ⊀ / ○ / | 爲六倍虛尖積，以減錐積得 ⊥‖○ / ‖≡Ⅲ / ‖⊥ 爲六倍台垛共積，寄左。置眞積以六通之得二千六百一十爲同數，與左相消得 |≟Ⅲ⊘ / ‖≡Ⅲ / ‖⊥ 以隅約之得 ⊥⊘ / ≟ / | 平方開之，得五枚。合問。

又 今有三角台垛共積四百三十五枚。只云上層每面五枚。問共幾層。

荅曰：九層。

術曰：六之共積爲負實，倍上面減一，以上面加一乘之。又上面減一以乘上面，并之爲正從，三之上面爲正廉，一正隅。開立方除之。

草曰：立天元一爲層數太丨，置上面減一加之得 𝍫太丨 爲錐層，加一得 𝍪太丨 以乘錐層得 𝍡𝍬丨太 又以錐層加二得 ⊥太 乘之得 丨〇𝍬〇𝍫丨太 爲六倍錐積。副置上面減一得四爲虛層，以五乘之得二十。又以六乘之得一百二十爲六倍虛尖積，以減錐積得 太𝍫𝍬丨 爲六倍台垛共積，寄左。置眞積亦以六通之得二千六百一十爲同數，與左相消得 〇丨𝍫𝍬丨 開立方，得九層。合問。

又 今有三角台垛共積四百三十五枚。只云上層每面五枚。問底面幾何。

答曰：一十三枚。

術曰：上面加一乘上面，又上面減一乘之加入六之共積爲負實，二正從，三正廉，一正隅。開立方除之。

草曰：立天元一爲底面 太丨 加一得 太丨丨 以乘天元得 太丨丨 又以天元加二得 太丨 乘之得 太〇𝍡丨 爲六倍錐積。置上面五枚減一得四爲虛層，加一得五以乘虛層得二十。又以虛層加二得六乘之得一百二十爲六倍虛尖積，以減錐積得 太〇𝍡𝍡丨 爲六倍台垛共積，寄左。置眞積亦以六通之得二千六百一十爲同數，與左相消得 〇𝍫𝍡𝍡丨 開立方，得一十三枚。合問。

四角臺垛

算法

元·朱世傑《四元玉鑒》卷下《果垛疊藏》 今有四角臺垛果子積一千一百一十一箇。只云上面不及下面五箇，卻多層數五箇，問上下面及高各幾何。

答曰：上面一十一箇，下面一十六箇，高六層。

術曰：立天元一為上面箇數，如積求之，得六千九百四十一為益實，九十五為益方，六為從隅。立方開之。合問。

清·沈欽裴《四元玉鑑細草》 草曰：立天元一為上面箇數，自乘得 太〇丨 乘層數 𝍤丨 得 太〇𝍤丨 六因之，得 太〇𝍡⊤ 於上位。次置不及五箇乘天元，得 太𝍤 又乘層數 𝍤丨 得 太𝍤𝍤 六因之，得 太〇𝍤〇 於中位。又置不及五箇倍之，加一，得 丨 以五乘之，得 𝍤𝍤 又乘層數 𝍤丨 得 𝍤⊥𝍤 於下位。并三位，得 𝍤𝍤⊥〇⊤ 為六段四角臺垛果子積，寄左。乃置積一千一百一十一，六因之得六千六百六十六。與左相消，得 𝍤𝍤⊥〇⊤ 立方開之，得一十一。合問。

清·羅士琳《四元玉鑒細草》 艸曰：立天元一為上面箇數，加不及五箇，得 𝍤丨 為下面箇數，副以卻多五箇減天元，得 𝍤丨 為層數，乃倍下面箇數得 〇𝍡 加一得 丨𝍡 與上面箇數相加，得 丨𝍡 乘下面箇數，得 𝍬𝍡⊥ 於上，副又倍上面箇數，得 太𝍡 減一得 𝍣𝍡 與下面箇數相加，得 𝍫𝍡 乘上面箇數得 太𝍫𝍡 併上位，得 𝍫𝍬〇⊤ 以層數乘之，得 𝍤𝍤⊥〇⊤ 合以六除之為共積。今不除，便為帶分共積，內寄六為母，寄左。乃以六通共積，得六千六百六十六為同數，消左得 𝍤𝍤⊥〇⊤ 開立方，得十一箇為上面箇數，加不及五箇，得十六箇為下面箇數，副以多五箇減上面箇數，餘六層為高。合問。

數	一一	一二	一三	一四	一五	一六
數得棄	一二一	一四四	一六九	一九六	二二五	二五六
面	一一	一二	一三	一四	一五	一六

右圖列面數於上下方,相乘置得數於中央。併中央所得為共積。

清・華蘅芳《古今算學叢書・垛積演較》 題言上面不及下面五箇,則其高必爲六層可知,題言卻多層數五箇,則上面必爲十一可知,而下面必爲十六亦可知。是所問三數皆可無待於算也。

若節去題中卻多層數五箇一句,則可設上面爲○,則下面爲五,而積爲 𝍭𝍤 上面爲一,下面爲六,而積爲 𝍱𝍠 上面爲二,下面爲七,而積爲 𝍠𝍫𝍨 上面爲三,下面爲八,而積爲 𝍠𝍱𝍨 以此諸數,用積較術求之。

𝍭𝍤 𝍱𝍠 𝍠𝍫𝍨 𝍠𝍱𝍨
𝍪𝍣 𝍫𝍥 𝍬𝍧 𝍮〇
𝍩𝍡 𝍩𝍡 𝍩𝍡 𝍩𝍡

從表求得 𝍭𝍤 𝍫〇 𝍥 以積消之得 Ŧ𝍫〇𝍩 𝍫〇 𝍥 以六約之,得 Ŧ 𝍯𝍤𝍠 𝍠 開平方,得十一爲上面,以五加之得十六,爲下面,以一加五得六,爲高之層數。合問。

明・吳敬《九章算法比類大全》卷五《商功》 今有方垛,上方六箇,下方一十一箇,高六箇。問共幾何。

答曰:四百五十一箇。

法曰:置上方自乘得三十六箇,下方自乘得一百二十一箇。上下方相乘,得六十六箇。併三位,得二百二十三箇。又上方減下方,餘五箇。半之得二箇半。併前共二百一十五箇半。以高六箇乘之,得一千三百五十三箇。如三而一。合問。

又 今有酒瓶一垛,下長一十四箇,闊九箇。問積幾何。

答曰:五百一十箇。

法曰:置下長一十四箇,減闊,餘折半,得二箇半。增半箇得三箇。加入下長共得一十七箇。以乘闊九箇得一百五十三箇。又以闊九箇添一箇得一十箇。乘之,得一千五百三十箇爲實。如三而一。合問。

清・屠文漪《九章録要》卷七 方平堆物求積

法:以下廣依尖堆法求積。別以上廣減一枚為下廣,依尖堆法求積。兩尖堆積相減得平堆積,此以平堆先作尖算,乃減上虛尖成平也。

長方平尖堆求積既云尖又云平者,上廣只一,故謂之尖,上長不止於一,故又謂之平也。

假如長方平尖堆下廣十,長十二,問積幾何。

法:以長廣較,半之得一,又加半枚得一有半,并長得十三有半,以廣乘之,得一百三十五。又以廣加一枚為十一而乘之,得一千四百八十五,以三除之,得積四百九十五。

又法:先以廣長較,加一枚得上長而算之,上廣只一不必言。假如平尖堆下廣八,長十三,問積幾何。此可知上廣一而長六也,乃倍下長加上長得三十二,以下廣乘之得二百五十六。又以下廣乘之得二千零四十八,并二百五十六得二千三百零四,以六除之得積三百八十四。

長方平堆求積

法:倍上長加下長,以上廣乘之,又倍下長加上長,以下廣乘之,并二數,加上下長較,上下廣較同,以高乘之,上下長較加一數得高,上下廣較亦同,以六除之得積。按此法,長方平尖堆及方尖堆、方平堆皆可用之,蓋一法而兼四法,可云居要者也。

清・李鏐《衍元海鑑・如積正軌》 堆垛法

方錐堆式

置底。又以底加頂一乘之,再以底加半頂乘之,三歸得積。

半截四方臺堆式

置底加頂一,以底乘之。又以底加半頂乘之,三歸得全積。又以上減一為上虛,底加頂一乘之,再以虛底加半頂乘之,三歸得虛積,減於全積,得半截堆積。

清・强汝詢《垛積衍術》卷一 今有四角台垛九層,上層每面五枚。問各積幾何。

答曰:七百八十九枚。

術曰:上面數減一加入層數爲底面,倍底面加一以底面乘之。又以底面加一乘之爲錐積。副置上面數減一以乘上面,又倍上面減一乘之爲虛積。二積相減餘六而一。

又術曰：倍底面加一，又加入上面，以底面乘之於上。又倍上面減一加入底面，以上面乘之加入上位。以層數乘之六而一。此即沈存中求積隙術也。垛積之法自此始開此術以禦錐垛未免繁重故記於此。

今有方台垛九層共積七百八十九枚，問上面幾何。

荅曰：五枚。

術曰：層數減一乘層數，又倍層數減一乘之以減六之共積，餘以六之層數約之爲負實，層數減一爲正從，一正隅。開平方除之。

草曰：立天元一爲上面 [算式] 減一得 [算式] 加入層數得 [算式] 爲錐層，倍之得 [算式] 加 [算式] 得 [算式] 以乘錐層得 [算式] 又以錐層加一得 [算式] 乘之得 [算式] 爲六倍方錐積。副置天元減一得 [算式] 爲虛層，倍之得 [算式] 加一得 [算式] 以乘虛層得 [算式] 又以虛層加一得 [算式] 乘之得 [算式] 爲六倍虛尖積，以減錐積得 [算式] 爲六倍台垛積，寄左。置眞積七百八十九亦以六通之得四千七百三十四爲同數，與左相消得 [算式] 以隅約之得 [算式] 開平方，得五枚。合問。

今有方台垛共積七百八十九枚。只云上層每面五枚。問共幾層。

荅曰：九層。

術曰：六之共積爲負實，倍上面減一，以上面減一乘之。副置倍上面減一，又倍上面減二相加以乘上面，并之爲正從，六之上面減三爲正廉，二正隅。開立方除之。

草曰：立天元一爲層數 [算式] 置上面減一加之得 [算式] 爲錐層，倍之得 [算式] 加一得 [算式] 以乘錐層得 [算式] 又以錐層加一得 [算式] 乘之得 [算式] 爲六倍錐積。副置上面減一得四爲虛層，倍之加一得九，以乘虛層得三十六。又以虛層加一得五乘之得一百八十爲六倍虛尖積，以減錐積得 [算式] 爲六倍台垛共積，寄左。置眞積亦以六通之得四千七百三十四爲同數，與左相消得 [算式] 開立方，得九。合問。

今有方台垛共積七百八十九枚。只云上層每面五枚。問底面幾何。

荅曰：一十三枚。

術曰：倍上面減一以乘上面。又以上面減一乘之，加入六之共積爲負實，一正從，三正廉，二正隅。開立方除之。

草曰：立天元一爲底面 [算式] 倍之得 [算式] 加一得 [算式] 以乘天元得 [算式] 又以天元加一得 [算式] 乘之得 [算式] 爲六倍方錐積。置上面五枚減一得四爲虛底，倍之加一得九，以乘虛底得三十六。又以虛底加一得五乘之得一百八十爲六倍虛尖積，以減錐積得 [算式] 爲六倍台垛積，寄左。置眞積亦以六通之得四千七百三十四爲同數，與左相消得 [算式] 開立方，得一十三。合問。

又草曰：立天元一爲底面 [算式] 置上面減一得四，以減底面得 [算式] 爲層數。乃倍天元得 [算式] 加一得 [算式] 加入上面五枚得 [算式] 以天元乘之得 [算式] 於上。又倍上面減一得九加入天元得 [算式] 以上面乘之得 [算式] 與上位相加得 [算式] 以層數 [算式] 乘之得 [算式] 爲六倍共積，寄左。置眞積以六通之得四千七百三十四爲同數，與左相消得 [算式] 開立方，得一十三。合問。右草以沈氏積隙術入之所得。開方式與前草同。

芻甍垛分部

綜論

明·周述學《曆宗算會》卷一四《隙積》 上尖長梁與芻甍相類，其形底濶斂而高尖，下長斂而上短，其法以下長減闊，餘折半增半箇併入下長，以乘闊。又以濶添一箇乘之，如三而一。又法上長淂數，則倍上長併入下長，作三長以乘下廣。又以下廣添一箇乘之其積淂六，故如六而一。

算法

宋·楊輝《詳解九章筭法》卷二七《商功》 比類屋蓋垛下廣五箇，長九箇，高九箇。問計幾何。荅曰：四百五箇。術曰：下廣乘之爲平積。以長加一乘之爲高。積如方積，不用加一，如二而一。

又 比類菓子一垛，下長九箇，上長四箇，廣六箇，高六箇。問計多少。荅曰：一百五十四箇。法曰：倍下長，併入上長。以廣乘之，高與廣同副置一位。又高乘之，併之爲實。如六而一。

元·朱世傑《四元玉鑒》卷下《果垛疊藏》 今有芻甍垛果子積一百箇，只云。併下長、下闊及高為共，減二餘以平方開之，與上長等，下長多於上長中半，上長不及下闊一箇，問上、下、長、闊及高各幾何。

答曰：上長四箇，下長八箇，下闊五箇，高五箇。

術曰：立天元一為上長，如積求之，得一百二十為益實，二為從方，五為益上廉，一為益下廉，一為正隅，三乘方開之。合問。

清·沈欽裴《四元玉鑑細草》 草曰：立天元一為上長，倍之得 太‖ 為下長。天元加一，得 一| 為下闊。天元自乘，加二 ‖〇| 併下長下闊 |‖ 減之，得 |〣| 為高。倍下長加上長，得 太〣 於上位。又倍下長加上長 太〣 以下闊 一| 乘之，得 太〣〣 於下位。併上下位，得 太〇〣 以高 |〣| 乘之，得 太〇〣〣〣 為六段芻甍垛果子積，寄左。乃置積一百箇，六因之得六百。與左相消，得 ⊤〇〇〣〣〣 五約之，得 〇‖〣〆| 三乘方開之，得四箇。合問。

清·羅士琳《四元玉鑒細草》 艸曰：立天元一為上長，倍之得 太‖ 為下長，副置上長加不及一箇，得 一| 為下闊，又置上長自之，得 太〇| 加所減之二箇，得 ‖〇| 為併數，以下長下闊減之，得 |〣| 為高，乃倍下長得 太〣 加上長得 太〣 以下闊加一得 ‖| 乘之得 太〇〣 乘高得 |〇〣〣〣 合以六除之為共積。今不除，便為帶分共積，內寄六為母，寄左。乃以六通共積，得六百為同數，消左，得 ⊤〇〇〣〣〣 約為 〇‖〣〆| 開三乘方得四箇為上長，倍之得八箇為下長，副以上長加不及一箇，得五箇為下闊。又以上長自之，得十六箇，加所減之二箇，得十八箇為併數，以下長下闊減之，餘五層為高。合問。

闊差	一	二	三	四	五
乘得數	四	一〇	一八	二八	四〇
長差	四	五	六	七	八

右圖列闊差於上方，列長差於下方，上下相乘，置得數於中央。併中央所得為共積。

清·華蘅芳《古今算學叢書·垛積演較》 凡芻甍垛其上濶必爲一，而其高必等於下濶。所以據題之下半節言，下長多於上長中半，上長不及下濶一箇，設上長爲二，則下長爲四，高爲三，下濶亦爲三，而積爲二十。設上長爲三，則下長爲六，高爲四，下濶亦爲四，而積爲五十。設上長爲四，則下長爲八，高爲五，下濶亦爲五，而積爲一百。

試列各積，用積較之術，求其開方式以證之。

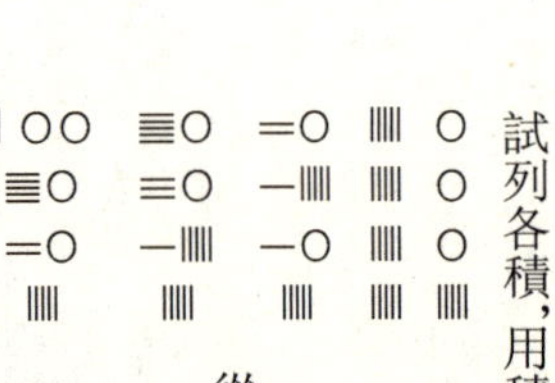

從表求得  以分母六，通其共積消之，得

 以五約之，得 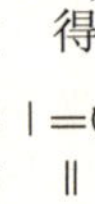 開立方，得四，爲上長。合問。

以積較術推此題。題中所言，併下長下濶及高爲共餘以平方開之與上長等，云云，皆可不用，而天元則不能也。

明・王文素《算學寶鑑》卷三七《開堆垛積》 直垛口訣

脊垛開求廣與長，三因積數寔為良。差添一箇須還折，併入差中作從方。另把從方添一個，號為廉法下邊張。立方開積先知廣，廣内加差便是長。

長脊垛積物一百六十箇，且云廣不及下長七箇，問長廣上下各幾何。

荅曰：上長八個，下長十二個，廣五個。

法曰：置積一百六十以三因之得四百八十為寔，另置不及七箇添一得八，折半得四添入不及共十一為從方，另置從方添一得十二為從廉，一為立隅開立方法除之，商五置於積上為法。一遍乘從廉得六十。二遍乘立隅得二十五。皆併入從方共九十六，命上商五除寔四百八十恰盡，得廣五箇加不及七箇得下長十二個，於不及添一得上長八個。合問。

又 屋蓋梁口訣

積開屋蓋倍為強，差較將來作從方。廉法差中添一箇，立方開廣法尤良。

屋蓋梁積八百六十四個，且云廣不及長十六個，問長廣幾何。

荅曰：二十四，廣八個。

法曰：倍積得一千七百二十八為寔，以不及十六為從方，另添一個得十七為從廉，一為立隅開立方法除之，商八置於積上為法。一遍乘從廉得一百三十六。二遍乘立隅得六十四。皆併入從方共二百一十六，命上商八除寔盡得廣八個，加不及長十六得長二十四個。合問。

明・周述學《曆宗算會》卷一四《隙積》 上尖長垜下長一十四箇，闊九箇，求積幾何。

此蒭甍之比類也。置下長一十四箇減闊，餘折半得二箇半，增半箇得三箇併入下長共淂一十七箇，以乘闊九箇淂一百五十三箇。又以闊九箇添一箇只得一十箇乘之得一千五百三十箇為實，如三而一，得積五百一十箇。

又 酒瓶一垜，積五百一十箇，闊不及長五箇，求長闊各幾。

以三乘積得一千五百三十箇為實，半不及得二箇半添半箇併入不及五箇共得八箇為從方，再添一箇共得九箇為從廉。開立方法除之，上商九箇，下法亦置上商九自乘淂八十一為隅法。又以上商九乘從廉得八十一，以方廉隅三法共一百七十皆與上商九除實盡，得闊九箇，加不及五箇得長一十四箇。

酒罈一垜，下廣五箇，長一十二箇，上長八箇，求積幾何。

倍下長併入上長共得三十二箇，以乘下廣五箇得一百六十箇，高與廣同。又以下廣添一得六箇乘之得九百六十箇，如六而一得積一百六十箇。

又法：倍上長併入下長，以廣乘之，副置一位。又高乘併之為實，如六而一。此與蒭甍治積相較多倍上長併下長以廣乘之積數一段也。

酒瓶垜積一百六十箇，下廣不及下長七箇，又不及上長三箇，求上下長並下廣各幾。

以六乘積得九百六十箇為實，倍不及下長得一十四箇，加不及上長三箇共得一十七箇為從方，再加不及上長三箇共二十箇為從廉，以三為隅筭開立方法除之，上商五箇，下法亦置上商五自乘得二十五箇。又以隅筭三乘之得七十五為隅法。又以上商五乘從廉得一百，以方廉隅三法共一百九十二皆與上商五除實盡，得下廣五箇，各加不及得上長八箇，下長一十二箇。

清・方中通《數度衍》卷一六《商功》 四面平堆式 底八，長十三，問積若干。

曰：三百八十四。

術：以長減濶，餘五折半得二五。又加半得三，并入長，得十六。以濶乘之，得一百二十八。又以濶加一作九乘之，得一千一百五十二爲實。以三爲法，除實卽得。四面尖堆，卽四面順加。四面平堆，卽長濶順加。說詳少廣。

又式　横面下十，上一。正面下十二，上三。問積若干。

曰：四百九十五。

術：倍正下爲二十四，加正上，得二十七。以横下乘之，得二百七十。再乘横下，得二千七百。加入二百七十。共二千九百七十爲實，以六爲法，除實卽得。

通曰：右二式，前式若知正面上數，可用後法。後式可用前法。

清·李鏐《衍元海鑑·如積正軌》　堆垜法

蒭甍堆式　先置闊作方錐底，以底加頂一乘之。又以底加半頂再乘，三歸得數於上，另以底加頂一，以底乘之，折半，得數為一絎尖堆積，再以長闊較乘之，併上，得全體積。

芻童垜分部

綜論

宋·沈括《夢溪筆談》卷一八《技藝》　隙積者，謂積之有隙者，如累棋、層壇及酒家積罌之類。雖似覆斗，四面皆殺，緣有刻缺及虛隙之處，用芻童法求之，常失於數少。

又　算術求積尺之法，如蒭甍、芻童、方池、冥谷、塹堵、鼈臑、圓錐、陽馬之類，物形備矣，獨未有隙積一術。古法：凡算方積之物，有立方，謂六冪皆方者。其法再自乘則得之。有塹堵，謂如土牆者，兩邊殺，兩頭齊。其法并上下廣，折半以為之廣以直高乘之，以直高以股，以上廣減下廣，餘者半之為勾。勾股求弦，以為斜高。有芻童，謂如覆斗者，四面皆殺。其法倍上長加入下長，以上廣乘之；倍下長加入上長，以下廣乘之；并二位，以高乘之，六而一。隙積者，【略】。

余思而得之，用芻童法為上行，下行別列。下廣以上廣減之，餘者以高乘之，六而一，併入上行。假令積罌：最上行縱横各二罌，最下行各十二罌，行行相次。先以上二行相次，率至十二，當十一行也。以芻童法求之，倍上行長得四，併入下長得十六，以上廣乘之，得之三十二；又倍下行長得二十四，併入上長，得二十六，以下廣乘之，得三百一十二；并二位得三百四十四，以高乘之，得三千七百八十四。重列下廣十二，以上廣減之，餘十，以高乘之，得一百一十，併入上位，得三千八百九十四，六而一，得六百四十九，此為罌數也。芻童求見實方之積，隙積求見合角不盡，益出羨積也。

明·周述學《曆宗算會》卷一四《隙積》　上平長梁與蒭童相類，其形上長斂短，上闊斂狹，頂平而不尖，法倍上長加入下長，以上廣乘之倍下長加入上長，以下廣乘之，併二位。又以下長減上長，餘亦併之。以高乘之為實，如六而一。屋蓋長梁與塹堵相類，其形下闊斂而上尖，其長則上下相等也。以下廣與長相乘為平積，以高加一箇乘之，如二而一。凡立積長垜，以闊減之即方垜也。其多闊之數，卽方垜之從也。假令上尖長垜徑求從積，以長減闊，半其餘而入於餘，與闊乘之，以高添一，而又乘之，以三歸之，淂其從積。併入上尖方垜之積，即成上尖長梁之積矣。如以長減濶，半其餘與濶相乘，加一於高，而又乘之，則不必三歸而亦淂上尖方垜之從積矣。

算法

宋·楊輝《詳解九章算法》卷二七《商功》　比類菓子一垜，下長九箇，上長四箇，廣六箇，高六箇。問計多少。答曰：一百五十四箇。法曰：倍下長併入上長，以廣乘之，高與廣同。副置一位，又高乘之，併之爲實。如六而一。

又　比類菓子一垜，上長四箇，廣二箇，下長八箇，廣六箇，高五箇。問計幾何。答曰：一百三十箇。法曰：倍上長併下長，以上廣乘之，得三十二。別倍下長併上長，以下廣乘之，得一百二十二位。相併一百五十二，此芻童治積本法。以上長減下長，餘四，亦併之。菓子乃是圓物，與方積不同，故增入此段，以高乘之七百八十。如六而一。亦芻童本法。

元·朱世傑《四元玉鑑》卷下《果垜疊藏》　今有芻童垜果子積八十二箇。只云併下長上闊平方開之加入下闊，共得八箇，下闊不及下長二箇，上闊如上長二分之一，高與上長同，問上、下、長、闊及高各幾何。

答曰：下闊五箇，下長七箇，高四層，上闊二箇，上長四箇。

術曰：立天元一為下闊，如積求之，得九十五萬三千一百九十為正實，七十七萬二千三百六十八為益方，二十五萬四千八百六十一為從上廉，四萬三千七百三十八為益二廉，四千一百一十二為從三廉，二百一為益四廉，四為正隅，五乘方開之。合問。

清・沈欽裴《四元玉鑑細草》 草曰：立天元一為下闊，以減八箇，餘 [illegible] 為開數，自之，得 [illegible] 為下長上闊和。以天元加二 [illegible] 為下長，減之，餘 [illegible] 為上闊，倍之，得 [illegible] 為上長，亦為高。倍上長 [illegible] 下長 [illegible] 從之，得 [illegible] 以上闊 [illegible] 乘之，得 [illegible] 於上位。倍下長 [illegible] 上長 [illegible] 從之，得 [illegible] 以下闊太 [illegible] 乘之，得 [illegible] 於中位。又以上長 [illegible] 減下長 [illegible] 餘 [illegible] 於下位。併三位，得 [illegible] 又以半高 [illegible] 乘之，得 [illegible] 為三段芻童垛果子積，寄左。乃置積八十二箇，三因之，得二百四十六。與左相消，得 [illegible] 五乘方開之，得五箇。合問。

清・羅士琳《四元玉鑑細草》 艸曰：立天元一為下闊，加不及二箇，得 [illegible] 為下長，以下闊減八箇，得 [illegible] 為開方數，自之得 [illegible] 為下長上闊和，以下長減之，得 [illegible] 為上闊，倍之得 [illegible] 為上長，又為高，乃倍上長，得 [illegible] 加下長得 [illegible] 以上闊乘之，得 [illegible] 於上，又倍下長，得 [illegible] 加上長，得 [illegible] 以下闊乘之，得 太 [illegible] 於中，副置下長，以上長減之，得 [illegible] 於下。併三位，得 [illegible] 用與高相乘，得 [illegible] 合以六除之為共積。今不除，便為帶分共積，內寄六為母，寄左。乃以六通共積，得四百九十二為同數，消左，得 [illegible] 約為 [illegible] 開五乘方，得五箇為下闊，加二得七箇為下長，副以下闊減八餘三，自之得九，以下長減之，餘二箇為上闊，倍之得四箇為上長，又為高四層。合問。

闊差	二	三	四	五
乘得數	八	一五	二四	三五
長差	四	五	六	七

右圖列闊差於上方，列長差於下方，上下相乘，置得數於中央。併中央所得為共積。

清・華蘅芳《古今算學叢書・垛積演較》 題言下濶不及下長二箇，則可見上濶亦必不及上長二箇。題又言上濶如上長二分之一，則可見上濶必爲二箇，上長必爲四箇。題又言高與上長同，則其高必爲四層。高既爲四層，則下濶必多於上濶三箇，下長亦必多於上長三箇，所以知下濶必爲五，下長必爲七。如是則題中所問五箇數，均可視題之下半節而知之，無煩推算也。

試將題之上半節，以所知之各數核之。下長上濶之和，其數爲九。開平方，得三，以下濶五加之，共得八箇。垛之第一層爲八，第二層爲十五，第三層爲二十四，第四層爲三十五。以此四數相加，得積八十二箇。合問。

明・吴敬《九章算法比類大全》卷五《商功》 今有長棧酒，廣一十八瓶，長八十六瓶，高九瓶。問該幾何。

荅曰：一萬三千九百三十二瓶。

法曰：置廣一十八瓶，以高九瓶乘之，得一百六十二瓶。以長乘之。合問。

又 今有方棧酒，四面各一十六瓶，高一十五瓶。問該幾何。

荅曰：三千八百四十瓶。

法曰：置方一十六瓶自乘，得二百五十六瓶。以高一十五瓶乘之。合問。

又 今有果子一垜，上長四箇，廣二箇，下長八箇，廣六箇，高五箇。問積幾何。

荅曰：一百三十箇。

法曰：倍上長爲八箇，加入下長共得一十六箇。以上廣二箇乘之，得三十二箇。倍下長爲一十六箇，加入上長共二十箇。以下廣六箇乘之，得一百二十箇。併二倍共得一百五十二箇。又以下長減上長，餘四箇，亦併之，得一百五十六箇。果子乃是圓物，比方物不同，故增入此叚。以高五箇乘之，得七百八十箇爲實。如六而一。合問。

又 今有酒罈一垜，下廣五箇，長一十二箇，上長八箇。問計幾何。

荅曰：一百六十箇。

法曰：倍下長，加入上長，共得三十二箇。以乘下廣五箇得一百六十箇。又以下廣添一得六箇，乘之，得九百六十箇。如六而一。合問。

又 今有屋盖垜，下廣八箇，長九箇，高八箇。問積幾何。

荅曰：三百二十四箇。

法曰：置下廣八箇，與長九箇相乘，得七十二箇。以高八箇加一箇得九箇乘之，得六百四十八箇。如二而一。合問。

又 今有酒罈一垜，共積一百六十。下長多廣整七枚，廣少上長三雙。堆積槽坊園內，上下長廣難知，煩公仔細用心機，借問各該有幾。 右西江月

荅曰：上長八箇下長一十二箇廣五箇

法曰：置一百六十，以六乘之，得九百六十爲實。倍多廣七得一十四，加少上長三共一十七爲從方。再加少上長三共十箇爲從廉。以三爲隅筭。開立方法除之，得下廣五箇，各加不及。合問。

明・王文素《筭學寶鑑》卷二一《堆垜》

上平長梁另推詳，倍上長來加下長。
上濶相乘寄一壁，另倍下長加上長。
下濶相乘併一處，上長另減下邊長。
將餘総併乘高數，以六除之積數當。

《指明筭集》秖有一歌而無問荅術草，今改正補于左。

上平長梁上長六箇濶三箇，下長十箇濶七箇，問積幾何。

荅曰：二百一十箇。

細草曰：倍上長得一十二箇，加入下長十箇共二十二箇，乘上濶三箇得六十六箇。另倍下長得二十箇，加入上長共二十六箇，乘下濶七箇得一百八十二箇。另以上長減下長餘四箇。総併得二百五十二箇，乘高五層得一千二百六十箇為實，如六而一得二百一十箇。合問。

又 四方梁物上平平，上自乘來下自乘。
上下相乘另寄位，另將上下相減行。
餘數折來四位併，相乘高數實分明。
如三而一知其積，方窖形同法不同。

四角平梁上方三箇下方五箇，問積幾何。

荅曰：五十箇。

細草曰：置上方三箇自乘得九，另置下方五箇自乘得二十五箇。另以上下方相乘得一十五箇。另以上方減下方餘二，折半得一箇，併四位共五十箇，乘高三層得一百五十箇為實，如三而一得五十箇。合問。

又法曰：倍上方加下方得一十一，乘上方得三十三。另倍下方加上方得一十三，乘下方得六十五。另以上方減下方餘二。併三數共一百，乘三層得三百為實，如六而一亦得五十箇。合問。

又法曰：以上方三自乘得九。另以四自乘得一十六。另以下方五自乘得二十五。併之即得五十箇。此術求小則簡求大則繁。

又 **卷三七《開堆垜積》** 長平垜口訣

長平堆積六因清，高數除來寄位停。
另倍下長加入上，再添一用廉差乘。
兩頭相見餘為寔，三較相和三又乘。

此是從方隅用六，先求上廣便開平。

長平梁積物五百個，且云上廣不及上長七個，下長十一個下廣四個，問上下長廣併高各幾何。

荅曰：上長十二個，上廣五個，下長十六個，下廣九個。

法曰：置積物五百以六因之得三千，以不及下廣四個添一得高五層，除之得六百於上。另倍不及下長十一得二十二，加入不及上長七再添一個共三十，以不及下廣四乘之得一百二十，以減上數餘四百八十為寔，併三不及共二十二，以三因之得六十六為從方，以六為隅筭。開平方法除之，商五置於積上為法，乘隅六得三十加入從方共九十六，命上商五除寔盡得上廣五個，各加不及。合問。

明・周述學《曆宗算會》卷一四《隙積》 上平長垛上長四箇，廣二箇，下長八箇，廣六箇，高五箇，求積幾何。

此芻童之比類也。倍上長為八箇加入下長共得一十六箇，以上廣二箇乘之得三十二箇倍下長為一十六箇加入上長共二十箇，以下廣六箇乘之得一百二十箇，併二位共得一百五十二箇，此芻童治積本法。又以下長減上長餘四箇亦併之得一百五十六箇，果子乃是圓物，此方物不同，故增入此段，以高五箇乘之得七百八十箇為實，如六而一亦芻童本法，得積一百三十箇。

又 屋蓋長垛下廣八箇，長九箇，高八箇，求積幾何。

此塹堵之比類也。置下廣八箇與長九箇相乘得七十二箇為平積，以高八箇加一箇得九箇乘之得六百四十八箇，如二而一。

又 蓋垛積三百二十四箇，廣高相等不及長一箇，求廣長高各幾。

倍積得六百四十八箇為實，以不及一箇為從方，倍不及得二箇為從廉。開立方法除之，上商八箇，下法亦置上商八自乘得六十四為隅法，以上商八乘從廉得一十六，以上廉隅三法共八十一皆與上商八除實盡，得下廣高各八箇，加不及一箇得長九箇。

明・程大位《算法統宗》卷八《商功》 今有酒瓶一垛，底脚濶八箇長一十三箇，問該積若干。

荅曰：三百八十四箇。

法曰：置長內減濶餘五箇，折半得二箇半，添半箇作三箇併入長共一十六箇，以底脚八箇因之得一百二十八箇。另以濶八箇添一箇作九箇。乘之得一千一百五十二箇。以三除之。合問。

又 半堆歌

半堆瓶法另推詳，上長倍之加下長。
却用上濶乘見數，下長仍倍加上長。
別以下濶乘見積，下長另減上頭長。
餘存三位同相併，再以高乘爲實良。
要知其積從何見，六而取一積該當。

今有半堆酒瓶一棧，上長二十五箇，濶一十二箇，下長三十箇，濶一十七箇，高六箇。問積若干。

荅曰：該瓶二千四百一十箇。

法曰：倍上長加下長，以上濶乘之得九百六十。又倍下長加上長以下濶乘之得一千四百四十五。併之得二千四百零五。又以下長減去上長餘五，併入共得二千四百一十，以高乘之得一萬四千四百六十爲實，以六爲法除之卽得。

今有磚一堆，長三丈高九尺，入深四尺。每塊長一尺濶五寸厚二寸。問共該若干。

荅曰：一萬零八百塊。

法曰：置長三丈爲實，以每塊二寸爲法歸之得一百五十塊。另以高九尺以每塊濶五寸歸之得一十八塊，乘之得二千七百塊。又以入深四尺乘之。合問。

又 《難題》卷一五《少廣》 西江月

今有酒罈一垛，共積一百六十。下長多廣整七枚，廣少上長三堆，積糟坊園內，上下長廣難知。煩公仔細用心機，借問各該有幾。

荅曰：上長八箇，下長十二箇。上廣一箇，下廣五箇。

法曰：置積一百六十。以六乘之得九百六十。爲實。倍多廣七個得一十四個，加上長三個共一十七個爲縱方，再加上長三個。共二十個爲縱廉，以三爲隅筭，用開立方法除之。上商五個，下法亦置五個，自乘得二十五個。又以隅三乘之，得七十五個爲隅法。又以五乘縱廉二十得一百。以方廉隅三

堆垛罈式

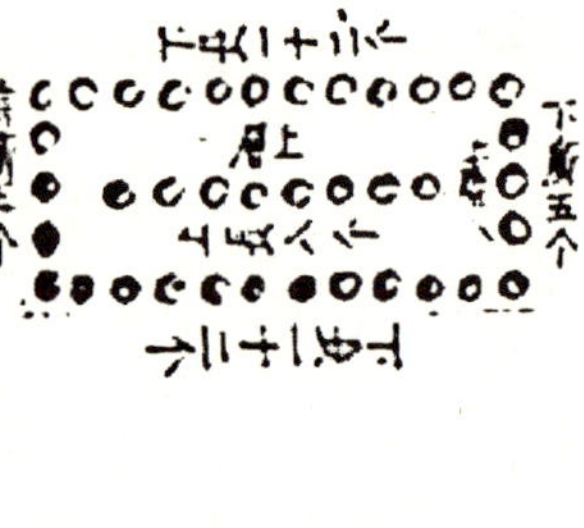

法共得一百九十二，皆與上商五[相呼]，除實盡，得下廣五箇，加多七箇爲下長，三箇爲上長。合問。

清・方中通《數度衍》卷一六《商功》　四面半堆式　上長二十五，濶十二，下長三十，濶十七，中易高六。問積若干。

曰：二千四百一十。

術：倍上長得五十，加下長得八十，乘上濶得九百六十。倍下長得六十，加上長得八十五，乘下濶得一千四百四十五。并兩乘數，共二千四百〇五。以下長減上長餘五并之，得二千四百一十。乘高，得一萬四千四百六十爲實。以六爲法，除實卽得。

雜例分部

綜論

明・周述學《曆宗算會》卷一四《隙積》　物如鋼鉼瓜果之類，其垛有平、有立、有圓、有方、有斜、有長，或以高層不齊，或以虛實削輳。其形雖相類而其法不能無稍異矣。【略】今三角尖堆不破積數，則淂五十有五，是於平方之積，侵其半數，故以二歸則當添一，不用二歸則添半數也。若三角平尖之外，或多一箇或多二箇，其積以從法求之。如以積求三角平尖一面之數，則倍積為實，帶減廉一筭，以平方開之。三角立尖梁其形不類鼈臑，其積與鼈臑同也。以下方開三位，以一位添一箇，相乘為平積。又以一位添二箇，乘之為立積，此六鼈臑積也。故其法如六而一。尖方垛其形與方錐相類也，以下方張三位，以一位添一箇，相乘為平積。又以一位添半箇乘之，為高積，如三而一。上平方垛形類方臺，以上下方各自乘，再以上下方相乘，併三位。又上下相減，半其餘以加之，以高乘之，如三而一。上尖長梁與芻甍相類，其形底濶歛而高尖，下長歛而上短，其法以下長減濶，餘折半增半箇併入下長，以乘濶。又以濶添一箇乘之，如三而一。又法上長淂數，則倍上長併入下長，作三長以乘下廣。又以下廣添一箇乘之其積淂六，故如六而一。上平長梁與芻童相類，其形上長歛短，上闊歛狹，頂平而不尖，法倍上長加入下長，以上廣乘之倍下長加入上長，以下廣乘之，併二位。又以下長減上長，餘亦併之。以高乘之為實，如六而一。屋蓋長梁與壍堵相類，其形下闊歛而上尖，其長則上下相等也。以下廣與長相乘為平積，以高加一箇乘之，如二而一。凡立積長垛，以闊減之即方垛也。其多闊之數，即方垛之從也。假令上尖長垛徑求從積，以長減闊，半其餘而入於餘，與闊乘之，以高添一，而又乘之，以三帰之，淂其從積。併入上尖方垛之積，即成上尖長梁之積矣。如以長減濶，半其餘與濶相乘，加一於高，而又乘之，則不必三帰而亦淂上尖方垛之從積矣。圓梁求積法以方圓為准，以圓假隙而積與方圓有異，其求折變之法，則亦異於方圓之折变矣。若方物堆垛如磚堆瓦堆之類，即以其數求之，與隙積之法不相法也。

算法

元・朱世傑《四元玉鑒》卷中《如意混和》　今有三角垛、四角垛、果子、方箭、圓箭、平圓徑、立圓徑、平方面、立方面、茭草垛各一所，共積一萬五百八十九。筭只云立方面不及三角底面一箇，如平方面五分之二。茭草底子多三角底面一束，卻與立圓徑等。圓箭外周如四角底面太半，如方箭外周中易半。三角四角底面相和得三十三箇。平圓徑多於四角底面七分之四。問九事各幾何。

答曰：三角底子一十五箇，四角底子一十八箇，方箭外周二十四隻，圓箭外周一十二隻，平圓徑四十二尺，立圓徑一十六尺，平方面三十五尺，立方面一十四尺，茭草底子一十六束。

術曰：立天元一為三角底子，如積求之，得二百八十四萬六千八百三十五為正實，六十萬八千四百三十九為益方，一萬八千八百六十五為從廉，六百三為從隅。立方開之，得三角底子。又立天元一為四角底子，如積求之，得二千四百九十八萬二千三百四十四為正實，二百六十萬六千六百五十二為益方，七萬八千五百六十二為從廉，六百三為益隅。立方開之，得四角底子。又立天元一為方箭外周，如積求之，得八千八百八十二萬六千一百一十二為正實，六百九十五萬一千七十二為益方，一十五萬七千一百二十四為從廉，九百單四半為益隅。立方開之，即得方箭外周。又立天元一為圓箭外周，如積求之得二千二百二十萬六千五百二十八為正實，三百四十七萬五千五百三十六為益方，一十五萬七千一百二十四為從廉，一千八百九為益隅。立方開之，得圓箭外周。又立天元一為平圓徑，如積求之，得九億五千二百一十萬四千八百八十八為正實，四千二百五十七萬五千三百一十六為益方，五十四萬九千九百三十四為從廉，一千八百九為益隅。立方開之，得平圓徑。又立天元一為立圓徑，如積求之，得三百四十七萬三千五百三十六為正實，六十四萬四千三百六十為益方，一萬七千五十六為從廉，六百三為從隅。立方開之，得立圓徑。又立天元一為平方面，如積求之，得七百五萬五千八百二十五為正實，七十一萬一千一百二十五為益方，一萬三百三十七為從廉，一百二十步六分為從隅。立方開之，得平方面。又立天元一為立方面，如積求之，得二百二十五萬七千八百六十四為正實，五十六萬八千九百為益方，二萬六百七十四為從廉，六百三為從隅。立方開之，得立方面。又立天元一為茭草底子，如積求之，得三百四十七萬三千五百三十六為正實，六十四萬四千三百六十為益方，一萬七千五十六為從廉，六百三為從隅。立方開之。合問。

清・羅士琳《四元玉鑑細草》 草曰：立天元一為三角底子，以天元加一箇乘之，得 [籌式] 又以天元加二箇乘之，得 [籌式] 合六而一為三角垛積。今不受除，轉以七十二乘之，得下式 [籌式] 為四百三十二段三角垛積。次置三角四角底面相和三十三箇，減三角底子，餘 [籌式] 為四角底子。加一箇得 [籌式] 乘四角底子，得 [籌式] 於上。又置四角底子加半箇，得 [籌式] 以乘上，得 [籌式] 合三而一為四角垛積。今不受除，轉以一百四十四乘之，得 [籌式] 為四百三十二段四角垛積。次置四角底子 [籌式] 四之，得 [籌式] 合三而一為方箭外周。今不受除，即以 [籌式] 為帶分方箭外周，內寄三為分母。加二十四隻，得 [籌式] 乘外周得 [籌式] 內寄九為分母。合以一十六除之。今不受除，又三之，得 [籌式] 加四百三十二隻，得 [籌式] 為四百三十二段方箭積。次置帶分方箭外周 [籌式] 半之，得 [籌式] 為帶分圓箭外周，內寄三為分母。加一十八隻，得 [籌式] 乘外周得 [籌式] 內寄九為分母。合以一十二除之。今不受除，轉以四乘之，得 [籌式] 加四百三十二隻，得 [籌式] 為四百三十二段圓箭積。次置四角底子 [籌式] 七之，得 [籌式] 合三而一為平圓徑，內寄三為分母。自之，得 [籌式] 內寄九為分母。又三之得 [籌式] 合以四除之。今不受除，轉以一十二乘之得下式 [籌式] 為四百三十二段平圓積。次置三角底子加一尺，得 [籌式] 為立圓徑，自之得 [籌式] 又乘立圓徑，得 [籌式] 又以九乘之，得 [籌式] 合以一十六除之為立圓積。今不受除，轉以二十七乘之，得 [籌式] 為四百三十二段立圓積。次置三角底子減一尺，餘 [籌式] 為立方面，五之得 [籌式] 合二而一為平方面。今省不除，即以 [籌式] 為帶分平方面，內寄二為分母。自之，得 [籌式] 內寄四為分母。又以一百八乘之，得 [籌式] 為四百三十二段平方積。次置三角底子減一尺，得〔籌式〕為立方面，自之得〔籌式〕又乘立方面，得〔籌式〕又乘四百三十二，得〔籌式〕為四百三十二段立方積。次置三角底子加一束，得〔籌式〕為茭草底子。又加一束得〔籌式〕乘茭草底子得〔籌式〕合二而一為茭草積。今省不除，轉以二百一十六乘之，得〔籌式〕為四百三十二段茭草積。以今有九所帶分積算幷之，得〔籌式〕為四百三十二段共積，寄左。乃置共積一萬五百八十九算，以分母四百三十二乘之，得四百五十七萬四千四百四十八，與左相消，得〔籌式〕立方開之，得一十五束，即三角底子也。合問。

又草曰：立天元一為四角底子，以天元加一箇乘之，得〔籌式〕又以天元加半箇乘之，得〔籌式〕合三而一，為四角垛積。今不受除，轉以一百四十四乘之，得〔籌式〕為四百三十二段四角垛積。次置三角四角底面相和三十三箇，減四角底子，餘〔籌式〕為三角底子，加一束得〔籌式〕乘三角底子，得〔籌式〕於上。又置三角底子加二箇，得〔籌式〕以乘上位，得下式〔籌式〕合六而一，為三角垛積。今不受除，轉以七十二乘之，得下式〔籌式〕為四百三十二段三角垛積。次置四角底子〔籌式〕四之得〔籌式〕合三而一為方箭外周。今不受除，即以〔籌式〕為帶分方箭外周，內寄三為分母。加二十四隻，得〔籌式〕乘外周，得〔籌式〕內寄九為分母。合以一十六除之。今省不除，又三之，得〔籌式〕加四百三十二隻，得〔籌式〕為四百三十二段方箭積。次置帶分方箭外周〔籌式〕半之，得〔籌式〕為帶分圓箭外周，內寄三為分母。加十八隻，得〔籌式〕乘外周，得〔籌式〕合以十二除之，今除不盡，又四之，得〔籌式〕加四百三十二隻，得〔籌式〕為四百三十二段圓箭積。次置四角底子，七之得〔籌式〕合三而一，為平圓徑。今除不盡，即以〔籌式〕為帶分平圓徑，內寄三為分母。自之，得下式〔籌式〕內寄九為分母。以圓冪率三乘之，得〔籌式〕合以方冪率四除之。今省不除，內寄三十六為分母。轉以一十二乘之，得〔籌式〕為四百三十二段平圓積。次置三角底面〔籌式〕加一尺，得〔籌式〕為立圓徑，自之，得〔籌式〕又乘立圓徑，得〔籌式〕九之，得〔籌式〕合以十六除之。今除不盡，轉以二十七乘之，得〔籌式〕為四百三十二段立圓積。次置三角底子〔籌式〕減一尺，餘〔籌式〕為立方面。五之，得下式〔籌式〕合二而一，為平方面。今省不除，即以〔籌式〕為帶分平方面，內寄二為分母。自之，得〔籌式〕內寄四為分母。又以一百八乘之，得為四百三十二段平方積。次置立方面 自之，得 又乘立方面，得立方積 以分母四百三十二乘之，得 為四百三十二段立方積。次置三角底子 加一束，得 為菱草底子。又加一束，得 乘菱草底子，得 合二而一為菱草積。今省不除，轉以二百一十六乘之，得 為四百三十二段菱草積。并九所帶分積算，得 為四百三十二段帶分共積，寄左。乃置共積一萬五百八十九算，以分母四百三十二乘之，得四百五十七萬四千四百四十八，與左相消，得 立方開之，得一十八箇，即四角底子也。合問。

又草曰：立天元一為方箭外周，加八隻，得 乘外周，得 合以一十六除之。今省不除，加一十六隻，得 又以五百七十六乘之，得 為九千二百一十六段方箭積。次置方箭外周，合半之為圓箭外周。今省不除，即以 為帶分圓箭外周，內寄二為分母。加一十二隻，得 乘帶分圓箭外周，得 內寄四為分母。合以一十二除之。今省不除，內寄四十八為分母。加四十八隻，得 又以一百九十二乘之，得 為九千二百一十六段圓箭積。次置帶分圓箭外周 三之得 合二而一。今省不除，即以 為帶分四角底面，內寄四為分母。加四箇得 乘帶分四角底面，得 於上。又置帶分四角底面 加二箇，得 乘上，得 合以三除之。今省不除，內寄一百九十二為分母。轉以四十八乘之，得 為九千二百一十六段四角垛積。次置三角四角底面相和三十三箇，以分母四乘之，得一百三十二箇，減帶分四角底面，餘 為帶分三角底面，內寄四為分母。加四箇，得 乘帶分三角底面，得 於上，內寄一十六為分母。又置帶分四角底面，加八箇，得 乘上，得 合以六除之。今省不除，內寄三百八十四為分母。轉以二十四乘，得 為三千二百一十六段三角垛積。次置帶分四角底面 七之，得 合三而一。今省不除，即以 為帶分平圓徑，內寄一十二為分母。自之，得 內寄一百四十四為分母。以圓冪率三乘之，得 合以方羃率四除之。今省不除，內寄五百七十六為分母。轉以一十六乘之，得　為九千二百一十六段平圓積。次置帶分三角底面　以四尺加之，得　為帶分立圓徑，內寄四為分母。以帶分立圓徑　自乘，得　內寄一十六為分母。又乘帶分立圓徑　得　以立圓率九乘之，得　合以立方率一十六除之。今省不除，內寄一千二十四為分母。轉以九乘之，得　為九千二百一十六段立圓積。次置帶分三角底面　減四箇，餘　為帶分立方面，內寄四為分母。五之得　合二而一。今省不除，即以　為帶分平方面，內寄八為分母。自之，得　內寄六十四為分母。一百四十四之，得　為九千二百一十六段平方積。次置帶分立方面　自之，得　又乘帶分立方面，得　內寄六十四為分母。又以一百四十四乘之，得　為九千二百一十六段立方積。次置帶分三角底面　加四束，得　為帶分茭草底子，內寄四為分母。又加四束，得　乘帶分茭草底子，得　內寄一十六為分母。合二而一。今省不除，內寄三十二為分母。轉以二百八十八乘之，得　為九千二百一十六段茭草積。并九所帶分積算，得　為九千二百一十六段共積，寄左。乃置共積一萬五百八十九算，以分母九千二百一十六乘之，得九千七百五十八萬八千二百二十四。與左相消，得　俱以等數六約之，得　单　立方開之，得二十四隻，即方箭外周也。合問。

又草曰：立天元一為圓箭外周，加六隻，得　乘外周，得　合以一十二除之。今省不除，轉以九十六乘之，得　加一千一百五

十二隻，得下式 [rod numerals] 為一千一百五十二段圓箭積。次置圓箭外周

〇丨 倍之，得 〇‖ 為方箭外周。加八隻，得 [rod numerals] 乘外周，得

[rod numerals] 合以一十六除之。今省不除，加一十六箇，得 [rod numerals] 又以七十

二乘之，得 [rod numerals] 為一千一百五十二段方箭積。次置圓箭外周 〇丨

三之得 〇‖ 合二而一為四角底子。今省不除，即以上式為帶分四角底子，內寄二為分母。加二箇得 [rod numerals] 乘帶分四角底子，得 [rod numerals] 於上，內寄四

為分母。又置帶分四角底子 〇‖ 加一箇，得 [rod numerals] 乘上得 [rod numerals]

內寄八為分母。合以三除之。今省不除，內寄二十四為分母。轉以四十八乘之，

得 [rod numerals] 為一千一百五十二段四角垛積。次置三角四角底面相和三

十三箇，二之，得六十六箇，減帶分四角底子 〇‖ 餘 [rod numerals] 為帶分三角

底子，內寄二為分母。加二箇，得 [rod numerals] 乘帶分三角底子，得 [rod numerals] 於

上，內寄四為分母。又置帶分三角底子 [rod numerals] 加四箇，得 [rod numerals] 乘上，得

[rod numerals] 內寄八為分母。合以六除之。今省不除，內寄四十八為分母。轉以

二十四乘之，得 [rod numerals] 為一千一百五十二段三角垛積。次置帶分四

角底子，內寄二為分母。〇‖ 七之，得 [rod numerals] 合三而一。今省不除，即以

[rod numerals] 為帶分平圓径，內寄六為分母。自之，得 [rod numerals] 內寄三十六為分母。

又三之，得 [rod numerals] 合以四除之。今省不除，內寄一百四十四為分母。轉以八

乘之，得 [rod numerals] 為一千一百五十二段平圓積。次置帶分三角底面 [rod numerals]

加二尺，得 [rod numerals] 為帶分立圓径，內寄二為分母。自之，得 [rod numerals] 內寄四

為分母。又乘帶分立圓徑，得 [rod numerals] 又以立圓率九乘之，得

[rod numerals] 合以立方率一十六除之。今省不除，內寄一百二十八為分母。又

九之，得 [rod numerals] 為一千一百五十二段立圓積。次置帶分三角底面

[rod numerals] 減二尺，餘 [rod numerals] 為帶分立方径，內寄二為分母。五之，得 [rod numerals]

合二而一。今省不除，即以 [rod numerals] 為帶分平方徑，內寄四為分母，自之，得

[rod numerals] 內寄一十六為分母。又以七十二乘之，得 [rod numerals] 為一千一百五

十二段平方積。次置帶分立方径 [rod numerals] 內寄二為分母。自之，得 [rod numerals]

內寄四為分母。又乘帶分立方徑，得 [rod numerals] 內寄八為分母。以一百四十

四乘之，得 [illegible] 為一千一百五十二段立方積。次置帶分三角底面 [illegible] 加二束，得 [illegible] 為帶分茭草底子，内寄二為分母。又加二束，得 [illegible] 乘帶分茭草底子，得 [illegible] 合以二除之。今省不除，内寄八為分母。轉以一百四十四乘之，得 [illegible] 為一千一百五十二段茭草積。并九所帶分積算，得 [illegible] 為一千一百五十二段共積，寄左。乃置共積一萬五百八十九算，以分母一千一百五十二乘之，得一千二百一十九萬八千五百二十八。與左相消，得 [illegible] 俱三約之，得 [illegible] 立方開之，得一十二隻，即圓箭外周也。合問。

又草曰：立天元一為平圓徑，自之，得 [illegible] 三之，得 [illegible] 合四而一。今省不除，内寄四為分母。轉以九十二萬六千一百乘之，得 [illegible] 為三百七十萬四千四百段平圓積。次置平圓径 [illegible] 三之，得 [illegible] 合七而一為四角底子。今省不除，即以 [illegible] 為帶分四角底子，内寄七為分母。加七箇，得 [illegible] 乘帶分四角底子，得 [illegible] 於上。又置帶分四角底子 [illegible] 加三箇半，得 [illegible] 乘上，得 [illegible] 内寄三百四十三為分母。合以三除之。今省不除，内寄一千二十九為分母。以三千六百乘之，得 [illegible] 為三百七十萬四千四百段四角垜積。次置三角四角底面相和三十三箇，以分母七乘之，得二百三十一箇。減帶分四角底面 [illegible] 餘 [illegible] 為帶分三角底面，内寄七為分母。加七箇，得 [illegible] 乘帶分三角底面，得 [illegible] 於上，内寄四十九為分母。又置帶分三角底面加一十四箇，得 [illegible] 乘上，得 [illegible] 内寄三百四十三為分母。合以六除之。今省不除，内寄二千五十八為分母。轉以一千八百乘之，得 [illegible] 為三百七十萬四千四百段三角垜積。次置帶分四角底面 [illegible] 内寄七為分母。二之，得 [illegible] 合三而一。今省不除，即以 [illegible] 為帶分圓箭外周，内寄二十一為分母。加一百内寄四十九為分母二十六隻，得 [illegible] 乘帶分圓箭外周，得 [illegible] 内寄四百四十一為分母。合以一十二除之。今省不除，内寄五千二百九十二為分母。加五千二百九十二隻，得 [illegible] 又以七百乘之，得

[算籌]為三百七十萬四千四百段圓箭積。次置帶分圓箭外周[算籌]倍之，得[算籌]為帶分方箭外周，內寄二十一為分母。加一百六十八隻，得[算籌]乘帶分方箭外周，得[算籌]內寄四百四十一為分母。合以一十六除之。今省不除，內寄七千五十六為分母。加七千五十六隻，得[算籌]又以五百二十五乘之，得[算籌]為三百七十萬四千四百段方箭積。次置帶分三角底面[算籌]加七箇，得[算籌]為帶分立圓徑，內寄七為分母。自之，得下式[算籌]內寄四十九為分母。又乘帶分立圓径，得[算籌]內寄三百四十三為分母。又九之，得[算籌]合以一十六除之。今省不除，內寄五千四百八十八為分母。轉乘六百七十五，得[算籌]為三百七十萬四千四百段立圓積。次置帶分三角底面[算籌]以七箇減之，餘[算籌]為帶分立方面，內寄七為分母。以自之，得下式[算籌]內寄四十九為分母。又乘帶分立方面，得[算籌]內寄三百四十三為分母。又以一萬八百乘之，得[算籌]為三百七十萬四千四百段立方積。次置上帶分立方面[算籌]五之，得[算籌]合二而一。今省不除，即以[算籌]為帶分平方面，內寄一十四為分母。以自之，得下式[算籌]內寄一百九十六為分母。又以一萬八千九百乘之，得下式[算籌]為三百七十萬四千四百段平方積。次置帶分三角底面[算籌]加七箇，得[算籌]為帶分茭草底子，內寄七為分母。又加七箇，得式[算籌]乘帶分茭草底子，得[算籌]內寄四

十九為分母。合以二除之。今省不除，內寄九十八為分母。轉以三萬七千八百[illegible]乘之，得[illegible]為三百七十萬四千四百段茭草積。并九所帶分積算，得[illegible]為三百七十萬四千四百段共積，寄左。乃置共積一萬五百八十九算，以分母三百七十萬四千四百乘之，得三百九十二億二千五百八十九萬一千六百。與左相消，得[illegible]以總等二百二十五約之，得[illegible]立方開之，得四十二尺，即平圓徑也。合問。

又草：曰立天元一為立圓徑，自之，得[illegible]又乘立圓徑[illegible]得[illegible]九之，得[illegible]合以一十六除之。今省不除，內寄一十六為分母。轉以二十七乘之，得下式[illegible]為四百三十二段立圓積。次以[illegible]為茭草底子，加一束，得[illegible]以天元乘之，得[illegible]合以二除之。今省不除，內寄二為分母。轉以二百一十六乘之，得[illegible]為四百三十二段茭草積。次置立圓徑減一尺，餘[illegible]為三角底面，加一箇，得[illegible]乘三角底面，得[illegible]於上。又置三角底面[illegible]加二箇，得[illegible]乘上，得[illegible]合以六除之。今省不除，內寄六為分母。轉以七十二乘之，得[illegible]為四百三十二段三角垛積。次置三角四角底面相和三十三，減三角底面[illegible]餘[illegible]為四角底面。加一箇，得[illegible]乘四角底面，得[illegible]於上。又置四角底面[illegible]加半箇[illegible]乘上得[illegible]合三而一。今省不除，內寄三為分母。轉以一百四十四乘之，得[illegible]為四百三十二段三角垛積。次置三角底面[illegible]減一箇，餘[illegible]為立方面，自之得[illegible]又乘立方面[illegible]得[illegible]以四百三十二乘之，得[illegible]為四百三十二段立方積。次置立方面[illegible]五之，得[illegible]合二而一。今省不除，即以[illegible]為帶分平方面，內寄二為分母。自之，得[illegible]內寄四為分母。又以一百八乘之，得[illegible]為四百三十二段平方積。次置前四角底面[illegible]二之得[illegible]合三而一。今省不除，即以[illegible]為帶分圓箭外周，內寄三為分母。加一十八隻，得[illegible]乘帶分圓箭外周，得[illegible]內寄九為分母。合以十二除之。今省不除，內寄一百八為分母，加一百八隻，得[illegible]又以四乘之，得 [illegible] 為四百三十二段圓箭積。次置帶分圓箭外周 [illegible] 倍之，得 [illegible] 為帶分方箭外周，內寄三為分母。加二十四，得 [illegible] 乘帶分方箭外周，得 [illegible] 內寄九為分母。合以十六除之。今不除，內寄一百四十四為分母。加一百四十四隻，得下式 [illegible] 又以三乘之，得 [illegible] 為四百三十二段方箭積。次置四角底面 [illegible] 七之，得 [illegible] 合三而一。今省不除，即以 [illegible] 為帶分平圓徑，內寄三為分母。自之，得 [illegible] 內寄九為分母。三之，得 [illegible] 合以四除之。今省不除，內寄三十六為分母。轉以一十二乘之，得 [illegible] 為四百三十二段平圓積。并九所帶分積算，得 [illegible] 為四百三十二段共積，寄左。乃置共積一萬五百八十九算，以分母四百三十二乘之，得四百五十七萬四千四百四十八。與左相消，得 [illegible] 立方開之，得一十六尺，即立圓径也。合問。

又草曰：立天元一為平方面自之得 [illegible] 以五萬四千乘之，得 [illegible] 為五萬四千段平方積。次置平方面 [illegible] 二之，得 [illegible] 合五而一。今省不除，即 [illegible] 為帶分立方面，內寄五為分母。自之，得 [illegible] 內寄二十五為分母。又以帶分立方面 [illegible] 乘之，得 [illegible] 內寄一百二十五為分母。又以四百三十二乘之，得 [illegible] 為五萬四千段立方積。次置帶分立方面 [illegible] 加五箇，得 [illegible] 為帶分三角底面，內寄五為分母。又加五箇，得 [illegible] 乘帶分三角底面，得 [illegible] 於上位，內寄二十五為分母。又置帶分三角底面 [illegible] 加十箇，得 [illegible] 以乘上位，得下式 [illegible] 內寄一百二十五為分母。合以六除之。今省不除，內寄七百五十為分母。又以七十二乘之，得 [illegible] 為五萬四千段三角垛積。次置三角四角底面相和三十三箇，以分母五乘之，得一百六十五，減帶分三角底面 [illegible] 餘 [illegible] 為帶分四角底面，內寄五為分母。加五箇，得 [illegible] 乘帶分四角底面，得 [illegible] 於上，內寄二十五為分母。又置帶分四角底面 [illegible] 加二箇半，得 [illegible] 乘上，得 [illegible] 內寄一百二十五為分母。合以三除之。今省不除，內寄三百七十五為分母。轉乘一百四十四，得 [illegible] 為五萬四千段四角垛積。次置帶分四角底面 [illegible] 三之，得 [illegible] 合三而一。今省不除，以 [illegible] 為帶分圓箭外周，內寄一十五為分母。加九十隻，得 [illegible] 乘帶分圓箭外周，得 [illegible] 內寄二百二十五為分母。合以十二除之。今省不除，內寄二千七百為分母。加二千七百隻，得 [illegible] 又以二十乘之，得 [illegible] 為五萬四千段圓箭積。次置帶分圓箭外周 [illegible] 倍之，得式 [illegible] 為帶分方箭外周，內寄一十五為分母。又加一百二十隻，得 [illegible] 乘帶分方箭外周，得 [illegible] 內寄二百二十五為分母。合以十六除之。今省不除，內寄三千六百為分母。加三千六百隻，得下式 [illegible] 又以一十五乘之，得 [illegible] 為五萬四千段方箭積。次置帶分四角底面 [illegible] 七之，得 [illegible] 合三而一。今省不除，即以 [illegible] 為帶分平圓徑，內寄一十五為分母。自之，得 [illegible] 內寄二百二十五為分母。三之，得 [illegible] 合以四除之。今省不除，內寄九百為分母。轉以六十乘之，得下式 [illegible] 為五萬四千段平圓積。次置帶分三角底面 [illegible] 加五箇，得 [illegible] 為帶分立圓径，內寄五為分母。自之，得 [illegible] 內寄二十五為分母。又乘帶分立圓徑，得 [illegible] 內寄一百二十五為分母。九之，得 [illegible] 合以十六除之。今省不除，內寄二千為分母。轉乘二十七，得 [illegible] 為五萬四千段立圓積。又置帶分三角底面 [illegible] 加五束，得 [illegible] 為帶分茭草底子，內寄五為分母。又加五束，得 [illegible] 乘帶分茭草底子，得 [illegible] 內寄二十五為分母。合以二除之。今省不除，內寄五十為分母。轉以一千八十乘之，得 [illegible] 為五萬四千段茭草積。并今有九所帶分積算 [illegible] 為五萬四千段共積，寄左。乃置共積一萬五百八十九算，以分母五萬四千乘之，得五億七千一

百八十萬六千。與左相消，得 [illegible] 俱以等數四十約之，得

[illegible] 立方開之，得三十五尺，即平方面也。合問。

又草曰：立天元一為立方面，再自乘得 [illegible] 又以四百三十二乘之，得 [illegible] 為四百三十二段立方積。次置立方面 [illegible] 五之，得 [illegible] 合二而一。今省不除，即以 [illegible] 為帶分平方面，內寄二為分母。自之，得 [illegible] 內寄四為分母。又以一百八乘之，得 [illegible] 為四百三十二段平方積。次置立方面 [illegible] 加一箇，得 [illegible] 為三角底面。又加一箇得 [illegible] 乘三角底面得 [illegible] 於上。又置三角底面加二箇，得 [illegible] 乘上，得 [illegible] 合以六除之。今省不除，內寄六為分母。轉以七十二乘之，得 [illegible] 為四百三十二段三角垛積。次置三角四角底面相和三十三箇，減去三角底面 [illegible] 餘 [illegible] 為四角底面。加一箇，得 [illegible] 乘四角底面，得 [illegible] 於上。又置四角底面加半箇，得 [illegible] 乘上位，得 [illegible] 合以三除之。今省不除，內寄三為分母。轉以一百四十四乘之，得 [illegible] 為四百三十二段四角垛積。次置四角底面 [illegible] 二之，得 [illegible] 合三而一。今省不除，即以 [illegible] 為帶分圓箭外周，內寄三為分母。加一十八隻，得 [illegible] 乘帶分圓箭外周，得 [illegible] 內寄九為分母。合以十二除之。今省不除，內寄一百八為分母。加一百八隻，得 [illegible] 又四之，得 [illegible] 為四百三十二段圓箭積。次置帶分圓箭外周 [illegible] 倍之，得 [illegible] 為帶分方箭外周，內寄三為分母。加二十四隻，得 [illegible] 乘帶分方箭外周，得 [illegible] 內寄九為分母。合以十六除之。今省不除，內寄一百四十四為分母。加一百四十四隻，得 [illegible] 又三之，得 [illegible] 為四百三十二段方箭積。次置四角底面 [illegible] 七之，得 [illegible] 合三而一。今省不除，即以 [illegible] 為帶分平圓徑，內寄三為分母。自之，得 [illegible] 內寄九為分母。又三之，得 [illegible] 合以四除之。今省不除，內寄三十六為分母。轉以一十二乘之，得 [illegible] 為四百三十二段平圓積。次置前三角底面 [illegible] 加一束，得 [illegible] 為立圓徑。以再自乘，得 [illegible] 合以十六除之。今省不除，內寄一十六為分母。轉以二十七乘之，得 [illegible] 為四百三十二段立圓積。又置三

角底面 □ 加一束，得 □ 為茭草底子。又加一束，得 □ 乘茭草底子，得 □ 合以二除之，今省不除，內寄二為分母。轉以二百一十六乘之，得 □ 為四百三十二段茭草積。并今有九所帶分積算，得 □ 為四百三十二段共積，寄左。乃置共積一萬五百八十九算，以分母四百三十二乘之，得四百五十七萬四千四百四十八。與左相消，得 □ 立方開之，得一十四尺，即立方面也。合問。

又草曰：立天元一為茭草底子，加一束，得 □ 以天元乘之，得 □ 合以二除之。今省不除，轉以二百一十六乘之，得 □ 為四百三十二段茭草積。次以天元 □ 為立圓径，再自乘，得 □ 九之，得 □ 合以一十六除之。今省不除，轉以二十七乘之，得 □ 為四百三十二段立圓積。次置茭草底子 □ 減一束，得 □ 為三角底面。加一束，得 □ 乘三角底面，得 □ 於上。又置三角底面 □ 加二束，得 □ 乘上，得 □ 合以六除之。今省不除，轉以七十二乘之，得 □ 為四百三十二段三角垛積。次置三角四角底面相和三十三箇，減去三角底面 □ 餘 □ 為四角底面。加一箇，得 □ 乘四角底面，得 □ 於上。又置四角底面 □ 加半箇，所得如下式 □ 乘上得 □ 合以三除之。

今省不除，轉以一百四十四乘之，得 □ 為四百三十二段四角垛積。次置三角底面 □ 減一箇，餘 □ 為立方面。以再自乘，得下式 □ 又以四百三十二乘之，得 □ 為四百三十二段立方積。次置前立方面 □ 五之得 □ 合二而一。今省不除，即以 □ 為帶分平方面，內寄二為分母。自之，得 □ 內寄四為分母。又以一百八乘之，得 □ 為四百三十二段平方積。次置上四角底面 □ 二之，得 □ 合三而一。今省不除，即以 □ 為帶分圓箭外周，內寄三為分母。加一十八隻，得 □ 乘帶分圓箭外周，得 □ 內寄九為分母。合以十二除之。今省不除，內寄一百八為分母。加一百八隻，得下式 □ 又以四乘之，得 □ 為四百三十二段圓箭積。次置帶分圓箭外周 □ 加一倍，得 □ 為帶分方箭外周，內寄三為分母。加二十四隻，得 □ 乘帶分方箭外周，得 □ 內寄九為分母。合以十六除。今省不除，內寄一百四十四為分母。加一百四十四，得 □ 又以三乘之，得 □ 為四百三十二段方箭積。次置前四角底面 □ 七之，得 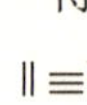 合三而一。今省不除，即以  為帶分平圓径，內寄三為分母。自之，得 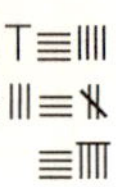 內寄九為分母。三之，得 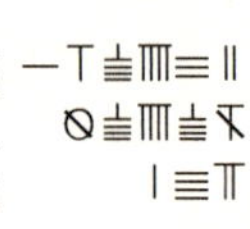 。合以四除之。今省不除，內寄三十六為分母。轉以一十二乘之，得 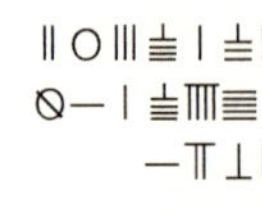 為四百三十二段平圓積。并今有九所帶分積，得  為四百三十二段共積，寄左。乃置共積一萬五百八十九算，以分母乘之，得四百五十七萬四千四百四十八。相消，得 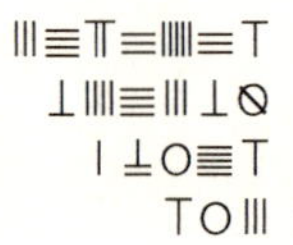 立方開之，得一十六尺，即茭草底子也。合問。

還原草曰：置三角底子一十五箇，加一得一十六箇。乘一十五箇，得二百四十箇於上。又置三角底子一十五箇，加二得一十七箇。乘上，得四千八十箇。六而一，得六百八十箇為三角垜積。次置四角底子一十八箇，加一，得一十九箇。得三百四十二箇於上。又置四角底子一十八箇，加半箇，得一十八箇半。乘上得六千三百二十七箇。三而一，得二千一百九箇為四角垜積。次置方箭外周二十四隻，加八得三十二隻。乘二十四隻，得七百六十八隻。十六而一，得四十八。加一，得四十九隻為方箭積。次置圓箭外周一十二隻，加六，得一十八隻。乘一十二隻，得二百一十六隻。十二而一，得一十八。加一，得一十九隻為圓箭積。次置平圓径四十二尺，自之，得一千七百六十四尺。三之得五千二百九十二尺。四而一，得一千三百二十三尺為平圓積。次置立圓径一十六尺，再自乘，得四千九十六尺。九之，得三萬六千八百六十四尺。十六而一，得二千三百四尺為立圓積。次置平方面三十五尺，自之，得一千二百二十五尺為平方積。次置立方面一十四尺，再自乘，得二千七百四十四尺為立方積。次置茭草底子一十六束，加一，得一十七束。乘一十六束，得二百七十二束。二而一，得一百三十六束為茭草積。并九所積算，得一萬五百八十九算為共積。合問。

明·吳敬《九章算法比類大全》卷五《商功》 一株槐木五尺方，六面綵□粧外傍，五寸截成方斗子，幾枚素者幾枚粧。

荅曰：粧斗四百八十八箇，素斗五百一十二箇。

法曰：置木方五尺，再自乘，得一百二十五尺。每尺八箇，乘之，得斗一千箇。又置方五尺，減外圍粧盡一尺，餘四尺。再自乘，得六十四尺。以每尺八箇乘之得素斗五百一十二箇。以減總數，餘得粧斗。合問。

清·方中通《數度衍》卷一六《商功》 磚堆式 長三丈，高九尺，入深四尺。每塊長一尺，濶五寸，厚二寸。問該磚若干。

曰：一萬〇八百塊。

術：以長爲實，以每塊厚爲法，除得一百五十塊。以高爲實，以每塊濶爲法，除得十八塊。兩除得數相乘，得二千七百塊。又以入深乘之，即得。

量捆法

木每根大率作長一丈五尺，濶五寸，以立法，至其實數。隨時求率可耳。

一封書式 捆深七尺五寸，濶四丈七尺，長九丈。問該木若干。

曰：一萬四千八百〇五根。

術：倍深得十五根，倍濶得九十四根。相乘得一千四百一十根爲實。以長率一丈五尺除長，得六根爲法，乘實，得八千四百六十根。又以深七尺五寸，首加一作一七五，乘之即得。

通曰：濶率五寸，每尺作二根，故深濶皆用倍法。

方捆式 捆深七尺，濶五丈，長六丈。問該木若干。

曰：八千四百根。

術：倍深作十四根，倍濶作一百根，相乘得一千四百根爲實。以長率一丈五尺除長，得四根爲法，乘實得五千六百根。又以濶五丈，首加一作一五，乘之即得。

荒排式 排深二丈一尺，濶四丈四尺，長六丈。問該木若干。

曰：八千三百七十七根六分。

術：以三除深得七尺，倍作十四根。倍濶作八十八根。相乘得一千二百三十二根爲實。以長率一丈五尺除長，得四千九百二十八根。又以三除湊得七尺，首加一作一七，乘之卽得。

通曰：相乘固有應得之數，而有以虛乘者，其數却非應得之數，不過借以相求耳。如一十七尺五寸，乘八千四百六十根，應得十四萬八千〇五十根，而今止得一萬四千八百〇五根者是也。首不加一，用定身法見珠算乘之。亦可。

清·龔傑《立方奇法》 設有斜長堆垛，其層數與濶等，其長第一層爲一，第二層爲三，第三層爲五。以下類推。但知垛積一百十五兆九千六百四十四億九萬七千一百二十五。問層數幾何。

草曰：層數與濶等而長則各層不同，然長之中數必爲首末層和之半，亦卽各層居中數如一、三、五、七、九，其層數爲五而居中之數亦爲五，又如一、三、五、七、九、十一、十三，其層數爲七，其居中之數亦爲七，是長之中數與層數及濶相等無疑，故垛積一一五九六四四〇〇〇九七一二五以立方法開之開得方根卽層數。

審此積其有十五位，知立方根必有五位而末位爲五，故以八乘之得九二七七一五二〇〇七七七〇〇〇，姑作九二七七一五二〇〇七七七算，以首三位九二七檢初商表知初商爲九。又以末二位七七檢奇數末位表知末二商爲五三，又十一累減積得二，檢餘數表得根餘數七，以減末商不彀減加十一減之餘七爲末餘，較與初商相減得二爲初較，較因初商大於末餘較，故以初較較加三商得七爲次商，乃置求得之立方根九七五三上十之得九七五三〇。又以二約之，得四八七六五爲此題之立方根，亦卽。

清·李鏐《衍元海鑑·如積正軌》 堆垛法

一桁尖堆

置底加頂一，以底乘，折半得積。

一桁梯式堆

置頭底較加頂一，以頭底和乘之，折半得積。

壍堵堆式

以底自乘。又以底加頂一，乘之，折半得積。

清·劉彝程《簡易庵算稿》卷二

甲申冬三欲將四角立垛積，增作峯嵐形，則一層爲一之立方，二層爲二之立方，三層爲三之立方，餘類推。此形内有六箇三角三乘積，一箇以層數爲層數，四箇以層數減一爲層數，一箇以層數減二爲層數。各依三角三乘垛求積術，求得各積相并，卽全積。惟求此積嘗另思得簡法，以層數之三乘方積，加兩箇層數之立方積，復加層數之平方積，四約之卽得。試證殊途同歸之理。

置四角立垛積 一 二^{二} 三^{二} 四^{二}… 以三角平垛積 一 二 三 四… 逐層與之相乘，得 一 二^{二}丄二^{二} 三^{二}丄三^{二}丄三^{二}… 此式在《玉鑑》謂之峯嵐形，實卽 一 二×二^{二} 三×三^{二}… 故等於 一 二^{三} 三^{三}… 此積既爲平立垛相乘所得，則内函諸積，自同高至高減一，及高減二者，必皆爲立垛增一乘積，卽皆爲三乘垛，高卽層數。求此諸垛倍數，法置峯嵐形各層數 一 八 二七 六四…，依三角三乘垛各層數 一 四 一〇 二〇… 作縱橫線分之，得

一		
四	四	
十	十六	一
二十	四十	四

左行爲一箇同高垛，中行爲四箇高減一垛，右行爲一箇高減二垛。橫觀而合計之，仍爲原垛各層數，既知峯嵐形分之爲諸垛，則知諸垛并之卽爲峯嵐形。至求三角三乘垛法，應置 高丅二 高丅一 高 高丄一 高丄二 高丄三 爲各乘數，自 高 至 高丄三 四數連乘，得 六高 十一高^{二} 六高^{三} 高^{四} 爲二十四倍同高垛。㊤自 高丅一 至 高丄二 四數連乘，得 二高 高^{二} 二高^{三} 高^{四} 爲二十四倍高減一之垛。㊥自 高丅二 至 高丄一 四數連乘，得 二高 高^{二} 二高^{三} 高^{四} 爲二十四倍高減二之垛。㊦四因中位，與上下位相并，得 〇 六高^{二} 十二高^{三} 六高^{四} 爲二十四倍峯嵐積，則 〇 高^{二} 二高^{三} 高^{四} 爲四倍峯嵐積，故四約之得所求。再 〇高 高^{二} 爲三角平垛倍積，則 〇 高^{二} 二高^{三} 高^{四} 爲三角平垛全積自乘之四倍。故此題垛積，又等於三角平垛倍積自乘數。

乙酉夏二三角諸乘垛，命第二層數爲旨，以高加旨乘原垛，所得爲旨加一箇增

一乘積。欲明此理，須先識峯嵐形。凡一因一層，二因二層，三因三層者，爲本垛之峯嵐形。內有一箇增一乘積，旨減一箇增一乘高減一之積。凡以高乘原垛，所得比峯嵐形多一箇增一乘高減一之積，又凡以高加旨乘原垛，比高乘原垛多旨箇原垛，以一箇增一乘積及旨箇原垛，與旨箇增一乘高減一之積相加，適得旨加一箇增一乘積。試將高乘原垛，及峯嵐形之理，繪圖證之。

三角諸乘垛之第二層，如平垛爲二，立垛爲三，三乘垛爲四之類，卽本垛指數，以旨代之峯嵐之名，本《四元玉鑑》如置三角立垛 一三六十… 爲本垛，增作峯嵐形，得

㈠

其斜線所分左行仍爲本垛，其餘共數爲 〇三一二三〇…，即 〇三×一三×四三×十…，爲三因三乘垛高減一之積。三爲本垛指數，既命爲旨，則一式內爲一箇同高本垛，又旨箇增一乘高減一之積，三乘垛卽立垛之增一乘積。夫以同高本垛 一三六十…，與增一乘高減一之積 〇一四十… 相并，得 一四十二〇… 爲同高增一乘積。故一式內爲一箇同高增一乘積，又二箇增一乘高減一之積，二乃三減一卽旨減一也。此姑以立垛作峯嵐形試之，實則諸垛皆然，高乘原垛，如以四爲高，仍以立垛爲原垛，則乘得式爲

㈡

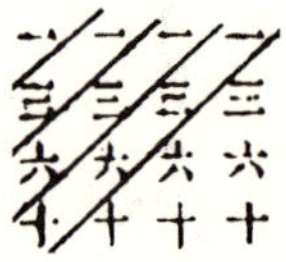

其斜線所分四層爲 一四十二〇，卽一箇同高增一乘積，其餘共數與一式同，仍爲 〇三×一三×四三×十… 亦卽旨箇增一乘高減一之積。故二式比一式多一箇增一乘高減一之積，至高，加旨乘原垛。題已明言，無庸再釋。

乙酉秋二平方積內，有二箇三角平垛，一同高，一以高減一爲高。立方內，有六箇三角立垛，一同高，四以高減一爲高，一以高減二爲高。三乘方內，有二十四箇三角三乘垛，一同高，十一以高減一爲高，十一以高減二爲高，一以高減三爲高。推之四乘方內，必有百二十箇三角四乘垛，其垛之高必有五種。總之積增一乘，其高必增一種，而其箇數必視前多一乘數乘數，卽二三四等遞加之數。試證之。

此題如以眞數驗之，無不脗合，但僅以眞數相證，未爲公法，須以理證之。平方積可以斜線分作諸層，如

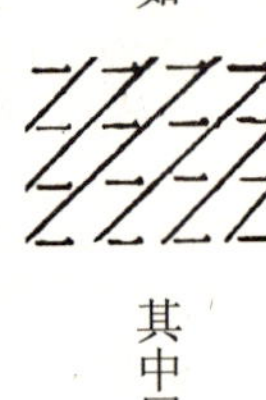

其中層等於方邊，爲諸乘垛之高，其共積必能分爲 二高丅一 層數，故平方積內，有三角平垛同高者一箇，高減一者一箇。如以高乘平方積，得

㈠ 高減一平垛｜高 同高平垛 高減一平垛（高丅一）＝ 高 同高平垛 高減一平垛（高丅一丄一）＝ 高 同高平垛 高減一平垛 高＝高三

準前課乙酉夏一題，則一式化爲

㈠ 高減一平垛｜（高減二立垛 一 高減一立垛）（高減一立垛 二 同高立垛）＝高三

而

高減一平垛 高減二立垛｜高減一立垛＝ 高減一立垛

故 ㈠ 式又化爲

㊀ 高三 ＝ 高減二立垛 ｜ 四高減一立垛 ｜ 同高立垛

如以高乘立方積，得

高三高 ＝ 高高減二立垛 ｜ 四高高減一立垛 ｜ 高同高立垛

即

高四 ＝ 高減二立垛（高丅二⊥二）｜ 四高減一立垛（高丅一⊥一）｜ 高同高立垛

＝ 二高減二立垛 ｜ 高減二立垛（高丅二）｜ 四高減一立垛 ｜ 四高減一立垛（高丅一）｜ 高同高立垛

仍準前課題理，則☰式化爲

二高減二立垛 ｜（三高減三三乘垛 ｜ 高減二三乘垛）｜ 四高減一立垛 ｜（十二高減二三乘垛 ｜ 四高減三三乘垛）｜（高減一三乘垛 ｜ 三同高三乘垛）

㊁ 二高減二立垛 ｜ 四高減一立垛 ｜ 三高減三三乘垛 ｜ 十三高減二三乘垛 ｜ 七高減一三乘垛 ｜ 同高三乘垛 ＝

又依前理，以任垛與

降一層之增乘積相并，得同層之增一乘積，故㊁式又化爲

㊂ 高四 ＝ 高減三立垛 ｜ 十一高減二立垛 ｜ 十一高減一立垛 ｜ 同高三乘垛　順

是以求，則四乘方內所函四乘垛，必爲同高者一箇，高減一者二十六箇，高減二者六十六箇，高減三者二十六箇，高減四者一箇。又可知五乘方內所函五乘垛必有六種，共七百二十箇。

乙酉冬，三角平垛倒置之，與他垛逐層相乘，所得爲他垛之增一乘積。在《玉鑑》爲撒星形。三角或四角立垛倒置之，與他垛逐層相乘，皆爲他垛之增二乘積。但四角乘得者，内多一箇高減一之積。繪圖明之。

一圖

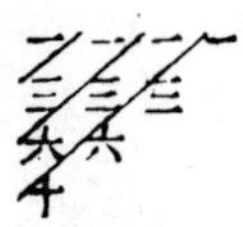

二圖

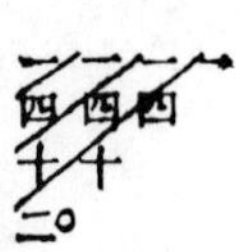

三圖

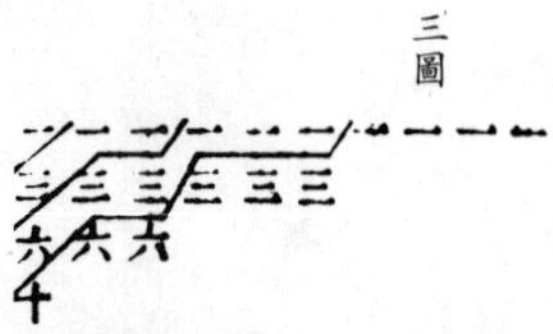

設以四層之平垛倒乘立垛如一圖，倒乘三乘垛如二圖。各以斜線分之，則一圖爲 一四十二〇 即三乘垛，二圖爲 一五五一三 即四乘垛，皆爲原垛之增一乘積。又以立垛倒乘立垛，如三圖。以斜線分之，得各層爲 一五五一三 即四乘垛，亦即原立垛之增二乘積。如以立垛更與別垛倒乘，則亦依三圖，作斜線分之，顯見有條不紊。故三圖外無庸再證。再四角立垛，即一箇三角立垛與一

箇高減一之三角立垜相并數，以與他垜倒乘，同於用三角立垜倒乘，又多一箇高減一之三角立垜倒乘數，其高減一之三角立垜倒乘，乃與他垜少一底積者相乘，故乘得數爲他垜之增二乘高減一之積。以是推之，則四角平垜倒乘他垜所得必爲他垜增一乘積同高者一箇，高減一者一箇。又可見三角三乘垜或四乘垜倒乘他垜，所得亦必爲他垜之增三乘，或增四乘積。

乙酉冬二三角立垜截積爲甲倍同高之三角立垜，內少甲加乙減一爲倍數之高減一之積復多乙倍高減二之積。四角立垜截積爲子倍同高之三角立垜，內少子加丑減二爲倍數之高減一之積，復多丑倍高減二之積。問甲乙子丑各代何數。

置三角立垜二層以下，如 三六十五… 一二〇… 分作三行，如圖。

右一一一一…
中一二三四五…
左一三六十五…

右行依高之次敘，恒爲一，爲截積中所函立垜倍數，中行依平垜次敘，爲所函平垜倍數，左行依立垜敘次，爲所函高之倍數。設圖中第一層爲截積之面，其數爲一一一，則此截積中必有一箇立垜，一箇平垜，一箇高。設圖中第二層爲截積之面，其數爲一二三，則此截積中必有一箇立垜，二箇平垜，三箇高。三層以下類推。故三角立垜截積，但須將截面分作三項，即知其中有同高一箇立垜，及若干平垜，若干高。惟此法尚非公法，宜將其平垜及高，俱化作立垜計之，方歸一律，化得立垜雖不同高，雖正負相錯，然亦愈見變化無窮也。乃令截面左數爲天，中數爲地，因

平垜＝立垜丅高減一立垜

高＝立垜丅高減一立垜丅高減一平垜

所以

高天＝立垜天丅高減一立垜天丅高減一平垜天

平垜地＝立垜地丅高減一立垜地

以此代入全積得

截積㊤＝立垜丄高減一平垜天丅高減一立垜(天丄地)丅立垜(天丄地)

又

高減二立垜天丅高減一立垜天＝高減一平垜天

復以此代入上式，得

截積㊥＝立垜丄高減二立垜天丅高減一立垜天丅高減一立垜(天丄地)丅立垜(天丄地)

如命截積上面爲甲，則

天丄地丄一＝甲

即

天丄地＝甲丅一

故中式變爲

截積㊦＝高減二立垜天丅高減一立垜天丅高減一立垜(甲丅一)丅立垜(甲丅一)丄立垜

惟因截面左數必與截去之虛積底面等，如六等於一二三共，十等於一三六共，如命乙爲截去底面，

則　天=乙　以乙代下式之天即化爲

立垛甲 ┃高減一立垛┃(甲⊥乙丅一) ┃高減二立垛┃乙 = 截積 ㊌

四角立垛截積即兩箇三角立垛截積共數，一箇以甲爲截面，以底爲底，一箇以乙爲截面，以底之上一層爲底。如命乙之上一層爲丙，則四角立垛截積内，有一箇三角立垛截積與末式等，又有一箇三角立垛截積爲

立垛乙 ┃高減一立垛┃(乙⊥丙丅一) ┃高減二立垛┃丙

以與末式相加得

立垛(甲⊥乙) ┃高減一立垛┃(甲⊥二乙⊥丙丅二) ┃高減二立垛┃(乙⊥丙) = 截積 ㊍

惟因四角立垛截面，原等

於甲加乙。以子代之，其上層截去之面，等於乙加丙。以丑代之，以此代入前式，即得

立垛子 ┃高減一立垛┃(子⊥丑丅二) ┃高減二立垛┃丑 = 截積 ㊋

丙戌春一直剖四角立垛爲諸行，右行爲一二三四諸數，左爲二三四，又左爲三四，餘類推。以此諸行爲乘法，自右而左與他垛自上而下逐層相乘。命他垛第二層數爲旨，則乘得數爲他垛增二乘積，同高者一箇，高減一者旨箇。作圖證之。

一圖

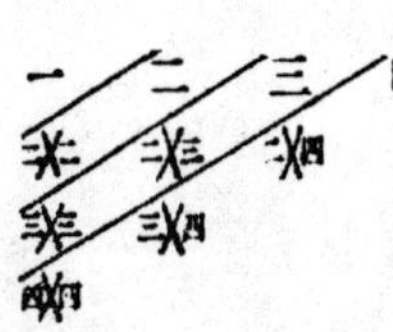

二圖

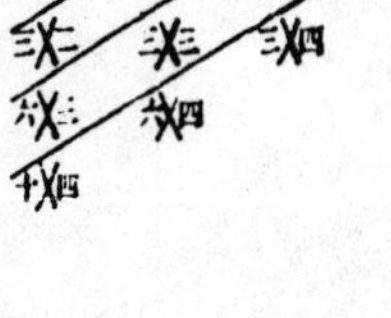

試以諸項乘法與平垛相乘，如一圖。復以斜線分之，得　一

二(一⊥二)

三(一⊥二⊥三)

四(一⊥二⊥三⊥四)

即

一
三丄三
六丄六丄六
十丄十丄十丄十

爲立垜之峯嵐形，亦卽

一丄二
四丄八
十丄二十丄二十

內所函三乘垜，同高者一箇，高減一者二箇。以平垜言之，則爲函增二乘積，同高者一箇，高減一者旨箇。二卽平垜指數也。又以諸項乘法與立垜相乘，如二圖。亦以斜線分之，得

一
二(一丄三)
三(一丄三丄六)
四(一丄三丄六丄十)

卽

一
四丄四
十丄十丄十
二十丄二十丄二十丄二十

爲三乘垜之峯嵐形，亦卽

一丄三
五丄十五丄十五
十五丄三十五丄四十五

內所函爲四乘積。以立垜言之，則爲函增二乘積，同高者一箇，高減一者旨箇。立垜指數卽三也。所乘之垜，在三乘以(土)[上]者，依此類推。

丙戌春二依前題諸項乘法，自左而右，與他垜自上而下逐層相乘。問所得爲何數。

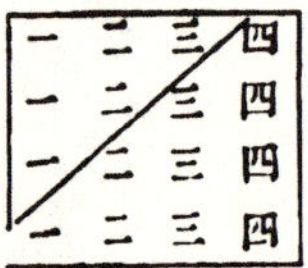

如圖，斜線所分右畔諸層，爲乘法乘高數，左畔諸層，爲高減一倒置三角立垜乘高數。全圖爲三角平垜與全高相乘數，若易全高爲某垜全積，則圖中易二三四層以下，皆以某垜各層數爲倍數。故題中諸乘法，與他垜自上而下相乘，猶之以平垜全積與他垜全積相乘，於上。又以立垜高減一之積倒乘他垜，自上而下至底之上一層而止，於下。以下減上，得所求。夫以平垜全積，及倒置立垜，各與他垜相乘，所得皆爲他垜增二乘積。若欲知其所函各倍數，須先考得平垜全積與他垜全積相乘，所得爲何數。別得平垜積，乃高與 亯丄一 相乘二除之之數。故以高與 亯丄一 遞乘他垜復二除之，卽爲乘得積。凡諸乘垜，皆以第二層數爲其指數，故可以指數名其垜，如平垜可名二垜，立垜可名三垜之類卽可以指垜爲諸垜之公稱，乃以 旨 代指， 乃 代垜， $\frac{\text{旨}}{\text{乃}}$ 代指垜 $\frac{\text{旨丄一}}{\text{乃}}$ 及 $\frac{\text{旨丄二}}{\text{乃}}$ 代指加一指加二垜。又算式每以簡而易覽爲便，故可以算式中第一層爲同高垜，第二層三層爲高減一高減二之垜。依此諸例，以平垜全積，與 $\frac{\text{旨}}{\text{乃}}$ 全積相乘，宜分三次，先以高乘之，得

㈠ $\text{旨}\times\frac{\text{旨丄一}}{\text{乃}}$
$\frac{\text{旨丄一}}{\text{乃}}$

理見乙酉夏一題，次以 亯丄一 乘一式上層，得

㈡ $\frac{\text{旨丄二}}{\text{乃}}$ ｜ $\frac{\text{旨丄一}}{\text{乃}}$
$(\text{旨丄一})\frac{\text{旨丄二}}{\text{乃}}$

次以 亯丄一 化爲 (亯丅一)丄二 乘一式下層，得

㈢ $\text{旨}\times\frac{\text{旨丄二}}{\text{乃}}$ ｜ $(\text{二旨})\frac{\text{旨丄一}}{\text{乃}}$
$\text{旨}(\text{旨丄一})\frac{\text{旨丄二}}{\text{乃}}$

以二三式相并，得

$\frac{\text{旨丄二}}{\text{乃}}$ ｜ $\frac{\text{旨丄一}}{\text{乃}}$
$(\text{二旨丄一})\frac{\text{旨丄二}}{\text{乃}}$ ｜ $(\text{二旨})\frac{\text{旨丄一}}{\text{乃}}$
$\text{旨}(\text{旨丄一})\frac{\text{旨丄二}}{\text{乃}}$

卽

$\text{二}\times\frac{\text{旨丄二}}{\text{乃}}$
$(\text{二旨})\frac{\text{旨丄二}}{\text{乃}}$ ｜ $(\text{二旨})\frac{\text{旨丄二}}{\text{乃}}$
$\text{旨}(\text{旨丅一})\frac{\text{旨丄二}}{\text{乃}}$

二除之得

$\frac{\text{旨丄二}}{\text{乃}}$
$(\text{二旨})\frac{\text{旨丄二}}{\text{乃}}$ ㈣
$\frac{\text{二}}{\text{旨}(\text{旨丅一})}\frac{\text{旨丄二}}{\text{乃}}$

爲平垜全積與他垜全積

相乘之公式。高減一之立垛倒乘指垛所得爲高減一之 $旨丄\frac{二}{乃}$ 理見乙酉冬一題，如圖。應於甲式中減去此數，得

$旨丄\frac{二}{乃}$　$(二旨丅一)旨丄\frac{二}{乃}$　$\frac{二}{旨(旨丅一)}旨丄\frac{二}{乃}$　㊁乙

爲本題公式。如旨乃爲平垛，則乙式化爲 $四乃\times\frac{四乃}{三}四乃$　如旨乃爲立垛，則乙式化爲 $五乃\times\frac{五乃五乃}{五\times三}$　總之得增二乘垛同高者恒爲一箇，高減一者，爲一三五七…箇，高減二者爲一三六十…箇，皆視所乘垛爲區別。

丙戌冬一設有數始於一。繼以天，繼以天之三角平垛，及立垛，以及諸乘垛積，欲求此諸垛和數。法命底層積之指數爲寅，以寅加一爲高，以天爲全積指數，依指數求其三角垛積即得。若有數始於一，繼以天爲高，繼以高遞減一之三角諸乘垛，至高減盡而止。欲求此諸垛和數，法以二屢自再乘，至天方即得。試證之。

三角諸乘垛，皆以第二層數天，爲本垛指數。以此爲高，則三層爲同高二垛，即平垛，四層爲同高三垛即立垛，五層爲同高四垛，其指數恒比層數少一，故末層指數比全層數即高少一。命爲寅，則寅加一爲全垛之高，有高，有本垛指數，則依垛積常法求之，得

$$\frac{一\times二\times三\times四\times\cdots\times天}{高(高丄一)(高丄二)\cdots(高丄天丅一)}$$ ㊀甲

即爲全積。如以天爲高，取其同高諸乘垛和數，復以一冠其首，亦與甲式無異。若以天爲高，取其高遞減一諸乘垛和數，復以一冠其首，則與廉隅表之横行無異表見本年秋一題。然細觀表中各横行，并之皆爲二之各方。如并 一丄一 爲二，即二之一方，并 一丄二丄一 爲四，即二之二方，并 一丄三丄三丄一 爲八，即二之三方，故横行之第二項爲二之諸乘方指數，亦即垛積指數天也。

清·劉彝程《簡易庵算稿》卷三　庚寅夏一假如三角寅垛與三角卯垛相乘，求乘得之寅加卯減一垛高遞減一諸倍數。設卯小於寅法以一爲一級，卯減一爲二級。置二級，以卯減二乘之，二除之，爲三級。置三級，以卯減三乘之，三除之，爲四級。下皆如是，至卯減盡而止。列左幅，次以一爲一級，寅減一爲二級，乃以同理求得諸級。至與左幅同級而止，列右幅，乃以左右二幅，一級與一級，二級與二級，逐級相乘，爲乘得式，此乘得式，一級即寅加卯減一垛同高之倍數，二級即高減一之倍數，三級即高減二之倍數，以下類推。有此簡法，則《則古昔齋》自乘諸法可廢，即李君所未思及之相乘諸法亦可該。試證其理。

考三角諸乘垛内函不同高諸積，依頂格降格書之，則

$高 = 朵^{一}所函$　$高朵^{二} = 朵^{二}所函$

$\frac{高朵^{二}朵^{三}}{二} = 朵^{三}所函$　$\frac{高朵^{二}朵^{三}朵^{四}}{三三} = 朵^{四}所函$　$\frac{高朵^{二}朵^{三}朵^{四}朵^{五}}{四六四} = 朵^{五}所函$　…

若略其垛積，但取倍數列之，則得

㊀甲

$朵^{一}$所函	一
$朵^{二}$所函	一一
$朵^{三}$所函	一二一
$朵^{四}$所函	一三三一
$朵^{五}$所函	一四六四一

細觀甲圖，與降一乘方之廉隅表同，如$朵^{二}$所函與$方^{一}$廉隅表同，$朵^{三}$所函與$方^{二}$廉隅表同。可命甲圖爲各垛函倍數，再考諸垛逐級自乘相乘所得各增乘積或準前課諸題法，或取眞數相乘，以斜綫分之，除高與諸垛相乘，仍得一箇原

垛，此外如

(一)

朵^{二}朵^{二} ＝ 朵^{三} 朵^{三}

朵^{三}朵^{二} ＝ 朵^{四} 二朵^{四}

朵^{四}朵^{二} ＝ 朵^{五} 三朵^{五}

(二)

朵^{三}朵^{三} ＝ 朵^{五} 四朵^{五} 朵^{五}

朵^{四}朵^{三} ＝ 朵^{六} 六朵^{六} 三朵^{六}

朵^{五}朵^{三} ＝ 朵^{七} 八朵^{七} 六朵^{七}

(三)

朵^{四}朵^{四} ＝ 朵^{七} 九朵^{七} 九朵^{七} 朵^{七}

朵^{五}朵^{四} ＝ 朵^{八} 一二朵^{八} 八朵^{八} 四朵^{八}

朵^{六}朵^{四} ＝ 朵^{九} 一五朵^{九} 三〇朵^{九} 一〇朵^{九}

細觀一二三式中，乘得各垛指數，卽原兩指數相加減一之數。如命原兩指數爲寅與卯，則乘得指數爲 寅丄卯丅一 又取甲圖中諸函倍數，兩相對列，有對者相乘，無對者去之，則乘得數，與一二三式中不同高各倍數無異。再甲圖中如命任垛指數爲卯，則其函倍數之第二項等於卯減一，第三項等於卯減二之平垛，四項等於卯減三之立垛，以下類推。故任一垛之函倍數，可以

$$\begin{array}{c}\text{一}\\ \text{卯丅一}\\ \dfrac{(\text{卯丅一})(\text{卯丅二})}{\text{二}}\\ \dfrac{(\text{卯丅一})(\text{卯丅二})(\text{卯丅三})}{\text{二}\cdot\text{三}}\\ \vdots\end{array}$$

爲公式。又命另一垛之指數爲寅，則其函倍數可以

$$\begin{array}{c}\text{一}\\ \text{寅丅一}\\ \dfrac{(\text{寅丅一})(\text{寅丅二})}{\text{二}}\\ \dfrac{(\text{寅丅一})(\text{寅丅二})(\text{寅丅三})}{\text{二}\cdot\text{三}}\\ \vdots\end{array}$$

爲公式。如以三代卯，四代寅，則兩公式化爲一二一及一三三一，而乘得之朵^{四丄三丅一} 卽 朵^{六} 其不同高各倍數，爲一六三，與二式中三四朵相乘所得無異。此術乃自乘相乘，垛至簡至捷之訣，實開千古未有之奇。

庚寅夏二以平垛截去一層之積，逐層與平垛相乘，截二層之積，與立垛相乘，截天層之積與天乘垛相乘，乘得之積，比原垛俱爲增一乘積。其增一乘積之倍數，同高者俱如平截積之首層數，俱無高減一之正負諸積。若移中之，以任一截積與任垛相乘，則必有高減一之正負諸積，試言其理。

準前題一式理，平垛乘平垛得 朵^{三} 朵^{三} 共得二箇垛。平垛乘立垛得 朵^{四} 二朵^{四} 共得三箇垛，順是乘遞增一乘垛，所得皆遞增一箇垛。夫平垛與平垛相乘，既得二箇垛，則平垛截積與平垛相乘，雖不止二垛，然正負相消，必仍得二箇。如置平垛與截一層平垛相乘得 二朵^{三} 與截二層平垛相乘，得 三朵^{三} 丅朵^{三} 與截三層平垛相乘，得 四朵^{三} 丅二朵^{三} 無論同高與否，總之三正一負，四正二負，五正三負，六正四負之類，正負相消，所得皆爲二箇。如置立垛，與截一層之平垛相乘，得 二朵^{四} 朵^{四} 與截二層之平垛相乘，得 與截三層之平垛相乘，得 三朵^{四} 無論同高與否，總之二正一正，及三正，及四正一負，及五正二負之類，正負相消，所得皆爲三箇。蓋準前論，應得二箇者，而平垛截面適爲二，應得三箇者，而平垛截面適爲三，應得天加一箇者，而平垛截面適爲天加一，故相乘所得增乘積，但有同高者二個或三箇或天加一箇，別無高減一之正負諸積。推之立垛與諸乘垛相乘，準前題二式

理，得立垜乘立垜，共得六垜，立垜乘三乘垜共得十垜。如以立垜截去諸層之積，與 朶三 及 朶四 相乘，所得增二乘積，雖有不同高正負諸垜，然正負相消，必仍得六箇與十箇，此理劇有意趣。

又如任取一自乘或相乘垜，已知全積所函爲 朶戊 朶戊甲 朶戊乙 朶戊丙… 如以其積改作遞減一乘或遞增一乘之積，如以原一層爲一層，以原一二層相減爲二層，以原二三層相減爲三層，所得爲遞減一乘積。又如以一層爲一層，以一層加原二層爲二層，以加得二層加原三層爲三層，所得爲遞增一乘積，則積内所函必爲

丅一朶戊 丅一朶戊甲 丅一朶戊乙 丅一朶戊丙… 或 丄一朶戊 丄一朶戊甲 丄一朶戊乙 丄一朶戊丙… 或 丅一朶戊 丅一朶戊甲 丅一朶戊乙 丅一朶戊丙… 或 丄一朶戊 丄一朶戊甲 丄一朶戊乙 丄一朶戊丙…

再置此二積復作遞減遞增一乘之積，如是屢改而不同高諸倍數必仍如故。

此法與本題無關，因論本題而觸得此法，附記於此蓋本題乃言諸倍數正負屢變，而總倍數不變，此法乃言諸積乘數增減屢變而各倍數不變。

庚寅秋四三角諸乘垜，兩截積逐層相乘，求乘得積所函諸垜各倍數。

法命此截積指數爲寅，截去層數爲午。置截積首層，分爲寅項，其一項定爲一箇，二項爲午箇，三項爲午之平垜，四項爲午之立垜，至寅項爲午之寅減一垜。又命彼截積指數爲卯，截去層數爲未，亦分首層爲卯項。以兩截積相乘，準前課寅卯二垜相乘公式計之，可得寅加卯減一垜遞降至一垜，同高及高遞減一諸積。假如以三代寅，四代卯，又四代午，三代未，則依法求得同高者，六垜一個，五垜七個，四垜二八個，三垜六四個，二垜百個，一垜百個。高減一者，六垜六個，五垜二四個，四垜三六個，三垜二四個。高減二者，六垜三個，五垜三個。復將同高不同乘諸垜，化爲同乘不同高正負諸垜，則共得六垜同高者三百正，高減一者一零六五負，高減二者一六五八正，高減三者一三五九負，高減四者五七六正，高減五者百負。試詳證之。

三角諸乘垜，其第二層數卽本垜指數，宜將二層以下，依指數分作諸項。如三垜一三六十… 宜分作三項，如 一丄一丄一 一丄二丄一 三丄三丄一 六… 四垜如一四一〇二〇… 宜分作四項，如 一丄一丄一丄一 一丄二丄三丄四 一丄三丄六丄十 … 總之寅垜卯垜，宜分作寅項卯項。細觀此圖，如任截去以上諸層，則截面之第二項數，必與截去層數相符，而二項以左，又適等於二項數之平垜及立垜等等。此截面諸數，卽本截積所函同乘垜遞降至高諸倍數。假如以三代寅四代卯，又四代午，三代未，卽知所設兩截積一爲立垜截去四層，一爲三乘垜截去三層，以此兩截積分左右列之，得

㊧ 一〇高丄四△二丄△三

㊨ 一〇高丄六△二丄三△三丄△四

左右相乘，準本年夏一題，法先以左式右項與右式相乘，得

㊀ △六 六△六 三△六 | 三△五 一二△五 三△五 | 六△四 一二△四 | 一〇△三

㊁ 四△五 一二△五 | 一二△四 二四△四 | 二四△三 二四△三 | 四〇△二

次以左式中項與右式相乘，得再以左式左項與右式相

乘，得

一〇〇高⊥六〇△二⊥三〇△三⊥一〇△四 ㊂

並一二三式得

一〇〇高 | 一〇〇△二 | 六四△三 二四△三 | 二八△四 三六△四 | 七△五 二四△五 三△五 | △六 六△六 三△六 ㊊

此甲式爲本題所函不同高不同乘諸垛之式。若欲將甲式化爲同乘不同高正負諸垛，法以 △六 T△六 代 △五 以 △六 T△六T△五 代 △四 以 △六 T△六T△五T△四 代 △三 以 △六 T△六T△五T△四T△三 代 △二 以 △六 T△六T△五T△四T△三T△二 代 高 又以 〇△六 T△六 代 〇△五 以 〇△六 T△六T△五 代 〇△四 以 〇△六 T△六T△五T△四 代 〇△三 又以 〇〇△六 T△六 代 〇〇△五 各以甲式倍數乘之，依次代入甲式，則得

三〇〇△六
T一〇六五△六
⊥一六五八△六
T一三五九△六
⊥五七六△六
T一〇〇△六 ㊁

設立天元爲高，依甲式或乙式，演得正負各同數相並，即得開方式。

庚寅冬二假如三角四乘垛截積，但知截面二百十，及截積全數，求截高。

中法：四乘垛，即代數之 朶五 準本年秋四題，宜將截面二百十分作五項，如

百二十六
五十六
二十一
六
一

其第二項爲六，即知爲截去六層之 朶五 再依前課題法，應將截積分作一個 朶五 六個 朶四 漸次至百二十六個高。立天元求得各如積相並，即得開方式。惟此外尚有簡便之法，不可不知。

法：立天元爲截高，則 六⊥天 爲全高，依垛積常法求得四乘垛全積，爲 $\frac{(六⊥天)(七⊥天)(八⊥天)(九⊥天)(一〇⊥天)}{二・三・四・五}$ 詳之，以虛積 $\frac{六・七・八・九・十}{二・三・四・五}$ 減之，復以截積消之，化去分母，得

T一二〇 截積

六八九十
⊥七八九十
⊥六七九十
⊥六七八十
⊥六七八九 天

六八九
⊥七八九
⊥六七九
⊥六七八
⊥六九十
⊥七九十
⊥八九十
⊥七八十
⊥六七十 天二

六九
⊥七九
⊥八九
⊥六八
⊥七八
⊥六七
⊥六十
⊥七十
⊥八十
⊥九十 天三

六七
⊥八
⊥九
⊥十 天四

天五

開四乘方得截高。此題甚淺，然

非準本年秋四題法，不能求得虛高，卽不能用此簡法。存此一題，愈見庚寅秋四題妙處無窮也。

庚寅冬三欲作三角諸乘垜之代數式，有數法。命其層數爲辰，指數爲卯。

一法曰：以一爲一級，卯爲二級，置二級，以卯加一乘之，二除之，爲三級，置三級，以卯加二乘之，三除之，爲四級，如是求至卯加辰減二乘之，辰減一除之，並諸級爲求得式。

二法曰：以辰爲一級，以辰減一乘一級，二除之，爲二級，以辰減二乘二級，三除之，爲三級，如是求至辰減卯復加一乘之，卯除之，爲左幅。次以一爲一級，以卯減一爲二級，以卯減二乘二級，二除之，爲三級，如是求至一乘之，卯減一除之，爲右幅。置左右二幅，逐級相乘，爲求得式。

三法曰：置一，以卯加一卯加二至卯加辰減一連乘之，以二三四諸數至辰減一連除之而止。

四法曰：置辰，以辰加一辰加二至辰加卯減一連乘之，以二三四諸數至卯連除之而止。

問一二法逐級所代何數，並三法取義之原，四法雖屬常理，惟從前亦未經人闡釋。

一法各級，卽 $朶^{卯}$ 各層眞數，故並諸級得所求。二法準庚寅夏一題

$$垜^{卯}=\begin{matrix}高\\甲朶^{二}\\乙朶^{三}\\\vdots\end{matrix}\quad ㊤$$

如以辰代高，則上式變爲

$$朶^{卯}=\begin{matrix}&辰\\甲&\frac{二}{(辰丅一)(辰丅二)}\\乙&\frac{二\cdot三}{辰(辰丅一)(辰丅二)}\\&\vdots\end{matrix}\quad ㊦$$

又觀庚寅夏一題，任垜所函倍數之公式，其甲必等於 卯丅一 乙必等於 $\frac{二}{(卯丅一)(卯丅二)}$ 丙必等於 $\frac{二\cdot三}{(卯丅一)(卯丅二)(卯丅三)}$ 故下式 $朶^{卯}$ 等於

$$\begin{matrix}一\times辰\\(卯丅一)\times\frac{二}{(辰丅一)辰}\\\frac{二}{(卯丅一)(卯丅二)}\times\frac{二\cdot三}{辰(辰丅一)(辰丅二)}\\\vdots\end{matrix}\quad ㊙甲$$

卽本題二法之乘得式。如將甲式分作兩行，卽合於題中左右二幅式。三法準丁亥秋一題，以卯加一爲高，求得寅垜卽得，其寅在本題卽辰減一也。四法卽垜積常法，惟其連乘連除之理，從未有人證之。準乙酉秋二題，諸乘方積，內函三角諸乘垜，如

$$高^{二}=\begin{matrix}朶^{二}\\朶^{二}\end{matrix}\quad ㊀$$

$$高^{三}=\begin{matrix}朶^{三}\\四朶^{三}\\朶^{三}\end{matrix}\quad ㊁$$

$$高^{四}=\begin{matrix}朶^{四}\\一一朶^{四}\\一一朶^{四}\\朶^{四}\end{matrix}\quad ㊂$$

$\vdots$ 設欲將此不同高諸垜，增作同高諸垜。試觀一式內，須加高乃得 $高^{二}丄高=二朶^{二}$ 卽 $\frac{二}{高^{二}丄高}=朶^{二}$ 而此式之實可化爲兩個乘數，如 $\frac{二}{高(高丄一)}=朶^{二}$ ㊀ 二式內須加 $五朶^{二}=\frac{二}{五(高丄高^{二})}$ 及 $\overset{\circ}{朶^{二}}=\frac{二}{高^{二}丅高}$ 共以 $\frac{二}{六高^{二}丄四高}=三高^{三}丄二高$ 加二式，乃得 $高^{三}丄三高^{二}丄二高=六朶^{三}$ 卽 $\frac{六}{高^{三}丄三高^{二}丄二高}=朶^{三}$ 而此式法實可化爲各乘數如 $\frac{二\cdot三}{高(高丄一)(高丄二)}=朶^{三}$ ㊁ 三式內，須加 $二三朶^{三}=$

$\frac{二\cdot三}{二三(高^{三}丄三高^{二}丄二高)}$ 及 $一二\overset{\circ}{朶}^{三}=\frac{二\cdot三}{一二(高^{三}丅高)}$ 及 $\overset{\circ\circ}{朶}^{三}=$ $\frac{二\cdot三}{高^{三}丅三高^{二}丄二高}$ 共以 $\frac{二\;三}{三六高^{三}丄六六高^{二}丄三六高}=六高^{二}丄$ $一一高^{二}丄六高$ 加三式，乃得 $高^{四}丄六高^{三}丄一一高^{二}丄六高=二四朶^{四}$ 而此式法實可化爲各乘數如 $\frac{二\cdot三\cdot四}{高(高丄一)(高丄二)(高丄三)}=朶^{四}$ ㊂ 四乘垜以下類推。凡此皆將諸乘正方積改作縱方積以便化作諸乘數，而諸縱方積，其長闊高之較，皆遞次差一。又各垜除數後垜視前垜，亦依次增一遞加數，此所以法實，皆有序不紊也。

庚寅冬四歴課以來，垜積相乘諸法蓋巳略備，兹復撰一公術，取其簡括易記。術曰：寅垜卯垜相乘，所得寅加卯減一垜，將不同高各倍數，正負相並，得共倍數，必等於寅垜之卯層數，亦卽卯垜之寅層數。試證其理。

假如寅等於三，卯等於四，準本年夏一題，三垜四垜相乘，得六垜卽三加四減一垜。同高者一箇，高減一者六箇，高減二者三箇，一六三相並，得十。再準歴課截積相乘題理，設三垜截二層積，與四垜相乘，得六垜同高者六箇，高減一者四箇，六四相並仍得十。又設三垜截四層積，與四垜相乘，得六垜同高者十五箇正，高減一者六箇負，高減二者一箇正，十五正六負一正相並，仍得十。總言之，寅卯兩全垜相乘，或全垜截積相乘，所得共倍數，無不合於寅垜卯層數，及卯垜寅層數，更列詳表於左。

	乘高高即一垜	乘二垜	乘三垜
平垜全積	一同高	一同高一 高減一	一同高二 高減一
平截一層積	二同高正一 高減一負	二同高	二同高一 高減一
平截二層積	三同高正二 高減一負	三同高正一 高減一負	三同高
平截三層積	四同高正三 高減一負	四同高正二 高減一負	四同高正一 高減一負
	共得一二垜	共得二三垜	共得三四垜

	乘高	乘二垜	乘三垜
立垜全積	一同高	一同高二 高減一	一同高四高減 一一高減二
立截一層積	三同高正三高減 一負一高減二正	三同高	三同高三 高減一
立截二層積	六同高正八高減 一負三高減二正	六同高正四高減 一負一高減二正	六同高
立截三層積	十同高正十五高減 一負六高減二正	十同高正十高減 一負三高減二正	十同高正五高減 一負一高減二正
	共得一三垜	共得三四垜	共得六五垜

	乘高	乘二垜	乘三垜
四垜全積	一同高	一同高三 高減一	一同高六高減 一三高減二
四垜截一層積	四同高正六高減一負四 高減二正一高減三負	四同高	四同高六 高減一
四垜截二層積	十同高正二十高減一負十 五高減二正四高減三負	十同高正十高減一負五 高減二正一高減三負	十同高
	共得一四垜	共得四五垜	共得一〇六垜

二三四垛，與四垛以上相乘，及五垛以上與諸垛相乘，數繁不及備載。

右表乃各以一種垛積與諸垛相乘，其縱横相遇處，卽乘得垛之各倍數，末行乃正負相並所得共倍數。如一表第一層，皆爲一箇二垛，二層皆爲二箇三垛，三層皆爲三箇四垛，一表之一二三或二表之一三六，或三表之一四十，皆爲共倍數，皆等於寅垛卯層數，卽皆等於卯垛寅層數。

由題理可得兩例如下。一以寅垛截去卯減一層之積，乘卯垛，或卯垛截去寅減一層之積乘寅垛，則乘得寅加卯減一垛之倍數必皆等於截面數，且皆爲同高積，無高減一減二之正負諸積。如三垛截三層積，以乘四垛，或四垛截二層積，以乘三垛，則乘得同高垛之倍數皆爲十，別無不同高之正負諸垛。因十爲截面數，適合於寅垛卯層數，及卯垛寅層數也。本年夏二題，專言平垛截積與卯垛相乘，本題統言寅垛截積與卯垛相乘，並證所得有一定倍數。一由題理，可易知諸垛逐層之數。如欲知六垛自一層至六層數，法將便於記憶之三四垛各層數，取其六層以上列之，如

一	三	六	十	十五	廿一
一	四	十	二十	卅五	五十六

由上二層觀之，可知六垛之一二層爲一六，其三層必等於三垛之六層，卽二十一，四層必等於四垛之六層，卽五十六，五層必等於五垛之六層，惟因五垛四層等於四垛五層，卽三十五，倍之得七十，卽五垛四層加四垛五層。爲五垛五層。復以四垛六層加之，得百二十六卽四垛倍五層加六層數，爲五垛六層，卽爲六垛五層，復倍之，復二百五十二爲六垛六層。此法可轉瞬而得六垛六層數，視逐級遞加而得者，較覺簡捷，且饒意趣。觀上第二例可見寅垛寅層，卽上一層之倍。如五垛五層，卽四層之倍，六垛六層，卽五層之倍是也。此雖垛積餘意，然知此，則尤便記憶。

清·陳志堅《求一得齋算學》卷二　角垛類

一題設以寅代三角乘垛之數，乃置三角寅乘垛逐層各以高乘之，所得其積内函同高之寅加一乘垛一箇。又高減一之寅加一乘垛寅箇。試證其理。設寅爲四或五，則所得爲何垛並有高求積式若何。

證曰：凡角垛相生之公理，任有角垛之若干乘垛，以任何垛表之。第一垛乘之，其垛積必函本乘加一之乘垛，如本乘數與任何垛表根第二層左行數相乘數加任何垛表根數一箇，其一以本垛之高爲高，其餘以本垛之高減一爲高。今置三角寅乘垛而逐層各以高乘，卽以角垛表一乘垛乘之也，其垛積必函寅加一之乘垛，如寅乘表根數一加一表根數箇，其一箇以本垛之高爲高，其寅箇以本垛之高減一爲高，更以數證之。設 寅＝四 則置四乘垛，以本表之一乘垛逐層乘之，卽各以高乘。則最上層同爲一、二層得 一〇 三層 四五 、四層 一四〇 姑以四層見例。卽四乘支垛之一垛，於本表列第五。其四層共積得一百九十六，卽内函同高之五乘垛。四層共積 八四 一箇。又 四丅一 層共積 二八 四箇。設 寅＝五 則最上層得一、二層得 一二 三層 六三 四層 二二四 卽五乘支垛之一垛，於本表列第六。其四層共積 三〇〇 卽内函同高之六乘垛。四層共積 一二〇 一箇。又 四丅一 層共積 三六 五箇。其四乘五乘支垛表並有高求積式列後。

四乘支垛表

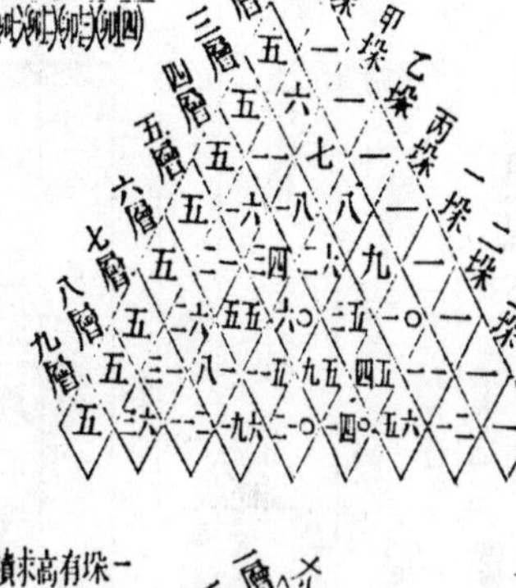

五乘支垛表

二題又置三角寅乘垛與同高之四角平垛對列逐層相乘，則得同高之寅加一乘垛亦一箇，又高減一之寅加一乘垛爲二寅加一箇。試證其理。設寅爲三或爲四，則所得爲何垛並有高求積式若何。

證曰：角垛相生之公理，如前題。故置三角寅乘垛而逐層與同高之四角平垛對列相乘，卽以一乘支垛表第二層左行二之方垛，卽四角平垛，乘之也。其垛積必函寅加一之乘垛，如二寅寅與表根數相乘加二箇，表根數亦一箇。以本垛之高爲高，其二寅加一箇。以本垛之高減一爲高，試以數證之。設 寅＝三 置三乘

垛，以一乘支垛表之方垛乘之，則最上層得一，次層得二一，三層四五，四層一四〇，即七乘支垛之丙垛於本表列第四四層共積二百〇三，內函同高之四乘垛。四層共積五六一箇。又四丅一層之共積二一七箇。設寅＝四，置四乘垛，而以一乘支垛表之方垛乘之，則最上層仍爲一、次層得一五，三層七五，四層二四五，即九乘垛之丁垛，於本表列第五。其四層共積三百三十六，內函同高之五乘垛。四層共積八四一箇，又四丅一層之共積二八九箇。餘依此類求準此術以推。若置三角寅乘垛而以二乘支垛之方垛乘之，其共積必函一箇同高之寅加一乘垛，又高減一之寅加一乘垛爲三寅加二箇。若置三角寅乘垛而以三乘支垛之方垛乘之，其共積必函一箇同高之寅加一乘垛，又高減一之寅加一乘垛爲四寅加三箇四乘支垛。以上準此。

所有七乘、九乘二支垛表並有高求積式列後。

丙垛有高求積式

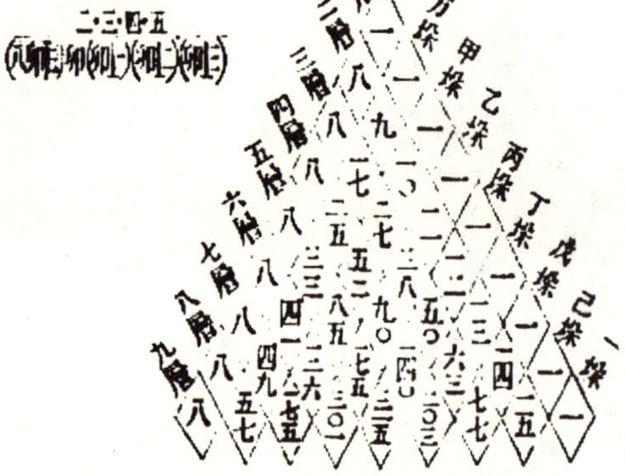

丁垛有高求積式

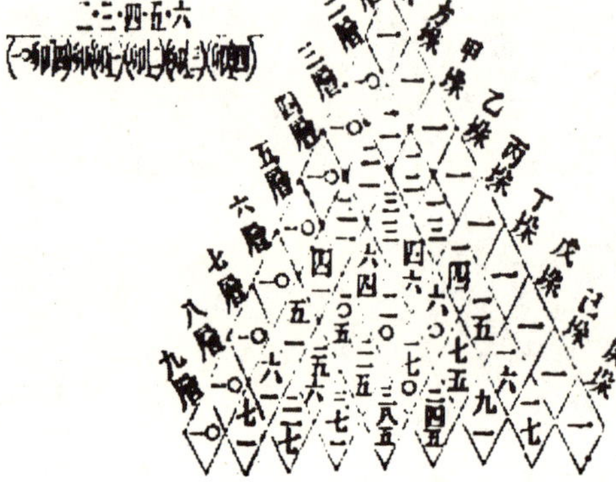

圖表

清・汪萊《衡齋算學》卷四　十物遞兼分數圖解

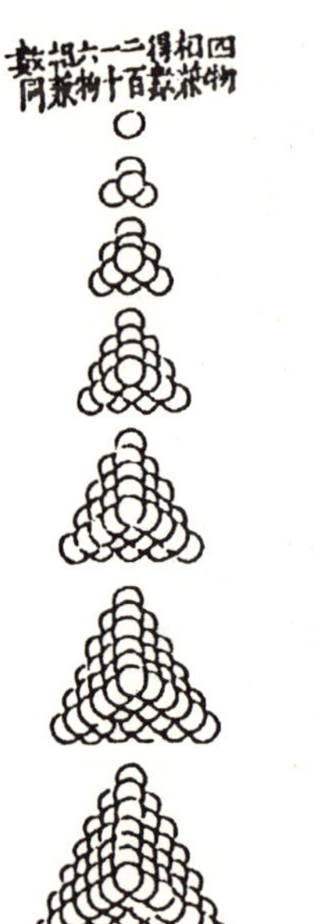

清・李善蘭《則古昔齋算學四・垛積比類》卷一　三角垛第一

三角垛表

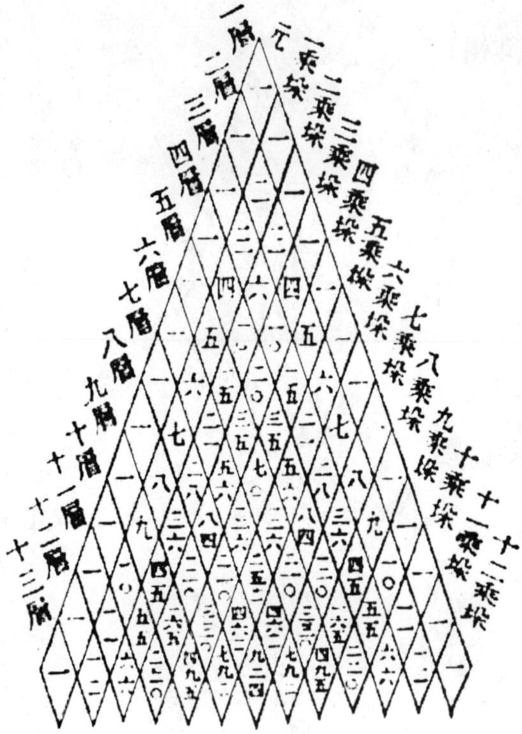

造表法：并上層左、右二數爲下層中一數。

右表向左斜行而下，各乘垛每層之積也。向右斜行而下，各層遞增之數也。

欲知某乘垛每層之積，視乘數、層數二行相交之格卽是。如欲知五乘垛七層之積，視五乘垛行與七層行相交之格，爲四百六十二，卽其積也。

三角垛圖

元

垛乘一

垛乘二

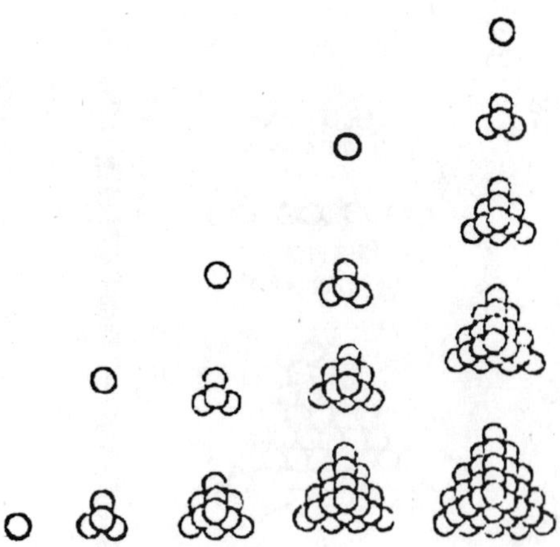

垛乘四

垛乘三

又 卷三 三角自乘垛第三

三角自乘垛表

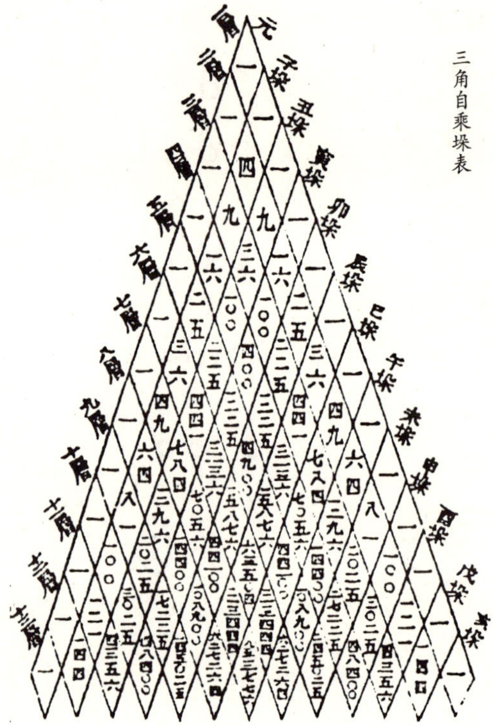

造表法：用三角垛表各格皆自乘即得本表各格。

三角自乘垛圖

子垛

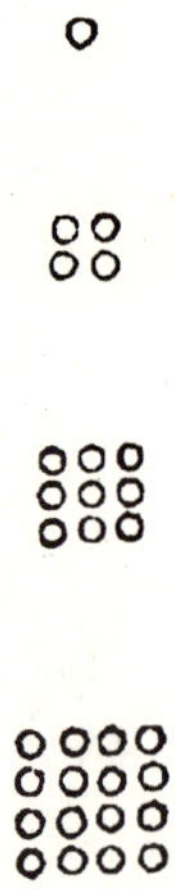

丑垛

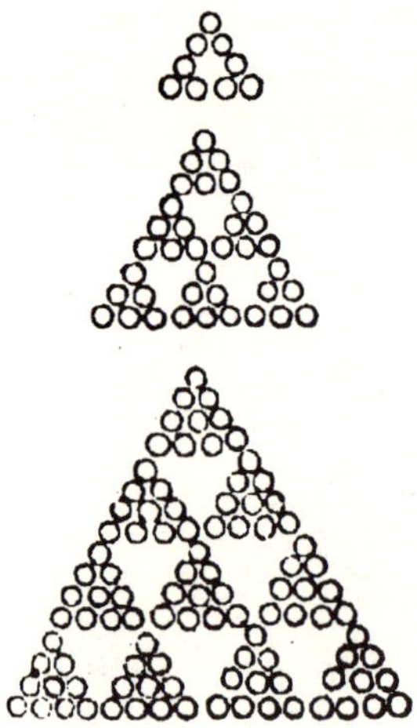

寅垛

卯垛

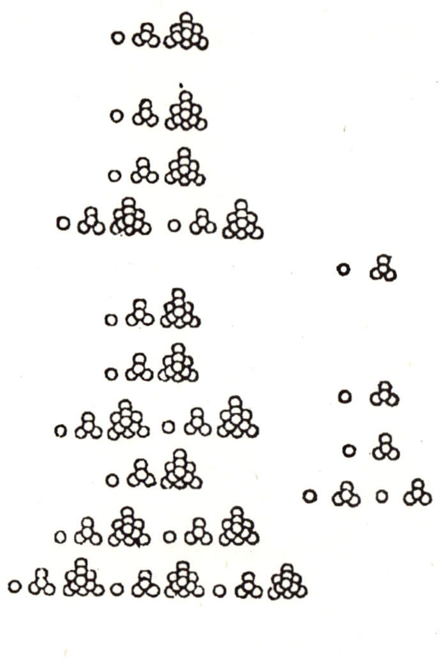

三角自乘垛者，三角垛逐層皆自乘也。子垛爲一乘垛逐層自乘之共積，丑垛爲二乘垛逐層自乘之共積，寅垛爲三乘垛逐層自乘之共積，卯垛以下可類推。

又 寅支垛表

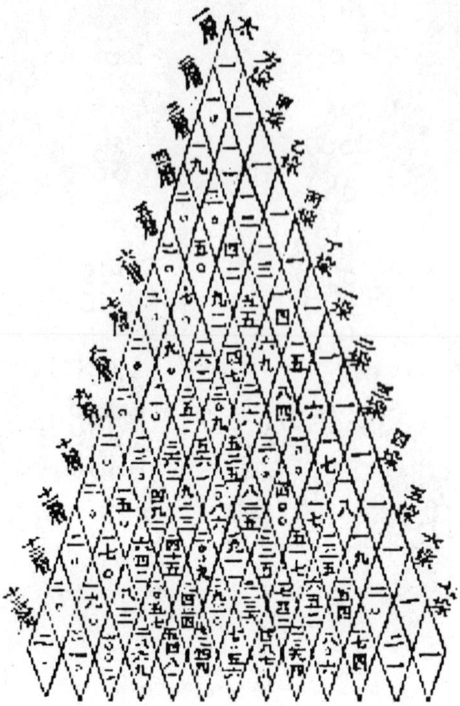

左邊斜下一、一〇、一九、二〇，四數爲表根，餘法如三角垛表。一〇者，一加九也。一九者一加九又加九也。二〇者，一加九又加九又加一也。一、九、九、一，四數乃寅垛之方廉隅也。

寅支垛圖

垛方

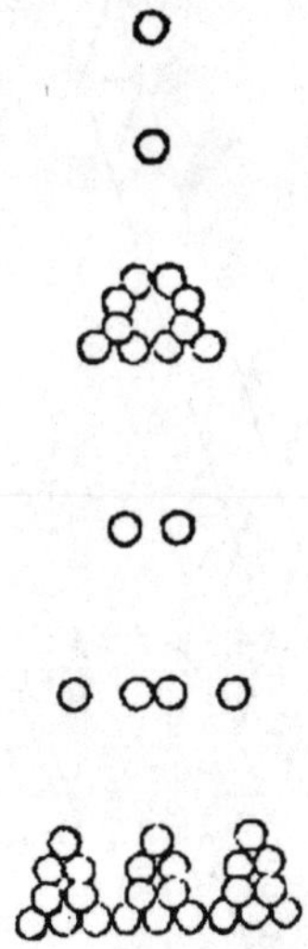

垛甲

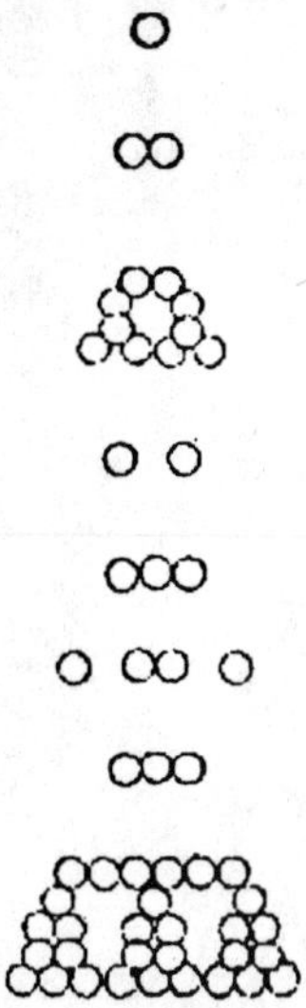

垛乙　垛丙　垛丁　第一垛　第二垛

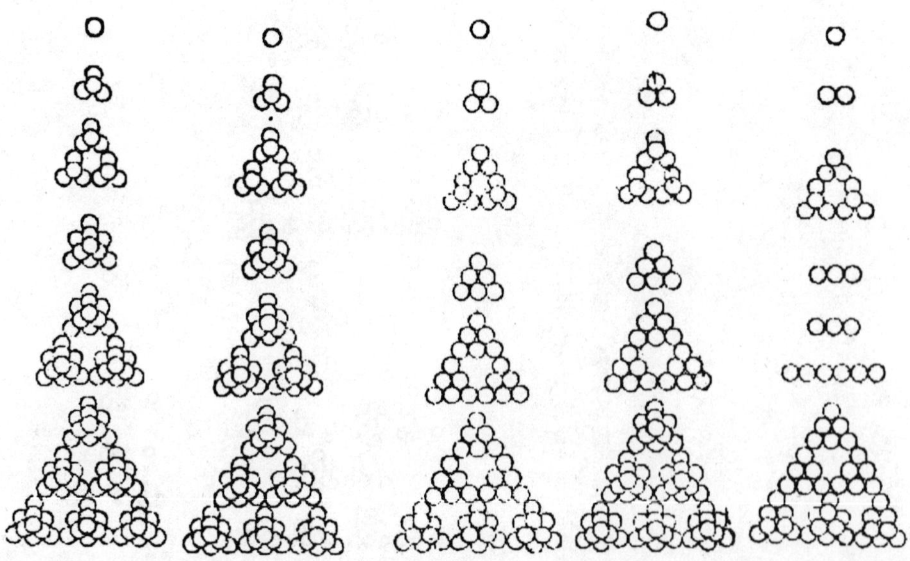

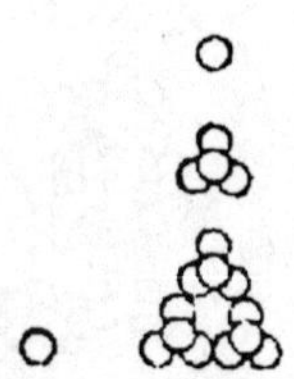

第三垜

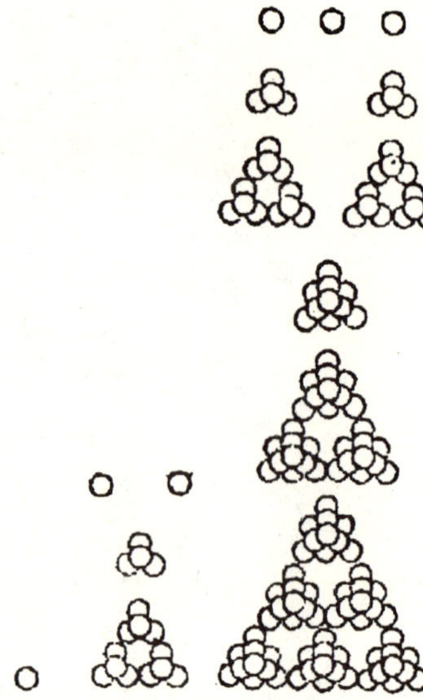

又 卷四

三角變垜表

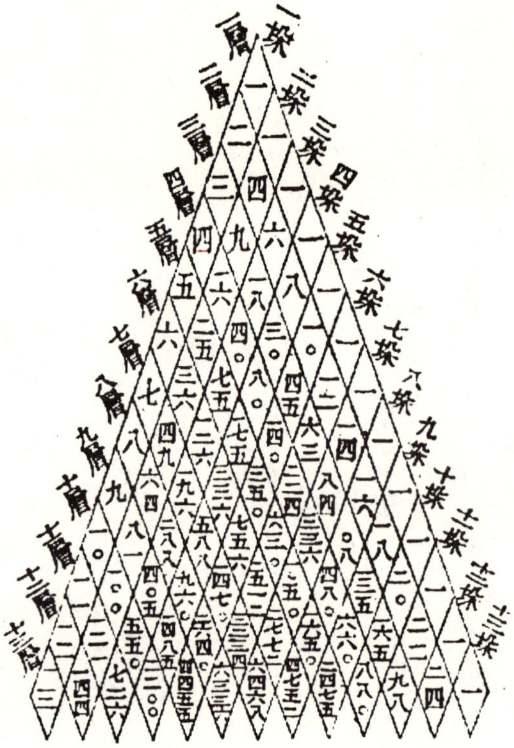

造表法：用三角垜表各格以本層數乘之卽得本表各格。

三角變垜圖

第一垜

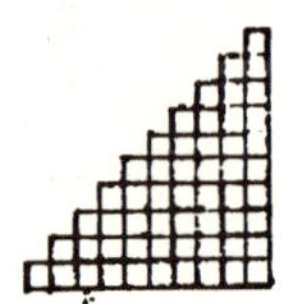

第二垜

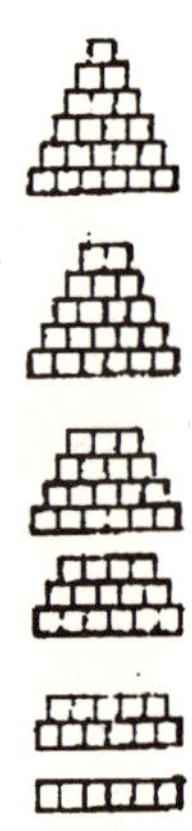

第三垜

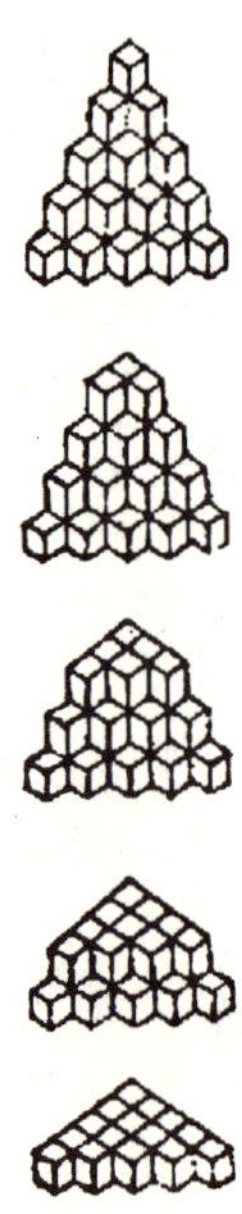

第四垜

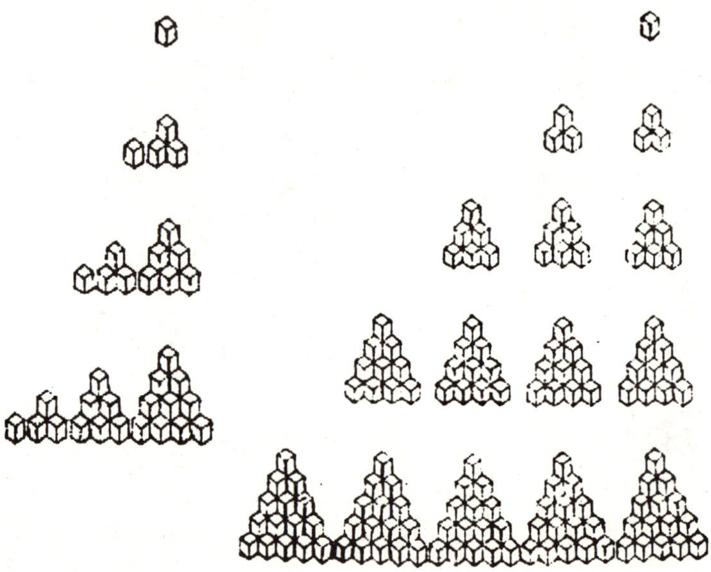

第五垜

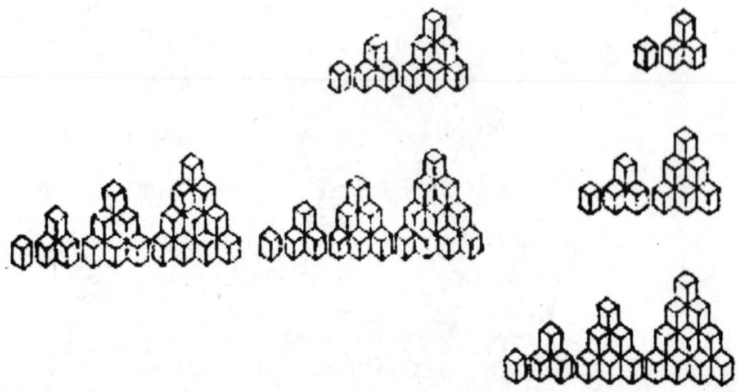

支垜之法，逐垜遞減一層，皆從底起自下而上。變垜之法，逐垜遞減一層，皆從頂起自上而下。

第一垜即三角一乘垜。第二垜合二箇三角二乘垜而成，一箇自一層起，一箇自二層起。第三垜合三箇三角三乘垜而成，一箇自一層起，二箇自二層起。第四垜合四箇三角四乘垜而成，一箇自一層起，三箇自二層起。第五垜合五箇三角五乘垜而成，一箇自一層起，四箇自二層起。第六垜已下可類推。

又 三角再變垜表

三角再變垜圖

用三角垜表各格以本層數乘二次即得本表各格.

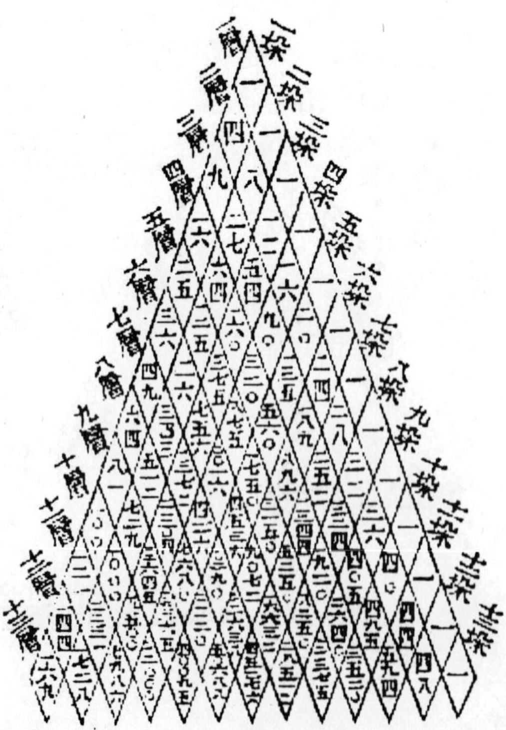

一垜

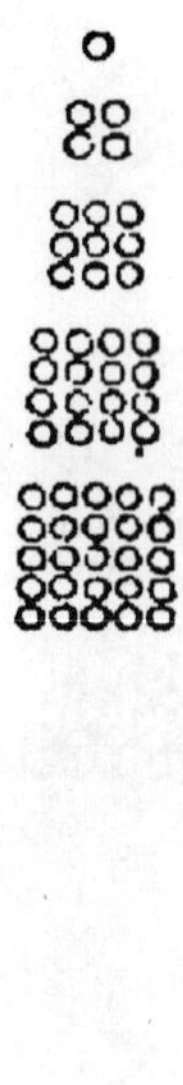

二垜

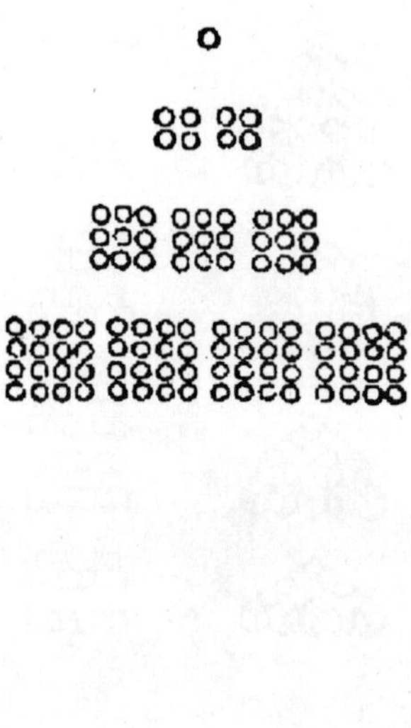

垛三

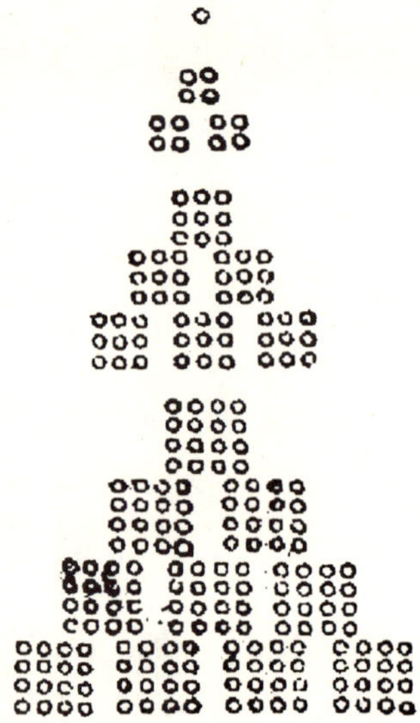

垛四

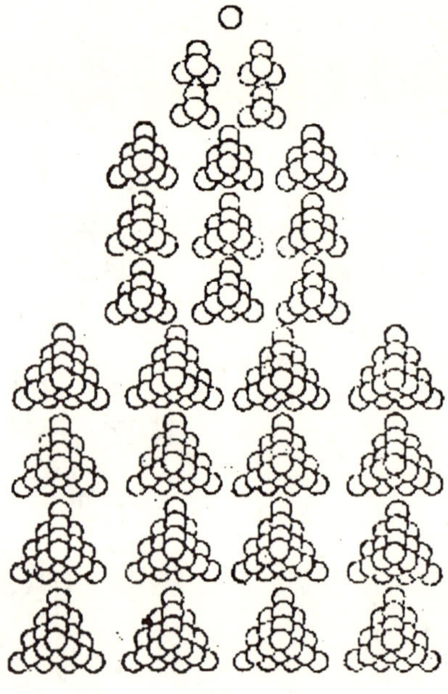

垛五

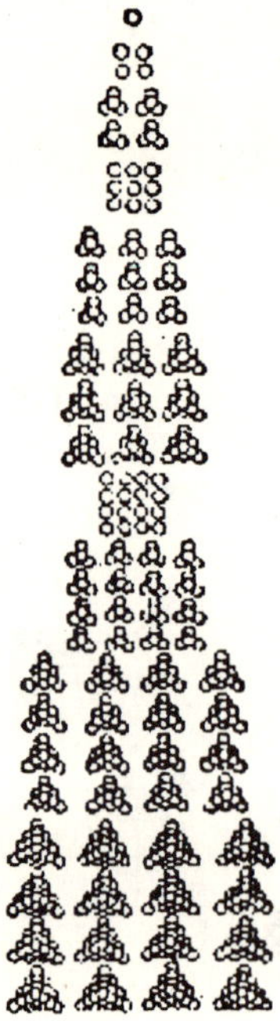

第一垛即三角變垛第二垛。第二垛合六箇三角三乘垛而成，一箇自一層起，四箇自二層起，一箇自三層起。第三垛合十二箇三角四乘垛而成，一箇自一層起，七箇此數遞增三自二層起，四箇此依平方數遞增自三層起。第四垛合二十箇三角五乘垛而成，一箇自一層起，十箇自二層起，九箇自三層起。第五垛以下可類推。

又 三角三變垛表

用三角垛表各格以本層數乘三次即得本表各格。

三角三變垛圖

垛一

垛二

三垛

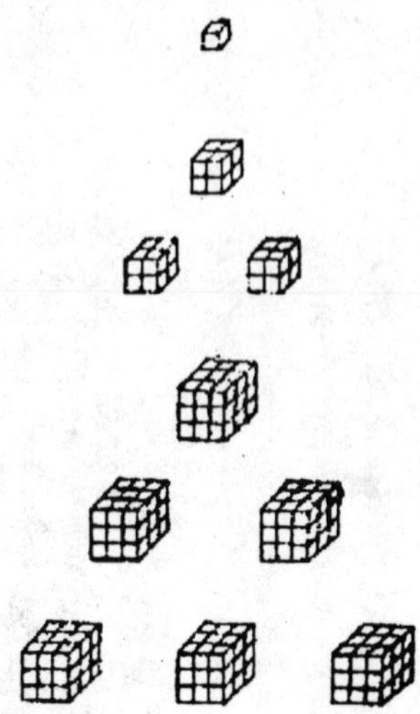

四垛

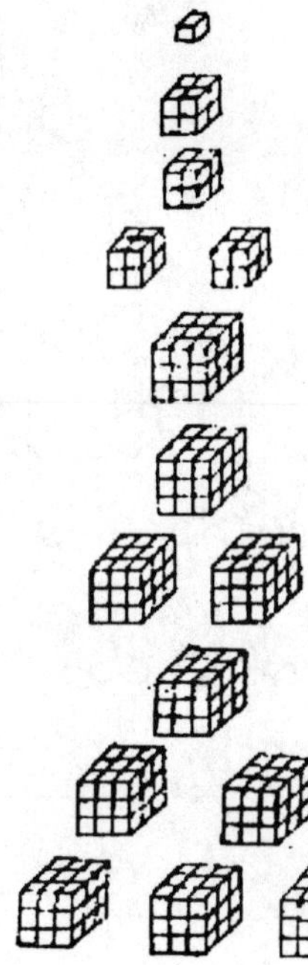

第一垛即三角再變垛之第二垛。第二垛合二十四箇三角四乘垛而成，一箇自一層起，十一箇此數遞增七自二層起，十一箇此數依二箇平方數一箇奇平方數遞增，奇平方自一垛起，平方自二垛起自三層起一箇此數依立方遞增自四層起。第三垛合六十箇三角五乘垛而成，一箇自一層起，十八箇自二層起，三十三箇自三層起，八箇自四層起。第四垛合一百二十箇三角六乘垛而成，一箇自一層起，二十五箇自二層起，六十七箇自三層起，二十七箇自四層起。第五垛以下可類推。

清·江衡《垛積解義》卷一【略】由前表，可見諸乘垛生於一乘垛，原爲遞加一之數，是故遞加一之數，爲三角諸乘垛之原。

遞加二之數，各級如前法併之，卽一乘支垛。

此一乘支垛表。仍如前法，以右行併得左行。

李氏《比類》云，一乘支垛者，三角一乘垛之分支也。於一乘方支垛又云與一乘支垛同，然則一乘支垛者，三角與方共之者也。支垛各圖，李氏《比類》中有之，是卷不復載。

李氏一乘支垛表

遞加二之數	一	三	五	七	九	一一	⋮
一垛	一	四	九	一六	二五	三六	⋮
二垛	一	五	一四	三〇	五五	九一	⋮
三垛	一	六	二〇	五〇	一〇五	一九六	⋮
四垛	一	七	二七	七七	一八二	三七八	⋮
五垛	一	八	三五	一一二	二九四	六七二	⋮
六垛	一	九	四四	一五六	四五〇	一一二二	⋮
七垛	一	一〇	五四	二一〇	六六〇	一七八二	⋮
⋮	⋯	⋯	⋯	⋯	⋯	⋯	⋯

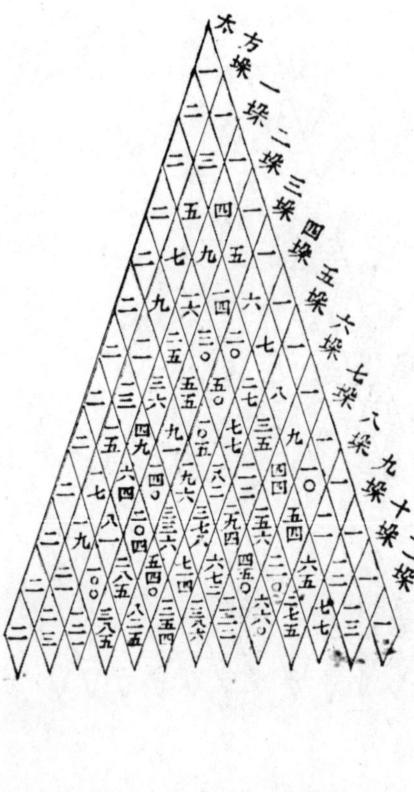

此表與前表對觀之，其數皆合。

前言各垛之併法，恒以左上併右下，得左下。反之，得減法，恒以左上減左下，得右下。假如有七垛，求六垛，其第一層恒爲一，不必求，以左上一減左下一〇得右下九，左上一〇減左下五四得右下四四，順是而下，至左上六六〇減左下一七八二得右下一一二二，所得各層爲六垛，是表中兼有減法之用也。併法自右而左遞求增一乘之垛，減法自左而右，遞求降一乘之垛，可以互求，各表皆如是。李氏表中一乘垛之前有元，一垛之前，有方垛，有太，卽可以減法通之。一乘垛爲遞加一之數，逐層減之，其較皆得一，是爲元。華氏積較術云，遞加數有一次較，卽此義，一垛之各層爲平方，逐層減之，餘殘積成方垛，方垛逐層復減之，其較皆得二，是爲太。積較術云平方積有二次較，卽此義，然由元併成一乘垛，由太併之成方垛，方垛併之成一垛，則仍可以併法通之也。

由前表，知一垛以下皆生於方垛，原爲遞加二之數，是故遞加二之數，爲一乘支垛之原，遞加三之數，各級如前法併之，卽二乘支垛。

⋮	七垛	六垛	五垛	四垛	三垛	二垛	一垛	甲垛	方垛
…	一	一	一	一	一	一	一	一	一
…	一二	一一	一〇	九	八	七	六	五	四
…	七五	六三	五二	四二	三三	二五	一八	一二	七
…	三三〇	二五五	一九二	一四〇	九八	六五	四〇	二二	一〇
…	一一五五	八二五	五七〇	三七八	二三八	一四〇	七五	三五	一三
…	三四三二	二二七七	一四五二	八八二	五〇四	二六六	一二六	五一	一六
…	⋮	⋮	⋮	⋮	⋮	⋮	⋮	⋮	⋮

此二乘支垛表，仍如前法，以右行併得左行。

李氏《比類》云二乘支垛者，三角二乘垛之分支也，又云方垛甲垛，乃垛之萌芽，尚未成垛，不得謂之第一第二垛，故異其稱，今仍之。

方垛各層相減，其較皆爲三，卽李氏表中之太也。

李氏二乘支垛表

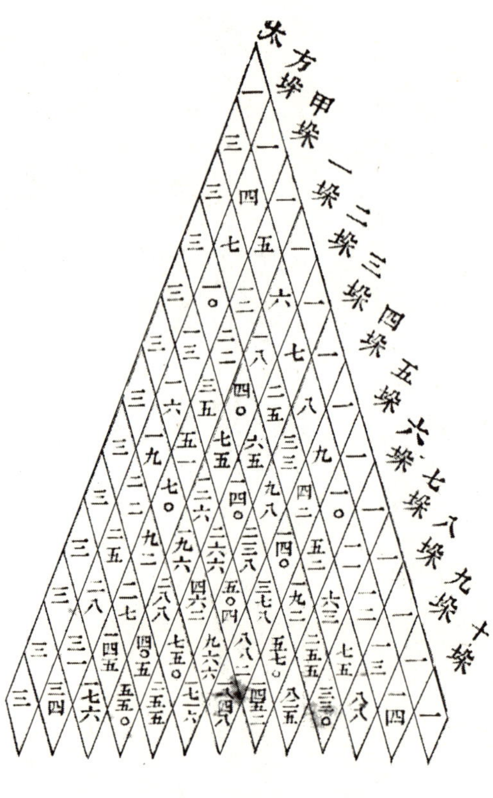

此表與前表對觀之，其數皆合。

由前表，知甲垛以下皆生於方垛，原爲遞加三之數，是故遞加三之數爲二乘支垛之原，遞加四之數，各級如前法併之，卽三乘支垛。

此三乘支垛表，仍如前法，以右行併得左行。

李氏《比類》云，三乘支垛者，三角三乘垛之分支也，方垛甲垛乙垛爲一垛以上所由生。

方垛各層相減，其較皆爲四，卽李氏表中之太也。

方垜	甲垜	乙垜	一垜	二垜	三垜	四垜	五垜	六垜	……
一	一	一	一	一	一	一	一	一	…
五	六	七	八	九	一〇	一一	一二	一三	…
九	一五	二二	三〇	三九	四九	六〇	七二	八五	…
一三	二八	五〇	八〇	一一九	一六八	二二八	三〇〇	三八五	…
一七	四五	九五	一七五	二九四	四六二	六九〇	九九〇	一三七五	…
二一	六六	一六一	三三六	六三〇	一〇九二	一七八二	二七七二	四一四七	…
⋮	⋮	⋮	⋮	⋮	⋮	⋮	⋮	⋮	…

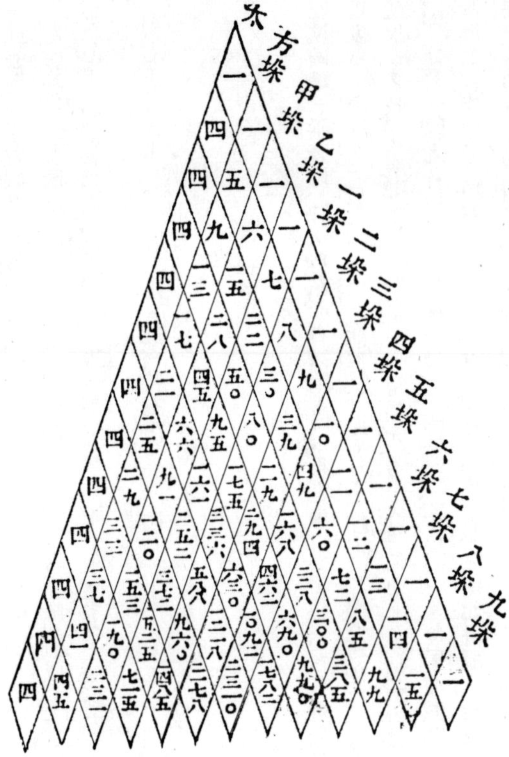

李氏三乘支垜表

此表與前表對觀之，其數皆合。

又 由前表，知甲垜以下皆生於方垜，原爲遞加四之數，是故遞加四之數，爲三乘支垜之原。

推之遞加五之數併之，即四乘支垜，遞加六之數併之即五乘支垜，餘俱倣此可通爲一例也。

遞加一之數，各級自乘之，即四角一乘垜，亦名一乘方垜，即平四角垜也。

一乘方垜

一二三四五各自乘，得一四九十六二十五，此爲四角一乘垜。如圖，其各層之積爲一二三四五各數之平方積。

遞加一之數，各級再自乘之，即四角二乘垜，亦名二乘方垜，即立四角垜也。

一二三四五各自乘，再乘之，得一八二十七六十四一百二十五，此爲四角二乘垜。如圖，其各層之積，爲一二三四五各數之立方積。

二乘方垜

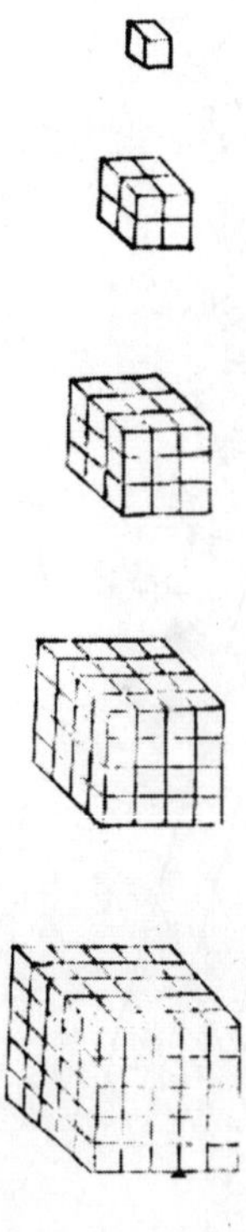

遞加一之數，各級三自乘之，即四角三乘垜，亦名三乘方垜。

一二三四各自乘，再乘，三乘之，得一十六八十一二百五十六，此爲四角三乘垜。如圖，其各層之積，爲一二三四各數之三乘方積。

三乘方垛

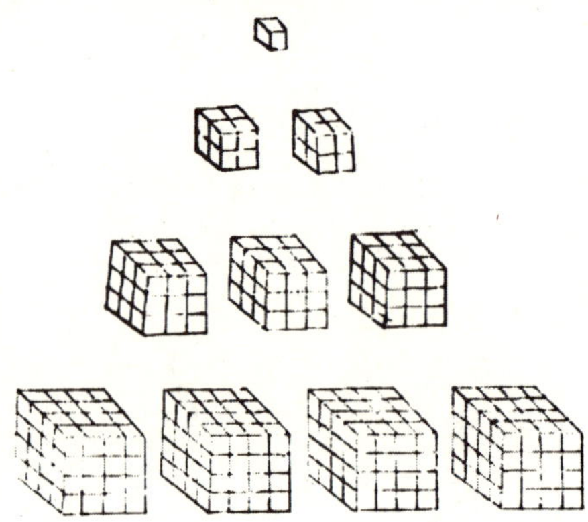

推之四自乘之，卽四角四乘垛，五自乘之，卽四角五乘垛，餘俱倣此，每增乘一次，卽爲四角垛之增乘一次。

元垛	一	二	三	四	五	六	七	八	⋮
一乘方垛	一	四	九	一六	二五	三六	四九	六四	⋮
二乘方垛	一	八	二七	六四	一二五	二一六	三四三	五一二	⋮
三乘方垛	一	一六	八一	二五六	六二五	一二九六	二四〇一	四〇九六	⋮
四乘方垛	一	三二	二四三	一〇二四	三一二五	七七七六	一六八〇七	三二七六八	⋮
五乘方垛	一	六四	七二九	四〇九六	一五六二五	四六六五六	一一七六四九	二六二一四四	⋮
六乘方垛	一	一二八	二一八七	一六三八四	七八一二五	二七九九三六	八二三五四三	二〇九七一五二	⋮
七乘方垛	一	二五六	六五六一	六五五三六	三九〇六二五	一六七九六一六	五七六四八〇一	一六七七七二一六	⋮
⋯	⋯	⋯	⋯	⋯	⋯	⋯	⋯	⋯	⋯

此四角諸乘垛表，恒以本層數乘右行之各層，得左行之，各層。反之，恒以本層數約左行之各層，得右行之各層，前數表以加減爲用，此一表以乘除爲用。

李氏乘方垛表

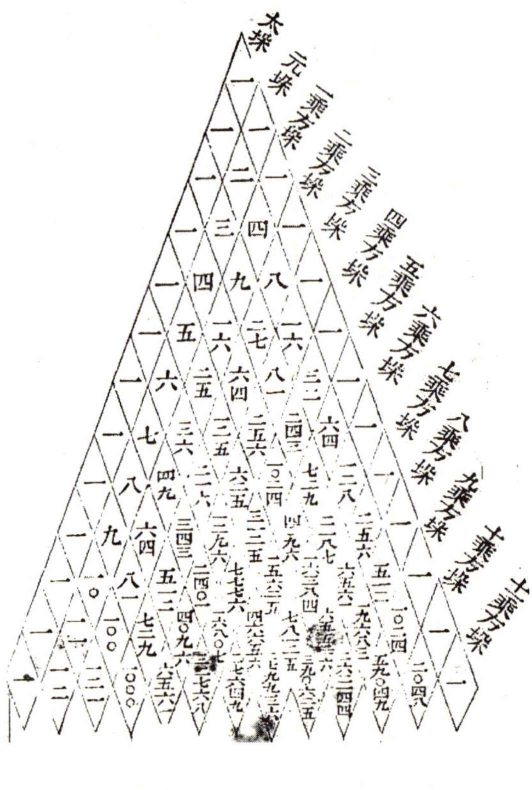

此表與前表對觀之，其數皆合。

又 由前表，知諸乘方垛皆生於元垛，原爲遞加一之數，是故遞加一之數，又爲四角諸乘垛之原，四角諸乘垛，卽諸乘方垛。

李氏於一乘方支垛不立表，云與一乘支垛同，然則一乘支垛表，兼爲一乘方支垛之用，引伸其義，得一例於左。

遞加一之數，各級自乘之，如前法併之，卽一乘方支垛，檢一乘支垛表，其一垛各層爲自乘數。試用此一垛爲根，一垛以下可併而得之，卽表中一垛以下之各行，故一乘方支垛可不更立表，卽以一乘支垛表爲用。李氏渾言一乘支垛表，不別之曰三角與方者，卽此義也。

遞加一之數，各級再自乘之，而併之，凡言併，均如前法，卽二乘方支垛。

一垛	二垛	三垛	四垛	五垛	六垛	七垛	八垛	⋮
一	一	一	一	一	一	一	一	‥
八	九	一〇	一一	一二	一三	一四	一五	‥
二七	三六	四六	三七	六九	八二	九六	一一一	‥
六四	一〇〇	一四六	二〇三	二七二	三五四	四五〇	五六一	‥
一二五	二二五	三七一	五七四	八四六	一二〇〇	一六五〇	二二一一	‥
二一六	四四一	八一二	一三八六	二二三二	三四三二	五〇八二	七二九三	‥
三四三	七八四	一五九六	二九八二	五二一四	八六四六	一三七二八	二〇九三一	‥
⋮	⋮	⋮	⋮	⋮	⋮	⋮	⋮	‥

此二乘方支垛表，仍如前法，以右行併得左行。李氏《比類》云，二乘方支垛者，二乘方垛之分支也。今按李氏表中之一垛，爲遞加數之再自乘數，此本爲二乘方垛。自此以下，方是支垛，今立此表以證李氏之表。此表以一垛爲根，以二垛以下爲其支垛。

李氏二乘方支垛表

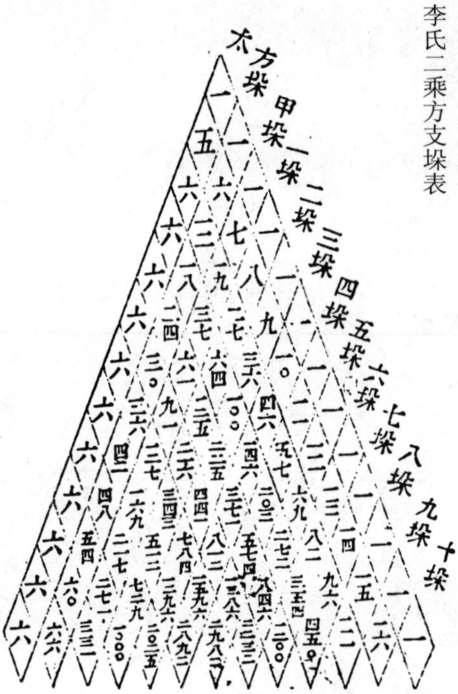

此表與前表對觀之，其數皆合。

李氏表中一垛之上，有甲垛方垛太，爲一垛以下所由生。自太至一垛，以併而成，一垛以下皆如是。自一垛還求至太，以減而成，十垛以上皆如是。減法自左而右，前已言之，如下式。

太	方垛	甲垛	一垛
一	一	一	一
五	六	七	八
六	一二	一九	二七
六	一八	三七	六四
六	二四	六一	一二五
六	三〇	九一	二一六
六	三六	一二七	三四三
六	四二	一六九	五一二
六	四八	二一七	七二九
六	五四	二七一	一〇〇〇

一垛各層爲立方積，由一垛減得甲垛，爲立方之第一次較數。由甲垛減得方垛，爲第二次較數。由方垛減得太，爲第三次較數。華氏積較術云，立方積有三次較，即此義也。其甲垛之首層一，方垛之首層一，次層六，太之首層一，次層五與六，減時尚缺，可補足之，其故因各垛之首層恒爲一，不求而得，既得首層，則以下所缺之層，可因之而得其數焉。

遞加一之數，各級三自乘之而併之，即三乘方支垛。

一垛	二垛	三垛	四垛	五垛	六垛	七垛	⋮
一	一	一	一	一	一	一	‥
一六	一七	一八	一九	二〇、	二一	二二	‥
八一	九八	一一六	一三五	一五五	一七六	一九八	‥
二五六	三五四	四七〇	六〇五	七六〇	九三六	一一三四	‥
六二五	九七九	一四四九	二〇五四	二八一四	三七五〇	四八八四	‥
一二九六	二二七五	三七二四	五七七八	八五九二	一二三四二	一七二二六	‥
二四〇一	四六七六	八四〇〇	一四一七八	二二七七〇	三五一一二	五二三三八	‥
⋮	⋮	⋮	⋮	⋮	⋮	⋮	‥

此三乘方支垛表，仍如前法。以右行併得左行。李氏《比類》云，三乘方支垛者，三乘方垛之分支也，今按李氏表中之一垛，爲遞加數之三自乘數，此本爲三乘方垛。自此以下，方是支垛，今立表以一垛爲根，以二垛以下爲其支垛。

李氏表中一垛之上，有乙垛甲垛方與太，此亦一垛之各次較數也。視前表增一乙垛者，增一次較數也。積較術云，三乘方有四次較，即此義，其遞次求較，並補足，俱如前。

李氏三乘方支垛表

太	方	甲垛	乙垛	一垛
一	一	一	一	一
一二	一三	一四	一五	一六
二三	三六	五〇	六五	八一
二四	六〇	一一〇	一七五	二五六
二四	八四	一九四	三六九	六二五
二四	一〇八	三〇二	六七一	一二九六
二四	一三二	四三四	一一〇五	二四〇一

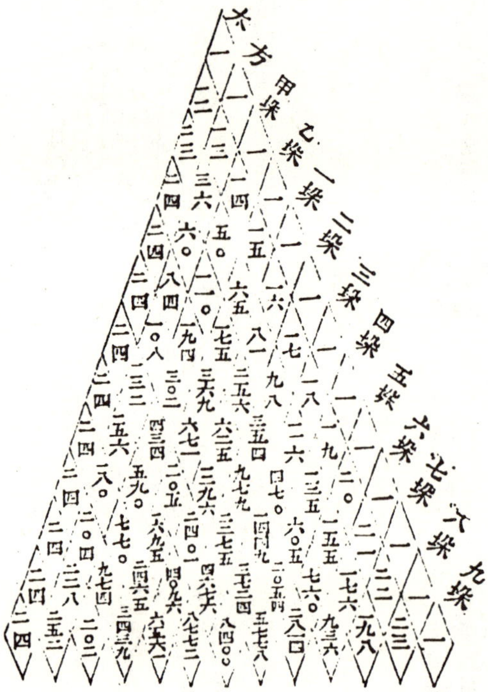

此表與前表對觀之，其數皆合。推之，四自乘之而併之，即四乘方支垛，五自乘之而併之，即五乘方支垛，餘俱做此。其根皆爲遞加一之數，是故遞加一之數，又爲諸乘方支垛之原。

又

李氏《比類》又有三角自乘垛，即用三角諸乘垛表，見前。以表中諸乘垛之各層皆自乘，即爲三角自乘諸垛。

如三角二乘垛，本爲　一　三　六　一〇　一五　二一　二八　三六　今以其各層皆自乘，得　一　九　三六　一〇〇　二二五　四四一　七八四　一二九六　即李氏三角自乘垛表中之醜垛也。餘做此。

遞加數至無窮，西法謂之級數。

遞加數如一二三四五…以一爲公較，一三五七九…以二爲公較。凡遞加若干，公較亦若干。末一數恒等於第一數加諸數之各較。

級數公式　甲　甲丄丁　甲丄二丁　甲丄三丁　甲丄四丁…　丁爲公較，末一級恒等於第一級加諸級之各較。

故遞加數之各數，可謂之級。

遞加一之數，其諸級即三角一乘垛。

一二三四五六七八九，疊之成三角一乘垛，亦名平三角垛，自首至末各級，在垛積謂之層，其末層無限，可類推，下圖並同。

一乘垛

級數之通例，首末二級之和，與漸離首末每二級之和，必俱等。若級數爲奇，則中一級必等於每二級之半和，而平三角垛之諸層，即同此理。

級數求總數，置首末二級之和以級數乘之，折半得之。平三角垛求總積，置層數加一，以層數乘之折半得之。層數加一者即首末二級之和也，末一級之數必等於層數，故層數即末級之數也，首一級之數恒爲一，故加一者即加首級之數也。初學每不明加一之理，觀此可釋然矣。

遞加一之數，從第一級起，每加一級併之，所得第二次諸級，即三角二乘垛。

二乘垜

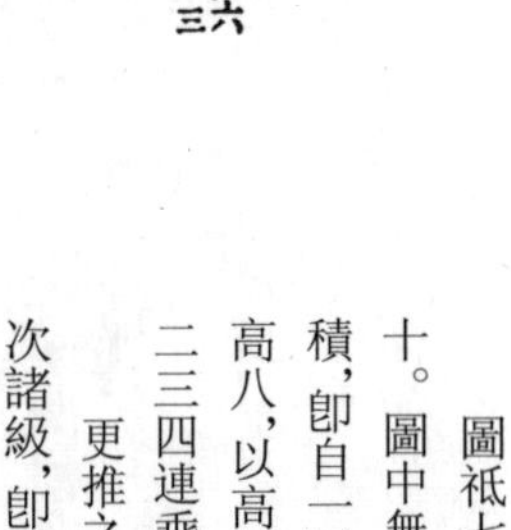

試以遞加數各級橫書之,如前說既爲三角一乘垜。一爲第一級,其前更無小於一之級,無可併,仍爲一,一二兩級併爲三,一二三三級併爲六,一二三四四級併爲十,循是以下,自一至八八級併爲三十六,則得第二次諸級,爲一　三　六　一〇　一五　二一　二八　三六,此卽三角二乘垜,亦名立三角垜。如下圖,其第一層仍爲一,第二層爲三,第三層爲六,至第八層爲三十六可見二乘垜之末一層,爲一乘垜之總積,而二乘垜之總積,卽自一至三十六各級相併之總數,爲一百二十。試依二乘垜原術求其積,置高八,以高加一乘之,又以高加二乘之,得七百二十爲實,一二三相乘爲法,除之,得積亦爲一百二十也。

遞加一之數,以併得之第二次諸級,又併之爲第三次諸級,卽三角三乘垜。

第二次諸級,如前說,既爲三角二乘垜,依前法,又遞併之,則得第三次諸級爲一　四　一〇　二〇　三五　五六　八四　一二〇　此卽三角三乘垜,如下式。

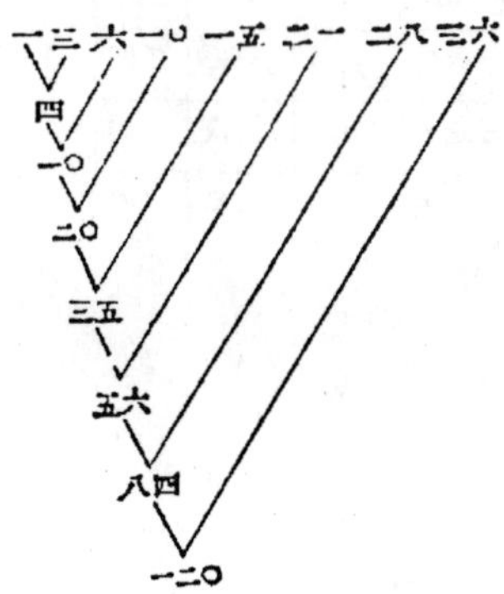

橫行自一至三十六,爲第二次諸級。斜行自一至一百二十,爲第三次諸級,併法同前。

三乘垜圖如左。

三乘垜

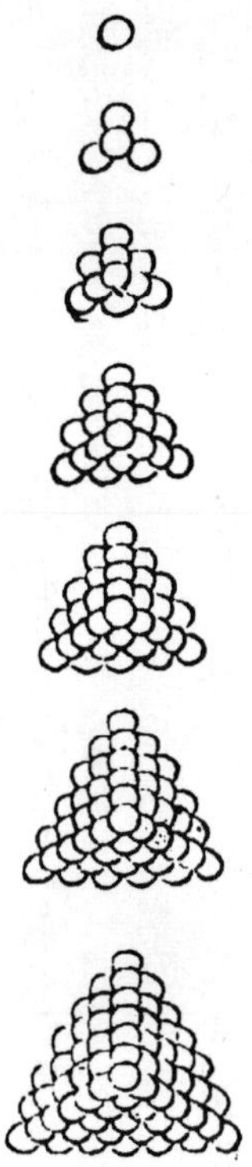

圖祇七層。第一層仍爲一,第二層爲四,第三層爲十,至第八層爲一百二十。圖中無之可以意會,可見三乘垜之末一層,爲二乘垜之總積,而三乘垜之總積,卽自一至一百二十相併之總數爲三百三十。試依三乘垜之原術求其積,置高八,以高加一乘之又以高加二乘之,又以高加三乘之,得七千九百二十爲實,一二三四連乘爲法,除之,得積亦爲三百三十也。

更推之,第三次諸級,又併之爲第四次諸級,卽三角四乘垜,又併之爲第五次諸級,卽三角五乘垜,六次以上俱倣此。可見每併一次,卽三角垜之增乘一次也。

右列遞併之式,按級而下者,欲顯其從第一級起,依次遞加一級併之之理,令觀者易曉也。此理既明,可改書其式,垜積之各層,自上而下直書之。其增乘之各次,自右而左並書之,如左。

右一乘垜	左二乘垜
一	一
二	三
三	六
四	一〇
五	一五
六	二一
七	二八
八	三六

其併法,恒以左上一層與右下一層斜行併之,得左下一層。諸乘垜之第一層恒爲一,故左行之第一層可先書之爲一,以左行之一與右行之二併,得左行之三,以左行之三與右行之三併,得左行之六。循是而下,至左行之二十八與右行之八併,得左行之三十六,是爲併訖,所得左行各層,爲三角二乘垜。

右二乘垜	左三乘垜
一	一
三	四
六	一〇
一〇	二〇
一五	三五
二一	五六
二八	八四
三六	一二〇

再以二乘垜之各層列於右行,如前法,併得左行之各層,爲三角三乘垜。左行第一層之一,仍可先書之,下式皆同。試以此兩次併得之各數,與前兩次按級而下之併法比,其數皆同,仍是遞加一級併之之理也。每併一次,卽三角垜之增乘一次,列爲表,如左。

右爲三角諸乘垜表,俱如前法,以右行併得左行,十乘垜以上可類推。各乘垜之第八層以下亦類推,故用小點作記以存其意,後表並同此例。

一乘垛	二乘垛	三乘垛	四乘垛	六乘垛	七乘垛	八乘垛	九乘垛	十乘垛	……
一	一	一	一	一	一	一	一	一	…
二	三	四	五	七	八	九	一〇	一一	…
三	六	一〇	一五	二八	三六	四五	五五	六六	…
四	一〇	二〇	三五	八四	一二〇	一六五	二二〇	二八六	…
五	一五	三五	七〇	二一〇	三三〇	四九五	七一五	一〇〇一	…
六	二一	五六	一二六	四六二	七九二	一二八七	二〇〇二	三〇〇三	…
七	二八	八四	二一〇	九二四	一七一六	三〇〇三	五〇〇五	八〇〇八	…
八	三六	一二〇	三三〇	一七一六	三四三二	六四三五	一一四四〇	一九四四八	…
⋮	⋮	⋮	⋮	⋮	⋮	⋮	⋮	⋮	…

李氏三角垛表

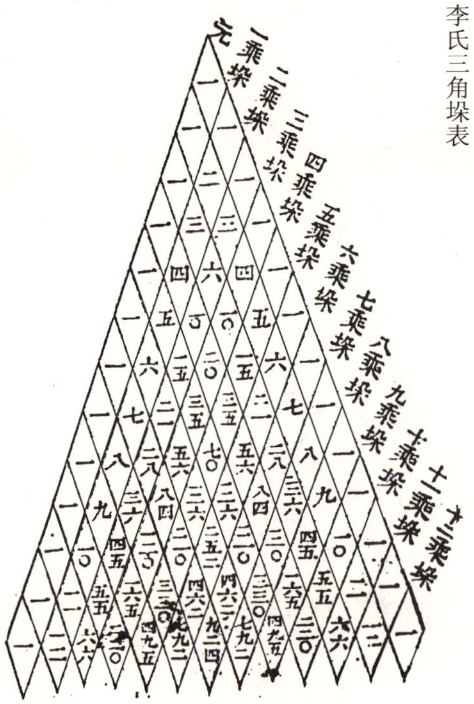

李氏《垛積比類》有此表，向左斜行而下，爲各乘垛每層之積，附錄於此，可與前表對觀之，其數皆合。

又

又有三角變垛，亦用三角諸乘垛表，以表中諸乘垛之各層，各以本層數乘之，即成三角變垛。

如三角二乘垛，本爲 一 三 六 一〇 一五 二一 二八 三六 今各以其層數之次第一二三四五六七八乘之，得 一 六 一八 四〇 七五 一二六 一九六 二八八 即李氏三角變垛表中之第三垛也。餘倣此。

又有三角再變垛，三變垛，亦用三角諸乘垛表，再變垛以本層數乘二次得之，三變垛以本層數乘三次得之，四變以下俱準此。

清・强汝詢《垛積衍術》卷一

層數	茭草垛	三角垛	方垛	奇層圓垛	偶層圓垛
十三	一	一	一	一	〇
十二	二	三	四	三	一
十一	三	六	九	七	三
十	四	一〇	一六	一三	七
九	五	一五	二五	一九	一三
八	六	二一	三六	二七	一九
七	七	二八	四九	三七	二七
六	八	三六	六四	四八	三七
五	九	四五	八一	六一	四八
四	一〇	五五	一〇〇	七五	六一
三	一一	六六	一二一	九一	七五
二	一二	七八	一四四	一〇八	九一
底層	一三	九一	一六九	一二七	一〇八
共積	九一	四五五	八一九	六一六	四八九

右圖從列者爲各垛層數，横列者爲各垛層積并每垛逐層積爲每垛共積。

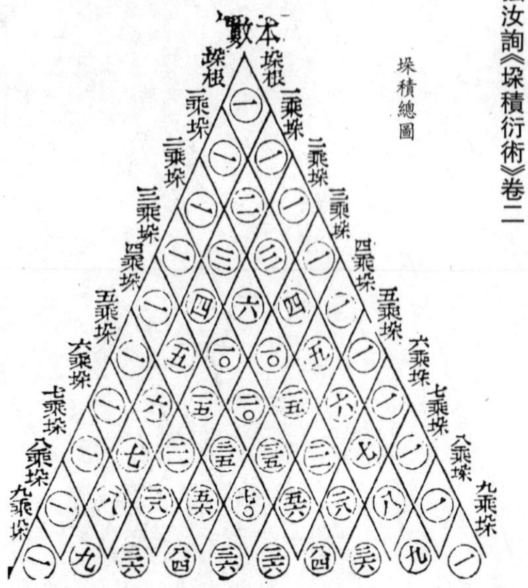

垛積總圖

說曰：垛積總圖卽古開方圖也。橫視之爲諸乘方之式，左視右視皆同；斜視之爲諸乘垛之數，左視右視皆同古開方圖。設一爲本數，次層一法一實爲商除，商除自乘生第三層，平方商除乘平方生第四層，立方商除乘立方生第五層，三乘方自第五層以下皆以商除遞乘之生各乘方，此諸乘方相生之序也。今用爲垛積圖，則相生之法又不同。若自右視之，則以向左斜下逐層皆一者爲垛根，首層之一爲本數，無可并減，故諸乘垛首層皆一也。并垛根一二層積得二爲一乘垛二層，積并垛根一二三層積得三爲一乘垛三層，積并垛根一二三四層積得四爲一乘垛四層，積五層以上倣此類推。此垛根生一乘垛也。并一乘垛一二層爲二乘垛二層，并一乘垛一二三層爲二乘垛三層，并一乘垛一二三四層爲二乘垛四層，五層以上倣此類推。此一乘垛生二乘垛也，二乘垛生三乘垛，三乘垛生四乘垛，四乘以上遞生諸乘垛。其例皆同，此諸乘垛相生之法也。若自左視之，則以向右斜行而下逐層皆一者爲垛根，相生之法亦同。又一法：諸垛相生皆遞下一層并之，以一乘垛首層數并垛根二層數爲一乘垛二層數，以一乘垛二層數并垛根三層數爲一乘垛三層數，以一乘垛三層數并垛根四層數爲一乘垛四層數，五層以下倣此。以二乘垛首層并一乘垛二層爲二乘垛二層，以二乘垛二層并一乘垛三層爲二乘垛三層，以二乘垛三層并一乘垛三層爲二乘垛四層，五層以下倣此。自二乘垛以上依次遞生，皆以此例推之。此又相生之一法也。故此一圖之中，易可以求諸乘方，可以求諸乘垛，縱橫求之無一不合，足以見古圖之神妙，要皆自然之數，而無絲毫造作於其閒也。

垛積之變無窮，圖中所列特諸乘垛之根，各變垛具詳後表。圖中之垛皆表中第一垛也。

凡垛積惟次層積三者不可以爲四角。若次層積在四以上者，則可以爲三角，亦可以爲四角。設題發問自可顯判，列表窮變未便強分。今但以各乘垛命之，不以三角四角爲別。

《四元玉鑑》所載茭草落一形卽二乘第一垛也。卽三角正垛。茭草撒星形卽三乘第一垛也。茭草嵐峰形卽三乘第三垛也。茭草撒星更落一形卽四乘第一垛也。茭草嵐峰更落一形卽四乘第四垛也。四角落一形卽三乘第二垛也。三角嵐峰形亦卽四乘第四垛也。四角嵐峰形卽四乘第十三垛也。三角撒星更落一形卽五乘第一垛也。表中不及備注，附記於此。

或曰：四角正垛逐層自乘皆成平方積，若逐層再自乘則成立方積，三自乘則成三乘方積。以此推之爲諸乘方積，似當別有發明。曰：不然。諸乘方垛卽在諸乘垛之中。表中二乘第二垛卽一乘方垛也。三乘第十垛卽二乘方垛也。若由四乘垛更推之至次層積十六者備，則三乘方垛在其中矣。由五乘垛更推之至次層積三十二者備，則四乘方垛在其中矣。餘可類推。故就古圖紬繹之，已無所不賅，若別生枝節，造作支離，則非自然之數矣。

茭草落一形

術曰：高加一乘高，又以高加二乘之。六而一得積。此似卽三角形也。

茭草撒星形

術曰：高加一乘高，又以高加二乘之，又以高加三乘之。二十四而一。此卽三乘第一垛也。

茭草嵐峰形

術曰：三倍高加一乘高，又以高加一乘之，又以高加二乘之。二十四而一。底子一十二積三千三百六十七束。

茭草撒星更落一形

術曰：高加一乘高，又以高加二乘之，又以高加三乘之，又以高加四乘之。

一百二十而一。此卽四乘第一垛也。

茭草嵐峰更落一形

術曰：四倍高加一以乘高，又以高加一乘之，又以高加二乘之，又以高加三乘之。一百二十而一。底子十六積五萬零三百八十八。

又

垛積表一　一乘垛

層數	一	二	三	四	五	六	七	八	九	十	共積
第一垛茭草正垛	一	二	三	四	五	六	七	八	九	一〇	五五
第二垛	一	三	五	七	九	一一	一三	一五	一七	一九	一〇〇
第三垛	一	四	七	一〇	一三	一六	一九	二二	二五	二八	一四五
第四垛	一	五	九	一三	一七	二一	二五	二九	三三	三七	一九〇
第五垛	一	六	一一	一六	二一	二六	三一	三六	四一	四六	二三五
第六垛	一	七	一三	一九	二五	三一	三七	四三	四九	五五	二八〇
第七垛	一	八	一五	二二	二九	三六	四三	五〇	五七	六四	三二五
第八垛	一	九	一七	二五	三三	四一	四九	五七	六五	七三	三七〇
第九垛	一	一〇	一九	二八	三七	四六	五五	六四	七三	八二	四一五

右一乘垛初變皆自第一垛而來。

第十垛	一	四	八	一二	一六	二〇	二四	二八	三二	三六	一八一
第十一垛	一	五	一〇	一五	二〇	二五	三〇	三五	四〇	四五	二二六
第十二垛	一	六	一二	一八	二四	三〇	三六	四二	四八	五四	二七一
第十三垛	一	七	一四	二一	二八	三五	四二	四九	五六	六三	三一六
第十四垛	一	八	一六	二四	三二	四〇	四八	五六	六四	七二	三六一
第十五垛	一	九	一八	二七	三六	四五	五四	六三	七二	八一	四〇六
第十六垛	一	一〇	二〇	三〇	四〇	五〇	六〇	七〇	八〇	九〇	四五一

右一乘垛再變皆自第二垛而來。

第十七垛	一	五	一一	一七	二三	二九	三五	四一	四七	五三	二六二
第十八垛	一	六	一三	二〇	二七	三四	四一	四八	五五	六二	三〇七
第十九垛	一	七	一五	二三	三一	三九	四七	五五	六三	七一	三五二
第二十垛	一	八	一七	二六	三五	四四	五三	六二	七一	八〇	三九七
第二十一垛	一	九	一九	二九	三九	四九	五九	六九	七九	八九	四四二
第二十二垛	一	一〇	二一	三二	四三	五四	六五	七六	八七	九八	四八七

右一乘垛三變皆自第三垛而來。

第二十三垛	一	六	一四	二二	三〇	三八	四六	五四	六二	七〇	三四三
第二十四垛	一	七	一六	二五	三四	四三	五二	六一	七〇	七九	三八八
第二十五垛	一	八	一八	二八	三八	四八	五八	六八	七八	八八	四三三
第二十六垛	一	九	二〇	三一	四二	五三	六四	七五	八六	九七	四七八
第二十七垛	一	一〇	二二	三四	四六	五八	七〇	八二	九四	一〇六	五二三

右一乘垛四變皆自第四垛而來。

第二十八垛	一	七	一七	二七	三七	四七	五七	六七	七七	八七	四二四
第二十九垛	一	八	一九	三〇	四一	五二	六三	七四	八五	九六	四六九
第三十垛	一	九	二一	三三	四五	五七	六九	八一	九三	一〇五	五一四
第三十一垛	一	一〇	二三	三六	四九	六二	七五	八八	一〇一	一一四	五五九

右一乘垛五變皆自第五垛而來。

第三十二垛	一	八	二〇	三二	四四	五六	六八	八〇	九二	一〇四	五〇五
第三十三垛	一	九	二二	三五	四八	六一	七四	八七	一〇〇	一一三	五五〇
第三十四垛	一	一〇	二四	三八	五二	六六	八〇	九四	一〇八	一二二	五九五

右一乘垛六變皆自第六垛而來。

第三十五垛	一	九	二三	三七	五一	六五	七九	九三	一〇七	一二一	五八六
第三十六垛	一	一〇	二五	四〇	五五	七〇	八五	一〇〇	一一五	一三〇	六三一

右一乘垛七變皆自第七垛而來。

凡諸變皆自第一垛而來。

說曰：一乘垛者，以高求積皆一乘而得數者也。變法以第一垛爲根，凡首層之一皆不變，一者無可變也。諸乘垛皆然。自二層以下則可變矣，并第一垛一二層積得三爲二垛第二層，并一垛二三層積得五爲二垛第三層，并一垛三四層積得七爲二垛第四層，并一垛四五層積得九爲二垛第五層，六層以下以次遞并之而第二垛成矣。以一垛首層積并二垛次層積得四爲三垛第二層，以一垛次層積并二垛三層積得七爲三垛第三層，以一垛三層積并二垛四層積得一十爲三垛第四層，以一垛四層積并二垛五層積得一十三爲三垛第五層，六層以下以次遞并之而第三垛成矣。於是以一垛與三垛遞并而成第四垛，以一垛與四垛遞并而成第五垛，以一垛與五垛遞并而成第六垛，六垛以上皆以第一垛與諸垛遞并得。數列表雖止於九推之可至於無窮。此一變也。自第二垛以上以次如法變之，并二垛一二層爲十垛第二層，并二垛二三層爲十垛第三層，并二垛三四層爲十垛第四層，五層以下以次遞并之而第十垛成矣。以二垛首層并三垛次層爲十一垛次層，以二垛次層并三垛三層爲十一垛三層，以二垛三層并三垛四層爲十一垛四層，五層以下以次遞并之而十一垛成矣。於是以二垛與四垛遞并而成十二垛，以二垛與五垛遞并而成十三垛，以上皆以第二垛與諸垛遞并得。數列表雖止於七推之可至於無窮。此二變也。以三垛如法自并之而成十七垛，以三垛與四垛遞并而成十八垛，以三垛與五垛遞并而成十九垛，十九垛以上皆以第三垛與諸垛遞并得。數列表雖止於六推之可至於無窮。此三變也。四垛自并而成二十三垛，四垛與五垛遞并而成二十四垛，四垛與六垛遞并而成二十五垛，二十五垛以上皆以第四垛與諸垛遞并得。數列表雖止於五推之可至於無窮。此四變也。五垛自并而成二十八垛，五垛與六垛遞并而成二十九垛，五垛與七垛遞并而成三十垛，三十垛以上皆以第五垛與諸垛遞并得。數列表雖止於四推之可至於無窮。此五變也。六垛自并而成三十二垛，六垛與七垛遞并而成三十三垛，六垛與八垛遞并而成三十四垛，列表雖止於三推之可至於無窮。此六變也。七垛自并而成三十五垛，七垛與八垛遞并而成三十六垛，列表雖止於二推之可至於無窮。此七變也。以此類推之，由八垛得數爲第八變，由九垛得數爲第九變，推之數十百垛則爲數十百變。變之中又有變焉，數不可盡也。詳其例可推其餘，故層數以十爲斷垛數，以九爲斷變數，以七爲斷。

或問曰：由一垛得數爲一變，由二垛得數爲二變，三垛以上以次而變既知之矣，謂諸變皆自第一垛而來，何也。曰：二垛自并成十垛，以一垛與十垛遞并則成十一垛，以一垛與十一垛遞并則成十二垛，以一垛與十二垛遞并則成十三垛，十三垛以上皆用一垛以次遞并之成垛，是二變亦自一垛來也。三垛自并成十七垛，以一垛與十七垛遞并而成十八垛，以一垛與十八垛遞并而成十九垛，十九垛以上皆用一垛以次遞并之成垛，是三變亦自一垛來也。四變以上莫不皆然，此第一垛所以爲諸垛之根也。諸變垛自各垛而來又皆自一垛而來，縱橫求之皆合，此所以爲自然之數也。

求積算術，第一垛用第一術，第二垛用第二術，三垛以上倣此。

總法曰：凡一乘垛有高求積皆以二爲法。

第一術曰：高加一乘高如法而一。

又術曰：高加一乘半高得積。凡垛積皆有倍半二術倍術無畸零，且於羃積之理易見，故以爲正術半術雖不免畸零然實爲簡省，故並列之爲又術。諸乘垛皆倣此。一乘垛皆有半術二。今於諸垛各記其一，餘不悉載。

第二術曰：倍高乘高如法而一。

又術曰：高自乘得積。此垛逐層并之皆成平方體，故可用此術。

第三術曰：三倍高減一乘高，如法而一。

又術曰：三倍高減一乘半高得積。

第四術曰：四倍高減二乘高，如法而一。

又術曰：倍高減一乘高得積。

第五術曰：五倍高減三乘高，如法而一。

又術曰：五倍高減三乘半高得積。

第六術曰：六倍高減四乘高，如法而一。

又術曰：三倍高減二乘高得積。

第七術曰：七倍高減五乘高，如法而一。

又術曰：七倍高減五乘半高得積。

第八術曰：八倍高減六乘高，如法而一。

又術曰：四倍高減三乘高得積。

第九術曰：九倍高減七乘高，如法而一。

又術曰：四倍高加半高減三個半乘高得積。

第十術曰：四倍高減四以乘高，又加二爲實，如法而一。

又術曰：倍高減二乘高加一得積。

又術曰：高減一乘高倍之加一得積。

第十一術曰：五倍高減五以乘高，又加二爲實，如法而一。

又術曰：倍高加半高減二個半，以乘高加一得積。此術有畸零。
又術曰：高減一乘高加一倍半，又加一得積。此術可免畸零。
第十二術曰：六倍高減六以乘高，又加二爲實，如法而一。
又術曰：三倍高減三以乘高加一得積。
又術曰：高減一乘高三之加一得積。
第十三術曰：七倍高減七以乘高，又加二爲實，如法而一。
又術曰：三倍高加半高減三個半乘高又加一得積。
又術曰：高減一乘高加三倍半，又加一得積。
第十四術曰：八倍高減八以乘高，又加二爲實，如法而一。
又術曰：四倍高減四以乘高加一得積。
又術曰：高減一乘高四之加一得積。
又術曰：高減一乘高加四倍半，又加一得積。
又術曰：四倍高加半高減四個半乘高又加一得積。
第十五術曰：九倍高減九以乘高，又加二爲實，如法而一。
第十六術曰：十倍高減一十以乘高又加二爲實，如法而一。
又術曰：五倍高減五以乘高又加一得積。
又術曰：高減一乘高五之加一得積。
第十七術曰：六倍高減八以乘高，又加四爲實，如法而一。
又術曰：三倍高減四以乘高又加二得積。
第十八術曰：七倍高減九以乘高，又加四爲實，如法而一。
又術曰：三倍高加半高內減四個半以乘高又加二得積。
第十九術曰：八倍高減一十以乘高，又加四爲實，如法而一。
又術曰：四倍高減五以乘高加二得積。
第二十術曰：九倍高減一十一以乘高，又加四爲實，如法而一。
又術曰：四倍高加半高內減五個高以乘高，又加二得積。
第二十一術曰：十倍高減十二以乘高，又加四爲實，如法而一。
又術曰：五倍高減六以乘高，如法而一。又加二得積。
第二十二術曰：十一倍高減一十三以乘高，又加四爲實，如法而一。
又術曰：五倍高加半高內減六個半以乘高，又加二得積。
第二十三術曰：八倍高減十二以乘高，又加六爲實如法而一。

又術曰：四倍高減六以乘高，又加三得積。
第二十四術曰：九倍高減十三以乘高，又加六爲實，如法而一。
又術曰：四倍高加半高內減六個半以乘高，又加三得積。
第二十五術曰：十倍高減十四以乘高，又加六爲實，如法而一。
又術曰：五倍高減七以乘高加三得積。
第二十六術曰：十一倍高減十五以乘高，又加六爲實，如法而一。
又術曰：五倍高加半高內減七個半以乘高，又加三得積。
第二十七術曰：十二倍高減十六以乘高，又加六爲實，如法而一。
又術曰：六倍高減八以乘高，又加三得積。
第二十八術曰：十倍高減十六以乘高，又加八爲實，如法而一。
又術曰：五倍高減八以乘高，又加四得積。
第二十九術曰：十一倍高減十七以乘高，又加八爲實，如法而一。
又術曰：五倍高加半高內減八個半以乘高，又加四得積。
第三十術曰：十二倍高減十八以乘高，又加八爲實，如法而一。
又術曰：六倍高減九以乘高，又加四得積。
第三十一術曰：十三倍高減十九以乘高，又加八爲實，如法而一。
又術曰：六倍高加半高內減八個半以乘高，又加四得積。
第三十二術曰：十二倍高減二十以乘高，又加十爲實，如法而一。
又術曰：六倍高減一十以乘高加五得積。
第三十三術曰：十三倍高減二十一以乘高，又加十爲實，如法而一。
又術曰：六倍高加半高內減十個半以乘高，又加五得積。
第三十四術曰：十四倍高減二十二以乘高，又加十爲實，如法而一。
又術曰：七倍高減十一以乘高，又加五得積。
第三十五術曰：十四倍高減二十四以乘高，又加十二爲實，如法而一。
又術曰：七倍高減十二以乘高，又加六得積。
第三十六術曰：十五倍高減二十五以乘高，又加十二爲實，如法而一。
又術曰：七倍高加半高內減十二個半以乘高，又加六得積。

清・强汝詢《垛積衍術》卷二

凡有積求高者，立天元一爲高，各以本垛求積術入之。諸乘垛皆倣此。

垛積表二二乘垛

層數	一	二	三	四	五	六	七	八	九	十	共積
第一垛 三角正垛	一	三	六	一〇	一五	二一	二八	三六	四五	五五	二二〇
第二垛 四角正垛	一	四	九	一六	二五	三六	四九	六四	八一	一〇〇	三八五
第三垛	一	五	一二	二二	三五	五一	七〇	九二	一一七	一四五	五五〇
第四垛	一	六	一五	二八	四五	六六	九一	一二〇	一五三	一九〇	七一五
第五垛	一	七	一八	三四	五五	八一	一一二	一四八	一八九	二三五	八八〇
第六垛	一	八	二一	四〇	六五	九六	一三三	一七六	二二五	二八〇	一〇四五
第七垛	一	九	二四	四六	七五	一一一	一五四	二〇四	二六一	三二五	一二一〇
第八垛	一	一〇	二七	五二	八五	一二六	一七五	二三二	二九七	三七〇	一三七五

右二乘垛初變皆自第一垛而來。

第九垛	一	五	一三	二五	四一	六一	八五	一一三	一四五	一八一	六七〇
第十垛	一	六	一六	三一	五一	七六	一〇六	一四一	一八一	二二六	八三五
第十一垛	一	七	一九	三七	六一	九一	一二七	一六九	二一七	二七一	一〇〇〇
第十二垛	一	八	二二	四三	七一	一〇六	一四八	一九七	二五三	三一六	一一六五
第十三垛	一	九	二五	四九	八一	一二一	一六九	二二五	二八九	三六一	一三三〇
第十四垛	一	一〇	二八	五五	九一	一三六	一九〇	二五三	三二五	四〇六	一四九五

右二乘垛再變皆自第二垛而來。

第十五垛	一	六	一七	三四	五七	八六	一二一	一六二	二〇九	二六二	九五五
第十六垛	一	七	二〇	四〇	六七	一〇一	一四二	一九〇	二四五	三〇七	一一二〇
第十七垛	一	八	二三	四六	七七	一一六	一六三	二一八	二八一	三五二	一二八五
第十八垛	一	九	二六	五二	八七	一三一	一八四	二四六	三一七	三九七	一四五〇
第十九垛	一	一〇	二九	五八	九七	一四六	二〇五	二七四	三五三	四四二	一六一五

右二乘垛三變皆自第三垛而來。

第二十垛	一	七	二一	四三	七三	一一一	一五七	二一一	二七三	三四三	一二四〇
第二十一垛	一	八	二四	四九	八三	一二六	一七七	二三六	三〇三	三七八	一四〇五
第二十二垛	一	九	二七	五五	九三	一四一	一九七	二六一	三三三	四一三	一五七〇
第二十三垛	一	一〇	三〇	六一	一〇三	一五六	二一七	二八六	三六三	四四八	一七三五

右二乘垛四變皆自第四垛而來。

第二十四垛	一	八	二五	五二	八九	一三六	一九三	二六〇	三三七	四二四	一五二五
第二十五垛	一	九	二八	五八	九九	一五一	二一四	二八八	三七三	四六九	一六九〇
第二十六垛	一	一〇	三一	六四	一〇九	一六六	二三五	三一六	四〇九	五一四	一八五五

右二乘垛五變皆自第五垛而來。

第二十七垛	一	九	二九	六一	一〇五	一六一	二二九	三〇九	四〇一	五〇五	一八一〇
第二十八垛	一	一〇	三二	六七	一一五	一七六	二五〇	三三七	四三七	五五〇	一九七五

右二乘垛六變皆自第六垛而來。

凡諸變皆自第一垛而來。

說曰：二乘垛者，以高求積皆再乘而得數者也。變法以第一垛爲根，一垛自并而成二垛，一垛與二垛遞并而成三垛，一垛與三垛遞并而成四垛，四垛以上皆以一垛與諸垛遞并得。數列表雖止於八推之可至於無窮。此一變也。二垛自并而成九垛，二垛與三垛遞并而成十垛，二垛與四垛遞并而成十一垛，十一垛以上皆以二垛與諸垛遞并得。數列表雖止於六推之可至於無窮。此二變也。三垛自并成十五垛，三垛與四垛遞并而成十六垛，十六垛以上皆以三垛與諸垛遞并得。數列表雖止於五推之可至於無窮。此三變也。四垛自并而成二十垛，四垛與五垛遞并而成二十一垛，二十一垛以上皆以四垛與諸垛遞并得。數列表雖止於四推之可至於無窮。此四變也。五垛自并而成二十四垛，五垛與六垛遞并而成二十五垛，二十五垛以上皆以五垛與諸垛遞并得。數列表雖止於三推之可至於無窮。此五變也。六垛自并而成二十七垛，六垛與七垛遞并而成二十八垛，列表雖止於二推之可至於無窮。此六變也。以此例之，由七垛得數則爲七變，由八垛得一則爲八變，推之數十百垛則爲數十百變數，不可盡也。詳其例可推其餘，故列表止此。諸變皆自第一垛而來，其例與一乘垛同，說見第一表後。

求積算術第一垛用第一術，第二垛用第二術，三垛以上倣此。

總法曰：凡二乘垛有高求積皆以二三相乘得六爲法。

第一術曰：高加一乘高，又以高加二乘之，如法而一。

又術曰：高加一乘半高，又以高加二乘之。三而一。或以高加一乘高，又半高加一乘之，三而一得積。或半高加半個乘高，又以高加二乘之亦得積。凡二乘垛皆有半術三不及備舉，餘可類推。

又術曰：高加一乘半高，又半高加一乘，如一個半而一。此半術之半也，或以半高加半個乘半高，又以高加二乘之，如一個半而一得積。或以高加一乘半高之半，又以高加二乘之，如一個半而一亦得積。凡二乘垛正術一有半術二每半術一有半半術三，故二乘每垛有半半術九。茲於第一垛舉一爲例，餘垛可以類推不及備載。一乘垛用半術不待除而已得積，故不論及半半術。半半術法實皆居正術四分之一，亦可命爲四分術。

第二術曰：倍高加一乘高，又以高加一乘之，如法而一。

又術曰：高加半個乘高，又以高加一乘之，三而一。

第三術曰：三倍高乘高，又以高加一乘之，如法而一。

又術曰：三倍高乘半高，又以高加一乘之，三而一。

第四術曰：四倍高減一以乘高，又以高加一乘之，如法而一。

又術曰：倍高減半個以乘高，又以高加一乘之，三而一。

第五術曰：五倍高減二以乘高，又以高加一乘之，如法而一。

又術曰：五倍高減二乘半高，又以高加一乘之，三而一。

第六術曰：六倍高減三以乘高，又以高加一乘之，如法而一。

又術曰：三倍高減一個半以乘高，又以高加一乘之，三而一。

第七術曰：七倍高減四以乘高，又以高加一乘之，如法而一。

又術曰：七倍高減四乘高，又以高加一乘之，三而一。

第八術曰：八倍高減五以乘高，又以高加一乘之，如法而一。

又術曰：四倍高減二個半乘高，又以高加一乘之，三而一。

第九術曰：四倍高乘高，又加二以高乘之，如法而一。

又術曰：倍高乘高，又加一以高乘之，三而一。

第十術曰：五倍高乘高，又加一以高乘之，如法而一。

又術曰：倍高加半高乘高，又加半個以高乘之，三而一。

第十一術曰：六倍高乘高，又以高乘之，如法而一。

又術曰：三倍高乘高，又以高乘之，三而一。

又術曰：高自乘，又以高乘之得積。此垛逐層井之皆成立方體，故可用此術。

第十二術曰：七倍高乘高內減一，又以高乘之，如法而一。

又術曰：三倍高加半高乘高內減半個以高乘之，三而一。

第十三術曰：八倍高乘高內減二又以高乘之，如法而一。

又術曰：四倍高乘高內減一，又以高乘之，三而一。

第十四術曰：九倍高乘高內減三，又以高乘之，如法而一。

又術曰：四倍高加半高以乘高內減一個半，又以高乘之，三而一。

第十五術曰：六倍高減三以乘高，又加三以高乘之，如法而一。

又術曰：三倍高減一個半乘高，又加一個半以高乘之，三而一。

第十六術曰：七倍高減三以乘高，又加一以高乘之，如法而一。

又術曰：三倍高加半高內減一個半以乘高，又加一以高乘之，三而一。

第十七術曰：八倍高減三以乘高，又加一以高乘之，如法而一。

又術曰：四倍高減一個半以乘高，又加半個以高乘之，三而一。

第十八術曰：九倍高減三以乘高，又以高乘之，如法而一。

又術曰：四倍高加半高內減一個半以乘高，又以乘高，又以高乘之，三而一。

第十九術曰：十倍高減三以乘高，又減一以高乘之，如法而一。

又術曰：五倍高減一個半以乘高，又減半個以高乘之，三而一。

第二十術曰：八倍高減六乘高，又加四以高乘之，如法而一。

又術曰：四倍高減三乘高，又加二以高乘之，三而一。

第二十一術曰：九倍高減六以乘高，又加三以高乘之，如法而一。

又術曰：四倍高加半高以乘高，又加一個半以高乘之，三而一。

第二十二術曰：十倍高減六以乘高，又加二以高乘之，如法而一。

又術曰：五倍高減三以乘高，又加一以高乘之，三而一。

第二十三術曰：十一倍高減六以乘高，又加一以高乘之，如法而一。

又術曰：五倍高減三以乘高，又加半個以高乘之，三而一。

第二十四術曰：十倍高減九以乘高，又加五以高乘之，如法而一。

又術曰：五倍高減四個半以乘高，又加二個半以高乘之，三而一。

第二十五術曰：十一倍高減九以乘高，又加四以高乘之，如法而一。

又術曰：五倍高加半高內減四個半以乘高，又加二以高乘之，三而一。

第二十六術曰：十二倍高減九以乘高，又加三以高乘之，如法而一。

又術曰：六倍高減四個半以乘高，又加一個半以高乘之，三而一。

第二十七術曰：十二倍高減十二以乘高，又加六以高乘之，如法而一。

又術曰：六倍高減六以乘高，又加三以高乘之，三而一。

第二十八術曰：十三倍高減十二以乘高，又加五以高乘之，如法而一。

又術曰：六倍高加半高內減六以乘高，又加二個半以高乘之，三而一。

垛積表三 三乘垛

層數	一	二	三	四	五	六	七	八	九	十	共積
第一垛	一	四	一〇	二〇	三五	五六	八四	一二〇	一六五	二二〇	七一五
第二垛	一	五	一四	三〇	五五	九一	一四〇	二〇四	二八五	三八五	一二一〇
第三垛	一	六	一八	四〇	七五	一二六	一九六	二八八	四〇五	五五〇	一七〇五
第四垛	一	七	二二	五〇	九五	一六一	二五二	三七二	五二五	七一五	二二〇〇
第五垛	一	八	二六	六〇	一一五	一九六	三〇八	四五六	六四五	八八〇	二六九五
第六垛	一	九	三〇	七〇	一三五	二三一	三六四	五四〇	七六五	一〇四五	三一九〇
第七垛	一	一〇	三四	八〇	一五五	二六六	四二〇	六二四	八八五	一二一〇	三六八五

右三乘垛初變皆自第一垛而來。

第八垛	一	六	一九	四四	八五	一四六	二三一	三四四	四八九	六七〇	二〇三五
第九垛	一	七	二三	五四	一〇五	一八一	二八七	四二八	六〇九	八三五	二五三〇
第十垛	一	八	二七	六四	一二五	二一六	三四三	五一二	七二九	一〇〇〇	三〇二五
第十一垛	一	九	三一	七四	一四五	二五一	三九九	五九六	八四九	一一六五	三五二〇
第十二垛	一	一〇	三五	八四	一六五	二八六	四五五	六八〇	九六九	一三三〇	四〇一五

右三乘垛再變皆自第二垛而來。

第十三垛	一	七	二四	五八	一一五	二〇一	三二二	四八四	六九三	九五五	二八六〇
第十四垛	一	八	二八	六八	一三五	二三六	三七八	五六八	八一三	一一二〇	三三五五
第十五垛	一	九	三二	七八	一五五	二七一	四三四	六五二	九三三	一二八五	三八五〇
第十六垛	一	一〇	三六	八八	一七五	三〇六	四九〇	七三六	一〇五三	一四五〇	四三四五

右三乘垛三變皆自第三垛而來。

第十七垛	一	八	二九	七二	一四五	二五六	四一三	六二四	八九七	一二四〇	三六八五
第十八垛	一	九	三三	八二	一六五	二九一	四六九	七〇八	一〇一七	一四〇五	四一八〇
第十九垛	一	一〇	三七	九二	一八五	三二六	五二五	七九二	一一三七	一五七〇	四六七五

右三乘垛四變皆自第四垛而來。

第二十垛	一	九	三四	八六	一七五	三一一	五〇四	七六四	一一〇一	一五二五	四五一〇
第二十一垛	一	一〇	三八	九六	一九五	三四六	五六〇	八四八	一二二一	一六九〇	五〇〇五

右三乘垛五變皆自第五垛而來。

凡諸變皆自第一垛而來。

說曰：三乘垛者，以高求積皆三乘而得數者也。諸變垛相并相生之例皆與一乘垛同。

求積算術，第一垛用第一術，第二垛用第二術，三垛以上倣此。

總法曰：凡三乘垛有高求積皆以二三四連乘得二十四爲法。

第一術曰：高加一以乘高，又以高加二乘之，又以高加三乘之，如法而一。

又術曰：高加一乘半高，又以高加二乘之，又以高加三乘之，十二而一。或半高加半個乘高，又以高加二乘之，又以高加三乘之，十二而一得積。或高加一乘高，又以半高加一乘之，又以高加三乘之十二而一得積。或高加一乘高，又以高加一乘之，又半高加一個半乘之十二而一得積。凡三乘垛皆有半術四，茲於諸垛各舉其一，餘可類推。

又術曰：高加一乘半高，又半高加一乘之，又以高加三乘之，六而一。此四分術即半半術也。說已見二乘垛。或半高加半個乘半高，又以高加二加三連乘之六而一得積。或高加一乘半高，又以高加二乘之，又半高加一個乘之得積。或高加一乘半高之半，又以高加二加三連乘之亦得積。凡三乘垛正術一有半術四，每半術一有四分術四是三乘每垛各有四分術十六。茲於諸垛各載其一，餘可類推。

又術曰：半高加半個乘半高，又半高加一乘之，又以高加三乘之，三而一。或高加一乘半高，又半高加一個半乘之，三而一得積。或高加一乘半高之半，又半高加一乘之，又以高加三乘之。三而一得積。或高加一乘半高，又以半高之半加半個乘之，又以高加三乘之，三而一得積。此又四分術之半也，法實皆居正術八分之一，亦可命爲八分術。三乘垛每四分術一有八分術四，是三乘每垛各有八分術六十四。茲舉一爲例，餘垛可以類推不及備載。二乘垛亦有八分術，但須用七分五釐爲法，畸零太多故不論及。八分術又可半之以一個半爲法，如此題用半高加半個乘半高，又半高加一乘之，又半高加一個半乘之，如一個半而一得積。每八分術有半八分術四，是三乘每垛有半八分術二百五十六，但彼此互半多重複者耳。附記於此，餘可類推。凡算貴簡省好用繁者皆非也，前人於諸乘垛未有專書，故倍半繁簡之理未經發明。今欲以無畸零者爲正術，且欲諸垛通成一例，故不免稍繁。自半術以下遞析之以窮其變不憚辭費，庶覽者有可考而求簡者得自擇焉。

第二術曰：倍高加二以乘高，又以高加一乘之，又以高加二乘之，如法而一。

又術曰：高加一以乘高，又以高加一乘之，又以高加二乘之，十二而一。

又術曰：高加一以乘高，又以高加一乘之，又以半高加一乘之，六而一。

第三術曰：三倍高加一以乘高，又以高加一乘之，又以高加二乘之，如法而一。

又術曰：三倍高加一以乘半高，又以高加一乘之，又以高加二乘之，十二而一。

又術曰：三倍高加一以乘半高，又以高加一乘之，又半高加一乘之，六而一。

第四術曰：四倍高乘高，又以高加一加二連乘之，如法而一。

又術曰：倍高乘高，又以高加一加二連乘之，十二而一。

又術曰：高自乘，又以高加一加二連乘之，六而一。此術甚簡且無畸零，然仍用倍術爲正術者，欲諸垛通成一例也。此術若再半之半高乘高，又以高加一加二連乘之，三而一得積。以禦奇層者，尚有畸零入算，以禦偶層者并無畸零。此即八分術也。其例已詳第一垛下諸垛不及備載，但有簡省類此者亦可取用。故復論及後不復贅。

第五術曰：五倍高減一以乘高，又以高加一加二連乘之，如法而一。

又術曰：五倍高減一以乘半高，又以高加一加二連乘之，十二而一。

又術曰：五倍高減一乘半高，又以高加一乘之，又半高加一乘之，六而一。

第六術曰：六倍高減二以乘高，又以高加一加二連乘之，如法而一。

又術曰：三倍高減一以乘高，又以高加一加二連乘之，十二而一。

又術曰：三倍高減一以乘高，又以高加一乘之，又半高加一乘之，六而一。

第七術曰：七倍高減三以乘高，又以高加一加二連乘之，如法而一。

又術曰：七倍高減三乘半高，又以高加一加二連乘之，十二而一。

又術曰：七倍高減三乘半高，又以高加一乘之，又半高加一乘之，六而一。

第八術曰：四倍高加四以乘高，又加四以高乘之，又以高加一乘之，如法而一。

又術曰：倍高加二以乘高，又加二以高乘之，又以高加一乘之，十二而一。

又術曰：高加一以乘高，又加一以高乘之，又以高加一乘之，六而一。

第九術曰：五倍高加五以乘高，又加二以高乘之，又以高加一乘之，如法而一。

又術曰：五倍高加五乘半高，又加一以高乘之，又以高加一乘之，十二而一。

又術曰：五倍高加五以乘半高，又加一以半高乘之，又以高加一乘之，六而一。

第十術曰：六倍高加六以乘高，又以高乘之，又以高加一乘之，如法而一。

又術曰：三倍高加三以乘高，又以高乘之，又以高加一乘之，十二而一。

又術曰：三倍高加三乘半高，又以高乘之，又以高加一乘之，六而一。

第十一術曰：七倍高加七以乘高，又減二以高乘之，又以高加一乘之，如法而一。

又術曰：七倍高加七以乘高，又減二以半高乘之，又以高加一乘之，十二而一。

又術曰：七倍高加七以乘高，又減二以半高乘之，又以半高加半個乘之，六而一。

第十二術曰：八倍高加八以乘高，又減四以高乘之，又以高加一乘之，如法而一。

又術曰：四倍高加四以乘高，又減二以高乘之，又以高加一乘之，十二而一。

又術曰：倍高加二以乘高，又減一以高乘之，又以高加一乘之，六而一。

第十三術曰：六倍高加二以乘高，又加四以高乘之，又以高加一乘之，如法而一。

又術曰：三倍高加一以乘高，又加二以高乘之，又以高加一乘之，十二而一。

又術曰：三倍高加一以乘高，又加二以半高乘之，又以高加一乘之，六而一。

第十四術曰：七倍高加三以乘高，又加二以高乘之，又以高加一乘之，如法而一。

又術曰：七倍高加三以乘高，又加二以半高乘之，又以高加一乘之，十二而一。

又術曰：七倍高加三乘半高，又加一以半高乘之，又以高加一乘之，六而一。

第十五術曰：八倍高加四以乘高，又以高乘之，又以高加一乘之，如法而一。

又術曰：四倍高加二以乘高，又以高乘之，又以高加一乘之，十二而一。

又術曰：倍高加一以乘高，又以高乘之，又以高加一乘之，六而一。

第十六術曰：九倍高加五以乘高，又減二以高乘之，又以高加一乘之，如法而一。

又術曰：九倍高加五乘半高，又減一以高乘之，又以高加一乘之，十二而一。

又術曰：九倍高加五乘半高，又減一以半高乘之，又以高加一乘之，六而一。

第十七術曰：八倍高乘高，又加四以高乘之，又以高加一乘之，如法而一。

又術曰：四倍高乘高，又加二以高乘之，又以高加一乘之，十二而一。

又術曰：倍高乘高，又加一以高乘之，又以高加一乘之，六而一。

第十八術曰：九倍高加一乘高，又加二以高乘之，又以高加一乘之，如法而一。

又術曰：九倍高加一乘半高，又加一以高乘之，又以高加一乘之，十二而一。

又術曰：九倍高加一乘半高，又加一以半高乘之，又以高加一乘之，六而一。

第十九術曰：十倍高加二以乘高，又以高乘之，又以高加一乘之，如法而一。

又術曰：五倍高加一以乘高，又以高乘之，又以高加一乘之，十二而一。

又術曰：五倍高加一乘半高，又以高乘之，又以高加一乘之，六而一。

第二十術曰：十倍高減二以乘高，又加四以高乘之，又以高加一乘之，如法而一。

又術曰：五倍高減一以乘高，又加二以高乘之，又以高加一乘之，十二而一。

又術曰：五倍高減一乘半高，又加一以高乘之，又以高加一乘之，六而一。

第二十一術曰：十一倍高減一以乘高，又加二以高乘之，又以高加一乘之，如法而一。

又術曰：十一倍高減一以乘半高，又加一以高乘之，又以高加一乘之，十二而一。

又術曰：十一倍高減一以乘半高，又加一以半高乘之，六而一。

又 卷四

垛積表四四乘垛

層數	一	二	三	四	五	六	七	八	九	十	共積
第一垛	一	五	一五	三五	七〇	一二六	二一〇	三三〇	四九五	七一五	二〇〇二
第二垛	一	六	二〇	五〇	一〇五	一九六	三三六	五四〇	八二五	一二一〇	三二八九
第三垛	一	七	二五	六五	一四〇	二六六	四六二	七五〇	一一五五	一七〇五	四五七六
第四垛	一	八	三〇	八〇	一七五	三三六	五八八	九六〇	一四八五	二二〇〇	五八六三
第五垛	一	九	三五	九五	二一〇	四〇六	七一四	一一七〇	一八一五	二六九五	七一五〇
第六垛	一	一〇	四〇	一一〇	二四五	四七六	八四〇	一三八〇	二一四五	三一九〇	八四三七

右四乘垛初變皆自第一垛而來。

第七垛	一	七	二六	七〇	一五五	三〇一	五三二	八七六	一三六五	二〇三五	五三六八
第八垛	一	八	三一	八五	一九〇	三七一	六五八	一〇八六	一六九五	二五三〇	六六五五
第九垛	一	九	三六	一〇〇	二二五	四四一	七八四	一二九六	二〇二五	三〇二五	七九四二
第十垛	一	一〇	四一	一一五	二六〇	五一一	九一〇	一五〇六	二三五五	三五二〇	九二二九

右四乘垛再變皆自第二垛而來。

第十一垛	一	八	三二	九〇	二〇五	四〇六	七二八	一二一二	一九〇五	二八六〇	七五四七
第十二垛	一	九	三七	一〇五	二四〇	四七六	八五四	一四二二	二二三五	三三五五	八七三四
第十三垛	一	一〇	四二	一二〇	二七五	五四六	九八〇	一六三二	二五六五	三八五〇	一〇〇二一

右四乘垛三變皆自第三垛而來。

第十四垛	一	九	三八	一一〇	二五五	五一一	九二四	一五四八	二四四五	三六八五	九五二六
第十五垛	一	一〇	四三	一二五	二九〇	五八一	一〇五〇	一七五八	二七七五	四一八〇	一〇八一四

右四乘垛四變皆自第四垛而來。

凡諸變皆自第一垛而來。

說曰：四乘垛者，有高求積皆四乘而得數者也。諸垛相幷相生之例皆與一乘垛同。

求積算術，第一垛用第一術，第二垛用第二術，三垛以上倣此。

總法曰：凡四乘垛有高求積皆以二三四五連乘得一百二十爲法。

第一術曰：高加一乘高，又以高加二乘之，又以高加三乘之，又以高加四乘之，如法而一。

又術曰：高加一乘半高，又以高加二加三加四連乘之，六十而一。

又術曰：高加一乘半高，又半高加一乘之，又以高加三加四連乘之。三十而一。

又術曰：高加一乘半高，又半高加一乘之，又半高加二乘之，又以高加三乘之，十五而一。凡四乘垛正術一有半術五，每半術一有四分術五，每四分術一有八分術五，每八分術一有半八分術五。今於諸垛各載半術。一四分術一其八分術，則於第一垛舉此爲例，餘垛不及備載半八分術當用七個半爲法，茲不復及。

第二術曰：倍高加三乘高，又以高加一乘之，又以高加二乘之，又以高加三乘之，如法而一。

又術曰：高加一個半乘高，又以高加一加二加三連乘之，六十而一。

又術曰：高加一個半乘半高，又以高加一加二加三連乘之，三十而一。

第三術曰：三倍高加二乘高，又以高加一加二加三連乘之，如法而一。

又術曰：三倍高加二乘半高，又以高加一加二加三連乘之，六十而一。

又術曰：三倍高加二乘半高，又以高加一乘之，又半高加一乘之，又以高加三乘之，三十而一。

第四術曰：四倍高加一乘高，又以高加一加二加三連乘之，如法而一。

又術曰：倍高加半個乘高，又以高加一加二加三連乘之，六十而一。

又術曰：倍高加半個乘半高，又以高加一加二加三連乘之，三十而一。

第五術曰：五倍高乘高，又以高加一加二加三連乘之，如法而一。

又術曰：五倍高乘半高，又以高加一加二加三連乘之，六十而一。

又術曰：五倍高乘半高，又半高加一乘之，又以高加一乘之，又以高加三乘之，三十而一。

第六術曰：六倍高加一以乘高，又以高加一加二加三連乘之，如法而一。

又術曰：三倍高減半個以乘高，又以高加一加二加三連乘之，六十而一。

又術曰：三倍高減半個以乘半高，又以高加一加二加三連乘之，三十而一。

第七術曰：四倍高加八以乘高，又加八以高乘之，又以高加一加二連乘之，如法而一。

又術曰：倍高加四以乘高，又加四以高乘之，又以高加一加二連乘之，六十而一。

又術曰：高加二以乘高，又加二以高乘之，又以高加一加二連乘之，三十而一。

第八術曰：五倍高加十以乘高，又加五以高乘之，又以高加一加二連乘之，如法而一。

又術曰：五倍高加十以乘高，又加五以半高乘之，又以高加一加二連乘之，六十而一。

又術曰：五倍高加十以乘高，又加五以半高乘之，又半高加一乘之，又以高加一乘之，三十而一。

第九術曰：六倍高加十二以乘高，又加二以高乘之，又以高加一加二連乘之，如法而一。

又術曰：三倍高加六以乘高，又加一以高乘之，又以高加一加二連乘之，六十而一。

又術曰：三倍高加六以乘高，又加一以半高乘之，又以高加一加二連乘之，三十而一。

第十術曰：七倍高加十四以乘高，又減一以高乘之，又以高加一加二連乘之，如法而一。

又術曰：七倍高加十四以乘半高，又減半個以高乘之，又以高加一加二連乘之，六十而一。

又術曰：七倍高加十四以乘高，又加半個以半高乘之，又以高加一加二連乘之，三十而一。

第十一術曰：六倍高加七以乘高，又加七以高乘之，又以高加一加二連乘之,如法而一。

又術曰:三倍高加三個半乘高,又加三個半以高乘之,又以高加一加二連乘之,六十而一。

又術曰:三倍高加三個半以乘高,又加三個半以半高乘之,又以高加一加二連乘之,三十而一。

第十二術曰:七倍高加九以乘高,又加四以高乘之,又以高加一加二連乘之,如法而一。

又術曰:七倍高加九以乘半高,又加二以高乘之,又以高加一加二連乘之,六十而一。

又術曰:七倍高加九以乘半高,又加二以半高乘之,又以高加一加二連乘之,三十而一。

第十三術曰:八倍高加十一以乘高,又加一以高乘之,又以高加一加二連乘之,如法而一。

又術曰:四倍高加五個半以乘高,又加半個以高乘之,又以高加一加二連乘之,六十而一。

又術曰:四倍高加五個半以乘高,又加半個以半高乘之,又以高加一加二連乘之,三十而一。

第十四術曰:八倍高加六以乘高,又加六以高乘之,又以高加一加二連乘之,如法而一。

又術曰:四倍高加三以乘高,又加三以高乘之,又以高加一加二連乘之,六十而一。

又術曰:倍高加一個半以乘高,又加一個半以高乘之,又以高加一加二連乘之,三十而一。

第十五術曰:九倍高加八以乘高,又加三以高乘之,又以高加一加二連乘之,如法而一。

又術曰:九倍高加八以乘半高,又加一個半以高乘之,又以高加一加二連乘之,六十而一。

又術曰:九倍高加八以乘半高,又加一個半以半高乘之,又以高加一加二連乘之,三十而一。

垛積表五五乘垛

層數	一	二	三	四	五	六	七	八	九	十	共積
第一垛	一	六	二一	五六	一二六	二五二	四六二	七九二	一二八七	二〇〇二	五〇〇五
第二垛	一	七	二七	七七	一八二	三七八	七一四	一二五四	二〇七九	三二八九	八〇〇八
第三垛	一	八	三三	九八	二三八	五〇四	九六六	一七一六	二八七一	四五七六	一一〇一一
第四垛	一	九	三九	一一九	二九四	六三〇	一二一八	二一七八	三六六三	五八六三	一四〇一四
第五垛	一	一〇	四五	一四〇	三五〇	七五六	一四七〇	二六四〇	四四五五	七一五〇	一七〇一七

右五乘垛初變皆自第二垛而來。

第六垛	一	八	[illegible]	[illegible]	[illegible]	[illegible]	[illegible]	[illegible]	[illegible]	[illegible]	[illegible]
第七垛	一	九	[illegible]	[illegible]	[illegible]	[illegible]	[illegible]	[illegible]	[illegible]	[illegible]	[illegible]
第八垛	一	一〇	[illegible]	[illegible]	[illegible]	[illegible]	[illegible]	[illegible]	[illegible]	[illegible]	[illegible]

右五乘垛再變皆自第二垛而來。

第九垛	一	九	[illegible]	[illegible]	[illegible]	[illegible]	[illegible]	[illegible]	[illegible]	[illegible]	[illegible]
第十垛	一	一〇	[illegible]	[illegible]	[illegible]	[illegible]	[illegible]	[illegible]	[illegible]	[illegible]	[illegible]

右五乘垛三變皆自第三垛而來。

凡諸變皆自第一垛而來。

説曰:五乘垛者,以高求積皆五乘而得數者也。諸變垛相并相生之例皆與一乘垛同。凡各乘垛之變皆無窮。今定以次層至一十而止,故一乘垛列七變三十六垛。二乘以上漸少,至五乘垛止,三變十垛變法已詳。餘可遞推而得,非一乘垛之變獨多而五乘垛之變較少也。六乘垛以上其變例皆與一乘垛同,可以類推。

求積算術,第一垛用第一術,第二垛用第二術,三垛以上倣此。

總法曰:凡五乘垛有高求積皆以二三四五六連乘得七百二十爲法。

第一術曰:高加一乘高,又以高加二乘之,又以高加三乘之,又以高加四乘之,又以高加五乘之,如法而一。

又術曰:高加一乘半高,又以高加二加三加四加五連乘之,三百六十而一。

又術曰:高加一乘半高,又半高加一乘之,又以高加三加四加五連乘之,一百八十而一。

又術曰：半高加半個乘半高，又半高加一乘之，又以高加三加四加五連乘之，九十而一。

又術曰：半高加半個乘半高，又半高加一乘之，又半高加二乘之，又以高加三乘之，又以高加五乘之，四十五而一。幾五乘垛正術一有半術六，每半術一有四分術六，每四分術一有八分術六，每八分術一有半八分術六。茲於每垛各載半術一四分術一其八分術及半八分術，唯第一垛各舉其一以見例，餘垛皆不復。及若半八分術又半之，則當用二十二個半爲法。茲不復論。

第二術曰：倍高加四乘高，又以高加一乘之，又以高加二乘之，又以高加三乘之，又以高加四乘之，如法而一。

又術曰：高加二乘高，又以高加一加二加三加四連乘之，三百六十而一。

又術曰：高加二乘半高，又以高加一加二加三加四連乘之，一百八十而一。

第三術曰：三倍高加三乘高，又以高加一加二加三加四連乘之，如法而一。

又術曰：三倍高加三乘半高，又以高加一加二加三加四連乘之，三百六十而一。

又術曰：三倍高加三乘半高，又半高加一乘之，又以高加一乘之，又以高加三加四連乘之，一百八十而一。

第四術曰：四倍高加二乘高，又以高加一加二加三加四連乘之，如法而一。

又術曰：倍高加一乘高，又以高加一加二加三加四連乘之，三百六十而一。

又術曰：倍高加一乘半高，又以高加一加二加三加四連乘之，一百八十而一。

第五術曰：五倍高加一乘高，又以高加一加二加三加四連乘之，如法而一。

又術曰：五倍高加一乘半高，又以高加一加二加三加四連乘之，三百六十而一。

又術曰：五倍高加一乘半高，又半高加一乘之，又以高加一乘之，又以高加三加四連乘之，一百八十而一。

第六術曰：四倍高加十二以乘高，又以十四以高乘之，又以高加一加二加三連乘之，如法而一。

又術曰：倍高加六以乘高，又加七以高乘之，又以高加一加二加三連乘之，三百六十而一。

又術曰：倍高加六以乘高，又加七以半高乘之，又以高加一加二加三連乘之，一百八十而一。

第七術曰：五倍高加十五以乘高，又加十以高乘之，又以高加一加二加三連乘之，如法而一。

又術曰：五倍高加十五以乘半高，又加五以高乘乘之，又以高加一加二加三連乘之，三百六十而一。

又術曰：五倍高加十五以乘半高，又加五以半高乘之，又以高加一加二加三連乘之，一百八十而一。

第八術曰：六倍高加十八以乘高，又加六以高乘之，又以高加一加二加三連乘之，如法而一。

又術曰：三倍高加九以乘高，又加三以高乘之，又以高加一加二加三連乘之，三百六十而一。

又術曰：三倍高加九以乘高，又加三以半高乘之，又以高加一加二加三連乘之，一百八十而一。

第九術曰：六倍高加十二以乘高，又加十二以高乘之，又以高加一加二加三連乘之，如法而一。

又術曰：三倍高加六以乘高，又加六以高乘之，又以高加一加二加三連乘之，三百六十而一。

又術曰：三倍高加六以乘高，又加六以半高乘之，又以高加一加二加三連乘之，一百八十而一。

第十術曰：七倍高加十五以乘高，又加八以高乘之，又以高加一加二加三連乘之，如法而一。

又術曰：七倍高加十五以乘半高，又加四以高乘之，又以高加一加二加三連乘之，三百六十而一。

又術曰：七倍高加十五以乘半高，又加四以半高乘之，又以高加一加二加三連乘之，一百八十而一。

右堆垜圖以弟一層單數為根，遞加之成諸乘三角錐堆。每併上層數位之數為下層一位之數。如上層甲無併，即為下層甲。甲、乙相併為下層乙。甲、乙、丙相併為下層丙。餘倣此。直視之，則以弟一行單數為根，遞加之，如諸乘方、廉、隅之率，每併右行兩位之數為左行一位之數。如一行甲上下俱無併，即為二行乙，又為二行甲。二行乙上位無併，即為三行丙。乙下併為三行乙，甲下無併，即為三行甲。餘倣此。各層自右而左，每以挨次兩位成相與之率，分母遞加一數，分子亦遞加一數。如一層甲，乙為一之一，乙、丙為二之二。二層甲、乙為一之二，乙、丙為二之三。餘倣此。其左行之分子上下俱同數，如二行為子，命為一。三行為子，俱命為三。餘倣此。右行之分母，則上下遞差一數，如一行為母止一位，命為一。二行為母，有乙甲兩位，則有二、一之差。餘倣此。各行自上而下，亦每以挨次兩位成相與之率，分母遞加一數，分子則遞減一數。如三行丙、乙為一之二，乙、甲為二之一。餘倣此。其上層之分母左右俱同數，如一層為母俱命為一，二層為母俱命為二。餘倣此。下層之分子則左右遞差一數，各層皆命甲為一，乙為二，丙、丁以後遞差。經緯交午，彼此聯絡，順推之，各成相與之勢。返衰之，則得相當之率。奇偶乘除筭術生焉。上下兩層末位相當每以上層求得下層之數。置上層積數，以下層位數乘之，如下層層數而一，所得即下層積數。凡三角錐堆皆依此法求之。此皆天地自然之數，非人意所能措設也。今詳說諸分母子相與之率，復以返衰之理，列圖如左。

一、二兩層相乘成二倍平三角錐堆圖。凡求平三角錐堆，置所求弟二層平三角錐堆加一為弟一層位數，凡兩層末位相當，下層必差少一位，故加一為上層位數。後皆倣此。置弟一層位數弟一層各位皆單數，併之與位數同，故即以位數為積數，以所求弟二層位數乘之，得二倍弟二層積數。以二除之，即平三角錐堆積。

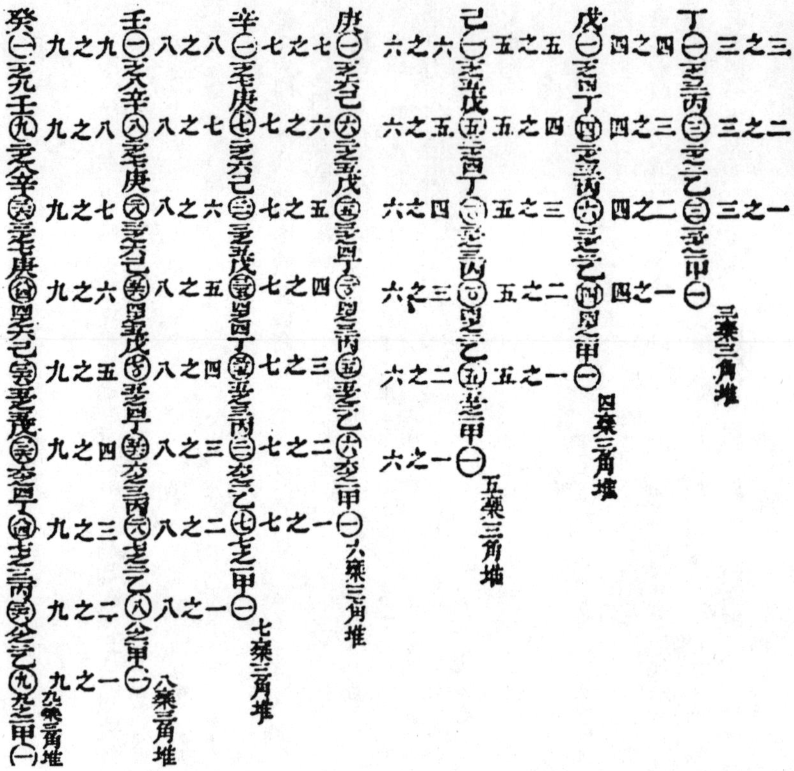

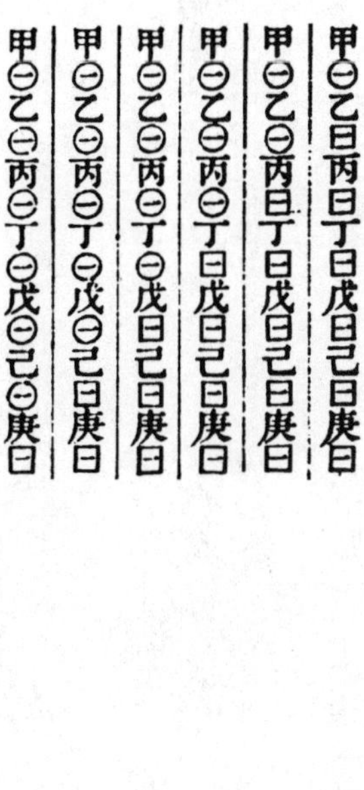

圖設六行為二層平三角錐堆，位數每行七位，即一層之一單數。規六甲、五乙、四丙、三丁、二戊、一己為一平三角錐堆積，其餘以方匡別之，共得一乙、二丙、三丁、四戊、五己、六庚，即兩層返衰分子。一乘上層乙，二乘丙，三乘丁，四乘戊，五乘己，六乘庚之數，適當下層甲、乙、丙、丁、戊、己各位數之一倍，（一層各位為母，俱命為一。二層六位為子，遞差為一、二、三、四、五、六，返衰之，則上位之一、二、三、四、五、六，各當下位之一倍。）併規識之數，共為二倍。（倍數與平三角錐堆所居層數同。）故二除之，得平三角錐堆積。

二三兩層相乘成三倍立三角錐堆圖。凡求立三角錐堆，置所求弟三層，立三角錐堆位數加一為二層位數，又加一為一層位數。先置一、二兩層位數相乘，二除之為平三角錐堆積。如前術，再置平三角錐堆積，以所求三層立三角錐堆倍數乘之，得三倍弟三層積數，以三除之，即立三角錐堆積。（或三數連乘，二數連除，所得亦同。）

圖設五行為三層立三角錐堆，位數每行六位，即二層平三角錐堆之數。規五甲、四乙、三丙、二丁、一戊為一立三角錐堆積，餘數以方匡別之，共得一乙、二丙、三丁、四戊、五己，即兩層返衰分子，一乘上層乙，二乘丙，三乘丁，四乘戊，五乘己之數，適當下層甲、乙、丙、丁、戊各位數之二倍，（二層各位為母，俱命為二，三層五位為子，遞差為一、二、三、四、五，返衰之，則上位之一、二、三、四、五，各當下位之二位。）併規識之數共為三倍，（倍數與立三角錐堆所居位數同。）以三除之，即立三角錐堆積。

三、四兩層相乘成四倍三乘三角錐堆圖。（四乘以上倣此推之，不具列。）

凡求三乘三角錐堆，置所求弟四層三乘三角錐堆位數加一為三層位數，又加一為二層位數，又加一為一層位數。先以一、二兩層位數相乘，二除之，又為實，以三層位數乘之，三除之為立三角錐堆積。如前術，再置立三角錐堆積，以所求四層三乘三角錐堆位數乘之，得四倍弟四層積數，以四除之，即三乘三角錐堆積，（或四數連乘，三數連除，得數亦同。）

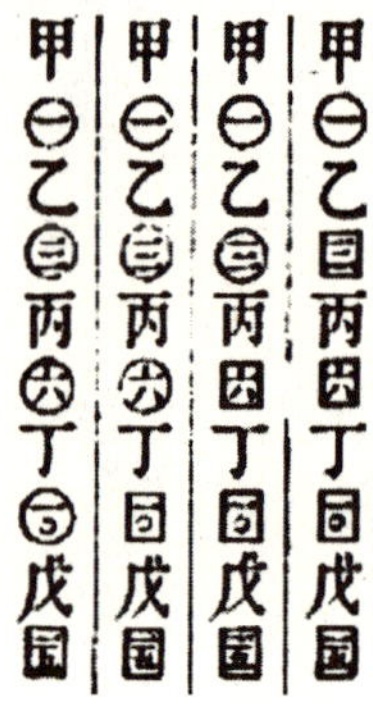

圖設四行為四層三乘三角錐堆位數，每行五位，即三層立三角錐堆之數。規四甲、三乙、二丙、一丁為一三乘三角錐堆積，餘數以方匡別之，共得一乙、二丙、三丁、四戊，即兩層返衰分子。一乘上層乙，二乘丙，三乘丁，四乘戊之數，適當下層甲、乙、丙、丁各位數之三倍，（三層各位為母，俱命為三，四層四位為子，遞差為一、二、三、四，返衰之，則上位之一、二、三、四各當下位之三倍。）併規識之數，共得四倍，（倍數與三乘三角錐堆所居層數同。）以四除之，即三乘三角錐堆積。

清・崔朝慶　楊冰《算表合璧》

三角垛積表

層數	一垛	二垛	三垛	四垛	五垛	六垛	七垛	八垛	九垛
一	一	一	一	一	一	一	一	一	一
二	一	二	三	四	五	六	七	八	九
三	一	三	六	一〇	一五	二一	二八	三六	四五
四	一	四	一〇	二〇	三五	五六	八四	一二〇	一六五
五	一	五	一五	三五	七〇	一二六	二一〇	三三〇	四九五
六	一	六	二一	五六	一二六	二五二	四六二	七九二	一二八七
七	一	七	二八	八四	二一〇	四六二	九二四	一七一六	三〇〇三
八	一	八	三六	一二〇	三三〇	七九二	一七一六	三四三二	六四三五
九	一	九	四五	一六五	四九五	一二八七	三〇〇三	六四三五	一二八七〇

四角垛積表

層數	一垛	二垛	三垛	四垛	五垛	六垛	七垛	八垛	九垛
一	一	一	一	一	一	一	一	一	一
二	二	三	四	五	六	七	八	九	一〇
三	二	五	九	一四	二〇	二七	三五	四四	五四
四	二	七	一六	三〇	五〇	七七	一一二	一五六	二一〇
五	二	九	二五	五五	一〇五	一八二	二九四	四五〇	六六〇
六	二	一一	三六	九一	一九六	三七八	六七二	一一二二	一七八二
七	二	一三	四九	一四〇	三三六	七一四	一三八六	二五〇八	四二九〇
八	二	一五	六四	二〇四	五四〇	一二五四	二六四〇	五一四八	九四三八
九	二	一七	八一	二八五	八二五	二〇七九	四七一九	九八六七	一九三〇五

圓錐垛積表

層數	一垛	二垛	三垛	四垛	五垛	六垛	七垛	八垛	九垛
一	一	一	一	一	一	一	一	一	一
二	一	二	三	四	五	六	七	八	九
三	二	四	七	一一	一六	二二	二九	三七	四六
四	一	五	一二	二三	三九	六一	九〇	一二七	一七三
五	二	七	一九	四二	八一	一四二	二三二	三五九	五三二
六	一	八	二七	六九	一五〇	二九二	五二四	八八三	一四一五
七	二	一〇	三七	一〇六	二五六	五四八	一〇七二	一九五五	三三七〇
八	一	一一	四八	一五四	四一〇	九五八	二〇三〇	三九八五	七三五五
九	二	一三	六一	二一五	六二五	一五八三	三六一三	七五九八	一四九五三

招差術部

題解

清・徐有壬《務民義齋算學・造各表簡法》 究心於垛積招差之法推之割圜諸術無所不通，蓋垛積者遞加數也，招差者連比例也。

清・周毓英《中西算學集要》卷四《招差術解》 併各位之差爲首末兩位之差，謂之積差。累初見之差爲首末兩位之差，謂之招差。

清・江衡《垛積解義》卷二 惟遞加數祇有一較，較數皆等，謂之公較。

積較術首論遞加數，所以明較數能等之故設非遞加數，則較之次數不能定，且不等，此立術之權輿也。次論平方積有二次較，仍遞加數之平方也，立方積有三次較，仍遞加數之立方也原書於平方以上不言遞加者，因遞加之理早明於前，有以貫之矣。

積較術之諸乘積，末次較數，各行必相同，猶堆垛術之諸乘垛，末次較數，各層必相同。

遞加數有一次較，遞加一者較數同爲一，此卽三角一乘垛，亦有一次較，亦同爲一也。平方積有二次較，末次較數同爲二，此卽四角一乘垛，亦有二次較，亦同爲二也。立方積有三次較，末次較數同爲六，此卽四角二乘垛，亦有三次較，亦同爲六也。余倣此，此因二術之根，均爲遞加數故也。

綜論

清・阮元《疇人傳》卷二五 凡五事，一曰太陽盈縮，用四正定氣立爲升降限，依立招差求得每日行分初末極差積度比古爲密。二曰月行遲疾，古術皆用二十八限，今以萬分日之八百二十分爲一限，凡析爲三百三十六限，依垛疊招差求得轉分進退，其遲疾度數逐時不同，蓋前所未有。

又 余嘗反覆布算，乃知屢次乘除之後，其加減之衰如平方立方，與郭守敬垛積招差法正相類，夫立垛積招差以求氣朔消長，卽祖沖之綴術之遺。

清・周毓英《中西算學集要》卷四《招差術解》 凡單布之數曰面，聚居之數曰積。面乘面則積爲平方，面乘平方則積爲立方，面乘立方則積爲三乘方。【略】

今定單布爲面，聚居爲積。取自一至九之數列爲九位，令增乘至三乘方以發招差之例。如左：

面	平方	立方	三乘方
一	一	一	一
二	四	八	一六
三	九	二七	八一
四	一六	六四	二五六
五	二五	一二五	六二五
六	三六	二一六	一二九六
七	四九	三四三	二四〇一
八	六四	五一二	四〇九六
九	八一	七二九	六五六一

面相較爲兩面之差，其差恆等。積相較爲兩積之差，其差恆不等。

和較爲算家之大用，然古人立術有專用較而不用和者，帶從開方《九章》勾股有從開平方。祖沖之設開差冪開差立，學官莫能究其深奧。王孝通《輯古筭經》以從開立方命算，皆較數也。秦九韶、李冶、朱世傑諸家始有和數，諸乘方術爲用雖備而得數必須詳審知。古人立法有較無和，別具深意。及招差求積是也。招差以差爲用，故須相較，以取各位之差。凡差有平加而得者，有不平加而得者。面之差皆平加，故各位相等，積之差皆不平加，故各位不等。

面	差	平方	差
一		一	
二	一	四	三
三	一	九	五
四	一	一六	七
五	一	二五	九
六	一	三六	一一
七	一	四九	一三
八	一	六四	一五
九	一	八一	一七

立方	差	三乘方	差
一		一	
八	七	一六	一五
二七	一九	八一	六五
六四	三七	二五六	一七五
一二五	六一	六二五	三六九
二一六	九一	一二九六	六七一
三四三	一二七	二四〇一	一一〇五
五一二	一六九	四〇九六	一六九五
七二九	二一七	六五六一	二四六五

以差減差，相等者，其差必盡。不相等者，遞減至相等，其差亦盡。故面之差惟一，平方之差有二，立方之差有三，三乘方之差有四。

兩面相減，所減之數如初商，減餘之差如次商，次商皆等，故再較而差盡。兩積相減，所減各如初商之積，平方減餘之差如兩方一隅，故再較兩次而差盡。立方減餘之差如三方三廉一隅，故再較三次而差盡。三乘方減餘之差，如四方六上廉四下廉一隅，故再較四次而差盡。合而計之，面較兩次故止一差，平方較三次故有二差，立方較四次故有三差，三乘方較五次故有四差。

面	差	差盡
一		
二	一	〇
三	一	〇
四	一	〇
五	一	〇
六	一	〇
七	一	〇
八	一	〇
九	一	〇

平方	一差	二差	差盡
一			
四	三		
九	五	二	
一六	七	二	〇
二五	九	二	〇
三六	一一	二	〇
四九	一三	二	〇
六四	一五	二	〇
八一	一七	二	〇

立方	一差	二差	三差	差盡
一				
八	七			
二七	一九	一二		
六四	三七	一八	六	
一二五	六一	二四	六	〇
二一六	九一	三〇	六	〇
三四三	一二七	三六	六	〇
五一二	一六九	四二	六	〇
七二九	二一七	四八	六	〇

三乘方	一差	二差	三差	四差	差盡
一					
一六	一五				
八一	六五	五〇			
二五六	一七五	一一〇	六〇		
六二五	三六九	一九四	八四		
一二九六	六七一	三〇二	一〇八	二四	〇
二四〇一	一一〇五	四三四	一三二	二四	〇
四〇九六	一六九五	五九〇	一五六	二四	〇
六五六一	二四六五	七七〇	一八〇	二四	〇

加差于首位之數得次位之數，遞加差即得以後各位之數。

如三乘方積與差共五層，以本層首位與次層首位相加，得本層之弟二位，如甲子相加得乙，位多易淆，故以號別之。子乾相加得丑，乾金相加得坎，金角相加得石是也。本層弟二位與次層弟二位相加得本層之弟三位，如乙丑相加得丙，丑坎相加得寅，坎石相加得艮，石亢相加得絲是也。推之兩層，弟三位相加卽得本層之弟四位，如丁卯震竹兩層弟四位相加得本層之弟五位，如戊辰巽匏兩層弟五位相加得本層之弟六位，如己巳離土兩層弟六位相加得本層之弟七位，如庚午坤兩層弟七位相加得本層之弟八位，如辛未兩層弟八位相加得本層之弟九位，如壬皆是。舉三乘方，則立方以下可以類推。

	三乘方積	一差	二差	三差	四差
甲	一				
乙	一六子	一五			
丙	八一丑	六五乾	五〇		
丁	二五六寅	一七五坎	一一〇金	六〇	
戊	六二五卯	三六九艮	一九四石	八四角	二四
己	一二九六辰	六七一震	三〇二絲	一〇八亢	二四
庚	二四〇一巳	一一〇五巽	四三四竹	一三二氐	二四
辛	四〇九六午	一六九五離	五九〇匏	一五六房	二四
壬	六五六一未	二四六五坤	七七〇土	一八〇心	二四

併各位之差爲首末兩位之差，謂之積差。累初見之差爲首末兩位之差，謂之招差。

如三乘方，併弟二層自子至未八數，此以上層弟九行爲末位，故一差須併八位。若以上層弟八行爲末位，則此層亦從左截去一位。後倣此。即上層弟九位內減去首位之數，爲首末兩位之積差。併弟三層自乾至坤七數，即二層弟八位內減去首位之數，爲首末兩位之積差。餘竝倣此。凡以積差加首位之數，即得末位之數。然積差不可徑求，故立招差之法。招差者，以初見之差求隔位之數。引之使近，故謂之招。所招或隔一位、隔數位、隔十百位皆一以貫之。法之最妙實本於數之自然也。如三乘方，以上層弟一位甲與次層弟一位子相加爲上層弟二位之乙。此差在本位而不必招者也。凡求各層弟二位數者，皆視此。若求上層弟三位之丙，本當以上層弟二位乙與次層弟二位丑相加。今用招差法，以上層弟一位甲加次層弟一位子爲上層弟二位之乙，又以次層弟一位子加三層弟一位乾爲次層弟二位之丑。合之則一甲二子一乾爲乙丑兩位之數，即爲上層弟三位丙數。是求上層弟三位丙數，以一二一爲衰，乘三層各首位之數，與用兩層弟二位之數同。凡求各層弟三位數者，視此矣。求上層弟四位之丁，本當以上層弟三位丙與次層弟三位寅相加。今用招差法，以一甲二子一乾爲上層弟三位之丙，又以一子二乾一金爲次層弟三位之寅。合之則一甲三子三乾一金爲丙寅兩位之數，即爲上層弟四位丁數。是求上層弟四位丁數，以一三三一爲衰，乘四層各首位之數，與用兩層弟三位之數同。凡求各層弟四位數者，視此矣求上層弟五位之戊，本當以上層弟四位丁與次層弟四位卯相加。今用招差法，以一甲三子三乾一金爲上層弟四位之丁，又以一子三乾三金一角爲次層弟四位之卯。合之則一甲四子六乾四金一角爲丁卯兩位之數，即爲上層弟五位戊數。是求上層弟五位戊數，以一四六四一爲衰，乘五層各首位之數，與用兩層弟四位之數同。凡求各層弟五位數者，視此矣。求上層弟六位己數，本當以上層弟五位戊與次層弟五位辰相加。今用招差法，以一甲四子六乾四金一角爲上層弟五位之戊，又以一子四乾六金四角第五層以下無差，故少用一位。後倣此。爲次層第五位之辰。合之則一甲五子十乾十金五角爲戊辰兩位之數，即爲上層第六位己數。是求上層第六位己數，以一五十十五爲衰，乘五層各首位之數，與用兩層第五位數同。凡求各層第六位數者，視此矣。七位以後倣此推之。

清·華蘅芳《行素軒算稿·積較術》卷一　論積較之理

積較者，列各積相較，復列各較相較，復列各較之較相較，必至無較乃止。

凡求較之，諸積必俱爲同方其底邊之長，率必爲相等之數。

凡列各數，或自小而大，或自大而小皆可，惟恒以自右向左横列之爲便。

凡求較數，其各數或以小減大，或以大減小而別以正負俱可，惟恒以右數減左數，書其減余之數於左下爲便。

凡較數之次數恒如其方之指數。

如遞加之數只有一次較數。

〡

〢〡

〣〡

〤〡

平方之積有二次較數。

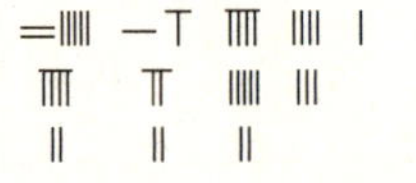

立方之積有三次較數。

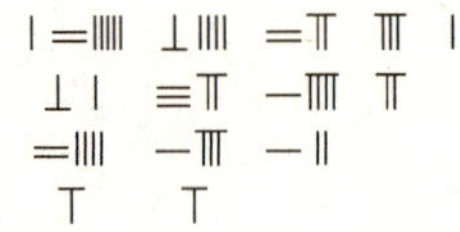

由此推之，三乘方之積有四次較數，四乘方之積有五次較數。每多一乘之方，其較數亦多一次。

凡各方之積相加，則其各較亦相加。各方之積相減，則其各較亦相減。所以諸乘方和較之積較，其數之次數恒如其最大之方之指數。

如平方與立方相加，則其和積之較數有三次。如二平方積與一立方積相減，則其較積之較數亦有三次。

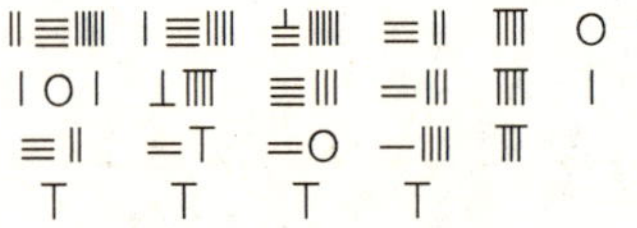

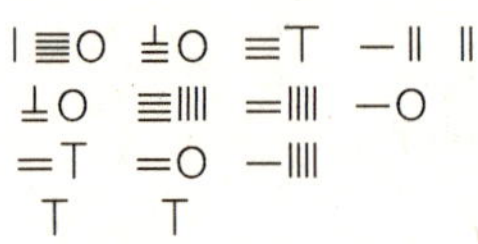

惟因末次之較數，各行必相同。又因每以下一數減其上一數，則得右上之數。故其右下所缺之數，可以此法補之。

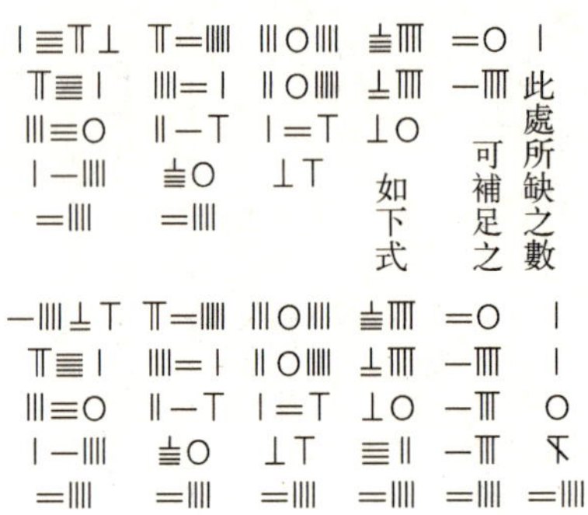

惟因相連之兩行，每以左下之數與右上之數相加，則得左上之數。每以左下之數減左上之數，則得右上之數。所以有任一行之數，可求得其左右各行之數。

用此法可求諸乘方之積。

清·梅文鼎《勿菴歷算書目》《授時曆於日躔盈縮月離遲疾，並云以算術垛積招差立算，而今所傳九章諸書無此術也。豈古有而今逸耶。載攷歷草並以盈縮日數離爲六段，各以段日除其段之積度得數乃相減爲一差，一差又相減爲二差，則其數齊同。乃緣此以生定差及平差立差定差者，盈縮初日最大之差也，於是以平差立差減之，則爲每日之定差矣。若其布立成法，則直以立差六因之，以爲每日平立合差之差。此兩法者若不相蒙而其術巧會，從未有能言其故者。

算法

元·王恂郭守敬《授時曆》《明史·曆志三》 太陽盈縮平立定三差之原

冬至前後盈初縮末限，八十八日九十一刻，就整。離為六段，每段各得一十四日八十二刻。就整。各段實測日躔度數，與平行相較，以為積差。

	積日	積差
第一段	一十四日八二	七千〇五十八分〇二五
第二段	二十九日六四	一萬二千九百七十六三九二
第三段	四十四日四六	一萬七千六百九十三七四六二
第四段	五十九日二八	二萬一千一百四十八七三二八
第五段	七十四日一〇	二萬三千二百七十九九九七
第六段	八十八日九二	二萬四千〇二十六一八四

各置其段積差，以其段積日除之，為各段日平差。置各段日平差，與後段日平差相減，為一差。置一差，與後段一差相減，為二差。

	日平差
第一段	四百七十六分二五
第二段	四百三十七分八〇
第三段	三百九十七分九七
第四段	三百五十六分七六
第五段	三百一十四分一七
第六段	二百七十〇分二〇

續表

	一差	二差
第一段	三十八分四五	一分三八
第二段	三十九分八三	一分三八
第三段	四十一分二一	一分三八
第四段	四十一分五九	一分三八
第五段	四十三分九七	
第六段		

置第一段日平差，四百七十六分二十五秒，為泛平積。以第二段二差一分三十八秒，去減第一段一差十八分四十五秒，餘三十七分〇七秒，為泛平積差。另置第一段二差一分三十八秒，折半得六十九秒，為泛立積差。以泛平積差三十七分〇七秒，加入泛平積四百七十六分二十五秒，共得五百一十三分三十二秒，為定差。以泛立積差六十九秒，去減泛平積差三十七分〇七秒，餘三十六分三十八秒為實，以段日一十四日八十二刻為法除之，得二分四十六秒為平差。置泛立積差六十九秒為實，以段日為法除二次，得三十一微，為立差。

夏至前後縮初盈末限，九十三日七十一刻，就整。離為六段，每段各得一十五日六十二刻。就整。各段實測日躔度數，與平行相較，以為積差。

	積日
第一段	一十五日六二
第二段	三十一日二四
第三段	四十六日八六
第四段	六十二日四八
第五段	七十八日一〇
第六段	九十三日七二

續表

	積　差
第一段	七千〇五十八分九九〇四
第二段	一萬二千九百七十八六五八
第三段	一萬七千六百九十六六七九
第四段	二萬萬一千一百五十〇七二九六
第五段	二萬三千二百七十八四八六
第六段	二萬四千〇百一十七六二四四

推日平差、一差、二差術，與盈初縮末同。

	日平差	一　差	二　差
第一段	四百五十一分九二	三十六分四七	一分三三
第二段	四百一十五分四五	三十七分八〇	一分三三
第三段	三百七十七分六五	三十九分一二	一分三三
第四段	三百三十八分五二	四十〇分四六	一分三三
第五段	二百九十八分〇六	四十一分七九	
第六段	二百五十六分二七		

置第一段日平差，四百五十一分九十二秒，為泛平積。以第一段二差一分三十三秒，去減第一段一差三十六分四十七秒，餘三十一分一十四秒，為泛平積差。另置第一段二差一分三十三秒折半，得六十六秒五十微，為泛立積差。以泛平積差三十五分一十四秒，加入泛平積四百五十一分九十二秒，共四百八十七分〇六秒，為定差。以泛立積差六十六秒五十微，去減泛平差三十五分一十四秒，餘三十四分四十七秒五十微為實，以段日一十五日六二為法除之，得二分二十一秒，為平差。置泛立積差六十六秒五十微為實，以段日為法，除二次，得二十七微，為立差。

泛求盈縮，以入曆初末日乘立差，得數以加平差，再以初末日乘之，得數以減定差，餘數以初末日乘之，為盈縮積。

凡盈曆以八十日九零九二二五為限，縮曆以九十三日七一二零二五為限。在其限已下為初，以上轉減半歲周餘不末。盈初是人冬至後順推，縮末是從冬至前逆溯，其距冬至同，故其盈積同。縮初是從夏至後順推，盈末是從夏至前逆溯，其距夏至同，故其縮積同。

盈縮招差圖說

盈縮招差，本為一象限之法。如盈曆則以八十八日九十一刻為象限，縮曆則以九十三日七十一刻為象限。今止作九限者，舉此為例也。其空格九行定差本數，為實也。其斜綿以上平差立差之數，為法也。斜綿以下空格之定差，乃餘實也。假如定差為一萬，平差為一百，立差為單一。今求九限法，以九限乘定差得九萬為實。另置平差，以九限乘二次，得八千一百。置立差，以九限乘三次，得七百二十九。並兩數得八百二十九為法。以法減實，余八萬一千一百七十一，為九限積。又法，以九限乘平差行九百，又以九限乘立差二次得八十一，並兩數得九進八十一為法，定差一萬為實，以法減實，餘矣千〇一十九，即九限末位所書之定差也。於是瑞以九限乘餘實，得八萬一千一百七十一，為九限積，與前所不所得不同。蓋前法是先乘後減，又法是先減後乘，其理一也。

盈初縮末　置立差三十一微，以六因之，得一秒八十六微，為加分立差。置平差二分四十六秒，倍之，得四分九十二秒，加入加分立差，得四分九十二秒八十六微，為平立合差。

置定差五百一十三分三十二秒，內減平差二分四十六秒，再減立差三十一微，餘五百一十〇分八十五秒六十九微，為加分。

縮初盈末　置立差二十七微，以六因之，得一秒六十二微，為加分立差。置平差二分二十一秒，倍之，得四分四十二秒，加入加分立差，得四分四十三秒六十二微，為平立合差。

置定差四百八十七分〇六秒，內減平差二分二十一秒，再減立差二十七微，餘四百八十四分八十四秒七十三微，為加分。

已上所推，皆初日之數。其推次日，皆以加分立差，累加平立合差，為次日平立合差。以平立合差減其日加分，為次日加分，盈縮並同。其加分累積之，即盈縮積，其數並見立成。

太陰遲疾平立三差之原

太陰轉週二十七日五十五刻四六。測分四象，象各七段，四象二十八段，每段十二限，每象八十四限，凡三百三十六限，而四象一周。以四象為法，除轉周日，得每象六日八八六五，分為七段，每段下實測月行遲疾之數，與平行相較，以求積差。

	積限	積差
第一段	一十二	一度二十八分七一二
第二段	二十四	二度四十五分九六一六
第三段	三十六	三度四十八分三七九二
第四段	四十八	四度三十二分五九五二
第五段	六十	四度九十五分二四
第六段	七十二	五度三十二分九四四
第七段	八十四	五度四十二分三三七六

各置其段積差，以其段積限為法除之，為各段限平差。置各段限平差，與後段相減為一差。置一差，與後段一差相減為二差。

	限平差
第一段	一十〇分七二六〇
第二段	一十〇分二四八四
第三段	九分六七七二
第四段	九分〇一二四
第五段	八分二五四〇
第六段	七分四〇二〇
第七段	六分四五六四

續表

	一差	二差
第一段	四十七秒七六	九秒三六
第二段	五十七秒一二	九秒本六
第三段	六十六秒四八	九秒三六
第四段	七十五秒八四	九秒三六
第五段	八十五秒二〇	九秒三六
第六段	九十四秒五六	
第七段		

置第一段限平差一十〇分七二六為泛平積。置第一段一差四十七秒七六，以第一段二差九秒三六減之，餘三十八秒四十微，為泛平積差。另置第一段二差九秒三十六微折半，得四秒六十八微，為泛立積差。以泛平積差三十八秒四十微，加泛平積一十〇分七二六，得一十一分一十一秒，為定差。置泛平積差三十八秒四十微，以泛立積差四秒六十八微減之，餘三十三秒七十二微為實，以十二限為法除之，得二秒八十一微，為平差。置泛立積差四秒六十八微為實，十二限為法，除二次，得三微二十五纖，為立差。

凡求遲疾，皆以入曆日乘十二限二十分，以在八十四限已下為初，已上轉減一百六十八限餘為末。各以初末限乘立差，得數以加平差，再以初末限乘之，得數以減定差，余以初末限乘之，為遲疾積。其初限是從最遲最疾處順推至後，末限是從最遲最疾處逆溯至前，其距其距最遲疾處同，故其積度同。太陰與太陽立法同，但太陽以定氣立限，故盈縮異數。太陰以平行立限，故遲疾同原。

布立成法

置立差三微二十五纖，以六因之，得一十九微五十纖，為損益立差。置平差二秒八十一微，倍之，得五秒六十二微，再加損益立差一十九微五十纖，共得五秒八十一微，為初限平立合差。自此以損益立差，累加之，即每限平立合差。至八十限下，積至二十一秒四一五，為平立合差之極。八十一限下差一秒七八

○九，八十二限下一秒七八○八，至八十三限下，平立合差，與益分中分，為益分之終。八十四限下差，亦與損分中分，為損分之始。至八十六限下差，亦二十一秒四一五，自此以損益立差累減之，即每限平立合差，至末限與初限同。置定差一十一分一十一秒，內減平差二秒八十一微，再減立差三微二十五纖，餘一十一分○八秒一十五微七十五纖為加分定差，即初限損益分。置損益分，以其限平立合差益減損加之。即為次限損益分。以益分積之，損分減之，便為其下遲疾度。以八百二十分為一限日率，累加八百二十分為每限日率。以上俱詳立成。

五星平立定三差之原

凡五星各以實測，分其行度為八段，以求積差，略如日月法。

木星立差加，平差減。

	積日	積差
第一段	一十一日五十刻	一度二一五二九七一一二
第二段	二十三日	二度三四○五二一四
第三段	三十四日五十刻	三度三五四一三七二六五
第四段	四十六日	四度二三四六○九一二
第五段	五十七日五十刻	四度九六○四○一三七五
第六段	六十九日	五度五○九九七八四四
第七段	八十○日五十刻	五度八六一八○四七二五
第八段	九十二日	五度九九四三四四六四

	泛平差	泛平較	泛立較
第一段	一十分五六七八○一	三十九秒一六二一	六秒二四二二
第二段	一十分一七六一八	四十五秒四○四三	六秒二四二二
第三段	九分七二二一三七	五十一秒六四六五	六秒二四二二
第四段	九分二○五六七二	五十七秒八八八七	六秒二四二二
第五段	八分六二六七八五	六十四秒一三○九	六秒二四二二
第六段	七分九八五四七六	七十○秒三七二一	六秒二四二二
第七段	七分二八一七四五	七十六秒六一五三	
第八段	六分五一五五九二		

各置其段所測積差度為實，以段日為法除之，為泛平差。各以泛平差與次段泛平差相較，為泛平較。又以泛平較與次段泛平較相較，為泛立較。置第一段泛平較三十九秒一六二一，減其下泛立較六秒二四二二，餘三十二秒九一九九，為初段平立較。加初段泛平差一十分五六七八○一，共得一十○分八十九秒七十○微，為定差。秒置萬位。置初段平立較差三十二秒九一九九，內減泛立較之半，三秒一二一一，餘二十九秒七九八八，以段日一十一日五十刻除之，得二秒五十九微一十二纖為平差。置泛立差之半，三秒一二一一，以段日為法除二次，得二微三十六纖為立差。

已上為木星平立定三差之原。

火星盈初縮末立差減，平差減。

	積日
第一段	七日六十二刻五十分
第二段	一十五日二十五刻
第三段	二十二日八十七刻五十分
第四段	三十〇日五十〇刻
第五段	三十八日一十二刻五十分
第六段	四十五日七十五刻
第七段	五十三日三十七刻五十分
第八段	六十一日

	積差
第一段	六度二六八二五一二二八一八五五九三七五
第二段	一十一度六〇〇一七五七四三五九三七五
第三段	一十六度〇二五九六三七九二五一九五三一二五
第四段	一十九度六六九〇一三六二一二五
第五段	二十二度二七九八九一四七六〇七四二一八七五
第六段	二十四度一六八二二八六〇三二八一二五
第七段	二十五度三三一五五六二四九二六〇一五六二五
第八段	二十五度六一九五一五六六

	泛平差
第一段	八十二分〇六五七三四八四三七五
第二段	七十六分〇六六七二六一六七五
第三段	七十〇分〇五八八五八一〇九三七五
第四段	六十四分一八二九六九二五
第五段	五十八分四三九〇五九六〇九三七五
第六段	五十二分八二七一二九一八七五
第七段	四十七分三四七一七七九八四三七五
第八段	四十一分九九九二〇六

	泛平較
第一段	六分一三九八四七二九六八七五
第二段	六分〇〇七八六八〇七八一二五
第三段	五分八七五八八八八五九三七五
第四段	五分七四三九〇九六四〇六二五
第五段	五分六一一九三〇四二一八七五
第六段	五分四七九九五一二〇三一二五
第七段	五分三四七九七一九八四三七五

泛立較	
一十三秒一九七九二一八七五	第一段
一十三秒一九七九二一八七五	第二段
一十三秒一九七九二一八七五	第三段
一十三秒一九七九二一八七五	第四段
一十三秒一九七九二一八七五	第五段
一十三秒一九七九二一八七五	第六段

泛平較前多後少,應加泛立較。置初段下泛平較六分一三九八四七二九六八七五,加泛立較一十三秒一九七九二一八七五,得六分二七一八二六五一五六二五,為初日下平立較。置初段泛平差八十二分二十〇秒六五七三四八四三七五,加初日下平立較六分二七一八二六五一五六二五,得八十八分四十七秒八十四微,為定差。置初日下平立較六分二七一八二六五一五六二五,加泛立較之半,六秒五九八九六〇九三七五,得分三三七八一六一二五為實,以段日而一,得八十三秒一十一微八十九纖為平差。置泛立較之半,六秒五九八九六〇九三七五,以段日七日六十二刻五十分為法除二次,得一十一微三十五纖為立差。

火星縮初盈末平差負減,立差減。

積日	
一十五日二十五刻	第一段
三十〇日五十刻	第二段
四十五日七十五刻	第三段
六十一日	第四段
七十六日二十五刻	第五段
九十一日五十刻	第六段
一百〇六日七十五刻	第七段
一百二十二日	第八段

積差	
四度五三一二五一八五七九六八七五	第一段
九度一〇二九六一四五一二五	第二段
一十三度五三一六七〇九〇一七七三七五	第三段
一十七度四七八九七九〇四	第四段
二十〇度八四三六六三〇六六四〇六二五	第五段
二十三度四三一三三六二四一二五	第六段
二十五度〇九二四三五二八三四六八七五	第七段
二十五度六一八三七四七二	第八段

泛平差	
二十九分七一三一二六九三七五	第一段
二十九分八四五七七五二五	第二段
二十九分五七八三五五〇六二五	第三段
二十八分六五四〇六四	第四段
二十七分三三三九五一五六二五	第五段
二十五分六一八〇一七七五	第六段
二十三分五〇六二六二五六二五	第七段
二十〇分九九八六八六	第八段

	泛平較	泛立較
第一段	一十三秒二六四八三一二五	一十三秒五七六九七七五
第二段	二十六秒八四一八〇八七五	六十五秒五八七二九七五
第三段	九十二秒四二九一〇六二五	三十九秒五八二一三七五
第四段	一分三二〇一一二四三七五	三十九秒五八二一三七五
第五段	一分七一五九三三八一二五	三十九秒五八二一三七五
第六段	二分一一一七五五一八七五	三十九秒五八二一三七五
第七段	二分五〇七五七六二五	

取泛立較停者，三十九秒五八二一三七五，以較一段下泛平較一十三秒二六四八三一二五，餘二十六秒三一七三〇六二五為較較，以加一段下泛平差二十九分七一三一二六九三七五，得二十九分九十七秒六十三微，為定差。置較較二十六秒三一七三〇六二五，以段日一十五日二十五刻而一，得一秒七二五七二五。再置泛立較之半一十九秒七九一〇六八七五，以段日而一，得一秒二九七七七五。兩數並得三秒〇二微三十五纖為平差。置泛立較之半一十九秒七九一〇六八七五，以段日一十五日二五為法除二次，得八微五十一纖，為立差。

已上為火星平立定三差之原。

土星盈曆立差加，平差減。

	積日	積差
第一段	一十一日五十刻	一度六八三二四五八二八七五
第二段	二十三日	三度二三二一六四〇一
第三段	三十四日五十刻	四度六二〇九三〇〇八六二五
第四段	四十六日	五度八二三七一九六
第五段	五十七日五十刻	六度八一四七〇八六六八七五
第六段	六十九日	七度五六八〇七一一一
第七段	八十〇日五十刻	八度〇五七九八四一九一二五
第八段	九十二日	八度二五八六二二八八

	泛平差
第一段	一十四分六三六九二〇二五
第二段	一十四分〇五二八八七
第三段	一十三分三九四〇〇〇二五
第四段	一十二分六六〇二六
第五段	一十一分八五一六六六二五
第六段	一十一分九六八二一九
第七段	一十〇分〇〇九九一八二五
第八段	八分九七六七六四

續表

	泛平較	泛立較
第一段	五十八秒四〇三三二五	七秒四八五三五
第二段	六十五秒八八八六七五	七秒四八五三五
第三段	七十三秒三七四〇二五	七秒四八五三五
第四段	八十〇秒八五九三七五	七秒四八五三五
第五段	八十八秒三四四七二五	七秒四八五三五
第六段	九十五秒八三〇〇七五	七秒四八五三五
第七段	一分〇三秒三一五四二五	
第八段		

置第一段下泛平較，內減其下泛立較，餘五十〇秒九一七九七五，為平立較。以平立較，加本段泛平差，得一十五分一十四秒六十一微，為定差。置平立較，內減泛立較之半，三秒七四二六七五，餘四十七秒一七五三，以段日十一日五十刻而一，得四秒一十〇微二十二纖，為平差。置泛立較之半，以段日除二次，得二微八十三纖，為立差。

土星縮曆立差加，平差減。

	積日
第一段	一十一日五十刻
第二段	二十三日
第三段	三十四日五十刻
第四段	四十六日
第五段	五十七日五十刻
第六段	六十九日
第七段	八十〇日五十刻
第八段	九十二日

續表

	積差
第一段	一度二四一九七四二六八七五
第二段	二度四一三七三五六九
第三段	三度四八五〇七九六八六二五
第四段	四度四二五八〇一六八
第五段	五度二〇五六九七〇九三七五
第六段	五度七九四五六一三五
第七段	六度一六二四一一〇〇四七五
第八段	六度二七八三七八〇八

	泛平差	泛平較
第一段	一十分七九九七七六二五	三十〇秒五二七三二五
第二段	一十分四九四五〇三	三十九秒二八二二七五
第三段	一十分一〇一六八〇二五	四十八秒〇三七二二五
第四段	九分六二一三〇八	五十六秒七九二一七五
第五段	九分〇五三三八六二五	六十五秒五四七一二五
第六段	八分三九七九一五	七十四秒三〇三〇七五
第七段	七分六五四八九四二五	八十三秒〇五七〇七五
第八段	六分八二四三二四	

續表

	泛立較
第一段	八秒七五四九五
第二段	八秒七五四九五
第三段	八秒七五四九五
第四段	八秒七五四九五
第五段	八秒七五四九五
第六段	八秒七五四九五
第七段	
第八段	

置一段泛平較，內減其下泛立較，餘二十一秒七七二三七五，為平立較。以平立較加入本段泛平差，得一十一分〇一秒七十五微，為定差。置平立較，內減泛立較之半，四秒三七七四七五，餘一十七秒三九四九，以段日一十一日五十刻為法除之，得一秒五十一微二十六纖，為平差。置泛立較之半，以段日為法除二次，得三微三十一纖為立差。

已上為土星平定三差之原。

金星立差加，平差減。

	積日	積差
第一段	一十一日五十刻	空度四〇二一三四〇九八七五
第二段	二十三日	空度七九一三九三六六
第三段	三十四日五十刻	一度一五四九一二〇八一二五
第四段	四十六日	一度七四九八二二七六
第五段	五十七日五十刻	一度七五三二五九〇九三七五
第六段	六十九日	一度九六二三五四四八
第七段	八十〇日五十刻	二度〇九四二四二三一六二五
第八段	九十二日	二度一三六〇五六

	泛平差	泛平較	泛立較
第一段	三分四九六八一八二五	五秒五九七六二五	三秒七二九四五
第二段	三分四四〇八四二〇〇	九秒三二七〇七五	三秒七二九四五
第三段	三分三四七五七一二五	一十三秒〇六五五二五	三秒七二九四五
第四段	三分二一七〇〇六	一十六秒七八五九七五	三秒七二九四五
第五段	三分〇四九一四六二五	二十〇秒五一五四二五	三秒七二九四五
第六段	二分八四三九九二	二十四秒二四四八七五	三秒七二九四五
第七段	二分六〇一五四三二五	二十七秒九七四三二五	
第八段	二分三二一八		

置一段下泛平較，與其泛立較相減，餘一秒八六一七五為平立較，以加泛平差，得三分五十一秒五十五微，為定差。置平立較，與泛立較之半，一秒八六四七二五相減，餘三十四纖，以段日一十一日五十刻為法除之，得三纖，為平差。置泛立較之半，以段日為法除二次，得一微四十一纖，為立差。

已上為金星平立定三差之原。

水星立差加，平差減。

	積日	積差
第一段	一十一日五十刻	空度四四〇八四七三五三七五
第二段	二十三日	空度八六三一〇一六八
第三段	三十四日五十刻	一度二五三八九六三七六二五
第四段	四十六日	一度六〇〇三六四八四
第五段	五十七日五十刻	一度八八九六三一〇四三七五
第六段	六十九日	二度一〇八八六六六
第七段	八十〇日五十刻	二度二四五二九二一一三七五
第八段	九十二日	二度二八五六四四三二

	泛平差
第一段	三分八三三四五五二五
第二段	三分七五二六一六
第三段	三分六三四四八二二五
第四段	三分四七九〇五四
第五段	三分二八六三三一二五
第六段	三分〇五六三一四
第七段	二分七八九〇〇二二五
第八段	二分四八四三九六

續表

	泛平較	泛立較
第一段	八秒〇八三九二五	三秒七二九四五
第二段	一十一秒八一三三七五	三秒七二九四五
第三段	一十五秒五四二八二五	三秒七二九四五
第四段	一十九秒二七二二七五	三秒七二九四五
第五段	二十三秒〇〇一七二五	三秒七二九四五
第六段	二十六秒七三一一七五	三秒七二九四五
第七段	三十〇秒四六〇六二五	
第八段		

術同金星，求得定差三分八十七秒九十微，平差二十一微六十五纖，立差一微四十一纖。

已上為水星平立定三差之原。

在五星，皆以立差為秒，平差為本，定差為總。五星各以段次因秒，木土金水四星並本，惟火星較本，各以積日而積，五星皆較總，又各以積日乘之，得各實測之度分。

五星積日，皆本度率，除周日得三百六十五度二十五分太。各以四分之一為象限，惟火星用象限三之二，減象限為盈初縮末限，加象限為縮初盈末限。其命度為日者，為各取盈縮曆乘除之便，其實積日之數，即積度也。

元・朱世傑《四元玉鑑》卷中《如像招數》 今有官司差夫一千八百六十四人築堤。只云初日差六十四人，次日轉多七人。每人日支米三升，共支米四百三石九斗二升。問築堤幾日。

答曰：一十六日。

術曰：立天元一為茭艸底子，如積求之。得一千八百為益實，六十七半為從方，三半為從隅。平方開之，得茭艸一十五束。加一即日數。米求日者：立天元一為三角底子，如積求之。得八萬四百為益實，五百九十為從方，二百一十三為從廉，七為從隅，立方開之，得三角底子一十五日，加一即日數。合問。

清・沈欽裴《四元玉鑑細草》 草曰：立天元一為茭草底子，加一，得 ‖ 為上積，乘上差六十四，得 |||| ⊥⊥ 于上位。次置天元加一 ‖ 以 天元 太| 乘之，得 太‖ 又半之，得 太≡ 〇≡ 為茭草積。以為下積，乘下差七，得 太|||≡ |||≡ 于下位。并上下兩位，得 |||〇≡ ⊥⊤≡ 為差夫數，寄左。乃以差夫一千八百六十四人與左相消，得 |⊤〇〇 ⊥⊤≡≡ 平方開之，得茭草底子一十五束，加一得一十六，即日数也。立天元一為三角底子，置茭草積之倍 ‖|||| 三之，得 ⊤|||| 為上積。以乘上差六十四，得 ||||⊤‖ ||||≟≟ 于上位。次置六段三角積 太‖||| 便為下積，乘下差七，得 太|||| 一‖⊤ 于下位。并上下位，得 |||≟|||| |||≟〇||⊤ 為支米倍數，寄左。乃置共支四百三石九斗二升，倍之，得七石八斗四升。與左相消，得 ⊤〇|||〇〇 ||||≟〇||⊤ ‖一||⊤

立方開之，得三角底子一十五箇。加一得一十六，即日数也。合問。

清・羅士琳《四元玉鑒細艸》 艸曰：立天元一為茭艸底子，加一得 ‖ 以初日六十四人乘之，得 ⊥|||| 於上。副置茭艸底子，以天元加一乘之，得 太‖ 又以次日七人乘之，得 太⊤⊤ 如二而一，得 太≡分 |||分 併上得 ⊥|||≡分 ⊤⊥|||分 用消差夫數，得 |≟〇〇|||分 ⊤⊥|||分 開平方得十五束，加一得十六日。米求日艸曰：立天元一為三角底子，加一得 ‖ 以天元加二乘之，得 ‖||| 又以六十四人乘之，得 ⊤‖|||| =≟⊥ 三之得 |||⊤‖ ||||≟≟ 於上，副置三角底子，以天元加一乘之，得 太‖ 又以天元加二乘之，得 太‖||| 又以七人乘之，得 太≡一 |‖⊤ 併上得 |||〇‖ ≟≟一⊤ 為六倍共人數，合以每人米三升乘之，為六倍共支米數，今省一乘，即以六倍人數為倍米數，寄左。乃倍共支米得八萬七百八十四為同數，消左，得 ⊤〇|||〇〇 ||||≟〇||⊤ ‖一||⊤ 開立方，得十五箇，加一得十六日。依注還原艸曰：初日六十四人為上差，次日轉多七人為下差。求夫者，築堤日為上積，以上差乘之，得一千二十四於上，又築堤日減一，余十五為茭艸底子，以十六乘之，得二百四十，如二而一，得一百二十為下積，以下差乘之，得八百四十於下，併上下二位，得一千八百六十四人。求支米者，築堤日為茭艸底子，以十七乘之，得二百七十二，如二而一，得一百三十六，為上積，以上差乘之，得八千七百四於上。又築堤日減一，余十五為三角底子，以十六乘之，得二百四十，又以十七乘之，得四千八十，如六而一，得六百八十為下積，以下差乘之，得四千七百六十於下。併上下二位，得一萬三千四百六十四。又以每人日三升乘之，得四千三百九斗二升。合問。

築堤日	乘得數	差夫數
一六	一〇二四	六四
一五	一〇六五	七一
一四	一〇九二	七八
一三	一一〇五	八五
一二	一一〇四	九二
一一	一〇八九	九九
一〇	一〇六〇	一〇六
九	一〇一七	一一三
八	九六〇	一二〇
七	八八九	一二七
六	八〇四	一三四
五	七〇五	一四一
四	五九二	一四八
三	四六五	一五五
二	三二四	一六二
一	一六九	一六九

右圖順列每日差夫數於上方，逆列築堤日於下方，上下相乘，置得數於中央。併上方所列為共人數，併中央所得。又以每人日支米三升乘之，為共米數。

清・華蘅芳《算草叢存・垛積演較》 設〇日差〇人，初日差六十四人，次日差七十一人，則共差一百三十五人。三日差七十八人，則共差二百十三人。如是以至末日，則共差一千八百六十四人。所以可將逐日共差夫數，用積較之術求之。

[籌算式]

從前表求得 [籌算式] 以分母二通其共差夫數消之，得

[籌算式]

開平方得十六日。合問。

以支米之數言之，初日支去一碩九門二升，第二日已支去五碩九門七升，第三日已支去十二碩三門六升，第四日已支去二十一碩三門。如是以至末日，則共支去四百三碩九門二升，所以可用積較術求之。

[籌算式]

從表求得 [籌算式] 以分母六通其共米數消之，得

[籌算式] 以三約之，得 [籌算式] 開立方得十六日。合問。

如將平方式 [籌算式] 以 [籌算式] 乘之，得 [籌算式] 以減立方式

[籌算式] 得 [籌算式] 十乘平方式減之，則得 [籌算式] 七乘之，以平方式減之，得 [籌算式] 各降二位得 [籌算式] 以四約之得 [籌算式] 上實下法，得十六日。合問。

元·朱世傑《四元玉鑒》卷中《如像招數》 今有官司依平方招兵。初段方面四尺，方面四尺，次日方面轉多二尺。每人日給銀一兩二錢。已招兵四千九百五十六人，支銀二萬六千四十兩。問招來幾日。

答曰：一十四日。

術曰：立天元一為三角底子，如積求之。得七千三百五十六為益實，七十三為從方，二十一為從廉，二為從隅，立方開之，得三角底子一十二箇，加二即日數。銀求日術曰：立天元一為三角落一底子，如積求之。得六萬四千八百九十六為益實，二百三十六為從方，九十五為從上廉，一十六為從下廉，一為從隅，三乘方開之，得三角落一底子一十二箇，加二即日數。合問。

清·沈欽裴《四元玉鑑細草》 草曰：初方四尺，積十六為上差。次方六尺，積三十六。減上差，余二十為中差。三方八尺，積六十四。減一上差、二中差，余八為下差。立天元一為三角底子，加二，得 [籌算式] 為招來日數。六因之，得 [籌算式] 為上積，乘上差一十六，得 [籌算式] 于上位。次置二段茭草積 [籌算式] 三因之，得 [籌算式] 為中積。乘中差二十，得 [籌算式] 于中位。次置六段三角積 [籌算式] 便為下積，乘下差八，得 [籌算式] 于下位。并上中下三位，得 [籌算式] 為六段招兵數，寄左。乃置已招四千九百五十六人，六因之，得二萬九千七百三十六人。與左相消，得 [籌算式] 四約之，得 [籌算式] 立方開之，得三角底子一十二箇，加二，得一十六，即招來日数也。又立天元一為三角落一底子，置二段茭草積 [籌算式] 十二因之，得 [籌算式] 為上積。乘上差一十六，得 [籌算式] 于

上位。次置六段三角積 [算籌] 四因之，得 [算籌] 為中積。乘中差二十，得 [算籌] 于中位。次置三角落一積 太[算籌] 便為下積。乘下差八，得 太[算籌] 于下位。併三位，得 [算籌] 以日給銀乘之，得 [算籌] 為二十四段支銀數，寄左。乃置支銀二萬六千四十兩，以分母二十四因之，得六十二萬四千九百六十兩。與左相消，得 [算籌] 九十六約之，得 [算籌] 三乘方開之，得三角落一底子一十二箇，加二，得一十四，即日數也。合問。

清·羅士琳《四元玉鑒細艸》 艸曰：立天元一為三角底子，加二得 [算籌] 為弟一次實，以天元加一乘之，得 [算籌] 為弟二次實。又以天元乘之，得 太[算籌] 為弟三次實。副以初段方面四自之，得十六為上差，次方面六自之，得三十六，以上差減之，余二十為中差。倍中差加上差，得五十六以減再次方積六十四，余八為下差。於是以上差乘弟一次實，得 [算籌] 六之得 [算籌] 於上。以中差乘弟二次實，得 [算籌] 三之得 [算籌] 於中。以下差乘弟三次實，得 太[算籌] 於下。併上中下三位，得 [算籌] 為六倍招兵數，寄左。乃以六通已招兵，得二萬九千七百三十六為同數，消左，得 [算籌] 約為 [算籌] 開立方，得十二箇，加二得十四日。銀求日艸曰：立天元一為三角落一底子，加三得 [算籌] 以天元加二乘之，得 [算籌] 為弟一次實。又以天元加一乘之，得 [算籌] 為弟二次實。又以天元乘之，得 太[算籌] 為弟三次實。於是以上差乘弟一次實，得 [算籌] 六之得 [算籌] 於上。以中差乘弟二次實，得 [算籌] 倍之得 [算籌] 於中。以下差乘弟三次實，得 太[算籌] 半之得 太[算籌] 於下。併上中下三位得 [算籌] 為十二倍招兵數。合以每人銀一兩二錢乘之，為共銀數。今省一乘，即以十二倍共人數，用與共支銀相消，得 [算籌] 約為 [算籌] 開三乘方，得十二箇，加二得十四日。依注還原艸曰：依平方招兵。置十六為上差，二十為中差，八為下差。求兵者，今招為上積，以上差乘之，得二百二十四於上。又今招減一，余十三為茭艸底子，以十四乘之，得一百八十二，如二而一，得九十一為中積。以中差乘之，得一千八百二十於中。又今招減二，余十二為三角底子，以十三乘之，得一百五十六。又以十四乘之，得二千一百八十四，如六而一，得三百六十四為下積。以下差乘之，得二千九百十二於下。併上中下三位，得四千九百五十六人。求支銀者，今招為茭艸底子，以十五乘之，得二百十，如二而一，得一百五為上積。以上差乘之，得一千六百八十於上。又今招減一，余十三為三角底子，以十四乘之，得一百八十二。又以十五乘之，得二千七百三十，如六而一，得四百五十五為中積。以中差乘之，得九千一百於中。又今招減二，余十二為三角落一底子，以十三乘之，得一百五十六。又以十四乘之，得二千一百八十四。又以十五乘之，得三萬二千七百六十，如二十四而一，得一千三百六十五為下積。以下差乘之，得一萬九百二十於下。併上中下三位，得二萬一千七百。又以每日支銀乘之，得二萬六千四十兩。合問。

平方積	乘得數	招來日
一六	二二四	一四
三六	四六八	一三
六四	七六八	一二
一〇〇	一一〇〇	一一
一四四	一四四〇	一〇
一九六	一七六四	九
二五六	二〇四八	八
三二四	二二六八	七
四〇〇	二四〇〇	六
四八四	二四二〇	五
五七六	二三〇四	四
六七六	二〇二八	三
七八四	一五六八	二
九〇〇	九〇〇	一

右圖順列平方積於上方，逆列招來日於下方，上下相乘，置得數於中央。併上方所列為招兵數，併中央所得。又以每人日給銀一兩二錢乘之，為共銀數。

清・華蘅芳《算草叢存・垛積演較》　題意謂每人占地一尺，則初日招十六人，次日招三十六人，第三日招六十四人，第四日招一百人。故其共招之數〇日〇人，初日十六人，次日五十二人，三日一百十六人，四日二百十六人，如是以至末日，得四千九百五十六人。故可將逐日共招人數，用積較術求之。

從表求得　以分母六通其共兵之數消之，得　以四約之，得　開立方得十四日。合問。

以支銀之數言之，十六人日支銀十九兩二錢，五十二人日支銀六十二兩四錢，一百十六人日支銀一百三十九兩二錢，二百十六人日支銀二百五十九兩二錢，三百六十人日支銀四百三十二兩。所以〇日支〇銀，一日支十九兩二錢，二日已支八十一兩六錢，三日已支二百二十兩八錢，四日已支四百八十兩，五日已支九百十二兩。如是以至末日，共支銀二萬六千四十兩。故可將逐日已支銀數，用積較術求之。

從表求得　以公分母二十四約之，則得　以共支銀數消之，則得　以四約之，得　開三乘方得十四日。合問。

如將立方式　㊀　三乘方式　㊁　倍㊁式爲　以　乘㊀式以減之，則得　㊂　以三乘㊀式減之，得　㊃　二乘之，以㊀式減之得　以三約之得　㊄　以　乘之得　以減㊀式得　以三約之得　㊅　以　乘㊄式得　以㊅式減之得　以十六約之得　上實下法亦得十四日。

元・朱世傑《四元玉鑒》卷中《如像招數》 今有官司依圓箭束招兵。初束外周一十二隻，次束外周轉多六隻。每人日給米四升。已招四千九百五人，支米九百三十一石二斗，問招來幾日。

答曰：一十五日。

術曰：立天元一為三角底子，如積求之。得四千八百四十九為益實，四十八為從方，一十二為從廉，一為從隅，立方開之，得三角底子一十三箇，加二即日數。米求日術曰：立天元一為三角落一底子，如積求之。得九萬二千八百二十為益實，二百二十八為從方，一百二十一為從上廉，一十八為從下廉，一為從隅，三乘方開之，得三角落一底子，一十三箇，加二即日數。合問。

清・沈欽裴《四元玉鑑細草》 草曰：初束十九為上差，次束三十七減上差，余一十八為中差。又次束六十一減一上差、二中差，余六為下差。立天元一為三角底子，加二 [illegible] 為招來日數。六因之，得 [illegible] 為上積，乘上差一十九，得 [illegible] 于上位。次置二段茭草積 [illegible] 三因之，得 [illegible] 為中積，乘中差一十八，得 [illegible] 于中位。次置三角積 太[illegible] 便為下積，乘下差六，得 太[illegible] 併三位，得 [illegible] 六約之，得 [illegible] 為招兵數，寄左。乃置已招四千九百五人，與左相消，得 [illegible] 立方開之，得三角底子一十三箇，加二，得一十五，即招來日數也。又立天元一為三角落一底子，置二段茭草積 [illegible] 為上積，乘上差一十九，得 [illegible] 十二因之，得 [illegible] 于上位。次置六段三角積 [illegible] 便為中積，乘中差一十八，得 [illegible] 四之，得 [illegible] 于中位。次置二十四段三角落一積 太[illegible] 便為下積，乘下差六，得 太[illegible] 併三位，得 [illegible] 六約一，得 [illegible] 為支米数，寄左。乃置支米九萬三千一百二十升，與左相消，得 [illegible] 三乘方開之，得三角落一底子一十三箇，加二得一十五，即日数也。合問。

清・羅士琳《四元玉鑒細艸》 艸曰：立天元一為三角底子，加二得 [illegible] 為弟一次實。以天元加一乘之，得 太[illegible] 為弟二次實。又以天元乘之，得 太[illegible] 為弟三次實。副併初次束外周，加中心得十九為上差。**清・沈善蒸案** 「併初次束外周，加中心」是誤，當作「初束全積十九為上差」，併初次束外周，得十八為中差。次束外善蒸案 當作次束外周十八為中差周轉多六為下差。於是以上差乘弟一次實，得 [illegible] 於上。以中差乘弟二次實，得 [illegible] 半之得 [illegible] 於中。以下差乘弟三次實，得 太[illegible] 六而一，得 太[illegible] 於下。併上中下三位，得 [illegible] 用與已招四千九百五人相消，得 [illegible] 開立方得十三箇，加二得十五日。米求日艸曰：立天元一為三角落一底子，加三得 [illegible] 以天元加二乘之，得 [illegible] 為弟一次實。又以天元加一乘之，得 [illegible] 為弟二次實。又以天元乘之，得 太[illegible] 為弟三次實。於是以上差乘弟一次實，得 [illegible] 倍之得 [illegible] 於上。以中差乘弟二次實，得 [illegible] 三而二，得 [illegible] 於中。以下差乘弟三次實，得 太太[illegible] 六而一，得 太[illegible] 於下。併上中下三位，得 [illegible] 為四倍招兵數。合以每人米四升乘之，為共米數。今省一乘，即以四倍共人數，用與共支米九百三十一碩二斗相消，得 [illegible] 開三乘方，得十三箇，加二得十五日。

依注還原艸曰：置十九為上差，十八為中差，六為下差。求兵者，今招為上積，以上差乘之，得二百八十五於上。又今招減一，余十四為茭艸底子，以十五乘之，得二百十，如二而一得一百五為中積。以中差乘之，得一千八百九十於中。又今招減二，余十三為三角底子，以十四乘之，得一百八十二。又以十五乘之，得二千七百三十，如六而一，得四百五十五為下積。以下差乘之，得二千七百三十於下。併上中下三位，得四千九百五人。求支米者，今招為茭艸底子，以十六乘之，得二百四十，如二而一，得一百二十為上積。以上差乘之，得二千二百八十於上。又今招減一，余十四為三角底子，以十五乘之，得二百十。又以十六乘之，得三千三百六十，如六而一，得五百六十為中積。以中差乘之，得一萬八十於中。又今招減二，余十三為三角落一底子，以十四乘之，得一百八十二。又以十五乘之，得二千七百三十。又以十六乘之，得四萬三千六百八十，如二十四而一，得一千八百二十為下積。以下差乘之，得一萬九百二十於下。併上中下三位，得二萬三千二百八十。又以每日支米乘之，得九百三十一碩二斗。合問。

圓箭束	棄得數	招來日
一九	二八五	一五
三七	五一八	一四
六一	七九三	一三
九一	一〇九二	一二
一二七	一三九七	一一
一六九	一六九〇	一〇
二一七	一九五三	九
二七一	二一六八	八
三三一	二三一七	七
三九七	二三八二	六
四六九	二三四五	五
五四七	二一八八	四
六三一	一八九三	三
七二一	一四四二	二
八一七	八一七	一

右圖順列圓箭束於上方，逆列招來日於下方，上下相乘，置得數於中央。併上方所列為共兵數，併中央所得。又以每人日給米四升乘之，為共米數。

元・朱世傑《四元玉鑑》卷中《如像招數》　今有官司依平方招兵。初段方面五尺，次段方面轉多一尺。每人日給米三升，次日轉多三升。已招二千四百四十人，支米四千四百七十七碩三斗二升。問招來幾日。

答曰：一十五日。

術曰：立天元一為三角底子，如積求之。得一萬四千二百七十四為益實，二百五十三為從方，三十九為從廉，二為從隅，立方開之，得三角底子一十三箇，加二即日數。米求日術曰：立天元一為三角嵐峯底子，如積求之。得五千三百六十七萬四千九百二十為益實，七萬三千三百八十六為從方，三萬六千七百三十五為從上廉，七千九百五十為從二廉，七百五為從下廉，二十四為從隅四乘方開之，得三角嵐峯底子一十三箇，加二即日數。合問。

清・沈欽裴《四元玉鑑細草》　草曰：初方五尺，自乘，得二十五為上差。次方六尺，自乘，得三十六，減上差，余十一為中差。次方七尺，自乘，得四十九，減一上差、二中差，余二為下差。立天元一為三角底子，加二得 [illegible] 為招來日數，便為上積，乘上差二十五，得 [illegible] 六因之，得 [illegible] 于上位。次置二段茭草積 [illegible] 便為中積，乘中差一十一，得 [illegible] 三因之，得 [illegible] 于中位。次置六段三角積 [illegible] 便為下積，乘下差二，得 [illegible] 于下位。并三位，得 [illegible] 為六段招兵數，寄左。乃置已招二千四百四十人，六因之，(德)[得]一萬四千六百四十。與左相消，得 [illegible] 立方開之，得三角底子一十三箇，加二，得一十五，即日數也。又立天元一為三角嵐峯底子，加二，得 [illegible] 為方錐底子。倍之，加一，得 [illegible] 以底子 [illegible] 乘之，得 [illegible] 又以底子加一 [illegible] 乘之，得 [illegible] 為六段方錐積，便為上積，乘上差二十五，得 [illegible] 二十因之，得 [illegible] 于上位。次置天元加一 [illegible] 為嵐峯底子，三之，得 [illegible] 加五，帶一三角故也。得 [illegible] 以底子 [illegible] 乘之，得 [illegible] 又以底子加一 [illegible] 乘之，得 [illegible] 又以底子加二 [illegible] 乘之，得 [illegible] 為二十四段嵐峯積，便為中積，乘中差十一，得 [illegible] 五因之，得一百二十段積 [illegible] 于中位。次置天元 [illegible]，四之 [illegible] 加十一，帶二撒星故也。得 [illegible] 以天元乘之，得 [illegible] 又以天元加一乘之，得 [illegible] 又以天元加二乘之，得 [illegible] 又以天元加三乘之，得 [illegible] 為一百二十段三角嵐峯積，為下積。乘下差二，得 [籌式] 于下位。并三位，得 [籌式] 以日支米三升乘之，得一百二十段支米数，寄左。乃置支米四十四萬七千七百三十二升，以一百二十因之，得五千三百七十二萬七千八百四十。與左相消，得 [籌式] 四乘方開之，得三角嵐峯底子一十三箇，加二得一十五，即日数也。合問。

清·羅士琳《四元玉鑑細艸》 艸曰：立天元一為三角底子，加二得 [籌式] 為弟一次實，以天元加一乘之，得 [籌式] 為弟二次實。又以天元乘之，得 [籌式] 為弟三次實。副以初段方面五自之，得二十五為上差。次方面六自之，得三十六，減上差余十一為中差。又倍中差加上差，得四十七，以減再次方積四十九，余二為下差。於是以上差乘弟一次實，得 [籌式] 六之得 [籌式] 於上。以中差乘弟二次實，得 [籌式] 三之得 [籌式] 於中。以下差乘弟三次實，得 [籌式] 於下。併上中下三位，得 [籌式] 為六倍招兵數，寄左。乃以六通招兵數，得一萬四千六百四十為同數，消左，得 [籌式] 開立方得十三箇，加二得十五日。

米求曰。

艸曰：立天元一為三角嵐峯底子，加三得 [籌式] 以天元加二乘之，得 [籌式] 為弟一次實。又以天元加一乘之，得 [籌式] 為弟二次實。又天元乘之，得 [籌式] 為弟三次實。又天元減一乘之，得 [籌式] 為弟四次實。副以初段方積二十五為上差，次方積三十六倍之，得七十二為二差。再次方積四十九減次積，余十三為積較，三之得三十九為三差。倍積較，加次積得六十二，以減又再次方積六十四，余二為末數，四之得八為下差。於是以上差乘弟一次實，得 [籌式] 六十之得 [籌式] 於上。以二差乘弟二次實，得 [籌式] 二十之得 [籌式] 於中。以三差乘弟三次實，得 [籌式] 五之得 [籌式] 於中。次又以下差乘弟四次實，得 [籌式] 於下。併四位，得 [籌式] 以日給三升乘之，得 [籌式] 為一百二十倍共米數，寄左。乃以一百二十通共支米，得五千三百七十二萬七千八百四十為同數，消左，得 [籌式] **清·沈士琳案** 此式尚可用三約。開四乘方，得十三箇，加二得十五日。依注還原艸曰：置二十五為上差，十一為中差，二為下差。求兵者，今招為上積，以上差乘之，得三百七十五於上。又今招減一，余十四為茭艸底子，以十五乘之，得二百十，如二而一，得一百五為中積。以中差乘之，得一千一百五十五於中。又今招減二，余十三為三角底子，以十四乘之，得一百八十二。又以十五乘之，得二千七百三十，如六而一，得四百五十五為下積。以下差乘之，得九百十於下。併上中下三位，得二千四百四十人。求支米者，置二十五為上差，二因三十六，得七十二為二差，三因十三，得三十九為三差，四因二，得八為下差。今招為茭艸底子，以十六乘之，得二百四十，如二而一，得一百二十為上積。以上差乘之，得三千於上。又今招減一，余十四為三角底子，以十五乘之，得二百十。又以十六乘之，得三千三百六十，如六而一，得五百六十為二積。以二差乘之，得四萬三百二十於中。又今招減二，余十三為三角落一底子，以十四乘之，得一百八十二。又以十五乘之，得二千七百三十。又以十六乘之，得四萬三千六百八十，如二十四而一，得一千八百二十為三積。以三差乘之，得七萬九百八十於副。又今招減三，余十二為三角嵐峯底子，以十三乘之，得一百五十六。又以十四乘之，得二千一百八十四。又以十五乘之，得三萬二千七百六十。又以十六乘之，得五十二萬四千一百六十，如一百二十而一，得四千三百六十八為下積。以下差乘之，得三萬四千九百四十四於下。併四位，得十四萬九千二百四十四。又以每日支米乘之，得四千四百七十七碩三斗二升。合問。

梯田積	乘得數	平方積
一二〇	三〇〇〇	二五
一一九	四二八四	三六
一一七	五七三三	四九
一一四	七二九六	六四
一一〇	八九一〇	八一
一〇五	一〇五〇〇	一〇〇
九九	一一九七九	一二一
九二	一三二四八	一四四
八四	一四一九六	一六九
七五	一四七〇〇	一九六
六五	一四六二五	二二五
五四	一三八二四	二五六
四二	一二一三八	二八九
二九	九三九六	三二四
一五	五四一五	三六一

右圖順列平方積於上方，逆列梯田積於下方，上下相乘置得數於中央。併上方所列為共兵數，併中央所得。又以每人日給米三升乘之，為共米數。

士琳案　「如像招數」一門，融會茭艸形段，果梁疊藏，而加精。其所招諸差則又有類乎衰分，授時術之平立定三差，殆本乎此。洵可謂化無用為有用，故提要亟偁之，計前後五問，每問悉合。唯此問米求日術，依術用三角嵐峯形推演不合，因改用三角撒星形，甫合其數。豈原術傳寫有誤邪？抑艸非通法邪？別設二問以俟考。設初段方面四尺，次日轉多一尺。已招四百九十二人，支米二百九十八碩二斗六升。依招差法，試以初段方面四自之，得十六為上差。次方面五自之，得二十五，減上差余九為中差。倍中差加上差，得三十四，以減再次方積三十六，余二為下差。以上差乘弟一次實，用前艸式，下同。六之，得 ||||≡ ≐| ||⊥ 於上。以中差乘弟二次實，三之，得 ||||≡ ≐| ||⊥ 於中。以下差乘弟三次實，得 太|||| ┬ || 於下。相併得 ||≡┬ |≐| |||≡ || 為六倍招兵數，寄左。乃以六通招兵數，得二千九百五十二為同數，消左，得 ||⊥〇下 |≐| |||≡ || 開立方得六箇，加二得八日。其米求日，則以初方積十六為上差，次方積二十五，倍之得五十為二差。再次方積三十六，減次積余十一為積較，三之得三十三為三差。倍積較加次積，得四十七，以減又再次方積四十九，余二為末數，四之得八為下差。以上差乘弟一次實，六十之，得 ||||⊥┬〇 ||||≐〇〇 |||⊥〇 於上。以二差乘弟二次實，二十之，得 ┬〇〇〇 |一〇〇〇 ┬〇〇〇 |〇〇〇 於中。以三差乘弟三次實，五之得 太≐|||〇 |≐|≡ ≐|||〇 |⊥|||| 於副。以下差乘弟四次實，得 太≢≐ |||〇 |||〇 |||〇 ||| 於下，相併得 |一||||⊥〇 |⊥┬≡|| ≐┬≡|||| ||〇|||〇 ||〇|||| ||| 為一百二十倍招兵數。合以日給三升乘之，為共米數。今省一乘，即以一百二十倍招兵數為四十倍共米數，寄左。乃以四十通共支米，得一百十九萬三千四十為同數，消左，得 |一|||一||≐〇 |⊥┬≡|| ≐┬≡|||| ||〇|||〇 ||〇|||| ||| 開四乘方得六箇，加二得八日。還原求兵，今招為上積，用乘上差，得一百二十八於上。今招減一余七為茭艸底子，八乘之得五十六，如二而一，得二十八為中積。用乘中差，得二百五十二於中。今招減二，余六為三角底子，七乘之，得四十二。又八乘之，得三百三十六，如六而一，得五十六為下積。用乘下差，得一百十二於下。相併得四百九十二人。求支米，今招為茭艸底子，九乘之，得七十二，如二而一，得三十六為上積。用乘上差，得五百七十六於上。今招減一，余七為三角底子，八乘之，得五十六，又九乘之，得五百四，如六而一，得八十四為二積。用乘二差，得四千二百於中。今招減二，余六為三角落一底子，七乘之，得四十二。又八乘之，得三百三十六。又九乘之，得三千二十四，如二十四而一，得一百二十六為三積。用乘三差，得四千一百五十八於副。今招減三，余五為三角嵐峯底子，六乘之，得三十。又七乘之，得二百十。又八乘之，得一千六百八十。又九乘之，得一萬五千一百二十，如一百二十而一，得一百二十六為下積。用乘下差，得一千八於下。相併得九千九百四十二。又以每日支米乘之，得二百九十八碩二斗六升。再設初段方面五尺，次日轉多二尺。已招一千三百二十八人，支米七百五十七碩八斗。如法以初段方面五自之，得二十五為上差。次方面七自之，得四十九，減上差，余二十四為中差。倍中差加上差，得七十三，以減再次方積八十一，余八為下差。以上差乘弟一次實，六之，得 |||〇〇 |≡〇 於上。以中差乘弟二次實，三之，得 |≡|||| ||一┬ ≐|| 於中。

以下差乘弟三次實，得 [算籌] 於下。相併得 [算籌] 合如六而一為招兵數。今不除，但半之，得 [算籌] 為三倍招兵數，寄左。乃以三通招兵數，得三千九百六十為同數，消左，得 [算籌] 開立方得六箇，加二得八日。其米求日，則以初方積二十五為上差，次方積四十九，倍之得九十八，為二差。再次方積八十一減次積，余三十二為積較，三之得九十六為三差。倍積較加次積，得一百十三，以減又再次方積，一百二十一，余八為末數，四之得三十二為下差。以上差乘弟一次實，六十之，得 [算籌] 於上。以二差乘弟二次實，二十之，得 [算籌] 於中。以三差乘弟三次實，五之，得 [算籌] 於副。以下差乘弟四次實，得 [算籌] 於下。相併得 [算籌] 為一百二十倍招兵數。合以日給三升乘之，為一百二十倍共米數。今省一乘，轉以四約之，得 [算籌] 為十倍共米數，寄左。乃以十通共支米，得七十五萬七千八百為同數，消左，得 [算籌] 開四乘方得六箇，加二得八日。還原用前設問諸積以今招同為八日也。求兵以上差乘上積，得二百於上。以中差乘中積，得六百七十二於中。以下差乘下積，得四百四十八於下。相併得一千三百二十人。求支米，以上差乘上積，得九百於上。以二差乘二積，得八千二百三十二於中。以三差乘三積得一萬二千九十六於副，以下差乘下積，得四千三十二於下。相併得二萬五千二百六十。又以每日支米乘之，得七百五十七碩八斗。以上增設二問，於數既合，於術亦通，足可證此問之改用嵐峯形，似無疑義，坿記於此。

前設問招差演段圖

梯田積	三六	三五	三三	三〇	二六	二一	一五	八
乘得數	五七六	八七五	一一八八	一四七〇	一六六四	一七〇一	一五〇〇	九六八
平方積	一六	二五	三六	四九	六四	八一	一〇〇	一二一

後設問招差演段圖

梯田積	三六	三五	三三	三〇	二六	二一	一五	八
乘得數	九〇〇	一七一五	二六七三	三六三〇	四三九四	四七二五	四三三五	二八八八
平方積	二五	四九	八一	一二一	一六九	二二五	二八九	三六一

右圖，皆以今招八日列梯田積於下方，余同前。

清·華蘅芳《算草叢存·垛積演較》 題意謂初日招二十五人，次日招三十六人，三日招四十九人，四日招六十四人，五日招八十一人。如是以至末日，則總計所招之兵爲二千四百四十人。則可設〇日〇人，一日二十五人，二日共六十一人，三日共一百十人，四日共一百七十四人，所以可用積較術求之。

[算籌]　從表求得 [算籌]　併得 [算籌] 以分母六通其共

人數消之，得 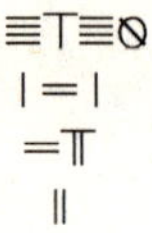 開立方得十五日。合問。

以所支米數言之，則〇日支〇米，一日支七門五升，二日共支四碩四門一升，三日共支一十四碩三門一升，四日共支三十五碩一門九升，五日共支七十三碩四門四升，六日共支一百三十七碩三門四升。如是以至末日，則共支四千四百七十七碩三門二升，故可用積較之術求之。

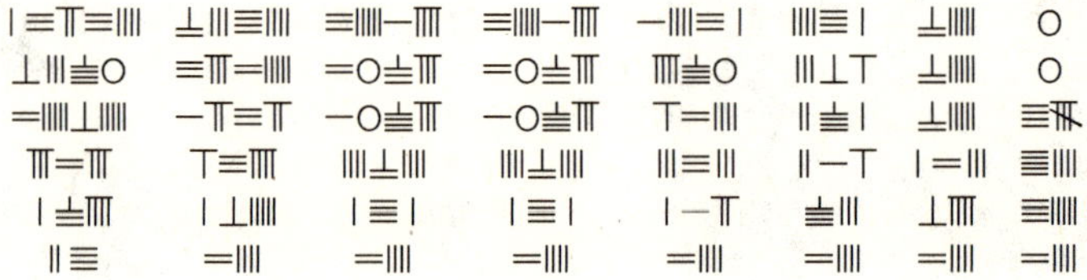

從表求得  以分母  通共米消之，得 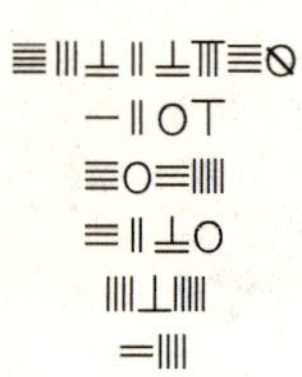 以三約之，得 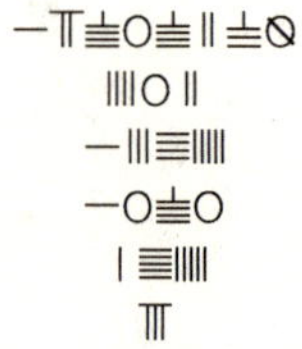 開四乘方得十五日。合問。

如將兩草中之立方式，與四乘方式輾轉相減，亦可得法實之式。下題亦然。

今有官司依立方招兵。初招方面三尺，次招轉多一尺。每人日支錢二百五十文。已招二萬三千四百人，支錢二萬三千四百六十二貫。問招來幾日。

答曰：一十五日。

招兵依立方之數，一日有二十七人，二日共有九十一人，三日共有二百十六人，四日共有四百三十二人，五日共有七百七十五人。如是以至末日，共有二萬三千四百人，故可用積較術求之。

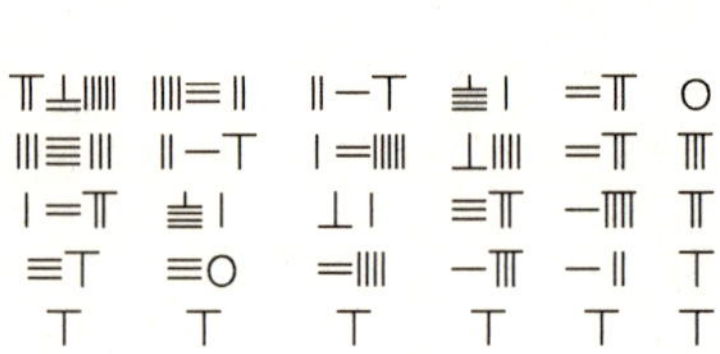

從表求得 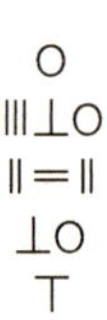 均寄二十四爲分母，母子皆以六約之，得 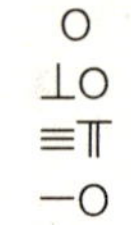 以分母四通其共人數消之，得 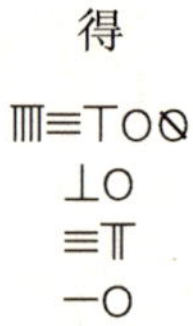 開三乘方得十五日。合問。

以所支錢數言之，則〇日支〇錢，一日支去六千七百五十文，二日共支去二十九千五百文，三日共支去八十三千五百文，四日共支去一百九十一千五百文，五日共支去三百八十五千二百五十文。如是以至末日，則共支去二萬三千四百六十二貫，故可用積較之術求之。

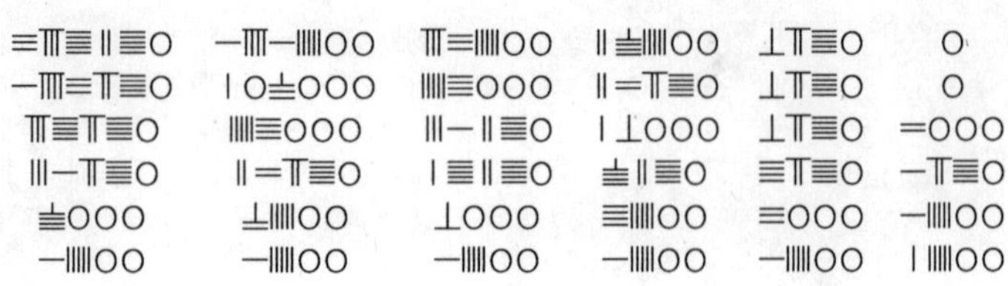

從表求得  以分母十二通其共支錢數消之，各層均以五十約之，得  開四乘方得十五日。

合問。

元·朱世傑《四元玉鑑》卷中《如像招數》 今有官司依立方招兵。初招方面三尺，次招方面轉多一尺。每人日支錢二百五十文。已招二萬三千四百人，支錢二萬三千四百六十二貫。問招來幾日。

答曰：一十五日。

術曰：立天元一為三角落一底子，如積求之。得九萬二千七百三十六為益實，六百六十為從方，一百八十一為從上廉，二十二為從下廉，一為正隅，三乘方開之，得三角落一底子一十二箇，加三即日數。錢求日術曰：立天元一為三角撒星底子，如積求之。得五百六十一萬八千四百四十為益實，一萬八千三百六十二為從方，六千三百九十為從上廉，一千七十五為從二廉，九十為從三廉，三為正隅，四乘方開之，得三角撒星底子一十二箇，加三即日數。或問還原，依立方招兵，初招方面三尺，次招方面轉多一尺，得數為兵。今招一十五方，每人日支錢二百五十文，問招兵及支錢各幾何。答曰：兵二萬三千四百人，錢二萬三千四百六十二貫。術曰：求得上差二十七，二差三十七，三差二十四，下差六。求兵者，今招為上積。又今招減一為茭艸底子，積為二積。又今招減二為三角底子，積為三積。又今招減三為三角落一，積為下積。以各差乘各積，四位併之，即招兵數也。求支錢者，以今招為茭艸，積為上積。又今招減一為三角底子，積為二積。又今招減二為三角落一，積為三積。又今招減三為三角撒星，積為下積。以各差乘各積，四位併之，所得又以每日支錢乘之，即得支錢之數也。合問。

清·沈欽裴《四元玉鑑細草》 草曰：初招二十七為上差。次招六十四減上差，余三十七為二差。三招一百二十五減一上差、二二差，余二十四為三差。四招二百一十六減一上差、三二差、三三差，余六為下差。立天元一為三角落一底子，加三得 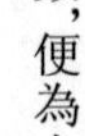 為今招日數，便為上積。乘上差二十七，得 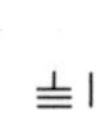 二十四因之，得 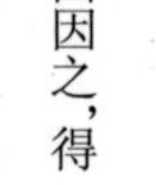 于上位。次置二段茭草積 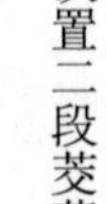 便為二積，乘二差三十七，得  十二因之，得 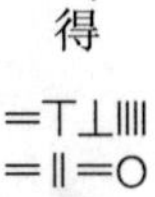 于副位。次置六段三角積  便為三積，乘三差二十四，得 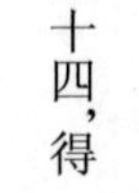 以四因之，得  于次位。次置三角落一積  便為下積，乘下差六，得 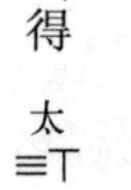 于下位。并四位，得  六約之，得  為四段招兵數，寄左。乃置已招二萬三千四百人，四因之，得九萬三千六百。與左相消，得  三乘方開之，得三角落一底子一十二箇，加三，得一十五，即日数也。又立天元一為三角撒星底子，置二段

茭草積 便為上積，乘上差二十七，得 六十因之，得 于上位。次置六段三角積 便為二積，乘二差三十七，得 二十因之，得 于副位。次置二十四段三角落一積 便為三積，乘三差二十四，得 五因之，得 于次位。次置三角撒星積 便為下積，乘下差六，得 并四位，得 又以每人日支錢二百五十文乘之，得 為一百二十段支錢数，寄左。乃置支錢二萬三千四百六十二貫，以一百二十乘之，得二百八十一萬五千四百四十貫。與左相消，得 以五百約之，得 四乘方開之，得三角撒星底子一十二箇，加三得一十五，即日数也。合問。

清・羅士琳《四元玉鑑細艸》 艸曰：立天元一為三角落一底子，加三得 為弟一次實。以天元加二乘之，得 為弟二次實。又以天元加一乘之，得 為弟三次實。又以天元乘之，得 為弟四次實。副以初招方面三再之，得二十七為上差。次方面四再之，得六十四，減上差余三十七為二差。倍二差加上差，得一百一，以減再次立方積一百二十五，余二十四為三差。三因二差三差，加上差，得二百十，以減又再次立方積二百十六，余六為下差。於是以上差乘弟一次實，得 四之得 於上。以二差乘弟二次實，得 倍之得 於中。以三差乘弟三次實，得 三而二，得 於中。次又以下差乘弟四次實，得 六而一，得 於下。併四位得 為四倍招兵數，寄左。乃以四通已招兵，得九萬三千六百人為同數，消左，得 開三乘方，得十二箇，加三得十五日。

錢求日艸曰：立天元一為三角撒星底子，加四得 以天元加三乘之，得 為弟一次實。又以天元加二乘之，得 為弟二次實。又以天元加一乘之，得 為弟三次實。又以天元乘之，得 為弟四次實。於是以上差乘弟一次實，得 三十之得 於上。以二差乘弟二次實，得 十之得 於中。以三差乘弟三次實，得 四而一，復各超一位，得 於中。次又以下差乘弟四次實，得 半之得 於下。併四位，得 為六十倍招兵數。合以日支二百五十文乘之，為六十倍共錢數。今省一乘，即以六十倍招兵數為一百分之二十四共錢數，寄左。乃以分子二十四通共支錢，得五百六十三萬八百八十為同數，消左，得

開四乘方，得十二箇，加三得十五日。依注還原艸曰：依立方招兵，置二十七為上差，三十七為二差，二十四為三差，六為下差。求兵者，今招為上積，以上差乘之，得四百五於上。又今招減一，余十四為茭艸底子，以十五乘之，得二百十，如二而一，得一百五為二積。以二差乘之，得三千八百八十五於中。又今招減二，余十三為三角底子，以十四乘之，得一百八十二。又以十五乘之，得二千七百三十，如六而一，得四百五十五為三積。以三差乘之，得一萬九百二十於副。又今招減三，余十二為三角落一底子，以十三乘之，得一百五十六。又以十四乘之，得二千一百八十四。又以十五乘之，得三萬二千七百六十，如二十四而一，得一千三百六十五為下積。以下差乘之，得八千一百九十於下。併四位得二萬三千四百人。支錢者，今招為茭艸底子，以十六乘之，得二百四十，如二而一，得一百二十為上積。以上差乘之，得三千二百四十於上。又今招減一，余十四為三角底子，以十五乘之，得二百十。又以十六乘之，得三千三百六十，如六而一，得五百六十為二積。以二差乘之，得二萬七百二十於中。又今招減二，余十三為三角落底子，以十四乘之，得一百八十二。又以十五乘之，得二千七百三十。又以十六乘之，得四萬三千六百八十，如二十四而一，得一千八百二十為三積。以三差乘之，得四萬三千六百八十於副。又今招減三，余十二為三角撒星底子，以十三乘之，得一百五十六。又以十四乘之，得二千一百八十四。又以十五乘之，得三萬二千七百六十。又以十六乘之，得五十二萬四千一百六十，如一百二十而一，得四千三百六十八為下積。以下差乘之，得二萬六千二百八於下。併四位，得九萬三千四百六十二貫。合問。

招來日	乘得數	立方積
一五	四〇五	二七
一四	八九六	六四
一三	一六二五	一二五
一二	二五九二	二一六
一一	三七七三	三四三
一〇	五一二〇	五一二
九	六五六一	七二九
八	八〇〇〇	一〇〇〇
七	九三一七	一三三一
六	一〇三六八	一七二八
五	一〇九八五	二一九七
四	一〇九七六	二七四四
三	一〇一二五	三三七五
二	八一九二	四〇九六
一	四九一三	四九一三

右圖，順列立方積於上方，逆列招來日於下方，上下相乘，置得數於中央。併上方所列為共兵數，併中央所得。

又以每人日支錢二百五十文乘之，為共錢數。

清·傅九淵《有不為齋算學》卷二 招差算例為諸乘方積設例，方面不設例也。為算多位者設，例一位不設例也。

假如平方積二十位，初位方面一尺，以次轉多一尺。問共積幾何。

答曰：二千八百七十。

術曰：依前圖。以一為第一分母，遞加一為各層分母。以所設位數為第一分子，遞減一為各層分子。平方分母子三，立方分母子四，三乘方分母子五。如法入之。置位數二十為第一分子，第一分母一省除，後放此。即命為單數堆。置第一分子減一，得十九為第二分子。以第一分子二十乘之，得三百八十。以第二分母二除之，得一百九十為平三角堆。置第二分子減一，得十八為第三分子。以第一分子二十、第二分子十九連乘之，得六千八百四十。以第二分母二、第三分母三連除之，得一千一百四十為立三角堆。乃置單數堆，以首位方積一乘之，仍得二十為上積。置平三角堆，以一差三求諸差法見前乘之，得五百七十為次積。置立三角堆，以二差二乘之，得二千二百八十為下積。併三積共得二千八百七十。合問。

招差式　一差三　二差二

		一	一
	一	一	四
一	二	一	九
三	三	一	一六
六	四	一	二五
一〇	五	一	三六
一五	六	一	四九
二一	七	一	六四
二八	八	一	八一
三六	九	一	一〇〇
四五	一〇	一	一二一
五五	一一	一	一四四
六六	一二	一	一六九
七八	一三	一	一九六
九一	一四	一	二二五
一〇五	一五	一	二五六
一二〇	一六	一	二八九
一三六	一七	一	三二四
一五三	一八	一	三六一
一七一	一九	一	四〇〇

假如平方積十六位，初位方面七尺，以次轉多四尺。問共積幾何。

答曰：二萬七千三百四十四。

術曰：置位數十六爲第一分子，命爲單數堆。置第一分子減一得十五爲第二分子。以第一分子十六乘之得二百四十。以第二分母二除之，得一百二十爲平三角堆。置第二分子減一得十四爲第三分子，以第一分子十六、第二分子十五連乘之，得三千三百六十。以第二分母二、第三分母三連除之，得五百六十爲立三角堆。乃置單數堆，以首位方積四十九自乘數乘之，得七百八十四爲上積。置平三角堆，以一差七十二求諸差同上乘之，得八千六百四十爲次積。置立三角堆，以二差三十二乘之，得一萬七千九百二十爲下積。併三積共得二萬七千三百四十四。合問。

招差式　一差七二　二差三二

四九	一		
一二一	一	一	
二二五	一	二	一
三六一	一	三	三
五二九	一	四	六
七二九	一	五	一〇
九六一	一	六	一五
一二二五	一	七	二一
一五二一	一	八	二八
一八四九	一	九	三六
二二〇九	一	一〇	四五
二六〇一	一	一一	五五
三〇二五	一	一二	六六
三四八一	一	一三	七八
三九六九	一	一四	九一
四四八九	一	一五	一〇五

假如立方積十四位，初位方面一尺，以次轉多一尺。問共積幾何。

答曰：一萬一千二十五。

術曰：置位數十四爲第一分子，命爲單數堆。置第一分子減一得十三爲第二分子。以第一分子乘之，得一百八十二。以第二分母二除之，得九十一爲平三角堆。置第二分子減一得十二爲第三分子。以第一分子十四、第二分子十三連乘之，得二千一百八十四。以第二分母二、第三分母三連除之，得三百六十四爲立三角堆。置第三分子減一得十一爲第四分子。以第一分子十四、第二分子十三、第三分子十二連乘之，得二萬四千二十四。以第二分母二、第三分母三、第四分母四連除之，得一千一爲三乘三角堆。乃置單數堆，以首位方積一乘之仍得十四爲上積。置平三角堆，以一差七乘之得六百三十七爲次積。置立三角堆，以二差十二乘之得四千三百六十八爲副積。置三乘三角堆，以三差六乘之得六千六爲下積。併四積共得一萬一千二十五。合問。

招差式　一差七　二差十二　三差六

一	一			
八	一	一		
二七	一	二	一	
六四	一	三	三	一
一二五	一	四	六	四
二一六	一	五	一〇	一〇
三四三	一	六	一五	二〇
五一二	一	七	二一	三五
七二九	一	八	二八	五六
一〇〇〇	一	九	三六	八四
一三三一	一	一〇	四五	一二〇
一七二八	一	一一	五五	一六五
二一九七	一	一二	六六	二二〇
二七四四	一	一三	七八	二八六

假如立方積十二位，初位方面五尺，以次轉多三尺。問共積幾何。

答曰：二十萬二千二百七十二。

術曰：置位數十二爲第一分子，命爲單數堆。置第一分子減一，得十一爲第二分子。以第一分子十二乘之，得一百三十二。以第二分母除之，得六十六爲平三角堆。置第二分子減一，得十爲第三分子。以第一分子十二、第二分子十一連乘之，得一千三百二十。以第二分母二、第三分母三連除之，得二百二十爲立三角堆。置第三分子減一得九，以第一分子十二、第二分子十一、第三分子十連乘之，得一萬一千八百八十。以第二分母二、第三分母三、第四分母四連除之，得四百九十五爲三乘三角堆。乃置單數堆，以首位方積一百二十五五自乘再乘數乘之，得一千五百爲上積。置平三角堆，以一差三百八十七乘之，得二萬五千五百四十二爲次積。置立三角堆，以二差四百三十二乘之，得九萬五千四十爲副積。置三乘三角堆，以三差一百六十二乘之，得八萬一百九十爲下積。併四積共得二十萬二千二百七十二。合問。

招差式　一差三八七　二差四三二　三差一六二

一二五	一			
五一二	一	一		
一三三一	一	二	一	
二七四四	一	三	三	一
四九一三	一	四	六	四
八〇〇〇	一	五	一〇	一〇
一二一六七	一	六	一五	二〇
一七五七六	一	七	二一	三五
二四三八九	一	八	二八	五六
三二七六八	一	九	三六	八四
四二八七五	一	一〇	四五	一二〇
五四八七二	一	一一	五五	一六五

假如三乘方積十三位，初位方面一尺，以次轉多一尺。問共積幾何。

答曰：三萬八百八十八。

術曰：置位數十三爲第一分子，命爲單數堆。置第一分子減一，得十二爲第二分子。以第一分子十三乘之，得一百五十六。以第二分母二除之，得七十八爲平三角堆。置第二分子減一，得十一爲第三分子。以第一分子十三、第二分子十二連乘之，得一千七百一十六。以第二分母二、第三分母三連除之，得二百八十六爲立三角堆。置第三分子減一，得十爲第四分子。以第一分子十三、第二分子十二、第三分子十一連乘之，得一萬七千一百六十。以第二分母二、第三分母三、第四分母四連除之，得七百一十五爲三乘三角堆。置第四分子減一，得九爲第五分子。以第一分子十三、第二分子十二、第三分子十一、第四分子十連乘之，得十五萬四千四百四十。以第二分母二、第三分母三、第四分母四、第五分母五連除之，得一千二百八十七爲四乘三角堆。乃置單數堆，以首位方積一乘之，仍得十三爲上積。置平三角堆，以一差十五乘之，得一千一百七十爲次積。置立三角堆，以二差五十乘之，得一萬四千三百爲副積。置三乘三角堆，以三差六十乘之，得四萬二千九百爲又副積。置四乘三角堆，以四差二十四乘之，得三萬八百八十八爲下積。併五積共得八萬九千二百七十一。合問。

招差式　一差一五　二差五〇　三差六〇　四差二四

一	一				
一六	一	一			
八一	一	二	一		
二五六	一	三	三	一	
六二五	一	四	六	四	一
一二九六	一	五	一〇	一〇	五
二四〇一	一	六	一五	二〇	一五
四〇九六	一	七	二一	三五	三五
六五六一	一	八	二八	五六	七〇
一〇〇〇〇	一	九	三六	八四	一二六
一四六四一	一	一〇	四五	一二〇	二一〇
二〇七三六	一	一一	五五	一六五	三三〇
二八五六一	一	一二	六六	二二〇	四九五

假如三乘方積十位，初位方面三尺，以次轉多二尺。問共積幾何。

答曰：五十一萬一千八百一十八。

術曰：置位數十爲第一分子，命爲單數堆。置第一分子減一得九爲第二分子。以第一分子十乘之，得九十。以第二分母二除之得，四十五爲平三角堆。置第二分子減一，得八爲第三分子。以第一分子十、第二分子九連乘之，得七百二十。以第二分母二、第三分母三連除之，得一百二十爲立三角堆。置第三分子減一，得七爲第四分子。以第一分子十、第二分子九、第三分子八連乘之，得五千四十。以第二分母二、第三分母三、第四分母四連除之，得二百一十爲三乘三角堆。置第四分子減一，得六爲第五分子。以第一分子十、第二分子九、第三分子八、第四分子七連乘之，得三萬二百四十。以第二分母二、第三分母三、第四分母四、第五分母五連除之，得二百五十二爲四乘三角堆。乃置單數堆，以首位方積八十一三自乘再乘又再乘數乘之，得八百一十爲上積。置平三角堆，以一差五百四十四乘之，得二萬四千四百八十爲次積。置立三角堆，以二差一千二百三十二乘之，得十四萬七千八百四十爲副積。置三乘三角堆，以三差一千一百五十二乘之，得二十四萬一千九百二十爲又副積。置四乘三角堆，以四差三百八十四乘之，得九萬六千七百六十八爲下積。併五積共得五十一萬一千八百一十八。合問。

招差式　一差五四四　二差一二三二　三差一一五二　四差三八四

八一	一				
六二五	一	一			
二四〇一	一	二	一		
六五六一	一	三	三	一	
一四六四一	一	四	六	四	一
二八五六一	一	五	一〇	一〇	五
五〇六二五	一	六	一五	二〇	一五
八三五二一	一	七	二一	三五	三五
一三〇三二一	一	八	二八	五六	七〇
一九四四八一	一	九	三六	八四	一二六

清·華蘅芳《算草叢存·垛積演較》　今有官司依圖箭束招兵。初束外周十二隻，次束外周轉多六隻。每人日給米四升。已招四千九百五人，支米九百三十一碩二門。問招來幾日。

答曰：一十五日。

第一日招十九人，第二日招三十七人，第三日招六十一人，第四日招九十一人。則〇日有〇人，一日有十九人，二日有五十六人，三日有一百十七人，四日有二百八人。如是以至末日，則共有四千九百五人，故可用積較術求之。

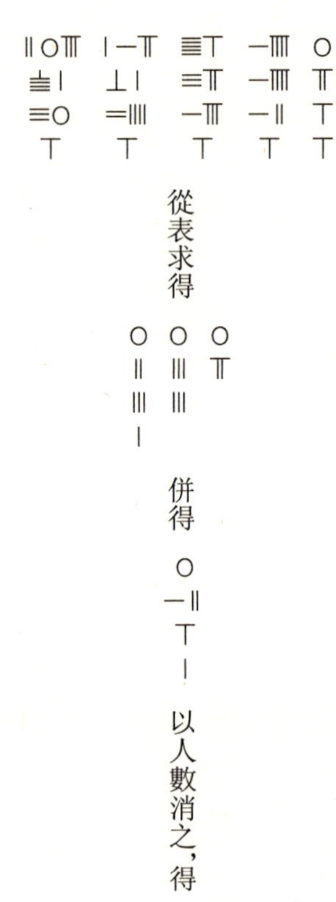

從表求得　併得　以人數消之，得

開立方得十五日。合問。

以共支米數言之，則〇日支〇米，一日共支去七門六升，二日共支去三碩，三日共支去七碩六門八升，四日共支去十六碩，五日共支去二十九碩四門。如是以至末日共支去九百三十一碩二門，故可用積較之術求之。

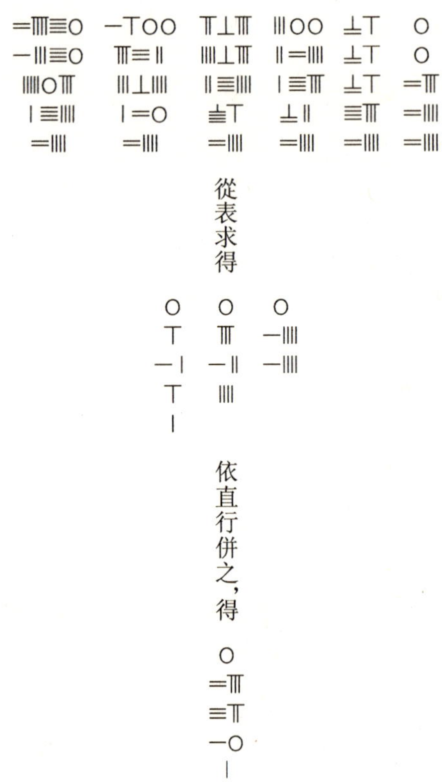

從表求得　依直行併之，得

以共支米數消之，得 𝍣𝍢𝍠〇𝍠 開三乘方得十五日。合問。

清·萬聲揚《校士算存》卷六 任何堆垜形用積較術均可化爲幾箇三角諸棄垜和較而成，其法或用初二三等較則可化爲幾箇同棄不同高之三角垜，或用積較根則可化爲幾箇同高不同棄之三角垜，二法所得無異。試證之。

設堆垜形，其弟卯層之公式爲 $\frac{卯(三卯丅一)}{二}$ 以一二三等數遞代其卯得

某層	一	二	三	四	五
某層之數	𝍠	𝍤	𝍩𝍡	𝍪𝍡	𝍫𝍤

遞求其相連兩層之較

𝍠　𝍤　𝍩𝍡　𝍪𝍡　𝍫𝍤

初較 𝍣　𝍦　𝍩〇　𝍩𝍢

二較 𝍢　𝍢　𝍢

將較數末行直書之 𝍠𝍬𝍢 以廉法表之第三層 𝍠𝍫𝍢𝍠 減之，余 〇𝍪𝍡 又以廉法表之第二層 𝍠𝍠 兩次減之適盡，故知所設堆垜形爲一箇卯層，三角二棄垜兩箇卯減一層三角二棄垜之和，其卯層總積爲

$\frac{卯(卯丄一)(卯丄二)}{一二三}丄\frac{二(卯丅一)卯(卯丄一)}{一二三}$ 此堆垜形依初二、三等較改爲幾箇同棄不同高三角垜之和之法也。

如將一式齊其左行而書之幷補足下一行，依其數之加減而補其虛位，其法每置上一數以下數減之爲右上數

〇　≠　𝍢
𝍠　𝍠　𝍢
𝍢　𝍢　𝍢
𝍠𝍡　𝍠𝍣　𝍢
𝍡𝍡　𝍠〇　𝍢
𝍢𝍣　𝍠𝍢　𝍢

卽得 〇≠𝍢 爲積較根，

此式可表明元堆垜形爲兩箇卯層三角一棄垜，負三箇卯層三角二棄垜，正其卯層總積爲 $\frac{三卯(卯丄一)(卯丄二)}{一二三}丄\frac{二卯(卯丄一)}{一二}$ 此堆垜形依積較根改爲幾箇同高不同棄三角垜之較之法也。

如將第一法之式變之 $\frac{卯(卯丄一)(卯丄二)}{一二三}丄\frac{二(卯丅一)卯(卯丄一)}{一二三}=\frac{卯(卯丄一)}{一二三}(卯丄二丄二卯丅一)=\frac{卯(卯丄一)}{一二三}三卯=\frac{(卯丄一)卯^{二}}{一二}$ 又將第二法之式變之

$\frac{三卯(卯丄一)(卯丄二)}{一二三}丅\frac{三卯(卯丄一)}{一二}=\frac{卯(卯丄一)(卯丄二丅二)}{一二}=\frac{(卯丄一)卯^{二}}{一二}$

清·祝長慶《校士算存》卷六 堆垜形第一層爲一棄一之平方，弟二層爲二棄三之平方，三層以下類推。試依積較術求卯層以上總積之公式。

答曰：其式爲 $\frac{卯(卯丄一)(卯丄二)(三卯丄五)}{三\times四}$

依題得弟卯層之公式爲 $卯(卯丄一)^{二}$ 以〇一二三四遞代其卯得五層各數，爲

〇　〇　≠　⊥
𝍢　𝍣　𝍢　⊥
𝍠𝍮　𝍠𝍣　𝍠〇　⊥
𝍢𝍮　𝍢〇　𝍠⊥　⊥
𝍠〇〇　𝍣𝍡　𝍡𝍩　⊥

求積較根其式如下：卽得 〇〇≠⊥ 爲積較根而知本堆垜形爲六箇卯層高三角三棄垜正，二箇卯層高三角二棄垜負，故本堆垜形求卯層高總積之公式可由此推得。即 總積＝

$\frac{六卯(卯丄一)(卯丄二)(卯丄三)}{一二三四}丅\frac{二卯(卯丄一)(卯丄二)}{一二三}=\frac{卯(卯丄一)(卯丄二)}{三\times四}\left\{三(卯丄三)丅四\right\}=\frac{卯(卯丄一)(卯丄二)(三卯丄五)}{三\times四}$ 為所求。

清·武鳳池《校士算存》卷六 設官司招兵，初日招九人，以後逐日遞加三

人，共招一千一百二十五名。求日數。

答曰：二十五日。

命日數爲天，依《代數術》五卷五十三款公式得　甲＝初級＝九，卯＝層數＝天，丁＝較數＝三，人＝末級＝甲⊥(天丅一)丁，申＝總數＝$\frac{卯}{二}$(甲⊥人)＝[二甲⊥(天丅一)丁]$\frac{天}{二}$＝一一二五　由此得方程式

二甲＝二甲天⊥丁天^{二}丅丁天　以丁約之得　天^{二}⊥$\frac{(甲丅立)天}{丁}$＝$\frac{二申}{丁}$　配成平方

天^{二}⊥$\frac{(二甲丅丁)}{丁}$天⊥$\frac{(二甲丅丁)^{二}}{四丁^{二}}$＝$\frac{(二甲丅丁)^{二}}{四丁^{二}}$⊥$\frac{二申}{丁}$＝$\frac{(二甲丅丁)^{二}⊥八丁申}{四丁^{二}}$　開之。

天⊥$\frac{(二甲丅丁)}{二丁}$＝$\frac{一}{二丁}\sqrt{(二甲丅丁)⊥八丁甲}$　天＝$\frac{一}{二丁}$[丅(二甲丅丁)⊥$\sqrt{(二甲丅丁)^{二}⊥八丁甲}$]

此爲算學級數，有總積公較初級求層數之公式，以本題各同數代入得

天＝$\frac{一}{六}$[丅一五⊥$\sqrt{(一五)^{二}⊥八(三)(一一二五)}$]＝$\frac{一}{六}$(一六五丅一五)＝二五

清・劉彝程《簡易庵算稿》卷二

丁亥冬二今有人募傭。初日用一人，次日三人，以下每日遞加二人。初日一人給銀一錢，次日以下每人遞加三分，共給銀七兩三錢五分。求日數。

法：以倍銀數十四兩七錢爲負實，一爲負上廉，十七爲正下廉，四正隅，開立方得日數。試爲細草。

別得人數爲四角平垛，銀數爲梯田積。以寅代三分，卯代七分，卽一錢內減三分。則梯田積爲　寅三角平垛 卯高 ㊨　四角平垛爲　高三角平垛 二 ㊧　置左右各垛，依逐層相乘法得　二卯三角平垛 丅 卯高 ⊥ 二寅三角平垛自乘 丅 三角平垛寅＝七三五　高之逐層爲一，故以高爲乘法與不乘等。

爲本題公式。以四角立垛代三角平朵自乘，以七代還其卯，三代還其寅代入公式，則得　一四三角平朵 丅 六四角立朵 ⊥ 三三角平朵 丅 七高＝七三五　卽　一一三角平朵 丅 六四角立朵 丅 七高＝七三五 ㊥

乃立天元爲日數，卽爲高，則　$\frac{一一(天⊥一)天}{二}$＝$\frac{一一天^{二}⊥一一天}{二}$　爲甲式之一項

$\frac{六(二天⊥一)(天⊥一)天}{二・三}$＝$\frac{四天^{三}⊥六天^{二}⊥二天}{二}$　爲二項　$\frac{一四天}{二}$　爲三項。并一二項以三項減之，得　$\frac{四天^{三}⊥一七天^{二}丅天}{二}$＝七三五　卽　四天^{三}⊥一七天^{二}丅天丅一四七＝〇

丁亥冬三今有人募傭。初日用五人，初日以下遞加二人。初日每人結銀二錢五分，次日以下每人遞減三分。共給銀九兩四錢五分。乃命二減五爲甲，二十五爲乙，則法以倍銀數爲負實，甲乙相乘，倍之加三甲二乙，復加四爲正上廉，二乙內減三甲爲正下廉，四負隅。開立方得日數。試爲細草。

別得銀數爲倒梯積，內函　高地倒三角平朵 三　其地等於　平垛底 三 二五　故以乙丅三高代地，則得　倒三平朵 ⊥ (乙丅三高)高＝倒三平朵 乙高丅三高^{二} ㊧　此題皆三角朵，不言三角省文也。其人數爲順梯積，內函　二平朵 ⊥ 三高＝一平朵 甲高 ㊨　置左右各朵，依逐層相乘法準乙酉冬一題，平朵倒乘平朵得立朵。又高爲乘法，卽諸朵逐層與高相乘，亦卽高乘諸朵全積。準乙酉夏一題，高乘旨朵得一箇旨⊥一朵，旨箇高減一之旨⊥一朵。又倒平垛乘高仍得平朵。得

六立朵 丅 三甲平朵 ⊥ 二乙平朵 甲乙高 ⊥ 六立朵 丅 一二立朵 高減一 三甲高^{二} ＝(三甲⊥

二乙)平朵 甲乙高 一二立朵 高減一 三甲高三 ＝九四五 (甲) 乃立天元爲日數，卽爲高，則

甲式諸項 $\frac{三}{(三甲⊥二乙)(天⊥一)天}$ ＝ $\frac{三}{(三甲⊥二乙)(天⊥天)}$ ㊀ $\frac{三}{二甲乙天}$ ㊁

$\frac{二·三}{一二(天⊥一)天(天T一)}$ ＝ T $\frac{三}{四(天T天)}$ ㊂ T $\frac{三}{六甲天}$ ㊃ 并四式倍之，以消倍

銀數，得 T四天三⊥(二乙T三甲)天三⊥(二甲乙⊥三甲⊥二乙⊥四)天＝一八九

戊子春二　今有人募工。初日用六人，次日比初日多四人，三日比次日多五人，四日以下又比前多六、七、八人，以是遞多一人。初日每人給銀一錢，次日一錢三分，三日一錢六分，順是遞加三分。共給銀二十三兩四錢五分。試以天元求之，則得二十四倍共銀五六二八零爲負實，八六六爲上廉，正四五九爲中廉，正一零六爲下廉正九正隅。開三乘方得日數。試演之。

凡三角立垛截積，宜將截面分作三項。視其截面爲三之某朵三乃立朵指數，卽依某朵分作三項。此題截面爲六，卽三之平朵，應分作一二三，卽知此截積内有同高之一箇立朵，二箇平朵，三箇高。此一切截朵分積之公法如三乘朵，則分四項。四乘朵，則分五項之類。準此理得本題人數爲 ㊧ 三高 二平朵 一立朵 銀數爲 ㊨ 七高 三平朵 左右逐層相乘，準平朵乘旨朵得 旨⊥一 朵同高者一箇，高減一者 旨T一 箇之理，則 平朵三 與左式相乘，復將同高者頂格書之，高減一者，降格書之，得 平朵九 立朵六 三乘朵三

卽 ㊀ 平朵三 立朵六 三乘朵九 又以 七高 與左式相乘，得 ㊁ 一高二 平朵一四 立朵七 二二式相并，以消共銀，得

九三乘朵⊥一三立朵⊥一七平朵⊥二一高＝二三四五 (甲) 乃立天元爲日數，卽諸朵之高。依甲式求得各朵積各倍數，齊同分母，相并與二十四倍共銀相消，卽得三乘方式。與題數合。

戊子夏二　今有官司依平方招兵。初日招十六人，次日二十五人，順是遞以方邊增一之平方積爲招得數。初日每人給米天升，次日每人天減一升，順是遞減，至末日每人祇給一升。共招得兵數二百七十一人，共給米十六石三斗八升。試以兵數米數各求得日數開方式。別得兵數爲四角立垛截積，命截積上面爲子，截去之虛積底面爲丑，則截積内爲子倍同高之三角立垛。内少子加丑減二爲倍數之高減一之積，復多丑倍高減二之積。知此，復知三角立垛倒乘所得，方易從事。

命天爲日數，求得三角立垛式同高者，爲 $\frac{天三⊥三天二⊥二天}{六}$ ㊀ 高減一者爲 $\frac{天三⊥三天二T二天}{六}$ ㊁ 高減二者爲 $\frac{天三T天}{六}$ ㊂ 有人數求日數，準乙酉冬二題，應以子因一式 子⊥丑T二 因二式，丑因三式，以因得之一三式相併，二式減之得 $\frac{二天三⊥三(子T丑)天二⊥(三(子⊥丑)⊥二)天}{六}$ 以消兵數，化去分母。復以截面積一六代子，虛積之底九代丑，得 二天三⊥二一天二⊥七三天＝一六二六 開立方得六。合問。

有米數求日數：別得初日兵係以天與 天T一 遞減至一乘之，次日兵係以 天T一 與 天T二 遞減至一乘之。故米數與人數逐層相乘。乃倒置三角立垛，與截積中正負三角諸立垛相乘。準乙酉冬一題，三角立垛與旨垛倒乘得 旨⊥二 垛，其高減一減二者，亦爲 旨⊥二 垛。故截積中正負立垛，自倒乘後，

皆化爲正負四乘垛，而倍數如故，所以應以 $\frac{四·五}{子(天\perp三)(天\perp四)}$ 乘前一式，得

$\frac{四·五·六}{子(\overset{五}{天}\perp一○\overset{四}{天}\perp三五\overset{三}{天}\perp五○天\perp二四天)}$ ㊀ 以 $\frac{四·五}{(子\perp丑\top二)(天\perp二)(天\perp三)}$

乘前二式，得 $\frac{四·五·六}{(子\perp丑\top二)(\overset{五}{天}\perp五\overset{四}{天}\perp五\overset{三}{天}\perp五天\perp六天)}$ ㊁ 以 $\frac{四·五}{丑(天\perp一)(天\perp二)}$

乘前三式，得 $\frac{四·五·六}{丑(\overset{五}{天}米\perp\overset{三}{五天}米\perp四天)}$ ㊂ 乃以壹叁式相加，貳式減之，得

$\frac{四·五·六}{二\overset{五}{天}\perp五(子\top丑\perp二)\overset{四}{天}\perp五(六子\top二丑\perp二)\overset{三}{天}\perp五(一一子\perp丑\top二)\overset{二}{天}\perp(五(六子\perp二丑)\top一二)天}$

以消米數，化去分母，復以十六代子，九代丑，則得 $二\overset{五}{天}\perp四\overset{四}{五天}\perp四○○\overset{三}{天}\perp九一$

$\overset{二}{五天}\perp五五八天=一九六五六○$ 爲開方式。

戊子夏三　今有官司依平方招兵。逐日遞以方邊減一之面積爲招得數。但知末日招十六人，每人每日給米仍如前題遞減一升。至末日每人祇給一升，共給米三十四石五斗八升。法：置百二十倍米數四一四九六零爲負實，四一八爲一廉正，八二五爲二廉正，五三零爲三廉正，一三五爲四廉正，十二正隅。開四乘方，得日數。

欲明此題，須先知三角立垛自乘之法。立垛内有一箇高，一箇高減一之三角平垛及立垛。依頂格降格書之，復以△代三角垛，得 $\overset{三}{△}$ 等於 ㊊ 高$\perp\overset{二}{△}\perp\overset{三}{△}$

以甲式自乘，先以高遍乘三項仍得一箇立垛，即 ㊀ $\overset{三}{△}$ 次以 $○\overset{二}{△}$ 遍乘三項，得 ㊁ $○\overset{二}{△}\perp\overset{三}{△}\perp\overset{四}{△}$；$\overset{三}{△}\perp二\overset{四}{△}$ 次以 $○\overset{三}{△}$ 遍乘三項，得 ㊂ $○\overset{三}{△}\times\overset{三}{△}\perp\overset{四}{△}\perp\overset{三}{△}$；$二\overset{四}{△}$ 一二三式相并，得

㊋ $\overset{三}{△}\times\overset{三}{△}\perp\overset{四}{△}\perp二\overset{三}{△}\perp二\overset{三}{△}\perp\overset{二}{△}$；$\overset{三}{△}\perp四\overset{四}{△}$；$\overset{三}{△}$

以 $\overset{四}{△}$ 代 $\overset{三}{△}\overset{四}{△}$ 以 $○\overset{三}{△}$ 代 $○\overset{二}{△}\overset{三}{△}$ 代入乙式，得

㊌ $\overset{三}{△}\times\overset{三}{△}\perp\overset{四}{四△}$；$\overset{四}{△}$；$\overset{四}{△}$

丙式内惟 $\overset{三}{△}\times\overset{三}{△}$ 不能化，然原立垛自乘既得丙式，則高減一立垛 $○\overset{三}{△}$ 自乘，亦必得 ㊌ $\overset{三}{△}\times\overset{三}{△}\perp\overset{四}{四△}$；$\overset{四}{△}$；$\overset{四}{△}$ 比丙式必降一格，

再以 $○○\overset{三}{△}$ 自乘，必降二格。如是遞次乘降，則丙式可化爲

$\overset{四}{△}\perp\overset{四}{四△}$；$\overset{四}{△}\perp\overset{四}{四△}\perp\overset{四}{△}$；$\overset{四}{△}\perp\overset{四}{四△}\perp\overset{四}{△}$；同上；同上；同上 …… 即 ㊍ $\overset{四}{△}$ $五\overset{四}{△}$ $六\overset{四}{△}$ $六\overset{四}{△}$ $六\overset{四}{△}$ …… 復以 $\top\overset{五}{△}$；$\overset{五}{△}$

代 $\overset{四}{△}$ 以 $○\overset{五}{五△}\top\overset{五}{五△}$ 代 $○\overset{四}{五△}$ 代入丁式，得 $\overset{五}{△}$；$五\overset{五}{△}\top\overset{五}{△}$；$六\overset{五}{△}\top五\overset{五}{△}$；$六\overset{五}{△}\top六\overset{五}{△}$；$六\overset{五}{△}\top六\overset{五}{△}$ ……

即 $\overset{五}{\triangle}$ 四$\overset{五}{\triangle}$ $\overset{五}{\triangle}$ ㊉戊 故戊式爲立垛自乘式，内函四乘垛同高者一箇，高減一者四箇，高減二者一箇。既知立垛自乘所得，則本題易解。米數乃倒置三角立垛，人數乃倒置四角立垛截積。夫倒乘倒與順乘順等，故米數仍爲三角立垛，即 $\overset{三}{\triangle}$ ㊧ 人數宜分作兩箇三角立垛截積，其十六人，宜分作兩箇三角截面，小分爲六，即一二三。蓋此截積内有一箇立垛，二箇平垛，三箇高。大分爲十，即一三六。蓋此截積内，有一箇立垛，三箇平垛，六箇高，

故四角立垛截積爲 二$\overset{三}{\triangle}$⊥五$\overset{二}{\triangle}$⊥九高 ㊨ 左右逐層相乘，並準前論立垛自乘式，共得

二$\overset{五}{\triangle}$⊥五$\overset{四}{\triangle}$⊥九$\overset{三}{\triangle}$
八$\overset{五}{\triangle}$⊥一〇$\overset{四}{\triangle}$ ㊀子
二$\overset{五}{\triangle}$

乃立天爲日數，即爲高。依子式求得各垛如積，乃

二乂 $\frac{二·三·四·五}{天(天⊥一)\cdots(天⊥四)}$
及
八乂 $\frac{二·三·四·五}{(天丅一)天\cdots(天丅三)}$
及
二乂 $\frac{二·三·四·五}{(天丅二)(天丅一)\cdots(天⊥二)}$
及
五乂五乂 $\frac{二·三·四·五}{天(天⊥一)(天⊥二)(天⊥三)}$
及
五乂一〇乂 $\frac{二·三·四·五}{(天丅一)天(天⊥一)(天⊥二)}$
及
二〇乂九乂 $\frac{二·三·四·五}{天(天⊥一)天(天⊥二)}$

置此六式詳之，復相并，以消米數，化去分母，得開方式。與題正合。

戊子秋一以邊遞加一之諸立方相疊，而缺頂上諸層。有全積。有截面立方積，求層數。

法：命首層立方根爲巳。又置同高之四角立垛截積首層爲$\overset{二}{巳}$者，將全積分爲兩箇三角立垛截積，其截面皆爲三等邊形。大分截面之等邊爲巳，大截面積爲 $\frac{\overset{二}{巳}⊥巳}{二}$ 別得大截積内有三角立垛一箇，平垛 巳丅一 箇高爲 $\frac{\overset{二}{巳}⊥巳}{二}-巳=\frac{\overset{二}{巳}丅巳}{二}$ 箇。理見庚寅秋四題。又小分截面之等邊爲 巳丅一 小截面積爲 $\frac{\overset{二}{巳}丅巳}{二}$ 別得小截積内有三角立垛一箇，平垛 巳丅二 箇，高爲 $\frac{\overset{二}{巳}丅巳}{二}-(巳丅一)=\frac{\overset{二}{巳}丅三巳⊥二}{二}$ 箇。以大小兩截積之立平高各垛相并，得

二$\overset{三}{\triangle}$⊥(二巳丅三)$\overset{二}{\triangle}$⊥(巳丅一)$\overset{二}{巳}$高 ㊧ 此左式爲四角立垛截積公式。本年夏三題，但有眞數，未有公式。又乙酉冬二爲同乘諸垛，此爲同高諸垛，二法原可互變。又

置同高梯田積，以□爲梯頭，別得梯積内有一箇同高三角平垛，有 巳丅一 箇

高。相并，得 $\overset{二}{\triangle}$⊥(巳丅一)高 ㊨ 以右式之 $\overset{二}{\triangle}$ 乘左式，得 二$\overset{四}{\triangle}$⊥(二巳丅三)$\overset{三}{\triangle}$⊥(巳丅一)$\overset{二}{巳}$乂$\overset{二}{\triangle}$ ㊀壹
四$\overset{四}{\triangle}$⊥(二巳丅三)$\overset{三}{\triangle}$

以右式之 (巳丅一)高 乘左式，得 (二巳丅三)$\overset{三}{\triangle}$⊥(二巳丅五巳⊥三)$\overset{二}{\triangle}$⊥(巳丅一)$\overset{三}{巳}$高 ㊁貳

置壹式，以 四△四丅四△三 代 ○四△四 以代 ○(二巳丅三)△三 以 (巳丅二)二△二 代 (巳丅一)三△三丅(二巳丅三)△二 則壹式化為 六△四丄(四巳丅一○)△三丄(巳丅二)三△二 與貳式相并，得 六△四丄(六巳丅一二)△三丄(三巳三丅九巳丄七)△三丄(巳丅一)三高 ㊙ 為本題公式。乃立天元為層數，即為高。演得高平立垛三乘垛各式，依甲式各以倍數乘之。復將巳化為真數，即得開方式。若欲將甲式中同高不同乘諸垛，化為同乘不同高正負諸垛，法以 (六巳丅一二)△四 丅(六巳丅一二)△四 代 (六巳丅一二)△三 以 (三巳三丅九巳丄七)△四 丅(三巳三丅九巳丄七)△四丅(三巳三丅九巳丄七)△三 代 (三巳三丅九巳丄七)△二 以 (巳丅一)三△四 丅(巳丅一)三△四丅(巳丅一)三△三丅(巳丅一)三△二 代 (巳丅一)三高 各代入甲式，復化 (巳丅一)三 為 巳三丅三巳三丅三巳丅一 得

巳三△四丅(巳三丅六)△四丅(巳三丅六丄六)△三丅(巳丅一)三△二 ㊀ 又以 ○丅(巳三丅六巳丄六)△四 (巳三丅六巳丄六)△四 代 丅(巳三丅六巳丄六)△三

○丅(巳丅一)三△四 (巳丅一)三△四丄(巳丅一)三△三 代 ○丅(巳丅一)三△二 各代入一式得 巳三△四 丅(三巳三丅三巳三丅三巳丅一)△四 丄(二巳三丅三巳三丅三巳丄五)△四(巳丄一)三△三 ㊁ 又以

○○(巳丅一)三△四 丅(巳丅一)三△四 代 ○○(巳丅一)三△三 代入二式得 巳三△四 丅(三巳三丅三巳三丅三巳丅一)△四 丄(三巳三丅六巳三丄四)△四 ㊂ 丅(巳丅一)三△四 此為同乘不同高之正負諸垛，亦為本題公式。如立天元為層數，以 天 旨丅一 旨丅二 旨丅三 為各垛之高，各求得三乘垛式。依乙式以各倍數乘之，分列正負。復以兩負數和減兩正數和，又以真數代其巳，即得開方式。

戊子秋二設有官司依立方招兵。初日方邊四尺，次招轉多一尺。已招二萬三

千三百七十三人。問招來幾日？課藝陳維祺仲周

置

初日立方積	六四	較甲 六一	較乙 三〇	較丙 六	
次日立方積	一二五	較甲′ 九一	較乙′ 三六	較丙 六	
	二一六	較甲″ 一二七	較乙″ 四二	較丙 六	
	三四三	較甲‴ 一六九	較乙‴ 四八	…	求至丙次較
	五一二	較甲'''' 二一七	…		
	七二九	…			
…	…				

天日立方積卯

數已齊，乃以加法反求之。

㈠

乙 ＝ 乙 ＝ 乙
乙′ ＝ 乙⊥丙 ＝ 乙⊥丙
乙″ ＝ 乙′⊥丙 ＝ 乙⊥二丙
乙‴ ＝ 乙″⊥丙 ＝ 乙⊥三丙
⋮　　⋮

㈡

甲 ＝ 甲 ＝ 甲
甲′ ＝ 甲⊥乙 ＝ 甲⊥乙
甲″ ＝ 甲′⊥乙′ ＝ 甲⊥二乙⊥丙
甲‴ ＝ 甲″⊥乙″ ＝ 甲⊥三乙⊥三丙
甲'''' ＝ 甲‴⊥乙‴ ＝ 甲⊥四乙⊥六丙
⋮　　⋮

㈢

六四 ＝ 六四 ＝ 六四
一二五 ＝ 六四⊥甲 ＝ 六四⊥甲
二一六 ＝ 一二五⊥甲′ ＝ 六四⊥二甲⊥乙
三四三 ＝ 二一六⊥甲″ ＝ 六四⊥三甲⊥三乙⊥丙
五一二 ＝ 三四三⊥甲‴ ＝ 六四⊥四甲⊥六乙⊥四丙
七二九 ＝ 五一二⊥甲'''' ＝ 六四⊥五甲⊥一〇乙⊥一〇丙
⋮　　⋮

$$卯 = 六四 ⊥ \frac{一}{(天⊤一)}甲 ⊥ \frac{二}{(天⊤一)(天⊤二)}乙 ⊥ \frac{二\cdot三}{(天⊤一)(天⊤二)(天⊤三)}丙$$

㈣

併三幅右邊諸數，即爲初日至末日諸立方共積也。此式化爲級數如後。

$$六四⊥六四⊥六四⊥\cdots = 天六四$$

$$甲⊥二甲⊥三甲⊥\cdots⊥(天⊤一)甲 = \frac{二}{天(天⊤一)}甲$$

$$乙⊥三乙⊥六乙⊥\cdots⊥(天⊤一)(天⊤二)乙 = \frac{二\cdot三}{天(天⊤一)(天⊤二)}乙$$

$$丙⊥四丙⊥\cdots⊥(天⊤一)(天⊤二)(天⊤三)丙 = \frac{二\cdot三\cdot四}{天(天⊤一)(天⊤二)(天⊤三)}丙$$

此幅右邊各數併之，亦爲招兵共積。將甲乙丙各同數代還之，而與已知之招兵共數相消，則其相等式如左。

$$招兵共數 = \begin{cases} 天六四⊥六一 \times \dfrac{二}{天(天⊤一)} \\ ⊥三〇 \times \dfrac{二\cdot三}{天(天⊤一)(天⊤二)} \\ ⊥六 \times \dfrac{二\cdot三\cdot四}{天(天⊤一)(天⊤二)(天⊤三)} \end{cases}$$

如立天元爲日數，依此式求得如積，與招兵共數相消，

卽得開方式。

戊子秋三今有官司依立方招兵。初日二十七人，次日六十四人，順是遞以方邊增一之立方積爲招得數。初日每人給米一升，以下每日每人遞加一升，共給米百四十一石八斗二升。法以二十四倍米數，三千四百零三石六斗八升爲負實，五十八爲一廉正，二百三十五爲二廉正，二百五十一爲三廉正，八十八爲四廉正，十五爲五廉正，一正隅。開五乘方，得日數。試爲細草。

題中兵數，卽首題甲式。以本題首層立方根三，代甲式之巳，則得 六△四⊥六△三⊥七△二⊥八高 於上。題中米數，乃直剖四角立垛，以平垛爲第一乘法，以高爲最末乘法，以各乘法，與旨垛自上而下逐層相乘。準丙戌春一題，則乘得數爲 旨⊥二 垛同高者一箇，高減一者旨箇。依此法與上位相乘，得

$$\frac{\text{六△}^{\text{六}}\perp\text{六△}^{\text{五}}\perp\text{七△}^{\text{四}}\perp\text{八△}^{\text{三}}}{\text{二四△}^{\text{六}}\perp\text{一八△}^{\text{五}}\perp\text{一四△}^{\text{四}}\perp\text{八△}^{\text{三}}} \quad (\text{丙})$$

乃立天元爲高，依丙式上層得

$$\text{一二〇}\times\text{八}\,\frac{\text{六}\times\text{四}\times\text{五}\times\text{六}}{(\text{天}^{\text{三}}\perp\text{三天}^{\text{二}}\perp\text{二天})} \quad (\text{一})$$

$$\text{三〇}\times\text{七}\,\frac{\text{二四}\times\text{五}\times\text{六}}{(\text{天}^{\text{四}}\perp\text{六天}^{\text{三}}\perp\text{一一天}^{\text{二}}\perp\text{六天})} \quad (\text{二})$$

$$\text{六}\times\text{六}\,\frac{\text{二四}\times\text{五}\times\text{六}}{(\text{天}^{\text{五}}\perp\text{一〇天}^{\text{四}}\perp\text{三五天}^{\text{三}}\perp\text{五〇天}^{\text{二}}\perp\text{二四天})} \quad (\text{三})$$

$$\frac{\text{二四}\times\text{五}\times\text{六}}{\text{六}(\text{天}^{\text{六}}\perp\text{一五天}^{\text{五}}\perp\text{八五天}^{\text{四}}\perp\text{二二五天}^{\text{三}}\perp\text{二七四天}^{\text{二}}\perp\text{一二〇天})} \quad (\text{四})$$

次以 天⊤一 爲高，依丙式下層，得

$$\frac{\text{六}\times\text{四}\times\text{五}\times\text{六}}{\text{一二〇}\times\text{八}(\text{天}^{\text{二}}\top\text{天})} \quad (\text{五})$$

$$\frac{\text{二四}\times\text{五}\times\text{六}}{\text{三〇}\times\text{一四}(\text{天}^{\text{四}}\perp\text{二天}^{\text{三}}\top\text{天}^{\text{二}}\top\text{二天})} \quad (\text{六})$$

$$\frac{\text{二四}\times\text{五}\times\text{六}}{\text{六}\times\text{一八}(\text{天}^{\text{五}}\perp\text{五天}^{\text{四}}\perp\text{五天}^{\text{三}}\top\text{五天}^{\text{二}}\top\text{六天})} \quad (\text{七})$$

$$\frac{\text{二四}\times\text{五}\times\text{六}}{\text{二四}(\text{天}^{\text{六}}\perp\text{九天}^{\text{五}}\perp\text{二五天}^{\text{四}}\perp\text{一五天}^{\text{三}}\top\text{二六天}^{\text{二}}\top\text{二四天})} \quad (\text{八})$$

置上八式，依天之各方直行

書之，得

天 二四╳三〇 / 一七四〇　天二 二四╳三〇 / 七〇五〇　天三 二四╳三〇 / 七五三〇　天四 二四╳三〇 / 二六四〇　天五 二四╳三〇 / 四五〇　天六 二四╳三〇 / 三〇

置諸項法實，各以三十約之。又各以二十四乘之，與二十四倍米數等，相消得

米數 四二丅　天 八五　天二 五三二　天三 一五二　天四 八八　天五 五一　天六　爲開方式。

戊子冬三今有官司依平方招兵。每日遞以方邊減一之平方積爲招得數。但知末日招十六人，初日每人給米一升，次日以下每人遞加一升，共給米四十七石七斗四升。此乃直剖四角立垛爲乘法，左行高爲第一乘法，與末日人數相乘。其余挨次遞乘，至以三角平垛乘初日人數而止。試依此法演得開方式以求日數。

將人數米數悉倒置之，則人數爲四角立垛截積，米數爲直剖四角立垛。以高爲第一乘法，準丙戌春二題乙式理，如與旨垛相乘，其乘得數，爲

㊀ $\triangle^{旨⊥二}$　$(二旨丅一)\triangle^{旨⊥二}$　$\frac{二}{旨(旨丅一)}\triangle^{旨⊥二}$

四角立垛截積，其截面既爲十六人。準本年夏三題右式，則內函三角諸乘垛，爲

㊁ 九高 ⊥ 五$\triangle^{二}$ ⊥ 二$\triangle^{三}$

以壹式與貳式相乘，又以貳式中一二三各指數爲旨，得

㊂ 九$\triangle^{三}$　九$\triangle^{三}$ ⊥ 五$\triangle^{四}$　五╳三$\triangle^{四}$　五$\triangle^{四}$ ⊥ 二$\triangle^{五}$　二╳五$\triangle^{五}$　二╳三$\triangle^{五}$ ⊥

乃立天爲日數，即爲高，以天演得九倍立垛、五倍四垛、二倍五垛、各式。又以 天丅一 爲高，演得九倍立垛、十五倍四垛、十倍五垛、各式。又以 天丅二 爲高，演得五倍四垛、六倍五垛、各式。然後齊同分母，可得百二十倍如積以與百二十倍米數相消，即得開方式。

圖表

清・沈欽裴《四元玉鑑細草》

茭草積	方錐積	茭草積
一	一	一
二	四	二
三	九	三
四	一六	四
五	二五	五
六	三五	六
七	四九	七
八	六四	八
九	八一	九
一〇	一〇〇	一
一一	一二一	一一
一二	一四四	一二
一三	一六九	一三
一四	一九六	一四
一五	二二五	一五

列茭草積于上副置於下相乘得方錐積。

底求積者，倍底子加一，以底子乘之。又以底子加一乘之，六而一。積求底者，六因積為益實，一為從方，三為從廉，二為從隅。立方開之，即得。

中　積	三角形	嵐峯形
一	一	一
九	三	六
二四	六	一八
五〇	一〇	四〇
九〇	一五	七五
一四七	二一	一二六
二二四	二八	一九六
三二四	三六	二八八
四五〇	四五	四〇五
六〇五	五五	五五〇
七九二	六六	七二六
一〇一四	七八	九三六
一二七四	九一	一一八三
一四二五	九五	一三三〇

列嵐峯形於上三角於中併之得中積於下。

嵐峯帶一三角　〇 ‖ ||| |　二分 十母　〇 ‖ ||| |　六分 母

相　〇 ‖ ||| |

併　||||| |||　| ||| 四 ||||

術曰：三因底子加五，多帶一三角，則遞加以四。以底子乘之。又以底子加一乘之。又以底子加二乘之。二十四而一。

三角底峯形	二撒星形	下積
一	二	三
八	八	一六
三〇	二〇	五〇
八〇	四〇	一二〇
一七五	七〇	二四五
三三六	一一二	四四八
五八八	一六八	七五六
九六〇	二四〇	一二〇〇
一四八五	三三〇	一八一五
二二〇〇	四四〇	二六四〇
三一四六	三七二	三五一八
四三六八	七二八	五〇九六
五九一五	九一〇	六八二五

列三角嵐峯形於上倍撒星形於中併之得下持於下。

三角嵐峯帶一撒星　〇 ⊤ ⊥| ⊤ |　一分 百母　〇 ⊤ ⊥| ⊤ |　十分 四母　二

相　〇 ⊤ ⊥| ⊤ |　| |||　二 十　||||

併　⊤ ||||

術曰：四因底子加六，多帶一撒星，則遞加以五。以底子乘之。又以底子加一乘之。又以底子加二乘之。又以底子加三乘之。一百二十而一。

清·傅九淵《有不爲齋算學》卷一《招差術解》

招差圖

丙求

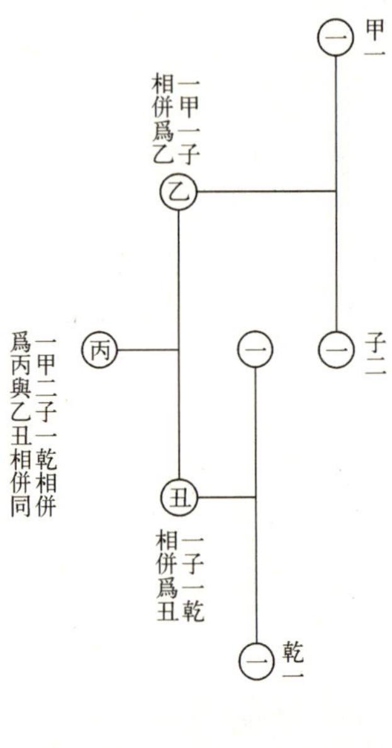

丁求

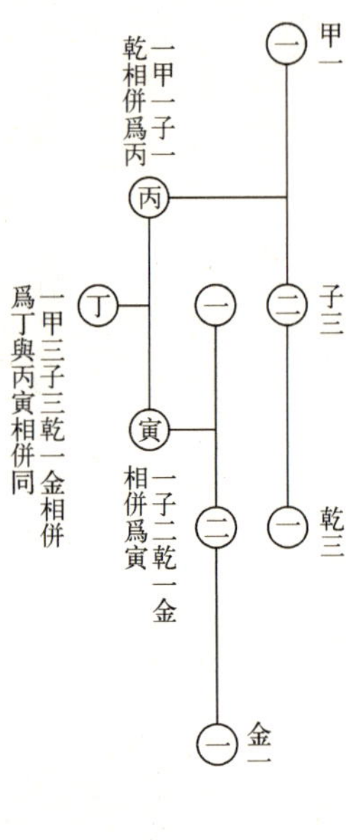

戊求

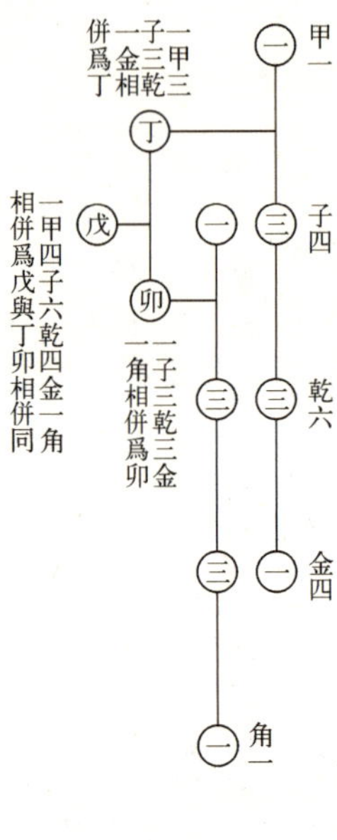

己求

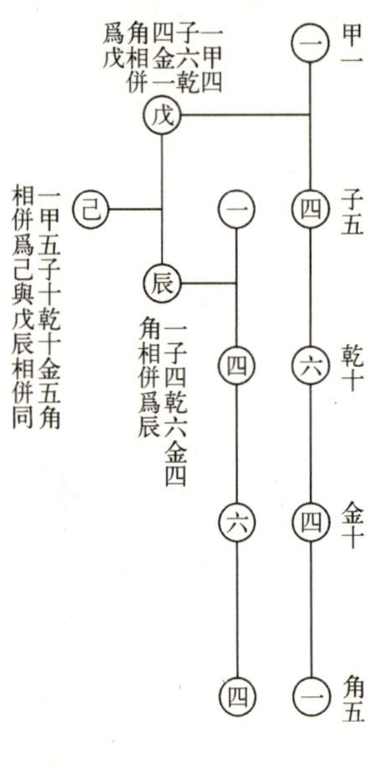

以所招之差直列之，如開方廉隅之數。以所招之差橫析之，成三角堆垛之形。古有開方作法本原圖，互易其從橫之位，即成招差衰率。今依以爲圖（如左）。

圖橫列十層從分十行舉十爲例，十以上可遞推。各層自右而左每以挨次兩位成相與之率分。母遞加一數，分子亦遞加一數，如一層甲乙爲一之一，乙丙爲二之二；二層甲乙爲一之二，乙丙爲二之三。余倣此。其左行之分子上下俱同數，如二行爲子命爲一，三行爲子俱命爲三。余倣此。右行之分母則上下遞差一數，如一行爲母止一位，命爲一。二行爲母有乙甲兩位，則有二一之差。余倣此。其各行自上而下，亦每以挨次兩位成相與之率。分母遞加一數分子則遞減一數，如三行丙乙爲一之二，乙甲爲二之一。余倣此。其上層之分母左右俱同數，如一層爲母俱命爲一，二層爲母俱命爲二。余倣此。下層之分子則左右遞差一數，各層皆命甲爲一，乙爲二，丙丁以後遞差。經緯聯絡，妙合自然，非人意所能構綴也。

招差總率圖

甲 (一) 單數
一之一
乙 (一) 一之一 甲 (一) 平三角堆
二之二　二之一
丙 (一) 一之二 乙 (二) 二之一 甲 (一) 立三角堆
三之三　三之二　三之一
丁 (一) 一之三 丙 (三) 二之二 乙 (三) 三之一 甲 (一) 三乘三角堆
四之四　四之三　四之二　四之一
戊 (一) 一之四 丁 (四) 二之三 丙 (六) 三之二 乙 (四) 四之一 甲 (一) 四乘三角堆
五之五　五之四　五之三　五之二　五之一
己 (一) 一之五 戊 (五) 二之四 丁 (一〇) 三之三 丙 (一〇) 四之二 乙 (五) 五之一 甲 (一) 五乘三角堆
六之六　六之五　六之四　六之三　六之二　六之一
庚 (一) 一之六 己 (六) 二之五 戊 (一五) 三之四 丁 (二〇) 四之三 丙 (一五) 五之二 乙 (六) 六之一 甲 (一) 六乘三角堆
七之七　七之六　七之五　七之四　七之三　七之二　七之一
辛 (一) 一之七 庚 (七) 二之六 己 (二一) 三之五 戊 (三五) 四之四 丁 (三五) 五之三 丙 (二一) 六之二 乙 (七) 七之一 甲 (一) 七乘三角堆
八之八　八之七　八之六　八之五　八之四　八之三　八之二　八之一
壬 (一) 一之八 辛 (八) 二之七 庚 (二八) 三之六 己 (五六) 四之五 戊 (七〇) 五之四 丁 (五六) 六之三 丙 (二八) 七之二 乙 (八) 八之一 甲 (一) 八乘三角堆
九之九　九之八　九之七　九之六　九之五　九之四　九之三　九之二　九之一
癸 (一) 一之九 壬 (九) 二之八 辛 (三六) 三之七 庚 (八四) 四之六 己 (一二六) 五之五 戊 (一二六) 六之四 丁 (八四) 七之三 丙 (三六) 八之二 乙 (九) 九之一 甲 (一) 九乘三角堆

圖各行各層從橫相遇，位數相當，如十行與第一層相遇，從橫皆十位，與第二層相遇，從橫皆九位。余竝倣此。其行内各位之數，即各層末位之數，又爲行前凡言行前者，皆除本行一位言之上一層各位相併之數也。如各行首位數，即第一層末位數，此位僅單數一，無分子分母數皆生於第二位以下直不須求。各行第二位數，即第二層末位數，又爲行前第一層各位相併之數，如十行第二位數九，第二層末位數亦爲九。併行前第一層各位數亦爲九。此位分母子各一數，凡分母子皆蟬聯相生，次位以降積分漸多，則乘除亦漸繁。分母恆爲一，分子數與第二層位數同，十行第二位分母子爲一之九，九即第二層位數。依乘分法，當置首位單數一。以分子乘之，分母一除之。凡除遇一則省算。故但以第二層分子平三角堆位數爲行内弟二位之數，即

平三角堆末位數又爲與平三角堆位數相同之單數堆，行前上層除去本行一位，則堆垛位數與下層同。後皆倣此。各位併數也。各行第三位數即第三層末位數，又爲第二層各位相併之數，如十行第三位數爲三十六，第三層末位數及行前第二層各位併數亦皆爲三十六。此位分母子各有二數，分母恆爲一，二分子數與第二第三兩層位數同。十行第三位分母子爲一之

九，二之八。九與八卽第二第三兩層位數。依乘分法，當置首位單數一，以兩分子連乘，兩分母一二連除。凡除遇一則省算，故但置第三層之立三角堆位數，加一爲第二層平三角堆位數，以乘之，二除之，得行内第三位之數，卽立三角堆末位數，又爲與立三角堆位數相同之平三角堆各位併數也。各行第四位數，卽第四層末位數，又爲行前第三層各位相併之數，如十行第四位數爲八十四，第四層末位數及第三層各位相併數亦皆爲八十四。此位分母子各有三數，分母恆爲一二三，分子數與第二第三第四三層位數同，十行第四位分子母爲一之九，二之八，三之七，九八七三數卽二三四三層位數。依乘分法，當置首位單數一，以分子三數連乘三分母一二三連除。凡除遇一則省算，故但置第四層三乘三角堆位數，加一爲第三層立三角堆位數。以乘之，又加一爲第二層平三角堆位數。以乘之，二除之，三除之得行内第四位之數，卽三乘三角堆末位數，又爲與三乘三角堆位數相同之立三角堆各位併數也。各行第五位數，卽第五層末位數，又爲第四層各位相併之數，如十行第五位數爲一百二十六，第五層末位數及第四層各位併數亦皆爲一百二十六。此位分母子各四數，分母恆爲一二三四，分子數與二三四五各層位數同。十行第五位分母子爲一之九，二之八，三之七，四之六，九八七六四數卽二三四五四層位數。依乘分法，當置首位單數一，以分子四數連乘，分母一二三四連除。凡除遇一則省算，故但置弟五層四乘三角堆位數加一爲第四層三乘三角堆位數，以乘之，又加一爲第三層立三角堆位數，以乘之，又加一爲第二層平三角堆位數，以乘之，二除之，三除之，四除之得行内第五位之數，卽四乘三角堆末位數，又爲與四乘三角堆位數相同之三乘三角堆各位併數也。由是遞推，則以第六層五乘三角堆位數累加一至第二層平三角堆位數，共得五數。令相乘，以二三四五連除之，得行内第六位之數，卽五乘三角堆末位數，又爲與五乘三角堆位數相同之四乘三角堆各位併數。以第七層六乘三角堆位數累加一至第二層平三角堆位數，共得六數。令相乘，以二三四五六連除之，得行内第七位之數，卽六乘三角堆末位數，又爲與六乘三角堆位數相同之五乘三角堆各位併數。以第八層七乘三角堆位數累加一至第二層平三角堆位數，共得七數。令相乘，以二三四五六七連除之得行内第八位之數，卽七乘三角堆末位數，又爲與七乘三角堆位數相同之六乘三角堆各位併數。以第九層八乘三角堆位數累加一至第二層平三角堆位數，共得八數。令相乘，以二三四五六七八連除之，得行内第九位之數，卽八乘三角堆末位數，又爲與八乘三角堆位數相同之七乘三角堆各位併數。以第十層九乘三角堆位數累加一至第二層平三角堆位數，共得九數。令相乘，以二三四五六七八九連除之，得行内第十位之數，卽九乘三角堆末位數，又爲與九乘三角堆位數相同之八乘三角堆各位併數。十位以上圖所不載者，累求之可至無窮。因堆垛爲招差所必用，故就圖中易各位詳列諸分母子相與之率，則取數立法，出於自然，可不煩言而解矣。

凡以乘分求各位數，有順求自上而下直取分母子之數、逆求自下而上倒用分母子之數、旁求自右而左横步分母子之數三法，得數皆等，其所用分母子位數或等各奇行中位三法所用分母子位數皆等、或不等不論奇行偶行，中半以上各位順求分母子位數少，逆求旁求皆多。中半以下各位順求分母子位數多。逆求旁求皆少相等者，三法皆不能省算，如求九行第五位數，三法分母皆爲一二三四，順求逆求分子爲八七六五，旁求分子爲五六七八。依乘分法，當以八七六五或五六七八連乘爲實，以一二三四爲法連除之得所求，是不能省算也。不相等者，順求分母子位數少，余二法數多，則逆求旁求皆省算，而順求不省，如求九行第四位數，逆求旁求分母皆爲一二三四五。逆求分子爲八七六五四，旁求分子爲四五六七八。母子内各有四五兩數，可省乘除，但以八七六或六七八相乘爲實，以一二三爲法，連除得所求。順求則分母止有一二三，分子止有八七六。是二法省算而順求不省也。若順求，分母子位數多，余二法數少，則逆求旁求皆不省算，而順求獨省。如求第九行第六位數，逆求旁求分母皆爲一二三，逆求分子爲八七六，旁求分子爲六七八。依乘分法，當以八七六或六七八連乘爲實，以分母一二三連除得所求，順求則分母爲一二三四五，分子爲八七六五四。母子内各有四五兩數，可省乘除。但當以八七六連乘，一二三連除。是二法皆不省算。而順求獨省也。順求不省，余二法雖省猶不省也。順求既省余二法雖不省猶之省也。蓋堆垛立法以順求爲本也。

以廉隅爲衰，如求平方第九位數，則用圖中第九行一二三三位數爲列衰。求立方第九位數，則以第九行一二三四四數爲列衰。他可類推。而乘諸差各層差數皆用第一位，面之差皆一，勿論平方止用一差三，二差二。立方止用一差七，二差十二，三差六。三乘方止用一差十五，二差五十，三差六十，四差二十四。此據首位積數爲單一者而言。若首位非單一，則諸差皆當別求。得所求一位之數。以堆垛爲衰如求平方一位至九位共數，則用圖中第十行一二三三位數爲列衰。求立方一位至九位共數，則以第十行一二三四四位數爲列衰，而乘諸差得所求各位之數。授時術布七政盈縮立成，《四元玉鑑》算招兵還原，皆用此法。

極限思想與無窮小分割方法總部

主編　郭書春

割圓術部

圓面積公式的證明分部

綜論

《九章筭術》卷一《方田》 術曰：半周半徑相乘得積步。

三國魏・劉徽《九章筭術注》卷一《方田》《九章筭術》 又按：爲圖，以六(弧)[觚]之一面乘一弧半徑，(二)因而(六)[三]之，得十二(弧)[觚]之冪。若又割之，次以十二(弧)[觚]之一面乘一弧之半徑，(四)因而六之，則得二十四(弧)[觚]之冪。割之彌細，所失彌少。割之又割，以至於不可割，則與圓周合體而無所失矣。(弧)[觚]面之外，猶有餘徑，以面乘[餘]徑，則冪出弧表。若夫(弧)[觚]之細者，與圓合體，則表無餘徑。表無餘徑，則冪不外出矣。以一面乘半徑，(弧)[觚]而裁之，每輒自倍。故以半周乘半徑而爲圓冪。

清・刘彝程《九章實義》卷二下《以面體積運九章》 面體積運方田 【略】

今有圓徑，求圓面積。

法：以周率乘圓徑，爲圓周。再以圓徑乘之，四除之，得面積。所云周率，須用徑一之周率。假如欲用徽率，則以徑五十自除，得一，爲徑率。又以徑五十除其周百五十七，得三.一四，爲周率。若用密率，亦倣此。【略】故求得六等邊面積，與圓面積相懸遠矣。若分圓周爲極多等邊，【略】全面積漸近於圓面積。若分圓周爲無量數等邊，則垂線直等於半徑，全面積直等於圓面積，求此等邊面積之法，應以半徑乘周率，得半周。以無量除之，爲等邊之半。以半徑乘之，得三角面積，爲全面積無量數之一。再以無量數乘之，爲等邊面積，即等於圓面積。合計求法，先以無量數除之，後以無量數乘之。乘、除兩相抵消。即可約其法爲：半徑自之，周率乘之，得圓面積。亦可以圓徑自之，周率乘之，四除之，得圓面積。

圓周率分部

綜論

三國魏・劉徽《九章筭術注》卷一《方田》《九章筭術》 此以周、徑，謂至然之數，非周三徑一之率也。周三者，從其六(弧)[觚]之環耳。以推圓規多少之覺，乃弓之與弦也。然世傳此法，莫肯精覈；學者踵古，習其謬失。不有明據，辯之斯難。凡物類形象，不圓則方。方圓之率，誠著於近，則雖遠可知也。由此言之，其用博矣。

又 卷四《少廣》《九章筭術》 衡又言質六十四之面，渾二十五之面。質復言渾，謂居質八分之五也。又云：方八之面，圓[五之面]，圓渾相推，知其復以圓囷爲方率，渾爲圓率也，失之遠矣。衡説之自然，欲協其陰陽奇耦之説而不顧踈密矣。雖有文辭，斯亂道破義，病也。置外質積二十六，以九乘之，十六而一，得積十四尺八分[尺]之五，即質中之渾也。以分母乘全內子，得一百一十七。又置內質積五，以分母乘之，得四十，是爲質居渾一百一十七分之四十，而渾率猶爲傷多也。假令方二尺，方四面，并得八尺也，謂之方周。其中令圓徑與方等，亦二尺也。(丸)[圓]半徑以乘圓周之半，即圓冪也。半方以乘方周之半，即方冪也。然則方周知，方冪之率也；圓周知，圓冪之率也。按：如衡術，方周率八之面，圓周率五之面也。令方周六十四尺之面，即圓周四十尺之面也。又令徑二尺自乘得徑四尺之面，是爲圓周率十(二)之面，而徑率一之面也。衡亦以周三徑一之率爲非，是故更著此法。然增周太多，過其實矣。

又 卷五《商功》《九章筭術》 此章諸術亦以周三徑一爲率，皆非也。

唐・李淳風等《九章筭術注釋》卷一《方田》《九章筭術》 謹按：舊術求圓，皆以周三徑一爲率。若用之求圓周之數，則周少徑多。用之求其六(弧)[觚]之田，乃與此率合會耳。何則？假令六(弧)[觚]之田，(弧)[觚]間各一尺爲面，自然從角至角，其徑(一)[二]尺可知。此則周六徑二與周三徑一已合。恐此猶以難曉，今更引物爲喻。設令刻物作圭形者六枚，枚别三面，皆長一尺。攢此六物，悉使鋭頭向里，則成六(弧)[觚]之周，角徑亦皆一尺。更從(弧)[觚]角外畔，圍繞爲規，則六(弧)[觚]之徑盡達規矣。當面徑短，不至外規。若以徑言之，則爲規六尺，徑二尺，面徑皆一尺。面徑股不至外畔，定無二尺可知。故周三徑一之率於圓周乃是徑多周少。徑一周三，理非精密。蓋術從簡要，舉大綱略而言之。劉徽將以爲疏，遂乃改張其率。但周、徑相乘，數難契合。徽雖出斯二法，終不能究其纖毫也。祖冲之以其不精，就中更推其數。今者修撰，(攗)[攟]摭諸家，考其是非，冲之爲密。故顯之於徽術之下，冀學者之所裁焉。

晉·佚名《孫子筭經》卷上　周三徑一。

《晉書》卷一一《天文志上》　至吴時，中常侍廬江王蕃善數術，傳劉洪《乾象曆》，依其法而制渾儀，立論考度曰：【略】《洛書·甄曜度》《春秋·考異郵》皆云：『周天一百七萬一千里，一度爲二千九百三十二里七十一步二尺七寸四分四百八十七分分之三百六十二。』陸績云：『天東西南北徑三十五萬七千里。』此言周三徑一也。考之徑一不啻周三，率周百四十二而徑四十五，則天徑三十二萬九千四百一里一百二十二步二尺二寸一分七十一分分之十。

又　「十六萬二千七百八十八里六十一步四尺七寸二分，天徑之數也。以周率乘之，徑率約之，得五十一萬三千六百八十七里六十八步一尺八寸二分，周天之數也。」

《隋書》卷一六《律曆志》　古之九數，圓周率三，圓徑率一，其術疏舛。自劉歆、張衡、劉徽、王蕃、皮延宗之徒，各設新率，未臻折衷。宋末，南徐州從事史祖冲之更開密法，以圓徑一億爲一丈，圓周盈數三丈一尺四寸一分五釐九毫二秒七忽，朒數三丈一尺四寸一分五釐九毫二秒六忽，正數在盈朒二限之間。密率：圓徑一百一十三，圓周三百五十五。約率：圓徑七，周二十二。

唐·李籍《九章筭術音義》第一　圓田之率有三：一曰古率，「周三徑一」是也；二曰徽率，「周一百五十七、徑五十」是也；三曰密率，「周二十二、徑七是也」。

又　徽術：許歸切。徽術：「以五十乘周，一百五十七而一，即徑；以一百五十七乘徑，五十而一，即周。」此率本於劉徽，故曰徽術。

又　密率：美畢切。密率：「以七乘周，二十二而一，即徑；以二十二乘徑，七而一，即周」。此率本於宋南徐州從事史祖冲之。冲之以圓徑一億爲一丈，圓周盈數三丈一尺四寸一分五九毫二秒七忽，朒數三丈一尺四寸一分五九毫二秒六忽，正數在盈、朒二限之間。密率：圓徑一百一十三，圓周三百五十五；約率：圓徑七，周二十二。此乃率之最密也。

宋·楊輝集《續古摘奇算法》卷下　方圓論：圓三徑一，方五斜七，算家之常談，未易概論也。

元·朱世杰《筭學啓蒙·總括》　古法圓率：周三尺，徑一尺。

清·王鑒《筭學啓蒙述義》　案：平圓面周三則徑一不足，徑一則周三有餘，永無定率。西人連比例求得密數爲：徑一，周三一四一五九二六五，然終不免於奇零，故古法周三徑一，取整數也。

元·朱世杰《筭學啓蒙·總括》　劉徽新術：劉徽乃魏人也，立此新術，以究圓之幽微。周一百五十七尺，徑五十尺。

清·王鑒《筭學啓蒙述義》　案：徽術較古法稍密。

元·朱世杰《筭學啓蒙·總括》　冲之密率：冲之姓祖，乃宋南徐州從事史，立此密率，亦究圓之微也。周二十二尺，徑七尺。

清·王鑒《筭學啓蒙述義》　案：冲之密率係周三百五十五，徑一百一十三。周二十二，徑七，乃約率也。

明·王文素《筭學寶鑒》卷八《圓田求積》　圓田【略】四(數)[率]二十四法：按古法周三徑一，六法。【略】按密率周二十二徑七，六法。【略】按(微)[徽]術周一百五十七徑五十，六法。【略】按璿璣周二十五徑八，六法。

又　卷一二《課分》　比類新題：密率圓周二十二、徑七，璿璣圓周二十五、徑(人)[八]。問二率之徑熟多幾何。

答曰：璿璣徑多密率五百五十分之一。

右行　密率周二十二　璿璣周二十五

互乘　相減

左行　密率徑七　璿璣徑八

法曰：以密率徑七乘璿璣周二十五，得一百七十五。另以璿璣徑八乘密率周二十二，得一百七十六。以少減多，餘一爲分子。以二母相乘，得五百五十，爲分母。命之。合問。

又　古法周三、徑一，璿璣周二十五、徑八，(徵)[徽]術周一百五十七、徑五十，密率周二十二、徑七。問四率周徑熟最多幾何。

答曰：古法徑多密率徑二十五萬九千〇五十分之三千九[百]二十五，

多(徵)[徽]術徑三千八百五十，多璿璣徑三千四百五十[四]。分母同前。

密率周多(徵)[徽]術周一千四百分之四，多璿璣周一千四百分之二十五，多古法周一千四百分之二百。

右列周	二十二	二十五	一百五十七	三
左列徑	七	八	五十	一

較徑，以徑互乘諸周。較周，以周互乘諸徑。

先求較徑法曰：以徑七互乘三周，得八萬二千四百二十五。以[徑]八互乘三周，得八萬二千八百九十六。以徑一互乘三周，得八萬六千三百五十。以徑五十互乘三(同)[周]，得八萬二千五百。古法徑最多，皆與三徑相減。多密率三千九百二十五，多(徵)[徽]術三千八百五十，多璿璣三千四百五十四。俱各爲分子。另以四周連乘，得二十五萬九千五十，爲分母。以命諸子。合問。

求較周法曰：以密率周二十二互乘三異子，得八千八百。另以(徵)[徽]術周一百五十七互乘三異子，得八千七百九十二。另以璿璣周二十五互乘三異子，得八千七百五十。又另以(右)[古]法周三互乘三異子，得八千四百。此密率周最多，皆與三周較之：多(徵)[徽]術八，多璿璣五十，多古法四百。皆(扐)[折]半，爲分子。另次四徑連乘，得二千八百。亦折半，得一千四百，爲分母。以命諸分子。合問。

明·顧應祥《弧矢筭術·方圓術》　蓋徑一則圍不止於三，所謂圍三徑一者，舉其大較耳。

又　圓周求徑：古法圍三徑一，徽術周一百五十七徑五十。

明·徐心魯《盤珠算法》卷一　徑一圍三，方五斜七，舉其大數也。以細較之，員以三一五爲法。

明·周述學《曆宗筭會》卷六《平圓》　準之以方五斜七而圓求容方，則七因周而三歸之。然方五則斜七有奇，故圓徑求容方，以徑自折半而平方開之。若三其徑以得周，而求如圓周，其法疎矣。準之以徑一圍三而周徑互求，以三歸圓周得徑，以三因圓徑得周。然徑一則圍三有奇，故準之以徑七周二十二，而其率密矣。以徑自之，四歸，三因，得積。以積三歸，四因，平方開之，得徑。以圓積居方四分之三也。以周自之，如十二而一，得積。以十二乘積，平方開之，得周。以圓周居積十二分之一也。是積居方四分之三，周居積十二分之一。此亦不過取其大較云耳。

又　圓求容方：圓周五尺，求内容方一面幾何。

以七因周，得三尺五寸。又三歸之，得方面一尺一寸六分六厘三分厘之二。

又　圓徑十尺，求容方面幾何。

三其徑，得三十尺。以七因之，得二十一尺。又三歸之，得方面七尺。

以徑爲股，自之，得一百。折半，五十，平方開之，餘實一。得方面七尺一十五分尺之一。

方五則斜七有奇，所謂方五斜七，乃約數也。兩存其法，以昭疎密云。

又　圓材徑二尺一寸，爲方面幾何。

以徑自之，得四百四十一寸。折半，平方開之，得方徑一尺四寸五十八分之四十九。

又　圓周求徑：古術：圍三，徑一。劉術：周一百五十七，徑五十。劉(暉)[徽]。密術：周二十二，徑七。祖冲之。徑一則圍三有奇，古術圍三徑一，舉其槩也。

又　周八十四，求徑。

古術：置周，以三歸之。

劉術：置周，以五十因之，如一百五十七而一，得二十六步一百五十七分步之一百一十八。

密術：以七因周，如二十二而一，得二十六步一十一分步之八。

比課劉率合徑二十六步一千七百二十七分步之一千二百九十八，密率合徑一千七百二十七分步之一千二百五十六。是劉率尚疎而密率親也。

又　周八十七[步]二十五分步之二十三，求徑。

古術：分母通其全，分子從之，得二千一百九十八，爲實。三因分母，得七十五，爲法。實如法而一，得二十九步七十五分步之二十三。

劉術：分母通其全，分子從之，以五十因之，得一十〇萬九千九百，爲實。又以一百五十七因分母，得三千九百二十五，爲法。實如法而一，得二十八步。

密術：分母乘其全，分子從之，以七因之，得一萬五千三百八十六。又以二十二因分母，得五百五十，爲法。實如法而一，不盡者，法、實俱半約之，得二十七步二百七十五分步之二百六十八。

又　周天三百六十五度二十五分七十五秒，求周天徑幾何。

以古術求之，得徑一百二十一度七十五分二十五秒。

以劉術求之，得徑一百一十六度三十二分四十秒一百五十七分秒之七。

以密術求之，得徑一百一十六度二十一分八十二秒二十二分秒之二十一。

又 圓徑求周：圓徑二十八，求周。

古術：以三因徑，得八十四。

劉術：置徑，以一百五十七因之，得四千三百九十六。如五十而一，得八十七步二十五分步之二十三。

密術：置徑，以二十二因之，如七而一，得八十八步。

又 圓徑二十六步一百五十七分步之一百一十八，求周。

古術：分母通其全，分子從之，三因，得一萬二千六百，爲實。如分母而一，得八十步一百五十七分步之四十。

劉術：分母通其全，分子從之，以一百五十七因之，得六十五萬九千四百，爲實。又分母，以五十因之，得七千八百五十，爲法，得八十四步。

又術：分母通其全，分子從之，得四千二百，如五十而一。

密術：分母通其全，分子從之，以二十二因之，得九萬二千四百，爲實。七因分母，得一千〇九十九，爲法。得八十四步一百五十七分步之一十二。

又 圓徑二十六步一十一分步之八，求周。

古術：分母通其全，分子從之，得二百九十四。又三因，得八百八十二，爲實。如分母而一，得八十步一十一分步之二。

劉術：分母通其全，分子從之，以一百五十七因之，得四萬六千一百五十八，爲實。又以五十因分母，得五百五十，爲法。得八十三步二百七十五分步之二百五十四。

密術：分母通其全，分子從之，以二十二因之，得六千四百六十八，爲實。又以七因分母，得七十七，爲法。得八十四步。

又 圓徑求積：圓徑二十八步，求積。

古術：徑自乘，四歸，三因之，得五百八十八步。

劉術：徑自乘，以七十八步半因之，得六萬一千五百四十四，如百而一，得六百一十五步二十五分步之一十一。

密術：徑自乘，一十一因，得八千六百二十四。如一十四而一，得六百一十六步。

又 圓徑二十六步一百五十七分步之一百一十八，求積。

古術：分母通其全，分子從之，自乘，四歸，三因，得一千三百二十三萬，爲實。分母自之，得二萬四千六百四十九，爲法。除之，得五百三十六步二萬四千六百四十九分步之一萬八千一百三十六。

劉術：分母通其全，加分子，自乘。又以七十八步半乘之，得一十三億八千四百七十四萬，爲實。分母自乘，百因，得二百四十六萬四千九百，爲法。除之，得五百六十一步二萬四千六百四十九分步之一萬九千三百一十一。

密術：分母通其全，加分子，自乘。又以一十一因之，得一億九千四百〇四萬，爲實。分母相乘，又十四因之，得三十四萬五千〇八十六，爲法。除之，未盡一十〇萬一千六百六十八。法、實皆一十四約之，得五百六十二步二萬四千六百四十九分步之七千二百六十二。

又 圓積求徑：圓積五百八十八步，求徑。

古術：置積，三歸，四因，平方開之，得二十八步。

劉術：置積，以百因之，得五萬八千八百。以七十八步半爲從隅而平方開之。初商二十，置一於左上爲法。置一乘從隅，得一千五百七十，爲隅法。與上法相乘，除實三萬一千四百，餘實二萬七千四百，未盡。倍隅法，得三千一百四十，爲廉法。約次商七，置一於左次，爲上法。置一乘從隅，得五百四十九步半。併廉法，共三千六百八十九步半，爲下法。與上法相乘，除實二萬五千八百二十六步半，餘實一千五百七十三步半。倍二十七，加乙筭，得五十五。以七十八步半因之，得四千七百一十七步半。法、實皆倍命之，得二十七步八千六百三十五分步之三千一百四十七。

密術：置積，以一十四因之，得八千二百三十二。以一十一爲從隅，平方開之。初商二十，置一於左上，爲法。置一乘從隅，得二百二十，爲隅法。與上法相乘，除實四千四百，餘實三千八百三十二。倍隅法，得四百四十，爲廉法。約次商七，置一於左次，爲上法。置一乘從隅，得七十七，爲隅法。併廉、隅，共五百一十七，爲下法。與上法相乘，除實三千六百一十九，餘實二百一十三，未盡。如前法約之，得二十七步六百〇五分步之二百一十三。

又 積六百一十五步二十五分步之一十一，求徑。

古術：分母乘其全，加分子，得一萬五千三百八十六。以四因之，得六萬一千五百四十四。分母，三之，得七十五，爲從隅，平方開之，餘實二千七百四十四。倍開出之數，加一筭，得五十七。以從隅因之，得四千二百七十五，爲母。

約之，得二十八步四千二百七十五分步之二千七百四十四。

劉術：以積分母除分子，得四分四厘。加全步，得六百一十五步四分四厘。百之，得六萬一千五百四十四，爲正實。以七十八步五分爲從隅，平方開之，得二十八步。

密術：置積，以分母通之，加分子，得一萬五千三百八十六。以一十四因之，得二十一萬五千四百〇四，爲正實。以二百七十五爲從隅，平方開之，餘實一萬四千九百二十九。倍徑，加一筭。以從隅乘之，爲分母，約之，得二十七步一萬五千一百二十五分步之一萬四千九百二十九。

又 平圓積四十五步一十一分步之九，求圓徑幾何。

密術：分母乘其全，加分子，以一十四乘之，得七千〇五十六。平方開之，得八十四。以一十一除之，不盡七。得七步一十一分步之七。

還原：分母乘七，加分子，自之。又一十一因，得七萬七千六百一十六，爲實。分母自之，又一十四因，得一千六百九十四，爲法。除之，得四十五，餘實一千三百八十六。法、實皆一百五十四約之。

又 圓周求積：周八十四，求積。

古術：周自之，得七千〇五十六。如圓法十二而一，得五百八十八步。

劉術：周自之，又二十五因，得一十七萬六千四百，爲實。如三百一十四而一，得五百六十一步一百五十七分步之一百二十三。

密術：周自之，七因，得四萬九千三百九十二，爲實。如八十八而一，得五百六十一步一十一分步之三。

比課劉術得積五百六十一步一千七百二十七分步之一千三百五十三，密術得積五百六十一步一千七百二十七分步之四百七十二。

又 圓周八十七步二十五分步之二十三，求積。

古術：分母通其全，分子從之，得二千一百九十八。自之，得四百八十三萬一千二百〇四，爲實。分母自之，得六百二十五。又十二因，得七千五百，爲法。實如法而一，得六百四十四步一千八百七十五分步之三百〇一。

劉術：分母通其全，分子從之，自乘。又以二十五乘之，得一億二千〇七十八萬〇一百，爲實。分母自乘，又以三百一十四乘之，得一十九萬六千二百五十，爲法。除之，不盡八萬六千三百五十。法、(皆)實[皆]七千八百五十約之，得六百一十五步二十五分之步之一十一。

密術：分母通其全，分子從之，自乘。又七因，得三千三百八十一萬八千四百二十八，爲實。分母自乘，又八十八因，得五萬五千，爲法。除之，不盡四萬八千四百二十八。法、實皆四約之，得六百一十四步一萬三千七百五十分步之一萬二千一百〇四。

又 周八十八步，求積。

古術：周自之，得七千七百四十四。如十二而一，得六百四十五步三分步之一。

劉術：周自乘，二十五因，得一十九萬三千六百，爲實。如三百一十四而一，得六百一十六步一百五十七分步之八十八。

密術：周自之，七因，得五萬四千二百〇八，爲實。如八十八而一，得六百一十六步。

又 圓積求周：圓積五百八十八步，求周。

古術：以十二因積，平方開之，得八十四步。

劉術：置積，以三百一十四因之，得一十八萬四千六百三十二。以二十五除之，得七千三百八十五步二八。平方開之，得八十五步一萬七千一百分步之一萬六千〇百二十八。

密術：置積，以八十八因，得五萬一千七百四十四。以七除之，得七千三百九十二。平方開之，得八十五步一百七十一分步之一百六十七。

又 圓積六百一十六步，求周。

古術：一十二因，得七千三百九十二，爲實。平方開之，得周八十五步一百七十一分步之一百六十七。

劉術：置積，以三百一十四因之，得一十九萬三千四百二十四。以二十五除之，得七千七百三十六步九六，平方開之。不盡者，以百因約之。得八十七步一萬七千五百分步之一萬六千七百九十六。

密術：置積，以八十八因之，得五萬四千二百〇八。以七除之，得七千七百四十四。平方開之，得八十八步。

又 圓積五百六十一步一百五十七分步之一百二十三，求周幾何。

古術：分母乘其全，加分子，得八萬八千二百。以圓法十二因之，得一百〇五萬八千四百，爲實。以一百五十七爲隅法，作帶從隅開平方法除之。初商八十，置一於左上，爲法。置一乘從隅，得一萬二千五百六十，爲隅法。與上法相乘，除實一百〇〇萬四千八百，餘五萬三千六百，未盡。倍隅法，得二萬五千一百二十，爲廉法。約次商二，置一於左，次爲上法。置一乘從隅，得三百一十四。併入廉法，共二萬五千四百三十四，爲下法。與上法相乘，除實五萬〇八百六十八，尚餘二千七百三十二。倍八十二，加一筭，以分母乘之，爲母。約之，得周八十二步二萬五千九百〇五分步之二千七百三十二。

又術：分母通其全，加分子，十二因之，得一百〇五萬八千四百。又以母乘之，得一億六千六百一十六萬八千八百，爲實。平方開之，得一萬二千八百九十，餘實一萬六千七百，不盡，另寄。以開得之數，分母約之，得八十二，仍未盡一十六。以分母乘之，得二千五百一十二。加入寄位，共一萬九千二百一十二，爲不盡之數。倍八十二，加一筭，得一百六十五。以分母乘之，得二萬五千九百〇五，爲母。

劉術：分母通其全，加分子，得八萬八千二百。以三百一十四乘，得二千七百六十九萬四千八百。又以二十五因分母，得三千九百二十五，爲法。除之，得七千〇五十六。平方開之，得周八十四步。

密術：分母通其全，加分子，得八萬八千二百。以八十八乘之，得七百七十六萬一千六百。又七因分母，得一千〇九十九。除之，得七千〇六十二，餘實四百六十二，未盡，另寄。置除得之數七千〇六十二，平方開之，得八十四步，餘六，未盡。以分母通之，得九百四十二。加前未盡，共一千四百〇四，爲不盡之數。倍八十四，加一筭，得一百六十九。以分母乘之，得二萬六千五百三十三，爲母。命之，謂二萬六千五百三十三分步之一千四百〇四。又法、實皆十三約之，得二千〇四十一分步之一百〇八。得周八十四步二千〇四十一分步之一百〇八。

又　積四十五步一十一分步之九，爲密圓周幾何。

密術：分母乘其全，加分子，得五百〇四。以八十八因之，得四萬四千三百五十二。又以七因分母，得七十七。除之，得五百七十六。平方開之，得二十四步。

清·陳世明《數學舉要》卷三《方田》　又算員徑周率：徑法一百一十三尺，周法三百五十五尺。此法設有員徑一尺，則員周三尺一寸四分一厘五九二九二有奇。比前之徑七、周二十二者稍又密矣，亦祖冲之算員之率也。

又　又算員周徑率：徑法一百尺，周法三百一十四尺一寸五分九厘二六五三五八九七九三二三八四七弱六强。此法比前之徑一一三、周三五五者又較密矣。然周法之尾數太多，布算之時似覺太煩，故于布算用徑七，周二十二之法。而求密則用此率可也。此率如《九章算法》所載劉徽之割員術與元趙友欽《革象新書》所撰乾象，《周髀》法其數略同。而西術之《測量全義》內亦此數也。

清·屠文漪《九章録要》卷三《方田法》　按：員物率周三而徑一。然田員豈能中規？其小偏者不妨以規員之法施之。但將周、徑並量，參互折中，亦可無誤。若偏甚，則勿以員論也。員率周三徑一，則周微强。然所較甚微，亦依率算之。

清·岑建功《割圜密率捷法序》　元郭邢臺《授時草》立天元一求弧矢，猶仍古率徑一周三，不知周三者舉成數約而言之也。《九章·少廣》注載漢張衡率：圜周冪五，方周冪八。此與宋秦九韶《數學九章》環田三積術謂以徑冪進位爲實，開方爲圓周率同。又，《九章·方田》注載劉歆率徑一千二百五十，周三千九百二十七。注載：王莽銅斛云云，未詳誰氏之注，茲據《隋志》定此爲歆率。劉徽率徑五十，周一百五十七。王蕃率徑四十五，周一百四十二。迨劉宋南徐州從事祖冲之更開密率，以圜徑一億爲一丈，圜周盈數三丈一尺四寸一分五釐九毫二秒七忽，朒數三丈一尺四寸一分五釐九毫二秒六忽，正數在盈朒之間。於是定徑一百一十三，周三百五十五，爲密率。又定徑七，周二十二，爲約率。後世因之，斯爲最密。外此如明陳藎謨太極率徑一，周三一五二五。邢雲路率徑一周三一二六，又三才奇率徑一，周三一二二三二〇三四。邢氏二率，前率見《疇人傳》，後三才奇率見《古今律曆考》。方以智《通雅》載徑十七，周五十二。康熙朝袁士龍智術與顧長發率同，爲徑一，周三一二五。或失之少，或失之多，皆不逮祖氏率。厥後西士亞奇默德作《圜書》三題，其第二題定周三倍徑又七十之十則朒，周三倍徑又七十一之十則盈，以數考之，朒率即祖氏之約率。約率本大於密率，而盈率更小於密率八千二十三分之六。

清·張作楠《倉田通法·量倉通法》卷一　割圜之術，祖冲之以圜容六邊起算，趙友欽以圜容四邊起算，俱得徑率一、周率三一四一五九二六五。西人以割圜八線、六宗、三要諸法求圜度內外諸線，亦得徑率一、周率三一四一五九二六五。蓋中法以圜內容形屢求句股，得無數多邊，圜外切形屢求句股，得無數多邊。內外湊集，則圜周漸變爲直線。西人設圜界爲度分，內而正弦，外而切線，至於無數，則圜周亦漸變爲直線。可見理之至者，先後同揆。法之精者，中西一轍也。此外如徑七、周二二，徑一一三、周三五五，得周俱稍大。徑五十、周一百

一率　二二，定率。
二率　七。定率。
三率　一十五尺，
四率　四七七二七二七二七二七。

右得徑數略小。

徑求圓周法：

一率　一〇〇〇〇〇〇〇〇，定率。
二率　三一四一五九二六五。定率。
三率　四七七四六四八二，現有徑數。
四率　一五。所得周數。

右二率、三率相乘，一率除之，得四率，即圓周。

又法：

一率　〇三一八三〇九八八，定率。
二率　一〇〇〇〇〇〇〇〇。定率。
三率　四七七四六四八二，
四率　一五。

右得數亦同。

又法：

一率　一一三，定率。
二率　三五五。定率。
三率　四七七四六四八二，
四率　一五〇〇〇〇〇〇九八。

右得周數稍大

又法：

一率　七，定率。
二率　二二。定率。
三率　四七七四六四八二，
四率　一五〇〇六〇三七二。

右得周數稍大。按：上二法雖尾數稍不符，然視徑一、圍三舊率則加密矣，故並列之。

又　**卷三**　附同積較徑法：凡方圓同積，則圓徑大，方徑小。其比例若一一二八

五十七，得周稍弱。吳王蕃及《晉書・天文志》以周百四十二、徑四十五爲率。今以徑一丈率之周得三丈一尺五寸五分五釐五豪五絲五忽九分忽之五，較徽率爲強。亞奇默德言圈周三倍圈徑又七十之十則朒，三倍又七十一之十則盈，即徑七周二十二之率也。近時西人杜德美周徑密率爲梅文穆所稱，今攷其法，設徑二，周得六二八三一八五二九九。半之，得徑一、周三一四一五九二六四九五。前九數皆與定率同。若方中通《數度衍》以徑十七、周五十二爲率，邢雲路以徑一、周三一二六爲率，已失之稍弱。周長裝智術又捌爲徑一者，周三一二五，與袁士龍《測量全義新書》方周率四，圓周率三一二五之率同。是又減邢氏千分之一弱，弥甚矣。又秦九韶環田三積術徑一百、周三百一十六奇，爲國朝錢溉亭塘徑一、周三一六之率所本。近談泰作一丈徑木板，以篾量其周，正得三丈一尺六寸奇。見阮雲臺少保《疇人傳》，併録以備攷。

又　附圓周求徑法：以一十五尺爲例。

一率　三一四一五九二六五，定率。
二率　一〇〇〇〇〇〇〇〇。定率。
三率　一十五尺，現有周數，
四率　四七七四六四八二。所得徑數。

右二率、三率相乘，一率除之，得四率，即圓徑。

又法：

一率　一〇〇〇〇〇〇〇〇，定率。
二率　〇三一八三〇九八八。定率。
三率　一十五尺，
四率　四七七四六四八二。

右得數亦同。

又法：

一率　三五五，定率。
二率　一一三。定率。
三率　一十五尺，
四率　四七七四六四七八八七三。

右得徑數略小。

又法：

三七九與一〇〇〇〇〇〇。法詳梅勿　《方圓冪積》與《數理精蘊》(合)。

有圓徑，求同積方徑，以一〇〇〇〇〇〇乘，以一一二八三七九除，得方徑。

有方徑，求同積圓徑，以一一二八三七九乘，以一〇〇〇〇〇〇除，得圓徑。

又凡方圓同積，則圓徑上平方與方徑上平方，其比例若四〇〇〇〇〇〇〇〇與三一四一五九二六五。

有圓徑，求同積方徑，以三一四一五九二六五乘，以四〇〇〇〇〇〇〇〇除，得數，開平方，得方徑。

有方徑，求同積圓徑，以四〇〇〇〇〇〇〇〇乘，以三一四一五九二六五除，得數，開平方，得圓徑。

又方圓同積，則圓徑與方徑若一〇〇〇〇〇〇與〇八八六二二六。

有圓徑，求同積方徑，以八八六二二六乘，以一〇〇〇〇〇〇除，得方徑。或以八八六二二六乘圓徑，去末六位，亦得方徑。

有方徑，求同積圓徑，以一〇〇〇〇〇〇乘，以八八六二二六除，得徑。或以一一二八三七九乘方徑，去末六位，亦得圓徑。

又　同積較周法：凡方圓同積，則圓周小，方周大，其比例若一〇〇〇〇〇〇與一一二八三七九。亦若八八六二二六與一〇〇〇〇〇〇。

有圓周，求同積方周，以一一二八三七九乘，以一〇〇〇〇〇〇除，得方周。或以一一二八三七九乘圓周，去末六位，亦得方周。

有方周，求同積圓周，以八八六二二六乘，以一〇〇〇〇〇〇除，得圓周。或以八八六二二六乘方周，去末六位，亦得圓周。

又凡同積之周方大而圓小，同積之徑則方小而圓大，故方圓同積，其徑與徑、周與周爲圓四一五九二六五。

有圓徑，求同積方徑，以三一四一五九二六五乘，以四〇〇〇〇〇〇〇〇除，得數，開平方，得方徑。

有方徑，求同積圓徑，以四〇〇〇〇〇〇〇〇乘，以三一四一五九二六五除，得數，開平方，得圓徑。

又方圓同積，則圓徑與方徑若一〇〇〇〇〇〇與〇八八六二二六。

有圓徑，求同積方徑，以八八六二二六乘，以一〇〇〇〇〇〇除，得方徑。

或以八八六二二六乘圓徑，去末六位，亦得方徑。

有方徑，求同積圓徑，以一〇〇〇〇〇〇乘，以八八六二二六除，得圓徑。

或以一一二八三七九乘方徑，去末六位，亦得圓徑。

又　同周較積較徑法：凡方圓同周，則圓積大方積小。徑亦如之。其比例若四〇〇〇〇〇〇〇〇〇與三一四一五九二六五。

方周一〇〇〇〇〇〇　徑〇二五〇〇〇〇　積六二五〇〇〇〇〇〇〇〇〇〇

圓周一〇〇〇〇〇〇　徑〇三一八三〇九八八　積七九五七七四七〇〇〇〇

方周四〇〇〇〇〇〇　徑一〇〇〇〇〇〇　積一〇〇〇〇〇〇〇〇〇〇〇〇〇

圓周四〇〇〇〇〇〇　徑一二七三二三九五四　積一二七三二三九五四〇〇〇〇〇〇〇

又　同徑較積較周法：凡方圓同徑，則方積大，圓積小。周亦如之。其比例若四〇〇〇〇〇〇〇〇〇與三一四一五九二六五。

方徑一〇〇〇〇　周四〇〇〇〇　積一〇〇〇〇〇〇

圓徑一〇〇〇〇　周三一四一五奇　積〇七八五三九八一六

方徑二〇〇〇〇　周八〇〇〇〇　積四〇〇〇〇〇〇〇〇

圓徑二〇〇〇〇　周六二八三一奇　積三一四一五九二六五

清·羅士琳《比例滙通》卷一　又古稱徑一圍三，後人準之以爲例。自祖氏出，改用密率，天下甫知圍三之率乃舉大數而言也。然以今準之，徑七周二十二則又盈，徑五十周百五十七則又朒，爰定爲徑一周三一四一五九。並準此而推而廣之，於是各定率生焉。茲悉彙集條分以資檢用。

又　圓積與圓徑比例定率：

圓徑：一〇〇〇〇〇〇〇，

圓積：七八五三九八一六。

又：

圓積：一〇〇〇〇〇〇〇，

圓徑：一二七三二三九五四。

又　方積與方周比例定率：

方積：一〇〇〇〇〇〇〇〇，

方周：四〇〇〇〇〇〇〇〇〇。

又：

方周：一〇〇〇〇〇〇〇〇，
方積：六二五〇〇〇〇〇〇〇。

又　方積與方徑比例定率：
方徑：一〇〇〇〇〇〇〇〇，
方積：一〇〇〇〇〇〇〇〇。

又：
九邊：六一八一八二四二〇，
十邊：七六九四二〇八八三。

又：
圓：一〇〇〇〇〇〇〇〇，
方：一二七三二三九五四。
三邊：五五一三三八八九，
五邊：二一九〇五七九八六，
六邊：三三〇七九七三三四，
七邊：四六二六八四〇九八，
八邊：六一四七七四四三五，
九邊：七八七〇九四三〇二，
十邊：九七九六五七〇九九。

又　面積相等邊線不同定率：
方：一〇〇〇〇〇〇〇〇，
圓：一一二八三七九一六，
三邊：一五一九六七一三七。

清・潘逢禧《算學發蒙》卷首《總括》　古圓徑法：
周三尺，徑一尺。
劉徽新術：按：徽係魏人。
周一百五十七尺，徑五十尺。
冲之密率：按：冲之，姓祖，宋人。
周二十二尺，徑七尺。按此三法，皆未密合。今遵《數理精蘊》定率，列於左：
徑求周
徑一〇〇〇〇〇〇〇〇，周三一四一五九二六五
周求徑
周一〇〇〇〇〇〇〇〇，徑〇三一八三〇九八八
圓面積求周方積
圓面〇一〇〇〇〇〇〇〇〇，周方一二五六六三七〇六二
周方積求圓面積
周方一〇〇〇〇〇〇〇〇〇，圓面〇〇七九五七七四七〇

清・刘彝程《九章實義》卷二下《面體積運九章》　古率徑一、周三，徽率徑五十、周百五十七，可化爲徑一、周三一四，最密之率徑一、周三一四一五九二六五。

算法

三國魏・劉徽《九章筭術注》卷一《方田》《九章筭術》　謹按（圓）［圖］驗，更造密率。恐空設法，數昧而難譬，故置諸檢括，謹詳其記注焉。割六（弧）［觚］以爲十二（弧）［觚］術曰：置圓徑二尺，半之爲一尺，即圓里（弧）［觚］之面也。令半徑一尺爲弦，半面五寸爲句，爲之求股。以句冪二十五寸減弦冪，餘七十五寸，開方除之，下至秒、忽。又一退法，求其微數。微數無名知以爲分子，以（下）［十］爲分母，約作五分忽之二。故得股八寸六分六釐二（絲）［秒］五忽五分忽之二。以減半徑，餘一寸三分三釐九毫七秒四忽五分忽之三，謂之小句。（小句知，半面五寸之句）（弧）［觚］之半面而又謂之小股。爲之求弦。其冪二千六百七十九億四千九百一十九萬三千四百四十五忽，（全）［餘］分（并）［棄］之。開方除之，即十二（弧）［觚］之一面也。　割十二（弧）［觚］以爲二十四（弧）［觚］術曰：亦令半徑爲弦，半面爲句，爲之求股。置上小弦冪，四而一，得六百六十九億八千七百二十九萬八千三百六十一忽，餘分棄之，即句冪也。以減弦冪，其餘開方除之，得股九寸六分五釐九毫二秒五忽五分忽之四。以減半徑，餘三分四釐七秒四忽五分忽之一，謂之小句。（弧）［觚］之半面又謂之小股。爲之求小弦。其冪六百八十一億四千八百三十四萬九千四百六十六忽，餘分棄之。開方除之，即二十四（弧）［觚］之一面也。　割二十四（弧）［觚］以爲四十八（弧）［觚］術曰：亦令半徑爲弦，半面爲句，爲之求股。置上小弦冪，四而一，得一百七十

億三千七百八萬七千三百六十六忽，餘分棄之，即句冪也。以減弦冪，其餘，開方除之，得股九寸九分一氂四毫四秒四忽五分忽之四。以減半徑，餘八氂五毫五秒五忽五分忽之一，謂之小句。（弧）［觚］之半面又謂之小股。爲之求小弦。其冪一百七十一億一千二十七萬八千八百一十三忽，餘分棄之。開方除之，得小弦一寸三分八毫六忽，餘分棄之，即四十八（弧）［觚］之一面。以半徑一尺乘之，又以二十四乘之，得冪三萬一千三百九十三億四千四百萬忽。以百億除之，得冪三百一十三寸六百二十五分寸之五百八十四，即九十六（弧）［觚］之冪也。

割四十八（弧）［觚］以爲九十六（弧）［觚］術曰：亦令半徑爲弦，半面爲句，爲之求股。置次上弦冪，四而一，得四十二億七千七百五十六萬九千七百三忽，餘分棄之，則句冪也。以減弦冪，其餘，開方除之，得股九寸九分七氂八毫五秒八忽十分忽之九。以減半徑，餘二氂一毫四秒一忽十分忽之一，謂之小句。（弧）［觚］之半面又謂之小股。爲之求小弦。其冪四十二億八千二百一十五萬四千一十二忽，餘分棄之。開方除之，得小弦六分五氂四毫三秒八忽，餘分棄之，即九十六（弧）［觚］之一面。以半徑一尺乘之，又以四十八乘之，得冪三萬一千四百一十億二千四百萬忽。以百億除之，得冪三百一十四寸六百二十五分寸之六十四，即一百九十二（弧）［觚］之冪也。　以九十六（弧）［觚］之冪減之，餘六百二十五分寸之一百五，謂之差冪。倍之，爲分寸之二百一十，即九十六（弧）［觚］之外弧田九十六所，謂以弦乘矢之凡冪也。加此冪於九十六（弧）［觚］之冪，得三百一十四寸六百二十五分寸之一百六十九，則出於圓之表矣。故還就一百九十二（弧）［觚］之全冪三百一十四寸以爲圓冪之定率而棄其餘分。　以半徑一尺除圓冪，倍所得，六尺二寸八分，即周數。【略】又（合）［令］徑二尺與周六尺二寸八分相約，周得一百五十七，徑得五十，則其相與之率也。周率猶爲微少也。

又　而（斛）［觚］差冪六百二十五分寸之一百五。以［一百九］十二（弧）［觚］之冪以率消息，當取此分寸之三十六，以增於一百九十二（弧）［觚］之冪，以爲圓冪，三百一十四寸二十五分寸之四。【略】以半徑一尺除圓冪三百一十四寸二十五分寸之四，倍所得，六尺二寸八分二十五分（寸）［分］之八，即周數也。全徑二尺與周數通相約，徑得一千二百五十，周得三千九百二十七，即其相與之率。若此者，蓋盡其纖微矣。舉而用之，上法爲約耳。當求一千五百三十六（弧）［觚］之一面，得三千七十二（弧）［觚］之冪，而裁其微分，數亦宜然，重其驗耳。

元・趙友欽《革象新書》卷五《乾象周髀》　日之圓徑一度，以算術求其周圍，計三度一十四分一十六秒。月之周徑比似之。赤道周天三百六十五度二十五分七十五秒，以算術求其徑，計一百一十六度二十六分五十一秒。徑當周中似乎圓扇夾脊，平分兩旁，即是南北二極相距之直數。折半，計五十八度一十三分二十五秒有奇，乃是六合各距天中之均數。天體圓如彈丸，東南西北相距皆然。凡相距平分之數，皆圓中之徑也。古人謂圓徑一尺，周圍三尺，方廣一尺，邊旁四尺。圓象天而天數三，方象地而地數四。數分陰分陽，自然有理。後世考究，則不然。方廣一尺而邊旁四尺，無可言者。若言圓徑一尺而周圍三尺，尚有餘。圍三尺而中徑一尺，則一尺爲不足。蓋圍三徑一尺，是六角之田也。或謂圓徑一尺周圍三尺一寸四分，或謂圓徑七尺周圍二十二尺，或謂圓徑一百一十三周圍三百五十五。徑一尺而周三尺一寸四分，猶自徑多圍少。徑七尺而周二十二尺，却是徑少周多。徑一百一十三而周圍三百五十五最爲精密。今求日周天徑，是此法也。既論其異同，亦當言其考究之術：畫爲百眼棋盤，一眼廣一寸；横十寸名勾，在於東西相距。方圖之内畫爲圓圖，是去其方之四角也。圓徑十寸與外方之股數相同。圓徑名髀，圓之髀比方之股其數同而字義不異，但有［方］圓之別。就圓圖之内又畫小方圖，其小方四角不指外方之四角，而斜抵東西南北之四正。蓋其外大方四角在於乾坤艮巽，其内小方四角在於坎離震兑。小方四角斜弦一十寸，尚是圓中之髀，爲數不殊於外方之股。以外方而比内方包容之積相半。外方積一百寸内方積五十寸。何以知其然？蓋將外方均作四隅，而視之一半歸於内，一半出於外，由是察之，圓中之直髀即内方之斜弦。内方既用爲弦，圓中難以名股。勾股與弦，名不可紊，故稱爲髀以別之。内方之弦十寸自乘，得一百寸，名弦冪。凡弦冪必兼得勾股兩冪之數。今圓方而縱横相同，當以弦冪均爲勾股兩冪，各得五十寸。而開方即知勾股皆七寸有餘。考究圓圍，本起於此。考究之術，將薄紙剪圓而臨於棋枰之上，不須於紙上畫爲方眼，但景映以爲準則，然後於世薄纸之上，模下之小方，以算術展爲圓象，充滿所定之圓圍。自四角之方添爲八角曲圓爲第一次，若第二次則求其爲曲十六，若第三次則求其爲曲三十二，若第四次則求其爲曲六十四。凡多一次，其曲必倍。若至十二次，則求其爲曲一萬六千三百八十四。其初之小方漸加漸展，漸滿漸實，角數愈多，而其爲方者不復方而変爲圓矣。故自一二次求之，以至一十二次，可謂極其精密。若節節求之，雖至千萬次，其數終不窮，須當逐節作爲大小勾，大小股，大小勾冪，大小股冪，小弦小弦冪，大弦大弦冪。但大弦與大弦冪不於節次作之，畢竟只用本數而已。今先以第一次言之，内方之弦十寸，名大弦，自乘得一百寸，名大弦冪。内方之勾冪五十寸，名第一次大勾冪，以第一次大勾冪減其大弦冪，餘五十寸，名第一次大股冪。開方得七寸七厘一毫有奇，名第一次大股。以第一次大股減其大弦，餘二寸九分二厘八毫有奇，名第一較。以此較折半得一寸四分六厘四毫有奇，名第一次小勾。此小勾之數乃是内方之四邊與圓圍最相遠處也。以第一次小勾自乘得二寸一分四厘四毫有奇，名第一次小勾冪。以第一次大勾冪折半得二十五寸，又折半得一十二寸五分，名第一次小股冪。以第一次小股冪併第一次小勾冪，得一十四寸六分四厘四毫有奇，名第一次小弦冪，以第一次小弦冪開方，得三寸八分二厘六毫有奇，名第一次小弦，即是八曲之一。八乘其第一次小弦，得三十寸六分一厘有奇，是即八曲之周圍也。

此以小數求之，不若改爲大數。所以然者，蓋求至十二次數之降者漸小，愈小則不便於數名。當將大弦改爲一千寸，大弦冪改爲一百萬寸，第一次大勾冪改爲五十萬寸，大股亦如之，然後依法而求，若求第二次者，以第一次小弦冪就名第二次大勾冪，以第一次大勾冪減其大弦冪餘爲第二次大股冪，開方爲第二次大股。以減其大弦，餘爲第二較，折半名二次小勾。此小勾之數即是八曲之邊與圓圍最相遠處也。以第二次小勾自乘，名第二次小勾冪，以第二次大勾冪兩折，名第二次小股冪，以第二次小股冪併第二次小勾冪，名第二次小弦冪，以第二次小弦冪開方爲第二次小弦，即是十六曲之一。以十六乘其第二小弦即是十六曲之周圍也。

以第二次倣第一次，若至十二次，亦遞次相倣而已。置第十二次之小弦，以第十二次之曲數一萬六千三百八十四乘之，得三千一百四十一寸五分九厘二毫有奇，即是千寸徑之周圍也。置此周圍之數降呼作三尺一寸四分一釐五毫九絲二忽有奇，以一百一十三乘之，果得三百五十五尺，故言其法精密。要之，方爲數之始，圓爲數之終。圓始於方，方終於圓，周髀之術無出於此矣。

明·王文素《算學寶鑒》卷八《圓田求積》 圓田求積四數【略】：

按古法：周三，徑一。【略】

按密率：周二十二，徑七。【略】

按徽術：周一百五十七，徑五十。【略】

按璿璣：周二十五，徑八。【略】

清·刘彝程《九章實義》卷一下《以比例運九章》 祖率爲北齊祖冲之所造，乃圓徑百十三，圓周三百五十五。此周、徑率之最密者。

圓率與方率分部

算法

三國魏·劉徽《九章算術注》卷一《方田》《九章算術》 令徑自乘爲方冪四百寸，與圓冪相折，圓冪得一百五十七爲率，方冪得二百爲率。方冪二百，其中容圓冪一百五十七也。圓率猶爲微少。按：弧田圖(合)［令］方中容圓，圓中容方，内方合外方之半。然則圓冪一百五十七，其中容方冪(二)［一］百也。

又 置徑自乘之方冪四百寸，令與圓冪通相約，圓冪三千九百二十七，方冪得五千，是爲率。方冪五千中容圓冪三千九百二十七；圓冪三千九百二十七中容方冪二千五百也。

弧田密率分部

算法

三國魏·劉徽《九章算術注》卷一《方田》《九章算術》 弧田【略】方中之圓，圓裏十二(弧)［觚］之冪，合外方之冪四分之三也。(方)中［方］合外方之半，則朱青合外方四分之一也。弧田，半圓之冪也。故依半圓之體而爲之術。以弦乘矢而半之則爲黄冪，矢自乘而半之爲二青冪。青、黄相連爲弧體。弧體法當應規。(令弧而)［今觚面］不至外畔，失之於少矣。圓田舊術以周三徑一爲率，俱得十二(弧)[觚]之冪，亦失之於少也。與此相似，指驗半圓之弧耳。若不滿半圓者，益復踈闊。宜依句股鋸圓材之術，以弧弦爲鋸道長，以矢爲句深，而求其徑。既知圓徑，則弧可割分也。割之者，半弧田之弦以爲股，其矢爲句，爲之求弦，即小弧之弦也。以半小弧之弦爲句，半圓徑爲弦，爲之求股，以減半徑，其餘即小弦之矢也。割之又割，使至極細。但舉弦、矢相乘之數，則必近密率矣。

劉徽原理部

綜論

三國魏・劉徽《九章算術注》卷五《商功》《九章算術》 鱉臑殊形，陽馬異體。然陽馬異體，則不可純合，[不]純合，則難爲之矣。何則？按：邪解方棊以爲塹堵者，必當以半爲分，邪解塹堵以爲陽馬者，亦必當以半爲分，一從一橫耳。

又 數而求窮之者，謂以(精)[情]推，不用籌筭。鱉臑之物，不同器用，陽馬之形，或隨脩短廣狹。然不有鱉臑，無以審陽馬之數，不有陽馬，無以知錐亭之類，功實之主也。

算法

三國魏・劉徽《九章算術注》卷五《商功》《九章算術》 邪解立方得兩塹堵，邪解塹堵，其一爲陽馬，一爲鱉臑，陽馬居二，鱉臑居一，不易之率也。

又 設爲陽馬爲分內，鱉臑爲分外。棊雖或隨脩短廣狹，猶有此分常率知，殊形異體，亦同也者，以此而已。其使鱉臑廣、袤、[高]各(高)二尺，用塹堵、鱉臑之棊各二，皆用赤棊。又使陽馬之廣、袤、高各二尺，用立方之棊一，塹堵、陽馬之棊各二，皆用黑棊。棊之赤、黑，接爲塹堵，廣、袤、高各二尺。於是中(效)[攽]其廣、[袤]，又中分其高。令赤、黑塹堵各自適當一方，高(二)[一]尺、方(二)[一]尺，每二分鱉臑，則一陽馬也。其餘兩端各積本體，合成一方焉。是爲別種而方者率居三，通其體而方者率居一。雖方隨棊改，而固有常然之勢也。按餘數具而可知者有一、二分之別，即一、二之爲率定矣。其於理也豈虛矣。若爲數而窮之，置餘廣、袤、高之數各半之，則四分之三又可知也。半之彌少，其餘彌細。至細曰微，微則無形。由是言之，安取餘哉？

又 方亭【略】爲術又可令方差自乘，以高乘之，三而一，即四陽馬也。上下方相乘，以高乘之，即中央立方及四面塹堵也。并之，以爲方亭積數也。

又 芻甍【略】亦可令上下袤差乘廣，以高乘之，三而一，即四陽馬也；下廣乘之上袤而半之，高乘之，即二塹堵；并之，以爲甍積也。

又 爲術又可令上下廣袤差相乘，以高乘之，三而一，亦四陽馬；上下廣袤互相乘，并而半之，以高乘之，即四面六塹堵與二立方，并之，爲芻童積。

又 又可令上下廣袤互相乘而半之，上下廣袤又各自乘，并，以高乘之，三而一，即得也。

祖暅之原理與球體積部

祖暅之原理分部

算法

三國魏·劉徽《九章算術注》卷五《商功》《九章算術》 ［從方亭求圓亭之積］，亦猶方冪中求圓冪。

又 此(方)[圓]亭四角圓殺，比於方亭，二百分之一百五十七。

又 按：陽馬之棊兩邪，棊底方，當其方也，不問旁、角而割之，相半可知也。推此上連無成不方，故方錐與陽馬同實。角而割之者，相半之勢。

又 從方錐中求圓錐之積，亦猶方冪求圓冪，乃當三乘之，四而一，(方錐)得圓(冪)[錐]之積。

又 圓錐比於方錐，亦二百分之一百五十七。

《九章算術》卷四《少廣》 唐·李淳風等注釋 引祖暅之開立圓術。夫疊棊成立積，緣冪勢既同，則積不容異。

球體積分部

題解

《九章算術》卷四《少廣》 三國魏·劉徽注 立圓，即丸也。

又 取立方棊八枚，皆令立方一寸，積之爲立方二寸。規之爲圓囷，徑二寸，高二寸。又復橫因之，則其形有似牟合方蓋矣。八棊皆似陽馬，圓然也。

綜論

三國魏·劉徽《九章算術注》卷四《少廣》《九章算術》 爲術者蓋依周三徑一之率。令圓冪居方冪四分之三。圓囷居立方亦四分之三。更令圓囷爲方率十二，爲丸率九，丸居圓囷又四分之三也。置四分自乘得十六，三分自乘得九，故丸居立方十六分之九也。故以十六乘積，九而一，得立方之積。丸徑與立方等，故開立方而除，得徑也。然此意非也。何以驗之？【略】按：合蓋者，方率也，丸居其中，即圓率也。推此言之，謂夫圓囷爲方率，豈不闕哉？以周三徑一爲圓率，則圓冪傷少，令圓囷爲方率，則丸積傷多，互相通補，是以(丸)[九]與十六之率偶與實相近，而丸猶傷多耳。觀立方之內，合蓋之外，雖衰殺有漸，而多少不掩，判合總結，方圓相纏，濃纖詭互，不可等正。欲陋形措意，懼失正理。敢不闕疑，以俟能言者。

唐·李淳風等《九章算術注釋》卷四《少廣》《九章算術》 祖暅之謂劉徽、張衡二人皆以圓囷爲方率，丸爲圓率，乃設新法。

又 等數既密，心亦昭晰。張衡放舊，貽哂於後；劉徽循故，未暇校新。夫豈難哉？抑未之思也。

算法

《九章算术》卷四《少廣》 開立圓術曰：置積尺數，以十六乘之，九而一，所得，開立方除之，即(丸)[立圓]徑。

唐·李淳風等《九章算術注釋》卷四《少廣》《九章算術》 祖暅之開立圓術曰：以二乘積，開立方除之，即立圓徑。

又 依密率，(立)此[立]圓積，本以圓徑再自乘，十一乘之，二十一而一，約此積。今欲求其本積，故以二十一乘之，十一而一。凡物再自乘，開立方除之，復其本數。故立方除之，即丸徑也。

唐·李淳風等《九章算術注釋》卷四《少廣》《九章算術》 其意何也？取立方

棊一枚，令立樞於左後之下隅，從規去其右上之廉；又合而横規之，去其前上之廉。於是立方之棊分而爲四。規内棊一，謂之内棊。規外棊三，謂之外棊。規更合四棊，復横斷之。以句股言之，令餘高爲句，内棊斷上方爲股，本方之數，其弦也。句股之法：以句冪減弦冪，則餘爲股冪，若令餘高自乘，減本方之冪，餘即内(減)棊斷上方之冪也。本方之冪即(外)[此]四棊之斷上冪。然則餘高自乘，即外三棊之斷上冪矣。不問高卑，勢皆然也。然固有所歸同而塗殊者爾，而乃控遠以演類，借況以析微。按：陽馬方高數參等者，(列)[倒]而立之，横截去上，則高自乘與斷上冪數亦等焉。夫疊棊成立積，緣冪勢既同，則積不容異。由此觀之，規之外三棊旁蹙爲一，即一陽馬也。三分立方，則陽馬居一，内棊居二可知矣。合八小方成一大方，合八内棊成一合蓋。内棊居小方三分之二，則合蓋居立方亦三分之二，較然驗矣。置三分之二，以圓冪率三乘之，如方冪率四而一，約而定之，以爲丸率。故曰丸居立方(三)[二]分之一也。

數學與天文曆法總部

主編　徐澤林

上元積年部

題解

五代・劉昫等《舊唐書・大衍曆》 演紀上元閼逢困敦之歲甲子，距開元十二年甲子，積九千六百九十六萬一千七百四十算。

《太乙金鏡式經》卷一 自上元以来，歲代綿遠，紀法差殊，雖設繁詞，備而靡用，今從上元甲子到唐開元十五年甲子歲，通前計四萬八百一算。臣按：宋琨置元，似童兒戲推求人紀之年，下求不得日辰，上求不得冬至，自三百餘年學者何多，逮於淳風但效尤而已。臣今別修甲子元四分曆法與太乙同元，舉而備用，得上元甲子冬至引而下之齊距歲計太乙行宫，進不違於四分，退不失於元紀，自上元混沌甲子之歲，至今大唐開元十二年甲子歲，積得一百九十三萬七千二百八十一算。上考往古，每年減一算，下檢將来，每年加一算。

《禅編》 疏曰：凡曆數所起謂之演紀之端。皇甫謐曰：帝堯以甲辰之歲即帝位，《皇極經世》所載亦然。凡在位七十年四十一年而得甲子，即以為演紀之端，是年天正冬至，日在虛一度，以紀元曆步之，一萬分度之百二十八為一歲之差，凡七十八年日差一度，自帝堯演紀之端，至漢太初元年丁丑，積二千一百九十四年，日差二十七度八千二百七十二分，至唐開元甲子，積三千一年，日差凡三十八度四千一百二十八分，至宋朝乾德甲子，積三千二百四十一年，日差凡四十一度四千八百四十八分，至慶曆甲申，積二千二百二十一年，日差凡四十二度五千八十八分，至紹興甲子，積三千四百二十一年，日差凡四十三度七千八百八十八分。若不存演紀之端，則積分計差之法何所從始，此所以只依《堯典》中星而著演紀之端也。

綜論

元・脱脱等《宋史・律曆志》 開禧三年，大理評事鮑澣之言：「曆者，天地之大紀，聖人所以觀象明時，倚數立法，以前民用而詔方來者。自黄帝以來，至於秦、漢，六曆具存，其法簡易，同出一術。既久而與天道不相符合，於是《太初》《三統》之法相繼改作，而推步之術愈見闊疏，是以劉洪、祖沖之之減破斗分，追求月道，而推測之法始加詳焉。至於李淳風、一行而後，總氣朔而合法，效乾坤而擬數，演算之法始加備焉。故後世之論曆，轉為精密，非過於古人也，蓋積習考驗而得之者審也。試以近法言之：自唐《麟德》《開元》而至於五代所作者，國初《應天》而至於《紹熙》《會元》，所更者十二書，無非推求上元開闢為演紀之首，氣朔同元，而七政會于初度。從此推步，以為曆本，未嘗敢輒為截法，而立加減數於其間也。獨石晉天福間，馬重績更造《調元曆》，不復推古上元甲子七曜之會，施於當時，五年輒差，遂不可用，識者咎之。今朝廷自慶元三年以來，測驗氣景，見舊曆後天十一刻，改造新曆，賜名《統天》，進曆未幾，而推測日食已不驗，此猶可也。但其曆書演紀之始，起於唐堯二百餘年，非開闢之端也。氣朔五星，皆立虛加、虛減之數；氣朔積分，乃有泛積、定積之繁。以外算而加朔餘，以距算而減轉率，無複強弱之法，盡廢方程之舊。其餘差漏，不可備言。以是而為術，乃民間之小曆，而非朝廷頒正朔、授民時之書也。漢人以謂曆元不正，故盜賊相續，言雖迂誕，然而曆紀不治，實國家之重事。願詔有司選演撰之官，募通曆之士，置局討論，更造新曆，庶幾並智合議，調治日法，追迎天道，可以行遠。」

明・宋濂等《元史・曆志》 授時曆議

昔人謂建曆之本，必先立元，元正然後定日法，法定然後度周天以定分至，然則曆之有積年日法尚矣。自黄帝以來，諸曆轉相祖述，殆七八十家，未聞舍此而能成者。今一切削去，無乃昧于本原，而考求未得其方歟？是殆不然。晉杜預有云：「治曆者，當順天以求合，非為合以驗天。」前代演積之法，不過為合驗天耳。今以舊曆頗疏，乃命厘正，法之不密，在所必更，奚暇踵故習哉。遂取漢以來諸曆積年日法及行用年數，具列於後，仍附演積數法，以釋或者之疑。

又 不用積年日法：曆法之作，所以步日月之躔離，候氣朔之盈虛，不揆其端，無以測知天道，而與之吻合；然日月之行遲速不同，氣朔之運參差不一，昔人立法，必推求往古生數之始，謂之演紀上元。當斯之際，日月五星同度，如合璧連珠然。惟其世代綿遠，馴積其數至逾億萬，後人厭其布算繁多，互相推考，斷截其數而增損日法，以為得改憲之術，此歷代積年日法所以不能相同者也。

然行之未遠，浸複差失，蓋天道自然，豈人為附會所能苟合哉？夫七政運行於天，進退自有常度，苟原始要終，候驗周匝，則象數昭著，有不容隱者，又何必舍目前簡易之法，而求億萬年宏闊之術哉？

算法

宋·秦九韶《數書九章·大衍類》卷一　古曆會積

問古曆冬至以三百六十五日四分日之一，朔策以二十九日九百四十分日之四百九十九，甲子以六十日，各為一周。假令至淳祐丙午十一月丙辰朔初五日庚申冬至初九日甲子，欲求古曆氣朔甲子一會積年、積月、積日及曆過未至年數各幾何。

答曰：一會積一萬八千二百四十年，二十二萬五千六百月，六百六十六萬二千一百六十日，曆過九千一百六十三年，未至九千七十七年。

術曰：同前。置問數有分者通之，互乘之得通數。求總等，不約一位，約衆位，得各元法，連環求等，約奇弗約偶，各得定母本題欲求一會，不復乘偶。以定相乘為衍母，定除母得衍數，滿定去衍得奇。以大衍入之得乘率，以乘衍數得泛用數，併諸泛以課衍母，如泛內多倍數者損之，乃驗元數奇偶同類處，各損半倍或三位同類者，三約衍母，損泛，各得正用。然後推氣朔不及或所過甲子日數，乘正用，加減之，為總。滿衍去之，餘為所求曆過率實，如紀元法而一，為曆過。以氣元法除衍母，得一會積年，以氣周日刻乘一會年，得一會積日，以朔元法除衍母，得一會積月數。

右本題，問氣朔甲子相距日數，係《開禧曆》推到。或甲子日在氣朔之間及非十一月前後者，其總數必滿母，贅去之，所得曆過年數，尾位雖倫，首位必異。今設問以明大衍之理。初不計其前多後少之曆過。

草曰：置問數冬至三百六十五日四分日之一，朔策二十九日九百四十分日之四百九十九，甲子六十日，各通分內子互乘之，列三等位，具圖如後。

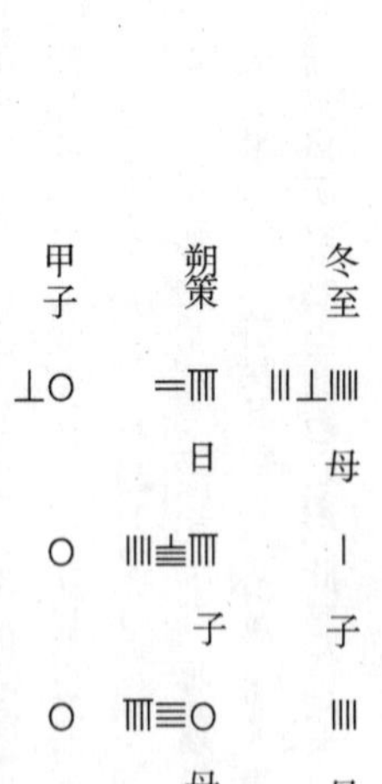

冬至得一千四百六十一，朔實得二萬七千七百五十九，甲子無母只是六十。

列三行互乘之，具圖如後。

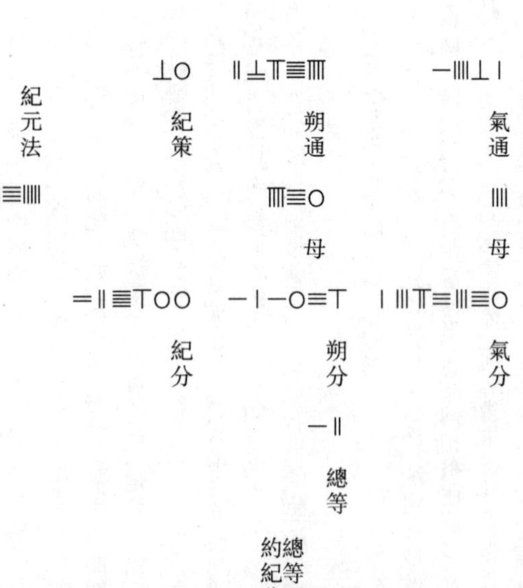

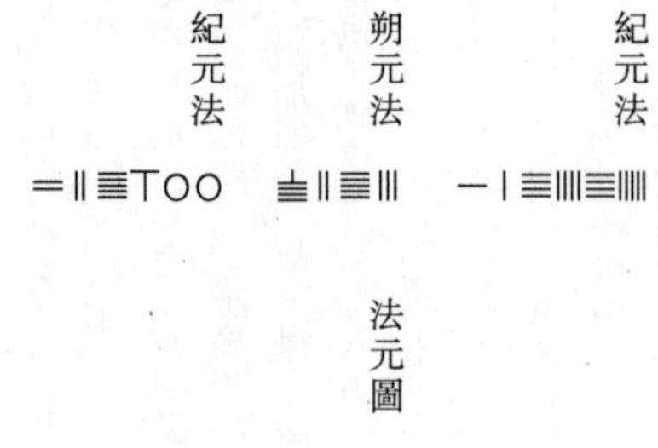

以三行互乘，右得一百三十七萬三千三百四十，為氣分；中得一十一萬一千三十六，為朔分；左得二十二萬五千六百，為紀分。先求總等得一十二。乃存紀分一位不約，只以等一十二約氣分，得一十一萬四千四百四十五。又約朔分得九千二百五十三，皆為元法，乃以連環求等，次以紀元二十二萬五千六百與朔元九千二百五十三求等，得一，不約，又以紀元與氣元一十一萬四千四百四十五求等，得二百三十五，只約氣元，得四百八十七，次以氣元四百八十七與朔元九千二百五十三求等，得四百八十七，只約朔元九千二百五十三，得一十九，約遍畢，得四百八十七為氣定，得一十九為氣定，得二十二萬五千六百為紀定，以三定相乘得二十億八千七百四十七萬六千八百為衍母，具圖如後。

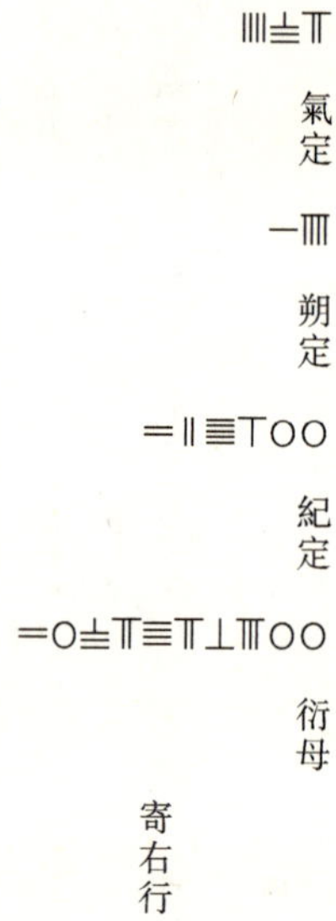

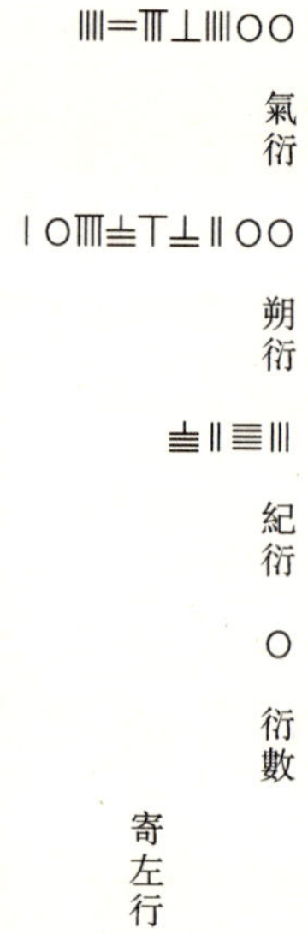

各以定數約衍母各得衍數，氣得四百二十八萬六千四百，朔得一億九百八十六萬七千二百，紀得九千二百五十三，寄左行，各滿定數去之，各得奇數。

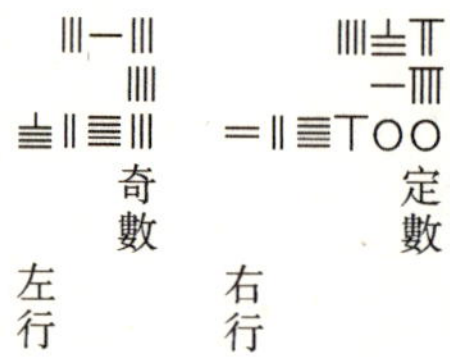

氣奇得三百一十三，朔奇得四，紀奇得九千二百五十三，各與定數用大衍求一，各得乘數，列右行，對寄左行衍數，具圖如後。

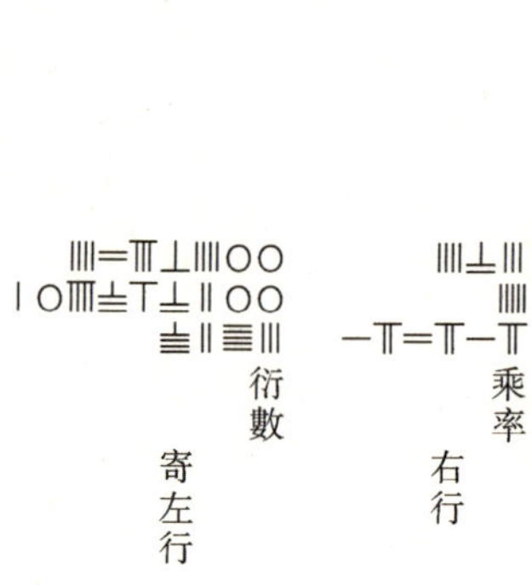

各以大衍入之，氣乘率得四百七十三，朔乘率得五，紀乘率得一十七萬二千七百一十七，對左行衍數，以右行乘率對乘左行衍數，氣泛得二十億二千七百四十六萬七千二百，朔泛得五億四千九百三十三萬六千，紀泛得一十五億九千八百一十五萬四百一十，具圖如後。

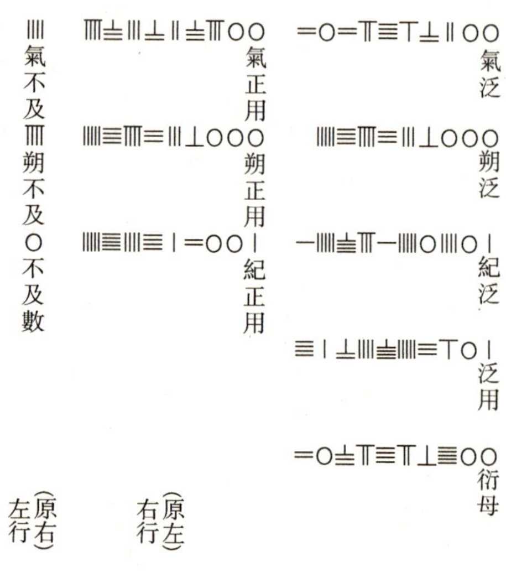

右列用數併之，共得四十一億七千四百九十五萬三千六百一，為泛用數，與衍母二十億八千七百四十七萬六千八百驗之，在衍母以上，就以衍母除泛，得二，乃知泛内多一倍母數，當於各用内損去所多一倍。按術驗法，元圖内諸元數

奇偶同類者，各損其半，今驗法元圖，氣元尾數是五，紀元尾數是六百，為俱五同類，乃以衍母二十億八千七百四十七萬六千八百，折半得一十億四千三百七十三萬八千四百，以損泛用圖內氣泛、紀泛畢，其朔泛不損，各得氣、朔、紀正用數，其氣正用得九億八千三百七十二萬八千八百，朔正用五億四千九百三十三萬六千，紀正用五億五千四百四十一萬二千一，列為正用圖在前。

既得正用數，次驗問題。十一月朔日丙辰，冬至初五日庚申，初九日甲子，乃以初一減初九甲子，餘八日，為朔不及，次以初五亦減初九甲子，餘四日，為氣不及，以二不及各乘正用，得數具圖如後。

氣總　○○‖≡|≐≡‖≡Ⅲ≡

朔總　○○○≐Ⅲ⊥Ⅲ≐‖≡

先以氣不及甲子四日，以乘氣正用數九億八千三百七十二萬八千八百，得三十九億三千四百九十一萬五千二百，為氣總。次以朔不及甲子八日數，以乘其朔正用數五億五千九百三十三萬六千，得四十三億九千四百六十八萬八千，為朔總，併之，得八十三億二千九百六十萬三千二百，為總數，滿母二十億八千七百四十七萬六千八百去之，不滿二十億六千七百一十七萬二千八百為所求率實。具圖如後。

總數　○○‖≡○⊥Ⅲ=≡|≡

衍母　○○Ⅲ⊥Ⅲ≡Ⅲ≐○=

所求率實　○○Ⅲ=T−TⅠ○=　不滿

紀定法　○○T≡‖=

置所得率實二十億六千七百一十七萬二千八百，如法元圖紀元法二十二萬五千六百而一，得九千一百六十三年，為曆過年數。次置衍母二十億八千七百四十七萬六千八百為實，如法元圖氣元一十一萬四千四百四十五為法而一，得

一萬八千二百四十年，為氣朔甲子一會積年，內減曆過九千一百六十三年，餘九千七十七年，為未至年數。次以冬至周日三百六十五日二十五刻乘積一會年一萬八千二百四十，得六百六十六萬二千一百六十日，為一會積日。又以衍母為實，如法元圖朔元法九千二百五十二而一，得二十二萬五千六百月，為一會積月。合問。

又《天時類》卷三　治曆演紀　問開禧曆積年七百八十四萬八千一百八十三，欲知推演之原，調日法，求朔餘、朔率、斗分、歲率、歲閏、入元歲、入閏、朔定骨、閏泛骨、閏縮、紀率、氣元率、元閏、元數，及氣等率、因率、蔀率、朔等數、因數、蔀數、朔積年，二十三事各幾何？

答曰：日法一萬六千九百；朔餘八千九百六十七；朔率四十九萬九千六十七；斗分四千一百八；歲率六百一十七萬二千六百八；歲閏一十八萬三千八百四；入元歲九千一百八十；入閏四十七萬四千二百六十；朔定骨二萬九千六百六十九；閏泛骨一十六萬三千七百七十一；閏縮一十八萬八千五百七十八；紀率一百一萬四千；氣元率一萬九千五百；元閏三十七萬七千八百七十三；元數四百二；氣等率五十二；因率一百四十四；蔀率三百二十五；朔等數一；因數四十五萬七千九百九十九；蔀數四十九萬九千六十七；朔積年七百八十三萬九千；積年七百八十四萬八千一百八。

術曰：以曆法求之，大衍入之，調日法如何承天術，用强弱母子互乘，得數併之，為朔餘；以二十九日通日法，增入朔餘，為朔率；又以日法乘前曆所測冬至氣刻分，收棄末位為偶數，得斗分；與日法用大衍術入之，求等數、因率、蔀率，以紀乘等數，為約率；置所求氣定骨，如約率而一，得數以乘因率，滿蔀率去之，不滿以紀法乘之，為入元歲；次置歲日，以日法通之，併以斗定分，為歲率；以十二月乘朔率，減歲率，餘為歲閏；以歲閏乘入元歲，滿朔率去之，不滿為入閏，與閏骨相減之，得差或適足便以入元歲為積年後術並不用或差在刻分法半數以下者亦以入元歲為積年必在刻分法半數以上，却以閏泛骨併朔率，得數內減入閏，餘與朔率求閏縮在朔率以下便為閏縮以上用朔率減之亦得，以紀法乘日法，為紀率；以等數約之，為氣元率；以氣元乘歲閏，滿朔率去之，不滿為元閏；虛置一億，減入元歲，餘為實，元率除之，得乘限。乃以

元閏與朔率用大衍入之，求得等數、因數、蔀數，以等約閏縮，得數以因數乘之，滿蔀數去之，不滿，在乘限以下，以乘元率，為朔積年，併入元歲，為演紀積年。又加，成曆年。

今人相乘演積年，其術如調日法，求朔餘朔率，立斗分歲餘，求氣骨、朔骨、閏骨，及衍等數、約率、因率、蔀率，求入元歲、歲閏、入閏、元率、元閏，已上皆同此術。但其所以求朔積年之術，乃以閏骨減入閏，餘謂之閏贏，却與閏縮、朔率，列號甲乙丙丁四位，除乘消減謂之方程，乃求得元數，以乘元率，所得謂之朔積年，加入元歲，共為演紀歲積年。所謂方程，正是大衍術今人少知，非特置算繫名，初無定法可傳，甚是惑誤後學，易失古人之術意，故今術不言閏贏，而曰入閏差者，蓋本將來可用入元歲便為積年之意。故今止將元閏、朔率二項，以大衍先求等數、因數、蔀數者，仍倣前求入元歲之術理，假閏骨如氣骨，以等數為約數，及求乘數、蔀數，以等約閏縮，得因乘數，滿蔀去之，不滿，在限下，以乘元率，便得朔積年，亦加入元歲，共為演紀積年。此術非惟止用乘除省便，又且於自然中取見積年，不惑不差矣。新術敢不用閏贏而求者，實知閏贏已存於入閏之中，但求朔積年之奇分與閏縮等，則自與入閏相合，必滿朔率所去故也。數理精微，不易窺識，窮年致志，感於夢寐，幸而得之，謹不敢隐。

草曰：本曆以何承天術調得一萬六千九百為日法，係三百三十九强、一十七弱。先以强數三百三十九乘强子二十六，得八千八百一十四於上，次以弱數一十七乘弱子九，得一百五十三，併上，共得八千九百六十七，為朔餘，次以日法通朔策二十九日，得四十九萬一百，增入朔餘，得四十九萬九千六十七，為朔率。又以日法乘統天曆所測每歲冬至周日下二十四刻三十一分，得四千一百八分三十九秒，為斗泛分，驗八分既偶，遂棄三十九秒，只以四千一百八分為斗定分，與日法以大衍術入之，求得五十二為等數，一百四十四為因率，三百二十五為蔀率。以甲子六十為紀法，乘等數，得三千一百二十，為約率，卻置本曆上課所用嘉泰甲子歲氣骨一十一日四十四刻六十一分五十一秒，以乘日法，得一十九萬三千四百四十分二十六秒，為氣泛骨，欲滿約率三千一百二十而一，故就近乃棄微秒，只以一十九萬三千四百四十為氣定骨，然後以約率三千一百二十除之，得六十二，以因率一百四十四乘之，得八千九百二十八，滿蔀率三百二十五去之，不滿一百五十三，以紀法六十乘之，得九千一百八十年，為入元歲。次置歲三百六十五，以日法乘之，得六百一十六萬八千五百，併斗定分四千一百八，得六百一十七萬二千六百八，為歲率，卻以十二月乘朔率四十九萬九千六百七，得五百九十八萬八千八百四，減歲率，餘一十八萬三千八百四，為歲閏，以歲閏乘入元歲九千一百八十，得一十億八千七百三十二萬七百二十，滿朔率去之，不滿四十七萬四千二百六十為入閏。次置本曆所用嘉泰甲子歲天正十一月朔一日七十五刻五十五分六十二秒，以日法乘之，得二萬九千六百六十八分九千九百七十八秒，為朔泛骨，就近收秒為一分，共得二萬九千六百六十九，為朔定骨數。然後乃以朔定骨減氣骨一十九萬三千四百四十，餘一十六萬三千七百七十一，為閏泛骨。置日法，以二百歸除之，得八十四半，為半刻法。次以閏泛骨與入閏相課，減之，餘三十一萬四百八十九此是閏贏為差，半刻法以上，乃以閏泛骨併朔率，共得六十六萬二千八百三十八，以入閏四十七萬四千二百六十減之，餘一十八萬八千五百七十八，在朔率下，便為閏縮。次以紀策六十乘日法，得一百一萬四千，為紀率，以等數五十二約紀率，得一萬九千五百，為氣元率，以氣元率乘歲閏一十八萬三千八百四，得三十五億八千四百一十七萬八千，滿朔率去之，不滿三十七萬七千八百七十三為元閏。次置一億，以入元歲九千一百八十減之，餘九千九百九十九萬八百二十為實，以元率一萬九千五百為法除之，得五千一百二十七，為乘元限數，乃以元閏三十七萬七千八百七十三與朔率四十九萬九千六十七用大衍術求之，得等數一、因數四十五萬七千九百九十九、蔀數四十九萬九千六十七，然後以等數一約閏縮，只得一十八萬八千五百七十八，以因數四十五萬七千九百九十九乘之，得八百六十三億六千八百五十三萬五千四百二十二，滿蔀數四十九萬九千六百七十去之，不滿四百二，在乘元限數以下，為可用，乃以乘元率一萬九千五百，得七百八十三萬九千年，為朔積年，併入元歲九千一百八十，共得七百八十四萬八千一百八十，為嘉泰四年甲子歲積算。本曆係於丁卯歲進呈，又加丁卯三年，共為七百八十四萬八千一百八十三算，為本曆積年。合具算圖如後。

何承天調日法强弱四率

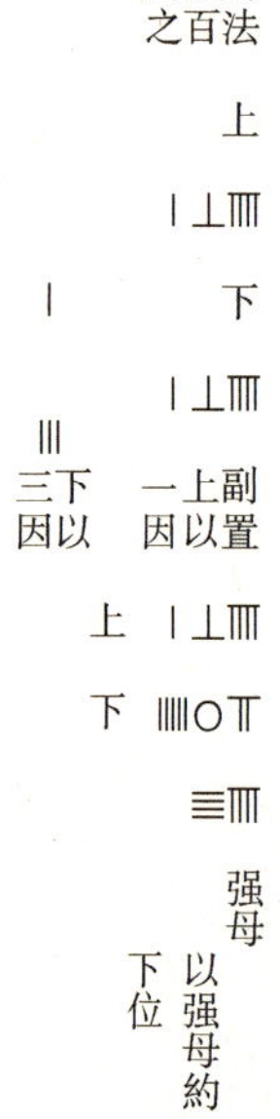

𝍧丄〡 上位 一〇 得數 一𝍮 餘 一𝍮 弱母 以弱母乘得數，以得數併上位。

𝍧丄〡 上位 〡〇 得數 一𝍮 餘

𝍧〣𝍧 强數 𝍮 弱數 一 以兩行强弱數子對乘之

=丅 强子 𝍧 弱子

〣 一𝍮 〣 〣 得 𝍮丄𝍧 〣 餘數

〡 〇 〡

次以日法乘朔策日，得數併朔餘，為朔率。

〡丄𝍧〇〇 日法 〢𝍧 朔策 〇〇〡〇𝍧〣 得數

𝍧𝍧ㄨ〇丄𝍮 朔率 𝍮丄𝍧〣 朔餘 〇〇〡〇𝍧〣 得數

一丄𝍧〇〇 日法 〡〣〣=〇 日 𝍧〣𝍧〇〡〣 斗泛分 斗分見偶則棄，見奇則收為偶。

右行 斗分 𝍧〇〡〣 日法 〇〇ㄨ丄〡〇 商 𝍧

左行 天元 〡 空

斗分 𝍧〇〡〣〡 日法 𝍧丄𝍧〣 餘 商 𝍧

天元 〡 〇

商 𝍮 斗分 𝍧〇〡〣 日法 𝍧丄𝍧 餘

天元 〡 歸數 𝍧

𝍧 斗分 𝍧丄𝍧〡 餘 日法 𝍮丄𝍧 餘

天元 〡 歸數 𝍧丄𝍧

斗分 𝍧丄𝍧〡 餘 日法 𝍮丄𝍧 餘 商 〡

率 〣𝍧丄𝍧 歸 𝍧丄𝍧

斗分餘 𝍧丄𝍧 日法餘 𝍧〇〡 商 〡

率 〣𝍧 歸 𝍧〇〡

商 𝍧 斗分餘 〣丄𝍧 日法餘 𝍧〇〡𝍮

率 〣𝍧 歸 𝍧〇〡𝍮〣

商 𝍧 斗分 〣𝍧 餘 日法 𝍧〇〡𝍮 餘

率 〣𝍧 歸 𝍧〇〡𝍮〣

斗分餘 =〣𝍧〣〡 日法餘 𝍧〇〡𝍮 商 〡

率 歸 〣𝍮〡〇𝍧

乘率 𝍠𝍫𝍣　等 𝍬𝍡
歸 𝍪𝍦　等 𝍬𝍡
商 𝍠

乘率 𝍠𝍫𝍣　等 𝍬𝍡
歸 𝍠𝍯𝍠　等 𝍬𝍡

乘率 𝍠𝍫𝍣　等 𝍬𝍡
蔀率 𝍢𝍪𝍤　等 𝍬𝍡

右行 等數 𝍬𝍡　紀策 𝍮〇
左行 乘率 𝍠𝍫𝍣　蔀率 𝍢𝍪𝍣

右行 約率 𝍫𝍠𝍪〇
左行 乘率 𝍠𝍫𝍣　蔀率 𝍢𝍪𝍣

氣骨 𝍩𝍠𝍫𝍣𝍮𝍠𝍬𝍣
日 𝍩𝍮𝍧〇〇
日法
氣泛骨 𝍩𝍧𝍫𝍣𝍫〇〇〇𝍡𝍥

商 𝍮𝍡　氣定骨 𝍩乂𝍫𝍣𝍫〇　約率 𝍫 𝍠 𝍪〇

商 𝍮𝍡　因率 𝍠𝍫𝍣　得數 𝍯𝍧𝍪𝍦

商去之 〇　得數 𝍯𝍧𝍪𝍦　蔀率 𝍢𝍪𝍤

入元歲 𝍯𝍠𝍯〇　不滿 𝍠𝍬 〇　紀策 𝍮〇

歲策日 𝍢𝍮𝍤　日法 𝍠𝍮𝍧〇〇　得數 𝍥𝍩𝍥𝍯𝍤〇〇　斗分 𝍫𝍠〇𝍦

𝍧

上 歲率 𝍥𝍩𝍦𝍪𝍥〇𝍦
副 朔率 𝍣𝍧𝍯〇𝍮𝍦
中 月數 𝍩𝍡

上 歲率 𝍥𝍩𝍦𝍪𝍥〇𝍦
副 月得數 𝍤𝍯𝍦𝍯𝍦〇𝍣
中 歲閏 𝍩𝍦𝍫𝍦〇𝍣
次 入元歲 𝍯𝍠𝍯〇
下 入得數 𝍠𝍥𝍯𝍦𝍫𝍡〇𝍦𝍪〇

乃以副位得數減上位歲率，次以次位入元歲乘中位歲閏，成下位。

入得 〇=〒〇‖≡〒≟⊥一　朔率 ⊤⊥〇≟Ⅲ≡　入閏 〇⊥‖≡〒≡

朔骨 ‖⊥〇≡Ⅲ⊤|　日法 |⊥Ⅲ〇〇　朔泛骨 Ⅲ⊤〤≟Ⅲ⊥⊤≟‖　收數 =‖　朔定骨 Ⅲ⊥⊤≟‖

氣定骨 〇≡Ⅲ≡Ⅲ一　朔定骨 Ⅲ⊥⊤≟‖　閏泛骨 |⊥〒≡⊤一

日法 〇〇Ⅲ⊥一　約法 ‖〇〇　半別法 ≟Ⅲ≡

入閏 〇⊥‖≡〒≡　閏泛骨 |⊥〒≡⊤一　閏差 Ⅲ≟Ⅲ〇|≡　即閏贏

朔率 ⊤⊥〇≟Ⅲ≡　閏泛骨 |⊥〒≡⊤一　得數 Ⅲ≡Ⅲ=⊤⊥

閏缩 Ⅲ⊤〇≟Ⅲ一　入闰 〇⊥‖≡〒≡

紀策 〇⊥　日法 〇〇Ⅲ⊥　紀率 〇〇〇≡|〇〇

氣元率 〇〇Ⅲ≟|　紀率 〇〇〇≡|〇|　等數 ‖≡

氣元 〇〇Ⅲ≟|　歲閏 Ⅲ〇〒≡Ⅲ一　得數 〇〇〇≟⊤一Ⅲ≟Ⅲ≡　朔率 ⊤⊥〇≟Ⅲ≡

元閏 Ⅲ⊤⊥⊤⊥≡　虛億 〇〇〇〇〇〇〇〇|　入元歲 〇≟|≟

乘元限 ⊤=〇　餘實 〇=〒〇Ⅲ≟Ⅲ≟　元率 〇〇Ⅲ≟|

右行
元閏 ≡╥⊥╥⊥|||
朔率 ╥⊥〇≟Ⅲ≡
商 |

左行
天元 |
空〇

元閏 |||⊥╥⊥╥≡ |
朔率餘 ||||≟|—||—〇
商 |

天元 |
〇—||—|

元閏 |||⊥=⊤⊥╥≡ |
朔率餘 ||||≟|—||—|
商 |||

天元 |
歸 |—||—|

元閏餘 |≟||≡|
朔率餘 ||||≟|—||—|
商 |||

天元 |
歸 |—||—|

元閏餘 |≟||≡|
朔率餘 |—||—|
商 Ⅲ

數 ||||
歸 |

元閏餘 |≟||≡|
朔率餘 ⊤⊥Ⅲ⊥
商 Ⅲ

||||
|

商 ||
元閏餘 |≟||≡|
朔率餘 ⊤⊥Ⅲ⊥

數 ||||
歸 |||≡

商 ||
元閏餘 Ⅲ≡||||
朔率餘 ⊤⊥Ⅲ⊥

數 ||||
歸 |||≡

元閏餘 Ⅲ≡||||
朔率餘 ⊤⊥Ⅲ⊥
商 ||

數 ⊥〇
歸 |||≡

元閏餘 Ⅲ≡||||
朔率餘 Ⅲ〇|
商 ||—

數 ⊥〇
歸 |||≡

商 |||
元閏餘 ╳≡||||
朔率餘 Ⅲ≡|

數 ⊥〇
歸 Ⅲ⊥|||

商 |||
元閏餘 ≟||||
朔率餘 Ⅲ≡|

數 ⊥〇
歸 Ⅲ⊥|||

商 丨
元閏餘 ≟ⅢⅠ　數 =⊤≟Ⅲ
朔率餘 Ⅲ丨≣Ⅲ　歸 Ⅲ⊥Ⅲ

商 丨
元閏餘 ≟ⅢⅠ　數 =⊤≟Ⅲ
朔率餘 ⊥Ⅲ　歸 Ⅲ⊥Ⅲ

商 丨
元閏餘 ≟ⅢⅠ　數 =⊤≟Ⅲ
朔率餘 ⊥Ⅲ　歸 ≡〇⊥Ⅱ

商 丨
元閏餘 一Ⅱ　數 =⊤≟Ⅲ
朔率餘 ⊥Ⅲ　歸 Ⅲ〇⊥Ⅱ

元閏餘 一Ⅱ　數 ⊥Ⅱ≣丨
朔率餘 ⊥Ⅲ　歸 Ⅲ〇⊥Ⅱ
商 ⊤

元閏餘 一Ⅱ　數 ⊥Ⅱ〇丨
朔率餘 丨　歸 ≡〇⊥Ⅱ
商 ⊤

商 一丨
元閏餘 一Ⅱ　數 ⊥Ⅱ〇丨
朔率餘 丨　歸 Ⅲ一〇⊥Ⅲ

商 一丨
等 丨　數 ⊥Ⅱ〇丨
等 丨　歸 Ⅲ一〇⊥Ⅲ

等數 丨　因數 ≣Ⅲ⊥Ⅲ≟Ⅲ
等數 丨　歸 Ⅲ一〇⊥Ⅲ

等數 丨　因數 ≣Ⅲ⊥Ⅲ≟Ⅲ
蔀數 〇　⊤⊥〇≟Ⅲ≣
即朔數

因數 ≣Ⅲ⊥Ⅲ≟Ⅲ
閏縮 一Ⅲ≟Ⅲ⊥Ⅲ
得數 Ⅱ=Ⅲ〇Ⅲ〇Ⅲ⊥Ⅲ⊥Ⅲ
蔀數 ⊤⊥〇≟Ⅲ≣

不滿 Ⅲ〇Ⅱ
可用 乘元限 ⊤=丨≣

元數 Ⅲ〇Ⅱ
氣元數 〇〇Ⅲ≟丨
朔積年 〇〇〇≟Ⅲ≟⊤
入元歲 〇≟丨≟

嘉泰甲子積 〇≟丨≟Ⅲ≟⊤ 年
丁卯 Ⅲ
開禧丁卯歲積年 Ⅲ≟丨≟Ⅲ≟⊤

插值法與相減相乘法部

題解

元·脱脱等《宋史·律曆志》 日躔盈縮定差：張胄玄名損益率曰盈縮數，劉孝孫以盈縮數為朓朒積，《皇極》有陟降率、遲疾數，《麟德》曰先後盈縮數，《大衍》曰損益朓朒積，《崇天》曰損益盈縮積。所謂古曆平朔之日，而月或朝覿東方，夕見西方，則史官謂之朓朒。今以日行之所盈縮、月行之所遲疾，皆損益之，或進退其日，以為定朔，則舒亟之度乃勢數使然，非失政之致也。新曆以七千一為盈縮之極，其數與月離相錯，而損益、盈縮為名，則文約而義見。升降分：《皇極》躔衰有陟降率，《麟德》以日景差、陟降率、日晷景消息為之，義通軌漏。夫南至之後，日行漸升，去極近，故晷短而萬物皆盛；北至之後，日行漸降，去極遠，故晷長而萬物浸衰。自《大衍》以下，皆從《麟德》。今曆消息日行之升降，積而為盈縮焉。

月離遲疾定差：《皇極》有加減限、朓朒積，《麟德》曰增減率、遲疾積，《大衍》曰損益率、朓朒積，《崇天》亦曰損益率、朓朒積。所謂日不及平行則損之，過平行則益之，從陽之義也；月不及平行則益之，過平行則損之，禦陰之道也。陰陽相錯而以損益、遲疾為名。新曆以一萬四千八百一十九為遲疾之極，而得五度八分，其數與躔相錯，可以知合食加時之早晚也。

星行盈縮：五星差行，惟火尤甚。乃有南侵狼坐，北入匏瓜，變化超越，獨異于常，是以日行之分，自有盈縮。此乃天度廣狹不等，氣序升降有差，考今升降之分，積為盈縮之數。凡五星入氣加減，興于張子信，以後方士各自增損，以求親密。而開元曆別為四象六爻，均以進退，今則別立盈縮，與舊異。

五星見伏：五星見伏，皆以日度為規。日度之運，既進退不常；星行之差，亦隨而增損。是以五星見伏，先考日度之行，今則審日行盈縮，究星躔進退，五星見伏，率皆密近。舊説，水星晨應見不見在雨水後、穀雨前，夕應見不見在處暑後、霜降前。又云，五星在卯酉南則見遲、伏早，在卯酉北則見早、伏遲，蓋天勢使之然也。

明·宋濂等《元史·曆志》 所創法者凡五事，一曰太陽盈縮用四正定氣立為升降限，依立招差求得每日行分初末極差積度，比古為密；二曰月行遲疾，古曆皆用二十八限，今以萬分日之八百二十分為一限，凡析為三百三十六限，依垜疊招差求得轉分進退，其遲疾度數逐時不同，蓋前所未有；三曰黄赤道差，舊法以一百一度相減相乘，今依算術勾股弧矢、方圓斜直所容，求到度率、積差、差率，與天道實為脗合；四曰黄赤道内外度，據累年實測内外極度二十三度九十分，以圓容方直矢接勾股為法，求每日去極，與所測相符；五曰白道交周，舊法黄道變推白道以斜求斜，今用立渾比量得月與赤道正交距春秋二正黄赤道正交一十四度六十六分，擬以為法推逐月每交二十八度分，於理為盡。

等間距二次插值法分部

題解

唐·魏徵等《隋書·皇極曆》 推每日遲速數術：見求所在氣陟降率，併後氣率半之，以日限乘而泛總除，得氣末率。又日限乘二率相減之殘，泛總除，為總差。其總差亦日限乘而泛總除，為别差。率前少者，以總差減末率，為初率，乃别差加之；前多者，即以總差加末率，皆為氣初日陟降數。以别差前多者日減，前少者日加初數，得每日數。所曆推定氣日隨算其數，陟加、降減其遲速，為各遲速數。其後氣無同率及有數同者，皆因前末，以末數為初率，加總差為末率，及差漸加初率，為每日數，通計其秒，調而禦之。

求月朔弦望應平會日所入遲速：各置其經餘為辰，以入氣辰減之，乃日限乘日，日内辰為入限，以乘其氣前多之末率，前少之初率，日限而一，為總率。其前多者，入限減泛總之殘，乘總差，泛總而一，為入差，併於總差，入限乘，倍日限除，加以總率；前少者，入限自乘再乘别差，日限自乘，倍而除，亦加總率，皆為總數。乃以陟加、降減其氣遲速數為定，即速加、遲減其經餘，各其月平會日所入遲速定日及餘。

求每日所入先後：各置其氣躔衰與衰總，皆以餘通乘之，所乃躔衰如陟降率；衰總如遲速數，亦如求遲速法，即得每所入先後及定數。

五代·劉昫等《舊唐書·麟德曆》 求恒氣初日影泛差術：見所求氣陟降率，併後氣率，半之，十五而一，為泛末率。又二率相減，餘，十五而一，為總差。前少，以總差減泛末率；前多，以總差加泛末率。加減泛末率訖，即為泛初率。其後氣無同率，因前末率即為泛初率。以總差減初率，餘為泛末率。

求恒氣初日影定差術：十五除總差，為別差為限。前少者，以限差加泛初末率；前多者，以限差減泛初末率。加減泛初末率訖，即為定初末率，即恒氣初日影定差。

求次日影差術：以別定差，前少者加初日影定差，前多者減初日影定差。加減初日影定差訖，即為次日影定差。以次積累歲，即各得所求。每氣皆十五日為限。其有皆以十六除取泛末率及總差別差。

求恒氣日中影定數術：置其恒氣小餘，以半總減之，餘為中後分。不足減者反減半總，餘為中前分。置前後分，影定差乘之，總法而一，為變差。冬至後，午前以變差減氣影，午後以變差加氣影。夏至後，午前以變差加氣影，午後以變差減氣影。冬至一日，有減無加。夏至一日，有加無減。加減訖，各其恒氣日中定影。

求次氣日檢盈虛術：

進綱一十六　退紀一十七。

泛差一十一　總辰一十二六十。

秋分後春分前日行速，春分後秋分前日行遲。速為進綱，遲為退紀。若取其數，綱為名；用其時，春分為至。進日分前，退日分後。凡用綱紀，皆准此例。

見所在氣躔差率，併後氣率，半之，總辰乘之，綱紀而一，得氣末率。各以泛差通其綱紀，以同差辰也。又二率相減，餘以總辰乘而紀除之，為總差。辰之綱紀除之，為別差率。前少者，以總差減末率；前多者，以總差加末率。加減訖，皆為其氣初日損益率。前多者，以別差率減；前少者，以別差率加。加減氣初日損益率訖，即次日損益率。亦名每日躔差率。以次加減，得每日所求。各累所損益，隨曆定氣損益消息總，各為其日消息數。其後氣無同率，及有數同者，皆因前少，以前末率為初率，加總差為末率，別差漸加初率，為每日率。前多者，總差減初率為末率，別差漸減為日率。其有氣初末計會及綱紀所校多少不葉者，隨其增損調而禦之，使際會相准。

求氣盈朒所入日辰術：冬夏二至，即以恒氣為定。自外，各以氣下消息數，息減消加其恒氣小餘，滿若不足，進退其日。即其氣朒日辰。亦因別其日，命以甲子，得所求。加之為盈氣，減之為朒氣，定其盈朒所在，故曰定。凡推日月度及推發斂，皆依定氣推之。若注曆，依恒氣日。

求定氣恒朔弦望夜半後辰數術：各置其小餘，三乘，如辰率而一，為夜半後辰數。

求每日盈朒積術：各置其氣先後率與盈朒積，乃以先率後率加躔差率，盈朒積加消息總，亦如求消息法，即得每日所入盈朒及先後之數。

求朔弦望恒日恒所入盈縮數術：各以總辰乘其所入定氣日，算朒朔弦望夜半後辰數，乃以所入定氣夜半後辰數減之，餘為辰總。其恒朔弦望與定氣同日而辰多者，其朔弦望即在前氣氣末，而辰總時有多於進綱紀通數者，疑入後氣之初也。以乘其氣前多之末率、前少之初率，總辰而一，為總率。凡須相乘有分餘者，母必通全子乘訖報母，異者齊同也。其前多者，辰總減紀乘總差，綱紀而一，為差。併於總率差，辰總乘之，倍總辰除之，以加總率。前少者，辰總再乘別差，總辰自辰乘，倍而除之，以加總率，皆為總數。乃以先加後減其氣盈朒為定積，凡分餘不成全而更不復須者，過半更不後夜無氣也。以盈朒定積，盈加朒減其日小餘，滿若不足，進退之，各其入盈朒日及小餘。若非朔望有交從者速粗舉者，以所入定氣日算乘先後率，加十五而一，先加減盈朒為定積。入氣日十五算者，加十六而一。

求朔望弦盈朒減辰所入術：各以其日所入盈朒定積，盈加朒減其恒經辰所入，餘即各所求。

求朔弦望盈朒日辰入變遲速定數術：各列其所入日增減率，併後率而半之，為通率。又二率相減，餘為率差。增者，以入餘減總法，餘乘率差，總法而一，併率差而半之。減者，半入餘乘率差，亦總法而一，並以加於通率，入餘乘之，總法而一，所得為經辰變轉半經辰變。速減遲加盈朒經辰所入餘，為轉餘。應增者，減法。應減者，因餘。皆以乘率差，總法而一，加於通率。變率乘之，總法而一，以速減遲加變率為定率。乃以定率增減遲速積為定。此法微密至當，以示算理通途。若非朔望有交及欲考校速要者，但以入餘乘增減率，總法而一，增減速為要耳。其後無同率者，亦因前率，應增者以通率為初數，半率差而減之；應減入餘進退日者分為二日，隨餘初末，如法求之。所得並以加減變率為定。

其入前件日餘，如初數已下者為初，已上者以初數減總法，餘為末之數。增減相反，約以九分為限。初雖少弱，而末微強，餘差不多，理況兼舉，皆今有雜差，各隨其數。若恒算所求，七日與二十一日得初率，而末之所減，隱而不顯。且數與平行正算，亦初末有數，而恒算所無。其十四日、二十八日既初末數存，而虛差亦減其數，數當去恒法不見。

綜論

清·李善蘭《麟德術解》卷一　元郭太史《授時》術，中法號最密，其平立定三差，學秝者皆推為刱獲，不知《麟德》術盈朒遲速二法已暗寓平定二差於其中，郭氏特踵事加密耳。竊謂僅加立差猶未也，必欲合天，當再加三乘四乘諸差，後世有好學深思之士，試取我說而演之，其密合當不在西人本輪均輪橢圓諸術下，而李氏實開其端刱始之功，又何可没也。暇日取史志盈朒遲速二法詳論之，以質世之治中法者。道光戊申仲秋善蘭議。

消息盈朒法

乙為本率，前多，則甲為前率，丙為後率。前少，則丙為前率，甲為後率。

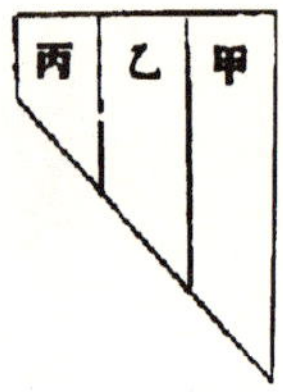

盈息盈朒圖

各以其氣率并後氣率而半之，十一乘之，綱紀除之，為末率史志元文後同。史志十一譌作十二。

前多，則以乙丙并而半之，移乙之戊補丙之庚，末率小于本率，前少，則以甲乙并而半之，移甲之丁補乙之己，末率大于本率。

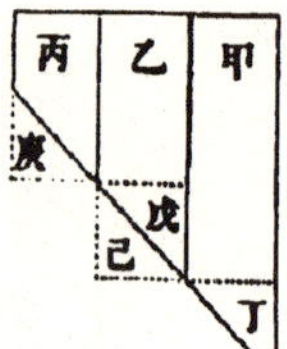

十一乘之，綱紀除之者，氣率為十五日，其率今欲逐日求其氣率，則末率總差見後皆當以十五除之，別差當以十五再除之，而秋分至春分日行盈秝，其定氣不足十五日，春分至秋分日行縮秝，其定氣過于十五日，其差若十六與十七之比，故以十六為進綱十七為退紀，秋分後用綱除，春分後用紀除也。但本當以十五除，今法既增，則其實亦宜增，以綱紀相加，半之得十六半，與十五比，若十一與十，故其實以十一乘，降位乃以綱紀除之，則仍如增損十五，以除原實也。

二率相減，餘以十一乘之，綱紀除之，為總差。又以十一乘總差，綱紀除之，為別差史志十一俱譌十二。

甲與乙減，得辛丁，與戊己等，丙與乙減，得壬戊，壬與己亦等，前以十一乘末率，綱紀除之，是取末率而縷分之也。前多者，為乙子一段積，前少者，為乙己一段積，本當分為十五，今為六者，畧明意耳。今以十一乘總差，綱紀除之者，是另取戊己一段積而縷分之也。復以十一乘，綱紀除者，是取所分之總差，又分之，為小方也。如丑卯。

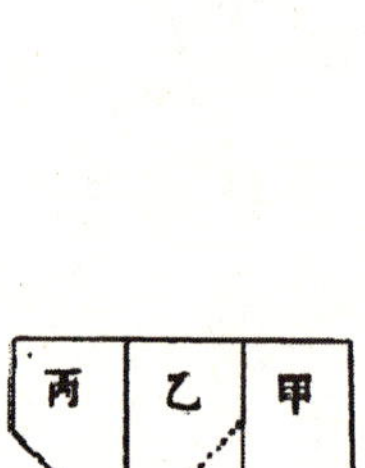

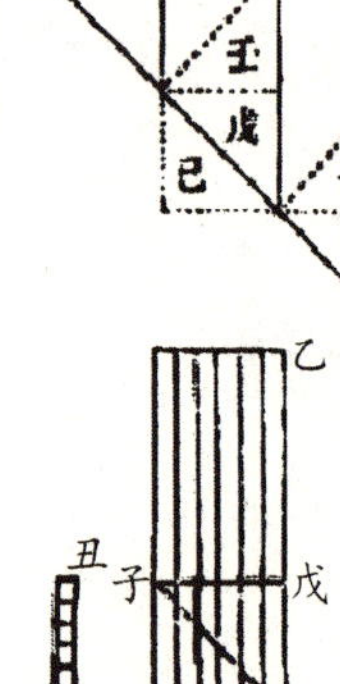

以總差前少以減末率，前多以加末率，為初率，累以別差前少以加初率，前多以減初率，為每日躔差及先後率，乃循積而損益之，各為其日定氣消息與盈朒積。

以總差加減末率者，謂以戊己減乙己，得乙子諸條積，以加乙子，得乙己諸條積也。累以別差，加減初率者，謂以前圖丑卯諸小方累以加乙子諸條，一日得甲條，二日得乙條，以及三四五六日得丙丁戊己諸條也。累以減乙己諸條，一日得子條，二日丑條，至三四五六日得寅卯辰巳諸條也。

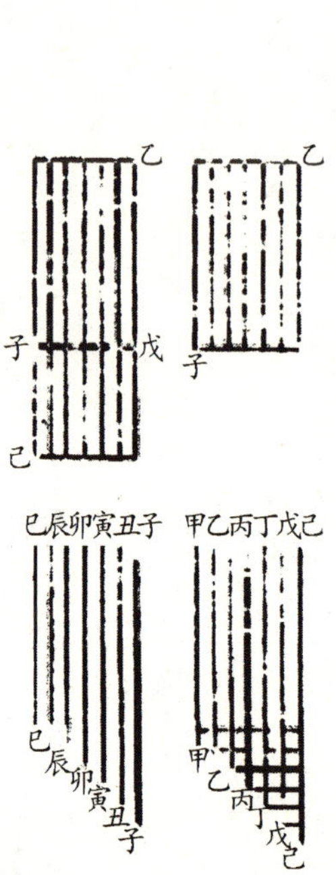

按：以氣率并前氣率，半之，即初率也。乃先求末率，以總差加減為初率，古法迂曲，殆不可解。又前多者，各日求得之率併之，必少于原氣率。前少者，各日求得之率併之必多于原氣率。若第一日加減半箇別率，二日以後乃累增一箇別率，加減之方與原率，密合也。

其後無同率，因前末為初率，前少者加總差，前多者以總差減之，為末率，餘依術入之。

因前末為初率，謂以本氣率與前氣率相加，半之為前氣之末率，即本氣之初率也。

各以氣下消息息減消加常氣，為定氣。

息者，日行盈度，以每日所盈積之，是為息分。消者，日行縮度，以每日所縮積之，是為消分。平分周天為二十四限，以日行平度計之，約十五日五十分日之十一，而行一限，是為常氣。日行盈度，則未至十五日五十分之十一已滿氣限，故當減。日行縮度，則行十五日五十分之十一尚未滿氣限，故當加，其或日行盈度而仍加者，前所縮者，今之所盈尚未足以抵之也。日行縮度而仍減者，前所盈者今之所縮尚未足以抵之也。

各以定氣大小餘減所近朔望大小餘，十二通其日，以辰率約其餘，相從為辰總。

置三之總法，以辰率除之，得十二，故先以十二乘大餘，乃以小餘三之，如辰率而一，相并，為定氣至所近朔望其若干辰也。

其氣前多，以乘末率，前少以乘初率，十二而一，為總率。

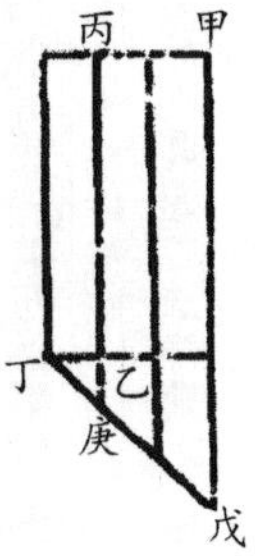

前多者，末率小，前少者，初率小，皆乘小率者，以便後乘別差，所得皆為加差也。設定氣至所近朔望約五日，以辰總乘初末率，十二而一。前多者，得甲乙一段長方積，後當加乙戊一段瑋形積，前少者，得丙丁一段長方積，後當加丁庚一段三角積也。十二而一者，前所求初率、末率諸數，皆為一氣十五日之一，以日為主，不以辰為主，故凡以辰總乘者，必以十二除之，令從日也。

前多者，以十一乘三字史志奪。辰總，十二而一四字史志奪，減綱紀，以加綱紀，加史志譌乘。十一史志為十二又譌在綱紀上。而一，以乘別差，史志譌作以加總率。辰總乘之，二十四除之。

此求乙戊一段瑋形積也，辰總之母十二，綱紀之母十一，十一乘，十二而一者，令與綱紀同母也。加減後復十二而一者，令從日也。如圖，子乙為十二除辰總所得，戊己丑卯同。子戊為十一除綱紀升位所得，即一氣日數。戊卯同。十一乘辰總至十二而一，是求子戊己卯兩綫共數也。以乘別差，即得二圖諸別差數，再以辰總乘之，十二除之，即得三圖諸別差數，與一圖之積同，再以二除之，即得瑋形積，二十四除者，是以二乘十二，併兩除為一除也。

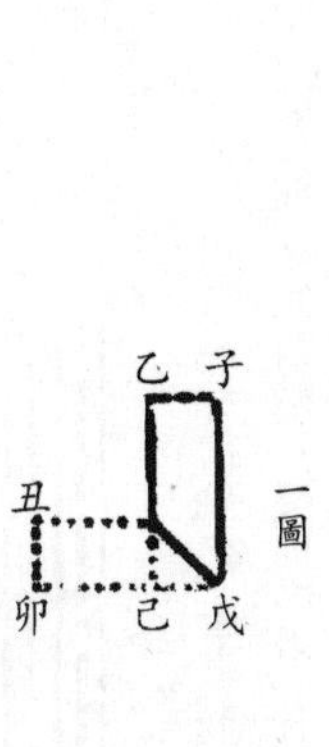

捷法，十一乘辰總，十二而一，以減綱紀，餘以乘總差，綱紀而一，以加總差，辰總乘之，二十四除之。

前少者，辰總再乘別差，二百八十八除之。

此求丁庚一段三角積也。以辰總乘別差，十二除之，得二圖諸別差，再以辰總乘之，十二除之，得三圖諸別差，與一圖之積同，再以二除之，得三角積。二百八十八者，是以十二自乘，又以二乘之，併三次除為一次除也。

皆加總率，乃以先加後減其氣盈朒積為定，以定積盈加朒減常朔望，得盈朒大小餘。

前所求者，是逐日求其消息盈朒也。今所求者，是并若干日，又并入若干小餘而求其盈朒也。

又　卷二　遲速法

各列朔弦望盈朒經辰所入日增減率，增者二字史志奪。并後率而半之，減者，并前率而半之，八字史志奪。為通率。

如圖，乙為所入日率，增者必前多，丙為前率，甲為後率，并後率而半之，得丁戊長方積；減者必前少，甲為前率，丙為後率，并前率而半之，亦得丁戊長方積。必并少率而半之者，以便後用率差求得數皆為加

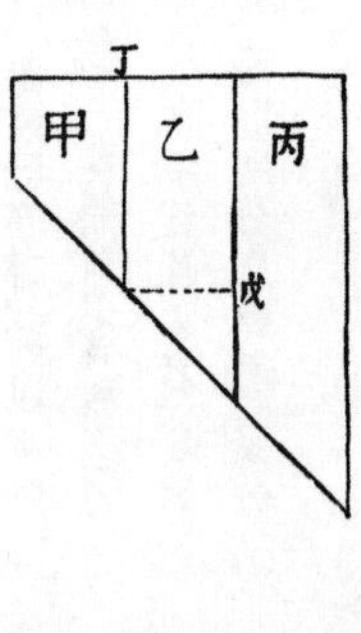

差也。

又二率相減，爲率差。

以甲減乙，餘己庚辛三角形與戊庚壬辛方積等。

增者，以入變秝日餘，減總法，餘乘率差，總法而一，并率差而半之；減者，半入餘，乘率差，亦總法而一，皆加通率，以乘入餘，總法除，爲經辰變率。

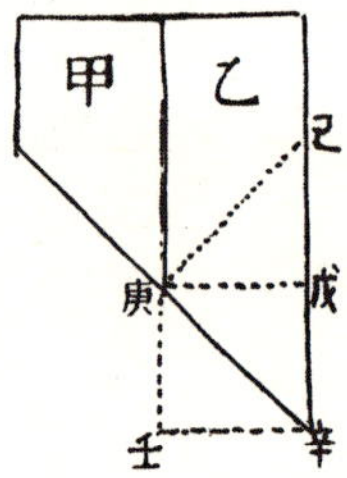

增減率逐日多少不同，增者必漸而少，減者必漸而多。無平分者，則舉一日而分之，亦必漸多漸少，無平分之理。設入餘爲總法十分之四，則亦取子辰綫十分之四。增者，則爲子丑，自丑與子未平行作綫至巳，截丑巳未子一段積，爲入餘所當增率；即徑辰變率，後同。減者，則爲辰卯，自卯作綫與辰申平行，至午，截卯午申辰一段積，爲入餘所當減率。其求增率法，以戌未入餘。減甲未，總法。餘甲戌，乃以甲未與甲戌方率差。比，同于甲戌與甲丙長方比，次移甲丙長方爲未亥長方，并入甲戌方而半之，爲乙申長方。復加入戌辰長方通率。爲乙辰長方，乃以甲未與戌未比，同于乙辰長方與乙丑長方比，既得乙丑長方。乃移二補一，即丑巳未子一段積也。其求減率法，以申甲總法。與申亥入餘。比，同于甲戌方率差。與亥戌長方比，以亥戌長方半之，爲乙戌長方，加入申子長方，通率。爲乙子長方。乃以子辰總法與申甲等。與卯辰入餘與甲亥等。比，同于乙子長方與乙卯長方比，既得乙卯長方，乃移一補二，即卯午申辰一段積也。

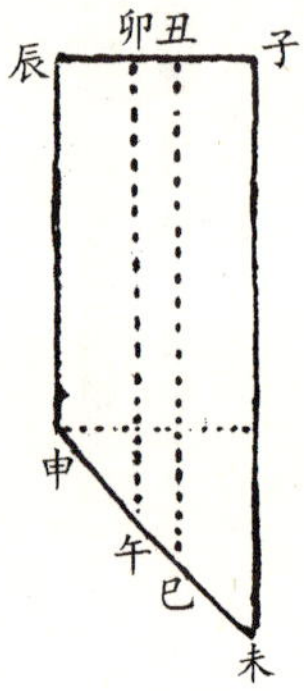

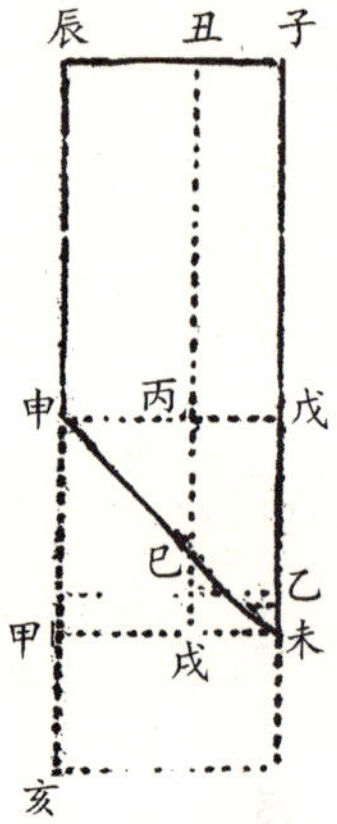

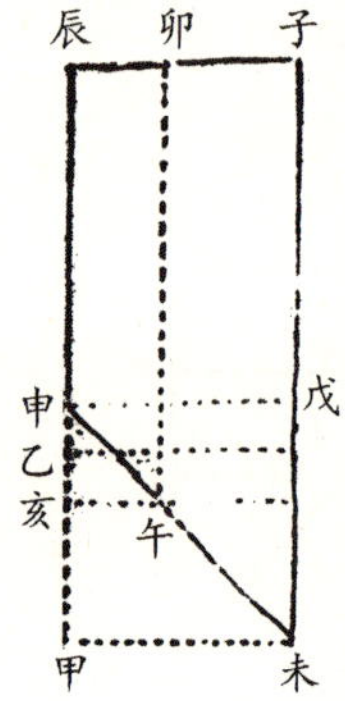

以增減遲速積爲秝率，九字史志奪。半之，以速減遲加入餘，爲轉餘。增者以減總法，；減者因餘，皆乘率差，總法而一，加通率，秝率史志譌作變率。乘之，總法除之，以速減遲加變率，爲定率，乃以定率增減。遲速積爲定。

遲速積者，是從初行遲速起，至所入日初刻，共積若干遲速分。或以遲減速、以速減遲，尚未減盡，若干遲速分也。以變率增減之，則爲初行遲速，至盈朒經辰所入時刻，共積若干遲速分。或以遲減速，以速減遲，尚未減盡，若干遲速分也。若盈朒經辰所入時刻適無遲速分，則便爲朔弦望真時；若有遲分，則尚未至真時，必加此遲分，方爲真時；若有速分，則已過真時，必減此速分，方爲真時也。但真時距盈朒經辰或前或後若干時刻，此時刻中亦必有增減率，其增減率亦必或漸而多，或漸而少，無平分理，故必更以秝率即盈朒經辰距真時分。求其增減率，以加減變率，方爲定率也。如圖，甲乙爲入餘，甲丁戊乙積爲變率。設在速秝求得秝率乙庚，以減入餘，則變率內亦當減庚壬戊乙一段積；設在遲秝，求得秝率乙辛，以加入餘，則變率內亦當增乙戊癸辛一段積。

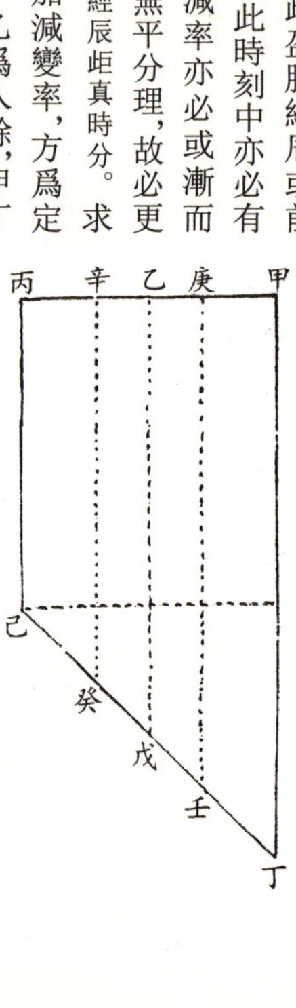

又或乙丙爲入餘，乙戊己丙積爲變率，設在速秝，求得秝率乙辛，以減入餘，則變率內亦當減乙戊癸辛一段積；設在遲秝，求得秝率乙庚，以加入餘，則變率內亦當增庚壬戊乙一段積。其求庚壬戊乙積法：以子申即卯己總法。與子丑即子己增者爲轉餘子卯減總法卯己之餘，減者即轉餘也。之比，即同于卯辰方率差。與卯寅長方之比，以卯寅長方加甲己長方，通率。得甲寅長方，乃以甲丙總法。與庚乙秝率。之比，即同于甲寅長方與庚未長方之比，既得庚未長方。乃移戊未丑積爲丑午壬積，即得庚壬戊乙一段積。其求乙戊癸辛積法，以角尾總法與己卯同。與角亢與己角同，增者爲卯角轉餘

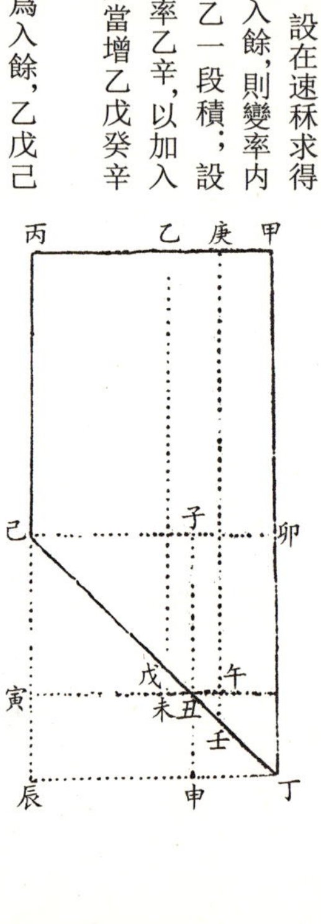

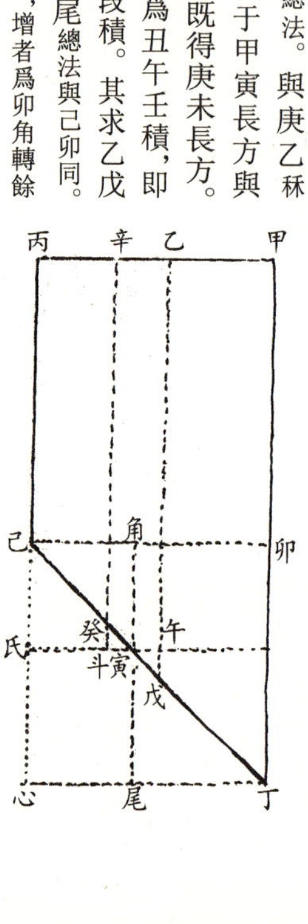

減己卯總法之餘，減者即轉餘也。之比，同于卯心方率差。與卯氐長方之比，以卯氐長方加甲己長方，通率。得甲氐長方，乃以甲丙總法。與乙辛秝率。之比，同于甲氐長方與乙斗長方之比，既得乙斗長方，移癸斗亢三角爲亢牛戊三角，即乙戊癸辛積也。

其後無同率，亦因前率。應增者，以通率爲初數，半率差而減之，應損者，即爲通率；其前無同率者，則因後率，應增者，以通率爲末數，半率差而減之；應增者，即爲通率。三十二字史志奪。

六日、二十日皆當并後率而半之，而後率不足一日，即非同率，則取五日、十九日之通率，以率差減之，即爲本日通率，率差亦仍之；十三日、二十七日，本當并前率而半之，後無同率無害也。以上補史志所未備。七日、二十一日之初，則取六日、二十日之通率爲初數，雲半率差而減之者，謂以入餘乘率差，總法而一，半之，以減初數，入餘乘之，總法除之，爲變率也。如圖，甲乙丙三角爲本日初分增率，甲戊長方爲初數，丁戊方爲率差，命甲庚爲總法，設入餘甲辛當以甲乙壬辛一段積，爲變率，法以子丑與甲庚同總法。與丑壬與甲辛同入餘。比，同于丁戊方率差。與未戊長方比，乃以未戊長方半之，得午戊長方，以減甲戊長方初數，得甲申長方，以甲庚總法。與辛甲入餘。比，同于甲申長方與甲卯長方比，既得甲卯長方，乃移壬卯己形爲己午乙形，即甲乙壬辛一段積也。

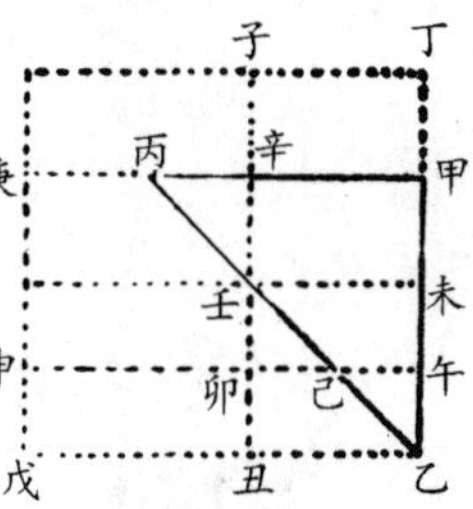

求定率法，以轉餘乘率差，總法而一，以減初數，秝率乘之，總法除之，以速減遲加變率，爲定率。此條亦補史志所未備。如圖，設在遲秝，其入餘甲乙，變率甲丁巳乙，求得秝率乙丙，以加入餘，則變率內亦當加乙巳戊丙一段積。又設在速秝，其入餘甲丙，變率甲丁戊丙，求得秝率乙丙，以減入餘，則變率內亦當減乙巳戊丙一段積。其求法，以庚辛總法。與壬辛轉餘即甲午，遲秝爲半秝差加入餘，速秝爲半秝率減入餘。比，同于子丑方率差。與卯丑長方比，乃以卯丑長方減甲丑長方，初數。得甲寅長方，復以甲辰總法。與乙丙秝率。比，同于甲寅長方與乙未方比，乃移戊未壬形爲

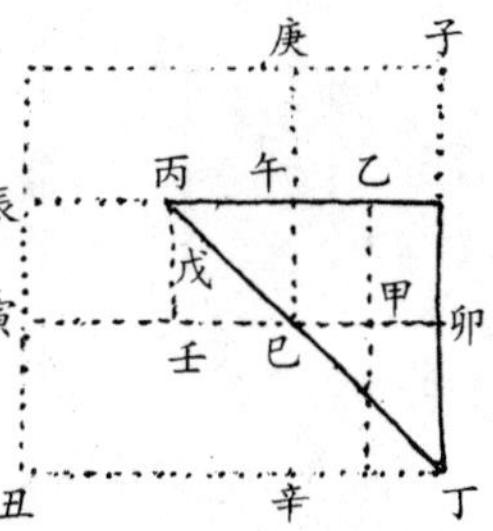

壬申巳形，即乙巳戊丙積也。十四日、二十八日之初，其率不足一日，不能并前率而半之，則取十三日、二十七日之通率，加入率差，即爲本日通率，其求變率、定率，仍如常法。八日、二十二日皆當并前率而半之，而前率不足一日，即非同率，則取九日、二十三日之通率，以率差減之，即爲本日通率，率差亦仍之，一日、十五日本用後率，前無同率無害也。以上補史志所未備。七日、二十一日之末，則取八日、二十二日之通率，爲末數，雲半率差而減之者，法置入餘，以初分減之，初分見後。餘爲末分入餘，以末分倍之，末分見後。減此末分入餘，以乘率差，總法而一，半之，以減末數，末分入餘乘之，總法而一，爲變率。如圖，甲乙丙爲本日末減率，甲戊長方爲末數，甲丁方爲率差，命甲庚爲總法，設末分入餘甲辛，其變率當得甲辛壬一段積。法以甲己與甲乙同末分。倍之，得甲己、子癸二綫，以甲癸與甲辛同末分入餘。減之，得子己，以甲丑與甲庚同總法。與子己比，同于甲丁方率差。與子戊長方比，以子戊長方半之，得卯戊長方，以減甲戊長方，末數。得庚卯長方。又以甲庚總法。與甲辛末分入餘。比，同于庚卯長方與辛卯長方比，既得辛卯長方，乃移甲卯午形爲午未壬形，即得甲辛壬一段積。

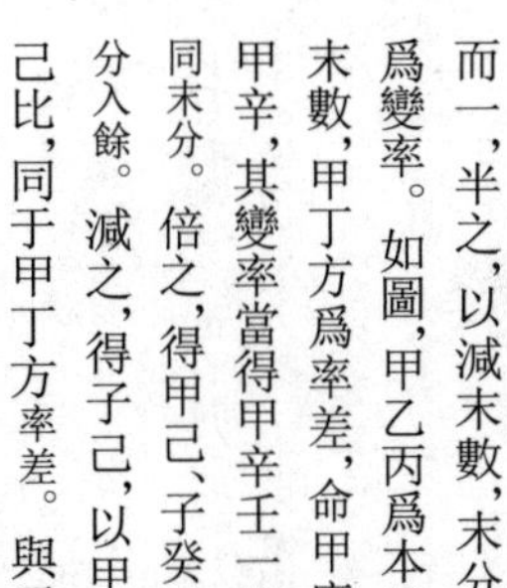

求定率法：以本日初增率，增遲速積，以變率減之，爲秝率半之，以速減遲加末分入餘，爲轉餘，以乘率差，總法而一，秝率乘之，總法除之，以速減遲加變率，爲定率。此條亦補史志所未備。如圖，設在遲秝，其末分入餘甲乙，變率甲乙丙，求得秝率乙丁，以加甲乙，則變率內亦當加乙丙戊丁一段積。又設在速秝，其末分入餘甲丁，變率甲丁戊，求得秝率乙丁，以減入餘，則變率內亦當減乙丙戊丁一段積。其求法，以己辛總法。與己壬即甲己轉餘。比，若甲庚方率差。與甲癸長方比，又以甲寅總法。與乙丁秝率。比，若甲癸長方與乙丑方比，乃移丙子壬形爲壬丑戊形，即爲乙丙戊丁積。七日末，減率在單位下二十一日末減率僅單一變定率。本可不求，然合朔在子半争毫釐定晦朔，則不得不求耳。十四日之末，其率不足一日，不能并後率而半之，則取十五日通率，加入率差，即爲通率，以初分減入餘，爲末分入餘，以減倍末分，餘以乘率差，總法而一，半之，

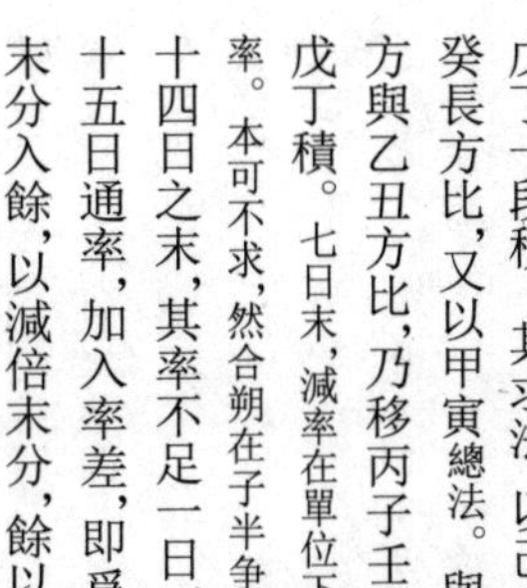

以加通率，末分入餘乘之，總法除之，得變率，即以變率爲秝率，餘如常法。此條亦補史志所未備。如圖，甲乙丙丁爲末率，丁戊長方爲通率，丙巳方爲率差，甲庚爲末分入餘，其變率甲乙壬庚積求法，以子乙即甲丁末分。倍之，得子乙、丑寅二綫，以丑乙即甲庚末分入餘。減之，得子寅，以卯子總法。與子寅比，若丙巳方率差。與丙辰長方比，以丙辰長方半之，爲丙午長方，加入丁戊長方，通率。爲丁午長方。又以申丁總法。與甲庚末分入餘。比，若丁午長方與庚未長方比，乃移壬亥戌形爲戌未乙形，即爲甲乙壬庚積，其秝率損益入餘進退日者。分爲二日，隨餘初末如法求之，所得並以加減秝率，爲定。並史志譌作并秝率，史志譌作變率。凡單言定即遲速定數也。

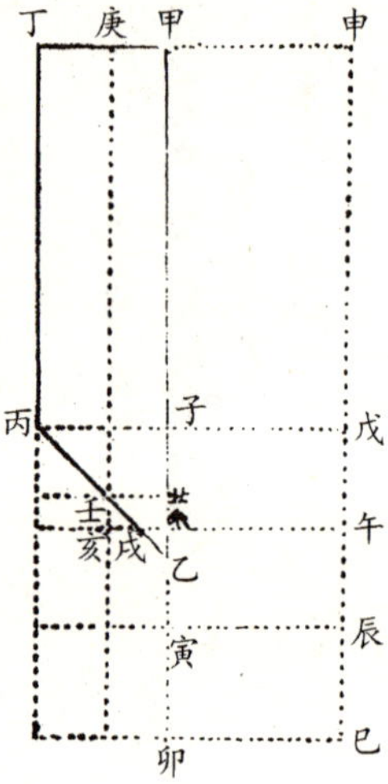

歷率損益入餘進退日者，在速秝，設秝率大于入餘，是退一日也；在遲秝，設秝率加入餘大于總法，是退一日也。分爲二日隨餘初末如法求之者，轉餘是本日子半至秝率半之分，子半是言入變日之初、非真夜半也。初分也。以轉餘減總法，是秝率半至明日子半之分末分也。凡減者，恒用初分；增者，恒用末分。設在速秝，其秝率大于入餘，半之，仍大于入餘，則以入餘反減之，餘爲上日末分，是增率，即用末分，是減率，則以末分減總法，得上日初分，用之，其通率、率差俱用上日諸數，若秝率雖大于入餘，半之却小于入餘，則以減入餘，爲本日初分，是減率，即用初分，是增率，以減總法，爲本日末分，用之，其通率、率差仍用本日諸數；設在遲秝，秝率加入餘，大于總法，半之，以加入餘，仍大于總法，則以總法減之，餘爲下日初分，是減率，即用初分，是增率，以減總法，得末分，用之，通率、率差俱用下日諸數。若秝率半之以加入餘，尚小于總法，則即爲本日初分，通率、率差仍用本日諸數。不加減變率，直加減秝率者，在速秝，秝率既大于入餘，則求得數必大于變率，不能減故也。但其加減法，在遲秝，增者亦增，減者亦減；在速秝，增者反減，減者反增，爲不同耳。

若半秝率，減入餘，適盡，增者用上日通率，減者用本日通率，皆以秝率乘之，總法而一，以加減秝率，爲定。不用率差，若半秝率加入餘，適滿總法，增者用本日通率，減者用下日通率，皆秝率乘之，總法而一，以加減秝率，爲定，亦不用率差。此亦補史志所未備。

七日，初千一百九十一，末百四十九；十四日，初千四十二，末二百九十八；二十一日，初八百九十二，末四百四十八；二十八日，初七百四十三，末五百九十七。各視入餘初數以下爲初，以上，以初數減之，餘爲末。

置變日小餘，加三箇總法，四而一，爲七日初分，倍之，減一總法，爲十四日初分，再以七日初分加之，減一總法，爲二十一日初分，而二十八日初分即變日小餘也。各以初分減總法，得末分，其入餘或在初分，或在末分，各依本法求其變率、定率。若入餘在初分，半秝率加之，入末分則減去初分，餘爲末分轉餘，如法求之，得數以減秝率，爲定。若入餘在初分，半秝率加之，仍在初分，則全秝率雖入末分，仍依本法求之。俱論二十一日。若入餘在末分，半秝率減之，入初分，則以末分入餘減半秝率，餘即轉餘減初分之餘，如法求之，得數以減秝率，爲定。若入餘在末分，半秝率減之，仍在末分，則全秝率雖入初分，仍依本法求之俱論七日。若半秝率加入餘適滿初分，或減入餘適盡，末分，則不必更求，即以秝率爲定。總論七日、二十一日。此條亦補史志所未備。

各以入變遲速定數，速減遲加朔弦望盈朒小餘，滿若不足進退。其日加其常日者，爲盈；減其常日者，爲朒。各爲定大小餘。

三次和高次插值法分部

算法

五代・劉昫等《舊唐書・大衍曆》 步日躔術第三

乾實：一百一十一萬三百七十九太。

周天度：三百六十五，虚分七百七十九太。

歲差：三十六太。

求每日先後定數：以所入氣併後氣盈縮分，倍六爻乘之，綜兩氣辰數除，入之，為末率。又列二氣盈縮分，皆倍六爻乘之，各如辰數而一，以少減多，餘為氣差。加減末率，至後以差加，分後以差減。為初率。倍氣差，亦六爻乘之，復綜兩氣辰數以除之，為日差。半之，以加減初末，各為定率。以日差累加減氣初定率，至後以差減，分後以差加。為每日盈縮分。乃馴積之，隨所入氣日加減氣下先後數，各其日定。冬至後為陽復，在盈加之，在縮減之。夏至後為陰復，在縮加之，在盈減之。距四正前一氣，在陰陽變革之際，不可相併，皆因前末為初率。以氣差至前加之，分前減之，為末率。餘依前率，各得所求。其朓朒亦放此求之，各得每日定數。其分不滿全數，母又每氣不同，當退法除之，用百為母，半已上從一，已下棄之。下求軌漏，餘分不滿准此。

求朔弦望入朓朒定數：各朔其所入日損益而半之，為通率。又二率相減為率差。前多者，以入餘減大衍通法，餘乘率差，盈大衍通法得一，併率差而半之。前少者，半入餘，乘率差，亦以大衍通法除之，為加時轉率。乃半之，以損益加時所入，餘為轉餘。其轉餘，應益者，減法；應損者，因餘。皆以乘率差，盈大衍通法得一，加於通率。轉率乘之，大衍通法約之，以朓減朒加轉率為定率。乃以定率損益朓朒積為定數。其後無同率者，亦因前率，益者以通率為初數，半率差而減之。應通率，其損益入餘，進退日者，分為二日，隨餘初末如法求之，所得併以損益轉率。此術本出《皇極曆》，以究算術之微變。若非朔望有交者，直以入餘乘損益，如大衍通法而一，以損益朓朒為定數，各得所求。

不等間距插值法分部

綜論

清·張廷玉等《明史·曆志》　大統曆法一下法原

日月五星平定三差太陽盈縮平立定三差之原。

冬至前後盈初縮末限，八十八日九十一刻，就整。離為六段，每段各得一十四日八十二刻。就整。各段實測日躔度數，與平行相較，以為積差。

	積日	積差
第一段	一十四日八二	七千〇五十八分〇二五
第二段	二十九日六四	一萬二千九百七十六三九二
第三段	四十四日四六	一萬七千六百九十三七四六二
第四段	五十九日二八	二萬一千一百四十八七三二八
第五段	七十四日一〇	二萬三千二百七十九九九七
第六段	八十八日九二	二萬四千〇二十六一八四

各置其段積差，以其段積日除之，為各段日平差。置各段日平差，與後段日平差相減，為一差。置一差，與後段一差相減，為二差。

	日平差	一差	二差
第一段	四百七十六分二五	三十八分四五	一分三八
第二段	四百三十七分八〇	三十九分八三	一分三八
第三段	三百九十七分九七	四十一分二一	一分三八
第四段	三百五十六分七六	四十一分五九	一分三八
第五段	三百一十四分一七	四十三分九七	
第六段	二百七十〇分二〇		

置第一段日平差，四百七十六分二十五秒，為汎平積。以第二段二差一分三十八秒，去減第一段一差十八分四十五秒，餘三十七分〇七秒，為汎平積差。另置第一段二差一分三十八秒，折半得六十九秒，為汎立積差。以汎平積差三十七分零七秒，加入汎平積四百七十六分二十五秒，共得五百一十三分三十二秒，為定差。

以汎立積差六十九秒，去減汎平積差三十七分〇七秒，餘三十六分三十八秒為實，以段日一十四日八十二刻為法除之，得二分四十六秒為平差。置汎立積差六十九秒為實，以段日為法除二次，得三十一微，為立差。

夏至前後縮初盈末限，九十三日七十一刻，就整。離為六段，每段各得一十五日六十二刻。就整。各段實測日躔度數，與平行相較，以為積差。

	積日	積差
第一段	一十五日六二	七千〇五十八分九九〇四
第二段	三十一日二四	一萬二千九百七十八六五八
第三段	四十六日八六	一萬七千六百九十六六七九
第四段	六十二日四八	二萬一千一百五十〇七二九六
第五段	七十八日一〇	二萬三千二百七十八四八六
第六段	九十三日七二	二萬四千〇百一十七六二四四

推日平差、一差、二差術，與盈初縮末同。

	日平差	一差	二差
第一段	四百五十一分九二	三十六分四七	一分三三
第二段	四百一十五分四五	三十七分八〇	一分三三
第三段	三百七十七分六五	三十九分一二	一分三三
第四段	三百三十八分五二	四十〇分四六	一分三三
第五段	二百九十八分〇六	四十一分七九	
第六段	二百五十六分二七		

置第一段日平差，四百五十一分九十二秒，為汎平積。以第一段二差一分三十三秒，去減第一段一差三十六分四十七秒，餘三十一分一十四秒，為汎平積差。另置第一段二差一分三十三秒折半，得六十六秒五十微，為汎立積差。以汎平積差三十五分一十四秒，加入汎平積四百五十一分九十二秒，共四百八十七分〇六秒，為定差。以汎立積差六十六秒五十微，去減汎平差三十五分一十四秒，餘三十四分四十七秒五十微為實，以段日一十五日六二為法除之，得二分二十一秒，為平差。置汎立積差六十六秒五十微為實，以段日為法，除二次，得二十七微，為立差。

凡求盈縮，以入曆初末日乘立差，得數以加平差，再以初末日乘之，得數以減定差，餘數以初末日乘之，為盈縮積。

凡盈曆以八十日九〇九二二五為限，縮曆以九十三日七一二〇二五為限。在其限已下為初，以上轉減半歲周餘不末。盈初是人冬至後順推，縮末是從冬至前逆溯，其距冬至同，故其盈積同。縮初是從夏至後順推，盈末是從夏至前逆溯，其距夏至同，故其縮積同。

盈縮招差圖

法	平差	立差	平差	立差	平差	立差	平差	立差	平差	立差	平差	立差	平差	立差	平差	立差	平差	立差
一限	一	一																
二限	一	二	二	四														
三限	一	三	二	六	三	九												
四限	一	四	二	八	三	二十	四	六十										
五限	一	五	二	十一	三	五十	四	十二	五	五廿								
六限	一	六	二	二十	三	八十	四	四廿	五	十三	六	六十三						
七限	一	七	二	四十	三	一廿	四	八廿	五	五十三	六	二十四	七	九十四				
八限	一	八	二	六十	三	四廿	四	二十三	五	十四	六	八十四	七	六十五	八	四十六		
九限定差	一	九	二	八十	三	七廿	四	六十三	五	五十四	六	四十五	七	三十六	八	二十七	九	一十八

定差實

盈縮招差圖說

盈縮招差，本為一象限之法。如盈曆則以八十八日九十一刻為象限，縮曆則以九十三日七十一刻為象限。今止作九限者，舉此為例也。其空格九行定差本數，為實也。其斜線以上平差立差之數，為法也。斜線以下空格之定差，乃餘實也。假如定差為一萬，平差為一百，立差為單一。今求九限法，以九限乘定差得九萬為實。另置平差，以九限乘二次，得八千一百。置立差，以九限乘三次，得七百二十九。併兩數得八百二十九為法。以法減實，餘八萬一千一百七十一，為九限積。又法，以九限乘平差行九百，又以九限乘立差二次得八十一，併兩數得九百八十一為法，定差一萬為實，以法減實，餘九千零一十九，即九限末位所書之定差也。於是再以九限乘餘實，得八萬一千一百七十一，為九限積，與前所得同。

蓋前法是先乘後減，又法是先減後乘，其理一也。

按《授時曆》於七政盈縮，並以垛積招差立算，其法巧合天行，與西人用小輪推步之法，殊途同歸。然世所傳《九章》諸書，不載其術，《曆草》載其術，而不言其故。宣城梅文鼎為之圖解，於平差、立差之理，垛積之法，皆有以發明其所以然。有專書行於世，不能備錄，謹錄《招差圖說》，以明立法之大意云。

盈初縮末　置立差三十一微，以六因之，得一秒八十六微，為加分立差。置平差二分四十六秒，倍之，得四分九十二秒，加入加分立差，得四分九十二秒八十六微，為平立合差。

置定差五百一十三分三十二秒，內減平差二分四十六秒，再減立差三十一微，餘五百一十零分八十五秒六十九微，為加分。

縮初盈末　置立差二十七微，以六因之，得一秒六十二微，為加分立差。置平差二分二十一秒，倍之，得四分四十二秒，加入加分立差，得四分四十三秒六十二微，為平立合差。

置定差四百八十七分零六秒，內減平差二分二十一秒，再減立差二十七微，餘四百八十四分八十四秒七十三微，為加分。

已上所推，皆初日之數。其推次日，皆以加分立差，累加平立合差，為次日平立合差。以平立合差減其日加分，為次日加分，盈縮並同。其加分累積之，即盈縮積，其數並見立成。

太陰遲疾平立三差之原

太陰轉週二十七日五十五刻四六。測分四象，象各七段，四象二十八段，每段十二限，每象八十四限，凡三百三十六限，而四象一周。以四象為法，除轉周日，得每象六日八八八六五，分為七段，每段下實測月行遲疾之數，與平行相較，以求積差。

	積限	積差
第一段	一十二	一度二十八分七一二
第二段	二十四	二度四十五分九六一六
第三段	三十六	三度四十八分三七九二
第四段	四十八	四度三十二分五九五二
第五段	六十	四度九十五分二四
第六段	七十二	五度三十二分九四四
第七段	八十四	五度四十二分三三七六

各置其段積差，以其段積限為法除之，為各段限平差。置各段限平差，與後段相減為一差。置一差，與後段一差相減為二差。

限	平差	一差	二差
第一段	一十〇分七二六〇	四十七秒七六	九秒三六
第二段	一十〇分二四八四	五十七秒一二	九秒本六
第三段	九分六七七二	六十六秒四八	九秒三六
第四段	九分〇一二四	七十五秒八四	九秒三六
第五段	八分二五四〇	八十五秒二〇	九秒三六
第六段	七分四〇二〇	九十四秒五六	
第七段	六分四五六四		

置第一段限平差一十〇分七二六為汎平積。置第一段一差四十七秒七六，以第一段二差九秒三六減之，餘三十八秒四十微，為汎立積差。另置第一段二差九秒三十六微，折半，得四秒六十八微，為汎平積差。以汎平積差三十八秒四十微，加汎平積一十〇分七二六，得一十一分一十一秒，為定差。置汎平積差三十八秒四十微，以汎立積差四秒六十八微減之，餘三十三秒七十二微為實，以十二限為法除之，得二秒八十一微，為平差。置汎立積差四秒六十八微為實，十二限為法，除二次，得三微二十五纖，為立差。

凡求遲疾，皆以入曆日乘十二限二十分，以在八十四限已下為初，已上轉減一百六十八限餘為末。各以初末限乘立差，得數以加平差，再以初末限乘之，得數以減定差，餘以初末限乘之，為遲疾積。其初限是從最遲最疾處順推至後，末限是從最遲最疾處逆溯至前，其距最遲疾處同，故其積度同。太陰與太陽立法同，但太陽以定氣立限，故盈縮異數。太陰以平行立限，故遲疾同原。

布立成法　置立差三微二十五纖，以六因之，得一十九微五十纖，為損益立差。置平差二秒八十一微，倍之，得五秒六十二微，再加損益立差一十九微五十纖，共得五秒八十一微，為初限平立合差。自此以損益立差，累加之，即每限平立合差。至八十限下，積至二十一秒四一五，為平立合差之極。八十一限下差一秒七八〇九，八十二限下一秒七八〇八，至八十三限下，平立合差，與益分中分，為益分之終。八十四限下差，亦與損分中分，為損分之始。至八十六限下差，亦二十一秒四一五，自此以損益立差累減之，即每限平立合差，至末限與初限同。置定差一十一分一十一秒，內減平差二秒八十一微，再減立差三微二十五纖，餘一十一分〇八秒一十五微七十五纖為加分定差，即初限損益分。置損益分，以其限平立合差益減損加之。即為次限損益分。以益分積之，損分減之，便為其下遲疾度。以八百二十分為一限日率，累加八百二十分為每限日率。以上俱詳立成。

五星平立定三差之原

凡五星各以實測，分其行度為八段，以求積差，略如日月法。

木星立差加，平差減。

	積日	積差
第一段	一十一日五十刻	一度二一五二九七一一二
第二段	二十三日	二度三四〇五二一四
第三段	三十四日五十刻	三度三五四一三七二六五
第四段	四十六日	四度二三四六〇九一二
第五段	五十七日五十刻	四度九六〇四〇一三七五
第六段	六十九日	五度五〇九九七八四四
第七段	八十〇日五十刻	五度八六一八〇四七二五
第八段	九十二日	五度九九四三四四六四

	汎平差	汎平較	汎立較
第一段	一十分五六七八〇一	三十九秒一六二一	六秒二四二二
第二段	一十分一七六一八	四十五秒四〇四三	六秒二四二二
第三段	九分七二二一三七	五十一秒六四六五	六秒二四二二
第四段	九分二〇五六七二	五十七秒八八八七	六秒二四二二
第五段	八分六二六七八五	六十四秒一三〇九	六秒二四二二
第六段	七分九八五四七六	七十〇秒三七二一	六秒二四二二
第七段	七分二八一七四五	七十六秒六一五三	
第八段	六分五一五九二		

各置其段所測積差度為實，以段日為法除之，為汎平差。各以汎平差與次段汎平差相較，為汎平較。又以汎平較與次段汎平較相較，為汎立較。置第一段汎平較三十九秒一六二一，減其下汎立較六秒二四二二，餘三十二秒九一九九，為初段平立較。加初段汎平差一十分五六七八〇一，共得一十〇分八十九秒七十零微，為定差。秒置萬位。置初段平立較差三十二秒九一九九，內減汎立較之半，三秒一二一一，餘二十九秒七九八八，以段日一十一日五十刻除之，得二秒五十九微一十二纖為平差。置汎立差之半，三秒一二一一，以段日為法除二次，得二微三十六纖為立差。

已上為木星平立定三差之原。

火星盈初縮末。立差減，平差減。

	積日	積差
第一段	七日六十二刻五十分	六度二六八二五一二二八一八五五九三七五
第二段	一十五日二十五刻	一十一度六〇〇一七五七四三五九三七五
第三段	二十二日八十七刻五十分	一十六度〇二五九六三七九二五一九五三一二五
第四段	三十〇日五十〇刻	一十九度六六九〇一三六二一二五
第五段	三十八日一十二刻五十分	二十二度二七九八九一四七六〇七四二一八七五
第六段	四十五日七十五刻	二十四度一六八二二八六〇三二八一二五
第七段	五十三日三十七刻五十分	二十五度三三一五五六二四九二六〇一五六二五
第八段	六十一日	二十五度六一九五一五六六

	汎平差
第一段	八十二分〇六五七三四八四三七五
第二段	七十六分〇六六七二六一六七五

第三段　七十〇分〇五八八五八一〇九三七五
第四段　六十四分一八二九六九二五
第五段　五十八分四三九〇五九六〇九三七五
第六段　五十二分八二七一二九一八七五
第七段　四十七分三四七一七七九八四三七五
第八段　四十一分九九九二〇六

汎平較

第一段　六分一三九八四七二九六八七五
第二段　六分〇〇七八六八〇七八一二五
第三段　五分八七五八八八八五九三七五
第四段　五分七四三九〇九六四〇六二五
第五段　五分六一一九三〇四二一八七五
第六段　五分四七九九五一二〇三一二五
第七段　五分三四七九七一九八四三七五

汎立較

第一段　一十三秒一九七九二一八七五
第二段　一十三秒一九七九二一八七五
第三段　一十三秒一九七九二一八七五
第四段　一十三秒一九七九二一八七五
第五段　一十三秒一九七九二一八七五
第六段　一十三秒一九七九二一八七五

汎平較前多後少，應加汎立較。置初段下汎平較六分一三九八四七二九六八七五，加汎立較一十三秒一九七九二一八七五，得六分二七一八二六五一五六二五，為初日下平立較。置初段汎平差八十二分二十〇秒六五七三四八四三七五，加初日下平立較六分二七一八二六五一五六二五，得八十八分四十七秒八十四微，為定差。置初日下平立較六分二七一八二六五一五六二五，加汎立較之半，六秒五九八九六零九三七五，得分三三七八一六一二五為實，以段日而一，得八十三秒一十一微八十九纖為平差。置汎立較之半，六秒五九八九六〇九三七五，以段日七日六十二刻五十分為法除二次，得一十一微三十五纖為立差。

火星縮初盈末平差負減，立差減。

積　日

第一段　一十五日二十五刻
第二段　三十〇日五十刻
第三段　四十五日七十五刻
第四段　六十一日
第五段　七十六日二十五刻
第六段　九十一日五十刻
第七段　一百〇六日七十五刻
第八段　一百二十二日

積　差

第一段　四度五三一二五一八五七九六八七五
第二段　九度一〇二九六一四五一二五
第三段　一十三度五三一六七〇九〇一七七三七五
第四段　一十七度四七八九七九〇四
第五段　二十〇度八四三六六三〇六六四〇六二五
第六段　二十三度四三一三三六二四一二五
第七段　二十五度〇九二四三五二八三四六八七五
第八段　二十五度六一八三七四七二

汎平差

第一段　二十九分七一三一二六九三七五
第二段　二十九分八四五七七五二五
第三段　二十九分五七八三五五〇六二五
第四段　二十八分六五四〇六四
第五段　二十七分三三三九五一五六二五
第六段　二十五分六一八〇一七七五
第七段　二十三分五〇六二六二五六二五
第八段　二十〇分九九八六八六

汎平較　泛立較

第一段　一十三秒二六四八三一二五一十　三秒五七六九七七五

第二段	二十六秒八四一八〇八七五六十	五秒五八七二九七五	
第三段	九十二秒四二九一〇六二五三十	九秒五八二二三七五	
第四段	一分三二〇一一二四三七五三十	九秒五八二二三七五	
第五段	一分七一五九三三八一二五三十	九秒五八二二三七五	
第六段	二分一一七五五一八七五三十	九秒五八二二三七五	
第七段	二分五〇七五七六二五		

取汎立較停者，三十九秒五八二一三七五，以較一段下汎平較一十三秒二六四八三一二五，餘二十六秒三一七三〇六二五為較較，以加一段下汎平差二十九分七一三一二六九三七五，得二十九分九十七秒六十三微，為定差。置較較二十六秒三一七三〇六二五，以段日一十五日二十五刻而一，得一秒七二五七二五。再置汎立較之半一十九秒七九一〇六八七五，以段日而一，得一秒二九七七七五。兩數併得三秒零二微三十五纖為平差。置汎立較之半一十九秒七九一〇六八七五，以段日一十五日二五為法除二次，得八微五十一纖，為立差。

已上為火星平立定三差之原。

土星盈曆立差加，平差減。

	積日	積差
第一段	一十一日五十刻	一度六八三二四五八二八七五
第二段	二十三日	三度二三二一六四〇一
第三段	三十四日五十刻	四度六二〇九三〇〇八六二五
第四段	四十六日	五度八二三七一九六
第五段	五十七日五十刻	六度八一四七〇八六六八七五
第六段	六十九日	七度五六八〇七一一一
第七段	八十〇日五十刻	八度〇五七九八四一九一二五
第八段	九十二日	八度二五八六二二八八

	汎平差	汎平較	汎立較
第一段	一十四分六三六九二〇二五	五十八秒四〇三三二五	七秒四八五三五
第二段	一十四分〇五二八八七	六十五秒八八八六七五	七秒四八五三五
第三段	一十三分三九四〇〇〇二五	七十三秒三七四〇二五	七秒四八五三五
第四段	一十二分六六〇二六	八十〇秒八五九三七五	七秒四八五三五
第五段	一十一分八五一六六六二五	八十八秒三四四七二五	七秒四八五三五
第六段	一十一分九六八二一九	九十五秒八三〇〇七五	七秒四八五三五
第七段	一十〇分〇〇九一八二五	一分〇三秒三一五四二五	
第八段	八分九七六七六四		

置第一段下汎平較，內減其下汎立較，餘五十〇秒九一七九七五，為平立較。以平立較，加本段汎平差，得一十五分一十四秒六十一微，為定差。置平立較，內減汎立較之半，三秒七四二六七五，餘四十七秒一七五三，以段日十一日五十刻而一，得四秒一十〇微二十二纖，為平差。置汎立較之半，以段日除二次，得二微八十三纖，為立差。

土星縮曆立差加，平差減。

	積日	積差
第一段	一十一日五十刻	一度二四一九七四二六八七五
第二段	二十三日	二度四一三七三五六九
第三段	三十四日五十刻	三度四八五〇七九六八六二五
第四段	四十六日	四度四二五八〇一六八
第五段	五十七日五十刻	五度二〇五六九七〇九三七五
第六段	六十九日	五度七九四五六一三五
第七段	八十〇日五十刻	六度一六二四一一〇〇四七五
第八段	九十二日	六度二七八三七八〇八

	汎平差	汎平較	汎立較
第一段	一十分七九九七七六二五	三十〇秒五二七三二五	八秒七五四九五
第二段	一十分四九四五〇三	三十九秒二八二二七五	八秒七五四九五

	汎平差	汎平較	汎立較
第三段	一十分一〇一六八〇二五	四十八秒〇三七二二五	八秒七五四九五
第四段	九分六二二三〇八	五十六秒七九二一七五	八秒七五四九五
第五段	九分〇五三三八六二五	六十五秒五四七一二五	八秒七五四九五
第六段	八分三九七九一五	七十四秒三〇三〇七五	八秒七五四九五
第七段	七分六五四八九四二五	八十三秒〇五七〇七五	
第八段	六分八二四三二四		

置一段汎平較，內減其下汎立較，餘二十一秒七七二三七五，為平立較。以平立較加入本段汎平差，得一十一分〇一秒七十五微，為定差。置平立較，內減汎立較之半，四秒三七七四七五，餘一十七秒三九四九，以段日一十一日五十刻為法除之，得一秒五十一微二十六纖，為平差。置汎立較之半，以段日為法除二次，得三微三十一纖為立差。

已上為土星平定三差之原。

金星　立差加，平差減。

	積日	積差
第一段	一十一日五十刻	空度四〇二一三四〇九八七五
第二段	二十三日	空度七九一三九三六六
第三段	三十四日五十刻	一度一五四九一二〇八一二五
第四段	四十六日	一度七四九八二二七六
第五段	五十七日五十刻	一度七五三二五九〇九三七五
第六段	六十九日	一度九六二三五四四八
第七段	八十〇日五十刻	二度〇九四二四二三一六二五
第八段	九十二日	二度一三六〇五六

	汎平差	汎平較	汎立較
第一段	三分四九六八一八二五	五秒五九七六二五	三秒七二九四五
第二段	三分四四〇八四二〇〇	九秒三二七〇七五	三秒七二九四五
第三段	三分三四七五七一二五	一十三秒〇六五五二五	三秒七二九四五
第四段	三分二一七〇〇六	一十六秒七八五九七五	三秒七二九四五
第五段	三分〇四九一四六二五	二十〇秒五一五四二五	三秒七二九四五
第六段	二分八四三九九二	二十四秒二四四八七五	三秒七二九四五
第七段	二分六〇一五四三二五	二十七秒九七四三二五	
第八段	二分三二一八		

置一段下汎平較，與其汎立較相減，餘一秒八六一七五為平立較，以加汎平差，得三分五十一秒五十五微，為定差。置平立較，與汎立較之半一秒八六四七二五相減，餘三十四纖，以段日一十一日五十刻為法除之，得三纖，為平差。置汎立較之半，以段日為法除二次，得一微四十一纖，為立差。

已上為金星平立定三差之原。

水星　立差加，平差減。

	積日	積差
第一段	一十一日五十刻	空度四四零八四七三五三七五
第二段	二十三日	空度八六三一零一六八
第三段	三十四日五十刻	一度二五三八九六三七六二五
第四段	四十六日	一度六零零三六四八四
第五段	五十七日五十刻	一度八八九六三一零四三七五
第六段	六十九日	二度一零八八六六六
第七段	八十零日五十刻	二度二四五二九二一一三七五
第八段	九十二日	二度二八五六四四三二

	汎平差	汎平較	汎立較
第一段	三分八三三四五五二五	八秒〇八三九二五	三秒七二九四五
第二段	三分七五二六一六一	十一秒八一三三七五	三秒七二九四五
第三段	三分六三四四八二二五	一十五秒五四二八二五	三秒七二九四五
第四段	三分四七九〇五四	一十九秒二七二二七五	三秒七二九四五
第五段	三分二八六三三一二五	二十三秒〇〇一七二五	三秒七二九四五
第六段	三分〇五六三一四	二十六秒七三一一七五	三秒七二九四五
第七段	二分七八九〇〇二二五	三十〇秒四六〇六二五	
第八段	二分四八四三九六		

術同金星，求得定差三分八十七秒九十微，平差二十一微六十五纖，立差一

微四十一纖。

已上為水星平立定三差之原。

右五星，皆以立差為秒，平差為本，定差為總。五星各以段次因秒，木土金水四星併本，惟火星較本，各以積日而積，五星皆較總，又各以積日乘之，得各實測之度分。

五星積日，皆本度率，除周日得三百六十五度二十五分太。各以四分之一為象限，惟火星用象限三之一，減象限為盈初縮末限，加象限為縮初盈末限。其命度為日者，為各取盈縮曆乘除之便，其實積日之數，即積度也。

清·梅文鼎《历算全書》卷一三《授時平立定三差詳説》 太陽行天，有盈有縮，立成以八十八日九十一刻就整為限者，據盈曆言之。此由測驗而得之也。蓋自定氣冬至至定氣春分，太陽行天一象限依古法以九十一度三一奇為象限。該歷九十一日三十一刻有奇，而今則不然，每於冬至後八十八日九十一刻而太陽已到春分宿度，故盈曆以此為限也。夫八十八日九十一刻而行天一象限，則於平行之外多行二度四十分奇也。是為盈曆之大積差。若縮曆，即其不及之數必行至九十三日奇而後滿一象限也，故縮曆之限多於盈曆日數，其積差極數亦與盈曆同，但此盈縮之差絶非平派，或自多而漸少，或由少而漸多，何以能得其每日參差之數？郭太史立為平立定三差法，以齊其不齊，可得每日細差及積差，其理則出於垜積招差之法也。定差者何？曰：所測盈縮初日最大之差也，凡盈縮末日即同平行，其盈縮之最多必在初日，今欲求逐日之差，必先求初日最大之差以為之準，則故曰定差也。既有此最大之差，即可以求逐日之差，而逐日之差皆以漸而少，法當用減，故又有平差、立差，皆減法也。然何以謂之平差？曰：平者，平方也，其差之增有類平方，故以名之也。差何以能若平方？曰：初日以後其盈縮漸減以至於平，以常法論之，數宜平派即用差分法足矣，而合之測驗所得則又非平派也，其近初日也所減甚少，其近末日也所減驟多，假如一日減平差一，則二日宜減二，而今則二日之平差增為四，又初日平差一，二日平差四，則三日宜為七，四日宜為十，而今則三日之平差增為九，四日增為十六，故非平方垜積之加法，不足以列其衰序也，然則又何以為立差？曰：立者，立方也。差何以又若立方？曰：以平差合之測驗猶為未足，故復設此以益之。假如初日減平差一，又帶減立差一，至二日則平差四，而所帶之立差非四也，乃八也，三限平差九，而立差非九也，乃二十七也，蓋必如此而後與所測之盈縮相應，其分為六段。

何也？曰：此求差之法也，一二日間雖各有盈縮之差，然差少則難辨積，至半次其差始多而可見矣，故各就其盈縮之日，勻分之一年二十四定氣分，四象限各有六氣，故其分亦以六也，既勻分六段矣，又以後段連前段。何也？曰：此所謂招差也，雖勻分六段，其差積仍難細分，故惟於初段用本數，以其盈縮多而易見也。如盈曆初段積，盈七千分，是最多而易見也。若末段，必帶前段，以其盈縮少而難真也。如盈曆末段積差與第五段相減，則其本段中只共盈七百四十九分，數少難分，故連前段論之。借彼易見之差，以顯難真之數，此立法之意也。以太陽盈差為例，他倣此。然則各段平差不幾混乎？曰：無慮也。凡前多後少之積差合總數而勻分之，即得最中之率。如第六段之平差，即第四十四日之盈加分。以八十八日九二折半，得四十四日，四六即最中之處，其本段平差二百七十餘分與之相應，下倣此。第五段之平差，即第三十七日之盈加分，第四段之平差，即二十九日之盈加分，第三段之平差，即第二十二日之盈加分，第二段之平差，即第十四日八二之盈加分，第一段之平差，即第七日四一之盈加分，其數各有歸著，雖連前段原無牽混也，然則又何以有一差二差？曰：一差者，差之較也，二差者，較之較也。曷言乎差之較，曰各段平差，是盈縮於平行之數也，其數初段多而末段少，各段一差，是相鄰兩限盈縮之較也，其數初段少而末段反多，然則二者若是，其相反歟？曰：非相反也，乃相成也。蓋惟其盈縮於平行之數既以漸而減，則其盈縮自相差之數必以漸而增，其法於前限平差内減次限平差，即知前限之盈縮多於後限若干矣，而此一差之數原非平派，故初限次限之較最少，而次限三限之較漸多，三限四限之較又多，四限五限更多，至五限六限則多之極矣。其多之極者，何也？盈縮之數近末限則驟減也，此一差之前少後多，正所以為盈縮之前多後少也。然則二差又何以有齊數？曰：不齊者，物之情也。而不齊之中，有所以不齊焉，得其所以不齊，斯可以齊其不齊矣。今各限之一差不齊，而前後兩一差相減，則仍有齊數，為二差，是其不齊者，差之較，而其無不齊者，較之較也。較之較既為齊數，則較數之不齊，皆有倫而有脊矣。故遂可據之以求定差也。泛平積即用第一段平差，何也？曰：今推定差初日之數也。前所推第一段平差，則第七日之數也，故總第一段言之可曰平差，而自初日言之但成泛積。泛者，對定之辭，言必再有加減，而後為定率也。

	盈差率	盈差之較	較之較
初日	五百一十三分三二即定差	三十七分〇七即汎平積差	一分三八即二差
七日四一	四百七十六分三五即平差	三十八分四五即一差	一分三八
十四日二三	四百三十七分八〇	三十九分八三	一分三八
二十二日二三	三百九十七分九七	四十一分二一	一分三八
二十九日一四	三百五十六分七六	四十二分五九	一分三八
三十七日〇五	三百一十四分一七	四十三分九七	
四四日六四	二百七十〇分二〇		

二差折半，何也？曰：以分平差、立差之實也。蓋泛平積差既為初日盈加分，多於七日之較，則皆此七日中平差立差所積而成之者也。而平差之數大，立差之數小，泛平積之大數皆平差所成，而其中有六十九秒，則立差所成，故分出此數以便各求其數也。平差除一次，立差除兩次，何也？曰：此平立之分也。除一次者，段日本數為法也。除兩次者，段日自乘為法也。於是再以段日乘之，則本數者如平方之自乘，自乘者如立方之再乘矣。平立合差何也？曰：次限少於初限之差也，內有兩平差、六立差之共數，故謂之合差，即半二差。如盈曆以二分四十六秒為平差，三十一微為立差，今倍平差得四分九十二秒，加入加分立差一秒八十六微，共得四分九十三秒八十六微，為平立合差，是有兩平差六立差之數，蓋加分立差原是六個立差也。定差內又減一平差一立差，為初日加分。何也？曰：此初日加分之積，少於定差之數也。既以定差為初日加分矣，而積又減此。何也？曰：以定差為初日加分者，乃初日最初之率也。積滿一日，則平差、立差各有所減，而特其減甚微，故各祇一數，如平方、立方之起數以一也。是故此一平差、一立差者，即初日平立合差也。初日之平立合差，何獨少耶？曰：准於平方、立方之加法，正相應也。蓋平方冪積以自乘之積為等，其數一、四、九、十六、二十五、三十六、四九、六四、八一也。立方體積以再乘之積為等，其數一、八、二十七、六四、百二十五、二一六、三四三、五一二也。而平立合差之數亦如之，是故初日之盈縮積，是於定差內減一平差、一立差，如平方、立方之根一者，積亦一也。次日之盈縮積，是於二定差內減四平差、八立差，如方根二者，平積必四，立積必八也。三日之盈縮積，是於三定差內減九平差、二十七立差，如方根三者，平積必九、立積二十七也。四日之盈縮積，是於四定差內減十六平差、六十四立差，如方根四者，平積必十六、立積必六十四也。向後各限並同此推合而言之，即皆逐日之平立合差也。然則以一平差、一立差較次日之四平差、八立差，固為小矣，而以四平差、八立差較三日之九平差、二十七立差，不更小乎？何況以三較四，則為九平差、二十七立差與十六平差、六十四立差，其相差不更懸絶乎？問：次日之平立合差，只兩平差、六立差，而今又云四平差、八立差，三日以後之平立合差只遞增六立差，逐日遞增加分，立差一秒八十六微，是六個立差之數。而今所云者三日，有平差九、立差二十七，其説之不同如此，必有一誤矣。曰：差之積，類於平方、立方者，是總計其所減之數，而每加加分立差者，是分論其逐日所減之數也。欲明此理，仍當求諸少廣。少廣者，開方法也。今夫平方，以一、四、九、十六、二十五等為序者，其冪積也。若分而言之，以一、三、五、七、九為序者，其廉隅也。以相挨兩平冪相減，即得廉隅，如一與四相減得三，四與九相減得五，九與十六相減得七，十六與二十五相減得九是也。廉隅，即較也，而遞增以二數者，較之較也。一、三、五、七、九，皆遞增以二。今夫立方以一、八、二七、六四、一二五為序者，其體積也。若分而言之，以七、十九、三七、六一為序者，其廉隅也。亦以相挨兩體積相減得之，如一減八得七，八減廿七得十九，廿七減六十四得三十七，六十四減一百二十五得六十一是也。廉隅，即較也，而遞增以六者，較之較也。一增六得七，七增二六得十九，十九增三六得三十七，三十七增四六得六一。是故平立差之總積，是初日以來所積之差也，亦如平立方之冪積，體積也。平立差之加法，是逐日遞增之較也，亦如平立方之廉隅也，合初日以來之加分即盈縮積度。與定差較，則其差如平立方之冪積，體積也。平差之序一、四、九、十六、二十五立差之序，一、八、二十七、六四、一二十五。若以本日之加分與定差較，則其差如平立方之廉隅也。平差之序，一、三、五、七、九，立差之序，七、十九、三十七、六十一。若以本日之平立合差與初日較如平立方之廉積。平差之增二、四、六、八，立差之增六十八三十六六十。若以相近兩日之平立合差自相較，如平立方之廉積相較。平差之遞增皆二，立差之遞增以六，而再增十二為二六，再增十八為三六，再增二十四為四六也。於定差內減平差立差各一，為初日加分，又於初日加分內減去二平差、六立差，是共減平差四本日實減三，合初日所減之一，則四、立差八本日實減七，合初日所減之一，則八。而為次日加分也。又於次日平立合差內加入六立差，為平立合差共二平差、十二立差。以減次日加分，是共減去平差九、本日實減平差五，合前兩日所減四，共九。立差

二十七，本日實減立差十九，合前日所減之八，則二十七。而為三日加分也。又於三日之平立合差内加六立差，為平立合差，共二平差、十八立差。以減三日加分，是共減去平差十六、本日實減平差七，合前三日所減之九，則十六。立差六十四，而為四日加分也。本日實減立差三十七，合前三日所減之二十七，則六十四。故曰合初日以來之加分與定差，較其差如平立方之冪積、體積，而以本日之加分即本日實減數。與定差較，則如廉隅也。若論布立成法，則不言定差，但以初日加分為根，以平立合差減初日加分為次日加分，是於初日加分内減二平差、六立差也。又以六立差併入平立合差，以減次日加分，為三日加分，是於次日加分内又減二平差、十二立差，於初日加分則為減四平差、十八立差也。又如上法再增六立差，以減三日加分，為四日加分，是於三日加分内又減二平差、十八立差，於初日加分内，則為減六平差、三十六立差也。故曰以平立合差與初日較，若平立方之廉積而以相近兩日自相較，如平立方之廉積相較也。平方二廉，故相加以二，立方六廉，故相加以六，此倍平差、六因立差，為平立合差之理也。平方之相加以二者，始終不變，立方之相加以六者，每限遞增，此向後立差遞增六數之理也。

盈縮招差圖

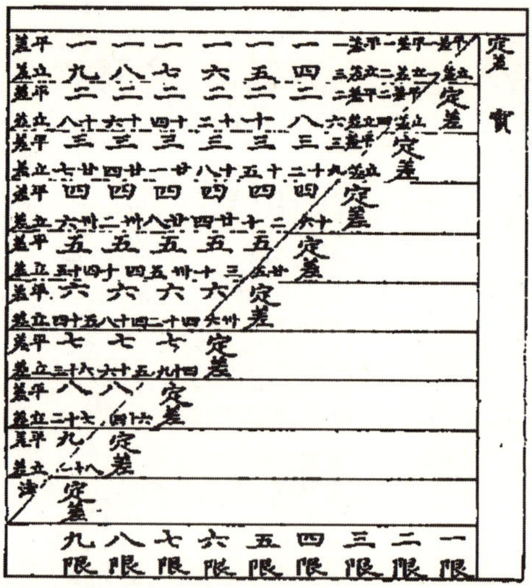

盈縮招差圖説

盈縮招差，本為各一象限之法。如盈曆，則以八十八日九十一刻為象限；縮曆，則以九十三日七十一刻為象限。今只作九限者，舉此為例也。其空格九行，定差本數，為實也。其斜線以上，平差立差之數，為法也。斜線以下空格之定差，乃餘實也。假如定差為一萬，平差為一百，立差為單一，今求九限，法以九限乘平差，得九百，又以九限乘立差二次，得八十一，並兩數九百八十一，為法，定差一萬為實，法減實，餘實九千〇一十九，即九限末位所書之定差也。於是再以九限為法，乘餘實得八萬一千一百七十一為九限積數本法以九限乘定差得九萬為實另置平差以九限乘二次得八千一百置立差以九限乘三次得七百二十九並兩數得八千八百二十九，為法，以減實九萬，得八萬一千一百七十一，為九限積，與前所得同，本法是先乘後減，用法是先減後乘，其理一也。

平差遞加圖　渠積招差　合平方自乘之積

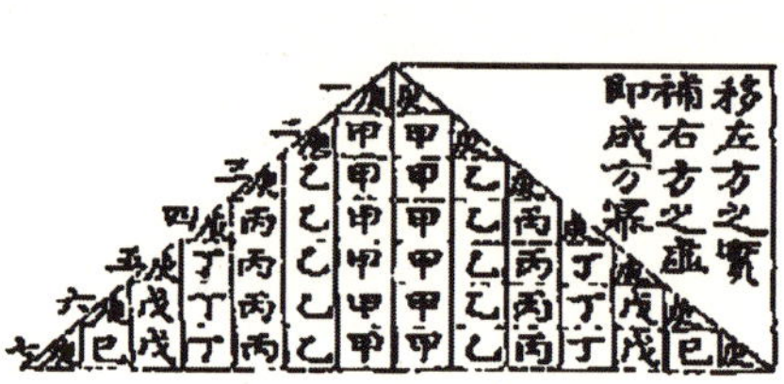

初日減平差，一庚也，次日又減平差，二甲也，實減三，併甲庚也，合廉隅矣，併計初日共減四，合平方冪矣，第三日又多減平差，二乙也，實減五，併二甲二乙一庚也，合廉隅矣，併計前兩日共減九，合平方冪矣。第四日以後倣此推之。

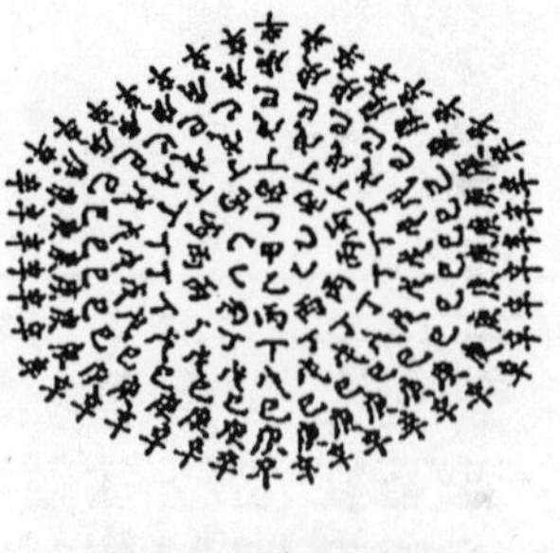
平視之圖

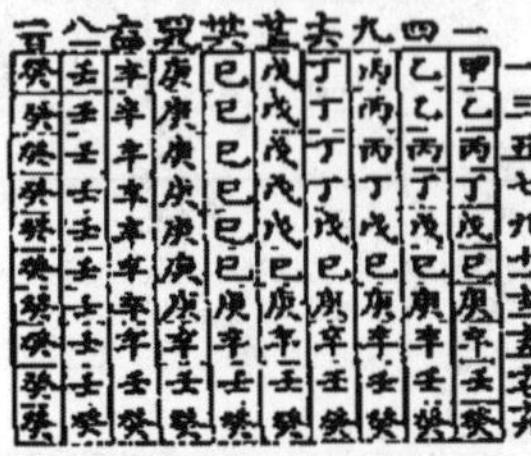
平差遞加如平方冪圖

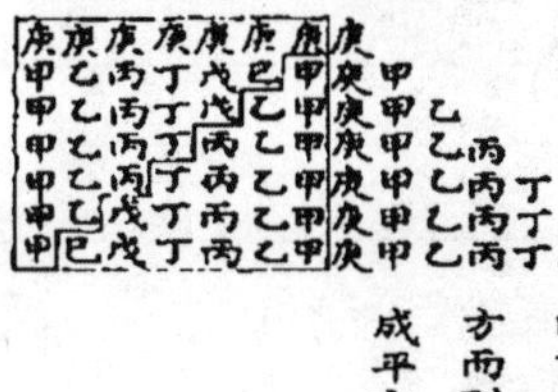
移置右方之甲乙丙丁戊己以合左方而列庚於首則成平方之積如上圖

中心甲一為初限所減立差，即垛積形之頂，加外圍六乙，共七，為次限所減立差，平廉、長廉各三，隅一也，並上層甲，共八，成根二之體積，是為垛積形之第二層；又加外圍丙十二，共十九，為三限所減立差，三平廉共十二，三長廉共六，隅一也，並上兩層共二十七，合根三之體積，是為垛積形之第三層；又加外圍丁十八，共三十七，為四限所減立差，三平廉共二十七，三長廉共九，隅一也，並上三層共六十四，合根四體積，是為垛積形之第四層；又加外圍戊二十四，共六十一，為五限所減立差，三平廉共四十八，三長廉十二，隅一也，並上三層共一百二十五，合根五之體積，是為垛積之第五層；又加巳三十，共九十一，為六限立差，其七十五為三平廉，其十五為三長廉，其一隅也，並上層共二百一十六成體積，是為垛積之第六層；又加庚三十六，共一百二十七，為七限立差，其百〇八為三平廉，其十八為三長廉，其一隅也，並上層成體積三百四十三，是為垛積之第七層；又加辛四十二，共一百六十九，為八限立差，其百四十七為三平廉，其二十一為三長廉，其一隅也，並上層共五百一十二如體積，是為垛積之第八層；此姑以八層為式，向後倣此推之。因從甲頂平視，故類六角平面，其實如六角錐也，立方廉隅而圖以錐形，六角者，以表其垛積招差之理也，甲恒為隅，朱書者，長廉，餘則平廉，立方之平廉、長廉各三，離居三方，則成六角六觚形，以六抱一，每層增六，與立方加法同，所異者，六觚平面而立方必并其積，故以堆垛象之，若算六角堆垛，但取其底之一面自乘再乘，見積與立方同。

側視一面之圖

此六觚垛積一角之斜立面也。可以見垛積之層數。

以斜立面觀之，最上甲一次，乙二次，丙三、丁四、戊五、己六、庚七、辛八，其底之數各如其層之數，如堆只三層，則以三丙為底；四層則四丁為底，每多一層，其各面之底必多一數。若辛下再加一層為壬，必九數也。實計其每面六觚之數，則甲一、乙七、丙十九、丁三十七、戊六十一、己九十一、庚一百二十七、辛一百六十九，前平視之圖，乙為甲掩故，但見外圍之六，丙為乙掩故，但見外圍十二，餘皆若是也。觀者當置身於高處，從甲頂俯視，即得其理。皆以外圍之數為下層多於上層之數，合計其堆垛之積，則甲一、乙八、丙二十七、丁六十四、戊一百二十五、己二百一十六、庚三百四十三、辛五百一十二，乙七並甲一成八，丙十九並乙七甲一成二十七，餘皆若是。其堆垛之積皆如其層數之立方。以底之一面自乘，又以層數乘之也。問平差之根，是以段日除積差而得，則每日適得一平差，今所減平差甚多，殆非實數。曰：泛平積差，是初日多於第七日之數，亦據盈曆言之。而平差之數既如段日，則於日數為加

平方立方冪積體積廉隅加法總圖

方根	一	二	三	四	五	六	七	八	九
平方冪積	一	四	九	一六	二五	三六	四九	六四	八一
廉隅積		三	五	七	九	一一	一三	一五	一七
加法		二	二	二	二	二	二	二	二
立方體積	一	八	二七	六四	一二五	二一六	三四三	五一二	七二九
廉隅積		七	一九	三七	六一	九一	一二七	一六九	二一七
加法		六	一二	一八	二四	三〇	三六	四二	四八

平方加法

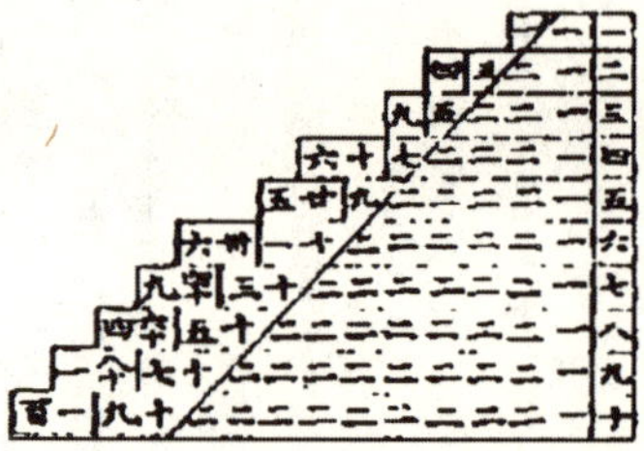

立方加法

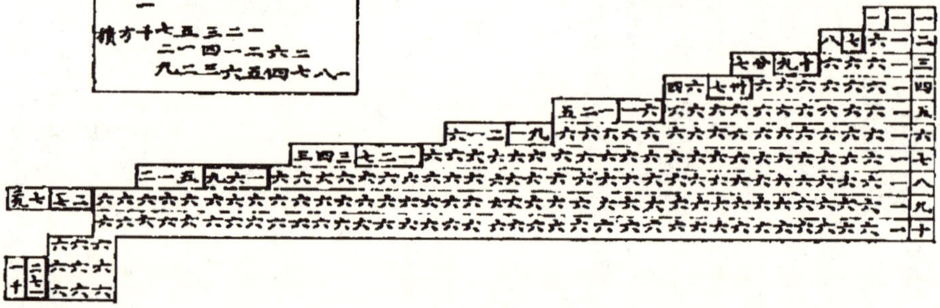

平方

立方

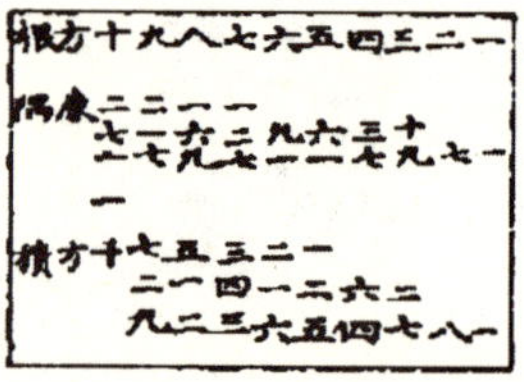

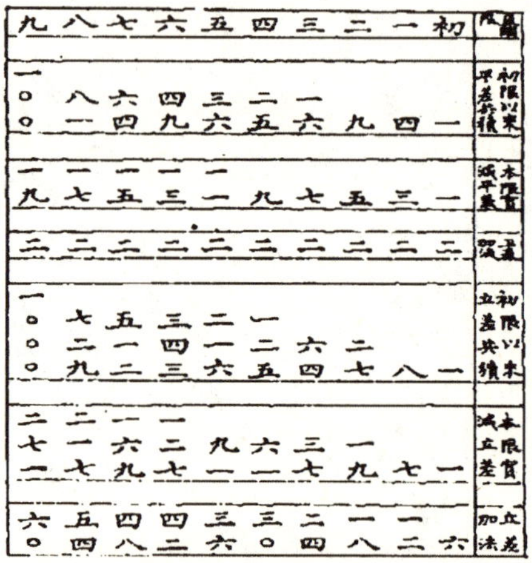

盈縮歷平差立差合冪積體積廉隅圖

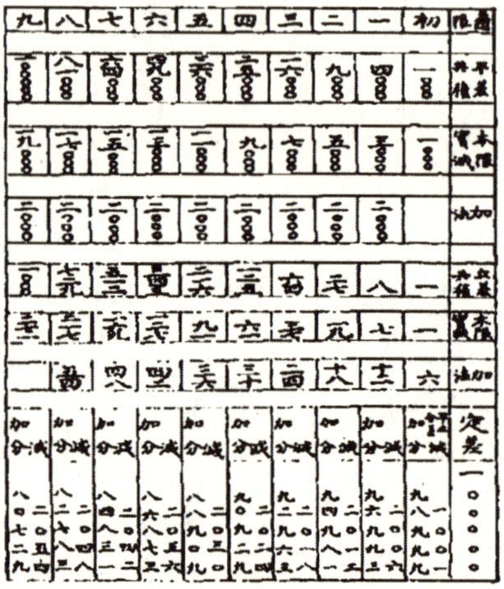

盈縮立成用平立合差之圖

倍。盈曆段日十四日奇，以此分積差為每日平差，則平差共數亦十四奇，於七日為加倍。今倍減平差正合積差原數，豈患其多。曰若然又何以能合平方？曰：以本日實減之數與定差較，但取其銷盡積差已足。如第七日實減十三平差，第八日實減十五平差，七日有奇，在其中半積差必當減盡。故其法若平方之廉隅，若合計初日以來減過平差，與初日以來定差相較，則所減之積皆如平方自乘，觀圖自明。如七日共數得四十九，八日共數得六十四之類。又如立差，以段日自乘，除泛立積差而得，故其數亦略如段日之自乘，而每日實減亦如立方之廉隅，聊足以銷去積差。本日尚有餘秒，後一日奇減盡。若合計初日以來共數，則亦如立方再乘之積矣。

右圖以九限為例九限以後倣論。定差設十萬，平差設一千，立差設單一，如法以本日加法并之為平立合差，如圖，平差、立差各有加法，故當並用。以平立合差減先日加分，得本日加分，合計從前加分，為本日盈縮積或以本日加分加先日盈縮積，得本日盈縮積，亦同。

又簡法

置定差，内減平差、立差各一，為初日加分，又即為第一日盈縮積。別置平差，倍之，加入六立差，為初日平立合差，以後每於平立合差内加入六立差，為次日平立合差。餘同上。

用定差法

以日數乘立差，得數加入平差，再以日數乘之，得數。乃置定差，以得數減之，用其餘為實，復以日數乘之，得本日盈縮積。置相近兩盈縮積，相減得加分。又置相近兩加分，相減得平、立合差。亦同。

定差本法

置定差，以日數乘之，得數為實，又以日數自乘，用乘平差，得數。以日數再自乘，用乘立差得數，平立兩得數并之為法，法減實，得盈縮積餘同上。

清·黃鼎《天文大成管窺輯要》卷八　論日躔盈縮差

日行黃道，大約一日行一度，一歲一周天，其有盈縮損益，四序不同。北齊張子信積候合食加時，各有入氣差，然損益未得其正。趙道嚴準晷影長短定日行進退，更置盈縮以求日食，至劉焯立損益法以求之，盈縮纏衰，四序升降，損益不同。自冬至後行速而積盈，夏至後行遲而積縮，其行遲速皆有陟降，以分前陟而分後降也。後代祖述用之，至元《授時》以冬至日行一度強，出赤道外二十四度弱，自此日軌漸比當春分前三日交赤道而適平，為盈初，自後其盈日損及當夏至向之盈分盡，損而無餘，為盈末，比之常度猶差前，故皆曰盈差。夏至日行一度弱，入赤道内二十四度弱，自此日軌漸南，當秋分後三日交赤道亦適平，為縮初，自後其縮日益，復當冬至向之縮分盡，損而無餘，為縮本，比之常度猶差後，故皆曰縮差，其盈縮均有損益，初為益，末為損，盈初縮末俱八十八日九十一分而行一象限，縮初盈末俱九十三日七十一分而行一象限，盈縮極差皆二度四十一分，由實測晷影而得其數。郭太史立招差法以推之，列實測盈縮積差各六段，亦以六除二至後所入初末限，得益縮每段積日，各以段積日除各段下積差，得各段平差，是差雖平於一段，而較之各段猶未平也，即為每段汎平差積，以各段平差前後相減，為一差，其得數尚未齊，乃平差逐段漸少之差分也。又以一差前後相減為二差，而各段之得數齊矣。即以第一段平差為泛平積，用本段二差加減一差，為泛平差，以加減泛平差，為定平積，是即所謂定差也。以二除二差，為立差，加減泛平差，為定平差，以段日除之，為日定平差，即所謂平差也。以段日再除立差，為日立差，即所謂立差也。其加減法，皆以後多前少者為減，前多後少者為加。是以求差之法，置立差，以限乘之，併平差，再以限乘之，以平差一除，故一乘，立差再除，故再乘也。蓋以平立二差為消息之法，用立之以減定差，其定差又與限相乘，而得差者，以段積日與段積差相除故也。所得盈縮差數，與所測允合。此以三差立法，最為奇捷。

又　卷一〇　論月離遲疾差

古曆月行十三度十九分度之七，漢耿壽昌以為日月行至牽牛東井，日過度，月行十五度，至婁角始平行，赤道始然。賈逵以為合朔弦望加時所以不中者，蓋不知月行遲疾。意李梵、蘇統皆以月行當有遲疾，不必在牽牛、東井、婁、角之間，乃由行道有遠近，出入所生。劉洪作《乾象》曆，始悟其理，列為差率，以囿進退損益之數，後咸因之。唐一行考九道委蛇曲折之數，得月行除疾之理，或謂月與五塵皆近日而疾，遠日遲，五星變行起於入合，太陰入轉不係於合朔，則其遲疾不係於太陽也。明矣。曆法以入轉一周之日為遲疾二曆，各立初末二限，初為益，末為損，在疾初遲末，其行度率過於平行，遲初疾末，率不及於平行，自人轉初，日行十四反半強，從是漸殺，曆七日適及平行度，謂之疾初限，其積度比平行餘五度四十二分，自是其疾日損，又曆七日行十二度微强，向之益者盡損而無餘，謂之疾末限，目是復行遲度，又及七日適及平行度，謂之遲初限，其積度比平行不及五度四十二分，自此其遲曰損，行度盡增，又曆七日復行十四度半強，向之益者亦損而無餘，謂之遲末限，入轉一周，實二十七日五十五刻四十六分，遲疾極差皆五度四十二分。舊曆日為一限，皆用二十八限。元太史郭守敬定驗得轉分進退，時名不同，以萬分日之八百二十分為一限，一日分為十二限，一轉析為三百三十六限，半之為半周限，析而四之為象限八十四，立為垛疊招差法以求之。列實測遲疾積差各七段，亦以七除人轉初末限，得遲疾每段限數，各以段限積數除各段下積度，得各段平差，是差雖平於一段，而較之各段猶未平也，即為每段汎平差積分，以各段平差分前後相減，為一差，一差得數尚未齊，乃平差逐段漸少之差分也，又以一差前後相減為二差，而各段之數齊矣，即一第一段平差為泛平積，用本段二差加減一差，為泛平差，以加減泛平積，為定平積，是即所謂定差也。也一除二差，為立差，又以段數目之，以乘立差，得為立差積，加減泛平積，為定平差，以段限除之，為限定平差，即所謂平差也。以段限再除立差，為限立差，即所謂立差也。其加減法皆以後多前少者為減，前多後少者為加，是以創立求差之法，置立差，以限乘之，以平差一除，故一乘，立差再除，故再乘也。蓋以平差、立差為消息之法，用之以減定差，其定乘，又與限相乘，而得差者，以段積限與段積差相除故也。所得遲疾差數，與所測允合。此三差立法於太陽相同，但太陽盈縮異數，犬陰則無遲疾之殊也。

千日，又并入若干小餘，而求其盈朒也。

附求綱紀法。置朞實四十八萬九千四百二十八，四而一，得一十二萬二千三百五十七，以二分下消息積三千七百八加之，得一十二萬六千六十五，為盈積度。減之得一十一萬八千六百四十九，為朒積度。以消息積二之，得七千四百一十六為法，以除盈積度，得十七，以除朒積度，得十六，即以十六為進綱，十七為退紀也。

算法

明・宋濂等《元史・曆志》 授時曆經

步日躔第三

周天分，三百六十五萬二千五百七十五分。

周天，三百六十五度二十五分七十五秒。

半周天，一百八十二度六十二分八十七秒半。

象限，九十一度三十一分四十三秒太。

歲差，一分五十秒。

周應，三百一十五萬一千七十五分。

半歲周，一百八十二日六千二百一十二分半。

盈初縮末限，八十八日九千九十二分少。

縮初盈末限，九十三日七千一百二十分少。

推天正經朔弦望入盈縮曆

置半歲周，以閏餘日及分減之，即得天正經朔入縮曆。冬至後盈，夏至後縮。

以弦策累加之，各得弦望及次朔入盈縮曆日及分秒。滿半歲周去之，即交盈縮。

求盈縮差

視入曆盈者，在盈初縮末限已下，為初限，已上，反減半歲周，餘為末限；縮者，在縮初盈末限已下，為初限，已上，反減半歲周，餘為末限。其盈初縮末者，置立差三十一，以初末限乘之，加平差二萬四千六百，又以初末限乘之，用減定差五百一十三萬三千二百，余再以初末限乘之，滿億為度，不滿退除為分秒。縮初盈末者，置立差二十七，以初末限乘之，加平差二萬二千一百，又以初末限乘之，用減定差四百八十七萬六百，余再以初末限乘之，滿億為度，不滿退除為分秒，即所求盈縮差。

又術：置入限分，以其日盈縮分乘之，萬約為分，以加其下盈縮積，萬約為度，不滿為分秒，亦得所求盈縮差。

步月離第四

轉終分，二十七萬五千五百四十六分。

轉終，二十七日五千五百四十六分。

轉中，十三日七千七百七十三分。

初限，八十四。

中限，一百六十八。

周限，三百三十六。

月平行，十三度三十六分八十七秒半。

轉差，一日九千七百五十九分九十三秒。

弦策，七日三千八百二十六分四十八秒少。

上弦，九十一度三十一分四十三秒太。

望，一百八十二度六十二分八十七秒半。

下弦，二百七十三度九十四分三十一秒少。

轉應，一十三萬一千九百四分。

推天正經朔入轉

置中積，加轉應，減閏余，滿轉終分，去之，不盡，以日周約之為日，不滿為分，即天正經朔入轉日及分。上考者，中積内加所求閏餘，減轉應，滿轉終，去之，不盡，以減轉終，餘同上。

求弦望及次朔入轉

置天正經朔入轉日及分，以弦策累加之，滿轉終，去之，即弦望及次朔入轉日及分秒。如徑求次朔，以轉差加之。

求經朔弦望入遲疾曆

各視入轉日及分秒，在轉中已下，為疾曆；已上，減去轉中，為遲曆。

遲疾轉定及積度

表【略】

求遲疾差

置遲疾曆日及分，以十二限二十分乘之，在初限已下為初限，已上覆減中限，餘為末限。置立差三百二十五，以初末限乘之，加平差二萬八千一百，又以初末限乘之，用減定差一千一百一十一萬，余再以初末限乘之，滿億為度，不滿退除為分秒，即遲疾差。

又術：置遲疾曆日及分，以遲疾曆日率減之，餘以其下損益分乘之，如八百二十而一，益加損減其下遲疾度，亦為所求遲疾差。

又 步五星第七

曆度

三百六十五度二十五分七十五秒。

曆中

一百八十二度六十二分八十七秒半。

曆策

一十五度二十一分九十秒六十二微半。

木星

周率，三百九十八萬八千八百分。

周日，三百九十八日八十八分。

曆率，四千三百三十一萬二千九百六十四分八十六秒半。

度率，一十一萬八千五百八十二分。

合應，一百一十七萬九千七百二十六分。

曆應，一千八百九十九萬九千四百八十一分。

盈縮立差，二百三十六加。

平差，二萬五千九百一十二減。

定差，一千八十九萬七千。

伏見，一十三度。

表【略】

火星

周率，七百七十九萬九千二百九十分。

周日，七百七十九日九十二分九十秒。

曆率，六百八十六萬九千五百八十分四十三秒。

度率，一萬八千八百七分半。

合應，五十六萬七千五百四十五分。

曆應，五百四十七萬二千九百三十八分。

盈初縮末立差，一千一百三十五減。

平差，八十三萬一千一百八十九減。

定差，八千八百四十七萬八千四百。

縮初盈末立差，八百五十一加。

平差，三萬二百三十五負減。

定差，二千九百九十七萬六千三百。

伏見，一十九度。

表【略】

土星

周率，三百七十八萬九百一十六分。

周日，三百七十八日九分一十六秒。

曆率，一億七百四十七萬八千八百四十五分六十六秒。

度率，二十九萬四千二百五十五分。

合應，一十七萬五千六百四十三分。

曆應，五千二百二十四萬五百六十一分。

盈立差，二百八十三加。

平差，四萬一千二十二減。
定差，一千五百一十四萬六千一百。
縮立差，三百三十一加。
平差，一萬五千一百二十六減。
定差，一千一百一萬七千五百。
伏見，一十八度。
表【略】
金星
周率，五百八十三萬九千二十六分。
周日，五百八十三日九十分二十六秒。
曆率，三百六十五萬二千五百七十五分。
度率，一萬。
合應，五百七十一萬六千三百三十分。
曆應，一十一萬九千六百三十九分。
盈縮立差，一百四十一加。
平差，三減。
定差，三百五十一萬五千五百。
伏見，一十度半。
表【略】
水星
周率，一百一十五萬八千七百六十分。
周日，一百一十五日八十七分六十秒。
曆率，三百六十五萬二千五百七十五分。
度率，一萬。
合應，七十萬四百三十七分。
曆應，二百五萬五千一百六十一分。
盈縮立差，一百四十一加。
平差，二千一百六十五減。
定差，三百八十七萬七千。
晨伏夕見，一十六度半。
夕伏晨見，一十九度。
表【略】

推天正冬至後五星平合及諸段中積中星

置中積，加合應，以其星周率去之，不盡，為前合；復減周率，餘為後合；以日周約之，得其星天正冬至後平合中積中星。命為日，日中積；命為度，日中星。以段日累加中積，即諸段中積；以平度累加中星，經退則減之，即為諸段中星。上考者，中積内減合應，滿周率去之，不盡，便為所求後合分。

推五星平合及諸段入曆

各置中積，加曆應及所求後合分，滿曆率，去之；不盡，如度率而一為度，不滿，退除為分秒，即其星平合入曆度及分秒；以諸段限度累加之，即諸段入曆。上考者，中積内減曆應，滿曆率去之，不盡，反減曆率，餘加其年後合，餘同上。

求盈縮差

置入曆度及分秒，在曆中已下，為盈；已上，減去曆中，餘為縮。視盈縮曆，在九十一度三十一分四十三秒太已下，為初限；已上，用減曆中，餘為末限。其火星，盈曆在六十度八十七分六十二秒半已下，為初限；已上，用減曆中，餘為末限。

置各星立差，以初末限乘之，去加減平差，得，又以初末限乘之，去加減定差，再以初末限乘之，滿億為度，不滿退除為分秒，即所求盈縮差。

又術：置盈縮曆，以曆策除之，為策數，不盡為策餘；以其下損益率乘之，曆策除之，所得，益加損減其下盈縮積，亦為所求盈縮差。

求平合諸段定積

各置其星其段中積，以其盈縮差盈加縮減之，即其段定積日及分秒；以天正冬至日分加之，滿紀法去之，不滿，命甲子算外，即得日辰。

求平合及諸段所在月日

各置其段定積，以天正閏日及分加之，滿朔策，除之為月數，不盡，為入月已來日數及分秒。其月數，命天正十一月算外，即其段入月經朔日數及分秒；以日辰相距，為所在定朔月日。

求平合及諸段加時定星

各置其段中星，以盈縮差盈加縮減之，金星倍之，水星三之。即諸段定星；以天正冬至加時黄道日度加而命之，即其星其段加時所在宿度及分秒。

求諸段初日晨前夜半定星

各以其段初行率，乘其段加時分，百約之，乃順減退加其日加時定星，即其段初日晨前夜半定星；加命如前，即得所求。

求諸段日率度率

各以其段日辰距後段日辰為日率，以其段夜半宿次與後段夜半宿次相減，餘為度率。

求諸段平行分

各置其段度率，以其段日率除之，即其段平行度及分秒。

求諸段增減差及日差

以本段前後平行分相減，為其段泛差；倍而退位，為增減差；以加減其段平行分，為初末日行分。前多後少者，加為初，減為末；前少後多者，減為初，加為末。倍增減差，為總差；以日率減一，除之，為日差。

求前後伏遲退段增減差

前伏者，置後段初日行分，加其日差之半，為末日行分。

後伏者，置前段末日行分，加其日差之半，為初日行分；以減伏段平行分，餘為增減差。

前遲者，置前段末日行分，倍其日差，減之，為初日行分。

後遲者，置後段初日行分，倍其日差，減之，為末日行分；以遲段平行分減之，餘為增減差。前後近留之遲段。

木火土三星，退行者，六因平行分，退一位，為增減差。

金星，前後退伏者，三因平行分，半而退位，為增減差。

前退者，置後段初日行分，以其日差減之，為末日行分。

後退者，置前段末日行分，以其日差減之，為初日行分；乃以本段平行分減之，餘為增減差。

水星，退行者，半平行分，為增減差；皆以增減差加減平行分，為初末日行分。前多後少者，加為初，減為末；前少後多者，減為初，加為末。又倍增減差，為總差；以日率減一，除之，為日差。

求每日晨前夜半星行宿次

各置其段初日行分，以日差累損益之，後少則損之，後多則益之，為每日行度及分秒；乃順加退減，滿宿次去之，即每日晨前夜半星行宿次。

求五星平合見伏入盈縮曆

置其星其段定積日及分秒，若滿歲周日及分秒，去之，餘在次年天正冬至後。如在半歲周已下，為入盈曆；滿半歲周，去之，為入縮曆；各在初限已下，為初限；已上，反減半歲周，餘為末限；即得五星平合見伏入盈縮曆日及分秒。

求五星平合見伏行差

各以其星其段初日星行分，與其段初日太陽行分相減，餘為行差。若金、水二星退行在退合者，以其段初日星行分，並其段初日太陽行分，為行差；內水星夕伏晨見者，直以其段初日太陽行分為行差。

求五星定合定見定伏泛積

木火土三星，以平合晨見夕伏定積日，便為定合伏見泛積日及分秒。

金水二星，置其段盈縮差度及分秒，水星倍之。各以其段行差除之，為日，不滿，退除為分秒。在平合夕見晨伏者，盈減縮加；在退合夕伏晨見者，盈加縮減；各以加減定積為定合伏見泛積日及分秒。

求五星定合定積定星

木火土三星，各以平合行差除其段初日太陽盈縮積，為距合差日；不滿，退除為分秒，以太陽盈縮積減之，為距合差度。各置其星定合泛積，以距合差日盈減縮加之，為其星定合定積日及分秒；以距合差度盈減縮加之，為其星定合定星度及分秒。

金水二星，順合退合者，各以平合退合行差，除其日太陽盈縮積，為距合差日；不滿，退除為分秒，順加退減太陽盈縮積，為距合差度。順合者，盈加縮減其星定合泛積，為其星定合定積日及分秒；退合者，以距合差日盈減縮加、距合差度盈加縮減其星退定合泛積，為其星退定合定積日及分秒；命之，為退定合定星度及分秒。以天正冬至日及分秒，加其星定合定積日及分秒，滿旬周，去之，命甲子算外，即得定合日辰及分秒。以天正冬至加時黄道日度及分秒，加其星定合定星度及分秒，滿黄道宿次，去之，即得定合所躔黄道宿度及分秒。徑求五星合伏定日：木、火、土三星，以夜半黄道日度，減其星夜半黄道宿次，餘在其日太陽行分已下，為其日伏合；金、水二星，以其星夜半黄道宿次，減夜半黄道日度，餘在其日太陽行分已下者，為其日伏合。金、水二星伏退合者，視其日太陽夜半黄道宿次，未行到金、水二星宿次，又視次日太陽行過金、水二星宿次，金、水二星退行過太陽宿次，為其日定合伏退定日。

求木火土三星定見伏定積日

各置其星定見定伏泛積日及分秒，晨加夕減九十一日三十一分六秒，如在半歲周已下，自相乘，已上，反減歲周，餘亦自相乘，滿七十五，除之為分，滿百為度，不滿，退除為秒；以其星見伏度乘之，一十五除之；所得，以其段行差除之，為日，不滿，退除為分秒；見加伏減泛積，為其星定見伏定積日及分秒；加命如前，即得定見定伏日辰及分秒。

求金水二星定見伏定積日

各以伏見日行差，除其段初日太陽盈縮積，為日，不滿，退除為分秒；若夕見晨伏，盈加縮減；如晨見夕伏，盈減縮加；以加減其星定見定伏泛積日及分秒，為常積。如在半歲周已下，為冬至後；已上，去之，餘為夏至後。各在九十一日三十一分六秒已下，自相乘，已上，反減半歲周，亦自相乘。冬至後晨，夏至後夕，一十八而一，為分；冬至後夕，夏至後晨，七十五而一，為分；又以其星見伏度乘之，一十五除之；所得，滿行差，除之，為日，不滿，退除為分秒，加減常積，為定積。在晨見夕伏者，冬至後加之，夏至後減之；夕見晨伏者，冬至後減之，夏至後加之；為其星定見伏定積日及分秒；加命如前，即得定見定伏日晨及分秒。

相減相乘法分部

算法

元・脱脱等《宋史・律曆志》　求天正冬至加時黄道日度：以冬至加時赤道日度及分，減一百一十一度三十七分，餘以冬至加時赤道日度及分乘之，進一位，滿一萬約之為度；不滿為分，命曰黄赤道差；用減冬至赤道日度及分，即為所求年天正冬至加時黄道日度及分。

求冬至之日晨前夜半日度：置一萬分，以其日升分加之，以乘冬至約餘，以一萬約之，所得，以減冬至加時黄道日度，即為冬至之日晨前夜半黄道日度及分。

求逐月定朔之日晨前夜半黄道日度：置其朔距冬至日數，以其度下盈縮積度盈加縮減之，餘以加天正冬至晨前夜半日度，命之，即其月定朔之日晨前夜半日躔所在宿次。

求每日晨前夜半黄道日度：各置其定朔之日晨前夜半黄道日度，每日加一度，以其日升降分升加降減之，滿黄道宿度去之，即各得每日晨前夜半黄道日躔所在宿度及分。若次年冬至小余滿法者，以升分極數加之。

綴術分部

題解

宋・沈括《夢溪筆談》卷一八　審方面勢覆，量高深遠近，算家謂之叀術。叀，心文象形，如繩木所用墨斗也。求星辰之行，步氣朔消長，謂之綴術，謂不可以形察，但以算數綴之而已。北齊祖暅有《綴術》二卷。

算法

宋・秦九韶《數書九章・天時類》卷三　綴術推星

問歲星合伏，經一十六日九十分，行三度九十分，去日一十三度乃見，後順行一百一十三日，行一十七度八十三分乃留，欲知合伏段、晨疾初段、常度、初行率、末行率、平行率各幾何。

答曰：合伏一十六日九十分，

常度三度九十度，初行率二十三分九十七秒，平行率二十三分二秒，末行率二十二分七秒。

晨疾初三十日，常度六度一十三分，初行率二十一分九十六秒，平行率二十分三十三秒，末行率一十八分七十秒。

術曰：以方程求之。置見日，減一，餘半之，為見率，以伏日併見日，為初行法，以法半之，加見率，共為伏率，以伏日乘伏率，為伏差，以見日乘見率，為見差，以伏日乘見差於上，以見日乘伏差，減上，餘為法，以見日乘伏度，為泛，以伏日乘見度，減泛，餘為實，實滿法而一為度，不滿退除為分秒，即得日差。

求初行率：置初行法，減一，餘乘日差，為寄，以半初行法乘寄，得數，又加伏見度，共為初行實，以法退除之，得合伏日初行率。

求末行率：以段日乘日差，減初行率，餘為末行率

求平行率：以初行率併末行率而半之，為平行率。

求交段差：以各段常日下分數，減全日一百分，餘乘末日行率，為交段差。

累減前段積度，以益後段積度，各為常度。

草曰兼具算图：以伏日隨伏度為右行，以見日隨見度為左行，以度對度，日對日，其度於上，日於中，空其下，列之。

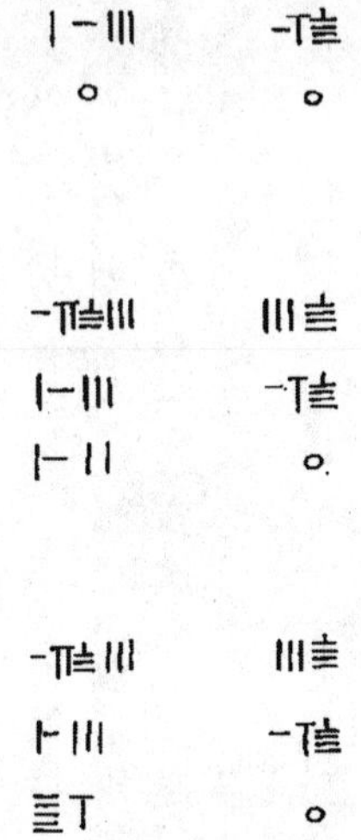

置見日一百一十三，減一，餘一百一十二，以半之，得五十六為見率，以伏日一十六日九十分併見日一百一十三，得一百二十九日九十分為初行法。

以初行法半之，得六十四日九十五分，併見率五十六日，得一百二十日九十五分，為伏率，以初行法寄之，以伏率歸右下，以對見率，仍分左右兩行為首圖。

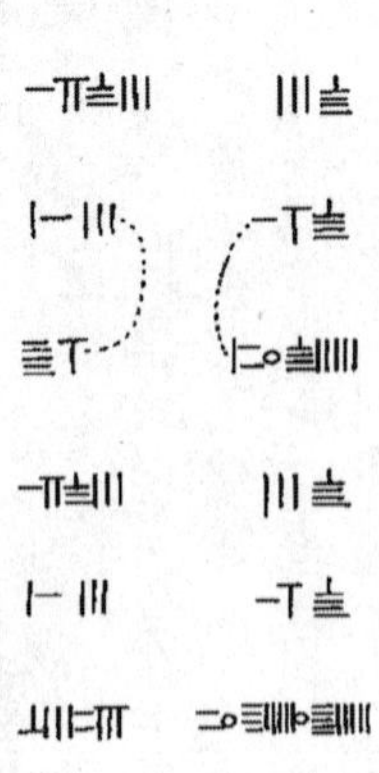

以首圖伏日一十六日九十分乘伏率一百二十日九十五分，得二千四十四日五分五十秒，為伏差，於右下，以首圖見日一百一十三乘見率五十六，得六十三百二十八日，為見差，於左下，乃成次圖。凡方程之術，先欲得者存之，以未欲得者互偏乘兩行諸數，今驗此圖，先欲得日差，故存其左右之上下，以左右之中伏見日數，互偏乘兩行。乃以次圖右中伏日一十六日九十分先偏乘左行畢，左上得三百一度三十二分七十秒，左中得一千九百九日七十分，左下得一十萬六千九百四十三日二十分。又以次圖左中見日一百一十三偏乘右行畢，右上得四百四十日七十分，右中亦得一千九百九日七十分，右下得二十三萬九百七十八日二十一分五十秒。

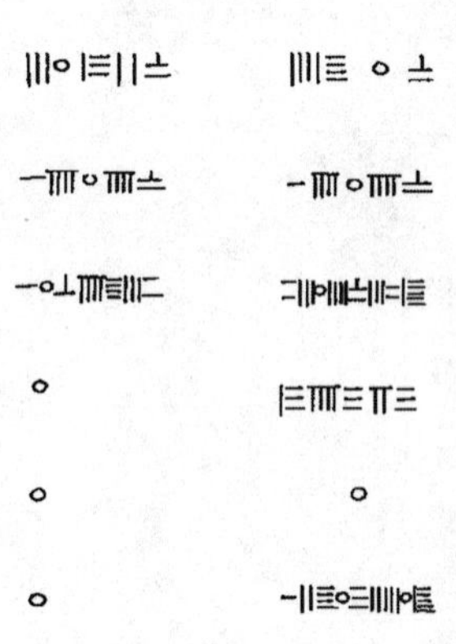

故以兩行得，變名泛積法而成才圖。乃驗才圖左上下皆少，用減右行畢，右上餘一百三十九度三十七分三十秒，為日差實。右中空，右下得一十二萬四千三十五日一分五十秒，為日差法。今維圖法多實少，除得空度空分十一秒二十三小分六十五小秒，不盡十秒五十五小分三十九小秒五十二微分五十微秒，收為一小秒，為日定差一十一秒二十三小分六十六小秒。

既得日差，乃求初行率，置法圖内初行法一百二十九日九十分，内減去一日，餘一百二十八日九十分，乘日差一十一秒二十三小分六十六小秒，得空度一十四分四十八秒三十九小分七十七小秒四十微分，為寄。次置初行法一百二十九日九十分，半之，得六十四日九十五分，乘寄，得九度四十分七十三秒四十三小分三十二小秒一十三微秒，為得數。

以得數加伏度三度九十分、見度一十七度八十三分，共得三十一度一十三分七十三秒四十三小分三十二小秒一十三微分，為初行實，如初行法一百二十九日九十分而一，乃得空度二十三分九十七秒，為伏合初日行率，餘三秒一十三分分三十二小秒一十三微分，棄之。

求末行率，置合伏段日數一十六日九十分，乘日差一十一秒二十三小分六十六小秒，得一分八十九秒八十九小分八十五小秒四十微分，為得數，乃以得數減初行率二十三分九十七秒，餘二十二分七秒一十小分一十四小秒六十微分，為合伏末日行。

求平行率，置初行率二十三分九十七秒，併末行率二十二分七秒，得四十六分四秒，以半之得二十三分二秒，為平行率。

率但注歷收棄小分以下餘數為定

求交段差，置合伏日下，減全日一百分，餘一十分，乘末行率二十二分七秒，得二分二十秒七十小分，為交段差。

求晨疾初段常度，置合伏日一十六日九十分，乃收九十分作一日，通為一十七日，併舊曆所注晨疾初段常日三十，得四十七，為共日，乘合伏初行率二十三分九十七秒，得一十一度二十六分五十九秒，為寄上。

乃副置共日四十七，減一，餘四十六，以半之，得二十三，乘副四十七，得一千八十一，以乘日差一十一秒二十三小分六十六小秒，得一度二十一分四十六秒七十六小分四十六小秒，以減上寄一十一度一十六分五十九秒，餘一十度五分一十二秒二十三小分五十四小秒，為合伏晨疾初兩段共積度。

置共積，内減合伏三度九十分，餘六度一十五分一十二秒二十三小分五十四小秒，為泛。次以交段差二分二十秒七十小分減泛，餘六度一十二分九十一秒五十三小分五十四小秒，為晨疾初段常度。注曆乃收八秒五十六小分四十六小秒為全分常定度。

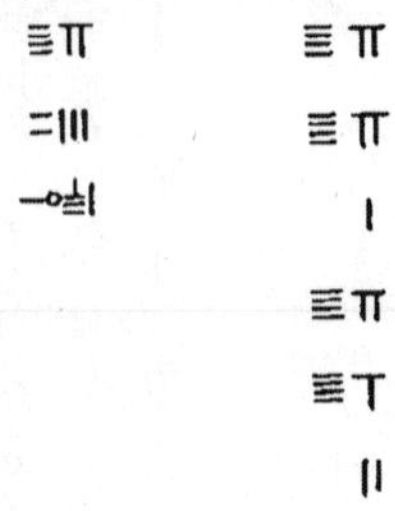

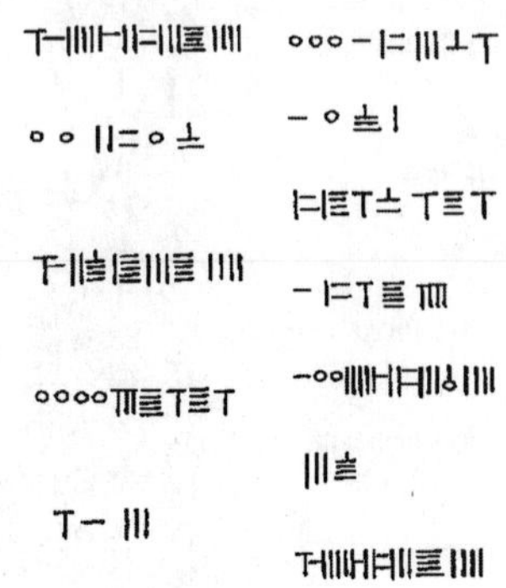

求晨疾初段初行率，以日差一十一秒二十三小分六十六小秒減合伏末行率二十二分七秒，餘二十一分九十六秒，為晨疾初段初行率行泛，收之為定者也。

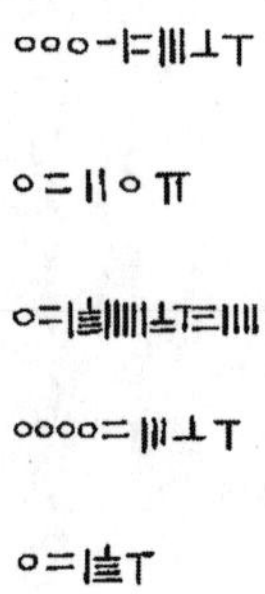

求晨疾初末行率，置晨疾初常日三十，減一，餘二十九日，乘日差一十一秒二十三小分六十六小秒，得三分二十五秒八十六小分一十四小秒，以減晨疾初段初行率泛二十一分九十五秒七十六小分三十四小秒，餘一十八分六十九秒九十小分二十小秒，為晨疾初末行率。

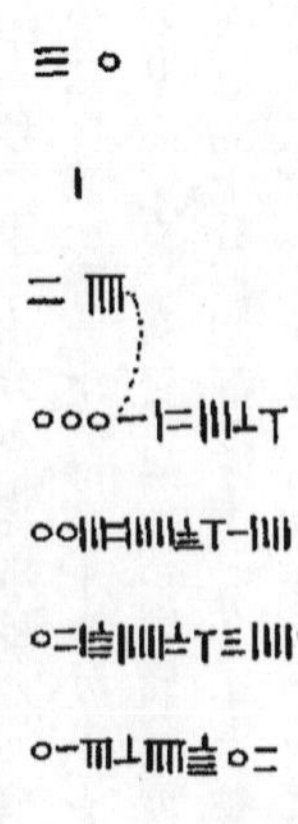

求平行率，以晨疾初初行泛二十一分九十五秒七十六小分三十四小秒併晨疾初末泛一十八分六十九秒九十小分二十小分，得四十分六十五秒六十六小分五十四小秒，以半之，得二十分三十二秒八十三小分二十七小秒，為晨疾初平行泛，乃以三泛收棄之為定。

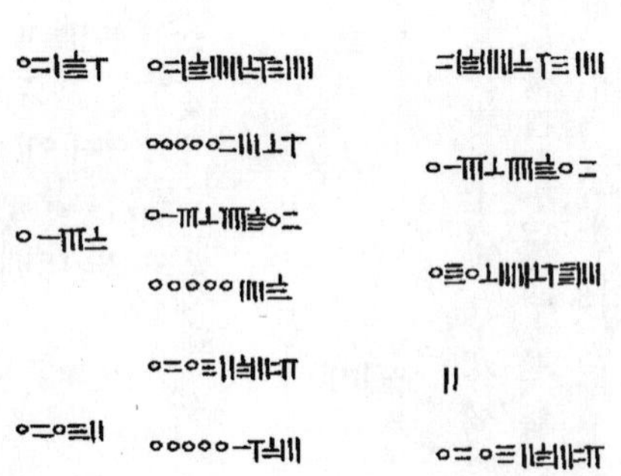

其他問題部

弧矢割圓分部

綜論

清・張廷玉等《明史・曆志》 大統曆法一上法原

周天經一百二十一度七十五分少。少不用。半徑六十零度八十七分半。又為黃赤道大弦。二至黃赤道内外半弧背二十四度。所測就整。二至黃赤道弧矢四度八十四分十二秒。黃赤道大句二十三度八十分七十秒。黃赤道大股五十六度零二分六十八秒。半徑内減去矢度之數。

割圓求矢術　置半弧度自之，為半弧背冪，周天逕自之，為上廉。上廉乘半弧背冪，為正實。上廉乘徑，為益從方。半弧背倍之，乘徑，為下廉。以初商乘上廉，得數以減益從方，餘為從方。置初商自之以下廉，餘以初商乘之，為從廉。從方、從廉相並，為下法。下法乘初商，以減正實，實不足減，改初商。實有不盡，次第商除之。倍初商數，與次商相並以乘上廉，得數以減益從方，餘為從方。並初商次商而自之，又以初商自之，並二數以減下廉，餘以初商倍數並次商乘之，為從廉。從方、從廉相並，為下法。下法乘次商，以減餘實，而定次商。有不盡者，如法商之，皆以商得數為矢度之數。黃赤道同用。

如以半弧背一度求矢。

術曰：置半弧背一度自之，得一度，為半弧冪。置周天徑一百二十一度太自之，得一萬四千八百二十三度零六分二十五秒，為上廉。上廉乘半弧背冪，得一萬四千八百二十三度零六分二五，為正實。上廉又乘徑，得一百八十零萬四千七百零七度八十五分九十三秒七五，為益從方。半弧背一度倍之，得二度，以乘徑得二百四十三度五十分，為下廉。初商八十秒。置初商八十秒乘上廉一萬四千八百二十三度零六二五，得一百一十八度五八四五，以減益從方一百八十零萬四千七百零七度八五九三七五，餘一百八十零萬四千五百八十九度二七四八七五，為從方。又置初商八十秒自之，得六十四微，以減下廉餘二百四十三度四九九三六。仍以八十秒乘之，得一度九四七九九四八八，為從廉。以從廉、從方並之，共得一百八十零萬四千五百九十一度二二二八七四四八八，為下法。下法乘初商，得一萬四千四百三十六度七十二分九七八二九九五九零四，以減正實，餘實三百八十六度三十三分二七一七零零四零九六。次商二秒。置初商八十秒倍之，得一分六十秒。加次商二委六十二秒，乘上廉一萬四千八百二十三度零六二五，得二百四十零度一三三六一二五，以減益從方，餘一百八十零萬四千四百六十七二五七六二五，為從方。又置初次商八十二秒自之，得六十七微。加初商八十秒自之之數，得一秒三十一微，以減下廉，餘二百四十三度四九九八六九。以前所得一分六十二秒乘之，得三度九十四分四六九七八七七八，為從廉。以從廉、從方並，得一百八十零萬四千四百七十一度六十七分零四六零三七八，為下法。下法乘次商，得三百六十零度八九四三三四零九二零七五五六，以減餘實，仍餘二十五度四三八三八二九一二零二零四四。不足一秒棄不用，下同。

凡求得矢度八十二秒，餘度各如上法，求到矢度，以為黃赤相求及其内外度之根。數詳後。

黃赤道差分部

綜論

清・張廷玉等《明史・曆志》 大統曆法一上法原

求黃赤道各度下赤道積度術。置周天半徑内減去黃道矢度，餘為黃赤道小弦。置黃赤道小弦，以黃赤道大股乘之大股見割圓。為實。黃赤道大弦半徑。為法。實如法而一，為黃赤道小股。直黃道矢自乘為實，以周天全徑為法，實如法而一，為黃道半背弦差。以差去減黃赤道積度，即黃道半弧背。餘為黃道半弧弦。置黃赤道半弧弦自之為股冪，黃赤道小股自之為句冪，二冪並之，以開平方法除之，為赤道小弦。置黃赤道半弧弦，以周天半徑亦為赤道大弦乘之為實，以赤道小弦為法而一，為赤道半弧弦。置黃赤道小股，亦為赤道橫小句。以赤道大弦即半徑。乘之為實，以赤道小弦為法而一，為赤道橫大句，以減半徑，餘為赤道橫弧矢。橫弧矢自之為實，以全徑為法而一，為赤道半背弦差。以差加赤道半弧，為赤道積度。

如黃道半弧背一度，求赤道積度。

術曰：置半徑六十零度八十七分五十秒，即黃赤道大弦。內減黃道矢八十二秒餘六十零度八六六八，為黃赤道小弦。置黃赤道小弦，以黃赤道大股五十六度零二六八乘之，得三千四百一十零度一七二零三零二四為實，以黃赤道大弦六十零度八七五為法，實如法而一，得五十六度零一分九十二秒，為黃赤道小股。又為赤道小句。置矢度八十二秒自之，得六十七微，以全徑一百二十一度七五為法，除之得五十五纖，為黃道平背弦差。置黃道半弧弦一度，內減黃道半背弦差，餘為半弧弦，因差在微以下不減，即用一度為半弧弦。置黃道半弧弦一度自之，得一度為股冪。黃赤道小股五十六度零一矣二自之，得三千一百三十八度一五零七六八六四為句冪。二冪並得三千一百三十九度一五零七六八六四為弦實，平方開之，得五十六度零二八一，為赤道小弦。置黃道半弧弦一度，以半徑即赤道大弦。乘之，得六十零度八七五為實，以赤道小股五十六度零二八一為法除之，得一度零八分六十五秒，為赤道半弧弦。置黃赤道小股五十六度零一九二，又為赤道小句。以赤道大弦半徑。六十零度八七五乘之，得三千四百一十零度一六八八為實，以赤道小弦為法除之，得六十零度八十六分五十三秒，為赤道橫大句。置半徑六十零度八十七分五十秒，內減赤道大句六十零度八十六分五十三秒，餘九十七秒，為赤道橫弧矢。置赤道橫弧矢九十七秒自之，得九十四微零九，以全徑為法除之，得七十纖，為赤道背弦差。置赤道半弧弦一度零八分六十五秒，加赤道背弦差，為赤道積度，今差在微已下不加，即用半弧弦為積度。

凡求得赤道積度一度零八分六十五秒。餘度各如上法，求到各黃道度下赤道積，兩數相減，即得黃赤道差，乃至後之率。其分後，以赤道度求黃道，反此求之，其數並同。

割圓弧矢圖

凡渾圓中剖，則成平圓。任割平圓之一分，成弧矢形，皆有弧背，有弧弦，有矢。剖弧矢形而半之，則有半弧背，有半弧弦，有矢。因弦矢句股形，以半弧弦為句，矢減半徑之餘為股，半徑為弦。句股內成小句股，則有小句、小股、小弦、

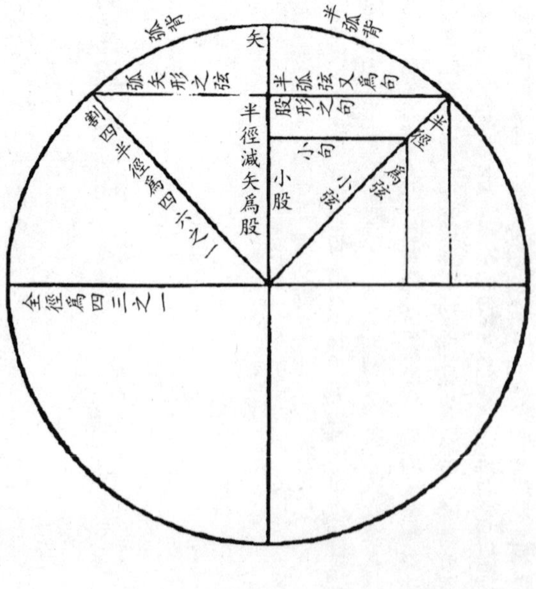

側立之圖

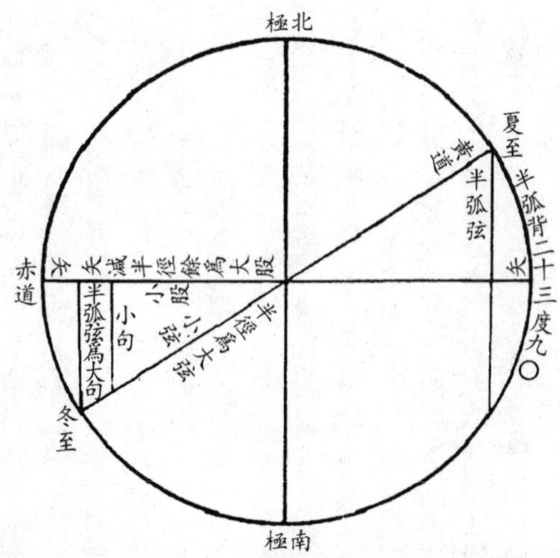

而大小可互求，平側可互用，渾圓之理，斯為密近。

平者為赤道，斜者為黃道。因二至黃道赤之距，生大句股。因各度黃赤之距，生小句股。

平視之圖

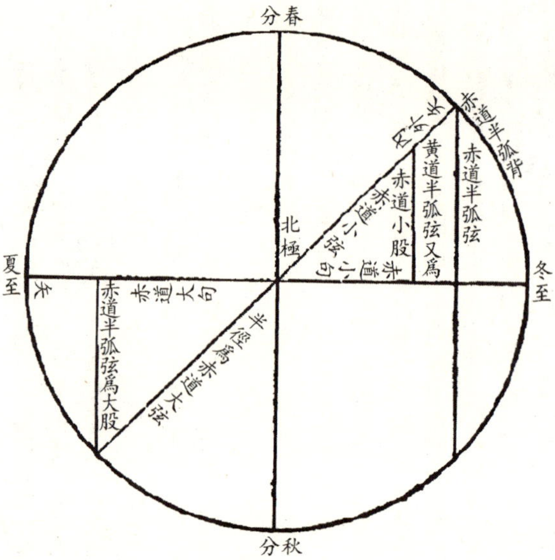

外大圓為赤道。從北極平視，則黃道在赤道内，有赤道各度，即各有其半弧弦，以生大句股。又各有其相當之黃道半弧弦，以生小句股。此二者皆可互求。

按舊史無圖，然表亦圖之屬也。今句股割弧矢之法，實為曆家測算之本。非圖不明，因存其要者數端。

清·黃鼎《天文大成管窺輯要》卷三 赤道橫絡天腹，黃道出入内外，近極則斂狹，近交則斜廣，故加減差分約至三度。一行《大衍》立累裁之法以求之，每距冬至前後各五度為限，初數十二，每限減一，盡九限，數終於四。當二立之際乃平，至春分前秋分後，初限起四，每限增一，盡九限，數終十二而黃道交，復計春分後秋分前，亦五度為限，初數十二，盡九限，數終四。當二立之際乃平，距夏至前後初限起四，盡九限，終於十二，皆累裁之，自四至十二，九限得七十二，以五度乘之，得積三百六十，以度法一百二十除之，得差三度。自後邊岡《崇玄》立相減相乘之法以求之，其術以初末限除差度而又併限，以立為差法也。《崇玄》差度三，以限四五六六除之，得六百五十八，又以限除之，得一百四十四，倍限所除之數，得一千三百一十五，立為差法，以一百四十四乘限，所得退一等，以減千三百一十五，又乘限度分，為差，别通限度分，與限數四千五百六十六先相減後相乘，以千六百九十除之，以減差，為定差，即得差度矣。《崇天》差度三，以度法一千二百乘之，得三千六百，以初末限四十五除之，得八十，加限數，故得差法一百二十五。《觀天》差度三，以度法一萬二千乘之，得三萬六千，以三乘限除之，得二百六十五，加限一百三十五，其得差法四百。《庚午》差二度五十二分，以限四十五除之，得五十六，併限，得一百一，為差法，皆以差法與限相減相乘而得差度。《崇天》術，即《大衍》也。《觀天》比《崇天》，但加三乘限分，以求合於度法耳。《庚午》法同《崇天》，其黃赤差則減半度矣。已前四術，是不過以斜求斜之法也，惟郭守敬《授時》用弧矢接勾股之法以求之，法以黃道半弧背立天元一，以求得黃道矢，自之，以周天徑除之，得黃道半背弦差，去減黃道半弧背，余為黃道半弧弦。又用黃道矢去減周天半徑，余為黃赤道小弦，以黃赤道大又乘之，用黃赤道大弦除之，得黃赤小股，又以黃赤道小股自之，以黃道半弧弦自之，相併，平方開得赤道小弦。又以黃道半弧弦乘半徑，所得以赤道小弦除之，為赤道大股，就為赤道半弧弦，又以黃道小股乘赤道大弦，所得用赤道小弦除之，得赤道橫大勾，以減半徑，餘為赤道橫弧矢，自之，如圓徑而一，得赤道半背弦差，去加赤道半弧弦，為赤道半弧背，用減黃道度，余得黃赤道差二度三十分八十五秒，稍減於《庚午》。是術循弧宛轉，實與天道脗合，最為微妙，可謂冠絕古今矣。

黃赤道内外度分部

綜論

清·張廷玉等《明史·曆志》 大統曆法一上法原

推黃道各度，距赤道内外及去極遠近術：置半徑内減去赤道小弦，餘為赤道二弦差。又為黃赤道小弧矢，又為內外矢，又為股弦差。置半徑內外減去黃道矢度，余為黃赤道小弦，以二至黃赤道內外半弧弦乘之為實，以黃赤道大弦為法，即半徑。除之為黃赤道小弧弦。即黃赤道內外半弧弦，又為黃赤道小句。置黃赤道小弧矢自之，即赤道二弦差。以全徑除之，為半背弦差。以差加黃赤道小弧弦為黃赤道小弧半背，即黃赤道內外度。置黃赤道內外度，視在盈初縮末限以加，在縮初盈天限以減，皆加減象限度，即各得太陽去北極度分。

如冬至後四十四度，求太陽去赤道內外及去極度。

術曰：「置半徑六十零度八十七分半，內減黃道四十四度下赤道小弦五十八度三十五分六十九秒，餘二度五十一分八十一秒，為黃赤道小弧矢。即內外矢。置半徑六十零度八七五，內減黃道四十四度，矢一十六度五十六分八十二秒，餘四十四三十零分六十八秒，為黃赤道小弦。置黃赤道小弦，以二至黃赤道內外半弧弦二十三度七十一分乘之，得一千零五十零度五十一分四二三八為實，以黃赤道大弦六十零度八七五為法除之，得一十七度二十五分六十九秒為黃赤道小弧弦。即內外半弧弦。置黃赤道小弧矢二度五十一分八十一秒自之為實，以全徑地百二十一度七十五分除之，得五分二十一秒為背弦差，以差加黃赤道小弧弦一十七度二十五分六十九秒，得一十七度三十零分八十九秒，為二至前後四十四度，太陽去赤道內外度。置象限九十一度三十一分四十三秒七五，以內外度一十七度三零八九加之，得一百零八度六十二分三十二秒七五，為冬至後四十四度太陽去北極度。

清・黃鼎《天文大成管窺輯要》卷三　赤道橫絡天腹，黃道出入內外，冬至出赤道南，夏至入赤道北，其出入各二十四度，其差有漸，是謂黃赤內外差。邊罔《崇玄》立相減相乘之法以求之，計二至加時已來，至其日昏後夜半日數及分，冬至後為息，夏至後為消，如一象限已下為初，已上反減二至限，餘為末。令自相乘，進二位，以消息法千六百六十七半除，為分，副之，與五百分先相減後相乘，如千八百而一，以加其副，為消息定數，以象積日百八十乘之，百約為分，再退為度；春分後以加六十七度四十分，秋分後以減一百一十五度二十分，即得其日黃道去極度，與一象限相減，則得赤道內外度，以後《觀天》諸法因《崇玄》也，至《庚午》以日出分求之，置日出分，如日法四分之一已上去之，餘為外分，如日出分四分之一以下覆減之，餘為內分，置內外分，千乘之，如內外法而一為度，不滿退除為分，即為黃道去赤道內外度，內減外加象限，即為黃道去極度。郭守敬《授時》以弧矢法求之，置半徑，內減赤道小弦，餘為赤道二弦差，又為黃赤道小弧矢，又為內外矢。置半徑，內減黃道所在度矢，余為黃赤道小弦，以二至黃赤道內外半弧弦乘之，以黃赤道大弦除之，為黃赤道小弦弧，又為黃赤道小勾。置黃赤道小弧矢，自之，以圓徑除之，為半背弦差，加黃赤道小弧弦，為赤道內外度，又為黃赤道小弧半背。置象限，視黃赤道內外度，在盈初縮未加，盈未縮初減，即得黃道去極度。《授時》所求內外極差二十三度九十分，較古定差亦消減矣。

白道交周分部

綜論

明・宋濂等《元史・曆志》　授時曆議

當二極南北之中，橫絡天體以紀宿度者，赤道也。出入赤道，為日行之軌者，黃道也。所謂白道，與黃道交貫，月行之所由也。古人隨方立名，分為八行，與黃道而九，究而言之，其實一也。惟其隨交遷徙，變動不居，故強以方色名之。

月道出入日道，兩相交值，當朔則日為月所掩，當望則月為日所沖，故皆有食。然涉交有遠近，食分有深淺，皆可以數推之。所謂交周者，月道出入日道一周之日也。日道距赤道之遠，為度二十有四。月道出入日道，不逾六度；其距赤道也，遠不過三十度，近不下十八度。出黃道外為陽，入黃道內為陰，陰陽一周，分為四象。月當黃道為正交，出黃道外六度為半交，複當黃道為中交，入黃道內六度為半交，是為四象。象別七日，各行九十一度，四象周曆，是謂一交之終，以日計之，得二十七日二十一刻二十二分二十四秒。每一交，退天一度二百分度之九十三，凡二百四十九交，退天一周有奇，終而複始。正交在春正，半交出黃道外六度，在赤道內十八度。正交在秋正，半交出黃道外六度，在赤道外三十度。中交在春正，半交入黃道內六度，在赤道內三十度。中交在秋正，半交入黃道內六度，在赤道外十八度。月道與赤道正交，距春秋二正黃赤道正交宿度，東西不及十四度三分度之二。夏至在陰曆內，冬至在陽曆外，月道與赤道所差者多。夏至在陽曆外，冬至在陰曆內，月道與赤道所差者少。蓋白道二交，有斜有直，陰陽二曆，有內有外，直者密而狹，斜者疏而闊，其差亦從而異。今立象置法求之，差數多者不過三度五十分，少者不下一度三十分，是為月道與赤道多少之差。

清・張廷玉等《明史・曆志》 大統曆法一上法原

推白赤道正交，距黃赤道正交北極數。

術曰：「置實測白道出入黃道內外六度為半徑弧弦，又為大圖弧矢，又為股弦差。置半徑六十零度七五自之，得三千七百零五度七六五六二五，以矢六度而一，得六百一十七度六十三分為股弦和，加矢六度，共六百二十三度六十三分為大圓徑。依法求得容闊五度七十分，又為小句。又以二至出入半弧弦二十三度七十一分為大句。以大句為法，除大股五十六度零六分五十秒，得二度三十七分就整為度差。以度差乘小句，得小股一十三度四十七分八十二秒，為容半長。置半徑六十零度八七五為大弦，以乘小句五度七十分為實，以大句二十

月道距差圖

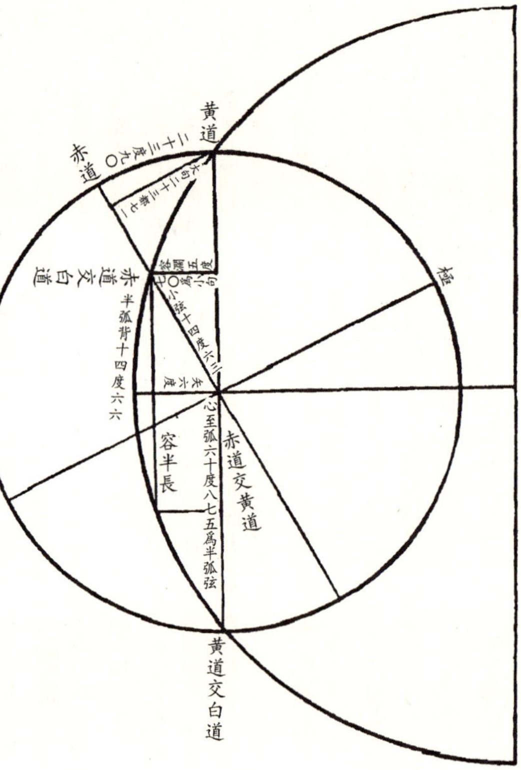

三度七十一分為法除之，得一十四度六十三分為小弦，又為白赤道正交，距黃赤道正交半弧弦。依法求行半弧背一十四度六十六分，為白赤道正交距黃赤道正交極數。

清・黃宗羲《授時曆故》 推白赤道正交距黃赤道正交極數術曰：白道出入黃道六度，便為半弧弦，又為大圓弧矢，又為股弦差。置周天半徑六十〇度八十七分五十秒，自之，得三千七百〇五度七六五六二五，以矢六度而一，六度為一度，得六百一十七度六十三分，為股弦和，加矢六度，共六百二十三度六十三分，為大圓徑。立天元一為容直闊，去減六度，餘為截矢。置大圓徑，以矢減之，餘六百一十七度六三，以截矢乘之，為容半長冪，寄左。又以二至出入半弧弦二十三度七十一分為大勾，除大股五十六度〇六分五十秒如大勾為一度，得二度三十七分，就整為度差。置天元一度為小勾，以度差乘之，仍二度三十七分為小股，又為容半長，自之，得五度六一六九，亦為容半長冪，與寄左相消，得數以平方開之，得五度七十分，為弧矢容闊，又為小勾，以度差乘之，得一十三度四十七分八十二秒，為容半長。置大弦即周天半徑，以小勾五度七十分乘之，以大勾二十三度七十一分而一，得一十四度六十三分，為小弦，又為白赤道正交距黃赤道正交半弧弦，求得半弧背一十四度六十六分，為白赤道正交距黃赤道正交極數。

清・黃鼎《天文大成管窺輯要》卷三 古曆日月之行俱從天道，至東漢始分赤道黃道為二，整嵩等以月經四表出入三道，隨方立名，分為八行，黑道二出黃道北，赤道二出黃道南，白道二出黃道西，青道二出黃道東，與黃道交貫。創制九道，其實一也。劉洪作《乾象》，考其陰陽交錯于黃道表裡，列為衰率以求之，至唐一行作《大衍》更為累裁之法，月道之差始自交初、交中，亦距黃道所交前後五度為限，初限月道增多黃道四十八分之十二，每限損一，極九限而止，數中于四率，黃道四十五度，而月道四十六度半，乃一度強，依平復從四起初限五度，月道差少黃道四十八分之四，每限益一，極九限而止，終於十二率，黃道四十五度，而月道四十三度半，至陰陽曆二交之半矣。凡近交初增十二分，至半交末限減十二分，去交四十六度，得損益之平率，其法自四至十二九限得七十二數，以數與限五度乘之，得積三百六十，如二百四十而一為度，不滿者退除為分，得差約一度半，命日月與黃道差距半交後正交前，以差為減，距正交後半交前，以差為加，益月行，隨交限而變逐伏相消，朓朒相輔，則九道之數可知矣。其日道所交與二分同度，則朱道、黑道近交初限，黃道增二十四分之十二，月道增四十八分之十二，至半交之末，其減亦如之，故於九限之際，黃道差三度，月道差一度半，

蓋損益之數齊也。若所交與四立同度，則黃道在損益之中，月道差四十八分之十二，月道至損益之中，黃道差二十四分之十二，於九限之際，黃道差三度，月度差四分度之三，皆脁朒相輔也。若所交與二至同度，則青道、白道近交初限，黃道減二十四分之十二，月道增四十八分之十二，至半交之末，黃道增二十四分之十二，月道減四十八分之十二，於九限之際，黃道與月道差同，蓋逐伏相消也。後宋行古作《崇天》立相減相乘之法以求之，以月入正交積度滿象度分去之，在象已下為入初限，巳上復減象度分，餘為末限，用減一百二十五，餘以所入初末限度分乘之，滿二十四而一為分，分滿百為度，為所得月行與黃道差數，約多不過一度半，距半交後正交前以差減，距正交後半交前以差加，此加減出入六度，與黃較之數若較赤道，則隨氣遷變計去二至以來度數，乘黃道所差，九十而一，為月行與赤道差數。凡日以赤道内為陰，外為陽，月為黃道内為陰、外為陽，故月行宿度入春分交後行陰曆，秋分交後行陽曆，皆為同名，春分交後行陽曆，秋分交後行陰曆，皆為異名，其在同名，以差加者加之，減者減之。其在異名，以差加者減之，減者加之，皆以增損黃道宿度，為九道宿積度，以前宿九道積度減之，得九道本宿度分。及《大明》求差雖有損益，亦不過因其法而已。日道出入赤道遠距二十四度，月出入黃道不踰六度，其距赤道遠不過三十度，近不下十八度，出黃道為陽，入黃道内為陰，陰陽一周分為四象，月當黃道為正交，出黃道外六度為半交，復當黃道為中交，入黃道内六度為半交，四象周曆，是謂交終，退天約一度半。正交在春正半交，出黃道外六度，友弦道外三十度，中交有春正半交，入黃道内六度，在赤道外十八度，其月道與赤道正交距春秋二正黃赤正交，東西相去之數，難以測識，郭太史以弧中所容直闊之法求之，以白道出入黃道六度便為大圓弧矢，周天半徑為弧半弦，自之，為半弦實，以矢六度除之，為股弦和，加矢六度，為大圓徑。立天元一為容闊，去減六度，餘為截矢，以矢去減大圓徑，餘以截矢乘之，為容半長冪，寄左。又以二至出入半弧弦二十三度七十一分為大勾，除大股五十六度受六分半，得二度三十七分，就整為度差，置天元一為小勾，以度差乘之，得為小股，又為容半長，自之，得，亦為容半長冪，與寄左相消得度，以平方開之得五度七十八，為矢容潤，又為小勾，以度差二度三十七分乘之，得一十三度四十七分八十二秒，為容半長。置大弦六十度八十七分半，以小勾五度七十分乘之，以大勾二十三度七十一分除之，得一十四度六十三分，為小弦，又曰白道與赤道正交距黃赤道正交半弧弦，求得半弧背一十四度六十六分，為白赤道正交距黃赤道正交極數。以朔後平交日分乘月平行度分，得距後度分，加經朔加時中積，為黃道冬至距正交定積度分，視在半歲周已下，為冬至後，巳上，滿半歲周去之，退為夏至後，其二至後在象限已下為初限，已上減去半歲周，為末限，以初末限乘極差十四度六十六分，如象限而一為定差度分，以二十四乘之，如極差而一，所得交在冬至後為減，夏至後為加，皆加減黃赤道定限度九十八度，為定限度。又以定差度分反減極差，餘為距差度分，視在夏至後，初限減、末限加，加減秋正赤道宿度；在冬至後，初限加、末限減，加減春正赤道宿度，為月離白赤道正交宿度分。以月離白赤道正交宿度分去減春秋二正赤道所當宿全度分，餘為正交後積度，以赤道宿次累去之，滿象限去之為半交後，再去之為中交後，又去之為半交後，視各交後積度，在半象限已下為初限，已上用減象限，餘為末限度分，以初末限度分與定限度分相減相乘，為定差，正交、中交後加，半交後減，以定差加減交後赤道積度，為月離白道定積度，以白道前宿定積度減之，各得月離白道宿次度分。此係赤道變為白道，夏至在陰曆内，冬至在陽曆外，月道與赤道所差者多至三度五十分，夏至在陽曆外 冬至在陰曆内 月道與赤道所差者少不下一度三十分，蓋白道二交有斜有直，陰陽二曆有内有外。直者密而狹，斜者踈而闊，其差亦從而異矣。舊法白道交周以差損益黃道而變為白道，以斜求斜，不過任己臆見而已。若思用力渾比量得白道與黃赤正交，東西相距極差一十四度三分度之二，擬以為法推逐月每交二十八宿度分，實得天體圓轉之妙，最為精詳。

其餘問題分部

算法

唐·王孝通《緝古算經》　假令天正十一月朔夜半，日在斗十度七百分度之四百八十一，章歲為母，朔月行定分九千，朔日定小餘一萬，日法二萬，章歲七百亦名行分也。今不取加時度，問天正朔夜半之時月在何處。推朔夜半月度舊術要須加時日度，自古先儒雖復修撰改制，意見甚衆，竝未得算妙，有理不盡，考校尤難，臣每日夜思量，常以此理屈滯，恐後代無人知者，今奉勑造曆，因即改制為此新術。舊推日度之術已得朔夜半日度，仍須更求加時日度，然知月處臣，今作新術但得朔夜半日度，不須加時日度即知月處。此新術比於舊術一年之中十二倍省功，使學者易知。

荅曰：在斗四度七百分度之五百三十。

術曰：推朔夜半月度，新術不復加時日度，月蝕乃可用之。以章歲減朔月行定分。餘以乘朔日定小餘，日法而一，為先行分，不盡者，半法已上收成一，已下者棄之。若先行分滿日行分而一，為度分，以減朔日夜半日所在度分，若度分不足減，加往宿度，其分不足減者，退一度為行分而減之，餘即朔日夜半月行所在度及分也。凡入曆當月行定分，即是月一日之行分，但此定分滿章歲而一為度。凡日一日行一度，然則章歲者即是日之一日行分也。今按《九章》均輸篇有犬追兔術，與此術相似，彼問犬走一百步，兔走七十步，令兔先走七十五步犬始追之，問幾何步追及？荅曰二百五十步追及。彼術曰：以兔走減犬走餘者為法，又以犬走乘兔先走為實，實如法而一即得追及步數。此術亦然，何者？假令月行定分九千，章歲七百，即是日行七百分，月行九千分，令日月行數相減，餘八千三百分者，是日先行之數，然月始追之，必用一日而相及也。令定小餘者，亦是日月相及之日分。假令定小餘一萬即相及定分，此乃無對為數，其日法者亦是相及之分，此又同數為有八千三百，是先行分也，斯則異矣。但用日法除之，即四千一百五十，即先行分。故以夜半之時，日在月前，月在日後，以日月相去之數四千一百五十減日行所在度分，即月夜半所在度分也。

宋・秦九韶《數書九章・天時類》卷三　推氣治曆

問太史測驗天道，慶元四年戊午歲冬至三十九日九十二刻四十五分，紹定三年庚寅歲冬至三十二日九十四刻一十二分，欲求中間嘉泰甲子歲氣骨歲餘斗分各得幾何。

荅曰：氣骨，十一日三十八刻二十分八十一秒八十小分，
歲餘，五日二十四刻二十九分三十秒三十小分，
斗分，空日二十四刻二十九分三十秒三十小分。

術曰：先距前後年數為法，置前測曰刻分，減後測日刻分，餘為率不足減則加紀策，以紀策累加之，令及天道，合用五日以上數為實，以法除實，得歲餘，去全日，餘為斗分，以所求中間年上距前測年數乘歲餘，益入前測日刻分，滿紀策去之，餘為所求氣骨。

草曰：置前測戊午歲距前歲庚寅歲得三十三，為法，置前測戊午歲冬至三十九日日辰癸卯九十二刻四十五分，減後測紹定三年庚寅歲冬至三十二日九十四刻一十二分，今後測者少不及前測者，以減，乃加紀法六十日於後測日內，得九十二日九十四日一十二分，然後用前測者減之，餘五十三日一刻六十七分，為率。按術當以法三十三除率，須使商數必得五日以上乃可。今率未得五日，乃兩度累加紀法一百二十入率內，共得一百七十三日一刻六十七分，為實，實如法除之，得五日二十四刻二十九分三十秒三十小分，不盡棄之。為歲餘，乃去全五日，得二十四刻二十九分三十秒三十小分，為斗分。次推嘉泰甲子上距慶元戊午歲，得六，以乘歲餘五日二十刻二十九分三十秒三十小分，得三十一日四十五刻七十五分八十一秒八十小分，益入前測戊午歲三十九日九十二刻四十五分，得七十一日三十八刻二十分八十一秒八十小分，滿紀法六十去之，餘一十一日三十八刻二十分八十一秒八十小分，為所求甲子氣骨之數，合問。

又　治曆推閏

問《開禧曆》以嘉泰四年甲子歲天正冬至為一十一日日辰乙亥四十四刻六十一分五十四秒、十一月經朔一日日辰乙丑七十五刻五十五分六十二秒，問閏骨、閏率各幾何。

荅曰：閏骨九日六十九刻五分九十一秒不盡一百六十九分秒之一百二十一，
閏骨率十六萬三千七百七十一秒。

術曰：以日法各通氣朔日刻分秒，各為氣骨、朔骨分，其氣骨分如約率而一，約盡者為可用或收弃餘分，在一刻以下者亦可用。然後與朔骨分相減，餘為閏骨率，以日法約之，為閏骨策。

草曰：置本曆日法一萬六千九百，先通冬至一十一日四十四刻六十一分五十四秒，得一十九萬三千四百四十分二十六小分，為實，其曆約率係三千一百二十，以約之，得六十二，可用，其餘小分二十六，乃弃之，只用一十九萬三千四百四十為氣骨分。次置朔一日七十五刻五十五分六十二秒，以本曆日法一萬六千九百乘之，得二萬九千六百六十八分九十九秒七十八小分，將近一分，故於氣骨內所棄二十六小分借二十二小分以補朔內，收上得二萬九千六百六十九，為朔，然後以朔骨分減氣骨分，餘有一十六萬三千七百七十一，為閏骨率。復以日法除之，得閏骨策九日六十九刻五分九十一秒，不盡一百二十一筭，直命之為一百

六十九分秒之一百二十一，合問。

又　卷四　揆日究微

問歷代測景，惟唐《大衍曆》最密，本朝《崇天曆》陽城冬至景一丈二尺七寸一分五十秒，夏至景一尺四寸七分七十九秒，係與《大衍曆》同。今《開禧曆》臨安府冬至景一丈八寸二分二十五秒，夏至景九寸一分，欲求臨安府夏至後差幾日而景與陽城夏至日等，較以《大衍曆》晷景所差尺寸各幾何。

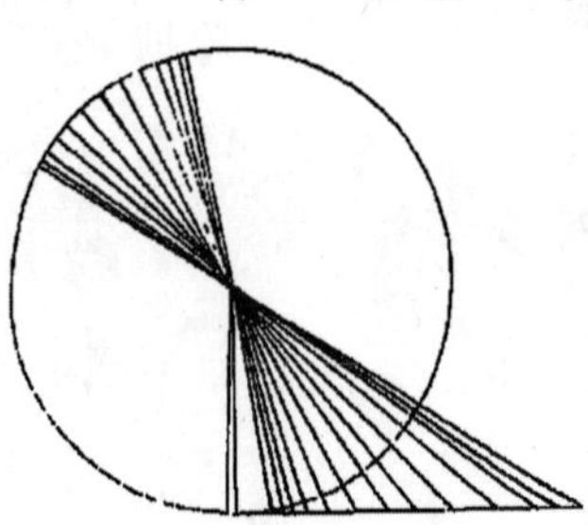

答曰：大暑後五日午中景長一尺四寸八分八十五秒半。

置臨安府所測冬至景一丈八寸二分二十五秒，以夏至景九寸一分減之，餘九尺九寸一分二十五秒，為景差，以為實。

置象限度九十一度三十一分四十四秒，加一十一度二十五分二十七秒五十小分，命度為寸，得一百二寸五十六百七十一分五十秒，為法，以除前差實，得空寸九十六百六十四分四十秒，不盡棄之，自乘，得節泛數九千三百四十分，不盡棄之。

先以小暑節乘率二十五，乘節率九千三百四十分，得二十三寸三千五百分於上。

次以臨安夏至九寸一分自乘，得八十二寸八千一百分，為夏至冪。

乃以夏至冪加上，得一百六寸一千六百分，為小暑冪，以為實，以一寸為隅，開平方得一尺三分，為臨安小暑節景，不盡七百分，即寸下七毫棄之。

又以大暑乘率一百九乘節率九千三百四十分，得一百一寸八千六十分，於頭位。

仍以夏至冪八十二寸八千一百分加頭位一百一寸八千六十分，得一百八十四寸六千一百六十分，為大暑冪，以為實，以一寸為隅，開平方得一尺三寸五分八十七秒，為大暑，不盡棄之。

又置立秋乘率二百八十九，乘節率九千三百四十分，得二百六十九寸九千二百六十分，於上。

仍置夏至冪八十一寸八千一百分，加於上二百六十九寸九千二百六十分，得三百五十二寸七千三百六十八，為立秋冪。

置立秋冪為實，以一寸為隅，開平方得一尺八寸七分八十一秒，為立秋景，不盡棄之。

乃驗陽城夏至景一尺四寸七分七十九秒，在大暑後立秋前，乃置大暑一尺三寸五分八十七秒，併立秋景一尺八寸七分八十一秒，得三尺二寸三分六十八秒，以半之，得一尺六寸一分八十四秒，為大暑後九日景。又以九日景併大暑景，得二尺九寸七分七千一秒，以半之，得一尺四寸八分八十五秒半，為大暑後五日景。

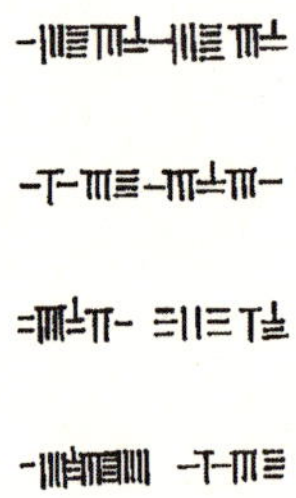

乃以大暑景併五日景，得二尺八寸四分七十二秒半，以半之，得一尺四寸二分三十六秒少，為大暑後三日景。

又以五日景併三日景，得二尺九寸一分二十一秒太，以半之，得一尺四寸五分六十秒八十七小分五十小秒，為大暑後四日景。

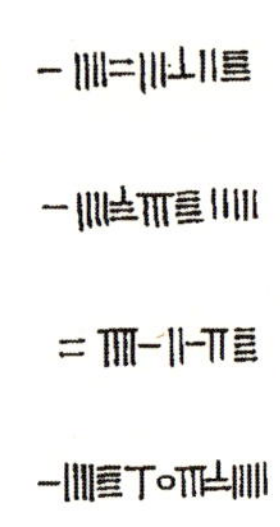

今驗陽城夏至景一尺四寸七分七十九秒，為入臨安府大暑後四日景一尺四寸五分六十秒太強，乃以四日減五日景，餘三分二十四秒太弱，為景差，以十二時除之，得二十七秒五小分二十小秒，為法。

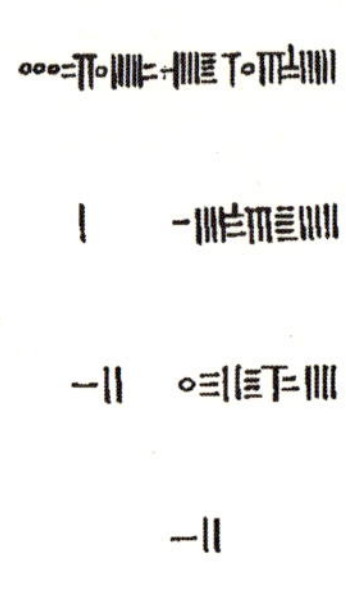

乃置陽城夏至景一尺四寸七分七十九秒，減臨安大暑後四日景一尺四寸五分六十秒八十七小分五十小秒，餘二分一十八秒一十二小分五十小秒，為實，復以法二十七秒五小分二十小秒除之，實如法而一，得商數八有餘，命大暑四日午後數八辰，得大暑五日寅時景，與陽城夏至之日午景等。

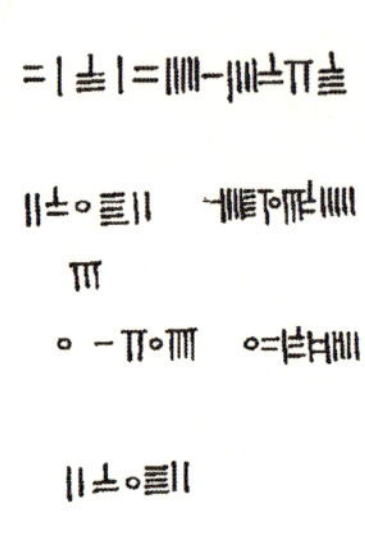

求較，以《大衍曆》晷景所差，乃置陽城大暑景長一尺九寸五分七十六秒，併陽城立秋景二尺五寸三分三十一秒，得四尺四寸九分七秒，以半之，得二尺二寸四分五十三秒半，為次暑後九日午中景。

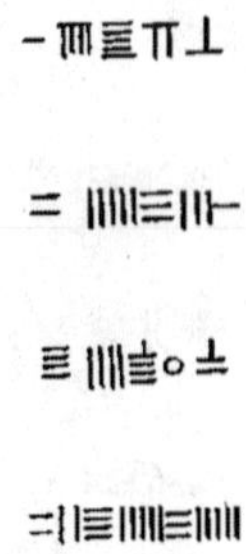

置九日景，復併大暑景一尺九寸五分七十六秒，得四尺二寸二十九秒半，以半之，得二尺一寸一十四秒太，為大暑後五日景。

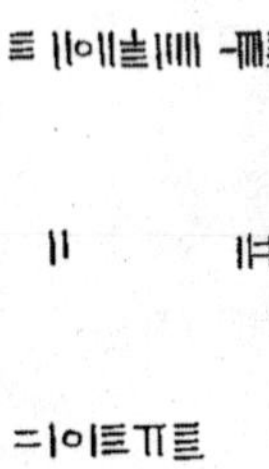

今驗《開禧曆》所推臨安府大暑後五日午中景一尺四寸八分八十五秒半，與陽城大暑後五日午中景尺一寸一十四秒太，課之，

乃以臨安府五日景減陽城五日景，差六寸一分二十九秒少。

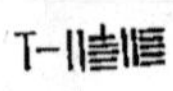

草曰：置臨安府所測冬至景一丈八寸二分二十五秒，以夏至景九寸一分減之，餘九尺九寸一分二十五秒，為景差，以為實。置象度九十一度三十一分四十四秒，加一十一度二十五分二十七秒半，命度為寸，得一百二寸五千六百七十一分半，為法，除實得空寸九千六百六十四分四十秒，以自乘之，得空寸九千三百四十分，為節率，先以小暑乘率二十五乘之，得二十三寸三千五百分，於上。次以臨安夏至景九寸一分自乘，得八十二寸八千一百分，為夏至景冪，以加上得一百六寸一千六百分，為小暑景冪，開平方，以一寸為隅，開之得一尺三分，為小暑景。又以大暑乘率一百九乘節率九千三百四十分，得一百一寸八千六十分，於上，仍加夏至冪八十二寸八千一百分，得一百八十四寸六千一百六十分，為大暑冪，以為實，以一寸為隅，開平方得一尺三寸五分八十七秒，為大暑景。又置立秋乘率二百八十九，乘節率九千三百四十分，得二百六十九寸九千二百六十分，於上，仍加夏至冪八十二寸八千一百分，共得三百五十二寸七千三百六十，為立秋冪，以為實，以一寸為隅，開平方得一尺八寸七分八十一秒，為立秋景。乃驗陽城夏至景一尺四寸七分七十九秒，在大暑後立秋前，乃併大暑立秋二景，半之得一尺六寸一分八十四秒，為大暑後九日景，又併大暑景，半之得一尺四寸八分八十五秒半，為大暑後五日午中景，又併大暑景，得數半之得一尺四寸二分三十六秒少，為大暑後三日景，又併五日景一尺四寸八分八十五秒半，得數半之，得一尺四寸五分六十秒强，為大暑後四日景。驗得陽城夏至景入臨安大暑後四日，乃以四日景減五日景，餘三分二十四秒太弱，為差，以十二時除之，得二十七秒五小分二十小秒，為法，復除陽城景與本日景差二分一十八秒一十二小分五十小秒，得八，命外，為在初五日寅時景等。

求較：以《大衍曆》晷景所差，乃置陽城大暑景長一尺九寸五分七十六秒，併陽城立秋景二尺五寸三分三十一秒，得四尺四寸九分七秒，以半之，得二尺二寸四分五十三秒半，為大暑後九日午中景，復併大暑景一尺九寸五分七十六秒，得四尺二寸二十九秒半，以半之，得二尺一寸一十四秒太，為大暑後五日晷。以較今《開禧曆》當日景一尺四寸八分八十五秒半，差少六寸一分二十九秒少。合問。

引用書目

書名	作者	朝代	版本
墨子	墨翟等	戰國	孫詒讓《墨子閒詁》本
數	佚名	秦	《嶽麓書院藏秦簡》(貳) 上海辭書出版社二〇一一年
筭書	佚名	秦	
筭數書	佚名	漢	《張家山漢墓竹簡：247號墓釋文》 文物出版社二〇〇〇年
《筭數書》校勘	郭書春	二〇〇一	《中國科技史料》第二二卷第三期
周髀筭經	佚名撰趙爽注李淳風等注釋	漢唐	劉鈍郭書春校 郭書春劉鈍校《算經十書》 臺北九章出版社二〇〇一年
九章算術	佚名撰劉徽注李淳風等注釋	漢魏唐	郭書春匯校《九章筭術新校》 中國科學技術大學出版社二〇一四年
海島算經	劉徽撰 李淳風等注釋	三國魏 唐	郭書春校 郭書春劉鈍校《算經十書》 臺北九章出版社二〇〇一年
孫子算經	佚名	晉	郭書春校 郭書春劉鈍校《算經十書》 臺北九章出版社二〇〇一年
张丘建算經	張丘建 劉孝孫細草 李淳風等注釋	北魏隋唐	郭書春校 郭書春劉鈍校《算經十書》 臺北九章出版社二〇〇一年
五曹算經	甄鸞	北周	郭書春校 郭書春劉鈍校《算經十書》 臺北九章出版社二〇〇一年
五經算術	甄鸞撰 李淳風等注釋	北周 唐	郭書春校 郭書春劉鈍校《算經十書》 臺北九章出版社二〇〇一年
緝古算經	王孝通撰 李淳風等注釋	唐	郭書春校 郭書春劉鈍校《算經十書》 臺北九章出版社二〇〇一年
夏侯陽算經	佚名	唐	郭書春校 郭書春劉鈍校《算經十書》 臺北九章出版社二〇〇一年
筭學源流	佚名	宋	宋鮑澣之《宋刻算經六種》 北京文物出版社一九八〇年影印
謝察微算經(殘)	謝察微	宋	《説郛》引

書名	作者	朝代	版本
夢溪筆談·技藝	沈括	宋	胡道静《夢溪筆談校證》 上海古籍出版社一九八七年
黄帝九章筭經細草	賈憲	宋	楊輝《詳解九章算法》 《宜稼堂叢書》一八四三年
議古根源	劉益	宋	楊輝《田畝比類乘除捷法》 《宜稼堂叢書》一八四三年
宋刻算經六種	鮑澣之刻	宋	文物出版社一九八〇年
數書九章	秦九韶	宋	清《宜稼堂叢書》本一八四二年 《中國科學技術典籍通彙·數學卷》第一册 河南教育出版社一九九三年影印
測圓海鏡	李冶	元	清李鋭校《知不足齋叢書》一七九八年刻 《中國科學技術典籍通彙·數學卷》第一册 河南教育出版社一九九三年影印 清《知不足齋叢書》一七九八年刻 《中國科學技術典籍通彙·數學卷》第一册 河南教育出版社一九九三年影印
益古演段	李冶	元	清《白芙堂算學叢書》一八七三年刻
詳解九章算法(殘)	楊輝	宋	清宋景昌校《宜稼堂叢書》一八四三年 《中國科學技術典籍通彙·數學卷》第一册 河南教育出版社一九九三年影印
日月筭法(殘)	楊輝	宋	《諸家筭法附序記》引
乘除通變本末	楊輝	宋	《楊輝算法》《宜稼堂叢書》一八四二年
田畝比類乘除捷法	楊輝	宋	《楊輝算法》《宜稼堂叢書》一八四二年
續古摘奇筭法	楊輝	宋	《楊輝算法》《宜稼堂叢書》一八四二年
楊輝筭法	楊輝	宋	日本宽文辛丑仲夏関孝和订写本 《中國科學技術典籍通彙·數學卷》第一册 河南教育出版社一九九三年影印李儼抄本
楊輝算法 六卷	楊輝	宋	清《宜稼堂叢書》一八四三年刻
建炎以來朝野雜記乙集	李心傳撰	宋	《唐宋史料筆記叢刊》,中華書局,二〇〇六

志雅堂雜鈔	周密	宋	《粵雅堂叢書》，一八五〇至一八七五
宋史	脱脱等	元	中華書局，一九七七
算學啓蒙	朱世傑	元	清羅士琳校　清道光翻刻朝鮮金始振刻本 《中國科學技術典籍通彙·數學卷》第一册 河南教育出版社一九九三年影印
四元玉鑒	朱世傑	元	清《白芙堂算學叢書》二十三種一八七三年刻 《中國科學技術典籍通彙·數學卷》第一册 河南教育出版社一九九三年影印
四元玉鑒	朱世傑	元	李兆華校正　科學出版社二〇〇七年
河防通議·算法門	沙克什	元	清《守山閣叢書》
透簾細草	佚名	元	清《知不足齋叢書》一七九八年刻 《中國科學技術典籍通彙·數學卷》第一册 河南教育出版社一九九三年影印
丁巨算法	丁巨	元	清《知不足齋叢書》一七九八年刻 《中國科學技術典籍通彙·數學卷》第一册 河南教育出版社一九九三年影印
算法全能集	賈亨	元	清《玄覽堂叢書》 《中國科學技術典籍通彙·數學卷》第一册 河南教育出版社一九九三年影印
詳明算法	安止齋	元	明洪武明經堂刊本之李儼抄本 《中國科學技術典籍通彙·數學卷》第一册 河南教育出版社一九九三年影印
通原算法（殘）	嚴恭	元	《永樂大典·算》卷一六三四三、一六三四四引
通原算法（殘）	嚴恭	元	《諸家算法及序記》引
《永樂大典·算》		明	《永乐大典》卷一六三四三、一六三四四 《中國科學技術典籍通彙·數學卷》第一册 河南教育出版社一九九三年影印
諸家算法及序記		明	抄本　李儼收購　藏中國科學院自然科學史研究所 《中國科學技術典籍通彙·數學卷》第一册

書名	作者	朝代	版本
			河南教育出版社一九九三年影印
九章筭法比類大全	吴敬	明	明吴訥刻本 《中國科學技術典籍通彙·數學卷》第二册 河南教育出版社一九九三年影印
筭學寶鑑	王文素	明	國家圖書館藏抄本 《中國科學技術典籍通彙·數學卷》第二册 河南教育出版社一九九三年影印
勾股筭術	顧應祥	明	明嘉靖三十二年刻本 《中國科學技術典籍通彙·數學卷》第二册 河南教育出版社一九九三年影印
數論三篇	唐順之	明	明刻本《荊川先生文集·雜著》
句股六論	唐順之	明	明刻本《荊川先生文集·雜著·補遺》
分法論	唐順之	明	明刻本《荊川先生文集·雜著·補遺》
六分論	唐順之	明	明刻本《荊川先生文集·雜著·補遺》
測圓海鏡分類釋術	顧應祥	明	明嘉靖二十九年刻本 《中國科學技術典籍通彙·數學卷》第二册 河南教育出版社一九九三年影印
弧矢筭術	顧應祥	明	明嘉靖三十二年刻本 《中國科學技術典籍通彙·數學卷》第二册 河南教育出版社一九九三年影印
測圓筭術 四卷	顧應祥	明	明嘉靖三十二年刻本 《中國科學技術典籍通彙·數學卷》第二册 河南教育出版社一九九三年影印
方亭臺論	顧應祥	明	明刻《惜陰録》卷六
曆宗筭會	周述學	明	明嘉靖刻本《續修四庫全書》
筭法纂要	程大位	明	自刊本　自然科学史研究所圖書館藏
盤珠筭法	徐心魯	明	明萬曆四十二年刻本 《中國科學技術典籍通彙·數學卷》第二册 河南教育出版社一九九三年影印

書名	作者	朝代	版本
數學通軌	柯尚遷	明	李儼抄林崎文庫藏本 《中國科學技術典籍通彙·數學卷》第二册 河南教育出版社一九九三年影印
九章正名算法(殘)	張爵	明	明萬曆十年刻本 《中國科技史料》卷二二(一)
算法統宗 十七卷	程大位	明	清康熙五十五年程光紳翻刻四集本 《中國科學技術典籍通彙·數學卷》第二册 河南教育出版社一九九三年影印
算法纂要	程大位	明	自刊本 自然科學史研究所圖書館藏
算學新説	朱載堉	明	明萬曆三十二年刻本
算法統宗廣義	傅國柱	明	國家圖書館藏清抄本
算法指南	黃龍吟	明	明萬曆三十二年刻本 《中國科學技術典籍通彙·數學卷》第二册 河南教育出版社一九九三年影印
嘉量算經	朱載堉	明	明刻本
周髀算經圖解	朱載堉	明	與《嘉量算經》合刻。
桐陵算法	佚名	明	日本藏抄本。
度測	陳藎謨	明	清抄本 自然科學史研究所圖書館藏
天祿琳瑯叢書算書	汲古閣毛扆影鈔鮑澣之刻本	清	故宮博物院一九三一年影印
句股圖解	陳厚耀	清	清抄本 自然科學史研究所圖書館藏
算義探奧	陈厚耀	清	清抄本 自然科學史研究所圖書館藏
校正指明算法	汪訒菴	清	抄集新堂刊本 自然科學史研究所圖書館藏
算海説詳	李長茂	清	順治刻本 《續修四庫全書》
數度衍	方中通	清	《四庫全書》文淵閣本一七八四年 臺北商務印書館一九八六年影印
數學鑰	杜知耕	清	清光緒桐城方氏重刻本 《四庫全書》文淵閣本一七八四年 臺北商務印書館一九八六年影印
算法指明便用	魯師貢	清	抄本

書名	作者	朝代	版本
方程論	梅文鼎	清	清乾隆二十六年梅瑴成刊《梅氏叢書輯要》本 《中國科學技術典籍通彙·數學卷》第四册 河南教育出版社一九九三年影印
古算衍略	梅文鼎	清	清雍正元年刊《兼濟堂纂刻梅勿庵先生曆算全書》
方圓冪積	梅文鼎	清	清乾隆二十九年梅瑴成刊《梅氏叢書輯要》 《中國科學技術典籍通彙·數學卷》第四册 河南教育出版社一九九三年影印
句股矩測解原	黄百家	清	《四庫全書》文淵閣本一七八四年 臺北商務印書館一九八六年影印
勾股述	陳訏	清	嘉慶年間刊本
開方發明	陳訏	清	《勾股述》附。
少廣拾遺	梅文鼎	清	清乾隆二十九年梅瑴成刊《梅氏叢書輯要》 《中國科學技術典籍通彙·數學卷》第四册 河南教育出版社一九九三年影印
勾股舉隅	梅文鼎	清	清乾隆二十九年梅瑴成刊《梅氏叢書輯要》 《中國科學技術典籍通彙·數學卷》第四册 河南教育出版社一九九三年影印
簡明算法	沈士桂	清	大興堂刊本　又稱《筭法統宗大全》《筭法統宗大成》《簡捷易明算法》《筭法統宗指掌》 《八十一歸筭學啓蒙》《算法指掌全書》
數學舉要	陳世明	清	自序抄本　自然科學史研究所圖書館藏
九章蠡測	毛宗旦	清	日本静嘉堂文庫藏抄本，上海圖書館藏稿本
指明算法	王訒庵	清	清福州集新堂刊本
指明算法	王訒庵	清	抄本 自然科學史研究所圖書館藏
少廣補遺	陳世仁	清	李儼抄本
少廣補遺	陳世仁	清	《中國科學技術典籍通彙·數學卷》第四册 河南教育出版社一九九三年影印 《四庫全書》文淵閣本一七八四年 臺北商務印書館一九八六年影印

句股引蒙　清　陳世仁　康熙年初刻本
臺北商務印書館一九八六年影印
開方捷法　清　陳世佶　師楷堂刊本抄本　自然科學史研究所圖書館藏
弧矢割圜　清　陳世佶　師楷堂刊本抄本　自然科學史研究所圖書館藏
九章録要　清　屠文漪　乾隆年間刻本。
九章録要　清　屠文漪　《四庫全書》文淵閣本一七八四年
臺北商務印書館一九八六年影印
算法全書　清　蔣守誠　一七三九年福德堂刻本
翼梅　清　江永　一七四〇年刻本　又名《數學》
莊氏算學　清　莊亨陽　《四庫全書》文淵閣本一七八四年
周髀矩數圖注　清　程瑶田　《古今算學叢書》本
周髀用矩述　清　程瑶田　《古今算學叢書》本
數學尋原　清　譚文　清乾隆十五年湘陰縣衙一七五〇年刊《曆算天機全書》。
算法正宗　清　陳鶴齡　傳抄原稿本四册　自然科學史研究所圖書館藏
增删筭法統宗　清　梅瑴成　光緒二十四年江左書林石印本
九數通考　清　屈曾發　清乾隆三十七年豫簪堂刊本　原名《數學精詳》
武英殿聚珍版叢書算書類　清　戴震等整理　《中國科學技術典籍通彙·數學卷》
河南教育出版社一九九三年影印
祖述算經　清　俞篤培　自然科學史研究所圖書館藏
少廣正負術内外篇　清　孔光森　清嘉慶二十二年印《顨軒所著書》第六種一八一四年
乘方釋例　清　焦循　一七九三年稿本　自然科學史研究所圖書館藏
衡齋算學七種　清　汪萊　一七九六——一八一〇年
一八三四年與《衡齋遺書》合刻
衡齋算學校正　清　汪萊　李兆華校正　陝西科學技術出版社一九九八年
經書算學天文考　清　陳懋齡　一七九七年　光緒間江右卷雲書屋刊本
勾股淺述　清　梅沖　一七九七年　李儼抄《青照堂叢書》本
自然科學史研究所圖書館藏
句股斜要　清　陳道新　國家圖書館藏　陳氏稽古閣精抄稿本
知不足齋叢書算書類　清　鮑廷博刻　一七九八年

加減乘除釋	焦循	清	一七九八年《里堂學算記》 《中國科學技術典籍通彙·數學卷》第四冊 河南教育出版社一九九三年影印
天元一釋	焦循	清	清嘉慶四年江都焦氏刻一八〇〇年《里堂學算記》 《中國科學技術典籍通彙·數學卷》第四冊 河南教育出版社一九九三年影印
大衍求一釋	焦循	清	清嘉慶四年江都焦氏刻一八〇〇年《里堂學算記》
開方通釋	焦循	清	手稿本　上海圖書館藏
開方釋例	焦循	清	一八〇一年《木犀軒叢書》本
疇人傳	阮元等	清	一七九九年
疇人傳合編校注	阮元羅士琳華世芳諸可實黄鐘駿	清	馮立昇鄧亮張俊峰校注中州古籍出版社二〇一二年
李氏遺書十一種	李鋭撰	清	清嘉慶四年江都焦氏刻一八〇〇年
日法朔餘強弱考	李鋭	清	清嘉慶四年江都焦氏刻《李氏遺書》本《續修四庫全書·子部》
方程新術草	李鋭	清	清嘉慶四年江都焦氏刻一八〇〇年《李氏遺書》本
勾股筭術細草	李鋭	清	清嘉慶四年江都焦氏刻《李氏遺書》本
李氏天元勾股細草	李鋭	清	一八一七年　同治十一年刻本
開方説	李鋭、黎應南	清	清嘉慶四年江都焦氏刻《李氏遺書》本 《中國科學技術典籍通彙·數學卷》第五冊 河南教育出版社一九九三年影印
重差補圖		清	《算學五種》本　又名《海島算經補圖》
增補算法正宗大全		清	清嘉慶聚五年錦堂一八〇〇年重刊本
緝古算經細草	張敦仁	清	清嘉慶八年藝學軒年刊本
求一筭術	張敦仁	清	清道光家刻本一八三一年 《中國科學技術典籍通彙·數學卷》第五冊 河南教育出版社一九九三年影印
句股尺測量新法	劉衡	清	清咸豐五年陝西長安縣署省刊《六九軒筭書》一八〇七年
算牖　四卷	許桂林	清	清道光十年刻本一八一一年

九章算術細草圖説　清　李潢　清嘉慶二十五年鴻語堂一八二〇年刻本；《中國科學技術典籍通彙·數學卷》第四册　河南教育出版社一九九三年影印

海島算經細草圖説　清　李潢　清嘉慶二十五年鴻語堂一八二〇年刻本；《中國科學技術典籍通彙·數學卷》第四册　河南教育出版社一九九三年影印

緝古算經考注　清　李潢　一八一二年　清吴蘭修一八三二年復校刻本；《中國科學技術典籍通彙·數學卷》第四册　河南教育出版社一九九三年影印

開方釋例　清　駱騰鳳　嘉慶間刻本一八一五年

藝游録　清　駱騰鳳　一八一五年　清嘉慶間刻本；《中國科學技術典籍通彙·數學卷》第五册　河南教育出版社一九九三年影印

校緝古算經　清　陳傑　一八一五年　清龍萬育敷文閣刊本

倉田通法　清　張作楠　清嘉慶二十五年《翠微山房數學》本

翠微山房數學十五種　清　張作楠刻　嘉慶間二十五年金華張氏刻本

算法九章摘要備覽　清　張德昭　一八一七年　嘉慶間自序；自然科學史研究所圖書館藏抄本

比例滙通　清　羅士琳　嘉慶二十三年自刻本一八一八年

日鉶齋算學　清　張琛　一八一八年　嘉慶二十三年松林堂藏版

數學五書　清　安清翹　一八一八年　清嘉慶二十三年刻本

堆垜求積術　清　董祐誠　一八二一年　《董方立遺書》；《中國科學技術典籍通彙·數學卷》第五册　河南教育出版社一九九三年影印

勾股内容三事和較　清　博啓　一八二一年　國家圖書館藏抄本

重差圖説　清　沈欽裴　自然科學史研究所藏抄本；《中國科學技術典籍通彙·數學卷》第五册　河南教育出版社一九九三年影印

句股容三事拾遺　清　羅士琳　清道光間刻　《觀我生室滙稿》

衍元九式	羅士琳	清	清道光間刻《觀我生室滙稿》
句股截積和較筭術	羅士琳	清	一八一八年 清嘉慶間刻本 又作《句股截積術》
四元玉鑑細草	羅士琳	清	一八三四年 清嘉慶間刻本 上海商務印書館《萬有文庫》本一九三七年 《續修四庫全書》
弧矢筭術補	羅士琳	清	一八四三年《觀我生室滙稿》
四元玉鑑細草	沈欽裴	清	一八二九年 抄本《中國科學技術典籍通彙·數學卷》第五册 河南教育出版社一九九三年影印
緝古算經圖草	揭廷鏘	清	一八三〇年 清江西刊本 自然科學史研究所圖書館藏
衍元要義	謝穀堂	清	一八三七年 道光間刻本《謝穀堂筭學》
弧田問率	謝穀堂	清	一八三七年 道光間刻本《謝穀堂筭學》
直積回求	謝穀堂	清	一八三七年 道光間刻本《謝穀堂筭學》
算賸初編	顧觀光	清	一八三七年《武陵山人遺書》
方程考	吴蘭修	清	一八三八年 抄本《學海堂》 自然科學史研究所圖書館藏
弧矢算術細草圖解	李鋭馮桂芬	清	一八三九年 清道光間刻本
四元釋例	易之瀚	清	一八四〇年《觀我生室匯稿·四埘》
開方之分還原術	宋景昌	清	一八四一年 江陰粟香室刊《聚學軒叢書》
宜稼堂叢書算書類	郁松年刻	清	一八四二——一八四三年刻
數書九章扎記 四卷	宋景昌	清	一八四二年 宜稼堂本《數書九章》
詳解九章算法扎記	宋景昌	清	一八四二年 宜稼堂本《詳解九章算法》
四元玉鑑細草	戴煦	清	一八四五年 稿本王吉孚抄校本
算迪	何梦瑶	清	一八四五年 清粵雅堂刊本
天元一術	葉棠	清	一八四九年 清慎自愛軒刊本
天元一術圖説	葉棠	清	與上合刊
務民義齋算學 七種	徐有壬	清	一八五一年《中國科學技術典籍通彙·數學卷》第五册 河南教育出版社一九九三年影印

句股圖解	清	焦騰風	一八五一年 清咸豐藝成堂刊本
句股一貫述	清	宋演	一八五五年 一八七八年刊本
九章算術直指	清	陳琭	一八五五年 抄本
海島算經細草	清	陳琭	一八五五年《九章算術直指》附
衍元筆算今式	清	汪香祖	一八六二年 江蘇書局一八九七年校刊
垛積比類	清	李善蘭	一八五八年《則古昔齋算學》一八六七年《中國科學技術典籍通彙·數學卷》第五册 河南教育出版社一九九三年影印
須曼精廬算學	清	楊兆鋆	一八九八年 光緒間嘉業堂刻本《纍桐廬算賸》
中算斠	清	汪香祖	一八五八年 自然科學史研究所圖書館藏稿本
如積引蒙	清	汪曰楨	一八五九年 雙嘯室抄原稿本 自然科學史研究所圖書館藏
求一術指	清	時曰醇	一八七一年 重校本 自然科學史研究所圖書館藏
百雞術衍	清	時曰醇	一八六一年《白芙堂算學叢書》二十三種 一八七二——一八七七年《中國科學技術典籍通彙·數學卷》第五册 河南教育出版社一九九三年影印
九章翼·分法	清	吳嘉善	一八六一年《白芙堂算學叢書》二十一種一八六三年
九章翼·今有術	清	吳嘉善	同上
九章翼·衰分	清	吳嘉善	同上
九章翼·衰分	清	吳嘉善	同上
九章翼·盈不足	清	吳嘉善	同上
九章翼·平方術	清	吳嘉善	同上
九章翼·平圓術	清	吳嘉善	同上
九章翼·立方立圓術	清	吳嘉善	同上
九章翼·勾股術	清	吳嘉善	同上
九章翼·測量高遠	清	吳嘉善	同上
九章翼·方程術	清	吳嘉善	同上
天元一術釋例	清	吳嘉善	同上
天元名式釋例	清	吳嘉善	同上

書名	作者	朝代	版本
天元一草	吴嘉善	清	同上
天元問答	吴嘉善	清	同上
方程天元合釋	吴嘉善	清	同上
四元名式釋例	吴嘉善	清	同上
四元草	吴嘉善	清	同上
四元淺釋	吴嘉善	清	同上
算牘餘稿	顧觀光	清	一八六二年《武陵山人遺書》
周髀算經校勘記	顧觀光	清	一八六二年《武陵山人遺書》
天算或問	李善蘭	清	一八六四年《則古昔齋算學》 《續修四庫全書·子部》
九容圖表	李善蘭	清	一八七六年《古今算學叢書》一八九八年 《中國科學技術典籍通彙·數學卷》第五册 河南教育出版社一九九三年影印
測量淺説圖	梅啟照	清	一八六六年《學彊恕齋筆算》刊本
粟布演草	吴嘉善等	清	一八六八年《白芙堂算學叢書》二十三種
垛積衍術	強汝詢	清	一八六九年 求恕齋刊
九章盤珠集	陶良駿	清	一八六九年 稿本 自然科學史研究所圖書館藏
測圓海鏡解	李善蘭	清	一八七〇年 抄本 自然科學史研究所圖書館藏
珠算初基	時曰醇	清	一八七〇年 上海廣方言館刊本
學彊恕齋筆算	梅啟照	清	一八七一年 同治間梅氏原刻本
白芙堂算學叢書二十一種	丁取忠等刻	清	長沙荷池精舍一八七二年刻
白芙堂算學叢書二十三種	丁取忠等刻	清	長沙荷池精舍一八七二——一八七七年刻
珠算金鍼	張楚鍾	清	一八七二年 同治間富文齋刊《求是齋算學》
測圓海鏡識別詳解	張楚鍾	清	一八七二年 同治間富文齋刊《求是齋算學》
勾股演代	江衡	清	一八七三年 自然科學史研究所圖書館藏
求一術通解	黄宗憲	清	一八七四年 清同治間荷池精舍刊本 《中國科學技術典籍通彙·數學卷》第五册 河南教育出版社一九九三年影印
粟布演草補	丁取忠	清	一八七五年《白芙堂算學叢書》二十三種

數學拾遺　丁取忠　清　一八五一年《白芙堂算學叢書》二十三種
四象假令細草　丁取忠　清　一八七六年《白芙堂算學叢書》二十三種
筆籌算略　勞乃宣　清　一八七六年　合衆稿本《矩齋學算録》之一
古籌算考釋　勞乃宣　清　一八八三年　抄本《矩齋籌算叢刻》之一
矩齋籌算叢刻 七種　勞乃宣　清　一八九八年　吴橋官廨
籌算分法淺釋　勞乃宣　清　一八九八年　吴橋官廨《矩齋籌算叢刻》之四
籌算蒙課　勞乃宣　清　一八九八年　吴橋官廨《矩齋籌算叢刻》之五
古籌算考釋續编　勞乃宣　清　一八九九年《矩齋籌算叢刻》之二
百雞術衍　時曰醇　清　《中國科學技術典籍通彙·數學卷》第五册
河南教育出版社一九九三年影印
容圓七術　黃宗憲　清　一八七七年一八九六年梅城知足堂刊《古琴古硯齋算率》
續補粟布演草　陳其晉　清　一八七九年《康齋游藝》卷四
方廉隅圖　陳其晉　清　一八七九年《康齋游藝》卷四
算學雜草　陳其晉　清　一八七八年《康齋游藝》卷三四
衍元海鑒 十四種　李鏐　清　一八五五年　咸豐間習琴書堂家藏本
《鍾秀盦子學算學》
測圓海鏡法箋　李鏐　清　一八七九年《鍾秀盦子學算學》之一
四元玉鑑省筆　李鏐　清　一八七九年《鍾秀盦子學算學》之二
海島緯筆　李鏐　清　一八七九年《鍾秀盦子學算學》之三
量倉授法校筆　李鏐　清　一八七九年《鍾秀盦子學算學》之四
奇題削筆　李鏐　清　一八七九年《鍾秀盦子學算學》之五
龍山書院元草　李鏐　清　一八七九年《鍾秀盦子學算學》之六
石鯨書院元草　李鏐　清　一八七九年《鍾秀盦子學算學》之七
鎖闈元草　李鏐　清　一八七九年《鍾秀盦子學算學》之八
勾股捷訣　李鏐　清　一八七九年《鍾秀盦子學算學》之九
如積正軌　李鏐　清　一八七九年《鍾秀盦子學算學》之十
算學發蒙 五種　潘逢禧　清　一八八〇年　清刻本
割圓通解　徐鳳誥　清　一八八〇年　自序稿本　國家圖書館藏
開方釋鎖演式　徐鳳誥　清　稿本　中国科学院自然科学史研究所藏

中西算學集要	朱熙等	清	一八八一年	清朱熙刊本
算學發蒙·珠算	潘逢禧	清	一八八一年	清刻本
算學發蒙·筆算	潘逢禧	清	一八八一年	清刻本
算學發蒙·籌算	潘逢禧	清	一八八一年	清刻本
辨志文會課藝初集·算學	黄炳垕等	清	一八八一年	清寧波刻本
勾股名義圖解	朱熙	清	一八八一年	自然科學史研究所圖書館藏抄本
九容圖表	李善蘭	清	一八八二年	《古今算學叢書》一八九八年《中國科學技術典籍通彙·數學卷》第五册 河南教育出版社一九九三年影印
方程舉隅	吴傳綺	清	一八八二年	清光緒璣衡堂刊本
天元正負歌	劉熙載	清	一八八二年	清自序刊本
開方古義	華衡芳	清	一八八〇年	《行素軒算稿》
積較術	華衡芳	清	一八八二年	《行素軒算稿》四
學算筆談	華衡芳	清	一八八二年	《行素軒算稿》五
算草叢存	華衡芳	清	一八八二年	《行素軒算稿》六
算法須知	華衡芳	清	一八八二年	《華氏中西算學全書》初集
珠算金鍼	李善蘭	清	一八八二年	兩湖督署一八九六年刊《代數珠算金鍼》
籌學啓蒙述義	王鑒	清	一八八四年	自序刊本
尺算徵用	馬良	清	一八八四年	清光緒間胡傳墨齋刊本
易學算法統宗大全	徐晉熊	清	一八八四年	清常熟喜雨山房刻本
天元加減乘除釋例	董毓琦	清	一八八六年	清光緒石印本《盛世參苓算稿》
天代蒙泉	董毓琦	清	一八八六年	清光緒石印本《盛世參苓算稿》
天元晰理衍草	董毓琦	清	一八八六年	清光緒石印本《盛世參苓算稿》
九章補例	董毓琦	清	一八八六年	清光緒石印本《盛世參苓算稿》
開方釋鎖演段圖説	晏必弟	清	一八八六年	稿本
籌學啓蒙通釋	徐鳳誥	清	一八八六年	自刻本 求是齋刻本一八八七年
天元句股細草	劉鶚	清	一八八七年	木刻本 自然科學史研究所圖書館藏
有不爲齋算學	傅九淵	清	一八八七年	自然科學史研究所圖書館藏

書名	著者	朝代	年代及版本
開方用表簡術	程之驥	清	一八八八年《南菁書院叢書》
談算輯要	江上漁人	清	一八八八年上海江南製造局刊本
中西算學入門滙通	鄧建章	清	一八八八年　清光緒間自序刊本
句股通義	徐紹禎	清	一八八八年《學壽堂叢書》
垛積演較	華衡芳	清	一八八九年　清《算草叢存》二 《行素軒算稿》六
陳啓沅算學藏書	陳啓沅	清	一八八九年　清光緒間惜陰草堂刊本
方程演元	何步瀛	清	一八八九年　清金陵何氏刻本　上海書局印本
筭學啓蒙注	鄒祖蔭	清	抄本　浙江圖書館藏
海鏡窺豹	王鑒	清	一八九〇年　刊于江都
勾股比例表圖説	王鑒	清	一八九四年《游藝録》
一得齋算草	崔朝慶	清	一八九一年　家刻本　内題《勾股三種》
盈朒一得	崔朝慶	清	一八九六年　江蘇書局刊本　《一得齋算草》
九數存古	顧觀光	清	一八九二年　清江蘇書局刊本
秋讖算稾	繆朝銓	清	一八九二年　約齋刊
天元草	蕭履安	清	一八九三年　清成都刊本
中西算學啓蒙	張鼎祐	清	一八九三年　白下種竹書屋刊本 自然科學史研究所圖書館藏稿本
天元代數勾股草	張鼎祐	清	同上
四元玉鑒四象細草詳解	鄒祖蔭	清	一八九三年　杭州官廨刻本　又名《閑閑齋算草》
籌算淺釋	勞乃宣	清	一八九三年《矩齋籌算叢刻》之三
南菁剳記	崔朝慶等	清	一八九四年清光緒間江陰使署刊本
垛積籌法	勞乃宣	清	一八九四年　吴橋官廨刊本《矩齋籌算叢刻》
測海山房中西算學叢刻初編	測海山房主人	清	上海玑衡堂石印本一八九六年刻
如積蒙求	馮世瀓	清	一八九六年　邠廬馮氏刊本
測圓海鏡通釋	劉嶽雲	清	一八九六年　尊經書局藏版
籌算入門	葉鳳藻	清	一八九六年　清石印本　又作《算學籌算入門》
憫笑不計	黃宗憲	清	一八九六年《古琴古硯齋算率》
九章補餘	陳暘	清	一八九六年《古今算學叢書》

書名	作者	朝代	年代·版本
算法正宗	陳鶴齡、馮瀓	清	一八九六年《强自力齋集》
隨庵算學入門	葉棠	清	一八九六年　毗陵原學齋稿本
天元勾股逕求和較術	張元勳	清	一八九六年　陝西味經刊書處刊印
珠算金針	時曰醇	清	一八九六年　石印本
策學算術備要	惕安	清	一八九七年　越東友文堂石印本
求一捷術	龔傑	清	一八九七年《漸學廬叢書》
勾股和較加減圖	王鑒古	清	一八九七年　清刊本
測圓續率	王鑒古	清	與上合刊
開方提要	黄慶澄	清	一八九七年《算學報》第三期刊本
天元定位説	黄慶澄	清	《開方提要》附
天元加減乘除定正負説	黄慶澄	清	《開方提要》附
盈朒公式	張秉樞	清	一八九七年《時務齋算稿叢鈔》
勾股互求公式	張秉樞	清	一八九七年《時務齋算稿叢鈔》
衍粟布衍草	凌步芳	清	一八九七年《百硯齋算稿》
測圓海鏡細草通釋	王澤沛	清	一八九七年《古今算學叢書》
算略	馮經	清	一八〇〇年《嶺南遺書》
東溪算學 八種	陳崧撰	清	敬賢堂東溪茹右閣刊本一八九八—一九〇八年
古今算學叢書	劉鐸刻	清	上海算學書局石印本一八九八年
算法一得·珠算一得	董恩新	清	一八九八年　又稱《崇實齋珠算一得》
衍元小草	孔慶霽	清	一八九八年《矩齋籌算叢刻》附
測圓海鏡解	葉耀元	清	一八九八年《古今算學叢書》
垛積一得	崔朝慶	清	一八九八年《古今算學叢書》
九容公式	王季同	清	一八九八年《古今算學叢書》
經算雜説	潘應祺	清	一八九八年　廣州刊本
算學雜識	曹汝英	清	一八九八年　同上
句股邊角相求圖解舉隅	吴和翱	清	一八九八年　不逾矩齋刊本
海鏡一隅	吴誠	清	一八九八年《算學一隅》
算雅	李固松	清	一八九八年　致知書局　又名《數名釋例》
學算識別	李固松	清	一八九八年

算藝鈔存	吴傳綺	清	一八九八年　初印本
算餘	吴傳綺	清	與上合刻
四元消法易簡草	陳棠	清	一八九九年　京師刊本
《玉鑑》垜題闡幽	陳崧	清	一八九五年《東溪算學》之八
截垜發微	陳崧	清	一八九九年《東溪算學》
四元消法新例答問	陳棠	清	一九〇二年　李固松等《算數名數釋例》卷二
九章算翼	陳棠	清	一九〇二年　李固松等《算數名數釋例》卷三
			又名《算式九章翼》
引綴録	陳崧	清	一八八六年《東溪算學》
《玉鑑》垜積闡幽	陳崧	清	一八九五年《東溪算學》
五經算術疏義	劉嶽雲	清	一八九九年《食舊德齋算書》
江陰宋氏之分還原草辨誤並鄒氏	嚴杏林等	清	一八九九年《算學報》卷一
圖説			
古九章兩鼠穿垣題簡術	嚴杏林等	清	同上
弧田問率攷真	嚴杏林等	清	同上
簡易庵算稿	劉彝程	清	一八九九年　江南製造局刊本
算學歌訣	葉廷琦	清	江楚書局
籌算説略	鄭復光	清	抄本
籌算	錢國祥	清	稿本
籌算法	李滮	清	《雲南叢書》
籌算圖記	邵金	清	紅格抄本　復旦大學圖書館藏
籌算我法	江大鍵	清	藍格抄本　國家圖書館藏
勾股捷表	陳希齡	清	《春雨山房曆算集考》
勾股補遺	陳希齡	清	同上
勾股和較	陳希齡	清	同上
籌算珠算合用説	鄔銓	清	《傅紅寫翠廬算俎》
勾股算術	胡煦撰	清	王靖廷抄本　北京大學圖書館藏
海島算經按注	錢國祥	清	原稿本　上海圖書館藏
海鏡細草解	余圭齋	清	刻本七册　內作南秉哲解草　秉吉序作余圭齋

垛積招差術集成	張玉潤	清	《敬業齋算學》
立天元式啓蒙算式	孟鐘泰	清	抄本　自然科學史研究所圖書館藏
周髀算经述	馮經	清	《嶺南遺書》《古今算學叢書》
補四元玉鑒茭草果垛兩門諸垛形圖	佚名	清	抄毛裝本　國家圖書館藏
衍元略法	胡蘊玉	清	《樸學齋算學》
臺體截積術	胡蘊玉	清	同上
圓理拾遺	胡蘊玉	清	同上
粟布捷徑	徐異	清	一九〇〇年《沿沂亭算稿》
勾股演代	江衡	清	一九〇〇年《溉齋算學》
縱方備證	江衡	清	一九〇〇年《溉齋算學》
垛積解義	江衡	清	一九〇〇年《溉齋算學》
句股引蒙細草	郭恩敷	清	一九〇〇年　山東圖書館藏
簡易庵九章實義	劉彝程	清	一九〇一年　簡易庵刊本
測圓海鏡贅解	馮瀓	清	一九〇一年
句股九容證術	黃泰生	清	一九〇一年　南通陳氏刊本
勾股九容證解	馮瀓	清	一九〇一年　與上合刻
垛積餘義	周達	清	一九〇一年《福慧雙修館算稿》二
筆算一得·天元淺説	董恩新	清	一九〇二年《中西算法一得全書》
筆算一得·正負開方	董恩新	清	同上
正負開方新術	董化時	清	一九〇三年《董氏東齋算學叢書》
蒙學課本	程先甲	清	一九〇三年　江楚書局
算橇　三卷	張煜	清	一九〇四年　自然科學史研究所圖書館藏原刊本
讀玉鑒隨筆	張煜	清	一九〇五年　琉璃廠龍雲齋刊本
求一得齋算學	陳志堅	清	一九〇四年　松江嵇文墨齋自序刊本
句股四則	陳有霖	清	
最新珠算教科書	江南商業學堂	清	江南商業學堂刊本一九〇五年
中西數學通解	劉澤楨	清	一九〇七年　樂山叢桂書屋刊本
蒙學算法正宗	徐以祥	清	一九〇六年光緒鎮江善化書局藏板

書名	時代	著者	版本
簡明珠算	清	王如章	一九〇八年上海昌文書局
垛積新義	清	周達	一九〇九年《福慧雙修館算稿》一
天元啟蒙類編	清	張世堯	自序本《從吾好齋算學》本
百雞演代	清	張世堯	一九一一年《從吾好齋算學》本
句股和較補編	清	張世堯	同上
勾股別問新術	清	張世堯	同上
方田簡明算法	清	佚名	刻本 南京圖書館藏
句股章	清	佚名	抄本 自然科學史研究所圖書館藏
九章算法備要	清	佚名	天津圖書館藏
啓蒙便用九章算法	清	佚名	保素堂刊本 國家圖書館藏
夏侯陽算經參解	清	吴塀	抄本
垛積衍術	清	强汝詢	
中國科學技術典籍通彙·數學卷		郭書春主編	河南教育出版社一九九三年
北大秦簡中的數學文獻		韓巍	《文物》二〇一二年第六期

二

熱學總部

火與取火方法部

火分部

論説

綜述

實驗

綜述

紀事

藝文

加熱與保温部

加熱材料與加熱方法分部

論説

綜述

紀事

藝文

保温技術分部

論説

綜述

紀事

藝文

温度測量分部

論説

濕度測量分部

論説

綜述

藝文

冷熱現象與理論部

論説

综述

紀事

藝文

熱應用技術部

熱氣球與走馬燈分部

論説

熨斗分部

論説

光學總部

光與影部

熱光分部

論説

藝文

冷光分部

論説

綜述

紀事

藝文

成影分部

論説

測量與計算

綜述

紀事

藝文

日月食與月相變化分部

論説

實驗

綜述

藝文

反射鏡及其成像部

金屬鏡鑄造與磨光分部

論説

紀事

綜述

紀事

藝文

「透光鏡」分部

論説

藝文

透鏡成像與小孔成像部

透鏡成像分部

論説

藝文

小孔成像分部

論説

實驗

紀事

顏色與色散現象部

顏色與視覺分部

論説

紀事

藝文

色散現象分部

論説

綜述

紀事

藝文

大氣光學現象部

暈與華分部

論説

紀事

藝文

小兒辯日分部

論説

蒙氣差分部

論説

海市蜃樓現象分部

論説

紀事

藝文

峨眉寶光分部

論説

紀事

雲氣星象顔色與極光分部

論説

紀事

電磁學總部

電磁現象部

電現象分部

摩擦起電　静電吸引和尖端放電

論説

紀事

藝文

雷電

論説

綜述

紀事

藝文

指南針發明與應用部

司南分部

論説

紀事

藝文

指南針製作及其性質分部

論説

藝文

指南針應用分部

堪輿

論説

航海

論説

藝文

測量

綜述

二

熱學總部

火與取火方法部

火分部

論説

孔安國傳　陸德明音義　孔穎達疏《尚書注疏》卷一一《周書・洪範》　一，五行：一曰水，二曰火，三曰木，四曰金，五曰土。傳：皆其生數。水曰潤下，火曰炎上，傳：言其自然之常性。木曰曲直，金曰從革，傳：木可以揉曲直，金可以改更。土爰稼穡。傳：種曰稼，斂曰穡。土可以種，可以斂。潤下作鹹，傳：水鹵所生。炎上作苦，傳：焦氣之味。曲直作酸，傳：木實之性。從革作辛，傳：金之氣。稼穡作甘。傳：甘味生於百穀。五行以下，箕子所陳。音義：炎，榮鉗反。上，時掌反，又如字，下同。揉，如酉反。鹹音咸。鹵音魯。疏正義曰：此以下箕子所演陳，禹所第。疇名於上條列，説以成之。此章所演文有三重，第一言其名次，第二言其體性，第三言其氣味。言五者性異而味別，各爲人之用。《書傳》云：「水、火者，百姓之所飲食也；金木者，百姓之所興作也；土者，萬物之所資生也。」是爲人用五行，即五材也。襄二十七年《左傳》云：「天生五材，民竝用之。」言五者，各有材幹也。謂之行者，若在天，則五氣流行；在地，世所行用也。傳正義曰：《易・繫辭》曰：「天一地二，天三地四，天五地六，天七地八，天九地十。」此即是五行生成之數。天一生水，地二生火，天三生木，地四生金，天五生土，此其生數也。如此則陽無匹，陰無偶，故地六成水，天七成火，地八成木，天九成金，地十成土。於是陰陽各有匹偶，而物得成焉，故謂之成數也。《易・繫辭》又曰：「天數五，地數五，五位相得而各有合，此所以成變化而行鬼神。」謂此也。又數之所起，起於陰陽。陰陽往來，在於日道。十一月冬至日南極，陽來而陰往。冬，水位也。以一陽生爲水數。五月夏至日北極，陰進而陽退。夏，火位也。當以一陰生爲火數，但陰不名奇，數必以偶，故以六月二陰生爲火數也。是故《易》説稱乾貞於十一月子，坤貞於六月未，而皆左行，由此也。冬至以及於夏至，當爲陽來。正月爲春，木位也。三陽已生，故三爲木數。夏至以及冬至，當爲陰進。八月爲秋，金位也。四陰已生，故四爲金數。三月春之季，四季土位也。五陽已生，故五爲土數。此其生數之由也。又萬物之本，有生於無，著生於微。及其成形，亦以微著爲漸。五行先後，亦以微著爲次。五行之體，水最微，爲一；火漸著，爲二；木形實，爲三；金體固，爲四；土質大，爲五，亦是次之宜。大劉與顧氏皆以爲水、火、木、金，得土數而成，故水成數六，火成數七，木成數八，金成數九，土成數十。義亦然也。《易・文言》云：「水流濕，火就燥。」王肅曰：「水之性潤萬物而退下，火之性炎感而升上。」是潤下、炎上，言其自然之本性，木可以揉曲直，金可以改更，此亦言其性也。揉曲直者，爲器有須曲直也。可改更者，可銷鑄以爲器也。木可以揉令曲直，金可以從人改更，言其可爲人用之意也。由此而觀，水則潤下，可用以灌溉；火則炎上，可用以炊爨，亦可知也。水既純陰，則潤下趣陰。火是純陽，故炎上趣陽。木金陰陽相雜，故可曲直改更也。鄭玄《周禮注》云：「種穀曰稼，若嫁女之有所生。」然則穡是惜也，言聚蓄之可惜也。共爲治田之事，分爲種、斂二名耳。土上所爲，故爲土性。上文潤下、炎上、曲直、從革，即是水、火、木、金體有本性。其稼穡以人事爲名，非是土之本性。生物是土之本性，其稼穡非土本性也。爰，亦曰也。變曰言爰，以見此異也。六府以土、穀爲二，由其體異故也。水性本甘，久浸其地，變而爲鹵。鹵味乃鹹。《説文》云「鹵，西方鹹地。東方謂之斥，西方謂之鹵。」《禹貢》云「海濱廣斥」，是海浸其旁地，使之鹹也。《月令》冬云「其味鹹，其臭朽」是也。上言曰者，言其本性；此言作者，從其發見。指其體則稱曰，致其類即言作。下五事庶徵言曰，作者，義亦然也。火性炎上，焚物則焦，焦是苦氣。《月令》夏云「其臭焦，其味苦」，苦爲焦味，故云焦氣之味也。臭之曰氣，在口曰味。木生子實，其味多酸。五果之味雖殊，其爲酸一也。是木實之性然也。《月令》春云「其味酸，其臭羶」是也。金之在火，別有腥氣，非苦非酸，其味近辛，故辛爲金之氣味。《月令》秋云「其味辛，其臭腥」是也。甘味生於百穀，穀是土之所生，故甘爲土之味也。《月令》中央云「其味甘，其臭香」是也。

韓康伯注　陸德明音義　孔穎達疏《周易注疏》卷一三《説卦》　神也者，妙萬物而爲言者也。注：於此言神者，明八卦運動、變化、推移，莫有使之然者。神則無物，妙萬物而爲言也。則雷疾風行，火炎水潤，莫不自然相與爲變化，故能萬物既成也。動萬物者，莫疾乎雷；橈萬物者，莫疾乎風；燥萬物者，莫熯乎火；説萬物者，莫説乎澤；潤萬物者，莫潤乎水；終萬物、始萬物者，莫盛乎艮。故水火相逮，雷風不相悖，山澤通氣，然後能變化，既成萬物也。

左丘明撰　杜預注　陸德明音義　孔穎達疏《春秋左傳注疏》卷二四《宣公十六年》　夏，成周宣榭火，人火之也。凡火，人火曰火，天火曰災。疏正義曰：人火從人而起，人失火而爲害，本其火之所來，故指火體而謂之爲火。天火則自然而起，不能本其火體，故以其所害言之，謂之爲災。聖人重天變，故異其名。《春秋》天變多矣，唯此言火耳。

尹喜《關尹子・一宇篇》　曰：一灼之火能燒萬物，物亡而火何存？一息之道能冥萬物，物亡而道何在？

又《四符篇》　曰精者水，魄者金，神者火，魂者木。精主水，魄主金，金生水，故精者魄藏之。神主火，魂主木，木生火，故神者魂藏之。惟火之爲物，能鎔金而銷之，能燔木而燒之，所以冥魂魄。惟精在天爲寒，在地爲水，在人爲精。神在天爲熱，在地爲火，在人爲神。魄在天爲燥，在地爲金，在人爲魄。魂在天爲風，在地爲木，在人爲魂。惟以我之精合天地萬物之精，譬如萬水可合爲一水。以我之神合天地萬物之神，譬如萬火可合爲一火。以我之魄合天地萬物之魄，譬如金之爲物，可合異金而鎔之爲一金。以我之魂合天地萬物之魂，譬如木之爲物，可接異木而生之爲一木。則天地萬物皆吾精、吾神、吾魄、吾魂，何者死，何者生？

卜子夏《子夏易傳》卷二《周易・上經泰傳第二》

象曰：天與火，同人，君子以類族辨物。

天體大也，火體小也。火曰炎上，同於天也，必時曦燥而後盛乎？俟天之與也。上下之位既列，得其同則上能與下也。君子象之而類其族，辨其物。志可同者與之不遺其細者也，則天下何有焉。

郭象注　成玄英疏《南華真經注疏》卷一〇《莊子雜篇・天下第三十三》

火不熱。疏：火熱水冷，起自物情。據理觀之，非冷非熱。何者？南方有食火之獸，聖人則入水不濡。以此而言，固非冷熱也。又譬杖加於體而痛發於人，人痛杖不痛。亦猶火加體而熱發於人，人熱火不熱也。

劉安撰　高誘注《淮南子》卷一《原道訓》　今夫狂者之不能避水火之難，而越溝瀆之險者，豈無形神氣志哉，然而用之異也。失其所守之位，而離其外内之舍，是故舉錯不能當，動静不能中，終身運枯形于連嶁列埒之門，運，行。枯，病也。形，體也。連嶁猶離嶁也，委曲之類。列埒，不平均也。而蹪蹈于污壑穽陷之中。污壑，大壑。雖生俱與人鈞，然而不免爲人戮笑者，何也？形神相失也。故以神爲主者，形從而利；以形爲制者，神從而害。神清静，故利。形有情欲，故害也。貪饕多欲之人，漠睧於勢利，誘慕於名位，漠睧，猶鈍睧，不知足也。冀以過人之智，植于高世，則精神日耗而彌遠，久淫而不還，形閉中距，則神無由入矣。清静之性，無從還入也。是以天下時有盲妄自失之患。此膏燭之類也，火逾然而消逾亟。夫精神氣志者，静而日充者以壯，躁而日耗者以老。是故聖人將養其神，和弱其氣，平夷其形，而與道沈浮俛仰，恬然則縱之，迫則用之。其縱之也若委衣，其用之也若發機。機，弩機關。言其疾也。如是，則萬物之化無不遇，遇，時也。而百事之變無不應。

又　卷一三《氾論訓》　聖人之論賢也，見其一行，而賢不肖分矣。孔子辭廩邱，終不盜刀鉤；廩丘，齊邑。齊景公養孔子，以言未見從，道未得行，不欲虚禄，辭而不受，故不復利人刀鉤也。許由讓天子，終不利封侯。許由隱者，陽成人。堯欲以天下與之，洗耳而不就。故未嘗灼而不敢握火者，見其有所燒也；未嘗傷而不敢握刃者，見其有所害也。由此觀之，見者可以論未發也，而觀小節足以知大體矣。

又　卷一四《詮言訓》　聖人之接物，千變萬軫，必有不化而應化者。夫寒之與煖相反，大寒地坼冰凝，火弗爲衰其暑；大熱鑠石流金，火弗爲益其烈；寒暑之變，無損益於己，質有之也。言人質不可變於火。

又　卷一六《説山訓》　或曰知其且赦也而多殺人，或曰知其且赦也而多活人，其望赦同，所利害異。故或吹火而然，或吹火而滅，所以吹者異也。亨牛以饗其里，而罵其東家母，德不報而身見殆。文王污膺，鮑申傴背，以成楚國之治。

又　卷一七《説林訓》　山雲蒸，柱礎潤；礎，柱下石礩也。伏苓掘，兔絲死。所生者亡，故死。一家失熛，熛。百家皆燒；讒夫陰謀，百姓暴骸。粟得水濕而熱，甑得火而液，水中有火，火中有水。疾雷破石，陰陽相薄。湯沐之於河，有益不多。流潦注海，雖不能益，猶愈於已。已，止也。

班固《白虎通德論》卷三《五行》　火在南方。南方者，陽在上，萬物垂枝。火之爲言委隨也。言萬物布施，火之爲言化也。陽氣用事，萬物變化也。

王充《論衡》卷五《感虚篇》　儒者傳書言：「堯之時十日並出，萬物焦枯。堯上射十日，九日去，一日常出。」此言虚也。夫人之射也，不過百步，矢力盡矣。日之行也，行天星度。天之去人以萬里數，堯上射之，安能得日？使堯之時，天地相近，不過百步，則堯射日，矢能及之；過百步，不能得也。假使堯時天地相近，堯射得之，猶不能傷日，傷日何肯去，何則？日，火也。使在地之火，附一把炬，人從旁射之，雖中，安能滅之？地火不爲見射而滅，天火何爲見射而去？此欲言堯以精誠射之，精誠所加，金石爲虧，蓋誠無堅則亦無遠矣。夫水與火各一性也。能射火而滅之，則當射水而除之。洪水之時，氾濫中國，爲民大害。堯何不推精誠射而除之？堯能射日，使火不爲害，不能射河，使水不爲害。

劉熙《釋名》卷一《釋天》　火，化也，消化物也，亦言毁也。物入中皆毁壞也。

宗炳《答何衡陽書》釋僧祐《弘明集》卷三　凡此數義皆玄聖致極之理。以言斥之，誠難朗然。由此觀物我，亦實覺其昭然。所以曠焉增洗汰之清也，足下當何能安之？又云形神相資，古人譬之薪火。薪弊火微，薪盡火滅。雖有其妙，豈能獨存。夫火者，薪之所生。神非形之所作，意有精麤，感而得形，隨之精神極則超形獨存。無形而神存，法身常住之謂也。

顏延之《庭誥》梅鼎祚《宋文紀》卷一一　古人恥以身爲溪壑者，屏欲之謂也。欲者，性之煩濁，氣之蒿蒸。故其爲害，則熏心智，耗真情，傷人和，犯天性。雖生必有之，而生之德猶火含煙，而妨火桂懷蠹而殘桂，然則火勝則煙滅，蠹壯則桂折。故性明者欲簡，嗜繁者氣惛，去明即惛。

何晏集解　皇侃義疏《論語集解義疏》卷九　陽貨第十七

子曰：性相近也，習相遠也。註：孔安國曰：君子慎所習也。子曰：惟上智與下愚不移。註：孔安國曰：上智不可使强爲惡，下愚不可使强賢也。【略】

若以情近性，故云性其情。情近性者，何妨是有欲。若逐欲遷，故云遠也。若欲而不遷，故曰近。但近性者正，而即性非正。雖即性非正，而能使之正。譬如近火者熱，而即火非熱。雖即火非熱，而能使之熱。能使之熱者，何氣也，熱也？能使之正者，何儀也，静也？

蕭繹《金樓子》卷四《立言篇九下》　登高使人欲望，臨深使人欲闚，處使然也。射則使人端，釣者使人恭，事使然也。或吹火而然，或吹火而滅，所以吹者異也。

劉晝《劉子》卷三　從化第十三

唐堯居上，天下皆治，而四凶獨亂，猶曰堯治，治者多也。殷紂在上，天下皆亂，而三仁獨治，猶曰紂亂，亂者衆也。漢文節儉，而人有奢，猶曰世儉，儉者多也。齊景太奢，而晏嬰躬儉，猶曰國奢，奢者衆也。水性宜冷，而有華陽温泉，猶曰水冷，冷者多也。火性宜熱，而有蕭丘寒炎，猶曰火熱，熱者多也。迅風揚波，高下相臨，山隆谷窪，差以尋常，較而望之猶曰水平，舉大體也。故世之論事，皆取其多者以爲之節。今觀言者，當顧言外之旨，不得拘文以害義也。

又　卷四　因顯第二十

夫火以吹爇生焰，鏡以瑩拂成鑑。火不吹，則無外耀之光。鏡不瑩，必闕内影之照。故吹成火之光，瑩爲鏡之華。人之寓代，亦須聲譽以發光華，猶此火鏡假吹瑩也。

又　卷七　大質第三十六

火之性也，大寒慘悽凝冰裂地而炎氣不爲之衰，大熱煊赫焦金爍石而炎氣不爲之熾者，何也？有自然之質而寒暑不能移也。

王劭《請變火表》梅鼎祚《隋文紀》卷六　臣謹案：《周官》四時變火，以救時疾。明火不數變，時疾必興。聖人作法，豈徒然也。在晉時，有以洛陽火度江者，代代事之，相續不滅，火色變青。昔師曠食飯云，是勞薪所爨。晉平公使視之，果然車輞。今温酒及炙肉，用石炭、柴火、竹火、草火、麻荄火，氣味各不同。以此推之，新火舊火理應有異。伏願遠遵先聖，於五時取五木以變火。用功甚少，救益方大。縱使百姓習久，未能頓同尚食，内厨及東宫諸王食厨不可不依古法。

瞿曇悉達《開元占經》卷一《天地名體》　天體渾宗

日在地上，散而直照，不應及月，而使月全明者，何也？對曰：薄虧而照則近，是言礙地光難周耳。水流濕，火就燥，類相從也。月星者，類也。日光散照雖不及月，譬之燃燭，一燭在上，一燭在下，滅下燭使煙相當，則上滅之炎循煙而下，燃下燭矣，此類相從也。

張懷瓘《書斷》卷中《妙品》　桓玄者，温之子，爲義興太守，簒晉伏誅。嘗慕小王善於草法，譬之於馬，則肉翅已就，蘭筋初生。畜怒而馳，日可千里。洸洸赳赳，實亦武哉。非王之武臣，即世之刺客。列缺吐火，共工觸山，尤剛健倜儻。夫水火之性，各有所長。火能外光，不能内照。水能内照，不能外光。若包五行之性，則可謂通矣。

李筌《太白陰經》卷一《人謀上・天無陰陽篇》　經曰：天圓地方，本乎陰陽。陰陽既形，逆之則敗，順之則成。蓋敬授農時，非用兵也。夫天地不爲萬物所有，萬物因天地而有之。陰陽不爲萬物所生，萬物因陰陽而生之。天地不仁，以萬物爲芻狗。陰陽之於萬物有何情哉。夫火之性自炎，不爲焦灼萬物而生其炎。水之性自濡，不爲漂蕩萬物而生其濡。水火者一其性，而萬物遇之自有差殊。陰陽者一其性，而萬物遇之自有榮枯。若水火有情，能浮石沉木，堅金流土，則知陰陽不能勝敗，存亡吉凶善惡明矣。

李鼎祚《周易集解》卷一七

燥萬物者，莫熯乎火。

言火能乾燥萬物，不至潤溼，於陽物之中莫過乎火。熯亦燥也。

佚名《鉛汞甲庚至寶集成》卷一《湧泉匱法丹序》 夫天地原於陰陽，鉛汞本乎水土。水土長生在申，乃陽生於亥子。子乃天一，生水之旺方。火生於寅，陰生於巳午。午乃地二，生火之旺位也。萬物無陰陽無水火，則不能成物也，丹爐亦宗於此。水注於地，夫何能致雨於天。火運乎天，夫何能致熱於地。蓋天地之氣，升降交合。如此交合，而四時成，萬物備。天氣自上而下降於地，地氣自下而上升於天，所以生物成物，二氣抱負，凝神聚氣，而成形質也。

佚名《玄圃山靈匼秘籙》卷上《八法》 第七滅火

火者，天地之陽，炁所變化也。一精于太陽，藏性於草木，色赤。盛于南方，在上天爲陽，在地爲和，物相鎖擊則出，出則灰其物。世以草木種種爲炊食，養生之利。一有發作，則灰飛室廬，煽熛山林，反爲世害。

胡瑗《洪範口義》卷上

水曰潤下，火曰炎上。

自此至作甘，皆説五行之性順其勢而行，各有不同也。夫水之性無有不潤下，火之性罔有不炎上。故水之性，決之東則東流，決之西則西流，引之穴坎之間，則莫不盈積，是則水之性可見矣。燥萬物而升上者莫如火之性，故《易》乾卦曰「水流濕，火就燥」，類相感也。故聖人之治天下，若能順五行之性，修其水德，導達溝瀆，濬治河渠，號令不違其時，水性無有壅遏，如是則潤下矣。治之三載而功成者，水潤下故也。故舜曰地平天成，六府三事允治，萬世永賴時乃功。若其河渠不通，溝澮不濬，政教違時，水行不由其道者，是水不潤下矣。故堯有洪水汎溢中國，禹能下矣。鯀之所以治洪水九載，功用弗成者，水不潤下故也。聖人能順五行之性而修火德，鼓鑄有時，焚萊有節，號令當，火政修，如是則火炎上矣。故《周禮》司烜氏中春以木鐸修火禁於中國是也。若其焚萊不時，鼓鑄無節，火官廢，火政墮，則災宮館，災宗廟，此火不炎上也。鄭鑄刑鼎，後乃有災亂，火不炎上故也。故潤下炎上，皆性之自然也。

邵雍《皇極經世書》卷一四《觀物外篇下》 火無體，因物以爲體。金石之火烈于草木之火者，因物而然也。

王安石《臨川文集》卷六三《論議・卦名解》 一陽陷於二陰，故爲坎。坎者，陷也。內明，水象也。一陰麗於二陽，故爲離。離，麗也。外明，火象也。水之爲物陷者也，火之爲物麗者也。推此則震、巽、艮、兑可以類知之也。上火下澤睽，睽者，不合之名也，二女之卦也。火在水上，未濟。未濟者，有濟之道也，男女之卦也。水上火下，男女相逮之卦也。

沈自彰編《張子全書》卷二《正蒙一》 參兩篇第二

火日外光，能直而施；金水內光，能闢而受。受者隨材各得，施者所應無窮，神與形、天與地之道與。

木曰曲直，能既曲而反申也；金曰從革，一從革而不能自反也。水火，氣也，故炎上潤下與陰陽升降，土不得而制焉。木金者，土之華實也，其性有水火之雜，故木之爲物，水漬則生，火然而不離也，蓋得土之浮華於水火之交也。金之爲物，得火之精於土之燥，得水之精於土之濡，故水火相待而不相害，鑠之反流而不耗，蓋得土之精實於水火之際也。土者，物之所以成始而成終也，地之質也，化之終也，水火之所以升降，物兼體而不遺者也。

朱子曰：五行之説，《正蒙》一段説得最好，不輕下一字。

問：陰陽五行如何？曰：康節説得法密，横渠説得理透。問：金木水火，體質屬土？曰：《正蒙》有一説好，只金與木之體質屬土，水與火却不屬土。陰以陽爲質，陽以陰爲質，水内明而外暗，火内暗而外明。西山真氏曰：日火外景，金水内景，本《淮南子》之説。道家謂日火揚光于外，故曰有食，火有滅。金水潛光于内，故無窮。以此爲養生之法，收視反觀，潛神不曜。

冰者，陰凝而陽未勝也；火者，陽麗而陰未盡也。火之炎，人之蒸，有影無形，能散而不能受光者，其氣陽也。陽陷於陰爲水，附於陰爲火。

程頤《伊川易傳》卷一《周易上經》

象曰：天與火，同人，君子以類族辨物。

不云火在天下，天下有火，而云天與火者，天在上，火性炎上，火與天同，故爲同人之義。君子觀同人之象，而以類族辨物，各以其類族辨物之同異也。若君子小人之黨，善惡是非之理，物情之離合，事理之異同，凡異同者君子能辨明之，故處物不失其方也。

劉温舒《素問入式運氣論奥》卷上 論五行生死順逆第一

火主於南，應夏。火之爲言化也，燬也。陽在上，陰在下，燬然盛而變化萬物也。鑽木作火，木所生也。然火無正體，體本木焉，出以應物，盡而復入，乃自然之理也。

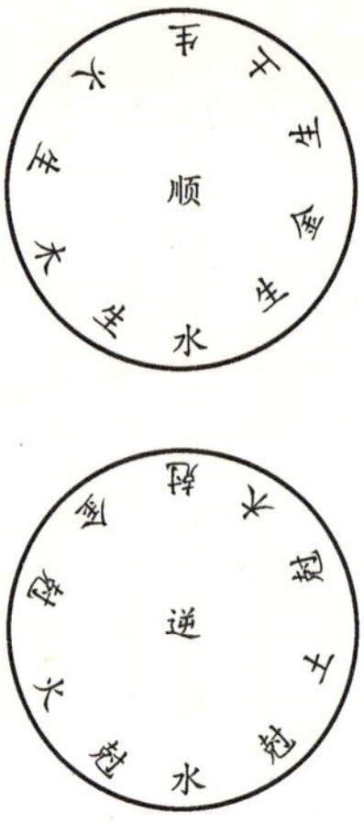
五行生死順逆之圖

蘇軾《東坡易傳》卷三

☲☲離下、離上。

離

火之爲物，不能自見，必麗於物而後有形，故離之象取於火也。【略】

象曰：明兩，作離，大人以繼明照于四方。

火得其所附，則一炬可以傳千萬。明得其所寄，則一耳目可以盡天下。天下之續吾明者衆矣。【略】

九三，日昃之離，不鼓缶而歌，則大耋之嗟，凶。象曰：日昃之離，何可久也。

火得其所附則傳，不得其所附則窮。初九之於六二，六五之於上九，皆得其所附者，以陰陽之相資也。惟九三之於九四，不得其傳，而遇其窮。如日之昃，如人之耋也。君子之至此，命也。故鼓缶而歌，安以俟之。不然，咨嗟而不寧，則凶之道也。

又　卷四

男女正，天地之大義也。家人有嚴君焉，父母之謂也。父父、子子、兄兄、弟弟、夫夫、婦婦，而家道正，正家而天下定矣。象曰：風自火出，家人，君子以言有物而行有恒。

火之所以盛者風也，火盛而風出焉。家之所以正者我也，家正而我與焉。

又　卷五

革：已日乃孚，元亨，利貞，悔亡。象曰：革，水火相息，二女同居，其志不相得，曰革。已日乃孚，革而信之。文明以説，大亨以正，革而當，其悔乃亡。

水火則有男女之象，然後能相生，此非水火也，二女同居而已。二女同居，則睽所以不睽者，兑欲下而遇離，離欲上而遇兑，雖欲相違而不能也。既不相得，又不相違，則不能無相攻。攻而不已，必有一勝，勝者斯革之矣。火能革金，離革兑者也，故曰革。火者，金之所畏也，而金非火則無以就器用，器成而後知火之利也。故夫革不信於革之日，而信於已革之日，以其始之不信，是以知悔者革之所不能免也，特有以亡之爾。

又　卷六

☵☲離下、坎上。

既濟：亨小，利貞，初吉終亂。象曰：既濟亨，小者亨也。

凡陰陽，各安其所則静而不用，將發其用，必有以藴之者。水在火上，火欲炎而不達，此火之所以致其怒也。陰皆乘陽，陽欲進而不遂，此陽之所以奮其力也。火致其怒，雖險必達。陽奮其力，雖難必遂。此所以爲既濟也。故曰「既濟亨，小者亨也」。言小者皆在上而亨，大者皆在下而否也。

又　卷七

一陰一陽之謂道，繼之者善也，成之者性也。【略】

夫善，性之效也。孟子不及見性而見夫性之效，因以所見者爲性。性之於善，猶火之能熟物也。吾未嘗見火，而指天下之熟物以爲火可乎？夫熟物則火之效也。敢問性與道之辨？曰：難言也。可言其似。道之似則聲也，性之似則聞也。有聲而後有聞邪，有聞而後有聲邪，是二者果一乎，果二乎？孔子曰：人能弘道，非道弘人。又曰：神而明之，存乎其人。性者，其所以爲人者也，非是無以成道矣。

蘇轍《論語拾遺》　性之必仁，如水之必清，火之必明。然方土之未去也，水必有泥；方薪之未盡也，火必有煙。土去則水無不清，薪盡則火無不明矣。人而至於不仁，則物有以害之也。

耿南仲《周易新講義》卷三

九三，伏戎于莽，升其高陵，三歲不興。象曰：伏戎于莽，敵剛也。三歲不興，安行也。

火形鋭上而性炎上，九三實體之，故有伏戎于莽與升高陵之象焉。然三軍可奪帥也，匹夫不可奪志也。

李昭玘《樂静集》卷二七《試館職策一道》 水之爲物也濕，其勝則息火。火之爲物也燥，其勝則息水。二者其勢不相逮也。有智者焉，火在上，水在下，鼎鬲在其間而五味以和，此無他，善調一故也。

楊時《龜山集》卷二七《雜説》 世儒之論曰：性之有習，習之有善惡，譬如火之能熱與其能焚也。孟子之所謂善，得火之能熱者也，是火之得其性也。荀子之所謂惡，得火之能焚者也，火之失其性者也。夫天地之間，有夫婦而後有父子，此物之所同然也。故木以金尅之而火生焉，木與火未嘗相離，蓋子母之道也。火無形，麗木而有焉。非焚之，則火之用息矣，何熱之有哉？而謂熱者，火之得其性；焚者，火之失其性。其察物也，蓋亦不審矣。夫子思之學，惟孟子之傳，得其宗異哉。世儒之論也，以爲孟子道性善，得子思之説而漸失之，而輕爲之議，其亦不思之過歟。

釋覺範《石門文字禪》卷二六《題淳上人僧寶傳》 問：如何是火性？答曰：熱是火性。問：如何是水性？答曰：濕是水性。問者欣然而有得水火之義盡於此矣。又問何以謂之恕？答曰：如我之心以待人則恕矣。又問何以謂之慎？答曰：心之一具德見於慎耳。問者又欣然有得，蓋恕慎之理極於此矣。此世間義理之論也。義理者，心之塵垢也，其去佛道不翅如百億天淵然。

李如篪《東園叢説》卷下《雜説》 天雨

天將雨必先蒸濕，雲氣騰結而後降雨；又龍見而雨必旋至，以雨主於龍乎，則何待於蒸鬱而後作雨也。又有薄雲而後作雨者，且龍所取江河之水，曾幾何而爲泛溢懷襄之患者，何哉？二者之説蓋無定論也。俗諺有云：人能變火，龍能變水。此雖俗説，細詳之亦甚有理。夫天下之理，不能以無爲有，有其本矣亦必有所待而後發見。夫木之爲性，火實存焉，然火無以自見，人以一灼之火而變之則木俱火也。以至焚邱陵，燎原野，無所不可者，假人之力而致之也。雲之爲氣，水實存焉，然水亦無以自見，可以爲霢霂而不可致霶霈，龍以一酌之水而變之則雲俱水也，以至於漲江河，盈澗谷，亦無所不可者，假龍之力以致之也。火木雲龍，二者相待而成者也。俗諺雖有此説，然不能推其理之所在，因爲之説。

朱震《漢上易傳》卷九《説卦傳》

乾爲馬，坤爲牛，震爲龍，巽爲雞，坎爲豕，離爲雉，艮爲狗，兑爲羊。【略】

薛貞曰：巽值鶉尾，故稱飛鳥。離，火日。巽，木風也。木中有火，風者火氣之動也。得乎風者爲飛之類，得乎火者得乎風。離爲目動，巽爲多白眼，觀眼目之變可以知風火矣。故驚飇奮發，火勢熾然，雷行電照，草木怒張，火木同類乎。

林之奇《尚書全解》卷二四《周書·洪範》

水曰潤下，火曰炎上，木曰曲直，金曰從革，土爰稼穡。潤下作鹹，炎上作苦，曲直作酸，從革作辛，稼穡作甘。

夫聖人之治天下，其極至於所遇者化，所存者神，上下與天地同流。凡天地之化育，無非己之化育也。故《洪範》之爲書，要其極致，至於休徵咎徵之在天，五福六極之在人，其所以輔相裁成者，莫不在於心術之間。蓋至於命之事也，欲至於命，必窮理盡性而後能至焉。故其書必始於五行，而論五行之所以然者，必言水曰潤下，火曰炎上，木曰曲直，金曰從革，土爰稼穡，此蓋發明五行之理與性也。《詩》曰「天生烝民，有物有則」。蓋天之生物，有是物必有是理，此五物生於天地之間，爲最大者，故舉此五物所受天命之性，以見物之皆然也。水之性濕，濕故潤下，然搏之激之，則有不潤下者，而非水之常性也。火之性燥，燥故炎上，然抑之湮之，則有不炎上者，而非火之常性也。

張行成《皇極經世觀物外篇衍義》卷六《觀物外篇中之下》

石之花，鹽消之類也。

物皆有八卦氣象。花者，離之氣，文明之象也。木生火，本體也，故草木之花最多。石之花，鹽消之類，石中有火也。石，金類也，火尅金，金之中亦有火之氣象，故煅金而花飛也。世人言井花水，水亦有花者，取其氣之新嫩，則兑之悦澤也。

又

天火，無體之火也。地火，有體之火也。火無體，因物以爲體。金石之火烈于草木之火者，因物而然也。

天火者，太陽之真火，無體之火也。地火潛于石，發于木，有體之火也。火本無體，因物爲體。金石之火烈于草木之火者，隨物而然也。在人之身心之真陽爲君火者，天火也。心包絡之血爲相火者，地火也。神龍有火者，亦真陽之氣也。螢火、燐火皆精華之餘，死火也，如死者之稱魂魄也。

羅泌《路史》卷三二《發揮一》 論遂人改火

夫火，神物也，其功用亦大矣。昔隋王劭嘗以先王有鑽燧改火之義，於是表請變火，曰：古者，《周官》四時變火，以救時疾。明火不變，則時疾必生。聖人作法，豈徒然哉。在昔有以洛火度江，代代事之，火色變青。而晉師曠食知勞薪，今温酒炙肉，用石炭火與柴火、竹火、草火、麻荄火，氣味各自不同，是新舊火理應有異，顧於五時取五木以變火。若劭，可謂知所本矣。夫火惡陳，薪惡勞，自開世然者。晉代荀勗進飯亦知薪勞，而隋文帝所見江寧寺晉長明燈，亦復青而不熱。傳記有以巴豆木入爨者，爰得洩利，而糞臭之草炊者率致味惡。然則火之不改，其不疾者鮮矣。泌以是益知聖人之所以改火，修火正，四時五變者，豈故爲是煩文害俗，得已而不已哉。

林栗《周易經傳集解》卷七

序卦曰：物不可以終否，故受之以同人。【略】

離爲火，心之屬也。離爲中，虚心之官也。上下無陰以分其志，獨以一柔居五陽之中，九五居尊，是以正應，則六二之心可知矣。火之爲物，高明而上達者也。心之官則思，思則得之矣。然則同人之義，其同心之謂乎。

同人于野，亨，利涉大川，利君子貞。彖曰：同人，柔得位得中而應乎乾，曰同人。同人于野，亨。利涉大川，乾行也。文明以健，中正而應，君子正也。惟君子爲能通天下之志。

下離上乾，成卦曰同人者，初爲離，二爲巽，自三以往爲乾。離爲火。巽爲木，爲風。乾爲天。天有形而在上，火無形而在下，雖欲同之不可矣。焚之以火，而鼓之以風，則火之光明上達於天矣。此卦之所爲同人也。同人于野，亨。何謂也？曰：二五相遇也。子曰：柔得位得中而應乎乾，曰同人。同人于野，亨。乾爲郊，郊野者，天地之際也。同于宗則吝，同于野則亨，以其得位得中而應乎乾，所以謂之同人，而係以亨于野之辭也。舊謂皆連下文以爲義，皆失之矣。火雖炎上，而焚於一室之中，未必達于天際。燔於郊野，無所障礙，斯能上達矣。

楊萬里《誠齋易傳》卷一三

象曰：澤中有火，革；君子以治歷明時。

火者，就燥之物也。今在澤中，是以水革火之象也。物窮必革，亦衆矣。鑽燧生於茹毛，上棟生於營窟；質敝必文，寬窮必猛。革之爲用，豈特治歷之一事哉。食者，人之天。歷者，食之天。舉其大，它可推矣。歷貴乎革者，三辰有差，歷亦萬變也。

又楊萬里《誠齋集》卷九二　庸言六

或曰性譬之水焉。濟人，水也；溺人，亦水也。謂濟人者水之性，則過德乎水。謂溺人者水之性，則過咎乎水。水之性有湛然而已爾。性譬之火焉。飪物，火也；燬物，亦火也。謂飪物者火之性，則過德乎(於)[火]。謂燬物者火之性，則過咎乎火。火之性有煇然而已爾。人之性而曰善焉，惡焉，混焉，非不性也，非盡性也。何如楊子曰：所謂湛然煇然者，爲善乎？爲惡乎？爲混乎？

蔡沈《洪範皇極内篇》卷二《皇極内篇下》　昔者聖人之原數也，以决天下之疑，以成天下之務，以順性命之理，析事辨物，彰往察來。是故天數五，地數六。五六者，天地之中合也。五爲五行，六爲六氣，陽性陰質。五行之性，曰木，曰火，曰土，曰金，曰水。六氣之質，曰胎，曰生，曰壯，曰老，曰死，曰化。木之質也，曰楊柳，曰梅李，曰松柏，曰竹葦，曰禾麥，曰蕈。火之質也，曰木火，曰石火，曰雷火，曰油火，曰蟲火，曰燐。土之質也，曰砂，曰石，曰玉，曰土，曰壤，曰泥。金之質也，曰汞，曰銀，曰金，曰銅，曰鐵，曰鉛。水之質也，曰澗水，曰井水，曰雨水，曰溝渠，曰陂澤，曰湖海。

施子美《施氏七書講義》卷一〇《孫子・火攻》

發火有時，起火有日。時者天之燥也，日者月在箕壁翼軫也。凡此四宿者，風起之日也。

火之性就燥也，將以縱火者必審其燥濕之時。火之勢以風也，將以用火者必觀其風起之日。發火不知其時，雨濕而火之必不焚，不足謂之知時。不知其日，則反風而火之必自焚，不足謂之知日。時也者，天之燥也。日者，月在箕壁翼軫也。當其亢陽日久，草木乾燥，此天燥之時也，因時而發火，則何所不焚。東北之分艮之位也，有箕星焉，在於析木之津，此好風之星也。西北之分乾之位也，有壁星焉，在於營室之東，壁以乾感巽，亦好風之星也。東南之分巽之位，有翼軫焉，在於鶉尾之次，巽爲風，是好風之星也。故《書》曰星有好風，星有好雨。而月之從星，則有風雨生焉。故觀其所由之度，而知其風之所從起。凡此四宿乃風起之日也。故月由于翼軫，吾知其爲巽之風必自東南而至也。月由于壁，吾知其爲乾之風必自西北而至也。月由于箕，吾知其爲艮之風必自東北而至也。知其風之所起也，因而火，無不得利矣。是以因風縱火，李逸之所以克敬業。時風甚猛，黄蓋之所以破曹公。苟爲不知風之所自，則不爲侯景，必爲王琳。侯景風勢不順，自焚而退。王琳逆風擲燧，反焚其舩。是又安知風之所起乎。

張從正《儒門事親》卷三　三消之説當從火斷

八卦之中，離能烜物。五行之中，惟火能焚物。六氣之中，惟火能消物。故火之爲用，燔木則消而爲炭，焚土則消而爲伏龍肝，煉金則消而爲汁，煅石則消而爲灰，煮水則消而爲湯，煎海則消而爲鹽，乾汞則消而爲粉，熬錫則消而爲丹。故澤中之潦，涸於炎暉；鼎中之水，乾於壯火也。

魏了翁《尚書要義》卷一一《洪範》　五行之常性

《傳》言其自然之常性。《正義》曰：《易》文言云：「水流濕，火就燥。」王肅曰：「水之性潤萬物而退下，火之性炎盛而升上，木可以揉令曲直，金可以從人改更，言其可爲人用之意也。」由此而觀，水則潤下，可用以灌溉。火則炎上，可用以炊爨，亦可知也。水既純陰，故潤下趣陰；火是純陽，故炎上趣陽；木金陰陽相雜，故可曲直更改也。

吴如愚《準齋雜説》卷下　人君嚮陽説

北辰居中，前離後坎，左震右兑，是亦向陽也。聖人南面，取諸離，固嚮明而治也。然離之所以明者，以位虚而屬火，故火無實體，依木爲用。木於五常爲仁，而火實資之以生，所以火氣爲生氣。當知人君所居，以嚮陽爲貴者，不但取其明，亦以陽爲生氣故爾。所以《繫辭》論天地之大德曰生，必繼之以聖人之大寶曰位。何以守位？曰仁。生與位並言而復以仁次之，厥旨深矣。是知人之一身，有火氣則生，無火氣則死。心火未滅，則神不去形，蓋生氣猶存也。故萬物好陽而惡陰，所以然者，好生而惡死故也。如此則知陽之是嚮，不特人君爲然，凡人皆貴於嚮之。所以貴之者，非專貴其明，抑亦貴其生耳。

劉達可《璧水群英待問會元》卷五〇《性理門·性學》　名流舉業

情涙而性終存。且獨不觀諸水乎，寒泉洌食之初，投一芥而立見，及夫沙或混焉，而後向之清者始濁。又獨不觀諸火乎，崐岡焚，如之初燭幽隱而無遺，及夫煙或鬱焉，而後向之明者始昏。夫謂濁者之非水不可也，而不可以言水之性，何者？沙去而水復清，則清者乃其本然者也。謂昏者之非火不可也，而不可以言火之性，何者？煙去而火復明，則明者乃其本然者也。言天下之性而求不悖其所以然，顧可無極本窮源之論也哉。

黎靖德編《朱子語類》卷一《理氣上·太極天地上》

【略】

問：黄寺丞云：「金木水火體質屬土。」曰：「《正蒙》有一説好，只説金與木之體質屬土，水與火却不屬土。」問：「火附木而生，莫亦屬土否？」曰：「火自是箇虚空中物事。」問：「只温熱一作煖。之氣便是火否？」曰：「然。」

又

火中有黑，陽中陰也。水外黑洞洞地，而中却明者，陰中之陽也。故水謂之陽，火謂之陰，亦得。伯羽。

陰以陽爲質，陽以陰爲質。水内明而外暗，火内暗而外明。横渠曰陰陽之精，互藏其宅，正此意也。坎、離。道夫。

又　卷六八《易四·乾上》　符兄問：「以性情言之謂之乾。」曰：「是他天一箇性情如此。火之性情則是箇熱，水之性情則是箇寒，天之性情則是一箇健。健，故不息。惟健乃能不息，其理是自然如此。使天有一時息，則地須落下處，人都墜死。緣他運轉周流，無一時息，故局得這地在中間。今只於地信得他是斷然不息。」蓋卿。方子録云：「天惟健，故不息。不可把不息做健。」下同。

又　卷七一《易七·離》　火中虚暗，則離中之陰也。水中虚明，則坎中之陽也。道夫。

問：「離卦是陽包陰，占利畜牝牛，便也是宜畜乘順之物？」曰：「然。」礪。

王應麟編《周易鄭康成注·同人》　乾爲天，離爲火，卦體有巽，巽爲風。天在上，火炎上而從之，是其性同於天也。火得風，然後炎上益熾。是猶人君在上施政教，使天下之人和同而事之。以是爲人和同者，君之所爲也，故謂之同人。風行無所不遍，遍則會通之德大行，故曰「同人于野，亨」。

何宇度《益部談資》卷上　火井，邛州蓬溪富順咸有之。《蜀都賦》：「火井沈熒於幽泉，高焰飛煽於天陲。」註曰：欲出其火，先以家火投之，須臾焰出，以竹筒盛之，其火無灰。井有水火，取井火煮水，一斛得鹽五斗；家火燃之，則鹽減。邛州南設有火井巡檢司。蓬溪者，地窪若池，以火引之，有聲隱隱出地中，少頃炎熾。夏月積雨停水，則焰生水上，水爲之沸而寒如故。秋冬水涸則土上有焰，觀者至焚衣裾。

蕭廷芝《修真十書金丹大成集》卷一〇《金丹問答》　問曰：何謂火？答曰：火者，太陽真氣，乃坎中之陽也。紫清真人曰坎中起火是也。

白珽《湛淵静語》卷一　一歲而易火者五，若多事。後讀《洪範五行傳》乃知，古人改火，關於時化。火性，炎上者也，老則愈烈，於是遇物輒燃。若新火性柔，青光熒熒，無忽燎速熾之患。横渠亦云四時改火。蓋水之爲患常少，火之爲患常多。寒食禁火，以出新火，必待盡熄天下之火，然後出之也。季春大火星高，其時爲之，亦防其火熾也。又火貴新而烹味佳，是則古人鑽燧之意。春取榆柳之火，夏取杏棗之火，季夏取桑柘，秋取柞楢，冬取槐檀。或問朱文公：「四時取火，何爲季夏又取一番？」曰：「土旺於未，六月，未月也，故再取之。」土寄旺於四季，每季皆十八日，四箇十八日爲七十二日。其它四行分四時，亦各七十二日，共積成三百六十日成歲也。

王充耘《讀書管見》卷上《盤庚》　予若觀火，予亦拙謀，作乃逸傳謂我視汝情，明若觀火。非也，夫火雖不可嚮邇，猶可撲滅。故火蔓延則當撲之。今乃坐觀其延爇，是拙謀矣。人臣不從上令，則當刑以驅之。今乃聽其所爲，成就其過惡，是與觀火者何異，惡得不謂之拙謀。

金月岩編　黄公望傳《抱一子三峰老人丹訣》　真性命出陽神是天仙大成之法

修鍊之士，先要識鍊丹之火有三等，分於内外兩火。外火者，有形有象，可鍊五金，造化五穀，滋養人物，此火非能鍊丹。鍊丹之火，其在内，内火者，無形無象，發之有焰，藉五穀之氣，即生真火。以精爲民火，氣爲臣火，心爲君火。君火者，神火也。神火者，性火也。惟性火不可發，亦不可用。性火若發，如火生於木，自燒其身。惟火不可用，不可動，動亦是神動，神動則氣動，氣動則精動。性火不動者則神定，神定則氣定，氣定則精定。三火既定，併會於下丹田，聚燒金鼎，鍛鍊玉鑪，薰蒸關竅，使一身陰消陽長，太真陽氣上下顛倒循環，自然鍛鍊成一粒赫赤龍虎金丹大藥也。

朱橚《普濟方》卷四一一《鍼灸門》　用火法

古來用灸病忌，八般木火切宜避之。八木者，松木火難瘥增病，柏木火傷神多汗，竹木火傷筋目暗，榆木火傷骨失志，桑木火傷肉肉枯，棗木火内傷吐血，柘木火大傷氣脉，橘木火傷榮衛經絡。

姚福《青溪暇筆》卷下　人所聚爲一火。今人易火字爲夥，殊非本義。《木蘭詞》：「出門見火伴，火伴始驚惶。」蓋火之爲物，聚之則明，散之則滅，或曰同坎爨，故曰一火。

馬明衡《尚書疑義》卷三《商書・説命中》　靈明者必篤實，篤實者必靈明。譬如火然，其光照處可謂屬之，知其實有此光，而無虚妄處，謂之行。然火必實火，而後能光明。而其能光明者，又安有不實？光與實又安可分爲二耶？天地間，凡事可説得此兩箇道理，非但心體爲然，然真實不可分爲二，故亦有單説知而行在，單説行而知在，有並説知行，而道理皆無不足。

楊慎《丹鉛摘録》卷七　《内經》曰：南方熱，熱生火；北方寒，寒生水；西方燥，燥生金；東方温，温生木；中央濕，濕生土。是知水者，寒之形；濕者，土之氣。水之於土，妻道也。夫從妻所好，故水流濕。火者，熱之形；燥者，金之氣。火之於金，夫道也。妻從夫之令，故火就燥。或以陰求陽，或以陽求陰也。管輅曰：龍者陽精而居于淵，故能興雲。虎者陰精而居于山，故能運風。是則龍陽中之陰也，惟陽中之陰能召陰，故雲從龍。虎陰中之陽也，惟陰中之陽能召陽，故風從虎。

高拱《本語》卷三　問：廷陵方氏云：目之精，水也，其光火也。以水爲體，故其氣清。以火爲用，故其氣明。然歟曰：非也。火能發光，不能受光。水能受光，不能發光。目也者，體用乎水者也，受光而已。不能發光，安得謂以火爲用乎。

李時珍《本草綱目》卷六《火部・火之一凡一十一種》

陽火、陰火綱目。

集解　李時珍曰：火者五行之一，有氣而無質，造化兩間，生殺萬物，顯仁藏用，神妙無窮，火之用其至矣哉。愚嘗繹而思之，五行皆一，惟火有二。二者，陰火、陽火也。其綱凡三，其目凡十有二。所謂三者，天火也，地火也，人火也。所謂十有二者，天之火四，地之火五，人之火三也。試申言之，天之陽火二：太陽，真火也；星精，飛火也。赤物暾暾，降則有災，俗呼火殃。天之陰火二：龍火也，雷火也。龍口有火光，霹靂之火，神火也。地之陽火三：鑽木之火也，擊石之火也，戛金之火也。地之陰火二：石油之火也，見石部石腦油。水中之火也。江湖河海，夜動有火。或云：水神夜出，則有火光。人之陽火一，丙丁君火也。心、小腸，離火也。人之陰火二：命門相火也，起於北海，坎火也，游行三焦，寄位肝膽。三昧之火也。純陽，乾火也。合而言之，陽火六，陰火亦六，共十二焉。諸陽火遇草而焫，得木而燔，可以濕伏，可以水滅。諸陰火不焚草木而流金石，得濕愈焰，遇水益熾。以水折之，則光焰詣天，物窮方止；以火逐之，以灰撲之，則灼性自消，光焰自滅。

故人之善反於身者，上體於天而下驗於物，則君火相火正治從治之理，思過半矣。此外又有蕭丘之寒火，蕭丘在南海中，上有自然之火，春生秋滅。生一種木，但小焦黑。出《抱朴子外篇》。又陸游云：火山軍，其地鋤耘深入，則有烈焰，不妨種植，亦寒火也。澤中之陽焰，狀如火焰，起於水面。出《素問》王冰注。野外之鬼磷，其火色青，其狀如炬，或聚或散，俗呼鬼火。或云諸血之磷光也。金銀之精氣，凡金銀玉寶，皆夜有火光。此皆似火而不能焚物者也。至於樟腦、猾髓，皆能水中發火；樟腦見木部，猾髓見獸部。濃酒、積油，得熱氣則火自生。燒酒、醇酒，得火氣則自焚。油滿百石，則火自生。油紙、油衣、油鐵，得熱蒸激，皆自生火也。南荒有厭火之民，國近黑昆侖，人能食火炭。食火之獸；《原化記》云：禍斗獸，狀如犬而食火，糞復爲火，能燒人屋。西戎有食火之鳥。駝鳥，見禽部。火鴉蝙蝠，能食焰煙；火龜火鼠，生於火地。火龜見介部龜下，火鼠見獸部鼠下。此皆五行物理之常，而乍聞者目爲怪异，蓋未深詣乎此理故爾。復有至人，入水不溺，入火不焚，入金石無礙，步日月無影。斯人也，與道合真，不知其名，謂之至人。蔡九峰止言木火、石火、雷火、水火、蟲火、磷火，似未盡該也。震亨曰：太極動而生陽，静而生陰，陽動而變，陰静而合，而生水火木金土，各一其性。惟火有二：曰君火，人火也；曰相火，天火也。火内陰而外陽，主乎動者也，故凡動皆屬火。以名而言，形氣相生，配於五行，故謂之君；以位而言，生於虚無，守位禀命，因其動而可見，故謂之相。天主生物，故恒於動；人有此生，亦恒於動。動者，皆相火之爲也。見於天者，出於龍雷則木之氣，出於海則水之氣也；具於人者，寄於肝腎二部，肝木而腎水也。膽者肝之腑，膀胱者腎之腑，心包絡者腎之配，三焦以焦言，而下焦司肝腎之分，皆陰而下者也。天非此火不能生物，人非此火不能自生。天之火雖出於木，而皆本乎地。故雷非伏，龍非蟄，海非附於地，則不能鳴，不能飛，不能波也。鳴也，飛也，波也，動而爲火者也。肝腎之陰，悉具相火，人而同乎天也。然而東垣以火爲元氣之賊，與元氣不兩立，一勝則一負者，何哉？周子曰：神發知矣。五性感物而萬事出。有知之後，五者之性，爲物所感而動，即《内經》五火也。五性厥陽之火與相火相扇，則妄動矣。火起於妄，變化莫測，煎熬真陰，陰虚則病，陰絶則死。君火之氣，《經》以暑與濕言之；相火之氣，《經》以火言之，蓋表其暴悍酷烈甚於君火也。故曰相火元氣之賊。周子又曰：聖人定之以中正仁義而主静。朱子曰：必使道心常爲一身之主，而人心每聽命焉。夫人心聽命而又主之以静，則彼五火之動皆中節，相火惟有裨補造化，以爲生生不息之運用爾，何賊之有？或曰：《内經》止於六氣言火，未言及臟腑也。曰：岐伯歷舉病機一十九條，而屬火者五：諸熱瞀瘛，皆屬於火；諸逆冲上，皆屬於火；諸躁狂越，皆屬於火；諸禁鼓栗，如喪神守，皆屬於火；諸病胕腫，疼酸驚駭，皆屬於火，是也。劉河間云：諸風掉眩屬於肝，風火也；諸氣膹鬱屬於肺，燥火也；諸濕腫滿屬於脾，濕火也。諸痛癢瘡屬於心，鬱火也。是皆火之爲病，出於臟腑者然也。以陳無擇之通敏，猶以暖温爲君火，日用之火爲相火，無怪乎後人之聾瞽也。

燧火綱目。

集解　時珍曰：《周官》司爟氏四時變國火以救時疾，季春出火，季秋納火，民咸從之。蓋人之資於火食者，疾病壽夭生焉。四時鑽燧，取新火以爲飲食之用，依歲氣而使無亢不及，所以救民之時疾也。榆柳先百木而青，故春取之，其火色青。杏棗之木心赤，故夏取之，其火色赤。柞楢之木理白，故秋取之，其火色白。槐檀之木心黑，故冬取之，其火色黑。桑柘之木肌黄，故季夏取之，其火色黄。天文大火之次，於星爲心。季春龍見於辰而出火，於時爲暑。季秋龍伏於戌而納火，於時爲寒。順天道而百工之作息皆因之，以免水旱灾祥之流行也。後世寒食禁火，乃季春改火遺意，而俗作介推事，謬矣。道書云：竈下灰火謂之伏龍屎，不可爇香事神。

附録　陽燧

時珍曰：火鏡也。以銅鑄成，其面凹，摩熱向日，以艾承之，則得火。《周禮》司烜氏以火燧取明火於日是矣。火珠見石部水精下。

又　卷八《金石部·金石之二》　水精拾遺。

附録　火珠

時珍曰：《説文》謂之火齊珠。《漢書》謂之玫瑰（音枚同）。《唐書》云：東南海中有羅刹國，出火齊珠，大者如鷄卵，狀類水精，圓白，照數尺。日中以艾承之則得火，用灸艾炷不傷人。今占城國有之，名朝霞大火珠。又《續漢書》云：哀牢夷出火精、琉璃，則火齊乃火精之訛，正與水精對。

萬民英《三命通》卷一《火》　炎炎真火，位鎮南方，故火無不明之理。輝光不久，全要伏藏，故明無不滅之象。火以木爲體，無木則火不長焰。火以水爲用，無水則火太酷烈。故火多則不實，太烈則傷物。木能藏火，到寅卯而方生。火不利，西遇申酉而必死。生居離位，果斷有爲。若居坎宫，謹畏守禮。金得火和，則能鎔鑄；水得火和，則成既濟；遇土不明，多主蹇塞；逢水旺處，決定爲榮。木死火虚，難得永久。縱早功名，必不久長。春忌見木，惡其焚也。夏忌見土，惡其暗也。秋忌見金，金旺難尅制。冬忌見水，水旺則滅形。故春火欲明不欲炎，炎則不實。秋火欲藏不欲明，明則燥。冬火欲生不欲殺，殺則暗。生於春月，母旺子相，勢力並行，喜木生扶，不宜過旺；旺則火炎，欲水既濟，不愁興盛，盛則沾恩。土多則蹇塞埋光，火盛則傷多爆燥，見金可以施功，縱重疊妻財，猶遂夏月之火，勢力行權，逢水制則免自焚之咎，見木助必招夭折之患，遇金必作良工，得土遂成稼穡。金土雖爲美利，無水則金燥土焦，再加火助，太過傾危。秋月之火，性息體休，得木生則有復明之慶，遇水尅難逃隕滅之災，土重而掩息其光，金多而損傷其勢。火見火以光輝縱疊，見而轉利。冬月之火，體絶形亡，喜木生而有救，遇水尅以爲殃。

又　卷四《論火》　夏令之火，陽氣之極，草木爲之焦枯，江河爲之枯涸；晴則流金爍石，真陽盡泄；雨則水濟其威，方得中和。反應蔭庇，發福四月，火勢漸盛，逢日争光。

錢一本《範衍》卷一《五行疇・初七章》

火麗于空，天下大豐。君子有融，當天之中。大吉。

火無形，麗物以成形。火無體，因物以爲體。麗物之火，光發外炎，有形體之火，地火也。麗空之火，四時默運，無形體之火，天火也。二生火，爲地，陰以質具。七成火，爲天陽，以氣行，火麗于空之象。七成數，又天位。火氣行天而物物爲之長養，物物皆有之以爲利，天下大豐之象。惟君子善體火行，不失其明，其豐更大。又君子有融，大明中天之象。小人固不足以考此占也。晉孫登語嵇康：火生而有光，而不用其光；人生而有才，而不用其才。用光在乎得薪，所以保其耀。用才在乎識真，所以全其年。方思善夜行燭序，燭之明也，薪之屬也。至其所以明者，火之傳也。薪有時而窮，燭有時而跋，而火之真體則無時而不傳也，君子之有融者此。

魏濬《易義古象通》卷四

離，利貞，亨。畜牝牛，吉。彖曰：離，麗也。日月麗乎天，百穀草木麗乎土，重明以麗乎正，乃化成天下。柔離乎中正，故亨，是以畜牝牛，吉也。

牛土屬火之子。離，陰火，象牝牛。又離得坤中畫，是代母用事之女。陽，光在外，附陰而後有明。火之爲物，不能自見，必有所附而後見；發之正則如燈之取明，炊之取熟，民之利賴存焉；不正則燎原炎岡，爲害甚烈。故麗者，火之用；而麗之者，火之體也。麗者在人是七情之用，麗之者則性之發而爲情也。麗之正而後發皆中節，故制火之炎莫如定性。

馮從吾《少墟集》卷九《語録》　太華書院語

問：孟子言性善，亦只説得情一邊，性安有善之可名？曰：性體無聲無臭，不覩不聞，原不可名第，觀於情之善而性之善始可得而名耳。故曰乃若其情，則可以爲善矣。乃所謂善也，觀於石中有火，擊之乃見，則知火在石中，雖不擊亦有。觀於洪鐘有聲，叩之始鳴，則知聲在鐘中，雖不叩非無。知擊之有火，叩之有聲，則知情。知不擊之火，不叩之聲，則知性矣。此正孟子所以善言性也。

章世純《四書留事・自跋》　夫據一而安焉，人之所以不晳也。其不同然者，此論火之説也。論火者或曰火熱，或曰火明，或曰火赤。言赤得色，言熱得氣，言明得德。然舉色於一，氣與德二俱隨。舉德於一，氣與色二俱隨。舉氣於一，德與色二俱隨。非舉之所兼也，所舉之所兼也。同於在火，無以遺之，故道之制事也。

周嬰《巵林》卷一《鑴紀》　温泉寒火

《晉書》陸機策問：有温泉而無寒火，何也？紀瞻對曰：陰陽升降，山澤通氣，初九純陽，潛龍勿用，泉源所托，其温宜也。若夫水潤下，火炎上，剛柔燥濕，自然之性。故陽動而外，陰静而内。内性柔弱，以含容爲質。外動剛直，以外接爲用。是以金水之明内鑒，火日之光外輝。剛施柔受，陽升陰伏，水之受温，含容之性也。

鑴之曰：《淮南子》：天道曰圓，地道曰方。方者主幽，圓者主明。明者，吐氣者也，故火曰外景。幽者，含氣者也，故水曰内景。吐氣者施，含氣者化，故陽施陰化。《元命包》亦曰：陰精爲月，常朏任而受明精在内。故火日外景，金水内景。思遠所對，蓋采其説，然不對火性之必熱，而引火德之外融，可謂遁詞矣。且火以烈而始見其剛，非以剛而乃有炎也。水以潤而始見其柔，非爲柔而乃徵其潤也。況火藏木石之中，藏煙匿燄，何嘗不静。而水發重壤之内，潛源奔沸，何嘗不動。又以初九純陽爲泉源所托，則濫瀸瀾汋，謂宜盡爲煙液。以水之受温爲含容之性，則河漢淮江亦當變爲湯谷。而海内湯泉曾不能十數，其理屈矣。若夫蕭丘燎原，而入者有衣裘之想；東武焚林，而拔者無焦灼之色。陰陽相搏，固有不可類推者，安在其無寒火也。

游藝《天經或問》前集卷四　野火

問：氣之變也，可徵妖祥；火之變也，而成雷電彗孛。雷電能擊物而燒，彗孛能隨天而轉。然春夏之夜有火，光燄幽幽，數點聯珠，人逐之則退，人去又復依人。此火不能燒物，又能逐人依人，此何火也？亦可以占否？

曰：夫野血化爲燐，腐草化爲螢，俱以氣滲漉土上，爲風雨日露所滋照，其質雖化，其氣尚存，故或爲螢爲燐。春夏之間，地氣上升，火隨氣發，然得風日疏散，使其上歸晶宇，下歸地中，則不作光怪。惟久雨乍晴，上下皆有冷氣，致火不能散去，横騖地上，偶逢膏膩之氣，則燃而成光，氣類所感，兩兩三三。或牛馬人畜血濺之處，膏膩稍重，其光遂轉大而膠之，所以稍久極容易摇動。值人行，或導人前，或隨人後，或隨人轉遶。是空中氣滿，在人前，則氣拒而前；在人後，則後氣急填行前者之空氣，又推之而前，隨人忽轉。又或值他氣稍重，故又迫之旁行。緣其氣體輕微，人行，衣衫動處皆有微風，逐之則風噓，故退。反則風吸，故復依人。又有一等在墟墓荒壇，遞相傳走出入，見者不必驚爲鬼怪，不知有尸氣牲血之膏膩而于此也。故軍中刀鎗上火起，其理與野火同。游熙曰：或有火能燒禾者，田有濕氣，空有冷氣，當夏火不能疏越，逼入禾葉，如腐草延燒。急去田水，令下面冷氣稍減，則火氣疏越而不燒也。又穀種乘其熱藏者，蓄其火氣于種内，夏熱太陽下蒸，吸其火氣則多燒。若下去水，則不蒸上而燒矣。

方以智《物理小識》卷一《天類》　光論

文饒曰：兩間變狀，皆氣光之所爲。《潛草》曰：兩間之光，皆太陽之火也。《黄帝經》曰：天明則日月不明。蓋天凝其陽精爲日，而月與星用之，萬物皆用之。《説文》光從火，在人上。人正用天之火種，而心正傳天之神光者也。以體質言之，火用爲燈而發光。以理言之，未有燈火之前，光之理已具矣。愚者曰：光理貫明暗，猶陽之統陰陽也。火無體，而因物見光以爲體。猶心無體，而因事見理以徵幾也。晦夜昏黑，地雖遮日，空自有光。人卧暗室，忽然開目，目自有光，何訝虎梟猫鼠之夜視耶。氣凝爲形，發爲光聲，猶有未凝形之空氣與之摩盪嘘吸，故形之用止于其分，而光聲之用常溢于其餘，氣無空隙，互相轉應也。

火

自燧人鑽木取火，教民熟食，使無腹病。《周官》司烜氏以燧取明火于日，鑑取明水于月，以供祭祀。司爟氏掌火之政令，四時變國火，以救時疾。古聖王之于火政，亦切矣。時珍曰：天之陽火二：太陽，真火也；星精，飛火也。天之陰火二：石油之火，水中之火也。人之陽火一，丙丁君火也。心小腸離火。人之陰火二：命門相火也，坎火也，遊行三焦，寄位肝膽。三昧之火也。純陽乾火也。諸陽火遇草而焫，得木而燔，可以濕伏，可以水滅。諸陰火不焚草木，而流金石，得溼愈燄，以水折之，則光燄詣天，物窮方止；以火逐之，以灰撲之，則灼性自消，光燄自滅。故善反于身者，上體天，下驗物，則君火、相火，正治、從治，理昭然矣。蕭丘寒火，抱朴言南海蕭丘火，春生秋滅，生木小焦黑。陸游曰：火山軍，其地鉏深則有烈燄，不傷種植，亦寒火也。澤中陽燄，狀如燄，起水面，出王砅註。野外鬼燐，色青，聚散。則火自生。南荒有食火之民，國近黑崑崙，人能食火炭。食火之獸。《原化記》禍斗如犬而食火，糞復爲火，能燒人屋。西戎有食火之鳥。駝鷄。火鴉蝙蝠能食燄燀，火龜火鼠生于火地。虚舟曰：春日火煙青，冬日火煙黑，因乎時也。然石熟物，剛火猛油，其偏鍾者也。老樹出煙，堆草生燄，其積菀者也。礶可以閉火氣，紙可以遏火舌，因乎勢者也。此皆物理之常，而乍聞者怪異，蓋未深詣乎此理耳。震亨曰：太極動静陰陽而生，五行各一其性，惟火有二：曰君火，人火也；相火，天火也。火内陰外陽，而主動者也。以其名配五行謂之君，以其虚無守位稟命，因其動而可見，故謂之相。天恒動，人生亦恒動，皆火之爲也。見于天者，出于龍雷則木之氣，出于海則水之氣也。具于人者，寄于肝木腎水。膽者，肝之腑；膀胱，腎之腑。心包絡者，腎之配。三焦以焦言，而下焦司肝腎之分，皆陰而下者也。天非此火不能生物，人非此火不能自生。天之火雖出于木而皆本于地，故雷非伏，龍非蟄，海非附于地，則不能鳴，不能飛，不能波也。肝腎相火猶是也。智按：丹溪天火出木者，以震爲雷爲龍，實起于北，由東升而西降，木爲生氣，金爲殺氣也。天地之間無非火，無非水也，伏蟄于地，可悟邵子用三餘一，冬煉三時之旨，致中和則交濟矣。東垣則以火爲元氣之賊，何哉？周子曰：神發智矣，五性感物而動，即《内經》五火也。五性厥陽之火與相火相扇，則妄動矣。火起于妄，煎熬真陰，陰虚則病，陰絶則死。君火之氣，《經》以暑與濕言之。相火之氣，《經》以火言之。蓋表其暴悍酷烈甚于君火也。故曰聖人定之以仁義，中正而主静。不落動静之静也。朱子曰：道心爲一身之主，而人心聽命焉。火自中節，何賊之有。或曰《内經》止于六氣，言火未言及臟腑也。曰岐伯歷舉病機十九，而屬火者五，諸熱瞀瘛皆屬于火，諸逆衝上皆屬于火，諸躁狂越皆屬于火，諸禁鼓慄皆屬于火，諸病胕腫疼酸驚駭皆屬于火是也。劉河間云：諸風掉眩屬肝風火也，諸氣憤鬱屬肺燥火也，諸濕腫滿屬脾濕火也，諸疼癢瘡屬心鬱

又　卷二《風雷雨暘類》

貯火油與滅火法

宋康譽之《昨夢録》曰：高麗之東，出猛火油。盛夏日力烘石極熱，則出液，他物遇之則爲火，惟真琉璃器可貯之。西北防城庫，掘池蓄猛火油，不閲月，池土皆赤黄，又别爲池而徙焉。《潛草》曰：南番泥油，水不能滅，乾泥龜灰可撲。四川井油，見水愈熾。周顯德中越裳獻猛火油，三佛齊獻火油，皆同一類。愚者曰：水中生火，所以水不能滅，惟細土可以熄之。《物理所》曰：火發房屋，可投雞鴨卵及大泥團，石碑衙扁，撲之亦止。其畜水激輪飛注者上也。種鳳尾蕉辟火。愚者見屋焚蕉枯者多矣，種成高大可殺火勢，亦火龜山雞禳火義耶。火蕉受火釘，理收火氣耳，燎原則傷。隆慶張祉，投碑息火。

續火

杉炭麻楷草紙易燃，留火則棗蠟類也。《馬觀》載暹邏有打魔香，乃樹脂，遇火即燃，以塗舟，水不能入。《外紀》渤泥在赤道下，片腦極佳，以之燃火，雖沉水中，其火不滅，直焚至盡。

火異

青布衣，大紅西洋布，及人身之衣，氣盛者皆能出火。都邛《三餘贅筆》曰：吴綾出火，工家多以脂發光，人服之，手摩蒸鬱，宜發光也。劉乾監居庸草塲，火從中起，以前積時，冬有泥雪，堆疊蒸鬱，故發火。老樹出煙，以至雷火依之而起者，亦以根枯氣通，陽氣從下至也。晉惠羊后出火，女子積思發火焚身，則人身心有火。鰉魚、石首魚、樟腦、獺髓能水中出火。石灰、油紙、釀酒，皆有出火之理。唐西域所貢火玉，即《登真隱訣》云江州高安縣之燃石也。以水澆之，並可燒香；以鼎炊物，可熟；置之則冷。蘇頌曰：密州九仙山有火玉，擊之，內有火。《南中志》毋斂縣有剛火。又古石山有石鑛火，燒之成流支鐵，甚剛。孫水入馬湖處有絮石火，燒成剛鐵，又一種也。阿耆婁池在泥婁國吐蕃西，其池周二十餘步，以物投之，即生煙燄，縣釜炊之，須臾即燃。煻煨池在遼東北，有太宗烽火臺，五里間有火穴，名煻煨池。夜明如晝，或有物去池三十步，無巨細脅入池中。《物類志》引作煨煻池，按藏經言火城中煻煨，可證。當時語格落蘭得之地多火，砌磚石而居之，仍作溝以通火熱物，即蜀中火井可證也。雷火所及，金石銷鎔，而漆器不壞。王虚舟《物理所》曰：雷火焚砂石，佛火焚金鐵，于他物無損。存中曰：雷火鎔寶劍而銷不斷。莊綽守南雄，大雷破樹，而福惠寺普賢像火也。以陳無擇之通敏，猶以煖温爲君火，日用之火爲相火，何怪後人聾瞽哉。愚者曰：丹溪言君火以名，相火以位，未暢也。天與火同，火傳不知其盡，故五行尊火曰君，畜覺發機曰相；或以暑爲君火，燥火爲相火；或以暑燥火爲陽火，風寒濕之火爲陰火；或以有形爲陽火，無形爲陰火；或以知識爲陽火，不知不識爲陰火。有交幾焉，析説不能盡，須自得之。人身命根種火，在北下七節之小心。知識用火，在南上膻中之宫城。真氣伏于丹田，清濁分于腦府，思慮憂鬱，過用則傷。而慾焦忿決，尤難懲窒。五志總歸心主，而無原之心，是何物歟？古人稱入火不熱者，是何道歟？其曰：君火爲人火，而相火爲天火者，猶之太極爲體，卦爻爲用，而邵子曰卦爻爲體，太極爲用也。于是乎决曰：天道以陽氣爲主，人身亦以陽氣爲主。陽統陰陽，火運水火也。生以火，死以火。病生于火，而養身者亦此火。水火交濟，主之者心。火無體而因物爲體，人心亦然。故提出不生不死之道心以統人心，實未嘗離也。善吾生，所以善吾死。郭象曰：養生，非求過分也，全理盡年而已矣。此醫所以貴治神爲第一也。節嗜慾，寡瞋恚，陰平陽秘，中和主宰，相奉其君，是黄帝之心乎。知此火爲病源者少矣。知此火爲病而欲絶之，絶之不得而遂縱之，豈享中道之恬愉哉。中丞公曰：聖人因土竈以畜火，因木薪之，因金制之，因水濟之萬物，享熟物之功而不受燔屋之禍，其恩大矣。明乎滿空皆火，君相道合者，生死性命之故，又孰得而欺之。不肖子以智謹識于此。

水火本一

水濕火燥，相反甚明，而《易傳》曰水火不相射，何也？愚者曰：本一氣也，而自爲陰陽；分爲二氣，而各具陰陽。有時分用而本不相離，有時互用而不礙偏顯，有時相制而適以相成，特人不著察耳。天一生水而反成陰潤之性，地二生火而反成陽燥之性。呵氣屬火，而化爲氣水。精液爲水，而反以成人。果二物耶？人身之腎水也，心火也，時時交濟，不可間隔。以理言之，智火也，仁水也，理水也，性火也，是水直以火爲性命矣。不見夫雨露霜雹，皆陽氣之蒸餾，硝磺發而礮滴，雷鳴而泉通。春火力深而礎石潤，熱爐之下，必有氣蒸乎。是火直以水爲性命矣。不見夫螢燐珠珀，皆濕氣之凝聚。薪經浸而火不斷，燈加膩而益明，井油得水愈熾，高奴之水肥可燃乎。日炙草木而滋茂行汁，參茂補陽而口生津。水中之石，擊之得火。煉劍淬水而剛。二者之用，交濟相成，莫不皆然。識者于此，蓋悟代錯之本一矣。

亦裂，獅子金飾與像面悉消釋，而其餘采色如故。暄曰：可知無物不有火性，觸之摩之積之而發。然陽火尅陰，陰火尅陽，類有不同耳。中履曰：唐劉餗曰：江寧有晉長明燈，青而不熱，則寒火類矣，正與赤火對。燒酒染青衣，可點之以送客，而衣無傷。

陰火潛燃

徐兢記自四明之高麗，黑洋夜火熠熠。李元陽記西洱，冬夜起風，水面火高數丈。洱水鹹，自分水崖下，河魚不入，與海同故也。會弗人曰：吕宋客言船上夜以淡水茶潑海，則見火起。小西洋一處，海火夜盛，持器汲起，滿器皆火光。滴入掌中，光亦瑩然可玩。

野火塔光

【略】至于地火燒禾，更當觸類，此必久雨乍晴，當夏而冷，乃有之。田面既有濕氣，又有陰冷氣在空中，當夏火氣不能疏越，逼入禾苗，如腐草延燒，農家急放田水令乾，乃可免。蓋水乾則下面冷氣減，火氣疏越，不至燒禾葉理也。故軍中刀鎗上火起，其理亦與野血同。又曰塔放光者，地中真火，以上騰爲本性，而壅閼和合于土上，故蒸爲温氣，發育萬物，風雷雲雨，霜雹虹霓，無之而非是者。上騰之性，每依直物而起，偶此塔有蕴膩凝滯之氣相觸，則附麗發光，與野燐同理。試觀乎雷，亦火也，每依牆杆棟楹有披擊出聲而上者，可觸類也。王虛舟《物理所》曰：峨眉五臺佛燈，偶飛近人，手搏之皆樹葉，非其證乎。佛充滿于法界，謂之佛燈，固宜。人身有光，特不槩見，其異者亦有壩上龍文五采之類。彼菩薩佛像，頭上每作一圜光，非無故也。石首魚、仙人杖、白茅根、桃膠，皆夜或放光。暄曰：太陽之氣，爲濕所鬱則生光，故附于物。朽木腐草，螢蟲生之，附于水。海淀江湖，田澤生之，附于氣，則爲野火陰火。或聚或散，與雷火同理，不必脂膏血濺也。若必脂血，則廬植之野燈，常萬炬，海中以杖擊之，其光爍然。臨卭火井及溥火洲，萬年如是，何故也哉。

黃宗炎《周易象辭》卷九《周易上經》

☲☲火上，火下。

離

人之陷溺，必有所附麗，然後可攀援而起。坎以一陽施于陰中，離以一陰附于陽內。⚋來偶中，則⚊實而成坎。⚊來奇中，則⚋判而成離。一往一來，兩相交錯，濕則鬱蒸而作氣，其氣温，水生火也。熱則煎逼而作汗，其汗冷，火生水也。萬物初生，無不始于火者，火動水出，水凝火養，故爲魄爲精。離爲魂爲神，在天之用莫大于日月，在人之用莫急于水火。坎離所以奠乾坤之終，而開人事之始也。日之升也，浴咸池而方出，自洎虞淵以來，其交于水也久矣，乃復從之而振起，離繼坎之象也。有自生之火焉，其光在外，龍雷之火，螢燐之火是也。陰火也，不必離乎身而成明，而亦不能離身以出；不必麗乎物而自存，而亦不能麗物而接續；不可以熟饔飧，不可以濟世用。此釋氏之徹悟惟妙覺明圓徧法界。又曰光明寂照徧河沙，又曰直是空心性，照世間，如日只是一體空慧，靈光獨耀，迥脱塵根，欲以之齊治均平，猶指龍雷螢燐而思烹飪也。若夫陽火，必待人而後生，未生以前其體本虛，取諸太陽，離太陽而成火；取諸木與石，離木與石而成火。雖爲火矣，不能自存，必附麗于薪而傳于無窮，此火所以爲離，離所以爲麗也。此吾聖人之大道也。當其寂然不動，空空無知，求所謂火者，無有也。苟斯時而先炫其明，則人皆見己而已，反不見人暗之甚矣。及其物來順應，取諸人爲善，是取火于太陽木石也。舍己從人，是離于太陽木石也。學而不厭，發憤忘食，是求薪也。以之施于君臣、父子、兄弟、夫婦、朋友，是麗于薪也。以之齊家，治國，平天下，是熟食也。其一星可以徧于天下，燎原焚澤可以藏于無有，故聖賢不必其徹悟而萬事無阻礙。蓋光明在內，萬事隨心也。釋氏既以徹悟，而一事莫可施行，其光明在外，無心燭照也。釋氏所求者明德，聖賢所求者明明德也。其曰千燈一火，雖竊此意而截然不容紊亂者也。八，火之爲文，亦以二奇含一偶，取☲之卦畫而縱立之，已有炎上之形，光輝發越之意。然止可謂之火，而不可謂之離，必重之而始有一火離母，一火麗薪之象，爲正南方之卦，與坎相對。陰生于午半，故其中畫變陰而爲偶，其爲經卦自錯本卦外，錯天爲同人，日麗于天之象；錯地爲明夷，日入地中之象；錯雷爲豐，雷電交作之象；錯風爲家人，火傳于薪，刑于爲政之象；錯水爲既濟，水火得用，以活生民之象；錯山爲賁，山下有火，照見幽隱之象；錯澤爲革，澤中有火，改變其本性之象。

黃宗羲《明儒學案》卷三五《泰州學案四》 給事祝無功先生世祿

石中有火，擊之乃見。乍見孺子入井，莫不怵惕惻隱之心。孟子特於石火見處點之，欲人因擊之火，悟火在石中，不擊亦有。夫擊之火，火之可見者也；不擊之火，火之不可見者也。見可見之火，不過見火之形；見不可見之火，而後見火之性。

又　卷四九《諸儒學案中三》 文定何柏齋先生塘

或曰：天地水火，恐未足以盡造化之藴，不如以陰陽統之。予竊以爲，陰陽者，虚名也；天地水火者，實體也。二而一者也。謂天地水火，未足以盡造化之藴，此特未之察耳。蓋人知水之爲水，而不知寒凉潤澤皆水也。人知火之爲火，而不知温熱光明皆火也。天宰之以神，地載之以形，水火二者交會變化於其間，萬物由是而生，由是而死，造化之能事畢矣。自此之外，豈復有餘藴乎。

李光地《注解正蒙》卷上《參兩篇》

火日外光，能直而施。金水内光，能闢而受。受者，隨材各得。施者，所應無窮。神與形，天與地之道與。

即前金水受光於火日一條之意。

木曰曲直，能既曲而反伸也。金曰從革，一從革而不能自反也。水火，氣也，故炎上潤下，與陰陽升降，土不得而制焉。木金者，土之華實也，其性有水火之雜，故木之爲物，水漬則生，火然而不離也，蓋得土之浮華於水火之交也。金之爲物，得火之精於土之燥，得水之精於土之濡，故水火相待而不相害，鑠之反流而不耗，蓋得土之精實於水火之際也。土也者，物之所以成始而成終也，地之質也，化之終也，水火之所以升降，物兼體而不遺者也。

朱子曰：五行之説，康節法密，横渠理透，《正蒙》一段極好，不輕下一字。又曰：《正蒙》有一説好，只金木之體質屬土，水與火却不屬土。愚謂：得火之精於土之燥，石草之金也；得水之精於土之濡，沙水之金也。相待而不相害，言得金則水火相需，以成烹飪而不能相害也。爍之反流不耗，言以火燒金則流而爲水也。爍而流者，非真水也，然爍極而流之理不可誣也。

水者，陰凝而陽未勝也。火者，陽麗而陰未盡也。火之炎，人之蒸，有影無形，能散而不能受光者，其氣陽也。

陽勝則水隨氣化矣，陰盡則火隨形化矣。火有影無形，能散而不能受，光非麗於陰，何由自發哉。

惠士奇《禮説》卷一三《秋官二》 司烜之烜，一作煤，一作㷄。煤爲楚語，㷄乃齊言。煤讀爲貨，㷄讀若毁。《韓詩》王室如㷄，《毛詩》作燬，左形右聲。《説文》並存。説者又謂齊人曰燬，吴人曰㷄，方俗之訛也。然則煤，㷄，燬，烜皆通矣。夏官司爟，秋官司烜。爟爲熱火，所以爇也，其形在地。烜爲明火，所以照也，其精在天。在地爲木，乃火之形。在天爲日，乃火之精。形用其熱，精用其明，故熱火取諸木，明火取諸日焉。或明或闇，火性善藏，見則有耀，伏則無光。故司烜氏修火禁，以心星之見伏爲出内之紀綱也。方諸取水，或以井水代之，説本《管子》春飲於青后之井，夏飲於赤后之井，秋飲於白后之井，冬飲於黑后之井，中央飲於黄后之井。《易》曰井道不可不革也。言久則濁穢，宜易其故。乃知古者不徒改火，且改井矣。井卦，九三，井渫。渫者，渫其惡也，故不食。壽陽有歡樂井，言三伏赫曦望見此井則爲之喜。故井水渫，惡行人惻焉。不用則惡，用汲則清。明王變而更之，則天下皆受其福矣。《管子》曰：鑽燧改火，杼井易水，所以去茲毒也。水有茲，火有毒，人或遭之年命促。惟潔且新，乃受福，是故教民樵室，鑽燧，墐竈，泄井，所以壽民。後世不然，人多夭折，未必不由此。

汪紱《雙池文集》卷二《論》 五行之生也各一其性論

氣機之動也，而理寓乎其閒。氣機之動生也，而理寓乎其閒者，生之性也。知乎此，則周子所謂五行之生各一其性者，可得而論矣。行何以有五？以二氣之流行者生之也。氣機何以流行？以一理之渾然主宰之也。是故水之生也，氣之静而始動也；火之生也，氣之動極而静也；木之生也，氣之方動而伸者也；金之生也，氣之方静而歸者也；土之生也，其二氣之變合而會合沖和者也。同此一氣之運行，而五行之生也，則各視其生機之所植分，爲二氣之對待。而五行之生也，又各得其對待之一端。此行之所以五，而五行之生之所以同源而異流也。五行同宰於一理，則氣異而理同。一氣流而爲五行，則氣殊而理亦異。故氣之方動，則有動而必伸之理，而一伸則無不伸者，其惻隱之致何如其油然也。伸而未伸，曲也。伸而必伸，直也。是則木之所得以生者，其性然也。動之極而將静，則有動而有節之理，其動而不失之過者，嘉會之美，又何如其秩然也，嚴而難犯炎矣。陽氣畢達上也，是則火之所得以生者，其性然也。物極而反，則有裁制之理矣。動而歸静，則有凝肅之理矣。裁制，咸宜從也。嚴凝，不改革也。金之所得以生者，其性然也，反而歸於至静，則正固之理也。静極又以生動，則幹事之理也。陽宅於陰，潤也；陰歸至静，下也。水之所得以生者，其性然也。若乃得會合沖和之氣而爲土者，則不必專有其氣，而即以木火金水之氣爲氣；不必專有其理，而即以木火金水之理爲理。而陰陽往復之氣，莫非實氣也。一陰一陽之理，莫非實理也。則確乎其至實，隤然其博厚者，不又成其爲土之性哉。是可見五行固各得其一端之性者也。水無不潤下，火無不炎上，木無不曲直，金無不從革，土無不誠實，而沖和五行，各正其性而不相假借，又可見五行亦各具一純全之性者也。木有五方之異宜，火有四時之迭改，金有剛柔之異用，水有霜露之殊施，土有墳壤泥塗之異質。五行又各具一五行之性而得其純全，遠而徵之於物。凡得夫水之氣者，則必得乎水之性也；得火之氣者，則必得夫火之性也；得金、木、土之氣者，則必得夫金、木、土之性也。盈天地之間者皆五行，則皆五行之性也。近而取之於身，而具夫水之體，則具夫水之性也；具夫火之體，則具夫火之性也；具夫木、金、土之體，則具夫木、金、土之性也。塞吾身之體者皆五行，則皆五行之性也。合之爲一者，分之則有五；分之爲五者，五又各有其一。周子所語五行之生各一其性者，蓋如此。

傅恒等《周易述義》卷六

山下有火，賁；君子以明庶政，無敢折獄。

麗于物而其燄炎熱者，外灼之火。未麗于物而其氣温暖者，内蘊之火。山下有火者，山下有此温暖之氣蘊藏于内，則山上之草木賁然有光華。《書》曰賁若草木，是也。故爲賁，君子法之以明庶政，典章制度燦然，若草木之敷榮，以成文明之治。至于折獄，貴乎得情，不尚文飾。曰毋敢者，敬慎之至，不以察察爲明也。明庶政者，離之明無敢折獄者，艮之止。

趙學敏《本草綱目拾遺》卷二《火部》

陽火陰火

火有陰陽，乃太極之妙藴。人盡以火爲純陽，不知有陰火，惟聖人知之。故離卦中虚，陽中有陰也。坎卦中實，陰中有陽也。火地生物亦然，陽火無質，以物爲質，然後寄其形以燃物。陰火有質，不必寄形於物，而不能盡焚諸物。蓋陽火乃火之魂，屬陽氣熱；陰火乃火之魄，屬陰氣不熱。瀕湖統十二火以分陰陽，其曰：天之陽火二：太陽火，星精飛火。地之陽火三：鑽木火，擊石火，戛金火。人之陽火一，丙丁君火。夫太陽炙背即暖。星精火有光有聲，其墜地之初如燔石，手不可近。鑽木之火，鑽與木皆熯熱有煙。擊石戛金，必兩物摩盪，熱則火出，皆有火氣。人身君火，所呵出之氣，天雖極寒，而人氣無不熱。此皆陽火，爲火之魂，氣雖熱，必寄形於物乃燃。故水晶取日中之火，承艾而煙起。火殃爲飛星之精，入土乃起，焚房屋。鑽木，擊石，戛金，非物受其火不能存也。人身丙丁火，能解犀角，散積陰之氣，已不啻寄其身而焚之也，其氣皆猛烈可知。其曰天之陰火二：龍火，雷火。地之陰火二：石油火，水中火。人身之陰火二：命門相火，三昧真火。龍火不能焚物，止能焚砂石，蓋龍本純陽，而火反陰者，以陽爲體，以陰爲用也。雷火不能焚物，能焚金鐵，蓋雷之擊物必有聲，其用屬陽，而其體屬陰也。砂石本土之餘氣，爲先天火結，以陽體焚之。金鐵爲水之母，本陰精，而即以陰體鎔之。此五行生尅之妙也。石油能於水中生火。凡水中一切物，非石油不能焚之。水中火本鹹精，故海水入夜則明，至陰之氣不能焚物也。命門相火即人身慾火，與三昧真火皆能自焚，不能焚物。此皆陰火，爲火之魄。氣不熱不必寄形於物，而有能焚不能焚之别，非若陽火之遇物無不消鎔也。瀕湖僅列其名，又不晰言其故，且其主治功用又皆晦之，故特爲詳述以補。

龍火

龍起石中，石内必有焦裂處，乃龍口火所燒也。刮其石末煎湯，治痞膈如神。以石受龍火之氣，無堅不破也。《海上格物論》。

雷火

其震木有硫黄氣者，得雷火之氣也，能治驚癇邪祟，合辟瘟丹加用最妙。

石油火

有毒，不宜熯物，以紙燃蘸油，點火照瘡，可引毒外出。

水中火

著體能漬肉腐爛，可摩風氣。

相火三昧火。

凡人皆不能運用，惟有道之士能運以療病，起死回生。相火能結舍利，成堅固子。三昧火能殺精魅。

黄金火

以金器燒紅，烙肉上，能止血。凡人神所在，誤針出血不止者，燒金器烙之。

煤火

《本經逢原》云：北方炊食，多用煤火，以地屬坎，足勝其氣，且助命門真火。[人]食煤火，長氣於陰，所以膂力强壯。南人食之，多發癰毒。受其毒者，以蘿汁解之。然煤火處，置大缸水於旁，則毒從水解。南方炊食多用薪火。人食薪火，長氣於陽，氣多輕浮不實，不似北方之稟氣剛勁也。然近日南方亦産煤，薪價日昂，市井多有用煤者。其煤在浙省則出於衢嚴湖州，較北煤堅細，以之代薪，煤氣亦減薄，甚有如薪炭無臭氣者，名曰香煤，出太湖山中。《綱目》石部收烏金石，即煤也，其主治多言。其質之用，而火部又不收煤火，故爲補之，用以香煤爲佳。

烹一切食物，能和脾胃，滋氣力，通腎氣，助陽道，婦人煖子宫。雜煤，臭煤，有毒。

史善長《火喻》葛士浚《清經世文續編》卷四　火生於木，故得木而然，始猶熒熒然，既益熾，煙焰坌起。火漸熄，木則灰矣。木，吾知其含是火者也，而不可遂謂之火也。煙，吾知其出是火者也，而不可即謂之火也。火者，木之所形。而煙者，火之所蔽。木至静也，有火以動之，故明察萬物，縱逸不可制其光。氣逆行而旁射，熢焞鬱蒸，夫然後聚爲煙而奪之燄。煙豈木之所固有哉，而或謂煙緣木以助火，故木燼煙歇，此言非知理者。火不離乎木，無木則火不見。火無煙，火自若也。煙雖亦不能離火，然實足以害火。火之用，燁然四達而止耳。外物所接，徐而引之，驟而張之，連延而侈大之，發越之，至其神竭矣，其氣虧。由是煙得迷漫，淹覆而無所攝，是助火之盛，適兆火之衰也。及乎火滅煙散，澌然俱盡，而木之體并亡矣。性，木也。情，火也。自情而之欲，煙也。情根性，欲牽情，久且迷没，溺惑不知返。煙蒙火而焚，木之象也。是故君子必先抑情以存性，若《告子》之以食色爲性，然則木即火耶。荀子之以性爲惡，然則煙亦木耶。

鄭光祖《一斑録》卷三《物理》　火即是日

火因動而生，得木而然，乃天上之日，分其餘緒以入人閒也。惟日善變化，諸物火亦略同其能，即如土可陶而成器，石可燒而成灰，金可鎔而爲用，非火孰能代之。況凡物不能隔物透過，火則炊茶煮米，隔鍋底，熱氣奔騰而上。火鏡則聚日之光，隔玻璃水晶而火然於物。火之爲物神矣，實日之爲物神也。

日是硫火，以其氣知之。雷火亦同。可知硫乃天地閒自然之火。若火然於木，氣便不同。

日是活火。六月，日曬銅鐵器極熱，握之如受炮烙。乃五穀褒足，種之而萌。若凡火薰逼，不須如是之熱，便不萌矣。

鄭復光《費隱與知録》

壺貴穿心　火尖得力

問：壺貴穿心，火氣直出，反勝留邪？曰：凡物向前，力必在尖。火，尖物也，熾必在尖。火有盛時，則尖有長時，未必適合。且壓住則火不暢，遂其力不顯。若穿心，則尖有短長，皆在包中矣，故當略勝。

火力在尖　從何著想

問：火之熱應生于體，則應近體而益熱。今謂熱熾在尖，搠而確已，亦有所受之否？曰：火熱在體而力在其尖，雖無所授，乃從三際悟得也。火猶日也，火性上炎，猶日下射。火際切日，固爲最熱。下此不猶近日乎，反爲冷際，宜日氣所不及矣。再下至地面，不遠日乎，反爲温際，豈非漸近其尖而然乎。蓋日力在尖，近尖漸温，不盡水土參和也。

火酒久滅　復燒則難

問：火酒十分，燒之不斷，必盡十分而後止。若滅之復燒，縱能然，亦不能盡十分矣，何故？北華曰：此與孰煤相似。又火酒精華全在乎氣，方其氣乘熱升，爲火所牽，不得不緩，使水氣消耗，故能燒盡十分。若及半而熄，則耗水乃少矣。與知子曰：火方燒時，若牽曳之漸來酒面，其内水性退讓于下，酒爲火提，水爲火耗，水酒並盡矣。及半滅火，如聚物一處，忽然散開，難以復聚。譬如疔瘡誤破，遂致走黄，不能收功矣。火酒不蓋，次日則味淡，蓋酒氣洩矣，況熱酒乎。氣洩則所餘者水，安得復有五分可燒邪。

燒酒及油　水中之火

問：燒酒及油，水類也，獨能着火，何也？曰：水有質而無質，其乾也無迹。油無質而有質，燒酒無質而氣獨盛，油與酒各有自具之精華焉。火之爲物氣也，恒附于物而見，故除水性相反，無不欲然者。然油究水類，必附物而後能然。燒酒雖水類，而以氣爲用，氣與火爲類，故獨能不附物而然。然終屬水類，故火在其面，不能入其中也。山西見一物，名省油燈，以琉璃爲之，形如油盞，管中之孔透底置油内，則油盈管，用撚燒之少頃，則管中油滚而然矣。蓋油爲管束，則油少易滚也。油滚則能然，想亦可用銅爲之。然不惟不省油，且必費油，但可名爲省油燈耳。甚不適用，祇可具一理也。

油滚能然　氣感其類

問：油滚亦不附物而然，何也？曰：熱則氣升，火乘氣發。火酒之然以氣，其理也，然終不比火酒純是火性，故離竈即滅耳。曰：黄酒亦含有氣，獨不能然，何也？曰：火酒性烈，與火相發。黄酒則和平矣。北華曰：黄酒水多，火酒水少，且火酒用弔，取其上升精粹。蓋火所附者，因其精華，故木有服者，松之類。則耐燒。火所就者，感其燥烈，故木無脂者杉之類。則易引。火酒純粹是精華也。火酒上升是燥烈也。黄酒和水爲之，可同年語哉？王文斗翁云：鎮江煮百花酒，驗其火候，見有氣汗水出瓶外，以火逗之，能然爲度。云然，則黄酒亦能然矣，温非升出最精氣，汗水又兼煮熱不能。

煤息重燒　潑水易然

問：火性就燥而避濕，獨有煤炭生煤未經火者。易燒，熟煤經火蕉過者。反難。夫煤既經火，應較乾燥，反潑水燒之，何也？曰：煤，土類也，必藉木炭後而然，且出火即息。雖既旺時，不藉他物，而合之則旺，離之則息，正與土相仿。蓋同乎土者，其質稍異者，其中脂膏也。熟煤經火，脂雖未盡，外層已枯。當其燒時，火吸取之，及火滅氣熱，遂將脂澤逼入中心，外存枯殼，故火無可然；得水一潤澤，與水類，以類相引，火氣吸之，故易然也。被祿者，當其火盛，小雨潑之，反如火上添油。蓋火勢既熾，枯者得水灑之，又稍耐火，故反旺也。用煤屑法，每煤五而黃土一，水調之，帶濕即可燒。黃土者，取其同類而黏也。

火陳薪勞　不宜爲用

問：《日知録》云火惡陳，薪惡勞。何惡于是？曰：荀勗食飯而知炊出勞薪，《晉書》大傳，又《路史》師曠亦有此事。苻朗食雞而知栖常半露。《世説》。古有異人之姿，故能表微，然理故可推也。火附于薪，薪勞則力少。火陳則勢衰，將不堪用矣。《日知録》云晉長明燈青而不熱，今煤燒乏時，紅如落日而無精采，正如火陳之理。蓋火氣雖衰，火毒益蘊。凡火力新，則氣猛用速。猛則熱宣，速則熱暫，故毒不結也。曰：長明燈，世世種以治病，謂之聖火。何云陳火有毒？曰：所治之病不可考，大抵虛寒宜之。藥品有毒居多，治病何嫌。《周禮》所謂以五毒攻之是也。

火亦氣類　更輕於氣

問：火氣何以輕于諸氣？曰：氣止三種，其一燥氣，其一濕氣，其一適中之氣。天之下，地之上，皆氣充滿，必適中之氣。其燥濕二氣，雜乎其中，不下即上矣。火氣乃燥之極者也，但雜乎其中，尚未成火，是故硬與硬觸，如火刀擊石，逼氣至薄，遂成爲火。故火氣至薄，爲至輕炎上矣。濕較氣重，中含水也，故難上升。其上升者，必爲日所吸，遂成爲雲，化雨仍下降焉。然則氣熱而舒，舒則薄；氣冷而斂，斂則厚。厚故重，薄故輕也。

黑貓背燈　能見火光

問：黑貓背燈，摩之有光如火，何故？曰：凡物之熱，咸具火性。光者，火之色也。凡光，日爲盛，火次之，暖氣又次之，故凡具火性者，莫不有光，但分盛微。微則難見耳。暖氣光微，故不見。遠觀被祿者，晝只見烟，夜乃見純火耳。夫色不易見者，順以一色則隱，錯以異質則顯。必黑貓背燈始見其光者，光爲黑襯故也。豈獨黑貓，凡皮服非白毛者，細片速遝速揩之，亦見有光。或夜間脱皮服時，背燈亦見有光，則以在身含暖之故。唯舊皮則否。可知皮舊暖退，故光微不見耳。

火別陰陽　因乎寒熱

問：《西齋偶得》引舊説雷震典中，銅錫鐵物各鎔爲一，衣物無損，猶曰在外及檢匣中所藏金珠銀首飾紙鋼如故，啟視則各分而鎔矣。然雷爲陰火，先燔金石耳。陰陽之火各六，在天日火、星火，在地戛石火、敲金火、鐵燧火，在人心君火，陽也。在天龍火、雷火，在地水中火、油中火，在人相火、三焦火，陰也。陽火先爇草木，後燔金石；陰火先燔金石，後爇草木。陽火得水則熄。陰火以火攻之則熄，得水則燄熏天矣。其説甚新，然否？曰：推測火理，極慮專思，已覺略備，而火有陰陽竟未之及。《西齋》可謂開我愚蒙。憶原稿曾載海賦陰火潛然一問，舉《泰西水法》海含火性，因大寒水暖，見光爲答。丁心齋先生言，居濱于海，確知海中之火不暖，用以駁難，因遂芟薙細釋。《西齋》之説尚未詳備，而分屬陰陽亦未確當。其星火必指落星，然非真星也。落星是火土氣所結，已見他條。或即指真星之光亦可，然同無以星光爲火之説。惟大火熒惑，可以火稱。戛石敲金，謂火石擊石，火刀擊刀也。雖俱見火星，而極細極淡，不如合一。謂火刀擊石。心火、相火，在人身言可分陰陽，兼身外言皆陰火矣。其龍火似當與雷火合并，小説雖有火龍之説，大荒誕不經。而在地則缺地火、火山、火井、地中火。地火者，水田稻禾忽然枯槁，名曰地火，不見其火也。地中火，則謂開古壙者見棺木焦灼，必是地中有火。酒中火、燐火、螢火、黑皮火，是不備也。記小説載有人得雷鑽者，靡堅不摧，以其形制無用，欲改作刀，甫入火則作青煙化去，所謂天火得人火而熄也。而大雨淋漓，雷電奮迅，所謂天火得水而愈熾，其説確矣。然謂陽火先爇草木，後燔金石，此共見共聞者。謂雷火先燔金石，想無不確，而繼以後爇草木，既曰衣物無損，此則于何徵之，殆是順文之誤邪。且即如其言，止雷火然耳，其餘陰火固不然也。油中火，如銀工用銲，誠可燔金，不能先乎草木也。鄙意火分陰陽，謂日陽雷陰可也，謂雷陽海陰亦可也，此皆專詞，則別渾舉則通耳。而必徵諸其實，但可以光熱者爲陽，光寒者爲陰。陽火不煩言説矣，陰火則燐也，螢也，海水也，有火之光，無火之暖，此外亦不多見。惟月與星舊無火稱，據受日爲明，其本自出于火，比之螢燐，殆遠過之，以爲陰火，豈曰不可。海然陰火木賦已有明文，而《泰西水法》云海水不冰，中具火性，似與陰火不協。然海水自暖，其光乃寒，是寒因暖見，故必動之而後出焉。則與異質斯顯之理仍合，而與丁君之説亦不齟齬矣。

至于雷火能鎔金，而不損紙，則神異獨具，與火毳，即火浣布也。雲母、用飾窗櫺，俗名玻璃紙。巨火不傷者等，不可以常理測者，又不係乎陰陽矣。

水性至冷　熱亦易退

問：水性至冷，日曬一時而熱者，水或曬一日而不熱也，故知之。曰：然而不盡然也。天下之物唯火至熱，然亦由日氣而生也。日所不至，諸冷畢來。或日曬不透，即熱易冷，如金石之類是也。水所之以鎮日，日中而不熱者，由于水爲流體，氣爲動物，水面方熱，其下冷者旋即和之，熱氣入水，旋即散開，故止能因曬而温，不能熱也。水少曬久而熱，赤道之下容或有之。

火有所自　性因以分

問：火由于日，而火所自得或以鏡，或以石，或以木。火之所附或則煤，或則炭，或則柴，或則油，或則蠟，或松脂，或火酒，性亦應異。曰：然火之所自日謂鏡所取之火。最烈，石次之，木爲淳火之所附，煤剛而實，酒猛而虚，炭熾而純，柴烈而柔。蠟油綿而密，必附物以呈能。松脂疏以達，或脱空成燄。煤之火，其末不可見，而物遇之焦。酒之火，其根雖甚鉅，而物不能灼。炭之火久，柴之火暫，油蠟之火匀。松脂之爲用，介乎酒與油蠟之間。古之聖人始爲亨飪，使助胃化，故肺腑無所傷。而又有出火納火之令，取之于木，改以四時，爲其淳也，是以民鮮疾病。自人趨簡易，鑽木之制不講，而又貪于滋味，煎炒炮炙，蓋有陰受其禍而不知者矣。曰：何以驗之？曰：求之徵驗，時有不效，以人之體質或天地氣候不同耳。觀吸煙者，取之于日，或以爲喉齒作痛。南人初至北地，或膚癢起粟，因于煤火可徵也。又禽獸不火食，種種火證竟不一見，亦其驗也。曰：然則人亦可不火食耶？曰：古人膾用生切，浙人喜食魚生，至于生蝦尤爲通行常品。可見人非不可生食，但火食已慣，驟投以生，其傷滋甚。曰：然則人欲養生，如何而可？曰：多食煨煮，少食煎炒，庶幾火毒稍殺耳。

火氣上炎　衝成旋風

問：祭祀焚化時有旋風，俗稱神喜，殆以歆饗肸蠁擬之，是否？曰：鬼神之事，茫昧難知。夫火氣上炎，空中之氣雖有寒燠之殊，而其燠也，較之于火則相去懸絶。火暖上衝，氣冷下壓，則火力彌熾。如錐之刺物，凡刺堅不入，必轉而入之。火之上衝亦應類，是故轉如螺旋而成風也。

火日同熱　各具其勝

問：火與日，其熱孰多？曰：是不同，日爲暖之本，火爲暖所積之氣，胡可比也。第各言其勝，日爲神妙于火，火爲猛烈于日。日以光生暖，火以氣化物，故日淡其光，雖尚見日景，而人可避暑。而火附于物，如才燒鍋鐵之類。即不見火形而熱可灼手。火鏡對日可取火，鐙雖有光，取之終不得火，其不同如此。嘗以日性下射，火性上炎，疑燈光體小，以鏡取景，是從旁照之，非理也。若能于大炬上取景，似可得火。今思殊未必耳。又日與火相去懸絶，想近日之區流金爍石可也，豈止熟物已哉。

火由熱化　熱自日生

問：火由熱化固已，熱自何來？曰：熱之根生于日，熱之本具于胎，故萬物資日温暖者，無不生有皮殼封固，況人秉五行之秀，天之篤生，賦禀自具火氣，加以皮肉包裹完密，滋養以脂膏，膏油能養元火，本人身説概。橐籥以呼吸，且飲食鬱中皆能生熱。如物得濕而掩蓋則感濕熱。又以運動節宣，不使濕熱爲害也。觀人遇冷，進以飲食，不論冷熱之品，俱覺温暖，亦一證也。

孫頤臣《復性二則》葛士浚《清經世文續編》卷四　光明者火，火無光也，無明也。非火之無光也，無明也，無以光明乎。火者也，積薪而焚之，傾膏而然之。人皆曰火之光也，火之明也。假而曰：是薪之光也，是膏之明也。執薪而求光，薪烏乎光也。執膏而求明，膏烏乎明也。然而一車之薪光十丈，薪聚則光聚，薪燼則光燼矣。一石之膏明百步，膏盛則明盛，膏竭則明竭矣。夫性，火也。學，薪與膏也。性無不善，火無不炎也。非薪，非膏，火熸矣。非學，性漓矣。鑒於水者，胡更鑒於火。

劉嶽雲《格物中法》卷三《火部》　火理

水爲陰，火爲陽。陽化氣，陰成形。《素問》。

火，水妃也。《左氏傳》。

嶽雲謹案：陽化氣一語，可以破西人火精爲原質之説。蓋離氣無以見火，而火不得謂之氣，更不得謂之形，以其有化合之理在中也。水熱可以爲氣，而水不得謂之氣，更不得謂之空氣，真空之氣無所和合，儒家謂之元氣。以其爲化合之氣所成也。故水經電化分則爲氣，趨兩端，而水不見，其氣能焚，能助焚，與火同類。此火爲水妃之理也。

又案劉書有云：火之性也，大寒慘悽凝冰裂地，而炎氣不爲之衰；大熱烜赫燋金爍石，而炎氣不爲之熾者，何也？有自然之質而寒者不能移也。以上

《劉子》。此于傳熱積熱之理全未分曉，而自然之質一語正與西人火精之説合，乃知言之不合于理者亦復中西皆有。

火無體，待薪然後爲體。薪無用，待火然後爲用。邵雍《漁樵問答》。

嶽雲謹案：邵子此説亦是，然下文又言火亦有體，近于矛盾矣。

五行火無體，在物則藏，燃物則用，用盡則息。《空同子》。

已上火無質。【略】

火内弱外剛，外威内暗。《易乾鑿度》。

嶽雲謹案：火有兩層，火之外層能焚，内層不能焚。故大火焚民居，火中或反有不焚者。吹火筒所用乃外層之火，冶工皆知其理，不謂《易緯》早已言之。

已上火有内外。

【略】

火曰炎上。《書·洪範傳》。

嶽雲謹案：火之性不一端，此舉其要也。

夏至陰動於下，推陽而上之，故火熱于上。《五經通義》。

已上火親上。

燥萬物者莫熯乎火。《易》。

九沸九變，火爲之紀，時疾時徐。《吕覽·本味篇》。

火之爲言化也，陽氣用事，萬物變化。《白虎通》。

火化物也，亦言毁也，物入即皆毁壞也。《釋名》。

嶽雲謹案：此皆言火之用也，故有炮燔烹炙之事。

已上火就燥。

火生於木，得風而盛。《易·家人卦》馬融注。

嶽雲謹案：凡砌鑪竈，必有進風之處，火之盛衰，視風之多寡。

或吹火而燃，或吹火而滅，所以吹者異也。《淮南子》。

嶽雲謹案：西人言火得養氣則熾，得炭養氣則滅，蓋古人早知其理。

夫火以吹爇生焰。《劉子》。

嶽雲謹案：吹爇者進風也，火得風則益熾，故生焰。火得風則熾者，以增氣也。

已上火得風而盛。

綜述

徐堅《初學記》卷二五《器用部》 火第十六叙事。

譙周《古史考》曰：古者茹毛飲血，燧人初作燧火，人始燔炙。《元命苞》曰：火之爲言委隨也，故其立字，人散子者爲火。《説文》曰：熯，蒸火也。煨，盆中火也。熛，火飛也。熲，爚火光也。《左傳》曰：人火曰火，天火曰災。《春秋繁露》曰：若人君惑於讒邪，内離骨肉，外疎忠臣，咎及於火，則大旱必有火災。《春秋潛潭巴》曰：火從井出，有賢士從人起。《周易》曰：火在天上，大有君子，以遏惡揚善，順天休命。又《春秋繁露》曰：若火不炎上，秋多雹，由王者視不明也。《國語》曰：火焚其彝器，子孫爲疑，由王者蔑棄五則。則，常也。《風俗通》曰：夫火者，南方陽光輝爲明，聖人嚮之而治，取其象也。

李鼎祚《周易集解》卷一

火就燥。

荀爽曰：陰動之乾而成離，乾者純陽，故曰燥也。虞翻曰：離上而坎下，水火不相射。崔憬曰：决水先流濕，闕。火先就燥。

又 卷六

象曰：離，麗也。

荀爽曰：陰麗於陽，相附麗也，亦爲别離，以陰隔陽也。離者火也，託於木，是其附麗也。煙燄飛升，炭灰降滯，是其别離也。

又 卷八

象曰：風自火出，家人。

馬融曰：木生火，火以木爲家，故曰家人。火生於木，得風而盛，猶夫婦之道，相須而成。

君子以言有物，而行有恒。

荀爽曰：風火相與，必附於物，物大火大，物小火小。君子之言必因其位，位大言大，位小言小，不在其位，不謀其政，故言有物也。大暑爍金，火不增其烈；大寒凝冰，火不損其熱，故曰行有恒矣。

陳祥道《禮書》卷二《火》 火，《左傳》曰：火龍黼黻，昭其文也。《喪大記》

曰：火三列。《明堂位》曰：殷火周龍章，則火之所施多矣。《考工記》曰：火以圜。鄭司農曰：圜形似火。鄭康成曰：形如半環是也。《大傳》曰：火赤。孔安國謂火爲火字，其說與《考工記》不合。

又　卷八〇《火田》

【略】

《周禮》：司爟季春出火，季秋納火。司烜氏中春以木鐸修火禁于國中。司馬中春蒐田，火弊，獻禽。《王制》曰：昆蟲未蟄，不以火田。《郊特牲》曰：季春出火爲焚也。《月令》：仲春之月，毋焚山林。《爾雅》曰：火田爲狩。《春秋傳》曰：古之火正，或食於心，或食於咮，以出納火，是故咮爲鶉火，心爲大火。鄭鑄刑鼎，士文伯曰：火未出而作火，鄭其有災乎。仲尼曰：火伏而後蟄者畢，蓋建辰之月，鶉火見於南方，則令民出火，所謂季春出火是也。建戌之月，火伏於日下，故令民納火，所謂季秋納火是也。司爟仲春修火禁，以火未出而不可以作火故也。《王制》：昆蟲未蟄，不以火田。以火伏而後蟄者畢故也。然孟春啓蟄，而《周禮》中春之田有火弊者，焚圃草以田可也，焚山林以田不可也。《月令》仲春禁焚，禮也。《郊特牲》季春出火爲焚，非禮也。春秋之時，楚子田，使齊侯載燧，此火田之所用者歟。

釋曇瑩《珞琭子賦註》卷下

【略】

王廷光曰：火主禮，禮中則止，不可太過；禮煩則亂。火之氣炎，木之氣温，炎與温未嘗相雜，云火木之生則輕清可見矣。土之形厚而豐，水之形圓而下，言水土之同源，則重濁亦可知矣。格局歲運，得五行火木之炎陽，其爲謀用行藏則易於發，故曰聞朝歡而旋泣者也。或犯水土之多必傷於重濁，更不逢生氣，則動作云爲多遲滯也。火水之命，五行則尅彼爲財，彼尅爲鬼，禍福之來，皆云不快，故云尅禍福之賒遥，多因水土也。此蓋論火木性快，易發易休；水土性遲，難成難敗。李仝曰：火性炎上，若火人遇火，朝歡旋泣，言速也。土重濁不動，水潤下，盈科乃進。凡生尅禍福皆遲，故云賒遥也。曇瑩曰：火之爲性，暴而多傷，故鑽木而煙飛，擊石而光發，朝歡旋泣，今是昨非，由火傳薪，莫知其極也。水土爲物，其性柔和，致於禍福之端，得其遲緩之意，蓋智與信也。

楊簡《慈湖詩傳》卷一〇　《毛傳》曰：果臝，栝樓也。伊威，委黍也。蠨蛸，長踦也。町畽，鹿迹也。熠燿，燐也。燐，螢火也；施于宇，蔓延于屋上也。《淮南子》云：久血爲燐。許慎云：謂兵死之血爲鬼火。孔疏引此云：燐者，鬼火之名，非螢火也。下文曰不可畏也，則謂熠燿爲鬼火之稱。陳思王《螢火論》謂熠燿，宵行爲螢火，非鬼火，亦未安田野多燐，不足多怪。

真德秀《西山讀書記》卷三八《五行》

火内暗而外明，故離陽在外。火之用，用外也。水外暗而内明，故坎陽在内。水之用，用内也。

張氏曰：火用外，目之象也。水用内，耳之象也。火以内爲體，外爲用。水以外爲體，内爲用。陽者，用也。朱子亦曰：陰以陽爲質，陽以陰爲質。水内明而外暗，火内暗而外明。横渠曰陰陽之精，互藏其宅，正此意也。

按：日火外景，金水内景，本《淮南子》之說。蓋清明者内景，濁明者外景。清明金水也，濁明火日也。道家謂日火揚光於外，故日有蝕，火有滅。金水潛光於内，故無窮。以此爲養生之法，收視反觀，潛神不曜。此理固妙，只於治道初不相關。若吾儒之道，則當明而明，離晉是也；當晦而晦，明夷是也。

祝穆《古今事文類聚》續集卷一八《燈火部》　火

《羣書要語》：熯，蒸火也。煨，盆中火也。熛，火飛也。爚，火光也。《說文》。火化物也，亦燬也，物入即皆毀而壞也。《釋名》。五行二曰火，火曰炎上，炎上作苦。《洪範》。司烜氏以陽燧取火於日。《周禮》。司爟掌火之政令，季春出火，季秋納火。《周禮》。燥萬物者莫熯乎火。《易》。火者陽之精。《春秋考異》。火之精，宋無忌。《白澤圖》。昏暮叩人之門户，求水火，無弗與者。《孟子》。

詩句：鄰火夜深明。杜。明燃林中薪。杜。花光漸寒日，米燧催國火。山谷。

佚名《周禮集説》卷六

掌行火之政令，四時變國火，以救時疾。季春出火，民咸從之。季秋内火，民亦如之。時則施火令。凡祭祀，則祭爟。凡國失火，野焚萊，則有刑罰焉。

鄭氏曰：行，猶用也。變，猶易也。王氏曰：火之爲物，灼之則以燭以燎，爨之則以烹以飪。燭燎以爲明，則納其氣於外；烹飪以爲養，則納其氣於内。逆而用之，則强弱相勝而氣無以爲均。順而變之，則休廢相治而疾以之救。民於四時皆有癘疾。火生於木，其氣性從之，故四時各取其所宜之木，以變國火焉，而民疾於是乎可救矣。春取榆柳，夏取棗杏，秋取柞楢，冬取槐檀，季夏取桑柘，時運而往，火變而新。陽太盛則養陰之弱以抑其强，陰太盛則用陽之盛以救其弱，使民常得陰陽之正氣，而不滯於一偏，此聖人善救民之道也。火之象在天，其伏見有節。火之用在人，其出内有節，則《春秋傳》所謂出内火是也。蓋火之次於星爲心，其出也，以夏之三月而位見於辰；其入也，以夏之九月而位伏於戌。則其於出内火也，觀其星之伏，見以爲節。蓋五行於四時各有盛衰，則火之運於四時也，亦有休廢。自辰至巳，於方爲火所王；自戌至亥，於方爲火所伏。因其王而出之，所以宣其力。於其伏而内之，所以息其氣。先王於火之政令，豈特有以救民疾哉，而其原五行之性，又有至於如此，自非深知。夫陰陽之情，孰能與於此。鄭氏曰：時則施火令，若焚萊之時。劉氏曰：祭爟報始，鑽燧出火者，不敢忘其德。王氏曰：祭祀用爟，故祭焉，所以報其爲明之功。

疏曰：司烜仲春以木鐸修火禁于國中，而此國中民失火，則有罰也。野焚萊，民擅放火也。司馬仲春蒐田，主用火，因除舊生新。若二月後擅放火，則有罰也。王氏曰：大則有刑，小則有罰，凡以應其罪之輕重而已。

鮑雲龍撰 鮑寧辨正《天原發微》卷二下 太陽

《説卦》曰：離爲日，爲火。唐孔氏曰：日取南方而行。積陽之熱氣生火，火氣之精者爲日。火無形，麗物而有形，生於地二，王於南方，其神在天爲日，在地爲火。胡氏曰：日離體陰用陽，體陰故行舒，用陽故昱乎書。《堯典》曰：日中日永，宵中日短。舉四仲之日言之。《月令》：其日甲乙，其日丙丁，其日戊己，其日庚辛，其日壬癸。舉四季之日言之。愚曰：日在於子，夜半方升，升則向生，海宇俱清。日在于午，午後爲降，降則向死，萬物皆鬼。鬼神之機，升降而已。《元命包》云：日形圓，望之廣尺，以應千里，故王畿象之。

周密《齊東野語》卷一 温泉寒火

邵康節曰：世有温泉，而無寒火。昭德晁氏解云：陰能順陽，而陽不能順陰也。水爲火爨則沸而熟物，火爲水沃則滅矣。晉紀瞻舉秀才，陸機策之曰：陰陽不調，則大數不得不否；一氣偏廢，則萬物不能獨成。今有温泉而無寒火，其故何也？白虎殿諸儒講論，班固纂爲《白虎通・五行篇》亦曰有温水，無寒火。然今湯泉往往有之，如驪山尉氏，駱谷汝水，黄山佛迹，匡廬閩中等處，皆表表在人耳目。坡詩云：自憐耳目隘，未測陰陽故。鬱攸火山烈，觱沸湯泉注。安能長魚鼈，僅可燖狐兔。朱氏晦菴詩云：誰然丹黄燄，爨此玉池水。蓋或爲温泉之下必有硫黄礬石故耳。獨未見所謂寒火。按《西京雜記》載董仲舒曰：水極陰而有温泉，火至陽而有涼燄。又《抱朴子》曰：水主純冷而有温谷之湯泉，火體宜熾而有蕭丘之寒燄。又《劉子・從化篇》曰：水性宜冷，而有華陽温泉。猶曰泉冷者多也。火性宜熱，而有蕭丘寒燄。猶曰火熱者多也。然則寒火亦有之矣，特以耳目所未及，故以爲無耳。

衛湜《禮記集説》卷五四 禮運第九

後聖有作，然後脩火之利。范金合土，以爲臺榭、宫室、牖户。以炮以燔，以亨以炙，以爲醴酪。治其麻絲，以爲布帛。以養生送死，以事鬼神上帝，皆從其朔。

鄭氏曰：作，起也。脩火之利，謂孰冶萬物。范金，謂鑄作器用。合土，謂瓦瓴甓及大甒。臺榭，器之所藏也。炮，謂裹燒之也。燔，謂加於火上。亨，謂煮於鑊也。炙，謂貫之火上。醴酪，謂蒸釀之也。酪酢截朔，亦初也，亦謂今行之然。

孔氏曰：此一節論中古神農及五帝三王之事。《世本》云：燧人出火在伏羲之前，但用之簡少，至神農更脩益使多，故云脩。孰謂亨煮。冶謂陶鑄。爲形范，以鑄金器。和合其土，燒作器物。以爲臺榭、宫室、牖户，及炮燔醴酪等，皆五帝也。此皆做法上古以來，故云皆從其朔。

長樂劉氏曰：火無形也，而潛於木中，不可得以知之。燧人氏鑽木以出火，然後木也火也，爲民之利矣。金得火則鎔，又從而范之，以爲器用，則金也始爲吾民之利矣。土也，和之以水，鈞之以木，化之以火，合五材以爲器，則利於吾民，與稼穡均矣。五行之利養於民，而禮因五物以興焉。生則養之，死則祭之，報本反始之心生而禮由之，弗敢忘乎其本初也。

馮復京《六家詩名物疏》卷二〇《國風鄭一・大叔于田篇》 火

《釋名》云：火，化也，消化物也。《元命包》云：火之言委隨也，故其立字，人散子爲火。《考異郵》云：火者，陽之精也。《易》曰：離爲火。又曰：熯萬物者，莫熯乎火。又曰：火就燥。《尚書》云：五行二曰火，火曰炎上，炎上作苦。《左傳》云：古之火正，或食于心，或食于咮，以出内火，是故咮爲鶉火，心爲大火。《周禮》司爟掌行火之政令，四時變國火，以救時疾。季春出火，民咸從之。季秋内火，民亦如之。時則施火令。司烜氏掌以夫燧，取明火于日。《尸子》

云：燧人上觀星辰，下察五木，以爲火。《河圖挺佐輔》云：伏羲禪于伯牛，鑽木作火。《鄹子》曰：春取榆柳之火，夏取棗杏之火，季夏取桑柘之火，秋取柞楢之火，冬取槐檀之火。

按：火烈，具舉箋以爲列人持火。疏云：此爲宵田，持火炤之。蓋以《王制》云昆蟲未蟄，不以火田故。《爾雅》曰：冬獵爲狩，火田爲狩。此于田未必是冬，則是宵田用火以炤也。然大司馬仲春教振旅，遂以蒐田，火弊，獻禽以祭社。鄭氏云：春田，主用火，因焚萊，除陳草，皆殺而火止，則春田亦用火。曹氏《詩説》云：刈草爲防，驅禽納諸防中，然後焚而射，四時之田皆然也。

王志長《周禮註疏删翼》卷二三　祭之日亦如之，奉其明水火。註：明水火，所取於日月者。疏：明，潔也。水以配鬱鬯與五齊，火以給爨亨也。劉氏曰：明水火者，陰陽之精氣也。所以致聖人精明之氣於鬼神示也，而刑官奉之，以其自潔而能潔於神也。王氏曰：明水火之爲物，潔而清明之至也，刑官之所以格上帝，於是爲至矣。《書》曰：明清於單辭。此亦刑官清明之事。明齋王氏曰：按火屬夏，故行火之政令夏官司爟掌之。水屬冬，故治水之政令冬官掌之。而秋官又設司烜一職，掌共明水火。大司寇主奉之，何也？蓋五行之德，土冲氣濁而不明；木氣温昏而不清；火外影，其光發越而散；水内影，其光藏匿而暗；唯夫金之爲德，於行爲秋，其氣肅殺而清明，故日至此而燥烈，月至此而皎潔，萬物之在宇内者，夷者夷，革者革，靡不濯然明潔，此秋之爲用也。故水火各司其局者，六官之常也。天下之務，以司寇臨之而後嚴肅清明，秋官之專職也。故大祭祀之用明水火，先王所以自致其潔齊精明之至者，必奉於大司寇，而特設司烜一職以掌之。此《周禮》一書所以與造化周流而無礙也。

張廷玉《駢字類編》卷二一《天地門二十一》　火

火性　《公羊傳》注：温雅而廣大者，土之性也；方正而好義者，金之性也；惻隱而好仁者，木之性也；整齊而好禮者，火之性也。樂養而好施者，水之性也。《新論》：火之性也，大寒慘悽凝冰裂地而炎氣不爲之衰，大熱煊赫燋金爍石而炎氣不爲之熾者，何也？有自然之質而寒暑不能移也。又水性宜冷而有華陽温泉，猶曰水冷冷者多也。火性宜熱而有蕭丘寒燄，猶曰火熱熱者多也。

王植《正蒙初義》卷二　參兩篇第二

火日外光，能直而施。金水内光，能闢而受。受者，隨材各得。施者，所應無窮。神與形，天與地之道歟。

徵引《易》上傳之六章，夫乾，其静也專，其動也直。夫坤，其静也翕，其動也闢。《晉書·紀瞻傳》：陽動而外，以含容爲質，陰静而内，以外接爲用。是以金水之明，内鑒火日之光，外輝剛施柔受，陽勝陰伏。

朱子曰：陰以陽爲質，陽以陰爲質。水内明而外暗，火内暗而外明。西山真氏曰：日火外景，金水内景，本《淮南子》之説。道家謂日火揚光於外，故日有食，火有滅。金水潛光於内，故無窮。以此爲養生之法，收視反觀，潛神不曜。

集解：直者，照臨無礙之謂也。受者，隨材各得，妍媸美惡，未嘗有隱，而必由於所感，不能自施，形與地之道也。形則礙地不倡也。施者，所應無窮，隨在光皆至焉，神與天之道也。神無物不體天所以倡也。

集釋：水之明，鏡之光，隨材各得也。

愚按：集釋諸家皆以金水火日相施受言，即前金水受光於火日之意。集解則以金水火日之施受於物言，即此見天地形神之道。以諸家，則施即施光於金水，受即受光於火日，材即金水之材也。以集解，則施乃普照萬物，受乃受他物之形，材亦他物妍媸之材也。二説皆通，玩金水亦言光不言質，則集解似勝。友人趙子彤元云：諸家謂施光於金水，然既曰無窮，則施及者不惟金水矣。

木曰曲直，能既曲而反申也。金曰從革，一從革而不能自反也。水火，氣也，故炎上潤下，與陰陽升降，土不得而制焉。木金者，土之華實也，其性有水火之雜。故木之爲物，水漬則生，火然而不離也，蓋得土之浮華於水火之交也。金之爲物，得火之精於土之燥，得水之精於水之濡，故水火相待而不相害，爍之反流而不耗，蓋得土之精實於水火之際也。土者，物之所以成始而成終也，地之質也，化之終也，水火之所以升降，物兼體而不遺者也。

徵引《書·洪範》：五行，水曰潤下，火曰炎上，木曰曲直，金曰從革，土爰稼穡。《蔡傳》：潤下者，潤而又下也。炎上者，炎而又上也。曲直者，曲而又直也。從革者，從而又革也。《易》説卦之五章：艮，東北之卦也，萬物之所成終而所成始也。

《張子語録》：中宫土寄王之説，於理非也。大率五行之氣分王四時，土固多於四者，然其運行之氣則均施，錯見金、木、水、火分主四時，獨不見土之所主，是以有寄王之説。然於土夾在季夏之末者，且以易言之，八卦之作，坤在西南，西南致養之地，在離兑之間。離兑即金火也，是以在季夏之末。

朱子曰：五行之説，《正蒙》一段説得最好，不輕下一字。問：陰陽五行如何？曰：康節説得法密，横渠説得理透。問：金、木、水、火體質屬土？曰：《正蒙》有一説好，只金與木之體質屬土，水與火却不屬土。

補注：水濡之水當作土。

補訓：更即五行而推論之。木曰曲直，木既能曲反伸而直也。金曰從革，金一從改革而不能自反其本質也。此木金之純乎質者然也。水火雖有質而以氣爲用，故火炎上，水潤下，下與陰同降，上與陽同升，上不得而制其氣焉。此水火之主乎氣者然也。然而木金與水火有相資也。木金者，土之華實，木爲華而金爲實，其性有水火相雜於其間。故木之爲物，雖生於土，然以水浸之則生，以火然之而火附木不相離，蓋得土之浮華於水火之相交而成者也。金之爲物亦生於土，然因土性之燥而得火之精，因土性之濡而得水之精，故水火相待有成而不相害，以火爍之反流爲水而不耗折，蓋得土之精實於水火之相合而成也。此木金之質生於土而必資水火之氣有然也。若土者，物之所以成始而成終也，乃地之質也，五行生成變化之終也。水火之氣所以升降，不外於土，萬物皆兼體而無一之或遺者也。此詳言五行，先提木金以質言，次及水火以氣言，次言木金爲土之華實而帶言水火，次言土而以水火升降應前物兼體亦包金木在内。《書》蔡傳：曲而又直，從而又革，皆分兩義，與此不同。木不能無曲而究竟長大，故爲曲而反伸。金融而從革，不能自反其本質。火氣炎上，陽之升也。水氣潤下，陰之降也。《蔡傳》潤而又下，炎而又上，此則謂潤於下，炎於上也。木金生於土中，故爲土之華實，其性有水火之雜，謂木金兼有水火之性。此並言木金，下分木金言之。萬物生於土，歸於土，故爲物之成始成終。土之浮華，土之精實，即應上金木者。土之華實，浮華謂木精，實謂金。

愚按：此節大意釋《書・洪範》之文，以明五行之理也。木金者以下，舊解多雜。竊意木金者，土之華實，其性有水火之雜二語，爲下二段之綱。蓋水火之氣與陰陽升降交際於地之中，無處而不在者也。木生地上則爲土之華，而得水火之氣於土中，此木性有水火之雜也。故水漬則生，火然而不離。水生木，木生火之理本如是也。金生地中則爲土之實，而得水火之氣於土中，此金性有水火之雜也。故水火與金相資而不相害，以火爍之反流爲水而不耗。火克金，金生水之理本如是也。得水火之精於土之燥濡，與得土之實於水火之際，同是一意。流而不耗，正相資而不相害處，亦非兩層。蓋土有燥有濡，濡者即水之性，燥者即火之性，而金皆具之也。火克金，若難言相待，然相克乃以成之。金以成器爲貴，木以應用爲才，正見其相待也。木得浮華於水火之交，金得水火之精於土之燥濡，皆以木金本然所具之性言。至水漬火然，流而不耗，又是木金成質後與水火相資爲用處。惟其性如是，故其用如是。補訓以火爍金爲得火之精，金爍爲水爲得水之精，混作一層，未確。李注以得金則水火相需而成烹飪，爲不相害，亦落後一層。土爲化之終者，蓋陰陽五行皆天地化生人物之具。至天五生土，則天地之化已全，而人物由是以生也。《語録》一段，前蓋駁土寄王四時各十八日之説，而謂其均施錯見，無時不有；後引《易》卦，又明土所以屬季夏之故也。其理可參，故附録之。

冰者，陰凝而陽未勝也。火者，陽麗而陰未盡也。火之炎，人之蒸，有影無形，能散而不受光者，其氣陽也。

補注：冰字恐當作水。

高注：或謂人爲水之誤。

集解：水生於天一，其體質本陽也，至冬則凝而成冰，陰之凝聚而中之微陽不勝陰也。火則陽麗於陰之外，故有光。而中之陰猶伏藏而未盡也，故中暗。火氣曰蒸薰也，散猶施也，指其光之燭物，氣之蒸人而言。言火之烈然炎熱，人之觸之而薰蒸者，有影而已，非有形也；能散而已，不能受也。

補訓：高注謂陰未盡，故火猶然；盡則滅，殊難解。豈以陰爲火所然之物乎。張子是論水火，非欲陽勝陰盡。

愚按：此節可疑者頗多，補注疑冰當作水，高注疑人爲水之誤，諸家以不能受爲句，李注以不能受光者爲句。以今考之，前後多言水火陰凝陽麗，又與外光内光，陷陰附陰前後言水火之言相符。冰之當爲水，似可據也。上言水火而下專言火，於文理固爲偏承。人之蒸解爲火之蒸人，於文義亦爲强解；人之當爲水，亦似可從也。能散而不能受爲句，光者其氣陽也爲句，句法頗未穩。以前節受光於火日句例之，受光字連讀，又非無謂也。嘗以此三説之解解之。水之爲體，陰之所凝結也。陰以陽爲質，其外暗而内明，殆陽之伏於中而未勝也。火之爲物，陽之麗於陰也。陽以陰爲質，其外明而内暗，殆陰之伏於中而未盡也。此陰陽互藏之理然也。金水能受日月之光以照物。若火之有炎，水之有蒸，則但有影而無形，能散而爲氣，而不能受日月之光以鑑物者，其氣已屬於陽故也。如此則陽未勝，陰未盡，亦指其内明與内暗而言，非欲其勝與盡也。水之内明即陽，火之内暗即陰，亦非以所然之物爲陰也。然水有涸時即是陽勝，火有滅時即是陰盡。方言水火，故言未勝未盡耳。

紀事

常璩《華陽國志》卷三《蜀志》 臨邛縣郡西南二百里，本有邛民，秦始皇從上郡實之，有布濮水，從布濮來合火井，江有火井，夜時光映上昭。民欲其火光，以家火投之，頃許如雷聲，火焰出通，耀數十里。以竹筒盛其光藏之，可拽行終日不滅也。井有二水，取井火煮之，一斛水得五斗鹽；家火煮之，得無幾也。有古石山，有石鑛大如蒜子，火燒合之成流支鐵，甚剛，因置鐵官。

孔平仲《談苑》卷一 韶州岑水場，往歲銅發，掘地二十餘丈即見銅。今銅益少，掘地益深至七八十丈。役夫云地中變怪至多，有冷煙氣，中人即死。役夫掘地而入，必以長竹筒端置火先試之。如火焰青，即是冷煙氣也，急避之勿前，乃免有地火自地中出，一出數百丈，能燎人。役夫亟以面合地，令火自背而過，乃免有臭氣，至腥惡，人間所無者也。忽有異香芬馥，亦人間所無者也。地中所出沙土，運置之穴外，爲風所吹，即火起啖啖然。

沈括《夢溪筆談》卷二〇《神奇》 内侍李舜舉家曾爲暴雷所震。其堂之西室，雷火自窻間出，赫然出簷。人以爲堂屋已焚，皆出避之。及雷止，其舍宛然，墻壁窻紙皆黔。有一木格，其中雜貯諸器，其漆器銀釦者，銀悉鎔流在地，漆器曾不焦灼。有一寶刀，極堅鋼，就刀室中鎔爲汁，而室亦儼然。人必謂火當先焚草木，然後流金石。今乃金石皆鑠，而草木無一燬者，非人情所測也。佛書言龍火得水而熾，人火得水而滅，此理信然。人但知人境中事耳，人境之外，事有何限，欲以區區世智情識窮測至理，不其難哉。

李廌《德隅齋畫品》 大佛像

蜀張南本所作也。世之畫史但能寫物之定形，故水火之狀難盡其變。始張南本與孫位並學畫水，皆得其法。南本以爲同能不如獨勝，遂專意畫火，獨得其妙。今此辟支佛，結跏趺坐，火周其身。筆氣焱鋭，得火之性。觀者以煙飛電掣，烈烈有焚林燎原之勢，佛以定慧力坐其間，安然不動，則豈毫末小利害足以動其心乎。予爲之偈曰：大士坐禪，心若水月。火周其身，熾焰炎烈。静觀無始，火本不熱。與火相忘，何生何滅。吾觀若人，孰懼燒劫。

魏了翁《鶴山集》卷一〇八《師友雅言上》 近過廬山靈湯院，見温泉沸如火煎，四面盡冷，此理難言。《漁樵問對》説水有形，火無形；水以體行，火以用行；水隨而不能迎，火迎而不能隨，故天地有温泉而無寒火。此理極深，可以意喻而不可言傳。

雜録

歐陽詢《藝文類聚》卷八〇《火部》 火

《抱朴子》曰：南海之中，蕭丘之上，有自生之火，常以春起而秋滅。丘方千里，當火起時，此丘上純生一種木，火起正着此木。木雖爲火所着，但小燋黑。人或以爲薪者，如常薪，但不成炭，炊熟則灌滅之。後復更用，如此無窮。又夷人取木華績以爲火浣布，木皮亦剥，以灰煑爲布，但不及華細好耳。又曰：有白鼠，大者重數斤，毛長三寸，居空木中，其毛亦可績爲布。故火浣布有三種焉。又曰：吴世姚光有火術，吴主積荻千束，火焚荻了盡，光恬坐灰中，振衣而起。

韋絢《劉賓客嘉話録》 江寧縣，寺有晉長明燈，歲久火色變青而不熱。隋文帝平陳，已訝其古，至今猶在。

程大昌《演繁露》卷八 螢囊

沈存中《清夜録》：丁朱崖敗，有司籍其家，有絳紗籠數十，大率如燭籠而無跋無炧，不知何用。其家曰：聚螢囊也。詳其此製，有火之用，無火之熱，亦已巧矣。然隋煬帝已嘗爲之。曰大爲之囊，照耀山谷也。丁氏之囊，蓋其具體而微者耳。

孟元老《東京夢華録》卷三 防火

每坊巷三百步許，有軍巡鋪屋一所，鋪兵五人，夜間巡警及領公事。又於高處磚砌望火樓，樓上有人卓望，下有官屋數間，屯駐軍兵百餘人，及有救火家事，謂如大小桶、洒子、麻搭、斧鋸、梯子、火杈、大索、鐵猫兒之類。每遇有遺火去處，則有馬軍奔報，軍厢主馬步軍殿前三衛，開封府各領軍汲水撲滅，不勞百姓。

陸容《菽園雜記》卷一五 鄉人嘗言，野中夜見鬼火、神火。鬼火色青熒不動。神火色紅，多飛越，聚散不常。蓋火爲陽精，物多有之。世知木石有火而已，如龍雷皆有火。夏天久旱則空中有流火，今謂之火殃是已。海中夜亦見火。肥貓暗中抹之，則火星迸出。壯夫梳髮亦然。積油見日亦生火。古戰場有燐火。魚鱗積地及積鹽，夜有火光，但不發焰。此蓋腐草生螢之類也。

取火方法分部

論説

鄭玄注　陸德明音義　賈公彦疏《周禮註疏》卷二四《春官宗伯》　菙氏，掌共燋契，以待卜事。注：杜子春云：「燋，讀爲細目燋之燋，或曰如薪樵之樵，謂所爇灼龜之木也，故謂之樵。契謂契龜之鑿也。」《詩》云：「爰始爰謀，爰契我龜。」玄謂《士喪禮》曰：「楚焞置于燋，在龜東。」楚焞，即契所用灼龜也。燋謂炬，其存火。音義：菙，本又作華，時髓反。燋，哉約反，李又祖堯反，一音哉益反。契，苦計反，劉苦絜反。樵，在消反。焞，吐敦反，又徒敦反，又在悶反，又祖悶反，一音純，李一音祖館反。炬，其吕反。疏：注釋曰：子春讀燋、樵二者，皆作俗讀爲柴樵之樵，後鄭不從，依音爲省，意取《莊子》爝火之義，熒熒然也。玄謂《士喪禮》曰，楚焞置于燋，在龜東者，謂陳龜於西塾上，龜南首，燋在龜東，置楚焞于上。言楚焞者，謂荆爲楚，用之焞龜開兆，故云楚焞也。凡卜，以明火爇燋，遂龡其焌契，以授卜師，遂役之。注：杜子春云：「明火，以陽燧取火於日。焌，讀爲英俊之俊。書亦或爲俊。」玄謂焌讀如戈鐏之鐏，謂以契柱燋火而吹之也。契既然，以授卜師，用作龜也。役之，使助之。音義：焌，音俊，又存悶反，又祖悶反，李祖館反。鐏，存悶反，劉祖悶反。杜，張主反。疏：釋曰：云遂吹其焌契，以授卜師者，謂若火卜視高已上，則卜師作龜，故以焌契授卜師。若差次使卜人作龜，則授卜人。言遂從之者，因事曰遂。以因授契説，即受卜師所投使也。注釋曰：子春云明火，以陽燧取火於日者，此秋官司烜氏職文。謂狩此明火，以燒蕪爒使然也。云焌讀爲英俊之俊者，意取荆樵之中英俊者爲楚焞，用之灼龜也。後鄭讀焌爲戈鐏之鐏者，讀從《曲禮》云「進戈者前其鐏」，意取鐵頭以灼龜也。云謂以契柱燋火而吹之也者，解經遂吹其焌契，謂將此焌契以柱於燋火，吹之使熾也。

又　卷二八《夏官司馬》　司爟，下士二人，徒六人。注：故書爟爲燋。杜子春云：「燋當爲爟，書亦或爲爟，爟爲私火。」玄謂爟讀如予若觀火之觀。今燕俗名湯熱爲觀，則爟火謂熱火與。音義：爟，古喚反。燋，哉約反，李又音灼。觀，古喚反，下同。與，音餘。疏：釋曰：在此者，按：其職有行火之政令，火屬南方，故在此也。注釋曰：子春不從古書燋，還從爟。爟爲私火者，民間理爨之火爲私火，亦如後鄭爲熱火也。後鄭讀如予若觀火者，盤庚告其羣臣不欲從而匿情者，予若觀焚也。我有刑罰如焚火可畏。故引燕俗以湯焚爲觀，亦取焚火之義。後鄭云謂熱火與者，對《秋官・司烜氏》以夫燧取火於日，中爲明者，爲冷火，破字爲疑，故云與也。孔安國以觀爲視，我觀汝情如視火，與鄭義異也。若然，司烜氏不在此者，彼取金義，故在秋官也。

又　卷三〇《夏官司馬》　司爟，掌行火之政令，四時變國火，以救時疾。注：行猶用也。變猶易也。鄭司農説以《鄹子》曰：「春取榆柳之火，夏取棗杏之火，季夏取桑柘之火，秋取柞楢之火，冬取槐檀之火。」音義：柞，子洛反。楢，羊久反，又音由。疏：釋曰：云掌行火之政令者，即四時變國火，及季春出火等，皆是也。云四時變國火，以救時疾者，火雖是一，四時以木爲變，所以禳去時氣之疾也。注釋曰：先鄭引鄹子書，《論語注》引《周書》，不同者，鄹子書出於《周書》，其義是一，故各引其一。言春取榆柳之等，舊師皆以爲取五方之色同，故用之。今按：棗杏雖赤，榆柳不青，槐檀不黑，其義未聞。季春出火，民咸從之；季秋内火，民亦如之。注：火所以用陶冶，民隨國而爲之。鄭人鑄刑書，火星未出而出火，後有災。鄭司農云：「以三月本時昏，心星見於辰上，使民出火。九月本黄昏，心星伏在戌上，使民内火。」故《春秋傳》曰以出内火。音義：見，賢遍反。疏：注釋曰：鄭知出火内火據陶冶火者，以其上經四時變國火據食火，明此春秋據陶冶，故引《春秋傳》爲證也。云民隨國而爲之者，釋民咸從之義。云鄭人已下，按：《左氏》昭六年，三月鄭人鑄刑書。士文伯曰：火見，鄭其災乎。火未出而作火。六月丙戌，鄭災。是其後有災。昭十七年，梓慎曰：火出，於夏爲三月，於商爲四月，於周爲五月。夏數得天正。先鄭云三月本時昏，心星見於辰上，使民出火。九月本黄昏，心星伏在戌上，使民内火者，心星則大火辰星是也。三月諸星復在本位，心星本位在卯，三月本之昏，心星始時未必出見卯南。九月本始之黄昏，心星亦未必伏在戌上，皆據月半後而言。云《春秋傳》曰以出内火者，《左氏傳》襄公九年文。時則施火令。注：焚萊之時。疏：注釋曰：上言行火政，此又言施火令，則不掌火禁，故鄭云焚萊之時。其火禁者，則《宫正》云「春秋以木鐸修火禁」，注云：「火星以春出，以秋入，因天時而以戒。」《司烜》亦云：「仲春，以木鐸修火禁於國中。」彼二官直掌火禁，不掌火令。凡祭祀，則祭爟。注：報其爲明之功，禮如祭爨。疏：注釋曰：鄭云「禮如祭爨」者，祭爨，祭老婦也，則此祭爟，謂祭先出火之人。凡國失火，野焚萊，則有刑罰焉。注：野焚萊，民擅放火。疏：注釋曰：國失火謂在國中民，失火有罰，若今民失火有杖罰。野焚萊有罰者，《大司馬》仲春田獵云火弊，鄭云：「春田主用火，因除陳生新。」則二月後擅放火則有罰也。

又　卷三四《秋官司寇》　及納亨，前王；祭之日，亦如之。注：納亨，致牲。音義：亨，普庚反，劉普孟反，注同，下納亨放此。疏：釋曰：鄭云納亨，致牲者，謂將祭之辰。祭之日，謂旦明也。此二者，大司寇爲王引道，故云亦如之。奉其明水火。注：明水火，所取於日月者。疏：注釋曰：司烜氏以陽燧取火於日中，以陰鑑取水於月中。明者，潔也。主人誠明潔，水火乃可得，是明水火所取於日月者也。奉此水火者，水以配鬱鬯與五齊，火以給爨亨也。

又　卷三六《秋官司寇下》　司烜氏，掌以夫遂，取明火於日，以鑒取明水於月，以共祭祀之明齍、明燭，共明水。注：夫遂，陽遂也。鑒，鏡屬，取水者，世謂之方諸。取日之火，月之水，欲得陰陽之潔氣也。明燭以照饌陳，明水以爲玄酒。鄭司農云："夫，發聲。明齍，謂以明水滫滌粢盛黍稷。"音義：夫，方符反，或云司農音符。齍，音資，注作粢同。疏注釋曰：云夫遂，陽遂也者，以其日者太陽之精，取火於日，故名陽遂。取火於木，爲木遂者也。鑒，鏡屬者，《詩》云："我心匪鑒，不可以茹。"彼鑒是鏡，可以照物。此鑒形制與彼鑒同，所以取水也。云取水者，世謂之方諸者，漢世謂之方諸，言取水謂之方諸，則取火者不名方諸，別名陽遂也。明者，潔也，日月水火爲明水明火，是取日月陰陽之潔氣也。

何晏集解　陸德明音義　邢昺疏《論語注疏》卷一七《陽貨》　宰我問："三年之喪，期已久矣。君子三年不爲禮，禮必壞；三年不爲樂，樂必崩。舊穀既没，新穀既升，鑽燧改火，期可已矣。"注：馬曰："《周書・月令》有更火之文，春取榆柳之火，夏取棗杏之火，季夏取桑柘之火，秋取柞楢之火，冬取槐檀之火。一年之中，鑽火各異木，故曰改火也。"

附　陸宗楷　呂熾等《考證》　宰我問三年之喪章，鑽燧改火。注：《周書・月令》有更火之文，鑽火各異木，故曰改火。臣宗楷按：《丹鉛總録》云：先王取火法五行，榆柳色青，以象木；棗杏色赤，以象火；桑柘色黄，以象土；槐檀色白，以象金；柞楢色(元)[玄]，以象水。蓋各指其時之方色取義。《留青日札》云：古者鑽燧改火，所以革故鼎新。榆柳，木之火也。棗杏，火之火也。桑柘，土之火也。槐檀，金之火也。柞楢，水之火也。饒魯曰：五行中各有五行，火有五色，如金有五金之類。

管仲撰　房玄齡注《管子》卷一二　侈靡第三十五

問曰："興時化若何？"謂度時興化，其理若何也。"莫善於侈靡。侈靡，謂珠玉之用也。管氏以爲，珠玉者飢不可食，寒不可衣，然時共貴之。君若不重，則强者守之以招人，故度時興化，莫善於重珠玉以爲侈靡。賤有實，敬無用，則人可刑也。有實，謂穀帛可貴而賤之。無用，謂珠玉可賤而敬之。若此，則人之賢不肖可刑也。故賤粟米而如敬珠玉，好禮樂而如賤事業，本之始也。言粟，常人賤之，賢者貴之，如常人之敬珠玉。末業，常人貴之，賢人賤之。今則賢者之好禮樂，如常人貴末業，若此者，可謂務本之始。珠者，陰之陽也，故勝火。珠生於水，而有光鑒，故爲陰之陽，以向日則火降，故勝火。玉者，陰之陰也，故勝水。玉生於山而藏於山，故爲陰之陰，以向月則水流，故勝水。其化如神。"言珠玉能致水火，故曰如神也。

又　卷二四　輕重戊第八十四

桓公問於管子曰："輕重安施？"管子對曰："自理國虙戲以來，未有不以輕重而能成其王者也。"公曰："何謂？"管子對曰："虙戲作，造六峜以迎陰陽，作九九之數以合天道，而天下化之。神農作，樹五穀淇山之陽，九州之民乃知穀食，而天下化之。黄帝作，鑽鐩生火，以熟葷臊，民食之，無茲胃之病，而天下化之。黄帝之王，童山竭澤。有虞之王，燒曾藪，斬羣害，以爲民利；封土爲社，置木爲閭，始民知禮也。當是其時，民無愠惡不服，而天下化之。夏人之王，外鑿二十寘，韘十七湛，疏三江，鑿五湖，道四涇之水，以商九州之高，以治九藪，民乃知城郭門閭室屋之築，而天下化之。殷人之王，立帛牢，服牛馬，以爲民利，而天下化之。周人之王，循六峜，合陰陽，而天下化之。"

尸佼撰　汪繼培輯《尸子》卷下　燧人上觀辰星，下察五木以爲火。《類聚》八十。《御覽》八百七十。《路史》前紀五注引云：遂人察辰心而出火，又發揮一論遂人改火。云昔者燧人氏作，觀乾象，察辰心而出火。作鑽燧，別五木以改火。《風俗通・皇霸篇》引《含文嘉》云：燧人始鑽木取火，炮生爲熟，令人無腹疾，有異於禽獸。遂天之意，故曰燧人也。《論語・陽貨篇》鑽燧改火。馬融注曰：《周書・月令》有更火，春取榆柳之火，夏取棗杏之火，季夏取桑柘之火，秋取柞楢之火，冬取槐檀之火。一年之中鑽火各異木，故曰改火也。

郭象注　成玄英疏《南華真經注疏》卷九《莊子雜篇・外物第二十六》　外物不可必，疏：域心執固，謂必然也。夫人間事物，參差萬緒，惟安大順，則所在虚通。若其逆物執情，必遭禍害。故龍逢誅，比干戮，箕子狂，惡來死，桀紂亡。善惡之所致，俱不可必也。疏：龍逢、比干，《外篇》已解。箕子，殷紂之庶叔也，忠諫不從，懼紂之害，所以佯狂，亦終不免殺戮。惡來，紂之佞臣，畢志從紂，所以俱亡。人主莫不欲其臣之忠，而忠未必信，故伍員流于江，萇弘死于蜀，藏其血，三年而化爲碧。精誠之至。疏：碧，玉也。子胥、萇弘，《外篇》已釋。而言流江者，忠諫夫差。夫差殺之，取馬皮作袋爲鴟鳥之形，盛伍員屍，浮之江水，故云流于江。萇弘遭譖，被放歸蜀，自恨忠而遭譖，遂刳腸而死。蜀人感之，以匵盛其血，三年而化爲碧玉，乃精誠之至也。人親莫不欲其子之孝，而孝未必愛，故孝己憂而曾參悲。是以至人無心而應物，唯變所適。疏：孝己，殷高宗之子也，遭後母之難，憂苦而死。而曾參至孝，而父母憎之，常遭父母打，鄰乎死地，故悲泣也。夫父子天性，君臣義重，而至忠至孝尚有不愛不知，況乎世事萬塗，而可必固者？唯當忘懷物我，適可全身遠害。木與木相摩則然，金與火相守則流。疏：夫木生火，火剋金，五行之氣，自然之理，故木摩木則火生，火守金則金爍。是以誠心執固而必於外物者，爍滅之敗。陰陽錯行，則天地大絯，於是乎有雷有霆，水中有火，乃焚大槐。所謂錯行。疏：

水中有火，電也。乃焚大槐，霹靂也。陰陽錯亂，不順五行，故雷霆擊怒，驚駭萬物，人乖和氣，敗損亦然。有甚憂兩陷而無所逃。苟不能忘形，則隨形所遭，而陷於憂樂，左右無宜也。疏：不能虛志而忘形，域心執固，是以馳情於榮辱二境，陷溺於憂樂二邊，無處逃形。蟁蜳不得成，矝之愈重，則所在爲難，莫知所守，故不得成。疏：蟁蜳，猶怵惕也。不能忘情，忘懷矜惜，故錐勞形怵慮，而卒無所成。心若縣於天地之間，所希跂者，高而闊也。疏：心徇有爲，高而且遠，馳情逐物，通乎宇宙。慰暋沈屯，非清夷平暢也。疏：遂心則慰喜，乖意則昏悶，遇境則沈溺，觸物則屯邅，既非清夷，豈是平暢。利害相摩，生火甚多，內熱故也。疏：夫利者必有害，蟬鵲是也。纓纏於利害之間，內心恒熱，故生火多矣。衆人焚和，衆人而遺利則和，若利害存懷，則其和焚也。疏：焚，燒也。衆人，猶俗人也。不能守分無爲，而每馳心利害，內熱如火，故燒焰中和之性。月固不勝火，大而闇則多累，小而明則知分。疏：月雖大而光圓，火雖小而明照，諭志大而多貪，不如小心守分。於是乎有僓然而道盡。唯僓然無矝，遺形自得，道乃盡也。疏：僓然，放任不矝之貌。忘情利害，淡爾不矝，虛玄道理，乃盡於此也。

韓非撰　何犿注《韓非子》卷一九　五蠹第四十九

上古之世，人民少而禽獸衆。人民不勝禽獸蟲蛇，有聖人作，搆木爲巢，以避羣害，而民悦之，使王天下，號曰有巢氏。民食果蓏蜯蛤，腥臊惡臭而傷害腹胃。民多疾病，有聖人作，鑽燧取火，以化腥臊，而民説之，使王天下，號之曰燧人氏。中古之世，天下大水，而鯀禹决瀆。近古之世，桀紂暴亂，而湯武征伐。今有搆木鑽燧於夏后氏之世者，必爲鯀禹笑矣。

尹喜《關尹子·二柱篇》　一運之象，周乎大空，自中而升爲天，自中而降爲地。無有升而不降，無有降而不升。升者爲火，降者爲水。欲升而不能升者爲木，欲降而不能降者爲金。木之爲物，鑽之得火，絞之得水。金之爲物，擊之得火，鎔之得水。金木者，水火之交也。【略】

曰：衣摇空得風，氣呵物得水，水注水即鳴，石擊石即光。知此説者，風雨雷電皆可爲之。蓋風雨雷電皆緣氣而生，而氣緣心生。猶如內想大火，久之覺熱；內想大水，久之覺寒。知此説者，天地之德皆可同之。

又《五鑑篇》　曰：物我交，心生；兩木摩，火生。不可謂之在我，不可謂之在彼，不可謂之非我，不可謂之非彼，執而彼我之則愚。【略】

曰：情生於心，心生於性。情波也，心流也，性水也。來干我者，如石火頃，以性受之，則心不生物浮浮然。

鄭玄注　陸德明音義　孔穎達疏《禮記注疏》卷二七《內則》　子事父母：雞初鳴，咸盥、漱、櫛、縰、笄、總、拂髦、冠、緌、纓、端、韠、紳，搢笏。注：咸，皆也。縰，韜髮者也。總，束髮也。垂後爲飾。拂髦，振去塵，著之髦，用髮爲之，象幼時鬌，其制未聞也。緌，纓之飾也。端，玄端士服也。庶人深衣，紳大帶，所以自紳約也。搢，猶扱也。扱笏於紳，笏所以記事也。音義：盥音管，洗手。漱，所救反，徐素遘反，漱漱口也，下同。櫛，側乙反，梳也。縰，所買反，徐所綺反，黑繒韜髮。笄，古兮反。總，子孔反。髦音毛。緌，耳佳反。韠音必。紳音申。搢，徐音箭，又如字音晉，插也。笏音忽。韜，吐刀反。去，起吕反。著，竹畧反，下文及注同。鬌，多果反。扱，本又作捷，又作插，初洽反，徐采協反。左右佩用：注：自佩也。必佩者，備尊者使令也。音義：令，力呈反。左佩紛帨、刀、礪、小觿、金燧；注：紛帨，拭物之佩巾也，今齊人有言紛者。刀、礪，小刀及礪礱也。小觿，解小結也。觿，貌如錐，以象骨爲之。金燧可取火於日。音義：紛，芳云反，或作帉同。帨，始鋭反，佩巾也。觿，許規反，本或作鑴，音同，解結錐。燧音遂，火鏡。拭音式。礱，力工反。右佩玦、捍、管、遰、大觿、木燧。注：捍謂拾也，言可以捍弦也。管，筆彄也。遰，刀鞞也。木燧，鑽火也。音義：捍，户旦反，謂射捍。遰，時世反，徐作滯。彄，苦侯反。鞞，必頂反。鑽，子官反。

劉安撰　許慎注《淮南子》卷三《天文訓》張英等《淵鑑類函》卷三五九　陽燧見日則燃而爲火。陽燧，金也，日高三四丈，持以向日，燥艾承之寸餘，有頃焦，吹之則得火。

劉安撰　高誘注《淮南子》卷一《原道訓》　是故禹之决瀆也，因水以爲師；神農之播穀也，因苗以爲教。夫萍樹根於水，木樹根於土，鳥排虛而飛，獸蹠實而走。蹠，足也。實，地也。蛟龍水居，虎豹山處，天地之性也。兩木相摩而然，金火相守而流，然，焚也。員者常轉，窾者主浮，自然之勢也。員，輪九之屬。窾，空也，舟船之屬。

又　卷三《天文訓》　陰陽之專精爲四時，四時之散精爲萬物。積陽之熱氣生火，火氣之精者爲日。積陰之寒氣爲水，水氣之精者爲月。日月之淫爲精者，爲星辰。

又　火上蕁，蕁。水下流，故鳥飛而高，魚動而下。物類相動，本標末。相應，故陽燧見日則燃而爲火，方諸見月則津而爲水。陽燧，金也。取金杯無緣者，熟摩令熱，日中時，以當日下，以艾承之，則燃得火。方諸，陰燧，大蛤也。熟磨拭令熱，月盛時，以向月下則水生，以銅盤受之，下水數滴。虎嘯而谷風至，龍舉而景雲屬，麒麟鬬而日月食，鯨魚死而彗星出，蠶珥絲而商弦絶，賁星墜而勃海決。

又　卷六《覽冥訓》　夫物類之相應，玄妙深微，知不能論，辯不能解，故東風至而酒湛溢，東風，木風也。酒湛，清酒也。米物下湛，故曰湛。木味酸，酸風入酒，故酒酢而湛者沸溢，物類相感也。蠶咡絲而商弦絶，或感之也。老蠶上下絲於口，故曰咡絲。新絲出，故絲脆，商於五音最細而急，故絶也。咡作珥。蠶老時，絲在身中正黄，遠見于外如珥也。商，西方金音也。蠶，午火也。火壯金囚，應商而已。或有新故相感者也。畫隨灰而月運闕，鯨魚死而彗星出，或動之也。運者，軍也，將有軍事相圍守，則月運出也。以蘆草灰隨牖下月光中令圓畫，缺其一面，則月運亦缺於上也。鯨魚，大魚，長數里，死於海邊。魚之身賤也，彗星爲變異，人之害也，類相動也。故聖人在位，懷道而不言，澤及萬民。君臣乖心，則背譎見於天，神氣相應徵矣。日旁五色氣，在兩邊外出爲背，外向爲譎，内向爲珥，在上外出爲冠。故山雲草莽，水雲魚鱗，山中氣出雲似草莽。水氣出雲似魚鱗。旱雲煙火，涔雲波水，各像其形，類所以感之。旱雲，亢陽氣，似煙火。涔，潦水也，雲出於涔，似波水。夫陽燧取火於日，方諸取露於月，天地之間，巧歷不能舉其數，巧，工也。天地之間，物類相感者衆多，雖工爲歷術者，不能悉舉其數也。手徵忽怳不能覽其光。言手雖覽得微物，不能得其光。然以掌握之中，引類於太極之上，太極，天地始形之時也。上猶初也。而水火可立致者，陰陽同氣相動也。動猶化也。

【略】譬若羿請不死之藥於西王母，恒娥竊以奔月，恒娥，羿妻。羿請不死之藥於西王母，未及服之，恒娥盜食之，得仙，奔入月中爲月精。悵然有喪，無以續之。言羿悵然失志，若有所喪亡，不能復得不死藥以續之。何則？不知不死之藥所由生也。羿不知不死之藥所由生也。奔月或作坌肉，藥坌肉以爲死畜之肉，復可生也。申、韓、商鞅之等，不得治之根本，如乞藥矣。一説：羿謂命在藥，不知命自在天也，故或欲得知不死藥之所由出生也。是故乞火不若取燧，寄汲不若鑿井。

又　卷一三《氾論訓》　夫雌雄相接，陰陽相薄，羽者爲雛鷇，扣。毛者爲駒犢，柔者爲皮肉，堅者爲齒角，人弗怪也。水生蠬蜃，蜄，甚。山生金玉，人弗怪也。老槐生火，久血爲燐，璘。人弗怪也。血精在地，暴露百日則爲燐，遥望炯炯若燃火也。

又　卷一七《説林訓》　瓦以火成，不可以得火。竹以水生，不可以得水。瓦得火則破，竹得水浸則死。揚堁而欲弭塵，被裘而以翣翼，豈若適衣而已哉。堁，土塵也，楚人謂之堁。翣，扇也。槁竹有火，弗鑽不燋。土中有水，弗掘無泉。

【略】凡用人之道若以燧取火，疏之則弗得，疏猶遲也。數之則弗中，數猶疾也。正在疏數之間。得其節，火乃生。從朝視夕者移，從枉準直者虧。

班固《白虎通義》卷上《德論上》　號

三皇者，何謂也？謂伏羲、神農、燧人也。或曰：伏羲、神農、祝融也。《禮》曰：伏羲、神農、祝融，三皇也。謂之伏羲者何？古之時，未有三綱六紀，民人但知其母，不知其父。能覆前而不能覆後。卧之詓詓，起之吁吁，飢即求食，飽即棄餘，茹毛飲血，而衣皮韋。於是伏羲仰觀象於天，俯察法於地，因夫婦，正五行，始定人道。畫八卦以治下，治下伏而化之，故謂之伏羲也。謂之神農何？古之人民，皆食禽獸肉。至於神農，人民衆多，禽獸不足。於是神農因天之時，分地之利，制耒耜，教民農作。神而化之，使民宜之，故謂之神農也。謂之燧人何？鑽木燧取火，教民熟食，養人利性，避臭去毒，謂之燧人也。謂之祝融何？祝者，屬也。融者，續也。言能屬續三皇之道而行之，故謂祝融也。

王充《論衡》卷二《率性篇》　然而道人消爍五石，作五色之玉，比之真玉，光不殊別。兼魚蚌之珠，與《禹貢》璆琳皆真玉珠也。然而隨侯以藥作珠，精耀如真，道士之教至，知巧之意加也。陽燧取火於天，五月丙午，日中之時，消鍊五石，鑄以爲器，磨礪生光，仰以嚮日，則火來至，此真取火之道也。今妄以刀劒之鉤月，摩拭朗白，仰以嚮日，亦得火焉。夫鉤月非陽燧也，所以耐取火者，摩拭之所致也。

又　卷一六《亂龍篇》　夫東風至，一有感字。酒湛溢，鯨魚死，彗星出，天道自然，非人事也。事與彼雲龍相從，同一實也。日，火也。月，水也。水火感動，常以真氣。今伎道之家，鑄陽燧取飛火於日，作方諸取水於月，非自然也，而天然之也。土龍亦非真，何爲不能感天？一也。陽燧取火於天，五月丙午，日中之時，消煉五石，鑄以爲器，乃能得火。今妄取刀劒偃月之鉤，摩以向日，亦能感天。夫土龍既不得比於陽燧，當與刀劒偃月鉤爲比。二也。

又　卷二五《詰術篇》　武王以甲子日戰勝，紂以甲子日戰負。二家俱期，兩軍相當，旗幟相望，俱用一日，或存或亡。且甲與子專比，昧爽時加寅，寅與甲乙不相賊，武王終以破紂，何也？日，火也，在天爲日，在地爲火。何以驗之？陽燧鄉日，火從天來。由此言之，火日，氣也。日有甲乙，火無甲乙何？日十而辰十二，日辰相配，故甲與子連。

又　卷二七《定賢篇》　人可以僞恩動，則天亦可巧詐應也。動致天氣，宜以精神，而人用陽燧取火於天，消鍊五石，五月盛夏，鑄以爲器，乃能得火。今又但取刀、劍、恒銅鉤之屬，切磨以嚮日，亦得火焉。夫陽燧、刀、劍、鉤能取火於日，恒非賢聖，亦能動氣於天。若董仲舒信土龍之能致雲雨，蓋亦有以也。夫如是，應天之治，尚未可謂賢，況徒得人心，即謂之賢，如何？以居職有成功見效爲賢乎？夫居職何以爲功效？以人民附之，則人民可以僞恩説也。

應劭《風俗通義》 皇霸第一 三皇

《春秋運斗樞》説：伏羲、女媧、神農，是三皇也。皇者，天。天不言，四時行焉，百物生焉。三皇垂拱，無爲設言，而民不違道德。玄泊有似皇天，故稱曰皇。皇者，中也，光也，弘也。含弘履中，開陰陽，布剛上，含皇極，其施光明，指天畫地，神化潛通，煌煌盛美，不可勝量。《禮號謚記》説：伏羲、祝融、神農。《含文嘉記》虙戲、燧人、神農。伏者，别也，變也。戲者，獻也，法也。伏羲始别八卦，以變化天下。天下法則，咸伏貢獻，故曰伏羲也。燧人始鑽木取火，炮生爲熟，令人無復腹疾，有異於禽獸，遂天之意，故曰遂人也。神農，神者，信也。農者，濃也。始作耒耜，教民耕種，美其衣食，德濃厚若神，故爲神農也。《尚書大傳》説：遂人爲遂皇，伏羲爲戲皇，神農爲農皇也。遂人以火紀，火，太陽也。陽尊，故託遂皇於天。伏羲以人事紀，故託戲皇於人。蓋天非人，不因人非天不成也。神農悉地力，種穀疏，故託農皇於地。天地人道備，而三五之運興矣。

謹按：《易》稱古者，伏羲氏之王天下也，仰則觀象於天，俯則觀法於地，始作八卦，以通神明之德，以類萬物之情，結繩爲網罟，以田以漁。伏羲氏没，神農氏作，斲木爲耜，揉木爲耒，耒耜之利，以教天下。日中爲市，致天下之民，通其變，使民不倦，神而化之，使民宜之。唯獨叙二皇，不及遂人。遂人功重於祝融、女媧。

陳顯微《周易參同契解》卷中

玄幽遠渺，隔閡相連。應度育種，陰陽之源。寥廓恍惚，莫知其端。光迷失軌，後爲主君。無平主陂，道之自然。變易更盛，消息相應。終坤始復，始循連環。帝王乘御，千載常存。

磁石吸鐵，陽燧取火，方諸取水，皆陰陽相感，隔礙相通之理，豈能測其端倪哉。修丹之功，始若迷分，及乎火候既終，丹力既熟方知。【略】

陽燧以取火，非日不生光。方諸非星月，安能得水漿。二炁玄且遠，感化尚相通。何況近存身，切在于心胸。陰陽配日月，水火爲效徵。

陽燧者，煉五色石作鏡，向日，以艾取火。《淮南子》謂之火方諸。又有水方諸，以水晶爲珠，向月取水，又謂之陰燧。陽燧、方諸，若不假日、月，則不能生水取火。人身之中，陰陽升降，與天地造化同運。其間水火交通之理，亦豈外乎日月往來之機以求證效哉。

佚名《周易參同契注》卷中 第六十五章

陽燧以取火，非日不生光。方諸非星月，安能得水漿。二氣玄且遠，感化尚相通。何況近存身，切在於心胷。陰陽配日月，水火爲效徵。

此言坎爲月而中有水也，離爲日而中有火也。其與陽燧取火、方諸取水何異哉。

張華《博物志》卷二 異産

臨邛火井一所，從廣五尺，深二三丈。井在縣南百里。昔時，人以竹木投以取火。諸葛丞相往視之，後火轉盛。熱盆蓋井上，煮鹽得鹽。入于家火，即滅。訖今不復燃也。酒泉延壽縣南，山名火泉，火出如炬。

又 卷四 物理

積油滿萬石，則自然生火。武帝泰始中，武庫火，積油所致也。

又 戲術

取火法，如用珠取火，多有説者，此未試。【略】

燒白石作白灰，既訖積著地，經日都冷，遇雨及水澆即更燃，煙焰起。

崔豹《古今注》卷下 雜注第七

陽燧，以銅爲之，形如鏡，向日則火生，以艾承之，則得火也。

干寶《搜神記》卷一三 夫金之性一也，以五月丙午日中鑄爲陽燧，以十一月壬子夜半鑄爲陰燧。言丙午日鑄爲陽燧可取火，壬子夜鑄爲陰燧可取水也。

葛洪《抱朴子内篇》卷一 對俗第三

抱朴子曰：若如雅論，宜不驗也。今試其小者，莫不效焉。今數見人以方諸求水於夕月，陽燧引火於朝日。隱形以淪於無象，易貌以成於異物。結巾投地而兔走，鍼綴丹帶而蛇行。瓜果結實於須臾，魚龍瀺灂於盤盂。皆如説焉，按方術豈不得長生也。

又 卷三 黄白第十六

夫變化之術，何所不爲。蓋人身本見，而有隱之之法。鬼神本隱，而有見之之方。能爲之者往往多焉。水火在天，而取之以諸燧。鉛性白也，而赤之以爲丹。丹性赤也，而白之以爲鉛。雲雨霜雪皆天地之氣也，而以藥作之，與真無異也。至於飛走之屬，蠕動之類，稟形造化，既有定矣。及其倏忽而易舊體，改更而爲異物者，千端萬品，不可勝論。人之爲物，貴性最靈，而男女易形，爲鶴爲石，爲虎爲猿，爲砂爲黿，又不少焉。至於高山爲淵，深谷爲陵，此亦大物之變化。變化者，乃天地之自然，何爲嫌金銀之不可以異物作乎。譬諸陽燧所得之火，方諸所得之水，與常水火豈有別哉。蛇之成龍，茅糝爲膏，亦與自生者無異也。然其根源之所緣由，皆自然之感致，非窮理盡性者不能知其指歸，非原始見終者不能得其情狀也。

佚名《種芝草法》 論者曰：以此言之，天地陰陽之數能變生萬物，不可云無。譬如陽燧取火，陰燧取水，内藏竹生火，何謂之不感乎。其有丹砂之釜，亦成水銀感動之精，何物不可化，何物不可成。

王嘉《拾遺記》卷一〇 岱輿山有員淵千里，常沸騰，以金石投之則爛如土矣。孟冬水涸，中有黄煙從地出，起數丈。煙色萬變。山人掘之，入數尺，得燋石如炭。滅有碎火，以蒸燭投之，則然而青色。深掘則火轉盛。有草名莽煌，葉圓如何，去之十步，炙人衣則燋。刈之爲席，方冬彌温。以枝相摩，則火出矣。

酈道元《水經注》卷一四 鮑丘水

又南至雍奴縣北，屈東入于海。【略】

衆至五千家。《開山圖》曰：山出不灰之木，生火之石。按注云：其木色黑，似炭而無葉，有石赤色如丹，以二石相磨則火發，以然無灰之木，可以終身。今則無之。其水又逕徐無縣故城東，王莽之北順亭也。

又 卷四〇 禹貢山水澤地所在

流沙地在張掖居延縣東北。

居延澤在其縣故城東北，《尚書》所謂流沙者也。形如月生五日也。弱水入流沙，流沙，沙與水流行也。亦言出鍾山，西行極崦嵫之山，在西海郡北。山有石赤白色，以兩石相打，則水潤，打之不已，潤盡則火出，山石皆然，炎起數丈，逕日不滅。有大黑風，自流沙出，奄之乃滅，其石如初。言動火之事，發疾經年，故不敢輕近耳。

劉晝《劉子》卷一 崇學第五

至道無言，非立言無以明其理。大象無形，非立象無以測其奥。道象之妙，非言不傳。傳言之妙，非學不精。未有不因學而鑒道，不假學以光身者也。夫璽繰以爲絲，織爲縑紈，績以黼黻，則王侯服之。人學爲禮儀，雕以文藻，而世人榮之。璽之不繰，則素絲蠹於筐籠。人之不學，則才智腐於心胷。海蚌未剖，則明珠不顯。崑竹未斷，則鳳音不彰。性情未鍊，則神明不發。譬諸金木，金性苞水，木性藏火，故鍊金則水出，鑽木而火生。人能務學，鑽鍊其性，則才慧發矣。青出於藍而青於藍，染使然也。氷生於水而冷於水，寒使然也。鏡出於金而明於金，瑩使然也。

又 卷一〇 惜時第五十三

夫停燈於缸，先焰非後焰，而明者不能見。藏山於澤，今形非昨形，而智者不能知。何者？火則時時滅，山亦時時移。夫天迴日轉，其謝如矢。騕褭迅足，神馬弗能追也。人之短生，猶如石火，炯然以過，唯立德貽受爲不朽也。

劉晝撰 袁考政注《劉子》卷九 類感第五十

虎嘯一谷而風扇萬里，陽燧在掌而太陽火。

太陽是日。陽燧，火鏡也。火鏡映日，火即墜落，應之也。

蕭吉《五行大義》卷二《第四論相生》 一論相生

五行者，五常也。《白虎通》云：木生火者，木性温暖，火伏其中，鑽灼而出，故木生火。火生土者，火熱故能焚木，木焚而成灰，灰即土也，故火生土。土生金者，金居石，依山津潤而生，聚土成山，山必生石，故土生金。金生水者，少陰之氣潤澤流津，銷金亦爲水，所以山雲而從潤，故金生水。水生木者，因水潤而能生，故水生木也。《元命苞》云：陽吐陰化，故水生木也。《春秋繁露》云：東方木，木，農之本。司農五穀畜績，司馬食之，故木生火。火，本朝，司馬當知天時，形兆未萌，照然獨見，天下既寧，以安君臣，故火生土也。土，君，當信因時之威武強御以成，大理司徒，故土生金。金，尚書義，邊境安寧，寇賊不發，邑無獄訟則安，執法司寇，故金生水。水，執法，司寇尚禮，君臣有位，長幼有序，百工維時以成歲用，器械既成，以給司農田官，故水生木。兩説事義雖别，而相生是同。五行各定形，唯火鑽灼方出者，火是太陽之氣，温故乃生。鑽木出者，還寄託萬物耳。如聖人無名，能理萬物，還以萬物爲名。陽氣至神，故有隱顯。

魏徵等《隋書》卷一九《志第十四・天文上》 天體

案：河洛之文皆云：水火者，陰陽之餘氣也。夫言餘氣，則不能生日月可知也。顧當言日精生火者，可耳。若水火是日月所生，則亦何得盡如日月之圓乎。今火出於陽燧，陽燧圓而火不圓也。水出於方諸，方諸方而水不方也。又陽燧可以取火於日，而無取日於火之理，此則日精之生火明矣。方諸可以取水於月，無取月於水之道，此則月精之生水了矣。

李淳風《乙巳占》卷一　日蝕占第六

夫月毁於天，魚腦減於泉。月豈爲螺蚌之災而毁其體乎。但陰陽之氣，迭相感應自然耳。東風至而酒湛溢，東風非故爲溢酒而來至也，風逼至而酒適溢耳。此豈不相感應者歟？若然油水之類也。東風至，油水不溢而酒獨溢。猶天災見，有德之君修德而無咎，暴亂之王行酷而招災，豈不然也。陽燧之取火，方諸之取水，皆以象占之也。陽燧、方諸、銅蛤之類，將凡鏡往求而不得者，爲無其象而不占也。災之所起，起於昏亂之所。無災非朔而蝕者，名爲薄蝕。

李隆基《唐玄宗御製道德真經疏一》卷三　希言自然章第二十三

同於道者，道亦得之。同於德者，德亦得之。同於失者，失亦得之。

疏：此明氣同則應也，故虎嘯風生，鶴鳴子和。性殊則肝膽楚越；道合則夷夏同人。以類相從，物無違者，故同道則道應，同失則失來。猶方諸挹月而水流，陽燧照日而火就爾。故云同於道者，道亦得之。

又　同於道者，至失亦得之。

義曰：故彈宫則宫應，彈角則角應者，聲相感也。枯桑動而天風，暑雨降而礎潤，氣相感也。龍吟雲起，虎嘯風生，有情感無情也。銅山崩而鐘應，類相感也。葭灰缺而暈虧，事相感也。鶴鳴子和，性相感也。積善餘慶，積惡餘殃，行相感也。同舟共濟，胡越不患於異心，勢相感也。流濕就燥，無情感於無情也，君子千里同風，小人隔陌異俗。

疏曰：方諸陽燧者。義云：東海方諸之間有巨蚌焉，長尺有二寸者，因名方諸，取其殼以柔帛拭之良久，以月照之，以器承之，則得水焉。陽燧，火鏡也，以取火也。古之祭法尚潔，以方諸引水，陽燧火用也。

王燾《外臺秘要方》卷一九　灸用火善惡補寫法一首

張仲景云：四肢者，身之支幹也，其氣係於五藏六腑，其分度淺薄，灸之不欲過多，須依經數也。過謂餘病，則宜依之。若脚氣不得拘此例，風毒灸之務欲多也。依此經數則卒難愈疾。《小品》論灸有八木火，《明堂》論灸有補寫之法，若能依之，應有道理。八木之火：凡灸，用松木火則難愈；柏木火則瘡多汁；橘木火則傷皮；桑木火則肉枯；棗木火則髓消；竹木火則傷筋，多壯則筋縱；枳木火則陷脉潰；榆木火則傷骨，多壯則骨枯。凡八木之火，皆不可用也。火用陽燧之火，其次用礌石之火，天陰則用槐木之火。陽燧是以火珠向日下，以艾於下承之，便得火也。礌石似玉堅，以此石擊賓鐵即火出，仍以極爛榆木承之即得，亦用艾取之。此是匈奴取火法，今胡人猶爾。灸有補寫者，《甲乙經》云：用灸補者，無吹其火，須自滅也。以灸寫者，疾吹其火，拊其艾，須其火滅也。此言以口吹艾，炷令疾滅，即是寫也。不吹，聽自滅者，即補也。

又　**卷三九**　論疾手足腹背灸之多少及補瀉八木火法

凡灸忌用松、栢、桑、棗、竹、柿、楓、榆八木，以用灸人，害人肌肉筋脈骨髓。可用陽燧火珠映日取火。若陰無火，鑽槐木，以菊莖延火亦可。礌石以艾蒸之取火，用灸火良。又無此，宜以香油布纏及艾莖，别引取火，則去疾，不傷人筋骨。

王冰注　林億等校正《黄帝内經素問補注釋文》卷三九《五運行大論篇》

熱生火。

熱甚之氣，火運盛明，故曰熱生火。火者，盛陽之生化也。熱氣施化則炎暑鬱燠，其爲變極則燔灼消融，運乘癸酉、癸未、癸巳、癸卯、癸丑、癸亥歲，則熱化不足。若乘戊辰、戊寅、戊子、戊戌、戊申、戊午歲，則熱化有餘。火有君火、相火，故曰熱生火，又云火也。

王涇《大唐郊祀録》卷二　凡例中

若封禪巡狩，兼令有司造所過山川。凡祭祀，皆大官令取水於陰鑑，取火於陽燧。火以供爨，水以實樽。

臣涇案：《周禮·春官宗伯》云：凡大禮祀享祭，則熱明水火。又司烜氏掌火燧，取明火於日，陰鑑取明水於月，以供祭祀之明齍明燭，皆爲貴潔之義也。

賈嵩《華陽陶隱居内傳》卷中　先生平居，凛然如齋戒。自攝心轉錬，彌能謹篤。至於燃鼎，用陽燧日中取火，蓋其精如此。性少睡，未嘗晝寢。夜坐往往及曉。常於月明讀書，及是爲積煙所薰。

佚名《通幽訣》　用火

訣曰：萬物非日月不生，金水非火土不成，金水則變化之元，火土乃陰陽之始。天地混沌之時，天地默然，雖未變化，終爲萬物之根。金白水黑，相會氣中，狀如雞子。陽燧以取火，非日不生光。犬戎以火鏡盛艾，化之須臾。則火出象還丹，陰陽金火。大唐國内時亦有之，書不盡言，言不盡意。然則聖人之意，其不可見乎。若用凡水銀爲金丹者，妄人也。言硃砂未得理者，不知道也。即去真遠矣。

施肩吾撰　李竦編《西山群仙會真記》卷四　真陰陽

《九天祕籙》曰：一陰一陽之謂道，陰陽不測之謂神。物中神而大者，天得一陽以守乾道，地得一陰以守坤道。物中神而明者，日得一陽魂以道應，月得一陰魄以道致。故夏至一陰自天來，若無真陽，萬物死也，不能焦枯。冬至一陽自地升，若無真陰，萬物生也，不能滋潤也。日有真陽，陽燧感而火出；月無真陰，故方諸取而水絕。此天地日月，至大至明，真陰真陽，豈人之不若是乎？

杜光庭《道德真經廣聖義》卷二〇　希言自然章第二十三

同於道者，道亦得之。同於德者，德亦得之。同於失者，失亦得之。

注：方諸挹水，陽燧引火，類族辯物，斷焉可知矣。

疏：此明氣同則應也，故虎嘯風起，鶴鳴子和，性殊則肝膽楚越，道合則夷夏同人。以類相從，物無違者。故同道則道應，同失則失來。

義曰：夫習静則道降，積功則德充，氣之相從，其來尚矣。故彈宫則宫應，彈角則角應者，聲相感也。枯桑動而天風，暑雨降而礎潤，氣相感也。龍吟雲起，虎嘯風生，有情感於無情也。銅山崩而鐘應，類相感也。葭灰缺而暈虧，事相感也。鶴鳴子和，性相感也。積善餘福，積惡餘殃，行相感也。同舟共濟，胡越不患於異心，勢相感也。流濕就燥，無情感於無情也。《西昇經》曰：行善善氣至，行惡惡氣至。同於失者，固當失之矣。肝膽楚越者，性分異也。夷夏同人者，所志同也。君子千里同風，小人隔陌異俗。此之謂乎？

疏：猶方諸挹月而水流，陽燧照日而火就爾。故云同於道者道亦得之。

義曰：東海方諸之間有巨蚌焉，長尺有二寸者，因名方諸。取其殼以柔帛拭之良久，以月照之，以器承之，則得水焉。陽燧者，範金爲器，其形若杯，或類鏡焉，以玄繒潔之，以日照之，以艾承之，則得火焉。此二者因日月之光，以氣類相感，而能生水火。古者祭法尚潔，必以方諸之水、陽燧之火薦於神明焉。物之無情，猶資感應，況人之最靈，道之通變，而豈不能感致乎？言可致也。

王玠注《崔公入藥鏡註解》

密密行，句句應。

此二句總結前八十句，言大道金丹，進火退符，奪造化之妙訣，行之一身，如空谷之應聲，陽燧之取火，方諸之取水，神通氣感，何其速之如是。故曰密密行，句句應。丹經云視之不見聽不聞，及至呼時又却應是也。

譚峭《化書》卷一《道化》　陽燧

陽燧召火，方諸召水，感激之道，斯不遠矣。高視者强，低視者賊，斜視者狡，平視者仁，張視者怒，細視者妄，遠視者智，近視者拙，外視者昏，内視者明。是故載我者身，用我者神，用神合真，可以長存。

馬縞《中華古今注》卷中　燧銅鏡

以銅爲之，形如鏡，照物則影倒，向日則火生，與艾承之則火出矣。

彭曉《周易參同契通真義》卷中　陽燧以取火章第六十五

陽燧以取火，非日不生光。方諸非星月，安能得水漿。二氣玄且遠，感化尚相通。何况近存身，切在於心胷。陰陽配日月，水火爲效徵。

陽燧方諸，感氣而猶生水火。乾坤日月，設象而寧不生成。况近取諸身，遠取諸物，始採天地之母，將爲丹基。終合日月之精，用爲藥祖。種類相產，水火相拘，豈無效證乎。

劉昫等《舊唐書》卷四五　輿服志第二十五

武官五品已上佩鞊韘七事，七謂佩刀、刀子、礪石、契苾真、噦厥針筒、火石袋等也。

陶穀《清異録》卷下《器具》　火寸

夜中有急，苦於作燈之緩。有智者批杉條，染硫黄，置之待用。一與火遇，得燄穗然，既神之呼引光奴。今遂有貨者，易名火寸。

贊寧《東坡先生物類相感志》卷一八《寶器部》　火劑珠

其珠向日，擘揩令熱，以艾承之，火漸生矣。

又　火珠

出婆利國，太宗朝來貢方物。此珠淚如水精，日正午時，以艾承之則火便出矣。

又　琅玕石

若以鋌鐵擊之，艾承出火矣。

陳襄《古靈集》卷九《詳定禮文》　明水明火

臣等看詳《周禮》司烜氏掌以夫遂，取明火於日，以鑒取明水於月，以供祭祀之明齍明燭共明水。鄭氏曰：取日之火、月之水，欲得陰陽之潔氣也。古者祭日之旦，陳饌于堂東，照以明燭。又以明水滫滌齍盛及泲涗五齊，且以爲配尊設于鬱鬯五齊之上。今儀注具存，廢而不講，恐未盡先王致潔於神明之意。其取火於日，固有成法。欲乞下有司，每有祠事，取以照饌及共神厨之用。其取水之鑒及方燧，亦乞從本所訪求，於所出州軍牒取試驗，以供祀事。

楊時編《二程粹言》卷下《天地篇》 子曰：日月之爲物，陰陽發見之尤盛者也。

劉安節問：人有死於雷霆者，無乃素積不善，常歉然於其心，忽然聞震，則懼而死乎？子曰：非也，雷震之也。然則雷孰使之乎？子曰：夫爲不善者，惡氣也。赫然而震者，天地之怒氣也。相感而相遇故也。曰：雷電相因何也？子曰：動極則陽形也，是故鑽木戛竹，皆可以得火。夫二物者未嘗有火也，以動而取之故也。擊石火出亦然。惟金不可以得火，至陰之精也。然軋磨既極，則亦能熱矣。陽未嘗無也。

司馬光《傳家集》卷六一《書啓四》 景仁再答書

今農夫治田禾，麻、菽、粟、黍、稷、粱、稻，以時而布之，或耕之，或耘之，或先種而後斂之，或後種而先斂之。有過之者曰：此后稷之法也。農夫之智果后稷乎？老婢鑽木取火，承以束緼，傳以薪燎，治鳥獸之肉，炮之燔之，烹之煮之。有過之者曰：此炎帝之法也。老婢之智果炎帝乎？醫者能知藥有陰陽配合，子母兄弟，根莖花葉，金石骨肉，有單行者，有相須者，有相使者，有相畏者，有相忌者，有相反者，有相制者。又能知人之手足，口耳眼鼻，膚髮心腹，腎腸受氣之處而療之。過之者曰：此神農之法也。醫者果神農之智乎？然則君實之允鎮亦未得也。

陸佃《埤雅》卷二〇《釋天》 電

陰陽激耀，與雷同氣，發而爲光者也。雷从回，電从申，陰陽以回薄而成雷，以申洩而爲電故也。或曰雷出天氣，電出地氣，故電從坤省，《管子》所謂天冬雷，地冬霆是也。《記》曰：地載神氣。神氣風霆，風霆流形。言萬物以風霆流形，而風霆出於地之神氣也。《説卦》曰：離爲電，電，火屬也。蓋陰陽暴格，分争，激射，有火生焉。其光爲電，其聲爲雷。今鐵石相擊則生火，燒石投井則起雷，又況天地大爐之所薄動，真火之所激射乎。《易》曰：雷電噬嗑。又曰：雷電皆至豐。雷電噬嗑，言雷電合而章也。按《月令》，雷乃發聲後五日始電，今早暵亦或電而不雷，則雷電不必皆合而章也。故《易》雷電合而章，然後爲噬嗑。然雷電合而章，又不必雷電皆至。若今震雷與電俱赴者，所謂雷電皆至者也。故君子以折獄致刑，以象天之至威，非特明罰勑法而已。《詩》曰：爗爗震電，不寧不令。言雷電變亂於上，不安故常，且非所以號令萬物也。

陳師道《後山談叢》卷四 油絹紙、石灰、麥糠、馬矢糞草，皆能出火。

沈括《夢溪筆談》卷三《辨證一》 陽燧照物皆倒，中間有礙故也。算家謂之格術，如人摇艣，臬爲之礙故也。若鳶飛空中，其景隨鳶而移，或中間爲窗隙所束，則影與鳶遂相違，鳶東則影西，鳶西則影東。又如窗隙中樓塔之影，中門爲窗所束，亦皆倒垂，與陽燧一也。陽燧面窪，以一指迫而照之則正，漸遠則無所見，過此遂倒。其無所見處，正如窗隙、艣臬、腰鼓礙之，本末相格，遂成摇艣之勢。故舉手則影愈下，下手則影愈上。此其可見陽燧面窪，向日照之，光皆聚向内。離鏡一二寸，光聚爲一點，大如蔴菽，着物則火發，此則腰鼓最細處也。豈特物爲然，人亦如是，中間不爲物礙者鮮矣。小則利害相易，是非相反；大則以己爲物，認物爲己。不求去礙，而欲見不顛倒，難矣哉。《酉陽雜俎》謂海翻則招影倒，此妄説也。影入窗隙則倒，乃其常理。

華鎮《雲溪居士集》卷一九《論》 列子天瑞論

夫燧映日而生火，方諸遡月而生水。日與燧未嘗生火也，而火自燃。月與方諸未嘗生水也，而水自達。其所以映而遡之者，人也。然不得夫燧、方諸與日月之末光，則雖有祝融、玄冥，亦末如之何也，已矣。大道之于萬物，其猶日月之于水火乎。萬物之于大道，其猶水火之于日月乎。道者，虚無之强名。至無也，故萬有由之以生。至虚也，故萬類由之以化。生者自生爾，而生生者未嘗生之。化者自化爾，而化化者未嘗化之。如其物而生之，物而化之，則力有所不給而道熄矣。雖然生者不能不生，化者不能不化，由之以生而不可違，生理盡則不得不死。由之以化而不可已，化道極則不得不生。生也，化也，有數存焉，而無能外之者也，既已有生化之理矣。

蔡卞集解《毛詩名物解》卷一《釋天》 月

舊説積陽之氣生火，火氣之精爲日。積陰之氣生水，水氣之精爲月。故陽燧取火於日，方諸取水於月。

王昭禹《周禮詳解》卷三二

司烜氏掌以夫遂，取明火於日，以鑒取明水於月，以共祭祀之明齍明燭，共明水。凡邦之大事，共墳燭庭燎。中春，以木鐸修火禁於國中。軍旅，修火禁。邦若屋誅，則爲明竁焉。

取明火於日，而名官謂之司烜者，《易》曰日以烜之。蓋火本於日，亘之而後明。然爟與烜皆火，而司爟列於夏官，司烜列於秋官者，蓋司爟掌出入火，南方之屬也，故列於夏官。司烜共明水火，司寇所奉也，故列於秋官。祭祀必取明水火者，以物言之，則得陰陽之潔氣也；以道言之，則潔而清明，乃可以承祭祀也。夫遂，陽遂也。鑒，方諸也。《考工記》所謂金，錫半，謂之鑒燧之齊是也。言陽遂則知方諸之爲陰，言方諸則知陽遂之爲陽。陰陽者，其氣也。方圓者，其體也。火至陽之氣，而陽爲圓，故取之必以陽遂。水至陰之氣，而陰爲方，故取之必以方諸。以陽召陽，以陰召陰，各以其類也。然陽遂又謂之夫遂者，蓋遂以金爲之。火，金夫也。金，火婦也。以金得火，夫應婦而至也。方諸又謂之鑒者，蓋鑒亦以金爲之。金，水母也。水，金子也。以金得水，以母鑒子而子應也。以共祭祀之明齍明燭者，明齍以明水爲齍也，明燭以明火爲燭也。共明水者，共之以爲玄酒以滌粢盛也。凡邦之大事共墳燭庭燎者，墳燭，火燭也，設於門外曰墳，燭於門內曰庭燎。中春以木鐸修火禁於國中，則爲季春將出火，先事而戒也。而軍旅修火禁者，大衆所聚宜致懼故也。屋誅謂舉家受誅也。竁謂壙，以埋其尸也。明竁，蓋揭其罪於竁上，若明刑用梏焉。司烜掌明竁，則屋誅夜葬故也。

朱震《漢上易傳》卷九《說卦傳》

【略】

電，陽光。雷，陽聲。陽自子息，而至春分四陽成。大壯，雷乃發聲，後五日始電。陰自午消，而至秋分四陰成。觀，雷乃收聲，電亦不作。震，動也。不動則聲光何由而發，笑者目動，怒者目光櫛髮，而鳴者有光振衣。有聲者有光。離震交也，噬嗑、豐、離、震合也。戛竹鑽木，兩石相擊，其火必出，動極也。子雲曰：觀雷觀火，爲盈爲實，天收其聲，地藏其熱。盈實者，陽息也。震與兑交，離與坎交，故雷電而雨降。爲中女，爲甲胄者，離外實中虛，有甲之象。在上爲胄，在下爲甲。先儒謂巽爲繩繕甲也。

江少虞《事實類苑》卷六〇《廣知博識》　論取火

古法用火，隨時不同，人免疫氣矣。或曰火是一氣，豈同水有山井、雨川不同也。通曰：火以木爲母，母木有異故也。《周書・月令》有改火之文，終而復始也。鄒子曰：春取榆柳之火，蓋食榆柳之火也。孟夏取棗杏之火，季夏取桑柘之火，秋取柞楢，冬取槐檀也。此乃四時五取也。以季夏取桑柘，則益脾也。或曰古之取火，必以所利者何？通曰：火亦氣也，久食此氣，五臟迭休、囚、王、相，是以春宜榆柳之氣，冬宜槐檀之氣，則百疾不生。苟此道不行，人嬰逆氣，犯乎厲也。此改火之法，豈可輕易？漢武置別火官，令丞專掌司四時取火之事也。此五常之闕。設五行之官，火官之職，司四時五變之術，是以共工、祝融爲火正焉。或曰火之爲氣，可堪食乎？通曰：火以食爲氣，人之食熱，豈非食乎？故《易》有水火既濟，則水本寒，爲火之奪，彌久成熱矣。人利於熟，則成濟用焉。豈不見爇，勞薪爲味，味必不正。若正，則荀公不別矣。又有誤以巴豆木入爨，令人泄痢不止。其如乾糞、苑草炊爨，令物味惡，是火官不得不重慎。與昔并州之俗，爲介之推禁火，此疑古人託以鬼神爲名，得以盡禁。然後用鑽燧出之，得變新象也。并州之俗又誠太過，冷食斯久，民有餒死者，故魏武帝出罰令甚嚴，故止。周舉爲荆州刺史，移書介推，止禁三日。後國家賜羣臣火，沿之爲禮式焉。今大宋應乎火德，若按法取之，則宜於清明日賜百官火，四時唯取食餌，供具太官御膳用之，其利深博哉。

朱熹編《二程遺書》卷一八《劉元承手編》　問：人有不善，霹靂震死。莫是人懷不善之心，聞霹靂震懼而死否？曰：不然，是雷震之也。如使雷震之，還有使之者否？曰：不然，人之作惡有惡氣，與天地之惡氣相擊搏，遂以震死。霹靂，天地之怒氣也。如人之怒，固自有正，然怒時必爲之作惡，是怒亦惡氣也。怒氣與惡氣相感故爾。且如今，人種蕎麥，自有畦隴，霜降時殺麥，或隔一畦，麥有不殺者，豈是此處無霜，蓋氣就相合處去也。曰：雷所擊處必有火，何也？曰：雷自有火，如鑽木取火。如使木中有火，豈不燒了木。蓋是動極則陽生，自然之理。不必木，只如兩石相戛，亦有火出。惟鐵無火，然戛之久必熱，此亦是陽生也。

鑽木取火，人謂火生於木，非也。兩木相戛，用力極則陽生。今以石相軋，便有火出，非特木也。蓋天地間無一物無陰陽。

甯全真授　王契真纂《上清靈寶大法》卷五九《齋法宗旨門》　取真火法

訣曰：凡欲取陽精真火，先以楊柴炭，用苦竹當日午面日，截竹取火，下用印香引之，候火着，却以緋紙朱書請火符，搯巳文，取東南炁入，以符引火燒炭用之。

法曰：兆回視左肩，想心中赤龍，自左耳出，右眼流火光，肩背龍乘火飛上入火中，此是真火耶。

佚名《家山圖書》

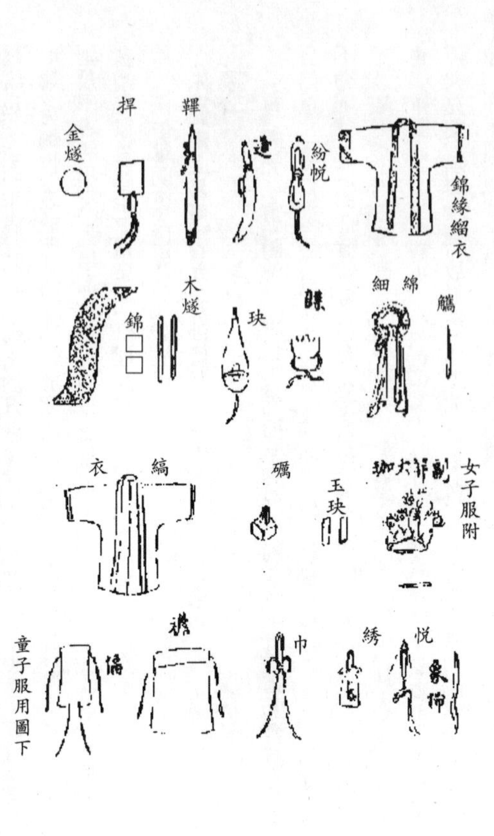

《內則》曰：子事父母，左佩紛帨、刀、礪、小觿、金燧，右佩玦、捍、管、遰、大觿、木燧。按注云：紛帨，拭物之巾也。刀礪，磨石也。觿狀如錐角，鋭可以解紐。玦，射決，著右手之拇指以鉤弦。捍，韝臂也，韋爲之以捍弦。管，筆彄也。遰，刀鞞也。金木二燧，以備陰晴之取火焉。

羅泌《路史》卷五《前紀五・因提紀》　遂人氏

不周之巔有宜城焉，日月之所不届，而無四時昏晝之辨。空同之北，北極鍾火之山，地數百里無日月之光，猶蜀之陋天，常雨少出日者。王子年云：去都萬里，有申彌國，近燧明之國，地與西王母接，以故燕昭王游于西王母燧林之下，説燧皇鑽火之事。西王母國名，詳餘論。

有聖人者游于日月之都，至于南垂，有木焉，鳥啄其枝，則粦然火出。聖人感之，廣土自有不見日月之處，予嘗論深山四時早晚與平原之不同，非若佛書所謂夜摩天之類。《拾遺記》云：燧明之國不識晝夜，上有燧木，後世聖人游于日月之外，以食救物，至于南垂，觀此燧木，有鳥類鴞啄其枝則火出，取以鑽火，號燧人氏。在包羲氏之前，蓋火山國也。《山海經》言，火山之國，雖經霖雨，其火常然。即今武周連渾府之遥火山也，故代劉雄勇爲火山軍，亦猶梧州火山之火。于是仰察辰心，取以出火，作鑽燧，别五木以改火。詳發揮。上古之人茹毛而啗血，食果蓏蜯蠬，膻腐餿漫，内傷榮衛，殞其天年。乃教民取火，以灼以炳，以熟臊勝，以燔黍捭豚，然後人無腥肭之疾。人民益夥，羽皮之茹有不給，于寒乃誨之，蘇冬而煬之，使人得遂其性，號遂人氏，或曰燧人。以鑽燧，故《古史攷》云鑄金爲刃，民大悦，號曰燧人。《禮含文嘉》云：燧人氏鑽木取火，炮生爲熟，令人無有腹疾，遂天之意，故曰遂人。《典畧》云：燧人鑽木取火，免腥臊，變熟食，人事也。《白虎通義》云：取火，教民熟食，制養禮性，避臭去毒，謂之燧人。順而不一，于是窮火之用而爲之政。春季以出樵，終以納，異其時也，以濟時疾。鬱攸之司，九變七化，火爲之紀，謂木器液。于是范金合土，爲釜重作，烓高甌瓿，成物化物，而火之功用洽矣。季春，心昏見于辰而出火。季秋，心昏見于戌而納火。故《尸子》云：遂人察辰心而出火。亦見《中論》：夫心見于辰則火大壯，故季春禁火。有辨，見發揮。

易祓《周官總義》卷二三

司烜氏掌以夫遂，取明火于日，以鑒取明水于月，以共祭祀之明齍明燭，共明水。

掌明水明火而其官謂之司烜者，取大《易》所謂日以烜之之義。蓋萬物形成於地，精成於天，月遡日之光，其本皆出於日之故也。以夫遂取明火于日，以鑒取明水於月者，日陽之精，月陰之精也。離爲日，爲火，爲電者，火之氣也。坎爲月，爲水，爲雲者，水之氣也。水火以氣而升降，日月之精薄之，則夫遂可以召陽而爲火，鑒可以召陰而爲水，所以謂之明水火，言取于日月，而非人力之所能致，明之至也。明齍用明水以滌粢盛也。明燭用明火以照俎豆也。明水則以配玄酒也。夫陰陽之氣降而在物者，無所不備，而致其潔之至者，明水火而已，故以司烜共之。

葉時《禮經會元》卷四下《火禁》

《周官》水火皆有禁。水親而不尊，易以溺人，川游之人狎於水者，秋官萍氏禁之宜也。火之有禁，既有天官宫正以脩之，又有秋官司烜脩之，亦云足矣。夏官司爟，又特設一官以掌之，何邪？蓋火之爲物，炎上就燥，尊而不親，又非水之比也，不得其齊則疾，不得其性則災。故火星之伏見有時，國火之變易亦有時，過焉爲災，此司爟所以因時而施令，變火以救時疾也。先鄭云：三月昏，心星見辰上，使民出火。九月昏，心星伏戌上，使民內火。《春秋傳》曰：以出內火，夫出以季春，內以季秋。則是二時出入火矣。

又曰：四時變國火，以救時疾。何邪？蓋季春出火，非出火於民也，火星昏見，司爟乃禮而出之，猶羲叔寅賓出日也。季秋内火，非令民内火也，火星昏伏，司爟乃以禮而内之，猶和叔寅餞内日也。二時之出内火星，猶祭祀之祭爟，不忘本也。曰民咸從之，民亦如之，亦令民知有出内之禮也。故宫正春秋以木鐸脩火禁，以火星出入而脩禁也。司烜中春以木鐸脩火禁於國中，爲火星將出而脩禁也。宫正特嚴宫中之禁，司烜泛脩國中之禁，故或以春秋，或以中春，有不同歟。若夫四時變國火，以救時疾，則是順四時而改國火也。鄭司農引鄹子之説，春取榆柳之火，夏取棗杏之火，季夏取桑柘之火，秋取柞楢之火，冬取槐檀之火，是有五時變火，此惑於五行五色之説也。周人取火之制，司烜惟曰以夫遂取明火於日，以共祭祀。而司烜實預國中之火禁，則司爟四時之變國火，安知夫不以遂取火而易之乎。取於日則爲明火，國火則不取於日爾，《語》曰鑽燧改火是也。然司爟，上士二人，徒六人。司烜，下士六人，徒十二人，安能盡變國中之火，盡脩國中之禁？毋亦司爟施其令，司烜施其禁，而使民自易之歟。司爟、司烜二官分屬夏官、秋官者，司爟行火，南方之事，故司爟隸於夏。司烜取水火，司寇奉明水火，故司烜隸於秋。抑嘗因火禁之脩，宫正司烜皆以木鐸脩之。木鐸，振文教者也。文事奮木鐸，武事奮金鐸。鼓人以金鐸通鼓，司馬振鐸擁鐲，奮武事也。若非武事，皆以木鐸徇之，是以文教警衆，不特脩火禁爲然。《書》曰：每歲孟春，遒人以木鐸徇於路。古人將有新令，無有不奮木鐸者，是以小宰帥治官之屬而聽治象之法則，徇以木鐸。小司徒、小司寇帥屬觀象亦如之。鄉師四時召令，以木鐸徇於市朝。士師左右刑罰，以木鐸徇之於朝。一木鐸之徇而人心皆知，有文教之警，則孰不脩職攷法以共王事，奉令道禁以從王命哉。

林希逸《莊子口義》卷八　雜篇外物第二十六

木與木相摩則然，金與火相守則流，陰陽錯行則天地大絯，音駭。於是乎有雷有霆，水中有火乃焚大槐。

木與木相摩，則其火自出。今舟人用榆柳亦然。火與金相守，銷鎔之事也。木本無火，相摩而生。金爲至堅，見火而流，亦言不可必之意。大絯，大異也。大雷雨之時，或焚樹木，故曰水中有火乃焚大槐。不曰他木而曰槐者，槐能生火，故以槐言之。《淮南子》曰老槐生火，見《氾論篇》，亦非專焚大槐也。此皆陰陽錯行而爲災，事之不常見者，亦言其不可必也。

有甚憂兩陷而無所逃。蹪音陳，又楮允反。蜳音惇，又敕轉柱，允二反。不得成，心若縣於天地之間，慰暋音泯，又音昏。沈屯，張倫反。利害相摩，生火甚多，衆人焚和，月固不勝火，於是乎有僓音頹。然而道盡。

甚憂者，極憂也。兩陷，非有人道之患，則有陰陽之患也。《人間世》云是兩也，即此意。蹪蜳者，怵惕不自安之意。不得成者，言甚憂，無所逃而不成情緒也。心若縣於天地之間，言心有繫縛自苦也。慰暋，鬱悶也。沈屯，陷溺險難也。利害相戰於胷中，其内熱也甚於焦火，故曰生火甚多。此皆世俗一等不知道之人，不知外物之不可必而過用其心，故至此焚傷其胷中至和之氣，故曰衆人焚和月性也。衆人之生，其得於天者全，此至和之理猶如月然，但爲物慾所昏，其炎如火，故其爲月者不能勝之，遂至於焚和也。山谷云本心如日月，利慾蝕之，既正用此意。僓然者，弛然而自放也。道盡者，言其天理滅盡也。蓋謂衆人汩於利欲，終身不悟，至於滅盡天理而後已也。

祝穆《古今事文類聚》續集卷一八《燈火部》　初作燧火

古者茹毛飲血，燧人氏初作燧火，人始燔炙。譙周《古史考》。燧人始鑽木取火，春取榆柳，夏取杏棗，季夏取桑柘，秋取柞楢，冬取槐檀。

或問：四時取火，何爲季夏又取一番？曰：土旺於未，故再取之。土寄旺於四季，每季皆十八日，是四箇十八日，計七十二日。其他四行分四時，亦各七十二日，共湊成三百六十日。朱詩録。

陳顯微《文始真經言外旨》卷五《五鑑篇》

關尹子曰：物我交心生，兩木摩火生，不可謂之在我，不可謂之在彼，不可謂之非我，不可謂之非彼，執而彼我之則愚。

抱一子曰：心火也，二也，故物我交而後心生，兩木摩而後火生。彼有執，以爲心在我或在彼，又以執，以爲火在此或在彼者，不然，則或以爲非我非彼者，皆愚人也，烏足以識心哉！

趙順孫《論語纂疏》卷九《朱子集註》　陽貨第十七

舊穀既没，新穀既升，鑽燧改火，期可已矣。鑽，祖官反。

没，盡也。升，登也。燧，取火之木也。改火，春取榆柳之火，夏取棗杏之火，夏季取桑柘之火，秋取柞楢之火，冬取槐檀之火，亦一年而周也。愚謂：榆柳青，棗杏赤，桑柘黄，柞楢白，槐檀黑，各隨其時之方色取之。《周禮》司爟掌行火之政令，四時變國火，正此謂也。已，止也。言期年則天運一周，時物皆變，喪至此可止矣。

黄震《黄氏日抄》卷五七《讀諸子三・論衡》　陽燧取火。五月丙午，日中鍊五石鑄器，磨礪生光，仰以向日則火來。至今以刀劒之鉤月摩拭向日，亦得火。

黎靖德編《朱子語類》卷一《理氣上·太極天地上》 問：四時取火，何爲季夏又取一番？曰：土旺於未，故再取之。土寄旺四季，每季皆十八日，四箇十八日，計七十二日。其他四行分四時，亦各得七十二日，五箇七十二日，共湊成三百六十日也。僩

問：古者取火，四時不同，不知所取之木既別，則火亦異否？曰：是如此。胡泳。

趙汝楳《周易輯聞》卷三

大畜，剛健篤實輝光，日新其德，剛上而尚賢。能止健，大正也。不家食，吉，養賢也。利涉大川，應乎天也。

金與石胥擊而火生，竹與竹胥摩而明見。凡物之光，必有與之胥軋者而後發越。剛健指乾，篤實指艮。乾之剛在下而健，艮之剛在上而止，健止胥摩而後德輝可覩。下不健則其動尼於止而遽息，息則不能光。上不止則氣勢振於健而動摇，摇亦不能光。今上之鎮止愈力，而下之剛動愈健，是以其光與日俱新。世有立德之士，篤於進修，自强而不息，其志固可尚矣。

戴侗《六書故》卷三《天文下》

燧，徐醉切，以鏡取火於日，曰金燧。鑽木取火，曰木燧。亦單作遂。

㸂，于歲切，束稿起火也。《賈誼傳》：日中必㸂。蓋取明火於日也。或曰會意。顔之推讀若暴曬之暴，非。

《周官》司烜氏掌以夫遂，取明火於日。別作鐩。

俞琰《周易參同契發揮》卷中《中篇》

陽燧以取火，非日不生光。方諸非星月，安能得水漿。二氣至懸遠，感化尚相通。何況近存身，切在于心胷。陰陽配日月，水火爲效徵。

《周禮》秋官司烜氏掌以夫遂，取明火于日，以鑒取明水於月。《淮南子》云：方諸見月則津而爲水。高誘註云：方諸，陰燧，大蛤也。熟摩拭令熱，向月則有水生。且地之去天不知幾千萬里，日月懸於空中，去地亦不知幾千萬里，而陽燧見日則得火，方諸見月則得水，奚爲感化相通，如此其速哉。何況近存身，切在於心胷，身中自有水火，心中自有藥材，得不迴光返照，以求其感化之妙乎。乃若八月十五，月明之夜，深山之兔結胎，滄海之蚌結珠，抑何爲感化相通如此其妙哉。人生天地間，爲萬物之靈，反不能盜天地，奪造化，曾兔蚌之不若。學仙者亦嘗於此致意否乎。大抵陰陽得類，自然感化。今魏公以陽燧取火，方諸取水爲證，欲使學者潛心内觀於無中生有，其感化亦如是也。《還丹篇》云：二氣纔交，甘雨降；兩神相會，玉漿流。信有之矣。夫鑑之與珠，皆光明瑩潔之物，表裏透徹，無纖毫痕瑕，故能拘日月之光，聚爲一粟之明，雖寥廓至遠，隨即感應。然而定則聚，聚則有。動則散，散則無。人能虛心凝神，泰然内定，無一毫之雜想，以吾自已日月聚光不散，久之氣定時正，自有奇效。要之，至道不遠，恒在目前。亦猶磁石吸鐵，隔礙潛通，極爲切近，但世人迷而忘返，不能求之於内爾。

方回《續古今攷》卷二 拔劍斬蛇

子婦事父母舅姑，各有所佩，男子右佩玦、捍、管、遰、大觿、木燧，左紛帨、刀、礪、小觿、金燧。婦人右箴管、線纊、大觿、木燧，左紛帨、刀、礪、小觿、金燧。佩如是而已，未有帶劍者也。

【略】金燧，木燧，取火之具也。金曰鑒，曰方諸，或方圓。木則榆槐之類。古之

又 卷三二 充人

取火自燧人始，庖牲自伏羲始。畫卦重卦，皆庖犧。《尚書大傳》曰：燧人爲燧皇，以火紀。《禮含文嘉》曰：燧人始鑽木取火，庖生爲熟，令人無腹疾。《帝王世紀》曰：庖犧氏，風姓也，蛇身人首。燧人氏没，庖犧繼之，稱太昊，都陳，制嫁娶之禮，取犧牲以充庖厨，故號曰庖犧氏，是爲犧皇。後世音繆，故或云伏犧，或謂之宓犧。一解云，虙以虙爲宓，古伏字，後誤。劉恕《通鑑外紀》：庖犧氏取犧牲以充庖厨，造八卦，始作三畫以象二十四氣，因而重之，爻象備矣。作爲網罟，以佃以漁。制嫁娶，以儷皮爲禮。紫陽方氏曰：書遂人以取火也，有火而後可庖牲也。包犧氏取犧牲，犧專指牛。然《左傳》鷄憚爲犧，自斷其尾。又《韻書》犧，純牛色也。韻云三牲，牛、羊、豕而皆牲。然《周禮》六牲，馬、牛、羊、豕、犬、鷄皆牲也。書八卦者，見畫與重皆始伏羲也。

胡炳文《論語通》卷九《朱子集註》 陽貨第十七

舊穀既没，新穀既升，鑽燧改火，期可已矣。鑽，祖官反。

没，盡也。升，登也。燧，取火之木也。改火，春取榆柳之火，夏取棗杏之火，夏季取桑柘之火，秋取柞音昨。楢音由。之火，冬取槐檀之火，亦一年而周也。已，止也。言期年，則天運一周，時物皆變，喪至此可止矣。饒氏曰：榆柳，木之青者，故春取之。棗杏，木之赤者，故夏取之。桑柘黄，柞楢白，槐檀黑，各隨其時之方

色取之。蓋五行之中各有五行，火有五色，如金有五金之類。古人作事，件件順天時，况水火乃天地間妙用，尤不可不順其性。因時改火，以達其義，亦贊化育之一事也。故《周禮》司爟掌四時變國火，以救民疾。後世都不理會，如何得陰陽，和萬物。

王守正《道德真經衍義手鈔》卷六　希言自然章第二十三

同於道者，道亦得之。同於德者，德亦得之。同於失者，失亦失之。信不足，有不信。【略】

衍義云：陽燧照日而火就。

鈔陽燧者，範金爲器，其形如杯，或類鏡焉。以玄繒潔之，以日照之，以艾承之，則得火焉。二者因日月之光，以氣類相感而生水火焉。

牛道淳《文始真經註》卷一《一宇篇》

關尹子曰：一灼之火，能燒萬物，物亡而火何存？

火者，無我之物。或鑽木，或擊石，取火之一星而灼爇之，及其大也，則劫火洞然能燒萬物，及至燒盡萬物，火亦不存，爲火無我也。故云一灼之火能燒萬物，物亡而火何存。此起喻也。

又　卷二《二柱篇》

木之爲物，鑽之得火，絞之得水。金之爲物，擊之得火，鎔之得水。金木者，水火之交也。

鑽木得火，以見子之情也；絞木得水，以見母之情也。此釋欲昇而不能昇者爲木也，故云木之爲物，鑽之得火，絞之得水。擊金得火，以見夫之情也；鎔金得水，以見子之情也。此釋欲降而不能降者爲金也，故云金之爲物，擊之得水也。如上所説，以此知金木各具水火之情，相交孕化爲金木也，故云金木者水火之交也。

【略】

何謂非形？形之所自生者，如鑽木得火，彼未鑽時，非火之形，彼已鑽時，即名爲形。

此又自設問：何謂道之真空？答云：天地之形所自生者，譬如人鑽木得火之形見。此喻太極分高厚之形也，故云何謂非形？形之所自生者，如鑽木得火也，彼人未鑽木時，非有火之形狀也。此喻未有太極之前也，故云彼未鑽時，非火之形也，彼人已鑽木時，有火出見，即名爲火之形狀。此喻無極而太極，太極分而天地之形位矣，故云彼已鑽時，即名爲形也。此章明道不屬時數方位者也。

又　卷五《五鑑篇》

關尹子曰：物我交心生，兩木摩火生。

心本無心，因物而見，物我相交而心生顯見，如兩木相鑽摩而生火也，故云物我交心生，兩木摩火生也。

何異孫《十一經問對》卷五《周禮》

問：司烜氏以夫遂取明火於日，以鑑取明水於月者何？

對曰：夫遂，陽遂也。鑑，鏡也，即方諸。陽遂取火，方諸取水，今之水火鏡也。取火，以青紙貼鏡，映日取之。取水，以白紙貼鏡，映月取之。用此火以照饌陳，設明水以爲玄酒滌樽罍。

賈銘《飲食須知》卷一《水火》　燧火，人之資於火食者，疾病壽夭係焉。四時鑽燧取新火，依歲氣而無亢。榆柳先百木而青，故春取之。杏棗之木心赤，故夏取之。柞楢之木理白，故秋取之。槐檀之木心黑，故冬取之。桑柘之木肌黄，故季夏取之。

桑柴火，宜煎一切補藥，勿煮豬肉及鰍鱓魚，不可炙艾傷肌。

竈下灰火謂之伏龍屎，不可爇香祀神。

艾火，宜用陽燧、火珠承日取太陽真火，其次則鑽槐取火爲良。若急卒難備，用真麻油燈或蠟燭火，以艾莖燒點於炷，滋潤炎瘡，至愈不痛也。其戛金、擊石、鑽燧、八木之火，皆不可用。八木者，松火難瘥，柏火傷神多汗，桑火傷肌肉，柘火傷氣脈，棗火傷內吐血，橘火傷營衛經絡，榆火傷骨失志，竹火傷筋損目也。

葉子奇《草木子》卷一《管窺篇》　地爲陰，故火隱而不現。擊石有火，至剛而後生也。兩木相摩則火，至動而後生也。剛動皆陽也。

佚名《道法會元》卷一三一《雷法説》　天上有日月運行，地下有風雲磅礴。天一生水，在太陰中，爲雨露，爲霜雪。地二生火，在太陽中，爲風霆，爲雷電。晝以火鏡對太陽則取火，夜以水鏡對太陰則取水。天上純是火，地下純是水。天一陽數，却能生水，所以火能生水。地二陰數，却能生火，所以水能生火。日爲太陽，外陽而內陰。月爲太陰，外陰而內陽。所以陰中有陽，陽中有陰，水中有火，火中有水。嘗見海船烝夫説，海中潮湧波翻，拍天而作，遠遠望之，海面波濤中無限火燄。或者謂海鰌之鬐鬣鱗甲，非也。又見州城村郭中人説，曩年滿州遺漏鬱攸之變，大火燄中忽降雨雹。非欒巴之噀酒，乃水中有火，火中有水之義也。水在平地，浚掘可見。火在木石，鑽擊可得。雷在地中，不在天上。每每見雷在天上響，其實是雷從地下發，應在天上響，如空谷傳聲之義也。風亦如之。風從地下生，發於半空鳴。風之爲候，起隨太陽出，息則隨太陽没，若起隨太陰出，息則隨太陰没也。天地風雨晦明之道，實陰陽之造化也。一陰一陽之謂道，偏陰偏陽之謂疾。陰陽二炁升而降，降而升，闢而闔，闔而闢，運行不差，周流不息，則風雨調順。纔有差誤，不旱則澇。人身中之氣亦然。周流則六脉平和，壅閼則百病膠擾。夫天地之間，陰陽生煞之機，陽盛陰弱爲風，陰盛陽弱爲雲，陰陽激剥爲雷。陰陽升降爲雨，陰陽凝流爲雹。蓋陰陽之氣，若陰只爲陰，陽只爲陽，不有盛有弱，不有生有殺，不有升有降，雖天地胡爲而天地也。陽極處便有風，熱極處便有雨，陰極處便有雲，寒多處易作雪。風隨火生，熱極生風也。雲隨水生，寒極生雲也。

朱橚《普濟方》卷二三五《勞瘵門》　用火法出濟生方。

【略】

黄帝曰：松、栢、柿、桑、棗、榆、柳、竹等木火，用灸必害肌血，慎不可用。凡取火者，宜敲石取火，或水晶鏡子於日得者，太陽火爲妙。天陰則以槐木取火亦良。

胡廣等《性理大全書》卷二七《理氣二·天文》　雷電

程子曰：電者，陰陽相軋；雷者，陰陽相擊也。問：人有死於雷霆者，無乃素積不善，常歉然於其心，忽然聞震，則懼而死乎？曰：非也，雷震之也。然則雷孰使之？曰：夫爲不善者，惡氣也。赫然而震者，天地之怒氣也。相感而相遇故也。曰：雷電相因何也？曰：動極則陽形也，是故鑽木戛竹皆可以得火。夫二物者，未嘗有火也，以動而取之故也。擊石火出亦然。惟金不可以得火，至陰之精也。然軋磨既極，則亦能熱矣。陽未嘗無也。

胡廣等《禮記大全》卷一二　内則第十二

左右佩用，左佩紛帨、刀、礪、小觿、金燧。

所佩之物，皆是備尊者使令之用。紛以拭器，帨以拭手，皆巾也。刀礪，小刀與礪石也。觿狀如錐，象骨爲之。小觿所以解小結者。金燧，用以取火於日中者。

右佩玦、捍、管、遰、大觿、木燧。

玦，射者著於右手大指，所以鉤弦而開弓體也。捍，拾也，韜左臂而妝拾衣袖，以利弦也。管，舊註云筆彄，其形制未聞。遰，刀室也。大觿，所以解大結。木燧，鑽火之器，晴則用金燧以取火，陰則用木燧以鑽火也。

朱權《天皇至道太清玉册》卷下《修真器用章》　陽燧

古者以陽燧取火，爇香降靈也。凡修丹者，皆用此火，不用凡火，故道家皆用之。蓋火出於燧，燧圓而火不圓。《參同契》謂陽燧以取火，非日不生光，以燧向日，以艾承之，可以得火。

蔡清《四書蒙引》卷八　陽貨第十七

宰我問三年之喪。

宰我問三年之喪，只到期年亦已久矣，爲何？蓋居喪則不得習於禮樂。夫君子三年不爲禮，則曠廢日久而禮必壞。三年不爲樂，則曠廢日久而樂必崩。夫喪必三年，其害有如此者。以一年言之，穀之舊者已没，新者又升，且鑽燧以取火，而四時之火隨時迭改。由此言之，天運一周，時物皆變，喪至此可止矣。又何必三年？此兩條言三年有妨，一年自可以止，所以盡上條期已久矣之意。三年之喪，父母之喪也。三年字輕。

又《數目紀事章·四數》　四時取火

春取榆柳之火，夏取棗杏之火，季夏取桑柘之火，秋取柞楢之火，冬取槐檀之火。

鑽燧，謂鑽取那燧，故註曰取火之木，非取火於木也。凡木中皆有火。燧者，火之所在也。春取榆柳之火，此火即燧也。既取此火，却以木傳之，而所傳之火皆榆柳之火也。春取榆柳之火云云；春火之在榆柳者旺也云云。故榆柳青色，棗杏赤火色，桑柘黄土色，柞楢白金色，槐檀黑水色，四時之色也。夏季又取一番火者，土旺於未，故再取之。蓋雖四時而有五行，故一年五番取火。古人鑽燧改火者，對時育物之道，參贊化育之機也。後世都不理會，如何得天地位、萬物育。

楊慎《丹鉛餘録》卷一　鑽燧改火，四時而五物焉。朱子謂夏火太盛，故再取。此意料之言耳。先王取火，法五行也。春行爲木，榆柳色青以象木也，木生火。夏行爲火，棗杏色赤以象火也，火生土。季夏行爲土，桑柘色黄以象土也，土生金。秋行爲金，槐檀色白以象金也，金生水。冬行爲水，柞楢色玄以象水也。四時平分而夏乃有二焉，何也？土位在中宫，而寄王於四時。季夏者，土之中位，故《月令》於仲夏之後列中央土。《素問》謂之長夏，是其説也。統之則爲四時，分之則爲五行。五行各七十二日，土分王於四時之末，各分十八日，合之亦七十二日。總五行之七十二日，合三百六十而成一歲也。

又楊慎《丹鉛總録》卷二《地理類》 熒臺火井

《水經注》火山似火，從地中出，名曰熒臺。今南中往往有之，火井在蜀之臨邛。今嘉定犍爲有之，其泉皆油，爇之然，人取爲燈燭。正德中方出，古人博物亦未及此也。積陽之氣所産，固非怪異。

唐順之《武編》前集卷五《火器》 【略】宿火用鐵片炭基。

一水底雷，以大將軍爲之，埋伏於各港口，遇賊船相近，則動其機銃，發於水底，使賊莫測，舟楫破而賊無所逃矣。用大木作箱，油灰粘縫，内宿火，上用繩絆，下用三鐵錨墜之。

萬民英《三命通會》卷一《論五行生剋》 火主於南應夏，火之爲言化也，燬也。陽在上，陰在下，燬然盛而變化萬物也。鑽木取火，木所生也。然火無正體，體本木焉。出以應物，盡而復入，乃自然之氣也。

柯尚遷《周禮全經釋原》卷八 春官下

菙氏，掌共燋契，以待卜事。凡卜，以明火爇燋，遂吹其焌契，以授卜師，遂役之。

釋曰：燋，灼龜之木。契，開龜之鑿也。《詩》曰：爰契我龜。《士喪禮》曰：楚焞，置于燋在龜東。楚焞即契，燋謂炬，其存火所以共卜之用也。明火，以陽燧取火於日而用之。明，潔之至也。契之鋭頭爲焌，以契之鋭頭火而吹之，其頭若戈鐏焉。焌契既燃，乃授卜師，以卜師燃火作龜，以致其墨是也。菙氏因而贊相其事，爲卜師所役也。

又 卷一一 秋官上

司烜氏掌以夫遂，取明火於日，以鑒取明水於月，以共祭祀之明齍明燭，共明水。凡邦之大事，共墳燭庭燎。中春，以木鐸修火禁於國中。軍旅，修火禁。邦若屋誅，則爲明竁焉。

釋曰：夫遂，陽遂也。鑒，方諸也。二者皆鏡屬，而其體有方圓之不同。先王於天地宗廟社稷之祭，以陽遂取火於日，以方諸取水於月，蓋欲得陰陽至精之氣，以將其誠致其潔也。明齍，以明水爲齍盛也。明燭，以明火照饌陳也。共明水，以明水爲玄酒也。墳，大也。樹於門外曰墳燭，樹於庭中曰庭燎，皆所以照衆爲明也。中春，火星將出之時，以木鐸修火禁，謹人戒火也。軍旅，修火禁，大衆所聚，尤宜致謹故也。屋誅，謂不殺於市，而誅於甸師氏屋舍之中，所謂刑于隱者，不令衆庶見也，則王之同族及有爵之刑也。竁，爲壙以埋其尸也。明竁，蓋揭其罪於竁上，若明刑明梏焉。或曰屋誅，屋幽深如竁，蓋土室之中，司烜氏以火爲明而後行誅，故曰明竁以掌火也，亦通。

徐元太《喻林》卷二一《人事門十九・待成》 那先問王：如鑽火燧，無兩木，無人鑽者，寧能得火不？王言不能得火。那先言，設有兩木，有人鑽之，寧能生火不？王言然，即生火。那先言，天下無有自然生物，皆當有所因。《那先比丘經》卷中。

然以三事因緣觸乃得生，猶如鑽火，人功燧鑽，三事和合，得出於火。我亦如是有眼識緣，三事和合而得生觸。《無明羅刹經》。

又 卷四四《人事門四十二・貴忘》 譬如木火，因手因鑽而得生火。木火之生，終不念言，是手鑽生火，亦不言我能自生。《海空智藏經》持誡品。

又 卷五〇《人事門四十八・失道》 梵志欲遊人間，語小兒曰：我有少緣，欲暫出行。汝善守護此火，慎勿使滅。若火滅者，當以鑽鑽木，取火然之。具械勅已，出林遊行。梵志去後，小兒貪戲，不數視火，火遂便滅。小兒戲還，見火已滅，吹灰求火，不能得已。便以斧劈薪求火，復不能得。又復斬薪置於臼中，搗以求火，又不能得。爾時梵志於人間還，詣彼林所問小兒曰：吾先勅汝使守護火，火不滅耶。小兒對曰：我向出戲，不時護視，火今以滅。復問小兒，汝以何方便更求火耶？小兒報曰：火出於木，我以斧破木求火不得；復斬之令碎，置於臼中，杵搗求火，復不能得。時彼梵志以鑽鑽木出火，積薪而然。告小兒曰：夫欲求火法應如此，不應破薪杵碎而求。《長阿含經》卷七。

釋真可《紫栢老人集》卷五《法語・墨香庵常言》 陽燧取火，方諸取水，故向月則水注，向日則火然。夫水之與火，果生于日月乎？果生于諸燧乎？果生于盤丈乎？若生于日月，則非諸燧，水何不注？火何不然？若生于諸燧，未向日月時，亦何不注、不然耶？知此則可與語神化矣。

鄭明選《鄭侯升集》卷三九《秕言》 取火

鑽燧改火，註云：春取榆柳之火，榆柳色青，故春取之。夏取棗杏之火，棗杏色赤，故夏取之。季夏取桑柘之火，桑柘色黄，故季夏取之。秋取柞楢之火，柞楢色白，故秋取之。冬取槐檀之火，槐檀色黑，故冬取之。莞子云：五和時節，以倮獸之火爨。倮獸之火，中央火也。至春以羽獸之火爨南方，朱鳥用南方之火，故曰羽獸之火。夏以毛獸之火爨西方，白虎用西方之火，故曰毛獸之火。秋以介獸之火爨北方，玄武用北方之火，故曰介獸之火。冬以鱗獸之火爨東方，蒼龍用東方之火，故曰鱗獸之火。與《論語》取火之説不同。

徐光啓等《新法算書》卷一一《測天約説》卷下 恒星篇第七

天之能力下及每用二器，其一光也，其一施也。光不獨能照天下，亦能作熱，如用窪鏡對日而成返照，則能生火。又用玻璨圓球對日而成折照，亦能出火。其故爲何？光于天下爲最尊，熱于四大物情中四大情者，一熱，二冷，三燥，四濕。亦爲最尊，以尊生尊，是其理也。其次亦能生冷，亦能生燥，亦能生濕。爲光本非熱，非冷，非燥，非濕，而其中有精，足當四情，故能生熱，生冷，生燥，生濕也。夫光之爲體，若其發而及物，何爲施之不盡？若其不發，則一切所受爲從何來？故其體其用，總非人間意量所及。

章潢《圖書編》卷二二《五行五物》　鑽燧改火，四時而五物焉。朱子謂夏火大盛，故再取，此意料之言耳。先王取火，法五行也。春行爲木，榆柳色青以象木也，木生火。夏行爲火，棗杏色赤以象火也，火生土。季夏行爲土，桑柘色黄以象土也，土生金。秋行爲金，槐檀色白以象金也，金生水。冬行爲水，柞楢色玄以象水也。四時平分而夏乃有二焉，何也？土位在中宫，而寄王于四時。季夏者，土之中位，故《月令》于仲夏之後列中央土。《素問》謂之長夏，是其説也。統之則爲四時，分之則爲五行。五行各七十二日，土分王於四時之末，各分十八日，合之亦七十二日。總五行之七十二日，合三百六十而成一歲也。

茅元儀《武備志》卷一三四《軍資乘·火器圖説十三》　鋼輪發火

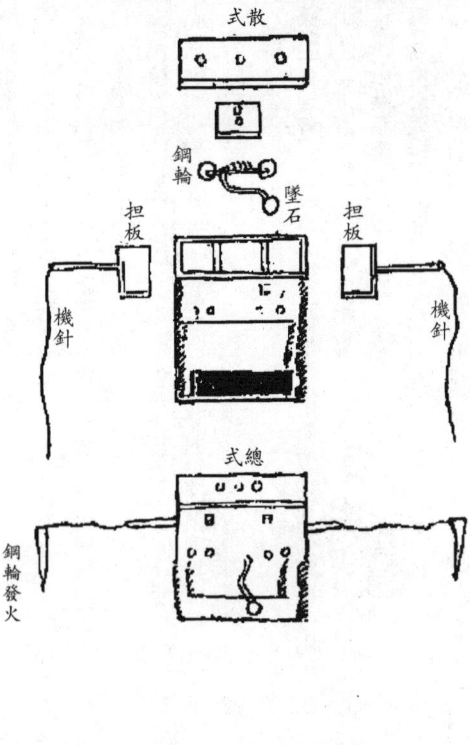

鋼輪櫃，用榆槐木如式造，兩頭重，用藏火線槅板，底鑿墜石口。櫃蓋周圍，多鑽引線眼。內兩旁用槽木四枝，上粘紫膠。火石純鋼，照櫃大小造。兩輪中用鐵軸捲繩，從下中孔拴墜石於底外。櫃內兩頭閣輪用鐵板四箇，中開眼製鐵長針，將底外墜石板扶住，閣於地坑，草土覆之。其針鼻拴遊線，交横遠繫釘地。若人馬絆繩，針脱輪轉，火起貫天，通槽火線，羣砲轟發，有神術之妙，屢試驗也。

傅汎際　李之藻《寰有詮》卷五

論光能作熱五支

疏：凡屬人物覺司之界，其用莫神於光，所最貴者六端。一，宇內萬物，繇光乃見，故稱光爲天地萬物文繡之服。二，晝夜禪代，繇光迺成，人物出作入息，全賴有此。三，光乃天施最要之具，無所不徧，無所不傳，因稱惠德之像。四，光不循漸，待時一發即傳。蓋凡需時而傳，屬於依賴者，其性有與相悖。如冷與熱悖，冷熱不得即施。乾與濕悖，冷濕不得即施。光則獨擅其能，誰與逆者，故其施用無待於時。五，光能裨益生力，爲振生之活德，故病者夜則加劇，曙則稍舒。冬病見春，屢或得愈。六，四情之中，熱爲最貴，萬有生命，切繫一熱。熱如此其貴也，則作其熱者可知，光乃熱之作者。

欲明前義，更詳兩端。其一，光能生熱，日月可證。下域之物，盡繇日施其光，始生其暖。月至望夜，暖於他夜，此繇月光盈極，故施熱於下者大也。又水中性冷，無血羸蚌之屬，至望而肥，緣此時生暖減冷，其受化滋養者多也。亞利云太陽主歲，太陰主月，其施效當相類。蓋日行或近或遠，分别冬夏。而月之望而光滿，亦其夏也；朔而光晦，亦其冬也。又，光乃初體，最初之情，豈無因性妙用，以爲變化萬物之具，固宜其有生熱之能。

有謂光自不作熱，萬物所蘊之熱，凡雜者，各具熱冷乾濕四情。乘光而作也。此説非是。蓋日光作熱，則月與庶星之光亦能作熱，緣本其光悉皆受之於日者故。或又謂，月星固類，日光皆可作熱，然其原所自有之光，豈但不能作熱，且可作冷。曰：否。凡光皆同類者，同類之作必發同類之效。月星本光與日同類，日光既能作熱，月星豈不能作熱，顧作冷乎？

其二，凡繇對照返照相合成光者，其所作之熱視獨出於對照者之熱尤有甚焉。欲明此義，當知對照之光，一遇實體不能洞透，因而返增中分之光也。繇是而推，可證凡作者，其力愈厚，則其效亦必愈厚。直照反照兩合而成之光，其力厚於直照之光，則所作之熱其厚可知。

又，氣行下域之熱，甚於中域之熱，緣日射之光至地而返，遂增近地之氣之熱。又日升中天所射之熱，視在地平際所射之熱，其力尤大。蓋日光從上而下，直照乎地，光合而厚，則熱愈熾也。可驗於取火之鏡，緣其中深陷能容，迎日受射，其光攢聚一點，故其熱漸盛而火隨發焉。

駁或曰：設謂光能作熱，宜必先有光，後有熱，蓋凡作者皆在效之先者也。作既先效，乃熱居光之後，則不可謂熱爲初情矣。然性學指熱冷乾濕爲變化，最初之情初不屬光，光豈作熱。

正曰：萬有形生之物，雖盡繇四行而成，顧四行實體，不在物之體中，其在者乃熱冷乾濕所性之德耳。此四德者，似爲萬物資始之具，故謂最初之情。義指有形之物，繇作而後成者，情莫先於四情也。光既不關物之作成，則不類四行，更超四情之責，故不落於四情中也。

駁或曰：光果作熱，則其體愈明者，作熱當必愈盛。蓋繇作者包函何等，可以推其效之際限何若耳。今觀木金與月，光皆最明，然而他小星所作之熱，乃有更大於金於木於月者，循是而測，光未盡含作熱之能矣。

正曰：體愈明，作熱愈大。以論作熱之德，他無牽制者，則然耳。金木與月，雖皆極明，緣其兼含施冷之力，以制作熱之德，光乃不能直行本效。又或他不同性之星，相望相照相竝，梗其本德之用，所作之熱皆能有減。

駁或曰：因性之受，不能竝容相悖之情，則因性之作，亦不能竝發相悖之效。作者受者，其理一也。夫冷之與熱，性固相悖，則月與星，豈其既能作熱而又含施冷之力乎。如謂月星自含不同之德，則物之受施，未有能以其體之一分，兼受冷熱相悖二情者，必其某分受熱，某分受冷。所受之處不同，乃可謂之不相悖耳。顧更有可辯者，受有分也，施則無分。月星因性發用，不能分已所含之德，以向不同之界。如日光之照物，其性固然，安能主令所有之光照此物，不照彼物。明□既如此，月星亦然，總無異施。究當論受，若如所論，竟是一受者能容兩相克之情，固無此理。

正曰：謂物於其一分，不能竝受兩甚悖之情，固也。如謂不能竝受兩次悖之情，則非也。凡依賴之類，其積三等。如熱積甚，不可更加，謂之甚熱。積半以上，未至於甚，謂之次熱。積半以下，至於鄰無，謂之微熱。何以故？冷熱二情，當論多寡。此微彼次，勢固兼容。兩者竝甚，則勢相抗，敵强者偏勝，而物偏受之。其弱者自不能容也。此乃不兼受之義耳。顧其兩强不兼之際，物所受熱受冷，又緣本性自所緣引。合則受之，不盡繫乎外施强弱之力。亦有彼甚此次，而物偏受其次者，自爲相攝緣引，得其利順故也。

駁或曰：光既作熱，必亦作乾。今觀月受日照，其光滿時，豈但不致作乾，且能作人身之四液。凡侵濕者，至月望時，多患頭痛，則光既不作乾，宜亦不能作熱矣。

正曰：謂能作熱，亦能作乾者，不盡然也。如泥與蠟，或同曝日，或同就火，受變却異。泥見日火則堅，蠟見日火則鎔矣。月令人身痰液，或動而消，或動而不消，如此之效，不專在光，大率歸在含藏之力。試觀晦朔之間，月光甚闇，然其所感物變，殆有甚焉。風因月生，海波之揚，晦朔尤大。其他受變於月，望時更多。

論動能作熱六支

疏：動有二：一謂所動，乃有形之物去此就彼之動；一謂化動，如先冷後熱之動也。今不論化動，特論所動能作熱否。謂所動作熱者，如石與鐵，猛然相觸，每皆出火。又彈與矢，動疾則鎔。氣虛受擊，屢亦發照。冷雲迫熱，屢射電光。又海水本冷，狂風激之則暖。此皆因動生熱，有可徵者。至欲究其所以然之故，最未易明。故窮理者分其説爲十有二端，今姑陳二端辯之。

其一，謂所動爲作熱之緣者，緣其動爲最初之動故也。有謂凡每倫，必有最初者爲其倫之所以然。而所動，乃羣動中最初之動，則作熱之用，雖屬化動，亦歸總動之倫而屬於所動也。此説可駁者有二，一則執所動爲最初之動，因而作熱，未明作熱何繇。蓋凡作者，不能越本分之界，而所動之界，本在置其物於其所之内耳。一則稱每倫之最初者爲本倫之所以然。夫謂最初者爲所以然，其説良是，顧所動之動，但可謂之最初，不可謂本倫之初所以然，則不得爲化動之作所以然也。施熱施冷之用，謂之化動。至論所動之在於天者，論天之全形，不得離本所，緣其各分亦離此而就彼，故天之周動，亦謂之所動。雖可謂諸化動之作者，然其爲作不在其爲所動周動，而獨在於其德。既布其德，不得不動，乃其必然之勢，如火之焚林，不近不焚。既近而焚，必然之勢，不可以其近爲施焚之作者。

其二，謂兩實之體，猛相觸激即迸裂而火出。此説蓋執雜糅之物體，内函有不等之分。幾分屬升而熱，幾分屬墜而冷。升而熱者，爲氣火分。墜而冷者，爲水土分。忽因觸激開裂，致有鬆虛，其内氣火分與水土分兩相拆離，火迸出處。至其火之所以或大或小者，又繇觸激大小，其力有不同故耳。此説似矣，顧不盡然。就其所論，將謂四行之模，實在雜糅體中，而不知雜糅體中但有四情之德。其四行本有之實，未嘗在也。又謂必雜體而後成火，彼氣行者，豈非純體。然而遇相觸激，屢亦見有作火者焉。就此而推，有謂凡雜糅者，所含之熱，離中心之分，即必稍減者，此說亦不然也。夫惟有魂之物，其周身百體，近心之處受熱爲多，以其心爲生熱之原故。無魂之雜物，所函不然，其熱全體無異。

欲明正理，須舉三義。其一，所動之初效，尚未及於生熱，何以故作者之初效，惟一而已。而置物於其所，即其所動之初效也。所之與熱，明爲二類，是必二效，則作熱不得爲所動之初效。

其二，所動者，中分鬆虛，熱因以作，證在石與鐵也。其體本堅，一遇觸激，則兩實中分之氣逼迫開虛，乃致引熱起火。蓋熱之緣引，在虛故也。

駁或曰：熱爲初情，鬆虛者不過次情耳。凡不落四情中之情，皆謂次情。未聞初者顧從次者而來，則熱何得繇虛而作乎。

正曰：雖謂熱從虛作，然虛之於熱，非其作者，第爲具其緣引之情者。又凡含血者之動，繇其稟有熱性。然而熱又乘動融浹周身，則其熱之與動，可謂互爲作者。虛之作熱，義畧倣此。

其三，兩體相激，熱火作時，緣在中分之氣。蓋剛體之鬆，本不易致，而中分之氣，逼之則鬆，引動熱情，然後兩剛之體旋亦感受其熱。可驗於矢，緣夫矢行甚疾，空中之氣激動生虛，先作其熱，俄而矢感氣中之熱，熱益生焉。

或問：擊石者擊其廉隅，則火易出。若擊漫處，則否。何也？曰：其故有二。一，石之受擊若有專處，則其中分之氣受激亦專。二，隅中之氣分最微，則其逆於所擊者亦微，是以剛體觸擊，輒易虛裂而火隨發。

問：今有二石於此，其一最堅，其一次堅，人竝擊之，則次堅者火尤易出，何也？曰：此故亦有二焉。一，緣彼最堅之體或圜或平，故擊無專所，而中分之氣不易得熱。其次堅體或有廉隅，則受擊必有專所，迫開中分之氣，熱乃乘之而迸。二，次堅之體或含就火之情，遂因激而見火。

問：火之本情既恒炎上，胡爲兩實體之相激，火星迸出，下墜不上？曰：或緣使此兩激者其勢致然，如石本墜下，亦或緣其外施之力，逆性而上。又或緣此迸出之火，性不盡純，未盡脱其實體之微分，體勢稍重，故逆性而動，以就於下耳。

熱繇所動，前論已明。今問生熱與火，其切作者何在？或謂兩實者之激而生熱，繇其體中各含有熱。緣夫雜糅之物，咸具四情，其所含熱，即其發熱與火之作者。此說非也。人有持兩堅氷相觸而致火者矣。夫氷第有冷濕二情，絕非有熱，則豈繇有含藏者而生乎。

或謂熱之切作者，即在兩實相激之動。蓋凡儲具其質，使有緣引其模之情，是之謂切作者。今兩實相激之動，正爲儲具熱質，緣引火模，是乃熱與火之切作者。或又以熱與火之切作者歸於形天之所施，蓋凡莫測其因性之作，而忽然乃有其效，宜知必爲天德之所施，無性之作者，如無族類而生者之屬。則熱與火之生，似不關於下域之作者矣。折衷二說，論熱之生，前義爲當。若論火所從生，固宜悉歸天功。

駁或曰：動移其所，苟能生熱，則居靜不動，必能生冷。蓋凡作者相悖，其所發效必亦相悖也。夫靜非惟不能生冷，且或生熱，則可推知移所之動，亦未必能作熱矣。所云靜能生熱者，每見血氣之物，欲存本有之熱，則常靜攝不動。如龜蛇沍寒，內熱漸損，爲能蟄伏含氣，如死者然。用使熱不盡滅，身命得存。又人以鏡取火，持愈靜定，得火愈速。

正曰：謂作悖而效亦悖者，但可論於實有之作耳。靜則無何有矣，安得指爲實有之作者，而索其相悖之效乎？謂有生命者以靜存熱，其故有二。一，龜蛇穴處而靜，則能避諸作冷之緣。二，動者乘生血以作熱，故凡含血有生命者，久動則其生血，與其血中之熱必漸減損，靜則固守，不受他害，因能自存生血之熱也。或曰若然，則動非惟不作熱，尚可減熱。曰：含生之物，動久不息，內熱即減，併周身之熱亦減也。動苟有節，內熱雖損，猶有所補。周身之熱，寧有損乎。至論取火之鏡，愈靜持，得火愈速，此非以其持鏡之靜爲其作火之效也。繇其持鏡定靜，則感受返照之合，熱力聚厚，夫是以能生火耳。

駁或曰：動亦作冷，何謂作熱？試觀夏月搖扇，動氣生涼。人吸涼氣，得調心熱。熱木動撓，還冷更疾。冬月井泉，初汲則暖，受動則冷。是皆可驗動之作冷。

正曰：動之作冷，非其本效，第偶然之效耳。夏月扇動生涼，非關動德，緣炎夏氣近人身，愈增其熱。扇動則此往彼來，近氣退讓，新氣近人，熱去涼生，理固爾也。呼吸之理亦然。

駁或曰：苟如此論，凡浴溫泉者，何爲入水少選，水受人動，較初入時，更溫暖耶？曰：初入溫泉，溫泉之熱甚於人身之熱，顧水施熱於人身，人身亦施冷於其水。動則近身之水冷者忽離，新就之水，自必尤熱矣。至論氣之於我，其理不同。蓋近我之氣，較我身本更清涼，而我身施熱於氣，氣亦受而生熱。動則熱者，離我新氣遞來，未受我熱，颷然暫就，固不得不涼矣。

或又問：今人舉口微動，吹氣則涼。張口呵動，其氣則熱。何也？曰：微吹而動之氣，乃身外之氣也，故涼。大呵而動之氣，乃身内之氣也，故熱。

所謂熱水因動還冷者，蓋水動則渙其聚體，中熱散出，而在近之涼氣乘以入焉，故返冷尤疾也。其冬月所汲之泉，初出則温，少動還冷，亦同此義。

龔居中《痰火點雪》卷四 取火法

凡灸艾者，宜用湯燧火珠，承日取太陽真火。其次鑽槐取火爲良。若急卒難備，則真麻油燈或蠟燭火，以艾莖燒點於炷，滋潤灸瘡，至愈而不痛也。其戛金、擊石、鑽燧、入木之火，皆不可用。邵子云：火無體，因物以爲體。金石之火，烈于草木之火是矣。八木者，松火難瘥，柏火傷神多汗，桑火傷肌肉，柘火傷氣脈，棗火傷内消血，橘火傷營衛經絡，榆火傷骨失志，竹火傷筋損目也。

宋應星《天工開物》卷下《佳兵第十五》 火器

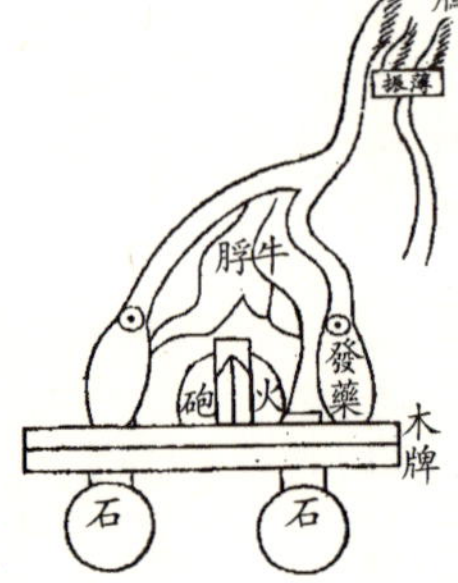

混江龍

混江龍，漆固皮囊裹砲，沉于水底。岸上帶索引，機囊中懸弔火石、火鐮。索機一動，其中自發。敵舟行過，遇之則敗，然此終癡物也。

方以智《物理小識》卷一《天類》 藏火

棉花燒黑，將灰收之。香燃一絲，去香則隱，少頃吹之復燃。《潛草》曰：杏仁灰包火，楊梅可佩。外域用火鴉駝雞肫皮塗卵白，包火。又曰紙捲香入竹筒，終日不滅，開則燃，合則隱。竹木銃一發即朽，塗卵白則能三發，故卵可撲火。暄曰：有長生火葫法。

又 卷二《風雷雨暘類》 已疾諸火

灸艾火者宜用陽燧火珠，承日取太陽真火。其次則鑽槐取火爲良。若急卒難備，即用真麻油燈，或蠟燭火，以艾莖燒點灸瘡不痛。金石之火，烈于草木之火是矣。八木者，松火難瘥，柏火傷神多汗，桑火傷肌肉，柘火傷氣脈，棗火傷内吐血，橘火傷榮衛經絡，榆火傷骨失志，竹火傷筋損目也。《梁書》載武帝時，有沙門從北齊齎赤火來，其火赤于常火而小，云以療疾。貴賤争取之，灸至七炷，多得其驗。吴興楊道慶虚疾二十年，灸之即瘥。咸稱聖火。《外紀》云：納波里有火山百洞，入洞皆以療疾。

顧炎武《日知録》卷五《用火》 有明火，有國火。明火以陽燧取之於日，司烜氏。近於天也，故卜與祭用之。華氏大祝大司寇。國火取之五行之木，司爟。近於人也，故烹飪用之。

古人用火必取之於木，而復有四時五行之變。《素問》：黄帝言壯火散氣，少火生氣。季春出火，貴其新者，少火之義也。今人一切取之於石，其性猛烈而不宜人，疾疢之多，年壽之減，有自來矣。詳見第二十五卷介子推條。

邵氏學史曰：古有火正之官，《語》曰鑽燧改火，此政之大者也。所謂光融天下者，於是乎在。《史記・楚世家》重黎爲帝嚳火正，能光融天下，命曰祝融。《周禮》司烜氏所掌及《春秋》宋衛陳鄭所紀者，政皆在焉。今治水之官猶夫古也，而火獨缺焉。飲知擇水而亨，不擇火以祭以養，謂之備物，可乎？或曰庭燎則有司矣，雖然，此火之末也。

李漁《十二樓》卷四《夏宜樓・第二回》 取火鏡

此鏡無甚奇特，僅可於日中取火，用以待燧。然邇來烟酒甚行，時時索醉，乞火之僕，不勝其煩。以此伴身，隨取隨得，又似於諸鏡之中更爲適用。此世運使然，即西洋國創造之時，亦不料其當令至此也。

黄宗羲《明儒學案》卷二五《南中相傳學案一・副使查毅齋先生鐸》 良知與知識不同，良知是天命之性，至善者也。知識是良知之用，有善、有惡者也。如石中有火，擊石火出。神觸神應，一毫人力不得與焉。即乍見孺子入井，皆有怵惕惻隱之心是也。知識則火從石中出，後延燒燎，原此二者之辨也。

又 譬之石中有火，擊石火出。人但見擊出之火，不知火原蕴於石中。擊出之火有起滅，石中之火無起滅。若是擊出之火，猶是真體，間不容髮。令人多從延燒燎原處認火，雖亦是火，離根遠矣。故元神識神，雖是一個，但有體用之别耳。

褚人穫《堅瓠集》續集卷一《鑽燧木》 鑽燧改火，四時而五木，蓋先王取火法五行也。春屬木，榆柳色青以象木也，木生火。夏屬火，棗杏色赤以象火也，火生土。季夏屬土，桑柘色黄以象土也，土生金。秋屬金，槐檀色白以象金也，金生水。冬屬木，柞楢色玄以象水也，四時平分而土位在中宫，寄旺於四時。季夏者，土之中位，故《月令》於仲夏之後則中央土，《素問》謂之長夏也。愚謂一歲統之爲四時，分之爲五行，五行各七十二日，土分壬於四時之末，各分十八日，合之亦七十二日。總五行之七十二日，合爲三百六十日而成一歲，乃所鑽木色，各從其時也。火久有毒，故四時改火。

揭暄《璇璣遺述》卷六　水火各徵

氣有聚散

日氣火，山尖散，山坳聚。夏天過凹，疾趨不然。冒暑火，鏡火，外散内聚，返激成火，故從上點陽燧、晶球、冰球、琉璃球、眼鏡，俱可取火。但前散後聚，故從後點。

體有動静

跳躍火，氣行點灼，如有毛角手足，彼此互動，似物跳躍。沖擊火，雷霆震迅，中有物如猴如彘，沖擊殺人，似放銃彈。餂咂火，著人本獸毛，有如餂咂咋有聲。長槍火，細長不動，有若槍然。

形有隱現

木石火隱，脂油火現。雷電火破雲隨現隨隱。螢蟲火一伏一現，以日陽入腐草，爲雨所伏而生。綿絮火，燒存性，竹筒貯燃，吹則現，不吹則隱。竹筒貯紙捲亦然。長生火，葫蘆貯乾葛，塞口則隱，去塞則噴出如放花，經年不滅。

又　火中火

硫黄乃日火所結，列缺乃日火之光。崇禎十一年，火藥局災，積油千石，以至自燄，皆火中發火者。

石中火

石乃土骨，然水生火結，如燒磁類。本生火者，以西把泥用火石砌城，名曰火城。廣輿大原河曲縣有火石恒熱。瑞州高安縣燃石，水灌則熱，砌釜底下可炊。《管窺集要》：贛縣出然石，黄白而理疎，著鼎其上，灌之足炊，置之則冷。又西海郡北山有赤石，以兩石相打則水潤，打不已潤盡則火出，山石皆然，炎起數丈，經日不滅。有大黑風自流砂捲沙至，撲掩之乃滅，石如故。齊州有陽起山，四時温煖，雖隆冬遍境皆雪，此山獨無，生石名陽起，以磨濕刷扇面，置烈日中，扇自飛起爲真。以之爲湯餌補陽，并宜男。凡石擊皆有火，諺云船用宜，家用不宜。凡地雷、水雷、高麗銃皆以此發。今食煙者多不用赤石，而用黑石矣。

高士奇《編珠》卷三《補遺・服玩部》　利火清水

《述異記》曰：南蠻多利火珠，大者如鷄卵，光照數尺，日中以艾藉珠，輒有火出。

李鍾倫《周禮纂訓》卷一三

凡卜，以明火爇燋，遂歛其焌契，以授卜師，遂役之。

注：明火，以陽燧取火於日。焌讀如戈鐏之鐏，謂以契柱燋火而吹之也。以授卜師，用作龜也。役之，使助之。

疏云：讀如戈鐏者，取鋭頭以灼龜之意。柱燋火者，以焌契柱，於燋火吹之也。

又　卷二〇

司烜氏掌以夫遂，取明火於日，以鑒取明水於月，以共祭祀之明齍、明燭，共明水。

注：夫遂，陽遂也。鑒，鏡屬，取水者，世謂之方諸。取日之火、月之水，欲得陰陽之潔氣也。明齍，謂以明水脩滌粢盛黍稷。明燭以照饌陳，明水以爲玄酒。

馬注《清真指南》卷六《問答》　問：陽燧取火，既太陽之下有火。何爆煤不燃，而隔燧則燃？曰：因一天之下有懸海，水能制火，雖熱不燃。譬猶鼎中之火，猶可食飲。若爐中之火，遭之必化。及隔以陽燧，則水不能透。珠而火，能透之。又如紙窻隔風，而不能隔光也。曰：方珠何以得水？曰：因太陰屬水，水本無光，借太陽則回光反照，普世皆明。水火既濟，萬物始能滋養。及隔以方珠，蔽其餘光，則水能透珠，而火不能透也。又若甕室岩居，能隔風光，而不能隔聲也。曰：少年眼明，隔以眼鏡則昏。老人眼昏，隔以眼鏡反明。其故者何？曰：眼乃五臟之精華，純陰之象，其體屬水，水則含影，必借太陽之光以爲增減。老人真水既虧，若止水霧覆，必借似日者，收其光，以助真陰之不足，故隔以眼鏡則明。少年元精未喪，若止水皞日，徹底光明，隔以眼鏡，又若紙紗糊窻，則外光不能内入，故昏。客曰：善。

王棠《燕在閣知新録》卷二一　四時改火

古人四時改火，故《周禮》有司火氏掌四時變火。火各以時，則民疾可救。唐長安清明尚食，内園官小兒于殿前鑽火，前得者進上，賜絹三疋，金碗一口。都人聚門外以觀，朝野鄭重，仍有古人之遺意。其火，取榆柳之火，賜近臣順陽氣也。宋朝惟賜大臣，後則不行矣。棠竊謂古人四時變火，原以順時除疾，非是則不取火。可知火之爲道，星星相續，無有已時。至變火之時，方將舊火任其自熄，而以新火任事。韋莊所謂内官初賜清明火，是也。今則不論四時，竝不論清明，日日取火，時時取火，不用木取火，用石取火，將古人木生火之說棄而不用，先民所謂滅棄五行，宜乎？年壽之不古，若也。

《隋書》云：王劭以古有鑽燧改火之義，表請變火，曰：《周官》四時變火，以救時疾。在晉時，有以洛陽火度江者，代代事之，相續不滅，火色變青。昔師曠食飯云：是勞薪所爨。使視之，果故車脚。今温酒及炙肉，用石炭、柴火、竹火、草火、麻荄火，氣味各有不同。以此推之，新火、舊火，理應有異。願于五時取五木以變火，用功甚少，救益方大。

胡煦《周易函書別集》卷一五《篝燈約旨・觀物》 木能鑽火所生者也，擊石又能出火。然以鋼擊之，有花出焉，結成小星，宛如鐵煤，則火從金出也。金固資火以成，或其中之宿含者歟。然兩石相擊，亦復有火光出焉。火性無所不融，而南方有火浣之布，真定有不灰之木。鼓鑄之鑪，其花初生必從乾方而始。乾爲老陽之金，戌亦火墓也。鐵冶既融，若有火蛆鼓舞其中，其鑪必大興旺。

劉堅《修潔齋閑筆》卷一 改火

燧人鑽木取火，法五行也。春行爲木，榆柳色青以象木也，木生火。夏行爲火，棗杏色赤以象火也，火生土。季夏行爲土，桑柘色黄以象土也，土生金。秋行爲金，槐檀色白以象金也，金生水。冬行爲水，柞楢色玄以象水也。然四季取火，何獨夏季重取之乎？《朱子語録》曰：土旺于未，故再取之。

允禄等《周官義》卷四七《禮器圖三》

楚焞

燋

龜

案《禮記・玉藻》云：卜人定龜，史定墨，君定禮。《周禮》卜師掌開龜之四兆：一曰方兆，二曰功兆，三曰義兆，四曰弓兆。龜人，掌六龜之屬，各有名物。天龜曰靈屬，地龜曰繹屬，東龜曰果屬，西龜曰靁屬，南龜曰獵屬，北龜曰若屬。凡取龜用秋時，攻龜用春時。華氏掌共燋契，以待卜事。凡卜，以明火爇燋，遂歛其焌契，以授卜師。蓋燋者，燃火之炬也。契者，灼龜之木也。契，謂之焌，亦謂之楚焞。楚其材也，焞其體也，契其用也。焌與焞，其名一也。契與作，其義一也。凡卜，必以墨畫龜以求吉兆，乃鑽之以觀其所拆。若從墨而拆大，謂之兆廣。若裂其旁岐細出，則謂之璺拆。體者，兆象之形。體定者，決其吉凶也。

又 案：《内則》事佩有金燧木燧，皆取火器。金燧，鏡也。木燧，鑽火器也。金燧在《周禮》司烜氏謂之夫遂，所謂以夫遂取明火於日，以鑒取明水於月，以共祭祀之明齍明燭，明水是也。注皆以鏡言之，又以鑒爲方諸。陳氏祥道因方諸説，謂曰陽燧取火於日，方諸取水於月，相去甚遠，而鑒體方，夫遂圜；且引王充《論衡》火至水來者，氣感之也。其説是矣。乃又引高誘《淮南注》説以方諸陰燧爲大蛤，謂熟摩向月則水生，以銅盤受之下水數石。此《淮南子》所謂方諸見月則津而爲水也。不知祭取致潔，古聖人舍江湖川瀆而求之月，惟其潔耳。若蛤之津而爲水，則血肉之餘，胡得謂之明水。且《經》明言鑒，又不當以大蛤混之也。

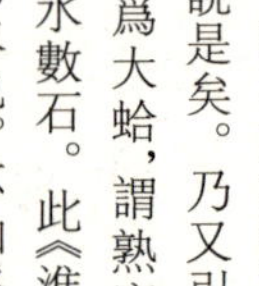
夫遂

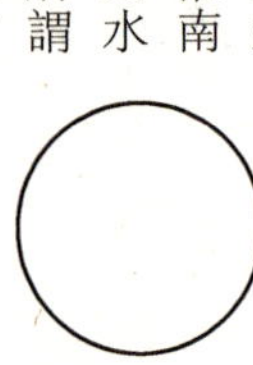
鑒

又允禄等《禮記義疏》卷七九《禮器圖二》

案陳氏祥道曰：夫燧圜，先儒謂晴取火於金燧，陰取火於木燧，然金燧以取明火，特施於致嚴之時。凡取火皆木燧，豈有間於陰晴耶。其説如此，但燧言鑽，則木燧當鋭。舊圖首尾皆鋭，則首尾皆可鑽也。

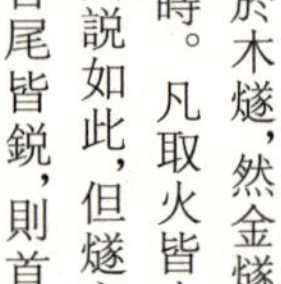
金燧

木燧

丁宜曾《西石梁農圃便覽・秋》 處暑

刈絲，作小束，曬乾，池内漚之。俟皮爛，取絲片，洗極浄，曬乾，潔白如雪。絲杆曬乾，劈成條，蘸硫黄，用以取火，名引光奴。或趁濕用草灰培，換灰，以乾爲度，可然火。絲多者刈取曬乾來年夏月漚之。

趙學敏《本草綱目拾遺》卷二《火部》 鑽木火，除瘟疫，卻四時不正之氣。《周禮》司爟掌火政，四時變火，以救時疾，即此。殺精魅。凡一切山魈、木怪、年老精魅，用千年古柏，不得以凡火燃，須鑽木按時取火燃之。

沈雲將食纂，榆柳火，助養生之氣，利肝膽，謂筋脈。棗杏火，消蓄茂之氣，養心血，通神明。柞楢火，斂耗散，秉元清，利肺而滋本源，制陽而結髓。槐檀火，補腎藏，益陰血，使遍體調和，周身通暢。桑柘火，補脾胃，壯真元。

擊石火，宜針灸百病，取其含陰氣於陽中，有太極之妙。張石頑以石取火爲陰火，云不宜以之灼艾。以太陽取於陽燧者爲陽火，宜灸病。不知石雖陰質，非真火蘊結則不成形。凡石中皆有火，火石較他石尤火多而易取者，以此石獨受天陽之氣厚也。石陰而火陽，必受擊乃出。火多者且有炛炸聲，若陰火則無聲矣。故瀕湖列爲地之陽火，石頑以爲陰火，未免拘墟之見耳。

戞金火，能散鬼燐野祟。戞金取火，照之即滅跡。

郝懿行《證俗文》卷三　火鎌　不知所起，古有金燧取火於日，木燧鑽火於木。《禮·内則》注。金燧亦曰夫遂，又曰陽遂。《周禮·司烜》注。案：金木二燧，蓋皆鐵爲之。其木燧即今木鑽，而金燧，其狀未聞。《春秋繁露·郊語篇》云：頸金取火，頸本作頳，然則頳金蓋即金燧歟。案：今之火鏡、火球，皆燒器也，易取火。今之火鎌，鐮同。如鉤鐮之形，釘革手持以爲固，擊石出火以爲利，不日而然，無風而吹，捷於用燧者也。唐韓愈《石鼓歌》云牧童敲火牛礪角，似言今之火石，而不言敲火之物。唯宋王得臣《登蓮華峯記》《説郛》誤載柳公權《舊聞記》中，名《山勝概記》，正其譌。云：既上，當爍火爲信，乍沖發笈，取一藥缶并火金懷之而去。再一旬而及峯頂，廣約百畝，中有池亦數畝，菡萏方盛。池側有破鐵舟，觸之則碎。周覽已，乃取火金敲之，揉枯荄以承之，大木亦有朽仆於地者，拉其枝榦爍火焉。案：此言火金，即火鎌矣。今人擣艾葉爲茸，承以敲石取火，所謂揉枯荄以承之是也。

鄭光祖《一斑録》雜述六　取火漸巧

上古茹毛飲血，不知有火。自燧人立教，鑽木之用宏焉。然唐以後不聞鑽燧，殆已知聚太陽之光，激金石之性，並能致火乎。乃有明一代，已利用火鎗禦敵，而咸少保《記効新書》持火鎗者需他人點放，是猶未知後之製也。今人劈蔴骨染石黄於尖，乞火至便，名取火，又名夜光。昨見有名洋木者，劈細條染藥於端，用畫於木石之上即得碧火如豆。更有紙爆含機，擲於地而發響。人心歷久，愈巧如是。

王念孫《讀書雜志》　淮南内篇第六

夫陽燧取火於日，方諸取露於月。念孫案：夫陽燧，本作夫燧，今本有陽字者，後人所加也。彼蓋誤以夫爲語詞，又以《天文篇》陽燧見日則然而爲火，方諸見月則津而爲水，故加入陽字，不知夫燧即陽燧也。夫燧與方諸相對爲文，《周官》司烜氏掌以夫遂，取明火於日。遂與燧同。鄭注曰：夫遂，陽遂也。下文云夫燧之取火，慈石之引鐵，竝以夫燧二字連文，故高注云：夫讀大夫之夫，則夫非語詞明矣。

鄭復光《費隱與知録》

日力在尖　火鏡可驗

問曰：熱生火必由于尖，亦有所驗否？曰：火鏡取火是其驗已。日爲圓體，其光四出，當有無數光道，即是無數光形下射地心，就論其一股爲地隔斷，其尖未能生火。得火鏡縮短，使成一尖，熱氣攢聚乃成火焉，非明驗歟。曰：鏡何以縮？光道縮何以使温成火？曰：光者火之色，熱者温之本，光濃即火力足，温極還熱。本體日射，既尖則是斜線，約行而長入地中，故線近直。鏡凸則面如弧曲，而光線必斜甚，日光順之，故縮而短。因現日尖，尖則光濃，濃則熱。熱極則火也。詳《鏡鏡詅癡》。

虚能容受　積物生火

問：《説鈴》言積物生火，若石灰、油紙、糠皮、馬矢、糞土，堆積既多，久而生火。何故？曰：油物及灰皆具火性，糠皮雖不必具火性，然其爲物虚而惹火，積多則因虚鬱内熱，因熱具火性，因惹火而焚燒也。老樹自焚，亦因中朽而虚之故。或云油紙裀直放則不生火，何故？曰：氣之性上行，横則遏之，直則宣通，故熱氣易散。然積久殊堪慮耳。新油帋尤甚，予曾見新油紙數日，揭開已熱矣。

改火出火　古今異同

問：《周官》司爟，四時變國火以救時疾。謂春取榆柳之火，夏棗杏，夏季桑柘，秋柞楢，冬槐檀，取五方之色。而疏言：棗杏雖赤，榆柳不青，槐檀不黑，其義未聞。又季春出火，季秋内火。注：鄭鑄刑，書火星未出，而出火後有火災。又凡國失火，野焚萊則有刑罰焉。疏：二月後擅放火則有罰。輯注：季春，建辰之月，火星始見，故使民出火，雖烈山焚萊亦可也。季秋，建戌之月，火星始伏，故使民内火，雖鑠金焚萊亦止也。其詳可得聞歟？曰：古者取火于木，其術甚艱，不得不蓄火種。火以種傳，不能無陳，恐鬱而生毒，故每時一改，以救時疾。今取于石，性不可知，然每日一新，自無所害。北方用煤，不能不陳。南人初至多發煤瘡，亦陳火之弊也。幸北地氣寒，稍能耐之。且煤鑪易壞，亦未有經久而不改火者。至于改火之木，或取其色，或因其性，義有所屬斯已耳，固可不必穿鑿矣。若夫出火内火意，古人民析民隩之制，寒則室處，熱則露處，用火亦因之。火星未出，民猶聚室，而用亘火冷鑄，故火氣鬱而感召成災。當出火，則烈山焚萊亦可，所以宣其鬱也。當納，雖鑠金焚薙亦止，所以防其鬱也。

吴綾爲裳　摩之火出

問：吴郡都卬《三餘贅筆》謂：吴綾爲裳，暗室中力持曳，以手摩之良久，火星星出。蓋吴綾俗呼爲油緞子，工家又多以脂發光潤，人服之，體氣蒸鬱，宜其致火也。然否？曰：此未能試，理實有之。油具火性，已見他條。夫火者，暖氣爲之也。摩熱則暖，暖則見光，固不僅在油性矣。

凸鏡取火　由於光濃

問：凸鏡取火，由于光線交角，詳《鏡鏡詅癡》。而日穿孔亦有交，何故無火？曰：日光生火，必由光盛，故鏡有凸淺。無火者，必徑一寸以内，而交角長數尺。如遠鏡内凸之類是也。有凸深無火者，必徑六分以内，而日景止如粟。如中花鏡之類是也。蓋凸深而徑短，則光小不盛焉。凸淺斯限長，則光淡不盛焉。鏡小限長則浮明四映，故虛淡不真。日之穿孔，雖有交角，若孔大徑寸，則交角必數尺，此所謂光淡不盛也。若交角數寸，則孔體分必許，此所謂光小不盛也。日之穿孔，隨在有之，若易得火，則人其危矣。此亦造物之微意也夫。

鐵石取火　硬觸氣逼

問：五行相生，木能生火，故鑽木取火，似也。今用火刀火石，取其便也。于五行相生之理，毋乃缺歟？曰：五行相生，河洛之精奥，不敢妄議，非所知也。至木能生火，古樹常有，是事未必專指鐵木言也。火石有火，西人謂由火氣在地鎮壓不出所成。愚亦未盡謂然，何者？水晶斷非火氣所成，敲之更勝火石，故知之。意硬與硬觸則氣逼迫而薄，氣薄則熱因生。熱，火耳。火刀用鋼，必淬以鹽水，使極硬，或用生鐵亦極硬也。水晶有火而玉無火，水晶脆利而玉縝密也。青石不甚硬，故無火，而石工力鑿時一見火。鋤鐵無鋼，而鋤氷庭石時亦見火，亦其理也。磁片煤渣，因火鍊硬，可以敲火。則火氣鎮壓之説，兼有之矣。曰：兩刀兩石亦是硬與硬觸，何不有火？曰：未嘗無火，但火少光微，不足用耳。蓋火必附物而見，鋼擊石必有屑，氣附其屑乃見火星。兩石則輕不得力，兩刀則鎔難起屑故也。

氣薄氣餘　論火同異

問：《内經》云氣有餘便是火，今謂刀石取火，是硬與硬觸，則氣逼迫而薄，氣薄則熱，因熱生火，與《内經》之説矛盾矣？曰：氣冷則斂而厚，氣熱則舒而薄，理有必然，無可疑也。《内經》謂氣有餘爲火，若無餘安能舒乎。蓋《内經》專指火性奮迅之勢言，余之所説亦非肊創，本之西人高□名上一字失記，似是明字。誠所著《空際格致》，則專指冷熱之體質言。譬之如湯，盛之以碗，滿即爲足，不滿爲不足。若碗半即爲有餘，苟即此一碗湯，加水半碗，亦必爲湯有餘，而其味則薄矣。細驗自見，似相反而實不悖。所謂言豈一端，夫各有當者，此類是也。

又鄭復光《鏡鏡詅癡》卷四

作取火鏡其類有二：曰含光，曰通光。

一含光。凹取火鏡，即顯微一種，顯微二之一。古所謂陽燧也。但古祇銅爲之，今或用玻璃，光力尤勝耳。作法見《顯微篇》，側收限宜三寸以下，徑宜一寸以上，愈大愈妙，過小過淺，則無火。

二用法。對日稍斜池之，上置紙煤，取側收限即然。

三通光。凸取火鏡，亦即顯微之一種，顯微一之一。或料，或玻璃，或水晶。水晶最優，亦即老花眼鏡，但凸較深耳。作法見《眼鏡篇》，順收限約二寸以下，徑約六分以上，取其便於攜帶，力則愈大愈勝。若徑雖一寸，限及二尺，則光微；或限雖一寸，徑只四分，則光小，皆不得火。

四用法。正對日中，下承紙煤，取順收限即然。

右通光。

論曰：日爲衆光之主，火所由生。原光七。蓋日以光爲形，以暖爲質，其所到處，必有光而氣暖，與火相似稍異者，日性下射而火上炎耳。然則日照生暖，是即火也。所以未成爲火者，光未極濃，暖未極盛。使萬物受之者，資其溫煦不至焦灼也。夫日體渾圓，光線散而不聚，暖氣自殺，惟通光凸與含光凹鏡，光線約行，能收衆光線疊而聚於一處，所以光複而深，原光十四。遂釀成火焉。

一系取火者，謂收光必極小，然後有火，似也。然所謂小者，但指此一鏡而言則可耳。若鏡徑三四寸，限一尺六七寸，收日光極小，尚如龍眼，其得火愈速。若徑小凸深，其光如粟，反不得火，不可不知。蓋鏡之大小宜與深稱，使凸深徑小，則收光既小，限際又短，易於出入，難當其分。或凸淺徑小，則限際既遠，持之易摇，且空明四映，景入罔象，原景四。難釀其光，皆不得火。

二系鏡以凈水晶爲佳，料色混及多紋者爲劣，害光故也。依顯擦傷則凝光，水晶頂中心穿孔，斜對日中，亦凝光，皆不得火。

三系取火，承光紙煤最速，非惟燥性相就，光到黑處更濃也。原光一。餘如草紙，菸香，以及有色紙帛皆可然燒，獨白紙承光竟不得火。雖火絨爲求火之物，而極白者得火亦緩。蓋光乃白之盛者，白乃光之似者，故白能生明，與光相映，使所取日光罔象非真矣。若點以墨污，雖布亦然，無論紙矣。若三四寸大徑顯微，白紙時亦有火，恐是紙微有菸色，非極白者，然終不易然。

四系凸鏡取景，因日而圓，不關鏡體，故毀圓爲方，仍能取景令圓。原線十。依顯鏡徑，果大，雖殘損其半，猶可取火。

五系水晶頂中心穿孔，戴之冠上，與日斜對，故能凝光無火。若以孔與日正對亦無火者，凸既成球，則光收極小，而孔較大故也。依顯頂之體大，當亦有火，故火鏡有穿孔中心者，蓋鏡徑寸餘，收光一分；若中心孔亦一分，則孔景收小，不過一釐，即如無孔，故可取火也。

六系近視眼鏡有從中開池者，其外留一圍，多內厚外薄，以便鑲嵌。若以周圍之邊論，即是凸鏡，但中心復凹耳。此有二種，一種邊不出光，則邊不透照。一種邊亦出光，則邊亦透照，能大物象面收日光。夫收日光極小，至一二分，則中心凹塘必收小如無，即與穿心火鏡等，故邊寬三分以上者即可取火。

七系通光凸覆含光平鏡，上對光有側收限，其光線是凸徑大寸半以上，側限寸許者，則力大光足，亦可取火，但稍緩耳。若凸如丁。透日光，下承以含光平鏡，如甲乙。斜迆之，面反入平鏡，成爲凹景透而上出者也，即與含光凹等。若凸使平鏡受日光斜射至他處，如丙。亦能收光。如側收線是凸鏡，順限斜入平鏡，復折而斜出之光線，也即與通光凸直射之顯收限等。若凸徑大二三寸以上，順收限一尺五六寸者，則力大光足，亦可取火，抑又緩矣，虛實遠近之殺也。

八系通光凹背襯含光平鏡，上則似含光凹形而面覆含光平鏡，上則似凸入平鏡形而皆不能得火者，何也？蓋凸照成凹與箔成實圓，凹覆成凹與箔爲虛圓，凸照成凹與箔爲相連體，凹襯成凹與箔爲相切體，故不同也。原景十一，鏡資四解。又况凹形之背曲，平鏡之面平，以平襯曲，並不能相切乎。

九系通光凸與含光凹對鐙，亦可取景，亦有濃光，而不得火者，日性下射，火性上炎，取景於日下光之所至，氣亦至焉。取景於鐙旁光之所至，氣則不至矣。此一理也。日體至大，氣塞乎天地之閒，鐙體微細，無復分數可論矣，此又一理。

十系《虞初新志・黄履莊傳》瑞光鏡稱，徑大六尺，夜以一鐙照之，光射數里，冬月人坐光中，則遍體生温云云，似未可信。然夏日光射粉壁，對照室內，亦覺加暖，是非日氣能幽行，實亦光至則暖俱耳。本系九。然則凸取鐙景，當亦有微温使然。大炬在下，持凸於上，取其濃景或亦可得火乎？然日與火究非同物，未可臆斷，存此爲來者考驗之資。

劉嶽雲《格物中法》卷三 火部 火理

火有陰陽

火，陽也。《白虎通》。

火者，陰在內。《白虎通》。

火，太陽也。《風俗通》。

少陰爲火。《素問》。

附：火者五行之一，有氣而無質，造化兩間，生殺萬物，顯仁藏用，神妙無窮。火之用，其至矣哉。愚嘗繹而思之，五行皆一，惟火有二。二者，陰火、陽火也。其綱凡三，其目凡十有二。所謂三者，天火也，地火也，人火也。所謂十有二者，天之火四，地之火五，人之火三也。試申言之，天之陽火二，太陽真火也，星精飛火也。天之陰火二，龍火也，雷火也。地之陽火三，鑽木之火也，擊石之火也，戞金之火也。地之陰火二，石油之火也，水中之火也。人之陽火一，丙丁君火也。人之陰火二，命門相火也，三昧之火也。合而言之，陽火六，陰火亦六，共十二焉。諸陽火遇草而焫，得木而燔，可以濕伏，可以水滅。諸陰火不焚草木，而流金石，得濕愈焰，遇水益熾，以水折之則光焰指天，物窮方止；以火逐之，以灰撲之，則灼性自消，光焰自滅。故人之善反于身者，上體于天而下驗于物，則君火相火，正治從治之理，思過半矣。此外又有蕭邱之寒火，澤中之陽焰，野外之鬼燐，金銀之精氣，此皆似火而不能焚物者也。至于樟腦猾髓皆能水中發火，濃酒積油，得熱氣則火自生。南荒有厭火之民，食火之獸。西戎有食火之鳥，火鴉蝙蝠能食焰煙，火龜火鼠生於火地，此皆五行物理之常，而乍聞者目爲怪異，蓋未深詣乎此理故爾。復有至人，入水不溺，入火不焚，入金石無礙，步日月無影。斯人也，與道合真，不知其名，謂之至人。蔡九峰止言木火，石火，雷火，水火，蟲火，燐火，似未盡該也。《本草綱目》。

燧人上觀星辰，下察五木，以爲火。《尹子》。

木與木相摩則燃。《莊子》。

鑽燧改火。《論語》。

《周書·月令》有更火之文，春取榆柳之火，夏取棗杏之火，夏季取桑柘之火，秋取柞楢之火，冬取槐檀之火。《論語注》。

嶽雲謹案：《内則》佩有木燧、金燧，此木燧也。揭子宣《璇璣遺述》云：如榆剛取心一段爲鑽，柳剛取心方尺爲盤，中鑿眼，鑽頭大，旁開寸許，用繩力牽如車鑽，則火星飛爆，出實薄煤成火矣。此即《莊子》所謂木相摩則燃者。今案：如揭說，是用一木爲鑽，一木爲燧也。【略】

石擊石即光。《關尹子》。

庚水南流，歷徐無山。《開山圖》云：山出不灰之木，生火之石。案注云：其木色黑似炭而無葉，有石赤色如丹，以二石相摩則火發，以燃無灰之木，可以終身。《水經注》。

嶽雲謹案：生火之石，即今紅色火石也。西人云内含砂質。唐制武官五品以上帶火石袋，是火石取火唐時已用之。《揚子太(元)[玄]經》：息金消石，往小來奕。《焦氏易林》火石相得，蓋漢時已知。

【略】

利害相摩，生火實多。《莊子》。

擘木爲細條，鎔硫黄漬其端，以發火，即古之引光奴。而山西製者，就物摩擦能自發火，聞以陀僧入之，或云陶丹。試之，天燥間有發火者，不能全燃，仍須加硝。《鄙事綴紀》。

嶽雲謹案：此所入質，非陶丹、陀僧，乃西人所謂鉛養質，地中産之，類乎陶丹、陀僧耳。從前，中國以捕獲盜賊，往往用此。遂禁之，而其法傳不廣。今日火柴通行，無有知之者矣。

附：杭人削松木爲小片，其薄如紙，鎔硫黄，塗木片頂分許，名曰爇燭，又曰焠兒。蓋以發火及代燈燭用也。史載周建德六年，齊后妃貧者，以發燭爲業。豈即杭人之所製與？宋翰林學士陶穀《清異録》云：夜有急，苦于作燈之緩，有知者批杉條，染硫黄，置之待用，一與火遇，得燄穗然，既神之，呼引光奴。今遂有貨者，易名火寸。按：此則焠寸聲相近之訛也。然引光奴之名爲新。《輟耕録》田汝成《委巷叢談》。

嶽雲謹案：李時珍言火有陰陽，是也，而其說則枝葉矣。陽無陰無以成，陰無陽無以施。《春秋繁露》云：陰之中亦相爲陰，陽之中亦相爲陽，諸在上者皆爲其下陽，諸在下者各爲其上陰。其義極精，故有兩端，則此爲陰，彼爲陽。有内外，則外爲陽，内爲陰。《白虎通·五行篇》乃確論也。天火，地火，人火，分而爲三可也。三分爲十二則枝葉矣。日爲天地之主宰，近日則熱，遠日則寒；熱減則爲寒，寒減則爲熱。寒熱同原于日，非日之外別有寒熱二質也。無日則寒，爨火亦不燃，兩極之下是也。有日則熱，水中之物悉能生光，赤道之下是也。候熱則水易沸，候寒則水難沸。《論衡》曰：夫燃一管火爨一尺冰，終日不熱；持一尺冰置庖厨中，終夜不寒。何也？微之感大，不能動也。此皆火生于熱，熱由于日之說也。流星墜火，乃熱氣之變，何可與日並論。龍亦動物，能因濕而升空，隱見乃其本性，無足異者。雷火即電火，電有陰陽，少則但有光輝，多則亦能焚灼。指爲天之陰火，未見其當。鑽木、擊石、戛金，不過取火之法稍殊，强分爲三，已不允愜，又指能焚之，石油不能焚之。夜光爲陰火，不知石油質輕于水，故處水不滅，非入水中而能焚也。夜光祇是熱氣，未及成火之熱，非即陰火之確據也。至於人火愈未可分，蓋人體中積氣多則熱，積氣少則寒，辟如西人之氣槍，中國之氣袋，積氣既多至于烙手。服氣之方士，體熾如火。多慾之俗人，腹冷如冰，理正相同。念念内歛，則爲君火自安。念念外泄，則爲相火妄動。純一不已，積氣内守，則爲三昧之火。一人之身，豈有三火哉。天下無能流金石而不焚草木之火，設如炎夏酷日，鉛餅能鎔而草木不焚者，以草木有津液以潤之，鉛則聚熱多而自鎔。甯得曰日爲陰火與？餘如蕭邱之屬，鬱熱陽燄之類，燐火，並非異事。

取火之法

東晉初，過江有王離妻李氏，將河南火過江，自云受道於外祖母王氏，有遺書二千卷，臨終使勿絶火，遂常種之，相傳二百年，火色如血，世謂聖火。至宋齊間，有李氏嫗，年九十餘，遂以火治病，多愈。及嫗死，火亦絶。嫗葬，呼爲聖火冢，每陰雨之夕，猶見火光出門矣。《物類相感志》。

嶽雲謹案：古時雖知鑽火而不常鑽，以火種展轉相傳。至晉南渡時，猶盛誇中原火種。據是書，則傳火之法晉後尚有之。

已上火種。

嶽雲謹案：西人之火柴，乃效中國引光奴爲之。而其藥料則先襲中國，繼乃益精。

已上摩擦生火。

司烜氏掌以夫遂，取明火于日。《周禮》。

金錫相半，謂之鑑燧之劑。《周禮·考工記》。

鑑燧，取火于日月之器也。鑒亦鏡也。《周禮注》。

夫燧之金一也，以五月丙午日中鑄爲陽燧，以十一月壬子夜半鑄爲陰燧。《搜神記》。

丙午日鑄爲陽燧，可取火。壬子夜鑄爲陰燧，可取水也。《搜神記注》。

嶽雲謹案：據《周官》則陽燧、陰燧皆銅鏡也。陰燧一名方諸，故《洪範·五行傳》曰握方諸之鏡，是也。魏高堂隆奏言，並入銅作鏡，名曰水火之鏡。是魏時尚知其解，而《淮南子》高誘注乃以陽燧爲金杯，以方諸爲大蛤，失《周官》之本義矣。

陽燧以銅爲之，形如鏡，照物則景倒，向日生火。《古今注》。

嶽雲謹案：《周禮》之燧，即《禮·内則》金燧，乃銅凹鏡也。梟氏爲鐘，于上之攠謂之隧。注：隧在鼓中，窐而生光，有似夫隧。疏云：隧者，據生光而言，故引司烜氏夫隧。彼隧若鏡，亦生光。窐而生光者，本造鏡之時即窐，于後生光。窐而生光，正釋燧字義。此文作隧者，蓋以其深窐謂之隧，而窐鏡取火，即謂之燧。與人去一以爲隧注，司農注隧謂車輿深也，讀如鑚燧改火之燧。是二字得通用也。其景倒之理，因光線射至凹鏡，上下互映成交點，此交點即聚光點，乃生火處。生火之理，以聚光則聚熱，熱聚則生火也。透光鏡聚光點在鏡後，銅凹鏡聚光點在鏡前。詳後。

已上陽燧取火。

又　光部

舊聞咒棗而煙起，或咒而棗焦者，心雖知其爲術，不知其所以爲術也。後因叩之道師，乃知棗之焦者，藏鏡於頂，感召陽精，舉棗就鏡，頃之自焦。《祛疑説》。

嶽雲謹案：就鏡而焦，蓋用凹鏡取火於日，令棗適當燃點也。

今以刀劍之鈎月摩拭朗白，仰以向日，亦得火焉。夫鈎月非陽燧也，所以能取火者，摩拭之所致也。《論衡》。

嶽雲謹案：鈎月非陽燧，而理與陽燧同。鈎月爲刀窐處，正如鐘之有隧，故能取火。言摩拭之所致者，鏡之窐摩拭致之也。

【略】

銅鏡面凹者，切近照之影正而加大，遠照之影亦倒。《一斑録》。

嶽雲謹案：以上皆凹面回光鏡之理也。平面鑑受光多而散光亦多，故不能有聚光之處。凹面鏡得圓球之一分，自圓球心距弧面諸點所成半徑綫恒等。若發光體正在圓球心，則圓球心即聚光點。若發光體在圓球心之外，則光點入鑑成一圓錐形。依理，凡射光角與回光角必等，則凹鑑回光之各點依其各角之綫復成一圓錐形，其圓錐頂在圓球心，距鑑面一直線之間。若發光體爲日，自無量空界射入鑑中，則圓錐頂其遠無量，而射光線儼如平行，惟回光線仍成一圓錐形，其圓錐頂較前言圓錐頂近于鑑面。所謂圓錐頂，即聚光點也，亦即取火處也。

實驗

劉安《淮南萬畢術》　削氷令圓，舉以向日，以艾承其影則火生。《御覽》七百三十六。

張華《博物志》卷四《戲術》　削氷令圓，舉以向日，以艾于後承其影則得火。

宋濂《文憲集》卷二六《雜著·鑚燧説》　宋子閒居，見家人夏季改火不用桑柘，取赤樕二尺，中析之，一剜成小空，空側開以小隙一，剡圓，大與空齊，稍鋭其兩端，上端截竹三寸冒之，下端寘空内，以細絢纏其腰，别藉卉毛於隙下，左手執竹，右手引絢，急旋轉之。二樕相軋摩，空木成塵，煙輒起，塵自隙流毛上，候其煙蓊勃，以虚掌覆空鬱之，則火燄燄生矣。宋子嘆曰：火在木中，不鑚則火不見。萬善具於人性，不學則善不明。人何可不學哉。

方以智《物理小識》卷二《風雷雨暘類》　石竹火

破石，以鋼鐮刮之，則火星出，紙煤承之即燃。取火于竹，以乾竹破之，布紙灰，而竹瓦覆上。竹穿一孔，更以竹刀往來切其孔上，三四回，煙起矣。十餘回，火落孔中，紙灰已紅。石火烈，竹火易取，常用無毒。

鄭復光《費隱與知録》　削冰取火　凸鏡同理

問：《博物志》云：削冰令圓，向日，以艾承景，則有火。何理？曰：余初亦有是疑，後乃試而得之。蓋冰之明澈不減水晶，而取火之理在乎鏡凸。嘉慶己卯，余寓東淘，時冰凍甚厚，削而試之，甚難得圓。或凸而不光平，俱不能收光。因思得一法，取錫壺底微凹者，貯熱水旋而熨之，遂光明如鏡。火煤試之而驗，但須日光盛，冰明瑩形大而凸稍淺。徑約三寸，限外須約二尺。又須靠穩，不摇方得，且稍緩耳。蓋火生于日之熱，雖不係鏡質，然冰有寒氣，能減日熱，故須凸淺徑大，使寒氣遠而力足焉。

又鄭復光《鏡鏡詅癡》卷四　作取火鏡

十一系，《博物志》有削冰取火之説，或謂陰極生陽，不必然也。冰之明澈不減水晶，令治之中度，與火鏡何異？予曾親試而驗。法擇摩冰明潔無疵者，冰結缸邊者佳。若結缸面者，多有紋似蘿蔔花，氣歛所致也。取大錫壺，底須徑五寸以上。按：其中心使微凹。凹宜淺，視之不覺，審之微凹即可用。貯沸湯，旋冰，使兩面皆凸。其順收限約一尺七八寸方可用。仍須擇佳日，使一人憑几奉冰，案穩，別一人持紙煤承光，乃可得火，但稍緩耳。蓋取火因乎收光，不關鏡質。惟冰有寒氣，火自暖出。限短則暖逼於寒，殺其勢矣。又冰在日中久則鎔化，必取材大，而安置穩，日佳光足，令其速速得火，不致久曬鎔殘也。

綜述

李涪《刊誤》卷上《火》　《論語》曰：鑽燧改火，春榆，夏棗，秋柞，冬槐。則是四時皆改其火。自秦漢已降，漸至簡易，唯以春是一歲之首，止一鑽燧，而適當改火之時，是爲寒食節之後，既曰就新即去其舊。今人持新火曰：勿與舊火相見。即其事也。又《禮記·郊特牲》云：季春出火爲禁火。此則禁火之義，昭然可徵。俗傳禁火之因，皆以介推爲據，是不知古，故以鑽燧證之。

劉昫等《舊唐書》卷二三《志第三·禮儀三》　丙辰前，羅舍府果毅李敬貞論，封禪須明水實樽。《淮南子》云：方諸見月，則津而爲水。高誘注云：方諸，陰燧，大蛤也。熟摩拭令熱，以向月則水生，以銅盤受之，下數石。王充《論衡》云：陽燧取火於日，方諸取水於月，相去甚遠，而火至水來者，氣感之驗也。《漢書·儀》云：八月飲酎，車駕夕牲，以鑑諸取水於月，以陽燧取火於日。《周禮·考工記》云：金有六齊。金，錫半，謂之鑑燧之齊。鄭玄注云：鑑燧，取水火於日月之器也。準鄭此注，則水火之器皆以金錫爲之。今司宰有陽燧，形如圓鏡，以取明火。陰鑑形如方鏡，以取明水。但比年祠祭，皆用陽燧取火，應時得；以陰鑑取水，未有得者。嘗用井水替明水之處。奉勅令禮司研究，敬貞因説先儒是非，言及明水乃云：《周禮》金錫相半，自是造陽燧法。鄭玄錯解，以爲陰鑑之制。依古取明水法，合用方諸，引《淮南子》等書用大蛤也。又稱敬貞曾八九月中，取蛤一尺二寸者，依法試之，自人定至夜半，得水四五斗。敬貞所陳，檢有故實。

李昉等《太平廣記》卷一六一《感應一》　五石精

《論衡》曰陽燧取火，方諸取水，二物皆當以形勢得。陽燧若偃月，方諸若坏杯。若二器如板狀，安能得水火也。鑄陽燧用五月丙午日午時，鍊五色石爲之，形如圓鏡，向日即得火。方諸以十一月壬子夜半時，鍊五色石爲之，狀如坏杯，向月即得津水。今取大蚌蛤向月亦有津潤。《淮南子》云：陽燧見日熯而爲火，方諸見月津而爲水。注云：皆五石之精。陽燧圓，以仰日得火。方諸坏而向月得水。又云：陽燧之取火於日，方諸之取露於月，天地之間玄微忽怳，巧歷所不能推其數然。以掌握之中，引類於太極之上，而水火可立致者，陰陽相感動然也。出《感應經》。

贊寧《東坡先生物類相感志》卷一八《寶器部》　陽燧

《搜神記》云：天金錫之性一也，以五月丙午日中鑄爲陽燧，以十一月壬子夜半鑄爲陰燧，則以日月出火出水。又《古今注》云：陽燧以銅爲之，形如鏡，照物則影倒，向日生火，以艾承之乃得火也。

宋敏求《春明退朝録》卷中　《周禮》四時變國火，謂春取榆柳之火，夏取棗杏之火，季夏取桑柘之火，秋取柞楢之火，冬取槐檀之火。而唐時惟清明取榆柳火以賜近臣戚里。本朝因之。

陳祥道《禮書》卷二一

古者，燧人取火。《周官》司烜氏掌以夫遂，取明火於日，以鑒取明水於月，以共祭祀之明齍、明燭，共明水。《内則》：左佩金燧，

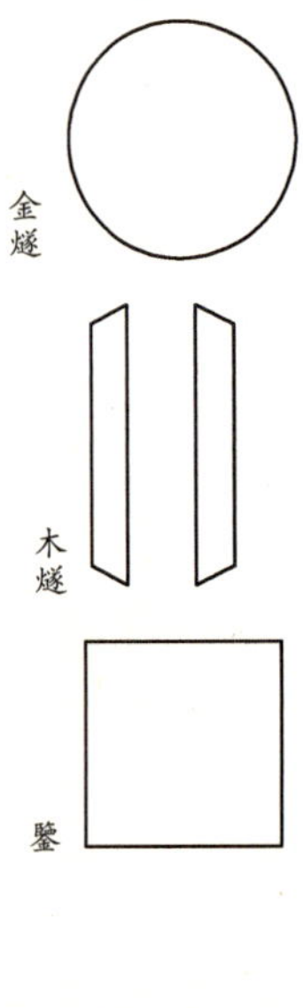

右佩木燧。《考工記》曰：金，錫半，謂之鑒燧之齊。《淮南子》曰：陽燧見日，則然而爲火。方諸見月，則津而爲水。王充《論衡》曰：陽燧取火於日，方諸取水於月，相去甚遠，而火至水來者，氣感之也。鄭司農釋《周禮》，謂夫發聲。鄭康成謂：夫遂，陽遂也，鑒鏡屬。世謂之方諸，然則鑒，金爲之，則夫遂亦金矣。《内則》以夫遂爲金遂是也。鑒之體方，則夫遂圜矣。世謂鑒爲方諸是也。蓋離者陽中之陰，於物爲火。坎者陰中之陽，於物爲水。以金遂取火，則以陽爲陰。以方諸取水，則以陰召陽。以陽召陰，夫道也，故謂之夫。夫能遂事，故謂之遂。夫遂以義言，鑒以體言，於取火言夫遂，於取水言鑒，互相備也。高誘曰：方諸，陰燧，大蛤也。熟摩向月，則水生，以銅盤受之，下水數石。觀漢之飲酎夕牲，以鑒諸取水於月，以陽燧取火於日。《漢書儀》。唐之李恭真，嘗八九月中取蛤，尺二寸，試之得水數斗。劉氏《唐志》。則取水亦以大蛤矣。或謂之方珠，蓋其類也。《莊子》曰：木與木相摩則然。《文子》曰：木中有火，不鑽不發。故四時變國火者，春取榆柳，夏取棗杏，季夏取桑柘，秋取柞楢，冬取槐檀，而木燧取火，蓋不必然。先儒謂，晴則取火以金燧，陰則取火以木燧。然金燧以取明火，特施於致嚴之時而已，則凡取火皆木燧耳。孰謂木燧有間於陰晴耶。

吴幵《優古堂詩話》 陽燧

《淮南子》陽燧見日則然而爲火。注云：陽燧，金也。取金杯無緣者，熟摩令熱，日下以艾承之。又云：木與木相摩則然。世之取火，惟此耳。劉言史與孟郊煎茶詩云：敲石取鮮火，汲泉避腥鱗。石火雖火而不可然，言史不察也。《周禮》司烜氏掌以夫遂，取明火於日。鄭注云：夫遂，陽遂也。《禮・内則》疏：晴則以金燧取火於日，陰則以木燧鑽火也。《禮外傳》云：宗廟之祭，用明火者，以陽鑑取日中之火，謂之陽燧。以冬至之日子時鑄銅爲鑑。

林洪《山家清事》 火石

《語》曰：鑽燧改火。《化書》云：陽燧召火，方昳召水。燧，日中取火鏡也。入夜則當以石，今崑山石也。或竹木相戛，如鋸木然，亦可矣。必先焚紙在於鉢中候之，如法燭及燈皆所當備。若能拾乾薪，掃落葉以儲之，尤見有徹桑未雨之意。

王執中《針灸資生經》卷二 點艾火

下經云：古來灸病忌松、栢、枳、橘、榆、棗、桑、竹八木，切宜避之。有火珠曜日，以艾承之得火。次有火鏡耀日，亦以艾引得火。此火皆良。諸蕃部落用鑌鐵擊碏石得火出，以艾引之。凡人卒難備，即不如無木火。清麻油點燈，燈上燒艾莖點灸，是也兼滋潤，灸瘡至愈不疼痛，用蠟燭更佳。《良方》云：凡取火者，宜敲石取火，今舟行人以鐵鈍刀擊石穴，以紙灰爲火丸在下承之，亦得火。或水精鏡於日得太陽火爲妙，天陰則以槐木取火。

高承《事物紀原》卷九 酒醴飲食部四十六

食熟

《古史考》曰：古初之人，未有火化，飲血茹毛。有聖人以火德王，造作鑽燧出火，教人熟食，號曰燧人。《禮含文嘉》曰：燧人始鑽木以取火，炮生爲熟也。《拾遺記》曰：庖羲變茹腥之食。《高氏小史》：燧人氏時茹生，人多病，乃鑽燧改火，化生爲熟。

又 卷一〇 布帛雜事部五十三

火

《禮含文嘉》曰：燧人始鑽木取火，炮生爲熟，令人無腹疾，遂人之意，故名燧人。《世本》曰：燧人鑽木造火。《尸子》曰：燧人上觀星辰，下察五木，以爲火。《淮南子》曰：燧人望辰心，鑽木生火。《拾遺記》曰：燧明國有火樹，名燧，後世聖人至其國，息其下，有鴞啄，燦然火出，聖人感之，用小杖鑽火，號燧人氏。《河圖》云：伏羲禪於伯牛，鑽木作火。非也。《白虎通》曰：謂之燧人何？鑽木燧，以火遂人之始。

法燭

漢淮南王招致方術之士，延八公等，撰《鴻寶万畢方》，法燭是其一也。餘非民所急，故不行於世。然則法燭之起，自劉安始也。

王與之《周禮訂義》卷四二

凡卜，以明火爇燋，遂龡其焌契，以授卜師，遂役之。

杜氏曰：明火，以陽燧取火於日。

王昭禹曰：火生於木，緣物爲氣，古人或取於榆柳，或取於棗杏，或取於槐檀，或取於桑柘，隨所取而得之，非不明也，然非明之至；非不潔也，然非潔之至。唯日爲陽精之純，取於陽精則爲至明，於精之純則爲至潔。唯其明潔之至，然後可以鑽精倚神，相知休咎。爇，燒也，用所取之明火以燒灼龜之木。契之鋭頭謂之焌。《曲禮》曰：進戈者前其鐏。蓋以契之鋭頭火吹之，其頭若戈鐏焉，故曰遂吹其焌契。焌契既燃，乃授卜師揚火作龜，以致其墨。華氏因而贊相其事，爲卜師之所役。

召陽而爲火，鑒可以召陰而爲水。所以謂之明水火，言取於日月而非人力之所能致，明之至也。

鄭鍔曰：或謂鑒遂之齊同用金錫之半，可以取水，亦可以取火，何也？蓋金錫半者，陰陽之雜，用諸晝則陽氣應之而爲火，用諸夜則陰氣應之而爲水。

陳元靚《歲時廣記》卷一七《清明》

改新火

《論語》鑽燧改火，蓋《周官》爟氏季春出火，然則出火爲改新火也。杜甫《清明詩》云：朝來斷火起新煙。賈島詩云：晴風吹柳絮，新火起厨煙。東坡《分新火》詩云：三月清明改新火。

取新火

《春明退朝録》：《周禮》四時變國火，謂春取榆柳之火，夏取棗杏之火，季夏取桑柘之火，秋取柞楢之火，冬取槐檀之火。《迂叟詩話》云：唐時，唯清明取榆柳之火以賜近臣戚里之家。韓翃詩云：春城無處不飛花，寒食東風御柳斜。日暮漢宫傳蠟燭，輕煙散入五侯家。本朝因之，唯賜輔臣戚里，帥臣節察三司使知開封府樞密直學士中使皆得厚賜，非常賜例也。歐陽修詩云：桐華應候催佳節，榆火推恩忝侍臣。

進新火

唐輦《下歲時記》：長安每歲清明，内園官小兒於殿前鑽火，先得上進者，賜絹三疋，金椀一口。

賜新火

《國朝會要》：禁火乃周之舊制。唐及皇朝清明日賜新火，則亦周人出火之事。歐陽文忠公詩云：賜火清明忝侍臣。韋莊《長安清明詩》云：内官初賜清明火，上相閑分白打錢。韓文公《寒食直歸遇雨》云：惟時新賜火，向曙著朝衣。

乞新火

魏野詩：無花無酒過清明，興味都來似野僧。昨日鄰家乞新火，曉窗分與讀書燈。陳簡齋詞云：竹籬煙鎖，何處求新火。魏野詩云：殷勤旋乞新鑽火，爲我新煎岳麓茶。

謝新火

又　卷四九

司爟，古焕反。下士二人，徒六人。

薛平仲曰：司爟之職，特掌行火之政令，以救時疾，序官必次于此，何哉？觀《韓詩外傳》有曰：陰陽不和，四時不節，星辰失度，災變非常，則責之司馬。知司馬之政，蓋通于天道矣。

鄭鍔曰：或謂秋官有司烜之職，夏官有司爟之職，俱掌火也，何以分爲二？蓋司烜之取火也以夫燧，用金錫爲之，西方之物也，故屬於秋官。司爟之行火也，觀大火之星出没以示民，使民觀出内之時而用火。夏令行於南方，盛德在火，尤爲可見，故屬于夏官，此其所以異。

掌行火之政令，四時變國火，以救時疾。

鄭康成曰：行，猶用也。

鄭鍔曰：政令或因時而用，因時而藏。

鄭康成曰：變，猶易也。

鄭鍔曰：火久而不變則炎，赫暴熇陽過乎亢，以生癘疾，隨四時而更變之。變之之法，則鑽燧而改之。春取榆柳，夏取棗杏，季夏取桑柘，秋取柞楢，冬取槐檀。四時各鑽一木，時運而往，火變而新，用諸烹飪之間，使之資以養生，故疾不作。王昭禹曰：火之爲物，灼之則以燭以燎，爨之則以烹以飪。逆而用之，則強弱相勝而氣無以爲均。順而變之，則休廢相治而疾以之救。陽之盛則養陰之弱以抗其強，陰之盛則用陽之强以救其弱，使民常得陰陽之正義，而不溺於一偏，斯能受正命以生死。聖人善救人之道，於此乎可見矣。

又　卷六五

掌以夫遂取明火於日，以鑒取明水於月。

鄭司農曰：夫，發聲。陸氏曰：夫，道也，是以謂之夫。大夫能遂事，故謂之遂。

鄭康成曰：夫遂，陽遂也。賈氏曰：以取火於日，名陽遂。猶取火於木爲木燧也。鑒，鏡屬，取水者也，世謂之方諸。鄭鍔曰：取明水於月者，謂之鑒，亦謂之方諸，其實皆鑑也。陸氏曰：夫遂以義言，鑒以體言，互相備也。

鄭鍔曰：水生於坎之陽而爲陽中之陰，火雖生於離之陰而爲陰中之陽。王者向明而治，皆以陽爲主，故尊明火爲先。

易氏曰：日，陽之精。月，陰之精。離爲日，爲火，爲電者，火之氣也。坎爲月，爲水，爲雲者，水之氣也。水火以氣而升降，日月之精薄之，則夫遂可以唐韋綬除宣察，鄭處誨爲判作《謝新火狀》曰：節及桐華，恩頒銀燭。綬曰：非不巧，但非大臣所宜言。

陳士元《論語類考》卷一　時令考

燧火

馬融氏曰：《周書·月令》有更火之文，春取榆柳之火，夏取棗杏之火，夏季取桑柘之火，秋取柞楢之火，冬取槐檀之火。一年之中，鑽火各異木，故曰改火也。

朱子曰：燧，取火之木也。

饒魯氏曰：四時取火之木不同，榆柳青，棗杏赤，桑柘黄，柞楢白，槐檀黑，各隨其時之方色取之。

元按：《外紀》燧人氏仰察辰心以出火，作鑽燧，别五木以改火。蓋心宿爲天之大火，而辰戌二位爲火之墓，故季春心昏見於辰而出火。季秋心昏見於戌而納火，卯爲心之明堂，心至卯而火大壯，故仲春禁火，戒其盛也。《周禮》司爟掌火之政令，四時變國火，以救時疾。季春出火，季秋納火，民咸從之。凡國失火，野焚萊則有刑罰。又司烜氏以燧取明火於日，仲春則以木鐸修火禁於國中，爲季春將出火也。故鄭鑄刑書，火星未出而出火，後乃有災。今之所謂寒食者，其原蓋出於禁火，而《傳記》以爲介子推季春三日焚死，後人哀之而禁火。嘗讀左遷書，豈有子推焚死事，況清明寒食之節又無定期乎。漢武帝去古未遠，猶别置火，令丞典司燧事，何後世廢而不論也。東晉王離之妻以洛火渡江，傳二百年而火色大赤，謂之聖火。隋文帝見江寧寺之晉燈色青而不熱，是知改火修火之政，帝王所以順天時也。火，帝所治，祝融所司者，雖不經見，然而箕子之範具其槩矣。若不明於五行，而欲裁成輔相，以臻位育之功也，豈可得哉。

田藝蘅《留青日札》卷九

改火改煙

古者鑽燧改火，所以革故而取新也。春取榆柳之火者，榆柳色青，木之火也。木能生火。夏取棗杏之火，棗杏色赤，火之火也。火能生土。夏季取桑柘之火，桑柘色黄，土之火也。土能生金。秋取柞楢之火，柞楢色白，金之火也。金能生水。冬取槐檀之火，槐檀色黑，水之火也。《周禮》又曰：季夏出火，民咸從之。季秋内火，民亦如之。注：季春則火星見于建辰之月，因出之以宣其氣，雖烈山焚萊，不禁也。季秋則火星伏于建戌之月，因内之以息其氣，雖鑠金焚薙不爲也。又《淮南子》曰：夏爨柘燧火，冬爨松燧火，其説頗異然。人但知改火，而不知其煙亦隨所改而不同，故《淮南子》曰：冬至甲子受制，木用事，火煙青，七十二日。戊子受制，土用事，火煙黄，七十二日。庚子受制，金用事，火煙白，七十二日。丙子受制，火用事，火煙赤，七十二日。壬子受制，水用事，火煙黑，七十二日。《尚書·大傳》曰：煙氛郊社不修，山川不祝，風雨不時，霜雪不降，責于天公。臣多弑主，孽多弑宗，五品不訓，責于人公。城郭不繕，溝池不修，水泉不隆，水爲民害，責于地公。

陽燧取火

不獨燧人氏上觀星辰，下察五木以爲火，而竹亦可以取火，石亦可以取火。又以堅木鑽石亦可以生火。古人以陽燧取火于日，方諸取水于月。《淮南子》曰：陽燧見日則㸐而爲火。陽燧，金也，取金桮無緣者，日高三四丈，持以向日，燥艾承之，有頃即焦，吹之得火。今亦不必用猛金也，以水精大珠向日對照，以草紙承其下一點透明，紙焦煙起，即得火矣。則是方諸取水，亦可以取火也。《一統志名》曰：朝霞大火珠，在占城國出，大如雞卵，狀類水晶，當午置日中，以艾藉之，火出是也。可見，陰陽一理，日月一氣，水火一原。

周祈《名義考》卷九《物部》　陽燧陰燧

《周禮》以夫遂取明火於日，謂陽燧也。《淮南子》方諸見月則津而爲水，謂陰燧也。《廣韻》陽樣，木名，一名赤羅樣，與燧同，以其木謂之樣，以其取火謂之燧。今江浙間櫸木也，與榆棗槐檀皆可取火。《淮南子》注：陰燧，大蛤也。《説文》：方，石也。諸，珠也。《周禮注》：鏡，謂之方諸。《韻會》：方諸，鑑名。由《淮南子注》則方諸爲蛤，由《説文》則方諸爲石與珠，由《周禮注》、《韻會》則方諸爲鏡。珠胎于蛤，孕月而生，以取水，氣相感也。鏡呵之則水出，亦可取水以鏡，故又謂之鐩。

顧起元《説略》卷二三《工考下》　不獨燧人氏上觀星辰，下察五木以爲火，而竹亦可以取火，石亦可以取火。又以堅木鑽石，亦可以生火。古人以陽燧取火于日，方諸取水于月。《淮南子》曰：陽燧見日則爇而爲火。陽燧，金也，取金桮無緣者，日高三四丈，持以向日，燥艾承之，有頃即焦，吹之得火。今亦不必用猛金也，以水精大珠向日對照，以草紙承其下一點透明，紙焦煙起，即得火矣。則是方諸取水，亦可以取火也。《一統志名》曰：朝霞大火珠，在占城國出，大如雞卵，狀類水晶，當午置日中，以艾藉之，火出是也。

羅貫中撰　馮夢龍補《平妖傳》第三一回　有一箇没安死屍處，專一幫閒的沈待詔，替他去茶坊裏討些火種，把與婦人。那婦人去籃兒内取出一片硫黄發燭兒，在火上焠着，去泥蠟燭上從頭點着。一夥看的人都喝采道：好妙劇術，一枝濕的泥蠟燭便點得着。

方以智《物理小識》卷二《風雷雨暘類》　空中取火法

《爾雅》艾冰臺，郭注、邢疏未嘗言取火之事，陸農師乃引《博物志》云：削冰令圜，舉而向日，以艾承其影，則得火。故名冰臺。敝座師楊用賓曰：凹者光交在前，凸者光交在後，然則琉璃有火齊之名，亦以其光取火也。若以燒料作火圜珠，以紙艾等承其後，即可得火。西齊里亞有巧師名幾墨得，曾鑄巨鏡，以燧取而燃艘。中通曰：火本無形，藉物發光，或兩物相擊而出，或兩光相照而生，無處非火，但不見耳。如鐵擊石，竹擊木，舟擊水，皆有火出。物透明者，毋論水晶、琉璃、琥珀、陽燧、冰臺，凡物圓形者能取火。日射物中，物中必有一日。日本圓體，遇圓物則光聚内，外相照，光必相交。凹交于前，凸交于後，故于交際得火也。

又方以智《通雅》卷四八《金石》　方諸明水，陽燧明火，皆鑑取之也。《吕覽》《淮南》嘗言之，皆以陽燧爲陽起石，方諸爲大蚌，或爲水晶。按：司烜氏以夫燧取明火于日，鑑取明水于月。《考工記》曰：銅錫相半，謂之鑑燧之劑。是火爲燧，水爲鑑也。高堂隆曰：陽燧，一名陽符，取火于日。陰燧，一名陰符，取水于月。並以銅作之，謂之水火之鏡。干寶《搜神記》云：金錫之性一也，五月丙午日午時鑄爲陽燧，十一月壬子日子時鑄爲陰燧，銅錫爲水火之精，陰陽相徵，蓋其徵哉。緯略乃以司烜之鑒取明水于月爲方諸，大蛤乃一端也。陽燧面窪，出火倒景之理，詳見質測。

揭暄《璇璣遺述》卷六《水火各徵》

木中火

《拾遺記》：燧明國有火樹，名燧，木火屈盤萬丈，雲霧出其中，折枝鑽而火出。後世聖人欲變腥臊之味，以烹調育萬民。又《路史》：不周之巔，有宜城，日月之所不届，無四時晝夜之辨，南垂有木，鳥啄其枝則火出，聖人感之以取火。又云：聖人目此樹表有鳥若鴞，以喙啄樹，燦然火出，因取成燧，號燧人氏。榆柳，棗杏，桑柘，柞楢，槐檀，各依木心應春夏秋冬之色。如榆則取心一段爲鑽，柳桑取心方尺爲盤，中鑿眼鑽頭大，旁開竇寸許，用繩力牽如車鑽，則火星飛爆出竇，薄煤成火矣。凡木皆可成火，枯桑濕柳爲甚，乾竹亦然。用竹一截剖半，覆几面上，鑽孔，下貼紙煤，又以小半削成刀，或緊按刀口，在孔上横鋸，火氣自透孔下燃煤。或云：閩中有木根，黑色，指甲刮之輒火出，在後俱不用，而用石矣。又五臺山有木葉火，夜若燈，或自生光，若今夏月竹木兜木皆能生光。新城有見竹兜發光，沖起如一人高者，名曰夜光柴，皆因夏月陽盛，日火爲雨所濡，蘊干竹中久則發光，非自生者，故冬月則無。又木久成火，如老樹火，根枯氣通，恒引地火地雷出于腹内，故枯腹中多如煤炭色。久木火，凡宫殿寺觀，經千年木料，忽引煙焰，或烈日注射凹納，有如燧鏡；或傾頹枯朽，撞擊火石；或敗垣開敞，敗木堆積，久曝藏火，皆能因熱引灼。積薪火，乾柴燥葦，堆積凸凹，烈日久注亦能引火。魏在右云：外國有草見火即燃者。【略】

新改火

《楊子卮言》：古四時改火。秦漢降，惟寒食一改。元人遂廢，故有數百年未改者。然老火多生病，魏莊渠書經註：往見諸徒讀書，痰涎滿地，因求乾榆柳，取新火烹飲，後痰涎漸稀，至一月遂絶迹。始悟古改火乃宣洩天地之氣，調劑民生之大者。《物理論》：桑火宜病。今烹煉藥餌，多用桑條，以得四季中氣也。又云冬至日取新火，能辟瘟疫，故每歲不可不一改。今以石敲并眼鏡、火鏡、水晶、琉璃球、水球向日，皆得火，不待木取，無時不可改矣。

秦蕙田《五禮通考》卷六六《古禮六十六・宗廟制度》　夫遂鑑

《秋官》司烜氏掌以夫遂，取明火於日，以鑒取明水於月，以共祭祀之明齍、明燭，共明水。

《陳氏禮書》：《淮南子》曰：陽燧見日則然而爲火，方諸見月則津而爲水。王充《論衡》曰：陽燧取火於日，方諸取水於月，相去甚遠而火至水來者，氣感之也。鄭司農釋《周禮》謂夫，發聲。鄭康成謂夫遂，陽遂也，鑑鏡屬，世謂之方諸。然則鑒，金爲之，則夫遂亦金矣。《内則》以夫遂爲金遂是也。鑒之體方，則夫遂圜矣。世謂鑒爲方諸是也。蓋離者陽中之陰，於物爲火。坎者陰中之陽，於物爲水。以金遂取火，則以陽召陰。以方諸取水，則以陰召陽。以陽召陰，夫道也，故謂之夫。夫能遂事，故謂之遂。夫遂以義言，鑒以體言。於取火言夫遂，於取水言鑒，互相備也。高誘曰：方諸，陰燧，大蛤也。熟摩向月，則水生，以銅盤受之，下水數石。觀漢之飲酎夕牲，以鑒諸取水於月，以陽燧取火於日。《漢書儀》。唐之李恭真嘗八九月中取蛤，尺二寸，試之得水數斗。劉氏唐志。則取水亦以大蛤矣。或謂之方諸，蓋其類也。《莊子》曰：木與木相摩則然。《文子》曰：木中有火，不鑽不發，故四時變國火者，春取榆柳，夏取棗杏，季夏取桑柘，秋取柞楢，冬取槐檀。而木燧取火，蓋不必然。先儒謂晴則取火以金燧，陰則取火以木燧。然金燧以取明火，特施於致嚴之時而已。則凡取火皆木燧耳，孰謂木燧有間於陰晴耶。

翟灝《通俗編》卷二五　服飾

火石袋　《舊唐書·輿服志》：武官五品已上佩軲韘七事，七謂佩刀、刀子、磨石、契芯真、噦厥、計筒、火石袋。按：古人取火之具，雖家居亦常佩。《禮·內則》子事父母，婦事舅姑，俱左佩金燧，右佩木燧，以備長者使令取火。但不知易燧以火石肇端自何時也。

阮葵生《茶餘客話》卷二〇　京師人擘葦麻梗爲小片，塗硫黄於其末，呼之曰取燈。杭州人有以松木爲之者，曰發燭。按：史載周建德六年，齊后妃貧者以發燭爲業。又《清異録》云：夜有疾，苦發燭之緩，批杉木染硫黄，遇火即焰，呼爲引兒。

周廣業《過夏雜録》卷六　火石

古者取火以木，其代以石，不知始何時。潘岳《河陽縣》詩：歘如敲石火，瞥若截道飈。則晉已有之。李長吉《南國》詩：沙頭敲石火，燒竹照漁船。殷堯藩《暮春述懷》詩：鄰屋有聲敲石火。張喬《送新羅僧》詩：落帆敲石火。蓋此物於行旅最宜，近用火絨引之，尤便携帶。

周炳中《四書典故辨正》卷一一　鑽燧

古人取火于木，有四時五行之變。榆柳青，故春取之。棗杏赤，故夏取之。桑柘黄，故季夏取之。柞楢白，故秋取之。槐檀黑，故冬取之。此註疏之説也。《淮南子》云：冬至甲子受制，木用事，火煙青，七十二日。戊子受制，土用事，火煙黄，七十二日。庚子受制，金用事，火煙白，七十二日。丙子受制，火用事，火煙赤，七十二日。壬子受制，水用事，火煙黑，七十二日。其次序，土先于金，金先于火，與四時之序不合。今以六甲推之，甲子後七十二日爲丙子，丙子後七十二日爲戊子，戊子後七十二日爲庚子，庚子後七十二日爲壬子，其序如此。證以董子《繁露》云：日冬至七十二日，木用事，其氣燥濁而青。七十二日，火用事，其氣慘陽而赤。七十二日，土用事，其氣溫濁而黄。七十二日，金用事，其氣慘淡而白。七十二日，水用事，其氣清寒而黑。次序秩然，原文錯誤，特正之。《管子·幼官篇》云：春以羽獸之火爨，夏以毛獸之火爨，秋以介蟲之火爨，冬以鱗獸之火爨，中央以倮蟲之火爨。惠氏解之曰：羽獸南方朱鳥，火煙赤。毛獸西方白虎，火煙白。介蟲北方(元)[玄]武，火煙黑。鱗獸東方蒼龍，火煙青。倮蟲中央黄龍，火煙黄。然則春取榆柳之火於南方，夏取棗杏之火於西方，秋取柞楢之火於北方，冬取槐檀之火於東方，中央取桑柘之火於坤方。舊説以爲春青冬黑，又以榆柳不青，槐檀不黑，皆非也。柳爲鳥喙，衡散爲榆，蕪夷榆也。在地，赤心者良，則榆柳爲南方之木信矣。《春秋説》曰槐木者靈星之精，非東方之木乎。賈誼曰：柳者南方之木，桑者中央之木，棘者西方之木。棘者棗也。秦漢有别火之官，主改火之事。春青冬黑，乃其常也，又焉用别。愚按：《月令》春其蟲鱗，夏其蟲羽，秋其蟲毛，冬其蟲介，而《管子》云：春羽夏毛，秋介冬鱗，與《月令》不合，故惠氏云然。余參以《淮南子》冬至改火之説，而其解始明。蓋冬至後改春火，春其蟲鱗，而時則猶冬也，故曰冬以鱗獸之火爨，其實木用事，乃春火也。由此推之，春改夏火，夏其蟲羽，故曰春以羽獸之火爨。夏改秋火，秋其蟲毛，故曰夏以毛獸之火爨。秋改冬火，冬其蟲介，故曰秋以介蟲之火爨。《月令》以四時之正言，《管子》以改火之始言，故異耳。豈如惠氏春取火於南方，夏取火於西方之謂哉。其引諸書以証四方之木，似乎可信，而其實不然。據云棗爲西方之木，而《典術》云杏者東方歲星之精，夏取棗杏，而一爲西方，一爲東方，將何以解之？桑爲中央之木，而《典術》云桑者虚星之精，則爲北方之木，或云箕星之精，則爲東方之木，又將何以定之？春青冬黑，五行之色，分配四時，此理之常，變而亂之，于義奚取焉。《管子》之言，不足深論，而惠氏傅會其説，故詳辨之。

鑽燧之法，書傳不載，註疏家亦未言，揭子宣《璇璣遺述》一條云：如榆剛取心一段爲鑽，柳桑取心方尺爲盤，中鑿眼鑽頭大，旁開竇寸許，用繩力牽如車鑽，則火星飛爆出竇，薄煤成火矣。此即《莊子》所謂木與木相摩則燃者。古人鑽燧之法，意亦如此。

紀事

吴兢撰　戈直集論《貞觀政要》卷七　崇儒學第二十七

太宗嘗謂中書令岑文本曰：夫人雖禀定性，夫音扶。必須博學以成其道，亦猶蜃性含水，待月光而水垂；蜃音腎，大蛤也。海上月明，蜃吐氣如樓閣之狀。木性懷火，待燧動而焰發。燧，取火之木也。春取榆柳之火，夏取棗杏之火，夏季取桑柘之火，秋取柞楢之火，冬取槐檀之火。人性含靈，待學成而爲美，是以蘇秦刺股，刺音漆。蘇秦，字季子，雒陽人，師鬼谷子，得《太公陰符》伏而誦之，讀書欲睡，引錐自刺其股，血流至踵，簡練揣摩，至期年而成，後遊説，佩六國相印。董生垂帷，董生名仲舒，廣川人，漢景帝時爲博士，治《春秋》，下帷講誦，弟子以次相授，或莫見其面，三年不窺園，其精如此，學者皆師尊之。武帝即位，舉賢良，對策三篇，擢爲江都王相。不勤道藝，則其名不立。文本對曰：夫音扶。人性相近，情則遷移，必須以學飭情，以成其性。《禮》云：玉不琢不成器，人不學不知道。《禮・學記》之辭。所以古人勤於學問，謂之懿德。

愚按：學之爲言效也。人性皆善，覺有先後，後覺者必效先覺之所爲，而後可以明善而復其初也。由此論之，善者吾性之所本有，非學則無以復之也。猶水者，蜃性之所本有，非月則無以成之也。火者，木性之所本有，非燧則無以發之也。

劉昫等《舊唐書》卷一九七《列傳第一百四十七・林邑》 貞觀初，遣使貢馴犀。四年，其王范頭黎遣使獻火珠，大如鷄卵，圓白皎潔，光照數尺，狀如水精，正午向日，以艾蒸之即火燃。

樂史《太平寰宇記》卷一七七《四夷六・南蠻二・羅刹國》 羅刹國在婆利之東海，其人朱髮黑身，獸牙鷹爪，時與林人作市輒以夜。晝日則自掩其面。隋大業三年，使常駿等到焉，其國出火珠，狀如水晶。日正午，以珠承影，取艾依之即火出。貞觀四年，林邑國獻來，云於羅刹國得之，或云出於師子國。

李昉等《太平御覽》卷七一七《服用部十九》 鏡

魏名臣高堂隆奏曰：陽符，一名陽燧，取火於日。陰符，一名陰燧，取水於月。並入銅作鏡，名曰水火之鏡。

又 卷八六九《火部二・火下》 王子年《拾遺記》。【略】

又曰：申彌國去郡萬里，有燧明國，不識四時晝夜，其人不死，厭世則升天國。有火樹名燧木，屈盤萬丈，雲霧出於中間，折枝相鑽則火出矣。後世聖人變腥臊之味，遊日月之外，以食救萬物，乃至南垂，見此樹表有鳥若鴞，以口啄樹，粲然火出。聖人感焉，因取小枝以鑽火，號燧人氏，在庖犧之前，則火食起乎兹矣。

《抱朴子》曰：案河洛之文皆云水火者，陰陽之餘氣也。夫言氣，則不能生日月可知也。若水火是日月所生，亦何必盡如日月之方圓乎？今火出於陽燧而火不圓也，水出於方諸而水不方也。又陽燧可以取火於日，而無取日於火之理，則日精之生火明矣。方諸可以取水於月，而無取月於水之道，此則月精之生水可知矣。【略】

《河圖挺佐輔》曰：伏羲禪於伯牛，錯木作火。

歐陽修等《新唐書》卷二二二下《列傳第一百四十七下・南蠻》 婆利者，直環王東南，自交州汎海歷赤土丹丹諸國乃至，地大洲多，馬亦號馬禮，袤長數千里，多火珠，大者如雞卵，圓白，照數尺，日中以艾藉珠，輒火出。産瑇瑁、文螺、石坩，初取柔可治，既鏤刻即堅。

陶宗儀《輟耕録》卷五 發燭

杭人削松木爲小片，其薄如紙，鎔硫黄，塗木片頂分許，名曰發燭，又曰焠兒。蓋以發火及代燈燭用也。史載周建德六年，齊后妃貧者以發燭爲業，豈即杭人之所製與？宋翰林學士陶公穀《清異録》云：夜有急，苦於作燈之緩，有知者批杉條，染硫黄，置之待用，一與火遇，得燄穗然，既神之，呼引光奴。今遂有貨者，易名火寸。按此則焠寸聲相近，字之譌也。然引光奴之名爲新。

謝肇淛《滇略》卷二《勝略》 阿迷州北三十里有火井，其水溢出，流入于田。井中常有煙氣，投以竹木即燃，夜則有光，四傍石亦皆熱，出煤可以代薪。

又 卷三《産略》 《南詔通紀》云：兜羅綿出金齒木邦甸，又有火草布。草葉三四寸，蹋地而生，葉背有綿，取其端而抽之成絲，織以爲布，寬七寸許。以爲可以爲燧取火，故曰火草，然不知其何所出也。

王在晉《越鐫》卷二一《雜紀・朝鮮漁人》 男子持竿，婦女操舟，或釣而綱，或餌而漁，取生鯆魚。國中價貴，肉附于殼。今猶有乾魚帶殼者，以布束纏於腰。漁者每人挈米二斗，爲半月糧，取水一艙，共十數石。下海採捕，或十日而歸，半月而歸，意在得魚。本年八月二十五日，男婦往東海取魚，駕舟下椗。二十八日上燈時遭風，桅損舵壞，任風飄蕩，昏夜迷路，不知所之。船底平，幸不欹覆。船中水盡，取海水食之。有火石、火刀，取火供爨度命。至九月二十一日，到静寇海門信地，乃爲哨捕獲焉。問：兵船曾取他物否？曰：舟中皆釣具，並無長物。問：思歸否？曰：父母以爲死也，恨不能一步即到家鄉。

徐應秋《玉芝堂談薈》卷二三《蜀都火井》 《博物志》：火井在蜀都，縱橫五尺，深二三丈，時以竹木投之以取火。諸葛丞相往觀後，火轉盛熱。以盆着井上煑之得鹽。後土人以家燭火投井中即滅息，至今不復然。《游宦餘談》：火井在雲臺山東五里，火自井出，周圍有竈數十。居民各以竹刳其中，引火至竈，鍋滚而竹不然。觀者不敢近井，蓋井火時，一噴輒及數丈。不用時，以物蓋之，用時去蓋，投火少許即騰騰燄上至井。近井數十家擅其利云。《華陽國志》：火井夜時光彩上炤，民欲其火，先以家火投之，頃許如雷，火燄出，通耀數十里。以竹筒盛其光藏之，可拽行終日不滅。有二水井，取井火煑之，一斛水得五斛鹽；家火煑之，無幾也。隋置火井縣，舊史袁天罡爲火井令。又《蓬溪縣志》載：覆龍山有火井，尹王良謨至其地，問之土人，試即一地掘尺許，便水泉湧出如沸，少選漸盛，火熒熒浮水面，以火引之即然。潼川火井，穴地而洼若池，以火引之，少頃交熾。夏月積水則燄生水上，水沸而寒如故。王子年《拾遺記》：西海之西有浮玉山，山下有穴，穴中有火，其色如水，波濤灌蕩而光不滅，名曰陰火。《水經注》：大同西溪水導源火山，山有火井，南北七十步，廣減尺許，深不見底，炎熱上升，常若雷霆發響，以草爨之則煙騰火發，亦名熒臺。《郡國志》：邢州尚書房車有地周百餘步，其地人馬行土，轟作雷聲，掘之即火出。《漢書注》：西河鴻門縣有天封苑，有火井祠，火從地中出。《九國志》：楊渭武義二年冬十月，濬東塘之楊林江水出火，可以燃煑。楊用修曰：火井在蜀之臨卭，今嘉定犍爲有之，其泉皆油，爇之則然，人取爲燭燈，水涸則土上有燄。觀者至，焚其裾。《老學庵筆記》：吴中卑薄劚地，二三尺輒見水。予頃在南鄭見一軍校，火山軍人也，言火山之南，地尤枯瘠，鋤钁所及，烈燄應手涌出，故以火名軍，尤異也。宋魯應龍《括異記・嘉禾志》：顧亭林菴中有忠烈公祠，近歲忽地裂數尺，中有風濤聲，以物探之，應手火起。孝成河平八年丙申，山陽火生。石中《集異記》：晉穆帝昇平三年二月，涼州城東，池中有火。四年四月，姑臧水中又有火。劉勰《新論》：水性宜冷而有華陽之温泉，火性宜熱而有蕭丘之寒燄。按：蕭丘在海中，有自生火，春起秋滅，着木不焚。又李元陽《洱海記》言，夜見水面火高數丈，問人曰：陽火也。《霏雪録》：洪武丁卯，會稽王家堰夜大雨水暴，至死者十四五，水上有火萬炬，咸以爲鬼。予嘗詢于習海事者，曰：鹹水夜動則有光，蓋海水爲風雨所擊，故其光如火耳。

谷應泰撰　李調元輯《博物要覽》卷五《志真珠》　真珠所產地

一產占城國。朝霞大火珠。

占城國產朝霞大火珠。唐貞觀初，遣使獻一顆，大如雞卵，狀如水晶。日午時，以艾蒳珠，可以取火。

屈大均《廣東新語》卷一五《貨語》　水晶

瓊州五指山多水晶，光瑩照人，望如雪霽，取以爲假山，高至丈餘，價甚翔。其銀晶及黄紫者，多從閩漳而來。或謂色紅者火晶，可以取火。白者水晶，可取水，亦可取火。水晶所在，夜輒有火光云。

嵇璜　劉墉等《續通典》卷一四八《邊防・婆利》　婆利在占城東南，地有大洲，多馬，產火珠，大者如鷄卵圜，光照數尺。日中以艾藉珠，輒火出。其國法，殺人及盜，截其手。姦者鏁其足，期年而止。祭祀必以月晦，盤貯酒殽，浮之流水。每十一月必設大祭。

于敏中　英廉等《日下舊聞考》卷一三三《京畿良鄉縣》　原良鄉縣城東里許有石岡，石赤色如燎，可以取火，因名燎石。岡舊有佛塔，亦名塔岡。《長安客話》。

藝文

潘尼《火賦》陳元龍等《歷代賦彙》卷七　覽天人之至周，嘉火德之爲貴。含太陽之靈暉，體淳剛之正氣。先聖仰觀，通神悟靈。窮物盡數，研幾至精。形生於未兆，聲發於無象。尋之不得其根，聽之不聞其響。來則莫見其跡，去則不知其往。似大道之未離，而元氣之灝溔。故能博贍羣物，資育萬類。盛而不暴，施而不費。其變無方，其用不匱。鑽燧造火，陶冶羣形。協和五味，革變羶腥。酒醴烹飪，於斯獲成。爾乃狄牙典膳，百品既陳。和羹酋醳，旨酒醲醇。烹黿煮鼈，灼龜曜鱗。若乃流金化石，鑠鐵融銅。造制戎器，以戒不恭。砥錬兵械，整飾軍容。四海康乂，邊境無寇，韜弓戢劒，解甲釋冑。銷鏑爲耒，鑄戈爲耨。戰士反於耕農，戎馬放乎外廄。及至焚野燎原，陸火赫曦。林木摧拉，沙礫並糜。騰光絶覽，雲散霓披。遂及衝風激揚，炎光奔逸。玄煙四合，雲蒸霧萃。山陵爲之崩弛，川澤爲之涌沸。去若風驅，疾如電逝。紛綸紆轉，倏忽横厲。蕭條長空，野無孑遺。無隰不灰，無垌不斃。震響達乎八冥，流光燭乎四裔。榛蕪既除，九野謐清。蕩枝瘁於凜秋，候來春而改生。其揚聲發怒，則雷電之威也；明照遠鑒，則日月之暉也；甄陶品物，則造化之制也；濟育羣生，則天地之惠也。是以聖人擬火以制禮，鄭僑據猛以立政。功用闕乎古今，動績著乎百姓。

陸士衡撰　劉孝標注《演連珠五十首》蕭統編　李善等注《六臣注文選》卷五五

臣聞鑽燧吐火，以續暘谷善本作湯字。之晷；揮翮生風，而繼飛廉之功。是以物有微而毗著，事有瑣而助洪。

又　臣聞性之所期，五臣本作斯。貴賤同量；理之所極，卑高一歸。是以准月稟水不能加涼，晞日引火不必增輝。

善曰：言物雖貴賤殊流，高卑異級，至其極也，殊塗共歸。雖方諸稟水于月，而不加于水之涼。陽燧取火于日，不加于火之輝也。《周禮》曰：司烜氏掌以夫遂，取明火于日，以鑒取明水于月，以共祭祀之明齍明燭，共明水。鄭玄曰：夫遂，陽燧也；鑒，鏡屬也。取水者，世謂之方諸。鄭司農曰：夫，發聲也。明齍，謂以明水滫瀡盛黍稷。烜音燬。銑曰：此章明貴賤雖異，理極則同也。言物雖貴賤殊流，高卑異級，理至其極則同歸矣。亦猶方諸取水于月，陽燧取火于日，其來雖高，涼輝之性不加于尋常水火。

劉言史《與孟郊洛北野泉上煎茶》祝穆《古今事文類聚續集》卷一二　粉細越笋芽，野煎寒溪濱。恐乖靈草性，觸事皆手親。敲石取鮮火，撇泉避腥鱗。熒熒爨風鐺，拾得墜巢薪。潔色既爽别，浮氳亦殷勤。以兹委曲静，求得正味真。宛如摘山時，自歠指下春。湘瓷泛輕花，滌盡昏渴神。此遊愜醒趣，可以話高人。

王起《取榆火賦以方春改火用榆鑽燧爲韻。》李昉等《文苑英華》卷一二三　國家布和令，稽舊章。候葭灰之所應，取榆火之有常。鑽之彌堅，初若切磋之響；動而愈出，俄生煒煜之光。火則循利，人惟嚮方。豈徒宣明於四海，固將貽範於百王。時也遲遲日昇，習習風至。太簇中律，勾芒整轡。擇木之宜，順天之利。歷歷初種，常散莢而如錢；煌煌是求，必鑽木而成燧。曲直有倫，尋尺爲珍。啓炎上之氣，當發生之辰。佐暄妍於獻歲，助煦嫗於陽春。比皇明之燭幽，既自邇而及遠。叶時令而委照，是捨舊而謀新。始青林兮見採，終洪鑪兮有待。鬱攸之氣方騰，枯槁之容不改。其執熱也，殊金燧之感。其攻堅也，非水石之鑽。佩之或雜於刀礪，用之以代其槐檀。運手而綠煙乍起，屬目而朱燄可觀。餘燼收之而有耀，死灰燃之而孰難。束蘊是繁，抱樵一作憔。衆夥。何鎔鑄而不賴，何燔炙而不可。紅星忽迸，不異乎種天之星。朱火既非，欻詎同夫敲石之火。則知調其玉燭，取彼白榆。誠國之美利，亦君之遠圖。始韜光而無朕，卒既燥而有孚。所以微成於著，有生於無。豈徒嚴凝之鄉，樹於北塞；畹晚之景，失於東隅。宜乎大化不爽，餘光必共。莫不愛一人之大化，爲百姓之日用。

又王起《鑽燧改火賦以順兹四時取彼衆木爲韻》陳元龍等《歷代賦彙》卷一三　乾坤設兮，其儀有二；寒暑運兮，其序有四。聖人則天而順氣，故改火而鑽燧。大矣其功，博哉其利。智以濟物，時以作事。萬人由是資生，六府以之咸遂爾。其始也，命工徒，案林麓，選槐檀之樹，榆柳之木。斬而取也，期克順於陰陽；鑽而改之，序不愆於寒燠。既類夫求美玉而琢山石，又似乎采明珠而剖蚌腹爾。其鑽也，勢若旋風，聲如驟雨。星彩晨出，螢光夜聚。赫戲鬱攸，赩熾振怒。青煙生而陽氣作，丹燄發而炎精吐。影旁射而曜威，氣上騰而作苦。冠五行以斯用，審四時而是取。司方守赤，以備乎南北東西；利物濟人，用配乎金木水土。則知火之爲德，候而爲期；火之爲用，無以尚兹。輝赫赫而不滅，性烈烈而自馳。其猛也，物則望而畏矣。其炎也，人則寒而附之。豈不以陽氣所稟，厚生所資。用於燧人之氏，職於火正之司。及乎日月其逝，春秋相推。取舍有常，必假於人力。新舊迭用，無乖於天時。惟火之用，其則有順。其初也，鑽一木而挺英；其大也，燒萬物而爲燼。豈止夫田單克燕，孟明伐晉。或焚舟而濟河，或爇牛而破陣而已哉。今我國家七德聿修，九牧入貢。若以之爍金爲鼎，可以備物致用；若以之鑄金爲器，可以安人和衆。然則鑽燧之始，既已如彼；利用之美，又亦如此。濟乎今古，達乎遐邇。猗歟！火之不可闕也如此。

蘇軾《徐使君分新火》蘇軾撰　施元之注《施註蘇詩》卷一九　臨臯亭中一危坐，三見清明改新火。溝中枯木應笑人，鑽斫不然誰似我。黄州使君憐久病，分我五更紅一朶。從來破釜躍江魚，只有清詩嘲飯顆。起攜蠟炬遶空屋，欲事煎烹無一可。爲公分作無盡燈，照破十方昏暗鎖。

鄒浩《道鄉集》卷一二《聞市中遺火殆盡》　村市纔如一小虚，那堪回禄掃成墟。從今七箸知何有，百沸江流瀹野蔬。

錐刀利害日相摩，生火由來勢自多。咫尺長江水何限，不能飛灑奈炎何。

何暇從容白丈人，火邊綆缶定紛紛。徙薪曲突非無策，自是當時藐不聞。

陸遊《劍南詩稾》卷八三《秋日遣懷》　離離上藥苗，鬱鬱靈芝榮。我昔逢異人，瑣細皆能名。擊石以取火，薪桂持煎烹。五雲夜覆鼎，談笑得長生。

陳思編《兩宋名賢小集》卷一四六《于湖集卷下·題塔子寺》　酴醿壓架玉交加，深院無人有落花。却憶江南田舍樂，旋敲生火煑新茶。

程端學《積齋集》卷一《陽燧賦》　惟皇建極兮，龍德正中。動無不敬兮，伊郊祀其益隆。犧牲潔粢盛美兮，期鬼神之降。假聚吾神以求合兮，遂冥搜夫精賾。惟火雖潔兮，猶慊其或汙。鑽木擊石兮，與焚膏其奚殊。仰扶光之赫赫兮，曰衆陽之大宗。蒼蒼不知其幾千萬仞兮，蹇淩風而上玒。念無形猶可致兮，詎有形而莫假。謂明鑑之有類兮，允陰陽之所宅。俟東方之既明兮，拂晶光以相對。孰謂霄漢之穹窿兮，歘離明之交會。其初孔微兮，奄觸類而成燎。既氣潔而燭明兮，豈饌陳之僅照。炳蕭燔柴以求陽靈兮，寧舍茲而外取。當辟公之助相兮，照齋明之心膂。至神莫能形容兮，名之曰陽燧。譬方諸之引明水兮，可上池之同類。余然後悟造化之妙合兮，雖高遠而無間。洋洋昭布森列兮，孰屋漏而不憚。竊又疑夫火爲五行之至妙兮，必著物而生輝。其起無從兮，其戢無歸。熹熹融融兮，疇夫人之可言。不與水同淯兮，何前聖之文繁。亦庶幾其來享兮，廣吾敬之所極。噫一物之尚然兮，餘類推其可識。皇天至公兮，信無常而無親。曰定命其有道兮，齊一心而弗替。祭必受福兮，斂五福以敷錫。銷舊染之污濁兮，煥大明於萬國。菽粟如求水火兮，上足下豐。陽燧之火將與日並照六合兮，夫豈囿一用以爲功。

史駉孫《陽燧賦》陳元龍等《歷代賦彙》卷五〇　嚴邦家之祀事，稽禮文於故典。匪精誠之潔著辭，能無乎不忝犧牷。牲牢卜具三月之滌，酒醴粢盛躬藉千畝之甸。水陸取四時之和，籩豆備物産之遠。蕭茅明潔而致，玉帛誠敬以展。雝雝肅肅以顯相，濟濟蹌蹌而陳饌。睠盡禮與盡物，宜神明之可交。惟聖人之示法，俱內心之靡昭。曰盛德而體物，豈責多之可報。必也推陰陽而致類，求絜氣以明燭。仰離明之麗天，畜陽火以發育。庶可取以設燎，敷神光之煜煜。乃運獨智，命工制器。其器伊何？寔曰夫燧。諒范金之形，似效規熈之象。義匪四時之鑽，改爇樵薪以供饋。司烜命氏，職掌迺專。吉卜既戒，曷敢弗虔。候若木之揚輝攬羲，馭以行天屏翳。深遁而雲斂沉瀣，澄沐而景鮮。乾端坤倪，俯仰呈豁。神司靈守，拱揖後先。於是展襲出燧，瞻對虛碧。天陽一加，晃蕩洞射。回旋交映，炫轉的皪。縷祥煙之氤氳，歘朱光之赫奕。敢誇妙於人巧，寵靈貺之天錫。配方諸之明水，符造化而爲匹。然後敬以將之饌陳，是照炳蕭合馨，燔牲同燎。若乃圜丘展事，長宵未曙。列宿俯垂而收芒，長河避影以韜素。覽陶匏蒲秸之陳粲然在目，又何數乎田燭之載路。至於宗祀大饗，逮閟夙興，鼎鼒駢列，俎豆紛紜。執事有恪，百辟降登。無微不著，靡幽不明。煌煌晰晰，自堂徂庭。祀事孔昭，大禮用成。斯聖人因天事天之一事而著厥誠者也。雖然，器有其義，感有其理。胡金鑑之一規，致離明之交濟。蓋以五行之運，本乎二氣，或取資於相生，或洩過於相制。故金木皆能致火，而祀事則以得之天陽爲貴耳。厥今泰定治成，禮樂斯興。惇誨故老，究覈研精。一物不備，雖微必徵。矧郊祀之所需，寧舍之而弗明。賦陽燧以呻嗶，愧書生之乏能。陪甘泉而頌封禪，固將屬筆於子雲長卿者乎。

馮翼翁《陽燧賦》陳元龍等《歷代賦彙》卷五〇　伊大塊之播物，妙坱圠於洪爐。渺二氣之充塞，兆五行之感孚。坎離互而成體，水火激而相須。倘積油之有徵，亦焚塊之非誣。羌東風之扇物，散仁氣於柳榆。彼鬱鬱之何有，乃炎炎之一初。布束緼於代序，易茹飲而粒蔬。信物理之有待，感燧人之權輿。維司烜之有職，述創巧於智餘。廣昭晰於明禋，陋尋常之布除。仰大明之昭揭，實至陽之精儲。湧金鉦之瞳瞳，納外明於內虛。煉金錫之溶漾，較分劑於錙銖。潔治舍以熏沐，達巧思而躊躇。掇和璧於內範，鏤蟠螭於外模。匪波光之凸起，異奩照之平鋪。瑩磨淬於中窊，鑑纖塵之有無。映虛勾於斗室，亘紅光之發舒。試流曜於當空，跌倒景之陽烏。日規亭亭而下照，爛沈淵之赤珠。晃洞射以交貫，忍凝睇於須臾。手執熱而誰濯，指傳薪而孰噓。致潔氣於高煙，散明燭於齋廬。煥鼎俎之陳列，朗籩豆之孔殊。光陸離於豐盛，影蕩漾乎清酤。散餘彩於庭燎，鸞聲鏘兮夜何。如龍旂舒而欲燹，恍初日之當隅。神繽繽而來御，靈剡剡而與俱。彼太一之容與，愧仙藜之自扶。豈爝火之足矜，實離明之繼敷。即一事之明潔，知百禮之勤劬。即一誠之感召，來萬福之報腴。宜分職之微，賤列聖人之禮。書倘推類以盡物，驗陰陽之理符。彼溫濕之異就，實同氣而相於。仰明明之如月，想露滴於秋蜍。攀桂花而雲征，孰與揭鑑於當途。昔賢之賦明水，抑虎變而龍舒。欣援筆而浩蕩，願沐穎乎方諸。

吳朝陽《陽燧賦》陳元龍等《歷代賦彙》卷五〇　繄人文之未宣，隱大朴之淳質。爰燔黍而捭豚，亦未知夫火食。迨往聖之迭興，益有光於前昔。迺制物以利用，昉教民之炮炙。或鑽木於四時，或擊礩於山石。是皆創制之人爲，而未知造化感通之極也。若夫日爲衆陽之宗，火稟純陽之德。象離麗之中虛，配乾行而不息。煜萬物而炳靈，烜庶彙而生色。淪精則畢照於幽隱，揚彩則發揮於動植。雖窮示之漠然，而潛通之有術。乃氣類之相感，非臆見之所能測。方其祀事，將嚴宿燎。斯設濟在庭，穆穆布列。欲眩晃於饌陳，致昭然之明潔。乃命烜氏出火鑑，迎初陽之既升，挹餘光之清湛爾。其六龍飛馭以整駕，踆烏振羽而高翔。既分曜於若英，亦洗華於扶桑。凌中天之倒景，粲下士之長芒。金燧斯暎，祥煙有煇。沕然符合之妙，冥然感應之機。非木生之兆眹，乃陽變之熹微。異託物之騰燄，蓋流光之凝輝也。於是對越駿奔，肅雝顯相。儼煌煌而在旁，仰赫赫之臨上。堂陛以之而昭晰，衣冠以之而宣朗。臣民以之而雍熙，天地以之而淳邕。與明水而並陳，驗陰陽之嘉貺。將信祝而合祛，若宴好於肸蠁。且其爲用也，非世俗技巧之工，乃今古法度之器。合天人之至和，並璋瓚之上瑞。雖用舍之有常，亦待時之斯致。豈暗室以中藏，實明廷之弘義。矧熙洽之治朝，德無遠而不被。秩羣文以迓衡，藏升中之禋事。庶圖牒之洽聞，將符貺之委致。掄微材以效奇，斯殷薦之大備。尚希寘於宗廟，庶不遺於遐棄。賦已，又從而輯之曰：大明麗天貞萬國兮，聖人出治爰取則兮。朝事聿嚴羣率職兮，有器於此傳古昔兮。命曰陽燧取火於日兮，用致明潔饌陳孔飾兮。昭明有融上下降陟兮，純嘏憶萬年永垂式兮。

宋褧《燕石集》卷一《古賦》 陽燧賦《周禮》司烜氏掌以夫燧，取明火於日。注云：夫燧，陽燧也，取日之火，欲得絜氣。明燭以照陳饌。

神聖制禮，厥氣具張。爰備典秩，爰著彝章。品類實繁，有燧曰陽。載鎔載範，孔瑩且彰。至明比德於水鑒，至圓儷則於穹蒼。湛兮若清水之凝於(元)[玄]冥，皎兮若太陰之臨於素商。靡氛垢之污染，乏塵翳之蔽障。慨流傳之有自，豈鼓鑄之無方。匪稽古之髦士，奚制度之能詳。及乎燔柴於圓丘，薦祼於明堂。大禮將蕆，明禋是享。天高日晶，霧闢雲藏。烜氏敬莅其職業，秋卿祗奉其故常。持時質以承絜氣，對景曜以受烈光。以明照明，感天象於高遠。以陽求陽，索火德於渺茫。倏始焉而耿耿，遽愈熾而煌煌。所以灼庭燎於墀陛，所以爇墳燭於壇場。交輝於簠簋豆籩之位，布焰於牲酒珪幣之行。由禮器之妙用，昭祀典之齋莊。抑嘗謂火之爲象，近著於世，擊石匪妄，鑽木甚易。叩門而無弗與，束蘊可以立致。燧之爲物，人所裁製。以金之材，受火之制。仰列陰體，俯翕陽氣。然而聖人必遠求於天，而近捨諸地。於以見致潔清而敬明神，又以見五行之奥理。及神聖創物之上智，至若燧人之鑽，童子之佩，其義雖同，而其形又異也。嗚呼！觀物可以省身，窮理而後知至。炯然方寸，虚靈不昧。推善端而擴充，自微熾而昭晰。是則明明之靈臺，又乃吾身之陽燧。

朱之蕃《寒火》張玉書等《佩文齋詠物詩選》卷二二二 騰空烈焰挾灰飛，望裏熒煌煖氣微。禪性定餘傳指滅，客心燃後御風歸。烹來石髓涼侵齒，著盡霓裳冷切闈。入火化人元不爇，徒勞炙手借炎威。

陳夢雷《松鶴山房文集》卷二〇《火賦》 地二以生，天七以成。五行炎上，八卦離明。有陽有陰，麗木成形。火之爲物，民用匪輕。天陽火二，太陽星精。天陰火二，龍火雷霆。地陽火三，鑽木以興，擊石而炳，戛金而熒。地陰火二，石油水上。人之陽火，丙丁君象。陰火亦二，命門爲相。三昧之火，與相同旺。陰陽各六，十二名狀。分天地人，其義始暢。陰火不焚，爍石流金。遇濕反焰，遇水不侵。扑之以灰，光焰乃沉。陽火能爇，遇木乃烈。可以濕伏，可以水滅。乃有蕭丘寒焰，野外鬼燐。金銀精氣，螢火焞焞。有光不燃，似火非真。又若釀酒積油，得熱火起。樟腦猾髓，水中火熾。陽燧金質，得火爲異。又有厭火之民，吞火之雞。蝠取煙食，鴉逐焰飛。火龜火鼠，從火中棲。織毛爲布，火浣稱奇。造化之神，難以理推。又若陶正甯封，煙出五色。燭龍啣火，照山四極。浮玉赤雲，百川澄澈。洛陽聖火，赤異常色。志傳恍惚，幻莫可測。舍恠道常，請稽往籍。吾聞在天爲熒惑，在日爲丙丁。赤熛怒南方而作帝，宋無忌離位以稱靈。炎帝則人中之帝，祝融亦人官之名。回祿則神中之一職，畢方又爲羽族之殊形。又聞咮爲鶉火，分於周土。心爲大火，商丘是祀。炎火之山，西域所詡。臨邛火井，稱於蜀部。乃有慎火之草，生於南方。禦火之木，産於崦嵫。於鳥則赤鷩竊脂，於獸則臛疏駅駼。皆能禦災捍患，宜蓄宜儲。蓋自鑽木起於燧聖，重黎世修火政。周之火禁，司於宫正。夏官司爟，則掌火令。秋官司烜，明火致敬。若夫周王兆瑞，王屋流烏。秦穆創霸，白雀啣書。元光紀年，泰時神區。春陵屬天，赤帝之符。皆爲休徵，與災變殊。至於司城樂喜，儆備周密。譆譆出出，伯姬以卒。宋衛陳鄭，四國同日。鼇廟過奢，大殃可必。禍有前徵，預推勿失。乃若灞橋不滅，新室多愆。漢陽燔人，數踰三千。中平雲臺，數處同燃。浮屠入海，永熙之年。重和掖庭，宫禁多殲。鬱攸之罰，匪降自天。又如瓘斝勿用，鄭火亦熄。江陵賢令，風反火滅。伏柩呼天，火越他室。錢氏致祝，倉庾勿爇。人火天災，禳之在德。至若焚林，隨煙以上。下入藏取，錦而不焦。聞風漱水于蜀郡，侍駕噀酒於南郊。吐氣而空中俱煖，投丸而兵舍皆燒。是又皆道術之叵測，難就事理以推求者也。

得一道人曰：火見于題咏者少，今稟《本草》所分，《五行志》所紀，組織成賦。不獨典核可稽，抑且勸戒皆備。

加熱與保温部

加熱材料與加熱方法分部

論説

鄭玄箋　陸德明音義　孔穎達疏《毛詩注疏》卷三《國風・凱風》　凱風自南，吹彼棘薪。傳：棘薪，其成就者。母氏聖善，我無令人。傳：聖，叡也。箋云：叡，作聖令善也。母乃有叡知之善德，我七子無善人能報之者，故母不安我室，欲去嫁也。音義：叡，悦歲反，下同。知，音智，本亦作智。疏：正義曰：言凱風，樂夏之風，從南長養之方而來，吹彼棘木，使得成薪。以興寬仁之母，能以已慈愛之情養我七子，皆得長成。然風吹難養之棘以成就，猶母長養七子以成人，則我之母氏有叡智之善德，但我七子無善人之行以報之，故母不安而欲嫁也。傳正義曰：上章言棘心夭夭，是棘之初生，風長之也。此不言長之狀，而言棘薪，則棘長已成薪矣。《月令》注云：大者可析謂之薪。是薪者，木成就。

又　卷一八《小雅・無羊》　爾牧來思，以薪以蒸，以雌以雄。箋云：此言牧人有餘力則取薪蒸，搏禽獸以來歸也。麤曰薪，細曰蒸。爾羊來思，矜矜兢兢，不騫不崩。傳：矜矜兢兢，以言堅彊也。騫，虧也。崩，羣疾也。麾之以肱，畢來既升。傳：肱，臂也。升，升入牢也。箋云：此言擾馴從人意也。音義：蒸，之丞反。搏，音博，下同，亦作捕，音步。兢，其冰反。騫，起虔反。麾，毁皮反。肱，古弘反。馴，音巡，又常遵反。

又　卷二一《小雅・車舝》　陟彼高岡，析其柞薪。析其柞薪，其葉湑兮。箋云：陟，登也。登高岡者，必析其木以爲薪。析其木以爲薪者，爲其葉茂盛，蔽岡之高也。此喻賢女得在王后之位，則必辟除嫉妬之女，亦爲其蔽君之明。鮮我覯爾，我心寫兮。箋云：鮮，善覯見也。善乎我得見女，如是則我心中之憂除去也。音義：析，星歷反。柞，子洛反。湑，思叙反。茂，盛也。爲，于僞反，下亦爲同。辟，婢亦反，又音壁。鮮，息淺反，徐音仙。覯，古候反。女，音汝。疏正義曰：言有人登彼高岡之上，當必析我其柞木以爲薪。析伐其柞木以爲薪者，以此柞木其葉湑湑然，茂盛兮爲其蔽岡之高，故我伐而去之。以興有賢女居彼王后之位，則必辟除褒姒以爲賤。

又　卷二二《小雅・白華》　樵彼桑薪，卬烘于煁。傳：卬，我烘燎也。煁，烓竈也。桑薪，宜以養人者也。箋云：人之樵取彼桑薪，宜以炊饔饎之爨，以養食人。桑薪，薪之善者也。我反以燎於烓竈，用炤事物而已。喻王始以禮取申后，禮儀備。今反黜之使爲卑賤之事，亦猶是。

又　卷二三《大雅・棫樸》　芃芃棫樸，薪之槱之。傳：興也。芃芃，木盛貌。棫，白桵也。樸，枹木也。槱，積也。山木茂盛，萬民得而薪之。賢人衆多，國家得用蕃興。箋云：白桵相樸屬而生者，枝條芃芃然。豫斫以爲薪，至祭皇天上帝及三辰，則聚積以燎之。濟濟辟王，左右趣之。傳：趣，趨也。箋云：辟，君也，君王謂文王也。文王臨祭祀，其容濟濟然敬。左右之諸臣，皆促疾於事，謂相助積薪。音義：芃，薄紅反。槱，弋九反，云積木燒也。枹，必茅反。蕃，音煩。屬，之欲反。燎，力召反。辟，音璧。趣，七喻反。疏正義曰：毛以爲芃芃然枝葉茂盛者，是彼棫木之樸屬而叢生也，我農人得析而薪之，又載而積之於家，使農人得以濟用。興德行俊秀者，乃彼賢人之叢集而衆多也，我國家得徵而取之。

鄭玄注　陸德明音義　賈公彦疏《周禮注疏》卷六　凡寢中之事，埽除、執燭、共鑪炭，凡勞事。注：勞事，勞褻之事。四方之舍事亦如之。注：從王適四方及會同所舍。疏釋曰：爲王巡守，征伐及會同所舍之處。言亦如之者，亦如上掌凡勞褻之事。

又　卷一六　凡其余聚以待頒賜。注：余當爲餘，聲之誤也。餘謂縣都畜聚之物。疏注釋曰：知餘聚是縣都者，以其委人掌斂野物，從三百里至王畿，上已云甸稍，明此言餘聚，是縣四百里、都五百里中畜聚之物，如上稍甸畜聚之物也。以式灋共祭祀之薪蒸木材；賓客，共其芻薪；喪紀，共其薪蒸木材；軍旅，共其委積薪芻，凡疏材共野委兵器，與其野囿財用。注：式灋，故事之多少也。薪蒸，給炊及燎。麤者曰薪，細者曰蒸。木材給張事。委積薪芻者，委積之薪芻也。軍旅又有疏材以助禾粟。野委，謂廬宿止之薪芻也。其兵器，謂守衛陳兵之器也。野囿之財用者，苑囿藩蘿之材。音義：蘿，音羅，本亦作羅。【略】

掌炭，掌灰物炭物之徵令，以時入之。注：灰、炭皆山澤之農所出也。灰給澣練。炭之所共多。疏注釋曰：灰炭既出山澤，不云徵于山澤之農者，義可知，經畧而不言也。以權量受之，以共邦之用，凡炭灰之事。

鄭玄注　陸德明音義　孔穎達疏《禮記注疏》卷一七《月令》　是月也，草木黄落，乃伐薪爲炭。注：伐木必因殺氣。音義：炭，吐旦反。蟄蟲咸俯在内，皆墐其户。注：墐爲塗閉之，辟殺氣。音義：墐，其靳反。辟，音避。疏正義曰：俯，垂頭也。墐，塗也。前月但藏而壞户，至此月既寒，故垂頭嚮下，以隨陽氣。陽氣消沈在下也，而又塗塞其户穴，以避地上陰殺之氣也。【略】

乃命四監收秩薪柴，以共郊廟及百祀之薪燎。注：四監，主山林川澤之官也。

大者可析謂之薪，小者合束謂之柴。薪施炊爨，柴以給燎。《春秋傳》曰其父析薪。今《月令》無及百祀之薪燎。音義：共，音恭，下文以共皆同。燎，力召反。析，思歷反，下同。爨，七亂反。疏注正義曰：以薪柴出於山林川澤，故四監爲山林川澤之官也。薪施炊爨，柴以給燎者，以薪柴並文，故知各有所用。上云薪柴，下云薪燎，故知柴以給燎。引《春秋傳》曰其父析薪者，此昭七年《左傳》辭也。其父析薪，其子弗克，負荷引之者，證薪是麄大可析之物。云今《月令》無及百祀之薪燎者，謂無此句之文也。

劉安撰　高誘注《淮南子》卷八《本經訓》　靡流堅鍛，無猒足目，山無峻幹，林無柘梓。峻幹，長枝也。柘桑梓滋生也。燎木以爲炭，燔草而爲灰。野莽白素，不得其時。莽，草也。白，素也。上掩天光，下殄典地財，此遁於火也。殄，盡也。

桓寬《鹽鐵論》卷二　禁耕第五

縣官籠而一之，則鐵器失其宜，而農民失其便。器用不便，則農夫罷音疲。於野，而草萊不辟。草萊不辟，則民困乏。故鹽冶之處，大校皆依山川近鐵炭，其勢咸遠而作劇。

許慎撰　徐鉉增釋《說文》卷六上　柴　小本散材，从木，此聲。臣鉉等曰：師行野次，豎散木爲區落，名曰柴籬。後人語譌，轉入去聲。又別作寨字，非是，士佳切。

又　卷一〇上　㶳　燒木餘也，从火，岸省聲，他案切。

佚名《太清金液神丹經》卷上　取好胡粉，鐵器中火熬之如金色，與玄黄等分，和以左味，治萬杵令如泥。復更以塗中上下兩釜內外，各令厚三分，曝之十日期乾，無令燥拆，輒以泥隨手護之。取越丹砂十斤，雄黄五斤，雌黄五斤，合治下篩作之，隨人多少，下可五斤，上可百斤，納土釜中，以六一泥密塗其際，令厚三分，曝之十日。又擣白瓦屑下細篩，又以苦酒、雄黄、牡蠣一斤，合擣二萬杵，令如泥。更泥固濟上，令厚三分，曝之十日，又燥入火便拆，拆半髮者，神精去飛。若有細拆，更以六一泥塗之。密視之。先以釜置鐵鏡上，令安，便以馬屎燒釜四邊去五寸，然之九日九夜。無馬屎，稻米糠可用。又以火附九日九夜，當釜下九日九夜。又以火擁釜半腹，九日九夜。凡三十六日，藥成也。

長生陰真人《太清金液神丹經》卷中　凡六十三字，本亦古書難了，陰君顯之，作金液還丹之道。其方用大銅筩，開孔廣二寸半，令筩厚四分，高九寸，用二枚。其以一枚爲蓋，蓋高五寸也。治熟礜石一斤，鉛丹半斤。夫礜石先以火燒二十日，擣萬杵，又入鐵器中，猛火九日九夜，復萬杵，下細篩，調之以淳苦酒，和之如泥，塗銅筩裏，令上下俱厚四分，是第一塗也。修之法即復，當以雄黄、雌黄之精，以醇醯和復，塗兩筩裏，令厚半分，此第二塗也。第三次雪霜也，其上筩蓋亦如下筩法塗之，內霜雪不滿寸半。已內霜雪中，以上筩蓋之，輒代赭瓦屑，如之以塗其會牢，塗之無令泄，泄則華汋飛去。已復塗之，宜於陰熇潔處，令其大乾，置於蘆葦火、馬通火中央，作鐵鏡豎安之筩，令去地高三寸，糠火亦佳也。火前後左右去筩皆三寸，不可不審詳精占之也。如是後至十日，更近左右前後各二寸。如是二十日，復更近火去筩一寸。如是至三十日，左右前後，火乃四面集之，至於筩下，令半筩復如此。至後五十日，名之曰黄金。黄金者，此中神藥，可以成黄金也。如是又火二十日，合七十日，藥成名曰赤金，所謂赤金者，此中神藥可成赤金也。名曰金液還丹，即欲作黄金，取還丹一銖，置一斤鉛中，即成真金矣。亦可先納鉛於器中，先火爲水，乃納刀圭赤藥於其器中，臨而觀之，五色輝華紫雲，亂映蓊鬱，玄黄無定，若仰看景雲之集也，名曰紫金，道之妙矣。其蓋上紫霜，名曰神丹。

又　作霜雪法

取曾青、礜石、石硫黄、戎鹽、凝水石、代赭、水銀等七物，合治萬杵，不須篩也。以醇醯和之，令浥浥剛淖自適。即置土釜中，封泥皆如泥神丹土釜法。又以代赭，白瓦屑塗固濟，不可令泄也，事事如封前者無異。以葦火炊其下及左右，四日四夜少猛之，神華霜雪上著，以三歲雄鷄羽掃之，名曰霜雪。可加丹砂雄雌黄三種，並與前分等合爲十種也，名曰金華凝霜雪，如此還丹之道畢矣。還丹不先祭作不成，當齋三日，以清酒五斗，白脯一十斤，祠竈神矣。銅筩用蘆葦者，是天馬極當用葦耳。要宜須馬通火也，葦火自難將視。至於燒雄雌黄之精，及燒霜雪，自宜用葦火，不與銅筩火同也。金華凝精霜止可服，使人不死耳。非是霜雪，不中納著銅筩中用也。霜雪所用曾青、戎鹽、凝水石皆貴藥，不可用交代，非真則藥不成也。

魏伯陽《大丹記》　真鉛真汞用藥鼎器肘後訣

火候不在多，只如雞抱子。

用火温養，常如雞抱卵便即是，多則傷氣并漏也。

張華《博物志》卷九　酒泉延壽縣南有山，出泉此四字原作「山名火泉」，依《初學記》八、《北堂書鈔》百三十五改。水大如筥，原作「火出如炬」，依《水經・河水注》改。注地爲溝，其水有脂如煑肉汁，挹取若著器中，始黄後黑，如不凝膏。然之極明，與膏無異。膏車及水碓釭甚佳，但不可食。彼方人謂之石漆。此上五十三字原並脱去，以《水經注》《初學記》《北堂書鈔》所引參校補正。

陳壽《三國志·魏志》卷二六《滿寵》　權自將號十萬，至合肥新城，寵馳往赴募壯士數十人，折松爲炬，灌以麻油，從上風放火燒賊攻具。

又陳壽《三國志·吴志》卷九《周瑜》　黄蓋曰：今寇衆我寡，難與持久，然觀操軍方連船艦，首尾相接，可燒而走也。乃取蒙衝鬭艦數十艘，實以薪草，膏油灌其中，裹以帷幕，上建牙旗。先書報曹公，欺以欲降。又豫備走舸，各繫大船後，因引次俱前，曹公軍吏士皆延頸觀望，指言蓋降。蓋放諸船同時發火，時風盛猛，悉延燒岸上，營落頃之，煙炎張天，人馬燒溺死者甚衆。軍遂敗退，還保南郡。

葛洪《抱朴子内篇》卷一

金丹第四

夫金丹之爲物，燒之愈久，變化愈妙。黄金入火，百鍊不消，埋之畢天不朽。服此二藥鍊人身體，故能令人不老不死。此蓋假求於外物以自堅固，有如脂之養火而可不滅。銅青塗脚，入水不腐，此是借銅之勁以扞其肉也。金丹入身中，沾洽榮衛，非但銅青之外傅矣。

至理第五

抱朴子曰：防堅則水無漉棄之費，脂多則火無寢曜之患。龍泉以靡割常利，斤斧以日用速弊，隱雪以違暖經夏，藏冰以居深過暑，單帛以裹鏡不灼，凡卉以偏覆越冬。泥壤易消者也，而陶之爲瓦，則與二儀齊其久焉。柞柳速朽者也，而燔之爲炭，則可億載而不敗焉。轅豚以優稽晚卒，良馬以陟峻早斃，寒蟲以通已倍壽，南林以處温長茂，接煞氣則彫瘁於凝霜，值陽和則鬱藹而條秀。

又　卷三　黄白第十六

當先取武都雄黄，丹色如雞冠，而光明無夾石者，多少任意，不可令減五斤也。擣之如粉，以牛膽和之，煮之令燥。以赤土釜實一斗者，先以戎鹽，石膽末薦釜中，令厚三分，乃内雄黄末，令厚五分，復加戎鹽於上。如此，相似至盡。又加碎炭火如棗核者，令二寸。以蚓螻土及戎鹽爲泥，泥釜外，以一釜覆之，皆泥令厚三寸，勿泄。陰乾一月，乃以馬屎火熅之三日三夜。寒，發出，皷下其銅，銅流如冶銅鐵也。乃令鑄此銅以爲筩，筩成以盛丹砂水。又以馬屎火熅之，三十日發爐，皷之得其金，即以爲筩，又以盛丹砂水。又以馬屎火熅三十日，發取擣治之。取其二分生丹砂，一分并粉，汞者，水銀也，立凝成黄金矣。光明美色，可中釘也。

作丹砂水法

治丹砂一斤，内生竹筩中，加石膽消石各二兩，覆薦上下，閉塞筩口，以漆骨丸封之，須乾。以内醇苦酒中，埋之地中，深三尺，三十日成水，色赤味苦也。金樓先生所從青林子受作黄金法：先鍛錫，方廣六寸，厚一寸二分，以赤鹽和灰汁，令如泥，以塗錫上，令通厚一分，累置於赤土釜中。率錫十斤，用赤鹽四斤，合封固其際，以馬通火熅之，三十日，發火視之，錫中悉如灰狀，中有累累如豆者，即黄金也。内土甌中，以炭皷之，十煉之並成也。率十斤錫，得金二十兩。唯長沙桂陽豫章南海土釜可用耳。彼鄉土之人，作土釜以炊食，自多也。

又　務成子法

作鐵筩長九寸，徑五寸，擣雄黄三斤，蚓螻壤等分，作合以爲泥，塗筩中，使徑三寸，匱口四寸，可加丹砂水二合，覆馬通火上，令極乾，内銅筩中，塞以銅合蓋堅，以黄砂築上，覆以蚓蠰重泥，上無令泄，置爐炭中，令有三寸炭，筩口赤，口寒發之，雄黄皆入著銅筩，復出入如前法。三斤雄黄精，皆下入著筩中，下提取與黄沙等分，合作以爲爐，爐大小自在也。欲用之，置爐於炭火中，爐赤，内水銀，銀動則内鉛其中，黄從旁起交中央，注之於地，即成金。

葛洪《肘後備急方》卷三　治寒熱諸瘧方第十六

取獨父蒜於白炭上燒之，末服方寸匕。

佚名《三十六水法》　釭水

治積雪，滏以黄輕水銀，令浥浥，率一斤釭粉，用水銀三兩，納竹筒中，漆固口，置甀瓶醋中，埋入地三尺，馬通火熅三十日，成水，名曰流静。深邃處按此方合，萬無不成也。

佚名《洞真太上紫度炎光神玄變經》　鎮魂固魄飛騰七十四方靈丸

當先作六一泥土釜二枚。用東海左顧牡礪、戎鹽、赤石脂、黄丹、滑石、蚓螻土，六分皆等，合治擣細篩，和以百日米醋，和畢，擣令相和，合成六一之泥也。以泥兩土釜内外，漸漸薄泥，日暴令爆燥，稍上内外令厚二寸半。都畢，仍作竈南向安鐃孤，着竈中央，釜底令去地一尺二寸，糠火燒之三日三夕，令火去釜九寸，九日九夕進火，令近六寸，又九日九夕，令火至底，令三九二十七日。畢，寒之三日，發開視，藥起飛精，仰着上釜，神藥成也。不起，更泥如初，又進火如先二十七日，寒之三日，無不成也。

司馬彪撰　劉昭補并注《後漢書》卷三三《郡國志第二十三》　酒泉郡，武帝置，雒陽西四千七百里。九城，户萬二千七百六，福禄、表氏、樂涫、玉門、會水、沙頭、安彌故曰綏彌、乾齊、延壽。《博物記》曰：縣南有山，石出泉水，大如筥簾，注池爲溝。其水有肥如煮肉，洎羙羙永永，如不凝膏。然之極明，不可食。縣人謂之石漆。

佚名《上清太上帝君九真中經》卷下《太上八景四蕊紫漿五珠絳生神丹方經》　作竈法

當在無人處，先作竈屋，長四丈，南向開屋，東頭爲户，屋南向爲紗窗，屋中央作竈。竈令四方，四面開口，以大鐵鐺鐺施四脚，以著竈之中央，使上下相遠，高下之法，以意裁量，好安隱之。以所盛藥土釜，好安著鐺上，以好糠火於下燒之。令去釜底一尺許，調適視火，勿令暴猛。足十八日訖，更令火去釜下五寸，復九日。日足，更令火去釜下三寸，復更七日。日足，更令火去釜下一寸，復五日。日足，更令火齊釜底之下，足二十七日。日足，更令火至半下釜之腹，三十日。日足，更令火末及下釜之上二寸，二十四日。日足都畢，藥成也，可復寒之七日，而徐徐發視，八景四蘂之華，皆懸著上釜。以三歲白雄雞羽掃之，盛以金銀密器中。其華當作景雲之色，五十八種之氣，流霞玄暎，紫光鬱耀，不可名字，名曰八景四蘂五珠絳生神丹。

佚名《太微靈書紫文琅玕華丹神真上經》　以苦酒及東流水，擣和細白土，并牛馬麞鹿毛爲泥，泥竈，竈内安鐵鐺，以藥釜著鐺上，使釜在竈中央。釜四邊當去竈土各三寸半，令竈高於釜上二尺，釜下去地一尺八寸。以好糠火於下燒之，令去釜一尺許，調適繕視火氣，勿令暴猛，足二十日。更令火去釜下六寸，又二十日日足。更又令火去釜下四寸，又二十日日足。更又令火去釜下一寸，十日日足。又更令火親釜下，又十日日足。更又令火半釜，復又二十日日足。都合百日，藥成也。

酈道元《水經注》卷二《河水》　釋氏《西域記》曰：屈茨北二百里有山，夜則火光，晝日但煙。人取此山石炭冶此山鐵，恒充三十六國用，故郭義恭《廣志》云：龜茲能鑄冶，其水南流逕赤沙山。

又　卷一〇《濁漳水》　冰井臺亦高八丈，有屋百四十五間，案：近刻脱五字。上有冰室，室有數井，井深十五丈，藏冰及石墨焉。石墨可書，又燃之難盡，亦謂之石炭。

崔鴻《十六國春秋》卷五二《後燕録十・王高》　王高，魏郡人，家貧徒有四壁。夫婦二人晝則傭耕，夜則伐草燒磚以臥。

佚名《太極真人九轉還丹經要訣》　用藥法

以六一泥，泥鉛丹泥之外，令厚一寸二分，如鉛丹泥法，漸漸乾，迺上泥也。共是二寸四分，都畢矣。然後安在鐵鐺上閤之。鐵鐺脚四脚，如鼇脚狀，但令高九寸也。先以糠煨火入鐺下，令去釜底六寸，九日九夜。又加火，去釜底三寸，九日九夜。又加火，齊釜底三寸，九日九夜。又加火上釜腹三寸，九日九夜。又加火，再上釜腹二寸，共五寸，九日九夜。又加火，齊釜合際之下一寸，九日九夜。止，寒之十日。又加火，至釜際之下半寸，頓三十六日晝夜。凡合九十晝夜，名曰九轉還丹。日滿，寒之七日。迺出釜下竈，去上釜，其飛精九色，流光焕爛，皆懸著上釜矣。以三歲雄雞羽掃之，盛以密器，帶之肘後。秤二兩爲劑也，平旦向東，以新清水餌之，即能隱淪散形，飛翔太虛，太極遣使，迎以金丹羽輪，分形化景，作白鶴數千頭，上登太微，位爲真仙，壽同三光，還童却老，面生玉映，項有曜靈，寔九轉還丹之力也。取鉛十斤，著鐵器中，猛火火之令沸，投九轉之華一銖於鉛汁中，攪之，須臾立成黄金九斤矣。

取水銀一斤，錫七斤，著鍋中，火之三沸，投九轉之華一銖於錫汁中，攪之，須臾立成白銀也。有此變化，是丹成耳。如試之未可，則依上法再燒九十日夜，無不成者矣。

賈思勰《齊民要術》卷六　養羊第五十七

作酪法

【略】捋訖，於鐺釜中緩火煎之，火急則著底焦。常以正月、二月預取乾牛羊矢煎乳，第一好；草既灰汁，柴又喜焦；乾糞火軟無此二患。常以杓揚乳，勿令溢出；時復徹底縱横直勾，慎勿圓攪，喜斷。亦勿口吹，則解。四五沸便止。

又　卷八　作醬法第七十

用春種烏豆，春豆粒小而均，晚豆粒大而雜。於大甑中燥蒸之。氣餾半日許，復貯出更裝之，迴在上居下，不爾，是生熟不多調均也。氣餾周徧，以灰覆之，經宿無令火絶。取乾牛屎，圓累，令中央空，燃之不烟，勢類好炭者。能多收，常用作食，既無灰塵，又不失火，勝於草遠矣。

又　卷九　煮膠第九十

煮膠法

煮膠要用二月、三月、十月，餘月則不成。熱則不凝，無餅。寒則凍瘃，(白)[令]

膠不粘。沙牛皮、水牛皮、豬皮爲上，驢、馬、駝、騾皮爲次。其膠勢力雖復相似，但驢馬皮薄毛多，膠少，倍費樵薪。破皮履、鞋底、格椎皮、靴底、破鞾、靫，但是生皮，無問年歲久遠，不腐爛者，悉皆中者。然新皮膠色明净而勝，其陳久者固宜，不如新者。其脂肕、鹽熟之皮，則不中用。譬如生鉄，一經柔熟，永無鎔鑄之理，無爛汁故也。唯欲舊釜大而不渝者。釜新則燒令皮著底，釜小費薪火，釜渝令膠色黑。法：於井邊坑中，浸皮四五日，令極液。以水净洗濯，無令有泥。片割，釜中，不須削毛。削毛費功，於膠無益。凡水皆得煑；然鹹苦之水，膠乃更勝。長作木匕，頭施鐵刃，時時徹攪之，勿令著底。匕頭不施鉄刃，頭攪不徹底則焦，焦則膠惡，是以尤須數數之。水少更添，常使滂沛。經宿晬時，勿令絶火。候皮爛熟，以匕瀝汁，看後一珠，微有黏勢，熟矣。爲過傷火，令膠焦。取净乾盆，置竈埵闕丁反。上，以米牀加盆，布蓬草於牀上，以大杓挹取膠，爲著蓬草上，濾去滓穢。挹時勿停火。淳熟汁盡，更添水煑之；攪如初法。熟闕挹取。看熟皮垂盡，著釜焦黑，無復黏勢，乃棄去之。膠盆向滿，舁著空静處屋中，仰頭令凝。恐氣變成水，不令雜。凌旦，合盆於席上，脱取凝膠。口濕細緊綫以割之。其近盆底土惡之處，不中用者，割却少許。然後十字坼破之，又中斷爲段，較薄割爲餅。

佚名《太清經天師口訣》 度災靈飛散法第一　鉛鍊金法

用金三十六兩，用鉛七十二兩作灰杯，火燒令乾，蜜閉四邊，通一看孔，安鉛杯中。作一鐵杯，大小可灰，杯上偏鑿作孔，用合灰杯。杯上累炭，炭上覆泥，火之，鉛盡還收取金，更作灰杯。如是三七徧，名曰鉛鍊金也。

佚名《太清金液神氣經》卷上 太皇君合神丹之要，先作太一土釜二，令受一斛二斗，使内外令厚，内二寸極使精密。畢乃擣二十八石，各四千杵，皆以絹素篩之。凡二十八物，合鑄十一萬二千杵也。如是治藥畢。又用天玄地黄，以薦覆之。當以礬石水和地黄六斤，令如封泥，泥下釜爲薦也，使厚一寸五分，置日中乾之，使精燥，乃納諸石物。次納神童，次納流精，次納神女，次納玉華，後納二十八石，又覆以天玄五斤，於是安藥都畢，可以一釜上合之。又以太一泥封其會際，復陰乾十五日，使内外堅密，無令有坼。畢乃安釜於鐵鑚之上，令鑚脚高二尺五寸，以糠火燒之。初起火之日，可半鑚脚，至一十二日日足，令火去下釜七寸。又至二十四日日足，令火去下釜五寸。復足十二日，令火去下釜三寸。又十三日，火去下釜一寸。復八日，可引火平釜下。復至二十四日，可進火令平下釜腹也。從九十二日後，可小進火，令未及下釜之上一寸，復二十八日，止，凡一百二十日也。

【略】

凡十六種，以象九晨七元之靈符，結五行之精微氣，法玄宿之元圖也。以次擣之，各三千杵，以絹篩之畢，納於九晨土釜之中，上下二釜，令各受七升，太陽玄精七斤薦覆之，於是安藥都畢。又以一釜合之，更以九晨土塗其會際，又乾之十日，使極堅燥。安釜於三台之上，皆高三尺，以糠火燒其下。初火之日，令火去釜下一寸。又至十五日，令火平之下。又至二十二日，可引火進下釜之半。復至九日，可齊下釜之上。又九日止。清之五日，徐徐開之，藥當光華符耀，流霞洞明，有八十一種之色。

【略】

凡十二石，以合十二神之氣，和五行之靈符，結日月之輝影也。可使童子二人，沐浴清静，以次擣諸藥各四千杵，皆以絹素篩之。竟納於六一釜中，令釜上下二枚，各受六斗。先以太陽玄精三斤納薦釜中，次納流精，次納神女，次納玉華，次納飛龍，次納甘石，十二石都畢，好安穩抑按之，於是他藥竟。又以一土釜合之，更以六一泥封其會際，乾十日，令釜精密，乃可納之於四鑚，高二尺，以馬通若糠火於下燒之。初火之日，令火半四鑚之脚。至十二日，可又進之令去土釜五寸。又至十二日，令火去釜下二寸。復至二十四日，可進火齊釜下。又至二十四日，復引火下釜之半腹。二十四日，以火平下釜之上。又至二十八日，止可。

蘇玄朗撰　楚澤先生編《太清石壁記》卷上

艮雪丹方

錫十二兩，鴻霜一斤，特生礜石一斤，絳礬石一斤，朴硝五兩，太陰玄精六兩，鹽一斤。

右以錫置鐺中，下猛猛火燒令鎔成水，以鐵匙撩去上滓末，別以鐺子中炒令稍熱，傾著錫水中，以鐵匙攪之令勻，便急傾著净地，少時凝冷如白銀，即取礬霜，輕手擣之，以馬尾羅篩，朴硝、玄精各別擣篩。即以鹽末和水銀、錫合擣，以馬尾篩之，以諸藥總相和，調和相得，更以白鹽作下藉三分許，以物按之令實，即下諸藥。又以朴硝覆之。即下文火四日夜，其火炭不過一斤已上。但候上蓋常如人體暖，即漸加三五莖。過此已後兩日，即下武火，常使上釜灼人手，不得久住。武火經七日，寒一宿，然後開之，若調火緩急得所，其精並飛出上釜，如霜雪狀，或作伏爐盤在上釜，其色妙甚霜雪，光輝焕然，驚駭耳目。

好士見之，無不嗟嘆。若用火不調，冷熱不均，其藥精即飛著上釜，顏色青黑。既飛得精藥，又飛之更以後藥。

五嶽真人小還丹方

丹砂、雄黄、曾青、磁石、石腦、朴硝、巴砂、玉英、禹餘糧、白礬石、玄石脂、凝水石、滑石、石膽各十兩。

右新苦竹爲筒貯之，以蠟固頭，按之，納華池中，二十日出之陰乾，二十日擣篩色別，以酢和爲丸，納玉釜中，似鍊紫游丹法。勿使氣泄，以文武火三日夜。開之，色別擣下如粉。第一納丹砂，次玉英，合之上下相當，密用固濟。初用馬通火三日夜，後用炭火三日夜，前文後武，飛入上釜，丹成出用之，於乳鉢中，以玉磓研之如粉，以大棗去皮和爲丸，丸如粟米，一服三丸，用飲汁酒下之。

太一小還丹方

水銀一斤，石硫黄五兩。

右研石硫黄爲末，以白厚紙承之，取於炭火上炙，硫黄鎔滴水中，棄前紙。如此三遍鍊之，秤五兩。又取新瓷瓶可二升已下，内外通有油者，以黄土細篩，和石灰紙筋相爲泥，泥瓶子外，可厚三分，曝乾。又取一新瓷盞子，令與瓶子相當，内有通油者，還以前泥泥盞外，亦厚三分許，曝乾爲瓶蓋。又令鐵牀子鍋脚與瓶底相當，坐瓶子於牀子上。又作風爐，高於瓶子五寸許，四面各去瓶子五寸，塼瓦和泥作爐，下開四風門，待乾用之。又先以水銀下瓶子中，微火温之令暖。又取一鐺子，鎔硫黄令如水，傾水銀瓶子中，攪之少時，待冷，水銀便如碎錫，可以爲塊。遂以前盞子蓋之，還用前泥密固濟，下爐中，即以微火傍瓶四邊，炙之令固濟處乾。爐漸熱，加火。初文後武，令稱瓶上火色紫焰出時聲動，其火令心虚，稍稍添炭，如此百夜，漸漸退火寒之，開看其丹並著瓶子四邊及上蓋，其丹狀如石榴子，紫黑色。水中研泛之，取細者，色過光明砂，紅赤非常。藥成細研，和粳米飯，丸之如小胡眼，每日服五丸，至五百丸，萬病除矣。一經云：從朝下火，至日午藥成，可服。亦和丸。蒸曝巨勝，服白飲汁酒送之，忌血羹魚膾大酢生冷。

太一雄黄丹

雄黄一斤。

右一味擣篩，輕紗羅篩，以醇酢拌令浥浥，日曝令乾；又依前更拌又曝，可十餘遍止。先以白鹽置釜爲籍，按之令實。次以雄黄粉與白鹽末相和，置於藉鹽上，還以白鹽末覆之。即以上釜相合，六一泥固濟，不得泄氣。一日夜微火候，六一泥乾。以後漸漸加火，勿頓猛。一日一夜，過此已後，可與極猛火，令其下釜旦暮常與火同一色，不得暫時令火微弱。如此旦暮猛火常相續不絶，三日三夜，寒之一日夜，開其釜取藥，更細研下釜中。餘滓又别擣篩訖，即以藥之精滓相和，更加以酢拌令浥浥，一依前布置，其文武火勢及日多少，一依前法，如此再遍，其藥必成。

又　卷中　朱砂霜法

朱砂二斤，先研作末，細絹羅七徧，絳礬一兩半，黄礬一兩。

右並擣爲末，酢和日曝七徧，唯鐺下周匝著硇砂，及灰鹽爲垙垙鐺，即著鹽平滿鐺，看藥多少，擣鹽中作椀形，著藥訖，以銅匙按之令實，即加鹽一重覆之，更加伏龍肝一重，更以鹽上，更以朴硝蓋之，用匙按平，即以米酢噀之，即安上釜，固濟。先用麻擣泥，泥擇掃及固濟上釜，可厚三分，極牢密，漸加文火，經四日夜，即武火二日，極猛火一日，寒即以水濕固濟處，然後開用之。

艮雪丹

絳礬、白礬、太陰玄精各四兩。

右並擣和銀粉，取伏龍肝、鹽末等，和上件藥，布置一依四神法，唯以朴硝一斤覆上，更用末白鹽花覆之牢，固濟。四日文火，漸漸加火，仍須微微，不得依四神武火，滿七日訖，用猛火一炊間，寒之，開取其藥霜，亦有不上者，並在鹽花内結作芙蓉頭子，其霜煮鍊，依四神法。

又　卷下　造砒丹法

取上好砒一斤，研篩爲末，絹羅之令盡，取頭酢三升，白礬三兩，擣篩爲末，投在酢中，消以酢，拌砒令浥浥，即漉令乾，又日曬，如是經二十度止，曬令乾。取鹽五兩，擣篩如麨置鼎中，以火熬之。又於鼎中亦著火三兩，莖和鹽攪之，令鹽乾爲度。然後却擣鹽爲末，即布在鼎中令平，取前砒藥入於鼎中，以鷄翎掃之令平。然後取一盆蓋，與鼎上下相當。即取炭灰水飛，取細者澄濾令乾，以酢和研之，入鹽二兩，灰相和研相乳入，稀稠得所用，將固濟盆唇，勿通風，厚一米已來。即鼎上著炭火。其炭長五寸，初三莖横在鼎底，飛之第三日。更加一莖，到午時後更加一莖，到初夜更加一莖，其第四日辰時，即寒爐一日夜。爐冷即開，以濕布向固濟處濕灑，即去泥開之，其霜飛在盆底。取之置在盆中，又斫著酢拌，一依前法。如是三轉止，取盛之於鐺中，酢煮一日夜，即取擣研之。又取甘草三兩擣碎，以水二升煎取一升，即投藥在鐺中，以甘草汁煎之，乾以粳米飯和研，丸如麻穀大，曬乾，服之能治瘧、心痛、牙疼。第一三丸，和酢研服之，自喫，飛七徧。

太清真人《九轉流珠神仙九丹經》卷上　因内朱兒土釜中，封塗之，令乾燥十餘日，及釜口際會，無令洩洩者。朱兒飛去，先以通卿熅火，以壅土釜邊，火去土釜五寸許。通卿者，馬通也。無馬屎，用糠火。熅之九日九夜，推火附之九日九夜；釜著火上，復九日九夜；火壅釜半，復九日九夜。

【略】

子明媒之使共居者，言取水銀九斤，鉛一斤，合置赤土釜中，猛火上，從平旦至日落下時，水銀與鉛精皆俱出，如黃金色，名曰玄黃精，一名黃芽，一名黃輕。以丹華水之，名曰黃池，一名黃華，一名黃龍，一名玄制石。取玄黃和以玄水，令如封泥丸之，内赤土釜中，封以六一泥，内外厚三分，令乾十日，無令洩。以馬通若糠火，火之八十一日，當庚辛。庚辛者，黃金之名也。真人祕之，不言黃金，故字金爲庚辛。取玄黃一刀圭，納猛火中，以夾囊鼓炊之，飯頃皆消成庚辛。不成庚辛，火之飛去藥，生不可服也。當納赤土釜中，火之如前，封塗之，九九八十一日，藥乃可用也。

【略】

飛玄黃耳，言取一斤水銀，納赤土釜中，覆以玄黃，其上厚二寸，所以一土釜合之，封塗以六一泥，如治丹華法，以馬通糠火，火之九日九夜，水銀皆飛上著釜裏，狀如雪霜，紫赤鴻生五色也，故言五色光顔厚寸餘，以毛羽掃取之，和以黃戌，若復如初也。黃戌者，黃狗膽也。若和以河伯餘者，鯉魚膽也。即取鯉魚膽，和飛雪霜者，水銀飛精合如封書，泥丸之，復納赤土釜中，復以玄黃精覆之，厚一寸，以一赤土釜合蓋之，以六一泥封塗釜口際會，無令洩，置日中曝之十日，大乾燥，乃可熅之。熅者，不可燒也。稍熱釜坼也，失大藥也。復火之九日九夜，可止。後一日寒，發之，以羽毛掃取上飛精鴻紫，名曰神符還丹。

【略】

方士劫之不敢焉，言道人以赤土釜二枚合飛之，不敢者，不令其飛精去。取下土石也，取其飛精也。言法取雄黃二斤，雌黃一斤，凡三斤，小以華池傳藥，乃不敢散飛去華池者。百日醯取雄雌，合納鐵臼中，治之萬杵，合和如粉，納赤土釜中，蓋以玄黃粉，上下左右各厚一寸，以六一泥封塗，無令洩，曝乾之十日，乃可以馬通火，飛之九日九夜。火去釜邊五寸，以火壅之九日九夜。推火至釜下，猛其火九日九夜。以火壅之，至釜半火之，復九日九夜。可四九三十六日。後一日寒發，以雞羽毛掃取飛，和以龍膏，復飛之如前治丹華法，火之三九二十七日止。後一日寒之發，以雞羽毛掃取之，名曰飛精，即治以爲藥，名曰神丹。

【略】

即置鐵五柱上，令高九寸，以馬通或糠火熅，去土釜底五寸，微其火，九日九夜。復增火至金半，復九日九夜。常以濡布加覆釜上，令藥不飛亡。

又　卷下　真人神水法

真人曰：第五之丹名曰餌丹，本自長沙武陵士，太一旬石朱氏子。朱氏子者，水銀也。武陵士者，雄黃也。太一旬石者，禹餘糧也。法取水銀一斤，雄黃一斤，治之如粉，加水銀上。禹餘糧一斤，治之如粉，加雄黃上。納土釜中，以一釜合之口際，封以六一泥，令乾燥，以馬通或糠火之，九日九夜；更以炭火之，九日九夜，藥皆飛著土釜上。子明媒之與賢士者，子明火也，賢士者黃金。

孫思邈撰　林億等校正《孫真人備急千金要方》卷一八《七竅病方・唇病第五》　脾唇熟焦法

上色沉香三斤，雀頭香、蘇合香各三兩，白膠香、白檀香各五兩，丁香、麝香、甲香各一兩。

右八味，先酒水相和作湯，洗香令浄，各各别擣碎，不用絶細，以蜜二升、酒一升和香，内上件瓷瓶中，令實滿，以綿裹瓶口，又以竹篾交横約之，勿令香出；先掘地埋上件油瓶，令口與地平，以香瓶合覆油瓶上，令兩口相當，以麻擣泥，泥兩瓶口際，令牢密，可厚半寸許，用糠壅瓶上，厚五寸，燒之，火欲盡即加糠，三日三夜，勿令火絶，計糠十二石訖，停三日，令冷出之；别煉蠟八斤，煮數沸，内紫草十二兩，煎數十沸，取一莖紫草向爪甲上研看，紫草骨白，出之；又以綿濾過，與前煎相和令調，乃内朱砂粉六兩，攪令相得，少冷未凝之間，傾置竹筒中，筒上用紙裹，麻纏之，待凝冷解開。任意用之，計此可得五十挺。

又　卷三九《膽腑方・萬病丸散第七論》　丹砂、曾青、雌黃、雄黃、磁石各四兩，金牙二兩半。

右六味，各擣，絹下篩，惟丹砂、雌黃、雄黃三味，以醶醋浸之，曾青用好酒於銅器中漬，紙密封訖，日中曝百日，經夏急，五日亦得，無日以火暖之，然後各研令如細粉，以醶酢拌，使乾濕得所，内土釜中，以六一泥固際，勿令泄氣。

乾後安鐵環施脚高一尺五寸，置釜上，以漸放火，無問軟硬炭等皆得。初放火，取熟兩秤炭各長四寸，置釜上，待三分二分盡即益，如此三度，盡用熟火。然後用益生炭，其過三上熟火已外，皆須加火漸多，及至一伏時，其火已欲近釜，即便滿，就釜下益炭，經兩度即罷。火盡極冷，然後出之。其藥精飛化，凝著釜上，五色者上，三色者次，一色者下，雖無五色，但色光明皎潔如雪最佳。若飛上不盡，更令與火如前。以雄鷄翼掃取，或多或少不定，研如棗膏，丸如黍粒。一本云：丹砂、曾青、雄黄、雌黄各二斤，丹砂以大酢瓷器中漬，曾青美酒漬，紙密封閉，日曝一百日。雄黄、雌黄各油煎九日九夜，去油膩訖，更搗數千杵，皆勿研之，别以大酢拌，令浥浥然，內藥土釜中，以雄黄在下，次下雌黄，次曾青，次丹砂，以甘土泥塗，勿令餘毫毛許，乾以剛炭火燒之，九日九夜去釜五寸，九日九夜至釜底，九日九夜侵釜腹三寸，三九二十七日。冷之一日一夜，以刀子於釜際利著一匝，開之取丹。丹成訖，細研如粉，以棗膏和。一切丹，不得用蜜，皆用棗膏。學者宜知此術，舊不用磁石、金牙，今加而用之。

劉景先撰　陳顯微校正《神仙養生祕術》

其一靈砂

靈少一料石七斤，水銀一斤，硫黄四兩。

先將硫黄化開，次下水銀，炒成砂子，住火了。或是湘陰瓶，或是西蜀嘉定瓶，或是沙瓶老酒瓶，甘泥固濟，三寸厚，陰乾，裝入瓶內。用鐵燈盞一箇，坐其口盞內，水長要不乾。用甘泥固濟口縫，留哨眼一箇，用鐵線一條，穿定燈盞瓶耳，入爐。用炭一百二十斤，早晨下火，至來日早晨住火，晌午出爐，打破瓶。取出要做心紅，研爲細末；若做靈砂，再有别法。

其二心紅

水銀一斤，硫黄四兩。

先將硫黄化開，次下水銀，或是湘陰、西蜀嘉定瓶，或是沙瓶老酒瓶，甘泥固濟，三寸厚，陰乾，裝入瓶內，用燈盞一箇，坐其口，盞內水長要不乾。甘泥固濟口縫，留哨眼一箇，用鐵線一條，穿定燈盞瓶耳，入爐，用炭一百二十斤，早晨下火，至來日早晨住火。午時出爐冷定，打破瓶取出，揀了核子，研爲細末，用水五桶，或是盆甕，一處再研之。伏時或是盆甕內坐起水定，上面是板紅，第二是二紅，底坐是心紅，用刀劙開，用花日頭曬，用銀紙包裹，隨更用紙包。

其三死汞

水銀一斤，黑錫一斤，山澤一斤。

黑錫打成盒子一箇，山澤打成盒子一箇。山澤盒子先裝水銀，封閉不透風。錫盒子盛銀盒子在內，入鐵鼎內，用赤石脂、生蜜固濟鼎口牢固，用鐵線上下縛定，入丹房静室處，用炭二百五十斤，戌時下火，來日卯時出，打開鼎，不見黑錫不見汞，山澤二斤任意使用，此是祕術。

又《聚八仙點阿》

其一秤輕粉訣

水銀一斤，硫黄四兩。

先將硫黄於鐵銚內鎔開，次下水銀於硫黄內，一處炒成砂與。用蜜陀僧四兩，焰硝二兩，作麴子。春夏三日，秋冬七日，將前件砂子於麴子一處攪勻，用鐵大鏉一箇，攤砂子在上，用瓦盆一箇蓋鏉，用蜜調赤石脂固濟口縫，底下用木炭火文武燒之。早晨下火，午時住火。冷定揭起，藥在盆上，掃下用木匣子盛之，四兩一匱，任意使用。盆底是粉霜，上面是輕粉，此是奥妙祕術。

張鷟《朝野僉載》卷二　周張易之爲控鶴監，弟昌宗爲祕書監，昌儀爲洛陽令，競爲豪侈。易之爲大鐵籠，置鵞鴨於其內，當中取起炭火，銅盆貯五味汁。鵞鴨遶火走，渴即飲汁，火炙痛即迴。表裏皆熟，毛落盡肉，赤烘烘乃死。昌宗活攔驢於小室內，起炭火，置五味汁，如前法。

佚名《黄帝九鼎神丹經訣》卷一

第三神丹名曰神丹也

先以六一泥泥兩赤土釜内外，令厚各三分。又取牡蠣、赤石脂、磁石。法無磁石，存本不改。凡三物分等，調治之萬杵，令如粉。和以百日華池，令浥。一云以苴釜中，塗釜內，服又以玄黄華著此苴上，令厚一寸許。乃取帝男二斤，雄黄也。帝女一斤雌黄也。先以百日華池，小沾之濡之，乃即上不敢飛。乃鐵臼中調擣之萬杵，令如粉。上釜中，復蓋以黄粉，令厚一寸許，以一釜合之，封以六一泥，勿令泄氣。乾之十日。乃以馬通糠火，火之九日夜，火去釜邊五寸也。以推火擁之，九日夜也。推火至釜一日，猛火九日夜。以大甕至釜半腹，火之九日夜，止。凡三十六日。一日寒之。以羽掃飛精上著者，和以龍膏，通納釜中也。復泥封之，乾之，復火之三十六日。一云二十七日止。一日寒發之，以羽掃取之，名曰飛精，治之者曰神丹。上士服之一刀圭，日一，五十日神仙。中士服之百日，愚人服之一年，乃神仙矣。凡夫男女小兒奴婢六畜，以與服之，皆仙而不死矣。辟五兵，帶繫之，夫神多所衛護，辟兵。服丹百日，諸神仙來迎之，即玉男，即玉女，即玉童，山卿澤尉皆來侍從，見形如人。度代無種，事在人耳。

又　第五神丹名曰餌丹

取汞一斤，置六一釜中。又取帝男一斤，擣之如粉，加汞上，禹餘糧一斤，擣之如粉，加帝男上。以六一釜合之，封其際，以六一泥泥之，令乾。加馬通糠火，火之九日夜止。更以炭火燒之，九日夜乃止火。寒之一日，發之藥皆飛著上釜，如霜雪。以羽掃取之，和以龍膏、少室天雄分等，乃雞子服。一云雞子血。一刀圭，三十日羽飛仙矣，萬神來侍衛，玉女皆可役，神仙迎之，上昇天矣。百鬼社稷神，風伯雨師，皆來迎之，可使役。

又　**卷九**　明用金銀善惡服鍊方法

作鍊錫灰坯爐法

先以甘堝中鍊鉛錫二十遍。用三斤鍊錫，著熟鐵鍋中鎔使赤沸，即納金錫碎者一斤合相得，掠去糖屎，瀉出。別鍊殺熟炭。以土墼壘作方爐，其中安鍊灰作坯模，以金錫著灰坯中，上安鐵鐐，上布剛炭火。于爐上用一孔，于爐前開一小孔，候之須臾，錫與金雜物相利。取其金，狀似銀，即以熟雌黄和好酒，銅器中煮之殺之，還復本性。若不徹好者，即打薄鍊食出色，一同上法。真錫鍊訖，著鐵鐐上，以胡同律、黄礬石、鹽等分，和醋煎爲泥，塗金錫鋌上，用牛糞火四周壘之，于錫鋌上用牛屎火，四周食錫盡，唯有金在。取著熟銅鐺中，以黄礬石和鹽，煮之半日許，出鎔作鋌。錯鑢屑食鍊用藥斤兩，一同上法也。

又　金銀用炭法

金用樫柳木炭、松栢石炭、土壥木炭、乾牛糞等，逐堅濡性，以火出之。唯有柴木似樫乾之，直用燒金鉚，金即流出，用功甚少，得金最多。銀銅鐵一種，用剛木炭。錫用松木燒之亦得，剛炭出亦得。

又　**卷一七**　明事藥先後酢及華池由致

作玄黄法

訣曰：取錫納鐵器中，加炭火火之，令沸。漸使火微，投水銀著中，生濕柳木攪之，五色出見，取鐵匙掠近一畔，然後接取，停使出，復接取。訖成候火，若熱花色即黄，火冷即花色青紫，兼帶氣。其火若調，即花色紅紫，仍似金色也。然燒之共火同色，酷似金狀。出之離火，還依本質。欲作丹釜，先作玄黄。又九鼎覆薦，皆用此物。若不預作多營之，臨事必闕。所以早煮水銀，及出鉛也。依太清覆薦之法，亦有須用玄白爲丹之薦，今即作之如左。【略】

張果《玉洞大神丹砂真要訣》

第二品　丹砂陰陽伏制及火候飛伏訣

本經云：陽精火也，陰精水也。丹砂是陽精，而須陰制者，水石、鹽、馬牙硝是也。如辰錦光明砂一斤，制之用石鹽六兩，馬牙硝六兩。次光明砂一斤，可用石鹽、馬牙硝各四兩也。白馬牙砂一斤，可用石鹽、馬牙硝各三兩。紫靈砂一斤，可用石鹽、馬牙硝各二兩。如溪土雜色砂力小，可用石鹽制之，而得其石鹽及馬牙硝，若用制伏，須火燒令通赤。可用之石鹽，先須三度鼓成汁了，然可入用。其光明砂大者，須打碎如豇豆大小，於土釜中，先下馬牙硝和水，武火晝夜煮一百日，不得絶火。日滿淘取砂於鼎中，用陰陽火候飛伏。其鼎可受一升者，一曰金鼎，二曰銀鼎，三曰銅鼎，四曰鐵鼎，五曰土鼎。土鼎者，瓷器是也。入砂於鼎中，用火候飛伏，五日爲一候，三候爲一氣，用八氣二十四候，一百二十日，而砂伏矣。每一候飛伏是五日，内四日用坎卦，一日用離卦。坎卦者水煮四日，離卦者，陽火飛之一日。初起陽火，飛時用炭七兩，常令鼎下有熟火七兩，不得增減。每一轉飛時，即增炭一兩。忽有汞及霜和黑氣出，即和砂於鉢中，以玉鎚輕手研，令汞入盡。依前安鼎中，用火候飛伏，至十二轉後，每一轉增炭二兩。即入石鹽一分，有汞霜可二三兩已上飛上，其霜靈光，鼎中藥色漸欲紫赤。至二十轉，加炭三兩，其鼎中有半兩已下汞霜飛出，在鼎蓋上。其霜堅硬如金片，黄白光明。至二十四轉，候足其砂伏矣。而色紅赫，光明可觀。其伏砂更用鹽花裹之，重以黄土泥，緊泥封固，入陽爐，武火逼之三十日了。輕飛者可抽服之，一兩可三百六十粒，用棗肉丸之，然須出火毒也。沈重者即鼓成金汁，而爲寶也。

又　第四品　化寶生砂

北庭砂一兩，石鹽一兩，麒麟竭一分。

右三物和研，以苦酒調塗其鍋子四面，令藥盡乾。然以黄土爲泥包裹，可厚二寸。即用糠火中燒三七日。然後用炭武火燒三日。去外泥，取其寶鍋子，安前瓶子中，入汞四兩。其汞須本砂中出者。入汞於鍋中了，著水五合，不得增減。常令添瓶中水，至五合，文火養二七日，似魚眼沸。日滿又添生汞四兩，依前法火養二七日，令乾。固其口，武火逼之三日，而紅黄砂湧出寶鍋之上，收取其霜砂，依前添汞，令常有八兩汞在其瓶中，不得增減。依前火候養逼，令霜砂出，即收之。每四兩寶，計收砂一斤。即將其砂特依前篇入藥，煮三十日。即入鼎中，陰陽火候飛伏，還用二十四候，一百二十日足，其砂即又伏矣。若要鎔鼓之，依前篇用鹽花爲使，引金汁流下，可得黄花銀十三兩，色漸黄明也。如要服之，勿斷翠，但出毒一兩，可以棗肉丸爲三百六十丸也。

第五品　變金砂訣

蒲州石膽一分，石鹽一兩，硇砂一兩。

右件和苦酒研調，塗其鍋子四面，令藥盡。即以黄土泥包裹，於糠火中燒二七日後，用其炭武火燒一七日。去泥，出鍋子，依前樣安通油瓶子中，入本色砂中汞四兩，清水五合，文火養二七日。後又添生汞四兩，文火又養二七日。候乾，緊固口，武火逼之令一日，其砂湧出於寳金之上面，紅黄之色。而又收砂添汞，計收砂可得一斤，則數足也。更將前收得砂入其鼎，依前篇用火候飛伏，五日爲一轉。內三日用坎卦，即水煮。三日用離卦，即陽火飛之。二日初起陽火，用炭七兩。每一轉候，即增炭三兩。忽有汞霜飛出，其色黄紫，形似箭頭，可一二兩已來。收其霜，於鉢中和砂，以玉鎚研之，令入盡。依前入鼎中，用火候飛伏。經二十候，一百日足，其砂伏火。若要鎔鼓，亦依前篇，用鹽花引鼓，即寳汁流下，而成青金也。若服之，但去毒，勿斷翠也。

第六品　變青金訣

赤鹽半兩，大鵬砂半兩。

右和研以苦酒調，塗其鍋子四面，以火炙漸漸塗藥盡，即以黄土泥包裹，以糠火中燒二七日後，又以炭武火燒一七日。去泥，出鍋子，依前安瓶子中。入汞四兩，水五合，不得增少也。養二七日後，又添汞四兩，又養二七日。令乾固口，武火逼一日，而湧出砂。收其砂，依前添汞，文武火養逼，出砂即收之，計至一斤，即數足也。又將收到砂入鼎中，依前法飛伏，五日爲一轉。內二日用坎卦，水煮二日也。離卦三日，火飛三日也。火候一依前篇加增炭數也。經十六候八十日，而金砂伏火也。若鼓之，即用鹽花爲使，和鼓引令金汁流下，成黄金也。如要餌之，但勿斷翠，只出毒耳，可長存於世也。

第七品　變紫金砂訣

硫黄一兩，赤鹽一兩，北庭砂一兩，大鵬砂半兩。

右四味和研，以苦酒調，塗其鼎內及蓋下，令匀藥盡。候乾，以黄土泥裹，可厚一寸許。文火四面養之三七日，似常通手爲候。三七日後，然武火一七日，晝夜不可絶火。滿日寒之，去泥，重以甘土泥鼎下，可三分許厚。懸安鑪中，其鼎下周迴令通安火處。即入真汞四兩於金鼎中，著水二合，以蓋合之，養經七日，其下常令有熟火五兩，不可增減。其鼎中續續添水，長令有二合已來，不得遣乾。七日後更添汞四兩，又依前文火養七日。候乾，緊固口，漸漸武火逼之一日，便生紅光砂，可收五兩紅光砂。又添生汞五兩，拍鼎中其間常須有八兩汞，依前文火養七日，即固口。武火逼之一日，而砂湧出，則收之。以添汞出砂，都計得三十兩。數足，即依前篇法，别入鼎中，火候飛伏，還五日爲一候。內一日用坎卦水煮，一日用離卦，即陽火飛之。四日，初起火用炭七兩，每一轉後，增炭二兩。至七轉後，增炭三兩，而便有五彩金輝霜飛出三二兩。收其霜於鉢中，和砂，以玉鎚研之令相入，鼎中飛伏，經十四候七十日足，其砂已伏，紅明不測。若鼓之，以鹽花引之，令金汁流下，成紅金也。要餌之，但出毒，勿斷翠也。

又　第九品　變紫金訣

硫黄四兩，赤鹽二兩，北亭砂一兩，大鵬砂一兩。

右以苦酒和研，塗鼎內，以藥盡爲度。候乾則蓋合之，以黄土泥包裹，可厚一寸。依前篇文火養之三七日，後依前武火一七日了。寒之去泥，重以甘土泥鼎外周迴，可厚二分半。即得懸安鑪中，以真汞十二兩於鼎中，著水三合，不得增減，亦不令乾，續續添之。則以蓋合之，文火七日，令其鼎上常通手爲候。日滿令乾，固口，即漸漸武火，逼之三日。開鼎看其汞，即化爲絳霜。不得收，便更添汞九兩，亦依前文武火養逼。日滿開之，亦已化爲絳霜。更添汞六兩，還文武火候養逼，日滿開之，乃化爲絳霜。更入汞五兩，還七日文火養，一日武火逼，而成紅紫五色絳霜砂三十三兩。出於鉢中，著硫黄四兩，以玉鎚研一日，然却入此砂於鼎中，固口。其上用純陽火候飛之，七日爲一候。開之，又和苦酒半合，熟研，入鼎飛伏，七日爲一轉。初起火用炭十三兩，每一轉增炭一兩，至五轉後，每轉增炭二兩。忽有五色鮮明砂出，即收砂。以苦酒一合，鉢中研之，却入鼎中飛伏。每轉轉須開看。即以苦酒和研。入鼎飛伏，經十二轉八十四日足。其砂伏火，而文彩輝赫，霞光錯雜，不可名言也。要鼓之，還用鹽花引之爲汁，流成紫磨河車金也。若餌之，但去毒留翠，一兩，用棗肉丸三百六十丸矣。餌之則輕舉也。以一丸河車丹砂，點汞及鉛錫銅鐵等一斤，爲黄金耳。

陳少微《大洞鍊真寶經修伏靈砂妙訣・靈砂七返篇》

第二返寶砂

化寶生砂。訣曰：將其丹砂中白銀四兩，打作鍋子，安一通油瓷瓶子中，其瓶子可受一升。其寶鍋子，可瓶子底大小。先將此銀鍋子，著北庭砂一兩，石鹽一兩，麒麟竭一分，三物藥和研，以苦酒調和膏，塗於鍋子四面，令藥盡候乾，以黄土爲泥包裹之，可厚一寸二分。便於糠火中燒三七日。然後白炭武火燒二七日。去泥取寶，其鍋子安瓶子中，入真汞四兩，其汞須是本色丹砂中抽得者，名曰同類感真氣而轉生丹砂。故上仙真經，秘而不泄者，爲此子母之法，恐凡愚之心見知也。然入真汞於瓶子中後，即著水五合，常須添瓶子中水至五合，莫令增減。文火養二七日，似魚目沸爲則。日滿更添汞四兩，依前文火，養一七日後，令乾。固濟其口，便武火迫之三日，而紅黄砂湧出於寶鍋子之上。收其砂，又依前添汞。常令有汞八兩在其瓶子中，不得增少，亦依前用文武火候養迫，令生砂。砂出即收之。每四兩寶計收砂一斤，其寶即枯槁焦脆，而精盡化而爲砂。其瓶子中母，只餘二兩青黑灰耳。將其砂依前篇入藥，煮三十日後，淘取砂入鼎中，還以陰陽火候飛伏，五日爲一候，用二十候，一百日足，其砂伏火矣。火候加增炭兩多少，一依前篇飛伏。其砂伏了，不用，著鹽包裹燒之，便可鎔鼓。

第三返丹英砂

化寶砂中白金而生英砂。訣曰：將其寶砂中黄花銀四兩，打作鍋子，還依前篇，可瓶子底大小爲之。用蒲州石膽一兩，石鹽一兩，硇砂一兩，和苦酒研調如膏，塗其鍋子四面，令藥盡爲候。候乾，以黄泥爲毬包裹，於糠火中燒二七日，後用白炭武火燒一七日，去泥出鍋子。依前篇入安通油瓶子中，入真汞四兩，清水五合，文火養之二七日。後更添汞四兩，又文火養一七日。候乾，緊固濟，便用武火迫促之一日，其砂湧出於寶鍋之上，而紅黄映徹，光耀難言。便收砂添汞，計收砂可得一斤，則數足矣。便將其砂入於鼎中，依前篇用火候飛伏，亦五日爲一轉，内三日用坎卦，即水煮三日。用離卦二日，即陽火飛之二日。初起陽火，用炭七兩。每一轉後，即增炭二兩。至七轉後，有汞霜飛出，可二兩來，其色黄赫，紫光簇簇，飛在鼎蓋之下。收其霜於鉢中，著蒲州石膽一錢，重和苦酒及砂，以玉槌輕手熟研之，令相入後，却入鼎中飛伏。伏經十八候九十日足，其英砂伏火畢，無分毫少折，便可鎔鑄。亦依前篇，用鹽花引鼓之，即寶流下，而青英光潤，名曰青金。青金者，是陽精漸著，從兑見震，然至坤歸離，此是陽精變轉巡歷之終始也。如將此英砂服食，每兩先用榆甘子半兩，生甘草二兩，煎取汁，於白銀器中煮二七日，後澄取砂，入安淡青竹筒中，入土深埋之，三十日然後出，以棗肉和爲丸，每兩還分爲三百六十丸。每日清晨東向，扣告三清上帝仙官，然後服餌。服至此英砂丹，乃自嗜慾無嬰，葷血不入，端居浄室，而神和體輕，漸得真人爲儔矣。

第四返丹妙化砂

妙化砂。訣曰：將青金四兩還打爲鍋子，用赤鹽半兩，石硫黄半兩，大鵬砂半兩，北庭砂一兩，蒲州石膽一兩，和苦酒研如泥，塗其青金鍋子四面，以火炙漸漸塗，令藥盡爲候。候乾，一依前篇，用黄土泥爲毬包裹之，以糠火中燒二七日，後即白炭武火燒一七日。畢，去泥出鍋子，依前篇，安瓶子中，入真汞四兩，清水五合，不得增少。養之二七日後，更添汞四兩。又文火養，經七日後，令乾。固濟之，以武火迫之一日，而妙砂湧出，可有四兩。即收之，更添汞四兩，亦依前文火養之，令生砂砂出即收取，計收砂一斤，即數足矣。將其砂入鼎中，依前篇用火候飛伏，亦五日爲一轉。内二日用坎卦，是水煮二日。三日用離卦，則陽火飛之三日。飛火候一依英砂篇中用火加增炭數多少。經十六候八十日，而妙砂伏火畢，則金星光燦，映徹紅耀，可言爲至英至妙之丹砂也。如將鎔鑄，亦須用鹽花爲使，引令金汁流出，乃成黄金。其金凝黄，皎潤精彩光耀，既至坤形，離精漸見。故經曰：從陰而反歸陽，自濁而反歸清。此則是陽元變鍊，合於真妙而自然，位爲神仙也。

第五返丹靈砂

化靈砂。訣曰：取妙砂中黄金八兩，打作圓鼎，可受四合。又將二兩金爲鼎蓋。其鼎内先著石硫黄半兩，赤鹽半兩，北庭砂半兩，蒲州石膽半兩，四種藥和苦酒研如泥，塗其鼎内及蓋内，令調匀藥盡。候乾，即以黄土爲泥包裹之，可厚一寸，文火四面，養之二七日，以不通手爲候。二七日後，漸武火白燒一七日，晝夜不得絶火。七日滿，寒之，去泥，重以甘土泥泥其鼎外，可厚二分。即懸安爐中，其鼎下周迴令通安火處。便入真汞四兩於金鼎中，著水二合，以蓋合之。文火養經七日，其鼎下常令有熟炭火五兩，不得增少。其鼎中續續添水，長須應二合數，不得令乾。在意消息，莫遣失候。七日後更添汞四兩，又依前文火養七日後，令乾，緊固濟其口，即武火迫之一日。便生紅光靈砂，可收得五兩紅砂。

便須更入真汞五兩於鼎中，其鼎中常須有汞八兩，不得增少。亦文火養七日後，令乾，即固濟之。便用武火迫之一日而生砂。砂出則收其砂。更添真汞於鼎中，又文武火養迫，令生砂。砂出收之。此一鼎中，計收砂得三十兩便休，則數足矣。其金出砂後，精竭而枯脆，無光潤之色，秤只可重四兩以來耳，其精華與汞相感結，盡化爲靈砂也。故經言真汞者，皆是其本色丹砂中抽得汞添用。若伏鍊光明砂爲藥頭者，即取光明砂中汞轉轉添用。如用白馬牙砂爲藥頭者，即轉轉取白馬牙砂中汞添變。如將紫靈砂爲藥頭者，即取紫靈砂中汞添合。如溪土砂中所出汞者，名爲雜類，氣終不相感。且光明砂一斤，抽汞可得十四兩，而光白流利，此上品光明砂，只含石烋二兩。白馬牙砂一斤，抽出汞得十二兩，而含石烋四兩。紫靈砂一斤，抽汞可得十兩，而含石烋六兩。上色通明砂一斤，抽出汞只可得八兩半，而含石烋七兩半。石烋者，火石之空烋也。如汞出後，可有石胎一兩，青白灰耳。亦于前寶砂篇中略述真汞之訣，而未周細，故鄭重言之。所是抽砂出汞，具列于金丹前章之上品也。其黄金鼎中收得靈砂，計三十兩，數足訖不用陰煮。便依前篇，用陰陽火候飛伏，還五日爲一候。内一日用坎卦，是水煮一日。用四日離卦，即陽火飛之四日。初起陽火，用炭九兩，每轉後增炭二兩，至五轉後，每轉增炭三兩，便有五彩金輝霜三兩飛出。收其霜，和砂于鉢，鉢中著蒲州石膽半分，黄硇一分，和苦酒熟研之半日。依前安鼎中，用坎離二卦火候飛伏，伏經十四候七十日足，其霜砂伏火畢矣。其砂伏火了，金彩紅輝，色如石榴花，光精璨璨，輝曜日月，一切毒龍蛇惡鬼神，見之潛伏。目不敢舉，可得言至靈者哉。其砂靈而難鼓鑄。若欲鎔之，先于潔净之處，取净土爲鍋爐，絶穢雜，以鹽花和靈砂等入鍋，鼓之二千鞴，便得鎔之。鎔出即金汁流凝，而紅鮮焕焕，名曰紅金。紅金者，是陰魄之烋變鍊而盡，正陽之精挺立而垂光，此是陽靈之真金也。

第六返丹神砂

化神砂。訣曰：取前靈砂中紅鮮金九兩，鑄爲寶鼎，可受五合。又將三兩寶金爲蓋。其鼎内亦先著石硫黄一兩，大明砂一兩，赤鹽一兩，北庭砂一兩，和苦酒熟研如泥，塗其鼎内及蓋周迴，令藥匀盡爲候。候乾，以蓋合之，著黄土泥包裹，可厚二分爲則，一依前篇，文火養之二七日。後即武火迫燒七日，令與火同色。候冷，去其黄泥，重以甘土爲泥，泥其鼎外，可厚三分。即置其鼎於爐中，入真汞六兩安鼎中，著水三合，逐旋添之，不得令乾。文火養七日，後更入汞三兩。文火更養三日，後令乾，固濟封閉，令緊密。即武火迫經二宿，即盡化爲紅光之神砂。收砂，又添汞八兩，依前文火養七日，後便武火迫之二日，亦化爲砂。收砂，又添汞七兩，亦文火養，即武火迫之，令生砂。砂出即收，又添汞五兩，還文武火養。迫令出砂。收之，又添汞三兩，一依前文武火候養迫之，計前後收得神砂可二斤三十二兩，足即乃已也。將其砂入石硫黄四兩，蒲州石膽子二兩，和於鉢中，熟研半日。便入安寶金鼎中，陽火飛伏。其陽火者，純離卦火候。伏之，還五日爲一候。初起火用炭九兩，每一轉後則加炭二兩，每轉轉出砂，於鉢中熟研之。却入鼎飛伏，伏至五轉後，每轉加炭三兩。如有絳金霜飛出，其霜紅赫照耀，光彩射目。收其霜，於鉢中和砂，著蒲州石膽一分，和苦酒熟研之半日，然後入安鼎中，用火候飛伏。伏經十二轉六十日足，其神砂伏火畢矣。而色赫奕含輝，紫光洞徹，不可言爾。若將鎔鑄，其訣一依前靈砂篇法度。和鹽花鼓之，即寶汁流出，凝成赤金，精光如火，故號曰離己之金者也。其神砂丹，便可以服餌。每兩亦分爲三百六十丸，以棗肉和之爲丸。服餌訣一依前篇。且服此靈寶神砂丹後，自然精靈骨輕，身有光明，足蹈真境，而爲上仙也。

第七返丹玄真絳霞砂

化寶生砂。訣曰：取前神砂中寶金一斤，鑄作圓鼎。可受七合。又將寶金五兩，爲鼎蓋。其鼎内先須著石硫黄四兩，赤鹽二兩，北庭砂二兩，大鵬砂一兩，以苦酒和研如泥，塗其鼎内，以藥盡爲候。候乾則蓋合之，用黄土爲泥包裹，可厚一寸。依前神砂篇，文火養之二七日後，即白炭武火燒七日。寒之，去其泥，重以甘土爲泥，泥其鼎外周迴，可厚二分半。即懸安爐中，入真汞十二兩於鼎中，著水三合，不得遣乾，逐旋添水。則以蓋合其鼎。文火養七日，其鼎上常令通手爲候。七日養後，遣乾。緊固濟其口，即漸漸武火，迫之三日。開看之，其汞即盡化爲絳霞之玄砂也。其砂不得收之，便更添汞九兩，亦依前文武火候養迫，遣化爲砂。日滿開看，又盡化爲砂。又添汞六兩於鼎中，固濟，文武火候迫促之，日數足，又開看，亦化爲砂矣。更添汞五兩，還七日文火養，即武火迫之一日，而成其砂，紅紫五彩，霞光輝耀，在其鼎中，可三十二兩，分毫不欠。出其砂，於鉢中，著石硫黄七兩，以玉槌細研之一日。然後却入此神砂赤金寶鼎中，固濟其口令緊，用紅陽火候，伏之七日爲一轉。即開之出砂，和苦酒一合，熟研而後，入鼎飛伏，每七日爲一候。初起火用炭十三兩，每轉加炭一兩，至三轉每轉加炭二兩。便有五色輕鮮絳霞霜一二兩，飛出於鼎蓋之上，連連如麥顆，即收之。和砂於鉢中，著蒲州石膽半兩，苦酒二合，熟研，却入於鼎中飛伏。每轉轉須開看。即入石膽苦酒和研，方可入鼎伏之。伏經七轉四十九日足，其砂伏火畢矣。便以武火燒之一日，可用炭二十斤，分爲四座，迫燒之。然後寒一日，開鼎看其玄真絳霞之砂。伏火了，而文彩輝赫，雜錯霞光，洞耀於日月，可言至靈者哉，極陽玄元之砂丹也。如鎔鑄其玄真砂，一依前神砂靈砂訣。用鹽花和鼓引，令實汁流見而凝紫光耀，名曰絳霞之紫金也。若將服餌，便以棗肉和爲丸，每兩亦分爲三百六十丸。每日清晨東向，服一丸。服至此紫霞妙砂丹後，倏忽則含形而輕舉，駕飛龍游於十天八極之外，豈不優游之哉。此玄真砂丹一丸，點汞及鉛錫銅鐵一斤，立化成紫磨黃金，光凝潤澤，不可言爾。

又陳少微《大洞鍊真寶經九還金丹妙訣·證品含元章》 鍊汞添金出砂品第二

鍊汞。訣曰：汞一斤，石硫黃三兩，先擣研爲粉，致於瓷鉢中，下著微火，續續下汞，急手研之，令爲青砂。後便將入於瓷瓶中，其瓶子可受一升，以黃土泥緊泥其瓶子外，可厚二分，以蓋合之，緊密固濟。致之鑪中，用炭一斤，於瓶子四面養之三日。瓶子四面，長須有一斤炭，三日後，便以武火燒之，可用炭十斤，分爲兩分，每一上炭五斤，燒其瓶子。忽有青焰透出，即以稀泥急塗之，莫令焰出，炭盡爲候。候寒開之，其汞則化成紫砂，分毫無欠，即取黑鉛一斤，將其黑鉛先於鼎中鎔成汁。次取紫砂細研，投入鉛汁中，歇去火，急手炒令和合爲砂。便致鼎中細研，鹽覆蓋，可厚二分，緊按令實固濟。武火飛之半日，靈汞即出，分毫無欠。然依七篇，反數投化合金生砂。

又《成丹歸真章》 鑪鼎火候品第八

火候。訣曰：夫用火之訣，亦象乎陰陽，二十四氣，七十二候。五日爲一候，三候爲一氣，二氣爲一月，七十二候則應二十四氣，二十四氣則爲十二月，十二月爲之一周年，陰陽運數足矣而丹成。夫起火之時，取十一月甲子日夜半甲子時，動火。先從子門起火，五日，用炭三兩，須常有熟炭三兩在其鑪中，不得增少。次開丑門發火，五日，用炭四兩。次開寅門下火，五日，用炭五兩。次開卯門著火，五日，用炭六兩。次開辰門著火，五日，用炭七兩。次開巳門著火，五日，用炭八兩。此六門是陽門火。須豎安炭，如陽氣發動。次至午門著火，五日，用炭九兩。次開未門著火，五日，用炭八兩。次開申門著火，五日，用炭七兩，次開酉門著火，五日，用炭六兩。次開戌門著火，五日，用炭五兩。次開亥門著火五日，用炭四兩。至亥門，此六門陰門火，須橫安炭，亦象爲陰陽氣候。從子門運火至亥門，周旋十二門，終計有炭七十二兩在鑪中，應於七十二候之數，則成四氣十二候。六十日兩月爲一轉，則開看之。更添石硫黃二兩，和紫金砂於鉢中，以玉槌研之半日。却入鼎中，封閉固濟。依前每門五日，運火燒之。次還從甲子日子時，於子門起火，用炭五兩。丑門，用炭六兩。寅門，用炭七兩。卯門，用炭八兩。辰門，用炭九兩。巳門，用炭十兩。至午門，却退炭歸九兩。未門，用炭八兩。申門，用炭七兩。酉門，用炭六兩。戌門，用炭五兩。亥門，用炭四兩。此第二轉運火，每門五日爲一候，周旋十二門，用十二候，六十日足，計有八十四兩炭在鑪中。增第一轉炭十二兩，應十二節之數，則候鑪中火歇，開看之，色如褐土，金星璨然，而又添石硫黃二兩，和砂重研，却入鼎固濟之。又依前運火，周遭十二門，每門亦五日爲一候，還從子門起火，五日，用炭七兩。其炭長須應七兩熟炭在鑪中，不得增少。又丑門火，五日，用炭八兩。次寅門火，五日，用炭九兩。次卯門火，五日，用炭十兩。次辰門火，五日，用炭十一兩。次巳門火，五日，用炭十二兩。次至午門火，五日，却退炭歸十一兩。次未門火，五日，退炭至十兩。次申門火，五日，退炭至九兩。次酉門火，五日，退炭至八兩。次戌門火，五日，退炭至七兩。次終於亥門火，五日，退至六兩。其十二門，門門須依本數，著炭周迴十二門，匝合有一百八兩炭在鑪中。增於第二轉炭二十四兩，應二十四氣之數，終十二門，六十日足。候鼎寒，開看色微欲紫。又添石硫黃二兩，出金砂和研令相合，却入鼎中，固濟之後，亦依前門門五日火候。亦從甲子日夜半甲子時，子門起火，五日，用炭九兩。則開丑門著火，五日，用炭十兩。次開寅門著火，五日，用炭十一兩。次開卯門著火，五日，用炭十二兩。次開辰門著火，五日，用炭十三兩。次開巳門著火，五日，用炭十四兩。次至午門，却退炭至十三兩。次未門火，五日，退炭至十二兩。次申門火，五日，退炭至十一兩。次酉門火，五日，退炭至十兩。次戌門火，五日，退炭至九兩。次終亥門火，五日，退炭至八兩。此轉十二門周遭，計鑪中有炭一百三十二兩。又增第三轉炭二十四兩，亦應氣候。足寒之開看，其含砂色漸金，紫光之星，璀璨流輝。又添石硫黃二兩，出金砂於鉢中，和硫黃熟研。却入於鼎中，固濟令緊密，視上下無遺漏泄。然後依前門門運火。亦取甲子日子時起火，從子門先入炭十一兩，亦五日。次丑門入火，五日，著炭十二兩。次開寅門入火，五日，用炭十三兩。次門卯門著火，五日，用炭十四兩。次開辰門入火，五日，著炭十五兩。次開巳門入火，五日，著炭十六兩。則至午門退運火，五日，著炭却至十五兩。次至未門入火，五日，著炭十四兩。次至申門入火，五日，著炭十三兩。次至酉門入火，五日，著炭十二兩。次至戌門入火，五日，著炭十一兩。次至亥門入火，五日，著炭十兩。從子門終於亥門，巡十二門周，著炭計合有一百五十六兩。炭在鑪中，旋繞其鼎，積運燒之六十日炭數。又增於第四轉炭二十四兩，其鑪內鼎四外，紫氣迴繞，看之如霧。候寒開鼎，看其金砂，色轉化爲紫光之丹。丹內紅星點點，似欲輕涌。更添石硫黄二兩，和於鉢中熟研半日，則却入鼎中，封固濟。然後依氣候，運武火一轉。還從甲子日甲子時，子門起火，五日，著炭十七兩，次丑門火，五日，著炭十八兩。次寅門火，五日，著炭十九兩。次卯門火，五日，著炭二十兩。次辰門火，五日，著炭二十一兩。次巳門火，五日，著炭二十二兩。次至午門火，五日，退炭却著二十一兩。次未門火，五日，著炭二十兩。次申門火，五日，著炭十九兩。次酉門火，五日，著炭十八兩。次戌門火，五日，著炭十七兩，次終亥門火，五日。合有炭二百二十八兩，在其鑪中。增於第五轉炭七十二兩，應七十二候足，其鑪鼎中紫氣連天，日月失輝。山河震叏，乃是丹成之候也。歇鑪出鼎於香壇之上，然則開看，其丹赫然輕飛，脱離於質，如芙蓉花九層，連於鼎蓋之上，十五兩分毫無欠。其鼎内有滯灰二十四兩，如紫金色。其紫灰一丸如麻子大，則可以制汞一斤，及五石金，盡化爲上寶。然則遷其鼎於三洞，各鎮其功，功合歸真，逈然蟬蜕，此乃還丹之力，其實偉哉。

佚名《太古土兑經》卷上《銅藥》 金性柔而實重，入鍋與火同色，炊三百下，丑糞妙。銀不過二百下，木炭。銅不過三百下，木炭。鐵不過五百下，石炭乃妙。鉛不在下限。炊音吹，鼓也。

金陵子《龍虎還丹訣》卷上《紫葉紅英大還丹訣》 治汞法

汞一斤，石硫黄三兩。

右生擣研爲粉，致於瓷鉢中，著微火，續續下汞，急手研之，令爲青砂。後將入瓷缾中，其缾子可受一升。以泥固濟，令可厚二分，以蓋合之，密固濟全。致之爐中，用炭一斤，於缾子四面長須有一斤炭。三日後，便以武火燒之，可用炭十斤，分爲兩分，每一上炭五斤，燒其缾子。忽有青煙透出，即以稀泥急塗之，莫令焰出，炭盡爲度。候寒開之，其汞化爲紫砂，分毫無欠。又取前紫砂，以黑鉛一斤，將其黑鉛先於鼎内鎔成汁。次取紫砂細研，投於鉛汁中，歇去火，急手炒令和合爲砂。致鼎中，細研，鹽覆蓋，可厚二分，緊按令實際，令武火飛之半日，靈汞即出，分毫不欠，此名爲內水火也。

佚名《太極真人雜丹藥方》

青腰使者、帝女血、金星預、金線各五兩。

右件藥細研如麪，入瓶子中，以六一泥固濟瓶子如法。上用浄瓦子蓋之。依前固濟如法。用文火養之三日，火用四兩，日四時上火。養日滿後，放冷取出細研，入六味藥，同研如粉。

右件藥，先將七味細研如粉，入瓶子內，養七日。滿後用瓶子，下流九孔子，六一固濟如法了後。上流爐中流得藥知多少後，即用果子香茶，用白綵四尺九寸祭了。入文火爐中養七日，滿後，每孔子作一兩。

養爐

作 二十斤

同前。

鹽花三兩，硝石二兩，船上紅礬一分，鵬砂一兩好者，大期礬船上者一兩，黄丹一分。

右件藥，皆是州土者爲妙真者，萬不失一。又入六味，同研如粉，和合一處，依前入瓶子內，固濟如法。用文火養之三七日，滿後取出。即用大火鍛之令赤，十斤火養之三七日。滿後取出，即用大火鍛之令赤，十斤火可銷七斤，即住。入陰爐養之一日。先將汞一斤入於鍋子中，文火令熟後，下藥一分。一餐飯間，又下二分，即住。以成寶也。八九是其位，四五是其訣。

金公法

紅、紫、柳、雞，已上各用一兩，皆是州土。鉛砂子二兩，黄丹一兩，鹽花一兩。

右件藥細研如粉，先固濟瓶子如法。遂入藥於瓶子內，上用瓦子蓋之，依前如法固濟。用文火養之七日。日滿後，入流爐中流。其爐高二尺四寸，用火二十斤，斷其瓶子是好者，下用九孔子，六一固濟如法。從早朝至夜即住，其藥無定，或得一千，或得五百。其有雌黄色，丸如粟粒許大，將此藥於小瓶子內養，用硝石可重五兩已來。每日用火四兩養，經二七日滿後。須志心祭之，用五色綵各一丈三尺，用果子香茶、酒脯、棗子等物祭之。切在虔誠，萬不失一。其藥祭了，每一丸子作一兩。物訣定是二女一男也。

流爐高二尺四寸,九孔子,如釵脚大。

同前。

銀星預一分,鵬砂二兩,汞一兩,鐵一分,雞半兩,崑崙一分。

右件藥於乳鉢中細研如粉,入匱中,是虎匱也。用文火養,經二十四日,每日用火二十四兩養。滿後加火二十八兩,亦是文武火養,五七日即住。其藥如紫金色,更入三味藥,立見寶也。

佚名《陰陽九轉成紫金點化還丹訣》 第七轉。取第六轉微黄堅汞,向堝中消之,令作一餅子。取硇砂十兩,鹽一升,和水三斗,浸之一伏時後,兼水銀入器中,煎之二七日,取出於砧上打。若脆,先燒餅子赤,以羖羊角來去揩。若冷,准前燒揩,轉轉打看,以堪打爲度。乃盡打爲薄葉如紙。又取硇砂十兩,鹽一升,赤土五升,胡桐律一兩,相如擣篩,重重襯已前金葉子,於牛糞火中燒之,如包金法,十餘日已上,令絶赤色爲度,此皆成伏金也。經曰:金乃來陽性,初得稱還丹。言鐐金還得消似本朱色,乃可稱陽,得爲金丹矣。

佚名《玉清内書·用火直符六候進退訣》 第一月一日初候,發火一兩,三十時。至二日半,加二兩,至六十時。第六日第二候,初三兩,三十時。加至四兩,滿六十時。第十一日第三候,初五兩,三十時。加至六兩,六十時。第十六日第四候。初還用六兩,三十時。退至五兩,六十時。第二十一日第五候,退用四兩,三十時。復退至三兩,六十時。第二十六日第六候,退用二兩,三十時。復退一兩,六十時。

右六候直符爻象生進退一月法例,周而復始。

第二月初候,二兩,三十時。加至三兩。以次每遇换鼎入月頭初候,加至一兩用事。至九箇月初候,用九兩。是從一至九,金虎吐精,三十時。加至十兩,六十時。以次直符合進合退,但依法刻漏,分明用火。火盛之時,象四月大王,極陽用事,進退潛伏,陰陽刑刻,過换鼎,即土王金鄉,三物俱喪,是金土本氣相感也。直符合退之時,象五月陰氣用事,一陰生上九,亢龍有悔,直符運動,至九鼎。是第九月後初候,常九兩,三十時。加一兩,六十時。至第三候終,用十四兩,陽極。第五候陰生,却退十二兩,三十時。復退至十一兩。至第六候退守十兩,三十時。復退至九兩,六十時足。第十月後,不論年月,常如取九月初候,還用九兩,三十時。加一兩,六十時。至第三候,用十四兩,退至六候九兩,六十時足。以次序直符加減,刻漏分明,周而復始,晝夜運動,九祀而畢法。

訣曰:從第一月初候發火,用二十四銖火,爲一爻生也。象計二十四氣。守至二日半,加一爻,至五日爲一候也。以次用火加爻,每月有六候。常至第三候六十時下,與第四候三十時上,並用武火處也。其火斤兩進退晝夜,即須别添熟炭。常應露火面,則候爲本斤兩數也。其直符九箇月半,畢後即須常取第九月火候爻象法則,進退斤兩爲定,不論年月也。

佚名《靈寶衆真丹訣》 金華黄芽法

生銀芽半斤,生汞半斤。

右鎔芽與汞相入,狀若銀膏。如欠,將濕銀添滿本數,即取湖南通油瓶子上好者,受得二斤者,令貯得前藥,令其裏面寛轉,即通身固濟之,令頭平,使要返覆安之。更取一瓶大於前者,可貯得上瓶,爲外櫃,不固濟,權著物蓋頭。即放三釘上,以浄泥用麻筯作罏,罏須三段作者,象三才。中層著三釘横安,亦得下開二門,前後著二門。前面大門,高四寸。後面小門,可一寸半。其罏下火可三截,長四寸,常著灰蓋上。如進火時,但炭上安中心即得,用炭團更好。其火還從十一月發火,如此可十月後,一年内須六十日武火,似大些些子。其上須著一盆覆之,開一星露,可大一寸。從半夜子時,其藥瓶頂向上,午後轉上却下,至夜半依前轉,轉内瓶,外者不轉。轉了更須覆蓋。罏上一層,其罏似甑形,其上星露。從半夜將片紙掩之,至時除之。如是火候調順,不失節度,即是晝夜各一封,至五月足,秤看欠添,汞滿應數,成爲一塊,謂之成形。即破瓶取之,擣研淘令細,水飛曝盡令乾。更依前入新汞,可三分之一,按藥令平,不用固濟,依前火候,養待一月滿,更出淘洗畢,待乾,更養通前。都滿十月,其藥上有點化朱砂,此是藥精,出母胎上,可半斤,作褐色,已伏火也。收取别器貯,六十日武火燒畢,出赤色奇絶,出火毒,服食可長年益壽,其藥不可具論。其火得十月足,火似大,便化作液。更須緩火養,更得依舊,其藥本母,依前生汞半斤,養一月,更出母面上,還似褐色,養可一年。收前件藥,便作世利,伏火也,爛白。如要世利,可月月添之。若得九度添汞,養之一斤,神妙，與世長存，兼治萬病。云此是九鼎丹，功成上升。《參同契》云是金華，曾云是外丹。此甚祕訣，蘇臺一兩人得之，不得輕泄耳。

佚名《鉛汞甲庚至寶集成》卷一　見寶靈砂澆淋長生湧泉匱

【略】

五，磚砌四方爐一箇，深六寸，内闊一尺，四面着底，留風門各一寸。按地風井卦。爐内釘三台丁，各長五寸，釘二寸入地，留三寸高，閣鼎子。先以水鼎量水七鼎，備堅炭十斤。先以火燒爐内，無濕氣，鼎上掛救命鈎索一條，掛鼎。

六，用炭一十斤，分三進紅炭。第一進三斤，至鼎之底，候火將伏，再第二進火三斤，至火鼎之半。第三進火四斤，可分作兩進，至火鼎盤下。次將瓦片蓋之，伏火焰以竈中麩炭末帶濕蓋。直候火消伏，次早開鼎。

【略】

八，用好銀四十兩山澤銀，出山銀是也，元寶亦好。鎔作汁。用水缸一隻，傾于掃箒上，流下入水内，作珠子如雞頭大。或將銀打成四方塊子，如小指大，亦可。將前留下貼身藥，塗銀珠子周徧，焙乾，以養火合子一箇，處州者。内用硼砂水刷過，焙乾。用燒熟鐵線作耳，扣定，用六一泥固一指厚，陰乾，或微火焙乾，亦得。勿令龜坼。以銀鋪，養火合底。内次下靈砂塊於合中心，四圍皆用銀硃填壅令滿，盡用銀蓋頭令實，用崑崙紙剪蓋蓋定，以雞子清磨京墨，厚塗紙曬乾，名崑崙紙，以合口用。固口藥醋，調赤石脂牡蠣末，塗口縫，合定以養火。合上鐵線耳扣定，好生固縫，勿令分毫漏泄。更以六一泥外固，微火逼乾，勿令龜坼，方入灰池。灰池以小缸一隻浄者，要刷洗乾燥，以紙錢灰約淺缸許，先篩浄炒乾。別用火盆，以炭燒紅用之。日久有炭灰在内沉重，可換灰一番。竹葉、茅草、桑葉灰皆可用。以鐵三脚架子，安於缸底，可以閣養火合子。先截羊脛堅炭，每塊長五寸，各重二兩，六塊。名六合火。俱燒紅了，以熱灰平架子下，中心先插紅炭一塊，安養火合子於上，再以熱灰平至養火合子之上，上再用一鐵架子一箇，閣在合子上，按子午卯酉方，插火各一塊。離合三指。再以熱灰平滿合子一掌高，頂架上約離合三指，將炭火横安，合子四邊火各遠三指，周時添火炭。第一日下子午卯酉方火，第二日下辰戌丑未方火，第三日下寅申巳亥方火，如此周復，下火七晝夜足，開爐開合子，取出銀珠子，皂角湯濯洗浄了，烏梅湯煮白，收下揀出所養靈砂塊子，拍開内外俱青黑色一般，方是養倒了。如内有紅色，謂之養火未倒，再入合内，如前法封固，再養。如靈砂紅得淺，少養一日。紅得深，多養一日。必須要内外青黑色一般了，方入明爐，鎔作汁，傾入銷銀槽内成錠。如鎔太緊，在此一節，才候靈砂將鎔，便傾之，若多時作煙去了。靈砂拒火作汁了，截作塊子，如大拇指大，用甘草湯浴過，焙乾，此靈砂已成湧泉匱。

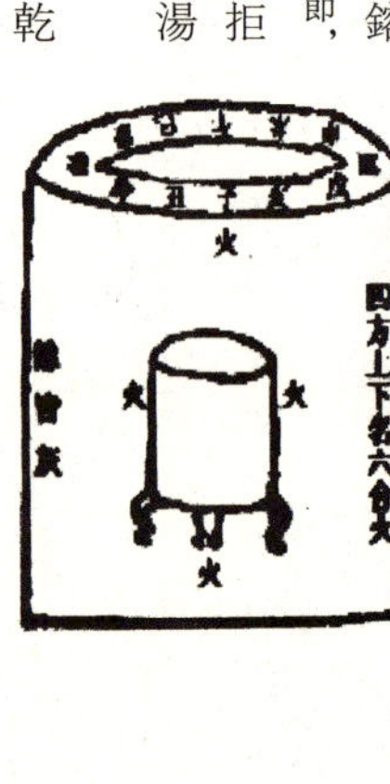

九，將養火合子内用硼砂水刷過，焙乾了，亦依前用鐵線作耳了，外用六一泥固濟，焙乾了。下前湧泉匱頭，安在合内中心。每匱頭四兩水銀，下一兩爲率。如匱頭十兩，下汞二兩半亦可。崑崙紙蓋上，用合蓋蓋定，固口縫，更以六一泥外固了，煏乾。以火水未濟卦養火。將灰缸之底安一小罐子，盛水八分，勿令滿。周匝以濕土築之，平水罐口上，以磚一片，當心鑽一小孔，筋頭大，蓋罐口。然後將養火合子安於磚孔上，以養火炭五塊，每塊長五寸，重二兩，名五方火。遠離合子三指，插火炭當合頂，安架子離三指，横安紅炭二兩，四圍插四塊，如前按方位插。火七日足，取出開合，所澆水銀俱乾，拒齒硬，可坯成寶。如有油汞，則火力少，再養二日。

合下火法

常以四兩火於合蓋上鋪之。又用熱灰蓋之，不令死滅。以草心試之，如火滅，再又添火。用卯酉二時加火，二日一次換之。如此養火七日，後加火半斤，養之二七日。後加火一斤，三七日。火滿加火一斤，半日滿，將灰浄去，用炭一十斤煅之頂火燒。候冷開合取之，將砂與母銀末各自分揀出，其死汞形如黑鐵之狀，又似炭滓，上有燥烈紋，爲之成熟也。如有紅紫色者，未伏火也。再入匱，若有些小煙焰，爲之不伏火，依然入匱，養火五七日，直至伏火則止。却將伏火砂子裝入甘鍋中，於風爐中鎔爲汁，不分胎少者，傾入合子内，作一垛子，用水銀澆淋。如砂多者，可鑄爲鼎。另用山澤銀打蓋，每一斤重鼎，入汞半斤，通身用鹽泥固濟，不必令厚，坐於爐上，鼎下用半斤熟火，養三伏時。如常用半斤火，日數足開鼎，取出乾汞，於火上燒試之，如無煙焰爲妙。再入風爐内，澆爲錠子任用。如難作鼎者，依前作垛子，入合内固濟，養之如前法。如將砂銀點庚，必分去其胎色。

又　卷二　虛源九轉大丹硃砂銀法

第一轉。用朱砂一兩半，細末。汞一兩，同研極相着。用綿子裹，懸胎石灰汁，并芫花末一兩，同煮一伏時。取去，蜜調芫花、草烏、天南星、嫩地榆葉，如指厚。又用白芨、白蘞，用椒末，以雞子清調，又包一重。入合，用白虎末鋪蓋，用油調蚌粉固縫，入瓦瓮中，養火七日。初一日二日，火一兩。至三日四日，火四兩。五日六日，火六兩。七日一斤，火煅一日，候冷取出，是爲第一轉。

太上聖祖金丹秘訣

凡云三兩火，養三日者，即是每一伏時，以火三兩。餘准此。但每將匱合，先入灰池內，其灰池須柴火灰、紙灰相拌，四面以匙將灰捺實。即以火筯校合子一寸來闊，灰令徹底虛後，將稱到熟火，徧簇合上，以灰蓋覆，毋令透風及不缺火。其火自得，多時不化。近合子灰，切不可緊，緊則火力不行，火外面。灰四向却須是緊實。若犯之一切觸污，及用火失度，亦走失損也。如增匱頭，走却硫黄，但據所走者錙銖，依法别進，再依前來日數養，候日數足，開稱如不折，便次更增硫黄，候數足減增之。

又　卷三　子午靈砂法

用鼎法

上下鼎身周十二寸，以應十二月。身長八寸，以應八節。上鼎身闊倍下鼎一倍，乃按二十四氣。上鼎爲天，下鼎爲地，上昇爲陽，下降爲陰，陰氣欲昇，陽氣欲降，此應陰陽之陶冶也。尺寸闊狹，不可大，不可小。大則氣散不聚，小則逼溢，故不能遂昇降之匀和。蓋在於鼎，乃鼎中之包密，内調昇降，外稟陰陽，以成天地造化之機矣。上鼎圍闊二十四寸，下作三級，與鼎唇口三級相合。下鼎長八寸，身圍十二寸，唇三級，與上鼎覆下三級相合，不得差殊。此鼎不用足。别打鐵圍令厚，以三釘釘作三足釘，可以大姆指厚，高二寸半。次作陰陽二爐。陰爐鑿地作坑，埋一瓶，瓶口如大鼎，復大埋在地，與瓶口平。次作餘土築四邊，如無地相似。一陽爐，只平地疊成。及以六十兩藥入在鼎内，用赤石脂調稀泥，塗上下鼎三級方捺合，以鐵線貫耳，固濟。如打靈砂法，用四時火，七晝夜，成其大功。水火藥三者，應天地人三才也。四時火者，春火欲暖，夏火欲烈，秋火欲温，冬火欲微。此法擇子日子時，安鼎，安三足之上。乃入陽爐，鼎復底疊至鼎身三分，用緩文火，

用火使其内相交媾，一時半。乃便暴火，簇炭至半鼎，一時辰半。乃使烈火炭令盛上，增鼎身五分之三，一時辰半。乃漸漸退火，用微火，令鼎内温温氣定，一時辰半。至午時，撥鼎起入陰爐，乃坐鼎腹於小罐口上，用灰埋鼎身五分之三，乃以布滲去上鼎水乾方可。上鼎槃内，安火一斤，内春火也。令鼎内之汞，徐徐而降投下，一時辰半方可。自灰之上，疊炭簇火，漸暴一時半。乃有盛簇火，自上鼎盤至灰上，皆生盛火烈，一時辰半方漸。次去上鼎火，次徐徐而去下火，用微火令鼎内藥定，温温一時辰半。至半夜子時，復撥鼎入陽爐，依前一昇一降，既濟未濟，七晝夜火功成矣。破鼎，取出白雪少許，入氣爐炡成汁，不折不耗，能事畢矣。如或少許損折不色，别又使一鼎，如前法打昇降七晝夜後，取出白雪汞，爲大寶。丹詩漏泄，取此死龍蟠如静，鐵臼内研之如粉，使一薄鐵合子，常常安白雪三分，之三以插長孔，注汞於内滿，如此周插，如栽蓮之狀。畢乃以如一分蓋面，以合蓋之定，固濟合縫。安入灰池合子上，常欲一寸半灰，灰上安四兩火起頭，增至十兩火，晝夜。第八日去餘火，候冷開合子，採白瓊條。每一錢可點赤肉一兩，爲真换骨丹陽。如以三二錢點作一兩，愈妙。不然獨烹爲銀，亦可。凡如此七次取物，至第八次，乃六日取物。六日畢，次五日。又四箇四日，又三箇三日，又二箇二日，方至朝種暮收白雪，至此一錢，可糝汞三黄四初之妙，至此無不靈也。

又　卷四　白雪聖石經

用黑神石五兩，同汞一斤，和匀，半日後以泥裹，入新糞中埋，却以糠火和馬糞燒作火色，三日夜，冷取出，作一圓伏火，光明輝赫五彩，如紅琉璃色。其形或作龍形，雖無昇天之功，服之永爲長生。

【略】

法用黑錫十斤剉末，以砂澤石四兩，和米醋煮一伏時，後用糠火、牛馬糞，燒作火色一日夜，成葳蕤紫金十斤。剉爲末服，長生不死。又將砂澤石四兩，白石二兩，依前煎取花，候乾入器中，燒作火色一伏時，候冷破瓶取鎔爲鋌，名爲第十二變瑟瑟碧玉光石。

【略】

段成式《酉陽雜俎》卷一〇《物異》　石墨。無勞縣山出石墨，爨之彌年不消。

【略】

石漆。高奴縣石脂水，水膩浮水上如漆，採以膏車及燃燈極明。

又　卷一六《毛篇》　狼大如狗，蒼色，作聲諸竅皆沸，脞中筋大如鴨卵。有犯盜者薰之，當令手攣縮。或言狼筋如織絡小囊蟲所作也。狼糞煙直上，烽火用之。

沈知言《通玄秘術》　延生保命丹

鍊了陽起石、伏火硫黄各四兩，雄黄一兩，生研如麵，以水飛之。石鹽一兩。

右前三味同研，次入石鹽更研，以熟水拌作一毬，勿令水多，拌了，以三重紙裹，日中乾之。又取白鹽十二斤，擣成泥，拔杵如漆即止。取一餅可盛得鹽盡者，先入一半鹽，旋按之令實，中心作一坑子，可容藥毬者。即安於坑子内，下餘鹽築，令至瓶口，入灰壕，周迴以火逼令乾。陰氣然盡，以瓦子蓋餅子口，如法固濟乾了。依前入爐，瓶上三寸灰，灰上一斤炭火，養五日後退火。餅上灰一寸，依前火一斤，更養五日。又去餅上灰一寸，加火至二斤，更五日滿。住火一炊久，取瓶出冷了。打破瓶，去蓋，鹽匱取藥作一團，紫色不耗，折又細研，以沸湯沃沃淘去鹽味。露一夜，明日以甘草湯拌重湯煮一日，久令乾，更細研，入龍腦、麝香少許，以棗穰爲丸，丸如麻子大。每日空心，酒下三丸，極冷五丸。治男子女人冷病，女子血氣，功力不可備述。初服旬日，忌房事、羊血、鯉魚、大蒜、豉汁等物。

劉恂《嶺表録異》卷中　南中醖酒即先用諸藥别淘漉粳米，曬乾，旋入藥和米擣熟，即緑粉矣。熱水溲而團之，形如餢飳。以指中心刺作一竅，布放簟席上，以枸杞葉攢罨之。其體候好弱一如造麯法，既而以藤篾貫之，懸於煙火之上。每醖一年用幾個餅子，固有恒準矣。南中地暖，春冬七日熟，秋夏五日熟。既熟，貯以瓦瓮，用糞掃火燒之。

王仁裕《開元天寶遺事》卷一　瑞炭

西涼國進炭百條，各長尺餘。其炭青色，堅硬如鐵，名之曰瑞炭。燒於爐中，無焰而有光。每條可燒十日，其熱氣迫人而不可近也。

又　卷三　鳳炭

楊國忠家以炭屑用蜜捏塑成雙鳳，至冬月則燃於爐中。及先以白檀木鋪於爐底，餘灰不可參雜也。

劉昫等《舊唐書》卷一九九上《列傳第一百四十九・高麗》　其所居必依山谷，皆以茅草葺舍，唯佛寺神廟及王宫官府乃用瓦。其俗貧窶者多冬月皆作長坑，下燃熅火以取暖。種田養蠶，畧同中國其法。

獨孤滔《丹方鑑源》卷下　辨火篇第二十三

牛糞火　句藥力大，子東炭是也。

馬糞火　同上。

糠火　均力倍常。

竹火　蓋養汞，性慢也。

青剛　大有力也，如羊脛者。

佚名《九轉青金靈砂丹》　一轉伏火靈砂

用鼎一付，擦洗淨，烘乾。候冷，將前青金頭末，以匙輕輕傾入火鼎中，不可滿。醋調赤石脂，塗子口，坐上水鼎，按實，用鐵線扎縛要緊，外再用六乙鹽泥，通身一固，以鐵摇條掛起。用炭五斤，成塊排砌在爐中，以堅硬炭放於底下。再用引火五兩，將藥鼎懸於爐中炭上水鼎内，先下滾湯八分，用扇去風門口搧起火，先文後武。水鼎中湯不要滾出，亦不可淺，常要抽添。如有固封處有透氣出，即以薄鹽泥，竹匙挑塗固之，候爐寒爲度。次日取出，開鼎，其靈砂於水鼎底懸起，取出轉丹藥，此砂可成寶。外爐訣存之。

佚名《急救仙方》卷二《疔瘡治法》　霹靂火法

取鵝卵石，炭火煅通赤，用瀫桶一隻，置竹椅一隻於桶上，又用一杓置竹椅下。令病人裸體坐於椅上，取荆芥爲末，調入酸米醋於桶内，却置煅石於杓中，即用荆芥醋淋沃石上。火力不可大，恐病人難禁。若火力已微，汗尚未透，可再加火力，再沃之。沃熏之時，用衾覆蓋，自頭至足，連桶俱覆，止留口鼻在外。令偏身汗出，須要頭面皆有汗，病乃除。此法絶妙。

陶穀《清異録》卷下《器具》

金剛炭

金剛炭，有司以進御爐，圍徑欲及盆口。自唐、宋、五代皆然。方燒造時，置式以受，柴稍劣者必退之。小熾，一爐可以終日。

黑太陽

黑太陽，法出自韋郇公家，用精炭擣治作末，研米煎粥搜和，得所豫辦圓鐵範滿，内炭末，運鐵面，鎚實擊五七十下，出範，陰乾。範巨細若盞口，厚如兩餅餤。盛寒，爐中熾十數枚，烘燃徹夜。晉人獸炭，豈此類邪？

樂史《太平寰宇記》卷一五二《隴右道三・肅州》　石漆。延壽城中有山，出泉注地，其水肥如牛汁，燃之如油，極明，但不可食。此方人謂石漆，得水愈熾也。

李昉等《太平御覽》卷八六四《飲食部二十二・油》　王隱《晉書》曰：元康

三年，武庫火，檢校是工匠盜庫中物，恐罪乃投燭着麻膏中，火燃。

又曰：齊王冏起義，孫秀多斂葦炬，益儲麻油於殿，省爲縱火具。

又　卷八七一《火部四·炭》《語林》曰：洛下少林木炭，止如粟狀。羊琇驕豪，乃擣小炭爲屑，以物和之，作獸形。後何君之徒共集，乃以温酒。火熱，既猛獸皆開口，向人赫然。諸豪相矜，皆服而效之。

佚名《紅鉛入黑鉛訣》

用火直符六候進退訣

月有六候。候有五日。二氣分二日半，三十時一氣。二氣一候，六候一月，一月換一鼎土神室也。至九箇月，九鼎即止第。一本：一十鼎任意消息，換鼎不換鼎並得換。一本：之轉妙第一月一日，初候發火一兩。至二日半三十時，進二兩至六十時。第六日，第二候初三兩三十時，進四兩至六十時。第十一日，第三候初五兩三十時，進六兩至六十時。第十六日，第四候初仍用六兩三十時，退五兩至六十時。第二十一日，第五候初退四兩三十時，復退三兩至六十時。第二十六日，第六候初退二兩三十時，復退一兩至六十時。一本：第二月一日，初候發火二兩。至二日半三十時，進三兩至六十時。以次每遇換鼎入月，諸候，比之前月諸候，加火一兩，至九箇月，初候用九兩，至三十時，進十兩，至六十時。第二候十一兩，三十時，進十二兩，至六十時。第三候十三兩，三十時，進十四兩，至六十時。第四候十四兩，三十時，退十三兩，至六十時。第五候退十二兩三十時，復退十一兩，至六十時。第六候退十兩，三十時，復退九兩，至六十時，足。第十月後常。一本：取一時第九月火候法則，進退斤兩爲定，不論年月也。其火進退，須別添熟炭，常應露火面，則候爲本斤兩數也。

制汞入黄白利用訣

二汞入鼎釜，固濟作壇圈，埋灰中向上，灰可厚五寸，上頭運火。初五兩，一伏時加七兩，一伏時加十二兩，一伏時加至一斤。復八伏時，即於鼎四面，用武火逼通赤，半日許開取之，一兩點汞一斤爲白道。其藥換鼎子，還用火一斤，晝夜至一年，半兩點汞一斤爲白道。復換鼎子，還用火一斤，晝夜至一年，半兩點汞一斤爲白道。復換鼎，用火一斤守二年，一分半點汞一斤爲白道。復換鼎，守至二年，一分點汞一斤，其鼎須逐年換制，與上同。依年月用藥分兩點化，並成珍寶。

佚名《九轉靈砂大丹》　昇砂法

先用大鍋，內入黄泥并水，就放水火鼎在鍋內，煮滚約三箇時辰，取出。再以水洗净，烘乾，用米醋磨墨，以筆蘸墨，塗火鼎內並水鼎底。再用石斛並艾葉，燒烟薰之，隔鐵氣，候冷放穩，却將前青金頭末，以匙輕挑入火鼎中，令虚不可滿，約離水鼎底三指爲準。醋調赤石脂，封子口，坐上水鼎，按實，用鐵線串水火鼎上下眼，緊札定。外子口再用六乙鹽泥固濟，一寸厚。用纛鐵線條作鈎，長一尺五寸，火鼎邊眼內鈎起。上用麻索一條繫定，懸掛於爐上。爐內先以成塊硬炭五斤，排砌於內，下用引火四兩。擇日早辰起火，以扇去風門口搧之，先文後武。如炭軟，加一二斤，水鼎內先下温湯八分，滚時常以冷水抽添，不要滚出。漸漸放鼎近火，看爐內火盡爲度，約有半日。隔一夜寒爐，取出，鏟去土，鑿開其靈砂升於水鼎底，取出包起。

程了一《丹房奥論》　十四論煙煤

煙煤乃草木之神炁，丹竈家亦多用此。緣其精神不足制養諸石，未見全功。若用本草煮鍊過，却以煙煤捺頭，入爐温養，方能伏火。如獨用此，不可成也。余親試有驗，書以記之。

佚名《感氣十六轉金丹》　二味草各秤二斤，入石臼爛擣，用新布裂汁，乾再擣。凡八九次擣，取汁一斗許。如未至一斗，但以前灰汁揉擣，盛净器中。

右用砂銚一枚，可盛三升水者。將砂銚安鐵三脚子上，傾灰汁藥汁於銚內，只令六七分滿。將前母用小竹篗兒盛，懸胎於砂銚內，炭火上煮汁常沸，莫令涌出。頻於灰藥汁浸點煮，如是點煮一伏時。如灰藥汁少，更要將前灰蘿煮沸湯淋汁，和藥查再擣添，煮一伏時爲度。如是煮畢，取篗兒，取出母，逐塊以净布拭去水滓，令乾入砂合子。須是信州頭樣大合子，則可將前所煮母一十六塊，排砂合底。合定，以醋調蚌粉，封合子口縫。如闕蚌粉，用赤石脂尤佳。虚養一伏時，卯酉各火四兩。次日開合，則澆汞四兩於母上，如前法封固，下用水鼎，坐合子於水鼎上，具式如後。

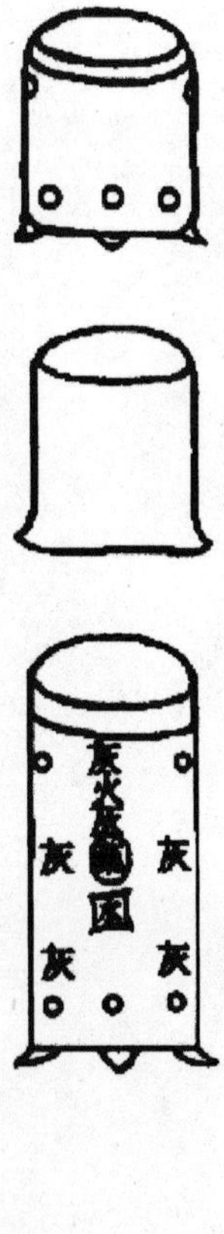

爐式[上]：爐用上做，或以瓦燒成器，通身要高二尺二寸，徑一尺二寸，上

兩竅如折二錢大，下三竅如小銅錢大。

水鼎式[中]：水鼎乃磁器，可貯水三升者，要鼎口與合子底一般大，每用水鼎入沸湯，六七分滿。

養火都式[下]：爐中所用灰，乃用紙錢灰。

依式造畢，養火如法。其火四兩，要三塊頓合子頂上，候通紅不滅，以灰覆之，卯酉抽換，七日火足。寒爐出合開看，其汞成魚鬣。色如霜四兩。

再燒汞四兩，如前封固，如前入爐添水，如前封水鼎口，如前卯酉各火四兩，養七日。去火寒爐開看，其汞乾如玉犬牙。八兩。

再澆汞四兩，併如前法，七日火足，開看其汞乾如馬齒琅玕。壹拾貳兩。

再澆汞四兩，併如前法，養七日，火足開看，其汞乾如瓊林玉樹。一十六兩。

再澆汞四兩，併如前法，養七日，火足開看，其汞乾成黃芽。共二十兩。

更添水鼎湯坐合子上，如前封固，火數虛養七日，取出開合，摘黃芽，成大丹。要留爲賣則留之，不要留銔銷如前，不折分兩。

張君房《雲笈七籤》卷六八《金丹》

太上八景四蕊紫漿五珠降生神丹方一首

作竈屋，長四丈，南向，屋東頭爲户，屋南向爲紗窗，屋中央作竈。竈令四方，四面開口，以大鐵鐐鐐施四脚，以著竈之中央。上下相遠，高下之法，以意裁量安隱之。所盛藥土釜好安著鐐鐐上，以好糠火於下燒之，令去釜一尺許，調適視火。勿令暴猛，足十八日訖。更令火去釜下一寸，復五日，日足；更令火齊底二十七日，日足；更令半下釜之腹，三十日，日足；更令火末下釜之上二寸，二十四日，日足；都畢，藥成也。可復寒之七日，而徐發視，八景四藥之華皆懸著上釜，以三歲白雄雞羽掃之，盛以金銀密器，其華當作景雲之色，五十八種之氣，流霞玄映，紫光鬱曜，不可名字，名曰八景四蘂五珠降生神丹。

九還金丹二章

鍊汞添金出砂品第二

《鍊汞訣》：取汞一斤、石硫黃三兩，先擣研爲粉，致於瓷鉢中，下著微火，續續下汞，急手研之，令爲青砂後，便將入於瓷瓶子，可受一升。以黃土泥緊泥其瓶外，厚可二分，以蓋合之，緊密固濟，致之爐中。用炭火一斤，於瓶子四面養之三日，瓶子四面長須有一斤炭。三日後，更以文武火燒之，可用炭十斤，分爲兩分，每一分上炭五斤，燒其瓶子。忽有青焰透出，即以稀泥急塗之，莫令焰出，炭盡爲度。寒三日，開之，其汞則化成紫砂，分毫無失。

又　鑪鼎火候品第八

《火候訣》：夫用火之訣，亦象乎陰陽二十四氣，七十二候。五日爲一候，三候爲一氣，二氣爲一月。七十二候則應二十四氣，爲十二月。十二月爲一周年，陰陽運足矣而丹成。夫起火之時，取十一月甲子日夜半甲子時動火，從子門起火五日，用炭三兩，須常有熟炭三兩在其鑪中，不得增少；次開丑門，發火五日，用炭四兩；次開寅門，下火五日，用炭五兩；次開卯門，著火五日，用炭六兩；次開辰門，著火五日，用炭七兩；次開巳門，著火五日，用炭八兩。此六門是陽門，火須竪安炭，如陽氣後發動。次至午門，著火五日，用炭九兩；次開未門，著火五日，用炭八兩；次開申門，著火五日，用炭七兩；次開酉門，著火五日，用炭六兩；次開戌門，著火五日，用炭五兩；次開亥門，著火五日，用炭四兩。此六門火須横安炭，亦象于陰陽氣候。從子門起火至亥門，周旋十二時門，終計用炭七十二兩，在鑪應七十二候之數，則成四象十二候。六十日兩月爲一轉，則開看之，更添石硫黃二兩，和紫金砂於鉢中，以玉槌研之半日，却入鼎中，封閉固濟，依前每門五日，運火燒之。

《運火訣》：還從甲子日子時於子門起火，用炭五兩，丑門用六兩，寅門用七兩，卯門用八兩，辰門用炭九兩，巳門用炭十兩，至午門却退炭歸九兩，未門用炭八兩，申門用炭七兩，酉門用炭六兩，戌門用炭五兩，亥門用炭四兩。此第二轉，運火每門五日爲一候，周旋十二門，成十二候。六十日足，計有八十四兩炭，鑪中增第一轉炭十二兩，應十二節之數。則候鑪中火歇，開看之，色如褐土，金星璨然而在。又添石硫黃二兩，和砂重研，却入鼎固濟之。又依前運火，同遭十二門。每門五日爲一候。

還從子門起火，五日用炭七兩，其炭長須應七兩熟炭在鑪中，不得增少。又丑門火五日，用炭八兩；次寅門火五日，用炭九兩；次卯門火五日，用炭十兩；次辰門火五日，用炭十一兩；次巳門火五日，用炭十二兩；次至午門，火五日，却退炭歸十一兩；次未門火五日，用炭至十兩；次申門火五日，退炭至九兩；次酉門火五日，退炭至八兩；次戌門火五日，退炭至七兩；次終于亥門火五日，退炭至六兩。其十二門皆須依本數著炭，周迴十二門，匝合有一百八兩炭在鑪中，增於第二轉炭二十四兩，應二十四氣之數。終十二門六十日足，候鼎寒開看，色微欲紫。又添石硫黃二兩，出金砂和研令相合，則却入鼎中固濟之，亦依前，門門五日火候。

亦從甲子日夜半甲子時子門起火五日，用炭九兩。則開丑門著火五日，用炭十兩；次開寅門，著火五日，用炭十一兩；次開卯門，著火五日，用炭十二兩；次開辰門，著火五日，用炭十三兩；次開巳門，著火五日，用炭十四兩；次至午門，却退炭至十三兩；次至未門火五日，退炭至十二兩；次申門，火五日，退炭至十一兩；次酉門火五日，退炭至十兩；次戌門，火五日，退炭至九兩；次終亥門，火五日，退炭至八兩。此轉十二門周迴，計鑪中有炭一百三十二兩，又增第三轉炭二十四兩，亦應氣候。足，寒之開看，其合砂色漸轉金紫，光色若星，璀璨流輝。又添石硫黃二兩，出金砂於鉢中和硫黃熟研，却入於鼎中固濟，令緊密，視之上下無罅漏泄，然後依前，門門運火。

亦取甲子日子時起火，從子門先入炭十一兩，亦五日；次丑門入火五日，用炭十二兩；次開寅門，入火五日，用炭十三兩；次開卯門，著火五日，用炭十四兩；次開辰門入火五日，用炭十五兩；次開巳門，入火五日，用炭十六兩；次至午門，退運火五日，用炭却至十五兩；次至未門，入火五日，用炭十四兩；次至申門，入火五日，用炭十三兩；次至酉門，入火五日，用炭十二兩；次至戌門，入火五日，用炭十一兩；次至亥門，入火五日，用炭十兩。從子門終於亥門，巡十二門，周計用炭一百五十六兩。炭在鑪中，旋繞其鼎，積運燒之六十日，數增於第四轉炭二十四兩。其鑪内鼎四外紫氣迴繞，看之如霧。候寒開鼎，見金砂色轉化爲紫光之丹，丹内紅星點點，似欲輕湧。更添石硫黃二兩，和於鉢中，熟研半日，則却入鼎中封固濟，然後依氣候運武火，一轉還丹。

從甲子日甲子時子門起，火五日，用炭十七兩；次丑門，火五日，用炭十八兩；次寅門，火五日，用炭十九兩；次卯門，火五日，用炭二十兩；次辰門，火五日，用炭二十一兩；次巳門，火五日，用炭二十二兩；次午門，火五日，退炭至二十一兩；次未門，火五日，用炭二十兩；次申門，火五日，用炭十九兩；次酉門，火五日，用炭十八兩；次戌門，火五日，用炭十七兩；次終亥門，火五日，用炭十六兩。計從子門運武火終於亥門，合有炭二百二十八兩，在鑪中增於第五轉炭七十二兩，應七十二候。足，其鑪鼎中紫氣連天，日月失輝，山河震岌，乃是丹成之候也。歇鑪出鼎，於香壇之上寒之，然後開看：其丹赫然輕飛，脱離於質，如芙蓉花九層，連於鼎蓋之上下，五日分毫無失。其鼎内有滯灰二十四兩，如紫金色。其紫金一丸麻子大，亦制伏汞一斤及五石，五金盡化爲至寶，然則還其鼎於三洞，各鎮其功，功合歸真，迥然蟬蜕，此乃還丹之力，其寶偉哉！

又　卷六九《金丹》　七返靈砂論

第三返英砂篇

《本經》曰：陽元積習，而英氣自會於真精，真精感化，而神丹可得耳。故曰鍊真致華，真華通應，而化爲金英之玄砂也。化寶砂中白金而生英砂訣曰：將其寶砂中黃花銀四兩打作鍋子，還依前篇作用，可瓶子底大小爲之。用蒲州石膽一兩，石鹽一兩，硇砂一兩，共三物，和苦酒研調如膏，塗其鍋子四面，令藥盡爲候。候干，以黃泥爲毬包裹，於糠火中燒二七日後，用白炭武火燒之一七日。去泥，出鍋子，依前安入通油瓶子中，入真汞四兩，清水五合，文火養之二七日後，更添汞四兩，又文火養一七日，候乾，緊固濟，武火迫之一日，其砂涌出於寶鍋之上，而紅黃映徹，光耀不可言。而乃收砂添汞，計取砂可得一斤，則數足。便將其砂入於鼎中，依前篇用火候飛伏，亦五日爲一轉，内二日用坎卦，即水煮之，三日用離卦，即陽火飛之三日。初起陽火，可用炭七兩，每一轉後即增炭二兩，至七轉後，有汞霜飛出，可二兩來，其色黃赫，紫光爍爍，飛在鼎蓋之下。收其霜於鉢中，用蒲州石膽一錢，重和苦酒及砂，以玉槌輕手熟研之，相入後，却入鼎中飛伏，伏經十八候，九十日足。其英砂伏火畢，分毫無少，便可鎔鑄，亦依前篇。

第四返妙砂篇

《妙化砂訣》曰：將青金四兩還打爲鍋子，用赤鹽半兩、石硫黃半兩、大鵬砂半兩、北庭砂一兩、蒲州石膽一兩，凡五物，和苦酒研爲泥，涂其青金鍋子四面，以炭火炙，漸漸逼令藥泥盡乾爲候，一依前篇，用黃泥爲毬包裹之，以糠火中燒二七日後，即白炭武火燒之一七日畢。去泥，出鍋子，依前篇安瓶子中，入真汞四兩，清水五合，不得增減，養之二七日後，更添汞四兩，又火養經七日後，令乾，固濟之，以武火迫之一日，而妙砂涌出，可有四兩，即收之。更添汞四兩，亦依前文火養之，令生砂，出即收取，計收砂一斤，即數足矣。其砂入鼎中，依前篇用火候飛伏，亦五日爲一轉，内二日用坎卦，是水煮，三日用離卦，則陽火飛之。飛伏火候，一依英砂篇中用火加增炭數多少，經十六候八十日，而妙砂伏火畢，則金星光璨映徹，紅耀不可言，爲至英至妙之丹砂也。

又　第六返神砂篇

《化神砂訣》曰：取前靈砂中紅金九兩，鑄爲寶鼎，可受五合，又將三兩作寶蓋蓋之，其鼎内亦先著石硫黄一兩，大朋砂一兩，赤鹽一兩，北庭砂一兩，共四物，和苦酒熟研如泥，涂其鼎内及蓋周迴，令勻盡爲候，候乾，以蓋合之，著黄土泥包裹，可厚二分。爲則一依前，文火養之二七日後，即武火迫燒之七日，令與火同色赤後。令去黄泥，重以甘土爲泥，泥其鼎外，可厚三分，即置其鼎於鑪中，入真汞六兩入鼎中，用水三合，徐徐添之，不得令乾，文火養七日後，更入汞三兩，文火養之三日，候冷，又固濟封閉，令緊密，即武火迫，經二宿，即盡化爲紅光神砂，收砂。又添汞八兩，依前文火養七日後，便武火迫二日，亦化爲砂，收之。又添汞七兩，亦以文火養之，武火迫之，令生砂，砂出即收。又添汞五兩，亦文火養之，武火迫之，令出砂，收之。又添汞三兩，亦依前法文武火候養迫之。計前後收得神砂，可三十二兩，足即止。將其砂入石硫黄四兩，蒲州石膽二兩，和於鉢中，熟研半日，便入安寶金鼎中，陽火飛伏。其陽火者，純離卦火候伏之，還五日一候。初起火用炭九兩，每一轉後加炭二兩，每轉轉出砂於鉢中熟研之，却入鼎飛伏。至六轉後，每轉加炭三兩，如有絳金霜飛出，其霜紅赫照曜，光彩射目，收其霜於鉢中，和砂用蒲州石膽一分，和苦酒熟研之半日，却入安鼎中，用火候飛伏，伏經十二轉，六十日足，其神砂伏火畢矣。其色赫奕含輝，紫光洞徹，不可言爾。若得熔鑄訣，一依前《靈砂篇》法度，和鹽花鼓之，即寶汁流注，凝成赤金，精光如火，故號曰離己之金者，神也。其丹砂便可以服餌，每兩亦分爲三百六十丸，以棗肉和之爲丸，服餌訣一依前篇。且服此靈寶神丹後，自然神靈骨輕，身有光明，足蹈真境，而爲上仙也。

又　**卷七一《金丹》**　太清丹經要訣

造赤雪流朱丹法

右雄黄一斤擣，輕紗篩訖，以苦酒拌和之，令浥浥，日干，干更拌，如此十遍止。與白鹽末拌和，以鹽覆藉，固濟，一日一夜後，以微火炙六一泥，令極干。漸加火，勿須猛，更一日一夜。即加猛火，令其下釜旦暮常須與火同色，不得暫時令火微弱，如此燒三日三夜止。寒之一復時，開取上釜藥精，更微研之。下釜餘滓亦擣，以藥精相和，飯拌令浥浥。依前布置，文武火一如前法燒之。藥成，焕然暉赫，並作垂珠色絲之狀，又似結網張羅之勢，光彩鮮明，耀人目睛，見之者不覺心神驚駭，惟宜安心。若有卒暴之病，及垂死欲氣絶，及已絶者，以藥細研之，可三四麻子大，直爾鷄子黄許酒灌之，令藥入口，即扶起頭，少時即差。其口噤不受藥者，可斡上齒而灌之，令藥入口，以手按之下腹，及摇動之，使其藥氣流散，須臾即甦。治其鬼邪之病，小小瘧疾，入口即愈。此藥神驗，不可具説，但恨造次，無人解錬用之。

又　造金丹法

黄金八兩，錯碎爲末。水銀八兩，以前金末水銀欖一宿，化爲泥。雄黄一斤，雌黄一斤。

右以前雄雌二味細研如粉，乃和之，皆於六一土釜中密固濟，炭火九日九夜煅之，寒二日，刮取飛精。先別作筒，用淳左味鈆釵丹作泥，涂筒裏，令極干。又以左味飛精如軟泥内筒中，堅之。以銅蓋覆上，六一固濟。作鐵鈎懸筒，令底去地二三寸，馬通火熅之，常令筒底微熅六七十日。寒之，發取藥赤如丹即成也。更研治，以棗穰和丸如小豆大，旦以井花水向日服一丸，七日玉女來侍，二百日行厨至，三百日壽與天地齊。此方似金液而小異，若馬通難得，用糠火亦得也。

又　**卷七六《方藥》**　修羽化河車法

以鹽鎮持了蓋，却鐵筋貫定，固濟待乾，掘一地鑪，深一尺六寸，闊一尺四寸，以馬通火、糠火燒四十九日。開鼎，以鐵筋撥鹽櫃看銀合櫃變爲金色，即去火取出。如未，更燒七日取。待冷開合，剥下黄礬及雄、青，留著。取一粒細研，水銀二兩於鏴中微火，取藥半豆大糝上便乾，鍛成寶，且惜莫用。

佚名《九轉靈砂大丹資聖玄經》　夫錬丹之法，鼎有三足，以應三才。上下二合，以像二儀。足高四寸，以應四時。爐深八寸，以配八節，下開八門，以通八風。炭分二十四斤，以生二十四氣。陰陽顛倒，水火交争，上水應天之清氣，下火取地之濁氣，天氣下降，地氣上騰，天地相接，交感氤氳，相媾合成二氣。二氣既合，混而爲一，乃名二氣大丹，妙用盡在於此。十二時中，奪千年造化，此乃爲初丹之道也。

靈砂大丹二熙武火之候

凡作二炁砂，從寅時下火四兩，卯時六兩，辰時半斤，如此續續一斤、二斤、三斤。用去皮净炭二十四斤，即止加火添湯，至申酉之間，其砂自結。後養火三時辰，炭絶水住，令火自消，提瓶出爐，候冷取堅硬者爲妙；如炋慢，以青金再煅之。此乃造二炁砂，武火之候也。別有一説。凡錬丹砂，用四煞日，大吉也。

靈砂大丹父母文火之候

凡養靈砂火候者，第一日頂火二兩，第二日頂火三兩，第三日頂火四兩，第四日頂火五兩，邊火四兩，共計七兩。五日頂火四兩，邊火各一兩，共計下火半斤。不可以上加之，恐傷母也。六日、七日同子午卯酉時下火，一得用半斤，添新退舊，此乃真父母文火之候也。

凡養靈砂火候者，第一日頂火一兩，第二日亦一兩，第三日加邊火一兩半，通得火二兩半。將一兩半熟火分作四條，約離合子三指許，插於四邊，用虛草灰隔了其傍火。勿令灰都蓋了。若蓋了，恐其火死。其火死，則急用鈐子提出，仍依元分兩，便換之。第四日加傍火三兩，分作八條，亦離合子三指許插，又用虛草灰蓋隔了，合子頂上以灰高三指許，下熟火八錢，以灰蓋之一寸厚，中心留火眼一竅，取其不死。勿令太速。如火太速，則傷其母也。第五日得傍火五兩，其炭分作十二條，周圍簇遍插，離合子約兩指半，依前用虛草灰隔了，用頂火一兩，共得六兩火。如灰爐無火，合子頂上無炭，急用鐵匙打起灰，以手試之，如灰池泥皮火熱，略待之，添火依前分兩，再添之。至六日七日，合得火半斤，同子午卯酉四時，添新退舊火也。已上七日，及真父母文火之候也。

唐慎微《證類本草》卷三《三十五種陳藏器餘》　石漆

石漆堪燃，燭膏半缸，如漆，不可食。此物水石之精，固應有所主療。檢諸方，見有說，《博物志》：酒泉南山石出水，其如肥肉汁，取著器中，如凝脂，正黑，與膏無異。彼方人謂之石漆，今檢不見其方，深所恨也。

歐陽修《歸田録》卷下　蔡君謨既爲余書集古録目序刻石，其字尤精勁，爲世所珍。余以鼠鬚栗尾筆、銅緑筆格大小，龍茶惠山泉等物爲潤筆。君謨大笑，以爲太清而不俗。後月餘，有人遺余以清泉香餅一篋者，君謨聞之歎曰：香餅來遲，使我潤筆獨一作猶。無此一種佳一無此字。物，兹又可笑也。清泉地名，香餅，石炭也，用以焚香，一餅之火可終日不滅。

又歐陽修《文忠集》卷六一《外集十一·内殿崇班薛君墓誌銘》　公爲人果毅，質直，喜以氣節自高，少好學，嘗爲文詞。仕雖不章官能，其職初監曲沃縣酒稅。民素苦伐薪給官炊，公始更用石炭，民得不苦。

沈括《夢溪筆談》卷二四《雜誌一》　鄜延境内有石油，舊説高奴縣出脂水，即此也。生於水際，沙石與泉水相雜，惘惘而出。土人以雉尾裛之乃採入缶中，頗似淳漆，燃之如麻，但煙甚濃，所霑幄幕皆黑。予疑其煙可用，試掃其煤以爲墨，黑光如漆，松墨不及也。遂大爲之，其識文爲延州石液者是也。此物後必大行於世，自予始爲之。蓋石油至多，生於地中無窮，不若松木有時而竭。今齊魯間松林盡矣，漸至太行、京西、江南，松山大半皆童矣。造煤人蓋未知石煙之利也。石炭煙亦大，墨人衣。予戲延州詩云：二郎山下雪紛紛，旋卓穹廬學塞人。化盡素衣冬木老，石煙多似洛陽塵。

李孝美《墨譜法式》卷上

造窯

右造窯用板，各長九尺，闊尺餘，每兩板對倚相次，全用泥封合。窯梢一角爲突。蓋以高下角突，大小約二寸徑合。如窯病，燃火有礙及出烟不快，即開突斟酌修治。事訖復閉之。窯心地面上亦有出氣眼，直通突外，以備出氣。其窯至十二步陡低，一邊留取煤小門，一邊用石板對倚爲巷。至六步，爲大巷，又漸小，一步爲拍巷。又五步，節次低小，爲小巷。又半步，爲燕口。只開二寸，高五寸。大堂下安臺，臺下鑿兩小池。一池以備積灰，一池以浸小掃箒，以備掃灰。

造窯

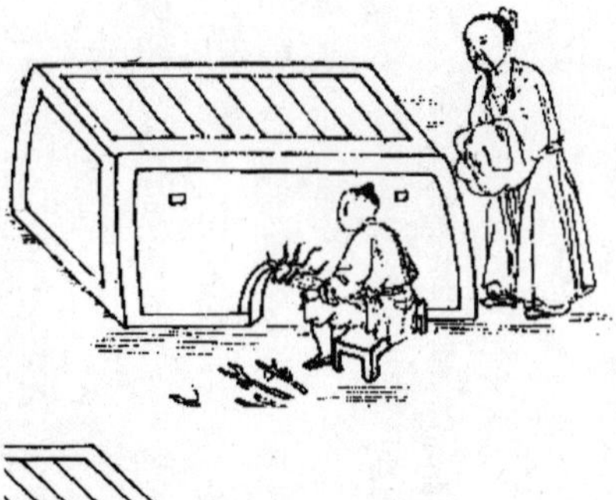

發火

取煤

發火

發火要活，不用多然，然死灰多則墨不黑也。庭珪墨所以妙，正緣此。此造法第一關也。大韶云：造墨何須火力堅，火微烟重自然妍。

右窑相並三四眼，留一二眼爲減火。每以松三兩枝細細發火，候及六七分，將殘者於別眼然之，應有灰落，即以濕箒掃入池中，無使揚也。別眼皆取常煤。

取煤

煤貴陳宿，隔旬日尤佳。又一種栢煤出終南，蒲大韶多用之，李欣父子用之尤妙。栢煤薄，取最不易。

右燒煤自發火止於十日，不候窑冷，令人開巷邊小門而入，以扇子取。分前、後、中爲三等，唯後者最優，《墨苑》云：突之末者爲上。中者次，前者又其次。故窑梢懸板者，謂之茸頭，操殺即名珠子，他無以加也。

楊彦齡《楊公筆録》 今鄜州出石燭，風雨點之不滅。欲然，先以水浸之則愈明。按：古延壽縣有火泉，經地爲溝，其水有垢如煮肉脂，挼取著器中，始黄，小停之黑如凝膏，然之極明，方人謂之石漆。

蘇軾 沈括《蘇沈良方》卷一《鍊丹砂法》

光明辰砂二十八兩，甘草、遠志、去心秤。檳榔、訶藜勒皮各二大兩，《聖濟總録》云一兩。紫肉桂八大兩。桂一半留蒸丹砂時拍碎再復擣。

右甘草等四味剉以水二大斗，案此下疑有脱字。後用細布囊盛丹砂懸于釜中，著水和藥，炭火煮之。第一日兼夜用陰火，水紋動。第二日兼夜用陽火，魚眼沸。第三日兼夜用木火，動花沫沸。第四日兼夜用火火，汩汩沸。第五日兼夜用土火，微微沸。第六日兼夜用金火，乍緩乍急沸。第七日兼夜用水火，緩調調沸。先期泥二釜，常煖水，用添水。煮藥釜水涸即添煖水，常令不減二斗。七日滿即出丹砂，于銀盒中蒸。其盒中布肉桂一兩，拍碎即匀布丹砂。又以餘桂一兩覆之，即下盒置甑中，先布糯米厚三寸，乃置盒。又以糯米擁覆上，亦令上米厚三寸許。桑薪火蒸之，每五日換米換桂。其甑蔽可用完竹子爲之，不爾蒸久甑墮下釜中也。甑下側開一小孔，常煖水，用小竹子注添釜中，勿令水減。第一五日兼夜用春火，如常炊飯。第二五日兼夜用夏火，猛于炊飯。第三五日兼夜用秋火，似炊飯乍緩乍急。第四五日兼夜用冬火，緩于炊飯。依五行相生用文武火助之。藥成即出丹砂，以玉槌力士鉢中研之，當下磣如麪即可服之。以穀子煎丸，如桐子大，每日食上服一丸。每日三食，服三丸。

佚名《靈砂大丹秘訣》 抱一聖胎靈砂

夫靈砂者，丹竈之統轄，修養之領袖，大藥之祖，金丹之宗，硫黄本太陽之精，水銀本太陰之氣，陽魂死而陰魄亡，乃夫婦之合情，陰陽之順氣。無功無行，吝財棄命，不賢不禮之人，祕之不可聞視。爲法用二八硫汞砂，成青金十兩。其青砂子，用膽礬半兩，烏梅三兩，砂鍋内米醋浸，將青金頭胎煮一伏時，不用水火鼎打，便入真死硫黄匱中，用砂合鋪底，蓋頭，安輕灰爐内，養火二十一日。取出研細，作匱，脱養白體靈砂。火候法，一日早晚，各用熟火二兩半。第三日早晚，各火二兩。第七日早晚，各火四兩。第十日早晚，各火五兩。第十五日早晚，各火五兩。第十六日早晚，各火六兩。第十七日早晚，各火七兩。第十八日早晚，各火半斤。十九日早晚，各火十兩。二十日早晚，各火一斤。二十一日早，火一斤半，晚，火二斤。候寒爐取出，便要作銀用過，鉛池煎之，要作聖胎匱，可爲末，脱養白體靈砂。

秤斤兩立媒第一

【略】

用火候第八

一二二加三四五，四八周圍五八身。

第一日下火，去灰池内合子上，用紙錢灰蓋兩指厚，上用熟炭火秤二兩，常換莫令火死。第二日加火三兩，第三日加火四兩，勿令大過。第四日加火至八兩，内將四兩插在合子周迴，將四兩火放在合子灰上，令合子通赤爲度。第五日與第四日火候同。

此是杳冥真像本，勿令太過恐傷生。

其火以小至大，火候緊大則飛走也。火候須要慢慢停匀，方即成就也。

朱翼中《北山酒經》卷下

煮酒

凡煮酒，每斗入蠟二錢，竹葉五片，官局天南星九粒，化入酒中，如法封繫，置在甑中。第二次煮酒，不用前來湯，別須用冷水下。然後發火，候甑箄上酒香透，酒溢出倒流，便揭取甑蓋，取一瓶開看，酒滚即熟矣，便住火。良久方取下，置放石灰中，不得頻移。薫白酒須潑得清，然後煮，煮時瓶用桑葉冥之。金波兼使白酒麴，纔榨下糟，略澄折二三日便蒸，雖煮酒白色。

火迫酒

取清酒，三五日後，據酒多少取甕一口。先净刷洗訖，以火烘乾，於底旁鑽一竅子如筯粗細，以柳屑子塞定。將酒入在甕，入黄蠟半斤，甕口以油單紙蓋繫定。別泥一間浄室，不得令通風，門子可纔入得甕。置甕在當中間，以磚五重襯甕底，於當門裏着炭三秤，籠令實，於中心着半斤許熟火便用，閉門。門外更懸苫簾，七日後方開，又七日方取。喫取時，以細竹子一，茶頭邊夾少新綿款款抽屑子，以器承之，以綿竹子遍於甕底攪纏，盡着底濁物清即休纏，仍塞了。先鑽竅子圖取澱濁易耳。每取時，却入一竹筒子，如銅淋子旋取之，即耐停不損，全勝於煑酒也。

王昭禹《周禮詳解》卷一六　掌炭，掌灰物炭物之徵令，以時入之，以權量受之，以共邦之用。凡炭灰之事。

炭灰之物爲至微而用不可廢，先王設官以掌之，則物曲之利無所遺也。角人、羽人掌葛、掌染草，莫不有徵斂之時，而掌炭灰物之徵令，但曰以時入之，何也？蓋角羽，天産也；草葛，地産也。天地之産，其生成有時，非時則其物未成而不中用，故徵斂皆有時。若夫炭灰則人力之所成也，人力之所成則無時而不有，故上之。人亦無時而不徵，特以時入之而已。掌染草、掌炭皆以權量受之，則染草與灰炭惟權其輕重，量其多寡故也，無俟於長短之度矣。

莊綽《雞肋編》卷上　油，通四方可食與然者，惟胡麻爲上，俗呼芝蔴。言其性有八拗，謂雨暘時則薄收，大旱方大熟，開花向下，結子向上，炒焦壓榨才得生油，膏車則滑，鑽針乃澁也。而河東食大蔴油，氣臭，與荏子皆堪作雨衣。陝西又食杏仁、紅藍花子、蔓菁子油，亦以作燈。祖珽以蔓菁子薰目致失明，今不聞爲患。山東亦以蒼耳子作油，此當治風有益。江湖少胡蔴，多以桐油爲燈，但烟濃污物，畫像之類尤畏之。沾衣不可洗，以冬瓜滌之乃可去。色清而味甘，悮食之令人吐利，飲酒或茶皆能蕩滌。蓋南方酒中多灰爾，嘗有婦人悮以膏髮，粘結如椎，百治不能解，竟髡去之。又有旁毗子油，其根即烏藥，村落人家以作膏火，其煙尤臭，故城市罕用。烏桕子油如脂，可灌燭，廣南皆用，處婺州亦有。潁州亦食魚油，頗腥氣。宣和中京西大歉，人相食，煉腦爲油以食，販於四方，莫能辨也。

江少虞《事實類苑》卷六〇《廣知博識》　石油墨

鄜延境内有石油，舊説高奴縣出脂水，即此也。生於水際，沙石與泉水相雜，惘惘而出。土人以雉尾裛之，乃採入缶中，頗似淳漆。然之如麻，但煙甚濃，所霑幄幕皆黑。予疑其煙或可用，試掃其煤以爲墨，黑光如漆，松墨不及也。遂大爲之，其識文爲延州石液者是也。此物後必盛行於世，自予始爲之。蓋石油至多，生於地中無窮。不若松木有時而竭，今齊魯間松林盡矣，漸至太行、京西、江南，松山大半皆童矣。造煤人盖未知石煙之利也。石炭煙亦大，墨人衣。予戲爲延州詩云：二郎山下雪紛紛，旋卓穹廬學塞人。化盡素衣冬木老，石煙多似洛陽塵。

康與之《昨夢録》陸楫《古今説海》卷九四　西北邊城防城庫皆掘地作大池，縱横丈餘，以蓄猛火油。不閲月，池土皆赤黄。又別爲池而徙焉，不如是，則火自屋柱延燒矣。猛火油者，聞出於高麗之東數千里。日初出之時，因盛夏日力烘石極熱，則出液。他物遇之即爲火，惟真瑠璃器可貯之。中山府治西有大陂池，郡人呼爲海子。余猶記郡帥就之以按水戰，試猛火油池之別岸爲敵人營壘，用油者以油涓滴自火焰中過，則烈焰遽發，頃刻敵營浄盡。油之餘力入水，藻荇俱盡，魚鼈遇之皆死。

晁季一《墨經・煤》　古用立窑，高丈餘，其竈寬腹小口，不出突於竈面，覆以五斗甕。又益以五甕大小爲差，穴底相乘，亦視大小爲差，每層泥塗惟密。約甕中煤厚，住火，以雞羽掃取之，或爲五品，或爲二品。二品不取最先一器。今用卧窑，疊石累礦，取岡嶺高下，形勢向背，而或長百尺，深五寸，脊高三尺，口大一尺，小項八尺，大項四十尺，胡口二尺，身五十尺。胡口亦曰咽口，口身之末曰頭。每以松三枝或五枝徐爨之。五枝以上，煙暴煤麄；以下，則煙緩煤細。枝數益少益良，有白灰去之。凡七晝夜而成，名曰一會。候窑冷，採煤成魄成片。頭煤深者曰遠火，外者曰近火，煤不堪用。凡煤貴輕。舊東山煤輕，西山煤重，今則西山煤輕，東山煤重。凡器大而輕者良，器小而重者否。凡振之而應手者良，擊之而有聲者良。凡以手試之而入人紋理難洗者良，以物試之自然有光成片者良。凡墨有穿眼者謂之滲眼，煤雜窑病也。舊窑有蟲鼠等糞及窑衣露蟲雜在煤中，莫能揀辨，唯硃多可弭之，然終不能無。

佚名《金華玉液大丹》

四聖丹

右用粉細研，同砒等研匀入鼎。留二兩砒，醋搜捺頭固濟，養火三七日。一七火候，初日二兩，二日二兩半，三日至七日四兩。日足，寒爐取之，通研細，再入鼎，如前法一煅，取出研細入合，再養，此煅不必用母。二七火候，初日二兩，二日二兩半，三日三兩，四日二兩半，五日四兩，六日早四兩，晚四兩，七日早五兩，晚六兩，頂二兩，四圍四兩。首尾三斤，取出研細入鼎，如前法一煅研細，又入鼎再養，換新炭。三七火候，初日二兩，二日三兩，三日四兩，四日五兩，五日五兩。六日五兩。七日就煅，末香三斤，炭團二箇，同擣細放在四邊，熟火六兩。按五方安之，以瓦四片蓋了，頂上出煙，三日後寒爐，方取。可以作匱養雌雄粉。

六神匱

砒用馬莧菜、柳葉同擣汁，煮五日，就用草毬煅。硇每兩用半夏、草烏二兩，鋪蓋，二斤火煅。乳入葱管内，裝入藕竅中，泥固兩頭，二斤火煅。硼一兩用白酒脚一盞，煮盡粉，山梔子、細辛、雷丸、瓜蔞煮五七日，用川狼毒、石榴皮、鬼舊、五倍子、石韋包煅。

右取粉四兩，對各物一兩，同乳成粉，裝入合。加蝟油一盞，養火七日，火候二兩。取出，又入蝟油一盞，再養七日，火候三兩。取出，又入蝟油一盞，養火七日，火候四兩。如此養三七日了，其藥作匱養物。以粉七兩，對汞七兩，入母二兩，結成砂。和粉研細，負陰窟煅取出，分開作顆塊，用赤了脚貼身，入前匱栽蓮法，養法二十一日，火候二至三，取粉半錢，點骨一兩爲丹陽。

吴悮《丹房須知》

造炭

《火龍經》曰：葛仙翁云：燔堅於淨窑中爲炭木，臼杵之萬下，糯米拌和，擣丸如雞子大，曬乾，烈爐預焚令通紅光，稱斤兩旋旋進火。若一候用一兩者，旦夕常令數足。

用火

如雲子曰：下火時，用實心石七箇，燒令通紅，以醋淬之，拋於藥房内。與取桃柳東南枝，各七莖，淨火焚香，精心虔祝，安慰百官。云：大道弟子某，謹啓玄元皇帝太上老君。今修至道，願降仙旌靈官，爲宗土地安寧，内魔不撓，外惡無侵，速成大藥，永保長生。謹辭。安静訖，夜半子時起火，勿令女子雞犬見。起火時用炭五兩，燒令通赤，入爐灰蓋之，平旦不可失也。其鼎當如雞卵，其火取日之火，次楠木火爲世敗火，堪用九年，並不得用別火，號曰長火水火。

注云：火隔正月起午，水隔正月起戌，並逆行六陽。辰，燒丹起首日，大忌潮生日，及甲戌、甲午、甲辰、甲寅、甲子。

陸游《老學庵筆記》卷一　北方多石炭，南方多木炭。而蜀又有竹炭，燒巨竹爲之，易然，無煙，耐久，亦奇物。邛州出鐵，烹鍊利於竹炭，皆用牛車載以入城，予親見之。

又　卷六　謝景魚家有陳無己手簡一編，有十餘帖，皆與酒務官託買浮炭，其貧可知。浮炭者，謂投之水中而浮。今人謂之桴炭，恐亦以投之水中則浮故也。白樂天詩云「日暮半爐桴炭火」，則其語亦已久矣。

佚名《上清經真丹秘訣》　療衆疾法

取一瓷鼎，可盛一㪷餘者，以黄丹二十斤，先以黄丹三五斤漸築令實，約厚五寸，坐合子當中心，更下丹輕築都大令實，取鼎滿爲度，不計斤數，然後以六一泥泥鼎，可厚三二分，致鼎於盆内，著灰且令陰乾，使泥鼎子上下通連，固濟，候鼎乾發火。

第一日用半斤熟火，四面擁之，日夜不絶。至第五日，又加半斤火。每三日一度，添半斤火，至五斤火。即其藥外面罏團泥，只要擁火氣，別無法，養至四十五日。後添三斤熟火，養至四十九日，且住。候火寒取出合子，開看内藥已如朱紅，或如金黄色，此狀候其黄丹大半如紫金色，收之。理一切惡瘡。取合子内藥頭一分，入汞一兩，於火上以乳鉢慢慢研之，候逡巡成砂訖。以針條鐵十字繫藥合子。又以六一泥固濟合子，候乾，以水火罏内養之。水火罏者，取一瓦甑子，泥四面，只留中心底上一孔，然坐藥合子於孔上，出甑底半寸已來，甑下常以一椀水，水面去合子底半寸，但不濕著，即得其藥合子。初用三兩火，漸漸半日已後，添至半斤火養。每一度添一兩。候七日滿，火寒開看，其藥並伏矣。依前却固濟，更養一七日，開取少許，入火試之成金也，但甘草色耳。又添汞一兩，依前研成砂子，准前水火罏内養之，每一七日一度開，添汞一兩，添至一斤止。如要寶即鞴取一半，如不要但養之，時時添二兩硫黄，研過入罏，即成朱矣。

張虙《月令解》卷九

是月也，草木黄落，乃伐薪爲炭。蟄蟲咸俯在内，皆墐其户。

炭以禦寒，人所資非不急也，必待草木黄落之後始取之。物既歸根，用亦隨宜。斧斤以時入山林，此亦王政之一也。蟄蟲知避殺氣，使其首向内，嚮知壞户而已。

孟煦《金華冲碧丹經祕旨》卷下《鉛汞之法》　足色黄金八兩，鑄成混沌雞子神室一枚。又金一兩，打作水筦子一條，有底不過水出，約長四寸許，插入混沌合内，至底上接入八兩銀水海内，各用脂礬固塞口縫，令乾，通運水直至合内。

次用山澤、好鉛，煎過花銀二斤，撲爲珠子，鋪蓋丹末於金混沌外，令遍，仍封口縫。外用已固畢甆鼎一具，慳安銀珠與金室，不令有空處，坐上銀水海，通身固密，令厚指。半日乾掛，入丹竈之中，發底並四圍火，五斤生炭，簇煅消去太半。再火三斤生炭，作二次，或三次添火。消一晝夜間，丹種氣自過矣。古有運火三斤，卯酉各一斤半。不擁灰，以七日爲期，恐受氣不足，故也名斷魂火。其銀不再用水，只頻進温湯，不可久涸無水。

還丹第一轉金砂黃芽初丹並鼎器圖

夾底中虛寸許，用足色赤金造成偃月鼎，又用赤金管子。

真鉛八兩、真汞八兩，交媾起黃芽。

次四兩，次五兩，次六兩，次七兩半，次九兩半，共三斤之數。足色真金八兩，坯成汁，投明硫二兩，雄半兩，雌半兩，攪炒成粉，水火鼎坯成一色，打作夾空心盂子，如仰月之狀。心中虛開一寸許，不令相著。上一盂子心中穿透，栽入金水筦子，上透入八兩銀水海中。仍用脂礬塞定，令乾，入水直入夾月之中，却入前交姤了鉛汞一斤，在偃月鑪中。用火四圍，並底用火八兩至一具，仍用外固口縫，鐵線扎定，懸掛入丹竈中。外用已固畢寬甆罐一斤，卯酉抽添，半月退水，插養五兩火。三日開合，其鉛汞真死。取出，再用華池煮過，水火鼎再鍊成汁，復爲夫。再將已瀝鍊真汞五兩，復如初湯上研之，復如前再入偃月鑪鼎，運水火半月，日足取出。仍煮過坯之法，成汁重澆。加至三斤鍊汞，止之皆成至寶。金砂黃芽，火上未伏，仍運水火加之，至伏爲度，養至成黃土色金容，真戊巳也。大還丹法自茲而始，取黃芽多，更換偃月之室面子也。此法宜祕。

還丹第二轉混元神朴丹並鼎器圖

赤金八兩，作一水環盛黃芽，炒作汁爲之。

環中養四神丹陀子一斤。

辰砂一十兩，雌雄英五兩，明硫一兩，爲末，水火鼎飛鍊，成陁子之後，約一斤藥陁。先以華池煮之一日，次用足色黃金一十兩作匾合子，盛前丹芽五十兩，中入朱丹陁子一斤，外用黃土鍊合，嵌入金合子于土合内。次用金六兩作水環一具，或以黃芽物爲之亦可。量尺寸慳箍朱砂陁子高低取用。次用芽子上下鋪蓋，令平滿環面，上穴插入銀水筦一條，上至灰中，透過合蓋之面。上以水斗，以脂礬固塞口縫，令乾，不泄水爲度。通固，令乾，掛入丹竈之中，上用火八兩，五日止之。下用火五兩，五日止之。上再用火十兩，五日止之。下再用火八兩，五日止之。再用火十二兩，五日止之。下再用火十兩，五日止之。取出丹成水耗，攙湯，不可令少時乾竭，每二錢半，可乾華池制過汞五兩，成上色黃金。

一法上下火足，取出地坑中，用火十斤一煅，任火自消，水耗頻進温湯，取丹如前，用二箇月，火候一同。

還丹第三轉通天徹地丹並鼎器圖

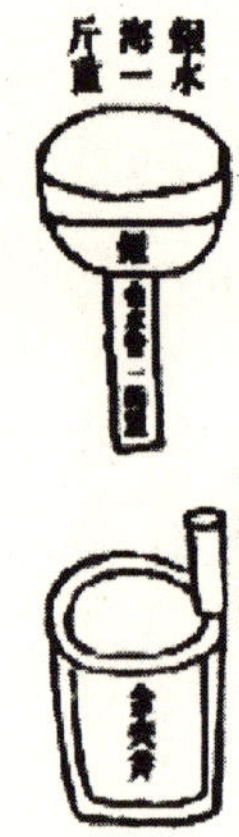

汞金十兩打作夾井圈，下有底，高四寸，徑三寸。

赤金合十兩重，高五寸、徑四寸，盛金井夾圈，在內外用黃土固濟一寸厚。

右取前朱丹八兩，再入硫昇過去石丹砂八兩，入雄英半兩，同研勻。用汞金一十兩，作一夾井圈，圈上下四圍有底，中空如井，上邊有一竅，插入金水筦，入水海中。水海中亦用一虛水簪，透入中宮井內，至合底。金合高五寸，徑四寸，慳入金井令寬。井高四寸，徑三寸，却用金砂黃芽末於井內鋪蓋。朱丹一斤，朱丹打如棋子大小。外用甆鼎器匱，一十兩金合，或黃土作外鼎亦得。嵌入金合虛處，皆用金砂黃芽末圾實一斤，銀水海下二水筦，重封，掛入丹竈。運三方火，移換卯酉，各八兩，至十兩，次一斤，止之。運此水火，三月日足，加火十斤，作二次。地坑中上火四圍並底通紅，水耗頻頻攙湯。寒鑪取出朱丹，秤重半兩，可乾汞半斤，皆是紫磨大寶。仍用三黃銀水，煑汞爲體。

孟要甫《諸家神品丹法》卷二《修丹擇地儀式》　造六一泥法

用真土之精四兩，入炭火內燒，令紅色。取出却入醋內浸過爲度。又赤石脂、白石脂、地龍土，朱石包金土，六件各一兩。又用甘土一斤，七物合一處，同杵爲末。用鹽水化入紙筋少許，杵作硬泥，將砂子裹固濟，不令毫髮拆裂。漏泄之處如有，以泥補之固，令十分堅完爲妙也。砂子如毬，號曰丹藥胎包也，又謂之神室也。即真土之精，乃是中央之正氣矣。餘六件佐輔也。火燒以丹藥胎包牢，固以鉛汞，有間隔之靈變也。固濟畢，用一箇鐵合，內可盛受得二升物許，堪用也。合子內盛伏火真鉛之精，滿一合子。鉛精中心內，坐定丹藥胞胎，上下周圓不令偏側，須是用意專心，使令密實拍塞，滿足合子。蓋口，和六一泥填塞固濟，勿令泄氣。又合上，更用造塼瓦細膩土，入浄紙筋，用鹽花水和泥，固濟厚一寸許。候乾，不令有裂縫。如有即補之，令十分完全。次用運火爐鼎一箇，是鐵造者，亦如常造食鐺子之象也。內可受一斗八升許，堪用。又如泥鍋子，泥定，留一進火門子。爐鼎內盛炭滿。爐鼎灰中心坐定藥合子，上下周圍不令偏側，填滿令實爲度。候泥乾，擇六甲元首日，先前三日，用香燈酒菓金錢雲馬，供養爐神。訖便於卯時，用十分熟炭火一斤，打令碎進入鼎爐內底下，安排令勻平，熱灰薄薄蓋其火，上常留露一二分火氣，蒸灼爐鼎，温養丹藥胞胎也。至酉時，亦依卯時手訣也，進火一斤，晝夜十二時中，不得暫絶火氣。養七七日正數足，其丹藥方成子母金也，又名水木火丹頭。此還丹第一轉也，乃號龍虎至寶也。金能尅木，則汞立便結成砂子。木能尅土，則六一泥固濟，其泥不能污丹體也。土能尅水，則是用也。水能尅火，則汞不能飛走。

佚名《諸家神品丹法》卷三《製丹法》　取光明如火大塊朱砂五兩，用上好左味三升，一時入鐵鼎內，以帛裹懸胎，煑七日夜，不得住火。若醋乾，更添。左味日足，取出朱砂，以熱水洗浄，用金箔裹偏朱砂，研好墨塗裹者朱砂，重重塗半分厚，直須細意塗了，微火上焙乾。取上好金五兩，打破合子，可受物十五兩以來，並不得有損及薄了。又以好墨爲細末，雞清調塗合子內半米厚。又以曾青、雄黃、代赭石、膽礬四味，各一分，左味研爲泥，又塗合子內。然後取黃芽都研如粉，實築合子內，令滿，可作一竅，將朱砂裹坐於內，如母懷胎，安然不動，候月滿而生，不得參差。更都用黃芽一時覆蓋了，又以合蓋蓋了，即用麻皮緊纏，勿令動轉。先且向熱灰中坐，出其陰氣，取青鹽一斤，硝四兩，都入甘鍋中，消之成汁了，令冷，杵成麵。又用上好銀一十兩，打一大合子，可受藥三十兩以來。先入鹽硝末一半，銀合子內築實，次坐金合子在中心，又以一半硝鹽蓋之，合滿亦築令實。亦用麻皮纏之，以六一泥團團固了，厚一寸，微火炙乾透。掘地坑作爐，內安灰爲池了，方下合子，又以灰壅合頂上。先下二兩火，養七日後。方下四兩火，不得着死灰。至六十日下六兩火止，養至八十一日藥成也。勿令雜人見之，恐觸忤。次出鼎合了，坐淺爐中，下五斤火煅之通赤，即住。先焚香啓告，後方開合子，藥不損胎色，光香明浄，不可思議。如不曾經小火一般，此名糝製丹。即取朱砂一顆，入鐵鍋子內，下火燒之，當時如油停之，更鮮不可名狀。即取水銀坐於甘鍋內，以丹砂爲末糝之，其汞立乾成銀。若小竹筩內盛糝此朱砂末，坐煻灰中，煨之良久，亦乾成銀，微有黄色，未堪便爲服藥。却取伏火朱砂，去其黑了，一時坯之，其藥不折也。

又　卷四《張子厚草見寶丹術》　第二煅法并養火候

松蘿、地榆、白花菜、陰地蕨，右四味各二兩，爲末。用生蜜拌和，如濕香相似，三停中將一停鋪底，安砂於其上，如蓮子様，安頓不令相着，用藥蓋隔之。再如此安砂一重，用藥一重，至於砂藥，蓋盡爲度。蓋頭按實，以醋調赤石脂，固濟口縫。又用六一泥，徧身固濟一指厚。直待陰乾，勿令有縫，有即用泥合，用醋調草灰蓋三指厚，按實。先下炭五斤，從頂發火，煅過一半，再添炭五斤。又過一半，又添五斤。直候過至半已來，將一淨盆覆之，經宿取出辰砂，别入一淨砂合子，用赤石脂泥縫口，安於一小小瓦甕内，仍用一鐵具三脚子閣起，用紙錢灰埋之，合子上約灰及四指厚，於子午二時，添熟火四兩。如此養二七日，方大火煅赤，不走真伏火矣。如欲服食，研爲細末，以半夏糊爲丸，如桐子，空心温水下。如欲點化及作匱，須一次煮三次，换藥煅，依前法添火。每點化，用楮汁爲丸，每兩十丸，每丸點銅一兩成寶。如匱，將三錢銀，七錢汞，碾爲砂子，分作十丸，將火煅了者砂八兩爲麤末，將一半鋪底蓋頭，如法安頓，三七母砂子及火候之類，並依初養砂子法。第一次養二十一日，一次減一日，至於火力壯盛，只養一伏時，便成至寶，此乃長生匱。

佚名《庚道集》卷一　寒林玉樹湧泉匱法

先製靈砂

上等硫二兩，汞八兩。一處研令交姤，入磁水火鼎煉，鹽泥固鼎口，以鐵線扎定，鼎上着水炭，火簇鼎打靈砂，頂水五盞乾，内中不作聲爲度。退火，取出靈砂，劈作骰子様塊。用川椒、白附子、川烏、天南星，四味等分爲細末，約度可煮上件靈砂塊子，以生絹袋盛砂，線扎定，取陳米醋大砂鉢内，將靈砂袋子用竹筯架在砂鉢上，令袋懸胎，不着鉢底，醋煮乾取起。用軟帛搵靈砂，令微乾，用鐵鹽粉貼身，匱之。先備一信州砂合子，不漏滲者。取第一等好銀屑作末，或爲珠兒，先着一層銀珠兒，却入靈砂塊子，如蓮房子安排，栽在銀珠兒上。又用銀珠兒蓋靈砂塊一層，更有未盡靈砂塊子，又間空栽一層，上又用銀珠兒蓋。上下鋪蓋畢，却以崑崙紙一圓片子蓋之，着少食鹽於崑崙紙上。崑崙紙，迺是以好墨染者。合子用鹽水調白善土，固濟合口，以鐵線扎定，留鐵線轉合頂之，作環可提，外用鹽泥通固合子，厚一分許，時時研令緊，勿令裂，陰乾了。先備一砂糖缸子，約可入得砂合子者。先覓廟中紙錢灰，火通紅煉過了，入缸内令滿九分，先入紙灰一半，以上却將合子入在中間，上以紙灰蓋了。先將上等好白炭，作三寸段子，秤見兩數了，熟火煉令紅火了，入缸内，離合頂三二寸許，養五日。第一日，火四兩省。二日，火五兩。三日，火六兩。四日，火七兩。五日，八兩。五日足，取出靈砂，又養。火候每日只是早上下火，直至來日早下火。所以應太陽躔度，法自然抽添之妙。世人不知，以早晚下火，皆失造化，逆天地生育之本，失陰陽造化之原，是以致敗。其法但是銀珠四兩，養靈砂一兩，如此積累得多了，去母匱，只用已養靈砂研末匱，仍四兩養一兩。係未養之砂，五日待多了，即以此靈砂末四兩，澆汞一兩，當中蓋之。火候固濟，皆如前法，養之日足，自生芽，逐旋摘之。此炭須用嚴州建德縣，地名盧慈表好白炭，如鹿脚打不斷者，爲佳。他處皆不中用也。

又　卷二　月桂長春丹

黄芽大丹養火方法

丹頭四兩，杵碎。真汞一兩，砂内抽出。金銀屑各少許。

右先以六一泥固濟，水火鼎丹爐子一箇，焙乾。次用井花水浴過丹頭，入爐内。次將真汞一兩，同金銀屑和衮，澆入丹頭爐内。次以水鼎安爐上，先用紙條糊縫。次用六一泥通身固濟，焙乾，緊密令無縫。擇一室中，如法泥飾爐竈，用淨紙灰，先安爐内，以火暖過，方將鐵三脚架子頓放，後將丹爐坐三脚架子上，令平穩。别燒焰炭火秤四兩，排在丹爐四面，令火與藥齊，遠近高低得所。少候火氣通暖，復用灰覆之。次用温水放水鼎内，常切點檢，勿令乾涸。每日卯酉二時，如前進火添水，不可失時。養火至半月，開爐再添汞，再固濟，養火。如此養火添汞第四番，計丹頭并汞共有八兩，可添汞二兩，古法謂之四加一也。或者以七日一番開爐，恐吞汞未盡，則母氣弱，反難成就耳。若是養成十兩以上，或一月一開爐，或七七四十九日，亦不拘此。養成丹頭一斤以上，且不添汞，仍前養火三箇月，候丹頭結實，如黄金色，方開爐取出，碎研，揀擇十分堅實無游汞者，看得幾兩，用作後段服食。其餘仍前法，澆汞養火，謂之丹母。母子相生相養，則其用無窮矣。

右抽汞法。

硃砂八兩或五七兩，亦不拘定其分兩，炭末五兩，蜜一兩。

右先固濟一丹爐子，或甆罐子一箇，焙乾。次以硃砂同炭末，調蜜水和衮，

入爐，築令實了，爐口內用泥餅子封定，焙乾。鑽五七箇竅子。次掘一地坑，先
將大鉼一箇，盛水八分滿，埋在地坑內。次將砂爐倒卓在水瓶上，令大小銜合，
仍用六一泥固濟縫，十分牢密。次用䴡泥泥飾地面，以隔水火相激之患。用二
十斤炭火，從頂上燒煅。次添十斤，或二十斤，從早至晚，斟酌火候，勿令過與不
及。候次日爐冷，開取其砂，化爲真汞，在水瓶內，淘出焙乾。若砂好，每一兩砂
得汞七八錢上下。或砂不好，止得一半。其砂石之數，盡在炭末瓶內，可淘出驗
之，皆無用炭。蓋所抽之汞，皆砂之精華。大凡用火只在斟酌火候，勿令過與不
及，則無得失之慮。口傳心授，當自得之。

養火法

以大口小瓦甕一箇，將燒紙灰，紙灰五七日要結，不若前草灰，或茅草灰，
盛甕子內。以一箇鐵三脚架，不須太高，放灰甕子內，用坐丹鼎，令穩，注水於
上鼎內，不須大滿，燒紅炭火，長塊約四五寸，秤定斤兩，若將來藥成，添作四
塊，自卯時下火，酉時出舊火，卯時南北下，酉時東西下。欲下炭火，將瓦片子
蓋水鼎了，用火筋攪灰，令火氣均，方下炭，復取了瓦片。欲添水時，須是常用
湯瓶燒温水，令與水鼎之水一般，方可注添，其水鼎不可少涸。每七日開鼎添
汞，若將來盛藥，不拘七日，或半月一月，皆可。若丹頭吞汞，决游汞少，則是藥
靈矣。消得藥用，則開取之，別有後段制法。若吞汞遲游汞多，瓊林玉樹少，別
有製法。

又 太上資聖玄經內四神匱王君錫

火候四十九日

一日至七日，用熟火。一兩五錢，早晚二時進火，不可缺，缺則不好。二七日，用
熟火。二兩，早晚二時進火。如火衰，增熟火半兩。三七日，用熟火。二兩五錢重，早晚
二時進火，衰則增熟火半兩。四七日，用熟火。二兩七錢半，早晚二時進火，衰則添火半兩。
五七日至六七，至七七日，用熟火。三兩，早晚二時進火，不可缺，火衰增熟火一兩。火候
足了，取看藥，若是黑色，將火燒看。如有黄色，即住。如未，如此再養十四日，即
成。每一兩重作十包。

佚名《居家必用事類全集》戊集 燈火備用

萬里燭

皂角花，黄花地丁，松花，槐花。

右蜜一斤，入前藥各二錢，煎數沸漉出，入白芨二錢，候赤暈時退火，已凝
結矣。

造獸炭

炭十斤，鐵屎十斤，合搗成末。生芙蓉葉二斤，再搗入糯米膠和，捏作獸物
形狀，曬乾。要用，却以燃炭燒全赤，三日不滅。如不用，以灰擁之。

宿火炭

好胡桃一箇，燒半燃，熱灰擁三五日不燼。

又 麴酒類

南番燒酒法番名阿里乞。

右件不拘酸甜淡薄，一切味不正之酒，裝八分一甏，上斜放一空甏，二口相
對。先於空甏邊穴一竅，安以竹管作嘴，下再安一空甏。其口盛住上竹嘴子，
向二甏口邊，以白磁椀楪片，遮掩令密，或瓦片亦可。以紙筋搗石灰厚封四指，
入新大缸內坐定，以紙灰實滿。灰內埋燒熟硬木炭火二三斤許，下於甏邊。令
甏內酒沸，其汗騰上空甏中，就空甏中竹管內却溜下所盛空甏內，其色甚白，與
清水無異。酸者味辛，甜淡者味甘，可得三分之一好酒。此法臘煮等酒皆
可燒。

又 庚集 薰香

煉炭法

凡合香，用炭不拘黑白，須重燒煉過通紅，於瓷器內藏令冷。一去炭中餘薪
之煙，二去炭中雜穢之氣。

香煤

茄子稭燒爲灰，每燒香以一錢大燃紅，次燒香灰，燒存性。

香餅子

堅硬羊脛木炭三斤，杵爲末。黄丹、定粉、針砂、牙硝各半兩，入炭末中拌
匀。爛煑棗一升去皮核，杵炭末作餅子。或棗肉少，以煑棗汁和之。餅子大小
隨意造，一枚可燒一日。

陳旉《農書》卷下 收蠶種之法篇第二

凡收蠶種之法，以竹架疎疎垂之，易見風日。又擘緜羃之，勿使飛蝶、綿蟲
食之。待臘日或臘月大雪，即鋪蠶種于雪中，令雪壓一日，乃復攤之架，羃之如
初。至春，候其欲生未生之間，細研朱砂調温水浴之。水不可冷，亦不可熱，但
如人體斯可矣，以辟其不祥也。次治明密之室，不可漏風，以糠火温之，如春三

月。然後置種其中，以無灰白苗藉之，斯出齊矣。

陳椿《熬波圖》卷下

樵斫柴薪

辦鹽柴爲本，向者額輕蕩多，今則額重蕩少，爲因鹽額愈增而蕩如舊故也。春首柴苗方出，漸次長茂，雇人看守，不得人牛踐踏，謂之看青。及過五月小暑梅雨後，方可樵斫。間有缺柴之家，未待四月，柴方長尺許已斫之矣。雇募人夫入蕩砍斫，人夫手將鐵鏆，鏆，音横，《廣韻》鎌也。脚着木履，爲蕩内柴根刺足，難於行立也。上則月分滷鹹，每鹽一引，用柴百束。下則時月滷淡，用柴倍其數。至如四五月乏柴，則買大小麥稈柴，接濟煎燒。浙西爲有官蕩，每引工本比浙東減五兩。

樵斫柴薪

束縛柴薪

黄茆白葦地，一望百餘里。長鏆瑩如雪，動手即披靡。縱横卧荒野，海風吹不起。雖有菅與蒯，亦毋棄憔悴。

束縛柴薪

雇募夫丁砍斫柴薪，用草叉翻晒三兩日，候乾。用木柧柧與觚同，《説文》徐鍇曰：三稜爲柧。兒聚方，用茅撚束縛成箇。每箇六尺圍圓，逐箇搬擔，堆沓在蕩。別雇人夫牛車搬運，遇雨則柴腐爛，不敖火力。用茅撚以軟細茅柴攪爲單股繩索，長七尺餘。

鑄造鐵柈

鎔鑄柈，各隨所鑄大小用工鑄造，以舊破鍋鑊鐵爲上。先築爐，用瓶砂白礁炭屑小麥穗和泥，實築爲爐。其鐵柈沉重，難秤斤兩，只以秤鐵入爐爲則。每鐵一斤，用炭一斤，總計其數。候鐵鎔盡爲度。用柳木棒鑽爐臍爲一小竅，煉熟泥爲溜，放汁入柈模内，逐一塊依所欲模樣瀉鑄。如要汁止，用小麥穗和泥一塊，於杖頭上抹塞之即止。柈一面亦用生鐵一二萬斤合用鑄冶，工食所費不多。

鑄造鐵柈

脱脱等《宋史》卷四七《本紀第四十七·瀛國公二王附》 以舟載茅，沃以膏脂，乘風縱火焚之。艦皆塗泥，縛長木以拒火舟，火不能爇。

又 卷一〇三《禮志第五十六·禮六》 《周禮·大宗伯》：以槱燎祀司中、司命、風師、雨師。所謂周人尚臭，升陽以報陽也。今天神之祀皆燔牲。首風師、雨師，請用栢柴升烟，以爲歆神之始。

又 卷一八二《食貨志第一百三十五·食貨下四鹽中》 蓋以斥鹵彌望可以供煎烹，蘆葦阜繁可以備燔燎，故環海之湄，有亭户，有鍋户，有正鹽，有浮鹽。正鹽出於亭户，歸之公上者也。

朱橚《普濟方》卷二六五《服餌門·丹藥·方》 丹砂二十八兩，甘草、遠志去心，檳榔、訶梨勒皮各一兩，桂去粗皮，搗碎八兩。

右甘草等四味剉末，以水二斗盛釜中，以細布囊盛丹砂垂于釜中，着水和藥，炭火煮之。第一日兼夜用陰火，水紋動。第二日兼夜用陽火，魚眼沸。第三日兼夜用木火，動花沫沸。第四日兼夜用大火，汨汨沸。第五日兼夜用土火，微沸。第六日兼夜用金火，乍緩乍急。第七日兼夜用水火，緩緩調沸。先其泥二釜，一釜常煖水，用添。煮藥釜水涸，即添暖水，常令不減二斗。七日滿，取出丹砂，于銀盆中盛。其盒中先布桂肉一兩拍碎，即令布丹砂。又以餘桂一兩覆之即不合。置甑中先布糯米厚三寸，乃置盒。又以糯米覆焙上，亦令米厚三寸許，桑薪火蒸之。每五日換米桂，其甑蔽可換竹子爲之，不爾蒸多甑墮下釜中也。甑下側開一小孔，常暖水用一小竹子注添釜中，勿令水減。第一五日用春火，如常炊飯，兼夜。第二五日兼夜用夏火，猛于炊飯。第三五日用秋火，以炊餅乍緩乍急，兼夜。第四五日用冬火兼夜，火暖如炊餅。依五行相生用文武助之。藥成，即出丹砂，以玉椎用力缽中研之，當膩如麪即可服。加以楮實煎丸如梧桐子大，每日食前服一丸。每日三食，計服三丸。

曹昭撰　王佐增《新增格古要論》卷七《異石論》　不灰木石後增。

不灰木石出山西澤潞二州山中，青白色，堅重，似石，或以紙裹蘸石腦油浸之，點燈可照夜，燒不成灰，世多作小刀靶。

佐同寅膠中欒瑄任大同知府，曾以數刀靶見贈，正此也。或又有送二三刀靶，正如石，亦青白色，失記送者姓名，竟不知出於何處。石腦油出陝西延安府。陝西客人云：此油出石岩下，水中作氣息，以草拖引煎過，土人多用以點燈。云浸不灰木，浸一年，點一年。理成然也，姑俟試之。

黄衷《海語》卷中《物産》　猛火油

猛火油，樹津也，一名泥油，出佛打泥國。大類樟腦，第能腐人肌肉。燃置水中，光焰愈熾。蠻夷以制火器，其烽甚烈，帆檣樓櫓連延不止，雖魚鼈遇者無不燋爍也。一云出高麗之東，盛夏日初出時，烘日極熱則液出，他物遇之即爲火。此未必然，恐出樹津者是也。

陸深《儼山外集》卷四《河汾燕閒録下》　石炭即煤也，東北人謂之楂，上聲。南人謂之煤，山西人謂之石炭。平定所産尤勝，堅黑而光，極有火力。史稱女媧氏煉五色石以補天，今其遺竈在定平之東浮山。予謂此即後世燒煤之始，所謂天柱折，地維闕者，乃荒唐之説，不足深辯。天一氣爾，豈有損壞可補？謂之補天，猶曰代明云。予别自有記。

楊慎《升菴集》卷七八《石漆》　延州高奴縣有石脂水，水膩浮水面如漆，採以膏車及炷燈，謂之石漆。宋時用以燒煙造墨，謂之「延州石液」，刻於墨上。與近日蜀中火井汲出硫黄油皆異産也。

李時珍《本草綱目》卷六《火部·火之一》

炭火

集解　時珍曰：燒木爲炭。木久則腐，而炭入土不腐者，木有生性，炭無生性也。葬家用炭，能使蟲蟻不入，竹木之根自回，亦緣其無生性耳。古者冬至、夏至前二日，垂土炭于衡兩端，輕重令匀，陰氣至則土重，陽氣至則炭重也。

主治　櫟炭火，宜鍛煉一切金石藥。桴炭火，宜烹煎焙炙百藥丸散。時珍。

白炭：〔主治〕誤吞金銀銅鐵在腹，燒紅，急爲末，煎湯呷之；甚者，刮末三錢，井水調服，未效再服。又解水銀、輕粉毒。帶火炭納水底，能取水銀出也。上立炭帶之，辟邪惡鬼氣。除夜立之户内，亦辟邪惡。時珍。

蘆火竹火綱目。

主治　宜煎一切滋補藥。時珍。

發明　時珍曰：凡服湯藥，雖品物專精，修治如法，而煎藥者鹵莽造次，水火不良，火候失度，則藥亦無功。觀夫茶味之美惡，飯味之甘餲，皆係于水火烹飪之得失，即可推矣。是以煎藥須用小心老成人，以深罐密封，新水活火，先武後文，如法服之，未有不效者。火用陳蘆、枯竹，取其不强，不損藥力也。桑柴火取其能助藥力，桴炭取其力慢，櫟炭取其力緊。温養用糠及馬屎、牛屎者，取其緩而能使藥力匀遍也。

艾火綱目。

主治　灸百病。若灸諸風冷疾，入硫黄末少許，尤良。時珍。

發明　時珍曰：凡灸艾火者，宜用陽燧火珠承日，取太陽真火。其次則鑽槐取火，爲良。若急卒難備，即用真麻油燈，或蠟燭火，以艾莖燒點于炷，滋潤灸瘡，至愈不痛也。其戛金擊石鑽燧入木之火，皆不可用。邵子云：火無體，因物以爲體，金石之火，烈于草木之火，是矣。八木者，松火難瘥，柏火傷神多汗，桑火傷肌肉，柘火傷氣脉，棗火傷内吐血，橘火傷營衛經絡，榆火傷骨失志，竹火傷筋損目也。《南齊書》載武帝時，有沙門從北齊賫赤火來，其火赤于常火而小，云以療疾，貴賤争取之，灸至七炷，多得其驗。吴興楊道慶虚疾二十年，灸之即瘥。咸稱爲聖火，詔禁之不止。不知此火，何物之火也。

神針火綱目。

主治　心腹冷痛，風寒濕痹，附骨陰疽，凡在筋骨隱痛者，針之，火氣直達病所，甚效。時珍。

發明　時珍曰：神針火者，五月五日取東引桃枝，削爲木針，如鷄子大，長五、六寸，干之。用時以綿紙三、五層襯于患處，將針蘸麻油點着，吹滅，乘熱針之。又有雷火神針法，用熟蘄艾末一兩，乳香、没藥、穿山甲、硫黄、雄黄，草烏頭、川烏頭、桃樹皮末各一錢，麝香五分，爲末，拌艾，以厚紙裁成條，鋪藥艾干内，緊卷如指大，長三、四寸，收貯瓶内，埋地中七七日，取出。用時，于燈上點着，吹滅，隔紙十層，乘熱針于患處，熱氣直入病處，其效更速，并忌冷水。

燈火綱目。

發明　時珍曰：凡燈惟胡麻油、蘇子油然者，能明目治病。其諸魚油、諸禽獸油、諸菜子油、棉花子油、桐油、豆油、石腦油諸燈烟，皆能損目，亦不治病也。

又　卷九《石部・金石之三》

石腦油

釋名　石油，《綱目》。石漆，《拾遺》。猛火油，雄黄油，硫黄油。《綱目》。

集解　禹錫曰：石腦油宜以瓷器貯之，不可近金銀器，雖至完密，直爾透過。道家多用，俗方不甚須。宗奭曰：真者難收，多滲蝕器物。入藥最少。燒煉家研生砒入油，再研如膏，入坩鍋内，瓦蓋置火上，俟油泣盡出之，又研又入油，又上火煉之，砒即伏矣。時珍曰：石油所出不一，出陜之肅州、鄜州、延州、延長，廣之南雄，以及緬甸者，自石岩流出，與泉水相雜，汪汪而出，肥如肉汁。土人以草挹入缶中，黑色頗似淳漆，作雄硫氣。土人多以然燈甚明，得水愈熾，不可入食。其烟甚濃，沈存中宦西時，掃其煤作墨，光黑如漆，勝于松烟。張華《博物志》載：延壽縣南山石泉注爲溝，其水有脂，挹取着器中，始黄後黑如凝膏，然之極明，謂之石漆。段成式《酉陽雜俎》載：高奴縣有石脂水，膩浮水上如漆，采以膏車及然燈。康譽之《昨夢録》載：猛火油出高麗東，日烘石熱所出液也，惟真琉璃器可貯之。入水涓滴，烈焰遽發；余力入水，魚鱉皆死。邊人用以禦敵。此數説，皆石腦油也。國朝正德末年，嘉州開鹽井，偶得油水，可以照夜，其光加倍。沃之以水則焰彌甚，撲之以灰則滅。作雄硫氣，土人呼爲雄黄油，亦曰硫黄油。近復開出數井，官司主之。此亦石油，但出于井爾。蓋皆地産雄、硫、石脂諸石，源脉相通，故有此物。王冰謂龍火得濕而焰，遇水而燔，光焰詣天，物窮方止，正是此類，皆陰火也。

石炭綱目。

釋名　煤炭，石墨，鐵炭，烏金石，《綱目》。焦石。時珍曰：石炭即烏金石，上古以書字，謂之石墨，今俗呼爲煤炭，煤墨音相近也。《拾遺記》言焦石如炭，《嶺表録》言康州有焦石穴，即此也。

集解　時珍曰：石炭南北諸山産處亦多，昔人不用，故識之者少。今則人以代薪炊爨，煅煉鐵石，大爲民利。土人皆鑿山爲穴，横入十余丈取之。有大塊如石而光者，有疏散如炭末者，俱作硫黄氣，以酒噴之則解。入藥用堅塊如石者。昔人言夷陵黑土爲劫灰者，即此疏散者也。《孝經援神契》云：王者德至山陵，則出黑丹。《水經》言：石炭可書，然之難盡，烟氣中人。《酉陽雜俎》云：無勞縣出石墨，爨之彌年不消。《夷堅志》云：彰德南郭村井中産石墨。宜陽縣有石墨山。汧陽縣有石墨洞。燕之西山，楚之荆州、興國州，江西之廬山、袁州、豐城、贛州，皆産石炭，可以炊爨。并此石也。又有一種石墨，舐之粘舌，可書字畫眉，名畫眉石者，即黑石脂也。見石脂下。

張謙德《茶經》中篇《論烹》　用炭

茶宜炭火，茶寮中當别貯净炭聽用。其曾經燔炙爲羶膩所及者不用之。唐陸羽《茶經》曰膏薪庖炭，非火也。

彭大翼《山堂肆考》卷一八三《器用・炭》　産炭山間

豐城、萍鄉二縣皆産石炭，於山間掘土，黑色可燃，有火而無焰，作硫黄氣既銷則成白灰。

宋應星《天工開物》卷中《陶埏》

瓦

凡埏泥造瓦，堀地二尺餘，擇取無沙粘土而爲之。百里之内必産合用土色，供人居室之用。凡民居瓦形皆四合分片，先以圓桶爲模骨，外畫四條界。調踐熟泥，叠成高長方條。然後用鐵線弦弓，線上空三分，以尺限定，向泥不平戛一片，似揭紙而起，周包圓桶之上。待其稍乾，脱模而出，自然裂爲四片。凡瓦大小苦無定式，大者縱横八九寸，小者縮十之三。室宇合溝中，則必需其最大者，名曰溝瓦，能承受淫雨不溢漏也。

凡坯既成，乾燥之後則堆積窯中，燃薪舉火。或一晝夜，或二晝夜，視陶中多少爲熄火久暫。澆水轉銹音右。與造磚同法。其垂于簷端者有「滴水」，下于春沿者有「雲瓦」，瓦掩覆春者有「抱同」；鎮春雨頭者有鳥獸諸形象。皆人工逐一做成，載于窯内，受水火而成器則一也。

若皇家宫殿所用，大異于是。其制爲琉璃瓦者，或爲板片，或爲宛筒，以圓竹與斲木爲模，逐片成造。其土必取于太平府，舟運三千里方達京師。參沙之僞，雇役擄舡之擾，害不可極。即承天皇陵，亦取于此，無人議正。造成，先裝入琉璃窯内，每柴五千斤燒瓦百片。取出成色，以無名異、椶櫚毛等煎汁塗染成緑，黛赭石、松香、蒲草等塗染成黄。再入别窯，減殺薪火，逼成琉璃寶色。外省親王殿與仙佛宫觀間亦爲之，但色料各有譬合，採取不必盡同。民居則有禁也。

造瓦

瓦坯脱桶

泥造磚坯

磚

凡磚成坯之後，柴入窯中。所裝百鈞則火力一晝夜，二百鈞則倍時而足。凡燒磚有柴薪窯，有煤炭窯。用薪者出火成青黑色，用煤者出火成白色。凡柴薪窯巔上偏側鑿三孔以出烟。火足止薪之候，泥固塞其孔，然後使水轉銹。凡火候少一兩，則銹色不光。少三兩則名嫩火磚，本色雜現，他日經霜冒雪則立成解散，仍還土質。火候多一兩則磚面有裂紋。多三兩則磚形縮小拆裂，屈曲不伸，擊之如碎鐵然，不適于用。巧用者以之埋藏土内爲墻脚，則亦有磚之用也。凡觀火候，從窰門透視内壁，土受火精，形神摇蕩，若金銀鎔化之極然，陶長辨之。

凡轉銹之法，窯巔作一平田樣，四圍稍弦起，灌水其上。磚瓦百鈞，用水四十石。水神透入土膜之下，與火意相感而成。水火既濟，其質千秋矣。若煤炭窯，視柴窯深欲倍之，其上圓鞠漸小，併不封頂。其内以煤造成尺五徑濶餅，每煤一層，隔磚一層，葦薪墊地發火。若皇居所用磚，其大者廠在臨清，工部分司主之。初名色有副磚、券磚、平身磚、望板磚、斧刃磚、方磚之類，後革去半。運至京師，每漕舫搭四十塊，民舟半之。又細料方磚以甃正殿者，則由蘇州造解。其琉璃甎色料已載《瓦》欵。取薪臺基廠，燒由黑窯云。

磚瓦濟水轉銹窯

煤炭燒磚窯

罌甕

凡罌缶有耳嘴者皆另爲合上，以銹水塗粘。陶器皆有底，無底者則陝以西炊甑用瓦不用木也。凡諸陶器精者，中外皆過銹，粗者或銹其半體。惟沙盆、齒鉢之類，其中不銹，存其粗澁以受研擂之功。沙鍋、沙礶不銹，利于透火性以熟烹也。凡銹質料隨地而生，江浙閩廣用者蕨藍草一味。其草乃居民供竈之薪，長不過三尺，枝葉似杉木，勒而不棘人。其名數十，各地不同。陶家取來燃灰，布袋灌水澄濾，去其粗者，取其絶細。每灰二碗參以紅土泥水一碗，攪令極匀，蘸塗坯上，燒出自成光色。北方未詳用何物。蘇州黄礶銹亦别有料。惟上用龍鳳器則仍用松香與無名異也。

凡瓶窯燒小器，缸窯燒大器。山西浙江各分缸窯、瓶窯，餘省則合一處爲之。凡造敞口缸，旋成兩截，接合處以木椎内外打緊。匝口壜、甕亦兩截，接内不便用椎，預于别窯燒成瓦圈，如金剛圈形，托印其内，外以木椎打緊，土性自合。

凡缸瓶窯不于平地，必于斜阜山岡之上，延長者或二、三十丈，短者亦十餘丈，連接爲數十窯，皆一窯高一級。蓋依傍山勢，所以驅流水濕滋之患，而火氣又循級透上。其數十方成陶者，其中若無重值物，合併衆力、衆資而爲之也。其窯鞠成之後，上鋪覆以絶細土，厚三寸許。窯隔五尺許，則透烟窗，窑門兩邊相向而開。裝物以至小器，裝載頭一低窯；絶大缸甕裝在最末尾高窯。發火先從頭一低窯起，兩人對面交看火色。大抵陶器一百三十斤費薪百斤。火候足時，掩閉其門，然後次發第二火，以次結竟至尾云。

瓶窯連接

瓷器窯

白瓷　附青瓷

凡瓷器經畫過銹之後，裝入匣鉢。裝時手拿微重，後日燒出即成坳口，不復周正。鉢以粗泥造，其中一泥餅托一器，底空處以沙實之。大器一匣裝一個，小器十餘共一匣鉢。鉢佳者裝燒十餘度，劣者一、二次即壞。凡匣鉢裝器入窯，然後舉火。其窯上空十二圓眼，名曰天窗。火以十二時辰爲足。先發門火十個時，火力從下攻上。然後天窗擲柴燒兩時，火力從上透下。器在火中，其軟如棉絮。以鐵叉取一以驗火候之足。辨認真足，然後絶薪止火，共計一杯工力，過手七十二方克成器，其中微細節目尚不能盡也。

又《錘鍛》　治鐵

凡治鐵成器，取已炒熟鐵爲之。先鑄鐵成砧，以爲受錘之地。諺云萬器以鉗爲祖，非無稽之説也。凡出爐熟鐵名曰毛鐵，受鍛之時，十耗其三爲鐵華、鐵落。若已成廢器未鏽爛者，名曰勞鐵。改造他器與本器，再經錘鍛，十止耗去其一也。凡爐中熾鐵用炭，煤炭居十七，木炭居十三。凡山林無煤之處，鍛工先擇堅硬條木燒成火墨，俗名火矢，揚燒不閉穴火。其炎更烈于煤。即用煤炭，亦别有鐵炭一種，取其火性内攻，焰不虚騰者，與炊炭同形而分類也。

《燔石》

石灰

凡石灰經火焚煉爲用。成質之後，入水永劫不壞。億萬舟楫，億萬垣墻，室隙防淫是必由之。百里内外，土中必生可燔石。石以青色爲上，黄白次之。石必掩土内二、三尺，堀取受燔，土面見風者不用。燔灰火料，煤炭居十九，薪炭居什一。先取煤炭、泥，和做成餅。每煤餅一層，叠石一層，鋪薪其底，灼火燔之。最佳者曰礦灰，最惡者曰窯滓灰。火力到後，燒酥石性，置于風中，久自吹化成粉。急用者以水沃之，亦自解散。

燒蠣房法

煤餅燒石成灰

凡灰用以固舟縫，則桐油、魚油調，厚絹、細羅和油杵于下塞艌。用以砌墻石，則篩去石塊，水調粘合。甃墁則仍用油、灰。用以堊墻壁，則澄過，入紙筋塗墁。用以襄墓及貯水池，則灰一分入河沙、黄土二分，用糯米粳，羊桃藤汁和匀，輕築堅固，永不隳壞，名曰三和土。其餘造澱、造紙，功用難以枚述。凡温、台、閩、廣海濱，石不堪灰者，則天生蠣蠔以代之。

煤炭

凡煤炭普天皆生，以供鍛煉金、石之用。南方秃山無草木者，下即有煤，北方勿論。煤有三種，有明煤、碎煤、末煤。明煤大塊如斗許，燕、齊、秦、晉生之。

不用風箱鼓扇，以木炭少許引燃，熯熾達晝夜。其傍夾帶碎屑，則用潔净黄土調水作餅而燒之。碎煤有兩種，多生吴、楚。炎高者曰飯炭，用以炊烹。炎平者曰鐵炭，用以冶鍛。入爐先用水沃濕，必用鼓鞴後紅，以次增添而用。末炭如麪者，名曰自來風。泥水調成餅，入于爐內。既灼之後，與明煤相同，經晝夜不滅。半供炊爨，半供鎔銅、化石、升朱。至于燔石爲灰與礬、硫，則三煤皆可用也。

凡取煤經歷久者，從土面能辨有無之色，然後掘挖。深至五丈許，方始得煤。初見煤端時，毒氣灼人。有將巨竹鑿去中節，尖銳其末，插入炭中，其毒烟從竹中透上。人從其下施钁拾取者。或一井而下，炭縱橫廣有，則隨其左右闊取。其上枝板，以防壓崩耳。

凡煤炭取空而後，以土填實其井。經二、三十年後，其下煤復生長，取之不盡。其底及四周石卵，土人名曰銅炭者，取出燒皂礬與硫黄。詳後款。凡石卵單取硫黄者，其氣薰甚，名曰臭煤。燕京房山、固安，湖廣荆州等處間有之。凡煤炭經焚而後，質隨火神化去，總無灰滓。蓋金與土石之間，造化別現此種云。凡煤炭不生茂草盛木之鄉，以見天心之妙。其炊爨功用所不及者，唯結腐一種而已。結豆腐者，用煤爐則焦苦。

南方穵煤

青礬　紅礬　黄礬　膽礬

凡皂、紅、黄礬，皆出一種而成，變化其質。取煤炭外礦石俗名銅炭。子，每五百斤入爐，爐內用煤炭餅自來風，不用鼓鞴者。千餘斤，周圍包果此石。爐外砌築土墻圈圍，爐顛空一圓孔，如茶碗口大，透炎直上，孔傍以礬滓厚罨。此滓不知起自何世，欲作新爐者，非舊滓罨蓋則不成。然後從底發火，此火度經十日方熄。其孔眼時有金色光直上。取硫，詳後款。

煆經十日後，冷定取出。半酥雜碎者另揀出，名曰時礬，爲煎礬紅用。其中精粹如礦灰形者，取入缸中浸三個時，漉入釜中煎煉。每水十石，煎至一石，火候方足。煎乾之後，上結者皆佳好皂礬，下者爲礬滓。後爐用此蓋。此皂礬，染家必需用，中國煎者亦惟五、六所。原石五百斤，成皂礬二百斤，其大端也。其揀出時礬，俗又名雞屎礬。每斤入黄土四兩，入確熬煉，則成礬紅，圬墁及油漆家用之。

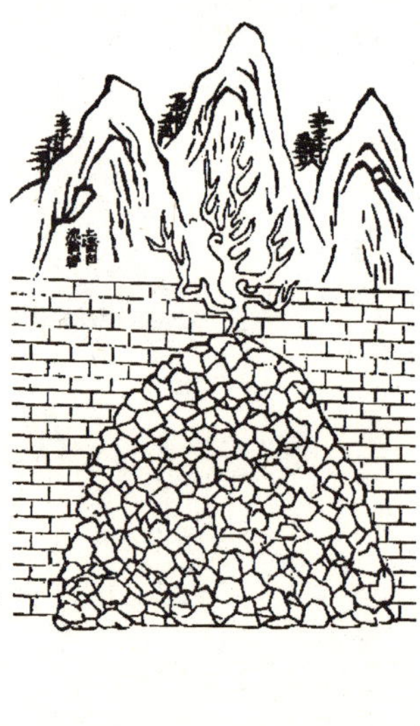
燒皂礬圖

硫黄

凡燒硫黄石，與煤礦石同形。掘取其石，用煤炭餅包果叢架，外築土作爐。炭與石皆載千斤于內，爐上用燒硫舊滓罨蓋，中頂隆起，透一圓孔其中。火力到時，孔內透出黄焰金光。先教陶家燒一鉢盂，其盂當中隆起，邊弦捲成魚袋樣，覆于孔上。石精感受火神，化出黄光飛走，遇盂掩住，不能上飛，則化成汁液靠着盂底，其液流入弦袋之中。其弦又透小眼，流入冷道灰槽小池，則凝結而成硫黄矣。

其炭煤礦石燒取皂礬者，當其黄光上走時，仍

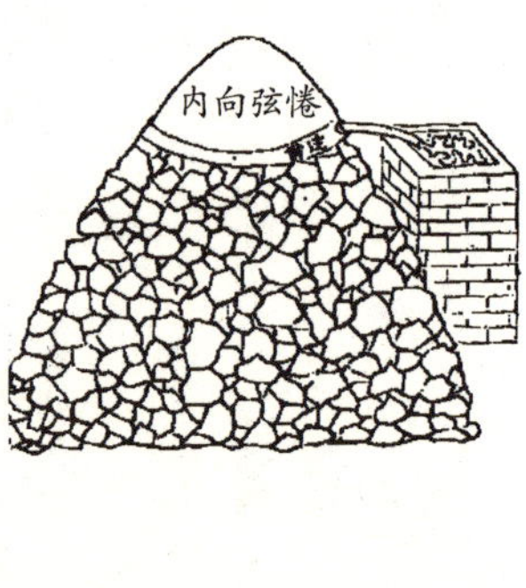

燒取硫黄圖

用此法掩蓋，以取硫黃。得硫一斤，則減去皂礬三十餘斤。其礬精華已結硫黃，則枯滓遂爲棄物。

砒石

凡燒砒霜質料，似土而堅，似石而碎，穴土數尺而取之。江西信郡、河南信陽州皆有砒井，故名信石。近則出產獨盛衡陽，一廠有造至萬鈞者。凡砒石井中，其上常有濁綠水，先絞水盡，然後下鑿。砒有紅、白兩種，各因所出原石色燒成。

凡燒砒，下鞠土窯，納石其上，上砌曲突，以鐵釜倒懸覆突口。其下灼炭舉火，其烟氣從曲突內熏貼釜上。度其已貼一層，厚結寸許，下復息火。待前烟冷定，又舉次火，熏貼如前。一釜之內數層已滿，然後提下，毀釜而取砒。故今砒底有鐵沙，即破釜滓也。凡白砒止此一法。紅砒則分金爐內銀銅惱氣有閃成者。

燒砒圖

凡燒砒時，立者必于上風十餘丈外。下風所近，草木皆死。燒砒之人經兩載即改徙，否則鬚髮盡落。此物生人食過分厘立死。然每歲千萬金錢速售不滯者，以晉地菽、麥必用伴種，且驅田中黃鼠害。寧、紹郡稻田必用蘸秧根，則豐收也。不然，火藥與染銅需用能幾何哉。

膏液第十二　油品

凡油供饌食用者，胡麻、一名脂麻。萊菔子、黃豆、菘菜子一名白菜。爲上，蘇麻、形似紫蘇，粒大于胡麻。芸薹子次之，江南名菜子。樣子其樹高丈餘，子如金罌子，去肉取仁。次之，莧菜子次之，大麻仁粒如胡荽子，剝取其皮，爲緯索用者。爲下。

燃燈則桕仁內水油爲上，芸薹次之，亞麻子陝西所種，俗名壁風脂麻，氣惡不堪食。次之，棉花子次之，胡麻次之，燃燈最易竭。桐油與桕混油爲下。桐油毒氣熏人，桕油連皮膜則凍結不清。造燭則桕皮油爲上，蓖麻子次之，桕混油每斤入白蠟凍結次之，白蠟結凍諸清油又次之，樟樹子油又次之，其光不減，但有避香氣者。冬青子油又次之。韶郡專用，嫌其油少，故列次。北土廣用牛油，則爲下矣。

又　卷下《五金》

附倭鉛

凡倭鉛古書本無之，乃近世所立名色。其質用爐甘石熬煉而成，繁產山西太行山一帶，而荆、衡爲次之。每爐甘石十觔，裝載入一泥罐內，封果泥固，以漸砑乾，勿使見火拆裂。然後逐層用煤炭餅墊盛，其底鋪薪，發火煆紅。罐中爐甘石鎔化成團，冷定毀罐取出，每十耗去其二，即倭鉛也。此物無銅收伏，入火即成烟飛去，以其似鉛而性猛，故名之曰倭云。

升煉倭鉛

鐵

凡鐵場所在有之，其質淺浮土面，不生深穴。繁生平陽岡埠，不生峻嶺高山。質有土錠、碎砂數種。凡土錠鐵，土面浮出黑塊，形似稱錘。遙望宛然如鐵，撚之則碎土。若起冶煎煉，浮者拾之，又乘雨濕之後牛耕起土，拾其數寸土內者。耕墾之後，其塊逐日生長，愈用不窮。西北甘肅、東南泉郡皆錠鐵之藪也。燕京、遵化與山西平陽則皆砂鐵之藪也。凡砂鐵，一拋土膜即現其形，取來淘洗，入爐煎煉，鎔化之後與錠鐵無二也。

凡鐵分生、熟，出爐未炒則生，既炒則熟。生、熟相和，煉成則鋼。凡鐵爐用鹽做造，和泥砌成。其爐多傍山穴爲之，或用巨木匡圍，塑造鹽泥，窮月之力不容造次。鹽泥有罅，盡棄全功。凡鐵一爐載土二千餘斤，或用硬木柴，或用煤炭，或用木炭，南北各從利便。扇爐風箱必用四人、六人帶拽。土化成鐵之後，從爐腰孔流出。爐孔先用泥塞。每旦晝六時，一時出鐵一陀。既出即叉泥塞，鼓風再鎔。

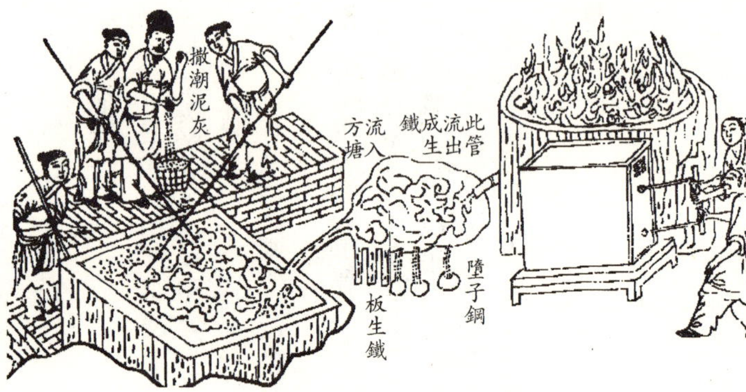

生熟煉鐵爐

凡造生鐵爲冶鑄用者，就此流成長條、圓塊，範內取用。若造熟鐵，則生鐵流出時相連數尺內，低下數寸築一方塘，短墻抵之。其鐵流入塘內，數人執持柳木棍排立墻上，先以污潮泥晒乾，舂篩細羅如麵，一人疾手撒攪，衆人柳棍疾攪，即時炒成熟鐵。其柳棍每炒一次，燒折二、三寸，再用則又更之。炒過稍冷之時，或有就塘內斬劃成方塊者，或有提出揮推打圓後貨者。若瀏陽諸冶，不知出此也。

凡鋼鐵煉法，用熟鐵打成薄片如指頭闊，長寸半許。以鐵片束包尖緊，生鐵安置其上，廣南生鐵名墮子生鋼者，妙甚。又有破草履蓋其上，粘帶泥土者，故不速化。泥塗其底下。洪爐鼓鞴，火力到時生鋼先化，滲淋熟鐵之中，兩情投合。取出加錘，再煉再錘，不一而足。俗名團鋼，亦曰灌鋼者是也。

又 丹青第十六 墨

凡燒松烟，伐松斬成尺寸，鞠篾爲圓屋，如舟中雨篷式，接連十餘丈，內外與接口皆以紙及席糊固完成。隔位數節，小孔出烟，其下掩土、砌磚先爲通烟道路。燃薪數日，歇冷入中掃刮。凡燒松烟，放火通烟，自頭徹尾。靠尾一、二節者爲清烟，取入佳墨爲料。中節者爲混烟，取爲時墨料。若近頭一、二節，只刮取爲烟子，貨賣刷印書文家，仍取研細用之。其餘則供漆工、堊工之塗玄者。凡松烟造墨，入水久浸，以浮沉分精慤。其和膠之後，以搥敲多寡分脆堅。其增入珍料與潄金、銜麝，則松烟、油烟增減聽人。其餘《墨經》《墨譜》，博物者自詳，此不過粗紀質料原因而已。

周鑒《金湯借箸》卷一二《水戰部・水戰之器》 石油

四川有石油者和藥，可入水不滅。若以石油造成藥團，藏火器中，借火器一發之力，而石油之火崩散於船蓬船艙之中，掩敵不備，駭目驚心。縱以水救之，而石油不畏水，愈救愈熾，其焚必矣。若以兵襲之，無不勝矣。

方以智《物理小識》卷七《金石類》 煤炭

石墨一種而異類也。

陸文裕、張孟奇以爲一，然《永樂抽分書》煤與石炭爲二項。陸機與雲書，曹公藏石墨寄一螺，《大業記》宫人以石墨畫眉。沈括帥鄜延，以石腦油燒烟作石墨。煤則各處産之，臭者燒鎔而閉之成石，再鑿而入爐曰礁。可五日不絕火，煎草煮石，殊爲省力。外記孛露有土能然，可作炭用。

又 卷八《器用類》

獸炭

炭與鐵矢等分合擣，入芙蓉葉十之三，再擣和糯糜，範獸形，乾之，鞴紅入爐，信宿不滅。

止爆

燒炭若爆，洒鹽自止。此以炸止炸也。

燒炭忌構

五構柴燒火無焰，成炭之後忽然自燒，故炭窑忌之。榕亦無焰，然其枝曝爲點火繩。八月割茅燒之有聲，汁力也。九月割則枯矣。巴菰瀉松脂，則松柴無焰。中德曰：樱桃燒之，澀鬱不著。櫟炭以畫墨而燒之，則有墨處著，無墨處不著。凡墨不著者，加硝黄。暄曰：燒炭而隱，以沸水沃之。

無烟柴

伏中劈松柴，黄泥水浸皮脱，晒乾，冬燒無烟。竹青亦可。

孫廷銓《顔山雜記》卷四《物産》 石炭

炭，山灰也，義從土。然土得水而泥，此不泥，宜從石然。石引火而不然，此則然，宜從薪木。然木遇金而柔，此不柔。故一物而德具焉者，炭爲多。

凡炭之在山也，辨死活。死者脈近土而上浮，其色蒙，其臭平，其火文以柔，其用宜房闥圍鑪。活者脈夾石而潛行，其色晶，其臭辛，其火武以剛，其用以鍛金冶陶，或謂之煤，或謂之炭。塊者謂之硔，或謂之砟，散無力也。煉而堅之謂之礁，頑于石，重于金鐵，緑焰而辛酷不可爇也。以爲礬，謂之銅礦。故礁出于炭而烈于炭，礦棄于炭而寶于炭也。

金肖孫《火井》熊葵向等《富順縣志》卷一九 邑有鹽井，鹽井有水，火井無水，其中如霧，於井口旁鑿穴，以竹箭去節通火至竈下，每井旁列三竈。如用火煎鹽，井口上原有鐵蓋，將蓋揭開，以把草投之，火即發。如煎好不用火，仍以鐵蓋蓋井口，火即熄矣。又以竹箭通穴，引至人家。以竹箭竪立，皆去節，至上横開一口，以鹽泥塗之，其光從口中吐出，照滿一室。如不用，以鹽泥塞之。其口熱，竹之通身皆冷，不燒也。火井亦人工鑿之，大徑五六寸，與鹽井同。

陳元龍《格致鏡原》卷五〇《日用器物類二》

炭

《語林》：晋羊琇字稚舒，景獻皇后從弟，性豪侈。洛下少林，木炭貴如粟。琇乃搗小炭爲屑，以物和之，作獸形。用以温酒，火爇，猛獸皆開口向人，赫赫然。諸豪皆效之。

【略】

《登真隱訣》：青州安丘盧山有木，燒成炭便永不塵耗焉。

煤

《升菴外集》：石炭，發香煤也。蓋擣石炭爲末而以輕紈篩之，欲其細也。今制，宫中搗炭爲末，以梨棗汁合之爲餅，置於鑪中，以爲香籍，即此物也。但古用石炭，今用木炭不同耳。石炭即石墨也。又張正見詩「名香散綺幕，石墨彫金鑪」是也。

陸廷燦《續茶經》卷上之三《三茶之造》 藏茶於庋閣，其方宜塼底數層，四圍磚研形若火爐，愈大愈善，勿近土牆，頓甕其上。隨時取竈下火灰候冷簇於甕傍，半尺以外仍隨時取火灰簇之，令裏灰常燥，以避風濕。却忌火氣入甕，蓋能黄茶耳。日用所須貯於小磁瓶中者，亦當箬包苧紥，勿令見風。且宜置於案頭，勿近有氣味之物，亦不可用紙包。蓋茶性畏紙，紙成於水中，受水氣多也。紙裏一夕，既隨紙作氣而茶味盡矣。雖再焙之，少頃即潤。鴈宕諸山之茶，首坐此病。紙帖貽遠，安得復佳。

佚名《南窑筆記》

釉爐

其製用桶匣爲爐，腹間匣五六寸許，環砌窑磚以衛。匣磚之内爲納炭藏火之路，大概形如太極。足開八門，即八卦爐也。有中小數種，入彩瓷匣中，泥封。其頂開一火眼，視瓷色之生熟。周圍燃炭炙之，火遍於匣而内瓷漸紅，則彩色變動，斯爲爐熟之候。燒法，必須溜火緩燒，漸次上頂，更無驚裂泛紅之病。爐忌潮氣，冲著色即剥落矣。計燒一日乃成。有滿爐工，燒爐工。近有明爐一種，出自西洋。其製用匣横臥，圍磚炙炭，先燒匣紅，而後用車盤置瓷盤上旋轉，漸次進入匣中，俟瓷色變即出爐。用他匣攫之，俟瓷冷透，揭匣出焉。此法止可用燒脱胎小件，且資人力費事，尤多坼裂之患。

窑

窑形似臥地葫蘆，前大後小，如育嬰兒鼎器也。其製用磚周圍結砌，轉篷如橋洞。其頂有火門、火窗、庫口、對口、引火處、牛角抄、平風起、未牆、火眼、過橋處、鷹嘴、餘堂、靠背以至煙冲。深一丈五尺，腹闊一丈五尺。架屋以蔽風雨。煙冲居屋之外，以騰火焰。凡坯入窑，俱盛以匣。上下四圍俱滿粗瓷衛火，中央十路位次俱滿細瓷。火用文武，經一晝夜，瓷將熟時，凡有火眼處，極力益柴，助火之猛烈十餘刻，名曰上熮。用鐵鍬從火眼出坯片，驗其生熟，然後歇火。緩去門磚，俟冷透開之，便無風裂驚破之患矣。每窑計柴三百餘擔。蓋坯胎精巧，成於各工，物料人力可致，而釉水色澤全資窑火。或風雨陰霾，地氣蒸濕，則釉色黯黄驚裂。種種諸疵，皆窑病也。必使火候、釉水恰好，則完美之器十有七八矣。又有窑變一種，蓋因窑火精華凝結，偶然獨鐘，天然奇色，光怪可愛，是爲窑寶，遂不可得。抑窑有位次，釉有益口，試準得宜，方得全器，則責在滿窑工人。再窑之傾倒、爽毒、踈密失宜，其任乃把樁之匠，故窑以把樁火候位次爲主。次則裝坯工、駝坯工、掇坯工、進火工，俱能妥協，器皿必有可觀者矣。景鎮結窑係魏姓世代耑業，他姓不傳。窑經數火，必須重結。再窑變乃白釉色者次，顔色釉變者爲稀有。

許容　李迪等《甘肅通志》卷二〇《物産・肅州》　石油，一名石漆，出嘉峪關西石空內，色黑如漆，燃之極明，不可食。明《一統志》出肅州南山。

鄂爾泰　靖道謨等《雲南通志》卷三〇《雜紀・異蹟》　木煤，出昆明山中，土人掘地丈得之，狀類梁柱榱棟，或如大樹，皆條理有文，燒之火焰異於他煤。間有於煤中得銅鐵佛像及砧臼諸器者，質皆柔腐易化，不知何代物也。

唐英《陶冶圖編次》喬淮等《浮梁縣志》卷八　十八頁明爐、暗爐。

白胎瓷器於窯內燒成，始施采畫。采畫後，復須燒煉以固顔色。爰有明暗爐之設。小件則用明爐，爐類法瑯所用，口門向外，週圍炭火，器置鐵輪，其下托以鐵叉。將瓷器送入爐中，傍以鐵鈎撥輪令其轉旋，以勻火氣，以畫料光亮爲度。大件則用暗爐，爐高三尺，徑二尺六七寸，週圍夾層以貯炭火，下留風眼。將瓷器貯於爐膛，人執圓板以避火氣。爐頂蓋版黄泥固封，燒一晝夜爲度。凡燒澆黄緑紫等器法亦相同。

張廷玉　鄂爾泰等《日講禮記解義》卷一九《月令》　是月也，草木黄落，乃伐薪爲炭。蟄蟲咸俯在內，皆墐其户。乃趣獄刑，毋留有罪。收禄秩之不當，供養之不宜者。

此言順時以施嚴肅之政也。內謂穴之深處墐塞也。是月也，觀於植物則草木皆黄落，乃伐薪爲炭，以禦寒；觀於動物則蟄蟲咸俯而向下，又塗塞其户穴，是陰殺之氣方盛也。

又　卷二〇《月令》

乃命四監收秩薪柴，以共郊廟及百祀之薪燎。

此言季冬收秩之事也。秩，常也，有常數也。大曰薪，小曰柴。凡一歲中郊廟祭祀所需之物，有不可不預爲備者，乃命四監收取常用之薪柴，以供大而郊廟及廣而百祀之薪燎。案：薪燎謂炊爨及庭燎之用。馬氏曰：收秩薪柴，則藏事至是爲悉矣。

潘榮陛《帝京歲時紀勝》　燻炕

西山煤爲京師之至寶，取之不竭，最爲利便。時當冬月，炕火初然，直令寒谷生春，猶勝紅鑪煖閣。人力極易，所費無多。江南柴灶，閩楚竹爐，所需不啻什百也。

趙學敏《火戲略・用炭論》　炭者，火之魄也。火生於木，木生於水，木死則黑，返其所自生也。其性升揚，善於發光，皆隨其質以爲用。入藥用杉木梢炭居多，外此若竹萌烈而散，竹節烈而猛，竹根堅而旁竄；葫壺藤捷而旁急；箬葉則悄聲，椰瓢則震聲；瓜皮速而烈，茄桿裂而清；角刺透燄，蛇蜕滑光。蚱蜢炭性竄上升，急性粉性蕩外迸。糯穀炭可入鳥鎗。柳杉炭最輕，可入手花。凡砲入麻稭灰則無聲，竹茹則煙緊，若此之類皆可意推。取炭必現燒，煙盡後置淨罎中，蓋口俟性冷，搗極細末，加入藥用。此物最易受溼，須現用現燒。倘炭末有餘，必須紙裹，入石灰罎中安放。若一受潮氣，能令藥性緩速不勻。

又趙學敏《本草綱目拾遺》卷二《火部》

藤火　匏火

藤乃木本，各種山藤性最蔓延，喜束物，故爲火亦如其本性。匏屬皆瓠類，草本也，蔓皆中空，而長養最速，其性行甚捷。今徽人作花炮者，其藥線必用壺盧炭，取其疾速勝於杉柳梢，同一藤也，而草木之性不同如此。

又　荷梗火

荷梗，入秋人多采取，積之使乾爲薪，入鑊煮肉，則精者反浮，肥者反沉。入藥用，其火氣能通肝肺二竅。

宜煎一切轉脬交腸藥，能正倒陰陽之氣。

稻麥穗火

稻穗火烹煮飲食，安人神魂，利五臟六腑。糯稻穗尤峻烈。麥穗火煮飲食，主消渴、咽乾，利小便。

松柴火

煮飯益人，壯筋骨；煎茶不佳。《食纂》。松卵火煎茶美，以能聚茶力，使不解散真味。

櫟柴火

櫟柴煮猪肉，食之不發風；煮雞鵝鴨魚腥等物，易爛且良。

茅柴火

炊煮飲，主明目解毒。《食纂》。

燒酒火

酒本米麯之精華，屬陽。燒酒則又爲酒之精華，乃陽中之陽，燃之色緑。陽極陰生之象，與石硫性同，皆以陽爲體，藏陰於用也。故其光照人面皆作青灰色，照魑魅則不能遁形。以陰爲用者多含毒，今人率以此酒冬月爲大碗用以熯物代炭火，久食則發癰毒，獸受其毒而不覺。然維藏寒者宜之，氣能透達骨髓。

魚膏火

海上人多取魚膏爲油，代菜荳油用。其油割海鰍腹中脂或取其肉並煉爲膏，燃之照夜，然烟重氣腥，多昏目損神。秦始皇墓中以鯢膏爲燈即此，後人多解爲人魚者，誤也。

蛕油火

乃刺蛕脂肉所熬油。山左蛕大者如猫，山人獲取之，熬其脂肉可得油斗許，用以照夜，光明皎澈同白晝，比蠟猶明。此油可入神燈照用。按蛕脂可烊鐵骨，能縮人筋骨，其性峻利可知。入神燈，其氣照毒，能箍毒使小。

允祹等《大清會典》卷九一《内務府·營造司》　炭丁五百二十八人，計地百八十四頃八十畝，應徵銀五百五十四兩，均納白黑炭。每白炭千斤準銀十兩五錢，黑炭千斤準銀三兩三錢有奇。徵草萬八千四百八十束，交會計司同。

屠述濂《雲南騰越州志》卷一一《雜志·雜記》　州東南雷起潛之田，土壤皆黑，土人謂之海糞，如煤而實土，取以代薪。其地掘即墳起，數百年來歲取之不加深，甚奇，其木煤乎？

朱琰《陶說》卷一《說今·陶冶圖說》

其十五曰成坯入窯。

窯制：長圓如覆甕，崇廣並丈許，深倍之。上覆瓦如屋，曰窯棚。煙突立其後，崇二丈餘，在窯棚外。坯成裝匣，付窯户入窯，分行列之。中間稍疎，以通火路。火有前、中、後之分；前火烈，中火緩，後火微。量器之宜稱，配合窯位。器滿發火，磚塗塞窯門。留一方孔，投松片，不得停。候匣鉢作銀紅色，止火。又一晝夜，開窯。

按陶器入窯，初曰溜火，欲習於火而無贏；既曰緊火，欲孰於火而無縮。風火之窯，審候爲難。《通志》云：造坯彩畫，始條理也；入窯火候，終條理也。

其十六曰燒坯，開窯。

入窯至出窯，以三日爲率。第四日晨開窯，器匣尚帶紫紅色，不能近。開窯匠用布十數層製手套，蘸冷水護手。復用溼布包裹頭面肩背，然後入窯取器。器盡，乘熱安頓新坯。因新坯帶潮，就熱窯烘炙，可免火後坼裂、穿漏之患。

按火候得失，開窯而知。故《志》稱：瓷器入窯，必詳視胚胎堪否，然後蓋匣，封固，起火。如繪畫小器，亦細看上下四周，有無疵謬，必體質完美，方可入窯。如是而開窯，可專驗火候矣。火弱則窳，火猛則僨。

藍浦《景德鎮陶録》卷四《陶務方略》　窯内各有把莊頭，亦爲燒夫。燒夫中又分緊火工，溜火工，溝火工。火不緊洪，則不能一氣成熟。火不小溜，則水氣不由漸乾，成熟色不漂亮。火不溝疏，則中後左右不能燒透，而生瓺所不免矣。燒夫有潑水一法，要火路周通，使燒不到處能回燄向彼，全恃潑火手段。凡窯皆有火眼，照來燄潑去，頗爲工巧。

【略】

燒窯户搭燒坯瓷，其滿燒之規，當窯門前一二行皆以粗器障搪怒火，三行後始有細器。其左右火眼處則用填白器擁燎搪燄。正中幾行則滿官古東青等器。尾後三四行又用粗器擁燄。若窯冲，惟排磚靠砌而已。

【略】

本燒户亦有自試火照之法，蓋坯器入窯，火候生熟，究不可定。因取破坯一大片，中穵一圓孔，置窯眼内，用鈎探驗生熟。若坯片孔内皆熟，則窯漸陶成，然後可歇火。

又　卷一〇《陶録餘論》　《通志》曰：造坯彩畫，始條理也。入窯火候，終條理也。即以火候言之，火有前、中、後之分，有緊、溜之候，或對日，或一晝夜。大器或溜七日夜，緊二日夜。火弱則窳瓺，俗呼糟坯。火猛則僨暴。溜者欲習於火而無贏；緊者如燎於原而無縮。若倦睡不應機，神昏莫辨色，火有破壘走燄之失，所燒器必多釾墾、陰罍、黑黃之患矣。則所謂條理者，正須縷析也。

童岳薦編　張廷年校注《調鼎集》卷八《茶酒部》　火

桑柴火：煮物食之，主益人。

又，煮老鴨及肉等，能令極爛。能解一切毒。穢柴不宜作食。

稻穗火：烹煮飯食，安人神魂，(到)[利]五臟六腑。

麥穗火：煮飯食，主消渴，潤喉，利小便。

松柴火：煮飯，壯筋骨。煮茶不宜。

櫟柴火：煮猪肉食之，不動風。煮鷄、鵝、鴨、魚(醒)[腥]等物，爛。

茅柴火：炊者(疑爲煮字)飲食，主明目，解毒。

蘆火：竹火宜煎一切滋補藥。

炭火：宜烹茶，味美而不濁。

糠火：礱糠火煮飲食，支地灶，可架二鍋，南方人多用之。其費較柴火省半。

惜春時糠内入蟲，有傷物命。

焦炭：煤之外，有一種名焦炭，無煤氣而耐燒，以之代炭，頗省費。

鄭復光《費隱與知録》

鑪欲發火　製造有方

問：鑪欲發火，製造如何？曰：木炭腹宜大而上口略收，則火氣聚且正對鍋底，方耐火得力。腹之深與大稱。如大徑四寸，約深二寸可也。鑪色宜近後壁，使扇之風利于上達。腹可無門，色下鑪門宜大，使受外氣而火旺。匠作安風箱，則鑪止一孔甚小，恰足受管。蓋風力甚大，用時則旺；不用則幾熄。惜炭故也。煤鑪則腹愈大，口愈小。腹門以抖灰，須小而下，如口徑二寸，門徑寸五，腹須徑尺，深亦尺餘。方能聚火。色下門可大二寸，多入風也。

炭鑪作法　宜求火尖

問：風鑪之深宜與大稱，以徑大四寸配深二寸，何故？曰：尺寸亦非一定，此據發火之鑪約之耳。夫火之爲物下圓而上尖。火性上炎，尖是火力聚處，故火莫熾于尖。余嘗以指試燈光，横過其中，復過其尖，遲速均而尖之熱較甚，可知矣。然則視鑪腹之大，貯炭而求其尖，以爲之深，不亦可乎。依顯炭亦不宜惟滿，使壓火不旺，且不合其尖矣。

吴其濬《滇南礦廠圖略・滇礦圖略上》　用第八

曰炭，廠之既成，煎爐煅窑，用數動以鉅萬。銅廠每爐每廾一千斤，用炭一千斤外不等。每煅窑，每次爲廾一萬斤，用炭二三千斤不等。銀廠每爐六時用炭六七百斤不等，每罩對時用炭三百斤不等。枯樹之炭火力得半，經水之炭噴熘不周。銀廠下罩必用木炭，煎爐亦可用煤。銅廠煅窑攙用柴枝樹根，煎爐亦用煉炭。

李光庭《鄉言解頤》卷四《物部上・消寒十二事》

煤毬

煤末模成方塊，謂之輭煤，不耐燒煉。買來稍攙黄土和水，以簸箕轉丸，趁秋曬乾備用，京師傭嫗之能事也。石炭名多輭硬兼，(元)[玄]霜爲屑合規難。二分塵土膠投漆，一入洪鑪雪點丹。莫與兒童當蹴踘，最宜鐙火話團圞。京師傭嫗摶沙似，好趁秋陽令轉丸。

選炭

選炭者，非必獸炭、胡桃紋、鵓鴿色之類，但刮去其生煙之皮而已。京師炭種甚多，如柴炭半生，專用引火生爐；柳木炭易然而不禁燒，亦不免於少煙；黑白疙瘩炭雖少耐火，而總不若選炭結實，然亦不免於夾帶。家鄉所用長條炭曰菊花心，白疙瘩炭曰銀炭，祇此二種。謂空言無實之人曰虚呼炭，言其片時熱鬧，起滅自由也。庸中佼佼鐵錚錚，選炭真如選士精。介性隆升終少燄，勁兵鏖戰亦無聲。垂青莫但除皮相，守黑須知澈骨瑩。寄詎山人詳擇取，勞薪强半負虚名。

毛永柏等《青州府志》卷三二《風土考》　鑛鐵出黑山下，鎔石可作鐵。《縣志》：其始鄉之人不知也，康熙二年，孫藝銓召山西人至此，得鎔鐵之法。鑿取石，其精良爲驢石，次爲硬石，擊而碎之，和以煤，盛以筒，置方爐中，周以礁火，初猶未爲鐵也。復碎之，易其筒與爐，加大火，每石得鐵二斗，爲生鐵。復取其惡者置圓爐中，木火攻其下，一人執長鉤和攪成團，出之爲熟鐵，減其生之二焉。石炭出黑山中及附近處，其類不一，最上者爲煅石炭，其次爲小石炭、灰石炭、黄石炭、青爌炸子之類，各適其用。

李世禄《修防瑣志》卷二二《燒窑》

磚窑大略

每窑裝坯二天，柴燒三日夜，窨水二日，務須窨透凉一日，出窑二日，共計十天。

皂河磚窑

窑頭一人，管裝窑看火燒火。燒柴窑，一人管一窑。燒煤炭，一人管兩窑。

【略】

每碯燒磚三千三四百塊，裝碯二天，燒柴火三日夜，燒煤六日夜，窨水二日，涼一日，出窑二日。統計燒窑十日一窑，燒煤者十三日一窑。

煤燒灰窑

石碴一千擔，燒成滚灰五百擔，用木柴三擔，引火後用煤炭或焦炭一百二十擔。

吴鼎立《自流井風物名實説》

井之津液爲油，米湯油色白，緑豆油色青，栀子油色黄，墨漆油色(元)[玄]，白者爲上選。

油有淺深之别，淺者五六十丈，深者百餘丈，或二百六七十丈不等。多者推出皆屬净油。少者油水相攙，油浮水面，取時以竹器掬之。再少者以穀草揉之，油即出焉。氣味燻人如琉磺，不可嚮邇，可以代燭，光明無比。用牛馬糞爲餅，晒乾，以此油浸之，浮水面，火不熄。可以燒灘石，亦可攻輪船。

金福增等《河曲縣志》卷五《風俗類》　民俗

河邑鄉村依山而處，穴土爲窑，亦有砌石成者，詩所謂陶復陶穴是也。窑居者夏不畏暑，冬不畏寒。凡窑屋有火炕，地爐爇炭，爐中火氣穿土炕而過，有烟洞引之，達於户外。爐之妙不扇而風，不呼而吸。竈則前後二爐相通，前爐爨而後爐炊，便於日用。然宜用炭火，若柴火則其勢立燼，不能炊矣。

曾國藩等《江西通志》卷九三　經政略十一

陶政

官窑五十八座，除缸窑三十餘座燒魚缸外，内有青窑，係燒小器。有色窑造顔色，制具而狹，每座止容燒小器三百餘件，用柴八九十損。民間青窑約二十餘座，制長闊大，每座容燒小器千餘件，用柴八九十損，多者不過百損。官民二窑槀柴一之，墳器倍之。民窑燒器，自入窑門始九行，前一行皆粗器障火，三行間有好器，雜火中間前四中五後四皆好器，後三後二皆粗器。視前行官窑燒造者重器一色，前以空匣障火。官窑之器純，民窑之器雜，制繇異也。官窑砌欲固，塗欲密，使火氣全而陶器易熟，不至鬆泄。其爨料多寡，亦視民窑廣狹差等耳。官窑業已不同，官作趨辦塞責，私家竭作保傭，成毁之勢異也。窑座前寬六尺，後如前饒五寸，入身六尺，頂圓。魚缸大様二様者，止燒一口。瓷缸三様者，一窑結砌二臺，則燒二口。溜火七日夜。溜火，小火也，如水滴溜。小小起火，使水氣漸乾漸熟。然後起緊火二日夜，見缸匣既紅而復白色，前後皆明亮，方可止火，封門。又十日，窑冷方開。每窑約用柴百二十損，遇陰雨或加十損。龍缸大窑原係三十二座，近因青窑數少，龍缸空閒，將龍缸大窑改砌青窑十六座，仍存龍缸大窑十六座，以備燒造龍缸之用。青窑比缸窑略小，前寬五尺，後五尺五寸，入身四尺五寸。每座燒盤碟中様器，止燒二百多件，稍大者一百五十六件，大盌二十四件，尺盌三十件，大罈止燒十六七件，小酒盃五六百件。溜火對日，緊火一日夜。其看火色亦如龍缸窑法。火住封門則去頂，故窑易冷首尾。五日可出器。每窑用柴六十損，若係大盌、大罈、拜磚等大器，須量加柴十損。或遇久雨窑溼，又宜加十損。秋陽烈日，六十損裕如矣。匣窑大小不一，所費柴火與青窑相等。每窑除龍缸大匣外，其餘大小匣可燒七八十件，用柴五十五損。各燒成匣，有一用即損者，有再用方壞者，參差不一。惟龍缸匣則匣既大而用柴亦多。每窑燒缸匣六層，大様二様或蓋或圈，皆燒香一炷，旁以小匣培之。三様缸匣小則燒二炷，培亦如之。須用柴六十損，溜火三日夜，緊火一日一夜，住火三日，方可出窑。大都窑乾、坯乾、柴乾，則少拆裂沈暗之患。土細、料細、功夫精細，則無粗糙污滓之虞。又必火候均匀，無太過不及，且釉行光瑩，器自完美。釉土不特宜真，亦宜春淘精熟，此燒造之大端也。

工匠各作。工匠技藝精熟，燒造易成。六作之中，惟風火窑匠最爲勞苦，方其溜火一日之前，固未甚勢；第二日緊火之後，晝夜省視，不可停歇，或倦睡失於添柴，或神昏誤觀火色，則器有苦窳拆裂陰黄之患。蓋造坯，彩畫始條理之事也。入窑，火候終條理之事也。火弱則窳，火猛則僨。今每窑作頭僅四人，燒火一人。人力既少，精神有限，欲其無倦誤也難矣。

何才價等《繁峙縣志》卷一《地理志・物産新纂》　柴皮炭出縣東北石梯山，形類木而溼，椶色無光，枝幹膚理了了可辨，暴乾則紋裂，質頓輕矣。焚之燄弱而多煙。又一種出大營東灘中，色黑作泥層，擠之有水，士人名爲活牛糞，乾亦可然，而皆不甚發火。故縣中所用多五臺崞縣之石炭，貧家及濱山諸村則掘取以代煤。

謝崧岱《南學製墨札記》　取烟第一

松香即松脂。及桐麻等油，皆可取烟，僅就已經試用者而論，桐油爲上，係湖南之土産桐油。松香次之，猪油即猪脂。又次之，燈油或曰京師燈油即蘇子油。又次之，麻油即香油。又次之。聞然漆取烟，其色更在桐油之上。《墨志》已有此説，但未試用，不知確否。然即次如麻油，猶數倍於市墨之佳者。其取烟之法亦各不同。松香烟大，成毬法，用鐵鍋盛之，沙鍋亦可。用綿條數根將油浸透，不論何油。置於松香之上，用火點然，松香自然鎔化，烟往上沖，上蓋瓦缸，盛水大缸極好，銅鐵缸皆可。以盛烟。但不可太緊，緊則火滅。又不可太鬆，鬆則烟走。大約須空三四寸，以火不滅爲度。不必禁其烟之全不走也。火滅再點，至點不然則松香盡矣。然後將缸取下，候冷，用小刷取烟。松香一斤，約可得烟三四錢。至各油取烟之法，猪脂先須煎化成油。即照常點鐙之式，用鐵絲作架，將洋鐵皮或銅皮或鐙盞須將凹正對燄頭。架住，罩於鐙火之上，不可太高，高則烟少，以頂著紅燄爲度。但須及時刮取，約一刻餘刮一度，極遲不可過兩刻。恐其久則烟黄，並恐其多而墜也。燈草須揀肥大者，冬以十二莖爲度，夏亦可用八九莖。人言燈草少則烟細，試之殊不然，亦無遠細近粗之説。各油得煙之數約倍松香，惟桐油則每斤可得烟一兩二三錢。亦有即於讀書燈上取烟者，事雖兩省，惟烟氣逼人，最易傷目，並最污書籍。

劉嶽雲《格物中法》卷四中《土部》　石

近山生石，青白色，作竈燒竟，以水沃之即熱蒸而解，俗名石堊。《名醫别録》。所在近山處皆有之，燒青石爲灰也，又名石鍛。有風化，水化二種。風化者，取鍛了，石置風中自解，此爲有力。水化者，以水沃之，熱蒸而解，其力差劣。蘇頌《本草》。

今人作窯燒之，一層柴或煤炭，一層在下，上累青石，自下發火，層層自焚而散入藥。惟用風化不夾石者良。《本草綱目》。

洪武二十六年，定在京營造局合用石灰，每歲於石灰山置窯燒煉，每窯一座，該正副石灰一萬六千斤，合燒五尺圍蘆柴一百七十八束，計七十五工。《明會典》。

凡石灰經火焚煉爲用，成質之後，入水永刦不壞，億萬舟楫，億萬垣牆，窒隙防淫，是必由之。百里内外，土中必生可燔之石。石以青色爲上，黄白次之。石必掩土内二三尺，掘取受燔。土面見風者不用。燔灰火料，煤炭居十九，薪炭居十一。先取煤炭泥，和做成餅。每煤餅一層，疊石一層，鋪薪其底，灼火燔之。最佳者曰礦灰，最恶者曰窯滓灰。火力到後燒酥石性，置於風中，久自吹化成粉。急用者以水沃之，亦自解散。《天工開物》。

嶽雲謹案：今京師西山燒石灰者，余嘗詢之，純用白石，不用青黄色石。用劈木爲引火，不必用薪炭。上置煤塊，不用煤餅。發火後六日成，再冷四日，取出，以塊大而無未燒之石爲佳，成粉則值賤矣。急用以水沃之，則多未燒之石，其值亦賤。灰露放則自坼碎而無黏性，即西人所謂還收空氣中之炭養而爲石也。故必藏於無風處，《天工開物》所言多未核實。

又　卷四下《土部》　炭

人製之炭

炭，燒木餘也。《説文》。

燎木而爲炭。《淮南子》。

季秋之月，草木黄落，乃伐薪爲炭。《禮記》。

掌炭，掌灰物炭物之徵令，以時入之。《周禮》。

炭，燒木留性，寒月供然火取煖者，不煙不燄，可貴也。《類函引總説》。

櫟炭火宜煅煉一切金石藥。《本草綱目》。

西蜀又有竹炭，燒巨竹爲之，易燃，無煙，耐久，亦奇物。邛州出鐵，烹煉利於竹炭。《老學庵筆記》。

今徽人作花砲者，其藥綫必用壺蘆炭，取其疾速勝於杉柳梢。《本草綱目拾遺》。

烏槍用糯穀炭，取其鎔鐵力速，見風鉛子不凝。《盧鏜日記》。

嶽雲謹案：凡植物料皆可以製炭。

赤犮氏掌除牆屋，以蜃炭攻之，以灰洒毒之，凡隙屋除其貍蟲。《周禮》。

蜃，大蛤也。擣蜃炭以坋之則走。《周禮注》。

始厚葬，用蜃炭。《左傳》。

燒蛤爲炭，以瘗壙。《左傳注》。

嶽雲謹案：此所謂動物炭，内有鈣養燐養等質，非净炭也。

百草霜乃竈額及煙爐中墨煙也，其質輕細，故謂之霜。《本草綱目》。

百草霜，釜底墨，梁上倒挂塵，皆是煙氣結成。《本草綱目》。

嶽雲謹案：此所謂炱亦炭也。中國墨皆炱所作，又漆家用之。

又案：西人化學論炭質最爲未盡，彼意以凡質燒之不變者，皆謂之炭。然物之不同，千派萬殊，即以焚植物而言，燒餘之燼區以别矣，豈可混而同之。蓋生物化學門徑纔開，久之必有新論也。

柞柳速朽者也，而燔之爲炭，則億載而不敗焉。《抱朴子》。

嶽雲謹案：西人謂各物中以炭爲最能經久，而不言其理，考李時珍云：燒木爲炭，木久則腐而炭入土不腐者，木有生性，炭無生性也。爲得其説矣。

謝景魚家有陳無已手簡一編，有十餘帖，皆與酒務官託買浮炭，謂投之水中則浮故也。樂天詩曰：日暮半爐麩炭火。浮炭謂之麩炭。《老學庵筆記》。

洛下有豪家子飲食鮮華，有李使君爲具召之，曾不下箸至飯。李曰：此以炭炊。豪家子勉食一匙，曰：凡以炭炊，先煉炭，謂之煉炭方始無煙氣。此亦非也。《劇談録》。

嶽雲謹案：煉炭者，燒炭訖，又蓋之如枯煤之義。麩炭者，燒木所餘，非由窯煅者也。麩亦作烰。

琇性豪侈，費用無復齊限，而屑炭和作獸形以温酒。《晉書·羊琇傳》。

楊國忠家以炭屑用蜜捏塑成雙鳳，謂之鳳炭。《開天遺事》。

黑太陽出自韋郇公家，用精炭搗治作末，研米煎粥溲和，得所預辦圓鐵範，滿内炭末，運鐵面鎚實，擊五七十下，出範陰乾。範巨細若盞口，厚如兩餅餤。盛寒，爐中熾十數枚，烘然徹夜。晉人獸炭豈此類耶。《清異録》。

嶽雲謹案：此即今人所捏炭團耳。賣炭者所遺碎炭屑，以此法爲之，反得善價。猶煤之製餅也。

白炭治誤吞金銀銅鐵在腹，燒紅急爲末，煎湯呷之。甚者刮末三錢，井水調服。未效再服。又解水銀，輕粉毒。帶火炭納水底，能取水銀出也。《本草綱目》。

嶽雲謹案：西人言誤食毒藥，用炭粉和水飲之，能收其毒，而不害人，亦中國書中所已知。

今市中賣燈草人，皆販自南方。既賣則收買各種獸骨而去，不知所用。或云閩人燒之爲炭，以濾蔗糖則變白色。《桑根筆記》。

腐肉以炭灰醃之，再煮之則臭味悉去。《都事綴紀》。

嶽雲謹案：西人謂以動物炭濾，則色香味俱減是也。木炭亦可用，但力差薄。

已上人製之炭。

地産之炭

鄴縣冰井臺，井深十五丈，藏冰及石墨焉。石墨可書，又燃之難盡，亦謂之石炭。《水經注》。

豫章有石炭二頃，可燃以爨。《續漢書·郡國志》引《豫章記》。

無勞縣山出石墨，爨之彌年不消。《酉陽雜俎》。

豐城萍鄉二縣皆産石炭，於山間掘土，黑色可燃，有火而無燄，作硫黄氣既銷，則成白灰。《山堂肆考》。

石炭不知始何時，熙甯周初到京師，東坡作石炭行一首，言以冶鐵作兵器，甚精，亦不云始於何時也。予觀《前漢地理志》，豫章郡出石，可燃爲薪。隋王劭論火事，其中有石炭二字，則知石炭用於世久矣。然今西北處處有之，其爲利甚博。《曲洧舊聞》。

嶽雲謹案：《隋書·王劭傳》：劭上表請變火，曰：今温酒及炙肉用石炭、柴火、竹火、草火、麻荄火，氣味各不同。

宛平縣西齋堂村産石，黑色而性不堅，磨之如墨。今時宫人多以畫眉，名畫眉石，亦曰黛石。《燕山叢録》。

石炭即烏金石，上古以書字，謂之石墨。今俗呼爲煤炭，煤墨音相近。《拾遺記》言焦石如炭。《嶺表録》言康州有焦石穴，即此也。《本草綱目》。

石炭，南北諸山産處亦多，昔人不用，故識之者少。今則人以代薪炊爨，煅煉鐵石，大爲民利。土人皆鑿山爲穴，横入十餘丈取之，有大塊如石而光者，有疏散如炭末者，俱作硫黄氣，以酒噴之則解。入藥用堅塊如石者。昔人言夷陵黑土爲劫灰，即此疏散者也。《本草綱目》。

嶽雲謹案：石炭自古用之，特未通行。六朝以後乃大行于世，嗣是日益增多矣。作硫黄氣者，煤内多雜硫黄故也，非酒噴所能解，煤中具有種種氣質，不惟硫氣。

凡煤炭普天皆生，以供煅煉金石之用。南方禿山無草木者，下即有煤，北方勿論。煤有三種，有明煤、碎煤、末煤。明煤，大塊如斗許，燕齊秦晉生之不用風箱鼓扇，以木炭少許引燃，熯熾達晝夜。其傍夾帶碎屑，則用潔净黄土調水作餅而燒之。碎煤有兩種，多生吴楚。炤高者曰飯炭，用以炊烹。炤平者曰鐵炭，用以冶煅。入爐先用水沃溼，必用鼓鞴，候紅以次增添而用。末炭如麪者名曰自來風，泥水調成餅，入於爐内既灼之。後與明煤相同，經晝夜不滅，半供炊爨，半供鎔銅、化石、升朱。至于燔石爲灰與礬硫，則三煤皆可用也。凡取煤經歷久者，從土面能辨有無之色，然後掘窖深至五丈許，方始得煤。或一井而下，炭縱橫廣有，則隨其左右闊取。其上支板以防壓崩耳。凡煤炭取空而後，以土填實其井，經二三十年，其下煤復生長，取之不盡。其底及四周石卵，土人名曰銅炭者，取出燒皂礬與硫黄。凡石卵單取硫黄者，其氣薰甚，名曰臭煤。燕京房山、固安，湖廣荆州等處間有之。《天工開物》。

嶽雲謹案：二三十年即再生，或當作二三千年。煤窟空置久而遇地震則地裂，而地面所有悉入其中復成煤，非二三十年所能。燒皂礬硫黄者，言其略耳。尚有多種可取之質。

柴皮炭形類木而溼，椶色，枝幹膚理了了可辨，暴乾則紋裂，質頓輕矣，燄弱而多煙。又一種色黑，作泥層，擠之有水，土人名活牛糞，乾亦可燃，而皆不甚發火。《繁峙縣志》。

木煤出昆明山中，土人掘地數丈得之，狀類梁柱榱棟，或如大樹，皆條理有文，燒之火燄於他煤。間有於煤中得銅鐵佛像及砧臼諸器者，質皆柔腐易化，不知何代物也。《雲南通志》。

滇多地震，地裂，兩旁之木震而倒下，旋即復合如平地。林木人居皆不見，閱千百年化爲煤。掘煤者得木板煤，往往有刀翦器物，或得此木謂之陰沈木。《滇海虞衡志》。

城東南雷起潛之田，土壤皆黑，土人謂之海糞，如煤而實土，取以代薪。其地掘即墳起，數百年來歲取之不加深。其木煤乎。《騰越州志》。

嶽雲謹案：《高僧傳》云：漢武帝穿昆明池底，得黑灰，以問東方朔，朔曰：可問西域胡人。後竺法蘭至，衆人追問之，蘭曰：世界終盡，刼火洞燒，此灰是也。蓋漢武所見即煤，而法蘭以爲是刼火所燒，亦煤爲植物類灰之一證也。

安陽縣龍山出石炭，入穴取之無窮，取深數百丈，必先見水，水盡然後炭可取也。炭有數品，其堅者謂之石，輭者謂之烸。氣愈真者燃之愈難。《日知録》注引崔銑《彰德志》。

嶽雲謹案：煤礦恒因水溢致廢，精于此者因煤在地層，恒爲斜置，故必自煤之極低處先開，漸斜而上，則水性下趨，由低處入于河道，省力而多得煤。若西人則全用機器吸水，不復計其高低也。

人有中煤氣毒者，昏瞀至死，惟飲冷水則解。《本草綱目》。

嶽雲謹案：此氣即西人所謂炭養氣，人不堪吸，以其重于空氣也。

初見煤端時毒氣灼人，有將巨竹鑿去中節，尖鋭其末，插入炭中，其毒煙從竹中透上，人從其下施钁拾取者。《天工開物》。

嶽雲謹案：此即煤氣，即炭養氣也。非竹所能透發，須待其發出後始可施功。

又案：煤有數種，稽考其種，即可知煤所由成。一種泥煤，其質如泥而能燒，火不甚旺而佳於柴火。其生也，或於卑溼之區，茂林之下，由其枝葉歷年堆積，腐爛而成。其淺者尚有枝葉未腐者，漸深則漸成煤。再深則儼與煤同，但存枝葉之迹。最深則爲泥，乃古時之平地矣。其中亦有多數林木，或已伐，或未伐者，爲水衝激埋没於内，因年代尚淺，不能腐爛。如四川所謂陰沈木者，偶然發露，遂爲世用。亦有動物埋没於中，或於大湖之底乾涸時，亦能取出供焚。江蘇太湖，湖南洞庭，皆曾有之。諸書所謂活牛糞、海糞、木煤，是也。一種輭煤，比泥煤差强，焚之有臭，京師謂之臭煤。度其成煤年代，自較泥煤爲久，因山水流入硫黄燐養等種種雜質和合，故有臭氣。此中植物形狀亦多明顯。一種油煤，較輭煤年代更久，其中雜質業已化爲油類，雖因地質變遷，或在地層深處，或不甚深，要其凝結之時必比輭煤更古。一種乾煤，則煤層最深，雖厚薄不定而年代又久。可以測度其初約即油煤，日久油化分而存乾質，與燒煤爲枯煤同理。所以油井出處與煤層不遠。若爲地火煏焚，則不爲油井而爲火井。若終不發洩，則蘊久而成火山，或致地震。但火山、地震又有別理所致，不僅此也。年代再久，則成堅石，煤礦之下恒得堅而微透光之石，中國名爲煤根石，能充黑色水晶，或堅而反光，西人以爲鑽石。此皆就所見而測知之，非意度也。故煤之與炭，其質相近而堅脆懸殊。

已上地産之炭。

石油

延壽縣南有山石出泉水，大如筥篆，注池爲溝。其水有肥如煮肉泊，羕羕永永，如不凝膏，燃之極明，不可食，縣人謂之石漆。《續漢郡國志》引《博物記》。

延安縣北九十里有石油井，出石油，六月收以塗瘡痏。《延安府志》。

石腦油出陝西延安府，此油出石岩下，水中作氣息，以草拖引煎過，土人多用以點燈。云浸不灰木，浸一年，點一年，理或然也。《格古要論》。

高奴縣石脂水，脂膩浮水上如漆，采以膏車及燃燈，極明。《酉陽雜俎》。

鄜延境內有石油，舊説高奴縣出脂水，即此也。生於水際，沙石與泉水相雜，惘惘而出。土人以雉尾裛之，乃采入缶中，頗似淳漆，燃之如麻，但煙甚濃，所霑幄幕皆黑。予疑其煙可用，試掃其煤以爲墨，黑光如漆，松墨不及也。遂大爲之，其識文爲「延州石液」者是也。此物後必大行於世，自予始爲之。蓋石油至多，生于地中無窮。不若松木有時而竭，今齊魯間松林盡矣。漸至太行京西、江南松山大半皆童矣。造煤人蓋未知石煙之利也。《夢溪筆談》。

西北邊城，防城庫皆掘地作大池，縱横丈餘，以蓄猛火油，不閲月，池上皆赤黄。又别爲池而徙焉，不如是則火自屋柱延燒矣。猛火油者，聞出于高麗之東數千里，日初出之時，因盛夏日力烘石極熱，則出液。他物遇之即爲火，惟真琉璃器可貯之。中山府治西有大陂池，郡人呼爲海子。余猶記郡帥就之以按水戰，試猛火油池之别岸爲敵人營壘，用油者以油涓滴自火焰中過，則烈焰遽發，頃刻列營淨盡。油之餘力入水，藻荇俱盡，魚鼈遇之皆死。《昨夢録》

石油泉在玉門縣一百八十里，泉中有苔如肥肉泊，燃之可代燭。此油能於水中發火。《元和郡縣志》。

州東北二十里有油山，高數十仞，旁有小穴出油，人取以爲利。《南雄州志》。

縣北二十餘里有石油山，舊出石油。《黟縣志》。

火井油出嘉定犍爲火井中，井泉皆油，人取之爲燈燭。明正德中方出。《丹鉛總録》。

井之精液爲油，凡四色。米湯油，色白。緑豆油，色青。梔子油，色黄。墨漆油，色黑。青、黄、黑三者氣熏人如硫磺，白者氣較輕，光較明。曬牛馬糞爲乾餅，以此油浸之，浮水不熄，又能療癬癩，價昂，時一斤可值八十錢。《自流井記》。

正德末年，嘉州開鹽井，偶得油水，可以照夜，其光加倍。沃之以水，則焰彌甚。撲之以灰則滅。作雄硫氣，土人呼爲雄黄油，亦曰硫黄油。近復開出數井，官司主之，此亦石油，但出於井耳。蓋皆地産雄硫、石脂諸石，源脈相通，故有此物。《本草綱目》。

石油所出不一，出陝之肅州、鄜州、延州、延長及雲南之緬甸，廣之南雄者，自石岩流出，與泉水相雜，汪汪而出，肥如肉汁。土人以草挹入器中，黑色頗似淳漆，作雄硫氣。土人多以燃燈，甚明，得水愈熾，不可食，其煙甚濃。《本草綱目》。

顯德五年，占城國王貢猛火油八十四瓶，以灑物得水則出火。《五代史》。

嶽雲謹案：猛火油即石油，得水則出火，傳聞之誤耳。

猛火油，樹津也，一名泥油，出佛打泥國，大類樟腦，第能腐人肌肉，燃置水中，光焰愈熾。蠻夷以製火器，其烽甚烈，帆檣樓櫓連延不止，雖魚鼈遇者無不燋爍也。《海語》。

嶽雲謹案：石油自漢時已著於書，其後地志所載益知産處甚多。由是以煙製墨，以油焚營，清者燃燈，濁者膏物。久澄堅結則爲土瀝青。西人蒸煉之，製各種色料藥料，用尤甚廣。不知者因外國亦有此油，以充貢品，遂謂油出外國，陋矣。大約地産石油，相近必有煤礦。煤中積油，爲地火所熺流出耳。

綜述

莊綽《雞肋編》卷中 東坡石炭詩引云，彭城舊無石炭。元豐元年十二月，始遣人訪獲州之西南白土鎮之北，以冶鐵作兵，犀利勝常。云按東漢《地理志》，豫章郡建城注云：《豫章記》曰：縣有葛鄉，有石炭二頃，可然以爨。則前世已見於東南矣。昔汴都數百萬家盡仰石炭，無一家燃薪者。今駐蹕吴越山林之廣，不足以供樵。蘇雖佳花美竹，墳墓之松楸，歲月之間盡成赤地，根枿之微，斫橛皆偏，芽蘖無復可生。思石炭之利而不可得，東坡已呼爲遺寶，況使見於今日乎。或云信州玉山亦有之，人畏穿鑿之擾，故不敢言也。

朱弁《曲洧舊聞》卷四 石炭不知始何時，熙寧間初到京師，東坡作石炭行一首，言以冶鐵作兵器甚精，亦不云始於何時也。子觀前漢《地里志》，豫章郡出石，可燃爲薪。隋王邵論火事，其中有石炭二字，則知石炭用於世久矣。然今西北處處有之，其爲利甚博，而豫章郡不復説也。

衛湜《禮記集説》卷四四

是月也，草木黄落，乃伐薪爲炭。

鄭氏曰：伐木必因殺氣。

嚴陵方氏曰：黄者土之色，百昌皆生於土而反於土，以其將反於土，故黄。黄故落也，落則反於土矣。草木黄落則以霜降，於是月而成物之功終焉故也。終則有始，故落又訓始。伐薪爲炭，則以禦冬寒故也。

馬氏曰：天始物於玄，地終功於黄，然萬物之化終則有始，人徒見其落也，不知其爲生之始也，故落以訓始。

又　卷四六

乃命四監收秩薪柴，以共郊廟及百祀之薪燎。

鄭氏曰：四監，主山林川澤之官也。大者可析謂之薪，小者合束謂之柴。薪施炊爨，柴以給燎。《春秋傳》曰：其父析薪。

孔氏曰：以薪柴出於山林川澤，故四監爲山林川澤之官也。鄭引《春秋傳》，見昭七年《左傳》，證薪是麤大可析之物也。

嚴陵方氏曰：秩薪柴則與秩芻同義，於歲終命收之，所以備來歲之用而已。

馬氏曰：收秩薪柴，則藏事至是爲悉矣。

《講義》曰：周官有燔柴槱燎之祭，於是命四監收以秩次敘之，以共柴爲郊廟及百祀之薪燎也。

張萱《疑耀》卷二《石炭》　今西北所燒之煤，即石炭也。《蘇東坡集》中有《石炭行》，然亦未著其所自始。《前漢地理志》豫章郡出石，可燃爲薪。隋王邵論火事，其中亦有石炭二字，則知石炭即爲煤，而用於世已久矣。

馮復京《六家詩名物疏》卷四《國風周南四・漢廣篇》　薪

《爾雅》：櫬，采薪。采薪即薪。注：指解今樵薪也。無羊箋云：麄曰薪。《史記》樵蘇後爨。注：樵取薪，蘇取草。《月令》云：季冬命四監收秩薪柴。注：大者可析謂之薪，小者合束爲之柴。《周禮》甸師：帥其徒以薪蒸役外、内饔之事。委人：掌斂野之賦，斂薪芻，以式法共祭祀之薪蒸木材。賓客，共其芻薪。喪紀，共其薪蒸木材。軍旅，共其委積薪芻。

徐應秋《玉芝堂談薈》卷二四　石漆

《地理志》：高奴縣洧水上有肥，土人以雉尾裛之採入缶中，頗似淳漆。又志稱縣北有石油井，井出石油。每歲六月取之塗身體，能已瘡疾。《博物志》：酒泉南壽縣南山出泉水，大如莒，注地爲溝，水有肥如肉汁，取着器中，始黄後凝如漆，然之極明，與膏無異。北方謂之石漆。又云：水肥，得水愈熾。《通志》：屏山在延長縣南，如畫屏，翟水遶之，水面作油，可以然燈。楊用修曰：石燭一名水肥，一名石脂，一名石液。今之延安石油也。唐人延州詩：二郎山下雪紛紛，石煙多于洛陽塵。宋人以燒煙造墨。緬甸軍民府，石油出石縫中，可搽毒藥。又石脈出脯東國，細如絲，可縋萬斤，生石裏，破石而後得此脈，縈緒如麻紵，可以爲布。龜兹國西北大山中有如膏者，流以成川數里，入地如醍醐，甚臭，服之齒髮已落者復生，病人服之皆愈。

方以智《物理小識》卷二《地類》　脂流

《北史》：屈茨川在龜兹國西北，大山中水如膏，流出成川行數里，入地狀如餻餬，甚臭，人齒髮落服之再生，癘人服之亦愈。《水經注》：高奴洧水肥可然。《夢溪筆談》曰：鄜延出石油，即高奴縣脂水也，生于水際，沙石與泉水相襍，惘惘而出。土人以雉尾裛之，可採入缶中。張華言延壽縣南山有溝，脂始黄後黑，謂之石漆。方鎮《編年録》謂之地脂，時珍以爲石腦油，一曰硫黄油。今雲南緬甸、廣之南雄，皆有之。高麗有火油，臨卭有井油。《外紀》：寡斯大山孛露有泉如脂膏，人取燃燈，或作油漆用。凡井油火以水澆之愈熾，以地灰撲之則滅。

又方以智《通雅》卷四八《金石》　石炭

石炭，煤也，別有一種。陸文裕、張孟奇皆以石炭即煤，東北人謂之楂，南人謂之煤，山西人謂之石炭，平定所産尤勝，堅黑而光，極有火力。史稱女媧氏煉五色石以補天，今其遺灶在平定東浮山，此即後世燒煤之始。然智按：今山陝別有石炭一種，永樂抽分書分煤與石炭爲二項。東坡曰：陸機《與雲書》言銅雀曹公藏石墨，寄一螺。大業《拾遺記》宫人必蛾緑畫眉，亦石墨之類也。近世無此物，沈存中帥鄜延，以石燭烟作墨，堅重而黑，在松烟之上。曹公所藏豈此物邪？智按：《水經注》言銅雀臺有冰室，室有數井，井藏冰及石墨。石墨可書，又燃之難盡。則酈道元亦謂煤爲石墨矣。散關南九曲坂曰：九阿豪水入洛，其側有石墨山，山石可以書。疏《本艸》：煤炭一名石墨，鐵炭，烏金石，焦石。《援神契》云：王者德至山陵，則出墨丹。《酉陽雜俎》曰：無勞縣出石墨。《夷堅志》言彰德南郡産石墨，宜陽有石墨山，汧陽有石墨洞。燕之西山，楚之荆州，興國州，江西廬山、袁州、豐城、贛州，皆産石炭，可以炊爨，即此。黟縣有石墨嶺，出小石片，研之可作字，但不光耳。醫磨以塗舌疾，或曰石墨，曰石炭，二種互稱，宜坡公之不知矣。李東壁曰：煤炭音相近，上古以書字，則曹公之石墨是此邪。又有可以畫眉，曰畫眉石者，乃黑石脂也。存中所云石烟墨，乃石腦油燒烟作者，絶非此類。煤中銅石可燒青礬。其臭者，青州顔鎮煉爲礁，以煮琉璃。

盧之頤《本草乘雅半偈》卷七《神農食經・茗》 七候火

其火用炭，曾經燔炙，爲膩脂所及，及膏木敗器不用。古人識勞薪之味，信哉。《茶傳》。

火必以堅木炭爲上，然本性未盡，尚有餘烟。烟氣入湯，湯必無用，故先燒令紅，去其烟焰，兼取性力猛熾，水乃易沸。既紅之後方授水器，乃急扇之，愈速愈妙，毋令手停。停過之，湯寧棄而再烹也。《茶疏》。

爐火通紅，茶銚始上，扇起要輕疾，待湯有聲，稍稍疾重，斯則文武火候也。若過乎文，則水性柔，柔則水爲茶降。若過於武，則水性烈，烈則茶爲水制，皆不足於中和，非茶家之要旨。《茶録》。

蘇廙《仙芽傳》載湯十六云：調茶在湯之淑慝，而湯最忌烟。燃柴一枝，濃烟滿室，安有湯耶？又安有茶耶？可謂確論。田子蓺以松實松枝爲雅者，乃一時興到之語，不知大謬茶政。《茗笈》。

顧炎武《日知録》卷三二 石炭

今人爲石炭爲墨，按《水經注》冰井臺，井深十五丈，藏冰及石墨焉。石墨可書，又然之難盡，亦謂之石炭。是知石炭、石墨，一物也，有精麤爾。《史記・外戚世家》竇少君爲其主入山作炭，《後漢書・黨錮傳》夏馥入林慮山中親突煙炭，皆此物也。北人凡入聲字皆轉爲平，故呼墨爲煤，而俗竟作煤字，非也。《玉篇》：煤，炱煤也。《韻會》：煤，炱灰集屋者。《吕氏春秋》：孔子窮於陳蔡之間，七日不嘗粒，晝寢。顔回索米得而爨之幾熟。孔子望見顔回，攫其甑中而食之，選間食熟，謁孔子而進食。孔子起曰：今者夢見先君食潔而後饋。顔回對曰：不可嚮者，煤室入甑中，棄食不祥，回攫而飯之。高誘曰：煤室，煙塵之煤也。《素問》：黑如炲者死。註：炲謂炲煤也。唐張祜詩：古牆丹雘盡，深棟墨煤生。李商隱詩：敵國軍營漂木柹，方吠反。按《説文》當作柿，削木札樸也。《後漢書・方術楊方傳》風吹札柹。前朝神廟鎖煙煤。溫庭筠詩：煙煤朝奠處，風雨夜歸時。是煤乃梁上煙煤之名，非石炭也。崔銑《彰德志》作烸。《志》曰：安陽縣龍山出石炭，入穴取之無窮，取深數百丈，必先見水，水盡然後炭可取也。炭有數品，其堅者謂之石，軟者謂之烸，氣愈臭者然之愈難。盡水可以煎礬，終不若晉絳者云。按《玉篇》《廣韻》竝無烸字。

汪价《中州雜俎》卷二〇《物類十一・飲案》 石炭

昔云豐城平鄉二縣皆産石炭，土人鑿山爲穴，横十餘丈，掘土黑色可燃，有火而無燄，作硫黄氣既銷則成白炭。昔人言夷陵黑土爲劫灰，即石炭之疎散者也。今懷孟間家家用之，黑堅如石，以斧搥碎，拌以黄土同燒，則燃過則竟成土矣，最爲省費，且視煤無毒，一名鐵炭，一名烏金石，一名焦石。東坡作《石炭行》一首，言以冶鐵作兵器甚精，亦不言始於何時。按《前漢地里志》豫章郡出石，可燃爲薪。隋王邵論火事，其中有石炭二字，則知石炭用於世久矣。

褚人穫《堅瓠集》八集卷四

石炭麩炭

北方多石炭，即今所燒之煤是也。熙寧間，東坡初到京師，作《石炭行》，有「豈料山中有遺寶，磊落如盤萬車炭」句，言以冶鐵作兵器甚精，不言始於何時。觀《前漢地理志》豫章郡出石，可燃爲薪。隋王邵論火事中有石炭字，則知爲用已久。南方多用木炭，而蜀又有竹炭，燒巨竹爲之，易燃無煙，且耐久。陳無已托酒務官買浮炭，今人謂之麩炭。白香山詩「日暮半爐麩炭火」，宋人詩「一爐麩炭火初温」，則麩炭二字非俗語也。

詠炭

元郭矮梅詠炭詩云：樵青黎面學崙崑，斫月燒雲樹欲髡。萬竈黑煙灰出刼，一星紅焰火還魂。污身若有仙翁幻，報國今無義士呑。曾似茅齋風雪夜，地爐榾柮暖温温。

明滁陽朱椿謝張公惠炭詩：謾訝生紅好，那知守黑安。寧論炙手熱，應解裂膚寒。性伏猶餘烈，心灰未化丹。何如在山日，曾作美材看。

陳大章《詩傳名物集覽》卷一一 木

翹翹錯薪

朱傳：翹翹，秀起之貌。《爾雅》：櫬，采薪。采薪即薪。注指解令樵薪也。楚人指木中高起者曰翹，其人之出類者亦曰翹。《無羊》箋云：麄曰薪。《史記》：樵蘇後爨。注：樵取薪，蘇取草。《月令》：季秋，草木黄落，乃伐薪爲炭。季冬，命四監收秩薪柴，以供郊廟及百祀之薪燎。注：大者可析謂之薪，小者合束謂之柴。秩謂有常數。《周禮》：甸師帥其徒以薪蒸役外内饔之事。委人掌斂野之賦，斂薪芻，以式法共祭祀之薪蒸木材。賓客，共其芻薪。喪紀，共其薪蒸木材。軍旅，共其委積薪芻。《莊子・養生主》：指窮於爲薪火傳也。史《董仲舒傳》：抱薪救火，愈甚亡益。

又 卷一二 木

以薪以蒸

朱傳：麄曰薪，細曰蒸。《說文》：蒸，折麻中榦也。一曰麻榦可以燒。《增韻》：炬也。《周禮》：甸師帥其徒以薪蒸役外内饔之事。《左傳》：藪之薪蒸，虞衡守之。

薪之槱之

朱傳：槱，積也。孔疏：伐木析之謂之薪。既已薪之，則當積聚。鄭箋：祭皇天上帝及三辰聚積以燎之。疏云：《月令》注皇天爲北辰耀魄寶，上帝爲五帝，三辰即《宗伯》所云日月星辰也。《周禮・大宗伯》以禋祀祀昊天上帝，以實柴祀日月星辰，以槱燎祀司中、司命、風師、雨師。注云：煙之言烟，周人尚臭，烟氣之臭聞者也。槱，積也。《詩》曰：芃芃棫樸，薪之槱之。三祀皆積柴實牲體焉，或有玉帛燔燎而升烟，所以報陽也。《禮記・月令》季冬乃命四監收秩薪柴，以共郊廟及百祀之薪燎。祭法，燔柴於泰壇，祭天也。

李衛等《畿輔通志》卷五七《土産・石屬》 石炭

《戒菴漫筆》：北京諸處多出石炭，俗稱爲水和炭，可和水而燒也。《磁州志》出州西山，入穴取之，深數十丈，先見水，水盡見砂石，砂石盡見炭。有三種，初得者爲山青，次爲大青，末爲下架，或煉爲焦炭，備冶鑄之用。

又 《貨屬》 炭

《昌平州志》：光禄舊額炭四百觔，暖炷，由筆内用。炭俱圓木所燒，長尺許，兩頭磨光，外有麻路，恐爆，用礱糠火煨熟，一筐可三四十斤。

許容 李迪等《甘肅通志》卷六《山川・甘州府》 石脂水

《後漢書・博物記》曰：延壽縣南有山，石出泉水，大如筥篋，注池爲溝。其水有肥如煑肉，羙羙永永，如不凝膏，然之極明，不可食，縣人謂之石漆。《元和志》：在玉門縣東一百八十里，泉中有苔如肥肉，然之極明。周武帝宣政中，突厥圍酒泉，取此脂然火焚其攻具，得水愈明，酒泉賴以獲濟。《明一統志》：石油出肅州南山。《肅鎮志》：嘉峪關西有石漆。今按赤金東南一百五十里有石油泉，土人取以然燈，即石脂水也。

允禄等《禮記義疏》卷二四《月令第六之五》

是月也，草木黄落，乃伐薪爲炭。

正義：鄭氏康成曰：伐木必因殺氣。高氏誘曰：仲夏草木未成，故禁燒炭。至是斧斤入林，乃燒之。方氏慤曰：黄者土之色，百昌皆生於土，反於土。以其將反於土故黄，黄故落也。落則反於土矣。伐薪爲炭，以禦冬寒故也。張氏虙曰：炭以禦寒，人之所資非不急也，然必待草木黄落之後始取之。物既歸根，用亦隨宜。斧斤以時，亦王政之一事也。

又 卷二五《月令第六之六》

乃命四監收秩薪柴，以共郊廟及百祀之薪燎。共音恭。燎，力召反。

正義：鄭氏康成曰：四監主山林川澤之官。大者可析謂之薪，小者合束謂之柴。薪施炊爨，柴以給燎。《春秋傳》曰：其父析薪。今《月令》無及百祀之薪燎。高氏誘曰：薪燎，聚薪與柴，置璧與牲於上而燎之，升其烟氣。

董氏師讓曰：《周官》有燔柴槱燎之祭，故收以待用。張氏虙曰：季夏已命四監收秩芻以養犧牲，至此又命收秩薪柴以供燔燎。方氏慤曰：收之所以備來歲之用也。

劉於義 沈青崖等《陝西通志》卷一〇《山川三・延安府》 石油井

在縣西北八十里永平邨，井出石油，可燃燈。《元一統志》。延川縣井出石油，每歲六月取之塗已瘡疾。《潛確類書》。其地名石油溝。《縣志》。

又 卷四三《物産一・貨屬》

石油

燃之如麻，但煙甚濃，所沾幃幕皆黑。試掃其煤作墨，墨光如漆，松墨不及也。《夢溪筆談》。石油所出不一，出陝之鄜州、延川、延長，自石砦中流出，肥如肉汁。土人以草挹入缶中，黑色頗似淳漆，作雄硫氣。土人多以燃燈，甚明，得水愈熾。其煙甚濃，不可入食。《本草綱目》。出延長、延川二縣，自石中流出，可以燃燈、療瘡。《明一統志》。膚施亦少出。《延安府志》。石油産延川縣，地名石油溝，六月取之可以療瘡。《延川縣志》。

炭

民以佐税贍家，惟柴炭數物。《盩厔縣志》。民以櫟作薪燒炭。《山陽縣志》。耀州同官，惟薪炭作業耳。《耀州志》。

石炭

有三種，有明煤、碎煤、末煤。明煤大塊如斗許，秦晉生之。《天工開物》。石炭，龍門内上峪口皆有。荒山絶壑，穿穴以出，負擔驢騾，絡繹於道，每數十百舸艭，連尾上下，浮於河，由韓而郃，而朝，而同華，自河達渭以及長安盩厔之西，載以易粟，歲以爲常。《衛氏祖地圖》。出同官北山下，可以代薪。《馬志》。石炭多于他處。《安定縣志》。文昌山下有石炭，顯神寨熊耳兩峰相對，西南三十里，鑿山取炭，可以鑄鐵。又田峪川北泉村地方七十里，又大亢峪東三十里，皆產炭。又黃川寇家村北七十里，于崇禎十六年亦產炭，但三處可資炊爨，俱不堪鑄鐵。《商州志》。東南諸山皆產煤。《雒南縣志》。產堙頭鎮，井深三百尺。《澄城縣志》。龍門之炭，陝以西咸需之。《韓城縣志》。炭谷在縣西北三十里，舊出炭，今無。後縣北三十里復出，人利其便，將蔡鄧炭遂革，今又無。惟運白水縣東炭耳。《蒲城縣志》。同官山出煤。《耀州志》。石炭，明嘉靖甲辰始鑿山取之。三水縣正德七年開堙取煤，至今賴之。《邠州志》。開光川出。《葭州志》。黑山出。《府谷縣志》。

王謨《江西考古録》卷七《物產》

然石

《通志》：南昌出石，黃色白而理踈，以水灌之便熱，云即然石。按《水經注》引《異物志》云：建成縣出然石，色黃白而理踈，以水灌之便熱，以鼎著其上，炊足以熱。置之則冷，濯之則熱，如此無窮。元康中，雷孔章入洛賫石以示張公，張公曰：此謂然石。宋永初《山川記》曰：建成縣西有羊山，出然石。《述異記》曰：羊山上有燃石。爲説並同。今羊山在高安縣南，俗名石炭嶺。高安即古建成縣也。惟李石《續博物志》云南昌縣出然石，《通志》蓋承其訛。

石炭

《十道志》：興國上洛山有石墨，可書。《通志》饒州樂平縣有石墨山，即石炭也。《豫章記》曰：建成縣葛鄉出石炭二百頃，可燃爲薪。疑即所謂然石，今謂之煤炭。《夷堅志》云：江西之廬山、袁州豐城、贛州，皆產石炭，可以炊爨，並此石也。

周廣業《過夏雜録》卷六　煤炭

煤炭一名石涅，一名石墨，亦名石炭。《山海經》：女林之山，其陰多石涅。《水經注》：鄴縣三臺，其冰臺有數井，藏冰及石墨焉。石墨可書，又然之難盡，亦謂之石炭。又引《西域記》云：屈茨北二百里有山，夜則火光，晝日但煙，人取此山石炭冶此山鐵，恒充三十六國用。《本草》又有鐵炭、烏金石、焦石等名。李時珍曰：上古以之書字，謂之石墨，今俗呼煤炭。煤墨，音相近也。宋有石炭場，掌受納出賣。案：煤炭色正黑，其明如金，故名烏金石；其潤如脂，故又名黑石脂。《本草》分黑石脂、石炭爲二，非也。都下以此代薪。宋朱弁炕寢詩所云「西山石爲薪，黝色驚射目」者，是也。元至元二十四年置西山煤窑場，有提領大使各員，領馬安山大峪寺石灰煤窑。《明一統志》：順天府土產有煤炭、石炭。其石炭注云：俗呼水和炭。水和者，取煤搥碎，入水及黃土揰之，印成方塊，長三寸許，俗謂之熟煤。實非二物也。煤炭有毒，生者尤烈，熟者差緩，水蘿蔔解之。隋文帝時，王劭疏請變火曰：今溫酒及炙肉用石炭、木炭火、竹火、草火、麻黃火，氣各不同。石炭色黑，屬水性。燎屬火，故其氣兼焦朽，味合苦鹹，識勞薪者自能辨之。

迮朗《繪事瑣言》卷八　炭

畫無一日不用膠，即無一日不用火；無一日不用火，即無一日不用炭也。《説文》曰：炭，燒木餘也。《總説》曰：炭，燒木留性，寒月供然火取暖者，不煙不燄，可貴也。《周禮》林衡掌炭。《月令》季秋伐薪爲炭。炭之爲用，大矣哉！宋陸游《老學庵筆記》曰：北方多石炭，南方多木炭，西蜀又有竹炭，燒巨竹爲之，易然，無煙，耐久，亦奇物。夫人之用炭，半以禦寒。畫家之用炭也，專以化膠，故大則風罏，小則手罏，需炭無多，而擇炭必精。竹炭固不可得，石炭又不可用，惟木炭一種可以常用，在去其爆者而已。《抱朴子》曰：柳乃速朽者也，燔之爲炭則億載不敗。京師多柳木炭。又有乾鞘炭，以樹根作之，皆易然。吳門檀栗炭，性剛，不易然，然亦不易滅。獨淮陰市上之炭，屢然屢滅，且多爆。去而用炭團。炭團者，擣炭爲屑，稍和以土，摶成圓餅，一餅可爇一日，吳人謂之炭基。用以熾罏烘膠，頗爲適用。然炭團惟南方有之，京師市肆中竟無鬻者。是炭雖微物，亦當因乎地之所產，人之所造，木石之取材，燥濕之殊氣，而後擇而用之，庶不至遠譏柴劣，徒羨春紅。水勝火勝，空覘低仰之衡；曲身直身，漫動酸寒之口。

員佩蘭等《太原縣志》卷一八《雜志》　上古燒木作炭。《禮·月令》草木黃落，乃伐薪爲炭。即今木炭。石炭始見於漢代，《前漢地理志》：豫章郡出石，可燃爲薪。徐陵春情詩云「石炭擣輕紈」，此南方有石炭出處也。《宋史》陳堯佐真宗時爲河東路轉運使，以地塞民貧，仰石炭以生，奏除其稅。轉運使駐太原府。又歐陽公爲蔡君謨先人作墓志，君謨謝禮中有石炭一色，此北方有石炭出處也。《六硃遺稿》。

俞浩《西域考古録》卷六《安西州·玉門》　石油河在玉門縣東南百八十里。《漢志》引《博物記》延壽縣南有山石出泉水，大如筥篋，注地爲溝，其水有肥如煑肉洎，羕羕永永，如不凝膏，然之極明，不可食，縣中人謂之石漆。《元和郡縣志》：石脂水在縣東，泉有苗如肥肉，然之極明，水上有黑脂，人以草漉取，用塗鴟夷酒囊及膏車。周武帝宣政中，突厥圍酒泉，取此脂然火焚其攻具，得水愈明，酒泉賴以獲濟。《寰宇記》：石漆，延壽城中有山，出泉注地，其水肥如牛汁，然之如油，極明，但不可食，此方人謂石漆，得水則愈熾也。俞方穀《特徙藥齋隨筆》：沙州玉門縣出一種石漆，如外國猛火油之類，但不常有，今土人得之者亦少。其出處謂之石油河，暑伏之時久不雨則見，味極臭惡，或以其損目，故不貴焉。

紀事

范曄撰　李賢注《後漢書》卷一下《光武帝紀第一下》　横野大將軍王常薨，遣驃騎大將軍杜茂將衆部施刑，屯北邊，施讀曰弛，弛解也。前書音義曰：謂有赦令，去其鉗釱赭衣，謂之弛刑。築亭候，亭候伺候望敵之所。前書曰：秦法十里一亭，亭有長，漢因之不改。修烽燧。前書音義曰：邊方備警急，作高土臺，臺上作桔皋，桔皋頭有兜零，以薪草置其中，常低之。有寇即燃火，舉之以相告，曰烽。又多積薪，寇至即燔之。望其烟曰燧。晝則燔燧，夜乃舉烽。《廣雅》曰：兜零，籠也。

又　卷八一《獨行列傳第七十一・諒輔傳》　輔令敢自祈請，若至日中不雨，乞以身塞無狀。於是積薪柴，聚茭茅，以自環茭，乾草也。搆火其旁，將自焚焉。未及日中時，而天雲晦合，須臾澍雨，一郡沾潤，世以此稱其志誠。

房玄齡等《晉書》卷四二《列傳第十二・王濬》　濬乃作大筏數十，亦方百餘步，縛草爲人，被甲持杖。令善水者以筏先行，筏遇鐵錐，錐輒著筏去。又作火炬，長十餘丈，大數十圍，灌以麻油，在船前。遇鏁然炬燒之，須臾融液斷絶，於是船無所礙。

又　卷九三《列傳第六十三・羊琇》　琇性豪侈，費用無復齊限，而屑炭和作獸形以温酒。洛下豪貴咸競效之。

李延壽《北史》卷三五《列傳第二十三・王慧龍玄孫松年五世孫劭》　在晉時，有人以洛陽火度江者，世世事之，相續不滅，火色變青。昔師曠食飯云：是勞薪所爨。晉平公使視之，果然車輞。今温酒及炙肉，用石炭、木炭火、竹火、草火、麻荄火，氣味各不同。以此推之，新火、舊火，理應有異。伏願遠遵先聖，於五時取五木以變火，用功甚少，救益方大。縱使百姓習久，未能頓同，尚食内厨及東宫諸王食厨不可不依古法。上從之。

李吉甫《元和郡縣志》卷四〇《隴右道下・肅州・玉門縣》　石脂水在縣東南一百八十里，泉有苔如肥肉，燃之極明。水上有黑脂，人以草蒸取，用塗鵖夷、酒囊及膏車。周武帝宣政中，突厥圍酒泉，取此脂，燃火焚其攻具，得水愈明，酒泉賴以獲濟。

樂史《太平寰宇記》卷一七九《四夷八・占城國》　占城國，周朝通焉。顯德五年，其王釋利因得漫遣其臣蒲訶散等來貢方物，中有灑衣薔薇水一十五琉璃瓶。言出自西域，凡鮮華之衣，以此水灑之，則不黵而復郁烈之，香連歲不歇。又進猛火油八十四琉璃缾，是油得水而愈熾，彼國凡水戰則用之。

歐陽修《新五代史》卷七四《四夷附録第三》　占城在西南海上，其地方千里，東至海，西至雲南，南鄰真臘，北抵驩州，其人俗與大食同，其乘象馬，其食稻米、水兕、山羊，鳥獸之奇犀孔雀。自前世未嘗通中國，顯德五年，其國王因德漫遣使者莆訶散來貢猛火油八十四瓶、薔薇水十五瓶，其表以貝多葉書之，以香木爲函。猛火油以灑物，得水則出火。薔薇水云得自西域，以灑衣，雖敝而香不滅。五代，四夷見中國者遠不過于闐、占城，史之所紀，其西北頗詳，而東南尤略。蓋其遠而罕至，且不爲中國利害云。

丘濬《大學衍義補》卷一五〇《治國平天下之要・守邊固圉之略上》　今京城軍民百萬之家，皆以石煤代薪。除大官外，其惜薪司當給薪者不過數千人之烟爨，無京民百分一，獨不可用石煤乎？儻以爲便，乞下辦納挑運州縣，計其買辦，雇覓工價所費幾何，俾其辦價送官，量給與之市，石煤以爨，是亦良便。

李詡《戒菴老人漫筆》卷五　北京諸處多出石炭，俗稱爲水和炭，炭之可和水而燒也。今官吏問罪畢罰炭，即此，或疑爲水火炭者非。

曹學佺《蜀中廣記》卷六六《方物記第八》　火井油井

《通志》云：國朝正德末年，嘉州開鹽井，偶得油水，可以照夜。其光加倍，沃之以水則焰彌甚，撲之以灰則滅。作雄硫氣，土人呼爲雄黄油，亦曰硫黄油。近復開出數井，官司主之，此是石油，但出於井爾。蓋由與産雄硫石脂諸處源脉相通，故有此物。益部談資油井，嘉眉青神井，研洪雅犍爲諸縣有之。居人皆用以燃燈。官長夜行則以竹筒貯而當炬，一筒可行數里。價減常油之半，而光明無異。予以辛亥齎捧過犍，爲得井油少許，令人試之，信然。但其性暴烈，不可嚮邇。傳火之時，稍不及避則焚其手。因爲匡廬僧持去，以廣山中聞見。

胡煦《周易函書别集》卷一五《篝燈約旨・觀物》　遼東有煤炭，一爐可十日不滅。五臺之北有煤如木炭，燒之置於灰池，人可以炙。又有鐵炭、水和炭，皆煤也，而其用稍異。又有一種甚臭，止用以燒取黑礬。

藝文

張華《雜詩》曹學佺《石倉歷代詩選》卷三　晷度隨天運，四時互相承。東壁正昏中，涸陰寒節升。繁霜降當夕，悲風中夜興。朱火青無光，蘭膏坐自凝。重衾無煖氣，挾纊如懷冰。伏枕終遥昔，寤言莫予應。永思慮崇替，慨然獨拊膺。

白居易《白氏長慶集》卷二二《對火翫雪》　平生所心愛，愛火兼憐雪。火是臘天春，雪爲陰夜月。鵝毛紛正墮，獸炭敲初折。盈尺白鹽寒，滿爐紅玉熱。稍宜杯酌動，漸引笙歌發。但識歡來由，不知醉時節。銀盤堆柳絮，羅袖摶瓊屑。共愁明日銷，便作經年别。

蘇軾《東坡全集》卷一〇《石炭并引》　彭城舊無石炭，元豐元年十二月，始遣人訪，獲於州之西南白土鎮之北，以冶鐵作兵，犀利勝常。云：

君不見前年雨雪行人斷，城中居民風裂骭。濕薪半束抱衾裯，日莫敲門無處换。豈料山中有遺寶，磊落如礐萬車炭。流膏迸液無人知，陣陣腥風自吹散。根苗一發浩無際，萬人鼓舞千人看。投泥潑水愈光明，爍玉流金見精悍。南山栗林漸可息，北山頑鑛何勞鍛。爲君鑄作百鍊刀，要斬長鯨爲萬段。

張文潛《燔薪賦》祝穆《古今事文類聚續集》卷一八　歲暮苦寒，烈風不休。先生家貧，衣無重裘。讀書夜闌，爐炭已灰。先生瑟縮，凄然不怡。顧謂童子，與薪皆來。童子曰：是薪也陳之壁間，自春徂冬，風日所熯，埃塵所蒙。固瀋液之乾竭，栲外槁而中空。唯利從燔，無所獻功。與火相得，赫然大烘。堅柄勁節，久而後燃。後羣枯而效技，又熒熒而不烟。於是，先生欣然，環坐皆喜。或裸股出足，或引手張臂。窮谷蕭條，薪炭如土。蓋取之而不竭，顧此樂之甚富。又何必琴材修直，獸形攫搏，漢壁之椒效暖，魏宫之金辟寒。誰知空山寒夜之叟，敢傲温於狐貉之前。今供上方炭，率摶成獸形。

朱弁《炕寢三十韻》程敏政《新安文獻志》卷五一上　風土南北殊，習尚非一躅。出疆雖仗節，入國暫同俗。淹留歲再殘，朔雪滿崖谷。禦冬貂裘敝，一炕且跧伏。西山石爲薪，黝色驚射目。方熾絶可邇，將盡還自續。飛飛湧玄雲，燄燄積紅玉。稍疑雷出地，又似風薄木。誰容鼠棲冰，信是龍銜燭。陽曦助喘息，未害摇空腹。惠氣生袴襦，仍工展拳足。豈惟脱膚鱗，兼復平體粟。負暄那用詑，執熱定思沃。收功在歲寒，較德比時燠。雖餘炙手熖，寧有爛額酷。矧當凝沍晨，炎帝獨回轂。玄冥真退聽，祝融端可録。嗟予亦何者，萬里歌黄鵠。偃仰對窗扉，妍暖謝衾褥。壯懷羞竈媚，晚悟笑突曲。因思墮指人，暴露苦皸瘃。頻年未解甲，蹈此鋒刃毒。遥知革輅中，旰食安豆粥。陪臣將命來，意懇誠亦篤。有奇不能吐，何術上南牧。君心想更切，臣罪何由贖。此身雖自温，此志轉煩促。論武貴止戈，天必從人欲。安得四海春，永作蒼生福。聊擬少陵翁，秋風賦茅屋。

范成大《炭頌》祝穆《古今事文類聚續集》卷一八　予病衰，大冬非附火不暖，既銘被爐，又作炭頌：

燔木不灰，化爲精堅。是衷至陽，維火之傳。雪霾六虚，冰塞九淵。環堵之室，天不能寒。有赫神物，斡流化甄。尺璧寸珠，罔功汗顔。我維德之，莫之名言。既燠既安，與之窮年。

陸游《劍南詩稾》卷六《初到榮州》　亂山缺處城樓呀，雙旗蕭蕭晚吹笳。煙深緑桂臨絶壑，霜落殘瀨鳴寒沙。廢臺已無隱士嘯，遺宅上有高人家。鈴齋下榻約僧話，松陰枕石放吏衙。盃羹最珍慈竹筍，缾水自養山薑花。地爐堆獸熾石炭，瓦鼎號蚓煎秋茶。少年遠遊無百里，一飢能使行天涯。豈惟慣見蓬婆雪，直恐遂泛星河槎。故巢肯作兒女戀，異境會向鄉閭誇。一盃徑醉幘自墜，燈下髮影看鬖髿。

劉嵩《槎翁詩集》卷四《石炭行》　君不見廬陵周原上山兀，草木無根盡童突。何年下掘得石炭，劫灰死凝黑龍骨。十年兵興鑄鍊多，千包萬秤嚴征科。鄉夫如鬼入地道，鞭血哭淚交滂沱。斸深掘遠不知返，土囊砑空忽崩反。十人同入幾人歸，接絙篝燈出牽挽。舟輸擔負入公家，連屋委積如泥沙。霞蒸風吼入爐韛，但見刀戟鋒鏃烈燄閃閃飛銀花。我願天公憫民苦，盡勑石煤化爲土。隨穴湮填永無取，便令四海歌升平。燒山鑄鎛銷甲兵，民絶横死無苛征。

瞿佑《歸田詩話》卷下《詠炭詩》　詠炭詩，楊誠齋有「烏銀玉質金石聲，見火忽作爆竹鳴。不知何喜唧唧吟，不知何怒泄不平。到渠怒定兩耳熱，銅瓶在傍却鐃舌」一篇。曾見貢有初傳誦郭矮梅八句，甚工，詩云：「樵青黎面學崑崙，斫月燒雲樹欲髡。萬竈黑烟灰出刼，一星紅燄火還魂。污身若有仙翁幻，報國今無義士吞。曾似茅齋風雪夜，地鑪榾柮暖温温。」又詠簾詩，止記中間二聯云：「紅影眼花春撲撲，玉鉤心事日懸懸。思歸梁燕心長切，望幸宫娥眼欲穿。」矮梅江西人，惜不記其名字。

于謙《忠肅集》卷一一《詠煤炭》 鑿開混沌得烏金，藏蓄陽和意最深。爝火燃回春浩浩，洪鑪照破夜沉沉。鼎彝元賴生成力，鐵石猶存死後心。但願蒼生俱飽暖，不辭辛苦出山林。

朱之蕃《木炭》張玉書等《佩文齋詠物詩選》卷二二四 墨沼蒼龍蜕骨堅，冰霜難犯地爐邊。送來雪裏寒威重，領取春回煖律先。炙手何勞争倚附，熏心喜見息風煙。烏金聲實真相稱，不朽精神藉火傳。

鄭肯堂《石油歌並序》王崇禮等《延長縣志》卷一〇 丙戌歲，時年十五，窗課塾師令作此歌。彼時風氣未開，即先覺語賢，苦無史册可考，亦不知鑿井蒸溜之法，只舉所見聞者約略言之，孤陋寡聞，良可慨矣。

屏山巍巍在城邊，延水之間有油泉。初出如豆浮水面，繼則點點復涓涓。日光蕩漾更添彩，五光十色真明鮮。土人不諳採取法，鑿石圍草作油田。一束馬蘭憑汲取，誰知製煉與煎熬。城防店房皆適用，燈火光明吐青烟。吁嗟乎如此用途如此利，省錢何計在萬千。世世相傳無人問，棄利于地堪惜憐。石油泉，石油泉，化工造爾豈徒然。安得汲爾三百甕，助我夜讀三萬六千金匱石室之簡編。

陸燿《切問齋集》卷一六《詠石炭》 石心持出山，一旦附炎熱。形狀殊硜硜，氣燄已烈烈。山中之人面黧黑，艱難致汝骨斷絶。餘人盡得藉汝温，不向山中化山雪。

斌良《抱冲齋詩集》卷三六《藏衛奉使集一·石炭》 良冶雜烏銀，齊産晉巖穴。同類感相殘，石炭融生鐵。

李虹若《都市叢載》卷七《時尚門·煤球》 新興煤鋪賣煤球，爐上全無火燄頭。可恨賣煤人作僞，爐灰黄土一齊收。

保温技術分部

論説

毛亨傳　鄭玄箋　陸德明音義　孔穎達疏《毛詩注疏》卷一五《國風·七月》 二之日鑿冰冲冲，三之日納于凌陰。四之日其蚤，獻羔祭韭。傳：冰盛水腹，則命取冰於山林。冲冲，鑿冰之意。凌陰，冰室也。箋云：古者日在北陸而藏冰，西陸朝覿而出之。祭司寒而藏之，獻羔而啓之。其出之也，朝之禄位，賓食喪祭，於是乎用之。《月令》仲春天子乃獻羔，開冰先薦寢廟。《周禮》凌人之職，夏頒冰掌事，秋刷。上章備寒，故此章備暑。后稷先公，禮教備也。九月肅霜，十月滌場。朋酒斯饗，曰殺羔羊。傳：肅，縮也。霜降而收縮萬物。滌場，功畢入也。兩樽曰朋。饗者，鄉人以狗，大夫加以羔羊。箋云：十月，民事男女俱畢，無飢寒之憂。國君閒於政事而饗羣臣。躋彼公堂，稱彼兕觥，萬壽無疆。傳：公堂，學校也。觥，所以誓衆也。疆，竟也。箋云：於饗而正齒位，故因時而誓焉。飲酒既樂，欲大壽無竟，是謂豳頌。音義：鑿，在落反。冲，直弓反，聲也。凌，力證反，又音陵。《説文》作𠫓，音凌。蚤，音早。韭，音九，字或加艸，非。腹，音福。覿，徒歷反。祭司寒，本或作祭寒。朝之，直遥反。刷，所劣反。《爾雅》云：清也。《三蒼》云：埽也。滌，廷歷反，埽也。曰，音越，或人實反，非。縮，所六反。閒，音閑。躋，子奚反，升也。兕，徐履反，本或作光。觥，虢彭反，本亦作觵。疆，居良反，或音注爲境，非。校，户教反。樂，音洛。疏正義曰：毛以爲豳公教民，二之日之時，使人鑿冰冲冲然；三之日之時，納于凌陰之中；四之日其早朝，獻黑羔於神，祭用韭菜而開之，所以禦暑。言先公之教，寒暑有備也。又九月之時，收縮萬物者，是露爲霜也。十月之中，埽其場上粟麥，盡皆畢矣。於是設兩樽之朋酒，斯爲飲酒之饗禮。其牲用犬，若有大夫來至，則相命曰當殺羔羊，尊大夫故，特爲殺羊也。乃升彼公堂，序學之上，舉彼兕觥之爵，以誓告衆人，使無違於禮。於是民慶豳公，使得萬年之壽無有疆竟之時。美先公禮教周備，爲民所慶賀也。鄭以爲朋酒，斯饗民事畢，國君閒暇，設朋輩之尊酒，斯饗勞羣臣，作大飲之禮，曰殺羔羊以爲殽羞。羣臣皆升彼公堂之上，有司乃舉彼兕觥以誓，羣臣使無犯禮者。羣臣於是慶君，使君萬壽無疆。餘同傳。正義曰：《月令》：季冬冰方盛，水澤腹堅，命取而藏之。注云：腹堅，厚也。此月日在北陸，冰堅厚之時。昭四年《左傳》説藏冰之事云：深山窮谷，於是乎取之，是於冰厚之時命取冰也。《左傳》言取冰於山耳，此兼言林者，以山木曰林，故連言之。冲冲，非貌，非聲，故云鑿冰之意。納於凌陰，是藏冰之處，故知爲冰室也。案：《天官·凌人》云：正歲十有二月，令斬冰，三其凌。注云：凌，冰室也。三之者，爲消釋度也。杜子春云：三其凌者，三倍其冰。此言凌陰，始得爲凌室。彼直言凌，此亦得爲凌室者，凌冰一物，既云斬冰而又云三其凌，則是斬冰三倍多於凌室之所容，故知三其凌者謂凌室，不然單言凌者止得爲冰體，不得爲冰室也。凌人十二月斬冰，即以其月納之。此言三之日納于凌陰，四之日即出之。藏之既晚，出之又早者，鄭答孫皓云：豳土晚寒，故可夏正月納冰，夏二月仲春太蔟用事，陽氣出地始温，故禮應開冰先薦寢廟。言由寒晚，得晚納冰，依禮須早開故也。

鄭玄注　陸德明音義　賈公彦疏《周禮注疏》卷一《天官冢宰》 凌人：下士二人，府二人，史二人，胥八人，徒八十人。注：凌，冰室也。《詩》云：二之日鑿冰冲冲，三之日納于凌陰。音義：凌，力證反，字從冰，或力升反。疏釋曰：凌人在此者，案其職云掌冰。凡外内饔之膳羞鑑焉，以供爲膳羞，故連類在此也。注釋曰：引《詩》曰二之日者，案《詩》之所釋謂周之二月、夏之十二月之日鑿冰者，謂於深山窮谷，固陰沍寒之處，於是乎取之冲冲，鑿冰之意。三之日，謂周之三月，夏之建寅之正月，納冰於凌陰室中。案彼又云四之日，其蚤獻羔，祭韭，啓冰之時也。鄭答：志以夏十二月取冰，二月開冰，四月班冰，是其常也。藏之既晚，出之又早。晚者建寅乃藏，與此《周禮》十二月藏冰校遲一月，故出之早者四月，夏之二月出冰，與《周禮》同。今豳土寒，故納冰可用夏正月也。引之者，證凌陰即此冰室，爲一物也。

鄭玄注　陸德明音義　孔穎達疏《禮記注疏》卷一五《月令》　天子乃鮮羔開冰，先薦寢廟。注：鮮當爲獻，聲之誤也。獻羔謂祭司寒也。祭司寒而出冰，薦於宗廟乃後賦之。《春秋傳》曰：古者日在北陸而藏冰，西陸朝覿而出之。其藏冰也，深山窮谷，固陰沍寒，於是乎取之。其出之也，朝之祿位，賓食喪祭，於是乎用之。其藏之也，黑牡、秬黍以饗司寒。其出之也，桃弧棘矢，以除其災。其出入也時。食肉之祿，冰皆與焉。大夫、命婦，喪浴用冰。祭寒而藏之，獻羔而啓之，公始用之，火出而畢賦，自命夫命婦至于老疾，無不受冰。音義：鮮，依注，音獻。覿，大歷反。沍，户故反。朝，直遥反。秬，音巨。與，音預。祭寒，本或作祭司寒，案《左氏傳》無司字。疏注正義曰：鮮當爲獻者，案《詩·豳風·七月》云：四之日其蚤，獻羔祭韭。故知鮮爲獻也。云獻羔謂祭司寒者，以經云獻羔啓冰，先薦寢廟，恐是獻羔寢廟，故云祭司寒。《左傳》直云獻羔而啓之，知祭司寒者，以傳云祭寒而藏之，既祭司寒，明啓時亦祭之。

劉安撰　高誘注《淮南子》卷一三《氾論訓》　冬日則不勝霜雪霧露，夏日則不勝暑熱蟁宝，聖人乃作，爲之築土構木以爲宫室，上棟下宇，以蔽風雨，棟，屋穩也。宇，屋之垂。以避寒暑，而百姓安之。伯余之初作衣也，伯余，黄帝臣。《世本》曰：伯余制衣裳，一曰伯余黄帝。

鄭玄《箴膏肓》　申豐論雨雹，何休云：《春秋》書雹，以爲政之所致，非由冰也。若今朝廷藏冰，亦不於深山窮谷，何故？或無雹。天下郡縣皆不藏冰，何故？或不雹。若言有之於古，必有驗於今。此其不合，於義失天人相與之意。箴曰：雨雹失政之所致，是固然也。國之失政，君子知其大者，其次知其小者。藏冰之禮，凌人掌之。《月令》載之，《豳詩》歌之，此獨非政歟？故其小者耳。夫深山窮谷，固陰沍寒，極陰之處，冰凍所聚。不取其冰，則氣蓄不泄，結滯而爲伏陰。凡雨水，陽也。雪雹，陰也。雨水而伏陰薄之則凝而爲雹，雨雪而忿陽薄之則合而爲霰。申豐見時失藏冰之禮而有雹，推之陰陽，知此伏陰所致，亦聖人之寓言也。詳載其言者，以著藏冰之禮不可廢耳。

陸翽《鄴中記》　石季龍于冰井臺藏冰，三伏之月，以冰賜大臣。

王嘉《拾遺記》卷五　董偃常卧延清之室，以畫石爲牀。蓋石文如畫也，石體甚輕，出郅支國，上設紫琉璃帳，火齊屏風，列靈麻之燭，以紫玉爲盤如屈龍，皆用雜寶飾之。侍者於户外扇偃，偃曰：玉石豈須扇而後清凉耶。侍者乃卻扇，以手摸之，方知有屏風也。又以玉精爲盤，貯冰於膝前。玉精與冰同其潔徹，侍者謂冰之無盤，必融濕席，乃合玉盤拂之，落堦下，冰玉俱碎。偃更以爲樂。此玉精，千塗國所貢也。

賈思勰《齊民要術》卷五　種桑柘第四十五養蠶附

養蠶法。收取種繭，必取居簇中者。近上則絲薄，近下則子不生也。泥屋用福德利上。土屋欲四面開窗，紙糊，厚爲籬。屋内四角著火。火若在一處，則冷熱不均。初生以毛掃。用荻掃則傷蠶。調火令冷熱得所。熱則焦燥，冷則長遲。比至在眠，常須三箔：中箔上安蠶，上下空置。下箔障土氣，上箔防塵埃。小時採福德上桑，著懷中令煖，然後切之。蠶小，不用見露氣。得人體，則衆惡除。每飼蠶，卷窗幃，飼訖還下。蠶見明則食，食多則生長。老時值雨者，則壞繭，宜於屋裏簇之：薄布薪於箔上，散蠶訖，又薄以薪覆之。一槌得安十箔。

又法：以大蓬蒿爲薪，散蠶令遍，懸之於棟梁椽柱，或垂繩鉤弋、鶚爪、龍牙，上下數重，所在皆得。懸訖，薪下微生炭以煖之。得煖則作速，傷寒則作遲。數入候看，熱則去火。蓬蒿疏凉，無鬱浥之憂；死蠶旋墜，無污繭之患；沙葉不住，無瘢痕之疵。鬱浥則難繅，繭污則絲散，瘢痕則無用。蓬蒿簇亦良。其外簇者，晚遇天寒，則全不作繭。

又　卷七　造神麴餅酒第六十四

造酒法。用黍米。麴一斗，殺米一石。秫米令酒薄，不任事。治麴必使表裏、四畔、孔内，悉皆淨削，然後細剉，令如棗栗。曝使極乾。一斗麴，用水一斗五升。十月桑落，初凍則收水釀者爲上時，春酒正月晦日收水爲中時。春酒，河南地煖，二月作；河北地寒，三月作；大率用清明節前後耳。初凍後，盡年暮，水脉既定，收取則用；其春酒及餘月，皆須煑水爲五沸湯，待冷浸麴，不然則動。十月初凍尚煖，未須茹甕。十一月、十二月，須黍穰茹之。浸麴，冬十日，春七日，候麴發，氣香沫起，便釀。隆冬寒厲，雖日茹甕，麴汁猶凍，臨下釀時，宜漉出凍凌，於釜中融之，取液而已，不得令熱。凌液盡，還瀉著甕中，然後下黍，不爾則傷冷。

佚名《太清經天師口訣》　消鉛錫爲水銀法

取鉛半斤，錫半斤，合鎔令相得，打令薄削之如韭葉。取生竹筒削去上表，令薄如絹，以削成鉛錫納其中，加硝石二兩，覆藉上下，尅竹節合際令密，漆其口勿令泄氣。取三年醇大醋，於甕中漬之，以蠟塞甕口，勿令泄氣。四十五日即成水銀，以填金，不入丹用。

佚名《黄帝九鼎神丹經訣》卷一一《明水銀長生及調鍊去毒之術》 雄汞長生法

取朱砂十斤，酥一合。作鐵釜，圓一尺，深寸半，平滿勿令高下不等，錯之使平。以爲釜竈，亦令平正。然後取青瓮口與釜口相當者四枚，以酥塗釜，安朱砂於中。其朱擣篩，令於釜中薄，而使酥氣。然後以瓮合之，以羊毛稀泥泥際口，勿令泄氣。先然腐草，可經食頃。乃以軟木柴然之，所爲段木、楊柳木不蟲不腐者也。綿淹水數數漬之，備其燥不坼難乾也。

韓鄂《歲華紀麗》卷四《藏冰》 天子命藏，命有司冰方盛，取而藏之。山人乃取，《左傳》山人取之，縣人傳之，輿人納之，隸人藏之。山人，謂虞官也。採於山陰，又云：其藏冰也，深山窮谷，固陰沍寒，於是取之。納於凌室。《詩》云二之日鑿冰冲冲。今之十二月也。周十一月爲正月，十二月爲二月，故云二之日鑿冰冲冲，水聲也。又三之日納于凌陰，即今之三月。凌陰即凌室。其冰方盛，乃祭司寒。傳云：其藏冰也，乃用黑牡秬黍以享司寒。其出之也，桃弧棘矢，以除其災。其出天也時。祭寒而藏之，獻羔而啓之。注：春分獻羔，開冰也。《豳詩》云鑿，見上。《周禮》見頒，《周禮》凌人夏頒冰。注云：暑氣盛，王以冰頒賜羣臣也。慮蟲疑之時不可闕也，及狐聽之日于以藏之。藏時而日在虚危，《左傳》云古者北陸而藏之，即今十二月也。西陸朝覿而出之，即今二月也。出際而烏飛昴畢。傳云：其周之也，徧食肉之家，冰皆與焉。凌人治鑑，盛冰器也。有司祭寒，三倍爲防，凌人斬冰，三其凌。注：三倍其冰。三之者，爲消釋度也。三時不害。傳云：徧及于老病，則春無淒風，秋無苦雨。藏則無災，又云：無災霜雹，癘疾不降。否則用咎。今藏用池之冰，棄而不用，風不越而殺也。

李鼎祚《周易集解》卷一五

黄帝堯舜垂衣裳而天下治，蓋取諸乾坤。

《九家易》曰：黄帝以上，羽皮革木以禦寒暑。至乎黄帝，始制衣裳，垂示天下。衣取象乾，居上覆物。裳取象坤，在下含物也。

杜佑《通典》卷五五《禮十五・享司寒藏冰開冰附周宋隋大唐》 周制，凌人掌冰正。歲十有二月，令斬冰，三其凌。正歲季冬，火星中，大寒冰盛之時也。凌，冰室也。三其凌，三倍其冰，備消釋也。春始治鑑。鑑如甄大口，以盛冰，置食物於中，以禦温氣。春而始治之，爲二月，將獻羔祭而開冰。鑑，胡暫反。甄，音直僞反。祭祀，供冰鑑。賓客，供冰。賓客不以鑑往，嫌使停膳羞。大喪，供夷槃冰。夷之言尸也。尸之槃曰夷槃。夏頒冰，掌事。暑氣盛，王以冰頒賜則主爲之。秋，刷。刷，清也。鄭衆云：刷除冰室，當更内新冰也。《月令》：仲春，天子乃獻羔，開冰，先薦寢廟。謂立春藏冰，至春分方温，故獻羔以祭司寒，而后開冰先薦寢廟，而後食之。《左傳》：魯大夫申豐曰：古者日在北陸而藏冰，陸，道也。夏十二月日在虚危，冰堅而藏之。西陸朝覿而出之。夏三月日在昴畢，蟄蟲出而用冰。春分之中，奎婁在東方。其藏冰也，深山窮谷，固陰沍寒。用黑牡、秬黍以享司寒，於是取而藏之也周。沍，閉也。必取積陰之冰，所以道達其氣，使不爲災。黑牡，黑牲也。秬黍，黑黍也。司寒，北方之神，故物皆用黑。周，密也，密藏之。其出之也，桃弧棘矢，以除其災。於是以風出而用之。順春風而散用之。朝之禄位，賓食喪祭，自命夫命婦至於老疾，冰皆與焉。老，致仕在家者。其用之也偏，及老疾也。則冬無愆陽，愆，過也，謂冬温。夏無伏陰，謂夏寒也。春無凄風，秋無苦雨，雷出不震，凄風寒也。霖雨爲人害。震，霆也。無菑霜雹，癘疫不降，民不夭扎。癘，惡氣也。短折爲夭，少死爲扎。

宋孝武帝大明六年，立凌室藏冰，有司奏：季冬之月，冰壯之時，凌室長率山虞及輿隸取冰於深山窮谷，固陰沍寒之處，以納於凌陰。務令周密，無洩其氣。先以黑牡秬黍祭司寒於凌室之北。仲春之月，春分之日，以黑羔秬黍祭司寒，啓冰室，先薦寢廟。夏祠用鑑盛冰，室一鑑，以禦温氣、蠅蚋。王御殿及太官饍羞並以鑑供冰。自春分至立秋，不限稱數，以周喪事繕制，夷槃隨冰供給。度室在樂遊苑内，置長一人，吏一人，保舉吏二人。

隋以季冬藏冰，仲春開冰，並因用黑牡秬黍於冰室祭司寒神，開冰依以桃弧棘矢。

大唐制，先立春三日，因用黑牡秬黍祭司寒之神於冰室，祭訖，鑿冰千段，方三尺，厚尺五寸而藏之。仲春開冰，祭如藏禮，依以桃弧棘矢設於冰室户内之右，禮畢，遂留之。

歐陽修等《新唐書》卷四八《志第三十八・百官志》 上林署令二人從七品，下丞四人從八品，下掌苑囿園池，植果蔬以供朝會、祭祀及尚食諸司常料。季冬藏冰千段，先立春三日納之冰井，以黑牡秬黍祭司寒。仲春啓冰亦如之。監事十人。有府七人，史十四人，典事二十四人，掌固五人。

吕大臨《續考古圖》卷三 冰鑑

按《周禮》凌人掌冰政，春始治鑑。注：鑑如甄大口，以盛冰，置食物於中，以禦温氣。內、外饔之膳羞，鑑焉。凡酒漿之酒醴亦如之。祭祀，共冰鑑。

榮詢之所收，無文刻，四方兩層，各四尺。上池貯冰，下池盛水也。上池口徑，黍尺一尺二寸，高七寸，唇濶半寸，足高二寸。四壁鏤明，所以貯冰令水不積也。下池口徑一尺六寸，高四寸半，唇濶一寸，足高三寸半，深一寸六分，所以盛水也。

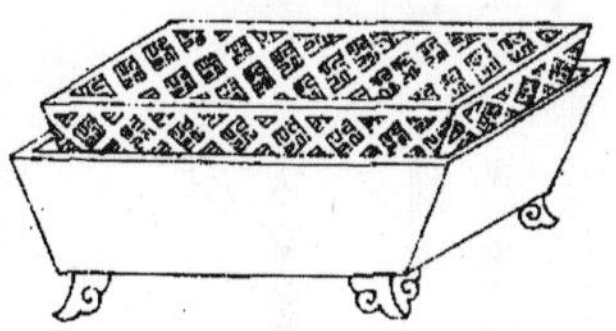
冰鑑

蘇轍《詩集傳》卷八《國風・七月八章章十一句》 二之日鑿冰沖沖，三之日納于凌陰。四之日其蚤，獻羔祭韭。

古者藏冰發冰，以節陽氣之盛。陽氣之在天地，譬猶火之著於物也，故常有以解之。十二月陽氣蘊伏，錮而未發，其盛在下，則納冰於地中，故曰日在北陸而藏冰。至於二月，四陽作，蟄蟲起，陽始用事，則亦始啓冰而廟薦之，故曰仲春獻羔開冰，先薦寢廟。至於四月，陽氣畢達，陰氣將絶，則冰於是大發，食肉之禄老，疾喪浴冰無不及，故曰火出而畢賦。人之居大冬也，血氣收縮，陽處於内，於是厚衣而寒食。及其居大夏也，血氣發越，陽散於外，於是薄衣而温食。不然，盛者將過而爲厲，藏冰發冰亦猶是也。申豐有言：其藏之也，深山窮谷，固陰沍寒，於是乎取之。其出之也，朝之禄位，賓食喪祭，於是乎用之。其藏之也周，其用之也徧，則冬無愆陽，夏無伏陰，春無凄風，秋無苦雨，雷出不震，無災，霜雹疾厲不降，民不夭札。今藏川池之冰，棄而不用，風不越而殺，雷不發而震，雹之爲災，誰能禦之？此之謂也。

王黼《重修宣和博古圖》卷一三 壺二 漢山龍温壺

右高九寸八分，深八寸九分，口徑一寸四分，腹徑六寸二分，容二升五合，重二斤十有一兩，無銘。觀其形制，有類垂瓠，上爲之口，可以貯湯。蓋温手足之器也。李公麟以爲鈷鏻，而丁度以鈷鏻爲温器，殆有所受之耳。觀其腹脰飾以山龍，其文雖華，似非冶鑄之所成者。攷之近古，則漢物也。蓋守仁而静者山，體仁而變者龍。静變雖殊，爲仁則一。禮以天地温厚之氣始於東北，爲天地之仁，則温厚者氣之仁者也。此爲温器而飾以山龍，義取諸此。古人設象，豈徒然哉！

漢山龍温壺

又 卷二〇 壺二 唐冰鑑

右高七寸七分，下盤深一寸，徑一尺二寸四分，容五升二合，重三十二斤三兩，四足，無銘，且冰鑑之説已具於漢鑑矣。今其規模，上方如斗，四旁塵鏤，底作風窓，承以大盤，立之四足，豈非置食於上而設冰於盤，使寒氣通徹，以禦温氣耶。大抵漢唐之器致用，設飾略相倣象，然所以異者，漢鑑圜而唐鑑方，漢鑑近於古而唐鑑則近於今矣。故不得不辨。昔鄭玄謂鑑如甀大口，以盛冰。觀此鑑與鄭説不同，然又非漢之製作，宜李唐精工所能到也。

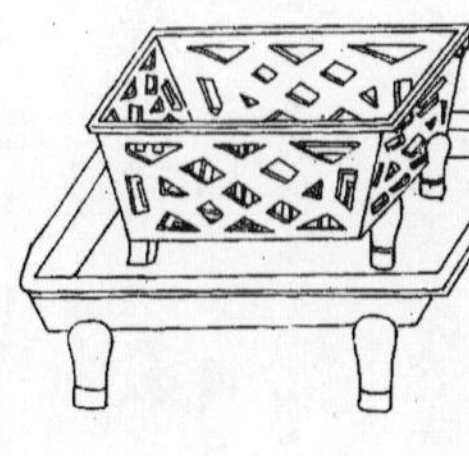
唐冰鑑

佚名《諸家神品丹法》卷一《抱朴子内篇》 當先取武都雄黄，色如雞冠而光明無夾石者，多少任意，不可減五斤以下。擣之如粉，以牛膽和煮之令燥，以赤土釜中，可容一斗者。先以戎鹽、石膽末薦釜中，令厚三分。乃納雄黄末厚五分，復加戎鹽於上，如此相次至盡。又加碎炭火如棗核者，令厚二寸。以蚯蚓土及戎鹽爲泥，釜外以一釜蓋之，皆泥令厚二寸，勿令泄氣。陰乾一月，馬矢火温之三日三夜，寒發出，鼓下其銅，銅流如冶銅鐵也。

莊綽《雞肋編》卷中 二浙舊少冰雪。紹興壬子，車駕在錢塘，是冬大寒屢雪，冰厚數寸。北人遂窖藏之，燒地作膂，皆如京師之法。臨安府委諸縣皆藏，率請北人教其製度。明年五月，天中節日，天適晴暑，供奉行宫，有司大獲犒賞。其後錢塘無冰可收，時韓世忠在鎮江率以舟載至行在，兼晝夜牽挽疾馳，謂之進冰船。

葉庭珪《海録碎事》卷三下《冰門》 寒筵冰法

造寒筵冰法。盛夏初夏，於井側安鑊，用大水晶一塊，大如拳，無瑕爨者。以新汲水熾火煮千沸，取越瓶口小腹大者滿盛其湯，以油白蜜封其口，勿令泄氣。復以重湯煮之，勿急沉井底。平旦出之，破瓶冰已結矣。《杜陽雜編》。

徐兢《宣和奉使高麗圖經》卷三一 器皿二

湯壺

湯壺之形如花壺而差匾，上蓋下座，不使泄氣，亦古温器之屬也。麗人烹茶多設此壺，通高一尺八寸，腹徑一尺，量容一斗。

温爐

温爐之形如鼎而有偃唇，腹有三足，爲獸銜之狀，用以貯水置之几案。蓋冬月温手之器也，面濶一尺二寸，高八寸。

趙鵬飛《春秋經筌》卷二《桓公》

無冰。

寒暑之變，天地之常度，而隆冬盛暑立於天地之間者，有所不安焉。故聖人爲之立制，秋爲備寒之具，而冬爲祛暑之具。周公《七月》之詩曰：「蠶月條桑，取彼斧斨，以伐遠揚。猗彼女桑。八月載績，載玄載黄，爲公子裳。」故九月授衣，爲寒具也。「二之日鑿冰冲冲，三之日納于凌陰。四之日其蚤，獻羔祭韭。」蓋鮮羔開冰，爲暑具也。周之正月，夏之十一月，凌人斬冰而藏之。時而無冰焉，則無以備暑矣。非徒無以備暑，而鮮羔開冰，何以薦寢廟？外、内饔，何以供冰鑑？賓客，何以供饍饈？夏無以頒，秋無以刷，其爲闕禮大矣。《洪範》庶徵曰豫恒燠若。君政逸豫，則恒燠應之。春秋之君勤於政者固無有也，則無冰乃恒燠之證歟？雖然，春秋之世，聖人豈望其君建皇極，調庶徵邪？所以書者，爲後王逸豫之鑒也。

葉時《禮經會元》卷二上　藏冰

冰之爲用重矣，在《豳風》則詠鑿冰，在《春秋》則書無冰，在《月令》則記開冰，在《左傳》則述藏冰。蓋冰之有無，有以驗天令之愆調；冰之出入，有以關民生之安否。此《周官》所以有凌人之職也。今以其職考之，外饔之膳羞必以鑑，酒人漿人之酒醴亦以鑑，是飲食不可無冰也。祭祀，共鑑。賓客，共冰。大喪，共夷槃冰。是賓客、喪祭，不可無冰也。凌人以正歲十有二月大寒方盛之時而令斬冰，則冬月治冰政矣。以二月將獻羔開冰而始治鑑，則春月治冰政矣。夏暑方盛而頒冰，則夏月治冰政矣。秋涼不用冰而刷冰室，則秋月亦治冰政矣。無一事而不用冰，無一時而不治冰政，則冰之重可知矣。蓋藏冰將以備暑，而亦所以達陽。出冰雖以禦暑，而亦所以助陰。陰陽二氣流行於天地之間，一氣未至則閉塞而爲災，一氣或過則乖戾而爲疾。蓋防患者或養其弱而抗其彊，故方陰之盛而陽之微也，則鑿冰以達陽而備暑。或損其有餘以補其不足，故方陽之隆而陰之消也，則出冰以助陰而禦暑。是以冬無愆陽，夏無伏陰，春無凄風，秋無苦雨，癘疾不作，民不夭札，凌人之冰政實有助焉。故周人以凌人一職而繼於膳官、醫官、酒官之列，蓋將調其氣於無事之先，而不待藥其病於已然之後也。凌人一職雖無一語及民，然而夏曰頒冰則必均及字民矣。不然則冰生於水而寒於水爾，古人拳拳於凌陰之納者，豈特如《大學》所謂伐冰之家，僅止卿大夫而已哉。

司農司《農桑輯要》卷四《養蠶》　火倉

《齊民要術》：屋内四角著火。火若在一處則冷熱不均。《務本新書》：生蠶有小屋者四壁挫壘空龕，或八或六。頗類參星樣，一高一下，頓藏熟火，庶得火氣匀停。如大屋内生蠶一邊，難就壁龕，當于箔查外挫壘土臺，或釘木橛，上安火盆，盆外另夾帷箔收拾火氣。蠶小時，將牛糞墼子燒令無煙，移入龕内頓放。如無壁龕等，止于槌箔四向約量頓火。近雨眠則止。若寒熱不均，後必眠起不齊。又今時蠶屋内素無禦寒熟火，止是旋燒柴薪，煙氣熏蒸太甚，蠶蘊熱毒，多成黑蔫。《士農必用》：治火倉，屋當中掘一阬，濶狹深淺量屋大小。謂如一二間四椽屋，四方一面可濶四尺，隨屋大小加減。阬周圍塼坯接壘高二尺，粘泥泥了，通計深四尺，細碎乾牛糞阬底上鋪攤一層，厚三四指。臘月所收槌碎者。帶根節麤乾柴于糞上鋪一層。五寸以上徑者，凡桑榆槐等堅硬者皆可。柴上又鋪糞一層，于柴空隙處築得極實，慎不可虛，虛則火燄起傷屋，又熟火不能久。糞柴相間，椿阬滿上，復用糞厚蓋了。約蠶生前七八日，糞上煨熟火，黑黄煙五七日。于蠶蛾生前一日，少開門，出盡烟即閉了。恐暖氣出。其柴糞陷下已成熟火。蠶小喜暖怕烟，不可用生火。又生火或驟或歇，不能均匀。此火既熟，絶無烟氣，一兩月不滅不動，便如無火。用柴枝剔撥，便暖氣熏騰也。上必壘高二尺者，欲使火氣上騰至空中，散布均匀，又防畜夜人行誤陷入也。其屋乾透，其壁皆暖，黑婆等諸蟲盡熏了，牛糞熏屋大宜蠶也。蠶喜牛糞，牛喜蠶沙。糊窗，窗上故紙卻用净白紙替换糊了。外莫捲草薦旋扯，故紙糊新紙，不使熱氣出去了。每一窗嵌四大捲窗。宜密。

葉祐之《凌室記》莊泰弘《光州志》卷一一　凌室所以藏冰，古者日行北陸而藏冰，故《豳風》之詩有曰：「二之日鑿冰冲冲，三之日納于凌陰。四之日其蚤，獻羔祭韭。」而藏冰啓冰，亦燮理陰陽之一事。《周禮》凌人掌冰，於疑陰沍寒而藏之，陽氣畢達而啓之，食禄之家與夫冰食喪祭，無不與焉。其藏之也旹，其用之也周，是以冬無愆陽，夏無伏陰，厲疾不作，民不夭扎。

王禎《農書》卷二〇《農器圖譜十六・蠶繅門》　火倉，蠶室火龕也。凡蠶生，室内四壁挫壘空龕，狀如三星，務要玲瓏，頓藏熟火，以通熰氣，四向匀停。蠶家或用旋燒柴薪，煙氣薰籠，蠶蘊熱毒，多成黑蔫。今制爲擡爐，先自外燒過薪糞，牛糞。

舁入室內，各龕約量頓火，隨寒熱添減。若寒熱不均，後必眠起不齊。已上出諸蠶書。

《農書》云：蠶，火類也，宜用火以養之。用火之法，須別作一爐，令可擡舁出入。火須在外燒熟，以穀灰蓋之，即不暴烈生燄。夫擡爐之制，一如矮床，內嵌燒爐，兩旁出柄，二人舁之，以送熟火。

火倉詩云：朝陽一室虛窓明，今朝喜見蠶初生。四壁已令得熟火，空龕挫壘如三星。阿母體測衣絹單，添減火候隨寒暄。誰識貴家歡飲處，紅爐畫閣簇嬋媛。

火倉

擡爐詩云：誰創擡爐由智者，出入凉温蠶屋下。摶以水土貫以木，不假昆吾鼓爐冶。出生入熟覆穀灰，擴拾糞薪猶土苴。功成四海袴襦完，又餉春醪奏《豳雅》。

程端學《春秋本義》卷五《桓公》

無冰。

穀梁曰：時燠也。戴氏曰：《詩》曰：二之日鑿冰沖沖，三之日納于凌陰。二之日，今之十二月。三之日，今正月也。十二月取冰，正月藏之。今《桓公》春無冰，無藏冰也。去年十二月時燠無冰，今年之春無冰可納，《春秋》於是時而書之。愚謂：此年正月爲公會鄭伯于曹，而書若無冰，則總繫之春耳。藏冰出冰，俱在其中，與僖二年三年書不雨之法同義，與成元年二月、襄二十八年春書無冰同。蓋無冰不可繫月故也。康侯胡氏曰：《周官》凌人之職，頒冰於夏，固陰沍寒於是乎取。其出之也，賔食喪祭於是乎用。藏之周，用之徧，然亦理陰陽天地之一事也。今燠而無冰，則政治縱弛不明之所致也。

魯明善《農桑衣食撮要》卷上《二月》　插蒲萄

預先於去年冬間截取藤枝旺者，約長三尺，埋窨於熟糞內。候春間，樹木萌芽發時取出，看其芽生，以藤籖蘿蔔內栽之，埋二尺在土中則生根，留三五寸在土外，候苗長牽藤上架。根邊常以煑肉肥汁放冷澆灌，三日後以清水解之。天色乾旱，輕鉏根邊土澆之。冬月用草包護，防霜凍損。二三月間皆可插栽。

又　卷下《十月》

壅紵麻

宜用牛馬糞或㢠泥糠秕之類，免致凍死根。

包裹木瓜石榴諸般等樹

以穀草或稻草將樹身包裹，用草繩或絲麻絟定，泥封；以糠秕培壅其根，免致霜雪凍損。

蔡清《四書蒙引》卷六　鄉黨第十

緇衣羔裘

不但暑服，冬服亦有其制，蓋禦寒莫如裘，裘必有衣以裼之於外。夫子緇衣，則羔裘也。使緇衣與羔裘以黑色相稱，素衣則麑裘也。使素衣與麑裘以白色相稱，黃衣則狐裘也。使黃衣與狐裘以黃色相稱，此冬衣之制。然聖人之或羔裘，或麑裘，或狐裘，非苟且隨意而服之也，蓋羔用之於視朝，麑用之於視朔，與受聘享狐用之大蠟息民。

柯尚遷《周禮全經釋原》卷三《天官下》

凌人掌冰正。歲十有二月，令斬冰，三其凌。

釋曰：凌，冰室也。《詩》云：二之日鑿冰沖沖，三之日納于凌陰。設官以掌之，上以灋天時，下以防人患也。正歲者，建子月朔。云十有二月者，周人改歲於子，而不改夏月，故建子十一月謂之正歲，建寅月謂之正月。此云正歲十二月者，改歲之次月，建丑月也。《詩》云二之日鑿冰，是月之日也。季冬火星中大寒，冰方盛之時，水澤腹堅，故令斬冰。三其凌，三倍其冰納於冰室，備消釋也。

春始治鑑。凡外、內饔之膳羞，鑑焉。凡酒漿之酒醴亦如之。祭祀，共冰鑑。賔客，共冰。大喪，共夷槃冰。夏頒冰，掌事。秋，刷。刷，所劣反。

釋曰：鑑似甀大口，以盛冰，置食物於中，以禦温氣。春始治之，爲三月將獻羔啓冰也。外饔、內饔之膳羞，酒人、漿人之酒醴，見温氣皆失其味，故用冰鑑以凉之也。祭祀之物停久，故各共冰鑑，謂祭物置冰鑑之上也。賔客之膳羞則以冰錯之，故不置鑑。夷之言尸也，尸之盤曰夷盤，廣八尺，長丈二，深三尺，漆赤中。實冰于槃中，置之尸牀之中，欲以寒尸，故共夷槃冰也。夏四月暑氣盛，王以冰頒賜羣臣，則主其事。刷，清也。秋七月天氣凉，不用冰，刷除冰室，將納新冰。

王氏曰：藏冰將以備暑，而亦所以達陽。出冰雖以禦暑，而亦所以助陰。夫陰陽之氣流行於天地之間，一氣之不至則閉塞而爲災，一氣之或過則乖戾而爲疾。善防患者，或養其弱以抗其强。故方陰之盛而陽之微也，則鑿冰以達陽；或損其有餘以補其不足，故方陽之隆而陰之消也，則出冰以禦暑。如此則無愆陽，無伏陰，無閉塞乖戾之患矣。先王裁成天地之道，輔相天地之宜，以左右民如此。

周祈《名義考》卷一二《物部》　冰鑑水鑑

鑑，鏡所以照物，又器名，如甀大口。冰鑑以盛冰，置食物於中以禦温氣。《周禮》凌人春治鑑，祭祀共冰鑑是也。水鑑，如水之照物，無有遁形者。

屠隆《考槃餘事》卷三　隔火

銀錢、雲母片、玉片、砂片俱可，以火浣布如錢大者銀鑲周圍作隔火尤難得。凡蓋隔火則炭易滅，須於爐四圍用筯直搠數十眼，以通火氣周轉方妙。爐中不可斷火，即不焚香，使其長温方有意趣。且灰燥易燃，謂之靈灰。其香盡餘塊，用磁盒或古銅盒收起，可投入火盆中薰焙衣被。

郭正域《皇明典禮志》卷二〇　藏冰

每歲孟冬後水始冰，禮部預以藏冰奏聞。精膳清吏司官，赴内府關匙鑰，調役夫，備器具，赴正陽門外，先掃冰室，户部以藁草蘆葦襯室中。候冰田内冰堅，擇潔净者，次第置冰室，仍送鑰内府，祠祭清吏司祀司冰之神。其内府冰室，則内官掌之。

俞汝楫《禮部志稿》卷四〇《精膳司職掌》　藏冰

凡藏冰，洪武二十六年定，每歲冰結之時，禮部堂上官預先奏聞膳司官。赴内官監關支鑰匙，錦衣衛差撥力士，或工部差撥脚夫，各備器具，赴正陽門外打掃冰窨。就令户部關撥新鮮稻草并蘆席，襯墊完備，伺候冰凍。揀擇潔净去處取冰，節次挑赴冰窨内，如法收藏，封鎖，將鑰匙送赴内官監。仍移付祠部照例祭祀，著軍人看守以備應用。

凡内府冰窨收藏冰雪，係内官監官自行提調合用襯墊、蘆席、稻草，禮部照例移咨，户部依數支撥，就差人送内府冰窨處所交收。

文震亨《長物志》卷七　隔火

爐中不可斷火，即不焚香，使其長温方有意趣。且灰燥易燃，謂之活炭。隔火，砂片第一，定片次之，玉片又次之，金銀不可用。以火浣布如錢大者，銀鑲四圍供用尤妙。

又　卷一二　茶鑪湯瓶

有姜鑄銅饕餮獸面火鑪及純素者，有銅鑄如鼎彝者皆可用。湯瓶鉛者爲上，錫者次之，銅者不可用。形如竹筒者，既不漏火，又易點注。甆瓶雖不奪湯氣，然不適用，亦不雅觀。

朱國禎《湧幢小品》卷一五　藏冰

南方冰薄，難以收藏。用鹽灑冰上，一層鹽，一層冰，結成一塊，厚與北方等。次年開用，味鹹，可以解暑愈病。

徐光啓《農政全書》卷三一《蠶桑》　養蠶法

《士農必用》曰：治火倉，屋當中掘一阬，闊狹深淺，量屋大小。謂如一三間四椽屋，四方一面可闊四尺，隨屋大小加減。阬周圍塼坯接壘高二尺，(長)粘泥泥了。通計深四尺。細碎乾牛糞，阬底上鋪攤一層，厚三四指；臘月所收搥碎者。帶根節麄乾柴，於糞上鋪一層；五寸以上徑者，凡桑、榆、槐等，堅硬者皆可。柴上又鋪糞一層。於柴空隙處，築得極實。慎不可虛，虛則火焰起，傷屋，又熟火不能長久。糞柴相間，樁阬滿，上復用糞厚蓋了。約蠶生前七八日，糞上煨熟火，黑黄煙五七日。恐煖氣出。其柴糞陷下，已成熟火。於蠶蛾生前一日，少開門，出盡煙，即閉了。蠶小喜煖，怕煙，不可用生火。又生火，或驟或歇，不能均匀。此火既熟，絶無煙氣，一兩月不滅不動，便如無火。用柴枝剔撥，便煙氣熏騰也。上必壘高二尺者，欲使火氣上騰，至室中散布均匀，又防寅夜人行，誤陷入也。其屋乾透，其壁皆煖；黑婆等諸蟲盡熏了。牛糞熏屋，大宜蠶也。蠶喜牛糞，牛喜蠶沙。糊牕。牕上故紙，却用净白紙替换。外莫捲草薦旋扯，故紙糊新紙，不使熱氣出去。每一牕上，嵌四大捲牕。宜密。

【略】

《士農必用》曰：加減涼煖。蠶成蟻時，宜極煖，是時天氣尚寒。大眠後宜凉，是時天氣已暄。又風雨陰晴之不測，朝暮晝夜之不同，一或失宜，蠶病即生。惟蠶屋得法，則可以應。蠶屋之制，周置捲牕，中伏熟火。謂如蠶欲煖，而天氣寒，閉苦牕撥火，則外寒不入，和氣内生。若遇大寒，屢撥熟火不能勝其寒，則外燒糞墼，絶煙，置屋中四隅，和氣自然熏蒸。寒退則去餘火。蠶欲涼，而天氣暄，閉火而捲苦牕，則火氣内息，而涼氣外入。若遇大熱，盡捲苦牕不能解其熱，則去其牕紙，上捲照牕，下開風眼。牕外搥下，灑潑新水，涼氣自然透達。熱退，則糊補其牕，閉塞風眼。使其蠶自初及終，不知有寒熱之苦；病少繭成，一室之功也。然寒不可驟加煖熱，當漸漸益火。寒而驟熱，則生黄軟等疾。熱不可驟加風涼，當漸漸開牕。熱而驟風涼，則變殭，此又不可不知也。又正熱猛著寒，便禁口不食。即用鍬子盛無煙熟牛糞火，用杈托火鍬，於搥箔下往來，辟去寒氣，蠶自食葉。

梅鼎祚《宋文紀》卷一八《無名氏》　有司凌室藏冰奏

季冬之月，冰壯之時，凌室長率山虞及輿隸，取冰於深山窮谷，涸陰沍寒之處，以納于淩陰。務令周密，無泄其氣。先以黑牡秬黍，祭司寒於凌室之北。仲春之月，春分之日，以黑羔秬黍祭司寒，啓冰室，先薦寢廟。二廟夏祠，用鑑盛冰。室一鑑以禦温氣蠅蚋。三御殿及大官膳羞，並以鑑供冰。自春分、立秋，有臣妾喪，詔贈祕器。自立夏至立秋，不限稱數，以周喪事繕制夷盤隨冰借給。

劉侗　于奕正《帝京景物略》卷二《春場》　十二月一日至歲除夜，小民爲疾苦者，奉香一尺，宵行衢中，誦元君號，自述香願，其聲烏烏惻惻，曰號佛。行過井，過寺廟，則跪且拜而誦，香盡尺乃歸。八日，先期鑿冰方尺，至日納冰窖中，鑑深二丈，冰以入，則固之，封如阜。內冰啓冰，中涓爲政。凡蘋婆果入春而市者，附藏焉。附乎冰者，啓之，如初摘於樹，離乎冰，則化如泥。其窖在安定門及崇文門外。

方以智《物理小識》卷五《醫藥類》　收藥例

參宜火烘，不宜晒，以細辛切碎隔紙收之，或炒米一甕而包參於其中。枸杞子不宜晒，晒則黑，宜烘。黃耆畏蟲，宜火熏之。懷慶牛膝易油，宜火煏之，收在稻穀中。冰片見風則折，宜以薄荷封其外，蘇恭言以糯米炭相思子貯之則不耗，贊寧言以杉木炭養之更良。白朮易油，入甕稻中收。收薄荷，隔夜破水澆之，次日又澆，待乾收之則涼。

又　卷六《飲食類》

蒸露法

銅鍋平底，牆高三寸，離底一寸，作隔花，鑽之使通氣，外以錫作餾蓋蓋之，其狀如盔。其頂圩使盛冷水，其邊爲通槽，而以一味流出其餾露也。作竈以磚二層，上鑿孔以安銅鍋，其深寸，鍋底置砂，砂在磚之上，薪火在磚之下。其花置隔上，故下不用水，而花露自出。凡薔薇、茉莉、柚花皆可蒸取之，收入磁瓶，蠟封而日中暴之，乾其三之一，露乃不壞。服一切藥欲取精液，皆可以是蒸之。近法以磚上砌臼，置沙石厚一二寸，鋪花其上，而以錫盔蓋之，但以鹽泥泥其外縫。陳則梁曰：以重湯蒸錫甑取露，更無焦氣。中履曰：錫甑頂作中低，滴露甑中，石子上置一礶接之，驗頂上冷水煖，則起蓋取中，其花露盡矣。須白石圓徑五分者鋪底，熱則易之。

餳

以一斗糯蒸飯，以十二兩乾麥芽，舂成麵和之，如拍酒式。飯上之水可厚三寸，造此者於釜中，竈用温火，後漸加煖蓋之。上更以綿絮壓之。凡二閱時而化，化則榨之，其糟不用，專取水煎之。

藏鮮果法

入新瓷，襯薄荷鹽，礬水浸，以油紙同木蓋竹箬堅冪其口，置清冷泉內，雖久如新。必立夏時置井中，至立冬時置地間。每斤果，鹽一兩，明礬六錢，水用滿。又曰六月六日儲水浸諸鮮果不壞。用木桶閉氣亦可，鮮果忌風。

又　《衣服類》　單衣過寒暑法

五靈脂、半夏、天仙子、草鴉各一兩，用水七升入布袍煮之，輕輕慢火煎熬至盡，日中暴燥，雪後穿此單衣如十斤綿。此名焦光過冬衣，一法加貫衆狼毒白礬。其王仲都暑衣法，則龍涎石乳塗青布也。酷日中行，熱不透裡。自嘯冰梅，緩步可以無汗。中履曰：乾旱穀苗，三伏暴之，捶柔以鋪韈底，則冬煖不必向火。農家以旱穀草鋪牀，以冬自發熱也。北騎靴沓狗皮行纏，不用纏指，使指常自動轉，則氣行不凍。

又　卷七《金石類》　鹽能潔冰

藏冰不論污濁，但洒以鹽，開時自潔。

田雯《黔書》卷上《苗俗·峒人》　峒人性多忌，喜殺，出入夫婦必偶，挾鏢弩自隨，飲食必鹽醫。冬以蘆花爲絮禦寒。在石阡司郎溪司者頗類漢人。

姚炳《詩識名解》卷六《獸部》　熊

熊羆爲裘，古無所見，惟黃羆之獻見韓奕詩及《禹貢》。梁州貢熊羆，然云織皮，亦非裘。用其毛，不温厚潤澤，既勿適體，亦鮮美觀。若依傳解，以此誇西人之富，則《説苑》所載叔向聘吳事，正足取證。豈有不以狐豹之裘爲美而反取熊羆耶。《説苑》：晉平公使叔向聘於吳，吳人拭舟以逆之，左五百人，右五百人，有繡衣而豹裘者，有錦衣而狐裘者。愚疑此乃東人行役而操舟者，杼柚皆空，葛屨履霜，無以禦寒，聊取野獸之皮蔽體，而故謂之曰裘耳。

王棠《燕在閣知新録》卷二一　冰説

調陰陽，順四時，爲先世之所極重，而今時之所極輕者莫如冰。《豳風》詠鑿冰，《春秋》書無冰，《月令》記開冰。凌人職屬天官，歲十二月斬冰，三凌，冬有事于冰也。春治冰，春有事于冰也。夏頒冰，夏有事于冰也。秋刷，秋有事于冰也。凡外、內饔之膳羞，鑑焉。凡酒漿之酒醴亦如之。祭祀，共鑑。賓客，共冰。大喪，共夷槃冰。此則冰之用也。王氏注謂：藏冰將以備暑，而亦所以達陽；出冰雖以禦暑，而亦所以助陰。此則深知冰之可調陰陽也。而予曰順四時者何居。昔者申豐對季武子：夫冰以風壯而以風出，其藏之也周，其用之也徧，則冬無愆陽，夏無伏陰，春無淒風，秋無苦雨，雷出不震，無菑霜雹，厲疾不降，民不夭札。無愆陽，無伏陰，即前達陽助陰之論。而春與秋則人所忽者，棠謂天下之患，蘊于此必發于彼，傷其源必竭其流。冬無愆陽，冬無害也。陽氣初生而未達，陰氣伏匿而未疏，積寒鬱結之勢，至春而發爲淒風。淒風者，愆陽之所生也。夏有伏陰，夏無害也。陰氣將絶而無助，陽氣旁薄而昭宣，蘊隆蓄積之勢，至秋而發爲苦雨。苦雨者，伏陰之所成也。秋之害伏于夏，春之害伏于冬，故在天則有雷震霜雹，在人則有降疾夭札。淩人繫于天官者，竟所以資參贊之理也。是知冰之爲用至大，而《豳風》《春秋》《月令》暨周之《淩人》，皆在所不忽也。自常人論之，謂不過膳饈、酒醴、祭祀、賓客、喪禮之必需而已，豈知上足以法天時，下足以防人患，而關係有如是哉。戊子己丑水潦爲害，疫氣時行，思及古人淩人之掌，申豐之論，有關天時人患不少，故又著冰説，俾有心國是者一觀覽焉。

黄中松《詩疑辨證》卷三　鑿冰

藏冰之道備於《周禮》、淩人：正歲十有二月令斬冰，三其淩。春始治鑑。凡内、外饔之膳羞，鑑焉。凡酒漿之酒醴亦如之。祭祀，共冰鑑。賓客，共冰。大喪，共夷槃。夏頒冰，掌事。秋，刷。《月令》、孟冬水始冰，地始凍。仲冬冰始壯，地始坼。季冬冰方盛，水澤腹堅，命取冰。孟春東風解凍，魚上冰。仲春天子乃獻羔開冰，先薦寢廟。《左傳》，申豐曰：古者日在北陸而藏冰，西陸朝覿而出之。深山窮谷，固陰沍寒，於是乎取之。其出之也，朝之禄位，賓食、喪祭於是乎用之。其藏之也，黑牡秬黍，以享司寒。其出之也，桃弧棘矢，以除其災。獻羔而啓之，火出而畢賦。自命夫命婦至於老疾，無不受冰。山人取之，縣人傳之，輿人納之，隸人藏之。夫冰以風壯而以風出。其藏之也周，用之也徧。三書大旨，本與《詩》相發明。孔氏泥鄭答孫皓之説，孔云：淩人十二月斬冰，即以其月納之。此言三之日納于淩陰，四之日即出之。藏之既晚，出之又早者，鄭答孫皓曰：豳土晚寒，故可夏正月納冰。夏二月仲春太蔟用事，陽氣出地，始温，故禮應開冰，先薦寢廟。言由寒晚得晚藏冰，依禮須早開故也。未爲的確。《詩》言二之日鑿冰者，即周禮十二月斬冰，《月令》季冬取冰，《左傳》日在北陸而藏冰是也。四之日獻羔祭韭，即《周禮》春始治鑑，《月令》仲春獻羔開冰，《左傳》西陸朝覿而出之是也。杜氏：夏十二月，日在虚危藏冰。夏二月，日在昴畢用冰。其時正相同，藏固未嘗晚，出亦不爲早也。淩人十二月斬冰，即以其月納之。豳人於二之日鑿冰，亦必即以其月納之，決無一月則專于鑿，積至來月而後納之之理。詩人諷詠成文，意在鋪張，容有不可太拘處，此類是也。《詩》蓋言二之日則鑿冰，三之日猶納于淩陰而未開，四之日則獻羔祭韭而啓之爾。至《周禮》一書，乃周公治天下之大法也。豳公當草創之時，禮樂制度未能盡備，其事斷難《周禮》悉合。今以早開爲依禮，似周公制禮在前，而豳公依之矣，是可信乎？朱傳曰：豳土寒多，正月風未解凍，故冰猶可藏。似果鑿之于二之日，至三之日而納之矣。其偶衍鄭孔之誤歟。

陳元龍《格致鏡原》卷八《坤輿類四》　冰斗冰鑑

《博古圖》：冰斗有柄，無銘，三旁掩上，其柄可持，其底鏤空，實冰斗也。又冰鑑四足，無銘，上方如斗，四傍塵鏤，底作風窓。承以大盤，立之四足。置食於上，而設冰於盤。使寒氣通徹，以禦温氣。觀此鑑製作，宜唐之精工所能到也。

鄂爾泰　張廷玉等《授時通考》卷七二《蠶事》　火倉圖説

火倉，凡蠶生室内，四壁挫壘室龕，狀如三星，務要玲瓏。頓藏熟火，以通煖氣，四向匀停。蠶家或用旋燒柴薪烟氣薰籠，蠶蘊熱毒，多成黑蔫。今制爲擡爐，先自外燒過薪糞，舁入室内。各籠約量頓火，隨寒熱添減。若寒熱不均，後必眠起不齊。

火倉

秦蕙田《五禮通考》卷三二《吉禮・祭寒暑・享司暑司寒》

《詩・國風・豳風》：二之日鑿冰沖沖，三之日納於淩陰。四之日其蚤，獻羔祭韭。

傳：冰盛水腹，則命取冰于山林。沖沖，鑿冰之意。淩陰，冰室也。箋：古者日在北陸而藏冰，西陸朝覿而出之。祭司寒而藏之，獻羔而啓之。其出之也，朝之禄位，賓食，喪祭，于是乎用之。《月令》：仲春天子乃獻羔開冰，先薦寢廟。《周禮》淩人之職，夏頒冰，掌事。秋，刷。上章備寒，故此章備暑。后稷先公，禮教備也。疏：毛以爲豳公教民，二之日之時使人鑿冰沖沖然，三之日之時納于淩陰之中，四之日其早朝，獻黑羔于神祭，用韭菜。而開之所以禦暑，言先公之教，寒暑有備也。《月令》：季冬冰方盛，冰澤腹堅，命取而藏之。注云：腹堅，厚也。此月日在北陸，冰堅厚之時。昭四年《左傳》説藏冰之事云：深山窮谷，於是乎取之。是于冰厚之時命取冰也。《左傳》言取冰于山耳，此兼言林者，以山木曰林，故連言之。沖沖，非貌非聲，故云鑿冰之意。

納于凌陰，是藏冰之處，故知爲冰室也。案《天官・凌人》云：正歲十有二月令斬冰，三其凌。注云：凌，冰室也。三之者，爲消釋度也。杜子春云：三其凌者，三倍其冰。此言凌陰始得爲凌室，彼直言凌，此亦得爲凌室者，凌冰一物，既云斬冰，而又云三其凌，則是斬冰三倍，多于凌室之所容，故知三其凌者謂凌室。不然單言凌者，止得爲冰體，不得爲冰室也。凌人十二月斬冰，即以其月納之，此言三之日納于凌陰，四之日即出之。藏之既晚，出之又早者，鄭答孫皓云：豳土晚寒，故可夏正月納冰，夏二月仲春太蔟用事，陽氣出，地始温，故禮應開冰先薦寢廟。言由寒晚得晚納，冰依禮須早開故也。《月令》：孟春律中太蔟，二月律中夾鍾。言二月太蔟用事者，以太蔟爲律，夾鍾爲吕。吕者，助律宣氣，律統其功，故雖至二月，猶云太蔟用事。自于是乎用之以上，皆昭四年《左傳》文。彼説藏冰之事，其末云《七月》之卒章，藏冰之道與此同，故具引之。

又　**卷六六《吉禮六十六・宗廟制度・器用・冰鑑》**

《周禮・天官・凌人》：祭祀共冰鑑。

賈氏公彦曰：此云祭祀者，謂天地社稷及宗廟之等皆共鑑。

蕙田案：鑑之制，鄭康成謂如甀大口；賈公彦謂甀，即今之甕也；廖百子則謂上體如斗，有踈稜，鏤底如風牕，承以大盤，置食於下，設冰於上，使寒氣通徹以禦暑。二説不同，當更考之。

梁詩正　蔣溥等《西清古鑑》卷三一《周冰鑑》

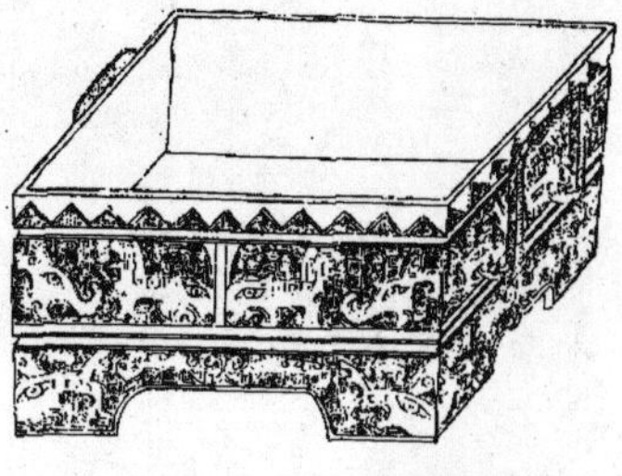

婦弓矢形

周冰鑑一

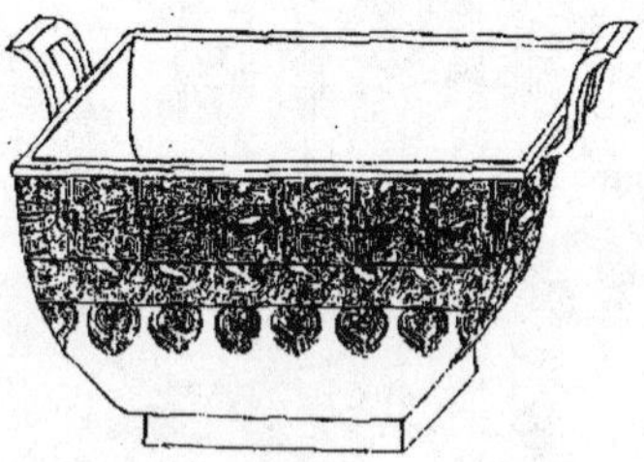

周冰鑑二

右[周冰鑑一]高四寸九分，深二(九寸)[寸九]分，口縱八寸一分，横八寸六分，重二百三兩，兩耳，四足，與《博古圖》所載形製同。按《周禮・天官・凌人》春始治鑑，注謂：盛冰，置食物于中以禦温氣。又祭祀，共冰鑑，故銘婦作弓矢形，皆與他祭器一例也。

右[周冰鑑二]高七寸五分，深五寸八分，口縱七寸六分，横一尺一寸八分，腹縱七寸四分，横一尺一寸二分，重一百三十七兩，兩耳。

周冰鑑三

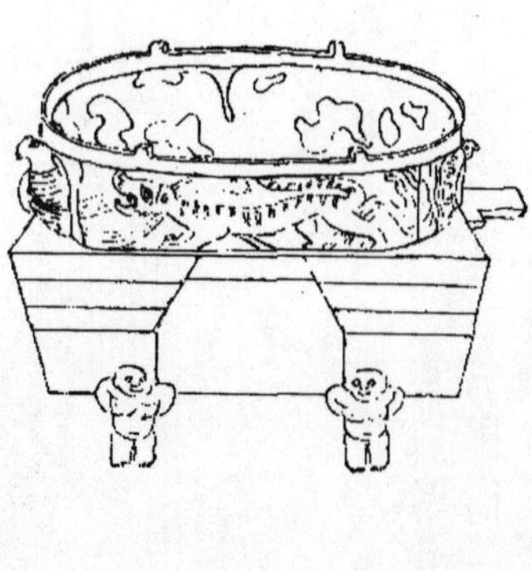

周冰鑑四

右[周冰鑑三]高三寸九分，深二寸九分，口徑七寸一分，腹圍一尺九寸，重五十二兩。

右[周冰鑑四]高二寸八分，深二寸一分，口縱二寸四分，横三寸八分，腹圍一尺八分，重一十九兩。

張宗法《三農紀》卷五　茸樹

凡小樹嫩弱不耐寒者，宜于臨冬時以綿軟柔草將身包裹，以麻皮縛定，泥封，加以糠秕，護其根，免凍損。

允祹等《大清會典》卷七四《工部・都水清吏司》　藏冰

凡伐冰，取諸御河及龍王堂蓮花池。歲以冬至後半月，部委司官一人，募夫伐冰，取其明浄堅厚者，以方尺有五寸爲塊。

凡納冰，紫禁城内窖五，藏冰二萬五千塊；景山西門外窖六，藏冰五萬四千塊；德勝門外窖三，藏冰二萬六千七百塊，以供各壇廟祭祀暨内廷之用。德勝門外土窖二，藏冰四萬塊；正陽門外土窖二，藏冰六萬塊，以供公廨官學及各門各監獄官設暑湯之用。

凡工費，計塊酬直以納於紫禁城内及各門外爲差。如藏冰不敷用，從市採買。以夏月及秋月爲差，均由部給發。

凡畿輔藏冰以供。

張廷玉等《大清會典則例》卷一三五《工部・都水清吏司》 藏冰

一設窖藏冰，順治元年定，每歲冬至前，工部發帑委所屬官至期伐冰收藏。

紫禁城内設窖五，通州取冰，一窖計四千五百四十三塊；京河取冰，四窖各五千二百十塊。

景山西門外設窖六，通州取冰，三窖各萬二千九百三十七塊；京河取冰，三窖各萬二千八百九塊。德勝門外設窖八，各萬三千二百五十塊。

又定藏冰每塊見方一尺五寸，行文奉宸苑及通州知州，豫期增設牐版，蓄水凝凍，伐運如額。不堅不潔者，劾之。康熙三十六年議準。

景山藏通州冰三窖，内減冰四十塊。五十五年議準。德勝門外冰窖減五存三，每窖藏冰萬九千九十二塊。雍正六年奏準。嗣後御河及龍王堂等處選取潔净冰八萬五千塊，通州選取五千塊，作爲定額。

紫禁城内五窖，藏京河冰二萬塊。

景山西門外六窖，藏京河冰三萬塊。德勝門外三窖，藏京河冰三萬五千塊，通州冰五千塊。十一年議準。增藏京河冰萬五千塊。乾隆三年覆準。增藏京河冰五千塊。四年議準。

紫禁城内五窖，藏京河冰二萬五千塊。

景山西門外六窖，藏京河冰五萬四千塊。德勝門外三窖，藏京河冰二萬四千七百塊，通州冰二千塊。八年議準。德勝門外開設大小二窖，增藏龍王堂冰三萬五千三百塊，蓮花池冰六萬四千七百塊。十三年議準。

正陽門外開設二土窖，以德勝門外土窖冰六萬塊移藏該處，作爲定額。十九年奏準，按每年藏冰，順治年間在通州取冰四萬餘塊，雍正六年減爲五千塊，乾隆四年減爲二千塊，但由通運京，道里稍遠，不若在京伐取之便，且現在龍王堂蓮花池等處得冰甚多。嗣後每年增取二千塊，停止通州取冰。

一用冰。順治九年定，每歲收藏冰，供各壇廟祭祀及内廷之用，並頒給八旗、王公、大臣、九卿、科道等官。康熙元年定，歲給掌儀司收藏果品冰兩半窖，太常寺收藏果品留三層冰一窖。十三年止八旗及各部院衙門給冰。雍正十年諭：見今天氣炎熱，各門應設立冰水暑湯以解行人煩渴，取用工部藏冰。如不敷，動用崇文門宣課司餘銀採買，永著爲例，欽此。遵旨議準，正陽等九門各設立冰水暑湯，日給冰二塊。十一年議準，正陽門增設冰桶，並東西大市街就日瞻雲坊街各設冰水暑湯，又增給田村八旗官學九門等處冰塊。乾隆八年奏準，在京部院大小各衙門及八旗印房護軍統領、前鋒統領，並問刑衙門，凡有監獄之處，準於土窖十萬額冰内取用。每冰萬塊，甎窖準其五成，土窖準其六成，消化定價，發賣以濟民用。九年定各衙門取用冰，每年五月初一日起至七月三十日止，各按應用數目，具印文支領。

一工價。順治九年定，通州冰，每塊伐運價銀三分八釐，藏紫禁城内。京河冰，每塊伐運價銀七釐四毫，餘冰每塊四釐二毫。康熙四十一年定，窖藏冰塊如不敷用，準採買民窖冰。夏秋月分，每塊價銀七分三釐。雍正四年定，秋月採買民窖冰，每塊價銀二分五釐。六年議準，收藏通州冰，每塊伐運價銀減爲二分四釐。九年定，秋月採買民窖冰，每塊仍給價銀七分三釐。十一年定，秋月採買民窖冰，每塊價銀五分三釐。乾隆八年議準，土窖藏冰，龍王堂冰每塊伐運價銀四釐二毫，蓮花池冰每塊伐運價銀四釐八毫五絲。

一畿輔藏冰。康熙初年定，每歲藏冰之時，令直隸地方官照部定例，伐冰藏窖，以備陵寢祭祀之用。三十年定，直隸熱河一帶地方建設冰窖，遇巡幸之年，由部會内務府豫年委官前往採買潔净冰塊，收藏供用。熱河藏冰三萬塊，喀喇河屯三千塊，巴克什營、兩間房、鞍子嶺、今常山峪。樺榆溝、中關小營、波羅河屯等七處，各五百塊。又定江浙二省，遇巡幸之年，蘇淮二府各於本處設窖藏冰。江寧、揚州、徐州、常州、鎮江等府雇覓蘇淮窖户，在宿遷及各府城收藏。浙江委官於蘇州府建設廠窖，均豫年辦理。雍正四年議準，陵寢祭祀所需冰，景陵，馬蘭關，遵化州供用；妃園寢，薊州供用；昭西陵，遵化州與薊州輪年供用。

王傑《西清續鑒乙編》卷一四

右[周冰鬲]高五寸六分，深二寸一分，口縱五寸九分，横七寸四分，腹圍二尺四寸八分，重九十九兩，四足。按《周禮・天官》膳夫所掌，王齋日三舉。殺牲盛饌曰舉。三舉，謂朝與日中及夕也。此爲散齋，致齋時日中供膳之器，故曰中

周冰鬲

膳。又淩人共冰鑑，蓋置冰于盤，使寒氣通徹，以禦温氣也。銘曰冰鬲，殆當暑時以代冰鑑者。《博古圖》載有冰斗，其説曰古人制器皆因時而爲之，則盛冰固不必專屬於鑑也。

漢獸環冰鑑

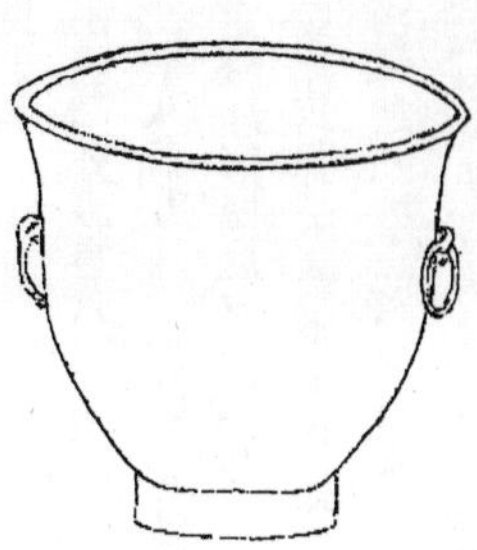
漢冰鑑

右[漢冰鑑]高五寸四分，深四寸八分，口徑八寸，腹圍二尺四寸，重四十九兩。

右[漢獸環冰鑑]高五寸二分，深四寸五分，口徑八寸八分，腹圍二尺三寸八分，重八十八兩。

鄭復光《費隱與知録》

皮棉之暖　由能含氣

問：皮棉之暖皆具火性邪？曰：此有二理，一由火性自具，一由蒙聲之質能含暖氣不散，故新皮與棉兼斯二者，舊則暖殺矣。舊棉復彈又畧暖者，彈鬆則含暖氣也。舊皮復硝而暖，是灰具火性而毛又鬆，則兼二理。此論羊及諸小毛耳，若洋貂等皮，雖舊而暖不甚減，則底絨厚耳。曰：天氣既冷，何由得暖氣而含之？曰：人身暖氣外出，身被皮棉，乃含之不散耳。

缸水防凍　法宜置炭

問：磁缸至堅，冰壯輒裂，謂置木炭不裂，確否？曰：《儀象志》言：物空其中內氣遇熱，必舒而破以奮出；其遇冷，氣必歛而破以外通，雖銅鐵所成，亦必破裂。愚謂：此物不容空之理，不可以詞害意。試作銅鐵空環，豈寒暑能自破。然磁缸凍裂，實是此理。蓋冰冪其面，遇冷侵氣歛，因是破焉。木炭雖實而虛，稍能舒歛推讓，而氣之情性遇物則讓，故力無復奮注，是以不破也。

李世禄《修防瑣志》卷一八　冰窖

冰窖約言

聖駕巡幸經由之地，俱有行宮，應設冰窖藏冰，以備夏日取用。每州縣須設二三座，如境有遊玩之邑，更須酌設。窖内必須燒鹽煉絶地氣，庶無融化之虞。封窖更加縝密，不使透風，最爲切要。

估冰窖及藏冰法

如冰窖一座計屋三間，内裡净長二丈四尺，寬一丈二尺，深一丈六尺。四面磚厚一尺四寸，八字梁七檁硬山成造，上蓋用蘆笆筬瓦，應先開乞地窖。地窖，將兩墻厚二尺八寸，加塘净長二丈四尺，即得應乞塘長二丈六尺八寸。將兩墻厚二尺八寸加塘净寬一丈一尺，即得應乞寬一丈三尺八寸，深一丈六尺。以長乘寬，又乘深，得共計土五十九方一分七厘。該處坐落山坡，土係崗土，石子砂礓堅硬，難乞。每方需用壯夫二名五分，每名照例給銀五分。

窖底先應夯硪堅實，加以柴鹽燒煉，不致洩氣融化。窖底以塘長乘塘寬，共折見方丈，該三丈六尺九寸八分四厘，令搭整尾數，共該三丈七尺。每方用夯夫四名，壯夫二名，俱每名銀五分。燒煉，用鹽四百斤，每百斤銀一兩三錢。木柴八百斤，每百斤銀二錢。

冰窖一座，計三間，塘内前後二面，共長五丈三尺六寸，其寬已經二長砌去墻厚四尺八寸，止算净寬二面，共長二丈二尺，合計四圍湊長七丈五尺六寸。均高地面二尺，加塘深一丈六尺，該共高一丈八尺。墻厚一尺四寸，用長八寸、寬三寸五分、厚一寸八分沙滾磚，以磚厚一寸八分，歸均高一丈八尺，即得扁砌一百層。每層以磚寬三寸五分，歸墻厚一尺四寸，即得順砌四路，以一百層乘之，計四百路。以磚長八寸歸四圍，湊長七丈五尺六寸，即得每路用磚九十四塊半。

又用四百路乘之，得共磚三萬七千八百塊。又兩頭山尖二個，各下寬一丈四尺，查下寬實止一丈三尺八寸，湊寬以兩墻併之，該二丈八尺。另佑山尖高五尺八寸，折半牽高二尺九寸，以磚厚一寸八分歸之，得扁砌高十六層。以磚寬三寸五分歸墻厚，應該每層順砌四路，又乘十六層。得計六十四路。以磚長八寸歸兩山共底寬二丈八尺，得每路用磚三十五塊。又乘六十四路，得共磚二千二百四十塊。又窖底净長二丈四尺，寬一丈一尺，扁磚鋪漫，以磚寬歸窖净寬，得三十一路四分。以磚長歸窖净長，得每路砌磚三十塊。又以三十一路四分乘，得共磚九百四十二塊。以上三共用磚四萬零九百八十二塊，每塊銀一厘八毫。

前砌磚四萬零九百八十二塊，每四塊用石灰一斤，以四塊歸共磚，得用石灰總數。每百斤，銀一錢六分。

前砌墻鋪底磚四萬零九百八十二塊，每七百塊用瓦匠一工，壯夫二名，每名工銀俱五分。

磚墻上用柁梁四根，各長一丈三尺，徑六寸，計用長一丈三尺，徑六寸杉木四根，每根連水脚銀四錢八分四厘。

柁梁每架上用八字木二根，共八根，各長七尺九寸，徑五寸，用杉木八根，每根連水脚銀一錢四分九厘。

【略】

一窖內藏冰長二丈四尺，寬一丈一尺，深一丈六尺。四面用蘆笆圍貯，前後二長，左右二寬，四共七丈，以深一丈六尺乘之，湊折見方丈十一丈二尺。每丈用蘆柴三束半，窖底鋪柴厚五寸，以長乘寬得方，每厚一寸，每方約用柴二束八分八厘。用蘆柴三十八束。

圍笆鋪底，用笆匠四工，隨匠壯夫八名，收冰入窖。自水口至冰窖，計旱程七里，擡運夫六百六十五名，每名銀五分，以長乘寬，又乘高一丈六尺，計冰四十二方二分四厘。每名每里運冰四分四厘五毫，計程七里，實止運冰六厘三毫五絲也。

貯冰每高五尺，用鹽滿灑一層，收貯窖滿，用鹽封頂。上蓋草束，共用鹽八石，草五百束。每束銀三厘六毫。

窖內藏冰用夫二十名。

封窖門，用白灰四十斤，瓦匠半工。

以上共估銀五十六兩四錢零三厘，連前通共估銀一百九十三兩五錢零七厘。

俞樾《茶香室續鈔》卷一　藏雪

宋袁文《甕牖閒評》云：自古藏冰，至本朝始藏雪。余鄉亦能藏雪。見説初無甚難，藏雪之處亦可藏酒及相梨橘柚諸果。久爲寒氣所浸，夏取出，光彩燦然而酒尤香冽。按：今藏冰而不知藏雪，此法廢矣。

衛傑《蠶桑萃編》卷二《桑政・護桑類》　防凍

桑芽已萌，最畏霜凍。倘春天陡寒，北風大作，皆傷桑枝。先於樹北築土墻，或編葦籬以避寒氣。

劉嶽雲《格物中法》卷二《水部》　冰

凌陰，冰室也。《詩傳》。

南方冰薄，難以收藏，其法用鹽洒冰上，一層冰，一層鹽，久之則結成一塊，厚與北方等。次年開用，雖其味略鹹，而可以解暑愈病。《張江陵集》。

嶽雲謹案：鹽冰相合，西士以寒暑表試之，其寒更甚。已上藏冰之法。

又　卷三《火部》　熱

井水冬温夏寒，乃冬月地面氣寒，故見其較温。夏月地面氣熱，故見其較寒耳。其實，井水未嘗變也。《造化究源》。

嶽雲謹案：地面熱者，熱漸聚也。地面寒者，熱漸散也。水在井中，熱無所傳，故冬夏如一。井熱所以不傳者，以土包之也。缸以稻草包則水不凍，同一理也。

衣，依也，人所依以芘寒暑也。襟，禁也，禁禦風寒也。《逸雅》。

嶽雲謹案：人被衣服而温者，非衣能温人，乃衣蔽人體，使熱緩緩而傳，氣聚而温耳。故衣必擇傳熱之緩者，即皮毛爲最，氊罽次之，絲棉絮又次之，麻緼爲下。

《宋文安公集》中有省油燈盞詩，今漢嘉有之，蓋夾燈盞也。一端作小竅，注清冷水於其中，每夕一易之。尋常盞爲火所灼而燥，故速乾。此獨不然，其省油幾半。邵公濟牧漢嘉時，數以遺中朝士大夫。按文安亦嘗爲玉津令，則漢嘉出此物幾三百年矣。《老學庵筆記》。

嶽雲謹案：燈芯緣吸盞油至炷處，燃火發光，熱漸增加，則周圍空氣皆熱，反撲盞油，油亦熱而化氣，夏日尤甚。今夾盞注水，則熱不傳而耗散少。此雖微物，亦有理存。

要得麥，見三白。《田家五行志》。

一冬無雪，麥苗乾。《古謠諺》。

嶽雲謹案：冬日寒冷，積雪上壓，則地中氣聚而温，一切草卉如人被絮衣矣。若無雪，是冬必甚寒，草卉易於凍死。《韓非子》：周公曰冬日之閉凍也不固，則春夏之長草木也不茂。亦此意。

已上熱有保護，則内熱難傳于外。

爲地室藏冰，則温氣不至，冰得久存。《詩納于凌陰王氏説》。

嶽雲謹案：室護人熱，令不爲外冷所傳。室藏冰寒，令不爲外熱所傳。其理相同。西人言以衣裹冰，冰亦得暫存是也。

已上冰有保護，則外熱難傳于内。

楊鞏《中外農學合編》卷六《農類蔬菜・甘藷・附外洋法》 支那、非洲、南北美洲、日本等處多植之。種法，於春至先埋所留之種於苗床，令其萌芽，待稍伸長，截以爲苗。其苗床選温暖之處，以馬糞及枯葉等易發熱之物，填植床下，圍藁其上，以防塞氣。然後埋種，芽長至尺許，截之植於本圃麥畦之間，約距一尺，而施以堆肥油粕糠等。插植後，必引蔓而舉之，以令反撓。

綜述

朱熹《詩經集傳》卷三《豳一之十五・七月八章》 二之日鑿冰沖沖，三之日納于凌陰。凌，音另。陰。叶於容反。四之日其蚤，音早。獻羔祭韭。音九，叶已小反。九月肅霜，十月滌場。朋酒斯饗，叶虚良反。曰殺羔羊。躋音賫。彼公堂，稱彼兕觥，音肱，叶舌黄反。萬壽無疆。賦也。鑿冰，謂取冰於山也。沖沖，鑿冰之意。《周禮》正歲十二月，令斬冰是也。納，藏也，藏冰所以備暑也。凌陰，冰室也。豳土寒多，正月風未解凍，故冰猶可藏也。蚤，蚤朝也。韭，菜名。獻羔祭韭而後啓之。《月令》仲春獻羔開冰，先薦寢廟是也。蘇氏曰：古者，藏冰發冰，以節陽氣之盛。夫陽氣之在天地，譬猶火之著於物也，故常有以解之。十二月陽氣蘊伏，錮而未發，其盛在下，則納冰於地中。至於二月，四陽作，蟄蟲起，陽始用事，則亦始啓冰而廟薦之。至於四月，陽氣畢達，陰氣將絶，則冰於是大發食肉之禄老，病喪浴冰無不及。是以冬無愆陽，夏無伏陰，春無淒風，秋無苦雨，雷出不震，無災霜雹，癘疾不降，民不夭札也。胡氏曰：藏冰開冰，亦聖人輔相燮調之一事耳。不專恃此以爲治也。肅霜，氣肅而霜降也。滌場者，農事畢而埽場地也。兩尊曰朋，鄉飲酒之禮，兩尊壺于房户間是也。躋，升也。公堂，君之堂也。稱，舉也。疆，竟也。

易祓《周官總義》卷四

凌人掌冰正。歲十有二月令斬冰，三其凌。

夏用寅正，殷用丑正，周用子正，其來尚矣。周人以建子之月爲正月，故以建寅之月爲正歲。如大司徒、鄉大夫長之職既書正月，又書正歲。此一經通義，明白易曉。而先儒於凌人一職，紛然不一，何也？或謂此十二月爲周建亥之月，或又謂正歲之十二月乃夏正建丑之月，二説角立，不容不辨。且夏正之説，古人固未嘗廢，近世儒者乃謂殷書之元祀，十二月爲歲首之月，且引以爲夏時之證。其説未爲不然，然而歷家紀三代所尚，其實不然。何以明之？左氏傳《春秋》載鄭梓氏之言曰：「火出於夏爲三月，於殷爲四月，於周爲五月。」則殷周之月，未嘗不各有所尚也。【略】此即十二月爲建亥之證。或曰《豳詩七月》亦周詩也，二之日鑿冰沖沖，而不言周之二月；三之日納於凌陰，而不言周之三月；若四月以至十月則皆以夏正紀事，何也？《七月》詩言先公風化，則推原后稷以來之事，初無與乎周家之歷法，柰何以此而遂謂凌人之十二月爲夏之建丑哉？且《月令》以建丑爲季冬，水澤腹堅，固可斬冰。若先令之於建亥之月，乃斬冰於建丑之月，其説正與《豳詩》合。要之當以故書正爲據，鄭司農云掌冰政，至杜子春乃始改正謂夏正。參攷經旨，恐不必改此政字。今以掌冰政爲一句，歲十二月爲一句，如《孟子》歲十二月與梁成之義，是亦建亥之月也。或謂周之亥月，其冰未堅，果何取焉？曰：周人非以建亥之月斬冰也，特令之而已。傳曰：古者日在北陸而藏冰，是時日躔尾箕之間，已近北陸，於是凌人先時而行斬冰之令。且爲之三其凌，何謂三其凌，三爲冰室以待亥、子、丑三月之用也。蓋天時不可以預，必有冬而無冰者，豈能必其冬之常寒。凡亥子丑三月之間皆可藏冰，故三其凌以待之。

春始治鑑。凡外、内饔之膳羞，鑑焉。凡酒漿之酒醴亦如之。祭祀，共冰鑑。賓客，共冰。大喪，共夷槃冰。夏頒冰，掌事。秋，刷。

先王藏冰出冰之政，所以順天時而防民患，故申豐之言曰：聖人在上，無雹。雖有，不爲災。古者日在北陸而藏冰，西陸朝覿而出之。其藏之也，深山窮谷，固陰沍寒，於是乎取之。其出之也，朝之禄位，賓、食、喪、祭，於是乎用之。其藏之也，黑牡、秬黍以享司寒。其出之也，桃弧棘矢，以除其災。其出入也時。食肉之禄，冰皆與焉。大夫、命婦喪浴用冰。祭寒而藏之，獻羔而啓之，公始用之，火出而畢賦，自命夫命婦至於老疾，無不受冰。山人取之，縣人傳之，輿人納之，隸人藏之。今考之經，凌人令斬冰，而不言斬冰之人，即所謂山人、縣人、輿人、隸人之類也。所謂北陸者，建子之月，日在牽牛之次；建丑之月，日在虛危之次。所以斬冰而先令於建亥之月者也。所謂西陸者，建卯之月日在奎，於是獻羔以啓之。建辰之月，日在胃昴，火星昏見於東方，於是火出而畢賦。所以治鑑於春，而膳羞酒醴皆共其鑑也。又云賓、食、喪、祭於是乎用之，即祭祀，共冰鑑；賓客，共冰；大喪，共夷槃冰之證也。又云食肉之禄，冰皆與焉，命夫命婦至於老疾，無不受冰，即夏頒冰之證也。終之曰《七月》之卒章藏冰之道也，則可見秋刷其凌，終而復始也。是知冰政著於《豳詩》，大備於成周，而時見一二於春秋之世，故左氏傳《春秋》而詳叙申豐之説，豈徒制度云乎哉。

段昌武《毛詩集解》卷一五《豳・七月八章》 二之日鑿冰沖沖，直弓反。三之日納于凌力證反。陰。四之日其蚤，音早。獻羔祭韭。音久。九月肅霜，十月滌徒歷反。場。朋酒斯饗，曰殺羔羊。躋子奚反。彼公堂，稱彼兕觥，虢彭反。萬壽無疆。

《周官・凌人》曰：十有二月令斬冰。毛曰：冰盛，水腹堅，則命取冰於山林。沖沖，鑿冰之意。孔曰：沖沖，非貌非聲，故曰鑿冰之意。王曰：沖沖，和之至也。鑿冰非特備暑，亦所以達陽氣。氣達則沖沖矣。孔曰：《月令》季冬冰方盛，水澤腹堅，命取而藏之。《左傳》曰：日在北陸而藏冰，深山窮谷，固陰冱寒，於是乎取之。注：陸，道也，謂夏十二月，日在虛危。曹曰：《月令》季冬之月，命取冰以入，告民出五種。蓋陽氣達而和，適乃出五種焉。孔曰：豳土晚寒，故可夏正月藏冰。又曰：凌人十二月令斬冰，即以其月納之。朱曰：豳土多寒，故正月風未解凍，冰猶可藏也。毛曰：凌陰，冰室也。孔曰：按《凌人》云三其凌，注云三之者，爲消釋也。杜子春云倍其冰也。孔曰：仲春陽氣出地，冰依禮須開。程曰：其蚤用之於獻羔祭韭時，夏頒冰是其後用時也。孔曰：西陸朝覿而出之，三統術，四月立夏節日在畢十二度，星去日半次，然後見。是立夏之日，日去昴星之界已十二度，昴星得朝見也。二月開冰，公始用之，未賜臣也。至于夏初其出之也，朝之禄位賓食喪祭，於是乎普用之，是乃頒賜臣下也。孔曰：《月令》仲春天子乃獻羔開冰，先薦寢廟。祭韭者，蓋以時韭新出，故薦之。鄭曰：《凌人》注云：爲二月將獻羔而啓冰。李曰：春薦羔薦韭，乃春時先薦寢廟之物也。丘曰：肅，嚴氣也。毛曰：滌，掃也。場，功畢入也。兩樽曰朋。孔曰：設兩尊之朋酒，斯爲飲酒之饗禮。曹曰歲隙必休老勞農，且行鄉飲酒之禮。朱曰：鄉飲酒之禮，尊兩壺于房户之間是也。孔曰：相命曰殺羔羊。躋，升也。王曰：公堂，人君之堂也。孔曰：稱，舉也。兕觥，角爵也。王曰：兕觥罰爵用於既酬之，後亦所以爲樂也。毛曰：疆，竟也。孔曰：七章言收斂之事，所以成首章也。衣食已具，卒章乃言備暑，藏冰、飲酒、相樂。王曰：於是乎可以飲酒燕樂，是謂燕饗之節。鄭曰：上章備寒，故此章備暑。后稷先公禮教備也。范曰：備寒所以爲下也，備暑所以爲上也。寒者民之所患也，故先之，所以急民也。程曰：藏冰所以備暑，而開冰必以仲春，所以順時氣也。蘇曰：古者藏冰發冰，以節陽氣之盛。夫陽氣之在天地，譬猶火之著於物也，故當有以解之。十二月陽氣蘊伏，錮而未發，其盛在下，則納冰於地中。至于二月，四陽作，蟄蟲起，陽始用事，則亦始啓冰而廟薦之。至於四月，陽氣畢達，陰氣將絶，則冰於是大發食禄之家，老病喪浴，冰無不及。是以冬無愆陽，夏無伏陰，春無淒風，秋無苦雨，雷出不震，無災霜雹，厲疾不降，民不夭札也。胡曰：藏冰開冰，聖人輔相燮調之一事，不專恃此以爲治。

王與之《周禮訂義》卷八《天官冢宰下》

凌人：下士二人，府二人，史二人，胥八人，徒八十人。

鄭康成曰：凌，冰室也。《詩》云：二之日鑿冰沖沖，三之日納于凌陰。

愚案：冰既是飲食中用，故次酒正。

薛平仲曰：凌人以掌冰爲職，於酒漿無關也。特屬於酒漿之末，蓋酒所以奉陽，冰之用所以禦陽也。一身之血氣常流於天地間，陰陽節宣之不至，則未有不致戾者，豈足以與天地同流哉。觀凌人之屬於酒漿之末，則大宰佐王之道密矣。

掌冰正，歲十有二月，令斬冰，三其凌。

鄭節卿曰：周雖改正朔，每用夏正，故凌人之職，正歲十有二月，令斬冰。夏頒冰，掌事。秋，刷。皆夏月也。如《詩》「七月流火，九月授衣。」每書月者，皆夏正。若周正，則不書月，一之日，二之日是也。賈氏曰：周十二月冰未堅也，《詩》曰二之日鑿冰沖沖，三之日納于凌陰。二之日謂周之二月，夏之十二月；三之日謂周之三月，夏之正月。與此《周禮》十二月藏冰，校一月者豳地寒，故納冰可用夏正月也。

王昭禹曰：斬取以建丑之月，納藏以建寅之月，蓋陰積而爲冬，建丑之月陰雖已退，而其氣猶盛。陽雖已萌，而其氣未浮，陰氣有餘而强，陽氣不足而弱，斬而藏之，所以宣助陽氣。鄭鍔曰：冰不堅厚則不可取，欲取諸冰厚腹堅之時，故《記》則謂之伐，《詩》則謂之鑿，此則謂之斬。杜氏曰：三其淩，三倍其冰。鄭康成曰：三之者，爲消釋度也。易氏曰：三爲冰室以待亥、子、丑三月之用，蓋天時不可預，必有冬而無冰者。凡亥子丑三月之間皆可藏冰，故三其淩以待之。

李景齊曰：藏冰將以備暑，亦所以達陽。出冰雖以禦暑，亦所以助陰。蓋陰陽之氣流行乎天地間，一氣不至則閉塞而爲災，一氣或過則乖戾而爲疾。善防患者，養其弱而抗其强，故方陰之盛而陽之微，則鑿冰以達陽；或損有餘以補不足，故方陽之隆而陰之消，則出冰以禦暑。聖人所以裁成天地之道，輔相天地之宜，以此也。《豳詩》言王業所致之由而必有及於鑿冰冲冲。申豐言陰陽之和而無水旱疫癘之災者，亦推其本於鑿冰出冰之得其道。淩人一職，豈非若緩而實急乎。

王應麟《玉海》卷一六一《宮室・淩室》 百官表，少府有東織、西織令丞。河平元年，省東織，更名西織爲織室。中興省織室令。《六典》注：後漢織室丞一人。惠紀四年七月乙亥，未央宮淩室災。又成帝永始元年，春正月癸丑，太官淩室火。丙子織室災。注：師古曰：淩室，藏冰之室。《豳詩七月》之篇曰納于淩陰。織室，主織作繒帛之處。《五行志》劉向以爲淩室所以供養飲食，織室所以奉宗廟衣服。【略】《水經注》：冰室，舊在宣陽門內。《東京賦》謻門，注：冰室門也。宋孝武大明六年置淩室，修藏冰之禮。周典婦功典、絲典枲即漢東西織也。藏冰之禮，淩人掌之，《月令》載之，《豳詩》歌之。

衛湜《禮記集説》卷四一

是月也，天子始絺。

鄭氏曰：初服暑服。

嚴陵方氏曰：絺以涼而可以禦暑，裘以温而可以禦寒。孟夏者，暑之始也，故言始絺。孟冬者，寒之始也，故言始裘。

王志長《周禮註疏删翼》卷四

淩人掌冰，正歲十有二月令斬冰，三其淩。註：正歲季冬，火星中，大寒，冰方盛之時。《春秋傳》曰：火星中而寒暑退。淩，冰室也。三之者，爲消釋度也。故書正爲政。鄭司農云：主藏冰之政也。杜子春云：政當爲正，謂夏正也。三其淩，三倍其冰。

愚按：正歲指夏正，蓋言夏正之十有二月，直指季冬也。後儒謂正歲，周人建子之月，十二月則又依夏正紀月之體，指季冬言，詞理似未順。

春始治鑑。註：鑑如甀，大口，以盛冰，置食物於中，以禦温氣。春始治之，爲二月將獻羔而啓冰。

凡外、內饔之膳羞，鑑焉。凡酒漿之酒醴亦如之。註：酒醴見温氣亦失味。酒漿，酒人漿人也。

祭祀，共冰鑑。賓客，共冰。註：不以鑑往，嫌使停膳羞。

疏：冰若有鑑則不消釋，食得停久。

大喪，共夷槃冰。註：夷之言尸也。實冰於夷槃中，置尸牀之下，所以寒尸。尸之槃曰夷槃，牀曰夷牀，衾曰夷衾，移尸曰夷於堂，皆依尸而爲言者也。漢禮器制度大槃，廣八尺，長丈二尺，深三尺，漆赤中。

夏頒冰，掌事。秋，刷。註：暑氣盛，王以冰頒賜則主爲之。刷，清也。鄭司農云：刷除冰室，當更納新冰。玄謂：秋涼，冰不用，可以清除其室。

疏：《左傳》昭四年大雨雹，季武子問於申豐曰：雹可禦乎？對曰：聖人在上，無雹。雖有，不爲災。古者日在北陸而藏冰，西陸朝覿而出之。其藏冰也，深山窮谷，固陰沍寒，於是乎取之。其出之也，朝之禄位，賓食喪祭，於是乎用之。其藏之也，黑牡秬黍，以享司寒。其出之也，桃弧棘矢，以除其災。獻羔而啓之，公始用之；火出而畢賦，自命夫命婦至於老疾，無不授冰。山人取之，縣人納之，隸人藏之。夫冰以風壯，而以風出。其藏之也周，其用之也徧，則冬無愆陽，夏無伏陰，春無淒風，秋無苦雨，雷出不震，無災霜雹，癘疾不降，民不夭札。今藏川池之冰棄而不用，風不越而殺，雷不發而震，雹之爲災，誰能禦之。《七月》之卒章，藏冰之道也。王氏曰：藏冰將以備暑，而亦所以達陽。出冰所以禦暑，而亦所以助陰。夫陰陽之氣流行於天地之間，一氣之不至則閉塞而爲災，一氣之或過則乖戾而爲疾。善防患者，或養其弱以抗其彊，故方陰之盛而陽之微也，則鑿冰以達陽。或損其有餘以補其不足，故方陽之隆而陰之消也，則出冰以禦暑。如此則無愆陽，無伏陰，無閉塞乖戾之患矣。先王裁成天地之道，輔相天地之宜，以左右民如此。

范家相《三家詩拾遺》卷六《國風》

二之日鑿冰冲冲。

《韓詩》：冰者，窮谷陰氣所結，不洩則化爲伏陰。《初學記》引《内傳》。《左傳》言：藏冰必取之深山窮谷，固陰沍寒，鑿而取之，即以洩陰也。可見王政之施，無非節宣陰陽之道。

紀事

杜預注　陸德明音義　孔穎達疏《春秋左傳注疏》卷四二《昭公四年》

大雨雹。季武子問於申豐曰：雹可禦乎？注：禦，止也。申豐，魯大夫。對曰：聖人在上，無雹。雖有，不爲災。疏正義曰：無雹，復云雖有不爲災者，言有相形之勢也。聖人在上無雹，言必無，雖有不爲災，復見無雹之意。猶《論語》祭肉不出三日，出三日不食之矣。古者日在北陸而藏冰，注：陸，道也，謂夏十二月，日在虛危，冰堅而藏之。疏注正義曰：《釋例》云：北陸，虛也。西陸，昴也。孫炎云：陸，中也。北方之宿，虛爲中也。西方之宿，昴爲中也。彼以陸爲中，杜以陸爲道者，陸之爲中爲道，皆爲正訓，各以意言耳。杜以西陸朝覿謂奎星，朝見昴爲西方中宿，則昴未得見宿是日行之道。《爾雅》：高平曰陸。高平是道路之處，故以陸爲道也。日在北陸爲夏之十二月也。十二月日在玄枵之次，小寒節大寒中。《漢書·律歷志》載劉歆《三統歷》云：玄枵之初日在婺女八度，爲小寒節。在危初度爲大寒中，終於危十五度，是夏之十二月，日在虛危也。於是之時，寒極冰厚，故取而藏之也。《周禮·凌人》：正歲十有二月，令斬冰。《詩》云：二之日鑿冰冲冲。《月令》：季冬冰盛水腹，命取冰。鄭玄云：腹，厚也。以此知日在北陸謂夏之十二月也。西陸朝覿而出之。注：謂夏三月日在昴畢，蟄蟲出而用冰。春分之中，奎星朝見東方。疏正義曰：覿，見也。西道之宿有星朝見者，於是而出之，謂奎星晨見而出冰也。注：正義曰杜以西陸爲三月，日在大梁之次，清明節，穀雨中。《三統歷》云：大梁之初，日在胃七度爲清明節，在昴八度爲穀雨中，終於畢十一度。是夏之三月，日在昴畢，於是之時，蟄蟲已出，有温暑臭穢，宜當用冰，故以是時出之也。歷法星去日半次則得朝見。《三統歷》：春分日在婁四度，宿分奎有十六度乃次婁，則春分之日，奎之初度去日已二十度矣，故春分之中得早朝見東方也。西方凡有七宿，傳言西陸朝覿，於傳之文未知何宿覿也。服虔以爲二月日在婁四度，春分之中奎始朝見東方，以是時出冰。《月令》仲春天子乃獻羔啓冰是也。服虔又以此言出之，即是仲春啓冰，故爲此説。案：下句再言其藏其出，覆此藏出之文，言其出之也，朝之禄位，賓食喪祭於是乎用之，即是班冰之事，非初啓也。安得以出之爲啓冰也。如鄭玄答其弟子孫皓問云：西陸朝覿，謂四月立夏之時，《周禮》夏班冰是也。與杜説異理亦通也。劉炫云：春分奎星已見，杜以夏三月仍云奎始朝見，非其義也。杜鄭及服三説，鄭爲近之。今知非者，杜以西陸朝覿，實是春分二月，故杜此注云春分之中，奎星朝見東方，及下獻羔啓之注云，謂二月春分獻羔祭韭是也，皆據初出其冰，公始用之時也。所以杜入注云，謂夏之三月日在昴畢，蟄蟲出而用冰者，以此傳云西陸朝覿而出之，下傳覆之云：其出之也，朝之禄位，賓食喪祭於是乎用之。既云朝之禄位，賓食喪祭則是普賜羣臣，故杜云謂夏三月，又下注云言不獨共公，是據普班之時也。故下傳又云火出而畢賦是也。然冰之初出，在西陸始朝覿之時。冰之普出，在西陸朝覿之後。總而言之，亦得稱西陸朝覿而出之也。劉炫不細觀杜意，以爲杜既言春分朝見，又言謂夏三月以規，杜失非也。其藏冰也，深山窮谷，固陰沍寒，於是乎取之。注：沍，閉也。必取積陰之冰，所以道達其氣，使不爲災。疏正義曰：此傳再言其藏其出者，上言取之、用之之事，下言藏之、出之之禮也。山則遠而難窮，故言深山也。谷則近而易盡，故言窮谷也。固，牢也。沍，閉也。牢陰閉寒，言其不得見日，寒甚之處，於是乎取之。注正義曰：《周禮》鼈人掌互物。鄭司農云：互物，謂龜鼈有甲蒲胡。是沍爲閉也。深山窮谷之冰，至夏猶未釋，陽氣起於下，隔於冰伏積而不能出，憤發或散而爲雹。藏冰必取此山谷之內積陰之水，所以道達其氣，使不爲災也。藏冰，凌空所藏不多，積陰之冰不可取盡。不取川池之冰，以示道達陽氣耳。未必陽氣皆待此而達也。其出之也，朝之禄位，賓、食、喪、祭，於是乎用之。注：言不獨共公。疏正義曰：此謂公家用之也。朝廷之臣，食禄在位，大夫以上皆當賜之冰也。其公家有賓客享食，公家有喪有祭，於是乎用之。言其不獨共公身所用也。《周禮·凌人》云：春始治鑑。凡內、外饔之膳羞，鑑焉。凡酒漿之酒醴亦如之。祭祀，共冰鑑。賓客，共冰。大喪，共夷槃冰。是公家所用冰也。其藏之也，黑牡、秬黍以享司寒；注：黑牡，黑牲也。秬，黑黍也。司寒，玄冥北方之神，故物皆用黑。有事於冰，故祭其神。音義：牡，茂后反。秬，音巨。冥，亡丁反。疏注正義曰：此祭玄冥之神，非大神，且非正祭，計應不用大牡。杜言黑牡黑牲，當是黑牡羊也。秬，黑黍，釋草文也。啓冰唯獻羔祭韭，藏冰則祭用牲黍者，啓唯告而已。藏則設享祭之禮，祭禮大而告禮小故也。《月令》於冬云其神玄冥，故知司寒是玄冥也。北方之神，故物皆用黑，從其方色也。有事於冰，故祭其寒神。其出之也，桃弧棘矢，以除其災。注：桃弓棘箭所以禳除凶邪，將御至尊故。音義：弧，音胡。禳，如羊反。邪，似嗟反。疏注正義曰：《説文》云：弧木，弓也。謂空用木，無骨飾也。服虔云：桃，所以逃凶也。棘矢者，棘赤有箴，取其名也。蓋出冰之時，置此弓矢於凌室之户，所以禳除凶邪，將御至尊，故慎其事，爲此禮也。此傳言其出之也，雖覆上文出之之文，其實此出之謂二月初出之時，公將用之，故設弓矢也。劉炫云：此言出之，覆上西陸朝覿，知是火出時事，二月已啓此方。用弓矢者，二月啓冰，始薦宗廟，此公將用之，故設弓矢也。其出入也時。食肉之禄，冰皆與焉。注：食肉之禄，謂在朝廷治其職事，就官食者。音義：與，音預。疏注正義曰：在官治事，官皆給食。大夫以上食乃有肉，故魯人謂曹劌曰：肉食者謀之。又説子雅子尾之食云，公膳日雙雞，是大夫得食肉也。傳言食肉之禄，禄即此肉是也。若依禮常所合食，案《玉藻》云天子日食少牢，諸侯日食特牲，大夫特豕，士特豚，則士亦食肉，但彼是在家之禮，非公朝常食也。杜言謂在朝廷治其職事，就官食者，以明在官之食有冰耳。下云自命夫命婦無不受冰，謂賜之冰，受以歸，在家用之也。大夫命婦喪浴用冰。注：命婦，大夫妻。音義：浴，音欲。疏正義曰：《喪服傳》曰：大夫弔於命婦錫衰，命婦弔於大夫亦錫衰。此傳與彼命婦之文皆與大夫相對，故杜知是大夫妻也。《喪大記》云：君設大盤造冰焉，大夫設夷盤造冰焉，士併瓦盤無冰。鄭玄云：禮自仲春之後，尸既襲既小斂，先内冰盤中，乃設牀於其上，不施席而遷尸焉。秋涼而止。士喪禮，君賜冰亦用夷盤，是當喪之時，特錫之冰，浴訖乃設，故云喪浴用冰。祭寒而藏之，注：掌司寒。音義：祭寒而藏之，本或作祭司寒者，非。獻羔而啓之，注：謂二月春分，獻羔祭韭，開冰室。音義：韭，音九。疏正義曰：上已云，其藏冰也，黑牡秬黍以享司寒。今復云祭寒而藏之，與上一事而重其文者，欲明獻羔而啓之，還是獻之於寒神，故更使藏之、啓之文相對也。注正義曰：《詩》云：四之日其蚤，獻羔祭韭。四之日，即夏之二月也。告神而始開冰室，始薦宗廟。薦神之後公遂用之，俱在春分之月。公始用之。注：公先用優尊。火出而畢賦，注：火星昏見東方，謂三月四月中。疏注正義曰：十七年傳云：火出於夏爲三月，於商爲四月，於周爲五月，此云火出而畢賦，謂以火出而後賦之，以火出爲始也。《周禮》云夏頒冰，爲正歲之夏，即四月是也，故杜兼言四月。自命夫命婦至於老疾，無不受冰。注：老，致仕在家者。山人取之，縣人傳之，注：山人，虞官。縣人，遂屬。音義：傳，直專反。疏注正義曰：《周禮》山虞掌山林之政令。知山人虞官也。《周禮》五縣爲遂，是縣爲遂之屬也。輿人納之，隸人藏之。注：輿隸皆賤官。音義：輿，音餘。夫冰以風壯，注：冰因風寒而堅。音義：壯，側亮反。而以風出。注：順春風而散用。其藏之也周，注：周，密也。其用之也徧。注：及老疾。音義：徧，音遍。則冬無愆陽，注：愆，過也，謂冬溫。音義：愆，起虔反。夏無伏陰，注：伏陰謂夏寒。春無凄風，注：凄，寒也。音義：凄，七西反。秋無苦雨，注：霖雨爲人所患苦。音義：霖，音林。疏注正義曰：《詩》云以祈甘雨，此云苦雨。雨水一也，味無甘苦之異，養物爲甘，害物爲苦耳。《月令》云：孟夏行秋令，則苦雨數來，五穀不滋。是霖雨爲人所患，謂之苦也。鄭玄云：申之氣乘之苦雨，白露之類，時物得而傷也。雷出不震，注：震，霆也。音義：霆，音亭，又音挺，又亭佞反。疏注正義曰：《説文》云：震，劈歷震物者。《釋天》云：疾雷爲霆霓。郭璞云：雷之急激者謂劈歷。則霆是震之别名。雷出不震，言有雷而不爲霹靂也。下云雷不發而震，言無雷而有霹靂也。無菑霜雹，癘疾不降，注：癘，惡氣也。音義：菑，音災，下同。癘，音例。疏正義曰：霜雹即是菑，言無此菑害之霜雹也。寒暑失時則民多癘疾。癘疾，天氣爲之，故云降也。民不夭札。注：短折爲夭，夭死爲札。音義：札，側八反，一音截。《字林》作壯列反。疏注正義曰：《洪範》六極，一曰凶短折。孔安國曰：短未六十，折未三十。是短折爲少夭之名也。《周禮》膳夫天札則不舉，鄭玄云：天札，疫癘也，謂遭疫癘而夭死也。癘疾謂民病，夭札謂人死，故云夭死爲札。今藏川池之冰棄而不用，注：既不藏深山窮谷之冰，又火出不畢賦，有餘則棄之。風不越而殺，雷不發而震。注：越，散也，言陰陽失序，雷風爲害。音義：殺如字，又色界反，徐色例反。疏正義曰：風不以理舒散而暴疾殺物，雷不徐緩動發而震擊爲害。雹之爲菑，誰能禦之？《七月》之卒章，藏冰之道也。注：《七月・詩・豳風》卒章曰二之日鑿冰沖沖，謂十二月鑿而取之。三之日納于凌陰。凌陰，冰室也。四之日其蚤，獻羔祭韭。謂二月春分，蚤開冰室以薦宗廟。音義：豳，彼貧反。鑿，在洛反。沖沖，直忠反。凌，陵證反，一音陵。蚤，音早。疏注正義曰：凌人十二月令斬冰。《月令》十二月令取冰，當是即以其月納於凌室也。《詩》言三之日納于凌陰，即是正月矣。

沈約《宋書》卷一五《志第五・禮二》　孝武帝大明六年五月，詔立凌室藏冰。有司奏，季冬之月，冰壯之時，凌室長率山虞及輿隸，取冰於深山窮谷，涸陰沍寒之處，以納于凌陰。務令周密，無泄其氣。先以黑牡秬黍祭司寒於凌室之北。仲春之月，春分之日，以黑羔秬黍祭司寒。啓冰室，先薦寢廟。二廟夏祠用鑑盛冰，室一鑑，以禦温氣蠅蚋。三御殿及太官膳羞，並以鑑供冰。自春分立秋，有臣妾喪，詔贈祕器。自立夏至立秋，不限稱數以周喪事。繕制夷盤，隨冰借給。凌室在樂游苑内，置長一人，保舉吏二人。

李百藥《北齊書》卷一三《列傳第五・趙郡王琛子叡》　叡領山東兵數萬監築長城。于時盛夏六月，叡在途中，屏除蓋扇，親與軍人同其勞苦。而定州先有冰室，每歲藏冰，長史宋欽道以叡冒犯暑熱，遂遣輿冰，倍道追送。正直日中停軍，炎赫尤甚，人皆不堪，而送冰者至，咸謂得冰一時之要。叡乃對之歎息云：三軍之人，皆飲温水，吾以何義，獨進寒冰，非追名古將，實情所不忍。遂至消液，竟不一嘗。

佚名《三輔黄圖》卷三《未央宫》　温室殿，武帝建，冬處之温暖也。《西京雜記》曰：温室以椒塗壁，被之文繡，香桂爲柱，設火齊屏風鴻羽帳，規地以罽賓氍毹。

【略】

清涼殿，夏居之則清涼也，亦曰延清室。《漢書》曰：清室則中夏含霜，即此也。董偃常卧延清之室，以畫石爲牀，文如錦紫琉璃帳，以紫玉爲盤如屈龍，皆用雜寶飾之。侍者於外扇偃，偃曰：玉石豈須扇而後涼邪。又以玉晶爲盤貯冰於膝前。玉晶與冰相潔，侍者謂冰無盤必融濕席，乃拂。玉盤墜，冰玉俱碎。玉晶，千塗國所貢也，武帝以此賜偃。

【略】

凌室在未央宮，藏冰之所也。《豳詩・七月篇》曰納于凌陰。《周官》凌人職掌藏冰，大祭祀餘食則供冰。《漢書》：惠帝四年，織室、凌室災。

洪邁《夷堅甲志》卷一五　伊陽古瓶

張虞卿者，文定公齊賢裔孫，居西京伊陽縣小水鎮，得古瓦缾於土中，色甚黑，頗愛之，置書室養花。方冬極寒，一夕忘去水，意爲凍裂。明日視之，凡他物有水者皆凍，獨此缾不然。異之。試之以湯，終日不冷。張或與客出郊，置缾於篋，傾水瀹茗，皆如新沸者。自是始知祕。惜後爲醉僕觸碎。視其中，與常陶器等，但夾底厚幾二寸。有鬼執火以燎，刻畫甚精。無人能識其爲何時物也。

脱脱等《宋史》卷一〇三《禮志第五十六・禮六》　司寒之祭，常以四月，命官率太祝，用牲幣及黑牡、秬黍祭玄冥之神，乃開冰以薦太廟。建隆二年，置藏冰署而脩其祀焉。祕書監李至言：按《詩・豳・七月》曰四之日獻羔祭韭。蓋謂周以十一月爲正，其四月即今之二月也。《春秋傳》曰日在北陸而藏冰。謂夏十二月，日在危也。獻羔而啓之，謂二月春分，獻羔祭韭，始開冰室也。火出而畢賦，火星昏見，謂四月中也。又按《月令》：天子獻羔開冰，先薦寢廟。詳其開冰之祭，當在春分，乃有司之失也。帝覽奏曰：「今四月，韭可苦屋矣，何謂薦新？」遂正其禮。天聖新令：「春分開冰，祭司寒於冰井務，卜日薦冰於太廟；季冬藏冰，設祭亦如之。」元豐，詳定所言：「熙寧祀儀，孟冬選吉日祀司寒。按古享司寒，惟以藏冰啓冰之日，孟冬非有事於冰，則不應祭享。今請惟季冬藏冰則享司寒，牲用黑牡羊，穀用黑秬黍；仲春開冰，則但用羔。孔穎達注《月令》曰：藏冰則用牡黍，啓唯告而已。祭禮大，告禮小故也。且開冰將以御至尊，當有桃弧棘矢以禳除凶邪。設於神坐，則非禮也。當從孔氏説，出冰之時，置弓矢於凌室之户。」

于萬川等《鎮海縣志》卷三八《物産》　冰

甬東濱江居民多藏冰爲業，謂之冰廠。夏初鑿取，以佐海魚行遠。《鄞志》。

冰廠窖田覆草，中脊建翎，前後峻削，不至積雨滲漏。地上藉之以草，通長溝，冬月貯冰至滿，必使封固周密，旁不通風，下可洩水，庶無消化之患。至夏月應用，每日江船運取。諸廠皆然。連縣十餘里不絶。《四明談助》。

閻鎮珩《六典通考》卷一六四《王政考・冰政》

漢藏冰之室謂之凌室。

晉冰室在宣揚門内，恒有冰。天子用賜王公衆官。

宋大明六年，詔立凌室藏冰。有司奏：季冬之月，冰壯之時，凌室長率山虞及輿隸，取冰於深山窮谷、涸陰沍寒之地，以納於凌陰，務令周密，無洩其氣。先以黑牡秬黍祭司寒於凌室之北。仲春之月，春分之日，以黑羔秬黍祭司寒，啓冰室，先薦寢廟。夏祠用鑑盛冰，室一鑑，以禦温氣蠅蚋。三御殿及大官膳羞，竝以鑑供冰。自春分至立秋，有臣妾喪，詔贈祕器。自立夏至立秋，不限稱數，以周喪事。繕制夷槃，隨冰供給。凌室在樂進苑内，置長一人，吏一人，保舉吏一人。

唐制，先立春三日，用黑牡秬黍祭司寒。祭訖，鑿冰萬段，方三尺，厚尺五寸，納諸冰井。仲春開冰，祭如藏禮，加以桃弧棘矢。每歲藏冰一千石，所管州于山谷鑿而取之。

後唐長興元年，冬十月丁酉始藏冰。

後周太祖詔：藏冰開冰，依唐禮祭司寒，俟冰室成即行之。

宋湻化三年，祕書監李至言：按《詩・豳風》四之日獻羔祭韭，蓋謂周以十一月爲正，其四月即今之二月也。《春秋傳》曰：日在北陸而藏冰，謂夏十二月日在危也。獻羔而啓之，謂二月春分獻羔祭韭，始開冰室也。火出而畢賦，火星昏見，謂四月中也。又按《月令》天子獻羔開冰，先薦寢廟。是知開冰當在春分，乃有司之失也。帝覽奏曰：今四月韭可苦屋矣，何謂薦新？遂正其禮。天聖新令：春分開冰，祭司寒於冰井務。卜日薦冰於太廟。季冬藏冰亦如之。

明禮部精膳司，凡歲藏冰出冰，移所司謹潔之。

藝文

歐陽詹《歐陽行周文集》卷一《藏冰賦西陸朝覿方出之也》　（晚）[曉]日離斗兮昏星見奎，鴻屼向北兮龍角徂西。天子慮曾冰以爲災，闢凌陰而大納；山人於其時而貢職，庶壽域以同躋。黑牡既馨，玄冥已祝。人惟在土，俾有賦以歸王；物或稱琛，類無脛而奔陸。鑿洄沍於窮壑，閉重泉乎夏屋。炯乎干將之出地，燦乎連城之韞匵。爾乃東風月仲之節，西陸晨覿之朝。薦明靈於寢廟，頒有位乎中朝。光可鑒形，鄙照車之寶楚；清能禦暑，輕箑脯之珍堯。向玉堂以孤瑩，鎮瓊筵而自昭。助微凉於長簟，迴煩燠於炎飈。鬼神以之而饗集，君臣以之而利饒。豈止疾雷不震，凄風不飄。致兩儀之交泰，作六氣之和調而已哉。冰之藏也，旨意可稽。冰之賦焉，英華可覿。休宗社之成禮，暢乾坤而樹績。順時元吉，爲我政之恒乎；悖道致尤，寧魯臣之屢折。六合蒼蒼，萬物攘攘。詎無時啓，亦有時藏。繹其功而此譬，於厥德而何方。勁挺金相，貞清玉質。展其用，無愧於明時；韞其光，不欺乎暗室。平凜冽以冬入，滌赫曦而夏出。穿楊發彼，觀國于兹。幾觳三冬之學，又當二日之時。業屬辭以比事，遂含毫而賦之。

張彙征《觀藏冰》李昉等《文苑英華》卷一八二　寒氣方窮律，陰精正結冰。體堅風帶壯，影素月臨凝。冬賦凌人掌，春期命婦升。鑿來壺色澈，納處鏡光澄。魯史曾留問，豳詩舊見稱。同觀里社享，王道頌還興。

王起《開冰賦》李昉等《文苑英華》卷三九　國家順仲春之律，開藏冰之室。將以均寒暑，分老疾。北風始壯，且納於必周。西陸有期，因用而斯出。是時木德司辰，條風報春。物惟求舊，令乃謀新。有頒冰之職，有伐冰之臣。安得深藏於重壤，自當登御於一人。有司奉明詔，一作誡。薦清廟。啓其室，觀其徼。連錨既下，不作沖沖之聲。厚土忽開，已發峩峩之照。獻羔之禮既宣，祭韭之義克全。將使陰不伏，陽不愆。詎有東風之解，莫移北陸之堅。皎潔兮玉壺乍奪，清瑩兮金鏡争鮮。鑒乎其中，雖臨深而履薄；積于其外，終岳峙而峯連。此輿人之所納，縣人之所傳。乃祓以桃弧，升於蘭殿。凌陰去而寒盡，御座來而春變。其爲利也溥，其爲用也偏。羣寮是錫，足以表鴻恩；百祀方脩，足以成嘉薦。向若藏之不以宜，啓之不以時。自然光而不耀，貞以自持。同土石而棄矣，何賔祭而用之。德既自此宣，政亦自此審。禦霜雹以清沴，調風雨而成稔。開五色之瑞，福應方來；葉七月之章，頌聲曷寢。豈惟求履霜之堅，思積水之凛。冰之開也在於人，冰之用也進於君。昔時司寒，雖蒙於幽閉；今將清暑，終見於區分。儻不遺於兹日，期不掩於前聞。

張皓《藏冰賦》李昉等《文苑英華》卷三九　國之造物，時惟用天。履在歲之窮紀，知層冰之腹堅。可以備用，凌人主焉。羞秬黍以爲薦，率司寒而是先。於是入坎窞，踰峥嶸。乍逼側以經險，復趦趄而不征。爽氣旁達，凝陰上清。始峩峩

而不見，遽沖沖而有聲。是伐是取，登乎上京。候朝風而益壯，對夜月而俱明。崇凌既啓，陰井方渫。含玉色而轉深，拂霜威而逾潔。不劃不劌，如磋如切。掩下方以涸沍，匪上騰之發泄。方見象於爲寒，且多驚於内熱。顧惟不佞，括結成性。彼蓄物以俟用，亦何異乎藏冰。將有冒於嚴凝，豈見遺於水鏡。

佚名《禦雹賦以日在北陸藏冰爲韻》陳元龍等《歷代賦彙》卷九　聖人常夕惕而不寐，懼時令之有失；欲禦雹於明年，必藏冰於是日。深山窮谷於是收，棘矢桃弧而後出。蓋所以息天時之暴沴，成國家之元吉。不然者，當純陽之用事，有伏陰之相蒸。炎雲際天而涷雨驟落，芳草竟野而凄風暴興。夫傷穀者莫大於雹，禦雹者其在乎冰。俾四時之事不悖，信《七月》之詩有徵。日臨下土，時在北陸；乃命凌人，出斯冰谷。威剌剌而正切，聲沖沖而轉速。雖暫勞而可倦，終永寧以多福。今國家酌於故實，考於先王。雖雹可以禦，亦冰其是藏；等至仁於天地，曾何咎於陰陽。斯道可久，百王不改，苟或失之，四方何罪？周官之禮是具，魯史之言斯在。抑爲人者仰於食，動於天者惟其德。苟能用於天道，自可忘其帝力。夫如是，用天與地，自南自北，寧有夭折之苦，曾無凍餒之色。若待反時以爲災，其何禦之能得？

夏竦《文莊集》卷二三《藏冰賦以冰盛之日藏以昭禮爲韻》　大寒陰凝，國乃藏冰。法上天之歷象，遵百代之規繩。鑿諸窮谷之間，清聲競發；納彼凌陰之内，素彩交騰。當其冬氣殘，寒風勁，溪壑霜皎，川池雪映，天子於是度時令，齊國政，詠卒章於《七月》，知邠國之風。覩列職於凌人，見周官之盛。乃睠有司謹而行之，將不遺於國用，冀無爽於天時。納自輿人，委截肪之瑞彩。閉之冰室，積靈玉之寒姿。蓋以氣肇微和，候殘嚴律。念積陰之潛伏，懼盛陽之侵軼。乃鑿彼凝沍，藏其凜慄。紅輪引耀，遵北陸於斯辰。黑秬惟馨，享司寒於是日。莫不陽威振發，陰德潛藏。禮雖遵於往古，事疑出於非常。取不失時，斬峩峩之素；質用之以道，結凛凛之寒光。吾乃觀其所因，知其所以。致苦雨之不降，亦驚雷之罔起。獻羔而啓，既不解於東風；治鑑而成，又何歸於舊水。美夫元功可驗，至德孔昭，不失膳羞之味，且無霜雹之妖。《詩》謂春開享祖宗於清廟，禮聞下逮，頒禄位於公朝。我皇上以典故臨人，以文明繼體，修時政以施令，藏堅冰以示禮。故時無愆伏之災，而道光乎祖禰。

宋祁《景文集》卷四《日在北陸而藏冰賦寒盛之月藏著冰室》　古者上求辰次，下立正端，視北陸以爲候，納層冰而命官。枵次可瞻，既乘陰于窮谷。輿人畢

入，方用牡于司寒。茲乃順天之經，降邦之命。使陰不得閉而成眚，陽不得越而爲病。是用測日所在，居冰方盛。一之日氣方烈烈，乃俟顓頊之躔。二之日鑿焉冲冲，遂舉凌人之政。觀夫順，考舊典，申嚴有司，彼日之道在虛之維。有史氏以戾止，有虞人而致之，乃曰藏乎以道。今也其時，愛景方融，霜有至堅之象；隆冬聿暮，狐無可聽之疑。然後積水並營，窮山異伐，丘聚鄉縣，玉堆城闕。投治鑑以彩凝，射清壺而光發。動而合禮，當呂紀之小寒。居不踰時，本邠詩之《七月》。嚮若官失其業，君怠于常，歲日既易，川池弗藏。時則有淒風苦雨，時則有厲雹災霜。

周紫芝《太倉稊米集》卷一《樂府三十首・隋渠行》 黄榆落盡河水冰，隋渠兩岸無人行。雪花漫天大如掌，北風吹馬南人驚。縣官藏冰避炎熱，健兒鑿冰手流血。安得身隨花石官，當路誰人敢呵喝。黄流千里凍徹底，舳艫相仍凍銜尾。天公便合回陽和，桃花水暖流春波。

楊萬里《誠齋集》卷一八《南海集・荔枝歌》 粤犬吠雪非差事，粤人語冰夏蟲似。北人冰雪作生涯，冰雪一窖活一家。帝城六月日卓午，市人如炊汗如雨。賣冰一聲隔水來，行人未喫心眼開。甘霜甜雪如壓蔗，年年窨子南山下。去年藏冰減工夫，山鬼失守嬉鹵湖。北風一夜動地惡，盡吹北冰作南雹。飛來嶺外荔枝梢，絳衣朱裳紅錦包。三危露珠凍寒沚，火傘燒林不成水。北人藏冰天奪之，却與南人銷暑氣。

謝應芳《龜巢稿》卷一《禦寒賦》 有北鄰客訪於南鄰，主人曰：四序相推，暑往寒來。天時既變，人事亦催。風霜高潔，冰雪皚皚。敢問諸子將何以禦之哉？主人對曰：吾用吾計，卿用卿策。請子先陳，吾爲子説。客曰：雄樓傑閣，深闈邃房，綺窓不啓，畫閣初粧。紅爐獸炭，煦若春陽。此予所居之處也。主人曰：予也桑樞竹牖，且塞且墐，穴地作爐，火惟煨燼。客曰：九醖之設，八珍之列，炙鶉臑雁，炰羔臑鼈，聚物天美，咄嗟而獲。此吾所食之味也。主人曰：予也蹲鴟可煨，桑落可傾，一罌之雪，復有茗烹。客曰：狐貉之裘，綺紈之服，襺以文繡，飾以金碧。舍舊服新，隨意所適。此吾衣服之費也。主人曰：予也帛以爲襦，卉以爲袴，且縫且紐，復著以絮。客曰：重屏既列，邃幙且張。鎮帷以犀，展罽在床。錦衾繡褥，爛其有光。粉白黛緑，笑言芬芳。此吾寢息之安也。主人曰：予也布衾如雪，紙帳如雲，縞綦茹藘，聊樂吾貧。客哂然而笑曰：予居養之異，服御非常，禦此隆冬，猶未足當。若子之謂，其亦疎矣。主人曰：噫！是何言之謬也。盈天地間，林林而生。富兮則濁，窶兮斯清。分定之故，孰敢云争。子亦爲我而不得，我欲效子而不能。胥樂其有，何殊之稱。且吾居之而安，不計乎室廬之華陋；服之而煖，不較乎裳衣之麄細；嗜之而飽，不察乎飲食之精糲；寢之而寧，不論乎衾裯之鮮敝。凡可卒歲，何庸侈麗。矧予所謂天和者，而子固不足與於此。子其行焉，無汙吾耳。客於是茫然自失，默然無語，汗面芒背，懷慙而去。

胡廣《胡文穆公文集》卷二〇《玄石坡見山桃花》 地底寒冰憂不融，山頭姓日起淒風。窮邊四月如春半，才見閒花一兩叢。

何景明《大復集》卷二六《鰣魚》 五月鰣魚已至燕，荔枝盧橘未應先。賜鮮徧及中璫第，薦熟誰開寢廟筵。白日風塵馳驛騎，炎天冰雪護江船。銀鱗細骨堪憐汝，玉筯金盤敢望傳。

李希程等《蘭陽縣志》卷二《田賦志・木綿歌》 蘭邑之陽地平沙，比歲多種木綿花。秋風吹破絮如雪，采采盈籃日色斜。準擬重襦可禦寒，隆冬幾人衣不單。紡織纔成更鬻布，謾説蜀郡歌五袴。田家愁嘆欲何如，春來依舊早耕鋤。

劉墉《劉文清公遺集》卷六《手爐》 何物禦三冬，鑪深活火紅。名工洛陽客，巧鑄首山銅。提挈形惟便，方圓製不同。底平無臲卼，蓋透盡玲瓏。藏焰經時暖，添香擢縷通。曉安龍尾畔，夕臥鳳紋中。研滴寧防凍，茶甌或暫烘。繡苞銀作裏，瓦缶竹爲籠。素樸誰云陋，豪華不厭豐。由來出新意，變化更難窮。

顧春《天遊閣集》詩一《醃菜》 秋登場圃淨，白露已爲霜。老韭鹽封甕，香芹碧滿筐。刈根仍滌垢，壓石更添漿。築窖深防凍，冬窗一侑觴。

李虹若《都市叢載》卷七《市廛門・冰窖》 朔風凜列入城寰，典重藏冰備上頒。寒夜截來三尺潤，沿河高聳水晶山。

温度測量分部

論説

鄭玄注　陸德明音義　賈公彦疏《周禮注疏》卷四〇《冬官考工記》 凡鑄金之狀，注：故書狀作壯。杜子春云：當爲狀，謂鑄金之形狀。疏釋曰：此文與下爲目。

自金與錫已下，㮚氏鑄冶所候煙氣，以知生熟之節。金與錫黑濁之氣竭，黃白次之；黃白之氣竭，青白次之；青白之氣竭，青氣次之，然後可鑄也。注：消湅金錫精麤之候。

《墨子》卷一〇《經下第四十一》 必熱，說在頓。

又 《經說下第四十三》 火，謂火熱也，非以火之熱我有，若視(曰)[日]。

韓非撰 何犿註《韓非子》卷一九《顯學第五十》 夫視鍛錫而察青黃，區冶不能以必劍；水擊鵠鴈，陸斷駒馬，則臧獲不疑鈍利。

呂不韋撰 高誘注《呂氏春秋》卷一五《慎大覽第三・察今》 有道之士，貴以近知遠，以今知古，以益所見知所不見。故審堂下之陰陰，日夕昃也。而知日月之行、陰陽之變；見一作先。瓶水之冰而知天下之寒、魚鼈之藏也；嘗一脟肉，而知一鑊之味、一鼎之調。調，和也。

劉安撰 高誘注《淮南子》卷一五《兵略訓》 所謂人事者，慶賞信而刑罰必，動静時，舉錯疾，此世傳之，所以爲儀表者固也。然而非所以生儀表者，因時而變化者也。是故處於堂上之陰而知日月之次序，見瓶中之冰而知天下之寒暑。夫物之所以相形者微，唯聖人達其至。

又 卷一六《說山訓》 以小明大，見一葉落而知歲之將暮，睹瓶中之冰而知天下之寒。以近論遠，三人比肩不能外出户，户不容故也。一人相隨可以通天下。言不並也。

嵇康《嵇中散集》卷九《釋難宅無吉凶攝生論一首》 夫私神立則公神廢，邪忌設則正忌喪。宅墓占則家道苦，背向繁則妖心興。子之言神，其爲此乎，則唯吾之所疾争也。苟大獲其類，不患微細，是以見缾水而知天下之寒，察旋機而得日月之動。

賈思勰《齊民要術》卷六 養羊第五十七

作酪法【略】若日日燒瓶，酪猶有斷者，作酪屋中有蛇、蝦蟇故也。宜燒人髪，羊牛角以辟之，聞臭氣則去矣。其卧酪待冷煖之節，温温小煖於人體爲合宜。適熱卧則酪醋傷，冷則難成。濾乳訖，以先成甜酪爲酵。大率熟乳一升，用酪半匙，著杓中，以匙痛攪令散，瀉著熟乳中，仍以杓攪使均調。以氊絮之屬，茹瓶令煖。良久，以單布蓋之。明旦酪成。若去城中遠，無熟酪作酵者，争榆醋飡，研熟以爲酵。大率一斗乳，下一匙酵，攪令均調，亦得成。其酢酪爲酵者，酪亦醋。甜酵傷多，酪亦醋。其六七月中作者，卧時令如人温，直置冷地，不必須温茹。冬天作者，卧時少令熱於人體，降於餘月，茹令極熱。

又 卷七 笨麴餅酒第六十六

穄米酎法。酎，音宙。净治麴如上法。笨麴一斗，殺米六斗；神麴彌勝。用神麴者，隨麴殺多少，以意消息。麴，擣作末，下絹簁。計六斗米，用水一斗。從釀多少，率以此加之。米必須㖀，净淘，水清乃止，即經宿浸置。明旦碓擣作粉，稍稍箕簸，取細者如糕粉法。訖，以所量水煑少許穄粉作薄粥。自餘粉悉於甑中乾蒸，令氣好餾，下之，攤令冷，以麴末和之，極令調均。粥温温如人體時，於甕中和粉，痛抨使均柔，令相著。

作粟米爐酒法。五月、六月、七月中作之倍美。受兩石以下甕子，以石子二三升蔽甕底。夜炊粟米飯。即攤之令冷，夜得露氣，雞鳴乃和之。大率米一石，殺麴米一斗，春酒糟末一斗，粟米飯五斗。麴殺若多少，計須減飯。和法：痛挼令相雜，填滿甕爲限。以紙蓋口，(搏)[磚]押上，勿泥之，恐大傷熱，五六日後，以手内甕中，看令無熱氣，便熟矣。酒停亦得二十許日。以冷水澆。筒飲之，䤖出者，歇而不美。

又 卷八

作酢第七十一

大麥酢法。七月七日作。若七日不得作者，必須收藏取七日水，十五日作。除此兩日則不成。於屋裏近户裏邊置甕。大率小麥䴵一石，水三石，大麥細造一石，不用作米則科麗，是以用造。簸訖，净淘，炊作再餾飯。撣令小煖如人體下釀，以杷攪之，綿幕甕口。三日便發時數攪，不攪則生白醭，便不好。以棘子徹底攪之。恐有人髪落中，則壞醋。悉爾亦去髪則還好。六七日，净淘粟米五升，亦不用過細，炊作再餾飯，亦撣如人體投之，杷攪，綿幕。三四日，看水消，攪而嘗之，味甘美則罷。若苦者，更炊三二升粟米投之，以意斟量。二七日可食，三七日好熟。

廻酒酢法。凡釀酒失所味醋者，或初好後動味壓者，皆宜廻作醋。大率五斗米酒醅，更著麴末一斗，麥䴵一斗，井花水一石，粟米飯二石，攤令冷如人體投之，杷攪，綿幕甕口。每日再度攪之。春夏七日熟，秋冬稍遲，皆美香。清澄後一月接取，別器貯之。

作豉第七十二

作豉法。先作煖蔭屋，坎地深三二尺。屋必以草蓋，瓦則不佳。密泥塞屋牖，勿令風及蟲鼠入也。開小户，僅得容人出入。厚作蘘蘺以閉户。四月、五月爲上時，七月二十日後、八月爲中時，餘月亦皆得作，然冬夏大寒大熱，極難調適。大都在四時交會之際，節氣未定，亦難得所。常以四孟月十日後作者，易成而好。大率常欲令温如人腋下爲佳。若等不調，寧傷冷，不傷熱。分則穰覆還煖，熱則臭敗矣。三間屋，得作百石豆。二十石爲一聚。常作者，番次相續，常有熱氣，春秋冬夏，皆不須穰覆。作少者，唯至冬月乃穰覆豆耳。極少者，猶須十石爲一聚。若三五石，不須煖，難得所，故須以十石爲率。用陳豆彌好，新豆尚濕，生熟難均故也。淨揚簸，大釜煑之，申舒如飼牛豆，掐軟便止，傷熱則豆爛。漉著淨地撣之，冬宜小煖，夏須極冷，乃内蔭屋中聚至。一日再入，以手刺豆堆中候看，如人腋下煖，便翻之。翻以耙枕略取堆裏冷豆爲心堆之，必以次更略，乃至於盡。冷者自然在内，煖者居外。還作尖堆，勿令坡陀。一日再候，中煖，更翻，還如前法，作尖堆。若熱湯人手者，即爲失節傷熱矣。

魏收《魏書》卷三五《列傳第二十三·崔浩》 設令國家與之河南，彼必不能守之。自量不能守，是以必不來，若或有衆備邊之軍耳。夫見瓶水之凍，知天下之寒；嘗肉一臠，識鑊中之味。物有其類，可推而得也。

孫思邈撰 林億等校正《備急千金要方》卷三三《傷寒方》 勞復第十一

補大病後不足虚勞方萬病虚勞同用。

取七歲已下五歲已上黄牛新生者乳一升，以水四升煎取一升，如人體温，稍稍飲之，不得過多，十日服不絶爲佳。

又 卷五一《脾臟方》 疳濕痢第九論方。

治疳濕不能食，身重心熱，脚冷，百節疼痛方

黄芩，芍藥，苦參，甘草，當歸，蜀椒，甘松，一作泔淀。青黛，熏黄，豉各二兩，東引桃根，葱白，各一握。鹽一合，麝香半分，猪膽二枚。

右十五味㕮咀，以水一斗八升煮取四升，分爲二分，一度灌一分，湯如人體。然後著麝香、猪膽一枚，既灌。灌了，作葱豉粥食之。後日更將一分，如前灌之。七日忌生冷毒物等，但是油膩醬乳醋三十日忌之大佳。

治疳痢不止方

苦參，甘草，熏黄各二兩，豉一升半，葱白五莖，蜀椒三十粒。

右六味以苦參等三物各擣下篩，以水五升煮葱白豉椒取三升，以三指撮苦參末等各一撮，内汁中，冷暖如人體。先飲少許豉汁，食一口飯，乃側臥，徐徐灌之。訖，多時臥不出爲佳，大急乃出之於淨地。

孫思邈《千金翼方》卷一二《養性》 養老食療第四

療大虚羸困極方

取不中水猪肪壹大升，内葱白壹莖，煎令葱黄止，候冷煖如人體。虚腹平日一頓服之令盡，煖蓋，覆卧至日晡後，乃食白粥稠糜。

佚名《黄帝九鼎神丹經訣》卷一〇《明鍊藥禁慎陰陽制伏》 鍊藥使不散法

凡鍊諸石，破之如豆，或如碁子，或作麻米，以絹袋納鐵鐺中，以酢浸之，纔令没藥，使人謹守伺候，滅即著火，而去離鐺底五寸。其火勿偏，遍底平，擬藥氣上抽，微抽端直。火猛則氣奔亂，火弱則其氣停，使酢温和，勿令洋溢，常如人體冷暖即調。故經云：一切飛鍊，皆當温熱，不甚湯人手，藥即白雪，是養法之謂。

韓鄂《四時纂要》卷二《三月》 煎餳法

糯米一斗，揀去粳者，淨淘。爛蒸，出置盆中，入少湯，拌令勻，如粥狀。候冷如人體，下大麥蘖半升——篩碎如麴——入飯中，熟拌，令相入；如著手及黏物，即入半盌湯洗刮物、手，免令生水入。和拌了，布蓋，暖處安；天寒，微火養之。數看，候銷，以袋濾之，——細即用絹爲袋，麁則用布爲袋。然後銅銀器及石鍋中煎，杓揚勿停手，候稠即止。鐵鍋亦得。

王燾《外臺秘要方》卷一一 近効祠部李郎中消渴方一首

庸醫或令喫栝樓粉，往往經服之，都無一効。又每至椹熟之時，取爛美者，水淘去浮者，飡之，下候心胷間氣爲度。此亦甚佳。生牛乳煖如人體，渴即細細呷之亦佳。

又 卷一九 脚氣腫滿方二十九首

又洗方：漏蘆一大升，白斂五兩，甘草三兩炙，蒺蔾子、槐白皮、五加根皮各一大升。

右六味切，以水二大斗煮取六升，内芒硝半大升。癢即洗其湯，微温如人體。如瘡熱，濕布溻上，忌海藻菘菜。

張君房《雲笈七籤》卷七五《方藥》 韓藏法師療病法

療時行疫毒，壯熱頭痛，心腹脹滿及患黄，以粉三兩和粥半碗，稀稠得所，冷暖如人體，日三度，服之立斷。

蔡襄《茶録》上篇《論茶》 藏茶

茶宜蒻葉而畏香藥，喜温燥而忌濕冷，故收藏之家以蒻葉封裹，入焙中兩三日，一次用火常如人體温。温則禦濕潤，若火多則茶焦不可食。

歐陽修《歸田録》卷下 諸藥中犀最難擣，必先鎊屑，乃入衆藥中擣之。衆藥篩羅已盡，而犀屑獨存。四字一作犀獨在。余偶見一醫僧元達者，解犀爲小塊子，方一寸半許，四字一作半寸許。以極薄紙裹，置於一無此字。懷中一有使字。近肉。以人氣蒸之，候氣薰蒸浹洽，乘熱投臼中急擣，應手如粉。因知人氣之能粉犀也，然今醫工皆莫有知者。

趙佶《大觀茶論·藏焙》陶宗儀《説郛》卷九三上 數焙則首面乾而香減，失焙則雜色剥而味散。要當新芽初生即焙，以去水陸風濕之氣。焙用熟火置爐中，以静灰擁合七分，露火三分。亦以輕灰糁覆良久即置焙簍上，以逼散焙中潤氣。然後列茶于其中，盡展角焙，未可蒙蔽。候火速徹覆之。火之多少，以焙之大小增減，探手中爐火氣雖熱而不至逼人手者爲良。時以手挼茶，體雖甚熱而無害，欲其火力通徹茶體爾。或曰焙火如人體温，但能燥茶皮膚而已，内之濕潤未盡，則復蒸暍矣。焙畢即以用久竹漆器中緘藏之，陰潤勿開。終年再焙，色常如新。

蔡卞《毛詩名物解》卷九《釋獸》 犀

翡翠屑金，人氣粉犀。犀最難擣，惟鋸犀成小塊，以極薄紙裹，置懷中，令近肉，以人氣蒸之。候氣蒸潤，乘熱投臼中急擣，應手如粉。

陳師文等《太平惠民和劑局方》卷八《治雜病》 雲母膏治一切瘡腫傷折等病。

【略】

右除雲母、消石、麒麟、竭没藥、麝香、乳香、黄丹、鹽花八味别研外，並剉如豆大。用上件清油於瓷器中浸所剉藥七日，以物封閉，後用文火煎，不住手攪，三上火。每上候匝連沸乃下，火候沸定再上，如此三次。候白芷附子之類黄色爲度。勿令焦黑，以綿或新布絞去滓，却入鐺中，再上火熬。後下黄丹與别研藥八味，以柳篦不住手攪，直至膏凝，良久變色，再上熬。仍滴少許水中，凝結不粘手爲度。先炙一瓷器，熱即火上熬，仍濟少許水中，凝結不粘手爲度。先炙一瓷器，熱即傾藥在内，候如人體温熱，彈水銀在上。每用膏藥，即先刮去水銀。治發背，先以敗蒲一斤，用三升水煎五十沸，如人體温，將蒲水洗瘡，拭乾，貼藥一兩。

朱翼中《北山酒經》卷下 酴米

蒸米成糜，策在案上，頻頻翻，不可令上乾而下濕。大要在體襯，天氣温凉時放微冷，熱時令極冷，寒時如人體。金波法，一石糜用麥蘖四兩，糁在糜上，然後入麴酵一處。

寇宗奭撰 許洪校正《圖經衍義本草》卷一三《草部中品之上》 紫草

《經驗後方》：治嬰兒童子患疹豆疾。用紫草二兩細剉，以百沸湯一大盞泡，便以物合定，勿令氣漏，放如人體温，量兒大小，服半合至一合。服此瘡雖出，亦當減輕。

又 卷一六《草部下品之上》 側子

《續傳信方》：治陰毒傷寒，煩躁，迷悶不主悟人，急者用大附子一個，可半兩者，立劈作四片，生薑一大塊，立劈作三片，如中指長，糯米一撮，三味以水一升，煎取六合，去滓，如人體温，頓服，厚衣覆之。或汗出，或不出，候心神定，别服水解散、太白通關散之類。不得與冷水，如渴，更將滓煎與吃。今人多用有效，故詳著之。

王昭禹《周禮詳解》卷三七

凡鑄金之狀，金與錫黑濁之氣竭，黄白次之；黄白之氣竭，青白次之；青白之氣竭，青氣次之，然後可鑄也。

凡用金爲器者，皆和之以錫。其用金錫，必鎔鍊之使精，然後鑄焉。蓋其改煎也，雖至於不耗，然金錫之在冶，有氣象之可觀，故自黑濁之氣竭終乎次之以青氣，是乃鑄金之狀，則所謂氣象是已。夫金之爲物，資始於木以有氣，資生於土以成形。木，金父也。土，金母也。木父之氣青，土母之氣黄，木土之子爲金而其氣爲白。青，陽也，其氣純而不雜。黄白，陰也，其氣雜而不純。故始而鎔之，則陰雜之氣多而爲黑濁。黑濁之氣既竭，然後金土之氣見焉，故黄白次之。黄白之氣既竭，然後金木之氣見焉，故青白次之。青白之氣既竭，然後木之氣獨見焉，故青氣次之。陰雜之氣皆竭，所存者陽純不雜之氣而已，則其金純矣，然後可鑄也。且錫，青金也，稟氣于東方之陽。金之陰氣畢盡而青陽之氣獨存，亦金之反本復始，以從木父之氣故也。然則古之爲金器者，其器用而無敝，久而獨存，可以垂無窮而傳不朽，豈非鎔鑄之有術乎。

陳旉《農書》卷下 收蠶種之法篇第二

凡收蠶種之法，以竹架疎疎垂之，易見風日。又擘緜冪之，勿使飛蝶綿蟲食之。待臘日或臘月大雪，即鋪蠶種于雪中，令雪壓一日，乃復攤之，架冪之如初。至春，候其欲生未生之間，細研朱砂，調温水浴之。水不可冷，亦不可熱，但如人體斯可矣。以辟其不祥也。次治明密之室，不可漏風，以糠火温之，如春三月。然後置種其中，以無灰白帋藉之，斯出齊矣。

易祓《周官總義》卷二七

凡鑄金之狀，金與錫黑濁之氣竭，黄白次之；黄白之氣竭，青白次之；青白之氣竭，青氣次之，然後可鑄也。

金堅也，錫柔也。錫居金六分之一，故專言鑄金之狀。上經言改煎金錫則不耗，而此言其證以青色爲貴。《弓人》曰：青也者，堅之徵也。惟金亦然。金之青，則其色純，其力堅。其次青白，則色差雜矣。其次黄白，則雜而弱矣。至於黑濁，則穢滯而不可用矣。故鑄金之狀，始則變黑濁爲黄白，又變黄白而爲青白，又變青白而爲青純，則亦復其本而得其至堅之性者也。言於㮚氏爲量之後，兹其所謂上齊者乎。

王與之《周禮訂義》卷七四

凡鑄金之狀，金與錫黑濁之氣竭，黄白次之；黄白之氣竭，青白次之；青白之氣竭，青氣次之，然後可鑄也。

杜氏曰：狀，鑄金之形狀。賈氏曰：此鑄冶所候烟氣以知生熟之節。趙氏曰：成周鑄量，須用金錫相和，欲堅明不裂也。此獨言金者，蓋金有三品，銀銅鐵錫皆謂之金。鄭鍔曰：欲鑄金以爲器，必先消煉之以求其精。消煉之精麤，必觀其氣候。氣候者，消煉之煙也。五行木生火，火生土，土生金。然則金者稟氣，自東方之木託形於中央之土。青者，木之色。黄者，土之色。木猶金之父，土猶金之母，而白者西方之色，乃金之本質也。黑濁者，陰陽不辨之氣也。始而煎之則黑濁之氣生，蓋金錫相雜，兩者交戰於烈火之焰，故氣之上達者當然也。是氣竭則黄白次之，蓋金土之氣始見。及其久也，黄白之氣竭，則所以托形爲母者盡矣。然後青白次之，是則受氣之父與本質皆見矣。久而青白之氣竭，而青氣獨見，則金之本質之氣亦不復留。惟所以受氣者獨存，則其反本復始，歸於其初，將百煉而不耗矣。如是乃可鑄也。陳用之曰：輕清者，陽也。重濁者，陰也。凡得陽之氣者皆輕以清，得陰之氣者皆重以濁。自物質觀之，輕清者其精者，重濁者其麤者也。鑄金之狀以青氣爲度，青之爲言精也。自黑濁之氣一變而至於黄白，再變而至於青白，則革者屢矣。然昏昏乎其猶有惡也，必至青色之純而後精者得焉。斯不亦治之至乎。夫如是故其爲器也，其明如燎，其净如洗，其澤如沃，而用之可久矣。

李嘉會曰：鑄金之狀不止於量，獨於量言之，鑄金莫急於量也。

林希逸《考工記解》卷上

凡鑄金之狀，金與錫黑濁之氣竭，黄白次之；黄白之氣竭，青白次之；青白之氣竭，青氣次之，然後可鑄也。

此總言鑄金之法，以火候之也。初鑄之時火色黑濁者，其中穢雜尚多也。坪去穢雜，火色又變而黄白，亦未净潔也。坪鎔既久，變而青白，稍净而未盡。白色去盡，火色純青，則金錫熔煉至此十分精矣，方可入鑄也。

司農司《農桑輯要》卷四《養蠶》 蒸餾繭法

《韓氏直説》：如蠶成繭硬紋理麤者，必繰快。此等繭可以蒸餾，繰冷盆絲。其繭薄紋理細者，必繰不快，不宜蒸餾，此止宜繰熱盆絲。其蒸餾之法，用籠三扇，用軟草扎一圈，加于釜口，以籠兩扇坐于上。其籠不論大小，籠内匀鋪繭，厚三四指許。頻于繭上以手背試之，如手不禁熱，可取去底扇，卻續添一扇在上。亦不要蒸得過了，過了則軟了絲頭；亦不要蒸得不及，不及則蛾必鑽了。如手背不禁熱，恰得合宜。

又　卷五《瓜菜》　豆豉

《四時類要》：六月造豆豉，黑豆不限多少，三二斗亦得净淘，宿浸，漉出瀝乾，蒸之令熟。于簟上攤，候温如人體。蒿覆一如黄衣法。三日一看，候黄衣上徧即得。又不可太過，簸去黄，曝乾。以水浸拌之，不得令太濕，又不得令太乾，但以手捉之，使汁從指間出爲候。安甕中實築，桑葉覆之，厚可三寸。以物蓋甕口，密泥。于日中七日開之，曝乾。

佚名《庚道集》卷一《煮粉砒九轉法》　火候

第一轉至第四轉，一日火，早晚各二兩。第三日添一兩，作三兩。或三日至六日，再增一兩，作四兩。火勢熟爲度，若勢大，可忖度之徐徐爲上，灰高無礙。第五轉至七轉，如常法。七日之後，但日换四兩熟火，不令有虧，日足不到五兩。至大藥七七之數，則徐徐，不用發五兩，後復然矣。

蔣祈《陶記略》喬溍等《**浮梁縣志**》**卷八**

冬泥凍脆，不可以燒坯。陶既就復不易操，則有火房。火事將畢，器不可度。探坯窯眼，以驗生熟，則有火照。

佚名《居家必用事類全集》庚集《飲食類・煎酥乳酪品》　造酪法

牛乳不拘多少，取於鍋釜中，緩火煎之。緊則底焦煿，牛馬糞火爲上。常以杓揚，勿令溢出，時復徹底，縱横直勾，勿圓攪。若斷，亦勿口吹，吹則解，候四五沸便止。瀉入盆中，勿揚動，待小冷，掠去浮皮，著別器中，即真酥也。餘者生絹袋濾熟乳，乾浄磁罐中卧之。酪罐必須火炙乾候冷，則無潤氣，亦不斷。若酪斷不成，其屋中必有蛇蝦蟇故也。宜燒人髮牛羊角辟之則去。其熟乳，待冷至温如人體爲候。若適熱，卧則酸。若冷則難成。濾訖，先以甜酪爲酵，火率熟乳一升，用甜酪半匙，著杓中，以匙痛攪開，散入熟乳中。仍以杓攪匀，與氊絮之屬覆罐令暖良久。換單生布蓋之，明旦酪熟。或無舊酪，漿水一合代之，亦不可多。六七月造者，令如人體。只置於冷地，勿蓋熄。冬月造者，令熱於人體。

毛應龍《周官集傳》卷一四

凡鑄金之狀，金與錫黑濁之氣竭，黄白次之；黄白之氣竭，青白次之；青白之氣竭，青氣次之，然後可鑄也。

鄭鍔曰：欲鑄金爲器，先消湅之以求其精。消湅之精麤，必觀其氣候。氣候者，消湅之烟也。五行木生火，火生土，土生金。然則金者，禀氣自東方之木，託形於中央之土。青者，木之色。黄者，土之色。木猶金之父，土猶金之母，而白者西方之色，乃金之本質也。黑濁者，陰陽不辨之氣也。始而煎之則黑濁之氣生，蓋金錫相雜，兩者交戰於烈火之焰，故其氣之上達者當然也。是氣既竭，則黄白次之，蓋金土之氣始見也。及其久也，黄白之氣竭，則所以託形爲母者盡矣。然後青白次之，是則受氣之父與本質皆見矣。久而青白之氣竭，而青氣獨見，則其本質之氣亦不復留。惟所以受氣者獨存，則其反本復始，歸於其初，將百鑄而不能耗矣。如是乃可鑄也。古人之制器也，非徒制作之巧，而銷鎔金錫之法亦如此。此其用心，蓋將以爲萬世之計也。

王禎《農書》卷六《農桑通訣六》 蠶繅篇第十五

夜深如冬，寒暄不一，雖有熟火，各合斟量多少，不宜一例。自初生至兩眠，正要温煖，蠶母須着單衣，以爲體測：自覺身寒，則蠶必寒，便添熟火；自身覺熱，蠶亦必熱，約量去火。

又 卷二〇《農器圖譜十六・蠶繅門》 繭籠

繭籠，蒸繭器也。《農桑直説》云：用籠三扇，以軟草扎圈，加於釜口，以籠兩扇，坐於其上。籠内匀鋪繭，厚三指許。頻於繭上以手試之。如手不禁熱，可取去底扇，却續添一扇在上。如此登倒上下，故必用籠也。不要蒸得過了，過則軟了絲頭；亦不要蒸得不及，不及則蠶必鑽了。如手不禁熱，恰得合宜。此用籠蒸繭法也。將已蒸過繭，於蠶房槌箔上，後頭合籠内繭在上，用手撥動。如箔上繭滿，打起更攤一箔。候冷定，上用細柳梢微覆了。其繭只於當日都要蒸盡；如蒸不盡，來日定要蛾出。如此，繅絲有一般快。釜湯内，用鹽二兩，油一兩，所蒸繭不致乾了絲頭。如鍋小繭多，油鹽旋入。

繭籠

詩云：蠶家有繭如山積，日恐蛾穿繅不得。鹽浥誠佳能幾何，只有籠蒸人未識。釜湯少沸積繭籠，熱不能禁手爲則。旋抽底扇加上層，歪曬中庭趁風日。人在軒車氣少舒，緒縷均停堪絡織。作計何人智者心，濟物不妨聊假力。回看籠也豈筌蹄，依舊人間炊餅食。

陳致虛《上陽子金丹大要》卷六《火候妙用章》

上陽子曰：火候最祕，聖人不傳，今略露之。藥非火不產，藥熟則火化矣。火非藥不生，火到則藥成矣。且火候之奥，非可一槩而論，中有逐即事條，可不明辨之乎。夫金火爲朋，而屬西南，故三日庚方癸陽初生。當是之時，先究《參同契》内四十八章之旨，則知根乎天地之根，母其陰陽之母，是窈冥之内，恍惚之中，水源至清，全無攙動。紫陽翁曰：虚無生白雪，寂静發黄芽。火候之祕，此其一也。當其採取之際，用武火之時，一時六候，唯用二候以取藥火，不可毫髮差謬，宜窮《叅同契》四十九章之旨。紫陽翁曰：藥物生玄竅，火候發陽爐。火候之禁，此其一也。雖已得藥，入鼎要明斤兩爻銖，勿致過當傷多。紫陽翁曰：木汞一點紅，金鉛三斤黑。《參同契》曰：名曰第一鼎兮，食如大黍米。火候之妙，此其一也。既而真鉛歸于黄金室内，匀十二節，進火行符。魏真人曰：周旋十二節，節盡更須親。火候之用，此其一也。至於添汞抽鉛，鉛盡汞乾，金丹已成，嬰兒將現。《契》曰：千周燦彬彬兮，萬遍將可覩。火候之全，此其一也。聖師叮嚀後人，以藥物復謹慎，以火候親切至矣。紫清翁曰：流俗淺識、末學凡夫，豈知元始天尊與天仙地仙，日日採藥物而不停，藥物愈採而無窮也。又豈知山河大地與蠢動含靈，時時行火候而無暫住，火候愈行而不歇也。只此火候與藥物，順之則凡，逆之則仙。古云：五

又　卷二四三《脚氣門》　脚氣痺攣附論

菝葜酒。治脚氣屈弱，積年腰脊攣痺及腹内堅結者。

菝葜剉碎五斗，以水一石五斗，煮取七斗五升，去滓，澄清用。白糯米一石，麯十斤，擣碎。將藥汁減去二斗五升，浸麯二日，沸取。

右將糯米净淘，控乾，炊飯，候冷乾傾出，如人體冷熱，入前藥汁五斗，并麯末拌匀，甕中盛之。春夏五七日，秋冬十餘日，候熟。量人性飲之，日五六服，常令酒力相續，不過三五劑皆平復。

宋詡《竹嶼山房雜部》卷一八《尊生部六・醋部》

黄米醋

黄倉米一斗，淘净，浸一宿。早晨炊作硬飯，令熱傾在蘆席上，攤約四寸厚。署候飯如人體温，用楮葉蓋覆如醬黄法。候成黄子，曬令極乾，簸去黄衣。再用倉米一斗，如前炊作硬飯，傾出令極冷，將前黄子五升同拌在經造醋甕内，冷水浸之，水面約浸過兩拳。

造翻黄醋法

陳粟米一斗，淘净，水浸七日，候覺酸氣，淘净七次，上甑蒸熟，如人體温下缸内，捺實，摻上白麫一兩，用楮葉蓋，候七日發，使刀劙音利。作十字。用熟水三斗温下，密封蓋，直候發。每日早晚攪兩遍，多攪尤妙。五六日後澄清香熟，撇取清者。其脚再入温湯攪匀，又待五六日成醋。直至使了滓即已。

顧元慶《茶譜》　建城

茶宜密裹，故以葉籠盛之。宜於高閣，不宜濕氣，恐失真味也。古人因以用火依時焙之，常如人體温。温則禦濕潤，今稱建城。按《茶録》云：建安民間以茶爲尚，故據地以城封之。

朱載堉《樂律全書》卷二四《律樂新説四》　嘉量篇第二

凡鑄金之狀，金與錫黑濁之氣竭，黄白次之；黄白之氣竭，青白次之；青白之氣竭，青氣次之，然後可鑄也。舊注曰：謂鑄金之形狀，及消鍊金錫精麤之候。《考正》曰：詳言之者，務欲精製其器。舊不言厚，若于今以筭術考之，四周并底及臀與耳皆厚一分。

【略】

至於火候氣色，乃鑄工之細務，亦必詳言之。曰：凡用金爲器，必和之以錫。初鍊之時，火色黑濁者，穢雜尚多也。鍊去穢雜，火色變而黄白，亦未净行顛倒，大地七寶，五行順行，法界火坑。紫陽翁曰：白虎首經至寶，華池神水真金。又云：依時採取定浮沈，進火須防危甚。大修行人已得聖師授以真訣，奚可不明火候者乎。

陸友《墨史》卷下《雜記》　沈存中云：南方暑雨時，墨惡蒸溽，可置煖閣中。其法不宜燥砌，以梓木匣貯之。梅月微令近火，但要如人體温，不必太熱。歲久膠性乾透，漸自不蒸。善墨雖蒸不壞。不善者，雖焙亦蒸，全在製作，不問蒸也。

沈繼孫《墨法集要》　水池

水池

石池貯水，其上置板，板上置墨，以舊細草鞋底蘸些水摩擦。今墨平整，絹帛拭净，停眼候乾。刷過篦布擦光，馬腦石打研訖，囊貯懸於高處，候徹乾。紙裹藏之，每俟晴明時取出，乾帛拭過，風中晾片時收之。若蒸濕時，略用火焙，但如人體之温，不可熱也。經三兩夏過，膠性乾透，漸自不蒸。初出灰墨亦可以焙。焙法，於焙籠下置一枚紙灰缸，深埋熟炭團一箇，徐徐焙去濕氣。杉匣藏之，外用黑光漆，内不漆，置床上近人氣處。以熟漆略刷墨上，免濕蒸侵也。若製下新墨，便經一蒸，精華盡去，不堪用矣。

朱橚《普濟方》卷一一六《諸風門》　諸風雜治

神效烏頭煎，出《聖惠方》。治一切風。

生烏頭五斤，以河水浸三日，不住换水。黑豆一斗，淘净。生薑半斤。

右細剉以水一石，煎取三斗，去滓，以生絹濾過，復煎如稀餳。以新磁瓶盛，每日空心以温酒調下半茶匙，至半月未瘥，添至一茶匙。此外不可多服，藥瓶常令近火，如人體暖。

又　卷一三五《傷寒門》　陰毒論

治陰毒傷寒，煩躁迷悶，不治悮人急者。出《本草》。

右用大附子一箇可半兩者，立劈作四片。生薑一大塊，刀劈作五片，如中指長。糯米一撮。三味以水一升煎取六合，去滓，如人體温，頓服，厚衣覆之。或汗出，或不出，候心神定，即别服水解散、太白通關散之類，不得與冷水。如渴，更將滓煎與服。令人多用有效，故詳著之。

潔也。鎔鍊既久，變而青白，稍浄而未盡也。白色盡去，火色純青，則其鍊之至精，然後可用以鑄焉。

朱國禎《湧幢小品》卷三一《物理》 金得翡翠則粉，犀得人氣則破。人食礬石則死，蠶食之則不飢。

沈長卿《沈氏日旦》卷八《崇禎二年冬・觀察使葛公寶泉局遺澤碑》 火候煮茶，火候爲先。爐火通紅，茶瓢始上。如黑炭未燃，即以瓢閣上，則炭氣透入于湯，其味甚惡。扇起要輕疾，待有聲，稍稍重疾，斯文武候也。文過則水性柔而香不觸發，武過則火性烈而味不恬愉，皆非茶家。三昧如蝦眼，蠏眼，魚眼連珠，俱屬萌湯。直至湧沸如騰波鼓浪，水氣全消，方爲純熟。俟沸稍定，投入更妙。

宋應星《天工開物》卷中《錘鍛第十》

針

凡針先錘鐵爲細條，用鐵尺一根錐成線眼，抽過條鐵成線，逐寸剪斷爲針。先鎈其末成頴，用小槌敲扁其本，剛錐穿鼻，復鎈其外。然後入釜，慢火炒熬。炒後以土末入松木、火矢、豆豉三物罨蓋，下用火蒸。留針二三口插于其外，以試火候。其外針入手捻成粉碎，則其下針火候皆足。然後開封，入水健之。凡引線成衣與刺繡者，其質皆剛。惟馬尾刺工爲冠者，則用柳條軟針。分別之妙，在于水火健法云。

抽線琢圖

治銅

凡紅銅升黃，而後鎔化造器，用砒升者爲白銅器，工費倍難，侈者事之。凡黃銅原從爐甘石升者，不退火性受錘。從倭鉛升者，出爐退火性，以受冷錘。凡響銅入錫參和法具五金卷。成樂器者，必圓成無釬。其餘方圓用器，走釬炙火粘合，用錫末者爲小釬，用響銅末者爲大釬。碎銅爲末，用飯黏和打，入水洗去飯，銅末具存，不然則撒散。若釬銀器則用紅銅末。

凡錘樂器，錘鉦，俗名鑼。不事先鑄，鎔團即錘。錘鐲俗名銅鼓。與丁寧，則先鑄成圓片，然後受錘。凡錘鉦鐲，皆鋪團于地面。巨者衆共揮力，由小闊開，就身起弦聲，俱從冷錘點發。其銅鼓中間突起隆砲，而後冷錘開聲。聲分雌與雄，則在分厘起伏之妙。重數錘者其聲爲雄。凡銅經錘之後，色成啞白，受鎈復現黃光。經錘折耗，鐵損其十者，銅只去其一。氣腥而色美，故錘工亦貴重鐵工一等云。

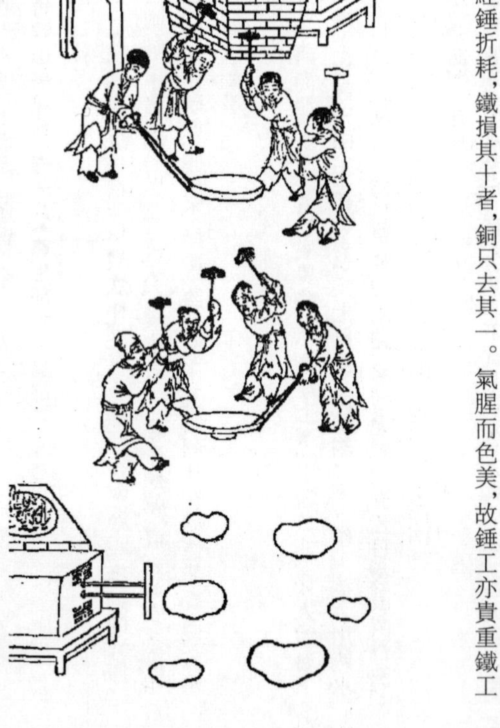

錘鉦與鐲圖

又 卷下《五金第十四》

銀

凡礁砂入爐，先行揀浄淘洗。其爐土築巨墩，高五尺許，底鋪瓷屑、炭灰。每爐受礁砂二石，用栗木炭二百斤，周遭叢架。靠爐砌磚墻一朵，高闊皆丈餘。風箱安置墻背，令兩三人力帶拽透管通風。用牆以抵炎熱，鼓鞴之人方克安身。

炭盡之時，以長鐵又添入。風火力到，礁砂鎔化成團。此時銀隱鉛中，尚未出脱。計礁砂二石，鎔出團約重百觔。冷定取出，另入分金爐，一名蝦蟇爐內，用松木炭匝圍，透一門以辨火色。其爐或施風箱，或使交箑。火熱功到，鉛沉下爲底子，其底已成陀僧樣，別入爐煉，又成扁擔鉛。頻以柳枝從門隙入內燃照，鉛氣净盡，則世寶凝然成象矣。此初出銀亦名生銀。傾定無絲紋，即再經一火，當中止現一點圓星，滇人名曰茶經。逮後入銅少許，重以鉛力鎔化，然後入槽成絲，絲必傾槽而現，以四圍匡住，寶氣不横溢走散。

錫

凡煉煎亦用洪爐，入砂數百斤，叢架木炭亦數百斤，鼓鞲鎔化。火力已到，砂不即鎔，用鉛少許勾引，方始沛然流注。或有用人家炒錫剩灰勾引者，其爐底炭末、瓷灰鋪作平池，傍安鐵管小槽道，鎔時流出爐外低池。其質初出潔白，然過剛，承錘即拆裂。入鉛制柔，方充造器用。售者雜鉛太多，欲取净則鎔化，入醋淬八九度，鉛盡化灰而去。出錫唯此道。方書云馬齒莧取草錫者，妄言也。謂砒爲錫苗者，亦妄言也。

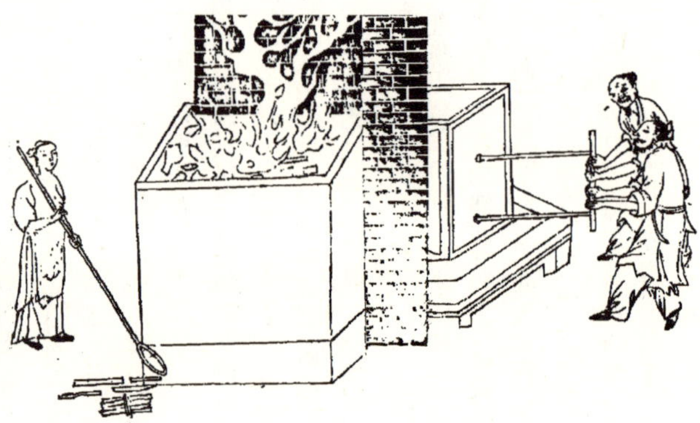

鎔礁結銀與鉛圖

煉錫爐

王志長《周禮註疏删翼》卷二八

凡鑄金之狀，金與錫黑濁之氣竭，黄白次之；黄白之氣竭，青白次之；青白之氣竭，青氣次之，然後可鑄也。註：消錬金錫精麤之候。

疏：候其煙氣，以知生熟之節。王氏曰：凡用金爲器者，皆和之以錫。其用金錫，必鎔煉之使精，然後以金汁入模而鑄焉。方其改煎金錫，有氣之可觀。青，陽也，其氣純而不雜。黄白，陰也，其氣雜而不純。故始而鎔之則陰雜之氣多而爲黑濁。黑濁之氣既竭，然後黄白之氣次之；黄白之氣既竭，然後青白次之；青白之氣既竭，然後青氣獨見焉。陰雜之氣消盡無餘，所存者純陽不雜之氣而已，則其煉之至精，然後可用以鑄焉。則其器用而無敝，久而獨存，可以垂無窮而施罔極矣。

方以智《物理小識》卷七《金石類》 健鐵健鋼

已經爐錘出火，入清水淬之，曰健。未淬則鋼之弱性猶存也。鎈用純鋼，以羊角末和鹽醋先塗，乃握已健之鋼鏨畫斜文，重燒紅，退冷入水健之。針條穿鼻，入釜慢火炒之。炒後以土末入松木火矢，與豆豉三者，罨蓋。下用火蒸，留二三針插外以試火候。外針入手成粉，則蒸針足矣。乃開封入水健之。

又　卷八《器用類》 犀角器

薄片夾腋下，碾之如粉。所謂人氣粉犀也。

劉源長《茶史》卷二《茶事》 終南僧明亮者，近從天池來，餉子天池苦茶，授余烹點法甚細。余嘗受其法于陽羨。士人大率先火候，其次湯候，所謂蟹眼、魚目，參沸沫浮沉以驗生熟者，法皆同。

南懷仁《新製靈臺儀象志》卷四 驗氣説

氣者，四元行之一。蓋天之於地，有上中下三域。上域近火，近火常熱。下域近水土，水土常爲太陽所射，故氣煖也。中域上遠於天，下遠於地，故寒也。然則各域之界，由何而分，今姑以極峻之山，畫三界以喻之。山之巔爲上域，風雨之所不至者也，故其氣極清，而人與物不可居焉。其下爲中域，霜雪必爾凝結也。又其下則爲下域，而其寒煖之分，又有輕重厚薄之不同焉。若南北二極之下，因遠太陽，則上下之煖處薄，中之寒處厚。若赤道之下，因近太陽，則上下之煖處厚，中之寒處薄，以是知氣域之不齊也。

四元行之中，惟氣行爲最易變。以氣在天地之間，上依星辰異照，下依土水異情。其星辰各有德性，而資育萬物者也。然各曜又因相會相對之勢，而變異其情，則其効遂因之而亦異。且氣甚微甚順，易受諸天之變、諸効之染也。但其所爲易變者,難以分別,而大槩則自冷熱乾濕而來。然能驗其爲然者,則全賴人觸覺之官。蓋人之五官所司,惟觸司頑鈍,而不能顯証其氣細微之變。其觸司所以能覺者,賴一身脉絡所通之肌膚。何以言之?如有外熱攻伐吾身,而身內之本熱與之相等,則觸司必不之覺也。惟外來之熱,有過不及於吾身之熱,而人之觸司方能辯其熱之強弱也。故仁特造一器,而藉視司,即五司之最靈者,以補足觸司之所不及焉。其器之屬有三:一作法,一用法,一効驗之所以然。所謂作法者,用琉璃器,如甲乙丙丁,置木板架,如一百(九)[八]圖。上毬甲,與下管乙丙丁相通。大小長短,有一定之則。木架隨管長短分三層,以象天地間元氣之三域。下管之小半,以地水平爲準。其上大半兩邊,各分十度。其所畫之度分,俱不均分,必須與天氣寒熱加減之勢相應。故其度分離地平線上下近遠若干,則其大小應加減亦若干。假如冬月在本球內之天氣加厚,而其從前所占八寸之地,自收斂而歸於二寸之地。若五日內,如皆八分之冷,則球內之氣第一日加厚一寸,第二日不及一寸,第三日不過五分,第四五日加至三分而不動矣。若六日內八分之冷氣與此相同,而其加厚之寸分每日不同,蓋冷熱之驗有所必然者。故候氣之具,自與之相應,而以冷熱之度,大小不平分相對之。至於用之法頗多,總歸于一,即所謂辯冷熱之分是也。冷熱者,天地萬變之所起,造化之功所由成也。今姑舉其用之有四以驗之。一測天氣,一測地氣,一測人物氣,一測月星等之氣。

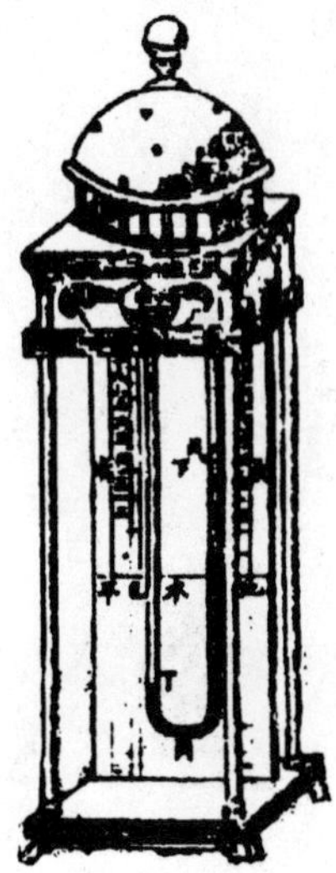

一百八圖

先以測天氣言之。天之氣晝夜無間,而無不變易。在卯酉子午時,其氣之升降不同,器內之水亦應之。如卯時太陽上地平,天氣加熱而升,午時氣更熱而更升,氣升降之理有本論。在乙庚管之水亦然。酉時太陽下地平,而天氣降,子時更降,在管之水隨之而歸於地平。如明日較今日,天氣熱冷若干,而在管之水因而升降亦若干。蓋晝夜如此,而周年每節氣日亦如此。是以冬氣與春氣,又春氣與夏秋等氣,彼此相比,因管之水升降度分若干,可以推其冷熱若干。又今年之節氣,於次年之節氣,彼此相比亦然。欲辯東西南北等風之氣何如,則以此管對之,風熱則水必升,風冷則水必降,捷如影響,毫不爽焉。

又以測地氣者言之。凡山谷房屋上下左右之地氣,其清濁輕重乾濕諸理,即以冷熱之分,而大略可推焉。蓋凡此諸氣之理,或從冷熱而生,或因他有而起,則冷熱隨之。元行之輕而且微,以其所染外氣易入人物而薰染之。由是推知人物之智愚、強弱、病否諸理,皆感受於其各地之氣,而有所異焉。今欲辨其各地之氣何如,則置此器於地內,少頃視水之升降,可以別其地氣之冷熱矣。

又以測人物之氣者言之。譬有兩人于此,其齒同,欲分別其氣質何如,則使之各摩上球甲,至刻之一二分,一分即六十秒。定分秒之法有本論。大約以脉一至,可當一秒。視水升降若干,則兩人之氣質分矣。醫者用是法,可定病之輕重進退。亦可以別藥材花草等香味力氣,以定其性之温熱平冷。其用無窮也。

又以測太陰金木等星之情氣者言之。或曰:天星之光下照必同帶熱氣。今欲辨之,則用此器而對太陰之光,則乙庚之水必退分數而向地平。若有他物遮隔其光,則水必上地平而歸原數,故知太陰之光全屬冷氣。測金木等星之情氣,皆倣此。但星光愈微,則所用測器必愈大矣。

又以升降之所以然者言之。夫水之升降,爲熱冷之効固矣。然其故何也?蓋如上球甲,一觸外來熱氣則內所含之氣稀微舒放,奮力充塞,則球隘既無所容,又無隙漏可出,勢必逼左管之水,從地平而下至丁;右管之水,從地平而上至戊矣。此熱之理所必然也。若冷之理則反是。蓋冷氣於凡所透之物,收斂凝固。如本球甲,一觸外來之冷氣,則內所含之氣必收斂,左管之水欲實其虛,故不得不強之而上升矣。總之,天下之物皆貫通聯屬,必相濟而後能相保。此空虛之所以必欲其實也。今甲丁之氣,既被外冷而收斂,則原占之所較前必小。假如前占甲丁之所,而自收斂之後,不過甲巳耳。設丁丙水不上以至巳,則巳丁之管盡無氣而空矣。然物性既不容空,則丁丙之水勢不得不強升以補之。假使塞管之口,而不使通外氣,則甲丁內氣爲外冷所逼,勢必收斂凝固。雖甲丁之器爲銅鉄所成,必自破裂,而受外氣以補盈其空闕矣。又自外來之氣甚熱,而內氣必欲舒放,無隙可出,則甲丁既無所容,亦必自破裂而奮出矣。

戴榕《黃履莊小傳·附奇器目略》張潮《虞初新志》卷六　一驗器。冷熱燥濕,皆以膚驗,而不可以目驗者,今則以目驗之。

驗冷熱器。此器能診試虛實,分別氣候,證諸藥之性情。其用甚廣,另有專書。

胡煦《周易函書別集》卷一五《篝燈約旨》 觀物

翡翠屑金，人氣粉犀。置犀於懷中，待其既暖，以槌擂之，可以成粉。

陸廷燦《南村隨筆》卷一 犀

犀出越睒人以陷穽取之，每殺必有震雷暴雨。犀角難碎，得人氣煖之則易粉。犀之貴者，辟塵分水，駭鷄駭狐，夜明通天，辟暑辟寒。

允祿等《周官義疏》卷四一 考工記之二

凡鑄金之狀，金與錫黑濁之氣竭，黄白次之；黄白之氣竭，青白次之；青白之氣竭，青氣次之，然後可鑄也。注：故書狀作壯。杜子春云：當爲狀。

正義鄭氏康成曰：消湅金錫精粗之候。賈氏公彦曰：候煙氣以知生孰之節。

案：築、冶、鳧、桃、㮚五氏皆合鑄金錫之工，故言鑄金之狀，以總結之義，不專繫乎㮚氏也。此後段氏則兼鍛鐵者，與上文言改煎金錫不耗，分金錫而各鎔之，未鑄而煉其質也。此言鑄金之狀，齊金錫而合鎔之，臨鑄而視其候也。

檀萃《滇海虞衡志》卷二 志金石

凡礦錫鑞爲上，墨綠次之，黄金箔又次之。凡鍊，白火者荒也，青火者硤也，綠火、黄火各如其礦之色，惟紅火爲上。乃銅之光火烈，礦鎔其埽，先出流注如金膏，以水沃之成團，曳而棄之。埽盡而紅光發則銅存焉。

藍浦《景德鎮陶録》卷一《圖説》 窯制長圓，形如覆瓮，高寬皆丈餘，深長倍之。上罩窯棚，其煙突圍圓，高二丈餘，在窯棚之外。瓷坯既成，裝匣入窯，分行排列，中間疏散以通火路。其窯火有前中後之分，安放坯匣，皆量泑之軟硬以定窯位。發火時，隨將窯門磚封，留一方孔，入柴片刻不停，有試照者。熟則止火。窨一晝夜始開，幅中滿燒備具。

又 卷四《陶務方略》 陶户收買砌丕，先於船中提少許，捏成塊，上劃各土客字號。燒窯日，置之火眼内，待燒熟，用鐵鉤探出，驗辨貨色，謂之試照。

本燒户亦有自試火照之法。蓋壞器入窯，火候生熟究不可定，因取破坯一大片，中穵一圓孔，置窯眼内，用鈎探驗生熟。若坯片孔内皆熟，則窯漸陶成，然後可歇火。

又 卷八《陶説雜編上》 窯之長短，率有𥡴數籍税，而火堂、火棧、火尾、火眼之屬則不入於籍。燒時，窯牌火照迭相出試，謂之報火。蔣祈《陶略》。

楊萬樹《六必酒經》卷二《問答説》 問酒飯入甕，何時應熱？何時應冷？余聞朱翼中曰：寒時如人體温，凉時令微冷，熱時令極冷。俗云寒天投熱飯，熱天投冷飯，本此意也。夫酒之香者在飯，酒之甜者在飯，酒之酸者亦在飯。臘月嚴寒，應投熱飯，熱則發急而酒香。《語林》云：抱瓮冬醪。言冬月釀酒，令人抱瓮速成而味香。故言酒之香在飯也。倘天寒而投冷飯，則酒不發。不發則甜，故言酒之甜在飯也。深秋早冬，飯宜微冷，似冷而尚未冷透也。但十月天氣，寒熱難定，投飯之法最難安置，應冷莫熱。飯冷而天煖，酒自能發。飯冷而天寒，用醅即發。夫造桑落酒之得其法，與不得其法者，皆在投飯之妙爾。早秋春仲，飯宜極冷。已冷而再行遲緩也。和暖之時，冷飯入瓮，對週無有不發。愚拙酒人，膽小才疎，不量天時，恐飯冷而酒不發，急投熱飯。是酒人害酒之酸，故言酒之酸在飯也。

鄭光祖《一斑録》卷三《物理》　舊傳物理

犀角，羚羊角，鎊薄片懷之，使得人氣，乃可碾之成粉。

鄭復光《費隱與知録》　觸司本《儀象志》語。寂鈍　天有深心

問：人爲萬物之靈，天生聰明，不遺餘力，獨寒暑之覺觸司最鈍。此寒暑表所由作也，造物豈有意乎？曰：豈無意乎。統計萬物觸覺寒暑，獸爲最鈍，鮮凍死者，有皮毛以禦寒也。蟲爲最靈，鮮過冬者，無皮毛以禦寒也。蟲亦有毛，甚希，且無底茸。蟲稟氣薄，冬則命盡，造物所不甚惜，無足論者。惟獸有皮，所以給生人之用，愈能耐寒用彌切矣。使人觸司極靈，則無衣之民豈不隨蟲蟄乎。

蔣作錦《甎壎説》左宜似等《東平州志》卷一八　工甎宜足火色也。摶泥作坯，煉火成甎。正燒時之火候，固有師甎可憑。出窑後之成色，亦有形色可驗。甎以窑心爲佳，其色青，其聲響且亮。窑頂次之，色淡而響不亮。窑底更次之，色黑而聲不響。窑夾耳爲最下，火氣淺也。琉璃爲最堅，火候過也。色分數等，擇堪適用。獨有缺水者爲紅甎，欠火者爲生甎，刷色者爲假甎，遇風易化，著潮漸粉，窑户攙入混賣，抽查重責不貸。並於收甎時注明窑户姓名，以便後日查核。燒甎縱有弊端，較諸購料廂埽尚易稽查也。

劉嶽雲《格物中法》卷二《水部》　水

權水輕重，水一升，冬重十三兩。《後漢書·禮儀志》。

嶽雲謹案：此測水輕重之法也。冬重十三兩，猶今西士云水在寒暑表初度重若干也。若天氣加熱，水亦加熱，加熱則水微輕。此指極清極純之水而言。若水内含有雜質，則各水輕重亦自不同。

又　卷五上《金部》　金總論

凡鑄金之狀，金與錫黑濁之氣竭，黄白次之；黄白之氣竭，青白次之；青白之氣竭，青氣次之，然後可鑄也。《周禮》。

嶽雲謹案：古人既知銅錫之火候，則他金之火候自無不知矣。既知鎔鑄之火候，則諸金受熱多少之情形，自無不知矣。

陳開沚《裨農最要》卷三　冬浴

是日用穀草、桑柴、茄桿燒灰淋汁，兼食鹽、牛尿、冰水、雪水，共合攪匀，俟温。凡浴連，水不可太熱，太熱則損子；亦不可太冷，太冷則無氣，如人體温煖斯可矣。以解其不祥也。

楊鞏《中外農學合編》卷一〇《蠶類》　附外洋法寒暑表

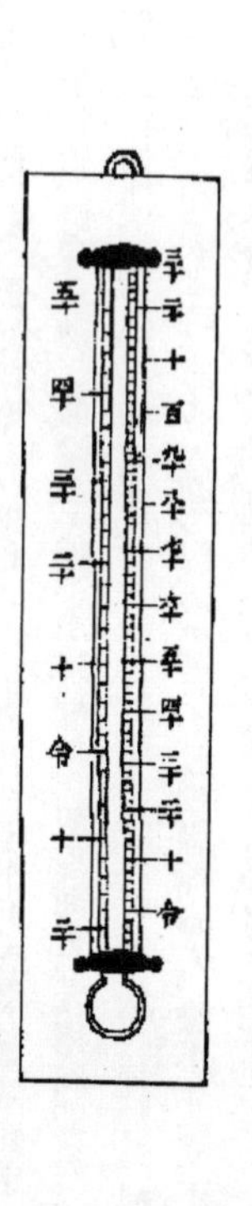

寒暑表

寒暑表者，用以察天氣寒暑之常變也。其製造本自格物，中國現須購自西洋。原係一圓直玻璃管，下鑲以玻璃球，中貯加色火酒或水銀等流質，以光滑木板嵌之。先置冷水中，管内流質遇冷即縮而下降，直候縮至不降之位，於木板上註以無度。又復置開水中，管内流質遇熱即漲而上升，直俟長至不升之處，於木板上記以百度。自無度至百度，中間平分百畫，每畫即爲一度。蠶務之需用此具，其所憑藉者不一。自始至終，其間催青即煖種子，使出蟻也。飼育，上山，殺蛹，乾繭，繅絲，製種，層層節節，應需之温，皆各有無過不及之適度。若非此表，何憑考察一定。即如催青期内，必自六十三度漸高至七十三度，而蟻始出。或逐日内視表中尚有未及，可加燻燈火力以升之。又如飼育期内，必自七十三度漸低至六十度，即可老熟。或各齡中，視表上常有不定，可於爐中加減薪炭以調停之。其餘上山宜九十度内外，殺蛹宜百五十度上下，乾繭以百二十度散水，繅絲以百八十度熱湯，製種以七十五度出蛾，皆由此表定之。誠養蠶要具也。但此表畫止百度，名曰華氏。彼殺蛹乾繭之用温過百度者，必用攝氏，定度最大，只三十八度，可當華氏百度，須均購備。《喝茫蠶書》。

藝文

李白《李太白文集》卷八《秋日錬藥院鑷白髮贈元六兄林宗》　木落識歲秋，瓶冰知天寒。桂枝日已緑，拂雪凌雲端。弱齡接光景，矯翼攀鴻鸞。投分三十載，榮枯同所懽。長吁望青雲，鑷白坐相看。秋顔入曉鏡，壯髮凋危冠。窮與鮑生賈，饑從漂母飡。時來極天人，道在豈吟歎。樂毅方適趙，蘇秦初説韓。卷舒固在我，何事空摧殘。

蘇軾《東坡全集》卷一五《惠崇春江晚景二首》　竹外桃花三兩枝，春江水暖

鴨先知。蔞蒿滿地蘆芽短，正是河豚欲上時。

白玉蟾《火候》劉克莊《千家詩選》卷二一　無位真人煉大丹，倚空長劍迫人寒。玉爐火煆天尊膽，金鼎湯煎佛祖肝。百刻寒温忙裏準，六爻文武静中看。有人要問真爐鼎，豈離而今赤肉團。

楊慎《升菴集》卷一六《續百一詩十五首》　隙陰審時運，瓶冰知天寒。行人在萬里，道路多險難。放轍愁羊腸，方舟畏狂瀾。渺渺音問濶，迢迢歲月殫。采绿動朝思，葛生勞夕嘆。願言托宵夢，馳景隨飛翰。

吴壽昌《虚白齋存稿》卷七《直廬續集・寒暑表》　深貯瓊漿刻鏤工，節分廿四應時通。祇疑承露雙莖上，已盡窺天一管中。有暈圓輝成蜃氣，無方靈藥借蟾宫。合輪番舶誇珍異，别具璣衡定歲功。

濕度測量分部

論説

《文子》卷下《下德》　老子曰：雷霆之聲，可以鐘鼓象也。風雨之變，可以音律知也。大可睹者，可得而量也。明可見者，可得而蔽也。聲可聞者，可得而調也。色可察者，可得而别也。

劉安撰　高誘注《淮南子》卷三《天文訓》　日冬至則水從之，日夏至則火從之。故五月火正而水漏，火正，火王也，故水滲漏。漏，濕也。十一月水正而陰勝。水正，水王也，故陰勝。陽氣爲火，陰氣爲水，水勝故夏至溼，火勝故冬至燥。燥故炭輕，溼故炭重。日冬至，井水盛，盆水溢，羊脱毛，麋角解，鵲始巢。八尺之修，日中而景丈三尺。日夏至而流黄澤，石精出。流黄，土之精也，陰氣作於下，故流澤而出也。石精，五色之精。

又　卷八《本經訓》　天地之大，可以矩表識也。矩，度表影也。識，知也。星月之行，可以歷推得也。歷，術也。推，求也。雷震之聲，可以鼓鍾寫也。寫猶放斅也。風雨之變，可以音律知也。律知陰陽。是故大可覩者，可得而量也。明可見者，可得而蔽也。蔽或作察。聲可聞者，可得而調也。色可察者，可得而别也。

又　卷一六《説山訓》　嘗一臠肉，知一鑊之味。有足曰鼎，無足曰鑊。懸羽與炭而知燥濕之氣，燥故炭輕也。濕故炭重也。以小明大。

又　卷二〇《泰族訓》　天設日月，列星辰，調陰陽，張四時，日以暴之，夜以息之，風以乾之，雨露以濡之。其生物也，莫見其所養而物長。其殺物也，莫見其所喪而物亡。此之謂神明。聖人象之，故其起福也，不見其所由而福起。其除禍也，不見其所以而禍除。遠之則邇，延之則踈；稽之弗得，察之不虚。日計無算，歲計有餘。夫濕之至也，莫見其形而炭已重矣。風之至也，莫見其象而木已動矣。日之行也，不見其移，騏驥倍日而馳，草木爲之靡。縣烽未轉，縣烽，邊候，見虜舉烽，轉相受，行道里最疾者也。而日在其前。故天之且風，草木未動而鳥已翔矣；鳥巢居，知風也。其且雨也，陰噎未集而魚已噞矣，魚潛居，知雨也。以陰陽之氣相動也。故寒暑燥濕以類相從，聲響疾徐以音相應也。

司馬遷撰　裴駰集解　司馬貞索隱　張守節正義《史記》卷二七《天官書第五》　日，風、雲，占其國。然必察太歲所在。在金，穰；水，毁；木，饑；火，旱。此其大經也。正月上甲，風從東方，宜蠶；風從西方，若旦黄雲，惡。冬至短極，縣土炭，集解：孟康曰：先冬至三日，縣土炭於衡兩端，輕重適均，冬至日陽氣至則炭重，夏至日陰氣至則土重。晉灼曰：蔡邕《律歷記》：候鍾律權土炭，冬至陽氣應，黄鍾通，土炭輕而衡仰；夏至陰氣應，蕤賓通，土炭重而衡低。進退先後，五日之中。炭動，鹿解角；蘭根出，泉水躍，略以知日至，要決晷景。歲星所在，五穀逢昌。其對爲衝，歲乃有殃。正義：言晷景歲星行不失次，則無災異，五穀逢其昌盛。若晷景歲星行而失舍有所衝，則歲乃有殃禍災變也。

班固撰　顔師古注《漢書》卷七五《睢兩夏侯京翼李傳第四十五》　宜以時廢退，不當得居位。誠必行之，凶災銷滅，子孫之福不旋日而至。政治感陰陽，猶鐵炭之低卬，見效可信者也。孟康曰：《天文志》云：縣土炭也，以鐵易土耳。先冬夏至，縣鐵炭於衡各一端，令適停。冬陽氣至，炭仰而鐵低。夏陰氣至，炭低而鐵仰。以此候二至也。

王充《論衡》卷一五《變動篇》　夫天能動物，物焉能動天，何則？人物繫於天，天爲人物主也。故曰：王良策馬，車騎盈野。非車騎盈野，而乃王良策馬也。天氣變於上，人物應於下矣。故天且雨，商羊起舞，使天雨也。商羊者，知雨之物也。天且雨，屈其一足起舞矣。故天且雨，螻蟻徙，蚯蚓出，琴絃緩，固疾發。此物爲天所動之驗也。故天且風，巢居之蟲動；且雨，穴處之物擾。風雨之氣，感蟲物也。故人在天地之間，猶蚤虱之在衣裳之内，螻蟻之在穴隙之中。

蚤虱、螻蟻爲逆順横從，能令衣裳、穴隙之間氣變動乎？蚤虱、螻蟻不能，而獨謂人能，不達物氣之理也。

沈約《宋書》卷一一《志第一・律志序》 天子常以冬夏至御前殿，合八能之士，陳八音，聽樂均，度晷景，候鐘律，權土炭，效陰陽。冬至陽氣應，則樂均清，景長極，黄鐘通，土炭輕而衡仰；夏至陰氣應，則樂均濁，景短極，蕤賓通，土炭重而衡低。進退於先後五日之中，八能各以候狀。

劉晝《劉子》卷四 心隱第二十二

二儀之大，可以章程測也。三綱之動，可以圭表度也。雷霆之聲，可以鐘鼓傳也。風雨之變，可以音律和也。故有象可觀不能匿其影，有形可見不能限其跡，有聲可聞不能藏其響，有色可察不能滅其情。以夫天地陰陽之難明，猶可以術數揆，而耳目可知。至於人也，心居於内，情伏於衷，非可以算數測也。

黄子發《相雨書》 相草木蟲魚玉石

壁上自然生水者，天將大雨。

石上津潤出液，將雨數日。

李籍《周髀算經音義・周髀卷上》 冬至夏至觀律之數聽鐘之音

律，呂戌切。聽，陀定切。此謂冬夏二至，合八能之士，以觀律之數，而聽鐘音之清濁也。《晉律歷志》曰：陰陽和則景至，律氣應則灰除，是故天子常以冬夏至日，御前殿，合八能之士，陳八音，聽樂均，度晷影，候鐘律，權土灰，效陰陽。冬至陽氣應則灰除，是故樂均清，影長極，黄鐘通，土炭輕而衡仰。夏至陰氣應則樂均濁，影[短]極，蕤賓通，土炭(炭)重而衡低。進退於先後五日之中，八能各以候狀。

葉子奇《草木子》卷四《雜俎篇》 二至前後垂土炭於衡兩端，輕重均，陰氣至則土重，陽氣至則炭重。又云：政治感低昂，猶鐵炭低昂可信也。蓋以鐵易土爾。

陶宗儀《説郛》卷一〇九下《感應經》

炭何爲重？鐵何爲輕？

《漢書》曰：先冬至夏至，懸炭、鐵如衡各一端，令相停。冬至陽氣至，炭仰而鐵低；夏至陰氣至，鐵仰而炭低。以此候二至。《淮南子》曰：權土炭，候氣也。

又《感應類從志》

積灰知風，懸炭識雨。

以榆化灰，聚置幽室中。天若將風，則灰皆飛揚也。秤土、炭二物，使輕重等，懸室中。天時雨則炭重，天晴則炭輕。又云：以此驗二至不雨之時。夏至一陰生，即炭重。冬至一陽生，即炭輕。二氣變也。

楊慎《丹鉛餘録》卷七 道以器寓，人與天期。故雷霆之聲，可以鼓鐘寫；風雨之變，可以音律知。

陳禹謨《駢志》卷一九《癸部上》

淫之至而炭已重，風之至而木已動。

天且風而鳥已翔，天且雨而魚已噞。

《淮南子》：夫淫之至也，莫見其形而炭已重矣。風之至也，莫見其象而木已動矣。

又天之且風，草木未動而鳥已翔矣。其且雨也，陰曀未集而魚已噞矣。以陰陽之氣相動也。故寒暑燥溼以類相從，聲響疾徐以音相應也。

李日華《六研齋筆記》卷二 神瞽精絃素者，一操器即别晴雨。余輩與筆硯周旋，久亦藉以知燥濕。硯佳者，每午前必劃然斸墨，午後即泓水不減。筆鋒亦因暵加鋭，乘陰稍韌，但其候甚微，心麁者不覺耳。

焦周《焦氏説楛》卷五 懸鐵炭於衡，令平。冬至陽氣至，炭仰而鐵低。夏至陰氣至，炭低而鐵仰。《淮南子》云權土炭以候氣是也。一云天將雨則炭重，晴則炭輕也。

南懷仁《新製靈臺儀象志》卷四 測氣燥濕之分

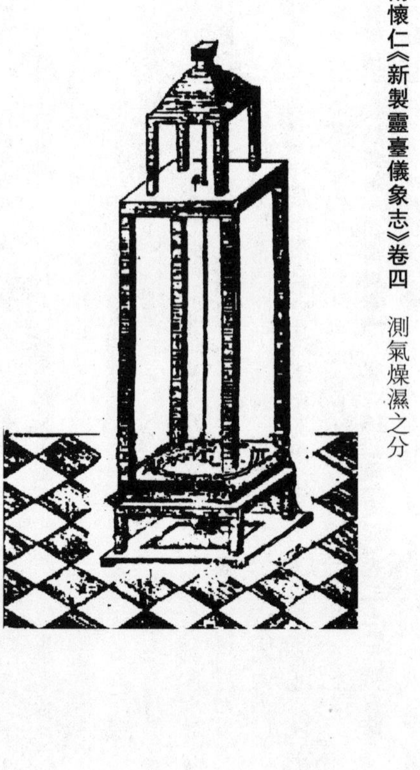

一百九圖

夫燥氣之性，於凡物之所入，即收斂而固結之。濕氣之性反是。欲察天氣燥濕之變，而萬物中，惟鳥獸之筋皮顯而易見。故借其筋弦以爲測器。見一百九圖。法曰：用新造鹿筋弦，長約二尺，厚一分，以相稱之斤兩墜之，以通氣之明架空中横收之。上截架内緊夾之，下截以長表穿之。表之下安地平盤，令表中心，即筋弦垂線，正對地平中心。本表以龍魚之形爲飾。驗法曰：天氣燥，則龍表左轉；氣濕，則龍表右轉。氣之燥濕加減若干，則表左右轉亦加減若干。其加減之度數，則於地平盤上之左右邊明畫之，而其器備矣。其地平盤上面，界分左右，各畫十度，而潤狹不等，爲燥濕之數。左爲燥氣之界，右爲濕氣之界。其度各有潤狹者，蓋天氣收斂其筋弦，有鬆緊之分，故其度有大小以應之。譬如人用力緊紉一物，初用八分之力，其物可旋繞一周。再用八分之力，物繞不及一周。復再用八分之力，而物繞則僅半周矣。其用力同，而旋繞不同。夫天氣加減燥濕之氣，收斂筋弦之理，亦有然者。凡欲分别東西南北各方之風氣，或上下左右各房屋之氣，燥濕何如，以此器驗之，無不可也。夫氣之有厚薄也，疎密也，輕重也，加減而遞相爲焉。何以明其然邪？今以氣自然所在之地，爲七十分之一分，而設言之，假如有氣於此，其自然所在之地止能盈寸，若用法以强之，則此一寸之氣能放而盈七十寸之地。又有氣於此，其自然所在之地，則盈七十寸。若用法以强之，而即摯斂於一寸之地。此諸氣厚薄輕重之力與諸測法也。其强之法與器，詳見水法之本論。

戴榕《黄履莊小傳・附奇器目略》張潮《虞初新志》卷六　驗燥濕器。内有一針，能左右旋，燥則左旋，濕則右旋，毫髮不爽。并可預證陰晴。

王植《皇極經世書解》卷一四　觀物外篇之十

火生濕，水生燥。

黄氏畿曰：夏日至，土炭重，火生濕也。冬日至，土炭輕，水生燥也。

吴長元《宸垣識略》卷六《内城二・東中北東北》　天心堂在順天府後，内空洞，上覆以格，有郡國方位圖。冬至日，懸毛羽，驗氣之盛衰，則其歲豐。候氣室在東夾道迤北。立冬日，欽天監官于堂下掘地爲坎，深數尺，以竹管八，實灰其中，照方位布立坎内，以土覆之。至冬至日，啓視以占八方之豐歉。若管灰全浮出者，爲豐；不浮者，爲歉。即《漢書》葭莩灰實律管之法也。

于敏中　英廉等《日下舊聞考》卷六五《官署四》　原天星堂在順天府後，内空洞，上覆以格，有郡國方位圖。冬至日，懸毛羽，驗氣之盛，則其歲豐。

鄭光祖《一斑録・雜述七》　懸土炭

古傳夏至一陰生，懸土炭，屆時炭重。咸豐五年五月初九日辰時夏至，余先一日懸土炭，使之平衡。過時並不少異，可知古語皆不足憑。即六管飛灰，殆亦若是。

鄭復光《費隱與知録》　筋骨故疾　先雨則兆

問：筋骨有故疾者，先雨則痛，何也？曰：釀雨則空中之氣上升，鬱積斂聚，凡有濕者如或拔之，人體亦有濕，情非可拔取，故身中之氣發宣應之。氣欲外舒，而内所含之氣不足及有，故疾處則内有所闕，皆作疼痛。若身中之氣收斂，則有不足，尚可自保，故冬日雖寒，氣自收斂，筋骨多健。交春氣舒，多發故疾，其理亦然。

劉嶽雲《格物中法》卷一《氣部》　空氣

冬至極短，懸土炭。《漢書・天文志》。

先冬至三日，懸土炭于衡兩端，輕重適均。冬至而陽氣至，則炭重。夏至陰氣至，則土重。《漢書・天文志》孟康注。

夫濕之至也，莫見其形而炭已重矣。《淮南子》。

水勝，故夏至濕。火勝，故冬至燥。燥故炭輕，濕故炭重。《淮南子》。

懸羽與炭，而知燥濕之氣。《淮南子》。

嶽雲謹案：此地面空氣含水之據。夏熱含水多，故濕而重。冬寒含水少，故燥而輕。

又案：懸炭于衡，即古人燥濕之表，亦即寒暑之表也。

晴雨消息，無處無之，大則占雲，望氣，察土石之潤燥，辨風潮之緩急；細至一草、一木、一毛、一絲，皆可預日知之。西人陰晴表始于用筋用皮，以其變動極速，極顯也。嘗推其理，製球一枚，以硝硫白礬鹹滷和礦灰黄土攙麻絲製之，極圓，大如椀，上加以漆令厚。漆後，以刀雕作雲龍之狀。再以黑煙和水塗之，令偏研之使光。懸于不見日之處，天將雨則雲龍透出，歷歷分明；將晴則斂，不復見。人或訝爲奇器，實則有至理也。凡草木之質，將雨則漲而重。假如方木一塊，重或十餘兩，置之天平，以砝碼平準。將陰則木必墜下，將晴則砝又墜平。即如檐下横繩一條，令緊。如繩之中間懸一直繩，繫以小重物，陰則墜下，晴則騰上。以物記號之，皆可驗。餘法甚多，可以類推也。《造化究源》。

嶽雲謹案：此亦燥濕之表也。其所言則不囿於西書矣。

王仁俊《格致古微》卷四《淮南子》　水勝，故夏至濕。火勝，故冬至燥。燥故炭輕，濕故炭重。案：此即燥濕表之理。

楊鞏《中外農學合編》卷一〇《蠶類》 附外洋法燥溼表

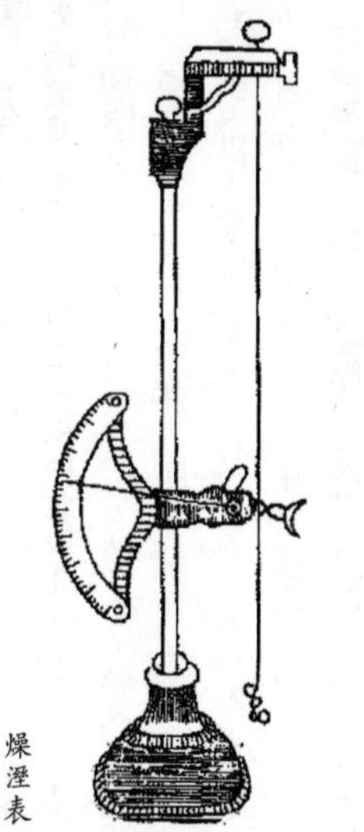

燥溼表

燥溼表者，用以驗天氣之燥溼也，其製亦本格物。凡肥質之物，因燥溼而長縮。常用者爲髮製之燥溼表，其器係一木架，一銅針横倚其上，針末繫以洗浄頭髮，髮上結一鉤，下懸一重物。銅針旋於一圓弧。天氣極燥時，針指之處爲無度。天氣極溼時，針指之處爲百度。自無度至百度，中間平分刊爲百畫，每畫爲一度。其效用之靈，因其頭髮爲肥質之物，天氣溼則漲而加長，下有重物，針自高旋，以指溼度。若天氣燥，髮縮短而針下轉，以指燥度。然養蠶期内，天氣宜略燥，而究不得至無度。若溼過百度，其害甚矣。如飼育室内溼氣太重，蠶體受溼，百病叢生，必不可救。過燥，則體育不旺，眠中脱皮困難。至於上山，室内過燥，不過吐絲太忙，繭紋皺縮，纖維不匀。若過溼，繭質膠重難解，絲亦脆弱無力，則繅絲束手。所以必證之此表，而隨時防閑矣。《意大利蠶書》。

綜述

楊侃《兩漢博聞》卷五

縣土炭。《天文志》六、《李尋傳》四十五。

《天文志》曰：冬至短極，縣土炭。炭動，麋鹿解角，蘭根出，泉水踊。

孟康曰：先冬至三日，縣土炭於衡兩端，輕重適均。冬至而陽氣至，則炭重。夏至而陰氣至，則土重。晉灼曰：蔡邕《律曆記》：候鍾律，權土炭。冬至陽氣應，黄鍾通，土炭輕而衡仰。夏至陰氣應，蕤賓通，土炭重而衡低。進退先後五日之中。

李尋曰：政治感陰陽，猶鐵之低卬，見效可信者也。

孟康曰：《天文志》云：縣土炭也，以鐵易土耳。先冬夏至，縣鐵炭於衡各一端，令適停。冬陽氣至，炭仰而鐵低。夏陰氣至，炭低而鐵仰。以此候二至也。

章如愚《羣書考索》卷五六《曆數門・占候類》 候氣

《西漢志》曰：冬至極短，垂土炭，炭動以知日至。孟康曰：冬至先三日，垂土炭於衡兩端，輕重適均。冬至陽氣至則炭重，夏至陰氣至則土重。《後漢志》曰：陰陽和則景至，律氣應則灰除，故天子常以冬至、夏至御前殿，合八能之士，候鍾律，權土炭於陰陽。冬至陽氣應，則樂均清，景長極，黄鍾通，土炭輕而衡仰。夏至陰氣應，則樂均濁，景短極，蕤賓通，土炭重而衡低。又曰：候氣之法，爲室三重，必周密，布緹縵，室中以木爲案，每律各一，内卑外高，從其方位加律其上，以葭莩折其内端。案歷而候之，氣至者灰去。殿中候用玉律，惟二至乃候。

楊慎《譚苑醍醐》卷九 懸炭

李騫贈魏收詩：流火時將末，懸衡炭欲輕。梁簡文《江南思》詩：月暈蘆灰缺，秋還懸炭輕。蕭子雲《歲暮直廬賦》：衡輕炭燥，權重泉涸。懸炭事見《淮南子》，亦古候氣之法。《説林》：懸羽與炭而知燥濕之氣。今罕知用之，而文人引用亦僅此三條耳。

又楊慎《丹鉛總録》卷三 時序類

懸炭

《後漢律歷志》：古者天子以日至御前殿，合八能之士，陳八音，聽樂均，度晷景，候鍾律，權土炭，放陰陽。日冬至，陽氣至，則樂均清，景長極，黄鍾通，土炭輕而衡仰。日夏至，陰氣應，則樂均濁，景短極，蕤賓通，土炭重而衡低。《淮南子》曰：水勝故夏至濕，火勝故冬至燥。燥故炭輕，濕故炭重。蕭子雲《歲暮賦》：衡輕炭燥，權重泉涸。李騫詩：流火時將末，懸炭漸云輕。梁簡文帝詩：月暈蘆灰缺，秋還懸炭枯。懸炭，古候氣法也。今絶其法，而人亦罕知其事，文人引用亦僅此三條耳。

俞樾《湖樓筆談》卷四 《李尋傳》：政治感陰陽，猶鐵炭之低卬。孟康曰：《天文志》云縣土炭也，以鐵易土耳。先冬夏至，縣鐵炭於衡各一端，令適停。

冬，陽氣至，炭卬而鐵低。夏，陰氣至，炭低而鐵卬。愚按：燥溼之氣，炭受之而鐵不受，故足以驗陰陽。若土則亦能受燥溼之氣，與炭不異，恐低則俱低，卬則俱卬，不足驗也。然則以鐵易土，固勝之矣。

藝文

蕭子雲《歲暮直廬賦》陳元龍等《歷代賦彙》卷一三　日躔女度，歲華云暮。衡輕炭燥，權重泉涸。藏玄武於太陰，蟄螣蛇於高霧。日臨圭而易落，晷中杙而南傃。凝寒氣於廣庭，洞層陰於端廡。風飧切而晚作，雲滄浪而晦景。霰的皪於彤庭，霙葳蕤於丹屏。韜罘罳不飛棟，没屠蘇之高影。始飄舞於圓池，終停華於方井。

李騫《贈親友》馮惟訥《古詩紀》卷一一九　幽棲多暇日，總駕萃荒坰。南瞻帶宮雉，北睇距畦瀛。流火時將末，懸炭漸云輕。寒風率已厲，秋水寂無聲。層陰蔽長野，凍雨暗窮汀。侶浴浮還没，孤飛息且驚。三褫俄終歲，一丸曾未營。閒居同洛涘，歸身欸武城。稍旅原思藿，坐夢尹勤荊。監河愛斗一作升。水，蘇子借餘明。益州達友趣，廷尉辯交情。豈若忻蓬蓽，收志偶沈冥。懸炭，事見《淮南子》，亦古候氣之法。《説林》：懸羽與炭而知燥濕之氣。

王起《懸土炭賦以寒暑相參輕重可驗爲韻》李昉等《文苑英華》卷一九　國家順天之情，作人之程。乃懸乎土炭，有象夫權衡。惟土也，叶陰氣之動。惟炭也，應陽氣而生。故將法之而令出，瞻之而教成。乃左乃右，一重一輕。苟二物之不爽，知四序之攸平。有司修厥官，承厥緒。繩木有準，鈞銖獲所。香炭於是而善繫，累土由之而具舉。分乎多少，則無黨無偏；候以高卑，知一寒一暑。若乃芳歲闌，嚴更殘。黄鍾中律，黑帝司官。昴中見而昭晰，日北至而沍寒。於是岌岌斜指，亭亭上干。土則從輕，知衆陰之將謝。炭惟持重，知一陽之已攢。暨夫春令變木，夏德司火。鹿解角而氣新，君登臺而物夥。二氣交而猶昧，六律推而未可。然後懸法示人，表微在我。觀夫炭則高而漸危，窺夫土則垂之如墮。彼銅渾兮自慙，空鎔鑄以相參；彼金壺兮可厭，從晝夜而爲驗。孰若土炭之有常，爲邦國之舊章。恒不飾而不美，無玉振與金相。影每分於高下，色且對乎玄黄。不假飛灰，自符於律吕。何必測影，而知夫短長。向若鴻鑪長爇，厚地斯藏。安足以調夫四氣，而傳之百王。於赫大君，穆然端拱。懸之而無冬無夏，法之而是遵是奉。信不謬於陰陽，詎可欺其輕重。

楊慎《升菴集》卷一八《秋風引》　霜凛衡蘆急，秋深懸炭輕。鬻箕吹籬響，熠燿傃堦明。盧女流黄色，班姬擣素聲。誰教明月引，翻作苦寒行。

吴景旭《歷代詩話》卷三三《戊集下之下・漢魏六朝》　懸炭

梁簡文詩：月暈蘆灰缺，秋還懸炭枯。

吴旦生曰：懸炭，古候氣法也。按《史記》孟康云：先冬至三日，懸土炭於衡兩端，輕重適均。冬至日，陽氣至則炭重。夏至日，陰氣至則土重。蔡邕《律歷紀》：候鍾律，權土炭。冬至陽氣應，黄鍾通，土炭輕而衡仰；夏至陰氣應，蕤賓通，土炭重而衡低。《淮南子》云：陰氣爲水，水勝故夏至濕。陽氣爲火，火勝故冬至燥。燥故炭輕，濕故炭重。

祝德麟《悦親樓詩集》外集卷二《懸土炭》　二至書雲候，誠懸物在衡。土高三伏兆，炭舉一陽生。榴火光初炫，葭灰氣正迎。性情原不類，分量得其平。日自分南北，權難主重輕。低昂因節判，燥濕逐時更。事異靈臺驗，官司伯趙精。履長推景福，聖德協乾行。

冷熱現象與理論部

論說

鄭玄注　陸德明音義　賈公彦疏《周禮注疏》卷五《天官冢宰》　凌人，掌冰，正歲十有二月，令斬冰，三其凌。注：正歲季冬，火星中，大寒，冰方盛之時。《春秋傳》曰：「火星中而寒暑退。」凌，冰室也。三之者，爲消釋度也。故書正爲政。鄭司農云：「掌冰政，主藏冰之政也。」杜子春讀掌冰爲主冰也。政當爲正。正謂夏正。三其凌，三倍其冰。疏：釋曰：言掌冰者，謂凌人總掌藏冰出冰之事，故云掌冰也。云正歲十有二月令斬冰者，正歲，謂夏之建寅爲正。十有二月，謂建丑之月，冰堅腹厚之時，令入山斬冰。三其凌者，凌，謂冰室之中，三倍納冰，備消釋度故也。注釋曰：云正歲季冬者，周雖以建子爲正，行事皆用夏之正歲。若據殷周，則十二月冰未堅。若據夏之十二月，冰則堅厚，故正歲據夏也。云火星中，大寒，冰方盛之時者，火星中，謂十二月平旦火星中，於十二月小寒節大寒中，是冰方盛之時也。引《春秋傳》曰火星中而寒暑退者，此《左氏》昭公三年鄭游吉如晉，送少姜之葬。張趯見之，云：「自今，子其無事矣，譬如火焉，火中而寒暑乃退。此其極也，能無退乎。」注云：「火星，季冬十二月平旦，正在南，大寒退。季夏六月黄昏，火中，暑退。」引此者，證十二月寒退之時，冰最盛，故取之。云故書正爲政者，政，是政教字，故先鄭從之，云掌冰政，主藏冰之政，後鄭不從先鄭，故引子春讀掌冰爲主冰，言正謂夏正，於下還從經正歲向下爲義。後鄭依子春改者，若歲字向下，即是周之十二月，冰未厚，故從子春也。又云三其凌，三倍其冰者，謂應十石，加至四十石，即是三倍其冰也。

春始治鑑。注：鑑，如甀，大口，以盛冰，置食物于中，以禦温氣。春而始治之，爲二月將獻羔而啟冰。音義：鑑，胡暫反，本或作監，音同。甀，直僞反，與縋音同。盛，音成。爲，于僞反。疏：釋曰：春，謂正月。始治鑑者，鑑是盛冰之器，春豫治之，爲二月將出冰。注釋曰：鑑如甀者，漢時名爲甀，即今之罋，是也。故云如甀，大口，以盛冰。云春而始治之，爲二月將獻羔而啟冰者，案：《月令》仲夏云：「獻羔而開冰，先薦寢廟。」《七月》詩亦云：「四之日其蚤，獻羔祭韭。」是二月出冰者，公始用之。凡外内饗之膳羞，鑑焉。凡酒漿之酒醴亦如之。注：酒醴見温氣亦失味。酒漿，酒人、漿人也。疏：釋曰：言凡外内饗之膳羞鑑焉者，謂王后及世子，并饗耆老孤子之等。以下文云祭祀，此經直言膳羞，明非祭祀也。二月之後，皆須鑑以盛冰，故云鑑焉。云凡酒漿之酒醴者，酒，酒人之酒，謂三酒五齊，舉酒而言。醴，漿人之醴，謂六飲，舉醴而言。云亦如之者，亦以鑑盛冰。祭祀，共冰鑑；賓客，共冰。注：不以鑑往，嫌使停膳羞。疏：釋曰：此云祭祀者，謂天地、社稷及宗廟之等，皆共鑑。云賓客，共冰者，謂諸侯來朝，王禮之以飱及饔餼，直共冰以往，無鑑也。注釋曰：冰若有鑑，則冰不銷釋，食得停久，故鄭云不以鑑往，嫌使停膳羞。大喪，共夷槃冰。注：夷之言尸也。實冰于夷槃中，置之尸牀之下，所以寒尸。尸之槃曰夷槃，牀曰夷牀，衾曰夷衾，移尸曰夷于堂，皆依尸而爲言者也。漢禮器制度，大槃廣八尺，長丈二尺，深三尺，漆赤中。音義：廣八尺，長丈二尺，深三尺。凡度長短曰長，直亮反；度淺深曰深，尸鴆反；度廣狹曰廣，光曠反；度高下曰高，古倒反；相承用此音，或皆依字讀，後放此。漆赤中，用朱漆其中。疏釋曰：亦謂三月已後，遭大喪，則共夷槃及冰，舉王喪共，后、世子，及三夫人已下小喪亦共之。但王及后有夷槃。自外當與諸侯已下同大槃等，其世婦已上有冰，則與大夫同，女御與士同，無冰，見賜乃有也。注釋曰：《喪大記》云：「君設大槃造冰焉，大夫設夷槃造冰焉，士併瓦槃，無冰。」下又云：「設牀襢笫，有枕。含一牀，襲一牀。」是實冰置尸牀之下，以寒尸也。云牀曰夷牀者，《儀禮·既夕禮》文。云夷衾者，《喪大記》云「自小斂已後，用夷衾」是也。云移尸曰夷于堂者，亦《喪大記》云：「既小斂，男女奉尸夷于堂。」是皆依尸而爲言也。夏頒冰，掌事。注：暑氣盛，王以冰頒賜，則主爲之。《春秋傳》曰：「古者日在北陸而藏冰，西陸朝覿而出之。」音義：覿，直歷反。疏釋曰：夏頒冰者，據頒賜羣臣言。掌事者，謂主此賜冰多少，合得不合得之事。注釋曰：謂二月之時，蠅蟲已生，公始用之。四月已後，暑氣漸盛，則賜及羣下。云《春秋傳》曰者，《左氏》昭四年正月，大雨雹，季武子問于申豐曰：「雹可禦乎？」對曰：「聖人在上，無雹。雖有，不爲災。古者日在北陸而藏冰，西陸朝覿而出之。其藏之也，深山窮谷，固陰沍寒，於是乎取之。其出之也，朝之禄位，賓食喪祭，於是乎用之。其藏之也，黑牡秬黍，以享司寒。其出之也，桃弧棘矢，以除其災。其出入也時，食肉之禄，冰皆與焉。大夫命婦，喪浴用冰。祭寒而藏之，獻羔而啟之，公始用之。火出而畢賦。」服氏云：「火出，於夏爲三月，於商爲四月，於周爲五月。」自命夫命婦，至於老疾，無不受冰。《爾雅》云：「北陸，虚也。」服氏云：「陸，道也。北陸言在，謂十二月日在危一度。西陸朝覿不言在，則不在昴，謂二月在婁四度，謂春分時，奎婁晨見東方而出冰，是公始用之。」今此鄭注引朝覿而出之，謂經夏頒冰，則西陸朝覿而出冰，羣臣用之。《爾雅》曰：「西陸，昴也。」若然，曰體在昴，在三月内，得爲夏頒冰者，據三月末之節度，故證夏頒冰。此言夏，據得夏之節氣。《春秋》言火出者，據周。正於《七月》詩「二之日鑿冰，三之日納於凌室，四之日其蚤，獻羔祭韭」。孫皓問：「藏之既晚，出之又早何？」鄭答：「豳土晚寒，故夏正月納冰。夏二月仲春，太簇用事，陽氣出地，始温，故禮應開冰，先薦寢廟，是公始用之也。」秋，刷。注：刷，清也。鄭司農云：「刷除冰室，當更内新冰。」玄謂秋涼，冰不用，可以清除其室。音義：刷，所劣反。清如字，又才政反，下同。疏注釋曰：先鄭云刷除凌室，當更納新冰者，先鄭直云除舊納新，不言秋涼而冰不用，於理未當經旨，故後鄭云秋涼，冰不用，可以清除其室。至十二月，自然更納新冰也。

鄭玄注　陸德明音義　賈公彦疏《儀禮注疏》卷一二《士喪禮第十二》　士有冰，用夷槃可也。注：謂夏月而君加賜冰也。夷槃，承尸之槃。《喪大記》曰：「君設大槃造冰焉；大夫設夷槃造冰焉；士併瓦槃，無冰，設牀襢第，有枕。」音義：造，七到反。襢，之善反。第，壯矣反。疏：注釋曰：謂夏月者，以《周禮》凌人職云。夏頒冰，據臣而言。《月令》二月出冰，據君爲説云。而君加賜冰也者，《喪大記》云：士無冰，用水。此云有冰，明據士得賜者也。

尹喜《關尹子・二柱篇》　曰：寒暑温涼之變，如瓦石之類，置之火即熱，置之水即寒，呵之即温，吹之即涼。特因外物有去有來，而彼瓦石實無去來。譬如水中之影有去有來，所謂水者實無去來。

又　《七釜篇》　曰：人之力有可以奪天地造化者，如冬起雷，夏造冰，死屍能行，枯木能華，豆中攝鬼，杯中釣魚，畫門可開，土鬼可語，皆純炁所爲，故能化萬物。今之情情不停，亦炁所爲。而炁之爲物，有合有散。我之所以行炁者，本未嘗合，亦未嘗散。有合者生，有散者死。彼未嘗合，未嘗散者，無生無死。客有去來，郵常自若。

《墨子》卷一〇《經説下第四十三》　五合水、土、火、火、離。然火鑠金，火多也。金靡炭，金多也。合之府木，木離木。

郭象注　成玄英疏《南華真經注疏》卷八《徐無鬼第二十四》　惠子曰：「可。」疏：言各是其是，天下盡堯，有斯理，而惠施滯辨，有言無實。莊子曰：「然則儒墨楊秉四，與夫子爲五，果孰是邪？若皆堯也，則五子何爲復相非乎？疏：儒，姓鄭名緩。墨，名翟也。楊，名朱。秉者，公孫龍子也。此四子者，並聰明過物，蓋世雄辨，添惠施爲五，各相是非，未知決定用誰爲是。若天下皆堯，何爲五復相非乎？或者若魯遽者邪？其弟子曰：我得夫子之道矣，吾能冬爨鼎而夏造冰矣。疏：姓魯名遽，周初人。云冬取千年燥灰以擁火，須臾出火，可以爨鼎。盛夏以瓦瓶盛水，湯中煑之，縣瓶井中，須臾成冰也。而迷惑之俗，自是非他，與魯無異也。魯遽曰：是直以陽召陽，以陰召陰，非吾所謂道也。疏：千年灰，陽也。火，又陽也。此爨以陽召陽。井中，陰也。水，又陰也。此是以陰召陰。魯遽此言，非其弟子也。吾示子乎吾道。於是爲之調瑟，廢一於堂，廢一於室，鼓宫宫動，鼓角角動，音律同矣。俱亦以陽召陽，而横自以爲是。疏：廢，置也。置一瑟於堂中，置一瑟於室内，鼓堂中宫角，室内弦應而動。斯乃五音六律聲同故也，猶是以陽召陽也。

《文子》卷下《上禮》　夫人之所以亡社稷，身死人手，爲天下笑者，未嘗非欲也。如冬日之扇，夏日之裘，無用於己，萬物變爲塵埃矣。故揚湯止沸，沸乃益甚。知其本者，去火而已。

荀况撰　楊倞註《荀子》卷一《勸學篇第一》　君子曰：學不可以已，青出之於藍而青於藍，冰出之於水而寒於水。以喻學則才過其本性也。

鄭玄注　陸德明音義　孔穎達疏《禮記注疏》卷一七《月令》　水始冰，地始凍，雉入大水爲蜃，虹藏不見。注：皆記時候也。大水，淮也。大蛤曰蜃。音義：蜃，常忍反。見，賢遍反，下注録見同。疏注正義曰：知大水淮者，《晉語》云：雉入于淮爲蜃。

【略】

是月也，命漁師始漁。天子親往，乃嘗魚，先薦寢廟。注：天子必親往視漁，明漁非常事，重之也。此時魚潔美。疏注正義曰：案仲秋以犬嘗麻，季秋以犬嘗稻，皆不云天子親往，今此天子親往，特云嘗魚，故云明漁非常事，重之也。以四時薦新，是其常事，魚則非常祭之物，故云重之也。冰方盛，水澤腹堅，命取冰。注：腹，厚也。此月日在北陸，冰堅厚之時也。北陸謂虚也。今《月令》無堅。音義：腹本又作複，又方服反。疏正義曰：言此月冰既方盛，於時極寒，冰實至盛。而云方盛者，此謂月半以前，小寒之節，冰猶未盛，故云方也。至於月半以後，大寒乃盛。水澤腹堅者，腹厚也，謂水涇潤澤，厚實堅固，冰既堅固，故命取冰。注正義曰：腹者，形體，腹長故爲厚也。云此月日在北陸者，當此月之時，日在玄枵之次，其星當女虚危也。陸，道也。言女虚危是北方七宿之道，故《釋天》云：北陸，虚也。舉中央星以言之。冰以入，令告民出五種。注：冰既入，而令田官告民出五種，明大寒氣過，農事將起也。音義：種，章勇反，注同。命農計耦耕事，脩耒耜，具田器。注：耜者，耒之金也，廣五寸，田器鎡錤之屬。音義：鎡音茲，錤音基。疏正義曰：冰以藏入之後，大寒已過，暖氣方來，故令此典農之官出五種之物，以擬種之。注正義曰：耒者，以木爲之，長六尺六寸，底長尺有一寸，中央直者三尺有三寸，句者二尺有二寸。底謂耒，下嚮前曲接耜者，頭而著耜。耜金鐵爲之，故云耜者，耒之金。云田器鎡錤之屬者，何胤云：鎡，今之鋤類。孟子云：齊人曰：雖有鎡錤，不如待時。云之屬者，以田器非一也。

吕不韋撰　高誘注《吕氏春秋》卷三《季春紀第三》　盡數

夫以湯止沸，沸愈不止，去其火則止矣。故巫醫毒藥逐除治之。故古之人賤之也，爲其末也。古之人治正性，保天命者也。不然則邪氣乘之以疾病，使巫醫毒藥除逐治之，故謂賤之也。若止沸以湯，不去其火，故曰爲其末也。

又　卷一〇《孟冬紀第十》　十月紀

一曰孟冬之月，日在尾，孟冬，夏之十月。尾，東方宿，燕之分野，是月日躔此宿。昏危中，旦七星中。危，北方宿，齊之分野。七星，南方宿，周之分野。是月昏旦時，皆中於南方。其日壬癸，壬癸，水日。其帝顓頊，其神玄冥，顓頊，黄帝之孫，昌意之子，以水德王天下，號湯氏，死祀爲北方水德之帝。玄冥，官也，少皞氏之子曰修，爲玄冥師，死祀爲水神。其蟲介，其音羽，介，甲也，象冬，閔固皮漫胡也。羽，水也，位在北方。律中應鍾，其數六，應鍾，陰律也。竹管音與應鍾和也。陰應於陽轉成其功，萬物聚藏，故曰律中應鍾。其數六，五行數五，水第一故曰六也。其味鹹，其臭朽，水之臭味也，凡鹹朽者皆屬焉。氣之若有若無者爲朽也。其祀行，祭先腎，行，門内地也，各守在内，故祀之行。或作井水給人，冬水王，故祀之也。祭祀之肉先進，腎屬水，自用其藏也。水始冰，地始凍。秋分後三十日霜降，後十五日立冬，水冰地凍也，故曰始也。雉入大水爲蜃，虹藏不見。蜃，蛤也。大水，淮也。《傳》曰：雉入于淮爲蜃。虹，陰陽交氣也。是月陰壯，故藏不見。

又　卷一二《季冬紀第十二》　十二月紀

一曰季冬之月，日在婺女，季冬，夏之十二月。婺女，北方宿，越之分野，是月日躔此宿也。昏婁中，旦氐中，婁，西方宿，魯之分野。氐，東方宿，韓之分野。是月昏旦時皆中於南方。其日壬癸，其帝顓頊，其神玄冥，其蟲介，其音羽，律中大呂，大呂，陰律，竹管音與大呂和也。萬物萌生，動於黄泉，未能達見。呂，旅也，所以旅去陰即陽，助其成功，故曰大呂也。其數六，其味鹹，其臭朽，其祀行，祭先腎。鴈北鄉，鵲始巢，鴈在彭蠡之澤，是月皆北鄉，將來至北漠也。鵲，陽鳥，順陽而動，是月始爲巢也。乳雉雊。《詩》云：雉之朝雊，尚求其雌。乳，卵也。天子居玄堂右个，玄堂，北向堂。右个，東頭室也。乘玄輅，駕鐵驪，載玄旂，衣黑衣，服玄玉，食黍與彘，其器宏以弇。命有司大儺，旁磔，出土牛，以送寒氣。大儺，逐盡陰氣，爲陽導也。今人臘歲前一日，擊鼓驅疫，謂之逐除，是也。《周禮》方相氏，掌蒙熊皮黄金四目，玄衣朱裳，執戈揚楯，率百隸而時儺，以索室，驅疫鬼，此之謂也。旁磔，犬羊於四方，以攘其畢冬之氣也。出土牛，今之鄉縣，得立春節出勸耕土牛於東門外，是也。征鳥厲疾乃畢，行山川之祀，及帝之大臣，天地之神祇。征，猶飛也。厲，高也。言是月羣鳥飛行高且疾也。帝之大臣，功施於民，若禹稷之屬也。天曰神，地曰祇。是月歲終，報功載祀典，諸神畢祀之也。是月也，命漁師始漁，天子親往，漁，讀如《論語》之語。是月也，將捕魚，故命其長也，天子自行觀之。乃嘗魚，先薦寢廟。冰方盛，水澤復復亦盛也。復或作複，凍重累也。堅，命取冰。冰已入，入凌室也。《詩》云二之日鑿冰冲冲，三之日納于凌陰，此之謂也。令告民出五種。出之於窌，簡擇之也。命司農計耦耕事，計，會也。耦，合也。修耒耜，具田器。命樂師大合吹而罷。

又　卷二一《開春論第一》　愛類

惠子曰：大者可以王，其次可以霸也。今可以王齊王，而壽黔首之命，免民之死，是以石代愛子頭也，何爲不爲？言何爲不用兵也。民寒則欲火，暑則欲冰，燥則欲濕，濕則欲燥。寒暑燥濕相反，其於利民一也。利民豈一道哉？當其時而已矣！冬寒欲温，夏暑欲涼，故曰當其時而已矣。

張湛注　殷敬慎釋文《列子》卷三《周穆王第三》　老成子歸，用尹文先生之言深思三月，遂能存亡自在，憣校音絞，顧野王讀作翻交四時。四時，冬起雷，夏造冰。飛者走，走者飛。深思一時，猶得其道，況不思而自得者乎。夫生必由理，形必由生。未有有生而無理，有形而無生。生之與形，形之與理，雖精麁不同，而迭爲賓主。往復流遷，未始暫停。是以變動不居，或聚或散。撫之有倫，則功潛而事著；脩之失度，則跡顯而變彰。今四時之令或乖，則三辰錯序。雷冰反用，器物蒸爍，則飛鍊雲沙以成冰澒。得之於常，衆所不疑。推此類也，盡陰陽之妙數，極萬物之情者，則陶鑄羣有，與造化同功矣。若夫偏達數術，以氣質相引，俛仰則一出一没，顧眄則飛走易形，蓋術之末者也。

劉安撰　高誘注《淮南子》卷二《俶真訓》　狡猾鈍惛，是非無端，孰知其所萌？夫水嚮冬則凝而爲冰，冰迎春則泮而爲水，冰水移易于前後，若周員而趨，孰暇知其所苦樂乎？泮，釋也。趨，歸也。是故形傷于寒暑燥濕之虐者，形苑而神壯。苑，枯病也。壯，傷也。

又　卷三《天文訓》　是故水曰内景。吐氣者施，含氣者化，是故陽施陰化。天之偏氣怒者爲風，地之含氣和者爲雨。陰陽相薄，感而爲雷，薄，迫。感，動也。激而爲霆，亂而爲霧。陽氣勝，則散而爲雨露；散，霧散也。陰氣勝，則凝而爲霜雪。

又　卷六《覽冥訓》　惟夜行者爲能有之。夜行，諭陰行也。陰行神化，故能有天下也。故却走馬以糞，而車軌不接於遠方之外，却走馬以糞，《老子》辭也。上馬不以走，但以糞，糞田也。行至德之効也。一説：國君無道，則戎馬生於郊。無事，止走馬以糞田也。故兵車之軌不接遠方之外。兩輪之間爲軌。是謂坐馳陸沈，晝冥宵明，言坐行神化，疾於馳傳，沈浮冥明，與道合也。以冬鑠膠，以夏造冰。夫道者，無私就也，無私去也，能者有餘，拙者不足。言以非時鑠膠造冰，難成之也。天道無私就去，能行道，功有餘也。

又　卷七《精神訓》　知冬日之箑、翣。夏日之裘無用於己，則萬物之變爲塵埃矣。箑，扇也。楚人謂扇爲箑。故以湯止沸，沸乃不止，誠知其本，則去火而已矣。

劉安《淮南萬畢術》

銅甕雷鳴《御覽》七百三十六、七百五十八。

取沸湯置甕中，沈之井裏，則鳴數十里。七百三十六。取沸湯，著銅瓶，甕中塞堅密，內之井中，則雷鳴聞數十里。七百五十八。

方諸取水《御覽》五十八。

方諸，形若杯無耳，以五石合治，以十二月壬子夜半作之，以承，水即來。仝上。

案《淮南・天文訓》：方諸見月則津而爲水。高誘注云：方諸，陰燧，大蛤也，熟摩令熱，月盛時，以向月下，則水生，以銅盤受之，下水數升。又《華嚴經音義》引許慎注云：諸，珠也。方，石也。以銅盤受之，下水數滴。又《御覽》引許叔重曰：方諸，五石之精，作圓器似杯，仰月則得水也。與《御覽》所引許注不同，而《漢武本紀索隱》引高誘注《淮南》云云，所注乃《萬畢》中語也。則高誘是並注《淮南》《萬畢》者，而此注與注内篇有異，且五石似許氏之説，爲備録之，以俟參攷。

戴德《大戴禮記》卷五　曾子天圓第五十八

陰陽之氣各静其所則静矣，偏則風，謂氣勝負。俱則靁，交則電，自仲春至仲秋，陰陽交泰，故雷電也。亂則霧，和則雨。偏則風，而和則雨，此謂一時之氣也，至若春多雨則時所宜也。陽氣勝則散爲雨露，陰氣勝則凝爲霜雪。陽之專氣爲雹，陰之專氣爲霰。霰雹者，一氣之化也。陽氣在，雨温暖如陽，陰氣薄之不相入，轉而爲雹。陰氣在，雨凝滯爲雪，陽氣薄之不相入，散而爲霰。故《春秋穀梁》説曰：雹者，陰脅陽之象。霰者，陽脅陰之符也。

劉歆撰　葛洪輯《西京雜記》卷五　元光元年七月京師雨雹，鮑敞問董仲舒曰：雹何物也？何氣而生之？仲舒曰：陰氣脅陽氣，天地之氣陰陽相半，和氣周迴，朝夕不息。陽德用事則和氣皆陽，建巳之月是也，故謂之正陽之月。陰德用事則和氣皆陰，建亥之月是也，故謂之正陰之月。十月，陰雖用事而陰不孤立，此月純陰疑於無陽，故謂之陽月，詩人所謂日月陽止者也。四月，陽雖用事而陽不獨存，此月純陽疑於無陰，故亦謂之陰月。自十月已後，陽氣始生於地下，漸冉流散，故言息也。陰氣轉收，故言消也。日夜滋生，遂至四月純陽用事。自四月已後，陰氣始生於天上，漸冉流散，故云息也。陽氣轉收，故言消也。日夜滋生，遂至十月，純陰用事。二月、八月，陰陽正等，無多少也。以此推移，無有差慝。運動抑揚，更相動薄，則薰蒿歊蒸而風雨、雲霧、雷電、雪雹生焉。氣上薄爲雨，下薄爲霧，風其噫也，雲其氣也，雷其相擊之聲也，電其相擊之光也。二氣之初蒸也，若有若實，若無若虚，若方若圓，攢聚相合，其體稍重，故雨乘虚而墜。風多則合速，故雨大而疏。風少則合遲，故雨細而密。其寒月則雨凝於上，體尚輕微，而因風相襲故成雪焉。寒有高下，上暖下寒，則上合爲大雨，下凝爲冰霰雪是也。雹，霰之流也。陰氣暴上，雨則凝結成雹焉。太平之世，則風不鳴條，開甲散萌而已；雨不破塊，潤葉津莖而已；雷不驚人，號令啟發而已；電不眩目，宣示光耀而已；霧不寒望，浸淫被泊而已；雪不封條，凌殄毒害而已；雲則五色而爲慶，三色而成矞；露則結味而成甘，結潤而成膏。此聖人之在上，則陰陽和，風雨時也。政多紕繆，則陰陽不調，風發屋，雨溢河，雪至牛目，雹殺驢馬，此皆陰陽相蕩而爲祲沴之妖也。敞曰：四月無陰，十月無陽，何以明陰不孤立，陽不獨存邪？仲舒曰：陰陽雖異，而所資一氣也。陽用事，此則氣爲陽。陰用事，此則氣爲陰。陰陽之時雖異，而二體常存。猶如一鼎之水，而未加火，純陰也；加火極熱，純陽也。純陽則無陰，息火水寒則更陰矣。純陰則無陽，加火水熱則更陽矣。然則建巳之月爲純陽，不容都無復陰也。但是陽家用事，陽氣之極耳。薺麥枯，由陰殺也。建亥之月爲純陰，不容都無復陽也。但是陰家用事，陰氣之極耳。薺麥始生，由陽升也。其著者，葶藶死於盛夏，款冬花於嚴寒。水極陰而有温泉，火至陽而有凉焰，故知陰不得無陽，陽不容都無陰也。敞曰：冬雨必暖，夏雨必凉，何也？曰：冬氣多寒，陽氣自上躋，故人得其暖，而上蒸成雪。夏氣多暖，陰氣自下昇，故人得其凉，而上蒸成雨矣。敞曰：雨既陰陽相蒸，四月純陽，十月純陰，斯則無二氣相薄，則不雨乎？曰：然則純陽、純陰雖在四月、十月，但月中之一日耳。敞曰：月中何日？曰：純陽用事，未夏至一日。純陰用事，未冬至一日。朔旦夏至冬至，其正氣也。敞曰：然則未至一日，其不雨乎？曰：然頗有之，則妖也。和氣之中自生災沴，能使陰陽改節，暖凉失度。敞曰：災沴之氣其常存邪？曰：無也，時生耳。猶乎人四支五臟中也，有時及其病也，四支五臟皆病也。敞遷延負牆，俛揖而退。

班固撰　顔師古注《漢書》卷二七中之下《五行志第七中之下》　釐公二十九年秋，大雨雹。劉向以爲，盛陽，雨水温煖而湯熱，陰氣脅之不相入，則轉而爲雹。盛陰，雨雪凝滯而冰寒，陽氣薄之不相入，則散而爲霰。師古曰：霰，雨雪雜下，音先見反。故沸湯之在閉器，而湛於寒泉則爲冰。孟康曰：投湯器中，以沈寒泉而成也。師古曰：湛，讀曰沈。及雪之銷，亦冰解而散，此其驗也。故雹者，陰脅陽也。霰者，陽薄陰也。《春秋》不書霰者，猶月食也。

王充《論衡》卷五《感虚篇》　天不爲二子感動，獨爲鄒衍動，豈天痛見拘，不悲流血哉？伯奇冤痛相似，而感動不同也？夫熯一炬火，爨一鑊水，終日不能熱也；倚一尺冰，置庖厨中，終夜不能寒也。何則？微小之感，不能動大巨也。今鄒衍之歎，不過如一炬尺冰，而皇天巨大，不徒鑊水庖厨之醜類也。一仰天歎，天爲隕霜，何天之易感，霜之易降也？夫哀與樂同，喜與怒均。衍興怨痛，使天下霜，使衍蒙非望之賞。仰天而笑，能以冬時使天熱乎？變復之家曰：「人君秋賞則温，夏罰則寒。」寒不累時，則霜不降；温不兼日，則冰不釋。一夫冤而一歎，天輒下霜，何氣之易變，時之易轉也？寒温自有時，不合變復之家。且從變復之説，或時燕王好用刑，寒氣應至；而衍囚拘而歎，歎時霜適自下。世見適歎而霜下，則謂鄒衍歎之致也。

又　卷一四《狀留篇》　陽温陰寒，歷月乃至。災變之氣，一朝成怪。故夫河冰結合，非一日之寒。積土成山，非斯須之作。干將之劒，久在鑪炭，銛鋒利刃，百熟煉厲，久銷乃見，作留成遲，故能割斷。肉暴長者曰腫，泉暴出者曰涌，酒暴熟者易酸，醢暴酸者易臭。由此言之，賢儒遲留，皆有狀故。

又　《寒温篇》　夫近水則寒，近火則温，遠之漸微。何則？氣之所加，遠近有差也。成事，火位在南，水位在北。北邊則寒，南極則熱。火之在鑪，水之在溝，氣之在軀，其實一也。

【略】

夫一人感氣，世又然之。刑一人而氣輒寒，生一人而氣輒温乎？赦令四下，萬刑並除，當時歲月之氣不温。往年萬户失火，煙焱參天；河決千里，四望無垠。火與温氣同，水與寒氣類。失火，河決之時，不寒、不温。然則寒温之至，殆非政治所致。然而寒温之至，遭與賞罰同時，變復之家，因緣名之矣。春温夏暑，秋涼冬寒，人君無事，四時自然。

【略】

《易》，京氏布六十四卦於一歲中，六日七分，一卦用事。卦有陰陽，氣有升降，陽升則温，陰升則寒。由此言之，寒温隨卦而至，不應政治也。案《易·無妄》之應，水旱之至，自有期節。百災萬變，殆同一曲。變復之家，疑且失實。何以爲疑？夫大人與天地合德，先天而天不違，後天而奉天時。《洪範》曰：「急，恒寒若；舒，恒燠若。」如《洪範》之言，天氣隨人易徙，當先天而天不違耳，何故復言後天而奉天時乎？後者，天已寒温於前，而人賞罰於後也。由此言之，人言與《尚書》不合，一疑也。京氏占寒温，以陰陽升降，變復之家以刑賞喜怒，兩家乖迹，二疑也。民間占寒温，今日寒而明日温，朝有繁霜，夕有列光，旦雨氣温，旦暘氣寒。夫雨者陰，暘者陽也。寒者陰而温者陽也。雨旦暘反寒，暘旦雨反温，不以類相應，三疑也。三疑不定，自然之説，亦未立也。

又　《譴告篇》　今刑罰失實，不爲異氣以變其過，而又爲寒於寒，爲温於温，一有寒温字。此猶憎酸而沃之以鹹，惡淡而灌之以水也。由斯言之，譴告之言，疑乎？必信也？今熯薪燃釜，火猛則湯熱，火微則湯冷。夫政猶火，寒温猶熱冷也。顧可言人君爲政，賞罰失中也，逆亂陰陽，使氣不和，乃言天爲人君爲寒爲温以譴告之乎？

又　卷一五《變動篇》　物生統於陽，物死繫於陰也。故以口氣吹人，人不能寒；吁人，人不能温。使見吹吁之人，涉冬觸夏，將有凍暍之患矣。寒温之氣，繫於天地而統於陰陽。人事國政，安能動之？且天本而人末也。登樹壞其枝，不能動其株。如伐株，萬莖枯矣。人事猶樹枝，寒温猶根株也。生於天，含天之氣，以天爲主，猶耳目手足繫於心矣。心有所爲，耳目視聽，手足動作，謂天應人，是謂心爲耳目手足使乎？旌旗垂旒，旒綴於杆，杆宜讀爲韜杠之杠。杆東則旒隨而西。苟謂寒温隨刑罰而至，是以天氣爲綴旒也。鉤星在房心之間，地且動之占也。齊太卜知之，謂景公：「臣能動地。」景公信之。夫謂人君能致寒温，猶齊景公信太卜之能動地。夫人不能動地，而亦不能動天。夫寒温，天氣也。天至高大，人至卑小。篙或作筳。不能鳴鐘，而螢火不爨鼎者，何也？鐘長而篙短，鼎大而螢小也。以七尺之細形，感皇天之大氣，其無分銖之驗，必也。

占大將且入國邑，氣寒則將且怒，温則將喜。夫喜怒起事而發，未入界，未見吏民，是非未察，喜怒未發，而寒温之氣已豫至矣。怒喜致寒温，怒喜之後，氣乃當至，是竟寒温之氣，使人君怒喜也。或曰：「未至誠也。行事至誠，若鄒衍之呼天而霜降，杞梁妻哭而城崩，何天氣之不能動乎？」夫至誠，猶以心意之好惡也。有果蓏之物，在人之前，去口一尺。心欲食之，口氣吸之，不能取也。手掇送口，然後得之。夫以果蓏之細，員圖易轉，去口不遠，至誠欲之，不能得也。況天去人高遠，其氣莽蒼無端末乎？盛夏之時，當風而立；隆冬之月，嚮日而坐。其夏欲得寒，而冬欲得温也，至誠極矣。欲之甚者，至或當風鼓箑，嚮日燃爐，而天終不爲冬夏易氣，寒暑有節，不爲人變改也。夫正欲得之，而猶不能致，況自刑賞，意思不欲求寒温乎？萬人俱歎，未能動天，一鄒衍之口，安能降霜？鄒衍之狀，孰與屈原？見拘之冤，孰與沉江？《離騷》《楚辭》，悽愴孰與一歎？屈原死時，楚國無霜，此懷、襄之世也。厲、武之時，卞和獻玉，刖其兩足，奉玉泣出，涕盡續之以血。夫鄒衍之誠，孰與卞和？見拘之冤，孰與刖足？仰天而歎，孰與泣血？夫歎固不如泣，拘固不如刖，料計冤情，衍不如和，當時楚地不見霜。李斯、趙高讒殺太子扶蘇，并及蒙恬、蒙驁。其時皆吐痛苦之言，與歎聲同；又禍至死，非徒苟徙。而其死之地，寒氣不生。秦坑趙卒於長平之下，四十萬衆，同時俱陷。當時啼號，非徒歎也。誠雖不及鄒衍，四十萬之冤，度當一賢臣之痛；入坑陷之啼，度過拘囚之呼。當時長平之下，不見隕霜。《甫刑》曰：「庶僇旁告無辜于天帝。」此言蚩尤之民被冤，旁告無罪于上天也。以衆民之叫，不能致霜，鄒衍之言，殆虛妄也。燕在北邊，鄒衍時，周之五月，正歲三月也。中州內正月二月，霜雪時降。北邊至寒，三月下霜，未爲變也。此殆北邊三月尚寒，霜適自降，而衍適呼，與霜逢會。《傳》曰：「燕有寒谷，不生五穀。鄒衍吹律，寒谷復溫。」則能使氣溫，亦能使氣復寒。何知衍不令時人知己之冤，以天氣表己之誠，竊吹律於燕谷獄，令氣寒而因呼天乎？即不然者，霜何故降？范雎爲須賈所讒，魏齊僇之，折幹摺脅。張儀遊於楚，楚相掠之，被捶流血。二子冤屈，太史公列記其狀。鄒衍見拘，雎、儀之比也，且子長何諱不言？案衍列傳，不言見拘而使霜降。僞書遊言，猶太子丹使日再中、天雨粟也。由此言之，衍呼而降霜，虛矣。

又　卷一七《是應篇》　儒者言萐脯生於庖厨者，言厨中自生肉脯，薄如萐形，摇鼓生風，寒涼食物，使之不臭。夫太平之氣雖和，不能使厨生肉萐以爲寒涼。若能如此，則能使五穀自生，不須人爲之也。能使厨自生肉萐，何不能飯自蒸於甑，火自燃於竈乎？凡生萐者，欲以風吹食物也，何不使食物自不臭，何必生萐以風之乎？厨中能自生萐，則冰室何事而復伐冰以寒物乎？人夏月操萐，須手摇之，然後生風。從手握持，以當疾風，萐不鼓動。言萐脯自鼓，可也，須風乃鼓，不風不動，從手風來，自足以寒厨中之物，何須萐脯？

又　卷二〇《論死篇》　人爲人所毆傷，詣吏告苦以語人，有知之故也。或爲人所殺，則不知何人殺也，或家不知其尸所在。使死人有知，必恚人之殺己也，當能言於吏旁，告以賊主名；若能歸語其家，告以尸之所在。今則不能，無知之效也。世間死者，今生人殄而用其言，及巫叩元絃下死人魂，因巫口談皆誇誕之言也。如不誇誕，物之精神爲之象也。或曰不能言也。夫不能言，則亦不能知矣。知用氣，言亦用氣焉。人之未死也，智慧精神定矣，病則惛亂，精神擾也。夫死，病之甚者也。病，死之微，猶惛亂，況其甚乎。精神擾，自無所知，況其散也。人之死，猶火之滅也。火滅而燿不照，人死而知不慧，二者宜同一實。論者猶謂死有知，惑也。人病且死，與火之且滅，何以異？火滅光消而燭在，人死精亡而形存，謂人死有知，是謂火滅復有光也。隆冬之月，寒氣用事，水凝爲冰，踰春氣溫，冰釋爲水。人生於天地之間，其猶冰也。陰陽之氣，凝而爲人，年終壽盡，死還爲氣。夫春水不能復爲冰，死魂安能復爲形？

劉熙《釋名》卷一《釋天》　暑，煑也，熱如煑物也。熱，爇也，如火所燒爇也。

【略】

【略】　雪，綏也，水下遇寒氣而凝，綏綏然也。

氛，粉也，潤氣箸草木，因寒凍凝，色白若粉之形也。

嵇康《嵇中散集》卷五《聲無哀樂論》　懷慼者，遇樂聲而哀耳。即如所言，聲有定分，假使《鹿鳴》重奏，是樂聲也，而令慼者遇之，雖聲化遲緩，但當不能使變令歡耳。何得更以哀耶。猶一爝之火，雖未能溫一室，不宜復增其寒矣。夫火非隆寒之物，樂非增哀之具也。

張華《博物志》卷四《物理》　煎麻油，水氣盡無，烟不復沸，則還冷，可以手攪之。得水則焰起，散卒不滅。此亦試之有驗。

葛洪《抱朴子内篇》卷一　金丹第四

凡草木燒之即燼，而丹砂燒之成水銀，積變又還成丹砂，其去凡草木亦遠矣，故能令人長生。神僊獨見此理矣。

賈思勰《齊民要術》卷四　栽樹第三十二

凡五果花，盛時遭霜則無子。常預於園中往往貯惡草生糞。天雨新晴，北風寒切，是夜必霜。此時放火作煴，少得煙氣，則免於霜矣。

又　卷五　種桑柘第四十五

養蠶法。收取種繭，必取居簇中者。近上則絲薄，近下則子不生也。泥屋用福德利上土，屋欲四面開窻，紙糊厚爲籬。屋内四角著火。火若在一處，則冷熱不均。初生以毛掃，用荻掃則傷蠶。調火令冷熱得所。熱則焦燥，冷則長遲。比至在眠，常須三箔。中箔上安蠶，上下空置。下箔障土氣，上箔防塵埃。小時採福德上桑，著懷中令煖，然後切之。蠶小不用見露氣，得人體則衆惡除。每飼蠶，卷窻幃。飼訖，還下。蠶見明則食，食多則生長。

劉晝《劉子》卷一《崇學第五》　青出於藍而青於藍，染使然也。冰生於水而冷於水，寒使然也。鏡出於金而明於金，瑩使然也。

歐陽詢《藝文類聚》卷三《歲時部上》　冬

《禮記》曰：孟冬之月，水始冰，地始凍，雉入大水爲蜃，虹藏不見。仲冬之月，冰益壯，地始坼，鶡鳥不鳴，虎始交，荔挺出，丘蚓結，麋角解，日短至。季冬之月，雁北向，鵲始巢，雉雊雞乳，日窮于次，月窮於紀，星迴于天。

房玄齡等《晉書》卷一一《志第一・天體》　吴太常姚信造《昕天論》云：人爲靈蟲，形最似天。今人頤前多臨胷而項不能覆背，近取諸身，故知天之體南低入地，北則偏高，又冬至極低而天運近南。故日去人遠而斗去人近，北天氣至，故冰寒也。夏至極起而天運近北，而斗去人遠，日去人近，南天氣至，故蒸熱也。極之立時，日行地中淺，故夜短；天去地高，故晝長也。極之低時，日行地中深，故夜長；天去地下淺，故晝短也。

又　卷三九《列傳第九・王沉》　堯舜周公所以能致忠諫者，以其款誠之心著也。冰炭不言而冷熱之質自明者，以其有實也。若好忠直如冰炭之自然，則諤諤之臣將濟濟而盈庭，逆耳之言不求而自至。若德不足以配唐虞，明不足以並周公，實不可以同冰炭，雖懸重賞，忠諫之言未可致也。

杜佑《通典》卷八四《禮四十四・設冰周大唐》　周制，大喪，凌人供夷盤冰。夷之言尸也。實冰於夷盤之中，置之尸牀之下，所以寒尸也。尸之盤曰夷盤，牀曰夷牀，衾曰夷衾，移尸曰夷於堂，皆依尸而爲言也。君設大盤造冰焉；大夫設夷盤造冰焉；士併瓦盤，無冰。設牀禮第，有枕。含一牀，襲一牀，遷尸於堂，又一牀，皆有枕席。君、大夫、士一也。此事皆沐浴之後也。造猶内也。禮第袒簀，謂無席，如浴時牀也。禮自仲春之後，尸既襲小斂，先内冰盤中，乃設牀於其上，不施席而遷尸焉。秋涼而止。士不用冰，以瓦爲盤，併以盛水耳。士有冰，用夷盤可。謂君賜冰，亦用夷盤。大唐之制，諸職事官三品以上，散官二品以上，暑月薨者，給冰。

馬總《意林》卷二《淮南子二十二卷》　冰迎春則釋爲水，水向冬則凝爲冰。

又　卷四《士緯十卷姚信》　凡水，温則成湯，寒則成冰。冰湯異氣而水性猶同。蠶能投練，匪湯不綿。人性推移，蓋此比也。

又　卷六《淮南萬畢術一卷》　取沸湯置瓮中，密以新縑，沈中三日成冰。

譚峭《化書》卷二《術化》　動静

動静相磨，所以化火也。燥濕相蒸，所以化水也。水火相勃，所以化雲也。湯盎投井，所以化雹也。飲水雨日，所以化虹霓也。小人由是知，陰陽可以召，五行可以役，天地可以别構，日月可以我作。有聞是言者，必將以爲誕。夫民之形也，頭圓而足方，上動而下静，五行運於内，二曜明於外，斯亦别構之道也。

鍾離權著　呂嵒傳《秘傳正陽真人靈寶畢法》卷上《小乘安樂延年法四門》

燒煉丹藥第四

《金誥》曰：天地者，大道之形。陰陽者，天地之道。寒、熱、温、涼，形中有氣也。雲、霧、雨、露，氣中有象也。地氣上升，騰而爲雲，散而爲雨。天氣下降，散而爲霧，凝而爲露。積陰過，則露爲霜而爲雪。積陽過，則霧爲煙，爲雲，爲霞。陰中伏陽，陽氣不降，擊搏而生雷霆。陽中伏陰，陰氣不凝，堅固而生雹霰。陰陽不合，相對而生閃電。陰陽不匹配，亂交而生虹蜺。積真陽以成神，而麗乎天者星辰。積真陰以成形，而壯乎地者土石。星辰之大者日月，土石之貴者金玉。陰陽見於有形，上之日月，下之金玉也。

鍾離權述　呂嵒集　施肩吾傳《修真十書鍾呂傳道集》卷一四《論四時》

若以十二辰爲一日，五日爲一候，三候爲一氣，三氣爲一節，二節爲一時，時有春夏秋冬。時當春也，陰中陽半，其氣變寒爲温，乃春之時也。時當夏也，陽中有陽，其氣變温爲熱，乃夏之時也。時當秋也，陽中陰半，其氣變熱爲涼，乃秋之時也。時當冬也，陰中有陰，其氣變涼爲寒，乃冬之時也。

佚名《固氣還神九轉瓊丹論・固氣還神論》　且固精者，先全其氣；固氣者，先還其精。是以氣全則陽精不虧，精還而元氣不散，故《黄庭經》云：三神還精老方壯。以其精化氣而上騰。氣不固乃精竭，氣返液而下降，精不還而氣傷。如煎鼎水，初無氣，而爲氣者何也？以其下不能泄，遇火所逼然也。既而爲氣，氣騰爲上，上無所制，則氣散，氣散則涸水。若下不使漏，上不使散，水爲氣上，氣復水而下，上下循環，終無有極。

聶崇義《三禮圖集注》卷一七　夷盤

《周禮》凌人，大喪共夷盤冰。註云：夷之言尸也。實冰於夷盤中，置之尸牀之下，所以寒尸也。尸之盤，曰夷盤。牀，曰夷牀。衾，曰夷衾。皆依尸而爲言者也。漢禮器制度，大盤廣八尺，長丈二尺，深三尺，漆赤中。諸侯謂之大盤，故《喪・大記》云：君設大盤造冰。

夷盤

蔡襄《茶録》上篇《論茶》　候湯

候湯最難，未熟則沫浮，過熟則茶沉。前世謂之蟹眼者，過熟湯也。沈瓶中煮之不可辯，故曰候湯最難。

沈括《夢溪筆談》卷一九《器用》 世有透光鑑，鑑背有銘文，凡二十字，字極古，莫能讀。以鑑承日光，則背文及二十字皆透在屋壁上，了了分明。人有原其理，以爲鑄時，薄處先冷，唯背文上差厚後冷，而銅縮多，文雖在背，而鑑面隱然有跡，所以於光中現。予觀之，理誠如是。然予家有三鑑，又見他家所藏皆是一樣，文畫銘字無纖異者，形制甚古，唯此一樣光透。其他鑑，雖至薄者，皆莫能透。意古人別自有術。

陳景元《南華真經章句音義》卷一二《雜篇徐無鬼二十八·謬妄》 儒墨楊秉成云：儒，姓鄭名緩；墨名翟；楊，楊朱也；秉，公孫龍子。魯遽音渠，成云周初時人。冬爨七亂切。鼎，成云：冬取十年燥灰以擁火，須臾出火，可以爨鼎。夏造冰。成云：盛夏以瓦缾盛老湯，再煮極沸，沈缾井底即自成冰。

孔武仲《清江三孔集》卷一七《雜著·冰說》 有物於此，出於大澤，因於積水。虎交於林，事乃大起。其肇甚微，久則有成。浩浩濁河，比車以行。驊騮躄踏，跣足者傷。老狐俯耳，進退甚詳。入此室處，出享先王。超時之乏，要利朱明。萬口咀吞，變化炎涼。鄙夫不識，敢請玄冥。玄冥曰：是非似玉者耶。方圓廣狹，惟其所受者耶；白黑蒼黄，有定質者耶；利於西北，而不利於東南者耶；雨水爲異，而履霜所戒者耶。觸之則散，孰謂之堅。滑不可操，其流涓涓。畏白日光，況炙與燔。視鴻之來，其族無存。如邱如陵，而不永年。其名曰冰。然吾知冰之理而不明其所始，反以累夫子。曰：吾試言之矣。此蓋氣之所爲也。大爲天地，細爲萬物，爲黄金丹砂夜光之璧，爲崔嵬之山，凌雲之材，麒麟象犀，猛獸長虵，莫非氣也。而惟水也，其質本柔，而又感于積陰之氣，以微一時而有此形，此其所以不能長久也。吾聞之也，立本也不可以不剛，不剛則不可以立大事也。其謂是哉。作冰說。

李孝美《墨譜法式》卷上《圖》

磨試

磨試

用舊紫石研新水，不著力磨二刻。試隹磨重，則劑易剥，色澤不匀。是蒲墨用栢烟，尤不堪重。《宣和試墨方》甚備，今採摘其說。

右研墨要凉，凉則生光。不可熱，熱則生沫。蓋忌其研急則墨熱也。李陽冰云：用則旋研，無令停久，久則塵埃相污，膠力隳亡如泥，鈍不任下筆矣。出《墨苑》。

程頤《伊川易傳》卷一《周易上經》

初六，履霜堅冰至。

陰爻稱六陰之盛也，八則陽生矣，非純盛也。陰始生於下，至微也。聖人於陰之始生，以其將長則爲之戒。陰之始凝而爲霜，履霜則當知陰漸盛而至堅冰矣。猶小人始雖甚微，不可使長，長則至於盛也。

象曰：履霜堅冰，陰始凝也。馴致其道，至堅冰也。

陰始凝而爲霜，漸盛則至於堅冰。小人雖微長，則漸至於盛，故戒於初。馴謂習習而至於盛。習，因循也。

米芾《硯史》 唐州方城縣葛仙公巖石

石理向日視之如玉，瑩如鑑光，而着墨如澄泥不滑，稍磨之墨已下，而不熱生泡。生泡者，膠也。古墨無泡，膠力盡也。若石滑，磨久墨下遲，則兩剛生熱，故膠生泡也。此石既不熱，良久墨發生光，如漆如油，有艷不滲也。歲久不乏，常如新成。有君子一德之操，色紫可愛，聲平而有韻。亦有澹青白色，如月如星而無暈。此石近出，始見十餘枚矣。

耿南仲《周易新講義》卷一

初六，履霜堅冰至。象曰：履霜堅冰，陰始凝也。馴致其道，至堅冰也。

初六，陰始凝而爲霜，霜則甚微而易散。霜積久而爲冰，冰則甚堅而難泮。此戒夫陰長也。夫霜之與冰，與秋冬又爲序，理必至者也。小人之長，而不知懲其微，則勢必至亦若此而已。夫乾爲龍，而坤之極亦爲龍；乾爲冰，而坤之究亦爲冰，由馴至其道耳。

佚名《太上化道度世仙經》 玄理品第三

雲騰雨施，風雷不潛。

雲者地氣也，地氣出而騰於天，天氣相合，而成雨也。爲天陽地陰，陰陽相合，而降甘雨也。萬物潤澤，長養皆不出於水也。風者，五行之和氣也，和而無剛，乃遂其四時之情性生殺萬物，剛柔相勝。四時以此爲情，萬物以此爲造化，天地以此爲常，雲雨以此爲車馬也。雷者，陰陽二炁相擊也，爲地炁屬陰，天炁屬陽。以立春之後，陽氣盛旺，炎熱在上；陰氣純冷上衝，故冷熱相交，而成聲。冬天無雷者，爲立秋之後，陽氣漸衰，陰氣盛旺，陽氣消敗，而無炎熱；陰氣盛旺，純冷上升，故雷無聲也。此二象匹配，乃妙道施用，風雷不潛，乃陰陽搆合者也。

蘇軾《東坡全集》卷四五《制策二首・御試制科策並問》 夫淫雨大水者，是陽氣融液汗漫而不能收也。諸儒或以爲陰盛，臣請得以理折之。夫陽動而外，其於人也爲噓，噓之氣温，然而爲濕。陰動而内，其於人也爲噏，噏之氣冷，然而爲燥。以一人推天地，天地可見，故春夏者，其一噓也；秋冬者，其一噏也。夏則川澤洋溢，冬則水泉收縮，此燥濕之效也。是故陽氣汗漫融液而不能收，則常爲淫雨。大水猶人之噓而不能噏也。

晁説之《晁氏客語》 釋氏謂火行爲變化，性如甘草，遇火則熱。油麻入火則冷。甘蔗煎爲沙糖則熱，水成湯則冷。

王昭禹《周禮詳解》卷六

凌人掌冰。

夫水得重陰而爲冰，凌人伐之則爲凌。冰凝而爲冰者，天也。伐冰以爲凌者，人也。先王通寒暑之序，以應陰陽之會，則斬冰而藏之者，凡以相天而已。則在人者，又焉知其非天耶？凌人掌冰謂是也。夫藏冰將以備暑，而亦所以達陽。出冰雖以禦暑，而亦所以助陰。蓋陰陽之氣，流行於天地之間，一氣之不至，則閉塞而爲災。一氣之或過，則乖戾而爲疾。善防患者或養其弱而抗其强，故方陰之盛而陽之微也，則鑿冰以達陽。以損其有餘，以補其不足，故方陽之隆而陰之消也，則出冰以禦暑。如此則無愆陽，無伏陰，無閉塞乖戾之患矣。則冰之爲物雖微，而先王設官以掌之，不爲小補矣。

正歲十有二月，令斬冰，三其凌。令，力證反。

正歲，夏之正也。十有二月，則建丑之月。《詩》曰："二之日鑿冰沖沖，三之日納於凌陰。"二之日，建丑之月也。三之日，建寅之月也。斬而取之，以建丑之月。納而藏之，以建寅之月也。蓋冰之爲物，感觱發之風而凝，感栗烈之氣而壯之。建丑月則冰壯之時，故入山斬之。且古之斬冰，深山窮谷，涸陰沍寒，於是乎取之。日在北陸，於是乎藏之。蓋陰積而爲冬，至建丑之月是時也，陰雖已退，而其氣猶盛；陽雖已萌，而其氣未浮，則陰有餘而强陽氣不足，而弱則斬而藏之者，乃所以宣助陽氣也。必三其凌者，蓋陽至於乾，陰至於坤，皆三而後成也。先王斬冰而藏之，亦以應陰陽之數，備消息之患而已。故亦三其凌也。

春始治鑑，凡外内饔之膳羞，鑑焉。凡酒漿之酒醴，亦如之。鑑，胡暫反。

鑑，盛冰之器也。出冰則必有器以盛之，故治鑑。治鑑非適春時，以春爲始，故春始治鑑。膳羞感暑氣則易敗，酒醴感暑氣則易酸，必共冰以寒之，故凡外内饔之膳羞鑑焉。凡酒漿之酒醴亦如之。

祭祀共冰鑑，賓客共冰。

祭祀，賓客，共冰，皆所以禦暑患也。祭祀，則冰與鑑并共之。賓客，則共冰而已。蓋祭祀則盡物於一日之間，故必共冰鑑。賓客則不必用一日之久，若以鑑共之，則非所以待斯濁也，故不共鑑。

大喪，共夷槃冰。

實冰於夷槃，置於尸牀之下，所以寒尸也。夫死必臭腐，自然之理。神去而尸陳，先王豈不通乎？道區區有累於是哉，誠不忍其親之速朽，故用冰以寒之。夷之言傷也。冰盤，曰夷槃。移尸於堂，曰夷堂。牀，曰夷牀。衾，曰夷衾。皆以哀傷爲主也。

夏頒冰，掌事。秋，刷。刷，所劣反。

陽氣積而爲夏，則蟲蟲而熱，炎炎而暑。陽氣過盛而無以制之，則非徒致煩縟之患，而陰陽不和反傷人之形，則疾癘作矣。故夏時之痒疥，則以陽溢於皮膚故也。秋時之痎瘧，則以夏陽之傷於腑臟故也。先王至是而頒冰者，所以禦暑患也。蓋冰之爲物，用之以食，則有以消夫暑之自内生；用之以寒，則有以消夫暑之自外至。故夏則頒冰於羣臣，而凌人掌其事也。《傳》曰：古者日在北陸而藏冰，西陸朝覿而出之。蓋冬至之後，日在北陸，時斬冰而藏之，於以泄陽而制陰。夏至之後，日在西陸，出冰而頒之，於以發陰而制陽。先王之政，裁成天地之道，輔相天地之宜，以左右民，則雖陰陽亦在所治也。及乎政事之不修，時令之不節，而陰之過有至於爲雹霰之患，則其所以左右民者殆矣。陽氣時極而陰氣或包之，此所以爲雹。陰氣時極而陽盛散之，此所以爲霰。陰陽磅礴而相和，此所以爲雨。雨者，陰陽之和，故先王於秋則刷冰室，以待冬之所藏矣。

朱勝非《紺珠集》卷一《異聞實録李玫》 自暖杯

内庫有酒杯，青玉色，其薄如紙。以酌酒，少頃則沸熱，名自暖杯。

江澂疏《道德真經疏義》卷四 古之善爲士章第十五

渙若冰將釋。

徽宗註曰：水凝而爲冰，冰釋而爲水，其實一體。蔽於執一者，如水之凝；通於大同者，如冰之釋。《易》曰：渙，離也。遺物離人而無所繫輆，所以爲渙。

疏義曰：水至清而結冰不清，神至明而結形不明。陰凝之而爲冰，猶神之化形也。陽釋之而爲水，猶形之化神也。水之與冰，其實一體。蔽於執一者，知守形而不知盡神，故如水之凝，生於水而遏水。通於大同者，知忘形而能與於神，故如冰之釋，汎然而無留礙也。《易》於風行水上爲渙，而《説卦》以謂渙離也，則渙之爲義，以離物遺人而無繫輆故也。惟離物遺人，則若冰解凍釋矣，孰有繫輆者乎？與夫其寒凝冰者，固有間矣。《太玄》曰無所繫輆者，聖也。渙若冰將釋，所以通有以入聖歟？

張行成《皇極經世觀物外篇衍義》卷五《觀物外篇中之中》

水遇寒則結，遇火則竭，從其所勝也。

水之氣融而體柔，融爲陽，遇寒則結，陰强而勝也。柔爲陰，遇火則竭，陽强而勝也。泉水不澌，陽之生也。海水爲鹽，陰之成也。水能尅火而滅之，力不勝則反竭。天下之理雖有常，然强弱多寡而變焉者勢也。勢雖不常，亦理之所有也。

李衡《周易義海撮要》卷五

象曰：澤中有火，革。君子以治歷明時。

天時變革，故須歷數。君子觀茲革象，修治歷數以明天象。正兊爲金，離爲火，金在火上，從革。石革者，謂炎水以熟物也。火之炎水必漸至於湯，湯必漸至於熱，其可速乎。熱徹于中，物乃熟。信徹于中，民始行。故即日不孚，已日乃孚也。牧

周去非《嶺外代答》卷七《金石門》 銀朱

桂人燒水銀爲銀朱，以鐵爲上下釜。下釜如盤盂，中置水銀。上釜如蓋，頂施竅管，其管上屈，曲垂於外。二釜函盖相得，固臍既密，則别以水浸曲管之口，以火灼下釜之底。水銀得火則飛，遇水則止，火熯體乾，白變而丹矣。其上曰頭朱，次曰次朱。次者不免雜以黄丹也。

楊萬里《誠齋集》卷九六《天問天對解》 屈原問柳宗元對

問曰：陰陽三合，何本何化？圜則九重，孰營度之？惟茲何功，孰初作之？

獨陰不生，獨陽不生，獨天不生，三合然後生。此穀梁子之言也。陰陽三合，若之何而本原？若之何而化生？天體之圜也，孰與之營造而能圜？天重之九也，孰與之量度而有九？凡如此者，奚而功？誰之作哉？

對曰：合焉者三，一以統同。吁炎吹冷，交錯而功。無營以成，沓陽而九。轉輠音火渾淪，蒙以圜號。冥凝玄釐，無功無作。

陽陰之合以三，而元氣統之以一。炎者，元氣之吁也。冷者，元氣之吹也。吁而吹，吹而吁，炎而寒，寒而炎，交錯而自爾功者也。其始無本，其末無化。天之九重者，陽數之合，沓而積者爾。天之圜體者，一氣轉輪而渾茫者爾。烏有所營，烏有所度哉。其凝而結也，冥然而凝，莫見其所以凝。其釐而治也，玄然而釐，莫見其所以釐。烏有所功，烏有所作哉。蒙，加也。號，名也。天之圜亦豈真圜耶？人不見其際，而見其圜，故加之以圜之名而已，故曰蒙以圜號。

林栗《周易經傳集解》卷一《周易上經》

初六，履霜堅冰至。象曰：履霜堅冰，陰始凝也。馴致其道，至堅冰也。

純坤六爻亦以始終爲序，初與四爲始，故初言凝而四言閉。二與五爲中，故二言利而五言吉。三與上爲上爲極，故三言終而上言窮。凝而未閉，利而未吉，終而未窮，所以爲坤下坤上也。履霜之漸，陰始凝也。龍戰之窮，陰極盛也。直方黄裳，以中正也。立於敬義，發於事業，貴賤之等也。含章括囊，以人事明之矣。黄裳玄黄，則配天而言之也。此純坤之終始也。乾之六爻皆以龍言，而坤之六爻雜舉其物者，陰陽之情也。初六之爲履霜堅冰至，何也？曰：孟秋之月，白露始降，君子履之則有警戒之心焉。何者？知其漸而至於堅冰也，至之言極也。陰極盛則冰極堅也。仲秋之月，殺氣浸盛，陽氣自衰。季秋之月，白露爲霜，寒氣揔至。孟冬則水冰而地凍矣。仲冬則冰壯而地坼矣。季冬則水澤腹堅，取冰而藏之矣。是以冰之至也。夫冰者何也？霜之凝也。霜者何也？露之凝也。露者何也？雨之凝也。是皆雲雨之氣而陰凝之也。故子曰：履霜堅冰，陰始凝也。京房、楊雄乃以爲盛夏之月，不已過乎。陽氣之行也，則散而爲雲，流而爲雨。陰氣之至也，則凝而爲冰，結而爲雹，是以君子畏之也。夫冰也者，乾之象也。陰盛而凝爲陽，故曰露成而冰。牝馬而爲龍，坤之究也。可不懼哉！是以聖人爲初六著履霜之漸，而於上六言龍戰之窮，防患之意深矣。子曰：馴致其道，至堅冰也。馴之，言順也。陰

之浸長，未嘗不順，順以致之，故至於堅冰而莫之怪也。知其不順則凝之早矣。故又曰履霜堅冰，馴致其道，至堅冰也。

高守元纂集《沖虛至德真經四解》卷一三《湯問》

霜雪交下，川池暴沍。

得冬氣，故凝陰水凍。

及冬而叩徵弦以激蕤賓，

徵，火音，屬夏。蕤賓，五月律。

陽光熾烈。堅冰立散。

得夏氣，故消釋。此一時彈琴，無緣頓變四節。蓋舉一時之驗，則三時可知，且欲並言其所感之妙耳。

甯全真授 王契真纂《上清靈寶大法》卷一二《濟世立功門》 禳度水旱災厄法

訣曰：凡雨也，天氣下降，地氣上昇，陰陽和合，則降雨。凡旱也，天氣下降，陽氣獨運，地氣不昇，陰陽不和，則炎烈亢陽，火旱作灾。

趙彥肅《復齋易說》卷五《革》

水火相息。

水得火則寒者熱，濡者槁。火得水則燥者溫，炎者涼。故水用則火息，火用則水息。陰陽也，寒暑也，晝夜也，何莫不然。故息者，止也。止且復用，故息者滋也。水火之形有生滅，水火之氣惟消長。止而復滋，其義精矣。水用事則火息，已事則火來，故火生於寅。火用事則水息，已事則水來，故水生於申。水之生於申也，胎於午火王時也。火之生於寅也，胎於子水王時也。止而滋之義明矣。

陸游《陸放翁集·齋居紀事》 照書燭必令麤而短，勿過一尺。麤則耐，短則近。書燈勿用銅盞，惟甆盎最省油。蜀有夾瓷盞，注水於盞脣竅中，可省油之半。燈檠法，高七寸，盤闊六寸，受盞圈徑二寸半，擇與圈稱者。

張虙《月令解》卷一〇

水始冰，地始凍，雉入大水爲蜃，虹藏不見。

此紀十月時候也。水，流物也，至是成冰，陰氣凝沍也。地，堅物也，至是合凍，亦陰氣凝沍也。造物之妙，或變或化，難以理詰。雉入大水爲蜃，既非可以形求，又非可以色求，所可得而言者，當春發生，則鷹化爲鳩，鼠化爲鴽。其化者，亦不自知此春時也。當秋冬之時，爵之爲蛤，雉之爲蜃，非化也，入大水爲之。此由得水而然也。虹，天地之淫氣，見於春，乘陽也，藏於冬，伏陰也。天地之間無非氣也，其曰溫厚嚴凝之氣，此正也。或爲戾，或爲厲，或爲淫，皆非正也。

又 卷一二

冰方盛，水澤腹堅，命取冰。冰以入，令告民出五種，命農計耦耕事，脩耒耜，具田器。

水始冰，水則冰矣而未壯。冰益壯，冰則壯矣而未盛。至是則無處不冰。水澤腹堅，則其堅達於水之腹。冰以入，入凌室也。耦耕，二人相耦而耕。計，謀之也。耕必資耒耜，農所舊有，故脩之。田器，泛指鎡錤之類，故具之。

馮椅《厚齋易學》卷五《易輯傳第一·經上篇乾坤》 李子思曰：方一陰之生，於時爲午，於節爲夏至。陰氣之所激，宜其爲寒也而反熱。一陽之生，於時爲子，於節爲冬至。陽氣之所激，宜其爲熱也而反寒。蓋一陰之氣萌於地下，推出陽氣而發見於外，故熱。一陽之氣萌於地下，推出陰氣而發見於外，故寒。此陰陽之氣自下而上而六畫象之，非聖人之私意也。

又 卷四七《易外傳第十五·說卦下》

乾爲天，爲圜，爲君，爲父，爲玉，爲金，爲寒，爲冰，爲大赤，爲良馬，爲老馬，爲瘠馬，爲駁馬，爲木果。

爲天，陽浮而上，成象也。爲圜，其體也陽奇而圓。孔子曰：「天道曰圓，地道曰方。」爲君，主宰萬化也。爲父，化生萬物也。爲玉，剛而粹也。爲金，剛而精也。爲寒，熱之極也。世有服金石而熱極者，毛骨皆寒，是其證也。耿晞道曰：剛則其氣栗，故爲寒。爲冰，變柔爲剛也。位乎西北，卦氣爲立冬之節，水始冰以此。爲大赤，老陽之色也。爲良馬，陽壯於春也。爲老馬，陽老於夏也。爲瘠馬，瘠在亦反爲秋氣所薄也。爲駁馬，駁，北角反，色雜也。冬陰盛陽微，故託象爲駁。王介父曰：象陽氣之消長於四時也。程可久曰：其德健，有四時之義焉。爲木果，胡翼之曰：老而實，生之本也。林黃中曰：秋冬之交，木成果矣。

林希逸《莊子口義》卷八《徐無鬼第二十四》

莊子曰：「射者非前期而中，謂之善射，天下皆羿也，可乎？」惠子曰：「可。」莊子曰：「天下非有公是也，而各是其所是，天下皆堯也，可乎？」惠子曰：「可。」莊子曰：「然則儒墨楊秉四，與夫子爲五，果孰是邪？或者若魯遽者邪？其弟子曰：我得夫子之道矣，吾能冬爨鼎而夏造冰矣。魯遽曰：是直以陽召陽，以陰召陰，非吾所謂道也。吾示子乎吾道。」於是爲之調瑟，廢一於堂，廢一於室，鼓宮宮動，鼓角角動，音律同矣。夫或改調一絃，於五音無當也。鼓之，二十五弦皆動，未始異於聲而音之君已。且若是者邪？

前期而中，言有所指的之地也。有的而後見其精，若舍的而射，則中者皆爲羿矣。此句喻下句也。其文極妙，天下既無歸一之是，人人各持其説，則人皆爲堯矣。楊，楊朱也。秉，公孫龍也。儒墨楊秉與惠子爲五，其學既不同，則孰爲真是。冬寒之時不以火而爨鼎，夏熱之時能以水而爲冰，其違時也若，難矣。然冬至之日陽氣已生，夏至之日陰氣已生。以陽召陽則冬不寒矣，以陰召陰則夏不熱矣。雖似違時而有可召之理，故曰非吾所謂道，言其術未高也。廢，置也。置一瑟於堂上，一瑟於室，相去雖遠，而鼓此則彼動，宮之應宮，角之應角，以其音同，猶曰易也。只調一弦而於五音之中不定其一，言鼓宮亦得，鼓徵亦得，故曰五音無當，纔鼓其一於此，而相去之遠者二十五弦皆動。比之鼓宮宮動，鼓角角動，又難矣。然以理觀之，不問宮商角徵羽，皆是以音爲音，故曰音之君。皆不離乎弦上之聲，故曰未始異於聲。如此則與以陰召陰，以陽召陽者何異？魯遽乃自以爲勝，其弟子亦各是其是，而非真是也。且若是者邪，言惠子之所謂是，亦即如此魯遽也。

又林希逸《沖虛至德真經鬳齋口義》卷三《周穆王第三》

老成子歸，用尹文先生之言，深思三月，遂能存亡自在，幡校四時；冬起雷，夏造冰；飛者走，走者飛，終身不著其術，故世莫傳焉。

老成子雖不得其術，但深思而自悟，亦能從容變化於有無之間，故曰：存亡自在。幡校者，翻覆檢校也，變幻之意也。幡校四時者，變易陰陽之節也。冬起雷，變陰爲陽也；夏造冰，變陽爲陰也。飛，陽類，走，陰類，故飛者輕，走者重。今能變易其陰陽，所以飛者走，走者飛也。其術無所著見，故世莫得傳焉。

李之彦《東穀所見・寒暑》陶宗儀《説郛》卷七三下　寒猶可禦，而暑不可避。涼亭水榭，風車簟枕，世不多有，縱有之，遇流金爍石之時，其爲熱自若也。方食冷物，又恐生病。方食熱物，汗決如雨。思之爲人何益於事，矧得喪利害不能理遣，而心火熾盛。妻孥累重支吾不暇，而家火逼迫。當此流火而心火、家火爲之俱焚，鑊湯爐炭一時頓現，一年復一年，髮白面皺，催入死途不自知也。余觀此境界，所以不願有生。

黎靖德編《朱子語類》卷六《性理三》　仁義禮智等名義

天下之物未嘗無對，有陰便有陽，有仁便有義，有善便有惡，有語便有默，有動便有静，然又却只是一箇道理。如人行，出去是這脚，行歸亦是這脚。譬如口中之氣，嘘則爲温，吸則爲寒耳。雉

褚伯秀《南華真經義海纂》卷七七　徐無鬼第三

莊子曰：「射者非前期而中，謂之善射，天下皆羿也，可乎？」惠子曰：「可。」莊子曰：「天下非有公是也，而各是其所是，天下皆堯也，可乎？」惠子曰：「可。」莊子曰：「然則儒墨楊秉四，與夫子爲五，果孰是耶？或者若魯遽者邪？其弟子曰：我得夫子之道矣，吾能冬爨鼎而夏造冰矣。魯遽曰：是直以陽召陽，以陰召陰，非吾所謂道也。」【略】

疑獨註：以偶中爲善射，則天下皆羿。以私是爲公，則天下皆堯。莊子以爲不可，而惠子以爲可。莊子謂果如所言，則儒墨楊秉公孫龍名與夫子，其孰是耶？魯遽之弟子能於冬日取千年灰擁木，須臾出火，可以爨鼎；夏日瓦缾貯水，湯中煮沸，置井内而成冰。以此爲得遽之道，遽謂直是以類相召，非吾所謂道。

黃震《黄氏日抄》卷一六《讀禮記》　月令第六

冰方盛，水澤腹堅，命取冰。

寒極而冰盛，腹堅則其堅達於内，非特形於水面而已。命取冰者，非特將以備暑，亦以達陽氣。用方氏説。

司農司《農桑輯要》卷四《養蠶・涼暖總論》　《齊民要術》：調火，令冷熱得所。熱則焦燥，冷則長遲。《務本新書》：春蠶時分，一晝夜之間比類言之，大概亦分四時。朝暮天氣頗類春秋，正晝如夏，深夜如冬，既是寒暄不一，雖有熟火，各合斟量多寡，不宜一體。自蛾初生，相次兩眠，蠶屋内正要温暖。蠶母須著單衣，以身體較，若自身覺寒，其蠶必寒，便添熟火。若自身覺熱，其蠶亦熱，約量去火。一眠之後，但天氣晴明，已午未之間，暫捲起門上薦簾，以通風日。

保巴《周易原旨》卷七《繫辭上》　此體易也。人能體乾之大，則與天配矣。體地之廣，則與地配矣。寒極不生寒，而生煖；熱極不生熱，而生涼。物極必返，道窮必變。人能知變通之義，則與四時配矣。日往則月來，月往則日來，陰

陽之義如此也。人能知陰陽之義，則與日月配矣。乾以易知，坤以簡能，乾坤之至德也。人能有易簡之善，則與乾坤之至德配矣。

牛道淳《文始真經註》卷二《二柱篇》

關尹子曰：寒暑温涼之變，如瓦石之類。置之火即熱，置之水即寒，呵之即温，吹之即涼。

道運元氣，變化陰陽五行，而成冬寒、夏暑、春温、秋涼，四時之遷變。元氣如瓦石之類，置之火即熱，如夏火旺時，元氣隨火氣而爲炎暑也；置瓦石於水内浸之即寒，如冬水旺時，元氣隨水氣而爲嚴寒也。人以口呵瓦石，久之即温暖，如春木旺時，元氣隨木氣而和温也。人以口吹瓦石，久之即涼，如秋金旺時，元氣隨金氣而清涼也。故云寒暑温涼之變，如瓦石之類，置之火即熱，置之水即寒，呵之即温，吹之即涼也。

特因外物有去有來，而彼瓦石無去無來。

瓦石本無寒暑温涼，而特因物有水浸火燒，呵之吹之人物，而寒熱温涼有去有來，而瓦石本無寒熱温涼之去來也，故云特因外物有去有來，而彼瓦石無去無來也。此喻元氣本無寒暑温涼之去來。特因水火金木之氣盛衰去來，而有寒暑温涼之去來也。

譬如水中之影，有去有來，所謂水者，實無去來。

先以瓦石水火呵吹，喻元氣寒暑温涼之去來，恐人未曉，又説譬喻，令人曉悟。元氣如水火金木之氣，如水中之影，影有去來，水實無去來，以此明知水火金木之氣有盛衰去來，而元氣實無去來。元氣尚無寒暑温涼之去來，而況於道乎，故云譬如水中之影有去有來，所謂水者實無去來也。此章明道不屬元氣，元氣不屬時。

又　卷七《七釜篇》

如冬起雷，夏造冰，死尸能行，枯木能華。

了道者能顛倒陰陽，冬能起雷，夏能凝冰，如老成子學於尹文，能存亡自在，翻校四時，冬起雷，夏造冰，飛者走，走者飛，終身不著其術，世莫傳焉者是也，故云如冬起雷，夏造冰也。昔太上以太玄生符投徐甲之枯骨，即時復活能行，故云死尸能行也。純陽祖師以丹活安州枯柳，又以丹活萊州枯槐，而枝葉復榮華，故云枯木能華也。

羅勉道《南華真經循本》卷二三《徐無鬼》　莊子曰：射者非前期而中謂之善射，天下皆羿也，可乎？惠子曰：可。莊子曰：天下非有公是也，而各是其所是，天下皆堯也，可乎？惠子曰：可。莊子曰：然則儒墨楊秉四，與夫子爲五，果孰是邪？或者若魯遽者邪？其弟子曰：我得夫子之道矣，吾能冬爨鼎而夏造冰矣。魯遽曰：是直以陽召陽，以陰召陰，非吾所謂道也。吾示子乎吾道。於是乎爲之調瑟，廢一於堂，廢一於室，鼓宫宫動，鼓角角動，音律同矣。夫或改調一弦，於五音無當去聲也，鼓之，二十五弦皆動，未始異於聲而音之君矣。且若是者邪。

射者必前期志的而中，謂之善射。今非前期志的偶爾幸中，便謂之善射，是天下皆羿也，可乎？以喻天下非有公是，而各是其所是，以爲天下皆堯也，可乎？冬爨鼎者，冬寒之時能不以火而爨。夏造冰者，夏熱之時能以水而爲冰。二事雖若奇異，然不過因冬至陽生，以陽召陽而爲火。因夏至陰生，以陰召陰而爲冰。未足以爲奇異也。

鮑雲龍撰　鮑寧辨正《天原發微》卷二上《分二》

朱子曰：五行相爲陰陽，又各自爲陰陽，春爲少陽，夏爲老陽，秋爲少陰，冬爲老陰。

此以流行於四時而言也。自一歲言，六箇月陽，六箇月陰。一日亦然，晝陽夜陰，午前陽，午後陰。一月言，望前陽，望後陰。六甲言，甲子陽，乙丑陰。分言之，則甲陽子陰。從古至今，只恁衮去，屈伸往來，循環不已，孰使然哉？天地是一箇大陰陽，一年，一月，一日，一時，皆自其中流出。

又春爲陽始，夏爲陽極；秋爲陰始，冬爲陰極。陽始則温，陽極則熱。陰始則涼，陰極則寒。温則生物，熱則長物。涼則收物，寒則殺物。是一氣之變爲之也。陽生自下而上則進而生物，陰生自上而下則退而成物。陽居東南，主春夏，以生。陰居西北，主秋冬，以殺。此其大畧也。

家鉉翁《春秋集傳詳説》卷一八《成公下》

十有六年春，王正月，雨木冰。

《公羊傳》雨而木冰也。著月而書，是頻也。冰者，陰凝之氣。得水而冰者常也。附於木而冰者，失常也。方春，木用事。木生火者也，而陰氣附之以冰。陰氣盛，强臣僭是其應也。爲周正之説者，以此正月爲仲冬，雨下而著樹即冰，記寒甚過其節度，故書。愚謂十一月正當盛寒之時，雨而冰亦其常也。

何足爲異？此所以書，正爲夏正正月木冰，非時，是以書耳。

王惟一《道法心傳・陰陽變化圖》 夫一炁運動，有清有濁。清升爲陽，濁降爲陰。陰陽變化，其理不一。故陰陽升降而成雨，陰陽激博而成雷，陰陽凝流而爲雹，陰陽舒和而爲雪，陰弱陽盛而爲風，陰盛陽弱而爲雲，陰泰陽散而爲露，陰否陽凝而爲霜，陰陽不暢而爲雹，升降不能而爲霧，煞炁不能而爲瘟，乖炁犯正而爲煞，淫水變而爲霓，淫火變而爲魃。

佚名《居家必用事類全集》戊集《文房適用》 書燈

讀書須以麻油炷燈。蓋麻油無煙，不損眼，但恨其易燥。每一斤入桐油三兩和之，則難乾，又辟鼠耗。若蔓菁油，罌粟油，紅花油，每一斤則入桐油三兩，以鹽少許置盞中，亦可省油。以生薑擦盞邊，可不生滓暈。以蘇木煎燈心曬乾炷之，可無燼。

胡震《周易衍義》卷一

初六，履霜堅冰至。象曰：履霜堅冰，陰始凝也。馴致其道，至堅冰也。

霜者，陰之始。凝堅冰者，陰之極也。履，自其下而言之。至，要其終而言之也。馴之爲言順也。坤之初六，陰之始生也。聖人防其將長，而爲之戒。陰之始凝而爲霜，履霜則當知陰漸盛而至堅冰。猶小人始雖甚微，不可使長，長則至于盛也。小象謂馴致其道，蓋不防之則習，習則因循而至於盛也。童溪曰：《易》爲君子謀，不爲小人謀。乾之初九，一陽在下而曰潛龍勿用，懼其傷也。坤之初六，一陰在下而曰履霜堅冰至，防其長也。懼其傷，慶之也。防其長，忌之也。此爻變則爲坤之復卦，其象陰生于下，霜冰之象。其占在謹微而防患。

俞琰《周易集説》卷三八《説卦傳三》

爲寒，爲冰。

乾居西北極高而至剛之地，其位屬亥，於時爲十月，其候爲水始冰，地始凍，故爲寒，爲冰。冰生於水而寒於水，觸之則其利如刃。冰蓋水之勁氣也。

或曰：寒，陰氣。冰，陰物。陰盛之極，自坤而變乾，故爲寒爲冰。

王禎《農書》卷六《農桑通訣六》 蠶繅篇第十五

天氣炎熱，門口置瓮，旋添新水，以生涼氣。如遇風雨夜涼，却當將簾薦放下。

又 卷一〇《百穀譜十・雜類》 茶

凡煎試，須用活水活火烹之。故東坡云活水仍將活火烹者，是也。活水，謂山泉水爲上，江水次之，井水爲下。活火，謂炭火之有焰者，當使湯無妄沸，始則蟹眼，中則魚目，纍然如珠，終則泉湧鼓浪，此候湯之法非活火不能爾。東坡云蟹眼已過魚眼生，颼颼欲作松風聲，盡之矣。

葉子奇《草木子》卷一《管窺篇》 雪寒在上，故高山多雪。霜寒在下，故平地多霜。

日在地時多，故地熱而井水寒也。日在地上時少，故地寒而井水温也。

地居天之中，地平不當天之半，地上天多，地下天少，是以日出落時，見日大，近人也。日中天時，見日小，遠人也。日初出時見日大，宜當熱，而尚寒涼者，陰凝而陽未勝也。日中天時見日小，宜寒涼而反漸暖漸熱者，陽積盛而陰已消也。申未熱愈於午者，陽尤積盛故也。

廣海冬熱，由冬日南行，正當戴日之下，故熱。朔北夏寒，夏日雖北行朔北，直當陰山之背處，日光斜及，故寒。由此觀之，南北寒熱亦由於日也。

日爲衆陽之宗，故其暖熱之氣皆出乎日也。涼寒則日氣之不及處爾。日漸長故暖，日極長則熱矣。日漸短故涼，日極短則寒矣。暖則陽氣之盛也，而極則斯熱。涼則陰氣之盛也，而極則斯寒。

陰脅陽而爲雹，沴氣也。陰凝而未盡勝陽，則爲霰，正氣也。是以《春秋》書雹而不書霰，以人事驗之。沸湯以器密盛之，沈於寒泉則冰，此雹之理。雪積而日炙之，先必爲後，此霰之理也。

陶宗儀《説郛》卷八上《漁樵對問邵雍》 漁者謂樵者曰：春爲陽始，夏爲陽極，秋爲陰始，冬爲陰極。陽始則温，陽極則熱，陰始則涼，陰極則寒。温則生物，熱則長物，涼則收物，寒則殺物。皆一氣其别而爲四焉。其生萬物也亦然。

胡廣等《禮記大全》卷六《月令第六》

冰方盛，水澤腹堅，命取冰，冰以入。

冰之初凝，惟水面而已。至此則徹，上下皆凝，故云腹堅。腹猶内也。藏冰正在此時，故命取冰。冰入則陰事之終也。嚴陵方氏曰：冰方盛則以重陰之氣極於此故也。盛極而衰，東風將解凍，故於此言方盛焉。冰以陽熙而柔，以陰凝而堅，曰腹堅，則其堅達於内矣，非特形於水面而已。然前言水泉，此言水澤者，泉乃水之原，澤乃水之潤。命取冰，則《七月》所謂「二之日鑿冰沖沖」是也。夫萬物負陰而抱陽，沖氣以爲和。

陰盛閉塞而陽無所泄，則氣戾不和，爲愆陽，爲伏陰，然則鑿冰非特爲備暑，亦以達陽氣也。

令告民，出五種。命農計耦耕事，修耒耜，具田器。

冰入之後，大寒將退，令典農之官告民出其所藏五穀之種，計度耦耕之事。耦謂二人相偶也。揉木爲耒，斲木爲耜。今之耜以鐵爲之。田器，鎡基之屬，凡治田所用者也。此皆豫備東作之事，陽事之始也。

薛瑄《讀書録》卷一　余在沅辰，令一小童燒栗，忽殼破聲爆可畏。蓋熱氣在内不得出，故奮裂而有聲。先儒論雷霆之理，蓋如此。

又　卷六　理無窮而氣亦無窮，但理無改變而氣有消息。如温熱涼寒，氣也。所以温熱涼寒，理也。温盡熱生，熱盡涼生，涼盡寒生，寒盡温復生，循環不已。氣有消息，而理則常主消息而不與之消息也。氣有聚散，理無聚散，於此又可見。

又　卷八　四時温燠寒涼之氣，人體無不覺者，則人與天地同體可知。

又　雨露雪霜只是天地之氣凝結而成者，如人之呵氣，遇冷成冰結鬚，其理可見。

陸容《菽園雜記》卷一四　舊取礦，攜尖鐵及鐵鎚竭力擊之，凡數十下，僅得一片。今不用鎚尖，惟燒爆得礦。礦石不拘多少，採入碓坊，舂碓極細，是謂礦末。

徐元太《喻林》卷二六《人事門二十四·賴藉》　譬如水性自冷，假火故熱。止火停久，水則還冷。

屠隆《考槃餘事》卷四　候湯

凡茶，須緩火炙，活火煎。活火，謂炭火之有焰者。以其去餘薪之烟，雜穢之氣，且使湯無妄沸，庶可養茶。始如魚目，微有聲，爲一沸。緣邊湧泉連珠，爲二沸。奔濤濺沫，爲三沸。三沸之法，非活火不成。

莊元臣《叔苴子内編》卷一　病寒者，當暑而顫；病熱者，方冬而汗。氣盛於内者，不受令于外也。故至人養真水以制外火，則夏可以爨鼎而不燠。養真火以勝外水，則冬可以造冰而不愴。

【略】

天地間一氣耳。氣之清而强者爲火，清而弱者爲水，濁而沈者爲土，濁而浮者爲木，濁而實者爲金，皆一氣之清濁而流派爲五也。一氣分五行，而五行中又各具五行。今夫水，其氣之上蒸者火也，故溼薪積而熱；其氣之下凝者土也，故止水渟而垢；其氣之或沈或浮者木也，故水草生之；其氣之堅凝不移者金也。

利瑪竇《乾坤體義》卷上《四元行論》　中國儒者亦識有氣在左右，獨不爲之行，且今所謂氣者，於孟子對志之氣不同，故先生傳元行之數及情性，果爲可從。吾意貴邦所談四元行，是乃五行六府之體焉。我古唐虞謂五行六府，是乃四體之用焉。世儒欲混之而不分體用，真不可矣。但先生定氣之性爲熱，吾未明其理也。吾見湯水雖無寒風吹，自能去熱致冷，則本性謂冷宜矣。視彼土和水成泥，雖無烈日薰炙，自克去溼致乾，則其本性爲乾效矣。火性之本爲熱，孰疑之焉。然氣者，竊意其性非熱而反爲涼，故雖夏日炎亢，便或摇扇必出涼風，脱衣遂覺寒氣侵身，斯氣本性似非熱矣。又氣之廣大，無物不有，無所不在，故火有火氣，水有水氣，土有土氣，是以氣似不可以别設行焉。余曰：吾前定氣性甚溼，次熱，則其性獨非熱者，執益熱之物不覺已熱，而反覺涼如焉。如吾以己熱手揣摩他人愈熱之手，必覺己手爲涼，非我手誠涼也，乃他手之熱有甚故也。故或摇扇而挹清風，或脱衣而侵寒冷，此因吾身甚熱，遂覺夏氣似涼焉，非氣之不自熱矣。又曰：氣之本性自熱，因近著水土之冷而變已本情，偶成涼耳。比温泉下生硫黄，則所發水滚熱者，水之本性乎。天亦於是處備涼氣，以資民之呼吸而調冷心内火矣。故每息更氣，以出熱而致涼焉。故魚類恒潛水中，而水本性甚冷，自外能透涼，内心多無呼吸資也。夫氣處所又有上中下三域。上之因邇火則常太熱。下之因邇水土，而水土恒爲太陽所射以光輝，有所發煖。則氣並煖中之上下，遐離熱者則常太寒冷，以生霜雪之類也。其三般氣又廣窄弗等，若南北二極之下，因違遠太陽者，陰氣盛則上下熱煖處窄，而中寒冷處廣。若赤道之下，因近太陽者陰氣微則反，然二熱煖處廣而寒冷處窄。其三處及餘行之處所，便可於後圖覽之。

章潢《圖書編》卷一八《日總敘》

日乃太陽之精，貞明不息，而其體質本無增損，但象一也。方其東升及將西沈時，乃覺其象頗大甚赤；至中天則覺其象小而色稍淡，何也？光一也。方其升於東方，但覺其光尚隱而物皆無影，其質尚暗而光不爍目；及將西沈亦猶是也。惟中天則大明朗照，質亦洞然，而人不敢仰視，何也？氣一也。夏則朝暮涼而午漸熱，冬則朝暮寒而午稍温，又何也？以予言之，其殆精氣舒斂之不齊乎。嘗觀諸火矣，炭之方灼也，其體已赤而其質暗，故其光亦不遍；及其昭明有融而氣燄爍人，則其色反淡矣。是故朝升暮沉，由于陽氣翕聚，故其象之大也，色之赤也，光之隱而質之暗也。人皆可以目而對之，猶方然之炭，其燄尚内聚而未之散也。若中天之時，則陽氣已盡發散，故覺其象小色淡，光顯質朗而不敢凝眸仰

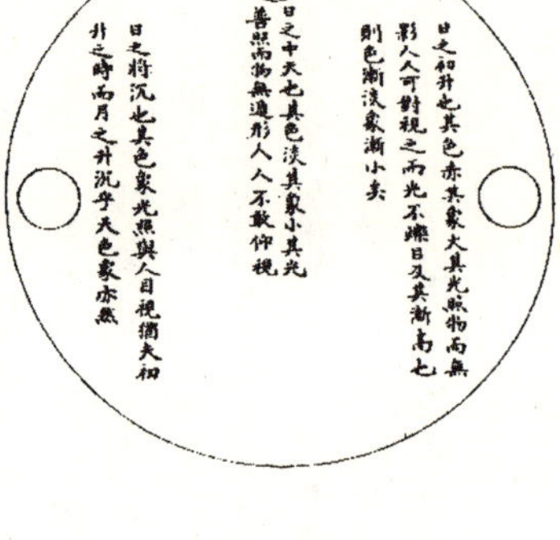

太陽升沉中天色象圖

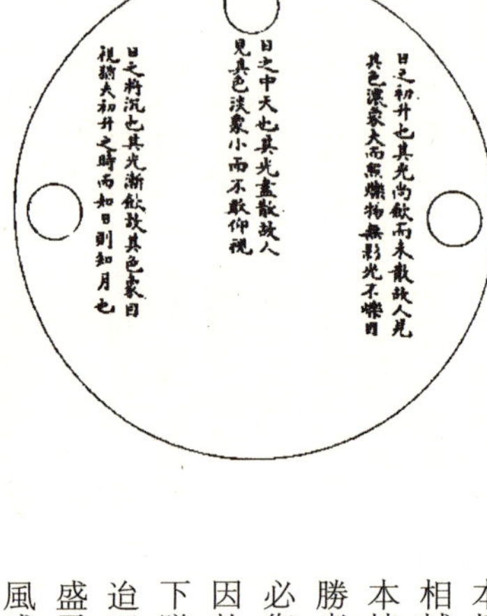

太陽中天升沉斂散圖

視，猶火炭炎炎外爍，而其內外洞明有如此耳。胡可盡歸於天體之遠近也。否則近故大而赤矣，何爲其早暮涼而人可對以目也。遠故小而淡矣，何爲其午反熱而人不敢仰也。況一日之間，由旦而晝，由晝而暮，人皆得而見之，而何其不同一至此哉。然萬古此日也，試於一日之間即其象而觀之，自有不待辨者。惟知日則知月矣。

熊三拔《泰西水法》卷五《水法或問》 問：水遇于火既得成鹹，云何不熱？溫泉乃熱，既由于火，云何不鹹？曰：鹵水不熱，向言之矣。火熱所炎既成灰燼，水經其燼因而得鹹，云何有熱？今火燼成灰，漉灰得鹵，無有熱也。然而海水不冰，亦具有熱性矣。火在地中，助于土氣發生萬物。五金八石及諸珍寶，皆由于火陶煉而成。自餘諸物不可數計，諸物之中最近火性者無如硫黄。硫黄所在，水從過之則成溫泉，故溫泉沐浴，所能療者冷氣虛痺，與硫同治。然火能成硫，硫即非火。水因硫溫，隔越于火。如鐺煮水，火爲鐺隔，水不遇灰不成鹵矣。今溫泉嗅之多作硫氣，亦有不作硫氣者，是水來之處復與硫隔。如重湯煮物，但得其熱不染其味也。或云不作硫氣者，本之朱砂礬石，無是理焉。

又 問：井中之水，夏寒冬熱，何也？曰：三夏之月，日暴于地，地上數尺，其熱欲焦。冬月氣寒，加以飄風，夏熱在土，爲寒所逼，下入于地，井水成煖。三冬之月，積寒于地，迨夏暑熱，冬寒在土，復爲熱逼，下入成寒。非冬煖夏寒，各從下上也。煖情爲火氣，火氣無時不上升焉。寒情爲水土，水土無時不下降焉。

問：雨者何也？曰：日光照地既成溫熱，溫熱薄于水土，蒸爲濕氣。氣情本煖，煖者欲升，復得日溫鬱隆騰起，是有火行。火所燔爇，飄颺如煙，復挾土體相輔上行。氣行三際，畧見《四元行論》。中際甚冷，氣升離地漸近冷際，因于水土本情，是冷是濕結而成雲，是一雲體中具有四行也。凡物體具四行，及將變化，勝者爲主。雲至冷際，冉冉將化，本多濕情。濕情若勝，即化爲水。水既成質，必復于地。地爲大質，萬質所歸。有質之物，無緣離地，可得頓置也。正如蒸水因熱上升，騰騰作氣雲之屬也。上及于蓋，蓋是冷際，就化爲水，既已成水，便復下墜。雲爲行雨，即此類焉。若水土濕氣，既清且微，日中上升，即爲風日所乾，迨至夜時升至冷際，乃凝爲露。夜半以後，去昨已遠，寒氣微深，亦如一歲之寒盛于日至之後也。當其寒時，氣升稍重，故晨露尤繁。夜有烈風，亦受風損，故風盛即露微矣。若長夏大旱，了無濕氣，則夜中并無露焉。

問：雲生必爲雨乎？有密雲不雨者，有旱雲益旱者，何也？曰：氣升不等，所具四行各有偏勝，故或爲霾霧，或爲雷霆彗孛也。豈必氣升皆雨乎。風之爲物，亦是熱乾，與雷霆彗孛一本所生，但不得直升，横騖地上，此爲異耳。雲雖濕熱上升遇冷凝結所成，變化爲雨，是其常分。但旱暵之時，氣行大體多是燥乾。雲起于地，孤行獨上，雖至中際，無有濕性，與相協助，尚未化雨濡滯之間，或遇大風飄向他方，成他方之雨；或本體之中濕情既微，風性燥烈，遂泯其濕，徒存燥乾，上爲奔星耳。所以晴日雲高而反不雨。大旱之年，山雲屹峙，行復散失，徒見流光有嘒其明也。若氣行大體，濕性既多，雲起于地，遇其冷濕不能直上，遽化爲水，故雲近于地反得雨焉。每有高山之上俯瞰，雲雨皆在其下。下視震雷，如水發漚也。

問：雨水勝于地上之水，何也？曰：日照于地，水土之氣蒸而成雲，是水之精華。如燒酒蘂露，皆以清升徵其粹美也。其中有火土氣之情，既化爲水，各相分背矣。凡水畧經撓動，即清升濁降。雨之爲物，上騰下降，撓動已極，全得其清，故雨水爲良也。地上之水，美惡不等。地中所有以及所生水，一過之即爲染著，受其氣味。蓋地上元行真水，百無一二，比之雨水故爲劣焉。

問：雪者何也？曰：雪者與雨同理，故將雪之日必先微溫，不溫氣不上升也。惟冬之月，冷際甚冷，氣至其際，變爲雪焉。露之爲霜，其理畧同也。

問：雪花六出，何也？曰：凡物方體相等，聚成大方，必以八圍一。圓體相等，聚成大圓，必以六圍一。此定理中之定數也。凡水居空中，在氣行體內，氣不容水，急切圍抱，不令四散，水則聚而自保，自保之極，必成圓體，此定理中之定勢也。氣升成雲，雲遇冷際，變而成雨，因在氣中，一一皆圓，初圓甚微，以漸歸併，成爲點滴。雨既水體，既并復圓，未至地時，悉皆圓點。冬時氣升成爲同雲，遇冷而變，亦成圓體。既受冷侵，一一凝冱，悉是散圓。及至下零，欲求歸併，却因凝冱，不可得合，聊相依附，求作大圓，以六圍一，即成花矣。曰：既因依附，求成圓體，就不相合，亦宜摶聚，云何成片而復六出？平輳即合，直輳即離，其故何也？曰：地體不動，天行左旋，日行一周，火在氣上，亦隨天運。氣體近地，依地不動，上近火者，隨火旋焉。冷際亦動，動勢神速難可思。惟有物遇之，如鋸出屑，雪既凝結，受其摩蕩，平中輳合，尚得自由，直處逢迎，勢不可得，正如濕米磨粉，易令作片，難以成摶也。

問：雨水與雪水，孰勝？曰：雨水勝。何故？曰：水爲元行，不雜他味，方爲真水。雨從雲出，雲從氣升，氣非日蒸，不致上騰。當其上騰，挾有火情。火情熱乾，熱乾炎上，其勢壯猛。土之精者，亦隨而上，故輿氣成雲。一雲之中具有四行，但時有偏勝，水勝時多耳。間或火土合，氣水情絶少力，勢既盛，土之次分亦隨而上，上遇冷際，力勢稍微，土之次分復歸于地，則成霾霧。若火土自升，水雲復盛，火土上行阻于陰雲，難歸本所，陰雲逼迫，既不相容，火土之勢上下不得，亦無就滅之理，則奮迅決發，激爲雷霆，是其破裂之聲。電是火光，火迸上騰，土經火煉，凝聚成質，質降于地，是爲劈歷之楔矣。就其陰雲之中，亦有火土二體，上遇冷際，爲水所勝，氣變成水。火情挾土，能在氣中與之俱上，是則土之上妙者也。熱燥輕微，與火爲體，火性炎上，初隨氣升，氣既變水，水將就下，火土二體不復從之。如蒸水成氣，氣至甑蓋化而爲水，仍歸釜中。若其熱性自能透甑而出，不復就下矣。既與雨分，火土相挾，決起而上。亦有火土自升，不遇陰雲，不成雷電，淩空直突者。此二等物至於火際，火自歸火。挾上之土，輕微熱乾，畧似炱煤，乘勢直衝，遇火便燒，狀如藥引。今夏月奔星是也。其土勢太盛者，有聲有迹，下及于地，或成落星之石，與霹歷同理焉。若更精更厚，結聚不散，附于火際，即成彗孛，附麗既久，勢盡力衰，漸乃微滅矣。是則雨從雲降，分于火土，亦無有氣，故雨爲元行真水，其味特勝也。若雪天之雲與雨雲等，亦具四行，獨是冬月冷際甚冷，火至其處，勢亦稍殺，土雖輕微，其勢不能挈與俱上，一時雲氣驟凝爲雪，土亦與焉。火雖獨歸其所，雪中之土仍與同性，畧如灰燼炱煤之屬。故大雪時，試取純雪融化爲水，下有微細沙土，所融雪水仍作燥乾之味。不然雪遍大地，塵土被壓，所取淨雪，不雜地上之土，融水得沙，自何而來，故雪水不如雨水，中有火土二情也。若融化既久，澱去沙土，離于二情，亦成元行真水，與雨水同焉。又氣方上升，未盡化水，遽凝爲雪，有氣雜揉，雪體輕虚，職由于此矣。

問：冬雲成雪，既由冷際極冷。春秋成雨，當由冷勢稍減乎？即三夏之月愈宜減矣，乃夏月之雹有絶大者，傷及人畜，壓損田苗，比于冬雪十百倍之，敢問雹由冷乎？熱乎？若由冷也，冬何不雹？若由熱也，熱反凝冰，此理何由？請聞其説。曰：氣有三際，中際爲冷，即此冷際下近地温，上近火熱；極冷之處乃在冷際之中，自下而上漸冷漸極。二時之雨，三冬之雪，蓋至冷之初際即已變化下零矣，不必至于極冷之際也。所以然者，冬月氣升，其力甚緩，非大地輿雲不能相扶以成其勢，故雲足甚廣，雲生甚遲，必同雲累日徐徐而起，漸至冷際，漸亦凝冱，因而結體甚微細也。自餘二時，凡雲足廣潤，雲生遲緩，即雨勢舒徐，雨滴微細，亦皆變于冷之初際矣。獨是夏月鬱積濃厚，決起上騰，力專勢鋭，故雲足促俠，隔塍分壠而晴雨頓異；雲起坌涌，膚寸暫合而溝澮旋盈。蓋因其專鋭，故能逕至于冷之深際。若升氣愈厚，即騰上愈速，入冷愈深，變合愈驟，結體愈大矣。若其濃厚專鋭之極，遽升遽入，抵于極冷。極冷之處比于冬之初際殆有甚焉，以此驟凝爲雹。雹體小大，又因入冷深淺爲其等差，愈速愈深當愈大也。是以雹災所至，自有畦畛。因其迅猛善審，觀者見雲生有異，知當是雹，可得亟避矣。雹輿夏月，火土之體加雪數倍。雹因驟凝，土隨在焉，故雹中沙土更多于雪，因其驟結并氣包焉。故雹體中虚，虚者是氣。惟雪與雹皆體具四行，未相分背，與雨水特異也。

問：器中貯水，曾無漏泄，貯以冰雪，外成濕潤，何也？曰：水土而上，氣行充塞，凡器之外悉皆氣也，冰雪甚寒，氣暖在外，暖因寒逼，漸變成水。雲至冷際而變爲雨氣，入地中而變爲泉，是其類焉。

文震亨《長物志》卷一二　候湯

緩火炙，活火煎。活火謂炭火之有焰者。始如魚目爲一沸，緣邊泉湧爲二沸，奔濤濺沫爲三沸。若薪火方交，水釜纔熾，急取旋傾，水氣未消，謂之嫩。若水踰十沸，湯已失性，謂之老。皆不能發茶香。

遊藝《天經或問》前集卷四　風雲雨露霧霜

問：氣一也，何以能變水火風雲雨露之不同，何也？

曰：天地之間皆氣也。氣貫實中而充塞虚廓，則一也。而其所出之體，有輕重爽膩之不同，故其變亦有不同耳。濕者爲水，燥者爲火，火出附天，水浮附地。天地之間分三際焉。有凝形之氣，有未凝形之氣。水土之塊，太陽蒸之，是成温際；真火同天，是名熱際；中間通達而冷，是名冷際。日爲火主，照及下土，以吸動地上之熱氣。熱氣炎上而水土之氣隨之，是水受陽噓，漸近冷際則飄揚飛騰，結而成雲。雲上隔日氣，下隔火氣，冷濕之氣在雲中旋轉，相盪相薄，則旋爲千百螺髻，勢將變化而萬雨生焉。雨既成質，必復于地。譬如蒸水因熱上升，騰騰作氣，雲之象也；上及于蓋，蓋是冷際，就化爲水，便復下墜。雲之行雨，即此類也。若氣疏越而燥，鬱積上升，天上無濕氣以吸之，地下無濕氣以助之，則此燥鬱之氣飄揚旋轉，横騖拔㪺，震撞怒號，如人之噫而騖于空者，則爲風。風性本自燥熱，隨過地方亦帶濕氣。海方多濕，所以東南之風濕熱。西北距海甚遠，所以多燥。其爲利爲害，亦從所經之地分也。有日出而風發者，以燥氣爲夜冷氣所壓，日開其冷風，風遂噓發。亦有日出而風息者，陽氣勝而燥濕之氣散也。有暴風者，以熱氣被冷雲所圍，開雲突出，故爲暴風。或峰島土竅，激氣而助發，其風亦烈。赤道之下有片雲，即有巨風。以日近，故有旋風自上而下者。有自下而上者，海中能吸舟船。四時各有信風者，亦隨時隨地爲之，不可一律也。【略】若水土濕氣既清且微，日中上升，即爲風日所乾，迨至夜時，升至冷際乃凝爲露。夜半寒深，氣升稍重，故晨露猶繁。若屆嚴節，遂零爲霜。霜落之時，五更偏厚，夜有烈風，亦受風損。故風盛即露微，風盛即露亦不降矣。若地上濕熱值寒氣蒙蓋，不能上衝冷際爲雨，游熊曰：地之高下，則冷熱之際亦高下。日之遠近，則冷熱際亦有遠近。又無風散，彌漫布濩，則成重霧。日高霧捲，輕颸微噓，是陽勝陰。霧變爲雨，是陰氣偏重耳。然露與霜不同，露能滋物，霜能殺物，以遏土氣，弗使揚散，爲來春播種之資，此霜之力也。雨與露不同，雨氣昏而露氣清。露與霧不同，露氣肅而霧氣迷也。

雹

問：雹，冷物也，何以不降于寒而降于暑也？或謂蜥蜴所噴，或謂龍鱗所藏，是乎？否乎？

曰：氣之三際，中爲冷際，下近地温，上近火熱。極冷之處乃在冷際之中，二時之雨，三冬之雪，蓋至冷之初際即已變化下零矣。冬月氣升，其力甚緩，非大地同雲不能扶勢，故雲足甚廣。二時之雲足亦潤，雲生緩遲即雨舒徐，皆變于冷之初際也。夏月鬱積濃厚，决絶上騰，力專勢迅，故雲足促狹，隔塍分壠，溝澮旋盈，蓋因其專鋭，故能徑至于冷之深際。氣升愈厚，騰上愈速，入冷愈深，變合愈驟，結體愈大矣。遽升入極冷之際，驟凝爲雹。雹體大小，又因入冷之淺深、雲氣之厚薄也。雹中砂土更多于雪。雹體中虚，以其激結之驟，包氣于中也。如器盛冰雪，外成温潤，非極冷與外氣相激之徵乎？若夫蜥蜴龍鱗之説，則樵牧市語也。

温泉

問：海水由火成鹹，何故不熱？温泉由火成爇，何以不鹹？

曰：《圖象幾表》云：是日光徹地則生温熱，温熱之極則火成燼。水經其燼，因而得鹹，故忘其熱。而海水不冰者，亦具有熱性矣。熱極入地，積成燥乾，則乘氣爲火。積火所燃，土石爲燼，復乘氣出，共成炎。上隔于雲雨，鬱爲雷霆，升于晶明，上成彗孛。此二物者，火之精微，別有洞穴上通，全體俱出，則爲西國火山、蜀中火井。游燕曰：今蜀地鑿井求鹽，或得火井，覆之則火滅，投火則隨而上焉。是則井火在下，與水同深，遇水成鹵，不遇成火矣。晉中河曲乃有火石，火石恒熱。太行河西亦産硫黄，可見晉中火淺，故晉有鹽池亦在淺土。又有小鹽刮地作之，畧如硝鹻也。西地中海，其水亦鹵，周數千里。彼其側近遂有火山，高數千丈。其上火穴徑千餘步，厥火炎上，古今不絶。足徵鹽之與火相切則成，亦復相視以爲淺深，故蜀井深而晉池淺也。宋應星曰：西川有火井，其水甚冷，全無火氣，但以長竹剖開去節，合縫漆布，一頭插入井底，其上曲接，以口緊對釜臍，注鹵水釜中，只見火意烘烘，水即滾沸。啓竹視之，絶無半點焦炎，意未見火形而用火神，真天間極奇事也。若遇石氣滋液發生，則成硫礬，泉源經之，即爲温泉；火道所經，填壓不出，則爲火石。故火在地中，助于土氣發生萬物，五金八石及諸珍寶，皆由火煉而成。然物中最近火者無如硫黄，水過其上則成温泉也。

黄道周《榕壇問業》卷六　凡氣無寒暑，時無涼熱，寒暑涼熱皆繇日道所生。日道向北，陽氣漸升；日道向南，陽氣漸降。升而日永，刻漏晝長，陽晝以多；降而日短，刻漏晝促，陽晝以少。晝之長短皆生於日，不生於月，故云陽自升降，陰無消長也。大抵寒暑凉熱猶之氣運盛衰，氣運盛衰聽主心高下。主心盛明，陽氣充周，則百草滋生，萬物暖燠。主心衰暗，陽氣癉謝，則百草凋枯，萬物凍折。非有一陰物當頭與日相抗，如黑光之於曦影也。

方以智《物理小識》卷二《風雷雨暘類》

南北風寒温之異

問：千里不同風，吹噫一也，何以南風温，北風寒？《天學》曰：風屬于火，日爲君火，地發燥熱，横被直騖，從日而噓，則爲南風。君火之氣與風俱舒，故温。從日而吸，則爲北風，君火既縮而又吸動地面飄揚之氣，故寒。試觀人口噓氣則唇温，吸氣則唇冷，理可類推。中國所處，日常在南，是以有噓吸之異。又問：東風温潤，西風高燥，何也？曰：海氣在東，故温潤。山氣在西，故高燥。又日以東方爲來氣，以西爲去氣，斯其所以異也。愚者曰：東生西殺，南温北寒，此常理耳。暄曰：火死則吸，如閉火于瓶，加于人膚而不墜也。曰：君火有死時乎？同一氣耳，鼓之則涼，噓之則煖，吹之則寒。同一噓耳，近之則煖，遠之則寒。日在南，故南方爲近日，北方爲遠日。日在南，故風從南來者恒煖，風從北來者恒寒，非有噓吸之異也。

雹

史載雹毀瓦，如拳，如雞卵，三出成獸。徐鉉《稽神録》言雹與樓等，嘉靖戊戌，吴城雹開眼，西山雹如斗。天啟甲子，雹如人眼。凡雹治狂熱，正醬味。然無病吞之則疫。元光元年七月，雹。董仲舒答鮑敞曰：雹，陰脅陽也。氣上薄爲雨，下薄爲霧，風其噫也，雲其氣也，雷其相擊之聲，電其光也。二氣初蒸，攢聚相合。風多合速，雨大而疎。風多合遲，雨細而密。寒月則雨凝于上體，因風相襲成雪。寒有高下，陰氣暴上，雨則凝結成雹焉，霰之流也。敞曰：四月無陰，十月無陽，何以明不孤立耶？董曰：所資一氣也。猶一鼎水，未加火，純陰也；加火極熱，純陽也。純陽無陰，息火水寒，則更陰矣。純陰無陽，加火水熱，則更陽矣。葶藶死于夏，欵冬華于寒，水有温泉，火有涼燄，陰非無陽，陽非無陰也。曰：冬雨煖，夏雨涼，何也？曰：冬氣多寒，陽氣多上躋，故人得其煖而上蒸成雪矣。夏氣多煖，陰氣自下升，故人得其涼而上蒸成雨矣。愚者曰：漢初董子早精此理，故載之。今以三際質測，急切成就，抱氣在中，故雹常具竅。

霜雪

霜前冷者，陰氣在先，露遇陰逼而爲霜，故先冷也。雪後寒者，陽氣在先，水逼陽死而成雪，故後寒也。雪花六出者，圜一圍六，同體相依，直輳即離，平輳即合，此亦空中旋氣使然也。露爲夜候之常，故空冷而成霜，先煖而起同雲。變北風而成雪，春五出，以煖而稍化耳。

凍成花鳥草木之形

嘗見紀載河凍有魚龍花草形，或在屋瓦上有之，類以爲祥異。《格致草》曰：崇禎壬申臈月，余樓簷瓦凍爲花草獅鳳之形。嘆曰：蜃氣象樓臺，廣野氣成宫闕。是凍亦偶然合之，如雨豆雨麥，偶象豆麥耳。松蟲之毛象松，柑蟲之色象柑，濕熱所蒸，頃刻漫山布嶺。耳目口鼻，腸胃畢具，可以通觀。又如落星爲石，象狗首，便曰天狗，不知是火吸土氣或至火際，一經鎔煉，如陶土成甎，故初落熱不可摩。又見星石久藏變小，亦緣火初煉土，急切成質，苞含有氣，久則氣消而質自斂。雹竅亦然。雪霜霧露之後，微風飄漾，往往成紋耳。愚曰：光氣與形象互成，既有形象，必有所肖，何足怪乎。

又《地類》

洛無冰

宋神宗問陸農師：洛何以不凍？對曰：聞有礜石。《容齋》曰：凡温泉下言有硃砂礬礜硫黄數種。詳見温泉條。雪雹冰霜，皆陰氣之所結，而不成冰者，陰不純陰也。硫礬等物，皆陽氣常行，遇水而結者也。陽結，故陰不結。

作冰法

《萬畢術》有凝水石作冰法。陳眉公言，以水晶煮水，入井得冰。智按其理，不必凝水石與水晶也，凡瓶水煮之極沸，即墜入井底，則六月亦能成冰。冰在暑時以厚絮裹之，雖置日不化，惟見風始化。

冰透碗外

凡水不能透碗外，惟盛冰則碗外有細潤。金山中泠泉，能透錫器，積寒之氣也。以熱湯置漆案上，其下亦潤。以火爐置書册上，其書册乾，而書册之貼案者亦有氣潤津津然。此亦積熱之氣，可類推也。

鹹化雪剖冰

以鹹插地，雪時遍滿而此處獨化，試膃肭臍亦然。臍以煖故雪化，鹹何煖耶？鹹滑而下耶。北方大雪則不驗。冰非鹹不剖，以文官菓汁塗刀，可切片。一云以薄餅裹冰刀亦可切。

暑極生涼法

以冰置手心，則舉體皆寒，弱人則心戰，故暑中有足心蹋冷成傷寒者，亦係人之强弱虚實也。中履曰：盛熱時，以冰壓兩乳上，扇之則颯颯涼風沁然入腹，大快。

冰異

松江楊扇湖，地煖不成冰。卧子言萬曆三十年冬，大風瞰之，若漫天雪，多紅燈蠕蠕，旦視之，則冰山也，高五丈許。又武宗時霸州文安縣一夕大風，河水忽然僵立，高起者二丈餘，凍成冰柱，中多空隙，闊數尺以至于數十丈者，沿河七八十里皆然。亡何，流寇至，男婦數十萬盡匿其中，竟以免難。暄曰：陰氣攝起而陰氣結之，此恒理耳。然陽爲陰迫則死，故地煖燈紅。風甚而結，此與沸瓶入井，盛夏雹飛，同爲一類，可互推。中德曰：孫豹人云：蘭州黄河，結冰以夜，其開也亦以夜。

煖谷温泉，地中陽氣所結，分砂硫礬礜，未確也。

《山海經》：道州有煖谷。《江浦志》：秦少遊述天下温泉十三處。陸友仁言匡廬汝水，尉氏駱谷，驪山和州之惠濟，渝州之陳氏山居爲最。《述征記》曰：東萊郡出温泉，恒沸，鳥墜輒爛。安成紀云：宜陽鄉出温泉，耒陽縣出温泉。《博物志》云：不周雲川之水温如湯。《梁州記》云：漢水南有温泉，周圍數千步，冬夏常沸，可熟雞子，未至二十里，便望見白氣衝天。袁山松《宜都山川記》曰：銀山縣温泉，夏纔煖，冬大熱，上常有霧氣，浴病即愈。《零陵縣記》云：温泉中有伏石分流，其陰寒，其陽沸。劉義慶《幽明録》曰：艾縣輔山有温冷二泉，熱煮雞豚，冷若冰雪，流數丈而合。又汜水北合婁山鄤水之温泉，至冬則煖。瀧水合雲水處有湯泉，投腥即熟，有細赤魚游之，即《始興記》之温泉赤魚也。沮陽城大翮小翮山有温湯，下足便爛，不得言，言則愈熱。南陽宛縣有紫山湯谷。魯陽縣大和川合温泉水湯，側有石，銘曰：皇女湯。武周縣有黄水，合火山水，有火井火鼠。火井之旁有温井。魏《土地記》曰：代桑乾城水北有温湯，療疾。下洛城橋山下有温泉，湨水逕新城會温水，熱可燖雞。魚腹之鹽水，與温泉對注。汝寧商山有温泉。《南康郡志》遠公硃砂泉，詩曰：一峯高拂白雲邊，下有硃砂如火燃。已是氣蒸千里煖，如何凋石溜温泉。即周景式所云主簿山之温也。在黄龍山北麓，有二池。張渤《吴録》曰：丹陽江乘縣湯泉六處，禽魚立爛，而菽豆穀，終日不熟。《筆乘》亦載之。升菴言雲南温泉甚多，而安寧無硫磺氣。後周王有銘曰：白礬上徹，丹砂下沉。可知温泉以丹砂爲上。胡仔《漁隱叢話》：取黄山硃砂泉，春微紅，可茗。驪山是礜泉。郭青螺《豫章詩話》言福州之温泉，以温田膏稻。廬陵太興新田二温泉，分寧最熱，毛竹山泉則温。臨川銅山二泉，一沸一寒。五峯山下者能潤人顔。今北京西山畫眉温泉，大小湯凡三。而遵化縣北之温，即古稱徐無城東之温，戚繼光甃之。薊馬蘭峪温泉最甘馨。天寧四温，此其一耳。和州二温，一無硫氣。智按：即陸友仁所云惠濟泉也。敝鄉温泉出于石穴。天下處處有之，不能悉記。先儒曰：地中陽氣，遇濕而結爲硫。雷火亦有硫氣，陽氣也。唐子西取硫置水，水不温，以此駁之。熊三拔謂別無硃砂礜礬之別。金尼閣曰：西國有七十餘湯，各標主治，布那姑山皆硫，不聞泉湯也。蓋陰質陽氣爲湯，陽質陰氣爲燄，爲涼。湯泉以貯器，還涼。湯泉、冷泉，各責沸必同時。晉長明燈色青不熱，質存氣易，此其徵矣。暄曰：温泉療冷，與硫同治。其不作硫氣者，有所隔別，如重湯煮物也。然陽遇水而死爲硫，水遇陽而死爲礬。水火相切，互有所變，故礬可收硫毒。中通曰：陽氣聚而過或出温泉，或結硫，或爲火井，非硫來温泉也。凡硫礜礵，皆陽氣爲淫悶于土者。礜砒與銅草相因，礵則最烈于爛物。惟硫專顯其熱耳，硃砂與温泉無與。

又　卷七《金石類》　燒石易鑿法

萬安張振山開河，夢神與之方曰：以桐油石灰與黑豆末之，燒石，則鑿之甚易。因用之，驗。智按：以硫燒之，其石亦易碎。

又　卷一二《神鬼方術類》　入沸法

釜正沸，可以手捧之而行百步，人多訝之。此理耳，蓋上沸而下不熱也。凡煖酒，其氣從上而下。一壺身口盡熱，而酒斟猶冷，必壺底熱，然後酒始熱。可以相證。《物理所》曰：煮真香油極沸，沸極忽凝則冷，入手探之不焦。真臘國以此詰盗。

張岱《夜航船》卷二〇《方術部》　方法

雞子白調白礬末，刷紙作銚子，煎茶沸而不燒其紙。

王夫之《張子正蒙注》卷一上《太和篇》　以言乎失道則均焉。

【略】車薪之火，一烈已盡，而爲燄，爲煙，爲燼，木者仍歸木，水者仍歸水，土者仍歸土，特希微而人不見爾。一甑之炊，溼熱之氣，蓬蓬勃勃，必有所歸，若盦蓋嚴密，則鬱而不散。汞見火則飛，不知何往，而究歸於地。有形者且然，況其絪緼不可象者乎。未嘗有辛勤歲月之積，一旦悉化爲烏有，明矣。

李光坡《禮記述註》卷六《月令第六》

冰方盛，水澤腹堅，命取冰，冰以入。

註曰：此月日在北陸，冰堅厚之時也。北陸謂虚也。集説曰：冰之初凝，惟冰而已，至此則徹，上下皆凝，故云腹，猶内也。藏冰正在此時，故命取冰。冰入，則陰事之終也。

汪灝等《佩文齋廣羣芳譜》卷六《天時譜・冬》　原《杜陽雜編》：李輔國遇嚴寒，置鳳首木於堂，和煦如二三月。又別名常春草。《運行論注》：凝慘冰雪，寒之化。凛冽霜雹，寒之用。柔耎之物，遇寒則堅。寒之致，太虚澄淨。黑氣浮空，天色黯然，高空之寒氣也。氣如散麻，本末皆黑，川澤之寒氣也。太虚清白，空明雪映，遐邇一色，山谷之寒氣也。太虚白昏，大明不翳，如霧雨氣，遐遖肅然，北望色玄，凝霧夜落，此水氣所生寒之化也。太虛微黑，白埃昏翳，天地一色，遠視不分，此寒温凝結，雪之將至也。地裂水冰，河流乾涸，枯澤浮鹹，木斂土堅，是土勝水，水不得自清，水所生寒之用也。

江永《禮書綱目》卷六三《政事下·通禮十二·補》

凌人掌冰，正歲十有二月，令斬冰，三其凌。正歲，季冬火星中，大寒，冰方盛之時。《春秋傳》曰：火星中而寒，暑退。凌，冰室也。三之者，爲消釋度也。故書正爲政。鄭司農云：掌冰政，主藏冰之政也。杜子春讀掌冰爲主冰也。政當爲正，謂夏正。三其凌，三倍其冰。春始治鑑。鑑，如甄大口，以盛冰，置食物以禦温氣。春始治之，爲二月將獻羔而啓冰。凡外内饔之膳羞，鑑焉。凡酒漿之酒醴亦如之。酒醴見温氣亦失味。酒漿，酒人、漿人也。祭祀，共冰鑑；賓客，共冰。不以鑑往，嫌使停膳羞。大喪，共夷盤冰。夷之言尸也。實冰於夷盤中，置尸牀之下，所以寒尸。尸之槃曰夷槃，牀曰夷牀，衾曰夷衾，移尸曰夷於堂，皆依尸而爲言者也。《漢禮器制度》：大槃廣八尺，長丈二尺，深三尺，漆赤中。夏頒冰，掌事。暑氣盛，王以冰頒賜，則主爲之。《春秋傳》曰：古者日在北陸而藏冰，西陸朝覿而出之。秋，刷。刷，清也。鄭司農云：刷除冰室，當更納新冰。玄謂秋涼，冰不用，可以清除其室。《天官》。季冬，冰方盛，水澤腹堅，命取冰，冰以入。仲春，天子乃鮮羔，開冰。並詳《月令》。

右冰政。二之日，鑿冰冲冲。三之日，納于凌陰。四之日其蚤，獻羔祭韭。鑿冰，謂取冰于山也。冲冲，鑿冰之意。《周禮》正歲十二月，令斬冰，是也。納，藏也。藏冰所以避暑也。凌陰，冰室也。豳土寒多，正月風未解凍，故冰猶可藏也。蚤，蚤朝也。韭，菜名。獻羔祭韭，而後啓之。《月令》仲春獻羔開冰，先薦寢廟，是也。蘓氏曰：古者藏冰發冰，以節陽氣之盛。夫陽氣之在天地，譬如火之著于物也，故常有以解之。十二月陽氣蘊伏，涸而未發，其盛在下，則納冰於地中。至於二月，四陽作，蟄蟲起，陽始用事，則亦始啟冰而廟薦之。至於四月，陽氣畢達，陰氣將絶，則冰于是大發，食肉之禄，老病喪浴，冰無不及。是以冬無愆陽，夏無伏陰，春無淒風，秋無苦雨，雷出不震，無災霜雹，癘疾不降，民不夭札也。胡氏曰：藏冰開冰，亦聖人輔相調變之一事耳，不專恃此以爲治也。《豳風·七月》。昭公四年，大雨雹。季武子問於申豐曰：雹可禦乎？禦，止也。申豐，魯大夫。對曰：聖人在上，無雹。雖有，不爲災。古者日在北陸而藏冰，陸，道也，謂夏十二月，日在虚危，冰堅而藏之。西陸朝覿而出之。謂夏三月，日在昴畢，蟄蟲出而用冰。春分之中，奎星朝見東方。其藏冰也，深山窮谷，固陰沍寒，於是乎取之。沍，閉也。必取積陰之冰，所以道達其氣，使不爲災。其出之也，朝之禄位，賓食，喪祭，於是乎用之。言不獨共公。其藏之也，黑牡秬黍，以享司寒。黑牡，黑牲也。秬，黑黍也。司寒玄冥，北方之神，故物皆用黑。有事於冰，故祭其神。其出之也，桃弧棘矢，以除其災。桃弧棘箭，所以禳除凶邪，將御至尊故。其出入也時，食肉之禄，冰皆與焉。食肉之禄，謂在朝廷治其職事，就官食者。大夫，命婦，喪浴用冰。命婦，大夫妻。祭寒而藏之，享司寒。獻羔而啟之，謂二月春分，獻羔祭韭，始開冰室。公始用之，公先用優尊。火出而畢賦。火星昏見東方，謂三月四月中。自命夫命婦至於老疾，無不受冰。老，致仕在家者。山人取之，縣人傳之，山人，虞官。縣人，遂屬。輿人納之，隸人藏之，輿隸皆賤官。夫冰以風壯，冰因風寒而堅。而以風出。順春風而散用。其藏之也周，周，密也。其用之也徧，及老疾。則冬無愆陽，愆，過也，謂冬寒。夏無伏陰，伏陰謂夏寒。春無淒風，淒，寒也。秋無苦雨，霖雨爲人所患，苦。雷出不震，震，霆也。無災霜雹，癘疾不降，癘，惡氣也。民不夭札。短折爲夭，夭死爲札。今藏川池之冰，棄而不用，既不藏深山窮谷之冰，又火出不畢賦，有餘則棄之。風不越而殺，雷不發而震，越，散也，言陰陽失序，雷風爲害。雹之爲災，誰能禦之。《七月》之卒章，藏冰之道也。《七月》《詩·豳風》卒章曰：「二之日鑿冰冲冲。」謂十二月鑿而取之。「三之日納於凌陰。」凌陰，冰室也。「四之日其蚤，獻羔祭韭。」謂二月春分，蚤開冰室，以薦宗廟。《左傳》。

張廷玉　鄂爾泰等《日講禮記解義》卷二〇《月令》

水始冰，地始凍，雉入大水爲蜃，虹藏不見。

此言亥月之候也。大水，淮也。蜃，大蛤也。是時天地閉塞，爲重陰之始，故水以陰而凝，於是始冰。地感陰而結，於是始凍。陽爲陰化，故雉入大水而爲蜃。陰陽之氣不交而極乎辨，故虹藏伏而不見。

【略】

冰方盛，水澤腹堅，命取冰。冰以入，令告民出五種。命農計耦耕事，修耒耜，具田器。

此言藏冰及治農之事也。腹猶内也。重陰之氣極於是月，故冰方盛，徹外内而皆凝。爰命取冰，而冰入於凌陰，所謂日在北陸而藏冰也。冰入之後，大寒將退，令典農之官告民使出五穀之種，以揀料之。又命農計耦耕之事，預修耒耜，并具諸田器，以東作將始故也。方氏慤曰：冰之入也，爲陰事之終。種之出也，爲陽事之始。以冰入之期而告民出五種，終則有始也。

趙學敏《串雅》外編卷四《醫外》 夏日作冰

以净銲熱湯泡過，盛以百沸冲湯，將油丹紙數重包定，放井中半日，取出即成冰也。

厲荃《事物異名録》卷一五《飲食部・茶》 盲湯

《表異録》：煎泉初滚曰蟹眼，漸大曰魚眼，故俗以未滚曰盲湯。未滚水。

鄭光祖《一斑録》卷一《天地》 寒暑隨日

日光所照，萬里無私，而寒暑不同，處處各别，是寒暑亦因乎地然，其冬夏之寒暑不同則隨乎日也。

赤道之下，一歲日兩過天頂，四季皆如夏。晝夜皆平分，舟過其下不患颱颶，患無風。在舶貨物久停，因暑易僊，乃可慮也。自赤道以北，以南同。遂漸有夏暑冬寒之異。在閩廣猶不大異，至江南則冬有嚴寒，夏有溽暑。北地則冬寒較甚，夏暑僅午未申三時，早暮必涼。長城以北，冬寒更甚，夏秋亦有驕陽，而早暮涼甚，夜半如冬。再北則暑漸減，寒愈增。北極下，冰結不解，半年晝夜，人莫能到。

南夷之地極暑，三夏烈日所曬，山石流汁，名猛火油。其油然火，得水愈熾。三邊極寒，冬月曉開城門，鐵鎖沍寒，著人肌膚立損。不知者悮以手探，則皮皆被揭，如受炮烙。一則暑之極，一則寒之極。在雲貴，天時略同。閩廣夏無大暑，冬無大寒，四季晴明則暖，陰雨必寒。蘇東坡在廣有詩曰：四時俱是夏，一雨便成秋。是也。然高山之上，必冬寒夏涼；下濕溪邊，必夏暑冬煖。有數十里之隔，而天時大異者。新疆地勢亦北，地氣多寒，而黄河源火燄山相近，亦溽暑非常。

鄭復光《費隱與知録》

濕氣化水 由于舒斂

問：氣之化水由于濕，濕之化水乘夫熱，何以濕升爲氣，不見爲水？氣乘其熱，不變爲燥，可得聞歟？曰：水濕乘熱則化氣升，氣故能升，如見爲水則下墜矣，焉能升乎。遇冷濕凝，旋復成水。氣遇冷則熱消矣。氣之舒斂爲之也。水氣熱則舒，舒則散而濕薄，薄故不即化水。而濕爲之升，遇冷氣斂，斂則聚而濕厚，厚故凝其濕而水復厥舊矣。然水雖因熱化氣，中挾濕情，豈能變燥。燥乃火氣，豈凡氣之所變然。濕氣久盪空中，若不化水，漸散漸薄，則濕消爍，亦未必不變爲燥，但不可泥爲濕化耳。

濕氣成雨 旱氣成風

問：《高厚蒙求》謂，濕氣成雨，理也。旱氣成風，然否？北華曰：驗之於事，甚確。約舉數端，理無窒礙。

一系諺云：風讓日出。渡江者多俟五更，又中夜鮮發風暴，蓋濕氣上騰多生于夜，唯風爲旱氣，故濕情能融和而解散之。至于五更，是日將出，濕情尤濃，何者？凡日入地，地上濕氣漸次上騰，即是露氣。或氣未盛，未便成露。或氣雖盛，尚未化露。因欲遂其上騰，騰則不積，不積則不厚，迨至五更，日將出地，其氣已至，濕氣爲日氣逼而下之，相聚相保，所以濕情最濃，故霜繁露重，亦莫如此時也。《泰西水法》謂夜半已後去昨已遠，亦如一歲之寒盛于日至之後。當其寒時，氣升稍重，故晨露尤繁，又具一理。每日將曙，恒似陰晦，迨至日出，潔然明朗，未嘗有雲，故俗稱漫雲知天將曙。亦濕氣爲日所逼之象，此氣不必甚高，未能成雲也。

二系北方多風，因水少濕微，不敵燥旱故也。

三系諺云熱極生風。原熱之由，由于日，夫日生燥，燥生熱，則熱生風者燥故也。

熱極生風 理有可徵

問：熱極生風，何理？曰：風者，氣鼓盪而成。温和之日鮮風，雖風不暴，氣平静也。熱極氣申，遇冷驟斂，一伸一斂，風由以生。曰：豈以他處皆冷？曰：大地之上必有冷處，况天有冷際。氣之上升，不至冷際，理不可止。氣若旁騖，亦值熱地，勢不能伸也。

東風解凍 甚于巨日

問：東風解凍，因暖也。然俗稱東風甚于巨日，何也？北華曰：冬日缸凍，將化時，加井水則易化。蓋井水冬温，亦東風解凍之理。夏日供冰，每值日烈則化遲，值陰濛天則化速，是東風甚于日之理。夫水冷結冰，成其冷質，日以熱氣逼之，則冰愈求自保，冷愈固結，故化反難。此物之情也。陰濛之氣，其熱較微，與冷氣相爲融通，故熱氣易入。冰之冷質，止于如此。陰濛微熱，刻刻相侵，以多勝少，安得不速其化耶。東風解凍，亦必值天暖。將解之時若在沍寒正盛之日，烏能解凍乎？

近曙逾寒 由日將出

問：氣候寒暖由日遠近，故夜寒于晝，將曙則日漸近，反覺最冷，何也？北華曰：日落寒生，寒從外入，其勢甚緩，室有暖氣與之相融，猶不覺寒。將曙，則暖氣從日邊來，驟逼寒氣入室，故砭肌膚也。夏日驟甫，室内反熱，亦此理耳。俗言衣皮者，至五更頭皆回冷，非回冷也，寒氣入之耳。又言貂皮獨否，無是理焉。與知子曰：貂皮力勝人，或不覺其冷，殆有之矣。

冬日自寒　東風自暖

問：冬日氣候甚冷，海中何由得熱氣而爲東風吹來？北華曰：冬日之冷，就人所居而言，不知此處冬至，其居冬至綫下者正當日衝，且不啻如夏至之熱，則其氣到空，自無不熱，况水爲流體，各處之熱，餘温尚能波及也。

東風冷暖　不相矛盾

問：前言東風連夜吼，謂風因寒而致，是謂東風寒也。又言風西寒冬暖，故東風解凍甚于大日，是謂東風暖也。豈望文生義乎？得毋矛盾否？曰：此駁益我良多，因一時思慮未到耳。即欲删去，然細繹之，實可並存不悖。蓋四方寒暖，統言其概，則東南偏暖，西北偏寒，析之則南北爲甚，東西爲次。又時有變遷，東南亦有寒時，西北非無暖候。而風所由致，既有因暖因寒之别，而因暖之風不盡暖，因寒之風亦不盡寒也。且因寒所致，自是專指連夜吼之東風言。東風帶暖，亦是指解凍之春風言。不然春多東風，其不解凍，而凍加甚焉者，時多有之，則此時之東風能預斷其爲寒爲暖乎？然則謂東風因寒而致，則連夜吼不連夜吼，則不因寒致。謂東風帶暖故解凍，其不解凍，則其時東風不暖，語意自不滯礙，固未可以拘執論也。

冬凍樹木　春凍人肉

問：諺云：冬天凍樹木，春天凍人肉。夫人弱于木，冬寒于春，何以冬凍木而不凍人，人耐冬而不耐春乎？曰：春能凍人者，春日暖回而氣猶冷，人身由斂而舒，故反易凍也。然亦指作苦人，時往來風雪中者言耳。冬冷非不凍人，人多室處，且身中之氣收斂，故耐凍。至樹木則常居風雪中，冬日安能不凍，然較之人則堅老，無分數可論矣。故春不凍，况正當發生之時乎。觀冬日地窨掩藏，雖牡丹嬌嫩，尚可作堂花供養也。

氣吹則冷　呵之則温

問：氣同一口，吹之則冷，呵之則温，何也？曰：氣含身内，其原自暖，吹之必撮其吻，是逼氣使出，其本雖温，而催動外氣撲物，外氣本凉，故冷。使手正切于口，吹之亦不凉矣。若呵氣，必張其口，是緩緩出氣，使外氣散盡，則口中暖氣正被于物，故温。所以冬日呵晶玉，氣遇冷體，悉化水珠也。若復吹之，即時而乾。可見冷爲風本體，風爲旱氣，自能去濕。而呵氣之風則帶濕之象也。

冬冷提凍　俗説非誣

問：地本無水，冬冷忽冰，冰釋成水，俗稱提凍，言猶地中提出其水而成凍也。然水何自來？曰：地中有濕之處自是有水，但不聚或未成水耳。空處氣寒，寒則斂而相保，然與地接，不能離地而使空，故欲脱不脱，若或吸之。地中有濕，濕亦氣也，地上之氣既冷，地中濕氣較爲温和，吸之則聚，聚而遇冷，所以成水。水冷而凍，凍解得水也。

天冷稍回　冰結益固

問：冰生于冷，有九分冷而不凍，至十分冷始凍者退至八分，冷而不解，何也？北華曰：既成冷質，其力甚大，故冷退至八分，不但不遜九分，且突過十分矣。蓋本有九分，又加八分，則爲十七分也。嘗遇大冷後日驟融和，而研仍滴水成冰，悟爲研成冷質故也。因置研熱茶中，取出研雖仍冷，而鎮日不凍矣。諺云雪後寒，亦是雪成冷質，風有所附，故冷覺異常也。

霜冷雪寒　先後有因

問：霜以露結，雪爲雨凝，其原無别，暖則雨露，寒成雪霜，其委亦同。諺曰霜前冷，雪後寒，何也？曰：雨降無分于晝夜，露零必在乎夜間。雨必天陰乃降，露爲晴霽之徵。其所從來者，固已異矣。是故夜有露氣，不冷不得成霜。霜之次日必早化而大晴，故前冷而後不寒也。天有雨氣，不同雲微暖，無以釀雪，雪積則氣凝爲冷，故先不寒而後寒也。若雪後便霽，見晛而消，亦不見其爲後寒矣。

日性同火　力亦在尖

問：日熱在尖，至地則近尖而非其尖，揣其尖毋乃出地下乎？曰：然。尖何在？曰：不過地心。蓋下過地心則轉成上出，可知其不能過也。曰：日氣下行，隔于地，不入必屈地盤面，何地面不成火？曰：天之有日，不藉以生火，則無所用。火生地面，則物被焦灼，故地面距日輪天必在尖内，所以成温，雖屈盤地面，而屈盤之勢力遂散開，又參和地面水土之冷，亦只得温，然其熱性自在。且屈則益求伸，盤則鬱愈厚，厚而求伸，則熱入地下，發生萬物。潛其空處，遇瑕而出，爰爲雷，爲火山，爲火井，以爲民利，不致漫延地面，爲民害也。

冷燒白酒　隔紙易然

問：熱火酒得火即然，冷則否。若取紙，大如豆許，砑令光結，紙不光結，入水則透而沈矣。浮之酒面，得火亦然，何故？曰：火酒一杯，非些須之火，所能熱隔以紙，酒必滲上。滲上之酒甚微，得火即熱，熱氣上升，與火相接而然也。

天棚納涼　不及野樹

問：夏日，天棚日色不透，覺暑氣猶熾，而赤日曠野，一樹亭亭，日光穿漏，趁之頓覺涼爽宜人，何也？曰：熱氣愈鬱，其熱愈盛，人坐涼處既久亦不覺涼，故夏日天棚雖能蔽日，以不透風，仍鬱而熱，且人静坐屋内，雖涼不覺耳。若夫人行曠野，方受煩熱，乍赴樹陰，清風徐來，故應涼爽。雖樹漏日光，而日穿過隙，出交角限，其力自殺，與葦簾遮日同理，未必勝過天棚。天棚在庭與樹陰在野，所謂不同理，則不可爲比例也。

異質見氣　暖易寒難

問：以口中氣明異質見雲之理確已，然暑日貯冰亦是異質，胡弗見氣？曰：寒暖之氣相錯見形，自是同理，然暖氣易見，寒氣難見。譬如玻璃質厚，微覺有色者，比之暖氣質薄，淡而無色者，比之寒氣，其薄而無色。緊切人目，見外物明顯，了無窒礙，不見玻璃；若離目稍遠，亦遂見之。此如身在霧中，咫尺之間尚如無霧，數丈之外明見霧隔矣。若夫暖氣，如竈突出烟及滚水，外達雖近目亦能見之，此如寸許厚玻璃，即切目必有所見。是故雨雲少色，晴雲濃艷，必有涼暖之分矣。

僕謂寒氣亦應可見，未有以證之。己卯十二月廿一日立春，是年冬雪甚冷時，余寓東淘，冰結甚厚，將立春日，天晴轉暖，忽缸内氣出如烟。無冰之缸則無是。見者詫爲冰有暖氣，余謂必冷氣也。果然，蓋水非冷不凍，冰冷則氣益斂，即日中置冰，亦難以質異見形。晴天而暖，多無大冰，亦無從見冷氣。東淘斥鹵家蓄天水，冰堅恐其凍缸，故乘稍化破而聚于乾缸内，因得久留，以證此理。亦一幸也。

玻璃隔氣　能透冷暖

問：人隔玻璃相語，甚糢糊不清，豈非不透氣邪？曰：然。然則玻璃安窗，冬日寒氣逼人，日光照人，與隔紙處寒暖縣絶，又似能透氣者，何也？曰：玻璃透日不透風，其透冷熱則有二理。蓋氣之微妙，其隔于物，有穿物直透冷熱者，有隔物自生冷熱者。所謂穿物直透者，其理易明矣。所爲隔物自生者，因本體甚冷，外面受寒氣而加冷，故内面亦發寒氣入室。如隔鍋煮水，鍋熱則水沸矣，非火直透入水也。又如裘服，反正着之皆暖者，毛向内則皮隔風，而毛含人氣；毛向外則毛自斂其暖，而皮含人氣不出，故皆暖。若鞹則但不透風耳。此冷暖氣皆兼内外言之理也。玻璃透寒，所謂隔物自生者也，而其透日則兼二理。蓋光爲火色，透光即如透火。氣之微妙有如此，是透也，而不得謂之爲通達。是氣也，而不得謂之即外氣。曰：北方用玻璃窗，大冷輒昏暗，内似有霜一層蒙之。又車中往往有雪，恐此物終能透氣也？曰：不然。車中自是縫隙所透，焉有不透水而透雪之理。若所謂似霜者，則以玻璃體冷，室中一切濕氣，遇冷化凍，所成之象，非霜也。玻璃瓶盛油，豪不滲漏，不透可知。而久曬日中，則水氣耗半，是内熱水化氣升也。磁缶體厚，耗水較難。惟沙礶靠底處多無釉，略能滲漏，盛水則可久貯，蝦油則必透出，又知鹹能入骨也。至于瓷缾貯雪，夏日瓶外作氣汗水，俗謂雪水善透。非也，此礎潤之理耳。《泰西水法》已詳言之。惟玻璃窗值日照處却是透暖，故曰兼此二理。蓋日以光爲暖，能透光即能透暖。火鏡取火可驗，但非外氣透入耳。曰：冷不能透而熱獨透，何以其情不同？曰：冷者天地本然之氣，其來也漸；熱者日光獨具之氣，其來也鋭，故應不同觀。冰具冷質，夏日能使物冷，不似火在冬日能使物熱，亦可見矣。試驗玻璃窗，其冷也，非與玻璃近即無獨冷之地。其熱也，日光照處，室内有光之地獨熱異常，豈非明證歟。

盌用火酒　比例可推

問：火盌用火酒，宜口小則耐久，然大徑一倍，其速數倍。又火酒燒水，水滚時有氣汗如豆，迨汗收盡則滚矣。何故？曰：火中有汗者，是空中濕氣遇冷而凝也。惟火酒之能然，全賴其氣，故其上升純乎濕熱，緑而不紅，亦異凡火。水煮未滚，尚帶冷意，濕熱遇冷，故化水也。水既滚，則冷消矣。至貯酒之杯，口大則火盛，氣盛則易升，故應有差。

缸水防凍　法宜置炭

問：磁缶至堅，冰壯輒裂，謂置木炭不裂，確否？曰：《儀象志》言，物空其中，内氣遇熱必舒而破以奮出；其遇冷氣必斂而破以外通。雖銅鐵所成，亦必破裂。愚謂，此物不容空之理，不可以詞害意。試作銅鐵空球，豈寒暑能自破。然磁缶凍裂，實是此理。蓋冰冪其面，遇冷侵氣斂，因是破焉。木炭雖實而虚，稍能舒斂推讓，而氣之情性遇物則讓，故力無復奮注，是以不破也。

又鄭復光《鏡鏡詅癡》卷五　作透光鏡其式一

二鑄鏡時銅熱必伸，鏡有花紋則有厚薄，薄處先冷。其質既定，背文差厚，猶熱而伸，故鏡面隱隱隆起，雖工作刮磨，而刮多磨少，終不能極平，故光中有異也。

論曰：《夢溪筆談》釋透光鏡云：人原其理，以爲背文差厚，後冷而縮，然所見三鑒一樣，惟一透光，意古人別自有術云云。愚按：沈氏蓋疑同樣三鏡，不應獨不後冷而縮，不知磨至極平，自無凸凹，則發光處瑩然，花紋何有？惟夫刮力在手，隨鏡凸凹而生輕重，故終有凸凹之迹。其大致平處發爲大光，其小有不平處光或他向，遂成異光，故見爲花紋也。又熱伸冷縮，自是勢異理同，然銅爲凝體，借火暫流，伸易於縮，故小易其說。玻璃剖泡治平，鏡質四。故不能中準，又吹之成片，鏡質四。故多泡多紋，求其無疵者百或得一，求其砥平者千不得一。然取其適用，姑可勿計，人自未察耳。又水稱至平，然流體凝體，流體，見《奇器圖說》。易動，動則發光處亦必有見。鏡之發光，不可借證乎。

魏源《海國圖志》卷九八《地球天文合論三·冰論》　冰論曰：冰者，乃嚴寒所凝結之水也。夫水本流行之物，一凝則静而不動，其體堅實，必須剖之始開，擊之方碎，且凝結之量包涵甚大，試觀貯水之器往往被其鼓裂。凡石罅中若凝結充滿，亦可裂開，而山或爲之崩墜。凡寒冷至極則凝結如山，距赤道數十度之處，見于海面者甚高且大，宛如島嶼，半浮水上，半汲水中。春初及穀雨時，人尚可近之，迨穀雨後則無人敢近，恐其融化傾墜而被壓也。近二極之處，雖大暑時亦不融化，所以南方離赤道六十八度，北方離赤道八十一度之處，恒爲積冰所阻，不能越過。

劉嶽雲《格物中法》卷一《氣部》　空氣

氣可以斂之使小，放之使大，熱之使煖，寒之使冷。《造化究源》。

嶽雲謹案：氣縮則小，漲則大，多則熱，少則冷也。

又案：以重力壓空氣，使緊而驟放之，西人氣槍是也。至化學中壓輕淡緑炭等氣，使緊，製爲定質，用處極繁，其理則中國已發之矣。

已上氣有清濁冷熱輕重燥濕。

又　卷二《水部》　冰

仌象水凝之形也，鍇曰：冰初凝，文理如此也。《說文繫傳》。

凡水温則成湯，寒則成冰。冰湯異氣而水性猶同。《意林》。

冰出于水而寒于水。《荀子》。《大戴禮》。

嘗考甕中之水結冰，冰釋後，其水痕低於冰時然，則水之結冰，其體漲大。所以甕若不堅，必爲漲裂。冬天養花之瓶易破，職是故也。《鄙事綴紀》。

嶽雲謹案：流質重學言，寒暑表降至四十度爲水體減小之限，若寒再增，體復增大，至三十二度成冰。一霎時中，體增大最多，亦最速，即此理也。

唐昭宗景福中，滄州諸塹中冰有文如畫，大樹花葉萎敷。《文獻通考》。

慶曆中，京師集禧觀渠中冰皆成花果林木。元豐末，秀州人家屋瓦上冰亦成花，每瓦一枝，正如畫家所爲。折枝有大花如牡丹、芍藥者，細花如海棠、萱草者，皆有枝葉，無毫髮不具，雖巧筆不能爲之。以紙榻之，無異石刻。《夢溪筆談》。

金末河冰凍成龜文，又有花卉禽獸之狀，巧過雕鏤，時人謂之天畫。《大金國志》。

嶽雲謹案：《物理小識》云：光氣與形象互成，既有形象，必有所肖，何足怪乎。其說是也。匪獨形也，于聲亦然，志書之琴谷、鐘山等類皆是。

王天運征小勃律，忽驚風四起，激小海水成冰柱，起而復摧。《酉陽雜俎》。

嶽雲謹案：冰柱由風鼓水成浪而成。

雨木冰。《春秋》。

今之長老，名木冰爲木介。《漢書·五行志》。

木冰者，雨及木而凝。諺云木稼也。《七修類藁》。

嶽雲謹案：木介亦冰之屬。

已上結冰之理及其情狀。

冬冰可析，夏水可結。《淮南子》。

人之力有可以奪天地造化者，如冬起雷，夏造冰。《關尹子》。

嶽雲謹案：西士以夏日造冰爲奇，乃上古之世已有之事之不可輕量，古人如是。

老子學幻于尹文先生，能翻駁四時，夏月造冰。《列子》。

魯遽弟子曰：我得夫子之道矣，吾能冬爨鼎而夏造冰矣。魯遽曰：是直以陽召陽，以陰召陰，非吾所謂道也。《莊子》。

冬取千年燥灰以擁，火須臾出，火可以爨鼎。盛夏以瓦瓶盛水，湯中煮之，縣瓶井中，須臾成冰也。《莊子》成玄英疏。

取沸湯置甕中，羃以新縑，沈井三日，成冰。《淮南萬畢術》。

故沸湯之在閉器，而湛於寒泉則爲冰。《漢書・五行志》。

嶽雲謹案：此閉器即古人造冰之器也。

盛夏取大水晶如拳塊，置釜中，新汲水者千沸，以小口大肚缾盛湯，以油綿密封其口，勿令泄氣，復以重湯煮缾千沸，急沉井底，平旦出之，破缾，冰已結矣。《酉陽雜俎》。

盛夏安護用水晶如拳者，新汲水煮千沸，取越瓶盛湯，油帛密封，復煮千沸，急沈井底，平旦冰結矣，名寒筵冰。《杜陽雜編》。

嶽雲謹案：此皆中國製冰之法，蓋水極沸，得暴寒，則熱氣速飛而餘湯即得大冷，故結冰。此與西書之理吻合。云用水晶者，故神之耳，實則化學之精蘊也。

銷夏凌水石出常山谷中，以此石爲末，置水中，夏月能爲冰。《祕閣閒話》。

嶽雲謹案：此亦中國夏日造冰之法。《淮南萬畢術》有凝水石作冰法，凝水石即凌水石，西人所謂鈣綠用以發涷藥也。

士人李，忘其名，嘉祐中爲舒州觀察支使，能爲水丹。時王荆公爲通判，問其法，曰：以清水入土鼎中，其下以火燃之，少日則水漸凝結如金玉，精瑩駭目。問其方，則曰：不用一切，但調節水火之力，毫髮不均，即復化去。此坎離之粹也。《夢溪筆談》。

嶽雲謹案：水得火則化氣騰散，無凝結之理，此蓋令水結冰耳。玩調節水火數語，可知視今人用阿摩呢更簡易矣。

冰井在藍田縣終南玉案山，井深數丈，水落井中輒作冰，經夏不消。長安不藏冰，但于此井取之。《陝西通志》。

嶽雲謹案：或因古時用熱湯入此井成冰，因而附會耳。

已上造冰之法。

温泉

凡水源有石流黄，其泉則温。《博物志》。

湯泉多作硫黄氣，浴之則襲人肌膚。惟新安黄山是硃砂泉，春時水即微紅色，可煮茗。長安驪山是礜石泉，不甚作氣也。《漁隱叢話》。

硃砂泉雖紅而不熱，當是雄黄爾。有砒石處，亦有湯泉，浴之有毒。《本草綱目》。

嶽雲謹案：驪山是硫黄，非礜石。胡仔所云非也。李時珍云硃砂泉當是雄黄，其言極是。雄黄爲砒硫合質，可煮水試驗之。《幾暇格物編》云：每遇湯泉，即以銀碗盛水，隔湯用文火收煉，俟碗水乾，觀水脚所積，或爲礜石，或爲鹹鹵，或爲硫黄等，皆判然分曉。且視所積之輕重，而水性之清濁及浴人之損益皆可知矣。

下有硫黄即令水熱，猶有硫黄氣。硫黄主諸瘡，故水亦宜然。當其熱處，燖豬羊，熟雞子也。《藏器本草》。

下有石硫黄者，發爲温泉，在在有之。又有共出一峯，半温半冷者，亦在在有之。皆非食品，特新安黄山朱砂湯泉可食。《煮泉小品》。

湯院有泉，凡四五泓。其一當中獨冷如冰，餘鼎沸，引浴室冷煖正得其中。餘潤導以浸田，爲利甚溥。蔣穎叔留題詩所謂「及物孰爲多，灌田一萬頃」是也。《墨客揮犀》。

崖下則就石爲池而温泉匯焉，其池與溪同峽，而水不闌溪流也。崖石疊覆如纍碁，其下湊環三面成一小孔，可容一人坐浴。其後倒覆之石兩片，下垂而中劃，如所謂試劍石。水從片石中淙淙下注，此温泉之源也。池孔之中，水俱不甚熱，正可着體。其上更得一亭覆之，遂免風雨之慮矣。《滇遊日記》。

又南越岡而下，過松山及諸所二十里而入熱水塘。李老家時，猶下午遍觀熱水所洩，其出甚異。蓋塢中有小水自東峽中注而西者，冷泉也。小水之左右泉孔隨地而出，其大如管噴，竅而上，作鼓沸狀，滔滔有聲，躍起水面者二三寸，其熱如沸，有數孔。突出一處者，有從石窞中斜噴者，其熱尤甚。土人就其下流作一圓池而露浴之。余畏其熱，不能下體，僅踞池中石上拂拭之而已。外即冷泉交流，若導入浸之，即可浴。此冷泉南坡之熱水也。其北倚東坡之下，復有數處，或出於砂孔，或出於石窞，其前亦作圓池，而熱亦如之。兩池相望，而溢孔不啻百也。《滇遊日記》。

嶽雲謹案：西士論温泉爲地心之熱所致，地心熱，故水因而熱。愚疑温泉皆即從前之火山，其硫黄等質即從前火山時融化所積，隨水噴出，因地心之熱而有硫，非因硫而水熱。唐子《西遊湯泉記》言，試以硫，數石浸水中，水不能温，是也。《丹鉛總録》云：温泉所在必白礬丹砂硫磺三物爲之根，乃蒸爲煖流。亦沿襲舊説。徐霞客《遊記》言温泉之源極晰，可以會悟。

又 卷三《火部》 熱

動則熱生，静則熱聚。《明儒學案》。

嶽雲謹案：此與道家言合，乃熱學要理。天地所以恒久不息者，以其動也。天地所以生生萬物者，以其動生熱也。西人所云力生熱，是也。静則熱聚，乃積熱之理。西書以日光之照與力生熱、化生熱爲三種。然日以動而散熱于地，化分化合亦由兩質互動而化，是動則熱生，語能包括。

已上熱生于動，爲熱之根本。

熱則氣流，寒則氣凝。人於夏日氣多疏泄，寒日氣多凝聚。《醫旨》。

嶽雲謹案：熱則氣流，此風氣流動之原，而亦機括生動之根也。此與動則熱生相反而相成，熱動互生，故乾健不息。

竈五突，分烟者衆也。《魯連子》。

諸竈必爲屏火，突高出屋四尺，慎無敢失火。《墨子》。

嶽雲謹案：火得風而熾，故竈有門以納風。火得烟而鬱，故竈有突以散烟。突高則竈中風氣流通，不至爲外風所壓，烟得暢出。突多則竈中風氣太流通，不能使内熱積聚，竈因驟冷，故竈門與突當有比例。突何以有納風散烟之能？由熱則氣流故也。竈必爲屏，恐爨火逸出。

已上熱則氣流，爲傳熱之根本。

火傳也，不知其盡也。《莊子》。

嶽雲謹案：兩物一冷一熱，相近則冷者漸熱，熱者漸冷，至適平而止，所謂傳也。若熱物或冷物在空氣中，冷熱漸減，與空氣同度而止，亦所謂傳也。近日體時極熱，漸遠漸減，至與地體近則熱增，愈近則愈增，減以氣薄，增以氣厚。亦所謂傳也。

燠是熱之始，暑是熱之極。夏須漸寒，冬當漸熱。《書》曰燠曰寒疏。

瓶因冰寒，冰去而寒在。杯因酒煖，酒盡而煖存。故秋至而暑未消，春回而寒尚沍。王績《演連珠》。

從旦積煖，故日中之後乃積熱。從昏積涼，故半夜之後始積寒。《詩·唐風》疏

嶽雲謹案：此皆漸冷漸熱之證。

水熱而成湯，火滅而氣冷。《易》水火相息疏。

其沸如魚目，微有聲爲一沸。緣邊如湧泉連珠爲二沸。騰波鼓浪爲三沸。《茶經》。

以火烹水始於釜底，起細泡乃火之燥性化水爲氣，又漸漸透上，則水受火之熱，其已化者爲蒸氣而上升。《造化究源》。

凡煖酒，其氣從上而下，一壺身口盡熱而酒斟猶冷，必壺底熱然後酒始熱。《物理小識》。

嶽雲謹案：此以壺置熱水器中，壺著器底，故受熱從上而下。

余奉使北邊，至松子嶺，舊例互置酒三行，時方窮臘，坐上有北京壓沙梨，冰凍不可食。接伴使耶律筠取冷水浸良久，冰皆外結，已而敲去，梨已融釋。自爾凡所攜柑橘之類，皆用此法。味即如故也。《文昌雜録》。

嶽雲謹案：水温于冰，使其漸傳，則冰出而内融解。

天氣燥，冰化慢。天氣濕，冰化甚速。置冰于水中，其化尤速。《鄙事綴紀》。

嶽雲謹案：觀上數條，漸冷漸熱之理尤顯。

已上熱以漸傳。

火灼人，以燒酒沃之，則熱不内攻。《救急良方》。

嶽雲謹案：酒化氣甚速，熱因隨氣而散，此《内經》火鬱散之之理，亦即傳熱之理。是知酒醕傳熱最速。

手執銅絲，一端近火，一端旋熱，故用熨斗者必有木柄。木傳熱遲，銅傳熱速也。《鄙事綴紀》。

伯數歲，母爲作襦，令捉熨斗，曰：且著襦尋當作複褌。伯曰：不復須火在斗中而柄尚熱，今既著襦下亦當暖。《晉書·韓伯傳》。

嶽雲謹案：此知傳熱之理者。

爐中覆灰，則火不滅。喻嘉言《寓意草》。

嶽雲謹案：土傳熱最緩故也。

已上各質傳熱遲速不同。

【略】

北極之下火不能燃，冬月沸水難于夏月。《夏榕文集》。

嶽雲謹案：凡沸度，視其地空氣壓力而異，遠赤道者空氣壓力大，近赤道者空氣壓力小，以及夏令之于冬令，高山之于平地，皆如是。釜上無蓋，水任加熱，但化蒸氣而熱度不增。若密閉之，則密閉之力加于空氣壓力，熱度亦即加增，理與此同。

已上傳熱因空氣壓力而有遲速。

凡揉牙，外不廉，而内不挫，旁不腫，謂之用火之善。《考工記》。

廉，絶也。挫，折也。腫，瘦也。《考工記注》。

今試以竹木屈之，外急則層折，是廉也。裏急則皺縮，是挫也。旁左右暴出，是腫也。《輪輿私箋》。

嶽雲謹案：腫即今人所云漲也。

然則居旱亦不動，居濕亦不動。《考工記》。

嶽雲謹案：言不漲，不縮也。

八月之辰謂爲酉，酉者，緧也，謂時物皆緧縮也。《晉書·樂志》。

肅，縮也。霜降而收縮萬物。《詩九月肅霜傳》。

嶽雲謹案：此言冷則縮，可知熱則漲矣。

小兒吹猪脬，氣滿以火灼之，爆聲甚大。《鄙事綴紀》。

嶽雲謹案：以火灼之則氣漲，體積加大，脬不能受，故裂而爆也。

猪脬以釜上氣滿之，與吹氣同，但冷時則仍縮皺耳。《鄙事綴紀》。

嶽雲謹案：氣質熱漲冷縮，于此可見。

燈炷將燼必明，釜水將盡必溢。《醫説》。

嶽雲謹案：水溢爲流質熱漲之證。若用流質置於直管內，管底加熱則流質上升，減熱則流質下降，漲縮之理益明。西人是以有寒暑表也。

汞沸鼎裂，大丹飛散，最爲道家之忌。火候緩急，非口授不可，切勿妄爲。非惟損貲，且遭大禍。《三清要旨》。

嶽雲謹案：此言汞熱則漲甚明顯。

南方木器移置北方，榫易脱落，板縫均開拆。北方木器移置南方，榫常冒出，板縫亦開拆。冷地煖地不同如此。《鄙事綴紀》。

嶽雲謹案：此亦熱漲寒縮之理。若南方冬時製造，北方夏時製造，易地可以稍免坼裂。

北方做車，輪成必鐵箍之，其箍先燒紅而後加釘焉。鐵既冷，箍束甚緊，能深入木裏。《桑根筆記》。

嶽雲謹案：冷則鐵縮故也。

新買磁器，置冷水釜中加熱，令其自冷，則用此磁器不畏驟熱驟冷，不至漲裂。《鄙事綴紀》。

嶽雲謹案：此與銅鐵退火之理同。前所云甚則坼裂者，以物增熱則漲，減熱則縮也。磁器驟熱而裂，外因熱而漲，内未及漲故也。驟冷而裂，外因冷而縮，内未及縮故也。鐵釜燒紅，驟置冷處，亦能損壞。冶竈燒紅，驟入冷水，即時爆裂，皆職是故。

煮肉，欲湯美，以冷水入肉；欲肉美，以熱水入肉。《鄙事綴紀》。

嶽雲謹案：肉入涼水，則内外同時而漲，汁融水内，故湯美。若肉入熱水，則外先漲，細絡閉塞，内液不出，故肉美也。

京師食物有爆炒冰壺盧一種，夏日用麥粉和水包裹冰塊，入熱油鐺中，麥粉見油即成麪衣一層，而冰未及融，食者畏油之灼而一齕之後，其冰冷沁齒。《帝京景物略》。

嶽雲謹案：熱由漸傳，今驟加熱則外變而内不變也。

已上熱進則質漲，熱退則質縮。

太虛之凝爲地，地之散爲太虛，莫非因熱而散，因冷而凝之理。《物理所》。

嶽雲謹案：質漲至極則定質爲流質，流質爲氣質。質縮至極則氣質爲流質，流質爲定質。其間一物有一物之鎔度，一物有一物之凝度。西人列其差等，均各有表。若夫太虛之凝爲地，地之散爲太虛，不知亘歷若干萬年，雖冷熱之理烏得而測諸。

已上亦漲縮之理。

綜述

李敬貞《請以陰燧取明水奏》 董誥等《全唐文》卷一八六

《淮南子》云：方諸，陰燧，大蛤磨拭令熱，以向月則水生，以銅盤受之，下水數石。王充《論衡》云：陽燧取火於日，方諸引水於月，相去甚遠而火至水來者，氣感之驗也。《漢舊儀》云：八月飲酎，車駕夕牲，以鑒方諸取水於月，陽燧取火於日。《周禮·考工記》云：有六齊，金錫相半謂之鑒燧之齊。鄭(元)[玄]注云：方鑒，陽燧，取水火於日月之器也。准鄭此注，則水火之器皆以金錫爲之。今司宰有陽燧，形如圓鏡，以取明火。陰鑒形如方鏡，以取明水。從比年祠祭皆用陽燧取火，應時得之。陰鑒取水，未有得者，常用井水代之。請准《淮南》《論衡》，以方諸取之，則禮神之物備矣。

徐堅《初學記》卷二《天部》 露第五叙事。

《大戴禮》云：露，陰陽之氣也。夫陰氣勝則凝爲霜雪，陽氣勝則散爲雨露。

《說文》云：露，潤澤也，從雨路聲。《白虎通》曰：露者，霜之始，寒則變爲霜。

又　卷七《地部下》　冰第五叙事。

《說文》云：冰，水堅也。《韓詩說》云：冰者，窮谷陰氣所聚不洩，則結而爲伏陰。《易》曰履霜堅冰，陰始凝也。《詩》云：二之日鑿冰沖沖，三之日納于凌陰。二之日，夏之十二月。三之日，夏之正月。周以十一月爲正，二之日當夏正十二月也。三之日當夏之正月。沖沖，聲也。凌陰，冰室也。十二月之時，天地大寒，水化爲冰，鑿取堅冰，至正月納藏於室之中。人君春夏祭祀及其常食，卒有凶事，則得以歛人。臣無冰室，其終卒，君錫之以冰。故《左傳》云：日在北陸而藏冰，西陸朝覿而出之。其藏冰也，深山窮谷，固陰沍寒，於是乎取之。其出之也，朝之禄位，賓客、喪祭於是乎用之。其藏之也，黑牡秬黍以享司寒。其出之也，桃弧棘矢以除其災。祭司寒而藏之，獻羔而啟之，火出而畢賦。自命夫命婦至於老疾，無不受冰。夫冰以風壯，而以風出。其藏之也周，其用之也徧，則冬無愆陽，夏無伏陰，人不夭札是也。《風俗通》云：積冰曰凌，冰壯曰凍，冰流曰澌，冰解曰泮，事對象玉。

蔡卞集解《毛詩名物解》卷二《釋天》　冰

《說文》曰：仌，凍也，象水凝之形。今仌面所凝文蓋如此。《釋名》曰：凌，冰室也，其文望之似仌，凌之理也，字或爲冰。《易》曰：乾爲冰。乾，西北之卦也，故爲冰。乾爲冰，則坤爲霜可知矣。坤，西南也。《禮》曰：天地嚴凝之氣始於西南，盛於西北。《易》曰：履霜堅冰至。冰者，陰剛之盛也，蓋坤之初六下也。上無陽以正之，而坤爲順，故自初履霜，馴致其道，至堅冰也。《莊子》曰：冠圓。冠者知天時。履方，履者知地形。冠，天象也，履，地象也。《詩》曰：如臨深淵，如履薄冰。臨淵恐墜也，履冰恐陷也。《周官》：凌人掌冰，正歲十有二月令斬冰，三其凌。凌之積冰也，三其凌，其二所以備消釋也。應劭《風俗通》曰：積冰曰凌，凌冰曰凍，冰流曰澌，冰解曰泮。《莊子》曰：是所謂冰解凍釋者也。言至人不凝滯於物如此。蓋藏曰凍，故冰言解，凍言釋。《爾雅》曰：冰，脂也。脂之爲物，得陰則凝，得陽則釋。蓋冰之類也，故形謂之脂。《傳》曰鏤冰畫脂，義取諸此。一曰冰，即《尚書》古文凝字。《說文》亦云水堅也，從仌從水。《魚陵切俗》冰從凝，蓋膏凝曰脂，故曰冰脂也，義取凝結。而孫炎所言《爾雅》舊本亦依凝，雖改古字，亦非冰凝之冰也。《詩》曰二之日鑿冰沖沖。沖沖，鑿冰之意也。鑿冰所以備暑，蓋《詩》上章備寒，故於是乃言備暑。

衛湜《禮記集說》卷四五　水始冰，地始凍，雉入大水爲蜃，虹藏不見。

鄭氏曰：皆記時候也。大水，淮也。大蛤曰蜃。

嚴陵方氏曰：冰即水也，水以陽釋，冰以陰凝，故也。凍，蓋地氣閉而陽不能熙，故也。孟冬者，重陰之始也，故言水始冰，地始凍焉。雉入大水爲蜃，已見仲春鷹化爲鳩解。虹藏不見，見季春虹始見解。

馬氏曰：雉，火屬也。蜃，水屬也。陽不勝陰而并與遷焉，故化虹。以陰干陽，故見。至是陽升陰降而弗通，故藏。

又　卷四六　冰方盛，水澤腹堅，命取冰。

鄭氏曰：腹，厚也，此月日在北陸，冰堅厚之時也。北陸，謂虛也。

孔氏曰：於時極寒，冰實至盛。而云方盛者，月半以前也。月半後，大寒乃盛，此月日在玄枵之次，其星當女虛危也。陸，道也，言女虛危是北方七宿之道。云北陸虛者，舉中央星以言之。

嚴陵方氏曰：冰方盛，則以重陰之氣極於此故也。盛極而衰，東風將解凍，故於此言方盛焉。冰以陽熙而柔，以陰凝而堅，曰腹堅，則其堅達於内矣，非特形於水面而已。然前言水泉，此言水澤者，泉乃水之原，澤乃水之潤。命取冰，則《七月》所謂「二之日鑿冰沖沖」是也。夫萬物負陰而抱陽，沖氣以爲和。陰盛閉塞而陽無所泄，則氣戾不和，爲愆陽，爲伏陰。然則鑿冰非特爲備暑，亦以達陽氣也。

冰以入，令告民出五種。命農計耦耕事，脩耒耜，具田器。

鄭氏曰：冰既入而令田官告民出五種，明大寒氣過，農事將起也。耜者，耒之金也，廣五寸。田器，鎡錤之屬。孔氏曰：耒者，以木爲之，長六尺六寸，底長尺有一寸，中央直者三尺有三寸，句者二尺有二寸。底謂耒，下嚮前曲，接耜者。耜以金鐵爲之，故云耜者耒之金。鎡，今之鋤類。《孟子》云雖有鎡基。云之屬者，以田器非一也。

新安顧氏曰：古未用牛耕，《易》只言服牛乘馬，引重致遠，如《論語》長沮桀溺耦而耕，《詩》十千維耦，《月令》季冬命農計耦耕事，皆是人耦而耕。最可考者，古人於蜡祭迎貓迎虎。凡有功於田者，無不報祭，獨不及牛，可見古未知以牛耕。自漢以來，方有賣劍買犢之說。萻問。嚴陵方氏曰：冰之入也，爲陰事之終。種之出也，爲陽事之始。以冰入之期而告民出五種，終則有始也。耦耕，二人相耦而耕也。《語》言長沮桀溺耦而耕是矣。蓋先王所以聯屬其民，使之出入相友，守望相助，故鄉則有比，遂則有鄰，軍則有伍，學則有朋，耕之有耦亦以是而已。曰脩，曰具，互相備也。

王應麟《玉海》卷九一《器用》

周遂鑒　漢方諸

秋官司烜氏，下士六人，徒十有二人。掌以夫遂，取明火於日，以鑒取明水於月，以供祭祀之明齍明燭，共明水。凡邦之大事，共墳燭庭燎。注：夫遂，陽遂也。鑒，鏡屬，取水者，世謂之方諸。取日之火，月之水，欲得陰陽之絜氣也。明燭以照饌陳，明水以爲玄酒。疏：日者太陽之精，取火於日，故名陽遂。取火於木爲木遂。鑒是鏡，可以照物。取水者，漢世謂之方諸。明者，潔也。日月水火爲明水明火，取日月陰陽之潔氣也。春官大祝，大禋祀肆享祭示，則執明水火而號祝。注：司烜所共日月之氣，以給烝享。明圭，潔也。《考工記》：攻金之工，金有六齊，金錫半，謂之鑒燧之齊。注：鑒燧，取水火於日月之器。周紀毛叔，鄭奉明水。《漢舊儀》：皇帝八月酎，以鑑燧取水於月，以火燧取火於日。唐李靖賜物有火鑑。《通鑑外紀》：遂人氏鑽木取火。《管子》：黄帝鑽燧生火。《明堂位》：夏后氏尚明水。

唐方諸

《會要》：乾封元年，李敬真論封禪須明水實樽。今司宰陽燧，形如圓鏡，以取明火；陰鑑形如方鏡，以取明水。但比年祠祭用陽燧立驗，陰鑑取水未有得者，常用井水。今若依古取明水法，合用方諸。《淮南子》云大蛤也。敬真八九月中用蛤尺有二寸者，依法試之，自人定至夜半，得水四五斗。望差敬真自取蚌蛤，赴泰山，敕與所司對試。《淮南子》：方諸見月則津而爲水。高誘注：方諸，陰燧，大蛤也，熟摩令熱，以向月，則水生，以銅盤受之，可至數石。

《六典》：太官令取明水於陰鑑，取明火於陽燧。

吴澄《禮記纂言》卷六下《月令》　孟冬凡十節

水始冰，地始凍，雉入大水爲蜃，虹藏不見。

鄭氏曰：皆記時候也。大水，淮也。大蛤曰蜃。方氏曰：冰即水也，水以陽釋，冰以陰凝。凍蓋地氣閉而陽不能熙也。孟冬者，重陰之始也，故水始冰，地始凍。馬氏曰：雉，火屬也。蜃，水屬也。陽不勝陰而并與遷焉，故化虹。以陰干陽，故見。至是陽升陰降而勿通，故藏。

又　季冬凡七節

冰方盛，冰澤腹堅，命取冰。

鄭氏曰：腹，厚也，此月日在北陸，冰堅厚之時也。孔氏曰：于是極寒，冰實至盛，而云方盛者，月半以前也。月半後，大寒乃盛。方氏曰：水以陰凝而堅，曰腹堅，則其堅達於內，非特水面而已。

冰以入，令告民出五種。命農計耦耕事，脩耒耜，具田器。種，上聲。

鄭氏曰：冰既入而令田官告民出五種，明大寒氣過，農事將起也。耜者，耒之金也，廣五寸。田器，鎡錤之屬。孔氏曰：耒者以木爲之，長六尺六寸，底長尺有一寸，中央直者三尺有三寸，句者二尺有二寸，底謂耒，下嚮前曲，接耜者。耜以金鐵爲之。鎡，今之鋤類。《孟子》云雖有鎡錤。云之屬，以田器非一也。顧氏曰：古未用牛耕，如《論語》長沮桀溺耦而耕。《詩》十千維耦。《月令》命農計耦耕事，皆是人耦而耕。方氏曰：冰之入也，爲陰事之終。種之出也，爲陽事之始。以冰入之期而告民出五種。終則有始也。耦耕，二人相耦而耕也。澄曰：五種謂五穀之種，稷黍粱稻菽也。出者，就囷倉所藏處出之於外，以待來春將種之也。計，謀度也。脩，整理也。具，備辦也。謀度來年耦耕之事，而豫先整理備辦，所以耕之具也。

趙采《周易程朱傳義折衷》卷二

履霜堅冰至。

程子曰：陰始生於下，至微也，聖人於陰之始生，以其將長則爲之戒。陰之始凝而爲霜，履霜則當知陰漸盛而至堅冰矣。猶小人始雖甚微，不可使長則至於盛也。

朱子曰：霜，陰氣所凝，盛則水凍而爲冰。此爻陰始生於下，其端甚微，而其勢必盛，故其象如履霜，則知堅冰之將至也。夫陰陽者，造化之本，不能相無，而消長有常，亦非人之所能損益也。然陽主生，陰主殺，則其類有淑慝之分焉。故聖人作《易》於其不能相無者，既以健順仁義明之，而無所偏主。至其消長之際，淑慝之分，則未嘗不致其扶陽抑陰之意焉。蓋所以贊化育而叅天地者，其旨深矣。不言其占者，謹微之意已可見於象中矣。履霜堅冰，只是説那從微時便須着慎來，所以説蓋言慎也。

象曰：履霜堅冰，陰始凝也，馴致其道，至堅冰也。

程子曰：陰始凝而爲霜，漸盛則至於堅冰。小人雖微長，則漸至於盛，故戒於初。馴謂習，習而至於盛。習，因循也。

朱子曰：按魏志作初六履霜，今當從之。

愚按：初六一爻，以姤卦言爲五月，以剥卦言爲九月，但魏志作初六履霜，似主剥卦言。蓋九月坤交於乾，白露爲霜，故霜降爲九月之候。若以爲五月，則豈惟無霜，冰露亦未凝。先儒以爲見微則履霜而知馴致堅冰，亦見微也。宇宙間，相爲代謝者陰陽而已。世道中相爲盛衰者，君子小人而已。然聖人愛君子而憂小人，故於乾坤之初均致其戒。乾則養之以勿用，慮其輕試也。坤則儆之以履霜，憂其馴致也。君子可直告，小人則不然，告其輕用小人，非告小人也。

蔡清《易經蒙引》卷七上《下經》　革

【略】

按彖傳曰：革，水火相息，二女同居，其志不相得曰革。大略亦與睽相似，但睽曰火動而上，澤動而下，只是相違行而已。若水火相息則相滅也。睽曰二女同居，其志不同行，亦只是相違行而不同聚耳。革則少上中下，倫序有乖，成仇隙矣，故爲革。革深于睽也。火然則水乾，水決則火滅，此正所謂水火相息者，平舉而言也。若大象，澤中有火，則只是水決火滅之象，故其《語録》云澤中有火，水能滅火。下語自是精當，而程傳於大象乃亦曰水火相息爲革，則似爲欠精矣。曰水火相息者，以二卦合體言。曰澤中有火者，以離在兑下言。隆山李氏曰：兑之陰畫下有二陽畫限之，而離火從下熯之，此火能革澤水也，故有温泉而無寒火。此説似牽强。按邵康節《漁樵問答》，漁者曰：薪，火之體也。火，薪之用也。火無體，待薪然後爲體。薪無用，待火然後爲用。是故凡有體之物，皆可焚之矣。曰：水有體乎？曰：然。曰：火能焚水乎？曰：火之性，能迎而不能隨，故滅。水之性，能隨而不能迎，故熱。是故有温泉而無寒火也。有温泉而無寒火，愚謂只是陽能勝陰，陰不能勝陽。陽能兼得陰，陰不得兼陽，故陰雖寒，不能寒陽火也。又按邵子曰：水之性，能隨而不能迎，故熱。蓋亦以其隨陽而動也，便是陽得兼隨陰處。若火則不隨陰就濕矣。故有温泉而無冷火，義亦相通。有温泉而無冷火，固然矣。然水甕中著一塊火，火勢孤了，終亦自熄。至如冷灰中著一塊孤火，亦自會寒而熄矣。但此是人爲者，非如温泉之出於造化所有也。畢竟是天地間有温泉而無冷火。

李時珍《本草綱目》卷五《水部》

明水拾遺。

方諸水。藏器曰：方諸，大蚌也。熟摩令熱，向月取之，得水二三合，亦如朝露。陽燧向日，方諸向月，皆能致水火也。《周禮》明諸承水於月，陳饌爲玄酒是也。時珍曰：明水者，取其清明純潔，敬之至也。《周禮》：司烜氏，以夫燧取明火於日，鑒取明水於月，以恭祭祀。魏伯陽《參同契》云：陽燧以取火，非日不生光；方諸非星月，安能得水漿。《淮南子》云：方諸見月，則津而爲水。注者或以方諸爲石，或以爲大蚌，或以爲五石煉成，皆非也。按《考工記》云，銅錫相半，謂之鑒燧之劑，是火爲燧、水爲鑒也。高堂隆云：陽燧一名陽符，取火於日。陰燧一名陰符，取水於月。并以銅作之，謂之水火之鏡。此説是矣。干寶《搜神記》云：金錫之性一也。五月丙午日午時鑄，爲陽燧；十一月壬子日子時鑄，爲陰燧。

夏冰拾遺。

凌，去聲。時珍曰：冰者，太陰之精，水極似土，變柔爲剛，所謂物極反兼化也。故字從水，從仌。《周禮》：凌人掌冰，以供祭祀賓客。《左傳》：古者日在北陸而藏冰，西陸朝覿而出之。其藏之也，深山窮谷，涸陰沍寒；其用之也，録位賓客喪祭。郎顗曰：藏冰以時，則雷出不震；棄冰不用，則雷不發而震。今人冬月藏冰於窖，登之以鹽是也。《淮南萬畢術》有凝水石作冰法，非真也。

陳耀文《天中記》卷一《月》　陰燧。《淮南子》曰方諸見月則津而爲水。高誘注曰：方諸，陰燧，大蛤也，熟摩拭令熱，以向月則水生也。許慎注曰：諸，珠也。方，石也。以銅盤受之，下水數升。《唐新語》云：高宗乾封初封禪，李敬真上言，須用明水以實尊彝。乃依《淮南》法，九月取蛤蚌一尺三寸者，依法試之，至半夜得水四五升，便差送太山以供用。

又　卷六《寒》　北方生寒。《應象論》云：北方生寒。注：陰氣凝冽故生寒。藏清慘冽，寒之用也。《運行論》注云：凝慘冰雪，寒之化也。凛冽霜雹，寒之用也。柔耎之物，遇寒則堅，寒之化也。太虚澄净，黑氣浮空，天色黯然，高空之寒氣也。若氣似散麻，本末皆黑，微見川澤之寒氣也。太虚清白，空尤雪映，遐邇一色，山谷之寒氣也。太虚白昏，火明不翳，如霧雨氣，遐邇肅然，北望色玄，凝雰夜落，此水氣所生寒之化也。太虚凝陰，白埃昏翳，天地一色，遠視不分，此寒濕凝結，雪之將至也。地裂水冰，河渠乾涸，枯澤浮鹹，木斂土堅，是土勝水，冰不得自清，水所生寒之用也。

馮復京《六家詩名物疏》卷一〇《國風邶二·匏有苦葉篇》　冰

《説文》云：冰，水堅也。《風俗通》云：積冰曰凌，冰壯曰凍，冰流曰澌，冰解曰泮。《易》坤卦初六，履霜堅冰至。象曰：履霜堅冰，陰始凝也，馴致其道，至堅冰也。《易通卦驗》云：大雪魚負冰。鄭玄注曰：負，上近水也。《周禮》云：淩人掌冰，十二月令斬冰。春始治鑑，凡内外饔之膳羞，鑑焉。凡酒漿之酒醴亦如之。祭祀共冰鑑，賓客共冰，大喪共夷槃。夏頒冰，掌事。《月令》云：孟冬，水始冰，地始凍。仲冬，冰益壯，地始坼。季冬，冰方盛，水澤腹堅，命取冰。孟春，東風解凍，魚上冰。仲春，天子乃獻羔，開冰，先薦寢廟。《左傳》申豐云：古者日在北陸而藏冰，西陸朝覿而出之。其藏冰也，深山窮谷，固陰沍寒，於是乎取之。其出之也，朝之禄位賓食，喪祭於是乎用之。其藏之也，黑牡秬黍以享司寒。其出之也，桃弧棘矢以除其災。獻羔而啓之，火出而畢賦。自命夫命婦至于老疾，無不受冰。山人取之，縣人傳之，輿人納之，隸人藏之。夫冰以風壯而以風出，藏之也周，用之也徧，則冬無愆陽，夏無伏陰，春無淒風，秋無苦雨，雷出不震，無災霜雹，癘疾不降，民不夭札。《韓詩説》云：冰者，窮谷陰氣所聚，不洩則結而伏陰。

惠士奇《禮説》卷一三《秋官二》 司烜氏掌以鑒，取水於月。鑒者，鑑諸，一名方諸。《淮南子》許慎注曰：方，石也。諸，珠也。古諸珠通。《劉子》曰：陽燧在掌而太陽火，方諸運握而少陰水，類感之也。《萬畢術》曰：方諸取水。注云：形若杯，合以五石。葛洪有岷山丹法，鼓冶黄銅以作方諸，承取月中之水。古之鑒也，豈其然乎。案：唐乾封元年，果毅李敬貞議封禪用明水實尊。《淮南子》云：方諸見月則津而爲水。高誘注云：方諸，陰燧，大蛤也，摩拭令熱，以向月則水生，以銅盤受之，下數石。《考工記》云：金錫半，謂之鑑燧之齊。注云：取水火于日月之器，準此。注：則水火之器皆以金錫爲之。今有陽燧形如圓鏡，以取明火，應時得。陰鑑形如方鏡，以取明水，未有得者。比年祠祭用井水代之。蓋金錫相半，自是造鑑之法，非陰鑑之制。依古取明水，合用方諸。嘗於八九月中，取蛤一尺二寸者，依法試之，自人定至夜半，得水四五斗。王充曰：月中之獸兔蟾蜍，其類在地，螺與蚄也。月毁于天，螺蚄舀缺。方諸鄉月，水自下來，同類明矣。高堂隆謂，陽符取火，陰符取水，名曰水火之鏡。干寶謂，五月丙午，日中鑄陽燧；十一月壬子，夜半鑄陰燧。而陰燧而得水之理，其説皆非。

允禄等《禮記義疏》卷二五《月令第六之六》

水始冰，地始凍，雉入大水爲蜃，虹藏不見。

《正義》鄭氏康成曰：皆記時候也。大水，淮也。大蛤，曰蜃。高氏誘曰：傳曰雉入於淮爲蜃。虹，陰陽之交氣，是月陰壯，故不見。方氏愨曰：冰即水也，水以陽釋，冰以陰凝也。凍，氣閉而陽不能熙也。孟冬重陰之始，故冰凍皆於此始焉。馬氏睎孟曰：雉，火屬。蜃，水屬。陽不勝陰而並與遷焉，故化虹。以陰干陽則見。此時陽升陰降而弗通，故藏。張氏虙曰：水冰，地凍，皆氣凝也。雉之爲蜃，雉不自知，由得水而然也。虹，天地之淫氣，見於春乘陽也，藏於冬伏陰也。朱氏申曰：陰陽極乎辨，故虹不見。陳氏澔曰：虹非有質，而曰藏者，亦言其氣之下伏耳。【略】

冰方盛，水澤腹堅，命取冰，冰以入。腹，《吕氏春秋》作復，或作複。

《正義》鄭氏康成曰：腹，厚也。孔疏：形體腹長，故爲厚。此月，日在北陸，孔疏：陸，道也，女虚危是北方七宿之道。冰堅厚之時也。高氏誘曰：複，凍重累也。入，入凌室也。《詩》：二之日鑿冰沖沖，三之日納于凌陰。孔氏穎達曰：小寒冰猶未盛，大寒乃盛，故云方也。張氏虙曰：盛，無處不冰也。腹堅，言其堅達於水之腹也。方氏愨曰：堅達於内，非特形於水面而已。

《通論》蘇氏軾曰：十二月陽氣藴伏，其盛在下，則納冰於地中。二月四陽作，陽始用事，則啓冰而廟薦之。至於四月，陽氣畢達，陰氣將絶，則冰於是大發，食肉之禄，老病喪浴，無不受冰，皆以節陽氣之盛。胡氏安國曰：藏冰開冰，亦聖人輔相變調之一事，非專恃此爲治也。方氏愨曰：冰以陽熙，以陰凝。夫萬物負陰而抱陽，沖氣以爲和。陰盛閉塞而陽無所泄，則氣戾不和，爲愆陽，爲伏陰。然則鑿冰非特爲備者，亦以達陽氣也。

錢塘《淮南天文訓補注》卷上《天文訓上》

方諸見月則津而爲水。

(元)[玄]注：方諸，陰燧，大蛤也；熟摩令熱，月盛時，以向月下則水生；以銅盤受之，下水數滴。先師説然也。

補曰：《舊唐書・禮儀志》引作下水數石，出于李敬貞所竄易。方諸下水不得有數石也。《御覽》引有許慎注云：諸，珠也。方，石也。以銅盤受之，下水數升。高所云先師説，殆謂此。《周禮》秋官司烜氏，掌以夫遂，取明火于日，以鑒取明水于月。注：夫遂，陽遂也。鑒，鏡屬，取水者，世謂之方諸。《攷工記》：金錫半，謂之鑑燧之齊。是二器俱用金也。方諸亦有用石者。《萬畢術》：方諸取水。注云：形若杯，合以五石。是也。依本注，陽燧爲鏡，方諸爲蚌。《符子》曰：鏡以曜明，故鑒人。蚌以含珠，故内照。曜明，故能取火。含珠，故能下水。義可知也。方諸一名蚌鏡，故古謂之鑒。

紀事

常璩《華陽國志》卷三《蜀志》 僰道有故蜀王兵闌，亦有神作大灘江中，其崖嶃峻，不可鑿，乃積薪燒之，故其處懸崖有赤白五色。

王嘉《拾遺記》卷九 石虎於太極殿前起樓，高四十丈，結珠爲簾，垂五色玉珮。風至鏗鏘，和鳴清雅。盛夏之時，登高樓以望四極，奏金石絲竹之樂，以日繼夜。於樓下開馬埒射場，周迴四百步，皆文石丹砂及彩畫。於埒傍聚金玉錢貝之寶，以賞百戲之人。四廂置錦幔，屋柱皆隱起，爲龍鳳百獸之形，雕斲衆寶，以飾楹柱。夜往往有光明，集諸羌氏於樓上。時亢旱，春雜寶異香爲屑，使數百人於樓上吹散之，名曰芳塵臺。上有銅龍，腹容數百斛酒，使胡人於樓上嗽酒，風至望之如露，名曰粘雨臺，用以灑塵。樓上戲笑之聲，音震空中。又爲四時浴室，用鍮石碔砆爲堤岸，或以琥珀爲缾杓，夏則引渠水以爲池。池中皆以紗縠爲囊，盛百雜香漬於水中。嚴冰之時，作銅屈龍數千枚，各重數十觔，燒如火色，投於水中，則池水恒溫，名曰焦龍溫池。引鳳文錦步障縈蔽浴所，共宫人寵嬖者解媟服宴，戲彌於日夜，名曰清嬉浴室。浴罷洩水於宫外，水流之所，名温香渠。渠外之人争來汲取，得升合以歸，其家人莫不怡悦。至石氏破滅，焦龍猶在，鄴城池今夷塞矣。

蕭繹《金樓子》卷五 志怪篇十二

豫章有石，以水灌之便熱，以鼎置其上灼食則熟。張茂先，博物君子也。雷孔章，亦一時之學士也，入洛賫此石以示張。張曰：所謂燃石也，余從兄勱爲廣州，嘗致數片，煮食猶須燒之。

姚思廉《梁書》卷一九《列傳·樂藹》 藹性公彊，居憲臺，甚稱職。時長沙宣武王將葬，而車府忽於庫火油絡，欲推主者。藹曰：昔晉武庫火，張華以爲積油萬石必然。今庫若有灰，非吏罪也。既而檢之，果有積灰，時稱其博物。

段成式《酉陽雜俎》卷四 物革

開成末，河陽黄魚池，冰作花如纈。

李玫《纂異記》 冰花

元豐末，秀州人家屋瓦霜後，冰自成花片于瓦上，工如畫家所爲，折枝有大花如牡丹花葉者，細花如萱草、海棠者，皆有枝葉，無毫髮不具，雖巧筆不能爲之，以紙摹之，無異石刻。

王仁裕《開元天寶遺事》卷一 自暖盃

内庫有一酒盃，青色而有紋如亂絲。其薄如紙，於盃足上有縷金字，名曰自暖盃。上令取酒注之，温温然有氣相次如沸湯，遂收於内藏。

劉昫等《舊唐書》卷一九八《列傳第一百四十八·西戎·拂菻》 盛暑之節，人厭囂熱，乃引水潛流上偏於屋宇，機制巧密，人莫之知。觀者惟聞屋上泉鳴，俄見四簷飛溜懸波如瀑，激氣成涼風，其巧妙如此。

陶穀《清異録》卷下《茶百戲》 茶至唐始盛。近世有下湯運匕別施妙訣，使湯紋水脉成物象者，禽獸蟲魚、花草之屬，纖巧如畫，但須臾即就散滅。此茶之變也，時人謂之茶百戲。

龐元英《文昌雜録》卷一 余奉使北遼，至松子嶺，舊例互置酒，行三時方窮。臘坐上有北京壓沙梨，冰凍不可食，接伴使耶律筠取冷水浸良久，冰皆外結，已而敲去，梨已融釋。自爾凡所攜柑橘之類，皆用此法，味即如故也。

沈括《夢溪筆談》卷二一《異事》 宋次道《春明退朝録》言，天聖中，青州盛冬濃霜，屋瓦皆成百花之狀。此事五代時已嘗有之。予亦自兩見如此。慶曆中，京師集禧觀渠中，冰紋皆成花果林木。元豐末，予到秀州，人家屋瓦上冰亦成花，每瓦一枝，正如畫家所爲。折枝有大花似牡丹、芍藥者，細花如海棠、萱草輩者，皆有枝葉，無毫髮不具。氣象生動，雖巧筆不能爲之，以紙搨之，無異石刻。

葉夢得《避暑録話》卷下 柳公權記青州石末研墨，易冷字或爲冷。凡頑石捍堅磨墨者，用力太過而疾，則兩剛相拒，必熱而沫起。俗言磨墨如病兒，把筆如壯夫。又云磨墨如病風手，皆貴其輕也。冷與冷，二義不相遠。石末本瓦，研極不佳，至今青州有之。唐中世未甚知有端歙石，當是以瓦質不堅，磨墨無沫耳。物性相制，固有不可知者。今或急于磨墨而沫起，殆纏筆，不可作字，但取耳中塞一粟許投之，不過一蕞，磨即不復見。頃墨工王湍言此，試之果然。書几間亦不可不知此。

姚寬《西溪叢語》卷下 犀以黑爲本。其色黑而黄，曰正透。黄而有黑邊，曰倒透。正者世人貴之，其形圓，謂之通天犀。南中有僞者，磨之漸熱乃驗。犀性凉，磨之不熱。

洪邁《夷堅志》丙卷三 瓦上冰花

《筆談》及《夷堅丙志》皆有冰花事，今亦間見之。濟南吕援彦龍居秀州西門之內，淳熙初除知和州，來見其廳側元寘瓦數百，爲雪所壓，迨雪消，冰澌皆經結成樓臺欄檻車馬人物，並蒂芙蓉，重臺牡丹，長春萱草，萬歲藤之類，奇妙華巧，經日不融。彦龍令其子述卿施墨塌印十餘本，以爲傳翫。

陸游《老學庵筆記》卷一〇　宋文安公集中有省油燈盞詩，今漢嘉有之，蓋夾燈盞也。一端作小竅，注清冷水於其中，每夕一易之。尋常盞爲火所灼而燥，故速乾，此獨不然，其省油幾半。邵公濟牧漢嘉時，數以遺中朝士大夫。按文安亦嘗爲玉津令，則漢嘉出此物幾三百年矣。

桂萬榮撰　吴訥删補《棠陰比事》　强至油幕

强至祠部爲開封府倉曹參軍，時禁中露積油幕，一夕火，主守者皆應死。至預聽讞，疑火所起，召幕工訊之，工言製幕須雜他藥，相因既久，得濕則燔。府爲上聞，仁宗悟曰：頃者，真宗山陵火起，油衣中其事正爾。主守者遂比輕典。昔晉武庫火，張華以爲積油所致，是也。

駱天驤《類編長安志》卷七《古跡》　冰井

《城南記》：長安城南八十里，有太一玉案山，有詩云：霧簷玉案射波瀾，石井冰凝六月寒。其間有冰井，深數丈，水落井中結冰，經暑不消。長安不藏冰，每夏於此井取水，謂之冰井。

馬端臨《文獻通考》卷三〇五《物異考十一・冰花》

唐昭宗景福中，滄州城塹中冰有文，如畫大樹華葉芬敷者。時人以爲地當有兵難，近華孽也。

後晉出帝開運二年正月，東京封邱門外壕內，冰上有文，若大樹華芬敷之狀，相連數十株，宛如圖畫。

宋真宗景德元年二月，保順軍城壕冰隱起，文爲桃李華雜人物之狀。大中祥符九年正月，霸州渠冰有文，如花葩狀。高宗紹興七年十二月，中書門下省檢正官張宗元，出撫淮西軍，寓家建康府，盆冰有文如畫，佳卉茂木華葉芬敷。日易以水，變趣奇出，盡春暄乃止。近華孽也，説曰：其地當有兵難。孝宗淳熙初，秀州吕氏家冰瓦有文，樓觀、車馬、人物、並蒂芙蓉、重葖牡丹、長春萱草、藤蘿，經日不釋，亦華孽類也。

中興以來，長老所記，或雨而木冰，或霜而木冰者甚多，不曰異，郡國不以聞。蓋日官失之，故木冰無録者。

吴澄《吴文正集》卷六《冰花説》　清江鎮李巡檢，廉惠人也，所涖之地，瓦屋有霜，結爲冰花，史圖其狀以美侯。客傳其圖以示予，予爲之言曰：凡天下之物，每有多有者爲宜，希有忽有者爲異。妖者宜則祥者異也，常者宜則怪者異也。其妖，其祥，其常，其怪，或謂之宜，或謂之異，在天在人一也。夫廉恥道喪，貪濁成風，瘠人肥己，殘下罔上者，比比而是。於斯時也，而有人焉以清謹爲行，以寬厚爲政，乃見於卑小之官，遐僻之地，豈其宜哉異也。有雹有雷，有風有雲，氣侯嚴肅則露凝爲霜，雨凝爲雪，水凝爲冰，天之常也。若夫霜堅成冰，冰鏤成花，稽諸前志，參諸雜記，其似此者，於昔爲間見，於今爲非常，豈其宜哉異也。由此觀之，李侯人之祥也，冰花天之怪也。

陶宗儀《説郛》卷六〇上《五行記》　冰紋如畫

景福中，滄州城塹中冰有紋如畫，有竹木、牡丹、車馬、人物、樓臺、殿閣之狀。時人以爲地當有兵難，近華孽也。

敖英《緑雪亭雜言》劉嶽雲《格物中法》卷三　愚在京師見馬草中火發，在陳留縣見油簍中火發，在泰州見乾蝗堆中火發，在劍州見積聚油紙中火發，皆溼熱遏蒸于內，不得發越，故鬱攸不戒，其來有漸。

楊慎《丹鉛摘録》卷九　滕涉天聖中爲青州太守，盛冬濃霜，屋瓦皆成百花之狀，以紙摹之。又《大金圖志》：金末河冰凍成龜文，又有花卉禽鳥之狀，巧過繪鏤。此天畫也。滇中有某提學，訓諸生讀書爲文之法甚悉，語畢問諸生曰：吾言是否？中有一人應曰：公天人所言皆天話也，相傳以爲笑。蓋俗以託空爲天話耳。

王路《花史左編》卷二四《花之變・異象花》　冰花

餘杭萬氏有水盆，冬月以水沃之，冰疑成花，人多携酒就觀。

徐應秋《玉芝堂談薈》卷二五　池冰作花

後晉開運二年正月，封丘門外壕内冰上有文，若華樹芬薄相連，數千株，宛如畫圖。宋大中祥符九年正月，霸州渠冰有紋如花葩狀。《酉陽雜俎》：開成末，德陽黄魚池，池冰作花如纈。《晉五行志》：景福中，滄州城塹中冰有文如畫，有竹木、牡丹、車馬、人物、樓臺、殿閣之狀，時人以爲地當有兵難，近葉孽也。濟南吕彦能居秀州，淳熙中知和州，廳側寘瓦數百，雪消冰澌，皆結成樓臺、檻欄、車馬、人物、並蒂芙容、重臺牡丹、長春草、萬歲藤之類，精巧殊甚，彦能塌印十餘本，以爲傳玩。滕涉天聖中爲青州太守，盛冬濃霜，屋瓦皆作百花之狀。《金國志》：金末河冰凍成龜文，又有花卉禽鳥之狀，巧過繪畫。紹興七年，建康府寓旅家盆水結冰，有紋如畫，佳卉茂木，華葉敷芬，數日易以他水，愈出愈奇。又宣義郎萬延之錢塘南新人，劉輝榜中乙科，歲收租數萬斛，家蓄一瓦缶，時當凝寒，注湯頮面，既覆缶出水，而有餘水留缶，凝結成冰，視之桃花一枝也。衆異以爲偶然，明日用之，則又成雙頭牡丹一枝。次日又作寒林，滿缶水村竹屋，斷鴻翅鷺，宛如畫圖。自後以白金爲護，十襲而藏，遇凝寒即預約客，張宴以賞之，未嘗有一同者。上皇登極，致仕官例遷一秩。萬遷宣德郎，詔下之日，適遇始生之晨，親客畢集，是日大寒，設缶當席，凝冰爲一山石，上坐一老人，龜鶴在側，如壽星之像。觀者嗟異，以爲器出于陶，革于火，初非五行精氣所鍾，而變異若此，莫有能言其理者。

汪森《粵西叢載》卷五《王舉》　王舉，咸平中知賓州，開古漏關路，鑿崖燒石，舊時人迹不到，由是可通車馬。《一統志》。

沈青崖等《陝西通志》卷九《山川二西安府・藍田縣》　冰井

在縣西近咸寧界縣册。霧巖玉案二峯之間有冰井，長安夏則取冰於此。《城南記》。井深數丈，水落井中輒作冰，經夏不消。長安不藏冰，於此井取之。《潛確類書》。

齊學裘《見聞隨筆》卷二二　冰花

揚州一富人好行善，冬月其父生辰，賀客填門。有丐者獻冰一塊，中有紅月季一朵，春蘭一枝，厚賞之，并留酒飯。至次日，冰化，月季係紙剪成，以鐵絲作枝梗。蘭花則真者，但少香耳。競相傳觀，疑其仙也。少遲，丐又至曰：蘭花不能久。月季值土中澆以酒，可復活。姑試之，後遂長大，成一叢矣。究不知丐者何如人，惜未留之以問其術。

藝文

張衡《温泉賦》章樵註《古文苑》卷五　按《漢地理志》：京兆尹新豐縣驪山古驪，戎地也。山有神井，泉温如湯。辛氏《三秦記》云：驪山湯可以去疾消病。《武帝故事》云：驪山湯，初始皇砌石起亭，漢武加修飾焉。至唐時有宫在驪山下，名温泉宫。天寶間，治湯井爲池，環山列宫室。

余適驪山，觀温泉，浴神井，美洪澤之普施，乃爲賦云：陽春之月，百草萋萋。余在遠行，顧望有懷。遂適驪山，觀温泉，浴神井，風中巒，風與風乎舞雩同意。壯厥類之獨美，思在化之所原，覽中域之珍怪，無斯水之神靈。控湯谷乎瀛洲，濯日月乎中營。瀛州，海中山，上有湯谷。《山海經》湯谷，上有扶桑，十日所浴也。日月坎離之精，濯乎其中，故液泉而温。蔭高山之北延，處幽屏以閒清。於是殊方跂一作交。涉，駿奔來臻。士女曄其鱗萃，紛雜遝其如絪。音因。《易》天地絪緼。似有缺文。亂曰：天地之德，莫若生兮。帝育蒸人，資厥成兮。六氣淫錯，有疾癘兮。温泉汨焉，以流穢兮。蠲除苛慝，服中正兮。熙哉帝載，保性命兮。

王粲《大暑賦》陳元龍等《歷代賦彙》卷一一　惟林鍾之季月，重陽積而上昇。喜潤土之溽暑，扇温風而至興。或赫熾以癉炎，或鬱律而燠蒸。獸狼望以倚喘，鳥垂翼而弗翔。根生苑而焦炙，豈含雪而能當。遠昆吾之中景，天地翕其同光。征夫瘁於原野，處者困於門堂。患衽席之焚灼，譬洪燎之在牀。起屏營而東西，欲避之而無方。仰庭槐而嘯風，風既至而如湯。氣呼吸以怯短，汗雨下而沾裳。就清泉以自沃，猶淟涊而不涼。體煩如以於悒，心情悶而窘惶。於是帝后順時，幸九嵕之陰岡。託甘泉之清野，御華殿於林光。潛廣室之邃宇，激寒流於下堂。重屋百層，垂陰千廡。九闥洞開，周帷高舉，堅冰常奠，寒饌代叙。

繁欽《暑賦》陳元龍等《歷代賦彙》卷一一　暑景方徂，時惟六月。大火飄光，炎氣酷烈。翕翕盛熱，蒸我層軒。陰風淟涊，動静增煩。雖託陰宫，罔所避旃。粉扇靡效，宴戲尠歡。庶望秋節，慰我愁歎。

劉楨《大暑賦》陳元龍等《歷代賦彙》卷一一　其爲暑也，羲和總駕發扶木，太陽爲輿達炎燭，靈威參乘步朱轂，赫赫炎炎，烈烈暉暉，若熾燎之附體。又温泉而沉肌，獸喘氣於玄景，鳥戢翼於高危。農畯捉鎛而去疇，織女釋杼而下機。温風至而增熱，歊悒慴而無依。披襟領而長嘯，冀微風之來思。

曹植《大暑賦》陳元龍等《歷代賦彙》卷一一　炎帝掌節，祝融司方，羲和按轡，南雀舞衡。蛇折鱗於靈窟，龍解角於皓蒼。遂乃温風赫戲，草木垂幹。山折海沸，沙融礫爛。飛魚躍渚，潛黿浮岸。鳥張翼而近棲，獸交游而雲散。於時黎庶徙倚，棊布葉分。機女絶綜，農夫釋耘。背暑者不羣而齊跡，向陰者不會而成羣。於是大人遷居宅幽，綏神育靈。雲屋重構，閒房肅清。寒泉涌流，玄木奮榮。積素冰於幽館，氣飛結而爲霜。奏白雪於琴瑟，朔風感而增涼。

傅玄《大寒賦》陳元龍等《歷代賦彙》卷一三　五行倏而竟騖兮，四節紛而電逝。

暑往寒來兮，十二月而成歲。日月會於析木兮，重陰淒而轉肅。彩虹藏於虛廓兮，鱗介潛而長伏。若乃天地凛冽，數極氣否。嚴霜夜結，悲風晝起。飛雪山積，蕭條萬里。百川咽而不流兮，冰凍合於四海。扶木顛顇於暘谷，若華零落於濛汜。

夏侯湛《大暑賦》陳元龍等《歷代賦彙》卷一一　惟青春之謝兮，接朱明之季月。何太陽之赫曦，乃鬱陶以興熱。於是大吕統律，祝融紀節，蒸澤外熙，太陰內閉。若乃三伏相仍，徂暑彤彤。上無纖雲，下無微風。扶桑艶其增熿，天氣暐其南升。爾乃土墳墜坼，谷枯川竭，寒泉潛沸，冰井騰沫。洪液蒸於單簟兮，珠汗霑乎絺葛。温風翕其至兮，若灑湯於玉質。沃新水以達夕，振輕箑以終日。

庾儵《冰井賦》陳元龍等《歷代賦彙》卷三〇　嘉陰陽之博施，美天地之廣宣。萬物雜而無越，不易類以相干。或專陽負暑，或涸陰冱寒。塗雖殊而同歸，信協德而俱延。於是孟冬之月，羣陰畢升，霜雪紛其交淪，流波結而成凌。啓南牖之重隩，將却熱以藏冰。山人是取，縣人是承。納遠宫之邃宇，静幽澹以清澂。抱堅精之玄素，發川靈而長凝。於是寒往暑來，四時代序，帝將攘患，炎災是禦。爾乃攜我同類，援我烝徒，將涉寒藪，害氣是除。攀靈檻而增舉，爰自託於城隅。仰瞻重構，俯臨陰穴，淒清驚冷，觱發栗烈。餘寒嚴悴，淒若霜雪。乃命有司，啓彼潛户，寒風慘悴，此焉清暑。格炎靈之恣曜兮，摧盛陽之暴怒。弭和春之淒風兮，遏温夏之苦雨。保百姓之艱難兮，俾羣生之寧處。及至股肱或虧，卿士殞喪，寧神扇暑，肅厲清涼。用處凶禮，無失典常。美厚德之兼愛兮，乃惠存以及亡。

顧凱之《冰賦》陳元龍等《歷代賦彙》逸句卷一　激厲風而貞質，仰和景而融暉。清流離之光徹，邈雲英之巍巍。爾乃連緜絡幕，乍結乍無。翕然靈化，得漸已巃。緗白隨川，方圓隨渠。義剛有折，照壺則虛。託形超象，比朗玄珠。一綜理而常全，經百合而彌切。轉若驚電，照若澄月。積如累空，泮若墮節。臨堅投輕，應變縷裂。瓊碎星流，精練清越。若乃上結薄映，下鏡長泉。靈葩隨流，含馨揚鮮。

卞伯玉《大暑賦》陳元龍等《歷代賦彙》卷一一　惟祝融之司運，赫溽暑之方隆。日貞曜於鶉首，律遷度於林鐘。温風翕以晨至，星火爛以昏中。氣滔滔而方盛，晷永路而難終。流風兮莫繼，朱煙兮四纏。鬱悒兮中房，展轉兮長筵。體沸灼兮如燎，汗流爛兮珠連。

富嘉謨《明冰篇》張玉書等《佩文齋詠物詩選》卷一五　北陸蒼茫河海凝，南山闌干晝夜冰。素彩峨峨明月升。深山窮谷不自見，安知採斲備嘉薦。陰房涸冱掩寒扇。陽春二月朝始暾，春光澹沲度千門，明冰時出御至尊。彤庭赫赫九儀備，腰玉煌煌千官事，明冰畢賦周在位。憶昨沙漠寒風漲，崑崙長河冰始壯，汗漫崚嶒積亭障。嗈嗈鳴雁江上來，禁苑池中冰復開，摇青涵緑映樓臺。豳歌《七月》王風始，鑿冰藏用昭物軌，四時不忒千萬祀。

趙自厲《寒賦》陳元龍等《歷代賦彙》卷一三　儒有討混元，搜綿祀，既覩寒暑之終，亦測興伏之始。覘風驚於一葉，委時换乎千里。寒之厥狀，自兹而起。若夫大火宿藏，青霜晨烈，則蜀井煙閉，漲海氛滅。長河天浹，綴珠崖而生冰；幽朔地窮，濛飛沙而雨雪。乃知蘇武增感，李陵愁絶，聽胡笳以攬思，儷漢庭之仳別。及幽林風埽，時物霜殘，柔條危勁，奥室淒寒。有美人兮心怳惚，情怵悼而靡安。陰凝柳塞，怨龍庭之路隔；月透羅幌，憐鴛衾之夜單。屣銀階之悄悄，雪珠淚之珊珊。縫筐笥之紈素，寄戎幕之艱難。別有陸沈之子，厠跡荒藪，器宏偉而可觀，命屯剥而不偶。當其時也，趨炎俯僂，佩瞰嘘吸，無詩人卒歲之衣，雨泉客將離之泣。豈祁寒而致感，亦遭時而不息。終乖挾纊之暄，更悲綈袍之及。層冰涸溜，宋生則綴悵而相望；皓雪盈門，袁子則茹悲而於悒。雖居榮而可貴，亦憂道而不入，於時倚歎窮律，佇目遐坰。伊鮮物之皆悴，獨霜松之常青。縱寒苦之飄激，淬堅明而自寧。汩吾情之浩蕩，願冥志於紫靈。

劉長卿《劉隨川集》卷一一《冰賦》　水無心而清，冰虛己而明。始則同體，終然異名。水之動，我變而静；水之柔，我變以貞。任方圓而能處其順，雖高下而不失其平。北陸初凝，結而爲冰。東風始起，融而爲水。與時合散，隨物行止。水也莫知其所然，冰也莫知其所以。何推運而有恒，乃忘情而合理。觀其外示貞堅，内含虛澈；無受染能保其素，不納汙能全其潔。比玉而白，不爲蠅點；比月而明，不爲蟾闕。瓊樹色奪，瑶池光發；寒日爲之青熒，陰天爲之肅殺。奚自止水，遍于大川；萬穴俱閉，長波寂然。皎皎彌浄，峨峨遠連；如雪覆地，如雲披天。雲之凝兮，佇長風而可掃；雪之積兮，向太陽而莫全。豈同夫氣之所感，物莫能遷。勁飆夕寒，我力增壯；愛景朝暖，我心猶堅。其堅伊何，履霜斯至。其薄伊何，臨泉是畏。君子用之以馴致其道，睹之而不驕於貴者也。二之日始鑿，命虞官。三之日始納，享司寒。四之日天子陳禮容，賦《豳風》。大敢冰室，獻於王宮。氣肅雲陛，寒生袞龍。闢九門於月下，列千官於鏡中。頒衆位取飲以受命，御至尊得象其朝宗。若君莫之求，臣莫之見，則深山窮谷，詎可得而嘉薦？苟藏不以周，用不以偏，則災霜害雹，如有待而爲變。人或好清，人或好浄；既潔其跡，亦虚其性。水之冰生於寒，人之冰出於正。不棄其道，人將何病？

韋應物《韋蘇州集》卷一《冰賦》　夏六月，白日當午，火雲四至。金石灼爍，玄泉潛沸。雖深居廣厦，珍簟輕箑，而亦鬱鬱燠燠，不能和平其氣。陳王於是登別館，散幽情，招親友以高會，尊仲宣爲客卿。睹頒冰之適至，喜煩暑之暫清。王乃詩賓而歌曰：「含皎皎兮瓊玉姿，氣凄凄兮奪天時，飲之瑩骨兮何所思。可進於賓，請客卿爲寡人美而賦之。」客諾，曰：「美則美矣，而大王不識其短。夫謂之瓊玉，竊名器也；氣奪天時，干陰陽也；内熱飲之，媒其疾也。寵一物而三失德。且出寒暑而至下，薦宗廟而至高。僕竊感之而歔欷，安得而不爲之抽毫。何積陰之勝純陽兮，惟此玄冰。居炎天之赫赫兮，獨嚴厲乎稜稜。其始也，月玄冥，日北陸，天地閉，水泉縮。動静一變，剛柔反覆，壯以烈風，積如羣玉。由是依廣澶漫，憑高峥嶸，大寒御節，萬物潛形。浮彩浩浩，仰吞素靈。羣山早曙，陰壑夜明。古者祭之黑牡，其藏以節；祓之桃弧，其出以潔。今明明大魏，禮物必備。實大王罇俎之常品，非小民造次之所致。若尊卑異等，頒命有度，碎似墜瓊，方如截璐。況粉壁雲矗，象筵霜布，座有麗人，皎然俱素。雖衆賓之同輝，諒爲物之難固。其竊名假質，以謬一時之賞也如此。若乃對脩竹，臨方塘，俾炎作寒兮，反我天常；嗟絺綌之失御於三伏兮，亦紈扇委篋而内傷。其嚴沍之威，以干陰陽之候也如此。若皎潔的皪，與時消釋，或沉珠於杯，或化璞於液，王將甘飲，聊以自適。豈知乎一寒一温，日夜相激，久之以生疾兮，内外不和而怵惕。其翫意而媒疾也如此。觀其劣足以淒一室，利庖厨，俾甘肥晚敗，醇釀不渝。非可調湊理，安營魄，奈何以誇客？」陳王於是赩然而慙，曰：「寡人生於深宫，慣於服食，左右唯燕姬趙女，侈服美色。微客卿之言，則何以雪余惑。方當命有司而撤冰，書盤盂以自式。」

又韋應物《韋刺史詩集》卷一〇《夏冰歌》　出自玄泉杳杳之深井，汲在朱明赫赫之炎辰。九天含露未銷鑠，閶闔初開賜貴人。碎如墜瓊方截璐，粉壁生寒象筵布。五壺紈扇亦玲瓏，座有麗人色俱素。咫尺炎凉變四時，出門焦灼君詎知。肥羊甘醴心悶悶，飲此瑩然何所思。當念闌干鑿者苦，臘月深井汗如雨。

侯喜《冰將釋賦以和風既至遲日初臨爲韻》李昉等《文苑英華》卷三八　春入寒水，冰驚淺溽。照遲遲之早陽，色將無定；度習習之回吹，勢欲難任。涣若分彩，濡如在陰。如應勾芒之節，將成老氏之心。非其漸焉，何以知仁氣之徐至；不日釋也，何以表陽光之有臨。稍露沙痕，似分苔翠。在形開而可觀，因罅發而增媚。動其中矣，將有日而然；開必先焉，若知風之自。澹引晴色，洞含春意。曩之能久，曾殊見晛而流；今則不堅，轉失履霜之至。當歲華之既好，變水緑之云初。暗轉而光摇已薄，輕流而影動惟虚。觀夫宵以泙泙，晝必徐徐。净以當融，稍驚北徂之雁；輕而未散，猶觀上越之魚。如此則消積凍，發微波。西陸當出，東風已和。湛兮而平，劃開幽匣；默然而運，雲斂晴河。方催皚皚之白，漸滅昭昭之多。則知道貴無質，我之釋兮以日，不徐不疾，與真源匹；政尚得中，我之釋兮以風，洩洩融融，與皇澤同。事有可貴，用非可既。懼乎裂，尚保質於地寧；就其流，始收光於神氣。潰然當解，熙哉此時。幸照臨之必及，豈開泮之云遲。日已不寒，正難於鳥覆；數當有盡，轉使於蟲疑。吾亦慕斯冰之不釋，不知所以裁之。

韋充《東風解凍賦以立春之日冰凍銷釋爲韻》李昉等《文苑英華》卷三九　三陽布，萬物新。攝提建月，勾芒御辰。惟東風之解凍，明下土而知春。於是嗣木德，遊水濱。拆涸沍，開漪淪。始自震而發跡，終習坎而成仁。原夫其始也，出大塊，乘新律。度暗川，經煖日。積習習之淑氣，散峩峩之素質。順流而委，想銀河之漸傾；逐吹以分，訝瑶池之漸失。飄然既至，颯爾攸興。潛融積溜，暗斷輕冰。自太蔟氣生，功因入律；悦中流而瓦解，聲若裂繒。不疾不徐，如考如擊。動輕澌於皎潔，上遊鱗於磧礫。未分蘋末，疑馮夷之剖蚌胎；稍辨波心，若荆山之流玉液。意同攻陷，勢若剞劂。何虎嘯之威力微，信狐疑之心已釋。羊角既止，蟬翼潛銷。表一歲發生之候，當三春啓蟄之朝。鼓怒斯至，徘徊遽飄。圓折之時，初疑破鏡；亂流之處，盡若迴潮。斯以見寒暑不僭，推遷屢急。何一氣之自噫，信百川而皆及。導仁爲煦，决滯之義則深；以德而和，陷堅之功斯立。當其晴流漸泮，麗景初馳；飄忽既及，凝滯無遺。狀曉河雲卷之初，忽其明矣；若太素氣分之際，難可辨之。是知天地既春，忻榮者衆。將以遂於羣性，不獨釋於積凍。然後驅飛廉，命羲仲。俾風日之可遊，冀臨川而必中。

陸環《水始冰賦以律報司寒冰因水結爲韻》陳元龍等《歷代賦彙》卷三〇　潤下之性，有時可凝，暑歸寒集，陽閉陰升。吹寒風之遠派，蹙凍雨而成冰。俾巨海以息浪，胡涓波之足徵。北陸陰涸，寒泉井冽。天昊外搏，靈胥自潔。含貞抱虛，既瑩且澈。斷流而稜稜劍威，照日而片片霜切。駁坳曲，陵湫穴，蒼山甕石，大冶流鐵。圓光而蚌珠可掬，朝涉而馬蹄可折。既否隔於風雲，亦閉藏於魚鼈。若爾乃命海若，戒馮夷，連餤絶於火井，俾梁成於水湄，乘險無替，旬日不衰。若擁輕絮，如積素絲。秋令雖終，尚占庚辛之色；嚴風更肅，將奉玄冥之司。其爲水也則陷，其爲冰也則履。畜成比玉之壺，散作流謙之水。柔性是著，仙顔是比，方稽化而轉疑，蓋不知其所以。夫其瀑布流湍，迸射交攢，簷溜承綆，垂空凍乾。微波煙羃，大壑雲漫，滴貫珠而呈脆，排層巖而召寒。至於六尺表奇，百丈涵奥，鼠北方而可規，鼉東夏而稟操。堅貞應運，度光武而堪奇；孝德幽通，獻赬鯉以爲報。始冰之初，立冬之日，將鑿井，望納秩。刷室應候，司管調律，温泉殊沼，夏蟲異術。閶闔門静，瑯琊井溢。當腹堅而將藏，候朝陽而乃出。

又陸環《冰賦》李昉等《文苑英華》卷三八 大哉洪鈞賦象，觸類而生。或分氣四序，配位五行。惟彼冰之堅質，包履霜之漸成。夫其體含上善，色侔晴雪。妍媸自明，表裏虛澈。原其物也，則昏危應位；覘其時也，則玄冥御節。陰氣盛，陽晶滅。殺氣鴻洞，嚴飈栗烈。當此時也，何水不凝，何潭不結。瞻山則萬壑俱閉，歸海則百川潛泄。諒造化之自然，羌難得而備説。佳其空冷愈堅，風凄益壯。汗漫稜層，委積亭嶂。交河則戰士加守，合浦乃漁人迷望。況乎天道無私，所應多姿。雲禽下覆，彰后稷之聖德；泉魚出躍，表王祥之孝思。然而題周官，順時令。皎皎雪聚，皚皚山淨。盤重澗而疑璧，瀉圓池而若鏡。與海鏡而混輝，將玉壺而相映。何層冰峩峩，形埋奔浪，勢壓衝波。坎位臨時，則慎於馬窟；離光再誕，示合於滹沱。豈直若斯而已哉，固見美於將來。其藏之也，黑牡秬黍以享候；其出之也，桃弧棘矢以除災。取順則人不夭札，用逆則時多震雷。故以北陸而收，西陸將啓。冬鑒秋剛，識寒暑之情；大盤夷盤，表君臣之禮。徒觀其謙也，每避燥而就濕；其讓也，亦背陽而向陰。偉何點之入喻，著豳詩而見欽。皎爾自安，同達人之守節；涣乎將解，若天道之無心。故先賢取危於履薄，作戒於臨深。或曰衆雖類而多名，曷方兹而至妙。明陰陽之本，爲適時之要。可以羞之於王公，可以薦之於宗廟。儻水鏡之一察，猶希暫於迴照。重曰：深山窮谷凌人鑿，頒賜從來天下聞。别有川池捐棄者，終思采斲獻明君。

史宏《冰井賦以寒井陰涸冰以時入爲韻》李昉等《文苑英華》卷四〇 鑿之冰井，厥用可觀。井因厚地而深，始將乎人力；冰以積陰而壯，必本乎司寒。所以候立春而氣至，當嚴寒之律殘。順乎時不愆於夏曆，守其典必驗於《周官》。若乃冽井者泉，藏冰者井。至陰相合，表虛受之無瑕；聚氣而堅，叶坤柔之至静。況乎玄律固沍，寒光凝冷。積風塵於四郊，封雪霜於萬嶺者哉！觀其啓限奥，洞幽深，矗如雪聚，皎若月臨。抱堅精之素質，體玄妙之精心。期三凌以示乎遍用，言一日方屬乎窮陰。且渫其井，不倦於度。爰納其冰，轉增其固。妍媸必表，將金鏡而分形；明皎相鮮，與瓊漿而競素。影淋漓而未泮，質晶耀而凝沍。若玉壺之洞開，似金波之始露。其初也小人是承，剪乎荆棘，陟彼丘陵。當玄冥之用事，供北陸而藏冰。出窮谷而方結，下重泉而轉凝。託影超象，因物爲比。或瓊碎而星流，或峯聯而岳峙。爲王者之恒典，俾羣生而是以。穿重壤之千仞，以表藏周；候朝覿而夏頒，用不私己。稽夫井以不變爲德，冰以至堅自持。井非冰而不能全其淨，冰非井而不能應其時。體剛居中，且異乎渫而不食；力柔其重，方同乎順以致辭。其功克廣，其用斯給。慎以祓除，節其出入。異彼盧陵之瑞，空存三色之名。同夫甲子之祥，用彰《七月》之什。當其舊典不廢，新令是緝。喜災害之無虞，頌皇王之御立。

李胄《冰井賦以寒井陰固冰以時入爲韻》李昉等《文苑英華》卷四〇 冰井皚兮星歲闌，冰候井於春泮，井含冰而晝寒。其質也，惟至貞而可鑒。其量也，惟極深而可觀。夫其碧焚熒熒，清光炯炯，呀爾莫測，堅爾而静。閉土膏之潛脉，奪霜空之麗景。疑濟時方候其獻羔，利物不資於短綆。前王何以貴冰，而鄴臺尚開乎舊井。下視千尺，傍窺百尋。足使貪夫勵志，君子戒心。或以慮危，則取象於履薄；或以思險，則取類於臨深。豈從遠自窮谷，而納於凌陰。其道有恒，其迹無固。當未用也，雖處幽而無悶；當其用也，雖向炎而不懼。縱居井之未深，亦在冰而守素。若乃天地閉，海河凝，風落木，霜含冰。或呈六尺以表符瑞，或因五行而見咎徵。寧比夫在坎窞而不耀，遇陽和而自升。故知井之爲德，莫之可比。奚若汲引，於焉賓祭。是以頒之也遍，出之也時。雖應用而無倦，終待命於有時。東風可解，西陸可期。不以深而見棄，不以輕而見遺。側玉盤而有望，仰金門而可入。質惟務施，固不戀於深山；道貴能行，亦何慚於改邑。懿夫吾王之政無不脩，化無不及。猶慮霜雹之爲災，故冰井所以立。

林滋《陽冰賦以海上沙前光耀清景爲韻》李昉等《文苑英華》卷三九 考庶物於朱垠，

得陽冰於碧海。託巨浸以潛結，泛驚波而長在。堅乎自得，峩峩之素色寧虧；涣若無虞，皎皎之清光詎改。始其孕太陰之精，因積水而成。勁飈颸之遠吹，澄滉漾之餘清。別浦宵凝，狐聽之聲乍絶；迴汀曉合，蟲疑之質俄生。繇是外肅重溟，中分萬景。滄淵掩巨蚌之魄，碧落奪寒蟾之影。幽疑玉樹，露皓氣之皚皚；净若銀河，亘秋光之耿耿。既叶數九，寧將屢遷。乍瑩洪濤之末，時明緑岸之前。不解東風，諒難資於履薄；非藏北陸，復何患於攻堅。炎炎之畏景雖臨，冽冽之寒威益壯。蒿輝想冰始之日，洞徹得夏頒之狀。鮮飈乍觸，無慙於雲母屏中；纖翳不生，曷愧於琉璃地上。净拂霜影，輕籠月華。禀質苟因於涸沍，分形詎委於泥沙。既異在陰，彩射鮫人之室；非同向晦，光寒漁父之家。至若浪息遥川，煙收遠嶠。焱晶鑠野以增熾，皓色澄空而引耀。清含上善，曾無泮涣之期；素激中流，豈憚赫曦之照。所謂出自靈長，居然異常。苟惟貞而是守，雖盛暑其何傷。亦由抱素者絶陷已之患，履道者爲終身之防。幸消釋之無日，庶永託於朝光。

李覯《盱江集》卷三六《冰》　水性本來弱，漸寒成此堅。東風有時到，幾日是殘年。

郭祥正《青山續集》卷六《詠冰》　厚薄因風結，方圓隨器成。黄河白馬渡，大澤老狐行。暖曲流雲液，陰隅甃水精。皎然心一寸，願比玉壺清。

秦觀《湯泉賦》陳元龍等《歷代賦彙》卷二八　大江之濱，東城之野，有泉出焉。直回峰負深谷，分埒引源，迤邐相屬。晨夜有聲，涵雲注玉。薄爲虎鬚，洑爲魚目。鱗介莫潛，遇者斯浴。此何水也哉？野老告余曰：泓泓涓涓，莫虞歲年不火而燠，其名湯泉。嗚呼！豈非熒惑莅於上邪？燭龍隱於中邪？旁通咸池，日御之所經邪？幽精沉魄，陰償其負邪？丹砂硫黄，金石之氣酷悍之所激邪？德有常仁，惠公而浹，寒凝海兮不冰，旱焦山兮不竭。其或燥濕外干，精氣散越，膚萃瘡瘍，憊筋淫血。欣衜汨之暫游，悦幽憂之永脱。以沐則髮澤，以頮則齒潔。其支流旁浸，捐棄於溝壑者，猶能灌蔬稻之畦，已平原之暍，沾溉何其廣邪。吾聞天下之水，厥類實繁，至於弱水儲陰，投羽必沉；火井萃陽，爛石灼金。

蘇軾撰　王十朋注《東坡詩集註》卷七《書事·試院煎茶》　蟹眼已過魚眼生，任蔡君謨作《茶辨》，辨水泉煑飲等極爲詳備，有蟹眼、魚眼用湯之法。潘《茶經》云：凡候湯有三沸，如魚眼微有聲爲一沸，四向如涌泉連珠爲第二沸，騰波鼓浪爲三沸，則湯老。颼颼欲作松風鳴。蒙茸出磨細珠落，眩轉遶甌飛雪輕。銀缾瀉湯誇第二，未識古人煎水意。古語云煎水不煎茶。君不見，昔時李生好客手自煎，貴從活火發新泉。又不見，今時潞公煎茶學西蜀，定州花瓷琢紅玉。我今貧病常苦饑，分無盃盌捧蛾眉。且學公家作茗飲，塼爐石銚行相隨。不用撑腸拄腹文字五千卷，但願一甌常及睡足日高時。

周紫芝《太倉稊米集》卷四一《造雹賦》　守宫微蟲，以守爲職。碎首粉身，僅防淫慝。延緣壁間，跂跂脈脈，捕逐蚊蠅，伺昏潛隙，雜然一飽，恣意啗食。掉尾搖喉，似有驕色。技止於此，其實何得。至於平時暇日，山崖水濱，十十五五，翩翩聯聯，銜尾而下，飲於江津。哺水入穴，藏於山陰。發坎而視，碎如凝冰。是猶未足以爲怪也。乃若雷電成章，山澤通氣，陰雲四起，凍雨立至，則轟然有聲，起於蟄户，激爲飛雹，散落無數。大或如卵，小或如雨，殞草殺粟，傷人摧羽，爲物之病，蓋有不可勝數者矣。吁，亦異哉！夫物之神怪，其類無窮，故龍噓而爲雲，虎嘯而生風，蜃樓出海，蛛網横空，與夫人之幻化，有若造冰於夏，而起雷於冬。或暈月以顯怪，或吐霧以隱躬，是皆一物之智，一人之力，而爭大化於造物之功。嗟此有生，眇然其細，乃能含水造雹，毁瓦破塊，配此霰雪，以爲虐癘。是何其怪如此，徒使漢儒論之惟咎。陰陽春秋，書之指爲災異。季武子之問，申豐猶莫知其計也。至歸咎於藏川池之冰，棄而不用。曾不知考厥咎災，以及斯類也。嗚呼，物苟爲孽，初無小大，皆足以自神其智。奈何古今異代，百氏小説有弗及紀。乃知四海之大，萬彙千品，而潛奸伏慝，眩耳駭目之物，蓋已多矣。

崔敦禮《宮教集》卷一《賦五首》

大暑賦

盛夏之月，龍宿明，鶉火棲，赤熛奮怒，炎帝施威。有客瞻翔陽之騰翥，望火雲之燒空。氣鬱陶兮蒸體，汗淋漓兮沾裳。乃授簡於崔子曰：「暑至此極矣！抽子秘思，騁子妍辭，爲余賦之。」崔子曰：「唯唯。昔者侯湛成章于晉代，繁欽流詠于東都，在隋有盧生之麗句，於魏摛子建之奇詞。仲宣仰庭槐而長嘯，孔璋寓陶燭以興悲。周人垂癉暑之詠，明遠成苦熱之詩。皆所以發騷人之妙思，歌隆暑之歊歔者也。且夫勾芒既往，祝融乃來，紫纛丹幢，左右從陪，炎官熱屬，前導後隨。朱冠緹顏，噓呵火維，煽以烈焰，奮以毒威。御燭龍以長驅兮，駕火輪而飛馳。前執衡使舉麾兮，麗朱鳥而承旗。環天地以爲爐兮，播造化於冶中。運陰陽以爲炭兮，爍萬物其猶銅。採扶桑之高燎兮，熾中街之朱光。温風攪乎萬里兮，氣鬱烟而迷空。土潤溽以蒸熇兮，時洪汨而蘊隆。凝赤崒而聳岳兮，閃紅倏焉而驚虬。豐隆盤旋而空鳴兮，灝郊斐亹而復收。於是陰壑煩，寒谷焦，冷泉沸，冰天熇，玉井煙合，凌陰埃生。西域消長積之雪，北極無不釋之冰。乘清風而遊廣寒兮，廣寒燠其增煩。排閶闔而入凌兢兮，凌兢翕焉如蒸。天丁退聽以屏息兮，旱魃健行而肆志。飛廉噓以喘息兮，吁號渴而欲斃。豐山之神人，心鬱乎清冷之宫。姑射之仙子，汗浹乎冰雪之體。噫！神焦與鬼爛兮，彼將焉其逃避。若乃層潭之府，極深之淵，毒陽激爍，陰火潛然，熺炭重燔，吹炯九泉。與日噴薄，流耀揚焆。朱熾緑煙，要眇嬋娟。河漢沸兮若煑，川瀆湧兮如湯。螭龍喘以鱗折兮，鯤鯢躁而甲張。長鯨嚇鰓以吐沫，巨鼇暴骼而且僵。沙石爲之熟爛，水恠爲之糜揚。虎蛟鉤虵遭鼎烹之毒，象鹿狐貉有釜遊之傷。馮夷陽侯，渴死乎重淵之窟；馬銜蜩蟟，鬱勃乎波濤之鄉。至夫沈陽騰射，散越山林，赫然其暉，齊攻錯陳。原兮欲燎，野兮欲焚，木枯兮欲爇，葉卷兮欲焦。隆曦穿漏，林無清陰。視萬木之結薩，猶火傘其迷雲。良田龜坼而塵飛兮，泥塗化而爲緹騂。嗟空翔與陸走，遭熇炰以飛奔。鳥苦熱而不敢飛兮，惟塌翼而浴泥。牛喘甚於焚角兮，徒使人而增悲。猛獸垂鼻以吐氣兮，韓盧露舌而涎垂。蝇晝飛以繁案兮，蚋宵集而侵肌。煩蟬咽以噪風兮，風既至其猶火。鳴鳩應以呼雨兮，雨不至而奚爲。於是陸有交蓋，河無行舟，宵不明燭，晝不遠遊，食不飲渴，衣不襲裘。行者喝道而欲仆，居者執熱而露頭。負者澁旋而肩頳，耘者膚裂而脂流。走通衢兮，如履乎身熱之坂。上層巒兮，如陟乎暘谷之丘。單絺甚狐貉之燠，當風有環爐之憂。冰臺風軒如坐乎温室，陰谷寒澗變而爲炎洲。飲寒泉以禦渴兮渴不止，欲化鯨而吞海。氣噓吸以袪躁兮躁之極，思凌雲而上天。佩壬甲之靈符兮，於煩懷其奚益。食鼷鼠之寒脯兮，雖萬斤爲徒然。又安可責效於抱朴不可熱之藥，而服飛雪之散與夫(元)[玄]冰之丸者哉！此少陵所以願作冷秋菰，昌黎所以思欲狃寒門，袁紹所以有避暑之飲，傅咸所以開感凉之尊者也。」詞未竟，客躍然而前曰：「子賦暑至矣。讀之若坐火井而居炭谷，遊焦溪而沐湯泉。有可以清暑者，得聞其説乎？」崔子曰：「大冥之墟，孤桐生焉，下瞰冰淵之湄，上直寒涯之巓；左當風谷，右臨雲谿。遡九秋之驚飇，凋三冬之寒威。零雪積其根，霏霜封其枝。神泉溂其濇，清露潤其皮。此蓋木之清冷而寒潔者也。於是翦寒柯，剖孤莖，匠石運斤，師襄均聲，寒水之玉以爲徽，冰蠶之絲以爲弦。水精之珥以爲弣，精冰之金以爲懸。爾乃歌南風之古曲，奏緑水之清音，迸流泉之幽韻，動積雪之悲吟。弄羽則紅雲含霜，叩商則烈日成霖。躍流魚於澄淵，舞鸞鷟於庭陰。此聲音之至清也，可以清暑乎？」客曰：「未可也。」崔子曰：「虚堂清室，凉軒寒館，含寒露以植臺，迎清風而立觀。月牖對晃，風櫺蕭踈。左峙冰山，右直雪宫。睽罛庨豁，閒敞開通。危樓鬱其將起，遂凌虚而上躋。鳥騰翅于堯標，咸乘風而欲飛。齊獸口以湧霤，時梗概於滮池。軼星辰于大半，垂雲迴帶於棼楣。伏櫺檻以俯聽，聞雷霆之霍揮。消霧埃于中天，集微凉之澄清。問素娥若有答，察雲師之所憑。上飛闥而仰觀，正瑶光與玉繩。爾乃躡露舄，開雲扃，鳳簫吟，鼉鼓鳴。攀井幹之嶕嶢，登延閣之岧嶤。引雄風于洞穴，植仙掌於良宵。拂琉璃之珍簟，弄明月之圓綃。動颷飀於翠帳，散霏微於綺寮。曜冰槊而發霜硎，寫詩人之風騷。詠楚臺披襟之語，歌漢宫大風之謡。此宫室之至清也，可以清暑乎？」客曰：「未可也。」崔子曰：「雕胡之飯，錦帶之羹，霜蓄之茹，露葵之英。藕菰蒲筍，間之香芹；銀絲鱠鯽，散雪飛硎。筯以冰犀，盤以水精。庖霜淅玉，滿坐風生。汲冷漬穲，其清如冰。携綵籃於中園，掇槐葉於高枝。糅桄木之玉屑，和寒滓兮與俱。乃使(元)[玄]冥適鹹，蓐收調辛。味兼芍藥，施和既醇。色碧鮮以照筯，相香飯以苞蘆。經齒冷以嚼雪，人争勸于投珠。志欲隨於騕褭，暇則飲夫屠酥。獻君王之寒殿，薦開冰之清壺。乃若盧橘，熟素奈成。陸採檎桃，淵摘芡菱。林珍水實，錯雜扶檠。浮甘瓜於寒水，沉朱李於清泉。食曹林之新梅，擘太華之芳蓮。壺盛甘醴之液，坐列飲中之仙。環曲池以流杯，如長鯨之吸川。及其至也，酒罷更闌，風留月軒。試谷簾之絶品，破龍焙之香團。湯發雲腴之釃，盞浮花乳之圓。溅七甌之輕雪，兩腋凄其生寒。此飲食之至清也，可以清暑乎？」客曰：「未可也。」崔子曰：「洞庭長湖，洪波翻瀾。長江會宗，六月不暄。溟漭渺沔，汗汗泪泪。即之無窮，察之無邊。駭浪瀑灑，驚濤飛湍。崩雲屑雨，蕩日連天。雷奔電激，鼓作砯岩。望之者使人毛髮聳立，心悸而膽寒。爾乃命水客，泛輕舟，齊榜妓，發棹謳，奏淮南，度陽阿，篙工唱，楫師和，鞭蝟蝒，悍蛟螭，罨翡翠，斬鼋鼍，戮水豹，殄鱗族，招白鷳，下高鵠。然後乘勁風，揭百尺，泝洄沿流，千里一息，訪乎鮫人之居，入乎淵客之室，造乎江妃之館，追乎海童之迹。擊長楫於中江，想萍實之復形。訪蓬萊之清居，思漢武之所經。臨澄流而沾襟，弔屈原與靈胥。而又味潛險，搜瑰奇，摸瑇瑁，捫觜蠵，剖明月之胎珠，濯夜光之流離。若乃浮情博覽，忘夕宵歸，渾星辰而涵泳，俯仰與之俱迷。觀藍田之出月，吐元珠於淵驪，瀉千尋之縞練，堆萬頃之琉璃。此遊樂之至清也，可以清暑乎？」客曰：「未可也。」然凄涼之色，已動於眉宇之間。崔子又從而言曰：「丘壑之勝，林泉之奇，南山之巔，北山之㕓，有風月以爲助，有雲烟以相隨。有鴻鳥以爲侣，有田園以時耔，有魚釣以自適，有琴書以自怡。木欣欣而帷成，泉涓涓而練飛。清風颯其來臨，幽鶴乘而下之。爾乃漱白石，枕流泉，傲睨乎風塵之表，笑談乎溪壑之間。居水中以築室，葺荷蓋以爲房。啓蕙帳兮松關，繚琅玕兮成堂。琢寒犀兮爲鎮，緝薜荔兮爲裳。飲蒼岑之玉醴，斟白水以爲漿。羞玉芝以療饑，餐沆瀣而爲糧。紉緑芰以爲佩，又綴之以蕙纕。於是或命巾車，或漾輕舟。或窈窕以尋壑，或崎嶇而經丘；或采蕨於崇岡，或緡魚於清流；或濯纓于滄浪，或開襟於山樓；或鼓琴以自娱，或彈鋏而悲謳；或脱帽以縱適，或杖藜以遨遊；或掘雲於嶵嵲之岑，或採月于澄泓之洲。此山林之至清也，可以清暑乎？」客曰：「善！吾之願也。」崔子曰：「善則善矣，而未大也，請爲子言夫清暑之大方。今聖天子在上，灑掃宇宙，清寧乾坤，仁風惠氣，劘刷上下。無嚴威虐焰之刑以爍民之肌膚，故其民濛然休然，相安以生；無星火疾馳之令以驚民之耳目，故其民蕭然怡然，相嬉以寧；無竭源涸澤焦熬峻急之征，故其民得以潤澤其家室；無蹈湯赴火汗肌浹膚之役，故其民皆得逍遥于田里。恩同祥風翺，德與和氣游，蒸而爲清氛，疏而爲泠風。垂髫戴白，無小大，無遠近，蕭蕭乎如遊清涼之境、太清之世，不知暑之爲暑也。若乃渠魁元惡，肆厥暴怒，斮斮屠剔膏流節離之，毒日作而人不得全其形體；焚拆抵掎脅驅迫逐之，禍日興而人不得集其族類。凡厥烝民，莫不沸湧灼爛，號呼驚蹈，無有救止，羣望而赴愬。皇帝於是丕降霖雨，雷厲風行，天戈所麾，咸順使令。舊染之俗，攸徂之民，徒奮袒呼，壺漿以迎。慰望雲於大旱，釋徯蘇於羣情，救之火穽，置之安平。清暑之道，不其大哉！」客聞之，離席而前，拱手而立，再拜稽首，霍然暑退。

苦寒賦

日在斗，歲將闌，陰風怒，愁雲繁。有廣寒先生問於清虚子曰：「吾觀子憂色，無乃畏此苦寒乎？」予曰：「然。」先生曰：「吾以冰肌之質，游姑射之山，飲吸乎風露之冷，綽約乎雪月之間。吾居於此，不知其年，而子獨以爲難。」於是清虚子對曰：「皇天平分爲四時兮，寒暑運而相推。春陽舒而花披兮，夏風謬而雲奇。秋漢迥以高潔兮，夜月清而流輝。惟窮冬之御冷兮，重陰積而慘凄。故傅玄寓興于雅賦，昌黎發詠於新詩；張生陳冰澗之句，阮子形凍海之辭；梁臣寓直廬而發嘆，陸雲當歲莫而興悲。斯皆苦寒之暴，畏寒之威。先生誇物外之高，忘人間之累，謂寒爲不足畏，兹非余之所敢知。」先生聞之，避席而起，逡巡而言曰：「子之言是矣，請子爲我賦之。」清虚子曰：「可。嚴霜夜結，寒雲晝起。驚飈攪乎宇宙兮，蕭條亘乎萬里。烏蟾藏而寒輝兮，雨雪飄而不止。河漢沍而不流兮，天地結而凝閉。於是焦溪涸，温泉冰，火井滅，湯谷凝。沸潭無涌，炎風不興。死蛟螭於窟穴兮，僵虎豹於林坰。六龍冰而脱髯兮，熒惑隱而喪精。莫不血凍兮指不拈，氣藏兮脣莫收。肌膚皴而生甲兮，衣被冷而如流。朱火青而光滅兮，蘭膏凝而烟浮。擁爐猶坐雪之冷兮，重襟有懷冰之愁。嗟顓冥之酷烈兮，夫與我其何讐。意燭龍吹於雁門兮，又疑白鶴語於南州。雖挾纊之言不足使楚人暖兮，縱賜袍之惠何以解范叔之憂。若乃孝子卧冰，書生映雪，意雖勤而不倦，覩此寒而爲輟。洛生方擁被以沉吟兮，宋人亦龜手而拆裂。裸壤變爲垂繒之俗兮，華清不知探湯之熱。峻肩添詩客之思，墮指凛三軍之節。我乃張重幄，處温室，衣狐裘，坐熊席。盛獸炭之春紅，酌羔羊之瓊液。擷粉蕚於新梅，鱠銀絲於鮮鯽。侑以郢客陽春之曲，吹以鄒谷變塞之律。」先生於是澽然而服，乃浩然而狂歌，歌曰：「歲云暮兮風怒狂，雨雪飄兮雲滄浪。烏蟾畏威兮爲韜光，地坼裂兮鱗甲張。蛟螭潛兮虎豹僵，温泉火井兮爲凄涼，江漢凝沍兮波不揚。」又歌曰：「燎薰爐兮陽和，擁獸炭兮春多。携佳人兮鳴玉珂，酌桂酒兮朱顔酡。一杯相屬君當歌，有酒不飲兮奈寒何。」

胡仲弓《葦航漫遊稿》卷一《詠冰》　羣陰正膠轕，結作千丈冰。江河凍欲枯，雪意猶憑陵。舟楫不可濟，水波那能興。世路多風寒，履此何兢兢。本是汙濁流，一合乃許凝。陽氣動地回，陰無間可乘。一旦自消融，紅日東方升。

劉因《苦寒賦》陳元龍等《歷代賦彙》卷一三　嚴氣積，玄律窮。北斗知春，迴指於東。惟功成而不去，孰項冥之可容。乃鬱彼孽暴，激彼威鋒。凝愁雲而蔽日，怒寒風而攪空。奪陽春之生氣，使天地闃然寂然，如未判之鴻濛。於時燭龍絶光，熒惑失次，陽烏斷足，火鳥縮翅。畢方高飛而遠翔，癡牛毛寒而縮蝟。炎帝爲之收威，祝融爲之屏氣。羲和倚日以潛身，盤古開天而失視。天吴死於朝陽之谷，倏忽滅於海南之地。若乃焦溪涸，熱海澄，沸潭止，温泉冰，火井凍，暘谷凝。炎洲地冽，裸壤垂繒。熒臺煙滅，瘴水生凌。而我生於此時，奚凛冽之可勝。或有從軍永訣，去國長違，霜鋒寶劍，鐵襯單衣，積雪没脛，悲風激懷。夜渡劒河，曉上輪臺。陰山雪漫，瀚海冰厚。當此苦寒，十死者九。又若寒門久客，貧閭故居。不爨不燭，無衣無襦。鼻酸氣失，墮指裂膚。火如紅金，薪如桂枝。兒號妻哭，痛盡傷悲。抱膝而苦，竟死何裨。噫嘻嗚呼，天歟，地歟，神歟。彼項冥之不去，我生死其何辜？嗚呼噫嘻，蓋嘗聞之。無寒不温，無貞不元。時之革化，由是而門。嘘炎吹冷，元氣所存。貞極不元，寒極不温。乖序錯命，罪半東君。於是易川牛馬走，地上蟣蝨臣。載拜東方發狂語，脣凍舌澀難具陳。告我東君，胡甚不仁？嗟生類而欲盡，君奚爲而不春？匪我語汝，其孰汝親？匪君顧我，孰活我人。我藉汝力，汝假我神。挽天地之和氣，黜項冥於玄根。汲東海之泥以接地軸，鍊泰山之石以補天輪。以廣厦萬間庇吾民之凍骨，以布裘千丈帀四海之冰魂。使颷颷赤子鼓舞於春風，熙熙然樂其天真。胡爲馳綱維而退避，獨廉讓而謙尊。我徒問汝，汝且不言。於是乎乃歸，墐其户而葺其楹，襲其被而重其衣。不尤乎神，不怨乎天，束手容足，以順乎時之自然。

王旭《蘭軒集》卷八《冰花》　只道窮冬萬物藏，玄冥誇巧出瓊芳。形超衆色空無界，面妬春風冷不香。桂影分明横璧月，梅枝彷彿卧銀塘。寒齋一笑驚看處，未要扶桑上太陽。

王沂《伊濱集》卷一《温泉賦》　客有遊於臨汝之山，徘徊温泉之上，喟然嘆曰：山之有泉，猶人之氣也，吹之則寒，呵之則温。蓋其性之自然，而無待於外也。彼狃于靈砂碁石酷烈之氣，惑于燭龍熒惑潛照之怪。蓋昧乎物理之大，而囿于耳目之隘。然泉之爲湯者在在有之，而驪山汝水獨以名著，詎以乘輿後宫之所臨幸歟？吾是以嘉斯泉之遇也。當其盛時，綺疏璇題，玉璫璧英，魚龍飛動，眩人目睛。及其勢徂事變，光沉響息，翳之以荒煙古木，冒之以澤葵蘩刺。薪翁漁子之所灌沐，木魅山精之所嘯集。於是騷人墨客，凝思寂聽，登高遠望，嘆息成詠。以爲亡國之遺迹，吾又以哀斯泉之不幸。吾嘗歌久視之遺詩，想輿衛之雄麗。煙霏靄兮千官，風雨忽其萬騎。三思之鬼蜮，昌宗之狐媚，涸斯泉之流而不足以湔其耻。俄而白日西匿，獰風振沙，野羽嘯其叢薄，寒鴟鳴兮枯槎。灌莽杳而無際，心慘惻其無涯。吾亦按轡而去，恐山川之神笑其言之誇也。

楊基《眉菴集》補遺　冰

連日毒熱，思冰不可得，因賦五言排律一首，書箑上，庶幾望梅止渴之意也。仍邀來儀季迪幼文三文學同詠。

凌室啟深藏，殊恩錫上方。壺清迷練色，甌薄耀寒光。當座人俱素，登筵體共凉。瑩含銀汞潔，甘薦密脾香。淺碧迎歌扇，微紅映舞裳。明愁難作鑑，堅恐易成漿。瑞擬金窗雪，勛高玉井霜。屏慚雲母熱，簾詫水晶凉。醉客狂思齧，詞臣渴願嘗。陳王方避暑，突兀殿中央。

高啓《高太史大全集》卷一三《詠夏冰》　寒收凝凍井，晚薦納涼宫。抱潔存天質，銷炎奪化工。氣蒸金盌潤，色映玉盤空。弱藻含猶在，纖塵隔未通。非山寧可倚，是水復當融。照夜何須月，驚秋詎待風。製屏應不穩，作珮定難攻。客貌清誰並，仙肌瑩自同。宜涵筠簟素，愁逼桂爐紅。願解行人渴，分貽道路中。

申時行《賜閑堂集》卷四《冰花》　霧雨溟濛木稼生，千林一夕散瓊英。不知凍雪縈條遍，但覺寒葩綴葉明。簷筯影流珠樹彩，庭柯光映玉壺清。何人黍谷曾吹律，大地枯荄摠向榮。

于若瀛《弗告堂集》卷一〇《冰花》　萬樹千林一夜開，玄冥特地領春回。梁園曉霽紛疑雪，庾嶺朝霏并是梅。綵奪豔陽終自剪，瓊生蓓蕾豈須裁。玉壺虚帶寒蕤冷，蝶使蜂媒未易猜。

朱之蕃《冰花》張玉書等《佩文齋詠物詩選》卷一五　璇空風急暮雲平，幻出飛花下玉京。頃刻粧成欺楮葉，郊原踏遍勝瓊英。光摇書幌人忘寐，香藉庭梅夜轉清。吟就不妨消渴甚，天應付與點茶鐺。

鍾惺《隱秀軒詩宙集・夏冰》　清冷不必論，所貴在虚明。大火同時事，重陰隔歲情。啓藏王政備，徂伏帝心平。冬夏中何物，風霜外有精。水應無此静，雪固讓其貞。祭韭誠爲重，浮瓜祇益輕。一寒誰所護，六月儼初成。似與暑相得，翻嫌秋早生。

查慎行《敬業堂詩集》卷四〇《長告集・夏冰》　一泒方諸水，來從石上流。物無堅不化，性有重還浮。耐冷誰能踏，乘炎勢易酬。夏蟲渾可語，吾欲詰莊周。

文昭《紫幢軒詩集》雍正集卷下《京集・冰花》　澤腹初堅歲序成，盡收錦繡入寒城。縠紋不散層層結，玉片誰雕寸寸明。飛絮沾泥同幻影，落花泳水認前生。直須解凍東風至，新緑齊開一鏡平。

允禮《春和堂詩集・夏冰》　却暑留仙術，迎涼啓別宫。窖藏山岌嶪，壺隱玉玲瓏。頗怪寒暄別，還疑造化通。須來花尚結，琢去玉難攻。清氣炎官避，祥風酷吏窮。投鍼堅亦碎，映水色如空。冷狎趙卿日，寒欺楚殿風。浮衣凝黛緑，濯手沁肌紅。紈扇應同潔，瓊枝自作叢。輕飈清枕簟，朝爽襲簾櫳。並在瑶臺上，均歸藻鑑中。無私誠朗澈，鏡物見神功。

戴敦元《戴簡恪公遺集》卷二《詠夏冰》

入市凍光合，逼人涼意浮。敲殘聲共碎，煎徹味仍留。薄釀玉華泛，香羅珠汗收。誰家試纖手，捧出露盤秋。

曾向迎寒見，偏煩避暑宜。埋藏豈無意，皎潔任違時。倦眼對君拭，澹情難自持。人間會冷暖，素質幾成虧。

耐得花風散，餘冬賦象遥。心從何地結，骨向此時銷。月影延虚榻，春痕怯短宵。留仙恐無術，碧海恨迢迢。

輕盈吐幽韻，冷峭隔煩襟。方折露圭角，虚中涵水心。吹塵静無暑，鏤藻細難任。非幻還非迹，因緣索解沈。

熱應用技術部

熱氣球與走馬燈分部

論說

劉安《淮南萬畢術》

艾火令雞子飛。《御覽》七百三十六、九百二十八。

取雞子殼，然艾火，内空中，疾風高舉，自飛去。七百三十六。取雞子，去其汁，然艾火，納空卵中，疾風因舉之，飛。九百二十八。

陶穀《清異録》卷下《器具》 僊音燭

同昌公主薨，帝傷悼不已，以僊音燭賜安國寺，冀追冥福。其狀如高層露臺，雜寶爲之花鳥皆玲瓏。臺上安燭，既燃點，則玲瓏者皆動，丁當清妙，燭盡絶響，莫測其理。

蘇軾《物類相感志・雜著》 雞子開小竅，去黄白了，入露水，又以油紙糊了。日中晒之，可以自升起，離地三四尺。

周密《武林舊事》卷二《燈品》 燈品至多，蘇福爲冠，新安晚出，精妙絶倫。所謂無骨燈者，其法用絹囊貯粟爲胎，因之燒綴。及成去粟，則混然玻璃毬也。景物奇巧，前無其比。又爲大屏，灌水轉機，百物活動。趙忠惠守吴日，嘗命製春雨堂五大間，左爲汴京御樓，右爲武林燈市。歌舞雜藝，纖悉曲盡，凡用千工。外此有魫燈，則移鏤犀珀，玳瑁以飾之。珠子燈，則以五色珠爲網，下垂流蘇，或爲龍船鳳輦，樓臺故事。羊皮燈，則簇鏤精巧，五色粧染，如影戲之法。羅帛燈之類尤多，或爲百花，或細眼，間以紅白。號萬眼羅者，此種最奇。外此有五色蠟紙菩提葉，若沙戲影燈，馬騎人物旋轉如飛。又有深閨巧娃剪紙而成，尤爲精妙。

王鏊《姑蘇志》卷一三《風俗》 上元作燈市，采松竹葉結棚于通衢，下綴華燈。燈有楮練、羅帛、琉璃、魚魫、麥絲、竹縷諸品，皆綵繪，刻飾人物故事，或爲花果蟲魚動植之像。其懸剪紙人馬於傍，以火運之，曰走馬燈。藏謎者曰彈壁燈。宋時有萬眼羅、琉璃毬尤妙天下。其夕會飲，以米粉作丸子，油餡之。屬行遊五日而罷。十三日試燈，十八日收燈。

唐胄《瓊臺志》卷七《風俗》 公宇富家或縛竹糊紙，爲鰲山燈，用通草雕刻人馬，故事綵繪，衣以綾羅，中閟機軸，繫以絲線，或用人推斡煙噓沙墜，悉成活動。又剪紙爲人馬，樹於燈内團走，曰走馬燈。又有剪燈、花燈、紗燈、篾絲燈、蒺藜、梅花毬、媳婦蓮花，名稱不一。

徐大椿《醫貫砭》卷上 十二官論

譬之元宵之鰲山走馬燈，拜者，舞者，飛者，走者，無一不具，其中間惟是一火耳。火旺則動速，火微則動緩，火熄則寂然不動，而拜者，舞者，飛者，走者，軀殼未嘗不存也。走馬燈中之物皆是死物，所以惟恃火氣衝突機關而動。若五藏六府各有生氣，豈專恃命門耶。惟其視五藏六府皆爲死物，所以後文别無治五藏六府之方。

趙學敏《火戲略》 硬器法

三四劇作一筒者，必須輭器。若單劇者，止須硬器，不必筒裝。器有大小，藥有繁減。或裹明外暗，則多用明火金燈。或内動外静，必多添轉輪雜耍。其度線或内度或外度。内度者，看其走火不混，則不必加套筒。外度者，雖走火不混亦必加套筒，使人不知爲線。倘上有金燈明火亦不凝也。硬器中有擺器，有挂器。擺器宜熱鬧，所謂静而動之是也。挂器宜静，以清朗爲主。若太熱鬧，則衆藥併發，旋轉不定，反令人不識爲何物，所謂動而静之是也。如挂器，欲熱鬧，必須同輭器之安放藥物停匀爲要。硬器中安花砲各種，須令直上，若偏易於及人。輭器中安花砲必稍偏，若令直出，俱射入筒内矣，更不可不知。凡花盆之屬亦然，中央置花宜重纍多刷。

鄭光祖《一斑録》卷三《物理》 舊傳物理

前人之書，言物理者多矣，諸如畫灰缺暈，摘草斷虹，有是言而不傳其法，未可盡信。若云以雞子傾去黄白，入露水，曬赤日中，能自騰空。諒亦必無之事。至云香油浸鮮鰤魚不變，則已有爲所悮者。若《物理小識》博採羣書之雜説，不揣真僞，率以淺見成書，不足尚也。今即舊傳爲宜爲忌，近於理者，稍録之以備參考。

鄭復光《費隱與知録》 洋燈上升 緣火氣薄

問：洋燈之戲何以上升？曰：天下之物莫輕于氣，故氣上行。物重于氣，故必下墜。而火氣更輕于諸氣，故能炎上。火者，氣之至薄者也，故其質爲至輕。洋燈以紙爲質，下用銅絲爲絡。或紙薄銅片爲盤。樟腦、火酒、升麻、松香諸藥，撚作紙轉，油内浸透，貯絡中。約十餘根然着，俟烟足始放，遂冉冉上升矣。蓋統計其重不過數兩，而燈體積方可七八尺，其中皆氣，既然之後，煙逼氣出，則中含火氣。火氣輕于外氣，即加燈體之重，仍輕于氣，故曰上升。迨其藥枯火息，仍歸本體之重，自下墜耳。

劉嶽雲《格物中法》卷一《氣部》 雜和合氣

走馬燈不知始於何人，爲大篋圈，圈周綴以人物，中貫立柱，柱之上下活樀令易運動。柱之上層，以紙摺叠作大盤，下然燭火。其焰上衝，紙盤隨柱而轉，其盤綴人物亦與俱轉。人物皆翦紙爲騎馬射獵之戲，故曰走馬燈。《鄙事綴紀》。

嶽雲謹案：此以炭氣爲戲法，可爲巧矣。范成大《吴下紀物詩》名馬騎燈，其法蓋始於宋時。

【略】

取雞子殼，然艾火内空中，疾風高舉，自飛去。《淮南萬畢術》。

雞子開小竅，去黄白，入露水，以油紙糊好，赤日中曬之，可以自升起，離地三四尺。《物類相感志》。

嶽雲謹案：須將雞子殼輕輕打碎，剥去，只留内層白皮，再劃小竅，去黄白，如法糊好，即自升空。此西人輕氣球理也。緣内含露水些須，日曬化氣，其氣輕于空氣，故升而上，猶木球之浮于水也。《萬畢術》所載即此，而其法與營中施放火毬相似，年代久遠，展轉相傳，莫能考證矣。

富察敦崇《燕京歲時紀》 走馬燈

走馬燈者，剪紙爲輪，以燭嘘之，則車馳馬驟，團團不休。燭滅則頓止矣。其物雖微，頗能具成敗興衰之理。上下千古，二十四史中無非一走馬燈也。是物之外，又有車燈、羊燈、獅子燈、繡球燈之類。每届十月，則前門、後門、東四牌樓、西單牌樓等處在在有之。携幼而往，歡喜購買而還，亦閒中之樂事也。

按走馬燈之製，亦係以火御輪，以輪運機，即今輪船、鐵軌之一班。使推而廣之，精益求精，數百年來，安知不成利器耶？惜中土以機巧爲戒，即有自出心裁精於製造者，莫不以兒戲視之。今日之際，人步亦步，人趨亦趨，詫爲奇神，安於愚魯，則天地生材之道豈獨厚於彼而薄於我耶？是亦不自憤耳！

熨斗分部

論説

許慎注　葉德輝輯《淮南鴻烈閒詁》卷下《齊俗訓》

炮格始乎熱斗。原本《北堂書抄》引文。高誘本作「炮烙生于熱斗」。

注：熱斗，熨斗也。紂見熱斗爛人手，遂作炮格之刑矣。原本《北堂書鈔》百三十五。北宋本《淮南子》題許慎記，上本文與書鈔引文正同。《御覽》七百十二引許順注，避諱改。

葛洪《肘後備急方》卷二 治卒霍亂諸急方第十二

凡所以得霍亂者，多起飲食，或飲食生冷雜物，以肥膩酒鱠，而當風履濕，薄衣露坐，或夜卧失覆之所致。

初得之，便務令煖。以炭火布其所卧下，太熱減之，又並蒸被絮。若衣絮自苞冷易熱者，亦可燒地令熱，水沃，敷薄布席卧其上，厚覆之。亦可作灼，灼爾熱湯著甕中，漬足令至膝。并銅器貯湯以著腹上，衣藉之，冷復易。亦可以熨斗貯火著腹上。如此而不净者，便急灸之。但明案次第，莫爲亂灸。

蘇軾　沈括《蘇沈良方》卷三 葱熨法

治氣虚，陽脱，體冷，無脈，氣息欲絶，不省人及傷寒陰厥，百藥不效者。

右以葱用索纏如盞許大，切去根及葉，惟存白長二寸許，如大餅餤。先以火脅一面，令通熱，又勿令灼人，乃以熱處搭病人臍連臍下。其上以熨斗滿貯火熨之，令葱餅中熱氣鬱入肌肉中。須預作三四餅，一餅壞不可熨，又易一餅，良久病人當漸醒，手足温有汗。

高承《事物紀原》卷八《舟車帷幄部四十》 熨斗

《帝王世紀》曰：紂欲作重刑，乃先作大熨斗，以火熨之，使人舉手輒爛，與妲己爲戲笑。今人以伸帛者，其遺意也。

佚名《小兒衛生總微論方》卷一〇 吐瀉方下

艾黄熨法,治瀉脱困乏危篤。

華麻七箇,去殼,研如泥;熟艾半兩;硫黄末二錢。

右拌匀,於臍上先鋪紙付藥,在上又用紙鋪襯稍厚,用熨斗適温凉熨之。不可令熨斗太熱,以臍内響爲度。

楊士瀛撰　朱崇正附遺《仁齋傷寒類書》卷六《陰毒陽毒》　太師陳北山方訣治陰毒心下結伏,按之極痛,大小便秘澁,累日用藥不下,但出氣稍煖,亦可療治急。取巴豆肉十粒,研爛,入麪一錢許,捻作一餅,堅實安頓臍心。立小艾柱炙五七壯,覺腹中鳴,良久自通利。其次用葱白一束緊扎,切作數餅,炙令温熱,貼於臍下,以熨斗火熨其上。續又易之,漸覺體温,即以五積散二錢,附子末一錢,薑七片,棗二枚,鹽少許,水大盞,煎七分温服。連併二三劑,即汗出而瘥。

徐用誠原輯　劉純續增《玉機微義》卷一七《血證門・雜方》　鼻衄不止,或素有熱而暴作,諸藥無驗者。

以紙一張,作八摺或十摺,於極冷水内濕過,置項中不止,仍以熱熨斗於濕紙上熨之,立止。

朱橚《普濟方》卷一五四《身體門》　方

封臍艾。治腰膝痛,臍腹冷痛,老人弱婦人小兒泄瀉,并宜用之,每日熨烙爲効。

海艾、蛇床子各半兩,木鼈子二對,生用去殼。

右爲細末,與艾三味相和匀。作一紙圈,於内可以容熨斗。將藥可用綿包裹定,安在紙圈内,在於臍上,用熨斗熨之。

又　卷二五四《雜治門》　方

艾葉湯。出聖惠方。治中惡遁尸心腹及身體痛者,甚短氣不語。以手按之,得其痛處則病人色動,恐人近之。宜艾葉傅。

右取生艾小葉挼碎,傅痛上,厚寸餘。以沸湯和灰作泥餅,令熱,傅艾上,冷則易之。不過再傅愈。又一方,以熨斗着火熨艾上。

又　卷二六八《雜録門》　去污衣法

去油法。用之汙處如新。

白膳土、黑牽牛等分,滑石減半,等分亦得。

右爲細末,先以紙一兩幅摻藥一重在上,次將油汙衣鋪在藥上,再用藥一重,於衣上又鋪紙一重,方用熨斗於紙上熨之,少刻除之,去藥,油已去。如末净,再换藥熨。去其藥,鍋内炒過仍可用。熨火不可太猛。【略】

洗油膩方。造墨人以洗手極淨及以洗手甚妙。

茶茗子,即食茶子也。杏仁,去皮尖,如引洗壓去油。

右等分肥皂洗手。如洗字,以藥末安字上,以熨斗略熨,彈之即落。【略】

出油白粉散。

右白脂石研碎,絹羅隔過,有油處摻定,用紙隔熨斗熨。如衣服有顔色者亦不改色。

又　卷三九一《嬰孩癖積脹滿門》　方

治癖。

牛蒡子、草烏生,各等分。

右爲末,以鷄子清調,先用厚絹數重安癖上,仍以厚紙包藥餅子安絹上,以熨斗盛火熨之。更易數餅,其積内消。

孫一奎《赤水玄珠》卷一九《妊娠傷寒禁忌藥》

熨臍法

用葱頭縛一把,切去葉,留白根,切餅二寸許,連縛四五餅。先將麝香硫黄二字填于臍中,放葱餅于臍上。以熨斗盛火,于餅上熨之。餅爛,再换餅再熨。熱氣入腹,以通陽氣。如大小便不利,以利則止。

徐光啓《農政全書》卷四二《製造・營室》　去油汙衣,用蛤粉厚摻汙處,以熱熨斗坐粉上,良久即去。或用蕎麥麪鋪上,下紙隔定,熨之無迹。

張介賓《景岳全書》卷三三《疝氣》　熨治法

嚴氏云:用食鹽半斤,炒極熱,以故帛包熨痛處。

一法用泥葱白一握,置臍中,上用熨斗熨之。或上置艾灼之,妙。或以葱白爲一束,去鬚葉,切爲寸厚葱餅,烘熱,置臍上,仍以熨斗熨之,尤便而妙。

綜述

虞世南撰　陳禹謨補註《北堂書鈔》卷一三五《儀飾部六》　熨斗四十二

始乎燓斗。《淮南子》曰:糟邱生于象箸,炮烙始乎熨斗。注曰:燓斗,熨斗也。紂見熨斗爛人手,遂作炮烙之刑。先燓熨斗。《帝王世紀》曰:紂欲重刑,乃先作大熨斗,以火熱之,使人舉不能勝,輒爛手。與妲己爲戲笑。

王棠《燕在閣知新録》卷二六　熨斗

今之熨斗，即古之鈷鉧。鈷鉧一作鈷蟒，温器也。柳宗元有《永州鈷鉧潭記》。范成大《驂鸞録》曰：鈷鉧，熨斗也，潭之形似之。

吴玉搢《别雅》卷四　尉斗，熨斗也。

《通俗文》火斗曰尉。按：尉字本作㷉，下從火，隸變如小火之省也。俗書又加火作熨，贅矣。揚用脩曰：尉字從𡰥，𡰥，平也。後世校尉、廷尉，皆取從上按下，使平之義。尉斗申繒，亦使之平。按：揚説本之《説文》及《後漢書》也。《説文》云：㷉，從上按下也，從𡰥。又持火以尉繒也。《後漢書・百官志》太尉註應劭曰：自上按下曰尉，武官皆以爲號。尉斗之尉，但須作尉，其義不疑。今俗既增火作尉，復變聲讀如運，遍考字書，絶無此音。

迮朗《繪事瑣言》卷六　熨斗

《通俗文》曰：火斗曰熨。楊慎曰：尉字從𡰥，𡰥音夷，平也。後世校尉、廷尉，皆取從上按下，使平之義。尉斗申繒，亦使之平。畫時有紙發皺，噴水半溼，以斗熨之，亦如繒之易平。絹未攀有皺，亦熨之。或有舊稿紙，薄而易爛，宜以白蠟爲屑，摻勻紙上，用熨斗隔紙燙之，使蠟透入於紙，紙自厚而堅，是書畫家皆有用熨斗之時。斗以銅爲之，柄以木爲之，小者徑寸，大者五寸，與衣工所用者無異。

沈濤《交翠軒筆記》卷一　余近得銅熨斗一枚，以建初尺度之，柄長一尺七分，蓋徑七寸六分，底徑五寸五分。有銅熨人，高二尺二寸二分，首刻饕餮形。首下有穿，以插斗柄，跗正圓而稍穹，徑一尺九分，欵識刻于跗上，文曰：太和三年二月廿三日，中尚方造銅慰人，慰斗重卌四斤十二兩，弟百六。案：古以太和紀年者，一爲曹魏明帝，一爲後魏孝文帝，皆有三年，惟後魏孝文鑄太和五銖錢，其文作厺，而此文爲大，且字近漢隸，定爲曹魏時物。《晉書・職官志》：少府統材官校尉、中左右三尚方。《積古齋》載永元雁足鐙欵識即有中尚方造之文，是漢時已有中左右三尚方。《通典・職官》云漢末分尚方爲中左右三尚方，魏晉因之是也。《淮南・齊俗訓》：炮烙起于熨斗。《北堂書鈔》服飾部引注曰：熨斗，熨斗也。紂見熨斗爛人手，遂作炮烙之刑，此與今高誘注異，與《御覽》服用部所引許慎注同而加詳。蓋即叔重注文。《御覽》皇王部引《帝王世紀》，紂欲重刑，乃先爲大熨斗，以火爇之，使人舉輒爛手，不能勝。服用部引《通俗文》火斗曰熨，是熨斗由來已久。《北堂書鈔》服飾部引晉《東宫舊事》皇太子納妃，有金塗熨人。蓋熨人所以安斗，饕餮本獸形，不知何以名爲人。《説文》火部，㷉從上案下也，从𡰥，又持火以尉申繒也。心部慰，安也，從心尉聲。慰本從尉得聲，故慰熨二字通用。

藝文

瞿佑《熨斗》曹學佺《石倉歷代詩選》卷三六二　有柄何曾挹酒漿，隨時用舍屬閨房。斡旋天上陽和氣，平帖人間錦繡香。翠袖捲紗移玉釧，金篝分火近牙牀。衣成遠寄征夫去，印顆何時肘後黃。

劉溥《美人熨帛圖》張玉書等《佩文齋詠物詩選》卷二三一　霜帛丁東搗初歇，女伴相憐白如雪。掩帷下堂同此情，白腕對曳當中庭。中庭無風乾未得，銅斗自燒還自熨。只愁熨著有燋暈，難表此身如此白。小鬟莫更蹲復蹲，猶恐皺却葵花紋。

林大輅《愧瘖集》卷七《熨斗》　晴流寒濺石，細路斷逢谿。熨斗坐來久，惟聞山鳥啼。野田通瀑迥，津樹帶煙低。爲爾開懷抱，壺觴共遠攜。

屈大均撰　淩鳳翔訂《翁山詩外》卷一二《熨斗曲》

兒寒捉熨斗，母凍方裁襦。箸襦兒已足，複幝母所須。兒既上箸襦，複幝不須作。箸襦下當煖，熨斗火方大。

褚人穫《堅瓠集》三集卷三《熨斗詩》　驂鸞録，鈷鉧，火斗也，俗名熨斗。明瞿宗吉有詩云：有柄何曾挹酒漿，隨時用舍屬閨房。斡旋天上陽和氣，平帖人間錦繡香。翠袖捲紗移玉釧，金篝分火近牙床。衣成還寄征夫去，印顆何時肘後黃。

紀昀《紀文達公遺集》卷一三《熨斗銘》　金寒絲翹，火烈絲焦，熨貼之平，細意者斯調。

淬火分部

論説

蘇軾《物類相感志・雜著》　錫銅相和硬且脆，水淬之極硬。

陳淳《北溪大全集》卷四二《答問》　答陳伯澡問書

逐件言之，在水克火，則燎者沃之，鍛者淬之。火克金，則硬者柔之，軟者剛之。金克木，則節者削之，偏者直之。木克土，則高者平之，低者填之。土克水，則穴以滲之，隄以瀦之。此相制以泄其過，相助以補其不足也。又一套言之，則以水制火，乃不至焚燎而可鍛金。金成器則斲木爲耒耜，然後可以治土而播種焉。此五行相克以生五穀也。至若木乾則火熾，火熾則竈土熱，土熱則鼎金焦，金焦則水沸，然後可烹飪以食焉。此又五行相生以熟五穀也。

宋應星《天工開物》卷中《錘鍛第十》 治鐵

凡熟鐵、鋼鐵，已經爐錘，水火未濟，其質未堅。乘其出火之時入清水淬之，名曰健鋼、健鐵。言乎未健之時爲鋼爲鐵，弱性猶存也。

方以智《物理小識》卷八《器用類》 淬刀法

山間水出而殷者曰繡水，淬刀刻玉，地溲也。一曰虎骨朴硝醬，刀成之後，火赤而屢淬之。一以醬同硝塗鏨口，煅赤淬水。一以羊角乳髮爲末，調傅刀口，不必蟾酥塗而自然灰埋也。舊有詩曰：醬能雕白玉，鹽可濯黄金。《移門廣牘》曰：地榆一兩，葱蒜汁各一盌，同煮二時，便可容刀。刀生鉎，以木賊草去之，或用炭磨。若新硎塗鸊鵜膏，則不生鉎。中通曰：服玉者，以苦酒地榆酒消之爲水。苦酒者，醋也，是醬醋可刻玉。瞗曰：塗藥煅刀，必竪鉗，否則偏。

陳克恕《篆刻鍼度》卷七《雜記》 煉刀法

用菊花鋼鍛而爲刀，刀成乃礪。礪好方煉，用箬皮灰、牛角灰、青鹽、硇砂，各五六分，爲末，將醋調塗刀口，向燈火上燒紅爲度，入清冷水一法用甘草水，一法即用醋。淬之。復煉如前，藥盡而止。煉後再磨。

又法，用酒蟹鉗螯，燒灰存性，仍用蟹酒調塗刀口，入火燒紅，復入蟹酒淬之。更塗鉗灰于上，如前燒紅淬酒，愈煉愈堅。依法煉畢，仍用火燒紅寸許，取懸火上，刀口昂出火外，漸漸退出。相其口上變色轉白，未可即淬，淬之則脆。既而轉黄轉青，淬之適中可用，太遲則火候過矣。

王念孫《廣雅疏證》卷五上《釋言》

焠，堅也。

《説文》：焠，堅刀刃也。又云：堅，剛也。徐鍇《傳》云：淬刀劒刃，使堅也。淬與焠通。《燕策》云：得趙人徐夫人之匕首，使工以藥淬之。《文選》：聖主得賢臣頌清水焠其鋒。李善注引郭璞《三倉解詁》云：焠，作刀刃堅也。《漢書・王褒傳》注云：焠，謂燒而内水中以堅之也。《天文志》：火與水合爲淬。晉灼注云：火入水，故曰淬。

徐朝俊《自鳴鐘錶圖説》 鐘錶瑣略

凡銅鋼，淬水則硬。獨紅銅淬水則柔。作指南針帽，不可不知。

鄭復光《費隱與知録》

淬錯有方 鹽及硝醬

問：鋼不火凡鋼打盛器，燒紅入冷水則硬，曰淬。俗名蘸火，冷熱相激也。則耎，鋒入火則頽，故作錯者未火先開，取其耎而易鏨也。余天相云：淬錯法，用醬一斤，硝半斤，調勻塗之，淬水。小錯不須如此，只用鹽少許塗而淬之可也。與知子曰：醬與鹽味鹹同類，淬刀用滴醋，淬火刀用鹽則堅，蓋酸鹹皆宜也。而醬更兼黏，所以殺火烈耳。火不極烈，鋼不遽化，則鋒不遂頽。又用硝者，鋼性最堅，熱不久不易化。硝性易然，催火之力，使速其熱，以便淬水。不至羼久頽鋒耳。至于錯小，不過細微之用鹽淬已足。蓋小則易熱，細微則無嫌稍鈍矣。

羅鍼偏東 由于地脈

【略】《高厚蒙求》云：鍼必淬火，不然雖養磁石經年，終不能得指南之性。余磨之，即時指南，説乃未確，然宜從之。觀《儀象志》有燒紅之語可知。蓋物久露則本性不純，蓄磁必藏鐵屑中或水内，亦此理。燒紅則變化，使復其舊矣。淬水則鐵彌堅，殆助其力之意。凡鍼材亦本有火也。

胡紹煐《文選箋證》卷三〇《王子淵聖主得賢臣頌》

清水淬其烽。

注：善曰：郭璞《三倉解詁》曰：焠作刀鋻諸本誤爲鹽。也。焠，子妹切。鋻，工鍊切。《旁證》云：據注則正文當作焠。《説文》：焠，堅刀刃也。《繫傳》引此語。《漢書》亦作焠。紹煐按：焠淬古通。燕策得趙夫人之匕首，使工以藥淬之。《史記・刺客傳》作焠。《漢書・天文志》：火與水合爲淬。《集注》引晉灼：火入水故曰淬。蓋對文則鋻刀刃曰焠，燒而入水曰淬，散文則焠淬同也。

葉爾寬《摹印傳燈》卷下 鍊刀法

鍊刀之法，用箬皮牛角爲灰，青鹽磠砂爲末，各五六分，各醋調，塗刀口，送燈火上燒紅，入水淬過。再塗再淬，藥盡方止。鍊畢磨之，則堅利異常矣。又有用酒熟蟹鉗螯燒灰留性，即用酒蟹調塗刀口，入火炙紅。仍用蟹酒塗炙淬數次，酒盡乃止。然後復將刀炙紅寸許，取架火上，使刀口出火外，必漸漸刀口色白、色黄、色青，更不留遲，一淬即起，利倍于常。

劉嶽雲《格物中法》卷五下《金部》 銅

錫銅相和硬且脆，水淬之極硬。《物類相感志》。

嶽雲謹案：黄銅淬火之法，今無知者矣。

又案：此黄銅以錫和合。

又 鐵

凡熟鐵鋼鐵，已經爐錘，水火未濟，其質未堅，乘其出火之時，入清水淬之，名曰健鋼、健鐵。言乎未健之時爲鋼爲鐵，弱性猶存也。《天工開物》。

嶽雲謹案：此淬鋼之法，但淬鋼之硬度必視其所用，宜若干熱度而後淬，不可不考求。

火器分部

論説

李靖撰 汪宗沂輯《衛公兵法輯本》卷下《攻守戰具》 以小瓢盛油冠許洞作灌。矢端，射城樓櫓板木李筌無木字。上，瓢敗油散。因燒矢鏃内簳中，李筌作後以火箭。射油散處，火立然。李筌然改作焚。復以油瓢續之，則樓櫓盡焚，謂之火箭。

李筌《太白陰經》卷四 戰具類

攻城具篇第三十五

火箭。以小瓢盛油冠矢端，射城樓櫓板屋上，瓢敗油散。後以燒箭射油散處，火立焚。復以油瓢續之，則樓櫓盡焚。

雀杏。磨杏核中空，以艾内火實之，繫雀之足。薄暮羣雀飛入城壘中棲宿，其積聚廬舍，須臾火發。

守城具篇第三十六

燕尾炬。縛葦草爲炬，尾分兩岐，如燕尾狀。加油蠟灌之，燃火，從城上墜下，使騎轤木而燒之。

松明炬。以松明燒之，鐵索墜下，巡城點照，恐敵人乘城而上。

脂油燭燃，秉燭於城中，四衢要路門户晨夜不得絶明，以備非常。

行轤。常鎔鐵汁舁於城，以洒敵人。土罐盛汁拋之，敵攻城不覺。

遊火。鐵筐盛火以脂蠟，鐵索懸墜城下，燒孔穴掘城之人。灰𥙿糠粃，因風於城上擲之，以眯敵人之目，因以鐵汁洒之。

又 火攻具篇第三十八

兵以驍騎，夜銜枚縛馬口，身負束薪藁草，藏火抵賊營。一時舉火，營中驚亂，急而乘之；彼静不亂，棄而勿攻。

火獸。以艾藴火置瓢中，瓢開四孔，繫野鹿角麞項下，舉其尾端望敵營而縱之，奔彼草中，器敗火發。

火禽。以胡桃剖令空，開兩空，實艾，以繫雞足，舉其尾而縱之，奔入草中，器敗火發。

火盜。選一人勇捷，語言服飾與敵同者，竊號逐便，懷火偷入營中，焚其積聚，火發乘亂而出。

火矢。以臂長弩射及三百步者，以瓢盛火冠矢，以數百端候中夜齊射敵營中，焚其積聚，火發軍亂，乘便急攻。

佚名《鉛汞甲庚至寶集成》卷二《太上聖祖金丹秘訣》 伏火礬法

硫二兩，硝二兩，馬兜鈴三錢半。右爲末，拌勻，掘坑，入藥於罐，内與地平。將熟火一塊彈子大，下放裏面，煙漸起，以濕紙四五重蓋，用方磚兩片，捺以土塚之。候冷取出，其硫黄住。每白礬三兩，入伏火硫黄二兩爲末，大甘鍋一箇，以藥在内，扇成汁，傾石器中，其色如玉也。

佚名《玄圃山靈匧秘籙》卷中 第四火箭

凡戰争，兵少糧薄，勢不可欺於彼。彼城郭豐壯，糧草厚積，人馬勇健，與戰必敗，不可與戰。先以此法，荒殘其盛，次與之戰，取勝於反掌。箭法，酒一盆，磨朱一合，以筆染書，就酒面書符三十六道，念呪三十六徧，吹炁三十六口於酒中，畢；烈火一爐，箭五隻，以箭頭火中燒赤，酒内刺淬三十六次。是夜，獨騎傍彼陣，忽射五箭，急回。其箭着處，火光逆起，烈焰亂飛，觸着草木，煽熛大作，斷勢亦焚，竭壑不救，强盛之陣即衰矣。念呪三十六徧，呪曰：爨延于烈赫易。

鄭思遠《真元妙道要略》 黜假驗真鏡第一

【略】

有以硫黄、雄黄合硝石，并蜜燒之，焰起燒手面，及燼屋舍者。

凡砒霜、砒黄、水銀、粉霜等，多伴死伏諸三黄，但得好櫃，即永伏。悉有立可變化五金之功。唯硝石伏火，不能獨化五金，石硫黃，宜服養諸藥。硝石宜佐諸藥，多則敗藥。生者不可合三黃等燒，立見禍事。

佚名《諸家神品丹法》卷五《葛仙翁紫霄丹經法》 伏火硫黃法

硫黃、硝石各二兩，令研。右用銷銀鍋，或砂罐子，入上件藥在内，掘一地坑，放鍋子在坑内，與地平，四面却以土填實，將皂角子不蛀者三箇，燒令存性，以鈐逐箇入之，候出盡焰，即就口上，着生熟炭三斤，簇煅之。候炭消三分之一，即去餘火，不用冷取之，即伏火矣。

許洞《虎鈐經》卷六

火利第五十三

將有天時之用，先知其日，日者，謂春丙丁，夏戊巳，秋壬癸，冬甲乙，此日有大風雨故也。次順其風。我得上風，則放火燒下風一作起焉。攻城寇寨，風助順利，爲飛火。飛火者，謂火炮、火箭之類也。相守不動，利於姦火。姦火者，囚其人，焚其積聚甲兵也。兩陣相合，御風之便揚一作楊。塵鼓烟，利爲燧牛以俟之。若敵於上風放火，我亦縱火，爲解火法。敵燒門縱火，恐火威。我使積薪以互外火，亦此類也。凡入敵境，郡邑窮匱，城隍頹靡，山川非設險之地，而非敵所恃者，則存之。苟拔敵所恃之邑，皆火之以絶其望焉。敵境之林木茂草皆火之，故火爲兵之大利也。

火攻第五十四

月對一作在。東壁，南箕翼軫之夕，則設火，候風以焚之。四宿日多風，利火攻。以驍騎夜銜枚縛馬口，人負薪及束熅懷火，直抵敵營，一時舉火，營中驚亂，急則乘之，静而不動勿攻。火獸。以艾熅置瓢中，開四孔，繫野猪獐鹿項下，針其尾端，望敵營而縱之，奔走入草内，則火起。火鳥。以胡桃空中，實艾[火]，開兩口，復合之，繫野鷄項下，針其尾而縱之，飛宿於草上則火發。

曾公亮 丁度《武經總要》前集卷一〇《攻城法》

(右)火車，以兩輪車中爲爐，上施鑊，滿盛以油，熾炭火爨令沸。仍四面積薪，推至城門樓下，縱火而去。敵必下水沃之，油得水，其焰益高，則樓可燔也。

又 前集卷一一《火攻》 火禽者，以胡桃剖分，空中，實艾火，開兩孔，復合。先捕敵境中野鷄，繫項下，鍼其尾而縱之，奔入草中，火頓發。

雀杏。磨杏子中空，以艾實。先捕取敵人城中及倉庫中雀數十百枚，以杏繫雀足上，加火。薄暮羣飛入城壘中棲宿，其積聚廬舍，須臾火發。

火車

火禽

雀杏

火兵

火兵。以騎枚縛馬口，人負束薪，手持火器，直抵敵營。一時舉火，營中火亂，急而乘之；静而不亂，捨而勿攻。

火獸。以艾熅火於間及置瓢中，開四孔。繫瓢於野豬、獐鹿項上，針其尾端，向營而縱放之，奔走入草，瓢敗火發。

火獸

火牛

[火牛。]古法也，用牛前膊槍，其刃向外，以樺皮、細草拄尾上，驅其首向敵，發火。其牛震駭前奔，敵衆必亂，可以乘之。古燧象、火馬，其法畧同，皆可度宜用之。

[火船。]凡水戰，用弊船或木筏載以芻薪，從上風順流發火，焚敵人樓船、戰艦。

火船

又　毒藥煙毬【略】

毬重五斤，用硇黄一十五兩，焰硝一斤十四兩，草烏頭五兩，芭豆五兩，狼毒五兩，桐油二兩半，小油二兩半，木炭末五兩，瀝清二兩半，砒霜二兩，黄蠟一兩，竹茹一兩一分，麻茹一兩一分，搗合爲毬，貫之以麻繩一條，長一丈二尺，重半斤，爲絃子。更以故帋一十二兩半，麻皮十兩，瀝清二兩半，黄蠟二兩半，黄丹一兩一分，炭末半斤，搗合，塗傅於外。若其氣熏人，則口鼻血出。二物並以砲放之，害攻城者。闕。

凡燔積聚及應可燔之物，並用火箭射之。或弓，或弩，或牀子弩，度遠近放之，其法見攻守及器械門。

又　前集卷一二《守城》　火藥法

晉州硫黄十四兩，窩黄七兩，焰硝二斤半，麻茹一兩，乾漆一兩，砒黄一兩，定粉一兩，竹茹一兩，黄丹一兩，黄蠟半兩，清油一分，桐油半兩，松脂一十四兩，濃油一分。

右以晉州硫黄、窩黄、焰硝同搗，羅砒黄、定粉、黄丹同研，乾漆搗爲末，竹茹、麻茹即微炒爲碎末。黄蠟、松脂、清油、桐油、濃油同熬成膏。入前藥末旋旋和匀，以紙五重裹衣，以麻縛定，更別鎔松脂傅之。以砲放，復有放毒藥、煙毬法，具火攻門。

【略】

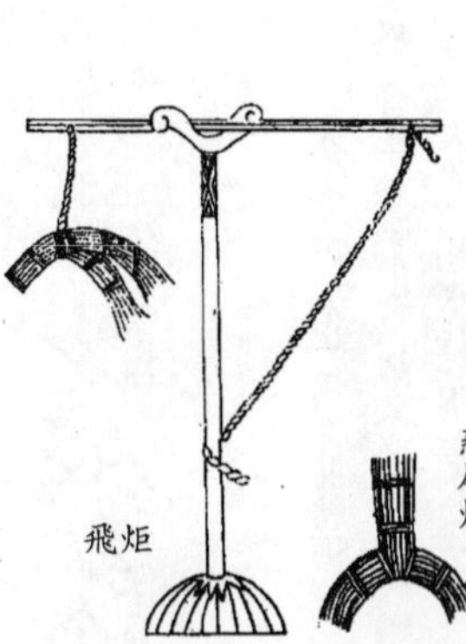

燕尾炬　飛炬

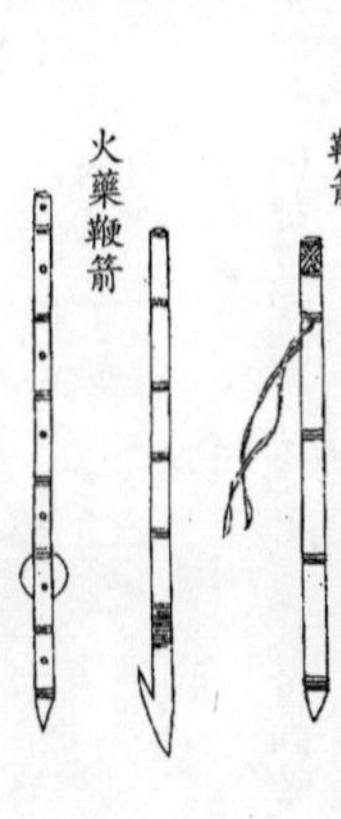

鞭箭　火藥鞭箭

右燕尾炬，束葦草，下分兩岐，如燕尾，以脂油灌之。發火，自城上縋下，騎其木驢板星燒之。

飛炬，如燕尾炬。城上設桔槹，以鐵索縋之，下燒攻城蟻附者。

鞭箭，用新青竹，長一丈，徑寸半，爲竿，下施鐵索，梢繫絲繩六尺。別削勁竹爲鞭箭，長六尺，有鏃。度正中，施一竹臬。亦謂之鞭子。放時，以繩鈎臬，繫箭于竿，一人摇竿爲勢，一人持箭末激而發之。利在射高，中人如短兵。放火藥箭者，如樺皮羽，以火藥五兩貫鏃後，燔而發之。

鐵火床

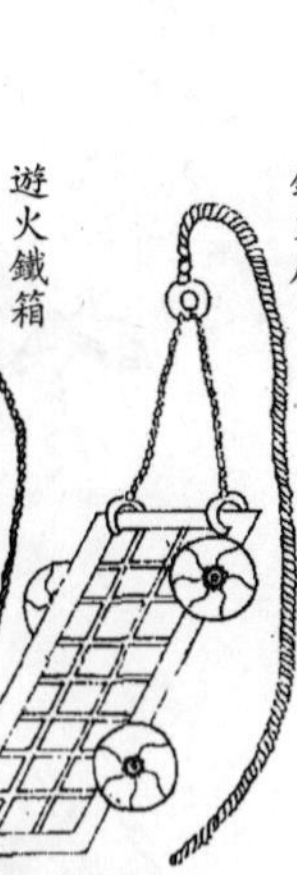

遊火鐵箱

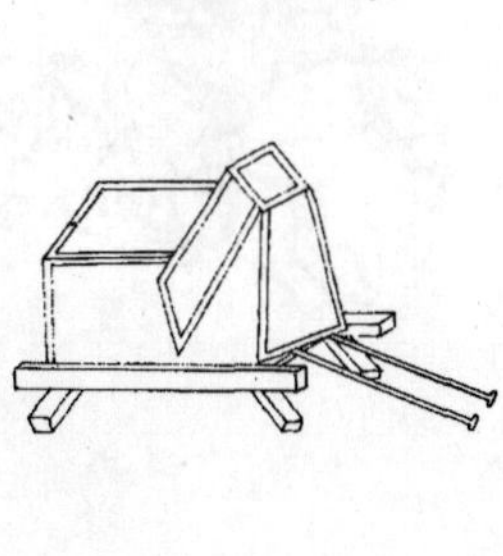

行爐

右鐵火床，製用熟鐵，長五六尺，闊四尺。下施四木輪，以鐵葉裹之。首貫二鐵索，上縛草火牛二十四束。自城縋下，燒灼攻城者，并可夜照城外。

遊火箱，以熟鐵如藍形，盛薪火，加艾蠟，以鐵索縋下，燒灼穴中攻城人。

行爐，鎔鐵汁，舁行於城上，以潑敵人。

引火毬

蒺藜火毬

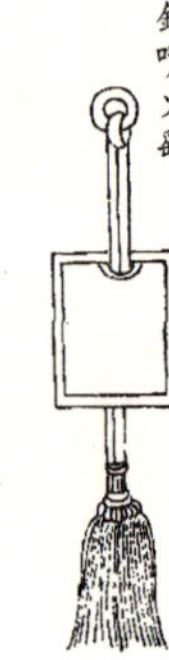
鐵嘴火鷂

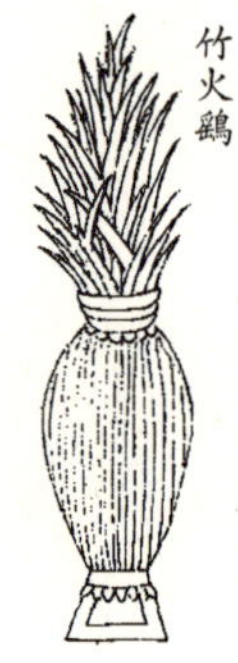
竹火鷂

右引火毬，以紙爲毬，内實塼石屑，可重三五斤。熬黄蠟、瀝青、炭末爲泥，周塗其物，貫以麻繩。凡將放火毬，只先放此毬，以準遠近。

蒺藜火毬，以三枝六首鐵刃，以(藥)[火]藥團之，中貫麻繩，長一丈二尺。外以紙并雜藥傅之，又施鐵蒺藜八枚，各有逆鬚。放時，燒鐵錐烙透，令焰出。火藥法：用硫黄一斤四兩，焰硝二斤半，麄炭末五兩，瀝青二兩半，乾漆二兩半，擣爲末；竹茹一兩一分，麻茹一兩一分，剪碎，用桐油、小油各二兩半，蠟二兩半，鎔汁和之。傅用紙十二兩半，麻一十兩，黄丹一兩一分，炭末半斤，以瀝青二兩半，黄蠟二兩半，鎔汁和合，周塗之。

鐵嘴火鷂，木身鐵觜，束稈草爲尾，入火藥於尾内。

竹火鷂，編竹爲疎眼籠，腹大口狹，形微脩長。外糊紙數重，刷令黄色。入火藥一斤，在内加小卵石，使其勢重。束稈草三五斤爲尾。二物與毬同，若賊來攻城，皆以砲放之，燔賊積聚及驚隊兵。

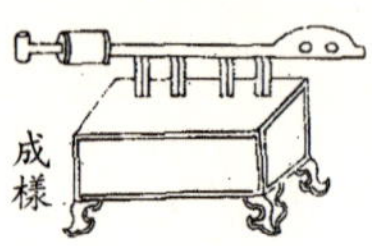
猛火油櫃筒櫃子裝成樣

火罐

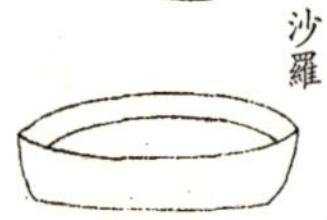
沙羅

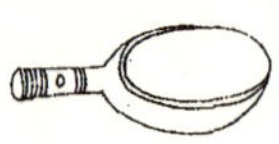
杓

法椀

拶絲杖

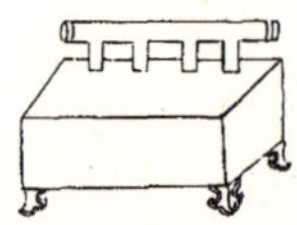
横筒

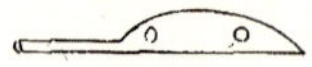
火樓

通錐

霹靂火毬

鉤錐

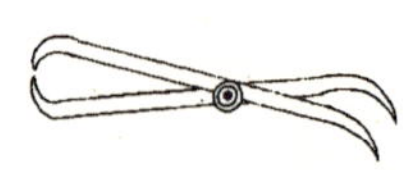
火鈐

烙錐

烙鐵

右放猛火油，以熟銅爲櫃，下施四足，上列四卷筒，卷筒上横施一巨筒，皆與櫃中相通。横筒首尾大，細尾開小竅，大如黍粒，首爲圓口，徑寸半。櫃傍開一竅，卷筒爲口，口有蓋，爲注油處。横筒内有拶絲杖，杖首纏散麻，厚寸半，前後貫二銅束約定。尾有横拐，拐前貫圓揜。入則用閉筒口，放時以杓自沙羅中挹油注櫃竅中，及三斤許，筒首施火樓，注火藥於中，使然，發火用烙錐。入拶杖於横筒，令人自後抽杖，以力蹙之，油自火樓中出，皆成烈焰。其挹注有椀、有杓，貯油有沙羅，發火有錐，貯火有罐。錐通錐以開筒之壅塞，有鈐以夾火，有烙鐵以補漏。通櫃筒有罅漏，以蠟油青補之。凡十二物，除鈐錐烙鉄外，悉以銅爲之。一法：爲一大卷筒，中央貫銅胡盧，下施雙足，内有小足相通，亦皆以銅爲之。亦施拶絲杖，其放法準上。凡敵來攻城，及大壕内及傅城上頗衆，勢不能過，則先用藁秸爲火牛，縋城下，於踏空版内放猛火油，中人皆糜爛，水不能滅。若水戰，則可燒浮橋、戰艦，於上流放之。先於上流簸糠粃熟草，以引其火。

右霹靂火毬，用乾竹兩三節，徑一寸半，無罅裂者，存節勿透，用薄瓷如鐵錢三十片，和火藥三四斤，裹竹爲毬，兩頭留竹寸許，毬外加傅藥。火藥外傅藥，注具火毬説。若賊穿地道攻城，我則穴地迎之，用火錐烙毬，開聲如霹靂。然以竹扇簸其煙焰，以熏灼敵人。放毬者含甘草。

脱脱等《金史》卷一一三《列傳第五十一·持嘉喀齊喀》 喀齊喀先以守鳳翔自誇，及令守西北隅，其地受攻最急。喀齊喀當之，語言失措，面無人色。軍士特以車駕數出慰勞，人自激昂，争爲效命耳。其攻城之具，有火砲名震天雷者，鐵礶盛藥，以火點之，砲起火發，其聲如雷，聞百里外。所爇圍半畝之上，火點著甲鐵皆透。大兵又爲牛皮洞，直至城下，掘城爲龕，間可容人，則城上不可奈何矣。人有獻策者，以鐵繩懸震天雷者，順城而下，至掘處火發，人與牛皮皆碎迸無迹。又飛火槍注藥，以火發，人輒前燒，十餘步人亦不敢近。大兵惟畏此二物。

又 卷一一六《列傳第五十四·富察官努》 官努以小船分軍伍七十出棚外，腹背攻之，持火槍突入，北軍不能支，即大潰，溺水死者凡三千五百餘人。盡焚其柵而還，遂真拜官努，參知政事，兼左副元帥，仍以御馬賜之。槍制，以勅黃紙十六重爲筒，長二尺許，實以柳炭、鐵滓、磁末、硫黃、砒霜之屬，以繩繫槍端。軍士各懸小鐵鑵，藏火，臨陣燒之，焰出槍前丈餘，藥盡而筒不損。

劉基 焦玉《火龍經》卷上

神火藥

偷營刼寨，衝鋒破敵用之。石黃，燒酒浸麻油炒，晒乾爲君。雄黃，雌黃，硫黃，黑砒，蘆花，艾朒，松香，豆末，乾糞，巴霜，硝火，箬灰，柳灰，銀杏葉。

毒火藥

破陣用之。賊聞其氣，昏眩卧倒，又燎皮肉。

鐵脚砒，杉灰，柳灰，骨灰，金頂砒，川烏，草烏，巴霜，爛骨草，南星，半夏，班毛，斷腸草，狼毒，乾糞，乾漆，蛇埋草，硝火，硫火，雄黃，蝦蟆油，金汁，銀銹，石黃，生姜汁，烟膏，艾朒，松香，牙皂角。

烈火藥

燒營，燒糧，燒賊，燒馬用之。

銀杏葉，硝火，硫火，艾朒，樺皮灰，柳灰，箬灰，斑毛，鐵脚砒，石黃，雄黃，松香，黃豆末。

飛火藥

衝陣，刼寨，焚糧，燒賊水陸馬步俱用之。

蘆花，桐油拌晒。松香，豆黃，銀杏葉，乾糞，硝火，硫火，皂角末，斑毛，箬灰，柳灰，樺皮灰，石黃。

法火藥

最利害，一物不得見，一步不可行，生擒賊兵用此。

良姜，乾姜，軍姜，胡姜，川辛，胡辛，黑蓼，赤蓼，榆皂，大皂，石黃，雄黃，硝火，硫火，箬灰，樺灰，人精，松香，柳灰，礦灰，燒酒拌炒。白信。巴油拌晒。

烟火藥

著賊皮肉立爛，見血封喉。

鐵砂，瓷鋒，磠砂，銀銹，桐油，虎藥，硝火，硫火，箬灰，樺灰，柳灰，斑毛，人中汁。炒。

逆風火藥

風逆愈勁，烟燄蔽天。

狼糞，艾朒，斑毛，江豚骨，箬灰，樺灰，杉灰，江豚油，硝火，硫火。

飛空火藥

樟腦七錢，松香二錢，石黃五錢。

共研極細末，用火酒調作團餅，如小酒盃大，晒乾聽用。

日起火藥

硝火一兩，杉灰九錢。

夜起火藥

硝火四兩，杉灰一兩，硫火二錢。

噴火藥

硝火二兩，杉灰三錢，硫火二錢，箬灰一兩，細砂七錢半，桐油巴油炒。

爆火藥

硝火四兩，杉灰八分，硫火三錢。

砲火藥

硝火十兩，硫火六兩，葫灰二兩，箬灰二兩，石黃一兩，雄黃五錢。

水火藥

礦子石灰一斗，爲極細麪。川烏、草烏各二斤。桑霜、蕎霜、茄霜、蓼霜各一斤。紅砒、磠砂各一斤。

各爲極細麪，用燒酒十五盌，腊醋十五盌煮二烏，熬去十盌，去渣，將酒醋合熬成膏子。同前七味和膏一處，慢火炒乾。仍研極細，仍入鍋炒成灰，冷定手試，隨縫而出方可成。或做紙砲，或做烟火花筒，俱於中間做小筒，盛火藥。小筒週遭將毒烟藥築滿，照常紙砲点放。又曰先天風火藥，特蓬殺爲主。先天水火藥，江豚油爲主。

火彈藥

杉灰一錢，樟腦七分，松脂三錢，硫火三錢。

共研細末，用火酒調勻，做小模子，打如櫻桃大。每箇約重二錢四五分爲度。仍要與鐵筒合堂口。

又 卷中《火器圖説上》

羣蜂砲

篾編成圓籃，以紙厚糊四五十層，晒乾。上油紙十五層，開砲一竅，以火藥三斤，加鉄蒺藜半斤，飛燕毒火紙爆各數十箇。其威力甚大，不惟可以擊人。飛燕火發，四散飛開，粘人身上，及遇篷帆，尤能延燒，水澆之不滅也。

天墜砲

其大如斗。用法：升至半天，墮於賊巢，震響如雷。黑夜令賊自亂相殺，內有火塊數十，能燒賊之營寨，必不能救。

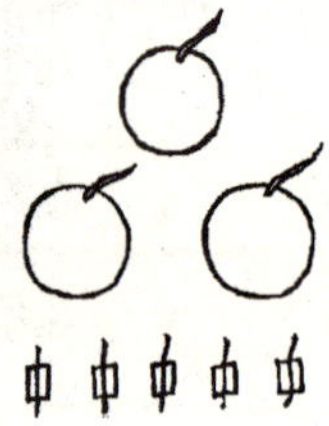

火箭

用小竹杆長四尺二寸，鉄鏃長四寸五分，翎後釘鉄墜長四分，前綁紙桶起火。放時有穿龍形架，或裝竹木桶，取其便也。

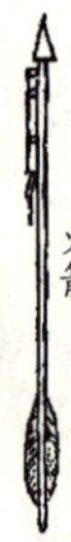

弓射火柘榴箭

將後火藥用綿紙二三層，中樹箭桿，用藥傍根包成柘榴樣，外加麻布縛緊。以松脂熬化封固。燃藥線發火，方可開弓放去。

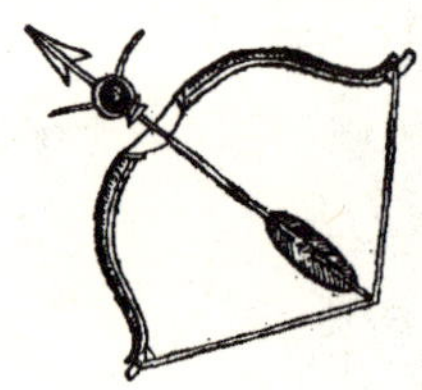

單飛神火箭

用精銅鎔鑄，筒長三尺，容矢一枚。用法：藥三錢，藥發箭飛，勢若火蛇。攻打二三百步，人馬遇之，穿心透腹，可貫數人。

三隻虎鉞

一如鉄銃，管長腹大，三銃三管，內三條藥線俱合會於中。一點火，三矢俱發。

飛天毒龍神火鎗

鎗身長一尺五寸，或用銅鑄，或鉄打。中空，藏鉛彈一枚。鎗鑄分兩開，上二寸五分，兩旁縛毒火二筒。與賊對敵，遠則發鉛彈擊之，近則發毒火燒之，戰則舉鎗鋒刺之。一器而三用，神捷莫大焉。

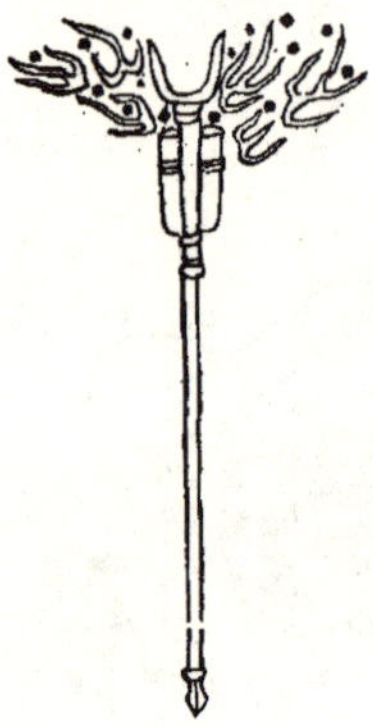

毒藥噴筒

用圓細猫竹，徑粘二寸，深長二尺。以麻繩纏密，下用竹木柄長五尺。先下灰多硝少，次下噴藥一層，次下餅一枚，用力築之。築過力，餅碎無用。放時發去可數十丈遠，徑粘帆上，其帆立燃。

又《火器圖説下》

神火飛鴉

用竹篾爲簍，身如斤餘雞大，宜長。用紙糊封固。內用明火炸藥裝滿。又將棉紙封好，前後裝頭尾。又將裱紙裁成二翅，釘牢兩旁，似鴉飛樣。每翅下用大起火二枝。鴉背上鑽眼一箇，放進藥線，連于四起火處。臨用先燃起火，飛遠百餘丈，將墜地方着鴉身，火光遍野。

火龍出水

用竹五尺，去節，刮薄。前用木雕成龍頭，後雕龍尾。其龍腹內，裝神機箭數枝。龍頭上留眼一箇。將火箭上藥線俱總一處。水戰，可離水三四尺燃火，即飛水面二三里去遠，如火龍出于水面。筒藥將完，腹內火箭飛出，人船俱焚。

劉基《火龍經》二集卷中《火器圖説上》

二虎追羊箭

桿長五尺，一股三簇。行火藥二筒向翎，劣火藥一筒向簇，共三筒。徑七分，長四寸五分，縛於一竿。發五百步，行火藥二筒，火從出畢，會至劣火藥筒火出，能焚燒棚寨及燒敵船，大有玄妙。

梨花鎗

用梨花一筒，繫於長鎗之首。臨敵用之，一發可遠去數丈，人着之即死。

火盡鎗仍可以刺賊，乃軍前第一火器也。

又 二集卷下《火器圖說下》

神火箭牌

用木板造，此箱尺丈，可容火箭百餘枝。下二座墩中以活轉機鉄軸。凡遇攻賊，預置要路，機動火發，箭飛數百步。造此數百具，亦大助耳。

燒賊迷目神火毬

用黃泥做一毬極圓，其大如斗爲妙。晒乾，用柿漆漆之作胎子。外用賽表紙糊三十層厚，晒乾。用刀刻兩截，脱出泥胎。將上開門如拳大，便於裝藥。仍將兩截用紙條糊成一家，外以紅油油之聽用。裝砲法：先將發藥一層鋪底，次放鉄蒺藜、地老鼠、小紙爆各十箇。再鋪飛砂神烟一層。又放法藥一層、藜鼠一層、神烟一層。再將發藥平口裝滿，用紙糊其口。安藥線，外用柿漆紙護其藥線，恐遇陰雨磨擦。再用油繩爲絡。上陣兵士，持之點信，抛入賊陣或營寨内碎擊，則蒺藜捌脚，地鼠攢入衣甲，滿地跳躍驚燒，小爆擊之，以亂賊心。乘此而用火攻，繼以銃砲，而賊營陣無有不敗者。

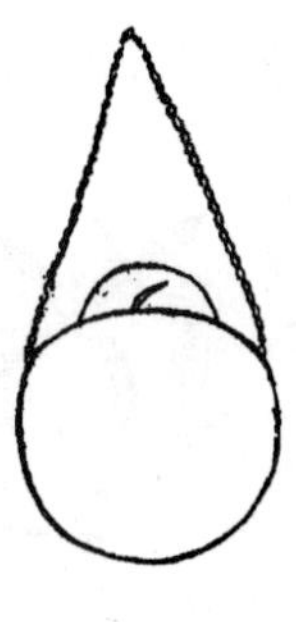

火磚

内用紙棒、地鼠共起火砲，兩頭拴鈎針，各安火線。每磚作三節，擺壘幾層，用竹篾箍束，浮撒火藥，粗紙包裹成磚樣。外用夾紙包糊，中間錐口入火繩，臨用點擲。

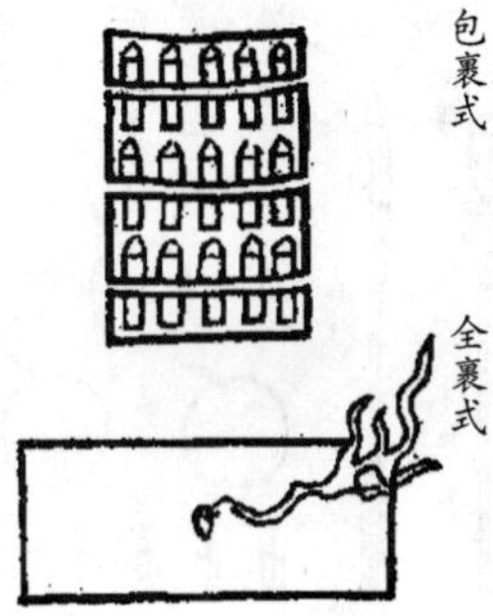

包裹式　全裹式

火彈

用薄夾糊如拳大，以松香在内熱塗。入毒藥、蒺藜。安藥線。外刷松香、柏油、黃蠟。燃火抛擊。

竹火鷂

編竹爲疎眼籠，腹大口狹，形微脩長。外糊紙數重，刷令黃色。入火藥一斤，在内加小卵石，使其勢重。束稈草三五斤爲尾。二物與毬同。若賊來攻城，皆以砲放之，燔賊積聚及驚隊兵。

對馬燒人火葫蘆

用叨腰葫蘆爲之，以黃泥、紫土、鹽水和，護一指厚。晒乾，再灰布一層。外用生漆漆之聽用。用舊，又章紙，不拘多少，每次十餘張，燒點，將水盆覆衣上，將紙點灼，就放盆下，連蓋悶灰存性。每灰一兩，硝一分，硫黃半分，共拌匀，灌入葫内。用火種燒紅入内，隨即用干肩塞其口。收貯聽用，任放不熄。遇賊藏於衲内，放開口迎面噴之，火發三四丈，遇之無不腐爛也。

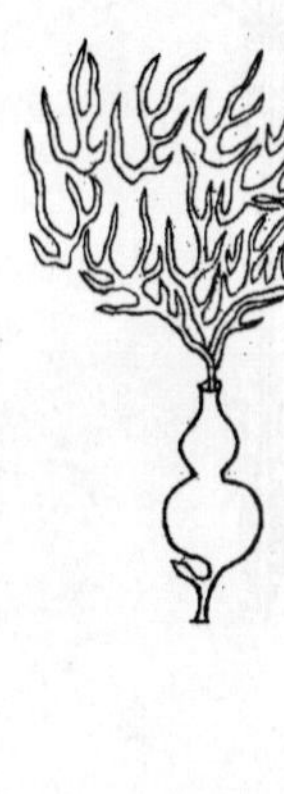

火龍捲地飛車

用木爲車，下設雙輪，使不欹倒。刻爲虎豹豺狼熊羆諸獸等形，腹藏火器二十四件。火從諸獸口中噴出，神火、毒火、法火、飛火、烈火、火器，次第而發。藥信以法盤曲。每一車用壯士四人，輪番推轉。兩旁設飛翅神牌，牌留望眼，以便觀望遮擋矢石。車前裝利刃，上蘸虎藥。號旗一舉，輪轉如飛，衝入賊陣，萬將莫當。

火櫃攻敵車

用堅木造，轅長一丈，輪高二尺五寸，櫃闊二尺八寸，高二尺。下架鎗五杆，上穿火箭百枝。櫃蓋油刷，以防風雨。用牛騾拽行，二兵隨幫燃火。此進攻衝敵長技也。

萬勝神毒火屏風車

用堅木製造，高與城門等，下設八輪，便於推轉。外以生牛革爲障，內藏神器火器一十二件。遠用遠器,則以火砲、火銃、火彈、火箭。近用近器,則以火弩、火刀、火鎗。乃用壯士十人守之。賊一近城,萬火齊發,聲如巨雷,人馬遇之便成虀粉。大開城門,談笑而遣之。此守城第一器也。加以飛火、神火、烈火、毒火、神烟舉放。

萬彈地雷砲

用大窑罈一箇,盛炸藥儘滿。中鑿眼一箇,以裝藥線。罈口用土填緊。探賊出没之處,掘地丈餘,上用亂鵝卵石堆滿,仍用泥土蓋平。再用鋼輪一箇,埋藏如法。將竹竿作爲藥路引入罈内,或遠處用人扯拽,或拌索,以物加上誘之。輪火一發,其罈炸裂如雷,泥土亂石衝天。强寇遭之,有不披靡者乎?乃火攻中最狠者。

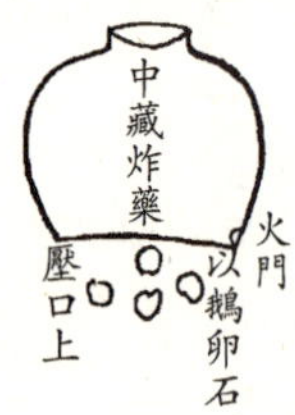

焦玉《火龍神器陣法》 火攻藥法

火攻之藥,硝黄爲之君,木灰爲之臣,諸毒火藥爲之佐,諸氣藥爲之佐使。然必知藥性之宜,斯得火攻之妙。硝性主直,直發者以硝爲主。硫黄性横,横發者以黄爲主。灰主爲火,火各不同,以灰爲主。有箬灰,柳灰,杉灰,樺灰,葫蘆灰,蜀葵根灰,老茅竹根灰,茄楷灰之類。性直者主遠擊,硝九而黄一。性横者主爆,硝七而硫三。青楊爲灰,其性最鋭。枯杉爲灰,其性尤緩。箬葉爲灰,其性尤燥。雄黄氣高而火焰,神火以雄爲君。石黄氣猛而火烈,法火以石黄爲君。砒黄氣臭而火毒,毒火以砒黄爲君。金汁銀銹硇砂炒製,鉄子磁鋒,着火則爛見骨,爛火藥内用之。牙皂姜霜椒末配合飛砂神霧,着人則立瞎雙睛,飛火藥内用之。草烏巴豆霜雷籐,少加水馬虎藥,中人飲冷水即解。加水馬,見水愈急。熬煎藥矢飛鎗,着人則見血封喉,賊着立斃,火箭火鎗火弩等器用之。江子常山半夏署和川黄,製造噴筒藥礶,着人則噤唇不語,噴火藥内用之。桐油、豆末、松香,用利焚糧、劫寨、偷營,劫火藥内用之。人精、鐵汁、巴油,用破革車皮帳,攻城用此鎔化燒沸,傾注城下,洞透重革。狼屎烟晝黑夜紅,遞傳警報。江豕灰逆風愈勁,立顯奇功。凡火藥順風則發,逆風則不可用。加江豕灰配合諸藥,風愈逆而火愈熾矣。他如猛火油出占城國,得水愈熾,可燒濕物。九尾魚脂出波羅國,見風漫爆,無可遮攔,固皆難得之物,而爲將者亦不可不知也。

燒天猛火無攔砲

用篾爲籃,外糊油紙,内則捲紙爲筒,中藏神火數種。火各不同,毒火法火能飛或走,飛火噴火或跳或躍,撲人眼目,燒人鬚髮,隨風四散,焚糧驚馬,勢不可遏。飛入賊陣,彼必自亂。乘機奮擊,大捷成矣。

燒天猛火無攔砲式

神火飛鴉

用篾製造,形如飛鴉。外用紙糊,腹藏神烟毒火、蒺藜飛燕之類,尾後縛催火筒,酌量大小。黑夜用火鴉數百,乘風飛入敵城寨中,火起烟迷,賊心驚怖,乘亂擊之,必有功矣。

鐵汁火車

如賊造撞車,板屋革籠遮蔽形體,推至城下,滚木砲石俱不能破,力不能禦,爲將者束手待斃。即用堅木造車,下設四輪,以便推轉。以爐冶鎔以鉄汁,制竹爲槽,塗以漿泥,晒令乾燥。如賊附城攻打,即推車以鉄汁灌之,木石俱焚,火星萬道,四散迸起,維石片堅木無不立穿。用車十乘,足抵勁兵五千,且不疲力而功甚速。

胡宗憲《籌海圖編》卷一三《經略三・神機箭圖説》 丹陽邵守德云:造法,礬紙爲筒,内入火藥,築令滿實。另置火塊油紙封之,以防天雨。後鑽一孔,裝藥線。用箭竹爲幹。鐵矢簇如燕尾形,末裝翎毛。大竹筒入箭二矢或三矢。望敵燃火,能射百步。利順風,不利逆風。水陸戰皆可用。用之水戰,能燔舟篷。用之陸戰,能燬巢穴,中毒必死。

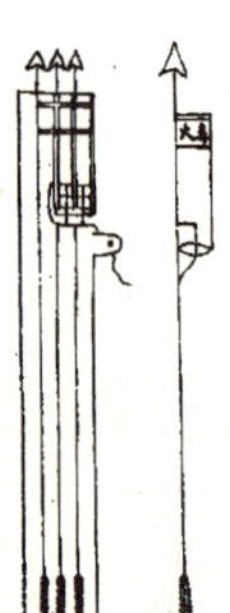

低則易救 神機箭式

戚繼光《紀效新書》卷一五《布城諸器圖説篇第十五》 製合鳥銃藥方

硝一兩,熿一錢四分,柳炭一錢八分。

通共硝四十兩,熿五兩六錢,柳炭七兩二錢。用水二鍾,舂得絶細爲妙。秘法,先將硝熿炭各研爲末,照數兑合一處,用水二碗下在木柏,木杵舂之。不用石樁者,恐有火也。每一柏,舂可萬杵。若舂乾,加水一碗又舂,以細爲度。舂之半乾,取日晒,打碎成豆粒大塊。此藥之妙,只多舂數萬杵也。大端如製合好墨法相類。若添水舂至十數次者,則將一撮堆於紙上,用火燃之,藥去而紙不傷。如此者，不敢入銃矣。只將人手心擎藥二錢燃之，而手心不熱，即可入銃。但燃過有黑星白點與手心中燒熱者，即不佳。又當再加水舂之，如式而止。

夫火箭亦水陸利器，其功不在鳥銃下。但造者無法，放者無法，人鮮知此器之利也。大端造法有二，或造成用鑽鑽線眼，或用鐵桿打成自然線眼。但鑽者不如打成者妙，鑽易而打成費手，故匠人多不肯用打成之法。其肯綮全係於線眼，眼正則出之直，不正則出必斜。眼太深則後門泄火，眼太淺則出而無力，定要落地。每箇以五寸長言之，眼須四寸深，桿要直，而去頸二寸稱平。翎要勁，羽長而高。褙筒用礬紙，間以油紙則不走硝，可留二年。此物最不耐久收也。

火箭線眼式

箭頭式　中脊要厚，兩刃要長而利爲佳。

頭上縛虎藥至妙

又　卷一八《治水兵篇第十八》

常時水寨操習

放火磚、火砲、火毬之法，須火線燃之，將入方可擲下。不然擲而滅就，不滅，賊可反手，正當發時，反爲所害。

火箭只著棚帆當中一點，打去常高中則不可救，低則易救。

【略】

賊船如近我船，便傾下火藥一二桶，少則無用，連桶則恐滾擲水中。須傾桶倒下，一面用一二人，用鐵鍬執炭火數鍬，隨藥擲下。火多則必有燃藥者，或用粗碗一箇，種火一碗，用灰蓋之，放於桶口。擲藥之時，碗內火同藥傾及船，一磕而火藥相粘，必發難救。此第一全勝捷徑妙法，智者不能施其巧，勇者不能用其力也。

戰船器用說

右約賊船在遠，先將炭火燒紅，盆盛一處。約賊舟相近百十步，以火入粗碗灰培。再俟賊近三二十步，以碗平放在藥桶內，蓋了。俟兩舟相逼，將桶平平擲下，至賊船被磕動，碗內炭火跌泛而出，與藥相埋即發，時刻

不失。較之別器，尅線不燃，及線濕、放早之病，皆可無矣。【略】

截粗徑二寸竹，布箍，用硝磺、砒霜、斑毛、剛子、硇沙、膽礬、皁角、銅綠、川椒、半夏、燕糞、煙煤、石灰、斗蘭草、草烏、水蓼、大蒜，得法分兩製度。磁沙、玉田沙炒毒繫鎗竿頭。順風燃火，則流淚噴涕，閉氣禁口，守城用。戰船只用飛天噴筒燒帆，爲第一妙器。此又不足用也。此乃各處見用於兵船者爾。

滿天煙噴筒

火磚

用地鼠紙筒砲，各安藥線，每五箇排爲一層，上下二節各二層。以薄篾橫束，合洒火藥、松脂、硫黃、毒煙，用粗紙包裹成磚形。外用綿紙包糊，以油塗密。另於頭上開口，下竹筒，以藥線自竹筒穿入。

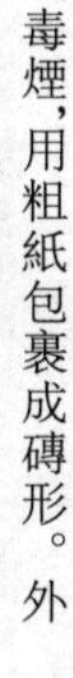
竹筒穿藥綫式

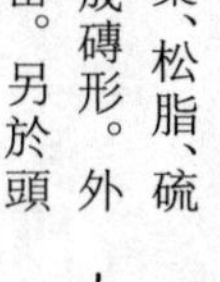
包式
火磚

火妖

紙薄拳大，內蕩松脂入毒火，外煮松脂、柏油、黃蠟。燃火拋打，煙焰蒺藜戳脚。利水戰，守城，俯擊短戰。

火妖

飛天噴筒

硝磺、樟腦、松脂、雄黃、砒霜，以分兩法製。打成餅，修合筒口。餅兩邊取渠一道，用藥線拴之。下火藥一層，下餅一箇，用送入推緊。可高十數丈，遠三四十步，徑粘帆上如膠，立見帆燃莫救。此極妙極妙，萬方效策。

飛天噴筒

大蜂窠

範大砲,紙糊百層,間布十層,內藏小砲,半入毒,半入火。又間小砲,入灰煤地鼠頭帶火,磁沙炒毒、鐵蒺藜、糞汁、毒炒包、松脂、硫黄、毒人髮角屑等件。此一火器,戰守攻取水陸不可無者,奪心眩目,驚膽傷人。製宜精妙。此尤兵船第一火器。

大蜂窠

何汝賓《兵録》卷一〇

水攻用火

水戰之具,火器爲第一籌固也。然種數雖多,其可以應急用者,亦惟是噴筒、火藥桶二三種而已。蓋噴筒所及有一百五十步之遠,横占丈餘。火藥桶抛入賊舟,兩船磕動,而火藥相粘,必發難救。水有所不及沃,人有所不能近,觸之者碎,犯之者死,故敵舟離遠則用噴筒,敵舟相逼則用火藥桶。此二者,最上捷勝神器也。若火箭,但微風可用,無風則帆不能焚,風急則火反熄。且發必須着棚帆,着中或被打去,着高庶不能救,着低又易爲撲滅者。至于銃炮弩矢,因舟蕩漾,發去無准,徒虚擲于浪中耳。鎗鈀之類,亦安所用之。止有鏢鎗、鈎鎗、鐃鎗三件,若舟佔上風者,可用以鐃鎗鈎住下風之舟,以鈎鎗鈎捉敵人之足,以鏢鎗鏢射賊人之身,庶幾爲有用之器。是外堪用者少矣。要之,欲用火攻者,又須先自爲水備。如一舟五十人,只用二十人持火器,其餘俱執水斗水桶,防敵人亦用火攻,則群手傾水滅之易也。不然,我之所用,反資敵用,其何及乎。兵法曰:火攻上風,無攻下風。此真要訣,不可忽也。

放火磚、火砲、火毬之法,須火線燃之將入方可擲下,不然擲而或滅,或未滅,賊反得擲來,正當發時,反爲所害。

賊船如近我船,便傾下火藥一二桶,少則無用,連桶則恐滚擲水中,須傾桶倒下。一面用一二人,以鐵鍬執炭火,隨藥擲下。火多則必有燃者。

發熕佛狼機、百子等銃,每門預定兵三名。內一名善放者,把緊銃稍,照賊船高下,須要得中。一兵持牌遮護,兼點火繩。一兵專裝火藥。其藥于平時晒晾乾燥,較銃用藥多寡,以竹筒盛貯。裝入其發熕大銃,亦較藥數秤足,用綿紙包裹。量銃口大小,分作幾包,用木棍送進。各項鉛彈,照銃磨圓收裝。免致紊亂,臨時倉卒有悞。違者,重治。

火藥方

製火藥,每料用硝五觔,黄一觔,茄桿灰一觔。以上硝黄灰共七觔,分作三槽,定碾五千八百遭出槽。每藥三觔,用好燒酒一觔成泥,仍下槽內再碾百遭出槽。拌成粒,如黄米大,或菉豆大。須入手心,燃之不覺熱方可。尋常藥用一觔,此藥止用半觔。因藥力太迅,不可多用。如無茄灰,柳條亦可,去皮去節用。

又法:製火藥,每硝十兩,灰一兩五錢,磺五錢,將三種研極細末,用水噴半乾半濕,放在木桕內,用杵着力狠搗。若乾去,再用水噴濕,搗至一萬杵,取出,放在手心內燃之,火燃,手心不覺者,方可用。若覺火熱,如前法再搗。藥可用,將燒酒和搗作劑,晒乾。再搗碎,用密紫竹篩篩過,上粗大者不用,下細者不用,止取如粟米一般者入銃。其大小者,再如法製造。蓋鳥銃筒甚長,細則下藥之時盡粘筒上,不得到底。太粗,藥又不實。大槩磺欲快發火,灰欲作力,硝取噴送致遠,全要精細。粗心爲之,必致傷銃。

神火藥方

石黄,燒酒浸,麻油炒,晒乾,爲末,二斤。雄黄,雌黄,黑砒,銀杏葉,蘆花,艾肭,松香,一斤。豆末,乾糞,巴霜,硝火,硫黄,箬灰,柳灰。

右用石黄三觔,松香一觔,同雄黄等各四兩,三七分,火藥配諸藥攪和。此藥偷營,劫寨,衝鋒,破敵之用。

烈火藥方

荳末,松香,石黄,雄黄,砒信,銀杏葉,硝火,硫火,箬灰,樺灰,柳灰,斑猫,艾肭。

銀杏、松香各一觔,硫火二觔,石黄、雄信各三兩,加提過明硝七觔,每觔用灰四兩。此藥燒賊營寨、糧草用之。

飛火藥方

蘆花十斤,桐油拌晒。松香三斤。豆黄、乾糞、與銀葉二味細羅過。銀杏葉、硫火、箬灰、樺灰、皂角末、柳灰、斑猫、石黄,以上各八兩。

蘆花十觔,密室攤乾,切不可見風日。配以松香,諸味三七分配火藥。此藥衝陣,劫寨,焚燒賊糧,水陸馬步俱用。

炸藥法

用硝一觔,硫黄半觔,柳木炭一兩六錢,石黄一兩六錢,雄黄八錢,研爲細末。用燒酒半觔調均,仍前剉如菉豆大。臨用之際,每一觔加汞二兩。

火攻雜說

火毬，火磚，火礶，此三者軍中必用之物，但用之各有其時，各有其地。或敵人攻營，蜂屯蟻聚，可燒而走也。或敵人結營山林，可因而焚也。或夜去敵營，探其睡熟，以此丟入，外以精兵攝之，可因其亂而取也。或攻敵之城營，設法飛入，使其夜驚不眠，吾得以逸待勞。或水戰，其船相近，燃信得法，丟入彼船，或焚其帆篷，或亂其脚步，無不利者。至於火礶，專爲水戰之用。舊制將藥信縛在礶外，遇船燃着，丟去。然風帆上下，往來不定，一燃之後而機會不得，則不敢復遲。倘不得丟入賊船，只得投之水中，不然則反爲本船之害矣。今制每礶八鼻，鼻各繫火繩四五寸一段。如臨用之際，將火俱點着，以四五寸之火繩可燃許久。惟伺便始投，一投則礶破。礶破則藥見，八面皆火繩，豈無一繩燃藥者。此法可以久待，亦變法之妙者。其火毬火磚，若在水戰，全在點信之人有用。若點信太長，易至閃滅，或丟入敵船，敵人見信尚長，亦可反擲我船之內。若點太短，未及入賊船而先發，均反爲累。況臨敵之時，手忙脚亂之際，易至失錯。二物用之水戰，不如火礶之妙也。

焚帆之制有遠近四等。若在百步之外者，火箭也。夫傷人之火箭，力要大，勢要急。其打造，非鐵桿鎚打二萬鎚不可。其頭盡處回火止用十分之一。若焚帆火箭，止用木桿鎚打，其力止可至十步而止。頭用倒鬚，其回火當用十之三四。夫火箭力大，而帆蓆之薄，一射徑過，何益于焚。故焚帆之箭，止量其力至帆而止，則無透過之失。如慮透過，當于離火門之下一二寸遠，用竹扎十字交叉，以阻留之。如五六十步，用弓射石榴箭。如二三十步，則噴筒之制甚妙。如近十數步之内，或焚帆，或焚其篷棚，非火飛抓不可。其制用堅木車作棒槌形，自頂上入刀，將内車空，入明火藥裝滿，週圍共掏七八孔，以出火。又週圍用倒鬚釘釘之，外以油紙糊之，以避雨濕。臨敵用手擲去，或高釘帆上，可以焚帆。釘入人身，可焚而走。釘入篷棚，可以延燒。此四者，焚帆之利器也。

【略】

火兵湏用驍騎，昏夜啣枚，身藏火具，直抵敵營，一時縱火，亂則乘而擊之，静則棄而勿攻。或竊敵號潛入營中，焚其積聚，火發衆亂，急擊勿失。

火獸用牛馬驢騾等，身縛利刃火器，以樺皮細草注尾上。驅其首向敵，然後縱火，火發必痛駭前奔，因亂擊之，可勝也。然湏遠離我軍，恐防反噬。亦湏相持度勢，不可妄用。

又　卷一二

神機箭

造法：礬紙爲筒，内入火藥，築令滿實。另置火塊油紙封之，以防天雨。後鑽一孔，裝藥線。用箭竹爲幹。鐵矢簇如燕尾形，末裝翎毛。大竹筒入箭二矢，或三矢。望敵燃火，能射百步。利順風，不利逆風。水陸戰皆可用。用之水戰，能燔舟篷。用之陸戰，能燬巢穴，中毒必死。

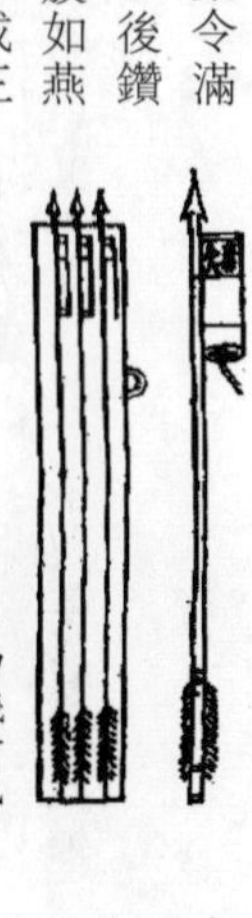

神機箭式

藥方：牙硝四十兩，如法提過硫黄三兩六錢，製過柳炭十二兩。燒炭將柳條去櫛者佳，茄樹椰衣亦可代之。箭筒用綿紙裱厚，用軌捲筒，用鐵桿築打煮糊，湏用白礬入内，以備年久不壞。

飛火槌

身連柄八寸長，圓圍三寸，狀如捧槌。以白楊木爲之，中車空使薄，裝藥在内。釘三道釘，每道用倒鬚鈎釘四個，攢十字釘，止留倒鈎在外。倒鈎約一寸，以鋒利爲上。打去賊船，使釘釘舩牢，一時不能脱，而火發可以燒舩。火礶搖易碎裂，火磚抛去易還擲，不如此器之妙也。

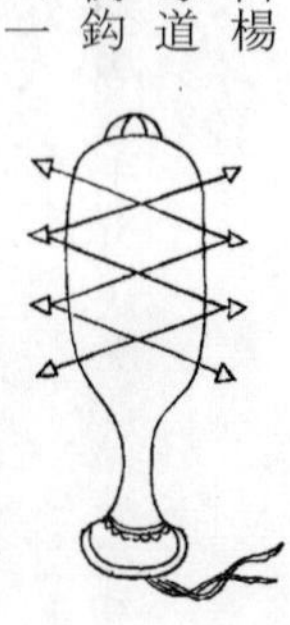

飛火槌式

茅元儀《武備志》卷一一九《軍資乘·製火器法一》

火藥賦

五材並用，火德最靈。秉熒惑之精氣，酌朱雀之權衡。軒轅創法，以衛民生。五金八石，按炎帝之草經。範金修火，命風后而制兵。謂銛鋒利鏃，力尚有窮，而火餤之精，無堅不潰。雖則硝硫之悍烈，亦藉飛灰而匹配。驗火性之無我，寄諸緣而合會。硝則爲君而硫則臣，本相須以有爲。硝性豎而硫性横，亦並行而不悖。惟灰爲之佐使，實附尾於同類。善能革物，尤長陷陣。性炎上而不下，故畏軟而欺硬。臣輕君重，藥品斯匀。烈火之劑，一君二臣。灰硫同在臣位，灰則武而硫則文。剽疾則武收殊績，猛炸則文策奇勛。雖文武之二途，同輸力於主君。世直道而翻右武，時横行而乃尚文。如豨苓與桔梗，時爲帝而稱珍。若乃硝材真正，君明則宜。硝匪其材，主暗取譏。君賢明而治理，城郭完全，文恬武嬉。君不明而暴虐，文武縱横，滅裂裳衣。且藥不精專，雖多亦少。

藥能精製，以少爲多。過與不及兮失其調劑，用之適中兮燮理平和。灰硝少，文雖速而發火不猛。硝黄缺，武縱燃而力慢。奈何棄武用文，勢既偏而力弱，堪成白火之用。棄文用武，事雖濟而力窮，乃在噴火之科。臣儒君强，不堪布政，惟宜直前宣吐。臣勇君明，有似焕汗，忽爾中含激烈。賢哲明此兩端，昏愚豈諳優劣。文一武十，是謂先驅。渾圓則流轉不窮，而四圍跳躍；直遂則中通一線，而百步争途。縱一兩之藥，行三百步有奇。恐千里之馬，終有一蹶不虞，難於百發百中。大抵藥力多少之論耳。若夫方以類聚，材在兼收，滴醋以酸折助順，火酒以燥性相投。木折皮或微潮而噀遠，班猫以酷烈而取道。至如獨蒜，氣亦相求。論其製法，須諳利弊。硫黄粗兮灰易細，文武乖暌；硝研細而黄灰粗，煎熬失味。合藥不厭精，碾藥不厭細，錘打不嫌多，築虚最所忌。若夫土囊所以壓砲，蓋爲金土相生。沸湯用以和藥，是則水火既濟。聊且撮其大都，指破迷途之士。

解云：謂硝産不是道地，硝性微軟，故曰不明。因硝不道地，加上黄灰，恐致暴裂，故曰虐。黄居硝六分之一，爆仗用之。黄居硝三十分之一，灰居硝五分之一，爲下料，爲行火藥，火箭、流星、地老鼠及藥線用之。一云：有硝無黄爲藥線，黄多則能發火。杉灰爲緊藥，輕煤爲慢藥，柳枝灰茄楷灰最輕而易引火，瓢灰蜂窠灰則又輕矣。黄居硝三分之一或四分之一，灰居硝四分之一，爲上料，凡紙筒、紙毬、梨花竹筒、瓦罐敞口之物、火箭頭上及銕砲欲炸者用之。黄居硝二分之一，水火毬、煙毬用之。黄居硝十分之一，灰同之爲中料，凡銃砲及鳥銃用之。各藥稱足分兩，先碾硫黄如麪細，次下硝碾，將灰稱足，投入熟水，攪入硝黄内，碾爲片塊，晒乾，復碾極細，愈細愈佳，此即良法。

製火藥方

製火藥，每料用硝五斤，黄一斤，茄桿灰一斤。以上硝黄灰共七斤，分作三槽，定碾五千八百遭出槽。每藥三斤，用好燒酒一斤，成泥，仍下槽内，再碾百遭，出槽。拌成粒如黄米大，或菉荳大，須入手心燃之不覺熱，方可。尋常藥用一斤，此藥止用半斤。因藥力大迅，不可多用。如無茄灰，柳條亦可，去皮去節，南方如無柳茄，杉槁俱可。

製火線藥

製火線藥，浄硝一斤，黄三兩六錢，柳灰四兩三錢，茄灰五錢，白砒五錢，朝腦三錢。如前合，或止用前藥，走線扁線皆用之，但不作粒。若作炸炮藥方，硝黄如前，灰減去五錢，加白砒五錢，朝腦一錢，好燒酒和匀晒乾。若作起火，黄減去一兩二錢，硝灰白砒朝腦如前，班毛二錢，爲極細末，重羅合一處，用好燒酒拌濕晒乾，再研一次，仍用燒酒拌潤晒乾，研羅，即起火。若作箭藥，黄減去一兩一錢，柳灰四兩，硝白砒朝腦如前，茄灰五錢。

又 卷一二六《軍資乘・火器圖説五》 箭

火箭

火箭

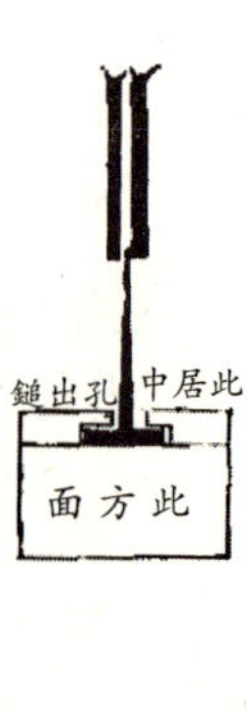

自然打成線眼式

夫火箭亦水陸利器，其功不在鳥銃下，但造者無法，放者無法，人鮮知此器之利也。大端造法有二，或造成用鑽鑽線眼，或用鐵捍打成自然線眼。但鑽者不如打成者妙，鑽易而打成費手，故匠人多不肯用打成之法。其肯綮全係於線眼。眼正則出之直，不正則出必斜。眼太深，則後門泄火。眼太淺，則出而無力，定要落地。每箇以五寸長言之，眼須四寸深，桿要直，而去頸二寸稱平，翎要勁羽長而高。褙筒用礬紙，間以油紙，夏不走硝，可留二年。此物最不耐久收也。

明火箭

龍形箭架

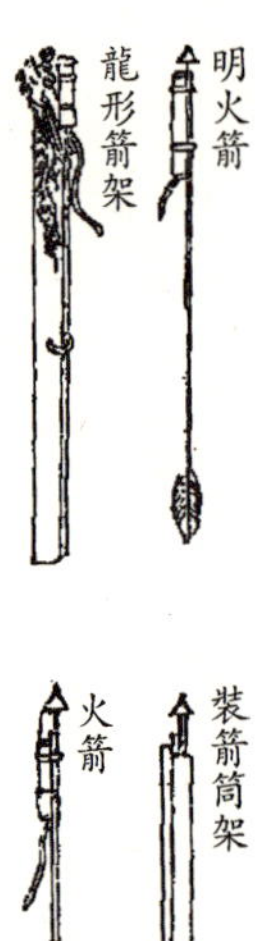

裝箭筒架

火箭

俱用小竹杆，長四尺二寸，鐵鏃長四寸五分，上塗毒藥。有捏明火者，翎後釘鐵墜，長四分。前綁紙桶起火，油蔽濕放。時有穿龍形架，或裝竹木桶，或架各火箱，取其便也。

此即火箭之類，特以桿大身長，用鏃不同，異其名耳。藥筒長八寸，徑粗一寸二分，用荆棍爲桿，長六尺；或實竹桿，徑粗五六分。箭頭塗以毒藥，力能洞甲，可射五百餘步。須候敵至三百步發之，長技短用，勢力益大。大凡火箭製

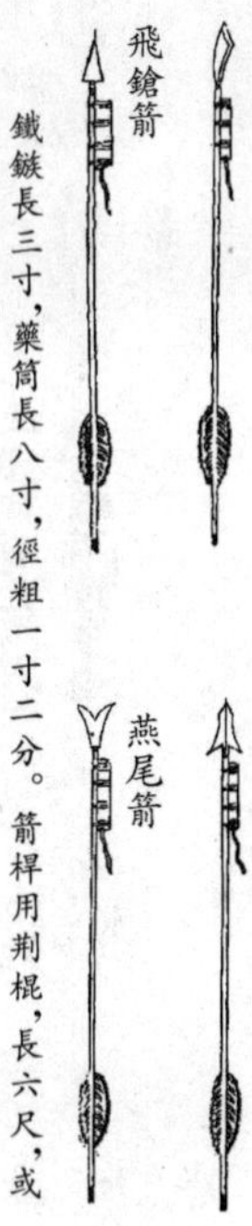

鐵鏃長三寸，藥筒長八寸，徑粗一寸二分。箭桿用荊棍，長六尺，或實竹桿，徑粗五六分。翎長七寸，後有鐵墜。

法要精，每一大筒，每人一日止可築三四筒，次者五六筒，再小者倍之，方有工夫。必能遠發，亦可久藏數月。蓋工夫既到，即小箭亦遠。否則不爆碎，則近在數十步止矣，將焉賴之。是乃克敵神器，紙筒藥料箭桿等項，將領須要件件經心，則猛烈無敵。南北水陸所恃以爲長技者此耳，安可視爲不急而忽之乎。

大篃火箭

造法：用徑六七分荊木爲柄，長五尺，後杪三稜，火翎如箭，矢頭用紙筒，貫以火藥。如火箭，頭長七寸，粗可二寸。其法金鋒長五寸，闊一尺，或如劍形，或如刀形，或三梭如火箭。頭若鎗形，光瑩芒利，通計連身重二斤有餘，燃火發之，可去三百步。大隊一齊衝之，賊中者皆倒。不獨穿而已，凡有枝枒之物，皆可架放而去矣。

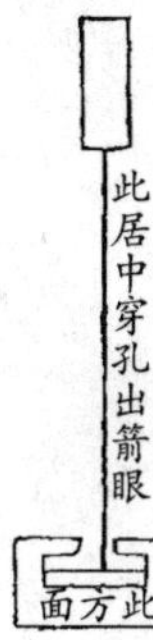

大篃火箭

神鎗

此即平安南所得者也，箭下有木送子，并置鉛彈等物。其妙處在用鐵力木，重而有力，一發可以三百步。

神鎗

弓射火柘榴箭

將後火藥用綿紙二三層，中樹箭桿，用藥傍桿，包成石榴樣，外加蔴布縛緊，以松脂熬化封固。又用紙糊，油過。藥線眼向前開，鐵鏃須要鋒利倒鈎。然藥線發火，方可開弓放去。一着人馬篷帆，水澆之不滅，亦便利之器。

弓射火柘榴箭

後火藥筒

凡燒篷帆管寨水箭，必用後火，而後火之製，必要精妙，乃無悮事。送藥筒長五寸，外另捲褙紙，比送藥筒加長一寸五分。送藥打滿而止，留此一寸五分，少加發藥一匙，即將此褙紙錢置藥上。藥線分開四路，直透筒口，即下黃土一分隔之，方入後火藥，以木桿稍實之，入滿到口。以四藥線頭俱捺伏。藥口用線紙二三層封固。如此秘法，萬無一失。

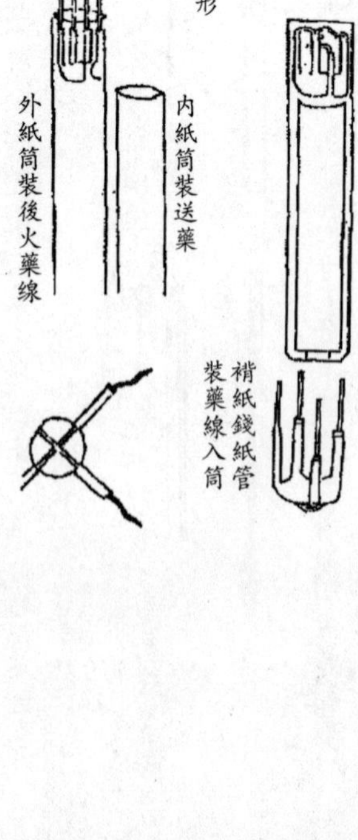

火弩流星箭

火弩流星箭

猫竹筒長二尺五寸，用牛筋学麻鐵線生漆魚膠纏定。馬用木柄，照筒口大，筒兩頭鐵箍二道。步戰用此，列於陣第三層。

此弩之製用竹爲之，筒長二尺五寸，柄長二尺，鐵箍二道，筒內箭長二尺，共十矢。上陣點其藥信，衆矢齊發，勢若飛煌，一弩可抵十兵之用。

小竹筒箭

每筒藏短火箭十枝，亦以毒藥塗鏃，重不過二斤。每兵可負四五筒。敵不知爲何物，候至百步之外，忽然火齊發，箭短且速，敵安能避。則一兵可兼數十人之技。凡將領隨從旗健雜流，俱可負帶。試其力，能貫薄板。發時舉竹筒稍昂，可至二百餘步，勿謂箭小而忽之也。

小竹筒箭

長一寸五分，箭長九寸，翎後有鐵墜。

單飛神火箭

用精銅鎔鑄，筒長三尺，容矢一枝，用法藥三錢。藥發箭飛，勢若火蛇。攻打二三百步，人馬遇之，穿心透腹，可貫數人。神鎗並用，中藏堅馬法藥，鏃蘸虎藥，以竹爲翎。

單飛神火箭

火籠箭

用竹篾編筒，長四尺，口大尾小，紙糊油刷，以防風雨。內編橫順閣箭，竹口三節，上編捉綁，前身旁留小眼穿藥線，總聯內起火箭上。每筒裝十七八枝，或二十枝。鋼箭頭塗毒藥，起火前捏明火一丸。焚糧草城樓船隻俱妙，遇敵則前衝可也。

火籠箭

又　卷一二七《軍資乘・火器圖說六》　箭

雙飛火籠箭

用竹篾筐，長四尺二寸，圍五尺，糊厚紙油刷。火箭桿長四尺，鏃長一寸五分。箭翎上釘鐵墜，長四寸，取其發矢遠穩。籠內兩頭安井字火箭，火線露出，總線一條盤住。臨用一齊點火，利於山坡向下飛摧，其勢莫支。

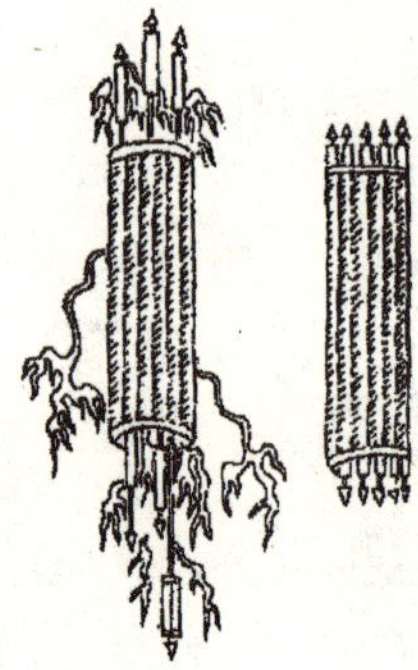
雙飛火籠箭

二虎追羊箭

箭桿長五尺，一股三簇，行火藥二筒向翎，劣火藥一筒向簇，共三筒。徑七分，長四寸五分，縛於一竿，發五百步。行火藥二筒，火從出畢，會至劣火藥筒。火出能焚燒棚寨，及燒敵船，及毀敵之房舍。一人用之，則百人驚懼，大有玄妙。亦塗見血封喉藥，與返復火鎗刀備之。

二虎追羊箭

三隻虎鉞

一如鐵銃，管長腹大，即今神鎗也。三銃三管，內三條藥線俱合會於中，一點火，三矢俱發，與鎗無異。三矢易於獲賊人散騎，亦善攻步隊。

三隻虎鉞

五虎出穴箭

用小猫竹筒，上劈開六寸許，編成一籃，內外漆布堅密，以備雨濕。筒口用鐵條分爲井字形，藏箭五枝。神機藥筒長四寸，荆木二尺五寸長爲桿翎，後加以鐵硾。離筒口六指，秤量相平爲準。竹小取其輕便，編籃方可容五藥筒。此箭可發五百步，塗以射虎毒藥，勢極猛烈，故以五虎名之。人負一筒，可兼十人之勇。邊塞馬上用之甚便。小筒者，同一製法，惟欲輕便，故梢變其體，但須製法精妙，亦能遠發。

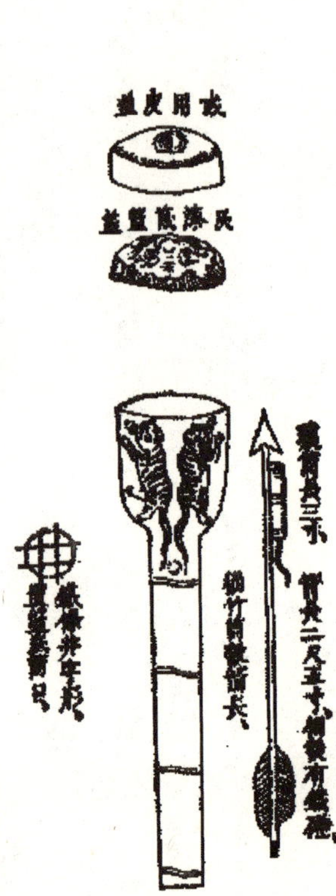

五虎出穴箭

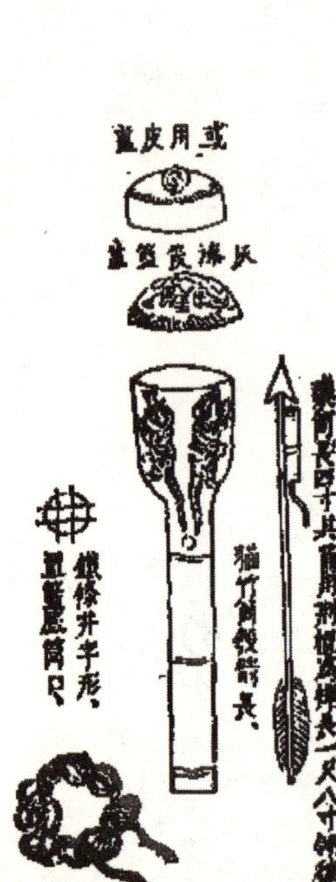

小五虎箭

七筩箭

用竹七根，長四尺，徑八分，打通節，內外光淨聽用。火箭桿長四尺五寸，翎長四寸。藥筩長四寸五分，徑一寸二分，黃土封後。一頭箭簇長二寸三分，四楞有槽，塗見血封喉藥。離口四指半稱平，恐尾輕，用鐵釘作墜子，務要稱得勻平爲則。箭七矢，用前七箭細爲一處。用牛皮作盤子護手，安箭七矢於內信總頭。護散騎摧鋒挫鋭之法，疾騎難逃，用百具火破齊整之陣，有二百步之力。護手皮漆過下，用皮兜住，免磨藥信。

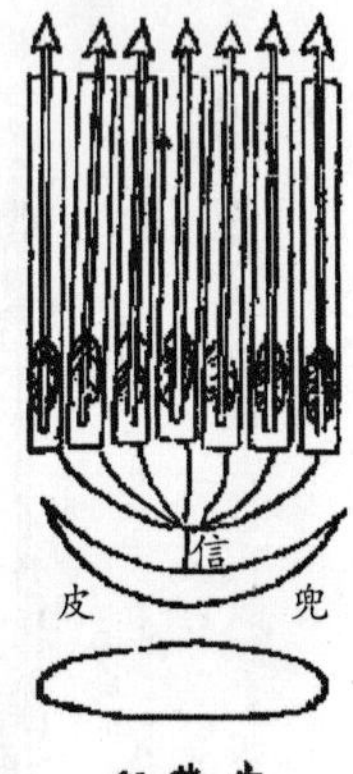

七箭 箭鏃傅虎藥

九矢鑽心神毒火雷砲

用精銅鎔鑄，身長三尺八寸，中藏九矢。矢鏃上蘸虎藥，一發則九矢齊飛，穿心透骨，勁不可逾。遇中於人馬，見血封喉，立時而斃。用此銃一柄，足抵精兵九人。量賊陣而應敵，中藏堅馬發藥，鏃蘸虎藥，或蘸爛藥，或帶飛火布包。裝時下米一撮，則箭不摇動。常弓一發一矢，此銃一發九矢，故抵九人之用。

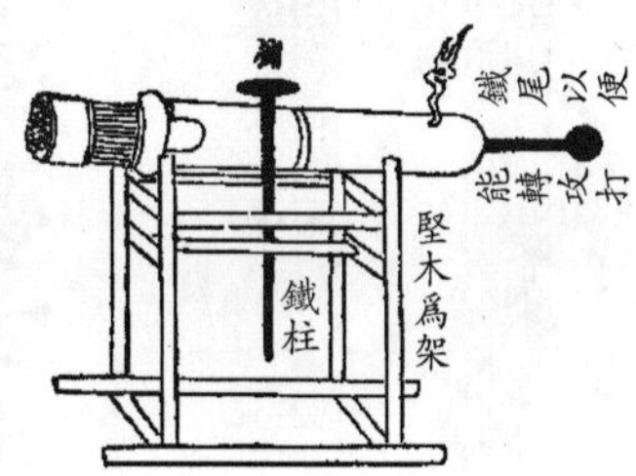

九矢鑽心神毒火雷砲

四十九矢飛廉箭

編篾爲籠，中空圓眼，約長四尺，外糊紙帛，內裝四十九矢。以薄鐵爲鏃，捲紙爲筒，長二寸許，前裝燒火，用砒霜巴豆合。後裝催火，發藥也。縛於鏃上。順風放去，勢如飛蝗，中賊則腐爛，掛蓬則焚燒。賊心驚怖，且焚且溺，破之必矣。前裝爛火藥、神火藥，各對分。後裝催火發藥，務首尾輕重相等，則去遠。或箭蘸虎藥，中賊則見血封喉，亦水戰之利器也。

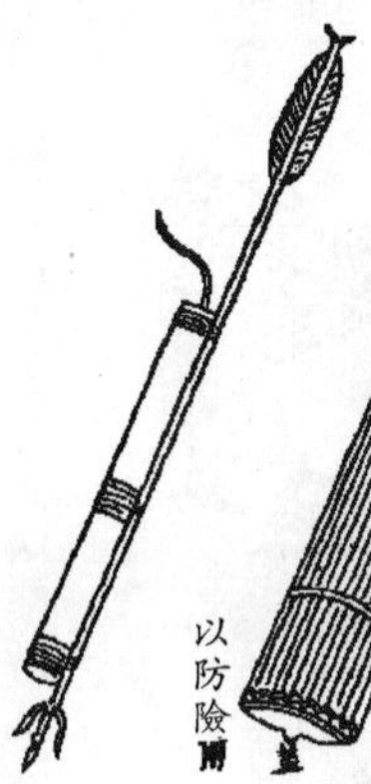

四十九矢飛廉箭 鏃蘸虎藥

百矢弧箭

用白礬瀝青製過紙筒六箇，長五寸，徑一寸五分，裝藥多半筒，連中心繫縛一處。每筒內裝箭數枝。箭用老竹削長五寸，如弩箭，頭用松香汁蘸過，火內炙乾，刮磨快利，其硬如鐵。藥線貫連，宜於近用。

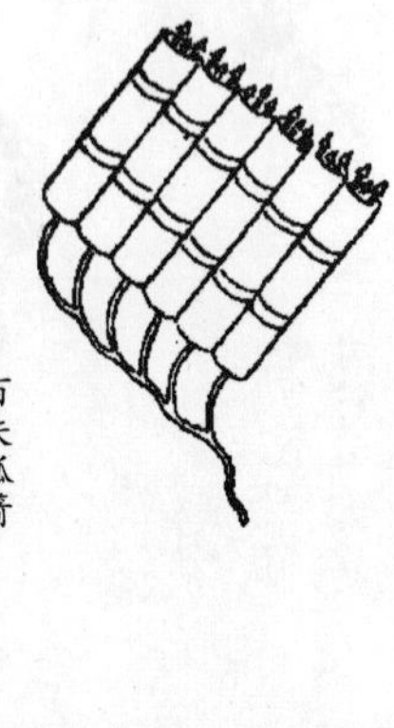
百矢弧箭

百虎齊奔箭

匣內用猛箭藥筒、肥短竹桿共百矢，翎後加以鐵硾，離筒口四指，秤量相平爲準。能發三百步之外，一發百矢。塗以射虎毒藥，威力甚猛，故以立名。若用之舟車，即可隨意改製長大，神機式樣更雄。此式短小，特爲陸地步戰一人背負設耳。

百虎齊奔箭 藥筒長三寸，箭桿用竹長一尺六，翎後有鐵硾。

羣豹横奔箭

匣藏神機箭，筒長五寸，以肥短荆棍長二尺三寸爲桿，共四十矢。翎後加以鐵硾，去筒口六指，秤量相平爲

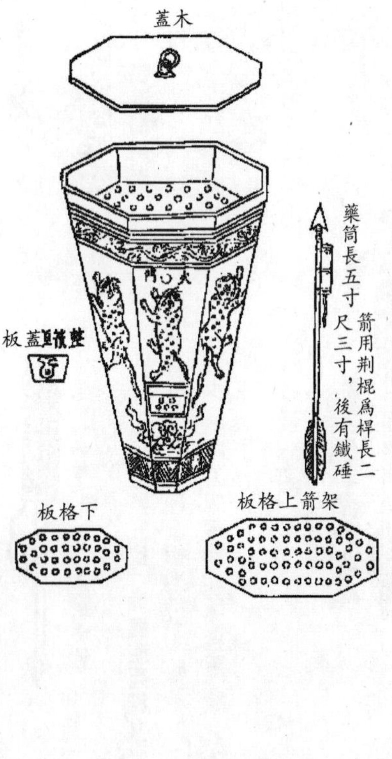

羣豹横奔箭 藥筒長五寸 箭用荆棍爲桿長二尺三寸，後有鐵硾

準。力可到四百餘步，一發四十矢。匣口稀疏，稍分左右。尾後緊密架之，一發橫布數十丈。凡原野間遇敵，只以十餘匣列陣前，橫闊數百丈皆箭矣，能左右擊敵，故名羣豹橫奔箭。

長蛇破敵箭

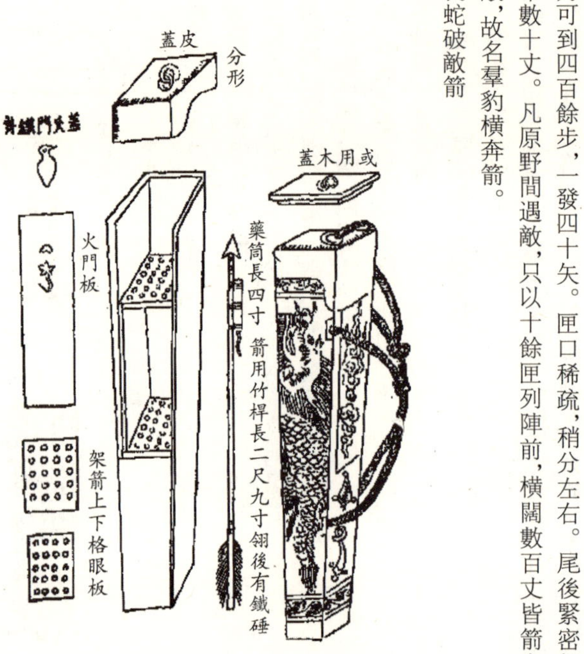

長蛇破敵箭

木匣內藏火箭三十枝，藥筒長四寸，桿長二尺九寸，俱以射虎毒藥塗在鐵鏃。每匣重不過五六斤，令一兵負之，候敵至二百步內，忽然火齊發，威勢毒烈。一兵賢於三十兵，故以立名。

羣鷹逐兔箭

兩頭匣內各藏肥短火箭三十枝，兩頭共藏六十枝，名曰羣鷹逐兔箭，因其短小猛鷙立名。每匣重不過五七斤，亦以射虎毒藥塗鐵鏃，令一兵負之，候敵至百步之外，忽然火齊發，即微傷亦未有不立斃者。放盡一頭，忽又以一頭繼之，使其莫測，是一兵而兼六十兵之技矣。

一窩蜂

木桶內貯神機箭三十二枝，名曰一窩蜂。須製造如法，力能貫革，可射三百餘步。先有以十數短小猛箭貯一篾簍，但猛箭藥力稍減，終不若神機發之勁。篾簍難蔽雨濕，終不若木桶貯之宜。每桶三十二枝，用之南北水陸，靡所不宜。繼於竹將軍鳥銃，放盡之後，仍以射虎毒藥塗鏃。在西北多用車戰，每車可架十

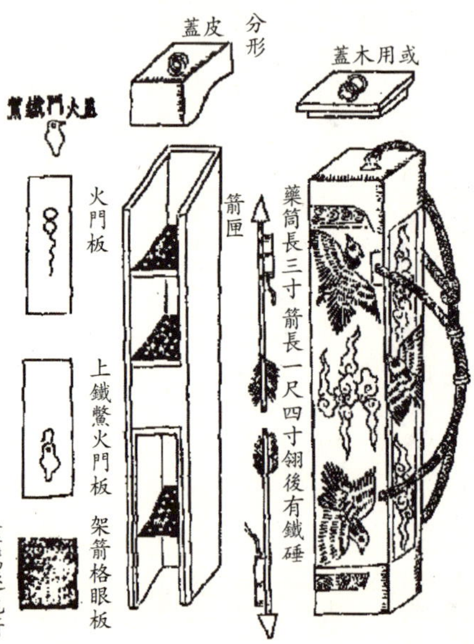

羣鷹逐兔箭

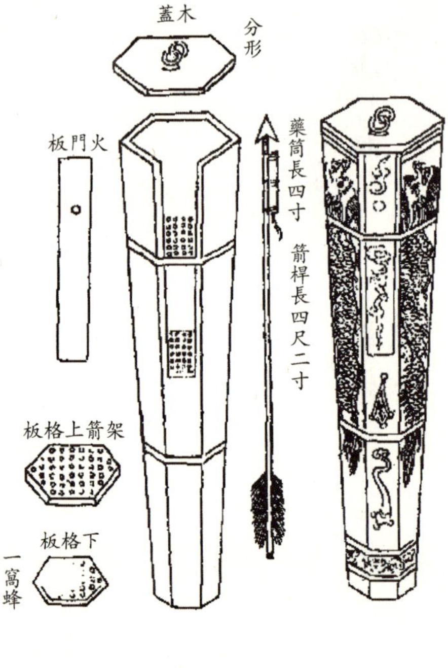

一窩蜂

數桶，去敵二百步外，總線一燃，衆矢齊發，勢若雷霆之擊，莫敢當其鋒者。且至輕，陸兵人人可以負行。每營或數十桶，或百桶，多多益善。

又　卷一二九《軍資乘・火器圖説八》　噴筒

飛空砂筒

飛空砂製度不一，用河內流出細砂，如無，將石搗爲末，以細絹羅，羅去面

灰，次用粗羅落砂。每斗用藥一升，炒過聽用。銃用薄竹片爲身，外起火二筒，交口顛倒縛之。連身共長七尺，徑一寸五分。鰾麻纏綁一處，前筒口向後，後筒口向前，爲來去之法。前用爆竹一箇，長七寸，徑七分，置前筒頭上。藥透於起火筒內，外用夾紙三五層作圈，連起火粘爲一處。爆竹外圈裝前製過砂，封糊嚴密。頂上用薄倒鬚鎗，如在陸地不用。放時先點前起火，用大茅竹作溜子，照敵放去，刺彼蓬上，彼必齊救，信至爆烈，砂落傷目無救。向後起火發動，退回本營，敵人莫識。

飛空砂筒

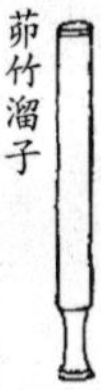

茆竹溜子

又 卷一三〇《軍資乘·火器圖說九》 磚

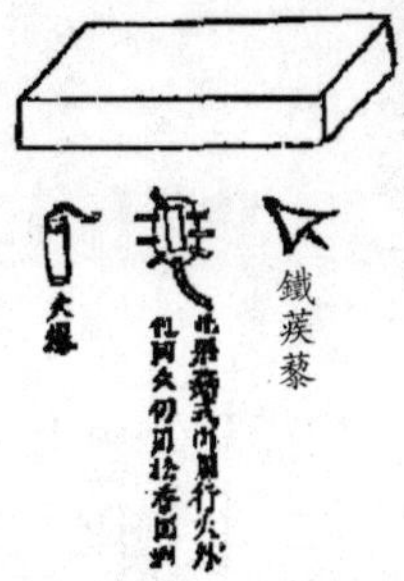

火磚

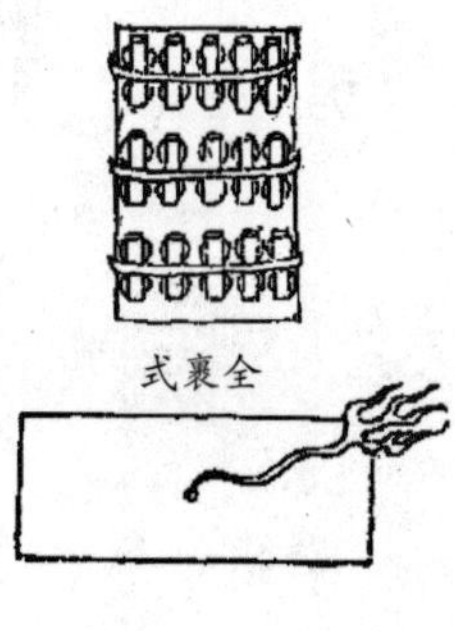

火磚

火磚

用薄胎素板，糊成方磚樣板匣一箇，長一尺，闊四寸，高二寸，開一頭。用松香熬化，盪在匣內，硫黃末掺上，入火藥一斤四兩，飛燕與紙爆各二十，鐵蒺藜三十，外用油紙四五層封固。燃藥線拋入敵船發開，飛燕四散飛擊延燒。內用紙捲地鼠共起火砲，兩頭拴鈎針，各安火線。每磚作三節擺疊幾層，用竹篾箍束，浮撒火藥，粗紙包裹成磚樣。外用夾紙包糊，中間錐口入火繩露盤外。臨用點擲，并設火營用。

又 卷一三一《軍資乘·火器圖說十》 禽獸

神火飛鴉

用細竹篾爲簍，細蘆亦可，身如斤餘雞大，宜長不宜圓。外用綿紙封固，內用明火炸藥裝滿。又將棉紙封好。前後裝頭尾。又將裱紙裁成二翅，釘牢兩旁，似鴉飛樣。身下用大起火四枝斜釘，每翅下二枝。鴉背上鑽眼一箇，放進藥線四根，長尺許，分開釘連四起火底內。起火藥線頭上另裝扭總一處。臨用先燃起火，飛遠百餘丈，將墜地，方着鴉身，火光遍野。對敵用之，在陸燒營，在水燒船，戰無不勝矣。

神火飛鴉

又 卷一三二《軍資乘·火器圖說十一》 車

衝虜藏輪車

轅長七尺，屏高五尺，前轅二層，架鎗刀八杆。箱中放火箭，框通於外面。內裝火箭四十枝。用軍二名，輪流推行衝攻。

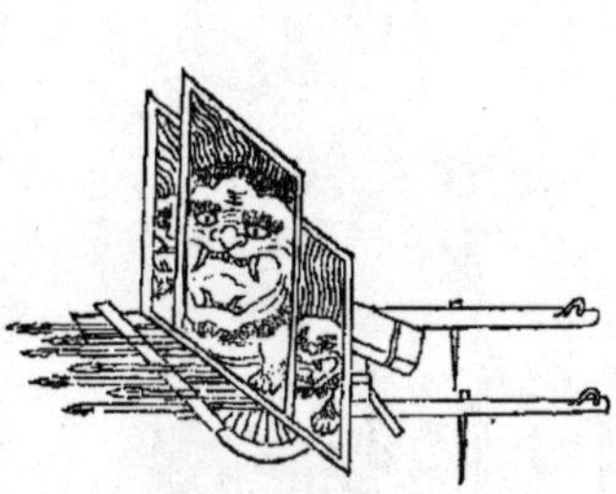

衝虜藏輪車

破敵火風鼎

破敵火風鼎

用杉木爲之，形類方櫃，高三尺，闊一尺五寸。上做蓋板，板上用木做數十槽，四閣四柱，高二尺。上做飛虎旗四面，以壯威儀。櫃爲雙扇門，內藏發藥鳥銃、火箭飛彈、大將軍等器數件，上面亦架數件。後做一架，架上用麻繩一圈。下設四輪，架前列利器十餘件。每一櫃用壯士二人推，一人點火，一人待刺賊衝陣。用此排列陣前，號砲一響，齊滚而進，火砲火箭一起發出，利害百倍。

鐵汁神車

用堅木造車，下設四輪以便推轉，載以冶爐，鎔以鐵汁。剖竹爲槽，塗以漿泥，晒令極乾。如賊城下攻打，隨推神車以鐵汁注於城下，如萬道火星，四散迸擊,雖厚水牛革遇之,無不穿透。用生鐵常炙火上令熱。主易化。

鐵汁神車

盛油引火車

盛油引火車

以木做兩輪框,架上釘鐵條,橫順架油鑊,中懸鐵盤燒炭火沸油,車角撑帶茅草。推至城門樓下,縱火而去。敵必下水沃之,油得水,其焰益高,則樓可燔也。

又　卷一三三《軍資乘・火器圖説十二》　水具

火龍出水

用猫竹五尺,去節,鐵刀刮薄,前用木雕成龍頭,後雕龍尾,口宜向上。其龍腹内裝神機火箭數枝,龍頭上留眼一箇,將火箭上藥線俱總一處。龍頭下兩邊用斤半重火箭筒二箇,其筒大門宜下垂,底宜上向,將蘇皮魚膠縛定。龍腹内火箭藥線由龍頭引出,分開兩處,用油紙固好裝釘,通連於火箭筒底上。龍尾下兩邊亦用火箭筒二箇,一樣裝縛。其四筒藥線總會一處捻繩。水戰可離水三四尺燃火,即飛水面二三里去遠,如火龍出於江面。筒藥將完,腹内火箭飛出,人船俱焚,水陸並用。

火龍出水

畢懋康《軍器圖説》　鋼輪火櫃

火櫃用榆槐木如式造,周圍多鑽引線眼,四旁用櫝木四枝安置火石。中用好淨鋼打成二輪,形如車輪樣。用橫鐵條一根捲繩,從下中孔拴墜石板於底。外用鐵機鍼插住。櫃内藏火線,并裝火藥若干。其墜石或用墜鐵易之,亦便禦警。設伏於虜賊必繇之路,掘地坑,深丈餘,埋一木架,閣住火櫃,上以草土覆之。其櫃外鍼鼻拴遊線,交橫遠繫釘地。若人馬絆繩鍼脱,石墜,底開,輪轉,石火自燃。通槽藥線火傳,埋伏諸砲轟發矣。若地雷,製以圓石爲砲,繇中鑿空。其口内寬外狹,旁穿細引線眼,約入藥三十斤,用石塊和灰將口塞固。埋時將裝藥口向下,大石板壓住,後用泥土填平。其引線用竹筒裝好,繇總筒枝分如瓜蔓形。引線用細藥線打成索,如指頂大,貫入乾羊腸内。接處用黄蠟封好,仍加炭屑墊裝竹筒内,雖經水不濕。發火總繇鋼輪藥櫃,其消息露出,待人馬觸發。又或穿一伏穴,潛藏數人,相機撥動,以走線燃起,繇近及遠,地中土石皆成銃彈,如雷霆所擊,無不摧折者。又可使敵人平地生疑,無站立之地,但此法製造要極精,偵探要極確,埋藏要極密,斯得妙用耳。

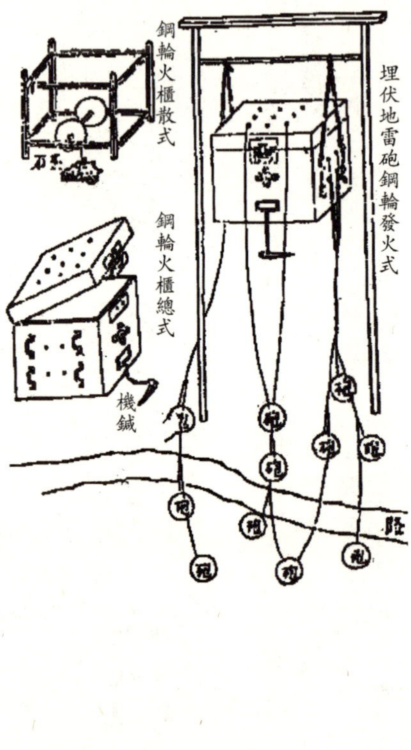

鋼輪火櫃圖

宋應星《天工開物》卷下《佳兵第十五》

火藥料

火藥、火器,今時妄想進身博官者,人人張目而道,著書以獻,未必盡由試驗。然亦粗載數葉,附于卷内。凡火藥以消石、硫黄爲主,草木灰爲輔。消性至陰,硫性至陽,陰陽兩神物相遇于無隙可容之中。其出也,人物膺之,魂散驚而魄韲粉。凡消性主直，直擊者消九而硫一。硫性主横，爆擊者消七而硫三。其佐使之灰，則青楊、枯杉、樺根、箬葉、蜀葵、毛竹根、茄稭之類，燒使存性，而其中箬葉爲最燥也。

凡火攻有毒火、神火、法火、爛火、噴火。毒火以白砒、硇砂爲君，金汁、銀銹、人糞和製。神火以硃砂、雄黄、雌黄爲君。爛火以硼砂、磁末、牙皂、秦椒配合。飛火以硃砂、石黄、輕粉、草烏、巴豆配合。劫營火則用桐油、松香。此其大畧。其狼糞烟晝黑夜紅，迎風直上，與江豚灰能逆風而熾，皆須試見而後詳之。

硫黄

凡硫黄配消而後，火藥成聲。北狄無黄之國空繁消産，故中國有嚴禁。凡燃砲，撚消與木灰爲引線，黄不入内，入黄即不透關。凡碾黄難碎，每黄一兩和消一錢同碾，則立成微塵細末也。

火器

西洋砲，熟銅鑄就，圓形若銅鼓。引放時半里之内人馬受驚死。平地爇引砲有關捩，前行遇坎方止。點引之人反走墜入深坑内，砲聲在高頭，放者方不喪命。

紅夷砲，鑄鐵爲之，身長丈許，用以守城。中藏鐵彈併火藥數斗，飛激二里，膺其鋒者爲韲粉。凡砲爇引内灼時，先往後坐千鈞力，其位須墻抵住，墻崩者其常。

大將軍、二將軍，即紅夷之次，在中國爲巨物。佛郎機，水戰舟頭用。

三眼銃、百子連珠砲。

地雷，埋伏土中，竹管通引，衝土起擊，其身從其炸裂。所謂横擊，用黄多者。引線用礬油，砲口覆以盆。

混江龍，漆固皮囊果砲沉于水底，岸上帶索引機。囊中懸吊火石、火鐮。索機一動，其中自發。敵舟行過，遇之則敗，然此終癡物也。

鳥銃，凡鳥銃長約三尺，鐵管載藥，嵌盛木棍之中，以便手握。凡錘鳥銃，先以鐵挺一條大如筯者爲冷骨，果紅鐵錘成。先爲三接，接口熾紅，竭力撞合。合後以四稜鋼錐如筋大者，透轉其中使極光净，則發藥無阻滯。其本近身處，管亦大于末，所以容受火藥。每銃約載配消一錢二分，鉛鐵彈子二錢。發藥不用信引，嶺南制度，有用引者。孔口通内處露消分厘，搥熟苧麻點火。左手握銃對敵，右手發鐵機逼苧火于消上，則一發而去。鳥雀遇于三十步内者，羽肉皆粉碎，五十步外方有完形，若百步則銃力竭矣。鳥鎗行遠過二百步，制方彷彿鳥銃而身長藥多，亦皆倍此也。

鳥銃

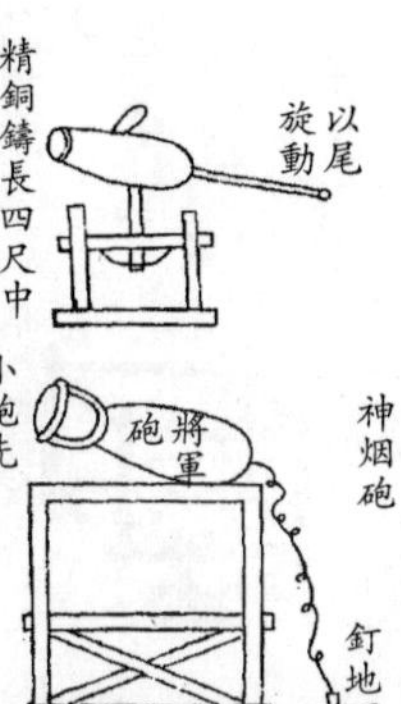

八面轉百子連珠砲

萬人敵

萬人敵，凡外郡小邑，乘城却敵，有砲力不具者，即有空懸火砲而癡重難使者，則萬人敵近制隨宜可用，不必拘執一方也。蓋消、黄火力所射，千軍萬馬立時糜爛。其法，用宿乾空中泥團，上留小眼，築實消黄火藥，參入毒火、神火，由人變通增損。貫藥安信而後，外以木架匡圍。或有即用木桶，而塑泥實其内郭者，其義亦同。若泥團，必用木匡，所以妨擲投先碎也。敵攻城時，燃灼引信，抛擲城下。火力出騰，八面旋轉。旋向内時，則城墻抵住，不傷我兵。旋向外時，則敵人馬皆無幸。此爲守城第一器。而能通火藥之性、火器之方者，聰明由人。作者不上十年，守土者留心可也。

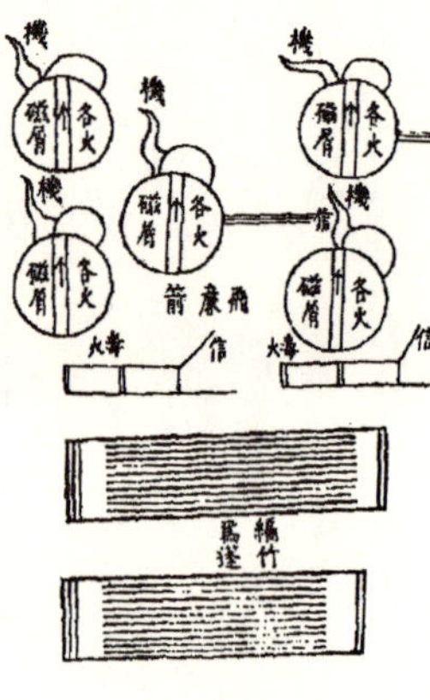
地雷

吐燄神毬

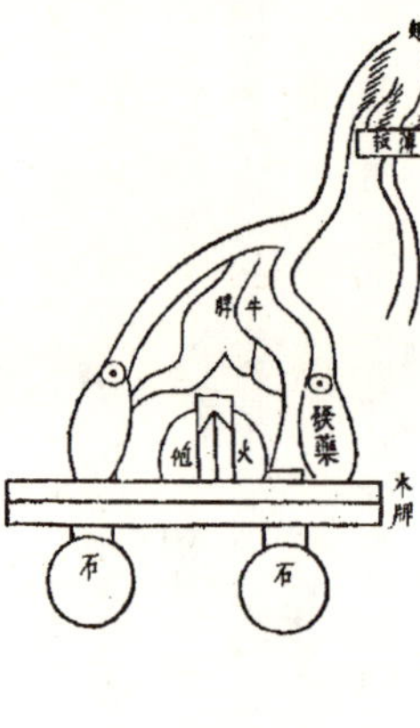
混江龍

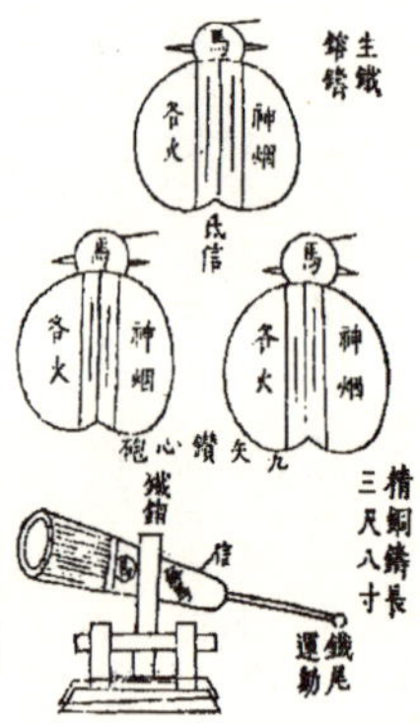
流星砲

韓霖《慎守要録》卷八《申令篇下兵訓》　原火器

夫五兵之中惟火最烈，古今水陸之戰，以火成功最多。但今之制火器者，類愈多而無實用，用火器者失法而每以自悞。彼有精器而無精兵以用之，是謂徒費。有精兵而無精器以助之，是謂徒强。須兵士立得脚根定，則曳柴可以敗荆，況精器乎。諸器之中，鳥銃第一，往往打放無節，賊未至而打放已盡，賊既至而空手無可打放者。其弊在于場操時不會，臨陣實演及對陣時，頭目不在前列，火器之兵信不過，殺手立得脚根定，中軍復無主令以爲火器之放止耳。夫火器均謂之長技，長者短用，平時即以草人約臨陣打放步數教之。如對敵及臨陣之際，用之則如在場叮嚀，聽中軍呵令，方才打放完者有誅。凡力可及百步者，只用于五十步之外，勢險節短，無有不中者矣。又火未出而手先動，銃已歪斜，鉛子何由得準。且鉛子大小不一，子大而銃口小，則子入不深，出口便落。子小而銃腹大，火藥先鉛子而泄，則鉛子無力，何以致遠。夫欲鉛子出遠而有力，爲其銃身長，腹內光圓均直，鉛子與銃口腹合，火氣不泄之故也。藥幾錢則鉛重幾錢。火發而銃不動者，爲其一手把于銃前，手在火藥之前，銃不動則發必中。銃腹長則子去必直。後手不點火，而以指發機，則手常執銃而臨發穩正。此鳥銃之所以爲利器也。

湯若望授　焦勖述《火攻挈要》卷上《製造火箭噴筒火礶地雷説略》　火箭以揩過棉紙捲筒，緊厚爲度，每下藥一匙，打一百錘，第二匙加一百錘，以後照數遞加。每筒約打至四千餘錘，則發始遠而且勁猛。藥箭須要麻稭灰，他灰不能透上。鑽孔之法，以藥分爲十分，約鑽至七分爲止，多則通頂，出火不便。其孔要直，不直則歪，以鐵捍打成自然者更妙，且要寬大，可容三根藥線出，則透而有力。若孔細則線少，火微出則低近而無力矣。箭鏃長五寸，要寬大。倒鬚桿要堅直，長三尺或四尺，重三兩或四兩，用藥一兩五錢。若爲放火燒燃之用，必加後火藥，始得易着。其放法，必加溜筒方可命中。筒外以礬紙托油紙兩層包裹，庶過夏不致走硝，可以久留。又有以此法造成數倍然重大者，即名飛鎗、飛刀、飛劍是矣。

噴筒，以二寸徑粗竹三尺五寸，去節，鑿光爲筒，大頭朝上，外用籐絲緝箍五道，匀箍於筒之外。於下頭五寸之際留竹底一節，下安木柄，長四尺，粗寸餘。套柄之處，用鐵釘箭之於筒內。以不木灰膠礬水調成漿水，周圍均漩一次，俟乾再漩一次。底上以不木炭膠礬水調泥築實，四五分厚。其膠礬分兩，膠一兩，礬二兩，水二觔，照常熬兑。裝藥用小竹筒三尺五寸，去節。裝粗壯雙藥信於內，插入筒底。四圍裝火藥一徑，築實，下藥彈一徑。其彈與藥分兩相半，如此裝滿，至頂空一寸許。用合口火藥餅一個蓋之，餅心留孔，以通藥線，傍用碎紙塞緊。裝畢將竹管從容拔去，外用礬紙托油紙拴住。筒口中亦留孔以通藥線。若行營，更加油紙二層，連藥信一並蓋住。用時去外一層，點放高十數丈，遠可四五十步，寬可十數步。此名滿天星噴筒，亦名一窩蜂。無論戰與守，凡係近用，持柄任意噴燒，傷敵極爲寬衆。若爲燒焚之用，則以徑大藥餅兩傍開竅，如銀錠樣。裝時用小竹管二根，各裝藥信，插入筒底兩邊。裝藥一層，下餅一個。餘法照前。此名飛天噴筒，亦名霹靂火，燒帆、焚寨所必不可少者。藥信者，火藥引線也。

火礶亦名萬人敵，亦有用生鐵鑄成圓形，名西瓜礮者，總屬一類。每礶用炸藥一觔，或二五觔不等，雜裝爆仗、飛鼠、鐵蒺藜、碎鐵、碎石、礦灰、磁砂等物。其鐵石蒺藜要製過，灰砂要炒過。其分兩，每炸藥一觔，雜物二觔。其礶用裹外有釉，庶免過夏發潮之虞。礶口宜小，且要束頸，以便拴固。礶外用四耳，耳上各拴粗麻繩一截。繩之兩頭各留二寸，蘸磺。放時，將磺頭各點着，隨便擲擊，橫直炸爆一里餘寬，傷敵甚衆。此係城守水戰時刻不可少者。

地雷亦名轟雷，用裏外有釉磁罈，大小不拘，要小口束頸，旁有寬嘴。每罈用炸藥五觔、十觔，或數十觔不等，裝入罈内約滿八分爲度。用小管一根，熖罈長短去節，内裝粗信三根，兩頭長出寸餘，從口插入罈内。罈底用油紙封固，上用磁碗扣蓋。罈下挖坑數尺餘深，將罈擱起在内，以避水氣。四圍用大小堅石堆砌高厚，上用大石壓緊，外用泥土封固，如墳堆樣，使人不疑。亦有下挖深坑，上爲平地，使人不疑者。於罈口藥信處，用小磁盆着烘藥，緊置口邊，以便安接走線點放。上用大磁盆多覆，以防雨水。此法大約宜於高阜，不宜於低窪，蓋恐雨水浸灌之慮。此係城外埋伏隘要亦必不可少者。其用磁罈之意，一則取其能避雨水，一則取其倘或未用，亦可以收回也。

又 **卷中《火攻諸藥性情利用須知》** 火藥之性情迥異，火攻之作用亦殊，習此技者，若非熟知諸藥本來之力，與夫相需佐助之功，則方藥之是非可否無從辨別，製作之變易加減亦無從斟酌。如硝性主直，直者利於攻擊。磺性主横，横者利於炸爆。炭性主燃，燃者利於噴發。但炭有不一，茄梗、蔴稭主烈，葫蘆、竹箬主爆，楊柳性急，杉木性緩。性既有異，用亦隨宜。以上係火攻常用之主藥也。如雄黄急而焰高，石黄燥而迅烈，礦灰皂夥秦艽傷眼，銀釉礵砂磁鋒爛肉，白砒巴豆膽礬乾糞主毒，松脂桐油主燒，而鑽粘潮腦豆夥乾漆主焚，而發旺艾納烟聚而突起，蘆花銀杏葉火散而飛揚，狼糞烟焰直挺，江猪灰逆風返衝，水馬見水更急，以上亦火攻偶用之佐藥也。外有猛火油出占城國，入水愈熾。九尾魚脂出暹羅國，遇風逆裂。此藥雖難得物，藥性亦所當知。以上藥内多有非常用者，似乎不必濫稱，但爲將之道，正宜詳格物理，且偶逢奇正，或可兼資緩急，不妨咸備。若臨機應變，隨宜施用，斟酌在人可矣。

光學總部

光與影部

熱光分部

論説

毛亨傳　鄭玄箋　陸德明音義　孔穎達疏《毛詩注疏》卷一八《小雅・庭燎三章》　夜如何其？箋云：此宣王以諸侯將朝，夜起曰：「夜如何其？」問早晚之辭。夜未央。庭燎之光。君子至止，鸞聲將將。傳：央，旦也。庭燎，大燭。君子，謂諸侯也。將將，鸞鑣聲。箋云：夜未央，猶言夜未渠央也。而於庭設大燭，使諸侯早來朝，聞鸞聲將將然。音義：其，音基，辭也。央，於良反。《説文》云：久也，已也。王逸注《楚辭》云：央，盡也。將，七羊反，或本作鏘，注同。且，七也反，又子徐反，又音且，經本作旦。鑣，表驕反，又必苗反。渠，其據反。疏正義曰：宣王以諸侯將朝，遂夜起問左右曰：夜如何其？其語辭言夜今早晚如何乎？王問之時，夜猶未渠央矣，而已見庭燎之光，言於時即是庭設大燭以待諸侯。其君子、諸侯以庭燎已設，皆來至止。人聞其鸞聲將將然。王勤政事，誠可美矣，而不正其官，失人君之道，故箴之。傳正義曰：未央者，前限未到之辭，故箋云夜未央，猶言夜未渠央也。【略】庭燎者，樹之於庭，燎之爲明，是燭之大者，故云庭燎，大燭也。《秋官・司烜》云：邦之大事，供墳燭庭燎。注云：樹於門外曰大燭，門內曰庭燎。不同者，以彼燭燎別文，則設非一處。庭燎以庭名之，明在門內，故以大燭爲門外，以文對，故異之耳。其散則通也。《郊特牲》曰：庭燎之百，由齊桓公始也。注云：僭天子也。庭燎之差，公蓋五十，侯伯子男皆三十，是天子庭燎用百。古制未得而聞，要以物百枚并而纏束之，今則用松葦竹灌以脂膏也。

夜如何其？夜未艾。庭燎晰晰。君子至止，鸞聲噦噦。傳：艾，久也。晰晰，明也。噦噦，徐行有節也。箋云：芟末曰艾，以言夜先雞鳴時。音義：艾，毛五蓋反，鄭音刈。晰本又作晢，之世反。噦，呼會反，徐又呼惠反。芟，所銜反。先，悉薦反。【略】

夜如何其？夜鄉晨。庭燎有煇。君子至止，言觀其旂。傳：煇，光也。箋云：晨，明也。上二章聞鸞聲爾。今夜鄉明，我見其旂，是朝之時也。朝禮，別色始入。音義：鄉，許亮反，字又作嚮。煇，音暉。別，彼列反。旂，音祈，巨畿反。

《墨子》卷一五《號令第七十》　諸竈火爲井，火突高出屋四尺。慎無敢失火，失火者斬其端，失火以爲事者，車裂。伍人不得，斬；得之，除。救火者無敢讙譁，及離守絶巷救火者斬。其缶及父老有守此巷中部吏，皆得救之。吏部亟令人謁之大將，大將使信人將左右救之，部吏失不言者斬。諸女子有死罪及坐失火皆無有所失，逮其以火爲亂事者如法。圍城之重禁。【略】

宮府城下吏卒民，皆前後左右相傳保火。火發自燔，燔曼延燔人，斷。諸以衆彊凌弱少及彊奸人婦女，以讙譁者，皆斷。【略】

士候無過十里。居高便所樹表，表三人守之。北至城者三表，與城上烽燧相望，晝則舉烽，夜則舉火。聞寇所從來，審知寇形必攻，論小城不自守通者，盡葆其老弱粟米畜産。遣卒候者無過五十人，客至堞，去之，慎無厭建。候者曹無過三百人，日暮出之，爲微職。空隊、要塞之人所往來者，令可□迹者，無下里三人，平而迹。各立其表，城上應之。候出越陳表，遮坐郭門之外，內立其表，令卒之少居門內，令其少多無知可也。節有驚，見寇越陳表，城上以麾指之，迹坐擊缶期，以戰備從麾所指，望見寇，舉一垂；入竟，舉二垂；狎郭，舉三垂；入，舉四垂；狎城，舉五垂。夜以火，皆如此。去郭百步，墻垣、樹木小大盡伐除之。外空井，盡窒之，無可得汲也。外空窒盡發之，木盡伐之。諸可以攻城者盡內城中，令其人各有以記之。事以，各其記取之。事爲之券，書其枚數。當遂枚木不能盡內，既燒之，無令客得而用之。

雜守第七十一

築郵亭者圜之，高三丈以上，令侍殺爲辟梯，梯兩臂長三尺，連門三尺，報以繩連之。塹再雜，爲縣梁。聾竈，亭一鼓。寇烽、驚烽、亂烽，傳火以次應之，至主國正，其事急者引而上下之。烽火以舉，輒五鼓傳，又以又屬之，言寇所從來者少多，旦弇還。去來屬次，烽勿罷。望見寇，舉一烽；入境，舉二烽；射妻，舉三烽一藍；郭會，舉四烽二藍；城會，舉五烽五藍；夜以火，如此數。守烽者事急。

尹喜《關尹子》卷上《一宇篇》　關尹子曰：吾道如處暗。夫處明者不見暗中一物，而處暗者能見明中區事。

又《二柱篇》　關尹子曰：寒暑温凉之變，如瓦石之類，置之火即熱，置之水即寒，呵之即温，吸之即凉，特因外物有去有來，而彼瓦石實無去來。譬如水中之影有去有來，所謂水者實無去來。

鄭玄注　陸德明音義　孔穎達疏《禮記注疏》卷二《曲禮上》　侍坐於所尊

敬，毋餘席，注：必盡其所近尊者之端，爲有後來者。音義：爲，于僞反，下爲饌同。見同等不起。注：不爲私敬。燭至起，注：異晝夜。食至起，注：爲饌變。上客起。注：敬尊者。燭不見跋。注：跋，本也。燭盡則去之，嫌若燼多，有厭倦。音義：見，賢遍反。跋，本末反。去，起呂反，下「風去」「免去」同。燼，才信反。厭，於艷反，下同。

又 卷二七《內則》 男子入內，不嘯不指，夜行以燭，無燭則止。注：嘯，讀爲叱。叱，嫌有隱使也。音義：嘯，依注音叱，尺失反。女子出門，必擁蔽其面，夜行以燭，無燭則止。注：擁，猶障也。音義：障，音章。

鄭玄注 陸德明音義 賈公彦疏《儀禮注疏》卷六 燕禮第六

宵則庶子執燭於阼階上，司宮執燭於西階上，甸人執大燭於庭，閽人爲大燭於門外。注：宵，夜也。燭，燋也。甸人，掌共薪蒸者。庭大燭，爲位廣也。閽人，門人也。爲，作也。作大燭以俟賓客出。音義：甸，大練反。

賈誼《新書》卷九《脩政語上》 湯曰：學聖王之道者，譬其如日。靜思而獨居，譬其若火。夫舍學聖之道而靜居獨思，譬其若去日之明於庭而就火之光於室也。然可以小見而不可以大知，是故明君而君子貴尚學道而賤下獨思也。故諸君得賢而舉之。

劉安撰 高誘注《淮南子》卷一六《説山訓》 【略】月望，日奪其光，陰不可以乘陽也。月十五日，與日相望，東西中繩則月食，故奪月光也。差則虧，至晦則盡。日出星不見，不能與之爭光也。星，陰也，不能奪日之光也。

【略】受光於隙，照一隅；受光於牖，照北壁；受光於戶，照室中無遺物。況受光於宇宙乎！天下莫不藉明於其前矣。由此觀之，所受者小則所見者淺，所受者大則所照者博。

又 卷一七《説林訓》 【略】明月之光，可以遠望，而不可以細書。甚霧之朝，可以細書，而不可以遠望尋常之外。畫者謹毛而失貌。謹悉微毛，留意於小，則失其大貌。

【略】陶人棄索，車人掇之。屠者棄銷，而鍛者拾之。所緩急異也。百星之明，不如一月之光。十牖畢開，不若一戶之明。矢之於十步，貫兕甲，及其極，不能入魯縞。言勢有極。

劉安《淮南萬畢術》

黿脂得火，可以然鐵。《御覽》九百三十二。

取黿殺之，燒鐵如炭狀，以淬其脂中，鐵即然。仝上。孫本未採入，今增。

取蚖脂爲燈，置水中即見諸物。《初學記》二十五。《自帖》十四。《御覽》八百七十。孫本未採入，今增。

桓譚《新論·形神》釋僧祐《弘明集》卷五 余嘗過故陳令同郡杜房，見其讀《老子》書，言：「老子用恬淡養性，致壽數百歲。今行其道，寧能延年却老乎？」余應之曰：「雖同形名，而質性才幹乃各異度，有強弱堅脆之姿焉。愛養適用之，直差愈耳。譬猶衣履器物，愛之則完全乃久。」余見其旁有麻燭，而灺垂一尺所，則因以喻事，言：「精神居形體，猶火之然燭矣。如善扶持，隨火而側之，可毋滅而竟燭。燭無火，亦不能獨行於虛空，又不能後然其灺。灺，猶人之耆老，齒墮髮白，肌肉枯腊，而精神弗爲之能潤澤。內外周遍則氣索而死，如火燭之俱盡矣。人之遭邪傷病，而不遇供養良醫者，或强死，死則肌肉筋骨常若火之傾刺風而不獲救護，亦道滅則膚餘幹長焉。」余嘗夜坐飲內中，然麻燭。燭半壓欲滅，即自（曰勅）［整］視，見其皮有剥釳，乃扶持轉側，火遂度而復。則維人身，或有虧剥，劇能養慎善持，亦可以得度。又人莫能識其始生時，則老亦死，不當自知。夫古昔平和之世，人民蒙美盛而生，皆堅强老壽，咸百年左右乃死，死時忽如卧出者，猶果物穀實，久老則自墮落矣。後世遭衰薄惡氣，娶嫁又不時，勤苦過度，是以身生子皆俱傷，而筋骨血氣不充强，故多凶短折，中年夭卒。其遇病或疾痛惻怛，然後終絶，故咨嗟憎惡，以死爲大。故昔齊景公美其國，嘉其樂，云：「使古而無死，何若？」晏子曰：「上帝以人之歿爲善，仁者息焉，不仁者如焉。」今不思勉廣，日學自通，以趨立身揚名，如但貪利長生，多求延壽益年，則惑之不解者也。

或難曰：「以燭火喻形神，恐似而非焉。今人之肌膚，時剥傷而自愈者，血氣通行也。彼蒸燭缺傷，雖有火居之，不能復全，是以神氣而生長，如火燭不能自補完，蓋其所以爲異也，而何欲同之？」應曰：「火則從一端起，而人神氣則於體，當從內稍出合於外，若由外腠達於內，固未必由端往也。譬猶炭火之爇赤，如水過渡之，亦小滅然復生焉。此與人血氣生長肌肉等。顧其終極，或爲炙，或爲灺耳。曷爲不可以喻哉？」余後與劉伯師夜爇脂火坐語，燈中脂索而炷燋秃。將滅息，則以示曉伯師，言：「人衰老亦如彼秃燈矣。」又爲言前爇麻燭事，伯師曰：「燈燭盡，當益其脂，易其燭。人老衰亦如彼自蹷纘。」余應曰：「人既稟形體而立，猶彼持燈一燭，及其盡極，安能自盡易，盡易之乃在人。人之蹷蘽亦在天，天或能爲他，其肌骨血氣充强，則形神枝而久生，惡則絶傷，猶火之隨脂燭多少長短爲遲速矣。欲燈燭自盡易以不能，但促斂旁脂以染漬其頭，轉側蒸幹，使火得安居，則皆復明焉。及本盡者，亦無以爨。今人之養性，或能使墮齒復生，白髮更黑，肌顔光澤，如彼促脂轉燭者，至壽極亦獨死耳。明者知其難求，故不以自勞。愚者欺或而冀獲盡脂易燭之力，故汲汲不息。又草木五穀，以陰陽氣生於土，及其長大成實，實復入土，而後能生，猶人與禽獸昆蟲，皆以雄雌交接相生。生之有長，長之有老，老之有死，若四時之代謝矣。而欲變易其性，求爲異道，惑之不解者也。

郭憲《洞冥記》卷一　甘泉宫南，昆明池中有靈波殿七間，皆以桂爲柱，風來自香。帝既躭於靈怪，常得丹豹之髓，白鳳之膏，磨青錫爲屑，以蘇油和之，照於神壇，夜暴雨，光不滅。有霜蛾如蜂赴火，侍者舉麟鬚拂拂之。

王充《論衡》卷一一《説日篇》　儒者曰：「日朝見，出陰中；暮不見，入陰中。陰氣晦冥，故没不見。」如實論之，不出入陰中。何以效之？夫夜，陰也，氣亦晦冥。或夜舉火者，光不滅焉。夜之陰，北方之陰也；朝出日入，所舉之火也。火夜舉，光不滅，日暮入，獨不見，非氣驗也。夫觀冬日之出入，朝出東南，暮入西南，東南、西南非陰，何故謂之出入陰中？且夫星小猶見，日大反滅，世儒之論竟虚妄也。

【略】日出於東方，入於北方之地；日出北方，入於南方，各於近者爲出，遠者爲入。實者不入，遠矣。臨大澤之濱，望四邊之際與天屬，其實不屬，遠若屬矣。日以遠爲入，澤以遠爲屬，其實一也。澤際有陸，人望而不見。陸在，察之若亡；日亦在，視之若入，皆遠之故也。太山之高，參天入雲，去之百里，不見埵塊。夫去百里不見太山，況日去人以萬里數乎？太山之驗，則既明矣。試使一人把大炬火夜行於道，平易無險，去人不一里，火光滅矣。非滅也，遠也。今日西轉不復見者，非入也。

【略】猶晝日察火光小，夜察之火光大也。既以火爲效，又以星爲驗，晝日星不見者，光耀滅之也；夜無光耀，星乃見。夫日月，星之類也。平旦日入光銷，故視大也。

儒者論：「日旦出扶桑，暮入細柳。扶桑，東方地；細柳，西方野也。桑、柳，天地之際，日月常所出入之處。」問曰：歲二月、八月時，日出正東，日入正西，可謂日出於扶桑，入於細柳。今夏日長之時，日出於東北，入於西北。冬日短之時，日出東南，入於西南，冬與夏日之出入，在於四隅，扶桑、細柳，正在何所乎？所論之言，猶謂春秋，不謂冬與夏也。如實論之，日不出於扶桑，入於細柳。何以驗之？隨天而轉，近則見，遠則不見。當在扶桑、細柳之時，從扶桑、細柳之民謂之日中；之時，從扶桑、細柳察之，或時爲日出入。若以其上者爲中，旁則爲旦夕，安得出於扶桑入細柳？

儒者曰：「日中有三足烏，月中有兔、蟾蜍。」夫日者，天之火也，與地之火無以異也。地火之中無生物，天火之中何故有烏？火中無生物，生物入火中，燋爛而死焉，烏安得立？夫月者，水也。水中有生物，非兔、蟾蜍也。兔與蟾蜍，久在水中，無不死者。日月毁於天，螺蚌汩於淵，同氣審矣。【略】

儒者説日，及工伎之家，皆以日爲一。《禹貢》《山海經》言：「日有十，在海外東方有湯谷，上有扶桑，十日沐浴水中，有大木，九日居下枝，一日居上枝。」《淮南書》又言：「燭十日。堯時十日並出，萬物焦枯，堯上射十日，以故不並，一日見也。」世俗又名甲乙爲日。甲至癸凡十日，日之有十，猶星之有五也。通人談士，歸於難知，不肯辨明。是以文二傳而不定，世兩言而無主。誠實論之，且無十焉。何以驗之？夫日猶月也。日而有十，月有十二乎？星有五，五行之精，金木水火土，各異光色。如日有十，其氣必異。今觀日光，無有異者，察其小大，前後若一。如審氣異，光色宜殊；如誠同氣，宜合爲一，無爲十也。驗日陽燧，火從天來。日者，大火也。察火在地，一氣也。地無十火，天安得十日？然則所謂十日者，殆更自有他物，光質如日之狀，居湯谷中水，時緣據扶桑，禹、益見之，則紀十日。數家度日之光，數日之質，刺徑千里。假令日出是扶桑木上之日，扶桑木宜覆萬里，乃能受之。何則？一日徑千里，十日宜萬里也。天之去人，萬里餘也。仰察之，日光眩耀。火光盛明，不能堪也。使日出是扶桑木上之日，禹、益見之，不能知其爲日也。何則？仰察一日，目猶眩耀，況察十日乎？當禹、益見之，若斗筐之狀，故名之爲日。夫火如斗筐，望六萬之形，非就見之即察之體也。由此言之，禹、益所見，意似日，非日也。天地之間，物氣相類，其實非者多。海外西南有珠樹焉，察之是珠，然非魚中之珠也。夫十日之日，猶珠樹之珠也。珠樹似珠非真珠，十日似日非實日也。淮南見《山海經》，則虚言真人燭十日，妄紀堯時十日並出。且日，火也。湯谷，水也。水火相賊，則十日浴於湯谷，當滅敗焉。火燃木，扶桑，木也，十日處其上，宜燋枯焉。今浴湯谷而光不滅，登扶桑而枝不燋不枯，與今日出同，不驗於五行，故知十日非真日也。且禹、益見十日之時，終不以夜，猶以晝也，則一日出，九日宜留，安得俱出十日？如平旦日未出，且天行有度數，日隨天轉行，安得留扶桑枝間，浴湯谷之水乎？留則失行度，行度差跌，不相應矣。如行出之日，與十日異，是意似日而非日也。

許慎撰　徐鉉增釋《說文》卷五上　主　鐙中火主也。从𡈼　象形。从丶，丶亦聲。臣鉉等曰：今俗別作炷，非是。之庾切。

又　卷七上　日　實也。太陽之精不虧。从口一。象形。凡日之屬皆从日。人質切。

昏　日冥也。从日，氐省。氐者，下也。一曰：民聲。呼昆切。

暗　日無光也。从日，音聲。烏紺切。

旦　明也。从日見一上。一，地也。凡旦之屬皆從旦。得案切。

明　古文明，从日。

又　卷一〇上　光　明也。从火在人上，光明意也。古皇切。

燭　庭燎火燭也。从火，蜀聲。之欲切。

王符《潛夫論》卷七　釋難第二十九

且夫堯舜之德，譬猶偶燭之施明于幽室也，前燭即盡照之矣，後燭入而益明。此非前燭昧而後燭彰也，乃二者相因而成大光。二聖相德而致太平之功也。

歐陽詢《藝文類聚》卷八〇《火部》　烽燧

《玄女戰經》曰：諸見舉烽火煙光，傳言虜且欲起。欲知審來不以言者，時所加之，得陽者不來，得陰者爲來法。

《墨子》曰：烽火已舉，言寇所從來多少。

《甘氏天文占》曰：權舉烽表，遠近沉浮。權四星在軒轅尾，西邊地警備，烽候相望。虜至則舉烽火十丈，如今井桔槹，火錘其頭。若警備急，燃火其頭放之。權重本低則末仰，見烽火。

長孫無忌等《唐律疏義》卷八《衛禁下》　烽候不警

諸烽候不警，令寇賊犯邊，及應舉烽燧而不舉，應放多烽而放少烽者，各徒三年。

疏義曰：烽候謂從緣邊置烽，連於京邑，烽燧相應，以備非常。放烽多少，具在別式。候望不舉，是名不警。若令蕃寇犯塞，外賊入邊，及應舉烽燧而不舉，應放多烽而放少烽者，各徒三年。

若放烽已訖，而前烽不舉，不即往告者，罪亦如之。以故陷敗户口軍人城戍者，絞。

疏義曰：依職方式放烽訖而前烽不舉者，即差脚力往告之。不即告，亦徒三年，故云亦如之。以故陷敗，謂從烽候不警，及應舉烽燧而不舉，或應放多烽而反放少烽，或放烽訖而前烽不舉，不即往告等，以故陷敗户口或是軍人及城戍者，各得絞罪。

即不應舉烽燧而舉，若應放少烽而放多烽，及繞烽二里內輒放煙火者，各徒一年。

疏義曰：依式望見煙塵即舉烽燧；若無事故，是不應舉；若應放烽少而放多烽；及繞烽二里內皆不得有煙火，謂晝放煙夜放火者。自不應舉烽燧而舉以下三事，各徒一年。放烽多少，具在式文，其事隱秘，不可具引。如有犯者，臨時據式科斷。

司馬貞《史記索隱》卷二六《司馬相如列傳》

烽燧，韋昭曰：「烽，束草置之長木之端，如挈皋，見敵則燒舉之。」燧者，積薪，有難則焚之。烽主晝，燧主夜。

李筌《太白陰經》卷五　烽燧臺篇

經曰：明燧於高山四望險絶處置，無山亦於平地高迥處置，下築羊馬城，高下任便，常以三五爲準。臺五丈，下潤三丈，上潤一丈，形圓。上蓋屋覆之，徑潤一丈六尺，一面挑出三尺，以板爲之，上覆下棧。屋上置突竈三所，臺亦置三所，並以石灰飾其表裏。復置柴籠三所，流火繩三條，在臺側上。下用軟梯，上收下垂。四壁開孔望賊及安望火筒。置旗一面，鼓一面，弩兩張，砲石、壘木，停水瓮、生糧、乾糧、麻藴、火鑽、火箭、蒿艾、狼糞、牛糞。每夜平安，舉火一把。聞警，舉二把。見煙，舉三把。見賊，舉燒柴籠。

杜佑《通典》卷一五二《兵五·守拒法附》　烽臺，於高山四顧險絶處置之，無山亦於孤迥平地置。下築羊馬城，高下任便，常以三五爲準。臺高五丈，下闊二丈，上闊一丈，形圓。上建圓屋覆之，屋逕闊一丈六尺，一面跳出三尺，以板爲上覆下棧。屋上置突竈三所，臺下亦置三所，並以石灰飾其表裏。復置柴籠三所，流火繩三條，在臺側近。上下用屈膝梯，上收下乘。屋四壁開覰賊孔及安視火筒。置旗一口，鼓一面，弩兩張，抛石、壘木、停水瓮、乾糧、麻藴、火鑽、火箭、蒿艾、狼糞、牛糞。每晨及夜平安，舉一火。聞警，因舉二火。見煙塵，舉三火。見賊，燒柴籠。如每晨及夜，平安火不來，即烽子爲賊所捉。一烽六人，五人爲烽子，遞(加)[知]更刻，觀視動靜。一人烽率，知文書、符牒、轉牒。

又　卷一五七《兵十·下營斥候並防捍及分布陣附》　諸軍馬擬停三五日，即須去軍一二百里以來，安置爠烽。如有動靜，舉烽相報。其烽並於賊路左側逐要置，每二十里置一烽應接，令遣到軍。其遊奕馬騎，晝日遊奕候視，至暮速作食，喫訖，即移十里外止宿，慮防賊徒暮間見煙火，夜深掩襲捉將。其賊路左右草中，著人止宿，以聽賊徒，如覺來，報烽烟，皆舉烽遞報軍司。（知）[如]覺十騎以上，五十騎以下，即放一炬火，前烽應訖，即滅火；若一百騎以上，二百騎以下，即放兩炬火，准前應滅；賊若五百騎以上，五千騎同，即放三炬火，准前應滅。前烽應訖，即赴軍，若慮走不到軍，即且投山谷，逐空方可赴軍。如以次烽候視不覺，其舉火之烽即須差人，急走告知。賊路既置爟烽，軍内即須應接。又置一都烽，應接四山諸烽。其都烽如見烟火，急報大總管，云「某道烟火起」，大總管當須嚴備，收拾畜生，遣人遠探。每烽令別奏一人押，一道烽令折衝、果毅一人都押。

杜光庭《金籙齋啓壇儀》　然燈法

春則然九燈，亦可九十燈，亦可九百燈。夏則然三燈，亦可三十燈，亦可三百燈。秋則然七燈，亦可七十燈，亦可七百燈。冬則然五燈，亦可五十燈，亦可五百燈。日平之月，則然十二燈，亦可百二十燈，亦可千二百燈。

右件，燈一依經法，但先師相承，指方別九燈，四九三十六燈，在壇外羅列。今宜依經，貴賤時節量之也。

又須安一長燈，長一丈九尺，出土。上然九燈，安内壇裏。近三寶座西北，上以照九幽長夜之府。

又於中庭安一百五十六燈，又須蠟燭，夜別七條。

王仁裕《開元天寶遺事》卷二　夜明杖

隱士郭休有一拄杖，色如朱染，叩之則有聲，每出處遇夜則此杖有光，可照十步之内，登危陟險未嘗足失，則杖之力焉。

又　卷三　吹火照書

蘇頲少不得父意，常與僕夫雜處，而好學不倦。每欲讀書，又患無燈燭，常於馬廄竈中旋吹火光，照書誦焉。其苦學如此，後至相位。

又　卷四

夜明枕

虢國夫人有夜明枕，設於堂中，光照一室，不假燈燭。

又　百枝燈樹

韓國夫人置百枝燈樹，高八十尺，竪之高山，上元夜點之，百里皆見，光明奪月色也。

陶穀《清異録》卷下《器具》　火寸

夜中有急，苦於作燈之緩，有智者批杉條，染硫黄，置之待用，一與火遇得燄穗然。既神之，呼引光奴。今遂有貨者，易名火寸。

錢易《南部新書》卷八　狼之狀若蒼狗赤色者，最猛，每作聲竅皆沸，腿中有筋大如雞子，又筋滿身，猶織絡之狀。人或有犯盜，諱不首者，但燒此筋以烟薰之，能使盜者手攣縮可怪。凡邊疆放火號，常用狼糞燒之以爲烟。烟氣直上，雖烈風吹之不斜。烽火常用此，故謂候曰狼烟也。

晁迥《法藏碎金録》卷六　高邁作寶融寺經藏院所置長明燈頌，據序中説，其燈以鐵盆盛膏，而序之語句其畧，云：佛有燃燈名，法有傳燈義，長明燈是其蘊乎。日中則昃，昃則没，長明燈不没。月滿則虧，虧則盡，長明燈不盡。四維上下，虚空不可思量，長明燈功德亦復如是。邁願銘頌之，數年間迫賤事，未致鄙思。一朝忽染目疾，瞢瞢然不自審從何得之也。會夜夢神人謂邁曰：子於長明燈不有負乎？邁應聲而寤，寤而起，起而作頌，明日而目愈。予謂長明燈以喻佛法，即維摩經中無盡燈是也。無盡燈以法喻燈，長明燈以燈喻法。予奇其説，以邁踐言補過之速，有如此者。靈應疾愈之速，又有如此者。可以警勸信士，存至誠，結勝緣耳。因而采述入於法録。

曾公亮　丁度《武經總要》前集卷五《制度五》

烽火

烽燧，軍中之耳目，豫備之道，不可闕也。唐兵部有烽式，尤爲詳具。今之邊塞所置，則頗爲簡略而易從。唐李筌所記法制，適與今同。以唐式録爲前，而今法次之，庶參考用焉。

唐法：　凡邊城候望，每三十里置一烽，須在山嶺高峻處。若有山岡隔絶，地形不便，則不限里數，要在烽烽相望。若臨邊界，則烽火外周築城障。

凡掌烽火，置帥一人，副一人，每烽置烽子六人，並取謹信有家口者充。副帥往來檢校，烽子五人分更刻望視，一人掌送符牒。並二年一代，代且須教新人通解，始得代去。如邊境用兵時，更加衛兵五人，兼守烽城。無衛兵，則選鄉丁武健者給仗充。

置烽之法：　每烽別有土筒四口，筒間火臺四具，臺上插橛，擬安火炬，各相去二十五步。如山險地狹，不及二十五步，但取應火分明，不須限遠近。其煙筒各高一丈五尺，自半以下，四面各闊一丈二尺，向上則漸鋭狹。造筒，先泥裏，後泥表，使不漏煙。筒上著無底瓦盆蓋之，勿令煙出；下有烏爐竈口，去地三尺，縱橫各一尺五寸，著門開閉。其烏爐竈門用木爲骨，厚泥之，勿令火焰燒及。其烽筒之外，皆作深塹環繞。在烽貯備之物，要柴蕘木材。每歲秋前，别採艾蒿莖葉葦條草節，皆要相雜，爲放煙之薪。及置麻藴、火鑽、狼糞之屬，所委於僞反。積子賜反。處，以掘塹環之，防野燒延燎近邊者，亦量給弓弩。

用烽火之法：應火炬長八尺，橛上火炬長五尺，並二尺圍。乾葦作薪，葦上用乾草節縛，縛處周迴插肥木。其次炬橛等，在烽每道當蓄二千或作十。具以上，於舍下作架積貯，不得雨濕。其土筒裏，常須預著羊糞欝心火使暖。

凡應火土筒，若向東應，筒口西開；若向西應，筒口東開；南北準此。比諸烽煙相應時，於土筒旁級上立開盆放煙，合盆滅。其煙看放時，若無事，晝一時；有事，一日。若晝放煙，至夜即放火，無事盡一夜。若夜放火，至天曉還續放煙，後烽放訖，前烽不應，煙盡一時，火盡一炬，即差脚力人走問探知。失堠或被賊掩捉，其脚力問者即亦須防慮，且至烽側遥聽，如無消息，唤烽帥姓名，若無人應接，先徑過向前烽，依式放火。仍録被捉失堠之狀，告所在州縣勘當。

凡白日放煙，夜則放火，先須看筒裏至實不錯，然後相應時，將火炬就烏爐竈口裏焚爇成煙。出外應滅訖，别捉五尺火炬，安著土臺橛上。煙相應時，一爐筒煙，一人開閉；二筒煙，二人開閉；三筒煙，三人開閉；四筒煙，四人開閉。若晝日陰晦霧起，望煙不見，原放之所即差脚力人速告前烽；霧開之處，依式放煙。如有一烽承兩道以上烽者，用騎一人，擬告州縣發驛，報烽來之處。若烽與驛相連者，即差驛馬。

凡寇賊入境，馬步兵五十人以上，不滿五百人，放烽一炬；得蕃界事宜，又有煙塵，知欲南入，放烽兩炬；若餘寇賊則五百人以上，不滿三千人，亦放兩炬；蕃賊五百騎以上，不滿千騎，審知南入，放烽三炬；若餘寇賊三千騎以上，亦放三炬；若蕃賊千人以上，不知頭數，放烽四炬；若餘寇賊一萬人以上，亦放四炬。其放烽一炬者，至所管州縣鎮止；兩炬以上者，並至京。原放煙火處州縣鎮即録狀馳驛奏聞。若依式放烽至京訖，賊回者，放烽一炬報平安。凡放烽告賊者，三應三滅；報平安者，兩應兩滅。

凡告賊烽起處，即須傳告隨近州縣鎮、城堡、村坊等人，令當處警固，不得浪行遞牒。

凡烽號隱密，不令人解者，惟烽帥、烽副自執，烽子亦不得知委。

凡烽帥烽副當番者，常須在烽臺檢視。若將家口，聽於塹內安泊。烽子則晝分爲五番，夜分持五更；晝堠煙，夜望火。凡烽火，一晝夜須行二千里。

令法：與李筌法同。明烽臺於高山四望險絶處置。無山，亦於平地置，下築羊馬城，高下任便。常以三五爲準。臺高五丈，下闊三丈，上闊一丈，形圓。上建圓屋覆之，屋底徑闊一丈六尺，一面露出三尺，以版爲上覆下棧。屋上置突竈三所，臺下亦置三所，並以石灰泥飾其表裏。復置柴籠三所，流火繩三條，在臺側近。上下用屈膝梯，上訖復收之。四壁開四望賊孔及安火筒，置水罌、乾糧、麻藴、火鑽、蒿艾、狼糞、牛羊糞。每晝夜平安，舉一烽；聞警鼓，舉二火；見煙塵，舉三火；見賊，燒籠柴。如每早夜，平安火不來，則烽子爲賊所捉。一烽六人，五人烽子，遞知更漏，觀望動静；一人烽帥，知文書、符牒、轉遞之事。

又 行烽

凡軍馬出行，擬停三五日，即須去軍一二里，以便權置爟烽。如有動静，舉烽相報。其烽並於賊來要路，每二十里置一烽，連接至軍所。其遊奕馬騎，晝日遊奕候視，至暮即移十里外止宿，防賊徒暮間見煙火，掩襲烽人。其賊路左右，仍伏人宿止，以聽賊徒。如覺賊來，即舉烽遞報軍司。賊十騎以下，即舉小炬火，前烽應訖，即滅火。若不及百騎至二百騎，即放一炬。(前)[若]三百騎至四百騎，即放二炬。若五百騎至五千騎，即放三炬。準前應滅。前烽應訖，即赴軍。若慮走不到軍，即且抵山谷藏伏。既置爟烽，軍內即須置一都烽，應接四山諸烽。其都烽如見煙火忽舉，即報大總管「某道烽火起」，大總管當須戒嚴，收斂畜産，遣人斥探。

葉廷珪《海録碎事》卷五《衣冠服用部・燈燭門》 仙人燭，木似梧桐，其皮枯，剥如筒，挂以爲燭，可延數十刻。

崔敦禮《芻言》卷上 受光於隙，照一隅。受光於牖，照北壁。受光於庭户，照滿室。受光於天下，照四方，無遺物。君子聽言亦明之，所入與邇聽者，隙中之細者也。偏聽者，一牖之窺者也。正聽者，户庭之嚮也。建善旌，立箴木，百工諫，庶人謗議，天下之照也。所受小，則所照者狹。所受大，則所照者博。不得不擇矣。

王契真《上清靈寶大法》卷三一《齋法壇圖門》 燈燭

行道禮誦，燈燭爲急，非惟啓奏所須，抑亦消禳所用。經科具有多寡，要在隨力所嘗，或止依金籙簡文所載，然之照耀諸天，續明破暗，下通九幽地獄，上映無極福堂，功德之中，此最爲上。或兼諸香液，雜以蘭膏，各令合儀，自然降福。然燈者所以續明照夜，若太陽已出，當令侍燈依式滅之。今世亦然，燈燭所當除革。

佚名　陳友仁增修《周禮集説》卷三　閽人

【略】

王氏曰：門外之地謂之庭，掌掃門庭者，以其掌禁宜潔其所守也。設門燎，則設燎於門以爲明也。注疏：燎燭，在地上，百根葦皆以布纏之，以蜜塗其上，若今蠟燭矣。蹕止行人也。

又　卷九上　司烜氏

下士六人，徒十有二人。

鄭氏曰：烜，火也。王氏曰：取明火於日，而名官謂之司烜者，《易》曰：日以烜之。蓋火本於日，亘之而後明也。然爟與烜皆火，而《司爟》列於《夏官》，《司烜》列於《秋官》者，蓋司爟掌出入火，南方之屬也，故列於《夏官》。司烜列於《秋官》者，司烜共明水火，司寇所奉也，故列於《秋官》也。

掌以夫遂，取明火於日，以鑒取明水於月，以共祭祀之明齍、明燭，共明水。凡邦之大事，共墳燭庭燎。中春以木鐸修火禁於國中，軍旅修火禁。邦若屋誅，則爲明竁焉。

鄭氏曰：夫遂，陽遂也。鑒，鏡屬，方諸也。王氏曰：《考工記》所謂金、錫半，謂之鑒遂之齊而已。蓋遂以金爲之，鑒亦以金爲之。《内則》以夫遂爲金遂是已。言陽遂，則知方諸之爲陰。言方諸，則知陽遂之爲圜。陰陽者，其氣也，方圜者，其體也。薛氏曰：離者，陽中之陰，於物爲火。坎者，陰中之陽，於物爲水。以金遂取火，則以陽召陰。以方諸取水，則以陰召陽。劉氏曰：明齍，用明水爲齍盛也。明燭，用明火照俎豆也。明水，以明水爲玄酒也。聖人之於天地宗廟社稷也，散齊七日，致齊三日，然後奉其祭祀，敬潔之至，盡天下之物不足以稱其誠也。故取火於日，取水於月。明水火者，陰陽至精之氣凝結而成者，以將其誠致其潔也。鄭氏曰：墳，大也。樹於門外曰大燭，於門内曰庭燎，皆所以照衆爲明。

鮑雲龍撰　鮑寧辨正《天原發微》卷二下　太陽

程子曰：天地日月，一也。月受日光，日不爲虧，然月之光乃日之光也。邵子曰：陽抱陰爲日，日陽中陽。朱子曰：乾乾不息者體，日月寒暑往來者用，有體則有用，不可分先後説。天包地外，地形小，日光大，從地四面光起。月在天中，則受日光而圓。月遠日則其光盈，近日則其光損。朱漢上曰：天地以坎離相濟。以日言，日降則月升。以月言，日交則月合。以歲言，寒來則暑往。皆既濟也。坎上離下，水火之極則反其初，故既濟之極，未濟藏焉。漢張衡曰：日，陽精之宗，積而成烏，有三趾，陽數奇也。蓋鷄屬酉，陽中之陰。離中虚，火氣宿焉。又曰：月，陰精之宗，積而成兔，陰偶數，屬卯，蓋陰中之陽。坎中滿也，天一之水氣宿焉。晉杜預曰：日之質赤，月之質白。《元命包》曰：日之爲言實也，大明盛實。日，人君之象，行有道之國則光明。日有五色，其政泰平。

戴侗《六書故》卷三《天文下》　燧　徐醉切，以鏡取火於日，曰金燧；鑽木取火，曰木燧。亦單作遂。《周官》司烜氏，掌以夫遂，取明火於日。別作鐩。又作　。塞上候望者，有寇則以桔槔舉火傳警，曰烽燧。別作㸂燧。侗謂：烽燧之燧，非有異義也。候望者不能常種火，有警則燧以然火而舉之，故謂烽燧。

烽　專容切，烽燧也。又作熢。

炬　其吕切，束蒸然火以照夜也。《説文》作苣，別作苣。

燭　之欲切，束蒸灌以膏蠟，以照夜也。

爝　子肖切，莊周曰：日月出矣爝火不息。《吕氏春秋》曰：湯得伊尹，爝以爟火。《説文》曰：炬火祓也，別作爟，又即約切。

燋　慈焦、兹消、子肖三切。《周官》菙氏掌共燋契。凡卜，以明火爇燋，遂龡其焌契。《士喪禮》楚焞置于燋。《記》曰：執燭抱燋。《説文》曰：燋，所以然持火也。鄭康成曰：燋，炬也，所以然火者也。又曰：未爇曰燋。楚焞，契也，所用灼龜。侗謂：楚焞以荆爲焞，即炬也，可以然火，不可以灼龜。《禮》言楚焞置于燋，則燋爲承炬之器。叔重之説近之，蓋然炬以照，必有器以持之。如康成之説，則既曰執燭矣，又曰抱炬可乎。爇燋，猶言燒竈也。伯曰：燋即鐎斗之鐎也。

周密《癸辛雜識》續集卷上　古獄塔燈

武林右司理院昔爲僧寺，有大石塔在焉，風雨陰晦之久，或現一燈於上，則府主必移易獄有故。甲戌歲，范元章攝右獄，日親見之，此燈或多至六燈，兩兩相並於塔之半，其色淡紅而微青，凡數見之。

又　**卷下**　四聖水燈

西湖四聖觀前每至昏後，有一燈浮水上，其色青紅，自施食亭南至西陵橋復回。風雨中，光愈盛，月明則稍淡。雷電之時，則與電争光閃爍。余一之所居在積慶山巔，每夕觀之，無少差。凡看二十餘年矣。

杜道堅《文子纘義》卷六《上德篇》

百星之明，不如一月之光。十牖畢開，不如一户之明。

舊註：小人雖衆，不足可任。賢士雖寡，得一有餘。文王得吕望，高祖得子房，其在多乎。

【略】

月望，日奪光，陰不可以承陽。日出，星不見，不能與之争光。末不可以强於本，枝不可以大於榦，上重下輕，其覆必易。

王禎《農書》卷一〇《百穀譜九・竹木》　松

山人斫老松根，取松明燃之以代油燭，亦貧家之利。

陶宗儀《輟耕録》卷五　發燭

杭人削松木爲小片，其薄如紙。鎔硫黄，塗木片頂分許，名曰發燭，又曰焠兒。蓋以發火及代燈燭用也。史載周建德六年，齊后妃貧者，以發燭爲業，豈即杭人之所製與？宋翰林學士陶公穀《清異録》云：夜有急，苦於作燈之緩，有知者批杉條，染硫黄，置之待用。一與火遇，得燄穗然，既神之，呼引光奴。今遂有貨者，易名火寸。按：此則焠寸聲相近，字之訛也。然引光奴之名爲新。

胡廣等《禮記大全》卷一　曲禮上第一　燭不見跋，本也。古者未有蠟燭，以火炬照夜，將盡，則藏其所餘之殘本。恐客見之，以夜久欲辭退也。

丘濬《大學衍義補》卷一五〇《治國平天下之要・守邊固圉之略上》　若夫烽燧之制，古人晝則燔燧，夜則舉烽。偶遇風勁，則煙斜而不能示遠。值霖雨，則火鬱而不能大明。宜於墩臺之上，立爲長竿，分爲三等，上懸紅燈，以燈數多寡爲緩急、衆寡之候。所謂紅燈者，煅羊角及魚魫爲之而染以紅，遇夜則懸以示遠，數百里之間舉目可見矣。

楊慎《丹鉛總録》卷二七《瑣語類》　邊方備警，急作高土臺，臺上作桔槔，桔槔頭有兜零，以薪葦置其中，常低之。有寇即然火舉之，以相告，曰烽，望其烟曰燧。

田藝蘅《留青日札》卷八　赤月

六月，初月新生，其色大赤如火。蓋時亢(早)[旱]已久，日乃赤，故月借日之光，亦赤也。雖星亦皆赤者，可見其射日之妙矣。至于燈火，亦無不倍常紅光難近。蓋燈光取日之氣者，故人言：夜間燈火明而焰長，則明日必晴；若暗而焰短，則明日當雨。占之甚驗。

徐元太《喻林》卷二四《人事門》　分量

如世間中燈油之光，於螢火光爲廣爲大，顯照明浄，超過最勝。燭炬之耀超勝燈光，庭燎火聚又勝燭炬，藥草發光踰於火聚，星宿之光倍過藥草，滿月流光又過星耀，炎盛日光踰超於月。

【略】

此人間螢火之明不如燈火之明，燈火之明不如炬火之明，炬火之明不如大火之明，大火之明不如星之明，星之明不如月之明，月之明不如日之明。

彭大翼《山堂肆考》卷二《天文》　日

《廣雅》曰：日名耀靈，一名朱明，一名東君，一名大明，一名陽烏。日御曰羲和。梁元帝《纂要》：日光曰景，日景曰晷，日氣曰晛，日初出曰旭，日昕曰晞，日温曰煦；在午曰亭午，在未曰昳日，晚曰旰日，將落曰薄暮。注云：大明曰昕，一説在未曰晡。徐整《長曆》曰：日徑千里，周圍三千里，下于天七千里。

梅鼎祚《東漢文紀》卷一三《張衡・靈憲》　懸象著明，莫大乎日月，其徑當天周七百三十六分之一，地廣二百四十二分之一。日者，陽精之宗，積而成鳥，象烏而有三趾。陽之類，其數奇。月者，陰精之宗，積而成獸，象兔。陰之類，其數耦。其後有憑焉者。羿請無死之藥於西王母，姮娥竊之以奔月。將往，枚筮之於有黄，有黄筮之曰：吉。翩翩歸妹，獨將西行，逢天晦芒，毋驚毋恐，其後大昌。姮娥遂託身於月，是爲蟾蜍。夫日譬猶火，月譬猶水。火則外光，水則含景，故月光生於日之所照，魄生於日之所蔽。當日則光盈，就日則光盡也。衆星被耀，因水轉光。當日之衝，光常不合者，蔽於地也，是謂闇虚。在星星微，月過則食，日之薄地，其明也，繇暗視明，明無所屈，是以望之若火。方於中天，天地同明，繇明瞻暗，暗還自奪，故望之若水。火當夜而揚光，在晝則不明也。月之於夜與日同而差微。

孫穀《古微書》卷二七　《孝經緯》

孔子曰：日者天之明，月者地之理，月上屬爲使。婦從夫，放月紀。

天地至貴，精不兩明。天精爲日，地精爲月。

日中則光溢。日神五色，明照四方。

月三日成魄，八日成光，二八十六日轉而歸功於日。晦至朔旦，受符復行。

按《五經通義》：日中有三足烏，烏，陽也。月中有兔與蟾蜍何？兔，陰也。蟾蜍，陽也。而與兔並明，陰係於陽也。又日中有金雞，乃酉之屬。月中有玉兔，乃卯之屬。日月陰陽互藏其宅也。

焦周《焦氏説楛》卷二　南方有魚，取脂以照，力作則暗，照饗餮之具則甚熖，時號饞魚燈。每見漁家以江豚脂爲照，名懶婦燈，即此物耳。《酉陽雜俎》云：奔鮮非魚非蛟，大如船，長二三丈，色如鮎，有兩乳在腹下，相傳懶婦所化，一頭得膏三百斛，取之燒燈，照讀書、紡績輒暗，照歡樂之處則明。

徐應秋《玉芝堂談薈》卷二七　龍涎燭

《聞見録》：宣政宫中用龍涎沉腦屑和蠟爲燭，兩行列數百枝，明艷而香溢，鈞天所無也。南渡後久絶此，惟太后回鑾沙漠，復直稱壽。上極天下之養，用宣政故事，然僅列十數炬。楊用修謂：宋代宫燭以龍涎香貫其中，而以紅羅纏其炷，燒則灰飛而香散。又桀愛琬琰，宫中燭心至跋皆用異香寶屑，燃之有異彩，數里皆香。湯伐之，發其殘跋，值萬金。《杜陽編》：同昌公主有疾，召宗寶爲燈法，乃以香蠟燭遺之，其燭方二寸，其上被五彩文卷，而爇之郁烈之氣聞百步餘，烟出其上即成樓閣臺殿之狀，或云中有蜃脂故也。又《西京雜記》：漢高祖入咸陽宫，周行府庫，有青玉五枝燈，高七尺五寸，下作蟠螭，以口銜燈。燈燃則鱗甲皆動，炳焕若列星而盈室焉。《清異録》：同昌公主薨，帝以仙音燭賜安國寺，薦冥福。其狀如高層露臺，雜寶爲之，花鳥皆玲瓏。臺上安燭，既燃則玲瓏者皆動，丁當清妙，燭盡響絶，莫測其理。《奚囊橘柚》：武帝燃靈音之燭，衆樂迭奏于火光中，不知何術。《拾遺記》：海人乘霞舟，以雕壺盛數升龍膏以獻。燕昭王坐通霞之堂，燃龍膏爲燈，火色熖百里，烟色如丹紫。國人望之，咸謂瑞光。又云：武帝燃芳苡燈于閣上，光色紫，有白鳳、黑冠黑龍羿足來戲于閣。《拼摭精華》：李遇以楓溪鐵造綰龍臺，爲宴燈花燈八層，間以三縫錦標點紫菱油。《洞冥記》：昆明池中有靈波殿七間，皆以桂爲柱，風來自香，帝耽于神怪，嘗得丹豹之髓、白鳳之膏，磨青錫爲屑，以蘇合油和之，熖于神壇，夜暴而光不滅。有霜蛾如蜂赴火，侍者舉麟鬚拂拂之。又曰：外國貢青瓀木，有膏如漆，削置器中，以蠟和之，燃熖數里。

周密原本　朱廷焕補《增補武林舊事》卷八《小經紀》　發燭

杭人削松木爲小片，其薄如紙，鎔硫黄，塗木片頂分許，名曰發燭，又曰焠兒。蓋以發火也。史載周建德六年，齊后妃貧者以發燭爲業，豈即杭人所製與？宋翰林學士陶公穀《清異録》云：夜有急，若作燈之緩，有批杉條，染硫黄，置之待用。一與火遇，得燄穗然，既神之呼引光奴。今遂有貨者，易名火寸。按：此則焠寸聲相近，字之譌也。然引光奴之名爲新。

范景文《戰守全書》卷一四《守部》

備燈火

《通典》曰：脂油燭炬，然脂秉燭於城中四衢要路門下，晨夜不得絶明，用備非常。

《武經總要》曰：衢巷通夜張燈燭，察奸人出入與軍士之私相過從者。

《行軍須知》曰：多設照城燈籠，防夜後有賊鑿城。以黑暗處垂索，求入城中，放火亂軍。

《吕坤救命書》曰：夜間城上燈籠萬不可無，但懸之垛口，是我在城上，不能看暗處之賊，賊在城下，却能見明處之我。只可用油紙懸燈，縋于城下，離城外地下八尺，以觀賊之遠近。

《乘城要法》：賊在城外，每夜五垛口用繩懸燈籠一箇，於城牆上半，離城下地一丈。垛口上切不可用燈火，只藏在窩鋪中，蓋要我見賊，賊不見我城上人。

唐順之曰：守城慎勿燃燈城上以自照，宜懸於城外半腰，以照人，即用此。

唐愛曰：每垜一燈，三垜懸一燈落地。用新油紝者方明亮。燈上用一油紝蓋，以防雨。蓋上仍壓一小瓦片，以防風。若蔑箬蓬蓋尤佳。每燈置一挑竿，索懸城下，離城外地七尺。庶使賊抵城下，我能照見。我瞭垛口，賊不見我。换燭只輪更之人司之，不許誤事。然懸索宜細，止勝一燈，庶賊不能扳躋上城。

若官府給燭，五人輪管。使兵夫自備，恐曠日持久，所費不給，未免誤事。官給爲便，不當靳小費可也。

《蘇州守城條約》云：蠟燭每夜二萬七百九十枝，連六門城樓用，通計三萬枝。以一月計之，九十萬枝。通計銀一百一十兩，長、吳二縣備。

戚繼光曰：垜口二箇，其派過該守本垜一人，不拘幾丁，共出燈籠一盞。

一應車燈、繩桿燈底墜石雨罩，俱照圖式。

又與虜接，遇夜未宜燃火，陣間反使虜明我暗，必素具艸束，長三四尺，兩頭燃之，擲諸垣脚。或令濠牆內人舉火，則我明虜暗矣。

夜戰，燈火懸外半城間，縛燕尾炬，投下燔賊，并用爲照，城上不可張燈燭。

趙恭襄公炳然守堡諭：一謹夜照，賊在堡外，遇夜黑時，每五垜口懸燈籠一箇，於堡牆之半，離地一丈，使下明我能見賊，上暗賊不能見我。垜口上，切不可用燈火，只藏于窩鋪。

《武經總要》曰：賊夜圍城，於城半腹，每十步繫一燈籠。又束蘆葦爲柳，插以松明樺皮，可用照城上。城下以鐵索縋之。

《蘇州守城條約》曰：每三垜備明燈一碗。燈架先置城垜外，照城足。其燈，每一保長給與二十三碗，每日着一縣佐，次第分派本日一夜之燈與保長。每保長派好燭二百九十八枝，任其分散丁夫，以備一夜之用。若保長有弊，許丁夫口告，罰燭一枝。

懸燈製

有鐵架燒竹節者，從更每一架准燈一盞，此該預備。

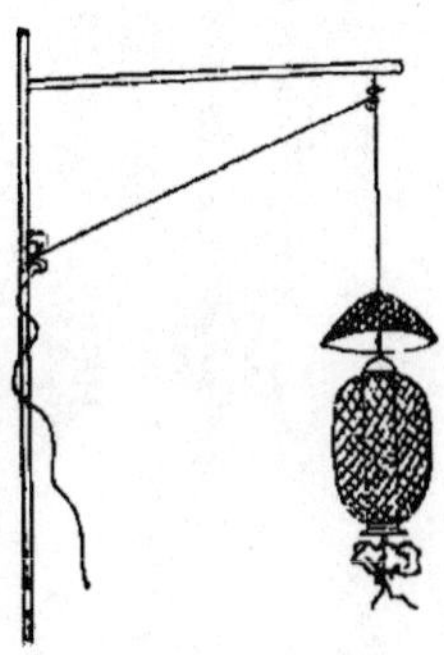
懸燈製

《通典》曰：松明，以鐵鏁鎚下巡城照，恐敵人夜中乘城而上。夜中城外每三十步懸大燈於城半腹。

羅拱宸曰：至於夜間守城用燈燭，所費甚多，且皆高懸於垜上，是使賊得以視我，我不便視賊，其利在彼矣，甚非所宜。爲今之計，應造鐵火毬，中燃松柴，價比檣燭相去倍蓰，況火光散潤極遠，比燈火相去千萬。每垜口二十箇、三十箇，止該用火毬一枝，挑出垜外，墜於城半，則火光在下，我視在上，不悖其光。我得以見賊，而賊不能見我，其利在我矣。

《登壇必究》云：一有鐵架燒松節者從便，每一架准燈一盞。

《虎鈐經》云：松明炬以松木爲之，燒令明，直墜下隨城照之，恐敵人乘暗上城。

《譚論》曰：守城用燭，不如用松明，一松明可代十燈。

鄭復光《鏡鏡詅癡》卷四《述作》

作地鐙鏡

一、地鐙鏡即含光凹也。舊法，錫爲燭臺，高三尺餘，後作凹形鏡各四隻，或六隻、八隻。演劇用之，亦頗助光。閒有銅者，當較勝錫，然不知用側展限，尚未盡其妙。又低於人，則正對處射優人目。今擬作燭臺高七八尺，置東西北隅；凹側展限尺餘，活安燭後，使可斜迤向下，則下燭如日，故當佳耳。

二、地鐙鏡宜銅，愈大愈妙，至小尺餘可也。須活安，固以螺旋，便於遠近上下相對。側收限一尺，距燭稍縮一二寸，使發光處不見倒光形而光大。晝日須冪之，既免塵侵，且妨生火。

一系，此鏡作架座，令可高下俯仰。置之案頭，可以取牖户之明；用側收限。於黑暗室中，以燭細微置之鐙旁，可以顯大鐙光；用側展限。於帷幕之中，以照誦讀，極爲奇妙。

又 坿商鐙

商鐙，非鏡也，而有鏡理，故坿焉。甲辰、乙巳，始見於都門宴，挂席上，通席畢照。錫爲之，上作一蓋卵凹鏡，中心開孔起牆，狀似圓茶船而心空者，倒懸用之。上用兩繩如丙丁。交於戊，合而爲一，挂於庚。或用滑車，以便高低；或配就高低，用粗鐵絲爲鉤，挂承塵上，任爲之。下作小盤如乙，置燭焉，光照於蓋，蓋如凹鏡，聚光下射，能使燭盤無景而光更明焉。己孔所以出烟，使蓋不污。隨用一次，用乏砂或糠灰擦一次可也。此鐙傳自商城，故名商鐙。几上更顯，鐙光下燭，且不射目，無須隱鐙。然懸之書室，不礙筆硯，四照無景。亦甚妙矣。

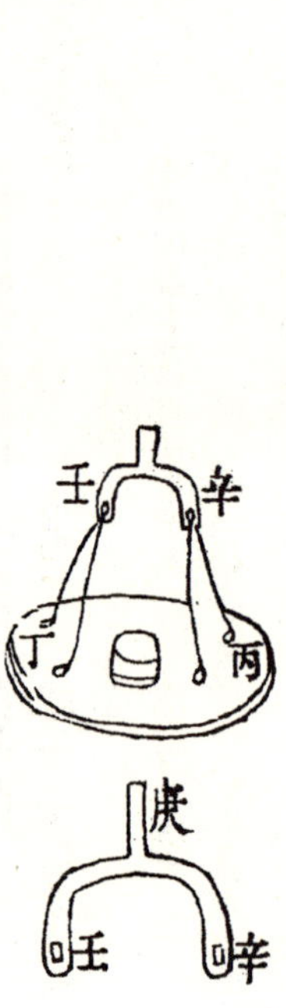

一系，此鐙雖妙，製尚未精。擬庚用雙滑車，如辛與壬。戊不必合一，而丙丁亦各分爲二，共四處繫之，至尺餘處則各合爲一，共二繩，各入一滑車，再並爲一繩，則鐙不轉動而穩矣。壬癸爲兩銅條，其長有定度，燭漸燒漸短，則光漸不合。必放索湊合，不如改用蠟盌及水蠟燭，或油盞，於書鐙尤宜也。

二系，有風之處，燭則易化，不如用玻璃高油盞更妙。

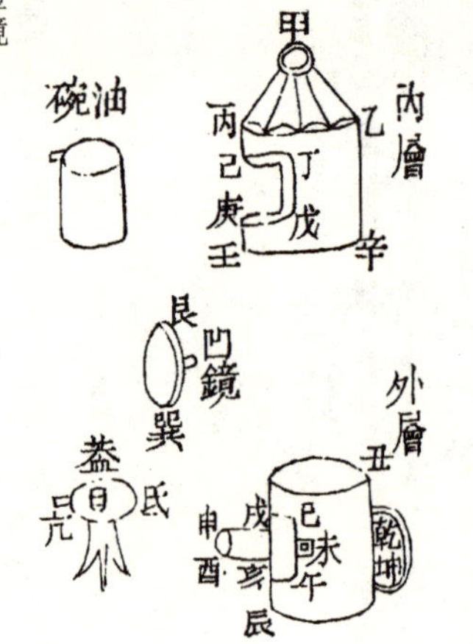

又　作諸葛鐙鏡

一、諸葛鐙，其果出自武侯與否不可知。今所見者皆洋製、廣製耳。或麻荄鐵，或銅爲之。形如圓亭，作兩層相套。內層上連於頂，作甲乙丙形。甲爲提繫。甲乙及甲丙如瓦溝，使透火氣而不透光。甲之下爲頂，尖開細孔使出烟。氣不通達，則油熱而溢。烟不上出，則旁騖而污。巳辛爲內層，虛其半。如巳丁戊寅。外層如丑辰。後壁作把，如乾坤。前作門，如巳午戌亥。中心作箭，如戌酉。安通光凸鏡。如申酉。門有鍵。如未。艮巽爲含光凹，安於內層後壁之內。底之中心安油盌，上有蓋，如氐亢。恐油外潑也。蓋旁作把，如亢。以便揭蓋。中作管，以安鐙心。管末分作三足，立於油盌之底，取其穩也。今廣製其凸不甚中規，其凹不用汞錫，未爲盡善。

二、凸鏡距鐙順展限約二三寸，安時稍縮之，縮無定度，使不至見倒尖形而光大爲度。

三、用法。夜卧，轉內層，實處遮其門，則黑如漆。有警，轉內層，虛處對其門，則燭如晝，尋丈外可以辨人眉宇也。

一系，此鐙舊有含光凹，於內層後壁對前凸安之，蓋欲使含光凹受鐙光令滿，通光凸顯，凹光令圓，如放字法耳。詳：後見放字鏡篇。推其法，則鐙大徑五寸者，凹側展限只四五分，凸順展限六寸。又安凸之箭須兩層，視物之遠近伸縮對之，方得極圓。於警夜之用，反不甚切，竟可除去不用。

藝文

傅玄《燭銘》祝穆《古今事文類聚續集》卷一八　煌煌丹燭，焰焰飛光。取則龍景，擬象扶桑。照彼玄夜，炳若朝陽。焚形監世，無隱不彰。

楊濤《庭燎賦第二》李昉等《文苑英華》卷一二三　王者親政以虔，遲明於未明之前，佇來朝於昧爽，爰設燎以光宣。爛然見舉，赫以相鮮。燧人載馳，俾流光而燭地；羣后咸造，將辨物以朝天。時也四照方一作千。陽，千官是候，星尚泛於銀漢，夜未窮於玉漏。烘廣庭之際，絶以朱陽；曜紫微之旁，皎如白晝。伊有爛之通照，契無私之光覆。於是逮其時，灼其姿，影摇丹檻，光動彤墀。凌霜氣而炎威轉熾，拂輕飈而委燼潛遺。設必有因，蓋欲司其明也；幽無不察，豈假望而畏之？事光乎國典，詠美乎周詩。如是則稱蘭膏者自滅影於是夜，言金釭者敢呈暉於此時。豈設王庭，其照能廣。既烈烈之旁達，不勤勤於睿想。尚早斯至，激環珮以鏘洋；居高匪遑，疑。燭宫闈而曭朗。功殊甸燎，事美蘭薰。燃五夜而幽明已辨，輝九重而鴛鷺斯分。小投炬以流景，嗤銜璧之呈文。息其焰而恒讓朝日，浮其煙而乍雜瑞雲。有以啓天顔，輝至德，燐亂炳焕，熒煌翕艶。連珠户而散彩，暎丹柱而混色。懿夫勳烈有融，用捨合理。當其晦，可燔爇以生；讓其明，可撲滅而止。原燎縱而爰疑作奚。匹？爟火通而何以？未若兹燎之舉，天庭之限，可使九門洞啓，諸侯畢來。

李商隱《李義山詩集》卷上《無題》　相見時難别亦難，東風無力百花殘。春蠶到死絲方盡，蠟炬成灰淚始乾。曉鏡但愁雲鬢改，夜吟應覺月光寒。蓬山此去無多路，青鳥殷勤爲探看。

陳去非《火蛾》祝穆《古今事文類聚續集》卷一八　陽光不照臨，積陰生此類。非無惜死心，素有賊明意。粉穿紅熖焦，翅撲蘭膏沸。爲爾一傷嗟，自棄非天棄。

張商英《讀書燈》祝穆《古今事文類聚續集》卷一八　小籠疎四面，明紙罩孤燈。自小共寒熱，相親如友朋。舊書曾遞照，新燭莫相憎。幾爲吟詩苦，留光到夙興。

范成大《石湖詩集》卷二《宴坐菴四首》　油燈已暗忽微明，石鼎將乾尚有聲。衲被蒙頭籠兩袖，藜牀無地著功名。

又　粥魚吼罷鼓逄逄，卧聽飢鼯上曉釭。一點斜光明紙帳，悟知檐雀已穿窓。

又　卷二三《吴燈兩品最高》　鏤冰影裏百千光，剪綵毬中一萬窓。不是齊人誇管晏，吴中風物竟難雙。

又　《燈夕懷廣蜀舊事》　灕水橋西列炬香，少城樓下變燈忙。兒嬉萬里客程遠，老懶一龕春夢長。

羅霆震《武當紀勝集・石燈心》　寸寸剛腸道體全，無窮光燄照無邊。蘭膏不斷燒難燼，萬古人間是曉天。

陳鎰《午溪集》卷一〇《題湖山十景・東岸漁燈》　月黑樓前湖水明，漁燈點點過沙汀。蘆風忽起光還滅，疑是寒宵夜燐青。

費元禄《甲秀園集》卷一三《西湖望塔燈》　百尺撑空寶炬燃，層層四照訝珠纏。映波寒色潛虯動，挂樹鮮輝掣電連。列宿終難欺素焰，輕蛾未易繞生烟。湖中夜夜人歌舞，誤看銀河八月天。

釋真可《紫栢老人集》卷一三《瑠璃燈》　誰把氷輪擲下方，老禪拈取掛虚堂。升沈雖復憑他力，内外從來本自光。未點金容猶冷淡，纔燃寶座愈輝煌。莫將龍燭堪相比，不照人王照法王。

曹學佺編《石倉歷代詩選》卷二七九《馮海粟・塔燈》　擎天一柱碍雲低，破暗功同日月齊。半夜火龍蟠地軸，八方星象下天梯。光摇瀲灔沿珠蚌，影落滄溟照水犀。光燄逼人高萬丈，倒提文筆向空題。

蔣溥等編《樂善堂全集定本》卷二四《鏡中燈》　數尺玻璃鏡，中含燭影横。光凝千樹燄，彩散一燈明。圓相分來滿，空花對處生。撲蛾渾不用，剪燼笑難成。乍似氷壺漾，還如水月盈。若令長照物，莫徹玉堂檠。

冷光分部

論説

鄭玄注　陸德明音義　孔穎達疏《禮記注疏》卷一六《月令》　季夏之月，日在柳，昏火中，旦奎中。注：季夏者，日月會於鶉火，而斗建未之辰也。疏正義曰：案《三統曆》，六月節，日在柳九度，昏尾七度中，去日一百一十九度，旦婁八度中。六月中，日在張三度，昏箕三度中，去日一百一十七度，旦胃十四度中。《元嘉曆》，六月節，日在井三十二度，昏房四度中，旦東壁八度中。六月中，日在柳十二度，昏尾八度中，旦奎十二度中。其日丙丁。其帝炎帝，其神祝融。其蟲羽。其音徵，律中林鐘。其數七。其味苦，其臭焦。其祀竈，祭先肺。注：林鐘者，黄鐘之所生，三分去一，律長六寸。季夏氣至，則林鐘之律應。《周語》曰：「林鐘和展百物，俾莫不任肅純恪。」音義：去，起吕反，後放此。任，音壬，又如字。恪，苦各反。疏注正義曰：案《律曆志》黄鐘長九寸，三分去一，下生林鐘，故林鐘長六寸。引《周語》以下者，證林鐘之義，故《周語》云：「林鐘和展百物，俾莫不任肅純恪。」案注云：「坤，初六也。林，衆。鐘，聚。肅，速。純，大。恪，敬。言時務和審，百事無有詭詐，使莫不任其職事，速其功而大敬其職。」温風始至，蟋蟀居壁，鷹乃學習，腐草爲螢。注：皆記時候也。鷹學習，謂攫搏也。《夏小正》曰：「六月，鷹始摯。」螢，飛蟲，螢火也。音義：蟋蟀，上音悉，下音率。腐，扶矩反。螢，本又作熒，户扃反，或作腐草化爲螢者非也。攫，俱縛反，一音九碧反。搏，音博。摯，音至，本亦作鷙，同。疏正義曰：蟋蟀居壁者，此物生在於土中，至季夏羽翼稍成，未能遠飛，但居其壁。至七月，則能遠飛在野。案《爾雅・釋蟲》云：「蟋蟀，蛬也。」孫炎云：「蜻蛚也，梁國謂蛬。」郭景純云：「今促織。」蔡以爲「蟋蟀，斯螽」，非也。鷹乃學習者，於時二陰既起，鷹感陰氣，乃有殺心，學習搏擊之事。案《鄭志》焦氏問云：「仲秋乃鳩化爲鷹，仲春鷹化爲鳩，此六月，何言曰鷹學習乎？」張逸答曰：「鷹雖爲鳩，亦自有真鷹可習矣。」腐草爲螢者，腐草此時得暑溼之氣，故爲螢。不云化者，蔡氏云：「鳩化爲鷹，鷹還化爲鳩，故稱化。今腐草爲螢，螢不復爲腐草，故不稱化。」注正義曰：攫，謂以足取物。搏，謂以翼擊物。云螢，飛蟲者，案《釋蟲》云：「螢火，即炤。」李巡云：「螢火，夜飛，腹下如火光，故曰即炤。」

郭璞注　陸德明音義　邢昺疏《爾雅注疏》卷九　釋蟲第十五　蝎，桑蠹。注：即蛣蝠。熒火，即炤。注：夜飛，腹下有火。音義：蝎，音曷。蛣，去一反。蝠，五勿反。熒，户扃反。炤，音照。疏：熒火，一名即炤，夜飛，腹下有火蟲也。《本草》一名夜光，一名熠燿。《月令》季夏「腐草爲熒」。腐草此時得暑濕之氣，故爲熒。至秋而天沈陰數雨，熒火夜飛之時也。《詩・東山》云：「熠燿宵行。」是也。

劉安撰　高誘注《淮南子》卷一三《氾論訓》　山生金玉，人弗怪也。老槐生火，久血爲燐，人弗怪也。血精在地，暴露百日則爲燐，遥望炯炯若燃火也。

王充《論衡》卷二〇《論死篇》　人之兵死也，世言其血爲燐。血者，生時之精氣也。人夜行見燐，不象人形，渾沌積聚，若火光之狀。燐，死人之血也，其形不類生人之血也。其形不類生人之形。精氣去，人何故象人之體。人見鬼也，皆象死人之形，則可疑死人爲鬼，或反象生人之形。

張華《博物志》卷九《雜説上》　鬭戰死亡之處，其人馬血積年化爲燐。燐著地及草木，如露略不可見，行人或有觸者，著人體便有光，拂拭便分散無數愈甚。有細咤聲，如炒豆。唯静住良久，乃滅。後其人忽忽如失魂，經日乃差。今人梳頭著髻時，有隨梳解結有光者，亦有咤聲。

崔豹《古今注》卷中　魚蟲第五

螢火，一名耀夜，一名景天，一名熠燿，一名丹良，一名燐，一名丹鳥，一名夜光，一名宵燭，一作燈。腐草爲之，食蚊蚋。

沈約《宋書》卷三〇《志第二十・五行一》　宋明帝泰始二年五月丙午，南琅邪臨沂黄城山道士盛道度，堂屋一柱自然，夜光照室内。此木失其性也，或云木腐自光。

孝元皇帝《金樓子》卷五　志怪篇十二

夜見火光者，亦久枯木也。

房玄齡等《晉書》卷二九《志第十九・五行下》　火沴水

穆帝升平三年二月，涼州城東池中有火。

四年四月，姑臧澤水中又有火。此火，沴水之妖也。

釋道世《法苑珠林》卷六《三界篇第二之三・諸天部之餘》　身光

《依智度論》云：諸天業報生身光者，欲界諸天身常光明，以燈燭明珠等施及持戒禪定等清浄，故身常光明，不須日月所照。色界諸天行禪離欲，修習火三昧，故身常出妙光明，勝於日月。及欲界果報光明，離欲天取。要言之，是諸光明，皆由心清浄故得。若論釋佛常光明面各一丈，諸天光明大者雖無量，由旬於丈，光邊蔽而不現。

又《優婆夷浄行經》云：佛告毗舍佉如來有六種光明，何謂爲六？一青光，二黄光，三赤光，四白光，五紅光，六紫光。光色照明，是名如來六種光明。

又《長阿含經》云：佛告諸比丘，螢火之明，不如燈燭之明；燈燭之明，不如炬火；炬火之明，不如積火；積火之明，不如四天王；四王宫殿衣服身光，不如三十三天。乃至展轉色，究竟天光明，不如自在天光明。自在天光明，不如佛光明。從螢光明至佛光，合集爾所光明，不如苦諦、集諦、滅諦、道諦光明，是故諸比丘欲求光明者，當求苦集滅道光明。又人有七色，云何爲七？有人金色，有人火色，有人青色，有人黄色，有人赤色，有人白色，有人黑色。有諸天阿須倫有七色，亦復如是。

徐堅《初學記》卷二八《木部》　槐第十五

《淮南子》曰：老槐生火，久血爲燐，人不怪。血精在地，暴露百日則爲燐。

譚峭《化書》第二《術化》　海魚

海魚有以鰕爲目者，人皆笑之。殊不知古人以囊螢爲燈者，又不知晝非日之光則不能馳，夜非燭之明則有所斯。

馬縞《中華古今注》卷下　螢火

螢火，一名耀夜，一名景天，一名熠燿，一名丹良，一名燐，一名丹鳥，一名夜光，一名宵燭，一作燈。腐草爲之，食蚊蚋。

釋贊寧《東坡先生物類相感志》卷六《鬼部》　野火

山林藪澤，晦暝之夜則生焉，散布如人秉燭，其色青，異乎人火。鄉人慣見，不知怪。多以左足草履而招之來，漸近，聞人聲則滅，又從本處明矣。

釋文瑩《湘山野録》卷下　柳仲塗開因曰：余頃守維揚郡，堂後菜圃，纔陰雨則青燄夕起，觸近則散，何邪？寧曰：此燐力振切。火也。兵戰血或牛馬血，著土則凝結爲此氣，雖千載不散。柳遽拜之曰：掘之皆斷鎗折鏃，乃古戰地也。

王闢之《澠水燕談録》卷一《讜論》　凡腐草皆有光。水精及珠之圓者，夜亦有光，烏足異也。梁武造長干塔，舍利常有光。

蔡卞集解《毛詩名物解》卷一二《釋蟲》　螢

夜飛，腹下有火，故字從熒省。螢，小火也。《月令・季夏》曰腐草爲螢，不言化者，不復爲腐草也。《傳》曰：螢帶火而宵行，是故秋陰數雨，螢火夜飛之時。一名挾火，一名據火，一名熠燿。《詩》曰熠燿宵行。今西北多螢火，大者如棗，其小者尚如蠶蠋，行輒有光，正曰宵行，以此故也。《詩傳》曰：熠燿，燐也。

燐，螢火也。先儒以爲，老槐生火，血久爲燐。燐非螢火誤矣。蓋燐者，微火之名，故此兩者通謂之燐。《廣雅》曰：景天螢火，燐也。而《古今注》亦以爲螢，食蚊蚋，一名夜光，一名宵燭，一名燐。然則燐亦螢火，明矣。《崇有論》曰：鳥無胃而生螢，無胃而育。

葉廷珪《海録碎事》卷二二下《雜蟲門》

丹鳥

《夏小正》曰：丹鳥羞白鳥。丹鳥，螢火也。

又 景天

螢，一名景天，一名夜光。崔豹注。

又 慕光 螢載火

飛蛾拂燈火夜飛，一名慕光。《傳》曰：螢載火而寒，一名挾火，一名夜光，一名宵燭。

又 熠燿

《秋興賦》：熠燿粲於階闥，蟋蟀鳴乎軒屏。注：熠燿，螢也。

又 夜遊女子

夜遊女子，螢火也。此伏尸之精，燒香辟之。若入人家，其色青者吉，紅者有禍殃。《玉箱雜記》。

羅願《爾雅翼》卷二七《釋蟲》 螢

螢，夜飛之蟲。腹下有火，腐草及爛竹根所化。《月令》：季夏之月，腐草爲螢。又謂之丹鳥。《夏小正》曰：丹鳥羞白鳥。丹鳥也者，謂丹螢也。白鳥也者，謂蚊也。其謂之鳥者，重其養也。凡有翼者爲鳥。羞者，進也，不盡食也。此言螢食蚊蚋。又今人言赴燈之蛾，以螢爲雌，故誤赴火死。然螢小物耳，乃以蛾爲雄，以蚊爲糧，皆未可輕信。《月令》則云：羣鳥養羞而已。《豳詩》稱熠燿宵行，毛氏云：熠燿，燐也。又解燐云：燐，螢火也。蓋燐者，兵死之血，發爲鬼火。故曹植以爲燐者，鬼火之名，非螢火。説者徒以熠燿有可畏之語，故以鬼火解之。今曠野中螢乃甚大，夏夜亂飛煌煌，乃實有可畏之象，故與鬼火同名。後漢張讓，段珪劫少帝及陳留王，走小平津。帝與王夜步，逐螢火光行數里。隋煬帝幸景華宫，求螢火，得數斛，夜出游山而放之，光遍巖谷。二者均於亂亡。而晉車武子好學，家貧不常得油，夏月則練囊盛數十螢火，以夜繼日焉。《古今注》：一名暉夜、景天、夜光、宵燭。今有一種蟲如蛆，尾亦帶火，但無翼不飛，名爲蛆螢。《説文》《明堂月令》曰：腐草爲蠲，馬蠲也。《淮南》曰：腐草化爲蚈，馬蚿也。《周書·時訓》：大暑之日，腐草爲螢。腐草不爲螢，穀實鮮落。《萬畢術》：螢火却馬。

衛湜《禮記集説》卷四〇 草腐則幽之類也，螢則明之類也。季夏則腐草爲螢，蓋離之明極於此故也。

俞琰《席上腐談》卷上 燐火俗謂之鬼火，兵死及牛馬之血曰燐，螢火亦曰燐，其明皆如火而非火也。吾家舊有老僕，素不信鬼，隨先人往無錫青陽匯收租，夜見鬼火無數，騰騰而來，衆驚走，獨老僕乘醉趁前撲之，乃石楠葉之濕者。予嘗夜坐水亭，雨初霽，見草間有光，遂起而拾之，乃一濕蝦殼。葉玉岩云：嚮在五臺山中，夜間見濕松皮有光，呼從者拾滿一布囊。蓋將持歸遺江南，親戚故舊以示希有，數日後視之，則乾而無光矣。笑而棄之。

葉子奇《草木子》卷四《雜俎篇》 聖燈，名山之大者往往皆有之，世人多歸之佛氏之神。如眉縣峨眉山，成都聖燈山，簡州天光觀，衡山聖燈岩，匡廬之神燈岩，明州天童山，高麗之太白山，數處聖燈時現，蓋山之精英之氣發爲光怪爾。

【略】

一珠之大者光猶照乘，況名山爲寶藏興焉之所，寧獨無光怪焉。

石韞玉則氣如白虹，石生丹砂則光如紅霞，皆其光晶之著也。

李泰《四時氣候集解》卷二《六月》 腐草爲螢

腐草，朽爛草也。《格物論》云：螢是腐草及爛竹根所化，然生陰濕地，在大暑前後，得大火之氣而化。《爾雅疏》云：熒火，一名即炤。《埤雅》云：螢飛，腹下有火，一名挾火，一名據火，一名熠音習。燿。《詩》云熠燿宵行。今西北多螢，大者如棗，行而有光，正曰宵行。又一名夜光，一名宵燭，一名燐音吝，一名明照，一名丹鳥，一名暉夜，一名丹夜，一名盲燭。《月令註》云：腐草得暑濕之氣，故變而爲螢。朱氏云：腐草爲螢，離明之極，故幽類化爲明類也。然不言化而言爲者，蓋以草化爲螢，而螢不復化爲草故也。

陸佃撰　牛衷增輯《增修埤雅廣要》卷四〇《氣化門·腐化類》 草腐化螢

季夏之月，腐草化爲螢，仍以腐爲之食。螢是腐草及爛竹根所化，初猶未如蟲，腹下有光，數日即變而能飛，然生陰濕地，在大暑前後得大火之氣而化，此即照也，一名丹鳥。《大戴禮》：丹鳥養羞。其謂之羞者，重其養也。凡有翼者爲鳥羞也。羞者，進也。《古今注》：螢一名炤燐。燐者，火之微名。一名丹良，一名暉夜，一名夜光，一名霄燭，一名熠燿。又云熠燿非蟲名。《詩》倉庚于飛，熠耀其羽是已。

陸容《菽園雜記》卷一五　鄉人嘗言，野中夜見鬼火、神火。鬼火，色青熒不動。神火，色紅，多飛越聚散不常。蓋火爲陽精，物多有之。世知木石有火而已，如龍雷皆有火。夏天久旱，則空中有流火，今謂之火殃是已。海中，夜亦見火。肥貓，暗中抹之，則火星迸出。壯夫梳髮亦然。積油見日亦生火。古戰場有燐火，魚鱗積地及積鹽，夜有火光，但不發焰。此蓋腐草生螢之類也。

楊慎《丹鉛餘録》卷一　俗傳燈蛾，螢火所化，故慕光。

陳耀文《經典稽疑》卷下《詩·熠燿宵行》　毛云：熠燿，燐也。燐，螢火也。《古今注》《本草》《埤雅》《爾雅翼》《通志詩緝》因之。不曰「熠燿其羽」乎？陳思王論螢火夜飛，故曰宵行。《集傳》曰宵行，蟲名。不曰「肅肅宵征」乎？

田藝蘅《留青日札》卷一三《大明大統曆解》　六月

大暑，六月中熱至此而大也。初五日曰腐草爲螢，即螢火蟲，夜飛，腹下如火，故曰即照，又名熠燐，一名挾火，一名據火，一名夜光、宵燭，一名丹良、丹鳥。朽爛之草所化，陽明之極，則幽陰之物亦感之而化，無情而生有情也。《明堂月令》作腐草爲蠲。《爾雅》曰熒火即照。是熒即螢也。《說文》：蠲，明也。是矣。又曰：蠲，馬蠲从虫益聲。象形，則又似《詩》所謂「熠燿宵行」者，是名「宵行」，虫形如蠶，夜行地上，簇下有光。《古今注》辨之曰：熠燿非螢，生卑濕處，尾後帶火。古人因其有光，或亦卑濕腐草所化，故誤以螢爲蠲耳。愚謂：螢，草螢也，蓋有二種。《淮南子》作蚈者，水螢也。唐子卿有賦曰：水螢有虫，惟虫能天。彼何爲而化草，此何事而居泉。腹可自持，故無耿于蟹。足能自運，亦何憐于蚿。色動波間，狀珠還于合浦。影懸潭下，若星聚于潁川。故知此爲水螢也。

朱睦《五經稽疑》卷三《毛詩·東山》　《東山》言周公東征之歸也，其二章云熠燿宵行。毛云：熠燿，燐也。燐，螢火也。《古今注》及《埤雅》《爾雅翼》皆因之。陳思王論螢火夜飛，非宵行耶。《集傳》曰：宵行，蟲名，或別有解也。

徐元太《喻林》卷二四《人事門二十二》　分量

如見日輪尚有隱没，即知螢火不得久住。《波羅蜜多經》卷五百六十八。

如日輪出，放大光明，螢火等光悉皆隱没。《波羅蜜多經》卷五百八十六。

譬如螢火蟲，不作是念言。我光明照閻浮提普令大明。《光讚》波羅蜜經卷二。

如世間中燈油之光，於螢火光爲廣，爲大，顯照明净，超過最勝。燭炬之耀，超勝燈光。庭燎火聚，又勝燭炬。藥草發光，踰於火聚。星宿之光，倍過藥草。滿月流光，又過星耀。炎盛日光，踰超於月。《大寶積經》卷三十七。

譬如螢火，雖有無量千萬億數，不能障蔽日之光明。《大方等大集經》卷九。

如日月星宿俱遊虚空，而星宿明不及日月。《大方等大集經》卷十八。

【略】

此人間螢火之明，不如燈火之明；燈火之明，不如炬火之明；炬火之明，不如大火之明；大火之明，不如星之明；星之明，不如月之明；月之明，不如日之明。

彭大翼《山堂肆考》卷二三《地理》　老槐

《莊子》曰：老槐生火，久血爲燐。燐，野火也。

又　卷二二六《昆蟲》　螢

《禮·月令》：季夏之月，温風始至，腐草爲螢。不言化者，不復爲腐草也。方氏曰：腐草，幽之類也；螢，明之類也。季夏腐草爲螢，蓋離之明極于此也。或云螢生陰濕之地，在大暑前後飛出，是得大火之氣而化，故如此明照也。

陳禹謨《駢志》卷一三《庚部上》　夜光芝

甘泉宫九莖夜光芝。

華陽洞五種夜光芝。

《漢舊儀》：元封二年，甘泉宫産芝有九莖，金色，六葉，朱實，夜有光。乃作芝房之歌。神爵元年，金芝九莖産於函德殿銅池中，銅池承霤也。

《真誥》：羅江大霍有洞臺，中有五色隱芝。華陽洞亦有五色夜光芝，良常山有英火芝。此物在地如熒火狀，其實似草而非也，大如豆形，紫華，夜視有光。得食一枚，心中一孔明。食七枚，七孔明，可夜書。計得食四十七枚，壽萬年。　按《本草》：青芝曰龍芝，赤芝曰丹芝，黄芝曰金芝，白芝曰玉芝，黑芝曰玄芝，紫芝曰木芝。

《抱朴子》：赤者如珊瑚，白者如截肪，黑者如澤漆，青者如翠羽，黄者如紫金，而皆光明洞徹如堅冰也。晦夜去之三百步，便望見其光矣。

朱謀《詩故》卷五《豳》　東山

「熠燿宵行」，謂螢也。夜中見光不見螢，故曰熠燿，非有所謂如蠶之蟲也。鸖善瞻視，四遠無人，乃下取食。

顧起元《説略》卷四《時序》　《詩》曰「燿燿宵行」，另種也，形如米虫，尾亦有火。不言化者，不復原形也。

方以智《物理小識》卷二《風雷雨暘類》 野火塔光

《格致草》載西言，火在地上，麗物則明。春夏之夜多野火，人稱爲鬼燐。而從深山大谷見者曰佛燈、聖燈。云夫野血化爲燐，腐草化爲螢，具以氣質滲漉土上，爲風雨日露所滋照，其質雖化，其氣尚在，故或爲螢，或爲燐。春夏間，地氣上升，火隨地出，然得風日疏散，使其上歸晶宇，下歸地中，則不作光怪。惟久雨乍晴，上下皆有冷氣，致火不能散去，横騖地上，偶逢膏膩之氣，則燃而成光。或牛馬人畜血溅之處，膏膩稍重，光遂轉大。一等鬼火，欻幽，數點聯珠，人逐之則退，人去又復依人者，理亦膩氣所致。體質輕微，人行衣衫動處皆有微風逐之，則風噓故退，反則風吸，故復依人。一等在墳墓上出入，又或在荒壇冷廟，遞相傳走。蓋墳墓有尸氣之膏膩，壇廟有燈燭牲血之膏膩也。

方以智《通雅》卷四七《動物蟲》 丹良，螢也。古單作螢。《爾雅》：螢火即照，或作蛢。《月令》：夏季腐草爲螢。《吕覽》作化爲螢蚈。《淮南子》作腐草化爲蚈。注：蚈爲馬蚿，出冀，名曰秦渠。則失矣。合溪曰：親見螢産草中，不信腐草爲螢。不知實陽氣蒸腐草濕熱所化也。或先氣化，而後相生有之。毛萇曰：熠燿，燐也。燐，螢火也。諸家據《説文》「燐爲鬼火」，非之。毛指其光耳。今人即以「熠燿宵行」作螢之二名，亦非《月令》注引。《夏小正》注丹鳥，丹良也。皇氏以爲螢火。王符曰：蓬中拾自照謂螢火也。陸佃曰：蚈，音溪，非宵行也。如蠶尾後戴火。可見螢有二種，一飛，一行。潛谷言，西北螢火大如棗。

陳大章《詩傳名物集覽》卷五《蟲豸》 熠燿宵行

《朱傳》：熠燿，明不定貌。宵行，蟲名，如蠶夜行，喉下有光如螢。《毛傳》：燐也，燐，螢火也。《爾雅》：螢火即炤。舍人云：即夜飛有火蟲也。孔疏《本草》：螢火，一名夜光，一名放光，一名熠燿，一名即炤。諸文皆不言燐。《淮南子》云：久血爲燐。注謂兵死之血爲鬼火。然則螢火非燐矣。陶隱居曰：此是腐草及爛竹根所化，初猶未如蟲，腹下已有光，數日便變而能飛。《衍義》：螢常在大暑前後飛出，是得大火之氣而化，故明照如此也。《古今注》：螢火，一名耀夜，一名景天，一名熠燿，一名丹良，一名燐，一名丹鳥，一名夜光，一名宵燭。《章句》以爲，鬼火或謂之燐，未爲得也。天陰沉數雨在於秋日螢火夜飛之時，故曰宵行。王符曰：蓬中拾自照，謂此。腐草木得溼而光，亦有明驗，衆説並爲螢火，近得實矣。《月令》：季夏之月，腐草爲螢。《夏小正》：八月丹鳥羞白鳥。丹鳥，丹良也。白鳥，蚊蚋也。其謂之鳥也，重其養者也。有翼者爲鳥。羞者，進也，不盡食也。《搜神記》：腐草之爲螢也，朽葦之爲蛬也，稻之爲蛩也，麥之爲蛺蝶也，自無知化爲有知，而氣易也。《雕龍》云：陽氣萌而玄駒步，陰律凝而丹鳥羞，四時之動物深矣。《崇有論》：鳥無胷而生，螢無胃而育。《埤雅》：夜飛，腹下有火，故字以熒省。熒，小火也。《傳》曰：螢戴火而寒。今西北多螢，大者如棗，行而有光。一説螢非熠燿，熠燿行蟲耳。今卑溼處有蟲如蠶蠋，尾後載火，行而有光，俗謂之熠燿。董氏曰：熠燿自是一種蟲，夜行地上，如蠶，喉下明如螢。一説初如蛹，腹下有火，數日能飛者，茅根所化，爲螢。其長如蛆，尾有火，不能飛，竹根所化，爲熠燿。螢飛而熠燿行，故曰宵行。或謂熠燿即放光蟲，如百足而小，身有火色，襍紅緑，以手觸之成粉，著處生光，踰時不熄，亦曰宵行。楊用修云：螢火有二種，梁蕭和賦云：「悦草螢之夜翔。」此草螢也。唐李子卿有《水螢賦》，此水螢也。又云古人用字有虚有實，熠燿之爲螢火，實也。熠燿爲倉庚之羽，虚也。如《小雅》：交交桑扈，有鶯其領。此言桑扈之領如鶯之文，非謂鶯即桑扈也。彼謂倉庚之羽如熠燿之明，非謂熠燿即倉庚也。《類聚》云：戊子日用螢爲丸，能却矢。漢武威太守劉子南得其方，合丸佩之，常與虜戰，被圍，矢下如雨，至馬前輒墜地，虜以爲神，遂解去。

陳啓源《毛詩稽古編》卷八《豳變風》 東山

《本草綱目》論螢有三種：一種能飛，有光，乃茅根所化。《吕氏月令》腐草爲螢是也。一種長如蠶尾，後有光，無翼，乃竹根所化，亦名蠲，《明堂月令》腐草爲蠲是也，亦名宵行。一種水螢，居水中。李氏此言，殆未必然，螢之化也，先有光而後生翼，其如蠶者，是初化時耳。陶隱居言，初時如蛹，音勇。腹下有光，數日變而能飛。此説得之。又螢從草化，亦得濕熱之氣而生，或草或水，隨近棲託，故是一種，安得分而三之。至宵行之名，是因《朱傳》而傅會。案：宵行非蟲名，楊用脩辨之甚確，詳見《通義》。

又 卷二八《辨物》 總辨

熠燿宵行。毛云：熠燿，燐也。燐，螢火也。孔疏非之，以爲螢火，不可名燐。宋陸佃名云一名燐者，火之微，名久血，螢火皆可名燐。陸言是也。案崔豹《古今注》數螢火異名，云一名燐。《廣雅》云：景天，燐火，螢也。皆祖毛説。

陸世儀《思辨録輯要》卷二五《天道類》 問：凡物之有光者皆屬陽。神燈，鬼火，此陰屬也，何以有光？曰：有光者不必皆陽屬也，惟天爲純陽，然天未嘗有光。日陽精而中有闇虛，火陽盛而外明内暗，皆爲坎象，故知陽雖有光，必麗陰始明；陰雖無光，然得陽亦現。螢火宵行，陰蟲也，而有光者，鬱蒸之氣爲之也。神燈、鬼火，或氣盛而有光，或氣鬱而有光。氣盛則陰兼陽，氣鬱則陰生陽，故有光。昔人謂戰塲多燐，下有戰血也，此即是鬱氣所爲。

月陰精而有光者，得日而明也。蚌陰物，産珠夜明，亦得日月之精也。恒星有光者，星爲少陽，亦非純陽也。故陰陽必相兼而有光。

聞戰塲燐火，既得聞命矣。所謂陰房鬼火，則何如？曰：總之非盛而有光，即鬱而有光，二語盡之。陰房，則陰盛而有光也。

毛奇齡《毛詩寫官記》卷二 熠燿宵行，或以宵行名乎蟲，而以熠燿爲蟲之明也，以爲其光如螢也。曰：非也。熠燿，螢也。宵行，夜行也。攷《爾雅》云：熠燿，螢。《埤雅》、《古今註》亦云熠燿螢，故擬李陵詩云：「晨風鳴北林，熠燿東南飛。」駱賓王賦云：「熠燿飛兮絶復連。」而杜甫亦有詩云「忽驚飛熠燿」，皆謂螢也。其曰宵行，則猶曹植辯螢火云：「秋陰而雨，螢火夜飛。」夜飛者，夜行也。飛之爲行，亦猶鵲飛爲鵲行，雁飛爲雁行也。若以熠燿爲明，則安所據乎？甲曰：董氏説文云：熠燿，明也。且不覩《詩》又云「倉庚于飛，熠燿其羽」耶？曰：是不然，以倉庚之羽，如螢火之明，即曰螢其羽，如韓子欲以異端之學如四民之行，即曰人其人，此例詞也。夫《小雅》不云乎「交交桑扈，有鶯其羽」，然則鶯亦其羽也。

徐文靖《管城碩記》卷三〇《雜述》 曹植《螢火論》曰：《詩》云熠燿宵行。《章句》以爲鬼火或謂之燐，未爲得也。天陰沈數雨在於秋日螢火夜飛之時也，故曰宵行。

按《毛傳》：熠燿，燐也。燐，螢火也。張揖《廣雅》曰：景天，螢火，鳞也。鳞，音吝，爲螢火。《毛傳》：燐，螢火。燐一作鳞，説見解詁，則是作燐者字之譌也。或引《淮南子》久血爲燐，以燐爲鬼火，因以爲《毛傳》之誤，非矣。

顧棟高《毛詩類釋》卷一八《釋蟲》 熠燿

《爾雅》：螢火即炤。郭註：夜飛，腹下有火。邢疏：《詩·東山》云：熠燿宵行。《本草》：螢火，一名夜光，一名熠燿。《月令》：季夏腐草爲螢。腐草此時得暑濕之氣，故爲螢。至秋而天沈陰數雨，螢火夜飛之時也。

李光地等《月令輯要》卷一一《六月令》 物候

腐草爲螢。原禮腐草爲螢註：螢飛蟲，螢火也。疏：腐草此時得暑濕之氣，故爲螢。按《釋蟲》云：螢火即炤。李巡云：螢火夜飛，腹下如火光，故曰即炤。徐夤詠螢詩：月墜西樓夜影空，透簾穿幕達房櫳。流光堪在珠璣列，爲火不生榆柳中。一一照通黄卷字，輕輕化出緑蕪叢。欲知應候何時節，六月初迎大暑風。

王念孫《廣雅疏證》卷一〇下《釋蟲》

景天，螢火，鳞也。

螢，一作熒。鳞，一作燐。《豳風·東山》篇：「熠燿宵行。」傳云：「熠燿，燐也。燐，螢火也。」《正義》云：「《釋蟲》云：螢火，即炤。」舍人云：「夜飛有火蟲也。」《本草》：螢火，一名夜灮，一名熠燿。案諸文皆不言螢火爲燐。《淮南子》云：「久血爲燐。」許慎云：「謂兵死之血爲鬼火。」然則燐者鬼火之名，非螢火也。陳思王《螢火論》曰：「《詩》云熠燿宵行。」《章句》以爲鬼火，或謂之燐。未爲得也。天陰沈數雨在於秋日螢火夜飛之時也，故云宵行。然則毛以螢火爲燐，非也。今案《正義》所云，未爲通論。燐之爲言燐燐然也。《説文》云：「粦，鬼火也。」閵，火兒，讀若粦。粦與燐同。楊雄「劇秦美新，炳炳麟麟。」李善注云：「麟麟，灮明也。」麟與燐，古字同用。是燐者，火光明也。鬼火有灮謂之燐，則螢火有灮亦得謂之燐矣。《説文》云：「熒，鐙燭之灮。」而《爾雅》云：「熒火，即炤。」鐙燭有灮謂之熒，熒火有灮亦謂之熒，猶鬼火有灮謂之燐，熒火有灮亦謂之燐也。若謂熒火與鬼火不得同名爲燐，則熒火與鐙燭之灮，亦不得同名熒乎。且熒火爲燐，必非無據，或本古訓，或用方言，皆未可知。區區《本草》之文，《淮南·氾論訓》之注，未足以定前人之得失也。若陳王作論，乃駁熠燿之爲鬼火，而非難螢火之名燐；辨韓詩章句之疏，而非救毛公詁訓之失，抑又不足以爲據矣。《藝文類聚》引吴普《本草》云：「螢火，一名景天。」景天，亦以其灮名之也。《説文》云：「景，灮也。」《月令》云：「季夏之月，腐草爲螢。」《本草》熒火，陶注云：「腐草及爛竹根所化。」

綜述

徐堅《初學記》卷三〇《蟲部》 螢第十四叙事

《爾雅》曰：「螢火，即炤也。」《廣雅》曰：「景天，螢火，燐也。」《禮記》曰：

「季夏之月，腐草爲螢。」《大戴禮·夏小正》曰：「丹鳥羞白鳥。丹鳥也者，謂丹良也。白鳥也者，謂蚊也。其謂之鳥者，重其養也。凡有翼者爲鳥。羞也者，進也，不盡食也。」崔豹《古今注》曰：「螢火，一名輝夜，一名景天，一名熠燿，一名燐，一名丹良，一名丹鳥，一名夜光，一名宵燭，腐草爲之，食蚊蚋也，事對羞鳥。」

李昉等《太平御覽》卷九四五《蟲豸部二》　螢

《毛詩豳·七月》曰：町畽鹿場，熠燿宵行。螢火也。

《大戴禮·夏小正》(月)[曰]：丹鳥羞白鳥。丹鳥也者，謂丹良也。白鳥也者，謂蚊蚋也。其謂之鳥者，重其養也。凡有翼者爲鳥。羞也者，進也。

《禮記·月令》曰：季夏之月，腐草爲螢。

《爾雅》曰：螢火，即炤。夜飛，腹下有火。音照。

《廣雅》曰：景天，螢火，燐也。

《續晉陽春秋》曰：車胤，字武子，好學不倦。家貧不常得油。夏月則練囊盛數十螢火，以夜繼日焉。

《後漢書》曰：光熹元年秋，張讓段珪劫少帝及陳留王，協走小平津。帝與王夜步逐螢火光行數里，得民家露車，共乘還宮。

《隋書》曰：大業十二年，煬帝幸景華宮，徵求螢火，得數斛。夜出遊山而放之，光遍巖谷。

崔豹《古今注》曰：螢，一名輝夜，一名景天，一名熠燿，一名燐，一名丹良，一名夜光，一名宵燭，腐草爲之，食蚊蚋焉。

《月令》曰：丹鳥羞白鳥，即蚊也。丹鳥，螢也。

《說文》：秦人謂蚊曰蚋。

《淮南萬畢術》曰：螢火却馬。註云：取螢火裹以羊皮，置土中，馬見之鳴，却不敢行。

祖台之《志怪》曰：晉懷帝永嘉中，譙國丁祚渡江至陰陵界時，天昏霧，在道北見一物如人倒立，兩眼垂血從頭下墮地，兩處各有升餘。祚與從弟齊聲喝之，滅而不見。立處聚血皆化爲螢火，數千枚，縱横飛。

《本草經》曰：螢火，一名夜光，一名即照，一名熠燿。

潘岳《螢火賦》曰：爛若飛電之宵逝，熠音衛。如移星之雲流。動集陽暉，灼如隋珠。熠熠熒熒，若丹英之初葩。飄飄熲熲，若流金之在沙。

傅咸《螢火賦》曰：余曾獨處，夜不能寐，顧見螢火，意遂有感，於是執以自炤而爲之賦，其辭曰：感詩人之攸懷兮，覽熠燿於前庭。不以資質之鄙薄兮，欲增輝乎太清。雖無補於日月，期自照於陋形。

陸佃《埤雅》卷一〇《釋蟲》　螢

夜飛，腹下有火，故字从熒省。熒，小火也。《月令·季夏》曰：腐草爲螢。不言化者，不復爲腐草也。後世屠者瘞於藜藿，而市扇者常苦暍傳曰：螢戴火而寒，有是哉。秋陰數雨，螢火夜飛之時，一名挾火，一名據火，一名熠燿。《詩》曰：熠燿宵行。今西北多螢，大者如棗，行而有光，正曰「宵行」，以此故也。《毛詩傳》曰：熠燿，燐也。燐，螢火也。先儒以爲老槐生火，久血爲燐。燐非螢火誤矣，蓋燐者，火之微名，故此兩者通謂之燐。《爾雅》曰：螢火，即炤燐也。《古今注》亦以爲螢食蚊蚋，一名夜光，一名宵燭，一名燐。然則燐亦螢火，明矣。《崇有論》曰：鳥無胃而生，螢無胃而育，一説螢非熠燿。熠燿行蟲，爾今卑濕處有蟲如蠶蠋，尾後載火，行而有光，俗謂之熠燿。

祝穆《古今事文類聚後集》卷四八《蟲豸類》　螢

《羣書要語》：螢火，一名暉夜，一名燐，一名丹良，一名丹鳥、夜光，一名宵燭，腐草之所化。《古今注》。一名夜照，一名熠燿。《王氏本草》。《夏小正》曰：丹鳥羞白鳥。丹鳥者，謂丹良也。白鳥者，謂蚊蚋也。其謂之鳥者，重其養也。凡有翼者爲鳥羞也。羞者，進也。《大戴禮》。季夏之月，腐草爲螢。《月令》。熠燿宵行。《東山》。類君子之有道，入暗室而不欺。同至人之無迹，懷明義以應時。駱賓王賦。

楊慎《丹鉛總録》卷五《鳥獸類》　水螢

螢火有二種，有草螢，有水螢。梁蕭和賦云：「聊披書以娱性，悦草螢之夜翔。」此草螢也。唐李子卿有《水螢賦》云：「水螢爲虫，惟虫能天。彼何爲而化草，此何事而居泉。腹可自持，故無耿於蟹。足能自運，亦自憐於蚿。色動波間，狀珠還於合浦。影懸潭下，若星聚於潁川。」此水螢也。《淮南子》作蚈，水螢之名，狀亦猶蝶，有草蝶、水蝶二種云。《月令》腐草化螢，《說文》作蠲解，云馬蠲也。

楊慎原本　胡世安箋《異魚圖贊箋》卷三　含光魚

含光之魚，臨海郡育南人臠炙雖美而毒，煎煿已乾，耀夜如燭。《南物志》。

按《本草》即鱣魚，此魚甘平，有小毒。《異物志》名含光者，言其脂肉夜有光也。《飲膳正要》：遼人名阿八兒忽魚。

李時珍云：　鱣狀似鱘，其色灰白，其背有骨甲三行，其鼻長有鬚，其口近頷下，其尾岐。其出也，以三月逆水而上。其居也，在磯石湍流之間。其食也，張口接物，聽其自入，食而不飲。《嶺表録異》：　黄臘魚即江湖之横魚，頭嘴長，鱗皆金色，臠爲炙雖美而毒，或煎㷉乾，夜即有光如籠燭。北人有寓南海者，市此魚食之，棄其頭于糞筐中，夜後或有光明，近視之，益恐懼，以燭照之，但魚頭耳。去燭復明，以爲不祥，各啟食奮窺其餘臠，亦如螢光。達明遍詢土人，乃此魚之常也，憂疑頓釋。

陳耀文《天中記》卷五七《螢》　異名。螢火，一名即炤，《爾雅》。一名景天，一名丹良，一名夜光，一名宵燭，《古今注》。一名放光，一名夜照。《本草》。

丹鳥。丹鳥羞白鳥。丹鳥者，謂丹良也。白鳥者，謂蚊蚋也。其謂之鳥也，重其養也。有翼者爲鳥。羞也者，進也，不盡食也。《大戴禮》。

逐螢光行。光熹元年秋，張讓段珪劫少帝及陳留王，走小平津。帝與王夜逐螢火光行數里，得民家露車，共乘還宫。《後漢》。

囊螢。車胤字武子，好學不倦。家貧不常得油，夏月用練囊盛數十螢火，以夜繼日焉。《續晉陽秋》。車胤好學，嘗囊螢光讀書，時值風雨，胤嘆曰：「天不遣我成其志業耶。」言訖，有大螢傍書窓，比常螢數倍。讀書訖即去，來如風雨至。《獨異志·成應元事統》。

微螢遊山。煬帝大業末，天下已盜起。帝於景華宫徵求螢火數斛。夜出游山，如放光火偏巖谷。《隋書》。

彭大翼《山堂肆考》卷二二六《昆蟲》

螢

《古今注》：　螢，一名暉夜，一名景天，一名熸，一名熠燿，一名丹良，一名丹鳥，一名夜光，一名宵燭。《鬼谷子》曰：　螢名照夜。《爾雅》一名即炤。

腐草爲

《禮·月令》季夏之月，温風始至，腐草爲螢。不言化者，不復爲腐草也。方氏曰：　腐草，幽之類也。螢，明之類也。季夏腐草爲螢，蓋離之明極于此也。或云螢生陰濕之地，在大暑前後飛出，是得大火之氣而化，故如此明照也。

又　爛竹化

《格物論》：　螢是腐草爛竹根所化。

又　羞鳥

《大戴禮》：　丹鳥羞白鳥。丹鳥者，謂丹良也。白鳥者，謂蚊蚋也。其謂之鳥者，重其養也。凡有翼者爲鳥。羞也者，進也，不盡食也。《古今注》以螢爲食蚊蚋，以此。

又　卻馬

《淮南萬畢術》：　螢火卻馬。注云：　取螢火裹以羊皮，置土中，馬見之鳴，卻不敢行。

又　戴火而寒

《傳》曰：　螢戴火而寒。

又　無胃而育

《崇有論》：　鳥無胃而生，螢無胃而育。

又　螢丸墮矢

《神仙感應篇》務成子螢火丸方云：　漢武威太守劉子南從道士尹公受其方，合而佩之。永平中，于武威北界遇虜戰敗，爲寇所圍。矢下如雨，未至子南數尺，矢輒墮地，終不能中傷。虜以爲神，乃解圍去。

【略】

又　敢近太陽

杜詩：　幸因腐草出，敢近太陽飛。未足臨書卷，時能點客衣。隨風隔幔小，帶雨傍林微。十月清霜重，飄零何處歸。

又　不畏明月

陳去非詩：　卻馬已録仙人方，映書曾登君子堂。不畏明月見陋質，但畏風雨難爲光。

又　雨中燃

梁元帝《螢》詩：　着人疑不熱，集草訝無煙。到來燈下暗，翻在雨中燃。

又　星中亂

張芸叟詩：　江邊螢火故煇煇，巧解穿簾又點衣。但取見時增惡思，難窮生處太卑微。月明敢向星中亂，雲黑偏能雨裏飛。今日分明知我去，何年漂泊照吾歸。

又　傅咸螢賦

晉傅咸賦：　不以資質之鄙薄兮，欲增輝乎泰清。雖無補于日月兮，期自照于陋形。

又 賓王螢賦

唐駱賓王賦：類君子之有道，入暗室而不欺。同至人之無跡，懷明義以應時。

馮復京《六家詩名物疏》卷三一《國風豳三·東山篇》 熠燿

《爾雅》云：螢火，即炤。舍人云：即夜飛有火蟲也。《本草》云：螢火，一名夜光，一名放光，一名熠燿，一名即炤，生階地池澤。陶隱居曰：此是腐草及爛竹根所化，初猶未如蟲，腹下已有光，數日便變而能飛。《衍義》云：螢常在大暑前後飛出，是得大火之氣而化，故如此明照也。《月令》雖云腐草所化，然非陰濕處終無。《古今注》云：螢火，一名耀夜，一名景天，一名熠燿，一名丹良，一名燐，一名丹鳥，一名夜光，一名宵燭，腐草爲之，食蚊蚋。陳思王《螢火論》云：《詩》云熠燿宵行，《章句》以爲鬼火，或謂之燐，未爲得也。天陰沈數雨，在於秋日，螢火夜飛之時也，故曰宵行然。腐草木得濕而光，亦有明驗，衆説並爲螢火，近得實矣。《月令》：季夏之月，腐草爲螢。《夏小正》曰：八月，丹鳥羞白鳥。丹鳥者，謂丹良也。白鳥者，謂蚊蚋也。其謂之鳥也，重其養者也。有翼者爲鳥。羞也者，進也，不盡食也。《崇有論》云：螢無胃而育。《埤雅》云：今西北多螢，大者如棗，行而有光，正曰宵行，以此故也。一説螢非熠燿，熠燿行蟲耳。今卑濕處有蟲，如蠶蠋，尾後載火，行而有光，俗謂之熠燿。董氏曰：熠燿自是一種蟲，夜行地上，如蠶，喉下明如螢，故曰宵行。楊用修云：螢火有二種。梁蕭和賦云：悦草螢之夜翔。此草螢也。唐李子卿有《水螢賦》，此水螢也。

按《古今注》：螢火，一名燐，故毛公云：熠燿，燐也。燐，螢火也。孔疏以燐爲鬼火而駁毛公，非也。《本草》明云：螢火一名熠燿，而董陸二家復有異論，然止云熠燿別一種蟲，初未常以宵行爲蟲名也。朱子始以宵行爲蟲名，蓋以末章有熠燿，其羽疑熠燿，但爲明貌耳。然蟲名可妄造乎？楊用修云：古人用字有虚有實，熠燿之爲螢火，實也。熠燿爲倉庚之羽，虚也。如《小雅》「交交桑扈，有鶯其領」，此言桑扈之領如鶯之文，非謂鶯即桑扈也。彼謂「倉庚之羽，如熠燿之明」，非謂熠燿即倉庚也。此説當矣。

張英　王士禎等《淵鑑類函》卷四四七《蟲豸部三·螢一》 原《爾雅》曰：螢火，即照也。《廣雅》曰：景天，螢火，燐也。《呂氏本草》曰：螢火，一名夜照，一名熠燿，一名救火，一名景天，一名據火，一名挾火。崔豹《古今注》曰：螢火，一名輝夜，一名景天，一名燐，一名丹良，一名丹鳥，一名夜光，一名宵燭，腐草爲之，食蚊蚋也。《增埤雅》曰：螢，夜飛，腹下有火，故字從熒。秋陰數雨，正其夜飛之時。今西北多螢，大者如棗，行而有光。原《毛詩》曰：町畽鹿場，熠燿宵行。《禮記》曰：季夏之月，腐草爲螢。飛蟲，螢火也。《大戴禮·夏小正》曰：丹鳥羞白鳥。丹鳥也者，謂丹良也。白鳥也者，謂蚊也。其謂之鳥者，重其養也。凡有翼者謂鳥。羞也者，進也，不盡食也。《鬼谷子》曰：螢名照夜清。《拾遺記》曰：王梁有螢火，大如蜂，聲如雀，八翅，六足，五色。《格物總論》曰：螢生階圯池澤，嘗在大暑前後飛出，是得大火之氣而化。《青箱雜記》曰：夜遊女子，螢火也。此伏尸之精，燒香辟之。若入人家，其色青者吉，紅者有禍殃。裴頠《崇有論》曰：螢以無胃而育。

陳元龍《格致鏡原》卷五〇《日用器物類二》 火

《莊子》：老槐生火，久血爲燐，人弗怪也。注：燐，野火。《博物志》：鬬戰死亡處，人馬血積年化爲粦。粦著地及草木如露，不可見，行人觸之者著體有光，拂拭即分散無數，有細咤聲，如熘豆。静坐良久，尋滅後，其人忽忽如失魂，經日乃差。《物類相感志》：野火，山林藪澤，晦暝之夜則生焉。散布如人秉燭。其色青，異乎人火。鄉人慣見，不爲怪。多以左足之草履而招之來，漸近，聞人聲則滅。又從本處明矣。《湘山野録》：柳開守維揚，後圃遇陰雨，即青燄夕起，觸近則散。僧録贊寧曰：此粦火也。兵戰血或牛馬血著土，則凝結爲此。柳掘之，果皆斷鎗折劍，乃古戰地也。《席上腐談》：燐火，俗謂之鬼火。其明如火而非火也。吾家有老僕素不信鬼，夜見鬼火無數，騰騰而來，衆驚走，獨老僕乘醉趁前撲之，乃石楠葉之濕者。

又　卷九六《昆蟲類一》 螢

《禮記·月令》：季夏之月，腐草爲螢。《格物總論》：螢是腐草及爛竹根所化，初猶未如蟲，腹下已有光，數日便變而能飛。生陰地池澤，常在大暑前後飛出，是得大火之氣而化，故如此明照也。《埤雅》：螢夜飛，腹下有火，秋陰數雨，螢火夜飛之時也。今西北多螢，大者如棗，行而有光。《毛詩傳》曰：熠燿，燐也。燐，螢火也。先儒以爲老槐生火，久血爲燐。燐非螢火誤矣，蓋燐者火之微名，故此兩者通謂之燐。《爾雅》：螢火，一名即炤。《呂氏本草》：螢火，一名夜照，一名救火，一名據火，一名挾火。《古今注》：螢火，一名燿夜，一名輝夜，一名景天，一名熠燿，一名燐，一名丹鳥，一名夜光，一名宵燭，一名丹良，腐草爲之，食蚊蚋。

紀事

劉安《淮南萬畢術》

螢火却馬。《初學記》三十。《御覽》九百四十五。

取螢火裹以羊皮，置土中，馬見之鳴，却不敢行。《初學記》、《御覽》並仝上。

房玄齡等《晉書》卷八三《列傳第五十三・車胤傳》 胤恭勤不倦，博學多通。家貧，不常得油。夏月則練囊盛數十螢火以照書，以夜繼日焉。及長，風姿美劭，機悟敏速，甚有鄉曲之譽。

李瀚撰　徐子光註《蒙求集註》卷上

孫康映雪，車胤聚螢。

《孫氏世録》曰：康家貧，無油，常映雪讀書，少小清介，交遊不雜，後至御史大夫。　晉車胤字武子，南平人，恭勤不倦，博覽多通。家貧，不常得油。夏月則練囊數十螢火以照書，以夜繼日焉。桓温在荆州辟爲從事，以辯識義理，深重之，稍遷征西長史，遂顯於朝廷。

沈括《夢溪筆談》卷二一　異事

盧中甫家吴中，嘗未明而起，墻柱之下有光熠然，就視之，似水而動，急以油紙扇挹之，其物在扇中滉漾，正如水銀而光豔爛然。以火燭之則了無一物。又魏國大主家亦嘗見此物。李團練評嘗與予言，與中甫所見無少異，不知何異也。予昔年在海州，曾夜煑鹽鴨卵，其間一卵爛然通明如玉，熒熒然屋中盡明。置之器中十餘日，臭腐幾盡，愈明不已。蘇州錢僧孺家煑一鴨卵，亦如是。物有相似者，必自是一類。

程大昌《演繁露》卷八　螢囊

沈存中《清夜録》：丁朱崖敗，有司籍其家，有絳紗籠數十，大率如燭籠而無跋無炧，不知何用。其家曰：聚螢囊也。詳其此製，有火之用，無火之熱，亦已巧矣。然隋煬帝已嘗爲之，曰大爲之囊，照耀山谷也。丁氏之囊，蓋其具體而微者耳。

郎瑛《七修類稿》卷四〇《事物類》　捕魚法

每見漁人貯螢火於猪胞，縳其竅而置之網間，或以小燈籠置網上，夜以取魚，必多得也。以魚向明而來之故。因記憶一書云：猢猻毛置魚網四角，取魚必得。蓋魚見之，如人見錦綉也。又有云：燕肉水族嗜之，釣者多以此，以火觀之，此或有驗。

徐應秋《玉芝堂談薈》卷二四　華山神燈

吉安中華山有玉貞觀，時見神燈點點，浮空而下。又四川蓬州有山燈，初見不過三四點，漸至數十，土人呼爲聖燈。眉州彭山縣岷崍山上有天柱峰，夜見五色神燈，莫知其數。張道陵得道於此。雅州瓦屋山峰頂常現辟支普賢相，夜有神燈。太行山即道書清虚小有洞天，東曰日精，西曰月華，旦出五色影，夜則天燈出現，司馬承禎得道之所。又峨眉山有聖燈，每月明之夕，數十百如亂螢，撲之皆木葉也。廣德金牛嶺洞外常現神燈。南嶽衡山金簡峰即神禹得書處，峰下有聖燈巖，晦夜靈光炯炯，動摇如秉燈狀，俗稱天燈，僧稱佛燈。相傳山有珊瑚枝，又云金銀氣也。又華山白羊峰洞室空濛，每逢時節即有神燈出現。楚故略金燈山在咸寧縣南，上有善暉禪師塔，每月夜有光如燈，至曉始滅。

又　卷二七　夜明犀

《杜陽編》：寶曆元年，南昌國獻夜明犀，光明可照百步，覆繒十重，終不能揜其耀焕。上命解爲腰帶，每遊獵，夜則不施蠟燭，有如晝日。隱士郭休有夜明杖，色如漆，扣之則有聲，遇夜則光照十步。虢國夫人有夜明枕，設于堂，光照一室，不須燈燭。

方以智《物理小識》卷二《風雷雨暘類》

陰火潛熱

曾弗人曰：吕宋客言，船上夜以淡水茶潑海，則見火起。小西洋一處，海火夜盛，持器汲起，滿器皆火，光滴入掌中，光亦瑩然可玩。

又　野火塔光

王虚舟《物理所》曰：峨眉五臺佛燈偶飛近人，手摶之，皆樹葉。

【略】

石首魚、仙人杖、白茅根、桃膠，皆夜或放光。暄曰：太陽之氣爲濕所鬱則生光，故附于物，朽木腐草，螢蟲生之；附于水，海淺江湖凹澤生之；附于氣則爲野火。陰火或聚或散，與雷火同理，不必脂膏、血濺也。

又　卷八《器用類》　異色

《雜俎》言：畫鬼神目隨人轉，以曾青和壁魚也。盛伯舍爲錢仲馭取螢畫漁火，愚笑之。蓋禁方用梟睛、螢尾、乳金，則夜有光。想合方別有法耳。宋高文虎《蓼花洲録》云：徐諤得畫牛，晝在欄外，夜歸欄中。李煜獻太宗，徧問不知。惟僧贊寧曰：南倭海中方諸蚌淚，得之和色，則晝隱而夜見。沃焦風燒嵐石落，得之磨色，則晝見而夜晦。見張騫《海外經》後杜鎬簡三館果見之。物理久而愈出，信然。

藝文

傅咸《螢賦並序》祝穆《古今事文類聚後集》卷四八　余曾獨處，夜不能寐，顧見螢火，遂有感，於是執以自照而爲之賦，其詞曰：

潛空館之寂寂兮，意遥遥而靡寧。夜耿耿而不寐兮，憂悄悄而多傷。哀斯火之煙滅兮，近腐草而化生。感詩人之攸懷兮，覽熠燿於前庭。不以姿質之鄙薄兮，欲增輝乎太清。雖無補於日月兮，期自照於陋形。當朝陽而戢景兮，必宵昧而是征。進不競於天光兮，退在晦而能明。諒有似於賢臣兮，於疎外而盡誠。蓋物小而喻大兮，固作者之所旌。假乃光而喻爾職兮，庶有表乎潔貞。

沈旋《詠螢》李昉等《文苑英華》卷三二九　火中變腐草，明滅靡恒調。雨墜弗虧光，陽昇反奪照。泊樹類奔星，集草疑餘燎。望之如可灼，攬之徒有耀。

虞世南《詠秋螢》李昉等《文苑英華》卷三二九　的歷流光小，飄飖弱翅輕。恐畏無人識，獨自暗中明。

李百藥《詠螢火》彭定求等《全唐詩》卷四三　窗裏憐燈暗，堦前畏月明。不辭逢露濕，祇爲重宵行。

駱賓王《螢火賦並序》李昉等《文苑英華》卷一四一　余猥以明時，久遭幽縶，見一葉之已落，知四運之將終。悽然客之爲心乎悲哉。秋之爲氣也，光陰無幾，時事如何？大塊是勞生之機，小智非周身之務。一作防。　嗟乎！綈袍匪舊，白首如新。誰明公冶之非？孰辨臧倉之愬？是用中宵而作，達旦不瞑。覩兹一有流字。螢之自明，哀一有此字。覆盆之難照。夫類同而心異者，龍蹲歸而宋樹伐；質殊而聲合者，魚形出而吴石鳴。苟有會於精靈，夫何患於異類？況乘時而變，含氣而生，雖造化之萬殊，亦昆蚑一作蟲。之一物。應節不愆，信也。與物不競，仁也。逢昏不昧，智也。避日不明，義也。臨危不懼，勇也。事沿情而動興，理因物而多懷，感而賦之，聊以自廣云耳。

伊玄功之播氣，有丹鳥之賦象。順陰陽以亭毒，資變化而涵養。每寒潛而暑出，一作至。若知來而藏往。既發揮而外融，亦含光而內朗。若夫小暑南收，大火西流，林塘改夏，雲物迎秋。或凌虛而赴遠，乍排叢而出幽。均火色一作齊。之宵映，如夜光之暗投。逝將歸而未返，忽欲去而中留。入槐榆而焰發，若改燧而環周。繞堂皇而影遍，疑秉燭以嬉遊。點綴懸珠之網，隱映落星之樓。乍滅乍興，或聚或散。居無定所，習無常翫。曳景一作影。周流，飄光凌亂。泛灔乎池沼，徘徊乎林岸。狀火井之沉熒，左思《蜀都賦》「火井沉熒」，一本作騰熒。似明珠之出漠。值衝飈而不烈，逢霔雨而逾煥。炤灼兮若湛盧之夜飛，的皪兮象招搖之夕爛。照重陰於已昏，與夜燎而相炫。共爝火而焉一作齊。息，避太陽於始旦。爾其光不周物，明以一作足。自資。偶仙鼠而伺夜，謝飛蛾而一作對飛蛾之。赴嬉。疑作熺。類君子之有道，入暗室而不欺。同至人之無迹，懷明義以應時。處幽不昧，居照斯晦。隨隱顯而動息，候昏明以進退。委性命兮幽玄，任物理兮推遷。化腐木而含彩，集枯草而藏煙。不貪熱而苟進，每和光而曲全。豈知一作如。鎔金而自鑠，寧學膏火而相煎。陋蟬蜩而一作之。習蜕，怵螻蟻之慕羶。匪傷蜉蝣之夕，不羨鼂鶴之年。槍榆飛而控地，摶扶起而垂天。雖小大之殊品，豈逍遥之異筌。夫何化之斯化？無使然而自然。若乃有來斯通，無去一作往。不至。排朱門而獨遠，昇青雲而自致。匪偷光於隣壁，寧假暉於陽燧。終徇已以效能，靡因人以成事。物有感而情動，迹或均而行一作心。異。響必應之於同聲，道一作物。固求之於同類。始未明其一作而。趣捨，終一作庸。詎識其指意。子尚不知魚水一無此字。之爲樂，吾又安一作庸字。知螢火一無此字。之所利。明兮能遷，變兮無窮。一作高明兮有融，變遷兮無窮。哀牛一作牛哀。倏而化贙，羽泉忽兮生熊。血千年兮藏碧，火一作魂。一變兮成虹。知戰場之化一作有。燐，悟冤獄之爲蟲。彼翩翻之弱質，一作彼翻飛之弱質。尚矯翼而凌空。何微生之多躓，獨宛頸以觸籠。異壁一作壁。光之照廡，同劍影之埋豐。覬道迷而可復，庶鑒幽而或通。覽年華以自照，顧形影而相弔。感秋夕之殷憂，慙一作懋。宵行之熠燿。熠燿飛兮絶復連，殷憂積兮明自一作且。煎。見流光之不息，愴驚魂之屢遷。如過隙兮已矣，三字一作之已來。同奔電兮忽焉。儻餘輝之可照，庶寒灰之重然。

李嘉祐《詠螢》李昉等《文苑英華》卷三二九　映水光難定，凌虚體自輕。夜風吹不滅，秋露洗還明。向燭仍藏焰，投書更有情。猶將流亂影，來此傍簷楹。

杜甫《見螢火》祝穆《古今事文類聚後集》卷四八　巫山秋夜螢火飛，簾疎巧入坐人衣。忽驚屋裏琴書冷，復亂簷前星宿稀。却繞井欄添箇箇，偶經花蕊弄輝輝。滄江白髮愁看汝，來歲如今歸未歸。

又杜甫《螢火》祝穆《古今事文類聚後集》卷四八　幸因腐草出，敢近太陽飛。未足臨書卷，時能點客衣。隨風隔幔小，帶雨傍林微。十月清霜重，飄零何處歸。

李子卿《水螢賦》李昉等《文苑英華》卷一四一　水螢惟蟲，惟蟲能天。彼何爲而化草，此何事而居泉。腹可自持，故無取於蟹。足能自運，亦曷憐於蚿。其形也蠢耳，其光也炯然。色動波間，狀珠還於合浦。影懸潭下，若星聚於潁川。明不可以並時，故當晝而潛曜。暗不可以同德，故候夜而開照。近而察之，若海底之陰火；遠而望也，辟山邊之寒燎。潛伏類於全真，無故疑作欲。均於觀妙。質未爲用，自脱豫且之網；餌且不貪，高視任公之釣。徒觀夫因坎而止，隨萍則流。任晦明而隱見，與風水而沉浮。自得井蛙之樂，何虞轍鮒之憂？儻欲觀書，固不惜於餘照；如將案劍，非有意於暗投。火爲象兮，取於時而去其熱；水爲宅兮，質其潤而得其潔。且混迹於泥沙，詎等夷於魚鼈？同至人之樂道，類君子之甘節。覽於心乃止水之常净，燭於物靡傳薪之無絶。由此而言，覺吾道之滅裂。

陳章《腐草爲螢賦以積腐有光可名爲螢爲韻》李昉等《文苑英華》卷一四一　厭浥敗草，霏微夜螢，若受天之明命，能在地以成形。始爛然於朽壤，俄蠢爾於荒庭。形質甚微，異囊中之點點；本根既朽，想河畔之青青。彼若昧而未彰，此如茨而久積。始前衰而委化，終後顯而可覿。寂然不動，應大暑於兹時；默爾而成，颺温風於永夕。徒觀夫從微至著，出死入生，幾變青袍之色，漸加丹鳥之名。匪我愆期，故分形於夜朗；自他有耀，因易貌而宵行。故得脱陳根，騰宿莽，質化幽藹，氣非腥腐。無聲無臭，同朽莖之成蛩；有顯有微，殊積穀之爲蠱。小明必俟其時變，待闇稍觀其類聚。並桃蟲疑作蟲。而映彼中林，齊雚蠋而光於舊圃。始則退藏，終能發揚。詎蒙蘢於階砌，初炳耀於池塘。豈比膏腴之地，多依糞土之墻。每遲留於三時，不傲于候；既生成於六月，必見其光。徒有異於升沉，信莫分於彼我。得賦象而自出，故非時而不可。晶熒乍起，訝林際之無煙；的皪漸生，疑池中之有火。隕霜殺兮自晦，零雨被兮增萎。考書文之小大咸若，載月令而遠近相隨。始經黄落之餘，三年不化；既及朱明之節，一日可爲。農夫之務既停，薙氏之芟已久。飛光兮倏爾而至，向晦兮於何不有。斯所以成武子之能勤，冀聚之於書牖。

羅鄴《螢》祝穆《古今事文類聚後集》卷四八　水殿清秋玉户開，飛光千點去還來。無風無月長門夜，頻到堦前點緑苔。

徐寅《釣磯文集》卷一〇《螢》　月墜西樓夜影空，透簾穿幕達房櫳。流光堪在珠璣列，爲火不生榆柳中。一一照通黄卷字，輕輕化出緑蕪叢。欲知應候何時節，六月初迎大暑風。

陳師道《後山集》卷四《次韻螢火》　年侵觀物化，共被歲時催。熠熠孤光動，翩翩度水來。稍能穿幔入，已復受風回。投卷吾衰矣，微吟子壯哉。

鄒浩《道鄉集》卷一一《螢火》　未解捐書常讀書，只緣炎瘴簡編疎。夜深螢火猶相勉，無數飛光照閤居。

陳與義《簡齋集》卷七《螢火》　翩翩飛蛾掩明燭，見烹膏油罪莫贖。嘉爾螢火不自欺，草間相照光煜煜。卻馬已録仙人方，映書曾登君子堂。不畏月明見陋質，但畏風雨難爲光。

李綱《梁谿集》卷九《螢火》　雨過禪房夜氣清，濕螢無數自宵行。光穿竹樹來還去，影照池塘滅復明。飛學流星疑有意，出因腐草本無情。暫時熠燿休憑夜，敢傍長空曉日征。

吴激《秋夕》張玉書等《佩文齋詠物詩選》卷四八二　風螢開合度松陰，松下蕭然倦客心。幾點青光照凉夜，何時遠寺得幽尋。

張嵲《紫微集》卷七《螢火》　徂暑初殘夜，飛螢遍曲塘。翕張舒焰短，斗注引輝長。翻屋星移位，窺簾燼吐光。未應彌輦路，聊可映書囊。乍與風俱遠，偏隨雨送凉。老夫常作客，看汝鬢毛蒼。

吴儆《竹洲集》卷一九《寓壺源僧舍》　悶來掩卷已三更，風露涓涓月滿庭。閒撲流螢銜暗樹，危梢點點墮寒星。

洪邁《萬首唐人絶句詩》卷四八《聖燈》　莽莽空中稍稍燈，坐看迷濁變清澄。須知火盡煙無益，一夜欄邊説向僧。

釋文珦《潛山集》卷九《螢火》 爾質非天賦，唯從腐草生。細微曾未覺，變化亦難明。自照光寧遠，羣飛體更輕。空教征戍婦，容易動離情。

黄庚《月屋漫稿・螢火》 化形腐草暗生光，數點隨風過野塘。窓下久無人夜讀，此身不入照書囊。

孫作《滄螺集》卷一《螢火》 雨中螢火看不滅，入户潛行欲近人。槐市書生經滿案，微光待汝續鷄晨。

沈周《石田詩選》卷一〇《螢火》 閃閃熒熒無定居，隨風星散滿郊墟。空名何補昏黄際，末照聊承腐爛餘。陰類濫明如火冷，小流乘隙恠窓虚。自憐老眼模糊甚，縱著囊盛已廢書。

王廷陳《夢澤集》卷一《螢火賦》 當朱明之杪月，玩流螢之宵征。感温風之扇爍，釀腐草之末榮。既化植以爲動，復緣死而遂生。庶揚光於冥閴，甘匿景於太陽。或内照之猶尠焉，旁燭以無疆。謬用晦之邃旨，實自焚之爲防。孰潛形而更昭？孰益膏而罔竭？何恒焰而不灰？何炙手而弗熱？彼玄宇之巧入，訝明珠之翻飛。偶驚飈之散激，駭星辰之乍稀。羌倏明而忽滅，蓋石火之暫輝爾。其代燈燭於書筵，紛軒除以見掇。幸蝌蚪之與隣，聚朋侶而囊括。將炫赫以階危，恨微軀之難脱。

張溥《漢魏六朝百三家集》卷四五《螢火賦》 喜熠燿之精將，與衆類乎超殊。東山感而增嘆，行士慨而懷憂。翔太陰之玄昧，抱夜光以清遊。熲若飛電之宵逝，彗似移星之雲流。動集陽暉，灼如隋珠。熠熠熒熒，若丹英之照葩；飄飄熲熲，若流金之在沙。載飛載止，光色孔嘉。無聲無臭，明影暢遐。歃朝霞於曠野，庇一葉之垂柯。無干欲於萬物，豈顧恤于網羅。至夫重陰之夕，風雨晦暝，萬物眩惑，翩翩獨征。奇姿燎朗，在陰益榮。猶賢哲之處時，時昏昧而道明。若蘭香之在幽，越群臭而彌馨。隨陰陽以飄飄，非飲食之是營。問螽斯之無忌，希夷惠之清貞。羡微虫之琦瑋，援彩筆以爲銘。

又 卷八四《詠螢火》 著人疑不熱，集草訝無烟。到來燈下暗，翻往雨中然。

僧德祥《詠螢》張玉書等《佩文齋詠物詩選》卷四八二 念爾一身微，秋來處處飛。放光唯獨照，引類欲相輝。白髮嫌催節，青燈妬入幃。老僧無世相，容得繞禪衣。

成影分部

論説

毛亨傳 鄭玄箋 陸德明音義 孔穎達疏《毛詩注疏》卷二四《大雅・公劉》 篤公劉，既溥既長，既景迺岡，相其陰陽，觀其流泉。傳：「既景迺岡」，考於日景，參之高岡。箋云：厚乎公劉之居豳也，既廣其地之東西，又長其南北；既以日景定其經界於山之脊，觀相其陰陽寒煖所宜。

鄭玄注 陸德明音義 賈公彦疏《周禮注疏》卷一〇《地官司徒》 以土圭之灋測土深，正日景，以求地中。日南則景短，多暑；日北則景長，多寒；日東則景夕，多風；日西則景朝，多陰。注：土圭，所以致四時日月之景也。測猶度也，不知廣深，故曰測。故書求爲救。杜子春云：「當爲求。」鄭司農云：「測土深，謂南北東西之深也。日南謂立表處太南，近日也。日北謂立表處太北，遠日也。景夕謂日跌景乃中，立表之處太東，近日也。景朝謂日未中而景中，立表處太西，遠日也。」玄謂晝漏半而置土圭，表陰陽，審其南北。景短於土圭謂之日南，是地於日爲近南也。景長於土圭謂之日北，是地於日爲近北也。東於土圭謂之日東，是地於日爲近東也。西於土圭謂之日西，是地於日爲近西也。如是則寒暑陰風偏而不和，是未得其所求。凡日景於地，千里而差一寸。

又 卷三三《夏官司馬》 土方氏，掌土圭之灋，以致日景。注：致日景者，夏至景尺有五寸，冬至景丈三尺，其間則日有長短。音義：景，如字。疏注釋曰：按《玉人職》「土圭尺有五寸以致日」。先鄭注《大司徒》以爲於潁川陽城。夏日至晝漏半，立八尺之表，表北得尺五寸景，適與土圭等，則爲地中，以建王國也。冬至景丈三尺者，亦於潁川陽城晝漏半，立八尺表，表北得丈三尺景，亦爲地中。云其間則日有長短者，謂冬至日極短，夏至日極長。其極長極短之間，冬至後日漸長，夏至後日漸短。假令冬至日南至之後，日漸北之時，日行大分六小分四。大分者，一寸爲十分。小分者，十分寸之一分，又爲十分。但日景一寸，則於地千里。大分一爲百里，小分一則爲十里。則冬至後，日向南行六百四十里。但冬至丈三尺景，除本尺五寸外，加丈一尺五寸。從冬至至春分，晝夜等之時，則減五尺七寸半景。從春分到夏至，又減五尺七寸半景，則減晝丈一尺五寸。惟有尺五寸在，以爲夏至之景。南戴日下萬五千里，謂之地中。故云其間則日有長短也。

《墨子》卷一〇《經下第四十一》　【略】景不徙，説在改爲。【略】景二，説在重。【略】景迎日，説在慱。【略】景之小大，説在(地)[杝]缶遠近。

又　《經説下第四十三》　【略】景，光至景亡；若在，盡古息。【略】景，二光夾一光。一光者，景也。【略】景，日之光反燭人，則景在日與人之間。【略】景，木杝，景短大；木正，景長小。光，小於木，則景大於木；非獨小也，遠近。

郭象注　成玄英疏《南華真經注疏》卷一《莊子内篇》　齊物論第二

罔兩問景曰：「曩子行，今子止；曩子坐，今子起。何其無特操與？」罔兩，景外之微陰也。疏：罔兩，景外之微陰也。曩，昔也。特，向也，獨也。莊子寓言以暢玄理，故寄景與罔兩，明於獨化之義。而罔兩問景云：汝向行今止，昔坐今起。然則子行止坐起，制在於形，唯欲隨逐於他，都無獨立志操者何耶？景曰：「吾有待而然者邪？言天機自爾，坐起無待。無待而獨得者，孰知其故，而責其所以哉？疏：夫物之形質，咸稟自然。事似有因，理在無待。而形影非遠，尚有天機，故曰萬類參差，無非獨化者也。吾所待又有待而然者邪？若責其所待而尋其所由，則尋責無極，而至於無待，而獨化之理明矣。疏：影之所待，即是形也。若使影待於形，形待造物。請問造物復何待乎？斯則待待無窮，卒乎無待也。吾待蛇蚹蜩翼邪？若待蛇蚹蜩翼，則無特操之所由，未爲難識也。今所以不識，正由不待斯類而獨化故耳。疏：昔諸講人及郭生注意，皆云蛇蚹是蝮下齟齬。蜩翼者，是蜩翅也。言蛇待蚹而行，蜩待翼而飛，影待形而有也。蓋不然乎！若使待翼而飛，待足而走，飛禽走獸，其類無窮，何勞獨舉蛇蚹，頗引爲譬？即今解蚹者，蛇蜕皮也。蜩翼者，蜩甲也。言蛇蜕舊皮，蜩新出甲，不知所以，莫辯其然。獨化而生，蓋無待也。而蛇蜩二蟲，猶蜕皮甲，稱異諸物，所以引之。故外篇云：「吾待蛇蚹蜩甲耶。」是知形影之義，與蚹甲無異者也。惡識所以然，惡識所以不然？」世或謂罔兩待景，景待形，形待造物者。請問夫造物者有邪？無邪？無也則胡能造物哉。有也則不足以物衆形。故明衆形之自物，而後始可與言造物耳。是以涉有物之域，雖復罔兩，未有不獨化於玄冥者也。故造物者無主，而物各自造。物各自造而無所待焉，此天地之正也。故彼我相因，形景俱生，雖復玄合而非待也。明斯理也，將使萬物各反所宗於體中，而不待乎外。外無所謝，而内無所矜，是以誘然皆生而不知所以生，同焉皆得而不知所以得也。今罔兩之因景，猶云俱生而非待也，則萬物雖聚，而共成乎天，而皆歷然莫不獨見矣。故罔兩非景之所制，而景非形之所使，形非無之所化也。則化與不化，然與不然，從人之與由己，莫不自爾，吾安識其所以哉。故任而不助，則本末内外，暢然俱得，泯然無迹。若乃責此近因而忘其自爾，宗物於外，喪主於内，而愛尚生矣。雖欲推而齊之，然其所尚已存乎胷中，何夷之得有哉。疏：夫待與不待，然與不然，天機自張，莫知其宰，豈措情於尋責而思慮於心識者乎。

又　卷九《莊子雜篇》　寓言第二十七

衆罔兩問於影曰：「若向也俯而今也仰，向也括而今也彼髮，向也坐而今也起，向也行而今也止，何也？」疏：罔兩，影外微陰也，斯寓言者也。若，汝也。俛，低頭也。撮，束髮也。汝坐起行止，唯形是從，以此測量，必因形乃有。言不待，厥理未詳。設此問答，以彰獨化耳。影曰：「叟叟也，奚稍問也。」運動自爾，無所稍問。疏：叟叟，無心運動之貌也。奚，何也。影荅云：我運動無心，蕭條自得，無所可待，獨化而生，汝無所知，何勞見問也。予有而不知其所以。自爾，故不知所以。疏：予，我也。我所有行止，率乎造物，皆不知所以，悉莫辯其然爾，豈有待哉。予，蜩甲也，蛇蜕也，似之而非也。影似形而非形。疏：蜩甲，蟬殼也。蛇蜕，皮也。夫蟦蠐變化而爲蟬，蛇從皮内而蜕出者，皆不自覺知也。而蟦蠐滅於前，蟬自生於後，非因蟦蠐而有蟬，蟬亦不待蟦蠐而生也。蛇皮之義，亦復如之。是知一切萬有，無相因待，悉皆獨化，僉曰自然。故影云：我之因待，同蛇蜕蜩甲，似形有而實非待形者也。火與日，吾屯也；陰與夜，吾代也。疏：屯，聚也。代，謝也。有火有日，影即屯聚；逢夜逢陰，影便代謝。若其同形有影，故當不待火日。陰夜有形而無影，將知影必不待形，而獨化之理彰也。彼，吾所以有待邪，疏：吾所以有待者，火日也。必其不形，火日亦不能生影也，故影亦不待於火日也。而況乎以有待者乎。推而極之，則今之所謂有待者，率至於無待，而獨化之理彰矣。疏：況乎有待者，形也。必無火日，形亦不能生，影不待形也。夫形之生也，不用火日；影之生也，豈待形乎？故以火日況之，則知影不待形明矣。形影尚不相待，而況佗物乎？是知一切萬法，悉皆獨化也。彼來則我與之來，彼往則我與之往，彼彊陽則我與之彊陽。彊陽者，又何以有問乎。」直自彊陽運動，相隨往來耳。無意，不可問也。疏：彼者，形也。彊陽，運動之貌也。夫往來運動，形影共時，既無因待，咸資獨化。獨化之理，妙絶名言。名言問荅，其具之矣。

又　卷一〇《莊子雜篇》

漁父第三十一

人有畏影惡迹而去之走者，舉足愈數而迹愈多，走愈疾而影不離身，自以爲尚遲，疾走不休，絶力而死。不知處陰以休影，處静以息迹，愚亦甚矣。

又　天下第三十三

飛鳥之景未嘗動也。疏：過去已滅，未來未至，過未之外，更無飛時。唯鳥與影，嶷然不動。是知世間即體皆寂，故論云：然則四象風馳，璇璣電卷，得意豪微，雖遷不轉。所謂物不遷者也。鏃矢之疾，而有不行不止之時。疏：鏃，矢耑也。夫幾發雖速，不離三時，無異輪行，何殊鳥影？既不踬不動，鏃矢豈有止有行？亦如利刀割三條絲，其中亦有過去、未來、見在之者也。

吕不韋撰　高誘注《吕氏春秋》卷一三《有始覽第一》　有始

白民之南，建木之下，日中無影，呼而無響，蓋天地之中也。白民之國，在海外極内。建木在廣都南方，衆帝所從上下也，復在白民之南。建木狀如牛，引之有皮，黄葉若羅也。日正中將下，日直人下，皆無影，大相叫呼，又無音響人聲，故謂蓋天地中也。

列御寇撰　張湛注　殷敬慎釋文《列子》卷四《仲尼》　有影不移。夫影因光而生，光苟不移，則影更生也。夫萬物潛變莫不如此，而惑者未悟，故借喻於影。惠子曰：飛鳥之影未常動也。

【略】影不移者，説在改也。影改而更生，非向之影。《墨子》曰：影不移，説在改爲也。

又　卷八《説符》　子列子學於壺丘子林。壺丘子林曰：「子知持後，則可言持身矣。」列子曰：「願聞持後。」曰：「顧若影，則知之。」列子顧而觀影，形枉則影曲，形直則影正。然則枉直隨形而不在影，屈申任物而不在我。此之謂持後而處先。關尹謂列子曰：「言美則響美，言惡則響惡；身長則影長，身短則影短。」

劉安撰　高誘注《淮南子》卷四《墬形訓》　扶木在陽州，日之所曊。扶木，扶桑也，在湯谷之南。曊猶照也。（過）陽州，東方。曊，音費。建木在都廣，建木其狀如牛，引之有皮，若瓔黄蛇，葉若羅。都廣，南方山名也。衆帝所自上下，日中無景，呼而無響，蓋天地之中也。衆帝之從都廣山上天還下，故曰上下。日中時，日直人上無(有)[景]晷，故曰蓋天地之中。若木在建木西，末有十日，其華照下地。末，端也。若木端有十日，狀如蓮華。華，猶光也，光照其下也。

班固《漢書》卷二六《天文志》　日有中道，月有九行。中道者，黄道，一曰光道。光道北至東井，去北極近。南至牽牛，去北極遠。東至角，西至婁，去極中。夏至至於東井北，近極，故晷短，立八尺之表而晷景長尺五寸八分。冬至至於牽牛，遠極，故晷長，立八尺之表而晷景長丈三尺一寸四分。春秋分，日至婁角，去極中，而晷中，立八尺之表而晷景長七尺三寸六分。此日去極遠近之差，晷景長短之制也。去極遠近難知，要以晷景。晷景者，所以知日之南北也。日，陽也，陽用事則日進而北，晝進而長，陽勝故爲温暑。陰用事則日退而南，晝退而短，陰勝故爲涼寒也。故日進爲暑，退爲寒。若日之南北失節，晷過而長，爲常寒；退而短，爲常燠。此寒燠之表也，故曰爲寒暑。一曰晷長爲潦，短爲旱，奢爲扶。

【略】冬至日南極，晷長，南不極則温，爲害。夏至日北極，晷短，北不極則寒，爲害。故書曰：日月之行則有冬有夏也。

許慎撰　徐鉉增釋《説文》卷七上　景　光也。从日，京聲。居影切。　晷　日景也。从日，咎聲。居洧切。

王符《潛夫論》卷七　釋難

夫堯舜之德，譬猶偶燭之施明于幽室也，前燭即盡照之矣，後燭入而益明，此非前燭昧而後燭彰也，乃二者相因而成大光，二聖相德而致太平之功也。

劉熙《釋名》卷一　釋天

光，晃也，晃晃然也，亦言廣也，所照廣遠也。　景，境也，明所照處有境限也。　晷，規也，如規畫也。

蕭統編　李善註《文選》卷三《京都中・東京賦》　掩觀九隩，靡地不營。掩猶反也。九隩，謂九州之内也。靡地不營，謂徧求之，瀍澗及黎水皆不吉。善曰：《新序》曰：營，度也。九隩，合道四海也。　土圭測景，不縮不盈。鄭玄曰：土，度也。縮，短也。盈，長也。謂圭長一尺五寸，夏至之日，竪八尺表，日中而度之，圭影正等，天當中也。若影長於圭，則太近北；圭長於影，則太近南。近北多寒，近南多暑，近東多風，近西多雨。　總風雨之所交，然後以建王城。總，猶括也。王城，今河南也。《周禮》曰：土圭之法，測土深，正日景，以求地中。四時之所交，風雨之所會，陰陽之所和，乃建王國也。

袁充《奏日景漸長表》梅鼎祚《隋文紀》卷六　隋興已後，日景漸長。開皇元年，冬至之景長一丈二尺七寸二分，自爾漸短，至十七年冬至景一丈二尺六寸三分。四年冬至，在洛陽測景長一丈二尺八寸八分。二年夏至，景一尺四寸八分。自爾漸短，至十六年夏至景一尺四寸五分。其十八年冬至，陰雲不測。元年、十七年、十八年夏至，亦陰雲不測。《周官》以土圭之法正日景，日至之景尺有五寸。鄭玄云：冬至之景一丈三尺。今十六年夏至之景短於舊五分，十七年冬至之景短於舊三寸七分。日去極近則景短而日長，去極遠則景長而日短。行内道則去極近，行外道則去極遠。

虞世南撰　陳禹謨補註《北堂書鈔》卷一五〇《天部二・晷三》　晷，規也。《釋名》云：晷，規也，如規畫也。晷，景也。《説文》云：晷，日影也。　以土圭正景。《周禮》見前日篇。　以銅儀度日。張衡《渾儀論》曰：以銅儀度之則日晷可知也。　反景。《山海經》見前日篇。　倒景。《漢書》谷永上書曰：登遐倒景。注曰：景在日月上，日月反從下照，故云倒景。

黎元興　方惠長《太上一乘海空智藏經》卷一　復次，妙思，猶如日影皆由於形，形長影長，形短影短，形大影大，形小影小。形之爲質，不得離形；形之巨細，不得藏影。一切世人感果不同，亦復如是。

【略】如形影，形值斜光，其影即長；形值正光，其影即短；形不值光，其影不見。以是因緣，形不爲殊，影則長短。

釋智周《成唯識論演秘》卷七　又如夢中，睡眠所起，心心所聚，極成昧略，雖無狀等種種境義，有愛非愛，境界受用，覺時亦爾。量云：非夢愛非愛境，虚非實有。爲愛憎心之所愛故。猶如所夢。又如影像，於鏡等中還見本質，而謂我今別見影像，而此影像實無所有，非等引地善惡思業本質爲緣。影像果生，亦復如是。量云：善惡業果，虚非實有，依緣現故，猶如影像。又如光影，由弄影者映蔽其光，起種種影。定等地中種種諸識於無實義差別而轉。

釋曰：如光中舞動身多狀，其影亦然。定意分別，起諸身業，障無分別。如質蔽光，身依識起，故目彼身，名種種識。或上二界，定心非一，名種種識。此識既託，非實境轉，明心是虚。依前量云，定起身業，虚非實有，種種轉故，猶如光影。依後量云，定地諸識，虚非實有，依種種起，故如光影也。

佚名《太上老君説報父母恩重經》　夫形直者其影必正，形不直者其影必斜，其聲清者其響必淨，聲不清者其響必濁。孝與不孝，其義如是。

釋澄觀《大方廣佛華嚴經隨疏演義鈔》卷七六　譬如淨月在虚空，能蔽衆星示盈缺。一切水中皆現影，諸有觀瞻悉對前。如來淨月亦復然，能蔽餘乘示修短。普現人天淨心水，一切皆謂對其前。叡公云：水月不真，唯有虚影。人亦如是，終莫之領。爲之驅驅，背此真淨。若能悟之，超然獨醒。疏：二以於身對上日月爲光影者，日月喻爲菩薩悲智，身喻物機。日照發影以喻現身等。而言映日等者，等取經上月字及燈燭故。疏：弄影多端故喻於諸識者。上約別喻菩薩現身，此約通喻一切諸識。動身俯仰即是弄影，形端影正，形曲影斜，故云多端。以況八識依身有異，亦喻七識依第八識對境差别。上皆攝論意。叡公云：光不照處，謂之爲影。不照慧明，生死長永。捨遠夷途，而行榛梗。若能悟之，狂滅自醒。疏：三以寶鏡等對上男子等者，釋第三喻。疏文有二，先正屬配經文，後對喻辨異。今初疏從通説云，喻非定地果報，此攝論意。對前水月等定境，故云非定地則鏡喻於因，故云謂無明等本質喻緣，影喻果報。故淨名云，是身如影，從業緣現。又鏡喻本識如來藏性，本質喻無明業等，像喻果報。如問明品，若將鏡像别喻現菩薩身，則鏡等喻菩薩，本質喻機。像喻菩薩所現之身，疏以鏡中影像離於本質等者，第二對喻辨異，明此鏡像得果報名，果與因别故。若影在身外，前映質下辨前異此。日月在天，影光在身。身即喻因，則所現法得與因俱。疏故喻諸識雖託境生異，自在我，非在於境，合上雖隨日等，影乃隨身。此就通喻諸識以説。若將光影喻菩薩現身，則影隨身異，不在日光。則身由生異，不在菩薩，智日令異。叡公云：形不入鏡，光照而有。世亦如是，業影而受，不知此者，長嬰其咎。若能悟之，還神氣母。疏於中一異合離通顯影義者，此揀經中諸對通局。此通三影，故云通顯。次於川流下，唯明水月之影。疏然一異約此影彼影者，自揀二對義旨不同。顯無重言之失。言此影彼影者，江中之月若與水一，不可在河；若與水異，江河不同，應有兩月。言合離約影對水等者，水影若合，水流月亦應流。水影若離去，水應有影在。又合離者，合意亦二，如二掌合一，異不爾一則無雙，如氷成水。影與水異，則月可出水。影與水一，則有水即月亦不可移。合離之義不異前釋。疏不通二影者，唯水月故非通鏡像及於映質。以文但云川流池井故，言月映淮流者故。《文選》云月映清流，疏兼於鏡像者，以文云雖現其中故。通鏡像亦不通映質，映質之影無現中故。若取日照身影入於水中，則亦通之。然是水影中攝，疏不知此影無遠近故者，即釋經中影不隨物而有遠近。如執鏡臨池，池中月出，而此影不近天上之月。去地四萬二千由旬，影落潭中而亦不遠。以喻菩薩遠在他方，恒住此故。雖在此處，常在彼故，安有遠近之異相耶？一切遠近皆類此知。

張志和《玄真子外篇》卷下　濤之靈

影之問乎光曰：吾昧乎體之陰，君昭乎質之陽。君之初，吾之餘；君之中，吾之窮；君之没，吾之滅；君之清，吾之明。何君之好無恒，俾吾之令無常歟？光之答乎影曰：子在空而無，在實而有，在翼而飛，在足而走，在鈎而曲，在弦而直。子之近乎燭，出子體之外。子之遠乎鏡，入吾質之內。子之自無恒，豈吾之獨無常歟。雖然，子之同，抑吾之可通。吾怪吾之尤者，雖吾亦不知之。何哉？吾遇陽燧之抱，倒乎子之面。吾遭羅睺之蝕，曲乎子之葉。吾將間諸造化，窮理盡性而不知者，命也夫？影笑之曰：君弟收光，吾將滅影。有之與無，由君之與。吾何背何正，妄推乎造化之命哉。

譚峭《化書》卷一　形影

以一鏡照形，以餘鏡照影，鏡鏡相照，影影相傳，不變冠劍之狀，不奪黼黻之色。是形也，與影無殊。是影也，與形無異。乃知形以非實，影以非虛，無實無虛，可與道俱。

徐鍇撰　朱翺反切《說文繫傳》卷一三　通釋

晷　日景也。從日，咎聲。臣鍇曰：晷之義與鬼同，皆其景象耳，不可得而執持之也，俱水反。

楊侃《兩漢博聞》卷五

倒景：《相如傳》《郊祀志》五下。貫列缺之倒景。

服虔曰：列缺，天閃也。人在天上，下向視日月，故景倒在下也。

《郊祀志》：登遐倒景。如淳曰：在日月之上，反從下照，故其影倒。

高承《事物紀原》卷九《博弈嬉戲部》　影戲

故老相承，言影戲之原出于漢武帝。李夫人之亡，齊人少翁言能致其魂。上念夫人無已，迺使致之。少翁夜爲方帷，張燈燭，帝坐它帳，自帷中望見之，仿佛夫人像也。蓋不得就視之。由是世間有影戲，歷代無所見。宋朝仁宗時，市人有能談三國事者，或採其說，加緣飾，作影人，始爲魏吴蜀三分戰争之像。

王觀國《學林》卷一〇　景

古之日影，字不從彡，只用景字。《周禮》以土圭正日景之法，日南則景短，多暑；日北則景長，多寒；日東則景夕，多風；日西則景朝，多陰。日至之景，尺有五寸。又曰識日出之景與日入之景。凡此所用景字，蓋謂日影也。後人加彡而爲影，故許慎《說文》無影字，而徐炫《字義》曰景非設飾之物，不合從彡。以此知是俗書影字，於偏旁之義皆不可考。《詩》曰「高山仰止，景行行止」，鄭氏箋曰：景，明也，有高德者則慕仰之，有明行者則而行之。然則景無欽仰之義，而後世遂以仰景爲欽慕之義字。《史記・三王世家》武帝制曰：高山仰之，景行嚮之，朕甚慕焉。曹丕與鍾繇曰：高山景行，私所慕仰。凡此用景字，未嘗誤也。自南北朝，人名有景儉、景仁之稱，當時誤用景字之義，故後之循其誤者不已，而用景爲仰慕者浸廣矣。有士人慕陶淵明，作景陶軒，黄庭堅常見之。知其誤用景字。用字之際，不可不審也。

儲泳《祛疑說》　咒水自沸移景法

正法出於自然，故感應亦廣大。邪法出於人爲，故多可喜之術。余舊見咒水者，不施藥物，立使騰沸，始甚奇之，及得其說，乃以猪囊藏袖中，用手法助之耳。如移景之法，類多髣髴。惟一法如烈日中影人無不見，視諸家移影之法特異，及得其說，乃隱像於鏡，設燈於旁，燈鏡交輝，傳影於紙。此術近多施之，攝召良可笑也。大抵行持正法，不過正心誠意而物格，本無心於奇怪之應，非如邪法之專於愚世駭俗，聳動見聞也。至於召雷而雷，禱雨而雨，此亦誠通物格之妙，自然而已，豈容以人僞參之哉。

王楙《野客叢書》卷二一　字文增減

古之陰影，字用景字，如《周禮》以土圭測景之類是也。自葛洪撰《字苑》，始加彡爲陰影字。古之戰陣，字用陳字，如靈公問陳之類是也。至王羲之《小學章》，獨阜旁作車，爲戰陣字，而今魏漢間書，或書影字陣字，後人改之耳，非當時之本文也。

耐得翁《都城紀勝》　瓦舍衆伎

凡影戲，乃京師人初以素紙雕鏃，後用彩色裝皮爲之。其話本與講史書者頗同，大抵真假相半。公忠者雕以正貌，姦邪者與之醜貌，蓋亦寓褒貶於市俗之眼戲也。

林希逸《莊子口義》卷一　齊物論第二

罔兩問景曰：曩子行，今子止；曩子坐，今子起，何其無特操與？景曰：吾有待而然者邪，吾所待又有待而然者邪。吾待蛇蚹蜩翼邪，惡識所以然，惡識所以不然。

此一段又自待字上生起來。罔兩，影邊之淡薄者，無特操者，言其無定度也。吾有待而然者，言影之動，所待者形也。我雖待形，而形又有所待者，是待造物也。形之爲形，亦猶蛇蚹蜩翼而已。我豈徒待彼邪，蜩蛇既化而蚹翼猶存，是其蜕也，豈能自動耶？我既待形，形又有待，則惡知所以然與不然哉。此即是非待彼之喻也。

又　卷九　寓言第二十七

衆罔兩問於影曰：若向也俯，而今也仰；向也括，而今也披髮；向也坐，而今也起；向也行，而今也止。何也？影曰：叟叟音籥。也，奚稍問也。予有而不知其所以。予，蜩甲也，蛇蜕也，似之而非也。火與日，吾屯也；陰與夜，吾代也。彼，吾所以有待邪，而況乎以有待者乎。彼來則我與之來，彼往則我與之往，彼强陽則我與之强陽。强陽者，又何以有問乎。

叟叟，若隱若顯之意也。稍，略也，率略意也。謂其何爲率然有此問也。予之所有，本不自知其所以然者，故曰予有而不知其所。蜩已化而甲在，蛇已化而蜕在。蓋以形之動者比蛇蜩之生，而以影比蜕甲也。似之而非者，言以此爲比，亦近似之而非果然也。在日與火之中則有此影，故曰屯屯聚也。晝陰而無日，夜至而不火，則影不可見，是代去也。彼指形也，吾影也，言吾之所待者彼乎，故曰彼吾所以有待邪。然形之動也，又有所待，故曰而況乎以有待者乎。强陽，動也，形待强陽之氣而動。彼形之所以往來者，强陽也。彼以强陽而動，我亦從之。其爲强陽者，本非形之所知，汝又何問我乎。此段與《齊物》同，但添强陽火日之説。又要弄筆頭，禪家所謂重説偈言也。

褚伯秀《南華真經義海纂微》卷四　齊物論第三

罔兩問景曰：「曩子行，今子止；曩子坐，今子起。何其無特操與？」景曰：「吾有待而然者邪，吾所待又有待而然者邪。吾待蛇蚹蜩翼邪，惡識所以然，惡識所以不然。」昔者莊周夢爲蝴蝶，栩栩然蝴蝶也，自喻適志與。不知周也。俄然覺，則蘧蘧然周也。不知周之夢爲蝴蝶與？蝴蝶之夢爲周與？周與蝴蝶則必有分矣，此之謂物化。

郭象註：罔兩，景外微陰。天機自爾，坐起無待。無待而獨得者，孰知其故。責其所待，尋其所由，卒於無待而獨化之理明矣。若待蛇蚹與蜩翼，則無特操之所由未爲難識。今所以不識，正由不待斯類而獨化耳。或謂罔兩待景，景待形，形待造物者，請問造物有邪？無邪？無則胡能造物？有則不足以物衆形。明衆形之自物自造，無所待焉。此造物之正也。今罔兩之因景，猶云俱生而非待也。故罔兩非景之所致，景非形之所使，形非無之所化，則化不化，然不然，從人之與由已，吾惡識其所以哉。方其夢爲蝶而不知周，俄然覺則蘧蘧然周也。自周而言，故稱覺耳，未必非夢也。今之不知蝴蝶，無異夢之不知周，而各適一時之志，則無以明蝴蝶之不夢爲周矣。世有假寐而夢經百年者，則無以明今之百年非假寐之夢也。覺夢之分，無異於死生之辯。今所以自喻適志，由其分定，非由無分也。夫時不暫停，今不遂存，昨日之夢於今化矣。死生之變豈異於此，而勞心於其間哉。

吕惠卿註：罔兩之於景同類也，而不知景之無待於形，猶我與若與人亦同類也，而不知其無待於彼。蓋景之行止坐起，唯形是隨，則無特操者也。然本無情，豈知有待？若謂景待於形，形又何待而然邪？景之待形，非若蛇之待蚹而行，蜩之待翼而飛也。惡識所以然不然哉。人能通乎物之無知，則蛇蚹蜩翼亦無待而已。故方其爲蝶也，栩栩然不知有周；及其爲周也，蘧蘧然不知有蝶。一身之變猶不自知，則物之化而異形，其能相知乎？物物不相知，則各歸其根。物物不相待，則莫得其偶。其有不齊者邪？

林疑獨註：景由形生，似乎相待，而實不相待也。而罔兩者，不知形景皆屬造物，遂以爲行止坐起在乎形，然非日火之光，則雖有形景何由生哉。此所謂不相待也。景曰吾所待又有待而然者，景之所待者形，而形亦未能無待，言待於造化耳。夫景之待形，則亦微小，而形在造化中益又小矣，故曰吾待蛇蚹蜩翼，言物之至微薄者也。外篇「蟲臂鼠肝」亦此義。莊子寓意於蝶，以明夢覺無復分。知莊子夢蝶之理，則死生之説盡矣。夢而爲蝶，不知有周。覺而爲周，不知有蝶。其勢不能合併，必有時而分矣。萬物之化亦如此。

陳祥道註：罔兩待景而後有景，待形而後見形，待造物然後生形之於造物。已幻矣，況景乎。景之於形已外矣，況罔兩乎。凡此皆非真實，故不足辯。況認其非真實者以爲有，而即其不足辯者以爲問，此莊子所以託景之答以袪其惑。夫天下之物，自迹觀之未嘗不相待，自理觀之未始有待。今景之爲物以爲待形邪？非日火則無見。以爲待日火邪？非形則無有。然則形也，景也，日火也，果有待耶？無待邪？惡識所以然不然哉。蛇蚹蜩翼，言其用之小者耳。悟而爲道者，摭實而不摭華。迷而通物者，摭華而不摭實。蝶之爲物，摭華者也。而周夢爲之，是爲道而不免通物之想，摭實而不免摭華之夢也。及其覺也，然後不以想累神，不以夢易真，而周與蝴蝶固有分矣。唯大通物化之情者，斯可以與於此。

陳碧虚註：景不待形，形不待陰陽，豈比蛇蜕蜩殼有物者邪。夫物之相因，無如形景。今尚言其不相待，明外物不可，必萬類皆自爾。唯因待都忘，卓然獨化，方可論超生死而反混冥，是謂帝之縣解也。周蝶之性，妙有之一氣也。昔爲蝴蝶，乃周之夢。今復爲周，豈非蝶之夢哉。周蝶之分雖異，妙有之氣一也。夫造化之機，精微莫測，儻能知此，則造化在已，而不遷於物，是謂生物者不生，物化者不化。既已爲物，惡有不化者哉。死生之革，形類所遷，漆園之夢，其理盡矣。

趙虚齋註：景之行止坐起，皆依於形，而所以行止坐起，必有形形者存乎其中。蛇藉蚹以行，蜩藉翼以飛。而所以行飛者，非蚹翼也。人物之一動一静，皆有待而然。景待形，而形之所待者非形也。形且不知其所以然，何責於景哉。是以莊周夢蝶，物我俱化，栩栩蘧蘧，覺夢如一也。

《鬳齋口義》云：景言吾之運動待形，而形又待造物。形之爲形，猶蛇蚹蜩翼而已。蛇蜩既蜕，而蚹翼猶存，豈能自動邪？我既待形，形又有待，惡知所以然不然。此即是非待彼之喻。周昔夢蝶，不知周也，及覺爲周，得非蝶之夢乎。然此覺夢須有箇分別，到此似結不結，却不説破，正要人於此參究。此之謂物化。言萬物變化之理不過如是。

青元真人注　清河老人頌　郭岡鳳參校《元始無量度人上品妙經註》卷下

風澤洞虚，金剛乘天。天上天下，無幽無冥，無形無影，無極無窮，溟音茗。涬胡頂切。大梵，寥廓無光。

風，木也；澤，水也。上風下水，空洞虚無，隨炁扇潤，而金剛之炁乘載天根，天地之形於斯始見。幽冥者，隱顯之謂也。形影者，物象之謂也。窮極者，分際之謂也。溟涬者，曠蕩之謂也。當其混沌之中，天上天下，塊然無形，孰有隱顯物象分際之別？惟大梵之炁，溟溟涬涬，自成其功，寥兮廓兮，未有光影。

《元始演法鍊真保度章》

鮑雲龍《天原發微》卷三　玄渾

或問：朱子曰：《周禮》以土圭之法測土深，正日景，以求地中。日南，則景短多暑；日北，則景長多寒；日東，則景夕多風；日西，則景朝多陰。

或問：鄭注曰：景夕者，謂日昳景乃中。立表太東，近日也。景朝者，謂日未中而景中。立表太西，遠日也。朱子荅曰：景夕多風，景朝多陰。此二句，鄭注不可非，但説倒了。看來景夕者，景晚也。日未中，景已中。立表近南，則取日近。午前景短，午後景長也。景朝日已過午，景猶未中。立表太北，則取日遠。午前景長，午後景短也。問：多風多陰。曰：日近東自是多風，如海邊諸郡，風極多。每如期而至，春必東風，夏必南風。曠土無山可限，故風各以其方至。風從陽氣盛衰，早陽升風生午盛，午後風微，至晚風止。如西北多陰，非特山高障蔽，自是陽氣到彼衰謝。日到彼方午，則彼已甚晚，不久則落，故西邊不甚見日。古謂：蜀日越雪。又曰：漏天。言見日少也。以此觀天地亦不甚闊。以日月、寒暑、風陰，驗之可見。唐賈公彦曰：周公營洛，求地中置五表，潁川陽城置中表。度景處古跡猶存。中表南千里置一表，中表北千里置一表，中表東西各千里置一表，此正日景以求地中也。又按：朱子言：今人都不識土圭。康成亦誤圭尺是量表景底。尺長一尺五寸，以玉爲之。夏至立表，表景長短，以玉圭量。表景恰一尺五寸，此便是地之中。晷長則表影短，晷短則表影長。冬至後，表影長一丈三尺餘。今地中與古已不同。漢陽城是地之中，宋朝岳臺是地之中，今在浚儀舊開封縣。唐開元十二年，遣使天下候景。南距林邑，北距横野，中得浚儀之岳臺，應南北弦居地之中。大周建國，定都於汴，樹圭置箭測岳臺。晷刻居中，晷正則日至，氣應得之矣。陸象山云：孔壺爲漏，浮箭爲刻。日有十二辰八十四維，歲十二月二十四氣。以土圭測日景，以磁石辨方位，而二十四位於是乎正。日行有南北，晝夜有長短，而二十有一箭於是乎立。岳以南三徙之，而箭不用者六。岳以北三徙之，而箭亦六千維之。閒或前或後，或兩屬磁鍼所指，或以爲千，或以爲午之三分丙之七分，或以爲丙午之間，要必有一定之説。相其陰陽，自周公以來則然矣。學者所當攷。

戴侗《六書故》卷二《天文上》　景，居皿切，日光所照，物之陰爲景。《周官》以土圭測景，日至之景尺有五寸。《詩》云「景山與京」，又曰「既景乃岡」，莊周曰「網兩問景」，俗作影，顔之推曰：葛洪始加彡，讀於景切，且以景爲光景，非也。又《詩》云「以介景福」，鄭氏曰：大也。又曰「景行行止」，毛氏曰：大也。鄭氏曰：明也。又曰「景命有僕」。毛氏曰：大也。景之諧聲。【略】

又　晷，居洧切，日景之差度也。

周密《武林舊事》卷二　元夕

或戲於小樓，以人爲大影戲，兒童歡呼，終夕不絶。此類不可遽數也。

吴自牧《夢粱録》卷二〇　百戲伎藝

更有弄影戲者。元汴京初以素紙雕鏃，自後人巧工精，以羊皮雕形，用以綵色粧飾，不致損壞。杭城有賈四郎、王昇、王閏卿等熟於擺布，立講無差。其話本與講史書者頗同，大抵真假相半，公忠者雕以正貌，姦邪者刻以醜形，蓋亦寓褒貶於其間耳。

楊慎《丹鉛摘録》卷九　人家壁上或見塔影、樹影，而不知塔與樹所在，此理不可曉。又有見塔影、樹影皆倒懸，尤不可解。段成式云：海影翻側如此，理或然也。蓋海光映日，數千里皆見。塔樹影本直，影又重影，勢必倒也。

田藝蘅《留青日札》卷八

日景

周公以土圭法測土深，正日[景]。日至之景尺有五寸。日爲陽精，玄象之著曰，求景尺五寸。日短景尺三寸，見《隋天文志》。蓋土圭測日景，千里率差一寸。愈南則日短夜長，愈北則日長夜短。以景測天，而知天三百六十五度四分度之一，每度日行一晝夜。以景測地，而知地周遊于三萬里之中，春東，夏南，秋西，冬北。今天運易見而地運難知，蓋陽動而陰静也，度天舍也。

又 倒景

今人以返照爲倒景，非也。司馬相如貫列缺之倒景，謂人在天上，下向視日，故日景倒在地下也。陵陽子曰：列缺氣去地一千四百里，倒景氣去地四十里。谷永曰：登遐倒景。如淳曰：在日月之上，反從下照，故其景倒。服虔曰：列缺，天閃也。

徐元太《喻林》卷五《人事門三》 類應

順道吉，從逆凶。吉凶之報，若影之隨形，響之應聲。孔氏《傳書·大禹謨》。

以形逐影，以龍致雨，雨應龍而來，影應形而去。天地之性，自然之道也。王充《論衡·寒温篇》。

猶如日影皆由於形，形長影長，形短影短，形大影大，形小影小，形之巨細不得藏影。《海空智藏經序品》。

形動不生形，而生影。聲動不生聲，而生響。《道德經指歸》卷十二。

又如形影，形值斜光，其影即長。形值正光，其影即短。形不值光，其影不見。以是因緣，形不爲殊，影則長短有無之異。《海空智藏經序品》。

如影，人去則去，人動則動，人住則住，善惡業影亦如是。《大智度論》卷六。

董斯張《廣博物志》卷三五《聲樂三》雜戲附 故老相承，言影戲之原出於漢武帝。李夫人之亡，齊人少翁言能致其魂。上念夫人無已，廼使致之。少翁夜爲方帷，張燈燭。帝坐它帳，自帷中望見之，彷彿夫人象也。故今有影戲。

謝肇淛《五雜組》卷三《地部一》 牛首山寺窻中見塔影，閉門則影從門罅入，其影倒見，尖反向門。塔相去甚遠。此理之不可曉者，何處無塔？何處無窻隙？而塔影未必入，即入而未必倒也。

方以智《物理小識》卷一《天類》 光論

文饒曰：兩間變狀，皆氣光之所爲。《潛草》曰：兩間之光，皆太陽之火也。《黄帝經》曰：天明則日月不明，蓋天凝其陽精爲日，而月與星用之，萬物皆用之。《説文》光從火，在人上。人正用天之火種，而心正傳天之神光者也。以體質言之，火用爲燈而發光。以理言之，未有燈火之前，光之理已具矣。愚者曰：光理貫明暗，猶陽之統陰陽也。火無體而因物見光以爲體，猶心無體而因事見理以徵幾也。晦夜昏黑，地雖遮日，空自有光。人卧暗室，忽然開目，目自有光，何訝虎梟猫鼠之夜視耶。氣凝爲形，發爲光聲，猶有未凝形之空氣與之摩盪噓吸，故形之用，止于其分，而光聲之用常溢于其餘，氣無空隙，互相轉應也。暄曰：氣本有光，借日火而發。以氣爲體，非以日火爲體也。故日火所不及處，虛窻空中皆有之則餘映也。然映日之光黄，映火之光赤，固爲從類。而月星光白，野燐光青，暗室光黑，則輾轉互映而遞減者也。水鏡玻璃，能照物而不發光。木葉塔影，能發光而不照物。日之神光，具各種異色，從暗揺之而見，閉而揺之而亦見，可見無物不含光性，以氣爲體，不專日與火也。日火皆氣也。中通曰：光小者不隔，而影有窮時，故徑寸之火，影不百丈。光大者，雖隔而影不敵光，故太陽之照，光能含地。

又 《曆類》 光肥影瘦之論，可以破日大于地百十六餘倍之疑。

利瑪竇曰：地周九萬里，徑二萬八千六百六十六里零三十六丈。日徑大于地一百六十五倍又八分之三，距地心一千六百零五萬五千六百九十餘里。木星大于地九十四倍半，距地一萬二千六百七十六萬九千五百八十四里餘。土星大于地九十倍又八分之一，距地二萬五百七十七萬零五百六十四里餘。火星大于地半倍，距地二千七百四十一萬二千一百里餘。金星小于地三十六倍又二十七分之一，距地二百四十萬六百八十一里餘。月小于地三十八倍又三分之一，距地四十八萬二千五百二十二里餘。水星小于地二萬一千九百五十一倍。距地九十一萬八千七百五十里餘。經星有六等，皆大于地，以遠，故望之小耳。熊伯甘曰：燈體如指，半寸内，熱不可堪。炬體如拳，三寸内，熱不可堪。野燒如車輪，三尺内，不能堪矣。西法測日輪，乃倍于離地之空處，則地上焦灼何堪哉。朱子曰：光者明之體，明者光之用也。體之中有内體焉，真體也，有外體焉，借所用以爲體也。西士之測日，是合内體外體言之也。西用遠鏡，四層皆凸外而窪内，以窪近目，能拓小影爲大。層層轉取，倍必累矣。今日既在四層天，晶晶之鏡，豈不增大。猶如山寺縣燈，一里之外便已見之。燈體如棗，望者如斗。豈非合籠與燈之體，皆視爲燈體哉。寧都邱邦士曰燈炬野燒，大小遠近之熱誠然矣。但西法日輪之大，未嘗倍于離地之空也。按地球全徑二萬八千六百三十六里九分里之四，而日徑大于地百六十五倍八分倍之三，則日徑當四百七十三萬五千七百五十二里九分里之五也。其日離地中則一千六百餘萬里，視日徑且三倍有餘矣。但日去地中一千六百餘萬里，倍之則日天之徑也。以徑七則圍二十二之法求之，日天之周，當一萬萬里有奇。其三百六十之度，每度二十七萬餘里。西法又謂每半度爲日之全徑，然則日全徑，僅十三萬餘里耳，何得百六十餘倍于地耶？愚者曰：前言日輪之大倍于離地之空，此算日離地三倍，足以破之矣。而日火煏地，未可解也。天包日圜，以中爲廣。光氣皆以中廣之處爲衝，則日火所衝，如以寸火離三寸之空，而以掌當其燄，煏何如耶？斜陽則殺矣。故冬行南陸而中原寒也。皆因西學不一家，各以術取捷算，于理尚膜，詎可據乎？細考則以圭角長直線夾地于中，而取日影之盡處，故日大如此耳。不知日光常肥，地影自瘦，不可以圭角直線取也，何也？物爲形礙，其影易盡。聲與光，常溢于物之數。聲不可見矣，光可見測而測不準也。屋漏小罅，日影如盤，嘗以紙徵之，刺一小孔，使日穿照一石適如其分也，手漸移而高，光漸大于石矣。刺四五穴，就地照之，四五各爲光影也。手漸移而高，光合爲一，而四五穴之影，不可復得矣。光常肥而影瘦也。中通曰：所謂取影者，以地影礙日而蝕月，而火木土星並二十八宿不蝕者，必地影之窮也。假日輪小于地或等于地，則地影且無盡矣。故從月天以兩直線夾地取日輪耳。令之日光，嘗用其餘光包地而交衝于月，則日之大，定以半度爲準明矣。光肥影瘦之說，通嘗測之，高四百倍于其物之徑而影絶焉。　中履曰：陽光火體同理，而太陽則烈，月與燈照階，餘處即漸暗也。陽光射階，則堂室户牖，燦然顯白，巨細畢見。特于堂室再屏，乃異耳。陽能令星月生光照物，亦能令虚空之氣生光照物。地影之易窮，皆由于虚空之氣有餘暎，非日體之大也。以昏曉言之，日未出而天光曙，日已入而地猶白，赤道下爲朦朧影者凡六刻有餘，南北極爲昧爽黄昏者各一月有半，豈地影所能盡障乎。近于地者如此，況遠見于天乎。以冷煖言之，若日較地大百餘倍，則地在日中僅一點耳，即以南北千里之殊，止共一點，而南無雪，北無雷，寒暑氣候迥然不同，則是太陽不能偏蒸羣地，而曰日體遠過于地，定足信乎。但光大于物則影瘦，光小于物則影仍肥耳。　暄曰：太陽能生本體之光，所謂大若半度者也。能生對照之光，日影所射近體而熱者也。能生互映之光，日影不及如屋宇之下，密雲之内，朝霞暮靄，展轉相映者也。日之爲光者，火也。火氣恒散，天圓體，散之不得，則必循天而轉，以合于對極中，亦抱地而轉，以合于前衝，若水流包砥而後合也。余嘗于日没時，觀其影射氣中，自西徂東，抱地若環橋，始知其影非直行，能隨物曲附，不可以直線取也。地徑二萬八千六百三十六里有三十六丈，日依半度算，徑一十三萬八千二百四十八里半，大地四倍有餘。光肥影瘦固然，光小于物，光亦肥，仍不可以直線取也。凡罅隙之光皆具日之全體，故小孔射地，方者必得圓形，或雲上于天，掩日之半，則諸孔所暎，悉掩其半。以盆水映漏，與以遠鏡塞漏中，晝紙以觀日食所食之分秒畢形，可知光無大不包，無微不現，而溢于物之數也。依立圓冪積算，大地百六十倍，其徑不滿二十萬，則半度之說，可無疑矣。有謂遠鏡照物，百十步内，其大數倍。晶天一千六百餘萬里，與滿空之氣層層相射，則半度猶是遠映，安知其真體不更小于地徑乎？　中通曰：星月皆水體，水能攝物，故星月攝日于體中而生光焉。太西言日天之度，或爲二十餘萬里，或爲數萬餘里，言日體之大，或爲十餘度，或爲半度，未嘗定也。通謂天可以度測，不可以里測，以度測之，度之大小，可毋論矣。界天分度，以半度之説爲是，然知其占日本天之半度亦不能與地較也。通嘗以絶影之率測之，地徑三萬里，影當千二百萬里而絶，地面去日邊千三百五十一萬餘里，地影已不及日天，而況諸星天乎。

又方以智《通雅》卷一四《地輿方域》　比景當是北景

漢日南郡有比景縣，晉亦如之。隋平林邑立比景郡，唐於驩州南境僑立景州。比景縣非正比景也。貴與曰：比，音芘蔭之芘。按：古曰北户，謂開北户以向日。唐萬年縣尉段公路文昌之孫作北户録是也。《太平御覽》曰：交州去路九千餘里，孫悚云立表效景，景在表南，其古郡以日南爲名。其斯義乎？又有比景縣，比北二字相似，據此則應是北景。《周禮》大司徒土圭正日景，有南景北景之説，當時或以此名，然自漢以來傳訛作比矣。

陳訏《句股引蒙》卷三《測量法》　變景法

景即直景、倒景也。變景者視權線所切，直景不變，而倒景必變爲直景也。一矩測量，即倒景可不必變。而重矩測量，則倒景必變。其法以矩度自乘，如矩度十二，自乘得一百四十四爲矩羃。以景度即權線所切之度，如幾度幾分，則矩度、景度通照幾分度分之。爲法除之。其變景之理詳《句股述》。

直景必高多遠少，如一象限，人望四十五度半象限九十度。以上，權線必切直景。

倒景必高少遠多，如一象限人望四十五度以下，權線必切倒景。

變景者，變倒景之少度爲直景之多度。蓋測物愈遠則矩愈平，其權線所切必在倒景，故必變之，如上丁戊變乙壬也。

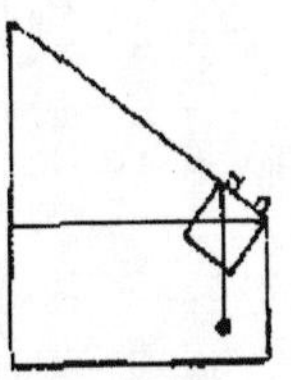

直景圖

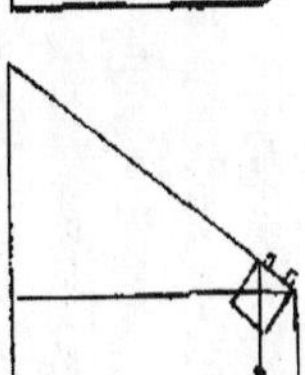

倒景圖

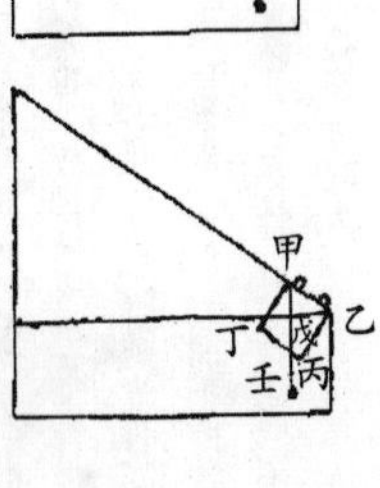

變景圖

焦循《劇説》卷一　《都城紀勝》云：雜劇中先做熟事，一段名曰艷段。次做雜劇，或添二人，名曰裝孤老。凡影戲乃京師人初以素紙雕鏃，後用裝色裝皮爲之。其話本與講史書者頗同，大抵真假相半。公忠者雕以正貌，奸邪者與之醜貌，蓋亦寓褒貶于世俗之眼戲也。

鄭復光《費隱與知録》

土圭測深　注有誤解

問：土圭測景，以求地中。日南日北，限以二極無疑義矣。至于日隨赤道東升西没，無可限也，何以云日東日西乎？曰：《周官》注云：如偏東于土圭，如日之將夕，是地于日爲近東。如偏西于土圭，如日之將朝，是地于日爲近西。皆不得中也。此是順文而解，而偏東于土圭，偏西于土圭二語，竟無意義可尋。又云：近東者多風霾，近西者多陰雨，于本經外因風增霾，因險增雨似，亦疑其未爲的訓，故于日夕日朝上加兩如字，作譬況之辭。又因風與陰未足形不中之害，故增霾雨二字。按：今廣東地最偏東，氣候四時多雨。甘肅地最偏西，未聞多雨也。鄙意《周官》日南日北四句，是泛論當求地中之意。而日南二句是主，日東二句是帶，言不可不中之意。謂人之居室亦宜于得東西南北之中，非測地正文也。下文日至之景尺有五寸，方是求地中之法，故即接云謂之地中，更不復牽帶東西字。可知天地四句則推言地中之效，然東西二句又實非泛設也。蓋以居室之向明之，言造室者必宜南向，不可偏東或西。若向偏東，是日出近東也，必日没西北，夕陽反背，則有寒氣侵砭，故曰景夕上言景長景短之弊，此言景夕，正謂未申以前尚可耳。多風也。若向偏西，是日入近西也，必日出東北，朝暾遲來，則覺室陬森晦，故曰景朝多陰也。言景朝者亦謂辰巳以後猶可耳。如此解，似覺字字着實矣。

又　雲過景移　因乎凸凹

問：天棚架影，隨日漸移，緩固不覺，然影因日生，雲過而影移，何故？曰：此凸凹鏡理也。雲無定形，非凸則凹。凡目視物皆爲直線，若隔鏡凸者視小成大，隔鏡凹者視大成小，皆可以折綫入目，故目與物參直，中隔一凸或凹亦參直，則物影在自本所，若凸鏡偏左則物影偏右，凸鏡偏右則物影偏左。凹鏡反是。是以目與物參直，中持凸凹鏡渡過此綫，則物影不能循漸移入鏡中，往往跳躍而入，遂見爲移動。空中雲氣既有光而不平，即如凸凹鏡矣。日與架參直而成影，忽有雲光渡過，雲光亦有其影，日影濃而雲影淡，不能相奪，而能相亂，故見爲移動也。試取鏡試之，安繩于日中，繩景在地，持鏡于繩之上或下，緩移而過，若是平光，雖鏡過而影如常不動，凹則景動爲甚，凸稍次之。鏡離繩須遠，若靠繩近，恐凸凹鏡有黑景，不能灼見清晰矣。凸凹鏡受日光，更能奪日之明，不比雲景，尤顯著矣。蓋是日與繩及景三事參直，鏡自左而右，日入鏡中，則鏡中日所視日本所稍左，故景反在右；鏡漸右，則景漸左移矣。欲知此理，以目對物，物略長於鏡徑，持凸凹鏡于中，鏡邊外見物真形，鏡中是物景。乃移鏡左右，則上下真形與鏡中景不接屬，故知是景偏左右也。隔火視物，火氣上蒸，亦是凸凹不平，故物亦見移動。

又鄭復光《鏡鏡詅癡》卷一《明原》

原光

一、光亦色類也，然有異乎色者。色以黑爲濃，以白爲淡；光以白爲濃，以黑爲淡。夫色以自顯，必須借光。光能顯色，亦須借色，故襯以黑暗則更顯。若光在明處，反閃爍映目而不真。

二、物之光者，一曰外景，日與火是也。一曰内景，金與水是也。本《性理》。外影者，射影生光也。内影者，光能含影也。今名内光外光。本《靈憲》。

三、外光内光皆是光體，然有本體之光，有借光，有發光。如日爲外光，自他有耀，本體之光也。月爲内光，視日圓缺，故爲借光。受光於此，發之於彼，光所不到，返照生明，是爲發光。體光濃於借光，借光濃於發光。按：劉邵《人物志》曰：金水内映，不能外光。是指金水本體而言耳。若借光，則亦發爲外光矣。

四、光以形爲體，如日之圓，火之尖。以明爲用。如日燭乎晝，火燭乎夜。體之光必濃於其用。其射物者，用也。惟入鏡則見體形，鏡爲内光故也。本章二。其穿通光而射至他壁，仍是其用，壁非内光故也。若束以細孔，去壁遠近如法，則能見倒體形，謂之取影。鏡心凸者透照，凹者對照，俱能之。

五、光近則顯而濃，光遠則淡而隱，亦遠差也，原色七。但光力勝於色。

六、鏡是内光，有二種：一曰通光，能透照見物；玻璃之類。一曰含光，祇返照見物。銅鏡之類。

七、光莫盛於日，萬光之主，火於焉生。故日性下濟，火性上炎，子母相感，形尖親上，體殊用似，而光次之。月與星借日爲光，本章三。又其次也。星體太小，曆書言星體甚大，此專論其視體。姑不論。若月之遠耀，絶勝於火，而月下察書，不及一鐙熒然者，借光不如本體之光也。

八、白晝空明之中皆有光焉。日出迄入，雖日所不及，室陬皆見，實本體之光所映，可知其盛矣。唯朦景刻分，本曆書謂昧爽黄昏候也。乃日光返照，空中生明，透光下土，是亦借光，故光力遜耳。

九、物在空中，亦必有光焉，乃能見物。原色二。此光二種：一曰大光明，一曰次光明。本《遠鏡説》。大約居暗視明，則物愈明，是大光明也。居明視明，則物亦明，是次光明也。若居明視暗，則物不可見。

十、大地之上，水土濕蒸爲清濛氣，原色七。隨時厚薄，此氣與玻璃相似，因其有淡白色，故能借光、生光、含影成象。因其附地而圓，故能升卑爲高，映小成大。

十一、外光不能含物影，内光則無論通光與否，皆能受光、發光，但不通光者，專以受光爲用，故名含光。通光者，專以透光爲用，而兼能受光。故含光者受光顯，通光者受光微。受光顯者發光顯，受光微者發光微。

十二、光體受光而發於他處，正對則正發，與本光體合一而不見；斜對則斜發，與本光體岐分而生明。其發光有大小，或由鏡形不等，或由遠近生差。

十三、光體發光，由於光面，面有一點未光，則無可發；或一點凹凸，則光線不同，所發光中必見黑影。

十四、兩光體同照，光複處必深，而各體之本光不亂。本曆書。

十五、有大光體射於地上，中有暗體，分光爲二，即如二光體。本曆書。

十六、光之所照，中有物焉，必有物影見於地。若物去地近，則影濃而清。如物小而去地遠，則影淡而糢糊。如物大而遠，則影中濃而邊淡。《元史》所謂表高影虛，罔象非真是也。蓋光雖被物遮，餘明映照，猶能溢入景際；承景之地離物既遠，遮光之體少，受光之地多，故餘明映發而景淡也。

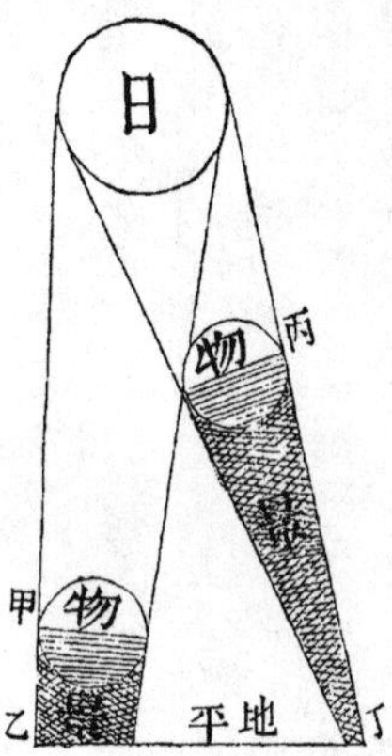

如圖，物在甲，則甲至乙一段爲受光之地。若遠至丙，則丙至丁一段受光之地必多於甲乙，故餘明力大而景淡矣。

十七、日光下射，中縣暗體，地下有影焉。以日射物言，則日上邊射物上邊，日下邊射物下邊。若以目測，則目在物下邊必見日上邊，目在物上邊必見日下邊，兩者似相反而理則相需。若牆有方孔，牆景中必現方光孔形，則孔之上邊必當光之上邊，孔之下邊必當光之下邊。然而在孔爲上，在牆則爲下。蓋孔居墻中，墻之下是孔之上，孔之下又爲牆之上矣。

十八、空明之中或別有光體，其映照所及必有所見，是爲暈光。此光複必深之理也。本章十四。

又　原景

一、物之可見者色也，色之顯露者光也，原色一。光之入目者景也。故物遠則色小光微而不見，日暮則光微色暗而不見，由入目之景淡也。

二、景有形，有色，有形色兼。日照大地，鐙照一室，其景皆紅者，色也。物入光中，景肖物狀者，形也。鏡花水月，景不殊真者，形色兼也。

三、景有對光見者，有背光見者。物對内光，景入光内，對光見景者也。物在外光之中，景落于地，背光見景者也。對内光者，其景真，有形有色也。背外光者，其景黑，見形不肖色也。本章二。是故欲見色，必對内光，不對内光，不能肖色。惟取景，則不必對内光，而可以肖色，但其形倒耳。原光四。

四、景若不肖色，則景有自真之本色，其色恒黑。此色有濃淡二種。其一背外光見景，其色必黑，本章三。近濃而遠則淡。蓋景以光襯，如烘雲託月，近則合度，遠則空明映入，所謂罔象非真，故淡也。原光十六。其一對内光見景，欲取其色，緣有他故，取色不真。謂時已黄昏，鏡之照物必不能仍肖本物之色之類。但具爲體，其色亦黑，必淡於本物之色。是又一理，未可泥於黑爲五色最深之説也。原色五。

五、景自肖形，然由於光相對之面而生，光與面不必正相當對，于是乎景遂變易，物之本形而有不肖者矣。

六、光與物大小相等，其景雖遠，相等而無盡。物大光小，則景漸遠漸大而無量。物小光大，則景漸遠漸小而無景矣。本《測天約説》。故物逼於鐙，移物漸遠，則景漸小。物逼于壁，移物漸遠，則景漸大，光小物大故也。若日中置物于地，移物遠地，則景漸小者，日去地甚遠，視日似小而實則大也。曆書謂日大于地五倍有奇。

解曰：此指日體兩邊出線而言，而光之照物必具兩種。其一自日中心出兩線，射物兩邊，則現大景。北華云：曾挂鈕子于樓上，地下見胡桃大景，但淡而難見耳，即此景也。

七、景自肖形，然有透照之景，有返照之景。原光六。透照與返照相反，故透照肖形者，返照必左右易位。

八、影自肖形，若物在空明之中，物之方者，影可變成三角。

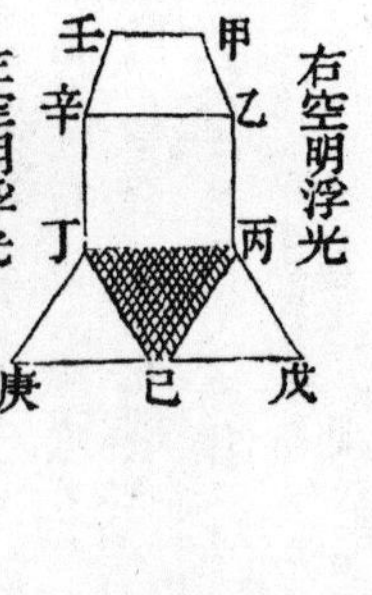

如圖，甲乙丙壬辛丁爲方物。緣空明光大，似分爲兩光體。左邊有光成丁己戊丙景，右邊有光成丙己庚丁景。空明光淡，故景亦淡。而丙丁己則兩景相複而深，故成鋭景也。若日遠，視徑小，難分兩體，又光盛景濃，止見方景焉。

九、物必有景。鏡通光雖似有似無，而既成爲物，即有其景，但微而難見耳。然必有鏡形見于壁，是其景也。

十、景必肖形，故內光者反照物，景雖左右易位，本章七。而其肖形，則光體薄者能現厚影，光體近者能現遠景，物切光面能成合景，物離去聲。光面能成離如字。景。

解曰：設有盆貯水，深如丙子。中安半規，形如己辛癸，必見己壬癸景于盆水內。夫辛丙足九十度，則丙壬亦必足九十度，不得不成己壬癸矣。光體止於丙子，而子壬乃出盆外，是光薄見厚景，光近見遠影也。如云不然，是物雖己辛癸，景只己子癸矣。然使更設己丑癸形，必見己子癸景，是物兩而景止一，有是理乎？又如寅卯與戌亥皆光面，設午申未形，午未切光面，成辰酉巳景，必合成全圓，爲合景。如設角氐亢形，氐箕不切，光面成心房尾景，則房距箕亦必不切，爲離景。

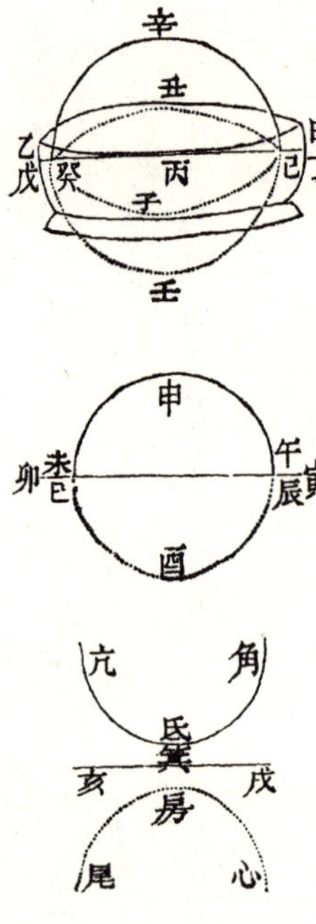

十一、景必肖形，故形實者景虛而亦實，形虛者景虛而又虛。

解曰：凹爲虛圓鏡，單凹者，平面必相背成凸景。凸爲實圓鏡，單凸者，平面必相背成凹景。然凹景雖凸，仍爲凹用。凸景雖凹，仍爲凸用。形虛者景虛，形實者景雖虛而實也。

十二、日爲圓體，光照大地，地上有物如橫梁，景落在地，其橫梁上邊反是日之下邊，橫梁下邊反是日之上邊。必于橫梁上開細孔，透露日光，方是日之中心，是爲中景。本《元史・影符説》。

十三、借光取影，由于交線。或因孔束之線成交，或因鏡面彎環之光線成交，原光四。其理自同，而交處則不同，有在向光前面者，有在背光後面者。

解曰：前無所礙則順入，如甲丙與乙丁。順入則出交得景。如過孔自戊至庚。出交者雖遠，皆能取景，但漸淡耳。前有交線如寅。礙之則倒入，如子入辰，丑入卯。倒入則約光成景。如卯辰入午。約光者稍出入即不能取景，緣交處異勢故也。

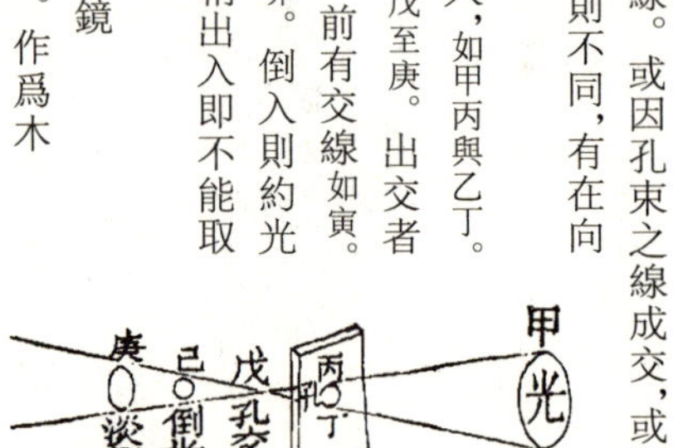

又 卷四《述作》 作取景鏡

一、取景鏡，即通光凸也。作爲木匣，如甲乙。前面空之，如戊。上面半實，如丁。半虛。如丙。虛處安通光平玻璃。別作方匡，如酉戌。前面安版，版中心安通光凸。如亥。方匡之大恰入匣前面，如戊。可進可出。別作句股相等式架座，如庚辛。斜架含光平鏡。如巳。架之大，恰入匣爲準。如乾乙坤。

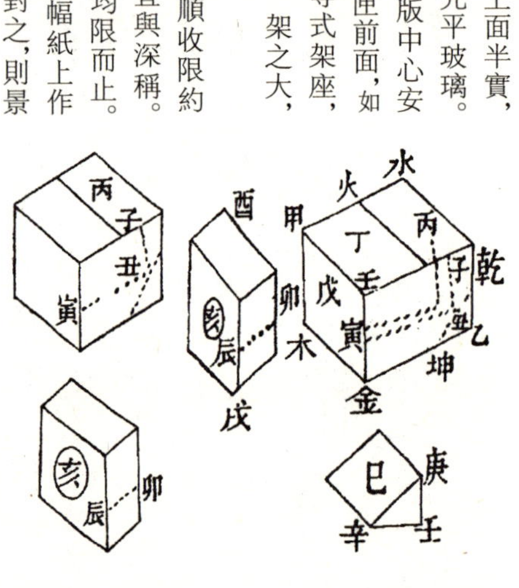

二、取景鏡凸不宜過深，順收限約尺餘爲率。匣無定度，其高宜與深稱。大約子丑寅與卯辰，並不過順均限而止。設有山水園亭，欲取其景於尺幅紙上作圖。置匣暗處，以凸鏡如亥。對之，則景自凸入平鏡內，上透通光平鏡而出。蒙紙於丙，能收山水園亭宛然紙上，而分寸無失。若取人景，不但鬚眉畢具，並能肖其肉色，非繪事所及。惜乎置鏡必極黑暗，取景方能逼清。難於下筆，只可取其尺寸部位而已耳。

三、方匡爲遊移尺寸而設，故安匣暗處，倘取景猶有未清，即知是尺寸未合。當移方匡就之。法：物近則移出，物遠則移進。嫌景過大，則置匣令遠而移進，嫌景過小，則置匣令近而移出。

右舊式。

四、新法將方匧改用套筩，匣俱照舊。匣前安版，如甲金。版心剜孔，如戊。孔旁起六角牆，如角亢。作六角套筩數節。如氐女牛。氐房之大恰入角亢牆內爲度。斗牛之口安通光凸鏡。套筩之長無定度，以收足合順收限，放足合順均限均並子丑寅計。爲度，增減套筩消息之可也。六角牆高無定度，取其銜筩穩固不脱，又易安易拔，不甚費力而已。用六角，取其易作也。配定尺寸爲表。

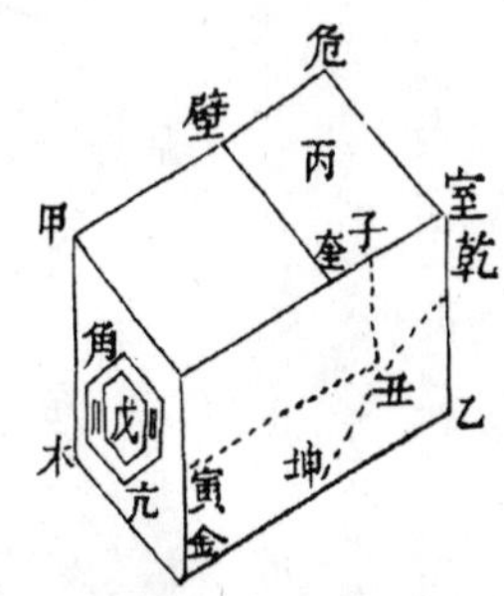

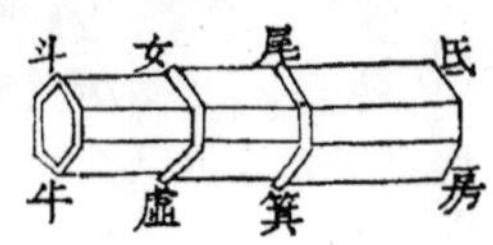

表數皆虛率，如順收限一尺六寸，則諸數皆用一六乘之即得。

表

順收限	一〇〇	套筩放足	一五〇	寅丑子	七〇
順展限	九〇	尾箕筩	五二	寅丑	四〇
順均限	一九〇	女虛斗牛筩	五〇	丑子	三〇

一系，凸順收限必用尺餘者，取其收入而至小，可得半寸方覺眉目如畫。若人立近，又可畧大。倘凸深，則人面如豆，似無取焉。

二系，丙爲取景處，置紙即可透景於上。用玻璃者，取其透明，又硬如案，可以擱手描畫也。舊法用玻璃紗，玻璃磨去浮光，名玻璃紗。蓋欲不見匣內機關耳，似可不必。或取其景不外眩，然加紙視之，自無此弊。

三系，安含光鏡以取景，其架座如庚壬辛。必句股相等，如庚壬與壬辛。則鏡斜迆之弦如庚辛。方正，使物自癸至巳折而至丙，恰得其正。丙巳癸爲正角。否或庚壬低而壬辛長，則辰午卯爲鈍角，其取景在辰矣。或庚壬高而壬辛短，則申酉未爲鋭角，取景在申矣。皆不得其正也。

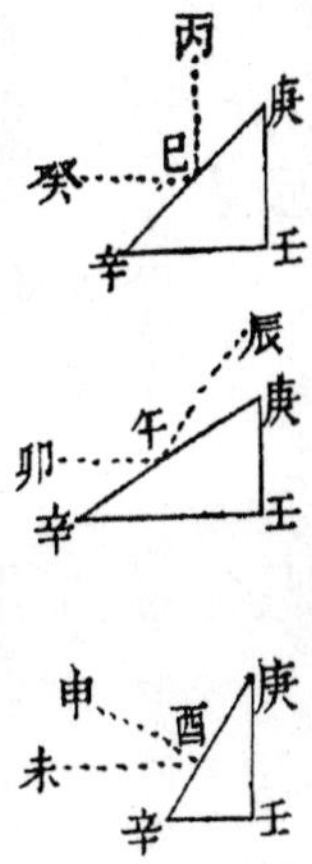

四系，收光至己，透景於丙，本是倒形，因人自內向外窺之，恰成順象。惟左右易位，是其所短。顯微二之一。若設含光大屏鏡於日中，人對屏坐，取鏡中人景，則左右可不易位，人亦不受日曬，似覺妙矣。但設屏鏡須稍高而前迆之，如甲乙。人坐須稍低，如丙。人景入屏鏡，如丁。射入筩口凸鏡，如丁戊。則人之體方不遮屏。又人坐丙處，自丙至丁，折而至戊，又折而取景於己，則其線甚遠，而凸鏡之順收限必極長，恐不易作也。

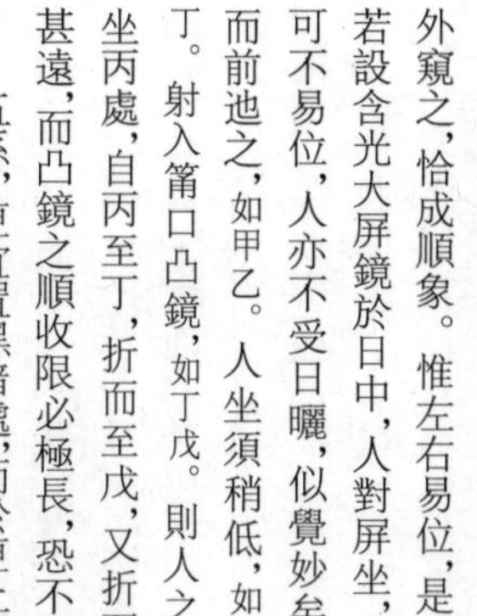

五系，匣宜置黑暗處，而於匣上更帷之爲妙。蓋凸鏡取景用順收限，或日月，或鐙，或行度低時之大星，以及窗牖皆可取景，而得其色於紙上者，光色更顯於紙色故也。餘則但見黑景者，紙色白於他物故也。此法置物於明，即如物之借光，更帷其匣，即如白紙遮黑，故無不可取之色矣。原光一及九。帷之固妙。又得一法，別作一方木匣如圖，前後長板二塊，前如畢井柳鬼，後如胃參心婁。左右稍短板二塊，左如胃昴觜畢，右如婁張軫鬼。上面方板一塊，如胃畢鬼婁。中開一孔，參井柳心安本篇四圖室奎壁危處。人目從孔下視，自黑闇而物景明顯矣。昴參井觜及張心柳軫兩旁空處，帷以緇布，以便入手更便。

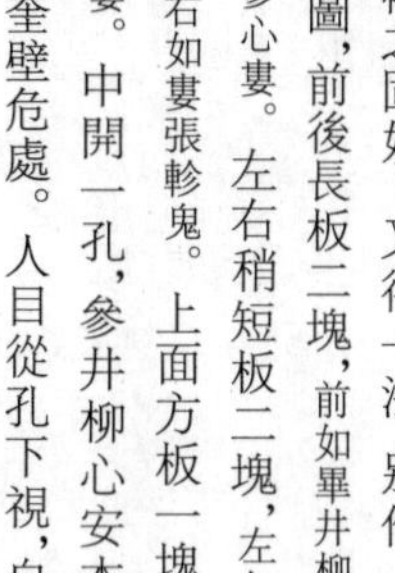

右改式。

葉名澧《橋西雜記》 影

宋人《都城紀勝》：題曰灌圃耐得翁撰，專記杭州故事。凡影戲，京師人初以素紙雕鏃，後用彩色裝皮爲之，其話本與講史書者頗同，大抵真假相半。公忠者正貌，姦邪者醜貌，蓋亦寓褒貶于世俗之眼也。此書序作於端平乙未宋理宗二年也。是南宋時即有此戲矣。他如相撲，即角觝。傀儡，講史，演公案，打筋斗，踏蹺，弄椀，弄毬諸技，言之亦詳。

劉嶽雲《格物中法》卷三《火部》 火

論火理

火內弱外剛，外威內暗。《易乾鑿度》。

嶽雲謹案：火有兩層，火之外層能焚，內層不能焚。故大火焚民居，火中或反有不焚者。吹火筒所用乃外層之火。冶工皆知其理，不謂《易緯》早已言之。

已上火有内外。

火日外景。《曾子·天圓篇》。

火則外光。張衡《靈憲》。

嶽雲謹案：《荀子》云濁明外景，清明内景，與曾子明者吐氣者也，是故外景幽者，含氣者也。是故内景意異，《淮南子》亦襲《曾子》文。

已上火外光。

又《火部》 光

罔兩，景外之微陰也。《莊子·齊物論》注。

嶽雲謹案：即所謂闇虚。

當日之衝，光常不合者，蔽于地也。是爲闇虚在星，星微月過則食。《續漢書》。

秝家之説，當日之衝，有大如日者謂之闇虚。闇虚當月，則月必滅光，故爲月食。《春秋疏》。

表高景虚，罔象非真。《元史·天文志》。

嶽雲謹案：此言光有闇虚也。光學之理，光順直線而行，有物阻光則能成影于物前。若光之原爲點，則影之界限詳細分明。若光之原爲面，球形體發光等于面。則影之界限不甚清楚，而爲闇虚。物面等于光之原面，則成影如圓柱。物面小于光之原面，則成景如圓錐，皆有闇虚。

又案：日體甚大，故從地面看日光所成之物影皆有闇虚。表竿末甚小，則闇虚至大而影幾于無。

景，木柂景短大，木正景長小。《墨子》。

嶽雲謹案：此植表之法。柂，邪也。木邪則短，故影短而大。木正則較邪爲長，故影亦較邪爲長小。記其長短之數，知植之而影最長者爲木正也。

光與物大小相等，其景雖遠相等而無盡。物大光小，則景漸遠漸大而無量。物小光大，則景漸遠漸小而無景矣。故物逼于鐙，移物漸遠，則景漸小。物逼于壁，移物漸遠，則景漸大，光小物大故也。《鏡鏡詅癡》。

日爲圓體，光照大地，地上有物如横梁，景落在地，其横梁上邊反是日之下邊，横梁下邊反是日之上邊。必于横梁上開細孔，透露日光，方是日之中心，是爲中景。《鏡鏡詅癡》。

已上光蔽生景。

東面望者不見西牆，南鄉視者不睹北方。《吕覽·去尤》。

已上言光綫直行。

【略】

舟中撑篙，篙入水如曲。漁人稓魚鼈，照所見不獲也，須求之於下乃獲。盌中置一錢於底，遥望不克見，注水于盌，令極滿，則錢影浮於水面。《一斑録》。

嶽雲謹案：此論折光之理也。光綫入水若與水面成正交，即無折光；若斜射水面，則其透過水面至水底之綫，必與自空氣至水面之綫不能成一直綫，所差之角謂之折光角，即光差也。

又案：此光差各質不同，水、酒、油等，以次而大也。

已上水之折光。

【略】

以大鏡長竿上懸之，向下便照耀四鄰。當鏡下以盆水，坐見四鄰出入也。《感應類從志》。

嶽雲謹案：余友人嘗作一長篋，上角内藏一鏡向外，下角内藏一鏡向内，牆外之物照入上鏡，反照下鏡，人對下鏡，見牆外物。正與此法相同，即西人之傳影箭也。

移景之法，類多髣髴，惟一法如烈日中影人無不見，視諸家移景之法特異，及得其説，乃隱像于鏡，設燈于旁，燈鏡交輝，傳影于紙。近多施之攝召，良可笑也。《袪疑説》。

嶽雲謹案：西人戲法中，有一種于戲臺口置玻璃屏反射臺裏，于臺下隱藏一人，用燈光施爲射入玻璃屏，反射臺上，成一人影作種種變怪。而臺外觀戲者不見臺下，並不見臺上玻璃也。蓋竊取中國之法爲之。此與東省燈影戲似同實異，彼于白屏上顯影，此于空中顯影故也。

【略】

景之小大，説在(地)[柂]缶遠近。《墨子》。

嶽雲謹案：缶即去字。

鑒，中之内，鑒者近中，則所鑒大，景亦大；遠中，則所鑒小，景亦小，而必正，起于中緣正而長其直也。中之外，鑒者近中，則所鑒大，景亦大；遠中，則所鑒小，景亦小，而必易，合於而長其直也。鑒，鑒者近則所鑒大，景亦大；亦遠，所鑒小，景亦小，而必正。景過正。《墨子》。

嶽雲謹案：此即釋上景之小大，説在地去遠近之文。

王仁俊《格致古微》卷四 《夢溪筆談》

辨證：牕隙樓塔影，中間爲板所束，則皆倒垂。案：此亦西人照相景皆倒立之理。《客座贅語》亦云塔影無不倒者。塔本正也，而影倒，即如飛鳥之影，鳥東飛則虢中之影必西逝，與塔影同。《天香樓偶得》曰：嘗遊真如寺，大殿後西次間北向一小室，深僅六七尺，其南即大殿之牆北首，臨簷際上截用木板蔽風雨，下截用牆板之。近牆處有一小隙，僅四五寸濶，半之。余同數人從旁一門入室，即閤門視之，天光暎於壁上，塔影宛然倒焉。時方仲夏，日行北陸，又值餔時，塔在日南。日自北照之，影落塔南地上，室中壁上之天光，乃即塔南地上之日光倒照室中者也。地上塔影尖在南，尾在北，故壁上塔影尖在下，尾在上。然非有簷際，木板束之則光散而不聚，壁上必無塔影。故板上留隙必須極小，旁入之門亦須盡閤，則光始自隙中吸入壁上耳。又思冬月日行南陸，日在塔南，壁上必無塔影。春秋之際，必從早晚日出入時伺之。蓋日出入時，多在北方，總須日在塔北，而後壁上乃有塔影。詢之寺僧，答云果然。自見塔影後，思有以肖之。夜取燈火，置長桌上。燈南二三尺許，桌上值一小兒所弄小木塔，長可六七寸。塔南二尺許，桌上樹一小板屏。屏北不及尺許，桌上横一大木板，盡障南首燈光。板中微開一竇，長二三寸，正與塔影相射。然後從旁視之，則燈南桌上燈光已從竇中吸入，照於板屏上，而塔影亦倒於屏上矣。食舊德齋襍箸解墨子格術曰：東省之燈景戲，西人之鏡景燈，胥本此理。格術之學，相傳已久，西洋人得其理而變通之，見《筆談》。

陽燧照物皆倒，中間有礙故也。算家謂之格術。如人摇艣，臬爲之礙故也。若鳶飛空中，其景隨鳶而移，或中間爲牕隙所束，則影與鳶遂相違，鳶東則影西，鳶西則影東。陽燧面窪，以一指迫而照之，則正；漸遠則無所見；過此，遂倒。其無所見處，正如牕隙、艣臬，腰鼓礙之。案：此亦光學所自出。《天香樓偶得》曰：余家蓄一陽燧，以之照物，迫近則正；稍遠，則閃爍無定；再遠之，則皆倒矣。但所照甚爲模糊，不若近照之明顯。細思其故，非中間有礙也，蓋陽燧面窪，凡遇諸物，悉從四邊先照入内，故中間所照之影非照外物而得，乃轉照四邊所照之物影也。上邊所照，則中間轉在下；下邊所照，則中間轉在上。左右轉照亦然。唯不竟照外物，止照四邊所照物影，故光甚模糊。亦猶室中壁上塔影，不竟照塔，止照地上之塔影耳。若以物迫近視之，則四邊光散，而中間自能照物，故影仍正且顯也。其稍遠而閃爍無定者，乃當中、邊兩影相射之際故也。推之牕隙、鳶影，以及《客座贅語》所言走馬燈角上之影，莫不各有一轉照機栝在内，理極平常。又有圓鏡照物亦倒，理與陽燧一致，但圓鏡照物則中間先已照訖，復自中間轉照四邊，故倒影不在中間，而在四邊耳。

測量與計算

趙爽注　甄鸞重述　李淳風釋《周髀算經》卷下 凡八節二十四氣，氣損益九寸九分六分分之一。冬至晷長一丈三尺五寸，夏至晷長一尺六寸。問次節損益寸數長短各幾何？

冬至晷長一丈三尺五寸。

小寒丈二尺五寸小分五。

大寒丈一尺五寸一分小分四。

立春丈五寸二分小分三。

雨水九尺五寸二分小分二。

啓蟄八尺五寸四分小分一。

春分七尺五寸五分。

清明六尺五寸五分小分五。

穀雨五尺五寸六分小分四。

立夏四尺五寸七分小分三。

小滿三尺五寸八分小分一。

芒種二尺五寸九分小分一。

夏至一尺六寸。

小暑二尺五寸九分小分一。

大暑二尺五寸八分小分二。

立秋四尺五寸七分小分三。

處暑五尺五寸六分小分四。

白露六尺五寸五分小分五。

秋分七尺五寸五分。

寒露八尺五寸四分小分一。

霜降九尺五寸三分小分二。

立冬丈五寸二分小分三。

小雪丈一尺五寸一分小分四。

大雪丈二尺五寸小分五。

凡爲八節二十四氣，二至者，寒暑之極；二分者，陰陽之和；四立者，生、長、收、藏之始，是爲八節。節三氣，三而八之，故爲二十四。

氣損益九寸九分六分分之一。

損者，減也。破一分爲六分，然後減之。益者，加也。以小分滿六得一，從分。

冬至、夏至爲損益之始。

冬至晷長極，當反短，故爲損之始。夏至晷短極，當反長，故爲益之始。此爽之新術。

術曰：置冬至晷，以夏至晷減之，餘爲實。以十二爲法。十二者，半歲十二氣也。爲法者，一節益之法。實如法得一寸；不滿法者十之，以法除之，得一分。

求分，故十之也。

不滿法者，以法命之。

法與餘分皆半之也。舊晷之術於理未當，謂春、秋分者陰陽晷等，各七尺五寸五分，故中衡去周七萬五千五百里。按春分之影七尺五寸七百二十三分，秋分之影七尺四寸二百六十二分，差一寸四百六十一分。以此推之，是爲不等。冬至至小寒多半日之影，夏至至小暑少半日之影，芒種至夏至多二日之影，大雪至冬至多三日之影。又半歲一百八十二日八分日之五，而此用四分日之二率，故一日得七百三十分寸之四百七十六，非也。節候不正十五日，有二十二分日之七。以一日之率十五日爲一節，至令差錯不通尤甚。《易》曰：「舊井無禽，時舍也。」言法三十日，實當改而舍之。於是爽更爲新術，以一氣率之，使言約法易，上下相通，周而復始，除紕繆。

臣鸞曰：求二十四氣損益之法，先置冬至影長丈三尺五寸，以夏至影一尺六寸減之，餘一丈一尺九寸，上十之爲實，以半歲十二爲法，除之得九寸，不盡十一。復上十之，如法而一得九分，不盡二。與法十二皆半之，得六分之一，即是氣損益法。先置冬至影長丈三尺五寸，以氣損益，九寸九分六分分之一，其破一分以爲六分，減其餘，即是小寒影長丈二尺五寸小分五。餘悉依此法。求益法，置夏至影一尺六寸，以九寸九分六分分之一增之，小分滿六從大分一，即是小暑二尺五寸九分小分一。次氣倣此。

臣淳風等謹按：此術本及趙君卿註，求二十四氣影，例損益九寸九分六分分之一以爲定率。檢勘術註，有所未通。又按《宋書・曆志》所載何承天《元嘉曆》影，冬至一丈三尺，小寒一丈二尺四寸八分，大寒一丈一尺三寸四分，立春九尺九寸一分，雨水八尺二寸八分，啓蟄六尺七寸二分，春分五尺三寸九分，清明四尺二寸五分，穀雨三尺二寸五分，立夏二尺五寸，小滿一尺九寸七分，芒種一尺九寸九分，夏至一尺五寸，小暑一尺六寸九分，大暑一尺九寸七分，立秋二尺五寸，處暑三尺三寸五分，白露四尺二寸五分，秋分五尺三寸九分，寒露六尺七寸二分，霜降八尺二寸八分，立冬九尺九寸一分，小雪一丈一尺三寸四分，大雪一丈二尺四寸八分。司馬《續漢志》所載《四分曆》影亦與此相近。至如祖沖之曆宋《大明曆》影與何承天雖有小差，皆是量天實數。讐校三曆，足驗君卿所立率虛誕，且《周髀》本文外衡下於天中六萬里，而二十四氣率乃足平遷。所以知者，按望影之法。日近影短，日遠影長。又以高下言之，日高影短，日卑影長。夏至之日最近北，又最高，其影尺有五寸。自此以後，日行漸遠向南，天體又漸向下，以及冬至。冬至之日最近南，居於外衡，日最近下，故日影一丈三尺。此當每歲差降有別，不可均爲一槩設其升降之理。今此文自冬至畢于芒種，自夏至畢于大雪，均差每氣損九寸有奇，是爲天體正平，無高卑之異，而日但南非均行，又無升降之殊，即無內衡高於外衡六萬里，自相矛楯。又按《尚書考靈曜》所陳格上格下里數，及鄭註升降遠近，雖有成規，亦未臻理實。欲求至當，皆依天體高下遠近修規以定差數。自霜降畢於立春，升降差多，南北差少。自雨水畢於寒露，南北差多，升降差少。依此推步，乃得其實。然事涉渾儀，與蓋天相返。

九州之大必有所中，前古法制無聞，惟《周禮》大司徒以土圭之法測土深淺，正日景，以求地中。日南，則景短多暑。日北，則景長多寒。日東，則景夕多風。日西，則景朝多陰。日之景尺有五寸，謂之地中。四時之所交，風雨之所會也，陰陽之所和也。然則萬物阜安，建王國焉。匠人建國，水地以平，四直繫繩，以景爲規，識日出之景與日入之景，晝考日中之景，夜考中星，以正朝夕。梁祖景爍錯綜經法，先驗昏旦，定刻漏，乃立儀表於准平之地，名曰南表。中更立一表於南表景末，名曰中表。夜依中表以望北樞，樞而立北表。令參相直，皆以繩準定。若表直者，乃立表之地即當子午之正。每看中表，以知所偏。中表在東，則立表之處在地中之東，其西亦如之。取三表相直者爲地中之正。又於二分之日，候日始東方半體見時，乃立表於中表之東，名曰東表。待日入西方半體，乃立表於中表之西，名曰西表。皆令中表與日參直，東西二表朝夕皆要與日相直。若三表影直，即是南北之中也。若中表差南，則直表處在卯酉之南；差北，則卯酉之北。進退南北，求三表直東西，則地居卯酉之中正也。測景一寸，即地之一千里也。影尺有五寸者，南戴日下萬五千里也。以潁川之陽城爲地之中，所謂土圭之表，尺有五寸。立八尺之表，夏至影適與土圭等，謂之地中。漢儒日入表盡測影，冬至長一丈三尺一寸四分，夏至一尺五寸八分，春秋二分著七尺三寸六分。始著於書，而餘氣並未有論。

魏徵等《隋書》卷一九《志第十四・天文上》 晷景

昔者周公測晷景於陽城，以參考曆紀。其於《周禮》，在《大司徒之職》：「以土圭之法測土深，正日景，以求地中。日至之景尺有五寸，則天地之所合，四時之所交。百物阜安，乃建王國。」然則日爲陽精，玄象之著然者也。生靈因之動息，寒暑由其遞代。觀陰陽之升降，揆天地之高遠，正位辨方，定時考閏，莫近於茲也。古法簡略，旨趣難究，術家考測，互有異同。先儒皆云：「夏至立八尺表於陽城，其影與土圭等。」案《尚書考靈曜》稱：「日永，景尺五寸；日短，景尺三寸。」《易通卦驗》曰：「冬至之日，樹八尺之表，日中視其晷景長短，以占和否。夏至景一尺四寸八分，冬至一丈三尺。」《周髀》云：「成周土中，夏至景一尺六寸，冬至景一丈三尺五寸。」劉向《鴻範傳》曰：「夏至景長一尺五寸八分，冬至一丈三尺一寸四分，春秋二分景七尺三寸六分。」後漢《四分歷》、魏《景初歷》、宋《元嘉歷》、大明祖冲之歷，皆與《考靈曜》同。漢、魏及宋，所都皆別，四家歷法，候景則齊。且緯候所陳，恐難依據。劉向二分之景，直以率推，非因表候定其長短。然尋晷景尺丈，雖有大較，或地域不改，而分寸參差，或南北殊方，而長短維一。蓋術士未能精驗，馮古所以致乖。今删其繁雜，附於此云。

梁天監中，祖暅造八尺銅表，其下與圭相連。圭上爲溝，置水，以取平正。揆測日晷，求其盈縮。至大同十年，太史令虞廟，又用九尺表，格江左之景。夏至一尺三寸二分，冬至一丈三尺七分，立夏、立秋二尺四寸五分，春分、秋分五尺三寸九分。陳氏一代，唯用梁法。齊神武以洛陽舊器，並徙鄴中。以暨文宣受終，竟未考驗。至武平七年，訖干景禮始薦劉孝孫、張孟賓等於後主。劉張建表測景，以考分至之氣。草創未就，仍遇朝亡。周自天和以來，言歷者紛紛復出。亦驗二至之景，以考歷之精麤。及高祖踐極之後，大議造歷。張胄玄兼明揆測，言日長之瑞。有詔司存，而莫能考決。至開皇十九年，袁充爲太史令，欲成胄玄舊事，復表曰：「隋興已後，日景漸長。開皇元年冬至之景長一丈二尺七寸二分，自爾漸短。至十七年冬至景一丈二尺六寸三分。四年冬至，在洛陽測景，長一丈二尺八寸八分。二年夏至景，一尺四寸八分，自爾漸短。至十六年夏至景，一尺四寸五分。其十八年冬至，陰雲不測。元年、十七年、十八年夏至，亦陰雲不測。《周官》以土圭之法正日景，日至之景，尺有五寸。鄭玄云：『冬至之景，一丈三尺。』今十六年夏至之景，短於舊五分；十七年冬至之景，短於舊三寸七分。日去極近，則景短而日長。去極遠，則景長而日短。行內道則去極近，行外道則去極遠。《堯典》云：『日短星昴，以正仲冬。』據昴星昏中，則知堯時仲冬，日在須女十度。以歷數推之，開皇以來冬至，日在斗十一度，與唐堯之代，去極俱近。謹案《元命包》云：『日月出內道，琁璣得其常，天帝崇靈，聖王初功。』京房《別對》曰：『太平日行上道，升平日行次道，霸代日行下道。』伏惟大隋啓運，上感乾元，景短日長，近古希有。」是時廢庶人勇，晉王廣初爲太子，充奏此事，深合時宜。上臨朝謂百官曰：「景長之慶，天之祐也。今太子新立，當須改元，宜取日長之意，以爲年號。」由是改開皇二十一年爲仁壽元年。此後百工作役，並加程課，以日長故也。皇太子率百官，詣闕陳賀。案日徐疾盈縮無常，充等以爲祥瑞，大爲議者所貶。又《考靈曜》《周髀》、張衡《靈憲》及鄭玄注《周官》並云：「日影於地，千里而差一寸。」案：宋元嘉十九年壬午，使使往交州測影。夏至之日，影出表南三寸二分。何承天遥取陽城，云夏至一尺五寸。計陽城去交州，路當萬里，而影實差一尺八寸二分。是六百里而差一寸也。又梁大同中，二至所測，以八尺表率取之，夏至當一尺一寸七分彊。後魏信都芳注《周髀四術》，稱永平元年戊子，當梁天監之七年，見洛陽測影，又見公孫崇集諸朝士，共觀祕書影。同是夏至日，其中影皆長一尺五寸八分。以此推之，金陵去洛，南北略當千里，而影差四寸。則二百五十里而影差一寸也。況人路迂迴，山川登降，方於鳥道，所校彌多，則千里之言，未足依也。其揆測參差如此，故備論之。

房玄齡等《晉書》卷一一《志第一・天文上》 儀象

《周禮》日至之景尺有五寸，謂之地中。鄭衆説：土圭之長尺有五寸，以夏至之日立八尺之表，其景與土圭等，謂之地中。今潁川，陽城地也。鄭玄云：凡日景，於地千里而差一寸。景尺有五寸者，南戴日下萬五千里也。以此推之，日當去其下地八萬里矣。日邪射陽城則天徑之半也。體員如彈丸，地處天之半，而陽城爲中，則日春秋冬夏昏明晝夜去陽城皆等，無盈縮矣。故知從日邪射陽城爲天徑之半也。

瞿曇悉達《開元占經》卷五《日占一》 日晷影

許慎《説文》曰：晷，日景也。

劉熙《釋名》曰：晷，規也，如規畫也。　《周禮・地官司徒》曰：以土圭之法，測土深，正日景，以求地中。日南則景短，多暑；日北則景長，多寒；日東則景夕，多風；日西則景朝，多陰。日至之景，尺有五寸，謂之地中。天地之所合也，四時之所交也，風雨之所會也，陰陽之所和也。按：土圭者，非削土爲其圭，象訓爲度也。置圭度景，謂之土圭。日南則景短多暑者，謂夏至，日躔南方井宿也。日北則景長多寒，謂冬至，日躔北方斗宿也。日東則景夕多風者，謂秋分，日躔東方角宿也。故秋分祭月也。日西則景朝多陰者，謂春分，日躔西方婁宿也。故春分祭朝日也。古來天國春秋二分，並交婁角也。諒知夕者，秋分之異。名朝者，春分之別。號景長稱南至，景短稱北至，今日南則景短，日北則景長者，先論日躔宿也，後論日躔景也。　《周髀》曰：周髀長八尺，其勾之損益一寸千里。　張衡《靈憲》曰：懸天之晷，薄地之儀，皆移千里差一寸。　鄭司農曰：土圭之長尺有五寸，以夏至日立八尺表，其景適與圭等，謂之地中。今潁川陽城地爲然。按：晉《太康地記》曰：河南陽城縣，是謂土中。夏至景尺有五寸，所以爲候也。《南越志》曰：南景在日之南，五月立表望之，日在表北，景在表南。交州日景較北三寸，林邑九寸一分也。　鄭玄曰：凡日景於地千里而差一寸，景尺有五寸者，南戴日下萬五千里也。　《洪範五行傳》曰：日月之行，則有冬有夏，而爲寒暑。若南失節，晷過而長，則爲寒，退而晷短則爲燠。人君急則晷進疾而寒，舒則晷退遲而燠，故曰急恒燠若。一曰晷長爲潦，晷短爲旱。奢者爲扶。扶者，邪臣進，正臣疎，君子不足，奸人有餘。　《漢書・天文志》曰：冬至日南極，晷長，南不極則温爲害。夏至日北極，晷短，北不極則寒爲害。故《書》曰：日月之行，則有冬有夏也。故治變于下，日月運於上矣。　《易緯》曰：日冬至人主不出宫室，寢兵，聽樂，日擊黄鍾之磬，公卿大夫列奏音侍，則陰陽之晷如度。故夏至之禮如冬至之禮。　又曰：冬至之日，樹八尺之表，日中視晷。晷如度者，則其歲美，人民和順。晷不如度者，則其歲惡，人民多僞言，政令爲之不平。晷進則水，晷退則旱。進一尺二寸則月蝕，退則日蝕。月食則正王臣之行，日蝕則正人主之道。　又曰：冬至晷長一丈三尺。按《周髀》曰：長三尺五寸。劉向曰：長一丈一尺四寸。何承天曰：長一丈三尺。祖暅銅表長一丈三尺。今歷景長一丈二尺七寸五分。

許洞《虎鈐經》卷七 測影

先定南北使正，樹八尺表竿爲勾，卧一丈四尺，腹中歷氣。日中視之，影之尺寸若與歷合，則吉；不合則凶。冬至十一月中，律中黄鍾，管長九寸，徑三分，影長一丈三尺。小寒十二月節，影長一丈二尺四寸三分。大寒十二月中氣，律中大吕，管長八寸三分，影長一丈一尺二寸。立春正月節，影長九尺八寸。雨水正月中氣，律中太簇，管長八寸，影長八尺一寸七分。驚蟄二月節，影長六尺六寸七分。春分二月中氣，律中夾鍾，管長七寸四分，影長五尺三寸七分。清明三月節，影長四尺二寸五分。穀雨三月中氣，律中姑洗，管長七寸一分，影長三尺二寸六分。立夏四月節，影長二尺五寸三分。小滿四月中氣，律中仲吕，管長六寸五分，影長一尺九寸九分。芒種五月節，影長一尺六寸九分。夏至五月中氣，律中蕤賓，管長六寸二分，影長一尺五寸。小暑六月節，影長一尺六寸九分。大暑六月中氣，律中林鍾，管長五寸九分，影長一尺九寸二分。一作九。立秋七月節，影長二尺五寸三分。處暑七月中氣，律中夷則，管長五寸六分，影長五尺三寸七分。白露八月節，影長五尺七寸。秋分八月中氣，律中南吕，管長五寸三分，影長六尺二寸三分。寒露九月節，影長六尺一作八。六寸七分。霜降九月中氣，律中無射，管長四寸九分，影長八尺一寸七分。立冬十月節，影長八尺九寸。小雪十月中氣，律中應鍾，管長四寸七分，影長一丈二尺二寸。大雪十一月節，影長一丈二尺四寸三分。夫周天三百六十五度四分度之一，爲十二次，中外共同，亦至十二國王侯之所度。日一日行一度，月一日行十三度。月節遲疾，平行九道，故二十八日行三百六十度。餘日逐日度合朔。一歲十二月，行十三周天，與日同。夏至日在井，去極近。冬至日在斗，去極遠。日陽用事，則進北而影短。月陽用事，則退南而影長。測法，極遠近以影而知，以定南北也。

陳祥道《禮書》卷三六

測景

	南表 景短多暑	
東表 景夕多風	中表 尺有五寸	西表 景朝多陰
	北表 景長多寒	

測景圖

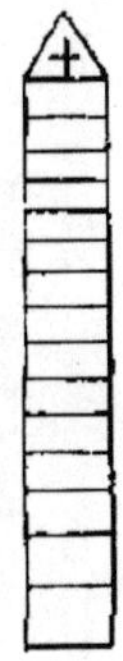

土圭尺有五寸。

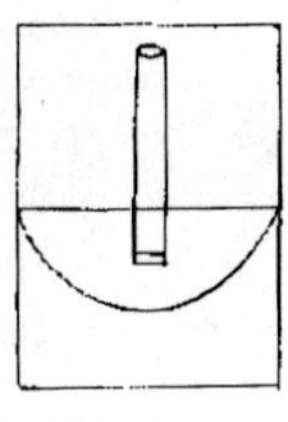

爲規識日法

《周官・大司徒》曰：以土圭之法，測土深，正日景，以求地中。日南則景短，多暑；日北則景長，多寒；日東則景夕，多風；日西則景朝，多陰。日至之景尺有五寸，謂之地中。《玉人》曰：土圭尺有五寸，以致日，以土地。《馮相氏》曰：冬夏致日，春秋致月，以辨四時之序。《匠人》曰：晝參諸日景。鄭康成曰：晝漏半而置土圭，表陰陽，審其南北。景短於土圭，謂之日南，則地於日爲近南也。景長於土圭，謂之日北，則地於日爲近北也。東於土圭，謂之日東，則地於日爲近東也。西於土圭，謂之日西，則地於日爲近西也。如是則寒暑陰風偏而不和，是未得其所求。凡日景於地，千里而差一寸。又曰：景尺有五寸者，南戴日下萬五千里。地與星辰四遊，升降於三萬之中，是以半之而得地之中。鄭司農曰：夏至之日，立八尺之表，其景適與土圭等，謂之地中。今穎川陽城地爲然。《傳》曰：冬至日，置八神，樹八尺之表，日中視其景，如度者，歲美，人和；晷不如度者，歲惡，人僞。神讀如引，八引者樹杙於地，四維四中，引繩以正之。晷進則水，晷退則旱。進尺二寸，則月食。退尺二寸，則日食。

古者，土圭必植五表，地中植中表，千里而南植南表，千里而北植北表，東西二表相去如之。先儒謂天地相距八萬里，其升降也不過三萬里之中。日景於表移一(千)[寸]，則於地差千里。故於相距准表之度，而表八寸。以升降之半准土圭之度，而圭尺有五寸，是以夏至日在東井，地升而南遊萬五千里，則去日近矣，故晝漏以半，景尺五寸。冬至日在牽牛，地降而北遊亦萬五千里，則去日遠矣，故晝漏以半，景丈三尺。蓋有所傳然也。至日以冬夏，而書特於夏言敬致，大司徒特於夏求地中者，測景以夏爲正也。所謂日南則景短多暑，日北則景長多寒，日東則景夕多風，日西則景朝多陰者，於日爲近南，則南表之北得景尺四寸，其地多暑；於日爲近北，則北表之北得景尺四寸，其地多寒；於日爲近東，則晝漏以半，日已夕矣，其地多風；於日爲近西，則晝漏以半，日未中矣，其地多陰。先王以四表明中表之正，以中表定四方之中，在地則無道里遠近之不均，在天則無寒暑風陰雨之不和。萬物得極其高大，故至於阜得其宜，由其道，故至於安，然後以建王國焉。《匠人》所謂晝參諸日景，夜考諸極星，蓋如此也。《易》言巽爲風，《禮》言東多風。蓋風之所屬者東方也。《五行傳》以風屬中央，失之矣。

李如篪《東園叢説》卷上《三禮説》 土圭測景

洛陽陽城縣舊屬河南府，今屬許州，周公測景以求地中之處也。其測景之法，蓋表八尺以立於其地，又爲土圭長尺有五寸，卧於表之北。夏至之日，日正中時，表景與土圭齊，謂之地中。乃於此建王國焉。若表立於此地之南，則景長，其地多暑；立於此地之北，則景短，其地多寒；立於此地之東，則其地夕多風；立於此地之西，則其地朝，多陰。《周禮》稱日南，日北，日東，日西者，指陽城日景而言也。南北之景，率千里而差一寸。惟陽城晷景尺有五寸，爲地中也。

章如愚《羣書考索》卷五六《曆數門・天文器類》 土圭表附

玉人之事，以玉爲圭，而曰土圭者，用以土其地，其長尺五寸。非惟建王國用土圭，諸侯之國亦用以土其地，但正四方，不求地中也。《周官・大司徒》曰：以土圭之法，測土深，正日影，以求地中。日南則景短，多暑；日北則景長，多寒；日東則景夕，多風；日西則景朝，多陰。日至之景，尺有五寸，謂之地中。鄭康成曰：景短於土圭，謂之日南，是地於日爲近南也。景長於土圭，謂之日北，則地於日爲近北也。東於土圭，謂之日東，是地於日爲近東也。西於土圭，謂之日西，是地於日爲近西也。凡日影於地千里而差一寸。陳禮書曰：先儒謂天地相距八萬里，其升降也不過三萬里之中。日景於表移一寸，則於地差千里。張衡周髀之説皆然。惟宋何承天曰：六百里而差一寸也。後魏信都芳曰：千里而差四寸，則二百五十里而差一寸也。

典瑞以土圭致日月四時。《玉人》曰：土圭尺有五寸，以致日月，以土地。《馮相氏》曰：春夏致日，秋冬致月，以辨四時之序。古者，土圭必植五表，地中植中表，千里而南植南表，千里而北植北表，東西二表相去亦如之。以四表明中表之正，以中表定四方之中。鄭司農云：夏至之日，立八尺之表，其影適與圭等，謂之地中是也。王昭禹曰：土圭横植於地，於圭之端立表，以表端之日影與土圭相齊，無過不及，然後見地之中。疏曰：度景之法，必於夏至爲漏半爲之，取日正午，乃得其端直。

《周禮圖》云：日南則景短，多暑。據中土圭之南土圭而言也。夏晝漏(晝)[半]，土圭在南，得尺四寸，景不論尺五寸，不與圭等是也，於日爲近南也，故云日南則景短多暑。日至之景，尺有五寸，謂之地中。日北則景長多寒，據中土圭之北土圭而言也。冬晝漏半，土圭在北，得尺六寸，景過於尺五寸，不與土圭等，是也。於日爲近北也，故云日北則景長多寒。日西則景朝多陰者，據中土圭之西土圭而言之，是於日爲近西也。夏晝漏半，中土圭景得正時，土圭在西者日未中，乃得朝時之景，故曰日西則景朝多陰。日東則景夕多風者，據中土圭之東土圭而言之是也，於日爲近東也。夏晝漏半，中土圭景得時正，土圭在東者日已昳矣，乃得夕時之景，故云日東則景夕多風。周公度日景，置五圭於潁川陽城，置一土圭爲中，中土圭之南千里置一土圭，中土圭之北千里置一土圭，東去千里置一土圭，西去千里置一土圭，爲五圭。天地相距八萬里，先王立八尺之表，以度日景。天地之升降不過三萬里之中，自地以至日不過二萬五千里，以尺有五寸土圭測之，蓋日景於圭差一寸，則差千里。先王以四表明中表正之，以中表定四方之中。在地則無道里遠近之不均，在天則無寒暑風雨陰陽之不和，萬物得極其高大，故至於阜；得其宜，由其道，故至於安，然後建王國焉。《匠人》所謂晝參諸日景，夜攷諸極星，蓋如此也。《易》巽爲風，言東多風，蓋風之所屬者東方也。《五行傳》以風屬中央，失之矣。

《隋志》曰：先儒皆云夏至立八尺表於陽城，周穎川地也。景與圭等。《尚書攷靈曜》曰：日永，景尺伍寸；日短，景尺三寸。《易通卦驗》曰：冬至之日，植八尺之表，日中視其晷景長短，以占和否。夏至景一尺四寸八分，冬至一丈三尺。《周髀》云：成周土中，夏至景一尺六寸，冬至景一丈三尺五寸。劉向《洪範論》曰：夏至景長一尺五寸八分，冬至一丈三尺一寸四分，春秋二分景七尺三寸六分。後漢魏宋之歷皆與《攷靈曜》同。然或地域不改而分寸參差，或南北殊方而長短難一，蓋術士未能精驗也。梁天監中，祖常造八尺銅表，其下與土圭相連，圭上爲溝，置水以取平正，揆測日景。大同中，太史令用九尺表，格江左之景。陳氏惟用梁法。至隋開皇十九年，袁充表曰：隋興以後，日景漸長。又曰：太平日行上道，升平行次道，霸代行下道。今景短日長，振古希有。上曰：景長之慶，天之祐也，宜取日長之意，改元仁壽。百工作役，並加程課，以日長故也。《隋志》。

唐儀鳳四年，姚元辨奏於陽城測影臺，依古法立八尺表，夏至日中，測景正與古法同。調露元年，於陽城周公測影所得圭長一丈二尺七寸。開元十二年，命太史南宫説等馳傳往安南蔡蔚等州，測候日影，還與一行校之。一行以南北日影校量，大約南北極相去纔八萬餘里。其餘州測影尺寸如左。林邑國北極高十七度，安南都護府北極高二十一度六分，其餘州皆不同。至海中南望，老人星下衆星燦然，皆古所未名。《會要》。

趙友欽《原本革象新書》卷二 地域遠近

古者立八尺之表以驗四時日景短長。地中夏至，午景在表北約一尺六寸。地中冬至，午景在表北約一丈三尺。南至交廣，北至鐵勒等處，驗之俱各不同。蓋午日偏南，朔方之景四時皆長於地中。南國則較短，戴日之下，直而無景。迤邐南去，景在表南，啟開北户以向日。非特測於南北，亦當測於東西。帝堯之時，分命羲和之官宅於四方是也。古者測景，欲求一寸所差里數，終未爲真。蓋道路迂廻，難量直徑，是以一寸千里之説，猶自難憑。案：千里差寸本非實測，不徒道路迂廻，難量直徑也。《隋書·天文志》劉焯云：《周官》夏至日景尺有五寸，先儒以爲景千里差一寸，南戴日下萬五千里，今交愛之州，表北無景，計無萬里。南過戴日，是千里一寸非其實差。表高八尺，似失之短。蓋表短則景短，差難覺。表長，差數易明。至元已來，表高四丈，誠萬古之定法也。所謂土圭者，自古有之。然地平不在天半，地上天多，早晚太陽與人相近，則景移必疾；日午與人相遠，則景移必遲。世間土圭均晝而已，豈免午侵已未而早晚時刻俱差。陽城地中差已如是，若以八方偏地表景驗之，土圭之不可準尤爲顯然。偏東者，早景疾而晚景遲，午景先至。偏西者，早景遲而晚景疾，午景後期。偏北者，少其晝而景遲。偏南者，多其晝而景疾。

脱脱等《宋史》卷四八《志第一·天文一》

儀象

景表儀曰：步景之法，惟定南北爲難。古法置槷爲規，識日出之景，與日入之景，晝參諸日中之景，夜考之極星。極星不當天中，而候景之法取晨夕景之最長者規之，兩表相去中折以參驗，最短之景爲日中。然測景之地，百里之間，地之高下、東西不能無偏；其間又有邑屋山林之蔽，倘在人目之外，則與濁氛相雜，莫能知其所蔽；而濁氛又繫其日之明晦風雨，人間烟氣塵坌，變作不常。臣在本局候景，入濁出濁之節，日日不同，此又不足以考見出没之實，則晨夕景之短長，未能得其極數。

參考舊聞，別立新術。候景之表三，其崇八尺，博三寸三分，殺一以爲厚者。圭首剡其南使偏鋭。其趺方厚各二尺，環趺刻渠，受水以爲準。以銅爲之表，四方志墨以爲中刻之，綴四繩，垂以銅丸，各當一方之墨。先約定四方，以三表南北相重，令趺相切，表別相去二尺，各使端直。四繩皆附墨，三表相去左右上下以度量之，令相重如一。自日初出，則量西景三表相去之度，又量三表之端景之所至，各別記之。至日欲入，候東景亦如之。長短同，相去之疏密又同，則以東西景端隨表景規之，半(所)[折]以求最短之景。五者皆合，則半折最短之景爲北，表南墨之下爲南，東西景端爲東西。五候一有不合，未足以爲正。既得四方，則惟設一表，方首，表下爲石席，以水平之，植表于席之南端。席廣三尺，長如(元)[九]服。冬至之景，自表趺刻以爲分，分積爲寸，寸積爲尺。爲密室以棲表，當極爲霤，以下午景使當表端。副表并趺崇四寸，趺博二寸，厚五分，方首，剡其南，以銅爲之。凡景表景薄不可辨，即以小表副之，則景墨而易度。

又　土圭

《周官》大司徒以土圭之法正日景，以求地中。而馮相氏春夏致日，秋冬致月，以辨四時之叙。漢之造曆，必先定東西，立晷儀。唐詔太史測天下之晷，蓋校定日景，推驗氣節，必先乎此也。宋朝測景在浚儀之岳臺，崇寧間姚舜輔造《紀元曆》，求岳臺晷景，冬至後初限六十二日二十二分。蓋立八尺之表，俟圭尺上正八尺之景去冬至多寡日辰，立爲初限，用減二至，得一百二十日四十二分爲夏至後初限，以爲後法。蓋冬至之景，長短實與歲差相應，而地里遠近古今亦不同焉。中興後，清臺亦立晷圭，如汴京之制，冬至必測驗焉。《統天曆》、《開禧曆》亦皆以六十二日數分爲冬至初限，而議者謂臨安之晷景當與岳臺異。或謂當立八尺之表，俟圭景上八尺之景在四十九日有奇，當用四十九日五分爲臨安冬至後初限，用減二至限，得一百三十三日有奇爲夏至後初限。參合天道，其法爲密焉。然土圭之法本以致日景，求地中，而表景不應，災祥繫焉。占家知之，而亦不能知其所以然也。

宋濂等《元史》卷四八《志第一》

圭表

圭表以石爲之，長一百二十八尺，廣四尺五寸，厚一尺四寸。座高二尺六寸。南北兩端爲池，圓徑一尺五寸，深二寸。自表北一尺，與表梁中心上下相直。外一百二十尺，中心廣四寸，兩旁各一寸，畫爲尺寸分，以達北端。兩旁相去一寸爲渠，渠深廣各一寸，與南北兩池相灌通，以取平。表長五十尺，廣二尺四寸，厚減廣之半，植於圭之南端圭石座中，入地及座中一丈四尺，上高三十六尺。其端兩旁爲二龍，半身附表上擎横梁，自梁心至表顛四尺，下屬圭面，共爲四十尺。梁長六尺，徑三寸，上爲水渠以取平。兩端及中腰各爲横竅，徑二分，横貫以鐵，長五寸，繫線合於中，懸錘取正，且防傾墊。

按表短則分寸短促，尺寸之下所謂分秒太半少之數，未易分別；表長則分寸稍長，所不便者景虚而淡，難得實影。前人欲就虚景之中考求真實，或設望筩，或置小表，或以木爲規，皆取端日光，下徹表面。今以銅爲表，高三十六尺，端挾以二龍，舉一横梁，下至圭面共四十尺，是爲八尺之表五。圭表刻爲尺寸，舊一寸，今申而爲五，釐毫差，易分別。

又　景符

景符之制，以銅葉，博二寸，長加博之二，中穿一竅，若針芥然。以方閫爲趺，一端設爲機軸，令可開闔，楮其一端，使其勢斜倚，北高南下，往來遷就於虚梁之中。竅達日光，僅如米許，隱然見横梁於其中。舊法以表端測晷，所得者日體上邊之景。今以横梁取之，實得中景，不容有毫末之差。至元十六年己卯夏至晷景，四月十九日乙未景一丈二尺三寸六分九釐五毫。至元十六年己卯冬至晷景，十月二十四日戊戌景七丈六尺七寸四分。

胡廣等《書經大全·圖説》

【略】

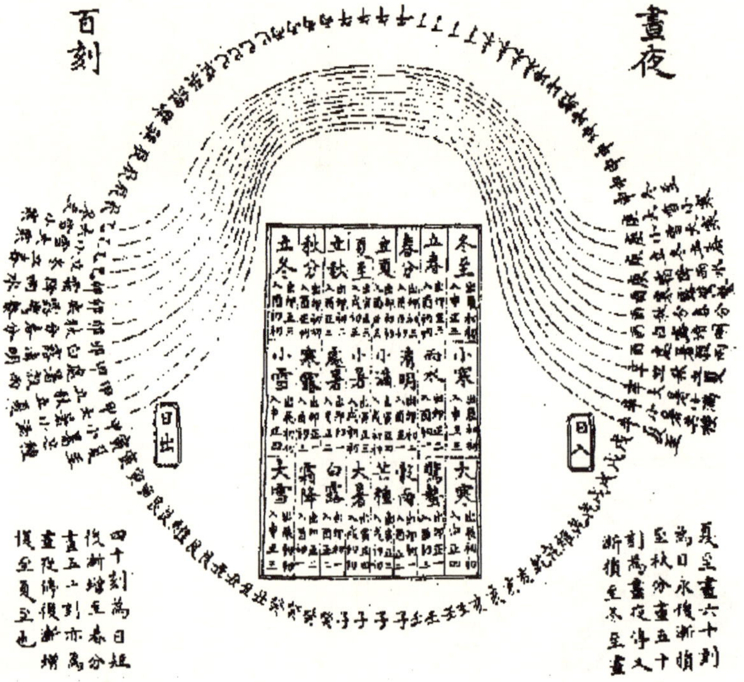

虞書日永日短之圖

《周禮·大司徒》云：以土圭之法測土深，正日影，以求地中。日南則影短，多暑；日北則影長，多寒；日東則影夕，多風；日西則影朝，多陰。日至之影，尺有五寸，謂之地中，乃建王國焉。

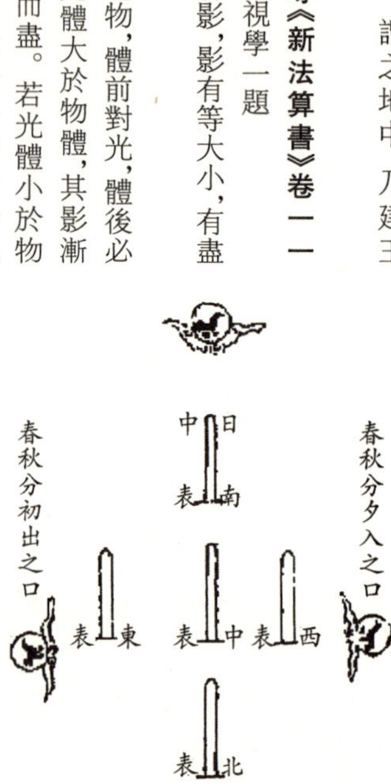

召誥土中圖

徐光啓等《新法算書》卷一一

《測天約説》 視學一題

凡物必有影，影有等大小，有盡不盡。

不透光之物，體前對光，體後必有影焉。若光體大於物體，其影漸遠漸殺，鋭極而盡。若光體小於物體，其影漸遠漸大，以至無窮。若光物相等，其影亦相等，亦無窮。

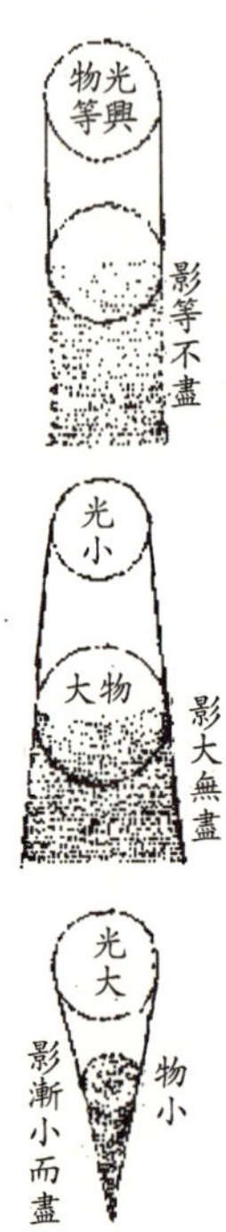

又 卷一二《測天約説》 太陽篇第四

論太陽之光。 日爲大光，六合之内無微不照，有不透明之物隔之，則生影。地在天中，體小于日，故影漸遠漸殺，以至于盡。其影之長，不至太陽之衝。如下圖，甲乙爲日，丙丁爲地，其影至戊而止，不至己。

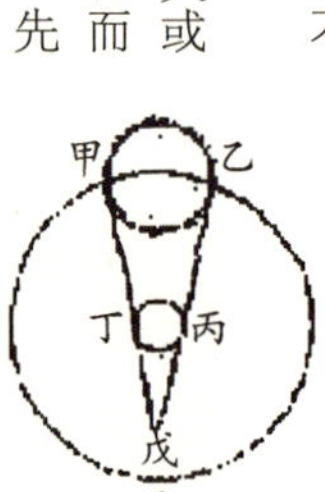

太陽面上有黑子，或一或二，或三四而止，或大或小，恒于太陽東西徑上行。其道止一線，行十四日而盡。前者盡則後者繼之。其大者能滅太陽之光。先時或疑爲金水二星，考其躔度，則又不合。近有望遠鏡，乃知其體不與日體爲一。又不若雲霞之去日極遠，特在其面，而不審爲何物。

又 卷六四《交食曆指》 凡物體能隔他物之象，使不至目，則爲暗體。若以體之一面受光，而光復透射出於彼面，則爲徹體。如玻瓈、水精是也。目所司存，惟光惟色，而色又隨光發見，故解徹體必以通光，解暗體必以其能隔他象。如月掩日而日全食，晝爲之晦，恒星皆見。爾時太陽在外，體質明顯，又堅密無比，光力甚厚，乃爲月體所隔，不能映見。微光可證月乃全非徹體，而全爲暗體。徹體有二：通明之極，全無隔礙者爲甚徹；雖則透光，而微雜昏蒙者爲次徹。

光在本體爲原光，其出而顯他物之象爲照光。日有原光，地與月皆借之爲光者。照光也謂顯他物之象者，因他物之勢隨施隨受，有原先後，無時先後也。非如寒熱燥濕之類，漸及于物，力盡而止。

原光以直徑發照爲最光，因而旁及者爲次光。日光正照，以直線至於物體，則爲最光。有物隔之，旁周映射，則生次光。如雲之上，日體所照，最光也。雲之下，不復見日而猶有光，是次光也。

滿光者，原光之全體所發。少光者，原光之半體所發。日未全出地平上，所生光爲少光。全昇在上，則生滿光。日食時未全食，則存少光。既以復圓，即得滿光。

景之四周有最光遶之，即景爲次光。以景爲明者，誤也。以影爲暗者，亦誤也。稱景爲明暗之中，庶幾近之。蓋全無光乃爲暗。今至夜子初，人在地景至深之中，去最光極遠，而近目之物尚能別識，即見景中猶存微光，不失爲次光也。

最光所不及爲初景，次光所不及則爲次景。景與光并行，光漸微景漸厚，故次景與最光相反。若初景即次光也。

最光全不及之處則爲滿景，若受正照之微光即爲缺景。滿景與光正相反，無景之極則爲滿光，無光之極則爲滿景。假如甲乙爲施光之物，丙爲暗球。從甲出，正照之光過丙球左右，其切丙之界者得甲戊及甲己。從乙出光又得乙戊及乙丁。其庚戊辛爲最光全不及之處，則滿景也。若庚戊辛戊以外，則甲乙光體之多分漸照之，至乙丁甲己乃全光之界，即自戊至丁、至己，丙球之景漸薄，以趨于盡矣。

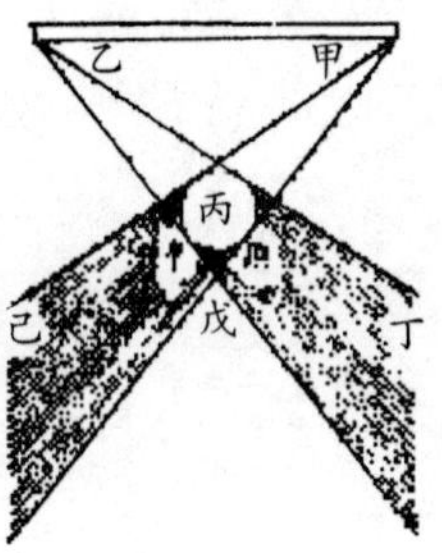

太陽光照月及地第一

日、月、地三球體大小不等，地爲靜體，日月則有諸種行度，則有高庳內外，其去地去人遠近不等。法當以大小之比例及其相遠相近之比例，推其施光受光之體勢，乃得景之體勢，因而得交食之體勢。蓋交食者生於景，景生于光。不尋其本而求其末，無法可得。其說五章。

一曰有兩球于此，一爲暗體，一爲明體，而小大等，即明者以半面施光，暗者以半面受光。如圖，甲爲明球，乙爲暗球，小大等，即其徑丙丁及戊己各與甲乙線爲直角，而丙丁與戊己等，即甲丙、甲丁、乙戊、乙己與甲庚、乙辛皆以半徑相等，而丙庚丁半球與戊辛己半球亦相等。今于明球之旁，從丙、從丁出兩切線至暗球之旁戊己，戊己與丙丁爲平行線，即丙戊與丁己亦平行線也。見幾何一卷三十三題。又因丙戊乙及丁己乙俱爲直角，即戊丙甲及己丁甲亦俱直角，見幾何一卷二十九題。即丙戊丁己線不能割兩球，而止切兩周于丙、于戊、于丁、于己，其所抱爲丙庚丁、爲戊辛己，是甲乙兩球之各半也。若日月地三球相等，而月與地皆以半面受太陽之光，如上所說則定朔日食，半地面宜皆見之，安得復有南北不等食分。望日太陰全食時，纔食既，即生光，安得復有食甚時刻及既內分，今皆不然，可見三球無相等之球。

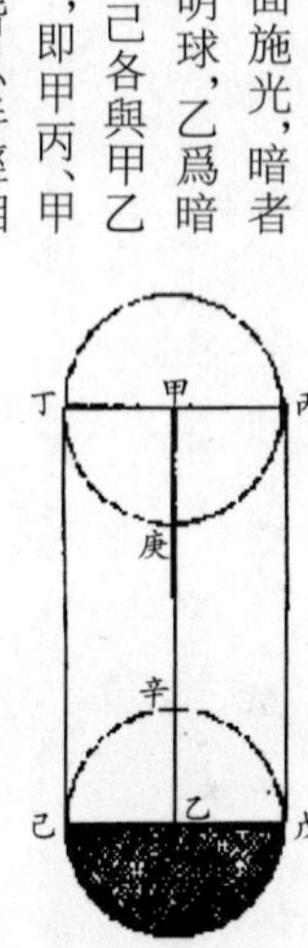

二曰明體大，暗體小，則施光以小半，受光以大半。如圖，甲爲明球，乙爲暗球，作兩切線爲丙己，爲戊庚。從四切點作橫線爲丙戊，爲己庚。甲既大球，即己丙戊爲銳角，丙己庚角爲鈍角。如曰不然，或皆爲直角，即庚戊丙、戊庚己亦皆直角，兩切線必平行，而乙球與甲球等，見幾何一卷二十八題。必不然也。或己丙戊反爲鈍角，而丙己庚反爲銳角，即兩切線不能相交于癸，又不然也。今以兩切線相交于癸，明己丙戊爲銳角，丙己庚爲鈍角，即于丙丁戊弧內作負圈角，必鈍角矣。于己壬庚內作負圈角，必銳角矣。見幾何三卷三十一三十二題。故丙丁戊施光者不及半圈，己壬庚受光者又不止半圈也。因此推知太陽照地及太陰必各照其大半，而暗體所隔之日光漸遠，又漸斂漸進，以趨于一處，即景居暗球之背不得不爲角體之形矣。又因此推求望日先後人目所見太陰受日之光不長不消者，久之而後生魄，此爲何故？蓋亦因月體以大半受光，以小半入于人目光，不輒轉而魄未遽見，故未望時已見全光，已望後猶未失全光矣。

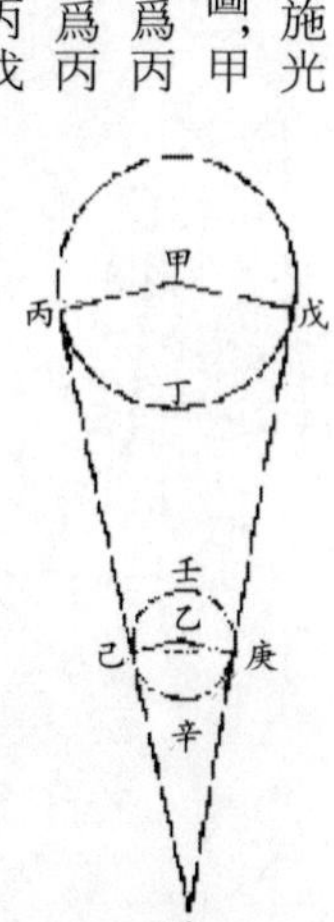

三曰明體小，暗體大，則施光以大半，受光以小半。　如前圖反論之，可明太陰何以照地，而地何反隔日之光也。

四曰大施小受，愈相近則施者之小半愈小，受者之大半愈大。　如圖，丙爲小暗球，甲與乙皆大明球，作庚未直線過三球心，以交于左右切線。　其乙球之兩切線交于午，甲球之兩切線交于未，即庚未長于乙午，而庚丁未與乙辛午兩角，庚丁與乙辛兩線皆相等，則庚未線與庚丁線之比例大于乙午與乙辛，而丁庚未角大于辛乙午角也。見幾何五卷八題。　又庚未線過三球之心，必截丁己辛癸兩線爲兩平分，而庚甲丁、乙子辛兩形内之甲與子皆爲直角，則其餘庚丁兩角并乙辛兩角并皆等一直角，即兩并率等。幾何一卷三十二題。　兩并率之甲庚丁角大于子乙辛角，各減之，所存庚丁甲角必小于乙辛子角矣。　次以庚丁甲及乙辛子不等之兩角各減庚丁未及乙辛午相等之兩直角，所存甲丁未角更大于子辛午角。　又丁戊己弧内作負圈角必等于甲丁未角。　辛壬癸弧内作負圈角必等于子辛午角。　辛壬癸弧之負圈角既小于丁戊己弧之負圈角，則辛壬癸弧必大于丁戊己弧。幾何三卷二十一三十二題。　夫辰寅已與辛壬癸相似之弧也，丑寅卯與丁戊己亦相似之弧也。大小圈左右各有切線，其切點過分圈之線，其所分大小圈分各相似，其大小兩弧亦相似。　即辰寅己弧亦大于丑寅卯弧，可見明球在近比在遠者尤能照小暗球之多分也。　因此推知日全食而視爲大者，日體去月體遠故也。　日全食而視爲小者，日體去月體近故也。　何以分遠近？日與月俱有自行圈，與地不同心，其行于自行圈之上下爲最高最庳，則爲距地之遠近，因生景之大小也。　日既全食矣，又何以分大小？月掩日至既有時晝晦，恒星皆見，蟲飛鳥棲，此爲全食而大。　月在日内，從中掩蔽，雖至食既而其四周日光皆見。　曆家謂之金環，此爲全食而小矣。　若然者，日與月與地相去或遠或近之所繇生也。

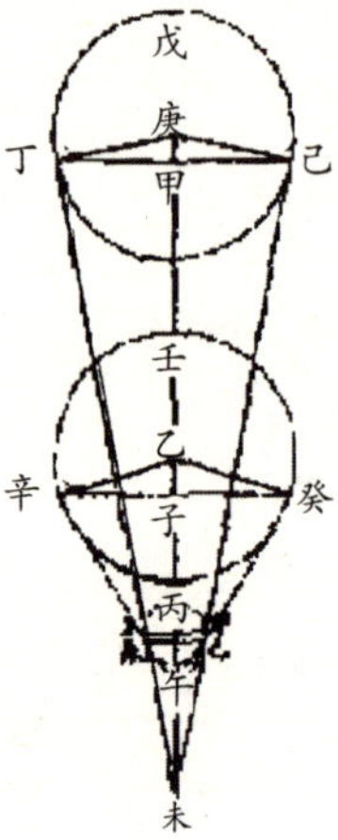

五曰小施大受，愈相遠則施者之大半加小，受者之小半漸大。　如圖，甲、乙皆爲小明球，丙爲大暗球，乙去丙遠于甲。　作各切線，過三球心之直線皆如前。　次從暗球心丙至各切點作丙丁、丙己、丙庚、丙辛各半徑，得丙丁爲丁壬之垂線，丙庚爲庚癸之垂線，而丁與庚皆爲直角，丙丁與丙庚兩線又等，則丙癸線與丙庚半徑之比例，大於丙壬與丙丁，而丙庚癸角又大于丙丁壬角也。幾何五卷八題。　依顯丙辛癸角亦大于丙己壬角，以并前率爲庚丙辛合角亦大于丁丙己合角，而其弧庚戊辛必大于丁戊己。　可見小明球照大暗球，愈遠愈照其多分也。　今依本圖設丙爲地，外切線癸辛也。以内爲地景。日光過丙大球所出景。　甲乙兩小球爲月體。　其兩小球之小大既等，則同以外切線爲外光之界，或爲内景之界。　惟因月體循本輪行時，居上周如乙則去地遠時，居下周如甲則去地近。　以是月食之分數有多有寡。　月居影厚處如甲左右則食多，月居影薄處如乙左右則食寡，故曰月食有多寡者，亦相距或遠或近之所繇生也。

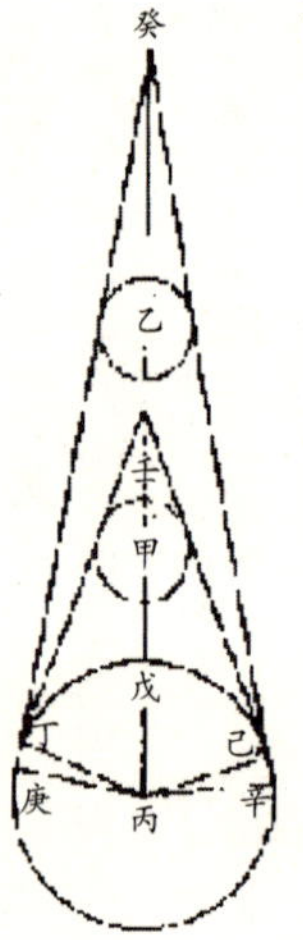

景之處所第二

凡光以直線照物體，其無光之處則有景之處也。　欲于交食時求影所在，理不異此。　蓋月與地能出景者，不在其受光之面，或其左右必于受光反對之面。日光不照之地在日食則爲月景之處，在月食則爲地景之處矣。　說二章。

一曰景與光所居正相反。　暗體得光于此面，射影于彼面，是景之中心與原光之心、暗體之心，參相對如一直線，則暗體隔光于景，使原光之心恒居一線之末界，其正相反之彼界其景之心在焉。　如曰不然，設原光在甲，其照及乙，乙爲暗體隔光生景，據云景不射丙。丙者與甲正相對之處。　爲甲乙丙直線而斜射丁，則乙甲丁者角也。　有角則有幾何，凡幾何皆分之無窮，能出直線至于無數，而皆至乙丁邊。　夫甲既爲原光之體，其所照必以直線出之，試諸儀器，足以爲證。　即乙丁皆在受光之地，何自能爲乙暗體之景乎？因此明景與光正在相反之兩界。　論暗體者，其受光之面必向光所出之原界，其生景之面必向景所射之彼界，亦正相反也。　論日與月獨至兩交之處而有食，亦依此理。

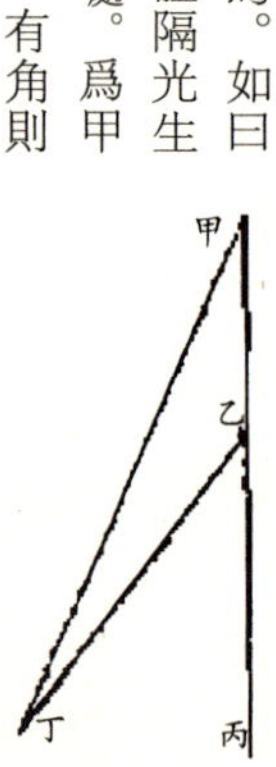

二曰明暗兩體任一運動，景隨之移。　試以暗體移動，其所借之光隨處不一，即所生之景亦隨處不一。　蓋景與光既如一直線，即暗體所居定爲景之末界。　如直線之首，首移而線尚不

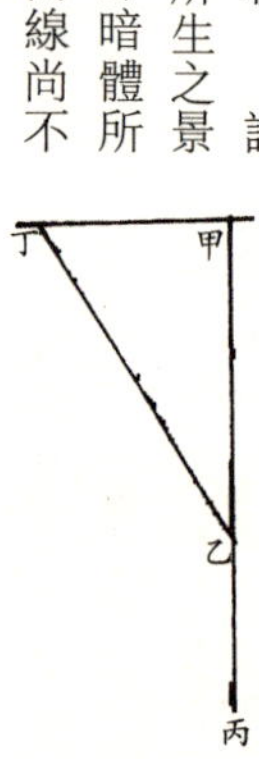

移，則是曲線，非直線也。又試以明體移動，設甲爲明體，乙爲暗體。乙丙爲影，則甲乙丙如一直線。如曰明體甲移至丁，丁仍照乙，而乙尚射景至丙，則丁乙丙猶直線也，有是理乎？

問：太陽照室，僅通隙光，光照墻壁，奕奕顫動。太陽既自順行，墻隙仍無遷變，則此顫動爲從何來？或者光與景未必定爲直線，而能微作曲勢乎？曰：西古博物者，亞利斯多言空中嘗有浮埃，輕而不墜，微而不顯，莊周氏謂之野馬，或亦稱爲白駒。幽室之內，原光既微，次光反厚，即顯此物在于光中，紛入沓出，能亂光景之界，使目視景絪緼浮動，而寔非景動，乃景之界線爲浮埃所亂，致使其然也。更以氣爲證，今觀太陽出地，地面以上多生蒙氣。氣在日體與人目之間，即見日之光界亦如顫動。非獨日也，日中晴朗，切視地面，光耀閃爍如波浪然。熾炭在罏炭之四周，火光燁燁，亦如顫動。凡若此者，一皆繇氣而生。在日，在地，在炭，固無顫動之理，是以景必繫于暗體，如輪必繫于樞軸。光上景即下，光東景即西，必相對也，無相就也。故太陽照地，其光繞地一周，則景在其相衝之界，亦繞天一周。蓋日光從其本天直射至於地面，而景在地之彼面亦直射至于月。天第日體常依黄道中線，則地景亦常依黄道中線，而月行常出入黄道中線之內外。是以月體與地景不得恒相遇合，大都不合時多，合時少，故日月不食時多，食時少，以此。

又徐光啟《測量法義》 論影

法中俱用直景、倒景布算，故先正解二景之義，次解其轉合于矩度以資後論。

直景者，直立之表及山岳樓臺樹木諸景之在平地者也。若于向日牆上横立一表，表景在牆則爲倒景。

如圖，作甲乙丙丁直角方形，于乙丙、丁丙各從丙任引長之，令丁丙爲地平面或爲地平平行面。其乙丙亦向日作面，與地平面爲直角，即甲丁爲丁丙平面上直立之表，而甲乙爲乙丙平面上横立之表也。次以甲爲心，丙爲界作戊己丙圜，次引甲乙、甲丁線各至圜界。夫地球比日天既止一點，說見天地儀解。即甲點爲地心，丁丙面在地心之下，而戊己丙圜爲隨地平上日輪之天頂圜矣。即戊乙亦可

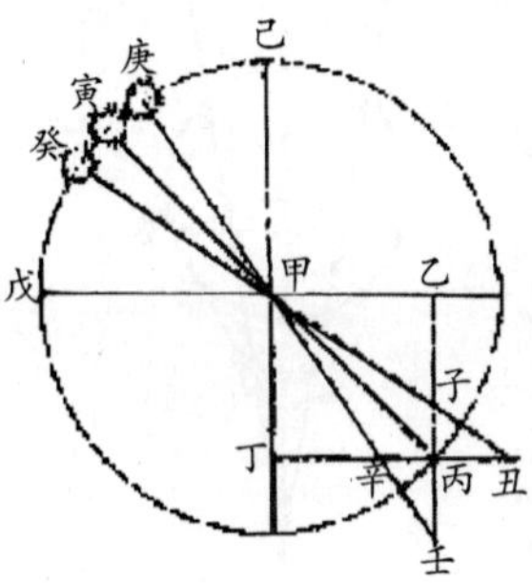

當地平線，而己丁線爲正過頂圜矣。則丁丙面離地平線者甲丁表之度，而乙丙面離過頂圜線者甲乙表之度也。故日輪在庚，其光必過地心甲截丁丙面于辛，而遇乙丙之引長面于壬，則甲丁表在丁丙面上之丁辛景爲直景，而甲乙表在乙丙面上之乙壬景爲倒景。若日輪在癸，則丁丑爲直景，而乙子爲倒景；若日輪在寅，則丁丙爲直景，而乙丙爲倒景。是甲乙丙丁直角方形之內，隨日所至，其直景恒在丁丙邊，倒景恒在乙丙邊也。

凡測量十二，景得一，即可推算。但須備曉二景之理。何者有直景？過丁丙邊之外有倒景，過乙丙邊之外如上圖者則直景，過丁丙邊如丁丑當用倒景代之。倒景過乙丙邊如乙壬當用直景代之也。若日光至丙即直、倒景等，可任意用之。因兩景各與本表等，故欲知目前日景所至在丙耶？在丁丙乙丙之內耶？又有一法，如日輪離地平四十五度，即景當在丙。日在四十五度以上，即景在丁丙之內。日在四十五度以下，即景在乙丙之內。

又 本題十五首

第一題　日輪高四十五度，直景倒景皆與表等。在四十五度以上，則直景小于表，而倒景大于表。在四十五度以下，則直景大于表，而倒景小于表。

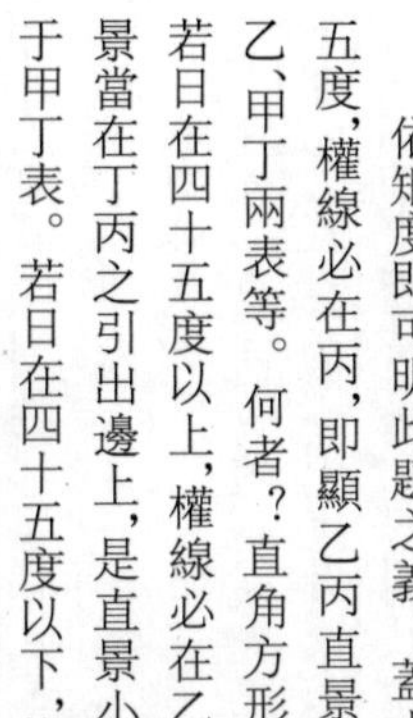

依矩度即可明此題之義。蓋上已論日輪在四十五度，權線必在丙，即顯乙丙直景、丁丙倒景皆與甲乙、甲丁兩表等。何者？直角方形之各邊俱等故也。若日在四十五度以上，權線必在乙丙分度邊上，而倒景當在丁丙之引出邊上，是直景小于倒景，而倒景大于甲丁表。若日在四十五度以下，權線必在丁丙分度邊上，而直景當在乙丙之引出邊上，是倒景小于直景，而直景大于甲乙表。

第二題　表隨日所至，皆爲直景與倒景連比例之中率。

先設日輪在四十五度，而權線在丙。題言甲乙或甲丁表，皆爲乙丙直景與丁丙倒景連比例之中率。

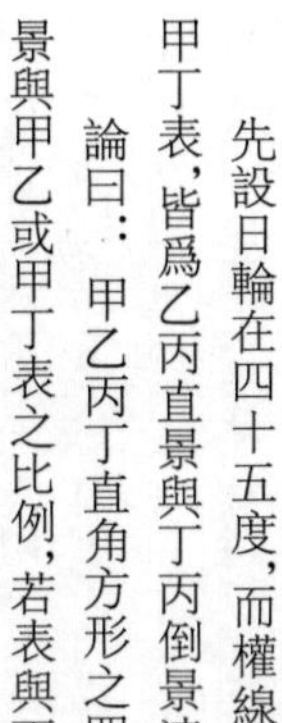

論曰：甲乙丙丁直角方形之四邊既等，即乙丙直景與甲乙或甲丁表之比例，若表與丁丙倒景，何者？三線等即爲兩相同之比例故。

次設日輪在四十五度以上，權線在乙丙直景邊內，分乙丙于戊，而倒景在丁

丙之引出邊上，遇權線于己。題言甲乙或甲丁表爲乙戊直景與丁己倒景連比例之中率。

論曰：乙與丁兩直角等，而乙甲戊與己相對之兩内角亦等，一卷廿八。即甲乙戊、己丁甲爲等角形，六卷四。則乙戊直景與甲乙或甲丁表之比例若表與丁己倒景，是甲乙或甲丁表爲兩景之中率。六卷八之系。

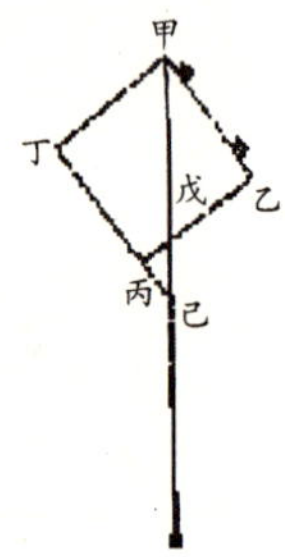

後設日輪在四十五度以下，權線在丁丙倒景邊内，分丁丙于戊，而直景在乙丙之引出邊上，與權線遇于己。題言甲乙或甲丁表爲丁戊倒景與乙己直景連比例之中率。

論曰：丁與乙兩直角等，而丁甲戊與己甲

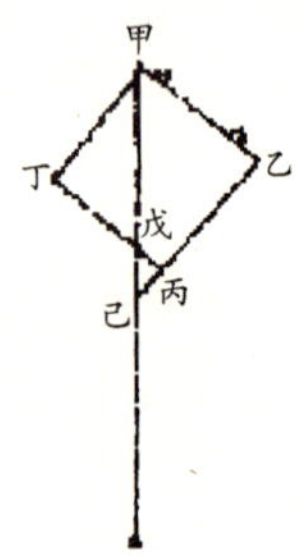

戊丁與乙甲己各相對之兩内角各等，一卷廿八。即甲丁戊、甲乙己爲等角形，六卷四。則丁戊倒景與甲乙或甲丁表之比例若表與乙己直景，是甲乙或甲丁表爲兩景之中率。六卷八之系。

注曰：直景、表、倒景，三線既爲連比例，即直景、倒景兩線矩内直角形與表上直角方形等，六卷十七。故表度十二則其冪爲一百四十四。若以爲實，以所設景數爲法，除之，即得所求景數。假如權線所至在倒景之三度，即以三爲法，除其實一百四十四，得四十八度爲直景。又如權線所至在所設景之五度三分度之二，即所求景爲二十五度十七分度之七，何者？以五度三分度之二爲法，除其實一百四十四，即得二十五度十七分度之七，是二景且變相代法。畸分除法是後附。

第四題　有物之景，測物之高。

法曰：如前圖，以矩度向日甲耳，在前取日光透耳兩竅，以權線與矩度平直相切，任其垂下，細審所值何度何分？若在十二度之中對角線上，則景與物必正相等。本篇三題注。故量其景長，即得其物高。若權線在直景邊，即景小于物，本篇三題注。則直景與表之比例若物之景與其高，用三數法，以直景上所值度分爲第一數，以全表度十二爲第二數，以物景之度爲第三數算之，即所得數爲其物高。三數算法見後附。

注曰：欲測己庚之高，以矩度承日，審權線，如在直景乙戊，得八度正，庚辛景三十步，即以表度十二、庚辛三十步相乘，得三百六十爲實，以乙戊八度爲法，除之，得四十五，即己庚之高四十五步。

若權線在倒景邊，即景大于物，本篇三題注。則表與倒景之比例若物之景與其高。用三數法，以表爲第一數，以倒景上所值度分爲第二數，以物景之度爲第三數算之，即所得數爲其物高。

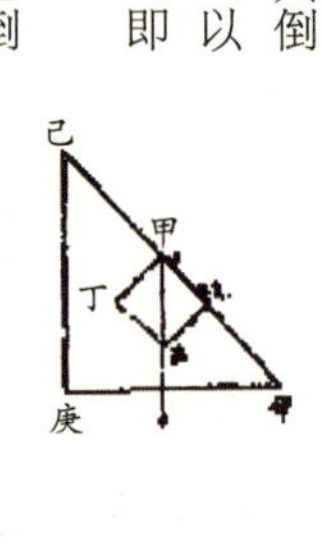

注曰：欲測己庚之高，以矩承日，審權線，如在倒景于戊，得七度五分度之一，庚辛景六十步，即以丁戊七度五分度之一、庚辛六十步相乘，得二千一百六十爲實，以表度六十分爲法，除之，得三十六，即己庚之高三十六度。

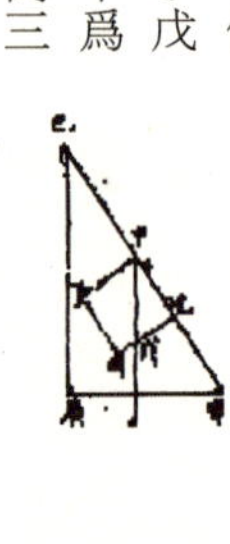

第五題　有物之高，測物之景。

法曰：如前圖，以矩度承日，審值度分。若權線在丙，則景與物等。本篇三題注。

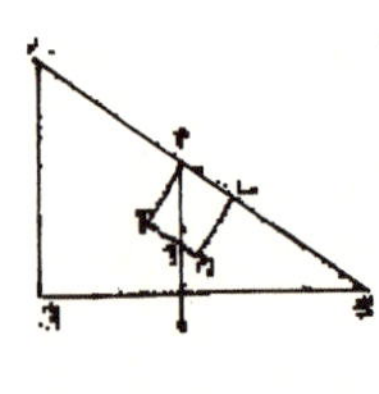

若權線在直景邊，即物大于景，本篇三題注。即直景與表之比例若景與物。反之，則表與直景若物之高與其景。五卷四之系。用三數法，以表爲第一數，直景度分爲第二數，物高度爲第三數算之，即所得數爲景度。

若權線在倒景邊，即物小于景，本篇三題注。則表與倒景之比例若景與物。反之，則倒景與表若物之高與其景，五卷四。用三數法。以倒景度分爲第一數，表爲第二數，物高度爲第三數算之，即所得數爲景度。

又徐光啟《測量异同》　第一題　以景測高。

欲測甲乙之高，其全景乙丙長五丈。立表于戊，爲丁戊高一丈，表景戊丙長一丈二尺五寸。以表與全景相乘，得五萬寸爲實，以表景百二十五寸爲法，除之，得甲乙高四丈。

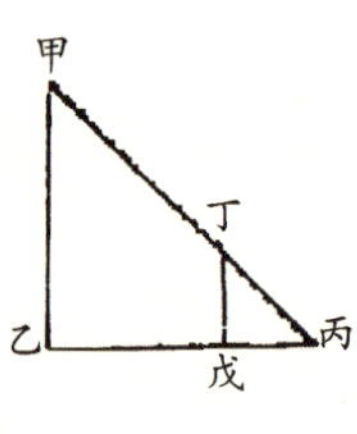

方中通《數度衍》卷七《測量勾股之六》　小勾股與大勾求大股法

測高式。塔不知高，量其影，從塔心至影末長三丈一尺二寸五分。別立一表，高一丈，影長二尺五寸。問塔高幾何？

曰：十二丈五尺。

術通曰：塔影大勾也，表小股也，表影小勾也，塔大股。

又式，八尺之表以測日影。表去日下六萬里，表影長六尺。問日高幾何？

曰：八萬里。

術通曰：六萬里大勾也，以里法三百六十步，步法五尺通之，得一億八百萬尺。表八尺，小股也。表影六尺，小勾也。日高八萬里，大股也。用異乘同除法，即三橐法。以小股乘大勾爲實，以小勾爲法，除之；或以大勾爲實，以小股除小勾，得每尺影七寸五分爲法，除實，皆得日高也。

梅文鼎《曆算全書》卷六《曆學答問》　答滄州劉介錫茂才

或又疑土圭只尺有五寸，則惟北至時可用，餘三時何以定之？曰：《經》固言日北景長，日南景短矣，其長其短，亦必有數，則皆以土圭之尺寸度之耳。然則夏日至景如土圭者，冬日至景必數倍於土圭，而以土圭度之，無難得其丈尺，故冬夏並言致日也。

梅瑴成等《數理精蘊》下編卷三七《末部七》　難題

設如有一旗杆，不知其高，用日影測之。問高幾何。

法先立一表，長五尺，看影長幾尺，如得四尺。同時看旗杆影爲幾尺，如得二丈四尺。乃以表影長四尺爲一率，表高五尺爲二率，旗杆影長二丈四尺爲三率，求得四率三丈，即旗杆之高也。如圖，甲乙爲旗杆，乙丙爲旗杆影，丁戊爲表高，戊己爲表影。甲乙丙與丁戊己爲同式勾股形，故己戊與丁戊之比，同於乙丙與甲乙之比也。

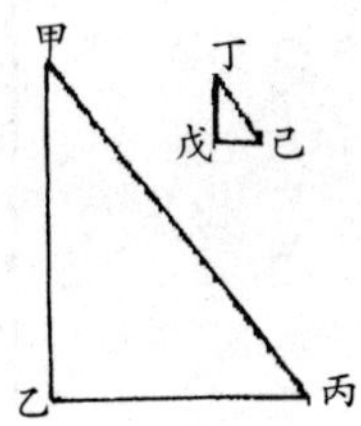

設如有塔一座，不知其高，亦不知其遠，用日影測之。問塔高幾何。

法先立一表，長六尺，影長四尺。同時看塔影所至記之，閱時看表影長五尺，塔影比先所記之處長幾尺，如得八尺。乃以表影差一尺爲一率，表高六尺爲二率，影差八尺爲三率，求得四率四丈八尺，即塔之高也。如圖，甲乙爲塔高，乙丙爲先所記塔影，乙丁爲後所記塔影，戊己爲表高，己庚爲先所記表影，己辛爲後所記表影，戊庚辛與甲丙丁，戊己庚與甲乙丙皆爲同式形，故庚辛與戊己之比同於丙丁與甲乙之比也。

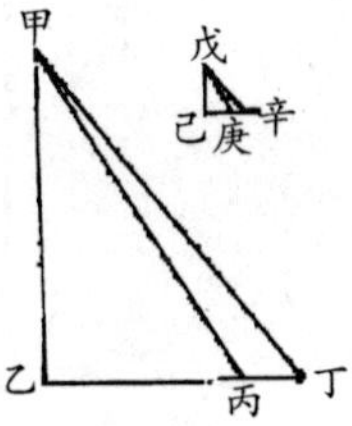

允祿等《周官義疏》卷九《地官司徒第二之二》

以土圭之灋測土深，正日景，以求地中。

《正義》鄭氏康成曰：土圭所以致四時日月之景。測猶度也。不知廣深，故曰測。　鄭氏衆曰：測土深，謂測東西南北之深也。

案：測土深，不可以淺深言。蓋惟覆矩之法，可以從高測下，然以目之所見爲止，若地面之下，無術以測其淺深也。土圭之法，乃求地中。自四邊嚮內，規方千里，以爲王畿。又自王畿嚮內，以至將建王城之地而置表測景，以漸而進，故曰土深。猶《士冠禮》設洗直東榮南北以堂深也。若建王城，欲知地之高下，以制溝渠，而測土之淺深，則用匠人水地之法，自近及遠，遞移其表，雖數十百里可馴致也。

日南則景短，多暑；日北則景長，多寒；日東則景夕，多風；日西則景朝，多陰。日至之景，尺有五寸，謂之地中。天地之所合也，四時之所交也，風雨之所會也，陰陽之所和也。

《正義》鄭氏康成曰：晝漏半而置土圭，表陰陽，審其南北，景短於土圭，謂之日南，是地於日爲近南也。景長於土圭，謂之日北，是地於日爲近北也。東於土圭，謂之日東，是地於日爲近東也。西於土圭，謂之日西，是地於日爲近西也。如是則寒暑陰風偏而不和，是未得其所求也。賈疏：度日影之時，置一表爲中表，又於中表之東西南北各千里，各置一表。南表於晝漏半得尺四寸景，是地於日爲近南，景短多暑。北表於晝漏半得尺六寸景，是地於日爲近北，景長多寒。東表於晝漏半中表景得正時，已得夕景，是地於日爲近東而多風。西表於晝漏半中表景得正時，仍得朝時之景，是地於日爲近西而多陰。　鄭氏衆曰：土圭之長，尺有五寸。以夏至之日立八尺之表，其景適與土圭等，謂之地中。今潁川陽城地爲然。日南謂立表處太南，近日也。日北謂立表處太北，遠日也。景夕謂日昳景，乃中立表處太東，近日也。景朝謂日未中而景中，立表處太西，遠日也。案《經》文本謂測景以建王國，則當時宜於東都王城夏至測之，而景長尺有五寸。至漢儒乃謂潁川陽城爲然，何也？蓋黄道赤道間之緯度，古濶而今狹。周初測景於王城，與土圭合。至漢時緯度漸狹，夏至日稍偏南而景微長，必進至陽城，然後合土圭。　朱子曰：今海邊漳泉諸郡極多風，每如期而至。如春必東風，夏必南風。又西北邊多陰，非特山高障蔽之，自是陽氣至彼已衰。如蜀地有漏天，言其多雨如天漏然也。　王氏與之曰：日月之行分同道也，至相過也，景晷相過則有可候之理，故致日必以冬夏。今建國測景，只於夏至，而不於冬至，以冬至景長三丈，過於土圭之制。未若夏至之景尺有五寸，與土圭等，顯而易見，故於此時植表以測之。案土圭以量景，因地中夏至景長尺有五寸，故制圭如之，非先爲尺有五寸之圭，以候與圭相等之景也。

案：土圭所以致日景，而辨分至，定四方者也，以長短之極察之，則知二至。以二至之中度之，則知二分。以二分出入之景揆之，則知東西。以午中之景正之，則知南北。故辨分至，定四方，皆由此也。所謂地中者有二，有形之中，有氣之中。主於形言，天之包地，如卵裹黄，皆圓體也。天地既圓，則所謂地中者，乃天中也。此惟赤道之下二分，午中日表無影之處爲然。以氣而言，必陰陽五行沖和會合，乃可謂中。以《周髀》之説推之，二極之下晝夜極偏，其地大寒。赤道之下晝夜常均，其地大暑。中國當赤道北，寒燠温涼，四序循環，無偏勝。而洛邑又其中之中者，以其得天地之中氣，故謂之地中。《經》謂天地之所合者，地之中氣與天之中氣合也。合故四時交而無多暑多寒之患，合故風雨會而無多風之患，合故陰陽和而無多陰之患。蓋四時風雨寒暑皆天地爲之，其交，其會，其和，皆天地之合爲之也。然則日至之景尺有五寸，謂之地中者，乃言地中之處，其景尺有五寸，用此以爲標識耳。西北多山，東南多水，惟地中平壤爲天地之所合。北極下半歲爲晝夜，赤道下一歲再冬夏，惟地中爲四時之所交。日東近海多風，日西連山恒雨，惟地中乃風雨之所會。日南近日多暑，日北遠日多寒，惟地中乃陰陽之所和。景朝景夕，當以鄭賈之説爲近理。蓋天包地如卵裹黄，地周之度與天相應，每二百五十里而差一度。南北異緯，東西異經，如夏至日中，此處景正時，迤東則景必晡，迤西則景必早。自二百里以外漸差漸遠，每三十度而差一時。有在此處爲午，而迤東爲酉，迤西爲卯者。今中國經度不同之地，節氣交會皆有早晚之殊，此得之實測，非懸揣也。存異鄭氏康成曰：凡日景於地千里而差一寸。賈疏案三光《考靈曜》云，四游升降於三萬里之中。《經》云日至之景尺有五寸，謂之地中，則是半三萬里而萬五千里，與土圭等，是千里差一寸，算法亦然。景尺有五寸者，南戴日下萬五千里，地與星辰四游升降於三萬里之中，是以半之，得地之中也。賈疏四游升降者，春分之時，地與星辰復本位，至夏至之日地與星辰東南游萬五千里，下降亦然。至秋分還復正，至冬至地與星辰西北游亦萬五千里，上升亦然。至春分還復正，進退不過三萬里。故云地與星辰四游升降於三萬里之中，是以半之，得地之中也。

【略】

凡建邦國，以土圭土其地而制其域。

《正義》鄭氏康成曰：土其地，猶言度其地。易氏祓曰：土其地者，以土圭測日景，定東西南北之位，然後爲之制其小大廣狹之封也。

案：惟王建國，自服於土中，則大小之邦亦必相其山川之面勢，道路之支腠，以定國都，控馭四境。以土圭土其地者，所以正國都之方位也。國都既定，然後可以制封域。《詩》云「揆之以日，作于楚室」，又曰「景山與京，遷國且然」，則造邦可知矣。各方晷景不同，皆以土圭土其地者，以土圭之尺寸伸縮計之耳。

又 卷四五《禮器圖一》

【略】

土圭

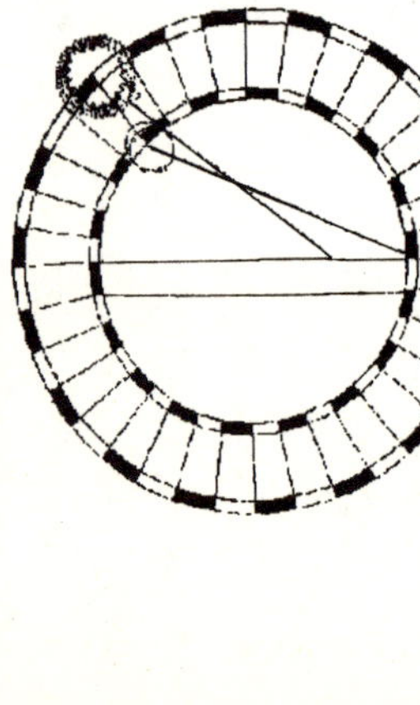

日月表景長短圖

案《周官・大司徒》曰：以土圭之法測土深，正日景，以求地中。日南則景短，多暑；日北則景長，多寒；日東則景夕，多風；日西則景朝，多陰。日至之景，尺有五寸，謂之地中。《玉人》曰：土圭尺有五寸，以致日，以土地。《馮相氏》曰：冬夏致日，春秋致月，以辨四時之序。《匠人》曰：晝參諸日景。鄭康成曰：晝漏半，置土圭，表陰陽，審其南北，景短於土圭，謂之日南，則地於日爲近南。景長於土圭，謂之日北，則地於日爲近北。東於土圭，謂之日東，則地於日爲近東。西於土圭，謂之日西，則地於日爲近西。如是則寒暑陰風偏而不和，是未得其所求。凡日景千里而差一寸。陳氏祥道曰：先王以四表明中表之正，以中表定四方之中。在地則無道里遠近之不均，在天則無寒暑風陰雨之不和，萬物得極其高大，故至於阜，得其宜，由其道。故至於安，然後以建王國焉。《匠人》所謂晝參諸日景，夜考諸極星，蓋如此也。

又允祿等《清朝禮器圖式》卷三《儀器》 圭表

謹按《周禮·春官》大司徒以土圭之法測日景。《考工記》玉人土圭尺有五寸，以致日。《宋史》云：宋何承天始立表候日景。皇祐圭表考古法，立八尺銅，厚二寸，博四尺，下連石圭一丈三尺，以盡冬至景長之數。明代觀象臺下設晷影堂，南北平置銅圭于石臺，長一丈六尺二寸，濶二尺七寸，周以水渠。南端植銅表，高八尺，上設横梁，用影符以取中景。

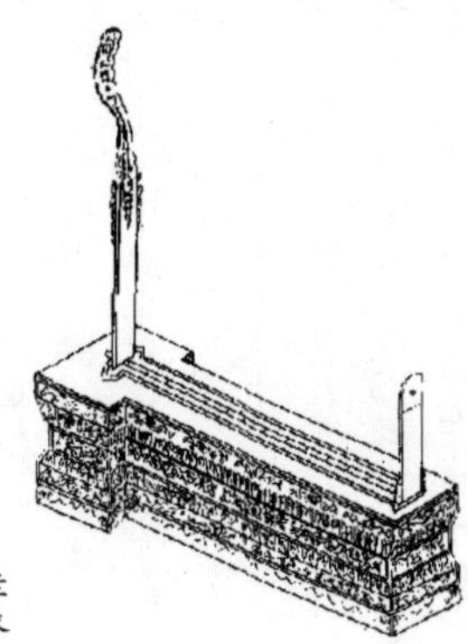

圭表

本朝加表二尺，上端施銅葉，中穿圓孔，徑二分。午正日景自圓孔透圭面，成橢形。南界爲日體上景，北界爲日體下景，中心爲中景。

京師夏至，景二尺九寸四分八釐，冬至景一丈九尺九寸四分，以次贏縮。北端設立圭，高三尺五寸，冬至景上立圭二尺七寸四釐。

江永《周禮疑義舉要》卷七《考工記二》 古人樹臬用八尺，何也？蓋測景之臬不可過短，過短則分寸太密而難分，過長則取景虚淡而難審，八尺與人齊，如是爲宜。八尺雖無正文，而土中之地，夏至景尺有五寸，以知用八尺臬也。後世郭守敬測景用四丈之表，表上作横梁，下用銅皮鑽小竅，於小竅中取横梁之景，謂之景符。此後人之巧法，然四丈表亦不易作也。《疏》引《考靈曜》謂從上向下八萬里，故以八尺爲法。此漢人之妄説，天去地豈止八萬里哉。

秦蕙田《五禮通考》卷一八四《嘉禮五十七》 觀象授時

《周禮·地官》司徒以土圭之灋測土深，正日景，以求地中。日南則景短，多暑；日北則景長，多寒；日東則景夕，多風；日西則景朝，多陰。注：土圭所以致四時日月之景也。鄭司農云：測土深，謂南北東西之深也。玄謂：晝漏半而置土圭，表陰陽，審其南北，景短於土圭，謂之日南，是地於日爲近南也。景長於土圭，謂之日北，是地於日爲近北也。東於土圭，謂之日東，是地於日爲近東也。西於土圭，謂之日西，是地於日爲近西也。如是則寒暑陰陽偏而不和，是未得其所求。凡日景於地千里而差一寸。　疏案《玉人職》云：土圭尺有五寸，度土之深，深謂日景長短之深也。正日景者，夏日至，晝半，表北得尺五寸景，正與土圭等，即地中。故云正日景以求地中也。中表景得正時，東表日已昳矣。晝漏半已得夕景，故云景夕。中表景得正時，西表日未中，仍得朝時之景，故云景朝。日至之景尺有五寸，謂之地中。天地之所合也，四時之所交也，風雨之所會也，陰陽之所和也。然則百物阜安，乃建王國焉。制其畿方千里而封樹之。注鄭司農云：土圭之長尺有五寸，以夏至之日立八尺之表，其景適與土圭等，謂之地中。今潁川陽城地爲然。

《隋書·天文志》劉焯云：《周官》夏至日影尺有五寸。張衡、鄭玄、王蕃、陸績先儒等皆以爲影千里差一寸，言南戴日下萬五千里，表影正同，天高乃異。考之算法，必爲不可。寸差千里，亦無典説。明爲意斷，事不可依。今交愛之州，表北無影，計無萬里南過戴日，是千里一寸非其實差。

《舊唐書·天文志》案貞觀中史官所載，鐵勒回紇部在薛延陁之北，去京師六千九百里。又有骨利幹居迴紇北方，瀚海之北，北距大海，晝長而夕短。既日没後，天色正曛，煮一羊胛纔熟而東方已曙。開元十二年，太史監南宮説擇河南平地以水準繩，樹八尺之表而以引度之，始自滑州白馬縣北至之晷尺有五寸七分。自滑州臺表南行一百九十八里百七十九步，得汴州浚儀古臺表夏至影長一尺五寸微强。又自浚儀而南百六十七里二百八十一步，得許州扶溝縣表夏至影長一尺四寸四分。又自扶溝而南一百六十里百一十步，至豫州上蔡武津表夏至影長一尺三寸六分半。大率五百二十六里二百七十步影差二寸有餘。而先儒以爲王畿千里影移一寸，乖舛而不同矣。

李氏光地曰：土圭條所謂地中及東西南北之偏，就九州以内言之耳。如今南方多熱，北方多寒，近海處多風，近山處多陰，故惟中州氣候爲得其正，而其日景則夏至之日適與土圭齊，故取以爲準，是日景以土中而定，非土中因日景而得也。《經》云正景以求地中，所謂求者，猶標識之義耳。景短多暑，言景短時多暑也。景長多寒，言景長時多寒也。景夕多風，言景夕時多風也。景朝多陰，言景朝時多陰也。景短謂夏景，長謂冬景，夕謂午後景，朝謂午前。

又曰：日南則景短多暑，謂從此中表而南之地，則當景短之時，盛暑不堪。若今廣州，夏時炎赫倍于他州。蓋景短即夏至，非短于尺有五寸之謂也。日北則景長多寒者，謂從此中表而北之地，則當景長之時隆寒不堪。若今塞外，冬時凛栗亦倍。蓋景長即冬至，非長于尺有五寸之謂也。日東則景夕多風者，謂從中表而東之地，則景夕之時多風。蓋東地多水，多水則多風。若吾州，午後即海風揚也。風起于夕，故以景夕言之。日西則景朝多陰者，謂從此中表而西之地，則景朝之時多陰。蓋西地多山，多山則雲氣盛。若柳子厚所謂庸蜀之南恒雨少日是也。陰霾于朝，故以景朝言之。如此則寒暑陰風偏而不和，是未得其所求天地之所合者。地中與天中氣合也，合則四時交而無多暑多寒之患，合則風雨會而無多風，合則陰陽和而無多陰。何以定之？以驗寒暑陰風於五土而知。惟此爲不偏也。然則沖和所會，無水旱昆蟲之災，無凶饑妖孽之疾，兆民之衆、含生之類莫不阜安，是乃王者之都也。日至之景尺有五寸，謂之地中者，非謂必日景尺有五寸乃爲地中，是言地中之處其景尺有五寸。蓋用以爲標識也。

蕙田案：必求地中者，王者處中以御天下，即用是得各方定節氣、時刻之率也。

又案：寒暑陰風之偏，及四時天地交合，陰陽風雨和會，一皆實驗。先驗其偏，後求之而得其中也。求字之義甚實，李安溪謂求猶標識，初以其説爲然，細案之語意，乃非也。午後多風，午前多陰之説，亦未確。大概東方多風，西方多陰爾。古人用土圭測黄赤二道，猶今之測北極高下也。寒暑進退，晝夜永短，因之而隨地不同。合《堯典》《周禮》觀之，古人測里差極詳，測非獨夏至。夏至日中景最短，以最短爲度，及其長若干，皆用是度之。《周髀》有七衡，以正十二中氣，必由於實測，然後立爲準的也。

《春官・典瑞》：土圭以致四時日月，封國則以土地。注：以致四時日月者，度其景至不至。冬夏以致日，春秋以致月，土地猶度地也。鄭司農説：以《玉人職》曰：土圭尺有五寸，以致日，以土地，以求地中，故謂之土圭。疏：冬至立八尺之表，晝漏半度之表北得丈三尺景。又《大司徒》云：日至之景尺有五寸，謂之地中，是其景至也。若不依此，或長或短，則爲不至也。

《夏官・土方氏》：掌土圭之灋，以致日景，注：致日景者，夏至景尺有五寸，冬至景丈三尺，其間則日有長短。以土地相宅，而建國都鄙。注：土地又度地，知東西南北之深，而相其可居者宅居也。

《考工記・玉人》：土圭尺有五寸，以致日，以土地。注：致日，度景至不。夏日至之景尺有五寸，冬日至之景丈有三尺。土猶度也。建邦國以度其地而制其域。疏：於地中立八尺之表，中漏半，夏至日，表北尺五寸景，與土圭等。冬至日，丈三尺爲景至，若不依此，皆爲不至，故云度景至不也。匠人建國，注：立王國若邦國者。水地以縣，注：於四角立植而縣，以水望其高下。高下既定，乃爲位而平地。疏：植即柱也。柱四畔縣繩以正柱，柱正，然後去柱遠以水平之法遥望，柱高下定，即知地之高下。然後平高就下，地乃平也。置槷以縣，眡以景。注：於所平之地中央樹八尺之臬，以縣正之，眡之，以其景將以正四方也。疏：槷亦謂柱也，欲取柱之景先須柱正，當以繩縣而垂之，於柱之四角四中，以八繩縣之，其繩皆附柱，則其柱正矣。爲規，識日出之景與日入之景，注：日出日入之景，其端則東西正也。又爲規以識之者，爲其難審也。自日出而晝其景端，以至日入既，則爲規測景，兩端之内規之，規之交乃審也。度兩交之間，中屈之以指臬，則南北正。疏：以繩規取景之兩端一帀，則景之遠近定。遠近定則東西乃審。晝參諸日中之景，夜考之極星，以正朝夕。注：日中之景最短者也，極星謂北辰。

蕙田案：土圭尺有五寸，合乎地中夏日至之景。凡建邦土地悉用之者，蓋以是爲法而度其方之日景短長。過乎土圭，則其地近北；不及土圭，則其地近南。而南北氣候不同，可就土圭知之。猶今之測北極高下也。土圭所度即八尺槷之景也。晝識景，夜考極，蓋定南北西東及隨時隨地昏旦刻分，故曰以正朝夕。景朝景夕何以定？注家但云案漏特其一法耳，今又能驗諸月食，於理長矣。槷與土圭合而爲用，舉其一則兩者可見。土圭知景短景尤確。環地南北之度，有北極高下爲準。而東西之度，即《周禮》所謂景朝景夕者，非有法推之，何以確鑿言之？若是乎，《周禮》之法惜乎不傳，宜以今日測驗補之。

《宋史・天文志》沈括上《景表議》曰：步景之法，惟定南北爲難。古法置槷爲規，識日出之景，與日入之景。晝參諸日中之景，夜考之極星。極星不當天中，而候景之法取晨夕景之最長者規之，兩表相去中折以參驗，最短之景爲日中。然測景之地，百里之間，地之高下東西不能無偏；其間又有邑屋山林之蔽，倘在人目之外，則與濁氛相雜，莫能知其所蔽；而濁氛又繫其日之明晦風雨，人間烟氣塵坌變作不常。臣在本局候景，入濁出濁之節，日日不同，此又不足以考見出没之實，則晨夕景之短長未能得其極數。參考舊聞，别立新術。候景之表三，其崇八尺，博三寸三分，殺一以爲厚者。圭首剡其南，使偏鋭。其趺方厚各二尺，環趺刻渠受水以爲準。以銅爲之。表四方志墨以爲中刻之，綴四繩，垂以銅丸，各當一方之墨。先約定四方，以三表南北相重，令趺相切，表别相去二尺，各使端直。四繩皆附墨，三表相去左右上下以度量之，令相重如一。自日初出，則量西景三表相去之度，又量三表之端景之所至，各别記之。至日欲入，候東景亦如之。長短同，相去之疏密又同，則以東西景端隨表影規之，半折以求最短之景。五者皆合，則半折最短之景爲北，表南墨之下爲南，東西景端爲東西。五候一有不合，未足以爲正。既得四方，則惟設一表，方首，表下爲石席，以水平之，植表於席之南端。席廣三尺，長如九服。冬至之景，自表趺刻以爲分，分積爲寸，寸積爲尺。爲密室以棲表，當極爲霤，以下午景使當表端。副表併趺崇四寸，趺博二寸，厚五分，方首，剡其南，以銅爲之。凡景表景薄不可辨，即以小表副之，視景墨而易度。

《元史·天文志》正方案，方四尺，厚一寸。四周去邊五分爲水渠。先定中心，畫爲十字，外抵水渠。去心一寸，畫爲圓規，自外寸規之，凡十九規。外規內三分，畫爲重規，徧布周天度。中爲圓，徑二寸，高亦如之。中心洞底植臬，高一尺五寸，南至則減五寸，北至則倍之。凡欲正四方，置案平地，注水於渠，眡平，乃植臬於中。自臬景西入外規，即識以墨影，少移輒識之，每規皆然，至東出外規而止。凡出入一規之交，皆度以線，屈其半以爲中，即所識與臬相當，且其景最短，則南北正矣。復偏閱每規之識，以審定南北。南北既正，則東西從而正。然二至前後，日軌東西行，南北差少，即外規出入之景以爲東西，允得其正。當二分前後，日軌東西行，南北差多，朝夕有不同者，外規出入之景或未可憑，必取近內規景爲定，仍校以累日則愈真。又測用之法，先測定所在北極出地度，即自案地平以上度如其數，下對南極入地度，以墨斜經中心界之，又橫截中心斜界爲十字，即天腹赤道斜勢也。乃以案側立，懸繩取正。凡置儀象皆以此爲準。

【略】

《明史·天文志》宣城梅文鼎曰：極度晷影常相因。知北極出地之高，即可知各節氣午正之影。測得各節氣午正之影，亦可知北極之高。然其術非易易也。圭表之法，表短則分秒難明，表長則影虛而淡。郭守敬所以立四丈之表，用影符以取之也。日體甚大，豎表所測者日體上邊之影，橫表所測者日體下邊之影，皆非中心之數。郭守敬所以於表端架橫梁以測之也，其術可謂善矣。但其影符之制，用銅片鑽針芥之孔，雖前低後仰，以向太陽，但太陽之高低每日不同，銅片之欹側安能俱合。不合，則光不透，臨時遷就而日已西移矣。須易銅片以圓木，左右用兩板架之，如車軸然，則轉動甚易。更易圓孔以直縫，而用始便也。然影符止可去虛淡之弊，而非其本。必須正其表焉，平其圭焉，均其度焉，三者缺一不可以得影。三者得矣，而人心有粗細，目力有利鈍，任事有誠僞，不可不擇也。知乎此，庶幾晷影可得矣。西洋之法又有進焉，謂地半徑居日天半徑千餘分之一，則地面所測太陽之高，必少於地心之實高，於是有地半徑差之加。近地有清蒙氣，能升卑爲高，則晷影所推太陽之高，或多於天上之實高，於是又有清蒙差之減。是二差者，皆近地多而漸高漸減，以至於無，地半徑差至天頂而無，清蒙差至四十五度而無也。

嵇璜　劉墉等《清朝通志》卷五七《器服略二·儀器》

圭表

舊製觀象臺下設晷影堂，南北平置銅圭於石臺，長一丈六尺二寸，濶二尺七寸。周以水渠。南端植銅表，高八尺。上設橫梁，用影符以取中景。

本朝加表二尺，上端施銅葉，中穿圓孔，徑二分。午正日影自圓孔透圭面，成橢形，南界爲日體上景，北界爲日體下景，中心爲中景。

京師夏至景二尺九寸四分八釐，冬至景一丈九尺九寸四分，以次贏縮。北端設立圭，高三尺五寸，冬至景上立圭二尺七寸四釐。

又　日影表

木質立表，高八寸，上施墜線。平表長二尺七寸，中銜銅尺三角，施螺柱，以指南針盤九十度對表。候影正時，自立表下量之，視影之長短，以定節氣時刻。

劉啓端《清會典圖》卷一三八《天文三十二》　圭表

圭表因明制。《周禮·春官》：大司徒以土圭之法測日景。《考工記·玉人》：土圭尺有五寸，以致日。《宋史》云：宋何承天始立表候日景。《皇祐圭表考》：古法立八尺銅，厚二寸，博四尺，下連石圭一丈三尺，以盡冬至景長之數。設於觀象臺下晷景堂，南北平置銅圭於石臺，長一丈六尺二寸，闊二尺七寸。周設水渠以取平。南端立銅表，高一丈。舊高八尺，本朝加二尺。表上端施銅葉，曲嚮外。上屬橫梁，中開圓孔，徑二分。午正日景自圓孔射圭面成橢圓形，南界爲日體上邊之景，北界爲日體下邊之景，中心爲中景。

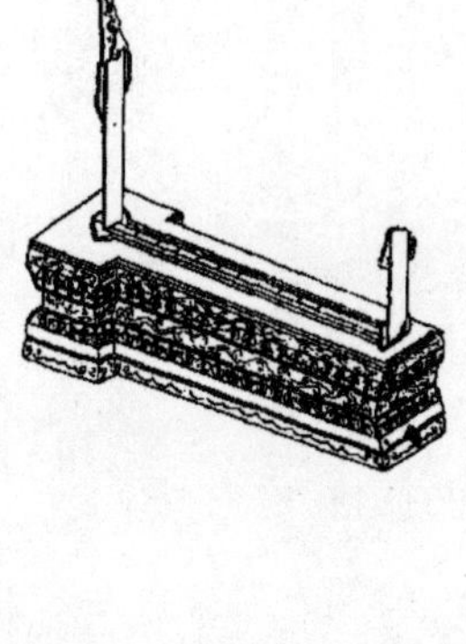

圭表圖

京師夏至景二尺九寸四分八釐，冬至景一丈九尺九寸四分，以次贏縮。因圭長不及冬至景長之數，又於北端設立圭，高三尺五寸。自表外臺面對上圓孔處起度，至立圭一丈四尺五寸四分八釐。冬至景上立圭二尺七寸四釐。

綜述

李昉等《太平御覽》卷四《天部四・日下》 晷

《釋名》曰：日晷，規也，如規畫也。

《説文》曰：晷，日影也。

《周禮・地官》曰：大司徒以土圭之法，測土深，正日景，以求地中。日南則景短，多暑；日北則景長，多寒；日東則景夕，多風；日西則景朝，多陰。日至之景，尺有五寸，謂之地中。天地之所合也，四時之所交也，風雨之所會也，陰陽之所和也。土圭所以致四時日月之景，測猶度也。不知廣深，故曰測。鄭司農云：測土深，謂南北東西之深也。日南，謂立表處太南，近日。日北，謂立表處太北，遠日。景夕，謂日昳景乃中，立表處太東，近日。景朝，謂未中而景中，立表處太西，遠日。鄭玄謂：晝漏半而置土圭，表陰陽，審其南北焉。景短於土圭，謂之日南，是地於日爲近南。景長於土圭，謂之日北，是地於日爲近北。東於土圭，謂之日東，是地於日爲近東。西於土圭，謂之日西，是地於日爲近西。如是則寒暑陰陽風雨偏而不和，是未得其所求。凡日景于地千里而差一寸。

《易通卦驗》曰：冬至晷長丈三尺，鄭玄注曰：晷者，所立入地表陰也，丈三尺，長之極。春分晷長七尺二寸四分，夏至晷長尺有四寸八分，秋分晷長二寸四分。又：冬至日樹八尺之表，日中視其晷，晷如度者，則歲美，人民和順；晷不如度者，則歲惡，人民爲僞。言政令不平，晷進則水，晷退則旱。

晉《太康記》曰：河南陽城縣是爲土中，夏至之景尺有五寸，所以爲候。

《南越志》曰：日南至月，立表望之，日在北，景居南。

《山海經》曰：長留之山，其神白帝少昊居之，是神也主司反景。日西入則景反東照，言司察之也。

《淮南子》曰：都廣南方山名。衆帝所自上下，日中無景，蓋天地之中。日中時立表無晷，故曰地中。

《風土記》曰：鄭仲師以爲，夏至之日，立八尺之表，景尺有五寸，謂之地中。一云陽城，一云洛陽。鄭康成謂：移一寸於千里，景尺五寸，於南戴日下萬五千里。然則千里寸景，已課不效。交州大抵去洛九千餘里，蓋水陸曲非論景度徑意也。推直考實，其五千乎？昔交州主簿李士孫悚云：已常立表効景，景在表南，豈古郡以日南爲名者，其斯義乎？此郡又有比景縣，北比二字既相似，音又相近，加以蠻土舌軟聲淺，事在可疑。

王應麟《玉海》卷五《天文・圭景》 識景規

《周禮》大司徒以土圭之法，測土深，正日景，以求地中。日南景短多暑，北景長多寒，東景夕多風，西景朝多陰。日至之景，尺有五寸，謂之地中。凡建邦國，以土圭土其地，制其域。注：鄭司農云：夏至日，立八尺之表，其景適與土圭等，謂之地中。今潁川陽城爲然。《正義》周公度日景，置五表，今陽城是周公度景之處，古跡猶存。《通卦驗》云：冬日至，立八尺之表，日中視其晷，是以知用八尺表以晝漏半度景也。日至之景，尺有五寸。鄭氏注云：南戴日下萬五千里，地與星辰四遊升降於三萬里之中，是以半之得地之中。《正義》《三光考靈曜》云云又曰：周公攝政四年，欲求土中，營王城，故以土圭度景。《馮相氏》：冬夏致日。注：冬至景丈三尺，夏至景尺五寸。《典瑞》：土圭以致四時日月，封國則以土地。注：以致四時日月者，度其景至不至，以知其行得失也。冬夏以致日，春秋以致月。土地猶度地也。封諸侯，以土圭度日景，觀分寸長短，以制其域所封也。鄭司農説：以求地中，故謂之土圭。疏：《通卦驗》：冬至立八尺之表，晝漏半度之，表北得丈三尺景。若春秋致月之法，亦於春秋分於十五日而望夜漏半而度之，日景一寸，其地千里，則一分百里。封諸侯無過五百里，已下止可言分，不合有寸也。《土方氏》：掌土圭之灋，以致日景，以土地相宅，而建邦國都鄙。《玉人》：土圭尺有五寸，以致日。注：度景至不。疏：言土圭者，謂度土地遠近之圭。云致日者，於地中立八尺之表，於中漏半，夏至日表北尺五寸，景與土圭等。冬至日丈三尺，爲景至。若不依此，皆爲不至，故云度景至不也。但景至與不至，皆由君政得失而來。度之者若不至，使君改德教也。云夏日至之景尺有五寸，冬日至之景丈三尺者，皆《通卦驗》文。《大司徒》亦云：夏日至之景，尺有五寸，謂之地中。度地，封諸侯，日景一分地差百里，五等諸侯，取五分景以下。匠人建國，水地以懸，置槷以懸，眡以景，爲規，識日出之景與日入之景。晝參日中之景，夜考極星，以正朝夕。注：於所平之地，置八尺之臬，以懸正之，眡景以正四方。日出入之景，其端則東西正也。又爲規識之，爲其難審也。自日出而畫其景端，又至日入既，則爲規測景，兩端之中規之，規之交乃審也。度兩交之間，中屈之以指臬，則南北正。疏：以繩懸之於柱之四角，四中以八繩懸之，其繩皆附柱，則其柱正矣。然後晷柱之景。《天文志》云：夏日至，立八尺之表。《通卦驗》亦云立八神，植八尺之表。臬即表也，必八尺者，案《考靈曜》曰：從上向下八萬里，故以八尺爲法也。於四角四中，故須八神，神即懸也。槷古文臬，槷柱也。注引《爾雅》在地者謂之臬。極星謂北辰。易氏解曰：夏至日在南陸，躔東井，去極六十六度有奇，而景尺有五寸。冬至日在北陸，躔牽牛，去極一百十六度有奇，而景丈有三尺。春分日在西陸，躔於婁；秋分日在東陸，躔於角，去極九十一度有奇，而其景均焉。日出於東，景在西，則識出景之端。日入於西，景在東，則識入景之端。兩端既定，中屈其所量之繩，而兩者相合，則地中可驗。又慮所規不正，復以出入之景與日中之景三者相參，故曰參。慮所參或偏，復以日中之景與極星之度兩者相考，故曰考。《詩》「定之方中」，注：揆日出入，以知東西。南視定北，準極以正南北。疏：《公劉》傳曰：考其日影是也。《公劉》「既景迺岡，相其陰陽。」其術則匠人云云，屈橫度之繩，即可以知南北。經傳未有以定星正南北者，故箋以定爲記時。《隋志》：周公測晷景於陽城，以參考曆紀。唐調露元年十一月十一日，於陽城得土圭長丈二尺七寸。先儒皆云夏至立八尺表於陽城，其景與土圭等。《尚書考靈曜》曰：日永景尺五寸，日短景丈三尺。《易緯・通卦驗》曰：冬至之日，植八尺之表，日中視晷景長短，以占和否。夏至景一尺四寸八分，冬至一丈三尺。《周髀》云：成周土中，夏至景一尺六寸，冬至一丈三尺五寸。《世説》注引《周髀》云：夏至北方六千里，冬至南方十三萬五千里，日中立表則無影矣。劉向《洪範傳》曰：夏至景一尺五寸八分，冬至一丈三尺一寸四分。春秋二分，景七尺三寸六分。其法治地使平，規而圓之，立表其中。至尺寸之差，蓋由南北殊方，高下異勢，衆説不得而一也。漢魏及宋所都皆別，四家曆法候景則齊，緯候所陳，恐難依據。劉向二分之景，直以率推，非四表候定其長短。漢《四分》、魏《景初》、宋《元嘉》、《大明曆》皆與《考靈曜》同。《考靈曜》《周髀》《靈憲》及鄭玄注《周官》，並云日景於地，千里而差一寸。案宋元嘉十九年壬午，使使往交州測景，夏至出表南三寸三分。何承天遥取陽城云：夏至一尺五寸，計陽城去交州萬里，而景實差一尺八寸二分，是六百里而差一寸也。後魏信都芳注《周髀》四術謂：金陵去洛南北畧當千里，景差四寸，則二百五十里而差一寸也。唐開元中，太史測景，五百二十六里二百七十步而差二寸五釐，則康成之言未可據也。司馬光《日景圖》曰：日行黄道，每歲有差，地中當隨而轉移，故周在洛邑，漢在潁川陽城，唐在汴州浚儀，而唐志猶取陽城日晷以爲法，與漢志不同。

易氏謂：《大司徒》所謂特四時測景之法，堯之授時，以中星驗。日景獨於仲夏言敬致，即致日也。致日於尺有五寸之景，即求中之法也。使天度可以尺寸求，則南北可分長短，而東西何以取信。土圭土其地者，倣王國之法定東西南北之埶而已。盧肇云：周公之爲政也，土圭致晷，周髀作則。即句股筭法。吴王蕃因鄭衆、鄭玄之言，用句股之術以求天之里數。《月令正義》鄭注：《考靈曜》云：地蓋厚三萬里，春分之時，地在當中，自此地漸漸而下，至夏至之時，地下遊萬五千里，地之上畔與天中平。至夏至之後，地漸漸而上，至秋分地正當天之中央。自此地漸漸而上，至冬至上遊萬五千里，地之下畔與天中平。自冬至後地漸漸而下。此是地之升降於三萬里之中，天旁行四表之中。冬南，夏北，春西，秋東，皆薄四表而止，地亦升降於天之中。冬至而下，夏至而上。夏日道上與四表平，下去東井十二度爲三萬里。鄭四遊之極，元出《周髀》之文。《考靈曜》云：正月假上八萬里，假下十萬四千里。鄭注云：夏至日與表平，冬至之時，日下至於地八萬里，上至於天十一萬三千五百里。《周髀筭經》曰：陳子曰：夏至南萬六千里，冬至南十三萬五千里，日中立竿測影，周髀長八尺，夏至之日晷一尺六寸。髀者，股也。正晷者，句也。從髀至日下六萬里，而髀無影。從此以上至日則八萬里。日光外照，徑八十一萬里，周二百四十三萬里。冬至日晷丈三尺五寸，夏至日晷尺六寸。冬至長，夏至短。日晷損益，寸差千里。《大司徒》疏：武王遷鼎於洛，欲以爲都。周公又度景求地中。案《書傳》云：四年建侯衛，五年營成周，封諸侯，但正四方，不求土中。《晏子春秋》：古之立國，南望南斗，北戴樞星。《聘禮》注：宫必有碑，所以識日景，引陰陽也。《續漢・曆志》：曆數之生也，乃立儀表以校日景。景長而日遠，天度之端也。日發其端，周而爲歲。然其景不復，四周千四百六十一日而景復初。

來集之《倘湖樵書》卷二

塔影

《酉陽雜俎》言，揚州東市塔影忽倒，老人言海影翻則如此。沈存中以爲，大抵塔有影必倒。予在福州見萬壽塔，成都見正法塔，蜀州見天目塔，皆有影，亦皆倒也。然塔之高如是，而影止二三尺，纖悉皆具，或自天窗下，或在廊廡間，亦未易以理測也。《西園雜記》云：南京牛首山寺，殿西一室東向，門有穴如豆大，閉其門，久之晴光射入，虚明滿室，殿塔林木影皆倒懸。予往觀，心甚異之。及觀《吴郡志》云：虎丘寺閣板上有一竅，當日色晴時，以數寸白紙承其影，則一寺之形勝悉于紙上見之，但其頂反居下，事正相類。永樂六年，蕪人有以虎丘塔影倒射爲祥瑞奏聞。　文皇勅守臣李綜云：天地之間，有形之物無不有影。塔影倒植者，蓋由天光射竅隙中，影隨天光而傾，遂成倒植，非特塔影，凡物皆然。以爾等觀之，塔影果爲瑞乎？果非瑞乎？奏言塔影者，朕已罪之。爾等非不自知，但奸邪之心不忠于國，不仁于民，朋比罔上之心，恣無畏忌，以法論之，死有餘罪。今姑屈法宥爾，以俟自新。其深省之，無蹈前非。聖明哉！　沈存中《筆談》云：陽燧照物皆倒，中間有礙故也。算家謂之格術。如人摇艣，臬爲之礙故也。若鳶飛空中，其影隨鳶而移，或中間爲窓隙所束，則影與鳶遂相違，鳶東則影西，鳶西則影東。又如窓隙中樓塔之影，中間爲窓所束，亦皆倒垂，與陽燧一也。陽燧面窪，以一指迫而照之，則正；漸遠則無所見；過此遂倒。其無所見處，正如窓隙、艣臬、腰鼓礙之。本末相格，遂成摇艣之勢，故舉手則影愈下，下手則影愈上。此可見陽燧面窪，向日照之，光皆聚向内，離鏡一二寸，光聚爲一點，大如麻菽，著物則火發。此則腰鼓最細處也。《酉陽雜俎》謂海翻則塔影倒，妄説耳。影入窓隙則倒，乃其常理。　孫一之《剡溪漫筆》云：塔之倒影，各處有之。嘗遊武林，寓惠安禪房，樓居軒敞，巨木一章峙于巽隅，當卯辰時閉其南窓，樹影從隙中透入四壁，宛然一幀圖畫，枝葉皆倒垂，盡巳方没。嘗聞太史薛魯叔云：曾乘輿入京，輿中人影長可數寸，而皆倒懸。徐察之，乃見人影在地，地影反照，度隙中入輿，故下反居上。樓中倒影當亦此類。予爲之躍然。後臥痾丹陽舟中，岸與舟平，當曉旭初升，水窓未啓，岸頭行人及竹木之影度入窓隙，無不倒垂。《筆談》謂中間爲窓隙所束，故影倒。其説尤明。海影翻之説，殆無稽也。　岳珂桯史云：泗州塔影，前輩傳記雜書之。余至之，明日，適見于城中民家，亟往觀焉，信。然泗固無塔，而影儼然在地，殊不可曉。或謂影之見爲不祥，泗尋蕩棄，豈其應歟？　楊升菴云：人家壁上或見塔影樹影，而不知塔與樹所在，此理不可曉。　徐園云：常熟縣城東崇教興福寺，建炎四年建塔，止四面，謂之方塔，九層巍然，俗呼爲東塔寺。徐光禄振德季子所居正在東塔巷中，有客嘗登其樓，見照壁上倒掛塔影數百坐，其人大怖而下，呼主人共觀，莫測。所謂去縣治東十五里，有水一窪，舊名塔潭。每當天色開霽，纖雲無痕，潭中倒影九層，歷歷可數。少焉縱横上下，忽有數十塔影，亂波光中，恍不可辨，理更莫測。一僧房在塔東南隅，有小屋，周遭漆黑，而上置層窓。窓中隙光射壁，宛然一小塔也，則更奇耳。　《墅談》云：寧夏承天寺，塔甚偉麗。有僧房在塔之南廊，而北壁上有小塔影，宛然倒垂。近年又移在東廊，殊不可測。《彝堅續志》云：南雄延祥寺有三塔影，其影不以陰晴現于壁間，一影倒懸，二影向上。如科舉之年現廳堂，主登科；若現于房室厠屋，則凶。此二則又塔影之異者也。

又　影

夫有形必有影，而古傳八十老人所生子，日中無影，其理不可解也。然世間亦自有形而無影之物，嘗爲備考之，并影之異者附焉。《金臺記》云：胡陽縣白壇寺，幡刹日中有影，月中無影，不知何故，因號怯夜幡。　《吕氏春秋》云：白水之南，建木之下，日中無影，蓋天地之中也。《淮南子》云：廣都，衆帝所自上下，日中無影，蓋天地之中。《高僧傳・釋惠嚴》云：天竺夏至之日，方中無影，所謂天中。　《龍馬言》曰：冰蠶絲綃，月下無影，太陽則正明耳。　蠡縣有無影山，在舊高陽城外，相傳其山峯日射無影，今僅存微阜。　《一統志》：信豐縣有石塔，高九層而無影，影見則菑至。　周昭王二十四年，東甌獻二女，一曰延娟，一曰延嬋。此二人辨口麗辭，巧善歌笑，步塵無跡，行日中無影。【略】《漢書》：王莽始建國三年，池陽縣有小人影，長尺餘，或乘車馬，或步行操持，萬物大小多相稱，車馬各物皆稱人之形。三日而止。　《甲乙剩言》：苻堅建元十七年，長安有水影，遠觀若水，近視則不見。堅惡之。宋寶祐中嘗州晉陵縣亦有此異相，傳呼爲旱浪。　《名勝志》：青州府南陽水北陽水之交，古老云南宋元嘉二十五年，遠望地中有水，倶倒影，人馬百物皆見影中，積年乃滅。　《隋遺録》云：神龍二年二月，洛城東地若水影，纖微畢照，就視則無所見。長史李承喜上表稱賀。　《録異記》：中宗景隆年，東京之西四百里官路之地皆如水影，人馬樹木行立其上，歷歷焉影可俯視，月餘乃滅。　唐大曆末，深州東鹿縣中有水影，長七八尺，遥見人馬往來如在水中，及至前則不見水。　金正大七年十二月，新衛州北三里許有影在沙上，如舊衛州城上寺塔宛然，數日乃滅。　范成大記云：游峨眉山，候佛光，初氛霧四起混然，一白僧云銀花世界也。有傾大雨傾注，氛霧辟易，僧云洗岩雨也。佛光將大現，兜羅綿雲列布岩下。凡佛光欲現，先布此雲紛郁而上，將至岩數丈，輒雲平如玉地，時雨點猶餘飛。俯視岩腹，有大圓光偃臥平雲之上，外暈三重，每重有素黄紅紫之色。光之正中，虛明凝湛。觀者各自見其形現于虛明之處，毫釐無隱，舉手動足，影皆隨形，而不見旁人。僧云攝身光也。

陳元龍《格致鏡原》卷二《乾象類二》　日附測日表

測日表

《易通卦驗》：冬至之日，植八尺之表，日中視其晷影長短，以占和否。夏至景一尺四寸八分，冬至一丈三尺。《隋書》：梁天監中，祖暅造八尺銅表，其下與土圭相連。圭上爲溝，置水以取平正。揆測日景，先立表於準平之地，名曰南表。更立一表於南表影末，名曰中表。以望北極樞而立北表，令參相直。至大同中，太史令虞劇又用九尺表格江左之景。《羣書考索》：唐儀鳳四年，姚元辨奏於陽城測影臺，依古法立八尺表，夏至日中測景，正與古法同。《唐書》：太史監南宫説擇河南平地設水準繩墨，植表而以引度之，大率五百二十六里二百七十步晷差二寸餘，而舊説王畿千里影差一寸，妄矣。《博古圖》：《周官》置槷，晝以參諸日中之景。槷即表也。有器形若大盤，上蟠雙螭而仰其首，於兩螭間又出一筩，中通上下，是爲表座。中通，所以植槷無攲側，以取其端焉。又器作三圜筩，相合爲一體，措之地，則一筩端立，可以立表。《周官》所謂槷者，是其所以爲測日之具也。《玉堂閑話》：上元日，豎一丈之竿，候日午影至七尺，其年大稔；九尺或一丈，有水；五尺，歲旱；三尺，大旱。《百工譜》：日圭有方者，有圓者，有懸而隙日影者，有注水針方向者。《荆楚歲時記》：晉魏間，宫中以紅線量日影。冬至後，日影添長一線。

又　卷六〇《玩戲器物類二》　傀儡附影戲　影戲

《搜神記》：故老相承，言影戲之原出於漢武帝。李夫人之亡，齊人少翁言能致其魂。上念夫人無已，迺使致之。少翁夜爲方帷，張燈燭。帝坐他帷，自帷中望見之，彷彿夫人象也。故今有影戲。《都城紀勝》：凡影戲，乃京師人初以素紙雕鏃，後用彩色裝皮爲之。公忠者，雕以正貌。姦邪者，與之醜貌。蓋亦寓褒貶於市俗之戲也。

紀事

司馬遷撰　裴駰集解　司馬貞索隱　張守節正義《史記》卷二八　封禪書第六

齊人少翁以鬼神方見上，上有所幸王夫人。集解：徐廣曰：外戚傳曰：趙之王夫人，幸有子，封爲齊王。夫人卒，少翁以方蓋夜致王夫人及竈鬼之貌云。索隱：《漢書》作李夫人卒，帝悼之。李少翁致其形，帝爲作賦。此云王夫人，《新論》亦同，未詳。天子自帷中望見焉，於是乃拜少翁爲文成將軍，賞賜甚多，以客禮禮之。

班固撰　顔師古注《漢書》卷九七上《外戚列傳第六十七上》　上思念李夫人不已，方士齊人少翁言能致其神，迺夜張燈燭，設帳帷，陳酒肉。而令上居他帳遥望，見好女如李夫人之貌，還幄坐而步，師古曰：夫人之神於幄中坐又出而徐步。又不得就視。上愈益相思悲感，爲作詩曰：是邪非邪，立而望之，偏何姍姍其來遲。師古曰：姍姍，行貌，音先安反。令樂府諸音家絃歌之。上又自爲作賦，以傷悼夫人。

李昉等《太平廣記》卷二八五《幻術二》　宋子賢

隋煬帝大業九年，唐縣人宋子賢善爲幻術，每夜樓上有光明，能變作佛形，自稱彌勒佛出世。又懸鏡於堂中，壁上畫爲獸形。有人來禮謁者，轉其鏡遣觀來生像，或作蛇獸形。子賢輒告之罪業，當更禮念乃轉人形。示之遠近惑信，聚數千百人，遂潛作亂。事洩官捕之，夜至繞其所居，但見火坑，兵不敢進。其將曰：此地素無坑，止妖妄耳。及進，復無火。遂擒斬之。出《廣古今五行記》。

陸游《老學庵筆記》卷八　宣和末，有巨商捨三萬緡裝飾泗州普照塔，煥然一新。建炎中，商歸湖南，至池州江中。一日晨興，忽見一塔十三級，浮水上南來，金碧照耀而隨波傾颭，若欲倒者。商舉家及舟師人人見之，皆驚怖誦佛。既漸近，有僧出塔下，舉手揖曰：元是裝塔施主船，淮上方火災，大師將塔往海東行化去。語未竟，忽大風作，塔去如飛，遂不見。未幾，乃聞塔廢於火。舒州僧廣勤與商船同行，親見之。

段成式《酉陽雜俎》言，揚州東市塔影忽倒，老人言海影翻則如此。沈存中以爲大抵塔有影必倒，予在福州見萬壽塔、成都見正法塔、蜀州見天目塔皆有影，亦皆倒也。然塔之高如是，而影止二三尺，纖悉皆具，或自天窓中下，或在廊廡間，亦未易以理推也。

洪邁《夷堅支志》壬卷四　建昌寺塔影

寺塔現影之異，傳記多論之，唯建昌景德寺紹興元年者爲可怪。其始也倒垂，其地不但日色所映之處而已，凡一寺之内，隨屋壁方隅潤狹、高低、小大，無不悉具，不知其幾千萬也。大抵物之影伏日以成，是日雖偏室隱户，僻陋之所，太陽未嘗及者亦然。至於瓶罌、甕盎、杅鉢、床几、衣衾、什器，一切目所覩者，布現不殊。寺僧欣欣以爲佛示大吉祥，幾於在谷滿谷，在坑滿坑，將必有興盛之兆。乃募人施，則作大佛事，辦大齋設，已而寂然。

沈德符《萬曆野獲編》卷二七《釋道》　塔影

嘗聞暗處視明則影皆倒垂，而實不然。南京牛首山寺塔，其影獨照伽藍殿上，供桌倒立，甚分明，而他處則不然。北京彰義門外天寧寺塔，每于殿門偃時，窺之其影亦倒。而他寺有塔者以試之，則正現如故也。物理之不可曉如此。

徐應秋《玉芝堂談薈》卷二五　寶塔日中無影

信豐縣寶塔寺，塔九層，日中無影。《金臺記》：胡陽白壇寺，幡刹日中有影，月中無影，因號怯夜幡。《漫筆》：牛首山塔影，在僧室中閉門暗映，卓爾倒懸。以白衣承之，影小而倒，黲黲可見。《南村輟耕録》：平江虎丘閣版上有一竅，當日色清朗時，以掌大白紙承其影，則一寺之形勝悉于此見之，但頂反居下耳。松江城中有四塔，西曰普炤，又西曰延恩，西南曰超果，東南曰興聖。夏監運家乃在四塔之東，而小室内却有一塔影，長五寸許，倒懸于西壁之上，不知從何而來，然不常有，或時見之。《酉陽雜俎》：揚州東市塔影遇海影翻，有時而倒。陸務觀《老學菴筆記》言：沈存中謂塔有影必倒，予見福州萬壽塔，成都正法塔，蜀州天目塔，影俱倒見。又謝在杭云：金陵狹邪，崔氏所居樓上屋角有隙如小指，而光滿兩堵許，壁樓外樹影扶疎如畫，鳥飛蝶過皆歷歷如鏡中。高州高涼洗夫人廟碑，嵌儀門壁中，厚五寸許，中一塊指大，色瑩如燈，近窺之則祠宇樹木兩廡如鏡之明，殊不可曉。

藝文

陳襄撰　陳紹夫編《古靈集》卷二二《天道不可躋》　天道不可躋，以其高且危。地道不可尋，以其幽且深。土圭測日影，可以分照臨。桐魚擊石鼓，可以求聲音。嗟乎世之人，不知方寸心。

洪諮夔《平齋文集》卷六《東山塔影》　相輪高插碧霄寒，好是如如不動山。弄影翻光顛倒轉，微權只在隙窻間。

周密《齊東野語》卷九《形影身心詩》　靖節作形影相贈神釋之詩，謂貴賤賢愚，莫不營營惜生。故極陳形影之苦，而以神辨自然，以釋其惑。形贈影曰：「願君取吾言，得酒莫苟辭。」影答形曰：「立善有遺愛，胡可不自竭。」形累養而欲飲，影役名而求善，皆惜生之惑也。神乃釋之曰：「大鈞無私力，萬理自森著。人爲三才中，豈不以我故。」此神自謂也。又曰：「日醉或能忘，將非趣齡具。」所以辨養之累。又曰：「立善常所忻，誰當與汝譽。」所以解名之役，然亦僅在趣齡與無譽而已。設使爲善見知，飲酒得壽，則亦將從之耶？於是又極其釋曰：「縱浪大化中，不喜亦不懼。應盡便須盡，無事勿多慮。」此乃不以死生禍福動其心，泰然委順，乃得神之自然，釋氏所謂斷常見者也。坡翁從而反之曰：「予知神非形，何復異人天。豈惟三才中，所在靡不然。」又云：「委順憂傷生，憂死生亦遷。縱浪大化中，正爲化所纏。應盡便須盡，寧復俟此言。」

【略】其後楊龜山有《讀東坡和陶影答形》詩云：「君如煙上火，火盡君乃別；我如鏡中像，鏡壞我不滅。」蓋言影因形而有無，是生滅相。故佛云：「一切有爲法，如夢幻泡影。」正言其非實有也，何謂不滅？此則又墮虛無之論矣。

僧惠明《手影戲》厲鶚《宋詩紀事》卷九三　三尺生綃作戲臺，全憑十指逞詼諧。有時明月燈窗下，一笑還從掌握來。《夷堅志》。

梅鼎祚《鹿裘石室集》卷一九《影戲》　紙屏一番素光新，人物俄然百態陳。宵燭内熒潛現伎，日輪懸照惜傳神。步依苔理淩波滑，粧映芙容半面真。三載窺臣歌有意，近前猶隔宋東隣。

徐石麒《可經堂集》卷四《崇明寺塔影》　是影生於形，形凝影自隔。是影生於光，光稀影亦息。此影何爲乎，公然坐僧室。推原所自來，錢大一窓隙。崔嵬高數尋，飛入只咫尺。不以陰晴殊，不借日月色。影中復生影，似婢夾而翼。瓦霤既稜稜，寶氣何歷歷。若云是倒影，近少水蕩射。若云從境生，小大理莫測。如聞天樂鳴，空中鼓金石。如見牟尼珠，隨意成紫碧。如觀大海市，太虛結城邑。借問老禿子，言此不易值。昔年曾見之，李相振奇跡。論世已過三，論年將及百。今現此不偶，祥徵可先識。其然豈其然，此論倘迷溺。意塔有陽陰，智者明伏匿。陽以瓦礫成，陰由舍利植。凝精浴江中，反照以勢激。時候有去來，江形有改適。陰影妙圓通，不假三光力。留待窮理人，是非定所則。

李天植《李介節先生全集》蜃園詩續集卷二《賦得倒塔影》　浮圖幻影落遥空，誰遣翻飛入室中。知有寶王藏舍利，時無天眼識神通。闌干倚處層層月，鈴鐸聞時面面風。似此倒懸何以故，因緣吾欲叩高穹。

日月食與月相變化分部

論説

毛亨傳　鄭玄箋　陸德明音義　孔穎達疏《毛詩注疏》卷一九《小雅・節南山之什・十月八章》　十月之交，朔日辛卯，日有食之，亦孔之醜。傳：之交日月之交會醜，惡也。箋云：周之十月，夏之八月也。八月朔日，日月交會而日食，陰侵陽，臣侵君之象。日辰之義，日爲君，辰爲臣。辛，金也。卯，木也。又以卯侵辛，故甚惡也。彼月而微，此日而微。傳：月，臣道。日，君道。箋云：微謂不明也。彼月則有微，今此日反微，非其常，爲異尤大也。今此下民，亦孔之哀。箋云：君臣失道，災害將起，故下民亦甚可哀。音義：夏，户雅反。疏正義曰：毛以爲，幽王之時，正在周之十月，夏之八月。日月之交會，朔日辛卯之日，以此時而日有食之，此其爲異亦甚之惡也。何則？日食者，月掩之也。月食日，爲陰侵陽，臣侵君之象。其日又是辛卯，辛是金，卯是木，金常勝木，今木反侵金，亦臣侵君之象。臣侵君，逆之大者，一食而有二象，故爲亦甚惡也。

左丘明傳　杜預注　陸德明音義　孔穎達疏《春秋左傳注疏》卷五《桓公三年》　秋，七月壬辰朔，日有食之，既。注：無傳。既，盡也。曆家之説謂日光以望時遥奪月光，故月食。日月同會，月奄日，故日食。食有上下者，行有高下。日光輪存而中食者相奄密，故日光溢。出皆既者，正相當而相奄間疏也。然聖人不言月食日，而以自食爲文，闕於所不見。疏注：正義曰：食既者，謂日光盡也。故云既，盡也。月體無光，待日照而光生，半照即爲弦，全照乃成望。望爲日光所照，反得奪月光者，曆家之説，當日之衝有大如日者，謂之闇虚。闇虚當月則月必滅光，故爲月食。張衡《靈憲》曰：當日之衝光常不合，是謂闇虚。在星則星微，遇月則月食，是言日奪月光，故月食也。若是日奪月光，則應每望常食，而望亦有不食者，由其道度異也。日月異道，有時而交，交則相犯，故日月遞食。交在望前，朔則日食，望則月食。交在望後，望則月食，後月朔則日食。交正在朔則日食，既前後望不食。交正在望則月食，既前後朔不食。大率一百七十三日有餘而道始一交，非交則不相侵犯，故朔望不常有食也。道不正交，則日斜照月，故月光更盛。道若正交，則日衝當月，故月光即滅。譬如火斜照水，日斜照鏡，則水鏡之光旁照他物。若使鏡正當日，水正當火，則水鏡之光不能有照。日之奪月亦猶是也。日月同會，道度相交，月揜日光，故日食。日奪月光，故月食。言月食是日光所衝，日食是月體所映，故日食常在朔，月食常在望也。食有上下者，行有高下，謂月在日南，從南入食，南下北高，則食起於下。月在日北，從北入食，則食發於高。是其行有高下，故食不同也，故異。義云月高則其食虧於上，月下則其食虧於下也。日月之體大小正同，相揜密者，二體相近，正映其形，故光得溢出而中食也。相揜疏者，二體相遠，月近而日遠，自人望之則月之所映者廣，故日光不復能見，而日食既也。日食者，實是月映之也。但日之所在，則月體不見。聖人不言月來食日，而云有物食之，以自食爲文，闕於所不見也。

又　卷五〇《昭公二十一年》　秋，七月壬午朔，日有食之。公問於梓慎曰：是何物也？禍福何爲？注：物，事也。對曰：二至二分，注：二至，冬至、夏至。二分，春分、秋分。日有食之，不爲災。日月之行也，分，同道也；至，相過也。注：二分日夜等，故言同道。二至長短極，故相過。疏正義曰：日月之行，交則相食，自然之理。但日爲君象，月爲臣象，陰既侵陽，如臣掩君，聖人因之設教，制爲輕重。以夏之四月純陽之月，時陽極盛，陰氣未作，正當陽盛之時，不宜爲弱陰所侵，以爲大忌。此月日食，災最重也。餘非陽盛之月，爲災稍輕。至於分、至之月，日食即不爲災。又解不爲災之意，以二分晝夜等，似其同一道；二至長短極，竝行到相過，以爲理必相侵，故言不爲災。

卜子夏《子夏易傳》卷六《周易》下經豐傳第六

䷶ 離下震上。

豐，亨，王假之。勿憂，宜日中。象曰：豐，大也。明以動，故豐。王假之，尚大也。勿憂宜日中，宜照天下也。日中則昃，月盈則食。天地盈虚，與時消息，而況於人乎，況於鬼神乎。

夫明者，内含其照也。動而施之乃豐也。明以時動，物伸其直，得盡其大，生長之而遂成也。期盛之矣，豐之道者也。唯尚大而當之，故王能極之也。不失天下之情，則勿憂而既治矣。日之明盛於中也，王宜照於天下也，則無微而不大也。過於中則憂，大斯盈，盈斯缺矣，大之道也。蓋聖人戒乎其大也。

慎到《慎子・外篇》　月如銀丸，受日之光。月魄承日，故明爲所蔽而日食。日有暗虚，故陰爲所射而月食。日之行也舒，晝夜行一度。月之行也疾，晝夜行十三度。日月所會，是謂食。日盈而月縮，則後中而朔。月盈而日縮，則先中而朔。舒前速後，近一遠三謂之弦。相與爲衡，分天之中謂之望。以速及舒，光盡體伏謂之晦。

吕不韋撰　高誘注《吕氏春秋》卷九《季秋紀第九》　精通

月也者，羣陰之本也。月望則蚌蛤實，羣陰盈。月十五日盈滿，在西方與日相望也。蚌蛤，陰物，隨月而盛，其中皆實滿也。月晦則蚌蛤虛，羣陰虧。虛，蚌蛤肉隨月虧而不盈滿也。夫月形乎天，而羣陰化乎淵。形，見也。羣陰，蚌蛤也，隨月盛衰虛實也。

劉安撰　高誘注《淮南子》卷七《精神訓》　耳目者，日月也。血氣者，風雨也。日中有踆烏。烏，踆猶蹲也，謂三足烏。而月中有蟾蜍。日月失其行，薄蝕無光；薄者，迫也。風雨非其時，毁折生災。五星失其行，州國受殃。五星，熒惑、太白、歲星、辰星、鎮星也。熒犯角亢，則州國受其殃。他餘準此。夫天地之道至紘以大，尚猶節其章光，愛其神明，人之耳目曷能久熏勞而不息乎，精神何能久馳騁而不既乎。是故血氣者人之華也，而五藏者人之精也。

趙爽注　甄鸞重述　李淳風注釋《周髀算經》卷下之一

冬至之日雖在外衡，常出極下地上二萬里。

天地隆高，高于外衡六萬里。冬至之日雖在外衡，其相望爲平地，直常出於北極下地上二萬里。言日月不相障蔽，故能揚光于晝，納于夜。

故曰兆明。

日者陽之精，譬猶火光；月者陰之精，譬猶水光。月含景，故月光生于日之所照，魄生于日之所蔽。當日則光盈，就日則明盡。月禀日光而成形兆，故云日兆月也。

月光乃出，故成明月。

待日然後能舒其光，以成其明。

王充《論衡》卷一一　說日第三十二

儒者曰：「日中有三足烏，月中有兔、蟾蜍。」夫日者，天之火也，與地之火無以異也。地火之中無生物，天火之中何故有烏？火中無生物，生物入火中燋爛而死焉，烏安得立？夫月者，水也。水中有生物，非兔、蟾蜍也。兔與蟾蜍，久在水中，無不死者。日月毁於天，螺蚌汩於淵，同氣審矣。所謂兔、蟾蜍者，豈反螺與蚌邪？且問儒者：烏、兔、蟾蜍，死乎，生也？如死，久在日月，燋枯腐朽；如生，日蝕時既，月晦常盡，烏、兔、蟾蜍皆何在？夫烏、兔、蟾蜍，日月氣也，若人之腹臟，萬物之心膂也。月尚可察也，人之察日無不眩，不能知日審何氣，通而見其中有物，名曰烏乎？審日不能見烏之形，通而能見其足有三乎？此已非實。且聽儒者之言，蟲物非一，日中何爲有烏？月中何爲有兔、蟾蜍？儒者謂：「日蝕，月蝕也。」彼見日蝕常於晦朔，晦朔月與日合，故得蝕之。夫春秋之時，日蝕多矣。《經》曰：「某月朔，日有蝕之。」日有蝕之者，未必月也。知月蝕之，何諱不言月？說日蝕之變，陽弱陰彊也。人物在世，氣力勁彊，乃能乘凌。案：月晦光既，朔則如盡，微弱甚矣，安得勝日？夫日之蝕，月蝕也。日蝕謂月蝕之，月誰蝕之者？無蝕月也，月自損也。以月論日，亦如日蝕，光自損也。大率四十一二月日一食，百八十日月一蝕，蝕之皆有時，非時爲變，及其爲變，氣自然也。日時晦朔，月復爲之乎？夫日當實滿，以虧爲變，必謂有蝕之者，山崩地動，蝕者誰也？或說：「日食者，月掩之也。日在上，月在下，障於日之形也。日月合相襲，月在上，日在下者，不能掩日。日在上，月在日下，障於日，月光掩日光，故謂之食也。障於月也，若陰雲蔽日月不見矣，其端合者，相食是也。其合相當如襲辟者，日既是也。」日月合於晦朔，天之常也。日食，月掩日光，非也。何以驗之？使日月合，月掩日光，其初食崖當與旦復時易處。假令日在東，月在西，月之行疾，東及日，掩日崖，須臾過日而東，西崖初掩之處光當復，東崖未掩者當復食。今察日之食，西崖光缺，其復也，西崖光復，過掩東崖復西崖，謂之合襲相掩障，如何？儒者謂：「日月之體皆至圓。」彼從下望見其形，若斗筐之狀，狀如正圓，不如望遠光氣，氣不圓矣。夫日月不圓，視若圓者，人遠也。何以驗之？夫日者，火之精也。月者，水之精也。在地水火不圓，在天水火何故獨圓？日月在天猶五星，五星猶列星，列星不圓，光耀若圓，去人遠也。何以明之？春秋之時，星賈宋都，就而視之，石也，不圓。以星不圓，知日月五星亦不圓也。

班固《白虎通德論》卷八《日月》　天左旋，日月五星右行何？日月五星，比天爲陰，故右行。右行者，猶臣對君也。《含文嘉》曰：「計日月右行也。」《刑德放》：「日月東行。」而日行遲，月行疾何？君舒臣勞也。日日行一度，月日行十三度十九分度之七。《感精符》曰：「三綱之義，日爲君，月爲臣也。」日月所以懸晝夜者何？助天行化，照明下地。故《易》曰：「懸象著明，莫大乎日月。」日之爲言實也，常滿有節。月之爲言闕也。有滿有闕也。所以有缺何？歸功於日也。三日成魄，八日成光，二八十六日轉而歸功晦，至朔旦受符復行。故《援神契》曰：「月三日成魄也。」所以名之爲星何？星者，精也。據日節言也。一日一夜，適行一度。一日夜爲一日，剩復分天爲三十六度，周天三百六十五度四分度之一，日月徑千里也。所以必有晝夜，何備陰陽也。日照晝，月照夜。日所以有長短何？陰陽更相用事也。故夏節晝長，冬節夜長。夏日宿在東井，出寅入戌。冬日宿在牽牛，出辰入申。月大小何？天道左旋，日月東行。日日行一度，月日行十三度。月及日爲一月，至二十九日，未及七度，即三十日者，過行七度，日不可分，故月乍大小，明有陰陽。故《春秋》曰：「九月庚戌朔，日有食之。」「十月庚辰朔，日有食之。」此三十日也。又曰：「七月甲子朔，日有食之。」「八月癸巳朔，日有食之。」此二十九日也。月有閏餘何？周天三百六十五度四分度之一，歲十二月，日過十二度，故三年一閏，五年再閏。明陰不足，陽有餘也。故《讖》曰：「閏者陽之餘。」

劉熙《釋名》卷一《釋天》　日，實也，光明盛實也。　月，缺也，滿則缺也。光，晃也，晃晃然也；亦言廣也，所照廣遠也。

【略】日月虧，曰食稍稍侵虧，如蟲食草木葉也。　晦，灰也，火死爲灰，月光盡似之也。　朔，蘇也，月死復蘇生也。　弦，月半之名也，其形一旁曲，一旁直，若張弓施弦也。　望，月滿之名也，月大十六日，小十五日，日在東，月在西，遥相望也。

楊泉《物理論》　京房說，月與星至陰也，有形無光，日照之乃光。如以影照日而有影見。《藝文類聚・天部》

劉義慶撰　劉峻注《世說新語》卷上之上　言語第二十一

徐孺子釋也。年九歲，嘗月下戲人，語之曰：「若令月中無物，當極明邪？」徐曰：「不然。譬如人眼中有瞳子，無此必不明。」

《五經通議》曰：月中有兔、蟾蜍者何？月，陰也，蟾蜍亦陰也，而與兔並明，陰繫於陽也。

魏徵等《隋書》卷二〇《志第十五・天文中》　七曜

月者，陰之精也。其形圓，其質清，日光照之則見其明，日光所不照則謂之魄。故月望之日，日月相望，人居其間，盡覩其明，故形圓也。二弦之日，日照其側，人觀其傍，故半明半魄也。晦朔之日，日照其表，人在其裏，故不見也。其行有遲疾。其極遲則日行十二度强，極疾則日行十四度半强。遲則漸疾，疾極漸遲，二十七日半强而遲疾一終矣。又月行之道，斜帶黄道。十三日有奇在黄道表，又十三日有奇在黄道裏。表裏極遠者，去黄道六度。二十七日有奇，陰陽一終。張衡云：「對日之衝，其大如日，日光不照，謂之闇虚。闇虚逢月則月食，值星則星亡。」今歷家月望行黄道，則值闇虚矣。值闇虚有表裏深淺，故食有南北多少。月爲太陰之精，以之配日，女主之象也。以之比德，刑罰之義。列之朝廷，諸侯大臣之類。故君明則月行依度，臣執權則月行失道。大臣用事，兵刑失理，則月行乍南乍北。女主外戚擅權，則或進或退。月變色，將有殃。月晝明，姦邪並作，君臣争明，女主失行，陰國兵强，中國饑，天下謀僭。數月重見，國以亂亡。

李淳風《乙巳占》卷一《天象》　懸象著明，莫大乎日月。其徑當天周七百三十六分之一，地廣二百四十二分之一。日者，陽精之宗，積而成烏，象烏而有三趾。陽之精，其數奇。月者，陰精之宗，積而成獸，象兔而乃缺唇。陰之精，其數偶，其後有窮。羿者，羿請不死之藥於西王母，姮娥竊之以奔月，將往，求筮於有黄。有黄占之曰：「吉。翩翩歸妹，獨將西行，逢天晦芒，無恐無驚，後且大昌。」姮娥遂託身於月，是爲蟾蜍。夫日譬猶火，月譬猶水，火則外光，水則含景，故月光生於日之所照，魄生於日之所蔽。當日則光盈，就日則光盡。衆星被曜，因水轉光，當日之衝，光常不合者，蔽於地也，是謂闇虚。在星星微，遇月則蝕，日之薄地，闇其明也。繇闇視明，明無所屈，是以望之若大。方於中天，天地同明。繇明瞻暗，暗還自奪，故望之若小。火當夜而揚光，在晝則不明也。月之於夜，與日同而差微。星則不然，强弱之差也。衆星列布，其以神着有五列焉，是爲三十五名。一居中央，謂之北斗，動變挺占，寔司王命，四布於方爲二十八宿。日月運行，曆示吉凶。五緯躔次，用告禍福，則天心於是見矣。中外之官，常明者百有二十四，可名者三百二十。爲星二千五百，而海人之占未存焉。微星之數，蓋萬一千五百二十，庶物蠢蠢，咸得繫命。

玄奘《瑜伽師地論》卷二　本地分中意地第二之二

又彼依止光明既滅，世間便有大黑闇生。日月星宿，漸漸而起。其日輪量，五十一踰繕那。當知月輪其量減一。日輪以火頗胝所成，月輪以水頗胝所成。此二輪中，月輪行速，及與不定。又彼日輪，恒於二洲俱時作明，復於二洲俱時作闇。謂於一日中，於一日出，於一夜半，於一日没。又一切所有日月星宿，歷蘇迷盧處半而行，與持雙山，高下量等。又復日行時有遠近。若遠蘇迷盧，立爲寒分；若近蘇迷盧，立爲熱分。即由此故，没有遲速。又此月輪，於上稍欹便見半月。由彼餘分，障其近分，遂令不見。如如漸側，如是如是漸現圓滿。若於黑分，如如漸低，如是如是漸現虧減。由大海中有魚鼈等影現月輪，故於其内有黑相現。

釋道世《法苑珠林》卷三《劫量篇第一之一・大三災部》　時節

依奘法師《西國傳》云：居俗日夜分爲八時，晝四，夜四，於二時各有四分。月盈至滿謂之白分，月虧至晦謂之黑分。或十四日、十五日，月有大小故也。白前黑後，合爲一月。六月合爲一行。日遊在内，北行也。日遊在外，南行也。總此二行，合爲一歲。

日者，陽精之宗，積而成鳥，象烏有三趾，陽之類，其數奇。月者，陰精之宗，積而成獸，象兔，陰之類，其數偶。其後有馮焉者。羿請無死之藥于西王母，姮娥以之奔月，將往，枚筮之於有黄，有黄占之，曰：「吉。翩翩歸妹，獨將西行，逢天晦芒，毋驚毋恐，後且大昌。」姮娥遂託身於月，是爲蟾蜍。夫日譬猶火，月譬猶水。火則外光，水則含景，故月光生於日之所照，魄生於日之所蔽。當日則光盈，就日則光盡也。衆星被耀，因水轉光。當日之衝，光常不合者，蔽於地也，是謂闇虚。在星星微，月過則食，日之薄地，暗其明也。繇暗視明，明無所屈，是以望之若大，方於中天，天地同明。繇明視暗，暗還自奪，故望之若小。火當夜而揚光，在晝則不明也。月之於夜與日同而差微。星則不然，强弱之差也。

【略】姜岌《渾天論答難》曰：渾天之説，天體包裹，地在其中。七曜躔麗，道有常率。天體旁倚，故日道南高而北下，運轉之樞，南下而北高。二樞爲轂，日道爲輪，周迴運移，終則復始。北樞謂之北極，出地上三十六度，故天北際七十二度常見而不伏。南樞謂之南極，入地下亦三十六度，故天南際七十二度，常伏而不見。或云：火陽也，故外照；金水陰也，故内景。日爲陽精，故外照。月爲陰之宗，應内景，而月復能外照，何也？對曰：月光者，日曜之所生。是故外景如日照也。是故瑩金澄水得日之照，照物亦有景。又曰：月無虧盈，虧盈由人也。日月之體，形如圓丸，各徑千里。月體向日，常有光也。月之初生，日曜其西，人處其東，不見其光，故名曰魄。魄一日之後微東而南，故明生焉。八日正在南方半之，故見其弦也。望則人處日月之間，故見其圓也。假使月初生時，移人在日月之間，東向以視，則月光圓若望也。夏至之日，日入戌，月初生時則西北近日有光，及出于寅未，閲三日以視，月則東北近日處光滿也。研之于心，驗之于日，月體向日有光而形圓矣。難者又云：日曜星月，明乃生焉。然則月望之日，夜半之時，日在地下，月在地上，其間隔地，日光何由得照月，闇虚安得常在日衝？對曰：日之曜天，不以幽而不至，不以明而不及，赫烈照于四極之中，明光曜焕乎宇宙之内，循天而曜。星月猶火之循突而升，及其光曜，無不周矣。惟衝不照，名曰闇虚，蓋日及天體，猶滿面賁鼓矣。日之光炎在地之上，礙地不得直照而散，故薄虧而照則近；在地之下，聚而直照，故滿盈而照則遠。以斯言之，則日光應曜星月，有何礙哉。《易傳》：日夜食則星亡，無日以曜之故也。難云：地上不得直照而散，故薄虧而照近，檢先望一日，日未入地而月已出，相去三十餘萬里，日在地上散而直照，不應及月，而使月全明者，何也？對曰：薄虧而照則近，是言礙地光難周耳。水流濕，火就燥，類相從也。月、星者，類也。日光散照雖不及月，譬之燃燭，一燭在上，一燭在下，滅下燭使烟相當，則上滅之炎，循煙而下，燃下燭矣，此類相從也。難者又曰：日夜食則衆星亡，按月體不大于地，今日在地下，月在地上，地體大尚不能掩日，使不照月，月體小于地，安能掩日使不照曜星也？對曰：上元之初，日月如疊璧，五星如連珠，故曰重光。重光者，日在上，月次之，星居下，地在宿内，故掩日月光，星月存而曜亡也。月在星宿之外，故掩日，日光不得照星也。

梁武帝《噐儀》云：月體不全光，星亦自有光，非受明於日。若是日曜月所以成光，去日遠則光全，去日近則光缺，五星行度亦去日有遠近，五星安得不盈虧？當知不然。太陰之精自有光景，但異于太陽，不得渾赫。星月及日，體質皆圓，非如圓鏡，當如丸矣。

祖暅曰：姜岌此言非也。星猶月，稟日之光，然後乃見，若星在日裏，則應盈魄。今既不然，故知星在日表而常明也。按：星體自有光曜，非由稟日始明。今星宿有時食月，在魄中分明質見，則是星行亦在月裏，不專在表。又姜岌承二燭爲喻，理亦迂迴，非實驗也。

晉侍中劉智《論天》曰：凡含天地之氣而生者，人其最貴而有靈智者也，是以動作營爲皆應天地之象。古先聖王觀靈曜，造算數，准辰極，制渾儀，原性理，考徵詳，贊其幽義而作曆術焉。渾儀象天之圓體，以含地方，輪轉周匝，中有二端。其可見者，極星是也，謂之北極。在南者，在地下不見，故古人不名。陰陽對合爲羣生父母，精象在於五星，其於共成天地之功也。則日月爲政，五星爲緯，天以七紀七曜是也。北極不過爲衆星之君，命政指授，以斗建時，斗有七星，與曜同精而布節氣於下者也。晦朔分於東西，消息辨于南北，取以定四方。天地配合，方氣有常，天以七紀方修其政，故方有七宿二十八星是也。天有常度，日月成象，衆星有官分，方物有體類，在朝象官，在野象物，在人象事，理自然也。衆星定位，七曜錯行，盈縮有期節，故曆數立焉。日，太陽也，施温萬物生，施光則陰以明。衆所稟爲倡先者也，君尊之象也。月，太陰也，稟照于陽，虧盈隨時，有所稟受，臣卑之道也。五星象五常，託四時成五事。舊説日譬猶火也，月譬猶水也。火則施光，水則含景，故月光生于背日，當日則光盈，近日則明滅。然則月爲臣象可知矣。又曰：當其衝月食者，陰性毀損，不受光也。君臣不等强，日月不等明，陰在于上，不自抑損，陽必侵之，豐在交度，其應必食，故《詩》云：「彼月而食，則維其常。」道勢然也。侵甚則既，虚之象也。日尊，君象也。月卑，臣象也。晦朔之會，交則同道，同道則形相蔽。天道君爲尊，臣由臣道，雖度相值，月不掩日，卑下尊也。不由臣道，月掩日體，卑凌尊也。是故太平之時，交而不食，尊卑道順。或問云：顓頊氏造渾儀，黄帝爲蓋天，其遺説云，蓋天象笠，極在其中，日月遠近，以爲晦明；渾儀以天裹地，地載於氣，天以迴轉，而日月出入以爲晦明。二説誰其得之？劉智曰：蓋天之論謬矣。以春秋二分，日出卯入酉，若天象車蓋，極在其中，日月星辰迴還藏明，二分之時，當晝短夜長，今以漏刻數之，則晝夜分等。以日入較之，則出卯入酉，此蓋天之説不通之驗也。然此二器皆古之所制，但傳説義者，失其用耳。昔者聖王治曆，明時作圓，蓋以圖列宿，極在其中，迴之以觀天象，未可正昏明，分晝夜，故作渾儀也。象天體亦以極爲中，而朱規爲赤遊周環，去極九十一度有奇。考日所行，冬夏去極遠近不同，故復書爲黄道。夏至去極近，冬至去極遠，二分之際交于赤道。二道有表裏，以定宿度之進退，爲術乃密。至漢順帝時，南陽張衡考定進退；靈帝時，太山劉洪步月遲疾，自此之後，天驗愈詳。自司馬遷、劉向、劉歆、揚雄、賈逵、張衡、蔡邕、劉洪、鄭玄，此九君者，不但精於算步，皆博索沈綜，才思弘遠，而不合論渾蓋之用。明定日行四時之道，雖或精考，雅有所得，亦或出心裁，失其本旨。人之不同，處意各異，道之難盡，效于斯矣。

或問曰：古曆論月食，或云陰損則不受明，或云闇虚，闇虚所在，值月則月食，值星則星亡，今子不從，何也？劉智曰：言闇虚者，以爲當日之衝，地體之蔭，日光不至，謂之闇虚。凡光之所照，光體小于所蔽，則蔭大於本質。今日以千里之徑而地體蔽之，則闇虚之蔭將過半矣。星亡月毁，豈但交會之間而已哉。由此言之，陰不受明，近得之矣。又問曰：若如所論，必有大蔭，月在日衝，何由有明？劉智曰：夫陰含陽而明，不待陽光明照之也。陰陽相應，清者受光，寒者受温，無門而通，雖遠相應，是故觸石而雲出者，水氣之通也。相嚮而相及，無遠不至，無隔能塞者，至清之質，承陽之光，以天之圓，面向相背，側正不同，光魄之理也。陰陽相承，彼隆此衰，是故日月有争明，日微則晝見。若但以形光相照，無相引受之氣，則當。陽隆乃陰明隆，陽衰則陰明衰，二者之異，無由生矣。

段成式《酉陽雜俎》卷一 天咫

舊言月中有桂，有蟾蜍，故異書言月桂高五百丈，下有一人常斫之。樹創隨合。人姓吴，名剛，西河人，學仙有過，謫令伐樹。釋氏書言，須彌山南面有閻扶樹，月過，樹影入月中。或言月中蟾桂，地影也。空處，水影也。此語差近。

【略】月勢如丸，其彰，日爍其凸處也。

劉昫等《舊唐書》卷三三《志第十三·曆二》

求次日影差術

以別定差，前少者加初日影定差，前多者減初日影定差。加減初日影定差訖，即爲次日影定差。以次積累歲，即各得所求。每氣皆十五日爲限。其有皆以十六除取汎末率及總差別差。

又 求恒氣日中影定數術

置其恒氣小餘，以半總減之，餘爲中後分。不足減者反減半總，餘爲中前(令)[分]。置前後分，影定差乘之，總法而一，爲變差。冬至後，午前以變差減氣影，午後以變差加氣影。夏至後，午前以變差加氣影，午後以變差減氣影。冬至一日，有減無加。夏至一日，有加無減。加減訖，各其恒氣日中定影。

又 求次日中影術

迭以定差陟減降加恒氣日中定影，各得次日中影。後漢及魏宋曆，冬至日中影一丈三尺，夏至一尺五寸，於今並短。冬須隨時影校其陟降，及氣日中影應二至率。他皆倣此。前求每日中影術，古曆並無，臣等創立斯法也。

邵雍《皇極經世》卷一二上《觀物外篇上》 日行陽度則盈，行陰度則縮，賓主之道也。月去日則明生而遲，近日則魄生而疾，君臣之義也。

陽消則生陰，故日下而月西出也。陰盛則敵陽，故日望而月東出也。天爲父，日爲子，故天左旋，日右行。日爲夫，月爲婦，故日東出，月西生也。

日月相食，數之交也。日望月則月食，月掩日則日食。猶木火之相剋也。是以君子用智，小人用力。

日隨天而轉，月隨日而行，星隨月而見。故星法月，月法日，日法天。天半明半晦，日半盈半縮，月半盈半虧，星半動半静。陰陽之義也。

沈括《夢溪筆談》卷七《象數一》 又問日月之行，(日)[月]一合一對而有蝕不蝕，何也？予對曰：黄道與月道如二環相疊而小差，凡日月同在一度相遇，則日爲之蝕，正一度相對則月爲之虧。雖同一度而月道與黄道不相近，自不相侵；同度而又近黄道、(日)[月]道之交，日月相值，乃相凌掩。正當其交處則蝕而既，不全當交道則隨其相犯淺深而蝕。近日蝕當月道自外而交入于内，則蝕起于西南，復于東北；自内而交出于外，則蝕起于西北而復于東南。日在交東則蝕其内，日在交西則蝕其外。蝕既則起于正西，復于正東。凡月蝕，月道自外入内，則蝕起于東南，復于西北；自内出外，則蝕起于東北，而復于西南。月在交東則蝕其外，月在交西則蝕其内，蝕既則起于正東，復于西。交道每月退一度餘，凡二百四十九交而一期，故西天法羅睺、計都皆逆布之，乃今之交道也。交初謂之羅睺，交中謂之計都。

何薳《春渚紀聞》卷七《詩詞事略》 辨月中影

王荆公言，月中彷彿有物，乃山河影也。至東坡先生亦有「正如大圓鏡，寫此山河影。妄言桂兔蟇，俗説皆可屏」之句。以二先生窮理盡性，固當無可議者，然尚有未盡解處。今以半鏡懸照物像則全而見之。月未滿則中之物像亦只半見，何也？

葉庭珪《海録碎事》卷一《天部上・月門》 夜光

「夜光何德，死而又育。厥利維何，顧兔在腹。」《楚辭》也。皇甫謐《年曆》曰：月，羣陰之宗，光内日影，以宵曜，名曰夜光。《廣雅》又曰：夜光謂之月。

程大昌《演繁露》卷一《日圓與日説通》 古謂日輪規環千里，特言其周廣當然者耳，而無有言其如何其圓者也。沈括取銀圜爲喻，曰：月如銀圜，本自無光，日耀之乃有光。其圓非圓，乃月與日相望，其光全耳。及其闕也，亦非真闕，乃日光之所不及耳。此喻最爲精審，予已詳著之矣。淳熙丙申三月，予爲少蓬太史局言，朔日巳時，日食西北隅，食至一分半而復。已而日行加巳。呼請臺官，即道山下，以盆貯油，對日景候之。時既及巳，雲忽驟起。少選雲退，則日輪西北角微有虧缺，約其所欠，殆不及一分。蓋食已而復，非不及一分半也。其年某人忘其名。使遼，自北而回，正當食時。其行適及河北，自北望之，則日輪虧及十分之二，是太史之言固不能精，亦不全謬也。予因此之見，益知沈括銀圜之説確與之合也。臨安距河北則向南二千餘里矣，日食西北，人在東南，故從東南見之，闕處全少，是以十其分而闕僅及一也。至於人在河北，日並東南，故其食處多現而遂十分虧二，以此見日輪正圓可驗也。此如東京所鑄渾儀，今在臨安清臺，則於西北兩柱移低兩寸，以順天勢，其痕迹尚在，可驗也。南北異地，於以準望天度，則臨安與汴京自是不同也。

又 卷八《日受月光》 月不能自出光景，凡其有光，悉日力也。揚子雲曰：月未望則載魄于西，既望則終魄于東，其遡於日乎謂月爲遡日。理固該盡矣，而不如沈括之語能發越其狀，使聞者豁然也。括之言曰：月如銀圜，圜本無光，日耀之乃有光矣。用其銀圜之説而思之，則其魄也，是銀圜之背日而暗者也，故闇昧無覩也。其明也，則是其圜得日而銀彩焕溢者也。月十五日，兩耀相當，銀圜也者通身皆受日景，故全輪皆白，而人以爲滿也。過望則月輪轉與日遠，爲之圜者但能偏側受照，而光彩不全，故其暗處遂名爲魄也。魄者，暗也。究其實致，則是日光所及有全有不全，而月質本無圓缺也。故揚子遡日之説已得其理，而沈氏耀圜之説，又能發揚其狀也。

朱熹《月受日光》唐順之《稗編》卷四九 朱子曰：夜光，月也。死，其晦也。育，生也。此問月有何德，乃能死而復生？月有何利，而顧望之，兔常居其腹乎？答曰：曆家舊説，月朔則去日漸遠，故魄死而明生。既望則去日漸近，故魄生而明死。至晦而朔，則又遠日而明復生，所謂死而復育也。此説誤矣。若果如此，則未望之前，西近東遠，而始生之明，當在月東。既望之後，東近西遠，而未死之明却在月西矣。安得未望載魄於西，既望終魄於東而遡日以爲明乎？故惟近世沈括之説乃爲得之。括之言曰：月本無光，猶一銀丸，日耀之乃光耳。光之初生，日在其傍，故光側而所見纔如鉤。日漸遠，則斜照而光稍滿。大抵如一彈丸，以粉塗其半，側視之則粉處如鉤，對視之則正圓也。近歲王普又申其説曰：月生明之夕，但見其一鉤；至日月相望而人處其中，方得見其全明，必有神人能凌空倒景，旁日月而往參其間，則雖弦晦之時亦得見其全明，而與望夕無異耳。以此觀之，則知月光常滿，但自人所立處視之有偏有正，故見其光有盈有虧，非既死而復生也。若顧兔在腹之問，則世俗桂樹蛙兔之傳，其惑久矣。或者以爲日月在天，如兩鏡相照，而地居其中，四旁皆空水也，故月中微黑之處乃鏡中大地之影，畧有形似而非真有是物也。斯言有理，足破千古之疑矣。

李樗 黄櫄《毛詩集解》卷二四 十月之交，日月交會也。夫日行遲，一年一周天。月行速，一月一周天。日與月一年十二次交會，其交會也，或有日食之變，故交會必於月朔，日食必於月朔。言此十月交會，朔日辛卯也，是時日有食之，其醜莫大。《唐書・志》云：十月之交，以曆推之在幽王之六年。則是爲幽王之詩無疑矣。日蝕而以曆推之，則是當食也。既是日之當食，乃爲變異之大者，《唐書・志》云：古之太平，日不食，星不孛，蓋有之矣。若過至未分，月或變行而避之；或五星潛在日下，禦侮而救之；或涉交數淺，或在陽曆，陽盛陰微則不食；或德之休明而有小眚焉，則天爲之隱，雖交而不食。此四者，皆德教之所由生也。蓋以日當食而不食，則是有德者也。日當食而不免於食，則是無德者也。

春秋之時，書日食三十六，後世曆家皆能推之，則是當食也。日月交會而日必食。雖日當食，爲人君者亦不可不自省，而孔氏云：日月交會，於筭可推而知，則是雖數自當然而云爲異者，位貴居尊，恐其志意易怠，聖人假之神靈，作爲鑒戒爾。

項安世《項氏家説》卷七《説經篇七》 日月食

日食必于朔，月食必于望，以其相當也。兩不相當，則不食。相當而不盡正，則隨其所當之深淺而食。正相當則食之，既相當而氣虧者食。苟不虧則亦不食。

章如愚《羣書考索續集》卷二二《曆門・曆》 日蝕議

一行《月議》云：日，君道也，無朏魄之變。月，臣道也，遠日益明，近日益虧，人臣之象也。望而正於黄道，是謂臣干君明則陽斯蝕矣。又曰：十月之交，日有食之。於曆當蝕，君子猶以爲變。詩人悼之，然則古之太平，日不食，星不孛，蓋有之矣。又曰：月或變行以避日，或五星潛在日下禦侮以救日，或涉交數淺，或陽盛陰微，則不蝕；或德之休明，則天爲之隱，雖交不蝕。此四者皆德教之所由以生也。又曰：劉歆、賈逵，近古大儒，豈不知軌道所交、朔望同術哉。日行黄道，月有九道，其所行之道遇交則有剥蝕之變也。至於合朔如合璧，則不蝕。其交不軌道，則食也。故驗日食者，必以日躔月道之交驗之耳。以日食非常，故闕而不論。魏黄初以來，治曆始課日食疎密。張子信、劉焯、賈胄元之徒又謂日月可以密率求。以戊寅《麟德曆》推春秋之時於曆應食，而《春秋》不書者尚多，則日食必交限，其入限者必不盡食。開元十二年七月朔，於曆當蝕半强，自交趾至於朔方，候之而不食。十三年十二月朔，於曆當食太半，而亦不食。然後知德之動天，不俟終日。若因開元二蝕不驗，遽變交限而從之，則差者益多。杜預以日月動物，雖行度有大量，不能不少有盈縮，故有交會而不食者是也。一行因以員儀度日月之經，令二徑相掩以驗食分之限。又曰：日月相會，大小相若，而月在日下，自京師斜射而望之，假令中國食之既，而南方戴日之下所虧纔半，日外反觀則交而不食。此則隨地而驗之也。又曰：使日食皆不可以常數求，則無以稽曆數之踈密。若可以常數求，則無以知政教之休咎。

一行之議可謂詳日食之變矣。其大要不過謂食有常數，而亦不可以常數求，在乎人君修德以應之耳。獨有三節不可據曉，姑表而出之以待能者。一行所謂月在日下，自京師斜而望之則食之既，自南方戴日之下望之則所虧才半。又云日外反觀則交而不食。果如一行所測，則日雖食而實未嘗食矣。豈日道月道交軌之際，日上月下陽氣微，陰氣盛，日形爲月形所蔽，自下望之似食而非食耶。夫日食以陰盛，月食以星孛。今一行謂月望而正於黄道，則猶臣干君明，故陽食之，是月爲日所食也，而非由星孛也。

衛湜《禮記集説》卷三七 月令第六

月是陰精，日爲陽精，故《周髀》云：日猶火，月猶水，火則外光，水則含景，故月光生於日所照，魄生於日所蔽；當日則光盈，就日則明盡。京房云：月與星辰，陰者也，有形無光，日照之乃有光。先師以爲日似彈丸，月似鏡體，或以爲月亦似彈丸，日照處則明，不照處則闇。

真德秀《西山讀書記》卷三九 日月星辰

《易》豐，彖曰：日中則昃，月盈則食。天地盈虚，與時消息，而况於人乎，况於鬼神乎。

程子曰：日中盛極則當昃，映月既盈滿則有虧缺。盈虚謂盛衰，消息謂進退，天地之運亦隨時進退也。【略】

《禮運》：天秉陽，垂日星。地秉陰，竅於山川。播五行于四時，和而后月生也。是以三五而盈，三五而闕。

鄭氏曰：秉，猶持也，言天持陽氣，施生照臨下也。竅，孔也，言地持陰氣出納於山川，以舒五行於四時，此氣和乃后月生而上配日。若臣功成進爵位也。一盈一闕，屈伸之義也。必三五者，播五行于四時也。《正義》曰：播謂播散五行，金、木、水、火、土之氣於春、夏、秋、冬之四時也。和而后月生也者，若四時不合，日月乖度，寒燠失所，則月不得依時而生。若五行四時調和，道度不失，而后月依時而生也。云一盈一闕，屈伸之義也者，盈謂月光盈滿，若臣之進受高位，是其伸也。闕謂月光虧損，若臣之退就下位，是其屈也。

愚按：日星麗乎天，陽之爲也。山川麗乎地，陰之爲也。秉者，主持之，謂陽主精氣，故爲日星之光。日，太陽也。星，少陽也。陰主形質，故爲山川之竅。播者，布也，謂陰陽二氣分爲五行，而布於四時也。和猶合也，謂陰陽和合而月始生也。月，太陰也，本有質而無光。其光虧也，以受日光之多少。月之朔也，始與日合，越三日而明生；八日而上弦，其光半；十五日而望，其光滿。此所謂三五而盈也。既望而漸虧，二十二日而下弦，其虧半；三十日而晦，其光盡。此所謂三五而闕也。方其晦也，是爲純陰，故魄存而光泯。至日月合朔而明復生焉。和而月生，蓋取此義。注疏之説恐非。又《鄉飲酒義》：日月者，三日則成魄，三月則成時。朱子曰：魄者，月之有體而無光處也，故《書》言哉生明，旁死魄。皆謂月生三日，月初生時也。凡言既生魄，即謂月十六日，月始闕時也。今此篇兩言月三日而成魄，則是漢儒專門陋學，未嘗讀《尚書》者之言耳。【略】

夜光何德，死則又育。厥利維何，而顧菟在腹。

菟一作兔，與兔同。夜光，月也。死，其晦也。育，生也，月之生也。此問月有何德，乃能死而復生？月何利，而顧望之菟常居其腹乎？答曰：曆家舊説月朔則去日漸遠，故魄死而明生。既望則去日漸近，故魄生而明死。至晦而朔，則又遠日而明復生，所謂死而復育也。此説誤矣。若果如此，則未望之前，西近東遠，而始生之明當在月東。既望之後，東近西遠，而未死之明却在月西矣。安得未望載魄於西，既望終魄於東，而遡日以爲明乎？故惟近世沈括之説乃爲得之。蓋括之言曰：月本無光，猶一銀丸，日曜之乃光耳。光之初生，日在其傍，故光側而所見纔如鈎。日漸遠，則斜照而光稍滿。大抵如一彈丸，以粉塗其半，側視之則粉處如鈎，對視之則正圓也。近歲王普又申其説曰：月生明之夕，但見其一鈎，至日月相望而人處其中，方得見其全明。必有神人能凌到景旁，日月而往參其間，則雖弦晦之時，亦得見其全明，而與望夕無異耳。以此觀之，則知月光常滿，但人自所立處視之有偏有正，故見其光有盈有虧，非既死而復生也。若顧菟在腹之問，則世俗桂間蛙兔之傳，其惑久矣。或者以爲日月在天，如兩鏡相照，而地居其中，四旁皆空水也，故月中微黑之處乃鏡中大地之影，略有形似，而非真有是物也。斯言有理，足破千古之疑矣。月只是受日光，月質常圓，不曾缺。如圓毬只有一面受日光，望日日在酉，月在卯，正相對，受光爲盛。天積氣，上面勁，只中間空，爲日月來往。地在天中，不甚大，四邊空。有時月在天中央，日在地中央，則光從四旁上受於月，其中昏暗便是地影。望以後，日與月行便差，背向一畔，相去漸漸遠，其受光面不正。至朔行又相遇，日與月正緊相合，日便蝕無光，月或從上過，或從下過，亦不受光，受日光但小耳。【略】

程子曰：日月，陰陽之精氣也。又曰：日月，陰陽發見盛處。

日月薄蝕而旋復者，不能奪其常也。

天地，日月，一也。月受日光而日不爲之虧，然月之光乃日之光也。天氣降而至於地，地中生物者皆天也，惟無成而代有終耳。【略】

陽消則生陰，故日下而月西出也。陰盛敵陽，故日望而月東出也。天爲父，日爲子，故天左旋，日右行。日爲夫，月爲婦，故日東出，月西生也。

張氏曰：初三日，日初入時，月在庚上，哉生明，見西方。八日爲上弦，日初入時，月在丁上。十五日爲望，日初入時，月在甲上，盛於東方。十六，日將出時，月在辛上，哉生魄，見平旦。二十三，下弦，日將出時，月在丙上。三十日爲晦，月與日合，在乙上。月本無光，借日以爲光，及其盛也，遂與陽敵，爲人君者可不慎哉。天左旋，日右行，日東出，月西生，父子夫婦之道，陰陽之義也。月望亦東出者，敵陽也，非常道也。朱子曰：二日，第一節之中，月生明之時也。蓋始受一陽之光，而昏見於西方庚地。八日，第二節之中，月上弦之時，受二陽之光，而昏見南方丁地。十五日，第三節之中，月既望之時，全受日光盛滿，而昏見於東方之甲地，是爲乾體。十六日，第四節之始也，始受下一陰爲巽，而其魄以平旦而没於西方辛地。二十三日，第五節之中，復生中一陽爲艮，而下弦以平旦而没於南方丙地。三十日，第六節之終，全變三陽，而光盡體伏於西北。一月六節既盡，而禪於後，月復生。震卦云，震一，兑二，乾三，巽四，艮五，坤六。每五日爲一節，朔旦震始用事，日月陰陽交感之。祇道家象此以爲修煉之法。此《參同》注也，因附於此。

日月之相食，數之交也。日望月則月食，月掩日則日食。猶水火之相剋，是以君子用智，小人用力。

張氏曰：日月相對謂之望，日月相會謂之晦。日常食於朔，月常食於望，正如水火之相剋。水之剋火，掩而克之，小人用力也。火之剋水，必隔物焉，君子用智也。月近日無光爲晦。月敵日而光盛爲望。然日食於朔，月食於望，乃知小人在外，雖盛必自危，而其柔弱狎比之時，多能爲君。此則慮與不慮之間，所以《易》戒履霜而不懼揚庭也。日月一年十二會，十二望，而有食有不食者，交則食，不交則不食也。所以有交，不交者，日行黄道，月行九道也。亦有交而不食者，同道而相避也。

月體本黑，受日之光而白。

張氏曰：月體本黑者，陰也，受日之光而白者，得陽之氣也。【略】

日質本陰，月質本陽，故於朔望之際精魄反交，則光爲之食。

虧盈法，月於人爲近，日遠在外，故月受日光常在於外，人視其終，初如鈎之曲，及其中天也，如半璧。然此虧盈之驗也。

月所位者陽，故受日之光，不受日之精。相望中弦，則光爲之蝕，精之不可以二也。

黎靖德《朱子語類》卷二《理氣下·天地下》 月體常圓無闕，但常受日光爲明。初三四，是日在下照，月在西邊明，人在這邊望，只見在弦光。十五六，則日在地下，其光由地四邊而射出，月被其光而明，月中是地影。月，古今人皆言有闕，惟沈存中云無闕。揚。

月無盈闕，人看得有盈闕，蓋晦日則月與日相疊了，至初三方漸漸離開去。人在下面，側看見，則其光闕。至望日，則月與日正相對，人在中間，正看見，則其光方圓。因云《禮運》言播五行於四時，和而後月生也。如此則氣不和時便無月，恐無此理。其云三五而盈，三五而闕，彼必不曾以理推之。若以理推之，則無有盈闕也。畢竟古人推究事物，似亦不甚仔細。或云恐是說元初有月時曰也，說不得。燾。

問：弦望之義？曰：上弦是月盈及一半，如弓之上弦。下弦是月虧了一半，如弓之下弦。又問是四分取半否？曰：如二分二至也，是四分取半。因說曆家謂紓前縮後，近一遠三，以天之圍言之。上弦與下弦時，月日相看，皆四分天之一。僩。

問：月本無光，受日而有光。季通云：日在地中，月行天上，所以光者，以日氣從地四旁周圍空處迸出，故月受其光。先生曰：若不如此，月何緣受得日光。方合朔時，日在上，月在下，則月面向天者有光，向地者無光，故人不見。及至望時，月面向人者有光，向天者亦有光，故見其圓滿。若至弦時，所謂近一遠三，只合有許多光。又云月常有一半光，月似水，日照之則水面光倒射壁上，乃月照也。問星受日光否？曰：星恐自有光。德明。

問：月受日光，只是得一邊光？曰：日月相會時，日在月上，不是無光，光都載在上面一邊，故地上無光。到得日月漸漸相遠時，漸擦挫，月光漸漸見於下。到得望時，月光渾在下面一邊。望後又漸漸光向上去。胡泳。

或問：月中黑影是地影否？曰：前輩有此說，看來理或有之，然非地影，乃是地形倒去遮了他光耳。如鏡子中被一物遮住，其光故不甚見也。蓋日以其光加月之魄中間，地是一塊實底物事，故光照不透而有此黑暈也。問：日光從四邊射入，月光何預地事而礙其光？曰：終是被這一塊實底物事隔住，故微有礙耳。或録云：今有剪紙人貼鏡中，以火光照之，則壁上圓光中有一人。月爲地所礙，其黑暈亦猶是耳。

康節謂：日，太陽也。月，太陰也。星，少陽也。辰，少陰也。辰非星也。又曰：辰弗集於房，房者，舍也。故十二辰亦謂之十二舍。上辰字謂日月也，所謂三辰。北斗去辰爭十二來度。日蝕是日月會合處，月合在日之下，或反在上，故蝕。月蝕是日月正相照。伊川謂月不受日光，意亦相近。蓋陰盛亢陽，而不少讓陽故也。又曰：日月會合，故初一、初二，月全無光。初三漸開，方微有弦上光，是哉生明也。開後漸亦光至望，則相對，故圓。此後復漸相近。至晦則復合，故暗。月之所以虧盈者此也。伯羽。

問：自古以日月之蝕爲災異，如今曆家却自預先筭得，是如何？曰：只大約可筭，亦自有不合處。曆家有以爲當食而不食者，有以爲不當食而食者。木之。

曆家之說，謂日光以望時遥奪月光，故月食。日月交會，日爲月掩，則日食。然聖人不言月蝕日，而以有食爲文者，闕於所不見。閑祖。

日食是爲月所掩，月食是與日爭敵。月饒日些子，方好無食。揚。

又 卷七九《尚書二》 康誥

問：生明，生魄如何？曰：日爲魂，月爲魄，魄是黯處，魄死則明生，《書》所謂「哉生明」是也。《老子》所謂「載營魄」，載如車載人之載。月受日之光，魂加於魄，魄載魂也。明之生時大盡則初二，小盡則初三。月受日之光常全，人在下望之，却見側邊了，故見其盈虧不同。或云月形如餅，非也。《筆談》云月形如彈圓，其受光如粉塗一半，月去日近則光露一眉，漸遠則光漸大。且如日在午，月在酉，則是近一遠三，謂之弦。至日月相望，則去日十矣。既，謂之既望。日在西而月在東，人在下面，得以望見其光之全。月之中有影者，蓋天包地外，地形小，日在地下，則月在天中。日甚大，從地四面光起，其影則地影也。地礙日之光，世所謂山河大地影是也。如星亦受日光，凡天地之光，皆日光也。自十六，日生魄之後，其光之遠近如前之弦，謂之下弦。至晦則月與日相沓，月在日後，光盡體伏矣。魄加日之上，則日食。在日之後，則無食，謂之晦。朔則日月相並。又問：《步里客談》所載如何？曰：非。又問：月蝕如何？曰：至明中有暗處，池本作暗虚，下同。其暗至微，望之時月與之正對，無分毫相差，月爲暗處所射，故蝕。雖是陽勝陰，畢竟不好。若陰有退避之意，則不至相敵而成蝕也。義剛。

林希逸《竹溪鬳齋十一藁續集》卷六《雜著》　日月食説

日月之食見於曆家，其説詳矣。然其間有甚難詰者，而昔之人未有疑焉。雖康節以觀物爲學，亦不及之，何也？且日之與月皆行於天，其光下濟九州，六合同一明也。有時而蝕，苟未至於盡三分二分，以至七八。光之在地，初無虧損，獨屋上之罅、窗中之竅，其大如卵，其小如豆，隨其分數皆有缺焉。累百累千，無不然者何？野外所照，遠近皆同，未聞某所某方有明有暗，而此光所入獨變見於窗屋之内，此其難詰者一也。又如木葉在林，若與日月無預，當其食時，葉葉之影皆缺，或細或大，分數如之，缺則俱缺，還則俱還，直榦横枝却不如是，此其難詰者二也。而況月之明魄，消長有時，爲朏爲弦，與食何異，而諸木之葉獨無此影，又何耶？此其難詰者三也。余嘗疑此有年矣，夜來思之，偶得其一。蓋日食必於朔，月食必於望，常時月體與日不同，如鏡之圓獨在於望，彼以圓光爲物所食，故影之於葉亦如日焉。朔望之餘，明有消長，未全之明，乃其正性譬如火之於薪，多亦火也。全者性之全，虧者性之虧，以食例之，則非矣。臆説如此，未知然否，併由前之疑，姑識于此以俟來者。

鮑雲龍撰　鮑寧辨正《天原發微》卷二下

太陽

《説卦》曰：離爲日，爲火。唐孔氏曰：日取南方而行。積陽之熱氣生火，火氣之精者爲日。火無形，麗物而有形，生於地二，王於南方，其神在天爲日，在地爲火。胡氏曰：日離體陰用陽，體陰故行舒，用陽故昱乎晝。《堯典》曰：日中日永，宵中日短。舉四仲之日言之。《月令》：其日甲乙，其日丙丁，其日戊己，其日庚辛，其日壬癸。舉四季之日言之。愚曰：日在於子，夜半方升，升則向生，海宇俱清。日在于午，午後爲降，降則向死，萬物皆鬼。鬼神之機，升降而已。《元命包》云：日形圓，望之廣尺，以應千里，故王畿象之。

程子曰：天地日月，一也。月受日光，日不爲虧，然月之光乃日之光也。

邵子曰：陽抱陰爲日，日陽中陽。朱子曰：乾乾不息者體，日月寒暑往來者用。有體則有用，不可分先後。説天包地外，地形小，日光大，從地四面光起。月在天中，則受日光而圓。月遠日則其光盈，近日則其光損。朱漢上曰：天地以坎離相濟，以日言，日降則月升；以月言，日交則月合；以歲言，寒來則暑往。皆既濟也。坎上離下，水火之極則反其初，故既濟之極，未濟藏焉。漢張衡曰：日，陽精之宗，積而成烏，有三趾，陽數奇也。蓋鷄屬酉，陽中之陰。離中虚，火氣宿焉。又曰：月陰精之宗，積而成兔，陰偶數，屬卯。蓋陰中之陽，坎中滿也。天一之水氣宿焉。晉杜預曰：日之質赤，月之質白。《元命包》曰：日之爲言實也，大明盛實。日，人君之象，行有道之國則光明。日有五色，其政泰平。【略】

《記》曰：大明生於東，月生於西。《詩》曰：東方之日，東方之月。

月之始則生於西，其盛則生於東。日之所出乃在東方，未旦則已行於地中，特未出地之上耳。古者訓日字，實也；月字，缺也。日常實，是如此。天行有差，日月星辰又遲，趕他不及，惟日之行鐵定是如此，故曰實也。【略】

邵子曰：日月之相食，數之交也。日望月則月食，月掩日則日食。猶水火之相尅，是以君子用智，小人用力。

日月相對曰望，相會曰晦。日食朔，是月近日，無光爲晦，故小人狎比之時，多能危君子。月食望，是月敵日而尤盛，如小人在外，雖盛必自危。如水克火，掩而克之，小人用力也。火克水，必隔物焉，君子用智也。日月一年十二會，十二望。交則食，不交則不食。故日行黄道，月行九道，亦有交而不食者。其合朔時，日月同在一度。其望日，則日月極遠而相對。其上下弦，則日月近一而遠三，如日在午，月或在卯酉之類。合朔時，日月東西雖同在一度，而月道南北或差遠於日，則不食；或南北雖日相近，而日在内，月在外則不食。

朱子曰：日月之食，皆非其常也，而以月食爲常，日食爲不臧者，以陰勝陽而掩之，不可言也。故《春秋》日食必書，而月食無紀焉，亦以此爾。

日月一歲十二會，方會月光都盡而爲晦，已會則月光復蘇而爲朔。朔後晦前各十五日，日月相對，月光正滿而爲望。望而日月之對，同度同道，則日亢月而月爲之食。晦朔而日月之合東西同度，南北同道，則月掩日而日爲之食，是皆有常度矣。然王者修德，用賢去邪，陽盛而陰不能侵，則月常避日，雖參差不齊亦當食而不食也。不然德政不修，臣子背君父，小人侵君子，夷狄亂中國，陰盛陽微，當食必食，實爲非常之變。穀梁子書日食有四種曰：有食晦日者，隱三年是也；有食既朔者次日也，桓十七年是也；日有食之既者，桓三年也；他如夜食者，則莊十八年也。一日一夜爲一日，日不食而夜食，則日在地下，人不見其形。至朔日日始出，如見其有虧傷之處，日光未復，故知其夜食也。夜食亦屬前月之晦。夜食星無光也。東山曰：月與星皆取日光而有光，日夜食則無光，星亦無所取光，而皆無其光矣，故曰日夜食星無光。

《詩》十月之交，朱子取孔註説得甚詳，今掇其説于此。朔日辛卯，日有食之。

古曆及《周髀》皆言周天三百六十五度四分度之一，日月皆右行於天。日日行一度，月日行十三度十九分度之七，是日遲月速，二十九日有餘而月行一周，追及於日，而與之會，是之謂交。每月交會而月或在日道表，或在日道裏，故不食。其食要於交會，又月與日同道乃食。周十月，夏八月也，日月交會而日食，陰侵陽，臣侵君之象，以日食者，月食之也。何休曰：不言月食之者，其形不可得而覩，故疑言日有食之。從甲至癸爲日，甲剛乙柔，其中有五剛五柔。十日皆爲幹，故日爲君。子至亥爲臣，子陽丑陰，其中有六陽六陰，以對十日皆爲支，故辰爲臣，卯比臣，辛比君。金應勝木，今臣反侵君，是五行相逆。以辛王在秋，臣以休廢之時侵當王之幼君也。　古今天度一也，日月之食本無常時，曆家爲日月交會之術，大率以百七十三日有奇爲限。日月行天，各自有道，雖至朔相逢，而道有表裏。若月先在裏，依限而食者多。若月先在表，雖依限而食者少。杜預見其參差，乃云日月動物，雖行度有大量，不能不少有盈縮，故雖有交會而不食者，唯正陽之月，君子忌之。是日月食無常時，非分至之月必相食也。正以二分晝夜等，有類同道；二至長短極，似若相過，因名示義，非實然也。其實日食皆爲異矣。若人君改過修善，雖正陽之月禍亦可消。若長惡遂非，雖分至之月亦將有咎，安得二至二分獨爲不災。

夫以昭昭大明照臨下土，忽爾殲亡，俾晝作夜，其爲怪異莫斯之甚，故有伐鼓用幣，貶膳去樂之典。皆所以重天變，警人君也。而天道深遠，有時而驗。或亦人之禍釁偶與相逢，故聖人因其變常，假靈神以爲勸戒，使智達之士識先聖之深情，中下之士信妖祥以自懼，但神可以助教，不可以爲教。神之則惑衆，去之則害宜，故其言若有若無，其事若信若不信，期於大通而已。杜預曰：日光以望時奪月光，故月食。日月相會，月掩日故日食。蘇氏曰：仲尼修《春秋》二百四十二年，日星之變必書，而月食不紀。解之者云：月，諸侯道也，夷狄象也，彼有虧王者，中國之政勝，故不爲災。

太陰

《説卦》曰：坎爲水，爲月。月，水之精也。《河圖・帝覽》云：金之精坎，一陽居内，内明外暗，在天爲月，在地爲水。胡氏曰：月坎體陽，用陰。陽故行速，陰故昱乎夜。《曆本議》曰：月朝見曰朒，夕見曰朓。《五行傳》云：晦而月見西方謂之朓，朔而月見東方謂之側匿，亦名朓朒。朓則侯王其舒，側匿則侯王其速。《太玄》注云：朓側，變之貌，朓見也。朔月見東方曰側，晦見西方曰朓。日雄月雌，經於天而無已也。《司天考》云：月離朓朒，隨曆校定日躔，朓朒臨用加減。又曰：日躔月離，朓朒定數。朓減，朒加。《周髀》云：月生於日所照，魄生於日所蔽，當日則光盈，就日則光盡。京房云：月形無光，日照之乃光，日照處明，不照處則暗。月闕也，滿則缺也。先天乾一，兑二，月自兑起者，月行不及日之數也。日月皆有盈縮，日盈月縮則後中而先朔，月盈日縮則先中而後朔。

張子曰：月，陰精反乎陽者也。月所位陽，故受日之光，不受日之精。相望中弦，則光爲之蝕，精之不可以二也。又曰：日月之精，今按《正蒙》作陰陽之精。互藏其宅。

朱漢上曰：泰言天地交而萬物通，否則不交不通。泰當坎九五，水氣上行。坎坤體，坎中之乾二五也。乾陽流於坤陰，故月以速爲退。月體不明，待日而明。明者，乾也。乾言日月合明者，坎離互用也。豫言日月不過者，坎爲月伏，離爲日，日月會于北方也。【略】

或問程子曰：月有定魄，而日遠於月，月受日光，以人所見爲有虧盈否？曰：日月一也，豈有日高於月之理。月若無虧盈，何以成歲。蓋月一分光，則是魄虧一分也。

月不受日光，故食。不受日光者，月正相當，陰亢陽也。鼓者，所以助陽，然則日月之眚皆可鼓也。月不下日，與日正相對，故食日。月薄食而旋復者，不能奪其常也。日之與月，有陰陽尊卑之辨，近君則威損，遠君則勢盛，故月遠日則其光盈，近日則其明缺，未望則出西，既望則出東。揚雄曰：月未望載魄于西，月既望終魄于東。言月方生，則以日之光加被於魄之西，而滿其東，以至望而後圓。既望則以日之光終，守其魄之東而漸虧其西，以至於晦而後盡。月遡日以爲明，未望則日在其右，既望則日在於左，故各以其所在受光。朱子曰：子雲兩句亦錯説了。

寧按：註文引揚雄「月未望載魄于西，月既望終魄于東」兩句，而明釋之末後，引朱子語謂揚雄兩句亦錯説了，又無辨釋言所錯之由，是使觀者益致其疑而無理會處。今詳此篇下章「月無盈闕，人看得有盈闕」條下註文所引曆家舊説，而辨其誤一段與此章註文貫穿，學者宜參看庶可得之。

《書》曰：一月壬辰，旁死魄。又曰：厥四月，哉生明。《禮》曰：三五而盈，三五而闕。

蔡九峯曰：一月建寅，正月也。不曰正，而曰一者，以商建丑故。此云一月，當是一月二日死魄朔也。旁死魄，二日也。始生明，月三日也。曆志曰：凡月朔而未見曰死魄，夕而成光則謂之朏。陳氏曰：或以生明爲月三日，唐孔氏以爲生明、死魄俱在月初，如何？曰：朔日月已生明，但明處極微昧，明生則魄死矣，故爲始死魄。魄死明生矣，哉生明月一日也，旁死魄月二日也，至望日則明全生而魄全死，自望後一日則月生魄，魄生則明死矣。至晦日則明全死，而魄全生。故月終謂之晦，以其魄全晦。月始謂之朔，以其明初見。以晦朔觀之，當以穎達爲正。諸儒以哉生魄爲十六日，夫望後一日魄始生，而望或在十五日與十六日與十四日，不可指定十六日爲生魄也。考亭夫子曰：月小大，只是以每月二十九日半九百四十分日之二十九計之，觀其合朔爲如何明之生時大盡則初三，小盡則初二。　生明上弦至十五日望，其光滿；生魄下弦又至十五日晦，其光缺。日爲魂，月爲魄。魄是黯處，魄死則明生。　或言載營魄，載如車之載人，魂加於魄，魄載魂也。月受日之光常全，人在下望之，故見其虧盈不同。西山真氏曰：和而后月生者，陰陽和合而月始生明。月本無光，以受日光之多少而爲虧盈。朔則日月合，三日明生，八日上弦，其光半望，日十五其光滿，三五而盈也。既望漸虧，二十二日下弦，其虧半；三十日而晦，其光盡，此三五而闕也。方晦爲純陰，故魄存而光泯。至日月合朔而明復生。

邵子曰：月體本黑，受日之光而白。月者日之影也。又曰：陽中之陰，月也，以陽之類，故能見于晝。

月體黑者，陰也。受日光而白者，得陽之氣也。朱子言天包地外，地形小，日在地下，則月在天中。日光大，從地四面光起，地碍日之光。月中之影，即山河地影也。王普曰：日月在天，如兩鏡相照，地居其中，四旁皆空水，故月中微黑處乃鏡中大地之影，非真有桂樹蟾兔之説。斯言有理，足以破千古之惑。　月中黑精只在地形一塊實物隔住，故微有礙。西山真氏曰：月如圓毬，只有一面受光。望日日在西，月在卯，正相對，受光爲盛。天積氣，上面勁，只中間空，爲日月往來地。有時月在天中央，日在地中央，則光從四旁上受光於日，其中暗處便是地之影。望以後，日與月行便差，背向一半，相去漸漸遠，其受光面不正。至朔又相遇，日與月正緊相合，日便食無光。月或從上過，或從下過，非不受光，受日光但小耳。

朱子曰：月無盈缺，人看得有盈缺。晦日則月與日相疊了，至初三方漸漸離開去。人在下面，側看見則其光缺。日行遲，月行速，一夜一夜漸向東，便可見月退處。

日月相會時，日在月上，光都載在上面一邊，故地上無光。到得日月漸漸相遠時，月光漸漸見於下。望時月光渾在下面一邊，望後又漸漸光向上去。又曰：下弦至晦，則月與日相沓，月在日後，光盡體伏，魄加日之上則日食。在日之後則無食。晦朔則日月相並也。《楚詞》云：「夜光何德？死則又育。厥利維何？而顧菟在腹。」此問月有何德，乃能死而復生？月何利而顧望之，菟常居其腹乎？答曰：曆家舊説，月朔則去日漸遠，故魄死明生。既望則去日漸近，故魄生明死。至晦而朔，則又遠日而明復生，所謂死而復育也。此説誤矣。若果如此，則未望之前西近東遠，而始生之明當在月東；既望之後東近西遠，而未死之明却在月西矣。安得未望載魄於西，既望終魄於東，而遡日以爲明乎。故謂沈括之説乃爲得之，其曰：月本無光，猶一銀丸，日耀之乃光爾。光之初生，日在其旁，故光側而所見才如鈎。日漸遠，則斜照而光稍滿。大抵如一彈丸，而粉塗其半，側視之則粉處如鈎，對視之則正圓也。近世王普又申其説曰：月生明之夕，但見一鈎。至日月相望，人處其中，方得見其全，不知弦晦之時亦與望夕無二，人自不見爾。以此見月光常滿，其有盈有虧者，由人所立所見之有偏正，非死而復生也。　月，陰精，形圓而質清，日光照之則見其明，不照則魄爾。至日月相望，人居其間，則盡覩其明而其形圓；上下弦則日照其側，人觀其旁，故半明半魄也。晦朔之日，日照其表，人在其裏，故不見也。

又曰：日至明中有暗虚，其暗至微。望時，月與日正對，無分毫差，月爲暗虚所射，故蝕。雖是陽勝陰，畢竟不好，若陰有退避之意，則不至相對而蝕之矣。

漢張衡曰：火外光，水含景。月光生於日之所照，魄生於日之所蔽。當日則光盈，就日則光盡。衆星被耀，因水轉光，當日之衝，光常不合者，蔽於地也，是謂暗虚。在星星微，月遇則食。日之舊地，其明曰由暗視明，明無所屈，是以望之若火，方於中天，天地同明。繇明視闇，闇還有奪，故望之若水，火當夜而揚光，在晝則不明。　愚曰：暗虚之説本此。所謂闇虚者，陰抱陽爲月，坎爲月，坎中一畫陽，本是離中一畫陰。乾入坤中爲月，坤入乾中爲日。望時日月相對，真精相會，故離日以乾體欲吸取月中一畫之陽，故月爲之食。其所謂暗虚者，即離中一畫之⚋也。此是眼前事，只是古今無人曾説來。

又曰：月去日近則光露一眉，漸遠則光漸大。如日在午月在酉，則是近一遠三，爲弦。至望則日在西，月在東，人在下望之，見其光之全。

《渾儀畧説》曰：月行速而日行舒，當以二十九日强而相及，故一歲周而十有二會。會而爲晦，晦而復蘇，明於是乎生焉，是之謂朔。月之行速，漸遠於日，以周天言之，其近日九十一度有奇，其遠於日也二百七十四度有奇，是謂近一遠三爲弦，此謂之上弦也。其行甚遠，而與日對，去日百八十二度六十二分有奇，是謂相與爲衡，分天之中而爲望，日與月相望故也。其行過中，遠於日也二百七十四度有奇，是謂近一遠三爲弦，此謂下弦也。上弦在於八日，下弦在於二十二日，望在於十五日，此其常也。上弦或退則是七日，進則九日；下弦或退則是二十一日，進則二十三日；望日或退則在於十四，進則日之十六。此其變也。上弦是月盈及一半，如弓之上弦。下弦是月虧了一半，如弓之下弦。

又曰：先天圖有一月之象，自復而震，初三日月生明；至兑初八日月上弦；十五至乾，月之望也；至巽則月之始虧，十八日也；至艮則月之下弦，二十三日也；至坤則月之晦，而三十日。

一息之間便有晦朔弦望。上弦者，氣之方息，自上而下也。下弦者，氣之方消，自下而上也。望者，氣之盈，日沉于下，而月圓于上也。晦朔之間者，日月之合乎上，所謂舉水以滅火，金來歸性初之類是也。　甲、乙、丙、丁、庚、辛者，乃以日之昏旦出没言之，非以分六卦之方也。

又曰：明魄、弦望、晦朔，皆以向背於日而得名。

生明至上弦，皆由日入於酉，而月隨以生，魄中生魂，俯以接日，明自下生，以至於平分，安得不爲弦上而在望前。自望後以至下弦，皆由日出於卯，而月隨以死，魂中生魄，仰以遡日，望前之光悉變爲魄，明自下退而死，及其又弦，而金水平分如前，安得不爲弦下而在望之後。

又曰：震一，兑二，乾三，巽四，艮五，坤六。每五日爲一節，朔旦始用事，爲日月陰陽交感之初。二十六日已後至初二爲坤，日行至震則月生光一分，至兑月生光二分，至乾月全體皆光；十六已後至巽，月光漸虧，至晦朔之間日月相沓，全無光。

日與月會而分晦朔。月掩於日，人見其背，故陰體全見而爲晦，配卦象坤，其時月在乙方而日在乙，以其合也，故坤合乙。

劉惟永編集《道德真經集義》卷一五《載營魄章》　虚象者，形質始具，謂之爲象。象，似也。如月之魄照日則光生者，《天元經》云：月本陰氣，有象而無光。日者太陽之精，常循黄道而東行。一日一夜行一度有奇，一度二千九百三十二里。月者太陰之精，其狀也圓，其質也清。禀日之光而見其體，日所不照則謂之魄。常循黄道東行，或出黄道表，或入黄道裏。行有遲疾，其極遲日行十二度十九分之二，平行一十三度三十七分，極疾日行十四度九分度之十三。遲則涉疾，疾則復遲，二十七日五十二分，日則四百一十七分，則遲疾之終也。終而復始，每月朔與日同度，謂之合朔。月疾而日遲，故三日哉生魄，三日之外其光漸生。二弦之日，日照其側，人觀其傍，故半明半魄。晦朔之日，日照其表，人在其裏，故不見月。月望之日，日月相望，人居其間，以觀其明，故形圓而光滿。月望而晨見東方，謂之側，行遲也。月晦而夕見西方，謂之朓，行疾也。《天對》曰：衡其光如日，日光不極謂之暗虚。暗虚值月則月蝕，值星則星亡。日月朔望行於中道，則值暗虚而蝕。日月各周圓三千里，徑一千里也。

趙友欽《原本革象新書》卷三　日月薄食

日體遶地一周，雖然懸虚無迹，而有必由之道，謂之黄道。世人仰觀日輪似乎附著天體，所印天體之一遭乃是在天之黄道。在天之黄道比一大環，日行之黄道比一小環。小環在大環内，相距遠近之數周遭不殊，兩環之度雖有少廣，皆曰一度。亦猶近極經度狹，赤道經度廣，皆以一度言之。天周既以太陽比尺而量爲度，則日行之道黄道得度數之真矣。日雖與人相遠，天去人爲尤遠。近視則小猶大，遠視則雖廣猶窄，故在天之黄道周圍雖廣，以太陽度之亦止是三百六十五度四分度之一。日之圓體大，月之圓體小，日道之周圍亦大，月道之周圍亦小。日道距天較近，月道距天較遠。月道在日道内，亦似小環在大環之中，周遭相距之數不殊。日月之體與所行之道雖周徑有少廣之差，然月與人相近，日與人相遠，故月體因近視而可比日體之大，月道因近視而可比日道之廣，亦猶日道之可比天道。日月之行，今常數以二十九日五十三分五秒九十三毫相會一次。相會則同一經度，雖因日月或盈或縮，而定朔或前或後，所較亦不甚多。若日食於朔，月食於望，當以天度經緯而推其同經不同緯，止曰合朔。或者月從八道穿度日之黃道而出入，其時日亦在彼，即是同經同緯合朔而有食矣。世人觀望其日體，見爲月之黑體所障，故云日食。然日體未嘗有損，所謂食者，强名而已。日道與月道相交處有二，若正會於交，則月體障盡日體，人間暗甚，謂之食既。雖然月體小而日體大，因視殊遠近，兩輪相若，日月之行遲速不同，須臾則兩輪參差而生光矣。若同經而交不正的，但在交之前後而度相近者，亦見其食。兩輪雖相犯，所食卻不既。近於正交者食分多，遠於正交者食分少。兩朔之間，日月對躔而望，平分黃道之半。黃道有二交，若不當二交前後而望，則不食。望在二交前後者，其月必食，或既或不既，食分之數當以距交遠近而推。月之黑體映日而明，但是經度相對則見其光滿。若相對於二交限內，對經而對緯至甚的切，所受日光傷於太盛，陽極反亢，以致月體黑暗，如染紅濃厚反成紫黑也。案：月入闇虛而虧食，不得云所受日光傷於太盛，陽極反亢，以致月體黑暗。此等附會之虛辭，豈可加於測驗之實。以《授時歷》考之，望在交之前後者，距交一十三度五分方纔不食。若在此限之內，則有食矣。望而距交未遠，在四度三十五分之內，月食必既。餘八度七十分，雖是食限，卻不是食既之限。食於此者，所食不既。食分則有多寡。愚因思之，測得日月之圓徑相倍，日徑一度，日道即廣一度，月徑止得日徑之半，月道亦止得日道之半。道之廣狹隨其體之大小也。日體與日道雖廣一度，月體與月道雖狹一半，然月體與月道在於近視，亦準一度，是猶省秤比於複秤，斤兩名數雖同，其實則有輕重之異。案：日月之實徑，日大於月近十九倍。此云日月之圓徑相倍，非也。日月在天，距人絕遠，以度計，皆視徑日約半度奇，月較日稍大，月近於日故也。此云日徑一度，月亦準一度，皆非。日體對衝之處，往古名曰闇虛，似乎日之像景，月體因之而失明，故云闇。日非有像景，强立其名，故云虛，言其非實有也。其闇虛之圓徑倍於月體之圓徑。闇虛緣日而有，故其圓徑與日相等。日之圓徑倍於月，則闇虛之圓徑亦倍於月。月道之廣既準一度，則闇虛之道廣二度矣。案：日徑大於地徑五倍奇，地徑大於月徑三倍半奇。地障日光而爲闇虛，愈近地則愈大，愈遠地則愈小，而漸鋭無有矣，由日大於地故也。日月在天皆非平行，故月入闇虛之時，測之其徑大小不定，不出一度半内外。此云廣二度，非也。今擬畫闇虛之黃道廣二度，又畫月之本道色白而廣一度，兩道相交。假以一寸爲一度，交前四度三十五分，并交後四度三十五分，共八度七十分，通作一段，爲既外後限。將圓板一片塗黑，比爲闇虛之形，其徑二寸。又將圓板一片塗粉，比爲月形，其徑止廣一寸。將此兩板於畫圖相犯而比之，若剪紙以代板亦可。自闇虛之黃道初犯處至中段相距八度七十分，月在其間，望者折半處食五分。其食五分之所距初犯處四度三十五分，距既限亦四度三十五分。以衝望處較距交遠近，增近八十七分，則食數增一分。增遠八十七分，則食數減一分。後限比前限相同。今以月體之先犯處名曰此邊，後犯處名曰彼邊。闇虛之黃道先犯處亦曰彼邊，後犯處卻曰此邊。月犯黃道曆八度七十分，而望所食十分，止見月犯黃道一度之廣，其增近八度七十分，經度以直數也。其犯黃道一度之廣，緯度以橫數也。此際食既者，月體在黃道之彼邊止占黃道之半廣，蓋月體止一度，而闇虛之黃道廣二度也。若謂黃道止廣一度，則止是正交處食既，不當有八度七十分既限矣。【略】日食則不然矣。舊曆云：假令中國食既，戴日之下所虧纔半，化外反觀則交而不食。何以言之？日月如大小二毬，非若二餅之平圓也。日食非體失明，但因黑月障人所視，所以云食也。月雖障日，與人相去較遠，署似片雲掩翳，非能盡障日體，偏傍望之，則不盡然。若將赤毬比月，大小相同，共懸一索，日上月下，相去稍遠，人在其下，正望之則黑毬遮盡赤毬，比若食既。傍視而分遠近之差，即食數有多寡也。日行有四時早晚之異，月行有九道之殊。日行多南，月在陰曆，則中國見食分多；月在陽曆，則中國見食分少。偏南之地開北户，可以向日。此處月在陽曆，反食多；陰曆反食少。戴日之下，則在酌中之間。夏日近中國，冬日近交廣，如此則戴日之下不定，酌中之處亦移。凡食在午前，見食早；食在午後，見食遲。地偏西者，見食早；地偏東者，見食遲。推步曆之，南北差乃爲四時而加減，又以地偏南北遠近而加減之。南北不可以路里計，但自考其表景，更視北極出地度數而推之。東西差則爲早晚而加減，又以地偏東西遠近而加減之。東西亦不可以路里計，但自考其表景，更驗中星而加減之。今太史所報之數，止言中國所見也。雖然推步有法，終是未密，時或有失於多寡。日月交朔於夜，望食於書者，在所不論。蓋已没入地，則不見其食也。若帶食分出入在於晨昏之際，雖不見其食甚，但見初虧，或見復圓以前者，則亦論之。所謂食甚之時，乃在初虧復圓酌中處，非食既者，亦於此際食分最多，從此則轉減少矣。若月食既，又云甚者，蓋以初既之時名食既，卻於食既之後、生光之先取其酌中處，名爲食甚。日食既者則不然，食既食甚，生光總不分別，止作食甚時刻言之。蓋食既不久，止在須臾也。在望交者，月道廣一度，闇虛之道廣二度，兩度相犯處多，故食限不少，有一十三度五分。在朔交者，日月之道止廣二度，兩道既皆不廣，相犯處不多，故食限少，約計八度左右。日食限少，故逐年罕見其食。月食限多，故頻見其食。月之圓徑一度，而闇虚圓徑二度，故兩輪相犯之時刻久。朔交而仰觀日月，則大小相若，故相犯之時刻不多。所謂起復方位，是以月在陰陽曆論之。月在陽曆者，日食起於西南，甚於正南，復於東南。月食起於東北，甚於正北，復於西北。月在陰曆者，日食起於西北，甚於正北，復於東北。月食起於東南，甚於正南，復於西南。凡日月食至八分已上者，日食但云起於西復於東，月食但云起於東復於西。或曰天體之內，大地在太虚之中亦爲大，月望而緯度不對者，可以偏受日光之全，大地不可傍障。若望而經緯俱對，則大地正當其間，所以相障而月食。食不盡者，稍有參差也。愚卻以爲不然，推步闇虚者，以比圓體而求月食。今大地卻非圓體，大地邊傍四圍與天地平之下不可見其圓與不圓。夜半前後月食，難以辨論矣。倘食於晨昏出入之際，則須大地之上如覆半瓜。今陽城在地中，非高於四遠，又且地平之北高南下，但見其平斜，地形非似半瓜，則闇虚不可言地景矣。

史伯璿《管窺外篇》卷下《雜辨》

《天問》：夜光何德，死則又育？厥利維何，而顧菟在腹？《集註》云云，惟近世沈括之説爲得之。括之言曰：月本無光，猶一銀丸，日耀之乃光耳。光之初生，日在其傍，故光側而所見纔如鈎。日漸遠，則斜照而光稍滿。大抵如一彈丸，以粉塗其半，側視之則粉處如鈎，對視之則正圓也云云。《性理會元》文公曰：緯星是陰中之陽，經星是陽中之陰。蓋五星皆是地上水火土金水之氣上結而成，卻受日光。經星卻是陽氣之餘凝結者，亦受日光，但經星則閃爍開闢，其光不定。緯星則不然，縱有芒角，本體之光亦自不動。

按沈氏之説，愚竊有所未曉者。夫《集註》又曰：或者以爲日月在天，如兩鏡相照，而地居其中，四旁皆空水也。此乃實見，非臆度之論。但曰月本無光，日耀之乃光。如此則日光必照著月，乃有光耳。若日光爲物所遮隔，照不著月，則月乃何以爲光乎？今或者既曰：日月在天，如兩鏡相照，而地居其中，則是日月之行不免有隔地之時，若日光爲地體所障，月體爲地影所蔽，則月必無日光可受，又將何以爲光乎？愚嘗以此爲月食之説，終是不慊於心，何者？蓋地體甚大，若謂其有影，則凡物之影必倍於形，地之與水豈無十萬里之廣厚，則對日之衝，其影又當倍此。以天倍言之，一度纔二千六百三十二里有餘耳，九行爲黄道，近者只在一度間，極遠者不過六度。便以六度計之，不過一萬五千七百九十二里有餘而已，而地與水之影在對日之衝者，乃有一二十萬之廣大，可以遮六七十度。不知月行入在此影中，日光亦能照及之否？故謂地爲無影則可，若不免有影，政恐月若本自無光，須待日耀之乃光，則爲地影所蔽，失光之時豈一夕兩夕而已。今則月自生明之後，無夕不光，雖有時而食，亦不過一時兩時之頃而已，不知又何説也。又按文公星亦受日光之説，朱子又嘗言，天地間本無光，光乃是日之光，故月與星有光者，皆是受日之光以爲光，亦此意也。愚亦有所未達者，夫既曰月與星皆是受日之光，則月之生明必在合朔之第三日，是時月去日已三四十度矣，然始生之明不過一線之微耳。漸增以至於半而弦，又漸增至於滿而望，望後漸虧以至於晦亦然，無生明頓滿之理也。今經星緯星近日遠日，光皆圓滿，滿皆無以漸者。姑以金星言之，金星附日而行，自距合後或進在日前，只去日十八度，便夕見西方；或退在日後，亦只去日十八度，便晨見東方。是時去日如此之近，皆見圓滿，不如月之生明有漸，亦不知此何説也。

愚竊以意度之，夫星去日雖近而光亦滿，不如月之生明有漸，則似乎星自有光，不待受日光以爲光者。星若果自有光，烏知月之不亦有光乎？若月之所以有魄者，蓋日月與星雖總謂之三光，而陰陽大小則異焉。是故日爲太陽，太陽猶四象之老陽，六十四卦之乾卦，是純乎陽之象也。月爲太陰，太陰猶四象之老陰，六十四卦之坤卦，是純乎陰之象也。日純乎陽，故其光尤盛而其體四面皆光。月純乎陰，故光不及日，其體半光而半晦。光乃其面，晦乃其背，背即所謂魄耳。日全體光，而月半體光者，陽全陰半之意也。至於星，則陰陽合體而不純矣。文公謂緯星是陰中之陽，經星是陽中之陰。陰中之陽，陽中之陰，猶四象中之少陽、少陰。六十四卦中，凡陰陽合體之六十二卦，是不純乎陽，不純乎陰之象也。不純乎陰，故其光皆全，不如月之半明半晦。不純乎陽，故其光雖全而不如日之獨盛也。三光之體不同，恐或如此。星既本自有光，則近日遠日，光皆圓滿，不必疑可也。獨月之近日遠日而光有盈虧之異，則未得其説。竊以爲，日君象，臣主敬君，故月常面日而不敢背，此其光所以自生而滿，自滿而虧，皆以漸而進退也。此即沈氏彈丸以粉塗半，側視對視之說。但彼主日耀之光，此主月自有光爲異耳。至於日君月臣，月常面日之説，何以知其然邪？曰：以九行與黃道離合遠近之勢而知之也。觀九行與黃道相交去之勢，則知月之與日既不敢當日道而行，不敢去日黃道太遠，去不過六度而已。甚則日失中道，則月亦變行。月於行之常變，皆不遠乎日。如此非臣敬君之意而何如？此則常面日而不敢背，亦何足怪乎？既曰月自有光，則地影遮隔之疑可釋矣。然則日月有時而食，何也？曰：月常面日魄，乃其背則朔。月掩日而日食，亦自與先賢之說不相悖。但望月之蝕則張衡所謂對日之衝有暗虛者，月若望行黃道，則適與之值，故爲所掩而食耳。曰：然則對日之衝，何故有暗虛在彼？曰：天象所掩，有非人所能盡知者。對日之衝與太陽遠處往往常自有幽暗之象在焉。其大如日，與日仝運亦未可知也。既不能淩倒景，傍日月，以目擊其實，則只當以古人此說爲據而已，尚何言哉！尚何言哉！鑿說謬妄，豈曰可信。疑不敢蓄，姑筆於此，以俟知道云爾。

或疑在《易》坎爲水，又爲月，水光在內，可以監形於內，而不以照物於外，故月之體亦如水之黑，非受日光則無以（鈔本作不。）照物於（鈔本作之。）外。今曰月自有光，則與水異矣。曰：日月在天之象也，豈可以爲盡同於在地之水火哉。假如日月盡同於水火，則合朔月或食日之時，火何以不熄？水何以不燥？而日月尚得兩無恙乎？況辰星明謂之水星，其體尚不如水之黑，而自有光，則月之自有光又何可疑之有。

陳致虛《太上洞玄靈寶無量度人上品妙經解註》卷下　道六度。日爲陽之精，月受日光而明。《革象》：以黑漆毬於簷下映日，其毬受日之光，遠射暗壁。月之圓體，比黑漆毬，有日映處則有光；日映不到，則無光，故常一邊光，一邊暗。遇望，日月相對，月在天，日在地下，所映之光，全向人間一邊，暗處却全向天，人所不見。晦朔，日月同經，月在日之下，月受日映，一邊光處全向天，一邊暗處全向地。晦朔同經，離二十五度，所映之光，漸向一邊，人間乃見月吐微光。日與月逐漸遠，光漸多，月離日九十餘度，則人見光一半，故謂之弦望。後離日二十五度，而月光漸虧，逐漸遠，光漸少，而至于晦。是以月體本無圓缺，每受日光，只是半輪，以其旋轉，人不盡見，故言其虧盈也。而愚者謂日月對望，爲地所隔，豈能得日之映彼，豈知陰陽之氣，隔凝潛通之理。其月不全瑩而似瑕者，其映水之處則瑩，照地之處則瑕。古云：月中有山河樹影是也。日之圓體大，月之圓體小。日距天雖遠，月距天又遠。月道在日道內，亦似小環在大環之中。月與人相近，日與人較遠，月因近視而比日體之大也。

唐順之《稗編》卷四九《諸家七天文》　月星不受日光辨

史氏曰：《天問》：夜光何德，死而又育？厥利惟何，而顧兔在腹？《集註》答曰云云，惟近世沈括之言曰：月本無光，猶一銀丸，日耀之乃光耳。光之初生，日在其傍，故光側而所見纔如鉤。日漸遠則斜照，而光稍滿。大抵如一彈丸，以粉塗其半，側視之則粉處如鉤，對視之則正圓也云云。《性理會元》文公曰：緯星是陰中之陽，經星是陽中之陰。蓋五星皆是木火土金水之氣上結而成，却受日光。經星却是陽氣之餘凝結者，亦受日光，但經星則閃爍開闢，其光不定。緯星則不然，縱有芒角，其本體之光亦自不虧。按沈氏之說，愚竊有所未曉者。夫《集註》又曰：或者以爲日月在天，如兩鏡相照，而地居其中，四旁皆空水也。此乃實見，非臆度之論。但曰月本無光，日耀之乃光，如此則日光必照著月，月乃有光耳。若日光爲物所遮隔，照不著月，則月乃無以爲光乎。今或者既曰日月在天，如兩鏡相照，而地居其中，則是日月之行不免隔地之時。若日光爲地體所障，月體爲地影所蔽，則月必無日光可受，又將何以爲光乎？愚嘗以此爲月食之說，終是不慊於心，何者？蓋地體甚大，若謂其有影，則凡物之影必倍於形。地之與水豈無十萬里之廣厚，則對日之衝，其影又當倍此。以天度言之，一度纔二千六百三十二里有餘耳，九行與黃道近者，只在一度間；極遠者不過六度。便以六度計之，不過一萬五千七百九十二里有餘而已，而地與水之影在對日之衝者乃有一二十萬里之廣大，可以遮六七十度。不知月行入在此影中，日光亦能照及之否？故謂地爲無影則可，若不免有影，政恐月若本自無光，須待日耀之乃光，則爲地影所蔽，失光之時豈一夕二夕而已。今則月自生明之後，無夕不光，雖有時而食，亦不過一時之頃而已，不知又何說也？又按文公星亦受日光之説，朱子又嘗言天地間本無光，光皆是日之光，故月與星有光者皆是受日之光以爲光，亦此意也。愚亦有所未達者。夫既曰月與星皆受光，則月之生明必在合朔之第三日，是時月去日已三四十度矣，然始生之明不過一線之微耳。漸增以至於半而弦漸增，至於滿而望。望後漸虧，以至於晦亦然。無明生頓滿之理也。今經星緯星近日遠日，光皆圓滿，滿皆無以漸者。姑以金星言之，金星附日而行，自距合後，進在日前，只去日十八度便夕見西方；或退在日後，亦只去日十八度便晨見東方，是時去日如此之近，皆一見便滿，不如月之生明有漸，亦不知此何説也。愚竊以意度之，夫星去日雖近而光亦滿，不如月之生明有漸，則似乎星自有光，不待受日光以爲光者。星若果自有光，烏知月之不亦自有光乎？若月之所以有魄者，蓋日月與星雖總謂之三光，而陰陽大小則異焉。是故日爲太陽，猶四象之老陽，六十四卦之乾卦，是純乎陽之象也。月爲太陰，猶四象之老陰，六十四卦之坤卦，是純乎陰之象也。日純乎陽，故其光獨盛，而其體四面皆光。月純乎陰，故光不及日，其體半光而半晦，光乃其面，晦乃其背，即所謂魄爾。日全體光而月半體光者，陽全陰半之意也。至於星則陰陽合體而不純矣。文公謂緯星是陰中之陽，經星是陽中之陰。陰中之陽，陽中之陰，猶四象之少陽、少陰。六十四卦中，凡陰陽合體之六十二卦，是不純乎陽、不純乎陰之象也。不純乎陰，故其光皆全，不如月之半明半晦。不純乎陽，故其光雖全而不如日之獨盛也。三光之體不同恐或如此。星既本自有光，則近日遠日光皆圓滿，不必致疑可也。獨月之近日遠日而光有盈虧之異，則未得其説。竊以爲，日君象，月臣象，臣主敬君，故月常面日而不敢背，此其光所以生而滿。自滿而虧，皆以漸而進退也。此即沈氏彈丸以粉塗半，側視對視之説。但彼主日耀之光，此主月自有光，爲異耳。至於日君月臣，臣主敬君，月常面日之説，何以知其然耶？曰：以九行與黄道離合遠近之勢而知之也。觀九行與黄道相交相去之勢，則知月之光。月既不敢當日道而行，又不敢去日道太遠，遠去不過六度而已。甚則日失中道，則月亦變行。月於行之常變，皆不違乎日如此，非臣敬君之意而何？如此則常面日而不敢背，亦何足怪乎。既曰月自有光，則地影遮隔之疑可釋矣。然則日月有時而食，何也？曰：月常面日，魄乃其背，則朔月掩日而日食，亦自與先賢之説不相背。但望月之食則張衡所謂對日之衝，有暗虚者。月若望行黄道，則適與之值，故爲所掩而食耳。曰：然則對日之衝，何故有暗虚在彼？曰：天象所有有非人所能盡知者，對日之衝與太陽遠處，往往常自有幽暗之象在焉。其大如日，與日同運，亦未可知也。既不能凌倒景，旁日月，以目擊其實，則只當以古人此説爲據而已，尚何言哉。鑿説繆妄，豈曰可信，疑不敢蓄，姑筆於此，以俟知道云爾。或疑在《易》坎爲水，又爲月。水光在内，可以鑑形於内，而不可以照物於外，故月之體如水之黑，非受日光則無以照物於外。今曰月自有光，則與水異矣。曰：日月在天之象也，豈可以爲盡同於地之水火哉。假如日月盡同於水火，則合朔月或食日之時，火何以不熄，水何以不燥，而日月尚得兩無恙乎？況辰星明謂之水星，其體尚不如水之黑，而自有光，則月之自有光，又何可疑之有。

徐光啓等《新法算書》卷一三《測食略》

似食實食説第一

人恒言日食月食矣，輒概混焉不知月實食，日則似食而寔非食也。何者？日爲諸光之宗，永無虧損，月星皆借光焉。朔則月與日爲一綫，月正會於綫上而在地與日之間。月本厚體，厚體能隔日光於下，於是日若無光，而光實未嘗失也，惡得而謂之食。望則日月相對，而日光正照之，月體正受之，人目正視之月光滿矣。此時若日月正相對如一綫，而地體適當綫上，則在日與月之間，而地亦厚體，厚體隔日光於此面，而射影於彼面，月在影中，實失其所借之光，是爲食也。然其食特地與月之失日光耳。而其光之失，因光在地面與月體之上，地與月互相遮掩耳。日固自若也。總之，日也，月也，地也，使三體並不居一直綫，則更無食矣。若食則日體恒居一直綫之界末，而彼界則月體地體叠居焉。月體居界末，則月面之日光食於地影矣。地影居界末，則地之日光食於月影矣。

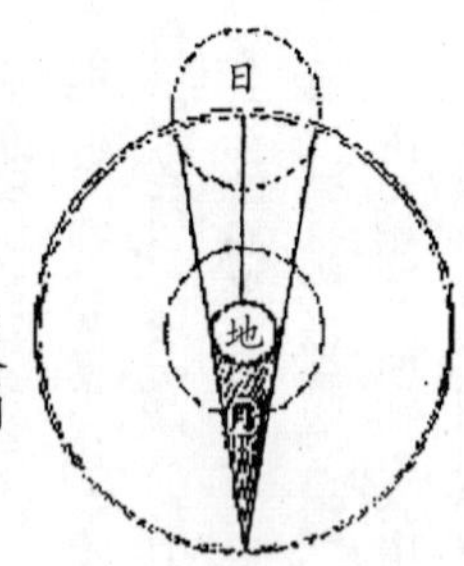

月食圖

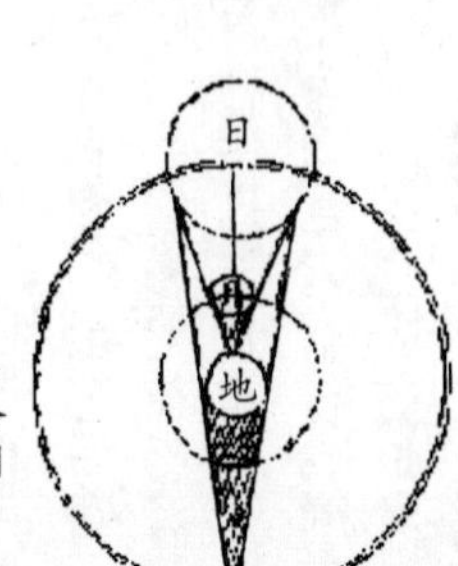

日食圖

又 日食月食辨第八

夫日食與月食固自有異，蓋月食天下皆同，而日食則否。日食此地速，彼地遲；此地見多，彼地見少；此地見偏南，彼地見偏北，無有相同者也。而月食則凡地面見之者，大小同焉，遲速同焉，經候同焉。唯所居不同子午線者，則時刻不同矣。蓋月一入影，失其借光，更無處可見其光也。

右所舉不過略言食之固然與夫所以然耳。若精求合朔之時刻，日月之真方位及月離躔道之距度，考南北東西差，每處不同。日月每時行幾何度分與夫月進地影食甚時以較太陽行度幾何，遲速及他種種議論、種種見解，是書皆未及言，俱各有本論及立成，井井臚列，俟翻譯後，開卷一目便已了然。

又 卷一四

月食爲地影所隔第一

問：月食必在於望，因日月相對之故，其説明矣。至謂地影隔之而食，竊有疑焉。曰：月對日而受其光，苟日月之間非有不通光之實體爲之障蔽，則必不能阻日光之照月體。無論空中之火，空中之氣與夫天體不能掩月，即金水二星雖居日月之間，其影俱不及地，况能過地而及月乎？則知能掩日者，惟有地體，一面受光，一面射影。而月體爲借光之物，入此影中，安得不食。而半進則半食，全進則全食矣。

月體當食尚有光色第二

問：無光之月一入地影，遂全失其借光也，然食時尚有依稀可見之光。天文家每視食月之色，預言食之徵驗。若人以目切墻屋掩其未食之光體，而獨視其既食之烏體，其光尚明於星也。蓋物之可見必借外光，不獨能見物體，且更能發越物色也。月既在地影，即失借光，安得尚有色乎？曰：月體雖食，尚有微光。今直以影爲明者誤也，以影爲暗者，亦誤也。稱影爲明暗之中者，庶爲近之。蓋日所正照爲最光明，有物隔之而四傍之氣映射，或對面之光反照，雖無最光明，亦有次光明也。如一室之外爲最光明，一室之内爲次光明也。雲之上爲最光明，雲之下爲次光明也。直至所隔愈深，去光愈遠，并次光明亦漸微，微而又微，以至絲毫無光，乃爲暗耳。夫人與地近，日與地遠，人居地此面，日在地彼面，至夜子初，人在地影至濃之中，近物尚能别識，何况月在地影至鋭之處，次光明正盛，其有光色又何疑乎？且人在極暗，則月光雖微，視之反覺明也。

又 因食知月體不通光第四

問：月體受光而返照之必不通光，如銅鐵鏡，蓋通光則不能受日光，而反照他物亦不能掩日而生影也。曰：鏡之設譬似矣，而尚未盡。夫鏡之照物而反生之象，其大小遠近必與物體相當，然後可以鏡喻月。今觀鏡之面，有突如球，有平如案，有窪如釜，惟平者所生之象乃與物體相當。若如釜者，所生物象必倍於物體；如球者，所生物象必小於物體矣。試以球鏡照遠物，而人又從遠視之，則物象必倍小。嘗持球鏡照太陽之體，其小如星。倘月體如球鏡，欲其反生太陽之象，烏可得乎？又問：合朔後月之下半未受日光，而月體微光比諸星更顯，若不通明，則此光又從何生？且觀其掩日，而日全食時，月之邊際覺稍明于月之中心，似中間厚處難通而薄處稍可通透乎？曰：前既言月在地影最中處，乃天光映照之明。若合朔時則有光之天與月體最爲切近，而日光上照月體約有大半，四邊豈得無光。或言月既非極通光如玻瓈或半通光如玉石，特因在後之物，其體質不明，故不能映見在後之物乎。曰：試觀日食甚之時，天光盡黑，星體亦現。爾時太陽在後，體質最爲明顯，何以不能映見絲毫？可知月體絶不通光也。或言在月後之物必更堅密於月者，然後能照見。若較月更通徹，即不能見乎？曰：若。然日體在月後，堅密不亞於月，而亦不能見，可言日體爲通徹乎？又凡目所注，必須有色及所照之光，此二者必不通徹之體乃能受之，則月體從可推矣。

月食時人目不及見月受光之面第五

上言日光照月體大半，則知日比月體至大。然日食甚之時，人目所見之面何故絶無絲毫之光？曰：凡人視圓球，止見小半，蓋球有大圜，有小圜，若以兩線切大圜，其線必爲平行。今目所注視之線，既不能平行，則不切至大圜可知，而目亦僅能及小圜矣。詳見《幾何》一卷二十八題。又望後三日，雖月每日行十三度有奇，而月邊尚似圓圜，可見人目正及其小圜也。或曰：望日所見月體之面即月所受光之面，其光爲大半，則二三日其光尚在大半之内，則晦後月輪稍移便宜見光，而光今竟不即見，何也？曰：月掩日之時，一則人所注之圜與日光照月之圜爲平行，一則日食不過一兩刻，則兩線亦不能相切。至望則不同矣。又望時日光照月少於他時，蓋晦日日與月止隔金水二星天而甚近，故所照亦多於望日。望日與月隔金水二天及月本天之體而甚遠，故所照亦少於他日。然晦日所照雖多於望日，而人目所及止見小圜，而月光不即見職由此矣。

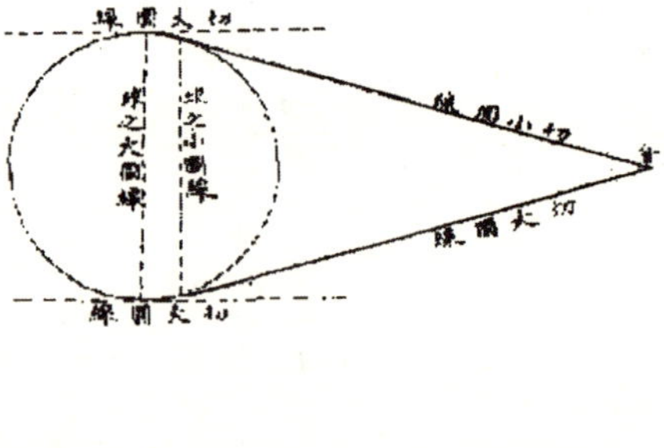

又 因月食徵地圓如球第七

格物家悉言地圓如球，驗之洵不得不然也。蓋凡物之性重者勢必就下，若一無所阻，必徑就天心。天心者，最下處也。故大地四旁皆欲就下，其勢不得不結爲圓。然則雖山岳之高，湖海之深，亦無損於地體之圓也。今以地面論之，日月星之出入東西異，則時刻亦異。試觀同此月食，歐邏巴見於丑正，亞細亞見於寅正，是可見日之没也，先没於亞細亞之東，後没於歐邏巴之西也。非圓於球者，必不然矣。大率從西而東七千五百里，則應天三十度，而先八刻見食。設地體如案，則天下見食共在一時，無有彼此後先矣。若地勢如盌，則遠於月之處先得見食，近於月之處反後得見食矣。至若地體如觚而四方或八稜，則凡在一面者見食皆同矣。何故有時刻先後之異乎？非圓而何也？又問：地固圓矣，但日月初出，半露地上，圜體切之宜若弧狀，今但如弦何也？曰：地球掩日月之半，寔自如弧，今見如弦者，因地形掩日月處較全圜甚短，人目視之如直，而寔圓也。今設一圜線，其長尋丈，若截取分寸之長，則不見其曲矣。問：地既爲圓球，吾措足之地在球面，則所見四旁之地宜皆低也，今見近處覺低，遠處反覺高，何也？曰：凡人視物之遠近，皆從一直線來入吾目，而人之内司從外司憶之，故視遠物出線似過高於近物出線。如下圖，甲爲人目，乙爲遠處，丙丁爲近處，俱屬一平線。乙遠出線來甲目，似高於丙丁近出者也。如人立長廊中，或長甕道廊道，兩頭平正如一，而自此視彼，只見其高矣。夫視近尚爾，況地面之遠乎。惟據寔理察得之，則知外司之似誤矣。

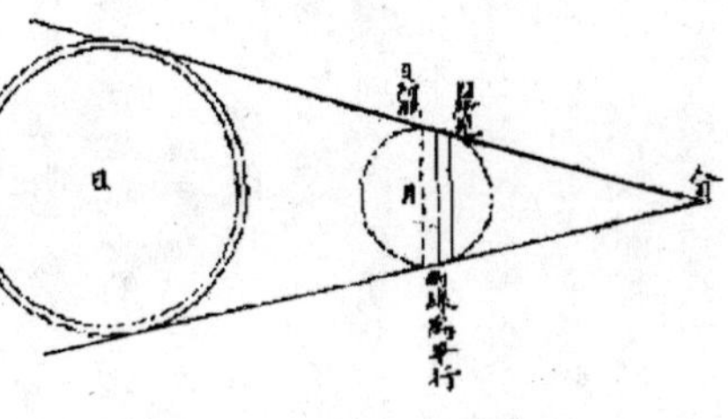

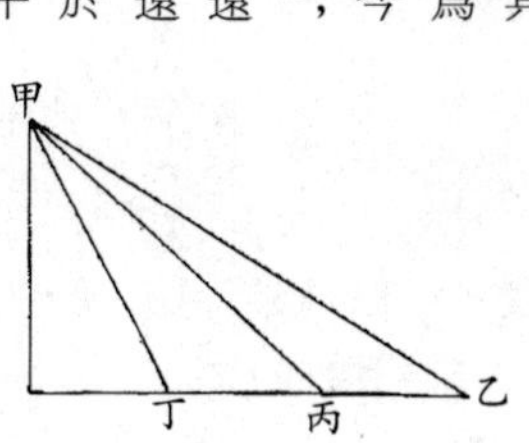

因食徵地海併爲圓球第八

航海者遠望他舟之來，未見其舟，先見桅端，須臾漸兩相近，則帆檣頭尾全舟畢見矣。設海面爲平，則此舟全體可見，何乃有先後見不見之殊乎。

幾何家正之云，從一點出線至一界，若其線長短若一，則所至界必爲圜界之形。今從地心出線至海面如此，則海面果成肖圜界明矣。若弗允其說，而謂線有長短。長者其界更遠，而遠於心點；短者其界更近，而近於心點。如此則地心出線有長有短，長處之水獨能居高而不下也？豈不逆水之性乎？如圖甲爲地心，乙丙丁爲水平面，丙近地心而爲水低面，丁乙遠地心而爲水高面，則乙丁之水逆其性而居高，若居己庚處，則更高乎乙丁水邊也。觀此可知地與海爲圓之證。而其明白顯現者，無過於月食。敝國有人自依西巴尼亞國至墨是谷國驗月食之時刻，則先於依西巴尼亞國，然兩地時刻俱一一較準，故知食有後先，而地與海爲圓球。又食時月内烏影不拘何地，其影必作圓形，而光體未受食處若半規然以接其烏影。若影爲方、爲扁，則月之烏影安能如圓形哉。若言影圓，而其生影之體爲四方、八角種種異形，此猶不通之甚矣。説更詳於《視法》諸書，其言烏影悉隨其生影之體而肖之也。

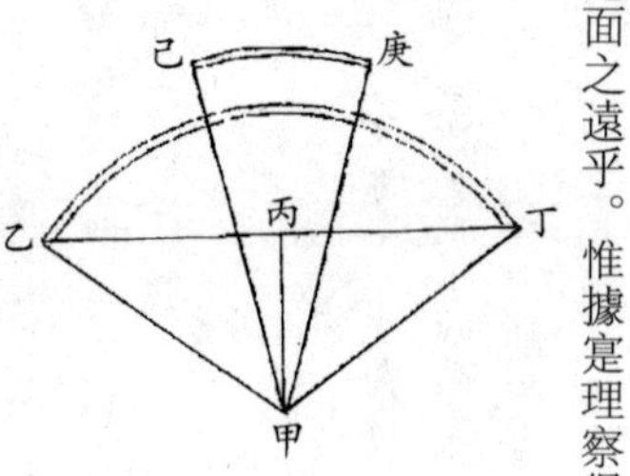

問：謂影之圓應地體之圓是已，若夫水乃通明之物，不能併地而生影，亦不能併地而爲圓形，如何？曰：水離地之重濁能有幾何？即不同體，寧非連體乎？既水與地爲連體，則重濁攪混，豈得通明，而況加以深厚，孰謂水之通明全體而不能生影乎？蓋月之食影惟係地影，則海中有島，如爪哇、老冷、蘇門之等，星羅碁布，在在有之。有則皆能生種種之影，則射於月體，何處分别是水乎？是地乎？

又因食徵地球在天心第十

前論地球居天中心者，理勢不得不然也。蓋四行之重濁下墜者惟地。重濁之反而輕清上凝者，惟天性之兩相反而兩相去。去之至遠者，其惟天心乎。故地之上下四傍，面面皆生民所居。首俱戴天，足俱履地。其首上足下，攢聚皆不離斯，是知地面上之屋宇樓臺，地面中之江河湖海，千古安於就下之性，初未嘗見其起離地面而超越於天也。

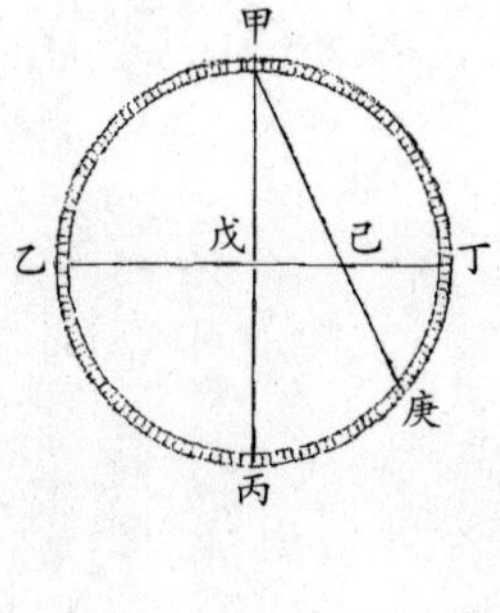

問：天之四傍恐未必皆是九十度之高，人視四傍之天似下垂而近乎地，又似相接而比乎地矣。且朝暮日月之出没，若出没於地平之近處，則近地平之天未必九十度如天頂也。曰：欲釋此疑，盍驗諸月食。夫日月不相望于一直長線之末，則終古不能食也。設地不居天中，而偏近於黄道之上下東西，則食不居半圜黄道之一百八十度矣。如圖，甲乙丙丁爲黄道，若地不居中心戊，而居己，則日居甲而月至庚即食。然此日月非正居直長線之末相對相望處，其甲丁庚之長未足半圜，與古來測驗之準的、不易之常法，大相背戾矣。若言地居黄道極，但去極不必相等，是又迂濶之甚。蓋地影近黄道極，則地影不能與月相對而掩其光，而月體亦終古不能離黄道而受地影，其能服天下高明之耳目乎？

夫人視地之四邊，若與天近、與天相接者，尚自有説。蓋人從此處以目視彼遠物之界，悉憑乎中間有寔體與否。如於地面視天，所見只有天，有地以中間渾無實體以間之也，則地面之四邊與天若近，若比此其故矣。今試觀林中竹木或城上旗竿，魚貫而列，若側而視之，在遠者若相近；在近者反似相遠，而遠近恍惚之不定也。又河之兩岸，各有人立，倘在遠處視此二人，似覺竝立而無遠近，亦不能料二人中間尚有河隔。足徵從遠視物易於淆亂，而視天何獨不然。

又　因食而知月有小輪第十三

問：月有小輪，何所據乎？抑因其食而證其有乎？曰：天文家究心殫思，屢經測驗，月食悉見夫食屢居本圜之極遠，其日屢居本圜一處，則生影不得不盡一也。然食時之分數有多有寡，多則月居影厚處，寡則月居影薄處。必有小輪焉，月體居之，因其極而動。時居輪上，則去地面遠；時居輪下，則去地面近。如後圖所載云。

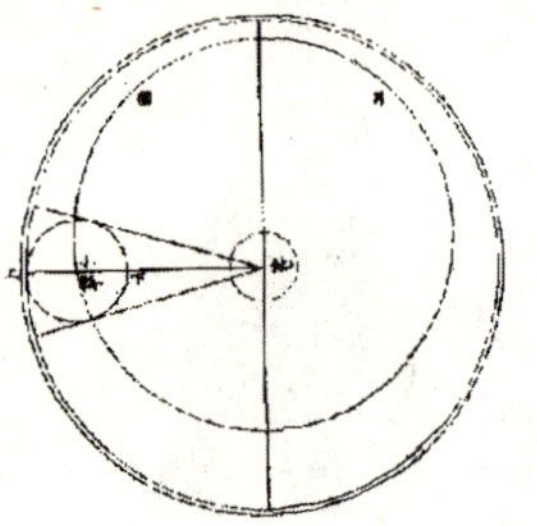

問：月既有小輪如五星者，則其停居、順行、退行，亦宜若五星，然今獨未見，何也？曰：夫月行隨其本圜之疾，故不言其停居、退行，只言其行速、行遲也。速者，因其居小輪下，隨本圜之動，自西而東。遲者，因其居小輪上，隨其自動自東而西，逆本圜之自西而東故也。

問：月體既居小輪，隨輪而動，則無本動。若論其體之圜，則宜自能動何如？曰：有謂月中影象是地體厚處所映者，謂月體通光處，日光射而達之，不得返照者。又謂月體中自有高卑如山谷者，種種異説，然此影象恒俯對地面，而人恒仰見之不側不移，則月體有本動明矣。其動因乎本極而逆乎小輪，行之迅速與小輪竝速也。影象之明恒下垂之，安得謂月輪無本動乎？

又　因食而知日有不同心圜第十四

問：日食有或全食經候多而見食多處者，或全食而經候不多而食不在多方者，其故何也？曰：天文家正據此以驗日有不同心圜，不然何其食同而經候不同，掩地面之廣狹不同也。可見日月俱有不同心圜，而居不同心圜之上下，則爲去地之遠近，生影之大小也。今有一光明之體，照一不通光之小物，兩體相近，則明體照物體之大分而生影小；兩體相遠，則明體照寔體之小分而生影大。此見日食全而大者，則日體必遠乎月體；日食全而小者，日體必近乎月體明矣。倘日月無不同心圜之極，而以地心爲心，則其東西行動必規隨夫地心，何有遠近之殊耶？丁先生者，太西高明之士，尤長於天學，親見兩日食之異。其一于耶穌降生一千五百六十年，在哥應巴府見月掩日，白晝如夜，星宿昭然；其一于一千五百六十七年，居羅瑪都時見月居日前，當中掩之而未全蔽，月邊四圍皆有日光。即此二食，知日月去地面有遠近，而日必有不同心圜也。

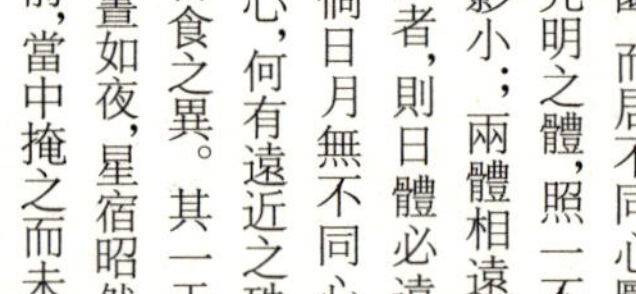

因食而知日月地大小之别第十五

問：日體甚大於月與地，何徵？曰：昔有人嘆世人止憑肉目，不求物理，嘗設喻曰：日出地時，設有駿馬疾馳，從日始露至全現亦可馳四里。縱令日行與馬等速，則四里而僅見其全，則全體之徑亦必四里矣。今駿馬一晝夜所馳於地幾何？最速不過全圜百分之一也。而太陽日一周焉，則其行之疾莫擬也。是則馬之四里，日之行幾千萬里矣。日體之大，即此徵可知也。且日月體之大小，即食可辯。蓋凡物之有形象者，若空中無所障礙，則其體之全體之分無不出其本象於一直線而至乎界之一點，此凡物皆然，不拘方圓稜角等形。如有物體于此，其基址即物體也，其界點則線之鋭角所至而入人目者也。凡寔體出鋭角影者，照體必大乎實體，否則其光不能照寔體之全面，而使對面鋭影之盡處仍聚合而有光也。今欲驗日大乎月，可視日食月居日前而掩其光，是時月邊尚有光，是日體在外而其象之入人目，非近來自月體，乃遠來自日體也。其線既爲角形，則從月體至日體更爲廣大，是其角形之鋭從日來目爲一點，而中間能包月體有餘，則日體之大於月體復奚疑哉。

今欲知日體大乎地者，觀諸月食可知。月之食，地居日前而生角影掩月體也。當月食時，月體近乎地則入濶影；遠乎地，則入鋭影。愈遠愈鋭，以聚于一點。若此者孰不信日體之大於地體也。設謂日體與地體均，則地影大小均爲無窮盡之等影。若言地體大乎日體，則地影必益遠益大，爲無窮盡之大影。其影既遠，不獨食諸天之星，必且食諸星之天矣。則每遇望時，月體詎能逸於大影之外乎？由此益信月體之小乎地球也。蓋地影益遠益鋭，而月食居此影或有全而久者，則月徑更小于影，而影小於地，故月體地球之大小從可知矣。

又　卷六四**《交食曆指》**　求食分之幾何，必先求景之幾何。景幾何者，以日月地之大得景之形勢；以日月地相距之遠近分數，得景之變易大小分數也。此所論則景之形勢，後考其變易之勢，得景分以定食分焉。凡二章。

一曰：二體相等，其影平行而無窮；明小暗大，其景漸展而無窮。

論相等者，證以平行之切線也。如圖，甲乙兩球等，丙己、丁戊爲兩球之切線，與兩球之徑丙丁、己戊遇于切點，皆爲直角，則互爲平行線。又球等即徑之長短亦等，以遇丙己及丁戊無不爲平行線也。《幾何》一卷三十三題。若兩球之周遭切線無數，皆同此論，則引之至庚辛以迫無窮，終平行，終不能相遇，而其形爲長圓柱之無窮體。

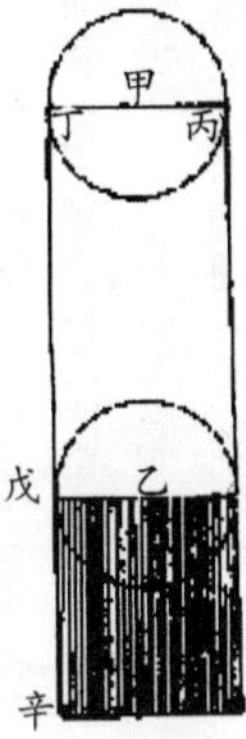

論明球小于暗球，則推以三角形相似之比例也。如圖，乙丙爲小明球，丁戊爲大暗球。兩球之切線丁乙及戊丙引長之過小球，必相遇于甲，成甲丁戊三角形。又從丁戊底作己庚平行線，在大球之外成庚甲己三角形，與甲丁戊相似，則甲己庚角與甲丁戊角相等，其各邊各角皆相似，而甲丁與丁戊若甲己與己庚也。反而更之，己庚與丁戊若甲己與甲丁也。甲己長與甲丁，則己庚亦長與丁戊。愈遠愈長，可見大球之影漸遠漸拓矣。《幾何》六卷四題。更論丁戊線之內外角，則在內者爲鋭角，在外者爲鈍角，故引切線向內，過小球必相遇。引之向外，愈遠愈拓，終不相遇，而其形爲無限長無限廣之角體。又因兩球所居遠近不同，景之張翕隨而變易，故兩球相近即乙丙底線爲小，其景愈狹而乙甲丙角形愈短；兩球相遠，即底線爲大，其景愈拓而角形愈長也。

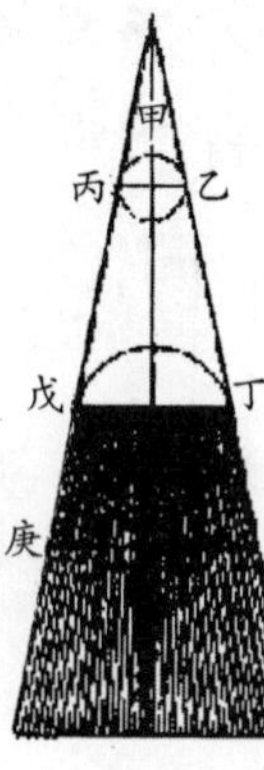

今驗諸日食，有食分同而所歷時刻不同者。月景之在地面廣狹不同也。月與日會，月在日與地之間，或月近地而日在遠，則目之見界過月周至日體，其界廣，日過遲，其見食時刻多。或月遠地，而日反近，則目之見界過月周至日體，其界狹，日過速，其見食時刻少也。姑以前圖明之。目在甲，乙丙爲月體，丁戊爲日體，切線甲丁及甲戊爲目所見之界。若日在近，爲丁戊，即從丁過戊，道近行速，其食時寡。若在遠，爲己庚，從己過庚，道遠行遲，其食時多，皆太陽有不同心圈，而太陰又有小輪所繇生也。

二曰：日月地三體大小不同。　凡暗體出角景者，施光之體必大于暗體，否者其光不能照暗體之大半，而使其景漸小以趨于盡也。試觀月食時，月體近地則入大景，遠地則入小景，愈遠愈小，必至于盡，安得不信日體大于地體乎。設謂日體與地體或等，則景宜亦等；或小則宜漸大。又當皆爲無窮之景，遇望時月體必不能出大影之外，不應有不食之望矣。有不食者，是地景之益遠益鋭也。月食於地景之中，又有全而且久者，是月徑更小于景，而景小于地也。地景之遠而益鋭者，是日大于地也。此以景理推論，三體之小大畧可明矣。若又以日體之大推月地之景，則更有法可考其大小之比例也。昔人因太陽照地所生之景，及其遠近，其視徑時時不同，又以較于他體，得其實體之大。說見《月離曆指》中。此獨用視徑定食時刻分之數，其論實體爲景與食之原畧舉一二如左。

《幾何原本》論三角形，于一邊之兩界出兩線，復作一三角形在其內，則內形兩腰并之，必小于相對兩腰，而後兩線所作角，必大于相對角。如圖，甲乙爲太陽之徑，丙爲目，從遠視之，丁亦爲目，從近視之，此所謂內外兩三角形也。今先以線論，因內形之甲丁、乙丁兩腰小于相對之甲丙、乙丙兩腰，則所作丁角比相對之兩角亦近于共用之甲乙底。近則見大，故丁目視甲乙日徑必見大于丙目所視之甲乙徑也。次以角論，因內兩線所作丁角大于相對丙角，則此內角所對線亦似大于外角所對線，而丁目所見之甲乙大于丙目所見之甲乙也。此太陽視徑不同之緣也。

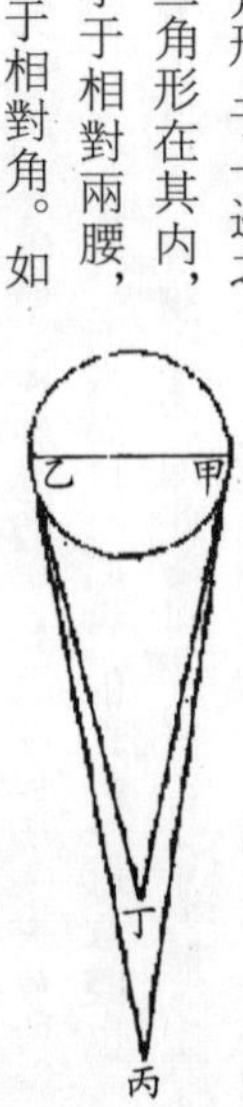

求太陽實體之大。第谷設最高最庳之中處，得其距地一千一百五十，地半徑全數十萬，其半徑一十五分三十秒得正弦四百五十一，以三率算法推其全徑，得地之全徑五又七十五之一十四，如三百八十九與七十五也。又以其徑與其周之比例，得太陽體之立方五千八百八十六萬三千八百六十九，地球之立方四十二萬一千八百七十五，其終數得一百四十弱，爲太陽大于地之倍數也。此其照月、照地、生角體鋭景之原也。

景之作用第四

月與地若各以其景相酧報，然如月望則地景隔日光，令月不受照，有時失滿光，有時全失光也。至月朔則月體隔日光，令地不受照，有處射滿影，有處留少光而已。說三章。

一曰：月食于地景。　月食在望，緣日月相對，其理明矣。獨謂闇虛爲地景者，或致疑焉，今解之。月對日受光，藉非日月之間有不通光之實體爲其映蔽，則何繇阻日光之直照？若天體及空中之火、空中之氣，皆通明透徹，不能作障使月失光也，即金水二星亦是實體，有時居日月之間，然其景俱不及地，况能過地及月乎？則知能掩月者，惟有地體，一面受光，一面射景。而月體爲借光之物，入此景中，無能不食，半進而半食矣，全進而全食矣。

二曰：日食者月掩之。　恒言月在內，去人近；日在外，去人遠。故定朔時月體能掩日光是已。第金水二星亦皆時在日內，又皆不通光之實體。水星雖小，金星則大于月也，何獨月能食日乎？曰：二星雖有時在日內，則去人甚遠，遠則視徑見小，不能掩日百分之一二，而日光甚盛，所虧百之一二，非目力所及，且二星比月去日更近，所出鋭角之景更短，不能及地面也。若月體之大雖不及太白，而去地甚近，去日甚遠，一指足蔽泰山，又何疑乎。由此言之，求一實不通光之體全掩日體者，惟月爲能。又自西而東不及三十日而周，其行度較于諸天最爲疾速，故每望定朔皆同經度，皆能有食。其不食者，繇距度不及交耳。

三曰：因景之徑生多變易。　月以距度廣狹爲食分多寡，一因去交有遠有近，去黃道中線有正有偏；一因入地景有淺有深，故也。今論其全食者，而大小、遲疾猶多變易，曾非一定。蓋日在自行本天，月在小輪，相距遠近往往不等。日距月近，較距遠時更照月體之多分，從月體出景更短，其景至地更小，則日雖全食，月體見小，曆時亦速也。日與地亦然，以兩體相距之遠近爲地景之大小，使月食時入于地景，在其近末之鋭分，則闇虛之體見小，食分少，曆時速，皆因三體之相距遠近以生大小遲疾。地景月景，皆無一定之徑，致令隨時變易如此。

若月景地景二徑之小大又自不等，故日食盡于食既，而月則食既以後尚有既內餘分。蓋地景大于月景，故兩食皆全，其虧復遲疾無能不異矣。又月食天下皆同，日食則否。日食則此地速，彼地遲；此地見多，彼地見少；此地見偏南，彼地見偏北，無不異也。月食則凡居地面者，目所共見。其食分大小同，虧復遲疾同，經曆時刻同。唯所居不同子午線者，則見食之時刻先後不同耳。蓋月一入景，失去借光，更無處可見其光也。又槩論天下日食應多于月食，爲二徑折半，其近交時加以南北視差，易相逮及，故論一方則日食應少於月食，爲月食共見，日食因地故。見後卷詳之。

月在景之光色第五

月既暗體，當全食時，一入地景，遂應失其借光，非復人目可見也。蓋可見之物，悉無原光，必借外光以顯其象。無外光，即無從見有此物，安從更顯物色乎。今月居厚影，尚有微光，可見更發色象，或赤色，或青黑色，或褉色，此何從生？今畧解之。凡三章。

一曰：月不獨食于地影。　論通光者有二體，一謂物象遇甚徹之體易于通射，比于發象元處更加透明，則形若開而散焉。一謂物象遇次徹之體，難于通射，比于發象元處少褉昏暗，則形若斂而聚焉。其遇甚徹者，如舟用篙艣，半在水中，發象上出，出於水面，所遇空明，氣之光甚徹之體也，則其象散而斜射，視之若曲焉。其遇次徹者，如太陽入地平下，其光照地旁，本宜直上，乃所遇清蒙之氣，次徹之體也，則其象合聚而射于地面，凡地平以上皆得其次光爲朦朧焉。即昧爽黃昏，亦曰晨昏。此兩者皆以一物經繇兩體，其勢曲折，皆謂之折照。若一物在一體之中，以一直線入目，謂之直照。夫同是日光也，在地面之上能折入于地景之

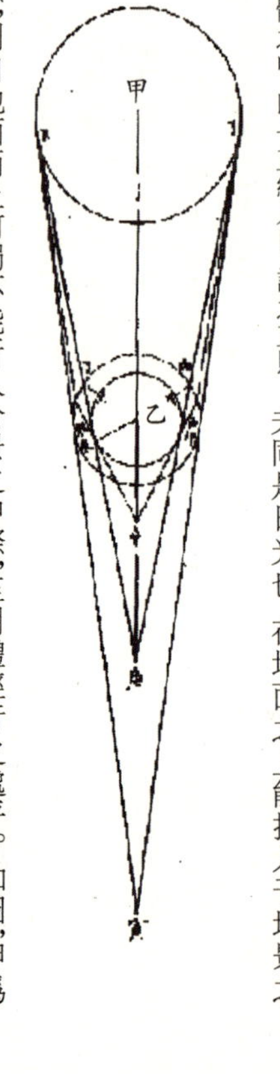

根際，則自地面而上何獨不能折入於景之中際，至月體經行之處乎。如圖，甲爲太陽，乙爲地球，藉非清蒙氣能迎太陽之光，而成折照，則宜從子出光至丙，從丑出光至丁，切地面徑過而復合于庚，爲地景鋭角也。今不其然，因清蒙氣周遶地球，日光至丙至丁，遇其次徹之體，難于透射，則曲而內聚，止于戊己地面矣。而大圜中，大氣無不受日之照光，光在壬癸者遇于蒙氣即內斂，至于卯辰，此爲初折。從卯辰切地而過，若遂以直線引之，即復合于辛，成卯辰辛褉線三角形，爲地之滿影。自此以外，全景之中皆得太陽折照之光，與朦朧次光相類，而實爲初景能食望月之滿光也。欲求滿景之長，姑先依初折之光引直線，復出于蒙氣之外，姑先云者不宜遽引直線也，蓋初折之光至於卯辰，既抵地面，又復內斂，謂之次折，則兩線之交尚在辛點之內。今云然者，姑先明初折之理，約定乙辛之數，如太陰之言交泛，言平朔，言本輪也。其次折之理，次二章詳言之。求辛點以內之定距率矣。而借第谷所測清蒙差

與多祿某所定地景角之大，得辛辰庚角三十四分，近地平之氣差大率如此。得卯庚辰全角二十五分三十六秒，半之為辛庚辰角一十二分四十八秒。其相對之外角乙辛辰為四十六分四十八秒，辛庚辰、辛辰庚相對之兩內角并。次乙辛辰三角形，其

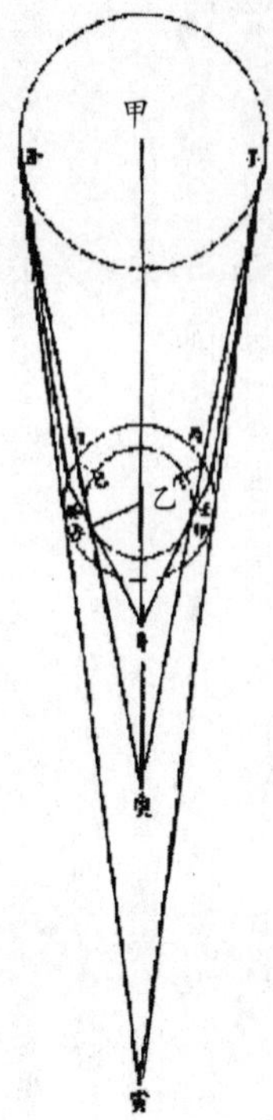

乙辛辰角既得四十六分四十八秒，乙辰辛為切線，與垂線所作角必直角。此直角與乙辛邊，如乙辛辰角與乙辰地半徑，即得乙辛短線長于地半徑七十三倍。若論地之全景乙庚線尚長三四倍也。夫月食於地景，必依其景之體勢顯其食之貌象。今全景之中既以地景兼蒙氣之景，則并有初景，有滿景。月入于中，隨其所至變易光色，無足異矣。或曰從古論食月者全屬地景，今云不止地景，而更加之氣景，此為全景方之地景，不亦愈長愈廣乎？則從上古以來，以地徑度月體過景之數，以地徑定日月之視徑，以地徑較日月之兩高，以地徑求日月之去地遠近，悉皆乖舛，而當更定新率，然乎？抑否乎？曰：不然。所論蒙氣之景，謂太陽之光因于此氣能令全景之中分別厚薄，變易景中之色象，非謂地之徑因景而加大也。譬如眼鏡本無厚之體，徒以變易物象顯其用耳。且氣景之于地景，亦何能加長加大乎？計清蒙出地之高，不能過極高之山，極高之山測其垂線，不能過千四百步。大地之徑則三萬里，以高山之步數化為里數，而較地徑則五千分之一耳，此氣之厚何能加于地徑，而云設此論者有妨於地徑測量之法乎？

二曰：月體當食而成赤色，是氣景所生。　月全食時，其光色往往更迭變易。其初食既與未生光當此二際，則成赤色。夫月入地景，果必失光，宜為純黑，不應復顯他色。今赤色者，得無是其本光乎？曰：次光之物，惟無光之處能顯其光，一遇大光之體，則次者之光泯矣。今以地景言之，月居其甚厚之際，即甚遠于大光，果有自體之光於此，尤宜顯著，乃今測之則在淺見盛，在深見微，可證食時所見非月體自有之光也。故應論定月能食于氣景，如上所說矣。然食時亦能變易諸色，何以獨言赤色？試觀太陽下照，地面受之，論其本然皜明無色。日地之間或發昏蒙之氣，即地面所見時轉為黃，時轉為赤，皆因所遇之氣，如玻瓈映目色，青見青色，綠見綠也。今日照地旁，照光所過，清蒙之氣因於斜穿而成厚體，月體所顯光色尤深，成為赤色矣。試論其所以。

視學家有公論，凡象斜射次澈之體，以垂線為主，曲折通之，初入則聚，折而向于垂線；既出則散，折而離于垂線也。

何謂垂線？蓋于澈體之面過受形之點作線下垂，則是折照所向所離之線。如圖，圓體甲戊乙，方體甲丁戊，皆次澈也。當其面有斜照之光，在丙至甲點而入，至乙點而出，則甲丁與丁乙皆為垂線。照光至甲點而入，必聚而折向于甲丁垂線；至乙點而出，必又散而折離于乙丁或乙壬垂線。若言光至乙點出，或不照庚而更照己，則是返照之光，非折照之光也。依此申言上

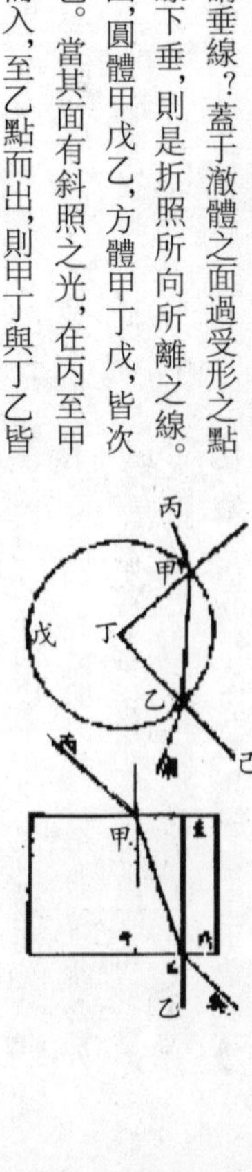

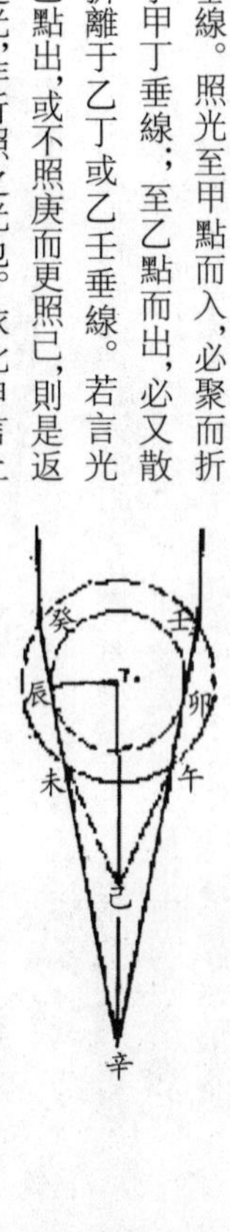

章所推地球滿影之長，如圖，太陽之光遇于蒙氣，從壬癸折入，作壬卯癸辰線為初折；又從卯辰折出，作卯午、辰未線為次折，以復合于己，別生午己未雜線角形。乃因乙己未角生己未辛及己辛未為外兩角，并之得乙己未內角一度二十〇分四十八秒。今設從滿景之角己出切線至地球辰，得乙己辰直三角形，則因乙己辰角一度二十〇分。乙己辰角比乙己未角差數甚微，畧得四十八秒，故以算景之長不論為數。如前比例，得地滿景之心長于地半徑四十三倍，比月最庳之入景處近地一十一地半徑也。月最庳入景五十四，最高入景五十八。今圖月在景之形勢，地球為甲乙內圈，其四周有氣為丙乙圈，氣外切邊之光復合于卯，是為全景。透氣之光自丙至戊，因戊以

上所照必聚而止于地面，無從透達也。則光至丙為太陽之外邊所照，光至戊乃其近中體所照，以丙較戊更斜，從庚而來入氣處更曲，從辛來之光已透氣而復出更直，故令丙丁線割戊己線于壬，為丁己壬角形，是為次光，又為初景。其角形周遭

爲環體抱滿景而居全景之中也。丁己壬角形既盡于壬，而又展開至癸，左右相交，至丑寅愈遠愈拓，復出乎影矣。則丁己壬以内，壬丑寅以内，皆初景之所居也。因此設月體爲子入景，正初景展拓之處，月食既正在其中，將復光亦如之。是故兩時皆顯赤色。食甚離于次景，入于滿景，乃變青黑矣。

三曰：月體當食而成青黑色，是借光所生。月居食甚之中時顯褉色時，但青黑皆須因光而見，若并無光，當純黑色也。前已言既入此界，即無太陽入氣折照之光，則所繇見色者，意或月體自有微光乎？曰：凡褉色之映見皆不繇于純光，純光自當無色也。雜色所從著見者，必因濕氣居其中間，如虹霓是已。若虹霓是濕雲所映，無從可證。試以玻瓈瓶滿貯清水，别爲密室，止穿一隙以達日光，瓶水承隙則光透墻壁，亦成虹霓。大氣之體本是熱濕，因於地氣時重時輕。若太陽之光從地旁過，而地景在濕氣之中，則月體所至生種種色，亦此理矣。若青黑色，月在滿景多見之，則因去光最遠，所得希微之光不足顯其本體，故光色近于純黑。果絶無光，又不能顯此色矣。第所謂希微之光者，實非本光，如前言人在此景最厚處，天光尚映照之，近日之物畧能别識。若月食時，則受光之天去月體最爲切近，而諸星環遶四周，皆有借光可照月體，較人在地面尚爲景之薄處，豈得無微光可借，聊顯色象乎？何必假此疑爲自有之本光。問：合朔以後，月之下半未受日光，而月體微光亦顯青黑之色，若無本光，此光又何從而生？曰：生明以後，魄顯微光，然能去離月體，足知其非本光。去離者，未至上弦，此光漸消，漸不可見也。若寔爲本光，則上下弦前後，深夜視之，比朔後之月尚近太陽者，尤爲窈黑，其本光愈宜顯著。今爲不然，深夜即無，初昏即有，其爲此時地面反照之光，甚易明矣。

日月食有定時第六

日月交食皆有定時者，在月則因地景，在日則因月景。景之推移既隨日躔所至，終古不爽。又月行本道所距黄道度分亦有定法，是以一在定朔，一在定望，當食必食，多寡，先後，上下千百世可知也。説二章。

一曰：日食恒在定朔，月食恒在定望者，何也？地球在天心故也。驗諸日食，必兩曜同居一線，而月在地與日之間，正隔日光于地。又驗諸月食，今日月不相望于一直線兩界之末，則終古無食也。設地不居天中，或偏近于黄道之上下左右，則食不在半周，而月食之衝非太陽所在矣。古法以月食衝簡知太陽所在。　如圖，甲爲地，從甲心

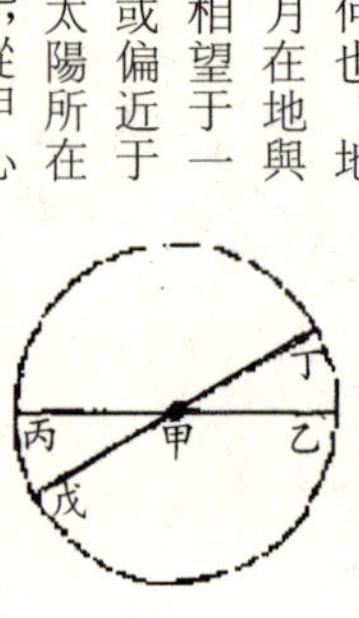

作乙丁丙戊圈爲宗動天之地平，則甲必爲天之心也，何者？從乙出直線至丙，丁至戊亦如之。乙爲東，並爲鶉首初度。丙爲西，亦爲星紀初度。丁爲鶉火，戊爲玄枵，皆初度也。則有視學之公論三：其一曰：目所視物必從直線乃見之。若使目在甲，能偏見乙丁丙戊，即甲乙、甲丁、甲丙、甲戊皆直線也。其二曰：若光從一窺表出，能射黄道正相對之兩點，必爲徑線。此乙丙及丁戊能過甲，亦如光過窺表。甲能至黄道鶉首星紀等宫正相對之初度，則乙丙及丁戊必爲本圈之徑。更試測日月定望時，得並在地平，此出彼没。若距度同，即日月畧居其一徑之兩末，則乙丙及丁戊爲圈徑無疑也。其三曰：凡圈中有多徑線交而相分其兩分線必等。此兩徑乙丙及丁戊交而相分于甲，即甲乙、甲丙、甲丁、甲戊線皆相等。又《幾何》一卷第十七、三卷第三界説皆言，圈中一點所出多直線至其界皆相等，即此點定爲圈之心。今甲點出甲乙、甲丙等直線至乙、丁、丙、戊各界諸線皆相等，即甲必爲本圈之心，因此推之地球在天之心，甚易明矣。

二曰：食之大小疏密因月距度。昔人測日月食必在正中二交，月體去交漸遠，則食分漸少，以至無食，何也？月以本體掩日，而日爲之食又以本體入于地景而自爲食，故恒言日月地居一直線之上，則食偏則否，三球之所以偏者有二：一則日體恒行黄道中線，地景恒在其正衝度分；一則月行常出入黄道中線，是故有時不入地景，則食與不食皆因月行本道與日與景之距度多寡而已。若其距度較日月景之二徑折半或大或等者，必不食也；小則必食也；愈小則食愈大也。但月與景之二徑折半大不大過一度，日與月之二徑折半止三十餘分耳，故兩交左右之距度或在陽曆或在陰曆，各有食限。不入食限者雖遇朔望無緣相及，故一歲之中不能多有食矣。即入于食限而去兩交有遠有近，則其距度有廣有狹，即食分有寡有多，相因致然，不能齊一也。

日月食合論第七

日食與月食不同勢，食日謂之障食，食月謂之藏食。何謂障食？日爲諸光之宗，月與星皆從受光焉。月之食日，非真食日也，定朔則地與月與日自下而上爲一線相參直，月本暗體，今在日與地之間，以暗體之上半受光于日，以下半射景於地，如屏蔽然，特能下揜人目而不能上侵日體，日之原光自若也，是故人見爲食而實非食也。何謂藏食？定望則日月相對，日光正照之，月體正受之，人目正視之，若于此際經度相及，適及兩交日與地與月亦爲一線相參直，而地在日與月之間。地既暗體，以其半體受光于日，以其半體射景于月，若月體全入于景

中，則純爲晦魄，必待出於景際然後蘇而生明，如没而復出者然，是則可謂真食也。總之，日月兩曜若同行一道之上，則每朔每望無不食矣。日月地三體若并不居一直線，則永無食矣。惟各行於一道，時及於兩交，故日與月皆隔五月而一食，或六月而一食，歲歲大率有之。不食者半，食於夜。日食則此方所見，他方所不見耳。其食也，日體恒居一直線之此界，其彼界則月體、地體叠居焉。月居末界，即月面之日光食于地景矣。地居末界，即地面之日光食于月景矣。如上圖，

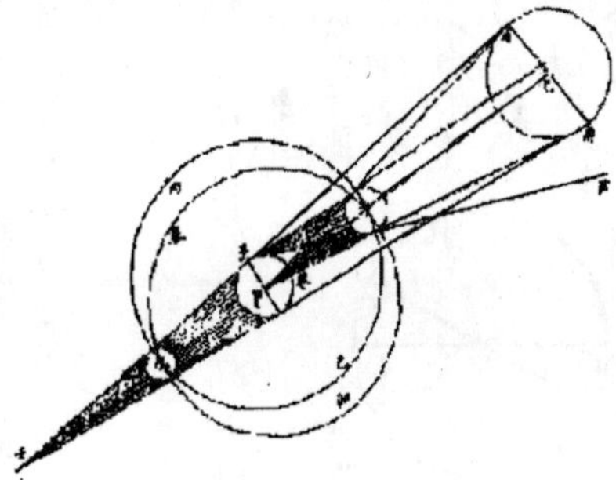

甲爲地，己爲日，卯辰圈爲黄道，乙丙爲白道，其大距兩距之最遠。五度弱，二分。丁戊爲兩交。即龍頭、龍尾亦名羅睺、計都。論月食日照地球，其光自庚辛至地切兩旁過之而復合于壬。自甲至壬角體之形爲地景。地景之心恒隨太陽而行黄道中線。若躔處去兩交遠，二徑折半小于兩道之距度分，月行本道，從旁相過，不能建及則不食矣。若正遇于兩交，或交之左右二徑折半大于二道之距度分，則兩相涉入月爲之食。其食分多寡，在距度廣狹。距度廣狹在去交遠近也。論日食則人目所見恒在地面，推得實會，仍須推其視會。若僅據實會，則是地心之見食，非地面之見食。凡有無、多寡、加時先後，悉皆乖失矣。如圖，丁爲月，或正居于兩交，或在交之左右。日月二徑之各半合之小于距度分，則月能掩日，日爲之食。不然，則不食也。所謂實會、視會兼推則合者，地面所見推食于地平以上至天頂之正中，則獨推實會便爲視會。自此以外，地面所見先後、大小、遲疾、漸次不同。如圖，人在地面癸，依丁月之徑適滿太陽之庚辛徑，則見爲全食。若人在地面子，依丁月之徑乃見兩切線所至爲己寅，則月掩太陽止于己庚半徑，見爲半食矣。大凡日欲食時，月不能離躔道一度强，自此以上無緣相涉。故定朔之日，有食時少，無食時多也。

陽瑪諾《天問略》

日蝕

問：日蝕所以曰日蝕，非日失其光，乃月掩其光也。月之天在日天之下，朔時月輪正過日輪之下，南北同經，東西同緯，故揜其光若有失之耳。

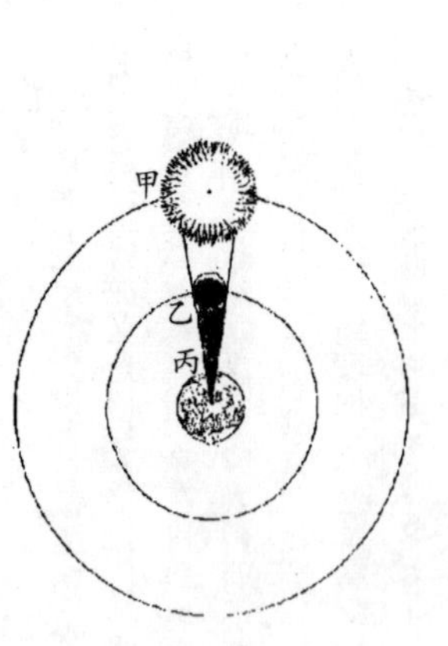

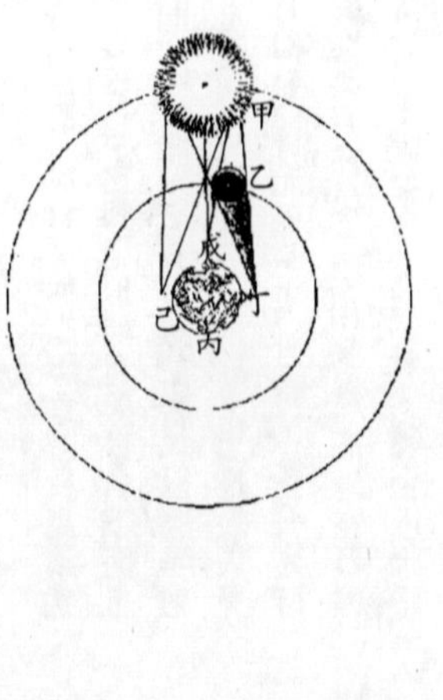

如上圖，甲爲日，乙爲月，丙爲人居地面。月輪隔在其中，使日光不能照地面，而人目不能見日輪也。因知日食非各處共有之，或一處見食，别處見光；或一處全食，别處半食，皆目隨地異也。聞貴國先時一年日食，司天言當幾分，草澤言當幾分，後卒如草澤言説者，以爲筭法疎密使然，實不爾也。

如右[下]圖，丙地面，乙月輪，甲日輪。居丁者正見月于日，故見全食。居戊者斜見月于日，故見半日食。居己者不見月于日，故全不見食。如欲得日食時刻最準，先須得七政經緯度及正斜視法，不然即交食分數測驗躔度，悉不可算，悉不可定，故吾國曆家窮究此理，以爲曆準，别有備論，今特畧言食理也。試觀居房内者，房中有燭以照四方。若于東方有揜光者，必坐東者不見其光，而坐南北西方者得光也。各方如是，如滅其光，則居諸房内者四方見燭無光矣。與食同理也。若月食，則所食全缺分秒，萬人萬目共作是觀，别無同異，與日不同。

問：日蝕由于月揜其光，凡每朔時，日月同度，又正過其下，宜皆得食，今不盡然何也？曰：日躔惟一黄道，終古無出其外也。月于黄道有時在南在北，故月道半出黄道北，半出黄道南，而爲南北二交，吾國所謂龍頭、龍尾是也。朔時若月在二交之外，或南或北，與日非經緯同度，不能揜日光也。南北爲經，東西爲緯，凡是朔日經度必同，如更同緯度，適在二交之上，乃能揜其光而食耳。

問：月借日光，光有消長，乃諸星之光恒見滿圓，而無消長，何也？曰：諸星與月，其借日光不同也。月天在日天之下，月受其光近遠一異，消長不同。諸星之天居日天之上，日光照星，恒照其下面，雖或近或遠，于日而其下面恒有光，故居地上者視星恒有光也。

如圖，甲爲日輪，乙爲諸星之天，居日天之上，丁爲地形，丙爲地影，即見日光恒照諸星下面，而居地上者恒見其下面有光。且月食由于地影，地影之鋭有

盡，不及諸星之天，故諸星之光不朦也。

月食

問，望日月與日正對，則月光當滿圓矣，然而或全無光，或一分有光，一分無光，其故何也？曰：地球懸于十二重天之中央，如鷄卵黄在青之中央，故日由西照地，地必有影射東；照東，必有影射西。夫日輪恒在黄道上，若遇望日而月輪亦在黄道上，與日正對望，則地球障隔日月之間，月輪必入地景之内，太陽不能照之，故失光而食矣。漸出地景之外，太陽能照之，乃漸復得原光也。若渾然相對，全失光；若一分對，一分不對，對者失光，不對者否矣。因知月輪失光而食，悉由于地景也。

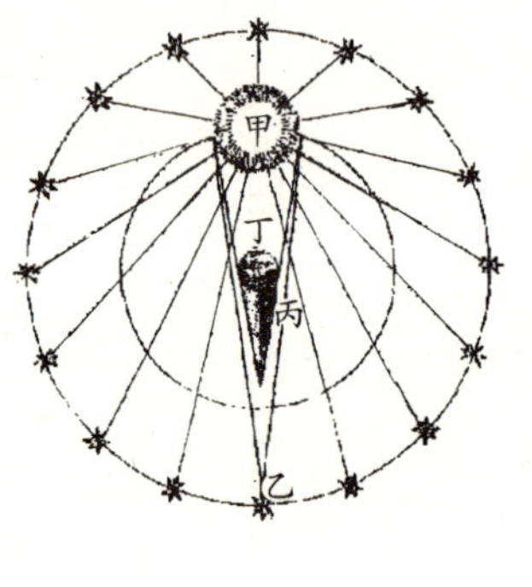

如圖，甲爲日輪，乙爲地球，丙爲地影，丁爲月輪，即見日月正對，故月輪全居地影之内，而居地上者視月無光。月無光則食也。

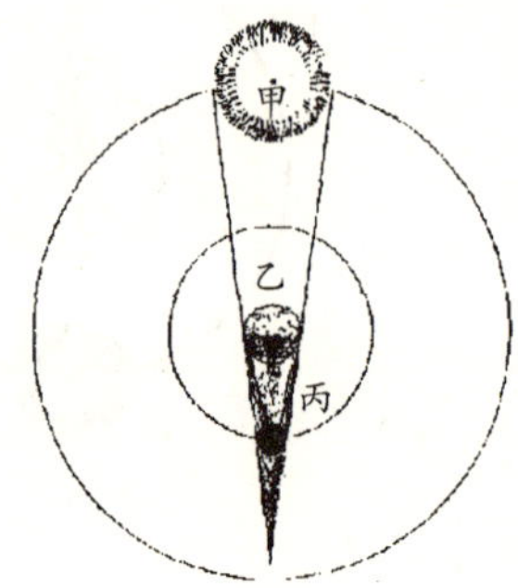

問：日輪值望必與月正相對，相對月必過地影，過影必當每望食矣。今月之遇食，不過什一焉，地影之説，毋乃碍乎？曰：日輪恒行黄道上，不出入内外。地體之影正對于日，亦恒在黄道上，不出入内外焉。月輪惟行龍頭、龍尾之上乃行黄道，故望時月輪適當龍頭、龍尾，適過地影之内則食。若出黄道内外，或南或北，地影不便，不能食，即食亦分秒不同。此望日日月雖對而亦不能常食也。

問：日月正對則相遠必百八十度，半周天也，故月在地平上，日必居其下；日在地平上，月必居其下，然有月食而日月皆在地平上，則月食非由地影矣，何也？曰：從古至今，凡月食皆以望日爲限，其相遠必半周天，不然不食也。月食時日月俱在地平上者，或日在西以將入，月在東以始出；或月入而日出也。夫月將出而日將入，其視月在地平者，非月全出也，則海水或濕氣所影映也。蓋地平傍近恒有濕氣，清微如煙，或空中對月輪偶有輕薄白雲，或值當海水，皆能令月影映于其内，而目力所成，宛一月焉。此視法之理也，固有别論。今試于空盤，若盤底内置一錢，人漸遠于盤或八步或十餘步，盤内之錢已不見矣。令斟水滿盤，即仍八步或十餘步而錢忽見之，何也？所視非錢體也，錢影也。然則地平之見月，非月體也，月影也。

熊明遇《格致草》

月體

月體去人時近時遠，折取中數八，其地半徑自之得六十四，半徑爲三十二，全徑是月去地之中數也。其視徑去人愈近愈大，愈遠愈小，折取中數亦得半度，與日等。其本徑則小于地球。地之容大約三十餘倍也。月體無光，受光于日。月球之光恒得半以上，因日體大於其體故。

論太陰之光本自無光，受光于太陽，故本球之光恒得半以上，因太陽之體大于其體故。如下圖，甲乙爲日，丙丁爲月徑，因日大故受光至于戊己。

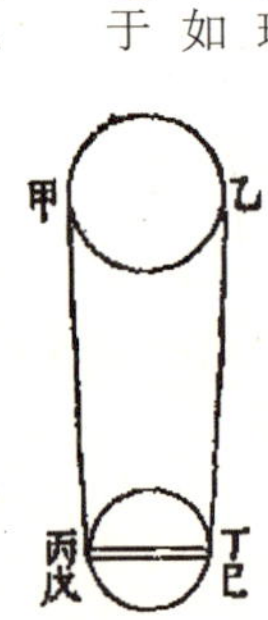

太陰面上黑象有二種，今人所見黑白異色者，是其二小者，則日日不同，非遠鏡不能見也。

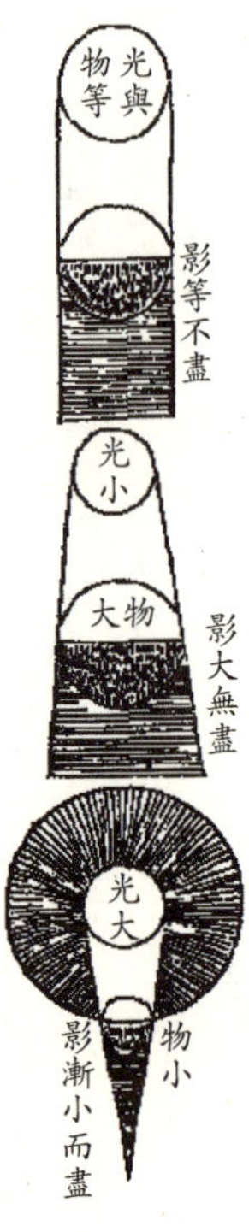

凡物必有影，影有等大小、有盡不盡。

又 日月交食

日在月上，朔而日月行度南北同經，東西同緯，則月掩日而日爲之食固也。惟望而月食，日在地下，月在天上，儒者謂月亢日而月爲之食，曆家曰闇虚，問其何以亢？何以闇虚？畢竟不能置對。殊不知月星皆借日爲光，日在地下，月在天上，經緯皆同，則地影適遮日光，月不受光，而月爲之食。然朔不必皆日食，望不皆月食，何也？蓋經度同而緯度不同故也。日止行黄道一線，萬古有常。月則或南或北，故同經不能同緯。日體大，地體小，若不同緯，便爲日光射及。然普天之下，食之時與食之分數不能盡同，以地面早夜不同。日月行動，故或曰星月俱借日爲光，地影既可以食月，獨不可以食星乎？曰：諸星所麗之天距月天甚高，日光大，地影小，過月以上則暗影漸尖細，至于星邊地影不及矣。然金水二星亦在日下，地球大于金星三十六倍又二十七分，大于月輪三十八倍又三分之一，是金星大于月輪，月既掩日，金星過日下獨不掩日，何也？曰：凡物以形相掩，非惟論其大小，又當計其遠近。近目者愈近，則愈掩。如以一指置睫間，宇宙可蔽，及其遠也，雖泰山不礙。金星雖大于月，乃在月天之上，去人目甚遠，故不能掩日。月雖小于金星，去人目最近，故能掩日光也。

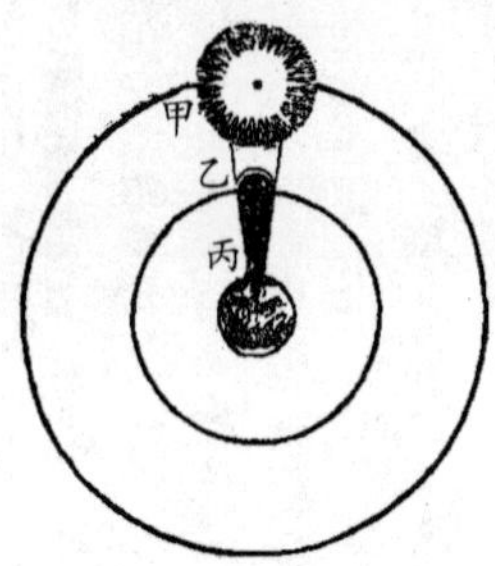

日食圖

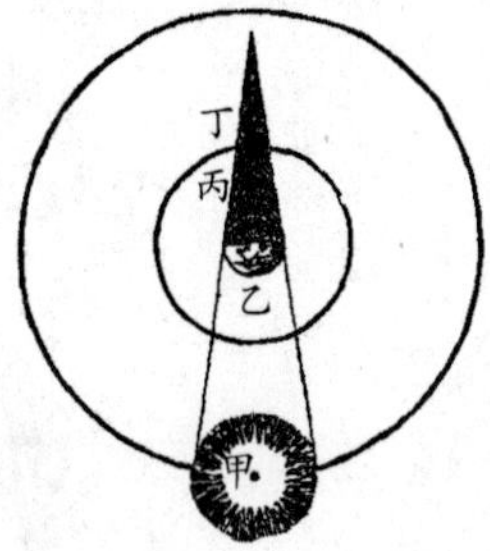

月食圖

格言考信

《朱子語類》曰：月受日光，只是得一邊光，日月相會時，日在月上，不是無光，光都載在上面一邊，故地上無光。到得日月漸漸相遠時，漸擦挫，月光漸漸見于下。到得望時，月光渾在下面一邊。望後又漸漸光向上去。《朱子詩經·十月之交註》曰：晦朔而日月之合，東西同度，南北同道，則月掩日而日爲之食。

又 日體

日爲萬光之原，諸曜皆從此受光焉。其體圓，圓有面，有體。日爲圓面，舉目即是，固無可疑。其爲圓體，何從知之？曰：凡物未有有面無體者，日之爲物大矣，知其必有體也。凡自然生者，初生無不圓，太陽之生本自然，曾無雕琢。又諸體中圓爲最尊，太陽最尊，知其必爲圓體也。舊云日徑一度，近測驗實止半度，其去地有時近，有時遠，折中取數，則以地全徑爲度。地球約九萬里，全徑三萬里，二十四其地徑，自之得五百七十六，是太陽去地之中數也。以視徑觀其去地之遠，因以割圓術求其本徑，得日體大地體一百餘倍矣。以九萬里之地球不能障其光，地球景又不能過月天以上，則日體之大可知。使地大于日，則星曜皆可食也。日面上有黑子，或一或二，或三四而止，或大或小，恒于太陽東西徑上行，其道止一線，行十四日而盡。前者盡則後者繼之。其大者能減太陽之光，先是或疑爲金水二星，考其躔度，則又不合。近從望遠鏡窺之，乃知其體不與日體爲一，又不若雲霞之去日極遠，特在其面而不識爲何物，以此知日體亦是平行。如轉行，則黑子不能常矣。每日行一度弱，其一日一周于黄道，爲一長度；于赤道上不及一上度。其日初出入大，日中則小。以地平之蒙氣衡視則厚，直視則薄。矇朧景朝爲昧爽，夜爲黄昏，各入地坪十八度。而冬夏至矇景大，春秋分矇景小者，以二至迤行出入，二分直行出入耳。

論太陽之光。　日爲大光，六合之内無微不照，有不透明之物隔之，則生影。地在天中，體小于日，故影漸遠漸殺，以至于盡。其影之長不至太陽之衝。

如下圖，甲乙爲日，丙丁爲地，其影至戊而止，不至己。

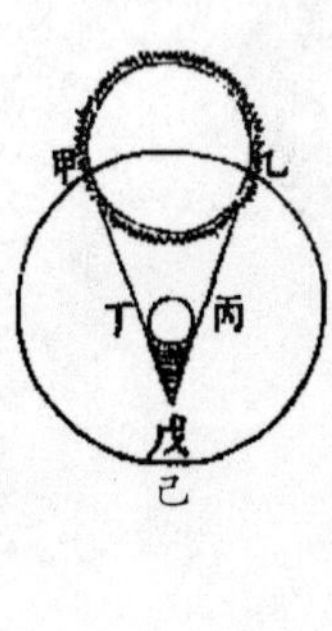

論太陽之大。　欲知物大，先知其徑。徑有二，一爲視徑。視徑者，人目所視也。舊云太陽之徑一度，近來測驗，實止半度。

如下圖，甲乙丙丁，丁戊爲宗動天内規面之三度，人從辛視太陽之己庚徑于天度，僅得丙乙，不滿乙丁之一度，約如乙丙者七百二十則滿黄道周，故知視徑爲半度也。

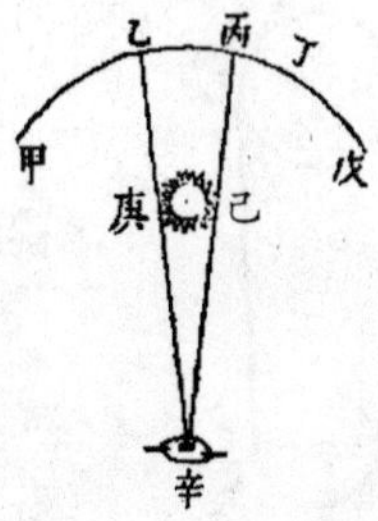

方以智《物理小識》卷一《曆類》　日月食

蔡邕言側匿，許慎言朓朒，解以朔晦月見。此曆差耳。月質以日映爲光，合朔日食，月質掩日也。望有月食，地毬之影隔日也。凡見月之處，見食皆同，而日食則異。其不當頂而斜迤者，皆不見日食也。故分秒各别，此質測也。古人以占君相致儆者，類應之心幾也。

周琦《東溪日談録》卷三《理氣談》　日月之食，日君象，月后象、臣象。然雖日月之行，上下適然，相掩而食，其實應其象者當之，故《春秋》書日食，不書月食。曆家以纏度推之，亦多驗矣。

日食朔者，日月之合，東西同度，南北同道，則月掩日而日食矣。

月食望者，日月相對，月光正滿，故日月相對，同道同度，則日亢月而月食矣。

所謂同度者，如日在午，月在子，子午同度，所以食。人見日月之食，不見黄赤二道。曆家因天有此路數，名此二道，以别天之度分，記日月之行。先儒亦多據此説理，惟沈存中辨之當矣。

有分黄道居中，青道居東，白道居西，赤道居南，黑道居北者，與曆家不同，與儒者所論者亦不同，皆不敢據之以爲實也。

邵子曰：日月之相食，數之交也。日望月則月食，月掩日則日食。猶水火之相尅也。朱子曰：日月之食皆非常也，而以月食爲常，日食爲不常者，以陰勝陽而掩之，不可言常也，故《春秋》日食必書，而月食無紀焉。邵子是論其食之體，朱子是論其食之用，必兼此則其義備矣。【略】

月中影子，《世説》謂之桂、兔，《淮南子》謂之山河影。桂、兔之説固謬，山河影之説恐亦非確論矣。且山河皆地類，與地同氣者也。日月相對，何止山河有影，地無影也？月中既有山河之影，如五嶽在五方，四海在四方，月中明，而有空缺處當在四方，其黑而有影處當在五方。今月中却有一小方之有影子，大方之有空缺，與地、山河不對。況山河非移動之物，非若月之流行，有移動，自東及西，上下顛倒不一，其中影子何一定而不移，不隨月與山河而爲顛倒移動邪？此必陰氣凝而爲月，微有查滓凝結在内，故成此影子也。亦如日有纖查不顯，人或見之而謂之烏耳。大抵只陰氣重濁有查滓，而陽氣輕清無查滓也。觀陰氣凝而爲地，其查滓大而爲山，小而爲石，又小而爲地中許多物也，可見矣。

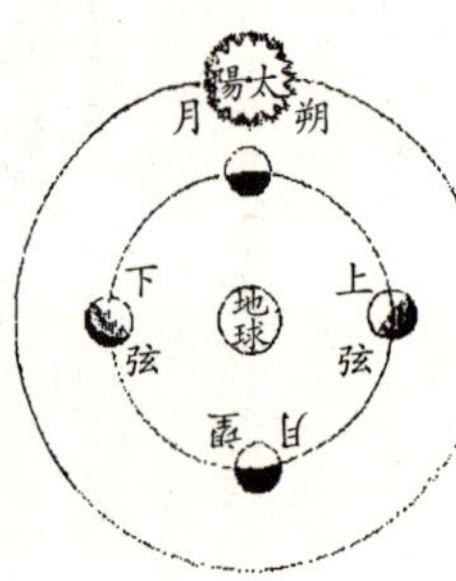

晦朔弦望之圖

遊藝《天經或問》前集卷一　朔日日月同度，月天正居日天之下，日光獨焰其向上之半面，人在中間仰視，獨能見其無光之下半面，故朔之日視月全無光。過朔，日月漸離，至初三四日月光如娥眉。至初七八日，則月見其上面一分之光，爲上弦。至十五六日，則日月對照，全光爲望焉。望之後，日漸遠，至廿三四日，則月見其下面一分之光，爲下弦。晦朔弦望，是以月離太陽有遠近，故其光無時不消長也。

朔則日月同其經緯爲一線，月受日光於上，月體隔日光於下，是月掩日，若無光爲日食，而光實未常失也。

望則日月相對如一線，日光正照之，月體正受之，中間地體適當線上，在日與月之間，地體隔日光於此面，而射影於彼面，月在影中，失其所借之光，爲月食。

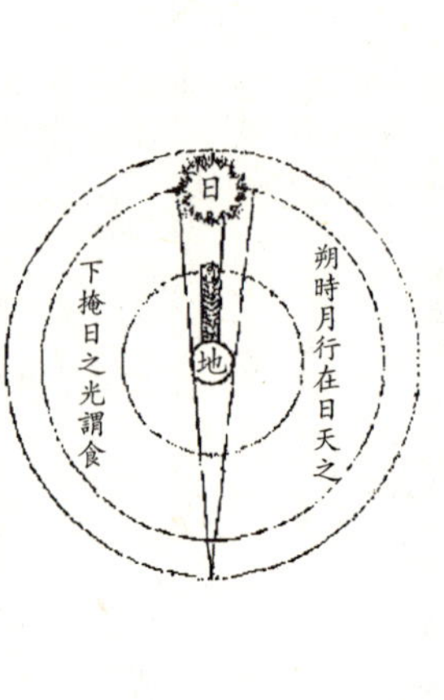

月掩日光爲日食之圖

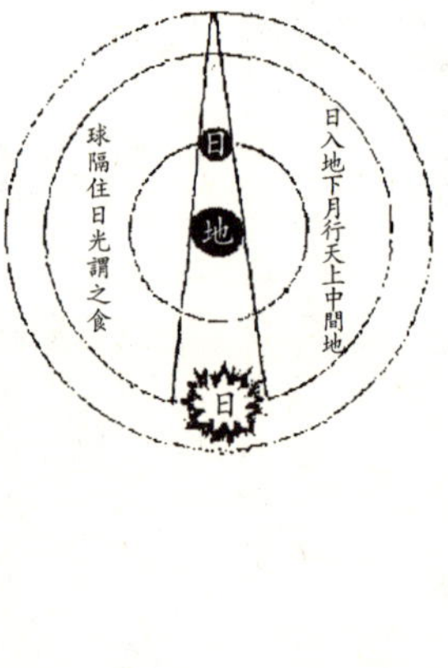

地影蔽月爲月食之圖

又　前集卷二

日食

問：日爲諸陽之主，永無虧損，何得有食？

曰：日爲諸陽之宗，星月皆借光焉，而日所行在月天之上，月所行在日天之下。朔日日與月相遇，兩周相切，（兩周者，日周天、月周天也。）與南北同經，東西同緯，則月受日之光於上，月體隔日之光於下，是日月相值則蔽而不見，然日與月雖則相叠，而上下相離數百萬里，其相值也特相盪而過，自人在地面上仰視之，則見其月掩日，於是日若無光，然實未常失光也。人不見其光，故謂之食。若日食非月掩，則食無常，何定在朔而不前後也？而食時天上度分唯一處，人居圓地，則食分隨東西南北人見無有同者。曆家不明各方經緯之度，（游熙曰：天有經緯之度，地亦有經緯，兩合之測則不甚差。）則無以知幅幀相距之數，而交食時刻與分數，行之一方，不能通之各方耳。如從西面東，地隔七千五百里者，則東人先八刻見食。設若地平形，則天下人見食共在一時，無有先後也。若南北經緯之度距過三十四分者，則月從邊行，人不見其掩，則無食矣。

問：月食，宋儒云：火日外影，中心實暗。到望時，却當其中暗處謂之闇虚。以闇虚之象爲月食，是否？

曰：天圓形，地梗在中心，如雞子黄處青之内，青之周圍即列宿七曜之天也。日一日行一度，月一日行十三度餘。以周天三百六十度記之，自朔至望，僅行一半，月距日一百八十度，而日月正對望，中間地球障隔，月輪在地影之上，月輪在地球之下，日光不能照之，故失其光而謂之食。漸出地影之外，日能照之，則漸復元光。因知月輪失光爲食，食悉由於地影之蔽。入此影中，安得不食。而半進半食，全進全食，是食必在望。其食之處，定在龍頭、龍尾游燕曰：即黄白二道相交之所，則經緯同故有食。十三度三分度之一。過此，則月之行道不相涉，而地影不能障也。龍頭、龍尾者，是日躔之兩界，月食所經之處也。然食之時，地影從人之下蔽上去，故天下皆同。游熙曰：見月食必在夜，而人在地影中立，故天下皆同。凡地面見者，大小遲速亦同。唯居子午線不同，則時刻亦不同。大抵十九年。所躔宫度同，而食之時刻淺深亦不同。而土木垣宿不及食者，影斜而鋭，不相透也。日行天一周，則影亦行天一周，月當其影處即食，而食之處迄無定所。

又　交食

問：日食月掩也，月食地影蔽也。然掩蔽俱是無光，則食皆同，又云月食皆同，日食不同，因地影地圓也，請詳其説。

曰：日月之行，二十九日有奇而東西同度，謂之合朔。而月魄隔日光于下而不偏斜，謂之日食。俞大剛曰：合朔則月月初一皆合，合而不食者，因月行九道與日度有偏斜，則從邊而過，故合朔而不食。月距日一百八十度，正與之衝，謂之望。若當衝時，必入地影，而地居中間，日光爲地所阻，不能射照月體，月失其光，謂之月食。而食常在黄白道相交之所，謂之正交、中交。凡日月行及二交爲同度，同度則有食，而食必準在限。交在限内則食，交在限外則不食。日食之限與月食之限亦異，故推月食，越五月能再食，越七月不能再食。日食，越五月能再食，越七月亦能再食。所以爲限各異也。至于食分則以距度求之，蓋兩周之心相距之度也。在月食則爲太陰之心實距地影之心愈近，食分愈多。《新語》曰：夫以大照物，對冲必得黑影。地之居中也，日照于東，黑影冲西；日照于下，黑影冲上。物過黑影即黑而不見，故日月正對，地隔于中，則影射而月黑。而食有淺深，月之道有浮沉也。在日食，則爲日月兩心以視度相距，其遠近不依實度，而依人目視之所及爲準。此即月食分天下皆同，而日食分隨人目東西南北各異也。如白道向南極半周，有時在天頂，及黄道之中謂之陰曆。白道向北極半周，是時在黄道外，謂之陽曆，故其下日食之限莫得而定也。比如京師北極出地四十度，約算陽曆八度，陰曆有二十一度，則知日月相會凡在陽曆近二交八度，在陰曆近二交二十一度，其下必見日食。過此限以往，則否也。即北可以推南，莫不以遠近多寡定食之驗，然二曆食限之度有異者，其故在月輪。月輪最近於地，又小於地，人見之所在地面，非在地心。以月天論地平，雖天與地球皆爲平分，直過其心，而人在地面高，所以視天地之兩界，則地球與月天非平分也。而少半在上，太半在下，約差一度。以本法推算，月已出正地平於人所視之地平尚少一度，此謂之視差。惟月在天頂，正地平與地平之極皆以一直線合于天頂，無有視差，過此左右不免有差。愈遠天頂，愈近地平，其差愈甚。夫視無他，常降下月體數十分耳。假令日月同度，同在近交之南，又因同度並在地平上高二十度，則日于視地平爲十九度五十八分，祇降二分；月于視地平爲十九度，直降一度。以日月二差之較爲五十八分矣。若日月同高共度，而人視之月常下于日一度耳，不掩日光，則不食。若日月在地平上高七十度，則日無視差，月視差止二十分，其降于日亦止二十分，勢必相切，或至掩數分而成食。若日月在交北，又當以月算。在日之上，庶因視差所降而掩日光，以爲食矣。顧此二地平之差，又分二焉。一加減交食分數，謂之氣差。一加減時刻，謂之時差。此測交食之艱也。

又　朔望弦晦

問：月若圓形，受日之光，朔日月掩日爲食，望日地影蔽爲食。月不掩日，地影不蔽時，宜月體之光俱圓，何過朔則漸盈，過望則漸虧？至上下弦而盈虧各半，疑其月體是活物，能自發光，固能晦能滿，能消能長也。

曰：天體如玻瓈，月與星即玻瓈中之堅凝圓物也。而圓者堅凝則不能透光。太陽之火充滿全天，天體直透者不能發光，星月堅凝者，則耀日之光而返照焉。故日光照及其體則明，不及則暗。如月自有光，則近日遠日，其光恒一，絶無消長也。朔日日月同度，月正居日之下，日光照其向上之面，不照其向下之面，人居地上，獨能見其無光之下面，不能見其有光之上面，故朔之日視月全無光。過朔，月則東行而漸離于日，而日在西，月光漸盈，距日至九十度，日照其下側半面，人居地上，獨能見其下側半面，爲上弦。距日一百八十度，則日月正對，月之圓體受日之光全滿，爲望也。過望，月則雖東行，却是漸離在西，日反在東，月光漸虧，距日至九十度，日照月上側半面，爲下弦。下弦以後，月光漸消，至于無光爲晦焉。

董以寧《正誼堂詩文集》　答黄楚復問月受日光書

有兩丸于此，一黯然無光者置几上，一瑩然如鏡者置几下。其能因几下之丸而使几上之黯然者亦瑩然否哉？望日之夜半與昏曉異，月當天上，日在地中，正如一几之隔兩丸，月既無光，又何從受光于日？宜吾子本來瞿塘之説而疑及此也。然是説也，宋儒如邵，如程，如張，皆主之。朱子至據沈括《筆談》以註《天問》，且云日在地下，其光由地四旁射出，月被之而明。蔡季通亦云，日氣從四旁周圍空處迸出，原無可疑于地之隔矣。或謂地即小于天，日不大于地，射出迸出爲難，余不得不并論之。蓋天地與日圍徑里數，諸書所載，推測不一，至宋濂《楚客對》，直云地居天内，其形不過與月同大。近世利瑪竇《天問略》所圖，言日大于地，地大于月，其説甚誕。然總言日之體，而不言日之光也。日之體大于地，理所必無。日之光溢于地，則無難曉。試以一丸之磺懸于拳石之下，固不必大于石也，燄發而爲火毬，其時之形則大于石矣。火毬之光之所燭則又溢于石之外，而騰于石之上。凡石以上之物，無有不被其光者矣。日猶火也，日之體猶磺，日之光猶磺之燄也。地猶拳石，而月猶石以上之物也。月受日光，何論于地體之小大哉。雖然望日之月體，其爲大與望後望前無異也；望日之地形，其爲大亦與望後望前無異也，地下之日光既能四出，而上映天中之月，當無夜不映之矣。天中之月又能隨照隨徹，而全受地下之光，亦當無夜不受之矣。無夜不映之，無夜不受之，是月當無夜不滿矣。而何以不然得無，瞿塘之説不爲無見也哉。吾與子當復申磺燄之説，一丸之磺懸于拳石之下，不必大于石也，燄發而爲火毬，其時之形則大于石矣。火毬之光之所燭，又溢于石之上，而屬于石之下，凡石以上之物無有不被其光者矣。但石以上之物與石以下之火俱偏于東，則火耀之而轉生其光者，亦偏于東。石以上之物與石以下之火或偏于西，則火曜之而轉生其光者亦偏于西。夫光而既偏于東西，則非在東之東與西之西，固不得窺其光之全也。況磺之燄發而爲火毬，不必皆在石下，而有時在石旁，并有時而在石上焉。與石上之物漸近，則物全以其旁面受光，而光之得窺于下者少矣。今月之與日或俱東，或俱西，皆有遠近之殊，又皆有漸遠漸近之殊，不盡如望時之相去百八十二度半有奇，舉周天之度而兩分之也。偏映之時多，而正對之時少，此所以光雖常滿于旁而人居地上不得見其常滿歟。沈括云：月如銀丸，日耀則明。又云：如一彈丸，粉塗其半，側視則粉處如鈎，對視則正圓。其説甚全。史伯璿云：月體半光半晦，光乃其面，晦乃其背。又云：日象君，月象臣，臣主敬君，故月常面日而不敢背。亦近有理，特其所謂半光者，主月所自有之光，而不借日。沈之説則指月形之可受日光者也。又不同也。余謂：來瞿塘之論日月，全不知日月之有遠近，而漫然武斷焉。相長之言，望之吾子。

陸世儀《思辨録輯要》卷一四《治平類》 月光借日，此沈括之言，朱子極取之。予以爲未必然。月雖陰質，然亦精氣所爲，非塊然一物。天下之物，惟銅鐵瓦石能受光，不能通光。若水晶、琉璃一麗太陽，亦表裏洞徹矣。月雖陰類，然以擬於物，必非銅鐵瓦石，豈反不如水晶、琉璃。愚謂月之光，月自有之，其盈其虧，皆月所自爲，不借日光。《尚書》生明、死魄，亦一證也。

問：月光非借日，何以晦朔弦望毫無差忒？曰：此所謂應日，非借日也。應日以理言，借日以形言。

日月薄蝕之説，亦氣感也。何以必於朔望？曰：氣至此而後相感也。天之有道度，猶人身之有脉絡。日月之有薄蝕，猶肢體之有疼痛。日月必同道度而後生薄蝕，肢體必中脉絡而後見疾痛，腎虚而齒摇，肝盛而目赤，腎之與齒，肝之與目，其形未嘗相見也，然而根伏於此，眚見於彼者，其脉絡同也。世未有腎虚而目赤，肝盛而齒摇者，則非朔望日月又安得蝕哉。

西學言日月蝕爲地影所障，似亦有理，然即以地影之説求之，恐未必然。日之體猶火，月之體猶水，火外景，水内景。内景者，受景於内也。故月中之景，古今相傳爲山河大地，近以西洋望遠鏡窺之良然。今爲地景之説者，曰日之體大於地，地之體大於月，故日之光能及於月，而月之光每障乎地。其所以或障或不障者，以其去地遠，中間空處多故也。夫内景之物，其體常虚，其照常廣，愈遠則被照之物愈少而所照愈廣。今夫地雖大於月，然月去地遠則地小，而月中之景當亦小矣。地之周圍空處甚多，則月之照地宜四邊俱作圓形，而中心一點獨黑。譬如高廣大厦，繫鏡高梁，中懸一球，球體雖大，而自高梁之鏡照之，則球形自小，而球之周圍俱見。此常理也。乃今月中之景不爲圓形，而作散形，或白或黑，其體不一；又其黑處有直際月之邊者，則知地之形未必爲球，而地之大未必僅大於月，地球間隔之説猶有可議也。

王植《正蒙初義》卷二　參兩篇第二

虧盈法，月於人爲近，日遠在外，故月受日光，常在於外，人視其初終如鈎之曲；及其中天也，如半璧，然此虧盈之驗也。

朱子曰：曆家舊説，月朔則去日漸遠，故魄死而明生。既望則去日漸近，故魄生而明死。至晦而朔，則又遠日而明復生，所謂死而復育也。此説誤矣，若果如此，則未望之前，西近東遠，而始生之明當在月東。既望之後，東近西遠，而未死之明却在月西矣。安得未望載魄於西，既望終魄於東，而遡日以爲明乎？故惟近日沈括之言得之。蓋括之言曰：月本無光，猶一銀丸，日耀之乃光耳。光之初生，日在其旁，故光側而所見纔如鈎。日漸遠，則斜照而光稍滿。大抵如一彈丸，以粉塗其半，側視之則粉處如鈎，對視之則正員也。近歲王普又申其説，月生明之夕，但見其一鈎，至日月相望而人處其中，方得見其全明。必有神人能凌倒景，旁日月，而往參其間，則雖弦晦之時亦復見其全明，而與望夕無異耳。以此觀之，則知月光常滿，但自人所立處視之有偏有正，故見其光有盈有虧，非既死而復生也。古今皆言月有闕，惟沈存中云無闕，蓋晦則與日相叠了，或從上過，或從下過，皆不受光。至初三方漸漸離開了，人在下面側看見，則其光闕。至望日則月與日正相對，人在中間看見，則其光方員。問：月中影是地影否？曰：前輩有此説，日月在天如兩鏡相照，而地居其中，四旁皆空水也，故月中微黑之處乃鏡中大地之色，畧有形似，而非真有物也。問：弦之義？曰：上弦是月盈及一半，如弓之上弦。下弦是月虧了一半，如弓之下弦。又問：是四分取半否？曰：二分二至，亦是四分取半。曆家謂紓前縮後，近一遠三。以天之圍言之，上弦與下弦時，月日相看皆四分天之一。黄氏瑞節曰：紓前縮後云者，曆家謂春分月弦東井，日在奎；秋分月弦南斗，日在角。月在前，日在後是也。近一遠三云者，曆家以周天爲四分，近一分，遠三分也。

補訓：此節論月之盈虧全繫於日也。如鈎之曲，如璧之半，皆虧缺時也。惟望則正員而盈。按日食爲月掩，則月近日遠，可據。但未必大相隔絶耳。

補注：童氏《發微》曰：終謂晦朔以前，初謂晦朔以後。終如鈎，晨見東方。初如鈎，昏見西方。上弦則昏見中央，下弦則晨見中央。至望則日月相對而光滿，晦朔則日月同會而月光滅矣。

愚按：補訓以日爲月掩爲遠，今曆家謂日徑七百五十里，月徑六百里。日道依天，月下於日一萬一千五百里，是以月徑六百里之廣，猶日徑七百里之大，每遇同道同度，則月掩日光而無餘分，其説與補訓相合。雖日月圓徑及相去里數難以意測，然其理大抵如此。又據今説，月在日之下，則沈存中所謂或從上過，或從下過者，亦微異矣。

月所位者陽，故受日之光，不受日之精。相望中弦，則光爲之食，精之不可以二也。

李注：復申日質本陰，月質本陽一節之意。

《集解》：月所位陽也，日之光亦陽也，陽與陽合，故受。日之精，陰也，陰陽相反，故不受。受日之光，故光應之則明。不受日之精，故正與相對而精射之則食。蓋光者用，精者體，用可兼乎外，而體則貞一，而不可以二也。

高注：相望、中弦，日月相對，當上下弦之中，謂望日也。

補訓：日食易明，故專言。月質陽，故受日光。若本非陽質，以黑窣之物，日雖曜之，不能明也。

愚按：上不受，以月言陰陽相反，故不受也。下不可二，以日言體一而已，故不可旁及也。亦上下互發之文。發明補訓謂日精强加之而月不能敵，故食。竊意月無光，借日之光以爲光，正對闇虚則日不能爲月之光，故月食耳。恐日無强加之理，亦非月本有光而日奪之也。

鄭光祖《一斑録》卷一《天地》 日月交食

日食，月遮日也。日當最高之時，其形較小，月當最低之時，其形較大，此時適食，則明盡遮而星斗皆見，不然則否。

日月高低相去甚遠，日高於月二十倍。京師日食四分，閩廣可以食既，故日食南北各地所見不同，東西各地爲時不同。

月食，地球遮日之光也。月借日光而明，光被地遮則食。照南懷仁所推日月五星大小計之，則日徑十五萬七千里，地徑二萬八千六百四十七里，日光過地三百五十五萬里，而地影絶月之所經，地影應尚有二萬餘里之徑，以八千餘里之月入此地影，故易於食既。然《明史》又曰月體之大作十五分，則暗虚即地影。之大作二十六分。月體全入暗虚而晦，又行過十一分而生明，則必無差。有時月入暗虚而形未全晦者，借大星之光也。惟月食所見之處皆同，故地東西相差可以此定之。

日月將至地平，爲地氣所暈，雖已入地平，望之仍在地上，故月食適在出没之時。日月東西竝見而已就食，不知者疑其食非關地影遮隔。星與月同質，明亦借日之光，而不食者，星高遠，在地影已絶之外也。於時地影相映而星光較微亦可證已。

孔子：迅雷風烈必變，敬天之怒也。古之時，見二曜忽虧，即肅然知懼，瞽奏鼓，嗇夫馳，庶人走。後世謂謫見於天，似不必然。蓋月遮日而日蝕，地影遮日光而月食，在日月初無所傷。今雖溯千載以上，推千載以下，竝可周知兩曜運行，理有一定。前代曆法未精，故有當蝕不蝕。自明利瑪竇來中國，永無前弊，則日月之蝕應不可目爲天變，而救護之典尚延，姑從儆戒以昭慎重也。

劉啓端《清會典圖》卷一二五

《天文十九·交食一》 日月相會爲朔，相對爲望，此以東西之經度計也。合朔時，經度相同。望時，經度相對。而南北緯度，則不必黃白兩道之相合也。若經度合，而黃白兩道又合，則日月見食。蓋星月皆借日之光，合朔時，月在日與地之間。黃白道合則月掩日光，即爲日食。望時，地在日與月之間，黃白道合，則地蔽日光，而月入地影中，即爲月食。月入地影，月體受蔽，無視差，故九(有)[州]同觀，惟時刻有先後。若月之掩日，則月去日遠，去人近，但能下蔽人目，而上於日體無關，故食分深淺，時刻先後，南北迥殊，東西異視也。如合朔時，月在地與日之間，人在地面，居甲者見月全掩日，居乙者見月掩日之半，居丙者但見日月兩周相切而不相掩，故日食隨地不同。

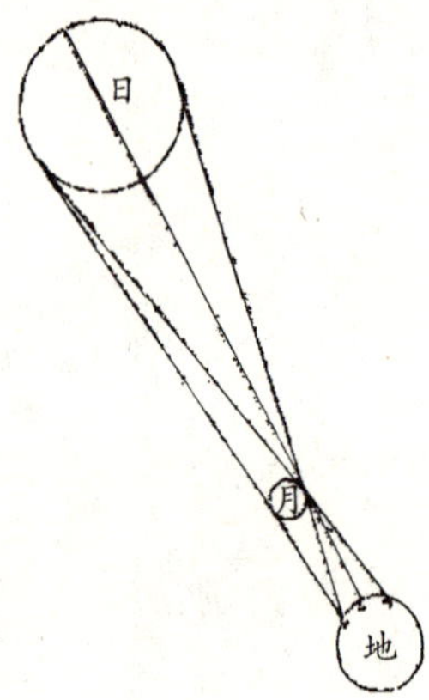

日食圖

三限者。曰食甚，乃月掩日最深之限也。曰初虧，在食甚前，月將掩日兩周初切也。曰復圓，在食甚後，月已過日兩周初離也。太陽太陰之視徑略等，食甚之最大者不過食既，方食甚即生光，故日食止有三限。如圖，甲乙竪綫如黃道經圈，丙丁横綫如黃道。二綫取直角作十字交，戊己庚圈如日體，甲丙乙丁虚圈爲初虧復圓之限，其半徑丙辛爲日月兩半徑相併之數。設實交周初宫或十一宫，則於虚圈上周甲乙徑綫之右取黃白大距五度如壬，從壬作綫過圓心辛至下周癸，爲白道經圈。於壬癸白道經圈上，自圓心辛嚮下取食甚視緯度如辛子。此

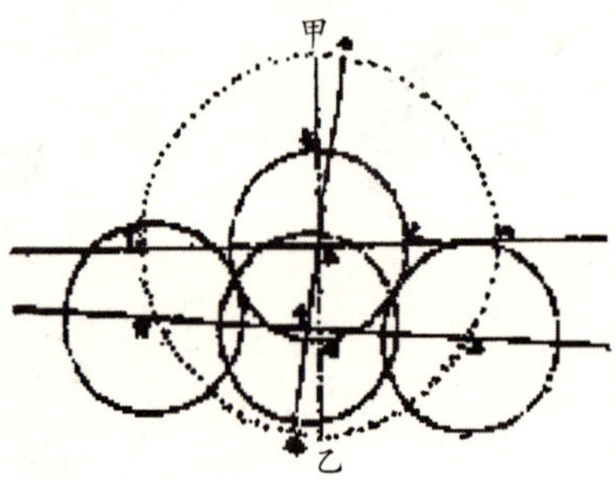

日食三限圖

子點，即食甚時月心所在也。從子取直角作丑寅綫，與壬癸白道經圈作十字交，即爲白道。白道割虚圈右周丑點，爲初虧限。割左周寅點，爲復圓限。以丑子寅三點各爲心，月半徑爲度，作圜以象月體，則見月心至丑，其周切日，日體將掩，是爲初虧。從丑至子，掩日最大，是爲食甚。從子至寅，月已離日，日光全滿，是爲復圓。日食分秒，以太陽太陰兩視半徑相併，內減食甚視緯，餘爲兩體相掩之分。命太陽視徑爲十分，以視徑度與十分之比，即同於減餘度分，與十分中幾分之比，而得食分爲太陽視徑十分中之幾分也。其時刻多寡，則由掩日之淺深、過日之遲速也。初虧、食甚、復圓，各有用時、近時、真時三限。由用時得近時，由近時得真時。橢圓又法，由真時而求定真時。

又前日食圖，止闡日食之理，而未明求日食之術。今用橢圓又法，求光緒十三年日食，各爲圖以顯之。先求得光緒十三年丁亥逐月朔太陰交周，至七月爲初宫八度四十九分二十二秒五十二微，是知七月爲入交之月。依法得平朔距冬至日數二百四十日，求得實朔本日太陽黃道實行七宫二十五度一十九分二十二秒，太陰黃道實行七宫一十七度三十八分一十四秒，實朔次日太陽黃道實行七宫二十六度一十七分七秒，太陰黃道實行八宫二度一十七分一十四秒，乃以本次日太陰太陽實行比例，得實朔泛時未初一刻十四分。又以實朔泛時加減二刻，求得前時太陽黃道實行七宫二十五度五十分三十六秒，太陰白道實行七宫二十五度三十三分四十二秒，太陰黃道實行七宫二十五度三十一分五十八秒，後時太陽黃道實行七宫二十五度五十三分一秒，太陰白道實行七宫二十六度一十分三十秒，太陰黃道實行七宫二十六度八分三十八秒，因得一小時日實行二分二十五秒，即一小時太陽黃道實行。一小時月實行三十六分四十八秒。即一小時太陰白道實行。實朔實時未初二刻一分三十九秒，即以實朔實時求得實朔太陽黃道實行七宫二十五度五十一分五十五秒，實朔太陰黃道實行七宫二十五度五十一分五十五秒，實朔太陽均數一度二十二分四十二秒，實朔太陽引數七宫一十六度一十四分一十二秒，實朔太陰本天心距地五十六萬二千零一十一，實朔太陰引數五宫初度一十八分一秒，實朔太陰初均數三度二十三分四十八秒，實朔月距正交初宫七度八分四十七秒，實朔黃白大距五度一十七分二秒，實朔太陰黃道緯度北三十九分二十三秒。準以上諸用數，求得光緒十三年丁亥七月初一日丙辰朔。

京師日食八分八秒，初虧午正一刻十一分二秒，右偏上。食甚未初三刻初分

五十四秒。日躔黄道鶉火宫二十五度五十一分三十九秒，入星宿初度六分二十四秒；赤道鶉火宫二十八度七分二十三秒，入張宿一度三十三分二十一秒。復圓未正三刻十四分三十七秒。左偏上。計食限内凡十刻三分三十五秒。

又　卷一二七《天文二十一·交食三》

地在日與月之間，日大地小，地嚮日之面爲晝，背日之面則生尖影，是爲闇虚，人在影中不見日光爲夜。望時月入影中而不能借日光，全入焉則全食，半入焉則半食。普天之下，所見皆同。惟居東者見食時刻先耳。【略】

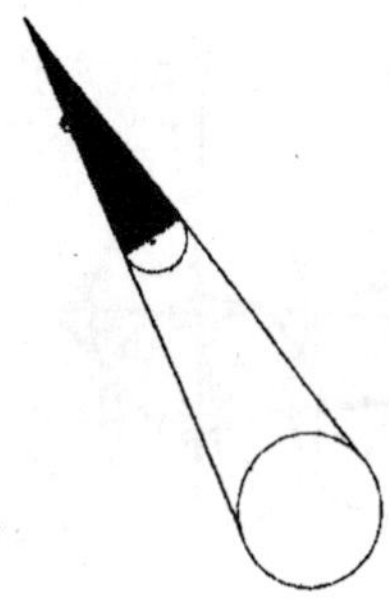

月食圖

地影圖

日大於地，則地影尖，而日在本天有高卑，則影有長短。如圖，甲爲地，丙乙皆爲日。日在最高如乙，則影尖至庚。日在最卑如丙，則影尖至癸。而月又小於地，月在本天又有高卑，則所當之影又有巨細。月在最高如子，則當庚影之辰酉，當癸影之未申。月在最卑如丑，則當庚影之戌亥，當癸影之卯午。未申細於辰酉，卯午細於戌亥，則食分淺深，食時久暫異焉。影之長短巨細，以地徑、日月徑與日月距地心數算之。均輪法，日實徑與地徑之五倍又百分之七，月實徑爲地徑百分之二十七弱，日視徑最高二十九分五十九秒，最卑三十一分零五秒。月朔望時，視徑最高三十一分四十七秒，最卑三十三分四十二秒。日距地心最高一〇一七九二〇八，其與地半徑之比例爲一與一千一百六十二。中距一〇〇〇六四二一，其與地半徑之比例爲一與一千一百四十二。最卑九八二〇七九二，其與地半徑之比例爲一與一千一百二十一。月朔望時，距地心最高一〇一七二五〇〇，其與地半徑之比例爲一與五十八又百分之一十六。中距九九二〇二七三，其與地半徑之比例爲一與五十六又百分之七十二。最卑九五九二五〇〇，其與地半徑之比例爲一與五十四又百分之八十四。橢圓法，日實徑爲地徑之九十六倍又十分之六，月實徑爲地徑百分之二十七，小餘二六强。日視徑最高三十一分四十秒，中距三十二分一十二秒，最卑三十二分四十五秒。月視徑最高二十九分二十三秒，中距三十一分二十一秒，最卑三十三分三十六秒。日天半徑與地半徑之比例，最高爲一與二萬零九百七十五，中距爲一與二萬零六百二十六，最卑爲一與二萬零二百七十七。月天半徑與地半徑之比例，最高爲一與六十三又百分之七十七，中距爲一與五十九又百分之七十八，最卑爲一與五十五又百分之七十九。

實驗

沈括《夢溪筆談》卷七《象數一》　又問予：「以日月之形，如丸邪？如扇邪？若如丸，則其相遇豈不相礙？」予對曰：「日月之形如丸。何以知之？以月盈虧可驗也。月本無光，猶銀丸，日之耀乃光耳。光之初生，日在其傍，故光側而所見纔如鈎；日漸遠，則斜照而光稍滿。如彈丸，以粉塗其半，側視之則粉處如鈎；對視之則正圓。此有以知其如丸也。日、月，氣也，有形而無質，故相直而無礙。」

趙友欽《原本革象新書》卷三　月體半明

以黑漆毬於簷下映日，則其毬必有光可以轉射暗壁。太陰圓體，即黑漆毬也，得日映處則有光，常是一邊光而一邊暗。若遇望夜，則日月躔度相對，一邊光處全向於地，普照人間；一邊暗處全向於天，人所不見。以後漸相近而側相映，則向地之邊光漸少矣。至於晦朔，則日月同經，爲其日與天相近，月與天相遠，故一邊光處全向於天，一邊暗處卻向於地。以後漸相遠而側相映，則向地之邊光漸多矣。由是觀之，月體本無圓缺，乃是月體之光暗半輪轉旋，人目不能盡察，故言其圓缺耳。至於日月對望，爲地所隔，猶能受日之光者，蓋陰陽精氣隔礙潛通，如吸鐵之石，感霜之鐘，理不難曉。案：月體較小於地體，而皆小於日，三者於太虚之間如三丸然。月入闇虚而虧食。闇虚當日之衝乃地景也，故測此闇虚及北極高下，可以知地體周徑里數。必日月相望近黄道白道之交乃遇闇虚，因測其交之淺深以知月食分數。遠於交則雖日月相望而或南或北，地不得而揜之。此憑臆附會，殊疏。日月不全瑩，而似瑕映於内者，如明鏡映水之處則瑩，照地之處則瑕。以爲山河所印之景者是也。案：日中有黑子，而月體中用大遠鏡窺見其有高下，故月之嚮日，有吐光處，有不吐光處。此據流俗所附會，非也。

又　日食

舊説日體大，其道周圍亦大。月體小，其道周圍亦小。月道在日道內，猶如小環在大環中。日去人遠，月去人近。月體因近，視而比日體之大。月道因近，視而比日道之廣。故皆爲三百六十五度四分度之一，月從交道穿過黃道，適與日遇。日體爲月體所蔽，故云食，而日體非有損也。日道與月道相交處有二，若正會於交，則月體障盡日體而日暗甚，謂之食。既若交不正，但在交前後，而度相近者，亦食而不既。月行交外，食偏南。月行交內，食偏北。近於交際，食分多。遠於交際，食分少。天之交限，此大率也。又有人之交限。舊云：假令中國食既，戴日之下所虧纔半，化外反觀則交而不食。化外食既，戴日之下所虧纔半，中國反觀則交而不食。何則？日如大赤丸，月如小黑丸，共縣一索，日上而月下，即其下正望之，黑丸必掩赤丸，似食之既；及傍觀，有遠近之差，則食數有多寡矣。春分已後日行赤道北畔，交外偏多，交內偏少；秋分已後日行赤道南畔，交外偏少，交內偏多，是故有南北差。冬至已後日行黃道東畔，午前偏多，午後偏少；夏至已後日行黃道西畔，午前偏少，午後偏多，是故有東西差。日中仰視則高，旦暮平視則低，是故有距午差。食於中前見早，食於中後見遲，是故有時差。凡此諸差，惟日食有之，月食則無也。正德九年，八月辛卯朔，日食。《大統曆》推之合食八分六十七秒，而閩廣之區遂至食既，彼處言官以曆不效爲言，然京師所觀止食八九分耳。故推交食，惟日頗難。若月食分數，但以距交遠近，別無四時增損。蓋月小，暗虛大，月入暗虛即食，故八方所見食分並同也。日爲月所掩而食則不然。蓋日大而月小，日上而月下，日行有四時之異，人視有九服之殊，故旁觀者遠近自不同矣。然宇宙之廣，未可以一術齊。欲推九服之變，則其時刻分秒各據其處，考晷景之短長，揆辰極之高下，順天求合，與地偕變，增損其法而後準也。曆經推定之數，徒以中國所見者言之耳。舊云月行內道，在黃道之北食多有驗。月行外道，在黃道之南雖遇正交，無由掩映，食多不驗。又云天之交限雖係內道，若在人之交限之外，類同外道，日亦不食。此説似矣，而未盡也。假若夏至前後，日食於寅卯酉戌之間，人向東北、西北而觀之，則外道食分反多於內道矣。此前賢所未發，而舊曆亦略不及。此欲創新法，以補其所未備。揆之於理，似密於前，但未遇其期以親驗之耳。姑發其端，後人或因此説而必悟其理焉，亦易脩改也。凡推日食不言既者，蓋日體大於月，月不能盡掩之，或遇食既，則月居其中而日光四溢，形如金環。當此之時，晝似初昏而星見也。

朱載堉《律曆融通》卷四《黃鐘曆議下》

交會

《易》曰：縣象著明，莫大乎日月。日乃火之精，其卦爲離。月乃水之精，其卦爲坎。然離之象外陽而內陰，外剛而內柔，外明而內暗，外實而內虛。坎之象則反是。是故太陽，其質則虛，若火之爲燄也。太陰，其質則實，若水之爲冰也。日自有光，月本無光，借日之光爲光，亦猶冰本無光，以燈照之則有光矣。夫物之性，火能舒光，水能函景，故日能舒普天之光，而月能函大地之景。月中如有物者，猶鏡所照，蓋山河之景也。月形不似鏡而如圓毬者，與渾天同類也。日没地中，月在天上，猶能受其光者，譬如磁石隔物猶能引針，二氣潛通，自然相感，非地所能隔也。《書》曰「哉生明」，又曰「旁死魄」，皆指月而言。蓋日光所照則謂之明，其所不照則謂之魄，故定望加時與日相遠，距天半周，其路雖殊，其度則衡，徑過對直，與日相望，故謂之望。人居其間，盡覩其明，故月形圓。既望則偏，所不照者而漸生矣，故曰「哉生魄」也。定朔加時與日最近，雖各在一路，而其度正同，日在於上，月潛在下，與日相會，謂之合朔。日照月表，人覩其裏，日光赫盛，不見月形，謂魄亡矣。故曰死魄旁。死魄者，朔後一日也。其次日曰朏。朏者，月始出也，故又曰哉生明。至於朔望之間，去日非近非遠，當天半周之半，日照其側，人觀其傍，故半明而半魄，其形若弓張弦，故謂之弦。在上旬曰上弦，在下旬曰下弦。下弦月在日西，故光在東。上弦月在日東，故光在西。由去日有遠近，故光景有圓缺，而月之體本無盈虧也。凡所謂朔望者，日月同度相合，對度相衡，而其路則殊也。若路同則食矣。古云同經同緯則食，同經不同緯則不食是也。蓋黃道與月道，如香毬內二環相疊而小差。定朔近交，則月體蔽日而日食。定望近交，則日光衝月而月食。因距交有遠近，故食分有多寡。然日月之體，本無傷損也。由是言之，日月之食與否，當觀月行表裏、距交遠近，皆可以籌策而推焉，大約於黃道驗之也。嘗造泥丸，中穿一索，外以粉塗之，縣於暗室中。以燈照其側，則半明半暗；照其前，則全明；照其後，則全暗。此弦望晦朔之象也。方照其後時，若少偏，則雖不見粉丸之光，而猶見燈光；若不偏，則燈光反爲粉丸所掩，此日食之象也。方照其前時，若少偏，則背燈而視之全見粉丸之光；若不偏，則其光反爲燈景所蔽，此月食之象也。夫有理而後有象，有象而後有數，理由象顯，數自理出，理數可相倚而不可相違。凡天地造化莫能逃其數，故曰：推筭交食，曆家之易事也。測景驗律，曆家之難事也。

須臾有光射出而天遂明，故日無食十分之理，雖既亦止九分有奇而已。然此分數可推，而月之居中與否難定。假若日食九分八十秒，是爲極則之數，月掩正中，四邊皆餘十秒，是爲既也。若少偏則惟一邊餘二十秒，即非既矣。故推日食止言食甚，不言食既者，幸其不至於既而不欲其既也。《大藏經》中有文殊菩薩與諸仙論宿曜經，以爲日輪廣五十一由旬，月輪廣五十由旬，此蓋西域天文。其所謂由旬者姑不必論，但置五十爲實，以五十一爲法，除之，得九分八十秒，是月輪當日輪百分之九十八，於理或然耳。《授時曆》謂日食陽曆限六度，定法六十；陰曆限八度，定法八十。試各置其限度如其定法，而一皆得十分，則以爲日亦有食十分者。以理究之，恐未然也。今於其定法下各加一數，以除限度，則得九分八十餘秒，而與西域天文所論相去不遠，此其與舊異也。倘改之意，後世或有未知，故具述焉。

又　月食

舊説日月與地，三者形體大小相似。地體亦圓而不方，其大止可當天一度半，而天周當地徑二百四十餘倍也。日月相衝，爲地所蔽，有景在天，其大如日，日光不照，名曰暗虛。月望，行黄道則入暗虛矣。值暗虛有表裏深淺，故月食有南北多少。古人雖有暗虛之説，指爲地景，殆未然也。假如春秋二分食於卯酉之正，日月相望，其平如衡，地猶在下，烏能蔽之。天雖大於地，不應相去數百倍。觀諸晷景，察諸寒暑，可知矣。竊嘗思之，日者火之精也，火燄所衝必有黑烟，四周皆明，獨此處暗。然真火與凡火不同，凡火止能炎上，真火則從横斜直，所衝皆然。蓋離卦之象外明而内暗，外實而内虛。暗而虛者，離之中爻，日之外景也，故曰暗虛耳。《文獻通考》曰：「日火外明，其對必有暗氣，大小與日體同。」是也。以今觀之，日月大小相較，所差不多。暗虛與月相較，則大於月。何也？譬猶燈烟，以比其燄，則燄小而烟多，是故暗虛比日大一倍也。《授時曆》望在交前後者，距交十三度五分爲交限，限外則不食。若當限内，則有食矣。望而距交未遠，在四度三十五分之内，其食必既。餘八度七十分，雖甚而不既，也食已既矣。又云食甚何也？所謂食甚之時，則在初虧、復圓中間，假若食不至既，亦於此際食分最多，從此則轉少矣。日食不言既，月食言既，又言甚者，蓋月初既時名食既，食既之後生光之前，此際名爲食甚。若日則不然，雖既不久而光即生。既、甚生光無所分别，故止言甚，不言既也。夫日食至十分已下即爲食既，月食乃至十五分者，蓋十分已是食既，月體盡黑，然纔隱在暗虛之内，而未深入暗虛之中，故食十分已上爲既内分。月望正在交際而食，則滿既内五分，蓋暗虛倍於月，月入其内居於正中，兩旁各餘五分，并前既外十分，共十五分。若非正在交際，雖入暗虛之中，或近上或近下，則不至十五分，故月食有五限：虧而後既，既而後甚，甚而後生光，乃至復圓也。夫暗虛者，景也，景之蔽月故無早晚高卑之異，亦無四時九服之殊。譬如縣一黑丸於暗室中，其左然一燈燭，其右縣一白丸。若燈光爲黑丸所蔽，則白丸不受其光矣。人在四旁視之，所見無不同也。故月食無時差之説。宋志《應天》《崇天》諸曆，其推月食，直以定望小餘便爲食甚定分是也。惟《紀元曆》昧於此理，妄立時差。金《大定曆》因之。元儒格物窮理，而亦爲其所惑，若《授時曆》月食求時差者，誤矣。是故新法但從《應天》《崇天》舊説，月食不用時差，特以定望加時便爲食甚時刻。然非杜撰，蓋亦前人定論已有此説，今特述之耳。

阮元《疇人傳》卷二八《元五·趙友欽》　其《月體半明篇》言：以黑漆球映日，則其球必有光可以轉射暗壁。太陰圓體，即黑漆毬也。日月對望，爲地所隔，猶能受日之光者，蓋陰陽精氣，隔礙潛通，如吸鐵之石，感霜之鐘，理不難曉。日月不全瑩，而似瑕映於内者，如明鏡映水之處則瑩，照地之處則瑕，以爲山河所印之景者是也。其《日月薄食》篇言：日之圓體大，月之圓體小，日道之周圍亦大，月道之周圍亦小。日道距天較近，月道距天較遠。日月之體與所行之道雖有少廣之差，然月與人相近，日與人相遠，故月體因近視而可比日體之大。月道因近視，而可比日道之廣。日食月食，當以天度經緯而推。同經不同緯，止曰合朔。同經同緯，合朔而有食矣。人觀望日體，見爲月之黑體所障，故云日食。然日體未嘗有損，所謂食者，强名而已。日月對躔而望，若不當二交前後，則不食。望在二交前後則必食，或既或不既，當以距交遠近而推。若相對于二交限内，對經而對緯至甚的切，所受日光傷于太盛，陽極反亢，以致月體黑暗，如染紅濃厚反成紫黑也。日月之圓徑相倍，日徑一度，月徑止得日徑之半，然在於近，視亦準一度。是猶省秤比于複秤，斤兩雖同，其實則有輕重之異。日之圓徑倍于月，則闇虛之圓徑亦倍于月，月既準一度，則闇虛廣二度矣。月食分數，止以距交遠近而論，别無四時加減，八方所見食分並同。日食則不然，舊曆云假令中國食既，戴日之下所虧纔半，化外反觀則交而不食。何以言之？日月如大小二球，共懸一索，日上月下，相去稍遠，人在其下正望之，則黑毬遮盡赤毬，比若食既；傍視而分遠近之差，即食數有多寡也。

許桂林《宣西通》卷二《内篇》 趙友欽《革象新書·月體半明篇》言： 以黑漆球映日，則其球必有光，可以轉射暗壁。太陰圓體，即黑漆球也。日月對望，爲地所隔，猶能受日之光者，陰陽精氣，隔礙潛通，如吸鐵之石。桂林嘗觀日照盂水，必飛起一光，著於屋壁。因悟月爲水體，日照月猶照盂水。人間之月色，則飛著屋壁之光。證以取明水於月及月與潮汐相應，月體爲水，確乎可信。至友欽所云隔礙而能潛通，於理甚乖遠，不如西人日大於地之説。

綜述

歐陽詢《藝文類聚》卷一《天部上》 月

《釋名》曰： 月，闕也，滿則缺也。晦，灰也，月死爲灰，月光盡似之也。朔，蘇也，月死復蘇生也。弦，月半之名也，其形一旁曲，一旁直，若張弓弦也。望，月滿之名也，日月遥相望者也。

《廣雅》曰： 夜光謂之月。

《山海經》曰： 大荒之中有方山，日月所自出也。

《五經通義》曰： 月中有兔與蟾蜍何？月，陰也。蟾蜍，陽也，而與兔並明，陰係陽也。

《文選》： 月上軒而飛光。

《乾鑿度》曰： 月三日成魄，八日成光。蟾蜍體就穴，鼻始明。穴，决也，决鼻兔也。

《尹子》曰： 使星司夜，月司時，猶使雞司晨也。

《尚書大傳》曰： 晦而月見西方謂之朓，朔而月見東方謂之側匿。

《禮記》曰： 月者，三日成魄，三月而成時。

《史記·天官書》曰： 月行中道，安寧和平。又曰： 太陰之精上爲月。月者，天地之陰，金之精也。

《禮含文嘉》曰： 君致尊而制命，則日月貞明。

《春秋孔演圖》曰： 仁義之道，日月循緯。

《漢書》曰： 元后母李氏夢月入其懷而生后。

《禮斗威儀》曰： 政太平則月圓而多輝；政升平則月清而明。

張衡《靈憲》曰： 月者陰精之宗，積而成獸，象蟾、兔。又曰： 姮娥奔月，是爲蟾蜍。

《淮南子》曰： 月，天之使也。積陰之寒氣大者爲水，水氣之精者爲月。又曰： 月者陰之宗，是以月毁而魚腦減。又曰： 羿請不死之藥於西王母，姮娥竊之奔月宫。姮娥，羿妻也，服藥得仙，奔入月中，爲月精。又曰： 畫隨灰而月暈闕。以蘆灰隨暈環闕其一面，則月暈亦闕於上也。又曰： 方諸見月則津而爲水。方諸，陰燧，大蛤也，熟摩拭令熱，以向月，則水生。銅盤受之，下水數石也。

《吕氏春秋》曰： 月，羣陰之本。月望則蚌蛤實，羣陰盈。月晦則蚌蛤虚，羣陰揫。夫月形於天，而羣陰化於淵。又曰： 月躔二十八宿。

《文子》曰： 百星之明，不如一月之光。

京房《易飛候》曰： 正月有偃月，必有嘉王。

皇甫謐《年曆》曰： 月，羣陰之宗，光内日影，以宵曜，名曰夜光。

《物理論》曰： 京房説月與星至陰也，有形無光，日照之乃光。如以鏡照日而有影見。

《舊曆説》曰： 日猶火也，月猶水也。火則施光，水則含影。故朏生於向日，魄生於背日。當日則光盈，近日則明滅。

《楚辭》曰： 夜光何德，死而又育。厥利維何，而顧兔在腹。

瞿曇悉達《開元占經》卷五《日占一》 日名體

張揖《廣雅》曰： 朱明曜靈，東君日也。《兵法》曰： 姓張，名長生，字子房。一名子明，字長史。能者知便不畏白刃。 皇甫謐《年曆》曰： 日以晝明，名曰曜靈。 《春秋元命苞》曰： 日之爲言實也，節也，含一，開度立節，使物咸别，故謂之日。言陽布散合如一，故其立字四合共一者，爲日望之度，尺以千里立。實者，周圓缺合一，言其身者。 《春秋元命包》曰： 天尊精爲日，陽以一起，日以發紀尊故滿，滿故施，施故仁，仁故明，明故精，精故外光，故火日外景，陽精外吐。

《春秋元命苞》曰： 元開陽爲天，積精爲日，散而分布爲大辰，天一陽成于三，故日中有三足烏。 《淮南·天文》問詰曰： 積陽之熱氣生火，火氣之精者爲日。日者，陽之主也，故陽燧見日則然而爲火。又曰： 日者，天之使也。 《河圖》曰： 在天爲日月，在地爲水火。 楊泉《物理論》曰： 日者，天陽之精也。夏則陽盛，故晝長夜短；冬則陰盛，故夜長晝短；春秋則陰陽均，故晝夜等。 張衡《靈憲》曰： 日者陽精之宗，積而成烏，象烏有三趾。陽之類，其數奇也。日譬猶火也，月譬猶水也。火則外光，水則含景，故宣明于晝，納明于夜。如有瑕必露，其匿人君者，仰則焉。　石氏曰：日光旁照十萬二千里，經三十二萬四千里，同一百萬二千里；暉經千里，《周髀》曰：經一千二百五十里。周三千里。徐整《長曆》曰：日經千里，周三千里。周三千里與石氏同也。　張衡《靈憲》曰：日月其當天七百三十分之一。徐整《長曆》曰：日下于天七千里。

又　卷一一《月占一》　月名體

皇甫謐《年曆》曰：月者羣陰之宗，光内影，月以宵耀，名曰夜光。　《易說卦》曰：坎爲月。　《河圖帝覽嬉》曰：月者，金之精。　《春秋感精符》曰：月者，陰之精，地之理。《廣雅》曰：夜光謂之月。　《天官書》曰：太陰之精，上爲月。月者，天地之陰，金之精也。　王子年《拾遺記》曰：瀛洲水精爲月。　《禮記》曰：月者，闕也。　范子計然曰：月者，水也。　《淮南子》曰：月者，天之使也。水氣之精者爲月。　《漢書·李尋傳》疏曰：月者，衆陰之長，妃后大臣諸侯之象。　張衡《靈憲》曰：月者，陰精之宗，積而成象，兔蛤焉，陰之類，數偶也。羿請不死之藥於西王母，姮娥竊之以奔月，遂托身於月，是謂蟾蠩。　《春秋演孔圖》曰：蟾蠩，月精也。　楊泉《物理論》曰：月，陰之精，其形也圓，其質也清，禀日之光而見其體，日不照則謂之魄。故月望之日，日月相望，人居間，盡睹其明，故形圓也。二弦之日，日照其側，人觀其旁，故半照半魄也。晦朔之日，日照其表，人在其裏，故不見也。

陸佃《埤雅》卷二〇《釋天》　月

《說文》曰：太陰之精，象形。内象蟾、桂之形，故夕从月半見而林罕以爲象，其未有蟾桂之狀也。《釋名》曰：月，闕也，言滿則復缺也。朔，月初之名也。朔，蘇也，月死復蘇生也。晦，月終之名也。晦，灰也，火死爲灰，月光盡似之也。《禮》曰：大明生於東，月生於西，朔而月出西方，夕見夕莫也，故王者旦見曰朝，暮見曰夕，義取諸此，所謂朝夕放於日月者也。至望然後出於東方，夜見。《尚書大傳》以爲，晦而月見西方謂之朓，朝而月見東方謂之肭。　蓋言異也。《詩》曰：東方之日兮，彼姝者子，在我室兮。在我室兮，履我即兮。東方之月兮，彼姝者子，在我闥兮。在我闥兮，履我發兮。履，禮也。日月之盛皆在東方，故《詩》舉以刺襄，而言男女淫奔，不能以禮化也。君無失道，如東方之日，以禮即我，故彼姝者子，在我室兮也。臣無失道，如東方之月，以禮發我，故彼姝者子，在我闥兮也。《詩》曰：如月之恒，如日之升。恒，恒上弦也。升，言有隆而無降。恒言有盈而無虧也。《書》曰哉生明，又曰哉生魄。說者以爲，朔後月明生而魄死，望後月明死而魄生，故《書》以朏望生明生魄紀月，甲子紀日也。揚子曰：月未望則載魄于西，既望則終魄于東，其遡於日乎。此言士之或貴或賤，或肆或拘，在其上與之如何而已。《風俗通》曰：吴牛望月而喘。言使之苦于日，是故見月而喘。蓋傷禽驚於虛弦，疲牛望月而喘，物之憚怯，見似而驚有如此者。屈子曰懲於羹者吹虀，此之謂也。舊說積陽之氣生火，火氣之精爲日；積陰之氣生水，水氣之精爲月。故陽燧取火於日，方諸取水於月。《易》曰：離爲日，坎爲月，其以此乎。

祝穆《古今事文類聚前集》卷二《天道部》

日

日食。十月之交，朔日辛卯，日有食之，亦孔之醜。《詩》。男教不脩，陽事不得，謫見於天，日爲之食，故日食則天子素服而脩六官之職，蕩天下之陽事。《禮記》。

總論日月，日月麗乎天。《離卦》。至德之明，日月若連璧。《易·坤靈圖》。日中則昃，月盈則食。天地盈虛，與時消息，而況于人乎，況於鬼神乎。《易》。日居月諸，胡迭而微。《詩》。日行遲，月行疾者何？君舒臣勞也。日月所以懸者何？助天行化，昭明下地也。《白虎通》。日者，太陽之精，積而成鳥，象烏，陽之類，其數奇。月者，陰精之宗，積而成獸，象兔，陰之類，其數耦。張衡《靈憲》。月爲陰精，日爲陽精，故《周髀》云日猶火，月猶水，火則施光，水則含影。月光生於日所照，魄生於日所蔽。一云朏生於向日，魄生於背日。當日則光盈，近日則明盡。《考靈曜》。陽燧見日，則燧而爲火。方諸見月，則津而爲水。注：方諸，陰燧，大蛤也。熟磨拭令熱，月盛時以向月下則水生，以銅盤受之，下水數滴。許慎注云：方，石也。諸，珠也。《淮南子》。

又　月

《羣書要語》：月御曰望舒，亦曰纖阿。《淮南子》。月以宵耀，名曰夜光。皇甫謐《年曆》。晦而月見西方謂之朓，朝而月見東方謂之朒。《書》云哉生明，哉生魄。說者以爲，朔後月明生而魄死，望後月明死而魄生，故《書》以朏望生明生魄紀月，甲子紀日也。揚子曰：月未望則載魄于西，既望則終魄于東，其遡於日乎。《尚書大傳》。月，闕也，滿則缺也。晦，則灰也，月死爲灰，月光盡似之也。朔，蘇也，月死復蘇生也。弦，月半之名也，其形一旁曲，一旁直，若張弓絃也。

望，月滿之名也，日月遥相望者也。《釋名》。晝隨灰而月暈缺。注：以蘆灰環月，缺其一面，則月暈亦缺。《淮南子》。月與星辰，陰者也，有形無光，日照之乃有光。先師以爲，日似彈丸，月似鏡體，或以爲月亦似彈丸，日照處則明，不照處則闇。京房云。

陳元龍《格致鏡原》卷二《乾象類二》 日附測日表

總論

《禮統》：日者，實也，形體光實，人君之象。《五行志》：日者，昭明之太表，光景之太紀，羣陽之精，衆貴之象也，故日出而天下光明，日入而天下冥晦，此其效也。故日者，君父夫兄之類，中國之應也。《春秋内事》：日者陽德之母。《淮南子》：積陽之熱氣生火，火氣之精者爲日，故陽燧見日則然而爲火。《尸子》：日五色，陽之精，君德也。少昊金天氏邑於窮桑，日五色互照窮桑。《易傳》：日者衆陽之精，内明玄黄，五色無主，以象人君，精精似青，翼翼似黑，玄玄似赤，縞縞似白，煌煌似黄，光照無主，不可以一色名也。《淮南子》：堯時十日並出，草木焦枯。堯命羿仰射十日，中其九烏皆死，墮其羽翼。《春秋元命苞》：陽數起于一，成於三，故日中有三足烏者，陽精也。張衡《靈憲》：日者太陽之精，積而成烏，象烏三足，陽之類，其數奇。《淮南子》：日中有踆烏。《山海經》：大荒之中，陽谷上有扶桑，十日所浴，九日居下枝，一日居上枝，皆載烏。《淮南子》：若木在建木西，末有十日，其華照地。注：若木端有十日，狀如連珠，華光照其地。鄭樵《通志》：日在木中曰東，在上曰杲，在下曰杳，木若木也，日所升降。《山海經》：東南海之外，甘泉之間有羲和國，有女子名羲和，爲帝俊之妻，是生十日，常浴日於甘泉。郭璞注：羲和能生日，故日爲羲和之子。堯因是立羲和之官，以主四時。《淮南子》：日出於暘谷，浴於咸池，拂於扶桑，是謂晨明。登於扶桑之上，爰始將行，是謂朏明。至於曲阿，是謂朝明。臨於曾泉，是謂早食。次於桑野，是謂晏食。臻於衡陽，是謂禺中。對於昆吾，是謂正中。靡於鳥次，是謂小還。至於悲谷，是謂餔時。迴於女紀，是謂大還。經於淵隅，是謂高舂。頓於連石，是謂下舂。爰止羲和，爰息六螭，是謂懸車。薄於虞泉，是謂黄昏。淪於蒙谷，是謂定昏。日入崦嵫，經于細柳，入虞淵之池，曙於蒙谷之浦。日西垂，景在於樹端，謂之桑榆。梁元帝《纂要》：日光曰景。日影曰晷。日氣曰晛。日出爲旭。日昕曰晞。日温曰煦。日在午曰亭午，在未曰昳日。晚曰旰日，將落曰薄暮。日西落，光反照於東，謂之反。景在上曰反景，在下曰倒景。《説文》：煦，日温也。皓，日晝貌也。暉，日光也。旰，日晚也。翌，日明也。曉，日白也。《字訓》：縠，日出之色。櫝，日入之色。縠，音忽。櫝，音柳。《論衡》：日晝行千里，夜行千里，然則日行舒緩，與麒麟之步相似類也。《尚書考靈曜》：日光照四十萬六千里。《周髀》：日光外照，徑八十一萬里。楊慎《外集》：按《山海經》紀日月之出者七，日月所入五，日月所出入一。其紀日月之出也：曰大言山，曰合虚山，曰明星山，曰鞠陵山，曰湯谷扶木，曰猗天蘇門山，曰壑明俊疾山，皆在《大荒東經》。其紀日月之入：曰豐沮玉門山，曰日月山，天樞也；曰鏖鏊鉅山；曰常陽山；曰大荒山；皆在《大荒西經》。曰浴日，一在《大荒南經》之甘淵。曰浴月，一在《大荒西經》之玄丹山。其紀日月所出入一，在《大荒西經》之方山櫃格之松焉。考之《淮南子》日所出入又多不同。應劭《漢官儀》：泰山東南名曰日觀，雞鳴時見日出長三丈。《山海經》：羲和，東方國名，日所由過處。每日出其國，人爲御推而升太虚。周密《癸辛雜志》：揚州有趙都統，號趙馬兒，提兵船往援李壇於山東。舟至登萊，殊不可進，滯留凡數月。嘗於舟中見日初出海門時，有一人通身皆赤，眼色純碧，頭頂大日輪而上，日漸高，人漸小。凡數月所見皆然。《異域志》：沙弼茶國，向無人至，祖葛尼曾到，因立文字該載其國，係日西没之地。至晚日入，聲若雷霆，國王每於城上聚千人，吹角，鳴鑼，擊鼓，混雜日聲，不然則小兒驚死。《物理論》：京房説，月與星，至陰也，日照之乃光，如以鏡照日而有影見。《演繁露》：凡雨初霽，或露之未晞，其餘點綴於草木枝葉之末，欲墜不墜，則皆聚爲圓點，光瑩可喜。日光入之，五色具足，閃爍不定，是乃日之光晶著色於水，而非雨露有比五色也。周祈《名義考》：《莊子》「野馬也，塵埃也」，沈括云：塵埃與野馬，乃田野間浮氣，遠望如羣羊，又如水波。佛書謂如熱時野馬陽焰。魏豹傳：人生一世間，如白駒之過隙。注：白駒，日景也，是日氣謂之野馬，日景謂之白駒。駒與馬以疾馳上騰爲義。野言其處，白言其色耳。《升菴外集》：《莊子》野馬，注云日光。按《内典》龍樹大士曰：日光著塵，微風吹之，曠野中轉，名之爲陽燄。愚夫見之謂之野馬，渴人見之以爲流水。《易參同契》：日爲流珠，青龍之俱。注：日爲陽，陽精爲流珠。青龍，東方少陽也。陶弘景《真誥》：日有九芒，月有十芒，方諸宫有服日月芒法。太虚真人曰：服日之精華者，欲得嘗食竹笋。竹筍者，日華之胎也。

又　月

總論

《逸雅》：月，缺也，滿則缺也。《淮南子》：月，天之使也。積陰之寒氣，大者爲水，水氣之精者爲月。《吕氏春秋》：月，羣陰之本。月望則蚌蛤實，羣陰盈。月晦則蚌蛤虚，羣陰虧。夫月行乎天，而羣陰化於淵。《漢書》：月者，衆陰之長，銷息見伏，百里爲品，千里立表，萬里連紀，后妃大臣、諸侯之象也，朔晦正終始，弦爲繩墨，望成君德。《隋書》：月者，陰之精也，其形圓，其質清，日光照之則見其明，日光所不照則謂之魄。故月望之日，日月相望，人居其間，盡覩其明，故形圓也。二弦之日，日照其側，人觀其傍，故半明半魄也。晦望之日，日照其表，人在其裏，故不見也。《尚書》：哉生明，又既生魄。注：哉，始也。始生明，月三日也。生魄，月十六日。明消而魄生。《詩推災度》：月三日成魄，八日成光。蟾蜍體就穴，鼻始明。宋均注：穴，决也，决鼻兔也。魏了翁《讀書雜鈔》：月三日則成魄。朱氏曰：魄者，月之有體而無光處也，故《書》言哉生明，旁死魄，皆謂月二三日，月初生時也。凡言既生魄，皆謂月十六日，月始闕時也。《漢書·五行志》：晦而月見西方，謂之朓。朔而月見東方，謂之朒，亦謂之側匿。《釋名》：朔，蘇也，月死復蘇生也。晦，灰也，死爲灰，月光盡似之也。弦，月半之名，其形一旁曲，一旁直，若張弓弦也。望，月滿之名，日月遥相望也。《説文》：朏，月未成明也。魄，月始生魄然也。承大月，月生二日謂之魄。承小月，月生三日謂之朏。程大昌《演繁露》：沈括取銀圜爲喻，曰：月如銀圜，本自無光，日耀之乃有光。其圓非圓，乃月與日相望其光全耳。及其闕也，亦非真闕，乃日光之所不及耳。比喻最爲精審。徐整《長曆》：月徑千里，周圍三千里，下於天七千里。《論衡》：月一日一夜行十三度，十度二萬里，三度六千里，與晨鳧之飛相似類也。《起世經》：西方一月分爲黑白，初月一日至十五日名爲白月，十六日已去至於月盡名爲黑月。此方通攝黑白合爲一月也。《西域記》：印度國俗，月盈至滿謂之白分，月虧至晦謂之黑分，或十四日或十五日，月有大小故也。黑前白後，合爲一月。六月合爲一行。日遊在内，北行也。日遊在外，南行也。總此二行，合爲一歲。《黄氣陽精經》：秋分之日，月宿東井之地，上廣靈之堂，乃沐浴於東井之池，以錬日魂，明八朗之芒，受陽精。日暉吐黄氣於玉池，諸天人悉採玉樹之華，以拂日月之光。月以黄氣灌天人之容，故秋分是天人會月之道也。《五經通義》：月中有兔與蟾蜍何？月陰也，蟾蜍陽也，而與兔並明，陰係於陽也。《春秋元命苞》：月之爲言闕也，而設以蟾蜍與兔者，陰陽雙居，明陽之制陰，陰之倚陽。《傅·咸》：擬天問，月中何有白兔擣藥？張衡《靈憲》：月者，太陰之精，積而成獸，象玉兔、蟾蜍，皆四足，陰之類，其數耦。段成式《酉陽雜俎》：佛氏謂月中所有，乃大地山河影，或言蟾兔，地影，空處水影也。《靈憲》：羿得不死之藥於西王母，嫦娥竊之以奔月，是爲蟾蜍。楊慎《丹鉛總録》：月中嫦娥，其説始於《淮南》及張衡《靈憲》，其實因常儀占月而誤也。古者羲和占日，常儀占月，皆官名也，見於《吕氏春秋》，後訛爲嫦娥，以儀娥音同耳。陳耀文《天中記》樂彦曰：纖阿山名，有女子處其岩，月歷數度躍入月中，因爲月御也。《史記·封禪書》注：樂彦引老子《道德經》云：月中仙人宋無忌。《酉陽雜俎》：月中有桂樹，下有一人常斫之，樹隨合，其人姓吴名剛，西河人，學仙有過，責令伐桂。【略】《夷堅志》：紹興壬午五月十六日，五更初，月外有環暈五重，附近者紫紅色，次白，次青，次黄，最外深紅，各相去一丈，其圓如規。荆大聲曰：是爲月重輪。

劉嶽雲《格物中法》卷三《火部》　光

日月星宿，亦積氣之有光曜者。《列子》。

故日月之明，非一精之光也。《春秋繁露》。

已上積氣生光。

參之以三光。《禮·鄉飲酒義》。

嶽雲謹案：月星與日並爲三光，是月星亦有本體之光，故《易》言懸象著明，莫大乎日月。又云：日月之道貞明者也。又曰：日往則月來，月往則日來，日月相推而明生焉。

日大于地若干倍，故光莫大于日。《造化究源》。

月體不全光，星亦自有光，非受命於日。若是日濯月所以成光，去日遠則光全去，日近則光缺。五星行度亦去日遠近，五星安得不盈缺。當知不然，太陰之精自有光景，但異於太陽，不得輝赫。《開元占經》引梁武帝《天象論》。

嶽雲謹案：梁武之説與舊説不同，今驗五星亦有盈缺，是舊説未可疑也。但梁武云太陰自有光，亦有至理。凡物雖微，皆能于闇處發光，與隱熱之理相涉，即其積氣稍多所致，況于太陰甯無光之質耶。西人謂珠玉之光，乃其收東外光所致，然山輝川媚理亦有之，不得謂本質全無涉也。空同子云：極黑之夜，久坐亦明，陰中之陽歟，猶水之中明歟。《物理小識》云：人臥暗室，忽然開目，目自有光，何訝虎梟貓鼠之夜視耶。愚謂：此亦人物積氣所發之熱而然。

又案：西人既謂月、行星皆受日之光，又云恒星去日遠，不能受光，其光蓋本體自發。夫行星、恒星皆星也，不應有發光、借光之殊。西人以五緯及天王、海王爲七行星，又云天空中有無數行星，又云天空中有恒星，有行星。行星借日之光，恒星自有光，故知本體自發光之説必不能廢。

問：星受日光否？曰：星恐自有光。《朱子全書》。

嶽雲謹案：朱子又云：星亦是受日光，但小耳。其説似相矛盾，蓋西人恒星發光，行星借光之説，朱子已見及也。

天地原無晝夜，日出而成晝，日入而成夜。星常在天，日出而不顯其光，日入乃顯耳。古人云星從日生，細看來，星不借日之光以爲光。嘉靖壬寅日食既，滿天有星，當是時日且無光，安能生星之光乎。呂坤《呻吟語》。

嶽雲謹案：朱子、呂子説，與梁武帝意同。

無物不含光性。《物理小識》。

物受日月之精華，則自發光，生諸變異。《古玩考》。

嶽雲謹案：寶石之屬咸能發光，濃淡大小，存乎其質，猶如物受大熱，寘之暗處因熱發光，熱盡光滅。又如物常見日，偶置暗處，亦能發光。其理相同，莫不存乎其質。寶石發光，最大者世謂之夜明珠。古書恒言，今不多見。蓋寶石之光亦非永遠不滅，宜與物熱發光相類。

燭則因質生光，質大光亦大。《北史·杜弼傳》。

嶽雲謹案：依理可以兩光相比而考其質。

已上生光之質。

受光者亦發光。《物理所》。

火燭一隅，則室偏無光。《呂氏春秋》。

受光于隙，照一隅。受光于牖，照北壁。受光于户，照室中，無遺物。況受光于宇宙乎。《淮南子》。

嶽雲謹案：此光學所論受光體理也。物既受光，而又散其光于各方向。受光少則散光亦少，受光多則散光亦多。受光于隙，則僅能成一綫之光。

月與星辰陰者也，有形無光，日照之乃有光。《禮·月令》疏引《京氏占》。

月光生于日所照，魄生于日所蔽，當日則光明，就日則光盡。月亦似彈丸，日照處則明，不照處則闇。《月令·孟春》疏。

月爲陰精，體自無光，藉日照之乃明。《五行大義》引《春秋秝》。《宋史》引《京房占》。

故月光生于日，當日則光盈，近日則明滅。《御覽》二引劉智《正秝》。

嶽雲謹案：此言月爲受光之質。

段成式嘗於私地鑿一池，於土下獲鐵一片，乃特静一室懸鐵，其室中之北壁已而泥户，但開一牖，方纔數寸，亦緘鐍之時與近親闚牖窺之，則有金書兩字以報十二時也。《南楚新聞》、《唐詩紀事》。

唐内庫有盤，色正黄，圓三尺，四周有物象。元和中偶用之，覺逐時物象變更，且如辰時花草間皆戲龍，轉巳則爲蛇，轉午則成馬矣。因號十二時盤。《清異録》。

范文正公家有古鏡，背具十二時，如博碁子。每至此時，則博碁中明如月，循環不休。《洞天清録》。

嶽雲謹案：此並光學之理也。蓋所製十二辰，受光不同，故遇光濃淡及正射斜射而分明暗。儻值陰晦，或在暗室，必當有異。惜不得其物一證之也。

已上受光之質。

陽光所及，莫不動也。《白虎通·文質》。

嶽雲謹案：西士考得以輕微之物安置輻形，入玻璃瓶，抽去空氣，見光則旋轉。究其每秒能轉之數，以定光之濃淡。其理起于是也。此物之質感光而動。感熱而動，尚無定説。光能生物，物生而動。無光則天地息，人物滅矣。

已上光能生動。

夫影因光而生。《列子》有影不移注。

罔兩，景外之微陰也。《莊子·齊物論》注。

嶽雲謹案：即所謂闇虚。

當日之衝，光常不合者，蔽于地也，是爲闇虚。在星星微，月過則食。《續漢書》。

秝家之説，當日之衝有大如日者，謂之闇虚。闇虚當月，則月必滅光，故爲月食。《春秋》疏。

表高景虚，罔象非真。《元史·天文志》。

嶽雲謹案：此言光有闇虛也。光學之理，光順直線而行，有物阻光，則能成影于物前。若光之原爲點，則影之界限詳細分明。若光之原爲面，球形體發光等于面。則影之界限不甚清楚，而爲闇虛。物面等于光之原面，則成影如圓柱。物面小于光之原面，則成景如圓錐，皆有闇虛。

又案：日體甚大，故從地面看日光所成之物影皆有闇虛。表竿末甚小，則闇虛至大，而影幾于無。

景，木柂景短大，木正景長小。《墨子》。

嶽雲謹案：此植表之法。柂，邪也。木邪則短，故影短而大。木正則較邪爲長，故影亦較邪爲長小。記其長短之數，知植之而影最長者，爲木正也。

光與物大小相等，其景雖遠相等而無盡。物大光小，則景漸遠漸大，而無量。物小光大，則景漸遠漸小，而無景矣。故物逼于鐙，移物漸遠則景漸小。物逼于壁，移物漸遠則景漸大。光小物大故也。《鏡鏡詅癡》。

日爲圓體，光照大地。地上有物如横梁，景落在地，其横梁上邊反是日之下邊，横梁下邊反是日之上邊。必于横梁上開細孔，透露日光，方是日之中心，是爲中景。《鏡鏡詅癡》。

已上光蔽生景。

藝文

曹丕《月重輪》左克明《古樂府》卷五　三辰垂光，照臨四海。焕哉！何煌煌悠悠，與天地久長。愚見目前，聖覩萬年。明闇相絶，何可勝言。

曹植《曹子建集》卷五《贈徐幹》　驚風飄白日，忽然歸西山。圓景光未滿，衆星粲以繁。志士營世業，小人亦不閒。聊且夜行游，游彼雙闕間。文昌鬱雲興，迎風高中天。春鳩鳴飛棟，流猋激櫺軒。顧念蓬室士，貧賤誠足憐。薇藿弗充虛，皮褐猶不全。慷一作杭。慨有悲心，興文自成篇。寶棄怨何人，和氏有其愆。彈冠俟知己，知己誰不然。良田無晚歲，膏澤多豐年。亮懷璵璠美，積久德愈宣。親交義在敦，申章復何言。

陸機《陸士衡文集》卷六《擬明月何皎皎》　安寢北堂上，明月入我牖。照之有餘輝，攬之不盈手。涼風繞曲房，寒蟬鳴高柳。踟蹰感節物，我行永已久。遊宦會無成，離思難常守。

又《擬明月皎夜光》　歲暮涼風發，昊天肅明明。招摇西北指，天漢東南傾。朗月照閑房，蟋蟀吟户庭。翻翻歸鴈集，嘒嘒寒蟬鳴。疇昔同宴友，翰飛戾高冥。服美改聲聽，居愉遺舊情。織女無機杼，大梁不架楹。

又　卷七《日重光行》　日重光，奈何天迴薄。日重光，冉冉其遊如飛征。日重光，今我日華華之盛。日重光，倏忽過，亦安停。日重光，盛往衰，亦必來。日重光，譬如四時，固恒相催。日重光，惟命有分可營。日重光，但惆悵才志。日重光，身殁之後無遺名。

庾信《舟中望月》祝穆《古今事文類聚前集》卷二　舟中夜離家，開舲望月華。山明疑有雪，岸白不關沙。天漢看珠蚌，星橋視桂花。灰飛重暈闕，蓂落獨輪斜。

王泠然《初月賦》李昉等《文苑英華》卷六　觀乎皎皎新月，含虛鶩闕。伺海蛤而齊生，候階蓂而俱發。既與物而盈偃，亦隨時而興歇。故其清光未滿，斜輪半空。依稀破鏡，髣髴懸弓。離畢墜雨，繞暈生風。散微華於粉壁，集輕照於蘭叢。爾其於狀也，皎皎的的。鏡丹霄而灼爍，鮮鮮綿綿，點清漢而連娟。逢輕雲而暫蔽，雜華星而共妍。寫邊城之羈目，鑒珠箔之嬌絃。思閨女之披幌，弄舟人於叩舷。若乃斷山風入，中天氣清。雲徹暮景，霞開晚晴。望頹陽之西落，見微月之孤生。出烟郊而漫漫，映江浦之亭亭。凝碧臺以光净，度青樓以色明。雖予情之斯得，停搴攬而不盈。俄而涼夜未幾，低輪半傾。墜斜光於森木，落餘照於嚴城。臨玉墀而不見，望亭閣而杳冥。余亦何爲者，感在空庭。

楊諫《月映清淮流賦》李昉等《文苑英華》卷七　地有四瀆，其一也惟淮。天有兩曜，其一也惟月。月至明而不阻遐邇，淮至清而可鑒毫髮。故澄澈而相暉，況埃壒而初歇。泛灎多象，朣朧交映；類藏氷之在玉壺，如臨水之懸明鏡。引清潤而介若自潔，和素光而終然不競。千里伴孤舟而浮，百丈動纖鱗之泳。此所謂物至净而增其净也。如其孕靈納影，委照淪精；徐而匪濁，攬之不盈。蟾蜍下沉，對蠙珠而增美；璿源圓折，混金波而更清。皓鶴奪彩，玉砂迷明；如分舟子之望，終起漁歌之聲。此所謂物無情而感有情者也。古人有引類爲贈，因物傷懷，風雲欲別，琴酒相乖。念居者已賦乎露濕寒草，悲行者則想乎月映清淮。蓋旨哉月以陰而合德，水爲坎而處柔；或麗天而成象，或紀地而引流。契仁者之理静，含道門之清幽。有二美矣，允乎于休。將以求古之情，多聞是務；一則以紀其善，一則以垂爲裕。以灰厭暈，不學淮王之方；進牘抽毫，空作謝莊之賦。

李白《李太白集》卷四《古朗月行》 小時不識月，呼作白玉盤。又疑瑤臺鏡，飛在青雲端。仙人垂兩足，桂樹作一作何。團圓。白兔擣藥成，問言與誰飡。蟾蜍蝕圓影，天一作大。明夜已殘。羿昔落九烏，天人清且安。陰精此淪惑，去去不足觀。憂來其如何，惻愴摧心肝。

又 卷一八《把酒問月》 青天有月來幾時，我今停盃一問之。人攀明月不可得，月行却與人相隨。皎如飛鏡臨丹闕，緑煙滅盡清暉發。但見宵從海上來，寧知曉向雲間没。白兔擣藥秋復春，姮娥孤棲與誰鄰。今人不見古時月，今月曾經照古人。古人今人若流水，共看明月皆如此。唯願當歌對酒時，月光長照金罇裏。

又 卷二一《月下獨酌》 花間一作下。一壺酒，獨酌無相親。舉盃邀明月，對影成三人。月既不解飲，影徒隨我身。暫伴月將影，行樂須及春。我歌月徘徊，我舞影凌亂。醒時同交歡，醉後各分散。永結無情遊，相期邈雲漢。

杜甫《杜工部集》卷一〇《月》 天上秋期近，人閒月影清。入河蟾不没，擣藥兔長生。只益丹心苦，能添白髮明。干戈知滿地，休照國西營。

又 卷一五《八月十五夜月二首》 滿目飛明鏡，歸心折大刀。轉蓬行地遠，攀桂仰天高。水路疑霜雪，林棲見羽毛。此時瞻白兔，直欲數秋毫。稍下巫山峽，猶銜白帝城。氣沈全浦暗，輪仄半樓明。刁斗皆催曉，蟾蜍且自傾。張弓倚殘魄，不獨漢家營。

歐陽詹《秋月賦》李昉等《文苑英華》卷七 粤惟日行於翼，風發於庚。白露下降，鴻鴈來征。野颾颾而木落，天寥寥而氣清。獨孤亭之不寐，見凉月兮東生。上迢迢之霄漢，掩冽冽之恒星。出江山之磅礴，豁閶闔之峥嶸。皎皎揺揺，晶晶盈盈。映階墀以歷歷，對窓户以亭亭。雖他時之並照，何斯夕之爲明。異夫白鶴翩翩，不分其色；寒泉灑落，空聞其聲。乃遥夜以虚燭，實純風之至精。於是照曜必周，通冥洞幽。其色也，潤林巒之卉物；其影也，瑩江湖之亂流。益池亭之寂寂，增氣候之颼颼。起離家之遠恨，生去國之繁憂。何處而不見，何人而不愁。豈謂征客懷歸，徘徊於黄榆之塞；佳人怨别，蕭條於紅粉之樓。已矣哉！信知宇宙之中，光明爲至。非凄凉之獨感，亦清貞之可類。臨照者足以倣有德之君，潔白焉宜將匹無瑕之士。傷哉不肖，傍徨嶺徼。時雨露兮未沾，自形影兮相吊。願窮經兮取老，恐用人兮尚少。幸君子兮如月，冀餘光兮一照。

陸贄《月臨鏡湖賦》李昉等《文苑英華》卷六 月配陽，含虛而明；湖止水，體柔而平。光無不臨，故麗天並耀；清可以鑒，因取鏡表名。月包陰以成象，水稟月而爲精。兩氣相合，實不入而疑入；二美交映，伊本清而又清。色皎潔而秋天愈静，波演漾而宵風乍輕。類泗濵之磬見，疑合浦之珠明。至明洞幽，至清無垢。同玄澤無遠不遍，等達人以虚而受。滿不可恃，望之足戒以虧盈；形或未分，鑒之則辨其妍醜。輕靄不起，纖塵莫過。沉璧彩而爲鏡，碎金輝以成波。皓質未判，空聞田鶴之唳；香風乍度，暗傳蓮女之歌。萬象皆總，湛清光而不動；極望靡窮，凝虚浩而如空。照同心千里之外，洞游鱗百丈之中。棹影乍浮，如上天邊之漢；桂華不定，多因蘋末之風。白晝誠窮，殘夜將短，臨遠峯而欲落，沉餘景而猶滿。月之德也朗而迴，水之性也柔而静。照有餘輝，光無匿影。滿而將缺，顧兔自殊於太陽；導之則流，無禽豈同於舊井。原夫德無不應，理必相符；湖以柔而藏月，月因朗而彰湖。不私其明，明則有裕；無逆於物，物乃不孤。異投珠而按劍，等藏冰而耀壺。惟水月之叶美，與君子而同途。

紇幹俞《玉鈎賦》李昉等《文苑英華》卷七 日云莫矣，月出之光，始如鈎而可辨，亦方蛾而乍揚。太陰表精，知就盈之所漸；司歷紀候，見哉生之有常。原乎内職既修，陰事允叶。故得啓臨照於品類，彰運行於紀牒。上迷山桂之藂，稍應階蓂之莢。沉碧水以輝動，掛珠簾而影接。孤懸毫野，狼銜虚貴於殷年；迥燭汾陰，鼎見方慙於漢葉。高凝雪映，朗若氷净。懷遠戍於虚弓，望征人於破鏡。將以洞纖芒而並深鑑，符陰德而昭聖政。豈比夫空驚思婦之心，載發詩人之咏。彼鏘珮鳴環之侣，瑶階玉砌之庭。徘徊瞻乎爽朗，晼晚俟其清熒。披霧纔昇，綃幕誤傳於盈手；流天未滿，瑣窓徒訝其分形。奚必効重輪之慶，表三珥之靈，然後可以光帝典而耀祥經者哉。是知淪精蟾兔，亦此之故。比質瑾瑜，其美何無。所以澄清景於天杪，蕩浮埃於物表。倏周流於皓璧，漸泛濫於靈沼。千門始麗以涓涓，午夜俄分而皎皎。禮有讓遂成其魄，政以齊勿謂之朓。昔也示冲於朏，謫見乎朒。諒無徵於次舍，斯有斁乎遲速。今聖后垂統，纖阿爲僕，本其位于西方，正其居於北陸。明大易致遠之義，合升歌向中之目。夫然則罔差於常度，所以集帝臺之祉福。

張仲素《玉鈎賦》李昉等《文苑英華》卷七 月以陰德，玉聞夜光。伊在天而成象，杳如鈎而可望。每映樓而皎皎，類照廡之煌煌。隱見以時兮不愆其候，虧全有節兮此惟其常。當其霽景方晚，清飈既凉。瑩迢遰之初魄，出西南之一方。

韜皎皎之輝，尚潛玄兔；呈纖纖之狀，詎假白狼。矧乃就盈之姿，曲成是愜。從三讓而載吐，表四序之克協。侔雕瓊之異象，契舒蓂之數葉。臨洞房之内，猶隔瑣窗；隱遥城之隅，乍明粉堞。觀夫媚霜烟，掛遼夐。悟如珪之有始，知合璧之將聖。既麗天而作則，亦順辰而爲政。彎環而素彩未流，蕭散而丹霞始浄。所以增思婦之獨愁，發詩人之興咏。豈止生彼海澨，焕乎天經。況於玉以比德，復如鉤而效靈。落魚浦之間，偏宜泛影；垂朱簾之側，宛似分形。思其逈出隴陰，漸登雲路；每因躔而進晷，乃就新而去故。沉澄寥之碧空，麗柔明之微素。曷蛾眉之足儔，豈玉璜之能喻。然而合其道也，則圓景不渝；順其化也，而盈缺或殊。當未光之時，所明若昧；自哉生之外，其有如無。且色依微於林表，晦見西方之謂朓；光掩映於暘谷，朔出東隅以爲朒。今異此而守度，諒君明而臣肅。故其賦玉鉤之輝輝，誠可增金波之穆穆。

王建《王司馬集》卷二《行見月》 月初生，居人見月一月行。行行一年十二月，强半馬上看盈一作圓。缺。百年歡樂能幾何，在家見少行見多。不緣衣食相驅遣，此身誰願長奔波。篋中有帛倉有粟，豈向天涯走碌碌。家人一作中。見月望我歸，正是道上思家時。

韋琮《月明星稀賦》李昉等《文苑英華》卷七 伊圓光之未呈，觀列象之繁星。忽昇輪以委照，齊掩縟而韜精。天宇無雲，意姮娥之可覩；金波出海，覺婺女之迷明。爾其兔影高輝，榆光潛靄。冲融者寥落或存，隱映者蒼茫自昧。仰著明而下分融朗，驚有爛而全迷光大。美矣夫星沉四裔，月麗中央。以合璧之華彩，掃連珠之衆光。有北微分於辰極，維南屢失於昊蒼。奕奕三台，既暫容於出没；熒熒五緯，亦具體而微茫。時則俯燭地隅，斜臨海嶠。寫碧落以增麗，拂金風而引耀。使占蜀國，當曖昧而何知；賢聚潁川，豈低昂而自照。的的悠悠，蟾孤桂秋。離離兮弄影如晦，皎皎兮澄明不流。萬家盈手之時，望牛女而纔見；千里同心之際，羨烏鵲而追遊。且樂彼無私，失乎躔次。焜煌河鼓，羃壓天駟。初朣朧出地，似懷德以增輝。忽粲爛經天，知畏威而有自。既而夜久凝澈，時無埃氛。銀華炫晃以將落，珠彩蕭踈而掩羣。且共歎於陰靈，因悲鵲化；如欲觀其分野，豈辨天文。儼若咸賔，稀然且集。知至明之難競，故不耀而相襲。則水朝宗未足以爲喻，火就燥孰云其可及。吐皓魄以流空，掩繁光而載戢。

李澣《華月照方池賦》李昉等《文苑英華》卷七 天開圓月，水浄方塘。月則桂華初滿，水則蘋風不揚。徘徊委照，瀲灔交光。素魄將臨，合浦之珠乍吐；清漣同映，玉壺之氷始藏。契禪心之寂寂，發郢思之蒼蒼。何兹景之逾麗，信終夜之難忘。況乃萬里無埃，三秋罷霧；始朣朧之啓夕，已犓淪之納素。前臨不測，姮娥下入於河宫；永望長空，明鏡上騰於天步。碎蟾影於龍鱗之浪，混瓊華於雪毛之路。天泉合而益空，毫芒鑒而必具。故夫秋以爲節，氣以宵凝。紅蕖落而渚浄，白露降而波澄。泳之游之，始方舟而取翫；今夕何夕，若乘槎而上升。豈獨發清管，滅華燈，思凄切於阮户，光漾蕩於玉繩而已哉？觀乎麗天者月，習坎者水，水以柔而居月，月以輝而垂美。一鏡合而内外澄鮮，雙影分而上下相似。驚夜聲於鳧鵠，鋪皓彩於蘋芷。規沉泉底，豈魚目之能倫？勢出波中，乍洛妃之可擬。異乎纖纖樓上，的的雲端，未若麟不鬭於天宇，魚不驚於釣竿。舟蕩漾而烟空轉麗，風淅瀝而桂影生寒。佇以取鑒，適夫情性。寂以喻道，斯道也逾深。色以喻空，其空也逾浄。故體上善之爲德，中含光而不競。既彰玄教之樞，用播詩人之咏。

鄭遥《初月賦》李昉等《文苑英華》卷六 初生微月，若無若有。出城中兮，纔廣於眉；入堂上兮，不盈於手。若乃金壺稍滴，銀漢將流；暗鵲驚夜，寒蛩送秋。天清暈滅，露白光浮。臨皓壁而添粉，映珠簾而半鈎。纖光潤海，重明表壑。的的飛上，娟娟未落。銜破鏡而飛斜，抱彎弓而勢却。蓂稀葉少，桂短花新。無篋笥之團扇，有虚空之半輪。悵徘徊以將失，情欝結而莫伸。命後車之文雅，恭進牘於詞人。

杜光庭《初月》祝穆《古今事文類聚前集》卷二 始看東上又西浮，圓缺何曾得自由。照物不能長似鏡，當天多是曲如鈎。定無列宿敢争耀，好伴晴河相映流。直使奔波急於箭，祇應白盡世間頭。

王淮《瑤臺月賦》李昉等《文苑英華》卷七 素月宵凝，寒空逈徹。照瓊樹以增麗，焕瑶臺而共潔。遠而望也，浮皎皛之精光。近而察焉，帶巍峩之積雪。美其清熒互映，絢練相鮮。洞玉砌以周設，對金波而正圓。增構參差，逈出林巒之表；光輝照燭，還同崐閬之前。覩重壁以發地，瞻百常之造天。乍動乍摇，難審詳於衆目；若明若滅，疑陟降於羣仙。顧兔凄凉，崇臺窅窱。憔爾意駭，倏然魂悄。駢階級以雲矗，粲瓊瑛之霄皎。徒引耀之可觀，豈懷材之足表。若見仙闕，如遊玉京。月映臺而九天共霽，臺照月而萬里俱明。含氷霰而逾潔，軼氛埃而更清。斯可以滌鄙夫之幽抱，暢達士之高情。皎皎寒光，悠悠清質。凝精以降，委照而出。玩浮光而神竦，炫微輝而皆溢。視乎外，美清瑩乎瑶華；鑒乎中，致齋莊於虚室。由斯可保，亦既有光。始激射以内照，忽飛騰而外揚。璧彩遥分，奪氷壺以的的；桂華中映，同日觀之煌煌。於是天地朗然，纖埃不翳。九成由其直上，八表可以旁睨。將以象清都，朝玉帝。豈徒恣遐想，窮遠睇。徘徊於臺榭之間，悵望於蟾蜍之際而已哉。吟翫既久，規圓已斜，歎將傾於桂魄，思復搴於瓊華。庶竭精於册府，寧遠慕於仙家。

陳起《江湖小集》卷五六《姜夔白石道人詩集·丁巳七月望湖上書事》 白天碎碎如析綿，黑天昧昧如陳玄。白黑破處青天出，海月飛來光尚濕。是夜太史奏月蝕，三家各自矜算術。或云七分或食既，或云食晝不在夕。上令御史登吴山，下視海門監月出。年來歷失無人修，三家之説誰爲優。乍如破鏡光炯炯，漸若小兒初食餅。時方下令嚴禁銅，破鏡何爲來海東。天邊有餅不可食，聞説饑民滿淮北。是鏡是餅且勿論，須臾還我黄金盆。金盆當空四山静，平波倒浸雲天影。下連八表共此光，上接銀河通一冷。御史歸來太史眠，人間不聞鐘鼓傳。白石道人呼釣船，一瓢欲酌湖中天。荷葉擺頭君睡去，西風急送敲窗句。

反射鏡及其成像部

金屬鏡鑄造與磨光分部

論説

鄭玄注　陸德明音義　賈公彦疏《周禮注疏》卷四〇《冬官考工記》　金有六齊：注：目和金之品數。六分其金而錫居一，謂之鍾鼎之齊；五分其金而錫居一，謂之斧斤之齊；四分其金而錫居一，謂之戈戟之齊；參分其金而錫居一，謂之大刃之齊；五分其金而錫居二，謂之削殺矢之齊；金錫半，謂之鑒燧之齊。注：鑒燧，取水火於日月之器也。鑒亦鏡也。凡金多錫，則忍白且明也。音義：忍，音刃。

劉安撰　高誘注《淮南子》卷一九《修務訓》　明鏡之始下型，矇然未見形容，及其粉以(元)[玄]錫，摩以白旃，鬢眉微毫，可得而察。夫學，亦人之砥錫也，而謂學無益者，所以論之過。知者之所短，不若愚者之所脩。短，缺。脩，長也。明有所不足，愚有所不違也。

王充《論衡》卷二　率性第八

陽燧取火於天，五月丙午，日中之時，消鍊五石，鑄以爲器，磨礪生光，仰以嚮日，則火來至，此真取火之道也。今妄以刀劍之鉤月，摩拭朗白，仰以嚮日，亦得火焉。夫鉤月非陽燧也，所以耐取火者，摩拭之所致也。

又　卷一六　亂龍第四十七

日，火也。月，水也。水火感動，常以真氣。今伎道之家，鑄陽燧取飛火於日，作方諸取水於月，非自然也，而天然之也。土龍亦非真，何爲不能感天？一也。陽燧取火於天，五月丙午日中之時，消煉五石，鑄以爲器，乃能得火。今妄取刀劍偃月之鉤，摩以向日，亦能感天。夫土龍既不得比於陽燧，當與刀劍偃月鉤爲比。二也。

干寶《搜神記》卷一三　夫金之性一也，以五月丙午日中鑄爲陽燧，以十一月壬子夜半鑄爲陰燧。言丙午日鑄爲陽燧，可取火。壬子夜鑄爲陰燧，可取水也。

佚名《上清長生寶鑑圖》　鏡銘曰：百鍊神金，九寸圓形。禽獸翼衛，七曜通靈。鑑包天地，威伏魔精。名山仙佩，奔輪上清。

鑑緑地

佚名《上清明鑑要經》　真人道士摩鏡經第二

昔有摩鏡道士，遊行民間，賃爲百姓摩鏡。鏡無大小，財費六七錢耳。不以他物摩也，唯以藥塗面拭之，而鏡光明不常。有好事袁仲陽者，知其有道，乃要留使宿，爲好設，主人乃拜而請問之。道士告仲陽曰：明鏡之道，可以分形變化，以一爲萬，又能令人聰明，逆知方來之事，又能令人與天上諸神仙見，行其道得法，則天上諸神仙皆來至。道士自見己身，則長生不老，還成少童。又道士入山精思，山精老魅多來試之，或作人形。故道士在石室之中，常當懸明鏡九寸於背後，以辟衆惡。又百鬼老怪雖能變形，而不能使鏡中影變也。見其形物鏡中，則便消亡，退走不敢爲害也。是以道士有摩鏡之藥，藥方出於白子高。方用錫四兩，燒釜猛下火，令釜正赤，與火同色，乃内錫。又末胡粉三兩，合内其中。以生白楊刻作人，令長一尺，廣二寸，厚一寸，其後柄長短在人耳。以此攪之，手無消息，盡此人七寸。又復内真丹四兩、胡粉一兩，復攪之，人餘二寸。内摩鏡錫四兩，攪令相得。欲用時，末如胡豆，以唾和之，得膗脂爲善。又以如米者，於前齒上噓之，後以唾傅拂其上，以自拂之，即明如日月。欲作藥，先齋戒七日，乃爲之。作清淨密處，勿令人見之也。其火欲猛。祕之，勿妄傳非其人。

司馬承禎《上清含象鑑劍圖》　夫四規之法，獨資於神術，千年之奇，唯求於烏影。含光寫貌，雖睹其儀，尚象通靈，罕存其制。而鑑之爲妙也，貞質内凝，湛然惟寂，清暉外瑩，覽焉遂通。應而不藏，至人之心愈顯。照而微影，精變之形斯復。所謂有貞明之道也，有神靈之正也。捧玩之寶，莫先茲器，既可以自見，亦可以鑒物。此鑑所以外圓内方，取象天地也。中列爻卦，備著陰陽也。太陽之精，離爲日也；太陰之精，坎爲月也；星緯五行，通七曜也；雷電在卯，震爲雷也；天淵在西，兑爲澤也；雲分八卦，節運四時也。此表天之文矣。其方周流爲水，以瀉四溟。內置連山，以旌五嶽。山澤通氣，品物存焉。此立地之文也。詞銘四句，理應三才，類而長之，可以意得。此寄言以明人之文也。故曰含象鑑，蓋總其義焉。勒書于匣，詳觀制器之象矣。

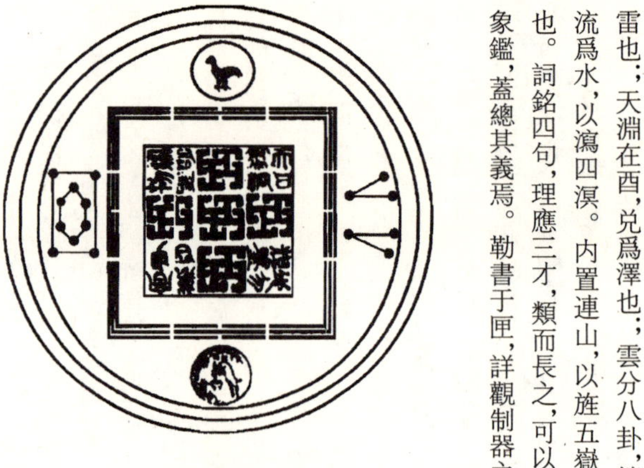

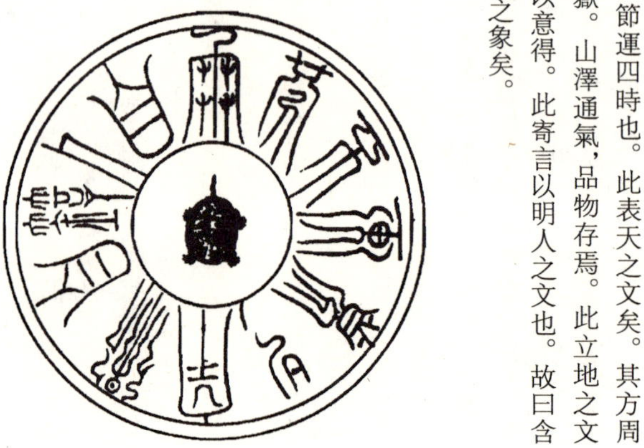

金龜緑地

天地含象日月貞明
寫規萬物洞鑒百靈

龜自卜鏡自照吉可
募光不曜

又《進司馬天師鑄含象鑑表》臣先收得唐司馬天師爲明皇所鑄含象鑑一面，家傳累世，掌祕多年。其鑑外圓法天，內方則地，配坎離於日月，布雲氣於山川，右則定位於天淵，左則表威於雷電，八卦咸列，四溟克周，包其道於乾坤，震其功於邪魅。故名含象，以應至尊。其圖見祕於玄科，其事顯存於《道藏》。

又《鑄劍鏡法并藥》凡鑄劍鏡，須得百鍊真鐵可鑄。凡鍊鐵既精，無硃砂銀勾鐵，不名精劍。所以太古劍神鏡，自軒轅黃帝受神胥公法，後傳左丘子、鏌鄒干將、吳越奇胥公，皆會神鑑靈劍法。後人不得硃砂銀勾添精鐵，難以鑄成。今先火鍊硃砂成銀，次鍊鐵勾添相雜，取年月日時，劍鏡如前法所圖樣，又別作尺寸展樣，或大小各有法度也。

歸耕子《神仙鍊丹點鑄三元寶照法》

鍊丹鑄天照法

《神仙文》曰：天元甲子之紀，六六之首，陽火大盛，取其真精，鍊五金靈丹之氣，鑄成天照，威服鬼神，祛斷祆祲。置鑪玄鑒之位，取歲旬六戊，句陳陽土，伐青龍六甲陽木，然朱雀六丙陽火，燒成無烟之燼，用白虎六庚陽金，決玄武六壬陽水。後以陽土築壇，高三尺，立三層，上圓下方，壇四出陛。壇上泥鑪，高八尺一寸，下開八門，門廣六寸四分。鑪上用鐵作天輪，立六甲六丁之神，日君月后，九曜真君。發火，當火之中點鍊，以火龍之丹。其天照厚三寸，重七十二斤，面廣三十六寸，背上內象紫微星君所居，外列二十八宿。鑄成，若遇五星失度，彗孛出天，霜雹霖旱，開此照，齋潔虔誠，助威揚德，其災自殄。

又 鑄地照法

地照亦厚三寸，重七十二斤，面廣三十六寸。背上鑄山川五嶽四瀆，八卦九州十六神。發火鑄時，當太陰望中鑄成。若遇地動山川崩裂，蟲蝗稼穡不登，津梁阻塞，開地照，虔誠嚴潔，修德助威，其災自滅。

又 鑄人照法

人照亦厚三寸，重七十二斤，面廣三十六寸，背上鑄璇璣之星，六十甲子神名，天子帝號，本命神君，左龍右虎，國號，星辰分野，所屬郡邑。鑄用丙午日太陽中時。鑄成，若遇干戈未偃，兆民疫癘，開此照，潔誠祈祭，災癘自息。

張君房輯《雲笈七籤》卷一〇《三洞經教部・經》 老君太上虛無自然本起經

其師本作鏡時，極令清明。至於人買鏡持歸，不肯護之，至使令冥無所光照，乃復令摩鏡師以藥摩之，乃復正明，以明能見人形影。人神亦如此。神本從道生，道者清淨，故神本自清淨。而使以情欲迷惑，陷於闇冥。其鏡冥者，藥摩之便明。人神以欲自蔽冥者，亦當以經法自摩，諸欲乃得自然斷止而復清淨，乃有所見。又若天新雨之水，皆擾濁。若收此水置一器中，初時水尚渾濁，無所照見；久久稍自澄清便明，明便可於其中照見形影。人神以諸欲亂時如此濁水。

又 卷七八《方藥・上品頤神保命篇第一》 造胤丹法第二

凡欲合鐵胤神丹者，必先辯諸鐵性，擇其善者乃爲之。古方多以雅州百丈、建州東瞿爲上，陵州都盧爲次，并州五生爲下；又牂牁及廣郴二州所出，並不煩灌鍊，即堪打，用此即自然剛也。又嘉陵榮資四州所出，功力與廣郴相似，而灌剛之時，要須百丈者相參，乃堪服用。又蘄州及忠渝等州所出，並力薄不堪用。而硤州所出，與當陽連接，故亦其次矣。遍常用並不如荆州當陽者最佳。自古以來，楚金等一其性勁快，服者必俊快，江漢英靈，山水之應也。鐵者感山水氣以成其形，而服之者必當俊健。又説者云：遼左軍中有刀千口，用斬賊并甲俱斷，諸刀相刻皆不逮之，或問其故，云是當陽鐵造，衆並奇異，咸共惜之。以此而論，其後如是，今之合鍊，用此爲佳。又灌剛之時，必須櫟栗等炭，餘皆不堪用。調停火色，唯須善別生熟，失宜即不任用。其方曰：剛鐵一百斤。取自然成剛鐵上，次取擣剛，五灌已上者佳。

右取前件鐵打作鏡，中央開孔容指許，狀似璧形，面徑五寸已上，一尺已下，厚三分許，兩面刮削令極平净。亦有打作方鋏，長七寸，闊四寸，厚三分，上微開孔，盡此百斤作鏡畢。

陳師道《後山談叢》卷二 驗鏡視其鼻，鼻滑净如削者，古今人謂之鬬。有高下。今人鑄鐵鏡，陷銅爲面，故明。

王黼《重修宣和博古圖》卷二八 鑑總説

昔黄帝氏液金以作神物，於是爲鑑凡十有五。採陰陽之精，以取乾坤五五之數，故能與日月合其明，與鬼神通其意，以防魑魅，以整疾苦，歷萬斯年而獨常存。今也去古既遠，不可盡攷。世有得其一者，載其制度，則以四靈位四方，以八卦定八極，十有二辰以環其外，二十四氣以布其中。而妙萬物，運至神者，蓋託於形數之表。故其爲器雖囿於有形，而不隨形盡；雖拘於有數，而不與數終。且能變化不測，與造物者爲友也。其在有周冶鑑之數，亦十有三，蓋體諸閏月。以其十二，則投十二野。其一則爲鎮於中州，世言其象，亦云列五嶽，布七神，爲十五獸，間十四方，而方有四篆字，且不載其所以施設之方。獨《周官》之書以謂鑑取明水於月，以其足以感格者然也。唐開元間，李太者進水心鑑，背負蟠龍，蜿蜒舌生。太仍表其鑑曰：龍護所作，真龍託於是焉。久之歲大旱，明皇引葉法善即鑑祈禱，而雲生鑑龍之口，於是甘霈七日而足，不其神哉。西漢高祖受命之初，入咸陽，得方鑑，洞燭腸胃。此帝王之世，神物護持，其不誣之典，足以信後世者。今所藏特漢唐之器，然其規模大抵皆法遠古，是以圜者規天，方者法地，六出所以象諸物，八方所以定其位。左右上下，則有四靈。錯綜經緯，則有五星。具一日之數，則載之以十有二辰。具一歲之數，則載之以十有二月。周其天者有二十八宿，拱其位者有三神八衛，或象玉女之起舞，或肖五嶽之真形。凡九天之上，九地之下所主治者，莫不咸在，則其取象未嘗不有法也。是以製作之妙，或中虛而謂之夾鑑，或形蜕而名以浮水。以龍蟠其上者，取諸龍護之象也。以鳳飾其後者，取諸舞鸞之説也。以至或爲異花奇卉、海獸天馬、羽毛鱗甲之屬，或爲嘉禾合璧、比目連理、瑞世之珍，或乳如鐘，或華如菱。至於銘，其背則又有作國史語而爲四字，有效栢梁體而爲七言，或單言之不足，或長言之有餘，或以紀其姓名，或以識其歲月。如言尚方玉堂者，用於奉御也；如言宜官宜侯王者，用之百執也；如言宜子孫者，用以藏家也。若千秋萬歲之語，則所以美頌者如此。作十六符篆，則所以辟邪者如此。然則雖曰漢唐之物，其稽古必自此始耳。於是列序其次而録之於後焉。

凡五金之序，黄金爲上，白金次之，銅又次之，而鐵錫爲下，故斯鑑以銅先焉，鐵次之。若夫造化之本莫先於天地，故首之以乾象。乾象者，百神之主，故以百神附之。夫參造化，主百神，則可以造形器，故次之以異質之物，如蜕形浮水者是也。爲器如是，夫然後可以歌頌其美，故次之以詩辭。可以被聲詩則必享多宜，故次之以善頌。頌必有致養之道，故次之以枚乳。而乳者，養人之道也。有所養，則鳥獸草木莫不咸若而來儀，爲瑞者有之，故又次之以龍鳳花鳥海獸也。然而大巧者若拙，繪事者後素，則純素者，其本也，於是又以純素終焉。此其序也。

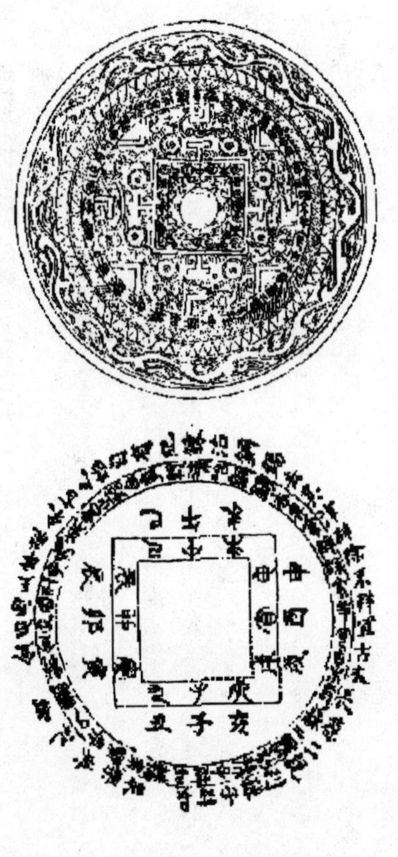

漢十二辰鑑一

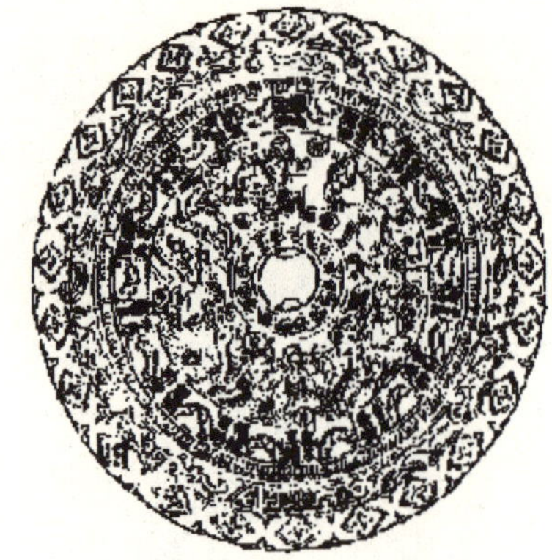

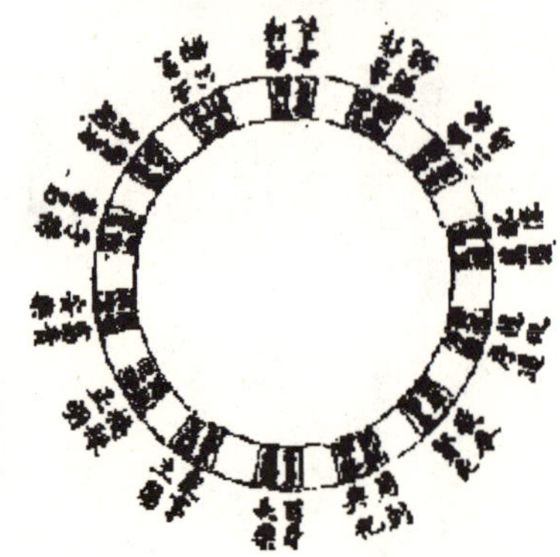

漢三神鑑

乾象門

漢十二辰鑑一，徑七寸，重二斤四兩。銘五十五字。

漢十二辰鑑二，徑六寸，重一斤三兩。銘三十七字。

漢十二辰鑑三，徑六寸一分，重一斤三兩。銘一十六字。

漢四神鑑一，徑三寸八分，重七兩三分。銘十二字。

漢四神鑑二，徑三寸一分，重三兩一錢。銘四字。

漢四神鑑三，徑三寸五分，重五兩有半。銘二字。

漢三神鑑，徑五寸，重一十兩有半。銘五十六字。

漢神人鑑，徑四寸二分，重七兩有半。銘十八字。

漢神像鑑，徑三寸七分，重六兩一分。銘十二字。

漢神人三獸鑑，徑三寸六分，重五兩三分。銘十二字。

漢百神鑑，徑五寸五分，重一斤三兩。無銘。

漢四神鑑一，徑四寸五分，重一十兩一分。無銘。

漢四神鑑二，徑三寸六分，重九兩有半。無銘。

唐五嶽真形鑑

漢四神鑑三，徑三寸五分，重四兩一分。無銘。

漢四靈鑑，徑五寸一分，重一斤一兩。無銘。

漢四靈三瑞鑑，徑六寸，重一斤九兩。無銘。

漢三神八衛鑑，徑六寸八分，重二斤四兩。無銘。

唐十二辰鑑，徑四寸九分，重十有五兩一分。銘一十二字。

唐五嶽真形鑑，徑八寸，重三斤。無銘。

右一十九鑑，天之道運而不積，於是通乎晝夜者有五星爲之緯，有二十八宿爲之經，以十日爲之干，以十有二辰爲之支也。所謂至神不測，則斡旋於是乎以育萬物，融江河，結山嶽，主百神而爲造化之本。冶鑑之象莫先於此，故以乾象先焉，而百神附之。

右一器，徑三寸九分，重三兩。無銘。物之理，輕清者在上，重濁者在下，於是蜕形羽化則爲萬物之靈，况出乎罏錘之間而不累於形器之重，脱去滓穢，輕清如蜕，此所謂異質者。故於乾坤造化之後以水浮者次之。

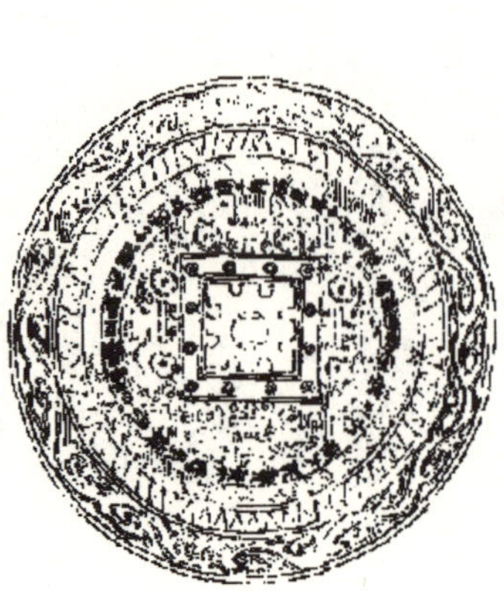

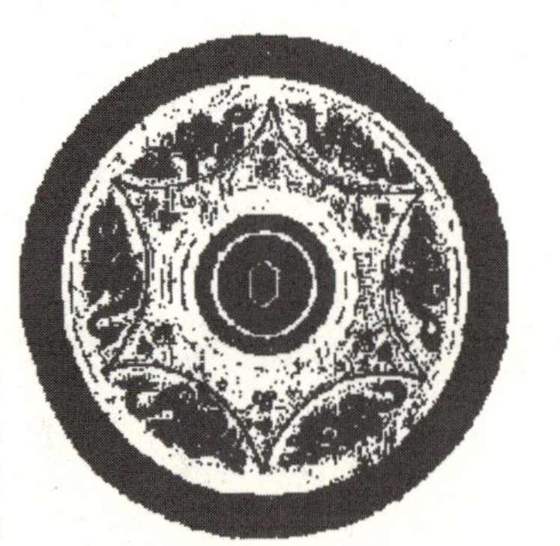

漢六花水浮鑑

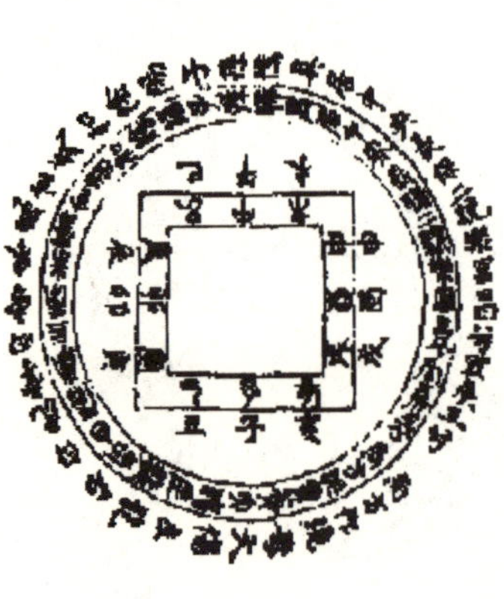

漢尚方鑑一

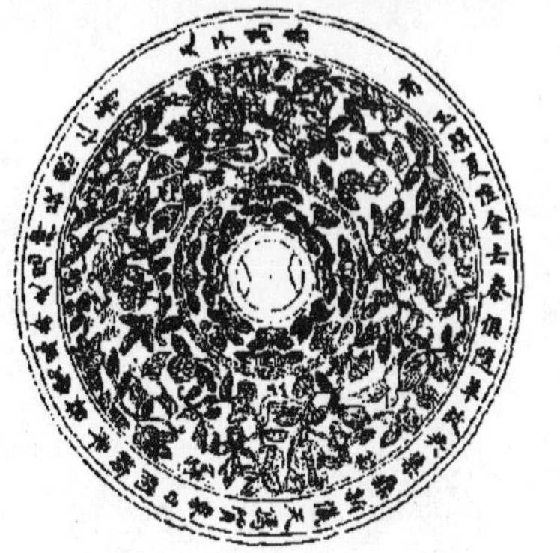

唐萬春鑑二

詩辭門

漢册禮鑑，徑四寸五分，重一十二兩有半。銘四十八字。

漢尚方鑑一，徑六寸，重一斤四兩。銘五十三字。

漢尚方鑑二，徑四寸三分，重一十二兩有半。銘三十五字。

漢長生鑑，徑五寸三分，重十有五兩一分。銘四十字。

漢仙人不老鑑，徑五寸八分，重十兩三分。銘三十七字。

漢青蓋鑑，徑四寸八分，重十兩三分。銘三十四字。

漢服羌鑑，徑六寸，重一斤三兩。銘二十八字。

漢豳頌周商鑑，徑四寸六分，重九兩三錢。銘二十字。

漢始青鑑，徑四寸一分，重八兩。銘一十六字。

漢清白鑑，徑五寸八分，重一斤四兩。銘三十四字。

漢清明鑑一，徑四寸八分，重一十二兩。銘四十一字。

漢清明鑑二，徑三寸七分，重七兩三分。銘一十四字。

唐萬春鑑一，徑八寸八分，重八斤。銘四十字。

唐萬春鑑二，徑八寸八分，重七斤四兩。銘四十字。

唐瑩質鑑一，徑七寸八分，重三斤七兩。銘四十字。

唐瑩質鑑二，徑四寸五分，重一斤有半。銘三十二字。

右一十六器，言之不足，故嗟歎之。嗟歎之不足，故永歌之。然則言而至於永歌，則美之至也。蓋物之美則詩亦美焉，故水浮之後又次以詩辭也。

又　卷三〇　鑑三

唐龍鑑

（周）[唐]寶花鑑

龍鳳門

唐龍鑑，徑八寸八分，重三斤十有五兩。無銘。

唐雲龍鑑，徑三寸八分，重十有一兩三分。無銘。

唐雲龍八花鑑，徑六寸三分，重十有二兩。無銘。

唐雲龍花雀鑑，徑六寸二分，重一斤九兩。無銘。

唐鸞鳳鑑，徑六寸一分，重二斤十有五兩。無銘。

唐舞鳳狻猊鑑，徑七寸五分，重三斤。無銘。

唐蓮鳳鑑，徑八寸二分，重三斤一十兩。無銘。

唐鳳銜花鑑，徑七寸六分，重四斤六兩。無銘。

唐鹿鳳蒲萄鑑，徑六寸五分，重一斤十有四兩。無銘。

唐象鑑，徑六寸五分，重二斤七兩。無銘。

唐饕餮鑑，徑五寸四分，重一斤三兩。無銘。

唐瑞圖鑑，徑六寸五分，重二斤三兩。銘四十三字。

唐寶花鑑，徑一尺二寸，重八斤四兩。無銘。

唐海獸鑑，徑五寸，重一斤十有四兩。無銘。

唐海獸蒲萄鑑，徑八寸三分，重四斤五兩。無銘。

右三十五鑑。凡致養之道，不特人然也，鳥獸草木皆有之。是以至治之世，百獸率舞，鳳皇來儀，以至萬物之生，各得其宜，有如由儀。萬物得極其高大，有如崇丘。皆致養然也。此又次之以龍鳳花鳥海獸焉。

素質門

右一鑑，徑五寸四分，重一斤一兩。無銘。《列子》曰：太初，未見氣也。太易，氣之始也。太素，質之始也。然則氣變而有形，形具而有質，則色色自是而起矣，故以純質者終之。

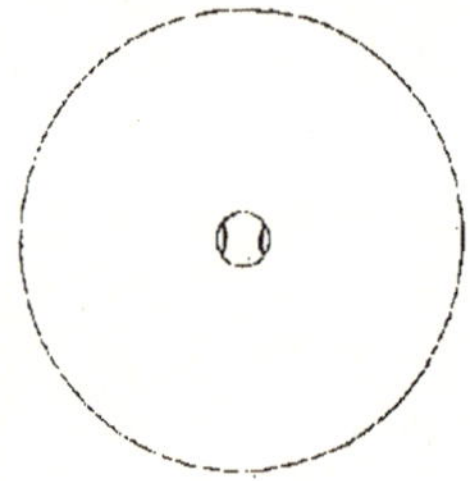

漢純素鑑

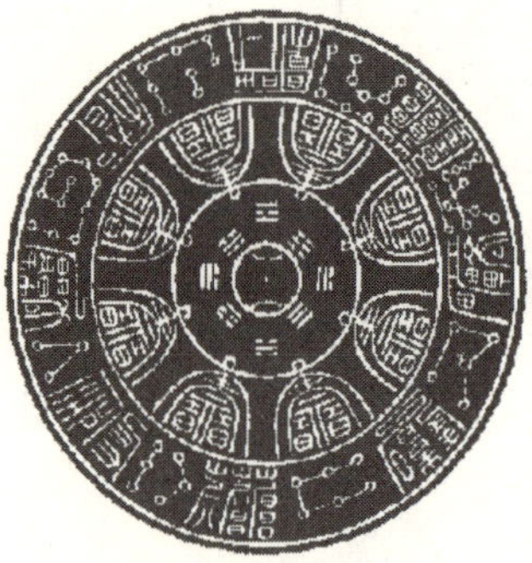

隋十六符鐵鑑

唐二十八宿鐵鑑

唐八卦鐵鑑一

唐十二辰鐵鑑

唐八卦方鐵鑑

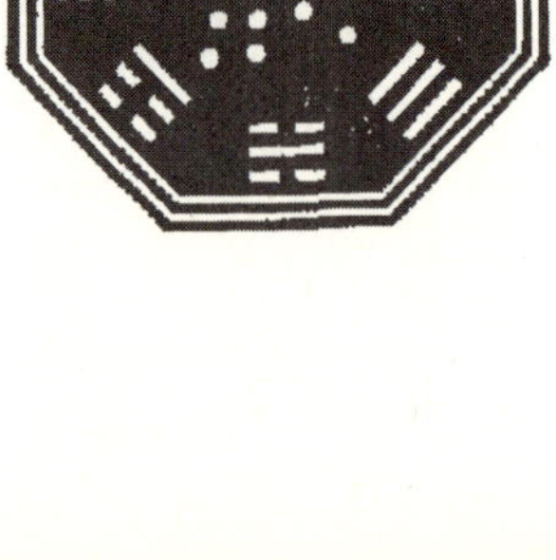

唐八角八卦鐵鑑

唐千秋萬歲鐵鑑

唐雙鳳鐵鑑

鐵鑑門

隋十六符鐵鑑，徑七寸九分，重一斤十有一兩。銘三十四字。
唐二十八宿鐵鑑，徑七寸二分，重二斤五兩。銘六十一字。
唐八卦鐵鑑一，徑八寸，重三斤六兩。銘二十二字未詳。
唐八卦鐵鑑二，徑七寸二分，重二斤十有一兩。銘二十八字。
唐十二辰鐵鑑，徑七寸九分，重三斤一十兩。銘二十四字未詳。
唐日月鐵鑑，徑五寸八分，重十有一兩。銘四十字。
唐鳳龜八卦鐵鑑，徑一尺二分，重四斤有半。無銘。
唐八卦龜鳳鐵鑑，徑八寸三分，重三斤四兩。無銘。

唐四靈八卦鐵鑑，徑七寸二分，重三斤。無銘。

唐八卦方鐵鑑，徑四寸九分，重一斤十有二兩。無銘。

唐八角八卦鐵鑑，徑七寸八分，重二斤七兩。無銘。

唐千秋萬歲鐵鑑，徑七寸六分，重三斤十有五兩。銘八字。

唐玉堂鐵鑑，徑一尺一寸六分，重九斤有半。銘一十六字。

唐自明鐵鑑，徑七寸一分，重二斤十有四兩。銘二十字。

唐晉陽龍鐵鑑，徑八寸三分，重二斤一十四兩。銘四十六字。

唐戲水龍鐵鑑，徑七寸四分，重一斤十有二兩。無銘。

趙希鵠《洞天清録・古鐘鼎彝器辨》

僞古銅器

其法以水銀雜錫汞，即今磨鏡藥是也。先上在新銅器上，令勻，然後以釅醋調細硇砂末，筆蘸勻上。候如蠟茶之色，急入新汲水浸之，即成蠟茶色。候如漆色，急入新汲水浸，即成漆色。浸稍緩則變色矣。若不入水，則成純翠色。三者並以新布擦令光瑩，其銅腥爲水銀所匱，並不發露。然古銅聲徹而清，新銅聲洪而濁，不能逃識者之鑒。

又　春陵塚鏡

道州民於春陵侯塚得一古鏡，於背上作菱花四朵，極精巧。其鏡面背用水銀，即今所謂磨鏡藥也。鏡色墨昏而不黑，並無青緑色及剥蝕處。此乃西漢時物，入土千餘年，其質並未變。信知古銅器有青緑剥蝕者，非三代時物，無此也。

夏元鼎《紫陽真人悟真篇講義》卷三　《絶句詩六十四首以應六十四卦之數》　調和鉛汞要成丹，大小無傷兩國全。若問真鉛何物是，蟾光終日照西川。

金丹以鉛汞而成，鉛汞以兩全爲妙。儻一偏勝，不能調和，則不傷於大，必傷於小。二氣盈虧，何以成丹。昧者乃以陽尊爲大，陰卑爲小。又以小往大來，爲一陽來復之無傷，皆是穿鑿。殊不知金丹無獨成之理，必用一鉛、一汞，自分兩國，要當調和火候，合爲一處，方結成丹，故曰：異名同出少人知，兩者，玄玄是要機也。若問真鉛之名狀，正如蟾魄之光，終日照於西川。蓋蟾魄者，月之水也。西川者，坤申之金也。《龍虎經》曰：三日月出庚，西分於卯酉。是金生水之象，月之蟾魄方生也。月既爲水屬陰，其陰則暗，不能自明，必假太陽之火而後明，故終日有蟾光也。譬如銅鐵之鏡，新鑄出模，塊然昏暗，何嘗有明可以照物，惟加以鉛錫，則光明發越，與日月争光。無他，銅鐵者陰也，鉛錫者陽也，是陰假陽而後明也。《參同》曰「日合五行精，月受六律紀」者是也。

林希逸《考工記解》卷上

金有六齊：六分其金而錫居一，謂之鐘鼎之齊；五分其金而錫居一，謂之斧斤之齊；四分其金而錫居一，謂之戈戟之齊；參分其金而錫居一，謂之大刃之齊；五分其金而錫居二，謂之削殺矢之齊；金錫半，謂之鑒燧之齊。

此亦總序之文。鄭云：凡金多錫，則刃白且明。故諸齊皆以錫和之。但此文有鼎、有斧斤、鑒燧，而經無此官，疑有缺失。恐冶氏、桃氏所職亦不止一項。以此推之，《考工記》之所失者多矣。

黄震《黄氏日抄》卷五七《讀諸子三》附雜録　陽燧取火，五月丙午日中鍊五石鑄器，磨礪生光，仰以向日則火來。至今以刀劒之鉤月摩拭，向日亦得火。

何异孫《十一經問對》卷五　《周禮》

問：司烜氏以夫遂取明火於日，以鑑取明水於月者何？

對曰：夫遂，陽遂也。鑑，鏡也，即方諸。陽遂取火，方諸取水。今之水火鏡也，取火，以青紙貼鏡，映日取之；取水，以白紙貼鏡，映月取之。用此火以照饌陳，設明水以爲玄酒，滌樽罍。

佚名《玄真靈應寶籤》卷下　亥時第六　現出明暗

古鏡久昏昏，光輝尚未聞。一朝人拂拭，妍醜自能分。昏埃積於寶鑑，得洗磨則光瑩復生。淹滯出於善良，遇提携則精神始懌。鑑瑩净則可以照物，命通達則可以成名。

曹昭《格古要論》卷上《古銅器論》　古鏡

古人鑄鏡，必用青銅，製作精緻。惟唐鏡紐最高大，故諺云唐大鼻。

張志淳《南園漫録》卷一　鉛錫

嘗見《本草》謂粉爲錫粉，又名定粉，即今婦女傅面之粉也。此粉燒鉛所成。錫爲五金之賊，只可爲器皿，不可爲粉，不知何以名錫粉。後見《周禮》金有六齊，以金六錫一爲鍾鼎之齊，以金錫半爲鑒燧之齊，注謂錫多則刃明，故諸齊皆以錫和之。故鑒燧，金錫相半。今觀古鑒多清白，信矣。然錫絶不可和金，亦不可爲粉，乃知古之錫即今之鉛也。但錫山之名已久，何以不名爲鉛而名錫。然江西有鉛山縣，又何以鉛名乎？誌謂周秦間曾産鉛錫，則鉛與錫固通名也。韻書亦稱鉛爲黑錫，則鉛爲錫明矣。然鍾鼎、斧斤、戈戟、大刃、削殺矢、鑒燧皆和以鉛，則防其挫折易虧缺，用其堅韌不脆，用其照物明白，所謂金性堅剛，錫性柔，與金或赤黑錫則青白也。然則古謂鉛爲錫，今則鉛自鉛，錫自錫耳。

郎瑛《七修類稿》卷四一《事物類》 古鏡

周穆王時有火齊鏡，秦始皇有方鏡，不知《博古圖》《考古圖》《格古要論》俱無古鏡之説，惟考古總有舞鏡、鏡奩之妝。國朝杭人商販於汴，自先君始，在汴得古銅器最多，歸即貨去。先君謝世，遺有四銖等錢一櫃，彛瓶等器數十件，鏡三十餘面。余方五齡，老母崇信道佛，不知古物價高，多施以鑄鍾磬、佛像。今所存尚有數件，每遐想而興嘆。今以所愛之鏡，如秦八角江心鏡、黑漆古、翡翠色者，然猶在日性癖好古，因漫誌之於左，補考古之一也。

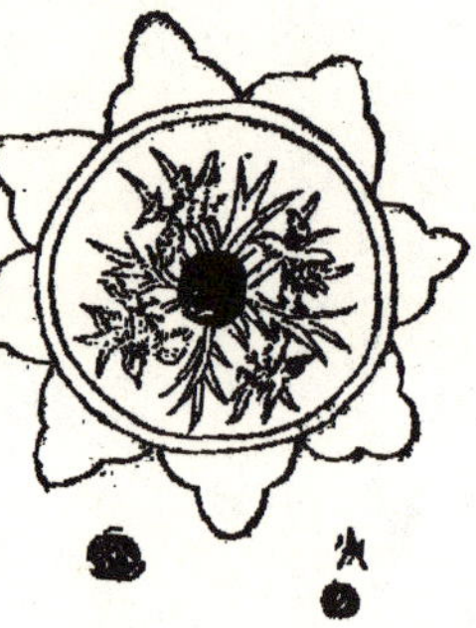

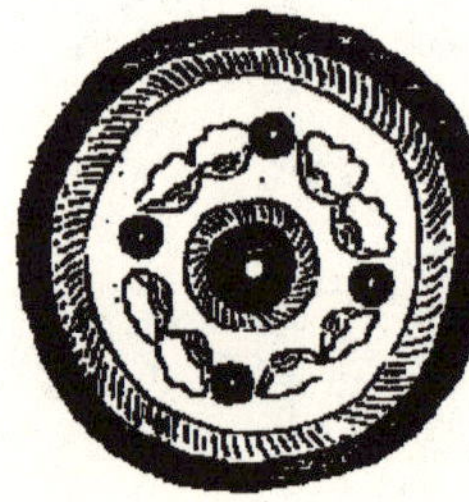

右鏡[上]，形八角，大四寸，厚可二分，背則芝草飛鳥，自邊至的光射影約，擊之聲甚清細，古意宛然，與諸鏡不同。得二面，一則面有微班界其一角，一則清如止水，皆水銀古也。良工嘗見，云此正謂秦八角耳。一送友人，一爲家奴所碎，中即白金，内外一色，真可謂數千年物也。

右鏡[下]，形將四寸，邊匾而厚二分，中則凹薄其半，凡四層至的。第二層四釘八蟲，形如青芜，瑩潤精過玉。惜其面微有蝕痕，清明如水照。予小至老未嘗一拂拭焉，真可嘉可愛，必出秦漢間黑漆古也。

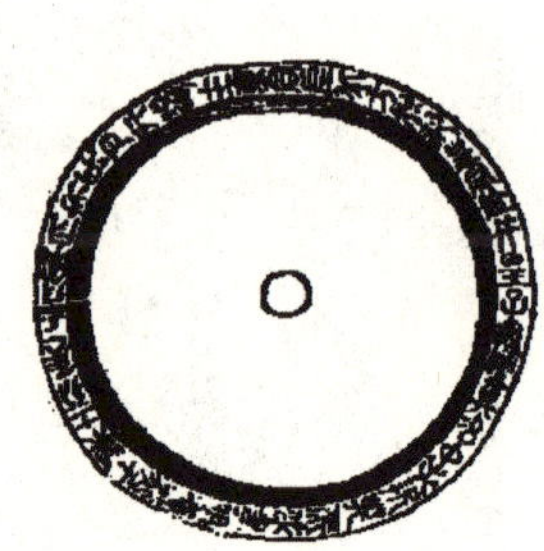

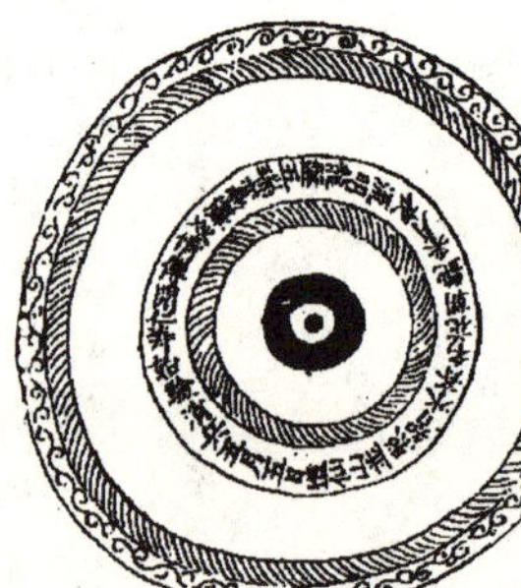

右鏡[上]，背篆文頗難識，其中有的，的外篆十二支，間錯飛鳥，其外篆此四十二字，又其外環繞猛獸，皆極細。文獸之外又細文，凡四層，總徑八寸。面雖蝕晦而明處尚可數髮，背面皆翡翠之色，艷艷可愛。惜不可以開磨，施之宗陽鐘内，大抵秦、漢間物也。

右鏡[下]，厚八分，徑尺餘，自邊至的凡七變文藻，而第四層乃正書三十七字，的極偉。諺云唐大鼻也，真水銀古物。背亦光采奪目，面無纖毫班蝕，宛如新磨。攄五月五日之文并鼻，必揚子江心之鏡無疑，况水族真有所謂盤龍飛動之勢。今但模以一二形像而已。今在友人王蔭伯家，然其文載之《東觀餘論》，但「瑞」作「瑞」，舞作「儛」，精作「情」。黄長睿直以爲唐鏡，而不知江心鏡也。唐以五月五日揚子江金山鼓鑄，又曰辟邪鏡。山在水中，故曰仙山；江水周流，故曰智水云。

屠隆《考槃餘事》卷三《鏡》 秦陀黑漆古，光背質厚、無紋者爲上。水銀古花背者次之。俗謂面無打攪，輪轉周圓，形影不改爲貴。有如錢小鏡，滿背青緑，嵌銀嵌金，五嶽圖及片子鐵花，面無瘢痕，清瑩如水，極可人意，價亦高貴，似不易得。携具用之，山遊寺宿亦不可少。

董斯張《廣博物志》卷三二《武功下》 今太極殿前兩大銅鏡，即周景王鑄也。製作精巧，獨絶晚世。今之作必不及古，猶今鏡不及古鏡，今鐘不及古鐘矣。

宋應星《天工開物》卷中《冶鑄第八》 鏡

凡鑄鏡，模用灰沙，銅用錫和。不用倭鉛。《考工記》亦云：金錫相半，謂之鑑燧之劑。開面成光,則水銀附體而成,非銅有光明如許也。唐開元宮中鏡,盡以白銀與銅等分鑄成,每口值銀數兩者,以此故。硃砂斑點乃金銀精華發現。古爐有入金于内者。我朝宣爐亦緣某庫偶災,金銀雜銅錫化作一團,命以鑄爐。真者錯現金色。唐鏡、宣爐,皆朝廷盛世物也。

方以智《物理小識》卷八《器用類》

鑄法

錫銅相和,得水澆之極堅。世言秦鏡白銅,古詩有青銅鏡,中亦有錫。錫和水銀,急不相脱,以入銅則尤明。《考工》所云鑑鐩之齊,令升所記是矣。今磨鏡之藥乃錫汞也,足徵錫汞煉銅之光。

又 呵鏡法

以津唾畫鏡,令乾,呵鏡自見。

又方以智《通雅》卷四八《金石》 方諸明水,陽燧明火,皆鑑取之也。《吕覽》《淮南》嘗言之,皆以陽燧爲陽起石,方諸爲大蚌,或爲水晶。按:司烜氏以夫燧取明火于日,鑑取明水于月。《考工記》曰:銅錫相半,謂之鑑燧之劑。是火爲燧,水爲鑑也。高堂隆曰:陽燧,一名陽符,取火于日;陰燧,一名陰符,取水于月。並以銅作之,謂之水火之鏡。干寶《搜神記》云:金錫之性一也,五月丙午日午時鑄爲陽燧,十一月壬子日子時鑄爲陰燧。銅錫爲水火之精,陰陽相徵,蓋其微哉。《緯略》乃以司烜之鑒取明水于月,爲方諸、大蛤,乃一端也。陽燧面窪,出火倒景之理,詳見質測。

陸世儀《思辨録輯要》卷三《格致類》 問:世俗有極愚濁之人,亦屬困知。此等可入道否?曰:知有等級,則道亦有淺深,苟有一隙之明亦道也。然氣禀既雜,終是爲天所限。譬如黄銅鏡子,即大加刮摩之功,畢竟與青銅古鏡不同,但不可謂之無明耳。

梁詩正 蔣溥等《西清古鑑》卷三九《鑑一・漢》

徑七寸,重三十九兩有半,青緑遍滿,上二寸許如圓,光獨晶瑩,不可蝕。即面文刻御製題句七十七字,後署乾隆御題,下有會心不遠德充符二璽,鏡陰純素。按:軒轅氏於王屋山鑄鏡十二,而《天中記》謂舜臣尹壽鑄鏡,周武王復有鏡銘,則鏡之從來遠矣。此器班駁古異,非漢唐以下所能,彷佛亦不能名其時代,命之曰古鑑,以冠於諸鑑之首。

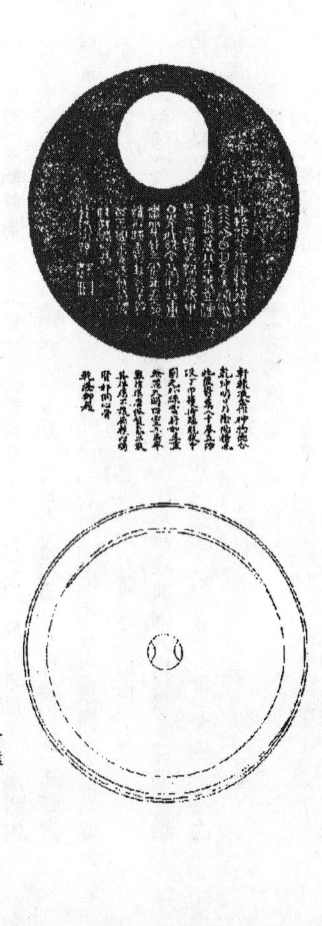

古鑑

徑五寸一分,重二十五兩,背作十二乳,間列地支十二字,外輪作八乳,具十二屬,花邊素鼻,銘三十五字。按《丹鉛摠録・鑑銘》曰:「尚方作鑑真大巧,上有仙人不知老。渴飲玉泉飢食棗,壽如金石佳且好。」較此銘,少「浮游天下遨四海」一句。《博古圖》尚方第二鑑銘,詞亦小異。考《漢書》少府官屬有鉤盾。尚方御府注:尚方主作禁器物。又《通典》秦置尚方令,漢因之。銘詞尚方作,蓋禁物。

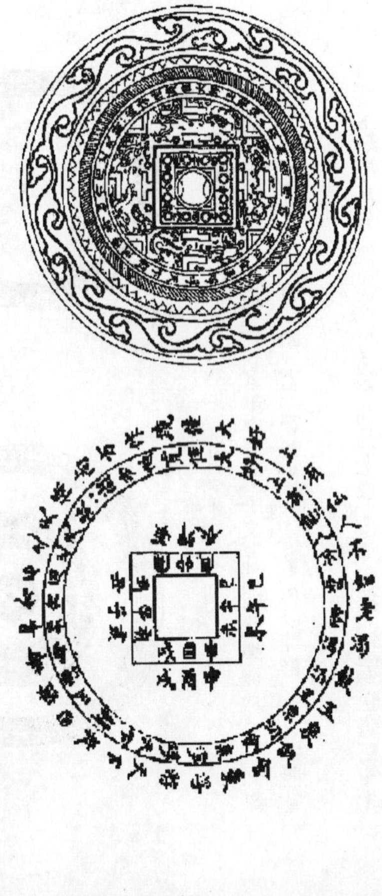

漢尚方鑑一

梁廷枏《藤花亭鏡譜》卷四

宋小葵花鏡有銘。

徑四寸六分,重五兩八銖,柄長二寸八分,中寬九分,沿邊一圍稍凹,正中一方格，縱横各二寸。四角凹入處正對器之上下左右，用陽文雙鈎作三葉，葉各一花，中高旁殺。格内外凡空處即散佈密點，其細與今所收大葵花鏡同。銘在器左，凡四字，正書曰藤原光長。映向日中，則方寸圍格内，其光團結如火炬，爲四周光影之所不逮。意所云光長者，義或指此。然觀龜鶴與梅竹二鏡銘，字同而名識異，則此鏡非有意爲之。且他鏡之出林星日製者，識亦有藤原字。當同出一源，而非成於一手矣。

又　宋梅竹鏡有銘。

徑四寸，重三兩七銖，柄長二寸六分，中寬五分，沿邊一圍上下細竹二叢，皆雙鈎，个數極分明。中有老梅一株，影瘦骨寒，與竹葉掩映，横斜挺出篔簹之表，蓋取竹外一枝斜，更好詩意而想像其神態爲之。體物之工，不讓坡仙。獨步鑄者，大率在紹聖元祐後矣。空質亦加細點，爲之烘託。銘凡四字，正書，稍模糊，然尚可辨，曰「藤原光長」，與所收之小葵花鏡正同。對日照之，光影平匀，不若小葵器之能斂聚一處也。

又　卷五　漢三龍鏡

徑四寸，重十有三兩四銖，邊圍鋭上，純素處可一寸二分。凹下二圍兩龍張口，珠在中央，若相與攫争狀。其一則啣尾相逐，又紐居内圍。龍取三爲數者，《參同契》云金水合處，木火爲侣，四者混沌，則爲龍虎。龍陽數奇，虎陰數偶也。銅色黑潤。紐以手摩者，多遂稍露原光。凡古銅之精者，雖入土，尚不能蝕。況此器而未與水土着，故面光灼灼若此。

又　卷六　漢鸞馬葡萄鏡

徑五寸五分，重四十有一兩，邊圍三重，外偶内奇，中夾垂雲，稍凹則海馬青鸞相間飛躍，而枝幹延蔓屈曲蟠結。每一鸞馬間各垂葡萄一簇，疏密適均。一圍内葡藤越圍向内茁生。上下各一馬，左右各一鸞，鬃鬣冠距，咸具其騰驤戲逐之勢，輝煌爛熳之觀。物愈大則鑄愈工，理固然也。漢鏡中此類雖疊出層見，而論刻劃稜峭，工細精絶，實無逾此。竟可作工筆團扇畫讀矣。

又　卷七

唐雙龍鴦蝶鏡

葵花八瓣，兩末相距四寸一分，重十兩强，邊隨瓣凸起，四花四蝶相間而入。一圍内作二龍，上飛下躍，嶄然歧角，非蛟非虬也。左右兩花垂蔓，花上對立鴛鴦，空處亦襯以細碎花朵。紐如覆釜，背質純黯而光生於内。其高凸着手之地色變黄浄，與今所收沿邊補鏤之宋雙蛟鏡相似。古者鑄鏡以白銅爲主，而萃聚五金爲之配合，故色無全黄。今有黄無白者，必其下爐時但取材黄銅，屏絶鉛錸，和以赤金，故積塵偶去，頓彰原質。其所以滑不留手者，金實爲之。予曩編輯海防官書，局中採訪，有謂明末鑄礮以黄白金少許入之，則數百年内筩亮澤如脂。蓋嘉靖年所得佛郎機之遺法，驗之信然。且謂銅鐵得金氣籠罩，自無泡凹之患云。以此鏡推之，意前人鼓鑄已得其祕，不傳中土，而傳之海外。猶西人測驗雖精，實本中國籌人爲胚胎，同一理耳。

又　唐六獅鏡二

徑二寸一分，重七兩五銖，沿邊二圍凹下，二圍疊爲竪畫，外密内疏，作大小仰竹形。疏處頗類貫珠，中作獅子凡六，首各相對，尾各相拂。凡獅尾本勁竪而末鬆散，今就中二獸尾稍單垂曲下，而形象一與四獸同。其曲下處即鬆散之省筆，無足疑也。又一圍作連珠狀，紐純素，背質光滑如漆。面映日遠射，發大光明。唐人最工巧之器也。

又　唐小素鏡

徑一寸四分，重四兩四銖，邊二分，有紐，形體雖小薄而全。背作質古色，其滑亮可鑑物。面更瑩然光灼，攝人影於方寸中。而竟體如鳥爪印泥，非後來鑄工畧作凹形便收攝者可同年語矣。

鄭復光《鏡鏡詅癡》卷一《明原》　原鏡

一、鏡爲内光，故能含光，透光，借光，發光。

二、鏡之類，概言之不越乎通光、含光兩種。鏡之體，概言之不越乎平面、凸面、凹面三種。而析言之，則有多種，分詳於後。

三、通光鏡，其質四：曰燒料，曰玻璃，曰水晶，曰玻瓈紙。其色五：曰五色玻瓈，曰五色晶，曰薰黑玻璃。其形十一：曰平，曰凸，曰凹，曰方，曰三稜，曰多面，如多寶鏡之屬。曰空球，如金魚缸之屬。曰實球，曰空管，如寒暑表之屬。曰實管，如料絲鐙之屬。曰轉筋管。如水法條是也。

四、含光鏡，其質二：曰玻璃，曰銅。其形五：曰平，曰凸，曰凹，曰球，曰柱。其色一：曰白。

五、通光之用二十一，不以鏡名者八：曰玻璃窗，曰玻瓈鐙，曰表殼，曰水法條，形如螺挺旋轉，則如水上下。自鳴鐘内飾也。曰玻璃瓶，以貯藥露，暴諸日中，耗水不洩氣。曰玻璃金魚缸，曰寒暑表，曰料絲鐙。此八種皆資其明，故隸焉，然不煩詮説。

其以鏡名者十有三：曰眼鏡，曰顯微鏡，曰火鏡，曰取景鏡，曰放字鏡，曰諸葛鐙鏡，曰三稜鏡，曰多寶鏡，曰萬花鏡，曰測高遠儀鏡，曰視日鏡，曰測日食窺筩鏡，曰遠鏡。

六、含光之用七，不以鏡名者一：曰球。施之帷幄以爲飾，亦無大用。其以鏡名者六：曰照景鏡，曰凸心鏡，曰地鐙鏡，曰陽燧取火鏡，與地鐙鏡同而用異，故別出。曰透光鏡，曰柱鏡。

七、鏡所資要藥二：曰水銀，曰生凈典銅錫。

八、鏡有光線，各因其形與位置者而生，故能受光，能發光，能攝光，使相順。能拗光使不通，能聚光使濃，能散光使無。是以鏡線與目線相順則顯，相拗則隱，相同則加深，相反則克制；順目則宜，拗目則不宜；加深與克制，則有宜，有不宜。夫有宜、有不宜者，得其用則有濟，失其用則爲害。

解曰：相順者，如透視平鏡，無施不可。相拗者，如斜視立方，豪無所見。理詳後鏡形章。相同者，如凸與睛同，宜視近，雖短視人可作顯微，而視遠則昏。相反者，如凹與睛反，宜短視人，視遠非短視則昏，而視近必除。

九、鏡以鑑景，而鏡亦有景。原景九。通光者兩面透光，必能自相照而成多景。然雖有此理，非目在局外者所能見耳。

十、凡物近目大，遠目小，爲遠差，鏡亦宜然。故物切鏡則景與形等，遠則見小。然有大小之不可以常理論者，則由於鏡形之光線殊科，而其爲差則一也。

解曰：凹視物遠則驟小，凸視物遠則反大，似不可與遠差同論矣。而漸遠漸差，其理自同。說詳於後。

十一、鏡不合目，離目視物，雖無所見，亦無損也。切目視物，即有所見，必害目矣。

論曰：鏡不合目，其線相拗，必至昏然，甚則豪無所見。本章八。蓋鏡既切目，是强目線穿鏡，光線拗折害目，固不待言矣。若離目視物，景縱不到鏡，不過見爲空鏡而已。目之視鏡與視他物同，目視物景與視鏡質同，無所於强也，又何損焉。

又　類鏡　鏡之製各有其材，鏡之能各呈其用，以類別也。不詳厥類，不能究其歸。作類鏡。

鏡資

一、透照資乎通光，返照資其受光。透照者必取通光體，返照者必取受光體。通光體兼能受光，故玻璃亦可作含光鏡。

二、有光之體皆能受光，光在其面則面受光，光在其體必背受光，乃可資其返照。

三、銅爲光體而不通光，以爲鏡則色帶黃，必資汞錫助其光。

解曰：銅色本黃，雜錫則青，青近白，故宜於鏡。磨鏡藥亦汞錫爲之。

四、玻璃爲通光體而兼受光，以爲含光鏡，必資汞錫阻其通。

解曰：玻璃作含光鏡，其取之蓋有二端。一取玻璃爲光明之冣，緣通光而受景微，宜阻其通，然或不能貼合，未善也。唯錫潔白，汞冣光明，且汞能柔錫，使貼合玻璃爲一體，故能阻其通而受光爛焉。此資汞錫助玻璃之用者，一也。一取水銀爲受光之冣，緣其體流必凝於物而後可，此銅鏡所爲作也。然銅色光劣，塵侵易退，未善也。錫故當勝而遇汞則化，不能自立，唯用玻璃爲之幹，而蒙其面，能隔塵而不隔光。此資玻璃妙汞錫之用者，二也。

又　鏡質

一、鏡質貴明凈，疵累有二：一由於生質，一由於形質，故揀選必嚴，工力尤宜到也。

解曰：料色混玻璃有紋有泡，水晶有綿之類，生質之疵也。平鏡不平，凹凸不圓，則光線相拗。磨礲草率，則鏡光未瑩，形質之疵也。若是者則有不清不確之累。

二、鏡照物雖真，而通光者返照必有玻璃差。本儀象志。蓋內光體能受光，而體既通光，則正面透見背面，背面亦透見正面，兩面各照一物，是生兩景而有相距之差矣。

三、銅鏡質堅，其光在面。面者無厚，故無玻璃差，是其所長。惟鑄成後必須刮磨，刮易磨難，工惜磨力，故砥平者鮮。驗法，斜迆日中，視發光處瑩如止水，工力乃到耳。否則亦不易驗。

四、玻璃作含光鏡，瑩徹不染纖塵，是其所長，然質脆又性畏魚腥，且由火化吹成，故多泡多紋，不能砥平。更有玻璃差，是其所短。惟紅毛玻璃堅厚少疵，但質愈厚，玻璃差愈大耳。

解曰：玻璃貼以汞錫，含光在背。背透景於其面，面亦含光有景，故生玻璃差。此兩景一濃一淡，以面通而背阻也。鏡資四。正視則遮，側視則見，乃側視至於目與鏡切，則背景漸近於面，兩景又合一而不見矣。

一系，試以指甲切鏡面，目稍側則見濃景在背面，與指甲相離。別有相切淡景，乃正面所照，故必有兩也。間或甲景内又有一虛圈，有似三景者，則是正面所照指端之景，非甲景也。試翦甲使尖，可證其非。又或玻璃薄，止見一景，乃相距甚微之故。諦視之，必應有見。故兩景相距大小，可驗玻璃厚薄。

又　卷四《述作》　知者刱物，巧者述之，儒者事也。民可使由，不可使知，匠者事也。匠者之事，有師承焉，姑備所聞。儒者之事，有神會焉，特詳其義。作述作。

作照景鏡其類有二：曰銅，曰玻璃。

一、銅，色紅者爲純銅，故柔；雜倭鉛即白鉛，又名碗錫。則剛，其色黄。鉛少則成色高，皆爲熟銅。鉛銅各半則脃，色淡黄，是爲生銅。銅末廢器重鎔者，皆以生銅論。因其中有小銲之錫，不能提盡故也。鏡用生銅，取其色淡近白耳。白銅、青銅别是一種，或謂參和之法不同，以非常用，雖業銅者不能詳。作鏡，青銅最良，近白也。生銅作器皆藉一火鑄成，不受椎故也。而後刮之，而後磨之。磨工足則平如砥，照形不改。然用鏡者，價取其廉，究心或鮮。作鏡者力惟其省。苟簡尤多求其平正無疵者，十不獲一焉。鏡質三。

一系，《攷工記》攻金之工，金有六齊：六分其金而錫居一，謂之鐘鼎之齊；五分其金而錫居一，謂之大刃之齊；五分其金而錫居二，謂之削殺矢之齊；金錫半，謂之鑒燧之齊。注：鑒燧，取水火於日月之器也。鑒亦鏡也。凡金多錫，則忍白且明也。疏：四分以上爲上齊，三分以下爲下齊。校勘記：忍，古堅韌字，謂堅忍而色明白。一作刃，忍刃皆有堅意。又《㮚氏》：改煎金錫則不耗。凡鑄金之狀，金與錫黑濁之氣竭，黄白次之；黄白之氣竭，青白次之；青白之氣竭，青氣次之，然後可鑄也。注：上言改煎金錫則不耗，分金錫而各鎔之。此言鑄金之狀，齊金錫而合鎔之。《儀象考成》云：凡鑄黄銅，用紅銅六成，倭鉛四成，鎔錬精到鑄之。按《攷工記》注，錫即鉛也。古或鉛亦稱錫。曾詢之今業銅匠張姓者云，銅斷不可參錫，小銲用錫，故廢器重鑄即成生銅，以内有小銲也。易五兄蓉湖爲余言：鉛爲五金之母，錫爲五金之賊。誠不易之確論也。鉛有二種，聞之廣東銅行，一云每銅百斤，參白鉛六十斤，黑鉛五斤，則銅水易流，注面鑄器光澤。一云白鉛七十五斤，黑鉛三斤，則堅軟得宜，不致銅多性軟，鉛多性硬。按李瑞印宗云：紅銅性純和，青鉛則淡，古多用之。和白鉛則黄而硬，古無用者。陳六橋云：古銅色紅，而非今之紅銅，蓋其鎔法久已失傳。其説不一，存參。〇張姓銅工又云：銅不可參錫，以不受椎，易碎也。聞響銅，如樂器中鐃鈸之類，其中有點錫，大約其錫亦甚少，不知是何參法，然亦易碎。

二系，鏡用生銅，其法用鑄，無須銲藥。其餘銅事件，則銲藥爲所必需，坿記於此：

銅小銲方：取水銀，先用香油製死，然後入高錫參勻，以備臨時用；

銅大銲方：菜花銅一斤，頂高之銅。白鉛半斤，紋銀一錢八分，合化，然後入點錫，四錢八分。速攪勻即得。

二、鑄鏡既成，磨以方藥則明。磨法先著水少許，以洗淨亂髮，磨去垢膩，再以布轉緊作裹，蘸水磨熱，撮藥少許，研細，稍去其中之礬，磨之。方列後：

一方：汞，一兩。上好生點錫，夏秋七分，春冬八分，成器好錫不可用，中有松香則色混也。明礬，夏秋一錢，春冬錢半，亦必擇明淨者。加鹿頂骨更妙。或云鹿角燒灰。

二方：白礬，六錢。汞，一錢。錫，一錢。將白鐵爲砂子，用水銀研如泥，淘洗白，入錫及礬，研極細用。如色青，再洗令白。

三方：鹿頂骨燒灰，枯白礬，銀母粉，即銀母砂等分。共爲細末和勻，磨一次可過一年。

四方：磨古鏡用豬羊犬龜熊五物膽，各陰乾爲末，以水溼鏡，滲覆向地上，不磨自明。按此當指古鏡不可磨者而言。

一系，第一方出《古今秘苑》，曾親試過，但色白而混，詢之錫工，云：是錫不純淨之故。語殊有理。二、三、四方出《多能鄙事》。又云：凡錫雜松香作銲，低錫不可，過高錫亦不可。按圖索驥之戒，良有由矣。然則諸方中有不用水銀者，恐不免有語焉不詳之弊。姑記於此。

坿錫大銲方，先用錫化大著松香，屢撈攪之，以去其灰，再逼出淨錫；離火稍停，再參水銀，自不飛。汞視錫六而一，不可過多。錫内水銀過多，則易研碎。

解曰：錫工小銲，低錫不可，宜也；高亦不可，何也？蓋銲必較本身易化，故金銀工銲用銀參銅及硼砂。銅銕銲用銲藥參硼砂，銅小銲用高錫參水銀，錫大銲用次錫水銀參松香，錫小銲用次錫參松香，咸取其易化也。銲藥之錫過高，則銲藥未化而本身先化矣，故不可用也。〇錫用小銲則多不平，成器後錯刮費力，用大銲則無是。〇張銅工云：錬礬者上層爲硼砂，中爲明礬，下爲爛礬。爛礬水滴衣上即成孔，然打磨銅器，以此水略浸，即時一擦光亮，爲必需之物也。《本草綱目》硇砂別一物，此未確。

【略】

三、古鑑微凸，收人全面，用意精微。磨而平之，沈氏所傷。見《夢溪筆談》。

四、銅鏡磨後須幙以袱，忌油手塵侵，使鏡面花斑不明。如有塵侵，宜粉撲撲粉輕擦，忌水。

好古者慎諸。

【略】

劉嶽雲《格物中法》卷三《火部》　火光

古人鑄鑑，鑑大則平，鑑小則凸。凡鑑窪則照人面大，凸則照人面小。小鑑不能全現人面，故令微凸，收人面令小，則鑑雖小而能全納人面。仍復量鑑之小大，增損高下，常令人面與鑑大小相若。此工之巧智，後人不能造。比得古鑑，皆刮磨令平，此師曠所以傷知音也。《夢溪筆談》。

嶽雲謹案：凸面含光鑑，五金之球相同。聚光點與凸面透光鑑同理；收束物形與凹面透光鑑水精之盤盂相同。同理。凹面含光鑑聚光點在鑑前，凸面含光鑑聚光點在鑑後，凸面透光盤聚光點亦在鑑後。凹面含光鑑能大物形，凸面含光鑑能小物形，凹面透光鑑亦能小物形。

已上含光凸鏡。

【略】

明鏡之始型蒙然，及粉之以(元)[玄]錫，摩之以白旃，則鬢眉鬢毛可得而察。《淮南子》。

已上磨鏡之藥。

紀事

任昉《述異記》卷上　饒州俗傳軒轅氏鑄鏡於湖邊，今有軒轅磨鏡石，石上常潔，不生蔓草。

崔鴻《十六國春秋》卷一五《後趙録五》　石虎上宮內中鏡有徑二三尺者，純金，蟠龍雕飾。又有大小鏡二萬餘枚。又爲曲鏡，又以胡粉和椒塗壁，名曰椒房。

金陵子《龍虎還丹訣》卷下　余今年深學苦，輒議此門，殊可佳尚。且水銀鉤鐵，皆是鐵中精華。若言汞住，去道則遠矣。若以鐵中而求，是上上精華鐵也。用將鑄鏡，是上色鐵鏡。所見鑄得者，甚明徹深沈，與常鏡殊，是知是鐵中精華也。又何以知之。且水銀至靈，入雜惡類。今與汞俱是，蓋是五金精華。又看結了器中，又侵削鐵器面，鐵面上分毫無損。異日因藥力，被汞遥吸出鐵精華，便與汞合體，理實靈異。今將以爲鏡，是不可思議之物。今世人只尚此爲水銀，殊不解重其鐵也。

余自恨藝淺功微，不知黄帝之術，儻加以金膏雄黄，法象鑄成，照其魍魎，亦不後於當時。今世若將爲鏡，是上上鐵鏡，太原古者不如亦無比。若爲銅，亦是上色鐵化爲銅也。今世人只呼爲紅銀，見有暈，輕易如熟銅之流，不知是五金精也。余以水銀爲紅銀，紅銀亦與爲銅爲鐵，作鏡化銅爲銀。方訣既臻，理無惑也。

王欽若等《册府元龜》卷五八六《掌禮部》　奏議第十四

李敬貞爲羅含府果毅，麟德二年，將封泰山。敬貞上言曰：《淮南子》云方諸陰燧，大蛤磨拭令熱，以向月則水生，以銅盤受之下水數石。王充《論衡》云：陽燧取火於日，方諸引水於月，相去甚遠，而火至水來者，氣感之驗也。《漢舊儀》云：八月飲酎，車駕夕牲，以鑒方諸取水於月，陽燧取火於日。《周禮·考工記》云有六齊，金錫相半謂之鑒燧之齊。鄭玄注云：方鑒燧，取火於日月之器也。准鄭此注，則水火之器皆以金錫爲之。今司宰有陽燧，形如圓鏡，以取明火。陰鑒形如方鏡，以取明水。比年祠祭，皆用陽燧取火，應時得之。以陰鑒取水，未有得者，常用井水代之。請准《淮南》《論衡》，以方諸取之，則禮神之物備矣。帝令奉嘗與敬貞考驗其事。敬貞又言，《周禮》金錫相半，自是造鏡之法，鄭玄錯解以爲陰鑒之制。又先嘗以八九月望夜取蛤一尺二寸者，依法試之，自人定至夜半，得水數斗，即與《淮南》《論衡》所説符同。

王松年《仙苑編珠》卷下

負局磨鏡，服閭擔瓜。

《列仙傳》：負局先生者，常負磨鏡局，於吴市中磨鏡，每一錢與磨之。又問主人有疾否，輒出紫丸藥與之，莫不皆愈。數年後，得藥活者計萬，不取一錢矣。人乃知仙人也。

沈括《夢溪筆談》卷二一《異事》　予於譙亳得一古鏡，以手循之，當其中心則摘然如灼龜之聲。人或曰此夾鏡也，然夾不可鑄，須兩重合之。此鏡甚薄，略無銲跡，恐非可合也。就使銲之，則其聲當銑塞。今扣之其聲泠然纖遠，既因抑按而響，剛銅當破，柔銅不能如此澄瑩洞徹。歷訪鏡工，皆惘然不測。

蘇軾《東坡全集》卷七七《與李方叔四首》　近獲一銅鏡如漆色，光明冷徹，背有銘云：漢有善銅出白陽，取爲鏡，清如明。左龍右虎俌之。字體雜篆隸，真漢時字也。白陽，不知所在，豈南陽白水陽乎。「如」字應作「而」字使耳。左月左日，皆未甚曉，更閒爲考之。

趙令畤《侯鯖録》卷一　余家有古鏡，背銘云：漢有善銅出丹陽，取爲鏡，清如明。左龍右虎補之。不知丹陽何語，問東坡亦不解，後見《神仙藥名隱訣》云銅亦名丹陽。又一銘云：尚方作鏡真大巧，上有仙人不知老。渴飲玉泉飢食棗，浮雲天下散四海，壽如金石佳且好。東坡云清如明，如，而也。若《左傳》星隕如雨。潁州頓氏一鏡，銘云：鳳皇雙鏡南金裝。案各本俱云：鳳皇雙瓊瑶帶裝。今從寫本。陰陽合爲配，日月常相會。白玉芙蓉匣，翠羽瓊瑶帶。案：各本俱云翠羽鏡南金。今從寫本。同心相親，照心照膽壽于春。《西京雜記》云：漢有方鏡，廣四尺九寸，高五尺，表裏有明，人直來照之影則倒見；以手覆心而來，則見腸胃五藏歷歷無礙；人有疾病在内，則掩心照之知人病之所在。又女子有邪心，則膽張心動。始皇以照宮人，膽張心動者即殺之。予家有一鏡云：蔡氏作鏡，佳且好明。

儲大文等《山西通志》卷四七《物産・太原府》

銅鏡。唐常貢，太原府歲貢銅鏡二面，今無。

鐵鏡。喬琳《太原進鐵鏡賦》：晉人用鐵兮從革無方，其或五金同鑄，百鍊爲鋼。雕鐫而雲龍動色，磨瑩而冰雪生光。爛成形於寶鏡，期將達於明王。

藝文

李隆基《千秋節賜羣臣鏡》張玉書等《佩文齋詠物詩選》卷二〇六　鑄得千秋鏡，光生百鍊金。分將賜羣后，遇象見清心。臺上冰華澈，窗中月影臨。更銜長綬帶，留意感人深。

韋應物《韋蘇州集》卷六《感鏡》　鑄鏡廣陵市，菱花匣中發。宿昔嘗許人，鏡成人已没。如冰結圓器，類璧無絲髮。形影終不臨，清光殊不歇。一感平生言，松枝樹秋月。

又韋應物《雜體》祝穆《古今事文類聚續集》卷二八　沉沉匣中鏡，爲此塵垢蝕。輝光何所如，月在雲中黑。南金既彫錯，鞶帶共輝飾。空存鑑物名，坐使妍媸惑。美人竭肝膽，思照冰玉色。自非磨瑩功，日日空歎息。

朱晝《贈友人古鏡》祝穆《古今事文類聚續集》卷二八　我有古時鏡，初自壞陵得。蛟龍作泥蟠，魑魅幸月蝕。摩久見菱蘂，青於藍水色。贈君將照心，無使心受惑。

孟郊《孟東野詩集》卷三《感興下・結交》　鑄鏡須青銅，青銅易磨拭。結交遠小人，小人難姑息。鑄鏡圖鑒微，結交圖相依。凡銅不可照，小人多是非。

白居易《白氏長慶集》卷四《百鍊鏡》　百鍊鏡，鎔範非常規，日辰處所靈且祇。江心波上舟中鑄，五月五日日午時。瓊粉金膏磨瑩已，化爲一片秋潭水。鏡成將獻蓬萊宮，揚州長吏手自封。人間臣妾不合照，背有九五飛天龍。人人呼爲天子鏡，我有一言聞太宗。太宗常以人爲鏡，鑒古鑒今不鑒容。四海安危居掌内，百王治亂懸其中。乃知天子別有鏡，不是揚州百鍊銅。

釋貫休《禪月集》卷二《古鏡詞上劉侍郎》　至寶不自寶，照古還照今。仙人手胼胝，寥泬秋沉沉。不是十二面，不是百煉金。若非八彩眉，不可輒照臨。即歸玉案頭，爲君整冠簪。即居吾君手，照出天下心。恭聞太宗朝，此鏡當宸襟。六合懸清光，萬里無塵侵。此鏡今又出，天地還得一。

范仲淹《范文正集》卷一《古鑑》　磨此千年鑑，朱顏清可覽。君看日月光，無求照人膽。

梅堯臣《古鑑》祝穆《古今事文類聚續集》卷二八　古鑑得荒冢，土花全未磨。背菱尖尚在，鼻獸角微訛。月暗蝦蟆蝕，塵昏魍魎過。但令光彩發，表裏是山河。

楊傑《無爲集》卷三《古鑑謡》　鐵鑑埋重泉，知經幾寒暑。山翁築春田，得之南澗滸。磨刮追光輝，雲卷秋蟾吐。斂衽正面視，歷落露心府。壞垣試一照，陰靈吼風雨。我欲匣此鑑，西上獻人主。不願鑑其鑑，願君鑑於古。桀紂不鑑古，基業傾湯禹。幽厲不鑑古，綱紀頽文武。吾皇寶其鑑，清風塞寰宇。

王嚞《重陽全真集》卷一《磨鏡》 磨鏡爭如磨我心，我心自照遠還深。鑑迴名利真清净，顯出虛無不委沉。一片靈光開火道，萬般瑩彩出高岑。教公認取玄玄寶，掛在明堂射古今。

牧常晁《玄宗直指萬法同歸》卷七《鏡》 內性潛厥輝，刮磨光始露。覿面媚其瞻，回眸稀自顧。妍醜雖弗私，塵埃能致慕。嗚呼鏡中形，幻變其誰悟。

孫蕡《西菴集》卷二《古鏡詞》 貧女池邊得銅鏡，鄰媼歡呼喜相慶。持歸鉛粉三日磨，龍影糢糊面猶瑩。機中剪素爲鏡囊，染絲繡作雙鴛鴦。橫看竪照心不厭，借插金釵學士堂。廢銅雖舊惜於寶，無錢買新舊亦好。誰識青樓金鏡開，珍珠綴匣瓊爲臺。

反射鏡成像分部

論説

孔安國傳 陸德明音義 孔穎達疏《尚書注疏》卷一三《周書・酒誥》 王曰：封，予不惟若茲多誥。傳：我不惟若此多誥汝，我親行之。古人有言曰：人無於水監，當於民監。傳：古賢聖有言，人無於水監，當於民監。視水見己形，視民行事見吉凶。今惟殷墜厥命，我其可不大監撫于時。傳：今惟殷紂無道，墜失天命。我其可不大視此爲戒，撫安天下於是。音義：監，工陷反，下及注同。疏：正義曰：既陳殷之戒酒與嗜酒，以致興亡之異，故誥之。王命言曰：封，我不惟若此徒，多出言以誥汝而已，我自戒酒，已親行之，汝可法之也。所以親行者，古人有言曰：人無於水監，當於民監。以水監但見己形，以民監知成敗故也。以須民監之，故今殷紂無道，墜失其天命。我其可不大視以爲戒，撫安天下於今時也。

毛亨傳 鄭玄箋 陸德明音義 孔穎達疏《毛詩注疏》卷三《國風・邶風・柏舟》 我心匪鑒，不可以茹。傳：鑒，所以察形也。茹，度也。箋云：鑒之察形，但知方圓白黑，不能度其真僞。我心非如是鑒，我於衆人之善惡外，內心度知之。亦有兄弟，不可以據。傳：據，依也。箋云：兄弟至親，當相據依。言亦有不相據依以爲是者，希耳。責之以兄弟之道，謂同姓臣也。薄言往愬，逢彼之怒。傳：彼，彼兄弟。音義：鑒，甲暫反，鏡也。茹，如預反，徐音如庶反。度，待洛反，下同。愬，蘇路反。怒，協韻乃路反。疏：正義曰：仁人不遇，故自稱己德，寧所親用，言我心非如鑒然，不可以茹也。我心則可以茹何者？鑒之察形，但能知外之方圓白黑，不能度知內之善惡真僞。我心則可以度知內之善惡，非徒如鑒然。言能照察物者，莫明於鑒，今己德則踰之。又與君同姓，當相據依。天下時亦有兄弟不可以據依者，猶尚希耳。

《墨子》卷五《非攻中第十八》 墨子言曰：古者有語曰：君子不鏡於水，而鏡於人。鏡於水，見面之容。鏡於人，則知吉與凶。今以攻戰爲利，則蓋嘗鑒之於智伯之事乎。此其爲不吉而凶，既可得而知矣。

又 卷一〇《經下第四十一》 臨鑑而立，景到，多而若少，說在寡區。【略】鑑位量，一小而易，一大而缶，說在中之外內。【略】鑑團景一。

又 《經說下第四十三》 臨正鑒景寡，貌能、白黑、遠近、杝正異於光。鑒景當俱，就去爾當俱，俱用北。鑒者之臭，於鑒無所不鑒。景之臭無數，而必過正。故同處其體，俱然鑒分。鑒：中之內，鑒者近中則所鑒大，景亦大；遠中則所鑒小，景亦小，而必正。起於中，緣正而長其直也。【略】鑒：鑒者近則所鑒大，景亦大；亦遠，所鑒小，景亦小，而必正。景過正故招。

郭象注 成玄英疏《南華真經注疏》卷三《莊子內篇》 應帝王第七

至人之用心若鏡，鑒物而無情。疏：夫懸鏡高堂，物來斯照；至人虛應，其義亦然。不將不迎，應而不藏，來即應，去即止。疏：將，送也。夫物有去來而鏡無迎送，來者即照，必不隱藏。亦猶聖智虛凝，無幽不燭，物感斯應，應不以心，既無將迎，豈有情於隱匿哉。故能勝物而不傷。物來乃鑒，鑒不以心，故雖天下之廣，而無勞神之累。疏：夫物有生滅而鏡無隱顯，故常能照物而物不能傷。亦由聖人，德合二儀，明齊三景，鑒照遐廣，覆載無偏，用心不勞，故無損害。爲其勝物，是以不傷。

又 卷八《莊子雜篇》 則陽第二十五

生而美者，人與之鑑，不告則不知其美於人也。鑑，鏡也。鑑物無私，故人美之。今夫鑑者，豈知鑑而鑑邪？生而可鑑，則人謂之鑑耳。若人不相告，則莫知其美於人。譬之聖人，人與之名。疏：鑑，鏡也。告，語也。夫生明照，照物無私，人愛慕之，故名爲鏡。若人不相告語，明鏡本亦無名。此起譬也。若知之，若不知之，若聞之，若不聞之，其可喜也終無已，夫鑑之可喜，由其無情，不問知與不知，聞與不聞，來即鑑之，故終無已。若鑑由聞知，則有時而廢也。疏：已，止也。夫鏡之照物，義在無情，不問怨親，照怕平等。若不聞而不知，鏡亦不照，既有聞知，鏡能照之，斯則事涉間奪，有時休廢矣，焉能久照乎。只爲凝照無窮，故爲人之所喜好也。人之好之亦無已，性也。若性所不好，豈能久照。疏：鏡之能照，出自天然。人之喜好，率乎造物。既非矯性，所以無窮。

《文子》卷上《精誠》　老子曰：夫道之與德，若韋之與革，遠之即近，近之即疏，稽之不得，察之不虛。是故聖人若鏡，不將不迎，應而不藏，萬物而不傷。其得之也，乃失之也；其失之也，乃得之也。

又　《上德》　老子曰：鼓不藏聲，故能有聲。鏡不沒形，故能有形。

韓非《韓非子》卷八　觀行第二十四

古之人目短於自見，故以鏡觀面。智短於自知，故以道正己。故鏡無見疵之罪，道無明過之怨。目失鏡則無以正鬚眉，身失道則無以知迷惑。西門豹之性急，故佩韋以緩己。董安于之心緩，故佩弦以自急。故以餘補不足，以長續短，之謂明主。

佚名《黄帝内經・靈樞集注》卷一三　外揣第四十五

黄帝曰：願卒聞之。岐伯曰：日與月焉，水與鏡焉，鼓與響焉。夫日月之明，不失其影；水鏡之察，不失其形；鼓響之應，不後其聲。動揺則應和，盡得其情。

黄帝曰：窘乎哉！昭昭之明不可蔽。其不可蔽，不失陰陽也。合而察之，切而驗之，見而得之，若清水明鏡之不失其形也。五音不彰，五色不明，五藏波蕩，若是則外内相襲，若鼓之應桴，響之應聲，影之似形。故遠者司外揣内，近者司内揣外，是謂陰陽之極，天地之蓋，請藏之靈蘭之室，弗敢使泄也。

賈誼《新書》卷一〇《胎教雜事》　鑑所以照形也，往古所以知今也。夫知惡古之所以危亡，不務襲迹其所安存，則未有以異。何異却走而求及前人也。

劉安撰　高誘注《淮南子》卷一《原道訓》　夫鏡，水之與形接也。不設智故而方圓曲直弗能逃也。智故巧飾也。是故響不肆應，而景不一設，叫訓呼仿佛，默然自得。

又　卷二《俶真訓》　水之性真清而土汩之，人性安静而嗜欲亂之。夫人之所受於天者，耳目之於聲色也，口鼻之於芳臭也，肌膚之於寒燠，其情一也。或通於神明，或不免於癡狂者，何也？其所爲制者異也。是故神者，智之淵也，淵清則智明矣。智者心之府也，智公則心平矣。人莫鑑於流沫，會。而鑑於止水者，以其静也。沫，雨潦上沫起覆甌也，言其濁擾不見人形也。莫窺形於生鐵，而窺於明鏡者，以覩其易也。夫唯易且静，形物之性也。易，平也。形，見也。由此觀之，用也必假之於弗用也。是故虚室生白，吉祥止止。虚，心也。室，身也。白，道也。能虚其心，以生於道。道性無欲，吉祥來止舍也。夫鑑明者，塵垢弗能薶；薶，音倭，污也。神清者，嗜欲弗能亂。神清者，精神内守也。精神已越於外而事復返之，越，散也。事，治也。是失之於本而求之於末也。外内無符，而欲與物接，弊其玄光，而求知之于耳目，玄光，内明也。一曰：玄，天也。是釋其炤炤而道其冥冥也。是之謂失道。心有所至而神喟然在之，反之於虚則消鑠滅息，此聖人之游也。

又　卷九《主術訓》　夫據除而窺井底，雖遠視猶不能見其睛。睛，目童子。借明於鑑以照之，則寸分可得而察也。鑑，鏡也。是故明主而耳目不勞，精神不竭。

又　卷一一《齊俗訓》　事之情一也，所從觀者異也。從城上視牛如羊，視羊如豕，所居高也。闚面於盤水則員，於杯則隨。面形不變其故，有所員，有所隨者，所自闚之異也。

又　卷一七《説林訓》　蝱與驥致千里而不飛，無糗糧之資而不饑，失火而遇雨。失火則不幸，遇雨則幸也。故禍中有福也。鬻棺者，欲民之疾病也。畜米者，欲歲之荒饑也。水静則平，平則清，清則見物之形弗能匿也，故可以爲正。匿猶逃也。川竭而谷虚，虚，無水也。丘夷而淵塞，夷，平。塞，滿也。脣竭而齒寒。河水之深，其壤在山。言非一朝一夕。

【略】凡用人之道，若以燧取火，疏之則弗得，疏猶遲也。數之則弗中，數猶疾也。正在疏數之間。得其節，火乃生。從朝視夕者移，從枉準直者虧。聖人之偶物也，若以鏡視形，曲得其情。

劉安《淮南萬畢術》陶宗儀《説郛》卷一〇九下

高懸大鏡，坐見四隣。廻風之草，目覩四户。

以大鏡長竿上懸之，向下便照耀四隣。當鏡下以盆水，坐見四隣出入也。

取廻風草插頭上，令人顧見四户之事。回風，即旋風也。

許慎撰　徐鉉增釋《説文》卷一四上　鏡　景也，从金，竟聲，居慶切。

劉熙《釋名》卷四《釋首飾》　鏡，景也，言有光景也。

王肅《孔子家語》卷三　觀周第十一

孔子觀乎明堂，覩四門墉有堯舜與桀紂之象，而各有善惡之狀、興廢之誡焉。又有周公相成王，抱之負斧，扆南面以朝諸侯之圖焉。孔子徘徊而望之謂從者曰：此周公所以盛也。夫明鏡所以察形，往古者所以知今。人主不務襲迹於其所以安存，而急急所以危亡，是猶未有以異於却走而欲求及前人也，豈不惑哉。

葛洪《抱朴子内篇》卷一五《雜應》 或用明鏡九寸以上自照。【略】有所思存，七日七夕則見神仙，或男或女，或老或少，一示之後，心中自知千里之外，方來之事也。明鏡或用一。或用二，謂之日月鏡。或用四，謂之四規鏡。四規者，照之時，前後左右各施一也。用四規所見來神甚多，或縱目，或乘龍駕虎，冠服彩色，不與世同，皆有經圖。

又 卷一八《地真》 抱朴子曰：玄一之道，亦要法也。無所不辟，與真一同功。吾内篇第一名之爲暢玄者，正以此也。守玄一復易於守真一。真一有姓字長短服色，此玄一但此見之。初求之於日中，所謂知白守黑，欲死不得者也。然先當百日潔齋，乃可候求得之耳，亦不過三四日得之，得之守之，則不復去矣。守玄一，並思其身，分爲三人，三人已見，又轉益之，可至數十人，皆如己身，隱之顯之，皆自有口訣，此所謂分形之道。左君及薊子訓、葛仙公，所以能一日至數十處，及有客座上，有一主人與客語，門中又有一主人迎客，而水側又有一主人投釣，賓不能別何者爲真主人也。師言守一兼脩明鏡，其鏡道成，則能分形爲數十人，衣服面貌，皆如一也。

抱朴子曰：師言欲長生，勤服大藥，欲得通神，當金水分形。形分則自見其身中之三魂七魄，而天靈地祇，皆可接見，山川之神，皆可使役也。

佚名《洞真上清青要紫書金根衆經》卷上 紫書訣言：日暉中玄之道，常當丙午、庚午之日，日中時，以九寸明鏡一面，露却於中庭，令日精光暎於鏡中，兆以南向，面臨鏡上，叩齒二十四通，呪曰：

日精耀羅，流光暎靈。華芒八朗，緯絡天庭。歷度應運，玉胞充盈。玄光童子，日暉赤精。迴真曲暎，停午洞明。金鏡採霞，混合我形。二景同符，與日齊并。八十一息，胃藏華生。長保日月，天地相傾。仰天口注日光，引嚥三十六息。畢，還以面臨鏡上，又引嚥鏡中日精四十五息。畢，還合八十一息也。此日暉中玄之道也，行之三年，目中童子有流紫玉光，徹見萬里，洞鑒無窮，面如赤丹，體發金容，行及日影，如飛乘空。此玉帝上法，傳於魯女，女採精以登玉庭。其法寶秘，不得妄傳，傳非其人，殃及七祖，身役下鬼，萬不得仙。

凡修日暉中玄之道，若天陰無日，亦可別室行事，但嚥炁倍於日中也，當作百六十二息。鏡每令精明，勿使塵垢，不得妄令他人臨暎，此至忌也。經三人臨暎，則日中童子、赤精二君，云又下降，令人失明神亡，可不慎之。

李顒《鏡論》嚴可均《全上古三代秦漢三國六朝文》全晉文卷五三 日之照鏡，光燭乎壁。水對鏡相照而已。日爲鑒水之族也，光來無漸，孰有往反也。《北堂書鈔》一百三十六。

迦葉摩騰《大智度論》卷六 初品中十喻第十一

影非有物，若影是有物，應可破可滅。若形不滅，影終不壞，以是故空。復次影屬形，不自在，故空。雖空而心生眼見，以是故説諸法如影，如鏡中像者。如鏡中像，非鏡作，非面作，非執鏡者作，亦非自然作，亦非無因緣。何以非鏡作？若面未到鏡則無像，以是故非鏡作。何以非面作？無鏡則無像。何以非執鏡者作？無鏡無面則無像。何以非自然作？若未有鏡，未有面，則無像。像待鏡待面然後有，以是故非自然作。何以非無因緣？若無因緣應常有。若常有，若除鏡除面亦應自出，以是故非無因緣。諸法亦如是，非自作，非彼作，非共作，非無因緣。

劉晝撰 袁孝政注《劉子》卷一 清神第一

人不照於昧金而照於瑩鏡者，以瑩能明也。不鑑於流波而鑑於静水者，以静能清也。鏡水以明清之性，故能形物之形。由此觀之，神照則垢滅，形静則神清；垢滅則内慾永盡，神清則外累不入。

又 卷一〇 正賞第五十一

碧流光霞，曜爛眩目，而醉者眸轉，呼爲焰火，非黼幌狀移，目改變也。鏡形如盃，以照西施，鏡縱則面長，鏡横則面廣，非西施貌易，所照變也。海濱居者望島如舟，望舟如鳧，而須舟者不造島，射鳧者不向舟，知是望遠目亂而心惑也。山底行者望嶺樹如簪，視岫虎如犬，而求簪者不上樹，求犬者不往呼，知是望高目亂而心惑也。至於觀人論文，則以大爲小，以能爲鄙鄙愚，而不知其目亂心惑也，與望山海而不亦反乎。昔者仲尼先飯黍，侍者掩口笑。

佚名《上清紫微帝君南極元君玉經寶訣》 月一日夜半，存神訖，又存兩目中有白氣，如鷄子大，在面目前，須臾變成兩明鏡，徑九寸，以前後照我一體上二十四神，使洞鑒分明，良久，心祝曰：

大明寶鏡，分形散化，鑒朗元神，制却萬魔，飛行上清，披雲巾羅，役使萬靈，封山召河。

佚名《太上老君虛無自然本起經》 智慧者，謂五欲六情。五欲者，謂耳欲聲，便迷塞不能止；目欲色，便淫亂發狂；鼻欲香，便散其精神；口欲味，便受罪於網羅；心欲愛憎，便偏邪失正平。凡此五欲，爲惑亂覆蓋。六情者，謂形識知痛癢，欲得細滑。耳聞聲，心樂之；目見色，心欲之；鼻聞香，心逐臭；口得味，心便喜。身得細滑衣被，心便利之。得所愛，心便悦之。坐此六情以喪，故復名六情喪人神。但坐此六情所牽引，迷亂淫邪垢濁闇蔽，使神明不暢達，便有肉人不能識別，聽視不聰明，情志閉塞，皆坐此五欲六情之所惑亂，受罪展轉入五道生死，無有休息時。以是故，當熟自思此意，其神本自清浄，無此情欲，但思念此意，諸欲便自然斷止，斷止便得垢濁盡素，垢濁盡素，便爲清浄，便明見道與道合，便能聽視無方，變化無常。人若復不解此意，且聽吾説，譬如此類若鏡，其師本作鏡時，極令清明，至於人買鏡持歸，不肯護之，至使令宜無所光照，乃復令摩鏡師以藥摩之，乃復正明，以明能見人形影。人神亦如此。神本從道生，道者清浄，故神本自清浄，而使以情欲迷惑，陷於闇冥。其鏡冥者，藥摩之便明。人神以欲自蔽冥者，亦當以經法自摩，諸欲乃得自然斷止，而復清浄，乃有所見。又若天新雨之水皆擾濁，若收此水置一器中，初時水尚渾濁，無所照見，久久稍自澄清便明，明便可於其中照見形影。人神以諸欲亂時如此濁水，人能斷此情欲者，如澄清水。諸欲斷，便自然清浄澄明，明便爲得道。當曉知其本者，諸欲便自然斷，其餘外道，不曉知其本清浄，而反常相教斷情欲。

佚名《太上洞玄靈寶宣戒首悔衆罪保護經》卷下　修善禍自殄，建功福自生，譬如鑒鏡，曲直隨形。

佚名《上清明鑑要經》　作明鏡法經第一

照鏡欲見形之法：當小開户，居闇向明，暫閉目，思想見面形。初時漠漠，殊无所見，中宿之後，漸漸洞遠，自見面目巾幘，心中眼眼開明。平旦及日入，此時最好。若日盛明，當小閉户，在灼灼中闚鏡，終無所見也。

火下照鏡，當以火自遠，勿得逼近火。欲開目照鏡，自視形體，當在灼灼明中無苦。若欲閉目思見面形，當居闇向明，然後見耳。

照鏡大要，當安卧，思想精誠。未卧之間，體條條，常須臾之頃，當有赤黄從額上出，照耀一室中。於是彷彿悦惚，如覺如卧，便自見面形在光中，對共相視如頃，即便消滅。卧覺之後，輒復照鏡，欲卧便卧，思之如前法。當夕夕自見也。或卧覺兩面相對，或見已形兩人共併坐，或卧寐之間，見好神童玉女，年十五六，好衣服，頭額正見，輒再拜。或耳邊聞語聲，天下吉凶萬事，皆預知之。或在壁東見壁西，或暮卧夢照鏡，或還光内視五藏。照鏡當以甲始。

立規之法，以明鏡九寸，無令面中有疵瑕，正令清明，左右各一，去人一尺五寸，與目齊。澡鋅盛井華水著下也。夜照鏡，宜用麻油火也。自見其形分明，下地再拜長跪，言吾與子同體，令子分形萬千，乞丐常與子相隨，身形不衰，萬年相隨。受視中明鏡，先視形見衆物，聽聞人語聲。

佚名《太上洞玄靈寶往生救苦妙經》　天尊告左玄真人曰：一切衆生，心中不信不貴三寶經像齋戒，但看在俗衆生，即有貧窮下賤，聾盲六疾，失於相好，不及人次。若有衆生，身欲布施，心中不生信敬，不貴三寶，如此等輩，必獲此報。譬如鏡中照人，清白隨其本身，更無雜見，黑即見黑，白即見白，隨其本根。

佚名《無上内祕真藏經》卷九《明行品》　天尊曰：譬如鏡像，像形分明。如言有者，取而不得；如言無者，像見分明。當知非有非無，姸醜立見。前心後心，心心相續。雖無相貌善惡，則由分别二見，誹謗是非，毁善譽惡，皆是心作，名爲凡夫。在得失中，以失爲失。行人修行，照本實情，無分别相，無善惡相，無人我相，不名凡夫。在真實中，以得爲得。略説心行，得失差殊，况諸凡計，千差萬别，殊雖萬途，得之者一。

佚名《洞玄靈寶道學科儀》下《明鏡要經品》　科曰：凡是道學，當知照鏡。欲令見形之法，當以小開户，居暗向明，暫閉目思，想見面形。初時漠漠，殊無所見，中宿之後，漸漸洞遠，自見面目，朗朗開明。平旦，及日未入，此時最好。若日中盛明之時，當小閉户，在灼灼中窺鏡，終無所見也。莫在火下照鏡，當以火自遠，勿得逼近火光。若欲開目照鏡，自視形體，當在灼爍明中，無所苦。若欲閉目，思見面形，居闇向明，然後視形耳。照鏡大要，當安卧思想，精誠凝至，欲卧未卧之間，體條條常。須臾之頃，當有赤黄光從額上出，照耀一室中，於是髣髴悦惚，如覺如卧，便自見面形在光中。對共相視如頃，即便消滅。卧覺之後，輒照鏡，欲卧便卧，思之如前，法當夕夕自見也。或卧覺兩面相對，或見已形，兩人共并。坐或卧寐之間，見好神童、玉女，年十五六，好衣服，頭額正見，輒再拜。或身邊聞語聲，天下吉凶萬事，皆緣預知之。或自在壁東，見壁西。或暮，卧夢照鏡。或還光，内視五藏。照鏡，當以甲始立規之法，以明鏡九寸，無令面中有疵瑕。正令清明，左右各去一尺五寸，與目齊，澡盛井花水著下也。夜照鏡，宜用麻油火也。自見形分，下地再拜長跪言：吾與子同體，今與子分形，萬年乞丐，常與子相隨，身形不衰，萬年相隨受。視中明鏡，先視形，見衆物，聽聞人語聲。修明鏡，有三童九女侍之，三童長六尺，九女長五尺，明鏡君官屬將吏百二十人，治闕陽宫主人，兩目童子，精光視見，景知吉凶也。

昔有磨鏡道士，賃爲百姓磨鏡，止責六七錢。無他法，唯以藥塗拭之，而鏡光明，可以分形變化。又能令人聰明，逆知萬年。又能令人與諸天神相見。行其道得法，則諸神仙皆來，道士得道矣。道士在石室之中，常當懸明鏡九寸於背後，以辟衆惡。又百鬼老物，雖能變形，而不能使鏡中景變也。見其形在鏡中，則便消已，無爲害也。

李淳風註《金鎖流珠引》卷九《上元中部將軍步綱圖》 常以一年之中，取中元日，排鏡七面，可爲一尺八寸闊，照身中神，看有七魄以否。若欠一鏡中神，即謂之神不足，即吞安魂鎮魄符。

瞿曇悉達《開元占經》卷九《日占五・候日蝕》 京房日蝕占曰：日之將蝕也，五龍先見於日傍。青龍見於日左，以春蝕。赤龍見於日上，以夏蝕。黄龍見於日中央，以六月蝕。白龍見於日右，以秋蝕。黑龍見於日下，以冬蝕。欲候此龍見日蝕法，當以五寅日候之。春以甲寅，夏以丙寅，六月下旬以戊寅，秋以庚寅，冬以壬寅，此所謂五寅也。置盆水庭中，平旦至暮，視之則龍見。

釋澄觀《大方廣佛華嚴經疏》卷二 論云：處夢謂經年，覺乃須臾頃。故時雖無量，攝在一刹那。六如影像者，一切萬法，略有二義。一皆如明鏡含明，了性一心所成故。二分别所現如影像故。由初義故爲能現，由後義故爲所現。故一切法互爲鏡像，如鏡互照，而不壞本相。下經云：遠物近物，雖皆影現，影不隨物，而有遠近等。

又　卷三 習禪之者，好亡緣而内照，並爲偏執，俱滯二邊。既心境如如則平等無礙。余曾瑩兩面鏡，鑑一盞燈，置一尊容，而重重交光，佛佛無盡。見夫心境互照，本智雙入，心中悟無盡之境。

又釋澄觀《大方廣佛華嚴經隨疏演義鈔》卷一一 故具帝網門者，同體相入，一中已含於多，而更入於異體，故有重重之義。同體相入，如一鏡已含多影。更入異體，如含影之鏡更入餘鏡，故有重重無盡義也。

又　卷三三 人能用智，智能使人，故能更證。亦如明鏡，鏡像爲相，鏡明爲見。鏡面如自證，鏡背如證自證。面依於背，背復依面，故得互證。亦可以銅爲證自證，鏡依於銅，銅依於鏡。此上四分即護法。

段成式《酉陽雜俎》卷一〇 物異

鐵鏡　荀諷者善藥性，好讀道書，能言名理。樊晃嘗給其絮帛，有鐵鏡，徑五寸餘，鼻大如拳。言於道者處得，亦無他異，但數人同照，各自見其影，不見别人影。

蘇鶚《蘇氏演義》卷下 陽燧以銅爲之，形如鏡，照物則影倒，向日則火生，以艾承之則得火也。此條見《古今注》。

佚名《太上洞玄靈寶開演秘密藏經》 太上荅曰：我不説云，一切諸法，性無所有，云何迹身而當有法？若假名字，亦有亦無，不離本故，故名爲無。衆生見故，故名爲有，更非别體，故名爲無。有實利益，故名爲有。猶如明鏡，能見色象，了了分明，種種差别，是鏡中象，不可定説，是有是無，而亦得言鏡中有像。一切衆生，心鏡明，故見真道像。又如止水，無濤波，故影現日月、星辰飛鳥。日月星辰，及以飛鳥，悉見水底；一切諸物，亦見自影，了了分明。此水中物及所見影，俱非真實，不可言有，不可言無。一切衆生，心水澄清，見道身影，亦復如是。

般利密帝《大佛頂如來密因修證了義諸菩薩萬行首楞嚴經》卷七 方圓丈六爲八角壇，壇心置一金銀銅木所造蓮華，華中安鉢，鉢中先盛八月露水，水中隨安所有華葉。取八圓鏡，各安其方圍繞花鉢。鏡外建立十六蓮華，十六香鑪間花鋪設。莊嚴香鑪，純燒沈水，無令見火。取白牛乳置十六器，乳爲煎餅，并諸沙糖油餅乳糜。酥合蜜薑，純酥純蜜，及諸菓子、飲食、葡萄、石蜜種種上妙等食於蓮華外，各各十六，圍繞華外，以奉諸佛及大菩薩。每以食時，若在中夜，取蜜半升用酥三合。壇前别安一小火鑪，以兜樓婆香煎取香水，沐浴其炭，然令猛熾。投是酥蜜於炎爐内，燒令煙盡，饗佛菩薩。令其四外遍懸幡華。於壇室中，四壁敷設十方如來，及諸菩薩所有形像。應於當陽張盧舍那，釋迦彌勒阿閦彌陀，諸大變化觀音形像，兼金剛藏安其左右。帝釋梵王烏芻瑟摩，并藍地迦諸軍茶利，與毘俱知四天王等頻那夜迦，張於門側左右安置。又取八鏡覆懸虚空，與壇場中所安之鏡方面相對，使其形影重重相涉。於初七日中，至誠頂禮十方如來，諸大菩薩及阿羅漢，恒於六時誦呪，繞壇至心行道。一時常行一百八遍，第二七中一向專心。發菩薩願心無間斷，我毘奈耶先有願教第三七中於十二時，一向持佛般怛羅呪至第四七日，十方如來一時出現。鏡交光處承佛摩頂，即於道場修三摩地。

又　卷八 十方如來氣分交接，名護法心，覺明保持，能以妙力，迴佛慈光，向佛安住。猶如雙鏡光明相對，其中妙影重重相入，名迴向心。心光密迴，獲佛常凝。無上妙浄，安住無爲。得無遺失，名戒心住。住戒自在，能遊十方。

佚名《太上明鑑真經》 老子曰：金水内景，以陰發陽，能爲此道，分身散形，以一爲萬，立成六軍；千億里外，呼吸往還，乘雲履水，出入無間；天神地祇，邪鬼老魅，隱蔽之類，皆可見也。審其精思，逆見方來，子能守之，爲仙王也。

老子曰：欲行明鏡，勿入喪家、産乳之中，精衣香薰，沐浴五香，并飲蘭桂之液，無食薰辛之物，絶棄腥臊，無近婦人，於密靖之地，幽室之中，不聞車馬之聲、金鼓之音、鳥獸喧噪，乃可爲之。此道之忌，莫甚於驚，一往不復反，一敗不復成也。當其時，心不欲復有所存，耳不復欲有所聽，注心正目，彷彿想念，至精不怠，乃復可成。

老子曰：當得明鏡九寸，無令面有偏缺毁損疵瑕，務欲清明周正，不失人容色者善。昔我先師，以尺二寸鏡，前後左右〔各〕一焉，名曰四規。行此道者，甚難速成易得，若驚則有大殃，少能者也。文子豪成，皆以一尺鏡一枚，正置其前，亦以見神，而不能長生也。

老子曰：以九寸鏡各一枚，俠其左右，名曰日月，亦以延年矣。若欲分身散形，坐在立亡，上昇黄庭，長生不死，役使百靈，入水入火，入金入石，入木入土，飛行在意者，當用吾四規之道。若但欲逆知吉凶，日月足矣。

老子曰：立規之法，皆去己一尺五寸，令與眉齊，各垂紫青線，下有華水，務令平也。晝夜不閉目，以得爲效。不可閉目者，恐當閉目之時，神明忽見而不即見之，或失神以去，或卒開目見之，而漸致驚懼而敗也。

老子曰：四規之道，必見尊神，非上士至真，勿以此示之。吾道至密，世無其人，寧見道門。欲行四規者，皆令去己一尺五寸，高三尺。東規當見仙人二人，冠丹纚之冠，面貌狹小，耳高其頭，身皆生黑毛，見之勿驚。西規當見西王母，玉女侍之。南規當見中和無極元君，一身十一頭，冠白然之冠，衣色赤。北規當見天皇君十三頭，衣冠之色如其時也。【略】

老子曰：不唯己也，又當令朱鳥銜九寸鏡，玄武背負尺二鏡，青龍銜日，白虎銜月，已形象龍蛇。須能分形，坐見四海之外乃止。止者真物來，夜則以燈燭、麻油爲火，大善。欲治病人及入大山，恐山神及百鬼試人者，以一規著户上，一器華水著下，拔刀劍横水上，以刃外向，百鬼不前。有老魅至入户者，亦不得，過水即死，血在水中。祕之，勿示俗人。

老子曰：欲辟五兵百邪者，以三寸規一枚，鑄圓天符，著其懷，陰日右，陽日左，入大衆所爲勝，人人皆畏之。吾道祕矣。

譚峭《化書》 道化卷第一

形影

以一鏡照形，以餘鏡照影，鏡鏡相照，影影相傳，不變冠劍之狀，不奮黼黻之色。是形也，與影無殊。是影也，與形無異。乃知形以非實，影以非虚，無實無虚，可與道俱。

又 陽燧

陽燧召火，方諸召水，感激之道，斯不遠矣。高視者强，低視者賊，斜視者狡，平視者仁，張視者怨，細視者佞，遠視者智，近視者拙，外視者昏，内視者明。

杜光庭《録異記》卷八 一墓，在咸陽原上，既入，得鏡兩面可照人。鼻在側畔。背面瑩潔如新。摩畢，以面照之，如常無異。以背照之，形狀備足，衣冠儼然，而倒立也。

又杜光庭《道德真經廣聖義》卷二三 善行無轍跡章第二十七

喻如臨鏡照影，影非骨肉之身，若執影爲身，即失真影。若不因影，無以識其真身。鏡，喻言也。影，喻象也。身，喻意也。言得意者，但冥契真心矣。於法有三，謂言象意也。

馬縞《中華古今注》卷中《燧銅鏡》 以銅爲之，形如鏡，照物則影倒，向日則火生，與艾承之則火出矣。

釋延壽《宗鏡録》卷一〇 論云：四者緣熏習鏡，謂依法出離故，徧照衆生之心。令修善根，隨念示現故。故如是四種本覺大義，遍一切衆生界，一切二乘界，一切菩薩界，一切如來界中，無不住處，無不照處，無不通處，無不至處，具足圓滿。具足圓滿，起信疏釋云：性浄本覺者，以空及鏡喻別解四義。論云：一如實空鏡，遠離一切心境界相無法可現。非覺照義故者，初内真如中妄法本無。非先有後無，故云如實空。下釋空義，倒心妄境本不相應，故云遠離。非謂有而不現，但以妄法理無故，無可現境。非不能現，但以兔角無故，無可現也。非覺照者有二義：一以妄念望於真智，無覺照之功，以情執違理故，如鏡非即外物，以彼外物無照用義故，即顯鏡中無外物體。二以本覺望於妄法，亦無覺照功能，以妄本無故，如浄眼望空華無照矚之功，亦如鏡望兔角。問：若然者何故下因熏習鏡中即現一切世間法耶？答：約依他似法，此是真心隨熏所作，無自體故，不異真如。故論云：以一切法即真實性故。今此約遍計所執實性，故無可現也。問：所現似法豈不由彼執實有耶？答：雖由執實有，然似恒非實，如影由質，影恒非質，鏡中現影不現質，不現質故。故云空鏡，能現影故，是因熏也。論云：二因熏習鏡，謂如實不空，一切世間境界悉於中現。不出，不入，不失，不壞，常住一心。以一切法即真實性故。又一切染法所不能染，智體不動，具足無漏熏衆生故者，釋內有二因義，初能作現法之因，二作內熏之因，亦可初是因義，後是熏習義，故云因熏習也。言如實不空者，此總出因熏體，謂有自體及功能故。二因初中一切世間境界悉現，明一切法離此心外無別體性，猶如鏡中能現影也。不出者，明心待熏故及現諸法非不熏而自出也。不入者，離心以無能熏故不從外入也。不失者，雖復不從內出外入，然緣起之時顯現不無，故云不失也。不壞者，諸法緣集起無所從，不異真如，故不可壞。如鏡中影，以因鏡故不可壞也。常住一心者，會相同體，染法不能染者，以性浄故。智體不動者，以本無染今無始浄，是故本覺之智未曾移動。又雖現染法不爲所染，故云不動。如鏡中像隨質轉變，然其鏡體未曾動也。又一空鏡，離一切外物之體。二不空鏡，謂體不無能現萬像。三浄鏡，謂已磨治離塵垢故。四受用鏡，謂置之高堂，須者受用。前二自性浄，後二離垢浄。又初二就因隱時説，後二就果顯時説。又前二約空不空，後二約體用。如佛地經云：復次妙生。大圓鏡智者，如依圓鏡衆像影現，如是依止如來智鏡。諸處境識衆像影現，唯以圓鏡爲譬喻者，當知圓鏡如來智鏡平等平等。是故智鏡名圓鏡智，如來大圓鏡，有福樂人，懸高勝處無所動摇，諸有去來無量衆生，於此觀察自身得失，爲欲存得捨諸失故。如是如來懸圓鏡智，處浄法界無間斷故。無所動摇，欲令無量無數衆生觀於染浄，爲欲取浄捨諸染故。又如圓鏡極善磨瑩，鑒浄無垢，光明遍照。如是如來大圓鏡智，於佛智上一切煩惱所知障垢，永出離故。極善磨瑩，爲依止定所攝持故。鑒浄無垢，作諸衆生利樂事故。光明遍照。又如圓鏡依緣，本質種種影像相貌生起，如是如來大圓鏡智，於一切時依諸緣故。種種智影相貌生起，如圓鏡上，非一衆多諸影像起。而圓鏡上無諸影像，而此圓鏡無動無作。如是如來圓鏡智上，非一衆多諸智影起。圓鏡智上無諸智影，而此智鏡無動無作。又如圓鏡與衆影像非合非離，不聚集故，現彼緣故。如是如來大圓鏡智，與衆智影非合非離，不聚集故，不散失故。《大涅槃經》云：若能聽受是大涅槃經，悉能具知一切方等大乘經典甚深義味，譬如男女，於明浄鏡。見其色像，了了分明。大涅槃鏡亦復如是，菩薩執之，悉得明見大乘經典甚深之義。又云：何等名爲伊帝目多伽經，乃至拘那牟尼佛時，名曰法鏡，是知古佛皆目此爲鏡，以教法萬義真俗萬緣無不於中顯現故。天台頂尊者。《涅槃疏》云：般若者，即是無上調御一切種智，名大涅槃明浄之鏡。此鏡一照一切照，照中故是鏡，照真故是浄，照俗故是明。明故像亮假現，浄故瑕盡真顯，鏡故體圓中顯。三智一心中得，故言明浄鏡。攝一切法，故稱調御。佛智藏故名般若德，是知諸聖皆目心爲鏡，妙盡其中矣。《大乘千鉢經》云：諦觀心境，照見心性。唯照唯清，唯照唯浄。遍觀十方，廓周法界。朗然寂静，無有障礙。所以先德云：此真如性猶如明鏡，萬像悉於中現。又一切萬法有二：一皆如明鏡含明了性，一心所成故；二分別所現如影像故，由初義故爲能現，由後義故爲所現，故一切法互爲鏡像，如鏡互照而不壞本相。經云：遠物近物雖皆影現，影不隨物而有遠近。且如河泉之中見日月者，是爲能現。若河泉以爲所現者，長河飛泉入於鏡中，出是所現之相。登樓持鏡，則黄河一帶盡入鏡中，瀑布千丈見於逕尺。王右丞詩云：隔窗雲霧生衣上，卷幔山泉入鏡中。明是所現矣。如高懸心鏡，無法不含；似廓徹性空，何門不入。故唐朝太宗皇帝云：朕聞以銅爲鏡，可以正衣冠。以古爲鏡，可以知興替。以人爲鏡，可以知得失。今以心爲鏡，可以照法界。又明鏡只照其形，不照其心；只照生滅，不照無生。但照世間，不照出世。有形方照，無形不照。且如心鏡，洞該性地，鑒徹心原；遍了無生，廣明真俗；有無俱察，隱顯咸通；優劣懸殊，略齊少喻。如《華嚴普賢行願品》云：時婆羅門爲善財童子讚甘露大王，頌云：我主勝端嚴，懲忿誡諸欲。心如浄明鏡，鑒物未嘗私。明鏡唯照形，不鑒於心想。我王心鏡浄，洞見於心原。先德云：如大摩尼寶鏡，懸耀太虚，十方色相，悉皆頓現，而此鏡性浄光，無有影像。諸佛法身亦復如是，澄徹清浄而無影像。以昔大悲不倦，隨衆生業緣感應差別，普現一切色身三昧，衆生聞見無不蒙益。

又 卷一三 七攝入無礙門，謂彼一切望於一法，以入他即是攝他故。一切全入一中之時，即彼全一還復在自一切之內，同時無礙。思之，又由攝他即是入他故。一法全在一切中時，還令一切恒在一內，同時無礙。思之，釋云：此上無礙猶如鏡燈，即十鏡互入，如九鏡入彼一鏡中時，即攝彼一鏡還入九鏡之内，同時交互，故云無礙。

八交涉無礙門，謂一望於一切，有攝有入，通有四句：謂一攝一切，一入一切，一切攝一，一切入一，一攝一，一入一，一切攝一切，一切入一切，同時交參無礙。釋云：一攝一，一入一者，如東鏡攝彼西鏡入我東鏡中時，即我東鏡入彼西鏡中去。一切攝一切，一切入一切者，圓滿常如。此句但以言不頓彰故，假前三句，句皆圓滿。

九相在無礙門，謂一切望一，亦有攝有入，亦有四句：謂攝一入一，攝一切入一，攝一入一切，攝一切入一切，同時交參無礙。釋云：此與前四句不同，前但此彼同時攝入。今則欲入彼時，必别攝餘法，帶之將入彼中，發起重重無盡之勢。攝一入一者，如東鏡能攝南鏡，帶之將入西鏡之中，即東鏡爲能攝能入，南鏡爲所攝，西鏡爲所入也。此則釋迦世尊，攝文殊菩薩入普賢中也。攝一切入一者，如東鏡攝餘八鏡，帶之將入南鏡之中時，東鏡爲能攝能入，八鏡爲所攝，南鏡爲所入，則一佛攝一切衆生帶之同入一衆生中也。攝一入一切者，如東鏡能攝南鏡，帶之將入餘八鏡中。攝一切入一切者，如東鏡攝九鏡，帶之將入九鏡之中時。東一鏡爲能攝能入，九鏡爲所攝，亦即便爲所入也。此句正明諸法互相涉入，一時圓滿重重無盡也。今現見鏡燈，但入一燈當中之時，則鏡鏡中各有多多之燈，無前後也。

又 **卷一四** 頌云：凡地修聖道，果地習凡因。恒行無所踐，常度無度人。真覺大師歌云：雪山肥膩更無雜，純出醍醐我常納。一性圓通一切性，一法遍含一切法。一月普現一切水，一切水月一月攝。諸佛法身入我性，我性同共如來合。一地具足一切地，非色非心非行業。彈指圓成八萬門，刹那滅却阿鼻業。一切數句非數句，與吾靈覺何交涉。

釋贊寧《東坡先生物類相感志》卷一八《寶器部》 方鏡

漢高祖入咸陽宫，獲方鏡，廣四尺九寸，表裏有明。人直來照之，影則倒見；以手掩心而來，即見腸胃五臟歷然无殄。人有病在内掩心而照之，所知病之所在。又女子雅心，則膽張心動。秦始皇帝以照宫人，膽張心動者刹之。

張君房《雲笈七籤》卷四八《祕要訣法行持旨要》

老君明照法叙事

老君曰：金水内景，以陰發陽。能爲此道，分身散形，以一爲萬，立成六軍，千億里外，呼吸往還，乘雲履水，出入無間，天神地祇，邪鬼老魅，隱蔽之類，皆可見也。審其精思，逆見方來，子能守之，爲仙王也。

【略】老君曰：當得明鏡九寸，無令面有偏缺、毁潰、疵瑕，務欲清明周正，不失人容色者善。昔我先師，以尺二寸鏡，前後左右一焉，名曰四規。行此道者，甚難速成，易得驚敗，驚則有大殃，少能成也。又容成皆以一尺鏡一枚，正置其前，亦見以神，而不能長生也。商子云：以九寸鏡各一枚，俠其左右，名曰日月，亦以延年矣。若欲分身散形，坐在立亡，上昇黄庭，長生不死，役使百靈；入水、入火、入金、入石、入木、入土，飛行在意者，當用吾四規之道。若但欲逆知吉凶日月，即用此矣。

老君曰：立規之法，皆去己一尺五寸，令與眉齊，各垂紫青綫，下有華水，務令平也。晝夜不閉目，以得爲效。不可閉目者，恐當閉目之時，神明忽見，而不即見之，或失神以去，或卒開目，見之不漸，致驚懼而敗也。

又 明照法

明鏡君官屬將吏百二十人，住開陽宫，主人兩目童子。童子精光相視，見景知吉凶。明鏡有三童、九女侍之。三童長六尺，九女長五尺。

又 寶照法

夜半存神訖，存道一竟，有起坐爲之，未可别行餘一事。起向王，平坐，握固，臨目。又存兩目中有白氣，如鷄子大，在面目前，存目中忽出白氣，懸在目前，乃如鷄子大。須臾變成兩明鏡，徑九寸，以前後照我一體上二十四神，使洞鑒分明。鏡形既成，仍存左鏡當前照，見神前面；右鏡當後照，見神後。其鑒二十四神，各安其所，雖不呼名，而存形色、長短，歷然示於鏡中。

又 摩照法

昔有摩鏡道士，遊行民間，賃爲百姓摩鏡，鏡無大小，財責六七錢耳。不以他物摩也，唯以藥塗而拭之，而鏡光明不常。有好事袁仲陽者，知其有道，乃要留使宿，爲好設主人禮，乃拜而請問之，道士告仲陽曰：明鏡之道，可以分形變化，以一爲萬；又能令人聰明，逆知方來之事；又令人與天上諸真相見。行其道德法，則天上諸神仙皆來至，道士自見己身，則長生不老，還成少童。又道士入山，山精老魅多來試之，或作人形，故道士在石室之中，常當懸明鏡九寸於背後，又辟衆惡。又百鬼老物，雖能變形，而不能使鏡中形影變也，見其形在鏡中，則便消亡退走，不敢爲害也。是以道士有摩鏡之藥，藥方出於帛子方，用錫四兩，燒釜猛下火，令釜正赤與火同色，乃内錫末，又胡粉三兩，合内其中。以生白楊刻作人，令長一尺，廣二寸，厚一寸，其後柄長短在人耳。以此攪之，手無消息，盡此人七寸，又復内真丹四兩，胡粉一兩，復攪之，人餘二寸，内摩照錫四兩，攪令相得。欲用時，末如胡豆，以唾和之，得膔脂爲善。又以如米大者，於前齒上嘘之，復以唾傅拂其上，以自拂之，即明如日月。

林之奇《尚書全解》卷二九《周書・酒誥》　古人有言曰：人無于水監，當于民監。蓋古人有此言，成王引之以告康叔也。《荀子》曰水静則明燭鬚眉，則水可以爲監形也。形之妍醜，監于水固可以見之。至于政之醇疵，豈水之所能監哉，必監於民而後見也。世之人徒知以水爲監，所見者顔貌而已。何所補哉。而不知以民爲監，其有益於己者大矣。故古人戒之曰：人無於水監，當於民監也。

歐陽修《詩本義》卷二《柏舟》　論曰：我心匪鑒，不可以茹。毛鄭皆以茹爲度，謂鑒之督形，不能度真僞。我心匪鑒，故能度知善惡。據下章云：我心匪石，不可轉也；我心匪席，不可卷也。毛鄭解云：石雖堅，尚可轉；席雖平，尚可卷者，其意謂石席可轉卷，我心匪石席，故不可轉卷也。然則鑒可以茹，我心匪鑒，故不可茹。文理易明，而毛鄭反其義，以爲鑒不可茹，而我心可茹者，其失在於以茹爲度也。《詩》曰：剛亦不吐，柔亦不茹。茹，納也。《傳》曰：火日外景，金水内景，蓋鑒之於物，納景在内。凡物不擇妍媸，皆納其景。時詩人謂衛之仁人，其心匪鑒，不能善惡皆納。善者納之，惡者不納，以其不能兼容，是以見嫉於在側之羣小而獨不遇也。

姚寬《西溪叢語》卷上　近得一夾鏡，大鼻，叩之中虚。有冠劒四人，一題忠臣伍子胥，一吴王，一越王，一范蠡。又二婦人，云越王二女。皆小隸字，製作奇古。沈存中云夾鏡最難得。

蘇轍《道德真經註》卷二　曲則全章第二十二

不自見，故明。

目不自見，故能見物；鏡不自照，故能照物。如使自見自照，則自爲之不暇，而何暇及物哉。

楊簡《楊氏易傳》卷六　水鑑中之萬象，不勞思慮而毫髪無遁者。

又　卷一一　水鑑中之萬象，水常止而萬象自動也。

又　卷一七　水鑑之中萬象畢見而實無也。

長荃子《洞淵集》卷一《至一書上》　水鏡篇第六

水鏡明清，其道皎然，若天之垂象焉。其應若谷也，其鑑若神也。無私無遺，含融於萬有。閴然無存，故湛澄瑩飾矣。分別美惡修短，動静有黨乎耳。且夫手之於摶也，殆足之於驟也，殆目之於明也，殆耳之於聰也，殆身之於美也，殆凡能其於府也，殆衆殆之成也，不給改也。禍之突也日溢矣，而人以爲己寶，不亦危乎。

魏了翁《春秋左傳要義》卷七《桓公三年至六年》　日月異道，有時而交，交則相犯，故日月遞食。交在望前，朔則日食，望則月食。交在望後，望則月食，後月朔則日食。交正在朔則日食既，前後望不食。交正在望則月食既，前後朔不食。大率一百七十三日有餘而道始一交，非交則不相侵犯，故朔望不常有食也。道不正交則日斜照月，故月光更盛。道若正交則日衝當月，故月光即滅。譬如火斜照水，日斜照鏡，則水鏡之光旁照他物。若使鏡正當日，水正當火，則水鏡之光不能有照。日之奪月亦猶是也。日月同會，道度相交，月揜日光，故日食；日奪月光，故月食。言月食是日光所衝，日食是月體所映，故日食常在朔，月食常在望也。

林希逸《莊子口義》卷三　内篇應帝王第七

心若鏡，不將不迎，應而不藏，故能勝物而不傷。

莊子於此又説：盡無爲而爲之，事尸主也。不以名爲主，是爲善無近名也。府，聚也。前言不暮事，不謀焉。用智即是此意。有意於謀，則是謀聚於此。可謀則謀無所用心，故曰無爲謀府。事雖不可不爲，而不以事自任，故曰無爲事任。人雖不能無智，而不以智爲主，故曰無爲知主。心有所主則私矣。此四箇無字，是教人禁止之意，與《論語》四勿字同。體，察也，見也。見道至於盡而無窮極，而心遊於無物之始，故曰體盡無窮而遊無眹。眹，兆也，始也。無眹即無始也。天之受我以是理，吾能盡之，又不自以爲有得，故曰盡其所受於天而無見得。見其有得則近於迹矣。佛經所謂依幻説覺亦復如是，便是此意。鋪説至此，以一虚字結之，此一句甚有力。虚即自然也，無所着也。鏡之於物，妍媸去來，照者自照，何嘗將之，何嘗迎之。將，送也。照形而見形，照物而見物，謂之應。鏡中何嘗留之，故曰應而不藏。至人之心如此，所以於物皆無所忤，故曰勝物而不傷。

釋普濟《五燈會元》卷一七《南嶽下十二世・黄龍南禪師法嗣》　鏡像或謂有，攬之不盈手。鏡像或謂無，分明如儼圖。所以取不得，舍不得，不可得。

戴侗《六書故》卷四《地理一》　鏡　居慶切，鍊冶銅錫，鑄而摩之，其明足以見形也。《説文》曰：景也。《考工記》曰：金錫半，謂之鑑燧之齊。

鑑　古蹔切，鏡也。《周官》司烜氏掌以鑑，取明水於月。古通作監。《書》曰：人無於水監，當於民監。引而申之，則鏡觀古今之是非成敗者，皆曰監也。

又　卷二八《工事四》　《詩》云：我心匪監，不可以茹。《周官》淩人春始治鑑。康成曰：如甄，大口以盛水。莊周曰：同濫而浴。按：監从皿，《周官》所謂鑑，莊周所謂濫，皆此物也，不當加水與金。借爲監臨之監，平聲。監者爲監，去聲。《記》曰：天子使其大夫爲三監，去聲。監平聲。于方伯之國。又爲鏡監之監亦作鑑，又因鏡監而爲監觀之監。

佚名《高上月宮太陰元君孝道仙王靈寶浄明黄素書》卷九 黄素曰：鑑水在前，本只照我，非我正形，是以有安鑑。水既設有吾真形眉目耳鼻，何以知真？汝不見形，安知是汝？如以手捏面，鑑中之影、水中之影，亦手捏面。他人不捏，不見有手。則手本在我，不在他人。手在於我，即知此面本實我面。由手面知八極。在我非八極，在他如在於他，即非浄明。

黄素曰：浄明之祖，出於正性。性中有用，本在真想。想中有妄，故失其浄明。譬如鑒水，塵垢汙漫，不能照物。以物汩性，想之不真，亦失其浄明也。

佚名《太上三辟五解秘法》 弄神出身法

於庚申日，鑄大鏡一面，闊五寸，常令照身，想與鏡中身己形狀一般，面貌衣服皆與相似。逐日子午二時，作用調弄，形已在於鏡中。如此放弄純熟，則自然形神俱妙。分軀散形，閃在鏡中，自己能身外有身，與道合真。

衛琪《玉清無極總真文昌大洞仙經註》卷五

九回鏡中清。

九和十合如鏡之清明，洞見事物。《玉皇經》云：敗其靈根，盗其至寶，蓋不能得保守景化也，以致鑑不空而衡不平矣。昔陳與明得明鏡之道，修鍊十八年，以晉太康元年三月初一日飛升。又太康中，新野先生鄉人張如珍，遇神人降於室，傳明鏡洞鑑之道，曰夫燭物理者天也，鑑物形者道也，天之道以清，鏡之道以明，審而無差，形定於此，物應于彼，故川嶽之狀，鬼神之情，無所逃而隱也。天以清而容萬有，水以澄而鑑衆形，若夫天清鏡明，澄心静神，而得内外洞徹，則至道成矣。倘外役於物，而内勞於神，心神昏濁，不能澄清，則去道遠矣。此法吾受之於長桑公子，長桑公子受之於太清天帝，子若修之，能洞達玄通，遐照八極。夫洞真法中有四規之道，依四時而行，亦與此同。體古人所謂虚其室，白自生，定其心，道自成，信矣哉！如珍修之九年，徹見千里，無一物可隱，以梁天鑑十三年十一月十八日飛升，號全真達道真人，此乃九回鏡中清之旨趣焉。此經一句主一事，若人行得一句，即與道合真而爲至人也。又有李士寧軒轅鏡之説，具在別傳。

鄭思肖編《太極祭鍊内法》議略卷下 雖然千枝萬葉，未易悉論，當先論其根本所在。誠如柳公權筆諫曰：心正則筆正也。昔唐太宗以所藏良弓問於弓匠，弓匠曰：木心不正，則文理皆邪，文理皆邪，則發矢不直。又聞之大海外極際，近瀉水直入地底處，有一山，其山之形勢脉絡，皆顛倒生。此山産銅，若鑄鏡則人照之面目及諸形像皆顛倒。以其山形隨海水直瀉入地底之勢而生，故其銅亦感山勢顛倒之氣而生乃爾。有到爪哇國者，曾見此鏡。舊武當山觀中，亦有此鏡。無情之弓尚如此，無情之鏡尚如此，況於有情之人之鬼神乎？

陳致虚《上陽子金丹大要》卷一六《超宗・見性成佛》 如懸夾鏡相似，人立其中，若頂若足，若背若面，不必求人，莫不自見。如今多少住禪刹者，不知禪是何物。率二三百人，或至千數餘衆，唯只頑坐，禪棒夜巡，渴睡者辱。日則限以規程，何暇見性；夜則勞神廢寢，安知真佛。此謂一盲引衆盲也。豈不聞大慧云：一種杜譔漢，脚跟下不實，只管教人攝心静坐，坐教絶氣，真可憐憫。六祖又云：長坐拘身，是病非禪。石霜諸禪師，堂盈千數，長坐如杌，識者呼爲木衆概多。三藏師於曹溪大鑒，一日見僧結菴而坐，藏即前唤之曰：我西域最下根者，不墮此見。馬祖南岳住菴，日唯坐禪，以求成佛。讓禪師故磚於菴前磨。祖云：何爲？曰：磨作鏡。祖曰：磨甎豈能作鏡。讓曰：然坐禪豈能成佛。馬祖頓悟，言下得旨。昔玄沙因共雪峰論佛法，峰云：世間闊一丈，古鏡闊一丈。沙指火罏云：闊多少？峰云：如古鏡闊。

朱元璋《大明太祖高皇帝御注道德真經・序》 架空谷以秀奇峰，使昔有嵬巒，倏態成於幽壑。若不知其意，如入混沌鴻濛之中。方乃少知微旨，則又若皓月之沉澄淵，鏡中之睹實象，雖形體之如然，探親不可得而捫撫。

況本經云：吾言甚易知，甚易行，天下莫能知，莫能行。以此思之，豈不明鏡水月者乎？朕在中宵而深慮，明鏡水月，形體雖如，却乃虚而不實，非着象於他處，安有影耶？故仰天則水月象明，棄鏡捫身，則知己象之不虚，是謂物外求真，故能探其一二之旨微。

楊慎《丹鉛總録》卷二三 璅語類

鏡以鏡影，鏡亦有影；兩鏡相鏡，影似重影。故曰與影競走，悲夫。

屠隆《考槃餘事》卷三 軒轅鏡

其形如毬，可作臥榻前懸挂，取以辟邪。蓋山精木魅皆能使形變，而不能使鏡中之形變。其形在鏡則銷亡退走，不能爲害。

于慎行《穀城山館文集》卷一六《重修香山寺記》　人於暗室，持燈索鏡，照及至照，鏡中具燈。光明影爲，是鏡照燈。無燈即無鏡，爲是燈照鏡。云何在鏡中，爲復燈與鏡，相因生光明。移燈向暗壁，見鏡不見燈。及至對燈光，鏡亦復不見。是故我當知，此燈與鏡者，緣人眼根入。若使盲者觀，故如暗室坐。今我持是語，亦非不二法。本來虛空中，無峰亦無寺。

呂坤《呻吟語摘》卷上《内篇・談道》　終身不照鏡，終身不認得自家。乍照鏡，猶疑我是别人。常磨常照，纔認得本來面目。故君子不可以無友。

焦周《焦氏説楛》卷五　大鏡懸長竿上向下，以盆水映之，坐見四鄰出入也。

方以智《物理小識》卷一《天類》　轉光

日射地上之水，或置鏡及放光石，使火照之則光入于屋梁。今術家使人見光之法，亦暗懸一鏡于衣襟或袖口，列燈燭香煙于地，引人拜祝，燭照鏡光，摇鏡則光見于壁。或懸貓精與大金剛石，則能成五色光。萬曆戊午，老父在蜀，爲閩夢得公讞一魔術，知其轉光梁上，射入暗室之鏡。使男女自照鏡中，見其前身，以惑人云。

又　卷八《器用類》　鏡光

縣軒轅鏡，硃砂塗系，圍四鏡相照，能辟邪。智謂楞嚴壇十六鏡，上下攝照，即此意也。方書言置鏡牀上下，令小兒安，光射氣通，互照攝膽。《異聞記》：隋王度鏡，照人免疫。江録言漢宣帝照妖鏡如錢。《樵牧閒話》言孟昶時張敵鏡。《雜俎》言無勞縣耕得照骨鏡。《宋史》奉寧縣田父得鏡，病熱者照之骨寒。此其質鑄固異，要以光攝生寒耳。中通曰：鹿角燒灰，白礬銀母砂等分爲末，磨鏡永遠不暗。

又　卷一二《鬼神方術類》　諸術有因

儲泳曰：咒水自沸，迺以豬囊袖中，用手法助之。日中移景者，隱像於鏡，設燈於旁，燈鏡交輝，傳影於紙也。咒棗烟起者，藏藥於棗，或藏鏡於頂，感召陽精，舉棗就鏡，則久之而焦矣。以夜遊艾納數藥，合而爲香，烟聚爲人身鳥翼之神，巫以駭人。其納香錢於水而隨即不見者，迺用孛薺水銀雜藥，埋地七七日。藥成，投少許於水中，錢即化也。

熊明遇《格致草》　氣行變化演説

玻璃鏡，以淺色薄物托之，則光微；若以鉛錫之類不能透光者托之，則光愈焕發矣。其又有片雲成兩虹者，是以虹映虹，其黄黑赤之分則相反。黄者内，紅在外。如以鏡照鏡，此鏡之内，乃彼鏡之外也。

倪元璐《兒易外儀》卷二《易行》　今夫鏡者所以照也，以鏡照物，以鏡照鏡，一而二則止矣。而鏡影相逐，自三而十、百、千無窮，交錯盤互，怳惘幻惑，即或以爲生生摩盪，日進無疆。烏知立本貞明，則惟此兩鏡者而已乎。是故天下之慮，庖犧以來之情大，皆當以仲尼爲斷。

朱奇齡《拙齋集》卷一《與陳敬之書》　知體本虚，格物乃實。譬如明鏡高懸，其光之照而不遺者，知也。萬象之來，妍者妍，媸者媸。隨形而即具者，物也。致知者，磨其光。格物，用其照也。非照則空空之鏡，將安所施哉。

黄宗羲《明儒學案》卷一六《江右相傳學案一・文莊東廓先生守益》　《中庸》曰：喜怒哀樂之未發謂之中。怒而無有作惡，喜而無有作好，所謂情順萬事而無情，心普萬物而無心。無動無静，方是工夫的當處。譬之鏡然，本體光明，妍來妍照，媸來媸照，鏡裏原是空的，没有妍媸。

劉獻廷《廣陽雜記》卷四　王子秀言，昔聞薄子珏曾製一鏡，能返炤桅竿斗中鳥雀，畦畦可數。凡物之在高在深，非有蓋覆者，皆可照見。余思之不能驟通其故，必于一處攝光返映，如蜃樓之現于海氣中，然但其製器之方，尚大費思索耳。

姚之駰《元明事類鈔》卷三〇《器用門》　鏡

鏡體不正。《典故紀聞》：太祖謂侍臣曰：朕嘗發庫中古鏡十餘以鑑貌，多失真。召工人問之，言模範不正，故鏡體偏邪，照人失真。夫鏡一邪，不可鑑形，況人君之心不正，何以主宰萬物。

梁詩正　蔣溥等《西清古鑑》卷三九《鑑一・漢》

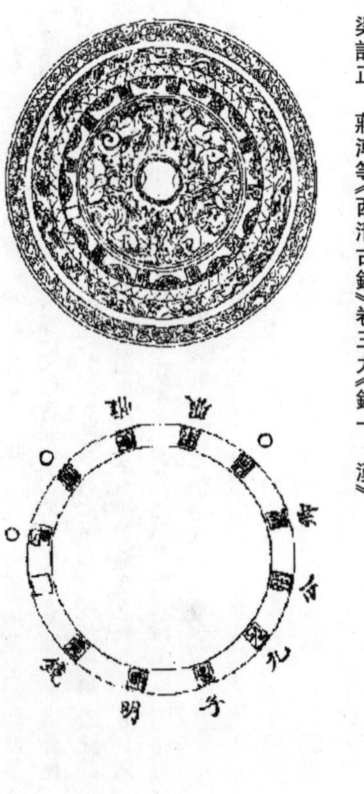

漢九子鑑一

徑四寸三分，重一十一兩有半，背具九龍。子形花邊，素鼻，銘十二字，其四不可識。按《仇池筆記》蘇軾於黄州得一鏡，以照人面覺微小，今此鏡亦如此。《夢溪筆談》云：鑄鏡者故令稍凸，收人面令小，則鏡雖小而能全納人面。其説爲近之，而軾謂是道家聚形之法，未必然也。

段玉裁《説文解字注》卷一四篇下 **鏡** 景也。景者，光也。金有光可照物謂之鏡。此以疊韻爲訓也。鏡亦曰鑒，雙聲字也。从金竟聲，居慶切，古音在十部。

【略】

鑑 大盆也。盆者，盎也。《凌人》春始治鑑。注云：鑑如甀大口，以盛冰，置食物於中，以禦温氣。春而始治之。按鄭云如甀，醢人作醢云塗置甀中，則鑑如今之甕。許云大盆，則與鄭説不符，疑許説爲是。且字从金，必以金爲之也。从金，監聲。革懺切，八部。一曰鑑諸，逗。可目取明水於月。鑑諸當作鑑方諸也，轉寫奪字耳。《周禮·司烜氏》：以夫遂取明火於日，以鑒取明水於月。注：夫遂陽遂也。鑒，鏡屬。取水者，世謂之方諸。《淮南書》：方諸見月則津而爲水。高注：方諸謂陰燧，大蛤也。孰摩令熱，月盛時以向月下則水生，以銅盤受之，下水數滴。高説與許鄭異。《考工記》以鑒燧之齊併言，則鑑之爲鏡可知也。鄭云鏡屬，又注《考工記》云鑒亦鏡也。《詩》云我心匪鑒。毛傳曰：鑒所以察形。蓋鏡主於照形，鑑主於取明水，本系二物，而鏡亦可名鑒，是以經典多用鑑字，少用鏡者，鑑亦假監爲之。是以毛詩宜鑒於殷，《大學》作儀監。鄭箋《詩》云以殷王賢愚爲鏡。注：《大學》云監視殷時之事，各依文爲説而已。《尚書》監字多有同鑒者。

鄭復光《鏡鏡詅癡》卷一《類鏡》 鏡形

一、平形者，惟銅鏡可一面平。若玻璃鏡，無論用通光、用含光作鏡，皆須兩面砥平，方爲平鏡。故銅鏡磨工不足，及玻璃揀選不精，隱有起伏痕跡者，是平而不平也，皆有改形之累。

二、鏡面必合度。如平者必中準，凸凹必中規是也。設破爲二，未經移動，照物自仍如常，度未改故也。若稍移動，即如二鏡，必物一而景二矣。多一破，即多一景。

三、鏡以能力勝者愈大愈佳，盡其才也。

四、含光鏡對物得景，故光線所對無不畢含，而人之見物，則視立處之目所射鏡兩邊線之角大幾何，止見幾何。

論曰：如一圖，甲爲鏡，目在乙。線射戊而折到庚，射己而折到辛，止見庚辛界内。若進至寅，所見漸廣，目線角大也。若移丙，則射戊到子，射己到丑。移丁，則射壬、癸亦然。蓋物入鏡到目，各從其線而不亂。

如二圖，未自入卯，申自入辰，故物在酉，必右入卯，左入辰。在戌者，見酉不見戌也。如云不然，豈不物景重疊乎。

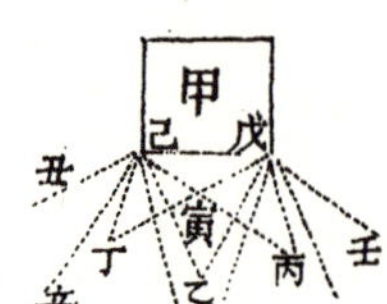

一圖

二圖

五、凡目視物，在目前者可見，在目後者不可見；無隔者可見，有隔者不可見。而鏡線反折，能使可見者不見，不見者可見。

解曰：如一圖，甲爲鏡，乙在目前，丙在目後，見乙不見丙也。而甲鏡所照，緣爲丁隔，能使見丙不見乙。

如二圖，甲爲鏡，戊無隔而己有隔，見戊不見己也。而甲鏡所射，緣戊居癸辛线外，能使見己不見戊。

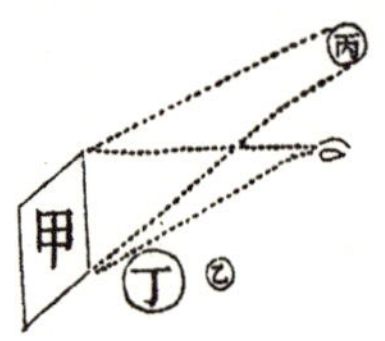

一圖

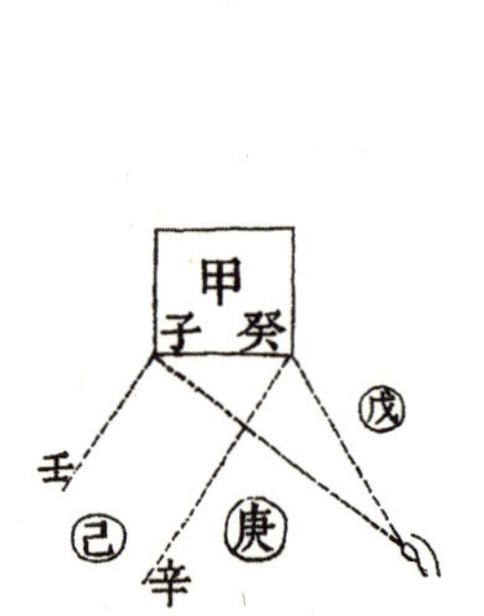

二圖

六、含光鏡對物得景。若以鏡對鏡，人居其間，必見鏡中含鏡，而見多景，何也？鏡亦有景，而景中有鏡也。若兩鏡相距愈近，則鏡景亦愈多，何也？視線近而角大也。

劉嶽雲《格物中法》卷三《火部》 火光

日射地上之水，或置鏡及放光石，使火照之，則光入於屋梁。今術家使人見光之法，亦暗懸一鏡於底襟或袖口，列燈燭香煙于地，引人拜祝，燭照鏡光，搖鏡則光見於壁。或懸貓睛與大金剛石，則能成五色光。萬曆戊午，老父在蜀爲閫夢得公讞一魔術，知其轉光梁上，射入暗室之鏡，使男女自照，鏡中見其前身，以惑人云。《物理小識》。

獄雲謹案：上三條乃回光之戲法。

已上回光。

身長則景長，身短則景短。《列子》。

形枉則景曲，形直則景正。《列子》。

獄雲謹案：此論平面鏡也。

鑒以鑒景，而鑒亦有景，兩鑒相鑒，則層累無窮。《莊子》司馬彪注。

獄雲謹案：此亦論平面鏡也。兩鏡相對，人居其間，則見多景。若兩鏡相距愈近，則鏡景亦逾多。算法以兩鏡所成角爲法，用除三百六十度，所得爲形像數加一。

又案：平面之鑒，人自左窺鑒，光自右入鑒，回照入人目，其方向必同。人自右窺鑒亦然。是爲射光角與回光角相等，所以兩鏡互映，兩角相同而影無窮。

已上含光平面鏡。

臨鑑而立，景到，多而若少。《墨子》。

二光夾一光，一光者，景也。景，光之人煦若射，下者之人也高，高者之人也下。足敝下光，故成景於上。首敝上光，故成景於下。《墨子》。

獄雲謹案：此指凹面回光鏡而言也。景到，即今影倒字。正文下者之人也高六句，乃正釋影倒之理。凹面回光鏡全收人影，是斂大爲小也。多而若少，即斂大爲小之意。敝即蔽字。

陽燧照物皆倒，中間有礙故也。算家謂之格術。如人搖艣，臬爲之礙故也。若鳶飛空中，其影隨鳶而移，或中間爲窗隙所束，則影與鳶遂相違，鳶東則影西，鳶西則影東。又如窗隙中樓塔之影，中間爲窗所束，亦皆倒垂，與陽燧一也。陽燧面窪，以一指迫而照之則正，漸遠則無所見，過此遂倒。其無所見處，正如窗隙、艣臬、腰鼓礙之。本末相格，遂成搖艣之勢，故舉手則影愈下，下手則影愈上。此其可見。《夢溪筆談》。

陽燧面窪，向日照之，光皆聚向內，離鏡一二寸，光聚爲一點，大如麻菽，著物則火發。此則腰鼓最細處也。《夢溪筆談》。

余家蓄一陽燧，以之照物，迫近則正，稍遠則閃爍無定，再遠之則皆倒矣。但所照甚爲模糊，不若近照之明顯。細思其故，非中間有礙也，蓋陽燧面窪，凡遇諸物悉從四邊先照入內，故中間所照之影非照外物而得，乃轉照四邊所照之物影也。上邊所照，則中間轉在下；下邊所照，則中間轉在上；左右轉照亦然。唯不竟照外物，止照四邊所照物影，故光甚模糊。亦猶室中壁上塔影，不竟照塔，止照地上之塔影耳。若以物迫近視之，則四邊光散，而中間自能照物，故影仍正且顯也。其稍遠而閃爍無定者，乃當中邊兩影相射之際故也。推之窗隙、鳶影及《客座贅語》所言走馬燈角上之影，莫不各有一轉照機括在內，理極平常。又有圓鏡照物亦倒，理與陽燧一致。但圓鏡照物，則中間先已照訖，復自中間轉照四邊，故倒影不在中間，而在四邊耳。《天香樓偶得》。

若以燧取火，疏之則弗得，數之則弗中，正在疏數之間。從朝視夕者移，從枉準直者虧。《淮南子》。

獄雲謹案：疏之謂遠之也，數之謂近之也，略如《論語》朋友數斯疏矣之義。又《吕覽·任土篇》慎其種勿使數，亦無使疏，語意亦同。正在疏數之間，即沈括所謂光聚爲一點處也。

舊聞咒棗而煙起，或咒而棗焦者，心雖知其爲術，不知其所以爲術也。後因叩之道師，乃知棗之焦者，藏鏡於頂，感召陽精，舉棗就鏡，頃之自焦。《袪疑説》。

獄雲謹案：就鏡而焦，蓋用凹鏡取火於日，令棗適當燃點也。

今以刀劍之鈎月摩拭朗白，仰以向日，亦得火焉。夫鈎月非陽燧也，所以能取火者，摩拭之所致也。《論衡》。

獄雲謹案：鈎月非陽燧而理與陽燧同，鈎月爲刀窪處，正如鐘之有隧，故能取火。言摩拭之所致者，鏡之窪，摩拭致之也。

景之小大，説在(地)[杝]缶遠近。《墨子》。

獄雲謹案：缶即去字。

鑒，中之內，鑒者近中，則所鑒大，景亦大；遠中，則所鑒小，景亦小，而必正，起于中緣正而長其直也。中之外，鑒者近中，則所鑒大，景亦大；遠中，則所鑒小，景亦小，而必易，合於而長其直也。鑒，鑒者近，則所鑒大，景亦大；亦遠，所鑒小，景亦小，而必正。景過正。《墨子》。

嶽雲謹案：此即釋上「景之小大，説在（地）［杝］去遠近」之文。王引之校云：合於下敚中字。

銅鏡面凹者，切近照之影正而加大，遠照之影亦倒。《一斑録》。

嶽雲謹案：以上皆凹面回光鏡之理也。平面鑑受光多而散光亦多，故不能有聚光之處。凹面鏡得圓球之一分，自圓球心距弧面諸點所成半徑綫恒等，若發光體正在圓球心，則圓球心即聚光點。若發光體在圓球心之外，則光點入鑑成一圓錐形。依理，凡射光角與回光角必等，則凹鑑回光之各點，依其各角之綫復成一圓錐形，其圓錐頂在圓球心距鑑面一直線之間。若發光體爲日，自無量空界射入鑑中，則圓錐頂其遠無量，而射光線儼如平行。惟回光線仍成一圓錐形，其圓錐頂較前言圓錐頂近于鑑面。所謂圓錐頂即聚光點也，亦即取火處也。

又案：依上理，若置一物于凹鏡中心以外，即于凹鏡中心與聚光點之間，成物顛倒之形像，但較之實形稍小。若以此物置于凹鏡中心與聚光點之間，即在中心以外，亦成物顛倒之形像，但較之實形稍大。

錫爲燭臺，高三尺餘，後作凹形鏡各四隻或六隻、八隻，演劇用之，亦頗助光，間有銅者。《鏡鏡詅癡》。

嶽雲謹案：此鏡自昔用之，頗見明人詩集。

俗傳催生鏡乃一凹銅鏡，照人影倒。產婦見之，目眩氣下而產子耳。《秋雨庵雜記》。

已上含光凹鏡。

陽燧之取火也，五月丙午日（申）［午］時，消鍊五石以爲器，仰以向日則火至。《論衡》。

嶽雲謹案：王充蓋據當時所用燧而言。鍊五石爲之，即今之玻璃，是當時已有凸面透光鏡也。

【略】

咸陽宮有方鏡，廣四尺，高五尺九寸，表裏有明，人來照之則倒見；以手捫心來，則見腸胃五藏歷然無硋。《西京雜記》。

嶽雲謹案：照則倒見，此凹面銅鏡也。

太尉李衛國公長慶中在浙右，有漁人於秦淮垂機網，下深處覺有異物，極力舉之，得一鏡，照之歷歷見五臟六腑，因驚懼失墜。公聞之，萬計窮索於水底，終不復得。李濬《松窗雜録》。

葉法善有一鏡，鑑物如水。人每疾病，以鏡照之，盡見臟腑中所滯之物。以藥療之，竟至痊瘥。《天寶遺事》。

成化甲辰，宿州墾田得鏡，照見農家男女墓中人物。農夫驚異而碎之。《雙槐歲鈔》。

嶽雲謹案：此亦照膽鏡之類。

又案：此造鏡法久已失傳。若論其理，則略可言之。辟如人迎日張手，視之，日光透過皮膚，能見其中筋絡之粗者。假如有鏡增大其光至若干倍，則雖胸腹間亦可透過皮膚，能見其中臟腑。又如夜間施設大電光，則象牙骨角與鬆質之木皆能透過。假如有鏡增大光至若干倍，則比牙角等較密之質亦可透過。惜古書簡略，無從考索，而展轉傳訛，不免故加神奇，是以後人棄置不信耳。新聞紙言，法國有人製鏡照人，其心憶何物即于鏡中現一像。未通行。

【略】

呂蒙正爲相，有朝士藏古鏡，能照二百里。欲因公弟獻以求知，公辭之。《歸田録》《談苑》。

萊州呂肚集張氏築土垣，掘出一鏡，徑可二尺，光明不蝕，照之四方，各見百五十里，市井人物歷歷具體。衆争欲得之，不覺墮地而碎。陳邦禮《寶鏡記》。

何遠幼隨父宦河朔，有人持古鏡，云可照數十里。因試之郊外，鏡中隱隱如飛蠅不絶。詢之，乃二十里外，開河擲土空中也。《南墅閒談》。

安陸石巖邨耕夫得一鏡，光明瑩然，不爲土所蝕，視之可見十餘里外草木人物。三人者互欲得之，遂破三段，猶照數里。《塵史》。

嶽雲謹案：古人皆用銅鏡，而能照遠者，大抵鏡皆微凹，磨治清瑩，能收束外光，故照遠若近。至謂數十里、二百里，率傳聞之辭。然鏡爲中國古時極講究之器，失傳已久，亦不敢謂絶無此事也。

已上銅鏡照遠。

京師有畜鐵鏡者，謂人曰：此奇物也，以照人手，則指端見白氣，以氣之長短驗人之壽夭。好事者乃以厚價取之，既而詢之博物者，曰：此造作也，蓋磨鏡時只以往手，無以來手，則照指自見其端有如氣者耳。《談苑》。

已上鏡能見異。

綜述

徐堅《初學記》卷二五《器用部》 鏡第九叙事。

《廣雅》曰：鑒謂之鏡。《釋名》曰：鏡，景也，有光景也。《韓子》曰：古之人目短於自見，故以鏡觀面。智短於自知，故以道正己。鏡無見疵之罪，道無明過之惡。目失鏡，則無以正鬚眉。身失道，無以知迷惑。《吕氏春秋》曰：萬乘之主，人之阿亦甚矣，而無所鏡，其殘亡無日矣。孰當可鏡？其唯士人乎。鏡明己也功細，士明己也功大。《淮南子》曰：人舉其疵則怨人，鑑見其醜則善鑑。《申子》曰：豈不知鏡設精，無爲而美惡自備矣。《淮南子》又曰：至人之用心也若鏡，不將不迎，應而不藏，故勝物而無傷。《莊子》曰：宫人得戟則以刈葵，盲者得鏡則以蓋巵。盲者不可眙以鏡，亂主不可舉其疵。《尚書帝命期》曰：桀失玉鏡，用其噬獸。玉鏡喻清明之道，噬獸喻暴也。《尚書考靈耀》曰：秦失金鏡，魚目入珠。金鏡喻明道也。始皇，吕不韋，子言亂真也。《文子》曰：夫鏡不設形，故能有形。

李昉等《太平御覽》卷七一七《服用部十九》 鏡

《符子》曰：心能善知人者如明鏡，善自知者如淵蚌。鏡以曜明，故鑒人。蚌以含珠，故内照。

《韓子》曰：古之人目短於自見，故以鏡觀面。智短於自知，故以道正己。鏡無見疵之罪，道無明過之惡，而失鏡則無以正鬢眉，身失道則無以知迷惑。

《吕氏春秋》曰：人之阿甚矣，而無所鏡，其滅亡無日矣。孰當可鏡，其惟士人乎。鏡明己也細，士明己也大。

《淮南子》曰：明鏡之始，矇然未見形容也，及拭之以玄錫，磨之以白氊，則鬟眉微毛可得而察。又曰：鏡便於照形，承食不如竹簞。又曰：聖人若鏡，不將不迎，應而不藏，故萬物無傷，其得之乃失之也。又曰：高懸大鏡，坐見四鄰。又曰：人莫鑒於沫雨，而鑒於止水者，以其静也。莫窺形於生鏡，而窺形於明鏡者，以其易也。

《抱朴子内篇》曰：或問知將來吉凶爲有道乎？答曰：用鏡九寸自照，有所思存七日，則見神仙，知千里事也。明鏡用一或二，謂之日月；或用四，謂之四規鏡。又曰：萬物之巧者，其精皆能假託人形以炫人。惟鏡中不能逃其真形。是以入山道士，以明鏡徑九寸懸於背，有老魅未敢近。或後來者視鏡中，疑是仙人及山中神者，鏡中故知人形。

祝穆《古今事文類聚續集》卷二八《器用部》 鏡

《羣書要語》：鏡，景也，有光景也。《釋名》。鑒謂之鏡。《廣雅》。明鏡之始型矇然，及粉之以玄錫，摩之以白旃，則鬚眉鬢毛可得而察。《淮南子》。胡僧云：古鏡以金膏塗之，珠淮拭之，舉以照日，必影徹墻壁。又造金煙薰之，玉水洗之，藏之泥中亦不晦矣。王度《古鏡記》。古人之目短於自見，故以鏡觀面。智短於自知，故以道正己。目失鏡則無以正鬚眉，身失道則無以知迷惑。《韓子》。至人用心也若鏡，不將不迎，應而不藏，勝物而無憂傷。《莊子》。

陳耀文《天中記》卷四九《鏡》 作鏡。鏡，景也，有光景也。《釋名》。鑒謂之鏡。《廣雅》。尹壽作鏡。《玄中記》。

鏡銘。武王踐阼鏡之銘(也)曰：見爾前必慮爾後。《大戴禮》。

坐鏡。桀失玉鏡，用其噬虎。《尚書帝命期》。鄭玄注曰：鏡喻清明之道，虎喻暴也。

火齊鏡。周穆王時，沮渠國貢火齊鏡，廣三尺六寸，闇中視物如晝，人向鏡中則響應之。《拾遺録》。

如石鏡。周穆王時，有如石之鏡。此石色白如月，照面如雪，謂之月鏡。上。

池泥鍊鏡。方丈山池泥百鍊成金鏡，色青可照魑魅。上。

石作鏡。武都丈夫化爲二女，蜀王娶以爲夫人。無幾物故，葬於武都。以石作鏡一枚，表其墓。《蜀王本紀》。

金鏡。秦失金鏡，魚目入珠。《尚書考靈耀》金鏡喻明道也，始皇，不韋子，言亂真也。

方鏡。高祖入咸陽宫，周行府庫，有方鏡九寸，表裏明，人直來照之，影則倒見；以手掩心而來，即腸胃五臟歷然無礙；人有病在内，則掩心而照之，即知病之所在；女子有邪心，則膽張心動。秦始皇帝以照宫人，膽張心動者則殺之。《西京雜記》。

身毒寶鏡。宣帝被收繫郡邸獄，臂上猶帶史良娣合綵婉轉繩繫身毒寶鏡一枚，如八珠錢。舊傳此鏡照見妖魅，佩之者爲天神所福。宣帝從危獲濟，及紹大位，每照此鏡，感咽移辰。帝崩，鏡不知所在。上。

土瑩石精。郭舍人曰：四珠籀文章皆有組，索兩人相見，朔能知之爲上客。東方朔曰：此玉之瑩石之精，表如日光，裏如衆星。兩人相覩，相見知情，此名爲鏡。《漢書》。

照鏡撲地。夏侯惇從征吕布，爲流矢所中，傷左目，時夏侯淵俱爲將軍。軍中號惇爲盲，夏惇惡之，每照鏡恚發，輒撲鏡着地。《魏略》。

撲地。張裕曉相術，每舉鏡視面，自知刑死，未嘗不撲之于地。《蜀志》。

拔鏡灌母。劉敬宣八歲喪母。四月八日，敬宣見衆人灌佛，乃拔頭上金鏡以爲母灌，因悲泣不勝。沈約《宋書》。

照鏡無頭。殷仲文在東陽，照鏡而不見其頭面，旬日而戮。上。甘卓將被誅，引鏡不見其頭。蕭方等《三十國春秋》。

【略】

三鏡。太(宰)[宗]謂羣臣曰：夫以銅爲鏡，可以正衣冠。以古爲鏡，可以知興替。以人爲鏡，可以明得失。朕常保此三鏡以防己過。今魏徵殂，猶一鏡亡矣。《唐書》。

水火鏡。陽符一名陽燧，取火於(石)[日]。陰符一名陰燧，取水於月。並入銅作鏡，名曰水火之鏡。魏名臣高堂隆奏。

不將不迎。至人之用心也若鏡，不將不迎，應而不藏，故勝物而無傷。《莊子》。

曜明心善。知人者如明鏡，自知者如淵蚌。鏡以曜明，故鑒人。蚌以含珠，故内照。《符子》。

正鬢眉。古人知目短於自見，故以鏡觀面。智短於自知，故以道正己。鏡無見疵之罪，道無明過之惡。目失鏡則無以正鬢眉，身失道則無以知迷惑。《韓子》。

士人鏡明。萬乘之主，人之阿也亦甚矣，而無所鏡，其殘亡無日矣。孰當可鏡？其惟士人乎。鏡明己也小，士明己也大。《吕氏春秋》。

拭以玄錫。明鏡之始，朦然未見形容也，及拭之以玄錫，磨之以白氊，則鬢眉微毛可得而察。《淮南子》。

照形承食。鏡便於照形，承食不如竹簞。上。

坐見四隣。高懸大鏡，坐見四隣。上。

四規鏡。或問：知將來吉凶爲有道乎？答曰：用鏡九寸自照，有所思存七日，則見神仙，知千里外事也。明鏡，用一或二，謂之日月；或用四謂之四規鏡。《抱樸子》。

入山懸背。萬物之老者，其精皆能假託人形以炫人，於鏡中亦能易其真形。是以入山道士以明鏡徑九寸懸於背者，老魅未敢近，或後來者視鏡中，其是仙人及山人好神者，鏡中故如人形。上。

【略】

日蝕亦昏。蘇威有鏡，殊精好。日蝕既，鏡亦昏黑無所見。威以爲左右所污，不以爲意。他日日食半缺，其鏡亦半昏如之。於是始寶藏之。《隋唐嘉話》。

紫珍。隋御史王度家有寶鏡，云是蘇綽家舊物也。大業中，有胡僧之宅上常有碧光，連日絳氣屬月，此寶鏡氣也。但以金烟薰之，玉水洗之，又以金膏塗之，珠粉拭之，雖藏泥中不晦矣。蒲陝間疫甚，度令小史張龍駒持鏡照之，諸病皆驚，起云見龍駒持一月來相照並愈。其夜，龍駒夢一人朱冠紫服，曰：我即鏡精也，名曰紫珍。上。

方丈鏡。唐中宗令揚州造方丈鏡，鑄銅爲桂樹，金花銀葉。帝每常騎馬自照，人馬並在鏡中。《僉載》。

夷則鏡。天寶中，陳仲躬居洛陽清化里，有大井好溺人。一日有敬元潁請謁，飾鉛粉，衣緋緑衣曰：此井有毒龍，請命匠淘之。仲躬命匠入井，獲古銅鏡。夜見元潁謝曰：某本師曠所鑄十二鏡中第七者，貞觀中爲許敬宗所墮。其鏡背科斗書云：維晉新公二年七月七日午時，首陽山白龍渾鑄。於鼻題云：夷則之鏡。《博異志》。

水心鏡。天寶中，揚州進水心鏡，青瑩燿目，背有盤龍，勢如生動，鼻如明月珠焉。先是有老人自稱姓龍名護。有小童曰玄冥至鏡所，云老人解造，真龍令玄冥入爐所扃，閉户牖三日，開户俱失所在。鏡匠吕暉移爐置船，以五月五日揚子江心鑄之。後大旱不雨，葉法善祈鏡龍于凝陰殿，須臾雲氣散布，甘雨大澍。《異聞集》。

鑒物如水。葉法善有一鐵鏡，鑒物如水。人每有疾病，以鏡照之，盡見臟腑中所滯之物，即以藥療之，竟至痊瘥。《天寶遺事》。

仁壽字。天寶初，有獻書闕下，言巴蜀之間有石鏡，見于巖之畔，仁壽之字昭然可見。《文苑英革序》。

造鏡殿。少府監裴匪舒爲高宗造鏡殿，成，上與劉仁軌觀之。仁軌驚趨下殿,上問其故,對曰：天無二日,土無二王,通視四壁有數天子,不祥孰甚焉。上遽令剔去。《鑑》。

【略】

鯉腹古鏡。元相國之鎮江夏也,嘗秋夕登黄鶴樓,遥望江濱有光若殘星焉。乃令人往觀之,至其所,乃釣船也。詢彼漁,云：適獲一鯉,光則無之。乃携鯉而來,命剖之,腹中得古鏡二,如古錢大,以面相合,背則隱起雙龍,雖小而鱗鬣髯爪皆具。既磨瑩,則常有光耀。公寶之,置中箱中。及相國薨,鏡亦亡去。《小説舊聞》。

光浮于波。李德裕長慶中,廉問浙右,會有漁人于秦淮垂機網,下深處忽覺力重異于常時。及斂就水次,卒不獲一鱗,但得古銅鏡,可尺餘,光浮於波際。漁人取視之,歷歷盡見五臟六腑、血縈脉動,竦駭氣魄,因腕戰而墜。漁人偶話於旁舍,遂聞之于德裕,盡周歲萬計窮索水底,終不復得。《松窗録》。

飛精。長安任仲宣家有寶鏡,謂之飛精。識者云三代物,後有八字,乃近籀篆,云：水銀陰精,百鍊成鏡。後仲宣南牧洞庭,風浪泊舟,夢一道士赤衣乘龍持鏡而去,且云此鏡水府之寶,出世有期,今當歸我。夢覺亟視篋,已失所在。《龍城録》。

【略】

明徹驚人。熙寧末,齊南陵耕者破塚得古圓鏡大小二,徑六七寸,明徹驚人,非他鑑比。其背郭皆有字可讀,大爲小篆,小爲正隸,附篆爲流水美蕖,茂林叢竹,又有孤陵野鶴,下有老人倚杖,岸幘逍遥其間。附麗亦爲雜花,皆古簡不可識。其詞曰：陰陽合配,日月兩相會。白玉芙蓉匣,翡翠瓊瑶帶。同心人心相親,照心照膽保千春。煉形巧冶,瑩質良工。如珠出匣,似月停空。當扉寫翠,對臉傳紅。綺窗静屋,俱含影中。《宋朝類苑》。

照見前途。嘉祐中,有吴闕。寶鑑云：齋戒照之,見前途吉凶。沈括伯兄爲京寺丞,衣緑往照之,鑑不甚分明,髣髴見人衣緋而坐。不數月,以英宗覃恩,果賜緋。後其僧至京師,茶景繁爲御史,嘗照之,見着貂蟬,甚善,不旬日攝官奉祠,遂假貂蟬。《筆談》。

見十里外。安陸石巖村耕夫得一鏡,光明瑩然,不爲土所蝕,視之可見十餘里外草木人物。三人者互欲得之,遂破三段,猶照數里。《塵史》。

照數十里。何遠字楚言,幼隨父宦河朔。有一人持古鏡,謂之云可照數十里。因試之郊外,鏡中隱隱如飛(繩)[蠅]不絶,詢之乃二十里開河擲土,土空中也。《南墅閑談》。

背鑄兔形。慶歷中,有宦者以罪謫居維揚,藏一古鑑,圓徑尺餘,云是禁中舊物。鑑背鑄成兔形,甚精巧。每至月滿夜,持鑑當月照之,則兔形却在鑑中,人莫究其理。《墨客揮犀》。

【略】

寶鏡金輪。盧彦緒魯於壙中得寶鏡一枚,背是金花,持以照日,花如金輪。《廣異記詳墓》。

光照室寢。孟蜀時軍校張敵得一古鏡,模濶尺餘,光照室寢處不施燈燭。將求磨滌之,有貧士見而歎禮曰：久知寶在蜀中,一見足矣,然此鏡不久當亦歸耳。敵益珍藏,自得鏡,無疾病。《樵牧閑談》。

仙銅傳。王希默簡淡,無他好,惟以對鏡爲娱。整飾爲鬟,終日無倦。以杜子美有動業,頻看鏡之句,遂作策動亭。仍自號動叟,收古今善鏡,典衣賞無難色。居長洲,結親友之蓄異鏡者數人。間日會聚樂飲,各出鏡傳玩評品,抵掌極歡而罷。鄉人目曰鏡社。希默又集載集,凡言鏡者成二十卷,號仙銅傳云。《清異録》。

照人微小。元豐中,東坡自齊安過黄州,獲一鏡。其背銘云：漢有善銅出自白陽,取鑄爲鏡,清明而光。左龍右虎,輔之兩傍。其字如粟,大篆,欵甚精妙。白陽,疑白水之陽。其銅黑色如漆,照人微小。古鏡然,此道家聚形之法也。《仇地筆記》。

【略】

照面一眼。徐鉉得一鏡,照面只見一眼。《秘閣閑談》。

江心鏡。揚州舊貢江心鏡,五月五日,揚子江心中鑄也。或言無百鍊者,六七十鍊則止,易破難對,往往有鳴者。《國史補》。

火齊鏡。周靈王起昆陽臺,戎胥國獻火齊鏡,高三尺,暗中視物如晝,向鏡則聞影應聲。周人見之如神靈,王末不知所之。《拾遺録》。

三鑒。君子有三鑒,世人鏡鑒前惟順,人惟賢,鏡惟明。夏商之衰,不鑒於湯禹也。周秦之弊,不鑒於民下也。側弁垢顔,不鑒於明鏡也。《荀悦申鑒》。

徐應秋《玉芝堂談薈》卷二七《火齊鏡》 鏡之奇者。周穆王時,胥渠國火齊鏡,闇中視物如晝,人語則鏡中響應。望蟾閣之青金鏡,炤見魑魅,百鬼不能隱子》曰：至人之用心也若鏡，不將不迎，應而不藏，故勝物而無傷。《韓子》曰：古之人目短於自見，故以鏡觀面。智短於自知，故以道正己。鏡無見疵之罪，道無明過之惡。目失鏡無以正鬚眉，身失道無以知迷惑。《申子》曰：豈不知鏡，設精無爲而美惡自備矣。《文子》曰：夫鏡不設形，故能有形。《呂氏春秋》曰：萬乘之主，人之阿亦甚矣，而無所鏡，其殘亡無日矣。孰當可鏡，其惟士人乎。鏡明己也功細，士明己也功大。《淮南子》曰：人舉其疵則怨人，鑑見其醜則善鑑。又曰：宫人得戟則以刈葵，盲者得鏡則以蓋巵。盲者不可貽以鏡，亂主不可舉其疵。又曰：明鏡之始型蒙然，及粉之以玄錫，摩之以白旃，則鬚眉鬢毛可得而察。又曰：鏡便於照形，承食不如竹簞。又曰：莫窺形於生鏡，而窺形於明鏡者，以其易也。《賈誼子》曰：鏡儀而居，無藏無執，美惡必至，各得其當。《符子》曰：心善知人者看如明鏡。鏡以耀明，故鑒人也。又曰：至人之道也如鏡，有明有照，有引有致。荀悦《申鑒》曰：君子有三鑒，鑒乎前，鑒乎人，鑒乎鏡。前惟順，人惟賢，鏡惟明。夏商之衰，不鑒於禹湯也。周秦之弊，不鑒於民下也。側弁垢顔，不鑒於明鏡也。故君子惟鑒之務，若夫測景之鏡亡鑒矣。《抱朴子》曰：或問：知將來吉凶爲有道乎？答曰：用明鏡九寸自照，有所思存七日，則見神仙，知千里外事也。明鏡或用一，或用二，謂之四規鏡。增《地鏡圖》曰：欲知寶所在，以大鏡夜照見影，若光在鏡中者，物在下也。原《陸機演連珠》曰：形過鏡則照窮。

陳元龍《格致鏡原》卷五六《香奩器物類・鏡》 總論

《逸雅》：鏡，景也，言有光景也。《韓子》：古之人目短於自見，故以鏡觀面。《稗史類編・玄中記》曰：尹壽堯臣也，作鏡。《黄帝内傳》曰：既與王母會於王屋，乃鑄大鏡十二面，隨月用之，則鏡蓋肇於軒轅，非尹氏始作也。《宣和博古圖》：昔黄帝液金作神物，爲鑑凡十有五，去古既遠，不能盡攷。後世有得其一者，其制度以四靈位四方，以八卦定八極，十二辰環其外，二十四氣布其中，故與日月合明，鬼神通意。周冶鑑之數十有三，蓋體閏月也。以十二投十二野，其一則爲鎮於中州。漢以後形制各異，圜者規天，方者法地，六出象其物，八方定其位，左右上下則有四靈，錯綜經緯則有五星，具一日之數則載之以十二辰，具一歲之數則載之以十二月。周其天者有二十八宿，拱其位者有三神八衛。或中虚而謂之夾鑑，或形蜕而名以浮水；或龍蟠其上，或鳳飾其後；或爲花卉羽毛鱗甲之屬，或爲嘉禾合璧比目連理之狀；或象玉女之起舞，形。秦方鏡，照人心膽，人直來照之，影則倒見；人有疾病在内者，則掩心而照之，必知病之所在；女子有邪心者照之，則膽張心動。漢史良娣身毒鏡，照見妖魅。南唐王氏六鼻鏡，嘗生雲煙，照之則左右前三方俱見。隋王度鏡能却百病。唐葉法善鐵鏡，鑑物如水，盡見人五臟中所滯之物。長安任仲宣鏡，水府至寶，爲龍所奪。荀諷鐵鏡，自見其形，不見別人影。秦淮漁人鏡，洞見五臟六腑。王宗壽鏡，照見樓上青衣小兒。宋吕蒙正時朝士古鏡，照二百里。徐鉉有鏡，止見一眼。孟蜀軍校純鐵鏡，光照一室，不假燈燭。蘇威有鏡，日蝕則昏，日半蝕則半如墨。盧彦純鏡，背有金花，承日花如金輪。慶歷中宦者鏡，每至月滿夜，當月照之，背鑄兔形，影在鑑中。金陵軍人耕地得鏡半面，能照地中物，持之發塚掘藏，大有所獲。大有橋陳玄修宅，得長柄小鏡，照之頭痛。《庚已編》：吴中陳氏古鏡，患瘧者照之，見背上一物，驚去病即差。熙寧末，齊南陵耕者得塚中鏡，徑六七寸，明徹驚人。《南墅閒談》：何遠見河朔人古鏡，照二十里外開河擲土，隱隱如飛蠅。《塵史》：安陸石岩村耕夫得古鏡，見十里外草木人物。玉泉子裴丘有鏡，于相琮布素時曾一照之，分明見朱衣吏導從。《筆談》：嘉祐中，吴僧一寶鑑，齋戒照之，見前途吉凶。沈括兄爲京寺丞，照之見人衣緋而立，不數日賜緋。葉景繁爲御史，照之見着貂蟬，不旬攝宫奉祠，遂假貂蟬。《玉溪編事》：前蜀嘉王頃得一鐵鏡，光可鑒物，百里之内並見。後一賣藥者佯借看，以手擘肚納鏡，腹中冉冉，乘雲而逝。《野史》：成化甲辰，宿州農夫墾田，遇古墓，獲鏡及燈臺各一，磨鏡照之，見墓中人僵卧，獨帶弓矢。驚駭，撲之于地。又見農家室户，男女宛然，以爲怪，擲之。

張英等《淵鑑類函》卷三八〇《服飾部十一・鏡一》 原《釋名》曰：鏡，景也，有光景也。《廣雅》曰：鑒謂之鏡。《增潛確類書》曰：昔黄帝氏液金以作神物，於是爲鑑凡十有五，采陰陽之精，以取乾坤五五之數，故能與日月合其明，與鬼神通其意，以防魑魅，以整疾病。《軒轅内傳》曰：帝會王母，鑄鏡十二，隨月用之，此鏡之始也。《天中記》曰：舜臣尹壽鑄鏡。原《大戴禮》曰：武王踐阼，於鑑爲銘焉，銘曰：見爾前，慮爾後。《孔子家語》曰：明鏡所以察形，往古所以知今。《尚書洪範五行傳》曰：夫握方諸之鏡，處深澤之下而上引太清，物類相隨，可不慎耶。增魏名臣高堂隆奏曰：陽符一名陽燧，取火於日。陰符一名陰燧，取水於月。並入銅作鏡，名曰水火之鏡。《古今注》云：燧，銅鏡，以銅爲之，形如鏡，照物則影倒，向日則火生，以艾承之則火出。 原《莊或肖五嶽之真形。鑑，鏡別名。《淮南子》：明鏡之始型矇然，及粉之以玄錫，劘之以白旃，則鬚眉鬢毛可得而察。王度《古鏡記》：胡僧云古鏡以金膏塗之，珠粉拭之，以照日，必影徹墻壁。又造金烟薰之，玉水洗之，藏之泥中亦不晦矣。

《抱朴子》或問：知將來吉凶爲有道乎？答曰：用鏡九寸自照，有所思存七日，則知神仙千里事也。明鏡用一或二，謂之日月；或用四，謂之四規鏡。《搜神記》：王猷失鏡，鏡在罍中。罍纔數寸而鏡尺餘，以問郭璞，曰：此乃邪魅所爲，使燒車轄以擬鏡，鏡即出焉。《神異經》：昔有夫婦相別破鏡，人各執半以爲信。其妻與人通，鏡化鵲飛至夫前，夫乃知之。後人因鑄鏡，爲鵲安背上，自此始也。《後山談叢》：驗鏡視其鼻，鼻滑浄如削者，古今人謂之有高下。今人鑄鐵鏡，陷銅爲面，故明。《谷泰博物要覽》：鏡有秦陀，光背，質厚，無紋，極有受用。次如銀背、海獸、蒲桃、荔枝、五嶽圖形，十二生肖，寶花雲龍十二符，四靈，三瑞，三神，八衛，六花浮水，七乳，四乳，十六花，蟠螭，龍鳳，雉馬等俱妙。須要清瑩如水，面無打攪，輪轉周員，形影不改爲貴。又有如錢小鏡，光背，花背，滿背，嵌金，嵌銀，片子鐵花小鏡更可人意。評者謂徑尺大鏡及三寸以上及如錢小鏡爲上。格五六寸者，次之。菱花八角又次之，方鏡最下者也。

【略】《博古圖》：漢有十二辰鑑，四神鑑，三神鑑，神人鑑，神像鑑，神人三獸鑑，以上有銘。百神鑑，四神鑑，四靈鑑，四靈三瑞鑑，三神八衛鑑，六花水浮鑑，以上無銘。冊禮鑑，尚方鑑，長生鑑，仙人不老鑑，青蓋鑑，服羌鑑，𪊨頌周商鑑，始青鑑，清白鑑，清明鑑，宜君公鑑，宜官鑑，尚方宜子孫鑑，長宜子孫鑑，四宜鑑，九子鑑，宜侯王鑑，十六花鑑，以上有銘。百乳鑑，七乳鑑，四乳鑑，素乳鑑，以上無銘。蟠螭鑑，有銘。龍鳳鑑，龍鵲鑑，以上無銘。鼉龍鑑，有銘。虎龍鑑，雙鳳鑑，鳳馬鑑，雉馬鑑，龍麟鑑，六花鑑，以上無銘。海獸鑑，有銘。海馬蒲萄鑑，海貝方鑑，海獸朱鳳鑑，海馬狻猊鑑，純素鑑。以上無銘。

《潛確類書》：舞鏡有柄，李氏録曰：漢武帝時舞人所執鏡也。《西京雜記》：宣帝被收繫郡邸獄，臂上猶帶史良娣合綵婉轉絲繩繫身毒國寶鏡一枚，大如八銖錢。舊傳此鏡見妖魅，得佩之者爲天神所福，故宣帝從危獲濟。及即大位，每持此鏡，感咽移辰。常以琥珀笥盛之。《魏書》：武帝有菱花鏡。陸機與弟雲書：仁壽殿前有大方銅鏡，鏡高五尺餘，廣三尺二寸，暗立著庭中，向之便寫人，形體了了。晉《東宮舊事》：皇太子納妃，有著衣大鏡尺八寸，銀華小鏡一尺二寸，並衣紐自副，漆奩盛蓋銀華金薄鏡三，銀龍頭受福蓮花鈕鏁自副。《鄴中記》：石季龍三臺及内宮中鏡，有二三尺者，下有純金龍盤雕飾。《南史》：綦母珍之有一銅鏡，背有三公字，嘗語人曰：徵祥如此，何患三公不至。江總方鏡銘：此鏡以照著衣。鏡皆圖刻八卦、二十八宿，仁壽殿前無以加斯雕麗也。

《博古圖》：唐有十二辰鑑，五嶽真形鑑，萬春鑑，瑩寶鑑，武德鑑，長宜子孫鑑，以上有銘。龍鑑，雲龍鑑，雲龍八花鑑，雲龍花雀鑑，鸞鳳鑑，舞鳳狻猊鑑，蓮鳳鑑，鳳銜花鑑，鹿鳳蒲萄鑑，象鑑，饕餮鑑，以上無銘。瑞圖鑑，有銘。寶花鑑，海獸鑑，海獸蒲萄鑑。《唐書》：高馮爲吏侍銓綜平允，太宗賜金背鏡一面，以表精鑒。《朝野僉載》：中宗令揚州造方丈鏡，鑄銅爲桂樹，金花銀葉，帝每騎馬自照，人馬並在鏡中。【略】《譚子化書》：小人常有四鏡，一名圭，一名珠，一名砥，一名盂。圭視者大，珠視者小，砥視者正，盂視者倒。

異鏡

《西京雜記》：咸陽宮有方鏡，廣四尺，高五尺九寸，人直來照之，影則倒見；以手捫心，見五臟歷然。宫人有邪心，則膽張心動，一名倒影鏡。《酉陽雜俎》：儛溪石岸石窟有方鏡，徑丈餘，照人五臟。秦皇世號爲照骨寶，在無勞縣山境。李濬《松窗雜録》：太尉李衛國公長慶中在浙右，有漁人於秦淮垂機網，下深處覺有異物，極力舉之，得一鏡。照之歷歷見五臟六腑，因驚懼失墜。公聞之，萬計窮索於水底，終不復得。《稗史類編》：會稽鏡湖崇寧間，漁人夜引網罟，覺甚重，强加挽拽，竟不能舉，乃召集同輩合力，久而方升。乃一大古鏡，方五六尺，厚五寸，形模奇怪。持以鑑形，于昏闇中腸胃肝膈皆洞見。置之舟内，欲明日齎詣越府貨於市。忽鏗然有聲，光來炫晃，湖水如晝，俄頃復躍於波心，風激浪涌，移時始定。《梁四公記》：昔波羅尼斯國王有大福得獲二寶鏡，鏡光所照，大者三十里，小者十里，至裔孫福盡，天火燒宮。大鏡光明能禦災火，不至焚爇。小鏡光微，爲火所害。雖光彩昧暗，尚能辟諸毒物。陳邦禮《寶鏡記》：萊州吕肚集張氏築土垣，掘得一鏡，徑可二尺，光明不蝕，照之四方各見百五十里，市井人物歷歷具體。衆争欲得之，不覺墮地而碎。《談苑》：吕文穆公蒙正爲相，有朝士藏古鏡，能照二百里，欲因弟獻以求知。公曰：吾面不過楪子大，安用照二百里。聞者歎服，以爲賢於李衛公遠矣。《元遺山集》：陽曲劉氏家大寶鏡，能照天地四方，前知休咎。《抱朴子》：有道士以明鏡九寸懸於背，老魅不敢近。若有鳥獸邪物，照之，其本形皆現鏡中。《寶鏡記》：陸安州有湖介於無爲之間，漁者日以千計。一日有漁父網得鏡如盤，照見衆漁大半牛馬異形，或角或翼，若虎若螭，其狀不一而足。懼投於水，鏡躍四五丈乃沒。更求之，不復可得。識者云：此三生鏡也。《事物紺珠》：六鼻鏡，南唐王氏物，常生雲烟，照之則左右前後事皆見。【略】《鏡龍記》：唐天寶三載，揚州進水心鏡一面，縱横九寸，青瑩耀日，背有盤龍，勢如生動。進鏡官李守泰曰：鑄鏡時有老人自稱姓龍名護，有小童名玄冥，謂鏡匠吕暉曰：老人解造真龍鏡。遂令玄冥入爐，所扃户三日夜，開户失二人所在。爐前獲一素書云：盤龍，盤龍，隱於鏡中，分野有象，變化無窮，興雲吐霧，行雨生風。吕暉遂移爐於揚子江心，以五月五日午時鑄之。帝詔有司掌此鏡。七載大旱，召葉法善祠鏡龍，忽龍口有白氣，須臾滿殿甘雨如澍。

寶鏡

《洞冥記》：望蟾閣上有青金鏡，廣四尺。元光中波祇國獻此青金鏡，照見魑魅，百鬼不敢隱形。《梁四公記》：扶桑國使使貢觀日玉如鏡，方圓尺餘，明徹如琉璃，映日以觀，見日中宫殿皎然分明。《孝經援神契》：神靈滋液百寶，用則璣鏡出注大珠有光，可爲鏡者。《拾遺記》：周穆王時，渠胥國貢火齊鏡，廣三尺六寸，暗中視如晝，人向鏡中語，則鏡中響應之。《四公記》：扶南大舶從西天竺國來，賣碧玻瓈鏡，面廣一尺五寸，内外皎潔，置五色物於其上，向明視之，不見其質。陸廣微《吴地記》：通玄寺碑載，則天皇后送珊瑚鏡一面，宣賜供養。

水火鏡

《古今注》：燧，銅鏡也，以銅爲之，形如鏡，照物則影倒，向日則火生，以艾承之則火出。沈亞之《上冢宰書》：戎鏡包陽，當日而矚之，則能延燧輿火。韋端符衛公故物記火鏡等凡十三物。《庶物異名疏》：高堂隆曰：陽燧一名陽符，取火於日。陰燧一名陰符，取水於月。並以銅作之，謂之水火之鏡。《考工記》：銅錫相半，謂之鑑燧之劑。是火爲燧，水爲鑑也。《搜神記》曰：金錫之性一也，五月丙午日午時鑄爲陽燧，十一月壬子日子時鑄爲陰燧。《禮·秋官》：司烜氏掌以鑒，取明水於月。注：鑒，鏡屬，取水者也，世謂之方諸。

鐵鏡

魏武《上雜物疏》：御物有尺二寸金錯鐵鏡一枚；皇太子雜用物，純銀錯七寸鐵鏡四枚；貴人至公主九寸鐵鏡四十枚。《西京雜記》：哀王冢中有鐵鏡數百枚。《博古圖》：隋有十六符鐵鑑，唐有二十八宿鐵鑑、八卦鐵鑑、十二辰鐵鑑、日月鐵鑑，以上有銘。鳳龜八卦鐵鑑、四靈八卦鐵鑑、八卦方鐵鑑、八角八卦鐵鑑，以上無銘。千秋萬歲鐵鑑、玉堂鐵鑑、自明鐵鑑、晉陽龍鐵鑑，以上有銘。戲水龍鐵鑑、鳳花鐵鑑、雙鳳鐵鑑、花雀鐵鑑、寶花鐵鑑、素園鐵鑑。以上無銘。

紀事

歐陽詢《藝文類聚》卷七〇《服飾部下·鏡》 銘

梁簡文帝鏡銘曰：金精玉英，冰輝沼清。高堂懸影，仁壽擒聲。雲開月見，水浄珠明。

陳江總方鏡銘曰：此鏡以照着衣，鏡背圖刻八卦二十八宿，仁壽殿前無以加斯彫麗也。玄枵命巧，仲吕呈祥。金鐫石漢，銅鑄丹陽。價珍負局，影麗高堂。圖星擬蓋，寫卦隨方。明齊水止，照與天長。增輝兔苑，永侍龍光。

漢李尤鏡銘曰：鑄銅爲鑑，整飾容顔。修爾法服，正爾衣冠。

劉餗《隋唐嘉話》卷上 太宗謂梁公曰：以銅爲鏡，可以正衣冠。以古爲鏡，可以知興替。以人爲鏡，可以明得失。朕嘗寶此三鏡，用防己過。今魏徵殂逝，遂亡一鏡矣。

劉昫等《舊唐書》卷七一《列傳第二十一·魏徵》 太宗登苑西樓望喪而哭，詔百官送出郊外。帝親製碑文，并爲書石其後，追思不已。賜其實封九百户，嘗臨朝謂侍臣曰：夫以銅爲鏡，可以正衣冠。以古爲鏡，可以知興替。以人爲鏡，可以明得失。朕常保此三鏡，以防己過。今魏徵殂逝，遂亡一鏡矣。

沈括《夢溪筆談》卷一九《器用》 古人鑄鑑，鑑大則平，鑑小則凸。凡鑑洼則照人面大，凸則照人面小。小鑑不能全現人面，故令微凸，收人面令小，則鑑雖小而能全納人面。仍復量鑑之大小，增損高下，常令人面與鑑大小相若。此工之巧智，後人不能造。比得古鑑，皆刮磨令平，此師曠所以傷知音也。

又 卷二一《異事》 嘉祐中，伯兄爲衛尉丞，吴僧持一寶鑑來云：齋戒照之，當見前途吉凶。伯兄如其言，乃以水濡其鑑，鑑不甚明，髣髴見如人衣緋衣而坐。是時伯兄爲京寺丞，衣緑，無緣遽有緋衣。不數月，英宗即位，覃恩錫緋。

後數年，僧至京師，蔡景繁時爲御史，嘗照之，見己著貂蟬，甚自喜。不數日，攝官奉祠，遂假蟬冕，景繁終於承議郎。乃知鑑之所卜，唯知近事耳。

蘇軾《仇池筆記》卷上《古鏡》　元豐中，余自齊安過古黄州，獲一鏡，其背銘云：漢有善銅出白陽，取爲鏡，清而明。左龍右虎輔之。其字如菽，大篆，欵甚精妙。白陽疑白水之陽也。其銅黑色如漆，照人微小。古鏡皆然。此道家聚形之法也。

朱勝非《紺珠集》卷一〇《隋唐嘉話劉餗》　日蝕鏡。蘇威有鏡，日蝕既，鏡亦昏；半蝕，亦半昏。

謝肇淛《五雜組》卷一二《物部四》　唐以前皆於揚州貢鏡，以五月五日取揚子江心水鑄之。凡鏡無它，但水清冽則佳矣。今之鏡北推易水，南數吳興，亦以其水也。然易鏡不迨湖鏡遠甚。

秦鏡背無花紋，漢有四釘、海馬、蒲桃，唐製鼻紐頗大及六角菱花，宋以後不足貴矣。凡鏡逾古逾佳，非獨取其欵識、斑色之美，亦可辟邪魅，禳火灾，故君子貴之。今山東、河南、關中掘地，得古塚，常獲鏡無數，它器物不及也。云古人新死未斂，親識來吊，率以鏡護其體，云以妨屍氣變動。及殯，則内之棺中。有一塚中鏡數百者，歲久爲屍血肉所蝕，又爲苔土所沁，成紅緑二色，如朱砂鷓鴣碧鈿諸寶相斯爲貴矣。其傳世者光黑如漆，不能成紅緑也，然臨淄人僞爲之者最多。洛陽人取古塚中鏡破碎不全者，截令方四片，合成加以柱而成鑪焉，謂之鏡鑪。製則新也，而質實舊物，置之案頭猶勝饞鼎。

周火齊鏡闇中視物如晝。秦方鏡照人心膽。漢史良娣良毒鏡照見妖魅。隋王度鏡能却百病。唐葉法善鐵鏡鑒物如水。長安任仲宣鏡，水府至寶，爲龍所奪。秦淮漁人鏡洞見五腑六臟。王宗壽鏡照見樓上青衣小兒。宋吕蒙正時，朝士有古鏡，能照二百里。安陸石巖村鏡，何楚言河朔鏡，皆照十數里。徐鉉鏡只見一眼。李士寧斬轅山鏡洞見遠近。嘉祐中吳僧鏡照見前途吉凶。孟蜀軍校張敵鏡光照一室，不假燈燭。慶曆中，宦者鏡背鑄兔形，影在鑑中。盧彦緒鏡背有金花，承日如輪。近時金陵軍人耕田得鏡半面，能照地中物。持之發塚掘藏，大有所得。又大中橋民陳某脩宅垣，中得長柄小鏡，照之則頭痛，持與人照無不痛者。《庚己編》載吳縣陳氏祖傳古鏡，患瘧者照之，見背上一物驚去病即瘥。余戊子歲在彭城，見賣鏡者其面如常，其背照之則人影俱倒，斯亦異矣。

周嬰《巵林》卷八《謚胡·鏡殿》　《藝林伐山》：楊用修云：唐高宗造鏡殿，武后意也，四壁皆安鏡，爲白晝秘戲之需。帝一日獨坐其中，劉仁軌奏事入，驚走，下階曰：天無二日，土無二王，臣見四壁有數天子，不祥莫大焉。帝立命剔去。后聞之不悦。帝崩，后復建之。楊廉夫詩：鏡殿青春秘戲多，玉肌相照影相磨。六郎酣戰明空笑，隊隊鴛鴦漾渌波。

元瑞曰：按此本隋煬帝故事《迷樓記》，帝設銅屏四周殿上，白晝與宫人戲樂，纖毫皆入屏中。高宗時，武曌用事，中外謂之二聖。劉仁軌蓋假此以諷，故武闇之不悦也。老鐵詩六郎謂昌宗，明空即曌字。

來集之《倘湖樵書》卷一　鏡光有所借

凡光皆有所借，如月即借光于日，萬物晝借光于日，夜借光于月，而月所不到之處則又借光於燈。若鏡以銅成，銅自有光，宜無所於借。《隋唐嘉話》云：僕射蘇威有鏡，殊精好，曾日食既，鏡遂昏黑無所見。威疑左右所汙，不以爲意。他日日食半缺，其鏡亦半昏如日所食之數，于是遂寶藏之。《夢溪筆談》：世有透光鏡，背有銘文二十字。以鏡承日光，則銘文二十字皆透在屋壁上，了了分明。淳熙九年春，德興縣民家有鏡自飛舞，與日光相射，此非鏡之借光於日者乎。《墨客揮犀》云：慶曆中，有宦者以罪謫居維揚，藏一古鑑，圜徑尺餘，云是禁中舊物。鑑背鑄成兔形，甚精巧。每至月滿夜，持鑑當月照之，則兔形却在鑑中，人莫究其理。《宋史》：泰寧縣耕夫得鏡，厚三寸，徑尺有二寸，照見水底，與月争輝。病熱者得之，心骨生寒，故名生寒鏡。此非鏡之借光於月者乎。干寶《搜神記》云：金錫之性一也，五月丙午日午時鑄爲陽燧，十一月壬子日子時鑄爲陰燧。高堂隆云：陽燧一名陽符，取火于日；陰燧一名陰符，取水于月。並以銅作之，謂之水火之鏡。《異聞集》：隋御史王度有寶鏡，大業中胡僧至其家，曰：宅上常有碧光，連日絳氣屬月，乃寶鏡氣也。此非鏡之借光于日月者乎。《酉陽雜俎》云：荀諷有鐵鏡，徑五寸餘，鼻大如拳，數人同照，各自見其影，不見别人影。此其故何也？余按蛾眉山有佛光起于溪硼，先有佛現鳥，其聲如云佛現。此鳥鳴則佛光隨見，諸人於光中相照，止各自見其影，雖兩人手相挽，而止各自見其所挽之手也，謂之攝身影。然則荀諷之鏡，其又借光于蛾眉山之佛光者乎。

王棠《燕在閣知新録》卷二六

穿衣鏡

今世穿衣鏡用玻瓈爲之，不須磨拭而光明不渝。按隋煬帝幸江都，羣臣獻方物。江都郡丞王世充獻銅鏡屏風，得遷通守。若當時以玻瓈爲之，則銅鏡又在所棄矣。甚矣，世風之趨巧，日甚一日矣。

又　鐵鏡有氣

宋時孔平仲所著《談苑》有云：京師有畜鐵鏡者，謂人曰此奇物也，以照人手則指端見有白氣，以氣之長短驗人之壽夭。好事者乃以厚價取之，既而詢之博物者，曰：此造作也，蓋磨鏡時只以往手，無以來手，則照指自見其端有如氣者耳。

曹雪芹《紅樓夢》第十二回　王熙鳳毒設相思局　賈天祥正照風月鑒

賈瑞一把拉住，連叫「菩薩救我」。那道士嘆道：「你這病非藥可醫。我有個寶貝與你，你天天此看時，命可保矣。」説畢，從搭連中取出正反面皆可照人的鏡，背上面鏨着「風月寶鑑」四字，遞與賈瑞。道：「這物出自太虚元境空靈殿上，警幻仙子所製，專治邪思妄動之症，有濟世保生之功。」

慵訥居士《咫聞録》卷一　陰陽鏡

山東微湖相傳有人取魚，網重百觔，强曳登舟，見一石匣，鐵封甚固，牢不可開。取斧劈破重重包裹，珍藏若密，啓視一小鏡，光彩灼爍，表裏通明。正面照之，見天地人物、昆蟲草木；反面照之，見陰曹十八層地獄，劍樹刀山、牛鬼蛇神盡在其中。相詫異間，忽雷電合章，風雨交作，人乃變色，頭目昏暈，跌入水中，鏡亦隨手而墜。没水求之，杳不可得。後有土人取石匣視之，上有古篆類秦漢文，鐫「陰陽鏡匣」四字。方知鏡欲出匣，借人力而開也。

吴榮光《石雲山人集》文集卷三《海寧許村資勝寺大士殿記》　余謂：大士於佛音聲悟明四諦，助佛轉輪，由聞而入，如大總門。總門一開，門門洞觀，如大圓鏡。圓鏡一照，鏡鏡交光，分身億百，現影三千，不可思議。

藝文

李尤《鏡銘》張玉書等《佩文齋詠物詩選》卷二〇六　鑄銅爲鑑，整飾容顔。修爾法服，正爾衣冠。

傅咸《鏡賦》祝穆《古今事文類聚續集》卷二八　順陰位於西裔，採秋金之剛精。醮祝融以致虔，命歐冶而是營。睎日月之光烈，儀厥象乎曜靈。不有心於好醜，而衆形其必詳。同實録於量史，隨善惡而是彰。猗猗淑媛，峨峨后妃，眷春榮之零悴，懼玉顔之有衰。助清陽而自鏡，競崇姱以相輝。若乃雲髻亂於首，頳黛渝於色。設有之於斯器兮，孰厥貌之能飾。苟盲瞽而同昧兮，近有面而不識。君子知貌之不可以不飾，則内省而自箴。既見前而慮後，則祗畏於幽深。察明明之待臺，則以此而洗心。睹目觀之有假，則稽訓於儒林。夫然尚何厥容之有慢，厥思之有淫。

蕭綱《鏡》張玉書等《佩文齋詠物詩選》卷二〇六　錙銖恒在側，誰言覽鏡稀。如冰不見水，似扇長含暉。全開玳瑁匣，并卷織成衣。脱入相如手，疑言趙璧歸。

庾信《詠鏡》張玉書等《佩文齋詠物詩選》卷二〇六　玉匣聊開鏡，輕灰暫拭塵。光如一片水，影照兩邊人。月生無有桂，花開不逐春。試挂淮南竹，堪能見四鄰。

李嶠《鑑》張玉書等《佩文齋詠物詩選》卷二〇六　明鑑掩塵埃，含情照魏臺。日中烏鵲至，花裏鳳凰來。玉彩疑冰徹，金輝似月開。方知樂彥輔，自有鑒人才。

姚元崇《執鏡誡》祝穆《古今事文類聚續集》卷二八　秦樓明鏡，鑒有餘輝。色自凝曉，光能洞微。飾以鞶組，匣以琲璣。龍繞池卧，鳥臨月飛。

張説《奉和聖製賜王公千秋鏡應制》張玉書等《佩文齋詠物詩選》卷二〇六　寶鏡頒神節，凝規寫聖情。千秋題作字，長壽帶爲名。月向天邊下，花從日裏生。不承懸象意，誰辨照心明。

王泠然《止水賦》陳元龍等《歷代賦彙》卷二九　嘗聞神心保正，天道害盈，漏巵添而復出，欹器備而還傾。豈若兹水？居然可名。既混之而不濁，又澄之而不清。時止則止，時行則行。峻隄防則其源見塞，開汲引則其道能亨。安波不動，與物無爭。如方圓之得性，何寵辱之能驚。故爲國者取象於止水，使其政公平；爲身者亦同於止水，使其心至明。至察可尚，柔謙何禀？思遠道則一葦能杭，守貧居則一瓢可飲。接下流則卑以自牧，鑒羣物則寬而能審。誠用之而舍之，在去泰而去甚。水之爲德也長，水之爲功也衆。散成雲雨，畜作潭洞。浮芥則傲吏措杯，種瓜則幽人抱甕。無朝夕之出納，有飛沉之狎弄。徒觀其深虚見底，咫尺宜探，千流並入，萬象皆涵。摇樹影於青岸，落山光於碧潭。其仁可以濟物，其義可以激貪。既而壅之不流，蒙則未決；照春物而畫屏相似，映晴空而明鏡無別。雨來而圓點亂生，風静而長波自滅。任天時以開閉，隨王澤而盈絶。受涓滴而逾深，處冰壺而更澈。書云：視水責影，能見形容；視人行事，能知吉凶。政煩則人擾，水濁則魚喁。夫子欲精神而不惑，俾榮利無繫於心胸。比浮雲之於我，觀止水而爲容。兀兮若槁木坐忘，澹兮若虛舟見逢。正道未遠，斯言可從。儻不遺於射鮒，希有便於登龍。

李白《李太白文集》卷二三《代美人愁鏡一首》 明明金鵲鏡，了了玉臺前。拂拭皎冰月，光輝何清圓。紅顏老昨日，白髮多去年。鉛粉坐相誤，照來空凄然。

張佐《秦鏡》李昉等《文苑英華》卷一八九 棲上秦時鏡，千秋獨有名。菱花寒不落，冰質夏長清。龍在形難掩，人來膽易呈。昇臺宜遠照，開匣乍藏明。皎色新磨出，圓規舊鑄成。愁容如可鑒，常欲拂塵纓。

喬琳《太原進鐵鏡賦》李昉等《文苑英華》卷一〇五 晉人用鐵兮從革無方，其或五金同鑄，百鍊爲鋼。雕鐫而雲龍動色，磨瑩而冰雪生光。爛成形於寶鏡，期將達於明王。故有徹侯君疑。守，方物底貢。擇使而天驥共飛，登車而海月相送。妍媸之鑒已久，肝膽願呈者衆。鏡之既明，星衢是亨。列照而三光共霽，凝輝而四海俱清。應人無疲，知道不虛受；處己不厚，見心乎砥平。若乃宇宙清朗，提攜偃仰；旁窺而山澤入懷，俯視而雲霄在掌。雖因時而委照，不候物以呈象。圓規可轉，處順之物攸先；勁質無虧，持盈之道彌長。墨客因進而歌曰：金之精兮衆寶所參，鏡之明兮羣象所含。清至瑩兮氛埃不雜，明至察兮醜類相慙。幸忝秦臺之一鑑，與飛鵲而圖南。

王季友《鑒止水賦》陳元龍等《歷代賦彙》卷二九 鑒於冰者，不在於廣大，而在於澄渟。奔流則崇山莫辨，靜息則纖芥必形。故能任人倫之巨細，隨物色之丹青。皆一鑒而洞達，若三光之出冥。因見底之清，成照膽之朗；以無心而應物，皆潔已而呈象。如白日之輝輝，無孤蓬之振盪。馮虛之狀，信有妍而有蚩。閱實之明，固無偏而無黨。若乃仙井舊渫，華池既瀦；中無浴鳥，下絶游魚。疑金鏡之湛寂，若琉璃之內虛。當其來，見威儀之酷似；及其去，無朕迹於淪胥。向使潺湲不息，噴薄長往。將沃日而騰虹，或因山而瀑布。遭駭飈之欻起，值潛虬之交鶩。雖有清明之本質，豈能使形影之相遇。是知專而靜可以居要，明而動亦不能照。斯大道之指歸，豈常情之感召。得懲躁之爲誡，知飾容之惟肖。人觀於水，既定而後詳；水鑒於人，當止而爲妙。照其美也非所愛，照其惡也非所憎。不分明於有位，不掩映於無朋。諒可移性，俾居於正直；豈懷鑒貌，獨貴於清澄。想夫煙雨初霽，泥沙不雜，明看皎練，止若冰合。忽形來而影見，類聲往而響答。在良賢而暫窺，宜陋軀之愧納。今者貞清特異，頻耀前聞。雖萬形之森列，終一鑒而區分。

王起《照寶鏡賦》李昉等《文苑英華》卷一〇五 先賢鍊金鏡之英，照懷寶之精。寶之産兮逾祕，鏡之瑩兮至明。藏諸土中，雖沉埋而爲恨；引於地表，終錯落而皆呈。將竭工巧，灼爍堅貞。以通幽爲用，以利物爲情。豈惟雕盤龍而耀彩，鏤飛鵲而增榮。若乃金玉方潛，珠璣未出。或山藪而埋照，或土石而混質。連城之價蔑聞，照乘之光遂失。雖卞和之欲獻，我色猶深；雖隨侯之見求，我藏猶密。然後玉匣啓，銀華溢。用物而不將不迎，隨人而無固無必。乃夜入榛蕪，傍求瑾瑜。冰彩前射，月華正孤。將善價而無隱，與佳氣而相符。在樓臺之中，我用無展；當藍田之下，厥道斯殊。遂使的皪珠色，朗然合契；皎潔瓊華，洞然無翳。時暎山玄之氣，乍透菱花之際。璞由是而成琢，金因之而作礪。是知鏡能融朗，寶莫沉潛。彼照膽而必徹，此藏器而無淹。集琬琰之資，鸞形乍合；騰磨礱之色，虹氣斯占。固其涵清明之質，體虛無之道。滿堂由是而獲珍，厚地詎聞乎藏寶。豈比夫魏宮之所施，秦臺之所持。鑒鉛華之小者，曷懷異而求之。況有處幽沉，戢光耀。愧無不琢之質，復仰無私之照。

崔膺《金鏡賦並序》李昉等《文苑英華》卷一〇五 鏡之鑒也，雲不能蔽，風不能搖。涵虛待物，物莫之撓。有同君子，執恒德不惑於變，故志而賦焉。

太陰之精，流爲金英。隱耀山谷，待人啓明。在鏡未辨，因和疑作扣。得聲。良工懷擇，銷鍊專誠。我非工不能成器，工非我無以發名。於是考斗建，候天清。波上飛燄，日中鑄成。磨洗既畢，澄瑩秋日。玉匣初開，寒光飛出。仰暎晴空，天地洞通。萬象在中，虛涵不窮。湛爲寒潭，摇爲飛電。任在公以無心，有妍媸而自見。鬼無遁靈，怪無隱形。潛應變蝕，氣運青冥。向陽烏而燧發，照金波而水冷。或青春曉霽，挂於廣庭。照耀承霤，皓景延晝。乍見紅顏之外透，忽驚粉壁而中漏。待物以虛，無大不受。烟蘿遥列於階前，青翠倒寫於堂後。或夜懸高閣，或遠臨澄江。色合天而爲一，規分月而成雙。玄蟾躍影於藻井，姮娥飛艷於前窗。有時深房，倚在暗壁。隔簾帷之重掩，誘雲山而入隙。方高臨以思玄，見寥天之凝碧。若乃窮陰歲暮，風沙號怒。雲掩七曜而光絶，波揚百川而影滅。宇宙晦蒙，我獨皎潔。羣物蕩摇，不撓澄澈。時清則動日月而揚輝，天昏則與氛霧而迥別。人皆持此以飾容，余將鑒之以明節。

呂温《鑒止水賦》陳元龍等《歷代賦彙》卷二九 水止矣，靜之其徐；物鑒矣，久而益虛。既無情於美惡，又奚議夫親疏。委質由來，所期乎上善同利；忘筌已悟，寧患乎至清無魚。若乃迴塘月皎，高岸環合。泥滓湛而自沉，金沙炯其不雜。同道德以虚而受，異川澤唯汙是納。有斐君子，此焉明徵。氣隨浪息，心與源澄。端形赴影，如木從繩。其表微也，挂金鏡而當晝；其索隱也，隔玉壺而見冰。爾其色必洞澈，光無滉瀁。不蒸翁鬱之氣，不激潺湲之響。百丈在目，千仞指掌。惡每自乎中見，美實非乎外獎。鑒形之始，方似以身觀身；得意之間，乃同求象忘。象觀其下倒星漢，上披煙雲。守其常而性將道合，居其止而物以羣分。君鑒之以平心，臨下必簡；臣鑒之以勵志，在邦必聞。妍媸無形兮惟人所召，物我兼進兮水無不照。廉士以之洗心，至人以之觀妙。豈比夫流若激矢，波如建瓴。不舍晝夜，争輸滄溟。徒乖躁静之理，莫辨真僞之形者哉。邦家以道爲止水，鑒有餘裕。羣形鱗集，萬景雲附。濫巾竊吹者十手所指，研精摭實者千載一遇。夫如是，姑自攝其威儀，亦何憂而何懼。

張仲素《鑒止水賦》陳元龍等《歷代賦彙》卷二九　水可取鑒，人能就諸。將審己以徵實，必含形而内虚。其止也静，其清也徐。方湛兮而皎鏡，異沔彼而淪胥。符上善之心，自多弘納；見無私之狀，臨或躊躇。資坎德之深矣，諧至人之淡如。當其曉日增鮮，光風未度。既清泠以爰止，持炯戒以爲喻。等濫觴之猶蓄，何一杯之是措。諒善惡之咸觀，必形影之自遇。豈獨無當五色，空涵衆文。伊吉凶之肇起，如動静之潛分。俯而窺，似神交之澹泊；默而察，若靈化之絪緼。且義叶養蒙，道深觀竅。洞虚無以責有，在清明而惟肖。心不同也，常稱厚貌之疑；鑑之精兮，未若重泉之照。辨妍媸而無失，固潔著而爲妙。斯所以田巴覽之而獨悲，陸雲觀之而自笑。若乃芳塘始啓，白水初澄。有美人兮方覿，坐曲岸而情凝。毫髮已分，想沉姿而映藻；清華不動，見浮彩之生靈。是知聲有往而必復者，謂其響答；水以止而能鑒者，謂之冥合。方取則於川渟，孰混歸於海納。此亦紀人事，垂正經。庶在觀身而責影，豈徒品物而流行。今則萬頃方臨，羣容在掌。隨方圓以見意，在清通而賦象。苟明鑒之不遺，願飾躬而是往。

崔護《屈刀爲鏡賦》李昉等《文苑英華》卷一〇五　惟刀鏡之異名，共堅剛以爲質，懿靈仙之手澤，得微妙之心術。銛鋒始拔，乍盤屈以規圓；朗鑒俄成，駭拂拭而光溢。則知道藝之祕，變化之神，實希夷而有德，寧積習而可臻。瞥然而電影初散，焕爾而菱花已新。用不假物，力非因人。可以矯而揉，可以引而伸。欻應手以從革，爛含光而足珍。霜刃既摧，氷光乃見。自金鐶而耀彩，入寶匣而增絢。道高欒氏，鄙噴酒而雨飛；術邁壺公，輕投杖而龍變。諒成形於顧指，豈勤力於鑄鍊。在剸剖之則遺，將妍媸而必辨。仙術斯遠，人情匪量，雖五金勁質，百鍊純鋼。或卷舒而在意，信玄妙之無方。利用無虧，同切玉於周后；明輝既就，齊照膽於秦王。軼前志而稱奇，著幽經以標異。始挈而雄鋩若失，屢照而清光不匱。覩神迹之昭彰，識靈訣之奧祕。是將手以爲炭，心以爲爐。既可引而可屈，亦何有而何無。考乎誠與玄而契，稽乎理爲道之俱。异哉！術亦無詐，將本之於神化；法不可傳，徒仰之於列仙。雖改其狀，不渝其堅，初徑挺以繩直，終青熒而月圓。昔也爲刀，則犀兕之可斷；今也作鏡，知鑒照之無偏。儻或收於一割，與鸞影而鸞遷。

劉禹錫《昏鏡詞》李昉等《文苑英華》卷三四七　鏡之工列十鏡于賈奩，發奩而視，其一皎如，其九霧如。或曰：良苦之不侔甚矣。工解頤謝曰：非不能盡良也。蓋賈之意，唯售是念。今夫來市者，必歷鑒周睞，求與己宜。彼皎者不能隱芒杪之瑕，非美容不合是用，什一其數也。余感之作昏鏡之詞，詞曰：

昏鏡非美金，漠然喪其晶。陋容多自欺，謂若他鏡明。瑕疵既不見，妍態隨意生。一日四五照，自言美傾城。飭帶以紋繡，裝匣以瓊瑛。秦宫豈不重，非適乃爲輕。

姚合《詠鏡》張玉書等《佩文齋詠物詩選》卷二〇六　鑄爲明鏡絶塵埃，翡翠窗前挂玉臺。繡帶共尋龍口出，菱花争向匣中開。孤光常見鸞踪在，分處還因鵲影迴。好是照身宜謝女，嫦娥飛向月中來。

佚名《人鏡賦》陳元龍等《歷代賦彙》卷四五　金爲鏡兮，其鑒則明；人爲鏡兮，其象則精。彼有取其昭燭，我方致乎和平。廣霽而磨礱既至，酌獻而邦家以貞。懸於心則四聽常朗，置於握而萬方不傾。惟賢任賢，自聖傳聖。守之則通幽洞冥，執之乃窮理盡性。致和樂，功逾止水之平；徵古今，道光仁壽之境。比璿樞以潛運，挂靈臺而韜映。是委照以無疲，每含光而不競。無鑒於水，自視於人。曷容華之自飾，惟道德之所親。功匪勤於鎔範，義將協於君臣。斯乃至寶，載光皇道。辨物數之紛紛，洞晦冥之杲杲。放之可包乎海嶽，卷之可盈乎懷抱。焕乎發蒙，皎若晴空。光甚鑒兮，塵不能翳；德若容兮，物莫能克。以是爲臣，則獻可替否；以是爲鏡，則進思盡忠。斯爲理兮化洽，斯爲鏡兮照窮。惟賢聖之光贊，含英華而不散。執一法而不回，仰千齡而殊觀。貞明而翹楚角逐，皎潔而羣邪冰泮。兹鏡也，克念則正，罔念則荒。播無疆以垂範，披六幽而散光。燭明明而洞洞，歷久久而煌煌。聖作物覩，鏡清寰宇。驗成敗之原，知榮辱之主。我鏡在德，曾無盤龍之雕；我鏡在心，自有山雞之舞。若然，則皇唐邁德於陶唐，吾君齊聖於文祖。

韋模當《金鏡賦》陳元龍等《歷代賦彙》卷四五　大哉唐之爲盛，授寶歷兮握金鏡，御乾符兮秉坤政，順四時以立法，侔上帝而作聖。其德惟新，其照惟均。金也者，取剛克以成質。鏡也者，取清明之在身。染之無污，磨而不磷。守清淨以自立，形大小而各陳。是故傅咸擬之於良史，莊氏比之於至人。懿夫不鼓不鑄，匪雕匪斲。堅貞爲義，同匪石以居心；溥博其功，異明珠之在握。見而後信，動必先覺；細察毫芒，遠包海嶽。處明難疲，居昏不濁。含清輝於寂默，體玄化以希夷。有以取象，無得可持。雖每分於動息，終不渾於妍媸。斯寶百王之道也，可以三光而揭之。原夫司契之君，端拱而理，北辰定位，南面恭己。微其道之有孚，必心鏡之爲始；何彊名於此意，(帝)[嘗]試言其所以。豈非體合冲漠，功優照臨。苟遇物而必覽，信緣情之所任。皎皎團月，既昏曉而常潔；沉沉精彩，豈塵垢之能侵。作此鏡焉，生於化權。無形象以流賞，有光華而克全。清明象水，廣大配天。討之不窮，隨五行而往復；韜之無際，假六氣以周旋。則知守寶者持之罔捨，於以宣化源，統天下，如是三皇之與五帝，較我德之殊寡。

王令《廣陵集》卷一三《古鑑》　一片靈光合有神，不知鎔鑄更何人。春耕破塚衣冠盡，鬼手摩天日月新。鑒面祇知西子姣，照心難見比干真。主人深有收藏意，當待清明不受塵。

蘇軾《夢一僧出二鏡以鏡置日中其影甚異一如芭蕉一如蓮花夢中與作詩》張玉書等《佩文齋詠物詩選》卷二〇六　君家有二鏡，光景如湛盧。或長如芭蕉，或圓如芙蕖。飛電著子壁，明月入我廬。月下合三璧，日月跳明珠。問子是非我，我是非文殊。

完顔璹《對鏡》張玉書等《佩文齋詠物詩選》卷二〇六　鏡中色相類吾深，吾面終難鏡裏尋。明月印空空受月，是他空月本無心。

其二：

明明非淺亦非深，何事癡人泥影尋。照見大千真法體，不關形相不關心。

胡奎《斗南老人集》卷二《明鏡詞》　我有古時鏡，照君玉雪顔。湛然如止水，終古無波瀾。世人但照面，照心不自見。照面不照心，妍媸竟何辨。所以百鍊精，鬼神無遁情。願爲千里月，遠近逐君行。

吴寬《家藏集》卷二三《謝屠公送西域眼鏡》　家藏古銅鏡，滿面塵始拂。不但人妍媸，更可照百物。雖然明若此，其背暗如漆。妍媸既莫辨，百物亦盡匿。此鏡從何來，異哉不可詰。圓與莢錢同，淨與雲母匹。又若台星然，兩比半天出。持之近眼眶，偏宜對書帙。蠅頭瑣細字，明瑩類椽筆。予生抱書淫，視短苦目疾。及兹佐吏曹，文案夕未畢。太宰定知我，投贈不待乞。一朝忽得此，舊疾覺頓失。謝却撥雲膏，生白訝虚室。扁鵲見五臟，未必有奇術。隨身或持此，遂使目光溢。世傳離婁明，雙睛不能没。千年黄壤間，化此直百鎰。聞之西域産，其名殊不一。博物有張華，吾當從彼質。

陳祚明《采菽堂古詩選》卷三四《北周三・庾信二・鏡》　玉匣聊開鏡，輕灰暫拭塵。光如一片水，影照兩邊人。月生無有桂，花開不逐春。試挂淮南竹，堪能見四鄰。

袁佑《霽軒詩鈔》卷四《六鏡詩和蔣静山・火鏡》　炎火含精晝吐芒，遥看引燄燭天長。燧人空自鑽榆柳，何似微丹依日光。

揆叙《益戒堂自訂詩集》詩後集卷五《玻璃鏡》　一泓止水不生波，寶氣融成萬象羅。瑩擬冰壺含皎潔，昏嫌銅片費揩磨。未秋凛冽迎霜蚤，入夜空明透月多。彷彿廣寒宫殿裏，只無仙桂影婆娑。

斌良《抱冲齋詩集》卷一《大鏡》　八尺琉璃似水融，蟠龍四角簇花紅。試看背面原無物，不信中心本是空。肝膽蓄私難獨揜，丰姿絶世亦堪同。始知惟有虚能受，任爾縱横萬變通。

「透光鏡」分部

論説

王度《古鏡記》陶宗儀《説郛》卷一一四　隋汾陰侯生，天下奇士也，王度常以師禮事之，臨終贈度以古鏡，曰：持此則百邪遠人。度受而寶之。鏡横徑八寸，鼻作麒麟蹲伏之象，遶鼻列四方，龜龍鳳虎依方陳布。四方外又設八卦，卦外置十二辰位而具畜焉。辰畜之外又置二十四字周遶輪郭，文體似隸，點畫無缺，而非字書所有也。侯生云：二十四氣之象形，承日照之則背上文畫墨入影內，纖毫無失。舉而扣之，清音徐引，竟日方絶。嗟乎！此則非凡鏡所得同也。

釋贊寧《東坡先生物類相感志》卷一八《寶器部》 軒轅鏡

昔黄帝鑄鏡十五面，隋世有牧得第八面，横徑八寸，鼻作麒麟蹲伏之象，遶鼻列五靈、八卦，置十二辰畜屬水，置二十四氣。承照之，則背上畫盡入影內。大業中，太陽虧時，鏡漸昏亦如日蝕；及日出，其鏡亦精朗。

陸佃《埤雅》卷一五《釋草》 蔆

《爾雅》曰：蔆，蕨攈。其葉似荇，白華，實有紫角刺人，可食。一名芰，屈到嗜芰即此是也，亦名薢茩。《説文》云：楚謂之芰，秦謂之薢茩。今俗但言蔆芰。諸盗朱書亦不分別，惟《武陵記》云：四角三角曰芰，兩角曰蔆，其花紫色，晝合宵炕，隨月轉移，猶葵之隨日也。羣説鏡謂之蔆華，以其面平，光影所成如此。庾信鏡賦云：照壁而蔆華自生，是也。

沈括《夢溪筆談》卷一九《器用》 世有透光鑑，鑑背有銘文，凡二十字，字極古，莫能讀。以鑑承日光，則背文及二十字皆透在屋壁上，了了分明。人有原其理，以爲鑄時薄處先冷，唯背文上差厚，後冷而銅縮多。文雖在背，而鑑面隱然有跡，所以於光中現。子觀之，理誠如是。然子家有三鑑，又見他家所藏皆是一樣，文畫銘字無纖異者，形制甚古，唯此一樣光透，其他鑑雖至薄者皆莫能透。意古人別自有術。

周密《志雅堂雜鈔》卷上《諸玩》 過鮮于伯幾家，有透光鏡，暎日則背花俱見。凡突起之花，其影皆空。昔麻知幾有詩，余嘗賦詩云。其後伯幾又得一面，而霍清夫家亦有二枚。最後見胡存齋一鏡，透影極分明。余因歸，取所有鏡映之，或有透光一半，或有透而不甚分明者。蓋凡鏡皆透，特有分明不分明耳。透光鏡止見沈存中《筆談》所言，亦不甚明白。他書無之，亦物理有不可曉者。

又周密《雲烟過眼録》卷一《鮮于伯機樞所藏》 有透光鏡一，映則背花俱見。凡突起之花，其影皆空。昔麻知幾有詩，余亦嘗賦詩。其後伯機又得一面，而郝滑夫亦有二面。最後胡永存齋一鏡，透影極分明。余因歸，以鏡映之，或止透一半，或透而不甚分明。蓋凡鏡皆透，特有分明或不分明耳。

又周密《癸辛雜識》續集卷下《透光鏡》 透光鏡，其理有不可明者。前輩傳記僅有沈存中《筆談》及之，然其説亦穿鑿。余在昔未始識之，初見鮮于伯機一枚，後見霍清夫家二枚，最後見胡存齋者尤奇，凡對日暎之，背上之花盡在影中，纖悉畢具，可謂神矣。麻知幾嘗賦此詩得名。余嘗以他鏡視之，或有見半身者，或不分明，難得全體見者。《太平廣記》第二百三十卷內載有侯王授王度神鏡，承日照之，則背上文盡入影內，纖悉無失，然則古亦罕見也。

吾衍《閒居録》 世有透光鏡，似有神異，對日射影于壁，鏡背文藻於影中一一皆見。磨之愈明。因思而得其説，假如鏡背鑄作盤龍，亦于面鏡窽刻作龍，如背所狀，復以稍濁之銅填補鑄入，削平。鏡面加鉛其上，向日射影，光隨其銅之清濁分明暗也。昔徐生操示，余因以告之，後數日，家志行取去，忽墜地而碎，痕跡並見，果不出所度云。昔沈存中《筆談》嘗載此鏡而不得其説，因記之。

郎瑛《七修續稿・奇謔類》 透光鏡

周公謹記鮮于伯機有透光鏡一面，映日則背花俱見。凡突處，其影皆空。余嘗賦詩也。又謂郝清夫亦有二面，一止透半，一透之不甚分明，紀於《雲煙過眼》。予意此必鑄時或異，而用銅用藥非常者。殆如唐時揚州所進水心鏡，乃神龍之化耳。

顧起元《説略》卷二三《工考下》 唐有燧銅鏡，向日則火生，以艾就之則然。王幼臨造方丈鏡，照見人馬有百里。世有透光鏡，以鏡承日光，則鏡背銘二十字，壁上了了分明。

方以智《物理小識》卷八《器用類》 鏡背紋

世有日中見鏡背盤龍，入室則隱者；有鏡背久久青斑似花者。人不解其故，以爲異寶。此假作者，先以精銅少劑鑄鏡，鑿龍或花其背，復鎔倍錫之銅劑填之，磨使平。又以鉛蓋其面，日中照之，則龍文盡出。博物如沈存中，猶訝透光之奇，吾衍始明之。智因推自生若花者，銅劑多，久則緑，更久則翠。因汞氣乃生硃砂水銀，其錫劑多者，久則黯緑，更久則黑，或如漆。今漸生者，遇地氣或鹽醋氣，銅地日變生色，與錫地所變之色異也。

姚之駰《元明事類鈔》卷三〇《器用門》 鏡

透光鏡 麻九疇透光鏡詩：奩開燿燿光走庭，劃如剸犀乍脱鞘。

王棠《燕在閣知新録》卷二六《透光鏡》 《餘冬序録》曰：透光鏡，日中映之，鏡背上文字花樣盡存影中。宋沈括《筆談》載以爲奇。金麻知幾賦透光鏡詩，見《中州集》，皆莫能明其理。元吾子衍云：鏡對日，射影於壁，鏡背文藻，影中一一皆見，磨之愈明。蓋是銅有清濁之故。鏡鑄作盤龍，亦於鏡面竅刻作龍如背所伏。復以稍濁之銅填補鑄入，削平，鏡面加鉛其上。舉以向日，影光相射，隨銅清濁分明暗也。吾自謂親見人碎此鏡者，如其言云。

陳元龍《格致鏡原》卷五六《香奩器物類》 鏡

古鏡　《古鏡記》：隋汾陰侯生贈王度古鏡，横徑八寸，鼻作麒麟蹲伏之象，遶鼻列四方，龜龍鳳虎依方陳布。四方外又設八卦，卦外置十二辰位而具畜焉。辰畜之外又置二十四字周遶輪廓，文體似隸，點畫無缺，而非字書所有也。侯生云：二十四氣之象形，承日照之，則背上文畫墨入影內，纖毫無失。舉而扣之，清音徐引，竟日方絶。侯生又云：吾聞黄帝鑄十五鏡，其第一横徑一尺五寸，法滿月之數也。以其相差各校一寸，此第八鏡也。

【略】

《夢溪筆談》：世有透光鏡，背有銘文二十字，以鏡承日光，則銘文二十字皆透在屋壁上，了了分明。《餘冬序録》：透光鏡，日中映之，鏡背上文字花樣盡存影中。宋沈括《筆談》載以爲奇。金麻知幾賦透光鏡詩，見《中州集》，皆莫能明其理。元吾子(行)[衍]云：鏡對日射影於壁，鏡背文藻，影中一一皆見，磨之愈明，蓋是銅有清濁之故。鏡背鑄作盤龍，亦於鏡面竅刻作龍，如背所狀。復以稍濁之銅填補鑄入，削平，鏡面加鉛其上。舉以向日，影光相射，隨銅清濁分明暗也。吾子(行)[衍]自謂親見人碎此鏡者，如其言云。

梁詩正　蔣溥等《西清古鑑》卷三九《鑑一・漢》

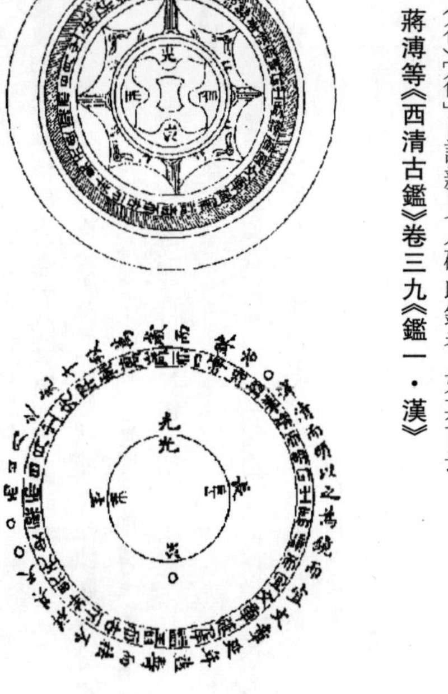

漢長生鑑一

徑五寸九分，重二十二兩，背作菱花形，素邊，素鼻。銘四十一字，可識者三十八字。近鼻銘四字曰：光曰長生。其一不可識。按此鏡迎日照之，則背文透出。《夢溪筆談》謂世有透光鑑，鑑背有銘，以鑑承日光，背文皆透在屋壁上，了了分明。又《雲烟過眼録》：焦達卿所藏有透光鏡一，映日則背花俱見云云，均與此合。又《古鏡記》載侯生一鏡亦如此。

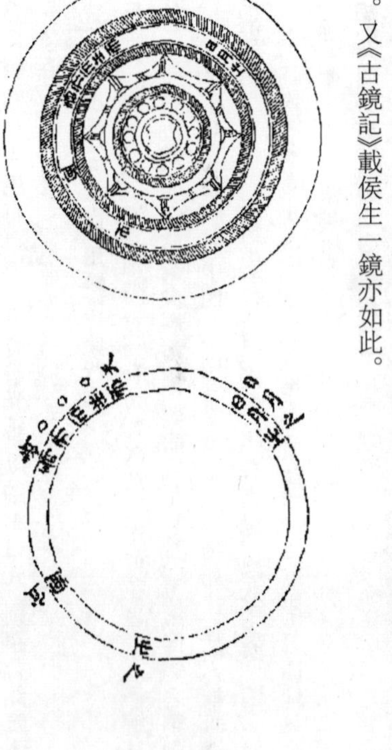

漢長生鑑二

徑五寸八分，重四十九兩，背作菱花形，中十二乳，素邊，素鼻，銘可識者七字，與前一鑑文同。背亦透光，不甚分明耳。

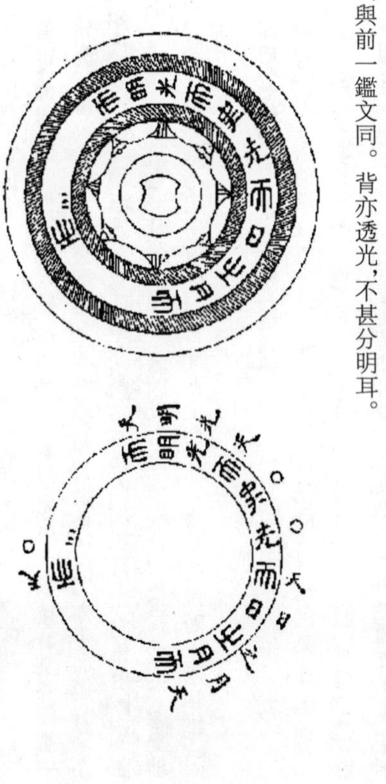

漢明光鑑一

徑三寸，重五兩有半，背作菱花形，素邊，素鼻，銘可識者十一字，透光。

【略】

先以精銅爲質，如其背文而刻之於面，復以粗銅填之，故承日能辨背文。何説本之吾子行，似可信。又云有人碎鏡視之信然。《雲煙過眼録》載：焦遠卿所藏一鏡，映日則背光俱見。《古鏡記》載：侯生一鏡，亦如之。《西清古鑑》載透光六鏡，皆古篆無花。予所蓄五鏡，篆文與《西清古鑑》明光鏡，大略相似，中惟日月明光數字略可辨。沈存中所謂二十字古篆不可讀者，此類是也。往時在吴門，見浙西友人攜一透光鏡，幕文承日，花葉玲瓏，俱著屋壁。求之長安骨董家，亦不可得。

胡敬《胡氏書畫考三種・西清劄記》卷一　初四日己未

鮮于樞書透光古鏡歌。　楷本行楷書麻徵君《透光古鏡歌》：太陰淪魄元不耀，太陽分火成二曜。嗚呼怪銅盜此幻，倒景在壁與背肖。開匳燿燿光走庭，劃如劃犀乍脱鞘。泓澄秋落百丈潭，疑有龍向天門跳。秦娃漢婉化鴛土，寵雨恩雲貍鳳詔。生前椒塗鑑桃李，身後泉臺暎蓬藋。一坏百鏡照不迴，隊中剛作千年調。髑髏一醜不再妍，不知持此將安照。萬斛珠璣委俑人，喚得偷兒爲鬼勳。借問金椎一控時，何如海上青蠅弔。壽如金石佳且好，此銘此篆多奇峭。今誰子後曩誰先，贏得紐樞經蟻竅。【略】

謹案：周密《雲煙過眼録》載鮮于伯機有透光鏡一面，暎日則背花俱見，凡突處其影皆空。麻徵君字知幾，見元好問題范寬秦川圖注。

程岱葊《野語》卷七《語屑》　透光鏡

湖鏡有背作龍鳳紋者，置於日中，其光反映壁間，背文龍鳳了了可辨，謂是透光鏡遺法。沈存中《夢溪筆談》云：有透光鏡，背銘二十字，承以日光則背字皆透在壁上。周公瑾《癸辛雜説》亦云：對日映之，背上花草盡在影中，皆詫爲異寶。今龍鳳鏡，銅質，規製止是常鏡，並非珍物，而透光之故，售者終秘不言。余每見舊鏡，雖無纖翳，而鐙光照之，倒影在地，有若星點，若水泡者，偶問之鏡工，工曰：此鏡病也，範鑄初成，銅質不精，往往有砂眼，釘以紫銅磨治後，不見釘痕，惟鏡光反暎他處，釘痕必現，如星如泡者是已。余因悟龍鳳鏡乃鏡面鏨龍鳳文，一如其背，嵌以紫銅，磨治光平，湛如秋水，不見嵌痕，而倒映之影，龍鳳自現。沈周二公所見透光鏡，不外此法，平平無奇，非銅質真可透光也。前賢漫不審察，强以理格，反爲俗工所嗤。

鄭復光《鏡鏡詅癡》卷五《述作》　作透光鏡其式一。

一、銅鏡無通光之理，而有以透光名者，《埤雅》云：鏡謂之菱花，庾信賦

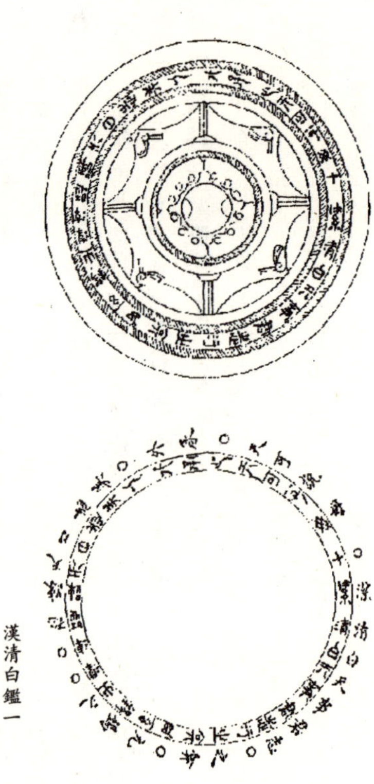

漢清白鑑一

徑四寸五分，重一十一兩有半，背作菱花形，中十二乳，素邊，素鼻，銘與《博古圖》所載有數字小異，背文並透光。

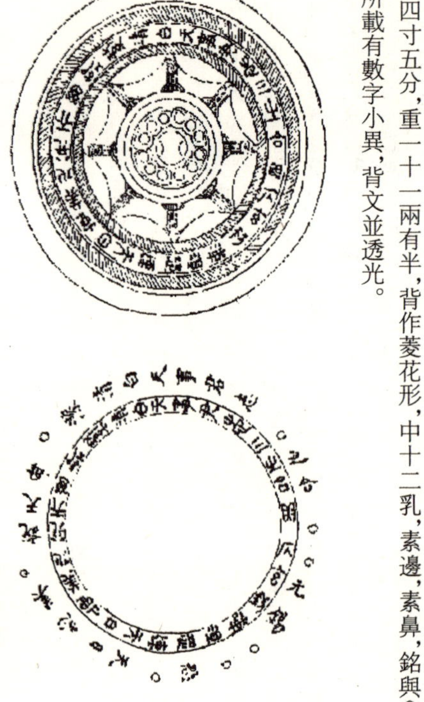

漢清白鑑二

徑四寸四分，重九兩，背作菱花形，中十二乳，素邊，素鼻，銘二十七字，透光。

徐元潤《銅仙傳》　漢透光鏡一，徑三寸五分，重五兩三錢，銘文二十字未釋。按：麻知幾有透光鏡詩，見《中州集》。周密《癸辛雜識續集》謂之奇金，不解其製。《夢溪筆談》：透光鏡，銘文二十字不可讀，以鏡承日光，文透屋壁，了了分明。原其故，鑄時鏡面甚薄，背文差厚，薄處先冷，厚處後冷，而銅縮，文雖在背，而鏡面亦能照徹。何孟春《餘冬序録》云：銅有精粗之別，

「照日則壁上菱生」是也，云云。今按：水静則平如砥，發光在壁，原光三。其光瑩然；動則光中生紋，起伏不平故也。銅鏡及含光玻璃，其發光亦應瑩如止水，而不然者，玻璃質本吹成，鏡質四。銅鏡磨工不足，鏡質三。故多起伏不平，照人不覺，發光必見。獨有古鏡，背具花文，正面斜對日光，花文見於發光壁上，名透光鏡。人争寶焉，不知湖州所鑄雙喜鏡，乃日用常品，往往有之，非寶也。然其作法未詳，特原其理以俟博雅。

二、鑄鏡時，銅熱必伸。鏡有花紋則有厚薄，薄處先冷，其質既定，背文差厚，猶熱而伸，故鏡面隱隱隆起，雖工作刮磨，而刮多磨少，終不能極平，故光中有異也。

論曰：《夢溪筆談》釋透光鏡云：人原其理，以爲背文差厚，後冷而縮，然所見三鑒一樣，惟一透光，意古人别自有術云云。愚按：沈氏蓋疑同樣三鏡，不應獨不後冷而縮，不知磨至極平，自無凸凹，則發光處瑩然，花紋何有？惟夫刮力在手，隨鏡凸凹而生輕重，故終有凸凹之迹。其大致平處發爲大光，其小有不平處，光或他向，遂成異光，故見爲花紋也。又熱伸冷縮，自是勢異理同，然銅爲凝體，借火暫流，伸易於縮，故小易其説。玻璃剖泡治平，錢質四。故不能中準，又吹之成片，鏡質四。故多泡多紋，求其無疵者百或得一，求其砥平者千不得一，然取其適用，姑可勿計，人自未察耳。又水稱至平，然流體易動，動則發光處亦必有見，鏡之發光不可借證乎。

一系，初見吴丈子野，知所謂透光鏡之説。後於鮑雲樵嘉險、墨樵嘉亭昆仲處見古鏡一、雙喜鏡一。其雙喜鏡，景中喜字頭，其一稍偏，其古鏡則明白如畫，求其理不得也。及見《筆談》，恍然有悟，然欲實其證，思得一法，取雙喜鏡，先剷其背，視發光處稍有變動，則真有透光之術；如毫無變動，則不關透光可知。復力磨其面極平，視發光處仍無變動，則雖非透光，然實别有其術矣。再别取一鏡，先磨，後剷其背試之，又可知其非方藥在面矣。如此試法甚妙，惜無力爲之。鮑氏昆仲多聞好學，但屬其訪之而已。

二系，前説得之苦思，終未敢信者，以未能試也。後晤鮑君，據云，聞湖州雙喜鏡，透光者倍價。余雖未深信，然參以沈氏所疑，頗有不能釋然者。蓋鏡面既經刮磨，縱不砥平，見於發光中，豈能清晰如畫。況所見雙喜鏡，背正面光偏，實非伸縮所能爲也。想其造法，應是正面亦照背文鑄之，然後刮去俟平，而仍隱有凸凹爲度，則諸疑皆可釋。然信所謂别自有術也，容當訪之湖州人耳。果如所擬，則由於凸凹之説確然無疑，而銅之伸縮實似是而非。蓋熱極雖伸，冷定仍縮，一伸一縮，略當相準。觀寒暑表，水理可驗，則兩説均非。夫薄處所伸自薄，厚處所伸較厚，冷定雖縮亦自較有厚薄，其説亦不全非，而此理較前兩説爲優。姑存原稿，以見格物之難。

三系，近見《野語》湖州人所著小説，稱伏虎道場行者，不著姓名。一條云：沈存中《夢溪筆談》云：有透光鏡，背銘廿字，承以日光，則背字皆透在壁上。周公謹《癸辛雜説》亦云：對日映之，背上花草盡在景中，皆詫爲異寶。今龍鳳鏡銅質，規製止是常鏡，並非珍物，而透光之故，售者終秘不言。余每見舊鏡雖無纖翳，而鐙光照之，倒景在地，有若星點，若水泡者。偶問之鏡工，工曰：此鏡病也，範鑄初成，銅質不精，往往有砂眼，釘以紫銅，磨治後不見釘痕，惟鏡光反映他處，釘痕必見。余因悟龍鳳鏡乃鏡面鏨龍鳳文，一如其背，嵌以紫銅，磨治光平，湛如秋水，不見嵌痕，而倒映之景龍鳳自見。沈周二公所見透光鏡，不外此法，平平無奇，非銅質真可透光也。前賢漫不審察，强以理格，反爲俗工所嗤。《野語》如此，由于鏡工漏語，又加以參悟而得。詢所謂别有術矣，然檢周密《癸辛雜志續集》，誠以爲異，而所引《筆談》，實未舉其精要。沈未嘗以爲異寶也。至於鏡工釘砂眼用紫銅之説，原不爲透光，殆取其銅質軟熟耳。《野語》乃泥於紫字上，深信其色異故光異，遂以臆揣而云，然不知光之異由於凸凹，故能視鏡無迹而發光顯著也。若泥於色，因紫故光顯，則光顯者色必更顯矣。豈有視其色無迹，而發爲光反顯著者乎？故愚特取其得自鏡工之語，以爲有術之證，而辨其紫銅之誤會，尚非真知灼見也。嗟乎！工藝之事，小術也。沈公實已窺其所以然，而以事外之理反自疑，《野語》因與聞乎所當然，而以誤會之處爲灼見；則余之所擬者，雖皆有徵據，尚未徵諸實事，何據可自信乎。詩曰人知其一，莫知其佗。信善哉。若果湛如秋水，則光中亦必無痕。觀水晶眼鏡誠湛如秋水矣，試背書墨字，豈不色深於紫，況質更透明。正視且實有跡，而光中竟毫無景，不可爲證乎？故知《野語》之有誤會者在也。

又《餘冬序録》明何子元孟春著。吾子行云：磨之愈明，蓋是銅有清濁之故。假如鏡背鑄作盤龍，亦于鏡面刻作龍如背，復以稍濁之銅填補，削平，云云。又言吾子行親見人碎此鏡，如其言云。復謂觀此則鏡面之説與所擬恰合，而清濁之故其誤會與《野語》同。至謂親見如此，或工匠實用此法，容當有之，而理乃在凸凹，不係清濁也。

梁廷枏《藤花亭鏡譜》卷一

漢吉壽鏡有銘。

徑二寸八分，重六兩二銖，邊純素，斜下四分强，微凹，週界斜畫一圍，中爲獅，爲鼠；左爲鹿，爲蛇，爲魚，爲相抱蚯蚓。又爲小蟲纖介，爲蝌蚪之屬，一蓮座神立其上。下二瓜蔓，帶葉垂藤於其右，小者爲茄，大者爲苦瓜。象物至繁瑣而位置分明，錯綜不紊。尤其細者僅如蚊睫，乍見但覺犖點周遭，横斜不辨何物。細審則一一畢肖，棘端之猴，非三日齋沐不可得見。蓋就日中眈而别之，悉數已移晷矣。銘二字，篆書，曰吉壽，夾於獅尾蛇首之間。壽从𠃬，凡鐘鼎欵識皆作𠷎。《説文》𥜨字云或省作𥙐，與此正合。紐畧方，中作十字形陰文。此亦透光之器，然須助以卓午日力，乃可令寸黍不遺也。

又 漢延年益壽鏡有銘。

徑四寸二分，重五兩六銖，素邊，四分弱，微凹，環以竪畫二圍，銘夾其中，復環以斜畫，週排眉月凡八。月内各綴花文。一圍中花瓣四，各以葉補其空。紐圓鋭，久而平矣。銘凡二十有五字，篆書，曰：鍊冶銅華清明，以之爲延年益壽，而去不祥與天毋而日月之光。字體與日光鏡同，而文義不能接讀者，删他銘而爲之也。按漢鏡有銘云：鍊冶銅華清而明，以之爲鏡宜文章。延年益壽去不羊，與天毋極而日月光，千秋萬歲長未央。其内層文即日光鏡外層之所謂詞意不通者。近世王氏《金石萃編》所載長樂鏡，宜上有因字，無末七字，而别增長樂者。今此鏡銘實從是而出，節其數字，遂至多不可句讀耳。《萃編》用建初慮傂尺，故徑較寬。其實，同時製也。背質湛然粹精，面之透光處，一邊與背文合，其一邊則照出忽作圓長巨光，因之字亦有一二不甚明著者。然大用外腓，真體内充，非有纖瑕爲累，不過鑄者欲於此稍留異跡而已。

又 **卷二**

漢日月小鏡有銘。

徑三寸三分，重五兩强，邊純素可四分弱，凹不及分，二圍，銘夾其中，而後密界斜畫環之，又以八眉月聯接。間作丁字形者週綴，内圍復環以斜畫。紐底有薦，手摩圓鋭，光注一點極新滑。考唐鏡中有邊高於紐，斷不能摩觸紐背而圓點若新，且金色燦然者，則鏤金所飾，製與此異。銘凡二十有三字，篆書，曰：内而清而以而皆而明而光而事此字不可識。而兑而日而月而丽此亦不可識，疑麗之省。而洰。此亦從他鏡之全銘者節而省之，遂致不可以句讀。分與所收漢日出鏡之徑四寸二分者同，病彼以圍寬，故節去之。字較少，又與所收漢小日出鏡之徑三寸四分者全同，其中止一二字互有增減，而字畫模范復各有明晦。如第七字彼可作公讀，此則宛似皆字；第十三字彼似坐字，此則形略相似，而細審實别爲一字；第十五字彼爲天，此則似兑；第二十一字彼爲明，此則上有横畫，疑爲麗；末字彼不从水，畧見參差。說見漢小日出鏡。今亦姑以紐孔上指處由左旋讀下，仍與小日出鏡同，一無聊之極思耳。此鏡透光，字畫盡清澈。凡古鏡，就日照之，其背文一一透露者，最爲奇異可寶。或以爲鑄器之年月日時與鑄者之生命巧相符合，偶就其時鑄之可得其一。倘人易其時，時易其人，均不能也。是説蓋通於歐冶之劍，不得謂竟無其理；或以爲出於古工鍊藥製鋼之所爲。然所見透光者，往往多漢魏六朝器。試思宇内安所得持千餘年不復耗散之藥物，且事果有之，則法宜傳後，何以近百十年來之新鑄，無所謂通背者。況背文必照日乃見，則土氣所不能侵蝕，可知設果藥能固銅，是即百鍊金液之一証，寶貴無踰此矣。《宣和圖緫説》有製作之工妙，或中虚而謂之夾鏡之説。然考圖所載固無所謂夾鏡者，後人因其語遂以透光一類當之，疑面薄逾紙，其内别作文飾，絲毫與背文相肖，便見從隔面易以透出，果爾則其器必厚，且必有臃腫意象。今所見有面背相去薄不及分，而背文已凸起於外者，萬無複作背式夾入其中理。此中微妙難明，不得不歸諸神異矣。然辨此種鏡，實别有一種浮光隱隱流露，可意會，不可言傳者。摩挲久，自能知而信之，不必借烘日力。即陰雨燈燭中亦可拔十得五也，是全繫乎閲歴之目耳。

又 漢日月之光鏡有銘。

徑二寸五分，重二兩五銖，邊圍可三分强，凹下不及分，週以斜畫，二圍，銘夾其中。復以斜畫環之，再一圍則八斜畫貫於紐外小圍。紐亦稍摩，勢欲平矣。銘凡十有七字，篆書，曰：一内而口而以古日光明㫗天明日月之光。所不識者一字，文理殊不了了。先以紐按分器之上下位，從左讀轉，故起於一耳，非有句讀可循也。是亦從他銘省節之餘。圍叚愈促，則省飭愈多。然一徑省節，即不復能上口，正無論所删之多寡也。器極小而光倍透露。每於窗隙花罅漏光一點射入几案間，便可規圓其影於半壁，以此益惜其文義之嗟，如箝在口矣。

又　卷三　唐照日菱花鏡有銘。

徑三寸，重七兩四銖，沿邊一圍稍斜連綴密點，形同三角，凹下可分許。圍環竪畫，又二圍，銘夾其中。再一圍凸起，斜下處竪畫角點，與沿邊位置兩殊。内外四隅，四獸首並相逐，左向，其上左下右者爲獅子，上右下左者爲神羊，以尾角二者別之也。四獸間各有一花，蒂葉向背並異。銘凡(十有二)[有二十]字，正書，曰：照日菱花出，臨池滿月生。君看官帽整，妾映點粧成。整下似从心，蓋正之草體作正，特行筆稍速，偶類心耳。粧作粧，予嘗見一同好，藏鏡質製銘詞，並與此合。然照日之照，彼作點，與第十六字複，則鑄工之誤。當以此爲定衡矣。花文細緻，背質作純青色。有唐諸鏡，此爲至古。

又　卷五　漢雙鯉升雲鏡

徑四寸，重四兩，沿邊一圍作仰竹形，而下微凹，二鯉撥翅掉尾於空明中。空明者，質地純素處也。纖紋不刻，故點翳全消。即作水觀，自無不可。流雲兩朶，平攔當中。雲頭外向，雲尾内向，而適及於中。紐纖小如絲，雖爲紐隔，而勢轉若聯，接合兩雲而一之亦無不可。魚捨水而從雲，則變化可遊六虚之候。其不遽作龍形者，是將有待，則時之爲義大矣。《爾雅》謂水雲魚鱗，今但以遊魚隱見於雲水之中，鱗與鱗并，即此已有合同而化之象，與尋常雙魚錞洗諸器之僅寄尺素相思者，正自有別矣。此鏡藏自先世，初未聞其能透光，以其鏤鑄弗底精工，視爲無足重輕之物，庋置篋笥已久。道光辛丑，夷氛遽起，挈之南海佛山所居，隣有磨鏡叟，偶招洗刷而試照之，然後知泳游上下者瞭同指掌，如此其後或半或全，所見殆變換不可測，是當有與年月節氣相爲呼應者。自其年東行，于役符調而還，旋告養居憂，不復細加證驗，至今猶未識其隱見之所以然也。

又　卷六

漢鴛鴦戲荷鏡

徑二寸九分，重三兩四銖强，邊凸起，作菱花十二瓣，凹下可分許，各隨其瓣形，末稜則如半月，又稍凹即底平矣。鑄文分上下互倒而見，故各有鴛鴦一雙，彼此相背而立。其旁荷葉，則凡自側垂正，蓋以迄於錢筆。其中始開，全放，半落，結子，一一全備。故稠密處如織，然止於兩面。鴛鴦之下署露莖蒂，稍高則花葉雜遝，必有一邊倒出者。蓋此莖長則得彼，於此見畫理之深也。背色深青淡黑，合而見舊。映日則十二菱瓣首先清楚透出，花鳥步位亦全與背符。每於

烈日明窗，從光影入暗處，則競體紛呈，纖悉如繪，恍圖六郎霞腮於粉壁矣。燈月下亦署覩菱瓣形，然不及日光遠甚。

又　漢小四乳梅花鏡

徑二寸一分，重二兩八銖，沿邊一圍凹下及分，週作眉月形，相接處各間以小梅朶。又疊二圍，四隅各一乳，而環其外乳又各間以三小浮圖。再疊二圍，六半方點各間一星。紐亦作梅花形，通體文鏤不華，而整齊清理。月下小梅朶中，於第一二朶之間又別增一小星，在正面迤右，所以定鏡之上下，使與紐孔符。蓋月形十六，自小星而下左旋至上面之正中，令善思者隨手置放而上下不紊，其用心可謂不苟矣。此透光器極玲瓏可愛。凡鏡文之透背，原不關器之厚薄。或以此器質薄如紙，故其光易過，是固哉。高叟之論未即，漢鑄之厚輒幾寸者，一思其透影之故耳。

又　卷七

六朝芍藥鏡

菱花八瓣，兩末相距三寸五分，重四兩八銖，邊稍凸，圍如其瓣，凹下不及分，平入可二分弱，與邊同素。一圍内芍藥凡五，垂仰異態，軟葉低舞，穿插周匝，疏質僅露，纖痕品妙。寫生而得諸冶錬剛物也，而柔用之，是有調變之意焉。内一雙文小菱花，中作曲紋斜格，大致如車輪，紐適當其置軸處。質地不損，色尤澤厚，不以鑄鏤精良稍失古意。紐經揩摩，且復由瑩返黯矣。器本透光，第文類碎錦而模範淺細，非赤日當午，且時加磨擦，則未能全體澄澈耳。

又　唐仙兔守月鏡

徑三寸二分，重三兩七銖，沿邊一圍仰竹，而下週作流星，四隅如纖月，如眉彎者，自下而上，自右而左，規形内向。中圍若圓月，内外復夾以流星。揣其意，有由一而三，纖影以次遞加，至中而滿，末仍縮而小之者，隱寓上下弦生死魄之義。然其界限消息則甚微，非竭精細審之不喻也。月間各有一兔，作撲索跳躑之狀。《後漢書・天文志》註：月者，陰精之宗，積而成獸，象兔。陰之類，其數耦，後有憑焉者。羿請無死藥於西王母，姮娥竊以奔月。蓋用其説圖而出之。月圍内又作桂枝四叢，柯葉離披，植根於月輪。中央一紐，質圓，摩之稍平矣。紐上下皆作雲翳，豈山河大地之倒影耶？抑脩月八萬二千户之所隱蔽耶？唐自(元)[玄]宗入月宮歸，作《霓裳羽衣曲》，因而玉環製譜，供奉梨園。一騎紅塵，閭閻蹩頞，當時月宮所有物象，雖庸耳俗目，無不傳以爲真，而鏡有月象，較諸金

烏羲御爲尤宜鑄，文之所由起也。此亦透光中之清而不雜者。

劉嶽雲《格物中法》卷三《火部》 光

世有透光鑑，鑑背有銘文，凡十二字，字極古，莫能讀。以鑑承日光，則背文及十二字皆透在屋壁上，了了分明。人有原其理，以爲鑄時薄處先冷，惟背文上差厚，後冷而銅縮多，文雖在背而鑑面隱然有跡，所以於光中現。予觀之，理誠如是。然予家有三鑑，又見他家所藏皆是一樣，文畫銘字無纖異者，形制甚古，惟此一樣光透。其他鑑雖至薄者，皆莫能透。意古人別自有術。《夢溪筆談》。

透光鏡，其理有不可明者，前輩傳記僅有沈存中《筆談》及之，然其說亦穿鑿。余在昔未始識之，初見鮮于伯機一枚，後見霍清夫家二枚，最後見胡存齋者尤奇。凡對日暎之，背上之花盡在影中，纖悉畢具，可謂神矣。麻知幾嘗賦此詩得名。余嘗以他鏡視之，或有見半身者，或不分明，難得全體見者。《太平廣記》第二百三十卷内載有侯王授王度神鏡，承日照之，則背上文畫入影内，纖悉無失。然則古亦罕見也。《癸辛雜識》。

吾子行云：磨之愈明，蓋是銅有清濁之故。假如鏡背鑄作盤龍，亦于鏡面刻作龍如背，復以稍濁之銅填補削平。何子元《餘冬序録》。

沈存中《夢溪筆談》云：有透光鏡，背銘廿字，承以日光，則背字皆透在壁上。周公謹《癸辛雜説》亦云：對日映之，背上花草盡在景中，皆詫爲異寶。今龍鳳鏡，銅質，規製止是常鏡，並非珍物，而透光之故，售者終秘不言。余每見舊鏡，雖無纖翳而鐙光照之，倒景在地，有若星點，若水泡者。偶問之鏡工，工曰：此鏡病也。範鑄初成，銅質不精，往往有砂眼，釘以紫銅，磨治後不見釘痕，惟鏡光反映他處，釘痕必見。余因悟龍鳳鏡乃鏡面鏨龍鳳，文一如其背，嵌以紫銅，磨治光平，湛如秋水，不見嵌痕，而倒映之景，龍鳳自見。沈周二公所見透光鏡不外此法，平平無奇，非銅質真可透光也。前賢漫不審察，强以理格，反爲俗工所咥。伏虎道場行者《野語》。

有古鏡，背具花文，正面斜對日光，花文見於發光壁上，名透光鏡。人争寶焉。不知湖州所鑄雙喜鏡，乃日用常品，往往有之，非寶也。《鏡鏡詅癡》。

鑄鏡時銅熱必伸，鏡有花紋則有厚薄，薄處先冷，其質既定，背文差厚，猶熱而伸，故鏡面隱隱隆起，雖工作刮磨，而刮多磨少，終不能極平，故光中有異也。《鏡鏡詅癡》。

嶽雲謹案：鄭復光説仍本沈存中，今考光透過定質而顯，其質如金銀錘薄皆能通光，金通過緑光綫，銀通過青光綫。銅薄亦然。如以不通光之銅做成花紋，貼緊通光之銅，則光通過必如做成之花紋。日本有魔鏡，大約亦似此。意其鏡質必與尋常之銅質疏密不同也。

已上銅鏡透光。

朱亦棟《群書札記》卷一〇 七出菱花鏡出《飛燕外傳》或以爲出《西京雜記》者，誤也。《埤雅》：鏡謂之菱花，以其面平，光影所成如此。庾信鏡賦云「照壁而菱花自生」是也。

徐康《前塵夢影録》 透光鏡見於《藝海》，慶有三器，天氣晴明，以鏡面向牆，背文菱花及各細花紋歷歷映於牆上。顧湘舟云：此藥法也，先鑄菱花形與細花紋，更以銅鑲成圓形，用藥塗面，一映日光則全體畢現，非真能透光也。其説備載於明何孟春《餘冬序録》中。此書分十二支爲十二卷，加閏一卷，因檢書證之，良信然。此法失傳已久，好古家或蓄之，不獨顧氏。其時價每器不過八千文，明郎仁寶瑛《續七修類稿》卷七内亦有透光鏡一説。

藝文

庾信撰 吴兆宜註《庾開府集箋註》卷一《鏡賦》 絶臨水則池中月出，照日則壁上菱生。王子年《拾遺記》：有如石之鏡，此石色白如月，照面如雪，謂之月鏡。《飛燕外傳》：飛燕始如大號婕好，奏上三十六物以賀，有七尺菱花鏡一奩。鶴齡曰：李巨仁鏡詩：無波菱自動，不夜月恒明。暫設裝奩，還抽鏡屜。見蕩子賦。競學生情，曹植《洛神賦》：柔情綽態，媚於語言。争憐今世。

歐陽詢《藝文類聚》卷七〇《服飾部下・鏡》 鏡乃照膽照心，難逢難值。鏤五色之盤龍，刻千年之古字。山雞看而獨舞，海鳥見而孤鳴。臨水則池中月出，照日則壁上菱生。暫設粧奩，還抽鏡屜。競學生情，争憐今世。

駱賓王《詠鏡》張玉書等《佩文齋詠物詩選》卷二〇六 寫月無芳桂，照日有花菱。不持光謝水，翻將影學冰。

元好問《中州集》卷六《麻徵君九疇二十九首・賦伯玉透光鏡》 太陰淪魄元不耀，太陽分光成二曜。嗚呼怪銅盜此幻，透影在壁與背肖。奩開爗爗光走庭，劃如剸犀乍脱鞘。泓澄秋落百丈潭，疑有龍向天門跳。秦娃漢婉化鴛土，寵雨思雲埋鳳詔。當年椒塗鑑桃李，身後泉臺暎蓬藋。枕簟無情草木香，笙歌不暖梟狐嘯。髑髏一醜不再妍，不知持此將安照。萬斛珠璣委俑人，唤得偷兒成鬼剽。借問金椎一控時，何如海上青蠅弔。壽如金石佳且好，此銘此篆兩奇峭。今誰子後曩誰先，贏得細樞經蟻竅。千古繁華一夢醒，恍然入手稱神妙。丹砂闕紫翠羽青，萬金難買人年少。君侯新自洛陽來，玉臺人物今温嶠。相看大笑古人癡，收鏡入奩還自笑。

又元好問《遺山集》卷一〇《馬雲漢方鏡背有飛魚》　劫火依然百鍊初，護持元自有神魚。影寒似覺雲屏透，光落應分玉斗餘。開朗休嫌露圭角，圓通寧復滯方隅。衣冠正了渾閑在，一片靈臺欲付渠。

郝經《陵川集》卷八《讀麻徵君遺文》　太初百煉透光鏡，突兀心魄無氛埃。神姦遯伏徹膽寒，日月分曜乾坤開。一詩拈出託怪銅，挂向青天白玉臺。陋儒效顰不敢視，一世盡服瑰奇才。予時髫童誦黄口，似爲古人令未有。忽從亂後得遺文，磊落從横百餘首。就中不獨此篇奇，黄金滿籯珠滿斗。高古遠探秦漢前，奥雅要繼詩書後。正大初從孟及韓，新澁却將韓變柳。金源百年富詩文，伊洛一派獨徵君。説易不肯坐臯比，公卿大夫日盈門。工夫詣理全道技，日薄崦嵫終隱淪。嗚呼一鏡隋渺茫，血食肉漬莓苔昏。我欲重磨扣帝閽，虎豹呵禦不得聞，魑魅魍魎忽成羣。

王旭《蘭軒集》卷二《透光鏡》　何人鑄此青銅鏡，表裏通明王潭浄。開奩却立不敢覷，但見寒光相射映。菱花金雀雖有合，背面殊形安可並。春風桃李秋蓬藋，興廢不知傳幾姓。造物攜來落君手，從今世上妍媸定。世言回仙曾點藥，幻語無稽吾所病。或云當年鼓鑄時，日月之精曾感應。博物時無張茂先，此事根源誰與訂。我有一鏡得之天，廣大規模方且正。光明無晝亦無夜，照徹乾坤涵動静。玉臺若要不塵昏，別有神方傳往聖。世間百物總無功，唯在閑邪守吾敬。

袁桷《清容居士集》卷一五《復成二篇》　羞逐羣芳度艷陽，丰神弘景筆元常。氣雄轉旆攻秦壁，色正登壇復魯疆。易玩天皇遊太古，書看王會補殊方。平生物論深涇渭，寶鑑懸空背透光。

王志慶《古儷府》卷一二《物類部器用》　周庾信鏡賦　天河漸没，日輪將起。燕噪吴王，烏驚御史。玉花簟上，金蓮帳裏。始摺屏風，新開户扇。朝光晃眼，早風吹面。臨桁下而牽衫，就箱邊而著釧。宿鬟尚卷，殘妝已薄。無復屑砵，纔餘眉萼。曆上星稀，黄中月落。鏡臺銀帶，本出魏宫。能横却月，巧挂迴風。龍垂匣外，鳳倚花中。鏡乃照膽照心，難逢難值。鏤五色之盤龍，刻千年之古字。山鷄看而獨舞，海鳥見而孤鳴。臨水則池中月出，照日則壁上菱生。暫設粧奩，還抽鏡屜。競學生情，争憐今世。鬢齊故畧，眉平猶剃。飛花塼子，次第須安。朱開錦蹹，黛蘸油檀。脂和甲煎，澤漬香蘭。量髻鬢之長短，度安花之相去。懸媚子于搔頭，拭釵梁于粉絮。梳頭新罷照著衣，還從粧處取將歸。暫看弦繫，懸知纈縵。衫正身長，裙斜假襻。真成箇鏡特相宜，不能片時藏匣裏，暫出園中也自隨。

胡敬《崇雅堂詩鈔》卷一〇《透光鏡歌》　以銅承日一握圓，著壁電影空中旋。銅如紙可直透背，始信人巧能奪天。盈盈如水明如月，三五而盈三五闕。盈處生明闕處無，又借天工寓於物。或云類亦方諸耳，向月承之則爲水。陰魄收將玉鑑中，寒暉沁入銅槃裏。或云月望殊朔日，日入地心月斯食。食餘兩尚隔地輪，顧兔依然騰采色。是誰吹律氣殷空，取嶰谷竹裁作筒。黄鍾龠閟緹室静，緑野姿發梅梢紅。不然仙家三昧小，各逞精能上蓬島。戲投環壁大海中，倒映層巖光更皎。抑何爐冶通神靈，鼓橐毋乃招醫星。自從水飲上池後，隔垣洞見人真形。咸陽舊製無由見，留得劫餘銅一片。森森照膽毛髮寒，照膽雖奇猶對面。瑯嬛仙館今瀛洲，晉謁竟擬拏扁舟。師家吉金富歐趙，軒鏡鑄可圓如球。更從江心覓龍護，時節已近陂塘秋。

穆彰阿《澄懷書屋詩鈔》卷四《透光鏡歌》　春蟾夜湧層雲端，流珠散彩黄金盤。掩書罷酒不成寐，碧窗重展玻璃看。剥啄來故人，揖我示我希世珍。錦囊具匣未及啟，冷氣入座天無春。團欒寶鑑徑一尺，海獸雲螭繞鏡脊。幾字銘詞未可詳，古篆空留漢時碧。有時映月波澄面，鏡背文從鏡中見。豈是琉璃鍊作胎，一片通明逞奇變。我聞黄帝作鏡十有五，四靈八卦相環舞。又聞秦人治鏡十有三，七神五嶽紛毿毿。漢唐法古鑄奇器，鋭形浮水誇珍異。大美應先出上方，以次頒之百執事。迄今舊物亦無多，書生博古空搜羅。戈頭鋌足賸殘廢，且令一日三摩挱。偉哉好古如君少，藏得元圭三代寶。神物偏能覓主人，俛仰三生就懷抱。

聖朝玉鏡開仁壽，古鑒西清無不有。此鏡惟君能世守，百歲千秋弗瑕垢，指點月華共長久。

透鏡成像與小孔成像部

透鏡成像分部

論説

劉安《淮南萬畢術》 削冰令圓，舉以向日，以艾承其影則火生。《御覽》七百三十六。

張華《博物志》卷四 戲術

削冰令圓，舉以向日，以艾于後承其影則得火。取火法，如用珠取火，多有説者，此未試。

佚名《太清金液神丹經》卷下 有火珠，大如鵝鴨子，視之如冰，著手中洞洞，如月光照人掌，夜視亦然。以火珠白日向日，以布艾屬之承其下，須臾見光火從珠中直下，漉漉如屋霤下物，勃然烟發，火乃然，猶陽燧之取火也。

杜光庭《録異記》卷五 龍

有一珠，大如毬子，云是其祖所留，數世傳寶矣。照物形狀，毛髮、形色，一一備足，但皆倒立耳。

譚峭《化書》 道化卷第一

四鏡

小人常有四鏡，一名圭、一名珠、一名砥、一名盂。圭視者大，珠視者小，砥視者正，盂視者倒。觀彼之器，察我之形，由是無大小，無短長，無妍醜，無美惡。所以知形氣諂我，精魄賊我，奸臣貴我，禮樂尊我。是故心不得爲君王，不得爲之主。戒之如火，防之如虎，純儉不可襲，清静不可侮，然後可以跡容廣而躋三五。

田藝蘅《留青日札》卷二三 靉靆

提學副使潮陽林公有二物，如大錢形，質薄而透明如硝子，石如琉璃，色如雲母。每看文章，目力昏倦，不辨細書。以此掩目，精神不散，筆畫倍明。中用綾絹聯之，縛于腦後。人皆不識，舉以問余，余曰：此靉靆也，出于西域滿剌國，或聞公得自南海賈胡，必是無疑矣。後見張公《方洲雜録》與此正同。云見宣廟賜胡宗伯物即此。以金相輪廓而衍之爲柄，紐制其末，合則爲一，岐則爲二，如市肆中等子匣。又孫參政景章亦有一具，云以良馬易得于西域，似聞其名爲僾逮，則其二字之訛也。蓋靉靆乃輕雲貌，言如輕雲之籠，日月不掩其明也。若作曖曃亦可。

利瑪竇《乾坤體義》卷中 或問曰：有卯酉時月蝕者，而日月俱現地平上，以爲地形中隔，似不如是。曰：春分至秋分，日出地恒在卯正前，故月望對酉正後。秋分至春分，日出恒在卯正後，故月望對酉正前。夫月蝕特於望，望時日月何得而同現地平上乎？蓋其半沉半吐之際，人見雙形，實非並現。倘月蝕時，日月全見地平上，必月或在西始入地，或在東將出地，而海水影映，并水土之氣發浮地上，現出月影。此時月體實在地下，爲地所隔。此理可試於空盂。若盂底内置一錢，遠視之不見，試令斟水滿之，錢不上移而宛可見焉。盂邊既隔吾目，則吾所見非錢體，乃其影耳。兹豈非月在地下而景現地上之喻乎？或又謂月影映水可見，日影映水亦可見地上，何獨言月不言日？曰：日體極大，違地極遠，此理喻日于義不合，圖設於上以便覽觀。

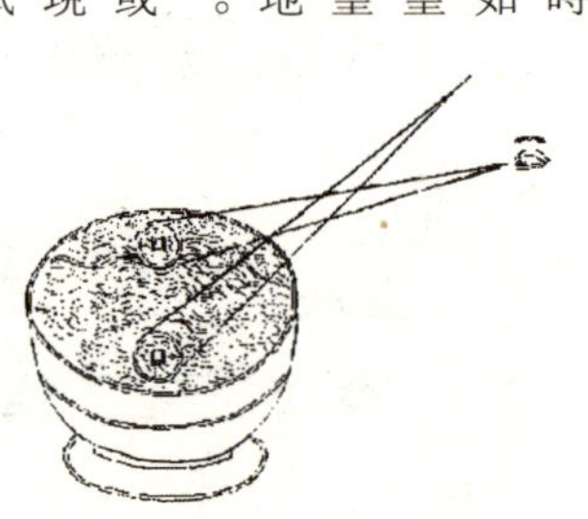

張萱《疑耀》卷七 眼鏡

閩廣之間有製眼鏡者，老人目翳，以懸目中則毫髮立覩。古無其製，獨劉跂《暇日記》中載，杜和叔鞫獄，取水晶十數種以入，初不喻其意。既出乃知案牘故暗者水晶承日以照，其文立見。此眼鏡之所由製乎。

徐光啓等《新法算書》卷三《緣起三》 此窺管之製，論其圓徑不過寸許，而上透星光注於人目。凡兩星密聯，人目難别其界者，此管能别之。凡星體細微，人目難見其體者，此管能見之。凡兩星距半度以内，新法所謂三十分，窮儀器與目力不能測見分明者，此管能兩納其星於中而明晰之。是其容半度强者，即此管之度分是也。惟兩星相距半度以外則不能同見。臣請畧舉一二，如觜宿三星相距三十七分，不能同見。五車西柱下二星相距四十四分，愈不能同見。則此管之度分爲半度强，不其彰明較著乎？

又　卷六《緣起六》　李天經謹題：爲日食各法不一，虧復分秒可驗，乞勅靈臺，如法安置儀器，以便臨期證定疎密。事竊照崇禎十年正月初一日辛丑朔日食，本局分秒時刻已經上聞，但臣等所推京師見食一分一十秒，而大統則推一分六十三秒，回回推三分七十秒，蔣所欒及邊大順等推得止有游氣侵光三十餘秒。似此各法參差，倘不詳加考驗，疎密何分。但臨期日光閃爍，止憑目力，眩耀不真；或用水盆，亦蕩摇難定。惟有臣前所進窺遠鏡，用以映照尺素之上，自初虧至復圓，所見分數界限真確，畫然不爽。隨於虧復之際，驗以地平日晷時刻，自定其法。以遠鏡與日光正對，將圓紙殼中開圓孔，安於鏡尾以掩其光。復將別紙界一圓圈，大小任意，内分十分，置對鏡下。其距鏡遠近，以光滿圈界爲度。將虧時務移所界分數就之，而邊際了了分明矣。但在天之正南，實爲紙上之正北，方向乃相反焉。

又　卷七〇《交食曆指》　以真視徑比例推食之實分

或問：遠鏡前後有玻璨，在前者聚光漸小至一點，乃在後者受其光而復散于外，則後玻璨可當一點之孔，何所射之光形不真乎？曰：後玻璨不正居聚光之點，必略進焉，以接未全聚之光，乃復開展可耳。見遠鏡本論。故謂此當甚微之孔則可，謂當無分點之孔則不可。所以用鏡測者，縱或不真，然較之不用鏡者，不但能使所測之形大而顯，亦庶幾予真形不遠矣。

湯若望《遠鏡説》

利用計二端。

夫遠鏡何昉乎？昉於大西洋天文士也。其用之利，可勝言哉。蓋凡人視近與大易，視遠與小難。遠鏡則無遠近，無大小者也。約略言之，天象地形，不出其照，而至若山海之間，尤爲備盗之先資。補益人世，亦大矣。奈何忽爲悦目快心之具也。今試姑舉一二以概其用。【略】

利用於直視計三條。

樓臺高處用之，則遠見山川江河，樹林村落，雖人物行動，如在目前。若陡遇兵革之變，無論白日，即深夜借彼火光用之，則遠見敵處營帳人馬，器械輜重，便知其備不備，而我得預爲防。宜戰宜守，或宜安放銃砲，功莫大焉。

海上用之，則數十里外之行舟，人但見爲塊然如山石者，我能別其船舟何等，帆旃何色，或爲友伴，或爲强徒，與夫人數之多寡，悉無謬焉。

居室中用之，則照見諸遠物，其體其色，活潑潑地各現本相。大西洋有一畫士，秘用此法，畫種種物像，儼然如生，舉國奇之。以上三條，是聊述地、海、人間之槩也。

附分用之利計三端。

夫遠鏡者，二鏡合之，以成器者也。其利用既如斯矣，乃分之而製造如法，則又各利於用焉，即中國所謂眼鏡也。試言之。

利於苦近視者用之一條。

世有自少好遠游，喜遠望者，年老目衰，則不苦視遠物，而苦視近物；不耐三角形射線，而耐平行射線，習性使然耳。若用遠鏡之中高鏡，則物象一點之小，散射鏡面，從鏡平行入目，巧合其習性，視近不勞而自明也。然又有未嘗好遠遊遠望，而平日專務平直是視者，亦必老至力衰，則視物不能斂聚其象，象形直射，恍惚不真。若用中高鏡，則物形雖小而暗，視之自大而顯矣。

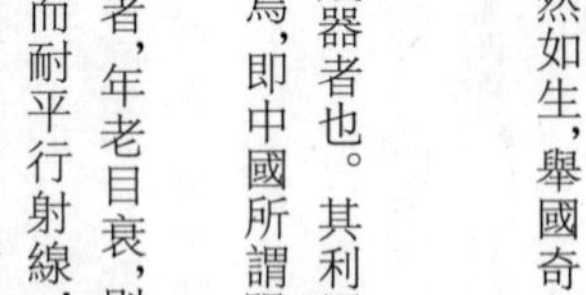

物象從鏡平行入目之圖　甲近物之象散射鏡面，平行入目。

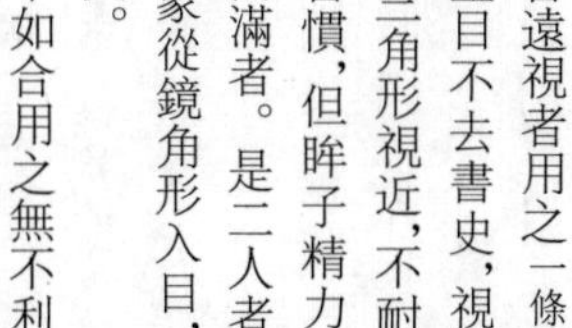

高鏡視大之圖　甲乙物體射象於鏡面丙丁，入目於戊，戊目視象於丙丁。丙丁兩界引長之則至己庚。己庚大乎甲乙，此若近視者用中高鏡視物必大之故也。

利於苦遠視者用之一條。

有書生目不去書史，視不踰几席，習慣成性，喜三角形視近，不耐平行視遠者。亦有非繇習慣，但眸子精力不開廣，視物象不得員而滿者。是二人者，用遠鏡之中窪鏡，則物象從鏡角形入目，乃合其習性，視物自明矣。

分用不如合用之無不利一條。

人有目精全衰，視物全暗者，則與無目同。天日不能照，固非鏡之所能與力也。乃有目精至强，視物至明者，用鏡亦反加翳焉。何也？吾人睛中有眸，張閉自宜，睛底有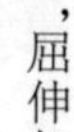，屈伸如性。高窪二鏡，自備目中，何以鏡爲。若二鏡合用之于遠鏡，則不然。遠鏡者，目明益明，象顯益顯，實備非常之用者也。

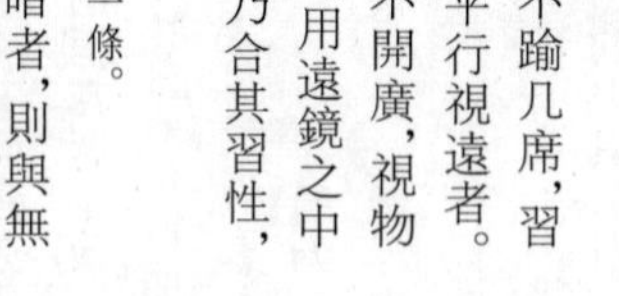

物象從鏡三角形入目之圖　甲遠物之象，平行射鏡面三角形入目。

原繇計三端。

易象不同，而遠鏡獨玅於斜透，以爲利用之原。計三條。

是鏡之玅，玅乎能易物象也。何謂易象？蓋凡物之有形者，必發越本象於空明中以射人目。若象目交接之間，無所阻礙，則象從徑線直射入目矣。苟如爲他物形所間，則本象或斜透其照，而易者有之；或反映其照，而易者有之。乃是鏡易象之玅，則玅乎有斜透，而無反映，此其所以利用也。

何謂斜透而易？反映而易？蓋象與目交，而爲物所間，槩有二焉。一曰不通光之體，一曰通光之體。不通光之體，可借喻鏡面。夫鏡有突如球，平如案，窪如釜之類，其面皆能受物象，而其體之不通徹皆不能不反映物象。反映之象，自不能如本象之光明也。所謂反映者，此也。通光之體，又分二體。一謂物象遇大光明易通徹者，比發象元處更光明，而形似廣而散焉。一謂物象遇次光明難通徹者，比發象元處少昏暗，而形似歛而聚焉。

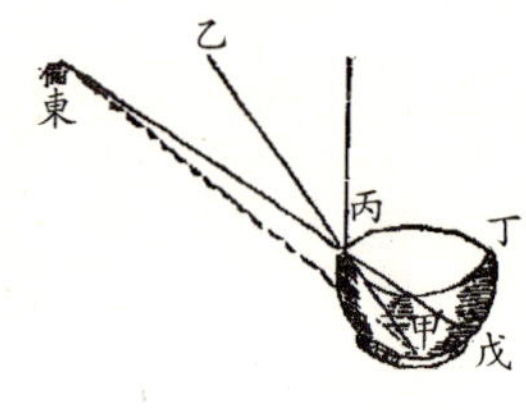

今試以象遇大光明易通徹者言之。即如前圖甲象居盂底，直射乙目，乙目可視。乙目偏東則象不現，而目不見，礙于盂邊也。若充水齊邊，則象上映於水，遇空明氣之大光明，即邪射而象更顯焉。甲象更廣散於丙丁邊，東目視丙邊，即視丙象，而象體似居戊處矣。即東目更移東，尚可見象，而象體若更浮戊上矣，是又因象映而然也。又如舟用篙櫓，其半在水，視之若曲焉。張斷取魚，多半在水，視之若短焉。又魚者見魚象浮游水面，而投叉刺之必欲稍下於魚，乃能得魚。蓋水氣兩隔，恍惚使然。漁夫習之熟，知其必然，而不知其所以然耳。試以象遇次光明難通徹者言之。即如上圖，甲象在空明氣，盂底無水，直射盂底乙處，乙處可視甲象。若戊處，則象不射，戊不見，礙於盂邊也。盂內充水，至於丙丁，則空明甲象入水稍暗，歛聚於丙丁邊。戊視丁邊，則明見甲象，而象體似居己處矣。凡此皆所謂斜透者也。

夫所云間隔物體，大光明能廣散物象，次光明能歛聚物象，蓋必大與次，不同體者也。若前後二鏡，亦既同體矣，而亦有廣散歛聚之別，則以同體而不同形耳。前鏡形中高，類球鏡而通徹焉，是即次光明意也。所以照日光，能漸聚大光於一點，而且照日生火，照第一等星光能透明於紙上。夜借燈光，亦能遠照。後鏡形中窪，類釜鏡而通徹焉，是即大光明意也。所以照日光，則漸散大光至於無光，而且照日不能生火，不能照星，不能遠照，正與前鏡相反。然照象則甚鮮明也。

射線不一而遠鏡兼攝乎屈曲，以爲斜透之繇。一條

光明之體，間隔物象者，有正有邪，而物象之來有直有偏。以故象直矣，而體有未正，則象來之線尚多屈曲，況象偏乎。體正矣，而象有未直，則象來之線亦多屈曲，況體邪乎。若二鏡照物之時，則必皆正者也，但物象射線，不能皆直。蓋必射線直入鏡之中央，方無斜透。不然，射線去中或近或遠，皆不免屈曲，所以皆不能無斜透也。

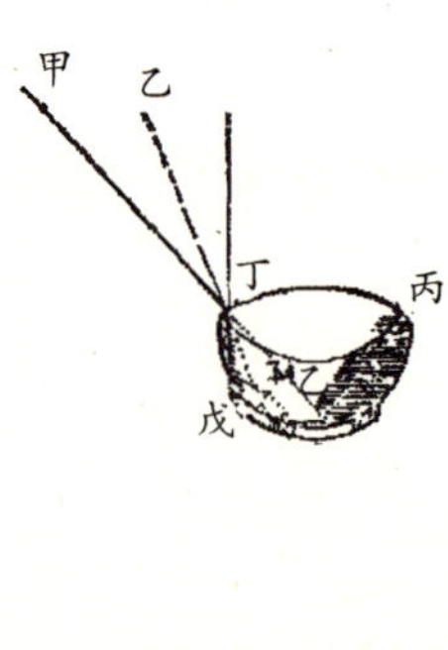

視象明而大者繇乎二鏡之合用計二條。

二鏡之性，乃相反以相制者也，獨用則偏，並用則得中而成器焉。夫遠物發象，從平行線入目，則目視遠物亦必須從平行線視象。假若二鏡獨用其一，則前鏡中高而聚象，聚象之至則偏，偏則不能平行。後鏡中窪而散象，散象之至則亦偏，偏亦不能平行。故二鏡合用，則前鏡賴有後鏡，自能分而散之，得乎平行線之中，而視物自明。後鏡賴有前鏡，自能合而聚之，得乎平行線之中，而視物明且大也。

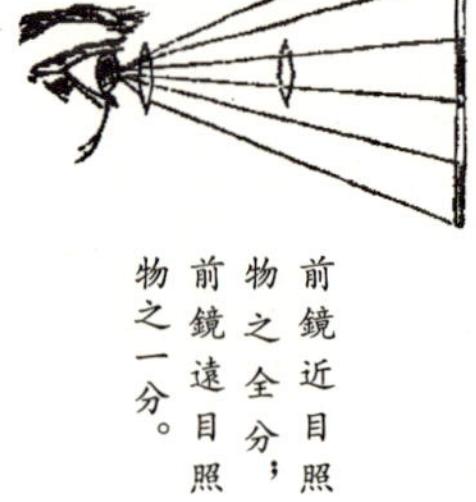

前鏡近目照物之全分；前鏡遠目照物之一分。

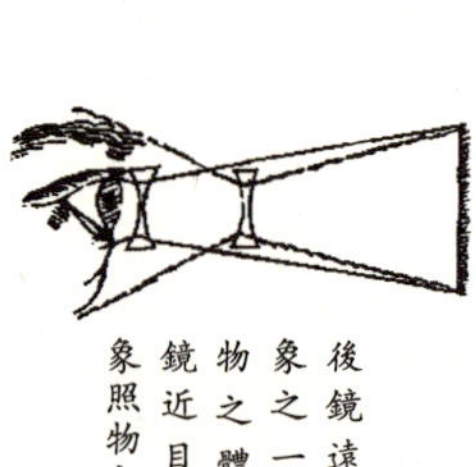

後鏡遠目以象之一分照物之體；後鏡近目以全象照物之體。

前鏡視遠，去目如法，物象每見其大焉。蓋以全鏡之體照物體之分，分則見其大矣。若鏡目相近，則雖鏡體得照全象，分分不遺，而象則小矣。後鏡視遠，近目如法，視物每見其大焉。蓋以全象視物之體，若鏡目相遠，則以象之一分視物之體而已。總之，分二鏡而用之，則不免昏暗；套筒而合用之，則彼此相濟，視物至大而且明也。

造法用法計九端。

造鏡至巧也，用鏡至變也，取不定之法，於一定之中，必須面授，方得了然。

若但憑書，不無差謬。今亦撮其大略而已。

鏡一條。

造法曰：用玻璃製一似平非平之圓鏡，曰筒口鏡，即前所謂中高鏡，所謂前鏡也。製一小窪鏡，曰靠眼鏡，即前所謂中窪鏡，所謂後鏡也。須察二鏡之力若何，相合若何，長短若何，比例若何。苟既知其力矣，知其合矣，長短宜而比例審矣，方能聚一物像。雖遠而小者，形形色色，不失本來也。

筒一條。

鏡止於兩，筒不止於兩。筒筒相套，欲長欲短，可伸可縮。

遠近各得其宜一條。

用法曰：鏡筒相宜，以視二百步爲定則，因之而視數十里，視天象，視地形，無不同之。若視二百步以內，物形彌近，筒鏡彌長，逐分伸長，物相明亮，即爲限止。大要伸縮宜緩而不宜急。

避眩便觀計三條。

用以視太陽、金星，則二者光射明烈，故須於近鏡上再加一青綠鏡，少禦其烈。鏡筒再伸分寸許，則光相不眩，目力乃精，視乃不幻也。

視太陽又有兩法，一加青綠鏡，如上所云。一不必加青綠鏡，只以筒鏡兩相合宜，以前鏡直對太陽，以白淨紙一張置眼鏡下，遠近如法，撮其光射，則太陽本體，在天在紙，絲毫不異。若用硬紙尺許，中剪空圓形，冒靠後鏡上，則日光團聚，下射紙面，四暗中光，黑白更顯，體相更真矣。若遇依稀雲霧天，太陽本體居明暗中，不用綠鏡，不用硬紙，只以平常格式，用目視更快也。

用以視地形物色，前鏡勿對日光，以日光照鏡，則鏡光與相反昏也。

安放調停計二條。

將鏡置諸本架，或倚着實落處，使不摇動。視鏡止用一目，目力乃專，光益聚而象益顯也。

視欲開廣，將鏡床少少那動，欲左而左，欲右而右，欲上而上，欲下而下，架無不隨者，只用螺絲釘寧住，宜堅定不移。

衰目短視用訣一條。

清目人用此鏡遠視物體，更明且大，無惑也。乃衰目人，短視人，亦可用。蓋筒內後鏡伸長，能使易象於前鏡者，仍平行線入目。縮短，能使易象於前鏡者，反以廣行線入目。一伸一長，能稱衰目。短視人，則巧妙又在伸縮得宜焉。又短視人尋常用眼鏡者，今用遠鏡，仍用本眼鏡照之亦可。

【略】

習用訣

欲知鏡之能照遠及小，與夫晝夜無異，則必於平常試驗。置書數十步內，晝借日光，夜借燈光，用鏡照之，字字可誦，比諸几案上，更顯而大焉。平常習熟，臨大用時，庶可無疑謬也。

去垢訣一條。

兩鏡或受塵垢，勿用手揩摸，只以新淨絹帛，輕輕拂拭，即復光明。

用鏡測星法

前後二鏡，各加一積楮圈，圈心開圓孔露鏡而以其周掩鏡邊。蓋惟邊掩而心孔攝聚星象，益加顯著故也。孔之大小，視鏡光力，前圈孔之大以盡見月徑爲率。月徑約三十分，依此爲孔，以求兩星相距，或相凌犯遠近分數舉目可得。其法，先以鏡向月心，目向鏡心，一窺而盡得月左右邊際，是可準而用也，乃即用以窺星。倘亦一窺之中，兩星並見，則知彼此相距必在三十分內矣。於是移筒，使一星切居鏡邊，以求此星與彼居中星相距之遠近。或當月徑之半而贏，或當月徑之半而縮，其爲幾何分數，豈不瞭然可辨乎。然所謂一窺盡月徑者，遠鏡之短者也。若其長者，所見轉狹，一窺不盡，必數移窺乃盡焉。其法，先用鏡定向月心，目則左右任移，以盡見月邊爲率。次以鏡切月邊平行徑內某影月有多影。止，記之。又以此影切分爲邊平行某影止，記之。如是數窺，必盡月徑，即可得每窺蒲圈所容之分數幾何，於是用以測星，或亦再三移窺，則併移窺所得分數總計之，即是兩星相距之分數矣。

用鏡測交食法

安器於本架，筒伸縮令得宜，用以直對太陽或太陰焉。餘法與視太陽前二法同，外所用淨紙，預畫一線成圈，圈中畫徑線一，平分之。徑線上畫短線十，平分之。圈線之大，約以二寸爲率。過大與過小，皆足礙光。臨測時，務使紙與鏡直對平行，毋少欹側。其相去遠近，以光滿圈爲率。鏡一面向紙，一面向日或月，當其初虧，止見光尖，有似游氣。後乃黑影漸侵，邊内明缺，此時務使圈之徑線正與缺當，乃視短線即得交食分數。

方以智《物理小識》卷一二《神鬼方術類》 玻鏡吸攝透畫法

置玻瓈鏡於暗室之窓版，則物形小縮，透入几上之紙，可細描也。寫真甚肖，花木蟲物皆可。彼候日食分杪者，開小牖於屋瓦，恰與日行之道符，透入玻鏡，穿暎屋内地上，分杪絲毫不差。果異術乎，乃至理耳。暄曰：遠西此法謂之物像像物。

又方以智《通雅》卷三四《器用雜用諸器》 靉靆，眼鏡也。《洞天清録》載：靉靆，老人不辨細書，以此掩目則明。此出元人小説。作靉靆，出西域，誤作靆耳。《方輿勝略》：滿剌加國出靉靆。今西洋有千里鏡，磨玻瓈爲之，以長筒窺之，可見數十里。又製小者于扇角，近視者可使之遠。

韓霖《慎守要録》卷三《製器篇》 望遠鏡

視遠爲近，視小爲大，可以遠望敵人營帳人馬器械輜重。此物來自西洋，用筒數節，安玻璃兩端。

屈大均《廣東新語》卷一五《貨語》 玻璃

玻璃來自海舶，西洋人以爲眼鏡。皃生十歲即戴一眼鏡，以養目光，至老不復昏矇。又以玻璃爲方圓鏡，爲屏風。昔漢武帝使人入海市瑠璃者，此也。《南州異物志》云：瑠璃本質是石，欲作器，以自然灰治之。自然灰狀如黄灰，生南海濱。今西洋人不知亦用此灰否？每裁鋸爲大小物，或以鑲嵌壁障。潘尼所謂灼爚旁燭，表裏相形，凝霜不足。方其潔澄，水不能喻其清者。廣人或鑄石爲之，然殊不及。

孫承澤編《硯山齋雜記》卷四《眼鏡》 眼鏡初入中國，名曰靉靆。惟一鏡之貴，價準匹馬。今則三五分可得，然不過山東米汁燒料玻瓈者貴矣。水晶尤貴。水晶之墨色者，貴至七八金。餘值以漸而減，真讀書之一助也。西洋天主教人神奇其説云：自萬曆年中，彼教入中國始有者。非也。偶見吴匏翁詩集中有《謝屠公送西域眼鏡》篇曰：「眼鏡從何來，異哉不可詰。圓與莢錢同，凈與雲母匹。又若台星然，兩比半天出。持之近眼眶，偏宜對書帙。蠅頭瑣細字，明瑩類椽筆。余生抱書淫，視短苦目疾。及兹佐吏曹，文案夕未畢。太宰定知我，投贈不待乞。一朝忽得此，舊疾覺頓失。謝却撥雲膏，生白訝虚室。扁鵲見五臟，未必有奇術。隨身或得此，遂使目光溢。世傳離婁明，雙睛不能没。千年黄壤間，化此直百鎰。聞之西域産，其名殊不一。博物有張華，吾當從彼質。觀此鏡之形，模畢具又知。」文定公目近視，所云産西域，則文定之爲吏侍，當在弘治正德間，彼時中國久有此鏡矣，何待天主教始能造也。

《留青日札》：提學副使潮陽林公有二物，如大錢形，質薄而透，明如硝子，石如琉璃，色如雲母，每目力昏倦，不辨細書，以此掩目，精神不散，筆畫倍明。中用綾絹聯之，縛於腦後。人皆不識，舉以問余，余曰：此靉靆也，出於西域滿剌國。或問公得自南海賈胡。後見張公《方洲雜録》云宣廟賜胡宗伯物即此。以金相輪廓而衍之爲柄，紐制其末，合則爲一，岐則爲二，如市肆中等子匣。又孫參政景章亦有一具，云以良馬易得於西域，似聞其名爲僾逮，則其二字之訛也。蓋靉靆乃輕雲貌，言如輕雲之籠，日月不掩其明也。若作曖腱亦可。

陳確《乾初先生遺集》卷一五《眼鏡頌癸卯》 西國之寶，曰惟斯鏡。巧敓天工，紗益人性。昏者使昭，眩者使定。微者使著，遼者使徑。明德遠矣，日月與竝。惠我老人，感言匪罄。萬曆中年，利瑪始聘。伎巧實多，惟斯之正。開物成務，聿追前聖。

李漁《十二樓》卷四《夏宜樓》 這件東西的出處，雖然不在中國，却是好奇訪異的人家都收藏得有，不是甚麽荒唐之物。但可惜世上的人都拿來做了戲具，所以不覺其可寶。獨有此人善藏其用，别處不敢勞他，直到遴嬌選艶的時節，方才築起壇來，拜爲上將；求他建立膚功，能使深閨艶質不出户而羅列於前，别院奇葩才着想而爛然於目。你道是件甚麽東西？有《西江月》一詞爲證：非獨公輸炫巧，離婁畫策相資。微光一隙僅如絲，能使瞳人生翅。 制體初無遠近，全憑用法參差。休嫌獨目把人嗤，眇者從來善視。

這件東西名爲千里鏡，出在西洋，與顯微、焚香、端容、取火諸鏡同是一種聰明，生出許多奇巧。附録諸鏡之式於後：

顯微鏡

大似金錢，下有三足。以極微極細之物置於三足之中，從上視之，即變爲極宏極鉅。蟣虱之屬，幾類犬羊；蚊虻之形，有同鸛鶴。并蟣虱身上之毛，蚊虻翼邊之彩，都覺得根根可數，歷歷可觀。所以叫做「顯微」，以其能顯至微之物而使之光明較著也。

焚香鏡

其大亦似金錢，有活架，架之可以運動。下有銀盤。用香餅香片之屬置於鏡之下、盤之上，一遇日光，無火自爇。隨日之東西，以鏡相逆，使之運動，正爲此耳。最可愛者，但有香氣而無烟，一餅龍涎，可以竟日。此諸鏡中之最適用者也。

端容鏡

此鏡較焚香、顯微更小，取以鑒形，鬚眉畢備，更與游女相宜。懸之扇頭或繫之帕上，可以沿途掠物，到處修容，不致有飛蓬不戢之慮。

取火鏡

此鏡無甚奇特，僅可於日中取火，用以待燧。然邇來烟酒甚行，時時索醉，乞火之僕，不勝其煩。以此伴身，隨取隨得，又似於諸鏡之中更爲適用。此世運使然，即西洋國創造之時，亦不料其當令至此也。

千里鏡

此鏡用大小數管，粗細不一。細者納於粗者之中，欲使其可放可收，隨伸隨縮。所謂千里鏡者，即嵌於管之兩頭，取以視遠，無遐不到。「千里」二字雖屬過稱，未必果能由吳視越，坐秦觀楚，然試千百里之内，便自不覺其誣。至於十數里之中，千百步之外，取以觀人鑒物，不但不覺其遠，較對面相視者更覺分明。真可寶也。

以上諸鏡皆西洋國所産，二百年以前不過貢使携來，偶而一見，不易得也。自明朝至今，彼國之中有出類拔萃之士，不爲員幅所限，偶來設教於中土，自能製造，取以贈人。故凡探奇好事者，皆得而有之。諸公欲廣其傳，常授人以製造之法。然而此種聰明，中國不如外國，得其傳者甚少。數年以來，獨有武林諸曦庵諱□者，係筆墨中知名之士，果能得其真傳。所作顯微、焚香、端容、取火及千里諸鏡，皆不類尋常，與西洋上著者無異，而近視、遠視諸眼鏡更佳，得者皆珍爲異寶。

這些都是閒話，講他何用？只説千里鏡一節，推類至此，以見此事並不荒唐。看官們不信，請向現在之人購而試之可也。

吉人的天資最多奇慧，比之聞一知十則不足，較之聞一知二則有餘。同是一事，别人所見在此，他之所見獨在彼，人都説他矯情示異，及至做到後來，才知道衆人所見之淺，不若他所見之深也。一日，同了幾個朋友到街上購買書籍，從古玩鋪前經過，看見一種異樣東西擺在架上，不識何所用之。及至取來觀看，見着一條金箋，寫着五個小字貼在上面，道：西洋千里鏡。

衆人問説：「要他何用？」店主道：「登高之時取以眺遠，數十里外的山川，可以一覽而盡。」衆人不信，都説：「那有這般奇事？」店主道：「諸公不信，不妨小試其端。」就取一張廢紙，乃是選落的時文，對了衆人道：「這一篇文字，貼在對面人家的門首，諸公立在此處可念得出麽？」衆人道：「字細而路遠，那里念得出？」店主人道：「既然如此，就把他試驗一試驗。」叫人取了過去，貼在對門，然後將此鏡懸起。衆人一看，甚是驚駭，都説：「不但字字碧清可以朗誦得出，連紙上的筆畫都粗壯了許多，一個竟有幾個大。」店主道：「若還再遠幾步，他還要粗壯起來。到了百步之外、一里之内，這件異物才得盡其所長。只怕八咏樓上的牌匾，寶婺觀前的詩對，還没有這些字大哩。」

衆人見説，都一齊高興起來，人人要買。吉人道：「這件東西，諸公買了只怕不得其用，不如讓了小弟罷。」衆人道：「不過是登高憑遠、望望景致罷了，還有甚麽用處？」吉人道：「恐怕不止於此。等小弟買了回去，不上一年半載，就叫他建立奇功，替我做一件終身大事。一到建功之後，就用他不着了，然後送與諸兄，做了一件公器，何等不好。」衆人不解其故，都説：「既然如此，就讓兄買去。我們要用的時節，過來奉借就是了。」

吉人問過店主，酌中還價，兑足了銀子，竟袖之而歸。心上思量道：「這件東西既可以高望遠，又能使遠處的人物比近處更覺分明，竟是一雙千里眼，不是千里鏡了。我如今年已弱冠，姻事未偕，要選個人間的絶色，只是仕宦人家的女子，都没得與人見面，低門小户又不便聯姻。近日做媒的人開了許多名字，都説是宦家之女，所居的宅子又都不出數里之外。我如今有了千里眼，何不尋一塊最高之地去登眺起來。料想大户人家的房屋決不是瓦上開窗、墻角之中立門户的，定有雕欄曲榭，虚户明窗。近處雖有遮攔，遠觀料無障蔽。待我携了這件東西，到高山寺浮屠之上去眺望幾番，未必不有所見。看是那一位小姐生得出類拔萃，把他看得明明白白，然後央人去説，就没有錯配姻緣之事了。」

劉廷璣《在園雜志》卷四　自西洋人入中華，其製造之奇，心思之巧，不獨見所未見，亦并聞所未聞。如風琴、日規、水輪、自鳴鐘、千里眼、順風耳、顯微鏡、雀籠之音樂、聚散之畫像等類，不一而足。其最妙通行適用者，莫如眼鏡。上古未聞眼昏而能治者，杜陵老年花似霧中看，唯聽之而已。自有眼鏡，令昏者視之明，小者視之大，遠者視之近。雖老年之人，尚可燈下蠅頭。且製時能按其年歲以十二時相配合，則更奇矣。黑晶者，價昂難得。白晶者，亦貴。惟白玻璃之佳者，不過數星。今上下貴賤男女無不可用，真寶物也。人人得用，竟成布帛菽粟矣。至于筭法，又超出尋常之外，遠近、高低、大小、多寡，頃刻而知，燎如指掌，更上古所未有者也。

揆叙《隙光亭雜識》卷三　玻璃來自海舶，西洋人以爲眼鏡。兒生十歲即戴一眼鏡以養目光，至老不復昏矇。又可以爲方圓鏡爲屏，或謂漢武帝使人入海市瑠璃即此。余謂佛典所稱七寶琉璃、玻璃，本是二物。翻譯名義云瑠璃或作琉，此云青色寶，亦翻不遠。謂西域有山，去波羅奈城不遠，山出此寶，因以名焉。或加吠字，或加毘字，或云毘頭梨，從山爲名，乃遠山寶也。遠山即須彌山，此寶青色，一切寶皆不可壞，亦非煙燄所能鎔鑄，唯鬼神有通力者能破壞之。又言是金翅鳥卵殼，鬼神得之，出賣與人，或名紺琉璃，以其青而含赤色也。古字但作流離，左太冲《吴都賦》致流離與珂珹是也。玻璃作頗梨，此云水玉，狀似此方水精。或云冰過千歲化爲頗梨，據此則混爲一物者，謬矣。

王棠《燕在閣知新録》卷二六《眼鏡》 眼鏡一名靉靆。靉靆亦名僾俙。楊升菴曰：李登《聲類》僾音倚，僾俙即彷佛也。棠謂眼鏡名曰靉靆，猶言彷佛之意，謙詞也。《洞天清録》載：靉靆，老人不辨細書，以此掩目則明。元人小説言靉靆出西域，又《方輿勝略》滿剌加國出靉靆。今西洋磨玻瓈爲千里鏡，以長筒窺之，可照數十里。然則靉靆，其玻瓈之别名耶。

孔尚任《節序同風録·八月十五》 磨鏡，看玻璃寶鏡，有面鏡、眼鏡、深鏡、遠鏡、多鏡、顯鏡、火鏡、染鏡。

李光地《榕村語録》卷二五《性命》 人通身皆心也，心所不能通處便不是正理。若是理之所在，心無不通。豈止一身，凡天地日月星辰之可窺測，往古來今之可推求者，皆是心之所到。通天地古今止是一心，汝楫問朱子云：心者神明升降之舍，妙甚，平時只説作心是神明之所棲，止不知升降二字是活動的。如眼鏡之照日光，不是定在一處，正側轉動間，光亦隨之而移。曰：然。

又 卷二七《治道一》 以教化防閑爲無益，豈有此理，即如眼花了，用眼鏡一遮便都看見。若説待我閉目静坐，養出精光，雖有此理，然當下用不著，即如狐裘以禦寒，當下便暖。難道倒説待我保養元氣足時，自不用此不成。

袁宫桂《洴澼百金方》卷一二《營·望遠鏡》 望遠鏡出自大西洋國，今中國謂之千里鏡。用筒數節安玻璃兩端，置架上，視遠如近，視小爲大。遠望敵人營帳，人馬、器械、輜重毫髪不爽。我可預備戰守，安放銃砲，必不可少者。

陳儀《陳學士文集》卷一六《雜著》 八月念七日被酒偶書

今世有奇寶二：曰千里鏡，能于千里外諦見人物鬚眉毫髪，攝之睫端；曰纖微鏡，一虱之細而鱗鬣口目歷歷昭晰。苟無此二物，則遠者必不可見，而細者必不可分也。吾輩讀書當有此二鏡，千古之上招魂攝影立我面前，然後以纖微鏡照之，分肌析理，章有幾句，句有幾字，是虚是實，是主是客，是連是斷，牛無全體，指有螺文，必能片片粉碎，方得忽忽神來，是之謂天眼。聖歎云：最忌將古人文字成片讀過，如此方不成片讀過也。

姚之駰《元明事類鈔》卷三〇《器用門·鏡》

遠鏡

《帝京景物畧》：大西洋工奇器有遠鏡，狀如尺許竹筍，抽而出，出五尺許，節節玻璃，眼光過此則視遠者近，小者大。啓崇野乘薄珏造銅炮擊賊及三十里，又設千里鏡以偵賊之近遠。

眼鏡

吴寬謝人送西域眼鏡詩：眼鏡從何來，異哉不可詰。圓與莢錢同，净與雲母匹。持之近眼眶，偏宜對書帙。蠅頭瑣細字，明瑩類椽筆。世傳離婁明，雙睛不能没。

方苞《望溪先生文集》外文補遺卷二《諸子》 《淮南子》曰：金目可以望遠。古書多以音近而字譌，金當作晶，即今眼鏡，以水晶爲之也。或曰：金石本一類，即以金爲晶也。

印光任《澳門記略》下卷《澳蕃篇》 玻瓈爲屏，爲燈，爲鏡。有照身大鏡。有千人鏡，懸之物物在鏡中。有多寶鏡，合衆小鏡爲之，逵照一人作千百人。有千里鏡，可見數十里外。有顯微鏡，見花鬚之蛆背負其子，子有三四；見蠅蝨毛黑色，長至寸許，若可數。有火字鏡。有照字鏡，以架庋而照之。有眼鏡，西洋國兒生十歲者即戴一鏡，以養目，明季傳入中國。

允禄 蔣溥等《清朝禮器圖式》卷三《儀器》

四遊千里鏡半圓儀

謹按：本朝製四遊千里鏡半圓儀，鑄銅爲之，通徑一尺三寸五分，半周一百八十度，外圓線三重，内層十二重。每度末斜線與圓線相交成十二格，通徑線兩端立耳爲定表。其半圓心施遊表，表兩端有立耳，表端中線以指外重度分。立耳方孔中線以指内重度分。立耳内施墜線，表心施指南針，圓盤外兩柱承千里鏡，以兩軸左右上下之。以遊表定表相距度爲所測之角。座三

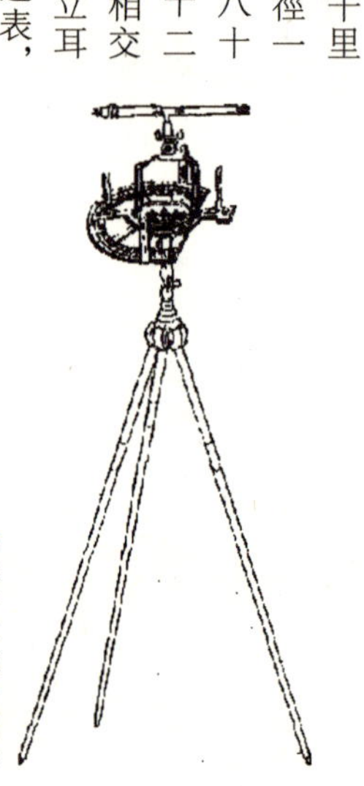

四遊千里鏡半圓儀

足，能升降，平測，立測，惟所宜。

【略】

攝光千里鏡

謹按：本朝製攝光千里鏡，筩長一尺三分，接銅管二寸六分，鏡凡四重，管端小孔內施顯微鏡，相接處施玻璃鏡，背凸向外。筩中施大銅鏡，凹向外以攝影。鏡心有小圓孔。近筩端施小銅鏡，凹向內，周隙通光注之大鏡而納其影。筩外爲鋼鋌，螺旋貫入，進退之以爲視遠之用。承以直柱，三足，高一尺一寸五分。

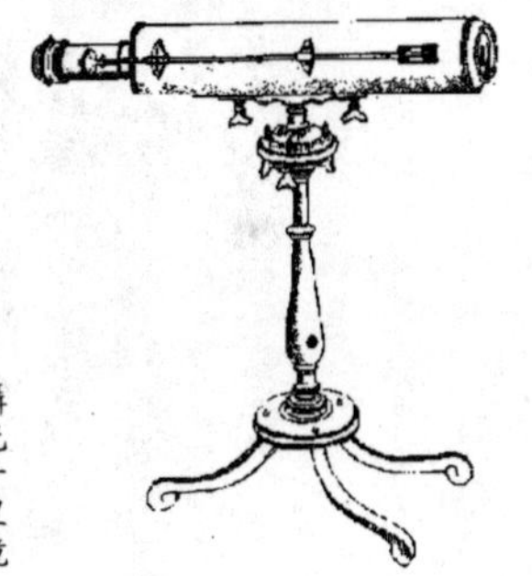

攝光千里鏡

博明希哲《西齋偶得》卷下　目理

目鏡則因其不圓，用透明之物製極圓凹凸之形，映目使完其綻圓之體也。凹形聚物形爲小，小則遠者適還其本體，故不散漫。以之視近物反迷亂矣。凸形散物形爲大，大則近者適還其本體，故不迷亂。以之視遠反散漫矣。而皆有等階，最凹者視最遠，次凹者視次遠，微凹者視微遠；最凸者視最小，次凸者視次小，微凸者視微小。因己之目力，復以遠近大小爲程，多儲審定其妙自見焉。目鏡即陽燧也。陽燧以玻璃爲圓珠，承日光而取火。其目光聚處即在輪邊。珠大則光大，珠小則光小，即度數之義。蓋通體爲極圓，上半所收之光聚於下半之底，而凝成火體，過此復散。其影上下東西互易。其凸形之目鏡，以規引之亦成圓形。其映日光而聚而生火之尺寸，即其圓體徑之尺寸也。凸之最者生火易，凸之次者生火難。微凸者不能生火，乃其圓形大而體薄，不能聚光也。若作徑一尺五寸之大玻璃珠，即一尺五寸光目鏡。亦能生火。

曹庭棟《老老恒言》卷三《雜器》　眼鏡爲老年必需。《蔗庵漫録》曰：其制前明中葉傳自西洋，名靉靆，中微凸，爲老花鏡。玻璃損目，須用晶者。光分遠近，看書作字，各有其宜，以凸之高下別之。晶亦不一，晴明時取茶晶墨晶，陰雨及燈下取水晶銀晶。若壯年即用以養目，目光至老不減。中凹者爲近視鏡。

趙翼《陔餘叢考》卷三三　眼鏡

古未有眼鏡，至有明始有之，本來自西域。張靖之《方州雜録》云：向在京師，於指揮胡豅寓見其父宗伯公所得，宣廟賜物，如錢大者二，形色絶似雲母石而質甚薄，以金相輪廓，而紐之合則爲一，岐則爲二，如市中等子匣。老人目昏不辨細書，張此物加于雙目，字明大加倍。近又於孫景章參政處見一具，試之復然。景章云以良馬易於西域賈胡，其名曰僾逮。又郎瑛云：少嘗聞貴人有眼鏡，老年人可用以觀書。予疑即《文選》中玉珧之類，及霍子麒送一枚來，質如白琉璃，大如錢，紅骨鑲，二片可開合而摺疊之。問所從來，則曰甘肅番人貢至而得者。

迮朗《繪事瑣言》卷八　眼鏡

眼鏡，少年可不用，五十以後目力漸減，所必需矣。《蔗庵漫録》云：其制，前明中葉傳自西洋，名靉靆。《庶物異名》疏：靉靆，今俗謂之眼鏡是也。若壯歲用之則反昏闇傷目，是人之有眼鏡來自西洋，始於明代，制不甚古也。由今觀之，有養目鏡、老花鏡、近視鏡、遠光、近光、玻瓈、水精，制各不同，用亦迥殊。中微凹爲近視鏡，視愈近則凹愈深。中微凸爲老花鏡，亦爲顯微鏡，眼花愈老則凸愈厚。凹者所以歛而使之小也，凸者所以拓而使之大也。不凹不凸爲平光，即爲養目鏡。總以十二辰爲差，寅卯爲最老，亥午爲中，申酉爲最少。惟顯微鏡即近光不過五寸之內，能視小而爲大，凡畫豆馬寸人宜用之。或曰目本好煖，宜用玻瓈，玻瓈，西國之寶也。玉石之類，生土中，或云千歲水所化，亦未必然。出南番者有酒色、紫色、白色，瑩澈與水精相似。碾開有雨點花者爲真。藥燒者有氣眼而輕。今粤東僞造者用砒燒成，色緑，不可作眼鏡。不宜用水精。水精一名水晶，《山海經》謂之水玉，《廣疋》謂之石英，亦頗黎之屬。有黑白二色，倭國多水精。第一南水精白，北水精黑。信州、武昌水精濁，性堅而脆，刀刮不動，色澈如泉，清明而瑩，置水中不見有黑珠者佳。水精性大寒，甚於玻瓈，恐有損於目也。前人詩云「西洋眼鏡規璧圓，玻瓈爲質象緋緣」可證也。夫人年踰五十，目光漸散，不能寫蠅頭小字。燈前紅紙，光搖影眩，作工細畫蛾眉，花蕊、禽羽、獸毛，山水之淡雲，夾葉樓臺之門角，鉤心雙睛，審視似霧中看，非以眼鏡救之，安能撥雲霧而見青天。所謂「隙光分日月，宿障掃雲煙。」真神品也。或曰未有眼鏡以前，人皆不用眼鏡也。故毅然不用，則終不用矣。苟一用之後，而欲復去，斷斷不能。今有少年子弟，雙眸炯炯，翻以眼鏡爲可羨，爰假養目之名，漫餙老成之貌，遂至習慣成自然，須臾不可離，一生長對水晶盤，豈不謬哉。由斯以談，少年固不宜用，即四十五十時，目力雖衰，亦宜强爲禁止，立意不用眼鏡，則過此眼運關頭，可以終身不用矣。若夫追琢之精，吴門專諸巷爲最。京師所鬻，皆吴工也。粤東亦多造之者，晶有水旱之分，生於水者爲水晶，潤澤足珍。生於山者爲旱晶，乾燥弗貴。有茶墨之別，色淡紅者爲茶精，賤同雲母。黑色者爲墨精，静可養目。邊有銀角之殊，銀邊角邊。又有鬉漆之異。馬尾鬉結爲邊，剪皮爲邊黑漆。或中連而不斷，或中斷而紐連線穿邊以鉤耳，或晶墜玉墜以垂於耳後。其攜以遠行也，則有黑漆沙魚皮嵌繡五色緞之匣，可謂窮工而極巧矣。余聞明代人近視者，止用一眼之鏡，蓄於袖中，有需用處取出一照，否則藏之。未有如今人之從朝至暮，雙雙罩眼，以至耳廓生痕，鼻端成繭者也。

鄭光祖《一斑録》卷三《物理》　物有巧取之理

人眼視物，遠近多弊，製玻璃水晶之凹凸濟之，眼鏡之用宏焉。明時或行單照，或製兩圓如錢。康熙四十二年，上賜蔣文肅公母曹太夫人，即今之製。凡物遠視則難，西洋製窺遠鏡，山川城郭島嶼舟帆收遠爲近，視小爲大；窺天上日月諸星，竝能得其真形，且能於白日窺見。

鄭復光《費隱與知録》

水映物大　凸鏡之理

問：物在水中，其形較大，與日星初出地平爲清濛氣掩映同理。泰西人言之屢矣，而未言其所以然。曰：此凸心鏡理也。地爲圓形，水附于地亦圓，故其中有物，如隔凸視之，故覺大也。濛氣出地，高畧相等，附地圓面亦成圓體，故日星行度低時得見爲大。至行漸高則漸小者，或以爲漸高則濛氣漸收所致，非也。蓋日初出濛氣正濃，行度漸高則漸收，誠然若星，則不能收濛氣，何以亦低大而高小。嘗取平光玻璃隔四五層，不見物大，故知凸使然也。

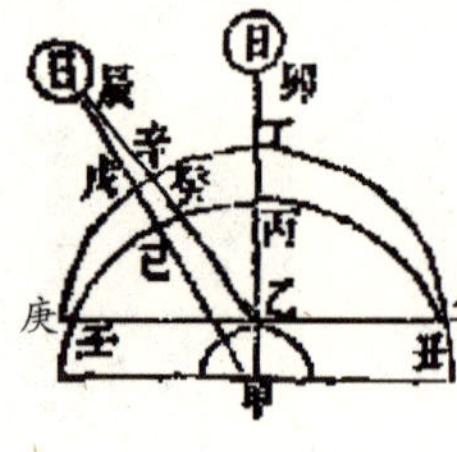

曰：行度高低，凸之深淺自同，低大高小，其說不可通矣。曰：此視法不同也。何者？以卯與辰爲日，壬丙丑弧與庚丁子弧等，則己之凸原不深于丙之凸，但目在地心甲，則壬己丙弧爲其弧。今目在地面乙，則庚辛丁弧爲其弧而濛氣弧則爲壬己丙。夫乙目視庚辛丁固與視庚丙丑等，而視壬癸丙必不得如視庚丙丑矣，何者？試取淺凸鏡，先正對物視之，見物幾何大，再稍側之，則淺凸必較深而物加大矣。此如以庚辛丁凸側作壬己丙凸，則視辰于癸，必大于視卯于丙也。《遠鏡説》云：日初出非正圓，乃似雞卵。今取凸心鏡上下側之，則物方而見長可證也。

又　盂水物大　底圓所致

問：水趨地心而成圓面，其在盂內則凸甚微，所顯盂底之物應甚微也。今置錢盂底，側視不見，冲水盂內則現半錢，水圓之凸不應如此其大。曰：錢形微大，由于水凸。錢見其半則不盡係乎水凸也。《儀象志》有水差、氣差、玻璃差之説。譬如玻璃對照，必直線而入，玻璃隔物亦必直線而出，故其形浮象水面而能見半錢耳，此一理也。至盂中之錢雖不甚大，以盂面水之凸推之，尚大不及此，則又因盂底之圓所致。凡凸鏡正反皆能顯物形大，詳《鏡鏡詅癡》。

又　水能返照　上闇下明

問：張衡《靈憲》言火則外光，水則含影。劉邵《人物志》言日火不能內見，金水不能外光，引以證沈水上闇下明之理。夫下視明矣，上視對明，何以返闇？曰：水猶鏡也，鏡透明者能見兩面，兩面者，如水面一層，水底一層，此兩面皆能含景，即皆能受光。含景之法必于對面。故水面視水底，則底含面景，故受空際之光而明也。水底視水面，則含面底景，故受沙泥之色而闇也。曰：水面通光，豈不能透空際之明？曰：凡通光鏡必平面，直視方能透見，若斜視及凸不合度，皆難見。若凸深者，甚至一無所見，能勿闇乎？水晶未成器者凸凹不平，則色昏黝，是其證也。人入水動，必無平理可知也。理詳《鏡鏡詅癡》。

又　水照日光　見古錢形

問：置碗水于檐際，日中對碗隔紙，則見紙上日影中心作四弧形，兩兩相背如古錢狀，何理？曰：碗爲圓邊，水能含影。天光四際空明，碗邊四遮，成四弧影現，故此狀矣。曰：碗之圓周渾然無角，即天光四垂亦是圓體，四角之影何自而來？曰：天雖圓體，宅院則方，日道自東而南而西，空中之所受光，日所居處最盛，對面次之，兩旁又次之，即如剖而爲四，此四弧影所以合成四角也。如云水之受影如碗團團，則碗邊外曲倒入水中，成影必當作凸形，乃變爲凹形，亦勢有不能知者。試易方物貯水，則所見之影爲直形可證也。

又　凸鏡取火　由于光濃

問：凸鏡取火由于光線交角，詳《鏡鏡詅癡》。而日穿孔亦有交，何故無火？曰：日光生火必由光盛，故鏡有凸淺無火者，必徑一寸以內，而交角長數尺。如中花鏡之類是也。有凸深無火者，必徑六分以內而日景止如粟。如遠鏡內凸之類是也。蓋凸深而徑短，則光小不盛焉。凸淺斯限長，則光淡不盛焉。日之穿孔雖有交角，若孔大徑寸，則交角必數尺，此所謂光淡不盛也。若交角數寸，則孔體必分許，此所謂光小不盛也。日之穿孔隨在有之，若易得火，則人其危矣。此亦造物之微意也夫。

又 馬眼照人 可以齒馬

問：《談助》云：王崇簡著，載《説鈴》。馬眼照人見全身者，齒少；半身者，滿十齒。所照漸短，其齒愈大。何故？曰：此不通光凸鏡理，凸深則照物小，淺則大。小見全，大故見半也。精足故凸深，老漸殺耳。俗稱牛視人甚大，故畏人，一童子能馴擾之，似矣。然以爲目横故視大，則非也。凡目凸深者照物愈小，視物愈大。近視之睛，老花之鏡可驗也。以此推之，牛馬皆同，且皆不能見遠。觀馬過門限必俯首至地，然後躍過，豈非不見遠之徵乎。

又鄭復光《鏡鏡詅癡》卷一《類鏡》

鏡質

五、洋料，佳者明浄殊勝。博山料佳者亦明浄，閒有入火變米湯色，故火鏡中多有混色者，取火差可，照物殊不了了。

六、水晶爲天生玉石之類，明徹冣勝，惜不能大而無綿。得其浄者取以爲鏡，别爲銀晶，以示貴重。今海州所産，其白爛然奪目。洋産稍黑而明浄，黑宜養目。凡晶性凉，能消熱氣。目力久用，不無眦火，眼鏡宜之。然則料自火出，必忌作眼鏡矣，當慎辨之。其别有五：一曰綿，綿是其病，然正如玉之萊菔花、硯之鸜鵒眼也；一曰紋，銀晶無綿法，閃側向明，睨而審諦，見有如水波雲頭堆起之紋，摸之實無，此不能僞爲者也；一曰縐，晶不必定有紋，然必有晶之形，則橘皮縐是也，視法同上。若肌膚之有毛孔然，然視之較難，須善會之；一曰重，晶與料較重，必鎮手，亦猶玉之與料；一曰舐，與玻璃等同時舐之，晶則其凉徹骨，此法冣易而無失。

七、玻璃紙爲天生雲母之屬，起層似明瓦。其透若玻璃，色明而稍黑。其薄似紙，軟脆不可摺。然擲地不碎，入火不焦，亦一異也。向來用之窗櫺，近今玻璃價減，殊形其陋。然用以鈎字，明而無玻璃差，又可拭除改易，是其獨擅之長。【略】

又 鏡色

一、水晶生具五色，除金晶見紀文達公小説，忘其書名。貴重罕見外，其餘諸色，祇可充玩器。惟墨晶能養目及視日，具有大用。蓋目冣畏明，以光相奪也，黑能殺之。視久生火，晶能凉之。色深者能視日不眩。料厚益黑，故作眼鏡者以厚爲貴。獨墨晶以薄爲貴，蓋薄而能黑，乃真墨晶也。别有茶晶，乃其淺者，價則大減，然亦稍能養目也。　色亦有僞作者，久則退。本《博物要覽》。

二、玻璃作窗，室内視外爲居暗視明，原光九。是其長處。五色玻璃作窗，外人更難於窺伺，且煇煌可觀，閒一用之，亦致飾之美也。

一系《多能鄙事》錬琉璃法云：欲紅入硃，欲青入銅青，欲黄入雌黄，欲紫入赭石，欲黑入杉木炭。張明益云玻璃内五金皆可參入。據此，則物皆可參，所以能成五色。然未見有黑者。惟絳色，似黑而透照仍帶紅，即墨晶亦然。豈本是黑色，因透照映光，致似絳邪？抑黑則無所見，故取絳代之邪？觀圍棋黑子，稍透者映光必帶紅黄。而鐙薰玻璃，除視日外，一無所見。殆兼有二理矣。

三、視日食，無黑玻璃，則用薰黑玻璃視之。日光雖盛，絶不射目。法取平玻璃，於油鐙烟上薰徧用之。薰熱時，宜放紙上俟其自冷。最忌風與溼，蓋冷與熱相激則有迸裂之患。

一系《博物要覽》云：凡水晶不可用熱湯滚水注之，粉裂如擊。蓋水晶體本冷，故與熱不宜，不可不知。

又 鏡形

七、方形，六面俱平，通光四照。如晶章類，是非鏡也，然具有鏡理，故論之。至方體不通光者，則無可論焉。然必物自背透，景從面見。故斜對其面，能見其背所切之物，而目與物真形反不相參直，是亦折線。原線四。

論曰：如圖盌底置錢，目在乙，視錢於甲，爲盌邊丁所遮而不見。若充以水至丙，則見矣。夫水爲通光，甲自透景於丙爲直線，目自乙視丙亦直線，丁遮甲而不遮丙，其見之也宜矣，而乙丙與丙甲實爲折線。設廣盌邊之丁於庚，則庚不遮甲，目線至甲，雖直射而無所蔽，亦必見錢於丙，而不能見錢於甲也。如云不然，豈不置一錢而見兩錢乎。

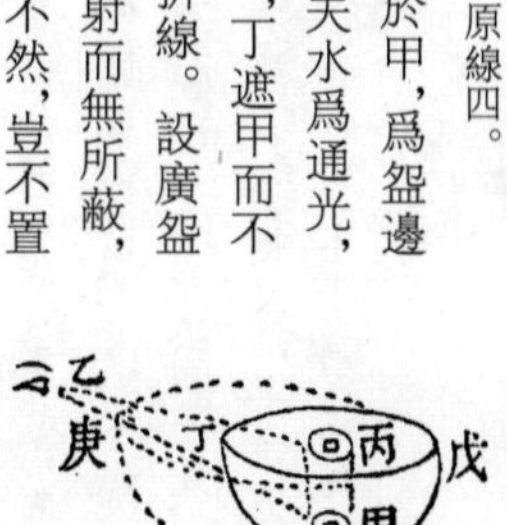

又設圖以明之。有直竹四節，兩根相等，一根平置如子己，一根插池内，必當如子丑。而目自子視之，則爲子辰寅。夫子丑本直竹，乃至辰若折者，辰丑之景透浮水面爲辰卯，而辰丑真形爲斜池，故景亦斜池而似辰寅也。又辰寅本與午己等，緣丑上透卯必成垂線，故辰寅若短於午己也。又魚者居子，見魚在寅，其投叉必下向丑。漁夫習之

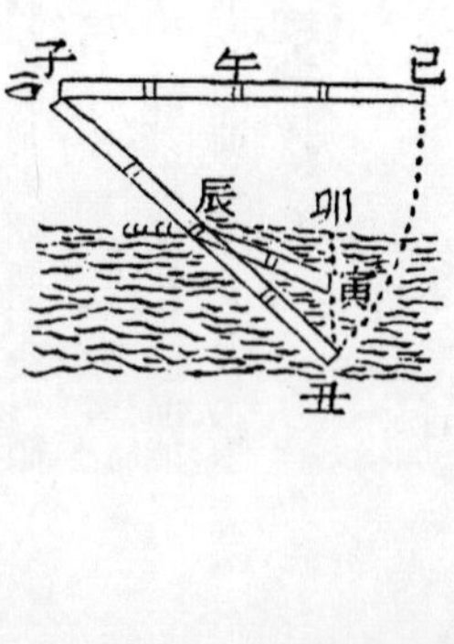

熟，故知之悉。此通光視物不得不然之理。本《遠鏡説》。或謂池底之物既浮，其景則應在水面，是見丑於卯，非見丑於寅也。曰：丑自浮於卯，而象若在寅，此水差也。本《儀象志》，即鏡中遠差之理。如云不然，則銅鏡之光在面無厚，返照物景有近有遠，乃以同含於面之故，遂謂物之遠近並在一處，其可乎？

八、方形通光者，每面能受四面之光，而視其受光，必因斜折線而見，故受光者止見一斜面。每面皆透空際之明，而視其透明，必因直穿線而見，故透明者止有一對面。

解曰：如己底面甲丙乙丁，旁四面皆其斜面，而對面止有正面戊，故遮戊面，則目於己面無復透明處矣。若受光，雖有四面，然自甲視己，其折線止射於乙。若遮乙面，則目自甲視，不見受光。理矣。

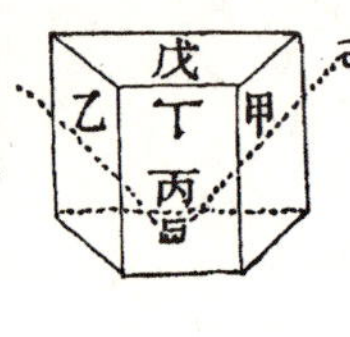

一系，圖正方體，必斜畫以合視理。西法更以近濶遠狹者，並視差之分寸而圖之。今欲圖三面於正視中，不得不反西法，作近狹遠濶之狀。雖於視理乖謬，時亦有所取爾。蓋圖以明説，不比繪事必以形求肖也。又舊法密不容書，則作圈引線，圖外書之。至背面，則別作背圖。今於背面作爲△，圈其背面，記號皆作左書，覺易明了。兩法皆屬創始，相其宜參用之。

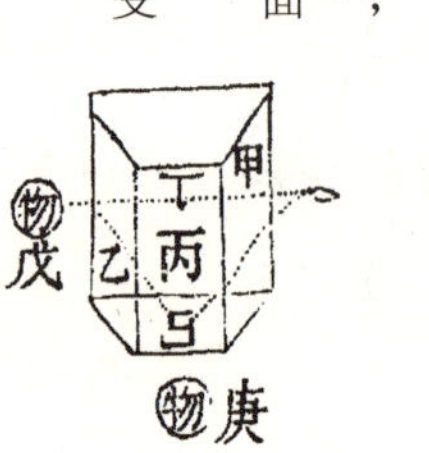

九、方形，正視能透背面之物，側視能受斜面之光，但透物之面即不能受他面光，受光之面即不能透面外物。

解曰：自甲正視乙，能透見外戊，則不見乙受光矣。自甲側視己，既見受乙光，則不見透外庚矣。

論曰：自甲視丙，必以折線返照至乙，故能受乙之光，即能阻丙之透。夫甲既透明，故受光處能見也。而甲與乙對，丙與丁對，自甲穿丙視戊，則目線爲斜，而鏡線爲拗，故透戊物處不能見也。若置目

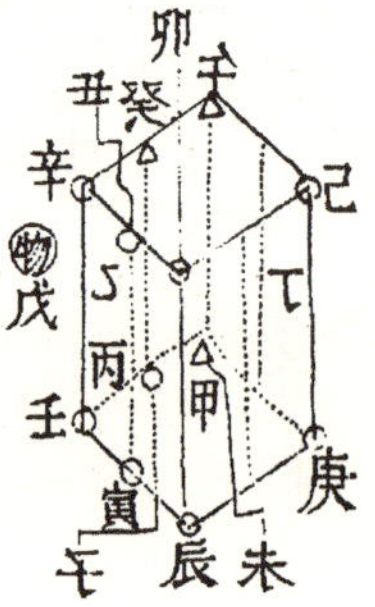

在己庚稜線之閒，則戊當辛壬稜線，目跨見甲、丁兩面之交，則物分到乙丙兩面，是目自甲穿乙得順線可透，自甲穿丙得拗線不透。自丁穿丙得順線可透，自丁穿乙得拗線不透。夫丙與乙本各爲一面，而各有透、不透之殊，則必成半透、半不透之面，而生丑寅及癸子兩線爲之隔矣。夫丑寅與癸子兩線，實辛壬一棱之景所縮而成。辛壬棱既各縮於兩邊，見其景，則辛壬之實線如處空虛，反不可見，而丑壬及辛子兩半透之面，必相連成一透明之面矣。

十、方形斜視，不透明而受光。若對明外視，自丁窺乙，則乙背明必闇，然見其不透，不見其受光矣。乙外向明，返對丙面，故爲背明。若向明下視，自甲窺己，空明下透，則己受乙光，必爛如汞錫，故見其受光而不透者，亦即如汞錫之阻其通也。

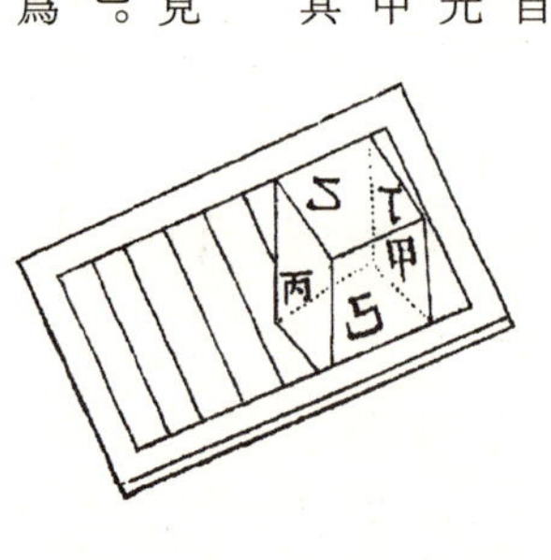

十一、方形受光，能阻其通，故字雖切鏡不見也，字在鏡外也。若作字鏡面必見也，墨染鏡上也。夫切鏡之與鏡上，一閒耳，然而墨既染焉，則已連爲一體矣。

十二、方形斜視，自甲窺己，己本方面，如子辛。緣目線斜射，光線斜受，兩線相會，適得其半，如癸。故必縮庚辛線爲壬癸，變方成扁矣。若作方字，亦必成扁字矣。

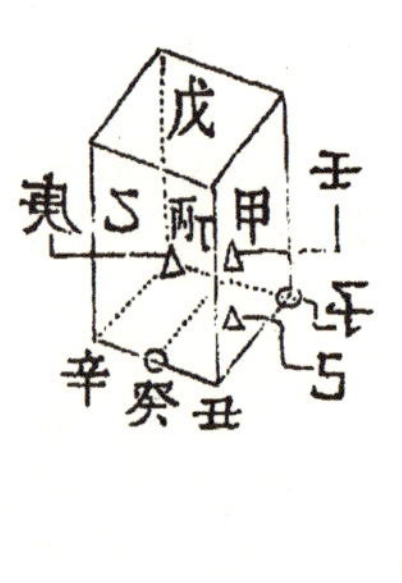

十三、方形向明，自邊視底，則方縮成扁。夫橫之爲扁者，直之即爲長。故置目甲丙之閒，跨見兩面，其在甲窺己，縮戊庚爲癸子，因丙面斜向所礙，則庚之所縮不能到寅而到子，則成癸辛壬子半圭形；丙面所見亦必如之。而半圭之首斜邊，兩形相等而適合，必併成一曲尺形矣。目在卯壬棱線之閒，下視其底，上視其面皆爲內縮，故曲尺形必外向。如二圖。若移目出卯上，而下視其面，則爲上縮；或移目出壬下，而上視其底，則爲下縮。其曲尺形必皆內向矣。如三圖。夫同一底方而縮成兩形，同一縮法而縮於兩面。若作一方字於上，必見爲一扁字、一長字矣。如四圖。

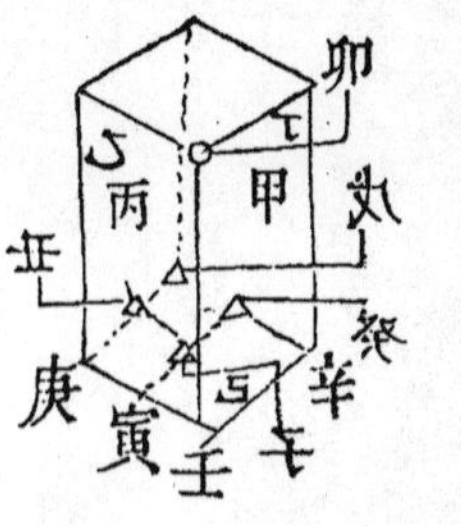

一圖

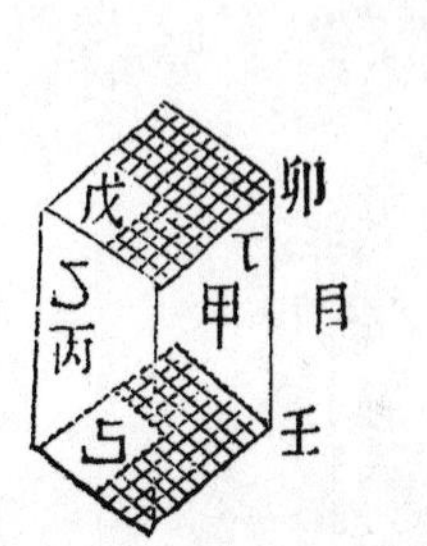

二圖

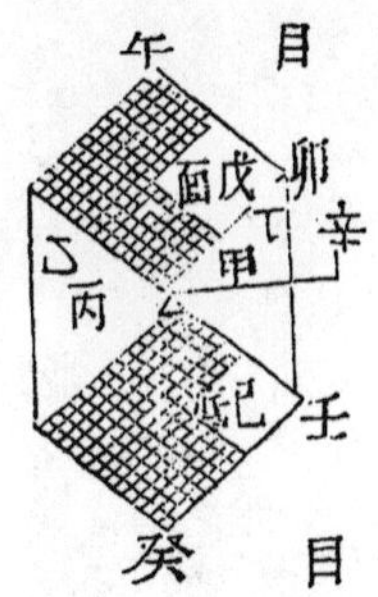

三圖

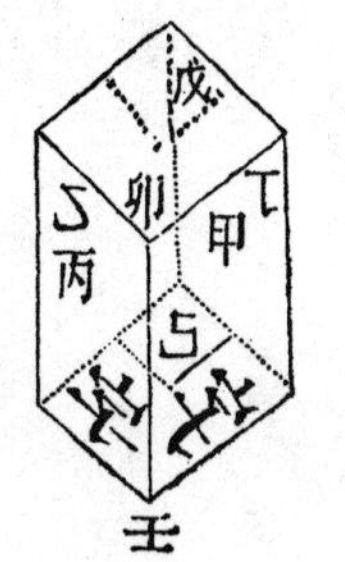

四圖

論曰：下視底見己，上視面見戊，在己稱下縮，在戊稱内縮，非有二也。

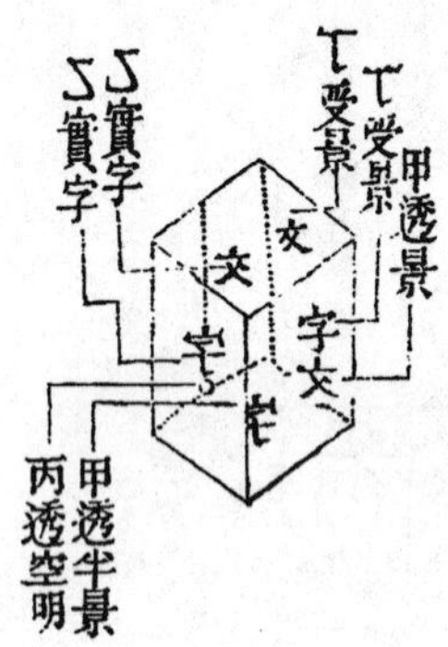

十四、方形斜視，作字則可見。字在乙面，甲透其景，丙丁皆受其光，則一字應見三字。但目居甲丙之閒，爲丙面所礙，止見半景。若字偏乙面之右，目亦稍偏於甲，必見右半面全景，是一字成三字矣。唯丁所受字，斜線不得到丙，故丙面止透空明耳。

十五、平形通光者，側面甚微，姑不論。其餘各體皆有側面，但方形六面爲直角，否則爲鋭角、鈍角。夫直角斜視不透明者，以視線斜故也。至於鈍角，大於直角，則視線愈斜，愈不透明可知也。若鋭角，小於直角，則斜線漸殺，必漸透明矣。

十六、方形斜視，受光不透，亦因乎體斜線拗，故色深而黑闇耳。體愈厚，線愈拗。若殺其厚，則爲鋭角；殺其黑，則爲青紅黃諸色。原色五。故三棱體自其一棱透視對面，必由薄漸厚，而厚不至直角；掩映空明，必由淺漸深，而深不至黝黑。遂能透見外物而生紅緑采色矣。雲氣厚薄，掩映日光，見爲虹霓，其理也。本《儀象志》。

十七、平鏡及多面雖各不同，而就其面論之，皆不外乎平耳。異乎平者，惟凹與凸鏡。有凹凸，其形既殊，其變自異，爲用甚廣，爲論亦繁，非更端未易終也。特詳後篇。

十八、鏡有柱形，其縱面與平同理，其横面與凸同理。

又　卷二《釋圓》　鏡多變者惟凹與凸，察其形則凹在圓外，凸在圓内。天之大以圓成化，鏡之理以圓而神。作釋圓。

圓理

一、鏡之光線，面平者因物收展，可平行，可廣行，故有隨時而移者，以順目光線。面圓者，因物收展必廣行而不平行，故獨有其不移者能濟目光線。夫以順目爲用者，自無所違忤。以濟目爲用者，失其理即反以爲累。原鏡八。

二、圓界分三百六十度。所作徑線，自界約行至心，會成一點。圓有定界則心有定處，而界線之濶狹亦有定處。鏡之圓者，其光線亦然。

三、圓界分三百六十度，大圓與小圓等也。所異者，圓愈小則界愈曲，度愈狹，徑愈短。鏡之圓者，其光線亦然。

四、圓兩徑線約行至心，則交成角；過心則侈，復岐爲二，永不復交。鏡之圓者，其光線亦然。

五、物之相射，其線必直，故目正對處，其視瞭然；斜對處，其視眊然。目能四顧，於物無不正對。余嘗斜迆車中，不坐起，則塗遇之物不能確見，足徵斜對之理。若以管窺，則太斜處並隔於管口而不見。使管外口安一平玻璃，物象雖斜入鏡，而斜對者不能入目也。若凹與凸，則能入目矣。何者？凹能收物使小；凸遠於目，則倒物象而亦小，故皆能斜攝物景。蓋物之所居雖偏，而鏡之環面所對則正，是以環愈甚者，其斜攝之境愈大也。

六、凡圓形，以弧而見。弧出於曲線，線愈曲，弧愈深。若同一曲線，平視之而曲淺，側視之而曲深者，視線長短爲之也。

解曰：正圓以九十度爲㝡深。橢比正圓，大徑較大，必深；小徑較小，必淺，理也。夫橢與正圓，形不同而曲無異

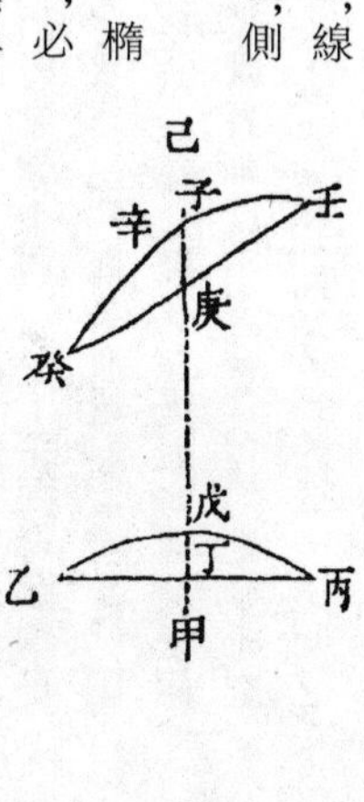

勢，九十度既冣深，而橢能更深者，正圓之曲有定，橢圓之曲無窮也，故深極可以至於不見。而小徑反之，亦無礙於較淺。依顯凸同，正對視物稍大，側則漸大，可成倒景，視線長短故也。如圖：辛戊凸同，而丁戊短如橢小徑，庚子長如橢大徑，甲視已雖同，必變爲一深凸、一淺凸矣。

七、弧側成橢，能使凸加深，本草六。此一理也。凸遠於目，能使物見大，此又一理。夫凸深則見物大，遠目則見物愈大。凹與凸反，故凹深則見物小，遠目則見物愈小。但凸遠目，大極能倒物象而轉小，乃如凹理矣。依顯，凸鏡上下側之，則上下有遠近，而物方者見長矣。使左右側之，則左右有遠近，而物方者見扁矣。若凸之深者恰值物象將倒處，使上下側之，是上下倒而左右不移也；或左右側之，是左右易而上下如常也。是正面變反面也。推之凹理，側則加深，亦能使方者爲長爲扁。但凸是側處顯大，凹是側處顯小，似同而實異。又凹不能倒物，亦無所爲正變反矣。

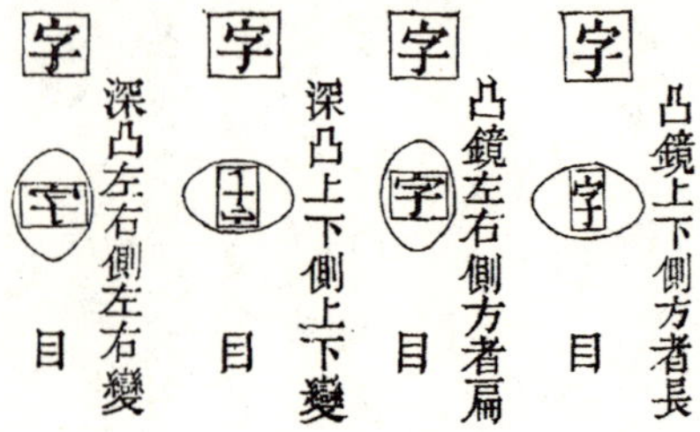

凸鏡上下側方者長
凸鏡左右側方者扁
深凸上下側上下變
深凸左右側左右變

八、圓徑之理，與圓體鏡光線同理，而有不同者，圓界與鏡之凸凹相等，則半徑線與鏡光線必不等。何也？圓徑線以中心交角爲斷，鏡光線以取景收光爲憑。收光生於交而不在交處，故必長於半徑也。圓徑線各因弧而不變，鏡光線兼隨照而生差，故其長短無定也。

九、鏡有光則有光線，唯圓形者可於取景借光見之。蓋聚衆光於一處，光複極濃，故能見象於空中也。然此雖可見，實不足以爲鏡光線。蓋真鏡光線有二，一出弧背，如甲丙乙。則有背交，如子。從交侈行，子壬與子癸。名弧背光線。一出弧面，如甲己乙。從面約行，甲丁與乙丁。則有面交，如丁。名弧面光線。甲庚與乙戊。凡約行皆有交，穿交皆變侈行，愈行愈濶。凸鏡兩弧相背，故有此兩種光線，乃生三限。因其順透得光，名順三限。此三限者：一因光在極遠，如日。視徑甚小，函於弧面光線戊庚。界內，背距丁革。甚長，爲面交所隔，故隔射倒入於鏡，甲丙乙。透鏡而出，爲背線甲水與乙火。所函，不得不約行，約極則成象。此處水火。以目視光，則見恰塞鏡面；以版承光，則見成爲倒象，而面距如己斗。有定度，爲第一限。一因光在極近，恰當面交，如丁。交止一點，光體則大，交不能函；且背距甚短，無交可隔，故光體上下丑寅。自出兩線，丑甲與寅乙。直射順入於鏡，甲丙乙。透鏡而出，爲背線甲子與乙子。所函，不得不約行，則有背交，穿交乃倒變爲侈行，侈則漸大，遂亦成象。此處任遠，如己絲。以目視光，皆見恰塞鏡面；以版承光，皆見成爲倒象，而背距丁丙。則有定度，爲第二限。一因光在遠近之間，如胃丙或畢丙。光體既大，如虛危或亢氐。丁之交線不能函光，光不當交，子之視鏡不能塞滿，於是面交背交，此兩交分權，面距背距斯兩距恰等。此處如昴。以目視光，亦能恰塞鏡面；以版承光，亦能見爲倒象。而兩距必皆有定度，爲第三限。第一限因收光成象，名順收限。第二限因展光成象，名順展限。第三限因光象相等，此伸彼縮，迭相消長，名順均限。至於鏡之對光返照，則成折線。原線三。折線所成亦有三限，同此一理。必稍側乃見。名側收限、側展限、側均限，以資後論。凸返照即凹，亦有側限。凹不能取景，即無順限，故側三限尤爲凹鏡所專賴。

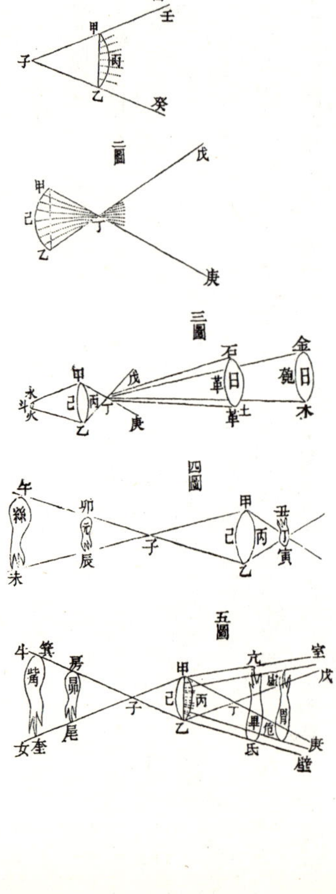

解曰：凡光射物，中無所隔則直射；中有所隔則隔射。直射則散爲明，不見光象。隔射則聚其光，倒呈厥體。故光照孔爲直射，穿孔既遠，光線相交，交爲之隔，變成隔射。蓋光之邊束於孔之邊，而聚成一交，則上射下，下射上，乃見倒光象，此取景理也。是故鏡既通光，即無殊孔。凸有線交，即如物隔；光塞鏡，鏡束光，不得不聚成交而見爲倒象者，勢固然也。在順收限，如第三圖，是光居遠處，如日。目在交處，如斗。見光塞滿。使目不動，移光任遠，則光度應漸小而塞滿如故。何也？光射丁而函於戊丁庚角故也。蓋光遠極小至一點止矣，而光線交角亦止一點，故光既到角，如丁。順鏡散射，鏡面自無不滿矣。此推得順收限之理，因隔射而倒成滿光，因直射而收爲光體也。在順展限，如第四圖，是光居丁處已無交隔，目在遠處，如元或絲。見光塞滿。使光不動，移目任遠，則光度應漸小，隔凸視物大，極則倒，復小而清故也。而塞滿如故，自無不滿矣。何也？過交而散爲午子未角故也。蓋光線穿子則侈，愈遠益濶，自無不滿矣。此推得順展限之理，因直射而入於鏡面，因隔射而展爲倒象也。若光出丁角之外，如第五圖，則不得不隔射，而體非丁角所能函，又不能移鏡光之交，故弧面之線丁戊與丁庚。爲無權，而弧背之線甲室與乙壁。乃當令。何也？弧背之線愈遠愈侈，雖光體甚大，固罔有弗函者也。夫既函於弧背光線之內，則必變隔射爲直射。光既直射鏡面，則透鏡而過，不能不出交而成倒象。必出交而成倒象，則引目近鏡，不能不收象而使不塞滿。此皆移光移目，逐漸生差之故也。且凡視法，漸遠漸小；凸鏡視法漸遠漸大。順收限引光任遠，皆恰塞鏡面，無復大小，故知是光之入交無改移，必穿交隔射也。順展限引目任遠，皆恰塞鏡面，無復大小，而倒象則漸遠漸大，故知是景之出交成倒象，必光體直射也。凡光體射鏡，因爲光線大力交隔所攝，故變隔射；不爲光線大力交隔所攝，故能直射。今順均限既有光線交隔，則不應直射；而溢出光線界外，則不能隔射。乃毅然決其爲直射者，以有弧背光線之大力在，則是弧背光線當令，因使弧面光線亦退處於無權，乃能循弧背線順入鏡面，及透鏡而出，穿弧背線之交，遂能取景。故知是光之出交成倒象，必弧背光線直射也。而引光近鏡無定度，透鏡倒象亦無定度，此伸必彼縮，互爲消長。又知弧背線攝光直射，不與光體自生之線直射同也。

一系，凸鏡順收限，其光線雖借光可見，然在巨日之中，亦閃爍不明。其法宜俟日照暗室，閉門留縫，野馬也，塵埃也，以鏡承光，仿佛似之。又法，含煙噴之，光線遇煙尤灼然明顯。若凹鏡側收限，宜取含光者，其光線方濃而易見。

二系，平鏡透明即如物之有孔，對日大光即如孔之漏日，亦應有交，但鏡大於孔，不啻倍蓰，其交益遠，且無弧面光線攢聚一處大力，故取景甚淡，亦無足用，姑略焉。

十、側三限與順三限，皆同一日光穿孔之理，而有不同者，其勢異也。故以其同而言，不過一格術耳。而以其異而言，則鏡與孔異。孔之交在背光面，鏡之交在向光面。不惟此也，即順限與側限亦異，順限長而側限短。不惟此也，即收限與收限亦異。光小約行而光大則侈矣。

論曰：順收限，無論光大小，距鏡既遠，皆以約行入交，過交復侈入鏡，及其穿鏡而出，則視光體大小爲收光之大小。前解皆以約行立論者，緣所舉者祇日與鐙。鐙不過寸許，日雖大，視徑本麻書。實小，取景皆不出一二分耳。設於室中取庭心之景，則鏡徑一寸，景徑可二三寸，勢必侈行矣。然而仍以收限名者，景體必小於光體故也。展限則否。惟均限景亦較小而名均者，以其在未收未展之閒，而兩距又等，故稱均焉。

十一、取景之法，於取景處置目，鏡中光象必見塞滿，不滿則取景不真，未到限故。然亦有不同者，均一滿光，順收限視光體不清，灼灼射目而已。順展限則鐙體鐙心皆一一可辨者，何也？蓋展限短於收限。若九與十適合鏡光線交，乃視物最大處。收限較長，則大極將昏處也。均限更長，倍鏡光線交。固無論已。

十二、取景之法，凸鏡愈深，收光愈小，展光愈大。蓋鏡光線交，凸深則角大，而距長則凸淺，故角大者則展物象愈大；距短者則收物象愈小，各有其比例耳。

十三、兩物相射之線，有平行、侈行、約行三種。平行姑可不論，侈約二線平鏡亦有之。特在平鏡其侈行必因乎物大，其約行必因乎物小，適稱本形矣。至凸與凹，則其侈約兼視鏡之環而生差，能强物形而大小之，則其鏡線交所生諸限爲之也。

十四、鏡有凸心、凹心，形之異也。鏡有透照、對照，用之異也。形同者，異用則異理。形異者，異用則同理。是故通光凹與含光凹，通光凸與含光凸，皆同形，對照無異也，而透照與對照則異。通光凸與含光凹，通光凹與含光凸，皆異形，對照固異矣，而透照與對照則同。然通光者必有透視之反形，又有反映之虚形，是凹中有凸，凸中有凹，對照必非一景，第通光專以透照爲用，可姑置而弗論焉。

十五、凹鏡透照，見物恒小，同理者亦然。凸鏡透照，見物能大，同理者亦然。凸鏡對照，見物恒小。凹鏡對照，見物能大。同理者亦然。

十六、凸鏡透照大物形者，以有鏡線交，能生諸限故也。凡交内能大物者，當交則大極，過交漸昏，昏極至於不可見，復漸清而倒，漸清漸小矣。同理者亦然。凡鏡線有交者照物能倒，物象對光亦能取景，同理者亦然。

又　圓凸

一、鏡本平面，滂沲四隤乃成凸形，故謂凸在中央、以次漸殺者，指凸之一鏡言則可，指凸之真形言則大謬矣。何者？凸鏡多截球體，故中厚而邊殺，然其真形實出於球。球自圓心至界，任作半徑線，無度不等，則何處不凸，如有一點未凸即不中規，而凸不可用矣。

二、凸之淺者，宜無過一度；其深者，宜無過三百六十度。然鏡之鏡物，未有用球者，特截其中一弧而已。欲較其淺深，量取則難，惟以順收限爲主。圓理九。今業鏡者謂之幾寸光。凸愈淺，限愈長；凸愈深，限愈短。故又名以凸深限。今以球徑一寸，驗其深限不止一分。依顯，凸鏡一寸，深限無一分者，不然能無橢乎？故欲求作凸鏡，深限一二分則非小不能。

三、通光凸，有一凸，有兩凸。兩凸者，兩面皆凸，必合兩面爲力。須分別論之。今一凸者名單凸，兩凸相等者名雙凸，兩凸不等者名畸凸。

四、凡通光者，受光有兩景，一爲面受光，一爲背受光所透。鏡資二。故凸之面與含光凸等，其背所透與含光凹等。然鏡能鑑景，凸亦有景。原景九，原鏡九。凸反景成凹象，凹翻轉又成凸象，故對照雖有凹理，而透照仍爲凸用也。

五、凸鏡光線因環面生交，故其透出能收光爲順收限。又緣鏡能發光側出倒射，亦能收光爲側收限。此兩者因環面爲大小，亦因光體爲大小；因環面爲長短，亦因遠近爲長短。至其定限，則側收限必短於順收限者，透照與對照，其勢殊也。

六、凸鏡三種，各具兩面立名，以資後論。雙凸，兩面既等，任以一面名正面，其一面即名餘面。畸凸，一深一淺，深而名正面，則淺名副面。單凸，一凸一平，而平面亦有凸景，凸面名正面，則平名景面。凡雙凸，正面側收限一，餘面亦一，其順收限四。單凸，正面側收限一，景面必三，其順收限六。故側收與順收兩限相求之法皆以正面爲主，雙凸以四爲率，單凸以六爲率。側求順，則以其率乘之。順求側，則以其率除之。唯畸凸正面與副面無一定之分數，則無一定之率數，須先以正求副，得其分數，乃可求其率數。詳見下條。

論曰：鏡面既兩，如單凸，甲面金石絲，乙面竹甘匏，則甲面有金木絲對弧景，對弧而生，名對弧景。此甲面景也。乙面既受光，有竹土匏對弧景，但形爲竹土匏，必縮而坿於竹甘匏平面內。原景十。又乙面有竹土匏弧景，亦必反照而有竹革匏對景景，對景而生，名對景景。此乙面景也。然則一凸面，三凸景，共成四凸。依顯雙凸則甲面有子卯丑景，乙面有午辰未景，而子申丑、子戌丑、午亥未、午酉未共成八凸。景各有所坿，不可圖，以橫書爲識別。透照之虛景，無權者其力一，則對照之虛景當權者其力必八。兩面爲八與一，則測其一面必四與一，故率用四也。單凸，凸一而景三，故透照之虛景無權者其力一，則對照之當權者其力三。然單凸之凸面，視雙凸減半，則單凸之力亦必減半。力減半者，限必加倍，故率用六也。力三，加倍得六。雙必合兩面爲力，推其測數，準七五折。力八與六，若一百與七五。

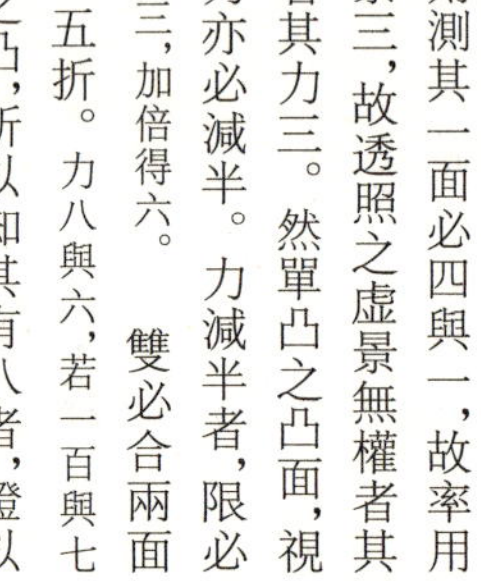

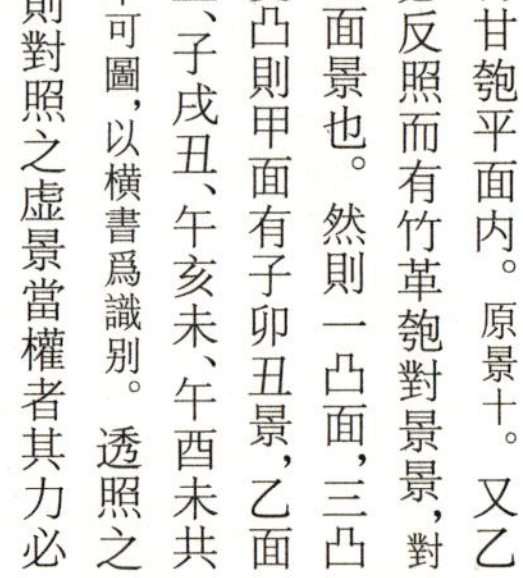

又論曰：雙凸之凸，所以知其有八者，證以單與畸也。蓋鏡以光爲用，而光照於面，面雖無厚，能含遠近各景。原景十。故物有幾色，則鏡之面亦幾形。鏡有兩面，通光面透背景，故一鏡具有兩面。則物之景見兩象。蓋畸凸與兩單相並之理同，而畸之向光爲一面，畸之出線爲一面，其凸力八皆坿於出線之一面。兩單相並，其向光爲一面，其出線則兩面，向光之面不能出線。故凸力亦八，乃分坿於出線之兩面。是以推算之理原可通於畸，而推算之法則畸爲又別也。

如一圖爲畸，乙向光，則丑受景，出午線而乙不與。丑向光，則乙受景，出庚綫而丑不與。二圖爲兩單並，其乙與丑無異也，然各有一正面、一景面，受光而有長短兩種綫矣。

圖一

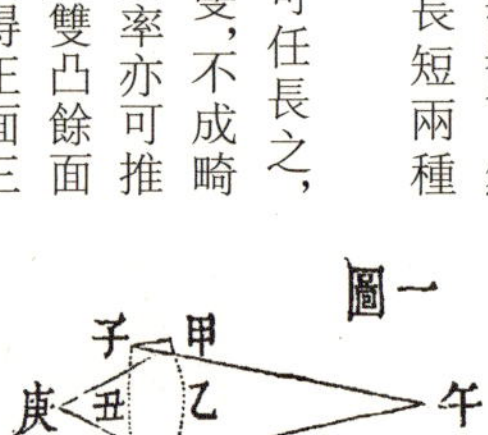

圖二

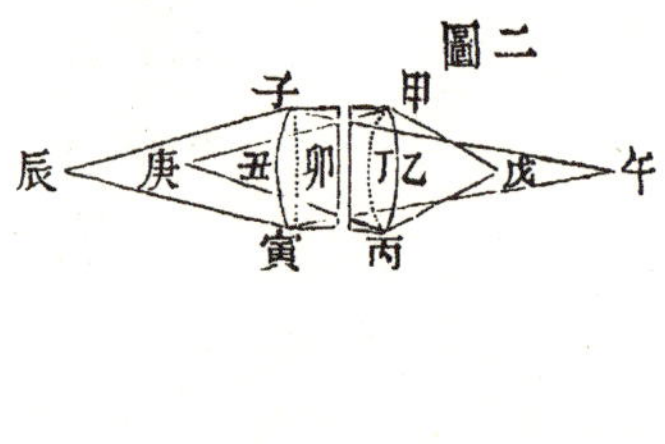

七、畸凸正面一寸，其副面自可任長之，然長至三寸則爲單，短至一寸則爲雙，不成畸矣。故雙與單即爲畸凸限兩界，而其率亦可推求。其法先以正除副，得其倍數。夫雙凸餘面得正面一倍者，其率爲四。單凸景面得正面三倍者，其率爲六。則畸凸副面得正面二倍者，其率必五。蓋一倍與三倍之中數爲二倍，而四與六之中數則五也。然則由二倍而減至一倍一者，其率必爲四一；增至二倍九者，其率必爲五九可知也。餘倣此求之。

解曰：以數明之。如單凸，正面側限一寸，順限六寸。若並一單，使正面側限二寸，則順限必加深而殺於六寸矣。以推之畸，將毋同乎。然兩單相並，其側限是分測所得，畸正面與副面是合測所得，正副聯體，舉一並雙。設平其一，則限變長，故並兩單以證畸，可以明加深之理。而用以求率，則畸與雙單，例自相通。而兩單相並，另爲一支，詳後圓疊。

八、凸鏡線不可見，借光原光三。乃見。一在發光，原光三。一在暈光，原光十八。皆於取景徵之。

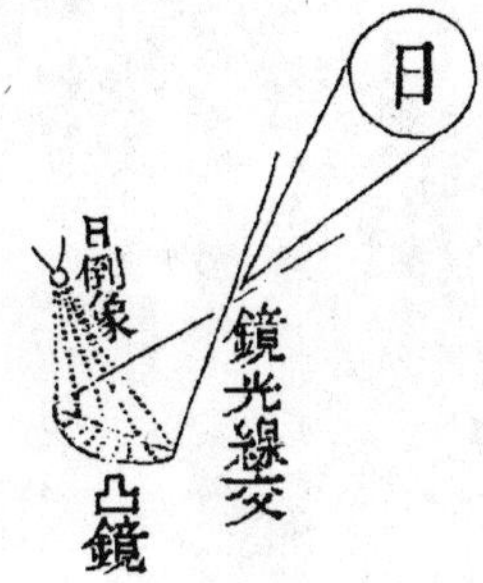

解曰：發光兼含光、通光鏡兩種而言。取景者，側收限所用也。如單凸，以平面對光體，或日或鐙。稍側之，以紙蒙板片，取其潔白，或白板亦無不可。切鏡稍離，用承其光，漸離漸小，小極即見倒光象，是爲側收限。過限漸大而淡，無復光象，徒發光而已。暈光專指通光鏡一種。取景者，如單凸，以凸面正對光體，板承其下，切鏡漸離，鏡透之光鏡圓則圓，鏡方則方，光隨乎鏡，則方圓不等，皆同鏡形。漸離漸小，小極即見倒光象，是爲順收限。過限漸大而淡，無復光象，與側收限同。再離漸暗，至倍限則見鏡黑景，原景九，原鏡九。更遠則黑景外見虛光，愈遠愈大，此暈光也。緣日大而遠，故景與鏡略相等。若光小於鏡，則景漸大。若光大而近，則景漸小。原景六。而暈光則恒大者，出於鏡線修行故耳。凡此皆諸凸所同，專言單凸者，取其於收光之理易見也。觀圖自明。依顯，光線必有鏡線爲之根。

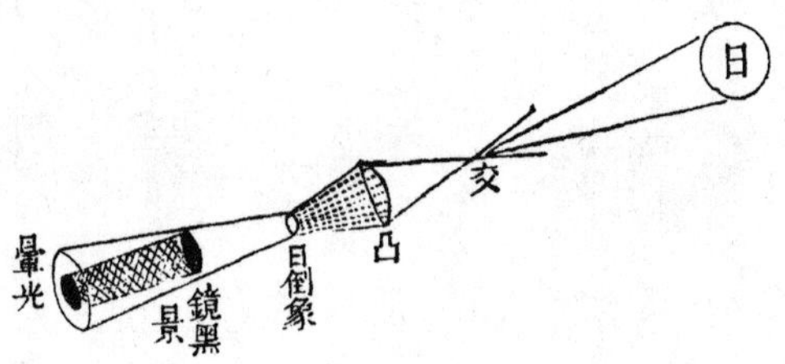

九、雙凸者，以丙丁乙向日，其順收限出於丙丁乙鏡光線，丙甲乙之反照虛景亦助其力，而丙甲乙之鏡光線則無權。其側收限出於丙甲乙鏡光線，丙甲乙之反照虛景亦助其力，而丙丁乙之鏡光線則無權。依顯，單凸以平向日，應有側收限，亦有順收限。反之，以凸向日，應有順收限，即有側收限。但單凸之側收限，兩面必有長短，而順收限則反復皆同。此單之所以兩面任用，而凸深之力等也。

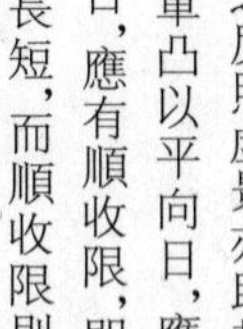

十、通光球鏡，雙凸之足度者也，可借以徵凸理。蓋凸鏡多是三百六十度中之一弧，其度無從量取，然其形實未有不自球截者。如圖甲乙丙丁爲球，丙丁爲全徑，甲丁、乙丁爲鏡光交，與子丁相當。試截爲不足度之弧，如丑丙寅子，其交仍在丁，爲丑丁、寅丁，與卯丁相當，則凸同而數不等，故命丙丁爲鏡光度，則數亦等矣。是雙凸之鏡線交與全徑等也。光在極遠，其順收限爲甲辰、乙辰，與子辰相當，宜取丁辰爲順收限，以較鏡光交必稍長，若十與九。夫鏡光交理應在丁，驗以球之順展限，必入火乃見，可證也。若側收限，爲球所無。今以不足度之凸合而推之，如丑丙寅子。則順收限卯辰十，順展限卯申九，順均限十九，其側限皆得順限四之一。此雙凸率本章六。是則順展爲丙丁，側展必丙卯，一倍半徑，一半半徑。依顯鏡光交即全徑，丙丁。均限即收展相併也。

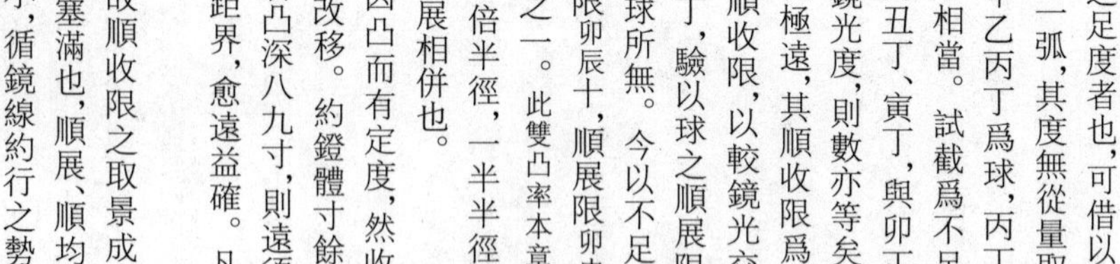

十一、收限、展限雖因凸而有定度，然收限之光、展限之壁，其距鏡必遠，方無改移。約鐙體寸餘，凸深即順收限。寸餘，則遠須尺餘。若凸深八九寸，則遠須丈餘，無定率，不可爲限。今名曰限距界，愈遠益確。凡驗凸深淺，宜用日月之光，職此之由。

十二、順三限同理，故順收限之取景成倒也，順展、順均亦然。順收限之見物塞滿也，順展、順均亦然。而三限殊勢，故順收限之取景小，循鏡線約行之勢也。順展限之取景大，當鏡線出交之勢也。順均限之取景在小大之間，當兩限中處之勢也。三限異度，故塞滿之象，順展限大猶可見，順收限昏而難見，順均限茫無所見，距交短長之差也。三限各地，故順均限有定不移，其取景止於其所；順收限光可遠而鏡有定，其取景小而有常；順展限光不移而壁任遠，其取景大而無量。

十三、取景之理，如孔受光，必四邊塞滿，遮其浮光，而光體之邊線得以聚而加濃，故物象倒而清也。然物既塞滿，四邊之體爲孔所遮，必不可見，故取景愈清之處，易目視之，必糢糊不見物形矣。然限既有定，而順展限獨可移壁近遠者，何也？蓋取景因乎塞滿，壁在限距界，已見滿象，再遠必無不滿故也。第過遠，光力有窮，未免漸淡，難用耳。

十四、含光凹對照與通光凸透照同理，而無順三限，然用其側三限，則與順三限同理，不重贅焉。

十五、凸鏡是次光明，原光九。故無論合目與否，鏡近而視遠則昏。若鏡遠而視遠，出順收限外，及物成倒，象必小而轉清，是兼有大光明理。蓋鏡質本屬至明，目近鏡與合一，而物明不如鏡，是爲居明視暗也，故昏不可視矣。交線能攝景濃，物入鏡與合一，而目遠視鏡景，是爲居暗視明也，故次光明變爲大光明矣。

十六、目切凸視近，在順收限内，則物必大。視遠出限，即昏不可視。雖凸淺可視，物必反小。若目離凸，則昏而漸大。若目離適到限，則大塞滿。若目離出限，則物倒小而更清。皆鏡光諸線爲之也。

解曰：凸如甲丙乙，光線兩種，一爲鏡光線，恒交於丁；一爲順收限線，恒止於庚辛。收限雖由鏡線生，然因物形大小而收展，以射物上下兩界，故在鏡線雖似乎展，而在物實受其束。物近在庚辛以内，順其三角之勢然也。物束愈小，入鏡愈大。此凸切目視近而大之理也。若物遠出庚辛以外，如子丑。則物上下兩界射至丁交，順鏡線倒入鏡甲乙，是爲隔射。而目線無隔射法，故自丙視之，仍自出兩線，一爲丙子，一爲丙丑，必拗鏡線穿寅，穿卯。寅子與卯丑爲丁子、丁丑所約，丙寅與丙卯爲甲丁、乙丁所礙。此凸切目視遠，昏而反小之理也。若目不切丙，物在庚辛以内，固與切凸視近同，而物更大，何也？目愈離鏡，鏡束愈小，有遠差理，物束小，故視覺大也。若物遠在庚辛以外，目離丙在順收限如辰巳。内，如午。則目線順鏡線，爲未申，是展丙子、丙丑爲未子、申丑。此凸離目視遠，雖昏而大之理也。若引目當限，如酉。則爲酉甲、酉乙兩線。此凸當限視遠，物大塞滿之理也。若引目出限如酉。外，離鏡既遠，物自以隔射法倒入鏡與合一，目自出其目線，遠視鏡中之象。此凸出限視遠，倒小而清之理也。

論曰：庚辛亦隔丁交，未嘗昏目；亥丙中有戌交，未嘗礙目，何也？蓋庚辛雖在丁交之外，而既爲順收限，自有其鏡線，且本是鏡線交甲丁、乙丁所展而成，丁角既展，即如無交，不惟不昏，且助目矣。此限之物，當極清處；此限之外，必爲丁交所不能展，故能礙物。夫礙物云者，亦礙其直射爲隔射耳。然則鏡光之戌交，不過礙目景，使見倒象於鏡而已，何嘗礙目光，使不見鏡面之丙乎。且鏡既透明，宜不隔物，今不能直見子丑正象，而見側象，此即所謂礙物也。

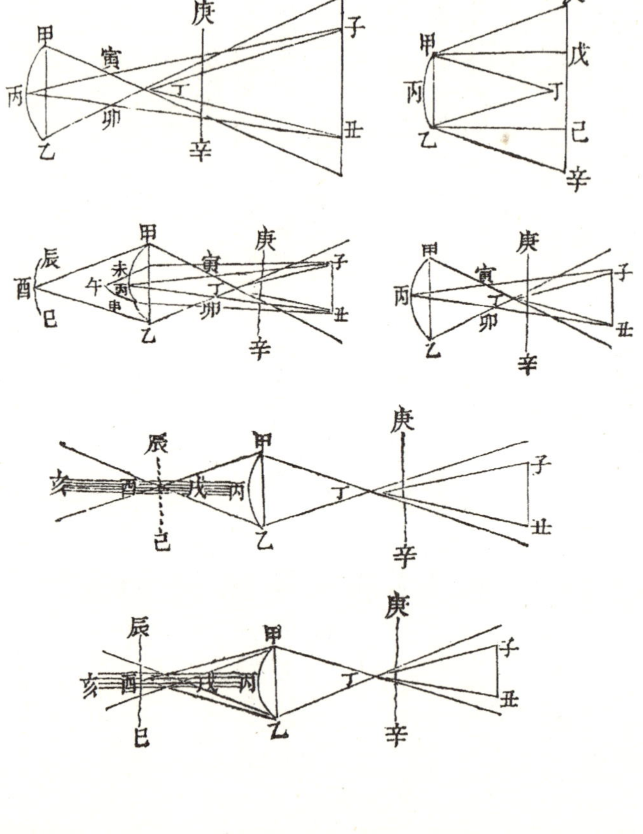

又論曰：鏡線丁交既有一定，何以又展於庚辛？蓋物有小大定分，既值透明之鏡，必能逐分函之而後全象見焉。鏡有會聚定角，故能束約其物，必將逐層束之而後全象函焉。物束於鏡，線不得不縮，線函乎全象，不得不展。彼縮此展，是二是一；既交且展，是有是無，故毫無挂礙。然必有其處，則庚辛以内是也。至庚辛以外乃交角當權之地，物縮所不能，交展所不及，雖透明者不能遽使不見，必生種種荆棘矣。

十七、物之上下，本乎天地定其位。物之左右，因乎對待易其名。故平鏡對照，上下不移，左右必互易。惟凸以環面生交，雖上下可以互易而見倒景，然必在交外方見倒象，在交内仍是順象也。

十八、目切凸，視近必大，蓋有二端：一以光線收物甚小，故入鏡必大，入鏡大者視亦大也；一以中凸照景甚小，故入目必小，入目小者視覺大也。原目六。

解曰：入鏡大者，設單凸以平面如甲丙。對物，如己丁。物線侈行，過甲丙入甲乙丙，必展而長。如以凸面如子丑寅。對物，如辰卯。物線平行入子丑寅，及到子寅必見其長。此入鏡皆大之故，目視鏡中能無大乎。單凸如此，雙凸可知。入目必小者，設雙凸任以一面對物，雖大如巽兑，景止一點，如坎。故其線之展甚大，而視亦大。雙凸必然，單凸可推矣。平面有虚凸故。此二端相反而義實相須也。《遠鏡説》未備。

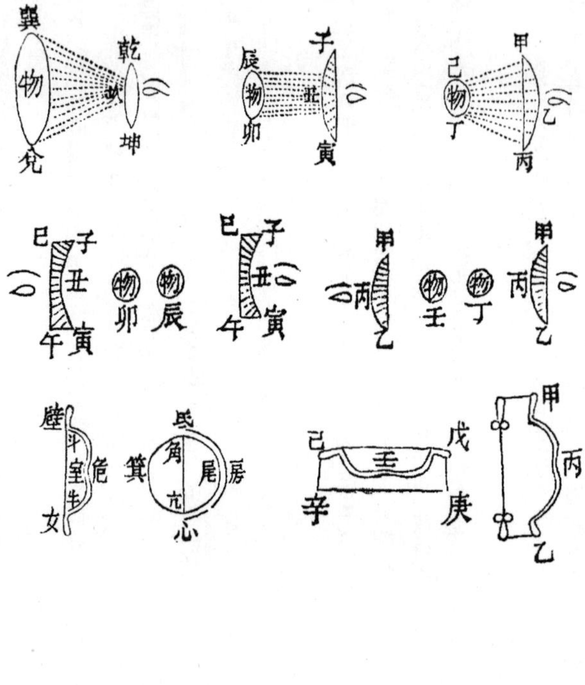

論曰：凸之大物也二端，質言之，皆以曲線長於直線故。然凹亦是曲線，不惟不大物，而反小物者何也？蓋虚實異勢耳。凸爲實環，如甲丙乙。必長於甲乙。物如丁。入長面，甲丙乙。目必由短面甲乙。相窺；物如壬。入短面，甲乙。形必於長面甲丙乙。透景，故俱見爲大。而凹爲虚環，如子丑寅。亦長於巳午。物如辰。入短面，巳午。目必由長面子丑寅。相窺；物如卯。入長面，子丑寅。形必於短面巳午。透景，故均見爲小。蓋物入虚環，其在凹面入者如弓甲丙乙。之上弦，甲乙弦必短於弓幹也。其在平面入者，如弓戊壬己。之度地，庚辛。地必短於弓弛也。物入實環，其在凸面入者，角尾亢。如柱角尾亢箕。之圍箍，氐房心。箍必長於柱徑角亢。也。其在平面入者，壁女。如弓壁危女。之液角，斗室牛。角必長於弓弦斗牛。也。

十九、凸能大物，並能小物，以光線廣行交角之故。故物近目在鏡光交内，置凸切物，漸離則漸大而顯，至凸切目而止，名曰切顯限。即鏡光交。凸距物合切顯限不動，引目離鏡漸遠更大，至大極未昏則止，名曰離顯限。約目距鏡亦不出鏡光交。若凸距物恰合順收限之半，則物雖大，引目再遠，遂不復大，鏡之能力未充其量也。此交線廣行漸侈之故也。如反之，置物遠在限距界外，目切凸則昏而小，目遠凸則昏而大；漸遠至順收限則昏極大極，殆不可見。再遠則見倒象，復小；愈遠愈小而復清矣。此交線廣行，過交漸約之故也。其極清亦有定處，第凸淺則初倒即清，尚大於本形，其距交不足一限。凸深則倒未遽清，已小於本形，其距交不止一限。此則因凸生差，不可爲限也。

二十、凸之能力，用切顯限視物，極明且大。本章十九。若目不動，移凸近物則昏者，此專指老目遇稍淺凸而言，若短視或少年遇凸深一二寸者，不盡昏目也。凸力不足，即如目太近物而昏，非關鏡也。用離顯限視物亦極明且大。若目不動，移凸近目則昏者，物出順收限，即如切凸視遠而昏，非關目也。不關目者，無論凸之淺深，其昏則同。不關鏡者，稍淺而昏，極淺即否，何也？淺凸之順收限本長，目距物既遠，雖老目視自不昏，況加以凸乎。

二十一、鏡線拗目線則昏，以光線交錯也。如甲。凸之雙者，此與彼各自成線；如乙。凸之單者，面與景各自成線，如丙。皆不交錯，故視近則明。若以視遠，則非鏡線所及，目線必穿鏡線視物，故成交錯之勢，不得不昏矣。

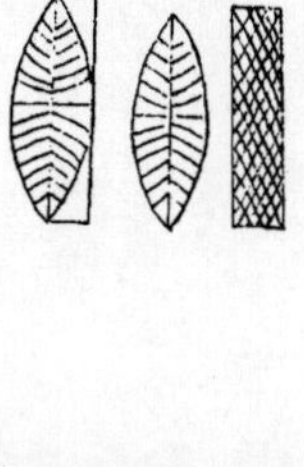

二十二、凸鏡照物具有數象，而人之用之各不相亂者，蓋就其得力光線視之，其餘自不相溷也。

解曰：鏡有兩面，各有透照、返照之象，是共四象。而鏡面凸者又有順景倒景各象，散見各條，不復枚舉。凹鏡同論。

論曰：凸鏡如丙壬乙辛。切目如甲。視近如子交內。物，自以甘石入辛，得顯象，而他線不與焉。使置目於坤而視遠如丁戊。物，自以到交如癸。倒入丙乙，目視丙乙得倒象，而他線亦不與焉。即任置目至不見物處，如乾視丁戊。雖爲諸線所礙，而所見昏象亦不爲他線所雜，此無他，所見各形各隨其線必不相溷也。

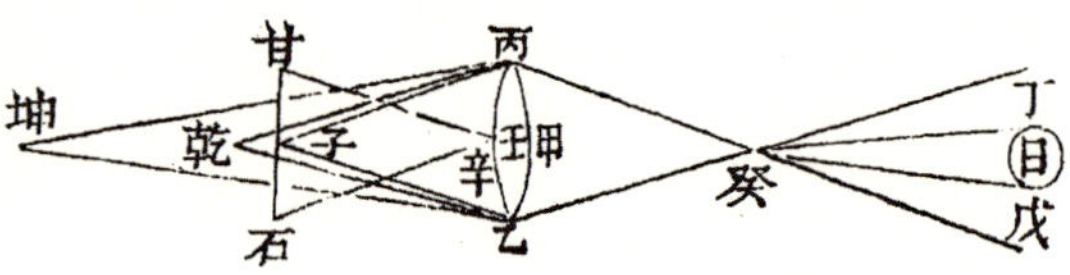

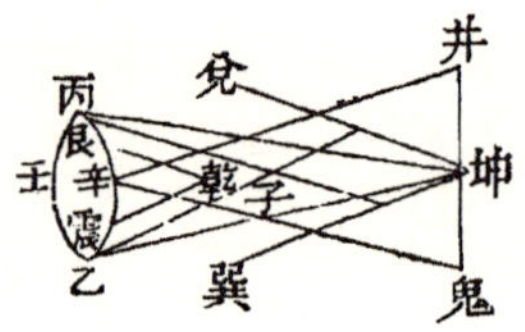

二十三、目切凸視近，見物明而大矣。但物出順收限則昏而復小。目離凸視遠，見物大而昏矣。然目遠順收限，則倒而復清，穿交線與不穿故也。

解曰：切凸出交則昏而小者，緣丙子乙角大小有定度，光線所聚能力甚大，置目壬邊，如物出交角外在坤，以鏡理推，當爲兑坤巽角。與丙子乙角等。以視法論，不得不收成丙坤乙角，角度收，故象小復常。而目出兩線視物，實用井辛鬼角，而辛井與辛鬼目線力穿子交，故礙目而昏也。若置物在乾，則不穿子交，故不昏。艮乾震角與丙子乙角等，故象大也。此一說也。又目切壬視丁戊，即如目與鏡合爲一體，成一深凸之睛，故視遠不明，如短視人之視遠然。此又一說也。後說與凹切目而昏同理。離凸遠交則倒而清者，緣目在斗，視日如丁戊，中爲丙乙凸鏡所隔，即如斗視丙乙。因有鏡光子交，隔日直射，使至交則倒入丙乙鏡面，透出至順收限，爲丑寅取景倒象，故目視丙乙，即如斗視丑寅，線聚光濃而無隔，所以倒而更清也。此一說也。又目離凸視物，即如物與鏡合爲一體，成鏡中畫象。無論象之清否，皆瞭然可辨，固無所昏花也。此又一說也。後說與凹離目而明同理。

論曰：或問日自丁至乙，自戊至丙，有子一交，當成倒象。且置目於午視己乙，已見倒象矣。其穿丙至女，穿乙至牛，亦應有交，如卯。豈不復成順象乎？然目在斗視丁戊，仍爲倒象，何也？曰：日射凸鏡，自丁射丙，自戊射乙，爲鏡光線子交所束，不得直入，所以塞滿鏡面，取景於丑寅而倒也。故置目於子透視物，或置目於癸反照物，皆見其塞滿，究未成爲倒象。此與隔孔同理，日到孔邊何曾倒乎。惟目出癸交至午，方見倒象，而癸與卯同理，則午與斗同理。午見倒，故斗見爲倒也。夫物入凸鏡，其象不一，各隨光線而見。雖既有子交，則必倒入丙乙，而子交之線實以攝光使滿，故物大而近，遂變辰交。辰與庚同，雖爲虛交，却因子實交而生，庚生於卯亦然，故交得力處，能凝目光。如目在丑寅，則視丁戊一無所見矣。蓋目之視線本無穿交倒見之理，故當交即礙目，而遠交至斗則交力不及，其視丙乙即如視丑寅，無所爲倒而復順之理也。曰：丑寅處於空虛，豈能有物見景？曰：此鏡法之神妙也。凡目視一物，止此一處，止有一形。今隔凸視物，以爲目到丁戊則有丙乙隔之，以爲目到丙乙則有卯交隔之，以爲日順到丙乙則應無子交，以爲日倒入丙乙則應無斗交，蓋其見倒景在寅丑也，是合日與鏡與子三者並成之象見于丑寅也。其見滿光在丙乙，是合日與子二者並成之象見於丙乙也。紛紛各鏡線，是二是一，難以拘執。而謂倒象在丑寅者，就取景處證之耳。

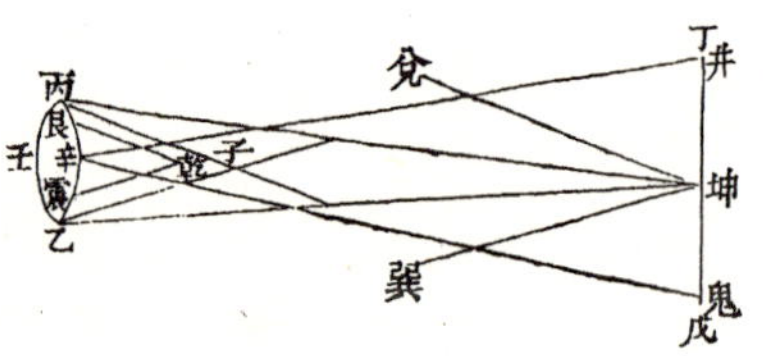
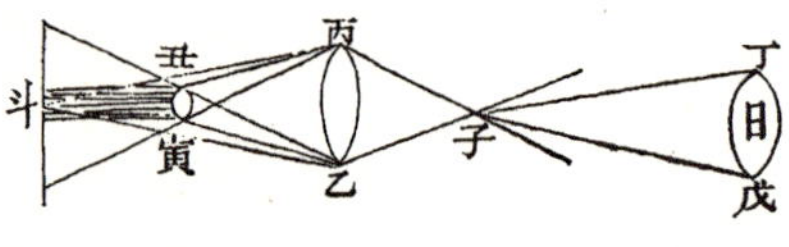
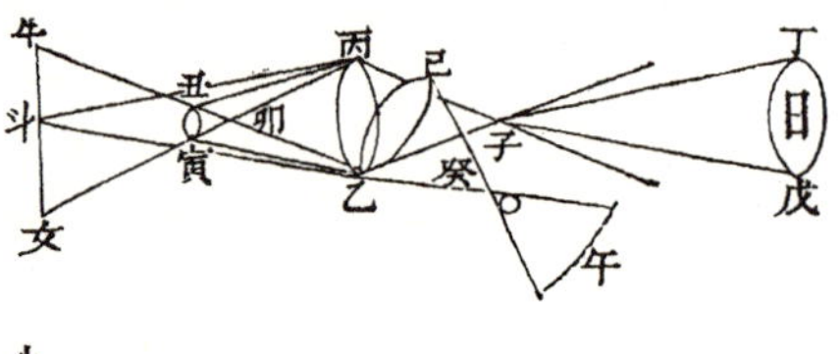
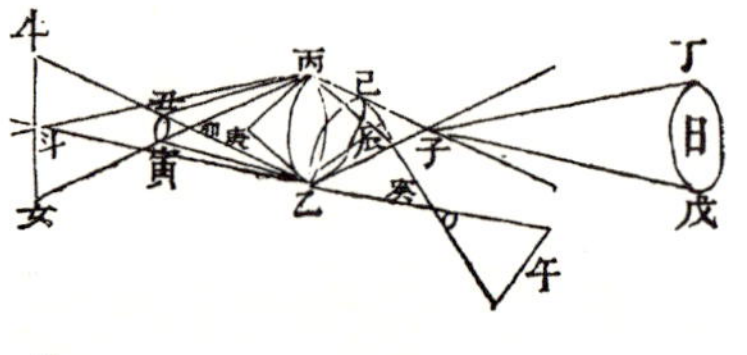
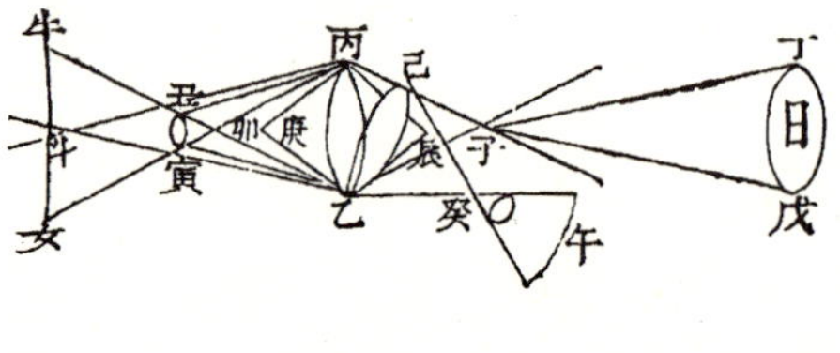

或問：視法之理，物入目成小景，則覺物大；入目成大景，則覺物小，理也。今置光於丑，置目於癸，視丙乙，見滿光，是光入鏡大也。而移目於壬，視丙乙之照丑也不小，其於視理無乃窒乎？曰：不窒也。物在丑爲小形，故丑入寅視覺大。視覺大者，其在丙乙實小也。物入丙乙見大象，故壬入目景必小。景之小者，視在丑覺大也。

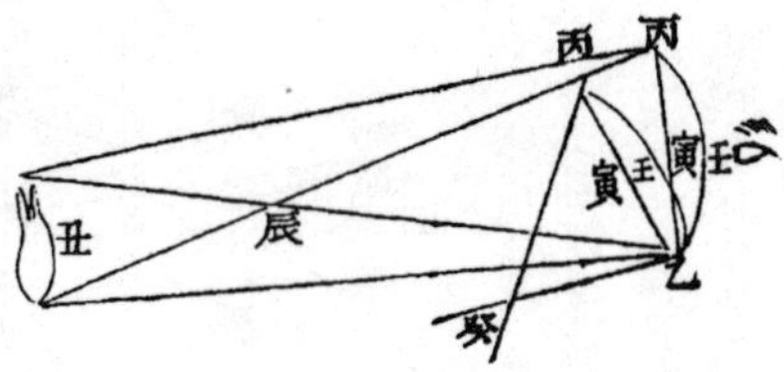

或問：視理，目之兩線必因物形大小而侈約。物小如丙丁，不出戊交，成丑丙、丑丁兩線，於甲戊、乙戊固無所礙，而視物明矣。若物大如己庚，豈不成丑己、丑庚兩線，而穿辛、穿壬，爲甲戊、乙戊鏡光所礙乎？曰：鏡光線稱上下二線者，省文耳。原線六。其左右則有觜戊、畢戊兩線矣。不惟是也，以一周論，則參至柳不一度，以半徑論，則金至火不一周，每度一線，已得三萬二千四百，咸聚於戊焉，其能力爲何如乎？今斗虛穿室戊於牛，自斗至牛，鏡線固多，以斜穿論，則線端所觸亦一線穿一線耳，豈可與戊數萬線同年語乎。況物在戊，彼自順照入斗，不勞目力。若物出交在胃昴，彼將順鏡光倒入丙乙，而目在奎視婁之照胃

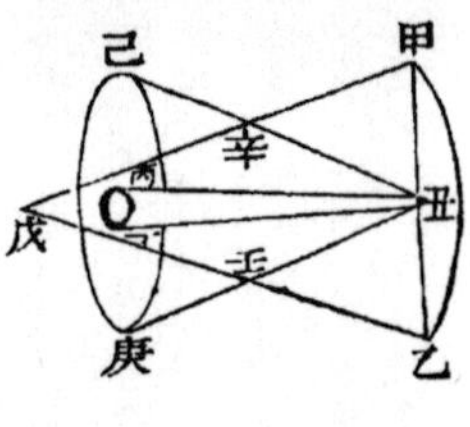

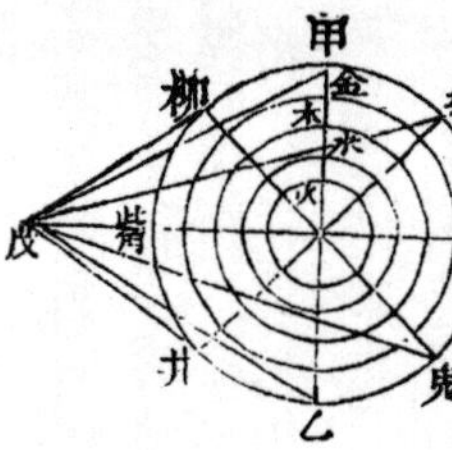

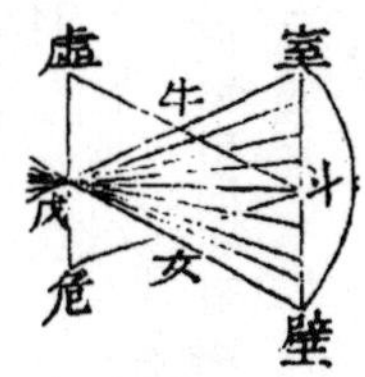

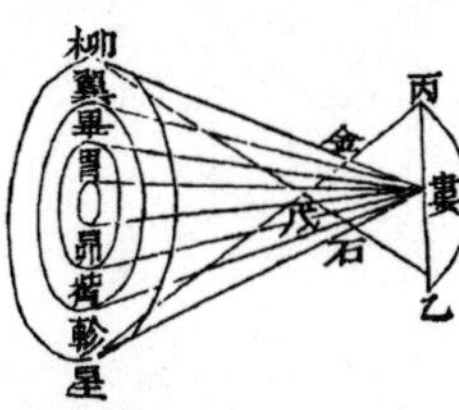

昴，出婁胃、婁昴兩線穿戊視物，豈不甚難？曰：若物大如柳星，則穿金、穿石，應是一線穿一線矣，而昏不免焉，何也？曰：婁柳、婁星兩線，特舉上下兩界耳，其中各線，如婁絲，亦爲數萬，豈能越過戊交哉。

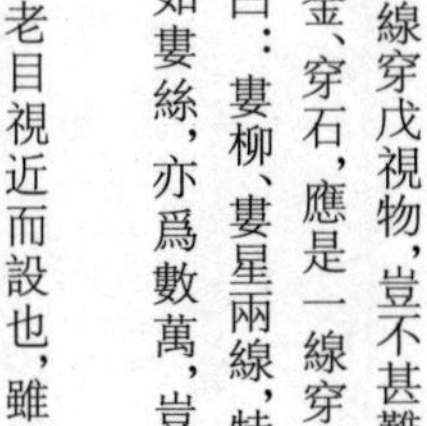

二十四、凸鏡爲老目視近而設也，雖屬次光明，然視物能大，故有不合度之昏，無不合目之昏，可作顯微之用也。

解曰：不合度之昏者，物出順收限外，雖老人，用淺凸不可也。無不合目之昏者，物在順收限內，雖短視人用深凸亦可也。顯微之用，該乎衆矣。

二十五、凸能大物，故凸鏡與平鏡，其徑等，其所照之地必狹，而平鏡所能見之處，不見矣。然引目離遠，至物倒復小，必能見平鏡所不見之地，而斜攝入目矣。圓理五。

二十六、凸離目愈遠視物愈大，過遠復小而倒，是上下左右皆倒而位互易矣。然上下側之，是上下有近遠而左右等也。若左右側之，是左右有近遠而上下等也。夫相等則有定，遠則大，過則倒而小，於是乎物形正而方者，能使或濶或狹而左右反也。物形方而順者，能使或長或短而上下倒也。

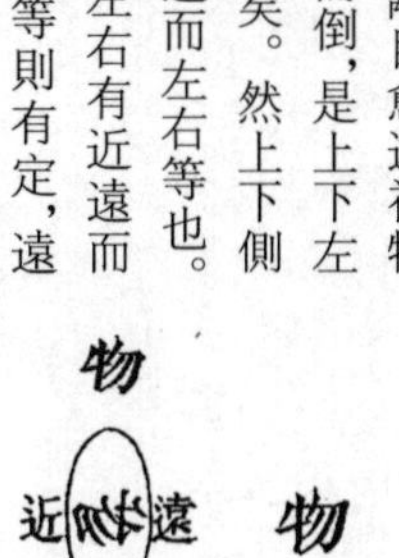

二十七、欲制凸鏡，淺者取材必大，深者取材必小，否則不易作。

解曰：玻璃徑寸餘者，淺凸之順收限四尺，則面幾如平矣。深凸之順收限四寸，則厚須二分矣。依顯，欲淺而小，欲深而大，皆不易作。今約之，限一丈者，徑必五寸以上；限一寸者，徑必六分以下。

一系，水晶頂，其凸即球，然剖而平其一面，亦不可以作鏡用，緣其體不正圓，光亦不足也。蓋制凸之法，必先制凹器，以之旋轉，乃能中度。今造眼鏡者，用破釜，取其凹也。然凹有定而凸無定，猶未免恃目巧矣。若頂之凸爲冣深，則專以意爲之，其出光工力亦不甚足，以所重不在此也。火鏡亦然。此業

鏡者俞姓云。

二十八、不通光凹與通光凸同理，雖圓在形外，而背之所襯得實地，如單凸之平向光，究與凹異，故用與凸同。

又　卷三《釋圓》

圓凹

一、鏡本平面，刳空爲圓，故弧與凸同，用與凸反。

二、凹之深者無過百八十度，度漸少，凹漸淺，難以量取，惟有側收限可憑。若欲與凸通爲一例，則借算虚取之爲凹深限。凹愈深，限愈短，悉同乎凸，第是側收限短至一分止矣。《遠鏡説》稱有窪如釜者，其側收限應㝡短，已鮮所用，姑略焉。

三、凹通光者，其形三：有一凹者，有兩凹相等者，有兩凹不等者。其理悉與凸同，故一凹者曰單凹，兩凹等者曰雙凹，兩凹不等者曰畸凹，名各從其例焉。

四、凹無順限，以其側限爲深，未爲不可，緣畸凹必須會計兩面，故借凸率虚取之。本章二。其法，雙凹用雙凸率，置正面側收限數以四乘之，爲凹深限。單則單凸率，置正面側收限數以六乘之，爲凹深限。畸則畸凸法，以正面側限除副面側限，得其倍數，按倍數兩界，自一倍一至二倍九。求相當率數兩界自四一至五九。爲其率，以乘正面側限，爲凹深限。並如凸法。俱見圓凸六及圓凸七。

五、玻璃受光必有兩景，一面景，一背景。鏡質二。故通光凹之面受光，與含光凹等；其背受光與含光凸等。以凹景必成凸，故然。用其透照，實則凹象，故仍爲凹用也。

六、凹鏡光線因彎而生，圓理九。雖自鏡邊出線與凸鏡同，而凹散光本《遠鏡説》。與凸異。凹彎在面與凸彎在背，向日發光，約行取景，則凹與凸同，是亦側收限也。圓理九。此限專爲凹所重。

七、凹鏡以通光爲用，通光以透照爲用。其對照以用同含光，則與含光凹等。而含光凹與通光凸透照同，應附圓凸篇。圓凸二十八。

八、凹鏡背面所透凸象，用其對照，與含光凸等；而含光凸與通光凹透照同，祇能照物形小。殊少所用，不多及焉。

九、單凹與雙凹深淺異而用同，本章三。則單凹之理明而雙凹不煩辭費矣。

十、凹鏡線不可見，必於借光徵之，亦與凸同，但無順收限，故以側收限爲主。而其借光亦有發光、暈光，略與凸同。

解曰：發光者即側收限所用也，與單凸之環面在背同，法以版片在上斜對取光，反映版上，先切鏡，漸離，其光漸小，小極處見倒光體形，即側收限。過限復大，遠極力盡而止。暈光者正對日光，透光干地，見鏡微景之中又暈出虚光。如以凹向日，背切干地，凹之正面受日透背而出，離地漸遠，見一淡白大圓形于地，愈遠益大，是爲侈行，故不得有限，其生于鏡光線則與凸同也。

十一、凡側收光線出于彎者，面爲實，景則虚。凸面實，凹則實而虚。凹景虚，凸則虚而實。景附于面實，不附則虚。附體景凸實，凹景附體則虚。故單凸平而不應有限，而不然者，圓凸六。景附于體而出自凸也。若單凹返景附體者，無側限矣。但發光如平鏡。然雖無側限，其深限自與單凸之率六同也，以單凹並單凸推算知之。然則雙凹、畸凹，其率亦必通爲一例矣。本章四。

十二、雙凹者，暈光有兩：一順暈，見于透光地上；一反暈，見于發光壁上。單凹者，以凹向日，其反暈固同于雙凹之凹面，其順暈尤爲背線所應有。若以平向日，論其凹在背，虚景反照，則發光當有異，然試之却同平鏡，是應異者而反同矣。論其凹下覆，光線約行，則順暈宜必無，然試之却有暈光，是應無者而反有矣。後論詳之。

十三、透光者，反照之發光必淡，以透明不能阻其光故。鏡資四。通光凹雖有側收限，光必淡矣。

十四、通光鏡能自照其景。本章五。單凹者，平面必有相肖之凹景。凹有光線，景亦有光線，但不可見耳。此光線透照則爲用，返照則無權。蓋光力鋭入，透鏡而過，雖凹面向日，其反照已淡，何況平面虚凹之景耶。又平鏡本能發光，且出於實面。而平面凹景發光既淡，且出於虚景，縱有微光，必爲所掩而不見。此平面向日發光却同平鏡之理也。本章十二。至其透照，雖凹面下覆，光線力大，射至背面，則背面之光線愈濃，使反照之，虚凹愈顯，即虚凹之線景亦顯，且又與透照光體之線相順，而背面實凹光線反不順透照光體之線，故實凹之面無權，而虚凹之力見矣。此暈光之所以應無而反有也。本章十二。然而雖有暈光，蓋亦淡矣。

十五、凹鏡是大光明，原光九，原凸十五。故逼目視物，有合目不合目之分，而遠於目則極明顯。

十六、通光凹切目視物，專爲短視人視遠設也；原目六。非短視及視近必昏，且傷目，蓋目與凹合，則目線入鏡線中，不合必拗故也。原鏡八。若離目，則見物小而極清，蓋物與鏡合，而目線出鏡線外，視物如常故也。夫視物如常，又加以光明鏡體而攝以廣行凹線，原線二，原鏡八。所以爲大光明也。

十七、單凹以凹爲正面，其凹實；而背有凹景，其凹虛。實凹有光線，其線虛而實；虛凹亦有光線，其線虛而虛。然得其用，不惟虛可當實，而實者反退處無權。故鏡雖單凹，其合目者反覆自同，與凸同論。

解曰：睛凸深者，三角視物不能展而見遠，原目六論。故以凹向遠，是物平行入鏡，如丙。鏡線展成三角，如甲丙乙。合短視視法矣。以平向遠，是物平行至卯入，反照之，虛凹光線如子卯丑。亦得三角視法矣。

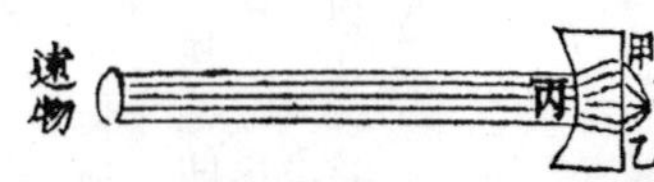

論曰：目線自震到巽，必穿離坎；自艮到巽，必穿離兌，而不相拗，何也？凡物相拗者必因乎實體，而凹在圓外。本章一。抑相拗者，或因有實形而光非有物；又或因他相淆雜而線景則分背而不交錯；觀圖自明。又或因他相爲難，而虛線則合併而得資助。是以所用在實線，則虛線自無所用；在虛線，則實線少力，故不相拗也。上論與凸同，下專論凹。且凹主乎散，故能散日光至於無光。本《遠鏡説》。夫散光之線，力亦不能凝目耳。如云不然，何以凸鏡離目視遠，能使物象不見。圓理十六。而凹極深者，常人切目視遠，能使巨炬如香頭一點，終不能使物景消滅乎。

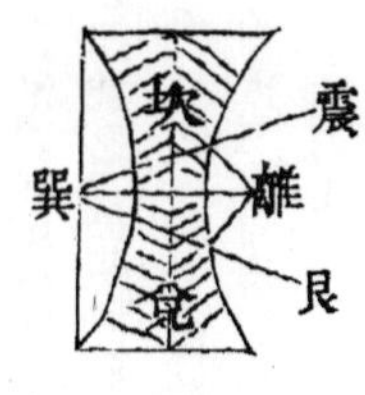

十八、凹鏡切目，若非短視及短視淺而凹深，則視物必昏，以凹過深，散睛之凸幾乎也。使引鏡漸遠，必有不昏之處。凹淺則短，深則長，應有定度，然因乎其人之目生差，目凸深則短，淺則長，不可爲限也。

解曰：目之射線雖有兩種，一爲丁己戊，一爲甲乙丙，原目三。而物之成形，必有上下兩界。如甲丙，無兩界則不成形。自乙分射甲丙，賴此兩線爲用，故無論近視與否，皆不能舍此三角法。試論兩人，趙目線爲甲乙丙角，與寅辰卯及壬巳癸二角俱等，自丑視子，自辛視庚，皆必昏矣。錢目線爲申乙酉角，與寅午卯及壬未癸二角俱等，則自丑視子，自辛視庚，亦必昏。移午移未，必不昏矣，各得其目線故也。而以兩鏡較，則辰子必短，巳庚必長。以兩人較，則午子必短於辰子，而巳庚必長於未庚也。

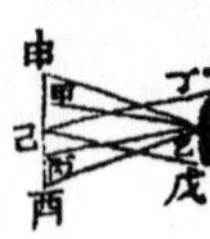

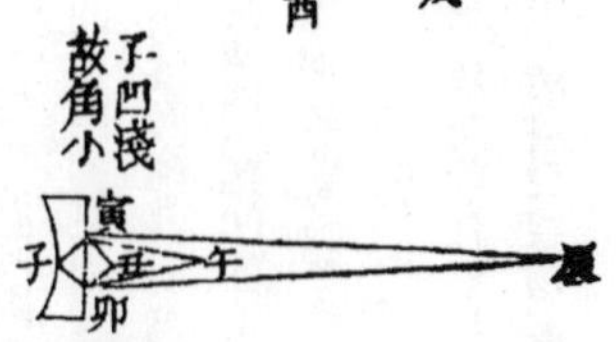

十九、凹鏡切目，視物較小，雖短視人亦然，而不甚覺者，以合目故。若離目，雖短視人必覺驟小，漸推漸小，必有小極之限；過限復大，至鏡切物，稱本形矣。此限必有定度，但目之距物或遠或近，不無伸縮，略與凸之順收限同。惟物距目過遠，則出小入大一段遂成平行，與凸獨異者，凸既出限，復有倒限故也。若夫凸之倒限出小入大，乃與同科，然無關大用，姑略焉。

二十、凹鏡能小物形，本章十九。則凹鏡與平鏡，其大若等，其所照之地必廣，能見所不見之處而斜攝入目。圓理五，本《遠鏡説》。

解曰：物大如丑戊，置目於巳，置平鏡如庚辛，物入平鏡，止見甲戊，不見丑甲也。如其度置目於壬，置凹鏡如癸子，則物入癸子，見爲寅未。夫寅未者，丑戊所縮而成之象也，故寅未之度似與甲戊等，而其象乃與丑戊等，則是丑甲爲平鏡所不見者，入凹鏡必見爲寅卯矣。在鏡之象，庚辛得四分，癸子得五分，豈非斜攝入目乎。

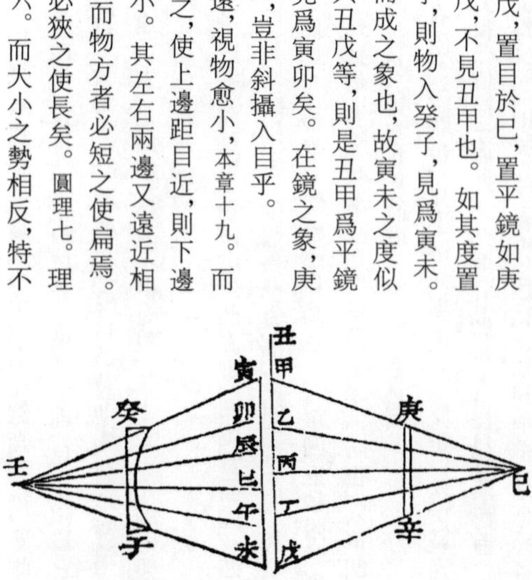

二十一、凹離目愈遠，視物愈小，本章十九。而物形不變也。若上下側之，使上邊距目近，則下邊必遠，而物景必上大下小。其左右兩邊又遠近相等，則物景必大小如常，而物方者必短之使扁焉。依顯，左右側之，而物方必狹之使長矣。圓理七。理與凸之變形同，圓凸二十六。而大小之勢相反，特不能倒物象耳。

二十二、通光凹對照，與含光凹同形同理而照象則淡，特用以取景成側收限，以求凹之能力爲大用耳。

二十三、不通光凸與通光凹異形同理，故能小物象。古銅鑑小者，其中心微凸，取其收人全面，頗見匠心。本《夢溪筆談》。至凸作球，止充玩飾，於鏡理無取爾。

又 圓疊

一、通光鏡兩平相疊，視物如常。如疊多層，亦稍昏暗者，如隔濛氣過厚則物景迷離耳。原色七。相切與離無異也。若兩凹或兩凸相切，則淺者可加深。一凸併一凹，則深者可使淺。至於兩疊相離及三疊四疊，斯變化生而諸用出焉矣。

二、凸與凹相反則相制，原鏡八。故凸與凹併，其力等者則適如平鏡。否則，凸深者成淺凸，凹深者成淺凹。

三、凸與凹併，若凸之順收限六，而單凹之側收限一，則相制而適平。蓋單凸之順收限六，其側收限亦必一，故其力等也。

四、凸與凹併，相切，令內外互易，其視物自同。若兩不相切，使凹在內，指近目言。則視物遠者近，小者大。反之，使凸在內，則視物近者遠，大者小。

五、凸與凹相切而成平者，凸加凹，外相離則視物仍大，愈遠愈大，如凸理。凹加凸外則視物仍小，愈遠愈小，如凹理。蓋凹切於目，是凹有定度，則力止於此，凸遠則力大故也。凸以視物大爲能力，離目愈遠則愈大。圓凸十九。凸切於目，反此推之。凹以視物小爲能力，離目愈遠則愈小。圓凹十九。

六、凸離目視物，出光線交圓理九。則景昏。凹切目視物，違目線角則目昏。若兩鏡離而疊之，則景清而不昏目，以凸凹相制而相濟也。本章二。然相距有定度，視凸凹之深淺、物象之遠近爲差，過其度則不可用。此一凹一凸爲遠鏡之所本也。

七、凸之用能大物象，然其弊視遠則昏。凹之用爲大光明，然其弊視物則小。凸與凹疊，相切而力相制者，即無所用，如平鏡矣。本章二。相離而用相得者，即無其弊，成遠鏡矣。本章六。

八、物遠在限距界外，同凸十一。凸切目視之則昏，外加一凸切之，則益昏矣。若離之，則外凸以離目視遠物，得倒小象，圓凸十九。有大光明理。圓凸十五。內凸以切目視近鏡，即外凸。得順大象，有顯微理。圓凸二十四。故外凸之倒者，內凸順之仍爲倒。內凸之昏者，外凸制之使不昏。設內凸順收限一，其距外凸二，則出限當昏。然外凸既得大光明理，即其能力與凹同，故能制內凸之昏也。外凸之小者，內凸助之，則或小或大也。兩凸俱淺或俱深，皆見物小。內深外淺，則見大。內淺外深，則見小。兩凸相距必有定度，名曰距顯限，此限取之最易。其推算法，兩凸同深者，則倍順收限；內深外淺者，以兩順收限併之。若內深外淺，翻轉則爲內淺外深，距短而無用，略焉。

九、距顯限，兩凸不論深淺，見物皆清。若兩凸相距在內凸切顯限內，圓凸十九。則外凸之微疵如泡或紋之類。畢見，而外象多昏。引之使出切顯限外，則外凸之疵漸隱，而外物之倒象遂清，成距顯限。再引之出距顯限，則視外物不清。至倍距顯限，則視外凸亦不清。而引目稍離內凸，則顯外凸大而光爛然。使引目再離如法，則物清而小，復成順象。內凸距外凸既倍距顯限，距目又出順收限外，則視外凸爲倒象，其視外凸所含之倒物景必復順矣。如凹理，是爲大光明限。

十、凸鏡相疊爲用者，或兩面，或數面，當各立主名，以干支爲號。如有兩節，則一以干，一以支。

十一、凸鏡相疊，自二以上，多至五六，皆能使合成凹理，但加一凸則須縮短。設有兩凸，如甲乙相等，深淺任用，茲特舉相等者見例耳。則甲距乙用距顯限。設有三凸，如甲丙內含乙凸，而三只舉首尾。餘仿此。則甲距丙即用倍距顯限，爲大光明限。蓋甲距乙，乙距丙，皆是距顯限，故甲距丙得倍距顯限也。此限以目切甲視外物，即一無所見，而其光則爛然。引目離甲如法，則物小而清，且見順象，與凹同理，故爲大光明限。然兩凸相疊，則目之離甲必極遠，不便用矣。必三凸相疊乃得，此遠鏡所資者也。然遠鏡之製，所見者不一，內凸用三疊，其恒也。邇來佳製多四疊，間有五疊，多至六疊而止。五疊、六疊，長者故勝，其短者亦只如常，似可不必。四疊佳者，則丙丁不動，甲乙或有淺深數箇以備調換。蓋物遠尚大而時值其闇，則用淺者，取其光顯；物遠甚小，而時值其明，則用深者，取其景大也。然每加一凸相疊，則多一距顯限，不合大光明限矣。必每距俱縮，使統長仍如三疊之度，方恰合耳。今推其算法，則每兩凸相疊，各置距顯限爲實，四凸者用一五除，五凸者用五折，六凸者用四折，即得。

解曰：距顯限，四凸者用一五除，五凸者五折，六凸者四折，何也？距顯限三疊者二倍，四疊必三倍，五疊必四倍，六疊必五倍也。而大光明限，設三凸者八寸，則三倍爲十二寸，四倍爲十六寸，五倍爲二十寸。夫十二與八，是一倍半。十六與八，爲二倍。二十與八，爲二倍半。一倍半是用一五除，則二倍用二除。二倍半用二五除，而二除即五折，二五除即四折故也。

十二、凹與凸相切，則深者可使變爲淺，名變淺限，然有不可過之界焉。如凸深限四，凹深限亦四，則相比而適平。本章三。故凸深限四，凹深限五，則爲凸深變淺限。若凸深限四，凹深限三，則成凹深變淺限矣。是故變淺而至於適平，則無數可言。無數可言，即其不可過之界也。蓋凸限二而凹限四，爲凹限加倍。凹限加倍，是凹淺減半，則變淺之限亦必加倍而得四矣。假令凹限減一而得三，則凸限之變淺，必加一而得五。若使凹限再減一而得二，則與凸限相比而適平矣。夫凹限既減得二，則變淺限當加得六，而不然者，以相比則適平而無數也。無數也者，非無數也，即此凸鏡所變極淺之數云爾。故凹限再減即爲凹深而凸淺，凹深凸淺即爲凹限變淺，則亦各有其數矣。是故能自有而之無者，必能自無而之有，是爲物之情，是爲算之理。故曰無數者即其不可過之界，而非無數也。

十三、凹與凸相離則昏者，可使變爲顯，名變顯限。其推算法，以凹側收限一、凸順收限十二爲定率，謂之足距。足距者，兩鏡相距恰與凸順收限等也。若凹深於定率，謂凸十二而凹不足一。則不可用。若凹淺於定率，謂凸十二而凹不止一。則爲差距，可設四率求之。

解曰：有單凹，側收限三寸；凸，順收限九寸六分，試得差距二寸五分六釐，因推足距，法：以九寸六分爲一率，三寸爲二率，二寸五分六釐爲三率，得四率八分爲足距。爰以八分歸九寸六分，得一寸二分，故以一與十二爲定率。凹若不止一，則凹淺，其距必短於順收限，故爲差距。凹若不足一，則凹深，其距必長於順收限，故不可用也。求差距法，假如有凹限一寸，凸限九寸六分，法以定率先求得凹限八分爲足距數。爰以今凹限一寸爲一率，足距八分爲二率，凸限九寸六分爲三率，推得四率七寸六分八釐爲差距數。

論曰：定率凹限一而凸限十二者，凡單鏡，側收限一則順收限六，是十二者即六之倍也。

十四、凸凹相疊，使凹離於凸，内用變顯限，本章十三。即成遠鏡。本章四與六。凸鏡相疊，自甲乙以上多至甲己，皆能使合成凹理，本章十與十一。則是淺凸在外，加數深凸，合成凹理，離於内亦必成遠鏡矣。

十五、遠鏡外凸内凹，本《遠鏡説》。其作法云：須察二鏡之力若何，相合若何，長短若何，比例若何。而不詳其法，今皆得而言焉。察鏡力法，凹以側收限，凸以順收限。二鏡相合法，凸深者凹宜深，凹淺者凸宜淺。凸深凹淺則不到限，限既不到，必縮而求之，力不充矣。凸淺凹深則欲出限，限不可出，必强而置之，過其劑矣。力不充者，物雖清而小。過其劑者，物雖大亦昏。至於淺深相懸，則並不堪用焉矣。度長短法，俱深則距短，俱淺則距長。求比例法，以凸之順收限爲則，凸限十二，凹限一，則相距亦十二，恰當其分，所謂足距也。本章十三。

論曰：物遠則景小而色淡。原色七，原景一。遠鏡法，以凸大之，圜凸十六。以凹顯之耳。圜凹十五。凸之順收限爲視物冣大處，圜凸十六。故應以足距爲佳。

十六、距顯限，兩凸相等者，俱深或俱淺，其順收限止及半距，目出限外既遠，故視物小，不可以爲遠鏡。若外淺内深，則淺限極長，深限極短，其全距與淺限相近，故視物極明而大，物景雖倒，可藉以得中景，原景十二。是亦遠鏡也，故窺測用之。

論曰：距顯限，兩凸相等者，則其距爲倍順收限，本章八。是外凸爲清倒象，内凸爲顯微，故外凸之小物象，内凸能使之稍大。至外淺内深，則全距與淺凸限相近，正是昏極大極之處，使加一深凸切之，必見倒小而清，引深凸近目，必漸大矣。能清能大，故具遠鏡之用也。測量必用窺筩者，求中景也。而窺筩必用細孔者，以太偏易見，微偏難察也。然視物不暢，故後來又增長縫、十字等法。今用兩凸取其倒景大象。夫倒景線法，物景偏下，移下反不見，以物實在上故。則是景偏下一秒者，反當上移一秒，是一秒見爲二秒也。且以凸大其象，是一秒不啻數秒也。視物彌暢，中景彌確。又況加細孔爲束腰，並加十字於其中，尤爲準確可知矣。

十七、甲乙丙三深凸相疊，成大光明限，四凸以上同論。以其光爛然，故曰大光明。以其離目視遠，見物象小而清，故曰同凹理。本章九。然則外加子淺凸，必成遠鏡矣。其相合法，甲丙深者子宜深，甲丙淺者子宜淺，與一凸一凹之理同。本章十五。所差異者，有甲丙相合之力也。是故相合深者，距稍縮焉則稍淺。相合淺者，距稍伸焉則稍深。是可以消息子凸之深淺而爲之劑。如外淺過劑，内合又淺，則目不能近甲。設近甲，其弊乃白如望羊而不真。内合太深，則目必須靠甲。雖靠甲，其弊仍倀乎幽室而無見。弊在淺，或加一焉。弊在深，則必易之。此言太深之弊。其長短法，設子凸限二尺，以甲乙丙凸二寸五合足距，器長定用四尺，取物景倒而清，得大光明理也。子距丙約三尺，取其近初清限也。丙距目約尺餘，取足甲丙大光明限而有餘地也。必留餘地，取其伸縮以合遠近目力之異也。

論曰：伸縮者，遠鏡要法也，三種遠鏡皆有之。惟兩凸一種，伸縮既微，其用專於測量，遂可不用。至於一凸一凹，已爲要務。若純乎凸者，出入稍差，遂謬千里，不可不知。是故甲乙丙深不必力等，甲乙丙距不必長同，以故離目太遠，則伸甲乙可也；視丙太小，則縮乙丙可也。

又論曰：鏡法，諸限皆不可移，獨大光明限稍可伸縮，緣有二端：一以甲丙有兩距，此盈彼朒，故伸縮適調其劑也；一以甲乙與乙丙皆本距顯限。夫距顯限之所顯者二：一顯鏡光，一顯物景。物景必當限乃清，鏡光則出入猶可。大光明限乃取其光，非取其景。若見物景，反爲過劑，不可用，故伸縮恰當其分也。

十八、遠鏡三種，應各立名以資後論。今以一凸一凹者，非大至尋丈不足用，止可施於觀象，名曰觀象遠鏡。兩凸者，專施於窺筩，名曰窺筩遠鏡。四凸以上者，大之固妙，小之至尺餘，能力亦勝，遊覽最便，名曰遊覽遠鏡。

論曰：遠鏡剏於默爵，止傳一凸一凹。《疇人傳》云制一似平非平之中高鏡，其淺可知。厥後湯若望著《遠鏡説》，南懷仁撰《儀象志》，皆無異辭。惟《天經或問》謂外平中凹，蓋因凸淺而誤也。至云凹恢物景則謬甚，其不足據亦明矣。然所見洋製小品，長五六寸，止可於三五丈内見人眉宇耳。其大者，徑不過二寸，長不過五尺，則皆純用凸鏡。視一凸一凹，工力倍繁，於十數里内窺山嶽樓臺，頗復了了；或視月亦大勝於目。至觀星象，則勝目無幾。後來改作而能力反不及，何邪？以意逆之，《遠鏡説》雖無大小之度，然其圓筩有七節，至短必尋以外；又凹能縮凸，其徑非五六寸不可。依顯，此器重大，可觀象戴進賢《星圖》曾有言非大遠鏡不能窺視云云。而不便登臨，此改作所由來歟。曾見純凸數種，懷之可五六寸，展之可三尺者。又見外口蓋銅，開孔露鏡止二三分者，遠寺紅牆，徑寸能辨其署書，亦游覽一快也。想此種果及尋丈，能力應亦更勝。緣非常用之器，故鮮得遇之。今以前出者名觀象鏡，後出者名游覽鏡，舉其所重者名之耳。又見《皇朝禮器圖儀》上窺表有施遠鏡者，其作法不詳。梅餘萬先生曾以家藏遠鏡一具見示，中有鐵絲十字，下有託一、銅球一，疑爲儀器事件。近見西洋堂發出儀器大小兩具，各安一筩，誠如所疑，故名窺筩鏡，取其專長名之也。

十九、觀象鏡不用倒法，游覽鏡必取倒理者，用其大光明也。夫子凸中既見倒景，非再倒之不得成順象。然甲丙所合者是順小象，而能使子凸中倒景成順者，何也？蓋甲丙合而視遠切目，止見白光，非離目遠，不見順象。因其順象而小，故謂同凹理，本章十七。其實中有倒法。甲丙雖合凹理而究不同者，凹切目視物，無論遠近昏目與否，皆小而順。甲丙離目遠，視遠與凹同；切目視遠，則無所見。無所見者即不必是順象，故視近如法，則見倒大象，亦一證也。試析而言之。設子凸深尺六，甲乙丙各深二寸，置子距目約三尺，見倒象，内加甲乙或乙丙，皆見順小象，何者？甲乙與乙丙本距顯限，距顯限皆倒象，能不倒子使復順乎？第順象則小，何者？子凸倒象本清而小，圓凸十六。甲乙與乙丙其距顯限深略同，則倒象亦小。本章八。是故有甲乙子，加丙於甲乙外，必大矣，離顯限理也。圓凸十九。有乙丙子，加甲於乙丙内，必大矣，切顯限理也。然則共用四凸，是兩層倒象，使順而清；兩層顯微，使清而大也。

論曰：以上各條多舉甲乙丙三凸者見例，以其餘通爲一理也。試論甲丁四凸者，則子見倒象，加乙丁必復順，是甲爲顯微也。或加甲丙亦必復順，是丁爲顯微也。他皆倣此。唯甲乙兩凸一種，本無此製。其加乙於子内，亦未能遽見復順，以乙之凸力淺故也。然加甲既能成遠鏡，則乙自有倒子者在，試伸之，遂見復順，亦可徵其理有必然者矣。

二十、或疑遠鏡三種，外用淺凸，既從同矣；内則或凹或凸，不亦異乎？曰：觀象鏡外凸内凹，是用變顯限法，本章十四。故以凸使遠者大，以凹使昏者顯，理最明著也。窺筩鏡止有兩凸，是用距顯限法。本章十六。其淺限與深限相接之交，在淺凸爲極大而不清之處，圓凸十六。在深凸爲極大而切顯之處，圓凸十九。在目爲淺凸初倒未小而入大光明之處。圓凸十五。所以雖倒物象，視遠殊勝，此理亦易知也。若游覽鏡則兼此兩法。其一以甲丙合成内凹，前已言之詳矣。本章十一。其一以甲丙合成深凸。夫甲丙合則凸深，無煩詮説，然所以必具數面者，所見游覽鏡之内凸，自三面迄六面不等，茲雖止舉甲丙三面者見例，然實通論，曰數而概之也。兩法皆所必然。蓋欲凸得大光明，有丙乙可矣，但不加以甲，不能切目爲顯微也；欲凸爲切顯限，有甲可矣，但不加以乙丙，不能倒子使復順象也。然則遠鏡三種，其製雖異，而使大使顯，理則一以貫之矣。

一系，遠鏡之理，約言之，不過凸凹相濟，一比例而已。目睛外凸而内長有凹，原目五與七。其長以寸計，見可數里。假令展長至數尺，必可見數十里，此比例之不得不然者。至其凸凹相濟，則有數徵。夫人視物能近而不能遠者，以遠則形小色淡耳。原色七。今雖目加凸，是推睛之凸使遠。睛凸遠則遠物近，故見爲大。然凸不可望遠，以大而昏也，圓凸二十三。故清之以凹。凹爲大光明，圓凹十五。此徵諸凸鏡者一也。抑目加凹，是殺睛之凸使淺。睛凸淺則視可遠矣。然凹不可混施，圓四十六及十八。故解之以凸。此徵諸凹鏡者二也。若夫物遠而小，則昏然如點點積塵，其理同老花之察近不能辨也，原目六。故深之以凸。睛凸加以凸鏡故深。老花察近，得凸斯析。此徵諸老花之目者三也。抑物遠，離目隔以凸鏡，則小者可大而茫然，若閃閃奪光。原目六。其理同短視之望遠莫能明也，故殺之以凹。睛凸鏡凸，再加以凹鏡，故凸殺。短視望遠，得凹乃清。此徵諸短視之目者四也。

二十一、遠鏡外凸愈淺則愈長，其能力愈勝。然凸鏡徑寸半者，限四尺已幾於平，而四尺之筩猶未足以觀象，且凸過淺，難於中度。用變淺限法，則凸順收限二尺二寸，加側收限四寸五分之凹，可變凸爲七尺七寸焉。此亦妙用也。

一系，凹若嫌深，亦可變淺。雖凹無順限，借虛率反此求之。凹用凸率，凸用凹率，如法入之可也。

論曰：凡平鏡相疊，恒如濛氣加厚，本章一。兩凸相切亦然。獨離之爲距顯限則愈明，得其用故也。凸凹相切，既得其用，故無慮此矣。

二十二、兩凸及兩凹相切，則限加深，本章一。當名爲變深限。但凹加深，其限無可據，惟凸加深則順限必短，其理可得而詳焉。夫兩凸同深，相疊則加深一倍，而限必減一半。若甲深乙淺，相疊變深，則必短於甲之全限，而長於甲之半限可知也。若乙愈淺，則變限愈長，而終不能長過甲之全限，亦可知也。今揣其理，如甲乙俱深三寸，則變深必得寸五；設甲深三寸，乙或深六寸，其變深必得二寸二分五，何也？蓋三寸比六寸加深一倍，則三寸凸鏡一面即與六寸凸鏡兩面相並同；三寸凸並六寸凸，即與六寸凸鏡三面相並同；兩面三寸凸鏡相並，既變深爲寸五，則四面六寸凸鏡相並亦必變深爲寸五。今三寸凸並六寸凸，既如三面六寸凸鏡相並，則其變深必長於四面六寸相並，短於兩面六寸相並，而在兩較之閒也。夫四面六寸爲寸五，兩面六寸爲三寸，其數爲倍與半，則兩較既在其閒，必爲寸五之半而得七分五，故加七分五於寸五，共得二寸二分五也。爰推其算法，以甲凸加倍變深之限寸五，減乙凸限六寸，得較四寸五爲實。以甲凸三寸除乙凸六寸，得倍數二爲法。法除實，得二寸二分五，爲所求。又法，以甲三寸除乙六寸，得倍數二。以倍數二除甲倍限寸五，得七分五，減甲限三寸，得二寸二分五，爲所求。

論曰：前法以兩凸同深者言之，則無倍數，亦無較數，而有變深限數。以兩凸不同深者言之，則有倍，有較，又有變深限數，但其較數不可以例變深限。然兩凸同深者，其甲倍限與乙順限較，甲倍限者，謂甲凸三寸，加倍之深限寸五也。下放此。與乙順限較者，謂乙亦深三寸，與甲倍限寸五相減之，較寸五也。則所得之較數即如其變深數。故兩凸不同深者，即借甲倍與乙之較以爲較，則其倍數二與較數即如變深數。四五〇之比，即同於倍數一與變深數即如較數。二二五之比也。此異乘同除之理也。又以甲三寸爲主，使乙由三寸而殺之，則變深自寸五而漸長，不能過三寸。以乙六寸爲主，使甲由六寸而殺之，則變深自三寸而漸長，不能過六寸，故以寸半減深凸三寸，餘亦寸半，爲乙與甲同深，其變深與甲深之較。以是較減淺凸六寸，餘四寸五，爲乙與甲不同深，使淺凸乙變深之數。夫甲既三寸，則變深之數不能出三寸，而乃得四寸五者，以乙淺於甲之順限，有其倍故也。求其倍得二，以與變深數比例，則一倍與四寸五爲原有數，二倍爲今有數；以今有之倍二與原有之倍一，若原有之變深四五〇與今有之變深二二五也。此同乘異除之理也。又法，以寸五者甲乙同深之變深數，亦即變深數與深凸之較數也。今甲乙不同深，則必有其倍數。求得倍數二，以除較數寸五，即得所求之較數七分五。以減甲深三寸，得二寸二分五，爲所求之變深也。

一系，鏡作凸凹，小淺大深爲難。圓凸一。如圖乙丁與己辛同甲角，而庚壬雖長，己辛猶淺，欲求再長，則難乎料矣。丙戊雖短，乙丁已深，欲求再短，則難乎工矣。此凸法變淺所以妙也。有時用凹嫌深，亦可放變淺法求之。本篇十二。至於兩凸相切，不過使凸加深，爲用甚稀。曾見洋製遠鏡，其外鏡三面，子凸丑凹，又加一寅爲淺凸，未解其意。然度其理，殆因子丑相合，稍覺其淺，

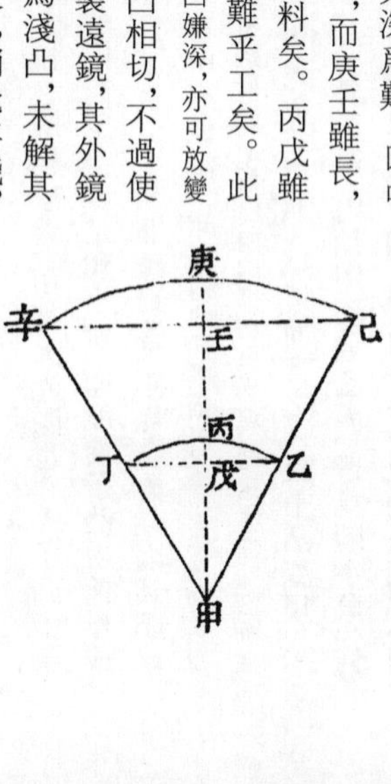

故加一淺凸，使略深耶，亦製作之巧也。

又　卷四《述作》

作眼鏡其類有三，曰平光，曰近視，曰老花；其質有二，曰玻璃，曰水晶；而作法則皆從同。

一、保光鏡，平鏡也。兩面皆須極平，稍有凸凹即不適用。凡作晶玉法，以鐵爲砣，安車上，水蘸寶沙碾之。先製成形，然後用火漆爲砣碾之，又用牛皮爲砣碾之。名爲出光，其實皆磨法，先粗後細，細極乃光耳。出光爲别一行當，火漆砣皮砣，皆得自傳聞，未能詳也。

二、眼鏡入匡或稍大，則翦之。水晶雖堅，然眼鏡甚薄，亦可如玻璃翦法。照景鏡二之二。惟近視鏡近視中凹則邊厚。及料厚者，仍須碾耳。

三、少年目力至足，無須於鏡，然終日一編用之過度，遂生眦火。水晶性涼，故能清目而保光也。患目羞明，更宜墨晶。若玻璃，經火而成，不惟無益，且有害矣。或行路，暫取遮塵，用舊玻璃如舊磁然，久則退火。差可耳。

四、保光鏡宜於觀書或養靜。蓋觀書正用目力時，鏡性涼則消眦火也。養靜正不用目力時，鏡有景則韜目光也。故尋常視物，用鏡如無鏡；若夜行，則有鏡反不如無鏡矣。

右平光。

五、老花鏡，凸鏡也。或一面凸一面平，或兩面俱凸，然必中度，否則不適用。作法，先製爲片，然後於破釜内蘸寶沙磨之。釜形凹，故鏡成凸。然愚謂，此工人手熟，故得合度耳。觀水晶頂及火鏡，悉心諦觀，多不中度，正由於此。若作凹砣旋之，必較勝矣。

六、中年以後，目力漸衰，故睛凸處漸平；或氣血不足，睛内不舒長，則視遠如常，而視近昏花矣，凸鏡所以益其不足也。但中年所用，其凸無幾，視遠尚不覺昏，不知者寶而用之，終日不去，以致目益加甚，不可救藥矣。法宜視近即用，視遠即除，凸甯淺爲妙。

一系，黄昏月下，少年及短視人皆能察書，惟老人不能者，老人之目近物則昏，而光暗之時，視遠字則墨色漸淡故也。凸鏡視物，能使物色加濃，且凸可近物而視，必能黄昏察書矣。

七、凸鏡能力，以順收限驗之。圜理九。眼鏡限，極老無過九寸，極嫩不過二尺四寸。九寸以下，二尺四寸以上，别有他用，詳於後。

一系，凸淺視近，間有昏花，則目老鏡嫩之故，圜凸二十。稍去物遠，即合度不花矣。

二系，眼鏡自洋舶初來，止用一片，用時持而照之。不知何時增爲兩片，挂於耳際。便則便矣，而終日不除之弊由此而生，必有陰受其害者。又舊時價頗昂貴，故其式甚小。戴鏡觀書，偶一視遠，則眸子上注，出於鏡外，此亦妙用。近時料薄而價賤，取其大樣，以爲美觀，失之矣。洪石農姻家範曾定造老花眼鏡，上半平，下半凸，爲臨畫之用，殊得此意。

八、凸鏡不宜視遠，尤忌夜行。不惟鏡景韜光，且能視夜加黑故也。

右老花。

九、近視鏡，凹鏡也。或一面凹一面平，或兩面俱凹。人生而睛凸，或習於視近，以致睛不開廣，見近極明，視遠茫然，凹鏡所以損其有餘也。然讀書人微帶短視，至老不花，不足爲累。惟短視大甚，非聞聲不能辨人，誠不能不藉凹鏡爲用。不知者寶而用之，或並戴以觀書，致短視日甚，則用之者過也。法宜少用，凹甯稍淺爲妙。作法與凸鏡同，第治凹之器反爲凸耳。

十、凹鏡能力，以側收限驗之。圜理九。眼鏡限，極深無過一寸，極淺無過三寸。三寸以上，一寸以下，惟作遠鏡用之。有深至三分者。

十一、凹鏡專爲短視人視遠而設。至於夜行，雖短視甚者不得已用之，然鏡景韜光，實無益也。

右近視。

十二、愚游粤時，曾見有雙副鏡，其法用撐夾兩耳上如常，而兩旁鏡邊，别軸安眼鏡一副，用則合而重之，不用則開而置于兩旁太陽處，邇來式更小巧便用。如圖甲乙爲鏡匡架，丙丁及戊己爲軸，子丑爲合眼常用之眼鏡。别作寅卯眼鏡一副，或與子丑等深，或較深，或較淺，以合而加於子丑上，視物加大而不花爲度。兩旁作軸，如辰午。安丙丁及戊己軸上，令可開合。尋常用子丑，置寅卯於撐邊，貼兩太陽穴，並無窒礙。偶值嫌淺時，則合寅卯疊於子丑上，便加深矣。是帶鏡一副而具兩副之用也。庚辛與壬癸爲撐兩段，甲上有軸，以辛上軸合之。庚上作套筩，將癸套入。壬癸在庚辛内，癸處向外作一丁，透出

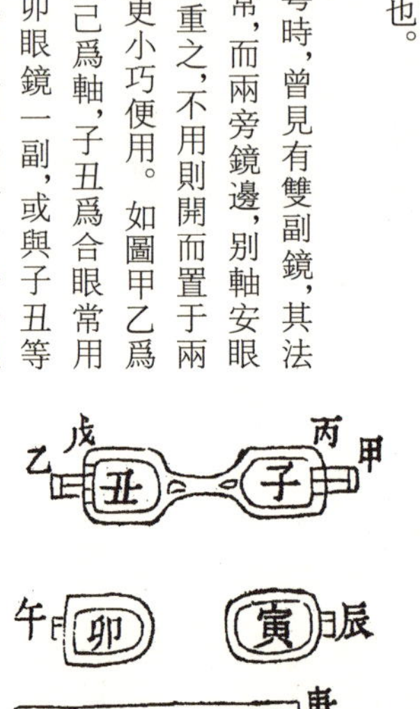

庚辛段之縫，丁頭縮之，使可伸縮。乙邊亦如之。兩段皆作匾片，取其輕巧而穩固。惟中梁用直，取隨手戴用，不拘上下。然未免壓鼻梁，不可久用，不如尋常曲梁爲妙。此法，老花、近視固可爲加深之用。若平光，則子丑用銀晶，寅卯用墨晶，亦便也，故爲通用眼鏡。

右雙副眼鏡。

作顯微鏡其類有二：曰通光，曰含光。

一、通光顯微，即老花鏡也，第用有淺深之别。時用其淺，限有尺六七寸者；時用其深，限有一二分者。

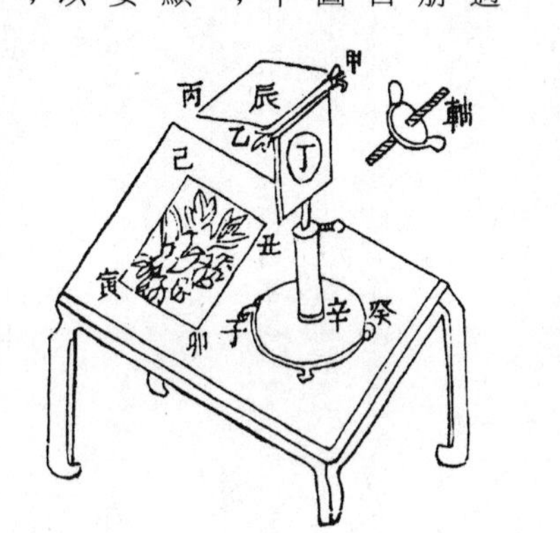

二、通光顯微，以觀洋畫，限不取過深，約須一尺五六寸。其法，倒置畫册於案側，置含光於上，立置顯微於旁，目從顯微上視含光内畫，畫景自順。如圖辰爲含光鏡，嵌入木匡，鏡面下向。甲乙處作軸，上套螺旋，連於顯微鏡匡上，可使斜迆支撑，收合而不脱。丁爲顯微，己爲鏡柄，活入座柄。座柄之口安螺旋，使可伸縮，高低配定，則轉螺旋以固之。丑寅爲畫册，倒置之，使卯入乙，寅入丙，則乙爲上而丙爲下。自丁窺之，上下自順，惟左右必易位，故畫上有字，須用左書。

一系，丁鏡之凸不宜過深者，丑寅畫景入甲丙鏡至近不止五六寸，則鏡中之景亦見遠象爲五六寸，原景十。而丁之距辰又須四五寸，并之，是目距畫約尺六七寸。使丁鏡之凸限一尺，則畫距目出限外，必見物象復小且昏而不清。圓凸二十三。蓋觀畫用鏡者，取其隔鏡如清濛氣而肖真也。原光十。不專取其顯微，故凸不必過深耳。

右通光。

三、含光凹，或銅或玻璃爲之，亦稱顯微。諸葛鐙後壁及地鐙，襯於燭後，用以助光。然諸葛鐙前鏡得力，似可不必。地鐙法殊妙，別爲一支，尚非顯微正用。予擬製使微凹而大約逕五六寸以外，側收限一尺。用以自照，毫髮畢見，遠勝平鏡。

四、含光凹，以銅作者，多敲使凹，不盡中度。若能旋之則妙矣。以玻璃作者，駕空燒軟，其心自塘，雖光力最勝，亦不甚中度也。其粘箔法同照景鏡，照景鏡二之三。而手法較難，惟粤人能作之，然價已倍平鏡矣。

五、《虞初新志·黄履莊傳》所謂瑞光鏡即此。其言徑大六尺，想是銅爲之，其工，其料，殊不易作也。

作取火鏡其類有二：曰含光，曰通光。

一、含光凹取火鏡，即顯微一種，顯微二之一。古所謂陽燧也。但古衹銅爲之，今或用玻璃，光力尤勝耳。作法見《顯微篇》。側收限宜三寸以下，徑宜一寸以上，愈大愈妙，過小過淺則無火。

二、用法，對日稍斜迆之，上置紙煤，取側收限，即然。

三、通光凸取火鏡，亦即顯微之一種，顯微一之一。或料，或玻璃，或水晶，水晶最優。亦即老花眼鏡，但凸較深耳。作法見《眼鏡篇》，順收限約二寸以下，徑約六分以上，取其便於攜帶，力則愈大愈勝。若徑雖一寸，限及二尺，則光微；或限雖一寸，徑只四分，則光小，皆不得火。

四、用法，正對日中，下承紙煤，取順收限，即然。

右通光。

論曰：日爲衆光之主，火所由生。原光七。蓋日以光爲形，以暖爲質。其所到處必有光而氣暖，與火相似；稍異者，日性下射，而火上炎耳。然則日照生暖是即火也。所以未成爲火者，光未極濃，暖未極盛，使萬物受之者，資其温煦，不至焦灼也。夫日體渾圓，光線散而不聚，暖氣自殺。惟通光凸與含光凹鏡，光線約行，能收衆光線疊而聚於一處，所以光複而深，原光十四。遂釀成火焉。

一系，取火者，謂收光必極小，然後有火，似也。然所謂小者，但指此一鏡而言則可耳。若鏡徑三四寸，限一尺六七寸，收日光極小，尚如龍眼，其得火愈速。若徑小凸深，其光如粟，反不得火，不可不知。蓋鏡之大小，宜與深稱。使凸深徑小，則收光既小，限際又短，易於出入，難當其分。或凸淺徑小，則限際既遠，持之易摇，且空明四映，景入罔象，原景四。難釀其光，皆不得火。

二系，鏡以净水晶爲佳，料色混及多紋者爲劣，害光故也。依顯，擦傷則凝光；水晶頂中心穿孔，斜對日中，亦凝光，皆不得火。

三系，取火承光，紙煤最速，非惟燥性相就，光到黑處更濃也。原光一。餘如草紙、菸香以及有色紙帛，皆可然燒，獨白紙承光竟不得火。雖火絨爲求火之物，而極白者得火亦緩。蓋光乃白之盛者，白乃光之似者，故白能生明，與光相映，使所取日光罔象非真矣。若點以墨污，雖布亦然，無論紙矣。若三四寸大徑顯微，白紙時亦有火，恐是紙微有菸色，非極白者，然終不易然。

四系，凸鏡取景，因日而圓，不關鏡體，故毀圓爲方，仍能取景令圓。原線十。依顯，鏡徑果大，雖殘損其半，猶可取火。

五系，水晶頂中心穿孔，戴之冠上，與日斜對，故能凝光無火；若以孔與日正對，亦無火者，凸既成球，則光收極小，而孔較大故也。依顯，頂之體大，當亦有火，故火鏡有穿孔中心者，蓋鏡徑寸餘，收光一分，若中心孔亦一分，則孔景收小不過一釐，即如無孔，故可取火也。

六系，近視眼鏡有從中開池者，其外留一圍多，內厚外薄，以便鑲嵌。若以周圍之邊論，即是凸鏡，但中心復凹耳。此有二種：一種邊不出光，則邊不透照；一種邊亦出光，則邊亦透照，能大物象而收日光。夫收日光極小至一二分，則中心凹塘必收小如無，即與穿心火鏡等。故邊寬三分以上者即可取火。

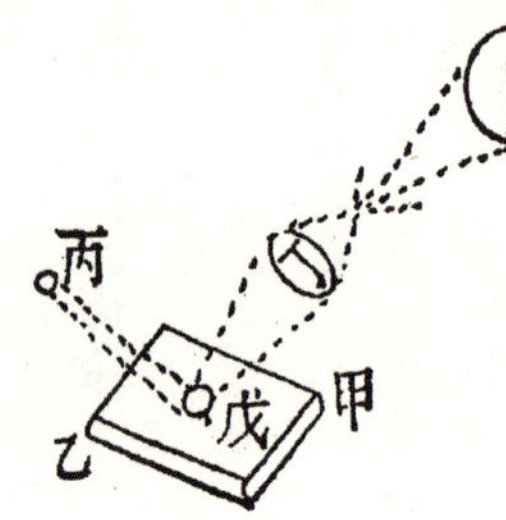

七系，通光凸覆含光平鏡上，對光有側收限。其光線是凸面反入平鏡，成爲凹景，透而上出者也，即與含光凹等。若凸徑大寸半以上，側限寸許者，則力大光足，亦可取火，但稍緩耳。若凸如丁。透日光，下承以含光平鏡，如甲乙。斜迆之，使平鏡受日光斜射至他處，如丙。亦能收光如側收線。是凸鏡順限斜入平鏡，復折而斜出之光線也，即與通光凸直射之順收限等。若凸徑大二三寸以上，順收限一尺五六寸者，則力大光足，亦可取火，抑又緩矣，虛實遠近之殺也。

八系，通光凹背襯含光平鏡上，則似含光凹形；而面覆含光平鏡上，則似凸入平鏡形。而皆不能得火者，何也？蓋凸照成凹，與箔成實圓。凹覆成凹，與箔爲虛圓。凸照成凹，與箔爲相連體；凹襯成凹，與箔爲相切體。故不同也。原景十一，鏡資四解。又況凹形之背曲，平鏡之面平，以平襯曲，並不能相切乎。

九系，通光凸與含光凹對鐙，亦可取景，亦有濃光，而不得火者；日性下射，火性上炎，取景於日下，光之所至，氣亦至焉；取景於鐙旁，光之所至，氣則不至矣。此一理也。日體至大，氣塞乎天地之間；鐙體微細，無復分數可論矣。此又一理。

十系，《虞初新志・黄履莊傳》瑞光鏡稱，徑大六尺，夜以一鐙照之，光射數里；冬月人坐光中，則遍體生温云云。似未可信。然夏日光射粉壁，對照室內，亦覺加暖，是非日氣能曲行，實亦光至則暖俱耳。本系九。然則凸取鐙景，當亦有微温。使然大炬在下，持凸於上，取其濃景，或亦可得火乎。然日與火究非同物，未可臆斷，存此爲來者考驗之資。

十一系，《博物志》有削冰取火之説。或謂陰極生陽，不必然也。冰之明澈不減水晶，令治之中度，與火鏡何異。予曾親試而驗。○法擇厚冰明潔無疵者，冰結缸邊者佳，若結缸面者多有紋，似蘿蔔花，氣斂所致也。取大錫壺，底須徑五寸以上，按：其中心使微凹。凹宜淺，視之不覺，審之微凹即可用。貯沸湯旋冰，使兩面皆凸，其順收限約一尺七八寸方可用。仍須擇佳日，使一人憑几奉冰靠穩，别一人持紙煤承光，乃可得火，但稍緩耳。蓋取火因乎收光，不關鏡質，惟冰有寒氣，火自暖出，限短則暖逼於寒，殺其勢矣。又冰在日中久則鎔化，必取材大而安置穩，日佳光足，令其速速得火，不致久曬鎔殘也。【略】

作放字鏡其式一。

一、放字鏡即取景法。第取景是令大爲小，用順收限；放字則令小爲大，用順展限也。原景六。作匣如甲乙。空其後面，上面開孔如丙。出煙，前面開孔，活安深凸爲內凸。如丁。孔旁起六角牆，如戊己。牆兩旁各開長縫。如庚與辛。别作六角套筩兩節，如未酉與卯辰。內筩之端作活蓋，開孔，安淺凸爲外凸。如甲。别作長方玻璃片，如壬癸。或作長板，如戌亥。配準庚縫。板上配丁孔之度任開幾孔。如子與丑寅。各安玻璃紙爲玻璃

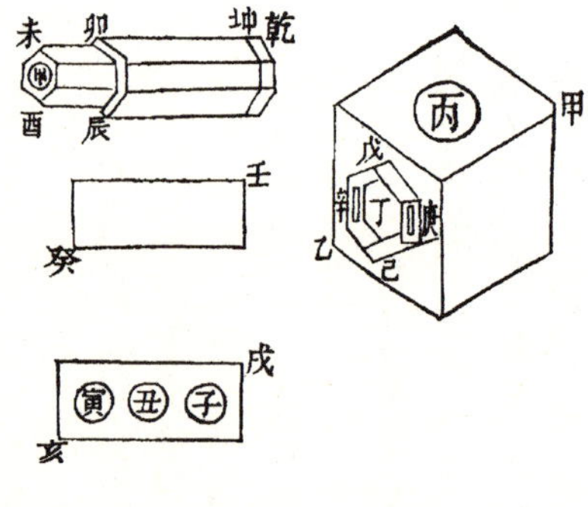

紙匣，二者皆爲鉤字之用，不拘若干塊，愈多愈便。匣内安鐙，鐙頭高低使正對丁孔中心。

二、凸鏡兩面，内凸宜深，外凸宜淺，其深淺無定度。如匣大徑五寸，内凸順收限不得過二寸五，而内凸與外凸則若一與二爲恰好。故又一法，用相等之凸三面，以一面安於丁孔内，外一面安于乾坤之間，并爲内凸，一面爲外凸，則内凸與外凸亦若一與二，配定尺寸表於左。

內凸，謂兩凸合一而言，其每面限各四寸也。邇來姑蘇有製就求售者，但不知用順收限，又或止用一面，未爲得法。

表

内凸順收限二寸
外凸順收限四寸
筩長三寸

三、用法有二：其一，鐙光自鏡透於壁，壁處黏浄白紙，爲前法。其一，鐙光自鏡透於窗牖，牖作紗綳，上黏浄白紙，爲後法。取玻璃片或玻璃紙匣，鉤字畢，倒入六角牆縫内。用前法，則墨向鐙，人在室内對壁視之。用後法，則墨背鐙，人在牖外透窗視之。移匣遠近，以定大小。近小遠大，伸縮套筩以配遠近。近伸遠縮，以光象圓而墨痕黑爲度。任意鉤取，手不遮光。後法尤善。

一系，放字舊法，翦紙作字，置鐙前，其景入壁則大，即光小物大之理。原景六。然其線侈行，原線二。是爲正切線，中密而外漸疎，字形失矣。故法必用屢放，則數次漸展，其差較微。豈如凸鏡之由圓展開，一放尋丈，不爽毫髮乎。

二系，凸順展限能使徑寸鐙光爲數尺之倒景見於壁上，然則徑寸之字，書平玻璃上，置於鐙前，既借鐙光前設一凸，用順展限即可放大矣。但凸在平鏡前，若展鐙光則不能展鏡字，若展鏡字則不能展鐙光。雖平鏡亦借鐙爲明，而不能受光使滿，則入壁較鐙原處稍暗，有玻璃景故也。原景九。故法，取内凸用順展限顯鐙光於壁。凡凸顯鐙光於壁者，壁處易目視凸，則見光滿。圓理九。復取外凸用順展限，顯内凸之滿光，必成大圓光象。若字在内凸，則大圓光象内必見大字矣。

三系，書字别用玻璃，不於内凸者，取其易於調換也。雖外凸之順展限恰值内凸則顯光清，恰值玻璃則顯字清，勢難兼顯。然外凸顯内凸之光稍有出入，雖光稍遜，尚勝鐙本光，況於顯字之用無礙乎。但玻璃須與内凸切近爲妙耳。用玻璃紙匣較勝玻璃，以其質薄，無玻璃差也。鏡質二及七。

四系，凸鏡愈深，展字固愈大。第字不在内凸，則顯光顯字既難兩全。使外凸太深，則限稍出入，力必懸殊。且内凸太深則距鐙太近，煙煤易染，故限以二寸四寸爲率。

五系，凸深則限短，凸淺則限長。短則微出入而力相懸，長則微出入而力稍殺。故内凸深於外凸不足倍者，鐙距壁近，取景亦清，以限雖短筩伸故也。内凸及外凸俱淺者，鐙距壁遠，取景亦清，以筩縮極猶長故也。太遠則不清。○凡言太遠者，皆指限距界言之。兩凸俱淺，則有時欲大而不可，太遠則景淡難清故也。圓凸十三。外凸淺不及内凸之半，則有時欲遠而不清，太遠則出限距界故也。圓凸十一。然外凸較内凸，其深當半之率，謂二與一之率。與其稍深，不如稍淺，何者？假如内凸限二寸，外凸限亦二寸，以外凸顯内凸，其距鐙當四寸，適值外凸之倍限。凡倍限，鐙距壁稍遠，不合順均限者，圓理九。即成黑景。是止能顯字，不能顯鐙光矣，故不可用。若外凸稍淺，不過字體稍小，無不清之患也。

六系，内凸距鐙，外凸距字，各用其順展限，此定率也。然既有兩凸，則内凸距鐙光或有稍出，可縮外凸以近之；外凸距内凸或有稍入，則移鐙光以遠之。此贏彼朒，亦有相和得中之術焉。

七系，小字結體與大字殊科，而筆畫粗細亦異勢，但結體取其莊重，方正不欹側者，自無不可，而筆畫粗細之異則有無可如何者？設徑寸之字畫粗一分，空白一分，已是肥體。例以徑丈之字，則畫粗一尺已是瘦體，空白一尺即嫌疏濶，故古帖放之不能合格。又徑寸之字，筆鋒如十度之角已嫌其禿。若字大徑丈，筆鋒雖足九十度，尚覺太鋭，必鋒如散彗，方有蒼古意，誠一缺憾事。法宜枯筆粗禿，放之乃得，然見前書家苦不能作擘窠者有矣，得此能毋褰人衣襦之樂邪。

八系，凸鏡取景，火能得其光，墨能得其黑。依顯，燕支之紅，靛花之青，黄連膏黄連濃煎曬乾用之。之黄，靛加藤黄之緑，無不能取其色於楮上，故畫作人物，以爲戲具，所謂取景鐙戲也。見自序。黄色用黄連膏者，色深而顯。藤黄作畫，鐙下視之，已若白色，況取其景邪。原色五。有質之色，原色一解。畫通光玻璃上，鐙下照之，邊雖微覺有色，中則黑暗，故取景不可用。【略】

作多寶鏡，其式一。

一、通光玻璃，一面平，一面碾成多隔，每隔俱爲平面，則照一物而每隔各見一物之景，成多景，名多寶鏡。

二、多寶鏡或七隔或十四隔，無定度。此無大用，取備一理。○黄履莊鐙衢法或亦用之，詳於後。

又 卷五《作萬花筩鏡》

其式一，附式二：曰羅漢堂，曰鐙衢。

一、取含光玻璃鏡三條，一端稍殺之，如甲乙丁丙。光面内向，併成三角鏡，如戊己。裝入筩内。筩如庚癸。署長於鏡，約以寸。如子壬。筩之徑適容三角鏡而止。筩内口一端如庚辛。作木蓋，中穿一孔，安通光玻璃。其孔宜小不宜大，取其不見内三角形。筩之又一端切三角鏡處如子丑。安通光圓玻璃鏡。鏡邊切筩，無使露隙。鏡外一節空處，如子癸。填以五色殘玻璃及玻璃珠，不拘多寡。别作通光圓玻璃鏡，塗粉，護以白紙，安於筩之外口，欲其透明而不見外物也。

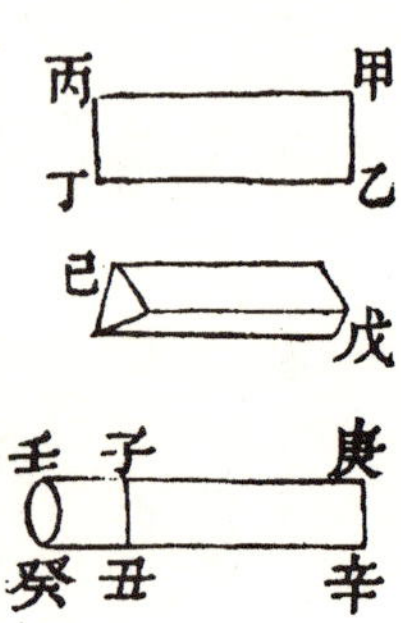

二、萬花筩，戲具耳，自其内口窺之，如五色玻璃札成六出花頭甚夥。筩動則變，萬轉萬變，而無一重複花樣。其想至奇，其製至易，而其理至精。雖無大用，當必存録。著論如左。

論曰：作三角鏡爲等邊形，如甲乙丙。夫鏡既照景，而鏡各有景，原鏡九。則甲角能反照作丁戊等角，是一角見爲六角，成六出一花頭。而丙角又照甲角之花頭，自成丙一花頭。乙角照甲角亦然。而甲又照乙、照丙之景。此一玻璃珠必成六出一花，而一花必成多花，一動一變，所以無窮也。

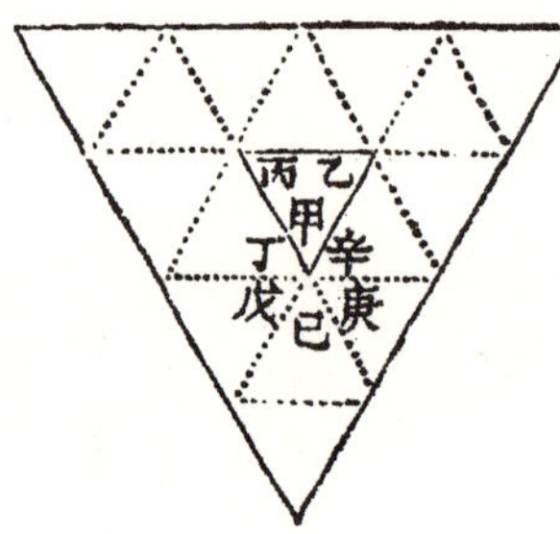

一系，萬花筩必用三角，取其省也。否或用六角亦可，然必用等邊。蓋三角等邊者俱六十度，故俱成六出。不然，設形如子丑寅三角不等，其子角爲四十五度，視其反照之景，雖亦可合成八出；而丑角與寅角設爲六十七度半，則丑寅邊景爲丑寅午，子寅邊景爲子寅卯，而丑寅午所成者爲寅午巳，子寅卯所成者爲卯寅辰，此兩形所展，轉相照之，景乃亂乃萃矣，故無取焉。

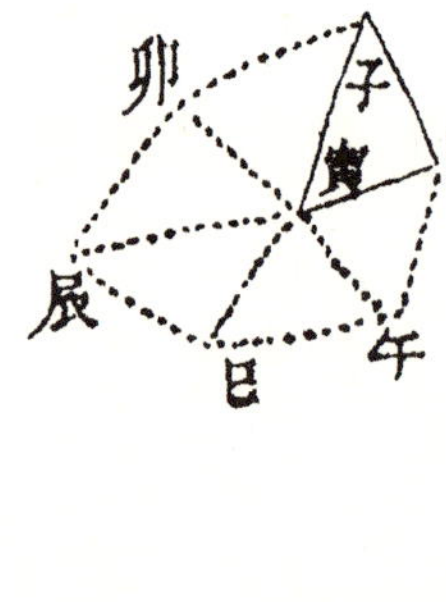

右本式。【略】

作遠鏡俗名千里鏡。其類有三：曰窺筩遠鏡，曰觀象遠鏡，曰游覽遠鏡。其取資有二：曰筩，曰架。

一、遠鏡之類三，用各異，宜製造亦異。特各立名分疏於後。

二、兩凸者，名窺筩遠鏡，象限諸儀以代兩耳者也。法：作筩長與儀邊稱，筩内口安深凸，外口安淺凸，其順收限視儀之大小爲則。設儀邊足安一尺八寸之筩，則筩當一尺八寸，其外凸順收限當一尺六寸，其内凸順收限二寸爲宜，所謂距顯限之足距也。圓率三之四與五。夫距顯限原無施不可，而此率則長，既與儀稱，又恰是足距，與後游覽鏡通爲一律，故著爲定率也。其求法，恒以儀體邊之長與外凸或内凸四率求之。筩内安十字銅絲，以窺所測，使恰合十字中心。雖物見倒象，而物小者可大，物遠者可近。窺尋既易，且得中景，原景十二。無嫌倒象也。

一系，先求外凸。以定率九爲一率，八爲二率，今統長一尺八寸爲三率，推四率得一尺六寸，即爲外凸順收限。

二系，求内凸。以定率九爲一率，一爲二率，今統長一尺八寸爲三率，推四率得二寸，即爲内凸順收限。

三系，此窺筩遠鏡不拘目力，不論遠近，俱不須伸縮配之。

右窺筩遠鏡。

三、凡觀象遠鏡，亦止用兩鏡，所謂一凸一凹者也。圓疊十八。小者長四五寸，勝於目力無幾，殊不足用。而《遠鏡説》所極稱妙者，亦是此種，但未明言其尺寸耳。蓋用以觀象，非大不可。觀《遠鏡説》之圖，筩用七節，又有架座，以此推之，至小當有八九尺。又戴進賢《星圖》中言五緯旁細星，有非大遠鏡不能窺視之語。今常見大鏡，徑不過三寸，長不過五尺，不足以窺星。若倍其鏡徑六寸，則長當一丈矣，然則此器非可用於尋常，故專屬之觀象焉。

圓疊十八論。

一系，小遠鏡曾見洋製兩種：一種兩節，伸長不過四寸，徑寸半；一種長亦不過四寸，筩有十三節，徑大二寸，縮之則扁，不過高三四分，可收貯於眼鏡袋。二三丈外觀人眉宇，如在目前。以餉短視，如獲異珍矣。然欲製造，難爲良工也。

四、觀象遠鏡，兩鏡深淺，視物雖可不拘，然非相稱則力不足。法先以凸深定其長，如外凸限一丈，徑至小必五六寸，徑大益妙，然再大則難。小則不適於用。其兩鏡之距即一丈，如法求得單凹側收限八寸三分有奇，可畧淺，定爲八寸四分可也。法見圜率五之一。

五、外凸順收限欲長一丈，作之不易，則取淺凹並深凸法。用變淺限圜率四之三。求之。設有凸順收限四尺，欲變淺爲一丈，法置凸順收限四尺，以界率三圜率四。乘之，得一丈二尺，與欲變淺限一丈相減，餘二尺，以凸限四尺加之，得六尺，爲凹深限。爰以單率六除之，得一尺，爲單凹側收限，即所求。

六、內凹側收限欲長八寸，作之不易，則取淺凸並深凹法，用變淺限，圜率四之四。凸凹互易求之。設有凹側收限三寸，欲變淺爲八寸，法置凹側收限三寸，以界率三圜率四。乘之，得九寸，與欲變淺限八寸相減，餘一寸；以凹限三寸加之，得四寸，爲單凸側收限。以單率六乘之，得二尺四寸，爲單凸順收限，即所求。

論曰：遠鏡初出，只凹凸一種。其大者雖未之見，然諸書已稱其觀象之勝。邇來佳製俱是純凸一種，而反不能觀象，棄簡就繁之疑，誠不能釋然。然頗疑純凸之製，必亦可以觀象，但游覽者無取其大耳。今思棄簡就繁，更有一說。蓋器大則外凸限必一丈以外，作之不易，而凹凸之製，外凸一丈，純凸之製外凸只須五尺；若並一凹，則外凸限可二三尺便足。且外凸之徑又不須過大，斯亦妙用。棄簡就繁之意或有取乎此也。

七、觀象遠鏡，兩鏡之距設定爲一丈，則多不過四節，少不過二節。四節則每節可三尺，大小相套，每相銜之榫五寸，取其穩固。伸足可八尺。冣內一箭三尺餘，多一尺以爲伸縮，配所測之遠近。如欲作二節，則外箭八尺，內箭三尺可也。內箭之內安一木隔，中心開孔，名爲束腰。孔之大小須稱外凸，以恰見外凸鏡邊爲度。孔大則伸遠，孔小則縮近，進退求之。箭宜用木，外口安凸，內口安凹，皆活之，以便易拆去垢。

一系，《遠鏡說》圖用七節，取其靈便，然縮之至三尺，則收貯已便。若七節，亦須一尺五六，終非俊物。故八尺雖大，然穩固簡易，觀象之用，固非所嫌。

二系，束腰之法，《遠鏡說》未著其名。今遠鏡皆有之。雖於視遠無關，蓋欲使箭內遮黑，令目居暗視明也。今洋製束腰用銅，並髹令黑，恐受光礙目耳。

三系，觀象鏡，外凸雖大，內凹能使之小，故外凸必宜大，而箭亦不能細矣。

四系，遠鏡之箭或用銅，或硬楮加漆焉。今器體既大，楮難堅久；如用銅則良工不易，薄則嫌柔，厚則嫌重，故不如用木爲良。

右觀象遠鏡。

八、游覽遠鏡，不拘大小皆妙，而《遠鏡說》獨取兩鏡者，疑是初製，否則爲其易作耳。今以收之則小，展之亦不必過大，既便攜帶於用已足。約取大小兩種，爲游覽專屬焉。

九、作游覽鏡，外用淺凸，與觀象鏡同。或一淺凸，或一深凸，與一凹並而爲一，均可內用。深凸自三面至五六面均可，或同深或稍有淺深亦均可。今以洋製佳者，內多用三凸間四凸或六凸，稍有深淺。外多用一凸一凹相並，六凸以上則未之見，故只以此種爲說，餘可類推。內鏡、外鏡多種，應各立名，內鏡以天干，外鏡以地支，使不混淆。圜疊十。

十、外凸深淺與內凸深淺宜相稱。其定率，約以外凸限八倍內凸限爲足距，外可略深，內可略淺。蓋外深內淺，不過不足距，見物象稍小而光愈明顯。若過距，雖物象稍大，而景反暗，不可用矣。然內凸同深，固以八倍爲外凸定率。如不同深，法取甲乙丙並得總限數，以三除之，爲平得之內凸；以八乘之，得外凸。若四凸者，以四平之。五六凸者，倣此一律求之。又法：三凸者，並其兩距，得大光明限，即內箭之長，圜疊十七。倍之爲外凸限。若四凸者，並其三距，倍之。五凸，並四距。六凸，並五距。倣此一律求之。凡純凸之製，三凸者，兩距皆爲距顯限，大光明限即是兩距顯限之並，理冣明顯，法亦靡貸者也。至四凸以上，法必縮短，雖不必有一定之度，而大致總相去不遠。故今立法：以三凸之大光明限爲主，而四凸、五凸、六凸皆縮短，使與之準。其差數，則四凸者，各取其距顯限一五除之。即六六六折，蓋三分之二也。五凸者五折，六凸者四折，則其大光明限皆通爲一律，理足而法亦無失也。至於外凸，既與內凸相應，而內凸不必同深，平之未免轇葛。今即以大光明限爲主，倍之即得。至於箭長，又與觀象之外限數即長數殊科，且用時又有伸縮。今以外凸限爲主，倍之爲極長之數，視箭酌增其相銜之榫，如箭三節則兩銜榫，四節則三銜榫，每增一寸及五六寸，視器大小酌之可也。

十一、作游覽鏡，極小者長可一尺餘，內凸順收限淺不可過寸，至深可半寸，然筩取其短，宜用深者。今約其恰好之數爲式：

甲凸深限　五分
乙凸深限　六分〉距顯限一寸一分，一距七分三之一
丙凸深限　七分〉距顯限一寸三分，二距八三之二
丁凸深限　七分〉距顯限一寸四分，三距九三之一
〉大光明限二寸五分三之一，子凸深限五寸，統長一尺

若是者可製五筩，每筩約二寸七分，共長一尺三寸五分。收之不及三寸，用之亦佳，攜帶冣便也。

十二、作游覽鏡，大者長可三尺餘，內凸順收限深不可過寸半以下，至深一寸半。然力求其勝，宜用淺者。今約其恰好之數爲式：

　　　　　尺寸分　　寸分
甲凸深限　一五
乙凸深限　一九〉距顯限三四，一距二三三之二
丙凸深限　二四〉距顯限四三，二距二八三之二
丁凸深限　一六〉距顯限三二，三距二一三之一
〉大光明限七二三之二，子凸深限一四五，統長三尺

丙深限二寸四分，加丁限一寸六分，當得四寸，而不然者，距顯限必內深外淺。今內淺外深，故只用丁限，倍之得三寸二分，爲距顯限。載此以備變例之一格。餘悉同上。若是者可製五筩，每筩約長八寸，收之不及尺，攜帶亦便，游覽大勝矣。

一系，內鏡外鏡必稱爲宜，但觀象雖稍不稱，或凹淺，不過不足于於距；或凸淺，不過不盡其距，凸淺即凹深，凹深應出距，出距則象倒，不可用矣。必須稍縮就之，故曰不盡其距也。二者猶勝於目。獨游覽鏡，其內鏡合數凸成一大光明如凹，乃是借其倒法而得。若有不稱，即失其理，故內鏡淺，則目距子尚在初清猶可。至外鏡稍淺，則去初清處已遠，視物雖大，如雲如霧，甚則如漆，但照見睫毛如韭，不可用矣。

二系，觀象遠鏡外凸之徑宜大，游覽遠鏡外凸之徑則不妨小，故廣製有用殘片爲外鏡者，洋鏡有鏡質本大反作小孔於外者，緣內用凹則視前鏡小，內用凸其視前鏡有顯微理，故覺大也。若製配時或見子甚小者，是丁距丙遠，乃丁出甲乙丙顯微限外之故。法當縮丙丁而伸甲乙或乙丙可也。用殘片必宜近心，若近邊則凸欹側，不合度矣。

三系，內鏡無論多寡，相距長則力深，相距短則力淺，以目切甲爲合度。倘目必離甲猶嫌遠，是內鏡相距太長也。倘目既切甲猶嫌深，是內鏡相距太短也。法當消息伸縮之。

四系，目能切甲，固徵淺深合度，然汗氣易於薰蒸，亦足爲累。宜畧縮內鏡，使目去甲寸許，既免薰蒸，且內稍淺與外稍淺正相反，外稍淺者如雲如霧，內稍淺者必加明矣。

五系，凡求限之法，冣難準確。茲立一法，先求初清，次求初昏，取兩數並而半之以爲限，則較準確矣。凡有一限，皆有其初處。如求距顯限，一凸切目，一凸漸離，必由昏而清，又由清極漸昏是也。如求順收限，取日之光於片板上，漸離之，必由大漸小，又由極小漸大是也。餘可類推。此系爲求諸限準確通法，不可不知也。

六系，游覽鏡，內凸三面已足，或加多至六面，亦未見其較勝也。惟見所見佳製皆是四面，而其中往往有丙丁不動外，別有甲乙數筩可以調換。曾見一具，匣內別有甲乙筩五具。據譯言，是大遠、中遠、小遠，視日、視月、視星。其視日，加墨晶宜也。視星，加藍晶，或專視金星邪。至視月，只藍晶一面，或是殘失矣。若大遠、中遠、小遠之說，豈能視大遠者反不能施之中遠、小遠乎？疑是因時製宜，備此三種。如物小而天氣清，則用深者；或物大而天氣昏，則用淺者。譯者不能深究其故耳。惟四凸方能調換，此所以三凸之用已足，而必設四凸之意與。

七系，《皇朝禮器圖》有《攝光千里鏡圖說》，緣未見其器，故未明其說。頃見鈔本《儀器總説》一函，蓋官書樣本，亦非全帙。載有此種，外多一圖，乃恍然有悟。茲特增入。其原說曰：「筩長一尺三分，接銅管二寸六分，鏡凡四層。管端小孔內施顯微鏡，相接處施玻璃鏡，皆凸向外。筩中施大銅鏡，凹向外以攝景。鏡心有小圓孔。近筩端施小銅鏡，凹向內，周隙通光，注之大鏡而納其景。筩外爲鋼鋌螺旋貫入，進退之以爲視遠之用。承以直柱，三足高一尺一寸五分。」按《禮器圖》原說止此，《儀器總説》略同，又言長一尺三分，其功可抵長一丈。千里鏡之用，其法外筩上下兩端有二鏡，皆銅而凹。上端之鏡小，居筩中而周遭空之，凹面向內。下端之鏡大而中穿一孔，凹面向外。內筩上下兩端皆玻璃而凸，人目從下端測視日月諸星，日月星從外筩上口周遭空隙照入外筩。

如後圖：物景從奎婁周隙通光處攝入大凹鏡如虛女。之面，返照入小凹鏡。如危室。人目自下兩顯微如斗與牛。穿孔注視小凹中所照大凹攝受物景，而得外象也。據此，則原說甚明。夫內筩玻璃兩凸斗與牛。相疊，必是取距顯限，而含光凹與通光凸同理，圓凸二十八。蓋以斗當甲，以牛當乙，而以外筩之危室小凹當內筩之丙凸，以女虛之大凹當外筩之子凸也，不即與四凸之製同邪？然玻璃究勝於銅，殆一凹一凸之初改爲耳。嗣又改爲純凸，則更勝之，故今不復有是製矣。而此謂足抵一丈者，亦指勝一凹一凸言之耳。

又危室小凹居內筩中央，須令周隙通光。何以生根？原書未曾論及。或作十字架空，想無不可。或安於平玻璃中心，再將玻璃嵌入筩口，更無絲豪遮礙矣。原書鈔寫頗有誤字，特本其意刪改之。

右游覽遠鏡。

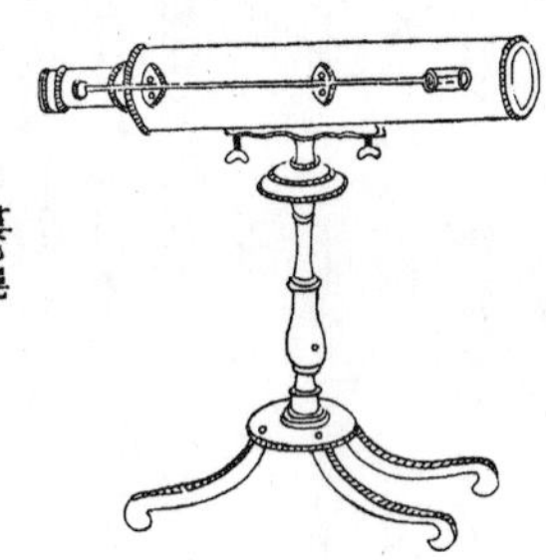

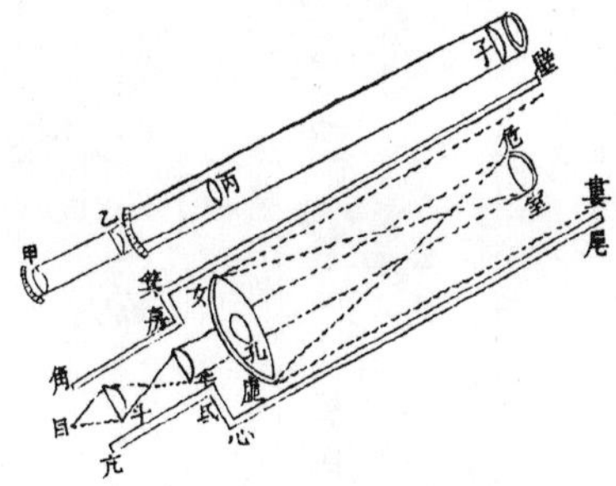

十三、《遠鏡說》所見《崇禎厤書》中者多殘缺，所見《藝海珠塵》中者亦有不全。茲取其用鏡各條原文，作爲八系，坿載於此。其管見所及，爲箋註一二，加按字爲別。

一系，鏡筩相宜，以視二百步爲則。若視二百步以內，物形彌近，筩鏡彌長，逐分伸長，物相明亮，即爲限止。大要伸縮宜緩而不宜急。按：此言製筩長之度。

二系，太陽、金星光射明烈，須於近鏡上，再加一青緑鏡，少禦其烈。鏡筩再伸分寸許，則光相不眩。

三系，用以視地形物色。前鏡勿對日光，以日光照鏡則鏡與相反昏也。按：今外鏡有多一活短套筩者，殆恐臨時對日則伸短筩，使日不能射得，居暗視明之理。原光九。

四系，借照作畫。室中全閉門窗，務極幽暗，或門或窗開一孔，大小與前鏡稱。安鏡，以白净紙如法對之，則外像入紙。西士所謂物像像物者也。按：此即取景法，單用一凸也。

五系，前後二鏡各加一積楮圈，圈心開圓孔，按：此疑即束腰。露鏡而以周掩鏡邊。蓋惟邊掩而心孔攝聚星象益加顯著故也。孔之大小，視鏡光力。前圈孔之大，以盡視月徑爲率。月徑約三十分，依此爲孔，以求兩星相距或相凌犯遠近分數，舉目可得。其法先以鏡向月心，目向鏡心，一窺而盡得月左右邊際，是可準而用也。乃即用以窺星，倘亦一窺之中兩星並見，則知彼此相距必在三十分內矣。於是移筩使一星切居鏡邊，以求此星與彼居中星相距之遠近，或當月徑之半而贏，或當月徑之半而縮，其爲幾何分數，豈不瞭然可辨乎。然所謂一窺盡月徑者，遠鏡之短者也。若其長者，所見轉狹，一窺不盡，必數移窺乃盡焉。按：據此則今之遠鏡視月，去鏡邊甚遠，豈一窺止盡月徑乎？一窺盡月徑猶是短者，則其長者可知。其法先用鏡定向月心，目則左右任移，以盡見月邊爲率。次以鏡切月邊，平行徑內某景月有多景。止，記之。又以此景切分爲邊，平行某景止，記之。如是數窺，必盡月徑，即可得每窺滿圈所容之分數幾何。於是用以測星，或亦再三移窺，則併移窺所得分數總計之，即是兩星相距之分數矣。

六系，視太陽有兩法：一加青緑鏡，如上所云；按：本篇二系。一只以筩鏡兩相合宜，以前鏡直對太陽，以白净紙置眼鏡下，按：當云靠眼鏡下。遠近如法，撮其光射，則太陽本體在天在紙絲毫不異。按：上下左右但不能不易位耳。若用硬紙尺許，中翦空圓形，冒靠後鏡上，則日光團聚，下射紙面，四暗中光，黑白更顯，體相更真矣。若依稀雲霧，太陽本體居明暗中，用目視更快也。

七系，用鏡測交食法。安器於本架，筩伸縮令得宜，用以直對太陽或太陰焉。餘法與視太陽前二法同。按：即本篇六系。外取用净紙，預畫一線成圈，圈中畫徑線一，平分之。徑線上畫短線，十平分之。圈線之大，約以二寸爲率，過大與過小皆足礙光。臨測時，務使紙與鏡直對平行，毋少欹側。其相去遠近以光滿圈爲率，鏡一面向紙，一面向日或月。按：當云凹向紙，凸向日。當其初虧，止見光劣，有似游氣，後乃黑景漸侵，邊內明缺，此時務使圈之徑線正與缺當，乃視短線，即得交食分數。按：據此則今所用測食即遠鏡也。

八系，視鏡止用一目，目力乃專。按：此與《儀象志》說異，不足爲通論也。衰目短視，亦可用。蓋筩內後鏡伸長，能使易象於前鏡者，仍平行線入目；按：此言前鏡得力。縮短，能使易象於前鏡者，反以廣行線入目。按：此言後鏡得力。

又短視人仍加本眼鏡照之亦可。按：此則不須縮筩矣。

十四、凡作遠鏡，內鏡與外鏡距固以外鏡順收限爲定度，然又因乎所視之遠近、目力之優劣而生差。物近宜伸，順均限理也。近過其度則不能用。圓凸十。物遠宜縮，順收限理也。遠到其度則不須縮。圓凸十及十一。短視宜縮，若加本人所用之凹鏡，則不須縮。上條八系。內鏡得力，凹理也。老花宜伸，外鏡得力，凸理也。故必較定度加長，作套筩以便伸縮之用。

十五、遠鏡數節，伸時各有定處。其伸縮以配目力及物之遠近，則在第一節第二節相接處，其法宜緩。本篇十三之一系。洋製佳者有用轉軸，於伸縮最宜，未詳其製。今擬之，法用銅條，如甲乙。上有齒，安內筩之外。別作齒輪，如丙丁。中心作軸，貫於外筩之外。軸端作無齒輪如戊。轉戊，則丙丁輪齒撥甲乙齒而筩伸縮矣。又法，轉軸如壬癸子。只作花軸，內筩上不須加條，只開一縫，如庚寅。任於一邊如丑寅。開齒，花軸插入縫中發之，更簡便也。又法，外筩開長縫，露內筩處安銅條，上作斜溝，別作厚銅蓋，如子丑。又作螺旋轉軸，如卯。使卯恰嵌寅凹處，以兩螺釘固於外筩之外。轉轉軸則螺旋如卯。自發銅條斜溝如午未。而筩伸縮矣。但遠鏡所伸如極長二寸，則銅條須長二寸，而縫如辰巳。須倍之方得伸足。否則銅條藏於外筩之內，而外筩只開一孔，以受轉軸之螺旋如卯。亦可。但外筩之內又必別安銅片，開縫以嵌銅條，使管住內筩不左右轉方得。

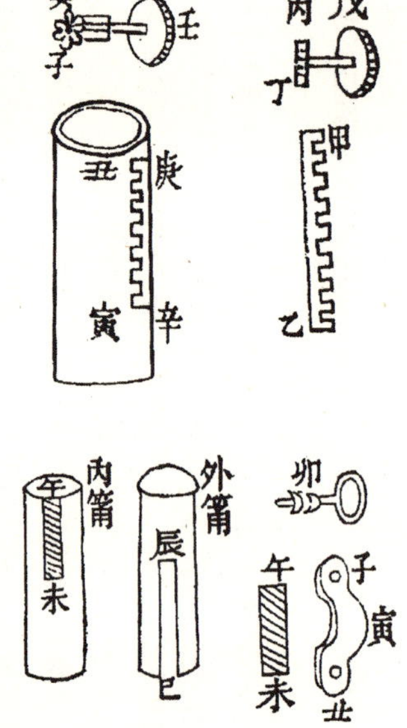

一系，《皇朝禮器圖·攝光千里鏡》云：外爲鋼鋌螺旋貫入，進退之以爲視遠之用。蓋伸縮之又一法也。

二系，易五兄曾見一器，亦是伸縮之法。如圖，柱上甲乙爲牡螺，丙作一丁入外筩子縫內，其丙背面亦作一丁入外筩背面丑縫內，使綰住柱，不得左右轉。戊爲短筩，內作牝螺與甲乙配，戊邊有齒入外筩上端。外筩之內起壬及辛牆兩道，綰住短筩不得上下。外筩上口近邊安庚輪，其軸穿入外筩內，作已齒輪以發戊齒，則短筩轉而不能上下，柱隨短筩螺欲轉，而爲丙與背面之兩丁所礙，只得伸縮以就之矣。

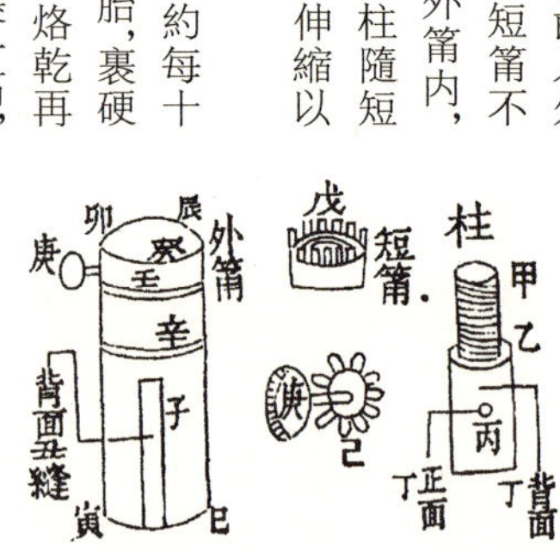

十六、作筩，用硬褚法。用裱心紙裱就，約每十層爲一張，則厚薄恰好。乾透，任以圓木爲胚胎，裹硬楮於上，爲第一筩。使一端稍殺，黏好以烙。烙乾再裹二筩，以次爲三四五筩，自能相套恰好。每裹一筩，均宜稍鬆，乾時方可抽出。一端稍殺則伸足自能吃緊不脫。筩製造如法，然後漆之。

十七、作筩用木，令圓則難，作六角或八角可也，細作木工優爲之。

十八、作筩用銅最爲精緻，洋製有兩種。一種即稍殺其一端者也。本章十六。一種每筩粗細各均，其外口俱出邊分許，內口別作一短筩，長寸許。其內口出邊冒外筩內口上，以牡螺與外筩內口牝螺相接。短筩內黏薄皮如紙，套內筩外口上，收放極吃緊而活便穩固。易五兄一具則不用皮，其短筩上刳兩箇方筐形，于兩邊爲簧，此又一法也。如圖，甲子爲短筩，乙丙丁戊爲簧，就筩本身上刳一方筐之縫，乙戊相連，丙丁離空，自可作簧用。其背面做此。

十九、安鏡之法，須易裝易拆，以便臨時擦拭。洋製安鏡全用螺絲，工力極繁，工匠所不能作。今取簡便法，於外筩外口之內寸許作一隔牆，安鏡平穩。別作一短套筩，筩邊開曲尺縫。外筩外口安一釘，將短筩套入，轉之即穩。但恐仍有走動，或將曲尺縫開於外筩之口內，短筩上安一丁，丁略放長，使入曲尺縫中稍透出外筩。其外筩之外再加一外套筩，上開長縫。用時將外套筩退上，安鏡，裝內套筩入曲尺縫中轉足，再將外套筩捋下，使外套筩縫夾住內套筩之丁，則各筩俱不能動而穩固矣。各筩無論用木用銅，短筩必須用銅。外套筩套外筩上，亦必綰住。其法於外筩上亦釘一丁，嵌入外套筩上方妙。若外筩是六角，則此法不可用矣，以內套筩必須用圓才能轉入也。法須將外六角筩端一段改圓，在作者斟酌之。其內筩第一節安甲凸處，或亦如此，否則用銅或鋼一條，要亟而有力，屈成圈，將甲凸安入，即收圈裝好放之。餘筩中各鏡法，於第一筩之底起牆，安丙凸，其丁丙等兩距俱作硬楮短筩隔之，均宜畧寬。【略】

二十、遠鏡作架，大者尤爲要著。洋鏡用銅爲之，但高尺餘。若大者，可用堅木，下作曲尺插或三足，穿幹身兩節。下節空其中，方之，口安螺挺。上節爲方柱，恰入其中。用時伸縮高下既定，轉螺固之。若鏡重大，螺挺細，或擠不住，則於下節柱上每寸作一孔，加横拴托住上節，然後轉螺可也。上節上端圓之以套圓管，令可移而左右。或仍其方，上套之銅管則作上圓下方，再套圓管。圓管上作架，軸管之相套必密相切合，柱端之徑必寸餘方不擺動。管端架令可俯仰，軸亦宜徑寸餘而密相切合，方不欹墜。軸上作託，如仰瓦以承鏡筩。託上安帶，令縛鏡筩穩固。

劉嶽雲《格物中法》卷三《火部》 光　舟中撐篙，篙入水如曲。漁人稓魚鼈，照所見不獲也，須求之於下乃獲。盌中置一錢於底，遥望不克見，注水于盌，令極滿，則錢影浮於水面。《一斑録》。

嶽雲謹案：此論折光之理也。光綫入水，若與水面成正交，即無折光。若斜射水面，則其透過水面至水底之綫，必與自空氣至水面之綫不能成一直綫，所差之角，謂之折光角，即光差也。

又案：此光差，各質不同。水、酒、油等，以次而大也。

已上水之折光。

鏡通光者，反照必有玻璃差。《鏡鏡詅癡》。

嶽雲謹案：即光差也，亦即折光指也。在玻璃，謂之玻璃差。蓋氣質、流質、定質皆能折光，而各氣質，各流質，各定質之折光不同，西人列之爲表。【略】

削冰令圓，舉以向日，艾承其影則有火。《博物志》《淮南萬畢術》。

法擇厚冰明潔無疵者，取大錫壺，底須徑五寸以上，按：其中心使微凹。凹宜淺，視之不覺，審之微凹即可用。貯沸湯旋冰，使兩面皆凸。其順收限約一尺七八寸方可用。仍須擇佳日，使一人憑几奉冰靠穩，別一人持紙煤承光，乃可得火，但稍緩耳。蓋取火因乎收光，不關鏡質。惟冰有寒氣，火自暖出，限短則暖逼于寒，殺其勢矣。又冰在日中，久則鎔化，必取材大而安置穩。日佳光足，令其速速得火，不致久曬鎔殘也。《鏡鏡詅癡》。

嶽雲謹案：此皆凸面透光鏡理也。凡光綫平行射于凸鏡面，既過凸鏡之後，其各光線即于凸鏡後面成一尖錐形。其尖錐頂亦謂之聚光點，亦即取火處也。置一物于聚光點之外，即于凸鏡彼邊成實形像，或大于物，或小于物，必成顛倒之形。有兩面凸者，有一面平、一面凸者，有一面凹一面凸者，後二式但以不凸者向日，與兩凸者用同也。

已上透光凸鏡。即透光顯微。

藝文

袁佑《霽軒詩鈔》卷四《補史集·六鏡詩和蔣静山·眼鏡》 投壺一笑電光生，細碾玻璃楮葉輕。却怪雙眸青白在，翻緣遮隔轉分明。

又《千里鏡》 雲物微茫一鏡寒，大千毫髮静中觀。人情對面誰能識，縱目何勞遠處看。

又《多目鏡》 鏡中顧影已成多，多目多心奈鏡何。曾向冥捜觀萬象，沙飛點點滿恒河。

又《顯微鏡》 纖毫照眼羡離朱，誰使纖毫影更殊。物態雲翻千萬狀，空明檢取入冰壺。

杜濬《湄湖吟》卷三《西洋眼鏡》 波斯寶月勢如規，暎眼玻璃問辟支。岱色遥藏身似葉，斗形雙放目猶箕。垣穿有影殊堪詫，鎞刮窺人信可師。試向海潮舒遠眺，風烟萬里任招麾。

陳恭尹《獨漉堂詩文集》詩集卷六《彭艾庵寄水晶眼鏡率筆賦謝》 水晶爲鏡好，寄我重兼金。得此虚明質，如傳妙密心。纖毫無隱爾，少壯忽于今。萬卷荒疎久，從兹更一尋。

嚴繩孫《秋水集》卷七《詠眼鏡》 金篦何處問真源，別有神明見隔垣。攬鏡流光應似夢，看花心事獨無言。修成桂魄三秋色，剪破蛟冰一夜痕。容我醉餘青更白，莫將分別望乾坤。

又《千里鏡》 接天芳草久沾巾，望合層冰轉自親。七夕河梁元隔水，三山宫闕本如銀。重淵只怨然犀客，邃古誰爲化石人。直道瑠璃成寶地，人心猶自有迷津。

邊汝元《漁山詩草》卷下《信公贈眼鏡歌以謝之》 無田可耕貲可買，蠹魚半世迂而腐。行年六十視茫茫，摩挲老眼獨悲苦。西洋眼鏡圓如規，玻璃透徹晶光吐。麗侯解贈獲佳珍，陳筐蝌蚪悉可數。鏡復目光回少年，長夜張鐙倏三鼓。快如赳赳壯士得乘黄，追風歷塊歌組舞。又如貧兒暴富得千金，囊金入市恣所取。感君雅貺奚以酬，家貧絶少酒新芻。待余呈寫悲秋句，細作蠆尾兼蠅頭。

李光地《榕村集》卷四〇《眼鏡賦》 及余歲之方壯兮，辨白駒之散花。試玻瓈以著目兮，如山行之霜遮。越雒數之一週兮，當堯夫之始娶。忽有闔之自中兮，知蟾蜍之何處。丐此寶於西家兮，長壓鼻而不嘶。又牽耳以防墜兮，若犇豨之在服。翳吾受之離光兮，固獨有此天明。曾幾何而眷昏兮，假石麵以偷精。心憒憒以未平兮，恨攝生之未固。䁥茲理於大荒兮，亦欣然而有悟。吾氣之充腹兮，何以日乎三餐。吾騍然以乘陰陽兮，歲又何以乎衰。衣逮榮衛之失馭兮，致二鬼之遊嬉。彼區區之草木兮，烈山奚取而嘗之。信萬物之我役兮，審吾生之爲貴。日月何所不容光兮，必發爇於陽燧。蓋真精之自然兮，本一氣而同流。得其所憑依兮，乃成功之我收。昔虞后之四目兮，豁廣寄於天下。及其苗裔之重瞳兮，褊不容夫范亞。樂工以耳眡兮，静者以心觀。惟其初之必合兮，如地之輸灌乎。山川抱耿耿之褊心兮，謂附贅之之可詫。簭既得夫希通兮，遂上手而稱謝。

林佶《樸學齋詩稿》卷一《以水晶眼鏡贈方扶南承以十六韻見酬因次爲答》 五官勢竝用，惟目不容瞀。葆光同護珠，防翳如禦寇。年至昏花生，大類困沈酎。疑油就滅燈，如箕燃及豆。汲多泉或竭，漏盡表時仆。相隨歸盲途，何術爲補救。乃有波斯人，妙理得天授。劃裂片水晶，磨濾淬清漚。攬光取魄斂，挈遠以近收。玩字别毫芒，披圖辨皴皺。隔膜得篦刮，捉影用燈就。暗室漏逾明，重光豈嫌又。持以贈知己，和弓配垂鍭。賦物悟筆先，策功詡肘後。侍學毛穎體，格在元和右。願毋歌長鋏，詎畏舞短袖。

陶煊《石溪詩鈔・眼鏡》 吾生烱烱抒雙瞳，中原大半歸目中。少年志氣不肯下，擔簦負笈如飛篷。常年貧賤不足論，一經猶在徒苦攻。十行齊下媿未得，風雨夜半來濛濛。燈下蠅頭筆如掃，與人角勝非草草。只今獨自看屋梁，白眼垂垂亦殊好。西洋製作聞奇特，擊碎玻璃補眼血。一線晴光灼有神，透穿紙背秋毫别。吁嗟人眊不可醫，鏡光一去眼光絶。

又《千里鏡》 人生役志難遠圖，智短眼窄成侏儒。嗟哉尺寸不得拓，面墻無計徒踟躕。如何此鏡獨超越，睥睨天地亘不竭。一寸玻璃八表光，山河歷歷星辰揭。屈伸長短製更奇，波斯合眼如琉璃。電光熠熠服在遠，五色炫耀何能迷。君不見管窺之見亦何挾，對此真令生顏甲。安得長携矚幽遐，英雄物色在眉睫。

又《多目鏡》 玲瓏有鏡玻璃琢，凸凹鱗鱗費雕斲。匠心獨運巧益增，亂人神志多班駁。人身兩目如雙丸，眼前黑白淆清濁。笑擬文殊百億身，嶄然各自露頭角。月落萬川同未同，返形斂視存吾樸。世事浮雲何足多，鏡中面目皆齷齪。

又《顯微鏡》 君不見涓涓之細能幾何，沐日浴月成江河。又不見星星之照等螢火，燎原烈熖無完柯。古人朗識誰與絜，防微杜漸慎蟻穴。以小喻大理自堅，履霜之戒何明哲。鏡中一線光離離，頓使兩目大如箕。秋毫直欲現山海，細瑣伏匿終洞窺。長安道上多車馬，半屬屠漿半都冶。莫持此物照夜郎，夜郎自大胡爲者。

徐豫貞《逃蓍詩草》卷一《眼鏡》 四體任姸媸，神明開兩目。嗟我年未耄，眸子減天燭。東坡詩：面況清净眼，内景含天燭。看花已如霧，展卷苦難讀。爰有玻瓈鏡，越海來西服。用以助雙瞳，朗然返昭矚。隔靉使之明，此理未易囑。要知外有藉，故是内不足。本爲眼蒙翳，乃令鼻受梏。傍觀堪一笑，自顧嘗捧腹。見暗與見明，見性無盈蹙。語本《楞嚴經》。寂坐澄内觀，昏夜晃朝旭。吾視不以眼，擲鏡恐不速。

查慎行《敬業堂詩集》卷二六《杖家集・眼鏡》 巧製海西傳，能争造化權。隙光分日月，宿障掃雲煙。頓覺生虚白，猶堪續草玄。一編聊炳燭，兀兀慰衰年。

蔣溥等《御製詩集》初集卷三一《千里鏡》 巧製傳西海，是物傳自西洋國，初始名之爲千里鏡云。佳名錫上京。欲窮千里勝，先辨寸心平。視此鏡者，手或攲斜則不能見遠矣。能以遥爲近，曾無濁混清。一空初不照，萬象自然呈。雲際分山皺，天邊數鳥征。商書精論政，曰視遠惟明。

又 卷三八《古今體七十八首・千里鏡》 何來千里鏡，奇製藉頗黎。適用宜山半，成模自海西。頓教清濁判，忽幻近遥齊。察察吾方戒，箴規觸目題。

秦時昌《韭溪漁唱集》卷一《眼鏡》 秦鏡徹肝膽，不能療矇瞽。巧匠乃通神，靈心造茲器。我年半百餘，目力久衰替。懸夾兩玻璃，豁如晦開霽。焚膏溫舊業，字察蠅頭細。于古未嘗有，近世疇默契。聚精神所生，炫明視乃敝。觸類意可通，端冕垂旒蔽。得此扶衰齡，五官請推例。何煩上池水，未用鍾乳劑。

蔣溥等《樂善堂全集定本》卷二六《千里鏡》 誰歟巧製過工倕，玩景何須出綺帷。視遠惟明元在我，鑑空無礙却憑伊。光如水月初圓際，了若湖山盡歷時。聞道離朱能燭眇，還疑千里未曾窺。

弘晝《稽古齋全集》卷七《西洋千里鏡》 製來千里鏡，匠巧出西洋。細管不盈尺，纖毫豈得藏。短長隨我意，收貯便行囊。察察非良德，煩君莫漫張。

錢陳群《香樹齋詩文集》詩集卷一二《江行有遺千里鏡者笑而還之并繫以詩》 修筒截三尺，鑿孔兩相對。枵然虛其中，冪以玻璃蓋。鏡物無蔽遮，千里納一芥。我所欲見者，乃在千里外。形骸來隔之，非爾所能屆。我所易蔽者，几席自生礙。爾既騖遠覽，何以獻善敗。多取則近貪，求明則易昧。持鏡以致遠，毋乃譏蔚薈。譬之窒思人，强之於夢寐。其所不見者，强半誤唐棣。歸鏡繫以詩，聊取删詩義。

趙翼《甌北集》卷一〇《初用眼鏡》 少年恃目力，一覽數行下。能從百步外，遠讀屏滿架。又能寸紙上，心經全寫罷。因之不自惜，逞用弗使暇。螢火貯囊照，隣燈鑿壁借。倦勿交睫眠，怒或裂眥咤。豈知過則傷，索債乃不赦。年來理鉛槧，忽驚眩眵乍。欲作蠅頭書，睛膔墨研麝。不敢對南榮，取光要旁迓。恭逢廷試期，方覬一戰霸。生平見敵勇，坐是臨陣怕。眼光故如豆，况復蒙綃帕。真愁霧看花，幾俾晝作夜。何來兩圜壁，功賽補天罅。長繩繫雙日，横橋向鼻跨。瑩比壺映冰，朗勝炬燃樺。平添膜一層，翻使障翳化。涼月浄無塵，澄潭湛不瀉。瞳神失所居，賃此得宅舍。晦者攝之顯，漆室變臺榭。小者拓之大，蟻垤屹嵩華。空中花不存，鏡裏影逾姹。遂覺蝨懸輪，可以命中射。亥豕寧被訛，焉烏漫售詐。藥堪決明躅，刮豈金篦藉。奇哉洵巧製，曷禁頻歎訝。直於人力窮，更向天工假。相傳宣德年，來自番舶駕。內府賜老臣，貴值兼金價。所以屠公餽，匏菴作詩謝。見《吳匏菴集》。初本嵌玻瓈，薄若紙新砑。中土遞做造，水晶亦流亞。始識創物智，不盡出華夏。緊余愧結習，把卷頗嗜炙。舊時多目星，去我一帆卸。抱茲千年冰，如刀難離欛。已知老漸侵，幸有光可貰。誓將刮目待，肯與反目罵。珮璲共結綬，詩草同祭蜡。收宜近筆牀，挂豈雜弓弝。留伴炳燭餘，觀書味噉蔗。

董誥等《御製詩集》四集卷二七《眼鏡》 器有眼鏡者，用助目昏備。或以水晶成，或以玻瓈製。玻瓈云害眼，水晶則無弊。水晶貴艱得，玻瓈賤易致。老年所必須，佩察秋毫細。然我厭其爲，至今未一試。揮毫無幾際，原可蠅頭字。抑更有進焉，絜矩具精義。賴彼作斯明，斯明已有蔽。敬告後來人，吾言宜深思。

又 卷七八《眼鏡》 眼鏡不見古，來自洋船徑。勝國一二見，今則其風盛。玻瓈者過燥，水晶温其性。目或昏花者，戴之藉明映。長上聲。年人實資，翻書棐几凭。今四五十人，何亦用斯競。一用不可捨，捨則如瞀定。我茲逮古稀，從弗此物憑。叶。雖艱悉蠅頭，原可讀論孟。觀袖珍逐昔，然斯亦何病。絜矩悟明四，勿倒大阿柄。

又 餘集卷一八《戲題眼鏡》 古希過十還增八，眼鏡人人獻百方。借物爲明非善策，蠅頭弗見究何妨。

眼鏡，古無此物，自元明始來自西洋，今則其用寖廣。有玻璃、水晶二種。玻璃出於冶鍊，不若水晶，無火氣爲良。余向以其資人巧而失天真，從不用之。詳見《辛丑辛亥蒨作詩》。辛丑作詩時，予年逾古希。辛亥則已過八旬。今且將望九矣，雖目力較遜於前，然披閱章奏及一切文字未嘗稍懈。有以眼鏡獻者，究嫌其借物爲明，仍屏而弗用。因戲成此詩，示意並以識歲月。

陳世昹《眼鏡歌》王豫 阮亨《淮海英靈續集》巳集卷一 曾幾何時眼汁枯，觀書不復辨魯魚。購得西洋玻璃鏡，察及秋毫儼如初。晨起盥漱彈冠畢，急取出匣光侵膚。賞奇析疑相與共，何可一日此君無。嗟乎汝是身外物，依附吾身成膠漆。眼翻是假汝是真，顛倒假真忘形質。宛如日月忽雙懸，又似藜燈燃太乙。當年舜目張重瞳，豈獨項羽爲之匹。狀汝之美汝實奇，佐我不逮誠我師。汝能使目無不視，胡不使心無不知。怪汝烱烱對書史，一讀百遍旋忘之。欲棄書史置高閣，既有汝在安得辭。强與汝俱面貌變，此態難令少年見。爲慚四十無所聞，傍汝吟哦泣鬼神。

劉墉《劉文清公遺集》卷二《眼鏡》 老人目應昏，看花如隔霧。少壯亦有之，均要琉璃助。其法從西來，頗嘗叩其故。云眼光惡散，中凹乃能顧。聞言啟余衷，心光更宜聚。黏湛劫家寶，徇外誠大誤。何當斂神耀，萬法本來具。未嘗有入出，何况覓來去。斷彼明暗緣，常光守吾素。

又 **卷一三《眼鏡》** 光明豈是外鑠我，爲解收光聚目中。製祕雖然出西國，神清要自本吾躬。能令遠物近無異，更見耆年少可同。七處徵心此爲一，琉璃虛薄塹教籠。

劉嗣綰《尚絅堂集》詩集卷一三《楚游集上・眼鏡》 方寸開圓鏡，靈犀用不窮。鏤冰雙片小，琢月半規工。秋水分明剪，春雲靉靆烘。中邊供洗刷，表裡入磨礱。貯作庚丁穴，（道家以目華池水爲庚渦，又以瞳子爲丁癸之穴。）編成子午宮。自然凹凸異，都覺淺深融。影現琉璃界，紋迴翡翠櫳。方諸争滉樣，圓嶠絶瓏瓏。跳脱隨分合，連環到始終。耳垂形宛宛，眉鎖樣弓弓。柱仄非安雁，橋低別架虹。窺天應勝管，候日那須筒。淡薄遮雲母，模糊向碧翁。畧無菱點綴，微有桂朦朧。草想連天末，花疑隱霧中。當頭慚翳葉，對面怯飄蓬。只此留泥雪，因之障日風。盈盈看立鷺，渺渺送歸鴻。自在生虛白，相將避輭紅。遥情千里近，異境九疑同。入想非非幻，關心色色空。幾時昏塞北，終日笑江東。暗室能留客，明牕不負公。人如鱗比目，子豈羽重瞳。透頂圓光小，傳神阿堵豐。曾誇牛背出，豈借豹斑通。銀液徒勞鎮，金篦未許蒙。但留青白鑒，朗照在微躬。

又 **卷四一《鼇背集上・初用眼鏡》** 手剪玻璃自笑癡，雲光靉靆水參差。丹黄到眼渾非昔，青白隨人漸不知。天上月憐初暈夜，霧中花厭久看時。如何滿院金蓮影，只與先生照鬢絲。

阮元《揅經室集》四集詩卷一《辛亥・御試賦得眼鏡得他字五言八韻大考一等一名》 引鏡能明眼，玻璃試拭磨。佳名傳靉靆，雅製出歐羅。窺户穿雙月，臨池湛一波。連環圓可解，合璧薄相磋。玉鑑呈豪穎，晶盤辨指螺。風中塵可障，花下霧非訛。眸瞭寧須此，瞳重不恃他。聖人原未御，目力壽徵多。

又 **四集詩卷一一《庚辰・望遠鏡中望月歌》** 天球地球同一圓，風剛氣緊成盤旋。陰冰陽火割向背，惟仗日輪相近天。別有一球名日月，影借日光作盈闕。廣寒玉兔盡空談，搔首問天此何物。吾思此亦地球耳，暗者爲山明者水。舟楫應行大海中，人民地在千山裏。晝夜當分十五日，我見月食彼日食。若從月裏望地球，也成明月金波色。鄒衍善談且勿空，吾有五尺窺天筒。能見月光深淺白，能見日光不射紅。見月不似尋常小，平處如波高處島。許多泡影生魄邊，大珠小珠光皎皎。月中人性當清靈，也看恒星同五星。也有疇人好子弟，抽鏡窺吾明月形。相窺彼此不相見，同是團團光一片。彼中鏡子若更精，吴剛竟可窺吾面。吾與吴剛隔兩洲，海波盡處誰能舟。羲和敲日照雙月，分出大小玻璃球。吾從四十萬里外，多加明月三分秋。（地球大于月球四倍，地月相距四十八萬餘里。）

陳文述《頤道堂集》詩選卷一七《書阮雲臺師望遠鏡中望月詩後》 明月蒼茫出天頂，佛言大地山河影。豈知別自有山河，不是圓規收外景。我師博物同張華，泰西絶學稱專家。測圓不讓利瑪竇，緯候能識歐羅巴。寄我新詩飛鳥驛，紙上秋光動圓壁。云有窺天尺五筩，曾見月輪窺月魄。月是何物古所名，青天一鏡長晶瑩。上下何以有弦望，晦朔何以爲虧盈。清輝望入雲深處，秋影婆娑寫鶱樹。相傳七寶所合成，修者八萬七千户。豈知月體同地維，徑四之一數有奇，相去四十八萬里。昔者所聞今見之，月中見地亦如月，一樣山川與城闕。

彭藴章《松風閣詩鈔》卷一八《金鼇集・詠眼鏡十二韻》 水晶裁作鏡，凹凸化工超。視遠渾如近，觀幽亦孔昭。琉璃開世界，星斗現雲霄。照欲重瞳競，明還四目饒。雪霏銀海静，日暖玉煙消。堪擬然犀炯，何須蠟鳳燒。吴山尋瀑練，台岳顯霞標。紅雨收花氣，青天豁霧綃。蜾巢窺豹腳，虱貫視牛腰。蟾窟分清景，蠶絲畫白描。離婁疑可學，瞽史漫相招。安得遊河朔，飛蠅入望遥。

龍啓瑞《浣月山房詩集》卷三内集《舟中玩西洋千里鏡歌》 遠山視人人在目，高者爲樵下者牧。岸人對舟瞪不語，三五行行自相續。山巔草樹如毛髮，葉葉枝枝辨青緑。古廟無人門虛掩，時有飛鳥出簷屋。閒江漁子抛網絲，倏起盈尺雙白玉。片帆忽壓窗際來，舵尾炊煙氣如撲。咫尺秋毫乃可辨，雲煙過眼吁何速。我生明目異孔顔，每對山川苦局促。登臨翹首望天涯，往往指視勞僮僕。年來滇洞煙塵昏，極望東南幾頻蹙。何時薄海净氛埃，杲杲關山照春旭。會當持汝上高明，看盡遐方與幽曲。

袁昶《于湖小集》詩五《頌千里鏡》 莊云風憐目，目力勝于風。目能瞀四海，風祇行蓬蓬。誰知疇人巧，乃發象罔蒙。心祖墨翟竱，凹突法可通。製之爲遠鏡，以濟目力窮。能攝遠者近，能纍纖者洪。俯觀滂沱壤，（《周髀》謂地滂沱而四隤。）仰測象緯穹。潛天而天現，潛地地昭融。百里悉蔽翳，千里洞窪窿。乃知古今理，無窮出環中。物物理無涯，新新日程功。積測智逾出，執樞應不窮。何况唐虞世，垂衣法重瞳。君以人爲鑑，鑑以古爲礲。功倍徑尺器，象限儀毋庸。共鵬不可欺，禹皋輸赤忠。各以一官效，獨勝毋雷同。播種到聖處，巨靈策陞鴻。材器有各適，因任秉虛公。聖治離兩作，羣材石兼攻。成大圜鏡智，塵埃無纖霏。殊方嚮風靡，在野驗風從。户牖綴赤白，合宫達明聰。

小孔成像分部

論説

《墨子》卷一〇《經下》 景到，在午有端與景長，説在端。

又 《經説下》 景，光之人煦若射，下者之人也高，高者之人也下。足蔽下光，故成景於上。首蔽上光，故成景於下。在遠近有端與於光，故景庫内也。

沈括《夢溪筆談》卷三《辨證一》 陽燧照物皆倒，中間有礙故也。算家謂之格術，如人摇艣，臬爲之礙故也。若鳶飛空中，其景隨鳶而移，或中間爲窗隙所束，則影與鳶遂相違，鳶東則影西，鳶西則影東。又如窗隙中樓塔之影，中間爲窗所束，亦皆倒垂，與陽燧一也。陽燧面窪，以一指迫而照之則正，漸遠則無所見，過此遂倒。其無所見處，正如窗隙、艣臬、腰鼓礙之，本末相格，遂成摇艣之勢，故舉手則影愈下，下手則影愈上。此其可見，陽燧面窪，向日照之，光皆聚向内。離鏡一二寸，光聚爲一點，大如麻菽，着物則火發。此則腰鼓最細處也。豈特物爲然，人亦如是。中間不爲物礙者鮮矣。小則利害相易，是非相反；大則以己爲物，認物爲己。不求去礙而欲見不顛倒，難矣哉。《酉陽雜俎》謂海翻則招影倒，此妄説也。影入窗隙則倒，乃其常理。

陸游《老學庵筆記》卷八 段成式《酉陽雜俎》言，揚州東市塔影忽倒，老人言海影翻則如此。沈存中以爲，大抵塔有影必倒。予在福州見萬壽塔，成都見正法塔，蜀州見天目塔，皆有影，亦皆倒也。然塔之高如是，而影止三二尺，纖悉皆具，或自天窗中下，或在廊廡間，亦未易以理推也。

王惲《玉堂嘉話》卷二 凡日食，于窓隙間穿紙如錢許，取影視之，可見食之多寡。東缺則西見，西缺則東見。

陶宗儀《輟耕録》卷一五 塔影入屋

平江虎丘閣，版上有一竅，當日色清朗時，以掌大白紙承其影，則一寺之形勝悉於此見之，但頂反居下耳。此固有象可寓，非幻出者。松江城中有四塔，西曰普照，又西曰延恩，西南曰超果，東南曰興聖。夏監運家乃在四塔之東，而小室内却有一塔影，長五寸許，倒懸于西壁之上。不知從何而來，然不常有，或時見之焉。是又不可曉也。

李詡《戒菴老人漫筆》卷三 塔影

牛首山塔影，在僧室中閉門暗映，(卓)[桌]前懸紙，或以白衣承之，影小而倒，黟黟可見。室與塔甚近，非相值之地，不知何故。

王士性《廣志繹》卷二《兩都》 牛首山寺西廂門有一竅，塔影入焉見佛桌帷上，乃是倒掛，欄楯鈴甋，色相儼然。其傍樹影又直立可異也。然塔本西方創，故多異。余台雙嶺塔影乃落黄坭塘中，隔烟火三里，立塘畔見影不見塔，近始爲塘畔人家填塞之。又觀程史云泗州僧伽塔，一日影見於城中民家。又《輟耕録》云松江城中有四塔，夏監運家在其東，而日出時有一塔影長五寸，倒懸西壁上。又《夷堅續志》云南雄延慶寺有三塔，影不以陰晴見，一倒影，二懸影向上。如見人家廳堂上，主科名，見房厠則凶。此皆理之不可曉者。

鄧伯羔《藝彀》卷下 塔影

《酉陽雜俎》載，陳司徒在揚州時，東市塔影忽倒。老人言，海影翻則如此。此似不然。金陵牛首山有精舍，對塔隙，其扉如彈丸許，塔影入隙，倒見室中帷幕上。《南村輟耕録》所載，松江夏監運家西壁上塔影亦然。

徐光啓等《新法算書》卷二《緣起二》 日食既交，因其大光，人目未見，必至一分以上乃得見之。月食未交，闇虚之旁先有黑影侵入於月，及其體交，反無界限。故推步縱無舛謬，而較驗多任目任意揣摹影響，不能灼見；分數以證，原推得失，亦無繇知。如宋臣周琮所定差天一分以下爲親，二分以下爲近，三分以下爲遠，非苟自恕，蓋其術止此而已。今欲灼見實分，有近造窺筩新法。日食時，用於密室中，取其光影映照尺素之上，自初虧至復圓，所見分數界限真確，晝然不爽。月食不能定其分秒之限，然二體離合之際，鄞鄂著明。中間色象亦與目測迥異。此定分法也。其一曰加時，早晚定時之術，相傳有壺漏，爲古法。近有輪鍾，爲簡法。然而調品皆繇人力，遷就可憑人意，故不如求端於日星。晝則用日，夜則任用一星，皆以儀器測取經緯度數，推算得之。是爲本法。其驗之則測日有平晷新法，測星有立晷新法，皆鑿石範銅，鑱畫數度，節氣時刻一一分明。以之較論交食，皆於本晷之上某時某刻先期注定，至時徵驗，是合是離，灼然易見。此定時法。

又　卷一五《學算小辨》　崇禎四年十月朔日食，先報後驗，通都共見，乃處士先推九十七秒，後來直云不食，何也？是日百司奏鼓，兆人屬目，果不食，言食歷官安所逃罪。聖明在上，誰爲揜護而獲免耶。若夫密室測量，蓋因陽精炫耀，非人目可當。初虧時，率多未見。或用水盤映照，則免于閃爍。又苦動摇，故善巧者設爲此法，用素板作圜界，畫分秒，以承日光，則虧復初終，分數多寡，灼然不爽。所取於密室者，窺光自闇，倍莚分明，即眢井茂林，日中見星之義。僧寮中或爲幽房，通隙以受塔影，亦此理也。

又　卷三〇《月離曆指卷三》　第一題測太陽太陰之視徑凡八法。

第六法

若無本儀，則于密室中，穴牆壁，以版如上表法承日，别用平表準下表以受光。諸法同前，作孔或方或擶，無所不可。

又　卷七〇《交食曆指卷七》

測太陽食分

密室中對太陽開小圓孔，以受其光。因孔小，出光之體大，則所正照之光必爲角形，其底在太陽，其角在孔之中。夫光一入内，又復展開爲角形，以致底所對之牆轉其原形，以上爲下，以左爲右。使牆與光直角相遇，則底爲圓形；不，則爲圓長形。使孔不圓且小，則光底在牆或彷彿孔形，而所像太陽之形大都不真，何也？太陽、孔、牆三者皆有遠近大小之比例，蓋孔距牆得其本徑數，與太陽所距本徑數等，則光底在牆必像太陽圓形，及孔之多邊形各等爲雜形。若兩徑數不等，而太陽距牆得徑數多，則光底失去原形，轉隨孔形。得徑數少，則光底必因之愈少，故測食者恒設孔小而圓，乃可遠近無差。因以牆上所缺之形徵太陽所食之分，法以規器于紙上先畫大小不等數圓圈，各以徑分之。其徑以十或更密平分之。臨測，室中以圈受光，不拘遠近，任用大小圈，全以脗合于光爲準。既合，便轉紙，使其圈徑横過餘光形中平分兩角，則光缺之界即所食分數。方光與圈合時，遂以筆于光景間微識三四小點，求心，因之作圈，略得太陰掩太陽大小之比例。如圖，甲乙丙丁爲太陽食外之餘光，正與甲乙丙圈界相合，其心在戊，其徑與丁以直角交景而平分甲及丙兩光角，則得太陽食七分有奇。更

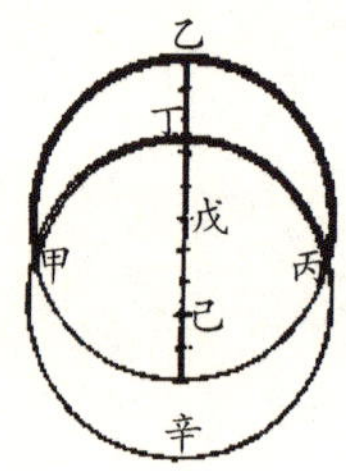

取三點爲甲丁丙，以己爲心，《幾何》三卷二十四題。以甲丁丙辛爲太陰，乃以己丁較戊乙，亦得日月兩徑大小之比例。

又　日食射光之容

測日食，以最微之孔對照之，西士用緑色玻璨，僅見日周，倶掩去餘耀。反照則用水盤，欲細則以平面鏡，所接之光反射牆上，可略得分明。苐對照，水中反照，皆非實測之法。惟射光于牆略近，然因尚容次光亂其景，猶未足，故前以密室測食之分爲本法。今再全解之，欲光從外入室内，以其形正彷原形盡乎大小之比例。倘孔非最小幾何稱無分點之小。而圓，則太陽食照必畧變其餘光之角形，爲不彷原之一。又太陰掩太陽，其徑略小，即失天上視徑之比例，爲不彷原之二。因徑小，所食之分較天上之真分亦少，爲不彷原之三。三者皆歸一緣，蓋接光之孔稍廣，則從中心攝太陽之形全顯于牆或紙，亦併周孔邊之每點全進焉。乃每點所進射之形雖圓，其出外與孔之圓不平行，而每點射形之公界復與之平行，且内抱中心所射之形亦與之平行。如圖，乙丙丁界内爲光，即太陽總形也。其内圈壬庚癸爲孔之廣，因圓故其受光至平面亦圓，苐太陽大不可比，其光一入復寛爲戊己辛形，與内圈平行，以其中心甲與太陽正對，故以遠近之比例，可推本形甲戊半徑與太陽視半徑大小之比例。然庚内圈之點射太陽形爲丙己辛，較于中圈更以戊丙徑綫出外，戊丙與甲庚孔之半徑等。而壬癸及餘點皆射圓形，則外得乙丙丁總圈，其甲丙與太陽半徑無大小之比例，以遠近可推也。

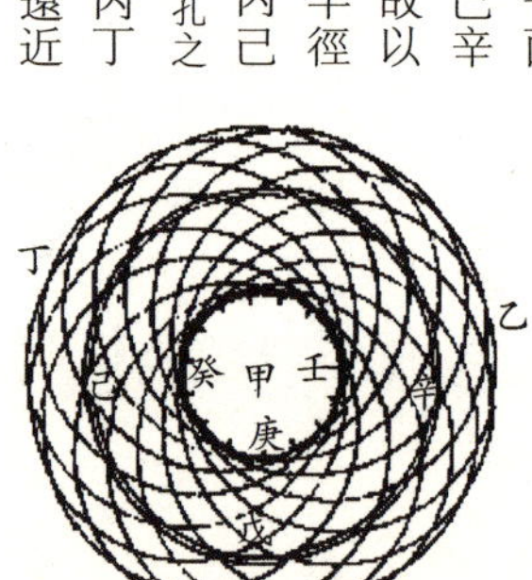

又　卷九六《圭表儀附》　按《元史》言，表短則分秒難别，表長則景虚而淡。又以表端測晷，所得者日體上邊之景，實非中景。郭守敬輩創爲景符，今臺官遵用之。郭氏此法既得實景，復得中景，可謂思致玄通，度越前人矣。其制以銅葉博二寸，長加博之二，中穿一竅，若針芥，然以方闑爲趺。一端設爲機軸，令可開闔；搘以一端，使其勢斜倚，北高南下，往來遷就于虚景之中。竅達日光僅如米許，隱然見横梁于中。今臺官以方木代銅，便于旋轉；以隙縫代圓竅，易于得景。其理則同。

或問：景符之得實景，則從隙孔透光至于圭面，不至散越，其理甚明矣。若用景符而得中景，其理謂何？曰：此屬度數家之視學也，具有本論，今畧借五題解之。

一曰：有光之體自發光，必以直線射光至所照之物。

二曰：有光之多體同照，光複者必深，而各體之本光不亂。

三曰：有大光體，中有暗體分光體爲二，即一光體爲有光之兩體。

四曰：光體射光過小圓孔，若所照不遠，則光仍如本光體之形。

五曰：兩光體各射光過小孔反照之，上體之光在下，下體之光在上，右在左，左在右。

用横梁，暗體也，分日輪爲上下二分，即成兩光體。兩體之兩光過隙，則日上分之光在下，下分之光在上。横梁在上下之間，實得中景。塔影倒垂，義同於此。

若不用梁，用表末而欲得中景，即定用郭氏舊式。用圓孔遷就于虛景之中，令見半圈之光。此半光者，弦必在下，弧必在上，而其弦則表末之景也。蓋日輪半在表末之上，半在表末之下，而上下相易故。

湯若望《遠鏡説》 一借照作畫

室中照鏡畫像。全閉門窓，務極幽暗。或門或窓，開一孔，大小與前鏡稱。取出前鏡，置諸孔眼，以白净紙，如法對置内室，則鏡照諸外像入紙上，絲毫不爽，摸而畫之。西土所謂物像像物者，此也。

方以智《物理小識》卷八《器用類》 陽燧倒影

存中曰：陽燧照物皆倒，算家謂之格術。如人摇艣，臬爲之礙故也。鳶飛空中，影隨鳶移，或中間爲牎隙所束，則影與鳶遂相違，鳶東則影西，鳶西則影東。又如牎隙中樓臺之影，中間爲牎所束，亦皆倒垂，與陽燧一也。陽燧面窪，以一指迫而照之則正，漸遠則無所見，過此遂倒，則無所見處，正如牎隙、艣臬、腰鼓礙之，本末相格，遂成摇艣之勢。故舉手則影愈下，下手則影愈上。此可見陽燧面窪，向日照之，光皆聚向内，離鏡一二寸，光聚爲一點，大如麻菽，著物則火發。此腰鼓最細處也。段成式謂海翻則招影倒，謬也。陸放翁見福州萬壽塔、成都正法塔影倒，而未言其理。智見牛首塔影，寓白門塔影樓而悟，人自不察耳。【略】中通曰：水能攝物入其中，物近水，影在水面。物遠水，影在水底。故池中樹木人物悉皆倒影。空氣接地者屬水，故能攝物，其影亦倒。地上有一物，空中有一影，空中皆氣故也。暗室向明鑿小圓孔，垣外之物皆能攝入壁上，皆倒影，乃攝入虛空氣中之倒影也。光大則奪目，晃洋相掩，故須小光，影始可見。物在東，影在西；物在西，影在東者，非特影也，人目亦然。左視則物在右，右視則物在左。至交處，則左右視俱在一所。過交則右視在右，左視在左。物豈有左右哉，目藏血水，其攝光如是耳。暄曰：視差法亦以人之東西視有左右，而知交處之物離地遠近。

虞兆湰《天香樓偶得》 倒塔影

《夢溪筆談》論窗隙中接塔之影，中間爲窗所束，則皆倒垂。《客座贅語》亦云塔影無不倒者，且云凡物之影透在虤中，必與其形相違。塔本正也，而影倒。即如飛鳥之影，鳥東飛則虤中之影必西逝，與塔影相同。二説似矣，而其所以然之理則皆懵焉。余嘗遊真如寺，大殿之後，西次間北向一小室，深僅六七尺，其南即大殿之牆北首。臨簷際，上截用木板蔽風雨，下截作牆板之。近牆處有一小隙，僅四五寸，濶半之。余從數人從旁一門入室，即闔門視之，天光映於壁上，塔影宛然倒焉。初甚駭異，沉思久之，忽了然悟，此中自有至理，固極平常也。時方仲夏，日行北陸，又值餔時，塔在日南。日自北照之，影落塔南地上。室中壁上之天光，乃即塔南地上之日光倒照室中者也。地上塔影，尖在南，尾在北，故壁上塔影尖在下，尾在上。然非有簷際木板束之，則光散而不聚，壁上必無塔影矣。故板上留隙必須極小，旁入之門亦須盡闔，則光始自隙中吸入壁上耳。又思冬月日行南陸，日在塔南，壁上必無塔影。春秋之際，必從早晚日出入時伺之。蓋日出入時多在北方，總須日在塔北，而後壁上乃有塔影。詢之寺僧，答云果然。余自見塔影後，歸家坐定，思有以模肖之。夜間取燈火置長桌上，燈南二三尺許，桌上植一小兒所弄小木塔，長可六七寸。塔南二尺許桌上樹一小板屏。屏北不及尺許桌上横一大木板，盡障南首燈光。板中微開一竇，長二三寸，正與塔影相激射。然後從旁視之則燈南。桌上燈光已從竇中吸入照於板屏之上，而木塔之影亦宛然倒於屏上矣。蓋此倒塔之影，乃即桌上塔影轉照入屏者也。自喜前人未晰之疑，余得剖露無餘，故詳記之。

又 陽燧影

《夢溪筆談》又云：陽燧照物皆倒，中間有礙故也。算家謂之格術，如人摇艣，臬爲之礙故也。若鳶飛空中，其景隨鳶而移，或中間爲窗隙所束，則影與鳶遂相違，鳶東則影西，鳶西則影東。陽燧面窪，以一指迫而照之則正，漸遠則無所見，過此遂倒。其無所見處，正如窗隙、艣臬、腰鼓礙之。此論亦未分明。余家蓄一陽燧，以之照物，迫近則正，稍遠則閃爍無定，再遠之則皆倒矣。但所照甚爲糢糊，不若近照之明顯。細思其故，非中間有礙也，蓋陽燧面窪，凡遇諸物，悉從四邊光照入內，故中間所照之影非照外物而得，乃轉照四邊所照之物影也。上邊所照，則中間轉在下；下邊所照，則中間轉在上；左右轉照亦然。唯不竟照外物，止照四邊所照物影，故光甚糢糊。亦猶室中壁上塔影，不竟照塔，止照地上之塔影耳。若以物迫近視之，則四邊光散而中間自能照物，故影仍正且顯也。其稍遠而閃爍無定者，乃當中邊兩影相射之際故也。推之窗隙鳶影，以及《客座贅語》所言走馬燈角上之影，莫不各有一轉照機栝在內，理極平常。細心體察自得，非奇怪之事也。又有圓鏡照物亦倒，理與陽燧一致，但圓鏡物則中間光已照訖，復自中間轉照四邊，故倒影不在中間，而在四邊耳。

博明希哲《西齋偶得》卷上《天香樓雜説訂誤》 又論塔影云，《夢溪筆談》論牕隙中樓塔之影，中間爲牕所束，則皆倒垂。《客座贅語》亦云塔影無不倒者，且云凡物之影透在隙中，必與其形相違。塔本正也，而影倒。即如飛鳥之影，鳥東飛則隙中之影必西逝，與塔影相同。二説似矣，而其所以然之理則皆懵焉。余嘗遊真如寺，大殿之後，西次間北向一小室，深僅六七尺，其南即大殿之牆北首。臨簷際，上截用木板蔽風雨，下截作牆板之。近牆處有一小隙，僅四五寸，闊半之。余同數人從旁一門入室，即闔門視之，天光映於壁上，塔影宛然倒焉。初甚駭異，沈思久之，忽然了悟，此中自有至理，固極平常也。時方仲夏，日行北陸，又值餔時，塔在日南，日自北照之，影落塔南地上，室中壁上之天光，乃即塔南地上之日光倒照室中者也。地上塔影尖在南，尾在北，故壁上塔影尖在下，尾在上。然非有簷際，木板束之，則光散而不聚，壁上必無塔影矣。故板上留隙必須極小，旁入之門亦須盡闔，則光始自隙中吸入壁上耳。又思冬月日行南陸，日在塔南，壁上必無塔影。春秋之際，必從早晚日出入時伺之。蓋日出入時，多在北方，總須日在塔北而後壁上乃有塔影。詢之寺僧，答云果然。

此論亦似是而非，蓋暗室唯受一竅之光，四面之光皆從竅入，上下左右互映。是以塔影倒垂，與日及地上之上無涉，其妙理則在牆板之厚薄及牆與壁相距之遠近。蓋板薄則光甚厚，則光小。若數寸之板，指大之孔，必不能成光，以其不能四面掩映耳。至牆與壁及塔皆須適合，其尺寸可以算法得之。此正如陽燧球與顯微鏡、老昏眼鏡皆可取火，其光聚處謂之礙，過此則倒。試用鐙照其承光之處，亦有倒垂火燄影也。予嘗冬月居東房，日高未起，西牕外即牆，牆上之日光映窗射入屋之東壁，適予首東。以被覆首，被露一孔，則被中有圓光大如盌，因呼一小童往來於東壁下，被中光內即一小人影，往來影亦倒垂。童由北而南，影則由南而北。確信此理爲不易。其書復有陽燧一則，其誤亦與此條同，故不更及。

阮元《疇人傳》卷二八《元五・趙友欽》 其《小罅光景篇》言：室有小罅，雖不皆圓，而罅景所射未有不圓。及至日食，則罅景亦如所食分數。罅雖寬窄不同，景却周徑相等，但寬者濃而窄者淡。若以物障其所射之處，迎奪此景於所障物上，則此景較狹而加濃。予始未悟其理，因熟思之。凡大罅有景，必隨其罅之方圓長短尖斜而不別，乃因罅大而可容日月之體也。若罅小則不足容日月之體，是以隨日月之形而皆圓，及其缺則皆缺。罅漸窄則景漸淡，景漸遠則周徑漸廣而愈加淡。大罅之景漸遠亦漸廣，然不減其濃。此則濃淡之別也。假於兩樓下各穿圓穽，徑皆四尺餘，右穽深四尺，左穽深八尺。置案于左穽，案高四尺，則雖深八尺只如右穽之淺。作兩圓板，徑廣四尺，俱以蠟燭千餘枝密插於上而燃之。更作兩圓板置穽口，板心開方竅，左方寸許，右方半寸許。于是觀其樓板之下有二圓景，周徑所較不多，却有一濃一淡。詳察其理，千燭自有千景，其景皆隨小竅點點而方。燭在穽心者，方景直射樓板之中。在南邊者，方景斜射樓板之北。在北邊者，方景斜射樓板南。東西亦然。其四旁之景斜射而不直者，緣四旁直上之光礙而不得出，惟有斜穿出竅。穽內既已斜穿，竅外止得偏射。偏中之景千數交錯，周偏疊砌，則總成一景而圓。所以有濃淡之殊者，蓋兩處皆千景疊砌，圓徑若無廣狹之分，但見其竅寬者所容之光較多，乃千景皆廣而疊砌稠厚，所以濃。竅窄者所容之光較少，乃千景皆狹而疊砌稀薄，所以淡。于是向右穽東邊減却五百燭，觀其右間樓板之景缺其半于西。又減左穽之燭，但明二三十枝，其景雖亦周圍布置，各自點點爲方，不相粘附矣。又但明一燭，則只有一景而方。緣竅小而光形尤小，竅內可以容盡，其光卻爲大景，隨空罅之象矣。若依舊燃左穽之燭，別將廣大之板二片以障樓板而迎奪其景，此景較于樓板者漸狹而加濃。于是去左穽之內桌案，燃燭置于穽底。竅既遠於燭，景則斂而狹。

由是察之，燭也，光也，竅也，景也，四者消長勝負，皆所當論者也。

鄭光祖《一斑録》卷一《天地》　聲影皆有微理

光有所遮而成影。光過小穴入暗室，照於地，照於壁，其光中帶過之影皆倒。不知者漫以爲奇。余嘗見屋漏日光，在地如錢，光中有雲影推過皆向西北，知天上之雲實向東南。舟中蓆棚遮暗，隙縫漏入之光帶進棚外各影亦倒。在天日食，仰視耀目，可將厚紙刺一穴，照於日。另以一紙在穴下承其影視之，則日食分秒畢見而影亦倒。銅鏡面凸者，物被照入影收而小。面凹者，切近照之，影正而加大，遠照之影亦倒。

眼鏡過凡物之影以入人眼，人自内視之也。若自外視之，則凡物之影皆二，蓋其内外平面各主一影也。若將眼鏡折疊照之，則凡物之影皆四。此猶以秤衡物，物甚少，則權進紐内亦可衡也。

北極出地，各省不同，但製一圓木板，兩面四周各排寫一日時刻。木板中穿一鍼，使鍼兩頭透出木板各尺，要中正不歪。將板欹側，使鍼一頭準對該處北極出地高下。春分後，秋分前，看板上面。秋分後，春分前，看板下面。日照鍼影落在排寫時刻，悉準無差。

鄭復光《費隱與知録》

隙無定形　漏日恒圓

問：日光穿隙，無他物隔于隙之内，外必見圓光而隙不必圓，光何以圓？曰：此日體也。予嘗見簟漏日光，悉是半月形，忽悟爲日食果然。凡光照平壁，皆見光體所發之光，而不見光之體形，故中隔片版則見版景。使版有方孔，則版景中現孔方光；若引版漸遠于壁，則孔之光漸模糊；再遠則方孔變爲圓光而極清。若再遠，則仍是圓形，其光漸大而淡矣。試以月上下弦時，必半圓形而爲倒象，是月體也。蓋凡光穿孔則上邊照下，下邊照上，右照左，左照右。當其版離壁近，則金光在孔中心甚小，故日體外浮，光俱入孔内，照孔之象甚清。推而遠之，其于視法則孔體覺漸小，日體覺漸大，至日體恰塞孔面，則日外浮，光不見，故孔之方景模糊而日體倒入見焉。若方孔中離板下邊多一物，則其景必在上邊而成倒象。離孔之遠，視孔小大。若孔方分，則物離孔約三寸以外。可遠不可近。此塔景倒垂之理也。《夢溪筆談》所謂算家稱爲格術者也。格術者，日之照物，從日上下兩邊各出光線下射于地，中格一物，有孔漏光，日大孔小，則光線約行。孔若近地，則日上邊仍射孔上邊，下邊仍射孔下邊，光現孔形無異也。若引孔遠于地，則兩線必交成角而上下之相射必相反矣，左右亦然。所爲交角也，能不成倒象乎。格一物而成倒象，故老花眼鏡以凸處光線之交如物格之。所以取火見倒日，取景見倒人，亦此理也。詳《鏡鏡詅癡》。

又　隔孔取景　凸鏡異同

問：隔孔取景，可現倒象，如凸鏡理，而以目置取景處則不見物象，與凸鏡亦同，交線隔之也。所謂隔術也。然則理無二致矣。而出交線外，孔之取景則倒象仍現，目之視孔則物象不見。而鏡則目當凸交不見物象，目遠凸交又見倒景，何以獨異？曰：凸與孔，其同者交線也，其異者小大也。交小而物大，故能束物象而取其景，鏡與孔同也。鏡大而交小，故出交則交線無權，而交之四旁鏡光明通，倒攝入目之能力顯矣。若孔能取景，是交力也，故與凸同。出交則孔外四旁無明，且非攝景之物，何能見倒景乎。其緒甚長，餘詳《鏡鏡詅癡》。

鄭復光《鏡鏡詅癡》卷一《明原》　原線

七、物線相射，因相對而生。相對者，必無不正，而物與物則有大小不等。此之上邊射彼上邊，此之下邊射彼下邊，則成廣行斜線。然而人見爲斜，在線仍是正相當對。如或非正，則不能相射矣。故有平面在前，如甲乙。與平面鏡如辛戊壬。相對，人目在甲可見丁於辛，不能見乙於辛，以甲與辛若辛與丁，方爲正對也。若自甲視戊則可見乙矣。又設辛癸壬圓面凹鏡，則自甲視辛可以見乙，以丙辛癸與子乙丑正對也。依顯，自甲視壬，必見甲成倒象矣。

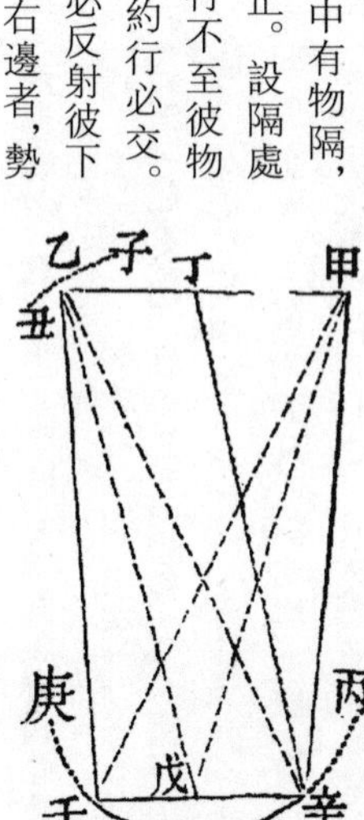

八、兩物相射，約行線自此至彼則止，不能有交。若中有物隔，則約行至所隔之物而止。設隔處有孔，則射線穿孔，約行不至彼物不止。如彼物甚遠，則約行必交。穿交而過，則此之上邊必反射彼下邊，此之左邊必反射彼右邊者，勢也，能無成倒景乎？塔景倒垂，此其理也，本《曆書》。算家稱爲格術。本《夢溪筆談》。格者隔也，譬如擊槳，手後則槳前，隔於槳樁也。譬如摇艣，人左則艣右，隔於艣臍也。又如兩人憑窗東西列坐，鳶自東而西，兩人皆見，或閉窗開孔，西坐見鳶，則東坐必不見，而鳶之景亦在西壁；迨鳶飛至西，景必反移至東壁。推之上下，不得不然，豈不成倒景乎。

九、日光射物，萬線齊發，光徹上下，無處不照。設光中有屏，屏受日光，止得日體之一分，去聲。故只見日光，無所爲日之形體也。

十、日光射屏，只見爲光，不見日之形狀，此爲有色無形。原影二。若中隔堵牆，牆中有孔，如柳氏。光線穿孔，爲孔所約，必交於尾。使設屏於交內，用承其光，如觜參。必孔方景方矣。如移屏置當交處，則孔景模糊。若漸移出交，則日邊全納入孔，爲無窮光線所聚，光複必深。原光十四。夫納入全分，故見日體。景出交線，故成倒形，此爲有色兼有形也。原景二。孔雖方，必成圓象矣。凡過此交，不論孔形，皆見光象，日圓故圓。過此皆圓，第漸淡耳。光線過交則侈，故力漸殺。依顯，屏在交外，則無論遠若虛危，近若張星，此兩線界中有物在星，必見景於斗；移物至張，必見景於牛，亦成倒景。惟物近孔則不倒。若貼孔則無景，何也？物既貼孔，即如與孔合一，成不方孔。孔所居者模糊之處，則物亦適當模糊之處，而景落虛無，原光十六。故但見倒日體而已。

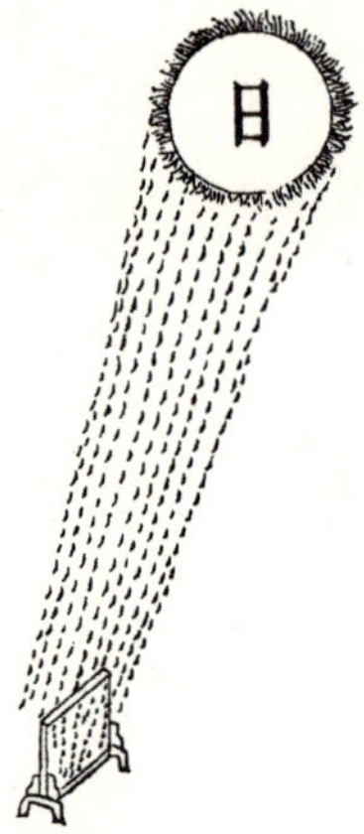

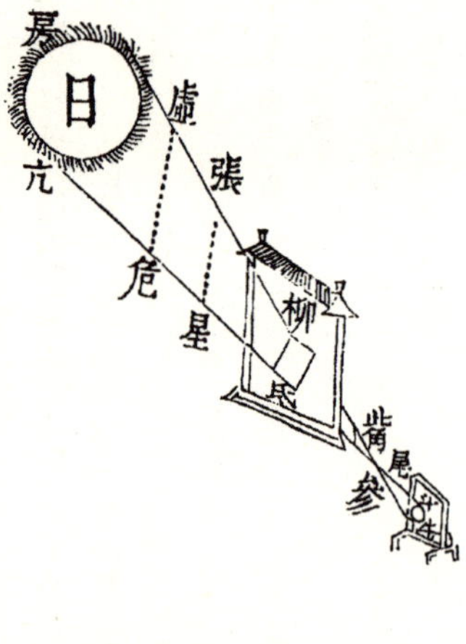

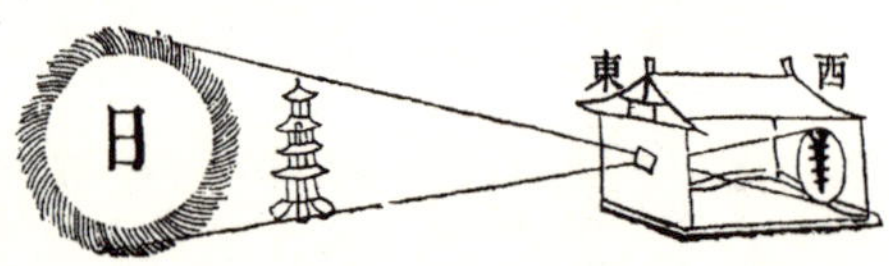

一系，旭日穿隙，西壁固見圓光，然日爲圓體，倒景無徵。設造塔東壁之外，與日參直，果塔距壁遠合度，必見倒景於西壁所見光中矣。此麻書所謂塔景倒垂者也。若塔近不合度，則景大遮孔無光，或孔大，距西壁在交內，皆不可見。

二系，取景有大小，因光與孔之大小而生差。取景有遠近，因光距孔之遠近而生差。蓋交角大則景亦大，交角長則景遂遠，此其大較也。然孔之束光雖亦能使濃，但孔過小則光力不暢遂，而孔不小則距交必極遠，故餘明侵入，取景猶未盡善也。獨凸凹鏡法與孔相較，爲體既大，縮光甚短，又有鏡光爲助，其能力固應有特異者矣。孔至大者徑二三分，距約數尺。鏡酌中者徑五六分，距二三寸，大相逕庭矣。

十一、光亦色類原光一。而較濃。日穿户隙，每見圓輝。他物有色，不易得見者，物明户亦明故也。若暗室隙中，時亦見倒景矣。如塔景倒垂之類。惟凸鏡光力初不事暗室，然暗則更勝，此取景法所必資者也。

劉嶽雲《格物中法》卷三《火部》 視差

日光射屏，只見爲光，不見日之形狀。若中隔堵牆，牆中有孔，光線穿孔，爲孔所約必交。使設屏于交内，用承其光，必孔方景方矣。如移屏置當交處，則孔景模糊。若漸移出交，則日邊全納入光，爲無窮光線所聚，光複必深。夫納入全分，故見日體景。出交線，故成倒形。孔雖方，必成圓象矣。《鏡鏡詅癡》。

嶽雲謹案：所以成交點者，緣日光本係直線平射，一經孔斂，則光成圓錐形，日體即錐底，交點即錐頂也。過此交點，則上下互易，漸漸而侈，其勢若將成一對面之圓錐矣。

又案：光成圓錐形，此形内若函一物，其物之景射于屏上，亦成倒形。

又案：其物若近牆孔則不倒，若貼孔則屏上無景。

諮議朱景玄見鮑溶説，陳司徒在揚州時，東市塔影忽倒，老人言海眼翻則如此。《酉陽雜俎》。

旭日穿隙，西壁固見圓光，然日爲圓體，倒景無徵。設造塔東壁之外，與日參直，果塔距壁遠合度，必見倒景于西壁所見光中矣。《鏡鏡詅癡》。

嶽雲謹案：鄭復光此言足破段成式之惑矣。成式所云，由于塔背日之處，或有橋孔，或有人家壁孔，偶然日光正對而射塔影于遠處，地面或壁上致見倒影，非有他故。江蘇丹陽縣一塔，恒見倒影在橋下。後有人識其故，移橋向外，遂無倒影。

松江元時有四塔，夏監運家在四塔之東，而小室內有一塔影，長五寸許，倒

懸於西壁之上，不知從何而來。然不常有，或時見之，是不可曉也。《松江府志》

嘗遊真如寺，大殿後，西次間北向一小室，深僅六七尺。其南即大殿之牆北首，臨簷際上截用木板蔽風雨，下截用牆板之。近牆處有一小隙，僅四五寸，闊半之。余同數人從旁一門入室，即闔門視之，天光映於壁上，塔影宛然倒焉。時方仲夏，日行北陸，又值餔時，塔在日南，日自北照之，影落塔南地上。室中壁上之天光，乃即塔南地上之日光倒照室中者也。地上塔影，尖在南，尾在北，故壁上塔影尖在下，尾在上。然非有簷際，木板束之，則光散而不聚，壁上必無塔影。故板上留隙必須極小，旁入之門必須盡闔，則光始自隙中吸入壁上耳。又思冬月日行南陸，日在塔南，壁上必無塔影。春秋之際，必從早晚日出入時伺之。蓋日出入時多在北方，總須日在塔北，而後壁上乃有塔影。詢之寺僧，答云果然。自見塔影後，思有以肖之，夜取燈火置長桌上，燈南二三尺許桌上植一小兒所弄小木塔，長可六七尺。塔南二尺許桌上樹一小板屏，屏北不及尺許桌上横一大木板，盡障南首燈光。板中微開一竇，長二三寸，正與塔影相射。然後從旁視之則燈南，桌上燈光已從竇中吸入照於板屏上，而塔影亦倒於屏上矣。明虞兆漋《天香樓偶得》

已上言光交成倒景。

孫詒讓《墨子閒詁》卷一〇《經下》 景到，在午有端與景長，説在端。《説》云：「足敝下光，故成景於上；首敝上光，故成景於下。在遠近有端與於光，故景庫内也。」此即光學所謂約行線由侈而斂，交聚成點，端即點也。張云：「午，交午也。」劉云：「古者横直交互謂之午，《儀禮》『度而午』，注云『一縱一横曰午』是也。其形爲乂，乂者光線之交點。」案：張、劉訓午爲交點，是也。凡約行線中有物隔，則光線必交，穿交而過，則成倒景。「在午有端與景長」，「長」謂線，對「端」爲點而言。謂凡光在交聚成點之時，則有礙於光線之行，故穿交而景倒也。鄒伯奇《格術補》云：密室小孔，漏光必成倒景。雲鳥東飛，其影西逝」，又云「日無數光點俱射入小孔中，是爲光線交，過孔則侈而至地，遂成日體之影」，皆可證此書之義。可無也，言凡有者必可無。有之而不可去，説在嘗然。「嘗然」者，今雖無而實爲昔之所有，故云「不可去」。張云：「本可無也，嘗有之，則不可去。」景迎日，説在摶。《説》云「景，日之光反燭人，則景在日與人之間」，「迎日」即回光反燭之義。但《説》無「摶」義。上云「鑑團，景一」，與此義異。摶，《道藏》本作「慱」，吴鈔本作「博」，亦並難通。以形聲校之，疑當作「轉」，謂鑑受日之光，轉以射人成景，亦即反燭之義也。今本涉下而誤耳。

又 《經説下》 景，光之人煦若射。之猶與也。言景光與人參相射。《説文·火部》云：「煦，蒸也。一曰赤兒。」又日部云：「昫，日出温也。」楊謂煦、昫通，近是。蓋謂如日出時之光四射也。張云：「景者，光所爲之人也，煦然而至若射。」案：張説未塙。此釋經下「住景二，説在重」。「住」疑當作「位」，讀爲立。下者之人也高，張云：「高猶上也，景在下者，其人在上。」高者之人也下。張云：「景在上者，其人在下。」足敝下光，張云：「敝讀曰蔽。」故成景於上；首敝上光，故成景於下。陳澧云：「此解窪鏡照人影倒之故也。」劉嶽雲云：「即西法所謂射光角與回光角相等，由交點射景入壁，故令景倒也。」詒讓案：此即塔影倒垂之義，詳《經下》。此釋《經下》「二，臨鑑而立，景到，多而若少，説在寡區」。「寡」疑「空」之誤，即謂窪鏡中爲圓空也。但《説》無多少寡區之義。又《經》此條在前「宇或徙，説在長宇久」條後，與《説》敍次不合。竊疑此當並屬下條，以下《經》亦有「景到」之文也。而二臨鑑景到」一《經》、《説》或已不存。此篇文本多脱譌，疑未能定也。在遠近有端與於光，此疑即格術之義。端即沈括觰臬之喻。「與於光」謂礙光綫之射，亦詳《經下》。故景庫内也。畢云：「庫，舊作『庳』，盧以意改。」案：盧校是也。謂景障於内，即光學家所謂約行綫交聚處不見物是也。殷氏謂「景庫」謂聚光點，非是。此釋《經下》「景到，在午有端與景長，説在端」。

實驗

趙友欽《原本革象新書》卷五 小罅光景

室有小罅，雖不皆圓，而罅景所射未有不圓。及至日食，則罅景亦如所食分數。罅雖寬窄不同，景卻周徑相等，但寬者濃而窄者淡。若以物障其所射之處，迎奪此景於所障物上，則此景較狹而加濃。予始未悟其理，因熟思之。凡大罅有景，必隨其罅之方圓長短尖斜而不别，乃因罅大而可容日月之體也。若罅小，則不足容日月之體，是以隨日月之形而皆圓。及其缺，則皆缺。罅漸窄則景漸淡，景漸遠則周徑漸廣而愈加淡。大罅之景，漸遠亦漸廣，然不減其濃。此則濃淡之别也。

假於兩間樓下，各穿圓穽於當中，徑皆四尺餘。右穽深四尺，左穽深八尺，置(卓)［桌］案於左穽内，案高四尺，如此則雖深八尺，只如右穽之淺。作兩圓板，徑廣四尺，俱以蠟燭千餘枝密插於上，放置穽内而燃之，比其形於日月。更作兩圓板，徑廣五尺，覆於穽口地上。板心各開方竅。所以方其竅者，表其竅小而景必圓也。左竅方廣寸許，右竅方廣寸半許。所以一寬一窄者，表其寬者濃而窄者淡也。於是觀其樓板之下有二圓景，周徑所較甚不多，卻有一濃一淡之殊。詳察其理，千燭自有千景，其景皆隨小竅點點而方。燭在穿心者，方景直射在樓板之中。燭在南邊者，方景斜射在樓板之北。燭在北邊者，方景斜射在樓板之南。至若東西亦然。其四旁之景斜射而不直者，緣四旁直上之光障礙而不得出，從旁達中之光惟有斜穿出竅而已。穿內既已斜穿，竅外止得偏射。偏中之景千數交錯，周遍疊砌，則總成一景而圓。所以有濃淡之殊者，蓋兩處皆千景疊砌。圓徑若無廣狹之分，但見其竅寬者所容之光較多，乃千景皆廣而疊砌稠厚，所以濃。竅窄者所容之光較少，乃千景皆狹而疊砌稀薄，所以淡。於是向右穿東邊減卻五百燭，觀其右間樓板之景缺其半於西，乃小景隨日月虧食之理也。又減左穿之燭，但明二三十枝，疎密得所，觀其樓板之景，雖是周圓布置，各自點點爲方，不相黏附而愈淡矣。又皆滅而但明一燭，則只有一景而方，緣爲竅小而光形尤小，竅內可以盡容其光，卻爲大景隨空罅之象矣。

若依舊皆燃左穿之燭，則左景復圓。別將廣大之板二片各懸於樓板之下，較低數尺，以障樓板而迎奪其景。此景較於樓板者，斂狹而加濃。所以迎奪其景者，表其景近則狹而濃，遠則廣而淡也。燭光斜射愈遠，則所至愈偏，則距中之數愈多。圓旁皆斜射，所以愈偏則周徑愈廣。景之周徑雖廣，燭之光焰不增，如是則千景展開而重疊者薄，所以愈廣則愈淡，亦如水多則味減也。然其板不可側高偏低，否則景不正圓而長。

於是去其所懸之板，舉其左穿連板之燭，徹去穿內桌案，復燃連板之燭，置於穿底而擡之。竅既遠於燭，景則斂而狹。所以斂狹者，蓋是竅與燭相遠，則斜射之光斂而稍直，光皆斂直則景不得不狹，景狹則色當濃。燭遠則光必薄，是以難於加濃也。先論景距竅之遠近，此復論燭距竅之遠近。景之遠近在竅外，燭之遠近在竅內。凡景近竅者狹，景遠竅者廣。燭遠竅者，景亦狹。燭近竅者，景亦廣。景廣則淡，景狹則濃。燭雖近而光衰者景亦淡，燭雖遠而光盛者景亦濃。由是察之，燭也，光也，竅也，景也，四者消長勝負，皆所當論者也。

於是徹去所覆兩穿之板，別作圓板二片，徑廣尺餘。右片開方竅，方廣四寸。左片開尖竅，三曲皆廣五寸餘。各以索懸於樓板之下，令其可以漸高漸低。所以漸高漸低者，表其景之遠廣而近狹也。仰觀樓板之景，左尖右方。俯視燭光之形，左全右半。此則大景隨空之象，各自方尖，不隨燭光而圓缺也。然穿大而板竅仍小，今喻以爲大罅者，蓋穿於板竅較遠，遠則雖大猶小。竅於樓板較近，近則雖小猶大。方尖竅內可以盡容燭光之形也。原尖小竅之千景，似乎魚鱗相依，周遍布置。大罅之景千數，比於沓紙，重疊不散，張張無參差。由此觀之，大則總是一穿之景，似無千燭之分。小則不覩一穿之全，碎砌千燭之景。是故小景隨光之形，大景隨空之象，斷乎無可疑者。

又趙友欽《重修革象新書》卷下　隙景大小

室有小隙，雖不皆圓，而日景所射無不圓者。及至日食，則隙景亦如所食分數。又隙之大小雖不同，而景之周徑則相等。但隙大者景濃，隙小者景淡。設以物障所射景迎視之，則其景少較小而加濃矣。所以然者，蓋大隙之景必隨其隙之方圓長短以爲形，因隙大，足以容日月之體也。小隙不足容日月之體，故隨日月之形而景皆圓，及其缺則皆缺也。隙漸小則景漸淡，景漸遠則周徑漸廣而愈淡。大隙之景漸遠，周徑亦漸廣，而濃則不減，理固然也。試即兩樓之下左右各穿圓穽，圍徑皆四尺，作二圓板，圍徑與穽同。植千燭其上，燃之置穽中，以比日月。復作二圓板，圍徑稍廣，覆於穽口。覆板之心各開方竅，竅所以方者，見其景因小必圓也。左板之竅方寸許，右板之竅方半寸。所以一大一小者，見其大則景濃，小則景淡也。仰觀樓板所射二圓景，雖周徑不甚殊，而濃淡則有異。於是燭也，光也，竅也，景也，四者之間消長盈虛之故，從可考矣。且千燭則千景。小竅之千景如魚鱗相依，布置周遍。大竅之千景比沓紙重疊，上下參差。大則總一穿之景，似無千燭之分。小則無一穿之全，乃分千燭之景。蓋小景隨光之形，大景隨空之象故也。

鄒伯奇《鄒徵君存稿・攝影之器記》　有一密室，惟前壁開小孔透光，則室外諸物盡倒影於後壁。居東者見於西，在下者射於上。以似平非平之中高鏡安其孔，接浄白紙，則形形色色畢肖焉。紙距鏡，視鏡高爲遠近，如以鏡照日，遠一尺得火，則紙距鏡不過一尺爲最明，稍遠則漸暗也。若描寫爲畫，與當面景色無少異。變而更之，以木爲箱，中張白紙或白色玻璃，前面開孔安筒，筒口安鏡而進退之。後面開窺孔，隨意轉移而觀之，名曰攝影之器。此畫譜之最生活者也。如欲描寫，則去其後面，別加黑布併人帳之。若先於一處描寫一幅，依直邊移遠若干丈尺，別描寫一幅，度其差數以爲比例，而山木樓臺遠近高卑之數盡得焉。如先畫得一樹，距中線左一寸，樹距鏡一尺。中線者，從鏡直射與紙爲正角者也。左移遠五丈，又畫得此樹距中線左一寸五分，其差五分與移五丈之比，同於畫樹距鏡一尺與鏡距真樹百丈之比。又如量畫樹得高四分，與距鏡一尺之比，亦同於真樹高四丈與距鏡百丈之比，則知此樹高四丈，離初測處百丈也。此又測量之變而加捷者。或以鏡向地平，則影見於紙上，其度與地上真數之比，同於紙距鏡與鏡距平地之比，可省重測，但不能及遠，故必濟以上法也。若又以白色玻璃變紙之平面爲半渾圓邊各抵板，鏡居圓心，令可轉側四遊，各向四方描寫畢，用火映之於平面紙上，合爲一圖。則其八面形勢一目了然，繪圖之法莫密於此。如夜間以鏡心向上，半圓在下，使星月之光映照其中，可以量其升降經緯之度，同於郭若思仰儀之用焉。先是歲在乙未，客有以塔倒影獻疑者，取《夢溪筆談》讀而極思之，驗之室中之雲影、飛鳥之往來，因通其故，與陽燧倒影實爲一理。甲辰歲因用鏡取火，忽悟其能攝諸形色也。急閉窗，穴板驗之，引申觸類而作此器。夫塔倒影，爲陸放翁、陶宗儀等所不解，見所著《老學庵筆記》及《輟耕録》。明季有著《天香樓偶得》者，極論此事而猶非其實。今余乃爲器以顯迹象，復引而至圖畫，極之測量，通之儀器，豈不快哉。然非《夢溪》之有以啟其衷，豈能頓悟，故並記之。

紀事

楊瑀《山居新話》卷三　松江夏義士者，乃甲户也，其家房門上有一西番塔影，蓋松江無西番塔，不知此影從何而得，人以爲異。《酉陽雜俎》云，揚州東市，塔影忽倒，老人言海影翻則如此。又沈存中以謂大抵塔有影必倒。陸放翁云：「予在福州見萬壽塔，成都見正法塔，蜀州見天目塔，皆有影，亦倒也。然塔之高如是，而影止三二尺，纖悉皆具，或自天窓中下，或在廊廡間，亦未易以理推也。」以上之説，因其塔所見影，然松江無此塔而有影見者，其理又不可得而究之。予嘗遊平江虎丘寺，閣上檻窓下，裙板中有一節孔。閣僧以紙屏照之，則一寺殿宇廊廡悉備見于屏上，其影皆倒。余山居與保叔塔隣峰也，朔望點燈之夕，遇夜觀之，一塔燈光倒插於段橋湖中。大抵塔影皆倒，沈存中之説是也。

孫能傳《剡溪漫筆》卷三　倒影

《酉陽雜俎》云：揚州東市，塔影忽倒，老人云海影翻則如此。余聞塔之倒影，各處多有之。嘗遊武林，寓惠安禪房，樓居軒敞，巨木一章峙於巽隅。當卯辰時閉其南窓，樹影從隙中透入西壁，宛然一幀圖畫，枝葉皆倒垂，晝巳乃没。舉以詢人，皆莫能明其理。偶與薛魯叔太史談此事，魯叔云：嘗乘輿入京，輿中人影長可數寸，而皆倒懸。初以爲怪，徐察之，乃見人影在地，地影反照度隙中入輿，故下反居上。樓中倒影當亦此類。余爲之躍然。後卧病丹陽舟中，岸與舟平，當曉旭初升，水窓未啓，岸頭行人及竹木之影度入窓隙，無不倒垂。正與魯叔語合。沈存中《筆談》謂中間爲窓隙所束，故影皆倒垂，其説尤明。海影翻之説，殆無稽之言也。

顧起元《客座贅語》卷九　塔影

塔影無不倒者。牛首山之塔影，在禪堂西夾室，闔雙扉觀之，影於縫中倒現，玲瓏可覩。永慶寺之塔影，在殿左伽藍小殿牕虢中倒現，其闌楯皆歷然。二室皆向東，一寺之房無數，獨現於此，何也？大報恩寺之塔影在城内油房巷塘中，舊鐵塔寺之塔影在侯駕橋方氏塘中，其影亦倒。凡物之影透在虢中，必與其形相違。塔本正也而影倒，即如飛鳥之影，鳥東飛則虢中之影必西逝，與塔影正同一理耳。走馬燈之影不平行，如内燈左旋，則影必先從右上角而下至中，稍低又漸高，至左上角而去。右旋亦然。且一燈四面、六面無不然。此等理自在目前，思之遽未得其解。乃知天下之道，卑而高，近而遠，於此可玩也。沈存中《筆談》論窻隙中樓塔之影，中間爲牕所束，皆倒垂，鳶飛與影在隙中亦然。其理亦未暢。陸務觀筆記亦言，此未易以理推也。

黄汝亨《寓林集》卷九《三游記》　古今云殿左有浮屠十三級，右爲禪堂，亦敞朗堂之右，别有一軒，供世尊像，而門與浮圖遥相對。門左扉穴小竅如豆，雙閉則塔影從竅内吸入佛桌白帷上，倒垂而下，摇摇層級，暎瀉如畫。覩未曾有。

顏色與色散現象部

顏色與視覺分部

論說

孔安國傳　陸德明音義　孔穎達疏《尚書注疏》卷五《夏書・禹貢》　厥田惟上中，厥賦中中。傳：田第二，賦第五。厥貢惟土五色。傳：王者封五色土爲社，建諸侯則各割其方色土與之，使立社。燾以黄土，苴以白茅，茅取其潔，黄取王者覆四方。音義：燾，徒報反，覆也。苴，子餘反，包裹也。疏傳正義曰：傳解貢土之意，王者封五色土以爲社，若封建諸侯，則各割其方色土與之，使歸國立社。其上燾以黄土，燾，覆也。四方各依其方色，皆以黄土覆之。其割土與之時，苴以白茅，用白茅裹土與之。必用白茅者，取其潔清也。《易》稱藉用白茅，茅色白而潔美。《韓詩外傳》云：「天子社廣五丈，東方青，南方赤，西方白，北方黑，上冒以黄土。將封諸侯，各取其方色土，苴以白茅，以爲社。明有土謹敬潔清也。」蔡邕《獨斷》云：「天子大社，以五色土爲壇。皇子封爲王者，授之大社之土，以所封之方色，苴以白茅，使之歸國以立社，謂之茅社。」是必古書有此説，故先儒之言皆同也。

毛亨傳　鄭玄箋　陸德明音義　孔穎達疏《毛詩注疏》卷三《國風・邶風・緑衣四章》　緑兮衣兮，緑衣黄裏。傳：興也。緑，間色。黄，正色。箋云：緑兮衣兮者，言褖衣自有禮制也。諸侯夫人，祭服之下，鞠衣爲上，展衣次之，褖衣次之。次之者，衆妾亦以貴賤之等服之。鞠衣黄，展衣白，褖衣黑，皆以素紗爲裏。今褖衣反以黄爲裏，非其禮制也，故以喻妾上僭。心之憂矣，曷維其已。傳：憂雖欲自止，何時能止也。音義：裏，音里。間，間厠之間。鞠，居六反，言如菊花之色也；又去六反，言如麴塵之色。王后之服，四月鞠衣，色黄也。展，知彦反，字亦作襢，音同。王后之服，五月襢衣。毛氏、馬融皆云色赤，鄭云色白。紗，音沙。疏正義曰：毛以間色之緑不當爲衣，猶不正之妾不宜嬖寵。今緑兮乃爲衣兮，間色之緑今爲衣而見，正色之黄反爲裏而隱，以興今妾兮乃蒙寵而顯，正嫡夫人反見疏而微。緑衣以邪干正，猶妾以賤陵貴。夫人既見疏遠，故心之憂矣，何時其可以止也。鄭以爲婦人之服有褖衣，今見妾上僭，因以褖衣失制喻嫡妾之亂。言褖兮衣兮，褖衣自有禮制，當以素紗爲裏。今褖衣反以黄爲裏，非其制也。以喻賤兮妾兮，賤妾自有定分，當以謙恭爲事。今賤妾反以驕僭爲事，亦非其宜。妾之不可陵尊，猶衣之不可亂制。汝賤妾何爲上僭乎。餘同。傳正義曰緑，蒼黄之間色；黄，中央之正色。故云緑間色，黄正色。言間正者，見衣正色不當用間，故《玉藻》云衣正色，裳間色。王肅云：夫人正嫡而幽微，妾不正而尊顯，是也。箋正義曰：褖衣黄裏爲非制，明褖兮衣兮，言其自有禮制也。禮制者，素紗爲裏是也。又言諸侯夫人祭服以下至褖衣黑者，解以褖衣爲喻之意。由諸侯之妾有褖衣，故假失制以喻僭也。

左丘明傳　杜預注　陸德明音義　孔穎達疏《春秋左傳注疏》卷四《桓公二年》　火、龍、黼、黻，注：火，畫火也。龍，畫龍也。白與黑謂之黼，形若斧。黑與青謂之黻，兩已相戾。音義：黼，音甫。戾，力計反。疏注正義曰：《考工記》記畫繢之事云「火以圜」，鄭司農云：爲圜形似火也。鄭玄云形如半環。然又曰水以龍，鄭玄云：龍，水物。畫水者并畫龍，是衣有畫火、畫龍也。白與黑謂之黼，黑與青謂之黻，《考工記》文也。具言形若斧，兩已相戾，相傳爲説。孔安國《虞書傳》亦云黼若斧形，黻爲兩已相背，是其舊説然也。周世衮冕九章，傳唯言火、龍、黼、黻四章者，略以明義，故文不具舉。衣之所畫龍先於火，今火先於龍，知其言不以次也。昭其文也。注：以文章明貴賤。五色比象，昭其物也。注：車服器械之有五色，皆以比象天地四方，以示器物不虚設。音義：比，并是反。械，户戒反。疏注正義曰：《考工記》云：畫繢之事雜五色，東青，南赤，西白，北黑，天玄，地黄。是其比象天地四方也。比象有六而言五者，玄在赤黑之間，非别色也。昭二十五年傳云，九文六采吉，采色有六，故注以天地四方六事當之。五行之色爲五色，加天色則爲六，故五色六采互相見也。昭其物者，以示物不虚設，必有所象。其物皆象五色，故以五色明之。

又　卷一四《僖公二十四年》　耳不聽五聲之和爲聾，目不別五色之章爲昧，心不則德義之經爲頑，口不道忠信之言爲嚚。狄皆則之，四姦具矣。

鄭玄注　陸德明音義　賈公彦疏《周禮注疏》卷一八《春官大宗伯》　以蒼璧禮天，以黄琮禮地，以青圭禮東方，以赤璋禮南方，以白琥禮西方，以玄璜禮北方。注：此禮天以冬至，謂天皇大帝在北極者也。禮地以夏至，謂神在崐崘者也。禮東方以立春，謂蒼精之帝，而大昊、句芒食焉。禮南方以立夏，謂赤精之帝，而炎帝、祝融食焉。禮西方以立秋，謂白精之帝，而少昊、蓐收食焉。禮北方以立冬，謂黑精之帝，而顓頊、玄冥食焉。禮神者必象其類：璧圜象天，琮八方象地，圭鋭象春物初生；半圭曰璋，象夏物半死，琥猛象秋嚴；半璧曰璜，象冬閉藏，地上無物，唯天半見。音義：琮，才宗反。璋，音章。琥，音虎。璜，音黄。混，户本反，本又作崑，音昆。崘，音倫，本又作崙，魯門反。疏注釋曰：云此禮天以冬至，謂天皇大帝在北極者也者。案：《大司樂》云：「以靁鼓靁鼗，雲門之舞，冬日至，於地上之圜丘奏之，若樂六變，則天神皆降」，是也。云禮地以夏至，謂神在崑崙者也者，崑崙與昊天相對。蒼璧禮昊天，明黄琮禮崑崙大地可知，故《大司樂》云：「以靈鼓靈鼗，夏日至，於澤中之方丘奏之，若樂八變，則地示皆出」，是也。故鄭彼云：「天神則主北辰，地示則主崑崙。」是即與此同也。云禮東方以立春，謂蒼精之帝者，此已下皆據《月令》四時迎氣，皆在四立之日，故以立春、立夏、立秋、立冬言之也。知皆配以人帝人神者，亦據《月令》四時十二月，皆陳人帝人神。

又　卷四〇《冬官考工記》　畫繢之事，雜五色，東方謂之青，南方謂之赤，西方謂之白，北方謂之黑，天謂之玄，地謂之黄。青與白相次也，赤與黑相次也，玄與黄相次也。注：此言畫繢六色所象及布采之第次，繢以爲衣。疏釋曰：此一經言次，次畫於衣之事，畫繢並言者，言畫是總語，以其繢繡皆須畫之。言繢，則據對方而言，自東方已下是也。自言東方謂之青，至謂之黄六者，先舉六方有六色之事，但天玄與北方黑，二者大同小異。何者？玄黑雖是其一，言天止得謂之玄，天不得言黑天。若據北方而言，玄黑俱得稱之，是以北方云玄武宿也。青與白相次已下，論繢於衣，爲對方之瀍也。注釋曰：鄭云畫繢六色所象者，解經地謂之黄已上文。云及布采之第次者，解經青與白已下文。云繢以爲衣者，案：《虞書》云：「予欲觀古人之象，日、月、星辰、山、龍、華、蟲，作繢。」是據衣而言繢，故鄭云繢以爲衣也。青與赤謂之文，赤與白謂之章，白與黑謂之黼，黑與青謂之黻，五采備謂之繡。注：此言刺繡采所用，繡以爲裳。疏釋曰：此一經皆此方爲繡次。凡繡亦須畫乃刺之，故畫繡二工，共其職也。注釋曰云繡以爲裳者，案《虞書》云：「宗彝、藻、火、粉采、黼、黻，絺繡。」鄭云：「絺，紩也。」謂刺繡於裳，故鄭云刺以爲裳也。衣在上陽，陽主輕浮，故畫之；裳在下陰，陰主沈重，故刺之也。土以黄，其象方，天時變。注：古人之象，無天地也。爲此記者，見時有之耳。子家駒曰：「天子僭天」，意亦是也。鄭司農云：「天時變，謂畫天隨四時色。」疏釋曰：此乃六色之外，別增此天地二物於衣，故於下特言之也。注釋曰：鄭云「古人之象，無天地也」者，此據《虞書》日月已下，不言天地。云爲此記者，見時有之耳者，古人既無天地，若記者不見時君畫於衣，記人何因輙記之爲經典也。子家駒曰天子僭天，意亦是也者，按《公羊傳》云：「昭公謂子家駒云：季氏僭于公室久矣，吾欲殺之，何如？子家駒曰：天子僭天，諸侯僭天子。」彼云僭天者，未知僭天何事，要在古人衣服之外，別加此天地之意，亦是僭天，故云意亦是也。先鄭云天時變，謂畫天隨四時色者，天逐四時而化育，四時有四色，今畫天之時，天無形體，當畫四時之色以象天地。若然，畫土當以象地色也。

【略】

鍾氏染羽，以朱湛丹秫三月，而熾之。注：鄭司農云：「湛，漬也。丹秫，赤粟。」玄謂湛讀如「漸車帷裳」之漸。熾，炊也。羽所以飾旌旗及王后之車。音義：湛，子潛反，或子鴆反，又音鴆。秫，音述。漸，子潛反，下漚漸同。疏釋曰：染布帛者，在《天官染人》。此鍾氏惟染鳥羽而已，要用朱與秫則同，彼染祭服有玄纁，與此不異故也。案：《染人》云「春暴練，夏纁玄」，注云：「凡染，當及盛暑熱潤，始湛研之，三月而後可用。」若然，云以朱湛丹秫三月，而熾之，熾之當及盛暑熱潤，則初以朱湛丹秫，當在春日豫湛，至六月之時，即染之矣。注釋曰：玄謂湛讀如漸車帷裳之漸者，讀從《衛詩》也。云羽所以飾旌旗及王后之車者，《司常》云：「全羽爲旞，折羽爲旌。」自餘旌旗竿首，亦有羽旄，《巾車》有重翟、厭翟、翟車之等，皆用羽是也。案：《夏采》注云：「夏采，夏翟羽色。《禹貢》徐州貢夏翟之羽，有虞氏以爲緌。後世或無，故染鳥羽象而用之，謂之夏采。」此是鍾氏所染者也。淳而漬之。注：淳，沃也。以炊下湯沃其熾，烝之以漬羽，漬猶染也。音義：淳，章均反，注及下同。疏注釋曰：上熾之，謂以朱湛丹秫三月，末乃熾之，即以炊下湯，淋所炊丹秫，取其汁以染鳥羽，而又漸漬之也。三入爲纁，五入爲緅，七入爲緇。注：染纁者，三入而成。又再染以黑，則爲緅。緅，今禮俗文作爵，言如爵頭色也。又復再染以黑，乃成緇矣。鄭司農云以《論語》曰「君子不以紺緅飾」，又曰「緇衣羔裘」。《爾雅》曰：「一染謂之縓，再染謂之竀，三染謂之纁。」《詩》云：「緇衣之宜兮。」玄謂此同色耳。染布帛者，染人掌之。凡玄色者，在緅緇之間，其六入者與？音義：纁，許云反。緅，側留反。劉，祖侯反。復，扶又反。紺，古闇反。縓，倉絹反。范，倉亂反。竀，勅貞反，本又作赬，亦作䞓。與，音餘。疏注釋曰：凡染纁玄之瀍，取《爾雅》及此相兼乃具。按：《爾雅》「一染謂之縓，再染謂之竀，三染謂之纁」，三入謂之纁，即與此同。此三者皆以丹秫染之，此經及《爾雅》不言四入及六入，案《士冠》有「朱紘」之文，鄭云：「朱則四入與？」是更以纁入赤汁則爲朱。以無正文，約四入爲朱，故云與以疑之。云《論語》曰君子不以紺緅飾」者，《淮南子》云：「以涅染紺，則黑於涅。」涅，即黑色也。纁若入赤汁，則爲朱；若不入赤而入黑汁，則爲紺矣。若更以此紺入黑，則爲緅。而此五入爲緅是也。紺緅相類之物，故連文云君子不以紺緅飾也。若更以此緅入黑汁，即爲玄，則六入爲玄。但無正文，故此注與《士冠禮》注皆云「玄則六入與」。更以此玄入黑汁，則名七入爲緇矣。但緇與玄相類，故禮家每以緇布衣爲玄端也。云禮俗文作爵，言如爵頭色者，以其爵赤多黑少故也。

王弼注《老子道德經》上篇《十二章》

五色令人目盲，五音令人耳聾，五味令人口爽，馳騁畋獵令人心發狂。

爽，差失也，失口之用，故謂之爽。夫耳目口心，皆順其性也，不以順性命，反以傷自然，故曰聾盲爽狂也。

何晏集解　陸德明音義　邢昺疏《論語注疏》卷一七　陽貨第十七

子曰：巧言令色，鮮矣仁。注：王曰：巧言無實，令色無質。疏正義曰：此章與《學而》篇同，弟子各記所聞，故重出之。

子曰：惡紫之奪朱也，注：孔曰：朱，正色。紫，間色，之好者，惡其邪好而奪正色。惡鄭聲之亂雅樂也，注：包曰：鄭聲，淫聲之哀者，惡其亂雅樂。惡利口之覆邦家者。注：孔曰：利口之人多言少實，苟能悦媚時君，傾覆國家。音義：惡，烏路反，下同。間，間厠之間。邪，似嗟反。覆，芳服反，注同。疏正義曰：此章記孔子惡邪奪正也。惡紫之奪朱也者，朱，正色。紫，間色。之好者，惡其邪好而奪正色也。惡鄭聲之亂雅樂也者，鄭聲，淫聲之哀者，惡其淫聲亂正樂也。惡利口之覆邦家者，利口之人多言少實，苟能悦媚時君，傾覆國家也。注孔曰至正色。正義曰：云朱正色，紫間色者，皇氏云：謂青赤黄白黑，五方正色。不正，謂五方間色，緑、紅、碧、紫、駵黄色是也。青是東方正，緑是東方間，東爲木，木色青，木克土，土色黄，並以所克爲間，故緑色，青黄也。朱是南方正，紅是南方間，南爲火，火色赤，火克金，金色白，故紅色，赤白也。白是西方正，碧是西方間，西爲金，金色白，金克木，故碧色，青白也。黑是北方正，紫是北方間，北方水，水色黑，水克火，火色赤，故紫色，赤黑也。黄是中央正，駵黄是中央間，中央土，土色黄，土克水，水色黑，故駵黄色，黄黑也。

孫武《孫子・兵勢第五》 聲不過五，五聲之變不可勝聽也。色不過五，五色之變不可勝觀也。味不過五，五味之變不可勝嘗也。戰勢不過奇正，奇正之變不可勝窮也。奇正相生，如循環之無端，孰能窮之哉。

郭象注 成玄英疏《南華真經注疏》卷四《莊子外篇》 駢拇第八

駢於明者，亂五色，淫文章，青黄黼黻之煌煌非乎？而離朱是已。疏：斧形謂之黼，兩已相背謂之黻。五色，青、黄、赤、白、黑也。青與赤爲文，赤與白爲章。煌煌，眩目貌也。豈非離朱乎？是也。已，助聲也。離朱一名離婁，黄帝時明目人，百里察毫毛也。 多於聰者，亂五聲。

又《莊子外篇》 馬蹄第九

道德不廢，安取仁義。疏：此合譬也。夫大道之世，不辨是非；至德之時，未論憎愛。無愛則人心自息，無非則本迹斯忘。故《老經》云「大道廢，有仁義」矣。 性情不離，安用禮樂。疏：禮以檢迹，樂以和心。情苟不散，安用和心。性苟不離，何勞檢迹。是知和心檢迹，由乎道喪也。 五色不亂，孰爲文采。 五聲不亂，孰應六律。凡此皆變樸爲華，棄本崇末，於其天素有殘廢矣。世雖貴之，非其貴也。疏：夫文采本由相間，音樂貴在相和。若各色各聲不相顯發，則宫商黼黻無由成用。此重起譬，却證前旨。

陶弘景《鬼谷子注》卷中 權篇第九

故無目者，不可示以五色。無耳者，不可告以五音。

五色爲有目者施，故無目不可得而示其五色。五音爲有耳者作，故無耳不可得而告其五音。此二者爲下文分也。

故不可以往者，無所開之也。不可以來者，無所受之也。物有不通者，故不事也。

慎到《慎子・内篇》 雜朱之明，察毫末於百步之外，下於水，尺而不能見淺深，非目不明也，其勢難覩也。故用賞貴信，用罰貴必。賞信罰必，于耳目之所聞見，則所不聞見者莫不陰化矣。

荀況撰 楊倞注《荀子》卷一《勸學篇第一》 君子曰：學不可以已，青出之於藍而青於藍，冰出之於水而寒於水。以喻學則才過其本性也。 木直中繩，輮以爲輪，其曲中規，雖有槁暴，不復挺者，輮使之然也。輮，屈。槁，枯。暴，乾。挺，直也。《晏子春秋》作不復贏矣。 故木受繩則直，金就礪則利。君子博學而日參省乎己，則知明而行無過矣。參，三也。曾子曰：吾日三省吾身。知讀爲智。行，下孟反。

又 卷一五《解蔽篇第二十一》 凡觀物有疑，中心不定，則外物不清。清，明審也。 吾慮不清，則未可定然否也。冥冥而行者，見寢石以爲伏虎也，見植林以爲後人也，冥冥蔽其明也。冥冥，暮夜也。 醉者，越百步之溝，以爲蹞步之澮也；蹞與跬同。半步曰跬。澮，小溝也。 俯而出城門，以爲小之閨也，酒亂其神也。閨，小門也。 厭目而視者，視一以爲兩；掩耳而聽者，聽漠漠以爲哅哅，勢亂其官也。厭，指按也，一涉反。漠，無聲也。哅哅，喧聲也。官，司主也。言勢亂耳目之所主守。哅，許甬反。 故從山上望牛者若羊，而求羊者不下牽也，遠蔽其大也。從山下而望木者，十仞之木若箸，而求箸者不上折也，高蔽其長也。皆知爲高遠所蔽，故不往求。然則守道者亦宜知異術之蔽類此也。 水動而影摇，人不以定美惡，水勢玄也。玄，幽深也，或讀爲眩。 瞽者仰視而不見星辰，人不以定有無，用精惑也。精，目之明也。

鄭玄注 陸德明音義 孔穎達疏《禮記注疏》卷六《檀弓上》 夏后氏尚黑，注：以建寅之月爲正，物生色黑。音義：正，音征，下同，又如字。 大事斂用昏，注：昏時亦黑。此大事，謂喪事也。音義：斂，力驗反，下皆同。 戎事乘驪，注：戎，兵也。馬黑色曰驪。《爾雅》曰：「騋，牝，驪；牡，玄。」音義：驪，力知反，徐郎志反，純黑色馬。騋，音來，馬七尺已上爲騋。 牲用玄。注：玄，黑類也。 殷人尚白，注：以建丑之月爲正。物牙色白。 大事斂用日中，注：日中時亦白。 戎事乘翰，注：翰，白色馬也。《易》曰：「白馬翰如。」音義：翰，字又作韓，胡旦反，又音寒。 牲用白。 周人尚赤，注：以建子之月爲正。物萌色赤。音義：萌，亡耕反。 大事斂用日出，注：日出時亦赤。 戎事乘騵，注：騵，駵馬白腹。音義：騵，音原。駵，力求反，赤馬黑鬣尾。 牲用騂。注：騂，赤類。音義：騂，息營反，徐呼營反，純赤色也，一云赤黄色。疏正義曰：此一節論三代正朔，所尚色不同，各依文解之。夏尚黑，殷尚白，周尚赤，此之謂三統。故《書傳略説》云：「天有三統，物有三變，故正色有三。天有三生三死，故土有三王。王特一生死。」

又 卷二九《玉藻》 衣正色，裳間色。注：謂冕服玄上纁下。音義：間，厠之間。 非列采不入公門。注：列采，正服。

公孫龍撰 謝希深注《公孫龍子》卷中 通變論第四

曰：他辯。曰：青以白非黄，白以青非碧。曰：何哉？曰：青白不相與而相與，反對也。不相鄰而相鄰，不害其方也。前以羊牛辯左右，共成一體，而羊牛各礙於一物，不相盈，故又責以他物爲辯也。夫青不與白爲青，而白不與青爲白，故曰不相與。青者，水之色，其方在東。白者，金之色，其方在西。東西相反，而相對也。東自極於東，西自極於西，故曰不相鄰也。東西未始不相接，而相接不相害，故曰相鄰不害其方也。不害其方者反而對，各當其所，若左右不驪。驪，色之雜者也。東西正相反而相對，各當其所，居若左右之不相雜，故不害其方也。故一於青不可，一於白不可，惡乎其有黄矣哉？黄其正矣，是正舉也，其有君臣之於國焉，故强壽矣。青白各静其所居不相害，故不可合一而謂之青，不可合一而謂之白。夫以青白相辯，猶不一於青白，安得有黄矣哉？然青白之中雖無於黄，天下固不可謂無黄也。黄，正色也，天下固有黄矣。夫云爾者白以喻君，青以喻臣，黄以喻國，故君臣各正其所舉，則國强而君壽矣。而且青驪乎白，而白不勝也。白足之勝矣而不勝，是木賊金也。木賊金者碧，碧則非正舉矣。白，君道也。青，臣道也。青驪於白，謂權臣擅命，雜君道也。君道雜則君不勝矣。故曰而白不勝也。君之制臣，猶金之勝木，其來久矣。而白不勝，爲青所驪，是木賊金，而臣掩君之謂也。青染於白，其色碧也。臣而掩君，其道亂也。君道之所以亂，由君不正舉也。青白不相與，而相與；不相勝，則兩明也。争而明，其色碧也。夫青白不相與之物也，今相與雜而不相勝也。不相勝者，謂青染於白，而白不全滅，是青不勝白之謂也。潔白之質，而爲青所染，是白不勝青之謂也。謂之青而白猶不滅，謂之白而爲青所染，是白不勝青之謂也。謂之青而白猶不滅，謂之白而爲青所染，兩色並章，故曰兩明也者。白争而明也，青争白明，俗謂其色碧也。與其碧，寧黄。黄，其馬也，其與類乎。等黄於碧，寧取於黄者，黄，中正之色也。馬，國用之材也。夫中正之(德)[色]，國用之材，其亦類矣。故寧取於黄，以類於馬。馬喻中正也。碧，其雞也，其與暴乎。碧，不正之色。雞，不材之禽。故相與爲類，暴之青而白，色碧之材，白猶不勝亂。暴則君臣争而兩明也。兩明者昏不明，非正舉也。

吕不韋撰　高誘注《吕氏春秋》卷二《仲春紀第二·當染》　墨子見染素絲者而歎墨子名翟，魯人，作書七十一篇。曰：染於蒼則蒼，染於黄則黄；所以入者變，其色亦變，五入而以爲五色矣，一入一色。故染不可不慎也。

又　卷一六《先識覽第四·知接》　三曰：人之目以照見之也，以瞑則與不見同，同一目也。其所以爲照，所以爲瞑異。謂見與不見，故曰異。瞑士未嘗照，故未嘗見。瞑者，目無由接也。接，見。無由接而言見，詤。詤讀誣妄之誣，億不詳審也。智亦然，其所以接智、所以接不智同，一同智也。其所能接、所不能接異。異，謂能與不能。智者，其所能接遠也。智者達於明，見未明之前，故曰接遠。愚者，其所能接近也。愚者蔽於明，禍至而不知，故曰接近。所能接近而告之以遠化，奚由相得？無由相得，説者雖工，不能喻矣。雖子貢辯敏，無由何如，故曰弗能喻。

又　卷一七《審分覽第五·任數》　凡耳之聞也，藉於静。藉，假也。静，無聲乃有所聞，故藉於静。目之見也，藉於昭。昭，明也。非明目無所見，故藉明以見物。心之知也，藉於理。去物斷義，非理不決，故藉於理以決物。

劉安撰　高誘注《淮南子》卷一《原道訓》　視之不見其形，聽之不聞其聲，循之不得其身，無形而有形生焉，無形，道也。有形，萬物也。無聲而五音鳴焉，無味而五味形焉，無色而五色成焉。是故有生於無，實出於虚，天下爲之圈，則名實同居。圈，陬也。音之數不過五，宫、商、角、徵、羽。而五音之變不可勝聽也。味之和不過五，甘、酸、鹹、辛、苦。而五味之化不可勝嘗也。色之數不過五，青、赤、白、黑、黄。而五色之變不可勝觀也。故音者，宫立而五音形矣。宫在中央，聲之主也。形，正也。味者，甘立而五味亭矣。亭，平也。甘，中央味也。色者，白立而五色成矣。白者，所在以染之，故五色可成也。

又　卷二《俶真訓》　今以涅染緇則黑於涅，以藍染青則青於藍。涅非緇也，青非藍也，兹雖遇其母而無能復化已。藍，染草。涅，礬石也。母，本也。

戴德《大戴禮記》卷七　勸學第六十四

君子曰：學不可以已矣，青取之於藍而青於藍，水則爲冰而寒於水。木直而中繩，輮而爲輪，其曲中規，枯暴不復挺者，輮使之然也。

王符《潛夫論》卷一　讚學第一

道之於心也，猶火之於人目也。中穽深室，幽黑無見，及設盛燭，則百物彰矣。此則火之耀也，非目之光也，而目假之則爲明矣。天地之道，神明之爲，不可見也。學問聖典，心思道術，則皆來覿矣。此則道之材也，非心之明也，而人假之則爲已知矣。是故索物於夜室者莫良於火，索道於當世者莫良於典，典者，經也。

劉熙《釋名》卷一　釋地

徐州貢土五色，有青、黄、赤、白、黑也。土青曰黎，似黎草色也。土黄而細密曰埴；埴，膩也，黏膩如脂之膩也。土赤曰鼠肝，似鼠肝色也。土白曰漂，漂輕飛散也。土黑曰盧，盧然解散也。

又　卷二　釋形體

目，默也，默而内識也。眼，限也，童子限限而出也。睫，插接也，插於眼眶而相接也。瞳子，瞳，重也，膚幕相裹重也；子，小稱也，主謂其精明者也。或曰：眸子，眸，冒也，相裹冒也。

又　卷四　釋綵帛

青，生也，象物生時色也。赤，赫也，太陽之色也。黄，晃也，猶晃晃，象日光色也。白，啟也，如冰啟時色也。黑，晦也，如晦冥時色也。絳，工也。染之難得色，以得色爲工也。紫，疵也，非正色；五色之疵瑕，以惑人者也。紅，絳也，白色之似絳者也。緗，桑也，如桑葉初生之色也。綠，瀏也。荆泉之水於上視之，瀏然綠色，此似之也。縹，猶漂漂，淺青色也。有碧縹，有天縹，有骨縹，各以其色所象言之也。緇，滓也。泥之黑者曰滓，此色然也。皂，早也。日未出時，早起視物皆黑，此色如之也。【略】蒸，栗，染紺使黄，色如蒸栗然也。紺，含也，青而含赤色也。

葛洪《抱朴子内篇》卷一　金丹第四　神丹

又有九光丹，與九轉異法，大都相似耳。作之法，當以諸藥合火之，以轉五石。五石者，丹砂、雄黄、白礬、曾青、慈石也。一石轉而各成五色，五石二十五色，各一兩而異器盛之。

顧歡《道德真經註疏》卷二

五色令人目盲。

注：貪淫好色，則傷精失明，不能視無色之色。節解曰：非謂人之目盲，欲自有所見，但見玄黄之色，神明出入乘朱玉之輦，五色光耀，子則不見，是故目盲也。疏：五色者謂青黄赤白黑也。言人不能内照真源，而外逐塵境，雖見異空之色，乃曰非盲。不睹即色之空，與盲何別。

何晏集解　皇侃義疏《論語集解義疏》卷九　陽貨第十七疏

子曰：惡紫之奪朱也。註：孔安國曰：朱正色，紫間色之好者，惡其邪好而奪正色也。惡鄭聲之亂雅樂也，註：苞氏曰：鄭聲，淫聲之哀者，惡其奪雅樂也。惡利口之覆邦家也。註：孔安國曰：利口之人，多言少實，苟能悦媚時君，傾覆其國家也。疏：子曰至家也。惡紫之奪朱者，紫是間色，朱是正色，正色宜行，間色宜除，不得用間色之物以妨奪正色之用也。言此者，爲時多以邪人奪正人，故孔子託云惡之者也。云惡鄭云云者，鄭聲者，鄭國之音也，其音淫也。雅樂者，其聲正也。時人多淫聲以廢雅樂，故孔子惡之者也。云惡利云云者，利口，辯佞之口也。邦，諸侯也。家，卿大夫也。君子辭達而已不用，辯佞無實而傾覆國家，故爲孔子所惡也。

劉晝《劉子》卷一　崇學第五

情性未鍊，則神明不發。譬諸金木，金性苞水，木性藏火。故鍊金則水出，鑽木而火生。人能務學，鑽鍊其性，則才惠發矣。青出於藍而青於藍，染使然也；冰生於水而冷於水，寒使然也；鏡出於金而明於金，瑩使然也；戎夷之子生而同聲，長而異語，教使然也。

蕭吉《五行大義》卷三《第十四論雜配》　一論配五色

《左氏傳》子産曰：發爲五色。蔡伯喈云：通眼者，爲五色。《黄帝素問》曰：草性有五，章爲五色者，東方木爲蒼色，萬物發生，夷柔之色也。南方火爲赤色，以象盛陽炎燄之狀也。中央土黄色，黄者，地之色也，故曰天(元)[玄]而地黄。西方金色白，秋爲殺氣，白露爲霜。白者，喪之象也。北方水色黑，遠望黯然，陰闇之象也。溟海淼邈，(元)[玄]闇無窮。水爲太陰之物，故陰闇也。《孝經援神契》言：土之精黄，木之精青，火之精赤，金之精白，水之精黑。《春秋考異郵》云：北狄之氣生幽都，色黑，如羣畜穹閭。南夷之氣生交趾，色赤，聚隅如幡旗鳥類。東夷之氣生菜柱，色蒼，搔撒布散如林木。西夷之氣生沙丘，色白，鋒積如刀刃之浮。中央土會，色黄，如城墎之形。黄氣四塞，土精舒。此五者爲正色，其變色亦五。潁子嚴《春秋釋例》曰：《經》有赤狄、白狄，然則東青，北黑，中黄，皆正色也。土戊畏於木，故以妹己妻甲，以黄入於青，故東方間色綠也。《詩》云「綠兮衣兮」，刺間色亂正色也。金庚畏於火，故以妹辛妻於丙，以白入於赤，故南方間色紅。《論語・鄉黨》曰：「紅紫不以爲褻服。」木甲畏於金，故以妹乙妻庚，以青入於白，故西方間色縹也。火丙畏於水，故以妹丁妻壬，以赤入於黑，故北方間色紫也。孔子曰：「惡紫之奪朱也。」水壬畏於土，故以妹癸妻戊，以黑入於黄，故中央間色驪黄。《五行書》云：「甲爲青，己爲綠，丙爲赤，辛爲紅，庚爲白，乙爲縹，壬爲黑，丁爲紫，戊爲黄，癸爲驪黄。」此皆夫爲本色，妻爲雜色也。柳世隆云：八卦各有其色，震爲青，離爲赤，兑爲白，坎爲黑。此皆當方正色。乾爲紫，艮爲紅，巽爲綠，坤爲黄。此竝間色也。坤取未土之正色。《甲乙經》云：青如翠羽，黑如烏羽，赤如雞冠，黄如蟹腹，白如豕膏，此五色爲生氣見。青如草滋，黑如水苔，黄如枳實，赤如衃血，白如枯骨，此五色爲死氣見。《相經》曰：青氣初來如麥生，盛王之時如樹葉青，欲去之時如水上苔。赤氣初來如赭柱，盛王之時如朱丹，欲去之時如乾血。黄氣初來如蠶吐絲，盛王之時如博基，欲去之時如枯葉。白氣初來之時如璽璧，盛王之時如粉上光，欲去之時如鮮錢。墨氣初來之時如死馬肝，盛王之時如漆光，欲去之時如苔垢。

歐陽詢《藝文類聚》卷一七《人部一》　目

《易·説卦》曰：離爲目。

《山海經》曰：一臂國，爲人一目，中其面而居。

《毛詩》曰：美目盼兮。

《春秋孔演圖》曰：蒼頡四目，是謂並明。又舜重瞳子，是謂重明。

《左傳》曰：宋華父督見孔父之妻，目逆而送之。又曰：睅其目，皤其腹。

孫卿子曰：堯舜三眸子。

《孝經援神契》曰：伏犧大目。

《老子》曰：五色令人目盲。

《胡非子》曰：目見百步之外，而不能見其眥。

《莊子》曰：温伯雪適齊，舍於魯，仲尼見之而不言。子路問焉，仲尼曰：若夫人者，目擊而道存矣。又曰：孔子見老聃而語仁義，老聃曰：夫播糠眯目，則天地四方易位矣。夫仁義翻然乃憤，吾心亂莫大焉。

《孟子》曰：伯夷目不視惡色。

《慎子》曰：離朱之明，察毫末於百步之外，下水尺不能見淺深，非目不明，其勢難覩也。

《尸子》曰：使目在足下，則不可以視。

《楚辭》曰：娭光眇視目增波。又曰：蛾眉曼睩目騰光。又曰：帝子降兮北渚，目眇眇兮愁予。又曰：滿堂兮美人，忽獨與余兮目成。

孫卿子曰：厭目而視者，視一以爲兩也。

韓子曰：田駟欺鄒君，鄒君將殺之。田駟恐，告惠子。惠子見鄒君曰：有人見君則眏其一目奚如？君曰：我必殺之。惠子曰：瞽眏兩目，君奚弗殺？駟東欺齊侯，南欺荆王，駟之於欺人瞽也，君奚怨乃弗殺？

《淮南子》曰：夫目察秋毫之末，而耳不聞雷霆之音。耳調玉石之聲，而目不見太山之高。何則？小有所志而大有所忘也。

庚桑楚《亢倉子》　全道篇第一

亢倉子曰：天下皆哭，安得不哭。其役曰：哭者必哀，而先生未始哀，何也？亢倉子曰：舉天之下吾无與樂，安所取哀。蜕地之謂水，蜕水之謂氣，蜕氣之謂虛，蜕虛之謂道。虛者道之體，靖者道之地，理者道之綱，識者道之目。道所以保神德，所以宏量。禮所以齊儀，物所以養體。好質白之物者以黑爲汚，好質黑之物者以白爲汚。吾又安知天下之正潔汚哉？由是不主物之潔汚者矣。夫瞀視者以赩爲赤，以蒼爲玄。吾乃今所謂皂白，安知識者不以爲頳黄。吾又安知天下之正色哉。由是不遁物之色矣。

張君相《道德真經集解》卷三

視之不足見。

注：足，得也。道無形，非若五色之有青、黄、赤、白、黑可得見也。

疏：至道窈冥，妙絶形色，非如餚饌等法，故不可以眼識求。

釋宗密《圓覺經略疏之鈔》卷一　諸法無性，皆空即性也，謂色即空等。緣生諸法即相也，謂空即色等。今以真心雖空無一物，而體非空，故離性。雖隨緣成一切色等諸法，而體非色，故離相。離相離性，故名中道真性也。奚五色之能盲者，奚，何也？五色能盲，即《道經》云：五色令人目盲，貪淫好色，則傷精失明也。五音令人耳聾。好聽五音則和氣去心，不能聽無聲之聲也。五色者，青、黄、赤、白、黑。五音者，宫、商、角、徵、羽。文中舉此五方正色、正音，餘可例知。今疏意云：夫色能盲者，只能盲對色之識。今真心離相，不與色對，彼豈能盲。若對色，色即空，復誰能盲。道教中以虛無寂寞爲道，忘情絶智爲脩，故觀色聆音，即盲聾失道。今真心離性，不滯空無，故見色聞聲，聲色不能盲之昧之也。如鏡明見色，色何翳明。

佚名《黄帝九鼎神丹經訣》卷一三《明丹砂功力能人長生之道用·丹砂出處》　打破亦明色焰焰然，有精似火星，向日看之，如動摇光明沙。若其體細，重破之白光昱昱然。又片版龐大如馬牙，或如小捲，晃晃昱昱，光明暉徹，其質堅祕，白光曜目者，號曰丹砂。紅明者上，紫者次，赤濁者下。

杜光庭《道德真經廣聖義》卷一二　五色令人目盲章第十二

五色令人目盲，五音令人耳聾，五味令人口爽。

注：目悦青黄之觀，耳耽宫徵之音，口嗛芻豢之味。傷當過分，則坐令形骸聾盲爾。

疏：五色謂青黄白赤黑，音謂宫商角徵羽，味謂甘苦酸鹹辛。爽，差也。目視色，耳聽聲，口察味。傷當過分，則不能無損，故坐令形骸聾盲，爽差失味也。

義曰：五音者，按漢劉向曰：宮者，中也，君之德也。商者，章也，物成章也。角者，甲也，物之發生也。徵者，祉也，物之盛大繁祉也。羽者，聚也，物聚而藏也。五色者，按王叔師曰：皎皎練絲，得藍則青，得丹則赤，得蘖則黄，得皂則黑，而爲五色也。目不見五色謂之盲。五色之設，本以彰五行之象，別尊卑之飾，翫而滯之，匪曰盲乎？耳不聞五聲，謂之聾。五音之設，本以通天地之氣，彰五行之聲。悦而滯之，不曰聾乎？口不辯五味謂之爽。五味之設，本以彰五行之和，以養於人。美而耽之，不曰爽乎？姚信《士緯》曰：五音成而鄭衛作，五色成而綺縠生。傷當過分，内以致疾；滯而不已，外以害德。雖不傷於視聽，無廢於飲食，其於滯著不移，亦同乎病也。《易》頤卦辭曰：慎言語，節飲食。斯亦戒之旨也。《春秋》富辰諫周襄王曰：耳不能聽五聲之和爲聾，目不別五色之章爲昧，昧，盲也。理國者滯於一隅，民必壅閡而成釁。理身者滯於一隅，氣必憤薄而構病。所宜戒哉。

疏：又況耽滯代間聲色諸法，不悟聲色性空。豈唯形骸之有聾盲，此亦智之聾盲爾。

又杜光庭《録異記》卷七《異石》 歲星之精，墜於荆山，化而爲玉。側而視之，色碧，正而視之，色白。

唐玄宗注并疏　李榮注　成玄英疏《道德真經玄德纂疏》卷三 五色令人目盲章第十二

五色令人目盲，五音令人耳聾，五味令人口爽。

御注：目悦青黄之觀，耳耽宮徵之音，口嗛芻豢之味，傷當過分，則坐令形骸盲聾也。御疏：色謂青黄赤白黑，音謂宮商角徵羽，味謂酸鹹甘苦辛。爽，差也。目視色，耳聽聲，口察味，傷當過分，則不能無損。故坐令形骸聾盲爽差爾。又況耽滯代間諸法，不悟聲色性空，豈惟形骸之有聾盲，此亦智之聾盲者也。河上公曰：五色令人目盲，貪淫好色，則傷精失明也。五音令人耳聾，好聽五音，則和氣去心，不能聽無聲之聲。五味令人口爽，爽，妄也，人嗜於五味則口爽，言失於道也。嚴曰：淫於五色之變，視不見禍福之形，色者陷目之錐也。佚於五音之變者，聽不聞吉凶之聲者，塞耳之椎也。美於五味之變者，口不中是非之情味者，斬舌之器也。榮曰：目雖能見，耽色不已，喪其明。耳雖能聞，淫聲無倦，失其聽。口雖能嘗，察味莫窮，乖其養。爽，失也。然盲以不見爲義，聾以不聞爲義，有目而不見真人大聖，盲也。有耳不聞希聲之廣樂，微妙之靈音，聾也。口以知味爲用，若貪俗味，失於道味，故言爽也。成疏：五色令人目盲，五色者，謂青黄赤白黑也。言人不能内照真源，而外逐塵境，雖見異空之色，乃曰非盲，不視即色是空，與盲何別。五音令人耳聾，五音者，宮商角徵羽也。心耽絲竹，耳滯宮商，不能返聽希聲，故曰聾也。《莊子》云：非唯形骸有聾盲，夫智亦有之。五味令人口爽，五味者，甘苦辛酸鹹。差，失也。耽貪醪醴，咀嚼羶腥，不能味道談玄，故曰口爽。

又　卷四 視之不見章第十四

視之不見名曰夷。

御注：此明道也。夷，平易也。道非色，故視不可見。以其於無色之中而能色，故名曰夷。御疏：此章明道也。夫視之者，以色求道；聽之者，以聲求道；搏之者，以形求道。道非色聲形法，故求竟不得。以不得故，欲謂之無，乃於無色之中，能應衆色；無聲之中，能和衆聲；無形之中，能狀衆形。是有無色之色，無聲之聲，無形之形，故謂之夷希微。夷希微者，所謂明道而非道也。夷，平易也。希者，聲之微妙也。持，執持也。河上公曰：無色曰夷，言一無彩色，不可得視而見也。榮曰：道遠乎哉，眼可不見，聖人體之，獨見曉焉，名之曰夷，夷，平也。大道甚夷，坦然善謀也。成疏：夷，平也，言至道微妙，體非五色，不可以眼識求，故視之不見。若其有色，色則參差，只爲無色，故夷然平等也。

佚名《修真歷驗鈔圖》

雞子石英證含光圖

在人證精血成形，在藥證鉛汞成丹。

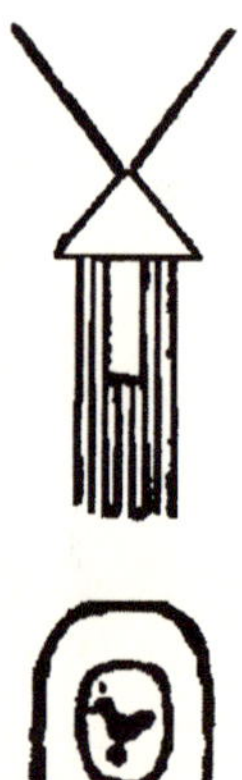

石英色白，上有五色光。鷄子外白内赤。

雞者，證金也。子者，證水也。金水者，鉛汞也，陰符中男少女之道。石者，堅汞止，止艮卦也。謂殘金衰木，含光之諭也。英者暑也，清淨一物，含五色玄英之令象也，故引凡而諭。此英出蜀岷山及中國華山，即白石英是也。映日而光玉矣。

又　瑾瑜證神寶圖

瑾瑜者，五色玉，出西海密山，即生還丹之類也。以證木色之真鉛矣。《山海經》云：瑾瑜之玉爲良，黃帝是食是饗，乃軒轅服而仙也。又經四五色發作，説寶玉之符彩玉，子靈符曰應。赤如雞冠，黃如蒸栗，白如凝脂，青如秦碧，黑如玄漆，説此之五德五氣，以諭還丹金木水火土之色。故引爲神寶之證，神寶即鉛汞也。

從右第一行，二淺紅，三紅，四黃，五黑並淺色。

李昉等《太平御覽》卷七九二《四夷部十三·大秦》　《魏略》曰：其國中山九色次玉石，一曰青，二曰赤，三曰黃，四曰白，五曰黑，六曰緑，七曰紫，八曰紅，九曰紺。

又　卷八一四《布帛部一·染》

《周禮·天官下》曰：染人，掌染絲帛。凡染，春暴練，夏纁玄，秋染夏，冬獻功。

【略】

《冬官考工記》曰：鍾氏染羽，以朱湛丹秫三月，而熾之。淳而漬之。三日爲纁，五日爲緅，七日爲緇。染纁者，三入而成。又用染以黑，則爲緅。

《禮記·月令》曰：季夏命婦官染采，黼黻文章必以法，故無或差貸。黑黃蒼赤，莫不質良，無敢詐僞。以給郊廟祭祀之服，以爲旗章，以別貴賤等服之度。質，正也。良，善也。所用染者，當得其真采正善。

《爾雅》曰：一染謂之縓，彫絹反。再染謂之赬，三染謂之纁。青謂之葱。黑謂之黝。

【略】

《環濟要畧》曰：正色有五，謂青、赤、黃、白、黑也。間色五，謂紺、紅、縹、紫、流黃也。

張君房《雲笈七籤》卷六一《諸家氣法·谷神妙氣訣》　五者在天爲五星，在地爲五行，在物爲五色。在天爲五星，五星者，東方歲星、南方熒惑星、西方太白星、北方辰星、中央鎮星；在地爲五行者，金木水火土；在人爲五臟者，心脾肝肺腎；在物爲五色者，赤青白黑黃。所以有間色者，甲己爲妻夫，以黃入青爲緑；丙辛爲妻夫，以白入赤爲紅；丁壬爲妻夫，以赤入黑爲紫；戊癸爲妻夫，以黑入黃爲紺。故今有間色者。

陳祥道《禮書》卷七　五色間色

《考工記》曰：東方謂之青，南方謂之赤，西方謂之白，北方謂之黑，天謂之玄，地謂之黃。染人，春暴練，夏纁玄，秋染夏。鍾氏染羽，以朱湛丹秫三月而熾之，淳而漬之，三入爲纁，五入爲緅，七入爲緇。《爾雅》曰：一染謂之縓，再染謂之赬，三染謂之纁。鄭氏曰：緅，今禮作爵，如爵頭色。又染以黑乃成緇矣。凡玄色在緅緇之間，其六入者歟。又曰三入爲纁，四入爲朱歟。蓋青、赤、玄、黃、白、黑，正色也。緑、紅、碧、紫、纁、緅、緇，間色也。五行之理，有相生者，有相尅者。相生爲正色，相尅爲間色。故甲己合而爲緑，則緑者青黃之雜，以木尅土故也。丙辛合而爲紅，則紅者赤白之雜，以火尅金故也。乙庚合而爲碧，則碧者青白之雜，以金尅木故也。丁壬合而爲紫，則紫者赤黑之雜，以水尅火故也。孔子曰：君子不以紺緅飾。《淮南子》曰：以涅染紺則黑於涅。涅，黑色也。《禮》文緅或作爵。《説文》緅爲青赤色，紺爲深青色，則紺黑於緅矣。鄭賈之徒謂纁入黑則爲紺，紺入黑則爲緅，不可考也。《説文》又曰：緇，黑色。緑，青黃色。絳，大赤也。纁，淺絳也。縓，赤黃色。紅，赤白色。綼，蒼艾色。紫，青赤色。紫青赤色而與緅色不異，其説誤也。然則《考工記》繢事則青白赤黑玄黃而對方，繡事則青赤、赤白、白黑、黑青而比方，何也？繢，陽事也，輕清而在衣。繡，陰功也，重濁而在裳。陽則尊而不親，故對方而不比。陰則親而不尊，故比方而不對。

又陳祥道《論語全解》卷五　鄉黨第十

君子不以紺緅飾，紅紫不以爲褻服。當暑，袗絺綌，必表而出之。

色未及緇爲緅色，過於緇爲紺。《考工記》鍾氏，五入爲緅，是未及緇也。《列子》曰以涅染紺而緇於涅，是紺過於緇也。火克金爲紅，南方之間色，其義則陽侵陰。水克火爲紫，北方之間色，其義則陰侵陽。君子不以紺爲其近齊服也，不以緅爲其近練服也，不以紅紫爲褻服，爲其非正色也。不以爲飾，則不以爲衣可知。不以爲褻服，則不以爲正服可知。

沈括《夢溪筆談》卷一七《書畫》　藏書畫者多取空名，偶傳爲鍾、王、顧、陸之筆，見者争售，此所謂耳鑒。又有觀畫而以手摸之，相傳以謂色不隱指者爲佳畫，此又在耳鑒之下，謂之揣骨聽聲。歐陽公嘗得一古畫牡丹叢，其下有一猫，未知其精粗，丞相正肅吳公與歐公姻家，一見曰：「此正午牡丹也。何以明之？其花披哆而色燥，此日中時花也；猫眼黑睛如線，此正午猫眼也。有帶露花則又南方火，火色赤，以赤加白爲紅，紅爲南方之間色。又西方金，金色白，以青加白爲碧，碧爲西方之間色。又北方水，水色黑，以黑加赤爲紫，紫爲北方之間色。又中央土，土色黄，以黄加黑爲流黄，流黄爲中央之間色。又一法云：木尅土，戊以妹己嫁甲，是黄入於青故爲緑。火尅金，庚以妹辛嫁於丙，是白入於赤爲紅。金尅木，甲以妹乙嫁於庚，是青入於白爲碧。水尅火，丙以妹丁嫁於壬，是赤入於黑爲紫。土尅水，壬以妹癸嫁於戊，是黑入黄爲流黄也。《論語疏》。

林之奇《尚書全解》卷八 《禹貢》

厥田惟上中，厥賦中中，厥貢惟土五色。

厥田惟上中，田第二也。厥賦中中，賦第五也。厥貢惟土五色，《韓詩外傳》曰：天子之社廣五丈，東方青，南方赤，西方白，北方黑，其上冒以黄土。將封諸侯，各取其方色土，苴以白茅，以爲社。蓋天子之建社，必用五色之土，而徐州之土備此五色，故使貢之也。前言赤埴墳，此又兼五色者，蓋此州之土大抵赤色者最多，青黄白黑僅有之而已。

程大昌《演繁露》卷七

端午綵索

裴玄《新語》曰：五月五日，集五綵繒，謂之辟兵。不解以問伏君，伏君曰：青、赤、白、黑爲之四面，黄居中央，名曰襞方，綴之於複，此字擬是襦字。以示婦人養蠶之工也。傳聲者誤以爲辟兵。予案：此即今人五月綵索也。今索合五色線爲之，此之所言乃自用繒。其曰四色爲之四面，即是裁色繒爲方片，各案四色位而安之於衣，而黄繒居四色繒之中。以此綴諸衣上，以表蠶工之成，故名襞方。襞者，積而會之也。方者，各案其方以其色配之也。今人用綵線繫臂，益文也。《御覽》八百十。

又 正色間色流黄

《環濟要略》曰：正色五，謂青、赤、黄、白、黑也。間色五，謂紺、紅、縹、紫、流黄。《御覽》八百十四。《孟子》曰：惡紫恐其亂朱。蓋以正色爲尚，間色爲卑也。流黄不知何物，古詩曰中婦織流黄。魯直詩曰明於機上之流黄，則流黄者，織絲之色也。染絲而織，惟錦爲然。今專言流黄，恐是黄繭之絲也。

寇才質集《道德真經四子古道集解》卷二 五色章第十二

此章《南華經》言：古者至樂活身，唯無爲幾存，末世人也孰能得無爲哉。夫天下之所尊者，富貴壽善也；所樂者，身安厚味，美服好色音聲也。所下者，房斂而色澤；猫眼早暮則睛圓，日漸中狹長，正午則如一線耳。」此亦善求古人心意也。

【略】

畫工畫佛身光有匾圓如扇者，身側則光亦側，此大謬也。渠但見雕木佛耳，不知此常圓也。又有畫行佛光尾向後，謂之順風光，此亦謬也。佛光乃定果之光，雖劫風不可動，豈常風能摇哉。

【略】

《名畫録》：「吴道子嘗畫佛，留其圓光，當大會中，對萬象舉手一揮，圓中運規，觀者莫不驚呼。」畫家爲之自有法，但以肩倚壁，盡臂揮之，自然中規。其筆畫之麄細，則以一指拒壁以爲准，自然均匀。此無足奇，道子妙處不在于此，徒驚俗眼耳。

蔡卞《毛詩名物解》卷一六《雜解》 天説

上天玄，天蓋牡，北方之所在，故其天玄，其帝紫。玄，正黑色而含赤。紫，間色也，赤而含黑，故南方之赤入北而爲玄，所謂三入爲纁，五入爲玄也。北方之黑出南而爲紫，所謂火尅金爲紅，水尅金爲紫是也。火上生而爲玄，玄，陽也，故天北玄而爲始。水下尅而爲紫，紫，陰也，故帝北紫爲極。《列子》曰：清都紫微，鈞天廣樂，帝之所居。而《傳》云：紫微太微之座，太乙常居是也。紫微言其色，太乙言其數。在紫爲微，則色之至也。在太爲乙，則數之至也。《淮南子》曰：中央曰鈞天，東方曰蒼天，東北曰變天，北方曰玄天，西北曰幽天，西方曰昊天，西南曰朱天，南方曰炎天，東南曰陽天，亦所以名見之也。蓋東北曰變天，則土化火革水因，其所爲天可知矣。西北曰幽天，則東陽西昧南明，其所爲天可知矣。火曰炎天，則木曰温天可知矣。東南曰陽天，則西北曰陰天可知矣。言玄天則纁可知矣。言朱天則白可知矣。

江少虞《新雕皇朝類苑》卷六二《風俗雜誌》 皂羅屏風

凡視五色皆損目，惟黑色於目無損。李氏有江南日中書，皆用皂羅糊屏風，所以養目也。王丞相在政府亦以皂羅糊屏風。

葉廷珪《海録碎事》卷五《衣冠服用部・女工門采色附》 正色間色

案：五方正色，青、赤、白、黑、黄。五方間色者，緑爲青之間，紅爲赤之間，碧爲白之間，紫爲黑之間，流黄爲黄之間，故不用紅紫，言是間色也。所以爲間者，穎子嚴云：東方木，木色青，木尅土，土色黄，以青加黄，故爲緑，緑爲東方之間色也。

貧賤夫惡也。所苦者，身不得安逸，口不得厚味，形不得美服，目不得好色，耳不得音聲。若不得者則大憂，以懼其於形也，傷身損性，亦愚癡哉。且夫失性有五，一曰五色亂目，使目不明；二曰五聲亂耳，使耳不聰；三曰五臭薰鼻，困惾中顙；四曰五味濁口，使口厲爽；五曰取捨亂心，使性飛揚。羽旄之容，色之末也；鐘鼓之音，樂之末也；口徹爲甘，味之末也。此五末者，皆生民損命之大害也。此戒末世王者，好聲色禽，荒失天下也。

五色令人目盲。

《通玄經·九守篇》曰：一曰五色亂目，使目不明。《南華經》曰：目觀錦繡彩艷之色，以惑其意，遺忘其業，可謂亂矣。

又 **卷四** 知其雄章第二十八

知其白，

《南華經》曰：五帝知其白，造五色也。明可見者，可得而蔽也。色可察者，可得而別也，別五色矣。

守其黑，爲天下式。

《南華經》曰：古者五色不亂，孰爲文彩？守其黑，爲天下式。

易祓《周官總義》卷二八

畫繢之事雜五色，東方謂之青，南方謂之赤，西方謂之白，北方謂之黑，天謂之玄，地謂之黃。

畫所以分布乎五色也，繢則會聚之而已。蓋一氣運而爲陰陽，陰陽判而爲五行，五行彰而爲五色。播五行於四時者，陰陽之序。雜四時於五色者，陰陽之理。青者木之正色也，以蒼天之氣而位乎東，故東方謂之青。赤者火之正色也，以丹天之氣而位乎南，故南方謂之赤。白者金之正色也，以素天之氣而位乎西，故西方謂之白。黑者水之正色也，以玄天之氣而位乎北，故北方謂之黑。陽之色以赤爲本，而以玄爲正，其色復乎幽天之正色也，故天謂之玄。陰之色以黑爲本，而以黃爲正，其色得乎中地之正色也，故地謂之黃。以天地之色與四方之色而並列於四時之間，亦猶乾坤二卦與六子之卦並行乎十二月之氣，然經所謂雜五色，則青也與夫白黑黃也，而復有所謂玄焉。玄與黑何別乎？黑者北方之正色而已，六入爲玄，則有黑有赤。赤者陽之正，黑者陰之正，惟天體備陰陽之正色而運。此五行者也，玆其所以辨。

青與白相次也，赤與黑相次也，玄與黃相次也。青與赤謂之文，赤與白謂之章，白與黑謂之黼，黑與青謂之黻。

畫繪之事雜五色，而玄亦謂之色，是以天之正色而運此五色者也，故止言雜五色。此言相次者，非次序之謂，亦雜比以爲設色之美而已。知所以相次而不知五行之理，亦不足以盡設色之工。巽位乎東南，萬物趨於文明之地，故青與赤謂之文。坤位乎西南，萬物成於致役之時，故赤與白謂之章。乾位乎西北，其道主剛而能斷，故白與黑謂之黼。艮位乎東北，陰陽各止其所辨，故黑與青謂之黻。言青而繼以赤，以至言黑而繼以青，五行相生之義也。言青而次之以白，言赤而次之以黑，五行相尅之義也。言玄而次之以黃，又天地相合之義也。相合所以相比，相生所以相繼，相尅所以相治，古人合此數者謂之雜五色，則亦本乎天地五行自然之理而已矣。

五采備謂之繡。

繡非畫繢也，而繼于畫繢之後，同於用五色而已。然畫繢，陽也，施采未備，未害也。繡，陰也，陰道常乏，常嫌於不備，故五采備謂之繡。鄭氏釋上經「文章黼黻」之義，皆謂繡以爲裳。此其說固不可拘，要亦有理存焉。《書》言：六章之裳宗彝，藻火粉米黼黻絺繡。言藻而繼之以火，青與赤之文也。言火而繼之以粉米，赤與白之章也。言粉米而繼之以黼，白與黑之黼也。言黼而繼之以黻，黑與青之黻也。惟黃之色無所見，而宗彝繡以虎蜼，則亦以黃爲色。玆實五采備之證，而不言五色，蓋畫繢主乎設色，而繡則以五采爲用，欲備色故耳。

土以黃，其象方，天時變。火以圜，山以章，水以龍。鳥、獸、蛇。雜四時五色之位以章之，謂之巧。

畫繢之事，非徒尚象也，道德性命之理，天地人物之變皆寓焉。土以黃，其象方，天時變者，先儒謂古人之象無天地，而此記者見時有之，殊不知天地雖不可以形容，土以黃而位乎中，即地之正色，可以定體求也，故曰其象方。青赤白黑者，四時之色，天以四時之色而生成萬物，不可以定體求也，故曰天時變。火之形銳而性圓，因物賦形，則有變通不窮之用，故曰火以圜。山之上正者爲章，而草木亦爲地之章，皆取其成象之義，故曰山以章。水者龍之所宅，而澤國龍節亦以類求，故曰水以龍。鳥即鳥隼，爲旗之類，所以示摯速。獸即熊虎，爲旗之類，所以示猛毅。蛇即龜蛇，爲旐之類，所以示完果。或謂火與山水則繢之於衣，鳥與獸蛇則繢之於旗，其說或然。然繢山於尊，曰山尊。繢龍於旂，曰龍旂。豈特衣而已。畫鳥於彝，曰鳥彝。畫獸於侯，曰獸侯。豈特旗而已。要之，古人雜四時五色之位而謂之巧者，誠不可以一端求也。

凡畫繢之事，後素功。

甘受和，白受采，畫繢之事備五采也。以白爲先，故曰後素功。謂先以粉地爲質，而後施五采焉。子夏問詩之素以爲絢兮，而夫子曰：繢事後素。子夏即有禮後乎之對。蓋禮必以忠信爲質，猶繢事必以粉素爲質。以粉爲質而謂之功者，猶言彰施五采必待此而後爲功也。

鍾氏染羽，以朱湛丹秫三月，而熾之。淳而漬之。三入爲纁，五入爲緅，七入爲緇。

物莫重於鍾，莫輕於羽。羽之色欲其重，故以鍾氏染之。鍾之聲欲其輕，故以㮚氏爲之。㮚以況其聲之清，鍾以況其色之重也。湛，漸也。秫，赤粟也。以朱漸赤粟三月而熾之者，先練治其色，及三月，然後以火熾之。又取羽淳熟而浸漬之，使羽與色漬而相入，所以爲染羽之善然。而一染謂之縓，再染謂之赬，三染謂之纁，纁則自黃而入赤者也。又再染而黑，則爲緅矣。又再染而黑，則爲緇矣。經言三入爲纁，五入爲緅，七入爲緇，而不言四入、六入者，案《士冠禮》有朱紱，而鄭云朱則四入，是纁入赤而四入爲朱也。鄭又云玄色在緇緅之間，其六入，與是又以緅入黑而六入爲玄也。染羽之不苟如此。然鍾氏染羽，而春官復有染人者，蓋染人掌染絲帛，而鍾氏所染者鳥羽而已。羽之入色難於絲帛，此所以專設鍾氏之職。

朱熹《晦庵先生朱文公文集》卷三二《書汪張呂劉問答・答張敬夫問目》 君子不以紺緅飾，紺玄色。《說文》云：深青揚赤色也。緅，絳色。飾者，緣領也。齋服用絳，三年之喪既朞，而練其服以緅爲飾。紅、紫，非正色。青、赤、黃、白、黑，五方之正色也。綠、紅、碧、紫、騮，五方之間色也。蓋以木之青克土之黃，合青黃而成綠，爲東方之間色。以金之白克木之青，合青白而成碧，爲西方之間色。以火之赤克金之白，合赤白而成紅，爲南方之間色。以水之黑克火之赤，合赤黑而成紫，爲北方之間色。以土之黃克水之黑，合黃黑而成騮，爲中央之間色。

傅寅《禹貢說斷》卷二

厥田惟上中，厥賦中中，厥貢惟土五色。

孔氏曰：王者封五色土爲社。建諸侯則各割其方色土與之，使立社。燾以黃土，苴以白茅。茅取其絜，黃取王者覆四方。

唐孔氏曰：《韓詩外傳》云：天子社廣五丈，東方青，南方赤，西方白，北方黑，上冒以黃土。將封諸侯，各取其方色土，苴以白茅，以爲社。明有土，敬謹絜清也。蔡邕《獨斷》云：天子大社以五色土爲壇。皇子封爲王者，授之大社之土，以所封之方色，苴以白茅，使之歸國以立社，謂之茅社。是必古書有此說，故先儒之言皆同也。

林氏曰：天子之建社必用五色之土，而徐州之土備此五色，故使貢之也。前言赤埴墳，此又兼五色者，蓋此州之土大抵赤色者最多，青黃白黑僅有之而已。

衛湜《禮記集說》卷四二

是月也，命婦官染采，黼黻文章必以法，故無或差貸。黑黃蒼赤，莫不質良，毋敢詐僞。以給郊廟祭祀之服，以爲旗章，以別貴賤等給之度。

鄭氏曰：婦官，染人也，采五色。質，正也。良，善也。所用染者，當得真采正善也。旗章，旌旗及章識也。

孔氏曰：案《周禮》婦官有典婦功、典枲、染人等，此據染采，故鄭謂染人也。染五色之采，白與黑謂之黼，黑與青謂之黻，青與赤謂之文，赤與白謂之章，然必以舊法，故事無得有參差貸變。此月暑濕，染帛爲宜，是秦法也。周則於夏豫浸治染纁玄之色也，至秋乃總染五色，故染人云「夏纁玄，秋染夏」是也。上云黼黻文章，下云黑黃蒼赤，互相備也。旌旗，則《周禮》司常九旗是也。章識者，則《周禮》事名號，故司常云官府象其事，州里象其名，家象其號。鄭註引《士喪禮》：以緇廣三寸，長半幅，赬末長終幅，《詩》織文鳥章是也。

嚴陵方氏曰：掌染婦功，故謂之婦官。設色者，采藍以爲青，采沙以爲朱，故謂之采黼黻，見《郊特牲》解。文章見《仲秋》解。有所守謂之法，有所因謂之故。差則兩相雜之謂，貸則兩相代之謂。五色獨不及白者，蓋染采必以所受者爲本，不言白從可知矣。以給郊廟祭祀之服，則致美乎黻冕之意，而與夫好潔其衣服者異矣。衣服旌旗，貴者從隆，賤者從殺，故言等。隆非有餘，殺非不足，故言給。有等有給，各隨宜而度之，故言度。若天子龍袞、諸侯黼之類，所以別衣服貴賤等給之度也。若王建太常，諸侯建旗之類，所以別旌旗貴賤等給之度也。凡此順文明之時，故染文明之色爾。然《周官》染人春暴練，夏纁玄，秋染夏，與此不同，蓋意各有所主故也。

馬氏曰：染物爲五色者，采也。上制而用之，下守而行之者，法也。昔以是而爲常，則其後循焉者，故也。非其質謂之詐，非其良謂之僞。

又　卷七五

士不衣織，無君者不貳采，衣正色，裳間色。

鄭氏曰：織，染絲織之，士衣染繒也。不貳采，大夫去位，宜服玄端玄裳也。衣正色，裳間色，謂冕服玄上纁下。

孔氏曰：織者，前染絲後織，此服功多色重，士賤不得衣之也。士衣染繒，詩庶人得衣錦者，禮不下庶人也。下文居士錦帶非爲衣也。大夫得衣織，而《禮運》云衣其澣帛，先代禮質故也。不貳采，是有采色，但不貳爾。大夫士去國三月之內，服素衣素裳，三月之後則服玄端玄裳。采色之中，玄最貴也。玄是天色，故爲正。纁是地色，亦黄之雜，故爲間色，故曰謂冕服玄上纁下。

皇氏曰：正，謂青赤黄白黑，五方正色也。不正，謂五方間色也，緑、紅、紫、碧、騮黄是也。青是東方正，緑是東方間，東方爲木，木色青，木剋土，土黄並以所剋爲間，故緑色，青黄也。赤是南方正，紅是南方間，南爲火，火赤剋金，金白，故紅色，赤白也。白是西方正，碧是西方間，西爲金，金白剋木，故碧色，青白也。黑是北方正，紫是北方間，北方水，水色黑，水剋火，火赤，故紫色，赤黑也。黄是中央正，騮黄是中央間，中央爲土，土剋水，水黑，故騮黄色，黄黑也。

嚴陵方氏曰：織謂錦。繡之爲文以刺而成，錦之爲文以織而成，故謂之織。士學乎文而已，故不衣織錦緣者，以其未仕，未可以常禮拘之也。居士錦帶者，以其不仕，不可以常禮責之也。抑所謂衣者，不止於緣帶而已。古人三月無君則弔，《曲禮》言大夫士去國，素衣素裳素冠徹緣，則不貳采可知。所謂貳采，非重采也，謂服素而不以采貳爾。若列采則重之矣。纁者，火之色而土間之，故爲間。六冕之外，玄裳有純用玄者，有純用素者，其類非一，經所言亦舉其大者爾。

延平周氏曰：士不衣織，德不足以稱也。無君者不貳采，有可弔之道也。先儒謂玄端玄裳，理或然也。蓋無君則無爲。衣正色，所以尊道，故用之。裳間色，所以下功，故用之。蓋天地五方之色爲正，而五方相勝之色爲間。若木勝土爲緑，故《詩》以緑衣黄裳而刺妾之上僭者也。

山陰陸氏曰：貳采謂以一色又爲一等也。據纁三采六等，其一等貳也。衣正色，裳間色，此言衣裳之分宜如此，非舉弁冕而言之也。《詩》曰緑衣黄裳，《傳》以爲上曰衣，下曰裳。緑，間色。黄，正色。蓋如是也。

高似孫《緯略》卷七　流黄素

張載《四愁詩》：「美人贈我筒中布，何以報之流黄素。」梁簡文帝詩：「思婦流黄素，温姬玉鏡臺。」張柬之詩：「將軍占太白，少婦怨流黄。」喬知之詩：「雲日曉微微，愁思流黄機。」王筠詩：「箱中取刀尺，機上斷流黄。」蕭淳詩：「猶有望歸心，流黄未剪截。」顧野王詩：「薊門寒未歇，爲斷流黄機。」《環濟要略》曰：「間色有五，紺、紅、縹、紫、流黄也。」按：《論語》疏曰：「五方正色，青、赤、白、黑、黄。五方間色者，緑爲青之間，紅爲赤之間，碧爲白之間，紫爲黑之間，流黄爲黄之間。故不用紅紫，言是間色也。」所以爲間者，穎子嚴曰：東方木，木色青，青加黄爲緑，緑爲東方之間色。南方火，火色赤，赤加白爲紅，紅爲南方之間色。西方金，金色白，白加青爲碧，碧爲西方之間色。北方水，水色黑，黑加赤爲紫，紫爲北方之間色。中央土，土色黄，黄加黑爲流黄，流黄爲中央之間色。又一法：木剋土，戊以妹己嫁於甲，是黄入青爲緑。火剋金，庚以妹辛嫁于丙，是白入赤爲紅。金剋木，甲以妹乙嫁於庚，是青入白爲碧。水剋火，丙以妹丁嫁於壬，是赤入黑爲紫。土剋水，壬以妹癸嫁於戊，是黑入黄爲流黄。余謂：《考工記》畫繪之事，青與赤謂之文，赤與白謂之章，白與黑謂之黼，黑與青謂之黻，五采備謂之繡。此非間色乎？

魏了翁《禮記要義》卷一三《玉藻》　五方正色間色

《正義》曰：玄是天色，故爲正。纁是地色，赤黄之雜，故爲間色。皇氏云：正謂青、赤、黄、白、黑，五方正色也。不正謂五方間色也，緑、紅、碧、紫、騮黄是也。青是東方正，緑是東方間，東爲木，木色青，木刻土，土黄，並以所刻爲間，故緑色，青黄也。朱是南方正，紅是南方間，南爲火，火赤刻金，金白，故紅色，赤白也。白是西方正，碧是西方間，西爲金，金白刻木，木青，故碧色，青白也。黑是北方正，紫是北方間，北方水，水色黑，水刻火，火赤，故紫色，赤黑也。黄是中央正，騮黄是中央間，中央爲土，土刻水，水黑，故騮黄之色，黄黑也。

王與之《周禮訂義》卷七五　總論

畫繢之事，雜五色。

陳用之曰：畫爲之畫而已，繢爲之繪五采焉。畫繢之用不止於衣裳之間，故不言其所繢，而統言其事。王昭禹曰：畫繢之事不過五色而已，模成物體而各有分畫，故謂之畫分布五色，而會聚之則謂之繢。所謂青與白相次，赤與黑相次，此之謂繢也。所謂山以章，此之謂畫也，故司几莚有所謂繢純，則繢而後純。有所謂畫純，則純而後畫。此畫繢之別。鄭鍔曰：自陰陽判爲五行，五行之位正而五色遂章。《左傳》所謂天有六氣，發爲五色是也。然各奠其方，各形其色，未足以爲文采之美。惟畫繢之工，取五行而雜錯之，然後其文爲可觀。既著爲文彩，則其離道也益遠，故以事言焉。

東方謂之青，南方謂之赤，西方謂之白，北方謂之黑，天謂之玄，地謂之黃。

鄭康成曰：此言畫繢六色所象及布采之第次，繢以爲衣。鄭鍔曰：東方震之位，震爲木，木始生則其色青。南方離之位，離爲火，火炎熾則其色赤。西方兑之位，兑爲金，金之色白。北方坎之位，坎爲水，水之色黑。天位乎上，觀之蒼，然不可得而名，謂之玄者，以其遠而最微，所可見者玄而已。玄者，黑色之尚微乎。地位乎下，土壤不齊，不可得而名，謂之黃者，以其成物之功所最盛者黃而已。黃者，地色之得中乎。凡取其四方上下位色之著者而名之，故皆以謂之爲言。然其色之別有六，畫繢之事獨以五色爲言，何也？項氏曰：五而六者，玄即黑也。蓋玄之與黑皆北方之色。黑者陰之正，北方者萬物歸根復命之地，而純陰之所聚也。乃取其正者以名之，然亦可謂之玄焉。自其辨而言之，則玄淺而黑深。自其體而言之，初不甚相遠也。然則畫玄黑者殆難辨也，故特以雜五色言焉。易氏曰：六入爲玄，則有黑有赤。赤者陽之正，黑者陰之正，惟天體備陰陽之正色而運，此五行者也。

青與白相次也，赤與黑相次也，玄與黃相次也。

鄭鍔曰：此言畫繢之事，取其自然之色而合之，先後次第，各有所宜。趙氏曰：注謂此布采之次第，是繢於衣者。其説恐拘。蓋木者金之配，故青與白相次。火者水之配，故赤與黑相次。地者天之配，故玄與黃相次。想布采畫之時，青必與白相對，其他亦然。如畫火在南邊，是赤必畫。黑色者在北邊，此又順方隅之次第。易氏曰：相次，非次序之謂，亦雜比以爲設色之美而已。以天地之色與四方之色並列於四時之間，亦猶乾坤二卦與六子之卦並列於十二月之氣。

青與赤謂之文，赤與白謂之章，白與黑謂之黼，黑與青謂之黻。

鄭鍔曰：此又言畫繢之事，取其自然之色而雜之。文章黼黻，各有其義。《易》曰：爻有等，故曰物；物相雜，故曰文。文者，言陰陽之雜也。青與赤謂之文者，合青與赤二色相雜乃名曰文也。蓋東方之青，少陽之色，少陽柔也。南方之赤，盛陽之色，盛陽剛也。以青合赤，剛柔相雜，粲然可觀，玆其所以爲文歟？傳曰東南爲文，謂此也。易氏曰：巽位乎東南，萬物趨於文明之地，故青與赤謂之文。《易》曰：分陰分陽，迭用柔剛，故易六位而成章。章者，言陰陽之相成也。赤與白謂之章者，取其陰陽之成其功最著而言之。自春徂夏生者，終乎假大。自夏徂秋長者，漸至於揫斂。赤者夏之色，萬物潔齊而文明。白者秋之色，萬物肅殺而刻制。以赤合白，陰陽相成，其功著見，玆其所以爲章歟？傳曰西南爲章，謂此也。易氏曰：坤位乎西南，萬物均成於致役之地，故赤與白謂之章。然二位皆合赤以爲之者，蓋東者陽之位，西者陰之正，西南者陰陽之所雜，東之文非赤則不能著，西之章非赤則不能成也。王昭禹曰：東之青則純乎陽，南之赤則離乎陰，陽剛而陰柔雜之，故青與赤謂之文。南之赤則陽之生氣於是乎極，西之白則陰之殺氣於是乎中，陰出而以成陽爲事，故赤與白謂之章。文者章之始，章者文之就，剛柔雜於東南而爲文。至西南而後，章雜固其所也。包氏曰：文者取其文明之義，而青與赤則純於東南之陽，有文明之象焉，故青與赤謂之文。章者取其成章之義，而赤與白則以陽而雜於西方之陰，有剛柔相成之義焉，故赤與白謂之章。黼畫爲斧形，斧之爲物能斷制也，非義則不能斷。白與黑謂之黼者，惟義惟智，然後斷故也。蓋白者西方之金，金刻制所以爲義。黑者北方之水，水明內景，其照在內，所以爲智。以卦推之，其位爲乾，乾西北也。惟乾剛健，故能決天事之武在於是也。王巾皆黼，王位設黻，依皆取諸此而已。此白黑所以謂之黼也。黻兩已相背，相背所以見其辨也。黑與青謂之黻者，蓋黑北方之色，北方者，萬物歸根復本之地，藏而不見。青東方之色，東方者，萬物出萌坼甲之時，見而不藏。黑色在北，其卦爲復，復者，反也。青色在東，其卦爲震，震者，動也。反則入，動則出，一出一入，其辨明矣。人道之別在於是也。黻衣繡裳，以賜諸侯，亦取諸此而已。此黑青所以謂之黻也。陳用之曰：乾位西北，其道主斷，故白與黑謂之黼。艮位東北，陰陽各止其所而辨，故黑與青謂之黻。鄭敬仲曰：斧所以立威天地，嚴凝之氣盛於西北，西北用武之方。黻則兩已相背，蓋北則物藏之方，東則帝出之方。包氏曰：黼取其斷決，其象畫一斧形，而白黑色是純陰之色，有決斷之義，且黑與白色判然不侔，故謂之黼。黻取其辨，其象兩已相背，有殊異之義，而黑與青是以色之陰而雜乎陽，有剛柔相辨之意，故謂之黻。

項氏曰：青以白次，赤以黑次，玄以黄次，此六色之相配者，繢之以爲衣。青以赤繼，赤以白繼，白以黑繼，黑以青繼，此五色之相生者，繡之以爲裳。

陳藴之曰：繪事則青、白、赤、黑、玄、黄而對方，繡事則青赤、赤白、白黑、黑青而比方，何也？繪，陽事也。陽則尊而不親，故對方而不比。繡，陰事也，陰則親而不尊，故比方而不對。

五采備謂之繡。

趙氏曰：五采備，是上五色備具，然後謂之繡。注云繡是施於裳，此雜五色皆繡於裳者。易氏曰：《書》言六章之裳，宗彝、藻、火、粉米、黼、黻、絺、繡。言藻而繼之以火，青與赤之文也。言火而繼之以粉米，赤與白之章也。言粉米而繼之以黼，白與青之黼也。言黼而繼之以黻，黑與青之黻也。惟黄之色無所見，而宗彝繡以虎蜼，則亦以黄爲色。兹實五采備之證，言五采而不言五色，蓋畫繢主乎設色，而繡則以五采爲用故耳。若上文六色與六色相次，恐凡繢畫皆然。經不曾指名，是衣上用，難拘以繢於衣也。始疑畫繢只理會彩畫，不預繡事。然疏云凡繡亦須畫乃刺之，故畫繢二工共一職。則知《考工》之繡，係用五采畫成物象，却就上模着繡刺也。徐氏曰：凡物資始於天者，必生養於地而後成就，此裳所以獨備五采而成繡。易氏曰：畫繢，陽也，施采未備，象陽也。繡，陰也，陰道常乏，常嫌於不備，故五采備謂之繡。

土以黄，其象方，天時變。

鄭鍔曰：土者地也，黄者地之中色，故畫以黄地道成矩。惟矩則方，故畫地之形則以方。惟天以一氣運而爲四時，四時之色，春則爲青，夏則爲赤，秋則爲白，冬則爲黑，故畫天則隨時而變其色。趙氏曰：想畫天時必占青赤白黑四時爾，謂備其四色，非謂春間則畫青色之類。然上文玄何也？蓋言玄者所以述天之色玄妙處，考功不得已而强名之。若畫天上以玄，則玄豈足以定天之色。莊子云天之蒼蒼其正色邪。此所以於畫形處却言天時變也。王昭禹曰：地道静而有常，天道動而無常，則化者地之用，而變者天之用，故曰天時變。

【略】

王昭禹曰：古之畫繢之事以見於衣服、車旗、宫室、器械之間者，其爲象豈一端而已。仰以觀天之文，俯以察地之理，近取諸身，遠取諸物，或象其形與其性，或象其色與其用，道德之義，性命之理，皆寓乎中，將使天下之人目擊心喻而得乎，不説之大灋。土以黄則象其色也，其象方則象其形也。天時變則象其用也，火以圜則象其性也。至於山以章，水以龍，鳥獸蛇之類，亦皆象其形也。雜四時五色之位以章之，謂之巧。

鄭康成曰：章，明也。繢繡皆用五采鮮明之，是爲巧。王昭禹曰：五行播於四序，而人觀以爲時。五行發於五氣，而人觀以爲色。四時之錯行，五行之迭運，然後歲功待之以爲成，物曲資之以爲利。四時之協比，五色之間施，然後服飾得之以爲盛，彰施因之以爲明。然所以雜施之者在乎工，所以章之者在乎巧，非聖人不能作而探其道，非智者不能創而明其灋。而巧者述聖人之道，循智者之灋，以爲文而已。

凡畫繢之事後素功。

陳用之曰：素者，質也。繢者，文也。苟無其質，文何所加。質者在所先，則文在所後矣。易氏曰：甘受和，白受采。畫繢之事，先以粉地爲質而後施五采焉。子夏問《詩》云：素以爲絢兮？而夫子曰：繪事後素。子夏即有禮後乎之對。蓋禮必以忠信爲質，猶繢事必以粉素爲質。以粉素爲質而謂之功者，猶言彰施五采必待此而後爲功。

鍾氏染羽，

陳用之曰：鍾，聚也。染羽之工名以鍾氏，取其色之聚也。賈氏曰：染布帛在《天官·染人》，此惟染鳥羽而已。夏采注云：染鳥羽謂之夏采，即此鍾氏所染也。王昭禹曰：羽之爲物雖微，而旌旗車服之用衆而不可廢，此先王所以獨立官以染歟？

鄭鍔曰：堯舜之世，羽畎夏翟，徐州貢之。周時豈無設官，以染羽何耶？蓋有虞之時尚質而未文，雖用尤寡，後世日趨於文。以周制觀之，王后之衣服則用羽，后之車容蓋則用羽，國之旌旗則用羽，舞者所執則用羽，其他用爲衣服之飾多矣。况以愛物爲心者，不忍多殺也，於是有染羽之灋。取夫羽之可染者而染以用之。毛氏曰：四方之貢有限，而邦國之用無時，必求其有然而用之，或不給矣，此先王所以有染羽之法。

以朱湛、子潛反。丹秫音述。三月，而熾之。

王昭禹曰：朱謂朱砂以爲朱也。鄭司農曰：湛，漬也。鄭康成曰：曰讀如漸車帷裳之漸。丹秫，赤粟。鄭康成曰：熾，炊也。賈氏曰：初以朱湛丹秫當在春日預浸，至六月之時而染之。王昭禹曰：以朱湛漸赤粟以染羽，至於天時之一變而後炊熾之，以羽之入色爲難故也。淳章均反。而漬之。

被打分明。骨上若無血蔭，蹤有損折，乃死後痕。切不可以酒醋煮骨，恐有不便處。此項須是晴明方可，陰雨則難見也。

林希逸《考工記解》卷上

畫繢之事，

畫以分布五色也，繢則會聚而已。賈氏疏云畫繢並言者，言畫是總語，以其繢繡皆須畫也。

雜五色，

繪畫必雜用五采之色也。

東方謂之青，南方謂之赤，西方謂之白，北方謂之黑，天謂之玄，地謂之黄。

天地四方各主其色，以設色之畫本乎天地四時，亦猶車旗取象之義也。天玄者，蒼茫之所極，自見其色幽玄，非黑非赤，故謂之玄。

青與白相次也，赤與黑相次也，玄與黄相次也。青與赤謂之文，赤與白謂之章，白與黑謂之黼，黑與青謂之黻。

此又言五色之相比次序如此。青與白，東西相比也。赤與黑，南北相比也。玄與黄，天地相比也。此是其相次者。若青與赤謂之文，赤與白謂之章，白與黑謂之黼，黑與青謂之黻，又其不相次者也。古人黼黻只是二色相次而名之。論十二章者以黼爲斧，黻爲兩已相背，皆後人私意增加，非古也。

五采備謂之繡。

《書》之十二章，上言作繪，下言絺繡。衣則繪，裳則繡，亦是一體事，所以畫與繡並言之。畫工繡工雖異，其用色則同也。

土以黄，其象方，天時變。

此三句最奇絶之文，九字之中，而天地、四時、五方之色俱盡。畫地則以黄，中央主土，此中央之色。其在四方，則隨東西南北而象之。若分天時之色，則春夏秋冬隨時變，春則青，夏則赤，秋則白，冬則黑。如《月令》所用車服及青陽左个之類，皆隨時隨方而更變者也。古文如此，多少奇特。艾軒云：此造化間渾成之文，非後世枝葉之比也。

長荃子《元始天尊説太古經注》

忘於目則光溢無極，

五色亂明，令人目盲。色者，彰也。色色者，未嘗顯。何謂也？法眼圓通，明照十方三界，觀物無物，觀空不空，視之冥冥。杳冥之中，獨見曉焉。靈

鄭康成曰：淳，沃也。以炊下湯沃其熾烝之，以漬羽。漬猶染也。賈氏曰：既熾之，即以欲下湯淋所炊丹秫，取其汁以染鳥羽，而又漸漬之也。王昭禹曰：淳與《㡛氏》所謂渥淳其帛之淳同，熟之使自厚也。蓋始以朱秫湛熾之，其色爲未深。又從而淳熟而漬之。謂之漬，非一朝一夕之故，緩而入之，有漸次爾。

三入爲纁，許云反。五入爲緅，側留反。七入爲緇。

鄭鍔曰：《爾雅》云一染謂之縓。縓音茜，朱與丹秫所染，故始入必茜也。再染謂之竀，竀音頳，《詩》有魴魚赬尾，言其赤也。三染謂之纁，纁，赤而黄之色也。與此言三入爲纁同。然不見四入之也。《士冠禮》有朱紘之文，康成謂朱則四入歟。然則以纁入赤汁則爲朱矣。纁不入赤汁而入黑汁，則爲紺矣。若以紺入黑則爲緅，緅，爵頭之色，赤多黑少，與紺相類之色。故孔子云，君子不以紺緅飾。自緅而入則爲玄。康成謂玄六入之色。自玄入黑汁則爲緇矣，故曰七入爲緇，緇，玄色之尤深也。禮制所用者，玄、纁與緇色爲多，而此只言纁、緅而已。至於青黄非不用也，皆不言焉。豈非羽之所染者，只此三色故歟？趙氏曰：玄緇相類，所以染人言玄而不及緇，鍾人言緇而不及玄也。否則三色顔色濃厚，染羽爲難，故特記之以見其所重耶。乃若染人夏纁玄，秋染夏，則絲帛五色備焉。此爲異也。設色之工五，畫、繢、鍾、筐、㡛。今以天官染人攷之，春暴練者，其㡛氏歟？其職所謂湅絲湅帛是也。夏纁玄者，其鍾氏歟？其職所謂三入爲纁、五入爲緅、七入爲緇。雖不言玄，鄭氏謂玄在緇緅之間是也。若夫染夏雖不見於《考工》，而經有五采備之文，不然其筐人之職乎。

宋慈《宋提刑洗冤集録》卷二　八驗屍

驗屍并骨傷損處，痕迹未見，用糟醋潑罨屍首，於露天以新油絹或明油雨傘覆欲見處，迎日隔傘看痕即見。若陰雨，以熟炭隔照，此良法也。或更隱而難見，以白梅搗爛攤在欲見處，再擁罨看；猶未全見，再以白梅取肉加蔥椒鹽，糟一處研拍作餅子，火上煨令極熱，烙損處，下先用紙襯之，即見其損。

又　**卷三**　十八論沿身骨脈及要害去處

撿骨須是晴明，先以水浄洗骨，用麻穿定形骸，次第以簟子盛定，却鋤開地窖，一穴長五尺，濶三尺，深二尺多，以柴炭燒煅，以地紅爲度，除去火，却以好酒二升、酸醋五升潑地窖内，乘熱氣扛骨入穴内，以藁薦遮定，烝骨一兩時候。地冷，取去薦，扛出骨，殖向平明處，將紅油傘遮屍骨驗。若骨上有被打處，即有紅色路微蔭骨斷處，其接續兩頭各有血暈色。再以有痕骨照日看，紅活乃是生前

光充塞，無窮極也。

泯於耳則心識常淵。

王守正《道德真經衍義手鈔》卷三　五色章第十二

五色令人目盲，五音令人耳聾，五味令人口爽。

衍義云：五色之設，本以彰五行之象。文章黼黻，別尊卑之飾。

鈔：五色謂青、黄、白、赤、黑。五行：金、木、水、火、土。文章黼黻者，《尚書·益稷篇》云：帝曰：舜帝也。臣作朕股肱耳目。予欲左右有民，汝翼。予欲宣力四方，汝爲。予欲觀古人之象，日月星辰、山龍華蟲，作會宗彝。藻、火、粉、米、黼、黻絺繡，以五彩彰施於五色，作服，汝明。

解曰：凡言汝者，皆指當時禹以下群臣而言也。夫衣服之制，不可不辨也。上曰衣，下曰裳，共有一十二章，以別尊卑之飾也。夫衣皆玄也，裳皆纁也，音肅。綺也。日也，月也，星辰也，山也，龍也，華蟲也。此六章者在衣，而又見之宗廟之彝。樽也。藻也，火也，粉也，米也，黼也，黻也，此六章繡之於絺，以爲裳而已。日月星辰以彰其明也，山以彰其仁也，龍以昭其變也，華蟲文明之物也。聖人明以治天下，而仁以行之，其用雖莫測也，而治教刑政粲然備具，以此臨民，民其安之；以此事神，神其享之，故此六物見於宗彝，又見於衣也。柔順清潔可以薦羞者，藻也。昭明齊速可以烹飪者，火也。米以養人，粉以澤物，至於黼則所以爲斷也，黻則所以爲辯也。聖人藻飾治真，粉澤王猷，以養天下，在於斷而能辯也。然後足以成治功，此六物見於裳也。而後世爲錦繡之麗，青黄悦目，逐物外遷，傷精喪明，不能徹視無色之色，非盲而何。此五色之失也。

賈似道《重刊訂正秋蟲譜》卷下

棄物辨

凡五色之蟲，麻路不透項，翅薄翅油，短腿細脚，項花肉色不正，頭不圓，牙不長，并牙色不紅不白者，不可用也。

熟色

有蟲紫生者，光滑輕凝之色，似油不油，似水不水，即如良玉之温潤。轉看轉生寶色者，此謂之熟色。

周密《癸辛雜識》後集　五行間色

五行所主，金白，木青，水黑，火赤，土黄。然間色亦相克成。木克土，則青黄合爲緑。金克木，則青白合爲碧。火克金，則赤白合爲紅。水克火，則黑赤合爲紫。土克水，則黄黑合爲騮。

又　別集卷上　衣服間色

茶、褐、黑、緑諸品間色，本皆北服，自開燕山始有至東都者。玫媿夫人行狀。

劉壎《隱居通議》卷二八《造化·五色》　五色者，青、赤、黄、白、黑也，是爲五方之正色。若夫以木克土，則青黄合而成緑。以金克木，則白青合而成碧。以火克金，則赤白合而成紅。以水克火，則黑赤合而成紫。以土克水，則黄黑合而成騂。此五方之間色也。

陳師凱《書蔡氏傳旁通》卷一下《益稷》

繪於衣，繡於裳，皆雜施五采以爲五色也。

《考工記》云：畫繪之事雜五色，東方謂之青，南方謂之赤，西方謂之白，北方謂之黑，天謂之玄，地謂之黄。青與白相次也，赤與黑相次也，玄與黄相次也。青與赤謂之文，赤與白謂之章，白與黑謂之黼，黑與青謂之黻，五采備謂之繡。土以黄，其象方，天時變。火以圜，音環。山以章，水以龍，鳥、獸、蛇。雜四時五色之位以章之，謂之巧。凡畫繢之事，後素功。注云：玄黄相次，以上六色繢以爲衣，五采備以上繡以爲裳。火以圜者，形如半環。山以章，獐也在衣。水以龍，在衣。鳥獸蛇，華蟲也。蟲之毛鱗有文采者在衣。疏云：畫山兼畫獐，畫龍兼畫水。衣在上陽，主輕浮，故畫之。裳下陰，主沈重，故刺之也。

梁益《詩傳旁通》卷二《國風·緑衣》

正色間色。

《記·玉藻》：衣正色，裳閒色。鄭康成註謂：冕服玄上纁下，纁，淺絳色。《爾雅》：三染謂之纁。青、赤、黄、白、黑，五方木火土金水之正色也。以木克土，則青黄合而成緑。以金克木，則白青合而成碧。以火克金，則赤白合而爲紅。以水克火，則黑赤合而爲紫。以土克水，則黄黑合而爲騂。此五方之間色也。

毛應龍《周官集傳》卷一四

畫繢之事，雜五色。東方謂之青，南方謂之赤，西方謂之白，北方謂之黑，天謂之玄，地謂之黄。青與白相次也，赤與黑相次也，玄與黄相次也。

鄭鍔曰：自陰陽判爲五行，五方之位正而五色遂章。左氏所謂天有六氣，發於五色是也。然各奠其方，各色其形，固未足以爲文采之美。惟畫繢之工，取五者而雜錯之，然後其文爲可觀。東，震位也，震爲木，木始生，其色青。南，離位也，離爲火，火炎熾，其色赤。西，兑位也，兑爲金，金色白。北，坎位也，坎爲水，水色黑。天位乎上，觀之蒼然不可得而名也，謂之玄者，以其遠而最微，所可見者玄而已。玄者，黑色之尚微乎。地位乎下，土壤不齊，不可得而名也，謂之黄者，以其近而最微，所可見者黄而已。黄者，赤色之尚微乎。凡此六者，取上下四方色之著者而名之也。故皆以謂之爲言，蓋所以指名其方位之色者，不能逃乎此也。天地四方有自然之位，有自然之色，所以正其名也。畫繢之事取其自然之色而合之，先後次第各有所宜。青與白宜相次，東西定位之色也。赤與黑宜相次，坎離相交之色也。玄與黄宜相次，乾坤配合之色也。一行不偶，無以相生，五行不剋，無以相成。前言四方自然之色，言其相生也。此言合而相次，言其相剋也。東方之青，次之以白，金剋木也。南方之赤，次之以黑，水剋火也。至於天地則欲其如夫婦之相偶，所以奠其尊卑之位也。其相剋乃所以相成歟？畫繢雖一技爾，然而雜四時於五色，無非陰陽之妙理寓焉。然則先王一代之色各有所尚，以表盛德之所在，豈無意哉。

青與赤謂之文，赤與白謂之章，白與黑謂之黼，黑與青謂之黻，五采備謂之繡。

陳氏曰：剛柔雜於東南而爲文，故青與赤謂之文。至西南而事成，故赤與白謂之章。乾位西北，其道主斷，故白與黑謂之黼。艮位東北，陰陽各止於其所而辨，故黑與青謂之黻。五采備謂之繡，則繢陽而繡陰。陰嫌於不備也，故特以名之，不然繢豈不備五采乎。

歐陽謙之曰：繢主用色，故但言色。繡主用采，以刺於裳，非但以色施之，故言五采備謂之繡。

土以黄，其象方，天時變。

鄭鍔曰：土者地也，地不可得而畫。黄者，地之中色，故畫以黄。《易》於坤之六五曰「黄裳元吉」。祭地用黄琮，皆取其色之中也。又曰天不可得而畫也，惟天以一氣運而爲四時。四時之在春爲青，在夏爲赤，在秋爲白，在冬爲黑，故畫天時則隨時變其色而已。

孔齊《静齋至正直記》卷三　瑪瑙纏絲

瑪瑙惟纏絲者爲貴，又求其紅絲間五色者爲高品。諺云瑪瑙無紅一世窮，言其不直錢也，又言瑪瑙紅多不直錢。言全紅者反賤，惟取紅絲與黄白青絲紋相間，直透過底面一色者佳。浙西好事者，往往競置以爲美玩或酒杯，或繫腰，或刀靶，不下數十，定價過于玉。蓋以玉爲禁器不敢置，所以瑪瑙之作也。金陵吕子厚知州有祖父所遺瑪瑙椀一枚，可容一升，其色淡如漿水。惟三點紅如蒲桃狀，極紅。又一二點黄色如蠟，可謂佳品也。

楊慎《譚苑醍醐》卷七

間色名

青、赤、黄、白、黑，五方正色也。碧、紫、紅、緑、流黄，五方之間色也。青別爲蒼，赤別爲朱，析朱爲非，非今作緋，黄別爲黇，白別爲縞，黑別爲玄，此正色之別名也。近黑曰弋，今作黓。似緑色曰校，女嫁者服之。縠，日出色也。柳，日入色也。蔥，暝色也。檀，婦人注面赭色也。䨼，皁色也。間色之中又有間色，若夫縹、褪、紅、淺絳、女貞黄、天水碧之類，不可殫述。

又　姦色

《禮注》：紅，南方之姦色。紫，北方之姦色。五方皆有姦色，蓋正色之外，雜互而成者曰姦色。猶正聲之外，繁手而淫者曰姦聲也。姦色即間色也。

又楊慎《丹鉛總録》卷一三《訂訛類》　五行間色

五行之理，有相生者，有相克者。相生爲正色，相克爲間色。正色，青、赤、黄、白、黑也。間色，緑、紅、碧、紫、流黄也。木色青，故青者東方也。木生火，其色赤，故赤者南方也。火生土，其色黄，故黄者中央也。土生金，其色白，故白者西方也。金生水，其色黑，故黑者北方也。此五行之正色也。甲己合而爲緑，則緑者青黄之雜，以木克土故也。乙庚合而爲碧，則碧者青白之雜，以金克木故也。丙辛合而爲紅，則紅者赤白之雜，以火克金故也。丁壬合而爲紫，則紫者赤黑之雜，以水克火故也。戊癸合而爲流黄，則流黄者黄黑之雜，以水克土故也。此五行之間色也。流黄一作駵黄。又漢人經注，間色作姦色。《禮記》間聲作姦聲。

田藝蘅《留青日札》卷二三

黄

黄，中色，中央土之貴重者，故衣有五色，惟黄裳則帝王服之；玉有五色，惟黄琮則祭天用之；銀有五色，惟黄銀則道家用之。取其得陰陽之正氣，天地之中色也。

又　猫睛　祖母禄

猫睛名猫兒眼，一線中横，四面活光，輪轉照人。次者名走水石，無光。祖母禄本緑寶石，上者，名助把避。深暗緑色中者，名助木刺。明緑色下者，名撒卜泥。淺緑色帶石者，皆出回回山坑中。

王三聘《事物考》卷三《珍寶》　瑪瑙

出北地，南番西番以紅多者爲上。其中有人物鳥獸形者最貴。有錦花者，謂之錦紅瑪瑙。有漆黑中一線白者，謂之合子瑪瑙。有黑白相間者，謂之截子瑪瑙。有紅白雜色如絲相間者，謂之纏絲瑪瑙。俱貴。有淡水色者，謂之漿水瑪瑙。有紫紅色者，謂之醬班瑪瑙。有海蟄色鬼面花者。俱低。

李時珍《本草綱目》卷八《金石部》

馬腦宋嘉祐。

釋名　瑪瑙，文石，摩羅迦隸。佛書。藏器曰：赤爛紅色，似馬之腦，故名，亦云馬腦珠。胡人云是馬口吐出者，謬言也。時珍曰：按《增韻》云：玉屬也。文理交錯，有似馬腦，因以名之。《拾遺記》云是鬼血所化，更謬。

集解　藏器曰：馬腦生西國玉石間，亦美石之類，重寶也。來中國者，皆以爲器。又出日本國。用研木不熱者爲上，熱者非真也。宗奭曰：馬腦非玉非石，自是一類。有紅、白、黑三種，亦有文如纏絲者。西人以小者爲玩好之物，大者研爲器。時珍曰：馬腦出西南諸國，云得自然灰即軟，可刻也。曹昭《格古論》云：多出北地，南番、西番，非石非玉，堅而且脆，刀刮不動，其中有人物鳥獸形者最貴。顧薦《負暄録》云：馬腦品類甚多，出産有南北，大者如斗，其質堅硬，碾造費工。南馬腦産大食等國，色正紅無瑕，可作杯斝。西北者色青黑，寧夏、瓜、沙、羌地砂磧中得者尤奇。有柏枝馬腦，花如柏枝。有夾胎馬腦，正視瑩白，側視則若凝血，一物二色也。截子馬腦，黑白相間。合子馬腦，漆黑中有一白綫間之。錦江馬腦，其色如錦。纏絲馬腦，紅白如絲。此皆貴品。漿水馬腦，有淡水花。醬斑馬腦，有紫紅花。曲蟮馬腦，粉紅花。皆價低。又紫雲馬腦出和州，土馬腦出山東沂州，亦有紅色雲頭，纏絲、胡桃花者，又竹葉馬腦，出淮右，花如竹葉，并可作桌面，屏風。金陵雨花臺小馬腦，止可充玩耳。試馬腦法：以研木不熱者爲真。

又　寶石綱目。

集解　時珍曰：寶石出西番、回鶻地方諸坑井内，雲南、遼東亦有之。有紅、緑、碧、紫數色：紅者名刺子，碧者名靛子，翠者名馬價珠，黄者名木難珠，紫者名蠟子。又有鴉鶻石、猫精石、石榴子、紅扁豆等名色，皆其類也。《山海經》言：騩山多玉，淒水出焉，西注于海，中多采石。采石，即寶石也。碧者，唐人謂之瑟瑟。紅者，宋人謂之靺鞨。今通呼爲寶石。以鑲首飾器物，大者如指頭，小者如豆粒，皆碾成珠狀。張勃《吴録》云：越巂、雲南河中出碧珠，須祭而取之，有縹碧、緑碧。此即碧色寶石也。

陳師《禪寄筆談》卷六　辯疑

唐宋品官制服用緋紫，謂緋曰赤，曰朱，不曰紅，紅非赤朱比也。宋人記唐宋制用紫，有禁所謂紫者，乃赤紫。今所服紫，謂之黑紫，以爲妖服，非品官中服色也。《論語》：「紅紫不以爲褻服。」註：紅紫，間色，不正色也。金大定十五年，詔親王百官，所服紅紫改爲黑紫。彼夷服，不足道也。今人例以赤朱稱紅，而于紫不復知有赤紫、黑紫之别，然則聖人所不取于褻服者，而後世顧可用爲朝會服耶，是不可無辯也。

章潢《圖書編》卷二二　五行間色

五行之理，有相生者，有相克者。相生爲正色，相克爲間色。正色，青、赤、黄、白、黑也。間色，緑、紅、碧、紫、流黄也。水生木，木色青，故青者東方也。木生火，其色赤，故赤者南方也。火生土，其色黄，故黄者中央也。土生金，其色白，故白者西方也。金生水，其色黑，故黑者北方也。此五行之正色也。甲己合而爲緑，則緑者青黄之雜，以木克土故也。乙庚合而爲碧，則碧者青白之雜，以金克木故也。丁壬合而爲紫，則紫者赤黑之雜，以水克火故也。戊癸合而爲流黄，則流黄者黄黑之雜，以水克土故也。此五行之間色也，流黄一作騮黄。

馮復京《六家詩名物疏》卷二九《國風豳一・七月篇上》　玄

《周禮》云：染人掌染絲帛，凡染，春暴練，夏纁玄，秋染夏，冬獻功。注：玄謂纁玄者，謂始可染此色，玄，纁天地之色以爲祭服。《考工記》云：天謂之玄，三入爲纁，五入爲緅，七入爲緇。注：凡玄色者在緅緇之間，其六入者與？毛氏云：玄，黑而有赤也。

按：玄黄朱爲公子裳者，公子諸侯之子，不必繼世爲君，有爲大夫士者。《禮》：冕服玄衣纁裳，玄端服有玄裳黄裳。朱者深纁之色，君大夫冕服之纁裳也。玄裳者，上士玄端服之裳也。黄裳者，中士玄端服之裳也。《玉藻》曰：衣正色，裳間色。然黄正色而爲裳，玄黑赤雜而爲衣，則《玉藻》所云大畧言之耳。孔氏疏云：績麻爲布，民自衣之，玄黄之色施于祭服。朱則爲公子裳。蓋獨舉冕服之裳爲説矣。殊不知古者深衣何嘗不用麻，而玄黄亦以爲裳，非獨施于祭服也。

徐光啓等《新法算書》卷一一《測天約説》 名義篇第一

大圜名數曆十條

問：何爲視差？曰：如一人在極西，一人在極東，同一時仰觀七政，則其躔度各不同也。七政愈近人者差愈大，愈遠者差愈小。月最大，日次之，熒惑次之，歲星又次之，填星最小，幾於無有，故知月最近，填星最遠也。

如下圖，丙爲地，甲爲東目，乙爲西目，甲望戊月在己度，乙則在庚度。甲望丁星在辛度，乙則在壬度。己庚差大則月去人近，辛壬差小則星去人遠也。

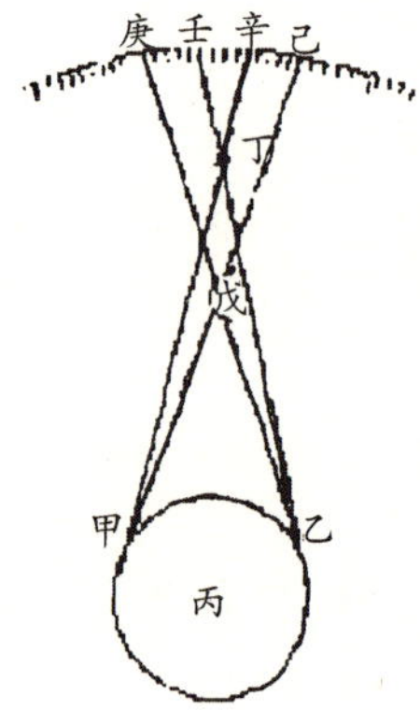

問：東西相去既是極遠，何以得同在一時仰觀七政？曰：此在一時一地亦可測之，特緣算數所得，難可遽明，故以東西權説。若月食則亦東西同時兩地並測，亦足諗知也。

又 卷三〇《月離曆指》 借題

一、地體爲圜球。見表度説及地球圜説。

二、地球在大圜之中心。見測天約説及表度。

三、目見物僅能定其似大小。 目接于物，物之諸分皆發本象來至於目，目則全收其象。云收象者，非在目之外郛也。睛本圓球，有同鳥卵重重抱裹，收象之處在其最中，謂之瞳心。若目視物之兩端，則四和線發來至瞳心，合而成角，爲角體之形。若視物之兩端，則兩腰線發來至瞳心，合成三角面之形。凡角之末鋭必在瞳心，名爲視角。角之大小，稱物之大小。若視角極微，目不見物，乃不能定其大小。若視角過大，則目眶所限，不能盡角之廣，必移目兩視乃得全見。

四、同是一物，在近見大，在遠見小。以三角形之理明之。如圖，甲乙同底，若腰長則底之對角必小。甲乙線以近遠生目中

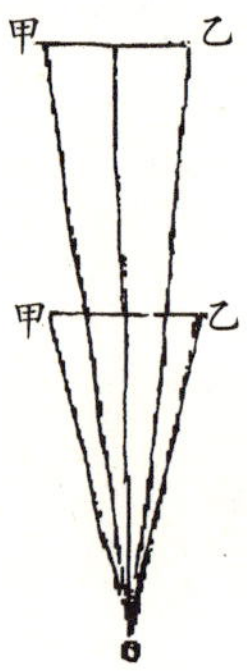

視角大小。

五、未定物之近遠，目不能定其實大小。 近遠大小，視法皆有比例。

六、近遠兩物，大小不等。若小者在近，大者在遠而視角等，則目定其大小亦等。如日月之視徑等，不知者疑其大小亦等，不能辨其遠近，不能分似大、實大故也。

七、有光之體，體之各分能發光。

八、光景之限難分，凡有光之體，體之四周皆有切氣借光於體，亦可當有光之體而發浮光。故表景之末漸至虚淡，其濃實者是正光之景，其虚淡者則浮光之景。

又 卷六八《交食曆指》 視差以人目爲主第一

前言實會中會視時食限等，皆日月食之公法也，是皆準於地心。今再論月食生於地景，景生於日，故天上之實食即人所見之視食，無二食也。日食不然，有天上之實食，有人所見之視食，其食分之有無、多寡、加時之早晚、先後，各各不同。推步日食難於太陰者以此。其推算視食則依人目與地面爲準。

又 視會

凡交會者必參相直，不參直不相掩也。日之有實食也，地心與月與日參居一線之上也。其有視食也，人目與月與日參居一線之上也。人目居地面之上，與地心相距之差爲大地之半徑，則所見日食與實食恒偏左偏右，分爲兩直線，各至於宗動天。其所指不得同度分，是生視差，而人目所參對之線不得爲實會，而特爲視會。

如圖，甲爲地心，乙爲地面，丙爲天頂，若丁爲日，戊爲月，即在甲丙一直線上，則實會即爲視會，因地心與人目無分線故也。若日在辛，必月在壬方，與地面乙作一線，爲視會矣。若月至己與地心甲作一線，則實會也。今言交食，惟以目見爲憑，故日食全論視會。若所居地面不同，即食分多寡、加時早晏亦隨之異也。又視會、實會在日月本天皆無度分可指，而全依宗動天之黄道圈度分，則此實會線所指謂之實度，視會線所指謂之視度。如圖，甲辛線所指爲黄道之庚，則庚爲太陽之實度。若乙目視辛日至黄道癸，視己月至黄道午，則癸爲太陽之視度，午爲太陰之視度也。

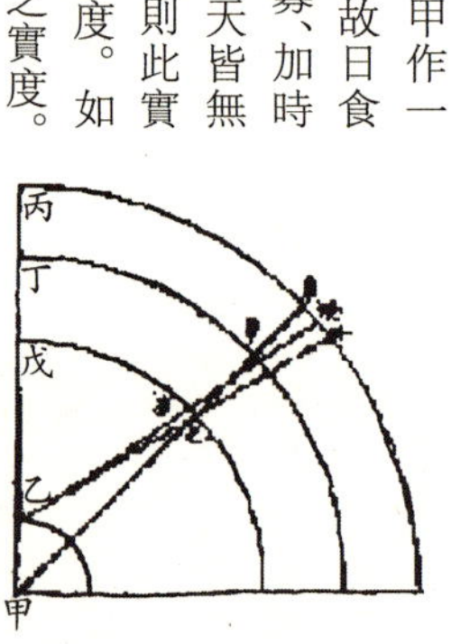

又 日月目見之度非實度

譬之畫圖者作平圓形，則一舉手，一運規即得矣。若欲爲螺旋線，先須依法作識，又依法作線乃成形焉。測天之法亦猶是耳。今欲知日月纏離東西南北，亦轉儀闚表，一覽可知。若欲定其本行所在，則非聊一寓目遽能得之，必先後累測度分，展轉較勘，乃可定也。假令目居地之中心，地之心即宗動天之心。極目所見，則有恒星以當彼界。兩界中間有日、月、五星，是名七曜。七曜相視有遠有近，無有同者。即論一曜，亦各時遠時近，無時同者。是則目所能見也。然因目所見得其視度於彼界，因以視度測其與某恒星相距若干度分，因以是度推其實與地相距若干遠近，則可謂即目所見遂得其實行，能分別其去地遠近則不可，何者？七政諸本天雖居恒星天之内，乃不見火木土等内天之星，以本體能掩最外之恒星，則何從辯其内外遠近乎？又目所見者太陰太陽，二體相若，何從知其内外之相距絶遠，二體之小大絶不相等乎？内天之兩星參對於外天之兩經星，目見之能知外者之兩相距甚遠，内者之兩相距不甚遠乎？是三者皆目力難憑之效也。或曰是則然矣，測量之法皆憑目所見也，則可廢乎？曰：何可廢也。惟測内天之星得彼界所指之點，以爲即在恒星之天聊可得之矣。何者？凡用在界之弧以測其輳心之角，無弗真者。目測恒星之天，其在地面與其在地心也無以異。地居恒星天中止當一點。

又　人目差

兩目眩存不惟相助以爲明，相代以備患，亦能彼此互用以察物之遠近。蓋各以其心目睛最中之一點爲心。受外物之象，其過心之兩直線至物體則相遇爲兩腰，兩睛心自相距爲底成三角形，因以其比例之大小別物距目之遠近，是謂目差。緣此可推天上之視差，以小喻大，其理一也。若物大遠於人目，則底線極小，兩腰極長，是遇睛心之兩徑線與平行無異，正如地球比恒星天之高，特以一點爲底，視差無所繇生矣。

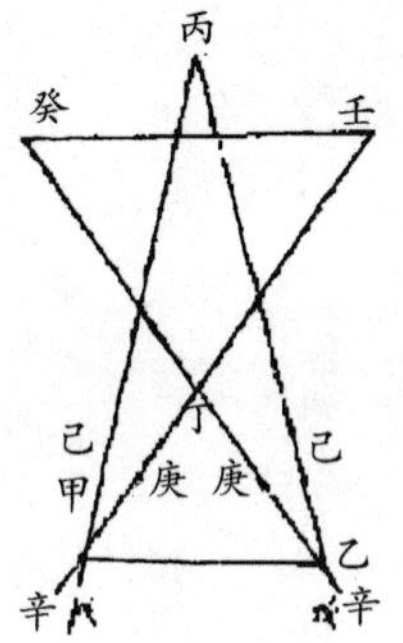

如圖，兩目之心爲甲爲乙，目所視之物爲丙，若甲乙線可比於甲丙線，可比者不甚遠則有比例。則兩戊己徑線漸相就，如己而相遇於丙。若物更相近爲丁，則兩徑速相就爲辛庚，甲乙丙及甲乙丁兩三角形皆等邊，又同一底線，則丁角大於丙角，而丁甲乙角必小於丙甲乙角。而兩目之光線皆從己歛向於庚，自覺所視之物變遠爲近矣。若物與目相去甚遠，則無比例者，因兩徑絶難相就，絶難相遇故也。今借此理明視差之公理。如本圖，設丁物之前有横堵爲壬癸，令甲目獨視丁物，則所見若在壬。令乙目獨視丁，則所見反在癸。而丁前丁後兩交角，形必相似，即丁物亦不遠於壬，不遠於癸。蓋視之目分兩線爲交角，即能分本物之遠近也。若不能分兩線，即不能分遠近。

又　視差以天頂爲限第二

視會與實會無異者，惟有正當天頂之一點，過此以地半徑，以日月距地之遠測太陽及太陰，實有三等視差。其法以地半徑爲一邊，以太陽太陰各距地之遠爲一邊，以二曜高度爲一邊，成三角形。用以得高庳差，一也。又偏南而變緯度，得南北差，二也。以黄道九十度限偏左偏右而變緯度，得東西差，三也。因東西視差，故太陽與太陰會有先後遲速之變。二曜之會在黄平象限度東，即未得實會而先得視會。若在黄平象限西，則先得實會而後得視會。所謂中前宜減，中後宜加者也。因南北視差，故太陰距度有廣狹、食分有大小之變。如人在夏至之北測太陰，得南北視差，即以加於太陰實距南度，以減於實距北度。又東西南北兩視差皆以黄平象限爲主，蓋正當九十度限，絶無東西差，而反得最大南北差。距九十度漸遠，南北差漸小，東西差漸大，至最遠乃全與高庳差爲一也。

又　論日月視高差

太陽出地平上，漸升至天頂，得九十度。在夏至則離赤道北二十三度半，爲丁辛。如北極出地四十度，即赤道離地平五十度，加丁辛二十三度半，得七十三度半，此日在午正之高也。今太陽未至子午圈，別作一高弧，從甲過太陽垂至地平上，爲甲乙丙弧。其乙丙既太陽未及午正之圈，即其高不至七十三度也。兩曜去天頂有高庳，與恒星有遠近，時時處處不同，故其視差大小亦各不同。惟曜在天頂則無差；若下幾度，則少差；愈庳愈差，庳至於地平，則得其極大差矣。今先論太陰。

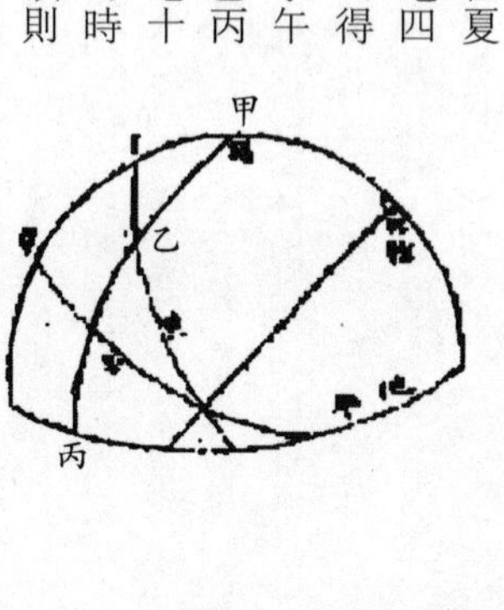

如圖，甲爲地心，乙爲地面，丙爲天頂，丁己爲太陰本天，丙戊爲恒星天。若人在地心甲，視太陰正在地平巳，直至戊在參宿第三星下。人在地面乙視太陰，已直至壬在參宿第一星下，是壬戊不同度，至一度

○六分爲太陰之極大視高差。若太陰高至庚至辛，視差漸減。如在丁直視至丙，人在甲與在乙悉無交角，無差分矣。

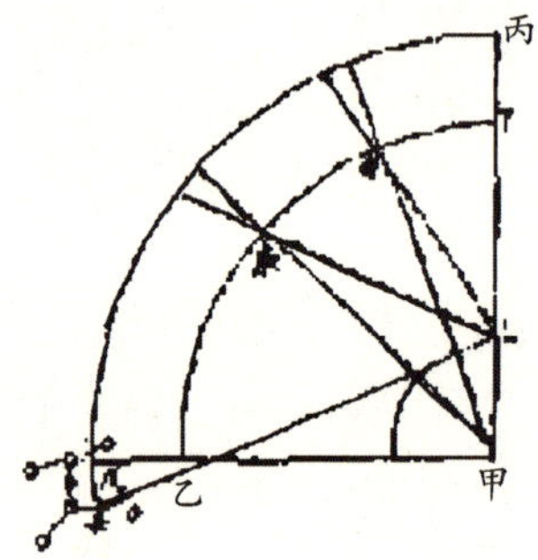

朱謀㙔《駢雅》卷三 釋服食

天子祀天以蒼冕，祀地以黄冕，朝日以青冕，夕月以素冕，社稷以玄冕。享先帝，食三老，耕籍以衮冕。視朔，大射以山冕。視朝，適宴以鷩冕。皆十二旒。諸公以下有方冕，火冕，毳冕，藻冕，絺冕，爵弁，韋弁，皮弁，玄冠，祀弁。

周玄貞《高上玉皇本行經集註》卷二 清微天宫神通品第一

十方聖衆，並乘五色瓊輪、琅輿碧輦、九色玄龍、十絶羽蓋。

雷祖云：十方，四正四隅及上下也。聖衆，十方真聖神衆也。睹玉帝所放光明，並皆乘駕五采文色瓊玉之輪，琅秀華輿，蒼碧寶輦，九色華光玄龍，十絶無倫之羽蓋。白玉蟾云：五色，青黄赤白黑也。輪，車之兩輪。輿，車也。輦，帝王車駕之總名。九色，青色、赤色、黄色、白色、黑色、紫色、碧色、太玄色、金光明色。玄龍，有龍光象，不見形骸。十絶，十極所無，神奇絶倫，靈鳳祥鸞之羽蓋。道經云：羽蓋，即高柄羽扇。一云神仙帝真輦行時，有瑞羽法節以爲之蓋。後説尤妙。管見云：人秉五行金木水火土之元靈，各有法寶，仙真道成，諸寶擁隨法駕。人能默朝上帝，效法於天，身中神集，正氣呈秀。瓊玉輪、琅玕真、碧寶輦、九氣靈色玄化之神龍、十絶無儔之羽蓋，昔在一身中矣，豈獨天地神聖有哉？噫，惟真得者知之。

王儀《碧環亭記》程敏政《新安文獻志》卷一四 凡狀山川草木天宇煙雲之色，而寄興於悠遠者多曰碧。夫碧與青相似而不同，均是物也，近視之則青，遠視之則碧。秋物多碧，氣清而視遠也。董君直卿作亭於溪園之上，扁曰碧環。内之苔蘿竹樹，外之雲山煙水，極目四周，籠以天宇，千品萬彙混爲一碧，而是亭也。

方以智《通雅》卷三七《衣服綵色》 黲紫，淺紫也。北紫，今之正紫也。油紫，今之藕合也。重紫，今之青蓮色也。真紫，則累赤而殷者。 宋景趙彦衛曰：仁宗晚年，京師染紫，變其色而加重，先染作青，徐以紫艸加染，謂之油紫，後人指爲英宗紹統之讖。自後以重色爲紫，與朱不相類，何謂奪？淳熙中，北方染紫極鮮明，中國亦效之，目爲北紫。蓋不先青而改緋爲腳，用紫艸少，誠可奪朱。按：《周禮義疏》：以朱湛丹秫三月，朱乃熾之，即以炊下湯淋所炊丹秫，取其汁。《考工記》：三入爲纁，五入爲緅，七入爲緇。又《爾雅》：一染謂之縓，再染謂之赬，三染謂之纁。《士冠》有朱紘之文。鄭云朱則四入，是更以纁入赤汁則爲朱。《論語》紺緅者，纁入赤汁則爲朱，不入赤而入黑汁則爲紺，更以此紺入黑，則爲緅色。若更以緅入黑汁則爲玄，是六入爲玄也。更以此玄入黑汁，則七入爲緇矣。則知古之朱，赤汁染之。紫與朱實相近，今之淺紫是矣。其紫近絳，謂之北紫。緅是今之醬色也。《石林燕語》曰：太平興國中，李文正公昉舉故事，禁品官緑袍。舉子白紵，下不得衣紫。蓋宋以緋紫爲章服，故重之，故其色亦屢新也。武則天施黲紫帳，即淺紫。油紫，今之深藕合色。重紫則近今之青蓮色，皆以月白或藍爲初染地，而加以紅花成之。今又有真紫色，則久久加大紅，其色自紫。惡其奪朱者，正謂淺紫色艷耳。

總曰朱，以賜曰緋，以艷曰紅，正紅曰赤，大赤曰絳，言深紅之光曰燃，翹紅曰縉，雀頭曰纔，丹黄曰緹。縓、赬、纁、緅、緇，次第之色。今有水紅、銀紅、桃紅，古但謂之紅。荔枝、沉香，則綪緅之類也。 合古今之稱推之，以大赤曰絳，丹黄曰緹，他禮切，又平聲。韎韋之跗注：今時伍伯緹衣，古兵服之遺色，韎是蒨染赤色也。縉，即刃切。亦赤。《説文》引《禮》有縉緣。按《禮》止有縓、緣二音相近，或即一字，未可知也。紺，古暗切。深青，揚，赤色。小顔：縉，淺赤色也。紅色，赤而白，此則謂今之水紅耳。綪亦赤繒，《儀禮》不綪，則讀爲綪。緋，甫微切。亦赤也。今以茜加蘇木曰翹紅，毋乃縉乎。燃，紅色之尤深。許氏曰絲勞，染而又染爲勞也。如今西洋布可以受三四十金之紅；又如紡絹綾緞，皆先染絲而後織者，類或是耳。纔，雀頭也，微黑如紺。纔，淺也。故引用爲纔，與才裁通。 臙支見艸類。

月白曰縹，淺黄曰緗，蒼艾曰綦，緑艾曰縹，緑曰繱，綟，黄白之間，曰半見，白光曰䵂，黄絹曰鮮支，黝黑曰皁，石輾之曰硟。 縹，青白色。緗，淺黄色。東漢《輿服志》列侯以上，得用錦繒采十二色，賈人縹緗而已。以其色輕也。縹，是今之月白色，魏明常被之。綟，蒼艾色，其艸名莀，可染留黄。或曰莀即藐茈艸也。䋄綬與戾通。綦一作綼，艾蒼色。《書》曰四人綦弁。《詩》曰綦巾。《記》孔子佩象環五寸，而綦組綬。又《詩》其弁伊騏，當與綦通。《急就》有鬱金半見緗白䵂，縹綟緑紈皁紫硟，烝栗絹紺縉紅燃。鬱金，染黄也。半見，言黄白之間。烝栗，亦微黄色也。䵂，白䵂之精光䵂䵂然也。紈即素之輕細者。《説文》有艸、草二字。草，斗櫟實也。後人以草爲艸木之艸，别作皁，或从皂，黑黝也，借爲皁隸之皁。作早切。烝栗，黃色，若烝孰之栗。絹生曰繒，似縑而疏者。《周禮》内司服注：素紗者，今之白縳。縳即絹字。縳又爲束名，百羽爲摶，十摶爲縳。縳爲衣裏，如今杭緒。素紗，則直是紗也，一名鮮支，《廣雅》曰：鮮支，絹也。《子虚賦》注：縞鮮支，今所謂素。硟，以石輾繒色光澤也。小顔音鮮。《説文》：尺戰切石扞繒也。正與輾近。蓋纁即蔥色。《説文》：纁，淺青色。今曰翠藍、柳藍。《詩》言蔥珩，言其色也。《急就》春艸雞翹鳧翁濯。顔曰：今染家言鴨頭緑，翠毛碧。《後志》雲罕編羽繫幢，民謂雞翹，非也。義山雞翹，正用屬車編羽。染色之雞翹，則爲艸名，亦以如雞尾翹起耳。

濯絳，合墨赭之色也，今曰紫糖，正古之淡也。《説文》淡即涖字，一作洷，爲赬之重文。赬即赬也。涖赬，棠棗之汁。孫愐收糖字，如今人稱紫糖色，正指涖棠色也。畫家以赭石和淡黑染山石，曰濯絳，又曰淺絳。郭若虚曰：設色輕拂丹青曰吴裝。

唐世染色曰退紅。唐詩香注小薰籠，韶州新退紅，與褪同，謂淺紅也。半新半舊曰褪，《説文》褪卸衣也，音退。緑沈，淡緑也。《説文》青黃爲緑，今以藤黃合靛青，即爲苦緑。

南懷仁《新制靈臺儀象志》卷四 測空際異色並虹霓珥暈諸象。 格物家論色之異有二。一真實，一幻妄。何謂真實？蓋從寒熱燥濕四元行之情相交而生，然必雜體可見，而純體不可見也。何謂幻妄？蓋從光照物體退返之勢而生。雖易顯著，亦易涣散。夫二者，亦各分五等。正相反者有二，純白純黑是也。又中等者有三，黃、紅、青是也。由是五等，彼此相交相變而各色生矣。見一百十一圖。姑以各色玻璃相交映之勢言之。于一密室中，户牖皆閉，務令幽暗，或户或牖，微開一隙，其大小與玻璃相稱，而以通日光隙内，置各色玻璃，用潔白紙對之。其日光透射玻璃，玻璃所映之色必映于紙上。如隙内並置玻璃兩片，一黃色，一紅色者，則紙上必現黃金之色矣。如並置兩片一黃一青者，則紙上必現緑色矣。如並置兩片一紅一青者，則紙上必現紫色矣。餘倣此。

來集之《倘湖樵書二編》卷一〇 黃爲正色

黃者土之正色，故五色以黃爲最貴焉。《周禮》：保章氏以五雲之色辨吉凶、水旱、豐荒之祲象。鄭司農註，以二至二分觀雲色，青爲蟲，白爲喪，赤爲兵荒，黑爲水，黃爲豐，是則雲色惟黃爲上矣。楊升庵云：海船候氣，見黃氣知有人烟國土，見白氣知有山峯巖壑，見黑氣則水也。則地氣亦惟黃爲上矣。《湧幢小品》云：近日徽州有盜墓之賊以皮爲帳，鑽土入墓，骨黃者吉，即易骸而葬；白者凶，黑大凶，則葬骨亦惟黃爲上矣。

虞兆漋《天香樓偶得》 姦色間色

青赤黃白黑，五方正色。碧紫紅緑流黃，五方之間色也。間字向作去聲，然按《禮註》云：紅，南方之姦色；紫，北方之姦色。蓋姦色即間色也。姦，干也，相干犯也，謂雜色干犯正色也，則間字當从平聲，間、姦古字通用耳。

宫夢仁《讀書紀數略》卷五一《物部·冠服類》

五色。《月令》。

青，東，木，甲。赤，南，火，丙。白，西，金，庚。黑，北，水，壬。黃，中央土，戊，此五方之正色。緑，以木克土，則青黃合而成緑。碧，以金克木，則白青合而成碧。紅，以火克金，則赤白合而成紅。紫，以水克火，則黑赤合而成紫。騮，以土克水，則黃黑合而成騮。此五方之間色。《環齊要略》：間色有五：紺、紅、縹、紫、流黃。

五章。《考工記》：畫繢之事雜五色。

青與赤爲文，赤與白爲章，白與黑爲黼，黑與青爲黻，五采備爲繡。

六采。《左傳》：子太叔爲九文六采五章以奉五色。

青東，白西，赤南，黑北，玄天，黃地。

【略】

裙四色。《唐書》：安樂公主使尚方合鳥毛織爲裙，而百鳥之形狀皆見。

正視一色，旁視一色，日中一色，影中一色。

查慎行《得樹樓雜鈔》卷一一 正色五，青、赤、黃、白、黑。間色亦有五，紺、紅、縹、紫、流黃，見《太平御覽》。流黃不知何色，古詩云中婦織流黃，沈佺期詩云更教明月照流黃，黃山谷詩云明于機上之流黃，似織絲而成采者。初不得其解，後閲《朱子全集·答張敬夫問目》中一條云：青赤黃白黑，五方正色也。緑紅碧紫騮，五方之間色也。以木之青克土之黃，合青黃而成緑，爲東方之間色。以金之白克木之青，合青白而成碧，爲西方之間色。以火之赤克金之白，合赤白而成紅，爲南方之間色。以水之黑克火之赤，合赤黑而成紫，爲北方之間色。以土之黃克木之黑，合黃黑而成騮，爲中央之間色。所云緑者，即縹也；碧者，即紺也。所云騮者，即流黃也。流黃乃黃黑色。周公謹《癸辛雜識》亦云間色亦相克而成。木克土，則青黄合爲緑。金克木，則青白合爲碧。火克金，則赤白合爲紅。水克火，則黑赤合爲紫。土克水，則黄黑合爲騮。與朱子之説同，而與《御覽》稍異。

蔣驥《傳神秘要》

傳神以遠取神法

傳神最大者，令彼隔几而坐，可遠三四尺許，若小照可遠五六尺許，愈小宜愈遠。畫部位或可近，畫眼珠必宜遠。凡人相對而坐，近在一二尺，則相視不用目力。無力則無神。若遠至丈許，或至數丈，人愈遠，相視愈有力，有力則有神。且無力之視，眼皮垂下；有力之視，眼皮撑起。畫者須於未畫部位之先，即留意其人行止、坐卧、歌呼、談笑，見其天真發現，神情外露，此處細察，然後落筆自有生趣。

又　眼珠上下分寸

人之瞳神有上視，平視，下視，怒視之别。視下則無神，視上失之太高。大槩下視，則眼珠下半藏在下眼皮内，上視反此。怒視則眼珠上下全露。若平視則眼珠亦平，高遠則下半眼珠畧帶上，其眼珠下半亦帶圓意。或上半眼珠竟小半在上眼皮内，而下半眼珠竟極圓。又有下半眼珠之下，下眼皮之上，中間微露一絲空地，其神愈出者，不可不知。合揣上視、下視、怒視之别，始知平視帶上爲執中之道。要之上視下視，其神拘於上下。平視，其神近平視帶上，其神開闊耳。故訣不在眼珠中黑點，在上下眼皮，在兩眼稍，又在兩眼珠之兩圈上下。再眼角裏嘗有眼肉及眼稍頭黑影，必須畫出，而下半眼珠必當圓於上半眼珠。至眼亦有大小，不可任意爲之，當以鼻之大小比數大抵寫照，難在兩目。前言已約畧分别，但須得其人之自然，不可少有假借勉强。有一種人眼睛全無神氣，或是近視，必執此爲板法反致拘牽矣。

江永《鄉黨圖考》卷六

紺緅考

《論語》：「君子不以紺緅飾。」注：孔安國曰：一入曰緅，飾者不以爲領袖緣也。紺者，齊服盛色，以爲飾衣，似衣齊服。緅者，三年練，以緅飾衣，爲其似衣喪服，故皆不以爲飾衣。疏：紺，玄色。緅，淺絳色。《考工記》：三入爲纁，五入爲緅。今孔氏云：一入曰緅者，未知出何書。《檀弓》云：練，練衣黄裏、縓緣。註云：小祥練冠、練中衣，以黄爲内，縓爲飾。黄之色卑於纁。縓，纁之類，明外除。故曰爲其似衣喪服。《説文》云：紺，帛深青揚赤色。是紺爲青赤色也，故爲齊服盛色。若以爲領袖緣飾，則似衣齊服也。

按：紺緅皆赤黑之間色，緅又黑於紺，君子不以爲飾者，謂其非正色也。飾必用正色，如《深衣》篇純以繢，純以青，純以素是也。不以紺緅爲飾，猶之不以紅紫爲褻服耳。緅又入黑爲緇，爲玄。齊時服玄冠(元)[玄]端，而孔氏云齊服，是誤以紺爲玄矣。練衣本以一染之縓爲緣，而孔氏云練服，是誤以緅爲縓矣。邢疏不能辯正，集註亦因之耳。

《考工記》：鍾氏染羽，三入爲纁，五入爲緅，七入爲緇。注：染纁者三入而成，又再染以黑則爲緅。緅，今禮俗文作爵，言如爵頭色也。又復再染以黑，乃成緇矣。鄭司農云：以《論語》曰君子不以紺緅飾，又曰緇衣羔裘。《爾雅》曰：一染謂之縓，再染謂之竀，同赬，丑貞反。三染謂之纁。《詩》云緇衣之宜兮。玄謂此同色耳。染布帛者，染人掌之。天官。凡玄色者在緅緇之間。其六入者與？疏：凡染纁玄之法，取《爾雅》及此相兼乃具。此經及《爾雅》不言四入及六入，《士冠》有朱紘之文，鄭云：朱則四入與？是更以纁入赤汁則爲朱，以無正文，約四入爲朱，故云與以疑之。《淮南子》云：以涅染紺則黑於涅。涅則黑色。纁若入赤汁則爲朱，若不入赤而入黑汁則爲紺矣。若更以此紺入黑則爲緅。此五入爲緅是也。紺緅相類之物，故連文。若更以此緅入黑汁，則爲玄，但無正文。更以玄入黑汁，則名七入爲緇矣。但緇與玄相類，故《禮》每以緇布衣爲玄端也。云禮俗文作爵，言如爵頭色者，以其爵赤多黑少故也。

又　紅紫考

《玉藻》：衣正色，裳間色。注謂冕服玄上纁下。疏：玄是天色，故爲正。纁是地色，赤黄之雜，故爲間色。五方間色，緑、紅、碧、紫、騮黄是也。青是東方正，緑是東方間，木尅土，故緑色青黄也。赤是南方正，紅是南方間，火尅金，故紅色赤白也。白是西方正，碧是西方間，金尅木，故碧色青白也。黑是北方正，紫是北方間，水尅火，故紫色赤黑也。黄是中央正，騮黄是中央間，土尅水，故騮黄之色黄黑也。《爾雅》：一染謂之縓，再染謂之赬，三染謂之纁。注：縓，今之紅也。赬，淺赤。纁，絳也。疏：《説文》云：縓，黄赤色。《喪服記》云：公子爲其母練冠麻衣縓緣是也。《士冠禮》疏云：從一染至三染，皆謂之淺絳也。按：古絳字與紅同音，即紅也。

朱象賢《印典》卷七《器用·綬》

後周組綬

又後周組綬，皇帝以蒼、青、朱、黄、白、玄、纁、紅、紫、緅、碧、緑十有二色；

諸公九色，自黄以下；諸侯八色，自白以下；諸伯七色，自玄以下；諸子六色，自纁以下；諸男五色，自紅以下；三公之綬如諸公；三孤之綬如諸侯；六卿之綬如諸伯；上大夫之綬如諸子；中大夫之綬，自紫以下；士之綬，自緅以下。其璽印綬亦如之。

又　有綬有紱

《唐六典》：凡綬，親王纁朱綬，一品緑綟綬，二品、三品紫綬，四品青綬，五品黑綬。凡有綬則有紱。

又　私印綬

《攷古紀略》：官印佩服於身，綬制皆長，而以絲色别尊卑等級。私印綰繫便用，其制甚短，亦以綵色絲線爲之，或有用淡紅淺緑者，非飾美觀。古制原有朱、白、青、黑、紅、紫、緅、緑、纁、碧等十餘綵，是可並用者也。

鄒一桂《小山畫譜》卷上

各花分别

老少年

有紅黄及間色三種。紅者，名雁來紅。紅黄相間者，名十樣錦。紅者，初時紫色，至秋則紅。葉心内變出黄者，初時絲色，後變黄。間色者，紅黄俱變。葉尖長獨梗，花細砌葉間，子細黑，此以葉得名者。

又　取用顔色

粉

上匣真杭粉微帶碧色者，以指甲破之，其棱如鋒，此上品也。色白而無鋒者，火候過而質反粗。青色而堅者，火候不及，鉛氣未盡，皆不可用。粉好只用清膠研成團，著椢上以水化之，即能發亮。不可烝淘，忌烈火烘。冬月隔宿可用，夏月宿膠不宜。

臙脂

雙料杭脂，以滚水擠出盛碟内，文火烘乾。將乾即取碟離火，多用幾張，作數碟。乾後再以温水浮出精華，而去其渣滓，則更妙。初擠不過一二，再擠顔色略差。烘之以調紫色牙色，嫩葉苞蒂等用。至點染花頭必用初擠。

花青

用廣青末帶葡萄色者爲佳，羅篩去滓，用膠研細，淘取其標，傾碟内，文火烘乾。夏月分碟速乾，恐膠臭也。凡烘顔色，須一人守之，時時側動則不枯焦。

藤黄

取筆管黄，以嫩色者爲上，不用膠，著水即化，顔色中最省力者。

赭石

以黄赤色鮮明者爲上，鐵色者爲下。取其質嫩細可磨者搗碎乳細，沖以微膠淘出標，用碟内焙乾，亦可成墨。

硃砂

以鏡面砂爲上，乳細取中心用其標，另收大紅花反瓣。用好砂，則竟無脚也。

石青

取佛頭青，搗碎，去石屑，乳細用膠取糅，即梅花片也。其中心爲二青，染花最佳。其下爲大青，人物大像用。

石緑

取獅頭緑，用法如石青，多取標爲用。若蜻蜓翅，則無標矣。

雄黄雌黄

以膠水磨用亦可，若欲多用，亦須淘定。凡石色俱不可攙和用，而雄黄氣猛烈，觸粉即變，尤宜慎之。

博明希哲《西齋偶得》卷中　五色

五色相宣之理，以相反而相成，如白之與黑，朱之與緑，黄之與藍，乃天地間自然之對待，深則俱深，淺則俱淺，相雜而間色生矣。今試注目於白，久之目光爲白所眩，則轉目而成黑暈。注朱則成緑暈，注黄則成藍暈，錯而愈彰，黼黻文章之所由成。此亦聖人近取於身之一端也。

又　**卷下**　目理

目睛體至圓，瞳體亦至圓，故其爲用也，視近物則大，視遠物則小。蓋圓則外照之光，亦如天體地毬之有度數，近則度狹，遠則度廣，所謂車轂形是也。入目之物，得其度分之多，即見爲大；少即見小。物近則所得度分多，遠則少，漸遠漸渺，至極微而有所不見矣。今設以瞳中心作點，分三十六度，以黑睛輪徑三分，周九分五秒有奇計之。每度當二分半有奇，引至輪徑，一尺視五寸，則每度當八分七釐二毫有奇。更引至視遠一丈，則每度一尺七寸四分二釐有奇，以徑五寸之物當之，去目五寸可當二度，至一丈則不抵十分度之一。其大小之形不啻減二十倍，使遠至數十百步，不更小乎。然皆可以算術求之也。此即勾股測量之源，泰西畫之線法亦由此出。人生至十六七歲以後，腎氣耗減，其瞳内之精氣不能綻足。曰視近，則目光爲近物所聚，其圓體微尖，尖則本體小，外照之度亦小，於是視物形較大，且逾遠逾大，故視近物明，視遠物散漫而不明。曰視遠，則目光爲遠物所散，其圓體微平，平則本體大，外照之度亦大，於是視物形較小，且逾近逾小，故視遠物明，視近物迷亂而不明，率皆與年俱增。更有生而目力不足者，或由生稟肖父母，亦有因疾而致者。

唐秉鈞《文房肆攷圖說》卷五《書畫考》 畫之用筆八法七色

凡作畫，筆用尖者、圓者、麄者、細者、如鍼者，各有所宜。其法又有八：一曰斡淡，用淡墨重叠旋旋周旋也而取之也；一曰皴擦，以鋭筆横卧，惹惹亂也。而取之也；一曰渲，以墨水再三而淋之也；一曰刷，以水墨滚同而澤之也；一曰捽，以筆頭直往而指之也；一曰擢，以筆頭特下而指之也；一曰點，以筆端而注之也，點施於人物亦施於木葉；一曰畫，以筆引而去之也。畫施於樓屋，亦施於松針。雪色用淡濃墨作濃淡，但墨之色不一，而染就烟色，就綀素本色縈拂，以淡水而痕之，不可見筆墨迹。風色用黄土，或埃墨而得之。土色用淡墨埃墨而得之。石色用青黛和墨而淺深得之。瀑布用綀素本色，但焦墨作其旁以得之。水色春緑，夏碧，秋青，冬黑。天色春晃，夏蒼，秋凈，冬黯。此謂畫家七色也。

劉熙撰　畢沅疏證《釋名疏證》卷四　釋采帛第十四

青，生也，象物生時色也。

赤，赫也，太陽之色也。

黄，晃也，猶晃晃象日光色也。

白，啟也，如冰啟時色也。

黑，晦也，如晦冥時色也。

絳，工也，染之難得色，以得色爲工也。鄭注《儀禮·士冠禮》云：纁裳，淺絳裳。凡染絳，一入謂之縓，再入謂之赬，三入謂之纁，朱則四入，與三入猶爲淺絳，故曰染之難得色。《説文》云：絳，大赤也。絑，純赤也。此篇不别出朱文，蓋朱即絳也。

紫，疵也，非正色。五色之疵瑕以惑人者也。《論語·陽貨篇》云：子曰：惡紫之奪朱也。

紅，絳也，白色之似絳者也。《説文》云：紅，帛赤白色，从糸工聲。工夅聲相近，故前文云絳工也，此云紅絳也。

緗，桑也，如桑葉初生之色也。《太平御覽》引曰：緗，桑花初生色也。《説文》無緗字，意古者假借湘字爲之。

緑，瀏也，荆泉之水於上視之，瀏然緑色，此似之也。荆泉之水蓋即滄浪之水也。滄浪亦以其色名之。

縹，猶漂也，今本脱漂也二字，據《一切經音義》引增。漂漂淺青色也。《説文》云：縹，帛青白色也。有碧縹，有天縹，有骨縹，各以其色所象言之也。

緇，滓也，泥之黑者曰滓，此色然也。《説文》云：緇，帛黑色也。

迮朗《繪事瑣言》卷四

澱

五色中用澱最多，亦惟製澱爲最難。澱，藍澱也，其滓澄殿在下也，亦作淀，俗作靛。南人掘地作坑，以藍浸水一宿，入石灰，攪至千下，澄去水則青黑色，亦可乾收，用染青碧。其攪劉浮沫，掠出陰乾，謂之澱花，即青黛也。青黛一名青蛤粉。黛，眉色也，滅去眉毛，以此代之，故謂之黛。然青黛從波斯國來，亦是藍靛花，不可多得。則中國所産藍澱，亦與青黛同。徽之穎州，滇之澂江，北地燕趙，中州河内，與夫太原南康，廬陵諸處多産之，不如粤東、閩中所産爲上。藍有大藍，葉似菜科。小藍，葉如豌豆，共有五種。

蓼藍，葉若蓼，歲可三刈，故先王禁之。《月令》仲夏令民無刈藍以染是已。

馬藍，葉如苦蕒，即郭璞所謂大葉冬藍，俗中所謂板藍者，形如蓼藍。

菘藍，葉如白菘，亦似蓼藍。

吴藍，長莖如蒿，吴人種之。

木藍，出嶺南，長莖高者三四尺，分枝布葉，葉如槐，迥異諸藍。

藍種不同，而作澱則一。曩在京師購澱于市，市人陋習，初以最下者嘗試，更易數次乃出佳品。辨靛花高下法，微溼指尖，輕蘸靛花，隨即彈去，視其留于指者有紅氣爲上，無紅氣爲下。艸屑甚多，色大紅青，斯爲極佳，名曰廣花，較圓青爲勝。圓青者，膠斂成丸，吴門所鬻，了無佳色。廣花則散而不丸者。漂花青之法，近日畫譜多畧言之，然皆用乳鉢，未聞手泥。手泥之法，蓋從泥金悟得也。青緑丹砂，天生石質，非碎以鐵椎，研以乳鉢不能。細靛則艸質，至輕至細，以乳鉢研之，剛不克柔，以手泥之，柔以克柔，渣滓盡融爲汁漿，故制澱者利用泥。始用絹篩篩去艸屑，化膠水極濃，約花青四兩，膠二兩，研斂成丸，如小彈子。黏于大磁碟底，不可日曬，不可火炙，俟其自乾。然後用澄清河水浸一日夜，黄水自出。每朝撇去黄水，换入清水，十餘日黄未盡而膠已盡。烘乾復用膠斂水浸如初，又十餘日，以黄水出盡爲度。烘乾收藏，以待乳用。蓋藍葉方嫩，人即刈之，投諸土窖，以水浸爛，取其浮于上者曬乾入畫，其下即以染衣，故黄乃嫩葉之本色，乘膠而出，於藍無損。若黄水不出，則合緑時總帶黄影，不克發其精光。青出于藍，而未必青于藍，職是故耳。此制澱以去黄水爲第一要義也。由是熱手爐上，先化極稠膠水一大碟，滴四五點于空碟內，入澱少些，以指細泥，如泥金法。泥至將乾，指上蘸水再泥，至于極細，精光耀目，始加數滴清水泥開，不可多水，亦不可太少，少則膠重，多則太稀，宜慎用之，寧多毋少也。泥開之後，歸存大盌，而碟底既濕滑不黏指，須俟烘乾再用。另取一碟泥之如前，輪流替换。若得四五人聚而泥之，一日可泥兩大盌。大盌既盈，上須遮蓋，澄過一夜，至來日清晨，用薄生紙拖去盌面浮翳，輕輕撇去青水，另貯一大盌中，不可稍帶沈脚。後用三寸碟子分盛青水，置手爐上，旺火烘乾。中間不可添入冷水，將乾之際，候其方乾，即行取下，不可烘焦。俟其既冷，將碟覆于潮濕地上，約半日，稍得濕氣，刮下爲丸或散，碎紙包藏，以待用。用時置磁碟子內，滴入清水，隨滴隨化，逐時用去，毫無疵累。此泥花青者較勝于乳鉢百倍也。前大盌底所留沈脚，曬乾再泥，尚有佳色，不過青氣多而紅氣少耳。往見人用花青渣滓不净，一葉之中頗多魂礧，非惟不見精光，而且毫不融化，色先不佳，而欲求其畫之純粹也，得乎？靛花内膠不可太重，重則色淡而浮，用于紙上已覺淺薄，用于絹上更不濃厚。是在泥靛時酌用膠水，寧可膠輕，不可膠重。其靛花調用之法，舊譜所載，約舉一二，以備採擇。

靛花六分，和藤黄四分爲老緑。宜畫正面葉及老葉。

靛花三分，和藤黄七分爲嫩緑。宜畫嫩葉，反葉。

靛花七分，和藤黄三分爲深緑。宜著山茶、桂橘、菊花。

靛花九分，和藤黄一分爲極老緑。用勾老葉之筋。

靛花二分，和藤黄八分爲芽緑。宜桃柳嫩芽及牡丹芽。

靛花一分，和藤黄九分爲最嫩緑。用寫蠟梅瓣或絹上，用脂染尖，脂勾筋，微襯石緑。

右青黄調合諸色，相等者爲濃緑，宜著一切深厚之葉，鈎染用深緑。其嫩緑宜著一切木本嫩葉、艸、花梗葉，深緑之反葉。鈎染止用濃緑，其有勾染用靛花者，恐露出藍色，故微用藤黄一分和之。其生紙寫意者，用靛花八分，入藤黄二分。寫葉宜用墨勾筋，若用靛勾，恐不顯矣。用緑之法，宜用多水立于紙上，俟其自乾，無論濃淡，其色皆肥厚而有光，切不可乾擦，致不匀和，且不潤澤，徒見其堆垛耳。宋元人畫花與葉，皆先用墨鈎，次用澱花依中筋雙染一過，後用緑水滿填，老嫩既分，亦臻濃厚。背襯石緑，面帶青染，或半或全，愈顯刻實。近世學徐熙黄筌純用没骨，或兩葉相交處空出一線，或相接處漬出分界，並皆有法，學之者宜分宗派，不可于一幅中溷雜兼用。如學秦漢印而雜入宋元印，未免爲有識者所譏。再絹上用緑，分外鮮明，後有襯也。紙厚則不能襯，減去二分緑色矣。生紙則色黯，寫意以黯淡爲古，故用靛花入藤黄最少，亦類物情之一道也。外有靛花合入他色者：

靛花加燕脂爲蓮青；

靛花、燕脂，加粉爲藕合；

濃緑中加淡墨爲油緑；

淡緑加赭石爲蒼緑。

凡緑色俱宜臨時合用，惟蓮青必須兩色合調，用筆細細攪至極匀，聽其自乾，以備應用，其色乃和。若燕脂不佳，以洋紅和入更妙。世人皆言制澱難，而用澱偏多，故特詳悉言之。外有一種洋靛來自西洋，鬻于東粤。其色較中華靛花更青，幾與石青相似。先用乳鉢乾研極細，後入膠水再乳，以水化開，可畫遠山及闌干之類。其色甚峭，然只能單用，不能調合他色。投以藤黄，合不成緑，初不解其何故也。或曰即波斯國青黛，則與靛花有别。

又 藤黄

郭義恭《廣志》云：藤黄出岳鄂等州山崖間，樹名海藤，花開有蕊，散落石上，彼人收之，謂之沙黄。就樹采者輕妙，謂之臘黄，今人譌爲銅黄。銅藤，音謬也。此與石類采之無異，畫家時用之。時珍曰：今畫家所用藤黄皆經煎煉成者，舐之麻人。周達觀《真臘記》云：國有畫黄，乃樹脂，番人以刀斫樹枝滴下，次年收之。似與郭氏説微不同。不知即一物否，然皆言花與汁耳。從無蟒蛇矢之説，但氣味酸，有毒，蛀牙齒貼之即落，舐之舌麻，多食亦能傷人，故曰藤黄莫入口。昔人畫黄色甚多，今人槩用藤黄矣。市肆所沽，良楛不一，當擇一種如筆管者，名筆管黄，其色最妙。大畧有老嫩二種，嫩則輕清，老則重濁。花葉之昏明，即因之以迴別。用時水浸，俟其自化，不可火烘。烘則色變，嫩者皆老。若著黄色花頭，須和粉用之。淡者仍以黄染，深則用赭染或脂染。其餘合他色者如：

入墨爲秋香色；

入粉爲鵝黄色；

入燕脂爲火黄色；
入靛少爲嫩緑色；
入靛多爲老緑色；
入赭爲檀香色。
藤黄與靛合用之時居多，緑分深淺老嫩，以用黄多少爲度，其詳前見于澱。

又 土黄

《本艸》云：土黄可制雄黄，古人作畫多用之。李衎《竹譜》：老竹用藤黄染，枯竹枝幹及葉梢筍籜皆土黄染。是土黄雖同是黄，色微有異于藤黄。蓋藤黄色嫩，土黄則帶微赤，故用以染枯枝也。王繹采繪亦用之，研細，水飛，分作三層，如石青、石緑。調膠入畫，有與他色合成者。
合槐花螺青檀子粉爲艾褐色。
合煙墨粉檀子爲膺背褐色。柘木交椅色亦用之。
合煙墨檀子爲麝香褐色。
合銀朱粉爲棠梨褐色。
合粉漆緑標墨爲駝色。
合粉檀子爲枯竹褐色亦爲露褐色。土黄少許。
標合粉爲山谷褐色亦爲水獺氈色。
標合粉螺青槐花爲荆褐色。
合漆緑煙墨槐花爲茶褐色。土黄爲王。
合墨一點粉檀子爲氁子色。
合三緑槐花爲秋褐色。
合煙墨紫花爲油裏墨色。
合粉墨爲鼠毛褐色。
合銀朱爲番皮色。
合粉一點爲牙笏色。
土黄之用甚多，大約色與淺赭相似。若合赭與丹砂，標可以代之。

又 **卷五**

合色

古人用色甚多，如槐子、土黄、石黄、黄丹、紅花、珊瑚、空青、牡蠣之類，靡不入畫。今人所用者，石青、石緑、朱砂、藤黄、花青、赭石、燕脂、鉛粉、泥金、泥銀而已，取衆色而調合之，變化無窮。古人所謂以五彩彰施于五色也。元王繹采繪法有專爲服飾器用設者，亦可通於山水花鳥，因並録之以備採擇而參用焉。
緋紅用銀朱、紫花合。
桃紅用銀朱、燕脂合。
玉紅用粉爲主入燕脂合。
柏緑用枝條緑入漆緑合。
黑緑用漆緑入螺青合。
柳緑用枝條緑入槐花合。
官緑即枝條緑。
鴨緑用枝條緑入高漆合。
月下白用粉入京墨合。
鵝黄用粉入槐花合。
柳黄用粉入三緑標并少藤黄合。
磚褐用粉入槐花合。
荆褐用粉入槐花、螺青、土黄標合。
艾褐用粉入檀子、煙墨、土黄合。
銀褐用粉入藤黄合。
珠子褐用粉入藤黄、燕脂合。
藕絲褐用粉入螺青、燕脂合。
露褐用粉入少土黄、檀子合。
茶褐用土黄爲主，入漆緑、煙墨、槐花合。
麝香褐用土黄、檀子入煙墨合。
檀褐用土黄入紫花合。
山谷褐用粉入土黄標合。
枯竹褐用粉土黄入檀子一點合。
湖水褐用粉入三緑合。
葱白褐用粉入三緑標合。
鷹背褐用粉入檀子、煙墨、土黄合。
秋茶褐用土黄入三緑、槐花合。
油裏墨用紫花、土黄、煙墨合。

玉色用粉入高三緑合。
駝色用粉漆緑標墨入少土黄合。
毯子用粉、土黄、檀子入墨一點合。
藍青用三青入高三緑合。
棠梨褐用粉入土黄、銀朱合。
金黄用槐花粉入燕脂粉合。
鴉青用蘇青襯螺青罩。
鼠毛褐用土黄粉入墨合。
不老紅用紫花銀朱合。
葡萄褐用粉入三緑紫花合。
丁香褐用玉紅爲主，入少槐花合。
杏子絨用粉螺、青墨入檀子。
毯綾用紫花底紫粉搭花樣。
番皮用土黄、銀朱合。
鹿胎用白粉底紫花樣。
水獺氈用粉土黄合。
牙笏用好粉一點土黄粉凝。
草韡用煙墨標。
柘木交椅用粉檀子、土黄、煙墨合。
金絲柘木同上不入墨。
紫袍用三青、燕脂合。
其餘一一不能備載，在對物用色可也。
凡合用顔色細色：
頭青、二青、三青、深中青、淺中青、螺青、蘇青、二緑、三緑、花葉緑、枝條緑、南緑、油緑、漆緑、黄丹、飛丹、三朱、土朱、銀朱、枝紅、紫花、藤黄、槐花、削粉、石榴顆、綿燕脂。

檀子，其檀子用銀朱淺入老墨燕脂合。

計顔色二十九種，調合之色四十有九，變而通之，存乎其人。故有尋常淡色，一經點筆，極其艷麗，氣韻生動，即從隨類傅彩而得。《芥子園畫傳》所載調色與《輟耕録》互有同異，已分録于各種顔色之後。近日《小山畫譜》係虞山鄒太史所著，專論著色之法，最爲詳細，亦可取而參攷也。

又　用法

衆色之調合，立其體矣，而用之不得其法，猶未免于膠柱鼓瑟也。所以丹砂青緑，往往刷運不開。花青燕脂亦至滿紙魂礧，用之不得其法故也。凡用色之法，已于諸色中畧言之，而猶有未盡者，再歷舉之以備體察。

用丹砂法：

凡染大紅，以二朱爲正固已，又有于黄標下取其稍有紅色者，加入二朱内作地。初覺其有黄色，以洋紅染之，至六七次，極紅而止，然後以脂勾出。若絹本以三朱襯背，或用鉛粉襯，其紅倍覺鮮明。又用朱須自淡而濃，上五六層，方平而厚。不可一次濃堆，前人論之詳矣。其上五六層也，若一味用稠膠，未免積之太厚。宜于前數次用膠稍淡，末次用膠稍濃，皆須臨時斟酌。緣朱砂用膠太重，則脂染不匀，且多黑色，不可不知。再洋紅止可加染，而勾勒必須用脂。

用藤黄法：

藤黄入澱，澱自有膠，不必更加膠矣。調入粉中，粉亦有膠。若單用藤黄以染花瓣，宜帶微膠，上礬時乃不走滲，裝潢時亦不落色。蓋顔色有膠者，礬能斂之；無膠者，礬不能制。故遇燕脂藤黄二者最要小心，防其見水即化，易于黏塗耳。此用藤黄訣也。又藤黄點蠟梅花，色太黄，必微加靛花，使黄中自有緑意，其花乃顯；否則白上加黄，色不甚顯。亦不可乾擦，須立水漬之，其邊乃厚。又黄粉花心不可太濃，濃則老黄，乾帶黑意。須用厚粉畧調，以黄約八分，粉二分。黄以點花蕊，初點似淡，乾則黄而嫩。

用石青法：

頭青亦名青標，亦謂之油子，只可入粉内作月白色。二青可作蝴蝶花及染荷葉正面老緑諸色。三青可作牽牛翠眉等花，又嵌點夾葉雜艸及人外衣，并襯絹。其青深者，用燕脂勾染；其青淺者，用花青勾染。前人衣折用墨勾，花艸用脂勾，古畫可細翫。

用墨法：

高深甫云：墨之妙用，質取其輕，煙取其清，齅之無香，磨之無聲。新水新硯，磨若不勝，忌急則熱，熱則沫生。用則旋研，研無久停，塵埃汚墨，膠力泥凝，用過則濯，墨積勿盈。藏久膠宿，墨用乃精。此用墨之法，以新磨爲貴。

若磨之隔宿，或至宿宿，乃無光彩矣。再研墨圜轉如圈，非古也。墨必直磨，而直上直下，墨斯有光。故自古制硯，狹而長者多，圜者絶少。墨式亦狹長者多，而圜轉者少，其理可悟。

用艸緑法：

用老緑時，筆尖微蘸嫩緑，則老葉尖淡。用嫩緑時，筆尖微蘸老緑，則嫩葉根濃。或嫩葉根頭蘸脂，或老葉尖頭蘸赭。菊葉半老，用老緑筆尖蘸脂。桐葉及木芙蓉葉初黄，用老緑筆尖蘸藤黄。水仙花外之葎用嫩緑，筆尖蘸赭。爛荷葉及一切蟲蝕老葉、枯葉，先以朱砂標點出缺口，隨以緑筆接之融成一片。其有蝕且破而不枯者，即以緑筆點出缺口，仍以緑筆接之。須揣度物理，以心用筆，神明變化，斯爲妙矣。又靛花合緑時，微入已泥之粉，或微用石緑標粉，其色更和，但不可太多，反成緑粉，以失本色。此説畫家往往秘不肯傳，特表而出之，以備一法。又工細畫用緑，宜靛花藤黄配合老嫩而後用之。若寫意，則分靛花藤黄爲兩碟，用筆先蘸靛花，後蘸藤黄，隨蘸隨用宜。老緑則筆蘸藤黄少些宜，嫩緑則筆蘸藤黄多些，其色更鮮妍而活。相亦一法也。

【略】

用泥金法：

朱砂或濃墨作地，而後上金分，外光亮。或先填以藤黄，不如朱墨尤佳。金上勾絲，宜用白粉。金光不發，用新棉花絮輕輕擦過，其光自顯。若重擦則金全去矣。既上金後，仍宜用礬水一刷，俾勿脱落。然刷時須留心，只可一刷，不可於溼處再刷，再刷亦脱也。用泥銀法與金同。又有一説，泥金泥銀只可施於衣飾器用之類，不可用於山水鉤皴；只可於黑藍箋上畫山水，不可於素紙山水上加鉤點，何也？唐志契《繪事微言》言之矣，曰：畫院有金碧山水，自宣和年間已有之。《漢書》不云有金碧氣，無土砂痕乎？蓋金碧者，石青石緑也，即青緑山水之謂也。後人不察，於青緑山水上加以泥金，謂之金筆山水。夫以金碧之名而易之金筆，可笑也。以風流瀟灑之事而同於描金之匠，豈不可笑之甚哉！一幅工緻山水加以泥金，則所謂氣韻者，能有纖毫生動否？且名山大川有此金色痕迹否？後即有一二名家爲之，亦欺人而求售耳，乃觀者不察。一聞李將軍之筆，遂不惜千金以購之，將自己實有賞心者乎？抑炫人以博識者之賞乎，請問之好事家。

用色輔助法：

凡著色之法，有正必有輔，如用丹砂宜帶燕脂，用石緑宜帶汁緑，用赭石宜帶藤黄，用墨水宜帶花青。如衣之有表裏，食之有鹽梅，藥之有君臣佐使，單用則淺薄，兼用則厚潤。至其濃淡得宜，天機活潑，又在用筆之妙，工夫之熟，非可以言語形容也。此係太倉王石泉之説，發前人所未發，故志之。石泉名述縉，麓臺後裔，山水却似石谷，見《墨香居畫識》。

金鶚《求古録禮説》卷四《爵弁色考》 爵弁之色，先儒莫得其解，鄭注《士冠禮》云：爵弁色赤而微黑，如爵頭然，或謂之緅。《考工記》鍾氏注：緅，今俗禮文作爵，言如爵頭色。案：此説最謬，其不合者有六。緅爲赤黑閒色，乃水火之相克者。詳閒色説。深衣、中衣尚不可爲飾，況可爲元服乎？其不合一也。冠必象衣，今赤而微黑，赤色大多與衣不稱，其不合二也。爵弁士助君祭之服，爲冕之次，見《士冠禮》注。冕色玄以象天，今赤而微黑，非天玄之色，不得爲冕之次，其不合三也。爵色多黄，未見有赤，今赤色大多與爵頭不類，其不合四也。又爵韠以爵韋爲之，若爵色赤而微黑，則與裳不稱，其不合五也。齊服亦爵韠，若赤色大著，非陰幽之義，《郊特牲》云：齊之玄也，以陰幽思也。其不合六也。鶚詳考之而得爵弁之色焉，《士冠禮》玄端、玄裳、黄裳、襍裳可也。緇帶爵韠，鄭注上士玄裳，中士黄裳，下士襍裳。襍裳者，前玄後黄。夫所謂襍者，必二色相兼也。《易》曰：玄黄者，天地之襍也。天玄而地黄，襍裳之名蓋本于此，必玄黄相兼。若前玄後黄，不得爲襍矣。況前後異色，與左右異色之偏衣無殊。獻公以偏衣衣申生，見《左氏閔公二年傳》。有殺之之意。曾謂先王之法服而有是乎？襍裳爲玄黄相兼明矣。古人韠必象裳，則士之爵韠殆必玄而兼黄者與？蓋玄韠與黄裳不合，黄韠與玄裳不合，故合玄黄爲一色，以爲士玄端服之韠，則三者之裳皆合矣。由是推之，爵弁與爵韠同名爲爵，則亦玄黄合色者也。冕服玄衣纁裳，以象天地。五冕皆用玄色之布覆其上，而纁其裏，《周官》弁師掌王之五冕，皆玄冕朱裏。此朱字當是黄朱，即纁色也。地色多黄，純朱非所以象地，故古人象天地皆用玄纁。亦象天地之色。而以上色爲主，則冠與衣仍自相合也。爵弁既以弁名，其制必如弁。弁如兩手合抃之形，見《釋名》。無冕延之俯仰，舊説謂爵弁如冕無旒，又前後平，誤。則不得纁其裏以象地，故合玄黄以象天地之色，而玄多黄少，以玄爲主，又與玄衣相稱也。《士冠禮》爵弁服純衣，鄭注：純衣，絲衣也。餘衣皆用布，唯冕與爵弁服用絲耳。夫冕服玄衣，則爵弁服亦當玄衣，同用絲，亦必同用玄也。禮器天子龍衮，諸侯黼，大夫黻，士玄衣纁裳。龍衮黼黻是冕服，則玄衣纁裳爲爵弁服可知。爵弁之用玄衣明矣。鄭注《士冠禮》謂爵弁服緇衣，不知緇與玄不同。詳間色説。緇色，純黑，象水，其色賤，故朝服用之。玄色，青黑，象天，其色貴，故冕服爵弁服用之。若用緇衣，則不象天，而與朝服同色，又無以别其尊卑，皮弁尊於朝服，爵弁又尊於皮弁。豈聖王之制乎。爵弁與玄衣相稱，其色自玄而微襍以黄，有如爵色，故以爵名。《爾雅·釋鳥》：鶖黄，楚雀。雀與爵同。其色黧黑而黄，有似於雀，故名楚雀。此爵色玄而兼黄之一證也。

又 卷一三《玄色蒼色辨》 玄之爲色，《詩傳》《説文》皆謂黑而有赤色，鄭氏謂六入爲玄，杠緅緇之閒，亦以玄爲黑赤色也。鶡鷸以爲不然，《易文言傳》言天玄，《考工記》言天謂之玄，是玄者天色也。天色其有赤乎？且黑中有赤，亦紫緅之類。既不象天，又爲水火相克，古人閒色惟用黑青與赤黄兩色，以其五行相生，而又象天地也。下服褻服且不可用，況可爲冕服之冠衣乎？赤色屬陽，非陰幽之義，又何可以爲齋服乎？昏禮幣用玄纁，象天地陰陽，亦必取五行相生爲吉。若水火相克，又豈昏禮所宜乎？是知玄色必非黑而赤也。案：天色實青而微黑，人所共見。天爲陽，《易》象以東北竝爲陽方，故天色青黑。乾四德統於元，天主於生物也。青色於行爲木，於方爲東，于時爲春，故天色多青。然陽氣始於冬至，又天開於子，乾位於北，五行天一生水，則天又宜兼黑色矣。地是積土所成，其色宜黄，然土生於火，故坤位於未申之閒，地色宜黄而兼赤也。古聖人制衣裳以象天地，玄衣纁裳。玄爲黑青，纁爲赤黄，各合二色，昭其稱也。若玄止是黑色，今人皆謂玄是黑色。與天象不合，又與纁不稱。若黑中有赤，不但五行相克，而且天地混襍，水屬天，火屬地，故水數一，火數二，坎爲乾再索，離爲坤再索也。非法象之正矣，故知玄必黑而青也。請列六證以明之。《周髀算經》文義古奥，的是先秦之書，有云天青黑，地黄赤，玄以象天，則必黑而青一證也。《曲禮》前朱鳥而後玄武，説者以玄武爲龜，龜色黑而微青。《樂記》言青黑緣者天子之大寶龜，二證也。《周官》大宗伯以蒼璧禮天，以青圭禮東方，是天色與東方同。覲禮方明者木也。東方青，南方赤，西方白，北方黑，上玄下黄。又云設六玉，北方璜，賈疏云大宗伯以玄璜禮北方，知此亦玄璜也。是天又與北方同色，天色與東北方同，則玄之黑而兼青可知，三證也。《玉藻》云：君子狐青裘豹褎玄綃衣以裼之。鄭注：凡裼衣象裘，色綃綺屬，染之以玄，於狐青裘相宜。夫以玄衣裼狐青，則玄必有青色可知，四證也。《郊特牲》云：齊之玄也，以陰幽思也。《説文》：玄，幽遠也。是玄有幽義，幽與黝通。《玉藻》幽衡，幽讀爲黝。《周禮》陰祀用黝牲，黝一作幽。孫炎注《爾雅》云：黝，青黑色。《説文》、《玉篇》同。則玄亦黑而青可知，五證也。《爾雅》云：玄黄，病也。凡人病，面色或黄或青黑。《詩》言何草不黄，又言何草不玄，亦謂草至秋冬而病，其色或黄或玄。草色本青，至秋冬變色，青而兼黑，故謂之玄，六證也。凡此六證，若以玄爲黑而赤，則皆不合，惟以爲黑青則無不合矣。染采之法以黄爲質，而入赤汁則爲縓，爲赬，爲纁；以青爲質，而入黑汁則爲綦，爲黝，爲玄，是玄本無赤也。先儒以染玄用赤色爲質，故謂黑中有赤，豈染玄必本於赤乎？六入爲玄，鄭以意推之，經傳實無明文也。君子不以緅爲飾，而鄭以爵色爲緅，亦非也。爵色爲弁，冕服之次，豈可用赤黑色乎？冕用玄色，爵弁爲冕之次，是爵色當與玄相近，故玄端服玄裳爵韠也。至於蒼色，先儒多以爲青蒼，字从艸。艸色正青，天色固青而黑，然青色爲多，從其多者而言，故曰蒼天也。《月令》春三月，器服青與蒼竝言，止是一色。東方青龍，亦曰蒼龍。繅藉三采，朱、白、蒼。朱白皆正色，蒼亦必正色，可知蒼之爲青明矣。青亦曰蔥，《玉藻》有蔥珩。蔥與蒼皆取草木之色也。《曲禮》五十曰艾。《釋文》：艾謂蒼艾色。《詩·鄭風》綦巾，箋云：綦，蒼艾色。《書·顧命》綦弁，注云：青黑曰綦。是蒼艾色爲青而兼黑也。人髮本黑，至五十始衰，髮不正黑而微青，是謂蒼艾色。韓退之文言髮蒼蒼化而爲白，李太白詩云朝如青絲暮成雪，皆謂髮先變青而後變白，是蒼艾非黑白相襍也。《曲禮》孔疏以爲蒼白色，亦失之矣。綦爲蒼艾色，是蒼字亦有青黑色之説。古人所謂蒼顔白髮，亦以人老而顔色青黑也，《書》言黎老是也。蒼，青多黑少；玄，黑多青少，皆象天色，故天稱蒼天，亦稱玄天。若以蒼爲黑白，或爲青白，皆與天色不合矣。謹陳管見，未知是否。

鄭復光《費隱與知録》

短視不衰　亦當别論

問：老花短視，一由于睛長之申縮，一由于睛凸之甚微，故有視近視遠之分。《鏡鏡詅癡》言之詳矣。或謂短視人，視近至老不衰，良然，其理安在？曰：目之不同，除病傷外，止少目、老花、近視三種。少年睛之光力既足，遠近咸宜，固無論已。其老花、短視皆目之不良者也，但老花由于精衰，短視由于目累，故老花必在齒長之年，短視或在垂髫之日矣。至于一切能力，老則漸衰，老花短視，其情一也。顧老花以視近見絀，老則彌甚，人亦覺其衰。短視以視近見長，老仍能視，人不覺其衰，唯一己可默喻也，而或不甚留意，或不引人以自證。虛己以推求，則己亦終不覺矣。且人情無不好勝，諱言衰老，其蔽之也衆矣。若夫老花視遠時竟勝于少年，則非此老花之精足，乃適值彼少年稍稍短視而不自知者耳。至短視者，八九十歲雖自言視近如常，而觀其目睛如隱雲霧，微作藍色，非目衰之證歟？

又　老花近視　優劣辨別

問：老花能視遠，而短視不能宜，若精不足矣。然月下或黄昏反能察細書，又何也？曰：視遠，視近由睛不同，不以衰旺論，其緒甚長。詳《鏡鏡詅癡》。至于短視，不見遠而能察昏暗者，正以昏暗非近不可，固短視者所長也。試于黄昏察細書，加凸鏡視之，則墨濃而字顯矣，是可證也。

又　目視近遠　收展其光

問：《鏡鏡詅癡·原目》云：睛形二解，一外凸聚光，一内長伸縮，故妙齡可聚成三角以察細近，可展殺三角以矚高遠。又一系云：目前數寸隔紗視物，合眸微啟，則經緯井然，而外物不清。若張其目，則物呈露而紗茫然，以爲伸縮眸子之證，理故應爾。而又云：短視多矇朧，其目而視遠知其伸縮與常人反，何以驗之？曰：遠鏡視遠應縮，故知張目爲縮也。短視以矇朧覷遠，而用遠鏡必更縮，以斯知其與常人反也。

又鄭復光《鏡鏡詅癡》卷一《明原》鏡以鏡物，不明物理，不可以得鏡理。物之理，鏡之原也，作明原。

原色

一、天下之物無不有色，不越乎本色、借色而已。析之則曰實，曰虛，曰有形，曰無形，曰有質，曰無質。

解曰：實色謂生而有色，如丹砂、石青，透觀則闇，有質也。若燕支、靛花，透照則明，無質也。虛色謂本非其色，如螺蛔有光，側視之則或紅或緑，有形而虛也。若太虛無物，遠視之則時青時黑，無形而虛也。本色兼借色，如土壤色黄，日照則紅；粉牆色白，日匿則黑是也。

二、目覩物而知形，然形非色不見，色非光不見，故色必資乎光。晝資乎日，夜資乎月星與火。光盛則色顯，光微則色隱。

三、物依色而現其形，色濃則明，色淡則藏。色立乎異，則相得益彰。色傍乎同，則若存若亡。

解曰：以氣異者，如冬寒候冷，噓氣如雲，暖沖寒出，氣異而見也。寒盡春回，暖與氣同，故不見。以色異者，如烘雲託月，紈素生輝，白與黑異而見也。雪滿空山，白鷳失素，白與白同則不見。

四、凡色萬有不齊，皆可以五色該之，皆可以濃淡概之。如深緑似青，則青可以該深緑也；淺緑似黄，則黄可以該淺緑也。而青之與黄，閒色成緑，是緑淡於青而濃於黄也。

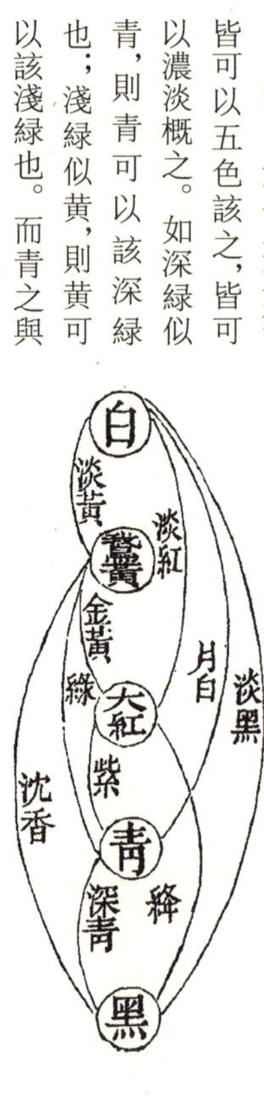

五、實色，濃淡有定者也，人巧閒之，本章四。遂成多種虛色。在空隨時變幻，本章一解。固亦宜然。大抵不越乎濃淡而已。本章四。爲次其等，白爲最淡，深則黄，深則紅，深則青，最深至黑而止。試觀深黄與淺紅，似未可亞也，而辨藤黄之畫於鐙下，視若無色者，唯黄連濃汁，鐙下可見色較深也。較紅淡矣。又觀淺青與深紅，似未爲勝也，而辨石青之畫於黄昏，無殊夫黑者，視紅濃矣。

六、色莫淡於白，白亦有濃淡；粉爲最濃，以次而淡，至空而止。

解曰：玻璃視物，雖若無隔，究能辨之者，是亦淡白也。空中無物，白晝黄昏，究覺有別，是空非無色也。或疑空雖淡白，然白晝未必淡於玻璃，此鈎金輿羽之説非正論也，何也？兩色同類，唯淡色中見濃則顯，濃中見淡則不顯。異類則否。始烘雲託月之類，本章三解。今玻璃與空同一淡白，隔玻璃於空，見玻璃之色；隔空於玻璃，不見空之色。此濃淡之分矣。

七、凡視物，近大而遠小，是爲遠差。色近則顯而濃，色遠則淡而隱，亦遠差也。一由於目力不及，一由於濛氣迷離。本西人第谷説。

論曰：或謂物遠則淡，由於濛氣，其理易明。物遠則小，其理難測。曰：此視法中度數之學也。如圖，物大戊己，移遠則如丙庚，夫丙庚與戊己，其大自等，而自甲視之，在己爲六十度者，移至庚止得三十度，故小也。【略】

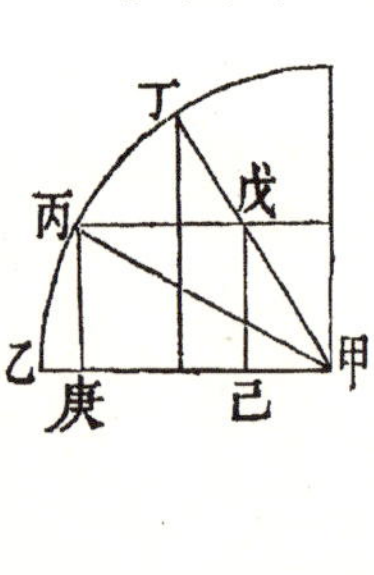

又　原目

一、目中心黑點，資乎腎水，亦水類也。是爲内光，故含影見物。

二、目照物，似不通光之鏡，實則通光之體，但居明視暗，他人不能見其通光耳。

論曰：目照物，與含光鏡同，若不通光者，然而視物則有獨擅之能者，知其實通光也。如云不然，何清矇内膜照物自同，而視焉不見乎。《遠鏡説》云：人睛中有眸，張閉自宜，睛底有[illegible]，原本如此，想是圖其象耳。屈伸如性，高窪二鏡自備目中云云。若不通光，屈伸何爲？《人身説概》云：腦中從頸髓生兩細筋，上合爲一，復分爲兩支，到兩眼。又云：五官容受外來，送至腦中與總覺之司，如置郵然云云。若不通光，又何物之能送。

三、目睛内有物如水晶球，本《人身説概》。故外面包裹，其形必凸。凸者返照物景恒小，能使當前全境畢照。蓋視法有二：其一從目中心出兩線，射物上下，以取物全體而得其形；其一從睛上下二邊各出一線，以射物細分而察其質。兩法之線皆三角理，凸則角愈展而物景小，故全境皆收入也。

四、視法近大遠小，是遠差也。原色七。間有遠而覺大者，則濛氣差也。

五、睛形有二解：一曰外凸有聚光能力，一曰内長有伸縮能力。外凸之光線以廣行爲用，内長之光線以收展爲用，故妙齡睛足可聚成三角以察近細，亦能展殺三角以矚高遠。其劣者則爲短視，爲老花，各有二種，分疏於後。

六、短視之睛凸多深，老花之睛凸多淺。凡凸者照景必小，凸深愈小。景之小者視物必覺大也。引鏡自照，景與面相若也，而目中面景不能充滿黑子焉。短視凸深與小而近者宜，而不能見遠。睛凸深者不見遠，而視近則愈明。如蜻蜓之屬，目若半球，深極矣，故一二尺外絶不畏人，不見遠也。若近至寸許，雖捷者攖之則難，視近至鉅且明也。老花凸淺與大而遠者宜，而不能察近。蓋物雖大而遠，遇凸之深者，其景束於黑子微至之處而不大。景束愈小，則視覺愈大，茫然不見矣。物雖小而近，遇凸之淺者，其景溢於黑子輪廓之外而不小，景溢愈大，則視覺益小，昏而不清矣。此短視、老花之一種也。

論曰：目凸深則微至，《考工記》之言察輪欲其微至，謂輪至地者微也。凡圓與平相切，微至則圓者，理也。而圓小愈微者，勢也。微至則物大而景小，景小則以三角視物而形覺大，故宜視近。凸淺則幾平，幾平則景小，亦殺。去聲。景殺則似平行視物而線角展，故宜視遠。景束，景溢，其理必然，第在本人目力，既有定限，亦有難於自覺者。然以常人之目，試視一字頗明顯也；徐徐近之，必有昏花之處；以意牢記其大小，再驟引遠至明顯處，必覺略大；再漸遠之，然後漸小。夫近大遠小者，遠差理也。今反遠大近小，非景溢而覺其小乎？由是則老花之理明，而近視之理可反推矣。

七、人有終日一編，視不逾几席者，即成短視。有務於眺遠，不耐近察細書者，即成老花。緣睛爲長體，其面爲凸，其底爲凹。《遠鏡説》所作[illegible]，疑是圓其凹形。凹與凸合，伸長則見近，縮短則見遠。習於伸者不良於縮，是以不見遠也。習於縮者不良於伸，是以不察近也。此短視老花之又一種也。本《遠鏡説》。《人身説概》云：近視，小球不在前而近中心，殆因已縮，不能再縮視遠耳。

一系，試法，目前數寸隔紗視物，合眸微啓，則紗之經緯井然，而外物模糊不清。若昊其目，則外物呈露而紗之經緯茫然矣，豈非伸縮眸子之故乎？短視者多矇矓其目而覷遠，知其伸縮皆與常人反也。

八、目有兩，閉一用一，其視力相若者，光同故也。各視一物，則一明一昏者，心不二用也。故常人視物，必兩目並集，使兩光相疊而視益明，蓋光複必深也。原光十四。若爲物所礙，兩目不能並用，必閉其一而視亦明，視力專也。本《儀象志》。是以眇一目及睛斜者，止一目得力，雖不相疊，亦不害於視耳。

論曰：兩目左右各出視線會於一物，不惟欲使光疊益明，且目有兩，不致一眇而廢視，此造物所加意也。故目有疵者，或一斜一正，則兩視線不能相會，爰用一目左右互代，亦不廢視。如云不然，則視線到物兩岐，豈不物一而見兩乎。醫家謂精不足，則視物兩岐，此又一理。以一目之光散成兩線也。試以指按目，視鐙頭則見岐成兩三鐙頭也。短視竟有兩目深淺者，曾見定造鴛鴦眼鏡云。

九、目線視物，因物大小以收展合視法。然人目有不同，故兩線角亦有大小，而視物大小各不同矣。

論曰：月初出地，或謂如盂，或謂如輪，由人心所擬不同，何至相懸若是？故知視角異也。

一系，試法，取數寸之物，逼目視之，眸不動，必不能見兩端；徐引遠之，使恰見兩端而止，量目距物，可知此人目角幾何也。

二系，目有雀盲者。雞及諸禽入夕則瞑，不能視，而非盲也。如鵰鼠明於夜而瞀於書，魚鰕察於水而眊於陸，此物各一性，觸覺之殊，無關光也。在人則爲病耳，醫家謂爲肝血不足。蓋肝主目，肝不足，故觸覺應異常人也。此專論光，姑略焉。

十、目上邊必射物上邊，下邊必射物下邊，故物入目各如其分而不淆。若有他故隔礙，則甯昏然不見而目線仍如常不變。

解曰：目線三角，或深或淺，因物收展其常也。設物隔小孔，孔束物線成交，目出交外，則目順交線即爲交隔，故目仍如常，三角視孔，止見物塞滿孔隙，昏然不見物形矣。如云不然，則目順交線，豈不見物爲倒象乎？

十一、目爲内光，原光二。故照物見景。在人見爲見景，在已即見物形。若取景則不必於内光，原光四。而可見倒景於目。在人見爲見倒景，在已反不能見物形，有交線隔目線故也。本章十。

解曰：照物得景，内光含其景故。取景得倒，格術原線八。聚其光故。含其景，是目中有物象也。聚其光，非目中有物象也。夫取景法，物必塞滿孔之邊，景恒溢出眸之外。故物景之大有定度，目線之法無所施，取景雖明，視物反窒矣。如云不然，則物既見倒景入目矣，使目亦見物形，豈不倒順兩景交錯乎？

十二、塵封垢膩，光之累也，洗拭是宜。目液涵濡，所以洗之。闌干目眶也。啓閉，所以拭之。本《人身説概》。

一系，目以收展三角視近遠是也，而謂老花爲平行則非矣。《遠鏡説》不得於言，順文失當，今正之，故體其意而圓其語也。

劉嶽雲《格物中法》卷三《火部》

光

以目見，若以火見，火謂火熱也，非以火之熱。《墨子》。

嶽雲謹案：目見若以火見。火者，目光感火光，兩光相感而成見也。火，熱也，非以火之熱者，言火由于熱而用則在光也。以喻見雖在目，而用則在神。

智以目見，而目以火見，而火不見。《墨子》。

且猶白以目以火見，而火不見，則火與目不見而神見，神不見而見離。《公孫龍子》。

嶽雲謹案：目以火見，而火不見者，猶《楞嚴經》論眼根通目未嘗往，色未嘗來義也，亦即火與目不見而神見之義也。西士論光入目，由光感以脱氣成浪而入目，不如中國古義之精。

附：目爲宗脈之所聚，上液之道也。液者，所以灌精濡空竅者也。液竭則精不灌，精不灌則目無所見矣。《素問》。

夫心者，五藏之專精也。目者，其竅也。積水者，至陰也。至陰者，腎之精也。水之精爲志，火之精爲神，志與心精共湊于目也。《素問》。

東方青色，入通于肝，開竅于目，肝受血而能視。《素問》。諸脈者皆屬于目。《素問》。

目者五臟六腑之精也，營衛魂魄之所常營、神氣之所生也，故神勞則魂魄散、志意亂。是故瞳子黑眼法于陰，白眼赤脈法于陽也。故陰陽合傳而精明也。《素問》。

【略】

目者，心傳也。心者，神之舍也。故神精亂而不轉，卒然見非常處。精神魂魄散不相得，故曰惑也。《素問》。

夫經言厥則目無所見。夫人厥則陽氣并于上，陰氣并于下。陽并于上，則火獨光也。陰并于下，則足寒。足寒則脹也。夫一水不勝五火，故目眥盲。《素問》。

嶽雲謹案：人目見物，物景落于目底，同于照相箱，故物過能憶所見。歐洲有被人害者，不得主名，官來驗時，設法得其目底之景，因捕犯治罪。

目中心黑點資乎腎水，亦水類也，是爲内光，故含影見物。《鏡鏡詅癡》。

目照物似不通光之鏡，實則通光之體，但居明視暗，他人不能見其通光耳。《鏡鏡詅癡》。

目睛内有物如水晶球，故外面包裹，其形必凸。凸者返照物景恆小，能使當前全境畢照。蓋視法有二：其一從目中心出兩線射物上下，以取物全體而得其形；其一從睛上下二邊各出一線以射物，細分而察其質。兩法之線皆三角理，凸則角愈展而物景小，故全境皆收入也。《鏡鏡詅癡》。

睛形有二解：一曰外凸，有聚光能力；一曰内長，有伸縮能力。外凸之光線以廣行爲用，内長之光線以收展爲用。故妙齡睛足，可聚成三角以察近細，亦能展殺三角以矚高遠。其劣者則爲短視，爲老花。《鏡鏡詅癡》。

目線視物，因物大小以收展合視法，然人目有不同，故兩線角亦有大小而視物大小各不同矣。《鏡鏡詅癡》。

已上見光之理。

古人所以恃句股術，謂其有證于近事，顧未知目視不能及遠，遠則微差，其差不已，遂與術錯。《新唐書·天文志》。

嶽雲謹案：此言視差也。常人目光視平行之物，愈遠愈窄，此由視力成一圓錐形故也。依理故有界畫之法。詳年希堯《視學》。若夫視一爲兩，視正爲斜，視五色互易，視殊形妄見，乃目之眚，雖涉光理，無暇詳述。

太山之高，參天入雲，去之百里，不見埵塊。《論衡》。

試使一人把大炬火夜行於道，平易無險，去人不一里，火光滅矣。非滅也，遠也。《論衡》。

天行已疾，去人高遠，視之若遲。蓋望遠物者動若不動，行若不行。何以驗之？乘船江海之中，順風而驅，近岸則行疾，遠岸則行遲，船行實一也。或疾或遲，遠近之視使之然也。《論衡》。

山底行者，望嶺樹如簪，視岫虎如犬。《劉子》。

嶽雲謹案：此皆言視差也。

有因視差爲用者，如江甯七月作盂蘭，會之茶棚，懸掛鐙匾，中用紅紙條編四字。其正視此四字，與從左邊斜視，從右邊斜視，字均不同。比如正視爲天下太平，左邊斜視爲風調雨順，右邊斜視爲國泰民安。其編此紙條之人並不知有光學視差，而其法則甚巧。此亦中人心思突過西人之一端也。成肇麐筆記。

已上視差。

又　色

色非光不見，故色必資乎光，晝資乎日，夜資乎月星與火。光盛則色顯，光微則色隱。《鏡鏡詅癡》。

凡色萬有不齊，皆可以五色該之，皆可以濃淡概之。爲次其等，白爲最淡，深則黄，深則紅，深則青，最深至黑而止。試觀深黄與淺紅，似未可

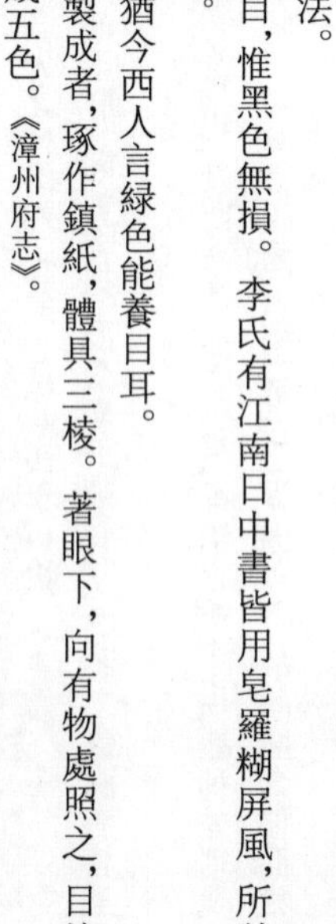

亞也，而辨藤黄之畫于燈下，視若無色者，較紅淡矣。又觀淺青與深紅，似未爲勝也，而辨石青之畫于黄昏，無殊于黑者，視紅濃矣。《鏡鏡詅癡》。

嶽雲謹案：此言色由于光。

畫繢之事雜五色，東方謂之青，南方謂之赤，西方謂之白，北方謂之黑，天謂之玄，地謂之黄。青與白相次也，赤與黑相次也，玄與黄相次也。青與赤謂之文，赤與白謂之章，白與黑謂之黼，黑與青謂之黻，五采備謂之繡。《周禮·考工記》。

嶽雲謹案：此言五色相次之法，蓋用相近之色並列，則色混而不顯；用相遠之色並列，則色愈顯而可觀。

青赤黄白黑，五方之正色也。以木克土，則青黄合而成緑。以金克木，則白青合而成碧。以火克金，則赤白合而成紅。以水克火，則黑赤合而成紫。以土克水，則黄黑合而成緇。此五方之間色也。《朱子或問》。

嶽雲謹案：亦見《癸辛雜識》，蓋襲朱子之説。

染於蒼則蒼，染於黄則黄，所入者變，其色亦變。《墨子》。

一染謂之縓，再染謂之赬，三染謂之纁。《爾雅》。

三入爲纁，五入爲緅，七入爲緇。《周禮·考工記》。

以涅染紺則黑于涅。又以紺入黑則爲緅。《淮南子》。

嶽雲謹案：此言色愈深則愈近于黑也。

甯封子，黄帝陶正，掌火，能作五色煙。唐《類函》引《列仙傳》。

嶽雲謹案：煙作五色，如今煙火家，入鐵養成紅色火，入銅養成藍色火，入樟腦成白色火之類。金類質在燄。火内發出之氣能令火光之色改變，因此而得光色分原之法。

凡視五色皆損目，惟黑色無損。李氏有江南日中書皆用皂羅糊屏風，所以養目也。《倦游雜録》。

嶽雲謹案：猶今西人言緑色能養目耳。

五采石亦用藥製成者，琢作鎮紙，體具三棱。著眼下，向有物處照之，目鏡所遇瓦礫草木，盡成五色。《漳州府志》。

嶽雲謹案：此即西書所云三角玻璃令光分七色者也。西書之理得于中國者，蓋多矣。

紀事

張華《博物志》 逸文

交州南有蟲，長一寸，大小如指，有廉棱，形似白石英，不知其名，視之無定色，在陰地色多紺緑，出日光中變易，或青或緑，或丹或黄，或紅或赤，女人取以爲首飾。宗岱每深以爲物無定色，引雲霞以爲喻託，此以助成其說。今孔雀毛亦隨光色變易，或黄或赤，但不能如此蟲耳。已上並《御覽》九百五十。

皇甫牧《玉匣記》陶宗儀《説郛》卷三一下 太常博士李處厚知廬州梁縣，嘗有毆人死者，處厚往驗傷，以糟或灰湯之類薄之，都無傷跡。有一老父求見，乃邑之老書吏也，曰：知驗傷不見跡，此易辨也，以新赤油繖日中覆之，以水沃屍，其跡必見。處厚如其言，傷跡宛然。自此，江淮之間官司往往用此法。

李昉等《太平御覽》卷九五〇《蟲豸部七》 十二時

《嶺南異物志》曰：容州有蟲如守宫，身圓而頸長，頭有冠幘一，日中隨時變色，青、黄、赤、白、黑，未嘗定。上人不能呼，名爲十二時蟲，齧不可療。

又曰：南方有蟲，大如守宫，足長身青，肉鬣赤色。其首隨十二時變，子時鼠，丑時牛，亥時猪，性不傷人，名曰避後，見者有喜慶。

《嶺表録異》曰：十二時蟲，則蛇師蜥蜴之類也。土色者，身尾長丈餘，腦上連背有鬐鬣，草樹上行極迅速，亦多在人家籬落間，俗傳云一日隨十二時變色，因名之。

歐陽修等《新唐書》卷三四《志第二十四・五行志》 安樂公主使尚方合百鳥毛織二裙，正視爲一色，傍視爲一色，日中爲一色，影中爲一色，而百鳥之狀皆見。以其一獻韋后。公主又以百獸毛爲韉面韋后，則集鳥毛爲之，皆具其鳥獸狀，工費巨萬。

沈括《夢溪筆談》卷一七 書畫

江南中主時，有北苑使董源善畫，尤工秋嵐遠景，多寫江南真山，不爲奇峭之筆。其後建業僧巨然祖述源法，皆臻妙理。大體源及巨然畫筆皆宜遠觀，其用筆甚草草，近視之幾不類物象，遠觀則景物粲然，幽情遠思，如覩異境。如源畫《落照圖》，近視無功，遠觀村落杳然深遠，悉是晚景，遠峰之頂宛有反照之色，此妙處也。

朱彧《萍洲可談》卷二 蕃人非手刃六畜則不食，若魚鼈，則不問生死皆食。其人手指皆帶寶石，嵌以金錫，視其貧富，謂之指環子。交阯人尤重之，一環直百金。最上者號猫兒眼睛，乃玉石也，光燄動灼，正如活者。究之無他異，不知佩襲之意如何。有摩娑石者，辟藥蟲毒，以爲指環，遇則吮之立愈，此固可以衛生。

宋應星《天工開物》卷下《珠玉第十八》 玉

此外惟西洋瑣里有異玉，平時白色，晴日下看映出紅色，陰雨時又爲青色，此可謂之玉妖，尚方有之。朝鮮西北太尉山有千年璞，中藏羊脂玉，與蔥嶺美者無殊異。其他雖有載志聞見，則未經也。

王士禎《分甘餘話》卷二 本朝侍衛皆於冠上帶孔雀翎，以目暈之多寡爲品之等級。武臣提督及總兵官亦有賜者，後文臣督撫亦或蒙賜，得之者以爲榮。

藝文

江淹《江文通集》卷一《麗色賦》 楚臣既放，魂往江南。弟子曰玉，釋佩解驂。濛濛淥水，裛裛青衫。乃召巫史，兹憂何止。史曰：臣野賦楷無野字。膠學蔽理，臣之所知，獨有麗色之説耳。夫絶世一作代。獨立者，信東方之佳人。既翠眉而瑶質，亦盧瞳而赬脣。灑一作鎍。金花於一作及。珠履，颯綺袂與錦紳。色練練而欲奪，光炎炎其一作而。若神。非氣象之可譬，奚影響而能親。故仙藻靈艷，金華玉儀。其始見也，若紅蓮映池；其少進也，如綵雲出崖。一作衣。五光徘徊，十色陸離。寶過珊瑚同樹，價值瓊草共枝。雖玉堂春姬，石室素女，張烟霧於海際，耀光景於河渚。乘天梁而浩蕩，叫帝閽而延佇。猶比之無色，方之非侣。於是彫臺繡户，當衢横術；椒庭承月，碧幌延日。架虬柱之嚴麗，亘虹梁之峻密。錦幔垂而香寂，桂烟起而清溢。女乃耀邯鄲之麗步，媚趙北一作北里。之鳴瑟。若夫紅華舒春，黄鳥飛時；紺蕙一作穗。初嫩，赬蘭始滋。不孼衡帶，無倚桂旗；摘芳拾藥，含詠吐辭。笑月出於陳歌，感蔓草於衛詩。故一作迨夫。氣炎日永，離明火中。槿榮任露，蓮華勝風。後簷丹葵，前軒碧桐。笙歌畹右，琴儛池東。嗟靈王之心悦，怨漢女之情空。至乃西陸始秋，白道月弦，金波炤户，玉露曖天，綱絲挂牆，綵螢繞梁。氣已濕一作温。兮曉未半，星雖流兮夜何央。憶襍珮兮且一欷，念錦衾兮以九傷。及沍陰一作及乎沍陰。凋時，氷泉凝節。軒疊厚霜，庭澄積雪。鳥封魚斂，河凝海結。紫帷鉿匝，翠屏環合；麝密周彰，燈爐重沓。恥新臺之青樓，想上宫之邃閣。一作閤。若乃水炤景而見底，烟尋風而無極。霧出吴而綺章，雲堆趙而碧色。露辭楚而容裔，風去燕而悽惻。莫不輟鏡徙倚，擘琴心息。於是帳必藍田之寶，席必蒲陶之文。館圖明月，室畫浮雲。春蠶度網，綺地應紡。秋梭鳴機，織爲襞衣。象奩瓊盤，神瀝仙丹。雕柱彩瑟，九華六出。翠蕤羽釵，緑秀金枝。故言必入媚，動必應規，有光有豔，如合如離。氣柔色靡，神凝骨奇。經周一作奏。歷趙，既無其雙。尋楚訪蔡，不覿一作觀。其容。亦可駐髮還質，驂星馭龍。躅憂忘死，保其家邦。非天下之至麗，孰能預於此哉！宋大夫耀影汰迹，紫魂洒魄，賞以雙珠，賜以合璧，拂巫盪祝，永爲上客。

獨孤授《白受采賦》李昉等《文苑英華》卷一一四 白者物之正色，采自人之發揮。有善政之功，何不合？執必疑。遷之性，詎能非？所以投質而丹青必應，改作而玄黄莫違。玉色可移，酒變美人之貌；素容可比，塵緇遊子之衣。始以潔白爲佳，無文是寶。流行於一掬之緑，遷移於五章之好。假乎異物，奚謂莫知其他？變而從宜，匪曰不恒其道。是知白之美者，采必加諸。始謂不愆其素，終成求媚之虚。潔其身，敢望於潤色。汚爲染，勿訝其文如。露變盤中之文，氤氲而乍結。雲改封中之色，燦爛而潛舒。然知素以爲貴，文而後進。棄彼涅而不緇，從我動而無競。知其白不足以含章，美其文必滋乎彩潤。豈舊染於姦色，因物有遷？自委質以成文，非我無信。於是推其嗜好，窮其妍不，虚白爲文藻之宗，繪事爲朴素之後。坦然明白，佩此以飭身；婉而成章，是期乎假手。若以考自然之性，明發彩之功。專其容，知變以爲義；形於色，不雜而爲忠。英英之雲，抱日之文何染？鑿鑿之石，補天之力何工？如以素質，莫問奇文是啓。耀之以不黓之文，居之以勿執之體。可黄可黑，將興墨子之悲；或素或青，未易殷王之禮。不然者，何以麻衣雖白兮采服斯有，如雪之潔兮如濡已受。黔生白鵠之羽，赤點青蠅之首。發顔色兮不辱其身，離堅白兮莫失其守。懿夫明斯理者，然後知吾道之不苟。

張何《早秋望海上五色雲賦》李昉等《文苑英華》卷一一 夫幽棲多暇，樂道閒居。坐文章之苑囿，放精思以畋漁。詠太冲之《招隱》，諷相如之《子虚》。覩蘭凋而蕙歇，傷夏卷而秋舒。昇重軒以徙倚，目平海而踟躕。見五雲之間出，繞三山而忽諸。映烏晶之曈朗，涵蜃氣之紓餘。光泛泛而逾浄，影離離而不跦。懿夫騰碧海，瑞皇家，金柯玉葉兼雜花。文璀璨，光紛華。況夫羅幃錦帳繞香車，雙虹宛轉縈翠霞。及夫倐而聚，忽而散，霓裳羽旆相陵亂。倚長空，浮迥岸；宛若瓊樓金闕横天半，美人濯錦春江畔。既而叢彩可望，奇狀難名。羣象糾紛，疑綺羅之繡出；五色明媚，若丹青之畫成。影沉波而海晏，氣羃岫而山晴。嗤碭嶺之光淺，耻汾川之色輕。壯瑞圖之舊籙，應樂府之新聲。似帝鄉之迢遰，冀有司而見行。悠悠帝國三千里，不託先容誰衒美？希君顧盼當及時，無使霏微散成綺。

陶拱《五色比象賦》李昉等《文苑英華》卷一一四 聖人以王命之施，宫秩之設。貴有品類，賤有等列。望之可辨，非旌表而焉知；出而身疑自。殊，宜車服之有别。於是招繪素之黨，召彩筆之徒。程亂目之衆色，寫外物於百夫。以侯伯子男之服爲飾，以山龍華蟲之象爲殊。莫不煌煌熒熒，燁燁煜煜。青爲山兮曉疑巖而争峻，赤爲火兮艷熾而含燠。粉米以純白而璀璨，宗彝以太玄而馥郁。二字一作黝儵。翬一作綷。而爲羽，則振迅而對飛。暈而爲龍，則跨騰而相逐。蓋上古之禮制，亦當今之法服。必謂美妙無盡，精微有餘。侔桂月之規，縱麗天而莫勝；擬海藻之質，雖摛文而不如。實逞巧之無比，信取象而靡虚。豈徒用别於涖職，蓋亦或施於乘車。懿其創自於心，成之在手。或大之者不遺其美惡，小之者不失其妍醜。此實權等於真宰，功齊於妙有。所以作國家之程式，辨王臣之印綬。歷萬代之恒規，經百王而共守。不然者，法實紛糾，制有允休。何必假其彩色之炳焕，於君子之衣裘。合九章之物者則寫，非五等之服者則不。故往代垂模，明君立制。一則爵命之易辨，一則制一作物。容之昭麗。宜乎嘉其義，重其事。佐盛禮而罔易，垂後代以永示。信哉表德之爲良，亦美作者之深意。

李程《青出於藍賦》李昉等《文苑英華》卷一一四 藍蘊嘉色，青出其中。諒究本而不異，由入用而靡同。渥彩必因乎外發，至精不得以内融。曁乎時日既臻，染人云至。備震方之正色，遵《周官》之故事。行採之際，詎盈詩人之襜；俯拾之時，亦異炎洲之翠。非取榮以翫悦，將有求於精粹。比夫珠研而益丹，劒淬而逾利。惟英華是擇，惟混濁是棄。曷捨彼而取此，信本同而末異。當時所譽，盡彼精英。被以純深之色，總乎遷染之名。陰隲四時，與服因我而更御；彰施五采，玄黄待我而後成。初類含章而潛伏，今若開輝而發明。豈不以蒼然之迹始分，焕爾之英久積。研精逾麗，昭章可覿。謂玄之又玄，符益之又益。則明珠之剖巨蚌，美玉之出蘊石。彼皆異狀而竟殊，此則一變而不易。且夫色無以加，孰曰取實而去一作棄。華。光不可昧，必惟自中而形外。故臻乎極而不失其色，發乎深而其用惟新。積而成形，等氷寒於水；演而大義，同絲出於綸。俾夫外則文爲藻繢，内則體合一作含。精純。故煙生於火，配乎物；情根於性，本於仁。子貢賢於仲尼，莫知功倍；季孫富於魯國，孰謂德均。君子思端本而肇末，恥後先以超越。故取斯而喻斯，謂不悱而不發。

張仲素《繪事後素賦》李昉等《文苑英華》卷一一四 畫繪之事，彰施於文。表其能，故散采而設；雜其暈，故後素而分。運茲潔白之光，綜彼深淺之色。始其布濩，終若組織。成山龍華蟲之美，實曰當仁；後黑黄蒼赤之采，二字一作而來。固無慙德。間精微而不亂，蔚明麗之相得。昭昭以著，郁郁斯皇。發衆狀而逾出，映繁文而益彰。奪朱紫兮不能爭其要，汙白黑兮無以損其光。于以界道，斯能辨方。一作于以成章。昔實瞻之在前，昭其本始；今爲本者居上，爛以主張。素爲繪兮，事惟從古。禮於繪也，義實斯取。其素也，同至淳之得一；其繪也，合比象而爲五。理衆者寡，予惟汝明。無使輝華自混，庶使毫髮難并。處皦昧之間，造形則辨；居有無之際，遇物皆呈。雖欲勿用，曷其有成。乃知作繪者惟文是務，言詩者在理爲喻。故得盡飾之道，不愆於素。探《周禮·冬官》之職，諧《衛風·碩人》之詞。爰遂事而乃眷，幸全功而勿疑。質不勝文，孰謂何先何後；白能受采，有以顛之倒之。胡未至而取誚，豈卒獲而能期。不有分布，孰爲文彩。恒起予於後進，潤色斯存；苟棄我於已前，一作然。人文焉在。美矣夫繪事之義，所以刑萬邦而昭四海。

元稹《郊天日五色祥雲賦》李昉等《文苑英華》卷一一 臣奉某日詔書曰：「惟元祀月正之三日，將有事於南郊。」直端門而云一作未。出，天錫余以雲瑞。是何祥而何吉？臣稹稽首，敢言其實。陛下乘五位而出震，迎五帝以郊天。五方騰其粹氣，故雲五色以相宣。排空一作控壇。乍直，捧日初圓。獸蹲而龍鱗熠熠，鳥跂而鳳翼翩翩。羽蓋凝而軒皇蹔駐，風馬駕而王毋欲前。影帶其彩，一作旂常。疑錯繡之遥屬；一作動。光照乎一作昭文章。物，比摛錦之相連。觀之者無小無大，觀之日一作曰。非烟若烟。一作若烟非烟。昔者卿雲作歌於虞舜，白雲著詞於漢武。皆跂望而爲言，非仰觀而遂覩。今陛下德至天地，恩覃草莽，當翠輦黄屋之一有方字。行，見金枝玉葉之一有可字。數。陋泰山之觸石方出，句。鄙高唐之舉袂如舞。昭示於公一有侯字。卿，士莫不稱萬歲者三；並美於麟鳳龜龍，可以與四靈而一作爲。五。於是載筆氏書百辟之詞曰：「郁郁紛紛，維慶霄之雲。古之一作有。堯舜，幸得以爲君。」象一有胥字。氏譯四夷之歌曰：「煒煒煌煌，天子之祥。唐有神聖，莫敢不來王。」帝用愀然，句。曰：「予何力？澤未周於四海，雲胡爲乎一作而。五色。來以一作爾。羣后，舉爾衆職。由一作因。五行以脩五事，遵五常而厚五德；正五刑以去五虐，繁五稼而除五賊。苟順夫人理一有之字。父子君臣，則安知雲物一有之字。赤黄蒼黑。進我輦輅，就我鈞陶。一作陶匏。雖有光華之萬狀，不若豐穰於四郊。」凡百庶僚，相趨而顧。稍疑江上之奇，一作綺。果異封中之素。補天者維一作雖。欲抑之而不出，簪筆者安可寢之而無賦。越明日，臣稹詠霈澤於雞竿之前，覩斯雲散之爲五彩之湛露。

張階《黄賦》李昉等《文苑英華》卷一一四 堪輿之内，羣象茫茫，均四時之辨物，列五色以居方。名可大者，其惟中黄。吹律成音，考定宫商之韻；麗天爲則，遥分日月之光。石在穀城之下，氣流華闕之傍。雲瑞命官而共治，星見知芒之莫當。恒發揮於暳暳，寧見混於蒼蒼。黄之爲用，時義大矣。揣稱之功，請言其始。土德載物，首更一作輿。王之五行；河水流謙，恒曲成於千里。鶴拂羽於太液，龍弄鱗於成紀。悲哉秋之爲氣，歲將暮止。菊花可折，凝曉露而含光；木葉既零，拂涼風而亂起。夫惟色有其變，用無不遍。染素絲之正色，映飛塵而不見。合氛昏而慙隱，向晴暾而復見。漢霧塞而呈災，秦蛇夢而命奠。乃有號國窮士，非聖不述，務本於三，學道於一。雖觀色而託賦，猶守中而靡失。希執念而見昇，願啓心而就日。

色散現象分部

論説

毛亨傳 鄭玄箋 陸德明音義 孔穎達疏《毛詩注疏》卷四《國風·鄘風·蝃蝀三章》 蝃蝀在東，莫之敢指。傳：蝃蝀，虹也。夫婦過禮則虹氣盛，君子見戒而懼諱之，莫之敢指。箋云：虹，天氣之戒，尚無敢指者。況淫奔之女，誰敢視之。女子有行，遠父母兄弟。箋云：行，道也。婦人生而有適人之道，何憂於不嫁而爲淫奔之過乎，惡之甚。音義：虹，音洪，一音絳。遠，于萬反，下同。惡，烏路反，下惡之皆同。疏：正義曰，此惡淫奔之辭也。言虹氣見於東方，爲夫婦過禮之戒。君子之人尚莫之敢指而視之，況今淫奔之女，見爲過惡，我誰敢視之也。既惡淫奔之女，因即就而責之。言女子有適人之道，當自遠其父母兄弟，於理當嫁，何憂於不嫁而爲淫奔之過惡乎。傳正義曰：《釋天》云：螮蝀謂之雩。螮蝀，虹也。郭璞曰：俗名爲美人。《音義》云：虹雙出，色鮮盛者爲雄，雄曰虹；闇者爲雌，雌曰蜺。此與《爾雅》字小異，音實同，是爲虹也。《序》云「止奔」，而《經》云莫之敢指，是虹爲淫戒，故言夫婦過禮則虹氣盛也。夫婦過禮，謂不以道，妄淫行夫婦之事也。《月令》孟冬虹藏不見，則十月以前當自有虹。言由夫婦過禮者，天垂象，因事以見戒，且由過禮而氣更盛，不謂凡平無虹也。

鄭玄注　陸德明音義　孔穎達疏《禮記注疏》卷一五《月令》　桐始華，田鼠化爲鴽，虹始見，蓱始生。注：皆記時候也。鴽，鴾母。螮蝀謂之虹。蓱，萍也，其大者曰蘋。音義：鴽，音如，鴾母也。蔡云：鶉鷃之屬。虹，音紅，又音絳，螮蝀也。見，賢遍反。蓱，步丁反，水上浮萍也。毋，無上音，牟又如字。蝃，本又作螮，丁計反，亦作蝃同。蝀，本亦作東。同，丁孔反。萍，音平。蘋，毗人反。疏注正義曰：鴽，鴾母。《爾雅·釋鳥》文。郭氏云謂鶴也，李巡云鴽鶴，一名鴾母。郭景純云鶴也，青州呼鴾母。舍人云，母作無。今此注母無，母當作牟，謂牟無也，聲轉字誤。牟字作母。云螮蝀謂之虹者，《爾雅·釋天》文。郭氏云：雄者曰虹，雌者曰蜺。雄謂明盛者，雌謂闇微者。虹是陰陽交會之氣。純陰純陽則虹不見，若雲薄漏日，日照雨滴則虹生。

郭璞注　陸德明音義　邢昺疏《爾雅注疏》卷五《釋天·風雨疏》　天氣下，地不應曰雺；注：言蒙昧。地氣發，天不應曰霧。霧謂之晦。注：言晦冥。螮蝀謂之雩。螮蝀，虹也。注：俗名爲美人虹。江東呼雩。蜺爲挈貳。注：蜺，雌虹也，見《離騷》。挈貳，其別名，見《尸子》。弇日爲蔽雲。注：即暈氣五彩覆日也。疾雷爲庭霓。注：雷之急擊者，謂霹靂。雨霓爲霄雪。注：《詩》曰：「如彼雨雪，先集維霓。」霓，冰雪雜下者，謂之霄雪。暴雨謂之涷。注：今江東呼夏月暴雨爲涷雨。《離騷》云「令飄風兮先驅，使涷雨兮灑塵」是也。

【略】云天氣下，地不應曰雺者，郭云：「言蒙昧。」《洪範》云：曰雺。鄭注云：雺聲近蒙。《詩》零雨其蒙。則雺是天氣下降，地氣不應，蒙闇也。云地氣發，而天不應曰霧，霧謂之晦者，郭云：言晦冥。《月令》：仲冬行夏令，氛霧冥冥。鄭云：霜露之氣散相亂也。然則地氣發而上，天不應之，則爲氛霧。霧又名晦。《春秋》僖十五年：己卯晦，震夷伯之廟。《公羊》《穀梁》皆云「晦，冥也」是矣。云螮蝀謂之雩。螮蝀，虹也者，郭云：俗名美人虹。江東呼雩。然則螮蝀一名雩，一名虹，《詩·鄘風》云蝃蝀在東。《月令》：季春之月，虹始見。音義云：虹雙出，色鮮盛者爲雄，雄曰虹。闇者爲雌，雌曰蜺。虹是陰陽交會之氣，純陰純陽則虹不見，若雲薄漏日，日照雨滴則虹生。螮與蝃音義同。云蜺爲挈貳者，蜺，雌虹也，一名挈貳。《說文》云：霓，屈虹，青赤，或白色，陰氣也。郭云見《離騷》者，即《天問》云：白蜺嬰茀，胡爲此堂。及《遠遊》章云「雌蜺嫂嬛以會橈兮」是也。挈貳，其別名也，文見《尸子》。云弇日爲蔽雲者，郭云：即暈氣五彩覆日也。然則暈氣弇日名蔽雲。《周禮·春官》：眂祲掌十煇之法。鄭司農云「煇謂日光炁」是也。云疾雷爲霆霓者，郭云：雷之急擊者謂霹靂。案《說文》云：霆，雷餘聲也。

尸佼《尸子·君治》　日五色，至陽之精，象君德也。五色照曜，君乘土而王。八極之内，有君長之。東西二萬八千里，南北二萬六千里，故曰天左舒而起牽牛，地右闢而起畢昴。燧人上觀星辰，下察五木以爲火。燧人之世，天下多水，故教民以漁。宓羲氏之世，天下多獸，故教民以獵。神農理天下，欲雨則雨，五日爲行雨，旬爲穀雨，旬五日爲時雨，正四時之制，萬物咸利，故謂之神。少昊金天氏邑於窮桑，日五色，互照窮桑。

王逸《楚辭章句》卷五　遠遊章句第五

建雄虹之采旄兮，係綴螮蝀，文采紛錯。五色雜而炫燿。衆采雜厠而明朗也。

許慎撰　徐鉉增釋《説文解字》卷一一下　霓　屈虹，青赤或白色，陰氣也。从雨，兒聲，五雞切。

又　卷一三上　虹　螮蝀也。狀似蟲。从虫，工聲。《明堂月令》曰：「虹始見。」户工切。

【略】

螮　螮蝀，虹也。从虫，帶聲，都計切。蝀，螮蝀也。从虫，東聲，多貢切。

劉熙《釋名》卷一　釋天

虹，攻也，純陽攻陰氣也。又曰蝃蝀。其見，每於日在西而見於東，啜飲東方之水氣也。見於西方曰升，朝日始升而出見也。又曰美人，陰陽不和，婚姻錯亂，淫風流行，男美於女，女美於男，恒相奔隨之時，則此氣盛，故以其盛時名之也。

霓，齧也。其體斷絶，見於非時，此災氣也，傷害於物如有所食齧也。暈，捲也，氣在外捲結之也。日月俱然。

葛洪《抱朴子内篇》卷一一　僊藥第十一

又雲母有五種，而人多不能分別也。法當舉以向日，看其色，詳占視之乃可知耳。正爾於陰地，視之不見其雜色也。五色並具而多青者，名雲英，宜以春服之。五色並具而多赤者，名雲珠，宜以夏服之。五色並具而多白者，名雲液，宜以秋服之。五色並具而多黑者，名雲母，宜以冬服之。但有青黃二色者，名雲沙，宜以季夏服之。

李淳風《觀象玩占》卷四一《虹蜺》　總敘

虹蜺者，陰陽之交氣也。陰陽之氣和則爲雨霧，怒則爲雷霆，淫則爲虹蜺。［虹］者，攻也，陽攻陰也。蜺者，齧也，災氣傷也，害於物有所齧也。一曰鎮星之精散爲虹蜺。又曰虹蜺，斗之亂精，斗失其度則生之。雄曰虹，雌曰蜺者，多在日月之衝雙出。色鮮明者爲虹，暗者爲蜺。蔡邕曰：見於日衝曲面者曰虹，見於日旁白而直者曰蜺。虹蜺主内，淫主感心。

佚名《金石簿五九數訣》

雲母

出瑯琊、彭城、青齊廬等州，並有此物。有六種，向日看乃分明，其色黃白多青者，名雲英。色青黃晶日者，名雲液。色唯皎然純白無雜者，名雲精。色青白而多黑者，名雲母。煥然五彩，曜人目爲上。

紫石英

出太和山，形如摴蒱頭，光明徹透，色裏輕明者爲上。陳州界亦有，於此道中，亦爲大要。表裏紫瑩，則爲上好。

孫思邈《枕中記》　餌雲母法

雲母有八種，各有異名，向日視之，乃別。色黃白而多青者，名雲英，宜春服之，令人身輕，入水不寒，增壽四千年。色青黃煌煌而多赤者，名雲珠，宜夏服之，令人身輕耐寒暑，增壽三千年。

蘇玄朗撰　楚澤先生改編《太清石壁記》卷下　水鍊雲母法

取其雲母，向日看，五色煥爛然無瑕穢者，良。

張志和《玄真子・濤之靈》　吾觀之太寰之内，似神而無者六，海波泝江而爲濤，天文皎夜而爲漢，炎光閃雲而爲電，雨色映日而爲虹，陽氣轉空而爲雷，心智滅境而爲道，其所然者皆有由也。

【略】

荷水爲珠，其圓也非規，而不可方者，離乎著也。熂火爲輪，其常也非環，而不可斷者，疾乎連也。背日噴乎水，成虹蜺之狀，而不可直者，齊乎影也。汲江釀乎酒，應波濤之湧而不可停者，均乎氣也。片雨滴海，合滄溟而不可殊者，得其一也。寂心歸空，同太虛而不可分者，會其天也。

蘇鶚《杜陽雜編》卷下　大中末，京城小兒疊布蘸水向日張之，謂捩暈。及上自鄆王即位，捩暈之言應矣。

蔣叔輿《無上黃籙大齋立成儀》卷三〇《科儀門》　太一救苦天尊四聲。誦救苦經一遍。

存五色光明，現於東方。圓像如月暈之狀，偏照天上地下、十方世界，無不洞明。中有青玄上帝，頂俯仰碧玉冠，衣飛青翠羽離羅帔，左手擎碧霞琉璃寶鍾，右手執空青羽枝，坐九色九頭獅子、金翠蓮花之座。獅子口中各吐火燄圍繞。身光天尊於光燄中，別有九色圓像如虹蜺。項有圓像如日。從太一八十一神、左右二真人、天丁力士、青玄功曹、黃籙童子玉女。神王頂出白毫慧光，鋒芒外射，如千萬鋒劍之像。一一分明，流注斛食。

【略】

諷隱語一遍，結三塗五嶽印。想道衆皆爲真人，同諸天帝君，齊聲諷誦。每一方畢，存本方炁，東九、南三、西七、北五條如數，從各方來灌注斛食吸吹水盂中。再依前誦隱語一徧，存黃炁十二，自五方來日月五星之光，上引三十二天之炁，交映羅絡，灌注斛食。再誦隱語三徧，存四方紅光，罩壇良久，混成五色虹蜺，下注兆身口五藏之間，復混爲一大圓象，廣大覆蓋，徧滿虛空，兆身如在日宮。其斛食自一生二，二生三，三生九，九九八十一，攝化無窮，徧滿十方，自地至天，廣大無量。次沉變食符水盂中，誦甘露通真呪三徧。師擎水盂，以柏枝旋繞，徧洒斛食。存青玄上帝、同兆真人、及官君等，皆誦甘露真言，洒其甘露，香炁馥郁，徧滿克足。

譚峭《化書》卷二《術化》　動静

動静相磨，所以化火也。燥濕相蒸，所以化水也。水火相勃，所以化雲也。湯盎投井，所以化雹也。飲水雨日，所以化虹霓也。小人由是知陰陽可以召，五行可以役。

杜光庭《錄異記》卷七　異石

歲星之精，墜於荆山，化而爲玉。側而視之，色碧；正而視之，色白。卞和得之，獻楚王。後入趙，獻秦始皇，一統天下，琢爲壽命璽。李斯小篆其文，歷世傳之，爲傳國寶。又古今異説，又云是大角星精，大角亦木星是也。

許洞《虎鈐經》卷一八　虹蜺第一百七十九

攻敵人之城，有虹蜺屈曲從外入者，三日内城屠。五色虹蜺飲軍井者，大凶，移營避之。虹蜺垂營中者，亦敗兆也。五色虹蜺繞城，城中將亂，急攻之。白虹見於軍上者，軍敗流血。白虹貫中，師不可出。白虹繞城而不匝者，從不匝處攻之必拔矣。繞城而匝者，即俟從漸錯處攻之。赤虹從天直垂地者，所垂之地，敵兵至十一月屈，虹出破軍敗將。天有白虹如霧者，營中防姦賊及兵將反。黑虹所見之地大水，到其處，利於高處置營。赤虹半隱雲上，有火災，亦當敗。黃虹在營上，吏士多驚撓。青虹亦如之，不爲災。

陸佃《增修埤雅廣要》卷三七《氣化門・天化類》 日暈虹

侯鯖録，先儒以爲雲薄漏日，日照雨滴則虹生。今以水噀日，側視之則暈爲虹蜺。詳天日類。

沈括《夢溪筆談》卷二一《異事》 世傳虹能入溪澗飲水，信然。熙寧中，予使契丹，至其極北黑水境水安山下卓帳，是時新雨霽，見虹下帳前澗中，予與同職扣澗觀之，虹兩頭皆垂澗中，使人過澗隔虹對立，相去數丈，中間如隔綃縠，自西望東則見，蓋夕虹也。立澗之東西望，則爲日所鑠，都無所覩，久之稍稍正東，踰山而去。次日行一程，又復見之。孫彦先云：虹，雨中日影也，日照雨即有之。

蔡卞《毛詩名物解》卷二《釋天》 虹

雄曰虹，雌曰霓。舊説虹常雙見，鮮盛者雄，少暗者雌者也。一曰：赤白色謂之虹，青白色謂之霓，故虹字從紅省。而《説文》解霓以爲屈虹，青赤色或白色，陰氣也。今俗謂虹，虹，蜂也，一名蝃蝀。《爾雅》曰：蝃蝀謂之雩。蝃蝀，雩也。蜺爲挈貳，貳蓋言二。《淮南子》曰天二氣則成虹，是也。虹，滛氣也，故又借爲實虹，小子之虹。虹，潰也。《詩》言：蝃蝀在東，莫之敢指。説者以謂婦道過禮，則虹氣盛應之，莫之敢指。《文子》曰：至治之世，虹蜺不見；見夫婦過禮，虹氣爲盛。理或然也。蓋氣還矣，天氣不復於是盛虹。盛虹，天之濕氣也。夫水氣之在天爲虹而久，天之滛氣耳，尚且惡之如此，而況於人乎，所以痛此奔也，故曰蝃蝀止奔。《傳》曰：里名勝母，曾子不入邑號朝歌，墨子回車有是哉。其上章曰朝隮于西，崇朝其雨。言朝氣之外，自西則非雨雲矣。雖幸而雨，亦莫能久也。崇朝其雨，言其雨崇朝而已。《爾雅》曰：暴雨謂之涷。蓋言西雲而東雨，則莫之能久也。《造化權輿》曰：其風自西而東者爲雨。蓋風至自東，則雲從之矣。説曰東雲西雨，又云東雲謂之上雲，西雲謂之下雲。上雲蓋雨之雲也。故《易》曰：密雲不雨，尚往也。又曰：密雲不雨，已上也。以今考之，虹在東常隔雨而朝之外，於自西則鮮或雨矣，雖雨亦莫能久也。故《詩》以此戒人之奔。外雲言朝，則以況滛奔之始。螮蝀言晚，則以況其終。終則言不復雨矣，虹霓之象也。先儒以爲雲漏日，日照雨滴則虹蜺生。今以水歕日，自側視之，則暈爲虹蜺。雖則虹生於地之氣，不暈於日不成也。故今雨氣成虹，朝陽射之則在西，夕陽射之則在東。《月令》：季春日虹始見。蔡邕以爲，虹常依陰雨而晝見於日衝，無雲不見，太陰亦不見。常以日西見東方，故曰蝃蝀在東。蝀之文從東，以此故也。蜺則常依蒙濁見於日旁，白而直者曰虹。凡見日旁者，四時常有之。惟雄虹起于是日，至孟冬乃藏。

蘇轍《詩集傳》卷三《國風・鄘》 蝃蝀三章

蝃蝀，止奔也。

毛詩之敍曰：衛文公之詩也。

蝃蝀在東，莫之敢指。女子有行，遠父母兄弟。

蝃蝀，虹也。蝃蝀之雨，暴雨也，不待陰陽和而雨矣。猶女子之不待父母媒妁而行者也，是以國人莫不惡之，指之猶且不敢，而況爲之乎？故告之曰：女子生而當行適人矣，何患於不嫁而爲是非禮也。

寇宗奭《本草衍義》卷四 菩薩石

出峨嵋山中，如水精明澈，日中照出五色光，如峨嵋普賢菩薩圓光，因以名之。今醫家鮮用。

寇宗奭撰　許洪校《圖經衍義本草》卷一 雲母

雲母

江州

兖州

雲母，味甘，平，無毒。主身皮死肌、中風寒熱，如在車船上，除邪氣，安五臟，益子精，明目，下氣，堅肌，續絶，補中，療五勞七傷，虛損少氣，止痢。久服輕身延年，悦澤不老，耐寒暑，志高神仙。一名雲珠，色多赤；一名雲華，五色具；一名雲英，色多青；一名雲液，色多白；一名雲砂，色青黃；一名磷石，色正白。生太山山谷、齊盧山及琅玡北定山石間。二月採。澤瀉爲之使，畏鮀甲及流水。

《圖經》曰：雲母，生泰山山谷、齊盧山及琅玡北定山石間，今兖州雲夢山及江州、濠州、杭越間亦有之。生土石間，作片成層可析，明滑光白者爲上。江南生者多青黑色，不堪入藥。二月採其片，絶有大而瑩潔者，今人或以飾燈籠，亦古屏扇之遺事也。謹按：方書用雲母，皆以白澤者爲貴。惟中山衛叔卿，單服法，雲母五色具者，蓋《本經》所謂一名雲華者，是一物中而種類有別耳。葛洪《抱朴子内篇》云：雲母有五種，而人不能别也，當舉以向日看其色，詳占視之，乃可知正爾，於陰地視之，不見其雜色也。五色并具而多青者，名雲英，宜以春服之；五色并具而多赤者，名雲珠，宜以夏服之；五色并具而多白者，名雲液，宜以秋服之；五色并具而多黑者，名雲母，宜以冬服之；但有青黄二色者，名雲砂，宜以季夏服之；晶晶純白者，名磷石，四時可服也。然則，醫方所用正白者，乃磷石一種耳。古之服五雲法甚多，陶隱居所撰《太清諸石藥變化方》言之備矣。今道書中有之，然修煉節度，恐非文字可詳，誠不可輕餌也。又西南天竺等國出石，謂之火齊，亦雲母之類，色如紫金，離析之，如蟬翼，積之乃如紗縠重沓。又云琉璃類也，亦堪入藥。

陶隱居云：按《仙經》雲母乃有八種：向日視之，色青白多黑者，名雲母；色黄白多青，名雲英；色青黄多赤，名雲珠；如冰露，乍黄乍白，名雲砂；黄白晶，名雲液；皎然純白明澈，名磷石。此六種并好服，而各有時月。其黯黯純黑，有文斑斑如鐵者，名雲膽；色雜黑而强肥者，名地涿。此二種并不可服。煉之有法，惟宜精細；不爾，入腹大害人。今虚勞家丸散用之。

又　卷二《玉石部上品》

白石英

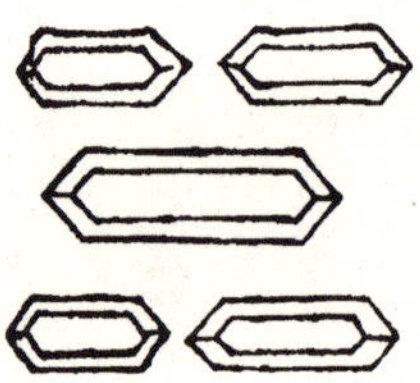

白石英

白石英，味甘、辛，微温，無毒。主消渴，陰痿不足，咳逆，胸膈間久寒，益氣，除風濕痹，療肺痿，下氣，利小便，補五臟，通日月光。久服輕身長年，耐寒熱。生華陰山谷及太山。大如指，長二三寸，六面如削，白澈有光。其黄端白棱名黄石英，赤端名赤石英，青端名青石英，黑端名黑石英。二月採，亦無時。惡馬目毒公。

《圖經》曰：白石英，生華陰山谷及太山。陶隱居以新安出者佳。蘇恭以澤州者爲勝。今亦澤州出焉。大抵長而白澤，明澈有光，六面如削者，可用。長五六寸者彌佳。其黄色如金在端者，名黄石英。赤端白後者，名赤石英。青端赤後者，名青石英。黑澤而有光者，名黑石英。二月採，亦云無時。古人服食，惟白石英爲重，紫石英但入五石散。其黄、赤、青、黑四種，《本經》雖有名，而方家都不見用者。

《藥性論》云：白石英，君。能治肺癰吐膿，治嗽逆上氣，疸黄。

陶隱居云：今醫家用新安所出，極細長白澈者。壽陽八公山多大者，不正用之。《仙經》大小并有用，惟須精白無瑕雜者。如此説，則大者爲佳。其四色英，今不復用。

禹錫云：按吴氏云：白石英，神農：甘。岐伯、黄帝、雷公、扁鵲：無毒。生太山，形如紫石英。

《日華子》云：五色石英，平。治心腹邪氣，女人心腹痛，鎮心，療胃中冷氣，益毛髮，悦顔色，治驚悸，安魂定魄，壯陽道，下乳，通亮者爲上。其補益隨藏色而治，青者治肝，赤治心，黄治脾，白治肺，黑治腎。

《聖惠方》：治腹堅脹滿，號石水方：用白石英十兩，槌如大豆大，以瓷瓶盛，用好酒二斗浸，以泥重封瓶口，用馬糞及糠火燒之，長令酒小沸，從卯至午即住火，候次日暖一中盞飲，日可三度。如吃酒少，隨性飲之。其白石英，可更一度燒之。

《簡要濟衆方》：治心不安，驚，善忘，上膈風熱化痰。白石英一兩，朱砂一兩，同研爲散。每服五錢，食後、夜卧，金銀湯調下。

《衍義》曰：白石英，狀如紫石英，但差大而六棱，白色如水精。紫、白二石英，當攻疾，可暫煮汁用，未聞久服之益。張仲景之意，只令㕮咀，不爲細末者，豈無意焉。其久服，更宜詳審。

又　紫石英

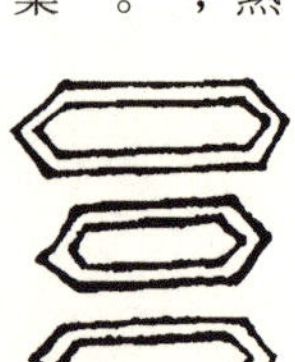

紫石英

紫石英，味甘、辛，温，無毒。主心腹咳逆邪氣，補不足，女子風寒在子宫，絶孕十年無子，療上氣心腹痛，寒熱邪氣結氣，補心氣不足，定驚悸，安魂魄，填下焦，止消渴，除胃中久寒，散癰腫，令人悦澤。久服温中，輕身延年。生太山山谷。採無時。長石爲之使，得茯苓、人參、芍藥共療心中結氣；得天雄、菖蒲，共療霍亂，畏扁青、附子，不欲鮀甲、黄連、麥句薑。

《圖經》曰：紫石英，生太山山谷，今嶺南及會稽山中亦有之。謹按：《吴普本草》云：紫石英，生太山及會稽，欲令如削，紫色達頭如樗蒲者。陶隱居云：今第一用太山石，色重澈，下有根。次出雹零山，亦好。又有南城石，無根。又有青綿石，色亦重黑，不明澈。又有林邑石，腹裏必有一物如眼。吴興石四面纔有紫色，無光澤。會稽諸暨石，形色如石燕子。先時并雜用。今丸散家採擇，惟太山最勝，餘處者，可作丸酒餌。《仙經》不正用，而爲俗方所重也。

《日華子》云：紫石英，治癰腫毒等，醋淬擣爲末，生薑、米醋煎，傅之。摩亦得。

《衍義》曰：紫石英，明澈如水精，其色紫而不匀。張仲景治風熱瘈瘲及驚癇瘈瘲風引湯：紫石英、白石英、寒水石、石膏、乾薑、大黄、龍齒、牡蠣、甘草、滑石等分，混合㕮咀，以水一升，煎去三分，食後量多少温呷，不用滓，服之無不效者。

又　菩薩石

菩薩石，平，無毒。解藥毒、蠱毒，及金石藥發動作癰疽渴疾，消撲損瘀血，止熱狂驚癇，通月經，解風腫，除淋，并水磨服。蛇蟲、蜂蠍、狼犬、毒箭等所傷，并末傅之，良。新補。見《日華子》。

《衍義》曰：菩薩石，出峨嵋山中，如水晶明澈，日中照出五色光，如峨嵋普賢菩薩圓光，因以名之。今醫家鮮用。

杜綰《雲林石譜》卷上　英石

英州舍光真陽縣之間，石産溪水中，有數種，一微青色，有白通脉籠絡；一微灰黑；一淺緑。各有峯巒，嵌空穿眼，宛轉相通。其質稍潤，扣之微有聲。又有一種色白，四面峯巒聳拔，多稜角，稍瑩徹，面面有光可鑒物，扣之無聲。採之人就水中度奇巧處鏨取之。

又　卷下

松滋石

荆南府松滋縣溪水中出五色石，間有瑩徹，紋理温潤如刷絲，正與真州瑪瑙石不異，土人未知貴。

又　菩薩石

嘉州峨眉石正與五臺山石相似，出岩竇中，名菩薩石。其色瑩潔，狀如太山狼牙、信州永昌之類，映日射之有五色圓光。其質六稜，或大如棗栗，則光彩微茫。間有小如櫻珠，則五色燦然可喜。

朱震《漢上易傳》卷九《説卦傳》　季春之月，夬九三爻也，陽氣充塞，氣成虹蜺，有剛然後文柔之也。仲冬之月，坤六四爻也，雖霽而曰，虹蜺伏藏，陽不足也。以此見无一則无二矣。離者，乾坤以中相易者也。離爲日，爲火，爲雉，日五色，火煙隨而變，雉五色具焉。謂之文明者，以離言也。或曰極南之方，冬虹不藏，見則怒風發屋，雷動則風止，何也？曰：離南方巽之再變也。巽動於下，離變於上。巽極成震，是以風止。中國陽緩陰散，雖有虹蜺而非風候，又爲章何也？曰：文合而成章。

程大昌《演繁露》卷九　菩薩石

楊文公《談苑》曰：嘉州峩眉山有菩薩石，人多收之，色瑩白如玉，如上饒水晶之類，日射之有五色，如佛頂圓光。文公之説信矣，然謂峩眉山有佛，故此石能見此光，則恐未然也。凡雨初霽，或露之未晞，其餘點綴于草木枝葉之末，欲墜不墜，則皆聚爲圓點，光瑩可喜，日光入之，五色具足，閃爍不定。是乃日之光品著色於水，而非雨露有此五色也。峩眉山佛能現此異，則不可得而知。此之五色無日則不能自見，則非因峩眉有佛所致也。

朱熹《詩經集傳》卷二《國風·鄘》　蝃蝀三章

蝃音帝。蝀音凍。在東，莫之敢指。女子有行，遠去聲父母兄弟。比也。蝃蝀，虹也。日與雨交，倏然成質，似有血氣之類，乃陰陽之氣不當交而交者，蓋天地之淫氣也。在東者，莫虹也。虹隨日所映，故朝西而莫東也。此刺淫奔之詩，言蝃蝀在東而人不敢指，以比淫奔之惡，人不可道，況女子有行，又當遠其父母兄弟，豈可不顧此而冒行乎。

黎靖德編《朱子語類》卷二《理氣下·天地下》　雷雖只是氣，但有氣便有形，如蝃蝀本只是薄雨爲日所照成影，然亦有形，能吸水吸酒。人家有此，或爲妖或爲祥。義剛。

虹非能止雨也，而雨氣至是已薄，亦是日色射散雨氣了。揚。

又　卷一二六《釋氏》　俗言佛燈，此是氣盛而有光，又恐是寶氣，又恐是腐葉、飛蟲之光。蔡季通去廬山問得，云是腐葉之光，云昔人有以合子合得一團光來，日看之乃一腐葉。妙喜在某處見光，令人撲之，得一小蟲，如蛇様而甚細，僅如布線大。此中有人隨汪聖錫到峨眉山，云五更初去看，初布白氣，已而有圓光如鏡，其中有佛，然其人以手裹頭巾，則光中之佛亦裹頭巾，則知乃人影耳。今所在有石，號菩薩石者，如水精狀，於日中照之，便有圓光。想是彼處山中有一物，日初出照見其影圓，而映人影如佛影耳。峨眉山看佛，以五更初看。

鮑雲龍《天原發微》卷三下《司氣》　三月桐始華，田鼠化爲鴽。鴽，鴾也，一云鴾母。鼠，陰類，陽氣盛故化爲鴽，陰氣盛則鴽復化爲鼠。虹，螮蝀也。雄虹謂明盛者，雌蜺謂闇微者。虹是陰陽交會之氣，純陰純陽則虹不見。若雲薄漏日，日照雨滴則虹生。

戴侗《六書故》卷二《天文上》　霓

霓　研奚切，又倪歷切，説具虹下。

又　卷二〇《動物四》　虹螮蝀

虹　户工切，《説文》曰：螮蝀也，狀似蟲。又音貢。漢沛郡有虹縣。螮　都計切，又作蝃。蝀　都貢切。《詩》云：蝃蝀在東，莫之敢指。《月令》：季春虹始見，孟冬虹藏不見。按：虹生於雨與日，微雨偏零，遇斜日射之，雨氣規日成虹。朝雨而日東射，則虹見于西。莫雨而日西射，則虹見于東。雨氣青而日氣赤，所謂虹也。向日溺水，側眂則亦有青赤暈成虹。惟自春莫至秋，雨氣行雲陰不偏，日光斜照，故有虹。冬雨無復日光，故無虹。越人謂虹爲鱟，且言其下飲澗谷。燕王旦傳天雨虹，下屬宫中飲井水。杜子美詩亦曰江虹明遠飲。虹與螮蝀字皆从蟲，豈亦以此邪。若白虹，則白氣之似虹者也。虹、霓，非一物。《孟子》曰若大旱之望雲霓。《楚辭》曰帥雲霓而來御。雲霓竝言，雖未知果爲何物，其非虹亦明矣。

陸深《蜀都雜鈔》　峨眉，古今之勝境也，山中光怪若虹蜺，然每見于雲日映射之際，所謂佛光者是已。予自陝入川，巡撫陝西，黄都憲臣有鄰爲予言，曩爲川轄時，親登其上觀佛光。光未發時，有鳥先飛過。若言「施主發心，菩薩來到」。光既散復來，作聲「施主布施，菩薩去了」。又拾藏山中白石，大小皆六稜，照耀有光采，疑光怪即此石所謂也。理當或然，但鳥聲何爲者耶？近余編修承勛懋昭爲余言，嘗從楊修撰慎用，修兩宿其上，登絶頂亦見光具五色，俯視在雲壑中。其言白石與黄都憲同，惟云鳥聲只三字，若言「佛現了」，其鳥類雀而稍大，只有三枚，別無種類。【略】

同年，安給事磐字公石作州志，亦云有白石如泰山之狼牙、上饒之水晶之類，置之日隙則有五色光，日中則無。僧曰佛現者，此也。予近覓視之，大類水晶。

嘉定高任説禽言，亦云施主佛現，施主請回。

夾江縣之伏龜山有仙掌洞，今稱紫府洞是已，其山雲常五色，黄色居其中，亦佛光之類耶。

李時珍《本草綱目》卷八《金石部》

青琅玕

釋名　石闌干，《拾遺》。石珠，《本經》。青珠。《別録》。

時珍曰：琅玕，象其聲也。可碾爲珠，故得珠名。

集解　《別録》曰：青琅玕，生蜀郡平澤，采無時。

弘景曰：此蜀都賦所稱青珠、黄環者也。琅玕亦是昆侖山上樹名，又《九真經》中大丹名。恭曰：琅玕有數種色，以青者入藥爲勝，是琉璃之類，火齊寶也。今出嶲州以西烏白蠻中，及于闐。藏器曰：石闌干生大海底，高尺餘，如樹，有根莖，莖上有孔，如物點之。漁人以網罾得之，初從水出微紅，後漸青。頌曰：今秘書中有異魚圖，載琅玕青色，生海中。雲海人以網于海底取之，初出水紅色，久而青黑，枝柯似珊瑚，而上有孔竅，如蟲蛀，擊之有金石之聲，乃與珊瑚相類。其説與《別録》生蜀郡平澤，及蘇恭所云不同，人莫能的識。謹按《尚書》：雍州厥貢球、琳、琅玕。《爾雅》云：西北之美者，有昆侖墟之璆、琳、琅玕。孔安國、郭璞注，皆以爲石之似珠者。而《山海經》云，昆侖山有琅玕。若然，是石之美者，明瑩若珠之色，而狀森植爾。大抵古人謂石之美者，多謂之珠，《廣雅》謂琉璃、珊瑚皆爲珠是也。已上所説，皆出西北山中，而今圖乃云海底得之。蓋珍貴之物，山海或俱産焉，今醫家亦以難得而稀用也。宗奭曰：《書》云：雍州厥貢球，琳，琅玕。《西域記》云天竺國正出此物。蘇恭云是琉璃之類。琉璃乃火成之物，琅玕非火成者，安得同類？時珍曰：按許慎《説文》云：琅玕，石之似玉者。孔安國云：石之似珠者。《總龜》云：生南海石厓間，狀如笋，質似玉。《玉册》云：生南海崖石内，自然感陰陽之氣而成，似珠而赤。《列子》云：蓬萊之山，珠玕之樹叢生。據諸説，則琅玕生於西北山中及海山厓間。其云生於海底網取者，是珊瑚，非琅玕也。在山爲琅玕，在水爲珊瑚，珊瑚亦有碧色者。今回民地方出一種青珠，與碧靛相似，恐是琅玕所作者也。《山海經》云：開明山北有珠樹。《淮南子》云：曾城九重，有珠樹在其西。珠樹即琅玕也。餘見珊瑚下。

又　玻璃

釋名　頗黎，《綱目》。水玉。《拾遺》。時珍曰：本作頗黎。頗黎，國名也。其瑩如水，其堅如玉，故名水玉，與水精同名。

集解　藏器曰：玻璃，西國之寶也。玉石之類，生土中。或云千歲冰所化，亦未必然。時珍曰：出南番。有酒色、紫色、白色，瑩澈與水精相似，碾開有雨點花者爲真。外丹家亦用之。藥燒者有氣眼而輕。《玄中記》云：大秦國有五色頗黎，以紅色爲貴。《梁四公子記》云：扶南人來賣碧頗黎鏡，廣一尺半，重四十斤，内外皎潔，向明視之，不見其質。蔡絛云：御庫有玻璃母，乃大食所産，狀如鐵滓，煅之但作珂子狀，青、紅、黄、白數色。

又　水精

釋名　水晶，《綱目》。水玉，《綱目》。石英。時珍曰：瑩澈晶光，如水之精英，會意也。《山海經》謂之水玉，《廣雅》謂之石英。

集解　時珍曰：水精亦頗黎之屬，有黑、白二色。倭國多水精，第一。南水精白，北水精黑，信州、武昌水精濁。性堅而脆，刀刮不動，色澈如泉，清明而瑩，置水中無瑕，不見珠者佳。古語云水化，謬言也。藥燒成者，有氣眼，謂之硝子，一名海水精。《抱朴子》言，交廣人作假水精碗，是此。

又　琉璃

釋名　火齊。時珍曰：《漢書》作流離，言其流光陸離也。火齊，與火珠同名。

集解　藏器曰：《集韻》云：琉璃，火齊珠也。《南州異物志》云：琉璃本質是石，以自然灰治之可爲器，石不得此則不可釋。佛經所謂七寶者，琉璃、車渠、馬腦、玻璃、真珠是也。時珍曰：按《魏略》云：大秦國出金銀琉璃，有赤、白、黄、黑、青、緑、縹、紺、紅、紫十種。此乃自然之物，澤潤光采，踰于衆玉。今俗所用，皆銷冶石汁，以衆藥灌而爲之，虚脆不貞。《格古論》云：石琉璃出高麗，刀刮不動，色白，厚半寸許，可點燈，明于牛角者。《異物志》云：南天竺諸國出火齊，狀如雲母，色如紫金，重沓可開，析之則薄如蟬翼，積之乃如紗縠，亦琉璃、雲母之類也。按此石今人以作燈球，明瑩而堅耐久。蘇頌言亦可入藥，未見用者。

又　雲母

釋名　雲華，雲珠，雲英，雲液，雲砂，磷石。《本經》。時珍曰：雲母以五色立名，詳見下文。按《荆南志》云：華容方臺山出雲母，土人候雲所出之處，於下掘取，無不大獲，有長五、六尺可爲屏風者，但掘時忌作聲也。據此，則此石乃雲之根，故得雲母之名，而雲母之根，則陽起石也。《抱朴子》有云：服雲母十年，雲氣常覆其上。服其母以致其子，理自然也。

集解　《别録》曰：雲母生太山山谷、齊山、廬山及琅琊北定山石間，二月採之。雲華五色具，雲英色多青，雲珠色多赤，雲液色多白，雲砂色青黄，磷石色正白。弘景曰：按《仙經》雲母有八種：向日視之，色青白多黑者名雲母，色黄白多青者名雲英，色青黄多赤者名雲珠，如冰露乍黄乍白者名雲砂，黄白晶晶者名雲液，皎然純白明澈者名磷石，此六種并好服，各有時月；其黯黯純黑、有文斑斑如鐵者名雲膽，色雜黑而强肥者名地涿，此二種并不可服。煉之有法，宜精細；不爾，入腹大害人。今江東惟用廬山者爲勝，青州者亦好，以沙土養之，歲月生長。頌曰：今兖州雲夢山及江州、淳州、杭越間亦有之，生土石間。作片成層可析，明滑光白者爲上。其片有絶大而瑩潔者，今人以飾燈籠，亦古扇屏之遺意也。江南生者多青黑，不堪入藥。謹按方書用雲母，皆以白澤者爲貴；惟中山衛叔卿單服法，用雲母五色具者。葛洪《抱朴子》云：雲母有五種，而人不能别，當舉以向日看之，陰地不見雜色也。五色并具而多青者名雲英，宜春服之；五色并具而多赤者名雲珠，宜夏服之；五色并具而多白者名雲液，宜秋服之；五色并具而多黑者名雲母，宜冬服之；但有青黄二色者名雲砂，宜季夏服之；晶晶純白者名磷石，四時可服也。古方服五雲甚多，然修煉節度，恐非文字可詳，不可輕餌也。損之曰：青赤黄紫白者并堪服，白色輕薄通透者爲上，黑者不任用，令人淋瀝發瘡。

又　白石英

釋名　時珍曰：徐鍇云：英，亦作瑛，玉光也。今五種石英，皆石之似玉而有光瑩者。

集解　别録曰：白石英生華陰山谷及太山，大如指，長二三寸，六面如削，白澈有光，長五六寸者彌佳。其黄端白棱，名黄石英；赤端白棱，名赤石英；青端赤棱，名青石英；黑澤有光，名黑石英。二月採，亦無時。弘景曰：今醫家用新安所出，極細長白澈者；壽陽八公山多大者，不正用之。《仙經》大小并有用，惟須精白無瑕雜者。如此説，則大者爲佳。其四色英，今不復用。恭曰：白石英所在皆有，今澤州、虢州、洛州山中俱出。虢州者大，徑三四寸，長五六寸。今通以澤州者爲勝。宗奭曰：白石英狀如紫石英，但差大而六棱，白色若水精。時珍曰：澤州有英鷄，食石英，性最補。見禽部。

又　紫石英

集解　別録曰：紫石英生太山山谷，採無時。普曰：生太山或會稽，欲令如削，紫色達頭如樗蒲者。弘景曰：今第一用太山石，色重澈下有根。次出雹零山，亦好。又有南城石，無根。又有青綿石，色亦重黑明澈。又有林邑石，腹里必有一物如眼。吴興石，四面才有紫色，無光澤。會稽諸暨石，形色如石榴子。先時并雜用，今惟採太山最勝。《仙經》不正用，而俗方重之。禹錫曰：按《嶺表録異》云：瀧州山中多紫石英，其色淡紫，其質瑩澈，隨其大小皆五稜，兩頭如箭鏃。煮水飲之，暖而無毒，比之北中白石英，其力倍矣。宗奭曰：紫石英明澈如水精，但色紫而不匀。時珍曰：按《太平御覽》云：自大峴至太山，皆有紫石英。太山所出，甚瓌瑋。平氏陽山縣所出，色深特好。烏程縣北壟山所出，甚光明，但小黑。東莞縣爆山所出，舊以貢獻。江夏礬山亦出之。永嘉固陶村小山所出，芒角甚好，但色小薄爾。

又　菩薩石

釋名　放光石，陰精石。《綱目》義見下。

集解　宗奭曰：嘉州峨眉山出菩薩石，色瑩白明澈，若太山狼牙石、上饒水精之類，日中照之有五色，如佛頂圓光，因以名之。時珍曰：出峨眉、五臺、匡廬岩竇間。其質六稜，或大如棗栗，其色瑩潔，映日則光采微芒，有小如櫻珠，則五色粲然可喜，亦石英之類也。丹爐家煅制作五金三黄匱。

杜應芳輯《補續全蜀藝文志》卷五四《器物譜》　放光石

峩眉山放光岩下有石，透白如水晶，形如馬牙，置之日隙，以手撚之即成五色雲氣，名曰放光石。

章潢《圖書編》卷六六《四川各郡諸名山・大峩山》　五日又登絶頂，日大明如昨，一僧携放光石，如水晶，大者徑三四分，就日照之成五色，如虹霓。望七寶臺在深崖，與通天別。從故道下山，崇峯懸磴，白雲護之，渾如銀色世界。樹間啼猿，小者如拳。暮宿白水寺，越六日，至黑水寺，訪八音池。每乘夏有水，人鼓掌則羣蛙鳴。其起止俱先一蛙，如金聲玉振。有白玉環，探之光潤異常，乃千年物。

楊爾曾《新鐫海内奇觀》卷八　蛾眉山圖説

月明之夕，有聖燈自二峩來，如亂螢數百，撲之皆木葉。山前時現佛光，狀如寶鏡，紅、黄、紫、緑暈其週。春夏時有鳥稱佛現，食人掌中，寒即不來。二黑貂盤桓欄楯，見人不怖。山後岷山萬重。【略】山有放光石，色如水晶而六稜，從日隙照之，虹光反射。

林有麟《素園石譜》卷三《高麗定法師咏》　嘉州峨嵋山有菩薩石，人多採得之，色瑩白，若太山狼牙石、水晶之類，日光射之有五色，如佛頂圓光。

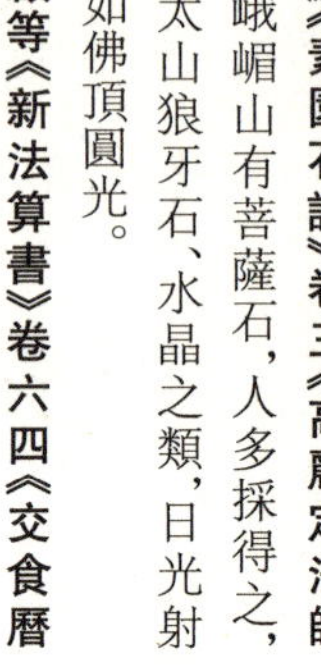

菩薩石

徐光啟等《新法算書》卷六四《交食曆指卷一》　月在景之光色第五

三曰月體當食而成青黑色，是借光所生。

月居食甚之中，時顯襍色，時但青黑，皆須因光而見。若并無光，當純黑色也。前已言既入此界，即無太陽入氣折照之光，則所繇見色者，意或月體自有微光乎？曰：凡襍色之映，見皆不繇于純光，純光自當無色也。雜色所從著見者，必因濕氣居其中間，如虹霓是已。若虹霓是濕雲所映，無從可證，試以玻瓈瓶滿貯清水，別爲密室，止穿一隙以達日光。瓶水承隙，則光透墻壁，亦成虹霓。大氣之體本是熱濕，因於地氣時重時輕。若太陽之光從地旁過，而地景在濕氣之中，則月體所至，生種種色，亦此理矣。若青黑色，月在滿景多見之，則因去光最遠，所得希微之光不足顯其本體，故光色近于純黑。果絶無光，又不能顯此色矣。第所謂希微之光者，實非本光，如前言人在地景最厚處，天光尚映照之，近日之物畧能別識。若月食時，則受光之天去月體最爲切近，而諸星環遶四周皆有借光可照月體，較人在地面尚爲景之薄處，豈得無微光可借，聊顯色象乎。何必假此疑爲自有之本光。問：合朔以後，月之下半未受日光，而月體微光亦顯青黑之色，若無本光，此光又何從而生？曰：生明以後，魄顯微光，然能去離月體，足知其非本光。去離者，未至上弦，此光漸消，漸不可見也。若寔爲本光，則上下弦前後，深夜視之，比朔後之月尚近太陽者尤爲窈黑，其本光愈宜顯著。今爲不然，深夜即無，初昏即有，其爲此時地面反照之光，甚易明矣。

張燮《東西洋考》卷二《西洋列國考》　物産

菩薩石，周顯德中入貢。《談苑》曰：色瑩白，若水晶類，日光射之有五色，如佛頂圓光。

徐應秋《玉芝堂談薈》卷二〇　虹霓入庭中

陰陽之氣和則爲雨露，怒則爲雷霆，溜則爲虹霓。虹者，攻也，陽攻陰也。

蜺者，翳也，災氣傷害於物，如有所翳也。蔡邕曰：見于日中，曲而青紅者曰虹；見于日旁，白而直者爲蜺。《易飛候》曰：赤無胡者，蚩尤旗也。衡不屈者，天杵也。直下上不屈者，天棓也。《成都志》：韋臯鎮蜀，常與賓客宴郡西亭，暴風雨俄頃而霽，虹霓自空而下，直入庭，垂首于筵，吸其飲食且盡，五色似霞，首似驢，四視左右，久而方去。公懼罷宴曰：吾聞虹蜺者，妖沴之氣，今止吾宴，恠之甚矣。豆盧署曰：夫虹蜺，天使也，降于邪則爲戾，降于正則爲祥。公正人也，故以祥賀。旬日果有詔，拜中書令。《稽神録》：荆州有氣如虹，五彩奪目，有首如驢，長數十丈，入廳事而行三匝而滅。占者曰：廳事當有哭聲，然非府之咎。頃之，順貞穆皇后崩，發哀于此堂。祥異參驗。唐元和二年三月，彩虹入潤州大將張子良宅，初入漿甕飲水盡，又入井飲之。

遊藝《天經或問》前集卷四　虹

問：虹曰螮蝀，疑爲蟲屬焉。有蟲屬如此其大，而倏忽而生，倏忽而没耶？若是雲霞之類，何值起時或能吸水吸酒也？

曰：虹係雨際雲在一邊，日在一邊，日光爲雲斜對抵住，日氣下垂，吸動地下之熱氣，則地之熱氣旋湧而起，虹起之處或值井值酒之地，則其氣隨湧而起，人謂之虹能吸水吸酒也。以接空中雨際之雲，雲之薄處爲日光所映射，後面却有黑雲濃重者，日光透不去，此映射之雲，此雲即微薄之雨也。所以成虹。特無顔色，以日力微耳。映日之色以爲紅緑也。緑者，水之氣也。紅者，火氣也。是虹爲水火之交，虚斜相映也。故虹朝西而暮東，中天日光盛時，則無虹矣。試于日在東，使一人西邊噴水，人從中間看，其水珠皆成紅緑之象。虹之體穹，然外黄中緑而裏紅，隨雲之邊幅外薄中厚，下愈厚故也。對日成虹，而他處復有一虹者，又虹影所自射也。然海現蜃樓，皆是遠地樓閣上映于空，空中濕氣倒影水面，人望之樓閣嶒崚，謂之蜃氣者，亦如虹謂之螮蝀也。時有方士于東海見虹起處，掘地得虹蟲，能爲媚藥，亦取其類應耳。所以古人以虹爲淫氣而屬蟲也。

方以智《物理小識》卷八《器用類》　陽燧倒影

凡寶石面凸則光成一條，有數稜則必有一面五色，如蛾眉放光石六面也，水晶壓紙三面也，燒料三面，水晶亦五色。峽日射飛泉成五色，人於回墻間向日噴水亦成五色，故知虹蜺之彩，星月之暈，五色之雲，皆同此理。

南懷仁《新製靈臺儀象志》卷四　測空際異色並虹霓珥暈諸象

若以銅圓柱鏡，對于通日光之隙，則周圍返照之光，而五彩虹霓之象俱顯矣。至于各色明麗深淺濃淡之加減，則隨其圓柱鏡之光，有斜正返照之勢而生焉。蓋圓柱鏡返照之日光愈斜，則其所映之光愈昏，而其色之變異，遂去日之原光愈遠矣。若夫真實之色，別有闡發，今止就幻妄之色而論之。大凡有形象者，皆由質模作爲四者，而成諸異色也。其質者，即空際之氣也。氣必稍厚而密，方可成色。其模者，即光也。光道愈密，則各色必愈明麗矣。其作者，即太陽與射光之星月也。其爲者，即六合品彙之全，而萬有之美也。其色之異者，或由夫氣質之厚薄，或由夫光輝之進退，或由夫空際之異勢。蓋凡光照空際之體厚，則其所生之色必深而黑。若體稍薄而濕，則其色必青。若又稍薄，則其色必紅。若體薄甚，則其色青緑。若體精而稍厚，色則爲黄矣。即日月星辰之異色，多爲空際之所映射而致。正如火焰之異色由烟氣熏灼而成耳。

夫空際彩色之異，從雲氣之厚薄而生，前論已悉之矣。今更借玻璃之五彩以明之。如三稜角玻璃，從每角起，至對角面止，則玻璃之體漸次加厚。見一百十二圖。甲乙戊己爲三稜角玻璃，分三等厚薄之界線，因而所見彩色約分三等焉。如香圓色，紅花色，天青色是也。其餘諸色，從此三色交映而生。蓋太陽之光，斜透玻璃，必多混雜。其玻璃厚薄若干，則日光混雜亦若干，而其所現彩色濃淡即若干矣。如玻璃上層甲乙，較他層更薄，日光易透，故其所映之光稍混，而彩色與原光相近，其所現之色淺淡，如香圓色是也。玻璃下層戊己，較他層厚甚，日光難透，故其所映之光朦混，而彩色與原光相遠，其所現之色深濃，如天青色是也。玻璃中層在厚薄之間，故人目透視之日光，其彩色乃在青黄之中，如紅花色是也。然則日光之濃淡昏明，無不從玻璃之厚薄而生也。審此，則玻璃所現之彩色，與虹霓之彩色，其理固無異矣。又虹霓本然之妙，及其所以然之奇，爲衆象首。原夫虹霓，乃潤雲被日對照，而成多色之弧也。蓋雲者，虹之質，而雲之潤，乃所以必成其虹質之勢也。一被日對照，而虹乃由之以成矣。夫雲非當其化雨，則不能生虹，而雲非承日光，則虹無由而成。又日光非正對，則虹又無由而成。故虹之見也，必朝西而暮東，亦或東北也。曰弧者，虹形之曲也。曰多色者，別虹于諸色、他弧他象也。次曰同時多虹可成。假如日當于午，東西方各有雲氣，日光照之，遂成虹矣。但因人目限于一方，止見其一，而不能并見其他耳。假使一方而有二雲，日光照之，其一正對者變虹矣。而其迴光照及相近之雲，又二變而爲虹矣。又由此雲所照之日光，退傳至于他雲，又三變而爲虹矣。若論其色之奇，三變不如其二變，二變不如其初變。蓋初所變之虹，則受日光之正照，而二變與三所變之虹，不過受斜退之光已耳。虹色雖多，約分爲三。上如香圓色也，中如青草色也，下如紅花色也。然其所以不同之故，由于雲之厚薄異勢。故雲之上白而且薄，接日之照，則現黄色。中之體厚，則現緑色。其下尤厚，則現紅色矣。至若雲之厚薄之異，由于氣之勢異也。氣之輕且薄者，騰愈高，接日光愈深，其迴光愈弱，所生之色愈輕淡矣。氣之濁且厚者，騰愈下，日光愈淺，其迴光愈强，所生之色愈濃深矣。至言二變之虹，較之初變之虹色雖同，而序相反。上反爲紅，中緑，自若而下者反黄矣。

次曰：日月暈虹霓等象，皆爲圓形。其所以然者，乃由日光斜透之勢耳。凡現虹霓之時，皆太陽所映彩色，故碧落之雲，無不變現，但人目止見一圓弧之異色。因其斜透圓弧之光道，皆離太陽及離人目有一定之遠近故耳。如鵓鴿之頸，孔雀之翎向日，空中雖發多色，人目旁見之，必有一定之近遠，若或過或不及，則異色俱不見矣。天文家常測得虹霓之半徑，爲四十五度，日暈半徑爲二十二度半。如甲爲日，乙爲人目，丙丁爲日暈，中心爲庚，過中心之光道甲庚乙，爲日暈之軸也。太陽所透周圍之光道，各離日暈之中軸二十二度半，而此度數以内以外之光道，乙目皆不得見其所映之彩色矣。月暈日珥及日月旁氣之象，其彩其形皆倣此。凡此類通光，並生雜色之雲氣。比之取火之玻璃鏡，如太陽之透玻璃鏡，近遠無不射其光，但其聚光聚火之處，在圓光之中，離玻璃後面有一定之近遠，人目所見雲内彩色之處，亦在過不及之中耳。

凡從原光所生之彩色，皆爲次光之類。比之原光，猶燈光之比日光焉。然燈光白日淡而不顯，夜則大顯，五彩之光亦然。暗地則大顯者，是各發其所以映之異色也。夫太陽在地平之上，終日照耀四方，無不斜透空際之雲氣而映成多色矣。凡異色于白日不顯，至晨昏倍覺分明，職此故耳。

閔麟嗣《黄山志定本》卷二《山産志》　水晶石，大如卵，色如水晶，向日照之有光五色。審視中若有空處。

李光地等《月令輯要》卷七《三月令》　天道

虹始見。《原禮》虹始見註：螮蝀謂之虹。疏：雄者曰虹，雌者曰蜺。雄謂明盛者，雌謂闇微者。虹是陰陽交會之氣，純陰純陽則虹不見。若雲薄漏日，日照雨滴則虹生。

張玉書　陳廷敬等《佩文韻府》卷一〇〇之一《入聲・十一陌韻一》　石

放光石。陳文燭《遊峩山記》：一僧携放光石，如水晶，大者徑三四分，就日照之成五色，如虹霓。

陳祥裔《蜀都碎事》卷三　放光石出峨眉放光岩下，透白如水晶，形如馬牙，置之日隙，即成五色雲氣。

郝玉麟等監修　魯曾煜等編纂《廣東通志》卷五二《物産志》　寶

瓊州五指山谷産五色水晶，朗澈如削冰，所生之處夜中爍爍如有火光。《廣州志》。按《月出叢談》：中州水晶皆爲玩好，五指山傍滿山皆是，望之如雪而光彩過之，人取以爲假山，有高至丈餘者。

鄭光祖《一斑録》卷一《天地》　雲雨雷電風雹霜雪霧露虹蜺

五色彩雲盡是日光烘染雲，乃水氣非有色也。

虹乃日光照雲雨之氣對面成。彩色一彎，或重彎，或交彎，以雲雨之氣偏左，偏右，又重疊也。雨脚到地，襯白牆，紅緑可觀。若行近跡之，則又漸移而遠，實無物也。故人背日向牆隈噴水，則水花中亦有彩虹一道。月光所照對面或偶有白虹，若日爲白氣所貫，非虹也。或雨脚到地，或在天團轉如環，此偶然變異也。

李元《蜀水經》卷八　沫水

凡七十二洞，自此石路屈曲八十四盤，經婆羅坪、軟草坪、洗脚溪，上天門石，遇七天橋，遂及峯頂，有七寶、觀光二臺，俯瞰大江如綫。有錫瓦、銔瓦、滲金三殿，其金殿高二丈五尺，廣一丈四尺，深一丈三尺五寸，重巖雕甍，繡欞瑣窻，覆瓦布地，及大士像皆範真金，明蜀藩捐金巨萬爲之。旁有光明巖，下爲萬仞深谷，臨巖有欄杆護之。每卓午晴明，見兜羅綿雲布滿巖谷，如玉如銀，爲冰波，爲繖蓋，爲樓臺之狀，日色照之有圓光自小而大，外暈數重，五色絢縵，環中虚明如鏡。觀者各見自身現于鏡中，舉手動足，影亦如之，見己不見人，謂之攝身光。光上有橋如虹，或雲氣散盡，亦有虹霓之光，謂之清現，爲其不依雲而出也。或白色無紅暈，曰水光；或如箕，曰辟支光；或如鐃鈸，曰童子光。此晝光也。夜有聖燈，由一二點起，散而爲千百，如散星列布。就而拾之，則木葉耳。又有佛現鳥，似雀而大，晝光未發之先，輙飛鳴曰「佛現，佛現」。此楊升菴所謂鳥語易隨人意變也。惟晝光之奇則巖下有放光石，透白如水晶，形如馬牙，置之日隙，以手撚之即成五色雲氣；清晨映日，則有五色光。自下而上又有壁竇草光，如螢火，或隱或見，雖赤日不掩。蓋猶火井、火穴、地氣之爲也。《草木子》曰：衡山匡廬等處往往有聖燈。《七修類稿》

曰：匡廬五臺山皆有放光石，有人握石置日中，有五色光。此陰氣負陽而光彩自絢，亦山川靈氣也。按：蜀山之放光者，如灌縣青城山、宜賓縣宣化南山、富順縣聖燈山、射洪縣聖燈山、雙流縣聖燈山、蓬州聖燈山、清溪縣和尚山、彭山縣北平山、資州四明山、仁壽縣覺山、保縣筆架山、天全州懸空山、長寧縣浮來山、梁山縣多喜山，夜當有光，或亦現於白日。咸由崇山大壑或金玉韞而寶氣現，或草木古而妖氣騰，或地氣上升，或山石自然，不足以爲異也。

鄭復光《鏡鏡詅癡》卷四《述作》 作三棱鏡其式一。

一、東洋人作三棱白玻璃鏡一段，亦間有用五色者。長二三分，嵌入木片中，以娱小兒。透視外物，每見紅緑采色如虹霓，名曰天人目鏡。想是彼國中語，未詳何義。

二、三棱鏡，其一棱必外出，自一棱至平面，是爲由薄漸厚，掩映空明，自淡而濃，故生采色。見《儀象志》。原色四鏡形十六。此無大用，取備一理。

合信《博物新編》初集《光輪》 霓虹

虹霓者，乃空中雨氣映照日光而成，形分七彩，即日光之本色也。朝西而暮東，常與日相對照。有現一道者，有現兩道者，三道四道亦間有之；或以爲龍形而分雌雄，或以爲神物能吸飲食，此皆滑稽之言，君子勿道。

張福僖《光論》 三長平面體之玻璃條，考理甚便，如甲丑、甲寅、乙寅三平面體，光經過甲丑、丑丙面，則乙丑楞即玻璃條頂，即西國所稱伯利孫之頂，甲寅面爲底。又光如經過甲寅、乙寅面，則丙寅楞爲玻璃條頂，甲丑面爲底。又四長方面體，或爲諸面體，西國但稱爲伯利孫。

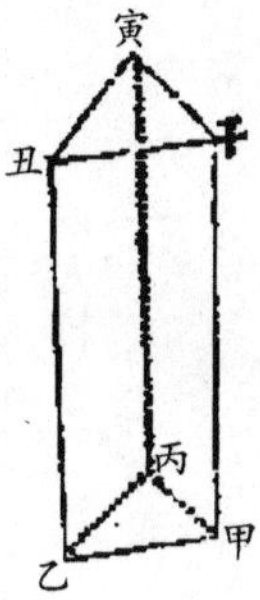

以三角玻璃條平加地平，其頂向上，令目近置一面，以變波面之光，則見其物之光線方向已變，而物甚高，在條頂面上見各物邊彩有七色。在平地面上見各物邊諸垂面俱是本色。玻璃條之底面被以黑色，或蓋以紙，以免光之不準而有回差。條頂向下，内見各物俱爲倒像。成映大之形不在真地之位。或以條之垂面竪置之，以三角邊爲底，必見形像相同在平行之方向。若以頂條向上爲準，其形像不過顛倒，左之方位改變在右，右之方位改變在左。試用此見窗上直楞或暗房内光，能令見者驚奇可愛。

【略】

光非一物，内有許多相合配成，如太陽白光内有許多各色光是也。如圖，日光光芒照于午未鏡上，鏡之方位令斜向，俾回光方向在平于地平，經入窗小穴進暗房，加在屏風光芒方向，正交屏風成太陽白圓影于寅點。以甲乙丙玻璃條置在中間，不成白光圓像于寅，成諸顔色長光形于子丑。目在前面，見其形成無數顔色，七色其明著者也。各色方位不同闊狹，子丑長形之闊等于寅直徑，子丑長形之長以玻璃條之質及光差角爲準。設欲顔色最明，法當以子丑長形之遠近令子丑形之長闊較加倍，而七色形照甚清時，見其排比爲紅、橙、黄、正黄、正緑、正藍、老藍、青蓮等色，居中五色光差角各有分别。此七色即伯利孫七色，又謂之虹七色。目見色雖分七形，其中配合聚成遞有無窮之多。

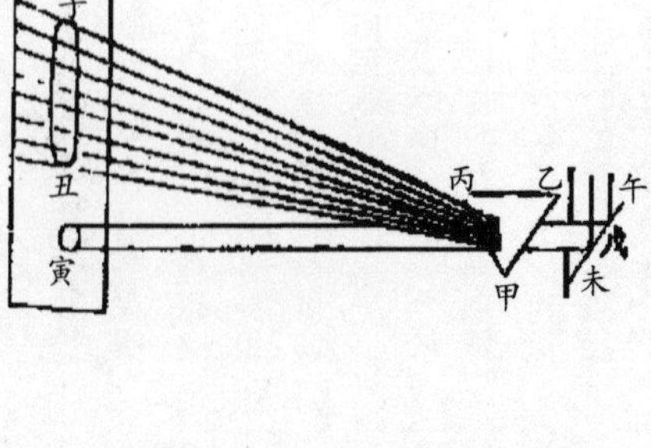

如上所説，日之白光因回光之差分爲七色，可以虹證明之，見祇在下雨時，(餘)[雨]點未收，在人前面，太陽在人後面，光照雨點甚覺明亮，方成爲虹。此一片虹可視爲尖錐底界面，尖錐之頂相遇在目，尖錐軸線引長至于太陽心點。不惟雲雨未收時成此虹影，即泉水噴出上行亦能映成彩色。因此知非從雨點變出，實由日光進雨點即有光差。從裏面界上回照，又行光差，理當以雨點作正球演明算術。如圖，有光進暗房中，遇水球爲丑甲，證以光差理定變爲甲乙方向，取甲乙子遇角令光線不出球界，反照全行于乙丙回線，光從丙點透出，又行光差于丙戊線。設日光光芒遇任何球體，依此光差行線，則遇雨點正球亦可作如此推。然光入雨點時，定分色爲七，而七色遇于乙點各異角度，因各有光差故也。乙點爲七色形之中心，紅色遇在乙點上，青蓮遇在乙點下。若七色形之中心反照至，則諸紅線必在丙乙之内，諸青蓮色必在丙乙之外，又成一光差于丙點處，各線排例紅線行于丙癸，青蓮線行于丙丁。試用玻璃空球盛水令滿，舉球高于頭面，太陽在人後面，則見七色形最高爲紅，最低爲青蓮。七色形明分各處不同，内有一最明點，相近在橙黄正黄交界之地。其明分平分中點，相近在藍色之中。七色形中有熱㶢亦各不同，從青蓮色至紅色，以漸而大；至紅色外，熱尚不止。以寒暑表置在紅色之外，亦可略見水銀針上無光處亦有熱㶢。由此知日光內有無光之線，其光差小于紅光，能發熱㶢，不能發光。七色中亦有化物能力，用□□□藥加在青蓮之外，藥黑神速。藥移入青蓮色內，黑分漸少；移在藍色內，黑分更少；漸移以至紅片，則黑更減。七色形亦有吸引物之能，近有英國女格致家爲蘇木耳末拉造一物作爲憑證。用剛針置在青蓮之傍一大時之久，其針端相近在顏色處即向北面，與指南針作用相同。又測量在老藍、正藍、綠色三處，皆即牽引力之能，不過其力漸小，至正黃、橙黃、紅三色則不能牽引。【略】

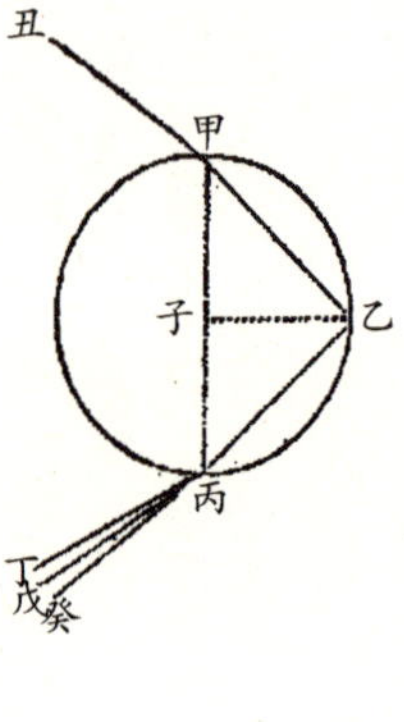

七色形已爲伯利孫所分，再用一同質同角之伯利孫倒置其器，七色仍還白光。第一玻璃條頂設向上，第二玻璃條頂設向下，兩器底面俱要平行，前後二條中閒光芒爲七色，至經過出後條之外，仍見太陽一白圓像。設後條角等，勢等，面積甚大，可置地位略遠，能變七色全形，亦能成白圓像。準此測量，玻璃條內時有化白光爲七色，化七色爲白光之能。色之互化，俱因光差之故，並非玻璃能力。又七色再化白光，各色未必復至前次方位，祇求光仍聚一點，測量之法如左。

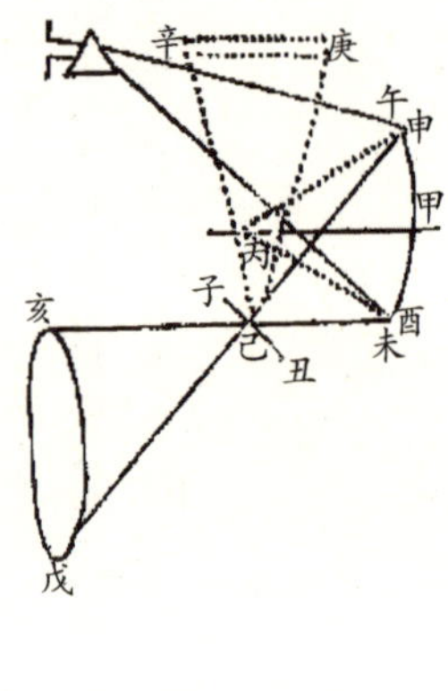

第一法，七色形遇午未回光鏡反照，于申戌酉亥線上成反像七色形于戌亥。七色形各色相交，聚在已點，爲聚光點。于此點上用小屏風一具或有混玻璃鏡一面，則成太陽白圓像，十分明亮。目遇其光，誤認爲原光，不意出自回光。準此則各色聚于同點，足成白光。設光芒回轉所照之物不正變在聚光點，或略遠，或略近，不能成白光，在聚光點之外見各色方位倒置。

第二法，七色形遇透光凸鏡，各光線聚于聚光點，得白光成圓像于此點上。邊上尚有無數顏色，因各光差不同，不能在鏡位之後聚在同距之聚光點，又于聚光外再見七色形，方位倒置。準此，各光線相交任在何點，不變其像，仍還一條光線。設用斜面子丑鏡置在聚光點已上，光線回轉成七色形于上邊庚辛屏風。第二法同于第一法。

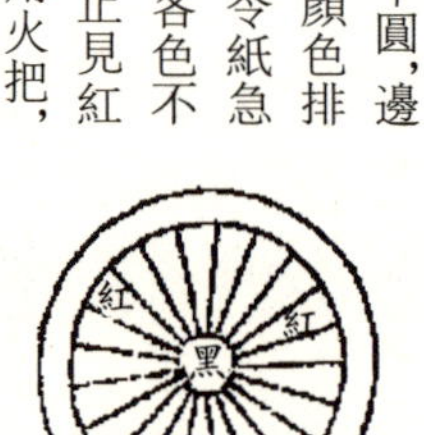

第三法，厚紙一片，直徑約一尺，中心爲黑小平圓，邊上亦爲黑大圓圈。兩黑中閒用各色紙條粘上，其顏色排比與闊狹俱倣七色之形。任設若干次，以心爲軸，令紙急速盤旋，則兩黑之中各色俱不得見，成一白光。設各色不準闊狹，則光非正白。設七色易于紅紙，盤旋時止見紅圈，不見白圈。任用何一種顏色，俱見本色。如用火把，一端有火，盤旋時止見火色之圓圈。茲因七色一同盤轉，見紅圈、黃圈在一方位上，所以盤轉七色圈變成一白圈，見七色與見白色無異。分別七色後一條。

劉嶽雲《格物中法》卷三《火部》 色

凡寶石面凸則光成一條，有數棱則必有一面五色，如峨眉放光石六面也，水晶壓紙三面也，燒料三面，水晶亦五色。《物理小識》。

已上光分五色。五色舉大概，西人以爲七色，然詳分之亦不止七色。

樹葉之正面與其背面綠色有深淺之異者，受光有濃淡也。《香研筆乘》。

嶽雲謹案：照相因正背而分黑白，即此理。

燈下視綠則黑，視黃如白，是知因光見色，非光則非色，故釋家以色爲空幻。《理迪》。

嶽雲謹案：色之隱顯，此即一端。

京師桂林軒家銀硝散去痣最佳，亦能蝕努肉，惟用之只可于卧時，若見日光，即有黑點。《效方集録》。

嶽雲謹案：此即化學中銀養淡養，照相家所必用。其法始于丹家而瘍醫傳其方，惟見光變黑，故能有照相之用。

余家洗衣有鹻水一盆，又適有皂礬水一碗，童子戲并爲一。余見其水倏變綠色，又變紫色，又變藍色，沉澱如泥爲深藍色，於此悟光能變色之理。《鄙事綴紀》。

嶽雲謹案：此亦照相藥水中所用，其理則鹻雜質與酸雜質之變化也。

遠近臨正鑒景寡，貌能白黑遠近柂正異于光。鑒景當俱，就去尒當俱，俱用北。鑒者之臬，於鑒無所不鑒，景之臬無數而必過正，故同處其體，俱然鑒分。《墨子》。

嶽雲謹案：此文不能盡釋，詳味之，意似與今照相之理合。蓋物盡受全日之光，則爲白色。若滅其入質之光綫，則爲黑色。照相之理即用其白黑二色以爲陰陽向背之别。而數千年之墨子已發其理，可知西人原非剏獲矣。遠近拖正異于光鑒，此言照物之遠近邪正，惟鑒者制其光辨異之，使明晰也。俱用北者，照相宜用北面之光，取其安静純一，不改形色也。同處其體俱然鑒分者，言鑒之用各肖物體也。蓋照相之事古知其理，必有其法，惟古有回光鏡，無透光鏡，則其照相之法必與今西入天文回光鏡同，惜失傳已久，無可考證耳。

江南徐知諤得畫牛一軸，晝則嚙草欄外，夜則歸卧欄中。諤獻後主煜，煜特貢闕下，太宗張後苑以示，羣臣俱無知者。惟僧録贊甯曰：南倭海水或減，則灘磧微露，倭人拾方諸蚌胎，中有餘淚數滴者，得之和色，著物則晝隱而夜顯。沃焦山時，或風撓飄擊，忽有石落海岸，得之滴水磨色染物，則晝顯而夜晦。諸學皆以爲無稽，甯曰見張騫《海外異記》。後杜鎬檢三館書目，果見于六朝舊本書中載之。《湘山野録》。

嶽雲謹案：此光學之理而化學之事也。凡藥之色晝顯夜晦者甚多，惟晝晦夜顯者只一種，但不能得正黑色，然亦可見沃焦石、方諸淚之爲無稽矣。

【略】

先儒以爲雲薄漏日，日照雨滴則虹生。今以水噀日，自側視之則暈爲虹蜺。然則虹雖天地淫氣，不暈于日不成也。《侯鯖録》。

雨色映日而爲虹。《(元)[玄]真子》。

背日噴乎水，成虹蜺之狀，而不可直者，齊乎影也。《(元)[玄]真子》。

夫虹雖陰陽之氣，非有微雨，日光則不成此形也。故曰日照雨滴而虹生。今以水噀日中，側而視之，隨有虹蜺之暈可見矣。《七修類稿》。

虹乃日光照雲雨之氣，對面成彩色一灣，或重灣，或交灣，以雲雨之氣偏左偏右，又重疊也。人背日面牆隈噴水，則水花中亦有彩虹一道。《一斑録》。

日光與雨點正對則爲虹霓，亦是幻象。其光愈映愈深，故分作黄紅碧緑，共有七色。雲氣在東，日光西現，則人影正對處爲虹霓周圜之中心。如兩處相距數十里，各見中心，故知爲幻象也。霧重則虹作白色，月下霧濃亦有時見虹作白色。《造化究源》。

嶽雲謹案：日之光線斜射至雨點内，即折光而回射於雨點之後面，既出雨點之後面，入空氣中，又有折光，如是兩次折光，故分其光爲七色。從此處回射于人目。其觀虹之人必背日也。

客曰：海蜃吐氣而成虹，有諸？余曰：驗之以事，實日與雨氣遠映而成之也。故暮虹必在東者，日將落于西，而雨氣映之於東。人以之卜晴，蓋雨後日也。朝虹必在西者，日甫升于東，而雨氣迎之于西。人以之卜陰，蓋日後雨也。客曰：其作半灣亘天者何也？曰：日于地球四面射之，其形當圓，人在地上止見其半耳。客曰：其成五采何也？曰：如人以水噴烈日中，望之亦成五采。徐石麒《客齋餘話》。

虹，螮蝀也，陰陽交接之氣著于形色者也。雄曰虹，雌曰蜺。蜺常依陰雲而晝見于日衝，無雲不見，天陰亦不見，見都與日相互，率以日西見于東方，故《詩》曰螮蝀在東。蜺常在于旁，四時常有之，惟雄虹見藏有時。《月令章句》。

嶽雲謹案：常依陰雲而晝見于日衝數語是也；謂蜺四時常有，虹見藏有時，則非也。《爾雅音義》云：虹雙出，色鮮盛者爲雄，雄曰虹；闇者爲雌，雌曰蜺。是虹霓爲一種也。西書謂蜺爲副虹，虹爲正虹。正虹即雄虹，副虹即雌虹矣。凡正虹之外有副虹，必較正虹色淡，而色之次序與正虹相反。正虹之紅帶在上，副虹之紅帶在下。成正虹之各光線自雨點之上半射入，由雨點之下半而出。成副虹之各光線自雨點之下半射入，由雨點之上半而出。蔡邕未之察耳。

《視祲》注云：隮，虹也，則隮亦虹也。視祲掌十煇之法，以觀妖祥。注云煇謂日光氣也，則隮亦日之光氣矣。螮蝀亦日光氣，但日在東則虹見西方，日在西則虹見東方，無在日傍之時。《詩正義》。

嶽雲謹案：《詩》承上螮蝀言隮升，非虹有隮名。虹之大小與日高于地平若干有相關，日出没地平時之虹爲最大，斯時人立于曠野間，能見虹之半周。

五色彩雲盡是日光烘染，雲乃水氣，非有色也。《一斑録》。

嶽雲謹案：此與虹霓理同，但日光自雲上射而折光，故雲現各色不能成圈也。

凡雨初霽，或露之未晞，其餘點綴於草木枝葉之末，欲墜不墜，則皆聚爲圓點，光瑩可喜。日光入之，五色具足，閃爍不定。是乃日之光晶著色於水，而非雨露有此五色也。《演繁露》。

已上亦光分五色之理。

綜述

歐陽詢《藝文類聚》卷二《天部下》　虹

《禮記・月令》曰：季春之月，虹始見。孟冬之月，虹藏不見。

《釋名》曰：虹，陽氣之動。虹，攻也，純陽攻陰氣也。又曰：夫人陰陽不合，婚姻錯亂，淫風流行，男女互相奔隨之時，此則氣盛，故以其盛時合之也。

《說文》曰：蜺，屈虹，青赤或白色，陰氣也。

《毛詩》曰：螮蝀在東，莫之敢指，一名挈貳。

《河圖稽曜鉤》曰：鎮星散爲虹蜺。

《春秋運斗》曰：樞星散爲虹蜺。

《尚書考靈曜》鄭玄注曰：日旁氣白者爲虹。

《莊子》曰：陽炙陰爲虹。

《黄帝占軍訣》曰：攻城，有虹從外南方入飲城中者，從虹攻之，勝。白虹繞城不匝，從虹所在乃擊。

蔡邕《月令章句》曰：虹，螮蝀也，陰陽交接之氣著於形色者也。雄曰虹，雌曰蜺。蜺常依陰雲而晝見於日衝，無雲不見，太陰亦不見，率以日西見於東方，故《詩》云：螮蝀在於東。蜺常在於旁，四時常有之，唯雄虹見藏有月。

《戰國策》曰：唐雎謂秦王曰：聶政刺韓傀，白虹貫日。

《列士傳》曰：荆軻爲燕太子謀刺秦王，白虹貫日。

《異苑》曰：古者有夫妻荒年菜食而死，俱化成青虹，故俗呼美人虹。

瞿曇悉達《開元占經》卷九八《虹蜺占》

《元命包》曰：陰陽交爲虹蜺。

《漢書・天文志》曰：虹蜺，陰陽之精。如淳曰：雄曰虹，雌曰蜺。又曰：色著爲虹，色微爲蜺。　《月令》：季春之月虹始見。　《爾雅》曰：螮蝀謂之虹也。

京房曰：虹，日旁氣也。　蔡氏《月令章句》曰：虹，螮蝀也，陰陽交接之氣著於形色者也。雄曰虹，雌曰蜺，常依陰晝見於日衝，無雲不見，太陰亦不見。虹常依象陽見於日旁，白而直者曰蜺。　凡日旁者，四時常有之，惟虹起季春見，至孟冬乃藏。　《爾雅》曰：蜺爲挈貳。郭注云：蜺雌，虹雄也。挈貳，蜺別名也。　《說文》曰：蜺，屈虹，青赤或白色，陰氣也。　《合誠國》曰：虹蜺主惑心。《潛潭巴》曰：虹蜺主内淫。　《春秋緯》曰：虹蜺者，斗亂之精也，主失度，主惑瞽。　又云：虹蜺見，雨即晴，旱即雨。註云：謂久雨，虹見即晴；久旱，蜺見即雨也。　京氏曰：凡蜺者，陰撓陽，后妃無德，以色親也。《雒罪級》曰：蜺出不言，内妬亂。　京氏曰：蜺三出三已，三辰除之，除即日雨。韋昭注曰：三辰，從寅至辰也。　《詩》曰：螮蝀在東，莫之敢指。朝隮于西，崇朝其雨。　毛氏曰：夫婦過禮則虹氣盛。　《元命包》曰：世惑臣謀，虹舒照。

《高宗八節虹氣占》曰：虹以立春四十六日内出正東，貫震中，春多雨，夏多火災，冬多海賊，秋多水，民流亡。　虹以春分四十六日内出東南，貫巽中，春大旱災，北起。

陸佃《埤雅》卷二〇《釋天》　虹

雄曰虹，雌曰霓。舊説虹常雙見，鮮盛者雄，其闇者雌也。一曰赤白色謂之虹，青白色謂之霓，故虹，紅也。《說文》解霓以爲屈虹，青赤，亦或白色，陰氣也。今俗謂虹爲虹，音絳。虹，絳也。一名蝃蝀，《爾雅》曰：蝃蝀謂之雩。蝃蝀，虹也。蜺爲挈貳，貳蓋言二。《淮南子》曰天二氣則成虹，是也。虹，淫氣也，故又借爲實虹小子之虹。虹，潰也。《詩》曰：蝃蝀在東，莫之敢指。説者以爲夫婦過禮，則虹氣盛，諱之莫之敢指。《文子》曰：至治之世，虹霓不見，則夫婦過禮，虹氣爲盛。理或然也。蓋地氣還矣，天氣不復，於是成虹。虹，天之淫氣也。夫水氣之在天成虹，又天之淫氣爾，尚且惡之如此，而況於人乎，所以痛止夫奔也。故曰蝃蝀止奔也。《傳》曰里名勝母，曾子不入邑號朝歌，墨子回車有是哉。升雲言朝，則以況淫奔之始。蝃蝀言晚，則以況其終。終則言不復雨矣。雨者，和之象也。先儒以爲雲薄漏日，日照雨滴則虹生。今以水噀日，自側視之，則暈爲虹蜺。然則虹雖天地淫氣，不暈於日不成也。故今雨氣成虹，朝陽射之則在西，夕陽射之則在東。《月令》季春曰虹始見。蔡邕以爲虹常依陰雲而出於日衝，無雲不見，大陰亦不見，常以日西見東方，故《詩》云蝃蝀在東。蝀之文从東，以此故也。蜺則常依蒙濁見於日旁，白而直者曰白虹。凡見日旁者，四時常有之，唯雄虹起是月，至孟冬乃藏。世傳虹能入溪澗飲水，信然。嘗有見夕虹下澗中飲者，虹兩頭皆垂澗中。使人過澗隔虹對立，相去數丈之間，如隔綃縠。自西望東則見，立澗之東西望，則爲日光所爍。

張九韶《理學類編》卷三《天文下》

《詩·鄘風》：蝃蝀在東，莫之敢指。又曰：朝隮於西，崇朝其雨。

朱子曰：蝃蝀，虹也，日與雨交，倏然成質，似有血氣之類，乃陰陽之氣不當交而交者，蓋天地之淫氣也。在東者，暮虹也。虹隨日所映，故朝西而暮東也。隮，升也。註以爲虹蓋忽然而見，如自下而升也。崇，終也，從旦至食時爲終。朝，言方雨而虹見，則其雨終朝而止矣。蓋淫慝之氣，有害於陰陽之和也。今俗謂虹能截雨，信然。

程子曰：虹者，陰陽二氣之交，映日而見。

張子曰：蝃蝀者，陰氣薄而日氣見也。有二，其全見者是陰氣薄處，不全見者是陰氣厚處。

朱子曰：蝃蝀，本是薄雨爲日所照成影，然亦有形能吸水吸酒。人家有此，或爲妖，或爲祥。問：虹蜺只是氣，還有形質？曰：既能吸水，亦必有形質。只纔散便無了，如雷部神物亦此類。

蔡邕曰：陰陽不和即生此氣，虹見有青赤之色，常依陰雲而晝見於日衝；無雲不見，太陰亦不見，輒與日相互，率以日西見於東方。

邢氏曰：虹雙出，色鮮盛者爲雄，雄曰虹；暗者爲雌，雌曰蜺。虹是陰陽交會之氣，純陰純陽則虹不見。若雲薄漏日，日照雨滴則虹生。

趙德麟曰：先儒以爲日照雨滴則虹生，今以水噀日，側視之則暈爲虹蜺。然則虹雖天地淫氣，不暈於日不成也。故雨氣成虹，朝陽射之則在西，夕陽射之則在東。

《史記·天官書》曰：漢者，金之散氣，其本曰水。

《晉天文志》曰：天漢起東方，經尾箕之間，謂之漢。津乃分爲二道，至天津下而合。南道乃西南行，至七星南而没。

楊泉曰：漢者水之精也，氣發而升，精華浮上，宛轉隨流，名曰天河，一曰天漢。

右論虹蜺河漢。

愚按：虹蜺者，俗名之曰旱龍，以爲此物見則雨止故也。嘗聞長老言，有人雨霽夾溪而行，虹起溪中，兩人相望如隔紅紗。蓋微雨將散，爲日光所照，即成是彩，雨散則無矣。天河者，俗呼爲河氣，蓋黄河之水精華所發也。昔人言天漢與黄河相通，亦謂是耳。

楊慎《丹鉛總録》卷一《天文類》

晲日

余嘗登眺山寺，見雨霽，虹蜺下飲澗水，明若刻畫，近如咫尺。日射其傍，如盼睞，得句云：「渴虹下飲玉池水，斜日横分蒼嶺霞。」自謂切景。張愈光云：斜字猶未稱渴字。後一年，偶閲《莊子》日方中方晲，《衍義》云：日斜如人晲目。遂改作晲日，對渴虹，字始稱。愈光曰：渴虹，晲日，古今奇句也。

又　虹霓

諺云：日出雨落，公姥相撲。謂陰陽不和也。蔡邕曰：陰陽不和則氣爲虹，虹見有青赤之色，常依陰雲而晝見於日衝，無雲不見，太陰亦不見，輒與日相互，朝陽射之則在西，夕陽射之則在東。諺云：東鱟日頭，西鱟雨。信然。大率與霞相映，朝霞不出市，暮霞走千里是也。《莊子》曰：陽炙陰成虹。《禮疏》云：日照雨滴則虹生。蓋雲心漏日，日脚射雲則虹。特明耀異常，或能吸水，或能吸酒。人家有此，或爲妖，或爲祥。朱子云：既能吸水，亦必有形質。《詩》謂之蝃蝀，其字从虫；俗謂之鱟，其字从魚；俗又謂之旱龍，依其形質而名之也。

彭大翼《山堂肆考》卷六《天文》

五色

内景。注：五色流霞，來接一身，謂日景也。

又　虹蜺

《埤雅》：雄曰虹，雌曰蜺。舊説虹常雙見，鮮盛者雄，其闇者雌也。一曰赤白色謂之虹，青白色謂之蜺。一名蝃蝀。《淮南子》曰：天二氣則成虹。

又　天弓

《白虎通》：虹，天弓也，又謂之帝弓。《春秋運斗樞》：樞星散爲虹霓。

又　日雨交

《詩·鄘風》：蝃蝀在東，莫之敢指。注云：日與雨交，倏然成質，乃陰陽之氣不當交而交者。蓋天地之淫氣隨日所映，故朝西而暮東也。又《侯鯖録》：雲薄漏日，日照雨滴則虹生。今以水噀日，自斜視之，則暈爲虹蜺。然虹雖天地淫氣，不暈於日不成也。故今雨氣成虹，朝陽射之則在西，夕陽射之則在東耳。

又　陰陽交

蔡邕《月令章句》：蝃蝀，虹也，陰陽交接之氣著於形色者也。

又　冬藏

《禮月令》：季春之月，虹始見。孟冬之月，虹藏不見。

馮復京《六家詩名物疏》卷一五《國風・鄘二》 蝃蝀

《釋名》云：虹，攻也，純陽攻陰氣也。《爾雅》云：螮蝀謂之雩。螮蝀，虹也。霓爲挈貳，弇日爲蔽雲。注：蜺，雌虹也，見《離騷》。挈貳，其別名也，見《尸子》。蔽雲即暈氣，五彩覆日也。《韓詩序》云：蝃蝀在東者，邪色乘陽，人君淫泆之徵。《周禮》云：視祲掌十煇之法，九曰隮。注：隮，虹也。《周書》云：清明後十日虹始見，小雪日虹藏不見。虹不收藏，婦不專一。《河圖稽耀鉤》云：鎮星散爲虹霓。虹霓主内淫。又霓者，氣也，起在日側，其色青赤白黃。《孔演圖》云：霓者，斗之亂精也。斗失度則投霓見態，主惑于毀譽。《感精符》云：九女并御則九虹并見。《考異郵》云：虹霓出，惑衆弃和。《運斗樞》云：樞星散爲虹霓。京房《易傳》云：蜺，旁氣也。其占云：妻乘夫則見，陰勝陽之表也。《月令章句》云：虹，陰陽交接之氣著于形色者也。陰陽不和，婚姻失序即生。此氣有青赤色，常依陰雲而晝見于日衝，無雲不見，太陰亦不見，見輒與日相互，率以日西見于東方，故《詩》云螮蝀在東。蝀之文从東，以此故也。蜺則常依蒙濁見日旁，白而直者曰白虹。凡見日旁者，四時常有，惟雄虹起是月，至孟冬乃藏。《白虎通》曰：天弓，虹也，又謂之帝弓。《莊子》云：陽炙陰成虹。《文子》云：天二氣即成虹，地二氣即泄藏，人二氣即生病。《淮南子》云：虹霓者，天之忌也。《埤雅》云：舊説虹常雙見，鮮盛者雄，其暗者雌。一曰赤白色謂之虹，青白色謂之霓。故虹，紅也。地氣還矣，天氣不復，于是成虹。先儒以爲雲薄漏日，日照雨滴則虹生。今以水噀日，自側視之，暈爲虹霓。然則不暈于日，不成也。朝陽射之則在西，夕陽射之則在東。

按鄭解「崇朝其雨」云：朝有升氣，于西方終，其朝則雨氣應自然。朱傳云：方雨虹見，則雨終朝而止。二説正相反，據《玉歷通政經》，旦見于西則爲雨，暮見于東則雨止。旦見于西而純赤者，則大雨。暮見于東而色黃者，則雨止。然則在東者，截雨者也。隮西者，行雨者也。

陳元龍《格致鏡原》卷四《乾象類四》 虹蜺

《春秋運斗樞》：樞星散爲虹蜺。《尸子》：虹霓爲析翳。《文子》：天二氣即成虹。《漢天文志》：虹蜺者，陰陽之精也。《史記》：虹者，陽氣之動。《莊子》：陽炙陰爲虹。《朱子詩註》：虹者，日與雨交，倏然成質，似有血氣之屬，蓋天地之淫氣也。方雨而虹見，則其雨立止，俗謂虹能截雨。《爾雅》邢昺疏音義云：虹雙出，色鮮盛者爲雄，雄曰虹；闇者爲雌，雌曰霓。虹是陰陽交會之氣，純陰純陽則虹不見，若雲薄漏日，日照雨滴則虹生。《説文》：霓，屈虹，青赤或白色，陰氣也。《春秋孔演圖》：霓者，斗之亂精。《尚書考靈曜》：日傍氣白者爲虹，日傍青赤者爲霓。《爾雅》：螮蝀謂之雩。螮蝀，虹也。註：俗名爲美人虹，江東呼雩。《爾雅》：蜺爲挈貳。註：蜺，雌虹也，見《離騷》。挈貳，其別名。《月令章句》：虹，螮蝀也，陰陽交接之氣著於形色者也。蜺常依陰雲而晝見於日衝，無雲不見，大陰亦不見，率以日西見於東方，故《詩》云螮蝀在東。蜺常在於旁，四時常有之，唯雄見藏有月。《周禮》：十煇，九曰隮。注：虹也。《逸雅》：虹，攻也，純陽攻陰氣也。又曰：蝃蝀，其見，每於日在西而見於東，掇飲東方之水氣也。見於西方曰升，朝日始升而出見也。又曰美人，陰陽不和，婚姻錯亂，淫風流行，男美於女，女美於男，恒相奔隨之時，則此氣盛，故以其盛時名之也。霓，齧也，其體斷絶，見於非時，此災氣也。傷害於物，如有所食齧也。楊慎《外集》：水虹，屈霓也，主雨。風虹，月暈也，主風。水虹，滇人呼爲水椿，虹霓之短者。沈約所云雌蜺，《漢書》所謂屈虹也，不主晴而反雨。《侯鯖録》：先儒以爲雲薄漏日，日照雨滴則虹生。今以水噀日，自側視之則暈爲虹蜺。然則虹雖天地淫氣，不暈于日不成也。《丹鉛總録》：諺云日出雨落，公姥相撲。謂陰陽不和也。蔡邕曰：陰陽不和則氣爲虹，虹見有青赤之色，輒與日相互，朝陽射之則在西，夕陽射之則在東。蓋雲心漏日，日脚射雲則虹特明曜異常，或能吸水，或能吸酒。人家有此，或爲妖，或爲祥。朱子云：既能吸水，亦必有形質。《詩》謂之蝃蝀，其字从蟲。俗謂之鱟，其字从魚。俗又謂之旱龍，依其形質而名之也。《農桑要覽》：虹，俗名鱟，東鱟晴，西鱟雨。《白虎通》：天弓，虹也，又謂之帝弓。明者爲虹，暗者爲霓。《清異録》：虹曰氣母。《異苑》：古者有夫妻二人，荒年菜食而死，俱化成青絳，故俗呼美人虹。《月令》：季春之月虹始見，孟冬之月虹藏不見。《黃帝出軍訣》：攻城，有虹從南方入飲城中者，從虹攻之勝。白虹逶城不匝，從虹所在擊之勝。謹守其缺，賊乃從其地破走。《搜神記》：孔子作《春秋》，制《孝經》，既成，齋戒告天，天降赤虹化爲黃玉，長三尺，上有文。

又 卷六《坤輿類》 石上

《物類相感志》：婆婆石，一名菩薩石，出番山石澗中，有盤形狀，礧磈大小不常，色如瓜青緑，斑黑有星者爲上。似膏石礬石，斑不至焕爛者爲中，色如滑石微黄輕者爲下，但以人血拭之，羊雞血磨，一如乳，似覺羶氣爲妙。西番以爲惜身之寶，辟諸毒也。《方書》：菩薩石就明能出五色光，今名山多有之，俗稱放光石是也。最貴者曰金剛寶石，其光可以射遠。《七修類藁》：峨嵋匡廬、五臺山皆有放光石，清晨映日而有光五色，自下而上。有佛廟在上者，則僧人以爲佛光。既是佛光，何待日而方明，非日則不明，其不神可知矣。是知其山之石蘊於土者，皆放光之石也。嘗有人掘其石，置諸日中，有五色光，非日石則不明也。此陰氣負陽而光彩自絢，亦山川靈氣也。

又　卷三三《珍寶類二》　寶石

《談苑》：嘉州峨眉山有菩薩石，人多收之，色瑩白如玉，如上饒水晶之類，日射之有五色，如佛頂圓光。

又　卷六八《草類一》　芝附肉芝

《抱朴子》：石象芝生於海隅名山及島嶼之涯，狀如象，有頭尾四足，附於大石。赤者如珊瑚，白者如截肪，黑者如漆澤，青者如翠羽，黄者如紫金，皆光明洞澈如堅冰。晦夜去之三百步，便望見其光矣。玉脂芝生於有玉之山，常居懸危之處。玉膏流出萬年已上則凝而成芝，有似鳥獸之形。色無常，采面鮮明如水晶。七明九光芝生臨水之高山石崖之間，狀如盤椀，有莖蒂連綴之，起三四寸，有七孔者名七明，九孔者名九光，光皆如星。食之盡一觔，令人身有光，所居暗地如月。石蜜芝生少室石户中。石桂芝生名山石穴中，似桂樹而實石也，高尺許，有枝條。石腦芝生滑石中，五色光明而自動。石硫黄芝五嶽俱有，而箕山爲多，許由服此而長生。以上皆石芝也。

紀事

郭憲《洞冥記》卷二　帝曰：何謂吉雲？朔曰：其國俗之雲氣占吉凶。若樂事，則滿室雲起，五色照人，著於草樹皆成五色，露珠甚甘。帝曰：吉雲露可得乎？朔乃東走至夕而返，得玄露、青露，盛青琉璃，各受五合，跪以獻。

潛説友《咸淳臨安志》卷三四《山川十三・湖下》　像光湖

在仁和縣之長樂鄉，唐神龍元年，湖有五色光明。掘地得彌勒石像，乃建寺，以像光爲額，且名其湖。

王應麟《玉海》卷一九五《天瑞・日月》

唐日五色

開元二十五年十一月，青州奏日光五色。長慶元年五月，饗太廟畢，出朱雀門，中路日抱珥五色，宰臣稱賀。貞元十二年，進士試日五色賦。李程。

又　景德日有五色雲

景德四年九月壬辰，日下有五色雲。祥符二年十一月丙寅，日上有五色雲。八年三月癸卯，日有赤黄承戴氣。至和二年正月十二日，日傍有五色雲。淳熙七年正月甲寅，輔臣奏前月二十八日，日有戴氣。太史奏君德至於天，爲萬民愛戴，則有是瑞。是日乃便殿議蠲税之時。八年元日，朝德壽宫，次日太史奏日有戴氣，又次日雪。

周密《癸辛雜識》續集卷下　虹見井中

丁未歲，先君爲柯山倅廳後屏，星堂前有井。夏月雨後，虹見於井中，五色俱備，如一匹綵，輕明絢爛，經一時乃消，後亦無他。

周復俊《涇林雜紀》雜紀卷二　蜀藩參敖公英遊峩眉山，歸謂予曰：是山澗壑中皆五色石，日射之光彩焕爛，上逼烟霄。僧稱佛光現，非也。太史楊公慎云：嘗宿一山寺，僧譁曰聖燈至矣，望之冉冉而來，或有飄入室者，撲之，乃丹楓葉耳。由二事言之，則世間光怪惑人之事未可易信也。苐知者知之，而愚者不知，故彼留之以誑愚者。

王士性《王太初先生五岳遊草》卷五《蜀游上》　游峩眉山記

兹夕雨氣重隱矣，仍四宿卧雲庵，覽三大師所傳西竺像，文殊普賢虬鬚，觀音大士則頭佗而髯也，與入中國雙相異。僧又出放光石爲贈，石色如水晶，生六稜，從日隙照之，虹光反射。

又　卷六《楚游上》　廬山游記

西有聚仙亭，以祀周顛天眼赤脚徐道人。又西片石危立，瞰無底谷。一老松偃蓋卧前爲文殊臺，漏下月明，有火光自空來，一化爲百，如亂螢落臺前，是爲佛燈。臺前有白石，霽後日射之，五色隱起，是爲佛光石。上有石浮圖，是爲佛舍利塔。

鄭光祖《一斑録》卷一《雜述二》　彩虹

道光七年九月初六日未申刻，日暈有重疊彩虹，或在日上，或在日下，或在兩旁。又另有黑暈、白暈，倏忽更變，故前後所見各各不同，凡歷一時之久。未知他方所見亦若是否。又是年十月十三日未時，見日生兩珥，稍低於日，從日並行，其色紅黃碧緑，白氣貫之。是日崑山科考生童無不共覩，常昭爲崑鄰邑所見畧同。

十三年十二月十六日未申刻，日生珥如紅雲，兩小塊離日丈許，日上近天頂另有彩虹，一小彎弓背向日。又是月二十四日午時，有白氣一圈，東西南北團團環轉，與日同高。近日則缺，不得云貫白氣，畧有彩色，或近於虹。而日上下又另有虹兩彎如暈。

十七年七月十七夜，月上東方，光甚皎潔，對面西天有雲雨，氣中有虹一彎，與月相對，色與月同，久之乃滅。

藝文

江淹《江文通集》卷一《赤虹賦》 東南嶠外，爰有九石之山。乃紅壁一作壁。十里，青嵒一作尊。百仞；苔滑臨水，石險帶溪。自非巫咸采藥，羣帝上下者，皆斂意焉。於時夏蓮始舒，春蓀未歇；肅舲波渚，緩枻汀潭。正逢巖崖相炤，雨雲爛色。俄而雄虹赫然，暈光耀水；偃蹇山頂，舃弈江湄。迫而察之，實雨日陰陽之氣，信可觀也。又憶昔登鑪峰西銘本作香鑪峰。上，手接白雲；今行九石下，親弄絳蜺。二奇難並，感而作賦曰：

迤邐碕礒兮，太極之連山。鯛鱅虎豹兮，玉虺騰軒。孟夏氤氳一作茵蒀。兮，荷葉承蓮。悵何意之容與兮，冀暫緩此憂年。失代上之異人，遲山中之虛迹。掇仙草於危峯，鐫神丹於崩石。視鱣岫之吐翕，看黿梁之交積。於是紫霧上河，絳氛下漢；白日照餘，碧雲卷半；殘雨蕭索，光烟豔爛。水學金波，石似瓊岸。錯鼉鱗之崚崚，繞蛟色之漫漫。俄而赤蜺電出，蚴蚪神驤。曖昧以變，依俙一作稀。不常。非虛非實，乍陰乍光。艷赫山頂，炤燎水陽。雖圖緯之有載，曠代識而未逢。既咨嗟而躑躅，聊周流而從容。想番禺之廣野，意丹山之喬峯。稟傳説之一星，乘夏后之兩龍。彼靈物之詎幾，象火滅而山紅。餘形可覽，殘色未去。耀葳蕤而在一作生。草，映青葱而結樹。昏青苔於丹渚，曖朱草於石路。霞晃朗而下飛，日通曨一作籠。而上度。俯形命之窘局，哀時俗之不固。定赤舃之易遺，乃鼎湖之可慕。既以爲騂轡四毳之駕，方瞳一角之人；帝臺北荒之際，弇山西海之濱。流沙之野，析木之津；雲或怪綵，烟或異鱗；必雜虹蜺之氣，陰陽之神焉。

董思恭《詠虹》張玉書等《佩文齋詠物詩選》卷一六 春暮萍生早，日落雨飛餘。橫彩分長漢，倒色媚清渠。梁前朝影出，橋上晚光舒。願逐旌旗轉，飄飄侍直廬。

蘇味道《詠虹》張玉書等《佩文齋詠物詩選》卷一六 紆餘帶星渚，窈窕架天潯。空因壯士見，還共美人沉。遠勢含良玉，神光藻瑞金。獨留長劍影，寧負昔時心。

張九齡《曲江集》卷四《湖口望廬山瀑布泉》 萬丈洪泉落，迢迢半紫氛。奔飛下雜樹，洒落出重雲。日照虹蜺似，天清風雨聞。靈山多秀色，空水共氤氳。

陳潤《賦得浦外虹送人》彭定求等《全唐詩》卷二七二 日影化爲虹，彎彎出浦東。一條微雨後，五色片雲中。輪勢隨天度，橋形跨海通。還將飲水處，持送使車雄。

徐敞《賦得虹藏不見》張玉書等《佩文齋詠物詩選》卷一六 迎冬小雪至，應節晚虹藏。玉氣徒成象，星精不散光。美人初比色，飛鳥罷呈祥。石澗收晴影，天津失彩梁。霏霏空暮雨，杳杳映殘陽。舒卷隨時令，因知聖曆長。

白行簡《五色露賦》李昉等《文苑英華》卷一五 惟上天之陰騭，至誠感通，靈液肇吉。能分五色之異，以候一時之出。祥風爍乎茂草，瑞景晞乎朝日。玄黃雜錯，綴玉樹以相鮮；丹紺交輝，映金盤而乍失。既能偶聖以呈貺，寧有普天之不率。飛液花塢，流光蕙圃。青熒玉綴，燦爛珠吐。露藥訝仙童捧來，潤石疑女媧欲補。花禽拂著，宛如陳寶之雞；平野染成，煥若徐方之土。當其金烏戢耀，玉兔騰光。夜寂空知警鶴，寒輕猶未爲霜。徒想狀天，酒類神漿。豈辨彰施而披棘，尤分雜錯以沾裳。滿林嶺而霞駮，遍莓苔而錦章。自然鬱爲天祚，慶我皇唐。何必徵勒畢之言，以爲國泰；驗吉雲之説，乃辨時康。嘉其風中煜爚，空際浮爍。綴瑤草以紛敷，泫庭柯而照灼。彼瀼瀼刺其感歎，此湛湛歡其宴樂。徒用興其詠調，曾何覩其交錯。未若含瑞表德，耀彩逢時。乍綺分於彼，或星合於茲。爲陰陽之淳粹，作花木之葳蕤。喜氣度關，徒虛語耳；雲光出水，曷足方之。是知天降休祥，聖爲明證。淡汪濊之仁澤，得文質之善稱。天何言哉，固有感而善應。

賈餗《五色露賦》李昉等《文苑英華》卷一五　露彩呈祥，厥狀非一。表四方之其慶，故五色而俱出。間朱青以騰文，雜玄黄而成質。則沐聖澤者疇敢不祗，被湛恩者罔有不率。大化式孚，瑞物斯覩。究其源兮則一，分其色兮惟五。曖空之際，若麗非煙之祥；潤塊之時，如啟建侯之土。神化無方，至精宣光。且見凝夫渥彩，孰云晞以朝陽。雖有本於三(危)[光]，三(危)[光]不得不比；諒無當於五色，五色不得不彰。豈直超絳雪，掩玄霜。空挹瀼瀼之靈氣，酌湑湑之神漿。始也結以成形，自東方而轉色；今也出於協慶，猶上天而降康。則知時在中和，何物不樂。超飛走而爲瑞，與風雨而咸若。不資揭以金莖，寧假承於瓊爵。鍊石初染，狀媧皇之補天。鴛瓦纔霑，類彩鳳之巢閣。在漢武時，方朔陳詞。涉吉雲之異境，得五露之靈滋。曷若我后統寰海之有截，應天地之無私。包衆瑞之備矣，選列辟而觀之。自然陰陽降祉，天人合應。吸沆瀣延楚客之情，詠厭浥動詩人之興。若以彼而方此，曾不得侔色而揣稱。

王起《五色露賦》李昉等《文苑英華》卷一五　露表嘉瑞，國昭元吉。發五色以斯呈，掩百祥而非匹。輝光駭目，知泛灩之惟新。變化殊姿，覺凄清之有失。若非澤無不被，化無不率，則何以感之於寥天，榮之於聖日。爾其寂歷地表，希微天宇。無聲而零，有色斯覩。始曖空而雜糅，俄泫草而周普。霑於衣也，皆成黼黻之衣；潤於土焉，更謂苴茅之土。且其白能受彩，朱則孔陽。青映苔而轉麗，玄點漆而有光。既炫燿於衆彩，終錯雜於中黄。儻在琉璃，味無忝於甘醴；如浮葭菼，色詎變於凝霜。何湑兮之膏潤，有焕乎之文章。固可以扶壽而愈疾，俗泰而時康。徒觀夫泥泥未晞，瀼瀼既落，珠彩點綴，日華照灼。無煩勒畢之求，方成曼倩之樂。散東陵之上，乍混其瓜；洒西山之中，更迷其藥。其凝厭浥，其布葳蕤。鶴將警而未測，蟬欲飲而猶疑。何紺霧而喻矣，何卿雲而比之。則知墜露成文，休祥有證。實我后之冥感，掩前王之嘉應。

袁兊《五色露賦》李昉等《文苑英華》卷一五　上帝宥密，露滋貺吉。青紫相宣，玄黄間出。湛鮮輝以交透，涵潤彩以争溢。摇泫泫於微風，散離離於初日。滴而成暈，宜警鶴之偏聞；感以無情，勝舞獸之能率。被萬物之咸覩，表天心之以溥。識瑞氣之非二，辨方來之自五。洗於石，如披媧后之文。遍於地，似割封侯之土。合德於唐，成金之黄。烏晨散而翻墜，煙晴籠而轉光。既桂成於重葉，亦珠綴於垂芒。契之斯來，我則調玉燭而後致。求之靡得，彼則耀金莖而莫量。是以其邦用昌，其人用康。誠可以爲飲，不可以爲霜。其離絢兮，其濃沃若。遐矚文象，旁通綺錯。狀郊祀之琮璧，燦以芬敷；擬霄漢之雲霓，焕乎蕭索。固自天而同洒，諒不醉而可樂。其甘如飴，其凝如脂。苟叶于道，不常厥期。在春而衆葩皆麗，或秋而羣蕪更滋。彼露瀼矣，我王則之。接荷光兮渥蓂莢，連碧砌兮滿堦墀。旁霑兮對龍衮之彪炳，芬映兮逼鸞鳳之葳蕤。始繁於天臨之際，終晞於日旰之時。足使魏殿懷慙，漢宫非勝。多聞前後之仙術，豈逮吾君之響應。願濡翰於攻文之徒，庶發揮於夢筆之興。

陳起《江湖後集》卷六《鄭清之下・虹出》　輕紅淺翠抹弓腰，高映斜陽跨碧霄。半似一條瓊玉帶，合成五色水晶橋。

趙師秀《清苑齋詩集・大龍湫》　一派落虚空，如何畫得同。高風吹作雨，低日射成虹。西域書曾説，先朝路始通。或言龍已去，幽處別爲宫。

元好問《道山先生新樂府》卷二《浣溪沙六・往年宏辭御題有西山晴雪詩》　日射雲間五色芝，鴛鴦宫瓦碧參差，西山晴雪入新詩。焦土已經三月火，殘花猶發萬年枝，他年江令獨來時。

林景熙《霽山文集》卷三《白石樵唱三・過北雁蕩山下在樂清縣東北九十里芙蓉村**》**　驛路入芙蓉，秋高見早鴻。蕩雲飛作雨，海日射成虹。一水通龍穴，諸峯盡佛宫。如何靈運屐，不到此山中。

程本立《巽隱集》卷一《紀行・至日煉象關》　憶昔王門候曉鐘，直廬銀燭照紗籠。東方日射旌旗動，五色雲浮殿閣重。白髮于今傷老大，朱衣無復待從容。雞鳴拜舞瞻天遠，寒霧濛濛萬壑松。

王世懋《王奉常集》卷一二《遊九鯉湖與黄山人全之王茂才汝存飲石間二首》　一面灤洄萬象分，九霄疑下九何君。垂珠墮峽難成水，屑玉飄空半作雲。日射水作五色，射石如龍骨立群峰多鳳翥，山名，飛鳳岡名鳳臺。光摇五色自龍文。鱗。惟應濁酒驅凡態，渡莫春雷醉裏聞。

申佳允《申忠愍詩集》卷四《課士》　落落文星璧水清，中原牛耳悵寒盟。草玄乍廠談經席，問字偏含下榻情。劍合虹霓成五色，賦裁珠玉動連城。春林載酒聽黄鳥，遮莫嚶嚶唤友聲。

大氣光學現象部

暈與華分部

論説

左丘明傳　杜預注　陸德明音義　孔穎達疏《春秋左傳注疏》卷四七《昭公十五年》　梓慎曰：禘之日，其有咎乎？吾見赤黑之祲，非祭祥也，喪氛也。注：祲，妖氛也。蓋見於宗廟，故以爲非祭祥也。氛，惡氣也。音義：咎，其九反。祲，子鴆反。氛，芳云反，徐候云反。蓋見，賢遍反。疏：注正義曰：《周禮》有眡祲之官。鄭玄云：祲，陰陽氣相侵漸成祥者，其職掌十煇之法，一曰祲，二曰象。鄭衆云：煇爲日光氣也，然則祲是陰陽之氣相侵之名。日光之氣有名爲祲，祲之所見非獨見於日光，故直云祲妖氣也。梓慎唯言見祲，不言祲之所在，爲祭而言，故疑云蓋見於宗廟，故以爲非祭祥也。《月令》云氛霧冥冥，則氛亦氣也，以言喪氛，故以氛爲惡氣也。見赤黑之祲以爲喪氛，則赤黑是喪象。梓慎有以知之。服虔云水黑，火赤，水火相遇云云。

鄭玄注　陸德明音義　賈公彦疏《周禮注疏》卷二五《春官宗伯下》　眡祲，掌十煇之灋，以觀妖祥，辨吉凶。注：妖祥，善惡之徵。鄭司農云：「煇謂日光炁也。」音義：煇，音運。炁，音氣，本亦作氣。疏釋曰：按下十等，惟一曰言祲，故據一曰以爲官首。言掌十煇之灋者，一曰以下十等，多是日旁之氣。言煇亦是日旁煇光，故總以煇言之。注釋曰：云妖祥善惡之徵者，祥是善之徵，妖是惡之徵，故言善惡之徵。此妖祥相對。若散文，祥亦是惡徵，亳有祥桑之類是也。鄭司農云煇謂日光氣也者，就十等之中，五曰闇，闇謂日食則無光氣。而云十煇皆謂日光氣者，據多而言。　一曰祲，二曰象，三曰鑴，四曰監，五曰闇，六曰瞢，七曰彌，八曰敘，九曰隮，十曰想。注：故書彌作迷，隮作資。鄭司農云：「祲，陰陽氣相侵也。象者，如赤烏也。鑴，謂日旁氣四面反鄉，如暈狀也。監，雲氣臨日也。闇，日月食也。瞢，日月瞢瞢無光也。彌者，白虹彌天也。敘者，雲有次序，如山在日上也。隮者，升氣也。想者，煇光也。」玄謂鑴讀如「童子佩鑴」之鑴，謂日旁氣刺日也。監，冠珥也。彌，氣貫日也。隮，虹也。《詩》云「朝隮于西」。想，雜氣有似可形想。音義：鑴，鄭許規反，劉思隨反，或下圭反。瞢，亡鄧反。隮，子兮反。鄉，許亮反。暈，音運，本又作煇，音同。虹，音洪，又古巷反，劉古項反。疏注釋曰：此經十事，先鄭皆解之，後鄭從其六，不從其四。先鄭云祲，陰陽氣相侵也者，赤雲爲陽，黑雲爲陰，如《春秋傳》云：「赤黑之祲在日旁。」云象者，如赤烏也者，楚有雲，如衆赤烏在日旁者也。云鑴，謂日旁氣四面反鄉，如暈狀也者，後鄭不從。云監，雲氣臨日也者，後鄭亦不從。云闇，日月食也者，以其日月如光消，故闇朦也。云瞢，日月瞢瞢無光也者，以其瞢瞢，無光之貌，故知無光。云彌者，白虹彌天也者，此從故書爲迷，後鄭不從。云敘者，雲有次敘，如山在日上也者，以其此十煇皆在日旁，敘爲次敘之字，故知敘者，雲氣次敘如山在日上。云隮者，升氣也者，以其隮訓爲升，故隮者是升氣也。此後鄭不破，增成其義。云想者，煇光，此後鄭亦不從。玄謂鑴讀如童子佩鑴之鑴，謂日旁氣刺日也者，此讀從《芄蘭詩》「童子佩鑴，能不我知」，鑴是錐類，故爲雲氣刺日。云監，冠珥也者，謂有赤雲氣在日旁，如冠耳。珥，即耳也，今人猶謂之日珥。云彌，氣貫日也者，以其言彌，故知雲氣貫日而過。云隮，虹也者，即《爾雅》螮蝀謂之虹，日在東則西邊見，日在西則東邊見。故引《詩》云「朝隮于西」爲證也。云想，雜氣有似可形想者，以其雲氣雜有所象似，故可形想。

呂不韋撰　高誘注《呂氏春秋》卷六《季夏紀第六・明理》　其日有鬭蝕，有倍僪，有暈珥，鬭蝕，兩日共鬭而相食。倍僪、暈珥，皆日旁之危氣也。在兩傍反出爲倍。在上反出爲僪。在上内向爲冠。兩傍内向爲珥。暈讀爲君國子民之君。氣圍繞日周匝，有似軍營相圍守，故曰暈也。　有不光，有不及一作反。景，有衆日並出，有晝盲，盲，冥也。有霄見。霄，夜。見，明。其日有薄蝕，薄，迫也。日月激會相掩，名爲薄蝕。有暉珥，有偏盲，有四月並出，有二月並見，並猶俱也。　有小月承大月，有大月承小月，有月蝕星，有出而無光。

高誘注　姚宏續注《戰國策》卷二五《魏四》　夫專諸之刺王僚也，彗星襲月。聶政之刺韓傀也，白虹貫日。要離之刺慶忌也，倉鷹擊於殿上。此三子者，皆布衣之士也，懷怒未發，休祲降於天，曾劉作休烈隆於天。與臣而將四矣。若士必怒，伏屍二人，流血五步，天下縞素，今日是也。

司馬遷撰　裴駰集解　司馬貞索隱　張守節正義《史記》卷二七《天官書第五》　兩軍相當，日暈。集解：如淳曰：暈，讀曰運。暈等，力鈞；厚長大，有勝；薄短小，無勝。重抱大破無。抱爲和，背不和，爲分離相去。直爲自立，立侯王；指暈若曰殺將。負且戴，有喜。圍在中，中勝；在外，外勝。青外赤中，以和相去；赤外青中，以惡相去。氣暈先至而後去，居軍勝。先至先去，前利後病；後至後去，前病後利；後至先去，前後皆病，居軍不勝。見而去，其發疾，雖勝無功。見半日以上，功大。白虹屈短，集解：李奇曰：屈，或爲尾也。韋昭曰：短而直。上下兑，有者下大流血。日暈制勝，近期三十日，遠期六十日。其食，食所不利；復生，生所利；而食益盡，爲主位。以其直及日所宿，加以日時，用命其國也。

班固撰　顏師古注《漢書》卷二六《天文志第六》　暈適背穴，抱珥𧈢蜺。孟康曰：暈，日旁氣也。適，日之將食先有黑之變也。背，形如背字也。穴多作鐍，其形如玉鐍也。抱，氣向日也。珥，形點黑也。如淳曰：暈讀曰運，𧈢或作虹。蜺讀曰齧。蝃蝀謂之𧈢，表云雄爲𧈢，雌爲蜺。凡氣在日上爲冠爲戴，在旁直對爲珥，在旁如半環向日爲抱，向外爲背。有氣刺日爲鐍。鐍，抉傷也。

許慎撰　徐鉉增釋《說文》卷七上　暈　日月氣也，从日，軍聲，王問切。

杜公瞻《編珠》卷一《天地部》　絳雪，赤雲。

《漢武内傳》曰：仙之上藥有玄霜絳雪。

《東方朔別傳》曰：有赤雲如冠珥。上以問朔，朔曰：不大雨，即日暈。後數日果大雨。

庾季才《靈臺秘苑》卷七《太陽》

十輝氣

《周禮》十輝氣，曰祲，曰象，曰鑴，曰監，曰闇，曰瞢，曰彌，曰序，曰隮，曰想。傳云：祲者，陰陽之氣浸淫相侵，抱珥背璚之屬，如虹而短，皆爲祲。象者，雲氣成象，如赤烏夾日以飛之類。鑴者，日旁氣刺日，形如童子所佩之觿。監者，雲氣臨於日上。闇者，日月食或曰光脱。瞢者，瞢瞢不光明。彌者，白虹彌天而貫日。序者，氣如山在日上，及雲氣作冠珥背璚，重叠在日旁如次序。隮者，暈氣也，或曰虹象。想者，謂氣五色刑想，青飢，赤兵，白喪，黑憂，黄熟；或曰：想，思也。赤氣如人狩之形，可想思而知吉凶。推而廣之則曰：旁氣象雲物，其類既多，各隨形色以知凶吉。

又　日旁氣

氣黄曲向日爲抱，當日子孫喜，臣下忠，鄰國來降。黄者，土火之子。　氣横在日上，形直微起爲戴。戴者，德也，推戴福祐之象。主國有喜，人臣德至，於天則有之。　一珥在日傍者爲喜，兩軍相當，軍須和解。所臨者喜，所在之方無軍則爲拜將。　兩珥者，氣縮小在日左右，主民壽考。　珥常扶日，如民不失天常。　三珥黄白，女主有喜。黄，喜；白，喪；赤，兵；青，疾；黑，水。　四珥，天子有子之慶。　又氣抱在日上爲冠。氣主冠帶之象，當立侯王，建封親戚，國當有喜。　氣小而日下向上曲者爲纓，爲得地之喜。　氣小半暈在日上，日負爲得地，爲喜。　在日上爲承氣，臣承君也。又曰：日下有黄氣三重若抱，名曰承福。人主其喜，且得地。　日未出而上有黄氣如半暈狀，白日人君有德令。　氣如履，在日下爲履，又曰氣直立在日下亦爲履。氣主内外寧吉，喜氣也。　氣如赤曲在日傍，類珥而長爲提，見則有兵。　青氣赤横在日上下爲格，格鬬之象。　長而斜倚日爲戟，戈戟相傷之象。　形如背中有一枝如山字，則爲殃，君臣不和，上下鈌傷。　形曲向外爲背，背叛乘逆之象，其下有叛者。　長而直立日旁爲直，其下有自立者。　狀類兩直相交爲交，淫悖之象。　凡氣之異黑，如龍在日上下，乃風雨候。　或來冲日，或如人卧背日旁者，下有反臣；青而守日者，臣有謀，亦戒飲膳。　扶日，亦如之。　如虎守日者，君好禽色。　若在四時王日者，其色克時令者，君有憂。　赤如牛守日下，有兵色；赤扶日亦如之。又爲失地。　如馬守日，戰則兵傷。　如人頭旌旗在日旁者爲兵。　如人乘依在日下者爲天子氣。　如人所持，如人事日在日下者，其下臣叛。　如蛇貫日，青則疫及穀傷，其下亦有叛者；黄爲兵；黑，咎。兩赤如死蛇在日下者，大飢疫。　如交蛇在日旁，其下有賊。　兩軍相當，如布席來掩日，其下大戰；若偏在日旁，其尤甚，萬人死。　氣如食日，臣不忠。　相交貫日旁者，將不和。　有背者，其日長凶。　氣漢漢如車馬行走在日下者，下有破軍。　青色其上下者，吉，可以出軍。　直立或貫日者，宫中有鬬。　如箭外向日下者，不行三月，有君出。　赤如冬株在日旁者，兵起，客勝。　赤如血光覆日，大旱，民飢千里。　如釜鉞在日旁者，君憂。　赤白青黄色刺日者，其分有喪。　在日旁去疾者，無功。　若停半日者，小勝。　終日者，大勝。　比雲之異，日中有雲如人，其下有反者。　如杵，長尺餘，來冲日，其分君長惡之。　如赤青鳥在日下，賊人有謀。　如兩青鳥相向日下者，人主有憂。　如三赤鳥啄日，兵起。　如虎蹲在日下，大將反。　日出有雲横截之，白色，喪；黑曰驚；三日有雨解之。　日始出及日入而貫之，不出三日，有暴雨。　日始出而隔之，下有兵，有雨則解。　白雲廣二尺，在日左右，其分國憂。　赤雲截之大如杵，軍在外，萬人死。　兩軍相營，不利先舉。　赤雲之占，日未出而見於日上，君側有佞臣。　如掃來日，或兩頭鋭在日旁上下左右，不宜先起兵。　撞日者，大戰亡。　地扶日，或曲如輪在日旁，名曰提，皆爲兵失地。　曲向日者，不出三年，有自立者。　如躍鷄在日上，不出三月，有兵喪。　如鳥夾日飛狀，君憂。　如虹與日俱出，所臨國分有兵喪。　青雲夾扶日，臣有謀。

夫暈氣之數猶多，天地之氣將交不密，未成風雨，當爲暈氣。暈，輝榮之象也。其別有抱，珥，背，提，虹貫，有重，有貫，有日，有方，有色，有戴，有道。尤爲軍事，以先有爲發，先去者爲敗。暈抱所臨，或暈相交，其下軍勝則客傷。 帝德廣運，則隨其時旺色。其政頌平，則中黃，亦隨其所乘之色。 信及豚魚，邊境歸附，內平外成，厚德所被，則其暈色黃。及抱珥直承履色黃，並爲吉慶。暈內珥抱所爲謂圍城者，內人勝。 暈有重抱，後有背，若戰，順抱者勝，得地，有軍罷師。 暈有抱，北爲順，貫暈內，在日西，西軍勝，南北東仝。 有軍而日一抱一背爲破走。抱者，順氣也。背者，逆氣也。 抱且兩珥至日，而一虹貫之，重抱有璚，或抱兩珥，抱而白虹貫之，五者皆順，抱擊者勝。 兩珥虹貫，得二將，三虹得三將。 重抱有璚兩珥，爲軍中不和。 黃白潤澤，內赤外青，天子有喜，有親來降者，不戰而敵降軍罷。青色，將喜；赤，兵爭；白，將有喪；黑，將死。 暈而珥，宮中多事忿争，宜察之。在春則天子更令，一曰主有謀，軍在外，三軍有悔。 暈抱珥上，將軍易。 暈而珥如井幹，國凶，有大兵。 交於日上，兩將軍易。 相敵相當而珥平等，俱起色同，軍勢相等。 色厚潤澤，所在之方喜。有珥直，爲破軍。 貫至日爲殺將。 暈有一背有叛者，有叛城在東，東軍叛；三方同。又曰暈而背，兵起，其分失城。 背在暈內爲分離。 青外赤內，臣受王命有所之。 暈上下有兩背，無兵則兵入。 四背在暈，名曰不知，有內亂。 暈而四背璚，其背端進盡出暈外，反從內起。 暈珥背左右如輞者，兵起，其分亡地，兵滿野而城復歸。 有氣如人居暈中，不出三日寇入城。暈而有銳氣如鋒四出者，其下亡地。 暈而四方均等爲力停，有缺薄微細所臨者敗；四缺在外則軍盡散。 氣如死蛇屬暈者，大將死，不利先舉。 暈而有赤氣如戰臨之，其下兵起。 暈而有青赤氣從中四出者，圍中勝。 暈不合而有雲如人在外相逆聚者，兵戰不勝。 暈而有聚雲在外不去者，兵起，又曰不出三日圍城。 暈而有衆雲如羽臨日不去，其下有憂。 暈而有青貫之，有圍城。暈而有雲氣之日，隨所向擊之勝。 暈而二珥有雲貫之，其分多疫。 暈而珥在外，聚雲在其外，不出三日城圍出戰。 暈而四背如輞，又曰提，其國有衆，在外有叛臣。 暈而有赤雲如輪曲向日，爲內提，內臣叛；背日爲外提，外臣叛。暈而四提，有大將出世者。 白虹貫之，或暈而虹貫至日，順虹所指，從貫所擊之，勝。 貫日敗，攻城可拔。 暈而二白虹貫之，有戰，客勝。 有戰重暈四，有五白虹貫，從內出外，圍城，主人勝，城不拔。 重暈則攻城圍邑不拔。 重暈而白虹貫日，圍城，客勝。 暈而重，外清內濁不散，軍會聚；三重，有拔城。

半暈有一背一璚，或兩旁不合背，臣謀不成。 暈珥而中有兩背璚，戰不勝。交者偏交，兩氣相交，色青赤如暈，或如合背成正直，或相貫穿，或相背。 向背爲主亂，軍內不和，人主左右有争者。 日交暈，無厚薄交争，勢力均厚者勝；争者先衰，不勝。 若入連環，爲兩軍兵起争地，至日月則兩軍相向者，順以戰勝；殺將，日在上者亦勝。 若貫日，則其下有破軍死將。 日有三暈，軍分爲三。 暈而中有兩背璚，叛從中起，不成。 暈再重，人君有德，又曰立侯王。色青，其下有兵，穀貴；赤，其下蝗蟲，旱，盜作；黃，則災在公職不治，好起高堂，或穀傷兵起；白乃其分多風雨，民不安而兵興，穀貴；黑則其災左右，用事之臣貪財，亦爲大水，民流，冬雷夏霜。 三重，兵起，穀貴，有傷。 赤雲貫之，其下失地。 四重，軍敗於野，其下有叛臣。 五重，女后妃有憂。 六重，其下失政，兵喪。 七重，則中國弱而外藩盛。 八重，民亂，憂。 九重，歲荒，外番侵。 十重，天下亂，各以宿分日辰占之。 暈而半，不暈所在之方軍勝。暈如車輪，半暈在外者，軍罷。 半暈而向四方，則對所向之方，外番人來入中國。 凡半暈再重，則國民蕃息，歲太和，以日宿占國分占。 日初出，日上如昇，蓋有欲和親者。 半暈頭銳，則先戰及所指擊之，勝。 方暈若井幹，天下和平；若上下聚二背，將敗人亡。 暈如井垣車輪，二國背兵；赤白，有軍。暈黃而不鬬，兵來解。 青黑，和解，分地。 色黃，土功動，人不安。又曰：風雨時，物賤，國安。色黑，有水，陰國盛。又曰災在用事之臣。 暈以內爲身，外爲心，內赤外青，羣臣親外；外赤內青，羣臣親內。 暈且戴，國有喜，勝戰。從大擊之，勝，得地。 暈外有一直，臣欲自立。青外赤內，不成。三直，亦如之。兩直，有叛者。 凡兩軍相當，謹候日月暈氣，知其所起相當應等者，其勢均，近疾多有實，久常大澤厚密抱者，勝；遠遲少無虛薄短、少疎背者，大破。重抱爲和親；抱多，親者益多。背爲不合，和分鬬去，爲分離相去，背於內者，離於內；背於外者離於外。 凡占分離相去，赤內青外，以和相去；青內赤外，以惡相去。暈而明久，若內青外赤，或內黃外青黑，或內青外黃，或內白外青，內人勝。內青外赤，或外黃內青，內黃外青，外人勝。 若暈而七日內無風雨，兵大作，不可起，衆大敗。 暈而明有兵則兵罷，無兵則兵起，不勝。 暈而周而東北遍厚，爲兵；福在方戰勝。 暈欲前滅後成者，後成面勝。 暈於日上，將軍易。日有朝夕暈，是謂失地，主人必敗。 凡暈，又以十干占之，甲乙爲火災，丙丁爲臣不賢，戊己后族盛，庚辛將帥利，壬癸臣專政。 又以二十八宿占之。角，大人主憂，內有謀，以赦除舊。亢則大臣憂，雨傷稼，民疫。氐則王者惡之，其分兵憂，又女后恣。房爲兵起失位。心則王者憂。尾，女后憂，將相災。箕則宫后相搆，國有妖言。斗爲宰相憂，宗廟不安。牛則陰國暴，兵起。女虚，兵始，后妃惡之。虚又爲丞相坐罪，民飢。危則下有喪。室則女后或其地有災。壁則賢者廢，邪佞進。奎則下有兵，大人憂凶。婁則財物空，或大臣有咎。胃則倉庫之官凶，或五穀不登。昴則胡趙之君憂，陰國失地。畢則邊兵動，敵有患，或多風雨。背則臣有憂。參則爲飢。井多風雨，秦分憂。鬼則臣受其分有兵。柳則廚官災，又歲飢。星，獸疫死，周分憂。張則寶化大起出其下，君長凶。翼則樂官逐，民多疾病。軫則王者惡之，或兵起。　蓋日暈之占皆率以暈言之，若二十八宿之暈與五色占相似，爲日官當詳而用之。

又　卷八《太陰》

月暈氣

月暈者，臣下專權之象，國不安。七日內，欲有風雨。　又曰：終歲無暈，天下有兵，鄰國不和。　重暈，大風起。　若有背在外，則私成於內。　三重，天下受兵。　若有赤色雲貫之，其下亡地。四重、六重，亦如之。　五重，女主憂。　六重，其下失政。　七重，其下主凶。　九重，其下兵起，流血亡地。十重，有大變。　以正月占暈，甲乙，民多病；丙丁，旱而金帛貴；戊己，歲豐；庚辛，有赦；壬癸，多水旱，無精光，是謂大盪，有喪其下。　暈有光者，主起兵降。　軍在外，暈，師上戰必勝。　暈有黃色，將軍益禄。　有交章赤光，其下不出三年，遇兵。　暈而珥，從珥擊之勝。又曰期六十日，兵起。又曰五穀豐登。歲序則月有暈珥，若不暈珥，人主有喜，兵大勝於外。　月有珥，占其色，青，憂；赤，兵；黃，喜；白，喪；黑，國凶。期月有兩珥，十日有三珥。兩珥，國喜。四珥，女后憂，不則憂必主侯王。又曰國安君喜，皆能如是。　兩珥有半，喜。夜半兩珥，邊有恐抱珥在暈外，赤者，外人勝；白珥，其下爲降。　珥且戴，不出兩月，主有喜。　兩珥而白貫之，天下大戰。　不暈有四璚，臣其有謀不成。背璚者，臣下弛縱，欲自相殘，宜備左右，吉。　暈不外合，有四背璚外，其有謀不成。　暈有背氣，所臨者敗。　有四提，天子無，其下憂。　暈而多白氣從外入，有拔城。　暈而有蜺雲來乘之，以戰從蜺所擊，大勝。　暈而虹蜺直指至月，破軍，殺將。　白暈貫之，其下有亂。　暈如連環，有虹指不及月，女貴人有陰謀。　白虹貫月，大兵起，將軍戰於野。　暈而有雲貫之左右，吏死。　若虹横貫之，起兵者勝。　若暈而有雲如布疋若三若四貫抵月，戰者勿當，當者破。

魏徵等《隋書》卷二一《志第十六・天文下》　十煇

《周禮》眂祲氏掌十煇之法，以觀妖祥，辨吉凶。一曰祲，謂陰陽五色之氣，祲淫相侵。或曰，抱珥背璚之屬，如虹而短是也。二曰象，謂雲如氣，成形象，雲如赤烏，夾日以飛之類是也。三曰鑴，日旁氣刺日，形如童子所佩之鑴也。四曰監，謂雲氣臨在日上也。五曰闇，謂日月蝕，或日光暗也。六曰瞢，謂瞢瞢不光明也。七曰彌，謂白虹彌天而貫日也。八曰序，謂氣若山而在日上。或曰，冠珥背璚，重疊次序，在于日旁也。九曰隮，謂暈氣也，或曰虹也。《詩》所謂「朝隮于西」者也。十曰想，謂氣五色，有形想也，青飢，赤兵，白喪，黑憂，黃熟。或曰，想，思也，赤氣爲人獸之形，可思而知其吉凶。自周已降，術士間出。今採其著者而言之。

日，君乘土而王，其政太平，則日五色。又曰，或黑或青或黃，師破。又曰遊氣蔽天，日月失色，皆是風雨之候也。若天氣清静，無諸遊氣，日月不明，乃爲失色。或天氣下降，地氣未升，厚則日紫，薄則日赤，若於夜則月白，皆將雨也。或天氣未降，地氣上升，厚則日黃，薄則日白，若於夜則月赤，將旱且風。亦爲日月暈之候，雨少而多陰。或天氣已降，地氣又升，上下未交，則日青，若於夜則月緑色，將寒候也。或天地氣雖交而未密，則日黑，若於夜則月青，將雨不雨，變爲雺霧，暈背虹蜺。又曰，沉陰，日月俱無光，晝不見日，夜不見星，皆有雲鄣之，兩敵相當，陰相圖議也。日曚曚光，士卒內亂。日薄赤，見日中烏，將軍出，旌旗舉，此不祥，必有敗亡。又曰，數日俱出若鬬，天下兵大戰。日鬬下有拔城。

日戴者，形如直狀，其上微起，在日上爲戴。戴者，德也，國有喜也。一云立日上爲戴。青赤氣抱在日上，小者爲冠，國有喜事。青赤氣小而交於日下，爲纓。青赤氣小而圓，一二在日下左右者，爲紐。青赤氣如小半暈狀，在日上爲負。負者，得地爲喜。又曰青赤氣長而斜倚日傍，爲戟。青赤氣圓而小，在日左右，爲珥。黃白者有喜，又曰有軍。日有一珥爲喜，在日西，西軍戰勝；在日東，東軍戰勝。南北亦如之。無軍而珥，爲拜將。又日旁如半環，向日爲抱。青赤氣如月初生，背日者爲背。又曰背氣青赤而曲，外向爲叛象，分爲反城。璚者如帶，璚在日四方。青赤氣長而立日旁，爲直。日旁有一直，敵在一旁欲自立，從直所擊者勝。日旁有二直三抱，欲自立者不成。順抱擊者勝，殺將。氣形三抱，在日四方，爲提。青赤氣横在日上下爲格。氣如半暈，在日下爲承。承者，臣承君也。又曰日下有黄氣三重若抱，名曰承福，人主有吉喜，且得地。青白氣如履，在日下者爲履。日旁抱五重，戰順抱者勝。日一抱一背爲破走。抱者，順氣也。背者，逆氣也。兩軍相當，順抱擊逆者勝，故曰破走。日抱且兩珥，一虹貫抱，抱至日，順虹擊者勝。日重抱，内有璚，順抱擊者勝；亦曰軍内有欲反者。日重抱，左右二珥，有白虹貫抱，順抱擊勝，得二將。有三虹，得三將。日抱黄白潤澤，内赤外青，天子有喜，有和親來降者。軍不戰，敵降，軍罷。色青，將喜；赤，將兵争；白，將有喪；黑，將死。日重抱且背，順抱擊者勝，得地，若有罷師。日重抱，抱内外有璚，兩珥，順抱擊者勝，破軍，軍中不和，不相信。日旁有氣，圓而周帀，内赤而外青，名爲暈。日暈者，軍營之像。周環帀日無厚薄，敵與軍勢齊等。若無軍在外，天子失御，民多叛。日暈有玉色，有喜。不得玉色，有憂。

凡占兩軍相當，必謹審日月暈氣，知其所起，留止遠近，應與不應，疾遲大小，厚薄長短，抱背爲多少，有無實虚久亟，密疎澤枯，相應等者勢等。近勝遠，疾勝遲，大勝小，厚勝薄，長勝短，抱勝背，多勝少，有勝無，實勝虚，久勝亟，密勝疎，澤勝枯。重背大破，重抱爲和親，抱多親者益多，背爲不和。分離相去，背於内者離於内，背於外者離於外也。

凡占分離相去，赤内青外，以和相去；青内赤外，以惡相去。日暈明久，内赤外青，外人勝；内青外赤，内人勝。内黄外青黑，内人勝；外黄内青黑，外人勝；外白内青，外人勝；内白外青，内人勝；内黄外青，外人勝；内青外黄，内人勝。日暈周帀，東北偏厚，厚爲軍福，在東北戰勝，西南戰敗。日暈，黄白，不鬭兵未解；青黑，和解分地；色黄，土功動，人不安。日色黑，有水，陰國盛。日暈七日無風雨，兵大作，不可起，衆大敗。不及日蝕，日暈而明，天下有兵，兵罷；無兵，兵起不戰。日暈始起，前滅而後成者，後成面勝。日暈有兵在外者，主人不勝。日暈，内赤外青，羣臣親外；外赤内青，羣臣親内其身，身外其心。日有朝夕暈，是謂失地，主人必敗。

日暈而珥，主有謀，軍在外，外軍有悔。日暈抱珥，上將軍易。日暈而珥如井幹者，國亡，有大兵交。日暈上西，將軍易，兩敵相當。日暈兩珥，平等俱起而色同，軍勢等，色厚潤澤者賀喜。日暈有直珥爲破軍，貫至日爲殺將。日暈員且戴，國有喜，戰從戴所擊者勝，得地。日暈而珥背左右，如大車輞者，兵起，其國亡城，兵滿野而城復歸。日暈，暈内有珥一抱，所謂圍城者在内，内人則勝。日暈有重抱，後有背，戰順抱者勝，得地有軍。日暈有一抱，抱爲順，貫暈内，在日西，西軍勝，有軍。

日暈有一背，背爲逆，在日西，東軍勝。餘方放此。日暈而背，兵起，其分，失城。日暈有背，背爲逆，有降叛者，有反城。在日東，東有叛。餘方放此。日暈背氣在暈内，此爲不和，分離相去。其色青外赤内，節臣受王命有所之。日暈上下有兩背，無兵兵起，有兵兵入。日暈四背在暈内，名曰不和，有内亂。日暈而四背如大車輞者四提，設其國衆在外，有反臣。日暈四提，必有大將出亡者。日暈有四背璚，其背端盡出暈者，反從内起。

日暈而兩珥在外，有聚雲在内與外，不出三日，城圍出戰。日暈有背珥直，而有虹貫之者，順虹擊之，大勝，得地。日暈，有白虹貫暈至日，從虹所指戰勝，破軍殺將。日暈，有虹貫暈，不至日，戰從貫所擊之勝，得小將。日暈，有一虹貫暈内，順虹擊者勝，殺將。日暈，二白虹貫暈，有戰，客勝。日重暈，有四五白虹氣，從内出外，以此圍城，主人勝，城不拔。又曰重暈，攻城圍邑不拔。日暈二重，其外清内濁不散，軍會聚。日暈三重，有拔城。日交暈無厚薄，交争，力勢均厚者勝。日交暈，人主左右有争者，兵在外戰。日在暈上，軍罷。交暈貫日，天下有破軍死將。日交暈而争者先衰，不勝即兩敵相向。交暈至日月，順以戰勝，殺將。一法日在上者勝。日有交者，赤青如暈狀，或如合背，或正直交者，偏交也，兩氣相交也，或相貫穿，或相向，或相背也。交主内亂，軍内不和。日交暈如連環，爲兩軍兵起，君争地。日有三暈，軍分爲三。日方暈而上下聚二背，將敗人亡。日暈若井垣，若車輪，二國皆兵亡。又曰有軍。

日暈不帀，半暈在東，東軍勝；在西，西軍勝。南北亦如之。日暈如車輪半，軍在外者罷。日半暈東向者，西夷羌胡來入國。半暈西向者，東夷人欲反入國。半暈北向者，南夷人欲反入國。半暈南向者，北夷人欲反入國。又曰軍在外，月暈師上，其將戰必勝。月暈黄色，將軍益秩禄，得位。月暈有兩珥，白虹貫之，天下大戰。月暈而珥，兵從珥攻擊者利。月暈有蜺雲，乘之以戰，從蜺所往者大勝。月暈，虹蜺直指暈至月者，破軍殺將。

房玄齡等《晉書》卷一二《志第二・天文中》 十煇

凡遊氣蔽天，日月失色，皆是風雨之候也。沉陰，日月俱無光，晝不見日，夜不見星，有雲障之，兩敵相當，陰相圖議也。日濛濛無光，士卒内亂。又曰數日俱出，若鬭，天下兵起，大戰。日鬭，下有拔城。日戴者，形如直狀，其上微起，在日上爲戴。戴者，德也，國有喜也。一云，立日上爲戴。青赤氣抱在日上，小者爲冠，國有喜事。青赤氣小而交於日下爲纓。青赤氣小而員，一二在日下左右者爲紐。青赤氣如小半暈狀，在日上爲負，負者得地爲喜。又曰青赤氣長而斜倚日旁爲戟。青赤氣員而小，在日左右爲珥，黄白者有喜；又曰有軍。日有一珥爲喜；在日西，西軍戰勝；在日東，東軍戰勝。南北亦如之。無軍而珥，爲拜將。又日旁如半環，向日爲抱。青赤氣如月初生，背日者爲背。又曰背氣青赤而曲，外向爲叛象，分爲反城。璚者如帶，璚在日四方。青赤氣長而立旁爲直。日旁有一直，敵在一旁欲自立，從直所擊者勝。日旁有二直三抱，欲自立者不成，順抱擊者勝，殺將。氣形三角，在日四方爲提，青赤氣横在日上下爲格。氣如半暈，在日下爲承。承者，臣承君也。又曰日下有黄氣三重若抱，名曰承福，人主有吉喜，且得地。青白氣如履，在日下者爲履。日旁抱五重，戰，順抱者勝。日一抱一背，爲破走。抱者，順氣也。背者，逆氣也。兩軍相當，順抱擊逆者勝，故曰破走。日抱且兩珥，一虹貫抱，抱至日，順虹擊者勝，殺將。日抱兩珥且璚，二虹貫抱至日，順虹擊者勝。日重抱，内有璚，順抱擊者勝；亦曰軍内有欲反者。日重抱，左右二珥，有白虹貫抱，順抱擊勝，得二將。有三虹，得三將。日抱黄白潤澤，内赤外青，天子有喜，有和親來降者；軍不戰，敵降軍罷；色青黄，將喜；赤，將兵争；白，將有喪；黑，將死。日重抱且背，順抱擊者勝，得地，若有罷師。日重抱，抱内外有璚，兩珥，順抱擊者勝，破軍，軍中不和，不相信。日旁有氣，員而周帀，内赤外青，名爲暈。日暈者，軍營之象。周環帀日，無厚薄，敵與軍勢齊等。若無軍在外，天子失御，民多叛。日暈有五色，有喜；不得五色者，有憂。

凡占，兩軍相當，必謹審日月暈氣，知其所起，留止遠近，應與不應，疾遲，大小，厚薄，長短，抱背爲多少，有無，虚實，久亟，密踈，澤枯，相應等者勢等。近勝遠，疾勝遲，大勝小，厚勝薄，長勝短，抱勝背，多勝少，有勝無，實勝虚，久勝亟，密勝踈，澤勝枯。重背，大破；重抱爲和親；抱多，親者益多。背爲天下不和。分離相去，背於内者離於内，背於外者離於外也。

李淳風《乙巳占》卷一　日月旁氣占第五

淳風按：夫氣者，萬物之象，日月光明照之使見，是故天地之性人最爲貴，其所應感亦大矣。人有憂樂、喜怒、誠詐之心，則氣隨心而見，日月照之以形其象，或運數當有斯氣感，占召人事，與之相應，理若循環矣。風雨氣見於日月之傍，三日内，有大風，遠至七日内，大雨。久霪者爲災。無此風雨之應也，七日内無風雨之應，乃可論災祥耳。

一曰冠氣，青赤色立在日月之上，冠帶之象也。天子當立侯王，封建親戚，授之茅土，以爲蕃屏。白則有喪，赤則有兵。

二曰戴氣，青赤色横在日月之上而小隆起，其分當有益土進爵，推戴之象，亦爲福祐之象。黑則有病，青則多憂。五色鮮明黄潤爲吉，此純赤、純黑、純白、純青爲凶色也。

三曰珥氣，青赤短小在日月之傍，纓珥之象也。其色黄白，女主有喜。日朝有珥，國主有進幸之事。其不可行，女主戒之。純白爲喪，間赤爲兵，間青爲疾，間黑爲水，間黄爲喜。他皆倣此。有軍而珥爲喜，兩軍相當，軍欲和解，所臨者喜。在日西，西軍勝。在日東，東軍勝。南北亦然。敗處可知也。無軍而珥爲拜將。日有四珥，天子立侯王，有子孫之喜，期不出三年。日有六珥，其分有喪。若有赤雲掩日下，有亡國。

四曰抱氣，青赤而曲向日抱扶。抱，向就之象也。日月傍有抱，鄰國臣佐來降，亦有子孫之喜。臣下忠誠以輔主上之象也。

五曰背氣，青赤而曲向外爲背。背叛乖逆之象，其分有反城叛將，邊將欲去，善防之。

六曰玦氣，青赤曲向外，中有横枝似山字玦，傷之象也。君臣不和，上下傷玦。兩軍相當，所臨者敗，有軍必戰。

七曰直氣，青赤色一丈餘，正立日月之傍，直立之象也。其分有自立者。

八曰交氣，青赤色狀如兩直相交，淫悖之象也。人生有淫悖之行，則有此氣。常以九月上旬兩日候之，日月傍有交赤雲，其下有兵。

九(月)[曰]提氣，日月四傍有赤雲曲向，名曰四提。提似珥而曲，不出其年，兵起，王者死。赤爲亡地，有自立者。一云氣形如三角在日四方爲提。

十曰纓紐承履氣，青赤色在日下，上曲爲纓，下直立爲履，在日下兩邊交曲而雙垂爲紐，皆喜氣也。人君將有納女寵之象也。氣如半暈，在日下爲承。承者，臣承君也，爲君臣相承有喜。青赤氣横直在日上下者爲格。格者，格鬬之象也。日冠而珥，君有私事在珥之所處。處東，在東。他皆倣此。日戴而珥，天子有喜賀子孫之事。抱爲和親，日多抱珥則國中懽喜而和洽。若一抱兩背而玦，是謂大疫，軍衆在外，將有反者。日有背玦，四直交在其中，臣欲爲邪；有芒刺，中青外赤，爲逆；外青無芒，爲謀。此數見，國家凶。抱而且背，不和之象，順逆相參，明者勝。抱明久順勝。他皆倣此。　凡有抱者，以攻戰從抱擊之者勝。芒外刺者，中人勝。芒內刺者，外人勝。皆以象類爲法也。

十一曰暈氣，暈周而匝，中赤外青，軍營之象也。對敵有暈，厚而鮮明久留者勝。在東，東勝。他倣此。無軍在外而有此氣，天子失御，人民多叛。　日月皆暈，共戰不合，兵罷。　日以庚子暈，有赦令。　日有青暈，不出旬日，有大風，糴貴，人民多爲病凶。　日有黑暈，災在用事之臣。　日暈七日，無風雨，兵大作，不可起兵，衆大敗。　日暈而珥，宮中多事。後宮忿争，七日不雨，審察宮中。　日暈而珥，立侯王，人有謀，軍在外，外軍有悔。　日暈且珥如井幹，國亡以兵亂大戰。一珥爲一國兵戰，二珥爲二國兵戰。以珥爲數。　日暈珥，貴人有罷，國有謀反，亦爲拜將。

十二曰負氣，負氣者，青赤如小半暈狀。而在日上則爲負，負者，得地爲喜。日重暈四負，殃大，如內亂。三日雨，不占。　戟氣者，青赤氣長而斜倚日傍，爲戰戈戟相傷之象。　日暈且有冠，且有戴，天下立侯王。若自立者，其分必有益士。　日暈而有戴，若拜謁立諸侯，德令矣。　日暈有抱，抱爲順，日月之傍王者有喜，子孫吉昌，政合行。兩軍相當，有抱者勝。　日暈抱珥，上將易。　日暈而背，兵起，其分失城。背焉逆，有降反城。背在東，東有叛；在西，西有叛。他倣此。蓋兩軍相當，背所在方敗，無背者勝，背者逆也。　日暈中有璚，爲不順，與背同。人臣不忠，爲外其心，君臣乖離。其國兵起，若有逃臣。　日暈而玦，兩軍相當，所臨者敗。內外同軍，玦戰。　日暈而有直氣在兩傍，其國有自立諸侯王者，封賞左右。兩軍相當，有直者勝。　日暈四提，必有大將出亡。　日暈而有背、抱、珥、直，而虹貫之，宜從虹而擊之。　日暈有背者，有軍不合，戰將有叛。內外同，在內爲內，在外爲外。　兩軍相當，日暈而冠珥及纓者，軍和解，抱戴者有喜。　日月無精光，青赤暈、虹蜺背玦在心度中，是謂大盪，兵喪並起，當以赦除之咎。　日暈而珥有雲穿之者，天下名士死。　日暈而兩珥右外有聚雲在中與外，不出三日，城圍出戰。　日月暈，仰視之須臾當有雲氣從旁入者，急隨雲以攻之，大勝。　日暈有聚雲不出者，兵起三日內城受圍。　日暈而白雲如車蓋臨日上，城降得地。　日暈再重，有德之君得天下，其分有攻戰。　日暈色青再重，外戚親屬在內爲亂，王者有憂，有亡地。　日暈三重，諸侯王反，天下受兵，期三年，有攻戰。　日暈四重，滅有野，有反相，亡國死王。　日暈五重，是謂陰謀，女主喪，其年饑，天下有兵，其地破亡。　日暈六重，國失政，兵起國喪。　日暈七重，中國弱，戎狄强，有急使至。　日暈八重，士人亂，天子傷。日暈九重，天下亡。　日暈十重，天下大亡，各以其日所在辰星宿國分占之。日暈再重，而有兩珥白虹貫之，天子有憂，大戰流血，横屍遍野。　日暈三重而珥，其國有兵亡，其市邑有相叛。　日交暈，立大夫爲將軍。交暈無厚薄，交争，力勢均厚者勝。交暈，居上者勝。　交暈而珥，天下兵起，有兵者罷。暈而不匝者，敗。有暈在東，東軍勝。　兩半暈相向者，風殘五穀。　日交暈貫日，天下有破軍死將。　日暈有一抱一背，兩軍相當，從抱擊背者勝。　暈不匝，空面軍敗。有赤氣如布掩日，爲大戰。　日月傍有懸鍾如人卧其下，有死將。　日傍有黑氣如龍銜日，及如人背日，大將欲反。　伏虎守日，大將軍反。　四虹貫日，有人謀亂，氣赤尤甚。　赤雲如人頭懸鏡，皆兵起流血之象。　白虹貫日，虹蜺連結展轉刺日，並后族悉黜，天子外戰。若兵威，內奪。　赤暈有一虹，所在將死。　日月始出有黑雲貫之，或一，或二，或三，不出三日，必有暴雨。　有赤雲如杵長七八尺，撞入日月，所宿國主死。　日月中有人者，臣害主，兩主争。

又　卷二　月暈占第十一

月暈者，謂之逡巡也。人君乘土而王，其政失平則月多暈而圓。　月暈，受衝之國不安。　月暈，臣下專權之象。四孟月七日，四仲月八日，四季月九日，皆夜當月暈。暈若不以其日，不出三日，有暴風甚雨。　月暈，閗皆爲其君背約。　月暈，東向者，敗五木；西向者，且雨而風，害五穀；北向者，爲水；南向者，旱風。　月暈明者，王自將兵。　月暈七日，無雨大風，兵大作，若土功起。月暈，多直爲兵，曲吏，逆則爲雨。　月暈黄色，將軍益秩。　候月暈，常以十二月八日暈再重，有大風，兵起，災在內女親用事。　暈再重，赤雲遶之如杵，有軍在外，萬人死其下。　月南北有半暈兩重，月北有青雲五，衝關不通。　月暈三重，天下大亂，必有拒城。　月暈四重，天下易王。　暈八重，天下有亡國。　暈九重，暈十重，天下更王。　月色黄白交暈，一黄二赤，所宿其國受咎。　月交暈，赤有光，其國不出三年，遇兵。　月色黄白交暈，所宿之國受其殃。　月暈環，如兩軍兵起，軍事争。　月暈如連環，有白虹干暈，不及月，女貴人有陰謀亂，有白衣會，宮中多怪。　月暈而冠，天子大喜，或大風。　月暈而珥，歲平，國安，又曰國有女喪。　月暈而珥，攻擊者勝利。　月暈一珥，所在國失地。　月暈先起者，有喜。　月抱珥在暈外赤，外人勝。　月有兩暈不合，其月水。　四背，有謀不成。五月中有九暈以上，道路大有熱死者。　月暈一重，下缺不合，上有冠帶，有兩珥，白暈連環貫珥接北斗，國有大兵，大戰流血，其分亡地。月以正月三日暈，所宿國小熟；一日二日必有土功，五日暈大熟。上旬一暈，樹木蟲；二暈，禾穀蟲；三暈，震雷。十日暈，天下更王。六日、八日、九日暈，天下有國亡。　正月中有九暈以上，道多饑死人。

又李淳風《觀象玩占》卷三七　日月旁氣

一曰冠，青赤氣曲覆日月之上爲[冠]。冠者，冠帶之象也。天子當立侯王，封建親戚，以爲藩屏。白爲喪，純赤爲兵。《天文志》曰：青赤氣抱在日上下者爲冠，見則國有喜事。

二曰戴，青赤氣横在日月之上隆隆微起爲戴。戴者，德也。其國有喜。一曰氣立在日月之上爲戴。其分當有益土進爵推戴之事。五色鮮明潤澤則吉，純青爲憂，純赤爲兵，白爲喪，黑爲疫。《天文志》曰：日戴者形如直狀，其上微起。《瑞應圖》曰：人君德至于天，則曰有戴氣。

三曰珥，青赤氣短小在日月之旁爲珥。石氏曰：日兩旁有氣短小，中赤外青，其名曰珥。珥者，言似耳在兩旁也。

四曰抱，青赤氣彎曲向日爲抱。抱者，扶抱向就之象。日月有抱，他國有來降附者，亦爲有子孫喜。王朔曰：氣白，日月如暈狀而短爲抱，爲多，來親附者衆多也。《天文志》曰：日旁氣如半環向日内爲抱，臣下忠誠輔之象。兩軍相當，得抱者勝。

五曰背，青赤氣曲而背日月者，背叛乖離之象。《天文志》曰：青赤氣如月初生狀，背日者謂之背，見則當反者。兩軍相當，背所在之方敗。

六曰璚，青赤氣曲向外，中有横枝欲似山字曰璚。缺傷之相也。一曰形如帶璚在日月四方，又曰如弓形而有牙。其占爲君臣不和，上下傷缺。兩軍相當，所臨者敗。王朔曰：璚者決也，璚者臣下急也。形如背，微小而鈎爲璚，見則有反者。

七曰直，青赤氣長及丈餘，正立日月之旁曰直。其分有自立爲王者。又曰短爲長爲直。

八曰交，青赤氣狀如兩直相交，在日月上下左右曰交。交者，淫悖之氣也。主有淫行則交氣見。恒以八月上丙日候之。日旁有交赤雲，其下有兵。又曰旁有兩氣相交，或象貫穿，或相向背，皆爲天下大兵起，亦爲内亂軍不知。

九曰提，日月四旁有赤雲屈曲如鈎，向内有矛出之，名曰四提。如玦珥而曲長，不出其年，兵起，王者死；亦爲亡地有自立者。一曰氣形三角在日月四旁爲提。日暈而提向外，外臣叛；向内，内臣叛。《荆州占》曰：旁有四白雲曲而向日四方曰提，見則有自立者。

十曰纓，青赤氣小而交於日下爲纓。

十一曰紐，青赤氣兩邊交曲而雙垂爲紐。一曰青赤氣小而圓，或一或二在日月上下左右爲紐。見則人君納寵妄。纓、紐同占。

十二曰承，青赤氣如半暈在日下爲承。承者，臣承君也。又曰日月下有氣二三重，如抱狀，名曰承。人主有喜得地。

十三曰履，青白或青赤氣如履在日下爲履。一曰青赤氣立在日月下爲履，皆喜氣也。一曰日下有赤黑氣如履，謂之履，天子有喜，外國有來歸者。

十四曰格，青赤氣横在日月上下爲[格]。格者，鬪之象。其占爲有兵戰。

十五曰戟，青赤氣長而斜倚日月之旁爲戟。戟者，戈戟相傷之象。其占爲兵起。

十六曰暈，圓氣周匝，圍繞日月，内赤外青，其名曰暈。有軍在外，則爲軍營之象。對敵，有暈厚而鮮明，久留者勝。在東，東勝。在西，西軍勝。北亦如之。若周匝而無厚薄，則我軍與敵等也。無軍在外而暈者，天子失御，人民將叛也。日月皆暈，凡日月暈七日無風無雨，則兵起。京(旁)[房]曰：日暈，有兵在外者，客勝。夏氏曰：日暈而明，有兵，兵止；無兵，兵起，不戰。凡兵發而日月暈有厚薄，則得厚者勝，漸滅則留者勝。

十七曰負，青赤氣如小半暈狀，在日上爲負。負者，抱之類也。如抱而短小，見則主人有喜，得地。

瞿曇悉達《開元占經》卷七《日占三》

日冠

石氏曰：有氣青赤，立在日上，名爲冠。

王朔曰：日冠者，聞也。冠者，如半暈也。法當在日上。

如淳曰：日氣在日上爲冠。

魏氏曰：冠者，君有私事，在南宫中。

《高宗占》曰：日冠者，有喜氣從冠外入，從中出有喜。喜氣者，謂王相氣潤澤也。

甘氏曰：日冠，天子立侯王，不出三年。

《孝經雌雄圖》曰：日冠，謂臣權在君上也。不損，至于進所愛。復不損，害忠良；復不損，專主威；復不損，邪行私；復不損，王政衰；復不損，謀爲非。冠也，謂不以禮自治也。上不知也。

《孝經内記》曰：日上冠者，君與兄弟姊妹私通。

《孝經雌雄圖》曰：日冠甲乙，天子欲養仇。　丙丁，君臣相反覆，下逆上，上不能止息也。　戊己，妻黨貴寵極也。　庚辛，將帥僭號，欲爲奸賊也。　壬癸，寒賤暴貴。

又　日戴

石氏曰：氣在日上，名爲戴。　又曰：戴之色青赤。

王朔曰：日戴者，形如直狀，其上微起，在日上爲戴。戴者，德也，國有喜也。

如淳曰：氣在日上爲戴。

《高宗占》曰：重戴，天子有喜，得地，若有所立。

又　日珥

石氏曰：日兩傍有氣，短小，中赤外青，名爲珥。

《釋名》曰：日珥者，在日兩傍之名也。珥言似耳，在兩傍也。

如淳曰：氣在日傍，直對爲珥。

王朔曰：珥，耳也。珥者，仁也。珥者，近臣也。珥者，親近之人也。珥者，當如珥也。

甘氏曰：珥，朝有耳。純白色爲喪，間赤爲兵，間青爲疾，間黑爲水，間黄爲喜。

甘氏曰：日朝有珥，國有行進之事，其不行凶，能戍。

《荆氏占》曰：日夕有珥，赤黑白，有大客。

董仲舒曰：日交連而珥，兵大出。

《荆州占》曰：日交珥象，一方衆兵皆起，軍在外者罷。

《孝經内紀》曰：日珥赤，兵；白，喪；青，憂；黑，死；黄，有喜。不出三年。

《孝經内記》曰：日珥，人主有喜，爲拜將軍，若有子孫。一曰有風。

郗萌曰：日珥，人主有憙，兵在外亦有憙。

《洛書》曰：日珥而張者，即人主有憂，欲聽欲外。

《荆州占》曰：日珥北方以及三方，必有疾雷。

石氏曰：有軍，日有一珥爲憙。在日西，西軍戰勝，東軍戰敗；在日東，東軍勝，西軍敗。南北亦然。無軍而珥爲拜將。

《孝經雌雄圖》曰：日左珥者，君有陰事，與傍妻爲奸，在西宫中欲立。

《摘亡辟》曰：日有赤黑珥，夷人起兵，外降附之。

《孝經雌雄圖》曰：右珥者，君有重宫，婦人陰事私發。

夏氏曰：日左右有黄白珥，君下赦。

京氏曰：日以春有二珥，人君聽事。

王朔曰：日珥等，兩軍相當，無相奈何。

京氏曰：日兩珥，無封侯。桀恐，還自伐。

《摘王辟》曰：日有兩珥，且有大使。一日兩珥，焰焰如光，爲人君有喜。

《洛書》曰：日兩珥，中赤外青，色黄白潤澤，天子喜。

《洛書》曰：珥中有赤雲貫日，有名之人死。

京氏曰：日有三珥，人君有女子憂。

《孝經内記圖》曰：珥有四，天子大喜。

石氏曰：日有四珥，天子拜將，太子立王侯。

甘氏曰：日四珥，天子有子孫喜，期不出三年。

京氏曰：日出四珥，將軍亡。日入四珥，有大兵。

京氏曰：日朝五珥，國憂兵起。夕珥臨日兩傍，必有大客來言北方之事。

甘氏曰：日有六珥，命曰大提。六十日分，有喪。若赤雲掩日下，有亡國。

又　日抱

如淳註《漢書》曰：氣如半環，向日爲抱。

蔡伯喈曰：氣見于日傍，内曲向日爲抱。

京氏曰：氣青外赤内，曲向日月爲抱，兩軍相當，順抱者勝。

王朔曰：氣向日暈，狀而短則爲抱。抱者，苞也。苞者，附也。抱者，近臣也。抱者，和親也。按其色占之，抱黄白潤澤，法有赦。

京氏曰：氣向日月爲抱，抱多者，來親附者衆多也。

孫氏《瑞應圖》曰：君賢得土地，則有黄抱。

京氏曰：氣抱日爲和親，見者，其臣欲親。

石氏曰：日抱，鄰國臣佐來降。

石氏曰：抱氣青赤在日月傍，爲其分若王者，有子孫之喜。

《孝經援神契》曰：黄氣抱日，輔臣納忠。

《孝經内記圖》曰：日光潤澤有抱，國昌。

《洛書》曰：日抱，黄白潤澤，中赤外青，天子有喜。有和親來降者。軍不戰，敵降軍罷。色青，將喜；赤，將兵争；白，將喪；黑，將死。

《高宗占》曰：抱傍有黄氣如人像，人主有賢佐匡天下。

夏氏曰：日有兩齊等以戰抱，先衰者敗。

《高宗占》曰：日傍氣圖日有兩抱，外欲自親者，人主有喜。

夏氏曰：日傍有氣抱，戰勝；無軍，有欲和親者。

《高宗日傍氣圖》曰：日有三抱，天子喜，天下和平。色赤黄白，皆吉，若有親者。

《孝經内記》曰：日四傍各有重抱，四方附信也。

《高宗占日傍氣圖》曰：日四抱，天子有喜，皆將相向主，若有來和親者。

《夏氏日暈圖》曰：日傍抱五重，再戰順，抱者勝也。

又 日背

京氏曰：日中赤外青，曲向外，名爲背。

蔡伯喈曰：氣見于日傍外曲，曰背。

石氏曰：背，氣青赤而曲外向，爲叛象，其分臣反。

石氏曰：日背，有反臣，若邊將去，善防之。

夏氏曰：日背，背者，大夫卿欲爲主。

《孝經内記》曰：日兩背，有反者。

《孝經内記》曰：日四背，有兵兵罷，無兵兵起，以宿分占之。

《太公兵法》曰：日四背，見軍在外，有反者。

《摘亡辟》曰：日四背，天下駭擾，大將起，在中野。

《春秋感精符》曰：日背出，天下分裂，臣子得志，主上弱。

《春秋考異郵》曰：諸侯謀反，五背刺日。

又 日璚

石氏曰：氣青赤曲向外，中有一横，狀如帶鈎，名爲璚。

如淳曰：日刺日曰璚。璚，決傷也。

孟康曰：璚者，日將蝕，先有異氣也。

王朔曰：日璚，璚者，決也。璚者，臣下走也。璚者，臣下急也。形如背狀微小而鈎，則爲璚。璚者，譎也，爲乖離也。

夏氏曰：日傍有青璚，大臣有去者。不去，有德令也。

《孝經雌雄圖》曰：日璚者，此變最劇，敗傷君者也。致滅上有之徵。禍從君不禁下起，在左右；禍從臣詐主，在上；禍從妃后，在下。禍從臣專政，從爲自用，横。爲暴多，有奸臣通。

《春秋考異郵》曰：臣謀反，璚刺日。

《孝經内記圖》曰：日傍一璚，萬人死其下。

夏氏曰：日四璚，有兵兵罷，無兵兵起。闕。

《春秋感精符》曰：日四璚並立，政不一。按《五行傳》曰：日傍有氣，皆爲晉國之將亡。四璚刺日，而後三卿分晉，以滅其祀。

《春秋感精符》曰：日九璚，後起之人並出。

《春秋呂氏》曰：人主自恣，不修古王道，逆天暴物，妖禍起，地曜日璚，日反光。地曜，璚氣上刺，反光日景，見南又上。光盛，無能見其輪體；及至反光午上，體見光微，没時却忽時暫明，亦如燈將盡，而光忽暫明熾。自古以來，將亡之國，必生暴君虐主。其君必夭蕩其志，使窮極驕盈，而神照如來，故以反光深誡之也。

又 日直

石氏曰：日直，色赤丈餘，正立日月之傍，名爲直。其分有自立者。

夏氏曰：日直，直者，正直。在日上下左右，主直臣自立也。直在下，光色潤澤，有立侯王者。

夏氏曰：日有黄直，君立臣；青赤直，臣自立。

《夏氏日暈圖》曰：日傍有一直，色黄白潤澤，有立侯王。

《洛書》曰：有一傍直，一方欲自立侯王；有二傍直，二方欲自立；三傍直，三方欲自立；四傍直，四方皆欲自立侯王。

《孝經内記》曰：日傍有一直，蔽在一傍欲自立，從直所擊者勝。

《孝經内記》曰：日傍有兩直，其色潤澤，有侯王立。

《夏氏日暈圖》曰：日傍有二直，欲自立者，其色中赤外青，不成。

《高宗日傍氣圖》曰：日有二重直，在左右，謀欲自立。

《洛書》曰：日四直者，是謂四强。色黄白潤澤，天子有喜，安足無兵，國多幸，臣使王。色青，天子有憂；赤，有兵；白，民多喪；黑，主死國分。

又 日交

王朔曰：日有交，交者，青赤如暈狀，或如合背，或正直交者，偏交者，兩氣相交也。或相貫穿，或相背交。主內亂，軍中不和。

石氏曰：日交，人受淫勃之氣。

京氏曰：偏交在日傍，從交在日傍交所擊者勝。

甘氏曰：常以九月上景候日傍交，赤雲，其下有兵。

又　日提

《夏氏日暈圖》曰：日傍有赤雲，曲如車蓋映日，名曰扶提。不出其年，有自立者，以日宿占之。

《荆州占》曰：日傍有白雲，曲而向日，其一者居東方，其一者居西方，名曰提。不出其年，中有自立者。

《孝經内記》曰：日有赤雲，如車輪或二或四，按，圖有二雲，或背日，或向日，當如車蓋，不應如車輪，字之誤也。其背向外提，外臣背其主。期六月一提，不出六年，王者亡地。其曲向日，爲内臣背其主。二提，期三十日至。四提，期六十日至。

《孝經内記》曰：日傍有赤雲如車輪，四曲向日，名曰兵提。不出其年，有自立者，以宿占之。

甘氏曰：日四傍有赤雲，曲而向日，名曰四提。

《荆州占》曰：提，猶耳也。不出其年中，兵起，王者死。一曰亡地，有自立者。

《孝經内記》曰：日四提，不出二年，大有兵，大將出亡。五穀貴，價一倍。三十日至，大雨不止。

京氏曰：四提，不出二年，有大兵，有大饑。

《高宗》曰：日六提，國君當之，宜防。

京氏曰：日六提，天子亡，布貴，天下亂，五十日至。

董仲舒曰：殷時有雲居日左右，曲布向日，名曰日提。占曰：不出六年，天子不利，必有立者。高宗感之修德，昌祚數百年。可謂災消而福生也。

又　日承

夏氏曰：承者，氣如半暈在日下，則名爲承。承者，臣承君也。爲君臣相承，有吉。

《高宗日傍氣圖》曰：日下有黃氣三重若抱，名曰承。福，人主有吉，喜且得地。

又　雜冠戴紐珥抱背璚直虹刺

《洪範傳》曰：日抱珥重光，以見吉祥，君獲賀，福禄並降。

夏氏曰：日冠而珥，人主有喜。且有所立，期不出年中。

《洛書》曰：日平曉冠，有兩珥，色黃白潤澤，天子有喜，聽言立王。色青，憂；白，喪；黑，死。所以然者，平曉至食時爲王，兩珥有所聽，黃白兩設爲有喜立。

王朔曰：日冠，當有兩珥，甚吉。

魏氏曰：日冠右珥者，邦東有善人出，得位。

《孝經雌雄圖》曰：日冠左珥者，君爲婦母私相知。

《孝經内記》曰：日左珥冠者，君東宫私婦女之事。

石氏曰：日冠右珥者，邦南善人欲爲政位。

魏氏曰：日冠左右珥者，君與羣女婦姊妹私相通。

《孝經内記》曰：日冠左右珥者，天下有喜。

魏氏曰：日冠纓上下者，邦南北有善人出爲政。

《孝經雌雄圖》曰：日紐冠者，君兄弟婦女私相知奸淫也。

《洛書》曰：日戴而冠不中日者，名爲婦，一名離疎。中赤外蒼，色黃且潤澤，天子有臣暴幸者，色青以音幸；色赤以兵幸；白與黑者，主失用。所以然者，日，天子之象也。色黃白潤澤，是謂附，故言天子有喜。不中日，故言附。上有戴，故言有暴幸。陰陽不和，故言失用。

《高宗日傍氣圖》曰：日戴珥，人主有喜，天下和平，有所立。

《高宗日傍氣圖》曰：日重戴，左右珥，天子有喜，得地，若有所立。

《洛書》曰：日兩珥，有直出珥中，中赤外青，色皆黃白潤澤，天子有珠寶喜，立王侯。所以然者，日，天子之象。珠者，陰之榮也。直者，輔也。黃白潤澤，故言天子有喜寶直，有立侯。青，有憂；赤，有兵；白，有喪。黑者，水也。

《孝經内記圖》曰：日出而珥戴，天子有德令。一曰有賀喜。

《孝經雌雄圖》曰：日四傍有四珥，珥外左右有二抱者，子孫昌。

司馬遷《天官書》曰：日抱且戴，喜。

《孝經援神契》曰：王者德至于天，則日抱戴。

京氏曰：日抱一背爲破走。抱者，順氣也。背者，逆氣也。兩軍相當，順抱擊逆者勝，故言破走。

《洛書》曰：日抱有一珥，色皆白潤澤，中赤外青，平晚至食時見，天子有喜。日中至日入，色蒼白爲憂。爲有人從外來者，有喜事者不可信也。

《高宗》曰：日抱兩珥，下有黄氣如月，名曰遺德。有太子喜，無氣，天子喜。

《高宗》曰：日重抱在左右，人主有喜。

《高宗日傍氣圖》曰：日有重抱兩珥，人主有喜。

夏氏曰：日重抱，中有璚，順抱擊者勝。軍中有欲反者。又曰：重抱且背，順抱擊者勝。得地，并有罷師。

《洛書》曰：三抱重有兩珥正方，色皆黄白潤澤，天子有喜，是謂大和。抱者，親和之象也。珥方者，兵之象也。

《春秋渾付》曰：人主修名無誠，言外方語，内懷負心，驕蹇自恣，不謁忠稱孝，毁所增，日背璚青赤不明。

《洛書》曰：日背而内璚，色中黑，故言水。主大臣反，故言天子有憂。外赤中黑，故言有水火相伐，反臣從中起，天子死。

京氏曰：日背璚在日之南及其三方者，其國有反臣。

《易緯》曰：日背璚重累，小人署地，大人争時。

京氏曰：日月皆璚，其國有反者。

《摘亡辟》曰：日背璚并出，顛倒相貫屈，天子滅，下作禍。

《洛罪級》曰：日背璚，不言内乖惡。

《春秋緯》曰：桀之世，有后通族擅權，背璚刺日，垂其耀光，有此則亡引也。

《春秋感精符》曰：君臣乖錯不和，則日背璚。

《高宗日傍氣圖》曰：日傍有一直，赤氣如鱗在上，近臣欲自立也。

《高宗日傍氣圖》曰：日有二背一直，大臣謀欲自立也。

甘氏曰：日四璚，是謂大役。軍衆在外有反者。

《孝經内記》曰：日有四背璚，無軍在外而見，天下兵起；軍在外，天下兵盡罷。

《春秋感精符》曰：日四背璚，臣射主。

《孝經内記》曰：日四背璚，氣如大車隨者四，人主不安，大國不出一年。大車貫二背，有反臣，三月大雨下。

《春秋緯》曰：日有四背璚，其國内亂，有兵起，若有背叛。

魏氏曰：日傍有二直三抱，有自立者，不成。順抱擊者勝，殺將。

魏氏曰：日纓左珥，後宫出位喜。

《孝經雌雄圖》曰：日冠紐左珥者，君與舅母私相通。

《孝經雌雄圖》曰：日冠紐左右珥，天下有吉喜，五逆皆除。

《日暈圖》曰：日冠纓左珥者，後宫有喜。

《日暈圖》曰：日冠纓右珥，後宫出位有喜。又曰：日暈冠纓，左右珥，天下大喜，除刑。

《孝經雌雄圖》曰：日紐左珥者，爲兄弟私相知。

《孝經内記》曰：日冠鈕者，君與青衣私相愛，欲成立爲妻，已在宫也。

甘氏曰：日戴珥，天子有賀喜。抱以爲和親，抱亦親多，抱珥見數，國家懽喜而和。

甘氏曰：日戴且珥，天子有子孫昌。期不出其年。

夏氏曰：日戴而珥，有令德。

夏氏曰：日重抱，抱中外有璚而珥，順抱擊者勝。破軍，軍中不和，不相信。

《孝經内記》曰：日傍有重抱，其一傍有抱，抱后有背戴，順抱者勝。

《高宗日傍氣圖》曰：日有一抱、一直、一珥，人主有喜，且有所立。

吕氏曰：日背璚四直交在中，臣欲爲邪。色青中赤外，有芒刺則爲逆。其色赤中青外，無芒刺爲謀。若數見，則國家凶。向日爲抱，背日爲背。背且抱，有欲爲者，順勝逆，明勝枯，久勝疾。若有白虹以攻戰，從抱擊之者勝。芒外者，中人勝。芒内者，外人勝。皆以象類爲法。

《孝經雌雄圖》曰：日上有冠三重，日下有虹下行，正直長丈，不出一年，立故貴人。絶後者，其年小熟小賤，歲有兵，一年中天下不安。

夏氏曰：日抱且兩珥，一虹貫抱中日，順虹擊者勝，殺將。

夏氏曰：日抱兩珥且璚，二虹貫抱中日，順虹擊者勝。二將有相去。

夏氏曰：日重抱有三白虹貫抱中日，順虹擊者破軍將。二虹殺大將，一虹殺偏將。

魏氏曰：日重抱，左右二珥有白紅虹貫抱，順擊勝，得二將。有三虹，得三將。

《高宗日傍氣圖》曰：日一背一直，有赤氣如捲，近臣欲自立。二背一直，大臣欲自立。

《孝經雌雄圖》曰：日刺冠重累，並出邊見者，是臣弑君、子弑父之變也，不可不審察也。見于東方，父子自爲之；見于南方，君臣爲之；見于西方，親戚將卒爲之。變在君者，多赤；變在臣者，多青；變在邊夷者，多黑。自天生大賊，五色錯亂。

又　卷八《日占四》

日暈

石氏曰：日傍有氣，圓而周匝，內赤外青，名爲暈。

夏氏曰：日暈者，運也。

如淳曰：暈，日運也。暈者，屯也。暈者，圍也。一説暈者，軍營衛氣也，營衛君也。

蔡伯喈曰：氣見於日傍四周爲暈。

《方言》曰：日暈爲躔。躔，歷行也。

《爾雅》曰：弇日爲蔽雲。郭璞曰：即暈氣五色覆日者也。《釋名》曰：暈，卷也，氣在外卷結也。

《春秋感精符》曰：一失陽事則日暈。

石氏曰：日暈者，軍營之象。周環匝日，無厚薄，敵與軍勢齊等。若無軍在外，天子失御，民多反叛。

班固《天文志》曰：兩軍相當，日暈，等力均也。

甘氏曰：日月皆暈，共戰不合若兵罷。

《洛書》曰：日出而暈，必有取主，不乃有師破。

石氏曰：日以庚子暈，有赦令。

《河圖帝覽嬉》曰：正月日暈，兵春起，不勝。

《河圖帝覽嬉》曰：日以正月若五月中有九暈以上，道上有熱死將，一曰多死人。

《荆州占》曰：日有朝夕之暈，是謂失地，主人必敗。

《荆州占》曰：日三暈，軍分爲三。

夏氏曰：《日暈圖》云，日暈潤黄濁黑，摇爲風雨且惡；不動摇，有憂病。不則有暴惡令。

《太公陰祕》曰：日暈明分中赤外青，外人勝；中青外赤，中人勝。中黄外青黑，中人勝；外黄中青黑，外人勝。外白內青，外人勝；內白外青，中人勝。中黄外青，外人勝；中青外黄，內人勝。

《太公陰祕》曰：日暈黄白，不鬬，兵未解。青黑，和解分地。色黄，土功動，民不安。色黑，有水，陰國盛。色白，有喪。色青，爲疾病。色赤，大旱，流血千里。

京氏曰：日暈，有兵在外者，主人不勝，宜客。

《太公兵法》曰：日暈始起，前滅後匝，而後成者後面勝。

《太公兵法》曰：日暈周匝，東北偏厚，厚爲福。東，軍在東北戰。西南，戰敗。

《孝經內記》曰：日暈而明，天下有兵兵罷，無兵兵起，不戰。

《洛書摘亡辟》曰：日暈明，人主有陰伏之謀。

京氏曰：日暈若井垣，若車輪，二國皆兵亡。

石氏曰：日有青暈，不出旬，有大風，糴貴十倍，人民多疾病，凶。

《河圖帝覽嬉》曰：日暈，中赤外青，羣臣親外；赤中青，羣臣內其身，外其心。

石氏曰：日有黑暈，災在用事臣。

《高宗日傍氣圖》曰：日暈蒼黑，女主有憂。

京氏曰：日有黄暈一重，人主有喜。

《洛書》曰：日有青圍之，謂之青暈。不出二旬，大寒，糴大貴，外長三錢。一歲五見，糴五倍；六見，糴六倍不止。不出一年，民相食，多疾疫，在所見之國。

《禮斗威儀》曰：君乘木而王，其政昇平，則日黄中而青暈。

《洛書》曰：日有黑圍之候，不出六十日，有大水，傷五穀，敗人室宅，所見之國，糴貴十倍，三旬止。一歲十見此者，四海有役，窮民不得守其鄉，死不收藏。

《禮斗威儀》曰：君乘水而王，其政昇平，則日黄中而黑暈。

《孝經內記》曰：日有白圍之候，一本日白暈，不出九十日，有大暴兵，粟大貴三倍，歲多暴風，春雪霜，民多病，亡野，犬多狂，所見之國尤多，其君不安。

《禮斗威儀》曰：君乘金而王，其政象平，則日黄中而白暈。宋均曰：象者，取象，于鏡見儀表端正。

《洛書》曰：日有赤圍之候，不出終食，必有大雨，雷霹靂殺乎爲人民者，天下不同，獨以所見爲然。必有大暑，道無行人。圍候者，日與辰星俱失度。不出旬日，圍候數如此者，不便貴人。一歲數有圍候，歲十餘，王者不安，大臣坐事。

不出二年中，天子亡，細布貴。後一年，蠶不爲縑，絮四倍。萬民大寒，見此之戒。

《禮斗威儀》曰：君乘火而王，其政頌平，則日黄中而赤暈。

《孝經内記》曰：日有黄圍之候，風雨農田治。一歲數見，且大安。所見之國，吉，不出三年。

《孝經内記》曰：日暈亡日，無雨，大風，起兵若土功，各當其星占。凡日月傍有異氣抱珥，强帶虹蜺、背、璚、纓、紐、格、履之屬，三日内有大風，二日内有大雨，災解不占。

甘氏曰：日暈七日無風雨，兵大作，不可起，衆大敗。不乃月蝕。

又 日方暈連環暈

《高宗日傍氣圖》曰：日方暈而上下聚二背，將敗民散。又曰：日暈方如井幹，天下不和。

《荆州占》曰：日暈連如環，爲兩軍兵起，君争地。

《高宗日傍氣圖》曰：日暈環而聚，君死。四邊亞出也。

又 日暈而珥

京氏曰：日暈而珥，宫中多事，后宫分争，七日不雨，審察中。

甘氏曰：日暈而珥，主有謀。軍在外，外軍有悔。

《荆州占》曰：日暈而珥，天下有立侯王。

《荆州占》曰：日暈而珥，于暈上，將軍易。

甘氏曰：日暈而珥，如井幹者，國亡以亂，有大兵反。又曰：日暈而珥，合在軍中，一珥一國，二珥二國，三珥三國，同攻是國也。

甘氏曰：日暈而珥，聚在傍，貴人有罷者。

《太公兵法》曰：日暈而珥，主有謀。十日不雨，兵起。

石氏曰：日暈而珥，合國有謀反。

《日暈圖》曰：日暈右珥者，王侯有喜，人君有私，事在后宫。

《洛書》曰：兩敵相當，日暈兩珥，平等俱起而色同，軍無相奈何。色厚潤者，賀喜。又曰：日暈兩珥，君有喜。一曰衆在外，有大事。

石氏曰：春暈有四珥，人主更令。

又 日暈而負

夏氏曰：日負，負者，青赤如半暈狀，以着暈上，則爲負。負者，位也。得地爲喜。

京氏曰：日暈重有四負，殃，大國亂。若三日大雨，不占。

《孝經内記圖》曰：日暈負且戴，國有喜。戰，從戴所擊者勝，得地。

又 日暈而冠戴珥抱背璚直提虹蜺雲氣

《孝經内記》曰：日暈且冠戴，又有反照于日，上有戴赤青長四五尺，左右上下有氣各一丈許，不出九十日，有立侯王。不出百日，有大赦。糴貴十倍，大豆尤甚。

石氏曰：日暈且冠且戴，天下有立侯王，若自立者分必益土。

石氏曰：日暈且冠，王者有拜謁。若立諸侯，德令四方，天下大赦。

《孝經内記圖》曰：日暈有冠，兩珥有纓，貫珥中下交日下，天下有名之臣死。不出三十日，有赦。

《太公兵法》曰：日暈冠三珥，天子有喜。或爲大赦，或拜大將軍。

《高宗》曰：日暈冠珥紐，人主有喜慶，且有所立，不出年中。

京氏曰：日暈戴抱珥，其色皆赤内青外清明，即國家有吉賀喜。

《洛書》曰：日暈且戴而暈，兩有氣皆如珥形，中赤外青，是謂珙璧，一名霧成。色皆黄白潤澤，有獻璧玉寶瑶器者，天子有喜。所以然者，日，天子象也。璧玉者，陰之榮也。黄白潤澤，故言天子有喜。

夏氏曰：日暈而珥，外有一抱，所圍城者，在外，外人勝。

《孝經内記》曰：日暈，暈中有珥一抱，所謂圍城者，在中，中人勝。

《高宗日傍氣圖》曰：日暈珥兩抱，天子且有慶。一抱，喜至。氣黄白赤，皆吉也。

《荆州占》曰：日暈而珥背，左右如大車輪，兵起，其國亡城，兵滿野而城復歸。

京氏曰：日暈有四珥，各四背璚，期六十日，羣臣有異謀者，有急事，閉關不行，使天下更命。三日雨，不占。四背，白氣干之其端，青赤，是妃與臣下共弑其君。

夏氏曰：有軍，日暈有一抱，抱爲順貫暈中，在日西，西軍大勝，東軍大敗。中赤外青，若在日東，東軍大勝，西軍大敗。南北亦然。

石氏曰：日暈有抱，抱爲順，在日月之傍，王者有喜，子孫吉昌，政令行。

《洛書》曰：凡占，兩軍相當，必謹審日月之暈氣。知其所起止、遠近，應與不應，遲疾大小，厚薄長短，抱背爲多少，有無實虛、久亟、密疎、澤枯相應日等，無相奈何，故曰近勝遠，疾勝遲，大勝小，厚勝薄，長勝短，抱勝背，多勝少，有勝無，實勝虛，久勝亟，密勝疎，澤勝枯。重抱，大勝無抱也。抱爲和親，抱多，親者益多。背爲不和，分離相去。背于中者離于中，背于外者離于外也。凡分離相去之相親疎。赤中外青，以和相去。青中外赤，以惡相去。

《太公兵法》曰：日暈抱珥，喜氣。日暈黄者，主人有喜。

《太公陰秘》曰：日一暈，一抱，一背爲不和。信者更逆，不信者順。

夏氏曰：《日暈圖》云，暈有重抱，後有偕戰，順抱者勝，得地。

《高宗》曰：日暈兩抱，天子有喜，天下和平。色赤黄白，皆吉，有和親。

《高宗日傍氣圖》曰：日暈四抱，天子有喜，將相治端，皆向主者，來和親。

甘氏曰：日暈抱珥，上將軍易。

京氏曰：日暈，背氣有暈中，此爲不和，分離相去。其色青外中赤，忠臣受命，主有所之。兩軍相當，中人軍欲降叛于外也。

董仲舒曰：日暈而背，君臣俱危，主失節。

《太公陰秘》曰：日暈有背，大臣有叛者。或曰左右欲有走。

石氏曰：日暈而背，兵起，其分失城。

石氏曰：日暈有背，背爲逆，有降叛，有反城。在日東，東有叛；在日西，西有叛。南北亦如之。

《高宗日傍氣圖》曰：日暈一背，臣弑主。按《中興書》曰：隆安元年十二月壬辰，日暈有背璚，是後帝不親萬幾，會稽世子元顯專行威罰。義熙六年五月丙子，日暈有背璚，是時盧循逼京都，戰于郊也。

石氏曰：有軍，日暈有一背，背爲逆。在日西，東軍大勝，西軍大敗。若在日東，西軍大(戰)[勝]，東軍敗。南北亦然。

《孝經內記圖》曰：日暈，上下有兩背，無兵兵起，有兵兵入。

魏氏曰：日暈，四背在暈內，名曰不和，有內亂，離于中。

《夏氏日暈圖》曰：日暈，暈中有兩背兩璚，又半暈臨日，反臣起，中不成。

《孝經內記圖》曰：日暈外四背璚，所謂離于外者，外臣有離去者。

《孝經內記》曰：日暈，中有四背璚，其背端盡出暈者，反役內起。

京氏曰：日暈而背四，如大車者四提設，其國衆在外，有反臣。

《高宗日傍氣圖》曰：日暈，一背麗陣貫之，大臣欲犯其主。

《孝經內記圖》曰：日暈，有璚，裂地立王。

石氏曰：日暈，中有璚氣，璚爲不順，與背同。人臣不忠而外其心，君臣乖離，其國兵起，若有逃臣。

京氏曰：日暈，直氣貫暈中白其色，將失。順其氣攻，破軍。

《高宗》曰：日暈，清明一傍直，有立侯王。其色青外赤內潤澤者，上所立也。

石氏曰：日暈，有直氣在兩傍，其國有自立者，若立諸侯。一曰王者封賞左右。

《魏氏圖》曰：日暈有二直，欲自立者，明者立。若黑，不明者死。

《魏氏圖》曰：日暈，有一直一背，欲自立；二直二背，欲自立；有三直三背，欲自立；有四直四背，皆欲自立也。赤中青外，不成。

夏氏曰：日暈有直珥，爲破軍。貫日中，爲殺將。

《高宗日傍氣圖》曰：日暈兩直一背，有反臣。

石氏曰：日暈四提，必有大將出亡者。

京氏曰：日暈而且冠三重，日下有虹行，正長數丈，不出其年，有反者，貴人絶後，有兵饑。按司馬彪《續漢書》曰：光武建武七年四月丙寅日，而日有暈，虹貫暈在畢八度。畢，邊兵，秋隗囂反侵安定。

《荆州占》曰：日暈而珥，赤虹貫直，其國分者受其害。

石氏曰：日暈，有抱背珥直而有虹貫之者，順虹擊之，大勝，得地。

《玄冥》曰：日月暈，背彗孛虹蜺在箕，兵起後宫。

《玄冥》曰：日月暈，虹蜺彗孛在尾，兵起於宫，將交走，期百八十日。

石氏曰：日月無精，光青赤，暈蜺背璚在心度中，是謂大盪。兵喪並起，王者以赦降外。

京氏曰：凡日出虹暈，主分地。日入虹暈，諸侯分地。黑者，以兵分地。白者，以喪分地也。

《荆州占》曰：日暈而白虹，奸。而屬域之東，東斥地；域之南，南斥地；域之西，西斥地；域之北，北斥地。四方皆紆，而四方斥地。是謂人主驕溢，期不出五年。

夏氏曰：日暈，二白虹貫暈，有客戰勝。

《孝經內記》曰：日暈，有虹貫暈中，順虹擊者勝，殺將。

甘氏曰：日暈而珥，有雲穿之者，天下名士死。

《高宗日傍氣圖》曰：日暈兩珥，而下有黃雲，人主有喜，期百二十日，遠年中。

甘氏曰：日暈而兩珥在外，有聚雲在中與外，不出三日，城圍出戰。

《春秋感精符》曰：日一暈兩珥，有立雲貫日出，國多妖孽。

《洛書摘亡辟》曰：日暈而兩珥立雲貫之，國有大疾。

《春秋緯》曰：日暈有兩珥，黃雲貫之，不出三月，貴人有死者。

《黃帝兵法》曰：日月暈，仰視之，須臾忽有雲氣從傍入者，急隨雲以攻之，大勝。

《太公陰祕》曰：日暈，有五色雲如杵貫日，從外入，外人歸勝。從內出，內人勝。欲知姓字，白者商，赤者徵，青者角，黑者羽，黃者宮。

《太公陰祕》曰：日暈，有衆雲在左右，色黃白，吉；青白，兵行；黑白，內亂；青赤，和解；青黑，流血。俱明者，未解。兵不歸，明者勝。

甘氏曰：日暈，有聚雲不去者，兵起。

甘氏曰：日暈，有聚雲外入，不出三日，國城圍。

夏氏曰：日暈，有雲氣從暈外入者，兵得入。雲氣從中出者，兵從中出。

《孝經內記》曰：日暈，有青雲三從外貫暈，戰，客勝。

夏氏曰：貫日，以日宿占之。

夏氏曰：日暈，有青氣從中四出，有圍城，城中勝。有直交三，有欲自立，不成。

《夏氏日暈圖》曰：日暈，有青雲從外四貫暈，有圍城，外勝中。

《高宗日傍氣圖》曰：日暈，下有青雲如死虹屬暈，大將死亡。

《五音候》曰：日暈，合氣如人在暈中，偕日者，臣叛，不脫。日暈不合，叛者得脫。

《孝經內記圖》曰：日有白氣從外向內刺，外人勝，圍城城拔。

《孝經內記圖》曰：日暈，有白氣從內向外刺，中人勝，圍城城不拔。

石氏曰：日暈，有白雲如車蓋臨上，城降，得地。

高宗曰：日暈，有赤氣如戟臨之，其國兵起。

《高宗日傍氣圖》曰：日暈，傍有赤氣，如節如旗狀在外，名曰蚩尤之旗。兵從內起。

《孝經內記圖》曰：日暈，赤氣貫中屬日，臣賊主。赤甚者爲用兵，不甚者爲用藥。陰者不發，人莫知之。

《高宗日傍氣圖》曰：日暈，有黃氣承之，得地，不出年中。

《夏氏日暈圖》曰：日暈，有虹貫暈，不中日，戰從貫所擊之，勝，得小將。

《魏氏圖》曰：日暈，有白虹貫，從虹所擊，戰勝，破軍殺將。

《孝經內記》曰：日暈，有氣如牛入居暈，不出三日，寇入城。

京氏曰：日暈不合，有雲如牛，在暈外來入暈中，臣不服。

京氏曰：日暈，有氣如毛羽，臨日不去，國有大兵憂。

《高宗》曰：日暈，有四鋭氣如峯四，出國，君亡。

《高宗》曰：日暈，有錦文氣潤色從外入者，有文書，喜至。從中出者，王使出喜事也。枯乾不明者，舉事憂。

王朔曰：日暈，有錦文之氣在暈中，君欲遣使，文書大行。日暈，有錦文之氣在暈外，外文書來。

《五音候》曰：日暈，氣如人，在暈中向日，中人受令。在暈外向日，外人受令。一曰：使臣還，得其正色，有喜。不得王氣，有憂。

《五音候》曰：日暈，氣如臥人，在暈上，其下破敗。

《五音候》曰：臥人氣在暈中，君有憂，臣暴死。又曰：日暈臥人，氣在暈外，臣有憂，憂主死。

又 日重暈

魏氏曰：日重暈，中赤外青，有臣謀邪，不成。

夏氏曰：日重暈，攻城圍邑不拔。重暈，天下有立侯王，不乃拔城。

京氏曰：日重暈，有德之君得天下。

石氏曰：日暈再重，其分戰有功。

《河圖帝覽嬉》曰：日暈二重，其外青，中濁不散。

《孝經內記》曰：日有青暈二重者，其災在春，內女親用事。甲乙暈者，所見之國，彫殺草木五穀。不出六十日，中有兵起所見之處者。用事弱亂，故日暈青。三年乃止。

石氏曰：日有青暈再重，主后親戚在內爲亂，王者有憂。案《洪範五行傳》曰：周幽之敗也，日暈再重，中暈赤，外暈青，一黑盡上下通在日中。是歲有幽王之敗。

《孝經內記》曰：日有黑暈二重，其災在冬月。

又 卷一五《月占五》

月暈一

《石氏占》曰：月傍有氣，圓而周匝，黄白，名爲暈。

巫咸曰：月之暈者，臣專權之象。

《石氏占》曰：月暈受衡，所在之國安。

甘氏曰：月暈，戰兵不合，若軍罷。

《甘氏占》曰：日月皆暈，戰兵不合。謂晝有日暈，夜有月暈也。

京房《易傳》曰：凡月暈，七日無雨，大風兵作，土功起。

《高宗占》曰：月暈，明王自將兵。

《帝覽嬉》曰：月暈，兵春起，不勝。

《荆州占》曰：月暈，赤有光，主起兵，城降。

《荆州占》曰：月終歲不暈，天下和親。

《荆州占》曰：四孟月之七日、四仲月之八日、四季月之九日，皆當月暈。暈不以其日，不出三日，有暴風甚雨。

石氏曰：月以正月一日二日暈，必有土功。

《荆州占》曰：月春二暈者，其民好鬭，不有從民。歲必大惡，不出一年粮貴。

《石氏占》曰：正月上旬，一暈樹木蟲，二暈禾穀蟲，三暈震雷。

《荆州占》曰：一月五六七八九暈，天下有亡地者。十一暈，天下更政。

《帝覽嬉》曰：五月中九暈以上者，道上有熱死者。

《荆州占》曰：月暈四仲月之八日、四季月之九日，三日不雨，皆爲月蝕。

《河圖帝覽嬉》曰：月暈中赤外青，羣臣親内。外赤中青，羣臣内其身，外其心。

《荆州占》曰：正月九日、十六日夜月暈者，其五月有令。十日暈者，三月有令。十一日暈者，其月大旱。十二日十五日暈者，飛蟲多死。二十三日、二十四日暈者，五穀不成。二十五日、二十六日暈者，女枲貴。

《荆州占》曰：月以庚戌暈，有救以遲疾爲期。謂暈疾亦疾，暈遲亦遲。

《荆州占》曰：月正月甲乙日暈者，木貴，民人多病。丙丁日月暈者，旱，金錢輕。戊己日月暈者，歲美，小旱，田宅貴。庚辛日暈，赦。壬癸日暈者，多水。

《高宗八節月暈占》曰：月以立春四十六日内暈者，赤，有兵。黑，多水，蟲爲災，逆賊生。民生子多怪。月以春分四十六日内暈者，赤，爲兵。黄白，憂多蟲。月以立夏四十六日内暈者，赤，少水。白旱，萬物不出者死，人民流亡。月以夏至四十六日内暈者，赤，小水。黄白，萬物化爲白耳。月以立秋四十六日内暈者，赤小白，明日甚雨出。黄，羽異身傷害五穀之心。謂螟螣之類也。月以秋分四十六日内暈者，赤少黄白，大雷發，折木殺人。月以立冬四十六日内暈者，赤重如蓋狀，明日甚霧。黑，多冰霜，春多風。月以冬至四十六日内暈，赤大白，春多風殺人。

《京房易傳》曰：正月三暈，所宿國小飢。五暈，大飢。

又 月重暈二

《石氏占》曰：月以十二月八日暈再重，大有風，兵起。三重，天下兵，大亂。

《石氏占》曰：月暈再重，天下大風起。

《帝覽嬉》曰：月暈三重，其外青中濁，不散，軍會聚。

《荆州占》曰：月暈四重，以有亡國死王者。五重，其國女主死。七重，天下易主。八重，天下有亡國。漢高祖七年月暈圍參昴七重，占曰：畢昴間，天街也，街北胡，街南中國，昴爲匈奴，參爲趙，畢爲邊兵。是歲高祖爲冒頓單于所圍。

《荆州占》曰：月暈三重，赤雲貫之，其國破喪。

巫咸曰：月五月中暈，有九重以上，道路大有熱死者。

《高宗占》曰：月暈十重，天下更王。

京房《易傳》曰：月暈十二重，天下半亡。

《帝覽嬉》曰：月暈再重，倍在外，私成於外。倍在内，私成於内。

又 月交暈三

《帝覽嬉》曰：月色黄白交暈，一黄一赤，所守之國受兵。

《高宗占》曰：月交暈赤有光，其國不出二年遇兵。

《石氏占》曰：月交暈貫月，有事，從貫擊者勝，殺將。有珥，有喜。

又 月連環暈四

《荆州占》曰：月暈連如環，爲兩軍兵起，君争地。

《石氏占》曰：月暈一重，下缺不合，上有冠戴，傍有兩珥，白暈連環貫珥接北斗，國有大兵，大戰，流血，其地紛紜。不出一年，憂。

《石氏占》曰：月暈如連環，重暈北斗魁前第一第二星，大臣下獄，流移一千里。又曰：暈輔星，大臣下獄。

《荊州占》曰：月暈如連環，有白虹干暈，不及月，女貴人有陰謀亂。

王冰《素問六氣玄珠密語》卷三《觀象應天紀篇》　青氣在日下上，利出軍。青赤氣掩日出，必有大戰。日傍有赤氣如虎，萬人死。日無色，日中有赤氣大如星，如踴躍者，人君凶。氣廣二尺在日東西，其國有憂，兵起。日上有黑氣如蛟龍伏，必大風。冬至日，日出日入時俱有雲迎送者，歲人民疫病。其雲赤，旱；白，兵；黄，疫；黑，大水；青，大風。日有黄暈二重，風雨順時，豐熟物賤。日有白暈，不出九十日，有暴兵，歲多暴病，貴人多病。日暈青有三重，國多風雨，不出九十日，后妃災，冬雷夏雪。赤日暈再重，其災在下，所見國有蝗蟲；二百日旱，米貴，多盜賊，小有殘兵。日四重，四海有兵，一年止。日暈半重如鼎蓋者，欲清和親之國。日暈三重，諸侯反。日暈五重，其年饑荒，五穀貴。日暈十重，天下亡，地不出五年。星墜爲土，大饑荒，流血。星墜爲沙，兵敗國亡。星墜爲金，大兵起。星墜爲石，落處人災。

白虹霓，鎮星散爲虹霓，白虹出其下，流血。白虹貫日，近臣叛。白虹夏生東方，麥貴。白虹所見之處國殺人。白虹繞城不匝，從所在攻之勝。虹霓西見，歲中災婦人。虹霓屈旋城上，其下流血。赤虹從天上直下，指之國喪亂。虹如屈蛇，頭下指處人民病。虹與日同出東方，所見凶年。虹在日左久不消，見之人災。太白下有白氣，主大兵。歲星下有青氣，主大風。鎮星下有黄氣，主大疫。辰星下有黑氣，主大水。熒惑下有赤氣，主大旱。月生暈，中有星，主大風。月後有黑氣，主大雨。月有影如小月於上，國有争。月暈有二重，主風雨。月暈有四重，主四門，國亂失政。月暈傍有雲如手，人民災。月下大三足，萬人死。月當圓不圓，四面白雲隨之，國后災。月兩角有大星，人民災。月背後有大星，下有小衆星，主冰雹。有黑氣自月中出，次變赤者，第三日有黑風。月中有白氣出，主大雪。太白行宿其芒上鋭下大，進退合度，當期而見，天下昌。太白高小而明，明而不芒，主太平。太白大而光芒，主兵甲。太白入月中，星色分明，臣有謀上。太白月掩之如蝕者，忠臣有受戮死者。太白生西，月生星北，國有兵强。太白星在月南，中國兵勝在南方。太白與月相逼，中間通三指兵，兩指城憂。太白在鎮星北者，失地亡國。太白在西方高明，早見之，主强兵。太白在東方，出日猶見之，主兵戈事。太白當見不見，凶。月傍有衆星，有院圍月一匝，主國之勝。月傍有紫氣繞之，后妃有德。月圓而明，明而大，亭亭如不動，后妃有德。月圓而昏，無光明，后妃災。月見日而猶明，君無德。

李昉等《太平御覽》卷三《天部三》　日上

《禮斗威儀》曰：政太平則日五色，政公平則日黄中而赤暈，政和平則日黄中而黑暈，政象平則日黄中而白暈，政升平則日黄中而青暈。

【略】

《易傳》曰：聖王在上，則日光明而五色備。

又日者衆陽之精，内明玄黄，五色無主，以象人君，精精似青，翼翼似黑，玄玄似赤，縞縞似白，煌煌似黄，光照無主，不可以一色名也。

劉向《洪範傳》曰：日者，昭明之大表，光景之大紀，羣陽之精，衆貴之象也，故曰日出而天下光明，日入而天下冥晦，此其效也。故日者，天之象，凡君父夫之類，中國之應也。明王之踐位，羣賢履職，天下和平，黎民康寧，則日麗，其精明揚，其景耀抱珥重光，以見吉祥，君獲慶賀。

釋贊寧《東坡先生物類相感志》卷一《天部》

灰環月暈

《淮南子》云：晝隨灰而月暈闕。注云：以蘆灰環月，缺其面，暈亦隨灰而缺。信失。

【略】

月暈

《淮南子》云：月暈，將有大風，必將盆器合地，以蘆灰圍之，則其風自止也。

白氣貫月

【略】

《河圖着命》云：扶都見白氣貫月，意感生黑帝子湯也。

曾公亮　丁度《武經總要後集》卷一六《占候一・太陽占》

日旁雲氣

雲氣近日黄潤，皆爲吉祥。　日黄光大，傍有雲氣抱者，《孝經援神契》曰：黄氣抱日，氣曲向日爲抱，當隣國，臣佐來降。　日有一珥者，李淳風曰：爲喜，兩軍相當，軍欲和解，所臨者喜。　日有二黄人守日，《孝經雌雄圖》曰：外國人來降。　日有戴氣者，《瑞應圖》曰：人君德至于天，則日有戴氣。戴，有德也，國有喜。　日有纓氣者，謂氣小而在日下，曲向上者爲纓。《晉書・天文志》曰：得地爲喜。　日有負氣者，謂氣小如半暈狀，在日上爲負。《晉書・天文志》曰：得地爲喜。　日有承氣者，謂氣如半暈在日下，名曰承氣。《晉書・天文志》曰：承者，臣承君之象也。　日下有黃氣三種若抱，名曰福。人主有喜得地。　《天文總論》曰：赤氣若布席掩日，爲大戰。　白氣如席，萬人戰。　黑氣如龍來日旁及如人卧背日旁者，下有叛臣。　白虹貫日，其下有謀亂者。　赤氣尤甚。　氣如青龍貫日，主疾疫。　氣如白蛇貫日，起兵。　氣如赤蛇貫日，主叛臣。　氣如黃蛇貫日，下有交兵。　氣如黑蛇貫日，有雨水。　氣如人頭旌旐，皆爲有兵流血。　日出入有黑雲貫之，不出三日，有暴雨。　日中有雲如人狀，其下有叛臣。　日旁有赤雲曲如車輪，此名曰日提，其下有兵亡地。　有氣如青龍守日，主有謀。　赤氣如牛守日，其下有兵。　日下有氣如人垂衣，天子之氣。　氣如馬守日，若戰，有兵傷。　日旁有氣如蛇，其下有賊，可防之。　日旁有氣相交穿貫於日，將不和，有反主者。　雲如赤鳥啄日，兵起。　日旁有赤雲如相交，其於下不宜先起兵。　日下漠漠，氣如車馬馳走之狀，其下有破軍。　日下有雲如虎躑者，大將叛。　日有青氣在上下者，吉，可出軍。　日下有氣如箭外向，三日軍出。　日旁有赤氣如冬木者，有兵起，客勝。　日下有氣如人所持者，主其下臣叛。　青雲扶日者，其分野臣下有謀。　白雲廣二尺，在日左右，其分野有兵起，國憂。日上下有黑氣如蛟龍者，主風雨。　日出有黑雲如隔，主其下有兵，有雨即解之。　日始出有雲如車蓋，必雨。　日出没時有黑氣橫截之，主驚恐，三日内有雨即解。　日旁有赤氣兩端鋭，其下不宜先舉兵。　赤雲如雄鷄在日上，不出三月，其下分野有兵。　赤雲扶日，其下有兵起，失地。　赤雲掩日，其下戰，亡地。　赤白青黃氣刺日，其分野有兵。　日下有雲如赤青馬者，主敵人相謀，宜警備之。　有赤雲如烏夾日而飛，其分野憂。　有氣在日旁，去疾者，軍無功；停半日者，小勝；終日，大勝。　赤雲如虹，與日俱出，所臨國分野有兵。

日暈

甘德曰：日暈七日，無風雨，主兵。　日暈而不冠，天下有立侯王。　日暈無珥，主有謀軍在外。　日有交暈貫日者，其下破軍，死將。　日有交暈抱日者，有争，暈先衰後盛者敗。　日暈有氣如人居暈中，不出三日，寇入城。　日暈不合，有雲如人在暈外似相就者，不勝。　京房曰：日暈，有兵在外者，客勝。日暈而明，有兵，兵罷；無兵，兵起。　日有黃暈，主風雨，時若國安。　日有黑暈，災在用事臣。　日兩旁暈不合，主謀不成。　日上有半暈如鼎蓋，有欲請和親者。　日有半暈，兩角鋭者，有戰必勝。　日半暈再重，主國民蕃息，歲大和。以日宿占分野。　日暈再重，有德之君得天下。　日有青暈再重，其下有兵，穀貴。　日有赤暈再重，其災在下，所見之國蝗旱，多盜。　日有黃暈再重，其災歲中兵起。　日有白暈再重，所見之國多風雨，百日不安，有兵，穀貴。　日有黑暈再重，不出三年，其下大水，流民散。　日暈有赤雲如車輪，曲向日爲内提，内臣叛其主。曲背日爲外提，外臣叛其主。　背氣在暈，中青外赤，臣背主命。日暈，上下有兩背璚，無兵，兵起；有兵，兵罷。　日有暈，衆雲如毛羽臨日不去，其下國有憂。《孝經雌雄圖》曰：日暈庚辛，將帥不利。　《夏氏占》曰：有半暈一背璚，臣有邪謀，不成。日暈中見馬，軍散，期三年。　日暈，珥，兩背璚在暈外，臣叛。　日暈，有直珥者，爲破軍；貫中，爲殺將。　日暈，重暈中有兩璚，有叛從中起，不成。　日暈，有四背璚在暈中，臣不和。四背璚在暈外，臣叛。　日暈，外有一直暈，外臣欲自立。其色青外赤中，不成。　日暈，有三直氣，有謀者不成。　日暈，有虹貫，從虹所貫戰勝。　日暈，有聚雲在外，不去者，兵起。　又云：聚雲在外，不出三日，圍城。日暈，有青雲貫者，圍城。　日暈，有赤氣如戰臨之，其下兵起。　《高宗占》曰：日有方暈二背，將敗，民散。日暈，有兩直氣，有叛臣。　日暈，有四鋭氣如鋒四出者，其下亡地。　日暈，氣如蛇，大軍憂。　《天文總論》曰：日有重暈，有立王者。　日暈三重，主兵起；有赤暈貫之，其下失地。　日暈，有四重敗於野，其下有叛臣。一曰攻城圍邑不拔，軍敗。　日暈五重，不出一年，主兵。　日暈六重，其下國失政，憂兵。　日暈七重，主戎强盛。　日暈八重，民亂，君憂。　日暈九重，主歲荒，夷人交侵。日暈十重，天下喪亂，不期年。各以宿辰及日辰占之。

【略】

白虹白氣貫日

《天文志》曰：虹貫日，諸侯有叛。　白氣貫日，主其下君憂。　晉武帝太康元年正月己丑朔，白氣貫日，占曰君道失明。丑爲斗牛，主吴越分，是時吴王孫皓暴虐，至四月降晉。

又 《太陰占》

《荆州占》曰：月有戴氣，不出百日，人主有憂。月終歲不暈，主天下偃兵，鄰國來和。　月下有氣如人相隨者，是謂惡成，其下分野侯王主之。　月下有如人形者，有兩主争，客勝。　有赤雲黑雲相交臨月，當其國有亡軍。月旁有白雲，大如杆抵月者，期六十日，外有戰，敗軍死將。　若月旁多赤雲如人頭，大戰多；白爲兵多，黑爲雨。　月旁有白雲一，黑雲二，蒼雲三，其大如厚布抵月貫月，圍城拔邑。　月始生而復没者，亂。　月角各一星，有軍在外者，敗。　月生瓜其下，軍憂。　《河圖帝覽嬉》曰：月有兩珥，國喜，兵在外勝。　月有四珥，主喜。　月大而無光，其城不降。月小而無光，其城降。　月如出時有雲居其中，似禽獸狀，甲乙日見，東方受其害；丙丁見，南方受其害；戊己日見，中央受其害；庚辛日見，西方受其害；壬癸日見，北方受其害。　《天文總論》曰：月暈無光，是謂大盈，其下有兵，王者以德令除之，無咎。　星入月中，其下兵起，破軍殺將。　武密曰：白虹貫月，大兵將起，主野戰。　《春秋運斗樞》曰：月垂芒刺，國昏亂，其地弱。　《春秋占》曰：月赤足，臣有過。　《考異郵》曰：諸侯謀叛則月生足。　《高宗占》曰：月晝明，陰國兵强。

珥背璚

《河圖帝覽嬉》曰：月暈而珥，六十日，兵起。不暈而珥，有喜，兵在外亦喜。　月珥青，有兵；黄，有喜；白而喪；黑，失地。皆期以三年。　月不暈而四璚，璚者，臣下有謀，不成。　《高宗占》曰：月有兩珥，主國喜。　《荆州占》曰：月昏而珥者有半，喜；夜半而珥者，邊地有恐。　月珥且戴，不出百日，有喜。　李淳風曰：月有抱珥在暈，外赤者，外人勝。　武密曰：月有白珥，其下城降。　《春秋感精符》曰：月有背璚，臣下弛縱，欲相殘賊。

月暈

李淳風曰：經歲不暈，天下平。　《河圖帝覽嬉》曰：暈再重，大風起。暈三重，主兵。暈四重，其下亡國。五重，貴女憂。六重，其國失政。七重，其下易主，國亡。八重，其下國亡。九重，其下起兵，流血，亡地。　月暈，有蜺雲垂之，有戰，從蜺所擊者，大勝。　月暈，有雲如厚布若三若四貫月者，以戰勿當，當者破軍。　《荆州占》曰：孟月十一日，仲月八日，季月九日，皆當月有暈，若不暈，主有暴風雨。　一月五暈至九暈者，失地。　月暈如連環，有白虹於外不及月者，主女人陰謀。　月暈有雲横貫之，起兵者勝。　月暈三重，赤雲貫之，其下亡國。　月暈有光，主兵降。　《高宗占》曰：月交暈赤光，其國不過二年遇兵。　月暈，多白氣從外入城，攻城拔，得大將。　月暈再重，背在外者，私成於外；背在内者，私成於内。　月暈不合，外有四背璚，外有謀不成。　武密曰：軍在外，月暈者，主戰勝。　一曰先起兵者，戰勝。　月春暈歲星，夏暈熒惑，秋暈太白，冬暈辰星，四季暈填星，皆主其下有兵。　月暈五星，各以分野言之，五星色不明，主勝；五星色明，客勝。

陸佃《埤雅》卷一九《釋天》　雲

雲五色而爲慶，三色而成矞，或曰二色曰矞。外赤内青謂之矞雲。《太玄》曰：紫蜺矞雲朋圍日，其疾不割。紫蜺矞雲朋圍日，君子小人並進之象也。君子小人並進，此其疾者所以不割也。測曰：紫蜺矞雲不知刊也。言紫蜺矞雲並進，則以紫蜺不刊故也。紫蜺以象小人，矞雲以象君子。

魏了翁《毛詩譜序要義》卷三《鄘柏舟至衛木瓜》　隮亦虹，與日互爲東西，不在日傍。

《視祲》注云：隮，虹也。《詩》云「朝隮于西」，則隮亦虹也。言升氣者，以隮升也，由升氣所爲，故號虹爲隮。鄭司農亦云：隮者，升氣是也。上螮蝀，虹也，色青赤，因雲而見。此言雨徵，則與彼同也。視祲掌十煇之法，以觀妖祥。注云：煇謂日光氣也。則隮亦日之光氣矣。螮蝀亦日光氣，但日在東，則虹見西方；日在西方，虹見東方，無在日傍之時。

祝泌《六壬大占·八命之占》　二曰祲象

《周官》有眂祲之職，掌十煇之法。一曰祲，謂陰陽相侵。二曰象，日旁之氣成象如赤鳥之類。三曰鐫，鄭氏謂讀如「童子佩鐫」之鐫，日旁氣刺日也。四曰監，監者，如冠珥也。五曰闇，謂晝夜無光，食既之類。六曰瞢，謂氣昏昧，晝日昏冥。七曰彌，謂白虹貫日。八曰敘，謂雲相次在日旁，三千之類。九曰隮，虹也。十曰想，謂雜氛有形，似可想。此皆日旁之雲氣蓋日君象，故以十煇觀之。而所謂象，要不止此，如乾象變現凡異乎常者，欲求其吉凶，即以課占其善惡。凡日有異象，以月將加正時看其所現之方。如見蛇后，即主憂，疑人言惶惑。見勾虎，主兵事，疾疫。見玄武，主姦人入國。見龍常合，是吉兆。見貴人同太歲，則占在君，以生克逆順定休祥。

王與之《周禮訂義》卷四二

掌十煇之灋，以觀妖祥，辨吉凶。

鄭司農曰：煇謂日光氣也。王昭禹曰：十煇皆日傍之氣，而其狀貌不同，而妖祥吉凶所繫不可不辨。鄭鍔曰：觀日之光氣或妖，則是爲惡之證，而辨其爲凶；或祥則是爲善之證，而辨其爲吉。陰陽侵日則光氣有損，是故名其法爲十煇。

一曰祲，二曰象，三曰鑴，許規反。四曰監，五曰闇，六曰瞢，七曰彌，八曰敘，九曰隮，子兮反。十曰想。

鄭鍔曰：案二鄭解十煇之説，其同者六，其異者四。今取《隋書·天文志》之説以爲據。一曰祲，謂陰陽五色之氣浸淫相侵，或曰抱珥背璚之屬，如虹而短是也。二曰象，謂形氣或形象，如赤烏夾日以飛之類。易氏曰：謂陰氣附日而凝結。三曰鑴，日旁氣刺日，形如童子所佩之鑴。鄭司農曰：謂日旁氣四面反鄉如暈狀。四曰監，謂雲氣臨在日上。易氏曰：謂陰氣抱日，如冠珥而背璚。五曰闇，謂日月食或曰光脱也。易氏曰：謂陰氣藏日，方晝而闇。六曰瞢，不光明也。易氏曰：謂陰氣蒙蔽，日光瞢然。七曰彌，謂白虹彌天而貫日。八曰敘，謂氣若山而在日上，或曰冠珥背璚重疊次序在于日旁。鄭司農曰：雲有次序，如山在日上。劉執中曰：片段成列，穿日而有序也。易氏曰：陰氣不常，以敘而至。九曰隮，謂暈氣。鄭司農曰：隮者，升氣也。鄭康成曰：隮，虹也。《詩》曰：朝隮于西。易氏曰：陰氣自下而升于上。十曰想，謂氣五色，有形想，青，饑；赤，兵；白，喪；黑，憂；黄，熟。或曰想，思也，赤氣爲人獸之形，可思而知其吉凶。鄭司農曰：想者，煇光也。鄭康成曰：想者，雜氣有似可形想。自周之時已有十名，漢儒談災異悉本諸此，故隋史載之。

岳熙載《天文精義賦》卷一 太陽

《周禮》十煇之氣皆見太陽之旁，祲、象、鑴、監、闇、瞢、彌、序、隮、想。

《宋志》曰：《周禮》十煇氣，曰祲，曰象，曰鑴，曰監，曰闇，曰瞢，曰彌，曰序，曰隮，曰想。

祲，氣浸淫相侵。

祲者，陰陽五色之氣浸淫相侵，抱珥背璚之屬，如虹而短，皆爲祲也。

象，氣成其形象。

象者，雲氣成形象，如赤烏夾日以飛之類。

鑴，如童子所佩鑴。

鑴如者，日旁氣刺日，形如童子所佩之鑴也。

監乃雲氣臨於上。

監者，雲氣臨在日上。

闇則日月食之而日或脱色。

闇者，日月食或日脱光。

瞢則日不光明而瞢瞢昏暗。

瞢者，瞢瞢不光明也。

彌則白虹而彌天。

彌者，白虹彌天而貫日。

序則冠珥而相向。

序者，氣若山而在日上，又云冠珥背璚，重疊次序於日旁。

隮，暈虹而朝隮于西。

隮者，暈氣也，或曰虹，《詩》所謂「朝隮于西」者是也。

想，思想而似何狀。

想者，謂氣五色形想，青，饑；赤，兵；白，喪；黑，憂；黄，熟。或曰想，思也，赤氣爲人狩之形，可思而知其吉凶。

佚名　陳友仁增修《周禮集説》卷五 眡祲

掌十煇之灋，以觀妖祥，辨吉凶。一曰祲，二曰象，三曰鑴，四曰監，五曰闇，六曰瞢，七曰彌，八曰叙，九曰隮，十曰想。掌安宅叙降，正歲則行事，歲終則幣其事。煇，音運。鑴，讀如童子佩鑴之鑴，許規反。瞢，亡鄧反。故書彌作迷，隮作資。幣，必世反。

鄭氏曰：鄭司農云，煇，日光氣也。王氏曰：妖祥者，吉凶之方萌。吉凶者，妖祥之成事。鄭氏曰：鄭司農云，祲，陰陽氣相侵也。象者，如赤烏也。劉氏曰：象者，陰氣附日，凝結成象。鑴，墨氣如鑴刺於日也。鄭氏曰：鄭司農云，監，雲氣臨日也。劉氏曰：闇者，有食之既，方晝而闇也。瞢者，陰氣蒙蒙，日光瞢然也。彌者，横氣貫日迷天也。叙者，片段成列，有次序也。隮，蝃蝀，升隮于日旁也。想，雜氣象似以成形想也。又曰日者，太陽之精，出地則爲晝，照物則爲光，陰斜之象或侵于晝，日光所灼莫不消除也。今日旁有陰邪之氣干犯之而不能消除者，陽剛之德衰，日光爲之微弱，陰邪盛大，莫克消除，以成十者之異。以《洪範》五行推之，則人君無剛健之德，陰邪氣盛，干犯日光，謫見于天以示警戒也。聖人設官以掌其事，方有萌兆，則詔于王而救政脩焉。王氏曰：掌安宅叙降者，謂人覩妖祥則不安其居者。視祲，則以其法爲之，安其居處也。又爲叙其妖祥而降之，使之備其凶而應其吉，若保章降凶荒之祲象是也。正歲則行事者，行安宅叙降之事，以豫告乎下也。鄭氏曰：幣，斷也，謂討其吉凶然否多少。

佚名《雨暘氣候親機》 太陽

日未出，先拂晨於東方日出處，驗之。黑雲如雞卵，如旗山，陣烏罜罭，龍頭蛇魚，靈芝牡丹，並應當日未申時有雷雨。或紫黑雲穿貫日，及在日上下，並應當日。若黑雲如魚鱗，主有風，三日後方應雷雨。

又　太陰

月色紅，明日大雷雨；色青赤，應明日有圓光，大如車輪者。明日大風，三日後方應，外有白雲結成圓光，不甚明，日亦大風。

王應麟《玉海》卷五《天文》　周十煇

《禮・春官》眡祲掌十煇音運。之法，以觀妖祥，辨吉凶。一曰祲，象，鑴，監，闇，瞢，彌，敘，隮，想。故書彌作迷，隮作資。注鄭司農云：煇，謂日光炁也。祲，陰陽氣相侵。象者，如赤烏。鑴，日旁氣四面反鄉如煇狀。監，雲氣臨日。闇，日月食。瞢，日月瞢瞢無光。彌，白虹彌天。敘，雲有次序，如山在日上。隮，升氣。想，煇光。玄謂：鑴，讀如佩觿之觿，謂日旁氣刺日。監，冠珥。彌，氣貫日。隮，虹也。《詩》云朝隮于西。想，雜氣有似可形想。疏：一曰祲，據以爲官首，中士二人，史二人，徒四人。十等多是日旁之氣，言煇亦是日旁煇光，故總以煇言之。　魯史梓慎云：吾見赤黑之祲。《晉天文志》有十煇。　漢有《日旁氣占》。　周文爲項燕軍視日。服虔曰：視日旁氣也。　漢《功臣表》引成帝時光祿大夫滑湛日旁占驗。　崇文目雲氣圖一卷，氣象圖一卷，占風雲氣候、日月星辰上下圖一卷，雲氣則候賦、占候雲雨賦各一卷。

又王應麟《六經天文編》卷下《天道・周禮》　十煇

易氏曰：煇者，日之光氣也。日以光爲主，是謂太陽。陰邪侵之則爲祲，此《眡祲》占象所以有十煇之法。祲，謂陰氣薄於日，而浸淫相侵也。象，謂陰柔附日而凝結成象也。鑴，謂陰氣刺日，如童子所佩之鑴也。監，謂陰氣抱日，如冠珥而背璚也。闇，謂陰氣蔽日，方晝而闇者也。瞢，謂陰氣蒙蔽，日光瞢然也。彌，謂陰氣貫日，彌天不竟也。敘，謂陰氣不常，以敘而至也。隮，謂陰氣自下而升於上也。想，謂陰氣無迹，形似可想也。以《洪範》五行推之，陽爲君子，爲中國，陰爲小人，爲夷狄。妖祥可以類求。

王氏曰：氣祥謂之祲，以日傍之氣相侵也。形本謂之象，謂氣在日傍未成形也。鑴如童子佩鑴之鑴，謂傍氣刺日也。監如王啓監厥亂之監，謂雲氣在上而臨日也。闇謂晝晦或日蝕也。瞢謂日無光也。彌如彌縫之彌，謂氣貫日也。敘如時敘之敘，謂雲有次敘、在日上也。隮如朝隮于西之隮，謂虹氣見日傍也。想謂雜氣有似，可形想也。

戴侗《六書故》卷二《天文上》　暈　王問切，氣圍日也。

又　卷三《天文下》　煇　許云切，煙火之裸也。《詩》云夜向晨，庭燎有煇。向晨則燎，不能光，而但見其煇也。又王問切。《周官》眡祲掌十煇之法。鄭司農曰：光氣也。《漢書》率以煇爲輝，非。

【略】

祲，七尋、子鴆二切，吉凶之氛也。《周官》眡祲掌十煇之法，以觀妖祥，辨吉凶。一曰祲，二曰象。《春秋傳》梓慎曰：吾見赤黑之祲，非祭祥也。

馬端臨《文獻通考》卷二八一《象緯考四》　十煇

凡占分離相去，赤內外青，以和相去。青內赤外，以惡相去。日暈明久，內赤外青，外人勝；內青外赤，內人勝。內黃外青黑，內人勝；外黃內青黑，外人勝。外白內青，外人勝；內白外青，內人勝。內黃外青，外人勝；內青外黃，內人勝。日暈周匝，東北偏厚，厚爲軍福。在東北戰勝，西南戰敗。日暈黃白，不鬬，兵未解。青黑，和解，分地。色黃，土功動，人不安。日色黑，有水，陰國盛。日暈七日無風雨，兵大作，不可起，衆大敗，不及日蝕。日暈而明，天下有兵，兵罷；無兵，兵起，不戰。日暈，始起前滅而後成者，後成面勝。日暈，有兵在外者，主人不勝。日暈，內赤外青，羣臣親外；外赤內青，羣臣親內其身，身外其心。日有朝夕暈，是謂失地，主人必敗。日暈而珥，主有謀，軍在外，外軍有悔。日暈抱珥，上將軍易。日暈而珥如井幹者，國亡，有大兵。交日暈上，西將軍易，兩敵相當。日暈，兩珥平等俱起而色同，軍勢等，色厚潤澤者賀喜。日暈，有直珥，爲破軍；貫至日，爲殺將。日暈圓且戴，國有喜，戰從戴所擊者勝，得地。日暈而珥背左右如大車輞者，兵起，其國亡城，兵滿野而城復歸。日暈，暈內有珥一抱，所謂圍城者在內，內人則勝。日暈，有重抱，後有背，戰順抱者勝，得地。有軍，日暈有一抱，抱爲順貫暈內，在日西，西軍勝。有軍，日暈有一背，背爲逆，在日西，東軍勝。餘方放此。日暈而背，兵起，其分失城。日暈有背，背爲逆，有降叛者，有反城；在日東，東有叛。餘方放此。日暈，背氣在暈內，此爲不和，分離相去，其色青外赤內，節臣受王命有所之。日暈，上下有兩背，無兵，兵起；有兵，兵入。日暈，四背在暈內，名曰不和，有內亂。日暈而四背如大車輞者，四提，設其國衆在外，有反臣。日暈四提，必有大將出亡者。日暈，有四背璚，其背端盡出暈者，反從內起。日暈而兩珥在外，有聚雲在內與外，不出三日，城圍，出戰。日暈，有背珥直而有虹貫之者，順虹擊之，大勝，得地。日暈，有白虹貫暈至日，從虹所指戰勝，破軍殺將。日暈，有虹貫暈不至日，戰從貫所擊之勝，得小將。日暈，有一虹貫暈內，順虹擊者勝，殺將。日暈，二白虹貫暈，有戰，客勝。日重暈，有四五白虹氣從內出外，以此圍城，主人勝，城不拔。又曰重暈，攻城圍邑，不拔。日暈二重，其外清內濁不散，軍會聚。日暈三重，有拔城。日交暈，無厚薄，交争，力勢均厚者勝。日交暈，人主左右有争者，兵在外戰。日在暈上，軍罷。交暈貫日，天下有破軍死將。日交暈，而争者先衰，不勝即兩敵相向。交暈至日月，順以戰勝，殺將。一法日在上者勝。日有交者，赤青如暈狀，或如合背，或正直，交者偏交也，兩氣相交也，或相貫穿，或相向，或相背也。交主內亂，軍內不和。日交暈如連環，爲兩軍兵起，君争地。日有三暈，軍分爲三。日方暈而上下聚二背，將敗人亡。日暈若井垣，若車輪，二國皆兵亡。又曰有軍，日暈不匝，半暈在東，東軍勝。南北亦如之。日暈如車輪半，軍在外者罷。日半暈，東向者，西夷羌胡來入國；半暈西向者，東夷人欲反入國。半暈北向者，南夷人欲反入國。半暈南向者，北夷人欲反入國。又曰軍在外，月暈師上，其將戰必勝。月暈黄色，將軍益秩禄得位。月暈，有兩珥白虹貫之，天下大戰。月暈而珥，兵從珥攻擊者利。月暈有蜺雲，乘之以戰，從蜺所往者大勝。月暈，虹蜺直指暈至月者，破軍殺將。

婁元禮《田家五行》卷上《天文類》

論日

日暈則雨。諺云：月暈主風，日暈主雨。日脚占晴雨諺云：朝又天，暮又地，主晴反此則雨。日没後起青白光數道，下狹上闊，直起亘天，此特夏秋間有之，俗呼青白路，主來日酷熱。日生耳，主晴雨。諺云：南耳晴，北耳雨。日生雙耳，斷風截雨。若是長而下垂通地，則又名白日幢生，久晴。日出早主雨，出晏主晴。老農云，此時言久陰之餘，夜雨連旦，正當天明之際，雲忽一掃而捲即光，日出，所以言早，少刻必雨，立驗。言晏者，日出之後，雲晏開也必晴，亦甚準。蓋日之出入自有定刻，實無早晏也。愚謂：但當云晴得早主雨，晏開主晴，不當言日出早晏也。占者悟此理。日外自雲障中起，主晴。諺云：日頭趕雲障，晒殺老和尚。日没返照，主晴。俗名爲日返塢。一云：日没臙脂紅，無雨也有風。或問：二候相似而所主不同，何也？老農云：返照在日没之前，臙脂紅在日没之後，不可不知也。諺云：烏雲接日，明日不如今日。又云：日落雲没，不雨定寒。又云：日落雲裏走，雨在半夜後。已上皆主雨。此言一朵烏雲漸起，而日正落其中者。諺云：日落烏雲半夜枵，明朝晒得背皮焦。此言半天元有黑雲，日落雲外，其雲夜必開散，明必甚晴也。又云：今夜日没烏雲洞，明朝晒得背皮痛。此言半天上雖有雲，及日没下去都無雲，而見日狀如岩洞者也。

已上皆主晴，甚驗。

論月

月暈主風，何方有闕即此方風來。新月卜雨諺云：月如掛弓，少雨多風。月如偃瓦，不求自下。又云：月偃偃，水漾漾；月子側，水無滴。新月落北，主米貴。荒諺云：月照後壁，人食狗食。

佚名《天元玉曆祥異賦》

日有六珥占

甘氏曰：日有六珥，今曰大提，其分有喪。

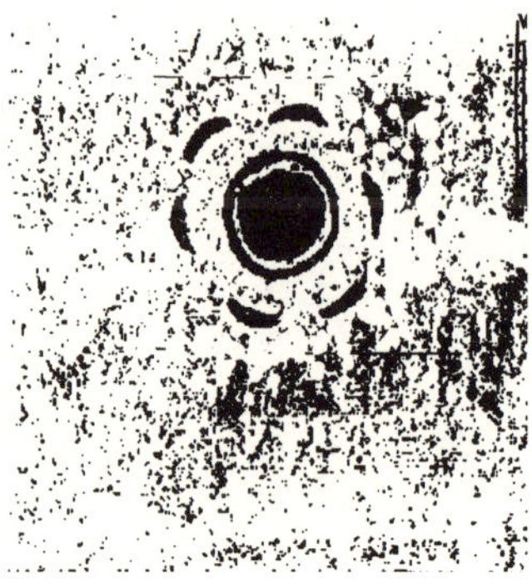

日有六珥占

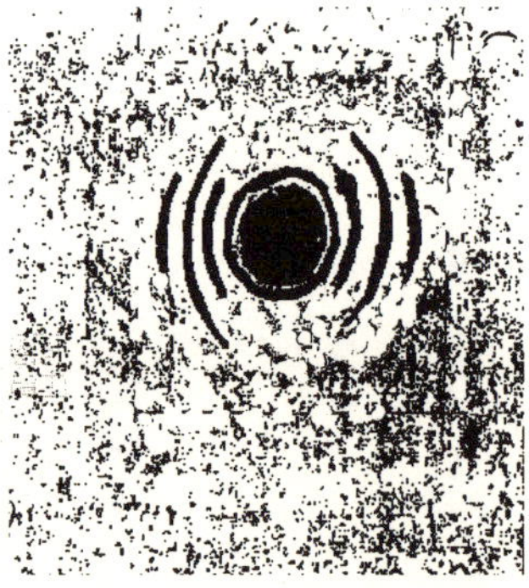

日旁重抱兩珥占

日旁重抱兩珥占

朱文公曰：重抱兩珥兮人主喜。《開元占》曰：日旁重抱兩珥，人主有喜。

日有抱珥重光占

朱文公曰：福禄並降，抱珥重光。《開元占》曰：抱珥重光，以見吉祥，福禄並降。

日有黑暈占

朱文公曰：色黑則谷傷，大水。《開元占》曰：日有黑暈，主災，在用事之臣。

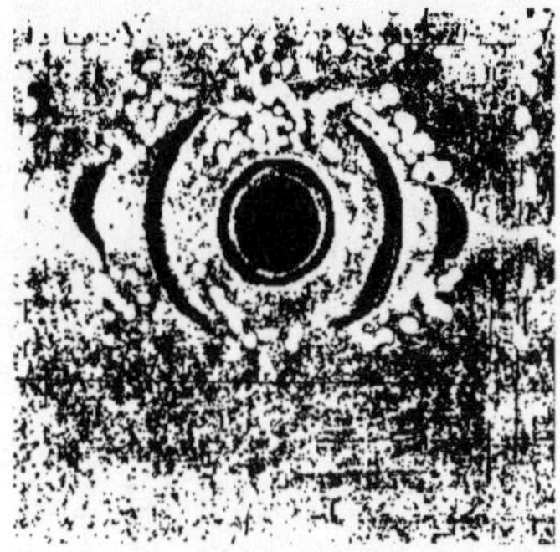

日有抱珥重光占

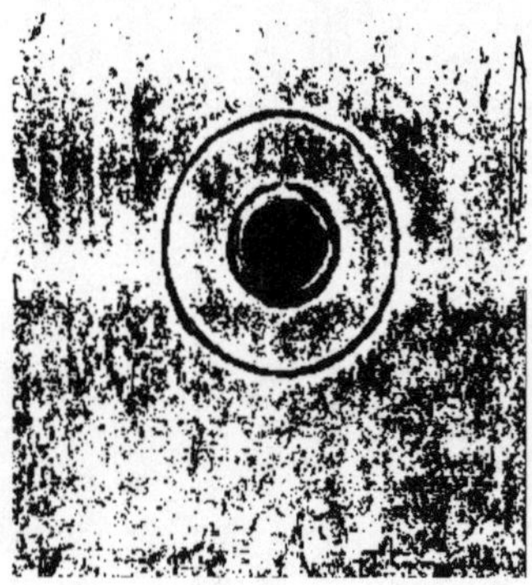

日有黑暈占

日有赤暈占

朱文公曰：色赤則暑雨霹靂。《開元占》曰：日有赤暈，必有大雨，雷電，霹靂，雨雹或大暑。《隋書》曰：日暈内赤外青，群臣親。

日有赤暈占

半暈再重占

半暈再重占

朱文公曰：半暈再重，國民蕃息。《宋志》曰：半暈在重，國民蕃息，歲大稔也。

日有兩半暈占

朱文公曰：兩半相向，天下大風。《宋志》曰：日暈兩半者，有大風起。《隋書》曰：半暈南向者，北夷人欲反中國。

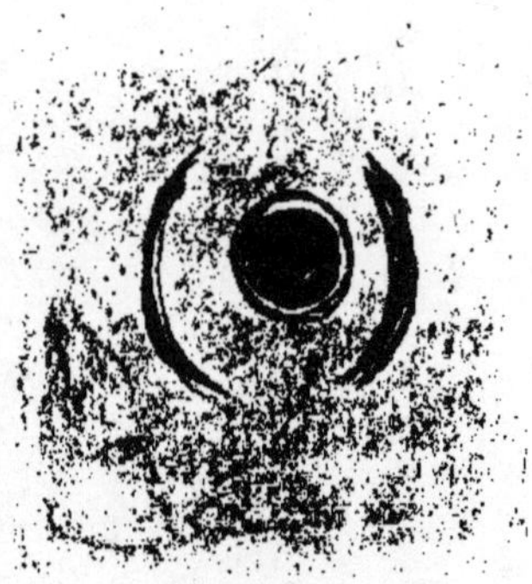

日有兩半暈占

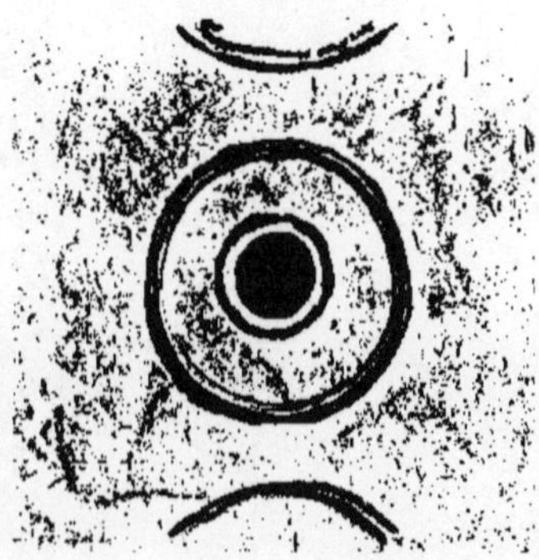

日暈上下有二背占

日暈上下有二背占

朱文公曰：方暈聚二背於上下，人亡將敗。《宋志》曰：方暈上下聚二背，將背人亡。《隋書》曰：日暈上下有兩背，無兵，兵起；有兵，兵敗。

日有交暈占

朱文公曰：交暈如連環而貫日，兵起相爭。《宋志》曰：交暈，則爲兩軍兵起爭地落。貫日，則其下有敗兵。《隋書》曰：日有交暈厚，人主左右有爭者。

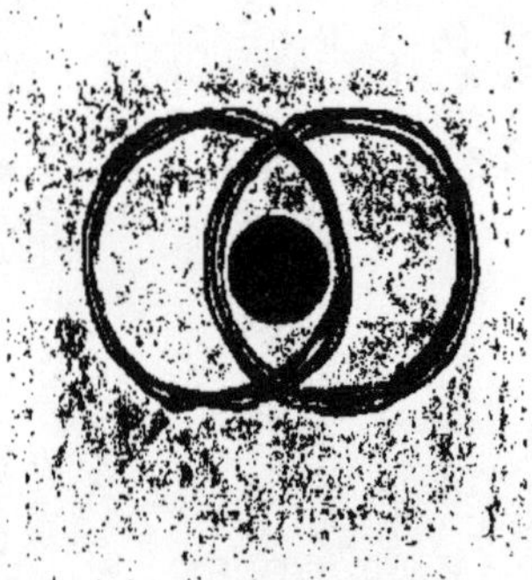

日有交暈占

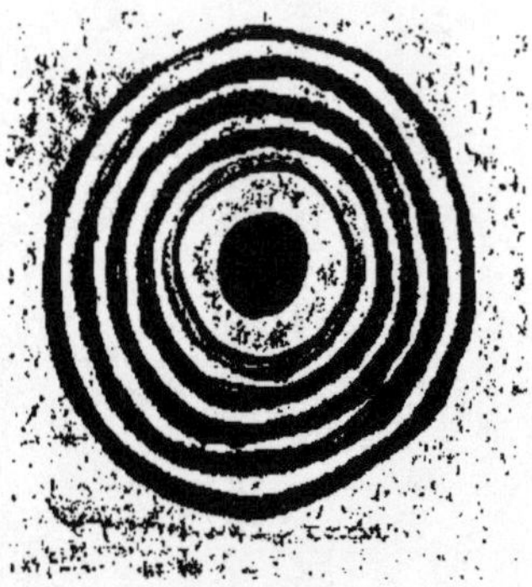

日暈五重占

日暈五重占

朱文公曰：日暈五重者，則后宮有憂。《宋志》曰：暈五重，女后有憂。一曰有兵，民飢。

日暈十重占

朱文公曰：日暈十重，主大亂。《宋志》曰：暈十重者，天下大亂。

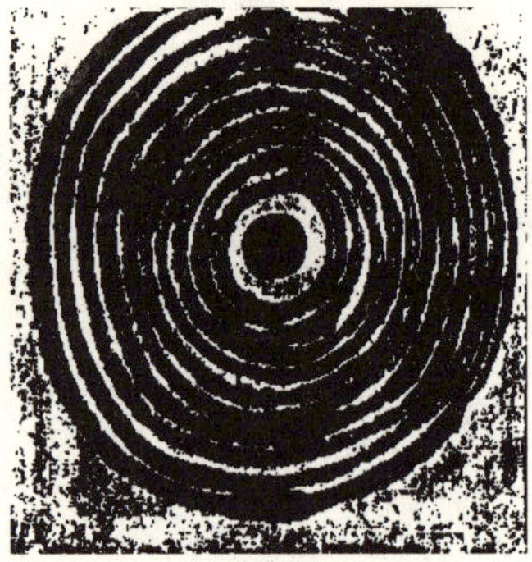

日暈十重占

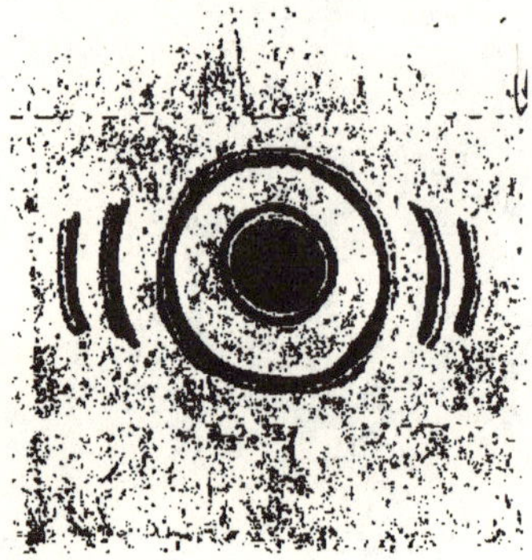

日暈有抱珥占

日暈有抱珥占

朱文公曰：其別有抱珥之屬，尤生軍兵之事。《宋志》曰：言之屬此，非止抱珥之類。

日暈抱珥在暈內占

朱文公曰：抱珥在暈內，圍城則城內勝。《宋志》曰：暈內有抱珥，圍城者，軍內人勝。

日暈有二背氣占

朱文公曰：暈二背，則無兵起，而有兵入。《宋志》曰：暈上下有二背，無兵，兵起；有兵，兵入。《隋書》曰：日暈上下有兩背者，無兵，兵起；有兵，兵敗。

月不暈而有珥占

朱文公曰：珥占其色：青，憂；赤，兵；黄，喜；白，喪；黑，凶。《宋志》曰：月不暈而珥入，主喜，兵在外有喜。一曰有珥，占其色：青，憂；赤，兵；黄，喜；白，喪；黑，雨。又主國凶。兩珥，十日内有雨也。

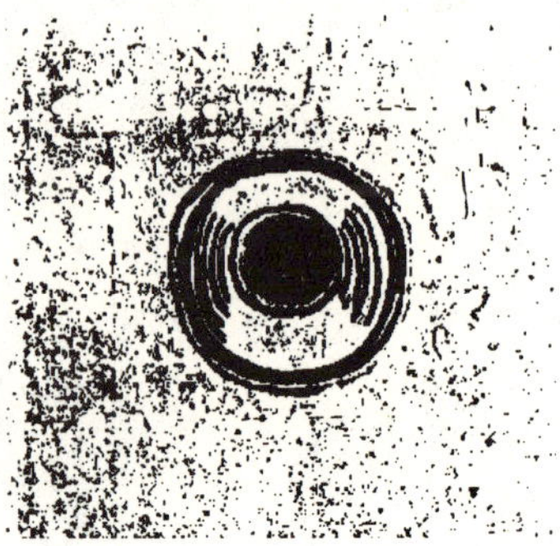

日暈抱珥在暈內占

日暈有二背氣占

月不暈而有珥占

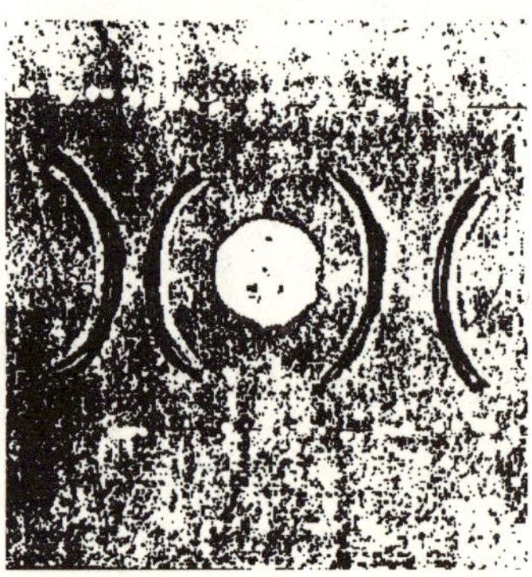

月旁有抱背二氣占

月旁有抱背二氣占

朱文公曰：且抱且背，有欲爲逆，而有欲爲忠。《開元占》曰：月旁氣且抱且背，爲不和之象。

月暈十重占

朱文公曰：暈十重，乃更元。《宋志》曰：十重者，有大變。一曰天下更王。

白虹貫月占

朱文公曰：白虹貫月，臣亂於主。《宋志》曰：白虹貫月，其下有亂。《晉書》曰：雲貫月，其下有廢主，主者惡之。

月暈十重占

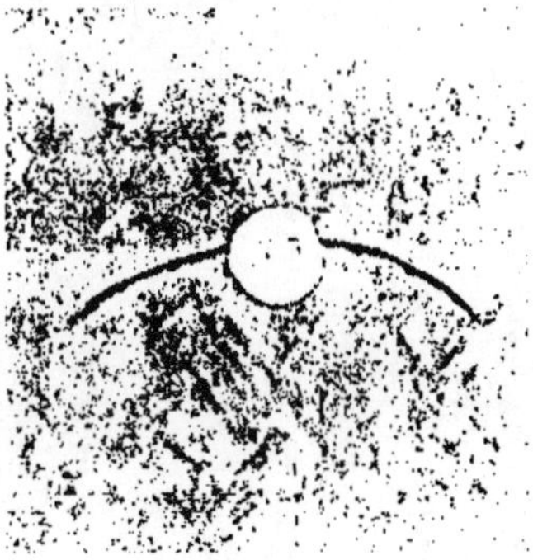
白虹貫月占

月暈連環占

朱文公曰：后有陰謀，暈連環，白虹干暈。《宋志》曰：人有陰謀，白虹貫月，大兵將起，軍戰於野。《乙巳署例》曰：月暈如連環，天下不安，后妃有陰謀。

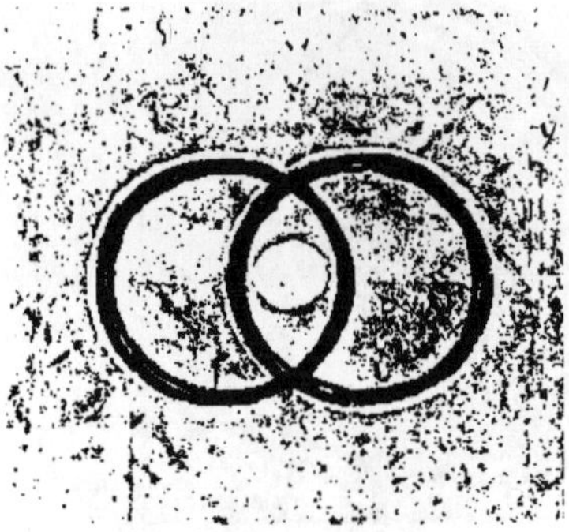
月暈連環占

月有交暈占

月有交暈占

朱文公曰：下遭兵革，暈交貫而色赤有光。《宋志》曰：交暈色赤，不出三

年，有兵。《高宗占》曰：月有交暈赤色，其國不出一年，遇兵起。

月暈黃色占

朱文公曰：暈色黃，將軍益禄。暈有光，主有來降。《宋志》曰：軍在外，暈臨軍上，戰必勝。

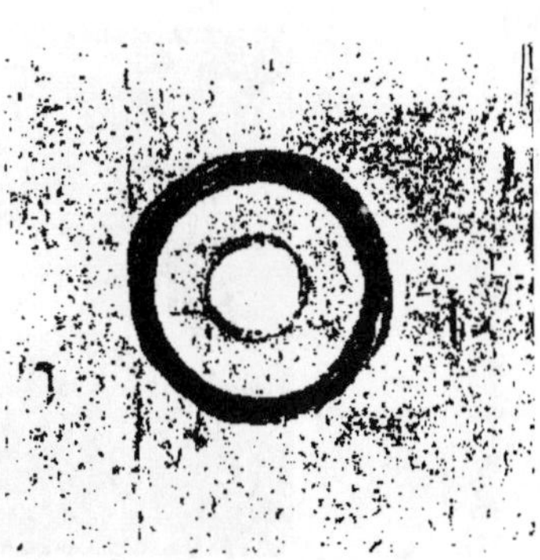
月暈黃色占

月有二暈相連如環占

月有二暈相連如環占

朱文公曰：二暈相連而如環，兩國交兵而爭地。《開元占》曰：月暈如連珥環，爲兩軍必勝，兵起争地，五色尤甚。

田藝蘅《留青日札》卷八

日月暈

暈，白月旁氣也。《周禮》眂祲十煇，一祲，二象，三鑴，四監，五闇，六瞢，七彌，八敘，九隮，十想。蓋陰陽之氣凝結融聚，而日月之光照躬成煇也。諺云：大暈風，小暈雨。又《漢書》：太平之世，日抱重光。

月初生

諺云：月如仰瓦，不求自下。月如彎弓，少雨多風。蓋月出入黃道之中，而又有青白赤黑各二道，是謂九行。行南爲陽道，則無雨。行北爲陰道，則有雨。仰瓦則北，彎弓則南，驗之無爽。

鄭若庸《類雋》卷一《天文類·日》 煇觀

《周禮·春官》云：眂祲掌十煇之法，以觀妖祥，辯吉凶。一曰祲，二曰(蒙)

[象]，三曰鑴，四曰監，五曰闇，六曰瞢，七曰彌，八曰叙，九曰隮，十曰想。注云：妖祥，善惡之徵也。煇，謂日光氣也。祲，陰陽氣相侵也。(蒙)[象]，如赤雀也。鑴，謂日旁氣四面反鄉，如煇狀。監，雲氣臨日也。闇，日月蝕也。瞢，日月瞢瞢無光也。彌者，白虹彌天也。叙者，雲有次序，如山在日上也。隮者，升氣也。想者，煇光也。

李克家《戎事類占》卷三《日類二》　《周禮》眂祲氏掌十煇之法，以觀妖祥，辯吉凶。一曰祲，謂陰陽五色之氣祲淫相侵，或曰抱珥背璚之屬，如虹而短是也。二曰象，謂雲如氣成形，象雲如赤烏夾日以飛之類是也。又曰赤雲挾日以行，曰象奸臣挾君亂國。三曰鑴，日旁氣刺日，形如童子所佩之鑴也。四曰監，謂雲氣臨在日上也。五曰闇，謂日月食，或日光暗也。六曰瞢，謂瞢瞢不光明也。七曰彌，謂白虹彌天而貫日也。八曰序，謂氣若山而在日上，或曰冠珥背璚，重疊次序在於日旁也。九曰隮，謂暈氣也，或曰虹也，《詩》所謂朝隮於西者也。十曰想，謂氣五色有形想也。青，饑；赤，兵；白，喪；黑，憂；黃，熟。或曰想，思也。赤氣爲人獸之狀，可思而知其吉凶。　又曰日旁氣曰背，形如背字也。日之將食，先有黑變，曰適形，如玉璚曰璚，又作鐍。亦曰穴氣向日曰抱。形點黑曰珥。氣在日上爲冠，爲戴，在旁直對爲珥，如半環向日爲抱，向外爲背，有氣刺日爲鐍。鐍，抉傷也。

日戴者，形如直狀，其上微起，在日上爲戴。戴者，德也，國有喜也。一云立日上爲戴。　青赤氣抱在日上，小者爲冠，國有喜事。　青赤氣小而交於日下爲纓，四夷重譯兵，主納降。　青赤氣圍日上下爲序，主奸邪欺蔽，共爲謀逆。　青赤氣小而圓，一二在日下左右者，爲紐。一曰青赤氣散出日下爲紐，人君德澤施及天下。　青赤氣如小半暈狀，在日上爲負。負者，爲得地喜。　青赤氣長而斜倚日傍爲戟，近侍謀逆，刑及貴人。又曰天子兵舉，戟見不散，天子之兵勝。　青赤氣圓而小，在日左右爲珥。一曰赤黃炫爍爲珥，平時主風雨；不雨，國有外亂；黃白者有喜，又曰有軍。日有一珥爲喜，珥多非喜。在日西，西軍戰勝。在日東，東軍戰勝。南北亦如之。無軍而珥，爲拜將。　青赤氣圍抱日旁爲抱。又曰旁如半環向日爲抱，國有喜。　青赤氣如月初生，背日者爲背。又曰赤黃氣如新月背日者爲背，奸邪謀逆，自負綱常。又曰背氣青赤而曲外向，爲叛象，分爲反城。　璚者，如帶璚在日四方。一曰五采炫爍日旁爲璚，國有喜慶，野有風雨。　青赤氣長而立日旁爲直，一曰雜氣如川字倚日爲直，兵亂，國土分析。日旁有一直，敵在一旁欲自立，從直所擊者勝。日旁有二直三抱，欲自立者不成，順抱擊者勝，殺將。　諸氣生如口字在日邊，曰日口，一二口，奸邪害君；三四五口，王侯謀立。　黑氣如矢射日，曰日箭，奸邪謀逆。　青赤氣如人頭懸日中，曰日墜，奸邪專權，謀害其君。　氣形三抱在日四方爲提。一曰青赤氣如三月形，擎於日上爲提。臣提挾君，君受臣制。　青赤氣横在日上下爲格，臣格君非，國有賢臣扶植政法。　氣如半暈在日下爲承。承者，臣承君也。又曰日下有黃氣三重名曰承福，人主有吉喜，且得地。　青白氣如履在日下者爲履，又曰氣雙垂日下爲履，兵喪爲災，君王出走。　日旁抱五重，戰順抱者勝。　日一抱一背爲破走。抱者，順氣也。背者，逆氣也。兩軍相當，順抱擊逆者勝，故曰破走。　日抱且兩珥一虹貫抱，抱至日，順虹擊者勝。　日重抱，內有璚，順抱擊者勝，亦曰軍內有欲反者。　日重抱，左右二珥有白虹貫抱，順抱擊勝，得二將。有三虹，得三將。　日抱黃白潤澤，內赤外青，天子有喜，有和親來降者，軍不戰，敵降軍罷。色青，將喜；赤，將兵爭；白，將有喪；黑，將死。　日重抱且背，順抱擊者勝，得地，若有罷師。　日重抱，抱內外有璚兩珥，順抱擊者勝，破軍，軍中不和，不相信。　日重抱，大破亡。抱爲和，背爲不和，爲分離相去。　直爲自立，立兵破軍，若曰殺將。　日抱且戴，有喜。圍在中，中勝，在外，外勝。青外赤中，以和相去。赤外青中，以惡相去。　日上有背，其野失地，有叛兵。　日上有冠，日下有纓擊奉日者，有喜慶。　日生珥，四面色暈紅黃如電，主一年內兵起，國亂。日爲主將，珥轉爲兵，外是客也。　日生兩珥，厥民壽祉。三珥四珥，國有喜。　日左右珥，大風起。　日右珥，大臣亂政。　日左有三珥，臣謀君位。　日左有重珥，外國來寇。　日左有兩珥，胡人欲謀爲主。　日上有三珥，青黃白色，大臣叛逆。　左右珥一青一紫，賢臣出。　日下重珥，有赦至。　日下三珥，更有三星宜北斗，下立寨必勝。

凡占，兩軍相當，必謹審日月暈氣，知其所起，留止，遠近，應與不應，疾遲，大小，厚薄，長短，抱背，爲多少，有無，實虛，久亟，密踈，澤枯。相應等者，勢等，近勝遠，疾勝遲，大勝小，厚勝薄，長勝短，抱勝背，多勝少，有勝無，實勝虛，久勝亟，密勝踈，澤勝枯。重背，大破。重抱爲和親，抱多親者益多。背爲不和，分離相去。背於內者，離於內；背於外者，離於外。赤內青外，以和相去。青內赤外，以惡相去。氣暈先至而後去，居軍勝。先至先去，前有利，後有病。後至後去，前病後利。後至先去，前後皆病，居軍不勝。見而去，其後發疾，雖勝亡功。

見半日以上，功大。白虹屈短，上下鋭，有者下大流血。日暈，制勝，近期三十日，遠期六十日。

日暈者，軍營之象。周環市日，無厚薄，敵與軍勢齊等，厚長大，有勝；薄短小，無勝。若無軍在外，天子失御，民多叛。日暈五色，有喜；不得五色，有憂。日暈明久，内赤外青，外人勝。内青外赤，内人勝。内黄外青黑，内人勝。外黄内青黑，外人勝。外白内青，外人勝。内白外青，内人勝。内黄外青，外人勝。内青外黄，内人勝。日暈，内赤外青，羣臣親外，一曰夷狄侵逼中原。外赤内青，羣臣親内，内其身，外其心。日暈五色，國生賢嗣，信任忠良。日暈黄白，不鬬，兵未解。青黑，和解，分地。色黄，土功動，人不安。色黑，有水，陰國盛。日暈青色，蝗生，穀傷，人多疾疫。日暈赤色，火旱興，災兵起，血戰，君憂，大臣譭譖。日暈白色，國有兵喪，憂悔不寧。日暈黑色，雨水爲災，蠻夷作亂，一曰災在用事之臣。日暈黄色，有兵，兵勝。日暈紫紅，主人利，客兵敗。日青暈一重，國有喜事，五穀大熟；二重，天下大殺，一曰其下有兵，穀貴。四重，不出三月，米貴十倍，大兵起。五重，天下大水，魚行人道，大臣反逆。七重，十處皆反。日赤暈一重，國内有災，兵起。二重暈繞日，四境相遭誅。三日，正南下七百里皆瘴疫。七日，天下人民瘟死三分。又曰蝗蟲生，三年外大旱。三重，大旱千里。日暈通黄，名曰毒氣，人民疾病。黄暈二重，歲中兵起。三重，天下有喜，國内豐稔。

又　卷四《月類》　月者太陰之精，其體清明，其形圓潔，其曜主於夜，其光禀於日，其盈極而虧，魄盡生明，皆由去日遠近而然。人居其中，盡見其光，故其光盛滿，其魄圓明。二弦之際，日照其側，人見其邊，故半明而半魄。朔晦之時，日照其表，人在其裏，故不見其光。日所不照，斯謂之魄。有弦望、朔晦、遲疾之節，積二十九日半少强而與日會，爲一月。青、赤、白、黑、表、裏八行，出入黄道通而爲九，九行出入而交生焉。朔會望衡鄰於所交，虧薄生焉。月之行也不於日道，其食也必於日衝。食分少者侵闇虚之側，食分深者當闇虚之衡。行陰曆而食東北爲初虧，西北爲復圓。行陽曆而食東南爲始剥，西南爲再盈。食既虧於正東，復於正西。合朔入交，掩日則日有食之。月爲衆陰之長，以之配日，女主之象；以之比德，刑罰之義。列之朝廷，諸侯大臣之類，故君明則月行依度，臣執權則月行失道。大臣用事，兵刑失理，則月乍南乍北。女主外戚擅權，則或進或退。月變色，將有殃。月晝明，姦邪竝作，君臣爭明，女主失行，陰國兵强，中國饑，天下謀僭。數月重見，國以亂亡。

【略】

月暈，軍營之象，大抵主戰鬬。見暈光破，爲圓久而方消，戰久而不解之象。如無軍，主大風雨，有謀叛。月終歲不暈，天下太平。月暈，厚薄四方匀者，軍吉。月作散暈，賊謀不成行，師得勝。月暈有光，我軍勝，賊降。月暈垂光於下，兵革起亂，將帥災危。月暈無光，是謂大盈，其下有兵，王者以德勝之。月交暈赤光，其國不二年遇兵。月暈再重，大風起；三重，有兵；四重，國危；五重，后災，臣憂；六重，君失政，災；七重，天下易主；八重，世亂；九重，血戰，國亡。月暈五色，國生賢嗣，任賢臣，獄無冤滯，天子赦宥。月生四暈，或青，或黄，或赤者三日，寅卯時防此雲合，凶。明日寅卯時謹防，若午未戰，定不祥。月外有環暈五重，附近者紫紅色，白者次之，青者又次之，黄者又次之，最外深紅，各相去一丈，分寸不差忒，其圓如規，是謂月重輪，此爲太陰極盛，不利於君。月暈赤色，火旱興災，兵殘人死；白色，王矦謀立，起兵作亂；黑色，國主憂危，野有水災；赤白色，將相離心，殘賊誅戮；黄色，將軍益秩禄得位。月重白暈，王矦謀逆，有兵，主久戰。軍在外，月暈者戰勝，一曰先起兵者戰勝。月暈有氣横冲寇，兵驍勇，破營殺將。月暈，多白氣從外入，攻城必拔，得大將。月暈，有雲横貫之，起兵者勝。月暈三重，赤雲貫之，其下國亡。月暈，有黑雲氣入暈中，隨所入擊之勝。月暈有雲如厚布，若三若四貫月者，以戰勿當，當者破軍。月暈如連環，有白虹在外不及月者，女人陰謀，立見弑奪。月暈，有蜺雲乘之，以戰從蜺所往者大勝。月暈，虹蜺直指暈至月者，破軍殺將。月暈重疊，或三日常暈有白霞虹氣貫月，王者惡之，大臣女后災。月暈而珥，六十日兵起。不暈而珥，有喜，兵在外亦喜。月有抱珥在暈外赤者，外人勝。月暈而珥，兵從珥攻擊者利。月暈有珥，將災，三日有雨則解，無雨則凶。月暈，有珥垂下，兵戰災凶。月暈，有兩珥白虹貫之，天下大戰。月暈，外有珥璚，六十日，兵起，外賊亂。月暈有抱，所臨者勝。月暈反背，將相異志。月暈再重，背在外者，私成於外；背在内者，私成於内。月暈不合，外有珥背璚，陰謀不成。一月五暈至九暈，失地。孟月十一日，仲月八日，季月九日，皆當月有暈，若不暈，不出三日，有暴風雨。

王鳴鶴《登壇必究》卷二《輯玉曆説》　十輝

《周禮》眂祲氏掌十輝之法，以觀祆祥，辨吉凶。一曰祲，謂陰陽五色之氣浸淫相侵，或曰抱珥背璚之屬，如虹而短是也。二曰象，謂雲氣成形象，如赤烏夾日以飛之類是也。三曰鑴，日旁氣刺日，形如童子所佩之鑴。四曰監，謂雲氣臨在日上也。五曰闇，謂日月蝕或曰光脱也。六曰瞢，謂瞢瞢不光明也。七曰彌，謂白虹彌天而貫日也。八曰序，謂氣若山而在日上，或曰冠珥背璚，重疊次序在于日旁也。九曰隮，謂暈氣也，或曰虹也，《詩》所謂朝隮于西者也。十曰想，謂氣五色有形想也，青，饑；赤，兵；白，喪；黑，憂；黄，熟。或曰想，思也，赤氣謂人獸之形，可思而知其吉凶也。

凡遊氣蔽天，日月失色，皆是風雨之候也。沉陰，日月俱無光，晝不見日，夜不見星，有雲障之，兩敵相當，陰相圖議也。日濛濛無光，士卒内亂。又曰數日俱出若鬬，天下兵起，大戰。日鬬下有拔城。日戴者，形如直狀，其上微起，在日上爲戴。戴者，德也，國有喜也。一云立日上爲戴。青赤氣抱在日上，小者爲冠，國有喜事。青赤氣小而交於日下，爲纓。青赤氣小而員，一二在日下者爲紐。青赤氣如小半暈狀，在日上爲負。負者，得地爲喜。又曰青赤氣長而斜倚日旁爲戟。青赤氣員而小，在日左右爲珥。黄白者有喜。又曰有軍，日有一珥爲喜。在日西，西軍戰勝。在日東，東軍戰勝。南北亦如之。無軍而珥，爲拜將。又日旁如半環向日爲抱。青赤氣如月初生，背日者爲背。又曰背氣青赤而曲外向爲叛，象分爲反城。璚者，如帶璚在日四方。青赤氣長而立旁爲直。日旁有一直，敵在一旁欲自立，從直所擊者勝。日旁有二直三抱，欲自立者不成，順抱擊者勝，殺將。氣形三角在日四方爲提。青赤氣横在日上下爲格。氣如半暈在日下爲承。承者，臣承君也。又曰日下有黄氐三重若抱，名曰承福。人主有吉喜，且得地。青白氐如履在日下者爲履。日旁抱五重，戰順抱者勝。曰一抱一背爲破走。抱者，順氐也。背者，逆氐也。兩軍相當，順抱擊逆者勝，故曰破走。日抱且兩珥，一虹貫抱至日，順虹擊者勝，殺將。日抱兩珥且璚，二虹貫抱至日，順虹擊者勝。日重抱，内有璚，順抱擊者勝，亦曰軍内有欲反者。日重抱，左右二珥有白虹貫抱，順抱擊勝，得二將。有三虹，得三將。曰抱黄白潤澤，内赤外青，天子有喜，有和親來降者，軍不戰，敵降軍罷。色青黄，將喜；赤，將兵争；白，將有喪；黑，將死。日重抱且背，順抱擊者勝，得地，若有罷師。日重抱，抱内外有璚兩珥，順抱擊者勝，破軍，軍中不和，不相信。日旁有氐員而周匝，内赤外青，名爲暈。日暈者，軍營之象。周環匝日，無厚薄，敵與軍勢齊等；若無軍在外，天子失御，民多叛。日暈有五色，有喜；不得五色者，有憂。

又 《玉曆祥異賦》

日暈

安居而日暈也，多成風雨。對敵而日暈也，尤主軍營。色黑，則穀傷，大水；色青，則糴貴，大風；色赤，則暑雨，霹靂；色白，則當有暴兵；黄，則人君有喜，亦爲時雨農功。半暈所在之方，其軍戰勝。日上如日之蓋，有欲和親。半暈再重，國民蕃息。兩畔相向，天下大風。暈井垣車輪，兩敵因兵以亡國。方暈如井幹，天下不和，有大兵。方暈聚二背於上下，人亡將北。交(運)[暈]如連環而貫日，兵起相争。暈再重，人君有德；或三四，野有兵戎。暈三重，兵起，穀傷，其下有失地。暈四重，軍敗於野，其下有叛臣。五則后憂，而六失政，國弱七暈，八則民亂，而九荒擾，大亂十重。

又 日暈別氣

別有抱珥之屬，尤主軍兵之事。抱珥在暈内，圍城則内人勝。抱珥在暈外，攻城則外人利。暈而直珥爲破軍，暈而抱背爲敗亡。日暈有抉，裂土立王。日暈而負，得地之祥。暈兩珥而虹貫之，戰得將軍。暈兩珥而雲貫之，年多病疾。暈四背則爲内亂，而爲臣反。暈二背則無兵起，而有兵入。暈有抱珥，虹、背、抉，皆宜順其抱而擊。暈有背、珥、直而虹，並宜順虹所指攻。暈四抱，天子有喜。暈兩抱，天下和平。重暈背抉，叛從中起。半暈背抉，出謀不成。暈一冠、一紐、一珥，主有慶，且有所立。暈四珥、四背、四抉，臣有謀，夷闞不行。暈而負氣著暈上，負爲喜，亦爲得地。暈而白虹貫日體，近臣亂，諸侯不忠。有軍，暈而珥，外軍有悔。無軍，暈而珥，宫中忿争。暈而抱，抱相臨，其軍戰勝。暈而背，背所在必有反城。長、大、實，有密而遠，厚澤而抱久，皆爲必勝之兆。短、小、虚，無疎且近，薄枯而背亟，並爲必敗之徵。

何汝賓《兵録》卷一四《天時總説》 占日

烏雲接日，雨即傾滴。雲下日光，晴明無妨。
早晨日珥，狂風即起。申後日珥，明日有雨。
一珥單日，兩珥雙起。午前日暈，風起北方。
午後日暈，風勢須防。暈開門處，風起必狂。
早白暮赤，飛沙走石。日没暗紅，無雨必風。
朝日烘天，晴風必揚。朝日烘地，細雨必至。
返照黄光，明日風狂。午後雲遮，夜雨滂沱。

上下黑龍，風雨相從。日暈青色，必主大風。日暈赤色，霹靂兼風。暮光燭天，日光晴彩。

章潢《圖書編》卷二一　風雨氣

風雨氣色如魚龍行，其色蒼潤，或黃氣蔽日，皆慘。或如土，或如累盆黃色潤厚，朝東夕西壓日，或掩之，皆風雨之氣也。朝視日上有黑雲氣如霧，壓白日光旁射，其色慘淡黃白者，其日有風雨。晚日欲入有之，則夜有風雨。雲氣如亂穰，大風將至，視其從來避之。雲甚而潤，大雨必暴至。四餘之日有雲氣如陣厚而潤者，多雨。日始出有暈氣如車蓋在日上者，其日雨。日上下有黑雲氣如蛟龍者，必有風雨。雲氣如黑蛇衡日其下，有大雨。

月初生色黃者，多晴；色青，多雨；色潤白者，大雨。蒼白色入北斗，多大風。黃雲氣蔽北斗，明日雨。白氣掩北斗，不過三日雨。青雲掩北斗，五日內必雨。天無雲，北斗上下獨有雲，五日內必大雨。日入後，有白光如氣，自地至天直入北斗，所歷星皆失色，其夜必大風。太白出氣長數丈，多風雨；所指處，兵大起。辰星出氣長一丈，大雨水。

孫穀《古微書》卷一九《禮斗威儀》　人君乘土而王，其政太平，則日五色無主。宋均曰：五行之色不主於一人。君乘木而王，其政昇平，則日黃中而青暈。君乘火而王，則日黃中而赤暈。乘金而王，則黃而白暈。乘水而王，則黃而玄暈。又君致尊而制命，則日月貞明。

茅元儀《武備志》卷一一八《軍資乘・占日門》　烏雲接日，雨即傾滴。雲下日光，晴朗無妨。早間日珥，狂風即起。申後日珥，明日有雨。一珥單日，兩珥雙起。午前日暈，風起北方。午後日暈，風勢須防。暈開門處，風色不狂。早白暮赤，飛砂走石。日没暗紅，無雨必風。朝日烘天，晴風必揚。朝日燭地，細雨必至。暮光燭天，日光晴彩，久晴可待。日光早出，晴明必久。返照黃光，明日風狂。午後雲遮，夜雨霧霑。

又　卷一四九《占度載占二》　日之形

日戴者，形如直狀，其上微起在日上爲戴。戴者，德也，國有喜也。一云立日上爲戴，純赤爲兵。

青赤氣抱在日上，小者爲冠，國有喜事，純赤爲兵。日上有冠三直，日下有直虹，不出一年，天下有小兵不安。

又　卷一五〇《占度載占三》　日之暈

凡占兩軍相當，必謹審日之暈氣，知其所起留止遠近，應與不應，疾遲，大小，厚薄，長短，抱背，爲多少，有無，實虚，久亟，密踈，澤枯，相應，等者勢等，近勝遠，疾勝遲，大勝小，厚勝薄，長勝短，抱勝背，多勝少，有勝無，實勝虚，久勝亟，密勝踈，澤勝枯，重背大破，重抱爲和親。抱多，親者益多。背爲不和，分離相去。背於內者，離其內。背於外者，離於外。赤內青外，以和相去。青內赤外，以惡相去。氣暈先至而後去，居軍勝。先至先去，前有利，後有病。後至後去，前病後利。後至先去，前後皆病，居軍不勝。見而去，其後發疾，雖勝亡功。見半日以上功大。白虹屈短，上下鋭者，其下大流血。日暈制勝，近期三十日，遠期六十日。

徐應秋《玉芝堂談薈》卷一八

日暈五色

李奇曰：太平之世，日抱重光，日暈五色。再重，天下有喜。日兩珥熠熠有光，人主有喜。日兩珥中赤外青，或兩珥色黃潤澤，皆爲人主有喜。日抱黃白潤澤，中赤外青，天子喜，有來降者。日二抱，天子喜。色赤白黃，皆吉。日四旁各有重抱，四方信服。日旁有抱，人主子孫昌。日戴而珥，天子有喜賀子孫之事。日纓而珥，後宮有喜。日抱直，順珥爲喜。日多抱珥，則國內歡喜而和洽。日暈而珥，下有黃雲，人主有喜。日暈且戴，人主有德令。日暈而負，其國有喜得地。日暈有冠珥且細，人主有喜。日暈而有抱，抱爲順，王者有喜，子孫昌。日暈有六珥抱，黃白潤澤，內赤外青，天子有喜。日上芒如火，人君大昌。日上有黃芒，得玉色，君有福。月有戴，不出百日，主人有喜。月有兩珥，其下國喜，兵在外則勝。月有四珥，其下國安，有喜。月冠而珥，有大風，人主有喜。月戴珥，不出百日，人主有喜。月暈黃色，將軍有喜，益禄進爵。朱文公曰：日一珥爲拜將而攻戰。又兩軍相當，欲和解。三珥爲喜，驗之女后。四珥爲慶，應於子息。《開元占》曰：日抱珥重光，福禄並降。日旁重抱兩珥，人主有喜。一抱兩珥，下有黃氣，此月太子有喜。《晉天文志》：日下有黃氣三重，名曰承福，人主有喜，且得地。

又　青雲扶日

《洛書》曰：蒼帝起，青雲扶日。赤帝起，赤雲扶日。黃帝起，黃雲扶日。白帝起，白雲扶日。權德輿詩：更有觀臺稱賀處，黃雲扶日瑞昇平。宋景文詩：雲路舊扶黃道日，霞觴深映緑符天。一曰：蒼帝氣如人向日拳手而俛首，一手在後。赤帝氣如象火光如覆黃收立其下。黃帝氣如馬在日下。黑帝氣如船在日下。白帝氣如虎在日下。又《符瑞圖》：日二黃人守者，外國來降。翟公巽詩：青女霜如失，黃人日故遲。晏元獻詩：青帝回風還習習，黃人捧日故遲遲。《十洲記》：漢武帝時，西域遠夷來貢，云常占東風入律，百旬不休，青雲干呂，連月不散。意中國有好道之君。令狐楚詩：郁郁復紛紛，青霄干呂雲。王履貞詩：異方占瑞氣，干呂見青雲。然考占書，日抱黃，君得地。日左右有黃珥，國有赦令。又曰日上下有黃氣，君有喜。又曰黃雲抱日，輔臣納忠。《洛書摘亡辟》曰：日抱黃白潤澤，中赤外青，天子喜，有來降者；軍在外，不戰敵降，軍罷。色青，將憂；色赤，兵爭；色白，有喪；色黑，將死。日抱有兩珥，天子有喜。下有黃氣如月，名曰遺德，天子喜。日抱三重，有兩方珥，色皆黃白潤澤，天子戰勝，外兵敗者來降。珥方者，兵也。日旁黃氣如人像者，人主有賢佐。日抱兩珥，下有黃雲，天子有喜，期一百二十日。又曰日暈有聚雲在旁，色黃白，吉；青白，兵行；黑白，內亂；青赤，兵解；青黑，兵戰，流血。日下有赤雲氣如死蛇，其國分大疫，大饑。日暈而有赤雲如破車輪，向日爲內提，內臣叛。背日爲外提，外臣叛。日暈，旁有赤雲氣兩頭銳，其下萬人戰。日暈，旁有赤雲氣如旌節，如旗狀在外，亦曰蚩尤之旗，兵自內起。日旁有赤氣如衆樹，有兵起，客勝。赤雲如兩鳥夾日，其國亡。日旁有赤雲二道向日，其分有自立者。日下有赤氣形如懸鏡，先舉兵者敗。日上有赤雲氣如雄鷄，不出三日，其分有兵喪。赤雲氣扶日，其下兵起。日下有赤氣如鋒刃在兩旁，破軍，殺將。日下有白氣如揚旗幟，天子有喜。有白雲如懸弓，一道，一亂，以數占之。日旁有赤氣如幕，萬人戰死其下。日旁有赤雲如幕夾日，其下不宜先舉兵。日旁有氣青白如鏡圓明，其下有賢人隱。日下有雲氣如兩青鳥相向，人主憂。《乾象新書》：日旁氣如黑龍御日，下有叛臣。如青龍守日，戒飲膳，下有謀。雲如青赤馬向在日下，或青鳥相向在日下者，人主有慮。赤氣如馬守日，戰則兵喪。一曰兵連綿，赤雲扶日，或曲如輪在日旁，此爲兵起失地。赤雲截日大，如旅軍在外，萬人死。氣漠漠如車馬馳走狀，在日下者，下有破軍，一曰有反者披甲而走。赤雲如雞臨日上，不出三月，有兵喪。白雲廣二尺，在日左右，其分兵起，國憂。赤雲如鳥夾日而飛，主君憂。則似扶日之雲，惟黃爲吉，未知以何説爲正。又按《春秋運斗樞》曰：黃雲四合，女訛驚邦。《感精符》：妻黨翔，則黃雲入國。謂女謁盛也，則黃雲亦未必專主吉矣。俟再詳之。

又 十煇望氣

《周禮》眡祲氏掌十煇之法，以觀妖祥，辨吉凶。一曰祲，謂陰陽五行之氣浸淫相侵也，如日有抱珥背璚之屬是也。二曰象，謂雲氣成形象，如赤烏夾日以飛之類是也。三曰鑴，日傍氣刺日，形如童子所佩之鑴也。四曰監，謂雲氣臨在日上也。五曰闇，謂日月蝕或脱光也。六曰瞢，謂瞢瞢不光明也。七曰彌，謂虹蜺彌天而貫日也。八曰序，謂雲氣若山而在日上，或冠珥背璚，次序在于日旁也。九曰隮，謂暈氣也，或曰虹也，《詩》所謂「朝隮于西」是也。十曰想，謂氣五色有形，青，饑；赤，兵；白，喪；黑，憂；黃，熟。可思想而知其吉凶也。占書凡望氣占候，皆在子午卯酉之時。太乙初移，宫皆有氣，見可以測之。夕則日入時，朝則日出時，夜則夜半時，中則午時。天無言，以七曜垂文。地無言，以五雲騰氣。四時無言，以寒暑變節。六甲無言，以孤虛定位。凡望雲氣，仰而望之三四百里，平望在桑榆上餘二千里，登高而望之，下屬地者三千里。候氣常以平旦、下晡，日出没之時，蓋氣多假日月光炤曜之而形，故暈珥抱皆出日月之旁，虹蜺想像，莫不因日而見。晝候日，夜候月，輝光所燭，無得而隱矣。凡氣見近三日，遠七日，有大風雨則災不成，故曰風以散之，雨以解之。

日月旁氣。一曰冠，青赤氣曲覆日月之上爲冠。二曰戴，青赤氣横在日月之上微微隆起爲戴。三曰珥，赤氣短小在日月之旁爲珥。四曰抱，青赤氣彎曲向日爲抱。五曰背，青赤氣曲而背日月者，背叛乖離之象。六曰璚，青赤氣曲向外，中有横枝狀似山字，一曰如弓形而有牙。七曰直，青赤色長及丈餘，正立日月旁。八曰交，青赤氣狀如兩直相交，在日月上下左右。九曰提，日月四旁有赤雲屈曲如鉤，向内有牙出之，名曰四提。十曰纓，青赤氣小而交于月下爲纓。十一曰紐，青赤氣兩邊交曲而雙結爲紐。十二曰承，青赤氣如半景在日下爲承，人主有喜，得地。十三曰履，青白或青赤在日下爲履，喜氣也。十四曰格，青赤氣横在日月上下爲格。格者，格鬭之象。十五曰戰，青赤長而斜倚日月之旁。戰者，戈戟相傷之象。十六曰暈，圓氣圍繞日月，内赤外青。十七曰負，青赤氣如小山，暈在日上爲負，見則人主有喜，得地。

又瑞氣。一曰慶雲，若烟非烟，若雲非雲，郁郁紛紛，蕭索輪囷。二曰昌光，赤爲龍狀，聖人起，帝受終則見。妖氣。一曰虹蜺，日旁氣也。二曰牂雲，如狗，赤色長尾，或二三，或四五相隨而行，所見之國有大兵。鬱鬱蔥蔥，隱隱隆隆，佳氣也。綿綿，條條，片片，兵氣也。澤澤睒睒，女子氣也。自華以南，其氣下黑上赤。嵩高三河，其氣正赤。恒山之北，氣青。渤海之間，氣正黑。江淮之間，氣皆白。東海氣如圓簦。河水氣如引布。江漢氣勁如杼。濟水氣如黑㹠。渭水氣如狼白尾。淮南氣如白羊，一曰如帛。少室氣如白兔青尾。恒山氣如黑牛青尾。東夷氣如樹。西夷氣如室屋。南夷氣如樓臺，或如舟船幡旗。塞北氣如羣羊，又如穹廬。海旁蜃氣象樓臺，廣野氣成宮闕。天子氣內赤外黃，或如千石倉在霧中。又氣象青衣人垂手在日西，天子氣也。將軍之氣，如龍如虎，在殺氣中。軍上氣如蛟蛇向人，此猛將氣也。城營上氣如火煙，或如山水竹木，或如衣色而有赤氣繞之，或紫黑如城門，或上黑下赤如旌旗，或白如沸粉，或如夜火熖人，皆猛將氣也。軍上氣黃白而潤澤，將有盛德，不可擊也。赤氣上與天連，軍中有良將也。赤氣如人持節，兵來未息也。白氣如帶一道竟天，有暴兵也。雲氣一道上白下黃，或白色如疋帛，長數丈，或上黃下白，曲一道如布帛，爲蚩尤旗，見則兵突起也。氣如赤杵在烏雲中，或如幢節在烏雲中，或如烏人在赤雲中，或黑氣渾渾赤氣在其中，或白氣粉沸起如樓狀，其下有伏兵，不可輕擊也。雲氣紛紛綿綿，似蒿草長數尺者，以車騎爲伏兵也。雲如布席，似蒿草長尺許者，此以步卒爲伏兵也。黑氣如引索來，如陣前鋭者，黑氣如幢，出于營中，上黑下黃，有陰謀也。天有青氣入營，兵弱驚也。天有赤氣入營，兵暴驚也。天有黃氣入營，兵和解也。天有白氣入營，兵強也。天有黑氣入營，士卒敗也。城上氣如雙蛇前高後卑，城可攻也。有氣如蛟，頭白內向者，城可攻也。白氣從城中南北出者，不可攻也。青雲從城中南北出者，不可攻也。城上氣如雙蛇舉首向前卑後高，不可攻也。氣白如旌旗，或白氣如旗而赤界其邊，或氣出如火烟，或雲分爲兩彗，不可攻也。軍上有五色氣，上與天連，不可擊也。軍上有黃赤氣上達于天，不可擊也。軍上氣遥望如鬬雞赤白相隨在雲中，得天助，不可擊也。雲如日月而有赤氣繞之，似日月暈有光者，不可擊也。凡兩軍相當，平旦視其所向，甲乙日有白雲，丙丁日有黑雲，戊己日有青雲，庚辛日有赤雲，壬癸日有黃雲，皆不可動。凡甲乙日青氣在東方，丙丁日赤氣在南方，庚辛日白氣在西方，壬癸日黑氣在北方，得之者勝，向之者敗。上黃下赤者，暴氣也。上下赤者，怒氣也。上下黑者，憂氣也。白者，徙氣也。此望氣之大較也。凡海船候氣，黃氣知有人烟國土；見白氣，知有山峯岩壑；見黑氣，水也。

王志長《周禮註疏刪翼》卷一五

眡祲掌十煇之濩，以觀妖祥，辨吉凶。註：妖祥，善惡之徵。鄭司農云：煇，謂日光炁也。

易氏曰：日以光爲主，是謂太陽，陰邪侵之則爲祲。王氏曰：妖祥者，吉凶之先見。吉凶者，妖祥之已成。

一曰祲，二曰象，三曰鑴，四曰監，五曰闇，六曰瞢，七曰彌，八曰叙，九曰隮，十曰想。註：鄭司農云：祲，陰陽氣相侵也。

疏：赤雲爲陽，黑雲爲陰。如《春秋傳》云赤黑之祲在日旁是也。

象者，如赤鳥也。

疏：楚有雲如衆赤鳥夾日以飛是也。

鑴，謂日旁氣四面反鄉，如煇狀也。

監，雲氣臨日也。

闇，日月食也。

劉氏曰：日食既晝闇也。

瞢，日月瞢瞢無光也。

彌，白虹彌天也。

叙者，雲有次序如山在日上也。

郝氏曰：叙，次也，每日至其時則煇，如定叙不爽也。

隮者，升氣也。玄謂鑴讀如童子佩鑴之鑴，謂日旁氣刺日也。

疏：鑴是錐類，故爲雲氣刺日。

監，冠珥也。

疏：謂有雲氣在日旁，如冠耳。耳即珥也。

彌，氣貫日也。隮，虹也。《詩》云朝隮於西。

想，雜氣有似可形想。

劉氏曰：日者，太陽之精，出地則爲晝，照物則爲生。陰邪之氣或侵於晝，日光所灼，莫不消除也。今日旁有陰邪之氣干犯之，而不能消除者，陽剛之德衰，而陰邪熾盛，遂成十者之異。以《洪範》五行推之，則人君無剛健之德以勝陰，故謫見於天，以示警也。聖人設官以掌其事，方有萌兆則詔於王，以修救焉。

明齋王氏曰：祲者，邪氣干正之名，而十煇之濩，專指夫日者，以爲其太陽之精，人君之象，故經天者以日爲主，而眡祲者以日爲要。今以日而有此十煇，皆以人君德虧，陰小得以干之，因而謫見於天，故十煇多生於災，唯曰叙、曰象、曰想猶有吉凶之雜。

熊明遇《格致草》 十煇辨

《周禮》眡祲氏掌十煇之法。一曰祲，謂陰陽五色之氣浸淫相侵，或曰抱珥背璚之屬，如虹而短是也。二曰象，謂雲氣成形象，如赤烏夾日以飛之類是也。三曰鑴，日傍氣刺日，形如童子所佩之鑴。四曰監，謂雲氣臨在日上也。五曰闇，謂日月蝕或曰脱光也。六曰瞢，謂瞢瞢不光明也。七曰彌，謂虹彌天而貫日也。八曰序，謂氣若山而在日上，或曰冠珥背璚，重疊次序在于日旁也。九曰隮，謂暈氣也，或曰虹也，《詩》所謂朝隮于西者也。十曰想，謂氣五色有形想也。夫日位至高，前所云十煇，乃此方國土所見之氣。百里外有不同觀者。眡祲氏以觀妖祥辨吉凶，止可占于所見國土，若槩牽合于普天之下，理未通矣。

遊藝《天經或問》前集卷四

日月暈

問：虹是薄雨爲日光所映而成，紅緑也，然則日月四旁，時有紅白之氣圍抱成環，謂之曰暈。此暈是何如？

曰：暈乃空中之氣直逼日月之光，圍抱成環，其有缺者，有團者，抱者，背者，薄者，厚者，皆是氣所注射。又有一等氣在天上，外淺中深如井者。深是氣厚處，日光所照似乎深窌一般。淺係氣薄，日照之，故白色如井欄。月暈者必在中天，必在望之前後。上下弦内，將晦朔時，則無暈矣。然欲風雨，月方吸其雲氣，而光所射以爲暈也。故暈氣漸稠而黑者，雨徵也。有忽然去一邊者，風徵也。忽然全去者，晴徵也。然此地見，彼地不見，緣其氣不甚高也。

日月重見

問：日月暈，氣是也；日爲諸陽之尊，有重出爲之抗者，此是何物也？

曰：日有重疊見兩三者，以雲對日一層，雲稍薄，能透光，却被日光所射；後邊却又有一層黑而厚者，攩住日光，反透薄雲，故成重日之象。其旁另有雲，又與所透之雲相對，復成日象。然日在東西平面下看之則間有，中天則無，是事以仰觀目力難及。午中陽氣力大，衝破雲氣，且正中游氣更薄于東西也。月亦如是，亦須望前後兩三日見。望時月力光大，乃能照雲爲月。大抵日月之重，皆雨徵也。

方以智《物理小識》卷二《風雷雨暘類》 虹霓

老父爲南璽卿時，夜無月而見斜暈如虹。范質公大司馬問其故，老父曰：天地體圜，日光又圜，故凡暈光無不圜者，特斜見于地上，則橋起半規耳。陸農師譔日徵之是也。夜見者，空中别迸火光，如春秋恒星不見之類。其光穿地則爲五色暈矣。范公問其占，曰：以端幾類應而言，爲陰勝陽，或曰淫徵，何也？曰：因古有虹爲淫氣之説也。方士于東海見虹處，掘地，得紅蟲爲媚藥，亦取其類應耳。

宫夢仁《讀書紀數略》卷二《天部·象緯類》

日五色。《斗威儀》。

政太平，日五色。　政公平，日黄中而赤暈。　政和平，日黄中而黑暈。政象平，日黄中而白暈。　政升平，日黄中而青暈。

陽精五色。《易傳》：日者，衆陽之精，以象人君，不可一色名也。

精精似青，翼翼似黑，玄玄似赤，縞縞似白，煌煌似黄。

十煇。日傍氣也，《周禮》眡祲掌十煇之法，以觀妖祥，辨吉凶。

祲，日傍陰氣相侵。象，陰氣附日凝結成象。鑴，氣横刺於日中。監，氣抱日如冠珥。闇，氣閉日晝晦。瞢，氣蒙而光瞢然。彌，氣貫日過。敘，雲成列有次。隮，螮蝀上升如日。想，雜氣成形可想。

陳元龍《格致鏡原》卷二《乾象類二·日附測日表》 占象

《周禮》眡祲掌十煇之法，煇謂日之氣。以觀妖祥，辨吉凶。一曰祲，日旁有陰邪氣相侵犯也。二曰象，陰氣附日凝結而成象。三曰鑴，黑氣如鑴刺于日也。四曰監，抱日之氣如冠珥也。五曰闇，方晝而暗也。六曰瞢，陰氣蒙蒙，日光瞢然。七曰彌，白虹彌天，横氣貫日也。八曰叙，片段成列，穿日有序也。九曰隮，螮蝀升氣於日旁也。十曰想。雜氣以成形想也。　《禮斗威儀》：政太平，則日五色。政公平，則日黄中而赤暈。政和平，則日黄中而黑暈。政象平，則日黄中而白暈。政升平，則日黄中而青暈。《春秋潛潭巴》：君德應陽，君臣得道叶度，則日含王字，謂日中有王字也。王者德象，日光所照，無不及也。《帝王世紀》：漢文帝時，日中有王字。《雜占書》：日冠者，如半暈也。法當在日上有冠，又有兩珥者，尤吉。《南齊書》：日出三竿，謂朱黄赤色暈也。《漢天文志》：暈適背穴，抱珥，虹蜺。註：孟康曰：皆日旁氣適日之將食，先有黑之變也。背，形如背字也。穴多作鐍，形如玉鐍也。抱，氣向日也。珥，形點黑也。如淳曰：暈讀曰運。虹或作虹，蜺讀曰齧。凡氣在日上爲冠，爲戴，在旁直對爲珥，在旁如半環向日爲抱，向外爲背，有氣刺日爲璚。璚，抉傷也。　婁元禮《田家五行》：日生耳，主晴雨。諺云：南耳晴，北耳雨。日生雙耳，斷風截雨。若是長而下垂通地，則又名曰日幢，主久晴。又日出早，主雨；出晏，主晴。老農云：此言久陰之餘，夜雨連旦，正當天明之際，雲忽一掃而捲，即日光出。所以言早，少刻必雨。晏者，日出之後，雲晏開也，必晴。蓋日之出入自有定刻，實無早晏也。日没返照，俗名爲日返塢，主晴。日没胭脂紅，主風雨。返照在日没之前，胭脂紅在日没之後，故所主不同也。

惠士奇《禮説》卷八《春官三》 眡祲十運，一曰祲，二曰象，三曰鑴，四曰監，五曰闇，六曰瞢，七曰彌，八曰叙，九曰隮，十曰想。鄭司農云：鑴謂日旁氣四面反鄉如煇狀。然則鑴者，鐍也。《説文》玉部，瓊、璚、瓗通，故鐍或從矞，或從巂，長言爲夐，短言爲矞，形聲皆同。鐍省作矞，一曰錐有所穿，一曰滿有所出，象日旁雲氣。揚雄《太(元)[玄]》所謂紫蜺矞雲朋圍日也。雲氣刺日，形如缺環，謂之鐍。與鑴通讀爲觿軜之觿。觿一作鐍，亦見《説文》。康成讀爲佩觿之觿，失之。《淮南子》曰：君臣乖心，則背譎見於天。注云日旁五色氣在兩邊，外出爲背，外向爲譎。則矞非瑞也。説者以爲内黄外赤謂之矞，雲瑞應氤氳之氣，誤矣。矞或作穴，音相近也。漢延平元年六月丁未，日暈，中外有僪背兩耳。譎、鐍、僪、矞，實一字。後魏皇始二年十月壬辰，日暈有佩璚，佩即背，璚即僪。則佩璚爲鑴信矣。康成曰：監，冠珥也。凡氣在日上爲冠，爲戴，在旁直對爲珥。《雜占書》曰：日冠者如半暈也，法當在日上有冠，又有兩珥，尤吉。《荆州占》曰：月珥且戴，不出百日，主有大喜。然則冠珥爲吉祥兼占月矣。隮，虹也。隮之言齊與日齊升也。升氣爲虹，虹之言攻。其攻也，不在日側，而當日衝。《詩》曰蝃蝀在東，言日在西而見於東，啜飲東方之水氣也。朝隮於西，見於西方曰隮。日東出而虹西見也。《春秋元命包》曰：陰陽之氣聚爲雲氣，立爲虹蜺，離爲倍僪，一作鐍。分爲抱珥，一名監。刺日曰僪，其象鑴。向日曰抱。其象監。《星占》曰：虹蜺主内淫，土精，填星之變。司農謂：彌者，白虹彌天。康成謂：貫日也。郎顗云：凡日傍色氣白而純者，名爲虹，貫日中者，侵太陽也。邪氣乘陽則虹蜺在日。而蓺伯況云：天有白虹，自子至午，廣可十丈，長可萬丈，正臨倚彌。倚彌即黎丘秦豐之都也。是時秦豐都黎丘正值其都，豐當其咎，此所謂彌天也。然則貫日與彌天異矣。犯日者，謂之貫。竟天者，謂之彌。永建六年正月丁卯，日暈兩珥，白虹貫珥中。永和六年正月己卯，日暈兩耳，中赤外青，白虹貫暈中。此所謂貫日也。兩説相兼乃備。《淮南子》曰：欃槍，衡杓之氣莫不彌靡而不能爲害。如其説，則十暈之彌，蓋彗孛之屬歟？司農以闇爲日月食，非也。《京房占》曰：國有佞讒，朝有殘臣，則日不光，闇冥不明。孟康曰：日月無光曰薄。《京房傳》曰：日月雖非同宿，陰道盛猶上薄日光。元帝永初元年四月，日色青白無影，正中時有影無光，是夏寒。至九月，日乃有光。靈帝時，日出東方，赤如血，無光，高二丈餘乃有景，是爲瞢。中平四年三月丙申，黑氣大如瓜，在日中。五年正月，日色赤黄，中有黑氣如飛鵲，是爲闇。《易》曰豐其沛，日中見昧。此之謂也。説者以爲，昧者，日月之災。且云折其右肱，无咎。言遇此災當退去。右肱之臣，乃免咎。後漢用其説，遂以水旱日食策罷三公，失之矣。《通俗文》曰：缺環曰鐍。《説文》：鐍，環之有舌者，與觿通。日旁之氣爲十運，其色爲五雲，保章觀色，眡祲觀氣，是爲祲象。象之言想也。楊賜曰：善不妄來，災不空發，王者心有所惟，意有所想，雖未形顔色，而五星以之推移，陰陽爲其變度，故十運以祲始，以想終。其經十，其别九十，盛哉日乎。丙明離章，五色淳光。夜則測陰，晝則測陽。晝夜之測，或否或臧。積善至於明，五福以類升。積不善至於幽，六極以類降。蓋天人之際，精祲相盪，善惡相推。升降之氣，各以類應。眡祲於是叙其降而告之，王救其失安其宅。

葉佩蓀《易守》卷三二《下經》 暉，吉也。暉即煇氣之熏灼也。暉光二字，自當有辨。暉猶日之芒，火之燄，即近在火日處騰射出來。光則其四照及物者也。《周禮》眡祲以十暈爲十煇，以光氣内斂爲煇。《詩》庭燎有暉，言近曉而光斂也。《樂記》德煇動於内。管輅云：朝日爲煇，日中爲光。則煇含而光顯，有内外之分。《傳》釋君子之光而曰其煇吉者，正明由煇而光，爲由中達外之意。蓋三陽之中，尤以應二爲能濟之本，比上與四爲成濟之用也。

光是全虚于外，孚是全實于内，暉則在由内而外，由實而虚之間。

汪紱《戊笈談兵》卷二上《七曜災祥第二笈》

日占

◎ 日暈

日而有暈，多主風雨。暈而或缺，風從缺至。辨暈之色，黑主大水，青則大風，亦云糴貴；赤則暑雨，白爲凶器，黄主年豐，各因其類。

◎ 重暈

再重成色，人君有德。忽見三重，四野兵戎。四重如赭，兵敗於野。若成五重，后憂於宫。六曰失政，七曰削弱，八暈環圍，軍憂民擾。九荒十亂，禍及青草。

既辨其色，復論其方。獨暈東南，國憂將長。將没而暈，天下水荒。午中日暈，天下平康。暈輪雜彗，兩敵國亡。

◎ 暈抱

半暈抱日，如物相附。臣下歸心，國民庶富。

兩抱

暈成兩抱，卻主大風。軍行見之，則有大風。

暈匝不周

暈匝不周，既中風雨。如或不然，分君裂土。軍行見之，順暈擊缺。暈方者昌，缺方者滅。環國圍城，從缺而入。城陷功成，我軍則吉。

日梏

日戴方枷，天下不和。日梏分兩，亡軍敗家。

交暈

兩暈交入，兵争民鬬。先缺之方，禍不可救。

暈抱雜見

暈抱雜見，多見鬬争。抱在暈内，城内者慶。祛羊反。抱在暈外，圍城者昌。暈抱交錯，兩軍俱破。一抱暈外，得地稱賀。

虹貫抱暈

抱外見暈，長虹貫之。乃得武臣，頗牧之資。雲貫其中，則生大疫。人畜多災，主宜修德。

暈玦暈背

暈玦暈背，二者雜彰。天下大亂，軍敗國亡。

四背

日成四背，内亂臣反。釁起朝端，禍流近遠。

四玦

日成四玦，亂臣爲逆。無兵兵起，有兵兵入。

又 月占

月暈

月暈主風，再重成颸。音具，不音貝。先缺之方，風從以至。月暈三重，天下兵起。赤雲貫之，其下亡地。四重喪亂，五重后憂。暈至六重，其分君愁。月所纏之分野。七主下凶，八則滅侯。九重月暈，其下流血。十主火災，更嫌背玦。

暈背

月暈見背，所主淫亂。背在暈中，内私於宫。内暈外背，則私於外。背玦雜暈，將亡兵敗。

虹霓指暈

月暈見虹，虹霓指暈。必主敗兵，將傷於陣。

暈見白氣

暈見白氣，察其出入。氣從外入，圍城得邑。氣從内出，城内大喜。雲度暈中，左右吏死。

虹干交暈

交暈色赤，下有兵革。色黄而緑，將軍益禄。白虹貫之，后有陰謀。起於宫掖，延及王侯。

暈抱

月暈不周，半抱如負。陰謀其彰，鬼見於晝。

白虹貫月

白虹貫月，臣亂干主。或主刺客，不得安處。

暈及五星

月暈及火，大兵在野。小君有憂，土焦若赭。

月暈及木，其下饑病。合暈於氐，乃有德令。

月暈辰星，夏旱春病。秋主滂兵，冬則憂驚。各以其時占之。

月暈及金，兵戰不勝。星暗而角，爲客則贏。

月暈填星，其分起兵。德澤不降，女后多驚。

月暈流曜，赤則拔城。黄主得地，白則豐登。黑則覆敗，水災其興。

夏味堂《拾雅》卷五《釋五》 釋天

日旁氣謂之霄，亦謂之霓。有氣刺日謂之穴，四旁反鄉謂之鐍。日上如山謂之敘，五色氣兩旁外出爲背，外向爲譎，内向爲珥，在下曰抱，在上曰戴，亦爲冠。監冠珥也。

李賡芸《炳燭編》卷二《文字證古》 暈，《説文》新坿古作煇。

《周禮》眂祲掌十煇之法。《釋文》：煇音運，又作運。

《淮南・覽冥訓》：書隨灰而月運闕，又作暈。

錢奮《事説》北齊張景暉，《造像記》景暉亦作景暈。可徵暈暉本是一字。

沈欽韓《漢書疏證》卷二〇《天文志》

暈適背穴抱珥虹蜺

眂祲掌十煇。鄭司農云：煇謂日光氣也。暈與煇同。《晉志》：日旁有氣員而周匝，內赤外青，名曰暈。高誘《呂氏明理》篇注：暈讀爲君國子民之君，氣圍日周匝，有似軍營相守，故曰暈。適，日中有黑子之類。昭三十二年傳：日始有謫。注：變風也。背者，《晉志》：青赤氣如月初生，背日者爲背，又曰背氣。青赤而曲外向爲叛象，分爲反城。呂氏作倍。高誘曰：在兩旁反出爲倍。《魏書天象志》作佩。穴者，《晉志》：璚者如帶，璚在四方。按眂祲注：鑴謂日旁氣刺日也，讀爲觿。如淳注作鐍，義與鄭同，是一字而傳寫誤也。呂氏作儒。高誘曰：在上反出爲儒。《淮南覽冥》作鐍。高誘云：外向爲鐍。抱者，《晉志》：日旁如半環向日爲抱。敵在一旁，順抱擊者勝。珥者，《晉志》：在日左右爲珥。黃白者有喜，在日西，西軍戰勝；在日東，東軍戰勝。眂祲注云：監冠珥也。青赤氣抱在日上外者爲冠。高誘曰：在上內向爲冠，兩旁內向爲珥。虹者，《晉志》：一虹二虹貫抱至日，順虹擊者勝。眂祲注云：隮，虹也。沈約《郊居賦》雌霓連蜷愁人，讀作平聲，是輕量人未見。如淳讀曰齧也。

【略】

又 日暈厚薄

《隋志》：天氣下降，地氣上升，厚則日紫，薄則日赤。若于夜，則月白皆將雨也。或天氣未降，地氣上升，厚則日黃，薄則日白。若于夜，則月赤將旱且風，亦爲日月暈之候。日暈周帀，東北偏厚，厚爲軍福，在東北戰勝，西南戰敗。

周人甲《管蠡匯占》卷一

日圖説

日中王字　君臣有道則日含王字。

日有重光　日有重光，外一重色赤也。有封禪之慶，則見重光。

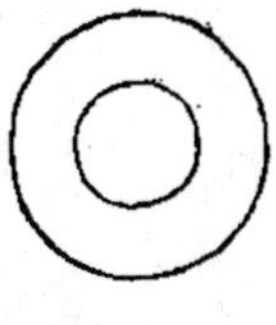

【略】

一珥　青赤圓而小者爲珥。一珥爲喜，兩軍相當，欲和解。

兩珥　氣圓而小，在日之左右，主君壽者。珥常扶日，民不失天常。

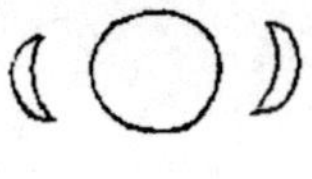

三珥　三珥色黃，女后有喜；白，喪；赤，主兵。

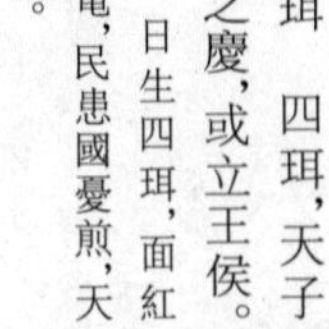

四珥　四珥，天子有子孫之慶，或立王侯。又歌曰：日生四珥，面紅黃，暈如雹，民患國憂煎，天災及征戰。

【略】

暈兩半相向　日暈兩半相向，天下大風。又曰夷狄欲反，入國。

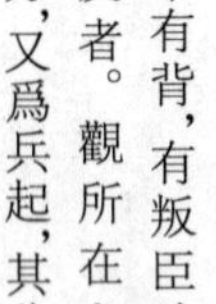

日暈有背　日暈有背，有叛臣欲反者。觀所在之方，又爲兵起，其分失地。

半暈再重　半暈再重，國民蕃息，昧志歲大稔。

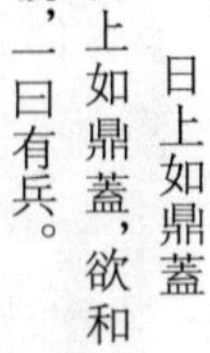

日上如鼎蓋　日上如鼎蓋，欲和親，一曰有兵。

重暈　日暈兩重，蝗災，或赤色，禍在其君。三重，諸侯立，主天下兵飢。四重，兵威在野，相亡主崩。五重，女主喪，年飢，有兵。六重，兵喪。七重，更主。八重，夷狄侵邊。九重，天下大荒。十重，天下亡。

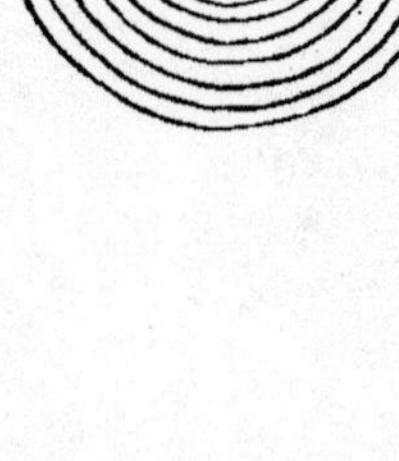

日暈有璚　日暈有璚，裂土而立王。

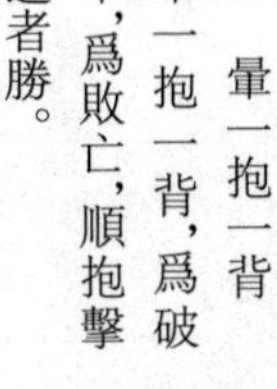

暈一抱一背　暈一抱一背，爲破軍，爲敗亡，順抱擊逆者勝。

又　月圖説

重暈　月暈再重，大風有兵。暈三重，天下受兵。若有赤雲貫之，其下亡地。四重，有死王亡國之懲。五重，女后憂。六重，政教失。七重，易主。八重，亡國。九重，兵起流血。十重，更元。

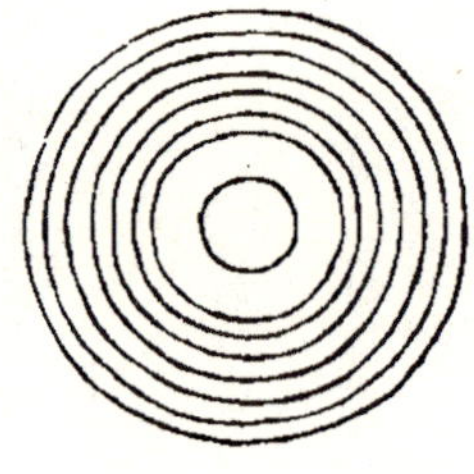

白雲貫月　白雲貫月，臣亂干主。白虹貫月，大兵將起，軍戰在野，人有陰謀。

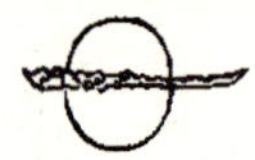

日月俱暈　日月俱暈，戰兵不合，謂晝則日暈，夜則月有暈也。

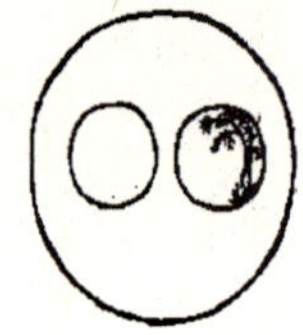

虹蜺貫暈　月暈，虹蜺貫暈置至月者，破軍殺將。

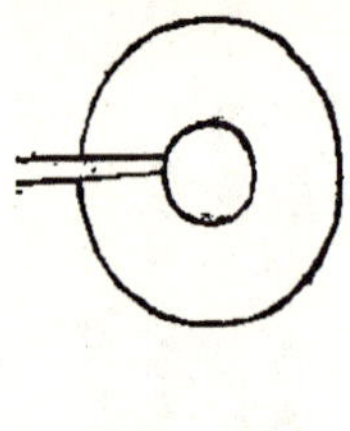

雲氣貫月　雲來貫暈左右，吏死。《宋志》：暈而有雲橫貫之，先起兵者勝。

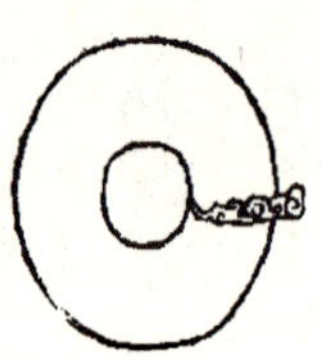

暈內外白雲　月暈而白氣從外入，拔城得將。暈而白氣從中出，圍城自殃。

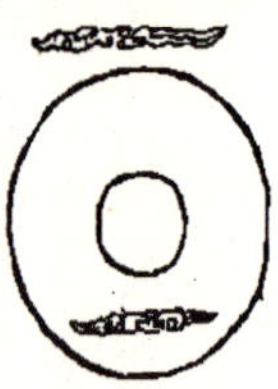

背氣　暈有背氣，所臨者敗。

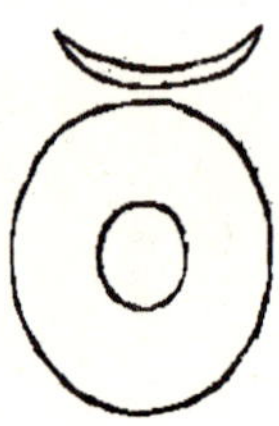

劉嶽雲《格物中法》卷三《火部》　火

日月星漢彗孛飛流屬

日之有暈，有珥，何也？曰：此水氣也。凡氣之升皆有水性，而水氣既微則爲風所乾，水氣既重則鬱爲雲雨。惟水氣在濃淡之間，則相映生光，其爲氤氳一片，則四面受光，故生圓暈。若自地平起，則爲雙珥；或邊重，邊輕，則爲單珥。若水氣稍濃，又不成雲，則珥外生珥，暈外生暈，皆是幻相，故凡見此，不出數日，必有雨徵。《造化究源》。

汪宗沂《雲氣占候》下篇　日暈之氣，占察其旁。五色雲物，辨於保章。黑水黄豐，赤爲兵荒。青爲蟲蝗，白則有喪。更有十煇，類求妖祥。《周官注》。祲爲侵氣，赤黑微青。軍有削弱，吏士相淩。《虎鈐經》。象如赤烏，附日成狀。枯樹青衣，皆爲旺相。《虎鈐經》。赤烏夾日，災占民上。《左傳》。鐫爲佩觿，刺日光輝。忌見十字，理驗若斯。《望江南》。芒宜外刺，紐或雙垂。赤雲貫日，上下乖違。《乙巳占》。監爲抱珥，外軍凶死。《陰經》。抱而向上，主將有喜。《虎鈐經》。從抱擊之，其勝宜爾。《乙巳占》。未入兩竿，日光晦蒙。大將必隕，不出月中。《占經》。晝盲宵見，其象皆凶。《呂氏春秋》。日旁氣黑，大將反覆。得雨除災，聚雲兵黷。《乙巳占》。日久無光，是爲瞢蔽。此時將兵，勿假權勢。《虎鈐經》。日中黑子，下權上替。《乙巳占》。黑雲貫日，占主淫佚。《心略火攻》。日出不光，或主大喪。晝瞑不止，年内大水。《呂氏春秋》《晉志》。陰氣竟天，其勢彌縫。《六經天文編》。日暈不闕，驟雨冥濛。《望江南》。白虹彌天，軍敗無功。《周官注》。雲有次敘，正在日上，五色文成，破軍殺將。《虎鈐經》。隮謂虹霓，貫日之中，客兵遇之，城不可攻。《陰經》。虹貫兵喪，以赦禳凶。《乙巳占》。想有形似，赤鐘灰蛇，將軍力戰，血染黄沙。《占經》。赤氣隨日，軍行有憂。若隨日没，告急書投。《乙巳占》。凡此十占，俱儀古式。兩軍相當，日暈可測。暈等力鈞，薄短有失。厚而長大，用兵必克。《天官書》。日暈不合，圍城不得。《望江南》。日暈制勝，一月爲期，遠期兩月，日宿加時。《天官書》。青外赤中，和解分明。《天官書》。青從暈起，内軍勝矣。《乙巳占》。雲氣入暈，隨擊得勝。有暈有抱，所臨必定。日暈四缺，外軍覆滅。日暈多重，四宇災凶。日暈七日，不可即戎。暈而反背，爲臣不忠。《乙巳占》。黄人守日，客降主吉。《孝經緯》。黄氣三重，得地福承。《晉志》。日有黄抱，得地永保。《御覽》引三國孫吴之《瑞應圖》。日赤無光，其國不昌。日忽變色，當損侯王。赤覆日光，大旱飢荒。《乙巳占》。日出赤雲，彌天火殃。《心略火攻》。三黑貫日，刺客當防。《兵書》。

月暈之氣，如三白杵，將士夷傷，死亡滿路。月旁黑雲，如羣羊豕，如鴉如鵲，外方兵起。《占經》引京氏《易傳》。覆月血光，千里飢荒。《占經》。月暈犯房，四輔遭殃。《天官書》。青雲入月，五穀價昂。宋《御覽》引《河圖緯》。月旁氣盛，戒勿攻城。守城喜氣，暈繞黄明。《虎鈐經》。蒼白色暈，繞月失郡。《兵鏡》。或有黑雲，捧月下垂，頹垣攀堞，三日爲期。《入門》。赤雲貫月，三重國滅。《兵鏡》。赤如人頭，大戰不休。月暈兩重，年歲飢凶。《河圖緯》。月暈有耳，火災冥起。五色衝月，將兵力竭。月無桂影，主敗客勝。《望江南》。抱爲和親，背爲乖違。兩軍相當，勝負察知。《晉志》。月帶四彗，密防姦謀，侵害主將。客兵久留，黄虹貫月，四境不静。得雨不占，不雨亦應。《虎鈐經》。終年不暈，天下安平。黄雲四合，女謁貴榮。《春秋緯》。

紀事

范曄撰　司馬彪撰志　劉昭補并注《後漢書》卷二八《五行志第十八・五行六》　光武建武七年四月丙寅，日有暈抱，白虹貫暈，在畢八度。《古今注》曰：時日加卯，西面東面有抱，須臾成暈，中有兩鈎，在南北面；有白虹貫暈，在西北南面，有背在景，加巳皆解也。畢爲邊兵。秋，隗囂反，侵安定。《皇德傳史》曰：白虹貫，下破軍，晉分也。《古今注》曰：章帝建初元年正月壬申，白虹貫日。五年七月甲寅夜，白虹出乙丑地西北曲入。七年四月丙寅，日加卯，西面有抱，須臾成暈，有白虹貫日。殤帝延平元年六月丁未，日暈，上有半暈，暈中外有僑，背兩珥。十二月丙寅，日暈再重，中有背僑。順帝永建二年正月戊午，白虹貫日。三年正月丁酉，日有白虹貫交暈中。六年正月丁卯，日暈兩珥，白虹貫珥中。永和六年正月己卯，暈兩珥，中赤外青，白虹貫暈中。案《郎顗傳》，陽嘉二年正月乙卯，白虹貫日。又《唐檀傳》，永建五年，白虹貫日，檀上便宜三事，陳其咎徵。《春秋元命苞》曰：陰陽之氣，聚爲雲氣，立爲虹蜺，離爲倍僑，分爲抱珥。《考異郵》曰：臣謀反，偏刺日。《巫咸占》曰：臣不知則日月僑。如淳曰：蝃蝀謂之虹，雌謂之蜺。向外曰倍，刺日曰僑，在旁如半環向日曰抱，在傍直對曰珥。孟康曰：僑如僑也。宋均曰：黄氣抱日，輔臣納忠。

靈帝時，日數出東方，正赤如血，無光，高二丈餘乃有景。且入西方，去地二丈，亦如之。《京房占》曰：國有佞讒，朝有殘臣，則日不光，闇冥不明。孟康曰：日月無光曰薄。其占曰，事天不謹，則日月赤。是時日出入去地二三丈，皆赤如血者數矣。《春秋感精符》曰：日無光，主勢奪，羣臣以讒術。色赤如炭，以急見伐，又兵馬發。《禮斗威儀》曰：日月赤，君喜怒無常，輕殺不辜，戮於無罪，不事天地，忽於鬼神，時則大雨，土風常起，日蝕無光，地動雷降。其時不救，兵從外來，爲賊戮而不葬。《京房占》曰：日無故日夕無光，天下變枯，社稷移主。

光和四年二月己巳，黄氣抱日，黄白珥在其表。《春秋感精符》曰：日朝珥則有喪孽。又云：日已出，若其入，而雲皆赤黄，名曰日空，不出三年，必有移民而去者也。

中平四年三月丙申，黑氣大如瓜，在日中。《春秋感精符》曰：日黑則水淫溢。五年正月，日色赤黄，中有黑氣如飛鵲，數月乃銷。六年二月乙未，白虹貫日。《春秋感精符》曰：虹貫日，天下悉極，文法大擾，百官殘賊，酷法横殺，下多相告，刑用及族，世多深刻，獄多怨宿，吏皆慘毒。又曰：國多死孽，天子命絶，大臣爲禍，主將見殺。《星占》曰：虹蜺主内淫，土精，填星之變。《易讖》曰：聰明蔽塞，政在臣下，婚戚干朝，君不覺悟，虹蜺貫日。

獻帝初平元年二月壬辰，白虹貫日。《袁山松書》曰：三年十月丁卯，日有重兩倍。《吴書》載韓馥與袁術書曰：凶出於代郡。

桓帝永壽三年十二月壬戌，月蝕非其月。《古今注》曰：光武建武八年三月庚子夜，月暈五重，紫微青黄似虹，有黑氣如雲，月星不見，丙夜乃解。中元元年十一月甲辰，日中星齒，往往出入。

延熹八年正月辛巳，月蝕非其月。《袁山松書》曰：興平二年十二月，月在太微端門中，重暈二珥，兩白氣廣八九寸，貫月東西南北。

贊曰：皇極惟建，五事克端。罰咎入沴，逆亂浸干。火下水騰，木弱金酸。妖豈或妄，氣炎以觀。

沈約《宋書》卷三四《志第二十四・五行五》　晉惠帝光熙元年五月癸巳，日散光流如血，所照皆赤。甲午又如之。占曰：君道失明。

晉孝懷帝永嘉元年十一月乙亥，黄黑氣掩日，所炤皆黄。案《河圖占》曰：日薄也。其説曰：凡日蝕皆於晦朔，有不於晦朔者，爲日薄。雖非日月同宿，時陰氣盛，掩薄日光也。占類蝕。永嘉二年二月癸卯，白虹貫日，青黄暈五重。占曰：白虹貫日，近臣不亂則諸侯有兵破亡，其地明年司馬越殺，繆播等暴蔑人主。五年胡破京都，帝遂見虜。一説王者有兵圍之象。永嘉五年三月庚申，日散光如血下流，所照皆赤。日中有若飛鷰者。

晉愍帝建武元年正月庚子，白虹彌天，三日並照，日有重暈，左右兩珥。占曰：白虹，兵氣也。三四五六日俱出並争，天下兵作，王立亦如其數。又曰：三日並出，不過三旬，諸侯争爲帝。

【略】

晉海西公太和四年四月戊辰，日暈厚密，白虹貫日中。太和六年三月辛未，白虹貫日，日暈五重。十一月桓温廢帝。張重華在涼州，日暴赤如火，中有三足烏，形見分明，數旦乃止。

晉安帝元興元年二月甲子，日暈，白虹貫日。明年桓玄簒位。

晉安帝義熙元年五月庚午，日有米珥。義熙十一年，日在東井，有白虹十餘丈，在南干日。依司馬彪説，則災在分野，羌亡之象也。

晉恭帝元熙二年正月壬辰，日暈，東西有直珥，各一丈，白氣貫之交匝。

【略】

元徽五年三月庚寅，日暈五重，又重生二直、一抱、一背。

文帝元嘉中，有兩白虹見宣陽門外。

後廢帝元徽二年八月壬子，夜白虹見。元徽四年正月己酉，白虹貫日。

順帝昇明元年九月乙未，夜白虹見東方。

蕭子顯《南齊書》卷一二《志第四・天文上》

日光色

建元四年十一月午時，日色赤黄無光，至暮，在箕宿。二年閏正月乙酉，日黄赤無光，至暮。

永明五年十一月丁亥，日出高三竿，朱色赤黄，日暈，虹抱珥直背。

建元元年十二月未時，日暈，帀，黄白色，至申乃消散。

永明二年正月丁酉，日交暈再重。三年二月丁卯，日有半暈，暈上生一珥。四年五月丙午，日暈再重，仍白虹貫日，在東井度。六年三月甲申，日於蘭雲中薄半暈，須臾過帀，日東南暈外有一直，竝黄色。壬辰，日暈，須臾，日西北生虹貫日中。八年十一月己亥，日半暈，南面不帀，日東西帶暈，各生珥，長三尺，白色，珥各長十丈許，正衝日，久久消散，背因成重暈，竝青絳色。九年正月甲午，日半暈，南面不帀，北帶暈生一抱，東西各生一珥，抱北又有半暈，抱珥竝黄色，北又生白虹貫日，久久消散。

建元元年六月甲申，日南北兩珥，西有抱，黄白色。

永明二年十一月辛巳，日東北有一背。三年十一月庚寅，日西北有一背。四年正月辛巳，日南北各生一珥，又生一背。十二月辛未，日西北生一直，黄白色。戊寅，日北生一背，青絳色。五年八月己卯，日東南生一珥，竝青絳色。六年二月丁巳，日東北生黄色，北有一珥，黄赤色久久竝散。庚申，日西有一背，赤青色。東西生一直，南北各生一珥，竝黄白色。七年十月癸未，日東北生一背，青赤色，須臾消。八年六月戊寅，日於蒼白雲中南北各生一珥，青黄絳雜色，澤潤，竝長三尺許，至己午消。

隆昌元年正月壬戌，日于蘭雲中暈，南北帶暈各生一直，同長一丈，須臾消。

永元元年十二月乙酉，日中有三黑子。

又　月暈犯

建元四年十月庚寅，月暈五車及參頭。

永明元年正月壬辰，是日至十五日，月三暈太微及熒惑。三月庚申至十三日，月三暈太微及熒惑。五年二月乙未，自九日至是日，月三暈太微。六年二月壬戌甲夜、十三日甲夜、十五日甲夜，月竝暈太微。

魏收《魏書》卷一〇五之一《志第一・天象一之一》

承明元年三月辛卯，日暈五重，有二珥。

太和元年冬十月辛亥朔，日有蝕之。

二年正月辛亥，日暈，東西有珥。二月乙酉晦，日有蝕之。占曰：有欲反者，近三月，遠三年。四年正月癸卯，洮陽羌叛，枹罕鎮將討平之。九月乙巳朔，日有蝕之。占曰：東邦發兵。四年十月丁未，蘭陵民桓富殺其縣令，與昌慮桓和北連太山羣盜張和顔等，聚黨保五固，推司馬朗之爲主，詔淮陽王尉元等討之。

三年春正月癸丑，日暈，東西有珥，有佩戟一重，北有偃戟四重，後有白氣貫日珥，狀如車輪。京師不見，雍州以聞。三月癸卯朔，日有蝕之。占曰：大臣誅。四月，雍州刺史宜都王目辰有罪，賜死。

四年五月辛酉，日東西有珥，北有佩，日暈貫兩珥。

五年正月庚辰，日暈，東西有珥，南北並白氣，長一丈，廣二尺許，北有連環暈。又貫珥內，復有直氣，長三丈許，內黄，中青，外白。暈乍成，散乃滅。

【略】

延昌元年二月甲戌至于辛巳，日初出及將没，赤白無光明。五月己未晦，日十五分蝕九。占曰：大旱，民流千里。二年春，京師民饑，死者數萬口。二年閏月辛亥，日中有黑氣。占曰：内有逆謀。三年十一月丁巳，幽州沙門劉僧紹聚衆反，自號淨居國明法王，州郡捕斬之。五月甲寅朔，日有蝕之，京師不見，恒州以聞。三年三月庚申，日交暈，其色内赤黄，外青白；南北有佩，可長二丈許，内赤黄，外青白；西有白暈貫日。又日東有一抱，長二丈許，内赤黄外青。

【略】

孝昌元年十二月丙戌，白虹刺日不過，虹中有一背。占曰：有臣背其主，一曰有反城。二年九月己卯，東豫州刺史元慶和據城南叛。

三年十一月戊寅辰時，日暈，東面不合，其色內赤外黃；東西有珥，內赤外黃；西北去暈一尺餘，有一背，長二丈餘，廣三尺許，內赤外黃。

莊帝永安二年三月甲戌未時，日暈三重，內黃赤，外青白，暈東西兩處不合，其狀如抱。五月辛酉，日暈，東西兩處不合。辛未申時，日南有珥；去一尺餘，有一背，長三丈許，廣五尺餘，內赤外青。七月丙寅，直東去日三尺許有一背，長二丈餘，內赤外青。半食頃，從北頭漸滅至半，須臾還如初見，內赤外青，其色分炳。十月己酉朔，日從地下蝕出，十五分蝕七，虧從西南角起。占曰：西夷欲殺，後有大兵，必西行。三年四月丁卯，雍州刺史尒朱天光討擒万俟醜奴、蕭寶夤於安定，送京師斬之。三年五月戊戌辰時，日暈帀，內赤外白，暈內有兩珥；西有白虹貫日，東北有一背，內赤外青，南有一背，內赤外青；東有一抱，內青外赤。京師不見，青州表聞。六月辛丑，日暈，白虹貫日。

前廢帝普泰元年三月丁亥，日月並赤赭色，天地溷濁。六月己亥朔，日蝕從西南角起，雲陰不見，定相二州表聞。占曰：主弱，小人持政。時尒朱世隆兄弟專擅威福。

後廢帝中興二年二月辛丑辰時，日暈，東西不合，其色內赤外青；南北有珥；西北去暈一尺餘有一背，長二丈許，可廣三尺，內赤外青。十一月，日暈再重；上有背，長三丈餘，內青外赤。

出帝太昌元年五月，日暈再重；上有兩背，一尺許。癸丑午時，日南有珥，去日一尺餘有一背，長三丈許，廣五尺，內赤外青。

【略】

武定三年冬十一月壬申，日暈兩重，東南角不合；西南、東北有珥；西北有兩重背；東北、西北有白氣，并有兩珥；中間有一白氣，東西橫至珥。十二月乙酉，竟天微有白雲，日暈，東南角不合；西南、東北有珥；西北有一背，去日一尺。

房玄齡等《晉書》卷一二《志第二·天文中》 日蝕

二年正月戊申，白虹貫日。二月癸卯，白虹貫日，青黃暈五重。占曰：白虹貫日，近臣爲亂，不則諸侯有反者。暈五重，有國者受其祥，天下有兵，破亡其地。明年，司馬越暴蔑人主。五年，劉聰破京都，帝蒙塵于寇庭。五年三月庚申，日散光，如血下流，所照皆赤。日中有若飛鷰者。

愍帝建興二年正月辛未庚時，日隕于地。又有三日相承，出於西方而東行。五年正月庚子，三日竝照，虹蜺彌天。日有重暈，左右兩珥。占曰：白虹，兵氣也。三四五六日俱出竝争，天下兵作，丁巳亦如其數。又曰：三日竝出，不過三旬，諸侯争爲帝。日重暈，天下有立王。暈而珥，天下有立侯。故陳卓曰：當有大慶，天下其三分乎。三月而江東改元爲建武，劉聰李雄亦跨曹劉疆宇，於是兵連累葉。

元帝太興元年十一月乙卯，日夜出，高三丈，中有赤青珥。

歐陽修等《新唐書》卷三二《志第二十二·天文志》

日變

貞觀初，突厥有五日竝照。二十三年三月，日赤無光。李淳風曰：日變色，有軍急。又曰：其君無德，其臣亂國。濮陽復曰：日無光，主病。

咸亨元年二月壬子，日赤無光。

癸丑，四方濛濛，日有濁氣，色赤如赭。

上元二年三月丁未，日赤如赭。

永淳元年三月，日赤如赭。

文明元年二月辛巳，日赤如赭。

長安四年正月壬子，日赤如赭。

景龍二年二月庚申，日色紫赤，無光。

開元十四年十二月己未，日赤如赭。二十九年三月丙午，風霾，日無光，近晝昏也。占爲上刑急，人不樂生。

天寶三載正月庚戌，日暈五重。占曰：是謂棄光，天下有兵。

肅宗上元二年二月乙酉，白虹貫日。

大曆二年七月丙寅，日旁有青赤氣，長四丈餘。壬申，日上有赤氣，長二丈。九月乙亥至于辛丑，日旁有青赤氣。三年正月丁巳，日有黃冠，青赤珥。辛丑亦如之。

凡氣長而立者爲直，橫者爲格，立于日上者爲冠。直爲有自立者，格爲戰鬬。又曰：赤氣在日上，君有佞臣。黃爲土功，青赤爲憂。

貞元二年閏五月壬戌，日有黑暈。六年正月甲子，日赤如血。十年三月乙亥，黃霧四塞，日無光。

元和二年十月壬午，日傍有黑氣如人形跪，手捧盤向日，盤中氣如人頭。四年閏三月，日傍有物如日。五年四月辛未，白虹貫日。十年正月辛卯，日外有物如烏。十一年正月己卯，日紫赤無光。

長慶元年六月己丑，白虹貫日。三年二月庚戌，白虹貫日。

寶曆元年六月甲戌，赤虹貫日。九月甲申，日赤無光。二年三月甲午，日中有黑氣如杯。辛亥，日中有黑子。四月甲寅，白虹貫日。

太和二年二月癸亥，日無光，白霧晝昏。十二月癸亥，有黑祲與日如鬬。五年二月辛丑，白虹貫日。六年三月，有黑祲與日如鬬。庚戌，日中有黑子。四月乙丑，黑氣蔽日。七年正月庚戌，白虹貫日。八年七月甲戌，白虹貫日，日有交暈。十月壬寅，白虹貫日，東西際天上有背玦。九年二月辛卯，日月赤如血。壬辰亦如之。

開成元年正月辛丑朔，白虹貫日。二月己丑亦如之。二年十一月辛巳，日中有黑子大如雞卵，日赤如赭，晝昏至于癸未。五年正月己丑，日暈，白虹在東，如玉環貫珥。二月丙辰，日有重暈，有赤氣夾日。十二月癸卯朔，日旁有黑氣來觸。

會昌元年十一月庚戌，日中有黑子。四年正月戊申，日無光。二月己巳，白虹貫日，如玉環。

大中十三年四月甲午，日暗無光。

咸通六年正月，白虹貫日，中有黑氣如雞卵。七年十二月癸酉，白氣貫日，日有重暈。甲戌亦如之。白氣，兵象也。十四年二月癸卯，白虹貫日。

乾符元年，日中有黑子。二年，日中有若飛鵲者。六年十一月丙辰朔，有兩日並出而鬬，三日乃不見。鬬者，離而復合也。

廣明元年，日暈如虹，黃氣蔽日無光。日不可以二。虹，百殃之本也。

中和三年三月丙午，日有青黃暈。四月丙辰，亦如之。丁巳、戊午，又如之。

光啓三年十一月己亥，下晡，日上有黑氣。四年二月己丑，日赤如血。庚寅，改元文德。是日，風，日赤無光。

景福元年五月，日色散如黃金。光化三年冬，日有虹蜺背璚彌旬，日有赤氣，自東北至于東南。

天復元年十月，日色散如黃金。十一月，又如之。三年二月丁丑，日有赤氣，自東北至于東南。

天祐元年二月丙寅，日中見北斗，其占重。十一月癸酉，日中，日有黃暈，旁有青赤氣二。二年正月甲申，日有黃白暈，暈上有青赤背。乙酉亦如之，暈中生白虹；漸東，長百餘丈。二月己巳，日有黃白暈如半環，有蒼黑雲夾日，長各六尺餘，既而雲變，狀如人如馬，乃消。舊占：背者，叛背之象。日暈有虹者爲大戰，半暈者相有謀。蒼黑，祲祥也。夾日者，賊臣制君之象。變而如人者爲叛臣；如馬者爲兵。三年正月辛未，日有黃白暈，上有青赤背。二月癸巳，日有黃白暈，如半環，有青赤背。庚戌，日有黃白暈，青赤背。

月變

貞觀初，突厥有三月並見。

儀鳳二年正月甲子朔，月見西方，是謂朓。朓則侯王其舒。

武太后時，月過望不虧者二。

天寶三載正月庚戌，日有紅氣如垂帶。

肅宗元年建子月癸巳乙夜，月掩昴而暈，色白，有白氣自北貫之。昴，胡也。白氣，兵喪。建辰月丙戌，月有黃白冠，連暈，圍東井、五諸侯、兩河及輿鬼。東井，京師分也。

大曆十年九月戊申，月暈熒惑、畢、昴、參、東及五車，暈中有黑氣，乍合乍散。十二月丙子，月出東方，上有白氣十餘道，如匹練，貫五車及畢、觜觿、參、東井、輿鬼、柳、軒轅，中夜散去。占曰：女主凶。白氣爲兵喪，五車主庫兵，軒轅爲後宮，其宿則晉分及京師也。

元和十一年己未旦，日已出，有虹貫月于營室。

開成四年閏正月甲申朔，乙酉，月在營室，正偃魄質成，早也。占爲臣下專恣之象。五年正月戊寅朔，甲申，月昏而中，未弦而中，早也。占同上。

景福二年十一月，有白氣如環，貫月，穿北斗，連太微。

天復二年十二月甲申，夜月有三暈，裏白，中赤、黃，外緑。

天祐三年二月丙申，月暈熒惑。

馬端臨《文獻通考》卷二八四《象緯考七》

日變日煇　日暈

《春秋》魯哀公六年，有雲如衆赤鳥，夾日以飛三日。楚子使問諸周太史，周太史曰：「其當王身乎。日爲人君，妖氣守之，故以爲當王身。雲在楚上，惟楚見之，故禍不及他國。若禜之，禜，禳祭也。可移於令尹、司馬。」王曰：「除腹心之疾，而置之股肱，何益？不穀不有大過，天其夭諸？有罪受罰，又焉移之。」遂弗禜。

漢武帝建元二年四月戊申，有如日夜出。

元帝永光元年四月，日色青白，亡景。韋昭曰：下無景也。無景，惟質見耳。正中時，有景無光。韋昭曰：無光耀也。是夏寒，至九月乃有光。京房《易傳》曰：「美不上人，兹謂上弱，厥異日白，七日不溫。順無所制，兹謂弱，孟康曰：君順從於臣下，無所能制。日白六十日，物無霜而死。天子親伐，兹謂不知，日白，體動而寒。弱而有任，兹謂不亡。日白不溫，明不動。辟譽公行，兹謂不伸。孟康曰：辟，君也。有過而公行也。厥異日黑，大風起，天無雲，日光晻。師古曰：晻與暗同也。不難上政，兹謂見過，日黑居仄，大如彈丸。」

成帝河平元年正月壬寅朔，日月俱在營室，時日出赤。二月癸未，日朝赤，且入又赤，夜月赤。甲申，日出赤如血，亡光，漏上四刻半，乃頗有光，燭地赤黄，食後乃復。京房《易傳》曰：「辟不聞道，兹謂亡，厥異日赤。」三月乙未，日出黄，有黑氣大如錢，居日中央。京房《易傳》曰：「祭天不順，兹謂逆。厥異日赤，其中黑。聞善不予，兹謂失知，厥異日黄。」夫大人者，與天地合其德，日月合其明。故聖王在上，總命羣賢，以亮天功，則日之光明，五色備具，燭耀亡主；有則爲異，應行而變也。色不虛改，形不虛毁。觀日之五變，足以監矣。

【略】

光武建武七年四月丙寅，日有暈抱，白虹貫暈，在畢八度。《古今注》曰：時日加卯，西向東面有抱，須臾成暈，中有兩鈎，在南北有白虹貫暈，在西北南面有背在景，加巳皆解也。畢爲邊兵。秋，隗囂反，侵安定。

章帝建初元年正月壬申，白虹貫日。《皇德傳史》曰：白虹貫，下破軍，晉分也。五年七月甲寅夜，白虹出。七年四月甲寅，日加卯，西面有抱，須臾成暈，有白虹貫日。

殤帝延平元年六月丁未，日暈，上有半暈，暈中外有璚、背、兩珥。十二月丙寅，日暈再重，中有背、璚。

順帝永建二年正月戊午，白虹貫日。三年正月丁酉，日有白虹貫，交暈中。六年正月丁卯，日暈兩珥，白虹貫珥中。

永和六年正月己卯，暈兩珥，中赤外青，白虹貫暈中。《春秋元命包》曰：陰陽之氣，聚爲雲氣，立爲虹蜺，離爲背璚，分爲抱珥。《考異郵》曰：臣謀反，偏刺日。《巫咸占》曰：臣不知則日月璚。如淳曰：蝃蝀謂之虹，雌謂之蜺，向外曰背，刺日曰璚，在旁如半鐶向日曰抱，在畔直對曰珥。孟康曰：璚如璚也。宋均曰：黄氣抱日，輔臣納忠。

靈帝時，日數出東方，正赤如血，無光，高二丈餘乃有景。且入西方，去地二丈亦如之。《京房占》曰：國有佞讒，朝有殘臣，則日不光，暗冥不明。孟康曰：日月無光曰薄。其占曰：事天不謹，則日月赤。是時，月出入去地二三丈，皆赤如血者數矣。《春秋感精符》曰：日無光，主勢奪，羣臣以讒術。色赤如炭，以急見伐，久兵馬廢。《禮斗威儀》曰：日月赤，君喜怒無常，輕殺不辜，戮於無罪，不事天地，忽於鬼神。時則天雨土，風常起，日食無光，地動雷降。其時不救，兵從外來，爲賊殘而不葬。《京房占》曰：日無故日夕無光，天下變枯，社稷移亡。光和四年二月己巳，黄氣抱日，黄白珥在其表。《春秋感精符》曰：日朝珥則有喪孽。又云：日已出，若其入，而雲皆赤黄，名曰日空，不出三年，必有移民而去者也。中平四年三月丙申，黑氣大如瓜在日中。《春秋感精符》曰：日黑則水淫溢。五年正月，日色赤黄，中有黑氣如飛鵲，數月乃銷。六年二月乙未，白虹貫日。《春秋感精符》曰：虹貫日，天下悉極，文法大擾，百姓殘賊，酷法横殺，下多相告，刑用及族，世多深刻，獄多怨宿，吏皆慘毒。又曰：國多死孽，天子命絶，大臣爲禍，王將見殺。《星占》曰：虹蜺主内掘，土精填星之變。《易讖》曰：聰明蔽塞，政在臣下，婚戚干朝，君不覺悟，虹蜺貫日。

獻帝初平元年二月壬辰，白虹貫日。《袁山松書》曰：三年十月丁卯，日有重兩倍。《吴書》載韓馥與袁術書曰：凶出於代郡。

晉武帝泰始元年七月甲寅，日暈再重，白虹貫之。太康元年正月己丑朔，五色氣貫日，自卯至酉。占曰：君道失明，丑爲斗、牛，主吴、越。是時孫皓淫暴，四月降。

惠帝元康元年十一月甲申，日暈再重，青赤有光。九年正月，日中有若飛鷰者，數日乃銷，王隱以爲愍懷廢死之徵。永康元年正月癸亥朔，日暈三重。十月乙未，日闇，黄霧四塞。占曰：不及三年，下有拔城大戰。十二月庚戌，日中有黑氣。京房《易傳》曰：「祭天不順兹謂逆，厥異日中有黑氣。」永寧元年九月甲申，日中有黑子。京房《易傳》占：「黑者陰也，臣不掩君惡，令下見，百姓惡君，則有此變。」又曰：「臣有蔽主明者。」泰安元年十一月，日中有黑氣。永興元年十一月，日中有黑氣分日。光熙元年五月壬辰、癸巳，日光四散，赤如血流，照地皆赤。甲午，又如之。占曰：「君道失明。」

懷帝永嘉元年十一月乙亥，黄黑氣掩日，所照皆黄。按《河圖占》曰「日薄也」。其説曰：「凡日食皆於晦朔，不有於晦朔者爲日薄。非日月同宿，時陰氣盛，掩日光也。」占類日蝕。二年正月戊申，白虹貫日。二月癸卯，白虹貫日，青黄暈五重。占曰：「白虹貫日，近臣爲亂，不則諸侯有反者。暈五重，有國者受其祥，天下有兵，破亡其地。」明年，司馬越暴蔑人主。五年，劉聰破京都，帝蒙塵於寇庭。五年三月庚申，日散光，如血下流，所照皆赤。日中有若飛鷰者。

愍帝建興二年正月辛未庚申，日隕於地。又有三日相承，出於西方而東行。　五年正月庚子，三日並照，虹蜺彌天。日有重暈，左右兩珥。占曰：「白虹，兵氣也。三四五六日俱出並争，天下兵作。丁巳亦如其數。」又曰：「三日並出，不過三旬，諸侯争爲帝。日重暈，天下有立王。暈而珥，天下有立侯。」故陳卓曰：「當有大慶，天下其三分乎。」三月而江東改年爲建武，劉聰、李雄亦跨曹、劉疆宇，於是兵連累葉。

元帝大興元年十一月乙卯，日夜出，高三丈，中有赤青珥。　四年二月癸亥，日鬭。三月癸未，日中有黑子。辛亥，帝親録訊囚徒。　永昌元年十月辛卯，日中有黑子。時帝寵幸劉隗，擅威福，虧傷君道，王敦因之舉兵，逼京都，禍及忠賢。

明帝太寧元年正月己卯，日暈無光。癸巳，黄霧四塞。占曰：「君道失明，陰陽昏，臣有陰謀。」京房曰：「下專刑之應。」敦既陵上，卒伏其辜。十一月丙子，白虹貫日。史官不見，桂陽太守華包以聞。

成帝咸和九年七月，白虹貫日。　咸康元年七月，白虹貫日。　二年七月，白虹貫日。自後庾氏專政，由后族而貴，蓋亦婦人擅國之義，故頻年白虹貫日。　八年正月壬申，日中有黑子，丙子乃滅。夏，帝崩。

穆帝永和八年，張重華在涼州，日暴赤如火，中有三足烏，形見分明，五日乃止。　十年十月庚辰，日中有黑子，大如雞卵。　十一年三月戊申，日中有黑子，大如桃，二枚。時天子幼弱，久不親國政。　升平三年十月丙午，日中有黑子，大如雞卵，少時而帝崩。

海西公太和三年九月戊辰夜，二虹見東方。　四年四月戊辰，日暈厚密，白虹貫日中。十月乙未，日中有黑子。　五年二月辛酉，日中有黑子，大如李。　六年三月辛未，白虹貫日，日暈五重。十一月，桓溫廢帝，即簡文咸安元年也。

簡文咸安二年十一月丁丑，日中有黑子。

孝武寧康元年十一月己酉，日中有黑子，大如李。　二年三月庚寅，日中有黑子，二枚，大如鴨子。十一月己巳，日中黑子，大如雞卵，時帝已長，而康獻皇后以從嫂臨朝，實傷君道，故日有瑕也。　太元十三年二月庚子，日中有黑子二，大如李。　十四年六月辛卯，日中又有黑子，大如李。　二十年十一月辛卯，日中又有黑子，是時會稽王以母弟干政。

安帝隆安元年十二月壬辰，日有暈，有背璚。是後不親萬機，會稽王世子元顯專行威罰。　四年十一月辛亥，日中有黑子。　元興元年二月甲子，日暈，白虹貫日中。三月庚子，白虹貫日，未幾，桓(元)[玄]剋京都，王師敗績。明年，桓(元)[玄]篡位。　義熙元年五月庚午，日有彩珥。壬辰、癸巳，日光四散，赤如流血，照地皆赤。　六年五月丙子，日暈，有璚。時盧循逼京都，内外戒嚴。七月，循走。　七年七月，五虹見東方。占曰：「天子黜。」其後劉裕代晉。　十年，日在東井，有白虹十餘丈在南干日。災在秦分，秦亡之象。

恭帝元熙二年正月壬辰，白氣貫日，東西有直、珥各一丈，白氣貫之交匝。

宋文帝元嘉四年十月辛卯，日晝昏，十日乃明。

孝武大明七年十一月，日始出四五丈，色赤如血，未没四五丈，亦如之。至八年春，凡三度，謂之日死。

齊高祖建元元年十二月未時，日暈，色黄無光，至申乃散。　二年閏月乙酉，日黄無光。　四年十一月丙子，日黄色無光。

武帝永明五年十一月丁亥，日出五竿，朱色赤黄，暈抱珥直背。

東昏侯永元元年十二月乙酉，日中有黑子三枚。

梁武帝太清元年十二月己卯，白虹貫日。　三年正月庚申，白虹貫日三重。

元帝承聖元年十一月丙子，有兩日俱見。

陳文帝天嘉七年二月庚午，日無光，烏見。占曰：「王者惡之。」其日庚午，吳、楚之分野。四月甲子，日有交暈，白虹貫之。是月癸酉，帝崩。

宣帝大建十年二月癸亥，日上有背。占曰：「其野失地，有叛兵。」甲子，吴明徹兵敗於吕梁，將卒没於周。明年，淮南地盡入於周。

後魏文成帝興安元年十一月己卯，日出赤如血。

孝文帝太和二年正月辛亥，日暈，東西兩珥。　四年正月癸丑，日暈，東西有背。　八年正月戊寅，有白氣貫日。

宣武帝景明二年八月戊辰，日赤無光，中有黑氣。　三年正月乙巳，日有黑氣。　正始二年四月甲辰，卯時暈匝，西有一背黄，南北有珥，内赤外黄，漸滅。十二月己酉，日暈，北有一抱，内赤外黄白，兩傍有珥下。　三年十月乙巳，日赤無光。　延昌元年十月甲戌至辛卯，日初出及將没，赤白無光。

孝明帝熙平元年三月丁丑，日出無光，至申時酉時。　神龜三年十月己巳，太史奏：自八月以來，黄埃掩日，日出三丈，色如赭，無光燿。　正光五年閏月乙酉，日暈，內赤外青，南北珥下有抱兩背，內赤外青。十二月丙申，日暈，南北有珥，上有抱一背。　孝昌三年五月戊戌，辰時暈匝，內赤外白，兩珥。

孝莊帝永安二年十月己酉，日從地下食出，虧從西南角起。

節閔帝普泰元年三月丁卯，日月並赤赭色，天池溷濁，十一月，日暈再重。

孝武帝大昌元年五月，日暈再重。十月辛酉朔，日從地下食出，虧從西南角起。

後周武帝保定五年正月辛卯，白虹貫日。占曰：「爲兵喪。」　天和元年二月庚午，日鬭，光遂散，日烏見。十月辛卯，黑雲貫日。　建德二年二月辛亥，白虹貫日。占曰：「臣謀君，不出三年。」又曰：「近臣爲亂。」後年，衛王直舉兵反。　六年十一月甲辰，日晡時，日中有黑子，大如杯。占曰：「君有過而臣不諫，人主惡之。」

宣帝大成元年正月丙午、癸丑日，皆有背。占曰：「臣爲逆，有反叛，邊將去之。」又曰：「卿大夫欲爲主。」其後隋公作覇，尉遲迥、王謙、司馬消難等舉兵。

静帝大象元年二月癸未，日將出入時，其中並有烏色，大如雞卵，經四日乃滅。

隋文帝開皇九年正月己巳，白虹夾日。占：「臣背主。」又「無德者亡」。是月，滅陳。　仁壽四年七月乙未，日青無光，八日乃復。占：「主勢奪。」又「日無光，有死王。」丁未，上崩。　漢王諒反，楊素討平之。皆兵喪亡國死王之應。

煬帝大業十三年十一月辛酉，日光四散如流血。占曰：「賊入宫，主以急兵見伐。」又曰：「臣逆君。」明年三月，宇文化及等弑帝，諸王及幸臣並被弑。

唐太宗貞觀初，突厥有五日並照。　二十三年三月，日赤無光。李淳風曰：「日變色，有軍急。」又曰：「其君無德，其臣亂國。」濮陽復曰：「日無光，主病。」

高宗咸亨元年二月壬子，日赤無光。癸丑，四方濛濛，日有濁氣，色赤如赭。　上元二年三月丁未，日赤如赭。　永淳元年三月，日赤如赭。　文明元年二月辛巳，日赤如赭。

武后長安四年正月壬子，日赤如赭。

中宗景龍三年二月庚申，日色紫赤無光。

(元)[玄]宗開元十四年十二月己未，日赤如赭。　二十九年三月丙午，風霾，日無光，近晝昏也。占爲上刑急，人不樂生。　天寶三載正月庚戌，日暈五重。占曰：「是謂氣光，天下有兵。」

肅宗上元二年二月乙酉，白虹貫日。

代宗大曆二年七月丙寅，日旁有青赤氣，長四丈餘。壬申，日上有赤氣長三丈。九月乙亥至於辛丑，日旁有青赤氣。　三年正月丁巳，日有黄冠，青赤珥。辛丑亦如之。凡氣，長而立者爲直，横者爲格，立於日上爲冠。直爲有自立者。格爲有戰鬭。又曰：赤氣在日上，君有佞臣。黄爲土功，青赤爲憂。

德宗貞元二年閏五月壬戌，日有黑暈。　六年正月甲子，日赤如血。　十年三月乙亥，黄霧四塞，日無光。

憲宗元和二年十月壬午，日傍有黑氣如人形跪，手捧盤向日，盤中氣如人頭。　四年閏三月，日傍有物如日。　五年四月辛未，白虹貫日。　十年正月辛卯，日外有物如烏。　十一年己卯，日紫赤無光。

穆宗長慶元年六月己丑，白虹貫日。　三年二月庚戌，白虹貫日。

敬宗寶曆元年六月甲戌，赤虹貫日。九月甲申，日赤無光。　二年三月甲午，日中黑氣如杯。辛亥，日中有黑子。四月甲寅，白虹貫日。

文宗太和二年二月癸亥，日無光，白霧昏晝。十二月癸亥，有黑祲與日鬭。　五年二月辛丑，白虹貫日。　六年三月，有黑祲與日如鬭。庚戌，日中有黑子。四月乙丑，黑氣磨日。　七年正月庚戌，白虹貫日。　八年七月甲戌，白虹貫日，日有交暈。十月壬寅，白虹貫日，東西際天，上有背玦。　九年二月辛卯，日月赤如血。壬辰，亦如之。　開成元年正月辛丑朔，白虹貫日。二月己丑，亦如之。　二年十一月辛巳，日中有黑子，大如雞卵，日赤如赭，晝昏至於癸未。　五年正月己丑，日暈，白虹在東方，如玉環貫珥。三月丙辰，日有重暈，有赤氣夾日。十二月癸卯朔，日傍有黑氣來觸。

武宗會昌元年十一月庚戌，日中有黑子。　四年正月戊申，日無光。二月己巳，白虹貫日，如玉環。

宣宗大中十三年四月甲午，日暗無光。

懿宗咸通六年正月，白虹貫日，中有黑氣，如雞卵。　七年十二月癸酉，白氣貫日，日有重暈。甲戌，亦如之。白氣，兵象也。　十四年二月癸卯，白虹貫日。

僖宗乾符元年，日中有黑子。　二年，日中有若飛鳶者。　六年十一月丙辰朔，有兩日並出而鬭，三日乃不見。鬭者，離而復合也。　廣明元年，日暈如虹，黃氣蔽日無光。日，不可以二。虹，百殃之本也。　中和三年三月丙午，日有青黃暈。四月丙辰，亦如之。丁巳、戊午，又如之。　光啟三年十一月己亥，下晡，日上有黑氣。　四年二月己丑，日赤如血。　庚寅，改元文德。是日，風，日赤無光。

昭宗景福元年五月，日色散如黃金。　光化三年冬，日有虹蜺背璚彌旬。日有赤氣，自東北至於東南。　天復元年十月，日色散如黃金。十一月又如之。　二年二月丁丑，日有赤氣，自東北至於東南。　天祐元年二月丙寅，日中見北斗。其占重。十一月癸酉，日中有黃暈，傍有青赤氣二。　二年正月甲申，日有黃白暈，暈上有青赤背。乙酉，亦如之。暈中生白虹，漸東，長百餘丈。二月己巳，日有黃白暈，如半環。有蒼黑雲夾日，長各六尺餘，既而雲變，狀如人如馬，乃消。占曰：「背者，叛背之象。日暈有虹者爲大戰，半暈者相有謀。蒼黑，祲祥也。夾日者，賊臣制君之象。變而如人者爲叛臣，如馬者爲兵。」三年正月辛未，日有白黃暈，上有青赤背。二月癸巳，日有黃白暈，如半環，有青赤背。

後唐明宗天成元年十月己丑至於庚子，日月赤而無光。　二年二月乙酉，日中有黑氣，狀如雞卵。

後晉高祖天福元年十二月己卯朔，日有白虹二。　三年三月壬子，日有白虹。

後周世宗顯德三年十一月庚午，白虹貫日。

《五代史・司天考論》曰：「五代亂世，文字不完，史官所記亦有詳畧，其日月五星之變，大者如是。日月冠珥、環暈、纓紐、負抱、戴履、背氣，十日之中常七八，其繁不可勝書，而背氣尤多。」

顯德七年正月癸卯，日既出，其下復有一日相掩，黑光磨盪久之。　時太祖北征，知星者苗訓指謂親吏楚昭輔曰：「天命也。」是日，周恭帝遜位。

宋太祖皇帝開寶七年正月丙戌，日有黑子二。

真宗景德元年十二月甲辰，日有影，如三日狀。占在危宿，幽州之野，時契丹請和。　三年九月戊申，日赤如赭。占曰：「將相憂。」明年，河陽節度、同平章事王顯卒。　四年四月甲申，日白無光。

仁宗寶元元年十二月庚申，日赤如朱，踰二刻復。　慶曆八年正月乙未，日赤無光。

神宗熙寧十年二月辛卯，日中有黑子，如李。主臣於君，不掩惡，令民見，則有此變。或王者惡之，至乙巳散。　元豐元年閏正月庚子，日中有黑子如李，至二月戊午，凡十有九日散。十二月丙午，日中有黑子亦如李，至丁巳，凡十有二日散。　二年二月甲寅，日中有黑子如李，至癸亥散。

徽宗崇寧二年五月癸卯，日淡赤無光，至申乃復。　三年十月壬辰，日中有黑子，如棗大。　政和二年四月辛卯，日中有黑子，乍二乍三，如栗大。　八年十一月辛亥，日中有黑子如李大。　宣和二年正月己未，日蒙蒙無光。　五月己酉，日中有黑子如棗大。　三年十二月辛卯，日中有黑子如李。(主)[占]：「臣蔽主明。」　四年二月癸巳，日蒙蒙無光。

高宗建炎三年三月己卯朔，日中有黑子，壬寅乃消伏。占：「臣不掩君惡。」又「臣有蔽主明者」。　紹興元年二月己卯，日中有黑子如李大，三日而伏。(主)[占]：「臣蔽主明。」　六年十月壬戌，日中有黑子如李大。占：「臣蔽主明。」　七年二月庚子，日中有黑子如李大，旬日乃消。四月戊申，日有黑子如前。　八年二月辛酉，日中有黑子，大如棗。占：「君有過而臣不諫。」十月乙亥，日有黑子。

孝宗淳熙十三年五月庚辰，日生黑子如棗大，至甲申日乃復。

光宗紹熙四年十一月辛未，日生黑子。占：「祭天不順，茲爲逆，厥異日中有黑子。黑子者，陰也，臣不掩君惡。」又曰：「臣有蔽主明者。」

寧宗慶元六年八月乙未，日內生黑子，如棗大，凡六日乃消伏。十一月乙酉，日又生黑子，如棗大，凡二十日乃伏。時侂胄用事，羣姦附和，蔽主明。　嘉泰二年十二月甲戌，日生黑子，如棗大，至丙戌消伏。　四年正月癸未，日生黑子如棗大。　開禧元年四月辛丑，亦如之。

又　日煇　日暈

建隆元年訖開寶末，凡冠氣七，珥百，抱氣七，承氣六，赤黃氣三，黃白氣三，青氣二，纓一，暈一百五十六，半暈四十五，重暈五十九，重半暈七，交暈一十八，背氣二百三十一，紐氣七，戟氣三。

太平興國元年訖至道末，凡冠氣一十八，戴氣三，抱氣一十三，珥七十七，承氣三，赤黃氣八，璚氣一，青氣二，暈五十九，半暈二十二，重暈一十二，交暈三，背氣四十四，紐氣三，戟氣一，直氣一十五。

咸平元年訖乾興末，凡重輪二十四，彗一，五色輝氣一，冠氣二百六十六，珥四十一，戴氣一百九十七，抱氣五十七，承氣一百八十四，直氣七十七，光氣黄氣九，赤黄氣四，紫氣五，赤黄交氣二，赤黄緑碧氣二，青赤氣二十一，黄白氣一，黑氣二，白氣五，纓三，戟氣一，紐氣二，背氣二百九十九，暈一千二百三十一，半暈六百五十三，重暈二十七，交暈一十三。

天聖元年訖嘉祐末，凡日黄耀有光一，輝氣一十九，龍鳳雲慶雲二，五色雲八，紫黄雲五，赤黄雲一，紫雲一，黄雲二，青黄紫暈一，暈八百五十五，周暈二十六，重暈一十六，交暈五，連環暈一，珥八百四十七，冠氣一百四十，戴氣二百五十六，承氣一百，重承氣一，抱氣一十八，負氣一，背氣一百七，格氣二，直氣五，白虹貫日四，白氣如繩貫日并暈一。

治平元年訖四年，凡五色雲八，輝氣一，暈一百二十八，周暈三，重暈十二，交暈二，珥八十九，冠氣一十一，戴氣三十九，承氣五，背氣二十三，白虹貫日一，白虹貫珥一。　治平四年訖元豐末，凡日暈一千三百五十六，周暈二百七十七，重暈七十四，交暈四十九，連環暈一，珥八百八十二，冠氣四十二，戴氣二百七十一，承氣五十，抱氣二，背氣二百四十六，直氣二，戟氣一，纓氣五，璚氣一，白虹貫日九，貫珥三，五色雲二十六。

元豐八年三月五日訖元符三年正月十二日，暈五百二十八，周暈二百五十七，重暈六十八，交暈六十七，五色氣暈一，珥五百五十六，冠氣六十一，戴氣一百五十二，承氣三十三，背氣一百七十四，直氣三，戟氣四，纓氣一，格氣五，白虹貫日一十六，貫珥一，五色雲五十二。

元符三年正月訖靖康二年四月，凡日暈九，暈戴三，半暈一，暈珥背一，半暈重背一，暈纓一，珥背三，珥十三，暈珥七，冠氣七，暈背四，戴氣六，承氣二，抱氣四，背氣一十四，五色氣暈一，直氣四，環暈戴氣三，戟氣一，履氣二，半暈履一，半暈再重一，五色雲二。

高宗建炎三年春，白虹貫日，占：「近臣爲亂。」或「諸侯叛」。　三年五月庚子，日生兩珥，占：「主民壽考。」　四年二月辛亥，白虹貫日。於是金人始退，羣盜大起。　十一月癸卯，日生背氣。　紹興元年正月壬戌，日生背氣。　二月丙辰，日暈周匝。　二年四月壬申，日生戴氣。占：「人君德至於天，則有戴氣。」戴者，德也，推戴福祐之象。次月之戊寅復然。於是宗子伯琮始育於宮中。丙申，日生背氣。占：「背叛乖逆，邪謀不成。」於是孔彦舟叛降劉豫。　三年二月乙卯，日生戴氣。丙申，生抱氣。占：「戴者，推戴福祐之象，君德至於天則有之。抱者，抱扶向就之狀，主鄰國臣庶來降，亦有子孫之喜，臣下忠誠以附其上。」四年正月壬子，日生承氣。占：「臣承君也，人主有喜。」二月，趙鼎參知政事。三月辛未，日有抱氣，色黄潤澤。占：「天子有喜，有和親來降者，不戰而降，軍罷。」六月壬辰，日暈於井，占：「秦分，有憂。」五年正月庚申，日生戴氣。占：「國有喜。」是歲，建資善堂，皇子建節封公。　六年十一月丙申，日生兩珥。七年二月辛丑，氛氣翳日。　八年二月辛巳，白虹貫日。占：「諸侯有叛。」或「歲中有喪」。　次年，皇后邢氏崩於五國城。　二十一年四月壬申，日生暈。占：「臣專政。」又云：「邊兵動，敵主死。」時秦檜在相位。　二十七年二月壬寅，白虹貫日。六月壬寅，日有直氣。　三十年四月戊辰，日生暈周匝。占：邊兵動，敵主死，或多風。其應在次年。

孝宗隆興二年六月甲子，日有戟氣，長斜倚日傍。占：戈戟相傷之象。　七月己亥，日有直氣。　乾道元年六月丁未，日生格氣。占：格鬭之象。　二年二月庚辰，日左生氣，直氣一條。　三年三月丁巳，日下暈，外生赤黄色承氣一條。　四月辛卯，日生赤黄暈周匝。　五月戊戌，日赤暈周匝，在畢。占：邊兵動。甲辰，日下暈，外生青黄色承氣。君臣相承，有喜之象。　淳熙八年三月丙申，日暈周匝。占：丙申日暈，臣不賢。日在昴，燕趙之君亡。　十三年五月己卯，日暈周匝。　十五年六月丙申，日生背氣。三月壬寅，日半暈再重。占：國民蕃息，歲大和。

光宗紹熙元年六月甲申，日生暈周匝。　二年二月壬寅，日生戴氣。　三月辛未，日生暈周匝。四月癸未，日生戴氣。七月庚申，日上暈，外生背氣。　四年二月癸亥，日暈周匝。占：臣專政。日躔奎宿，其下有兵，大人凶。　十一月辛巳，日暈外背氣。　五年四月乙卯，日暈周匝。丙午，日上暈外生背氣。

寧宗慶元元年正月丙辰，白虹貫日。占：百殃之本，衆亂之基，有兵。又曰：近臣爲亂。於是侂胄用事，時政以變，兵禍始矣。　二月辛巳，日有背氣。　四月己未，日生格氣。占：格鬭之象。　二年五月己丑，日生背氣。　嘉泰元年六月辛卯，日暈周匝。　嘉定六年四月己卯，日生赤黄暈周匝，躔在胃宿。占：后族盛。日暈胃宿，則倉庫之官凶，或穀不登。　七年二月壬申，日生赤黄暈，外生青赤黄承氣，後暈周匝。占：日有承氣，臣承君也。　十一年二月丙辰，白虹貫日。　十七年六月辛卯，日有背氣。

又　卷二八五《象緯考八》

月煇　月暈

建隆元年訖開寶末，凡珥一十九，煇氣一十三，暈二十九，重暈一，半暈一十四，交暈二，紐氣二。

太平興國元年訖至道，凡冠氣一，珥六，煇氣五，赤氣二，抱氣一，暈八，半暈二，背氣一。

咸平元年訖乾興末，凡重輪三，珥一百二十，冠氣十一，煇氣二，承氣八，抱氣三，戴氣九，赤黄氣十七，五色氣十一，赤青氣二，黄紅氣一，暈三百九十四，五色重暈二十，背氣一。

天禧四年四月乙酉，西南方兩月重見。占：大臣争權，有誅。又曰：有大水。其年秋，宰相寇準以罪貶滑州，河決京師，大雨壞廬舍。

天聖元年訖嘉祐末，月凡揚光一，光芒氣一，紅光煇氣一，五色暈氣一，暈二百五十七，周暈三十三，交暈四，連環暈一，珥七十三，冠氣五，戴氣一十三，承氣五，背氣一，白虹貫月一，黄虹貫月二。

治平元年訖四年，五色煇氣一，五色暈氣一，暈五十一，珥一十五，冠氣一，戴氣四，背氣三。治平四年訖元豐末，凡月五色煇氣十一，五色暈氣六，暈四百六十三，周暈二百四十七，交暈二，珥一百三十四，冠氣七，戴氣五十，承氣五，背氣一十，白虹貫月五，貫珥一。

元豐八年三月五日至元符三年正月十二日，凡月五色暈氣九，暈八十九，周暈三百五十一，重暈一，交暈三，珥一百三，冠氣十，戴氣二十七，背氣八，白虹貫月二，貫珥一。

元符三年正月訖靖康二年四月，凡月暈珥二，五色暈五，珥二，暈冠一，交暈一，白虹貫月一，五色暈一。

建炎四年十月己卯，月生五色暈。占：人主有後宫喜。次年，張婕妤、吴才人進封。　紹興二年二月丙子，月未當闕而闕，體如蝕，色赤黄。占：大臣黜。又曰：臣下不奉法，侵奪主勢。於是張俊專制於蜀，始議召歸。　四年六月壬午，月暈而珥。占：期六十日兵起。十一月壬申，月色無光。　五年正月戊午，月暈於東井。占：有邊兵。一曰：敵國求和。

嘉泰三年七月壬午，白虹如半暈穿貫月中。占曰：白虹貫月，大兵將起，軍戰於野。

凡日傍一珥，軍喜；二珥，民壽；三珥，后喜；四珥，立侯王及子孫喜。戴者，推德；抱者，國降；承者，臣承君喜；冠者，封建。暈珥爲忿争；半暈纓得地；直爲自立；交爲大戰；背爲背叛；戟爲兵鬬。貫刺君惡，若在月則應后妃。五色雲爲慶雲，太平之應，見則國有慶。

脱脱等《宋史》卷五二《天文志第五・天文五》

日煇氣

建隆元年迄開寶末，凡冠氣七，珥百，抱氣七，承氣六，赤黄氣三，黄白氣三，青氣二，纓一，暈一百五十六，半暈四十五，重暈五十九，重半暈七，交暈一十八，背氣二百三十一，紐氣、戟氣三。

太平興國迄至道末，凡冠氣一十八，戴氣三，抱氣一十三，珥七十七，承氣三，赤黄氣，璚氣一，青氣三，暈五十九，半暈二十三，重暈一十二，交暈三，背氣四十四，紐氣三，戟氣一，直氣一十五。

咸平元年迄乾興末，凡重輪二十四，彗一，五色氣一，冠氣二百六十六，珥四十一，戴氣一百九十七，抱氣五十七，承氣一百八十四，直氣七十七，光氣一，黄氣九，赤黄氣四，紫氣五，赤黄交氣二，赤黄緑碧氣二，青赤氣二十一，黄白氣一，黑氣二，白氣五，纓三，戟氣一，紐氣二，背氣二百九十九，暈一千二百三十一，半暈六百五十三，重暈二十七，交暈一十三。

天聖元年迄嘉祐末，凡日黄曜有光一，煇氣一十九，龍鳳雲一，慶雲二五，色雲八，紫黄雲五，赤黄雲一，紫雲二，青黄紫暈八百五十五，周暈二十六，重暈一十六，交暈五，連環暈一，珥八百四十七，冠氣一百四十，戴氣二百五十六，承氣一百，重承氣一，抱氣一十八，負氣一，背氣一百七，格氣二，直氣五百，虹貫日四，白氣如繩貫日并暈一。

治平元年迄四年，凡五色雲八，煇氣一，暈一百二十八，周暈三，重暈十二，交暈二，珥八十九，冠氣一十一，戴氣三十九，承氣五，背氣三十三，白虹貫日一，白虹貫珥一。

治平以後迄元豐末，凡日暈一千三百五十六，周暈二百七十七，重暈七十四，交暈四十九，連環暈一，珥八百八十二，冠氣四十二，戴氣二百七十一，承氣五十，抱氣二，背氣二百四十六，直氣二，戟氣一，纓氣五，璚氣一，白虹貫日九，貫珥三，五色雲二十六。

自元豐八年三月五日訖元符三年正月十二日，暈五百二十八，周暈二百五十七，重暈六十八，交暈六十七，五色氣暈二，珥五百五十六，冠氣六十一，戴氣一百五十，承氣三十三，背氣一百七十四，直氣三，戟氣四，纓氣一，格氣五，白虹貫日一十六，貫珥一，五色雲十二。

自元符三年正月訖靖康五年四月，凡日暈九，暈戴三，半暈一，暈珥背一，半暈重背一，暈纓一，珥背三，珥十三，暈珥七，冠氣七，暈背四，戴氣六，承氣二，抱氣四，背氣一十七，五色氣暈一，直氣四，環氣戴氣二，戟氣一，履氣二，半暈重履一，半暈再重一。

建炎三年春，明年二月辛丑，白虹貫日。四年十一月癸卯，日生背氣。

紹興元年正月壬戌，日生背氣。二年四月壬申五月戊寅，日皆生戴氣。閏四月丙申，日生背氣。三年二月乙卯，日生戴氣。六月甲申朔，日生背氣。四年正月壬子，日生承氣。三月壬戌，日暈於軫。甲子，又暈於婁。辛未，又暈於胃，是日，日生抱氣。五月甲戌，日生背氣。六月壬辰，日暈於井。五年正月庚申，日有戴氣。六年二月丙寅，日暈於婁。二月戊寅，日暈於張。丁亥又暈於胃。四月己亥，日生戴氣。庚子，復生，仍有承氣。十一月庚寅，日左右生珥并背氣。癸巳，日又生背氣。七年二月辛丑，氛氣翳日。八年二月辛巳，白虹貫日。二十一年閏四月壬申，日生赤黃暈周匝。二十七年二月壬寅，白虹貫日。二十八年二月戊申，日生赤黃暈周匝。二十九年正月癸酉，日連暈，上生青赤黃色戴氣，日左右生珥。三十一年四月戊辰，日生赤黃暈周匝。六月辛酉，日上暈，外生赤黃色，有背氣。七月辛卯，日上暈外生背氣。

隆興二年二月壬申，日生赤黃色暈，日左右生青赤黃珥。癸未，日生赤黃色暈周匝。三月庚戌，日生赤黃色暈周匝。六月甲子，日有戟氣。七月甲申朔，日生赤黃暈不匝，上生重暈，又生背氣及青珥。丁亥，日生重暈，上生青赤黃色背氣。癸卯，日生赤黃暈不匝，暈外生背氣，赤黃，兩頭向外曲。

乾道元年六月丁未，日暈周匝，下暈外生格氣，横在日下。二年二月庚辰，日左生赤黃色直氣，長丈餘，及半暈背氣。三年三月丁巳，日暈於婁，外生赤黃承氣。四月辛卯，日暈赤黃色周匝。五月戊戌朔，日赤黃暈周匝。甲辰，日下暈外有青赤黃承氣。六月丙子，日赤黃暈周匝。四年六月丁巳，日赤黃暈周匝。五年正月己巳，日生黃色戴氣、承氣。六年三月丁丑，日暈不匝，下生承氣。閏五月壬辰，日半暈再重，生戴氣、承氣。丁酉，日左生珥。八年六月辛丑，日暈不匝，左右生珥。壬寅，日暈周匝。丁未，日暈不匝，外生承氣，日下暈。九年二月丙子，日暈於奎。

淳熙元年三月辛丑，日暈於胃。二年七月甲辰，日生背氣。三年二月庚子，日暈不匝，外日半暈再重。四年二月戊子，日暈不匝，日上連暈生戴氣，日下暈外生承氣。五年三月癸卯、四月乙酉、六月庚辰，皆日暈周匝。十二月乙未，日生兩珥，一戴氣。六年二月癸丑，日半暈再重。六月己丑，日暈周匝。十二月辛亥，日暈外生戴氣。八年正月己酉，日生戴氣，後日左生青赤黃珥。閏三月丙申，日暈周匝。七月己卯，日半暈外生背氣。十一年正月戊申，日半暈再重。十三年五月己卯，日暈周匝。十五年二月己卯，日赤黃暈周匝。六月丙申，日上生青赤黃色背氣。十六年三月壬寅，日半暈再重。

紹熙元年五月庚辰，日半暈再重。六月甲申，日生赤黃暈周匝。二年二月壬寅，日生戴氣青赤黃色。三月辛未，日生青赤黃暈周匝。四月癸未，日生戴氣。七月庚申，日暈外(青)[生]背氣。壬戌，日有背氣。四年二月癸亥，日暈周匝。十一月辛巳，日暈外生背氣。五年四月乙卯，日暈周匝。六月丙午，日上暈外生背氣。

慶元元年正月丙辰，白虹貫日。二月辛巳，日上暈外生青赤黃背氣。四月己未，日生赤黃色格氣。二年五月己丑，日生背氣，其色青黃。

嘉泰元年六月辛卯，日暈周匝。

嘉定四年七月己卯，己初刻，日有赤黃暈不匝，至酉初後，日上暈外生青赤黃背氣。六年四月己卯，日赤黃暈周匝。七年三月壬申，日生赤黃暈，外有青赤黃承氣，後暈周匝。十一年二月丙辰，日有赤黃暈，白虹貫日。丙寅，日有戴氣。十五年二月己亥，日暈於婁，周匝，有承氣。十七年六月辛卯，日生背氣。

寶慶三年十二月己酉，日旁有氣如珥。

紹定三年二月丙申，日有背氣。四年七月己丑，日生承氣。五年三月丁酉，日生抱氣、承氣。

端平元年四月甲申，日生赤暈。六月戊子，日生赤黃暈，上下有格氣。二年六月戊寅，日有承氣。三年二月辛亥，日暈周匝。

嘉熙元年二月己酉，日暈周匝。三月癸亥、七月壬申，日有背氣。四年二月丙申朔，日生背氣。辛丑白虹貫日。

淳祐元年二月戊寅，午後日暈。三年七月甲午，日生格氣。五年五月戊申，日生赤黄暈，外有背氣。六月甲子，日暈周匝。六年三月癸巳，日暈周匝，生珥氣。四月丁丑，日暈周匝。七年二月戊申，日暈周匝。八年六月己酉，日暈於井，赤黄周匝。

寶祐元年正月戊戌，日生戴氣。二年二月辛酉，日暈周匝。四年三月乙卯，日暈周匝。

景定四年四月戊辰，日生赤黄暈。五年三月己丑，日暈于婁，周匝，赤黄，自午至申。六月庚午，日生赤黄暈。九月己丑，日生格氣。

咸淳元年六月壬午，日生承氣。七年春三月辛巳，日暈，赤黄，周匝。

又　月煇氣

建隆元年迄開寶末，凡珥一十九，煇氣一十三，暈二十九，重暈一，半暈一十四，交暈二，紐氣二。

太平興國元年迄至道末，凡冠氣一，珥六，煇氣五，赤氣二，抱氣一，暈八，半暈三，背氣一。

咸平元年迄乾興末，凡重輪三，珥一百二十，冠氣十二，暈氣十二，承氣八，抱氣三，戴氣九，赤黄氣十七，五色氣十一，青赤氣二，黄紅氣一，暈三百九十四，五色重暈二十，背氣一。

天聖元年迄嘉祐末，凡揚光一，光芒氣一，紅光暈氣一，煇氣五，五色煇氣一，暈二百五十七，周暈三十三，交暈四，連環暈一，珥七十二，冠氣五，戴氣一十三，承氣五，背氣一，白虹貫月一，黄虹貫月二。

治平元年迄四年，凡五色煇氣一，五色暈氣一，暈五十一，珥一十五，冠氣一，戴氣四，背氣二。四年訖元豐末，凡五色煇氣十一，五色暈氣六，暈四百二十三，周暈二百四十七，交暈二，珥一百三十四，冠氣七，戴氣五十，承氣五，背氣一十，白虹貫月五，貫珥一。

自元豐八年三月五日至元符三年正月十二日，凡五色暈氣九，暈八十九，周暈二百五十一，重暈一，交暈三，珥一百三，冠氣七，戴氣一十七，背氣八，白虹貫月二，貫珥一。

自元符三年正月迄靖康二年四月，凡暈五，暈珥二，五色暈五，珥二，暈冠一，交暈一，重暈一，白虹貫月一，五色雲一。

建炎四年十月乙卯，暈生五色。

紹興二年四月壬申，暈於軫。五月乙亥，暈生五色。四年六月壬午，暈生。　五年正月戊午，暈於東井。

乾道元年三月丁巳，暈周匝，著太微西扇星。三年五月壬午，生黄白暈，左右珥。四年三月壬寅，生黄白暈周匝。五年□月庚子，黄白暈周匝。

嘉泰三年七月壬午，白虹如半暈貫月中。

淳祐六年閏四月辛丑，暈。五年十月辛丑，生珥。八年二月戊子，暈生黄白。

寶祐四年三月乙卯，四月庚午，景定三年十月甲子，十二月辛酉，四年二月戊午，暈皆周匝。

德祐二年正月己卯，暈東井。

計六奇《明季北略》卷二《辛酉七年紀異》　天啓元年辛酉二月初三日，遼東日暈，兩傍有耳如月狀，內紅白光熠閃爍，倏如玉環，其大竟天。并日暈形影如連環狀。如西南東北面，復各有形如日，但其色慘淡，如月之在籠。其日暈之上，大圈之中，約有光彩數十丈，青紅如虹狀，忽如人形，又似刀形弓形者二，皆外向，與日光相背，自辰至午方散。翼日淮徐地震，屋瓦皆動。見撫按疏。

張廷玉等《明史》卷二七《志第三・天文三》　暈適

洪武六年三月戊辰，日交暈。十年正月己巳，白虹貫日。十二月甲子，白虹貫月。十二年四月庚申，日交暈。十四年正月壬子，日有珥，白虹貫之。九月甲辰，白虹貫日。十五年正月丁未，十九年三月己巳，二十二年十二月戊午，竝如之。二十三年正月壬辰，日暈，白虹貫珥。二十八年十一月乙亥，日上赤氣長五丈餘，須臾又生直氣、背氣，皆青赤色；又生半暈，兩白虹貫珥，已而彌天貫日。三十年二月辛亥，白虹亘天貫日。

永樂十八年閏正月癸未，日生重半暈，上有青赤背氣，左右有珥，白虹貫之，隨生黄氣、璚氣。

洪熙元年正月乙未，日生兩珥，白虹貫之。四月丁未，如之，復生交暈。

宣德元年正月庚戌，日生青赤璚氣，隨生交暈，色黄赤。二月己卯，日兩珥，又生交暈，左右有珥，上重半暈及背氣。昏刻，月生兩珥，白虹貫之。二年十二月甲戌，月生交暈，左右珥白虹貫之。三年三月庚寅，日生交暈，色黄赤；兩珥及背氣戟氣各一，色皆青赤。丁酉，日暈，又交暈及戟氣二道。十二月己卯，日生交暈。五年正月癸亥，日暈，隨生交暈。二月甲午，日交暈，隨生戟氣。四月庚辰，日生兩珥，白虹貫之。六年二月甲寅，日暈，隨生交暈及重半暈璚氣。八年九月戊戌，辰刻，日暈，兩珥背氣，申刻諸氣復生。十年十二月辛亥，日暈，白虹貫兩珥，有璚氣，隨生重半暈及背氣。

正統元年二月己酉，白虹貫月。九月丁未如之。十二月丙戌，月生背氣，左右珥，白虹貫之。三年四月庚辰，日生兩珥，白虹貫之，隨暈。十二月癸酉，月生兩珥，白虹貫之，隨生背氣。七年十二月辛丑，月暈，白虹貫之。十一年正月乙未，日生背氣，白虹彌天。十四年八月戊申，日暈，旁有戟氣，隨生左右珥及戴氣，東北虹霓如杵。

景泰元年二月壬午，酉刻，日上黑氣四道，約長三丈，離地丈許，兩頭銳而貫日，其狀如魚。十二月甲午，日交暈，上下背氣各一道，兩旁戟氣各一道。二年正月癸卯，日生左右珥，白虹貫之，隨生背氣。二月丙戌，日生暈。三年正月丙辰，日生左右珥及背氣、白虹。五年十一月壬戌，月暈，左右珥及背氣，又生白虹，貫右珥。七年六月丁丑，日暈，隨生重半暈及左右珥。

天順元年二月庚戌，辰刻，日交暈，左右珥，旋生抱氣及左右戟氣，白虹貫日。未刻，諸氣復生。辛亥，日交暈，左右珥及戟氣，白虹貫日，彌天者竟日。二年二月乙卯，日交暈，上有背氣，白虹貫日。七年正月戊戌，月生連環暈。

成化二年四月壬寅，日交暈，右有珥。十一年六月己酉，日重暈，左右珥及背氣。十二年正月甲子，日交暈。二十年二月己未，日生白虹，東北亘天。二十一年十月癸巳，巳刻，日暈，左右珥。未刻，復生，又生抱氣背氣。二十三年十二月癸巳，日暈，左右珥，又生背氣及半暈。

弘治二年正月甲戌，午刻，日暈，白虹彌天。丙戌，日交暈，左右珥，白虹彌天。二月壬寅，日生左右珥及背氣，又生交暈、半暈及抱、格二氣。十一月戊辰，月暈連環，貫左右珥。四年二月庚戌，午刻，日交暈，左右珥，下生戟氣，白虹彌天。六年十一月乙巳，月暈，左右珥，連環貫之。十八年二月己巳，月暈，左右珥，白虹彌天。

正德元年正月乙酉，日暈，上有背氣，左右有珥，白虹彌天。十二月辛酉，月暈，白虹彌天。甲子，如之。

嘉靖元年四月癸未，月生連環暈。二年正月己酉，月暈，連環左右珥。七年正月乙亥，日重暈，兩珥及戟氣，白虹彌天。十三年二月壬辰，白虹亘天，日暈，左右珥及戟氣。十八年十二月壬午，立春，日暈，右珥，白虹亘天。二十一年十一月甲子，月暈連環。四十一年十一月辛丑，日暈，左右珥，上抱下戟，白虹彌天。

隆慶五年三月辛巳，日暈，有珥，白虹亘天。

萬曆三十五年正月庚午，日暈，黑氣蔽天。四十八年二月癸丑，日連環暈，下有背氣，左右戟氣，白虹彌天。

天啟元年二月甲午，日交暈，左右有珥，白虹彌天。三年十月辛巳，日生重半暈，左右珥。

崇禎八年二月丙午，白虹貫日。

吳慶坻《蕉廊脞録》卷一　同治二年正月十八日，辰刻，日暈，黄緑色帶青白色，有抱，珥紅色。二月二十七日，日冠，抱珥，一時方散。見朱大理《學勤日記》。

藝文

湛賁《日五色賦》李昉等《文苑英華》卷三　聖日呈貺，至德所加。布璀璨之五色，被輝光於四遐。纖塵乍收，爛彼雲間之彩；清漣既動，焕乎川上之華。且夫德惟純一，瑞符祚九。彼合璧而未方，顧抱珥而何有。豈若青赤以之彩錯，光芒屏其氛垢。星同色而莫儔，露成文而曷偶。至乃天衢將曙，春雨新霽。廓彼長空，斂其纖翳。焕羲車而逾媚，映彤庭而轉麗。同象德于金天，陋再中於漢帝。于時宸睠屢迴，聖心方契。恒旰食以爲慮，豈浮雲之能蔽。觀其往復黄道，隱見非一。彰有德而天下文明，照無私而海内清謐。馴翬對而沮色，儀鳳臨而委質。光浮石壁，謂媧皇之補天；影入詞林，疑江淹之夢筆。彼連珠之代，王字之日。雖得以載其圖牒，實難以爲其儔匹。未若光分五色，德合三無。明天道以下濟，與人事而同符。較兹嘉祉，超於邃古。杲杲而五色成文，郁郁而萬物咸覩。祥光旁燭，偏宜連畛之瓜；瑞彩下臨，更竝建社之土。于以光被四表，昭彰元聖。播頌聲於管絃，流喜氣於歌咏。矧其堯舜爲理，羲和奉職。仰以陽精，象于我德。不然，何以照曜六合，玄黄五色。出乎震位，焕夫皇極。仰其耀希煦嫗以資成；傾其心，比葵藿之生植。儻餘光之可借，庶分陰之有得。

佚名《慶雲抱日賦》李昉等《文苑英華》卷三　太陽之昇兮，鑠景氣而澄氤氳；聖人之德兮，上蔚結而生慶雲。外浮相焕，中映成文。郁郁昱昱，繽繽紛紛。粲兮若組繡之縈寶鏡，翊兮若申甫之相明。君無心而生，應德而出。不曜青以干呂，能叶慶以扶日。縹緲蜿蜒，遊龍相逐而不如；斐亹葳蕤，彩蜺舒狀而難匹。始流形於孤嶽，終垂象於九圍。麗碧霄以增媚，捧金烏而徐飛。感覆幬之仁，效靈表瑞；憑玄黄之氣，耀影含輝。夫天道無言，以物應聖。聖功不宰，物自效命。故有非烟非雲，爲祥爲慶。付我元吉，彰我元盛。豈徒衆彩錯出，重輪交映者哉。且日者實也，象君而貞明；雲者運也，應時而發生。就日而浮，若就君之朝聘；五色成象，告五方之和平。騰乎天假其陰隲，見于晝資厥炎精。懿乎煌煌燭空，縵縵呈彩。域中之目，無不仰觀；天下之心，若有所待。何必蒼梧稱美，横汾是載者乎。夫變化翕忽，希夷混茫。理至則無幽不感，德盛則化妖爲祥。焕厥霄極，亘于天光。彼丹甑玉燭，蓂莢芝房。孰若此感化而見，五彩其相者焉。是知聖與冥通，理由感召。故我后之盛德，不求彰而自耀。

佚名《二黄人守日賦》李昉等《文苑英華》卷二　日觀天文，彼黄人之離立是守，麗紫霄而規模乍分。揖杲杲之光，豈勞披霧。舉駸駸之足，詎假憑雲。孕靈自稟於真宰，肖貌方瑞於明君。觀其異體同心，雙形合力，如左右之司局，以扶持而受職。樂天成象，豈殊連璧之文；就日無私，特比鑄金之色。所以焕人寰，彰土德，高尋罔差其晷度，迴翥靡愆于頃刻。類聚炎上，朋來熱中。遥集丹極，迴翔碧空。援四彗而克資煩手，斲重輪而叶贊玄功。發祥光之照爛，將德煇而統同。不然者，何以挺兹妙有，倬彼輕清；夾輔躔次，周旋運行。通理之形容可辨，和光之顔色混成。當烏采甫臨之初，則温温而引耀；遇鶏人未唱之際，亦專專以在明。髣髴如蘭之契，遥遥若木之程。及夫曈曨既昇，昭晰將晚；厥瑞皆見，斯人甚遠。宵依愕夢，伴程昱以少留；晝遇揮戈，感魯陽而俱返。恭已無怠，旁行有隣，化天隅之一氣，爲日邊之二人。久照不疲，匪迷陽於上帝；四夷云格，方取契於援神。所以靈睨克開，容裔徘徊，非其時則抱影長往，偶乎聖則差肩並來。隨冬曦之煦嫗，與夏日之恢台。然後竦輕軀，恣遐步，分明天表，雙美雲路。願將守黑之心，望離宫而景附。

佚名《慶雲抱日賦》李昉等《文苑英華》卷三　太陽淳精兮，表德於君。德感珍瑞兮，應天垂文。曉望東方，昇耀耀之麗景；晴分上漢，覩郁郁之祥雲。若乃運叶堯年，靈符舜日；燦玉葉以繁布，抱金輪而半出。灼爍兮，乍似漢祖隱居横紫氣。曈曨兮，又若楚王乘舟捧萍實。豈錦江之所能擬，諒秦鏡之所非匹。既而五彩不散，三足增輝，英英而浮光並射，杲杲而合璧相依。信乾坤之道不昧，知君臣之德同歸。我唐由是越五馳聲，超三表聖。臣如雲而仰均雨露，君並日而用敷德政。故表乃禎祥之主，遂其雲日之性。始漠漠以飛空，復昭昭而遠映。跡前聖之能事，曷比夫今日之嘉慶也。徒觀啓重霄而迥出，得中道而遐征。不傍樓臺，詎隨於聚散；不依城闕，但耀其真精。氤氲兮匪氛霧而能雜，泱漭兮知沴氣而不生。懿夫日麗天兮出巨海，瑞應臻兮見其彩；雲浮空兮藹休祥，靈輝集兮寶其相。故可以卜年永祚，奕聖蕃昌。大矣哉！兹瑞之爲慶，裨福善而無疆。若鰥生者，飲化闕廷，削跡海嶠，覩慶雲而動咏，仰聖日以觀妙。是知物無不感，幽罔不照，蠢兹動植之類，莫不息陰而發耀。

佚名《黄雲捧日賦》李昉等《文苑英華》卷五　吾君朝黄圖，坐甲乙，禮元吉。觀慶雲之飛來，暈長空以夾日。日明而麗，雲潤而黄。隨輪已入乎青陸，抱影長依於正陽。磅礴不散，氛氲呈祥。暖萬物則草木春色，涵一氣則天地黄光。推而言之，則君爲日，臣爲雲。君非臣則股肱斯廢，雲非日則光耀難分。故上下同體，表裏成文。樓形遥景於東户，葉影潛扇於南薰。由教有所至，朝無可昏。是日王三朝，躔五緯。杲杲然無幽不燭，飄飄然何遠不暨。白主喪氛，黑爲兵氣。將閉陽和，動令人畏。又奚能勢均抱戴，色不嚴毅。似龍虎之宛轉，傍檐楹之髣髴。是日也，風不霾，時正佳。雲日輪盛，光陰克諧。入房焉可以擬議，干呂何足以爲懷。帶祥雲而共美，與淑氣而同儕。天有日兮晨光重，日有珥兮黄雲捧。亦如東海大而百川朝，北辰高而衆星拱。雲初繚繞，日亦曈曨。合三光而爲一，混五色而居中。於是彰國祚，表年豐。應履端之時令，識來事之殷充。察天象兮陽烏奮翼，稽瑞圖兮人望充塞。使無階而可乘，敢不懋於帝力。

第二

正月初吉，觀大明之東吐，間瑞氣而曉出。初混色於青山之上，猶謂護霜；漸凝華於黄道之中，分明捧日。與抱珥而偶，方守人爲匹。原夫皇帝御紫宸，垂至仁，恩覃日域，澤被雲津。居其中，得通理之體。察其外，想維城之親。然後蔚亭亭之彩，環杲杲之輪。左之右之，擁榮光於碧漢。或先或後，敷正色於青春。懿乎日者君之德，雲者臣之狀。彼無私以臨下，此竭誠而奉上。故得配陽精而爲焕，符土德而標王。以此圖國，國乃豐盈。以此示人，人知揖讓。既而呈彼瑞暾，曜于天門，似佐無爲之化，如承煦嫗之恩。自東徂西，異衆星之拱極。

陳力就列，同萬品之尊元。其瑞如之何，以慶其主。其色如之何，非聖人不覩。象伊皐之羽翼，同周召之夾輔。麗焉成象，非徒負舟之龍；照也騰文，盡若苴茅之土。蕭索籠光，徘徊效祥。抱一輪而匪烏莫黑，散九野而何草不黄。是日也，乾坤交泰，霄漢熒煌。風以動之，謂奉中央之帝；人皆仰也，如披元吉之裳。識我者寡，遇我者衆。思飄飄而有託，目眇眇而遥送。飛烟下接，乍迴屏翳之姿；喜氣上浮，疑繞羲和之控。信乎聖德所加，禎祥不遐，天道悦，人謀嘉。故得無心之雲，出山川而變色；有耀之瑞，應圖牒而增華。

崔護《日五色賦》李昉等《文苑英華》卷三　陽精之瑞兮，惟瑞之嘉。首三光而委照，備五色以連華。繁彩遥分，叶土數於聖運；祥光下燭，贊元吉於皇家。且夫天之降禎，昭示羣有。日之效慶，丕應元后。軼圖牒而稱靈，著策書而不朽。徑惟千里，表年曆而當千；麗彼九華，彰帝業之在九。懿其廓烟霄而朗霽，欽天宇之氛曀。出暘谷之方融，歷離宫而增麗。羲和疑而愕立，疇人駭以横睇。循黄道以遲遲，燦青冥而晰晰。觀其瑞景中焕，浮晶外溢，所以告昌期，符聖日，結金天以標異，掩羣祥而首出。仰其衆色，比河上之榮光；徵彼謡言，異江中之萍實。景麗天衢，明均八區。知神光之有宰，信玄化之潛敷。媚韶陽於紫陌，混佳氣於皇都。於是見土行之善應，識帝載之珍符。君一德兮，格于上天。日五色兮，臨于下土。寔有感而斯見，固惟仁而是輔。乘虚散彩，狀朝烟之曖空。緣隙通輝，若晴虹之入户。燦爛同耀，玄黄交映，彙藻繪於金輪，聚雲霞於寶鏡。當道泰以垂貺，契河清之表聖。諒四彗之莫儔，豈再中而攸競。則知天意非昧，人情可測。所以異其彩，示輝光之日新；所以呈其祥，慶文明之允塞。偉夫彼日之瑞，可以象君之德。謬膺薦於春闈，幸觀光於上國。

李程《日五色賦》李昉等《文苑英華》卷三　德動天鑒，祥開日華。首三光而效祉，彰五色而可嘉。驗瑞典之所應，知淳風之不遐。禀以陽精，體乾爻於君位；昭夫土德，表王氣於皇家。懿彼日昇，考兹禮斗。因時而出，與聖爲偶。仰瑞景兮燦中天，和德輝兮光萬有。既分羲和之職，自契黄人之守。舒明耀，符君道之克明；麗九華，當帝業之嗣九。時也寰宇廓清，景氣澄霽。浴咸池於天末，拂若木於海裔。非烟捧於圓象，蔚矣錦章；餘霞散於重輪，焕然綺麗。固知疇人有秩，天紀無失。必觀象以察變，不廢時而亂日。合璧方而孰可，抱珥比而奚匹。足使泛草際而瑞露相鮮，動川上而榮光亂出。信比象而可久，故成文之不一。足使陽烏迷莫黑之容，白駒驚受彩之質。浩浩天樞，洋洋聖謨。德之交感，瑞必相符。五彩彰施於黄道，萬姓瞻仰於康衢。足以光昭前古，照臨下土。殊祥著明，庶物咸覩。名翬矯翼，如威鳳兮鳴朝陽；時藿傾心，狀靈芝兮耀中圃。斯乃天有命，日躋聖。太階平，王道正。同夫少昊，諒感之以呈祥；異彼夏王，徒指之而比盛。今則引耀神州，揚光日域。設象以啓聖，宣精以昭德。彰燭遠於皇明，乃備彩於方色。故曰惟天爲大，吾君是則。

劉詵《桂隱詩集》卷四《十五夜月暈》　西隣邀飲夜初深，四座能歌有幾人。淡月外環清浪暈，纖雲亂布白龍鱗。閒情常恐良辰過，老境偏懷故里親。雨足墻東丹桂好，清芬亂藹一枝新。

趙秉文《和韋蘓州秋齋獨宿》元好問《中州集》卷三　冷暈侵殘燭，雨聲在深竹。驚烏時一鳴，寒枝不成宿。

郭之奇《宛在堂文集》卷八《月暈》　丹霞組錦幕，金魄纍瑶宫。景合諸星拱，靈生兩曜通。重輪初引象，太極始輝空。圓明欣相覆，身依末炤中。

小兒辯日分部

論説

列御寇撰　張湛注　殷敬慎釋文《列子》卷五《湯問第五》　孔子東游，見兩小兒辯鬭。都豆反。問其故。一兒曰：「我以日始出時去人近，而日中時遠也。」一兒以日初出遠，而日中時近也。一兒曰：「日初出大如車蓋，及日中，則如盤盂，此不爲遠者小而近者大乎？」一兒曰：「日初出滄滄初涼，又本作滄。《周書》曰：天地之間有滄熱，善用道者終無竭。孔鼂注云：滄，寒也。桓譚《新論》亦述此事，作愴涼。鼂，音潮。涼涼，《字林》云：涼，微寒。及其日中如探湯，此不爲近者熱而遠者涼乎？」孔子不能决也。兩小兒笑曰：「孰爲汝多知乎？」所謂六合之外，聖人存而不論。二童子致笑，未必不達此旨，或互相起予也。

桓譚《新論》卷下　離事第十一

余小時聞閭巷言：「孔子東游，見兩小兒辯鬭，問其故。一兒曰：『我以日始出時近，日中時遠。』一兒以日初出遠，日中時近。」案，殷敬順《列子釋文》卷下云：

「『愴愴』，桓譚《新論》亦述此事，作『愴涼』。」據知《新論》原文具如《列子湯問》篇，惟「愴涼」字小異。《法苑珠林》既載《列子》於前，故於《新論》有所刪節也。今《列子》與殷敬順所見微異，附載之：「一兒曰：『日初出，大如車蓋，及日中，則如盤盂，此不爲遠者小而近者大乎？』一兒曰：『日初出，滄滄涼涼，及其日中，如探湯，此不爲近者熱而遠者涼乎？』孔子不能決也。」《金樓子·立言》篇亦載此事。　長水校尉平陵關子陽以爲：「日之去人，上方遠而四旁近。何以知之？星宿昏時出東方，其間甚疏，相離丈餘。及夜半，在上方，視之甚數，相離唯一二尺。以準度望之，逾益明白。故知天上之遠於旁也。日爲天陽，火爲地陽，地陽上升，天陽下降。今置火於地，從旁與上診其熱，遠近殊不同，乃差半焉。日中，正在上覆蓋人，人當天陽之冲，故熱於始出時。又新從太陰中來，故復涼於其西在桑榆間。大小雖同，氣猶不如清朝也。」桓君山曰：「子陽之言，豈其然乎！」《隋書·天文志》上，《法苑珠林》七。

王充《論衡》卷一一

談天第三十一

鄒衍曰：「方今天下在地東南，名赤縣神州。」天極爲天中，如方今天下在地東南，視極當在西北。今正在北，方今天下在極南也。以極言之，不在東南，鄒衍之言非也。如在東南，近日所出，日如出時，其光宜大。今從東海上察日，及從流沙之地視日，小大同也。相去萬里，小大不變，方今天下得地之廣少矣。雒陽，九州之中也。從雒陽北顧，極正在北。東海之上，去雒陽三千里，視極亦在北。推此以度，從流沙之地視極，亦必復在北焉。東海、流沙，九州東西之際也，相去萬里，視極猶在北者，地小居狹，未能辟離極也。日南之郡，去雒且萬里。徙民還者，問之，言日中之時，所居之地，未能在日南也。度之復南萬里，日在日之南。是則去雒陽二萬里，乃爲日南也。今從雒地察日之去遠近，非與極同也，極爲遠也。今欲北行三萬里，未能至極下也。假令之至，是則名爲距極下也。以至日南五萬里，極北亦五萬里也。極北亦五萬里，極東西亦皆五萬里焉。東西十萬，南北十萬，相承百萬里。鄒衍之言：「天地之間，有若天下者九。」案周時九州，東西五千里，南北亦五千里。五五二十五，一州者二萬五千里。天下若此九之，乘二萬五千里，二十二萬五千里。如鄒衍之書，若謂之多，計度驗實，反爲少焉。

儒者曰：「天，氣也，故其去人不遠。人有是非，陰爲德害，天輒知之，又輒應之，近人之效也。」如實論之，天，體非氣也。人生於天，何嫌天無氣？猶有體在上，與人相遠。祕傳或言：天之離天下，六萬餘里，數家計之，三百六十五度一周天。下有周度，高有里數。如天審氣，氣如雲烟，安得里度？又以二十八宿效之，二十八宿爲日月舍，猶地有郵亭，爲長吏廨矣。郵亭著地，亦如星舍著天也。案附書者，天有形體，所據不虛。由此考之，則無恍惚，明矣。

又　說日第三十二

日出上，日入下者，隨天轉運，視天若覆盆之狀，故視日上下然，似若出入地中矣。然則日之出，近也；其入，遠，不復見，故謂之入。運見於東方，近，故謂之出。何以驗之？繫明月之珠於車蓋之橑，轉而旋之，明月之珠旋邪？人望不過十里，天地合矣，遠非合也。今視日入，非入也，亦遠也。當日入西方之時，其下民亦將謂之日中。從日入之下，東望今之天下，或時亦天地合。如是，方天下在南方也。故日出於東方，入於北方之地，日出北方，入於南方，各於近者爲出，遠者爲入。實者不入，遠矣。臨大澤之濱，望四邊之際與天屬，其實不屬，遠若屬矣。日以遠爲入，澤以遠爲屬，其實一也。澤際有陸，人望而不見。陸在，察之若亡；日亦在，視之若入，皆遠之故也。太山之高，參天入雲，去之百里，不見埵塊。夫去百里不見太山，況日去人以萬里數乎？太山之驗，則既明矣，試使一人把大炬火夜行於道，平易無險，去人不一里，火光滅矣。非滅也，遠也。今日西轉不復見者，非入也。問曰：「天平正與地無異，今仰視天，觀日月之行，天高南方，下北方，何也？」曰：方今天下在東南之上，視天若高。日月道在人之南，今天下在日月道下，故觀日月之行，若高南下北也。何以驗之？即天高，南方之星亦當高，今視南方之星低下，天復低南方乎？夫視天之居近者則高，遠則下焉。極北方之民以爲高，南方爲下。極東極西，亦如此焉。皆以近者爲高，遠者爲下。從北塞下，近仰視斗極，且在人上。匈奴之北，地之邊陲，北上視天，天一有下字。復高北下南，日月之道，亦在其上。立太山之上，太山高；去下十里，太山下。夫天之高下，猶人之察太山也。平正，四方中央，高下皆同。今望天之四邊若下者，非也，遠也。非徒下，若合矣。儒者或以旦暮日出入爲近，日中爲遠，或以日中爲近，日出入爲遠。其以日出入爲近，日中爲遠者，見日出入時大，日中時小也。察物近則大，遠則小，故日出入爲近，日中爲遠也。其以日出入爲遠，日中時爲近者，見日中時温，日出入時寒也。夫火光近人則温，遠人則寒，故以日中爲近，日出入爲遠也。二論各有所見，故是非曲直，未有所定。如實論之，日中近而日出入遠。何以驗之？以植竿於屋下。夫屋高三丈，竿於屋棟之下，正而樹之，上扣棟，下抵地，是以屋棟去地三丈。如旁邪倚之，則竿末旁跌，不得扣棟，是爲去地過三丈也。日中時，日正在天上，猶竿之正樹，去地三丈也；日出入邪在人旁，猶竿之旁跌，去地過三丈也。夫如是，日中爲近，出入爲遠可知，明矣。試復以屋中堂而坐一人，一人行於屋上。其行中屋之時，正在坐人之上，是爲屋上之人與屋下坐人相去三丈矣。如屋上人在東危若西危上，其與屋下坐人相去過三丈矣。日中時，猶人正在屋上矣；其始出與入，猶人在東危與西危也。日中去人近，故温；日出入遠，故寒。然則日中時日小，其出入時大者，日中光明故小；其出入時光暗，故大。猶晝日察火光小，夜察之火光大也。既以火爲效，又以星爲驗，晝日星不見者，光耀滅之也；夜無光耀，星乃見。夫日月，星之類也。平旦日入光銷，故視大也。

薑岌《渾天論荅難》嚴可均《全上古三代秦漢三國六朝文》全晉文卷一五三　余以爲，子陽言天陽下降，日下熱。束晳言，天體存于目，則日大頗近之矣。渾天之體，圓周之徑，詳之于天度，驗之于晷景，而紛然之説，由人目也。參伐初出，在旁則其間疏，在上則其間數。以渾驗之，度則均也。旁之與上，理無有殊也。夫日者，純陽之精也，光明外曜，曰眩人目，故人視日如小。及其初出，地有遊氣以厭日光，不眩人目，即日赤而大也。無遊氣，則色白大不甚矣。地氣不及天，故一日之中，晨夕日色赤，而中時日色白。地氣上升，蒙蒙四合與天連者，雖中時亦赤矣。日與火相類，火則體赤而炎黄，日赤宜矣。然日色赤者，猶火無炎也。光衰失常則爲異矣。

魏徵等《隋書》卷一九《志第十四・天文上》　天體

列子曰：孔子東遊，見兩小兒鬬，問其故。一小兒曰：我以日始出去人近，而日中時遠也。一小兒曰：我以爲日初出遠，而日中時近也。言初出近者曰：日初出大如車蓋，及其日中，裁如盤蓋，此不爲遠者小近者大乎？言日初出遠者曰：日初出時滄滄涼涼，及其中時，熱如探湯，此不爲近者熱遠者涼乎？

桓譚《新論》云：漢長水校尉平陵關子陽，以爲日之去人，上方遠而四傍近。何以知之？星宿昏時出東方，其間甚疏，相離丈餘；及夜半在上方，視之甚數，相離一二尺。以準度望之，逾益明白，故知天上之遠於傍也。日爲天陽，火爲地陽。地陽上升，天陽下降。今置火於地，從傍與上診其熱，遠近殊不同焉。日中正在上，覆蓋人，人當天陽之衝，故熱於始出時。又新從太陰中來，故復涼於其西在桑榆間也。桓君山曰：子陽之言，豈其然乎？張衡《靈憲》曰：日之薄地，闇其明也。由闇視明，明無所屈，是以望之若大。方其中，天地同明，明還自奪，故望之若小。火當夜而揚光，在晝則不明也。月之於夜，與日同而差微。

晉著作郎陽平束晳，字廣微，以爲傍方與上方等。傍視則天體存於側，故日出時視日大也。日無小大，而所存者有伸厭。厭而形小，伸而體大，蓋其理也。又日始出時色白者，雖大不甚。始出時色赤者，其大則甚。此終以人目之惑，無遠近也。且夫置器廣庭，則函牛之鼎如釜。堂崇十仞，則八尺之人猶短。物有陵之，非形異也。夫物有惑心，形有亂目，誠非斷疑定理之主。故仰遊雲以觀日月常動而雲不移。乘船以涉水，水去而船不徙矣。

安岌云：余以爲子陽言天陽下降，日下熱，束晳言天體存於目，則日大，頗近之矣。渾天之體，圓周之徑，詳之於天度，驗之於晷影，而紛然之説，由人目也。參伐初出，在旁則其間疏，在上則其間數。以渾驗之，度則均也。旁之與上，理無有殊也。夫日者純陽之精也，光明外曜，以眩人目，故人視日如小。及其初出，地有遊氣，以厭日光，不眩人目，即日赤而大也。無遊氣則色白，大不甚矣。地氣不及天，故一日之中，晨夕日色赤，而中時日色白。地氣上升，蒙蒙四合，與天連者，雖中時亦赤矣。日與火相類，火則體赤而炎黄，日赤宜矣。然日色赤者，猶火無炎也。光衰失常，則爲異矣。

梁奉朝請祖暅曰：自古論天者多矣，而羣氏糾紛，至相非毁。竊覽同異，稽之典經，仰觀辰極，傍矚四維，覩日月之升降，察五星之見伏，校之以儀象，覆之以晷漏，則渾天之理，信而有徵。輒遺衆説，附渾儀云。《考靈曜》先儒求得天地相去十七萬八千五百里，以晷影驗之，失於過多。既不顯求之術，而虚設其數，蓋夸誕之辭，宜非聖人之旨也。學者多因其説而未之革，豈不知尋其理歟，抑未能求其數故也？

王蕃所考，校之前説，不啻減半。雖非揆格所知，而求之以理，誠未能遥趣其實，蓋近密乎？輒因王蕃天高數，以求冬至春分日高及南戴日下去地中數。法，令表高八尺與冬至影長一丈三尺，各自乘，并而開方除之爲法。天高乘表高爲實，實如法，得四萬二千六百五十八里有奇，即冬至日高也。以天高乘冬至影長爲實，實如法，得六萬九千三百二十里有奇，即冬至南戴日下去地中數也。求春秋分數。法，令表高及春秋分影長五尺三寸九分，各自乘，并而開方除之爲法。因冬至日高實，而以法除之，得六萬七千五百二里有奇，即春秋分日高也。以天高乘春秋分影長實，實如法而一，得四萬五千四百七十九里有奇，即春秋分南戴日下去地中數也。南戴日下，所謂丹穴也。推北極里數。法，夜於地中表南，傅地遥望北辰細星之末，令與表端參合。以人目去表數及表高各自乘，并而開方除之爲法。天高乘表高數爲實，實如法而一，即北辰細星高地數也。天高乘人目去表爲實，實如法，即去北戴極下之數也。北戴斗極爲空桐。

日去赤道表裏二十四度，遠寒近暑而中和。二分之日，去天頂三十六度。日去地中，四時同度，而有寒暑者，地氣上騰，天氣下降，故遠日下而寒，近日下而暑，非有遠近也。猶火居上，雖遠而炎，在傍，雖近而微。視日在傍而大，居上而小者，仰矚爲難，平觀爲易也。由視有夷險，非遠近之効也。今懸珠於百仞之上，或置之於百仞之前，從而觀之，則大小殊矣。先儒弗斯取驗，虚繁翰墨，夷途頓轡，雄辭析辯，不亦迂哉。今大寒在冬至後二氣者，寒積而未消也。大暑在夏至後二氣者，暑積而未歇也。寒暑均和，乃在春秋分後二氣者，寒暑積而未平也。譬之火始入室，而未甚温，弗事加薪，久而逾熾。既已遷之，猶有餘熱也。

張志和《玄真子外篇》卷下《濤之靈》 通真之伯謂之曰：至道非有無之殊，君不見三光之見天邪？在高下而不同，日月之體有大小，諸星之位有廣狹。若以遠近論小大，稽夫日也，失之於炎涼。若以炎涼而語遠近，稽夫日也，失之於小大。乃知無遠近之異，旁視仰觀，人目自爾。夫以百尺之竿戴乎盤，卧之立之，遠近適等而小大不同，信目之有夷險矣。在乎東西不熾者，諒衺照而不正，自此地之陰氣得昇耳。然則至道之見乎心也，亦猶是哉。在忘觀而不一，或以爲有，或以爲無。以道爲有，使觀君處忘臺而見無；以道爲無，使忘后游觀亭而知有。斯乃忘觀之心自爾，有無之體不殊，由意之懷執滯者也。然則競三光之遠近者，不曉乎夷險之微；競至道之有無者，未通乎執滯之凝矣。於是二君聞之，鉗舌而退。達玄夫子曰：睽之會一三光之遠近，合至道之有無，剖古今不明之癖，削談論不決之贅，使觀君節並，而忘后弭鬭者，真伯之力也。

李昉等《太平御覽》卷四《天部四・日下》 又儒言日中有三足烏。日者，火也，烏入火中燋爛，安得而立然？烏，日氣也。

又日中近，出入遠。日中小者，光明故也。出入時大者，光闇故也。

李克家輯《戎事類占》卷二《日類一》 沈約《宋書・渾天説》云：日月星辰，不問春秋冬夏、晝夜晨昏，上下去地中皆同，無遠近。列子曰：孔子東遊，見兩小兒鬭。一以日始出去人近，而日中時遠。一以日初出遠，而日中時近。言初出近者曰：日初出大如車蓋，及其日中，裁似盤盂，此不爲遠者小近者大乎？言初出遠者曰：日初出時滄滄涼涼，及其中時，熱如探湯，此不爲近者熱遠者涼乎？桓譚《新論》云：漢闞子陽以爲日之去人，上方遠，而四傍近。何以知之？星宿昏時出東方，其間甚疎，相離丈餘；及夜半在上方，視之甚數，相離一二尺。以準度望之，逾益明白，故知天上之遠於傍也。日爲天陽，火爲地陽，地陽上升，天陽下降。今置火於地，從傍與上診其熱，遠近殊不同焉。日中正在上覆蓋人，人當天陽之衝，故熱於始出時。又新從太陰中來，故復涼於其西在桑榆間也。東晳以爲傍與上方等，傍視則天體存於側，故日出時視日大也。日無小大，而所存者有伸厭，厭而形小，伸而體大，蓋其體也。又日始出時色白者，雖大不甚；始出時色赤者，其大則甚。此終以人目之惑，無遠近也。且夫置器廣庭，則函牛之鼎如釜。堂崇十仞，則八尺之人猶短。物有陵之，非形異也。夫物有惑心，形有亂目，誠非斷疑定理之主。故仰遊雲以觀月，月常動而雲不移。乘船以涉水，水去而船不徙矣。姜岌云：渾天之體，圓周之徑，詳之於天度，驗之於晷景，而紛然之説，由人目也。參伐初出在旁則其間疎，在上則其間數，以渾度驗之則均也。旁之與上理無有殊也。夫日者純陽之精也，光明外曜，以眩人目，故人視日而小；及其初去，地有游氣以厭日光，不眩人目，即日赤而大也。無游氣則色白，大不甚矣。地氣不及天，故一日之中，晨夕日色赤，而中時日色白。地氣上升，蒙蒙四合，與天連者，雖中時亦赤矣。日與火相類，火則體赤而炎黄，日赤宜矣。然日色赤者，猶火無炎也。光衰失常則爲異矣。

楊慎《升菴集》卷七四《兩兒辯日》 列子曰：孔子東遊，見兩小兒辯鬭，問故。一曰：我以日始出去人近，而日中時遠也。一曰：我以日初出遠，而日中時近也。言初出近者曰：日初出大如車蓋，及升中纔如盤盂，此不爲遠者小，近者大乎？言初出遠者曰：日初時滄滄涼涼，及升中熱如探湯，豈非近者熱，遠者涼乎？桓譚《新論》云：漢長水校尉平陵闞子陽以爲，日之去人上方遠而四旁近，何以知之？星宿昏時出東方，其間甚疎，相離丈餘；及夜半在上方，視之其數相離一二尺。以準度望之，愈益明白。故知天上之遠於旁也。日爲天陽，火爲地陽，地陽上升，天陽下降。今置火於地，從旁與上診其熱，遠近殊不同焉。日中，正在上覆蓋人，人當天陽之衝，故熱於始出時。又新從太陰中來，故涼於其西在桑榆間也。桓君山曰：子陽之言豈其然乎？張衡《靈憲》曰：日之薄地，闇其明也。由暗視明，明無所屈，是以望之若大。方其中，天地同明，明還自奪，是以望之若小。火當夜而揚光,在晝則不明也。月之於夜,與日而差微。晉束皙以爲傍方與上方等。傍視則天體存於側,故日出時,視日大也。日無大小,而所存者有伸厭。厭而形小,伸而體大,蓋其理也。又日始出時色白者,雖大不甚;始出時色赤者,其大則甚。此終以人目之惑,無遠近也。且夫置器廣庭,則函牛之鼎如釜。堂崇十仞,則八尺之人猶短。物有陵之,非形異也。夫物有惑心,形有亂目,故仰游雲以觀月,月常動而雲不移。乘船以涉水,水去而船不徙矣。安岌云:余以爲子陽天陽下降,日下熱。束皙言天體存於側,則日大頗近之。渾天之體,圓周之徑,詳之於天度,驗之於晷影,而紛然之説,由人目也。參伐初出在旁則其間疏,在上則其間密,以渾驗之,度則均也。旁之與上,理無有殊也。夫日者純陽之精也,光明外曜,以眩人目,故人視如小。及其初出,地有遊氣以厭日光,不眩人目,即日赤而大也。無遊氣則氣白,大不甚矣。地氣不及天,故一日之中,晨夕日色赤,而中時色白。地氣上升,蒙蒙四合與天連者,雖中時亦赤矣。日與火相類,火則體赤而燄黄,日赤宜矣。然日色赤者,猶火無燄也,光衰失常則爲異矣。因讀《列子》而彙集舊説如上。又思列子之爲此段,雖曰寓言,實有至理。蓋引而不發,使後人深察澄觀而得其説,故設爲兩兒之言,以戲百世之下。迄今百世之下,雖宿學妙術屢數百辭而猶不可了然,使果有兩兒,而以關子陽、桓君山、束皙、安岌當之,亦未易折此兩黄口也。朱紫陽云:必有真人乘龍凌虚,出倒景之上、崑崙之外,而後可訂其是非耳。莊子曰:六合之外,聖人存而不論。茲言善夫。

陳汝錡《甘露園短書》卷三《日》

《列子》小兒辯日。一兒曰:日之初出大如車蓋,及其中時如盤盂,爲初出去人近而日中時遠也。一兒曰:日之初出滄滄涼涼,及其中時如探湯,爲初出去人遠而中時近也。兩小兒之言,迄今爭喧未已。前漢關子陽左袒初近中遠之小兒,謂星宿昏出東方,其間甚疎,相離丈許,及夜半在上,視之更密,相離尺許,知上之遠於傍也。遠宜涼而反熱者,日爲天陽,火爲地陽,地陽上升,天陽下降。置火於地,從傍與上診其熱,遠近殊不同焉。日中在上覆蓋人,人當天陽之衝,故熱於始出時。始出陽氣初來,故復涼於其在西桑榆間也。後漢王仲任推轂初遠中近之小兒,譬如屋高三丈,一人在屋下中央,一人行屋上中央,是爲屋上人與屋下人相去正三丈也。若屋上人偏行東梔及西梔,則屋上人與屋下人相去過三丈也。日中時如人行屋上中央,日出没時如人行屋上東西梔。日中爲近,近故溫;出没爲遠,遠故涼,可明知矣。近宜大而反小,遠宜小而反大者,猶晝日察火光小,夜察火光大也。晉束皙謂日無小大,傍與中等。傍視則天體在側,故視日爲大,而日無有小大也,物所在有伸壓耳。壓而形小,伸而形大。如初出色白者,雖大不甚;色赤乃甚大耳,此終以人目之惑爲小大也。梁祖暅謂日無遠近,傍與中等,在傍而大,居上而小者,平視則易,仰矚爲勢也。懸珠百仞之上,復置之百仞之外,從而視之,大小殊矣。由視有夷險,非遠近之效也。論説紛挐,未審誰是。揔之一言可蔽,聖人存而不論。

章潢《圖書編》卷一八　日總敘

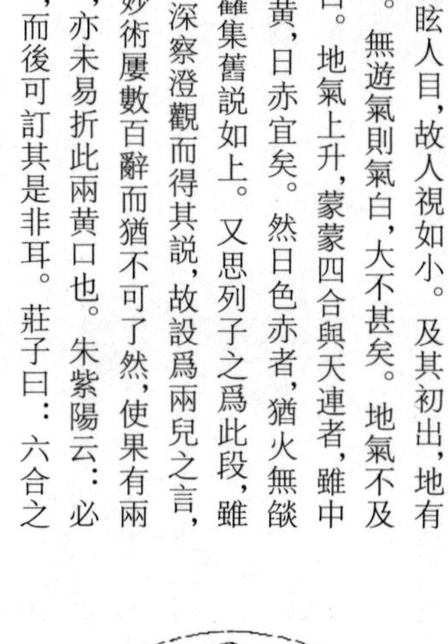

太陽升沉中天色象圖

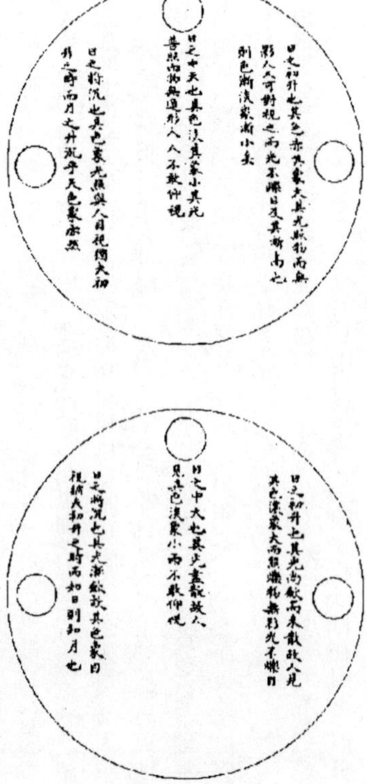

太陽中天升沉斂散圖

日乃太陽之精,貞明不息,而其體質本無增損,但象一也。方其東升及將西沉時,乃覺其象頗大,甚赤。至中天則覺其象小而色稍淡,何也?光一也。方其升於東方,但覺其光尚隱而物皆無影,其質尚暗而光不爍目。及將西沉,亦猶是也。惟中天則大明朗照,質亦洞然,而人不敢仰視,何也?氣一也。夏則朝暮涼而午漸熱,冬則朝暮寒而午稍溫,又何也?以予言之,其殆精氣舒斂之不齊乎。嘗觀諸火矣,炭之方灼也,其體已赤,而其質暗,故其光亦不遍。及其昭明有融,而氣燄爍人,則其色反淡矣。是故朝升暮沉,由于陽氣翕聚,故其象之大也,色之赤也,光之隱而質之暗也。人皆可以目而對之,猶方然之炭,其燄尚内聚而未之散也。若中天之時,則陽氣已盡發散,故覺其象小色淡,光顯質朗而不敢凝眸仰視,猶火炭炎炎外爍而其内外洞明有如此耳。胡可盡歸於天體之遠近也?否則近故大而赤矣，何爲其早暮涼而人可對以目也？遠故小而淡矣，何爲其午反熱而人不敢仰也？況一日之間，由旦而晝，由晝而暮，人皆得而見之，而何其不同一至此哉？然萬古此日也，試於一日之間即其象而觀之，自有不待辨者。惟知日則知月矣。

太陽之精在天爲日，在人爲心。日一也，陽氣發散則明而爲晝，陽氣翕聚則暗而爲夜。日固通晝夜而不息，而謂其陽氣無翕散焉，不可也。心一也，指體而言則寂然不動，指用而言則感而遂通。心固合體用而不二，而謂其陽神無寂感焉，不可也。《易》曰：不專一則不直遂，不翕聚則不發散。在天之四時固如此，在人之一刻亦如此。不知四時者一日之積也，一刻者一日之分也。況在天不徒有是理，而日固有實象之可見乎。但觀於日之升沉，見其明有聚散，此所以日新，日日新，而貞明不息，日誠在天之神物也。曾謂人之精神不專一翕聚，而可與日月合其明乎？

天地陰陽之精氣聚于日月，果信日月之精氣本有斂而有散也，其精氣散則熱，斂則涼；其精氣斂則覺其形質小，散則覺其形質大，非日月有小大也。而小大涼熱亦不以遠近言也，一精氣之斂散爲之耳。知此則所謂日初出大如車蓋，及日中則如盤盂，此不爲遠者小而近者大乎？所謂初出滄滄涼涼，及其日中如探湯，此不爲近者熱而遠者涼乎？皆可以斂散決之矣。

又　日月精氣發斂説

天地大矣，一本乎陰陽之屈伸。陰陽微矣，一顯諸日月之發散。《易繫辭》曰：一陰一陽之謂道，生生之謂易。陰陽不測之謂神。而陰陽之所以生生不測者，即日月升沉之際，可象見而意會也。是故觀之於一日也，陽光初啓而爲曉，故率土皆明，人物咸營營以作興；陽光漸收而爲昏，故率土皆晦，人物悉冥冥以宴息。是晝夜晦明，謂非陽精發斂爲之歟？觀之於一月也，陰魄漸蘇，其光漸滿，故自朔上弦而爲望；陰魂漸消，光體漸微，故自望下弦而復晦。是晦朔弦望，謂非陰精發斂爲之歟？觀之于一歲也，冬至一陽生，而陰氣漸返則爲春，爲夏，萬物悉流形而育神；夏至一陰生，而陽氣漸斂則爲秋，爲冬，萬物悉歸根而復命。是節候寒暑、晝夜短長、生長收藏，孰非陰陽斂散爲之歟？況其發也，斂也，非意之也，即旦暮中天，其象之小大，色之濃淡，凡有目者所共觀也。知此，則知古人所謂日初出大如車蓋，及日中則如盤盂，此不爲遠者小而近者大乎？非然也。精氣散，不敢寓目，故覺其小；精氣尚斂，而未盡發洩，則可以目及，故覺其大也。小大不以遠近論也，明矣。所謂初出滄滄涼涼，及其日中如探湯，此不爲近者熱而遠者涼乎？非然也。精氣散則陽盛乃熱，而午後、秋初尚有積熱之餘威。精氣斂則陰盛而寒，將曙、初春尚有積陰之餘威也。寒熱不可以遠近論也，昭昭矣。信乎陰陽生生不測，所以易字即日月之象，而日月爲天地間之神物歟？

陽瑪諾《天問略》　問：太陽早晚出入時，近于地平，見大；午時近于天頂，見小。何也？

曰：地球懸于空際，居中無著，其四際離天諸方同一，無近遠也。以理論之，其在東西出入方也，太陽離地凡一千六百萬餘里矣，而人立地面，或自東視西，或自西視東，半徑幾一萬五千里焉。以一千六百萬餘里，又加以一萬五千里，人之視日宜小也。日在午，方從下視上，且一千六百萬餘里，人之視日宜大也。今宜小而反大，宜大而反小者，此非由于地之遠近也，濕氣使然也。蓋夜中水氣恒上騰，氣行空中，悉成濕性。濕以太陽自下而上映帶而來，晃漾焉，蓬勃焉，人望之以爲如是其大耳。若太陽當空，浮翳盡掃，無所映隔，真體明浄，較之旦暮爲小。凡月與諸星見于地平，必有濕氣障隔，爾時所見亦必大于午時。試觀水中所見，或石，或木，必大于水外者，皆濕性之勢也。

王文禄《海沂子》卷四《儀曜篇》　天色青，何也？外典曰：崑崙山巔寶光之耀。或曰：高虛則空遠掩映，故青也。或曰：乾坤中，日光照曜，諸色攢簇，自然青也。傳曰：夜半黑淬之色，真色也。海沂子曰：氣之色如是，天之色亦如是。青色者，日光使之。日没而青，何也？星月皆有光也。

方中履《古今釋疑》卷一二　日出時大而不熱

列子曰：孔子東遊，見兩小兒辯鬬，問其故。一兒曰：我以日始出，去人近，日中時遠也。一兒曰：我以爲日初出時遠，而日中時近。一兒曰：日初出大如車蓋，及其中纔如盤盂，此不爲遠者小而近者大乎？一兒曰：日初出滄涼涼，及其中如探湯，此不爲近者熱而遠者涼乎？孔子不能決也。東皙曰：人之視天，旁方與上方等。旁視則天體存于側，故日出時，視日大也。日無大小，而所存者有伸厭。履按：日初出有水土之氣浮於地上，故其影大。至高度則水土之氣清，故其形小。今以盌置一錢，使人遥視之，不見錢也。以水注盌，則人見錢，而錢且大於本體矣。以水光之浮錢出盌面也。此與日未出而水光浮日之理同，故大而不熱耳。

毛奇齡《西河集》卷一一七《齊于生辯日遠近説》 孔子游越，齊于生御車，道逢兩兒辯日遠近，不能决也，以告孔子。一兒曰：我以日出時遠，日中時近。日出時滄滄涼涼，日中時如探湯，此不爲近者熱而遠者涼乎？一兒曰：我以日出時近，而日中時遠也。日出時如車輪，日中如盤盂，此非遠者小、近者大乎？孔子不對，齊于生言曰：吁，是何見之穉，言之易也。夫日之有涼燠，日之行也，日易朝晡行而寒暑因之，且夫日有旅矣。自土見土，凡歷三旅是名昢明。昢明之後更歷三旅，謂之早食。方其未見土藏之地中，其道里將不得旅也。然而我聞自昔，王禪泰山，爰登日，觀雄雞初鳴，日見海底，未汎暘谷，其徑三丈，既而出水，晞于扶桑，倍丈有差，暨于見土，尚及十尺。《漢官儀》記雞一鳴時，見日出凡三丈許。吾未聞土中之道，近于見土也。是無故，月有盈虚，日有舒斂，其體固然也。且夫日之有舒斂，則非見者所得定也。當其見舒，見遠亦舒，見近亦舒也；當其見斂，近見亦斂，遠見亦斂也。見且不得定，何論遠近？于是御者呼兒前，告之曰：皆非也。日之在冬也，滄滄涼涼；其在夏也，如探湯，可謂近者熱而遠者涼乎？日之初出也，東極視之如車輪，西極視之亦如車輪。其在中也，土中仰之如盤盂，東西仰之亦如盤盂，可謂近者大遠者小乎？

江永《數學》卷一《數學補論》 論青蒙氣

《列子》載兩小兒辯日，一謂日初出時如車蓋，日中如盤盂，爲近大而遠小。此未知蒙氣之故耳。日何嘗有遠近？若論遠近之微者，則日近地平時與近天頂時差一地半徑。初出較遠，日中較近，正與此小兒之説反。又非近者熱，遠者涼之謂也。

蒙氣差分部

論説

周密《癸辛雜識》續集卷上 日形如瓠

范元章聞之本心翁謂，曾見錢浩達可云：戊子十月内早出郭，日初出略無精光，其形如瓠，既而變方，乃就圓，殊不可曉也。

徐光啓等《新法算書》卷四《緣起四》 日食初虧復圓，時刻多寡恒不一，非二時折半之説，視差能變實行爲視行，則以視差較食甚前後，鮮有不參差者。夫視差既食甚前後不一，又安能令視行前後一乎？今以視行推變時刻，則初虧復圓，其不能恒爲一也，明矣。

【略】

地面上見日月出没與在中各有前後不同，即所得時刻亦不同，故見食雖一，而時刻異，此日月食皆一理。若日食則因視差隨地不一，即太陰視距不一，所以見食分數亦因之異焉。

又 卷二四 論清蒙氣之差第三

西曆第谷欲究極日躔行度之理，造測器十具，體式各異，宫度分秒，絲毫不錯，以定本地北極出地度分訖。次用古法即二至之高折中取之。測之，不合者四分，莫知所繇。乃造大渾儀一具，於黄道上加極細闚筩，夏至午正測之。又時時測諸經緯度分，則二法往往不合。每渾儀所測之緯度高於所算太陽之緯度，乃知真高在視高之下，因悟差高之緣，蓋清蒙之氣所爲也。清蒙之氣者，地中游氣時時上騰，入夜爲多，水上更多。其質輕微，略似澄清之水。其於物體不能隔礙人目，使之隱蔽，却能映小爲大，升卑爲高，故日月出入，人從地平上望之，比於中天則大。星座出入，人從地平上望之，比於中天則廣。此映小爲大也。定望日時地在日月之間，人在地平，無兩見之理，而恒得兩見，或日未西没而已見月食於東，日已東出而尚見月食於西，或高山之上見日月出入，以較歷家算定時刻，每先昇後墜，此升卑爲高也。試以錢一文置空盞底，人立稍遠，令盞之邊掩錢體，人目不見錢則止。更以水注之，水半則錢體半見，水滿則全見。升卑爲高，其理明矣。

清蒙之氣有厚薄，有高下。氣盛則厚而高，氣減則薄而下。厚且高，則映像愈大，升像愈高。薄且下，則映像不甚大，升像亦不甚高。其所繇厚且高者，若海若江湖水氣多也。或水少而土浮虚，此氣能令輕塵上升，亦厚且高也。地勢不等，氣勢亦不等，故受蒙者其勢亦不等。欲定日躔、月離、五星列宿等之緯度，宜先定本地之清蒙差。萬曆二十五年丁酉，西洋之迤北人汎海至諾瓦生八納之地，北極出地七十六度强，日躔大寒四度，論宗動之法，應日出在冬至後五十二日，却前出十三日，所差二十九度，於時太陽寔在平地下五度，因本地在大海中，蒙氣甚盛，太陽久躔地平之下，不能消除其濕勢，故發見折象尤多，令前出十三日也。又早晚蒙氣亦不等，蓋晝則太陽能消濕氣，至暮而盡，夜則復生，漸生漸盛，及晨而多，故蒙氣又有晝夜早晚之差。

又　卷二六《日躔表》卷二　清蒙地半徑表用法

清蒙氣説見《日躔曆指》第三，其用表法，先測得日軌高若干度，查表得本度下之清蒙分秒，以減日軌高，得日躔地平上之實高。

如日軌高十六度，查表十六度下得清蒙七分，以減十六度，餘十五度五十三分，爲日躔地平上之實高。

地半徑説見「日躔曆指第八」，其用表法，先測得日軌高若干度，次視本日最高三距，如夏至左右三宮屬最高，春秋分各左右三宮屬中距，冬至左右三宮屬最高衝，于日高度下查本距日之地半徑分秒，以加日軌高，得日躔地平上之視高。

如夏至測得日軌高十六度，屬最高，查表十六度下得地半徑差二分四十七秒，以加日軌高，得十六度二分四十七秒，內減清蒙差七分，餘十五度五十五分四十七秒，爲日躔地平上之視高。

日高清蒙氣差表

日高	清蒙		日高	清蒙	
十度	十分	十秒	十度	十分	十秒
○	三四	○○	一	二六	○○
二	二○	○○	三	一七	○○
四	一五	三○	五	一四	三○
六	一三	三○	七	一二	四五
十度	十分	十秒	十度	十分	十秒
八	一一	一五	九	一○	三○
十	一○	○○	十一	○九	三○
十二	○九	○○	十三	○八	三○
十四	○八	○○	十五	○七	三○
十六	○七	○○	十七	○六	三○
十八	○五	四五	十九	○五	○○
二十	○四	三○	二一	○四	○○
二二	○三	三○	二三	○三	一○
二四	○二	五○	二五	○二	三○

續表

日高	清蒙		日高	清蒙	
二六	○二	一五	二七	○二	○○
二八	○一	四五	二九	○一	三五
三十	○一	二五	三一	○一	一五
三二	○一	○五	三三	○○	五五
三四	○○	四五	三五	○○	三五
三六	○○	三○	三七	○○	二五
三八	○○	二○	三九	○○	一五
四十	○○	一○	四一	○○	○九
四二	○○	○八	四三	○○	○七
四四	○○	○六	四五	○○	○五

其法，以此差率減所測視高度分，得實高度分。

又　卷二九《月離曆指》卷二

論月視差第十九

右兩術所推太陰之地半徑差，各依本法論定。太陰出入地平時，若在本輪之最高，則多禄某爲○度五十三分，歌白泥爲五十分。若在最高衝，則多禄某爲一度一十九分，歌白泥爲六十六分。異同若此。將何適從，所以然者，緣兩史測月時，未悟月近地平有清蒙一差故也。説見《日躔曆指》。清蒙映物，能升卑爲高。凡測月之地平高所得數，乃所見之視高，與人目平行。非月行之實高。與地心平行。以地半徑差減實高，則爲視高。又以清蒙差加視高，則爲真視高。近世第谷依此法推得太陰出入地平時，在最高爲五十六分二十一秒，在最庳爲六十六分○六秒，其各遠近之差，在多禄某爲二十六分，歌白泥爲一十六分，第谷爲一十分，三家皆有地半徑差表。

又　論太陰清蒙氣第二十一

《日躔曆指》有論有法，以測清蒙差度分，因之列表。凡測太陰得其視高，則求地半徑差加之，得數又以清蒙氣差減之，爲其實高。凡推太陰得其實高，則以地半徑差減之，得數又以清蒙氣差加之，爲其視高。但清蒙之差因地因時所在各異，今表其折衷通用之率也，必求本地本時之確數，宜隨處所積歲月累測以定之。

又　卷三〇《月離曆指》卷三　三圜比例説第二十五

因之推本其故有二：一曰蒙氣差，一曰光體差。一者清蒙之性，能令有光之體展小爲大，如日月星出入地時，本體皆見爲大，其相距間亦見大。又如平面玻璃鏡以鑒物，則景較形爲大。如輕雲薄霧籠罩日體，亦見爲大。皆是也。今二史者，一在諸物亞，于時日軌高僅三度，又冬月地寒，在海中皆積氣厚蒙之緣也，故日體得展小爲大。月無光則小于日。一在玻厄米亞，極出地減前一十四度，又居平原，不邇江河湖海，于時日軌高一十六度，蒙氣已消，日體無繇得大，則兩視徑等也，是一差也。二者月在日下，人目視之參直，是生角體之形，其底月體，其末鋭入于人之瞳心，其周面則有光無光之界也。兩界間蒙氣愈厚，生光愈多，其照耀之勢侵入于角體，則月之魄體能爲小。如圖，目與月與日相參直，依推步法，兩視徑等，然自目至月，其間有氣，氣映日生光，必越本界而侵入于角體之限，人目遂不能全見月魄，故魄本非小，視之若小。

一系，日食時，因氣清濁，爲人見大小。

二系，日食之視分多寡，因去極遠近。若本地去北極近，則日軌庳，則氣多，則分數少；去極遠，則日軌高，則氣少，則分數多。推步得數等，窺視即不等。何者？蒙氣多，日軌庳，熯濕之力未獲全成，即光大魄小故也。日高者反是。

因上論，日之光體，人視之，有時能爲大。月之魄體，人視之，有時能爲小。近歲名曆家既明其義，第谷之遺書多所未竣，門人刻白耳輩增修其業，日就精微。因用視法，依日軌高庳論蒙氣厚薄。用測量法，推步定法。立爲均數，列表以定。日食時，太陰太陽之視徑從極出地二十度至七十四度，或于太陽用加差，或于太陰用減差，其理一也。表入交食曆中。

第四題　日月之視徑與食徑大小絶異。

是其徵有七。凡視徑與似徑同。時見大，時見小，必非其實也，視也。一徵也。即有時等，而日在上，去人遠；月在下，去人近，則日之實徑必大，月必小。二徵也。月掩日，下土所見九服各異，如此方此時日全食，南北相去四五度，二百五十里而一度。即不見全食，東西同時亦不見全食，是則月入地球爲小，地視日亦小，月視日更小。三徵也。

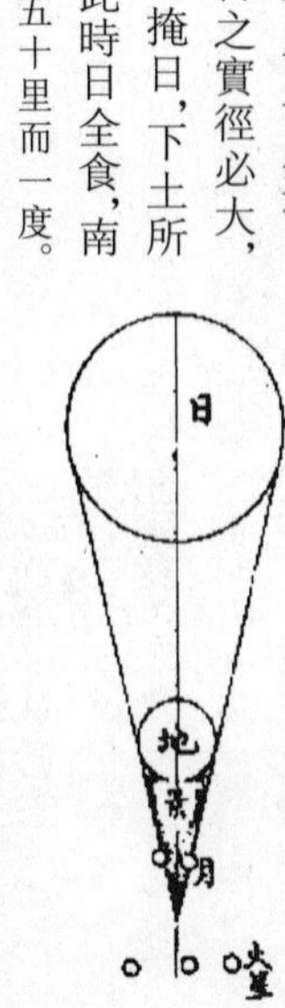

地景短，不能食熒惑，何況歲星以上，則地小于日。月過地景則食，食時見月小于地景，則更小于日。四徵也。七政各有性情，能力施暨下土，其勢畧等，乃其視行有疾有遲。行遲者，其天周大，人見爲遲。本行自疾，所以然者，遠故也。近者行疾，其天周小，如舟行大水，遠見行遲，近見行疾。因是能方所施，近而疾者，其見功亟；遠而遲者，其見功緩。五徵也。月距日九十度，其光過半圈，則發光之體大，受光之體小。六徵也。因上推月距地爲地全徑者三十，日距地爲地全徑者六百〇五，則日天比月天，其大算周。約二十倍。日本天半度，月本天半度，則其比例爲一與二十。七徵也。

又　卷五六《恒星曆指》卷一　測恒星之資第七

測恒星，測七政躔度公理也而有四資。一曰測噐，二曰子午線，三曰北極出地度分，四曰視差。四資既具，非其時又不可測焉。測噐者何也？凡測星有三求，一求其出地平上度分，二求其互相距度分，三求其距黄赤二道之何方、何度分？所用噐亦有三：一爲過天頂之圈，如象限儀、立運儀等，此爲測地平高度之噐；一爲紀限儀，此爲測兩距度之噐；一爲渾天儀，南北觀象臺所有即是，是爲兼測二道經緯之噐。今所用測星者，則紀限、渾天二儀，而非大不得準，非堅固不得準，非界畫均平，安置停穩，垂線與闚筩、景尺一一如法，亦不得準也。子午線者，七政行度升之極而降之始也。北極出地者，凡用儀必以儀之極與本地之高極高極者，出地上之極也。相當，而後各經緯皆相當，乃始展轉測候焉。若無子午以正東西升降，無高極以正南北高下，即一切綴算之法，無從得用，故二者測天之本也。視差者何也？凡七政之視差有二：一爲地半徑差，一爲清蒙氣差。地半徑差，月最大，日金水次之，火木土則漸遠漸消。恒星天最遠，地居其中，止于一點，故絶無地半徑差，而獨有清蒙之差。清蒙地氣去人甚近，故不論天體近遠，但以高卑爲限。星去地平未遠，人目望之，星爲此氣所蒙，不能直射人目，必成折照乃能見之。一經轉折，人之見星必不在其實所，即星體在地平之下，人所目見乃在其上矣。説見《日躔曆指》。迨升度既高，蒙氣已絶，則直射人目，是爲正照。雖星月之間微有濕氣，不能爲差也。試用一星於地平近處測其去北極之度，迨至子午圈上又測之，即兩測必不合。或用兩星於地平近處，測其距度，迨至子午圈上又測之，即兩測亦必不合，此其證也。此氣晴明時有之，人目所不見，而能曲折相照，升卑爲高，故名清蒙。若雲霧等濁蒙，直是難測，不論視差矣。第谷累年測候，妙悟此理，刱立差分。恒星視差比日躔視差更弱，止近地平二十度以下乃能覺之。表如下方：

恒星高度：〇、一、二、三、四、五、六、七、八、九、十、十一、十二、十三、十四、十五、十六、十七、十八、十九、二十
恒星分：三十、二十一、十五、十二、十一、十、九、八、六、六、五、五、四、四、三、三、二、二、二、一、〇、〇
視差秒：〇、三十、三十、三十、〇、〇、〇、十五、四五、〇、三十、〇、三十、〇、三十、〇、三十、〇、十五、三十

作此表者，其本方極出地之度與此方不等，且視差亦隨天氣各有多寡厚薄，但數既密微，測得其時，則此表可共用之。所謂時者，如雲霞霧露無論已，即使晴明時，日而二十度以下，蒙氣乃所必有。若所測兩星俱在二十度以上，即可不論視差。若一在二十度上，與蒙氣相絶。一在二十度下，居蒙氣之中，則近地平之星必升卑爲高而成視差，兩星之經度非真率矣。至若日躔玄枵，於時爲立春，於候爲東風解凍，濕氣尤盛，此際測星，其視差必多於他時，更宜消息加減之也。此四資者爲測星所須，舉其大畧。若全理全用，具載本論。

又　卷六六《交食曆指》卷三

定視徑分秒之數

假如崇禎二年己巳五月朔，日食，依新曆，先推食甚二分有奇，至日實測得二分。若以第谷所限徑用之，此日即見食分數，僅得一分一十〇秒，謬于實測遠矣。若崇禎四年辛未十月朔，日食，新曆先推食甚二分一十二秒，至日實測不及二分。若用小月徑推算，即所得更少，不及一分也。視徑因乎蒙氣而爲小大，如此豈可强執一率以槩諸方乎。故欲定本地之日食分，必先定本地之蒙氣差，以限本地之視徑。又宜累驗本地之食分，加時然後酌量消息，蒙差視徑可得而定也。今所考求酌定者，太陽最高得徑三十〇分，在最庳徑三十一分。太陰不分朔望，蒙氣稍薄故也。在最高視徑三十〇分三十〇秒，在最庳視徑三十四分四十〇秒。地景最小者四十三分，最大者四十七分。日月行最高最庳處之間，視徑亦漸次不一，故列表。左右並紀太陽及太陰自行宫度，以考日月地景各相當之分數，是爲視半徑表。

又　全食不見光之地面

依第谷測定蒙氣之高距地面上約有九里，欲求全食時得人所共見里數若干，即以蒙氣高與太陰視徑及太陽光氣内曲之角定之。蓋交會時太陰當日，目之中掩太陽光，其視徑必大於太陽視徑，而人目所周之地平自無光矣。但日光從最通明處射地而來，一遇次通明之蒙氣即曲而斜照，見本曆指第一卷。必依氣之高低漸漸聚合，廣狹不等。如氣太高，則光不至地面而聚合，可無滿景。氣太低，則光一曲即至地，月景反覺開展，不止恒測之界。今設氣高九里以絶日光，必月景近地占千餘里，必太陰視徑大於太陽視徑四分有餘，乃可論食在天頂也。若食在下度，則月徑可小，景或反大。圖中，蒙氣高爲甲丁，求甲乙丙以定甲丙不受光氣之拓界。乙丁、乙丙皆地半徑，約一萬二千里，則乙丁與全數，若甲乙與甲乙丙角之割線，算得一〇〇〇六〇。查本表，得一度五十九分爲甲乙丙角。又全數與本角之切線，若丙乙線與甲丙線，得里數爲五百一十九，即太陰在頂滿景之半徑也，而全徑則一千〇三十八里。蓋食距地平高三十度，即太陰視徑大於太陽視徑止一分，必滿景徑得千餘里，視徑加大，里數亦多，然蒙氣差表未譯，故止以地半徑差别求之。

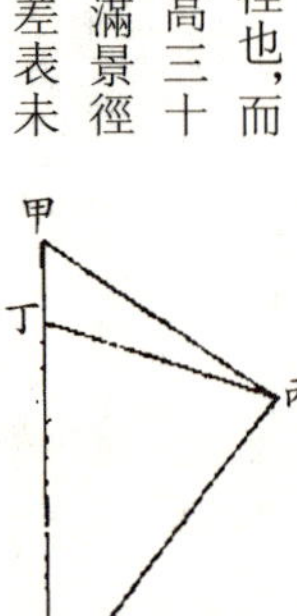

又　卷六九《交食曆指》卷六

外三差

前論交食法，有東西南北高庳三差，皆生於地徑。蓋以地爲太圜之心，爲此界，以宗動天爲彼界。日月在兩界之間，因地徑之小於日，大於月，生彼界之視三差也。今言外三差者，於三差之外復有三差，不生於日月地之三徑，而生於氣。氣有輕重，有厚薄，各因地因時而三光之視度爲之變易。三者：一曰清蒙高差，是近於地平，爲地面所出清蒙之氣變易高下也；二曰清蒙徑差，亦因地上清蒙之氣而人目所見太陽本徑之大小爲所變易也；三曰本氣徑差。本氣者，四行之一，即《内經素問》所謂大氣，地面以上，月天以下，充塞太空者是也。此比於地上清蒙更爲精微無形質，而亦能變易太陽之光照，使目所見之視度隨地隨時小大不一也。外三差之義，振古不聞，西史第谷於萬曆年間殫精推測，鈎深索

隱，曆家推重以爲冠絶古今，而此秘未睹，至其暮年方行萬里，乃始洞徹原委，尚未及著書，其門人述遵遺指，撰集論次，然後交食之法於理爲盡，則近今十餘年事耳。蓋曆學之難言如此。

又　清蒙高差

曆家測騐日月及經緯諸星積累所得，其光入人目，往往不依直線而至。夫太陰太陽有地徑視差，無怪其然也。恒星無地徑差，人測之在地面與在地心不異。宜所見者，必依直線若之何？不然且兩星相距近於地平與其相距近於天頂絶不同，其各體之大小亦不同。又太陽太陰固有地徑差，其視體偏下，視高度宜少而所得者忽復多定。望時二曜正居天地徑之兩端，以理論，見一不得見二，或並見則半體而已。今有時全見之，何也？古度數家見直物入水中折成曲象，空水之交則有鈍角，以此鈍角喻諸星射目之折線，於理爲允，則近地面之氣可比於水，天體至清可比水晶，光在有氣無氣之交必成折角，而能令諸曜之象升卑爲高也。若星距頂愈遠，所射光之折線角愈減其鈍，而視高之去實高也愈多。蓋近地則濕氣愈厚，故受蒙爲甚，而又實非雲霧等有質之物，且在地濁之上，謂之清蒙也。因此凡測候兩星若距度線與地平平行者，其氣所升視之已在赤道上，迨太陽近午出蒙氣之外，復測之始以實行交於赤道爲真。春分秋分反是，先以近午之實行在赤道上爲真，秋分迨昏測之日已入過赤道而北矣。視度乃復在赤道上，自朝至中，不能有兩春分。自中至夕，不能有兩秋分，則朝夕所見，皆視度，非實度也，則皆清蒙之高差也。

問：清蒙之氣能變易太陽太陰之實度是已，其言隨地隨時又各不同者，何謂也？曰：第谷測定清蒙諸差，太陽與太陰大約相等，而與諸星則不等。其五星所得之差又與恒星不等，因此推知致差之因不在距地遠近，其差大小皆氣之所爲也。氣厚薄，時之所爲也。距地遠近，地之所爲也。凡考七曜之蒙差，皆候其高弧至於無蒙之處，得其實度，而以較於有蒙之處得其視差幾何。如第谷所居北極高五十五度，冬至日，夏至夜皆甚短，其測候太陽之蒙差，必於夏月太陽出蒙氣之上乃可得之。測恒星之蒙差又於冬月，若夏測星，冬測日，則盡日盡夜皆在蒙氣中，無法可得。而氣之厚薄，冬與夏必有分矣，故所定氣差隨之異也。若論地，則山阜之上蒙氣爲在高之距與在庳之距必小有異。若不與地平平行而兩高弧各異者，不論或正與地平爲直角。或斜，與地平爲斜角。其在高之距與在庳之距亦小有異。總之，星愈近於地，兩距之實度愈少；遠則愈多矣。第谷之本地，北極高五十五度有奇，測定太陽太陰之蒙氣差大約相等。自地平以上至四十餘度高差漸少，更高則無有。而近地之最大差得三十四分，故太陽極近地平，以地徑視差之偏庳三分，蒙氣差之視高三十四分相減，得太陽高弧之視差三十一分，則目視太陽將入，以下周至地平見，謂在上而其實體已全入於地。太陰以最大之地徑視差六十三分，蒙氣差之視高三十三分相減，餘三十〇分，目視之見謂全没，而其實體猶全在地平上也。多禄某以渾天儀測太陽行春秋分，積年所得皆以本日兩交於赤道，遂爲千古不決之疑，不知者意其差在儀器，儀器果差，安得百無一合，又安得悉在地平之上竟無差，而在下者乎？至近世而後，知爲清蒙之差也。第谷用器甚多，甚精，諸器畢合，不可謂有器差，而其所得亦復如是。所以然者，太陽臨春分，論實度尚在赤道南，晨測之爲蒙少，平地乃多，澤國尤多，海濱更多。蓋此氣周生於大地之面，外規之界，距地心悉等。而地面有高庳，其距氣界各各不等，此爲淺深厚薄之緣。正如海底有坳突之勢，因有淺深，若海水之面恒平而已。然論其恒勢，淺氣所生之視差少，深氣爲多。論其變，淺氣或忽然增加，少易而多，深氣乃鮮有變時也。萬曆十八年庚寅夏六月，西曆記月食，太陽以半體出地，其太陰正相對尚高二度，入景中已多分，及太陰半没而太陽已高二度，出地平之上。若以恒理論之，則太陽心方出地平，景心宜同時而入，太陰之西周實入於地，又當在景心入地之前。今太陽心出矣，而景心尚高二度，非蒙氣所爲，安得此乎？然此視高差可謂甚大，則以本地近於大山之下、大河之濱，其蒙氣爲厚，遇夜清氣上騰，淩晨更甚故也。若他地他時，未必盡同此數。故治歷者當先定本地之諸曜蒙差，參以時令，乃能立表推步。其法須累測交食之多寡、早晏，斟酌定之，勿謂精於本法，便可隨地隨時必無舛戾也。若立差既定，而臨食時氣候忽更，此則難可豫料，然所失無幾矣。此高差惟月食累遇之，若日食則二曜之蒙氣差大畧相等。高弧既同，鮮有變易，徑可勿論也。

又　清蒙徑差

太陽全食，晝晦星見，恒事耳，中史及西史皆數記之。若太陰全在日與人目之間，而不能盡掩日體，四周皆有餘光，曆家謂之金環，或有闕如鉤。或云：依日月周徑本法則不應有此，何者？凡此一視徑或大或等于彼一視徑，則以此體寘之人目與彼體之間，無不全受掩蔽者。今止論太陽在其最庳，全視徑爲大，得三十一分；太陰在其最高，全視徑爲小，得三十〇分三十〇秒。其較三十〇秒爲全徑六十分之一耳，即定朔果在此時，日月以兩心正會，何因四周能見太陽之邊乎？或有時可見，詳下文。此説是也。然而古今所記實見實測，乃復多有之。如隆慶元年丁卯三月朔日，太陽近於最高，得全徑三十分，太陰在高庳之正中，得全徑三十二分三十四秒，則全掩太陽之外尚餘二分三十四秒，乃西土實侯至食甚時，二曜以心正會，見有金環。又萬曆二十六年戊戌二月朔日，太陰在最庳掩太陽，復如是。論地，則此測在西國之内地，前測在海濱。論北極，則此測高五十度，前測正高四十二度。論臨食時，此測有雲，前測無雲也。雲氣雖不掩日月，亦能變易光曜，損益分秒。而第谷專精候驗，多在北海之濱，北極高五十六度，累年密測，終不見太陰盡掩太陽，晝晦星見，是則日光恒贏，月魄恒縮。又將疑掩之不盡爲恒事矣。迨萬曆二十八年庚子六月朔，於内地北極高五十度測得日食五分有半，依本地原推正應四分，較多一分有半，則又日光縮，月魄贏也。又萬曆二十九年辛丑十一月朔，日全食，第谷門人於本地北極高六十餘度測得食甚時見金環，四周皆廣一分有半。太陽徑十二分。萬曆三十六年戊申七月朔，日食，西土内地北極高五十一度，測食甚時得二分，正同時向北更四度。論高視差宜減一分，猶宜見食一分，而第谷門人密測乃不見食。此兩測者，皆日先居贏且贏甚也，而皆無雲。綜其大都極出地甚高，近海或大澤，食時多雲氣，則日光贏，測數少於推數。極出地迤庳，居地平高，去水澤遠，食時無雲氣，則月魄贏，推數少於測數。展轉推求，即清蒙之氣隨地隨時有無厚薄不等，能淺深受光於日而變易其照耀之勢，使人目所見或增或減，迄無定限也。再驗之海中有小島，其視體甚小於太陽之視徑，日初出時，正當其中平分太陽之體，則石之兩旁皆顯大光。若不當其中，而石居太陽之左右，則不能映蔽日光。如兩相退讓而露太陽之全體，此爲何故？石之蔽日，隱顯之間雖以一線爲界，乃海中蒙氣極厚，日之施光，蒙氣受之，故人目所見日光能侵軼於本界之外也。喻月魄於石體，其理正同。故蒙氣盛者，全食時如石當日之正中，少食時如石當日之左右，即高弧。至於午正，人目見日無横斜之線，不能升卑爲高，乃地以上之蒙氣猶能承受日光，使溢界外，而展小爲大。月不蔽日，職是故矣。如圖，地心爲甲，日心爲丙，太陰正當日目之中爲乙。月景之最中，人目所在爲己。設太陽之邊實爲丁爲戊，其光下照所限月景之界宜爲丁甲、戊甲兩線，此限外之氣皆得最光也。然因乙太陰隔太陽原光於

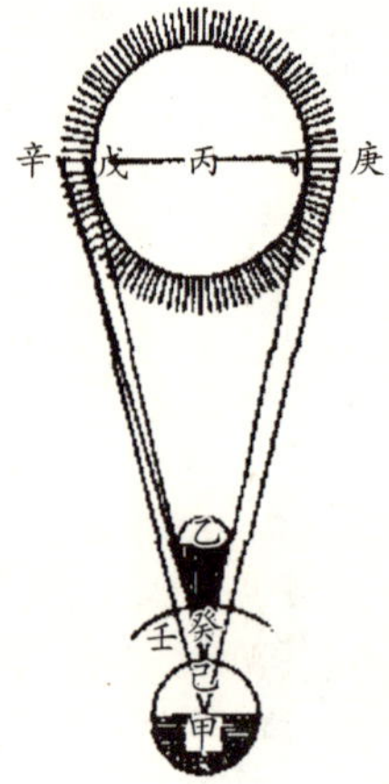

己目，目所能正見者，非丁戊，乃是庚辛，而作己辛直線，則目宜全不見日周之微光矣。第太陽正照之最光，下及於月景四周之外，而外氣之近地者爲次徹之體，則太陽之光借此體以侵入於月景本界之内，别作一界線曲而向内，即人目所正見爲癸，而癸既切景，較遠景之處加有光焉。光愈正，照愈明，切景之光甚似垂線，若正照然，故比距遠之處加明焉。故景之四周從癸至壬，目所見皆成日光，是爲癸壬金環。癸壬所在實於空中，非太陽之光果外溢至辛也。從下視之，若在月之四周，與太陽同天，而太陽之原光若丁戊以外更餘辛庚一環矣。但癸壬之廣狹，依氣厚薄，隨地隨時，一一不同耳。曾有人試以銅薄規爲小圓形，依直角線寘長竿之末，退後一丈；又寘一規正對前規，與爲平行。後規之心開細孔，以目切孔正覷前規之心，其前規之全徑較兩規相距之遠，得一千分之十，以掩天上之弧，得三十四分二十〇秒，與本時太陰光滿近最庳之全徑等，則目視兩規與目視二曜大小遠近之比例亦等；次從後規視前規，理宜全掩太陰之體，乃所見者四周皆顯大光。更移後規向前二尺有奇，以遠近之比例論，則前規可掩弧度四十一分，然而尚有微光也。可見日月近地平，固因蒙氣有視度之高庳差，即去地平遠，猶有視徑之大小差矣。

又 本氣徑差

金環又有二種。一爲虚環，人目所見其内規如上圖之癸。爲最光，向外漸微，至外規如上圖之壬。則似次光。此爲地上清蒙之氣所生，上文所說是也。一爲實環，若内若外，悉是最光。此所見者，必爲太陽原光矣。所以然者，太陰在最高，太陽在最卑，則太陰之視徑畧小於太陽之視徑，上文所云六十分之一者是也。但實環既爲原光，在太陽之周，非復向之虚環，從蒙氣中隱映而得者，則人居月景之中，何自得見之？即在景之偏際，亦宜見左失右，何自得全見之？曰：此亦因太陽出光折照，至於人目，雖正在景中猶得見之。折照之繇，即非地上清蒙之氣，而在空中之本氣。前交食第一卷論月體當食顯赤色，是氣景所生。此論地面當食而見光色，是空中本氣所射，其理一也。設甲爲太陽，其實邊乙丙。太陰在癸，其實邊丁戊。人居地面，在己辛之間，不能以直線見太陽，所以得見者，太陽全輪既受掩於月體，爲壬庚所餘庚乙實

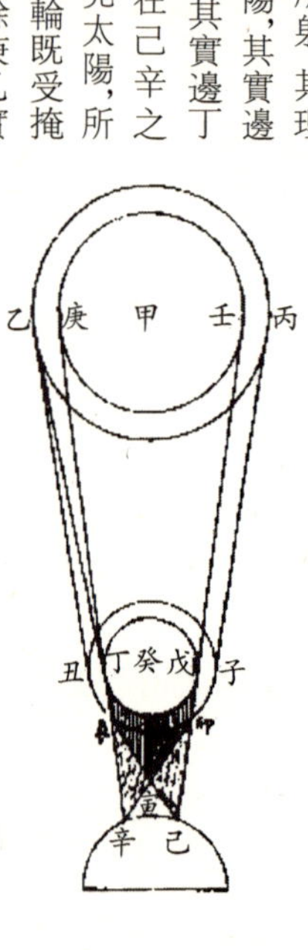

環，皆爲原光，而以庚壬内規之光正照丁戊月邊，過丁戊則折而内向，以至於地面己辛，其所緜内折者，欲就於甲癸垂線也。詳本篇一卷第五。己辛以内皆爲月景，得界丁辛及戊己成三角形。戊丁爲底，圖未盡景末。又太陽乙丙外規之光正照太陰近處爲子丑，過子丑又折入景中而相遇於寅，此折甚於前折者，愈遠於垂線，愈欲急就之也。得寅己辛角形。形以内爲折入景中之重光，人目在重光之中，從卯辰兩交得見光環，意疑在丁丑旋遶月輪，其實則太陽之原光庚己也。

問：本篇首卷言凡象射次澈之體，則成折線，故本章言日光過地面則折入於景，爲蒙氣故也。空中本氣則甚澈之體，何能受光而折入於人目乎？曰：空中本氣爲甚澈之體，此恒理也。然亦有時而變，如彗孛攙搶乃及客星等，皆在列宿天中，非理所宜，有難究其所生之緣，而實則恒有之。今言日食有金環者，大抵皆虚環也，其實環甚爲希有。萬一有之，不得不究所從來，故作此論。蓋虚環既蒙氣所爲，無可疑者，則實環之緣不得不在蒙氣之上。既在其上，不得不歸之空中本氣，舍是别無可推之理耳。兹有蒙氣以上變易之徵，聊足解此。萬曆三十三年乙巳八月，西國北極高四十度，測太陰在最庳，日全食，亦全掩原光，而其四方尚餘赤光如火，廣數度。依此地論，必言蒙氣所生，不足疑，亦無待辯矣。從此向西北一國，北極高五十餘度，同時測日不全食，未盡一分三十餘秒。日周以外，太陰餘分甚多，而此地尚見是大光。豈兩地相遠如此，尚當言蒙氣相同之故乎？縱使相同，而蒙氣距地面極高無過二百里，此不全食之地其交景之頂尚在二百里以上，全出蒙氣本界之外，則安得有本地面之蒙氣受照爲光，且四周皆見乎？彼所見滿景，四周之光既不爲蒙氣所生，必爲空氣所生矣。假如甲爲太陽，乙爲太陰，丙爲地，丁戊爲蒙氣界。若全食，則所生金環在丁戊之四周也。今不全食之地在己，其交景之頂爲子，亦見光此光非金環，因在日周，故其理不二。而光中甚黑，則非丁戊氣所能生矣。

又 **卷九八《曆法西傳》** 西新曆法

論測月平行，乃因視差及蒙氣差參錯，難分月體，且月體恒虧，無從測心，以此測月最繁，度分難得其準。須按西古今法于月食時驗而知之。晉史姜岌亦以月食衝驗太陽所在，然而考太陽之躔度易，考太陰之離度難。在姜爲倒用，兩率皆疎矣。且平行亦非一食可驗也。蓋任用一食，僅得當時之行度，何由遽定平行？必擇前後兩食各率均齊者以爲兩限，然後取其中積平分之，庶免日去地時近時遠，所生闊虚時大時小，與夫月轉時遲時疾，時在最高，時在最卑，諸凡月行不平之緣也。但欲得此前後食，務須求之記載。今考二十一史天文志，但記有年月日，而晷時刻分秒無已，借西曆補之。

又 **卷一〇〇《新法表異》卷下** 蒙氣有差

欲測七政經緯度分，先須定本地之蒙氣差。蓋地中時有游氣上騰，其質輕微，雖不能隱蔽天象，却能映小爲大，升卑爲高，故日月出入，人從地平上望之，比于中天則大。星座出入，人從地平上望之，比于中天則廣，此映小爲大也。定望日時，地在日月之間，人在地平，無兩見之理，而恒得兩見，或日未西没而已見月食于東，日已東出而尚見月食于西，或高山之上見日月出入，以較曆家算定時刻，每先升後墜，此升卑爲高也。且蒙氣又有厚薄，有高下。近水與浮虚之地氣盛，則厚而高；堅燥之地氣減，則薄而下。厚且高則映象愈大，升像愈高；薄且下，則映像不甚大，升像亦不甚高。大約地勢不等，氣勢亦不等，故受蒙者，其勢亦不等。欲定日躔月離五星列宿等之緯度，若非先定本地之蒙氣差，終難密合也。

熊明遇《格致章》

表圭

表臬即《周禮》匠人置槷之法，識日出入之景，參諸日中之景，以正方位。今法置小表於地平，前後累測日景，以求相等之兩長景，即爲東西。因得中間最短景，即爲真子午。若今所用圓石欹晷，是爲赤道晷，亦即周時土圭遺意。然十二時界限平分，則卯辰申酉，後天已午未，先天必將午界密縮，已未稍紓，辰申又稍紓，卯酉大紓而後時與天合。彼日出由大漸小，星度初出廣，中天漸狹，緣地上蒙氣厚薄映射，故有此等。

又 清蒙氣

清蒙之氣，地中游氣時時上騰，水上更多。其于物體不能隔礙人目，使之隱蔽，却能映小爲大，升卑爲高。故日出入，人從地平上望之，比于中天則大；星座出入，人從地平上望之，比于中天則廣，此映小爲大也。若望日時入，地在日月之間，無兩見之理，而恒得兩見，或日未西没而已見月食于東，日已東出而尚見月食于西，此升卑爲高也。如人帶眼鏡，物體似大。水注盞中，盞底覺浮，亦其一證矣。清蒙之差，測天者最宜詳密。郭守敬以前，諸人不知也。

方以智《物理小識》卷一《天類》　氣映差

魏朴亦言之矣，空中皆氣，江海水浮射之，其亘綴之算影皆不直也。置錢于盤，遠立者視之不見，注水溢盤，錢浮于水面矣。此猶日未出而水光浮，日初出而不熱之理也。溆川董漢陽穀謂京口至瓜洲，江面一千三百餘櫓，一櫓之力不過三尺，則四百丈也。中有金山，廣百五十丈，南北水面共二百五十丈，可以八十餘艘作浮橋，每舟二丈，中虛一丈，加版通行，當名朝宗萬歲橋。昔宋取南唐，繫浮橋于采石，雖暫亦知其可爲矣。《寰宇志》京口江濶四十里，蔡寬夫曰：瓜洲在江中也，今濶十七里，憶崇禎乙亥測量言二千丈餘者，以目光爲水光奪，以水嘗飽視其中爲極，而所餘猶半也。空中久視亦爲日光所搖，非固精凝定者，測量空遠，豈能準哉。暄曰：氣能使物大，氣能使物顯，氣能使物近。江中見逆風使檣者，隔岸望之，舟已觸岸而久不迴帆，乃知所望之岸非真岸也。又江中有洲，此岸望之則洲近彼岸，距十分之一；彼岸望之則近此岸，距十分之一，是知十與一乃中數也。故立清蒙差算法，然地上浮游之氣，日少而夜多，豎少而橫多，于差則蒙中有清，清中有蒙，蒙差少而清差多，要在算者之自得于心也。中通曰：測遠須重表，凡數測而後算，始能無差。又須彼岸有樹或屋或物，可作準的，方能測度，不然則一線江岸，左右無定，宜其不準也。日初出大而不熱者，地氣橫映，故大；氣厚隔遠，故不熱也。日午熱而不大者，地上氣淺，故不大；氣淺易透，故熱也。又日初出光切地圖之界，力輕，故不熱。日午光直射地平，力重，故熱。日初出，人目力橫視遠，故大。日午，人目力上視短，故小。

南懷仁《新製靈臺儀象志》卷四

測氣燥濕之分

測天諸氣之法，於蒙氣之差，所係爲最大。其差加減之於高度，則其所測之合天與否可定也。其測法并其差表，具載《日躔曆指》諸書中，但蒙氣差細微之處，極繁不過數分秒耳。今姑舉他體通廣之差，并其測法、差表以明其理，而推廣夫儀器之用法。夫通廣之體有二。一光明易爲透徹，一難透徹。皆由本體各有厚薄之分，厚薄有加減，則其所通光之差亦因之而有加減。又凡其所差，以天頂線爲主，其頂線則立於光所初入之地。夫日月諸星之光，若從易通光之體，而難入通光之體，則其所透之光，必向頂線而凝聚矣。若從難通光之體而入易通光之體，則其所透之光必離頂線而漁散矣。假如丙丁爲水盈之盤，於其底而置一錢，而錢所升之象，與太陽之升光，同一理也。其象交水盤之邊而初入空明之氣，若立頂線如壬丙己，則明見其象不依直線而射於乙，必更離於壬丙己頂線而偏射於辛。因從難透之水體，入易透之氣體故也。又試觀空明之地，如辛有光而以頂線壬丙己，從本盤之底己，至立水面丙，立有直表，而辛光之一道照至於丙點，其光道與表影，不依直線而射戊地，必依曲線向壬丙己頂線而偏於甲。因從易透空明之氣體，入難透之水體故也。其測法，用兩象限儀，一在水面上，一正對於水面下，而以水中表影所射之度數，對比於水外日高之度數。假如東西壬辛爲半球空影，其東西全徑於地平線平行，其壬東辛西兩象限儀各平分九十度，兩象限儀相對，同穿於壬辛頂線軸上，而任意左右轉移，以對於太陽之高度。次半球形，用水盈之地平東西之線令齊，而甲乙窺衡表，對於太陽之高度，則半徑辛乙表端之影，水中所對射之度數，爲氣水高下差之度數矣。若不用日光，則目依窺衡表甲乙線，水中所窺對之度數，爲氣水差之度數也。今照比例法，列爲六等之表，以明三等體所通光之差。各體立氣水等差二表，見於後篇。今約舉數端以解之。

水差者，光既從空明之氣而入透於水，則其水中所射之高度，比在空明氣之高度所差若干度分也。見一百四圖。假如太陽空明處距天頂線八十度，而其射光一道，徑過半徑表端甲，若圓球形之器內無水，測其光道與表影在圓器內依徑線正射八十度矣。若充其水齊邊，測其光道止射五十度矣。

一百四圖

因而通氣通水之光道差三十度。爲其玻璃差者，則光或是物象同一理。從空明之器透玻璃，離於徑線近遠之差也。見上氣水差之圖，而以丁線爲直徑線，以水盈之，圓球形爲玻離球形也。凡玻璃望遠、顯微等鏡，其所以發現物象近遠、大小、暗明、正斜之衆端，皆可從此差之理而明之。詳見本論。

水氣差者，則光或物象從水中升出，而射空明之氣，其所以射光之線，水內氣內各離頂線近遠不同之差也。假如射光之道，其在水內，離頂線五十度；其在空明氣內，離本頂線六十五度。兩差十五度，則此推表之度數，準合於儀器之所測矣。試於大盂內照氣水差表，製界節氣線日晷，盂中注水與表端齊，則太陽之光照表，其表影盂底正對於本日節氣線及時刻，纖毫不爽也。若盂內無水，則表影與本節氣線不對，而大謬矣。其照界節氣線日晷，依常法空明氣中製之，則表端與本節氣線難免有過不及之差。今依氣水差表製之，豈有表影與其所測之高度不相合者哉。

又 諸曜出入地平蒙氣廣度差表

諸曜出入地平，必在蒙氣之中，故其出入之廣度，有加分，有減分，北加而南減，多寡不等，依各地北極之高度多寡不等也。今依蒙氣之高差，最大者三十四分，而推其出入廣度之差分，悉照各方極之出地之高度，列表如左。

極高度	蒙氣差 度	分	秒
四	〇	〇二	二二
六		三	二二
八		四	三四
一〇		六	〇〇
一二		七	一五
一四		八	三三
一六		九	五〇
一八		一一	〇七
二〇		一二	二五
二二		一三	五〇
二四		一五	一七
二六		一六	四五
二八		一八	一二
三〇		一九	四〇
三二		二一	二四
三四		二三	一〇
三六		二四	五六
三八	〇	二六	四三
四〇		二八	四三
四二		三〇	五三
四四		三三	一七
四六		三五	四四
四八		三八	〇八
五〇		四〇	三二
五一		四二	二二
五二		四四	二二
五三		四六	〇二
五四		四七	五二
五五		四九	四二
五六		五一	三二
五七		五三	二二
五八		五五	一二
五九		五七	〇三
六〇		五八	五五

允祿　何國宗等《曆象考成》上編卷一五《五星曆理七五星合論》　五星視差

五星視差生於地半徑，其測算之法，並與太陽太陰同。土木二星距地極遠，地半徑與本天半徑之比例，土星爲一與一萬零九百五十三，木星爲一與五千九百一十八，其最大之視差俱不滿一分，可以不計。火星在最高之比例爲一與三千一百二十三，其最大之視差爲一分六秒；在中距之比例爲一與一千七百四十四，其最大之視差爲一分五十八秒；在最卑之比例爲一與四百一十，其最大之視差爲八分二十三秒。金星在最高之比例爲一與一千九百八十三，其最大之視差爲一分四十四秒；在中距與太陽同；在最卑之比例爲一與三百零一，其最大之視差爲一十一分二十五秒。水星在最高之比例爲一與一千六百三十三，其最大之視差爲二分零六秒；在中距與太陽同；在最卑之比例爲一與六百五十一，其最大之視差爲五分一十七秒。蓋五星距地之遠近不等，故視差之大小亦不等。今亦約爲最高、中距、最卑三限，用火、金、水三星距地心與地半徑之比例數，逐度各求地半徑差以立表。

又　表卷一《日躔表》　清蒙氣差表

清蒙氣差表分兩段列之，第一段自初度至二十二度，第二段自二十三度至四十五度，皆地平之高度。其所對之數，則逐度之蒙氣差也。用表之法，如測得七政或恒星高四十度，求蒙氣差，則察四十度所對之數爲一十秒，即所求之蒙氣差，與視高四十度相減，餘三十九度五十九分五十秒爲實高。如先推得實高三十九度五十九分五十秒，則以蒙氣差一十秒與實高相加，得四十度爲視高也。高度有零分者，亦按中比例法求之。

高度	蒙氣差 分	秒	高度	蒙氣差 分	秒
〇	三四	〇〇	二三	三	一〇
一	二六	〇〇	二四	二	五〇
二	二〇	〇〇	二五	二	三〇
三	一七	〇〇	二六	二	一五
四	一五	三〇	二七	二	〇〇
五	一四	三〇	二八	一	四五
六	一三	三〇	二九	一	三五
七	一二	四五	三〇	一	二五
八	一一	一五	三一	一	一五
九	一〇	三〇	三二	一	〇五
一〇	一〇	〇〇	三三		五五
一一	九	三〇	三四		四五
一二	九	〇〇	三五		三五
一三	八	三〇	三六		三〇
一四	八	〇〇	三七		二五
一五	七	三〇	三八		二〇
一六	七	〇〇	三九		一五
一七	六	三〇	四〇		一〇
一八	五	四五	四一		九
一九	五	〇〇	四二		八
二〇	四	三〇	四三		七
二一	四	〇〇	四四		六
二二	三	三〇	四五		五

允祿等《曆象考成後編》卷一《日躔數理》

黃赤距緯

皇祖聖祖仁皇帝命和碩莊親王等率同儒臣於暢春園蒙養齋開局，測太陽高度，得黃赤大距爲二十三度二十九分三十秒。今監臣戴進賢等歷考西史第谷所測，蓋在明隆萬時，而漢時多祿畝所測爲二十三度五十一分三十秒，較第谷爲多。我朝順治年間刻白爾改爲二十三度三十分，後利酌理、噶西尼又改爲二十三度二十九分，俱較第谷爲少。其前後多少之故，或謂諸家所用蒙氣差、地半徑差之數各有不同，故所定距緯亦異。然合中西考之，第谷以前未知有蒙氣差，而多祿畝與古爲近，至郭守敬則與第谷相若，而去多祿畝則有十數分之多。康熙年間所用蒙氣差、地半徑差俱仍第谷之舊，與刻白爾、噶西尼等所用之數不同，而所測大距又相去不遠。由此觀之，則黃赤距度古今實有不同，而非由於所用差數之異，所當隨時考測，以合天也。近日西法並宗噶西尼，故黄赤大距爲二十三度二十九分，至於測量之術，推算之理，上編闡奥發微，千古不易，故不復載。

又 清蒙氣差

清蒙氣差，西人第谷始發，其義謂地中遊氣上騰，能升卑爲高，映小爲大，而蒙氣之厚薄，升像之高下，又隨地不同。其所作蒙氣差表，謂其國北極出地五十五度，測得地平上最大蒙氣差三十四分。自地平以上，其差漸少，至距地高四十五度猶差五秒。更高則無蒙氣矣。厥後西人又言，北極高四十八度，太陽高四十五度時，蒙氣差尚有一分餘。自地平至天頂皆有蒙氣差。上編具載其説，而表則仍《新法算書》第谷之舊也。今監臣戴進賢等歷考西史第谷所定地平上蒙氣差，其門人刻白爾即謂失之稍大，而猶未定有確數。至噶西尼始從而改正焉。其説謂蒙氣繞乎地球之周，日月星照乎蒙氣之外，人在地面爲蒙氣所映，必能視之使高，而日月星之光線入乎蒙氣之中，必反折之使下，故光線與視線在蒙氣之内則合而爲一，蒙氣之外則歧而爲二。此二線所交之角，即爲蒙氣差角。第谷已悟其理，然猶未有算術。噶西尼反覆精求，謂視線與光線所歧雖有不同，而相合則有定處。自地心過所合處作線抵圜周，則此線即爲蒙氣之割線。視線與割線成一角，光線與割線亦成一角，二角相減，即得蒙氣差角。爰在北極出地高四十四度處屢加精測，得地平上最大差爲三十二分一十九秒，蒙氣之厚爲地半徑千萬分之六千零九十五。視線角與光線角正弦之比例，常如一千萬與一千萬零二千八百四十一。用是以推逐度之蒙氣差，至八十九度尚有一秒，驗諸實測，較第谷爲密。近日西法並宗之，具詳圖法於左。

如圖，甲爲地心，乙爲地面，乙甲爲地半徑一千萬，丙乙爲蒙氣之厚六千零九十五，丁爲太陽，月星倣此。照於蒙氣之戊。人自地面乙視之，則見日於戊者，當本天之己。己戊乙爲視線，丁戊乙爲光線，是視線常高，光線常卑，視線常直，光線常折。在戊點蒙氣之内，則光線與視線合同爲戊乙。出乎戊點之外，則視線己戊，光線丁戊歧而爲二，故己戊丁角爲蒙氣差角。試自地心甲出線過戊點至庚，則庚甲即爲地平上蒙氣之割線。己戊庚角爲視線與割線所成之角。丁戊庚角爲光線與割線所成之角，而己戊丁蒙氣差角即爲兩角之較。今既測得地平上蒙氣差爲三十二分一十九秒，又測定蒙氣之厚爲六千零九十五，則己戊庚視線角與丁戊庚光線角可以得其比例。其術用甲乙戊直角三角形，以甲戊一〇〇〇六〇九五與甲乙一千萬之比，同於乙直角正弦一千萬與戊角正弦九九九三九〇八小餘七一。之比，而得戊角爲八十八度，小餘百分秒之四二。即己戊庚角。又以己戊丁蒙氣差角三十二分一十九秒與之相加，得八十八度三十二分一十九秒，小餘四二。即丁戊庚角。其正弦爲九九九六七四八。小餘二五。夫視線角之正弦己辛爲九九九三九〇八，小餘七一。則光線角之正弦丁壬爲九九九六七四八。小餘二五。若設己辛爲一千萬，則丁壬必爲一〇〇〇二八四一，此兩角正弦之比例也。既得兩弦之比例，而蒙氣差之戊角與視線交蒙氣割線之戊角同。以在地平爲最大，漸近天頂則漸小，則是二者常相因，而逐度之蒙氣差皆可以兩弦比例而推。如求地平上高二十度癸己弧之蒙氣差，則癸戊乙爲視線，子戊乙爲光線，丑戊甲爲地平上二十度蒙氣之割線，戊乙丙角爲七十度，癸戊丑角爲視線與割線所成之角，其正弦爲癸寅。子戊丑角爲光線與割線所成之角，其正弦爲子卯。先用甲戊乙三角形求得戊角六十九度五十四分一十五秒，小餘五五。即癸戊丑角。又以一千萬與一〇〇〇二八四一之比同於癸寅與子卯之比，而得子戊丑角爲六十九度五十六分五十五秒。小餘九二。兩角相減，餘癸戊子角二分四十秒，小餘三七。即

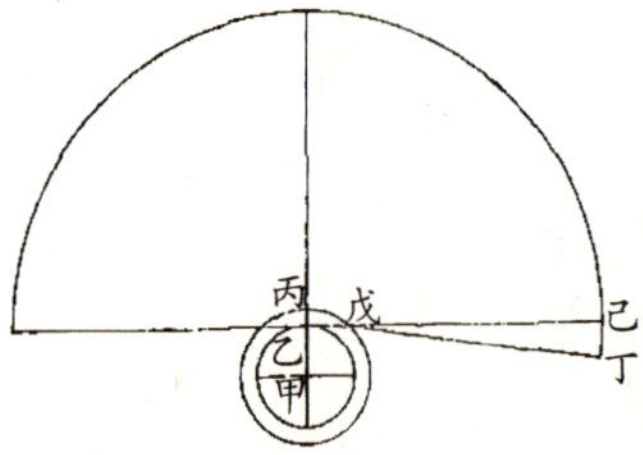

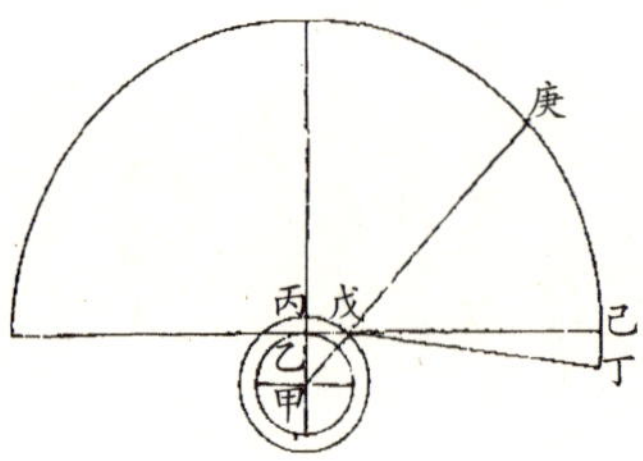

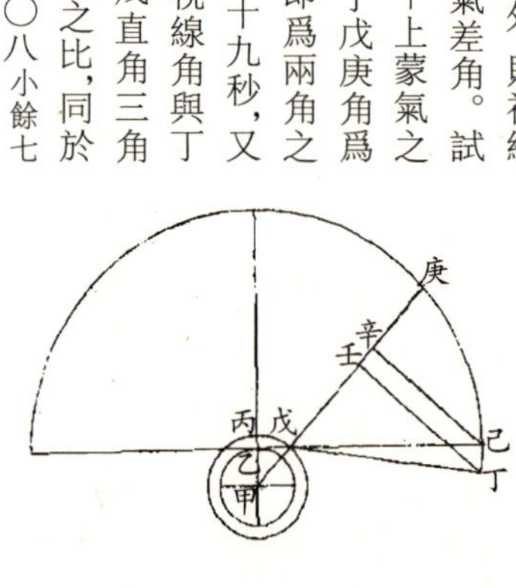

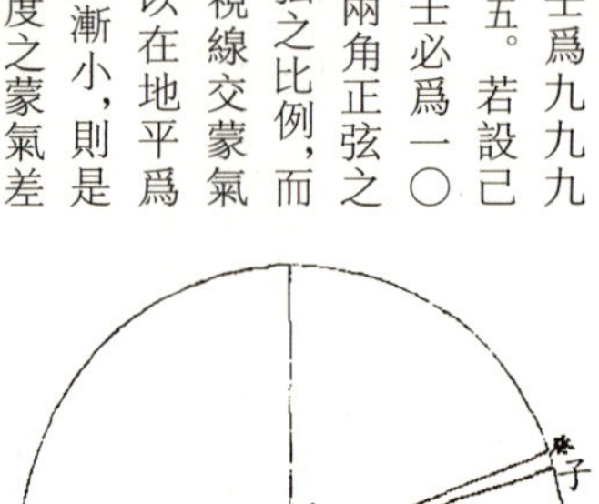

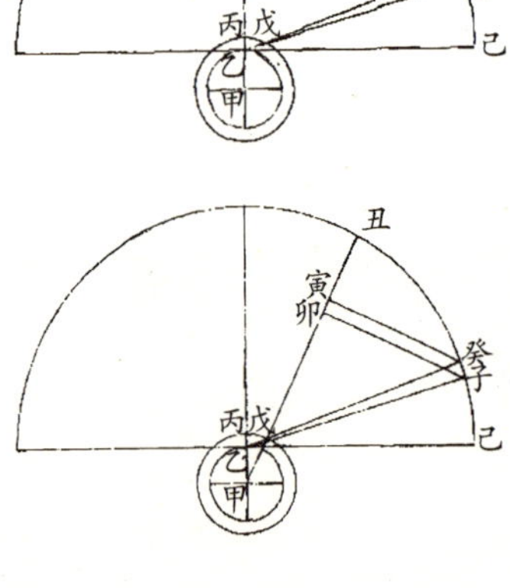

地平上二十度之蒙氣差也。餘倣此。

又　卷三《交食數理》　求影半徑及影差

地影半徑之大小，由於太陽距地有遠近，及太陰距地有高卑，故先以太陽在最高所生之大影爲率，求得太陰從高及卑所當地影之闊爲影半徑。又以太陽從高及卑所生各影小於大影之較爲影差，與影半徑相減，乃爲實影半徑。上編言之詳矣。見地影半徑篇。今以三角形之理考之，日月兩地半徑差相併，即與日半徑、影半徑相併之數等，而日月地半徑差及日半徑，皆推交食所必用之數，且又皆由距地之高卑、遠近而生，故近日西法皆不用另求影半徑，惟以日月兩地半徑差相加，內減去日半徑，餘即爲實影半徑，以影差已在其中也。此外又有視影之說，蓋以地上有蒙氣差，能映小爲大，則太陽實徑必小於視徑。實徑小則影大矣。又月食時日在地下，蒙氣轉蔽日光，則地影視徑必尤大於實徑，計其所大之分，約爲太陰地半徑差六十九分之一，故又以此爲影差，與實影半徑相加，爲視影半徑。則所謂影差者，名雖同而義實異也。

總之，算家立說，古今不必相同，然測驗皆期於合天，而推步必歸於有據。舊說謂太陽有光分，能侵地影使小。今說謂地周有蒙氣，能障地影使大。此亦極不同之致矣。然最大影半徑，舊爲四十六分四十八秒，今爲四十六分五十一秒，相差不過三秒。最小影半徑，舊爲四十二分三十八秒，今爲三十八分二十八秒，相差四分有餘。蓋地影之大小固由於太陽距地之遠近，及太陰距地之高卑，而太陰所關爲尤重。查最卑太陰距地，今昔相差不過百分地半徑之九十五，最高太陰距地則相差至百分地半徑之五百六十一。夫月之距地既因兩心差而不同，則月徑與影徑遂亦因之而各異，要皆據一時之所測，設法推步以求合，而非爲臆說也。圖說詳著於左。

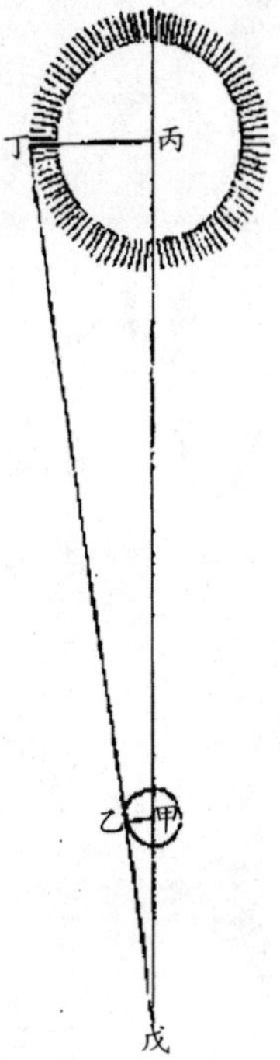

如圖，甲乙爲地半徑，甲丙爲日天半徑，丙丁爲日半徑。從丁切乙作光線，與丙甲線交於戊。甲戊爲地影之長，甲己爲月天半徑，庚己辛爲月行所當地影之濶，己甲辛角爲影半徑分。詳上編地影半徑篇。試觀甲丁辛三角形，丁辛二內角與壬甲辛一外角等，而丁角即太陽地半徑差，辛角即太陰地半徑差。甲丁線略與甲丙日天半徑等，甲辛線略與甲己月天半徑等，而其角皆與甲乙地半徑相當，故其角即爲地半徑差角。

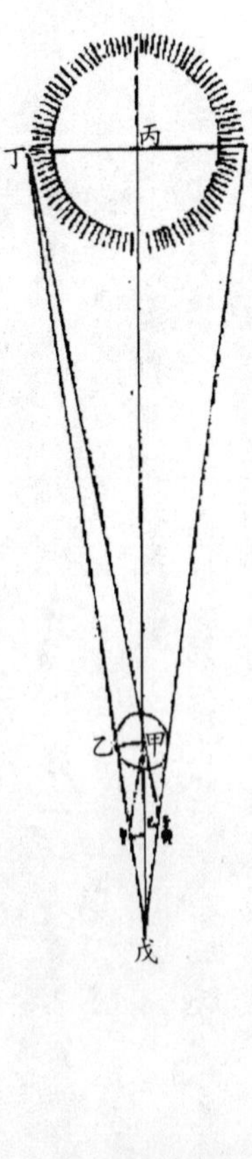

壬甲己角與丙甲丁角爲對角，即日半徑。故以丁角太陽地半徑差與辛角太陰地半徑差相加，即得壬甲辛角。內減日半徑壬甲己角，餘己甲辛角即實影半徑。蓋日月地半徑差及日半徑，既因日月距地之高卑遠近而時時不同，故所得影半徑即爲本時之實影半徑，不復有影差也。又蒙氣映小爲大，丙丁

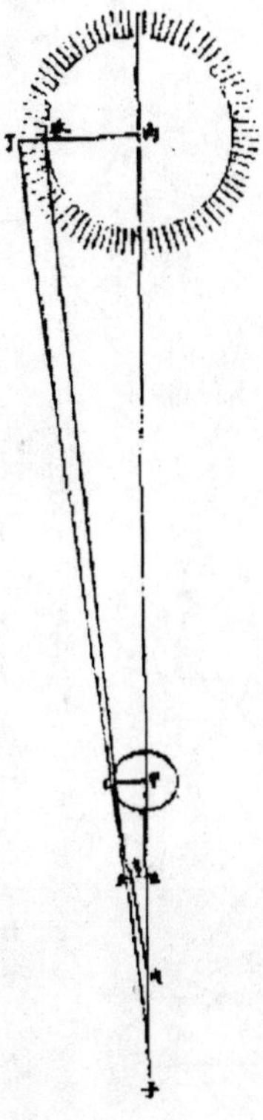

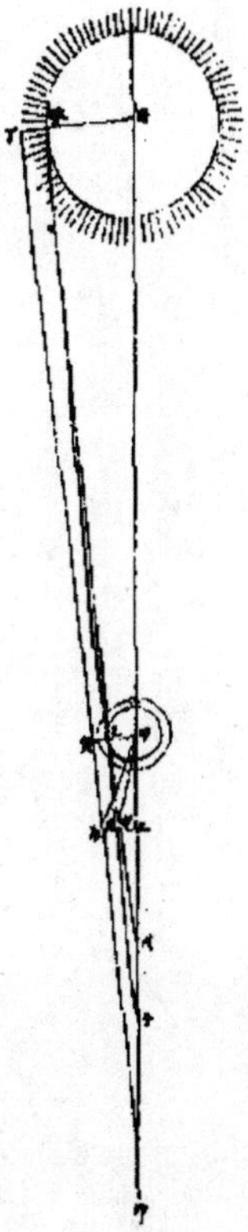

爲太陽視半徑，丙癸爲太陽實半徑。從癸切乙作光線，與丙甲線交於子，則月行所當地影半徑爲己丑，而己丑之分必大於己辛，且地球外蒙氣之厚如乙寅，從丁切寅作光線，與丙甲線交於卯，則月行所當地影半徑爲己辰，而己辰之分必尤大於己辛矣。此辛辰之分，當辛甲辰角約爲甲辛乙角六十九分之一，故又以此爲影差，與實影半徑己甲辛角相加，得己甲辰角爲視影半徑也。

又 卷七《日躔表》 清蒙氣差表

清蒙氣差表分四段列之，每段前列距地平之度分，後列距天頂之度分，中列蒙氣差之分秒。第一段距地平自初度至五度三十分，距天頂自九十度至八十四度三十分。第二段距地平自五度三十分至二十三度，距天頂自八十四度三十分至六十七度。第三段距地平自二十三度至五十六度，距天頂自六十七度至三十四度。第四段距地平自五十六度至八十九度，距天頂自三十四度至一度。其每段中列蒙氣差之分秒，即距地平與距天頂逐度之蒙氣差也。表列距地平度分自初度至七度，因距地平近，距天頂遠，其蒙氣差之較數甚大，故俱以十分爲率。自七度至十五度，因距地平漸遠，距天頂漸近，其蒙氣差之較數漸小，故俱以三十分爲率。自十五度至八十九度，因距地平遠，距天頂近，其蒙氣差之較數甚微，故俱以一度爲率。

用表之法。如測得七政或恒星高四十度，求蒙氣差，則察距地平四十度所對之數爲一分一十秒，即所求之蒙氣差，與視高四十度相減，餘三十九度五十八分五十秒爲實高。如先推得實高三十九度五十八分五十秒，則以蒙氣差一分一十秒與實高相加，得四十度爲視高。如測得距天頂五十度，求蒙氣差，則察距天頂五十度所對之數爲一分一十秒，即所求之蒙氣差，與距天頂五十度相加，得五十度一分一十秒爲實距天頂。如先推得實距天頂五十度一分一十秒，則以蒙氣差一分一十秒與實距天頂相減，得五十度爲視距天頂也。高度與距天頂有零分者，按中比例法求之。

距地平		蒙氣差		距天頂		距地平	
度	分	分	秒	度	分	度	分
〇	〇〇	三二	一九	九〇	〇〇	五	三〇
〇	一〇	三二	〇九	八九	五〇	五	四〇
〇	二〇	三一	四二	八九	四〇	五	五〇
〇	三〇	三一	〇〇	八九	三〇	六	〇〇
〇	四〇	三〇	〇七	八九	二〇	六	一〇
〇	五〇	二九	〇四	八九	一〇	六	二〇
一	〇〇	二七	五五	八九	〇〇	六	三〇
一	一〇	二六	四三	八八	五〇	六	四〇
一	二〇	二五	三〇	八八	四〇	六	五〇
一	三〇	二四	二一	八八	三〇	七	〇〇
一	四〇	二三	一一	八八	二〇	七	三〇
一	五〇	二二	〇六	八八	一〇	八	〇〇
二	〇〇	二一	〇四	八八	〇〇	八	三〇
二	一〇	二〇	〇六	八七	五〇	九	〇〇
二	二〇	一九	一〇	八七	四〇	九	三〇
二	三〇	一八	二〇	八七	三〇	一〇	〇〇
二	四〇	一七	三一	八七	二〇	一〇	三〇
二	五〇	一六	四八	八七	一〇	一一	〇〇
三	〇〇	一六	〇六	八七	〇〇	一一	三〇
三	一〇	一五	二六	八六	五〇	一二	〇〇
三	二〇	一四	五〇	八六	四〇	一二	三〇
三	三〇	一四	一六	八六	三〇	一三	〇〇
三	四〇	一三	四四	八六	二〇	一三	三〇
三	五〇	一三	一五	八六	一〇	一四	〇〇
四	〇〇	一二	四八	八六	〇〇	一四	三〇
四	一〇	一二	二一	八五	五〇	一五	〇〇
四	二〇	一一	五六	八五	四〇	一六	〇〇
四	三〇	一一	三四	八五	三〇	一七	〇〇
四	四〇	一一	一二	八五	二〇	一八	〇〇
四	五〇	一〇	五一	八五	一〇	一九	〇〇
五	〇〇	一〇	三二	八五	〇〇	二〇	〇〇
五	一〇	一〇	一三	八四	五〇	二一	〇〇
五	二〇	九	五五	八四	四〇	二二	〇〇
五	三〇	九	三九	八四	三〇	二三	〇〇

蒙氣差		距天頂		距地平		蒙氣差		距天頂		距地平		蒙氣差		距天頂	
分	秒	度	分	度	分	分	秒	度	分	度	分	分	秒	度	分
九	三九	八四	三〇	二三	〇〇	二	一八	六七	〇〇	五六	〇〇		四〇	三四	〇〇
九	二四	八四	二〇	二四	〇〇	二	一二	六六	〇〇	五七	〇〇		三八	三三	〇〇
九	〇九	八四	一〇	二五	〇〇	二	〇六	六五	〇〇	五八	〇〇		三七	三二	〇〇
八	五五	八四	〇〇	二六	〇〇	二	〇〇	六四	〇〇	五九	〇〇		三五	三一	〇〇
八	四一	八三	五〇	二七	〇〇	一	五五	六三	〇〇	六〇	〇〇		三四	三〇	〇〇
八	二八	八三	四〇	二八	〇〇	一	五一	六二	〇〇	六一	〇〇		三三	二九	〇〇
八	一六	八三	三〇	二九	〇〇	一	四六	六一	〇〇	六二	〇〇		三一	二八	〇〇
八	〇五	八三	二〇	三〇	〇〇	一	四二	六〇	〇〇	六三	〇〇		三〇	二七	〇〇
七	五四	八三	一〇	三一	〇〇	一	三八	五九	〇〇	六四	〇〇		二八	二六	〇〇
七	四三	八三	〇〇	三二	〇〇	一	三四	五八	〇〇	六五	〇〇		二七	二五	〇〇
七	一三	八二	三〇	三三	〇〇	一	三〇	五七	〇〇	六六	〇〇		二五	二四	〇〇
六	四七	八二	〇〇	三四	〇〇	一	二七	五六	〇〇	六七	〇〇		二六	二三	〇〇
六	二三	八一	三〇	三五	〇〇	一	二三	五五	〇〇	六八	〇〇		二四	二二	〇〇
六	〇三	八一	〇〇	三六	〇〇	一	二〇	五四	〇〇	六九	〇〇		二二	二一	〇〇
五	四四	八〇	三〇	三七	〇〇	一	一八	五三	〇〇	七〇	〇〇		二一	二〇	〇〇
五	二八	八〇	〇〇	三八	〇〇	一	一五	五二	〇〇	七一	〇〇		二〇	一九	〇〇
五	一二	七九	三〇	三九	〇〇	一	一二	五一	〇〇	七二	〇〇		一九	一八	〇〇
四	五八	七九	〇〇	四〇	〇〇	一	一〇	五〇	〇〇	七三	〇〇		一八	一七	〇〇
四	四五	七八	三〇	四一	〇〇	一	〇七	四九	〇〇	七四	〇〇		一七	一六	〇〇
四	三三	七八	〇〇	四二	〇〇	一	〇五	四八	〇〇	七五	〇〇		一六	一五	〇〇
四	二二	七七	三〇	四三	〇〇	一	〇三	四七	〇〇	七六	〇〇		一四	一四	〇〇
四	一二	七七	〇〇	四四	〇〇	一	〇一	四六	〇〇	七七	〇〇		一三	一三	〇〇
四	〇二	七六	三〇	四五	〇〇		五九	四五	〇〇	七八	〇〇		一二	一二	〇〇
三	五三	七六	〇〇	四六	〇〇		五八	四四	〇〇	七九	〇〇		一一	一一	〇〇
三	四五	七五	三〇	四七	〇〇		五六	四三	〇〇	八〇	〇〇		一〇	一〇	〇〇
三	三八	七五	〇〇	四八	〇〇		五四	四二	〇〇	八一	〇〇		九	九	〇〇
三	二四	七四	〇〇	四九	〇〇		五二	四一	〇〇	八二	〇〇		八	八	〇〇
三	一一	七三	〇〇	五〇	〇〇		五〇	四〇	〇〇	八三	〇〇		七	七	〇〇
三	〇〇	七二	〇〇	五一	〇〇		四九	三九	〇〇	八四	〇〇		六	六	〇〇
二	四九	七一	〇〇	五二	〇〇		四七	三八	〇〇	八五	〇〇		五	五	〇〇
二	三九	七〇	〇〇	五三	〇〇		四五	三七	〇〇	八六	〇〇		四	四	〇〇
二	三一	六九	〇〇	五四	〇〇		四三	三六	〇〇	八七	〇〇		三	三	〇〇
二	二五	六八	〇〇	五五	〇〇		四一	三五	〇〇	八八	〇〇		二	二	〇〇
二	一八	六七	〇〇	五六	〇〇		四〇	三四	〇〇	八九	〇〇		一	一	〇〇

江永《數學》卷一《數學補論》 論青蒙氣

問：西人謂近地平有青蒙氣，其高約九里，澤國彌厚彌高。日月在青蒙氣內小可大，卑可高。其說信然與？曰：信也。凡徹體之物，如氣，如水，如玻璃、水晶，皆能變物之形，遠可使近，小可使大，直可使曲，深可使淺，卑可使高。遠鏡，其顯者也。插篙於水，置錢於盂，無不可驗。是以日月出地與將入地，視徑加大，蒙氣映之故也。不惟加大而已，更能升之使高，實未出地而已出地也，雖已入地而猶未入也。故西人論日食，於高卑、南北、東西三差之外，更有青蒙氣差、青蒙徑差，此爲帶食言之也。有此二差，則日暮日食，以東西差加減之。而當食者，蒙氣或升之而不食矣。其不當食者，或升之而見食矣。視徑加大則能變食限與加時早晚、食分多少矣。此非臺官所能預定，必隨方測候而後可知。前史有書當食不食，不當食而食者，其故或由此與？梅先生未嘗言及青蒙氣，謂湯、羅諸公已言之耳。學者固不可不知。

秦蕙田《五禮通考》卷一八一《嘉禮五十四・觀象授時》 天九重

古今術家皆言月在太陽之下，故月體能蔽日光而日爲之食，是日高月下，日遠月近之證也。又步日食者以交道表裏而論，其食分隨地所見深淺各異。考此方見食既者，越數千里而僅虧其半。古人立法謂之東西南北差，是則日之下月之上相距甚遠之證也。又月與五星皆能掩食恒星，是恒星最在上而於地最遠也。月又能掩食五星，是月最在下而於地最近也。五星又能互相掩，是五星在恒星之下、月之上，而其所居又各有高下，於地各有遠近也。嚮使七政同在一規而無高下之距，則相遇之時必相觸擊，何以能相掩食而過乎？是故居七政之上最近大圜，最遠於地者爲恒星，恒星之下次爲土星，又次爲木星，次爲火星，次爲太陽，爲金，爲水，最近於地者爲月。以視差言之，與人目遠者視差微，近則視差大，故恒星之視差最微，以次漸增，至月而差極大也。以行度言之，近大圜者爲動天所掣，故左旋速而右移之度反遲。故左旋之勢恒星最速，以次漸遲，至月而爲最遲也。右移之度恒星最遲，以次漸速，至月而反最速也。是二者宛轉相求，其數巧合高下之理，可無復疑。

又 卷一八四《嘉禮五十七・觀象授時》 測景之法

西史第谷欲究極日躔行度之理，造大渾儀，測諸經緯度分。每渾儀所測之緯度高於所算太陽之緯度，乃知真高在視高之下。因悟差高之緣，蓋清蒙之氣所爲也。清蒙之氣者，地中游氣時時上騰，入夜爲多，水上更多，其質輕微，略似澄清之水。其於物體，不能隔礙人目使之隱蔽，却能映小爲大，升卑爲高，故日月出入，人從地平上望之，比于中天則大；星座出入，人從地平上望之，比于中天則廣，此映小爲大也。定望日時，地在日月之間，人在地平，無兩見之理，而恒得兩見，或日未西没而已見月食于東，日已東出而尚見月食於西；或高山之上見日月出入，以較算定時刻每先昇後墜，此升卑爲高也。清蒙之氣有厚薄，有高下。氣盛則厚而高，氣減則薄而下。厚且高，則映像愈大，升像愈高。薄且下，則映像不甚大，升像亦不甚高。其所繇，厚且高者。若海，若江湖，水氣多也。或水少而土浮虛，此氣能令輕塵上升，亦厚且高也。地勢不等，氣勢亦不等，故受蒙者，其勢亦不等。欲定日躔月離五星列宿等之緯度，宜先定本地之清蒙差。清蒙之本性能昇物象，令高于實在之所，不能偏左偏右，故其差恒在緯度，不在經度。

凡七政之視差有二：一爲地半徑差，一爲清蒙氣差。地半徑差，月最大，日、金、水次之，火、木、土則漸遠漸消，恒星天最遠，地居其中止于一點，故絶無地半徑差，而獨有清蒙之差。清蒙地氣去人甚近，故不論天體近遠，但以高卑爲限。星去地平未遠，人目望之，星爲此氣所蒙，不能直射人目，必成折照乃能見之。一經轉折，人之見星必不在其實所，即星體在地平之下，人所目見乃在其上也。迨升度既高，蒙氣已絶，則直射人目，是爲正照，雖星月之間微有濕氣，不能爲差也。試用一星於地平近處測其去北極之度，迨至子午圈上又測之，即兩測必不合；或用兩星于地平近處測其距度，逮至子午圈上又測之，即兩測亦不必合，此其證也。此氣晴明，時有之，人目所不見，而能曲折相照，升卑爲高，故名清蒙。若雲霧等濁蒙，直是難測，不論視差矣。

觀承案：測景直推至清蒙氣差，比地半徑差爲更盡矣。正唯如此，則立表測量亦第能得其大分耳。圭撮芒渺之間，安能使之鬚眉畢現也哉。故後世雖立法更密，測望更精，而天道幽(元)[玄]，必非人力所能窮竟者。觀象者但當順天以求合，而不能爲合以驗天。西法雖善，千百年後安能保其無纖毫差謬矣。

江氏永曰：凡徹體之物，如氣，如水，如玻璃、水晶，皆能變物之形，遠可使近，小可使大，直可使曲，深可使淺，卑可使高，遠鏡其顯者也。插篙於水，置錢於盂，無不可驗。是以日月出地與將入地，視徑加大，蒙氣映之故也。不唯加大而已，更能升之使高，實未出地而已出地也，雖已入地而猶未入也。故日食於高卑、南北、東西三差之外，更有清蒙氣差、清蒙徑差，此爲帶食言之也。有此二差，則旦暮日食，以東西差加減之，而當食者，蒙氣或升之而不食矣；其不當食者，或升之而見食矣。視徑加大，則能變食限與加時早晚、食分多少矣。此非臺官所能豫定，必隨方測候而後可知。前史有書當食不食、不當食而食者，其故或由此與？

蕙田案：《隋書》姜岌言地有遊氣，故參伐在旁則其間疏，在上則其間數。

日晨夕近地，故色赤而大。無遊氣，則色白大不甚矣。宋沈括言在本局候景入濁、出濁之節，日日不同，蓋皆以近地之氣能變易實體。而謂之遊氣，謂之濁氛，日日有之，且厚薄無常，隨地不等也。西法辨別其間有清蒙、濁蒙，濁蒙則全無準，清蒙尚可得其準差。要之，既爲氣差，詎能一定，隨各地厚薄之常，較驗爲法，可也。

嵇璜　劉墉等《清朝通志》卷二〇《天文略三・日月》　清蒙氣差

清蒙氣差，從古未聞。明萬曆間西人第谷始發之，其言曰：清蒙氣者，地中遊氣時時上騰，其質輕微，不能隔碍人目，却能映小爲大，升卑爲高。故日月在地平上，比於中天則大；星座在地平上，比於中天則廣，此映小爲大也。定望時，地在日月之間，人在地面，無兩見之理，而恒得兩見；或日未西没而已見月食於東，日已東出而尚見月食於西，此升卑爲高也。又曰：清蒙之氣有厚薄，有高下。氣盛則厚而高，氣微則薄而下。而升象之高下亦因之而殊。其所以有厚薄，有高下者，地勢殊也。若海或江湖，水氣多，則清蒙氣必厚且高也。故欲定七政之緯，宜先定本地之清蒙差。第谷言其國北極出地五十五度有奇，測得地平上最大之差三十四分。自地平以上其差漸少，至四十五度其差五秒，更高則無差。此即《新法曆書》所用之表也。近日西人又言，於北極出地四十八度之地，測得太陽高四十五度時，蒙氣差尚有一分餘。自地平至天頂皆有蒙氣差。即此觀之，益見蒙氣差之隨地不同，而第谷爲不妄矣。

第谷所定地平蒙氣差，噶西尼謂蒙氣繞乎地球之周，日月星照乎蒙氣之外，人在地面爲蒙氣所暎，必能視之使高；而日月星之光線入乎蒙氣之中，必反折之使下，故光線與視線在蒙氣之内則合而爲一，蒙氣之外則岐而爲二。此二線所交之角，即爲蒙氣差角。第谷已悟其理，然猶未有算法。今反覆精求，視線與光線所岐雖有不同，而相合則有定處。自地心過所合處作線抵圜周，則此線即爲蒙氣之割線。視線與割線成一角，光線與割線亦成一角，二角相減，即得蒙氣差角。爰在北極出地高四十四度處，屢加精測，得地平最大差爲三十二分二十九秒，蒙氣之厚爲地半徑千萬分之六千零九十五。視線角與光線角正弦之比例，常如一千萬與一千萬零二千八百四十一，用是以推逐度之蒙氣差，至八十九度尚有一秒。驗諸實測，較第谷爲密。近日西法並宗之。

阮元《疇人傳》卷六《後秦附姜岌》　論曰：古人驗昏旦中星，非特紀時候，且以攷日所在也。岌以月食檢知日度，其所得更準切矣。西人言蒙氣差能升卑爲高，映小爲大，與岌所稱正合。然則蒙氣反光之差，不待第谷而後始明其理也。

又　卷二〇《宋二・沈括》　論曰：括於步算之學，深造自得，所上三議並得要領。其景表一議尤有特見，所謂煙氣塵氛出濁入濁之節，日日不同，即西人蒙氣差所自出也。

又　卷四一《國朝八・顧琮》　顧琮，字用方，滿洲人也，官吏部尚書。雍正八年六月朔日食，第谷舊法微有差。以監臣西洋人戴進賢所用新法校之，纖微密合。世宗皇帝因命進賢修日躔月離二表，續於《考成》之後，然有表無説，亦無推算之法，琮恐久而失傳。乾隆二年，奏請以梅瑴成爲總裁，何國宗爲副總，同進賢等增修表解圖説。其法以雍正癸卯冬至次日子正爲元，太陽日平行三千五百四十八秒，小餘三三九零八九七，氣應三十二日，一二二五四最卑。每歲平行六十二秒，小餘九九七五，最卑應八度七分三十二秒二十二微。太陰日平行四萬七千四百三十五秒，小餘零二三四零八六，平行應五宫二十六度二十七分四十八秒五十三微。最高日平行四百一秒，小餘零七零二二六。最卑應八宫一度一十五分四十五秒三十八微。正交日平行一百九十秒，小餘六三八六三。正交應五宫二十二度五十七分三十七秒三十三微。與舊法異者，大端有三：一太陽地半徑差，舊定爲三分，今測止十秒；一清蒙氣差，舊定地平上三十四分，高四十五度止五秒，今測地平上三十二分，高四十五度尚有五十九秒；一日月五星本天舊爲平圓，今爲橢圓。越六年，書成，凡十卷，即《御定秝象考成後編》也。

又　卷四五《西洋三附湯若望》　本朝後所作也。若望論新法大要凡四十二事。一曰天地經緯，言天有經緯，地亦有之。地形實圓，大約二百五十里當天之一度，經緯皆然。二曰諸曜異天，言諸曜各天高卑相距遠甚，舊秝認爲同心，爲誤非小。三曰圓心不同，言太陽本圈與地不同心，二心相距古今不等。四曰蒙氣有差，言地中有游氣上騰，能映小爲大，升卑爲高。地勢不等，氣勢亦不等。若非先定本地之蒙氣差，終難密合。五曰測算異古，言古法測天惟以勾股，新法測天以弧三角形，算以割圓八線表，是爲以圓齊圓，遇直遇斜無往不合。六曰測算皆以黄道，言日行黄道，月五星皆出入黄道内外，秝家測天用赤道儀，所得經度尚非本曜在天之宫次；新法就所得通以黄赤通率表，乃與天行密合。【略】

又　《西洋三附南懷仁》　夫地平而分爲經緯兩儀者，以便於用而窺測爲準故也。其便於用者，蓋謂兩人同時分測，乃并向於一點，以轉動而互用之，則赤道經緯度可推也。並天日月五星之視差及地半徑差、清蒙氣差等，無不可推也。

又 卷四六《西洋四附噶西尼刻白爾》 噶西尼改黃赤大距爲二十三度二十九分，定蒙氣差最大爲三十二分十九秒，蒙氣之厚爲地半徑千萬分之六千九十五，至高八十九度尚有一秒；測地半徑差最高爲九秒五十微，最卑爲十秒十微。

劉啓端《大清會典圖》卷一〇七《天文一天體》

後秦姜岌曰：日初出，地有游氣厭日光。又曰：地氣上升，蒙蒙四合。宋沈括曰：煙氣塵坌，變坐不常，入濁出濁之節，日日不同。此即今所謂蒙氣差，然未以之入曆也。明萬曆間，西人第谷始發之，謂清蒙氣者，地中游氣，時時上騰，其質輕微，不能隔凝人目，卻能映小爲大，升卑爲高。日月在地平上，比於中天則大。星座在地平上，比於中天則廣，此映小爲大也。定望時，地在日月之間，人在地面，無兩見之理，而恒得兩見，或日未西沒而已見月食於東，日已東出而尚見月食於西，此升卑爲高也。又曰：清蒙之氣，有厚薄，有高下。氣盛，則厚而高；氣微，則薄而下。而升像之高下，亦因之而殊。其所以有厚薄，有高下者，地勢殊也。若海，若江湖，水氣多，則清蒙氣必厚且高也。乾隆中，監臣戴進賢歷考西史第谷所定地平上蒙氣差表，其門人刻白爾謂夫之稍大，然未定確數，至噶西尼始改正焉。其說謂蒙氣繞乎地球之周，日月星照乎蒙氣之外，人在地面爲蒙氣所映，必能視之使高；而日月星之光綫入乎蒙氣之中，必反折之使下。故光綫與視綫在蒙氣之內，則合而爲一；蒙氣之外，則歧而爲二。此二綫所交之角，即爲蒙氣差角。第谷已悟其理，然猶未有算術。噶西尼反覆精求，謂視綫與光綫所歧雖有不同，而相合則有定處。自地心過所合處作綫抵圜周，則此綫即爲蒙氣之割綫。視綫與割綫成一角，光綫與割綫亦成一角，二角相減，即得蒙氣差角。爰於北極出地高四十度處屢加精測，得地平上最大差爲三十二分一十九秒，蒙氣之厚爲地半徑千萬分之六千零九十五。視綫角與光綫角正弦之比例，常如一千萬與一千萬零二千八百四十一。用是以推逐度之蒙氣差，至八十九度尚有一秒。驗諸實測，較第谷爲密矣。《曆象考成前編》用第谷說，《後編》用噶西尼說。今各爲圖以顯之。

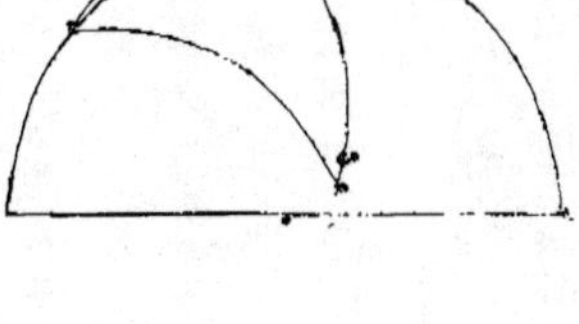

清蒙氣差圖一

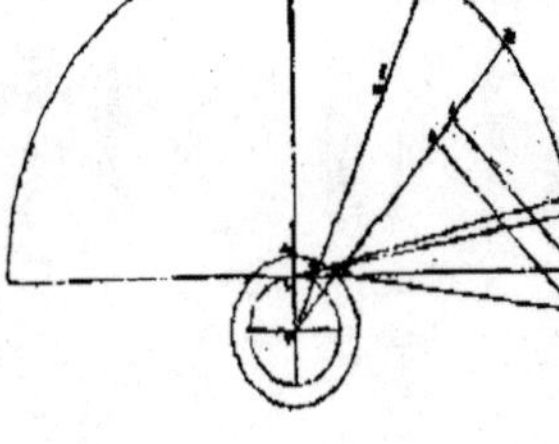

清蒙氣差圖二

如第一圖，用第谷說也。甲爲地心，乙爲天頂，丙爲太陽，丁爲北極，乙戊爲子午規，乙丙己爲高弧，丙己爲太陽實高弧，庚己爲視高弧。設太陽高一十度三十四分四十二秒，距正午八十三度地平經度，於時日體降婁宮三度三十六分，距赤道北一度二十六分。今用丁乙丙斜弧三角形，此形有北極至天頂之丁乙弧五十度零三十秒，有太陽距北極之丁丙弧八十八度三十四分，以距緯一度二十六分減象限九十度得之。有丁乙丙角九十七度，己乙戊角八十三度，爲太陽距正午之度，與半周相減，即得丁乙丙角。求太陽實距天頂之乙丙弧。法以乙丙弧引長，從丁作丁辛垂弧，兩弧相交於辛爲直角，遂成丁辛乙、丁辛丙兩正弧三角形。先用丁辛乙正弧三角形，以半徑一千萬與乙角八十三度之正弦九九二五四六二之比，同於乙丁弧五十度零三十秒之正弦七六六一三七九與丁辛弧之正弦七六〇四二七三之比，得丁辛弧四十九度三十分零七秒。又以半徑一千萬與乙角八十三度之餘弦一二一八六九三之比，同於乙丁弧五十度零三十秒之正切一一九二一〇五六與乙辛弧之正切一四五二八一一之比，得乙辛弧八度一十五分五十八秒。次用丁辛丙正弧三角形，以丁丙弧八十八度三十四分之正弦九九九六八七一與丁辛弧四十九度三十分零七秒之正弦七六〇四二七三之比，同於半徑一千萬與丙角正弦七六〇六六五三之比，得丙角四十九度三十一分二十二秒。又以丙角四十九度三十一分二十二秒之正切一一七一七九二七與半徑一千萬之比，同於丁辛弧四十九度三十分零七秒之正切一一七〇九三〇二與辛丙弧之正弦九九九一六三九之比，得辛丙弧八十七度四十八分零五秒。於辛丙弧內減去乙辛弧八度一十五分五十八秒，餘乙丙弧七十九度三十二分零七秒，爲太陽實距天頂之度。以乙丙弧與乙己弧九十度相減，餘丙己弧一十度二十七分五十三秒，爲太陽之實高。乃以實高與視高一十度三十四分四十二秒相減，餘六分四十九秒，加地半徑差二分五十七秒，得九分四十六秒，爲地平上一十度三十五分之蒙氣差。

如第二圖，用噶西尼說也。甲爲地心，乙爲地面，乙甲爲地半徑一千萬，丙乙爲蒙氣之厚六千零九十五，丁爲太陽，月星仿此。照於蒙氣之戊。人自地面乙視之，則見日於戊者，當本天之己。己戊乙爲視綫，丁戊乙爲光綫，視綫常高，光綫常卑；視綫常直，光綫常折。在戊點蒙氣之内，則光綫與視綫合，同爲戊乙。出乎戊點之外，則視綫己戊，光綫丁戊，歧而爲二。故己戊丁角爲蒙氣差角。試自地心甲出綫過戊點至庚，則庚甲即爲地平上蒙氣之割綫。己戊庚角爲視綫與割綫所成之角。丁戊庚角爲光綫與割綫所成之角。而己戊丁蒙氣差角，即爲兩角之較。於是用甲乙戊直角三角形，以甲戊一〇〇〇六〇九五作地半徑加蒙氣厚之數。爲一率，甲乙一千萬地半徑。爲二率，乙角正弦一千萬爲三率，求得四率九九九三九〇八小餘七一。爲戊角即己戊庚角。正弦，檢表得八十八度。小餘百分秒之四二。以己戊丁蒙氣差角加之，得八十八度三十二分一十九秒，小餘四二。即丁戊庚角。其正弦爲九九九六七四八。小餘二五。夫視綫角之正弦己辛爲九九九三九〇八，小餘七一。光綫角之正弦丁壬爲九九九六七四八。小餘二五。若設己辛爲一千萬，則丁壬必爲一〇〇〇二八四一，此兩角正弦之比例也。既得兩弦之比例，而蒙氣差之戊角與視綫交蒙氣割綫之戊角，同以在地平爲最大，漸近天頂則差漸小，二者常相因。而逐度之蒙氣差，皆可以兩弦比例而推。如求地平上高二十度癸己弧之蒙氣差，則癸辰乙爲視綫，子辰乙爲光綫，丑辰甲爲地平上二十度蒙氣之割綫，辰乙丙角爲七十度，癸辰丑角爲視綫與割綫所成之角，其正弦爲癸寅；子辰丑角爲光綫與割綫所成之角，其正弦爲子卯。先用甲辰乙三角形，求得辰角六十九度五十四分一十五秒，小餘五五。即癸辰丑角。又以一千萬爲一率，一〇〇〇二八四一爲二率，癸寅爲三率，求得四率子卯，檢表得子辰丑角六十九度五十六分五十五秒。小餘九二。兩角相減，餘癸辰子角二分四十秒，小餘三七。爲地平上二十度之蒙氣差。而逐度之差視此矣。

鄭光祖《一斑録》雜述二　溼氣朦空

天宇澄清則日月之光朗，故洋中鹹水下澄上無塵滓，晝日可遠望，夜月亦至明。若陰雨太甚，長空爲溼氣所朦，不獨上記彩虹日珥也，即二曜光彩亦必較差。故道光十一年大水，七月中旬，日光所照，視之若菉豆色。入夜，天無纖雲，月出正圓，照物無影。至十月二十六夜，適同。諸親友會飲時，天亦晴霽，立庭中四望，在天但見落落大星，一切微細小星俱不覩也。

鄭復光《鏡鏡詅癡》卷一《明原》　原光

十、大地之上，水土濕蒸爲清濛氣，原色七。隨時厚薄，此氣與玻璃相似，因其有淡白色，故能借光生光，含影成象。因其附地而圓，故能升卑爲高，映小成大。

張福僖《光論》　海濱高山，行船時見，在海上見之甚高，亦有清蒙氣差升卑爲高之理。光線初發，從上層切疏風氣時方向即變，下行入目，令人目見之略高。

李善蘭《談天》卷一《論地》　設有二峯等高，登此頂僅望見彼頂，若無蒙氣差，則測其高及相距，即可推地球大小。

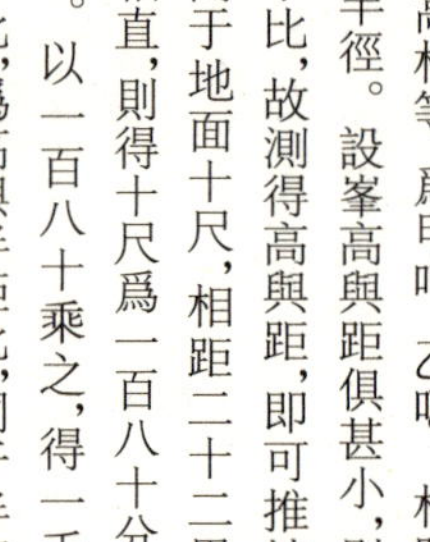

如圖，甲乙二峯，其高相等，爲甲呷、乙吃。相距爲甲丁乙，丁爲中點，丙丁爲地半徑。設峯高與距俱甚小，則乙吃與丁吃比，若丁吃與倍丙丁比，故測得高與距，即可推地球半徑也。以數推之，有二點高于地面十尺，相距二十二里。無蒙氣時，相望與地面界參相直，則得十尺爲一百八十分里之一，置二十二折半，得十一。以一百八十乘之，得一千九百八十，則一與一千九百八十比，爲高與半距比，同于半距與地徑比，故以半距十一里乘一千九百八十，得二萬一千七百八十里，爲地球徑。然地面有蒙氣差，此所推斷難密合，不過得其大約耳。

【略】

氣能變光道，令生差角，所謂蒙氣差也。

如圖，子甲呼爲地面，丑毌、寅嗔、卯啣爲氣之諸層，與地子呼同圜心。人在甲，申爲星，在氣之外。若無蒙氣差，則人視星，其視線之方向當爲申甲，而準光學理，申甲光線遇氣面于丁，必曲向下；如丁丙在上氣甚薄，曲甚微；漸下氣漸厚，曲漸大。故申甲光線變爲申丁丙乙甲曲線，遇地面不在甲而在申。另有申子光線，無蒙氣差，當遇地面于子，因蒙氣變爲申丁丙乙甲曲線，而遇地面于甲。故人目不能由甲申直線見星，而由甲乙丙丁申曲線見星。準光學理，光線入目之方向，即目見物之方向，故人見星不在甲申方向，而在甲申方向，即申丁丙乙甲曲線內，甲點之切線也。光線恆曲而下，視線方向恆差而上，故視高度恆大于真高度焉。

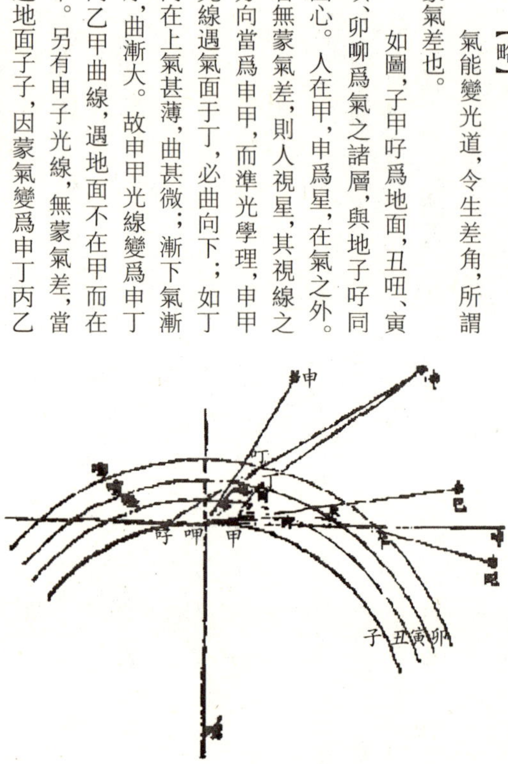

光線但有上下差，而無旁差，因環人目甲四周，其氣皆同故也。故其差角恆在星、地心、人目三點所居之申㖨甲平面內。

蒙氣恆映卑爲高，故諸曜在地平線時，視之亦有高度不第，此即在地平下，視之反在地平上。如日在地平下巳點，光線成巳午未酉甲曲線，故人見在地平上巳點，即甲點切線之方向也。

曜在申，見在呻，故必測定其差角呻甲申，以減視高度呻甲辛，方得真高度申甲辛。然測差角最難，其故有三。氣漸高漸薄，而漸薄之率未能定，一也。氣之厚薄每因寒暖而變，二也。燥溼亦能變差角，而氣之逐層燥溼未有測法，三也。因此三端，差角未能測定，故天文有數事亦未能定。以近時推步之精言之，雖未定，其差亦甚微，但精益求精，則必思求定耳。列蒙氣差角諸例于左。

凡天頂點無差角，諸曜至此點與無蒙氣同。

漸遠天頂，差角漸大，至地平爲最大。

差角漸大之比，略如視點距天頂度切線漸大之比。比例近天頂則合，近地平則不合。蓋切線驟增大，且有氣變諸事故也。

視點高四十五度，差角約一分，而在地平面差角得三十三分，大于日月視徑。故人見日月全體初出地平，其真體尚俱在地平下也。

凡風雨針以五十五度爲中數，升則差角變大，降則差角變小。升降十分寸之一，差角變三百分之一。

凡寒暑針，降則差角變大，升則差角變小。升降一度，差角變四百二十分之一。

蒙氣差角表詳列各處，自地平至天頂諸高度之差角，再用風雨寒暑二針隨時校正之，以加減諸視度，可畧得諸真度。

準蒙氣差角之理，則視日月在地平上之時刻，必大于真時刻；而夜之時刻，小于真時刻。不特此也，日之視體入地平後尚有朦朧影成晨昏分。此其故，由蒙氣回太陽之光返照地面而然也。蓋光線遇物即返射，氣中有無數細質點，能令光返照。試于暗室中開微隙，日光僅漏入一線而滿室皆明，此其證也。

如圖，甲乙丙丁爲地面，甲點見日在地平，申寅光線恰切甲點而過。申卯申辰二光線在甲點之上，三線出蒙氣，在巳午未三點，二線入蒙氣皆微曲向下，故出蒙氣成折勢。申巳寅折勢最大，申午卯畧小，至申辰切蒙氣界未點而過，不復折。甲寅線爲暗界，乙丙丁諸點遞遠于甲，入暗遞深。甲點尚有日之一線真光，又有巳未酉甲一段蒙氣回光。乙點日已入地，不能得真光，回光亦少，僅有地平乙未上巳午未天一段蒙氣返射而已。未點回光最盛，漸近巳漸微，至巳面而無。丙點則僅有地平丙午上巳午人一段回光，更小于乙點。至丁點，則無回光而爲夜矣。

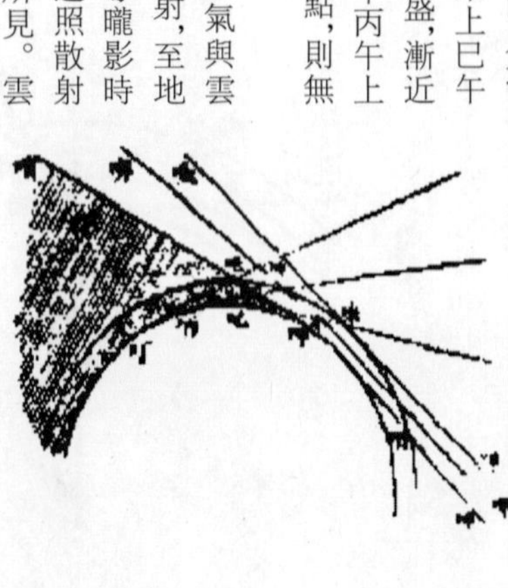

太陽在地平之上，其光照於空氣與雲之諸點，此諸點將光返照而四面散射，至地面各處，故晝時所有返照之光，與朦朧影時返照之光其理無異。若空氣無此返照散射之性，則不在正日光之下，不能有所見。雲下之影及房中無日光之處，黑暗如夜，晝能見星也。空氣返照之光差，另有能增加之性，即以空氣之受日光各處熱度不勻，而常成浪動，其不同熱度諸段之公界亦稍有返照與光差，光乃不行直線路而散至四面，爲各物所受，故在丁點之後尚有副朦朧影，即正朦朧影返照四散於空氣而重返照所生也。阿非利加洲努比阿國之曠野，空氣極清，日落之後，仍有光，名曰夜光，即此理也。

凡光線斜入氣中，無論自上至下，自下至上，不能直射，必曲向下，故或測星，或測高山，皆有差角。但蒙氣差逐層不同，地面之物，僅有下諸層差，而無上諸層差，與諸曜異，故名地蒙氣差以別之。

蒙氣差不獨變物之高度，且能變物之形狀。如太陽近天頂時，則見爲平圜。近地平則橫徑大于直徑，而見爲撱圜。最近地平，則下半更扁于上半，既非平圜，亦不成正撱圜。蓋漸近地平，差角漸變大，下差角大于上差角，故直徑變小而橫徑不變也。人視日月近地平時，覺大于近天頂時，此非由蒙氣差，亦非目誤，乃意會之誤。蓋近地平有遠樹相襯而覺大，近天頂無物相襯而覺小。用器測之，則近地平時日之視徑與近天頂時畧同，月之視徑非特不變大，且反變小，離人目更遠故也。

準上諸條，蒙氣界與地面相距線，較之地半徑爲甚小。天空諸曜距地俱甚遠，不在蒙氣內，與地不相涉也。

諸曜距地遠近不一，近則見大，遠則見小。人視月大小，無異于日者，因遠近相懸而然。視日月俱大于恆星，亦然。實則日與恆星大小畧同，而甚大于月也。

設人不附地，立于空中，盡見上下四周天空諸曜，一若爲一大球，諸曜皆在球殼，而已在球心也。人居地面則不能見地平下諸曜，升最高處，有地面界深度加蒙氣差，所見亦不過二度，且不能了了，蒙氣昏濁故也。故若人不遠行，星不自移，地球不自轉，則地平下半諸曜永不能見矣。人在地面，畧移其處，則所見天空界亦必畧移。譬人背大樹而立，樹後諸物俱不能見。環樹而轉，則盡見四周之物。故人每日向南行，則每夜必見南方新出地平之星。地平界漸移而南，反若天星漸移而北也。觀圖中甲乙丙三點之地平界，理自明。

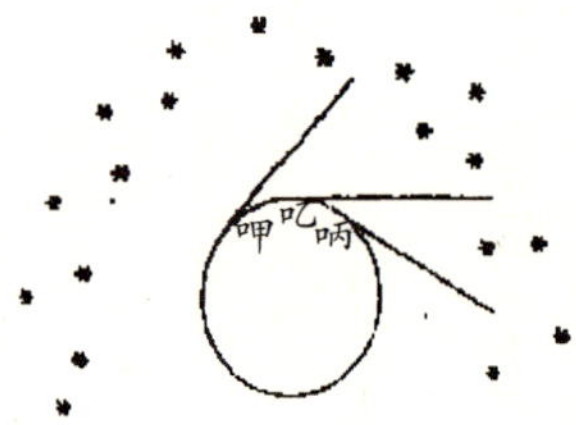

又　卷三《測量之理》　地平環上南北點已定，以垂環正對之，即與子午面合，乃轉鏡正對地平環上之北點，視交線所合之點，識之。南點亦然。過此二點之線爲午線。地平經儀之妙用，莫大于測蒙氣差。法先取一過天頂之星，再取一切地平而過之星，俱測其視道，攷每點與平圜差若干，即知蒙氣大小。

劉嶽雲《格物中法》卷三《火部》　光

地有游氣以厭日光《隋書·天文志》。

沈括《上景表議略》曰：測景之地，百里之間，地之高下東西不能無偏，其間又有邑屋山林之蔽，儻在人目之外，則與濁氛相雜，莫能知其所蔽，而濁氛又繫其日之明晦、風雨、人間煙氣、塵坌變作不常。臣在本局候景，入濁出濁之節，日日不同。《宋史·天文志》。

大地之上，水土溼蒸爲清濛氣，隨時厚薄，此氣與玻璃相似，因其有淡白色，故能借光生光，含影成象。因其附地而圓，故能升卑爲高，映小成大。《鏡鏡詅癡》。

蒙氣離地甚近，四十度以上即不用蒙氣表矣。故地方高明清處，皆無蒙氣。近有測量地里圖。人早行，晨雞未發，忽見天際如日方升，林木村舍依稀辨色，須臾昏黑如故，移時東方始明。蓋日在地平之下，光映蒙氣而浮上也。正如置錢碗底，遠視若無，及盛滿水時，則錢隨水光而顯見矣。《幾暇格物編》。

嶽雲謹案：此言游氣差也。清濛氣即游氣，時憲術謂之朦氣差，亦即沈括煙氣塵氛、出濁入濁之說。

孔子東游，見兩小兒辨鬬，問其故。一兒曰：我以日始出去人近，而日中時遠也。一兒以日初出遠，而日中時近也。一兒曰：日初出大如車蓋，及日中則如盤盂，此不爲遠者小而近者大乎？一兒曰：日初出則滄滄涼涼，及其日中如探湯，此不爲近者熱而遠者涼乎？孔子不能決也。《列子》。

嶽雲謹案：日出入大于日中者，地面游氣故也。游氣能映小爲大，升卑爲高，猶如置物水下，而于水面見其物之假象也。日中時煖者，日中光正射地面，地面全受其熱故也。朝夕時涼者，日出入，光斜射地面，地面受熱少故也。與日遠近何涉哉。

日中，光明，故小。其出入時光暗，故大。《論衡》。

嶽雲謹案：王充所云即指游氣，無游氣故明，有游氣故暗，特未直爲揭出耳。姜岌所云正同。

海市蜃樓現象分部

論説

郭璞注《山海經》卷一二《海内北經》　蓬萊山在海中。上有仙人宫室，皆以金玉爲之，鳥獸盡白，望之如雲在渤海中也。

大人之市在海中。

司馬遷撰　裴駰集解　司馬貞索隱　張守節正義《史記》卷二七《天官書第五》　北夷之氣如羣畜穹閭，索隱：鄒氏云一作弓閭。《天文志》作弓字，音穹。蓋謂以氈爲閭，崇穹然。而宋均云：穹，獸名。亦異説也。南夷之氣類舟船幡旗。大水處，敗軍場，破國之虛，下有積錢。集解：徐廣曰：古作泉字。金寶之上皆有氣，不可不察。海旁蜄氣象樓臺；廣野氣成宫闕然。雲氣各象其山川人民所聚積。正義：《淮南子》云：「土地各以類生人，是故山氣多勇，澤氣多瘖，風氣多聾，林氣多躄，木氣多傴，石氣多力，險阻氣多癭，谷氣多痺，丘氣多狂，廟氣多仁，陵氣多貪；輕土多利足，重土多遲，清水音小，濁水音大，湍水人重，中土多聖人。皆象其氣，皆應其類也。」

班固撰　顔師古注《漢書》卷二六《天文志第六》　故北夷之氣如羣畜穹閭，南夷之氣類舟船幡旗。大水處，敗軍場，破國之虛，下有積泉。金寶上皆有氣，不可不察。海旁蜃氣象樓臺，廣壄氣成宮闕然。雲氣各象其山川人民所聚積，故候息耗者，入國邑，視封畺田疇之整治。如淳曰：蔡邕云麻田曰疇。

房玄齡等《晉書》卷一二《志第二・天文中》 雜氣

凡海旁蜃氣象樓臺，廣野氣成宮闕。北夷之氣如牛羊羣畜穹廬。南夷之氣類舟船幡旗。自華以南，氣下黑上赤。嵩高三河之郊，氣正赤。恒山之北，氣青。勃碣海岱之間，氣皆正黑。江淮之間，氣皆白。

魏徵等《隋書》卷二一《志第十六・天文下》 雜氣

天子氣，內赤外黃正四方，所發之處，當有王者。若天子欲有遊往處，其地亦先發此氣。或如城門，隱隱在氣霧中，恒帶殺氣森森然；或如華蓋在氣霧中，或有五色，多在晨昏見；或如千石倉在霧中，恒帶殺氣；或如高樓在霧氣中，或如山鎮。

【略】

凡海傍蜃氣象樓臺，廣野氣成宮闕。北夷之氣如牛羊羣畜穹閭，南夷之氣類舟船幡旗。

李肇《唐國史補》卷下 海上居人時見飛樓如締構之狀，甚壯麗者。太原以北，晨行則煙靄之中覩城闕，狀如女牆雉堞者，皆《天官書》所説氣也。

釋贊寧《東坡先生物類相感志》卷一五《蟲部上》 蜃氣

一云蜃即蛤之大者，車螯是大蛤，能吐氣爲樓臺，海中常依島嶼間出此氣。一云龍也，一云蜃之，狀如螭龍，有耳角，皆鬣紅。海中望烈火而多變化。天下之將雨，則朝暮間吐氣黑靄結成樓臺屋閣分明。一視之間變現閣狹高低，故無指定。如池井間，則有吐氣爲雨應。今吳山陰氣泉井不竭者，蓋有焉。人或遠望吐氣靄然樓峻時，雨則必至矣。

沈括《夢溪筆談》卷三《辨證一》 《莊子》言野馬也，塵埃也，乃是兩物。古人即謂野馬爲塵埃，如吳融云動梁間之野馬，及韓渥云窻裏日光飛野馬，皆以塵爲野馬。恐不然也，野馬乃田野間浮氣耳，遠望如羣羊，又如水波。佛書謂如熱時野馬陽焰，即此物也。

陸佃《埤雅》卷二《釋魚》 蜃

《雜兵書》曰：東海出氣如鼈，渭水出氣如蜃，蜃形如蛇而大，腰以下鱗盡逆。一曰狀似螭龍，有耳，有角，背鬣作紅色，噓氣成樓臺，望之丹碧隱然，如在煙霧，高鳥倦飛，就之以息，喜且至，氣輒吸之而下。今俗謂之蜃樓將雨，即見《史記》曰海旁蜃氣成樓臺，野氣成宮闕，即此是也。世云雉與蛇交而生蜃。蓋得其脂和蠟爲燭，香聞百步，煙出其上皆成樓閣之狀矣。又曰：蛇之求於黿則爲黿，求於雉則爲蜃，故三物常異而同感也。又曰：鹿食黿，麞食蛇，蜃食燕子，蛟食犀角，蛇食茱萸。《筆談》云：登州海中時有雲氣，如宮室、臺觀、城堞、人物、車馬、冠蓋之狀，謂之海市，或云蛟蜃之氣。

蘇軾撰 查慎行補注《蘇詩補註》卷二六《登州海市》 予聞登州海市舊矣，父老云，嘗出石刻作見。於春夏。今歲晚，不復見矣。石刻作出也。予到官五日而去，以不見爲恨。禱於海神廣德王之廟，明日見焉，乃作此詩。

東方雲海空復空，羣僊出没空明中。蕩摇浮世生萬象，豈有貝闕藏珠宮。心知所見皆幻影，敢以耳目煩神功。石刻作工。歲寒水冷天地閉，爲我起蟄鞭魚龍。重樓翠阜出霜曉，異事驚倒百歲翁。人間所得苕溪漁隱作見。容力取，世外無物誰爲雄。率然有請不我拒，信我苕溪漁隱作哉。人厄非天窮。潮陽太守南遷歸，喜見石廩堆祝融。自言正直動山鬼，豈石刻作不。知造物哀龍鍾。伸眉一笑豈易得，神之報汝亦已豐。斜陽萬里孤鳥一作島。没，但見碧海磨青銅。新詩綺語亦安用，相與變滅隨東風。

登州，《元和郡縣志》古萊子國，後魏置東牟郡，尋廢。武德初於文登縣置登州。《太平寰宇記》：登州南至萊州界四百里，西北至大海，當中國往新羅渤海大路。

海市，沈括《筆談》：登州海市，時有雲氣如宮室、樓觀、城堞、人物、車馬、冠蓋之狀，或云蛟蜃之氣。齊乘云：登州北海中有沙門、鼉磯、牽牛、大竹、小竹五島，海市現滅常在五島之上，或謂類南海蜃樓。殆不然，嘗至海上訪之，每於春夏晴和之時，杲日初昇，東風微作，雲脚齊斂於島上，海市必現。凡世間所有象類萬殊，或小或大，或變現終日，或徧海皆滿，其爲靈怪赫奕，豈蜃樓可擬哉。蓋滄溟與元氣呼吸，神龍變化不測，如佛經所云，龍王能興種種雷電雲雨，於本宮不動不摇，山海幽深，容有此理。

王讜《唐語林》卷八《補遺》 海上居人時見飛樓如結構之狀，甚壯麗者。太原以北晨行則烟靄之中覩城闕，狀如女牆雉堞者，皆《天官書》所謂蜃也。

羅璧《識遺》卷七 豕蝨：海市蜃樓。按蜃，大蛤也。《韓詩外傳》云：蜃能吐氣爲樓臺，海中春夏間見。《文昌雜録》云：登州每晴霽，海之煙霧中有城闕、樓閣、人物、車馬、鷄犬往來之狀，蓋蜃吐氣爲之，旋復消滅。登人謂之海市。東坡詩謂所見皆幻影是也。

葉盛《水東日記》卷三一　登州蓬萊縣納布老人言，海市，惟春三月微微吹東南風時爲盛，多見者，城郭、樓觀、旗幟、人物皆具。然變幻非一，或大而爲峯巒林木，或小而爲一畜一物，皆有之。其色類水，惟青緑色，大率風水氣旋而成。西風、北風無之，故冬月則罕見也。蘇東坡有海市詩。

曹安《讕言長語》　漢《天文志》載海旁蜃氣象樓臺，《筆談》記登州海市事。登州岸東海，每春夏之交，於波濤晻靄間見城郭邑屋樓臺觀閣參差隱見，而人物車騎裨販之類往來雜還，餘時莫之見。蘇長公以元豐八年八月自陽羨起知登州，二十日召爲禮部員外郎，念奇觀之非時，而玆遊之莫，再致禱於海神，明日見所謂海市如春夏焉，因作七言古體詩一章。如文公之謁衡岳，異體同符。柳道傳謂：儒者語常不語怪，海市之云，涉於奇詭，佛之幻境，豈近是耶。元平陽林景熙著《蜃説》，謂秦之阿房，楚之章華，魏之銅雀，陳之臨春結綺，是亦一蜃也。

陸容《菽園雜記》卷九　蜃氣樓臺之説出《天官書》，其來遠矣。或以蜃爲大蛤，《月令》所謂雉入大海爲蜃是也。或以爲蛇所化海中，此物固多有之。然濱海之地，未嘗見有樓臺之狀，惟登州海市世傳道之，疑以爲蜃氣所致。蘇長公海市詩序謂，其嘗出於春夏，歲晚不復見，公禱于海神之廟，明日見焉。是又以爲可禱而得，則非蜃氣矣。《遼東志》云：遼東東南皆山也，其峯巒疊翠，葱蒨可觀，當夏秋之交，時雨既霽，旭日始興，其山嵐凝結，而城郭、樓臺、草木隱映，人馬馳驟於烟霧之中，宛若人世所有。雖丹青妙筆，莫盡其狀。古名登萊海市，謂之神物幻化，豈亦山川靈淑之氣致然邪。觀此則所謂樓臺，所謂海市，大抵皆山川之氣掩映日光而成，固非蜃氣，亦非神物。

李夢陽《空同集》卷六五《外篇·化理下篇》　或問海市，李子曰：此處偶有此怪異氣耳。夫陰陽五行氣化不齊，濱海之邦，海錯萬殊，廣之珠，滇之石，北之蟶，南之鯗，淮之蠏，吴之蛤，能盡究所來耶？事有不必辯者，以其非急也。有不能辯者，以其非理也。不必辯，如海市、鳥鼠同穴、象膽四時在四腔之類是也。

鄭若庸《類雋》卷六《地理類·海》　蜃樓

《漢書》云海旁有蜃氣成樓臺，又沈括云登州海中時有雲氣如宫室臺觀、人物車馬，歷歷可見，謂之海市。歐公使河朔，過高唐縣，夜有鬼神自空中過，人馬之聲可辨。父老云二十年前晝過，亦彷佛見人物，謂之海市。

陸楫《古今説海》卷一二七《説纂十一　散録五》　《虚谷閒抄》：　宋方回。　登州海中遇晴霽，忽見臺觀城市、人物往還者，謂之海市。東坡嘗一見之。又歐公過河朔高唐縣，宿驛舍，夜聞鬼神自空中過，人畜之聲一一可辨。父老云二十年前曾晝過，土人謂之海市。高唐去海實遠，海市之説竊恐不然。舊説漢時有人奉使過海，忽見漢家宫闕臺殿如在目前，使人因具衣冠向闕而拜，須臾風駛舟行，遂迷所在。又《酉陽雜俎》云，有人掘井，深已倍常井，數丈不見水，忽聞向下車馬人物喧鬨之聲，近如隔壁。出以告州將，州將遣數人驗之不誣。欲奏其事，恐涉怪而止，遽令塞之。又湘潭界中有寺，名方廣，每至四月朔日，在東壁則照見維楊官府樓堞居民舍宇，物物可數。又家弟曾宿福清紫微院，至三鼓後，忽聞院後讙呼交易之聲，儼如城市，皆是浙音。達旦而止。明日起視，皆高山峻壁也。寺僧云，一歲之中凡數次。如此人謂之鬼市。幽陰之事，蓋有非人意所能測者。

郎瑛《七修類稿》卷四一《事物類》　海市

登州海市，世以爲恠，不知有可格之理，第人礙於聞見之不廣，故于理有難窮。觀其所見之地有常，而所見之物亦有常，又獨見於春夏之時，是可知也。占云桑田變海，安知海市之地原非城廓山林之所。春夏之時，地氣發生，則海水下積，久之物而不散者，薰蒸以呈其象也，故秋冬寂然，無煙無霧之時又不然矣。觀今所圖海市之形，不過城廓山林而已，豈有恠異也耶。蘇人徐大參翊常云：陜西郊野忽日起烟霧，漸有人物車騎之形。又聞淞江春霧時亦忽有樹木屋舍之形，廣西象州山中雨後遍有象狀，豈三方所見亦鬼恠也耶？蓋陜乃古今戰塲，人馬所喪不知其幾。象州山中乃出象之地，死象亦不知其幾，或積久骸於地，或新結氣空中，遇天地絪緼，則隨氣以見。又安知淞江非古山林屋舍之所耶？若戰塲中，夜時有燐有聲，亦積氣之所至耳，何足爲恠。

馮惟訥等《青州府志》卷七《古蹟》　地鏡，在府治南。

舊傳宋文帝時，其地中有水，倒影如鏡，故名。又云海蜃氣幻結掩映樓臺人物狀，若登州海市，然逮不可曉。尚書陳經詩：「緑蕪眇眇接孤城，一鏡長懸遠望明。高下倒淩山郭静，虚無遥映水雲晴。踈林杳藹青鸞舞，和氣氤氲野馬生。隱見地靈元不偶，還將消息問君平。」布政黄卿詩：「志傳奇蹟近郊坰，平野溶溶一曲明。雲射流光疑欲没，人行明鏡轉相驚。霸圖城改山仍遶，幻景詩留世已更。今日民安風雨若，柳烟桑影足深耕。」副使陳夢鶴詩：「奇異傳聞久，空明入望寛。野平金鑑净，山曉玉臺寒。海氣虚無見，嵐光遠近看。不知照今古，興廢幾千般。」

譚綸《譚襄敏公遺集》卷三　蜃氣吸鴻

《筆談》云：登州海中時有雲氣如宫室臺觀、城堞人物、車馬冠蓋之狀，謂之海市。或云蛟蜃之氣。《雜兵書》曰：東海出氣如鼈，渭水出氣如蜃。蜃形如蛇而大，腰以下鱗盡逆，一曰狀似螭龍，有耳，有角，背鬣作絶紅色，嘘氣成樓臺，望之丹碧，隱然如在煙霧。高鳥倦飛，就之以息，喜且至，氣輒吸之而下。今俗謂之蜃樓，將雨即見。《史記》曰：海旁蜃氣成樓臺，野氣成宮闕。即此是也。今人以城爲守，以營爲守，即蜃爲樓臺之象。然只能守而不能戰，是失其戰守一道之義。

李時珍《本草綱目》卷四三《鱗部》 蛟龍綱目。

【附録】蜃。之刃切。時珍曰：蛟之屬有蜃，其狀亦似蛇而大，有角如龍狀，紅鬣，腰以下鱗盡逆，食燕子。能吁氣成樓臺城郭之狀，將雨即見，名蜃樓，亦曰海市。其脂和蠟作燭，香凡百步，烟中亦有樓閣之形。《月令》云：雉入大水爲蜃。陸佃云：蛇交龜則生龜，交雉則生蜃，物異而感同也。《類書》云：蛇與雉交而生子曰蟂，似蛇四足，能害人。陸禋云：蟂(音梟)即蛟也，或曰蜃也。又魯至剛云：正月蛇與雉交生卵，遇雷即入土數丈爲蛇形，經二三百年，乃能升騰。卵不入土，但爲雉爾。觀此數説，則蛟、蜃皆是一類，有生有化也。一種海蛤與此同名，羅願以爲雉化之蜃，未知然否？詳介部車螯下。

王士性《廣志繹》卷三 江北四省

登州三面負海，止西南接萊陽，出海西北五六十里爲沙門島，與鼉磯、牽牛、大竹、小竹五島相爲聯，其上生奇草美石，遥望紫翠出没波濤中，是稱方丈蓬壺。春夏間，蛟蜃吐氣，幻爲海市，常在五島之上現，則皆樓臺城郭，亦有人馬往來。近看則無，止是霞光。遠看乃有，真成市肆。此宇宙最幻境界。秋霜冬雪，肅殺時不現，而蘇子瞻乃禱於海神，歲晚見之。余以十月大雪見峨嵋佛光，與蘇遇同奇。海舟度遼者，必泊諸島避風，然泊者不知而登遼兩岸，乃儼然覿形影，真不可以常理斷。

章潢《圖書編》卷五六 渤海附

《博物志》曰：海中有蓬萊方丈，金銀宮闕，仙人所集。《十洲記》謂東海中五百里有不死草、返魂樹，此固秦皇漢武所以縱其侈心求之而不得也。顧其説荒唐不經，然觀登萊海市樓臺城郭、人物旌旗之狀，成于瞬息，千態萬像，不可摹寫，則海中靈欝之氣洩而爲奇怪瑰瑋之物，固亦理之所宜有也。

謝肇淛《五雜組》卷一《天部一》 天門九重，形容之言也，天豈真有門哉。其然嘗有人見天門開，中有樓臺衣冠人物往來者，何也？曰：此氣之開合也。其樓臺人物如海市蜃宮，頃刻變幻者也。考之史傳，燕馮跋、北齊高洋，皆獨見天開，自知必貴。

又 卷三《地部一》 登州海上有蜃氣，時結爲樓臺，謂之海市。余謂此海氣，非蜃氣也。大凡海水之精，多結而成形，散而成光。凡海中之物，得其氣久者皆能變幻，不獨蜃也。余家海濱每秋月極明，水天一色，萬頃無波，海中蚌蛤車螯之屬，大者如斗，吐珠與月光相射，倏忽吐成城市樓閣，截流而渡，杳杳至不可見方没。海濱之人亦習以爲常，不知異也。至於蚌蛤蚶蠣之屬，積殼廚下，暗中皆生光尺許，就視之熒熒然，其爲海水之氣無疑矣。

又 卷九《物部一》 《爾雅》曰：蜃小者珧。是以蜃爲蚌屬。羅願曰：蜃，大蛤也。故海中車螯，亦有謂之蜃者。然古人蛟蜃同稱，若蚌蛤屬，豈能變化爲人害。陸佃《埤雅》云：蜃形如蛇而大，腰以下鱗盡逆，一曰狀似螭龍，有耳有角，嘘氣成樓臺。然則蜃有二種，而海市蜃樓及許遜所誅慎郎者，必非珧蛤明矣。又雉入大水爲蜃，雉本蛇所化。晉武庫中，雉飛而得蛇蜕是也。則其入水爲蜃，亦從其類耳。而羅氏以爲蛤屬，俱誤也。

彭大翼《山堂肆考》卷二〇《地理・海》 海市

登州府四面皆海，春夏時，遥見水面有城郭市肆人馬往來，若交易狀，土人謂之海市。蘇東坡云：予聞登州海市舊矣，常以不見爲恨，乃禱於海神廟，明日果見之。有詩云：東方雲海空復空，羣僊出没空明中。蕩摇浮世生萬象，豈有貝闕藏珠宫。心知所見皆幻影，敢以耳目煩神工。歲寒水冷天地閉，爲我起蟄鞭魚龍。重樓翠阜出霜曉，異事驚倒百歲翁。

又 卷二二三《鱗蟲・蜃》 氣成樓臺

《史記》：海旁蜃氣成樓臺，野氣成宮闕。沈存中《筆談》：登州海中時有雲氣，如宮室、臺觀、城堞、人物、車馬、冠蓋之狀，謂之海市，或謂蛟蜃之氣。又名蜃樓，又名鬼市，浙人謂之海變。

徐應秋《玉芝堂談薈》卷二三 海市

《閒覽》載登州海中遇晴霽，忽見臺觀城市、人物往還者，謂之海市。東坡嘗一見之。《名勝志》：浙江象山縣大韭山在東南大海中，遍地皆雲嵐，天霽則蜃氣焕發，樓臺殿閣龍鳳之形變態萬狀。廣東新安縣西北合蘭洲，春晴，蜃氣結爲樓臺城堞、人物車馬往來之狀。陳連詩云：瀰漫合蘭海，南與滄溟通。蜃氣起蛟室，珠光出龍宫。樓臺紛隱現，墟市現空濛。謾將化城比，還與幻境同。天風忽吹蕩，人物歸虚空。《漳州府志》載萬曆壬子四月浴佛日，海中東鎮嶼前吐蜃氣，成重樓疊閣狀，甚巍峩，忽變爲層臺城堞，有人物遊宴于其上，倏忽復變爲艅艎，又變爲獅象，終而變爲黄蓋，若神人羽客出没，自寅至未始散。而登萊之市爲著。《獪園》載副將謝廷芝建牙東省，親見登萊海市：初堂屋三間，甚軒敞，罘罳掩映，中懸大珠簾，見一曲几上安鵲尾香爐，篆烟裊裊，有丱角童子擁篲而至，次第掃地畢，乃取香添入爐中，歷歷分明，移時乃滅。謝在杭曰：海市，海氣所結，非蜃氣。家居海濱，每秋月極明，水天一色，海中蚌蛤車螯之屬，大者如斗，吐珠與月光相射，忽吐成市城樓閣，截流而渡，至杳不可見方没。人亦習以爲常，不知異也。

吴興慎蒙《觀海市記》云：丁亥孟夏二十二日，余至蓬萊，越二日，登蓬萊閣，召守閣者問之，曰：海市，春夏見，秋冬少見；大霧之後天晴見，天陰不見；微風見，無風不見，大風不見；風微急，其見也速而巧；風微緩，其見也遲而拙。余謂：市既有時，難以必見，將行矣。俄從者報曰：山抬頭張口，海市矣。翹首視之，牽牛島見樓臺，前低後昂。大一竹山見一大城，其色則青白相間，雄偉壯麗，殆若王都。顧盼之間，驚愕交并。又自以爲眩而妄也。凭欄視之，倏然俱滅。俄有報者曰：珠璣山更見一城，其色則青黄相間，其形則或高或下，其城上之諸樓則隱顯無常，其樓閣之大則離合不定。回視夫牽牛島二峰，或開而離，或合而聯，或大者自然而小，或尖者忽然而平。俄又有報者曰：半洋離咫尺，忽復合爲一大樓，中留一門，復塞其東，則起三圓亭，皆重簷三疊，透徹玲瓏。其西則起假山者三，皆孤峰特聳，突兀嵯峨。其大樓之東，則復起一小樓，與大樓相等。其大者默移于前，小者默移于後。既而升者沉，起者伏，遂隱而不見。俄而一樓獨大，巍然突起，三閣微小，列于左。三屋則又小，乃雜聚于右。而前後左右，各起數樓，或淡而似遠，或濃而似近。頃之，忽大樓聳起于中，極其莊嚴。三方樓端拱于左，層樓叠起，樓之簾間窗牖閃爍，種種具在。三團松植立于右，其葆蓋亭亭，形容特異。雖古今之名畫，秦漢離宫，不足擬其天成之妙也。未幾，三松之頂，三樓之表，微有雲氣，初如一線與大殿相連，俄而小者漸大，狹者漸濶，恍然一巨橋。下視三松三樓，皆變爲大橋，中涵數洞，如蒼龍跨海。忽變爲一大臺，又分而爲二，破而爲三。其中則變爲一大宫，如宗廟正室，左右分二小宫，如明堂之旁个。已而繚以垣牆，籠以草樹，環以房屋，又合爲一。若富家大室，極爲壯觀。已而垣牆則或高或下，林樹則或聚或分，房屋則或疎或密。或方起一樓，未成而復隱。復起一閣，既顯而又微。日欲入暮，觀者已疲，乃命輿而歸。

陳子龍《明經世文編》卷三四三《王敬所集乞廣餉道以備不虞疏廣餉道》 東南之海，天下之水之委也，渺茫無山，則迴避靡地。近南水煖，則蛟龍窟居，是以風波足畏，傳聞可駭。昔元人海運之有驚壞，以其起自太倉嘉定而北也。若自淮安而東，引登萊以泊天津，則原名北海中多島嶼，可以避風。又其地高而多石，蛟龍有往來而無窟宅，故登州有海市，以石氣與水氣相搏，映石而成。石氣能達於水面，以石去水近故也。

熊明遇《格致草》 雨土 雨粟

雨土，火氣挾土而上。水氣輕微，不能成雨。土分濃重，降下皆土。雨麥、雨荳者，非真荳麥，亦火煉土氣而成，象其土之所産，與落楔隕石同理。夫雲氣各象其山川人民所聚積，故蜃氣象樓臺，廣野氣成宫闕，可類推也。

游藝《天經或問》前集卷四 天開

或有晝見兵馬戈戟行空者，或見樓臺宫室森然者，是日光爲濕雲所蔽，濕雲上受日光，下吸地影，故有此象。若倒映水面，即蜃樓之類是也。然冬間氣斂火弱，則無此象矣。且星大地數十倍者，人見止一點耳，而樓閣人物如此其遠，人能見之乎？

又《天經或問》後集 昊天一氣諸圖

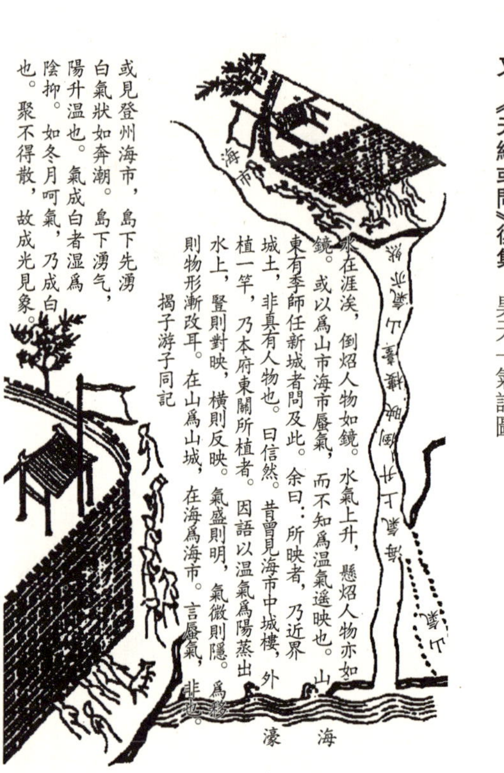

山城海市蜃氣樓臺圖

方以智《物理小識》卷二《地類》

海市山市

泰山之市，因霧而成，或月一見。嘗于霧中見城闕旌旗絃吹之聲，最爲奇。海市或以爲蜃氣，非也。張瑶星曰：登州鎮城署後太平樓，其下即海也。樓前對數島，海市之起，必由于此。每春秋之際，天氣微陰則見。頃刻變幻，鹿徵親見之。島下先湧白氣，狀如奔潮，河亭水榭，應目而具，可百餘間，文牕雕闌，無相類者。又一次則中島化爲蓮座，左島立杆縣幡，右島化爲平臺，稍焉三島連爲城堞，而幡爲赤幟。睢陽袁可立爲撫軍，時飲樓上，忽艨艟數十揚帆來，各立介士，甲光曜目，朱旆蔽天。相顧錯愕，急罷酒，料理城守，而船將抵岸，忽然不見，乃知是海市。《遯齋閒覽》曰：湘潭方廣寺，四月朔，日在東壁，則照見維揚官府樓堞、民舍，影著壁上。張邦基言：在四明舶局時，王璪粹昭往昌國普陀山禱雨，言洞甚深，但聞水聲，上復有洞穴，日光所射，可見數十步，菩薩現像于此中。余密禱之，見碧玉闌楯，又現紋如珊瑚，于深處見菩薩像下身，僧言番賈來施而禱，或見浄瓶，或見瓔珞，或見橋梁，或無所覩。粹昭平生倔强，至是頗信。宓山笑曰：又弱一箇焉。林景熙《蜃説》曰：漢志載，海旁蜃氣象樓臺，初未信也。避寇海濱，僮報海中忽湧數山，予登聚遠樓，見奇峰疊巘，城郭臺榭中有浮圖老子宫，詭異千狀，近晡而滅。《筆談》所紀，往往類此。噫！秦之阿房，楚之章華，魏之銅雀，陳之臨春結綺，突兀淩雲者何限。運去代遷，蕩爲焦土浮埃，是亦蜃也。暄曰：氣映而物見，霧氣白湧，即水氣上升也。水能照物，故其氣清明上升者，亦能照物。氣變幻，則所照之形亦變幻。暄邑近南關内，有一小池，一日近晡，見有一騎，倒影西岸，水中北馳而過。此所謂空中一大鏡，水漚窻隙，則轉映之小鏡也。地上人物，空中無時不有，特氣聚則顯耳。故不論山海都地，悉得見之。中通曰：空氣之攝影，自下而上；池水之攝影，自上而下，故影皆倒。山海之氣，横攝市影，故影皆順。暄曰：倒影者轉攝則順。

又　陽燄水影旱浪

燕趙齊魯之郊，春夏間野望，曠遠處如江河，白水盪漾，近之則復不見。土人稱爲陽燄，蓋真火之氣，望日上騰，而爲濕潤之水土所鬱留，摇颺重蒸，故遠見其動莽蒼之色，得氣而凝厚，故又見其一片，浩然如江河之流也。地出硝，山出硫，皆屬火化，磽瀉之原，冬寒生鹻，其理亦同。若江南沮洳，則但見蒼莽，不見陽燄，而硝與硫與鹻，皆不自此産矣。晉苻堅載記曰：建元十七年，長安有水影，遠觀若水，視地則見，人至則止，亦謂之地鏡。陸友仁曰：宋寶祐六年四月，常州晉陵之黄泥岸，亦有此異，相傳呼爲旱浪。愚者曰：日中野馬飛星熗然者，陽燄之端也。奇者爲水影、旱浪，實則凡光生燄，燄自屬陽。凡光似鏡，鏡能吸影，光與光吸，常見他處之影于此處。雲分衢路，日射回薄，其氣平者爲陽燄旱浪，其氣厚者爲山市海市矣。暄曰：乙酉十月，嘗晨登高山見之。凡四望山腰以下，悉爲白浪所浸，莽若江河，久之乃隱。兆兖曰：高山鋪雲海，常也。旱浪乃是白氣。

談遷《棗林雜俎》義集

鹵城影

繁峙縣東一百里，故福都，周圍三里百有十步，東南西三門，其地多鹵，故名鹵城。俗傳，朝霽雲霧中，呈現樓堞，門内似有人焉。現則多雨，豐年之兆。人在西則見，在東不見。遠分明，近則隱。其東有齊城，其隱見亦同。今不復見，蓋見則凶也。

又　城郭氣

臨洺趙簡子墓上氣成樓臺。

恩縣白馬營在縣西十五里，相傳爲唐時故鎮，二三里外，夏秋間晨望如城郭掩映，林木蓊鬱，日出即不見，歲約數次。

汶上縣西南周三十里，每秋水泛溢，一望無際，遥視村落在煙波杳靄，有城樓人馬之狀出於水上，謂之水市。闞亭在南旺湖中，水際時見煙雲樓臺之狀。

靈壁縣沫溝湖，天色晦暝之際，陰陰有城郭狀。

黄淳耀《山左筆談》　登州三面負海，止西南接萊陽。出海西北五六十里爲沙門島，與鼉磯、牽牛、大竹、小竹五島相爲聯。其上生奇草美石，遥望紫翠出没波濤中，足稱方丈蓬壺。春夏間，蛟蜃吐氣，幻爲海市，常在五島之上現，則皆樓臺城郭，亦有人馬往來。近看則無，止是霞光。遠看乃有，真成市肆。此宇宙最幻境界。秋霜冬雪肅殺時不現，而蘇子瞻乃禱於海神，歲晚見之，亦神愛其人乃成此奇緣也。海舟度遼者必泊諸島避風，然泊者不知而登遼兩岸，乃儼然覿形影，真不可以常理斷。

周亮工《因樹屋書影》卷四　沈括云：登州海中時有蜃氣，如宫室臺觀、人物車馬，歷歷可見，謂之海市。《舊閣記》云：汝州臨汝縣南十八里，廣城坡之西垠有山，曰崆峒，即黄帝訪道地，廣成子所隱也。廣成祠在山麓，其巔有洞穴如盎。每將風雨，則一白犬自穴出，田夫以爲雨候，亦名玉狗。峯耆老云：若九春三秋，天景清麗，必有素霧自岊起，須臾粉堞青甃，彌亘數里，樓臺轇葛，殊木異葩，數息中，霧市散漫，不復見矣，謂之化城。按所記與萊灘山市同。化城，海市，宇内有此奇對。然海市人恒見之，山市間有見者，化城不獨未見，且無傳者矣。

屈大均《廣東新語》卷二二《鱗語》 蜃氣

東莞合蘭海，其水漩洄而黝黑，三江之所滙，有龍窟焉。嘗有積氣如黛，或如白霧，鼓舞吹噓，倏忽萬化。其爲城闕、樓臺、塔廟諸狀，人物車騎錯出於層峰疊巘之間，尤極壯麗。舟行其中弗見也。自外望之，變幻斯見，即之輒遠，離之復近，雖大風雨不能滅。人以爲蛟蜃之氣所爲，云其氣或大或小，晴則大，陰則小，五色光芒不定。或如旌旗戈甲，則兆其地有兵革；如倉廩，則兆其地豐登。居人每候之以知災祥。歲正月初三四五日必一見，不見則以爲怪。或謂此乃海氣，春晴始見，非也，此蜃氣也。蜃者，千歲之雉所化，其爲物最神。莊生云：龍合而成體，散而成章。章者，雲物之氣也。蜃，龍類也。其能静則爲陰，動則爲陽。陰而含萬象於無，陽而吐萬象於有，固於龍具體而微也。然蜃氣之起，大抵爲舟船多，爲樓臺者少。《天官書》云南戸之氣類舟船幡旗。《晋志》云南戸氣如闍臺，或類舟船。凡雲氣各象其山川人民所聚積。蜃氣多象舟船，亦南戸之氣所雜爲變怪也。必以春正月見者，蓋青陽始動而龍見于田，蜃亦龍屬，故其氣與龍皆當春而發，至秋而收也。蜃氣與海市不同，海市多見於靖康場。當晦夜海光忽生，水面盡赤，有無數燈火往來，螺女鮫人之屬喧喧笑語，聞賣珠鬻錦，數錢量米麥聲，至曉方止，則海市也。或曰海上有珊瑚之市，在虎頭門西，蓋即海市。或曰其地故有沉洲，每月出，輒有鬼物就海中爲市，所謂沉洲夜市也。陳雲淙詩「月出珊瑚輸海市」，蓋南海蜃氣有氣而無聲，海市有聲而無氣，以此爲别。而靖康海市又與青州不同。靖康海市見於夜，青州見於書。《番禺雜記》云：海邊有鬼市，半夜而合，鷄鳴而散，人從之多得異物，殆所謂狼牻之民也。《水經注》：狼牻之民冥夜爲市，以鼻嗅金即知美惡是也。

顧炎武《肇域志》卷一八 登州三面距海，惟西南地接萊州府。海中浮島不可殫述，其近蓬萊縣則有沙門、鼉磯、牽牛、大足、小足、半洋、長山及茛島、虎島。其近福山縣則有海洋宫家、潘家、胡家、韓家諸島。其近寧海州則有崆峒、栲栳、浮山、東清、西清及竹島、莒島、鹿島、黄島。其近文登縣則有海牛、海驢、劉公、鏌鋣、五里、玄真、雞鳴、蘇門及雙島、柘島。其近黄縣則有峄屺島、桑島。每春夏之交，海氣幻怪爲城郭、人物、舟楫、旌旗，飈回倏變，眩人耳目，謂之海市。宋蘇軾知登州五日，當去，值歲晚，以不見海市爲恨，禱於海神，明日乃見。齊乘云：海市之名始見江鄰幾雜志。東坡詩序或謂類南海蜃樓，蛟蜃吐氣所成，殆不然。欽嘗至登州海上訪之，蓋海市嘗以春夏晴和之時，旭日初升，東風微作，雲脚齊斂於海島之上，海市必見。見則山林城闕樓觀旌幢輜車駝馬衣冠人物，凡世間所有，象類萬殊，或小或大，或暫或久，或變見終日，或際海皆滿，其爲靈怪赫奕，豈蜃樓可擬哉。蓋滄溟與元氣呼吸，神龍變化，浩不可測。佛經所謂龍王能興種種雷電雲雨，居於本宫不動不摇。山海幽深，容有此理。然則史漢所稱三神山，蓬萊、方丈、瀛洲，望之如雲，未能至者，殆此類耳。

來集之《倘湖樵書二編》卷一二 蜃樓之外另有虚市

沙門島相聯屬有鼉磯、牽牛、大竹、小竹四島，紫翠巉絶出没於波濤之表，真神仙所宅也。蘇子瞻云，海市現滅時在數島上。吴興慎蒙曰：海市春夏見，秋冬少見；大霧後天晴見，天陰不見；微風與無風不見，大風不見；風微急，其見也速而巧；風微緩，其見也遲而拙。蘇公見之于歲晚，故長歌以志喜。慎公見之于孟夏，故窮奇盡變，作爲記而淋漓曲暢焉。乃亦有不必于海，不必于蜃，而平野之中能成墟市，亦學者之所當深考也。太史公《天官書》固云：海旁蜃氣象樓臺，廣野氣成宫闕，然雲氣各象其山川人民所聚積。歐陽公嘗言，謫官彝陵時，舟泊漢江野岸中，夕後聞語言歌嘯，老幼男女甚衆，亦有交易評議及賣果餌之聲，若市井然，迨曉方止。翼日步于江滸，曠無人跡，但遥見一蕪城基址。詢舟人云：古隋地也。汶上縣石樓泊在縣西南二十里，周迴三十里，每秋水泛漲，一望無際，遥觀村落在烟波杳靄中，又常有城樓人馬之狀出于水上，謂之水市，洵奇觀也。闕亭在南旺湖中，高阜六七，魯自隱桓以下皆葬于此，至今數仞，每陰雨後，隱隱有市井車馬形，土人以爲蜃市云。《避暑漫抄》云：嶺表海邊時有鬼市，半夜而合，鷄鳴而散，人從之多得異物。夜半爲市，正可與日中爲市相對。拂菻國西海有市，貿易不相見，置直物旁，名鬼市，亦此類。

魏象樞《庸言》 東海有蜃氣，時而結爲城郭、樓臺、人物之類，在依稀有無間。士大夫慕之者求一見而不可得，或形諸夢寐，或發于辭章，或枉道而趨，或齋心以禱。幸得一見，喜輒三生，奇話驚人，佳篇累牘。余不知其城郭樓臺可近否也，人物可親否也，而慕之喜之顧若是乎。使海内有高賢在焉，道德學問可近可親，其未見而慕，既見而喜者一如蜃氣耶？抑饑渴溯洄，更有甚焉者耶？

王臯《遲菴先生集》文集卷七《説》　海市説

登州海市之説不見書傳，不知昉於何時，其現常在大小竹山、車牛島爲多，隱隱起如樓臺亭閣之狀，變換不一，現後三日内必雨。詢之土人，云：必於春夏之交霧氣滃集、旭日初升、東北風微作乃現。四者或不備，則未必現，現亦不能久。説者謂爲蛟蜃噓氣所成，殆不然也。夫蛟蜃四海皆有之，何獨見於登州一隅。宜無擇於四時，何獨於春夏之交？又何旭日之升、東北風之作？此殆春夏陽精發舒，日出時沆瀣之氣隨風飄忽，逢林麓而遲留，藉陽光而發彩，屈伸舒卷，自爾成象焉。登州，古嵎夷出日之地，故獨有之，本無足怪，特好事者傳之過耳。

張英　王士禎等《淵鑒類函》卷四三八《鱗介部二·蜃一》　增蜃，蛇類也。《雜兵書》曰：渭水出氣如蜃，蜃形似蛇而大，腰以下鱗盡逆，一曰狀似螭龍，有耳，有角，背鬣作紅色，噓氣成樓臺，望之丹碧隱然，如在煙霧。高鳥倦飛，就之以息，喜且至氣，輒吸之而下。今俗謂之蜃樓，將雨即見。《史記》蜃氣成樓臺，即此是也。世云雉與蛇交而生蜃。蓋得其脂和蠟爲燭，香聞百步，煙出其上，皆成樓閣之狀矣。《筆談》曰：登州海中時有雲氣，如宮室臺觀城堞人物車馬冠蓋之狀，謂之海市，或云蜃蛟之氣。《物類相感志》曰：蜃，龍也，如池井間有之則吐氣爲雨。今吳山陰井泉不竭者，蓋有焉。《埤雅廣要》曰：蛇化爲蜃，似蛟無足。

袁棟《書隱叢説》卷二　海市蜃樓

海市，海濱往往見之。海中諸物比凡物分外精爽，蜃蛤之屬能吐氣成樓臺城市之形，種種悉具，或曰變幻而成，或曰影耀而成，俱未可知。陸地亦有山市，總是一氣變化，何所不有。木文成字，石理成畫，無知之物皆有變化，何況蜃蛤。夫蜯能出珠，秀靈所鍾。所以蜃蛤獨擅其長。

陸廷燦《南村隨筆》卷四　海市山市

泰山之市因霧而成，或一月一見，於霧中見城闕旌旗絃吹之聲，他山間亦有之。登州海市，每春秋之際，天色微陰則見，頃刻變幻，無一不具。聞廣州虎頭門、浙江寧波亦有之，但時候不同耳。

愛新覺羅·玄燁《幾暇格物編》上之上　山氣

海市見之於書，人皆知之，不知山巒之氣亦然。塞外瀚海，早行春秋之際，空闊之處望之，亦有如城郭樓臺者，有如人物旌旗者，有如樹木叢生、鳥獸飛舞者。遠觀景象無不刻肖；逼視之則不見。是皆山氣之所融結，可與海市並傳也。

陳元龍《格致鏡原》卷九五《水族類六》　蜃

《大戴禮》：十一月，雉入淮爲蜃。蜃，蒲盧也。《周禮》：鬯人掌四方山川用蜃器。注：器以蜃灰飾之令白者。鄭謂之叉灰，以叉刺泥中，搏取得蜃而名。《周禮》：地官掌蜃，共𡌴壙之蜃。註：未施椁前，施蜃灰椁下，禦濕也。以上蜃爲蛤類。《海物異名記》：蜃布泥有疆界，其蒸氣也爲樓。《埤雅》：蜃形如蛇而大，腰以下鱗盡逆，一曰狀似螭龍，有耳，有角，背鬣作紅色，噓氣成樓臺，望之丹碧隱然如在烟霧。高鳥倦飛，就之以息，喜且至，氣輒吸之而下。今俗謂之蜃樓，將雨即見。《史記》曰：海旁蜃氣成樓臺是也。世云雉與蛇交而生蜃，得其脂和蠟爲燭，香聞百步，烟出其上皆成樓閣之狀矣。《太平廣記》：歙州歙縣黃墩湖有蜃，嘗爲吕湖蜃所鬭。湖之近村有程靈洗者好勇善射，夢蜃告之曰：吾甚爲吕湖蜃所厄，明日又來，君能助吾，必厚報，束白練者吾也。明日，與村少年鼓噪於湖邊，須臾波濤湧激，聲似雷霆，見二牛相馳，其一甚困而腹肋皆白。靈洗彎弓助之，正中後蜃，歸吕湖，未到而斃。《合璧事類》：蜃精化爲美少年，以珍寶財貨數萬娶潭州刺史賈至女。真君求見賈使，君謂曰：聞君有貴壻慎郎，乃蛟蜃老魅，焉敢遁形。蜃精復變本形，爲吏所殺。以上蜃爲蛟類。

《五雜組爾雅》曰：蜃小者珧。是以蜃爲蚌屬。羅願曰：蜃，大蛤也，故海中車螯亦有謂之蜃者。然古人蛟蜃同稱，若蚌蛤屬，豈能變化爲人害。據陸佃《埤雅》所云，則蜃有二種，而海市蜃樓及許遜所誅慎郎者，必非珧蛤明矣。又雉入大水爲蜃，雉本蛇所化。晉武庫中，雉飛而得蛇蜕是也。則其入水爲蜃，亦從其類耳。而羅氏以爲蛤屬，俱誤也。此以爲二物。《七脩類藁》：雉入大水爲蜃。雉，野雞。鄭康成、《淮南子》高誘俱註蜃爲大蛤。《玉篇》亦曰：蜃，大蛤也。《墨子》又曰蚌，一名蜃。蚌非蛤類乎。《禮記》之註曰蛟屬。《埤雅》又以蚌蜃各釋，似非蛤類。然按《本草》車螯之條曰：車螯是大蛤，一名蜃，能吐氣成樓臺。又嘗聞海中蜃氣成樓垣。《章龜經》曰：蜃大者如車輪，島嶼月間吐氣成樓，與蛟龍同也。則知此爲蛤明矣。況《爾雅翼》引《周禮》諸家辯蜃爲蛤，甚明。《禮記》之註以謂雉由於蛇化之説，故以雉子爲蜃。《埤雅》既曰似蛇而大，腰下盡逆鱗。知之悉矣，然復疑之，一曰狀似螭龍，有耳，有角，則亦聞而識之。不若《本草》《章龜經》爲是即一物耳。此以爲一物。

翟灝《通俗編》卷二四《居處》　空中樓閣

《夢溪筆談》：登州四面臨海，春夏時遥見空際有城市樓臺之狀，土人謂之海市。按：今凡言行虚搆者，世率取此譬之。

和邦額《夜譚隨録》卷一　蜃氣

平遥陶賈，販貨至巴里坤，過西海，雨初霽，海中籠重霧，山色皆失。陶愛其空濛，暫憩一樹下。俄而霧散，隱隱見海中有兩山並峙，中間一抹雲氣，横如白練，雲漸闊，忽現一浮屠，頂金光四射，瞬息高出雲表，數之得五級，俄七級，俄九級，一餉時得十三級，色如虹。繞塔盡現樓閣，千層萬疊，悉如五色玻璃，出没隱現，須臾變化。陶市井人，初不知有蜃氣變幻事，驚怪而已。少焉樓閣半泯，浮屠亦漸斂縮，只餘八九級。大風忽起，波浪拍天，樓閣浮屠片片吹如碎錦，頃刻都滅。陶冒風而行，至營中，質諸土人，始知爲海市云。

王培荀《鄉園憶舊録》卷五　山東登州海市，大抵春秋雨霽偶一得之。四川丹陵彭仲尹來登州，見而紀之，奇詭可喜，記云：五月十一日，余至登州，曾言觀海市者先明諸島狀。天薄雲，東北微風，霧氣敷於島腳，正其時也，無甚奇異。本地方官民或數年不遇，尚有至老未見者，亦似有緣焉。余悯然久之。次日登蓬萊閣，僧歷指諸島名，就晚潔齋。十三日晨起，效東坡禱海神，巳刻泛舟彈子窩，探仙人洞，甫登岸。舟子云：沙門島市矣。島後高前低，低處現一塔，一杆從頂出，杆頭斜掛一旛，隨風舞曳。高處化爲墩，上平下方，四稜如削。俄而塔變爲葫蘆象，杆化而爲人，東張西顧，往復數次。倏又非塔非人，頂上横出一樑直接墩。忽一落，樑在中，又一落在下。頃之墩塔融成一片，中開一門，門正中一柱，左右二綺窗，旋方旋圓，玲瓏透徹，如初日照耀。隨又化爲蓮花座，一尊者趺坐其上，高觸半空，頭戴棕笠，耳肩頂膝，儼然寺中莊嚴，小竹島之市也。初見一城，一衣白人奔走垛上，疾若飄風，顧盼間化爲八角亭子。周遭掛拄約數十，水光中澈，直達外洋，一簾垂西北，二柱中扁額對聯隱隱，旋又化爲玉尺岸，岸後張一口，類獅子，口中連吐三毬。岸前化爲屏，高可七八丈，闊二三丈許，就中湧出大殿一座，静穆雄渾，極似皇家宫闕。殿前竪二桅屏，後突架一棚，若陳席，三人周旋其間。而大殿脊上忽疊起小殿一重，一如大殿式架，又化而爲門，門又化而爲窗，方圓閃倏，如沙門島、高山島，極遠遥見大旗爛漫懸繞碧空。一樓臺雄峙其後，三面開廠，有人於中作歌舞狀。回顧長山島以西諸小島，各擁一帽如覆盆，俄頃連爲一氣，中閃一洞，漸開漸闊，上化爲長橋，可數里，横跨海面。大竹島化爲城尾，拖一吻，如象鼻。忽從島脊劃然中開，水天一色，奇幻不及。諸島自巳中起，歷午未二刻方散，種種變態，真絶世奇觀。覺江麟幾雜志與平日人言，均未窮其奥妙。東坡詩序以爲近於南海蜃樓，如此大神通，豈蜃氣所能吐納？又有云即海上城池人物臺閣旌旗等狀。毋論一無相肖，且如此，何能變化之有？余意以爲，滄溟萬里，島嶼幽深，或有仙家出没，蕩摇浮世，不則神龍騰變，難方物耳。

前史漢所載三神山，蓬萊、方丈、瀛洲，望之如雲，未能至者，恐亦即此。而當年無海市之名，方士徐福、欒大輩誤見爲真，以此誑惑秦皇漢武，總未可知云。八月望二日，自蓬萊辛店早行，殘星在天，月色尚白，忽見東南青黑氣屏擋如障，東側五峯攢峙若掌，接南微凹處突起一岡，横亘數十里。私憶，山也。俄五峰結爲浮圖，頂圓中狹。拍馬高處望之，東又一物，孤根矗空，似雪似石，穿折透漏，大可十餘圍，類園中石筍。而岡起處傑閣摩天，飛簷廠楔，氣象直欲吞日，緊與浮圖對。其下沃野中開，阡陌横袤，青黄繡錯，垂柳夾道，四極竹樹朦朧，茅屋土垣隱露人家半面。儼望蜀中榿林籠竹風物，去馬首纔數武耳。正面一帶迴風走嶺，蜿蜒一氣與岡接，其上樓臺殿宇，重疊四層，三層，至一二層者，星羅棊布。巖際陰靄中，小亭若方若圓，若八角半面者，又若傾欹欲墜者。難更僕數嶺樹，或一枝獨秀，或衆木扶踈，或拳曲若傘，旁見於斷岸絶壁間，與樓臺各爲分布。下面榆楊棗柿等樹層層掩翳，就中皆有透折白道達於嶺。始而日出丈餘，似輕烟細雨中遥望山莊村舍。漸而日高三丈，又若春雪初霽，繚白縈青，遠近一色如畫。小亭不及日旭者，愈覺(元)[玄]遠可眺。類觀海市，微不似者，變化超忽之態耳。馬行三十餘里，天涯始露，萬山低脱，而此境懸於碧落間，至午方散。始知一片雲氣結成也。僕夫土人爲余言，秋雲爲日所蒸，往往有此。昔年見人物旗幟等項，不足異也。余曰：爾知山市乎？僕夫云：山市，春日有之，猶海市夏見，不聞在秋也。《栖霞志》：山市當春日晴和時。語似有據，因憶史漢云，雲物之出各象山川之形，而東牟一路山盡窮石，絶少琳宫峻宇，亦無深林大麓，此又事之不可解也。姑綴之，俟博覽者一証。

又　卷六　登州鎮城署後太平樓，其下即海樓，前對數島，海市之起每由於此。春秋之際，天色微陰，則見島下先湧白氣，壯如奔潮，河亭水樹應目而具，可百餘閒，文窗雕欄，無相類者。中島化爲蓮座，左島立竿懸幡，右島化爲平臺。忽三島連爲城堞，而幡化爲赤幟。時撫軍飲樓上，見艨艟數十揚帆來，兵士森立，甲光耀日，朱旗蔽天。急罷酒料理城守，而船將抵岸，忽然不見。乃知是海市也。見《物理小識》。

錢泳《履園叢話》卷三《攷索》　海市蜃樓

王仲瞿常言,始皇使徐福入海求神仙,終無有驗,而漢武亦蹈前轍,真不可解。此二君者,皆聰明絶世之人,胡乃爲此捕風捉影疑鬼疑神之事耶?後遊山東萊州,見海市,始恍然曰:秦皇漢武俱爲所惑者,乃此耳。其言甚確。

高郵州西門外嘗有湖市,見者甚多。按高郵湖本宋承州城陷而爲湖者,即如泗州舊城亦爲洪澤湖矣。近湖人亦見有城郭樓臺人馬往來之狀,因悟蓬萊之海市,又安知非上古之樓臺城郭乎?則所現者,蓋其精氣云。

鄭光祖《一斑録》雜述三　蜃氣

廣東沿海之鄉,每於夏月得覩海中蜃氣,而尤以廣州東莞縣城南二百四十里所屬之缺口巡司海邊爲最,其海名合蘭海,即珠池也。明代曾采珠於此,海中有大奚山,匯深灣桑洲零丁三江之水,漩洄而黝黑,有龍窟焉。水上常有積氣如黛如霧,鼓舞吹噓,倏忽萬態。其爲城闕樓臺塔廟諸狀,人物車騎,錯雜於層峯疊巘之間,尤極壯麗。舟行其中弗見也。自外望之,變幻斯見。即之輒遠,離之復近。雖大風雨弗能滅,人以爲蛟蜃之氣所爲。云其氣,晴則大,陰則小,五色光芒不定。或如旌旗戈甲,則兆其地有兵革;如倉廩,則兆其地豐登。居人每候之以知災祥。正月初三四五等日必一見,不見則以爲怪。

又　海市

蜃氣有氣而無聲,海市則有聲而無氣。在山東登州則常見於晝,在廣東東莞則常見於夜。當静夜昏黑之中,海忽生光,水面盡赤,有無數燈火往來,有螺女鮫人之屬喧然笑語聲,且聞賣珠、鬻錦、數錢、量米麥聲,至曉方止。或曰其地故有沈淵,每月出輒有鬼物就海中爲市,所謂沈州夜市也。在東莞城東南静康鹽場,海中同爲合蘭一海,而與缺口蜃氣東西相去百餘里。海有三島在鹹水中,西島上石穴流泉甘美,番船去者必汲之。

庚子余在普陀,顯明僧言,古時普陀山之東有沙,曰東金,上有城邑,後竟坍盡。相傳曰,坍了東金,長了崇明。數年前,伊在海舶過此洋,忽見城郭如舊,且見城上跑馬往來。同舟之人皆以爲奇,是亦沈州夜市之説也。

張福僖《光論》　甚遠之處有時見物,亦有時見其正像,或見其倒像,并映大縮小之形,如蜃樓等項,或見其物高于本地之位,或在海上。亦有時見其對面之舡倒像、雙像。埃及北地俱屬平原沙地,所見蜃樓最多。泥羅河水漲時,其平原地俱没于水,小鎮邨莊或近泥羅河,或遠泥羅河,均作室于泥墩小山之上。其時天氣晴朗,日出時,許多小山村莊在至遠之地見,甚清明。日高時,熱熆甚大,平地沙石較風氣更熱,令近地幾層之風氣熱漲上行,其旁邊風氣即横加補入,成許多横流方向,遲速不一,風氣有震動象,故令遠地之物成假像,甚糊塗而不清。各種物類有時能見,有時不見,此非蜃樓,理同蜃樓一致。英吉利國亦有此種幻景,設近地幾層風氣不横流,亦不動蕩,爲沙石傳熱,得至大之度,所見蜃樓十分清明。在高處地見村莊小山假像甚高。在低處地方,其本物爲地面所限,見其反像甚明。準此見其假反形像,一如視在大湖中樓臺諸物形像皆倒,又如在清水中有穹蒼反照之形。所見假像之人,或向前行,行至見像之地,既至其處,但見一片熱沙之石,不見村莊小鎮,及相距甚遠,又見其假像。如行路人,行至曠野漠地,口渴人疲,見前面有一大湖與許多樹林房屋等像,及至見像之處,則見其平沙熱石,四際無崖,前所見幻景但屬子虛,此是光差變像。

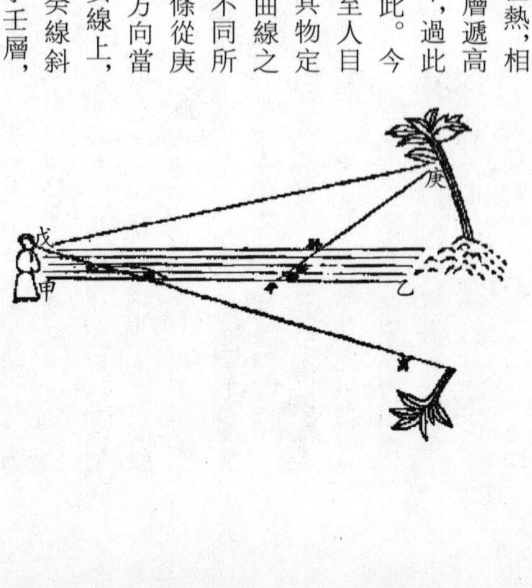

如甲乙爲平原沙地,爲日所照甚熱,相近地上風氣較上層風氣更熱,所以層層遞高遞密,至一不變疏密地位爲風氣相平,過此地位,則又遞高遞疏,其風氣之理如此。今光線從物之高處發光,可究行在何線至人目内?設目在戊線,從庚點發光,目見其物定用庚戊方向。今光行不走直線,行于曲線之上。今見庚點略高,因風氣層層疏密不同所致。庚點四周圍所發光線中,總有數條從庚癸壬辛午未己戊至人目内,其至目之方向當爲見物之方向,所以見在物在戊己亥線上,成一倒像。一如用平鏡之理。又庚癸線斜交之角切在辛點層之風氣,此層薄于壬層,改變方向較小,其線漸進漸行,遞入風氣,直面數層,風氣面各層遞低,其交角遞斜,光線交角遞大,至光線反折而爲回光;一路前行,則又遞經密風氣至疏風氣,入人目内,行于圖上所繪之線。昔佛蘭西奈伯倫將兵至埃及,有格致士名蒙日證明此理。設人疑此説不確,可用鐵條燒紅,在其面上置放一物,能見真形,并見假像、倒像。熱鐵面上之風氣,如上所説漸近漸疏之理相倣。

海濱高山，行船時見，在海上見之甚高，亦有清蒙氣差升卑爲高之理。光線初發，從上層切疏風氣時，方向即變下行入目，令人目見之略高。

戴熙《習苦齋畫絮》卷一《卷類》 蜃樓海市，千態萬狀，城郭人民，生理具足，乘霧而起，隨風轉變。畫之爲道，蓋亦猶是。當其識田清浄，鏡象湧現，生滅在手，來去了然，擬之禪定，豈所謂解脱苦惱，未離色相者耶。

郭柏蒼《海錯百一録》卷三 記殼石

蜃，陳藏器曰：其大者即蜃也，能吐氣爲樓臺，春夏依約島溆常有此氣。沈存中云：登州海中時有蜃氣，如宫室臺觀人物車馬，歷歷可見，謂之海市。唐詩樓臺重蜃氣，是也。《書影》：海市有偶一見之四明者，有見之漳州者，蓋不獨登州爲然。【略】凡物非目見皆不足信，非善於體會，即目見仍襲舊説。海市不止登州，福清之江陰白嶼漳州亦時有之。凡山澤出雲吐氣，如瘴母之類。皆有定所，如人之咽喉，故海市亦然。江陰埸之下，傳有車螯，故有海市。若白嶼漳州不産車螯，何以亦有蜃氣？《竹窗筆記》云：晉江薛千仞云，有友劉西來者，爲登郡司馬，言之最詳。云登有水陸二城，蓬萊閣在水城内山麓間，覩日出與海市者多登焉。遠望東海中長山、大竹、小竹、沙門四島如列眉。凡海市之初，但見一島雲起，直上如線，三島先後應之，漸合爲一，隨風摇曳，縱之則爲琪樹寶塔，横之則爲長橋連城，斜之則有若長幡旗幟，叠之則忽如樓閣亭臺，頃刻變易，絶無常態，然皆在彷彿間像之，未可以聲聞色相求也。若云人物飛鳥之狀，特神其説耳。更逾一二時，雲氣愈盛，布滿空中，則注雨直至矣。夏月爲多，中秋後不復可見。觀者病其隱見無時，不可必得。劉公秩滿，遷常德别僚。友曰：今日贈君輩以卜海市法，但柱礎潤即見矣，以是知雨徵也。

劉嶽雲《格物中法》卷三《火部》 光

登州海中遇霽，忽見臺觀城市人物往還者，謂之海市。東坡嘗一見之。舊説漢時有人奉使過海，忽見漢字宫闕臺殿如在目前，使人因具衣冠，向闕而拜，須臾風駛舟行，遂迷所在。又湘潭界中有寺，名方廣，每至四月朔，日在東壁，則照見維揚官府樓堞居民舍宇，物物可數。宋方回《虚谷間抄》。

嶽雲謹案：沙漠之地，湖海之濱，有時見海市蜃樓之類，是亦回光之故也。日光下射地面或海面，適值溼熱之氣方盛，其氣因熱漲大而輕，則上升于空氣之上，遠物之光線遇一層輕空氣，其上面甚斜而光線回射，與物之光線自水面回射無異。此理西書言，光線自淡質入濃質則折，光線稍近于垂線；光線自濃質入淡質則折，光線稍遠于垂線。若水内光線與水面成角，過于四十八度半，則光線不射入空氣中，即從水面回射于水中，此謂之全回光。上所言遠物之光線遇一層輕空氣而回射，即全回光之理。然光線從淡質入濃質云云之理，有時不足爲據，不如中國舊説言空氣如一大鏡面，彼處光線因日斜射而于鏡面出種種之象。

又案：西書論透光質有時能不透光，與中國鏡面之説相關，蓋空氣即透光鏡也，有時因光線回射歧雜，變而爲不透光之質，而下一層空氣則仍然透光。不透光之質爲透光質之底，則成一回光鏡面矣。

高郵縣有一寺，不記名，講堂西壁枕道，每日晚人馬車轝影悉透壁上，衣紅紫者，影中鹵莽可辨。壁厚數尺，難以理究。辰午之時則無。相傳如此二十餘年矣，或一年半年不見。成式太和初，揚州見寄客及僧説。《酉陽雜俎》。

嶽雲謹案：此亦海市之類，皆回光故也。

海市見之於書，人皆知之，不知山巒之氣亦然。塞外瀚海早行，春秋之際，空闊之處，望之亦有如城郭樓臺者，有如人物旌旗者，有如樹木叢生鳥獸飛舞者。遠觀景象，無不刻肖。逼視之，則不見。是皆山氣之所融結，可與海市並傳也。《幾暇格物編》。

《雞山志略》景致十則，放光瑞影，川澤之氣發爲光焰，海之蜃樓，谷之光相，皆自下而上放光，四面深環，危崖上擁，靈氣攸聚，瑞影斯彰。其與四大比隆宜也，然四大亦惟峨眉五臺，其光最異。若九華、普陀，亦止佛燈，未著光相。故放光之瑞影，真四之中二之上者矣。《滇遊記》。

紀事

司馬遷撰 裴駰集解 司馬貞索隱 張守節正義《史記》卷二八《封禪書第六》 自威宣燕昭使人入海，求蓬萊、方丈、瀛州此三神山者，其傳在勃海中，去人不遠，患且至則船風引而去。蓋嘗有至者，諸僊人及不死之藥皆在焉，其物禽獸盡白而黄，金銀爲宫闕。未至，望之如雲。及到，三神山反居水下。臨之，風輒引去，終莫能至。云世主莫不甘心焉。索隱：謂心甘羨也。

沈約《宋書》卷三四《志第二十四・五行五》 地震

宋文帝元嘉二十五年，青州城南，地遠望，見地中如水，有影，人馬百物皆見影中，積年乃滅。

釋慧立《大慈恩寺三藏法師傳》卷一《起載誕於緱氏終西届于高昌》 法師不肯居前，胡人自行數里而住，曰：弟子不能去，家累既大，而王法不可干也。法師知其意，遂任還。胡人曰：師必不達，如被擒捉相引奈何？法師報曰：縱使切割此身如微塵者，終不相引。爲陳重誓，其意乃上，與馬一匹勞謝而別。自是孑然孤遊沙漠矣。唯望骨聚馬糞等漸進。頃間，忽有軍衆數百隊滿沙磧間，乍行乍止，皆裘氍駝馬之像，及旌旗槊纛之形，易貌移質，倏忽千變。遥瞻極著，漸近而微。法師初覩謂爲賊衆，漸近見滅，乃知妖鬼。

劉昫等《舊唐書》卷三七《志第十七·五行》 神龍二年三月壬子，洛陽東十里有水影，月餘乃滅。四月，洛水泛濫，壞天津橋，漂流居人廬舍，溺死者數千人。三年，滄州雨雹大如雞卵。

彭乘《續墨客揮犀》卷九《奇物》 登州海中時有雲氣，如宫室臺觀城堞人物車馬冠蓋，歷歷可見，謂之海市，或曰蛟蜃之氣所爲，疑不然也。歐陽文忠曾出使河朔，過高唐縣驛舍，中夜有鬼神自空中過，車馬人畜之聲一一可辨。其説甚詳，此不具紀。問本處父老，云：二十年前嘗晝過縣，亦歷歷見人物。土人亦謂之海市，與登州所見大略相類也。

龐元英《文昌雜録》卷二 余昔過判滑州，見太守光禄卿解賓王説，登州每晴霽，烟霧中有城闕樓閣人物車馬鷄犬往來之狀，彼人謂之海市。禮部作詩送王衮出守東牟，用嘉䲭故事，因爲余話海市，與解光禄同。

沈括《夢溪筆談》卷二一《異事》 登州海中時有雲氣，如宫室、臺觀、城堞、人物、車馬、冠蓋，歷歷可見，謂之海市，或曰蛟蜃之氣所爲，疑不然也。歐陽文忠曾出使河朔，過高唐縣驛舍，中夜有鬼神自空中過，車馬人畜之聲一一可辨，其説甚詳，此不具紀。聞本處父老云：二十年前，嘗晝過縣，亦歷歷見人物。土人亦謂之海市，與登州所見大畧相類也。

秦志安《金蓮正宗記》卷三《丹陽馬真人》 二月八日，先生勸東牟郰耶村人悉焚船網，風回雪霽，忽見重樓翠阜，異事駭人，乃海市現於南陽也。癸卯年四月十三日，主行芝陽醮事，而風雨大作，衆人哀禱，庶獲晴霽。先生叩齒冥目，似有所祝，須臾雲斂日出。十五日申未間，龍尾現於東南，移時不滅。至夜，彩雲貫月。四月二十八日，行詣芝陽，海市乃見，自旦至午。先生至回光庵，馬從仕喜自願焚貸糧券千有餘斛，繼有鞠斌聚魚網而焚之，海市復現，依稀若龍車鶴馭之狀。又有郭亨、欒周者，聚魚網而焚之，忽見桑島之間雲陣横斜，煙光縹緲，若甲馬神兵之勢。

趙道一《歷世真仙體道通鑑續編》卷一 馬鈺

二十三年四月，師欲往芝陽高莊，半途迓者百餘人，或曰：海市從旦至午，見而未滅。曩者雖間有之，非清旦不可得而見也。今師之來，有此非常。

周密《癸辛雜識》續集卷上 短蓬

楊大芳嘗爲明州高亭鹽場，場在海中，或天時晴霽時，見如匹練横天，其色淡白，則晴雨中分。土人名之曰短蓬，亦蜃氣之類也。

林景熙《霽山先生文集》卷二《白石稾》 蜃説

嘗讀《漢天文志》載海旁蜃氣象樓臺，初未之信，庚寅季春，予避寇海濱。一日飯午，家僮走報怪事曰：海中忽湧數山，皆昔未嘗有。父老觀以爲何異。予駭而出，會潁川主人走使邀予。既至，相攜登聚遠樓，東望第見滄溟浩渺中矗如奇峰，聯如疊巘，列如碎岫，隱見不常。移時，城郭臺榭驟變，倏起如衆大之區，數十萬家魚鱗相比，中有浮圖老子之宫，三門嵯峨，鐘鼓樓翼，其左右簷牙歷歷，極公輸巧不能過。又移時，或立如人，或散如獸，或列若旌旗之飾，甕盎之器，詭異萬千，日近晡，冉冉漫滅。向之有者安在，而海自若也。《筆談》紀登州海市事，往往類此。予因是始信。噫嘻！秦之阿房，楚之章華，魏之銅雀，陳之臨春結綺，突兀淩雲者，何限運去代遷，蕩爲焦土，化爲浮埃，是亦一蜃也，何暇蜃之異哉。

于欽《齊乘》卷一《山川·般陽山》 沙門島海市附

登州北海中九十里，上置巡檢司，海艘南來轉帆入渤海者，皆望此島以爲表誌。其相聯屬則有鼉磯島、牽牛島、大竹島、小竹島，歷歷海中，蒼秀如畫。海市現滅，常在五島之上。海市之名始見江鄰幾《雜志》。東坡詩序或謂類南海蜃樓，蛟蜃噓氣所成，殆不然。欽嘗至登州海上訪之，蓋海市常以春夏晴和之時，杲日初升，東風微作，雲脚齊斂于海島之上，海市必現。現則山林、城闕、樓觀、旌幢、氊車、駝馬、衣冠、人物，凡世間所有，象類萬殊，或小或大，或暫或久，或變現終日，或際海皆滿，其爲靈怪赫奕，豈蜃樓可擬哉。蓋滄溟與元氣呼吸，神龍變化，浩不可測。如佛經所謂龍王能興種種雷電雲雨，居於本宫不動不摇。山海幽深，容有此理。欽以中秋後至海濱，天已微寒，知州事李述之詩人也，亦相與禱于廣德王之祠。越二日，忽報云：今晨風色雲氣，海市當現。同登賓日樓候之，日初出，大竹島上横一巨艘，長餘百尋，述之指以示余。余曰：此海舟耳。述之曰：諦觀之，何故不動？須臾，前後曳數旗，劍戟紛紜，忽不見。惟有空舟漸變如長廊而滅。述之曰：風稍急而寒，不然，現未已也。嗚呼，神哉。然則史漢所稱三神山，蓬萊方丈、瀛洲，望之如雲，未能至者，殆此類耳。且秦漢入海方士僅能往來於磯島之間，偶見此異，慕之爲仙，亦不爲過。非若今人航海遠泛黑水洋外，或飄蕩歲月而後返，果有蓬萊仙山，何不聞也。斯言足破千古之惑矣。

又　卷四《古蹟・城郭》　東平陵城

城西北有陰地數畝，天色澄霽亦若雲陰，迫視則無記，謂青州有地鏡水影，蓋亦此類。平陵西北十五里，有廢奉先縣城。

脱脱等《金史》卷二三《志第四・五行》　哀宗正大元年正月戊午，上初視朝，尊太后爲仁聖宫皇太后。【略】七年十二月，新衛州北三里許，有影在沙上，如舊衛州城狀，寺塔宛然，數日乃滅。

楊瑀《觀海市記》勞亦安《古今遊記叢鈔》卷五　嘗謂天下有至神至恠而不可知之事，恒見則以爲常，罕見則以爲異，是固理勢之必然，何足怪哉。丁亥孟夏二十二日，余欽奉上命，始至蓬萊，越二日侵晨，謁文廟畢，與都閫袁公同登蓬萊閣，召守閣之士，問其海市，則曰：春夏見，秋冬少見；大霧之後天晴見，天陰不見；微風見，無風不見，大風不見，風微急，其見也速而巧；風微緩，其見也遲而拙。余謂海市有時，難以必見，遂縱觀海港，將啓行焉。俄而從者報曰：山擡頭張口，海將市矣，願少止而觀焉。翹首視之，牽牛島見一樓臺，其前則低，其後則昂。大竹山見一大城，其色則青白，其高則居山三分之二。其規模制度，則雄偉壯麗，殆若王者之都，人世罕見。顧盼之間，且驚且愕，以爲天下有此神怪之事。又自以爲眩而妄也，凭闌視之，倐然俱已收矣。余以爲海市雖美，特暫焉而已，固不知其有所謂久者也。俄有報者曰：珠璣山更見一城，其色則半青半黄，其形則或高或下，其城上之諸樓則隱顯無常，其城角之大樓則離合不定。視牽牛島二峯，或開而離，或合而連，或小者忽然而大，或尖者突然而平，雖終日變幻，皆舒遲而糢糊。愚又以爲海市雖久，特拙焉而已，又不知有所謂極天下之至巧者焉。俄又有報者曰：半洋山復見一城，其中初起一樓，次起一樓，二樓竝峙，相離咫尺，復合爲一大樓，中留一門，仍復塞焉。其東則起三圓亭，皆重簷三疊，透徹玲瓏。其西則起三假山，皆孤峯特聳，突兀嵯峨。其大樓之東，復起一小樓，漸與大樓相等。其大者則默移于前，小者則潛移于後，殆如王者前宫後寢之制。既而升者沉，起者伏，遂隱而不見。俄而一樓獨大，巍然突起于中。三閣微小，森然環列于左。三屋又小，紛然雜處于右。而前後左右，各起數樓，或行或止，或斷或連，或淡而似遠，或濃而似近，儼如城郭之上。四面八方，各有樓閣之錯綜，已而顯者微，明者晦，復隱而不見。忽一大殿聳起于中，極其尊嚴。不事奇巧，雖迭出而不殊。三方樓端拱于左，皆樓上有樓，其簾箔牕牖，閃爍難言。三團松植立于右，皆松上有松，其葆蓋臺基，形容特異。愚又以爲古今之名畫，秦漢之離宫，人爲雖巧，終不足以擬其天成之妙。袁公作而起曰：斯亦曠特之奇觀，願酌而賀焉。未幾，三松之頂，三樓之脊，微有雲氣，初如一線，與大殿之脊相連。俄而小者漸大，狹者漸濶，恍然一巨橋，下視三松三樓，皆變爲三大橋。柱中涵數洞，昭晰分明，有如蒼龍跨海之勢。既而通者塞，開者閉，忽變爲一大臺，又析而爲二，破而爲三。其中則變爲一大宫，如宗廟之正室，其左右則分二小宫，如明堂之傍室。已而繚以垣墻，籠以林樹，環以房屋，又合于一，極天下之大家。既而其垣墻則或高或下，其林木則或聚或分，其房屋則或疎或密，雜居散處，又如一大村落。中有數十餘家，復又混而爲一，或望之如磨，又似杯形；或視之若杯，又如盤制；或脊聳而簷長，猶如大廈之相連；或脊縮而簷短，又如屏風之獨立。或方起一樓，未成而復隱。或復起一閣，既顯而又微。凝滯多而動盪少，亦如勞者欲佚，作者欲息，動極思静之意。時則日欲將暮，興已半闌，觀者倦而立者疲，僕雖屢更，皆跛倚而臨事。余乃起曰：時已久矣，衆皆倦矣，賓主之情，既已盡矣，海市之變亦已極矣。命輿將歸，袁公復曰：海市之變無窮，觀者之興已盡，繼此而萬變迭出，亦未可盡知也。愚又以爲海市雖巧，特見于半洋一山而已，如彼耆老所謂諸山連市，徧海呈奇，又余所未見而不知者也。且諸海市似雲而不飛揚，似霧而不陰晦，似煙似氣，則凝而不散，動而有常。其體則有大小、方員、長短、廣狹之殊，其用則有屈伸、往來、起伏、升沉、離合之異，其變化則有久暫、遲速、死活、濃淡、巧拙之等。雖一時同觀之人，若心志不專，瞻視不定，或見其左則遺其右，或覩其後則失其前，故語之以濃者、久者、死者、遲者、拙而粗者，則人之所見皆同。語之以淡者、暫者、活者、速者而精巧者，則人所見各異。誠所謂天開活畫，百巧備藏于中，人皆遠而望之，各隨其所見，而各自以爲然。如已有所見，已以爲然，而人或以爲不然。人有所見，人以爲然，而已或以爲不然。人已同有所見，人已同以爲然，而衆人或以爲不然。衆人皆有所見，衆人皆以爲然，而未見者又或以爲不然。已以爲然者，已固信之而人或疑之。人皆以爲然者，人固信之，而已或疑之。人已同以爲然者，人已固同信之，而衆人或疑之。衆人皆以爲然者，衆人固皆信之，而未見者又或疑之。誠乃天下神怪之至，而不可知者也，將謂有主之者耶？杳杳冥冥之中，誰從而爲之？余固不得而知之也。將謂無主之者耶？奇奇異異之事，何從而有之？余亦不得而知也。不知而不問焉，則終於不知而已矣。將就知者而問之，神怪之事，聖人所不語也。予將孰問歟？近而求諸余身，將問諸余心，余心無言而有知也，將告余曰：昆蟲草木固物也，日月星辰亦物也，究而極之，其所以爲神怪之至，均爲造化陰陽之實理，歷萬古而不易者也，故因以記之。

伊世珍《瑯嬛記》卷中　宋太祖微時，夜卧至人静時，常有光如車輪，内見黄龍若在波浪中出没，魚鼈之類不可勝數，亦有極恠之物從而見焉，皆作金色，光芒刺目，頃之始滅。有見之者後皆貴。夫蜃，海蟲也，而吐氣皆樓臺人物。太祖，人主也，而見光皆波浪魚龍，所不可解。

邊貢《華泉集》卷一四《文集·雜著·題海市卷後》　華泉子曰：余自童生時讀蘇子海市詩而竊慕焉，顧未嘗一至海上，寤寐思服者二十年於兹矣。乃今讀是卷而心休焉，曰：是可以弗觀已矣，然不能無感焉，則爲之言曰：夫有天地即有海，有海即有市，有市即有見之者矣，而數千歲弗傳焉，其故何也？過之而弗觀，觀之而弗紀，與弗見者一也。而一顯於宋，盛傳於今，豈非海市之遇也哉。然是卷也，侍御君記之，諸大夫則賦詠之。夫記之者，見之者，也賦詠之者，非必人人而見之也。而若或見之者，無他焉，徵諸記而已矣。天下之人之慕海市如余者，豈少哉？吾恐讀是卷而心休焉者將不獨余也。柳柳州曰：美不自美，因人而章。蘭亭不遇右軍，則清湍修竹蕪没於空山矣。吁，豈獨一蘭亭也哉。

陳霆《兩山墨談》卷一一　壽州有安豐縣，廢址尚存，廢縣之東，積水數千頃，今名安豐塘，即古芍陂塘也。春秋時，楚相孫叔敖所開，灌溉數州。自昔及今，享利莫殫。我朝於塘岸刱四十八閘，時其鍾泄，中復多菰蒲藕芡之類。正德丁卯，淮西旱，民取飼於塘所，活幾萬人。予嘗經行其處，私獨不滿，謂人知享利而莫知報本。所謂叔敖者，遺祠三間，瀕側塘岸，村民既乏香火鷄豚之奉，而有司守土者亦不聞歲一修祀，蓋甚缺典也。附塘一沼，清泠可鑑，且深淵叵測，土人謂有巨蛟蟄其内，每天雨，即吟吼水面，聲振原隰，呵氣成黑雲。予嘗欲俟以驗，竟不值便而止。或又云，塘心平阜處，古安豐府也，歲久，沈陷入塘中。今霧雨浹旬，或見城郭人馬現其處，若登州海市然者。考之史傳，安豐初不聞建府，縣廢之後，元雖有安豐路，然即今壽州是也。或者所云，蓋未足信，然城郭人馬之狀，疑塘水浩漫時，爲陽焰與地氣蒸鬱，偶爾變幻，而見者寡知識，遂妄云已耳。

歸有光《震川集》卷一五《見南閣記》　先生家在雲夢間，而沔漢二水繞之。先生於其居爲花圃中爲小閣，沔之勝可眺也。蓋取陶靖節悠然見南山之語以爲名。每與玉叔讀書論道之暇，攜之登閣遠覽，而沔去江南諸峯絶遠，實無所見，姑以寄其悠然之意而已。一日天新雨清浄無雲，與玉叔凭欄忽見諸峯湧出，樓觀層疊，峥嶸靚麗，久之而後散，而實非江南諸山也。余聞登州有海市，而往歲華亭海上從金山忽見海市，前此蓋所未聞，而史稱衛州城既徙，而故時城堞樓櫓浮圖之影皆於日中見之，神理變幻不可知。夫海旁蜃氣象樓臺，廣野氣象宫闕，雲氣各象其山川，殆有是耶。登州海市出於春夏，而東坡以歲晚禱海神，一日而見之，賦詩以自喜，云重樓翠阜出霜曉，異事驚倒百歲翁。又云潮陽太守南海歸，喜見石廩堆祝融。今之所見，又非海市、石廩比也。先生父子必能賦之，余於陳氏兩世師門之誼，又重以玉叔之請，且又因以自通於先生而爲之記云。

徐應秋《玉芝堂談薈》卷二四

番禺鬼市

《番禺雜記》：海邊時有鬼市，半夜而合，雞鳴而散，人從之多得異物。《歲時記》：務本坊西門是鬼市，或風雨瞑晦皆聞其喧聚之聲，秋冬夜多聞賣乾柴，云是枯柴精也。福清紫微院，至三鼓後，院後讙呼交易之聲，儼如城市，皆是浙音，達旦而止。明日視之，皆高山峻壁也。一歲凡數次，謂之鬼市。《筆談》：歐陽公過河朔高唐縣，宿驛舍，夜聞鬼神自空中過，人畜之聲一一可辨。父老云二十年前曾晝過，亦彷彿見人物。土人謂之海市。高唐去海實遠，海市之説恐不然。《春明朝退録》：歐陽少師言爲河北轉運使，冬月按部至滄景間，于野亭夜半聞車旂兵馬之聲，達旦不絶。問彼處人云海神移徙，五七年來有之。《唐西域傳》：西海有市，貿易不相見，置直物旁，名鬼市。《自警編》：唐開元末，登州漁者負擔行海邊，遥見煙霧蒙襲，人衆雜若市里者。遂前見，多賣藥物，僧道尤衆。良久欠伸，悉無所覩。惟拾得青黛數十，不敢他用，而施之浮圖，又濟瀆廟神，嘗與人交易，以券契投井，金銀輒如數浮出，牛馬百物皆可假借。趙州廉頗墓亦然。是鬼與人市也。秦始皇作地市，令生人不得欺死人，是人與鬼市也。

又　地鏡

苻堅時，長安有水影，遠觀若水，近地視之則見人。宋文帝元嘉二十五年冬，青州城南望見地中有水如影，謂之地鏡。唐神龍二年二月壬戌，洛陽城東七里，地色如水，樹木車馬歷歷見影，漸移至都。大曆末，深州束鹿縣中有水影，長七八尺，遥望見人馬往來如在水中，及至前則不見。《水獪園》：萬曆甲辰乙巳間，沸傳後宰門外皇城一帶，牆下忽影出城郭山川樹木人物諸狀，有鐵騎數百臨城，城上皆竪旗幟，與畫圖無異，移時乃滅。

劉獻廷《廣陽雜記》卷一　萊陽董樵云：登州海市，不止幻樓臺殿閣之形，一日見戰艦百餘，旌仗森然，且有金鼓聲。頃之，脱入水。又云：崇禎三年，樵赴登州知府蕭魚小試，適門吏報海市，蓋其俗遇海市，必擊鼓報官府也。蕭率諸童子往觀，見北門外長山，忽穴其中，如城門然，水自内出，頃之上沸，斷山爲二，自辰至午始復故。

長山長四十里，去登州府北門亦四十里。

又云：涉海者云，嘗從海中望岸上，亦有樓觀人物，如岸上所見者。

杜臻《粤閩巡視紀略》卷上　將軍澳在東墻之西，可泊北風船四十餘，下有礁曰將軍礁，舟船遇之輒碎。濱海人多乘桴以取蠟。相傳陳元光嘗駐兵於此，或云古閩越王號騶力等，爲吞漢將軍，使據險拒漢，故以爲名。未知孰是。海中島嶼甚多，可指者曰魚腸嶼，通鹿溪；曰竹嶼，有居民數百家；曰石城嶼，亂石欹壘若城；曰大桑、小桑，土宜桑而人業漁，今人多呼大嵩、小嵩也；有浮沉嶼，視潮漲減爲小大，漲若沉，減若浮；又有大澉、小澉之屬。嘉靖九年正月，海中諸峯忽没不見，頃之三山併爲一峯，屹立摩空，作樓臺之狀，三日乃已，蓋蜃氣云。

邵長蘅《邵子湘全集》青門簏稾卷一一《客登州與人》　某見登州父老云：五六十年前海市見，往往具城郭樓觀人物之狀，有騎者、走者、負擔者、持蓋者、肩相摩者，大約如行煙靄中。近數十年來，但有城郭樓觀，絶無人物。某初不之信，比來偶得見之果然。豈海外幻景，亦復隨人代升降耶？足下博物君子也，書此以發一笑。

王士禎《香祖筆記》卷八　廣州之虎門合蘭海，每歲正月初三四五日，現海市，城闕樓臺車騎人物倏忽萬狀。康熙丙辰，見戈甲之形，粤有兵變。黄太沖宗羲。亦言寧波有海市。蓋東海南海皆有，不惟登州，但登見以四五月，廣見以正月初旬三日，是小異耳。鄞之見，不言定期。

又王士禎《池北偶談》卷二六　山市

文登崑崙山，有山市，恒在清晨，遥望之，山化爲海，惟露一島，島外悉波濤瀰漫，舟船往來，山下人但覺在霧氣中。淄川西焕山亦有山市，每現城郭樓櫓林木人馬之狀，一如蓬萊海市。嘉靖二十一年，縣令張具協經山南麓始見之，烟嵐鬱麗，移時乃滅。自後往往見之。東郡恩縣白馬營莊平馬令莊皆平原，時於雨後見此異。士人謂之地市。《老學菴筆記》云：太原以北，晨行則烟靄中覩城闕狀如女墻雉堞者，《天官書》所謂氣也。

姚之駰《元明事類鈔》卷二《地理門・海》　海氣結市

《五雜俎》：海市，海氣所結，非蜃也。家居海濱，每秋月極明，海中蚌蛤車鰲之屬皆能吐成城市樓閣，截流而渡。至杳不可見，蓋借海之氣也。

藝文

徐陵《玉臺新詠》卷七《武陵王紀詩四首》　斂色金星聚，縈悲玉筯流。願君看海氣，憶妾上高樓。《閨妾寄征人》。

王起《蜃樓賦》李昉等《文苑英華》卷一四〇　伊浩汗之鵬壑，有岧嶤之蜃樓。不因材而結構，自以氣而飛浮。閟然無朕，赫矣難儔。出彼波濤，必麗天以成象；化爲軒檻，疑。寧假日以銷憂。足以掩鼇山於别島，漏一作陋。蛟室於懸流。若乃霧歇煙銷，雲歸月一作天。朗。千里目極，八紘心賞。惟錯之類咸伏，陽侯之波無響。於是吐氛氲，騰泱漭。隱隱迥出，亭亭直上。乍明乍滅，舒渤澥而新鮮；若合若離，結麗譙而博一作傳。敞。雖舟子來萃，國工是仰。莫不驚天地之赫靈，覩井幹而成象。赫奕奕而有光，紛郁郁而難詳。影臨貝闕，彩曳虹梁。比繩墨之曲直，如規矩之圓方。岳岳之仙，乍窺于天表；盈盈之女，且愧於路傍。八窻未工，百尺非峻。伴祥煙於巨浸，雜佳氣於重潤。仰層構之如暈，必巨川之化蜃。大壯冥立，全模洞開。吐嗽而倖華宇，呼吸而象瑰材。翔鵾拂而不散，賀燕往而復來。依稀碧落，想像瑶臺。旁輝日域，下瑩珠胎。比落星之流點綴，疑明月之照徘徊。則知霞駁雲蔚，有壯麗之貴；棟折榱崩，無壓覆之畏。既變態於倏忽，亦憑虚而髣髴。豈比夫鼎居汾水，絶絶以騰文。劍在豐城，雄雄而增氣。方今聖功不宰，海物咸在。固知吐爲樓閣，以全其軀。豈爭彼魚鹽，弗加於海。

白居易《白氏長慶集》卷一二《感傷四・長恨歌》　忽聞海上有仙山，山在虛無縹緲間。樓閣玲瓏五雲起，其中綽約多仙子。

梅堯臣《宛陵集》卷二三《送朱司封知登州》　駕言發夷門，東方守牟城。城臨滄海上，不厭風濤聲。海市有時望，閭屋空虛生。車馬或隱見，人物亦縱横。變怪其若此，安知無蓬瀛。昨日聞公説，今日聞公行。行將勸農耕，用之卜陰晴。

蘇軾《東坡全集》卷一五《海市》　東方雲海空復空，羣仙出没空明中。蕩搖浮世生萬象，豈有貝闕藏珠宮。心知所見皆幻影，敢以耳目煩神工。歲寒水冷天地閉，爲我起蟄鞭魚龍。重樓翠阜出霜曉，異事驚倒百歲翁。人間所得容力取，世外無物誰爲雄。率然有請不我拒，信我人厄非天窮。潮陽太守南遷歸，喜見石廪堆祝融。自言正直動山鬼，豈知造物哀龍鍾。信眉一笑豈易得，神之報汝亦已豐。斜陽萬里孤鳥没，但見碧海磨青銅。新詩綺語亦安用，相與變滅隨東風。

馬鈺《洞玄金玉集》卷四《臘日海上見海市用東坡韻》　海家活路不知空，長在洪波大浪中。日日捕魚招地獄，時時進觵背仙宮。因何却得心悔過，遇我穿鑿勝良工。忻躍焚燒船與網，慈悲感動神與龍。海市呈空驚衆目，於中誂倒白髯翁。時當臘八生異象，希奇造化現來雄。龍虎遶蟠吟不盡，神仙出没畫無窮。寶殿珠樓水摇蕩，瓊林琪樹氣浮融。跨鶴金童敲玉磬，登壇玉女擊金鐘。嘉瑞重重襯天闊，慶雲靄靄顯年豐。悟來赤鳳翅調金，倒把青牛尾秉銅。重遇重陽仙訓誨，冰清玉潔樂真風。

又　卷九《蓬萊閣・詠海市》　雲煙漠，紅光紫霧成樓閣。成樓閣，鸞飛鳳舞，往來瓊廓。　神仙隊仗迎丹藥，虛無造化龍生惡。龍生惡，蓬萊三島，横鋪碧落。

王處一《雲光集》卷一《海市詩並序》　暫别東牟，西遊登郡，漸叩古黄西皋，遇海市垂光顯異，乃與道合真也。故曰：皇天發泄，大道舒張，披三光而下降，禀一氣而上昇，萬化人間，莫知其道也。是乃長養諸天，大地沖和，四序炎凉，洞焕太空，化生玄象，混同萬法之根源，符合大羅之眼目。因借東坡韻述懷。

水晶宫殿鎖晴空，萬象澄澄碧海中。月裏姮娥觀寶鑑，日中仙子翫珠宫。乾坤斡運明真理，混沌重開越勝工。萬道毫光攢坎虎，千條赤氣罩離龍。滿空聖衆扶圓蓋，玉女金童策主翁。紫霧紅霞纔綻處，玲瓏七寶現威雄。神風静默驚山鬼，萬化參差世莫窮。光壓水天無勢力，吾真三界得沖融。放心天下無違礙，四大神洲飲幾鍾。雖説東坡真上士，足知大定勝元豐。古今諸勝鈞鼇手，不論泥沙碎鐵銅。以道治身功行滿，大羅天上一家風。

劉敏中《中庵集》卷四《霍清甫提刑同登登州蓬萊閣》　半夜潮聲撼客牀，起瞻紅日上扶桑。一天雲景相明滅，萬古仙山隔渺茫。海市不償詩眼債，驛塵空點鬢毛蒼。且乘萬里長風底，捲取滄浪共此觴。

張吉《古城集》卷五《李都閫同登蓬萊閣觀海》　蒼髯如戟李將軍，平生嗜好在斯文。行邊宛轉陰山北，望水沉吟東海濆。蓬萊暑雨開新霽，半落滄潮含曉雲。崔嵬閣道隳空濶，導吾並蓋窮氤氲。須臾雲散諸島出，二竹三門聯甲乙。寸心恍惚共神謀，兩目顛頂與天畢。却憶太始混沌初，陰陽摩盪無形質。二儀既闢清濁分，洄潏頤中止天一。外浮乾象内涵坤，倒景神人難致詰。坤軒西北輕東南，萬派奔趨同一律。海市流傳不記秋，古今勝事信無儔。南多鮫室北蜃室，變幻起滅難推求。蜃爲樓閣鮫爲綃，往往真與塵世侔。雖侔塵世終莫有，吁嗟入目不入手。是時我與李將軍，注目晴空頗良久。渺然一碧何所見，恍恍徒聞鼉抃蛟龍吼。人言海烟映日海市乃露呈，孰是神物無依憑。空明萬象驚瞶瞍，伸手誰探波底星。

黄卿《海市賦》陳元龍等《歷代賦彙》卷二四　猗巨壑之連大荒兮，何浩淼之無垠。浸盤藍之滄瀇兮，兩曜晃其吐吞。西極以東之流瀉兮，總匯溶而不霳。維五行之贊二儀兮，水邃廣而獨神。指三山十洲之宫府兮，聿杳邈而難論。眷海市之譎變漂疾兮，駭靈異於見聞。彼喬嶽之雲霧兮，氣氤蒸之可知。若潮汐與八月之濤兮，亦實理之所爲。何洪波之泱漭兮，倪忽出示之瑰奇。髣髴世之形質兮，頃刻更移其態姿。寒晦斂而宜和朗兮，計歲見之無幾。詢海叟之博練兮，槩罔究其兆倪。陟蓬萊之峻閣兮，出海隈之崇岡。盱雯霽之乍斂兮，泛霽日之浮光。渺萬頃之瀲灩兮，胷襟豁以徜徉。人走報以市起兮，僕御奔而踉蹌。兩竹山之夢夢兮，牽牛島失其青蒼。肇蓊鬱於尋尺兮，旋騰翥以悠揚。少徙倚於巖阿兮，已宛在水之中央。卧青霓之空明兮，如潼潼於沸湯。簇碧霞於一區兮，浮晻靄而迴翔。譬畫苑之會衆藝兮，懸繪品之千章。天昊羣下而蜷蜷兮，亟爲築厥厚墉。罔象十輩而出捧兮，躍蜒蜒而争能。爰居潛鵠翻翻兮，如助勢而哤鳴。爾乃開五都之闤闠兮，集日中之市廛。南北萃貨之雜陳兮，海賈陸商之争先。立候殆工匠之售技兮，佻佻類駔儈之輕獧。販鬻之繽紛兮，緊接踵而摩肩。

言不聞而有營兮，覩巾服之褻然。緂獲貿易以散返兮，行負戴以傴僂。伊機巧之戲劇兮，爭褎觀之如堵。負耒耜而荷畚鍤兮，走農豎與田父。一二牟屨之若遠兮，意何居而踽踽。山冥冥以遠隔兮，巨介避之何所。俄而金榜之日耀兮，列甲第之逶迤。崇朝層樓之翼翼兮，雕甍朱栱之翬飛。亭臺微突其尖兮，重簷密瓦之參差。雉堞嚴城之洞啓兮，藻繢黼黻之葳蕤。寶塔矗矗淩霄兮，華表踞立乎虎獅。余凝長揚五柞之麗兮，客謂未比其光儀。忽建纛幢之孑孑兮，散旐旟之旖旎。棨戟干戚峥峙兮，躍騶騎之蹻駛。安輿飛蓋之徐徐兮，襜帷流蘇之鮮衺。從官健卒駪駪兮，郊迎野將之迤邐。憶名城之孔道兮，輪蹄輻輳之如是。爾其酒斾颺颺兮，芳菲近郊。遨遊絡繹兮，飛虹之橋。王孫俠客兮鷹狗，靚妝姣服兮笙簫。竹娟娟兮俯垣，茂樹交兮徑遥。熒熒兮日下射，翳翳兮風不飄。【略】

王廷相《海市》曹學佺《石倉歷代詩選》卷四七三　四月潛陽達，雲煙拍島生。無風能裊裊，匝水故盈盈。恍惚靈仙駕，飄摇罨畫城。人心多想像，虚擬蜃爲情。

李濂《嵩渚文集》卷二一《題海市圖》　碧海騰靈氣，青天散彩雲。樓臺莽明滅，城市鬱氤氳。共訝仙人影，終疑島嶼氛。縱觀奇絶甚，徙倚送殘曛。

王世貞《弇州山人四部稿》卷四八《和峻伯蓬萊閣六絶》　虚無紫氣映蓬萊，水落青天忽對開。已借鰲簪爲島嶼，還從蜃口出樓臺。

鄧原岳《西樓全集》卷一〇《觀海十首・其四》　蜃氣微茫海市開，紫雲千頃擁樓臺。波平風軟澄如鏡，親見仙人三島來。

謝肇淛《小草齋集》卷一一《觀海市圖》　吾聞東海有蜃氣，幻出空中成海市。樓臺照曜金銀宫，車馬旌旂紛相似。須臾汨没隨烟銷，明鏡萬里寒光摇。迺知一氣自生滅，豈有三島神仙橋。世間朝市亦何異，俗眼那知真與僞。千年陵谷水中漚，半世繁華眼前事。眉山老人慣飄蓬，亦將耳目煩神功。我來長嘯向海若，松風一枕朝曦紅。

郭之奇《宛在堂文集》卷一三《憑軾望雲》　誰噏山河氣，扶摇上碧蒼。嘘空回漢彩，彌極繪天章。紫鬱舟車影，蒸騰城郭行。奇觀驚海市，遠眺雜江光。迎日生朝色，迴風變晚妝。疑經帝子織，初製月僊裳。玉殿霞煙繞，瑶宫霧幄張。陸離舒復卷，天矯止還翔。已識從龍志，先成駕鵲梁。聲施如可附，富貴亦當忘。極目懷千慮，矢詩愧七襄。淩虚從此去，垂翼入溟鄉。

陸世儀《桴亭先生文集》詩集卷七《雙溪小隱詩十六首爲曹暉吉賦・夕陽返照》　家住東海濱，海候日夕異。返景薄煙濤，時時成蜃氣。

周星《九烟先生遺集》卷四《瀟湘八景八首》　山市晴嵐。山市乃山間雲氣蒸變，如海市之類，非墟市也。

蜃樓爭詫海門東，此處奇峯迥不同。天雨乍收朝霧後，人家都在旭光中。金銀氣眩千巖麗，龍虎雲疑七國雄。誰信湘南培塿地，舉頭縹緲似瑶宫。

王邦畿《耳鳴集・海市歌》　虹蜺駕海海市開，海人騎馬海市來。白玉板閣黄金臺，以寶易寶不易財。驪龍之珠大於斗，透徹光芒懸馬首。若將海寶擲人間，小者亦能亡桀紂。海市市人非世人，東風皎潔梨花春。海市人服非世服，龍文象眼鮫綃幅。海市人事非世事，至寶不妨輕相示。市翁之老不知年，提籃直立海市前。籃中雞子如日紫，要换市姑真龍子。龍子入海雲雨興，九州之大無炎蒸。

施閏章《學餘堂集》詩集卷一六《蓬萊看海市歌》　蓬萊海市光有無，玄冬物色誇大蘇。我亦再拜乞海若，願假靈異看須臾。是時苦旱海水竭，神龍困懶枯珊瑚。鼉鼓忽鳴津吏呼，天吴出舞鮫人趨。大竹盈盈横匹練，小竹湛湛浮明珠。方員斷續忽易位，明滅低昂頃刻殊。列屏複帳閃宫闕，桃源茅屋成村墟。沙門小島更奇絶，浮圖倒影淩空虚。有時離立爲兩人，上者爲笠下者車。砉然雙扉開白板，中有奇樹何扶疎。三山十洲一步地，羣仙冉冉來篷壺。神摇目眩看不足，惜哉風伯爲驅除。人間快意亦如此，浮雲長據胡爲乎。噫嘻，浮雲長據胡爲乎？大竹，小竹，沙門，皆島名。

王臮《遲菴先生集》詩集卷二《登州觀海市有作》　朝暾飛盡海東頭，瀉出玻瓈萬頃秋。煙霞數處起突兀，中有縹緲百尺之飛樓。旌旗輿馬若來往，恍惚百變驚凡眸。海傍居民號海市，疑有鬼物司交酬。我聞滄溟接寥廓，吐納大地爲沉浮。太虚無形氣有象，此理未用窮冥搜。豈不見月中桂兔晰毛髮，廣寒宫殿尤悠悠。日斜泯没不復見，惟有島嶼仍中流。吾觀無盡彼有盡，象罔遡失迷陽侯。世事紛華類如此，仰天大笑驚潛虬。

顧嗣立編《元詩選二集》卷九《方鼓二山下》　方壺地上日月轉，岃鼓天半風濤鳴。樓船海市倏忽集，金客鮫人無數行。紫氣暮濃千嶂合，黄雲霜熟萬疇平。何能買屋西山下，白稻銀魚了此生。

方正玭《海市》莽鵠立《山東鹽法志》卷一四下　昔嘆東方杼軸空，萬二千日須臾中。重來托跡開士室，舊夢仍戀鮫人宫。變滅信知雲物幻，締造寧煩鬼斧工。

暫成樓閣借蜃氣，依然窟宅還魚龍。市成陸海更詫異，奔波溪叟兼園翁。歐蘇二公述聞見，文章事業爭豪雄。而我緣慳今兩遇，途岐阮籍寧終窮。平生踪跡不自主，時命得失憑昭融。籠鳥每防鸚武瘴，浮蟻便滿琉璃鍾。慣携琴笻走燕市，還尋門户過新豐。落霞浴日射溟渤，洪爐鎔鑄吴山銅。蓬邱可望不可近，安得一棹隨長風。

李重華《貞一齋集》卷三《海市》 海天朝雨霾羣島，霽後日高靈氣繞。萬户傳呼蜃市生，浮空迴出長林杪。合沓初疑亂峰積，陰森旋覺仙村窅。連排雉堞啓門闕，矗峙颿檣掠魚鳥。牧豎摧頹駿馬多，琳宫綺麗浮圖小。喧闐怪物久模糊，滅没仙踪逾縹緲。變態纖遲帖水飛，豪情詄蕩隨風掃。須臾雷轉怒潮驚，倏忽銀鋪良月皎。伊余好事看不足，會上瓊樓涉昏曉。戲墨休防真宰呵，狂吟莫惜天公惱。鵬雲一賦想青蓮，鯨力百篇懷杜老。翻笑坡翁欲擅名，區區默向龍神禱。

陳梓《删後詩存》卷三《蜃樓海市歌》 吾聞：雉入大水化爲蜃，往往吐氣成怪雲。然脂爲燭幻形影，猶有殿閣飛氤氳。朝來携屐上南嶺，眼黑却望海霧昏。延袤十里大圍繞，百雉屹立如長城。戍樓烽堠各羅布，倏忽變化開九門。或如咸陽阿房宫，五步十步樓閣雄。或如佛山鬧井市，千家百家列廛肆。或如軸艫蔽潮下，青雀黄龍密無罅。或如萬馬騰黄埃，槍旂劍戟雜沓來。爾時觀者堵墻立，各自驚猜手指畫。仰頭又見萬峯起，飛瀑懸崖走千尺。天台石梁近可跨，益州棧道儼相接。蓬壺仙人會十方，旌幢旛蓋高飄揚。雲車轟轟輦王母，青鸞下逐白鳳凰。豫章之樹障天緑，鄧林美箭風戛玉。初疑八公屯甲兵，旋看三都成草木。其間幻化非一象，色色空空顯諸相。舌疲未許更僕數，目眩誰能細形狀。須臾海島青糢糊，濃者忽淡淡者無。一片山河錦繡中，寒烟衰草都荒蕪。海天茫茫海濤白，衣舊平沙杳無物。是何妖怪藏精靈，驅使神祇弄魂魄。我思造化本無心，二氣雜糅陽與陰。礎潤而雨月暈風，恒理不用旁搜尋。即今春煖天欲雨，潮氣薰騰地蒸滷。氣機先兆合有此，何事矜張互簧鼓。君不見人世美名與貴官，頃刻只作如是觀。吁嗟乎，太行屹屹車可攀，瞿塘汩汩舟可沿。翻覆只在方寸間，蜃樓海市何足言。

孫原湘《天真閣集》卷二八《閼逢涒灘·海市歌》 吾邑去海三十六里，未見海市也。甲申六月六日酉時，於通江橋見之，有城垣樓閣人物車馬，有橋，有船，有浮圖，有樹。少選五色浮動，萬怪惶惑，紛紜往還，莫可名狀。蓋頻歲積潦，陰凝之氣鬱而上浮，即云蛟蜃所爲。彼亦有所召也。詩不能盡其異，但無不實耳。

非雲非煙是何氣，非氛非祲是何異。非鬼非人是何技，非地非天是何繫。突然城郭憑空懸，空際隱隱生人煙。九衢人影瓏瓏穿，樓臺無輪自轉旋。金橋下合虹霓圓，橋上走龍馬，橋下龍負船。海水忽立海藏開，水犀雜沓馱寶來。老龍化作碧眼賈，血辨蚩尤淚盤古。水妃含笑明月吐，泉客撒珠如撒雨。寶光射日日不行，寶氣逼天天亦驚。紅霞羞見珊瑚明，市廛一色黄金成。須臾浮動金世界，中央浮圖獨不壞。龍王低頭禮白豪，龍女如花四圍拜。何人長臂能畫空，畫得清虚之處如此濃。不然空中有一大圓鏡，萬象都從鏡中映。真寶所聚寶必藏，虚空無寶現寶光。從來實境見了了，越是幻形看越好。去年大水今未乾，陰氣下凝忽上蟠。生靈漂没幾百萬，博此片刻真奇觀。長風一吹金碧消，萬目矐矐通江橋。

韋謙恒《傳經堂詩鈔》卷五《登州校射見海市用東坡韻》 烟雲縹渺生晴空，長隄忽現層濤中。寸馬豆人畧可數，須臾幻作神仙宫。大竹小竹二島名樓閣眩，其鱗之而皆天工。始笑般倕非大巧，游戲終古輸癡龍。眼中突兀乍相遇，長歌忽憶玉局翁。浩氣直欲迴造化，勁筆豈祇一世雄。我來校藝正初夏，鯨鼇呿擲勢未窮。敢以神力自誇詡，一見亦覺心神融。回頭一笑語多士，蓬萊自昔靈氣鍾。世間萬事摠幻影，詎必人嗇我獨豐。白衣蒼狗任變滅，勳名當勒銅柱銅。倚闌試看蜃氣散，波平如掌來清風。

邵晉涵《南江詩文鈔》詩鈔卷一《海市六十韻》 沛澤環山縣，枌榆近水鄉。時平瀾静謐，望遠海汪洋。百怪森羅列，羣流浩渺長。蜃樓多瑰異，海市越尋常。偶見神應眩，頻看意不忘。奇觀真至幻，寫狀最難詳。輕暖陽春老，瀰漫積霧黄。氣蒸疑酷暑，雲慘掩初暘。元象迷煙靄，波光接顥蒼。鏡平連若水，練净挂榑桑。負重鼇擎柱，淩虚黿駕梁。潛蛟騰寶氣，靈蚌吐奇光。田訝麻姑變，天疑壺叟藏。依稀開世界，恍惚辟疆場。紅映鴛鴦瓦，青浮薜荔牆。回環明晝檻，窅洞啟蘭房。簾捲鰕鬚動，簷高雁齒裝。列屏看翡翠，繞砌擁琳琅。泉室珠爲帳，虬宫玉作堂。瓊漿瑪瑙盞，冰簟象牙牀。執旆呼風伯，推車喚阿香。褊禠金埒馬，炫耀繡襦裳。朱袖分花翠，鮮裘重鷫鷞。爲誰歸市急，幾處趁墟忙。仙侶風華客，龍妹窈窕娘。珊瑚輝閃閃，火齊影煌煌。水碧時攜弄，明珠遠寄將。馬人時往復，蜑户與徜徉。泉客鮮明服，鮫綃淺澹妝。升沈看縹渺，瞻顧屬微茫。訝許遊金谷，還疑入錦坊。綺羅勝漢苑，燈火似西凉。雲路三千極，鵬程萬里翔。傳聞多奧衍，雅意望懷襄。憶昔蛟川役，追隨海澨傍。寶山曾眺覽，雉堞喜瞻望。羣岫羅羅髻，平沙漠漠霜。浪高迷略彴，風定集艅艎。閩客魚鹽利，紅夷玳瑁相。檣烏分兩背，舟鷁散千行。百道餘霞勢，中天澹日光。雲濤遥合併，村落忽昭彰。形象看明滅，樓臺任抑揚。恒沙問摩勒，法界想空王。照眼真還幻，披襟喜欲狂。始知天浩蕩，不道語荒唐。遥指排雲出，真思駕葦杭。覊栖一别後，迢遞十年強。偶作句章客，閒遊歷海塘。衛城登埤堄，銀坑上高岡。川后波澎湃，天吴勢蹶猖。石華晴雪散，鐵扉朔風颺。應禱慚蘇叟，雄才愧木張。懷奇空眇眇，念舊獨悵悵。有客談元理，爲余賦遠方。神州騰楫馬，瀛渤駕風檣。蹻足淩三島，迴眄覽八荒。暨頭開富麗，閣勢聳堂皇。目覩神蕭爽，心遊氣激昂。淩雲推作手，才思拓紘滄。

劉墉《劉文清公遺集》卷二《海市》　海中豈有市，而竟非鑿空。萬態極明白，洞然心目中。陰火具鑪鞲，天巧非人工。水族稱鱗長，易象推羣龍。或是其所爲，百戲賓仙翁。與人本無關，如鬬争雌雄。僑也委不知，於理有不窮。昌黎詫衡岳，石廩堆祝融。坡詩復矜此，鉅響聯鏞鐘。山澤皆有市，但遜海若豐。氣聚鬼神在，能治萬物銅。感應太行現，亦復煩清風。

翁方綱《復初齋集外詩》卷五《蜃氣詩》　吾聞漢志云，海氣樓臺象。蓋蜃之所爲，厥族蚶與蚢。龍噓氣成雲，其類蛟螭蟒。而此雉所化，亦復干雲上。登州鼉磯島，羣仙互來往。異景十月交，昔自東坡賞。我今雷廉間，海岸平如掌。萬里天一碧，晴空面初仰。俄而一縷白，直起可萬丈。雲氣與水氣，相錯相摩盪。非復出澤間，魚鱗與草莽。青或黛幾斛，赤乃錦千緉。紫纔振綸組，素又披鶴氅。七華絢開霎，百寶爛出帑。頃刻以千變，難遽一二仿。所謂樓與市，大略已可想。其借青冥氣，岧亭結惚恍。斯爲華蓋居，可聽鈞天享。其借雲漢氣，縹緲架軒敞。斯爲五雲閣，可勒少霞榜。然後爲街衢，爲城郭闤闠。屋鱗鱗翼翼，人熙熙穰穰。農賈之所陳，雞犬之所放。胥自嬴殼間，孕蓄淩莽蒼。然其出有時，先後在朝爽。雲消日未升，星疏月猶朗。魚龍静深沈，渚嶼淡泱漭。是惟無生有，萬象接惝恍。況聞七珠池，驪珠如驪網。其光射天際，燦若鏐與盪。或時作朱霞，錯磨秋沉碭。斯光即斯氣，是一固非兩。寓形本無迹，造物初何昉。所以赤水珠，得者必象罔。

陳作霖《可園詩存》卷一五《戊寅夏日述事三首》　海市虚無望裏開，青紅蜃氣結樓臺。衣冠萬國圖王會，儀象中星測上臺。徐福載將童子去，張騫新使大荒回。滄溟浪息平如鏡，柔遠端資碩輔才。

峨眉寶光分部

論説

蘇軾《蘇文忠公全集》東坡集卷二〇《菩薩泉銘一首并叙》　陶侃爲廣州刺史，有漁人每夕見神光海上，以白侃。侃使迹之，得金像。視其款識，阿育王所鑄，文殊師利像也。初送武昌寒溪寺，及侃遷荆州，欲以像行。人力不能動，益以牛車三十乘，乃能至舩。舩復没，遂以還寺。其後，惠遠法師迎像歸廬山，了無艱礙。山中世以二僧守之。會昌中，詔毁天下寺，二僧藏像錦繡谷。比釋教復興，求像不可得，而谷中至今有光景，往往發見，如峩眉、五臺所見。蓋遠師文集載處士張文逸之文及山中父老所傳如此。今寒溪少西數百步，别爲西山寺，有泉出於嵌竇間，色白而甘，號菩薩泉。人莫知其本末。建昌李常謂余：豈昔像之所在乎？且屬余爲銘。銘曰：

像在廬阜，霄光屬天。旦朝視之，寥寥空山。誰謂寒溪，尚有斯泉。盍往鑒之，文殊了然。

楊時編《二程粹言》卷上《論政篇》　明道守官京兆，南山有石佛放光於頂上，遠近聚觀，男女族集。爲政者畏其神而不敢止，子使戒其徒曰：我有官守，不能往也，當取其首來觀之耳。自是，光遂滅，人亦不復疑也。

陸深《蜀都雜鈔》　峨眉，古今之勝境也，山中光怪若虹蜺，然每見于雲日映射之際，所謂佛光者是已。予自陝入川，巡撫陝西，黄都憲臣有鄰，爲予言，曩爲川轄時，親登其上觀佛光。光未發時，有鳥先飛過，若言「施主發心，菩薩來到」。光既散，復來，作聲：「施主布施，菩薩去了。」又拾藏山中白石，大小皆六稜，照耀有光采，疑光怪即此石所謂也。理當或然，但鳥聲何爲者耶？近余編修承勛懋昭爲余言，嘗從楊修撰用修兩宿其上，登絶頂亦見光具五色，俯視在雲壑中。其言白石與黄都憲同，惟云鳥聲只三字，若言「佛現了」。其鳥類雀而稍大，只有三枚，别無種類。三鳥飛入佛殿中，嘗就僧食，但不見有長育耳。佛殿自西望見三峯插天，皆積雪如銀，每日下峯頭，則殿中燃燈。云此西域崑崙山，豈所謂日月相掩映爲晝夜者耶？夏日從北峯西下，冬日從南峯，惟春秋之間從中峯下不爽。云西域去此尚遠，恐目力難及。今省城西望，亦有雪山聳出，晴霽時可見疊茂，才三百里爾。宋田錫賦詩云：「高高百里作一盤，八十四盤青雲端。」豈以至高求至高耶。東坡亦云「峨眉山西雪千里」，今峨眉當省城南東三百餘里，而城樓登望不及，要之言八十里、六十里者近是。

同年安給事磐字公石，作州志亦云，有白石如泰山之狼牙、上饒之水晶之類，置之日隙則有五色光，日中則無。僧曰佛現者，此也。予近覓視之，大類水晶。

嘉定高任《說禽言》亦云「施主佛現，施主請回」。

夾江縣之伏龜山有仙掌洞，今稱紫府洞是已，其山雲常五色，黃色居其中，亦佛光之類耶。

郎瑛《七修類稿》卷四八《奇謔類》　佛光

嘗聞釋氏云：出佛與舍利子之地每有光焉。余未之信也。後見王嵐峰合守潯陽時，遊廬山有記，記云：至捨身崖，予方股慄膽落不敢前。一僧踴躍拜曰：佛光現矣。初視紅色掩映雲端，漸成五彩，復圓如車輪。如是者三。余誦之，猶以爲此山靈之氣偶爾見於文殊乘獅化現之地。嘉靖甲午，余在金陵遊大報恩寺，寺塔壯且麗，可謂極天下者。聞有舍利鎮塔下，是日同行者五人，老僧隨之，且曰：善人登之，時有金甲神人或五色光現，不淨者有損焉。衆聞之且見其峻險，遂至二三層或四五層者，余則竟行至頂，意其言之妄也。不意出寺數十步，偶爾回觀，則塔上横射光彩，真如佛圖所畫，遂指衆而見之。此又不知何說。

王樵《方麓集》卷一五《戊申筆記》　《朱子語録》云：俗言佛燈，此是氣盛而有光，又恐是寶氣。此中有人隨汪聖錫到峨眉山，云五更初去看，初布白氣，已而有圓光如鏡，其中有佛。然其人以手裹頭巾，則光中之佛亦裹頭巾，則知乃人影耳。今所在有石，號菩薩石者，如水精狀，于日中照之便有圓光。按此事昔人有辯謂：若是寶氣，則諸靈山容皆有之，何獨見于峨眉？近時吾友姜鳳阿登峨眉，親驗有所謂放光石者，實與朱子之言相合，然則謂光出于石信矣。光出于石，即是氣盛而有光，謂之兩説又不可。此理與海市同。海市獨著于登州，先君有説。

王士性《王太初先生五岳遊草》卷六《楚游上》　廬山游記

西有聚仙亭，以祀周顛天眼赤脚徐道人。又西片石危立，瞰無底谷。一老松偃蓋卧前爲文殊臺，漏下月明，有火光自空來，一化爲百，如亂螢落臺前，是爲佛燈。臺前有白石，霽後日射之，五色隱起，是爲佛光石。上有石浮圖，是爲佛舍利塔。

杜應芳《補續全蜀藝文志》卷四三志餘《詩話二》　升菴太史題聖燈寺云：蒼煙叢裡聖燈紅，火齊營輝照遠空。元是楓林霜葉下，露華光泫月明中。又題峩眉山佛鳥云：佛現佛現，鳥語易隨人意變。山川發晶熒，草木呈葱蒨。坐使遊人心目亂，佛現佛現。觀二詩以放光事爲誕妄矣。及觀李中溪《遊雞足山記》云：正當六月，詣巖殿致禱，俄頃見兜羅綿雲，緬平一面，宛如玉地，有大圓光倚立玉地之上，外暈七重，每重五色，環中虚明如鏡。凝觀者各見自身現于鏡中，毛髮可數，舉手動足，影亦如之。衆人同止唯見己身，不見傍人。僧云攝身光也。有頃，光没風起，壑中雲氣散盡，林巒改色，鮮妍奔目，復出一光，如大虹霓半缺，此光圓如水晶映物，僧謂此佛光也。同行又見平雲上有二銀船，檣柁皆具，如人棹之云。劉小鶴公亦云：守隴右時，一日午，衙陡聽街民盛傳佛現，起視之，錦雲罩一新寺，天花閃爍而墜，異哉。

來知德《重刻來瞿唐先生日録》内篇卷七《理學辨疑》　日月星辰

試將一枝燭置於竹筒内，放在廳中間棹上，廳之燭照去瓦上，有一圓光即譬之日也。將手把竹筒一斜側，少傾斜間瞬息過了廳，此日周天之義也。何以驗日月爲地陰陽之精英？余遊峨眉山，欲見佛光，連日陰雨，山中將住一月矣。僧曰：此光亦難遇，如將發光之時，前一夜必有大風吹撼屋動，則次日有光矣。果一夜風發屋動，次日，天開霽晴明。僧曰：此當以日影驗之，日照屋影到某處，即有光矣。果至其時，日射崖下之光石，即有霧如綿平鋪二三十里，僧家謂之銀色世界，信乎銀色世界也。俄而，空中兩道白毫挺出，霧中即有一光如蠕蝀，紅緑相間，圓如月，五七丈寬。地之精英于此可驗，此則一山之精英也。若日月，則九州萬國之精英矣。五更看者，非佛光也，僧家謂之聖燈滿天飛，蓋腐葉之類。光，以五更看。苾芻指爲佛光，世人安得不惑哉。朱子説峨眉山看佛

楊爾曾《新鐫海内奇觀》卷八　蛾眉山圖説

月明之夕，有聖燈自二峩來，如亂螢數百，撲之皆木葉。山前時現佛光，狀如寶鏡，紅黄紫緑暈其週。春夏時，有鳥稱「佛現」，食人掌中，寒即不來。二黑貂盤桓欄楯，見人不怖。山後岷山萬重，近瓦屋，遠晒經側爲青城。玉壘縹緲中爲火燄葱嶺。餘山皆壘壘砂塍。通天觀有大藏寶幢，卧雲庵有三大師所傳西竺像，文殊普賢虬鬚，觀音大士則頭陀而髯，與入中國變相。異山有放光石，色如

水晶而六稜，從日隙照之，虹光反射。

徐應秋《玉芝堂談薈》卷二三

金波寶燄

宋晦翁廬山紀行詩：斯須莫雲合，白日無餘暉。金波從地湧，寶燄穿林飛。又有觀野燈詩云：須信地靈資物化，金膏隨處發精光。余謂馬血之爲飛燐，人血之爲鬼火，此所謂昭明焄蒿悽愴也。若廬山之野燈，杭州之湖光，峨眉之佛光，金堂之聖光，海賦之陰火，皆山川寶玉之氣。衡山文殊峰，唐宣宗太子慕道自霍之衡西望峰山，見金色瑞相，彌陀僧以爲文殊出現，故名太室玉鏡峰。峰上常現瑞光，晶彩如玉。少室玉華峰山有寶玉氣，遠望光彩矗矗，張道陵得道于此。贛州大龍山層峰疊嶂，遇夜則紅光燭天。秦淮口張麗華墓，時有光如金練，掬之作水銀，頃即流散。上高靈峰山，風雨之夜，時有赤光如斗。《名勝志》：黃岩雞籠山每星月晦冥，有光燭天。一日晶彩晝見，或視之金玉彌山谷，往取即滅。胥此類也。湖廣華容方臺山上產雲母石，土人候雲氣所出掘之，往往有長數尺者，可製爲屏。莆田縣壺山上有辟支岩，石間小竅迸出異香。青泥坊在資縣，萇弘死三年而血化爲碧，今數里之内土色尚青。

又 放光谷

大理府白雲峰下曰茫湧溪深處，爲放光谷，四圍皆有佛也，或長或圓，五色互異，是藥師佛道場，又名悉達場。明李逸民《遊雞足山記》：繇僧衣寺歷萬松菴，華嚴龍祥放光寺，忽兜羅綿云，緬出一白，宛如玉地，大圓光倚立玉地之上，外暈七重，每重五色，環中虛明如鏡。觀者自見自身現鏡中，毛髮可數，舉手動足影亦如之，僧呼爲攝身光。有頃，光沒風起，壑中雲氣散盡，復出一光如大虹霓，然只半缺，而佛光則圓瑩如水晶映物。有時見平雲上現二銀船，檣舵皆具，往來江村沙浦中，如人棹之，但不見人。《閩書》：晉江横山南行有畫船浦，浦沙地也，而有船痕，帆檣皆具，雖夜掘土掃除之，明日沙平，其跡復見。其日南風則帆檣向南，其日北風則帆檣向北，蓋一異也。《暖姝繇筆》：吴江趙寬會元子禧爲眉州州判，言峨眉山放光亦有時，曾見七圓光，五大二小。大者，寺僧一一指言文殊、辟支、彌勒等佛。二小者，善財童子也。衆人看者各見自己身形在光中。一二日前，有鳥連叫「施主，施主」數聲，後云「佛現了」，其鳥似畫眉而小。《蜀都雜抄》：峨眉古今勝境，山中光怪若虹霓，然每見于雲月映射之際，所謂佛光者是已。佛光未發，有鳥先飛過，若言「施主發心，菩薩來到」；光既散，復來，作聲「施主布施，菩薩去了」。有白石如泰山之狼牙，上饒之水晶，置之日隙則五色光，日中則無。僧曰佛現者，此也。夜半有光熠熠，來自天際，謂之聖燈。夾江縣伏龜山有仙掌洞，其山雲常作五色，黃色居其中，亦佛光之類耶。

來集之《倘湖樵書初編》卷二 影

范成大記云：游峨眉山，候佛光，初氛霧四起，混然一白，僧云銀花世界也。有傾，大雨傾注，氛霧辟易，僧云洗岩雨也。佛光將大現，兜羅綿雲，列布岩下。凡佛光欲現，先布此雲紛郁而上，將至岩數丈，輒雲平如玉地，時雨點猶餘飛，俯視岩腹有大圓光偃卧平雲之上，外暈三重，每重有素黃紅紫之色。光之正中，虛明凝湛。觀者各自見其形現于虛明之處，毫釐無隱，舉手動足，影皆隨形，而不見旁人，僧云攝身光也。《酉陽雜俎》云：道士郭采真言，人影數至九成式，常試之至六七而已，外亂莫能辨。郭言漸益炬則可別，又說九影各有名影神。一名右皇，二名魍魎，三名洩節樞，四名尺鳧，五名索闕，六名魄奴，七名竈凶。

蔣超《峨眉山志》卷三《寺觀》 光燈

諸經載，佛説法時恆放白毫光，或七寶光，是無相中之相，不可思議也。峩眉峰頂晝則放光，夜則出燈，明出普賢示現，啓人生信，不然何以惟菩薩道場有之，他則不聞耶？故志焉。

佛光常放於光相寺前，覩佛臺下爲萬仞深谷，臨巖作欄杆。光起時，寺僧鳴鐘，遊侶大衆聞鐘齊集，憑欄而望。放光時，每在卓午，先有兜羅緜雲布滿巖壑，宛如玉地，名曰銀色世界。雲爲水波，爲繖蓋，爲樓臺諸狀，上得日色照之，遂立圓光，從小漸大，外暈或七重，或五重，五色絢縵，環中虛明如鏡，觀者各見自身現於鏡中，舉手動足，影亦如之。止見己身，不見傍人。以此爲異，此名攝身光。光上有金橋如虹，憑空而現，若可往來。有時雲氣散盡，出一光如大虹霓，圓似水晶映物，名曰清現。凡光相依雲而出，其不依雲則謂之清現，最難得者。又有白色無紅暈者，曰水光。如箕形者，曰辟支光。如鐃鈸形者，曰童子光。光皆一光，變態而異名。佛光未發時，有鳥先飛過，作聲曰：「佛現了，佛現了。」已而，佛光果出。此類雀而稍大，只有三枚。別無種類，飛入佛殿，常就僧食，但不見有長育耳。凡朝山者，心主誠敬，則一二日内即遇光現，否則有候至旬日不現而歸者。七天橋，天門石巖畔，亦時有光現，與覩佛臺前之光無異。觀李中溪《游雞足山記》與此光正相類，可見佛菩薩境界皆同。聖燈乃現於夜，凡千百數明熒騰空，冉冉來朝佛臺，就近拾之，一木葉耳。然四時皆然，其非楓林霜葉明矣。此真聖燈，凡夫無庸妄肆猜疑也。

屈大均《翁山文外》卷一《登華記》　玉女峰狀甚秀冶，在東峰左脇中，如爲東峰所抱，既斷復續，一峰高於玉女，曰石樓。石樓東壁則爲仙人掌，掌長三十丈許，半覆，其胸上有石月半輪，光可鑑五指，參差中指直貫峰頂，長二十丈。太古雨痕凝壘如膏，赤白黄相糅，日射之，五色晶耀，如見指骨。予登其大指，奮袖翩翩作舞，百步許，得一石蹋蹋，下通黄河。唐宋嘗投玉簡，謂之車箱水府。天下水府有八，此其一。云三峰上皆松柏，絶無雜樹。有鳥亦僅三四種。四壁皆一穴，彼此相通，其南穴，一名巨靈臍。

姚之駰《元明事類鈔》卷一九《釋道門》

塔光

《王世貞集》：京師天寧寺塔可高三十尋，四周綴鐸以萬計，恒語不絶，至是忽盡斂，乃它聲作于下，耔耔然。仰睇相輪表，青白光晶熒大于五斗瓮，上下閃劖不定間一射，人衣亦作青白色，可炊黍熟，許時乃息，則鐸聲發，它耔耔聲亦息矣。

又　攝身光

明《李逸民集》：雞足山放光寺，見兜羅綿雲，緬出一白，宛如玉地，大圓光如鏡，倚立玉地之上。觀者自見身現鏡中，僧呼爲攝身光也。

又　塔光迎經

啟崇野乘憨山爲報恩寺，請藏，上命師齎送。寺塔放光累日，迎經之日，光如浮橋北渡，經在塔光中行。

又　佛現了

《暖姝繇筆》：蛾眉山放光，或見七圓光，五大二小。一二日前有鳥連叫「施主，施主」數聲，後云「佛現了」，則光見矣。

陳元龍《格致鏡原》卷八一《鳥類五》　諸鳥

《峩眉志》：蜀大峩峯普光殿有佛現鳥，狀如鴝鵒，飛鳴近人，其聲圓轉，山僧名爲佛現鳥。陸深《蜀都雜抄》：陝西黄臣言，曩爲川轄時，親登峩眉觀佛光。光未發時，有鳥先飛過，若言「施主發心，菩薩來到」；光既散復來，作聲「施主布施，菩薩去了」。又拾藏山中白石，大小皆六稜，照耀有光采，疑光怪即此石所爲也。近佘承勛亦言兩宿其上，登絶頂亦見光具五采，俯視在雲壑中。其言白石與黄同，唯云鳥聲只三字，若言「佛現了」，其鳥類雀而稍大，只有三枚，別無種類。三鳥飛入佛殿中，常就僧食，但不見有長育耳。

鄭光祖《一斑録》雜述六　神火

大理府白雲峯下有放光谷，四圍皆有佛光。峩嵋山放光。南嶽衡山金蘭峯下有聖燈。眉州彭山縣岷峽山有天柱峯，夜見五色神燈。四川蓬州有山燈，土人呼爲聖燈。華山玉貞館時見聖燈。白羊峯時有神燈。雅州瓦屋山頂夜有神燈。太行山洞天東西夜有天燈。廣德金牛嶺洞外有神燈。

俞樾《茶香室叢鈔》卷一九　佛現

宋范成大《吴船録》云：辛卯泊嘉州，單騎入峩眉，甲午宿白水寺，大雨不可登。乙未大霽，遂登上峯。自此至峯頂光相寺、七寶巖，其高六十里，去縣中平地不下百里。余以健卒挾山轎强登，以山丁三十三曳大繩行前挽之，同行則用山中梯橋，冒寒登天仙橋，至光明巖。人云佛現悉以午，今已申後，不若歸舍，明日復來。忽雲出巖下，傍谷中即雷洞山也，雲行勃勃如隊仗，既當巖則小駐。雲頭現大圓光，褷色之暈數重，倚立相對，中有水墨影，若仙聖跨象者。盌茶頃，光没。而其旁復現一光如前，有頃亦没。雲中復有金光兩道，横射巖腹，人亦謂之小現。丙申復登巖眺望，巖後少北則瓦屋山，少南則大瓦屋，宛然瓦屋一間也。小瓦屋亦有光相，謂之辟支佛現。俄氛霧四起，混然一白，僧云銀色世畍也。有頃，大雨傾注，氛霧辟易，僧云洗巖雨也。佛將大現，兜羅綿雲復布巖下，紛郁而上，將至巖數丈輒止。雲平如玉，俯視，巖腹有大圓光偃卧平雲之上，外暈三重，每重有青黄紅緑之色光，至正中虚明凝，觀者各自見其形現於虚明之處，一如對鏡，而不見傍人。僧云攝身光也。此光既没，前山風起雲馳，風雲之間復出大圓相光横亘，數山盡成異色，峯巒草木皆鮮妍絢蒨，不可正視。雲霧既散，而此光獨明，人謂之清現。凡佛光欲現，必先布雲，所謂兜羅綿世界。光相依雲而出，其不依雲則謂之清現，極難得。食頃，光稍移過山，而左顧雷洞山上復出一光，如前而差小，須臾亦飛行過山外，至平野間，與巖正相值，色狀具變，遂爲金橋，有紫雲奉之。凡自午至未，雲物净盡，謂之收巖。獨金橋現至午後始没。按：泰山看日出，峩眉看佛現，皆天下奇觀也。然泰山日出見之者多，峩眉佛現見之者少。讀《吴船録》因節録之，以當卧游。峩眉有佛現鳥，惜石湖未之見，故記不及。然佛現鳥相傳夏秋見，寒則不見。石湖之游適當其時，而不得見何邪？

紀事

文瑩《湘山野録》卷上　興國七年，嘉州通判王衮奏往峨眉山提點白水寺，忽見光相寺西南瓦屋山上，皆變金色，有丈六金身。次日有羅漢二尊，空中行坐，入紫色雲中。

范成大《高奇齋訂正吳船録》卷上　登天仙橋，至光明巖，炷香小殿，上木板皮蓋之，王瞻叔參政嘗易以瓦，爲雪霜所薄，一年輒碎，後復以木皮易翻，可二三年。人云佛現悉以午，今已申後，不若歸舍，明日復來逡巡。忽雲出巖下，旁谷中即雷洞山也，雲行勃勃如傢仗，既當巖則少駐，雲頭現大圓光，雜色之暈數重，倚立相對，中有水墨影，若仙聖跨象者。盌茶頃，光没。而其旁復現一光如前，有頃亦没。雲中復有金光兩道，横射巖腹，人亦謂之小現。日暮雲物皆散，四山寂然。乙夜，燈出，巖下徧滿，彌望以千百計，夜寒甚不可久立。丙申復登巖眺望，巖後岷山萬重，少北則瓦屋山在雅州，少南則大瓦屋，近南詔形狀宛然瓦屋一間也。小瓦屋亦有光相，謂之辟支佛現。此諸山之後即西域雪山，崔嵬刻削，凡數十百峰。初日照之，雪色洞明，如爛銀晃耀曙光中。此雪自古至今未嘗消也。山綿延入天竺諸蕃，相去不知幾千里，望之但如在几案間，瑰奇勝觀，真冠平生矣。復詣巖殿致禱，俄氛霧四起，混然一白，僧云銀色世界也。有頃大雨傾注，氛霧辟易，僧云洗巖雨也。佛將大現，兜羅綿雲復布巖下，紛郁而上，將至巖數丈輒止，雲平如玉地，時雨點猶餘飛，俯視巖腹有大圓光偃卧平雲之上，外暈三重，每重有青黄紅緑之色光，至正中虚明凝，觀者各自見其形現於虚明之處，毫釐無隱，一如對鏡，舉手動足，影皆隨形，而不見旁人。僧云攝身光也。此光既没，前山風起雲馳，風雲之間復出大圓相光横亘，數山盡諸異色，合集成采，峯巒草木皆鮮妍絢蒨，不可正視。雲霧既散，而此光獨明，人謂之清現。凡佛光欲現，必先布雲。

釋志磐《佛祖統紀》卷四六　法運通塞志第十七之十三

二年七月，張商英遊五臺，中夜於祕魔巖見文殊大士身在金色光中。九月自太原出，案壽陽至方山昭化院，即李長者造論之所。於破屋下得華嚴決疑論，疾讀之，疑情頓釋。即移縣爲長者立像，有圓光白色見於山南，於是父老并請新其院，商英乃爲之記。

佚名《東南紀聞》卷三　范石湖帥蜀還至嘉州，登大峩山焉，即佛書所紀普賢大士示現之所也。山高摩霄，無復磎磴，斫木作雲梯，釘巖壁緣之而上。頂峰有光相寺，七寶巖，險峻無比。上有松狀如杉而葉圓細，重重偃蹇，有如浮圖。范以季夏至時，數日前雪大降，木葉尚有雪漬斑斕之迹，草木之類世所無有。明日復登巖眺望，諸山之北即西域雪山，崔嵬刻峭，凡數千百峯，初日照之，雪色洞明，如爛銀晃耀曙光中。此雪見者謂自古至今未嘗消也。頃之，巖前氛霧四起，混然一白，僧云銀色世界也。俄而洗巖雨至，而佛現光矣。光將大現，兜羅綿雲布巖下，紛郁而上，巖腹有大圓光，偃卧平雲之上，外暈三重，每重有青黄紅緑之色，光之正中虚明凝湛，觀者若自見其形貌於虚明之處，毫釐無隱，一如對鏡，舉手動足，影皆隨形，而不見旁人。僧云攝身光也。此光既没，前山如水起雲馳，復出大圓光横亘，十數山盡諸異色，合集成彩，峯巒草木皆鮮妍絢蒨，不可正視。雲霧既散，而此光獨明，人謂之清現。又自雷洞山上復出一光而差小，過山外至平野間，與巖正相直，色狀俱變，遂爲金橋，大畧如吳江垂虹。而兩圯間有紫雲捧之，至未時雲物净盡，謂之收巖。金橋至西後始開。

李元陽《遊雞足山記》鄂爾泰等《雲南通志》卷二九之七　余三度來遊，皆在冬春，不見光相。此來正當六月，詣巖殿致禱，俄頃見兜羅綿雲，緬平一白，宛如玉地，有大圓光倚立玉地之上，外暈七重，每重五色，環中虚明如鏡凝，觀者各見自身現於鏡中，毛髮可數，舉手動足，影亦如之。衆人同上，唯見己身，不見旁人。僧云攝身光也。有頃光没，風起，壑中雲氣散盡，林巒改色，鮮妍奪目。復出一光，大如虹霓，然虹霓半缺不圓，此光圓瑩如水晶映物，僧謂此光乃佛現也。極難得遇，須臾乃收。同游有老者云：昨見平雲上現二銀船，檣柁皆具，往來江村沙浦之中，如人棹之，但不見人。然則光怪非一狀也。

胡直《衡廬精舍藏稿》卷一二《遊峨眉山記》　入天門石，石雙峙如門。歷七天橋，抵光相寺，寺殿皆鐵瓦，是爲絶頂。環顧白雲滉瀁，若身在混沌。視天脚反在下，有二鳥，名「佛見」，及異鼠，咸就人取食，若相鶵然。僧告予曰：時暮矣，明晨請睹光相。予宿至晨起，稍霽，衆躍曰：光必現矣。比予跂崖巔陰霧漸塞，靡所覩。有儒者曰：是不必見，彼下有放光石焉，當其雲蒸日麗，與石相映，盪之爲光，光不爲異。余曰唯唯。有禪者曰：是大不然，此光出時，一切見者於彼光中各見己像，甲不覩乙，乙不覩甲。若此光者出於雲日，則當如水中鏡中彼此互見，今不互見，乃知是異。余曰唯唯。於是峨眉曹尹進曰：某去年侍訪院王公守巡楊王公，咸值光現，各睹厥相，果不互見。今人譬其所常見，而毀其所不常見，姑不遠引，即此蜀地，若火井油泉，皆所目徵，若皆以常見毀之，豈不誣哉。子思子曰：及其至也，雖聖人有不知。歐陽子曰：聖人治其所可知，置其所不可知者，是謂之中道。余亦曰唯唯。至午，有驛騎捉余歸下，至梅子坡，雨如注，行者艱倍，前日竟不得睹所謂光相佛燈及雪山瓦屋之奇。

陳文燭《遊峨山記》杜應芳《補續全蜀藝文志》卷五六　少頃，霎靆雲布，兩人復歸。禪房有披髮道人，衣樹皮，不言姓名，坐風雪年餘。余招之來，杜口振手，意在服食咽氣，與通天意，有用託而逃焉者也。長揖別去。余就枕，越四日。再登，浮雲忽開，大陽吐，扶桑和，如豔陽。步覩佛臺，有小鳥如鸜鵒，依人而來，鳴曰「佛現，佛現」。視之閃閃成暈，青黃紅緑之色圍繞數重。初見若車輪，既而圍徑漸廣，跨過山足。觀者如對鏡，惟見己身，雖並立者不見。人云此普賢身也。有鼯鼠亦來親人。或言山有雲霞氣，日暎之則光。鳥鼠亦忘機者通天。飯余，禪榻授余養生之秘，坐更餘。一僧報曰：聖燈現矣。疾走現光臺，始現其一如火，漸至數百，時隱時見。僧云：往吹入殿中，信手掇之，一木葉耳。理或有焉。越五日，又登絶頂，日大明如昨。一僧携放光石，如水晶，大者徑三四分，就日照之成五色，如虹霓。

屠隆《三山遊記》黄宗羲《明文海》卷三五七　三峽之間峰巒秀媚，草樹蒙茸，鳥啼猿嘯，使人且喜且愕，神骨蕭爽，從東行萬里，抵峨眉。未至峩眉三十里，望兩峰濃黛欲滴，似明似滅，乍遠乍近來迓人。俄而峰頂佛光忽起，光五彩，作横空巨梁狀，衆驚顧以爲虹霓，獨義公心知其佛光。少頃，梁上復起一圓光如滿月，光中現出一白象。其上乘一菩薩，衣裳纓絡宛然，若月中現出河山地影而明了。過之良久，圓光冉冉墮東峰，梁光隨滅。詰朝登山參普賢道場，山周迴千里，形半彎如蛾眉，故以名。兩名刹，一曰白水，一曰黑水，俱在山半。其餘叢林以千計，僧徒以萬計。又明日，登天門絶頂。天門者，兩石若擘開，高而插天，人從石中度，罡風峭勁，殿宇不可以覆瓦，瓦皆以銅鐵錫爲之。其上多奇花怪木，靈禽異獸。鳥有如鵶者，如雀者，俱能言誦佛號，朗朗聲徧山谷。小獸有如松鼠者，能隨大衆禮佛，後雙足人立，擎前雙足作合掌狀，人拜亦拜了，不怖，人以米飼。鳥雀結緣羣飛，下繞人前後，如素狎習，然稍起一機心，瞥然翔舉矣。一花五色，若蕣英，不知何名。有放光石，日照之則有光作五色，閃爍射人。

曹楷《鋈華遊記》黄廷桂等《四川通志》卷四二　山頂最寒，加狐帽裘猶凛慄，殿中然薪，擁爐圍坐。丙夜月升，半映照殿前。余啓扉視之，山光映月，霜縞水浄，星斗可摘，混然一白。如《北征録》所狀長白山境。己丑卯，日光射覩佛臺，西澗雲紛郁而上，澗滿輒止。雲平如玉地，有鳥類畫眉呼「佛現」。余尤訝之，遂偕衆至臺，果現大圓光偃卧平雲，光與雲漸升，得得倚立西澗外。象王峯漸大，徑百丈，遮峯岩有青黄紅緑之暈數重，光正中虚明凝湛，現一淡黑影，恍惚佛像，食頃方隱。余歸殿中，隨千人作佛會。僧以餘粒拋廊廡，則異鳥鹿麂依人而入。蓋人至佛地，不生殺心，鳥獸未遭罟穽，故相忘如太古，非海翁忘機類。申日射東，有紅緑暈二重，現回光。山較卯晷暗，北升背光山，一茶頃而隱。初衆覩光現，信佛出，膜拜。余意山必有放光石藏崖中，如峩眉者，故雲日相射如蝃蝀然，不然何朝西而夕東耶？光圓者何？日體圓，凡專射之光必圓。《革象新書》所謂樹隙瓦縫尖方不同，而影圓則一也。兩鳥音恐近似，人從而神之。

尹伸《峩眉後記》黄宗羲《明文海》卷三五八　時道人僧侶楚聲如雷，無不仰企佛光，而不知光反在下然，其始猶鳥景也。景大於盤，摇曳不自安，若有物撼之。少選没入，化爲巨輪。其暈乃復青白，週外黄赤碧，週内内之中央，一規洞明，觀者取鑑焉。雖千百人林立，了無他形，此所謂攝身光也。至夜，登七寶臺，下瞰如望光而爛紅數點，忽離迷於萬仞巘谷之下，冉冉欲上，苦爲勁風所抑，又復散去，遂至千百萬億，文以美名，曰聖燈。然亦深山所未曾有矣。此中看光，利於得雲，而遠眺則忌之。其明日又偶然無雲，倚樓一盼，番蜀數千里遂在目前，景物濃纖，無不畢照。其最奇者則西域雲山也。

雲氣星象顔色與極光分部

論説

司馬遷撰　裴駰集解　司馬貞索隱　張守節正義《史記》卷二七《天官書第五》　如星非星，如雲非雲，命曰歸邪。集解：李奇曰：邪音蛇。孟康曰：星有兩赤彗上向，上有蓋狀如氣，下連星。歸邪出，必有歸國者。

星者，金之散氣，本曰火。集解：孟康曰：星，石也。星衆國吉，少則凶。

漢者亦金之散氣，索隱案：水生於金，散氣即水氣。《河圖括地象》曰：河精爲天漢也。其本曰水。漢星多，多水，少則旱。集解孟康曰：漢，河漢也。水生於金。多，少，謂漢中星。其大經也。

天鼓，有音如雷非雷，音在地而下及地。其所往者，兵發其下。

天狗，狀如大奔星，集解孟康曰：星有尾，旁有短彗，下有如狗形者，亦太白之精。有聲，其下止地，類狗。所墮及，炎火，索隱：炎，音艷。望之如火光炎炎衝天。其下圜如數頃田處，上兑者則有黄色，千里破軍殺將。

格澤星者，索隱：格澤，一音鶴鐸，又音格澤。格，胡客反。如炎火之狀。黄白，起地而上。下大，上兑。其見也，不種而穫；不有土功，必有大害。

蚩尤之旗，集解：孟康曰：熒惑之精也。晉灼曰：《吕氏春秋》曰其色黄上白下。類彗而後曲，象旗。見則王者征伐四方。

旬始，出於北斗旁，集解：徐廣曰：蚩尤也。旬，一作營。狀如雄雞。其怒，青黑，象伏鼈。集解李奇曰：怒當音帑。晉灼曰：帑，雌也，或曰怒色青。

枉矢，類大流星，蛇行而倉黑，望之如有毛羽然。

長庚，如一匹布著天。正義：著，音直略反。此星見，兵起。

星墜至地則石也。正義：《春秋》云：星隕如雨是也。今吴郡西鄉見有落星石，其石天下多有也。河、濟之間，時有墜星。

天精而見景星。景星者，德星也。其狀無常，常出於有道之國。集解：孟康曰：精，明也。有赤方氣與青方氣相連，赤方中有兩黄星，青方中一黄星，凡三星合爲景星。索隱：韋昭云：精謂青朗。《漢書》作暒，亦作姓。郭璞注：三蒼云暒，雨止無雲也。正義：景星狀如半月，生於晦朔，助月爲明。見則人君有德，明聖之慶也。

凡望雲氣，正義：《春秋元命包》云：陰陽聚爲雲氣也。《釋名》云：雲猶云衆盛也。氣猶餼然也。有聲即無形也。仰而望之，三四百里；平望，在桑榆上，[千]餘二千里；登高而望之，下屬地者三千里。雲氣有獸居上者，勝。正義：勝，音升剩反。雲雨氣相敵也。《兵書》云：雲或如雞臨城，有城必降。自華以南，氣下黑上赤。嵩高、三河之郊，氣正赤。恒山之北，氣下黑上青。勃、碣、海、岱之間，氣皆黑。江、淮之間，氣皆白。徒氣白。土功氣黄。車氣乍高乍下，往往而聚。騎氣卑而布。卒氣摶。集解：如淳曰：摶，專也。或曰摶，音徒端反。前卑而後高者，疾；前方而高，後兑而卑者，郄。其氣平者其行徐。前高而後卑者，不止而反。氣相遇者，卑勝高，索隱：遇，音偶。《漢書》作禺。兑勝方。氣來卑而循車通者，集解：車通，車轍也，避漢武諱，故曰通。不過三四日，去之五六里見。氣來高七八尺者，不過五六日，去之十餘二十餘里見。氣來高丈餘二丈者，不過三四十日，去之五六十里見。稍雲精白者，其將悍，其士怯。其大根而前絶遠者，當戰。青白，其前低者，戰勝。其前赤而仰者，戰不勝。

陣雲如立垣。杼雲類杼軸。索隱：姚氏案：《兵書》云：營上雲氣如織，勿與戰也。雲摶兩端兑。杓雲如繩者，居前亘天，索隱：劉氏杓音時酌反。《説文》音丁了反，許慎注《淮南》云：杓，引也。其半半天。其蛪者類闕旗故。索隱：蛪，音五結反，亦作蜺，音同。鉤雲句曲。正義：句，音古侯反。諸此雲見，以五色合占。

庚季才《靈臺秘苑》卷四《氣》　吉凶雲氣

凡雲赤紫色，若烟非烟，若雲非雲，郁郁紛紛，蕭索輪囷，是謂慶雲，亦曰景雲，皆喜氣也。太平之應，見則國有慶。又曰：含五色，潤澤和緩，見於我城上者，爲景雲。非氣非烟，五色氤氲，爲慶雲，一曰卿雲。又五色爲慶雲，三色爲矞雲，内赤外青亦爲矞雲。視四方常有大雲五色，具而不雨者，其下有賢人隱。青雲潤澤蔽日，在西北，當舉賢良。黑氣大道條至四五疋，明不見頭尾，東西亘天，不過三朔，大赦天下。赤氣浸浸，血光流血之象。赤氣如火影，見者臣叛，不過三朔。赤氣如龍蛇在山頭住，又如夜光者，臣離其君，國不安，民流亡也。赤氣復日如血色，大旱，民飢千里。氣如牛頭龍虎蛇變化，多疾疫，民流亡，不宜乳婦，夷兵欲侵中國，先遣使候讒言爲害。若黑雲爲陣南北列者，國將有憂，或大水爲害。白雲氣極天南北陣者，軍憂。黑雲氣東西陣者，主有憂。天氣蒼茫，東西極天，移日不動，爲災深，此氣以戊巳爲災。日入有青氣東西極天，干支數内無風雨，不出三年必有大喪。雲如一疋布，而行西南，當羣邑者，其下君長憂。雲如亂穰，大風將至，視所從來避之。雲甚潤而厚，大雨將暴至。四始日有黑雲如陣，厚重大者多雨。若霧非霧，衣冠不濡，見則其城帶甲而趨。日出没時有雲横截之，白爲喪，烏者驚，三日雨者解。有雲如日月暈，色赤，其下凶；青白色，有大水。雲如龍行，國大水，民流亡。雲色赤黄四塞者，連夜照地者，大臣縱恣。雲如氣昧濁者，賢人去也。

歐陽詢《藝文類聚》卷一《天部上》　雲

《周禮》曰：保章氏以五雲之物辨吉凶、水旱，降豐荒之祲象。二至二分，觀雲色青爲蟲，白爲喪，赤爲兵荒，黑爲水，黄爲豐。

【略】

《河圖》曰：崑崙山五色雲氣。

京房《易飛候》曰：視四方常有大雲五色具，其下賢人隱；青雲潤澤在西北，爲舉賢良。

《尚書大傳》曰：於時俊乂，百工相和，而歌《卿雲》，帝舜乃唱之曰：卿雲爛兮，糺縵縵兮，日月光華，旦復旦兮。又曰：五岳皆觸石而出雲，膚寸而合，不崇朝而雨。

《春秋孔演圖》曰：黄帝之將興，黄雲升於堂。文命之候，玄龍御雲。天命於湯，白雲入房。事具祥瑞部。

《孝經援神契》曰：天子孝，天龍負圖，地龜出土，天孽消滅，景雲出游。事具祥瑞部。

《史記》曰：若煙非煙，若雲非雲，郁郁紛紛，蕭索輪困，是謂卿雲。事具祥瑞部。

【略】

孫氏《瑞應圖》曰：景雲者，太平之應也。一曰：非氣非煙，五色紛緼，謂之慶雲。事具祥瑞部。

房玄齡等《晉書》卷一二《志第二·雜星氣》

瑞星

一曰景星，如半月，生於晦朔，助月爲明。或曰星大而中空。或曰有三星，在赤方氣，與青方氣相連，黄星在赤方氣中，亦名德星。二曰周伯星，黄色，煌煌然，所見之國大昌。三曰含譽，光耀似彗，喜則含譽射。四曰格澤，如炎火，下大上鋭，色黄白，起地而上。見則不種而穫，有土功，有大客。

妖星

一曰彗星，所謂埽星。本類星，末類彗，小者數寸，長或竟天。見則兵起，大水。主埽除，除舊布新。有五色，各依五行本精所主。史臣按：彗體無光，傅日而爲光，故夕見則東指，晨見則西指。在日南北，皆隨日光而指。頓挫其芒，或長或短，光芒所及則爲災。二曰孛星，彗之屬也。偏指曰彗，芒氣四出曰孛。孛者，孛孛然非常，惡氣之所生也。內不有大亂，則外有大兵，天下合謀，闇蔽不明，有所傷害。晏子曰：君若不（政）［改］，孛星將出，彗星何懼乎。由是言之，災甚於彗。三曰天棓，一名覺星。本類星，末鋭長四丈。或出東北方、西方，主奮争。四曰天槍。其出不過三月，必有破國亂君，伏死其辜。殃之不盡，當爲旱飢暴疾。五曰天欃。石氏曰：雲如牛狀。甘氏：本類星，末鋭。巫咸曰：彗星出西方，長可二三丈，主捕制。六曰蚩尤旗，類彗而後曲，象旗。或曰赤雲獨見，或曰其色黄上白下，或曰若植雚而長，名曰蚩尤之旗。或曰如箕，可長二丈，末有星。主伐枉逆，主惑亂，所見之方下有兵，兵大起；不然，有喪也。七曰天衝，出如人，蒼衣赤頭，不動。見則臣謀主，武卒發，天子亡。八曰國皇，大而赤，類南極老人星。或曰去地三丈，如炬火，主內寇內難。或曰其下起兵，兵强。或曰外內有兵喪。九曰昭明，象如太白，光芒，不行。或曰大而白，無角，乍上乍下。一曰赤彗分爲昭明，昭明滅光，以爲起霸起德之徵，所起國兵多變。一曰大人凶，兵大起。十曰司危，如太白，有目。或曰出正西，西方之野星，去地可六丈，大而白。或曰大而有毛，兩角。或曰類太白，數動，察之而赤，爲乖争之徵，主擊强兵。見則主失法，豪傑起，天子以不義失國，有聲之臣行主德。十一曰天讒。彗出西北，狀如劒，長四五丈。或曰如鉤，長四丈。或曰狀白小，數動，主殺罰。出則其國內亂，其下相讒，爲饑兵，赤地千里，枯骨藉藉。十二曰五殘，一名五鋒，出正東，東方星之狀，類辰，可去地六七丈。或曰蒼彗散爲五殘，如辰星，出角。或曰星表有氣如暈，有毛。或曰大而赤，數動，察之而青。主乖亡，爲五分，毁敗之徵，亦爲備急兵。見則主誅，政在伯，野亂成，有急兵，有喪，不利衝。十三曰六賊，見出正南，南方之星。去地可六丈，大而赤，動有光。或曰形如彗。五殘、六賊出，禍合天下，逆侵闕樞，其下有兵，衝不利。十四曰獄漢，一名咸漢，出正北，北方之野星，去地可六丈，大而赤，數動，察之中青。或曰赤表，下有三彗從横。主逐王，主刺王。出則陰精横，兵起其下。又爲喪，動則諸侯驚。十五曰旬始，出北斗旁，如雄雞。其怒有青黑，象伏鼈。或曰怒，雌也，主争兵。又曰黄彗分爲旬始，爲立主之題，主亂，主招横，見則臣亂兵作，諸侯虐，期十年，聖人起伐，羣猾横恣。或曰出則諸侯雄鳴。十六曰天鋒，彗象矛鋒。天下從横，則天鋒星見。十七曰燭星，如太白。其出也不行，見則不久而滅。或曰主星上有三彗上出，所出城邑亂，有大盜不成，又以五色占。十八曰蓬星，大如二斗器，色白，一名王星。狀如夜火之光，多至四五，少一二。一曰蓬星在西南，長數丈，左右兑，出而易處。星見，不出三年，有亂臣戮死。又曰所出大水大旱，五穀不收，人相食。十九曰長庚，如一疋布著天，見則兵起。二十曰四填，星出四隅，去地六丈餘，或曰可四丈。或曰星大而赤，去地二丈，常以夜半時出；見，十月而兵起，皆爲兵起其下。二十一曰地維藏光，出四隅。或曰大而赤，去地二三丈，如月始出，見則下有亂者亡，有德者昌。

流星，天使也。自上而降曰流，自下而升曰飛。大者曰奔，奔亦流星也。星大者使大，星小者使小。聲隆隆者，怒之象也。行疾者期速，行遲者期遲。大而無光者，衆人之事。小而有光者，貴人之事。大而光者，其人貴且衆也。乍明乍滅者，賊敗成也。前大後小者，恐憂也。前小後大者，喜事也。蛇行者，姦事也。往疾者，往而不反也。長者，其事長久也。短者，事疾也。奔星所墜，其下有兵。無風雲，有流星見，良久間乃入，爲大風發屋折木。小流星百數四面行者，衆庶流移之象。流星之類，有音如炬火下地，野雉鳴，天保也；所墜國安，有喜。若小流星色青赤，名曰地鴈。其所墜者起兵。流星有光青赤，長二三丈，名曰天鴈，軍中之精華也。其國起兵，將軍當從星所之。流星暉然有光，光白，長竟天者，人主之星也；主相將軍從星所之。飛星大如缶若甕，後皎然白，前卑後高，此謂頓頑，其所從者多死亡。飛星大如缶若甕，後皎然白，星滅後，白者曲環如車輪，此謂解銜，其國人相斬爲爵禄。飛星大如缶若甕，其後皎然白，長數丈，星滅後，白者化爲雲流下，名曰大滑，所下有流血積骨。

枉矢，類流星，色蒼黑，蛇行，望之如有毛，目長數匹，著天，主反萌，主射愚。見則謀反之兵合射所誅，亦爲以亂伐亂。

天狗，狀如犬奔星，色黄，有聲，其止地，類狗。所墜，望之如火光炎炎衝天，其上鋭，其下員，如數頃田處。或曰星有毛，旁有短彗，下有狗形者。或曰星出，其狀赤白有光，下即爲天狗。一曰流星有光，見人面，墜無音，若有足者，名曰天狗。其色白，其中黄，黄如遺火狀，主候兵討賊。見則四方相射，千里破軍殺將。或曰五將鬭，人相食，所往之鄉有流血。其君失地，兵大起，國易政，戒守禦。

營頭，有雲如壞山墮，所謂營頭之星。所墮，其下覆軍，流血千里。亦曰流星晝隕名營頭。

瑞氣

一曰慶雲，若烟非煙，若雲非雲，郁郁紛紛，蕭索輪囷，是謂慶雲，亦曰景雲。此喜氣也，太平之應。二曰歸邪，如星非星，如雲非雲。或曰，星有兩赤彗上向，有蓋，下連星；見，必有歸國者。三曰昌光，赤，如龍狀；聖人起，帝受終，則見。

妖氣

一曰虹蜺，日旁氣也，斗之亂精。主惑心，主内淫，主臣謀君，天子詘，后妃顓，妻不一。二曰牂雲，如狗，赤色，長尾，爲亂君，爲兵喪。

李淳風《乙巳占》卷八　雜星祆星占第五十

祆星，晝見。甘氏曰：星與日並出，名曰婦女與日争光，武且弱，文且强，在邑爲文，在野爲兵。

恒星不見。楊泉《物理論》曰：凡無名之星，一見一不見，唯二十八宿度數有常，故曰恒。《左氏傳》曰：魯莊公時，恒星不見，夜中星隕如雨。傳曰恒星不見，夜明也。《穀梁傳》曰：常者在位，人君之象；不見者無君之象。晉世祖太始四年七月，星隕如雨，西流星隕，民叛吴，歸晉之象也。

鬭揺占。《吕氏春秋》曰：至亂之代有星鬭，星揺。漢文帝元年中星盡揺，上問侯星者，對曰：星揺者，民勞也。後伐四夷，百姓勞於兵革。京房《易傳》曰：星者陰陽之精，萬物之體，五行之形，其體在下，精燿在上，百官之命各因其原，飛及行，萬人不安。大星隕，下陽失其位，災害之萌也。其救也，人君當悔過反政責躬，省徭役，安國，封侯，以寧人爲先，則宿星正矣。京房《易傳》曰：君不任賢，厥祆天雨星。

祆占。《黄帝占》曰：祆者，五行之氣，五星之變，各見其方以爲災殃，各以五色占知何國，吉凶必決矣。行見無道之國，失禮之邦，爲饑，爲兵，水旱死亡之徵。《黄帝占》曰：凡祆所出，形狀不同，爲殃一也；其出不過一年，若三年必有破國屠城，其君死亡，天下反亂，戰死於野，積屍縱横。餘殃不盡，爲水旱兵饑、疾疫之殃也。

天棓。《河圖》曰：歲星之精流爲天棓。班固《天文志》曰：歲星贏而東南變爲天棓。石氏曰：天棓出，其國凶，不可舉事用兵。又曰：期三月，必破軍拔城。甘氏曰：天棓見，女主用事。

天槍占。《春秋緯》曰：歲星退而南，三月生天槍，陽亢變萌義，亂兵行，諸侯大横，所見國無用兵。《漢書・天文志》曰：孝文帝時天槍夕出西南，占曰爲兵喪亂。其六年十一月，匈奴入上郡雲中，漢起兵以衛京師。劉向曰：吴楚七國反。

國皇。巫咸曰：國皇之大而赤，類南極老人也。《春秋考異郵》曰：國皇見東南，則兵起，天下急。司馬彪《天文志》曰：孝靈光和中，國皇見東南角，去地一二丈，如炬火狀，十餘日不見。占曰：國皇爲亂，内外有兵喪。其後黄巾賊張角燒州郡，朝廷遣將討平，斬首十餘萬級。

蚩尤旗。《河圖》：熒惑之精流爲蚩尤旗，類彗而後委曲，象旗也。《説苑》曰：蚩尤旗，五星盈縮之所生。夏氏曰：四望無雲，獨見赤雲，蚩尤旗也。《黄帝占》曰：蚩尤旗，本類彗而後委曲，象旗旛，長可二三丈，見則王者旗鼓大行，征伐四方，兵大起。不然，國有大喪，期三年，中五年，遠七年。魏高貴鄉公元年，有白氣出南北，側廣數丈竟天。王肅曰，蚩尤旗也，東方有亂乎。後毋丘儉據淮南以叛。《春秋運斗樞》曰：蚩尤旗干太微，法滅，帝死於野。

天讒占。甘氏曰：天讒在西南，長數丈，左右鋭，出而易處。京房曰：天讒出其下，相讒爲兵，赤地千里，枯骨籍籍。

瞿曇悉達《開元占經》卷八五《妖星占上》 蚩尤旗九

《河圖》曰：熒惑之精，流爲蚩尤旗。按《皇覽冢墓記》曰：蚩尤冢在東郡壽張縣闞鄉城中，高七丈，民常十月祠之，有赤氣出如絳帛，民名爲蚩尤旗。《述征記》曰：須昌縣闞鄉有蚩尤冢，或云上代民以十月旦祠之，輒有赤氣如一疋絳，謂蚩尤旗也。《漢書》武帝建元六年、元狩四年，並有長星見，班固《五行志》曰：爲蚩尤之旗也。《春秋運斗樞》曰：旋星散爲蚩尤旗。《説苑》曰：蚩尤旗，五星盈縮之所生也。巫咸曰：蚩尤之旗，類彗而後曲象旗。夏氏曰：四望無雲，獨見赤雲，蚩尤旗也。《荆州占》曰：蚩尤星如箕，可長二丈，末有星。《呂氏春秋》曰：亂國之主，衆邪並積，有雲若桓藿以長，黄上白下，其名曰蚩尤旗。《春秋緯》曰：蚩尤旗，誅逆國。《春秋緯合誠圖》曰：蚩尤之旗出，平四野。《河圖提》曰：帝將怒，則蚩尤旗出。《論語摘輔象》曰：虐王反度，則蚩尤旗出。《雒書》曰：旗刻旋，主備臣，邊雄侯之賢主過，出兵馬驚。《黄帝占》曰：蚩尤旗本類星而後委曲，其象旗幡，長可二三丈，見則王者皷旗大行，征伐四方，兵大起，不然國有大喪，王者亡。期三年，中五年，遠七年。按《洪範五行傳》曰：武帝建元六年八月，長星出東方，長竟天，占曰：是蚩尤旗，見則王者征伐四方。自是之後，兵討四夷，連二十年。元狩四年四月，長星復出西北，是時擊胡狄。司馬彪《天文志》曰：孝獻初平三年九月，蚩尤旗長十餘丈，色白，出角亢之南，其後丞相曹公征伐天下且三十年。《魏志》曰：高貴卿公正元元年十一月，有白氣出南斗側，廣數丈，長竟天。景王問王肅，肅對曰：蚩尤之旗也，東南其有亂乎！二年正月，毋丘儉等據淮南以叛，大將軍司馬師討平之。自後征淮南，西平巴蜀。是歲，吴主孫亮五鳳元年。太平三年，孫綝盛兵圍宫，廢亮爲會稽王。孫綝主淮南、江東同揚州地，故于時變見吴楚之分，則魏之淮南多與吴同災，是以毋丘儉以爲已應，遂起兵而敗。三年，即魏甘露二年，諸葛誕又反淮南，吴遣朱異救之，及城陷，誕衆誅滅。《魏氏春秋》曰：正始元年十一月，蚩尤旗見於箕，東吴兵死没各數萬人，車騎將軍黄權薨之兆也。《黄帝占》曰：蚩尤旗出，北斗長二三丈，本有星，其上委曲，見則天下亂，大兵起，天子自將兵，旗皷用，不然國有大喪，期百八十日，中一年，遠三年。《春秋緯》曰：蚩尤之旗見，則山崩。《春秋緯》曰：蚩尤之旗，五精離芒，天運大兵，垂其彗，後曲而前長，四方並亂，天下滅兵，羣猾動帝座於堂；見則五寇行，主不正暴，必有反兵，期五年，天子憂，不以亡，則九年凶加於斗宿，天子嚻嚻，出於列位，勉正四方。《春秋緯》曰：蚩尤伐矜誅逆滅患，蚩尤起天下之兵，合禍紛紛。《春秋緯潛潭巴》曰：蚩尤之旗主伐叛。又曰主惑亂。《春秋運斗樞》曰：蚩尤之旗見，則山崩，后族擅權。《春秋運斗樞》曰：蚩尤旗干大，微法式，滅帝死於野。《春秋緯考異郵》曰：蚩尤旗見，則王者伐枉逆。《鈎命決》曰：旗刻瘠咄咀，出匿謀合。旗，蚩尤旗也。夏氏曰：蚩尤旗所見之方，其下有兵；四方盡有，天下有兵。郄萌曰：蚩尤旗守軫，赤哭禮。《荆州占》曰：蚩尤旗見則兵大起，不然有喪。

又 卷九四《雲氣雜占》

帝王氣

天子氣内赤外黄，正四方鬱鬱葱葱，所發之處，當有王者。若天子欲有遊往，其地亦先發此氣，遠近數里。如法計之吉凶，以日辰生尅決，期以支干數法。又曰：天子氣如城門，隱隱在氣霧中，又多在晨昏見。又曰：天子氣如千石倉在氣霧中。又曰：天子氣五色如山鎮。又曰：天子氣如高樓在霧中。又曰：氣象青衣人垂手在日西，天子氣也。又曰：敵上氣如龍馬，雜色，鬱鬱衝天者，帝王之氣，不可擊。若在吾軍，必得天助。又曰：氣如龜如鳳，五色，隨王時發者，天子氣也。范增曰：吾使人望沛公，其氣衝天，五色相摎，皆爲龍虎，此非人臣氣也。

《洛書》曰：蒼帝起，青雲扶日；赤帝起，赤雲扶日；黄帝起，黄雲扶日；白帝起，白雲扶日；黑帝起，黑雲扶日。

一曰蒼帝氣如人向日，拳手而俛首，一手在後。

赤帝氣如象火光，如覆蔥狀，立在日下。黄帝氣如馬在日下。白帝氣如虎在日下。黑帝氣如船在日下。青紫氣自地屬天，其地有貴女。凡帝王氣發，常以四時王相時日相生之日，相生之日，其國大昌。

又 賢人氣

賢人氣，視四方常有大雲，五色具者，其下賢人隱也。青雲潤澤蔽日，在日西北爲舉賢良。

又 將軍氣

將軍之氣，如龍如虎，在殺氣中。兩軍相當，若發軍上，則其將猛鋭欲動也，吉凶以日辰决之。若無軍在外，亦當有暴兵起。　城營上氣如火烟，或如山林竹木，或白色而有赤氣繞之，或紫黑如門樓，或上黑下赤如旌旗，或如張弓弩，或如塵埃，本大而高，首鋭而卑，或如囷倉，正白，見日益明，或白如粉沸，或如夜火光照人，此皆猛將氣也。　軍上氣黄白而轉澤者，將有盛德，不可擊。　軍上氣發，漸漸如雲，變作山形者，將有深謀，不可擊。　若在吾，速戰大勝。

軍上氣黑，下赤氣在前者，將精悍，不可當。　軍上氣如交虵向人，此猛將氣也，不可當。　若在吾軍，戰必大勝。　赤氣上與天連，軍中必有良將。　軍上氣青白而高者，將勇大戰，前白後青而高者，將弱而士勇；前大後小，將怯不明。　軍上氣青而踈散者，其將怯弱可擊。

又　兵氣

勝兵氣上與天連，或如火光，或如山隄上有林木，或如埃塵粉沸，其色黄白，或如旌旂無風而颺，揮勢指敵，或白氣粉沸如樓，緣以赤氣，或如人持斧向敵，或如蛇舉頭向敵，或如埃塵前卑後高，或如牛馬頭低尾昂，或如旌旗，如鋒刃向人，或有人如牽牛，或如乳虎，或如疋帛，或如覆舟，或氣似堤覆，前後皆白，此皆雄兵猛士之氣，不可擊。　若在我軍上，急戰大勝。

軍上氣黄白色，潤澤重厚者，勝。　軍上發黄氣，將士精勇，不可擊。　若在吾軍，可戰。

軍營上有赤黄氣，上達於天者，不可擊。　軍上有五色氣，上與天連，此天應之軍，不可擊。　軍上氣上小下大，其軍士日增益，不可擊。　軍上氣遥望如鬬雞，赤白相隨，在雲中，得天助，不可擊。

軍上氣上鋭，其色黄白，圓而澤者，其將勇猛，士卒能强戰，不可擊。　雲如日月而有赤氣繞之，似日月暈，或有光者，所見之城邑不可攻。　雲氣如伏虎居上，或如華蓋，或如杵形向外，或如赤馬，或如山岳，皆不可攻。　敵上有氣，或雲如中天至而及我軍，常有此而不變者，不可攻。　軍上常有氣者難攻。　有雲狀如烏飛去者，其國戰勝。

兩軍相當，敵上有氣如飛鳥徘徊，或來而高者，兵精難擊。　夜視彼軍上有黑氣出，上有赤氣臨我軍上，彼强我弱，弱能破强，小能擊大，大戰大勝，小戰小勝。　望四方有赤氣如烏在黑氣中，或如黑人在赤氣中，或如赤杵在烏氣中，或如人十十五五有行列，或狀如旌旗在烏氣中，有赤雲氣在前者，其兵精鋭，不可當。　雲氣三匹帛，前横後大，在軍上者，戰勝。

敗兵氣因廢枯散，如馬肝色，或如死灰，或如偃魚，或如偃蓋，或乍見乍聚乍散，如霧始起，或如羣羊，如羣猪在氣霧中，皆衰亂也。　軍上氣如死蛇，如擊牛，如雙虵垂頭，如蜚鳥四散，如决隄垣，如壞屋，如人無頭，如人相指，如驚鹿相逐，如兩雞相向，或如人頭，如揚灰，如捲席，如縣衣，如匹布亂穰，如人相隨，或如粉如塵，勃勃如烟，或五色襍亂，東西南北不定，或如羣鳥亂飛，或紛紛如轉蓬，或如敗船，或如卧人無手足，或如覆車襍亂不起者，皆敗軍之氣，擊之必克。

軍上氣上大下小者，士卒日減。　軍上十日無氣發者，其軍必敗。　十日無氣，而忽有赤白氣乍出即滅者，外聲欲戰而實欲退散。　黑雲氣如壞山墮軍上，名曰營頭之氣，其軍必敗散。　軍上氣如火光夜照人者，軍士散亂。　軍上氣出而半絶者，欲敗，漸盡者走。　一絶一敗，再絶再敗，三絶三敗。　在東發白氣者災深。　軍上有氣如雙虵守日，急往擊之，大勝勿疑。　軍上有赤氣炎降于天，士卒衆亂將死。

赤氣如火光從天流下入軍，軍亂將死。　軍上氣蒼蒼，須臾散，擊之必勝。若在我軍，宜嚴備固守。

軍上氣前高後卑者敗。　軍上有黑氣如牛形，或如馬形，從氣霧中漸漸入軍，名曰天狗食血，其軍敗散。　軍上氣蒼黑亂者，士卒飢。　兩軍相當，十里之内，三里之外，望彼軍上氣高而前後白青散者，敗氣也，急擊之。

雲氣如人頭臨軍上，戰大敗，流血滿谷。

雲如雞如免臨營上者，軍敗走。　雲氣蓋道蔽濛晝晦者，飯不暇食，炊不暇熟，宜急去之，不然必敗。

軍上氣黑而卑，如樓狀，軍不移必敗。　軍上氣先青而漸變黑者，其將欲死。

散軍之氣，如燔生草之烟，前雖鋭而後必退，得便擊之勝。　黑氣臨營，或聚或散，如鳥將宿者，必有雲如鳥，其出如寅，其國戰不勝。　敵上有雲氣如丹虵者，擊之勝。　有雲氣如尾在氣霧中，臨軍上者，中人與外人通。　軍行，有白氣如猪來臨者，軍大驚，宜備之。　日暈，有氣如死虵屬暈者將死，兩軍相當，不利先舉。　日暈，旁有赤雲如縣鐘，其下將死。　日月暈，有背氣所臨者，敗。

軍上有白虹及曲蜺者，敗。　白虹及蜺入營者，敗。　日暈，氣薄惡及後至先去，其下軍敗。　日暈，有四缺在外，軍悉敗散。　凡日月暈與氣，以先有者爲發，先去者爲散。　軍上有日旁虹蜺，不可逆之，若得其逆，宜從去之。　降氣如人十十五五皆低叉手，或如人叉手相向，或氣如黑山，以黄爲緣者，皆降伏之氣也。　白氣如鳥，趣入屯營，連絡不絶而須臾下者，當有他國來降。　暴兵氣白，如瓜蔓連結，部隊相逐，須臾罷而復出，或至八九而來不斷者，有急賊猝至，宜防之。　白氣如仙人衣，千萬連結，部隊相逐，罷而復興，如是者當有千里兵來，宜備之。　黑氣從彼來之我軍者，欲襲我也，敵人吉，宜備不宜戰。　敵還從而擊之，必得小勝。　天色蒼茫而有此氣，依支干日數内無風雨，則所發之方時則凶，時克日則自消散，此氣所發之方當有使告急，一人來則氣一條，依數計之，若散滿一方，則有衆來依，日支干數内有風雨則伏。

氣如人持刀盾，或有雲如坐人，赤色，所臨城邑有猝兵至，驚怖，須臾去。　赤氣如人持節，兵來未息。　雲如方虹，或如赤虹，其下有暴兵。　雲氣如旌旗，其下兵暴起。　雲氣如虎躍，如人行，色白而悴者，暴兵起。　雲如人行，止而不崩，有暴兵。　白氣如帶道竟天，有暴兵。　候敵氣上有雲，下亦有雲者，兵必至。白虹所出，必有暴兵流血。　赤雲如火，所向兵至。　雲氣如匹布着天，經丑未者，天下多兵，赤者尤甚。　有雲如胡人列陳，天下兵起。　白氣廣五六丈，東西竟天，天下兵起。　有雲如豹，四五枚相聚，其國兵大起。　雲如狗，四五以上相聚，兵起。　四方清明無雲，獨有赤雲赫然者，所見之地兵起。　四望無雲，獨有黑雲極天，名曰天溝，天下兵起。　雲半天，則兵半起。　三日内有雨則災解。　壬子日候四方無雲，獨有雲如旌旗，其下兵起，若偏四方，則天下盡有兵。

雲氣一道，上白下黄，或白色如疋布，長數丈；或上黄下白，如旗狀，長二三丈；或長氣純赤，而委曲一道如布帛，皆謂之蚩尤旗，見則兵大起。

李昉等《太平御覽》卷八七四《咎徵部一》

天裂

京氏《易妖占》曰：天裂，陽不足，下害上之象。天裂見，人兵起，國亡。天開見光，血流滂滂。

《晉書》曰：惠帝元康中，天西北裂，時人主昏闇，賈后專政。又曰：（大）［太］安，天裂爲二，聲如雷，是時長沙王奉帝出拒成都王潁，河間王顒逞威專命，僭亂之象。又曰：成帝咸和四年冬，天裂西北，時蘇峻之子以萬人入吳興，天下有兵，關河轉亂。明年，石勒僭叛。又曰：穆帝昇平五年，天裂廣數丈，聲如雷。又曰：哀帝初即位，天中裂，黄三四丈，聲如雷，野雉皆雊，時帝荒疾，不識萬機，太后臨朝，桓温專政。

崔鴻《十六國春秋》曰：前趙劉曜建元初，天裂，廣一丈，長五十餘丈，時四方交戰。

《隋書》曰：梁武帝太清中，天裂西北，長十丈，闊二丈，光出如電，聲如雷。明年，侯景陷臺城。

又　天開

《漢志》曰：惠帝二年，天開東北，長二十餘丈，廣十丈。後有吕后廢二少帝，諸吕作亂。

蕭子顯《齊書》曰：齊東昏侯永元中，夜天開，黄色明照，頃有物絳色如小甕，漸大如倉廩，聲如雷，墜於湖野，雉皆雊。其年東昏見廢。

《隋書》曰：陳後主至德初，天開西北至東南，其内有黄雜色，聲如雷。後年，章大寶舉兵，陳竟國亡。

又　天光

《竹書紀年》曰：周昭王末年，夜清，五色光貫紫微。其年，王南巡不返。

《漢書》曰：成帝元延元年四月，無雲，有雷聲，光四下，至昏乃止。晉穆帝永和十年，前涼張祚之元年正月，夜，天有光如車蓋。明年，祚被殺。

《宋書》曰：文帝元嘉十八年七月，天有黄色洞燭，至二十二年，太子詹事，范曄反，伏誅。

曾公亮　丁度《武經總要後集》卷一八《占候三》　雲氣

將軍氣象

將軍氣上達於天，主名將多謀。　猛將之氣如龍，兩軍相當，若發其上，則其將猛鋭如虎，在殺氣中，猛將欲行動。發此氣亦主有暴兵起，吉凶以日辰決之。又猛將之氣或如火煙狀，或如山林竹木，或紫黑如門樓，或上黑下赤似黑旗，或如張弓弩，或如塵埃頭鋭而大者，皆猛將氣也。軍上氣如困倉，正白，見日益明者，此猛將之氣，不可擊。敵上氣黄白而轉澤者，將有盛德，不可擊。　氣青白而高者，將勇大戰；前白後青而高者，將弱士勇；前大後小者，將怯。　敵上氣黑，下勇；赤氣在前者，將精悍，不可當。　氣青而疎散者，將怯弱。　軍上氣發漸如雲，又變作山形者，將有深謀，不可擊；若在吾軍，速戰必大勝。　敵上氣如蛟蛇向人，此猛將氣，不可當，若在吾軍，戰必大勝。　凡赤氣上與天連，軍中有名將，一云賢將。

又　軍勝氣象

將帥士卒勇鋭，則爲勝氣。　凡氣上與天連，此軍士彊盛，不可擊；若在吾軍，戰必勝。　軍上氣如火光，將帥勇，士卒猛，此氣不可擊；在我軍上，速戰大勝。　軍上氣如山堤林木，將士驍勇，不可與戰；若在我軍上，戰必大勝。　軍上氣如塵埃粉沸，其色黃白如旌旗，無風而颺指揮敵，此軍欲勝，不可擊敵；上白氣粉沸，及上有赤色氣者，兵鋭不可擊；在吾軍上，戰必大勝。　營上氣黃白，色厚潤重者，勿與戰。　兩軍相當，上有氣如持斧外向，敵戰必大勝。　兩軍相當，上有氣如蛇舉首向敵者，戰必勝敵；上氣如疋帛者，此雄軍之氣，不可攻；若在我軍上，戰必大勝。　敵上有雲牛，如牽牛，未可擊。　遥望軍如鬭鷄，赤白相隨在氣中，得天助，不可擊；若在吾軍上，可戰。　軍戰，上有赤黃氣，上達于天，亦不可攻。　凡軍上有五色氣上與天連，此天應之軍，不可擊。　其氣上尖下大，其軍旅日增益，士卒鋭。　其軍上氣似堤覆，前後白，必勝；若覆吾軍上者，急往擊之，大勝。　氣鋭色黃白，團圓而潤澤者，敵將勇猛，其士能彊戰，不可擊。　雲如日月而赤氣統之，如日月暈狀有光者，所見之地大勝，不可攻。　敵上氣如雲自中天而至，及軍上常有氣不變者，堅固難攻。　凡雲氣如虎踞在軍上者，勝軍；上氣如塵埃前後高者，將士精鋭，不可擊；敵上氣如虎伏者，難攻。　軍上常有氣者，其兵難攻。　軍上氣如華蓋，勿與戰。　有雲其狀如飛鳥，所見國戰勝。　雲如旌旗，如鋒刃向人者，勿與戰；兩軍相當，敵有氣如飛鳥徘徊在軍上，或來向高者，兵精鋭，不可擊。　黑氣出，上有赤氣臨我軍上，敵彊我弱。　軍上氣如馬，首低尾昂者，勿與戰。　軍上雲如杵，勿與戰。　望四方有赤氣如赤鳥在黑氣中，如黑人在赤氣中，如赤杵在黑氣中，如人十十五五及狀如旌旗在黑氣中，有赤色在前者，敵人精悍，不可當。　敵上有雲如山嶽，不可擊。　有雲長如引索於陣前後鋭，或一或四，黑，有陰謀；青黑色，有兵叛；黃色，急去。　月暈，有黑雲氣入暈中者，隨所入擊之勝。暈有抱，所臨者勝。　日暈相交，居上者勝。　虹直指，順之而擊可勝。　暈有抱有虹，順抱者勝。　日旁伴暈，兩頭尖，有戰者，隨所指擊之。

又　吉城氣象

白氣從城中南北出者，兵不可攻，城不可居。　城中有黑雲如星，名曰軍精，急解圍，去有突軍出，客敗。　城中白氣如旌旗者，勝；若赤界其邊，精鋭不可當。　赤雲臨城，有大慶。　黃雲臨城，大喜慶。　青色從城中南北出者，城不可攻。　青色如牛頭觸人者，城不可攻。　城中有氣出于東，其色黃，此天城，不可伐。　白氣從中出，青氣從北入及回旋者，軍不得入城。　諸攻城圍邑，過旬不雷不雨者，爲城有賢輔，疾去之，勿攻。　城中氣出於外如火煙者，主人欲出戰；其氣若無極者，不可攻。　城中氣如雙蛇者，難攻；若前高後卑，攻之可拔；後高前卑者，不可攻。　赤氣如杵形從城中出向外者，內兵突出，主人勝。　城上有雲分爲兩彗狀，攻不可得。　城上之氣不見於外者，不可攻。　有赤氣從城上出者，兵內勝，宜備之。　凡城有諸氣從城中出入吾軍上者，敵家氣也。　濛氣繞城不入者，外兵不得入。　日暈，有青氣從中起四出者，圍中勝。

又　戰陣氣象

氣青白而高者，將勇大戰。　氣如人無頭，如死人卧；敵上氣如丹蛇，赤氣隨之，必大戰損將。　四望無雲，獨見赤氣如狗入營，其下有流血。　四望無雲，獨見赤氣如立蛇，其下有流血。　四望無雲，獨見赤雲如覆船者，其下有戰。　初出軍日，天氣昏漠，雲氣陰沈寒慘者，必戰。　若清暢晴和，風塵不動者，不見敵，亦不戰。　有青氣見軍之王相方上者，當成交戰，不見者不戰。　若白蛇赤蛇見敵上，其下必大戰，流血。　赤氣血出盤旋住者，其下有兵流血。　白氣如車入北斗中轉移者，其下有流血，大將死。　雲如耕壠者，兵必大戰。　日傍氣相交貫穿，或相背，軍中不和。　日有白氣若虹交見者，從上擊下，勝；無軍而見者，下必流血；兩軍相當，必交戰。　有白虹四五六見者，亦爲大戰。日旁有一缺，萬人死其下；兩軍相當，不利先舉。月初滿而蝕，有軍必戰。　日月有赤雲截之如大杵，軍在外，萬人死其下；兩軍相當，不利先舉。

又　陰謀氣象

白氣羣行徘徊，結陣來者，爲他國人來，欲圖人不可，視其所往隨而擊之，可得。　日月濛濛無光，士卒內亂，將軍宜循法度，察有功，以自明，及有兵內發，用嚴刑而伺姦人者勝。　天陰沈不雨，晝不見日，夜不見星月，三日以上，陰謀也，將軍宜謹左右及敵人；五日至七日，有謀擁蔽，將奪其權，主形殺事；連陰十日，亂風四起，欲雨不雨，名曰濛，臣謀上。　天陰沈，日月俱無光，晝不見日，夜不見星月，皆有雲障之而不雨，此謂君臣有陰謀；兩敵相當，共圖議事。　若晝陰夜月出，上謀下；夜陰晝日出，下謀上。　黑風氣如幢出於營中，上黑下黃，敵欲來求戰，無誠實，通言九日內，宜警備之，吉。　黑氣臨我軍如車輪，敵人謀亂我軍。　黑氣遊行中含五色，臨我軍上，敵必合謀來伐，諸國反謀，軍自敗。

又　攻城氣象

凡城上有赤氣黃氣四面繞之，城中大將死，城降。　城上赤氣如飛鳥，城中急攻必破。　城上有赤氣如破車，城可攻。　城上無雲氣，主士卒散敗。　城上營中有赤黑氣，狀如狸皮斑及正赤者，軍破。　城上氣如死灰色及止不出者，城可攻。一云攻城圍邑，其氣如死灰出而覆其軍上者，多病，城可屠。　氣出復入者，人欲逃遁。　城上氣聚如樓見外者，攻之可得。　城中氣起而上赤，可屠城。　城上有雲如衆人頭，赤色，下多流血死喪。　氣出南北，城可尅。　其氣出而東城可攻。　其氣出而西城可降。　其氣出而覆其軍上者，士多病。　其氣出而高，無所止，日久長。　有氣從城外而來者，兵欲盜攻。　凡攻城，黑雲臨城者，積土固險之象。　黑水之氣，城池之象。　我據城，敵不可攻；敵據城，我不可攻。　若白氣如蛇來止敵城上者，急攻之，少緩則失。　若從其城來指我營者，宜急固守。　凡攻城有見白氣繞城而入城者，隨所入急攻之，少緩則失。　凡攻城若雨濛霧，曰日死，無色曰死。　主兵勝。　雲氣如雄雉臨陣，其下必有降者。　濛霧圍城而入城者，外兵得入。　有雲如立人之狀，或如立牛圍城上者，氣如交頸虹向內，城可攻。若有屈虹從外入城中，三日內，城可屠。　日重暈而白虹貫日，圍城客勝。

又　暴兵氣象

白氣如瓜蔓連結部隊相逐，須臾罷而復出，至八九日，急兵至。　白氣如仙人千萬連結部隊相逐，罷而復出者，當有千里兵來。　黑氣從敵上來我軍上，敵欲襲我，敵人至，宜備不宜戰；敵回，從而擊之，小勝；天色蒼茫有此氣依日，支干數內無風雨，則所發之方必有暴兵；日尅時則凶時日自消散。此氣所發之方，當有使人告急，一人來則氣一條，二人來則氣二條，三人來則氣三條；若散滿一方，則有衆來。　期至依支干數，數內有風雨則伏。　壬子候四望無雲，獨見赤雲如旌旗，下有兵起若遍四方者，天下盡有兵。　若四望無雲，獨見黑雲極天，天下兵起；雲半天，兵半起，名曰天溝，三日內有雨災解。　敵欲來者，其氣上有雲下赤，其下敵必至。　雲氣如旌旗，賊兵暴起。　氣如人，色赤白而悴者，是暴兵起。　氣如人持刀盾，有雲如坐人，赤色，所臨城邑有卒兵至，驚恐，須臾去；赤氣如人持刀節，兵未息。　雲如赤虹，有暴兵。　白虹長出，皆有暴兵流血。　有雲如人行至不定，有暴兵。　赤雲如火者，所向兵至。　天有白氣，狀如白布，經丑未者，天下多兵，赤者尤甚。　有雲如胡人列陣，天下兵起。白氣起廣六丈，東西亘天者，兵起。　有雲如疋亘天者，兵起。　有雲如狗四五相聚圍，兵起。　四方晴明，獨有赤雲赫然者，所見之地有兵。

又　伏兵赴氣象

軍上有黑氣渾渾，圓長赤雲在其中，其下必有伏兵，不可擊。　兩軍營欲戰或對壘相守，望彼軍上白氣粉沸起如樓閣狀，其下伏兵萬人，不可輕舉。　軍行近山林坑谷間，當善防之，既是伏兵之地，而上有氣者不疑。　雲氣紛相連及如蒿草數尺，此以車騎爲伏兵。　雲如布席之狀，似蒿葉盈尺許，此以步卒爲伏兵。　伏兵之氣如幢節在黑雲中，或如赤杵在雲中，或如黑人在赤雲中，勿先動。　黑氣出營南，賊逃，我後有伏兵，謹候察之。　兩軍相當，赤氣者，伏兵之氣；若前有赤氣，前有伏兵；後有赤氣，後有伏兵；左右亦如之。　審察則知伏兵所在。　軍上有氣黑色，黑色中有赤氣，必有伏兵，不可攻。　前有黑氣後有白氣，必有伏兵，不可攻。　有雲如山林在外，有伏兵。

又　軍敗氣象

敵上有氣，上黄下白，名曰善氣。所臨之軍，欲求和退。　敵上氣囚廢枯散如馬肝色，或如死灰色，或類偃蓋，或類魚，皆爲敗將。　敵上氣乍見不見，乍聚乍散，如霧始起，此敗氣，可擊。　若上大下小，士卒日減。　凡軍營上十日無氣發，此軍必敗；有赤白氣出，乍即滅，外聲欲戰，其實欲退。　散黑氣如壞山墮軍上者，名曰營頹之氣，其軍必敗。　軍上氣如火光夜照人，軍士散亂。　軍上氣出而半絶者，欲敗；漸盡者，是一絶一敗，再絶再敗，三絶三敗。　在東發白氣者，災深。　軍上氣如羊形，或如猪形，此是瓦解之氣，軍必敗。　敵上有氣如雙蛇，疾往攻之大勝。　軍上有氣中似雙蛇守日，急往擊之大勝。　軍上氣如粉，如塵勃，如烟，軍欲散。　軍上氣五色雜亂，東西南北不定者，其軍欲敗。　軍上氣如羣猪在氣中，此衰氣，擊之大勝。　軍上赤氣炎炎降於天，士衆亂，將死。　赤氣如火光從天來，流下入軍，軍亂將死。　彼軍上有氣蒼，須臾而散，擊之必勝；在我軍上，宜固守。　軍上有黑氣如牛形，或如馬形，從東起，氣霧中下漸漸入軍，名曰天狗下食血，主軍散敗。　敵上氣如羣鳥亂飛，衰氣也，伐之則我軍勝。　望彼軍上氣如垂衣，如人相隨，擊之可得。　望彼軍上氣紛紛如轉蓬者，急擊之。　望彼軍上氣色如揚灰，敵欲退去。　氣蒼黑紛亂者，士卒飢。　兩軍相去十里内三里外，望彼軍上氣高而前後白青散，此敗軍之氣，可擊。　雲如覆船，如車蓋者，其軍必敗。　雲氣如人頭臨軍營中，戰不勝，主流血。　敵上雲如羣羊，如驚鹿，必退走，宜急擊之。　雲如卷席，如疋布亂壞者，皆爲喪敗之兆，可攻而擒。　雲氣蓋道，蔽濛晝冥者，飯不暇食，炊不及熟，可急去也。　雲如雞兔臨營者，軍敗走。　軍上氣黑而卑，如樓狀，軍移必敗。　氣如擊牛，凶敗之氣。　敵上氣如雙蛇，如飛鳥，如決堤，如壞屋，如人相指，如人無頭，如驚鹿相逐，如兩頭鷄相向，皆爲將敗之氣。

又　氣象雜占

星有兩彗，上似有蓋，下連星，名曰歸斜，見有歸國者。日暈，有黄色抱珥，直光戴覆黄色，皆喜慶之事。

《京房占》曰：赤氣如繖蓋覆軍上，千里内戰有慶；千里外有憂。黄色臨營西向，東戰並凶，北向吉。

赤氣隨日出，軍必有憂；隨日没，外告急。

赤氣漫血色者，流血之象。

赤氣如火影，見者臣叛其君，不過三朔。

赤氣如龍蛇在山頭住，又如夜光者，臣離其君，爲客所傷，人民流移，遠其鄉里。

黑氣如死人頭在營上，敵人有所獻，且求降，許之；不許必有戰，功雖成，士卒多死。

【略】

天有青氣入營者，兵弱驚恐。

天有赤氣入營者，兵暴驚。

天有黄氣入營者，有兵和解。

天有白氣入營者，兵彊。

天有黑氣入營者，大主疾病；一云兵相殘，急移營。

有雲如蛟龍，所見處，將見失魄。

有雲如日月暈，赤色，其國凶；青白色，有大水。

有雲狀如龍行，國大水，流亡。

凡遇四方盛氣，勿向之戰。甲乙日，青氣在東方；丙丁日，赤氣在南方；庚辛日，白氣在西方；壬癸日，黑氣在北方；戊巳日，黄氣在中央。四季日，戰當此日，吉；逆之必敗。甲乙日，平旦，所向有白雲，不可攻。丙丁日，日中所向有黑雲，皆爲堅敵，不可攻。他倣此。

赤氣如火者，叛其君；赤氣加西者，客勝；加北方者，客敗；加東方者，和解不鬬；加南方者，軍還，天下安。他倣此。

凡天見五色雲氣，望東西南北，至子午卯酉，若百步千步，一尺，一丈，十丈，百丈，如車道行百十丈，日辰相剋者大鬬，不相剋者不戰。生氣所臨，有天命，爲兵彊。相氣所臨，爲戰勝。死氣所臨，爲喪敗。囚氣所臨，爲拔圍降敵。休氣所臨，爲罷無功。各以王、相、休、囚言之。

潘自牧《記纂淵海》卷二《測候部》　候氣

雲氣各象其山川人民所聚積。前《天文志》。秦始皇曰：東南有天子氣，於是東游以厭之。《漢書》。范增勸項羽擊沛公，曰：臣使人望其氣，皆爲龍，成五采，此天子氣也。同上。望氣者蘇伯阿至南陽，望見春陵郭，曰：氣佳哉，鬱鬱葱葱。後漢先武記。瑞氣：一曰慶雲，若煙非煙，若雲非雲，郁郁芬芬，蕭索輪囷，亦曰景雲，此喜氣也，太平之應。二曰歸邪，如星非星，如雲非雲，或曰星有兩赤上向，有蓋下連，見必有歸國者。三曰昌光，赤，如龍狀，聖人起，帝授終則見。妖氣：一曰虹蜺，日旁氣也。二曰牂雲，如狗，赤色，長尾。晉《天文志》。天子氣內赤外黄，或如城門隱隱在氣霧中，或如華蓋在氣霧中，或如龍馬，或雜色鬱鬱衝天者，此皆帝王氣也。猛將之氣，如龍如猛獸，或如火煙之狀，或曰如粉沸，或如火光之狀，或如山林竹木，或上黑下赤狀如黑旌，或如張弩，或如塵埃，此皆猛將之氣也。凡軍勝之氣，如堤，如坂，前後磨地；或如火光；或如山堤，山上若林木，將士驍勇；或如人持斧向敵；或如蛇舉首向敵；或氣如覆舟，雲如牽牛；或有雲如鬬雞，赤白相隨，在氣中；或發黄氣；皆將士精勇。凡負氣，如馬肝色，或如死灰色，或類偃蓋，或類偃魚，或黑氣如壞山墮車上，名曰營頭之氣，或如羣羊羣猪在氣中，此衰氣也。或如懸依如人相隨，或紛紛如轉蓬，或如揚灰，或雲如卷席，如匹布亂穰者，皆爲敗證。

王柏《魯齋集》卷三《壽立齋》　思泉種德懋，后皇命淳美。髧髦傳正學，一念不妄起。真固滿腔仁，兢兢日增累。甲子正一周，厖眉追甪綺。年年三月初，南極何煒煒。預酌長生尊，家慶合庭鯉。今歲南極光，一照千餘里。我有百靈丹，遠寄螺江邊。殷勤爲子壽，角亢光芒寒。一丸當一歲，送以華池泉。初進雙目清，再進華顛玄。三進毛骨换，四進還童顔。五進志氣神，六七八進生羽翰。進進誠不已，俯拍洪厓肩。不須駕黄鵠，炯炯天地之方圓。只恐獨立無與侶，不如歸來歲寒之下相周旋。

王應麟《玉海》卷一九五《祥瑞・瑞雲・舜卿雲　慶雲》　《尚書大傳》：舜時，俊乂百工相和而歌卿雲，帝倡之曰：卿雲爛兮，禮一作糺。縵縵兮，日月光華旦復旦兮。八伯咸進稽首曰：明明上天，爛然星陳，日月光華，弘于一人。帝乃載歌曰：日月有常，星辰有行，四時從經，百姓允誠。崔駰傳注《尚書大傳》曰：舜時，百工相和，爲卿雲之歌。《宋志》：舜時，景星出房地，有乘黄之馬，和氣普應，慶雲興焉。慶雲三色，太平之應。《漢志》：若烟非烟，若雲非雲，郁郁紛紛，蕭索輪囷。喜氣也。

《瑞應圖》曰：慶雲者，太平之應。《援神契》曰：天子孝則慶雲見。

馬端臨《文獻通考》卷二八一《象緯考四》 瑞星

《中興天文志》：瑞星有十二：一曰景星，一名德星。二曰周伯，三曰含譽，四曰王蓬芮，五曰格澤，六曰元保，七曰昭明，八曰昏昌，九曰旬始，十曰司危，十一曰菟昌，十二曰地維臧光。瑞星，五行之沖和氣也，五行順樂旺相喜合之所生也。周伯、王蓬芮，皆古者高世不仕之人。王其姓，蓬芮其名。周伯其姓字也。其精爲星，帝命之爲瑞星。三家義同。然考之《晉志》，瑞星止四星，其周伯又於客星見之，無王蓬芮，而客星則有王蓬絮芮，所至之國非福也。而三家所言妖星，則別有蓬星焉，曰蓬芮，曰蓬絮芮，曰蓬星，其言福禍不同，豈各有據乎？並存之。又《晉志》無元保以下七星，其昭明、司危、地維臧光，則皆爲妖星。若《隋志》則因《晉志》，而又無格澤，疑當從《晉志》。

鄭樵《通志》卷七四《災祥略第一》 星

蚩尤旗

孟康曰：熒惑之精也，流爲蚩尤旗。晉灼曰：《呂氏春秋》云其色黄上白下。夏氏曰：望之無雲，獨見赤雲成者，是也。或曰：形如箕，可長三丈，末有星。

漢武帝建元六年秋八月，長星出于東方，長亘天，三十日去。占曰：爲蚩尤旗。　後漢獻帝初平三年秋九月，蚩尤旗見，長十餘丈，色白，出角亢之南。　魏高貴鄉公正元元年冬十月，白氣出南斗，側廣數丈，長亘天。王肅曰：蚩尤旗也。　晉武帝咸寧四年夏四月，蚩尤旗見于東井。

佚名《天元玉曆祥異賦》

天裂占

朱文公曰：天裂，是謂陽不足，君弱，臣亂，而土裂。《宋志》曰：天裂，是謂陽不足，臣亂而君失道，土地將分裂。班固《漢書》曰：天裂，陽不足，皆爲臣下强盛，將害上之變也。

又 蚩尤旗占

朱文公曰：蚩尤類彗而委曲，爲旗，帝將暴，而征伐不已。《宋志》曰：蚩尤旗類彗，委曲如旗旛，長二三丈，或四望無雲，而赤雲獨見者如旗，所見之方，下有大兵起。《晉書》曰：蚩尤旗，類彗而委曲爲旗，見則王者征伐。

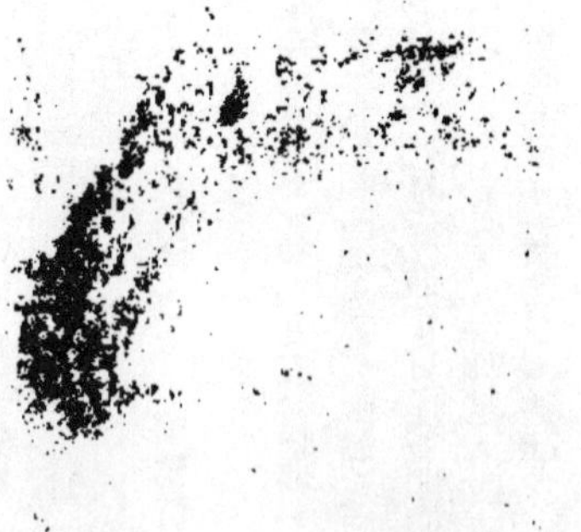

天裂占

蚩尤旗占

又 天子氣如城門占

朱文公曰：如城門高樓困倉兮，森森然恒帶殺氣。《晉書》曰：天子氣，如城門隱隱在氣霧中，常帶殺氣森森然。

又 天子氣如高樓占

《晉書》曰：天子氣，如高樓在霧中。《宋志》曰：或如城門，或如萬石倉，隱隱在氣霧中，常帶殺氣森森然。

天子氣如城門占

天子氣如高樓占

又 天子氣如華蓋占

朱文公曰：或氣霧隱華蓋之形。《晉書》曰：天子氣，如華蓋在霧中。

天子氣如華蓋占

天子氣五色雲占

又 天子氣五色雲占
《晉書》曰：天子氣或有五色，多晨昏見。

又 天子氣如山鎮勢占
《隋書》曰：天子氣如山鎮之勢。《兵書》曰：天子氣五色如山鎮。

天子氣如山鎮勢占

猛將氣占

又 猛將氣占
朱文公曰：猛將之氣，勃勃黑如火烟，内白而赤氣繞外。《晉書》曰：猛將之氣如火烟。《兵書》曰：猛將之氣，勃勃然如火烟之狀。

又 漸漸如雲而作山占
《宋志》曰：或氣發漸漸如雲，變作山形，將有深謀。京房曰：敵上有此氣，不可擊；若在吾軍上，速戰大勝。

漸漸如雲而作山占

將軍氣勢如張弩占

又 將軍氣勢如張弩占
抱樸子曰：猛將之氣如尺大，勢若張弩。

又 將軍氣如山林竹木占
《晉書》曰：猛將氣，其黑如山林竹木。

將軍氣如山林竹木占

將軍氣或紫黑如門上樓占

又 將軍氣或紫黑如門上樓占

《晉書》曰：猛將氣，黑如門上樓，上赤下黑。

又 將軍氣如赤黑旌旗占

朱文公曰：或赤黑如旌旗舉，並爲勇將强卒，亦主深謀遠慮。《宋志》曰：以上並爲猛將之氣，將軍勇，士卒猛，或將有深謀，在敵上，不可擊；在吾軍，速戰，吉。

將軍氣如赤黑旌旗占

軍勝氣占

又 軍勝氣占

朱文公曰：軍勝之氣，覆軍似堤。京房曰：若覆吾軍，急往擊之，大勝。《隋書》曰：軍勝氣，如堤以覆其軍上，前赤後白。

又 軍勝氣如旌旗之指敵占

《宋志》曰：氣如旌旗，無風而颺揮指者，我軍隨指攻敵，必勝；又曰，或如旌旗如鋒向人，勿與戰。

又 軍勝氣如堤坂占

朱文公曰：氣如堤坂而前後摩地。占曰：氣如堤坂，前後摩地，此軍士衆强，不可擊；若在吾軍，可戰必勝。

又 軍敗氣如蓋道蔽濛占

朱文公曰：或蓋道蔽濛晝冥。《宋志》曰：雲如蓋道蔽濛晝暝者，飯不暇食，炊不及熟，而急去。

又 軍敗氣如壞山占

朱文公曰：黑如壞山墮於軍壘。《宋志》曰：黑氣如壞山墮軍上，曰營頭，其軍必敗。《晉書》曰：軍敗氣如壞山墮軍上者，名曰營頭之氣。

軍勝氣如旌旗之指敵占

軍敗氣如蓋道蔽濛占

軍勝氣如堤坂占

軍敗氣如壞山占

又 城勝氣占

朱文公曰：色青白中出而勿攻。《宋志》曰：凡白氣從城中南北出者，其城不可攻。

又 屠城氣占

朱文公曰：或氣下白而上赤。京房曰：或雲氣上赤下白色者，其城可攻。

城勝氣占

屠城氣占

彭大翼《山堂肆考》卷六《天文·雲》　輪囷

《史記·天官書》：若煙非煙，若雲非雲，郁郁紛紛，蕭索輪囷，是謂卿雲。卿雲之見，喜氣也。又韓退之《慶雲表》：抱日增麗，浮空不收。既變化而無窮，亦卷舒而莫定。

遊藝《天經或問》前集卷四　天開

問：偶然夜間，天上有紅白大光，燄異非常，或見兵馬樓臺，似有形有聲，俗謂之天開門，《洪範傳》謂之天裂，孰是？

曰：此是火際偶吸下土之氣，鬱積騰燄，如金銀在爐冶中鎔躍之狀，當在月天之下。太虛無際，寧有迸裂之事？且天體極堅，若會迸裂，則壞久矣。若有門可開，則開有常矣，止惠帝元康二年二月裂一次，太安二年八月裂一次，穆帝升平五年八月裂一次，廣三四丈，有聲如雷也？何天開天裂而晝不見，獨見于夜乎？日中太陽之光充滿全天，則無此象；夜間陰静，則有此象，與彗孛雷電同理也。亦或有晝見兵馬戈戟行空者，或見樓臺宫室森然者，是日光爲濕雲所蔽，濕雲上受日光，下吸地影，故有此象。若倒映水面，即蜃樓之類是也。然冬間氣歛火弱，則無此象矣。且星大地數十倍者，人見止一點耳，而樓閣人物如此其遠，人能見之乎？

方以智《物理小識》卷二《風雷雨暘類》　彗

滿空皆火，近天極熱，如窑中無光，投物則發光耳。此皆地氣迸上，帶物入此熱際，而火光迸射，其久者氣結厚大，隨輪天轉，去地尚近，非列宿之天也。占爲掃舊布新，亦以類應言也。大風雨則解。萬曆戊午，彗射紫微，謂之蚩尤旗。

姚之駰《元明事類鈔》卷一《天文門》　雲

彩雲如蓋

《典故紀聞》：太祖攻婺城，有五色雲見城西，駐蹕北氤氳如蓋。

西北異雲

明王世禎《史傳》：劉基嘗遊西湖，有異雲起西北，光射湖水，客以爲慶雲，將賦詩，基大言曰：此天子氣也。在金陵，十年後英主出其下，非我誰名世者。

陳元龍《格致鏡原》卷三《乾象類三》　雲

《西京雜記》：瑞雲曰慶雲，曰景雲。慶雲或曰卿雲，雲外赤内青，謂之矞雲。《史記》：若烟非烟，若雲非雲，郁郁紛紛，蕭索輪囷，是謂慶雲。慶雲見，嘉氣也。《春秋運斗樞》：天樞得則景雲出，天子孝則景雲出游。《西京雜記》：董仲舒曰：雲則五色而爲慶，三色而爲矞。

紀事

司馬遷撰　裴駰集解　司馬貞索隱　張守節正義《史記》卷七《項羽本紀第七》

沛公兵十萬在霸上，范增説項羽，曰：沛公居山東，時貪於財貨，好美姬，今入關，財物無所取，婦女無所幸，此其志不在小。吾令人望其氣，皆爲龍虎，成五采，此天子氣也。急擊，勿失。

班固撰　顔師古注《漢書》卷二二《禮樂志第二》　使童男女七十人俱歌，昏祠至明，夜常有神光如流星，止集于祠壇。天子自竹宫而望拜，韋昭曰：以竹爲宫，天子居中。師古曰：《漢舊儀》云：竹宫去壇三里。百官侍祠者數百人，皆肅然動心焉。

又　卷二五上《郊祀志第五上》　祠衣皆上赤。趙人新垣平以望氣見上，言：長安東北有神氣，成五采，若人冠冕焉。或曰東北神明之舍，西方神明之墓也。張晏曰：神明，日也。日出東北，舍，謂陽谷。日没於西，故曰墓。墓，濛谷也。師古曰：此説非也。蓋總言凡神明以東北爲居，西方爲冢。墓之所放，立廟於渭陽者也。

又　卷二六《天文志第六》　孝惠二年天開東北，廣十餘丈，長二十餘丈。地動，陰有餘。天裂，陽不足。皆下盛彊，將害上之變也。其後有呂氏之亂。

【略】

永始二年二月癸未夜，東方有赤色，大三四圍，長二三丈，索索如樹。南方有大四五圍。劉奉世曰：有字下當有氣或色字，脱也。下行十餘丈，皆不至地滅。占曰：東方客之變，氣狀如樹木，以此知四方欲動者。明年十二月己卯，尉氏男子樊並等謀反。

蕭子顯《南齊書》卷一八《志第十》 祥瑞

永明三年正月甲夜，西北有野火光，上生精，西北有四，東北有一，並長七八尺，黄赤色。三月庚午丙夜，北面有野火光，上生精長六尺。戊夜，又有一枚長五尺，並黄赤色。

四年正月丁亥夜，有火精三處。閏月丁巳夜，有火精四所。十二月辛酉夜，東南有野火精二枚。

五年十二月丙寅夜，西北有野火，火上生精一枚，長三尺，黄白色。

六年十一月戊申夜，西南及北三面有野火，火上生精九枚，並長二尺，黄赤色。

九年二月丙寅甲夜，北面有野火，火上生精二枚，西北又一枚，並長三尺，須臾消。

姚思廉《梁書》卷三《本紀第三・武帝下》 十二月戊申，天西北中裂，有光如火。尚書令謝舉卒。丙辰，司州刺史柳仲禮、前衡州刺史韋粲、高州刺史李遷仕、前司州刺史羊鴉仁等竝帥軍入援，推仲禮爲大都督。

房玄齡等《晉書》卷一二《志第二・天文中》 天變史傳事驗

惠帝元康二年二月，天西北大裂，按劉向説，天裂陽不足，地動陰有餘，是時人主昏瞀，妃后專制。

又 卷一三《志第三・天文下》 妖星客星

高貴鄉公正元元年十一月，白氣出南斗側，廣數丈，長竟天。王肅曰：蚩尤之旗也，東南其有亂乎？

瞿曇悉達《開元占經》卷三《天占》 天裂

京氏《易妖占》曰：天開見光，流血滂滂。《天鏡》曰：天裂見光，流血汪汪；天裂見人，兵起國亡。劉向《洪範傳》曰：漢惠帝二年，天開東北，廣十餘丈，長二十餘丈。《星經》亦云或則天裂，或則地動，皆氣有餘，陽不足也。地動陰有餘，天裂陽不足，皆下盛强，將害君之變也。其後有吕氏之亂。景帝三年，天北有赤者如席，長十餘丈，或曰赤氣，或曰天裂，其後有七國之兵。

又 卷四《地占》 地出光

《地鏡》曰：地忽生光如火，照憂國危亡。《潛潭巴》曰：地生光，女謁行。地忽生光，小人進，賢人滅。京房《易候》曰：不顧骨肉，不親九族，厥德已衰，地出光。

許嵩《建康實録》卷一七《梁・高祖武皇帝》 二年正月朔，兩月相承如鉤，見西方，詔大臣各舉所知。己亥，交州刺史楊瞟、司馬陳霸先破屈獠洞，斬李賁，傳首京師。六月，天裂於西北，長十丈，闊二丈，光出若電，聲動如雷。七月，使常侍謝挺於東魏結和。八月，侯景敗歸，自壽陽舉兵反。十二月戊申，天西北裂，有光如火，時柳仲禮入援京師。

王溥《五代會要》卷一一《雜災變》 晉天福二年正月二日夜初，北方有赤氣，西及亥地，東北至丑地，南北闊三丈，狀如火光。赤氣内見紫微宫及北斗諸星，至三點後，内有白氣數條，次行至西。夜半子時方散。

薛居正等《舊五代史》卷七六《晉書二・高祖紀第二》 天福二年春正月甲寅朔，帝御文明殿，受朝賀，仗衛如式。乙卯，日有蝕之。是夜，有赤白氣相間，如耕壟竹林之狀，自亥至丑生北，濁過中天，明滅不定，徧二十八宿，徹曙方散。

李昉等《太平御覽》卷一《天部一・天部上》 京房《易傳》曰：地動，陰有餘；天裂，陽不足。此臣下盛强，害君上之變也。景帝三年，天東北有赤氣，廣長十餘丈，或曰天裂，其後七國兵起。

劉恕《資治通鑑外紀》卷三《周紀一・成王》 昭王元年己丑，王道微，缺德衰，有光五色貫紫微，井水溢。王南巡狩，反濟漢。漢濱之人以膠膠船，王至中流，膠液船解，王及祭公溺焉。

任伯雨《上徽宗論赤氣之異》趙汝愚《宋名臣奏議》卷四四 臣伏覩陛下，自臨御以來，德澤屢下，和氣充塞，曰雨而雨，曰暘而暘，四海九州罔不豐年，天心人意如合符節，固宜乖氣異象消伏不作。然去年四月朔，今年正月朔，莫夜赤氣起於北方，光焰亘天，又有黑風在下，漸衝西方，散而爲白。咎徵之來，其異如此。天心之愛陛下，欲陛下有所恐懼戒謹也。且正歲之始，建寅之月，其卦爲泰，年方改元，時方孟春，月居正首，日爲壬戌，是陛下本命，而赤氣起於莫夜之幽。以一日言之，日爲陽，夜爲陰。以四方言之，東南方爲陽，西北方爲陰。以五色推之，赤爲陽，黑與白爲陰。以事推之，朝廷爲陽，宫禁爲陰。中國爲陽，夷狄爲陰。君子爲陽，小人爲陰。德爲陽，兵爲陰。今赤氣起於至陰之方，又有黑氣下起，此宫禁陰謀下干上之證也。漸衝正西，散而爲白，而白主兵，此邊寇竊發之證也。

宇文懋昭《重訂大金國志》卷二五《紀年・宣宗皇帝下》 五月癸未，蚩尤旗見，其長竟天。按《金史・天文志》：是年八月，有流星大如杯，尾長丈餘，其光燭地，起建星，没尾中，疑即此所書爲蚩尤旗者。

陳耆卿《赤城志》卷三九 五色雲

元和中見於州，按《柳宗元集》爲薛中丞浙東奏有云：紛紛郁郁，自東而徂西，若煙非煙，一旬而再至。乞宣付史館，以昭簡策。觀此可見其異矣。

陳均《九朝編年備要》卷二四 夜有紅光出西北

繼得亳州奏：其夕，紅光自太清宫老君兩眉起，遍殿北，連洞霄，如兩紅橋，中有白光。二鼓後，散歸西北天門，人皆以爲火，視則赤雲成片。四鼓後，東方亦然。或謂蚩尤旗，長蔽天者是也。

又 卷二八 徽宗皇帝

初龍降後，一夕五鼓，西北有赤氣數十道亘天，犯紫宫北斗，仰視星皆若隔絳紗。方起時，拆裂有聲，然後大發。後數夕，又作聲益大，格格且久，其發更猛，而赤氣出北數十百道，其中又間以白黑二氣，然赤氣爲多。自西方俄入東北，又延及東南，且聲亦不絶，迫曉乃止。

周密《癸辛雜識》續集卷上 天裂

咸淳癸酉十月，李祥甫庭芝自江陵被召至京口。一日午後，忽見天裂，見其中軍馬旗幟甚衆，始紅旗，繼而皆黑旗，凡一茶頃乃合。見者甚衆。趙德潤

馬端臨《文獻通考》卷二九四《象緯考十七》 雲氣

高宗建炎元年八月壬申，東北方有赤氣。 四年三月辛亥，白虹貫日。京房《易傳》曰：蜺，日旁氣也。白蜺雙出日中，兹謂擅陽。五月壬子，赤雲亘天中，又有白氣十餘道貫之如練，起於紫微垣，犯北斗及文昌，由東南而散。占：兵大起，又所向兵至，宫中有喪。 紹興元年三月己巳，白氣亘天。占：有暴兵。 七年十一月癸卯，有赤雲如火隨日入。 八年二月辛巳，日中有白虹亘天。 九月甲申，正北方有赤氣如火影。 二十七年二月乙酉，赤氣出紫微垣，壬寅白虹貫日。 三十年二月壬申，西北方、正北方、東北方一帶約五處赤氣如火影。 十一月甲午，西南方白氣由尾宿歷壁宿、婁宿、昴宿止。 十二月戊申夜，白氣出尾宿，歷心房氐亢角宿，入天市，貫太微，至郎位止。 有類天漢白氣，主兵。明年，虜亮大入寇。辛酉，曲虹見日之西，占曰：虹蜺陰陽交錯之氣，曲虹冬見，異之尤甚也。 三十一年十二月辛丑，白氣自斗歷牛女虚。

孝宗隆興元年十二月壬午，白氣自危宿歷室壁婁胃昴宿。 二年正月甲寅，白氣自壁宿歷奎婁昴畢觜參。

乾道元年正月庚午夜，白氣出奎漸上，經婁胃昴貫畢入參，占：主殺伐，主邊城。三月戊辰夜，白氣自參宿至角宿，與天漢相接，其白氣約廣七丈已來，占：有暴兵。四月丁酉夜，蒼白氣自西北漸上東北，入天市垣，辛丑入北斗魁中，乙巳入紫微垣内，至天極天樞中。十一月丙寅，白氣出女歷虚危室壁，上奎婁胃昴宿。十二月庚午，白氣亘天。 三年十月丙申，虹出非時。 四年三月己丑，四方皆昏濛若下塵，占名曰霾，語云：天地霾，君臣乖。 五年正月甲申，昏霧四塞，又曰黄霧。 六年十月庚午，赤氣隨日出，占：氣如火隨日出者，軍行有兵憂。十一月丁丑，赤氣隨日入，占：有告急者，或檄天下召兵不行。 七年六月壬寅，十月戊午，赤氣隨日出。 八年十月乙巳，赤氣隨日入，丙午赤氣隨日出，占：君側有佞臣。 九年十月壬申，日出前東方，并日入後西方，有雲氣，若煙非煙，若雲非雲，青赤黄三色光潤，占：凡氣有三色，名曰矞雲。矞雲見，則國有慶，乃人君脩德而致。 淳熙元年十月戊寅，東北方生曲虹，見日之東。 二年十月庚辰，東南方生青赤黄蝀虹，虹生非時。 三年八月丁酉，赤氣隨日没；戊戌，赤氣隨日出。 五年十月丁巳，曲虹見日之東。 十年正月戊子，西南有白氣如天漢而明，南北廣六丈，東西亘天，占：有兵起。 十四年十一月甲寅，赤氣隨日入。

脱脱等《金史》卷一二《本紀第十二・章宗四》 乙卯朔，典衛司。丙子，還宫。九月甲申朔，天壽節，宋、高麗、夏遣使來賀。戊子，西北方黑雲間有赤氣如火色，次及西南、正南、東南方皆赤，有白氣貫其中，至中夜，赤氣滿天，四更乃散。

又 卷二〇《志第一》 天文

五年九月戊子戌時，西北方黑雲間有赤氣如火，次及西南、正南、東南方皆赤，中有白氣貫徹，乍隱乍見，既而爲雨，隨作風，至二更初，黑雲間赤氣復起於西北方，及正西、正東、東北，往來遊曳，内有白氣數道，時復出没。其赤氣又滿中天，約四更皆散。 六年正月，北京申龍山縣西，見有雲結成車牛行帳之狀，或如前後摧損之勢，晡時乃散。二月壬子朔，日食。七月癸巳申刻，日上有背氣

一，内赤外青，須臾散。九月乙酉夜將曙，北方有赤白氣數道，歷王良下徐行至北斗開陽摇光之東而散。

脱脱等《宋史》卷六〇《天文志第十三》 雲氣

乾德三年七月己卯夜，西方起蒼白氣，長五十丈，貫天船、五車，亘井宿。

開寶元年十月乙未旦，西北起蒼白氣三道，長二十丈，趨東散。

太平興國四年四月己巳夜，西北有白氣，壓北斗。

雍熙三年正月己未夜，赤氣如城。四年正月癸酉夜，白氣起角亢，經太微垣，歷軒轅大星，至月傍散。

端拱元年十月壬申遲明，巽上有雲過中天，連地，濃潤，前赤黄，後黑蒼色，先廣後大，行勢如截。十一月戊午夜，西北方赤氣如日脚，高二丈。

至道二年二月丙子夜，西方蒼白色氣長短八道，如彗掃，稍經天漢，參錯如交蛇。

咸平三年十月辛亥，黑氣貫北斗。十二月庚午黑氣長三丈餘，貫心宿，入天市垣，抵帝坐，久方散。四年三月丙申，白氣二亘天。十月辛亥黑氣貫北斗。五年正月白氣如虹貫日，久而散。七月戊戌，白氣如陣貫東井。六年四月己巳，白氣東西亘天。丁丑，白氣貫日。五月辛亥，白氣出昴，至東壁没。六月辛未，赤氣出，貫天。丙子，白氣出河鼓左右旗，分爲數道没。七月癸卯，白氣如彗起西南。

景德元年三月，白氣貫軒轅，蒼白氣十餘如布亘天。五月乙巳，白氣數道如芒帚，長七尺許。七月辛亥，黄氣出壁，長五丈餘。十一月癸丑，黑氣十餘道衝日。二年正月丙寅，黄白氣貫月，黑氣環之。二月丁丑，白氣五道貫北斗。十月丙子，白氣出閣東西，孛孛有光。三年三月丙辰，北方赤氣亘天，白氣貫月。四月癸卯，黄氣如柱貫月。十月甲午，黑氣貫北斗魁。四年三月己未，白氣東西亘天；庚申，白氣出南方，長一丈許，久而不散。四月庚午，白氣貫北斗，長十丈。庚寅，白氣如布襄月，三丈許。甲午，南方有黑氣貫心宿，長五丈許。十一月己巳，中天有赤氣如掃，長七尺，在輿鬼南。

大中祥符九年正月癸亥朔，黄氣出於艮。丁丑，白氣二，東西亘天。七月，西北方白雲氣如彗箒三十餘條。二年九月戊午，黄氣如柱起東南方，長五丈許。三年四月丁巳，中天黑氣，東西亘天。十二月癸亥，青赤氣貫太微。五年二月壬寅，白氣長五丈，出東井，貫北斗魁及軒轅。七年五月，有氣出紫微，爲宫闕狀，光燭地。

天禧二年四月，黄氣如柱貫月。

天聖七年二月己卯夜，蒼黑雲長三十丈，貫弧矢、翼軫。

明道元年十月庚子夜，黄白氣五，貫紫微垣。十二月壬戌，西北有蒼白氣亘天。

景祐元年八月壬戌，青黄白氣如彗，長七尺餘，出張翼之上，凡三十三日不見。四年七月戊申夜，黑氣長丈餘，出畢宿下。

寶元二年正月壬子夜，蒼黑雲起西北方，長三十尺，漸東南行，歷婁、胃、昴、畢及火、木，相次中天而散。三月甲寅夜，細黑雲起西北方，長三十丈，貫王良及營室。

康定元年三月丙子夜，東南方近濁，黑色横亘數丈，濶尺許，良久散。六月壬子，黑氣起心宿西，長五十丈，首尾侵濁，久之散。

慶曆元年八月庚辰夜，東方有白氣，長十尺許，在星宿度中，至十日，長丈餘，衝天相，居星宿大星南九十餘日没。壬午夜，黑氣起西南，長七丈，貫危宿、羽林，入濁，至天津，良久散。癸卯夜，蒼白雲起西北，濶二尺許，首尾至濁，良久没。二年十一月壬申，黑氣貫北斗柄。八月甲申，白雲貫北斗。三年正月戊戌，中天有白氣，長二十丈，向西南行貫日。四月癸卯，白氣二，生西北隅，上中天，首尾至濁，東南行，良久散。七月戊辰，西南生黑氣，長三丈許，經天而散。八月壬子夜，白氣貫北斗魁。四年五月甲子夜，黑氣起東北方，近濁，長五丈許，良久散。九月辛巳夜，中天有氣，長二丈許，貫卷舌南河東北，少頃散。十一月甲子夜，蒼白雲起南，近濁，久方散。八年正月丁酉夜，黑氣生，首尾至濁，漸東行，久之乃散。二月辛卯夜，西方近濁生黑氣，長三丈，良久散。

皇祐四年十一月壬寅夜，黑氣生東方，南北至濁，貫參宿軒轅。辛酉夜，白氣起北方，近濁，長五丈許，歷北斗，久之散。

治平元年六月戊午夜，蒼白雲起東北方，長一丈許，貫畢。二年二月乙未夜，蒼黑雲起西北方，長五丈許，貫東井及北斗，良久散。四月癸巳夜，蒼黑雲起西北方，長三十尺，西至軒轅大民，北抵鈎陳。丙午夜，西北方有白氣漸東南行，首尾至濁，貫角宿，移西北，久方散。九月庚申夜，西北蒼黑雲，長三丈許，貫營室壁壘陣及天河。三年六月丁未夜，東方有蒼白雲，長一丈許，貫畢。四年二月癸巳夜，蒼白雲起南方，長三丈，濶尺，貫南門星。三月甲寅夜，西南方起蒼白雲二，長三丈，濶尺，相距二尺，貫東井南河，久之乃散。閏三月辛巳夜，蒼黑雲起南方，兩首至濁，濶尺，貫尾箕斗牛庫樓騎官。五月戊寅夜，蒼黑雲起北方，長三丈，濶尺，貫紫微垣王良。壬寅夜，蒼黑雲起北方，長三丈，濶尺，貫紫微垣。甲辰夜，蒼黑雲起東方，長丈，濶尺，貫天苑五車參旗。六月癸亥夜，白雲起東北方，長五丈，上濶下狹，貫天船、閣道、傳舍、紫微垣、天棓。戊辰夜，黑雲起北方，長三丈，濶尺，貫北斗、紫微垣、王良。八月乙亥夜，黑氣起西北方，長丈濶尺，貫北斗。十月庚申，長黄氣一，上下貫月中。十一月丙子夜，蒼黑雲起南方，長五丈，濶二尺，東至庫樓，北至南河，横貫翼。十二月庚戌夜，蒼黑雲起南方，長三丈，濶二尺，貫五車、東井、五諸侯。

熙寧元年正月乙酉夜，蒼白雲起西南方，長四丈，濶尺，貫月及南河、輿鬼、軒轅。六月己酉夜，蒼黑雲起北方，長二丈，濶尺，貫北斗魁，東貫文昌。十月庚申夜，蒼黑雲起北方，東西兩首至濁，貫織女、天棓、紫微垣、北斗魁。二年四月甲辰夜，蒼白雲起東南方，長三丈，濶尺，貫天市垣。六月辛酉夜，蒼黑雲起西南方，長四丈，濶二尺，貫大角、左右攝提、天市垣、斗、女、牛。七月甲申，日下有五色雲。十一月，每夕有赤氣見西北隅，如火，至人定乃滅。三年二月庚申夜，蒼黑雲起西北方，長三丈，濶二尺，貫王良、扶筐、天厨。六月己未夜，蒼黑雲起西北方，長丈濶尺，貫五車；又起西北，長丈餘，貫北斗魁、文昌。五年七月丁亥夜，白雲起南方，長丈，貫氐、房、心。六年五月庚申夜，蒼黑雲起東北方，長五丈，濶二尺，貫雲雨、閣道。七年三月壬子，蒼白雲起西南方，長二丈，濶尺，貫日，經中天過，白氣如帶。四月壬申夜，蒼白雲起北方，長五丈，濶二尺，貫北斗魁、鉤陳、王良、閣道，東至奎。丙戌夜，蒼白雲起西北方，長三丈，濶尺，貫東井、紫微垣、鉤陳。六月辛未夜，蒼黑雲起天河中，長五丈，南北兩首至濁，貫尾箕。又蒼黑雲起東方，長五丈，貫羽林、外屏。甲戌，蒼白雲起西方，長三丈，貫軫角、太微。丙戌夜，蒼白雲起南方，長二丈，貫危、室、壁及八魁。丁亥夜，蒼白雲起東方，長二丈，貫月及畢、奎、婁、外屏；又起南方，長二丈，貫危、室、壁及八魁。壬辰夜，蒼白雲起西南方，長二丈，貫天棓、紫微垣。癸巳夜，蒼黑雲起東方，長五丈，貫牛、天倉、歲、太白、卷舌。七月庚戌夜，蒼白雲起東方，長丈餘，貫參旗及參。八年二月己巳夜，蒼黑雲起西方，長丈，貫軫、軒轅。乙酉夜，蒼黑雲起東方，長三丈，貫心、天市垣列肆宗人。五月壬戌夜，蒼黑雲起西南方，長二丈，貫氐、房、心。癸亥，蒼黑雲起西方，長三丈，貫軒轅、太微垣五帝坐。十月庚子夜，黑雲起西北方，長三丈，貫畢、大陵、鉤星。九年四月庚寅夜，白氣起東北方天棓，入天市垣。辛亥夜，蒼黑雲起南方，長二丈，貫庫樓、騎官、積卒、心、尾。六月乙未夜，蒼白雲起東北方，長四丈，貫室、壁、閣道。七月己亥夜，蒼黑雲起南方，長四丈，貫軍市、天園。十月乙酉夜，蒼黑雲起西北方，長四丈，貫北斗、鉤、車府。十年六月癸未夜，蒼黑雲起南方，長三丈，濶尺，貫龜、鼈、天淵。乙巳夜，蒼白雲起東北方，長三丈，濶尺，貫五車及畢。七月丙子夜，蒼黑雲起北方，長丈，貫北斗魁。八月庚辰，蒼黑雲起東北方，長二丈，貫參、井、北河、五諸侯。九月庚申夜，蒼黑雲起北方，由北斗魁杓貫紫微垣，至天棓。十月辛丑夜，蒼黑雲起南方，長二丈，貫鈇鉞、鈇鑕。

元豐二年四月戊申夜，白雲起南方，長三丈，貫庫樓、積卒、龍尾。辛亥夜，蒼白雲起南方，長三丈，貫房。五年四月壬申夜，蒼白雲起北方，長二丈，出太微垣，貫五帝坐、常陳。八年十月庚申夜，蒼黑雲生北方，長三丈，濶尺，貫北斗、文昌、天槍。

天祐三年七月戊辰夜，東北方近濁，光明照地，如月將出，偏西北有白氣經天。九月己酉夜，赤氣起北方，漸生白氣數道。

紹聖二年十一月，柱陽監慶雲見。

元符二年九月戊辰夜，赤氣起北方，紫微垣北斗星東南；次有白氣十道，各長五尺。

崇寧元年十一月己酉，赤氣隨日没。二年五月戊子夜，蒼白雲起東南方，長三丈，貫尾、箕、斗。

政和元年十一月甲戌夜，蒼白氣起紫微垣，貫四輔。五年四月庚子，有白雲自北直徹中天，漸成五色，如華蓋。七年五月乙卯夜，赤雲白氣起東北方。

宣和元年六月辛巳夜，赤氣起北方，半天如火。七月戊午夜，赤雲起東北方，貫白氣三十餘道。二年二月戊戌夜，赤雲起東北，漸向西北，入紫微垣。三年九月壬午夜，蒼白氣長三丈，貫月。四年九月丁丑，西方日下有赤氣。七年四月壬子夜，有赤雲入紫微垣。

靖康元年正月丁丑夜，赤白氣起西方。九月戊寅，有赤氣隨日出。九月乙未，西方日下有赤氣。十一月乙丑，日下有赤氣。閏十一月丁酉，赤氣亘天。二年正月己亥夜，西北陰雲中有火光，長二丈餘，濶數尺，時時見。二月壬午夜，白氣如虹，自南亘北，漸移西南至東北。三月戊子夜，白氣貫斗。

建炎元年八月壬申，東北有赤氣。四年五月壬子，赤雲亘天，中有白氣十餘道貫之如練，起於紫微，犯北斗及文昌，由東南而散。

紹興元年二月己巳，白氣亘天。七年正月辛未夜，東北赤氣如火，出紫微宫。二月癸卯，又如之。十一月癸卯，有赤雲如火，隨日入。八年九月甲申朔夜，有赤氣如火，出紫微垣内。十八年八月丁亥，西北方赤氣如火。二十七年二月乙酉，赤氣出紫微垣。十月壬寅，赤氣隨日出。三十年正月壬申，東北方赤氣一帶五處如火影。十一月甲午，西南方白氣自尾歷壁、婁、昴宿。十二月戊申，其夜白氣出尾宿，歷心、房、氐、亢、角，入天市，貫太微，至郎位止，有類天漢。三十一年十二月辛丑，其夜，白氣出斗宿，歷牛、女、危，至婁止，危廣六丈，類天漢，東西亘天。

隆興元年十二月壬午，其夜，白氣出危宿，歷室、壁、奎、胃、婁至昴止。二年十一月庚寅，其日，赤雲氣徧天，隨日入。

乾道元年正月庚午，其夜，白氣出奎宿，漸上，經婁、胃、昴，貫畢，入参宿内止。三月戊辰，其夜白氣自参宿至角宿止，與天漢相接，約廣七丈。四月丁酉，其夜，蒼白氣自西北漸上東北，入天市垣。辛丑入北斗魁中，及入文昌星；乙巳，入紫微垣内至北極、天樞中。十月己丑，蒼白雲氣長二丈，穿入翼宿。十一月丙寅，白氣出女宿，歷虚、危、室、壁、奎、婁、胃宿，入昴宿止。二年十二月庚子，白氣亘天。六年十月庚午，赤氣隨日出。十一月丁丑，赤氣隨日入。七年七月壬寅，赤氣隨日入。十月己未，赤氣隨日出。八年十月乙巳，赤氣隨日入。丙午隨日出。九年十月壬申，其日，矞雲見。

淳熙元年十月戊寅，東北方生曲虹。三年八月丁酉，赤氣隨日入；戊戌隨日出。五年十月丁巳，生曲虹。十年正月戊子，西南有白氣，如天漢而明，南北廣六丈，東西亘天。十四年十一月甲寅，赤氣隨日入。

紹熙四年十一月甲戌夜，赤雲白氣見。五年六月壬寅，白氣如帶亘天。己酉，又如之。

慶元四年八月庚辰，白氣如帶亘天。五年二月癸酉夜，白氣如帶亘天。八月癸亥又如之。

嘉泰四年二月庚申，赤氣亘天。十一月壬申，其日，白氣如帶亘天。癸酉，虹見。

嘉定六年十月乙卯，赤氣隨日出。十一月辛卯，隨日入。

嘉熙四年二月丙辰，白氣亘天。

淳祐二年二月癸丑朔，白氣亘天。十年十一月丁丑，虹見。

景定三年七月甲申夜，白氣亘天，如匹布。

又 卷六四《五行志第十七·五行二下》 端拱元年十一月戊午夜，西北方有赤氣如日脚，高二丈。

咸平六年六月辛未，赤氣出婁，貫天廩，占曰：倉廩有火災。

景德三年三月丙辰，北方赤氣亘天。

大中祥符三年十二月癸亥，青赤氣貫紫微。

慶曆三年十二月二十六日，天雄軍、德、博州天降紅雪，晝，血雨。

熙寧二年十一月，每夕有赤氣見西北隅如火，至人定乃滅。

元祐三年七月丁卯夜，東北方明如晝，俄成赤氣，内有白氣經天。

建中靖國元年正月朔夕，有赤氣起東北，彌亘西方，久之，中出白氣二，及赤氣將散，復有黑氣在其傍。

宣和元年四月丙子夜，西北赤氣數十道亘天，犯紫宫、北斗。仰視，星皆若隔絳紗，拆裂有聲，間以黑白二氣。自西北俄入東北，延及東南，迨曉乃止。

靖康元年九月戊寅，有赤氣隨日出。

建炎元年八月庚午，東北方有赤氣，占曰：血祥。四年五月，洞庭湖夜赤光如火見東北，亘天，俄轉東南，此血祥也。壬子夜，西北方有赤氣彌天，貫以白氣如練者十數，犯北斗、文昌、紫微，由東南而散。

紹興七年正月乙酉夜，北方有赤氣達旦。辛卯，斗牛間赤氣如火。十一月癸卯，南方有赤氣，東北皆赤雲，自日入至於甲夜。八年九月甲申，赤氣出紫微垣。十八年八月丁亥，九月甲寅，皆有赤氣如火。二十年十一月，建昌軍新城縣永安村大風雪，夜半若數百千人行聲，語笑歌哭，雜擾忽遽，而凝寒陰塞，咫尺莫辨。明旦，雪中有人畜鳥獸蹄迹，流血汙染十餘里，入山乃絶。二十七年三月乙酉，赤氣出紫微垣。七月壬申，赤氣隨日入。十月壬寅，赤氣如火。三十年二月壬申，亦如之。三十二年春，淮水溢，中有赤氣如凝血。

隆興二年十一月庚寅，日入後，赤雲隨之。

乾道元年八月壬午，赤氣中天，自日入至於甲夜。六年十月庚午，赤氣隨日出。十一月丁丑，赤氣隨日入，至於甲夜。七年七月壬寅，十月乙巳、丙午，淳熙三年八月丁酉、戊戌，皆有赤氣隨日入出。

宋濂等《元史》卷五〇《志第三上・五行一》 元統二年正月辛未，御帳殿受朝賀，是夜，東北有赤氣照人，大如席。

又 卷五一《志第三下・五行二・火不炎上》 十四年，衛輝路有天光見於西方。十二月辛卯，絳州有紅氣起自北方，蔽天幾半，移時方散。十五年春，薊州雨血。十八年三月辛丑夜，大同路有黑氣蔽於西方，聲如雷然，俄頃有雲，如火交射中天，遍地俱見火光，以物觸地，輒有火起。至夜半，空中如有兵戈相擊之聲。二十一年七月己巳，冀寧路忻州西北有赤氣蔽空如血，逾時方散。八月壬午，棣州夜半有赤風亘天，起西北至於東北。癸未，彰德西北，夜有紅氣亘天，至明方息。乙酉，大同路北方夜有赤氣蔽天，直過天庭，自東而西，移時方散，如是者三。十月癸巳昧爽，絳州有紅氣見於北方如火。二十三年三月壬戌，大同路夜有赤氣亘天中，侵北斗。六月丁巳，絳州日暮有紅光見於北方，如火中有黑氣相雜，又有白虹二直衝北斗，逾時方散。庚申，晉寧路北方日暮天赤，中有白氣如虹者三，一貫北斗，一貫北極，一貫天潢，至夜分方滅。八月丙辰，忻州東北夜有赤氣亘天，中有白色如蛇形，徐徐而行，逾時方散。十月丙申朔，大名路向青齊一方，有赤氣照耀千里。二十四年九月癸酉，冀寧平晉縣西北方至夜天紅半壁，有頃從東而散。二十八年六月壬寅，彰德路天寧寺塔忽變紅色，自頂至踵，表裏透徹如煅鐵初出於爐，頂上有光焰迸發，自二更至五更乃止。癸卯甲辰亦如之。先是河北有童謡云：塔兒黑，北人作主南人客；塔兒紅，朱衣人作主人公。七月癸酉，京師赤氣滿天，如火照人，自寅至辰，氣焰方息。

佚名《清實録・高宗實録》卷五六 大高殿行禮

諭總理事務王大臣，據樊廷奏稱，本年十月二十五日夜子時，據巡城兵丁稟稱，望見北面有紅光。隨經細看，初起東北，漸移於西，横望北方一面，天色如火，高與南山齊。中含黑氣，又豎有白氣四道。至三更後，其四道白氣變爲數十道，而黑氣則漸漸退去。至四更後，俱化無存。惟有紅光，至五更後漸覺色淡，直至日出，全消不見。

電磁學總部

電磁現象部

電現象分部

摩擦起電　静電吸引和尖端放電

論説

王充《論衡》卷一六《亂龍篇》　雷樽象雷之形，雷樽不聞能致雷，土龍安能而動雨？頓牟掇芥，磁石引針，皆以其真是，不假他類。他類肖似，不能掇取者，何也？氣性異殊，不能相感動也。劉子駿掌雩祭，典土龍事，桓君山亦難以頓牟、磁石不能真是，何能掇針、取芥。子駿窮無以應。子駿，漢朝智囊，筆墨淵海，窮無以應者，是事非議誤，不得道理實也。曰：夫以非真難，是也；不以象類説，非也。夫東風至，一有感字。酒湛溢，鯨魚死，彗星出，天道自然，非人事也。事與彼雲龍相從，同一實也。日，火也。月，水也。水火感動，常以真氣。

張華《博物志》卷九《雜説上》　鬬戰死亡之處，其人馬血積年化爲燐。燐著地及草木，如露略不可見，行人或有觸者，著人體便有光，拂拭便分散無數愈甚，有細咤聲如炒豆，唯静住良久乃滅。後其人忽忽如失魂，經日乃差。今人梳頭著髻時，有隨梳解結有光者，亦有咤聲。

常璩《華陽國志》卷四《南中志》　博南縣西山高四十里，越之得蘭滄水，有金沙，以火融之爲黃金。有光珠穴出。光珠有虎魄，能吸芥。

段成式《酉陽雜俎》續集卷八《支動》　貓目睛暮圓，及午豎斂如綖。其鼻端常冷，唯夏至一日煖。其毛不容蚤虱。黑者，闇中逆循其毛即若火星。

譚峭《化書》卷二《琥珀》　琥珀不能呼腐芥，丹砂不能入焦金，磁石不能取憊鐵，元氣不能發陶爐。所以大人善用五行之精，善奪萬物之靈，食天人之禄，駕風馬風一作鳳。之榮。其道也，在忘其形而求其情。

蘇軾《物類相感志》　總論　皂角入竈，突烟煤墜。胡桃燒灰可藏針。磁石引鍼。琥珀拾芥。蟹膏投漆，漆化爲水。

陸佃《埤雅》卷一五《釋草》　芥　芥似菘而有毛，其子如粟。傳曰：磁石引鍼，琥珀拾芥，即此是也。或曰：草謂之芥，琥珀所脅謂草也。《方言》曰：蘇，芥草也，江淮南楚之間曰蘇，自關而西或曰草，或曰芥。《孟子》曰：君之視臣如手足，則臣視君如腹心；君之視臣如土芥，則臣視君如寇讎。手足有之也，土芥曼之也。芥，辛菜也。今人望梅生津，食芥墮淚，此五液之自外至也。慕而涎垂，愧而汗發，此五液之自内至也。《化書》曰：琥珀不能呼腐芥。蓋芥腐矣，雖琥珀不能呼也。故同氣相求，乾之二五利焉。二五皆龍德故也。《本草經》曰：尋萬物之性皆有離合，虎嘯風生，龍吟雲起，磁石引鍼，琥珀拾芥，漆得蟹而散，麻得漆而湧，桂得葱而軟，樹得桂而枯，戎鹽累卵，獺膽分盃。其氣爽有相關感，多如此類。其理不可得而思也。

胡瑗《周易口義》卷一《上經》　乾　九五曰：飛龍在天，利見大人。何謂也？子曰：同聲相應，同氣相求，水流濕，火就燥，雲從龍，風從虎，聖人作而萬物覩。本乎天者親上，本乎地者親下，則各從其類也。

義曰：此釋九五之爻辭。同聲相應，同氣相求者，此釋聲氣自然相感之道也。同聲，若彈宫而宫應，彈商而商應；鳴鶴在陰，其子和之之類是也。同氣，若天欲雨而柱礎潤，磁石引針，琥珀拾芥之類是也。水流濕，火就燥者，此釋無情之物自然相應。夫地體卑下，水性就下，其流必就卑濕也。火本炎上，其性燥，故焚其芻薪，必先於燥也。雲從龍，風從虎者，此言有情感無情也。龍者水畜，雲者水氣，故龍吟則景雲出。虎是猛威之物，而風亦是震動之氣，故虎嘯則谷風生。聖人作而萬物覩者，言聖人之作，光明盛大，與天地合德，萬物莫不遍燭。夫天地感應而生萬物，聖人感應而用天下之賢，共成天下之業。敷爲皇極之教，而天下萬物莫不觀覩之也。前言大人造，是聖人營造興制之時；此統言之，故曰聖人作而萬物覩也。本乎天者親上，本乎地者親下者，此言本天則動物也，本地則植物也。言天之運動，而飛物亦動；地之凝静，而植物亦静。此聖人推舉自然之理以明之也。

唐慎微《重修政和經史證類本草》卷二《右二十九種蟲獸類》 尋萬物之性皆有離合，虎嘯風生，龍吟雲起，磁石引針，琥珀拾芥，漆得蟹而散，麻得漆而湧，桂得葱而軟，樹得桂而枯，戎鹽累卵，獺膽分盃。其氣爽有相關感，多如此類。其理不可得而思之。至於諸藥尤能遞爲利害，先聖既明有所説，何可不詳而避之。時人爲方皆多爲略，若舊方已有此病，亦應改除。

寇宗奭《本草衍義》卷一三 琥珀

今西戎亦有之，其色差淡而明徹。南方者，色深而重濁。彼土人多碾爲物形。若謂千年茯苓所化，則其間有沾着蜾蠃蜂蟻宛然完具者，是極不然也。《地理誌》云：林邑多琥珀，實松脂所化耳。此説爲勝，但土地有所宜不宜，故有能化，有不能化者。張茂先又爲燒蜂窠所作，不知得於何處，以手摩熱，可以拾芥。餘如經。

張邦基《墨莊漫録》卷一 孔雀毛著龍腦則相綴。禁中以翠尾作帚。每幸諸閣，擲龍腦以辟穢。過則以翠尾掃之皆聚，無有遺者。亦若磁石引針，琥珀拾芥，物類相感也。

羅泌《路史》卷六《前紀六・栢皇氏》 嘤嘤草蟲，趯趯阜螽。黿鳴泮隰，鼈應淵中。馬鶩截玉，梧桐斷角。承石取鐵，毒冒噏蛣。娠臨門彩，味蔑媜在。軍臯鼓噎，嫛婗號母。乳泏䶵血，動痼疾發。蠶餌絲而商絃絶，緣類而升，固有不期然而然者。

魏了翁《周易要義》卷一上《乾》 下有異類相感有遠事相感

亦有異類相感者，若磁石引針，琥珀拾芥，蠶吐絲而商弦絶，銅山崩而洛鐘應，其類煩多，難一一言也。皆冥理自然，不知其所以然也。感者，動也。應者，報也。皆先者爲感，後者爲應。非唯近事則相感，亦有遠事遥相感者，若周時獲麟乃爲漢高之應，漢時黄星後爲曹公之兆。感應之事廣，非片言可悉。

佚名 陳友仁增修《周禮集説》卷九上《布憲・壺涿氏涿陟角反》 王氏曰：牡橭，榆木也。以牡橭爲幹，從横以象齒貫之，所謂午貫也。以牡橭爲貫象齒而沉之，水神感其氣而死。其神既死，則淵水雖深，實爲陵矣。凡此之類，皆聖人所以變化驅除之術，非夫深窮物理之所以相治相克者，孰能與於此。且夫琥珀拾芥，磁石引鍼，戎鹽累卵，獺膽分杯，壞漆以蟹，浣錦以魚，散血以藕皮，毁金以羊角，皆出於自然之理。先王命官如此，豈非知變化之道，知神之所爲乎。則其寓於政事之間，莫非道之所運，豈庸常之所能知哉。

陰勁弦 陰復春編《韻府羣玉》卷一九 入聲

珀。琥珀，一名江珠，松脂入地千年所化，色如血熟，於布上拭吸得芥子者真也。

佚名《氏族大全》卷三《十虞》 琥珀受芥

虞翻，字仲翔，年十三。客有候其兄者不過，翻與書曰：琥珀不受腐芥，磁石不受曲針。吴孫權拜爲騎都尉，數有酒失。流交州講學不倦，注《老子》、《國語》行于世。

陸容《菽園雜記》卷一 孔雀毛著龍腦則相綴。禁中以翠尾作帚，每幸諸閣，擲龍腦以辟穢。過則以翠尾掃之皆聚，無有遺者。亦若磁石引針，琥珀拾芥，物類相感也。

又 卷一五 鄉人嘗言，野中夜見鬼火、神火。鬼火，色青熒，不動。神火色紅，多飛越聚散不常。蓋火爲陽精，物多有之。世知木石有火而已，如龍雷皆有火。夏天久旱則空中有流火，今謂之火殃是已。海中夜亦見火。肥貓暗中抹之，則火星迸出。壯夫梳髮亦然。積油見日亦生火。古戰場有燐火。魚鱗積地及積鹽，夜有火光，但不發焰。此蓋腐草生螢之類也。

李時珍《本草綱目》卷三七《木之四・寓木類一十二種》 琥珀

釋名 江珠，時珍曰：虎死則精魄入地化爲石，此物狀似之，故謂之虎魄。俗文从玉，以其類玉也。梵書謂之阿濕摩揭婆。

集解 《别録》曰：琥珀生永昌。弘景曰：舊説松脂淪入地千年所化，今燒之亦作松氣；亦有中有一蜂，形色如生者。《博物志》乃云燒蜂巢所作，恐非實也。此或蜂爲松脂所沾，因墜地淪没爾。亦有煮鷄子及青魚枕作者，并非真。惟以手心摩熱拾芥爲真。今并從外國來，而出茯苓處并無，不知出琥珀處復有茯苓否也？珣曰：琥珀是海松木中津液，初若桃膠，後乃凝結。復有南珀，不及舶上來者。保昇曰：楓脂入地千年變爲琥珀，不獨松脂變也。大抵木脂入地千年皆化，但不及楓、松有脂而多經年歲爾。蜂巢既燒，安有蜂形尚在其間？宗奭曰：今西戎亦有，其色差淡而明澈。南方者色深而重濁，彼土人多碾爲物形。若謂千年茯苓所化，則其沾着蜂、蟻宛然具在，極不然也。《地理志》云：海南林邑多出琥珀，松脂淪入地所化。有琥珀則旁無草木。入土淺者五尺，深者八九尺。大者如斛，削去皮乃成。此説爲勝。但土地有所宜、不宜，故有能化、不化。燒蜂之説，不知何據？承曰：諸家所説茯苓、琥珀，雖有小異同，皆云松脂所化。

但茯苓、茯神，乃大松摧折或斫伐，而根瘢不朽，津液下流而結成，故治心腎，通津液也。若琥珀乃是松樹枝節榮盛時，爲炎日所灼，流脂出樹身外，日漸厚大，因墮土中，津潤歲久，爲土所滲泄，而光瑩之體獨存。今可拾芥，尚有粘性。故其蟲蟻之類，乃未入土時所粘者。二物皆自松出，而所禀各異。茯苓生於陰而成於陽，琥珀生於陽而成於陰，故皆治營安心而利水也。斆曰：凡用須分紅松脂、石珀、水珀、花珀、物象珀、瑿珀、琥珀。其紅松脂如琥珀，只是濁，太脆，文横。水珀多無紅，色如淺黄，多皺文。石珀如石重，色黄不堪用。花珀文似新馬尾松心文，一路赤，一路黄。物象珀其内自有物命，入用神妙。瑿珀是衆珀之長。琥珀如血色，以布拭熱，吸得芥子者，真也。時珍曰：琥珀拾芥，乃草芥，即禾草也。雷氏言拾芥子，誤矣。唐書載西域康干河松木，入木一二年化爲石，正與松、楓諸木沈入土化珀，同一理也。今金齒、麗江亦有之。其茯苓千年化琥珀之説，亦誤傳也。按曹昭《格古論》云：琥珀出西番、南番，乃楓木津液多年所化。色黄而明瑩者名蠟珀，色若松香紅而且黄者名明珀，有香者名香珀，出高麗、倭國者色深紅。有蜂、蟻、松枝者尤好。

潘士藻《讀易述》卷一二《繫辭上傳》 楊誠齋曰：《易》何爲神也？聖人窮極天下萬物之理而得其深，研究天下萬事之微而得其幾，聚於一心之精而謂之神也。惟其深，故以吾先知達彼後知，以吾先覺達彼後覺，自一心而通天下之志。惟其幾，故未亂知亂，易亂爲治；未亡知亡，轉亡爲存，自一心而成天下之務。合深與幾而至于聖，而不可知之神，此其所以能不疾而速，不行而至也。然則聖人之神果何物也？心之精也。豈惟心之能神哉？物理亦有之，磁石引針，琥珀拾芥，戎鹽纍卵，獺膽分盆，此一物之理相感，有不疾而速者也。豈惟物理哉，人氣亦有之，其母嚙指，其子心動，母未嘗往，子未嘗來，一人之氣相同，有不行而至者也，而况聖心之神乎。是故範圍天地而一念不踰時，豈假疾而後速。經緯萬變而半步不出户，豈待行而後至。何爲其然也？心之神也。聖人聚天地之神於一心，推一心之神于大易，此易道之所以神也。

歐大任《百越先賢志》 虞翻字仲翔，會稽餘姚人也。少好學，有高氣，年十二，客有候其兄者不過翻，翻追與書曰：僕聞琥珀不取腐芥，磁石不受曲鍼，過而不存，不亦宜乎。客得書奇之。

都卬《三余贅筆》 吴綾出火

吴綾爲裳，暗室中力持曳，以手摩之良久，火星星出。蓋吴綾俗呼爲油段子，工家又多以脂發光潤，人脈之體氣蒸欝，宜其致火也。

張居正《新刻張太岳先生文集》卷一八《雜集》 凡貂裘及綺麗之服皆有光。余每於冬月盛寒時，衣上常有火光，振之迸炸有聲，如花火之狀。人以爲皮裘麗服温煖，外爲寒氣所逼，故搏擊而有光，理或當爾。然問之他人，不盡然也。

孫瑴《古微書》卷一〇《春秋考異郵》 陰陽氣貪，故題肩多。題肩，鶏也。金伐木，故鷹擊雉。水滅火，故寉鳌鷚。鷚，柔良之鳥。寉爲水也。土勝水，故守宫食蠆。守宫生於土，蠆藏屬坎，水色。蝍蛆搏蛇，蝍蛆生於土。蛇之物屬坎。承石取鐵，玳瑁吸喏。自目至也。喏，養也，音若。

張次仲《周易玩辭困學記》卷首《讀易大意》 六爻之情在於乘承比應。《繫辭》謂遠近相取，愛惡相攻，情僞相感，近而不相得，俱在四字中尋討。然事固多端，動在因時，有以乘承比應而得者，有以乘承比應而失者，琥珀不吸腐草，磁石不引曲針。總看本卦本爻時勢若何，道理若何，氣類若何。輔嗣云：感不以義，雖邇不可懷；應必以理，雖遠不可棄。斯言盡之矣。

宋應星《天工開物》卷一八《珠玉》 琥珀，最貴者名曰瑿，音依，此值黄金五倍價。紅而微帶黑，然晝見則黑，燈光下則紅甚也。木難純黄色，喇子純紅。前代何妄人於松樹註茯苓，又註琥珀，可笑也。屬青緑種類者爲瑟瑟珠，珇㻬緑，鴉鶻石、空青之類。空青既取内質，其膜升打爲曾青。至枚瑰一種如黄豆緑豆大者，則紅碧青黄數色皆具。寶石有玫瑰，如珠之有璣也。星漢砂以上猶有煑海金丹，此等皆西番産，亦間氣出滇中井所無，時人僞造者。唯琥珀易假，高者煑化硫黄，低者以殷紅汁料煑，入牛羊明角，映照紅赤隱然，今易最易辨認。琥珀磨之有漿。至引草，原惑人之説。凡物借人氣能引拾輕芥也。

盧之頤《本草乘雅半偈》卷六《本經中品五》 水銀

采其砂石燒煅成者，色小白而濁，皆不及生湏之能應化無方也。陳霆《墨談》云：拂林國當日没處有湏海，周匝七八十里，國人取之。近海十數里掘坑塹數十方，乃使健夫駿馬偏體粘貼金箔行近海隅，日光晃耀，湏則滚沸如潮湧逐而至，若琥珀之遇芥，磁石之見鐵，蓋湏以金爲食也。

又 卷九《别録下品》 木瓜

如磁運鐵，珀拾芥，雖凌空物障，猶互爲噓炂，况無情及諸有情者乎。經云東方生風，風生木，木生酸，酸生肝，肝生筋也。

南懷仁《坤輿圖説》卷上《海之潮汐》　凡物屬陰者概以月爲主，則海潮既由濕氣之甚，無不聽月所主持矣。即月所以主持，海潮者非惟光也，蓋朔會時，月之下面無光，至與吾對足之地亦無光。海當是時，猶然發潮不息，則知月尚有他能力，所謂隱德者乃可通遠而成功矣。是月以所借之光，或所具之德致使潮長也，如磁石招鐵、琥珀招芥然。或生多氣於海内使其發潮也，如火使鼎水沸溢然。

胡煦《周易函書約註》卷一《周易上經》　卦畫原始

同氣相求，如磁石吸鐵，琥珀拾芥，方諸取水，陽燧取火是也。流濕者陰盛而其形下趨，就燥者陽盛而其氣外明。龍陽物，興則雲生。虎陰物，嘯則風烈。將雨則陽氣奮於地中，升而爲雲。龍陽物，與陽同體，故從雲而興。巽爲陰，初萌一覆而爲兑，故風從虎。卵生之羽二翼而上飛，本天親上也。胎生之獸四足而地行，本地親下也。日星明麗於天，山川流峙於地，鳶飛魚躍，皆是也。

又　卷一五《篝燈約旨》　觀物

室中鳴一音，而他器從而應之，感其類也，是謂同聲相應。生子下地而不出聲，或撼門扇，或擊盆盂，乃聲隨以應。氣類之感通，同聲相應之妙也。陽燧取火於日，方諸取水於月，磁石吸鐵，琥珀拾芥，同氣相求也。

陳元龍《格致鏡原》卷三三《珍寶類二》　琥珀

《博物志》：琥珀一名江珠。《庶物異名》疏《論衡》曰：頓牟掇芥。頓牟，琥珀也。《博物志》：松脂淪入地，千年化爲茯苓，茯苓化爲琥珀。《玄覽》：楓脂千歲爲琥珀。

永瑢　紀昀《四庫全書總目》卷一三〇《子部四十・雜家類存目七》　《物類相感志》十八卷，浙江巡撫採進本。

舊本題東坡先生撰，然蘇軾不聞有此書，又題僧贊寧編次。按晁公武《讀書志》及鄭樵《通志・藝文略》皆載《物類相感志》十卷。僧贊寧撰是書分十八卷，既不相符。又贊寧爲宋初人，軾爲熙寧元祐間人，豈有軾著此書而贊寧編次之理，其爲不通。坊賈僞撰售欺審矣。且書以物類相感爲名，自應載琥珀拾芥，磁石引針之屬，而分天、地、人、鬼、鳥、獸、草、木、竹、蟲、魚、寶器十二門，隸事全似類書，名實乖舛，尤徵其妄也。

紀事

班固撰　顔師古注《漢書》卷九六下《西域傳第六十六下》　車師後王姑句以道當爲拄置，心不便也。地又頗與匈奴南將軍地接，普欲分明其界，然後奏之，召姑句使證之，不肯，繫之。姑句數以牛羊賕吏，求出不得。姑句家矛端生火，其妻股紫陬師古曰：陬，音子侯反。謂姑句曰：「矛端生火，此兵氣也，利以用兵。前車師前王爲都護司馬所殺，今久繫必死，不如降匈奴。」即馳突出高昌壁，入匈奴。

房玄齡等《晉書》卷二七《志第十七・五行上》　永興元年，成都伐長沙，每夜戈戟鋒有火光如懸燭。此輕人命，好攻戰，金失其性而爲光變也。天戒若曰：兵猶火也，不戢將自焚。成都不悟，終以敗亡。

脱脱等《宋史》卷六六《志第十九・五行四》　紹興十一年三月庚申，長安兵刃皆生火光。二十六年郫縣地出銅馬，高三尺，制作精好，風雨夜嘶。紹興中，耕者得金甕重二十四鈞於秦檜別業。乾道二年三月丙午夜，福清縣石竹山大石自移，聲如雷。

宋濂等《元史》卷五一《志第三下・五行二》

稼穡不成

二十一年正月癸酉，石州大風拔木，六畜皆鳴，人持槍矛忽生火焰，抹之即無，摇之即有。二十四年，台州路黄巖州海溢，颶風拔木，禾盡偃。二十七年三月庚子，京師有大風起自西北，飛砂揚礫，昏塵蔽天。

火不炎上

六月甲寅，大都大聖壽萬安寺災，是日未時，雷雨中有火自空而下，其殿脊東鰲魚口火焰出，佛身上亦火起。帝聞之泣下，亟命百官救護。唯東西二影堂神主及寶玩器物得免，餘皆焚燬。此寺舊名白塔，自世祖以來，爲百官習儀之所，其殿陛闌楯一如内庭之制。

張廷玉等《明史》卷二九《志第五・五行二》　七年三月丁卯夜，大風雷電，餘干仙居寨有光如箭，墜旗竿上，俄如燭龍，光照四野。士卒撼其旗，飛上竿首，既而其火四散，鎗首皆有光如星。

謝旻等監修　陶成等編纂《江西通志》卷一〇七　祥異

七年，廣信雨黑子，人試種之，出葉如戈戟。三月，餘干仙居寨夜大雷電，以西北風有火箭墮旗竿上，如燈籠光照四野。戍卒因撼動其旗，火直飛上竿首。卒因發銃衝之，其火四散，闔寨鎗首皆有光如星，須臾滅。

吴偉業《綏寇紀畧》卷一二　雷震

十六年仲夏，大雨沾衣如血，雷霆越夕不止。次日，見太廟神主或横或倒，諸銅器爲雷火所擊，融而成灰。

六月二十三夜，雷震奉先殿，廟脊鴟吻碎，中有劍削拔去，不知落在何所。廟門玲瓏雕刻處皆損壞，有龍爪痕。

藝文

何據《琥珀拾芥賦》李昉等《文苑英華》卷一一九　天地之根，孰知其源，倏而化化，欻爾存存。琥珀拾芥，鳳形精蕞。物之冥會，出乎意外。於是氣以冥合，物猶化造。礎因雲以積潤，燧取火而就燥。伊琥珀之爲珠，亦鳳形而吸草。既璀錯以瓊豔，又熒煌而金藻。爾乃探其至賾，持其自然，手與心愜，視與目全。美寶擢色以臨矣，飛芒乘虛而附焉。此見幾而作，間不可省。彼因感而應，道不可傳。故能異質脗合，殊途玄通，播形的皪，透影玲瓏。似乎月含桂以貞明，泉泛籜而映净；雲發彩於虹玉，竹乘陰於鵲鏡。虞都尉見而言曰：「昔者楓丹崖綺，松翠山衣，膏淪甘壤，珠孕清輝。全其真詎蜂巢之所僭，守其朴寧鶴卵之能希。進乎潔己，一薰一蕕而並採；德以緊物，拾蕭拾艾而同歸。且珠之於寶也至貴，芥之於草也至微，不以貴而黜菅蒯，不以寶疑作微。而替葑菲。君無謂我腐，爲螢有耀，君之經是照；君無謂我弱，爲舟有徵，君之流可乘。物猶尚爾，人亦諒只。若太初之偶蒹葭，長公之俯青紫，生芻對如玉之容，芳荷被懷琰之士。則珠豈草以相期，芥得珠以成美。吾乃今知然乎，至矣。」

黄庭堅《山谷外集》卷三《蕭巽葛敏修二學子和予食筍詩次韻答之》　韭黄照春盤，菰白媚秋菜。惟此蒼竹苗，市上三時賣。江南家家竹，翦伐誰主宰。半以苦見疏，不言甘易壞。葛陂雕龍睡，未索兒孫債。獺膽能分杯，虎魄妙拾芥。此物於食殺，如客得儐介。思入帝鼎烹，忍遣飢涎嘬。懶林供翰墨，碪杵風號噫。每下數枯株，焚如落樵采。

程文海《雪樓集》卷二八《次韻盧疎齋就以贈别二首・其二》　芥拾琥珀針，不言自相得。留君我無辭，送君我無力。願君加飡飯，努力崇明德。江空餘深寒，出入慎扶翼。梅花照清顥，夢寐耿玉色。矯首東南雲，金門幸回憶。

許謙《白雲集》卷一《舟中雜興六首・其二》　琥珀能拾芥，頑鐵亦戀磁。人生志氣合，寧獨不似兹。道義固可久，世情終易移。感應理有常，君看雲雨施。寸心諒匪石，懼彼不我知。

雷電

論説

尹喜《關尹子・二柱篇》　石擊石即光，知此説者風雨雷電皆可爲之，蓋風雨雷電皆緣氣而生。

鄭玄注　陸德明音義　孔穎達疏《禮記注疏》卷一五《月令》　是月也，日夜分，雷乃發聲，始電。蟄蟲咸動，啓户始出。注：又記時候。發，猶出也。音義：電，大練反。先雷三日，奮木鐸以令兆民曰：雷將發聲，有不戒其容止者，生子不備，必有凶災。注：主戒婦人有娠者也。容止，猶動静。音義：先，悉薦反。奮，方問反。鐸，大各反。

劉安撰　高誘注《淮南子》卷四《墬形訓》　陰陽相薄爲雷，激揚爲電，上者就下，流水就通，而合于黄海。黄海，中央之海。偏土之氣御乎清天，清天八百歲生青曾，青曾八百歲生青澒，青澒八百歲生青金，青金八百歲生青龍，東方木，色青，其數八，故八百歲而一化。青龍入藏生清泉，清泉之埃上爲青雲。陰陽相薄爲雲雷，激揚爲電，上者就下，流水就通，而合于青海。東方之海。壯士之氣，御于赤天，赤天七百歲生赤丹，赤丹七百歲生赤澒，赤澒七百歲生赤金，南方火，其色赤，其數七，故七百歲而一化。赤金千歲生赤龍，赤龍入藏生赤泉，赤泉之埃上爲赤雲。陰陽相薄爲雷，激揚爲電，上者就下，流水就通，而合于赤海。南方之海。弱土之氣，御于白天，白天九百歲生白礜，白礜九百歲生白澒，白澒九百歲生白金，白金白礜，礜石也。西方金，色白，其數九，故九百歲而一化。白金千歲生白龍，白龍入藏生白泉，白泉之埃上爲白雲。陰陽相薄爲雷，激揚爲電，上者就下，流水就通，而合于白海。西方之海。牝土之氣，御于玄天，玄天六百歲生玄砥，玄砥，黑石也。玄砥六百歲生玄澒，玄澒六百歲生玄金，北方水，其色黑，其數六，故六百歲而一化。玄金千歲生玄龍，玄龍入藏生玄泉，玄泉之埃上爲玄雲。陰陽相薄爲雷，激揚爲電，上者就下，流水就通，而合于玄海。北方之海，上者就下，天氣復從天流下也，其通流之水皆入于海。

王充《論衡》卷六《龍虚篇》 盛夏之時，雷電擊折破樹木，發壞室屋，俗謂天取龍。謂龍藏於樹木之中，匿於屋室之間也。雷電擊折樹木，發壞屋室，則龍見於外，龍見，雷取以升天。世無愚智賢不肖，皆謂之然。如考實之，虚妄言也。【略】

彼短書之家，世俗之人也，見雷電發時，龍隨而起，當雷電擊樹木之時，龍適與雷電俱在樹木之側，雷電去，龍隨而上，故謂從樹木之中升天也。實者雷龍同類，感氣相致，故《易》曰：「雲從龍，風從虎。」又言：「虎嘯谷風至，龍興景雲起。」龍與雲相招，虎與風相致，故董仲舒雩祭之法，設土龍以爲感也。夫盛夏太陽用事，雲雨干之。太陽，火也。雲雨，水也。火激薄則鳴而爲雷。龍聞雷聲則起，起而雲至，雲至而龍乘之。雲雨感龍，龍亦起雲而升天。天極雲高，雲消復降。人見其乘雲，則謂升天；見天爲雷電，則爲天取龍。世儒讀《易》文，見傳言，皆知龍者雲之類，拘俗人之議，不能通其説，又見短書爲證，故遂謂天取龍。天不取龍，龍不升天。當蕾丘訢之殺兩蛟也，手把其尾，拽而出之，至淵之外，雷電擊之。蛟則龍之類也，蛟龍見而雲雨至，雲雨至則雷電擊。如以天實取龍，龍爲天用。何以死蛟爲取之？且魚在水中，亦隨雲雨，蜚而乘雲雨，非升天也。龍，魚之類也。其乘雷電，猶魚之飛也。魚隨雲雨，不謂之神，龍乘雷電，獨謂之神。世俗之言，失其實也。

又《雷虚篇》

盛夏之時，雷電迅疾，擊折樹木，壞敗室屋，時犯殺人。世俗以爲擊折樹木，壞敗室屋者，天取龍；其犯殺人也，謂之陰過，飲食人以不潔淨，天怒擊而殺之。隆隆之聲，天怒之音，若人之呴吁矣。世無愚智，莫不謂然。推人道以論之，虚妄之言也。

夫雷之發動，一氣一聲也，折木壞屋，亦犯殺人；犯殺人時，亦折木壞屋。獨謂折木壞屋者，天取龍；犯殺人，罰陰過，與取龍吉凶不同，並時共聲，非道也。論者以爲隆隆者，天怒呴吁之聲也。此便於罰過，不宜於取龍。罰過，天怒可也；取龍，龍何過而怒之？如龍神，天取之不宜怒。如龍有過，與人同罪，龍殺而已，何爲取也？殺人，怒可也；取龍，龍何過而怒之？殺人不取，殺龍取之，人龍之罪何別，而其殺之何異？然則取龍之説，既不可聽，罰過之言，復不可從。

何以效之？案雷之聲迅疾之時，人仆死於地。隆隆之聲臨人首上，故得殺人。審隆隆者，天怒乎？怒用口之怒氣殺人也。口之怒氣，安能殺人？人爲雷所殺，詢其身體，若燔灼之狀也。如天用口怒，口怒生火乎？且口著乎體，口之動，與體俱。當擊折之時，聲著於地；其衰也，聲著於天。夫如是，聲著地之時，口至地，體亦宜然。當雷迅疾之時，仰視天，不見天之下。不見天之下，則夫隆隆之聲者，非天怒也。天之怒，與人無異。人怒，身近人則聲疾，遠人則聲微。今天聲近，其體遠，非怒之實也。且雷聲迅疾之時，聲東西或南北，如天怒體動，口東西南北，仰視天亦宜東西南北。或曰：「天已東西南北矣，雲雨冥晦，人不能見耳。」夫千里不同風，百里不共雷。《易》曰：「震驚百里。」雷電之地，雲雨晦冥，百里之外，無雨之處，宜見天之東西南北也。口著於天，天宜隨口，口一移，普天皆移，非獨雷雨之地，天隨口動也。且所謂怒者，誰也？天神邪？蒼蒼之天也？如謂天神，神怒無聲；如謂蒼蒼之天，天者體不怒，怒用口。且天地相與夫婦也，其即民父母也。子有過，父怒笞之致死，而母不哭乎？今天怒殺人，地宜哭之。獨聞天之怒，不聞地之哭。如地不能哭，則天亦不能怒。

且有怒則有喜。人有陰過，亦有陰善。有陰過，天怒殺之；如有陰善，天亦宜以喜賞之。隆隆之聲謂天之怒，如天之喜，亦哂然而笑。人有喜怒，故謂天喜怒。推人以知天，知天本於人。如人不怒，則亦無緣謂天怒也。緣人以知天，宜盡人之性。人性怒則呴吁，喜則歌笑。比聞天之怒，希聞天之喜；比見天之罰，希見天之賞。豈天怒不喜，貪於罰，希於賞哉？何怒罰有效，喜賞無驗也？且雷之擊也，折木壞屋，時犯殺人，以爲天怒。時或徒雷，無所折敗，亦不殺人，天空怒乎？人君不空喜怒，喜怒必有賞罰。無所罰而空怒，是天妄也。妄則失威，非天行也。政事之家，以寒温之氣，爲喜怒之候。一有候守。人君喜即天温，怒則天寒。雷電之日，天必寒也。高祖之先劉媪，曾息大澤之陂，夢與神遇，此時雷電晦冥。天方施氣，宜喜之時也，何怒而雷？如用擊折者爲怒，不擊折者爲喜，則夫隆隆之聲，不宜同音。人怒喜異聲，天怒喜同音，與人乖異，則人何緣謂之天怒？且飲食人以不潔淨，小過也。以至尊之身，親罰小過，非尊者之宜也。尊不親罰過，故王不親誅罪。天尊於王，親罰小過，是天德劣於王也。且天之用心，猶人之用意。人君罪惡，初聞之時，怒以非之；及其誅之，哀以憐之。故《論語》曰：「如得其情，則哀憐而勿喜。」紂至惡也，武王將誅，哀而憐之。故《尚書》曰：「予惟率夷憐爾。」人君誅惡，憐而殺之；天之罰過，怒而擊之，是天少恩而人多惠也。

說雨者以爲天施氣。天施氣，氣渥爲雨，故雨潤萬物名曰澍。人不喜，不施恩；天不說，不降雨。謂雷天怒，雨者天喜也。雷起常與雨俱，如論之言，天怒且喜也。人君賞罰不同日，天之怒喜不殊時，天人相違，賞罰乖也。且怒喜具形，亂也。惡人爲亂，怒罰其過，罰之以亂，非天行也。冬雷，人謂之陽氣泄；春雷，謂之陽氣發；夏雷，不謂陽氣盛，謂之天怒，竟虛言也。【略】或論曰：「鬼神治陰，王者治陽。陰過闇昧，人不能覺，故使鬼神主之。」曰：「陰過非一也，何不盡殺？」案一過，非治陰之義也。天怒不旋日，人怨不旋踵。人有陰過，或時有用冬，未必專用夏也。以冬過誤，不輒擊殺，遠至於夏，非不旋日之意也。

圖畫之工，圖雷之狀，纍纍如連鼓之形。又圖一人，若力士之容，謂之雷公。使之左手引連鼓，右手推椎，若擊之狀。其意以爲雷聲隆隆者，連鼓相扣擊之意也。其魄然若敝裂者，椎所擊之聲也。其殺人也，引連鼓相推并擊之矣。世又信之，莫謂不然。如復原之，虛妄之象也。夫雷非聲則氣也。聲與氣，安可推引而爲連鼓之形乎？如審可推引，則是物也。相叩而音鳴者，非鼓即鐘也。夫隆隆之聲，鼓與鐘邪？如審是也，鐘鼓而不空懸，須有筍簴，然後能安，然後能鳴。今鐘鼓無所懸著，雷公之足無所蹈履，安得而爲雷？或曰：「如此固爲神。如必有所懸著，足有所履，然後而爲雷，是與人等也，何以爲神？」曰：「神者，恍惚無形，出入無門，上下無根，故謂之神。今雷公有形，雷聲有器，安得爲神？如無形，不得爲之圖象；如有形，不得謂之神。謂之神龍升天，實事者謂之不然，以人時或見龍之形也。以其形見，故圖畫升龍之形也；以其可畫，故有不神之實。」難曰：「人亦見鬼之形，鬼復神乎？」曰：「人時見鬼，有見雷公者乎？鬼名曰神，其行蹈地，與人相似。雷公頭不懸於天，足不蹈於地，安能爲雷公？飛者皆有翼，物無翼而飛謂仙人。畫仙人之形，爲之作翼。如雷公與仙人同，宜復著翼。使雷公不飛，圖雷家言其飛，非也。使實飛，不爲著翼，又非也。夫如是，圖雷之家畫雷之狀，皆虛妄也。且說雷之家，謂雷天怒呴吁也；圖雷之家，謂之雷公怒引連鼓也。審如說雷之家，則圖雷之家非；審如圖雷之家，則說雷之家誤。二者相違也，并而是之，無是非之分。無是非之分，故無是非之實。無以定疑論，故虛妄之論勝也。」《禮》曰：「刻尊爲雷之形，一出一入，一屈一伸，爲相校軫則鳴。」校軫之狀，校軫或作佼較。鬱律㟪壘之類也。此象類之矣。氣相校軫分裂，則隆隆之聲，校軫之音也。魄然若㢢裂者，氣射之聲也。氣射中人，人則死矣。實說雷者，太陽之激氣也。何以明之？正月陽動，故正月始雷。五月陽盛，故五月雷迅。秋冬陽衰，故秋冬雷潛。盛夏之時，太陽用事，陰氣乘之。陰陽分争，則相校軫，校軫則激射，激射爲毒，中人輒死，中木木折，中屋屋壞。人在木下屋間，偶中而死矣。何以驗之？試以一斗水，灌冶鑄之火，氣激㢢裂，若雷之音矣。或近之，必灼人體。天地爲鑪，大矣，陽氣爲火，猛矣，雲雨爲水，多矣，分争激射，安得不迅？中傷人身，安得不死？當冶工之消鐵也，以土爲形，燥則鐵下，不則躍溢而射。射中人身則皮膚灼剝。陽氣之熱，非直消鐵之烈也；陰氣激之，非直土泥之濕也；陽氣中人，非直灼剝之痛也。夫雷，火也。氣剡人，人不得無迹。如炙處狀似文字，人見之謂天記書其過，以示百姓。是復虛妄也。使人盡有過，天用雷殺人。殺人當彰其惡，以懲其後，明著其文字，不當闇昧。圖出於河，書出於洛。河圖、洛書，天地所爲，人讀知之。今雷死之書，亦天所爲也，何故難知？如以一人皮不可書，魯惠公夫人仲子，宋武公女也，生而有文在掌，曰：「爲魯夫人。」文明可知，故仲子歸魯。雷書不著，故難以懲後。夫如是火剡之跡，非天所刻畫也。或頗有而增其語，或無有而空生其言，虛妄之俗，好造怪奇。何以驗之？雷者，火也，以人中雷而死，即詢其身，中頭則鬚髮燒燋，中身則皮膚灼燌，臨其尸上聞火氣，一驗也；道術之家，以爲雷燒石色赤，投於井中，石燋井寒，激聲大鳴，若雷之狀，二驗也；人傷於寒，寒氣入腹，腹中素溫，溫寒分争，激氣雷鳴，三驗也；當雷之時，電光時見，大若火之耀，四驗也；當雷之擊時，或燔人室屋，及地草木，五驗也。夫論雷之爲火有五驗，言雷爲天怒無一效。然則雷爲天怒，虛妄之言。

許慎撰　徐鉉增釋《說文》卷一一下　靁　陰陽薄動，靁雨生物者也，从雨，畾象回轉形，魯回切。【略】

電　陰陽激燿也，从雨从申，堂練切。

鄭玄註《易緯稽覽圖》卷上　推天元甲子之術

太陽一二以上，自雷雷聲。太陽，謂一月大壯。一二者，陽爻在上，雷聲盛開於人，得自雷其卦中。是消息，臣強君弱，雷從解起。按：此文「自雷雷聲」義不可通，而《郎顗傳》引孔子曰「雷之始發，大壯始，君弱臣強，從解起」，與此注相合，疑正文亦有脱誤。當雷不雷，太陽弱。春分之後，當雷不雷，君弱於道德也。按：此文亦《郎顗傳》所引。不當雷而雷，太陽弱。秋分之後，不當雷而雷，此君弱于度，誅罰不行，邪臣跋扈於下，陽氣放洩，則雷冬行，亂冬傷陽也。不少陽爲雷，上侵之比也。離卦九三用事而雷，臣欲侵其君之否也。按正文「不」字疑衍文。先白乃當雷，至秋分，日色先白，則知秋分後必當雷。不雷者刺其君。春分之後雷，秋分之後不當雷，若反雷，必逆也。降陰下迎，陰起合和，而陽氣用上薄之則爲雷。陽氣，風也。雷有聲，名曰雷；有光，名曰電。按：此句舊本混入注文，今訂正。迎陰獨起，陽上薄之，其電炎炎也，漫漫也，其電淳淳也。此君臣不和之象也。陰陽和合，其電燿燿也，其光長而雷殷殷也。此君臣道和，謂三氣合也。三氣者，降氣下迎，陰氣起，風氣上，薄之和合，電爲之雷，空虛，有賢人之當其實者也，故曰殷殷也。按：孫瑴《古微書》引此文作「爲電煇煇也」，未詳所據。

虞世南撰　陳禹謨補註《北堂書鈔》卷一五二《天部四》　電篇二十四

激陽爲電。《河始開圖》。熱氣爲電。《物理論》云：熱氣散而爲電。陰陽激耀。《説苑》云：雷，陰陽激耀。陰陽分爭。《莊子》云：陰氣伏重泉之下，陽氣上通于天，陰陽分爭，故爲電。補。陰陽相薄。顧凱之《雷電賦》云：陰陽相薄，爲雷爲電。補。玉女投壺。《神異經》云：東王公與玉女投壺梟而脱誤不接者，天爲之笑，開口流光，今電是也。補。激氣鞭策。《淮南子》云：電，激氣也，以爲鞭策。補。電爲縣官。《夢書》云：夢電光爲縣官。煜煜震電。《詩》云。陽光。《月令》云：二月始電。疏云：電，陽光。陽微則光不見，此月陽氣漸盛，以擊于陰，其光乃見。續補。雷光。《五經通義》云：電謂之雷光。續補。

徐堅《初學記》卷一《天部上》　雷第七敘事。

《穀梁傳》云：陰陽相薄，感而爲雷，激而爲霆。霆，電也。《爾雅》云：疾雷謂之霆。郭璞注：疾雷，謂雷音急。激者謂之霹靂。何休注《公羊》云：雷疾甚者爲震。案《五經通義》云：震與霆皆霹靂也。電謂之雷光也。後漢郎顗上書云：凡藏冰以時則雷出不震，棄冰不用則雷不發，而震雷於天地爲長子。

吴筠《洞玄靈寶左玄論》卷四　雷電不怒至繞匝日月者。夫雷電鼓怒，皆由無人行四等，所以陰陽否結，雷電霹靂鼓怒爲聲也。今既有人行四平等，所以雷電不爲之鼓怒，又能令日月常有，素彩光華，澄明清潔，光鋒精耀，繞遞日月也。【略】

何以故若日月至故義非謂四平等力者。我云，日月由無雲故明，有雲故暗，春陽故明，秋陰故暗，此乃由春秋明暗，亦非關行於四等也。龍興則雲起，虎嘯則風生，陽震則雷電奮動，陰静則雷電潛，亦非由行四等也。

蔡卞集解《毛詩名物解》卷一《釋天》　電

陰陽激耀，與雷同氣，發而爲光者也。雷從回，電從申。陰陽以回薄而成雷，以申洩而成電故也。或曰：雷出天氣，電出地氣，故電從坤者。《管子》所謂天冬雷、地冬霆是也。《記》曰：地載神氣，神氣風霆，風霆流形。言萬物以風霆流形，而風霆出於地中神氣也。《説卦》曰：離爲雷電，火屬也。蓋陰陽暴格，分爭激射，有火生焉。其光爲電，其聲爲雷。今鐵石相擊則星火，燒石損井則雷，又況天地大爐之所薄動，真火之所激射乎。《易》曰：雷電噬嗑。又曰：雷電皆至，豐。雷電噬嗑，言雷電合而章也。按《月令》：雷乃發聲後五日始電。而今旱暵，亦或電而不雷，則電雷不必皆合而章也。故《易》雷電合而章，然後爲噬嗑，然雷電合而章，又不必皆至。若今震雷與電俱起者，所謂雷電皆至者也。故君子折獄致刑，以象天之至威，非特明罰勑法而已。《詩》爗爗震電，不寧不令。言變亂於上，不安故常，且非所以號令萬物也。董子曰：太平之時，雷不驚人，號令啓蟄而已矣。電不眩目，宣示光輝而已矣。

劉基《誠意伯文集》卷七　雷説上

道哉必不然矣。曰：然則雷何物也？曰：雷者，天氣之鬱而激而發也。陽氣團於陰必迫，迫極而迸，迸而聲爲雷，光爲電。猶火之出礮也，而物之當之者柔必穿，剛必碎，非天之主。以此物擊人而人之死者，適逢之也。不然雷所震者，大率多於木石，豈木石亦有罪而震以威之耶？

佚名《道法會元》卷六七

雷霆玄論　萬法通論

雷霆者，天地之樞機也。天樞地機，陽雷陰霆，樞陰機陽，雷生霆煞，雷善霆惡。夫謂萬物厥有至符，至符陰玄，乃職生滅。東三南二，北一西四，此大數之祖，而中央五焉。雷霆得天地之中炁，故曰五雷。蓋東方自壬子而歸庚申九數，北方自丙子而歸庚辰五數，南方自戊子而歸庚寅三數，西方自甲子而歸庚午七數，中央庚子本有一數，復歸庚戌，又得十一數，共成十二數。五子歸庚，通三十六數，應三十六炁也。周於亥，亥子之交，再又始於壬子也。造化循環，周流不息，所以得九五之道者，雷霆也。金長生在巳，旺於酉，五數也；墓於丑，九數也。水土長生在申，旺於子，五數也；墓於辰，九數也。木長生在亥，旺於卯，五數也；墓於未，九數也。火長生在寅，旺於午，五數也；墓於戌，九數也。壬子爲東方之根，丙子爲北方之源。甲爲雷，庚爲霆，甲庚爲雷霆之號令。壬爲雷霆之局，丙爲雷霆之會，子爲雷霆之宗。甲中有己，壬中有丁，丙中有辛，庚中有乙。是故甲丙庚壬雷主之，乙辛丁己霆主之。惟戊癸化火以虛其中，是爲雷霆之主。若夫九五之道者，雷霆之主。而東自子而巳皆陽也，所以統天地，乃能枯榮萬物，起滅四時。得三一雷霆之道者，三乃東之祖數，一乃北之生數，是蓋北鄉子爲雷局，東鄉卯爲雷門。其所謂三一，亦無殊於九五，皆雷霆之要道也。雷局於北，雷門於東，雷火於南，雷令於西。甲丙庚壬爲陽雷，乙己丁辛爲陰霆。戊癸爲雷火之司。雷霆賴日之太陽以威，賴月之太陰以神，賴北斗爲之樞轄，實有自來也。旱澇者，水火失度，陰陽愆伏，爲旱爲澇。旱者天炁下降，陽炁獨運，地炁不昇，亢陽炎燥，陽盛陰衰也。澇者地炁上騰，陰炁獨運，天炁不降，淋淫泛溢，陰盛陽衰也。雷霆者，陰陽激剥，順而爲雷，逆而爲霆。陰陽合而爲雷，迅而爲霆。陰陽二炁，内外展轉，交相攻激，迅發而爲霆也。炁聚神會，主生煞之機，故能擊物。風雨者，陰陽翕張，故能調泰。狂風疾雨，陰陽變乖。風者，乾坤翕闢，猶槖籥也，太虚之炁，噫而爲風，隨天關轉而地軸發。故巽方地户爲風門也。虚谷生風，應候則五炁調平，違候則五行乖謬。生風作雨，熱之極也。南温北寒，時之常也。或東南西北之轉旋，忽晴忽雨，蓋由一炁之變動，天地翕闢之妙也。雲者，天之精神也。陽神受陰，精凝而爲天；陰精受陽，神結而爲地。陰精降而地不應，山川出雲。陽神昇而天不應，洞壑起霧。非陰陽之昇降，則爲山嵐瘴氣矣。雷者，陰在外，陽在内，激剥而爲雷，有聲而無質也。電者，陰在内，陽在外，發洩而爲電，有光無聲也。雨者，天炁降，地炁昇，陰陽和，甘澤澍。霜露雪雹霰者，陰陽昇降交合，稟秋冬肅煞之炁爲霜，稟春夏生育之炁爲露，稟四時沖和之炁爲雪；非其時亦乖沴也。陰陽交而不合，陰脅於陽，陽氣不相入，激而爲雹。陰炁凝滯，而陽炁細微，陰炁不相入，散而爲霰。霞者，日出日没之時，崑崙赤水之炁倒影而然。其理日光射雲，容成彩色也。朝必雨，晚必晴。虹者，朝西暮東，日照水影，天地浸淫濫泆之氣也。赤，地炁也；青，天精也。夫陰陽和平，時和歲豐，陰陽交錯，日月薄蝕，此天地之常也。吁。天天也，地地也，蓋由二炁變化，遂使萬殊分張。水中有火，火能蒸水，纔到煞方，雷雨必至，此造化也，天機也，雷機也。雷霆稟中正之炁，運陰陽，主造化。天樞地機，翕張二炁於無象之先；陽雷陰霆，變化萬靈於有形之始。動静之機而爲變化者，人知其神而神，不知不神之所以神，故人之最靈也。古先聖賢，窮造化之源，探鴻濛之奥，參玄牝之門，是謂天地根。故曰玄關一竅。

又　雷説

夫五行根於二炁，二炁分而爲五行。人能聚五行之炁，運五行之炁爲五雷，則雷法乃先天之道，雷神乃在我之神。以炁合炁，以神合神，豈不如響斯答耶。夫二炁五行萃於人之一身，非通道者不足以語法也。且如肝氣通左目，訣用卯文，取東炁行事；心氣通口，訣用午文，取南炁行事；脾氣通鼻，訣用中指中文，取中炁行事；肺氣通右目，訣用酉文，取西炁行事；腎氣通耳，訣用子文，取北炁行事。會此之道，參此之理，則二炁不在二炁，而在吾身，五行不在五行，亦在吾身。吹而爲風，運而爲雷，嘘而爲雲，呵而爲雨，千變萬化，千態萬狀，種種皆心内物。質之聖人之論，有曰：精氣爲物，歛之不盈一握，道之體也。遊魂爲變，散而可彌六合，道之用也。有道則有體，有法則有用也。皆本諸一而已。若泛舉其煩，則千百言而不足，善撮其要，則一二語而有餘。夫苟貪條目愈多，而本真愈失，雖皓首窮經，無所益也。嘆夫世變日下，人心日奸。立論者既無所講，徒爾乎他傳法者復無所稽驗，明矣。受其誑，亦無輕乎。風非可捕風，影非可摶影矣。黄石公《素書》一編，張留侯用之，時爲帝王師。簡耶，繁耶。愚之所言，今亦倦於喋喋矣。然得師傳者如是，故不得不詳以告也。抽關開鑰，不過在吾身二炁五行之精而已。參之天地而不悖，質諸鬼神而無疑。受者誠思之，毋忽。

陰陽凝聚，陽在内而不得出，則奮擊而爲雷霆。聲亦陽也，光亦陽也。光發而聲隨，此陽光奮擊欲出之勢。雷緩小，則震亦緩小。雷迅大，則震亦迅大。雷電交至，則必有雨。震而不電，電而不震，則無雨。由陰氣凝聚之有疏緩迅密也。雷自是雷，霆自是霆。雷則有聲，霆則有光，二者皆陽也。故聚則成形，散則成炁。雖則陰陽聚散，豈自爲之聚散哉。故上帝又爲之神，以主是炁之聚散耳。今之擊物有見其字，或遺其器，往往有之，非神遺也，是以顯鬼神之靈。所謂神者，皆前代聰明正直，有功於人者爲之。是以其人存一念，無非推濟人利物之心，所以形消炁化，而後爲雷霆之神也。今人行法，亦是以炁感動耳。故於祈禱之時，亦由乎中。欲起雷，須當檄召雷神，通地氣，焚地氣符。地氣乃陰炁，當陽方壯之時，作用以昇地氣。地氣則陰炁也。陰氣方昇，却包陽炁在内。陽炁爲陰炁四合包含而不得出，久則陽炁迸裂而奮擊。又當焚召雷符，立應召萬靈符，運翼軫作用，催促將吏行事，如意用之。焚畢，其陽愈迸，更取天罡真炁助之，陽炁迸出，即今電光是也。大凡陰炁包羅陽炁，無竅可出，故用天罡真炁冲陰炁以引導陽氣。便如世間人以火點爆杖子，紙在外，即陰炁也，硫黄在内，則陽也。火點處便是天罡氣也。惟志者當以此意默會。

夫雷聲奮擊，則陽炁一泄也。擊之後，陰氣復閉，陽氣復藏。閉之久則又迸裂，則氣又一擊也。擊而又閉，閉而又擊。此雷聲擊搏而無窮，陰陽之炁蒸鬱而成雨也。蓋雷霆之震大小，所以致雨亦有微驟也。雷是陽炁，陽炁輕清。雨是陰炁，陰炁重濁。所以一陣雷震，則一陣陰炁壓定陽氣，蒸而成雨。符篆雖有異名，符者，合也。聖人初立符篆，欲人人皆歸大道，皆知信向。其間或有不能文者，但焚符篆，自然應也。今更通諸理而又能文者，加之行移合格，作用如儀，天地豈無感格。

又　續風雨雷電説

陽得陰而爲雨，陰得陽而爲風，剛得柔而爲雲，柔得剛而爲雷。無陰而不能爲雨，無陽而不能爲雷。雨柔也而屬陰，不能獨立，故待陽而後興。雷剛也而屬陽，陽不能自用，必待陰而後發也。陽得陰而爲雨，若是天晴，便起北氣化爲黑雲等。作用之氣既起，自有雷電風雨隨至，作用亦同前説起雷法道理。若是祈晴，乃要陰得陽而爲風，天氣陰而爲陽。陰炁凝聚不散，當焚祈晴符，止雨等符，差火將用天罡炁，日君炁布上。陽氣既上，陰氣凝聚，陽氣不得入，遶陰氣化而爲風。更加南炁助之，其陰自被風吹散，自然晴也。剛得柔而爲雲，剛是陽氣，柔是陰氣。凡起之先，要通地氣，便是雲也。地氣則陰氣，陰氣便是雨也。却要會曉得起雲處在何處。柔得剛而爲雷。陰氣上騰，陽氣下降，二氣擊搏則有聲。前説極自分曉也。要會得起雷何處，不可執於異方。無陰則不伏爲雨，陽則不伏爲雷，雨雷二字，前説極自分曉。

行法之人要通泰罡，只得泰卦上陰下陽，禹步九跡是也。䷊䷒臨。陰陽和，風雨時，是陽下交陰，陰上交陽，則是天氣下降，地氣上騰，上下相通，有時雨時暘也。古人不言陽陰，而言陰陽，乃是這箇道理。但能別得陰陽升降，鬼神亦循吾作用，聽吾指揮，自然相應。如吾之一身不自能會得此理，徒爾呼吸，謾勞精神。精與神疲，身且不能自立，而況又感格天地鬼神乎。嗣法之士，當知有吾身中造化，然後可以用身外造化。不然，縱有真人神仙亦無如之何矣。愚恐學道者溺於法外，不求諸於吾身之内，故備論未盡，以曉悟之。

李夢陽《空同集》卷六五《外篇》　化理上篇

或問電雷，空同子曰：吁，胡叩淵於淺人，雖然竊聞之矣，是陰陽搏擊之爲也。曰：有鬼神形者，何也？曰：氣動之也，氣散則散。凡神怪隨氣之妖祥，亦有人物形者，皆變也。星之妖爲欃槍、天狗、彗孛等，亦氣之生散，唐一行北斗化七家是也。

唐順之《稗編》卷五一《諸家九天文》　雜論風雨雷電霜雪十則

董仲舒曰：陰陽氣上薄爲雨，下薄爲霧，風其噫也，雲其氣也，雷其相搏之聲也，電其相擊之光也。雨乘虛而墜，風多則合速，故雨大而疎。風少則合遲，故雨細而密。太平之世，風不鳴條，雨不破塊，雷不驚人，電不眩目，雪不封條，此聖人在上，陰陽和也。鮑敞問曰：雨既陰陽相薄，四月純陽，十月純陰，無二氣相薄，則不雨乎？仲舒曰：純陽用事，未夏至一日是。敞曰：其不雨乎？曰：然，有則妖也。《西京雜記》。

邵子曰：陽得陰而爲雨，陰得陽而爲風，剛得柔而爲雲，柔得剛而爲雷。無陰則不能爲雨，無剛則不能爲雷。雨柔也而屬陰，陰不能獨立，故待陽而後興。雷剛也而屬體，體不能自用，必待陽而後發也。又曰：有雷則有電，有電則有風，雨生於水，露生於土，雷生於石，電生於火。電與風同爲陽之極，故有電必有風。

觀物張氏曰：雷者，震之氣也。電者，離之氣也。風者，巽之氣也。陽爲重陰所制，怒氣發而爲雷，怒而極激而爲電。陰已不能制矣，散而爲風，則反制陰也，故風與電皆爲陽之極。雨者水之氣，蒸則爲雲，凝則爲雪。露者土之氣，升則爲霧，結則爲霜。雷出於石，電生於火，有雷則有電，火出於石也。又曰：陽唱而陰從，則流而爲雨；陰格而陽薄，則散而爲風；剛唱而柔從，則蒸而爲雲；柔畜而剛動，則激而成雷。客主後先，陰陽逆順不同也。風雨自天而降，故言陰陽。雲雷自地而升，故言剛柔。天，陽也，陽必資陰，故無陰則不能爲雨，陽得陰然後聚而成體也。地，陰也，陰必資陽，故無陽則不能爲雷，陰得陽然後發而成聲也。此言陰陽之相資也。雨之形柔也，屬陰者，本乎天之氣也。陰不能獨立，待陽而興者，天之陰資乎天之陽也。雷之聲剛也，屬體者，出乎地之形也。體不能自用，必待陽而發者，地之陰資乎地之陽也。

致堂胡氏曰：或問雷電何爲而然者，有形邪？有神邪？曰：古人未之言也，然先達大儒亦嘗明其理矣。蓋天地之間無非陰陽聚散、闔闢之所爲也，可以神言，不可以形論。非如異端所謂龍車石斧、鬼鼓火鞭怪誕之難信也。故其言曰：陰氣凝聚，陽在内而不得出，則奮擊而爲雷電，雖聖人復起不能易矣。凡聲陽也，光亦陽也，光發而聲隨之，陽氣奮擊欲出之勢也。電緩小，則震亦緩小；電迅大，則震亦迅大。震電交至，則必有雨。震而不電，電而不震，則無雨。由陰氣凝聚之有疎緩迅密也。曰：世人所得雷斧者，何物也？曰：此猶星隕而爲石也，本乎天者，氣而非形，偶隕于地則成形矣，然而不盡然也。曰：雷之破山壞廟，折樹殺人者，何也？曰：先儒以爲陰陽之怒氣也，氣鬱而怒，方爾奮擊，偶或值之則遭震矣。然而不盡然也。曰：電之閃鑠激疾，如金蛇飛騰之狀，何謂也？曰：光之發也惟光耳，適映雲際則如是。不當乎雲之際，而在同雲之中則無是矣。凡天地造化之迹，苟不以理推之，必入于幻怪僞誕之説而終不能明，故君子窮理之爲要也。性理。

陳耀文《天中記》卷二　電

雷解。《説文》云：電，陰陽激燿也。《字指》曰：儵熻，電光也。《釋名》云：殄也，乍見則殄滅也。

雷光。電謂之雷光。《五經通義》。

陽光。《禮記・月令》：二月始電。疏云：電，陽光。陽微則光不見，此月陽氣漸盛，以擊於陰，其光乃見。

陰陽分争。《魯子》曰：陰陽之氣交則爲電。《莊子》曰：陰氣伏於黄泉，陰氣上通於天，陰陽分争，故爲電。

列缺。《大人賦》：貫列缺之倒景。《服虔》曰：天閃也。前書。《思玄賦》：列缺曄其照夜。張衡曰：電也。後書。噬嗑，列缺搏礹磹灼。《傳》曰：列缺，搏雷之動也。礹磹，灼電之耀也。元包。月支獻猛獸，兩目如天礹磹之交光。

宣示光耀。太平之世，電不眴目，宣示光耀而已。《西京雜記》。

繞斗。黄帝有熊氏，母曰附寶，有蟜氏之女也，見大電光繞北斗樞星，照郊野，感附寶而孕。《帝王世紀》。

天笑。《仙傳拾遺》：木公與一玉女投壺，設不入者天爲之嚕噓。注：嚕噓，開口而笑。《神異經》：東王公與玉女投壺，梟而脱誤不接者，天爲之笑，開口流光，今電是也。

弄雷電。西王母曰：東方朔爲太山仙官，太上使至方丈，勅三天司命，朔但務山水遊戲，擅弄雷電，激波揚風，致令蛟螈陸行，山崩海竭。太上謫斥，使在人間。《漢武故事》。

目爛如電。王戎幼而聰悟，神彩秀徹，視日不眩。裴楷目之曰：戎眼爛如巖下電。《晉書》。

繞室。上元中，台州一道士王遠知善《易》，善知人死生禍福，作《易摠》十五卷。一日因曝書，雷雨忽至，赤電遶室。在暝霧中一老人叱曰：所泄者書何在？上帝令吾攝六丁雷電追取，遂失《易摠》。《龍城録》。

繞案。睦昭符，金陵人，保大中常州刺史。一日坐聽事，雷雨暴至，電光如金蛇繞案，吏卒皆震伏，昭符不懾，撫案叱之，雷電遽散，及舉案，惟得鐵索重百斤。昭符亦不變色，徐命舉索納庫中。《南唐書》。

四方電。東方有電，名曰無厚。南方有電，名曰順流。西方有電，名墮光明。北方有電，名百生樹。無厚與墮光明相觸相對，順流與百生相觸相對，故虚空雲聚之中，出生大明，名曰電光。《起世經》。

炟炟豐。雷磤磤，其聲震也。電炟炟，其光睒也。《元包》。

孫瑴《古微書》卷七《春秋元命包》

陰陽聚而爲雲，陰陽和而爲雨，陰陽揚爲雪，陰陽合爲雷，陰陽激爲電，陰陽交爲虹蜺。離爲背僪，分爲抱珥，怒而爲風，亂而爲霧。霧，陰陽之氣也。霜以殺木，露以潤草。

又《大戴・天圓》篇：陰陽之氣，各静其所則静矣，偏則風，俱則靁，交則電，亂則霧，和則雨。陽氣勝則散爲雨露，陰氣勝則凝爲霜雪。陽之專氣爲雹，陰之專氣爲霰。霰雹者，一氣之化也。

熊明遇《格致草》　雷電

雷屬火。春夏地氣上升，皆因日近照地成熱。日爲火母，下火上親，騰踔而起，又挾水土之氣合迸上冲。火性專直，既欲發越，又被濕雲水氣圍抱壅隔。陰陽相薄，激而成聲，如釜中煑水，覆以釜蓋，水沸湯湯，其勢然也。水土之氣，挾帶微質，畧如硝臭，火勢發越，逢其質氣，閃爲電光。火迸土騰，土經火煉，凝聚成物，物降于地，是爲劈歷之楔矣。或曰：人間畫雷象如鬼神狀，又有見雷如飛鴉形者，是耶非耶？曰：氣之所聚，即化爲神，如人身氣旺便自神壯。天行元氣，豈無神司。偶落凡目，變爲影像，是雷之神，非雷之體。雷體在火，故電光可見而雷不可見。畫者作持斧椎鼓狀，世俗之陋也。

游藝《天經或問》前集卷四　雷電

問：世謂雷之擊物也，電光耀其先，而雷繼之。似此當有二神司之，永無間者，乃何以春則發而冬必藏乎？

曰：雷爲陽氣而屬火，春夏地氣上升，日行近天頂，人所居之地上爲天之頂。照地成熱，則有雷。日爲火母，下火騰踔而親，又挾水土之氣合迸衝逼雲中，都被重雲圍裹，四圍冷濕之氣包火成團，燃著勢昌，旁礴涌沸，冷濕亟欲斂聚而下，燥火又欲迸出而上，東奔西撞，所以轟轟猛勢，相逼搏激，漲破雲竅，或如裂繒，或爲鳴鼓而成聲也。而水土之氣挾帶微質，畧如硝炱，火熱發越，適暎雲際，逢其質氣，閃爲電光，迅疾如金蛇。火迸土騰，土經火煉，凝聚成物，是爲劈靂之楔矣。然雷與電同體，火氣切雲，互相摩盪，帶上土氣一齊點著，乃見電光。光相入目，即呈聲氣入耳。少待電光之後，便繼急雷。此則聞之遲速耳。或先聞雷而無電者，是燥火之氣與雲周旋遇合，亦能發聲，未曾燃火也。或有電無雷，雷聲稍疏，未曾摩盪而火已燃也。夫雷有三種：一曰鑽雷，尖細如火錟，鑿空便過；一曰湃雷，逢物不擊而燒散；一曰燒雷，是陰陽鬱怒之氣，地有惡氣，適與之感會，則震之，而經過便留火跡。有毒之物去毒，無毒之物留毒，有去一毒而生一毒者，皆燒雷之所致也。

韓菼編纂　葉方藹張英監修《孝經衍義》卷一九《衍教所由生之義·刑》

豐，卦名。象曰：雷電皆至。威照並行。豐，君子以折獄致刑。

孔穎達疏曰：雷者，天之威動。電者，天之光耀。雷電俱至，則威明備足以爲豐也。君子法象天威，而用刑罰亦當文明以動。

傅恒《周易述義》卷六　噬嗑以合爲義，雷震必電，電掣必雷，無不相合者。不曰電雷，而曰雷電，何也？噬之合，自下合上，電先掣而後雷應之，雷以從電也。故曰雷電噬嗑，先王以明其罰勑。其法明者，辨别精審之意，勑者整飭嚴儆之意，罰者一時所用之法，法者平時所定之罰。明而示之，雖愚知避。嚴而勑之，雖悍知畏。明罰取離之明，勑法取震之威。

胡煦《周易函書别集》卷一五《篝燈約旨》　觀物

雷也者，陽秘陰中，驟而發洩者也。電也者，陽出陰外，徐而乍舒者也。蓋陽爲陰裹太固，則奮而爲雷，不甚固則乍舒而爲電。既和則融而爲雨。陽所不固之，陰從而下洩則爲風，從而上越則爲雹。凡兩物相交，有固於外者，斯其中之變化出焉。

綜述

歐陽詢《藝文類聚》卷二《天部下》雪雨霽雷電霧虹

雷

《易》曰：鼓之以雷霆，潤之以風雨。又曰：震爲雷，動萬物者莫疾於雷。

《禮記》曰：仲春之月，日夜分，雷乃發聲。仲秋之月，雷乃收聲。

《大戴禮·夏小正》曰：正月，雉震鳴，鴝鼓其翼也。正月必雷，雷不正聞，唯雉聞。

《毛詩》曰：殷其雷在南山之陽。又曰：虺虺其雷。

《左傳》曰：藏冰以時，則雷出不震。棄冰不用，則雷不發而震。

《尚書中候》曰：秦穆公出狩，天震大雷，下有火化爲白雀，銜丹書集公車。

《史記》曰：高祖母曰劉媪，嘗息大澤之陂，夢與神遇，時雷電冥晦。

《山海經》曰：翔次之山有鳥，名櫜蜚，服其毛羽，令人不畏雷也。

《淮南子》曰：陰陽相薄，感而爲雷。

焦贛《易林》曰：白日揚光，雷車避藏，雲雨不下，各自正鄉。

《物理論》曰：積風成雷。

《易》曰：雷風相薄。

《洪範五行傳》曰：夫雷，人君象也，入能除害，出能興利。

《河圖帝紀通》曰：雷，天地之鼓也。又曰：黃帝以雷精起。

《鶡冠子》曰：夫耳之主聰，目之主明。一葉蔽目，不見太山。兩豆塞耳，不聞雷霆。

《論衡》曰：圖畫之工，圖雷之狀，畾畾如連鼓形。又圖一人若力士，謂之雷公，使之左手引連鼓，右手推之。

《晉陽秋》曰：王裒母性畏雷，及母死，每雷震，輒就墓側啓曰：裒在此，裒在此。

盛弘之《荆州記》曰：湖陽縣，春秋蓼國樊重之邑也。重母畏雷，爲石室避之，悉以文石爲階砌，今猶存。

王韶《孝子傳》曰：竺彌父生時畏雷，每至天陰，輒至墓，伏墳悲哭。有白兔在其左右。

《華陽國志》曰：曹公從容謂先主曰：天下英雄唯使君與操，本初之徒，不足數也。先主方食，失匕箸，會雷大震。先主曰：聖人言：迅雷風烈，必變良有以也。一震之威，乃可致此。公亦悔失言。

雷於天地爲長子，以其萬物爲出入也。雷，二月出地，百八十日，雷出則萬物出。八月入地，百八十日，雷入則萬物入。入則除害，出則興利，人君之象也。

孟奥《北征記》曰：凌雲臺東南角一百步，有白石室，名爲避雷室。

【略】

《爾雅》曰：疾雷謂之霆。

《穀梁傳》曰：陰陽相薄，感而爲雷，激而爲霆。

《五經通義》曰：震與霆皆霹靂也。

《公羊傳》曰：雷疾而甚者爲震，震與霆皆謂霹靂也。雷謂電之先。

《易》曰：天地解而雷雨作，雷雨作而萬物草木皆甲坼。

《山海經》曰：飛魚如豚，赤文無羽，食之辟兵，不畏雷也。

《淮南子》曰：叢輕折軸，衆呼成雷。又曰：庶女叫天而雷下擊，景公臺損，支體傷折，海水大出。

《漢書》曰：桓帝建和二年六月乙卯，雷震憲陵寢屋，是梁太后聽兄冀枉誅喬也。

蔡順母平生畏雷，自亡後，每有雷，輒環冢泣曰：順在此。

《論衡》曰：雷霆迅疾，擊折樹木，壞敗屋室，時犯殺人，俗以爲天取龍。其犯殺人，謂之有陰過。

《雜兵書》曰：雷電霹靂，破軍内，若樹木屋舍，急徙去吉也。雷電，風所從來，不可逆，而伐宜慎之。

《論語讖》曰：雷震百里聲相附。近宋均注曰：雷動百里，故因以爲言也。雷聲謂諸侯之政教所至相附近也。

《説文》曰：雷霆，餘聲鈐鈐，所以挺出萬物也。

詩，晉傅玄《雜言詩》曰：雷隱隱感妾心，傾耳清聽非車音。又曰：童女掣電策，童男挽雷車。又《驚雷歌》曰：驚雷奮兮震萬里，威陵宇宙兮動四海，六合不維兮誰能理。

晉李顒《雷賦》曰：伊有陽之肇化兮陶萬殊於天壤，結鬱蒸而成雷兮鼓訇稜之逸響。若乃駭氣奔激，震響交搏，濆淪隱轔，崩騰磊落。來無轍迹，去無阡陌。君子恐懼而修省，聖人因象以制作。

又 電

《毛詩》曰：爗爗震電。

《易》曰：離爲電。又曰：雷電噬嗑。

《月令》曰：仲春始電。

《晉書》曰：王戎視日不眩目，爛爛若巖下電。

《山海經》曰：列缺，電名。

《莊子》曰：陰氣伏於黄泉，陽氣上通於天。陰陽分争，故爲電。玉女投壺，天爲之笑則電。

《淮南子》曰：電以爲鞭策。雷，激氣也。

《河圖握拒起》曰：大電繞樞星，炤郊野，感符竇而生黄帝。事具符命部。

《甘泉賦》曰：電倏閃於牆藩。

賦，晉顧凱之《雷電賦》曰：太極紛綸，元氣澄練，陰陽相薄，爲雷爲電。

瞿曇悉達《開元占經》卷一〇二 電

《河圖》曰：激陽爲電。《易稽覽圖》曰：陰陽和合，其電耀耀也，其光長。

《元命包》曰：陰陽激爲電。《河圖》曰：大電繞樞星，炤郊野，感符寶而生黄帝。

《天官書》曰：電者，陰陽之動也。《莊子》曰：陰氣伏於黄泉，陽氣上通於天，陰陽交争故爲電。《釋名》曰：電，殄也，乍見則殄威也。京房曰：電生火，有所擊，極陰生陽之象。董仲舒曰：太平世，電不眴目，實示光耀而已。

李昉等《太平御覽》卷一三《天部十三》 電

《釋名》曰：電，殄也，乍見則滅也。

《説文》曰：電，陰陽激燿也，從雨甲聲。

《易》曰：離爲電。

《詩》曰：爗爗震電。

又曰：雷電皆至，豐。君子以折獄致刑。

《傳》曰：隱九年三月癸酉，大雨震電。

《易稽覽圖》曰：陰陽和合，爲電輝輝也，其光長。

《春秋元命苞》曰：陰陽激爲電。

《史記・天官書》曰：電者，陰陽之動也。

《帝王世紀》曰：黄帝有熊氏母曰附寶，有蟜音喬。氏之女也，見大電光繞北斗樞星，照郊野，感附寶而孕。

《漢書・李尋傳》曰：尋説王根曰：竊見往者盛冬雷，潛龍爲孽。

《晉書》曰：王戎幼而穎悟，神彩秀徹，視日不眩。裴楷目之曰：戎眼爛如巖下電。

《神異經》曰：東王公與玉女投壺梟而脱悮不接者，天爲之笑，開口流光，今電是也。

《漢武内傳》曰：西王母曰：東方朔爲太山仙官，太仙使至方丈，坐三天司命，朔但務山水遊戲，擅弄雷電，激波揚風，風雨失時。

《西京雜記》曰：董仲舒曰：太平之世，電不眴許絹反。目，宣示光輝而已。

《莊子》曰：陰氣伏于黄泉，陽氣上通于天，陰陽分争，故爲電。

《文子》曰：腎爲電，主鼻。

《曾子》曰：陰陽交則電。

《抱朴子》曰：良將去如收電，可見不可追；立如丘山，可瞻不可動。

《淮南子》曰：電以爲鞭策。電，擊氣也。

《物理論》曰：風清熱之氣，散爲電。

揚雄《河東賦》曰：奮電鞭驂雷，輜鳴洪鐘建五旗。

《楚辭》曰：凌驚雷，軼駭電。

張衡《思玄賦》曰：凌驚雷之砊苦浪反。礚苦大切。兮，弄狂電之淫裔。

傅玄詩曰：童女掣電。

夏侯孝《若電賦》曰：攢雲間而飛火，絳烟起於雲中。

曹毗《霖雨詩》曰：紫電光牖飛，迅雷中天奔。

顧愷之《電賦》曰：天怒行令，雲赤光發。

李顒詩曰：黮徒感反。霮重雲陰，碎稜震電硊。徒家反。

陸佃《埤雅》卷二〇《釋天》　電

陰陽激耀，與雷同氣，發而爲光者也。雷从回，電从申，陰陽以回薄而成雷，以申洩而爲電故也。或曰雷出天氣，電出地氣，故電從坤省，《管子》所謂天冬雷，地冬霆是也。《記》曰：地載神氣，神氣風霆，風霆流形。言萬物以風霆流形，而風霆出於地之神氣也。《説卦》曰：離爲電，電火屬也。蓋陰陽暴格，分争激射，有火生焉，其光爲電，其聲爲雷。今鐵石相擊則生火，燒石投井則起雷。又況天地大爐之所薄動，真火之所激射乎。《易》曰：雷電噬嗑。又曰：雷電皆至，豐。雷電噬嗑，言雷電合而章也。按《月令》：雷乃發聲後五日始電。今旱暵亦或電而不雷，則雷電不必皆合而章也。故《易》雷電合而章，然後爲噬嗑。然雷電合而章，又不必雷電皆至。若今震雷與電俱赴者，所謂雷電皆至者也。故君子以折獄致刑，以象天之至威，非特明罰勑法而已。《詩》曰：「爗爗震電，不寧不令。」言雷電變亂於上，不安故常，且非所以號令萬物也。董子曰：太平之時，雷不驚人，號令啟發而已矣。電不眩目，宣示光耀而已矣。

真德秀《西山讀書記》卷三九《日月星辰・雷霆風雨之屬》

《易》震爲雷，巽爲風，坎爲水，離爲電。

按：諸卦有坎者，或爲雲，或爲雨。

《記・月令》：仲春，是月也，雷乃發聲，始電。蟄蟲咸動，啓户始出。先雷三日，奮木鐸以令兆民曰：雷將發聲，有不戒其容止者，生子不備，必有凶災。

鄭氏曰：主戒婦人有娠者也。容止，謂動静。《正義》曰：雷是陽氣之聲，將發與陰相衝。蔡邕云：季冬雷在地下，則雉應而雊。孟春動於地之上，則蟄蟲應而振出。至此升而動於天之下，其聲發揚，以雷出有漸，故云。乃云始電者，電是陽光，陽微則光不見，此月陽氣漸升，以擊於陰，其光乃見，故云始電。蔡氏云：迅雷風烈，孔子必變。《玉藻》曰：迅雷甚雨則必變，雖夜必興衣服冠而坐，所以畏天威也。小人不畏天威，懈慢褻瀆，或至夫婦交接。君子制法，不可指斥言之，故曰有不戒其容止者。言此時夫婦交接生子，支體性情必不備，其父母必有灾。

仲秋，是月也，雷乃收聲，蟄蟲坏户。

雷始收聲，在地中動，内物也。《正義》曰：知動内物者，以雷是陽氣，主於動，不惟地中潛伏而已。至十一月，一陽初生，震下坤上，復卦用事。震爲動，坤爲地，是動於地下，是終此月爲始，故云動内物也。

《仲尼閒居》：天有四時，春秋冬夏，風雨霜露，無非教也。地載神氣，神氣風霆，風霆流形，庶物露生，無非教也。

《正義》曰：神氣，謂神妙之氣化也。言神氣者，氣從地出。又風着於土，雷出於地，故神氣、風雷偏屬於地。

程子曰：電者，陰陽相軋。雷者，陰陽相擊也。軋者，如石相磨而火光出者，電便有雷擊者是也。末句疑有誤字。

風雷，二物相益者也。風烈則雷迅，雷激則風怒，兩相助益，所以爲益。

霜露，星之氣，異乎雨雪。又曰：霜與露不同，霜，金氣，星月之氣。露亦星月之氣。

【略】

邵子曰：陽得陰而爲雨，陰得陽而爲風，剛得柔而爲雲，柔得剛而爲雷。無陰則不能爲雨，無剛則不能爲雷。雨柔也而屬陰，陰不能獨立，故待陽而後興。

雷剛也而屬體，體不能自用，必待陽而後發也。

張氏曰：陽唱而陰從則流而爲雨，陰格而陽薄則散而爲風，剛唱而柔從則流而爲雲，柔畜而剛動則激而成雷。客主先後，陰陽順逆不同也。風雨自天而降，故言陰陽。雲雷自地而升，故言柔剛。天陽也，陽必資陰，故無陰則不能爲雨。陽得陰，然後聚而成體也。地陰也，陰必資陽，故無陽則不能爲雷。陰得陽，然後發而成聲也。此言陰陽之相資也。雨之形柔也，屬陰者本乎天之氣也。陰不能獨立，待陽而後興者，天之陰資乎天之陽也。雷之聲剛也，屬體者出乎地之形也。體不能自用，必待陽而後發者，地之陰資乎地之陽也。大抵陰陽匹敵，雖曰相資，然陰無能爲，必待陽而後有爲，君臣父子夫婦之義也。陽來則生，陽去則死，天地間所主者一陽而已。是故陽一而陰一，陽尊而陰卑。別而言之，則天爲陽，地爲陰；合而言之，則天有陰陽，地亦有陰陽。陰陽氣也，剛柔形也。既以陰陽言天，則必以剛柔言地。然地有柔剛，天亦有柔剛，所以先生之言，錯綜而用之也。風，氣也，麗乎陽。雨，形也，麗乎陰。雲，象也，近乎形。雷，聲也，近乎氣。氣皆可以言天，形皆可以言地。自其始而言，則風雨爲陰陽，雲雷爲柔剛。要其終而言，則雲雷亦得言陰陽，風雨亦得言柔剛。或由天而地，或由地而天，蓋以天地相交，上下同用也。

雲行雨施，電發雷震，亦各從其類也。

張氏曰：陰陽和則氣蒸爲雲，澤流爲雨，激則光發爲電，聲震爲雷。和者，陽先而陰從之。激者，陽盛而陰制之也。

吹噴吁呵呼，風雨雲霧雷，言相類也。

張氏曰：吹爲風，噴爲雨，吁爲雲，呵爲霧，呼爲雷，此人與天地相類者也。然所以不相類者，人有心而天無心。其裁成輔相，則天有賴乎人。及其機巧詐辯，則人不若天矣。

有雷則有電，有電則有風，雨生於水，露生於土，雷生於石，電生於火。雷與風同爲陽之極，故有電必有風。

張氏曰：雷者，震之氣也。電者，離之氣也。風者，巽之氣也。陽爲重陰所制，怒氣發而爲雷，怒而極激而爲電，陰已不能制矣。散而爲風，則反制陰也。故風與雷皆爲陽之極。雨者水之氣，蒸則爲雲，凝則爲雪。露者土之氣，升則爲霧，結則爲霜。雷出於石，電生於火，有雷則爲電，火出於石也。

木之堅，非雷不能震。草之柔，非露不能潤。

張氏曰：木者地之剛，雷亦地之剛；草者地之柔，露亦地之柔，剛能相制，柔能相益。

張子曰：陰性凝聚，陽性發散。陰聚之，陽必散之。其勢均，散陽爲陰累，則相持爲雨而降。陰爲陽得，則飄揚爲雲而升。故雲物班布太虛者，陰爲風驅，斂聚而未散者也。凡陰氣凝聚，陽在內者不得出，則奮擊而爲雷霆。陽在外者不得入，則周旋不舍而爲風。其聚有遠近虚實，故雷風有小大暴緩。和而散則爲霜雪雨露，不和而散則爲戾氣曀霾。陰嘗散緩，受交於陽，則風雨調，寒暑正。

朱子曰：橫渠此論極分曉，陽爲陰累，則相持爲雨而降。陽氣正升，忽遇陰氣，則相持而下爲雨。蓋陽氣輕，陰氣重，故陽氣爲陰壓墜而下也。陰爲陽得，則飄揚爲雲而升。陰氣正升，忽遇陽氣，則助之飛騰而上爲雲也。陰氣凝聚，陽在內者不得出，則奮擊而爲雷霆。陽氣伏於陰氣之內不得出，故爆開而爲雷也。陽在外者不得入，則周旋不舍而爲風。陰氣凝結於內，陽氣欲入不得，則旋繞於外，不已而爲風，至吹散陰氣乃已也。和而散則爲霜雪雨露，不和而散則爲戾氣曀霾。戾氣，飛雹之類；曀霾，黄霧之類。皆陰陽邪惡，不正之氣。所以雹水穢濁，或青黑色。又按：隋文帝欲六月殺人，大理少卿趙綽争之，帝曰：六月豈無雷霆，我則天而行，何不可之有？胡氏曰：雨露猶人君之惠澤，雷霆猶人君號令，生成萬物之時，固有雷霆，而雷霆未嘗殺物。隋文取則雷霆而乘怒殺人，其違天多矣。或問：雷霆何爲而然者，有形耶？有神耶？曰：古人未之言也，然先達大儒亦嘗明其理矣。蓋天地之間無非陰陽聚散闔闢之所爲也。可以神言，不可以形論，非如異端所謂龍車、石斧、鬼鼓、火鞭、怪誕之難信也。故其言曰：陰氣凝聚，陽在內而不得出，則奮擊而爲雷霆，雖聖人復起，不能易矣。凡聲，陽也，光亦陽也。光發而影隨之，陽氣奮擊欲出之勢也。電緩小則震亦緩小，電迅大則震亦迅大。震電交至則必有雨。震而不電，電而不震，則無雨。由陰氣凝聚之，有疎緩迅密也。曰：世人所得雷斧者何物也？曰：此猶星隕而爲石也。本乎天者，氣而非形，偶隕於地則成形矣。然而不盡然也。曰：雷之破山壞廟，折木殺人者，何也？曰：先儒以爲陰陽之怒氣也。氣鬱而怒，方爾奮擊，偶或值之，則遭震矣。然而不盡然也。曰：電之閃爍激疾，如金虵飛騰之狀，何謂也？曰：電之發也惟光，爾適映雲際則如是。不當乎雲之際，而在同雲之中，則無是矣。凡天地造化之迹，苟不以理推，必入於幻恠僞誕之説，而終不能明，故君子窮理之爲要也。

俞琰《周易集説》卷三八《説卦傳三》 離爲火爲日爲電

離，麗也。火麗乎木，日麗乎天，電麗乎雲，皆有所麗而明者也。故離爲火，爲日，爲電。電光乃日之光，然必麗乎雲則見，無雲則無電也。胡致堂曰：或謂雷霆何爲而然者，有形耶？有神耶？曰：古人未之言也。然先達大儒亦嘗明其理矣。蓋天地間無非陰陽聚散闔闢之所爲也，可以神言，不可以形論，非如異學所謂龍車、石斧、鬼鼓、火鞭，怪誕之難信也。故其言曰：陰氣凝聚，陽在内而不得出，則奮擊而爲雷霆。雖聖人復起，不能易矣。凡聲，陽也，光亦陽也。光發而聲隨之，陽氣奮擊欲出之勢也。電緩小則震亦緩小，電迅大則震亦迅大。震電交至，則必有雨。震而不電，電而不震，則無雨。由陰氣凝聚之有疎緩迅密也。曰：世人所得雷斧者，何物也？曰：此猶星隕而爲石也，本乎天者，氣而非形，偶隕於地則成形矣。然而不盡然也。曰：雷之破山折樹，殺人者，何謂也？曰：先儒以爲陰陽之怒氣也。氣鬱而怒，方爾奮擊，偶或值之，則遭震矣。然而不盡然也。電之閃爍激疾，如金蛇飛騰之狀，何謂也？曰：電之發也唯光，爾適映雲際，則如是。不當乎雲際，而在同雲之中，則無此矣。凡天地造化之迹，苟不以理推，則必入于幻怪誕僞之説，而終不能明，故君子窮理之爲要也。

張九韶《理學類編》卷三《天文下》 《月令》：仲春之月，雷乃發聲，始電。

孔氏曰：雷是陽氣之聲，將上與陰相衝。蔡邕云：季冬雷在地中，孟春動於地之上，至此升而動於天之下。其聲發揚，以雷有漸，故云。乃電是陽光，陽微則光不見，此月陽氣漸升，以擊於陰，其光乃見，故云始電。

程子曰：電者，陰陽相軋。雷者，陰陽相擊。軋者，如石相磨而火光出者，電便有雷擊者是也。問：程子以雷是氣相摩軋，是否？朱子曰：然。或以爲有神物，如何？曰：氣聚則須有，然纔過便散。如雷斧之類亦是氣聚而成者，但已有渣滓便散不得。又曰：電者陽之光，陽在外，陰有所麗，故閃爍而爲電。

胡廣《性理大全書》卷二七《理氣二・天文》 雷電

程子曰：電者，陰陽相軋。雷者，陰陽相擊也。

問：人有死於雷霆者，無乃素積不善，常歉然於其心，忽然聞震，則懼而死乎？曰：非也，雷震之也。然則雷孰使之？曰：夫爲不善者，惡氣也。赫然而震者，天地之怒氣也。相感而相遇故也。曰：雷電相因，何也？曰：動極則陽形也，是故鑽木戛竹皆可以得火。夫二物者未嘗有火也，以動而取之故也。擊石火出亦然，惟金不可以得火，至陰之精也。然軋磨既極，則亦能熱矣，陽未嘗無也。

或問：雷霆何爲而然者，有形耶？有神耶？致堂胡氏曰：古人未之言也，然先達大儒亦嘗明其理矣。蓋天地之間無非陰陽聚散闔闢之所爲也，可以神言，不可以形論，非如異端所謂龍車、石斧、鬼鼓、火鞭怪誕之難信也。故其言曰：陰氣凝聚，陽在内而不得出，則奮擊而爲雷霆。雖聖人復起，不能易矣。凡聲，陽也，光亦陽也，光發而聲隨之，陽氣奮擊欲出之勢也。電緩小則震亦緩小，電迅大則震亦迅大。震電交至，則必有雨，震而不電，電而不震，則無雨。由陰氣凝聚之有疎緩迅密也。曰：世人所得雷斧者，何物也？曰：此猶星隕而爲石也。本乎天者，氣而非形，偶隕于地，則成形矣。然而不盡然也。曰：雷之破山壞廟，折樹殺人者，何也？曰：先儒以爲陰陽之怒氣也。氣鬱而怒，方爾奮擊，偶或值之則遭震矣。然而不盡然也。曰：電之閃爍激疾，如金蛇飛騰之狀，何謂也？曰：光之發也惟光耳，適映雲際則如是。不當乎雲之際，而在同雲之中，則無是矣。凡天地造化之迹，苟不以理推之，必入于幻怪僞誕之説而終不能明，故君子窮理之爲要也。

朱子曰：雷如今之爆杖，蓋鬱積之極而迸散者也。雷雖只是氣，但有氣便有形。如蝃蝀本只是薄雨爲日所照成影，然亦有形，能吸水吸酒，人家有此或爲妖或爲祥。或問：程子謂雷電只是氣相摩軋，是否？曰：然。或以爲有神物？曰：氣聚則須有，然纔過便散，如雷斧之類亦是氣聚而成者。但已有查滓，便散不得。此亦屬成之者性。張子云：其來也，幾微易簡；其究也，廣大堅固。即此理也。問十月雷鳴？曰：恐發動了陽氣。所以大雪爲豐年之兆者，雪非豐年，蓋爲凝結得陽氣在地，來年發達，生長萬物。

問：雷者，陰陽擊搏之氣，然有時而擊人，是豈氣之所爲乎？且擊人之時有所謂石與火，又有書背字。曰：某人有此惡者，豈其氣又有神物主之耶？南軒張氏曰：横渠有言，陽在内者，爲陰氣所蒙而不得出，則震擊而爲雷霆。蓋雷霆是天地間義氣，人爲不善，又適與之感會，則雷震之。有所謂火者，氣之擊搏，自有火生也。有所謂石斧者，氣之墜則爲石，星隕亦然。若所謂書字則無是理。曰神物主之者，繆悠之説也。

問：雷者，陰陽二氣相摩而成聲，春秋有所謂震夷伯之廟，不知陰陽二氣亦能震物也耶？潛室陳氏曰：雷震固是陰陽相搏而成聲，然以陰陽之怒氣與沴氣適相值，故震。要之，此等陰陽自虛而有，自氣而形，自聲而發，皆摩盪之甚也。故人或見其形，或拾其物，此二氣極摩盪處，小而言之則人間之灼火，大而言之則虹霓之氣化，若蛟龍之生物，皆無而爲有也。

顧起元《説略》卷四《時序》　春分二月中。分者，半也，此當九十日之半，故謂之。分秋同義。夏冬不言分者，蓋天地間二氣而已。方氏曰：陽生於子，終於午，至卯而中分，故春爲陽中，而仲月之節爲春分。正陰陽適中，故晝夜無長短。云玄鳥至，玄鳥，燕也，齊魯謂之乙。《春秋運斗樞》曰：瑶光星散爲燕。《淮南子》曰：燕入水爲蛤。《玄中記》曰：千歲之燕户北向。高誘曰：春分而來，秋分而去也。雷乃發聲，陰陽相薄爲雷。至此四陽漸盛，猶有陰焉，則相薄乃發聲矣。乃者，《韻會》曰：象氣出之難也。註疏曰：發，猶出也。始電，電，陽光也。四陽盛長，值氣泄時而光生焉。故《歷解》曰：凡聲陽也，光亦陽也。《易》曰：雷電合而章。《公羊傳》曰：電者，雷光是也。徐氏曰：雷陽電陰，非也。蓋盛夏無雷之時，電亦有之可見矣。

張英　王士禎《淵鑑類函》卷八《天部八》　電一

增《釋名》曰：電，殄也，乍見則殄滅也。《説文》曰：電，陰陽激耀也，從雨，申聲。又曰：《字指》曰：倏爚，電光也。《易》曰：雷電皆至，豐。君子以折獄致刑。原又曰：離爲電。又曰：雷電噬嗑。《禮記・月令》曰：仲春始電。《公羊傳注》曰：電謂之雷光也。增《易稽覽圖》曰：陰陽和合，爲電輝輝也其光長。《春秋元命苞》曰：陰陽激爲電。《史記・天官書》曰：電者，陰陽之動也。《漢書・李尋傳》曰：竊見往者盛冬雷，潛龍爲孽。原《莊子》曰：陰氣伏於黄泉，陽氣上通於天，陰陽分争，故爲電。《淮南子》曰：電以爲鞭策。電，激氣也。

增又曰：陰陽相薄爲雷，激揚爲電。《公孫子》曰：擊電無停光。《曾子》曰：陰陽交則電。原《山海經》曰：列缺，電名。增《楚辭》曰：凌驚雷，駃駭電。原《甘泉賦》曰：電倏閃于牆藩。增揚雄賦曰：霹靂列缺，吐火施鞭。又曰：奮電鞭驂雷輜。張衡《思玄賦》曰：凌驚雷之砊磕兮，弄狂電之淫裔。夏侯孝《若電賦》曰：攢雲間而飛火，絳煙起於雲中。傳(元)[玄]詩曰：童女掣電。曹毗《霖雨詩》曰：紫電光牖飛，迅雷絡天奔。陸士衡詩曰：驚電夜舒光。李顒詩曰：黮黮重雲陰，碎稜震電硠。韓偓詩曰：雷尾燒空黑，雲脚飛銀線。

劉嶽雲《格物中法》卷一《氣部》　電氣

陽與陰夾持，則磨軋有光而爲電。《慎子》。

嶽雲謹案：據此知電有陰陽也。含電之物必有陰陽二端，生電之法必引陰陽二氣，可以推矣。

積風成雷，風清熱之氣散而爲電。《物理論》。

嶽雲謹案：風即氣也，氣鬱則熱。鬱久而洩，有聲曰雷，有光曰電。光、熱、電，三者同原于氣，論之志也。

石擊石即光，知此説者風雨雷電皆可爲之。蓋風雨雷電皆緣氣而生。《關尹子》。

嶽雲謹案：電緣氣而生。可知西人電學，中國自古知之，且可爲之玩。石擊石即光一語，蓋用磨擦以生電，今之乾電氣也。

已上總論電氣。

紀事

公羊高撰　何休解詁　陸德明音義《春秋公羊傳注疏》卷三

三月癸酉，大雨震電。音義：電，徒練反。

傳：何以書？記異也。何異爾？不時也。注：震雷電者，陽氣也。有聲，名曰雷。無聲，名曰電。周之三月，夏之正月，雨當冰雪雜下，雷當聞於地中，其雉雊電未可見，而大雨震電，此陽氣大失其節。猶隱公久居位，不反於桓，失其宜也。

蕭子顯《南齊書》卷一九《志第十一・五行》　《傳》又曰：雷電所擊，蓋所感也，皆思心有尤之所致也。

建元二年閏六月，丙戌夜震電。四年五月五日，雷雹闇都，雷震於樂遊，安昌殿電火焚蕩盡。

永明八年四月六日，雷震會稽山陰恒山保林寺，刹上四破，電火燒塔下佛面，窗户不異也。

魏了翁《春秋左傳要義》卷五《隱公六年至十一年》　震雷之劈歷電是光

九年，大雨震電。《正義》曰：《説文》云：震，劈歷震物者。電，陰陽激曜也。《河圖》云：陰陽相薄爲雷，陰激陽爲電。然則震是雷之劈歷，電是雷光。僖十五年震夷伯之廟，是劈歷破之。雷之甚者爲震，故何休云震雷也。

沈括《夢溪筆談》卷二〇《神奇》　內侍李舜舉家曾爲暴雷所震。其堂之西室，雷火自窗間出，赫然出簷，人以爲堂屋已焚，皆出避之。及雷止，其舍宛然，墻壁窗紙皆黔。有一木格，其中雜貯諸器，其漆器銀釦者，銀悉鎔流在地，漆器曾不焦灼。有一寶刀，極堅鋼，就刀室中鎔爲汁，而室亦儼然。人必謂火當先焚草木，然後流金石。今乃金石皆鑠，而草木無一燬者，非人情所測也。佛書言龍火得水而熾，人火得水而滅，此理信然。人但知人境中事耳，人境之外，事有何限，欲以區區世智情識，窮測至理，不其難哉！

姚寬《西溪叢語》卷上　台州杜瀆監之北安聖院，僧師肇端午日晝與僧對坐，忽聞屋瓦有聲，火光一線下至地，少頃遂大如車輪，先燎僧之左臂，次及右臂，忽入於背不見，久之復爲一線飛去，出屋即震雷一聲。其僧僅有氣，且舉衣視之，背後袈裟一圓孔如錢，中單圓孔如椀，脊下燒一圓瘡，瘡楚甚。皆以爲天火，不可治。予以湯火藥塗之，月餘遂無事。怪異如此。

莊綽《雞肋編》卷下　沈存中《筆談》載雷火鎔寶劍而鞘不焚，與王冰注《素問》謂龍火得水而熾，投火而滅，皆非世情可料。余守南雄州，紹興丙辰八月二十四日視事，是日大雷破樹者數處，而福慧寺普賢像亦裂，其所乘獅子，凡金所飾與像面皆銷釋，而其餘采色如故，與沈所書蓋相符也。

磁現象分部

磁石性質

論說

管仲撰　房玄齡注《管子》卷二三《地數》　黃帝曰：此若言可得聞乎？伯高對曰：上有丹沙者，下有黄金；上有慈石者，下有銅金；上有陵石者，下有鈆錫赤銅；上有赭者，下有鐵。此山之見榮者也。

郭璞注《山海經》卷三《北山經》　又北三百二十里曰灌題之山，其上多樗柘，其下多流沙，多砥。有獸焉，其狀如牛而白尾，其音如訆，如人呼唤，訆，音叫。名曰那父。有鳥焉，其狀如雌雉而人面，見人則躍，躍跳。名曰竦斯，其鳴自呼也。匠韓之水出焉，而西流注于泑澤，其中多磁石。可以取鐵。《管子》曰：山上有磁石者，下必有銅。音慈。

鬼谷子《鬼谷子》　反應第二

符應不失，如螣蛇之所指，若羿之引矢。故知之始己，自知而後知人也。其相知也，如比目之魚；見形也，如光之與影也。其察言也不失，若磁石之取鍼，舌之取燔骨。其與人也微，其見情也疾，如陰與陽，如陽與陰；如圓與方，如方與圓。未見形，圓以道之；既見形，方以事之。進退左右，以是司之。己不先定，牧人不正。事用不巧，是謂忘情失道；己審先定以牧人，策而無形容，莫見其門，是謂天神。

呂不韋撰　高誘注《呂氏春秋》卷九《季秋紀》　慈石召鐵，或引之也。石，鐵之母也，以有慈石，故能引其子。石之不慈者，亦不能引也。

劉安撰　高誘注《淮南子》卷六《覽冥訓》　若以磁石之能連鐵也，而求其引瓦，則難矣。物固不可以輕重論也。夫燧之取火於日，磁石之引鐵，蟹之敗漆，以蟹置漆中，則敗壞不燥，不任用也。葵之鄉日，雖有明智，弗能然也。然猶明也。故耳目之察不足以分物理，心意之論不足以定是非。故以智爲治者，難以持國，唯通于太和而持自然之應者，爲能有之。能有持國之術。

又　卷一六《說山訓》　慈石能引鐵，及其於銅則不行也。行，猶使也，不能使隨也。

劉安《淮南萬畢術》陶宗儀《說郛》卷五下　夜燒雄黄，水蟲成對來。水蟲聞燒雄黄炅氣皆趨火。磁石拒碁。取雞，用作針，針磨鐵，擣之以和磁石，日塗碁頭，曝乾之，置局上，即相拒不休。

磁石，一名磁君。

王充《論衡》卷一六《亂龍篇》　頓牟掇芥，磁石引針，皆以其真是，不假他類。他類肖似，不能掇取者，何也？氣性異殊，不能相感動也。劉子駿掌雩祭，典土龍事，桓君山亦難以頓牟、磁石不能真是，何能掇針、取芥？子駿窮無以應。子駿，漢朝智囊，筆墨淵海，窮無以應者，是事非議誤，不得道理實也。曰：夫以非真難，是也。不以象類說，非也。

【略】頓牟掇芥，磁石、鉤象之石，非頓牟也，皆能掇芥，土龍亦非真，當與磁石、鉤象爲類。

葛洪《抱朴子内篇》卷一《金丹》　若取九轉之丹，内神鼎中，夏至之後，爆之鼎熱，翕然煇煌，俱起神光五色，即化爲還丹。取而服之一刀圭，即白日昇天。又九轉之丹者，封塗之於土釜中，糠火，先文後武，其一轉至九轉，遲速各有日數多少，以此知之耳。其轉數少，則用日多，其藥力不足，故服之用日多，得僊遲也。其轉數多，藥力盛，故服之用日少，而得僊速也。又有九光丹，與九轉異法，大都相似耳。作之法，當以諸藥合火之，以轉五石。五石者，丹砂、雄黄、白礬、曾青、慈石也。一石轉而各成五色，五石二十五色，各一兩，而異器盛之。欲起死人，未滿三日者，取青丹一刀圭和水，以浴死人，又以一刀圭發其口内之，死人立生也。

陳壽撰　裴松之注《三國志・魏志》卷二九　管輅

清河令徐季龍使人行獵，令輅筮其所得。輅曰：「當獲小獸，復非食禽，雖有爪牙，微而不彊，雖有文章，蔚而不明，非虎非雉，其名曰貍。」獵人暮歸，果如輅言。季龍取十三種物，著大篋中，使輅射。云：「器中藉藉有十三種物。」先説雞子，後道蠶蛹，遂一一名之，惟以梳爲枇耳。《輅别傳》曰：清河令徐季龍，字開明，有才機。與輅相見，共論龍動則景雲起，虎嘯則谷風至，以爲火星者龍，參星者虎，火出則雲應，参出則風到，此乃陰陽之感化，非龍虎之所致也。輅言：「夫論難當先審其本，然後求其理。理失則機謬，機謬則榮辱之主。若以參星爲虎，則谷風更爲寒霜之風，寒霜之風非東風之名。是以龍者陽精，以潛爲陰，幽靈上通，和氣感神，二物相扶，故能興雲。夫虎者，陰精而居於陽，依木長嘯，動於巽林，二氣相感，故能運風。若磁石之取鐵，不見其神而金自來，有徵應以相感也。況龍有潛飛之化，虎有文明之變，招雲召風，何足爲疑。」

又《吴志》卷一二　虞翻傳

虞翻，字仲翔，會稽餘姚人也。《吴書》曰：翻少好學，有高氣。年十二，客有候其兄者，不過翻，翻追與書曰：僕聞虎魄不取腐芥，磁石不受曲鍼，過而不存，不亦宜乎！客得書奇之，由是見稱。

郭璞《山海經圖贊》　磁石

磁石吸鐵，琥珀拾芥，氣有潛感，數亦冥會，物之相投，出乎意外。

釋僧祐《弘明集》卷一《理惑論》　聖人云：食穀者智，食草者癡，食肉者悍，食氣者壽。世人不達，其事見六禽閉氣不息，秋冬不食，欲效而爲之。不知物類各自有性，猶磁石取鐵，不能移毫毛矣。

迦葉摩騰《大智度論》卷三六　習相應品第三之餘

動色者有二種，一者衆生動作，二者非衆生動作。如水火風動作，地依他故動。下有大風動水，水動地。風之動樹。如酒自沸動，如磁石吸鐵，如真珠玉車渠馬碯夜能自行，皆是衆生先世福德業因緣，不可思議。

蘇玄朗《太清石壁記》卷下　服丹人消息法

神仙鍊金石形質，各有美惡。朱砂光明照徹，如石榴子者良。雄黄色如鷄冠紅色温潤者良。玉質多種不同，取其色白净，有温潤之氣，無瑕類之玷，扣之作清聲者良。白石英無問麤細，但其表裏光静，明徹無點污，置水中與水同一色者良。紫石英形如楞楠子，光明照徹，輕明可愛，無可比類者良。磁石但取引針相連五六者爲良，連針唯多最好。雲母薄擘之，向日看焕然，并有五色晃曜人目者良。鍾乳於飛化銷鑄之中，亦必須上好者，但取其顔色潤澤、麤而且厚者良。

雷敩撰　張驥補輯《雷公炮炙論》卷四七　磁石

雷敩曰：凡使勿誤用玄中石，并中麻石，此二石真相似磁石，只是吸鐵不得。中麻石心有赤，皮麤，是鐵山石也，誤服之，令人生惡瘡不可療。磁石一片，四面吸鐵一斤者，此名延年沙；四面吸鐵八兩者，號曰續采石；四面吸得五兩上下者爲磁石。凡修事一斤，用五花皮一鎰，地榆一鎰，故綿十五兩，三件并細剉，于石上搥作二三十塊，將磁石入瓷瓶中，下草藥，以東流水煮三日夜，漉出拭干，以布裹之，向大石上再搥令細，入乳鉢中研極細如塵，以水飛過，又研如粉用之。

歐陽詢《藝文類聚》卷六《地部》　石

晋郭璞《磁石贊》曰：磁石吸鐵，琥珀取芥，氣有潛通，數亦冥會，物之相感，出乎意外。

又　卷二三《人部七》　鑒誡

魏陳王曹植《矯志詩》曰：芝桂雖芳，難以餌烹。尸位素餐，難以成名。磁石引鐵，於金不連。大朝舉士，愚不聞焉。

蘇敬《新修本草》卷四《玉石部》　慈石

慈石，味辛、鹹，寒，無毒，主周痺，風濕，支節中痛，不可持物。洗洗酸痟，除火熱、煩滿及耳聾。養腎藏，强骨氣，益精，除煩，通開節，消癰腫。【略】一名玄石，一名處石。生大山川谷及慈山山陰，有鐵者則生其陽，採無時。

佚名《金石簿五九數訣》　磁石

出磁州，但引得六七鍼者，皆名上好，即堪用。

獨孤滔《丹方鑑源》　諸石篇第六　磁石

磁石，四面熁鐵者上。伏丹砂，養汞，去銀暈，硬汞。

張守節《史記正義》卷一二　孝武本紀第十二

於是上使先驗小方，鬭旗，旗音其。文本或作棊。《説文》云：棋，博棊也。高誘註《淮南子》云：取雞血與針磨擣之，以和磁石，用塗棊頭，曝乾之，置局上，即相拒不止也。自相觸擊。是時上方憂河決，而黄金不就。鍊丹砂鉛錫爲黄金不就。

顧況《華陽集》卷下《文類・廣陵白沙大雲寺碑》　磁石攝鐵，不攝鴻毛，相應故。作針則沉，作鉢則浮，隨緣故。

馬總《意林》卷二《吕氏春秋二十六卷》　人謂兔絲無根，其根不連屬耳，茯苓是也。磁石召針，皆相引。猶聖人南面而立，則天下莫不延頸。

鄭思遠《真元妙道要略》　證真篇第二

凡藥，土石之類，終不合聖感神者矣。非唯此獨能變異，況磁石吸鐵，隔閡潛應，水精蚌蛤，尚敢玄遠。

李昉等《太平御覽》卷七三六《方術部十七・祝符術・術》

《淮南萬畢術》曰：慈石提棊。取雞磨針鐵，以相和慈石棊頭，置局上，自相投也。

又　卷九八八《藥部五・石藥下禽獸藥部》　磁石

王隱《晉書》曰：馬隆擊涼州，以磁石累道側，賊負鐵鎧不得過，以爲神。

《吕氏春秋》曰：磁石召鐵，或引之也。石，鐵之母也，石之不磁者，亦不能引之也。

《抱朴子》曰：五石者，丹砂、雄黄、礜石、曾青、磁石也。一石輒五轉，而各成色五，五石合爲二十五色。

《南州異物志》曰：漲海崎頭，水淺而多磁石。外徼人乘大船，皆以鐵鎖鎖之，至此關，以磁石不得過。

《淮南萬畢術》曰：磁石拒棊。取雞血，作針，針磨鐵，擣之以和磁石，日塗棊頭，曝乾之，置局上則相拒不休。又曰：磁石懸入井，亡人自歸。

《吴氏本草》曰：磁石，一名磁君。

李昌齡《太上感應篇》卷二一　逸樂過節

《傳》曰：誌公和尚與梁武皇帝論及樂事，請帝出死囚數人，以驗其説。既而命囚各持滿水，周行庭下，戒曰：杯水不溢，當貸汝死。繼命作樂以動其心，良久，視之，無一溢者。帝乃嘆曰：汝聞樂乎？曰：不聞。師曰：彼正畏死，惟恐水溢，安得聞樂。陛下若亦如此，常懷畏懼，則逸樂之心自然不生。慧遠禪師語大尹張秘曰：逆境易打，順境難打。逆我意者，只消一箇忍字，不片時間便過了。若遇順境，則諸事順適我意，無你回避處。譬如磁石與針相逢，不覺不知，定是合做一處。無情之物尚猶如此，況我有情，全身在情裏作活計者耶。

管輅撰　王伋注《管氏指蒙》卷上　釋中第八

陽生于子而起日於子半，陰生于午而起夜于三刻之末。全閏無中氣之正位，而斗杓斜指于兩辰之間，是則八干四維之至正，乃寂然未動，微然未著之前。惟壬與丙未形未覩。定大地之中，必于危張之度。陰陽所生之元，無非于辰初刻之所。推十二支辰，是乃各辰正刻之所移。惟壬與丙，陰始終而陽始窮。惟子與午，陽始肇而陰始生。探陰陽自始自終之藴，察天地南離北坎之原。磁磁石，可引鍼。者母之道，鍼者鐵之戕。母子之氣以是感以是通，受戕之性以是復以是完。體輕而徑所指必端。應一氣之所召，土曷中而方曷偏，較軒轅之紀，尚在星虚丁癸之躔。惟歲差之法，隨黄道而瞻之，見成象之昭然。大哉中之道也，天地以立極，寒暑以順時，陰陽以致積，日月以重輝。範之以矩，模之以規。節之而聲不淫，表之而影不欹。以南以北，以東以西，以横以直，以簡以夷。權之以平，量之以齊，賞之以勸，罰之以威。居之莫不安，用之莫不宜，亶乎中之不可不及也，亦不可過而失之。噫，不及者可以進，過者不可追。是以磁鍼之所指者，其旨在斯。何京房之臆鑿，捨四正以深悲。

莊綽《雞肋編》卷中　有人自云能使碌軸相搏，因先斂錢。以二瓢爲試，置之相去一二尺而跳躍相就，上下宛轉不止。人皆競出錢，欲看石軸相擊。遂有告其造妖術惑衆，收赴獄中，錮以鐵鎖，灌之猪血。其人訴云：二瓢尚在懷中，乃擣磁石，錯鐵末，以膠塗瓢中各半邊。鐵爲石氣所吸，遂致如此。其云使石者，特紿衆以率錢耳。破之信然，久乃釋之。

張載《横渠易説》卷二《下經・咸》　咸，感也，其爻雖相應而詞多不吉，顧其時如何耳。説者多以咸、恒配天地，殊不知咸自可配天地，故於序卦獨不言咸。咸既可以配天地，則恒亦可以配天地，皆夫婦之道也。咸之爲言皆也，故語咸則非事。咸，感也，不可止以夫婦之道謂之咸，此一事耳。男女相配，故爲咸也。感之道不一：或以同而感，聖人感人心以道，此是以同也；或以異而應，男女是也，二女同居則無感也；或以相悦而感，或以相畏而感，如虎先見犬，犬自不能去，犬若見虎則能避之；又如磁石引針，相應而感也。若以愛心而來者自相親，以害心而來者相見容色自別。聖人感人心而天下和平，是風動之也。聖人老吾老以及人之老，而人欲老其老，此是以事相感也。感如影響，無復先後，有動必感，咸感而應，故曰咸速也。

歐陽修《文忠集》卷七六　易童子問第一

童子問曰：咸取女吉，何謂也？曰：咸，感也，其卦以剛下柔，故其象曰男下女，是以取女吉也。童子又曰：然則男女同類歟？曰：男女睽而其志通，謂各睽其類也。凡柔與柔爲類，剛與剛爲類，謂感必同類，則以柔應柔，以剛應剛，可以爲咸乎，故必二氣交感，然後爲咸也。夫物類同者自同也，何所感哉。惟異類而合，然後見其感也。鐵石，無情之物也，而以磁石引針，則雖隔物而應。象曰觀其所感，而萬物之情可見者，謂此類也。童子又曰：然則聖人感人心而天下和平，是果異類乎？曰：天下之廣，蠻夷戎狄，四海九州之類不勝其異也，而能一以感之，此王者所以爲大，聖人所以爲能。

又　卷一二九《筆説》　物有常理者

凡物有常理而推之不可知者，聖人之所不言也。磁石引針，蝍蛆甘帶，松化虎魄。

陳師文等《太平惠民和劑局方指南總論》卷上　論三品藥畏惡相反

尋萬物之性皆有離合，虎嘯風生，龍吟雲起，磁石引針，琥珀拾芥，漆得蟹而散，麻得漆而湧，桂得葱而軟，樹得桂而枯，戎鹽累卵，獺膽分盃，其氣爽有相關感，多如此類。其理不可得而思之。至於諸藥尤能遽爲利害，先聖既明有所説，何可不詳而避之。

寇宗奭《本草衍義》卷五　磁石

磁石色輕紫，石上皸澁，可吸連針鐵，俗謂之熁鐵石。養益腎氣，補填精髓，腎虚，耳聾，目昏皆用之。入藥須燒赤，醋焠。其玄石即磁石之黑色者也，多滑净，其治體大同小異，不可不分而爲二也。磨針鋒則能指南，然常偏東，不全南也。其法取新纊中獨縷，以半芥子許蠟綴于針腰，無風處垂之，則針常指南。以針橫貫燈心浮水上，亦指南，然常偏丙位。蓋丙爲大火，庚辛金受其制，故如是，物理相感耳。

寇宗奭編撰　許洪校正《圖經衍義本草》卷四《玉石部中品》　磁石

磁石，味辛、鹹，寒，無毒。主周痹。禹錫等按：《蜀本》注云：凡痹，隨血脉上下，不能左右去者，爲周痹。風濕肢節中痛，不可持物，洗酸痟，除大熱煩滿及耳聾，養腎臟，强骨氣，益精，除煩，通關節，消癰腫，鼠瘻，頸核，喉痛，小兒驚癇，煉水飲之。亦令人有子。一名玄石，一名處石，生太山川谷及慈山山陰，有鐵處則生其陽。採無時。柴胡爲之使。殺鐵毒，惡牡丹、莽草，畏黄石脂。

磁石

《圖經》曰：磁石，生太山山谷及慈山山陰，有鐵處則生其陽。今慈州、徐州及南海傍山中皆有之。慈州者，歲貢最佳，能吸鐵虚連十數針，或一二斤刀器回轉不落者尤真。採無時。其石中有孔，孔中黄赤色，其上有細毛，性温，功用更勝。謹按《南州異物志》云：漲海崎頭水淺而多磁石，徼外大舟以鐵葉固之者，至此多不得過。以此言之，海南所出尤多也。按：磁石一名玄石，而此下自有玄石條，云生太山之陽，山陰有銅，銅者雌，鐵者雄。主療頗亦相近，而寒温銅鐵畏惡乃別。蘇恭以爲鐵液也。是磁石中無孔，光澤純黑者，其功劣於磁石，又不能懸針。今北蕃以磁石作禮物，其塊多光澤，又吸針無力，疑是此石，醫方罕用。

《藥性論》云：磁石，臣。味鹹，有小毒。能補男子腎虚，風虚，身强，腰中不利，丹方用之。

陶隱居云：今南方有好者，能懸吸針，虚連三四爲佳。殺鐵毒，消金。《仙經》丹方黄白術用之。

陳藏器云：磁石毛，味鹹，温，無毒。主補絶傷，益陽道，止小便白數，治腰脚，去瘡瘻，長肌膚，令人有子，宜入酒。出相州北山。磁石毛，鐵之母也。取鐵如母之招子焉。《本經》有磁石，不言毛。毛、石功狀殊也。又言磁石寒，此彌誤也。

《日華子》云：磁石，味甘，澀，平。治眼昏，筋骨羸弱，補五勞七傷，除煩燥，消腫毒，小兒誤吞鐵針等。即細末，筋肉莫令斷，與磁石同下之。

雷公云：凡使，勿誤用玄中石并中麻石。此石之二真相似磁石，只是吸鐵不得。中麻石心有赤，皮粗，是鐵山石也。誤服之，令人有惡瘡，不可療。夫欲驗者，一斤磁石，四面只吸鐵一斤者，此名延年沙；四面只吸得鐵八兩者，號曰續采石；四面只吸得五兩已來者，號曰磁石。

《聖惠方》：治小兒誤吞針。用磁石如棗核大，磨令光，鑽作竅，絲穿，令含，針自出。

《外臺秘要》：療丁腫。取磁石擣爲粉，釅醋和，封之，根即立出，差。

《鬼遺方》：治金瘡腸出，欲入之。磁石、滑石各三兩爲末，以白米飲調方寸匕服，日再服。

《衍義》曰：磁石，色輕紫，石上皸澀，可吸連針鐵，俗謂之熁鐵石。養益腎氣，補填精髓，腎虚、耳聾、目昏皆用之。入藥，須燒赤醋焠。其玄石，即磁石之黑色者也，多滑净。其治體大同小異，不可不分而爲二也。磨其石則能指南，然常偏東，不全南也。其法取新纊中獨縷，以半芥子許蠟，綴于針腰，無風處垂之，則針常指南。以針横貫燈心，浮水上，亦指南，然常偏東位。蓋丙爲大火，庚辛金受其制，故如是，物理相感爾。

玄石

玄石，味鹹，温，無毒。主大人小兒驚癇，女子絶孕，小腹冷痛，少精，身重，服之令人有子。一名玄水石，一名處石。生太山之陽。山陰有銅，銅者雌，黑者雄。惡松脂、柏實、菌桂。

《圖經》具磁石下。

陶隱居云：《本經》磁石，一名玄石。《别録》各一種。今按其一名處石既同，療體又相似，而寒温銅鐵及畏惡有異。俗方既不復用之，亦無識其形者，不知與磁石相類否。

《唐本》注云：此物鐵液也，但不能拾針，療體如經，劣於磁石。磁石中有細孔，孔中黄赤色，初破好者，能連十針，一斤鐵刀亦被迴轉。其無孔，光澤純黑者，玄石也，不能吸針。

何守澄《靈寶净明新修九老神印伏魔秘法》 九老帝君神印總論

丹陽子曰：道本炁也。合炁以爲體，散炁以爲用。大道，炁之溟漠也，生乎天地之先，散乎有無之表。字因炁而結，文因炁而成，形因炁而聚，聲因炁而合。道本炁也。上士以炁合道，故不暴其炁，炁止於一。一者真一，神合於心，心與神交，神由炁合。磁石吸鐵，翡翠碎金者，性也。性一合道，道果炁也。夫以真精，精者一也，一者道也。以真精故召正炁，以合道故成大仙。仙鍊精合炁，以炁合道，神景净明，不役外物。陽燧向日，火隨而生。方諸感月，水旋而至。水大，自然之炁也。道合自然，得陰陽之正，適陰陽之中，純朴不散，精粹無雜，所以日有光明，月有輝耀。

曾慥《類説》卷五一《樂府解題·合歡詩》 《合歡詩》，晉楊方作，言：虎嘯風起，龍躍雲浮。磁石引針，陽燧致火。聲比而應，同志相求。常願食同並根穗，飲共連理盃。衣同雙絲絹，寢共無縫綢。坐必接膝，行必携手。如鳥同心，如魚比目。利斷金石，密愈膠漆。

林之奇《拙齋文集》卷一七《指南軒銘》 指南以車，巧匠所模。不有此巧，將焉措諸。指南以箴，磁石所臨。不有此石，又何以任。潘子此軒則非此之謂也。其道甚大，其益無方，蓋將求師於道德之海，取友於俊艾之場。譬如日輪照處，不㠯小大。咸如是而寓目焉，雖見有萬殊之見，而光無二本之光。

王道注疏　周真一印證《古文龍虎經註疏》卷下 磁石吸鐵章第三十二

磁石吸鐵，隔礙潛通。何況雞子，配合而生。金土之德，常與汞俱。

註曰：磁石吸鐵，隔礙潛通者，磁石之力，全者可引數片之鐵於器物之外，此物類相感者也。《參同契》曰幽玄遠渺，隔礙相連是也。何況雞子，配合而生者，以白金造神室，而象雞子之形，如天地之配合，運動水火，而靈汞自生。

張杲《醫説》卷八《服餌並藥忌》 物性皆有離合

尋萬物之性皆有離合。虎嘯風生，龍吟雲起。磁石引鍼，琥珀拾芥。漆得蟹而散，麻得漆而湧。桂得葱而軟，樹得桂而枯。戎鹽累卵，獭膽分杯。其氣爽有相關感，多如此類。其理不可得而思之。

陳顯微《周易參同契解》卷中《中篇》 磁石吸鐵，陽燧取火，方諸取水，皆陰陽相感，隔礙相通之理，豈能測其端倪哉。修丹之功，始若還分，及乎火候既終，丹力既熟方知。闕□□□□□□之乘御矣。此道豈外乎終坤始復之機哉。魏君三復言之，可謂明之盡矣。

魏了翁《周易要義》卷一上《乾》 下有異類相感　有遠事相感

亦有異類相感者，若磁石引針，琥珀拾芥，蠶吐絲而商弦絶，銅山崩而洛鐘應。其類煩多，難一一言也。皆冥理自然，不知其所以然也。感者，動也。應者，報也。皆先者爲感，後者爲應。非唯近事則相感，亦有遠事遥相感者，若周時獲麟乃爲漢高之應，漢時黄星後爲曹公之兆。感應之事廣，非片言可悉。

馮復京《六家詩名物疏》卷二《國風周南二・卷耳篇》 金　《地鏡圖》云：黄金之氣赤黄，千萬斤以上光大若鏡盤。金氣發，本上赤下青。銀氣夜正白，撥之隨手散復合。山有葱，下有銀光隱隱正白。山有磁石，下有銅若金。《管子》云：山上有丹砂者，下有黄金。上有磁石者，下有銅金。上有绿石者，下有鉛錫。上有赭，下有鐵。《左傳》云：夏方有德，貢金九牧。

虞裕《談撰》陶宗儀《説郛》卷三五下 霹靂之下必有楔，柿木中間多有文。磁石能引鐵，茯苓善碎瓦。石脾入水即乾，出水即濕。獨活有風則息，無風則動。物理有如此者。

俞琰《周易參同契發揮》卷中《中篇》 《周禮・秋官》：司烜氏掌以夫遂，取明火于日。以鑒取明水於月。《淮南子》云：方諸見月則津而爲水。高誘註云：方諸，陰燧，大蛤也。熟摩拭令熱，向月則有水生。且地之去天不知幾千萬里，日月懸於空中，去地亦不知幾千萬里，而陽燧見日則得火，方諸見月則得水，奚爲感化相通如此其速哉。何況近存身切在於心胷，身中自有水火，心中自有藥材，得不迴光返照，以求其感化之妙乎。乃若八月十五，月明之夜，深山之兔結胎，滄海之蚌結珠，抑何爲感化相通如此其妙哉。人生天地間，爲萬物之靈，反不能盜天地，奪造化，曾兔蚌之不若，學仙者亦嘗於此致意否乎？大抵陰陽得類，自然感化。今魏公以陽燧取火、方諸取水爲證，欲使學者潛心内觀，於無中生有，其感化亦如是也。

《還丹篇》云：二氣緼交甘雨降，兩神相會玉漿流。信有之矣。夫鑑之與珠，皆光明瑩潔之物，表裏透徹，無纖毫痕瑕，故能拘日月之光，聚爲一粟之明，雖寥廓至遠，隨即感應。然而定則聚，聚則有。動則散，散則無。人能虚心凝神，泰然内定，無一毫之雜想，以吾自己日月聚光不散，久之氣定時，正自有奇效。要之，至道不遠，恒在目前，亦猶磁石吸鐵，隔礙潛通，極爲切近。但世人迷而忘返，不能求之於内爾。甯玄子詩云：慇懃好與師資論，不在他途在目前。又云：當時一句師邊得，密密垂簾仔細看。可謂切近之甚矣。

唐胄《[正德]瓊臺志》卷九《土産下・石之屬》 引針石，即磁石，出崖州臨川港者佳。相地者用之引針，以定子午。

項喬《風水辯》唐順之《稗編》卷五八 或又曰：子不見磁石之能翕鐵，暴骨之能滲血，一氣有感通之理乎？曰：氣感通如磁石於針固也，然石之於針能翕之而已，果能化小爲大，化輕爲重，如所謂鬼福之能及人乎？

郭萬程《宋福清儒林傳》黄宗羲編《明文海》卷四〇〇 時有林萬頃，字叔度，太湖溪下人也。其解同聲相應曰：蠶絲吐而商絃絶，銅山崩而洛鐘應，其聲同也。磁石可以引針，琥珀可以拾芥，其氣同也。氣同聲興，天壤咫尺。聲同氣異，咫尺天壤。平地而水濕者，先濡水上而下也。抱薪而火燥者，先燃火下而上也。龍興而雲從，雲自下而上應者也。虎嘯而風號，風自上而下應者也。

李時珍《本草綱目》卷一〇《金石之四石類下三十九種》 慈石本經中品。

釋名　玄石，《本經》。處石，《别録》。熁鐵石，《衍義》。吸針石。藏器曰：慈石取鐵，如慈母之招子，故名。時珍曰：石之不慈者，不能引鐵，謂之玄石，而《别録》復出玄石于後。

集解　《别録》曰：慈石生太山川谷及慈山川陰，有鐵處則生其陽。采無時。弘景曰：今南方亦有好者，能懸吸針，虚連三、四爲佳。《仙經》丹房黄白术中多用之。藏器曰：出相州北山。頌曰：今磁州、徐州及南海傍山中皆有之，磁州者歲貢最佳，能吸鐵虚連十數針，或一二斤刀器，回轉不落者，尤良。采無時。其石中有孔，孔中黄赤色，其上有細毛，功用更勝。按《南州異物志》云：漲海崎頭水淺而多慈石，徼外大舟以鐵葉固之者，至此皆不得過。以此言之，海南所出尤多也。斅曰：凡使勿誤用玄中石并中麻石，此二石俱似慈石，只是吸鐵不得。而中麻石心有赤，皮粗，是鐵山石也。誤服令人生惡瘡，不可療。真慈石一片，四面吸鐵一斤者，此名延年沙；四面只吸鐵八兩者，名續采石；四面吸五兩者，名慈石。宗奭曰：慈石其毛輕紫，石上頗澀，可吸連針鐵，俗謂之熁鐵石。其玄石，即慈石之黑色者。慈磨針鋒，則能指南，然常偏東，不全南也。其法取新纊中獨縷，以半芥子許蠟，綴于針腰，無風處垂之，則針常指南。以針横貫燈心，浮水上，亦指南，然常偏丙位。蓋丙爲大火，庚辛受其制，物理相感爾。《土宿真君》曰：鐵受太陽之氣，始生之初，石産焉。一百五十年而成慈石，又二百年孕而成鐵。

胡直《衡廬精舍藏稿》卷三〇《申言上》 有難于弟子者曰：子之先生，以萎芡稻麥鷄犬決理之不在物也。輒曰理自人，理自人斯疎矣。且天下之物衆矣，物若無理，則子午針曷爲不東西指也？嶰谷之竹曷爲能制律？子穀之黍曷爲能起篇也？陽燧曷爲致火？方諸曷爲召水？磁石曷爲連鐵？琥珀曷爲引芥？葵何以嚮日？珠何以應月？橘柚曷不度江？芍藥曷不踰嶺？此皆無知之物也，寧不有定理乎。星辰未必其有知也，乃若龍角見而雨畢，天根出而水涸，帝車正而四時調，三能著而上下和，景星見于中道則泰運昌，旄頭盛于街北則胡狄熾，亦不有定理乎。鳥獸之斃也無知，乃亦有貴賤之異。龍以骨貴，龜以殼貴，犀以角貴，麝以臍貴，象以牙，玳瑁以甲，猩猩以血，鸞以膠，故皆可庸，亦可器。其次若蟾酥之合玉，翠羽之屑金，烏糞之塵石，犬膽之榮樹，龜溺之漬木，蟹黃之解漆，鰻骨之消蚊，巨勝之延年，威喜之辟兵，又不有定理乎。然則謂物無理，未可也。曰：子之擬也詳矣。子豈不知，氣類之有相感者，寧獨此物哉。雖然，太陽無不照矣，而蜀犬曷爲其吠日也？太陰無不貫矣，而嶺犬曷爲其吠雪也？水至清冷而有溫谷之湯泉，火至炎烈而有蕭丘之寒焰，重類宜沉而南海有浮石之山，輕物宜浮而牂牁有沉羽之流。古人有云，不可以一槩斷之，然則理奚在哉。夫品而題之，區而用之，制自人心，盹然有條，是乃所謂理也，而不在物也。曰：然則理氣二乎？曰：盈天地間氣也，疇非吾心之理之爲絯也。先儒曰性即理，子必以氣類之感者爲理，則謂性在子午針與陽燧，方謂可乎？難者無以應。異時以告，先生曰：誠如難者之求理也，我則不暇。

呂坤《呻吟語摘》卷下《外篇·廣喻》　四時之氣先感萬物，而萬物應所以應者何也？天地萬物，一氣也。故春感而糞壤氣升，雨感而礎石先潤，磁石動而鍼轉，陽燧映而火生。況有知乎。格天動物，只是這箇道理。

徐元太《喻林》卷二《造化門二·類召》　夫聖人之起度數，必應於天地，故天有宿度，地有經水，人有經脈。天地溫和，則經水安靜。天寒地凍，則經水凝泣。天暑地熱，則經水沸溢。卒風暴起，則經水波涌而隴起。《黄帝素問内經·離合真邪論》。

如磁石力令鐵轉移，雖無有心似有心者。《大乘密嚴經》卷下。

徐光啟等《新法算書》卷一二《測天約説》卷下　恒星篇第七　能力四條

光之外別有施者，不屬光也，此有二證：其一海潮大小不因于光，亦不因于冷熱燥濕。譬如磁石吸鐵，別有相攝相受者，則受者爲所施，攝者爲能施也。又如懷胎生子，七月生則長，八月生則殀，無不驗者。此亦非因于光，亦非因于四情，亦如磁鐵有別相攝受者故也。

又　卷三六《五緯曆指卷一總論·周天各曜序次》　又曰：太陽于諸星，如磁石于鐵，不得不順其行。

王徵譯《奇器圖説》卷一　第四款

重何物？每體直下，必欲到地心者是。

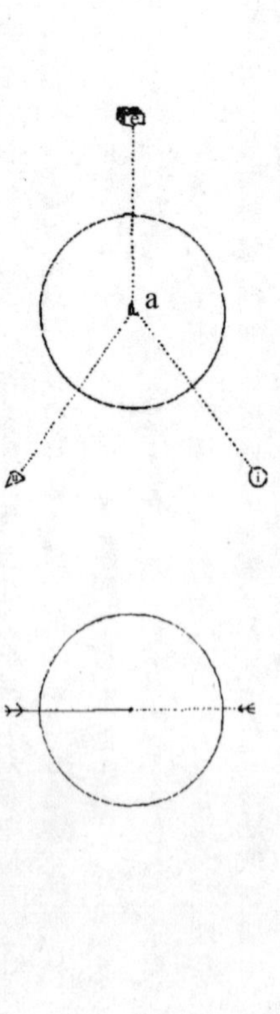

試觀上圖：圓爲地球，a爲地球中心，e、i、u皆重物，各體各欲直下至地心方止。蓋重性就下，而地心乃其本所故耳。譬如磁石吸鐵，鐵性就石，不論石之在上、在下、在左、在右，而鐵必就之者，其性然也。重物有二：一，本性就下；一，體有斤兩。

周嘉胄《香乘》卷三《香品》　翠尾聚龍腦香

孔雀毛著龍腦香則相綴。禁中以翠尾作帚，每幸諸閣，擲龍腦香以避穢，過則以翠尾帚之皆聚，無有遺者。亦若磁石引鍼，琥珀拾芥，物類相感然也。《墨莊漫録》。

盧之頤《本草乘雅半偈》卷五《本經中品三》　慈石

慈石，氣味辛寒，無毒，主周痺風濕，肢節中痛，不可持物，洗洗痠消；除大熱，煩滿及耳聾。

覈曰：生太山山谷及慈山山陰，有鐵處則生其陽。今徐州及南海傍山中亦有。慈州者歲貢最佳，能吸鐵，虛連數十(鐵)[針]，或一二斤刀器回轉不落者尤良。采無時。石中有孔，孔中有黄赤色，其上有細毛，功用更勝。《南川異物志》云：漲海崎頭水淺而多慈石，徼外大舟用鐵葉固之者，至此皆不得過。以此言之，海南所出尤多也。凡使勿誤用玄中石，并中麻石，二石俱似慈石，只是吸鐵不得，而中麻石心更有赤，皮且粗，是鐵山石也。誤食，令人生惡瘡，不可療。真慈石一片，四面吸鐵一斤者，曰延年沙；只吸八兩者，曰續采石；五兩者，曰慈石。慈磨鐵峰則指南。其法取新纊中獨縷，以半芥子許蠟綴於鐵腰，無風處垂之，鐵嘗指南。以鐵橫貫燈心，浮水上，亦嘗指南。物理相感如此。《土宿真君》云：鐵受太陽之氣，始生之初，鹵石産焉。百五十年而成慈石，又二百年孕而成鐵。修治，一斤用五花皮、地榆各一鎰，取綿十五兩，二件並剉，於石上搥作二三十塊。將石入瓷瓶中，下草藥，以東流水煮三日夜，取出拭乾，布裹再搥，細乃碾如塵。水飛過，再碾。用茈胡爲之使，殺鐵毒，消金惡。牡丹莽草畏黄石脂。

參曰：始生之初，鹵石産焉，久之孕而成鐵慈母。鐵，子也。慈之熔鐵，互爲噓吸。無情之情，氣相感召。故周痺風濕及濕流肢節，致肢節中痛，洗洗疫消也。不能持物，此手不熔物。不能聽聲，此耳不熔聲。併可治目不熔色，鼻不熔香，舌不熔味。

刁包《易酌》卷一《周易上經》 九五曰飛龍在天，利見大人，何謂也？子曰：同聲相應，同氣相求，水流濕，火就燥，雲從龍，風從虎，聖人作而萬物覩。本乎天者親上，本乎地者親下，則各從其類也。

聖人物覩句是主，上六句及下二句俱是客，末句則總結之也。同聲相應，以儔伍之唱和言也，下至鷄犬之類亦然。《孟子》鷄鳴狗吠，達乎四境，同聲相應也。同氣相求，以臭味之投合言也，下至磁鐵之類亦然。吴氏曰：磁石，鐵之母，而可以引鐵，同氣相求也。水潤下，故流濕。火炎上，故就燥。其性然也。龍興致雲，虎嘯生風，其體然也。聖人作而飛在天矣。萬物覩，言人皆利見之也，所謂望日瞻雲也。《傳》云：本乎天者如日月星辰，本乎地者如蟲獸草木，本義主康節説。以人爲動物，親上；草木爲植物，親下。上從上之類，下從下之類也。不如《傳》更確。萬物以類相從，聖人之于人亦類也，但出乎其類耳，故興起于上而人皆見之。

方以智《通雅》卷四八《金石》 陸石，承石，皆磁也。縷懸鍼蠟可以指南，不必磁也。存中曰：磁石磨鍼鋒則指南，然常微偏丙，不若縷懸善。其法取新纊中獨繭縷，以芥子許蠟綴于鍼腰，無風處懸之，則鍼常指南。寇宗奭曰：以鍼橫貫燈心，浮水上，亦指南。《管子》曰：上有陵石，下有赤銅。《地鏡圖》云：山有磁石，下有金銅。或云陵石即磁石也。磁石，一名處石，又名青石，即磁石之黑色者。無功引《春秋考異郵》曰：承石取鐵，瑇瑁吸褚。褚，芥也。承石，磁也。地氣與磁鍼相應之理見質測。

劉獻廷《廣陽雜記》 磁石吸鋏，隔礙潛通，或問余曰：磁石吸鋏，何物可以隔之？猶子阿儒曰：惟鋏可以隔耳。其人去復來，曰：試之果然。余曰：此何必試，自然之理也。後見一書曰：蒜可以避磁石之吸鋏，尚未之試。

施閏章《學餘堂文集》卷九《張覽齋七十序》 磁石不引曲針，琥珀不受腐草，氣類相感，亦足見其梗槩矣。

寺島良安《和漢三才圖會》卷六一《雜石類》

慈石

玄石

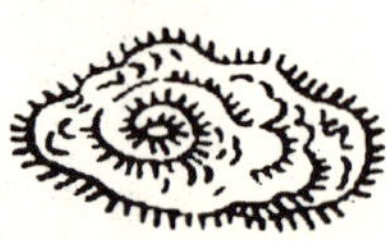
慈石

《本綱》：慈石，慈州、徐州及南海傍山中皆有之。慈州者歲貢最佳，能吸鐵，虚連數十鍼，或一二斤刀器回轉不落者良。其石中有孔，孔中黄赤色，其上有細毛。

真慈石一斤，四面吸鐵一斤者，名延年沙；四面只吸鐵八兩者，名續采石；吸五兩者，名慈石。以此物磨鐵鋒則能指南，然常偏東，不全南也。其法，取新纊中獨縷，以慈石半芥子許蠟綴于鐵腰，無風處垂之，則鍼常指南。以鍼橫貫燈心，浮水上，亦指南，然常偏丙位。蓋丙爲大火，庚辛受其制，物理相感爾。《萬畢術》云：以亡人衣裹慈石，懸于井中，逃人自反也。其不能吸鐵者，名玄石，宜辨之。

氣味，鹹温，有小毒。色黑，法水入腎，故治腎家諸病，而通耳，明目。又止金瘡出血，以慈石末傅之。

慈石毛，補絶陽，益陽道，止小便白數。

按《續日本紀》云：元明天皇和銅六年，近江國獻慈石，然其以來不聞慈石出也，且慈石多有南方也。《南方異物志》云：漲海崎頭水淺而多慈石，徼外大舟以鐵葉固之者，至此皆不得過。以此言之，海南所出尤多也。又慈石有毛，而其毛有治病功也，未審。凡貯慈石，每用鐵屑餌之，恰如養生物然。而所餌鐵屑滿全體，頗如毛也。石體黑帶微赤色，似阿仙藥之輩，而肌理密濃，大小不一。凡石重可一斤者，吸鐵二十錢目者爲珍，或隔銅皿亦吸釘。其氣勢實如有生命也，而有頭尾，頭指北，尾指南，頭勝於尾之力。破碎之，亦悉備頭尾。所飼鐵屑甚飽則鈍，飢則瘦。若火燒則死，不能指南北。又大忌煙草。工人造慈石鍼，以鍼之本磨石之頭，以末磨尾，則本指北，末指南也。既以所磨鍼附寄慈石傍，乃回轉，本則依頭，末則依尾。以之知石頭尾，亦一異也。

梅文鼎《曆算全書》卷一六《五星紀要》 論五星以日爲心之圖

地谷曰：日之攝五星，若磁石之引鐵，故其距日有定距也。惟其然也，故日在本天行一周，而星之升降之跡亦成一圓相，歷家因取而名之曰歲輪也。是故上三星歲輪約略皆與太陽天同大，而今其徑有大小者，各以其本天半徑爲十萬之比例也。

郝玉麟等監修　魯曾煜等編纂《廣東通志》卷五二《物産志》 石

燒泥爲瓦，燔木爲炭，蜂窠爲蠟，水沫爲浮石，凡此皆去其柔脆，變爲堅剛。《抱朴子》。

磁石引針。同上。

磁石，俗名吸鐵石。粵南海中多磁石之山，海舟遇之，遠即奔赴，至山下觸石立碎，故南海諸國常制爲藤船，不用鐵釘，以避其吸。《瓊州志》。磁石自肇慶、陽江至瓊海多有之。

陳元龍《格致鏡原》卷六《坤輿類二·石上》 《事物紺珠》：磁石，磁，慈也，有鐵處則生，吸鐵針、鐵物，若慈母戀嬰兒也。《本草》：山之陽産鐵者，陰必有磁石，蓋二物同氣也。

《雜記》：航海固必用鍼以爲向，尤必用磁石以養鍼。磁石出福建之佛字山，有神最靈。凡取磁石，必先致禱於神，神許則往，亦不多得，否則皆頑石無用者。《豐寧傳》：益眼者無如磁石，以爲盆枕，可老而不昏。寧王宫中多用之。《淮南畢萬術》：磁石，一名磁君。《石藥爾雅》：磁石不拾針者，名緑秋，又名帝流漿。

又　卷四九《日用器物類》 針

《吴志》：虞翻曰：磁石不受曲鍼。《梁書》：侍郎金元起欲工《素問》，以砭石問王僧孺，答曰：古人當以石爲針，必不用鐵。《說文》有此砭字，許慎云：以石刺病也。《東山經》高氏之山多針石。郭璞云：可以爲砭針。《春秋》：美疢不如惡石。服虔云：石，砭石也，季世無復佳石，故以鐵代也。《稗史類編》：陰陽家以磁石引針定向，每有丁午丙午之異。按《本草演義》：磁石磨針則能指南，然常偏東，不全南也。其法：新纊中獨縷，以半分子蠟綴於針腰，無風處垂之，則針常指南。以針横貫燈草心，浮水上，亦指南。然常偏丙位，蓋丙爲火，庚辛金受其制，故如是。物類相感耳。

江永《數學》卷五《七政衍》 月本輪初宫圖

五星皆以太陽爲心，如磁石之引針，但土木金水以太陽本輪之心爲心，而火星獨以太陽實體爲心。次輪雖與日天等大，而半徑時時不同。算法置本星於最卑，兼太陽高卑算之，得數加於最卑之數，即次輪半徑之數。所以然者，何也？火與日同類，故其精相攝也。

王大海《海島逸志》 磁石洋在南旺之東，山谷間及崖岸皆有磁石。磁石性能引鐵，故其處之船皆以竹釘爲之，不敢用鐵釘也。來往船楫悉當颺開，不得相近，或有被狂風驅近者，則被其牽引，不能解脱矣。

劉嶽雲《格物中法》卷一《氣部》 電氣

慈石取鐵。《春秋繁露》。

其察言也，如磁石之引鍼。《鬼谷子》。

磁石拒碁。取雞血與鍼磨擣之以和磁石，用塗碁頭，曝乾之，置局上，即相拒不休。《淮南萬畢術》。

嶽雲謹案：電氣有吸力，有驅力。如鍼得磁石之電氣，則一頭吸，一頭驅。此用其驅力爲戲具，而作法不甚合，疑有誤字也。

用酒杯揀其薄而輕者，杯底之足磨之光滑，底内以鐵屑和膠塗之，置于金漆桌上，用好慈石一塊于桌下引之，則桌上之杯依之自移也。《鵝幻彙編》。

楓楊樹之木最輕，刻爲木狗，以鐵一小塊置狗頭内，用好慈石藏手内引之，則木狗隨手而走。《鵝幻彙編》。

嶽雲謹案：戲法本于《淮南萬畢術》，亦古人知用電之證。《智囊補》載有人賣藥于市，供觀音大士像，病人乞藥，先取藥置觀音掌中，留者使服，墮者更易藥。後察得其故，乃以磁石爲掌，藥丸有鐵粉者則留，無則墮，以是詐人。皆善用術者也。

真磁石一片，四面吸鐵一斤者，此名延年石；四面只吸鐵八兩者，名續采石；四面吸五兩者，名慈石。雷斅《炮炙論》。

又　卷五下《金部》 鐵

上有慈石者下有銅。《管子》。

玄石，鐵液也。慈石中有細孔，孔中黄赤色，初破好者能拾鐵吸鍼。其無孔而光澤純黑者，玄石也，不能拾鐵，療體亦劣於慈石。蘇頌《本草》。

嶽雲謹案：慈石之山有鐵，爲其相吸也。《管子》乃言有銅者。李時珍曰：慈石生山之陰有鐵處，玄石生山之陽有銅處，雖形相似，性則不同，故玄石不能吸鐵。語本《名醫别録》。蓋近銅礦者玄石，近鐵礦者慈石也。然所云玄石不能吸鐵，則非也。蓋二種皆含電氣，而有陰陽之分。譯西書者謂之正電氣，負電氣，一驅一吸，用各不同。故《本經》云慈石一名玄石。

慈石取鐵，如慈母之招子，故名。藏器《本草》。

今磁州、徐州及南海傍山中皆有之，磁州者歲貢最佳，能吸鐵，虚連數十鐵，或一二斤刀器回轉不落者尤良。采無時。其石中有孔，孔中有黄赤色，其上有細毛，功用更勝。蘇頌《本草》。

真慈石一片，四面吸鐵一斤者，此名延年沙；四面只吸鐵八兩者，名續采石；四面吸五兩者，名慈石。雷斅《炮炙論》。

慈石，其毛輕紫，石上頗濇，可吸連鐵，俗謂之熁鐵石。其玄石，即慈石之黑色者。慈磨鐵鋒則能指南，然常偏東，不全南也。《本草衍義》。

嶽雲謹案：此即西人所謂鐵養也。與鐵同體而能吸鐵。有吸鐵石之山則四周必多鐵礦，而鐵礦之處亦必有此石。

又案：磁石礦爲最良之鐵礦，足供製煉。

綜述

張英《文端集》卷四五《篤素堂文集九・雜著》 聰訓齋語

圃翁曰：聖賢領要之語曰人心惟危，道心惟微危者，嗜欲之心如隄之束水，其潰甚易，一潰則不可復收也。微者，理義之心，如帷之映鐙，若隱若現，見之難而晦之易也。人心至靈至動，不可過勞，亦不可過逸，惟讀書可以養之。每見堪輿家平日用磁石養鍼，書卷乃養心第一妙物。閒邊無事之人，鎮日不觀書，則起居出入，身心無所栖泊，耳目無所安頓，勢必心意顛倒，妄想生嗔，處逆境不樂，處順境亦不樂。每見人栖栖皇皇，覺舉動無不礙者，此必不讀書之人也。

胡煦《周易函書别集》卷一五《篝燈約旨》 觀物

室中鳴一音而他器從而應之，感其類也，是謂同聲相應。生子下地而不出聲，或撼門扇，或擊盆盂，乃聲隨以應。氣類之感通，同聲相應之妙也。陽燧取火於日，方諸取水於月，磁石吸鐵，琥珀拾芥，同氣相求也。

宋賡平《礦學心要新編》卷中編下《石質附考》 一曰磁石，俗名攝鐵石，鐵廠之内往往有之，亦可入藥。研成細末，附於銅鐵器上，如猬毛。然指南針亦以此石鍊之。若江中有此石，船入其中，無故自壞，以其能攝鐵，釘使自落也。然此石之下必獲絶佳絶大鐵廠，以其理之能聚鐵於一隅，是又言礦者不可不知也。

紀事

潘季馴《潘司空奏疏》卷六《督撫江西奏疏・清查回青招由疏》 南昌縣典史童艮押同庫子，將前青逐一盤檢，尤恐辯驗不真。復拘景德鎮官廠淘青匠，在官方創捌用吸青磁石，於土渣内細加磨揀，吸出回青壹拾壹斤叁兩，連前揀出共足壹百玖拾斤之數，收庫聽用，具結繳報。

謝肇淛《五雜俎》卷六《人部二》 凡幻戲之術多係僞妄。金陵人有賣藥者，車載大士像，問病將藥從大士手中過，有留於手不下者則許人服之，曰獲千錢。有少年子傍觀，欲得其術，俟人散後，邀飲酒家，不付酒錢。飲畢竟出，酒家如不見也。如是者三，賣藥人扣其法，曰：此小術耳，君許相易，幸甚。賣藥曰：我無它，大士手是磁石，藥有鐵屑則粘矣。少年曰：我更無它，不過先以錢付酒家，約客到絶不相問耳。彼此大笑而罷。

方以智《物理小識》卷一二《神鬼方術類》 磁吸引術

賣丸者燒香入金蝦蟆口，人驚視之，故買其藥。蓋與木馬自走、紙人自舞同法，一處用鐵漿，一處用磁吸也。今治氣聾者，銜鐵而裹磁置耳。氣上衝者，服磁而以鐵針塗臍，皆此理也。磁石拒碁者，取雞骨作針磨鐵，擣之以和磁石，日塗其頭，曝乾之，置局上，即相擊不休。《漢書》所謂鬭棋，即此術乎。

藝文

曹植《曹子建集》卷五《矯志》 芝桂雖芳，難以餌烹。尸位素餐，難以成名。

磁石引鐵，於金不連。大朝舉士，愚不聞焉。抱璧塗乞，無爲貴寶。履仁遘禍，無爲貴道。鴛鶵遠害，不羞卑棲。靈虬避難，不恥污泥。都蔗雖甘，杖之必折。巧言雖美，用之必滅。濟濟唐朝，萬邦作孚。逢蒙雖巧，必得良弓。聖主雖知，必得英雄。螳螂見嘆，齊士輕戰。越王軾蛙，國以死獻。道遠知驥，世僞知賢。覆之幬之，順天之矩。澤如凱風，惠如時雨。口爲禁闥，舌爲發機。門機之闢，楛矢不追。

楊方《合歡詩五首·其二》　磁石招長針，陽燧下炎煙。宮商聲相和，心同自相親。我情與子合，亦如影追身。寢共織成被，絮用同功綿。暑摇比翼扇，寒坐併肩氊。子笑我必哂，子慼我無歡。來與子共迹，去與子同塵。齊彼蛩蛩獸，舉動不相捐。唯願長無别，合形作一身。生有同室好，死成併棺民。徐氏自言至，我情不可陳。

汪珍《感興》汪澤民等《宛陵羣英集》卷一　白石攻良玉，鹽鹺錯南金。明鏡賤嫫母，磁石惡曲針。向來爨不焦，或中朱絲琴。又聞牛領鐸，可諧大樂音。用舍非不公，美惡在所任。

吴舜舉《讀文丞相指南録一》程敏政《新安文獻志》卷五五上　素手殘棋豈易談，一支大厦已難堪。死灰無燄資炎土，磁石貞心託指南。閩粵九重天再闢，燕雲一死志猶甘。人間竊禄偷生者，未抵南柯一夢酣。

董紀《西郊笑端集》卷一《何必》　恃才何必傲當時，諜諜空言用莫施。磁石引鍼偏勝玉，干將補履不如錐。商君變法終危己，趙括談兵竟覆師。獨有華山濃睡漢，未來興廢亦先知。

王廷陳《夢澤集》卷二《行路難五首·其二》　磁石引鐵金不連，餌可得魚龍不吞。蠟戟雖妍不可刺，明珠雖貴不可餐。

胡直《衡廬精舍藏稿》卷三《侶臨别慨然爰贈二首》　松栢生挺直，不爲桑蔓牽。磁石能引鐵，於金終不連。自余遊上京，塊思寡懽顔。良覿二三子，談笑芬若蘭。但言同聲氣，寧知異鄉園。爰作一巢鳥，分飛忽别山。宋丞懷五嶽，張史滯江關。矯矯吾宗兄，何復理征驂。征驂不得停，悵隔增憂嘆。豈無京洛客，車馬羅翩翩。親交念獨違，心結不能言。

董誥等編《御製詩集》第四集卷七二《題龍門三疊高啓韻》　天平之龍門，不知誰留蹟。青邱已題句，五字拈明白。雄峯走若怒，到此忽雙劈。曾無浪瀉河，但有月湧夕。訝此金閶郡，移彼底柱石。千年古蘿薜，蒼縈復翠積。向曾一涉吟，十五春秋隔。重來乃熟路，何妨詭蹊窄。曲鍼嫌磁石，腐芥棄虎魄。一經高氏詠，秀色生巖壁。把筆擬欲罷，其如興偏激。遐思啓之事，未忘情點額。向謂德潛勝，年老登仙籍。言行不相符，空負李肩客。

磁石應用

醫藥

論説

鄭玄注　陸德明音義　賈公彦疏《周禮注疏》卷五《天官冢宰下》　凡療瘍，以五毒攻之。注：止病曰療。攻，治也。五毒，五藥之有毒者。今醫方有五毒之藥，作之，合黄堥，置石膽、丹砂、雄黄、礜石、磁石其中，燒之三日三夜，其煙上著，以雞羽掃取之。以注創，惡肉破，骨則盡出。音義：堥，本又作螯，劉音武，又音無；徐音母，又音備，沈武僊反。礜，音豫。著，直略反。

班固撰　顔師古注《漢書》卷三〇《藝文志》　醫經者，原人血脉、經落、骨髓、陰陽表裏，以起百病之本，死生之分，而用度箴石湯火所施，師古曰：箴所以刺病也，石謂砭石，即石箴也。古者攻病則有砭，今其術絶矣。箴，音之林反。砭，音彼廉反。調百藥齊和之所宜。師古曰：齊，音才詣反，其下並同。和，音呼卧反。至齊之德，猶慈石取鐵，以物相使。拙者失理，以瘉爲劇，以生爲死。師古曰：瘉讀與愈同。愈，差也。

孫思邈撰　林億等校正《備急千金要方》卷七

治小兒悮吞鍼方

取磁石如棗核大，或吞或含，其針立出。

又　治耳聾鳴汁出皆由腎寒或一二十年不瘥之方

柘根，三十斤，菖蒲，切五斗，各用水一石，取五斗，去滓，澄清。故鐵。三十斤，燒赤，水五斗，浸三宿，去鐵，澄清。

右三味合一石五斗，用米二石，并麴二斗，釀如常法。酒熟一月，封頭開清，用磁石噏鐵者三斤，擣爲末，内酒中，浸三宿，飲之。日夜飲，常取小醉而眠，取聞人語，乃止藥。

又　治耳聾方

又方，燒鐵令赤，投酒中，飲之。仍以磁石塞耳中，日一易，夜去之，旦別著。

又　治三十年久聾方

故鐵三十斤，以水七斗浸三宿，取汁，入麴釀米七斗，如常造酒法，候熟。取磁石一斤，研末，浸酒中三日，乃可飲。取醉，以綿裹磁石，内耳中，好覆頭卧，酒醒，去磁石，即瘥。

又　**卷五三**　治悮吞針方

取懸針磁石末，飲服方寸匕即下。《古今録驗》云：今吞針在喉中，而服磁石末入腹，若含磁石口中或吸針而出耳也。

又　**卷七二**　治針折入肉中方

刮象牙爲末，水和，聚著折針上，即出。

又方：以鼠腦塗之。

又方：磁石吸鐵者，著上即出。

佚名《黄帝九鼎神丹經訣》卷一六

明磁石功力

臣按：磁石入五石之數，太陰之精，其味辛鹹寒，無毒，煞鐵毒，爲朱砂水銀之所畏惡，仙丹方、黄白多用之。

磁石主療

臣按：磁石主治風痺風濕，百節中痛，不可持物，洗之酸疼，除大熱煩滿及耳聾，養腎藏，强胃氣，益精，除煩，通關節，消癰疽鼠瘻，項强喉痛，小兒驚癎，鍊水飲之，人有子。一名玄石，一名處石，柴胡爲之使，惡牡丹、莽草，畏黄石脂也。

磁石出處

臣按：磁石生泰山川谷中，及磁山山陰有鐵者，則生其陽，採無時。其好者能懸吸針，虚連三四爲佳。今最生相州也。

鍊磁石入長生藥法

磁石一斤，入長生用，擣爲末，以左味煮之，微火盡五升止，出暴。餘不堪用。

方鍊法

宜與曾青者，即盡五升醋也，非關須漬之。一法云：以磁石作麤末，以苦酒煮之，三日夜可用。

王燾《外臺秘要方》卷八《雜誤吞物方一十七首》　療誤嚥鍼方

取真吸鍼磁石末，酒白飲服一方寸匕。解曰：磁石特能吸取鍼。難云：今吞鍼哽在喉中，而服磁石末入腹耶，若含磁石口中者，或吸鍼出耳。二理詳取其義焉。

又　**卷二二《耳聾方二十二首》**

千金療耳聾方

取鐵燒令赤，投酒中，飲之。仍以磁石塞耳中，差。

又　肘後療二三十年聾方

取故鐵三十斤，以水七斗漬之三宿。取其水以釀七斗米，用麴如常法，酒熟。出酒一斗，取引針磁石一斤，研末置酒中，三宿乃可飲之。取醉，以綿裹磁石，塞兩耳中，好覆衣衾卧，酒醒，良久，去磁石，即聞人語聲也。飲盡更爲，以差爲度，甚良。《千金》同。

又　**《小兒誤吞物方四首》**　千金療小兒吞鍼方

取磁石如棗核大，吞之，其鍼立出。

唐慎微撰　曹孝忠校　寇宗奭衍義《重修政和經史證類本草》卷四《玉石部中品總八十七種》　磁石磁石毛續注。

磁石，味辛鹹寒，無毒，主周痺，臣禹錫等謹按蜀本注云：凡痺隨血脈上下不能左右去者，爲周痺。風濕，肢節中痛，不可持物，洗洗酸痟，除大熱，煩滿及耳聾；養腎藏，强骨氣，益精，除煩，通關節，消癰腫，鼠瘻，頸核，喉痛，小兒驚癎，鍊水飲之亦令人有子。一名玄石，一名處石，生太山川谷及慈山山陰，有鐵處則生其陽，採無時。柴胡爲之使，殺鐵毒，惡牡丹、莽草，畏黄石脂。陶隱居云：今南方亦有好者，能懸吸針，虚連三四爲佳，殺鐵毒，消金。《仙經》丹方黄白術中多用之。臣禹錫等謹按：蜀本注云：吸鐵，虚連十數針，乃至一二斤刀器迴轉不落。《南州異物志》云：漲海崎頭水淺而多磁石，外徼人乘舶皆以鐵鍱錮之，至此關以磁石不得過。

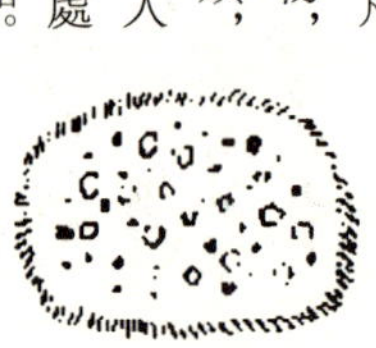

慈州磁石

【略】

《聖惠方》：治小兒誤吞針，用磁石如棗核大，磨令光，鑽作竅，絲穿令含，針自出。

《外臺秘要》：療丁腫，取磁石擣爲粉，釅酢和封之，立拔根出，差。

錢相公《篋中方》：療誤吞錢，以磁石棗許大一塊含之，立出。

《鬼遺方》：治金瘡腸出欲入之，磁石、滑石各三兩，爲末，以白米飲調方寸匕服，日再服。

沈存中《筆談》：磁石指南。

《丹房鏡源》：磁石四兩，協物上者，伏丹砂，養汞，去銅暈軟硬汞堅頑之物。服食不可長久，多服必有大患。

《青霞子》：磁石毛治腎之疾。

《衍義》曰：磁石毛輕，紫石上輝澁，可吸連針鐵，俗謂之熁鐵石。養益腎氣，補填精髓，腎虚，耳聾，目昏，皆用之。入藥須燒赤，醋焠。其玄石，即磁石之黑色者也，多滑净。其治體大同小異，不可不分而爲二也。磨針鋒則能指南，然常偏東，不全南也。其法：取新纊中獨縷，以半芥子許蠟綴于針腰，無風處垂之，則針常指南。以針横貫燈心，浮水上，亦指南，然常偏丙位。蓋丙爲大火，庚辛金受其制，故如是。物理相感爾。

滕弘《神農本經會通》卷六《玉石部》　磁石

磁石　柴胡爲之使，殺鐵毒，惡牡丹、莽草，畏黄石脂。懸吸針，虚連三四爲佳。臣也。生太山山谷及慈山山陰，有鐵處則生其陽。今慈州、徐州及南海傍山中皆有之。磁石有細孔，孔中黄赤色。一種玄石，是磁石中無孔，光澤純黑者。其功劣於磁石，生太山之陽，山陰有銅。銅者雌，玄者雄。《本經》自一條，味辛鹹，氣寒，無毒。一云：有小毒。一云：味甘澀平。

《本經》云：主周痺風濕，肢節中痛，不可持物，洗洗酸痟，除大熱煩滿，及耳聾；養腎藏，强骨氣，益精；除煩，通關節，消癰腫，鼠瘻，頸核，喉痛，小兒驚癇，鍊水飲之。亦令人有子。《藥性論》云：臣，味鹹，有小毒，補男子腎虚，風虚。身强，腰中不利，加而用之。陳藏器云：磁石毛，味鹹，温，無毒，主補絶傷，益陽道，止小便白數。治腰脚大瘡瘻，長肌膚，令人有子。宜入酒。磁石毛，鐵之母也，取鐵，如母之招子焉。《本經》有磁石，不言毛。毛石功狀殊也。又言磁石寒，此彌誤也。日華子云：味甘澁，平，治眼昏，筋骨羸弱，補五勞七傷，除躁，消腫毒，小兒誤吞鍼鐵等，即細末筋肉莫令斷，與磁石同下之。《聖惠方》：治小兒誤吞針，用磁石如棗核大，磨令光，鑽作竅，絲穿令含，針自出。《衍義》曰：磁石毛輕，紫石上輝澁，可吸連針鐵，俗謂之熁鐵石。養益腎氣，補填精髓，腎虚、耳聾、目昏，皆用之。入藥須燒赤，醋淬。其玄石，即磁石之黑色者也，多滑净。其治體大同小異，不可不分而爲二也。磨針鋒，則能指南，然常偏東，不全南也。以針横貫燈心，浮木上，亦指南，然常偏丙位。蓋丙爲大火，庚辛金受其制，故如是，物理相感爾。局云：磁石鹹寒，能吸鐵，主除周痺四肢風，益精養腎，强陽道，補益勞傷，治耳聾。腎臟既衰，煅磁石而强陽道。

繆希雍《神農本草經疏》卷四《玉石部中品》　磁石

磁石，味辛鹹寒，無毒，主周痺風溼，肢節中痛，不可持物，洗洗酸消，除大熱，煩滿及耳聾；養腎藏，堅骨氣，益精，除煩，通關節，消癰腫，鼠瘻，頸核喉痛，小兒驚癇，鍊水飲之。亦令人有子。一名玄石。即吸鐵石，入藥須火燒，醋淬，研末，水飛或醋煮三日夜。

主治參互

直指方：耳卒聾閉，吸鐵石半錢，入病耳内，鐵砂末入不病耳内，自然通透。

【略】

李中梓《雷公炮製藥性解》卷一《金石部》　磁石

磁石，味辛鹹，性寒無毒，入腎經，主周身濕痹，肢節中痛，目昏耳聾。補勞傷，除煩躁，消腫毒，令人有子。能吸重鐵者佳。入火煅紅，醋淬七次，研絶細用，柴胡爲使，惡牡丹、芥草、黄石脂。

按：磁石入腎，何也？蓋以性能引鐵，取其引肺金之氣入腎，使子母相生爾。水得金而清，則相火不攻自去，故主治如右。然久服多服，必有大患，忽喜其功而忽其害也。

雷公云：凡使勿誤用玄中石并中麻石，此二石真相似磁石，只是吸鐵不得。中麻石心有赤，皮粗，是鐵山石也。誤服之，令人生惡瘡，不可療。磁石一片，四面吸鐵一斤者，此名延年沙；四面吸得鐵八兩者，號曰續采石；四面吸得五兩上下者爲磁石。凡修事一斤，用五花皮一鎰，地榆一鎰，故綿十五兩，二件并細銼，于石上捶碎，作二三十塊，將磁石入磁瓶中，下草藥，以東流水煮三日夜，漉出拭乾，以布裹之，向大石上再捶，令細，入乳鉢中，研極細如塵，以水飛過，又研如粉用之。

建築

論説

佚名《三輔黄圖》卷一《宫馳道閣附》 阿房宫亦曰阿城，惠文王造宫未成而亡，始皇廣其宫規，恢三百餘里，離宫別館，彌山跨谷，輦道相屬，閣道通驪山八十餘里。表南山之顛以爲闕，絡樊川以爲池。作阿房前殿東西五十步，南北五十丈，上可坐萬人。下建五丈旗，以木蘭爲梁，以磁石爲門。磁石門，乃阿房北闕門也。門在阿房前，悉以磁石爲之，故專其目，令四夷朝者有隱甲，皆以入門而脅止以示神，亦曰却胡門。周馳爲複道，度渭屬之咸陽，以象太極，閣道抵營室也。阿房宫未成，欲更擇令名，名之作宫阿基旁，故天下謂之阿房宫。隱宫徒刑者七十餘萬人，乃分作阿房宫。

潘安仁《西征賦》蕭統編 李善注《文選》卷一〇 瞰康園之孤墳，悲平后之專絜。殃厥父之篡逆，蒙漢恥而不雪。激義誠而引決，赴丹爓以明節。投宫火而焦糜，從灰熛而俱滅。《漢書》曰：平帝葬康陵。又曰：孝平王皇后，莽女也，及漢兵誅莽，燔燒未央宫。后曰：何面目以見漢家。自投火中而死。后不合葬，故曰孤墳。鶩横橋而旋軫，歷敝邑之南垂。潘岳《關中記》曰：秦作渭水横橋，横音光。《雍州圖》曰：在長安北二里，横門外也。門磁石而梁木蘭兮，構阿房之屈奇。疏南山以表闕，倬樊川以激池。役鬼傭其猶否，矧人力之所爲。工徒斲而未息，義兵紛以交馳。宗祧汙而爲沼，豈斯宇之獨隳。《三輔黄圖》曰：阿房前殿以木蘭爲梁，磁石爲門，懷刃者止之。

酈道元《水經注》卷一九《渭水》 鄗水北逕清泠臺西，案：「清泠」近刻訛作「漢靈」。又逕磁石門西。門在阿房前，悉以磁石爲之，故專其目，令四夷朝者有隱甲懷刃入門而脅之以示神，故亦曰卻胡門也。

李吉甫《元和郡縣志》卷一《關内道一・咸陽縣》 秦磁石門在縣東南十五里，東南有閣道，即阿房宫之北門也，累磁石爲之。著鐵甲入者，磁石吸之不得過，羌胡以爲神。

宋敏求《長安志》卷三《宫室一・秦》 磁石門

磁石門，東西有閣道，即阿房宫之北闕門也，累磁石爲之。着鐵甲入者，磁石吸之不得過，羌胡以爲神。《三輔黄圖》曰：阿房宫以磁石爲門，懷刃者止之。《括地志》曰：一名却胡臺。《水經注》曰：磁石門北門在阿房前，悉以磁石爲之，故專其目，令四夷朝者有隱甲懷刃入門而脅之以示神，故亦曰却胡門。鮑照《蕪城賦》曰：製磁石以禦衝。

葉庭珪《海録碎事》卷三下《沙石門》 磁石禦衝

製磁石以禦衝。《三輔黄圖》云：阿房宫以磁石爲門，懷刃者止之。

程大昌《雍録》卷一《阿房一》 始皇既并天下，狹小先王宫庭，三十五年別渡渭南，立上林苑，中建阿房。阿房也者，名其用則曰朝宫，名其方則曰前殿。言其高廣之制，則曰上可以坐萬人，下可以建五丈旗，庭中可容十萬人。記其綿亘，則閣道八十里，直抵麗山。人行橋上，車行橋下也。然而名爲朝宫，而朝者來自何方，則所不載。獨有磁石門者，以磁石壘門，期以吸脅胡人隱刃，名曰却胡門，此即北入之門矣。審求其地，則在鎬水趨渭之處，故《水經》主漢城而命其方，則曰此阿房之西門矣。若自主阿房而命之，則當曰北門也。《黄圖》曰：宫，秦惠文王所造。《史記》直云始皇也。然攷首末，則始皇之世，尚未竟功也。

劉壎《隱居通議》卷二九《地・三輔黄圖》 阿房宫，一曰阿城，規恢三百餘里，離宫別館，彌山跨谷，輦道相屬。前殿東西五十步，南北五十丈，木蘭爲梁，磁石爲門。門在阿房前，悉以磁石爲之，令四夷朝者或有隱甲懷刃，即吸止以示神，亦曰却胡門。阿房宫未成，欲更擇令名，名之未果，以其宫在阿基旁，故天下因謂之阿房宫。

沈思孝《秦録》 杜郵館西，鎬京東逕磁石門，乃阿房之西門，名卻胡門，冀以吸胡人隱刃。正在鎬水入渭之處。漢都長安，其城在渭之南，而秦咸陽之東南也，故項羽自霸上而入秦都，皆曰西上咸陽也。隋都亦在長安，實漢城東南十三里，今西安府坐龍首山南十里，未央東南十四里，則今城正當大興舊址。

顧起元《説畧》卷二〇《居室》 按《三輔舊事》《西京雜記》諸書，阿房宫前殿，東西三里，南北五里，前庭中可受十萬人。車行酒，騎行炙。千人倡，萬人和。一云阿房宫以銅爲柱，荆軻匕首中柱，柱中火出。又門户皆厚加磁石，使外兵不得入。一云上可以坐萬人，下可以建五丈旗，關内離宫三百，關外四百餘。

彭大翼《山堂肆考》卷七〇《累石》 晉馬隆討西羌，夾道累磁石，賊負鐵鎧，行不得前，隆士卒悉負犀甲無礙，賊以爲神。

夏樹芳輯《詞林海錯》卷一六《阿道》　《元和郡縣圖志》：秦磁石門有阿道，即阿房宫之北門也。着鐵甲入者，磁石吸之不得過，羌胡以爲神。

劉於義等監修　沈青崖等編纂《陝西通志》卷七二《古蹟一宫闕・阿房宫》　阿房前殿以木蘭爲梁，以磁石爲門。《三輔黄圖》。阿房宫東西三里，南北五里，庭中可受十萬人，車行酒，騎行炙，千人唱，萬人和。其外有城，名阿城。東西北三面有牆，南面無牆。《三輔舊事》。始皇收天下兵聚之咸陽，銷鋒鏑以爲金人十二，以弱天下之。人立於宫門，坐高三丈，銘其後曰：皇帝二十六年，初兼天下，改諸侯爲郡縣，一法律，同度量。大人來見臨洮，其大五丈，足跡六尺。《三輔黄圖》。磁石門，悉以磁石爲，故專其目，四夷朝者，有隱甲懷刃入門而脅之以示神，亦名却胡門。《水經注》。磁石門，東西有閣道，即阿房宫之北闕門也，累磁石爲之，着鐵甲入者，磁石吸之不得過。《長安志》。磁石門即北入之門，審求其地，則在鎬水趨渭之處，故《水經》主漢城而命其方，則曰此阿房之西門。若自主阿房而命之，則當曰北門也。《雍録》。

李錯《尚史》卷七《本紀六・秦本紀・始皇帝》　《三輔舊事》：阿房宫以磁石爲門，鑄銅人十二於宫前，周馳爲閣道，自殿下直抵南山。表南山之顛以爲闕，爲復道。自阿房渡渭，屬之咸陽以象天極。閣道絶漢抵營室也。

軍事

論説

房玄齡等《晉書》卷五七《列傳第二十七・馬隆》　初，凉州刺史楊欣失羌戎之和，隆陳其必敗。俄而欣爲虜所没，河西斷絶。帝每有西顧之憂，臨朝而歎曰：「誰能爲我討此虜，通凉州者乎？」朝臣莫對。隆進曰：「陛下若能任臣，臣能平之。」帝曰：「必能滅賊，何爲不任，顧卿方畧何如耳。」隆曰：「陛下若能任臣，當聽臣自任。」帝曰：「云何？」隆曰：「臣請募勇士三千人，無問所從來，率之鼓行而西，禀陛下威德，醜虜何足滅哉。」帝許之，乃以隆爲武威太守。公卿僉曰：「六軍既衆，州郡兵多，但當用之，不宜横設賞募以亂常典。隆小將妄説，不可從也。」帝弗納。隆募限腰引弩三十六鈞，弓四鈞，立標簡試。自旦至中，得三千五百人，隆曰：「足矣。」因請自至武庫選杖。武庫令與隆忿争，御史中丞奏劾隆，隆曰：「臣當亡命戰埸，以報所受，武庫令乃以魏時朽杖見給，不可復用，非陛下使臣滅賊意也。」帝從之，又給其三年軍資。隆於是西渡温水。虜樹機能等以衆萬計，或乘險以遏隆前，或設伏以截隆後。隆依八陣圖作偏箱車，地廣則鹿角車營，路狹則爲木屋施於車上，且戰且前，弓矢所及，應弦而倒。奇謀間發，出敵不意。或夾道累磁石，賊負鐵鎧，行不得前，隆卒悉被犀甲，無所留礙，賊咸以爲神。轉戰千里，殺傷以千數。自隆之西，音問斷絶，朝廷憂之，或謂已没。後隆使夜到，帝撫掌歡笑。

王欽若等《册府元龜》卷三五〇《將帥部》　立功第三　馬隆。武帝泰始中爲司馬，督凉州，爲虜所没，乃以隆爲武威太守討之。隆西渡温水，虜樹機能等以衆萬計，或乘險以遏隆前，或設伏以斷隆復。隆依八陣圖作偏箱車，地廣則鹿角車營，路狹則爲木屋於車上，且戰且前，弓矢所及，應弦而倒。奇謀間發，出敵不意，或夾道累磁石，賊負鐵鎧，行不能前，隆卒悉被犀甲，無所留礙，賊咸以爲神。轉戰千里，殺傷以千數。

鄭樵《通志》卷一二四下《列傳第三十七下・馬隆》　馬隆字孝興，東平平陸人，少而智勇，好立名節。魏兖州刺史令狐愚坐事伏誅，舉州無敢收者，隆以武吏託稱。【略】

隆於是西渡温水，虜樹機能等以衆萬計，或乘險以遏隆前，或設伏以截隆後。隆依八陣圖作偏箱車，地廣則鹿角車營，路狹則爲木屋施於車上，且戰且前，弓矢所及，應弦而倒。奇謀間發，出敵不意，或夾道累磁石，賊負鐵鎧，行不得前，隆卒悉被犀甲，無所留礙，賊咸以爲神。轉戰千里，殺傷以千數。

唐順之《武編》前集卷五《甲》　《荀子》曰：楚人鮫革犀兕以爲甲，堅如金石。鮫魚者，皮上傅砂，其鉎可錯，可以爲甲，亦與犀兕同堅，於是遂名水犀者，即是本鮫魚之爲水産而取之以名也。《晉書》載馬隆之討凉州也，夾道累磁石，賊首負鐵鎧，行不得前，隆卒即被犀甲，無所留礙，賊以爲神，則是隆軍有鐵甲可擐而不得擐也。王隱《晉書》亦載其事，乃曰隆兵悉著牛皮鎧得過，則是實用牛皮爲之，而名以爲犀焉耳。

指南針發明與應用部

司南分部

論説

鬼谷子《鬼谷子·謀篇》 爲人凡謀有道，必得其所因，以求其情。審得其情，乃立三儀。三儀者：曰上，曰中，曰下，參以立焉，以生奇。奇不知其所擁，始於古之所從。故鄭人之取玉也，載司南之車，爲其不惑也。夫度材量能，揣情者，亦事之(思)[司]南也。

韓非撰　何犿註《韓非子》卷二《有度》 夫人臣之侵其主也，如地形焉，即漸以往，如地形之見耕漸就削滅也。使人主失端，東西易面而不自知，既以漸來，故雖至於失端易面，而主尚不能自知。故先王立司南，以端朝夕。司南即指南車也，以喻國之正法。

王充《論衡》卷一七《是應篇》 故夫屈軼之草，或時無有而空言生，或時實有而虚言能指。假令能指，或時草性見人而動。古者質朴，見草之動，則言能指，能指則言指佞人。司南之杓，投之於地，其柢指南。魚肉之蟲，集地北行，夫蟲之性然也。今草能指，亦天性也。聖人因草能指，宣言曰：庭末有屈軼，能指佞人。百官臣子懷姦心者，則各變性易操，爲忠正之行矣，猶今府廷畫皋陶觟觽也。

崔豹《古今注》卷上　輿服第一

大駕指南車，起黄帝與蚩尤戰於涿鹿之野。蚩尤作大霧，兵士皆迷，於是作指南車，以示四方，遂擒蚩尤，而即帝位。故後常建焉。舊説周公所作也。周公治致太平，越裳氏重譯來貢白雉一，黑雉二，象牙一。使者迷其歸路，周公錫以文錦二疋，軿車五乘，皆爲司南之制，使越裳氏載之以南。緣扶南林邑海際，期年而至其國。使大夫宴將送至國而還，亦乘司南而背其所指，亦期年而還至。始制車轄轊皆以鐵，還至，鐵亦銷盡，以屬巾車氏，收而載之。常爲先導，示服遠人而正四方。車瀍具在《尚方故事》。漢末喪亂，其瀍中絶。馬先生紹而作焉。今指南車，馬先生之遺瀍也。馬鈞，曹魏時人。

葛洪《抱朴子外篇》卷二《疾謬》 夫慢人者，不愛其親者也。輕鬭者，不重遺體者也。皆陷不孝，可不詳乎。然而迷謬者無自見之明，觸情者諱逆耳之規。疾美而無直亮之鍼，艾䢜惑而無指南以自反。

虞世南撰　陳禹謨補註《北堂書鈔》卷一四〇《車部·指南車五一作司南》

周公所作，馬鈞遺法。崔豹《古今注》曰：指南車者，周公所作。周公致治太平，越裳氏重譯來朝，使者迷其歸路。以軿車五乘，皆爲司南之制，載之而朞年得返其國。奉使大夫妻將送至國而還，亦乘司南，後朞年而返。上以其車屬巾車氏，行而載之，常爲清導。車法其在《尚方故事》。漢末喪亂，其法中絶，馬鈞悟而作焉。今指南車，馬先生之遺法也。又案《古今注》：黄帝與蚩尤戰于涿鹿之野，蚩尤作大霧，軍士皆迷路。帝作指南車附。肅慎獻雉。《鬼谷子》云：肅慎氏獻白雉于文王，還恐迷路，周公作指南車以送之。鄭人取玉。又云：鄭人之取玉也，必載指南之車，爲其不惑也。指南司方。左思《吴都賦》云：俞騎騁路，指南司方，出車驔驔，被練鏘鏘。持旛指南。《述征記》云：尚方北門中有指南車，車上有木仙人指信旛，車轉而人常指南。續補。常爲前導。《古今注》見上。駟馬正道。《鹵薄》曰：指南車駕駟馬正道。四一人，駕十，士四人。續補。

房玄齡等《晉書》卷二五《志第十五·輿服》 輕車，駕二，古之戰車也。前後二十乘，分居左右。輿輪洞朱，不巾不蓋，建矛戟麾幢，置弩箙於軾上。大駕法駕出，射聲校尉、司馬、吏士、戰士載，以次屬車。

司南車，一名指南車，駕四馬，其下制如樓，三級，四角金龍銜羽葆，刻木爲仙人。衣羽衣，立車上，車雖回運而手常南指。大駕出行，爲先啓之乘。

記里鼓車，駕四，形制如司南，其中有木人執槌向鼓，行一里則打一槌。

【略】指南車，過江亡失，及義熙五年，劉裕屠廣固，始復獲焉，乃使工人張綱補緝周用。十三年，裕定關中，又獲司南、記里諸車，制度始備。

李昉等《太平御覽》卷七六二《器物部七·勺與杓字同》 《論衡》曰：司南之勺，投之於地，其柄指南。

黄庭堅《山谷集》卷一九《書三十五首·與潘子真書二首》 庭堅叩頭子真足下，累辱惠書及詩，竊伏天材高妙，鍾山川之美，有名世之資，未嘗不歎息也。黄鵠一舉千里，非荆雞之材所能啄菢。以是久未知所答，雖然有一於此，可少助萬分之一。致遠者，不可以無資。故適千里者，三月聚糧，又當知所向，問其道里之曲折，然後取塗而無悔。鉤深而索隱，温故而知新，此治經之術也。經術者，所以使人知所向也。博學而詳説之，極支離以趨簡易，此觀書之術也。博學者，所以使人知道里之曲折也。夫然後載司南以適四方而不迷，懷道鑒以對萬物而不惑。曾子曰：尊其所聞則高明矣，行其所知則光大矣。聞道也，不以養口耳之間而養心，可謂尊其所聞矣。

潘自牧《記纂淵海》卷二七《職官部・吏部・員外郎》　集吏部信才傑文，鋒振奇響。調與金石諧，思逐風雲上。沈約悼齊謝朓。才盛居東之任，禮處司南之重。高選髦士，以分劇曹。常集鄭叔則吏部員外郎制。

釋行秀《從容庵録》卷三　第五十三則黄檗噇糟

岐分絲染太勞勞，知事少時煩惱少。葉綴花聯敗祖曹。識人多處是非多。妙握司南造化柄，一朝權在手。水雲器具在甄陶。看取令行時。屏割繁碎，大象不遊兔徑。剪除毹毛。大悟不拘小節。星衡藻鑑，纖毫不昧。玉尺金刀。度量深明。黄蘗老察秋毫，讒他一星不得。坐斷春風不放高。預備不虞。

脱脱等《宋史》卷一四九《輿服志・輿服一》　指南車

指南車，一曰司南車。赤質，兩箱畫青龍、白虎，四面畫花鳥，重臺，勾闌，鏤拱，四角垂香囊。上有仙人，車雖轉而手常南指。一轅，鳳首，駕四馬。駕士舊十八人，太宗雍熙四年，增爲三十人。仁宗天聖五年，工部郎中燕肅始造指南車。肅上奏曰：黄帝與蚩尤戰於涿鹿之野，蚩尤起大霧，軍士不知所向，帝遂作指南車。周成王時，越裳氏重譯來獻，使者惑失道，周公賜軿車以指南。其後，法俱亡。漢張衡、魏馬鈞繼作之，屬世亂離，其器不存。宋武帝平長安，嘗爲此車，而制不精。祖沖之亦復造之。後魏太武帝使郭善明造，彌年不就。命扶風馬岳造，垂成而爲善明鴆死，其法遂絶。唐元和中，典作官金公立以其車及記里鼓上之，憲宗閲於麟德殿，以備法駕。歷五代至國朝，不聞得其制者，今創意成之。

吴桂森《周易像象述・叙》　聖人曰：神而明之，存乎其人。默而成之，存乎德行。其示人之意亦親切明白矣。先生三書外又畫人象圖，以析其義。斯義也，啟鑰開關，無異以司南指來學之路也。然則先生之書詳矣，又何必述乎。

趙維寰《雪廬焚餘稿》卷八　與薛高塵同年

落魄思歸，以聞戒故。濡滯旅邸，中秋出潞河，窮日夜之力，頃既抵張秋矣。望年臺麾蓋，直一衣帶水，而糧艘麕集，無能飛渡。且窘侮備至，幾以鷄肋嘗尊拳。奈何計仗年臺寵靈，賜之司南。庶弟或免泣岐之阸，特顓力馳叩，懇台慈立拯之。

孫承澤《春明夢餘録》卷五七《太醫院》　傷寒家有經禁、時禁、病禁，此三禁者，學醫者人知之，然亦顧所以用之爲何如耳。《會要》推明仲景、朱奉議、張元素以來備矣，見證得藥，見藥識証，以類相從，指掌皆在倉猝之際，雖使粗工用之，蕩然如載司南以適四方，而無問津之惑。其用心博矣。

張英　王士禎《淵鑑類函》卷二三一《邊塞部二・威信及外夷一》　增《古今注》曰：周公致太平，越裳氏重譯來獻白雉一，黑雉二，象牙一。使者迷其歸路，周公錫以文錦二匹，軿車五乘，皆爲司南之製，使越裳氏載之以南。

徐文靖《竹書統箋》卷七《周成王》　越裳氏來朝。箋按《尚書大傳》曰：周成王時，越裳氏重九譯而貢白雉。《韓詩外傳》曰：越裳氏重譯來朝，海不揚波三年矣。意者中國有聖人乎。《水經注》曰：交州外城記九德縣，屬九真郡，與日南接，周越裳氏之夷國。《中華古今注》曰：舊説云指南車，周公所作也。越裳氏重譯來朝，使者迷其歸路，周公錫以軿車五乘，皆爲司南之制，使越裳氏載之以南。緣扶南林邑海際，期年而至其國。使大夫宴將送至其國而還。其始制車轄轊皆以鐵，還至，周鐵亦銷盡，以屬巾車氏，收而載之。常爲先道，示服遠人而正四方也。

崔述《考信録》卷四《周公相成王中》　越裳氏重譯來貢白雉一，黑雉二，象牙一。使者迷其歸路，周公錫以文錦二疋，軿車五乘，皆爲司南之制。越裳氏載之以南，緣扶南林邑海際，期年而至其國。

黄暉《〈論衡〉校釋》卷一七《是應篇》　故夫屈軼之草，或時無有而空言生，或時實有而虚言能指。假令能指，或時草性見人而動，古者質朴，見草之動，則言能指；能指，則言指佞人。司南之杓，投之於地，其柢指南。宋殘卷「杓」作「酌」，朱校元本同。非也。《御覽》七六二引作「勺」。又七六二及九四四引「柢」作「柄」。按：《説文》：「杓，科柄也。」是「杓」即「柄」。又云：「勺，所以挹取也。科，勺也。」是「勺」即「斗」，「杓」爲「斗柄」。若依《御覽》引作「其柄指南」，則與上「杓」字義複。「司南之杓」，字當作「杓」，不當從《御覽》作「勺」。（《御覽》九四四引同今本。）知者，「司南」謂司南車也。《鬼谷子》曰：「鄭人取玉，必載司南。」（《宋書・禮志》。）《韓非子・有度篇》：「立司南以端朝夕。」舊注：「司南，即指南車。」《後漢書・輿服志》：「聖人觀於天，視斗周旋，魁方杓曲，以攜龍角爲帝車。」注引《孝經援神契》曰：「斗曲杓橈，象成車。」是「司南之杓」，象天文之杓也。疑今本「杓」字、「柢」字不誤。魚肉之蟲，集地北行，夫蟲之性然也。《御覽》九四四引作「自然之性也」。今草能指，亦天性也。聖人因草能指，宣言曰：「庭末有屈軼，能指佞人。」百官臣子懷姦心者，則各變性易操，爲忠正之行矣。猶今府廷畫臯陶、觟觽也。

紀事

陳壽撰　裴松之注《三國志·蜀志》卷八《許靖》　後劉璋遂使使招靖，靖來入蜀。璋以靖爲巴郡、廣漢太守。南陽宋仲子於荆州與蜀郡太守王商書曰：「文休倜儻瑰瑋，有當世之具，足下當以爲指南。」

沈約《宋書》卷一八《志·禮五》　指南車，其始周公所作，以送荒外遠使。地域平漫，迷於東西，造立此車，使常知南北。《鬼谷子》云：「鄭人取玉，必載司南，爲其不惑也。」至於秦、漢，其制無聞。後漢張衡始復創造。漢末喪亂，其器不存。魏高堂隆、秦朗，皆博聞之士，争論於朝，云無指南車，記者虛説。明帝青龍中，令博士馬鈞更造之而車成。晉亂復亡。石虎使解飛，姚興使令狐生又造焉。安帝義熙十三年，宋武帝平長安，始得此車。其制如鼓車，設木人於車上，舉手指南。車雖回轉，所指不移。大駕鹵簿，最先啓行。此車戎狄所制，機數不精，雖曰指南，多不審正。回曲步驟，猶須人功正之。范陽人祖沖之，有巧思，常謂宜更構造。宋順帝升明末，齊王爲相，命造之焉。車成，使撫軍丹陽尹王僧虔、御史中丞劉休試之。其制甚精，百屈千回，未嘗移變。

魏收《魏書》卷一〇八之四《志第十三·禮四之四》　太祖天興二年，命禮官捃採古事，制三駕鹵簿。一曰大駕，設五輅，建太常，屬車八十一乘。平城令、代尹、司隸校尉、丞相奉引，太尉陪乘，太僕御從。輕車介士，千乘萬騎，魚麗鴈行。前驅，皮軒、闟戟、芝蓋、雲罕、指南；後殿，豹尾。鳴葭唱，上下作鼓吹。軍戎、大祠則設之。二曰法駕，屬車三十六乘。平城令、代尹、太尉奉引，侍中陪乘，奉車都尉御。巡狩、小祠則設之。三曰小駕，屬車十二乘。

魏徵等《隋書》卷一〇《志·禮儀五》　指南車，大駕出爲先啓之乘。漢初置俞兒騎，並爲先驅。左太冲曰：俞騎騁路，指南司方。後廢其騎，而存其車。

記里車，駕牛，其中有木人執槌，車行一里，則打一槌。

劉昫等《舊唐書》卷四五《輿服志第二十五》　昔黄帝造車服，爲之屏蔽。上古簡儉，未立等威。而三、五之君，不相沿習，迺改正朔，易服色，車有輿輅之別，服有裘冕之差，文之以染繢，飾之以絺繡，華蟲象物，龍火分形，於是典章興矣。周自夷王削弱，諸侯自恣。窮孔翟之羽毛，無以供其侈；極隨和之掌握，不足慊其華。則皮弁革舄之容，非珠履鷸冠之玩也。迨秦誅戰國，斟酌舊儀，則有鹵簿、金根、大駕、法駕，備千乘萬騎，異《舜典》、《周官》。漢氏因之，號乘輿三駕，儀衛之盛，無與比隆。東京帝王，博雅好古，明帝始令儒者考《曲臺》之説，依《周官》五輅六冕之文，山龍藻火之數，創爲法服。雖有制作，竟寢不行。輿駕乘金根而已，服則衮冕，冠則通天。其後所御，多從袍服。事具前志。而裘冕之服，歷代不行。後魏、北齊，輿服奇詭，至隋氏一統，始復舊儀。隋制，車有四等，有亘幰、通幰、軺車、輅車。初制五品以上乘偏幰車，其後嫌其不美，停不行用，以亘車代之。三品以上通幰車，則青壁。一品軺車，油幰朱網。唯輅車一等，聽勑始得乘之。【略】唐制，天子車輿有玉輅、金輅、象輅、革輅、木輅，是爲五輅，耕根車、安車、四望車，已上八等，並供服乘之用。其外有指南車、記里鼓車、白鷺車、鸞旗車、辟惡車、軒車、豹尾車、羊車、黄越車，豹尾、黄鉞二車，武德中無，自貞觀已後加焉。其黄鉞，天寶元年制改爲金鉞。屬車十二乘，並爲儀仗之用。大駕行幸，則分前後，施於鹵簿之内。若大陳設，則分左右，施於儀衛之内。玉輅，青質，以玉飾諸末。重輿，左青龍，右白虎，金鳳翅，畫簴文鳥獸，黄屋左纛。

脱脱等《金史》卷四三《輿服志上》　大定十一年，將有事於南郊，命太常寺檢宋南郊禮，鹵簿當用玉輅、金輅、象輅、革輅、木輅、耕根車、明遠車、指南車、記里鼓車、崇德車、皮軒車、進賢車、黄鉞車、白鷺車、鸞旗車、豹尾車、軺車、羊車各一，革車五，屬車十二。除見有車輅外，闕象、木、革輅，耕根、明遠、皮軒、進賢、白鷺、羊車、大輦各一，革車三，屬車四。

藝文

張衡《右賦東都·東京賦》陳元龍等《歷代賦彙》卷三一　客既醉於大道，飽於文義，勸德畏戒，喜懼交争。罔然若酲，朝疲夕倦，奪氣褫魄之爲者，忘其所以爲談，失其所以爲夸。良久乃言曰：鄙哉予乎！予習非而遂迷也，幸見指南於吾子。若僕所聞，華而不實；先生之言，信而有徵。

蕭統編　李善等注《六臣注文選》卷五《京都下・吳都賦・左太冲》　俞騎騁路，指南司方。出車檗檗，被練鏘鏘。吳王乃巾玉輅，軺驌驦。旗魚須，常重光。攝烏號，佩干將。羽毛揚蕤，雄戟耀鋩。貝冑象弭，織文鳥章。六軍袀服，四騏龍驤。

崔損《北斗賦》董誥《全唐文》卷四七六　倬垂象以昭回，惟帝居之曰斗；壯魁台以立極，建衡杓而爲首。齊七政而均序五行，臨四海而横制九有。所以附乾樞，壓坤紐，攜龍枕參，左槍右棓。總列宿而環衛中宮，體羣臣而輔弼元后。範圍六合，紀綱四維。其道不昧，其照無私。若乃銅渾作式，未央取則，其變可考，其動可測。履端於始，當獻歲以指南；舉正於中，在陰方而主北。觀夫崢嶸纚聯，若綴若懸，冰散珠圓，乍似拔長劍而倚天。揭西柄以戒滿，拱北辰而處偏；乘三台而斡運，齊七曜而迴旋。酌天地之心，豈酒漿之可挹；分寒暑之氣，較鈞石而罔愆。躔次靡失，歷數斯在。晝其隱也，不爭曜於太陽；昏必見焉，寧藏暉於真宰。照萬國兮猶魚從網，宗百川兮比朝於海。參差北斗，闌干太清。環帝座之焜耀，薄河漢之縱横。不應豐以中見，每居次而自明。總五緯於天統，行四時而歲成。非止雄橋梁於巴蜀，壯都邑於咸京而已。於是萬人攸仰，萬物取象，實星之長。

王起《北郊迎冬賦》王志慶《古儷府》卷二　于時時和歲豐，勞農息力。結冰于坎，改火于國。天欣玉燭之太和，人受銅渾之罔忒。由是文物成，聲名飾。皇皇濟濟，鏘鏘翼翼。向仙蹕之駐，方引旆于司南；望曉星之殘，尚建杓于禮北。嚴飈絶玄輅之響，愛日動鐵驪之色。一人由之而展容，萬姓于焉而仰德。導嚴凝之氣，無奪其倫；應廣莫之風，不倦于度。

韋肇《瓢賦以豈徒用乃可珍爲韻》李昉等《文苑英華》卷一〇八　器爲用兮則多，體自然兮能幾。惟兹瓢之雅素，禀成象而瓌偉。安貧所飲，顔生何媿於賢哉。不食而懸，孔父嘗嗟夫吾豈。離方葉，配金壺，雖人斯造製，而天與規模。柄非假操而直，腹非待剖而刳。静然無似於物，豁爾虚受之徒。黄其色以居貞，圓其首以持重。匪憎乎林下逸人，何事而喧？可惜乎罇中夫子，寧拙於用。笙匏同出，詎爲樂音以見奇；牢巹各行，用謝婚姻之所共。受質於不宰，成形而有待。與簞食而義同，方抔飲而功倍。省力而易就，因性而莫改。豈比夫爾戈爾矛，而勞乎鍜乃礪乃。於是薦芳席，娱密座，動而委命，雖提挈之由君；用或當仁，信斟酌而在我。挹酒漿，則仰惟北而有别；充玩好，則校司南以爲可。有以小爲貴，有以約爲珍。瓠之生莫先於晉壤，杓之類奚取於梓人。昔有滄流，曾變蠡名而願測；今兹廟禮，請代龍號而惟新。勿謂輕之掌握，無使辱在埃塵。爲君酌人心而不倦，庶反朴以還淳。

指南針製作及其性質分部

論説

曾公亮　丁度《武經總要》前集卷一五《制度》　鄉導　若遇天景曀霾，夜色暝黑，又不能辨方向，則當縱老馬前行，令識道路；或出指南車及指南魚，以辨所向。指南車法世不傳。魚法：用薄鐵葉剪裁，長二寸，闊五分，首尾鋭如魚形，置炭火中燒之，候通赤。以鐵鈐鈐魚首出火，以尾正對子位，蘸水盆中，没尾數分則止，以密器收之。用時，置水椀於無風處平放，魚在水面令浮，其首常南向午也。

沈括《夢溪筆談》卷二四《雜誌一》　方家以磁石磨針鋒，則能指南，然常微偏東，不全南也。水浮多蕩摇，指爪及盌唇上皆可爲之，運轉尤速，但堅滑易墜，不若縷懸爲最善。其法：取新纊中獨繭縷，以芥子許蠟綴于針腰，無風處懸之，則針常指南。其中有磨而指北者。予家指南北者皆有之。磁石之指南，猶柏之指西，莫可原其理。

又《補筆談》卷下　補第三十卷十二件藥議二　以磁石磨針鋒，則鋭處常指南，亦有指北者，恐石性亦不同，如夏至鹿角解，冬至麋角解。南北相反，理應有異，未深考耳。

陳元靚《事林廣記》癸集卷一二《神仙幻術》

又　造指南魚

以木刻魚子一個，如母指大，開腹一竅，陷好磁石一塊子，却以臘填滿，用針一半僉從魚子口中鈎入。令没放水中，自然指南。以手撥轉，又復如初。

又　造指南龜

以木刻龜子一個，一如前法製造，但於尾邊敲針入去。用小板子，上安以竹釘子，如箸尾大。龜腹下微陷一穴，安釘于上，撥轉常指北，須是釘尾後。

葉子奇《草木子》卷一《管窺篇》 《洪範》五行之生成，以微著爲漸次，蓋以數言之也。水火，氣也，故微。木金，形也，故著。四行莫不待土以生成焉。其質最大，故居後。蓋土所以成始而成終者也。

南北二極所以定子午之位，歷家因二極而立赤道，所以定卯酉之位。北極，瓜之蒂也。南極，瓜之攢花處也。赤道，瓜之腰圍也。指南針所以通二極之氣也。

赤道爲天之腰圍，正當天之濶處。黄道自是日行之道。月之九道，又自月行之道也。

張寧《方洲集》卷一九《葵庵説》 客亦知夫指南之鍼乎。其爲物也，承氣於磁性，常向午。更地易處，無間夷夏，百試不易，所指必南。雖限以山海，蔀以皮革，寘諸潛冥暗密之室，無所辨於四方，亦不肯轉而他之。此豈待南而後知向哉？其性然耳。君子之事上也，或遠或近，或用或不用，身雖易而心不可易，是猶陰崖寒谷能障葵之質，而不能障葵之心。吾又因是而知叔京之能處夷險也。客謝曰：子之言可矣。予笑曰：君子當使人稱善，不當使人稱可；當使人見重，不當使人見矜。

何良臣《陣紀》卷二《技用》 軍行失道，則以指南車、子午針定其所向。欲還本境，迺放老馬引導于前軍。

又 卷四《水戰》 洋海之戰，所慮風濤不時及慮迷失向往，當斗建爲正，加四時之知識進退矣。或昏晦之際，則以指南車、子午針分其南北。故處水上之占驗與諸占家稍異者，似宜記之。如日暈主風，月暈主雨，風雨必從暈缺處來。星光閃爍不定，及雲起四下散如烟霧者，皆主大風。

張元諭《篷底浮談》卷二《談理》 造子午針之法：造成離火時，用水淬其本而火鍊其末，故本居北而南指。予嘗水淬其末而火鍊其本，即變而指北矣。又嘗木磨其本而金磨其末，則本居東而西指。木磨其末而金磨其本，則本居西而東指。氣類之相從，其感通之妙如此。

李豫亨《推篷寤語》卷五《本術篇》 本堪輿之術

人云鍼能指南，非也。鍼乃頑鐵死物，豈能辨方域。能辨南北者，磁石之氣耳。術士藏鍼不離乎石，正欲鍼傳磁氣耳。試以未養之鍼而浮水，則南北淆。不惟不辨南北，鍼亦不浮矣。予謂磁石乃陽物，故氣亦從陽。陽氣在南，故鍼夆亦從南。鍼首向北者，得氣獨重，戀乎陰也。姑誌此以俟明者焉。

又 卷七《訂疑篇》 訂名物之疑

指南車，舊傳周公所作。越裳氏重譯來獻，使者迷其歸路。周公錫以軿車五乘，皆爲指南之制。越裳氏載之，周年而至其國。秦漢其制無聞，後漢張衡始復創造。漢末其法不存。魏明帝始令博士馬鈞造之，晉亂又亡。石虎使解飛，姚興使令狐生又造。宋武平關中得之，其制如鼓車，設木人於車上，舉手指南。車驟迴轉，所指微差。至齊祖冲之又造之。今鹵簿中亦不復聞矣。世所用惟術家鍼盤，用水浮鍼，視其所指以定南北。近年吴越閩廣屢遭倭變，倭船尾率用旱鍼盤以辨海道。獲之，倣其制。吴下人始多旱鍼盤，但其鍼用磁石煮制，氣過則不靈。不若水鍼盤之細密也。

李豫亨《青烏緒言》 以針浮水定子午，俗稱水羅經。至嘉靖間，遭倭夷之亂，始傳倭中法，以針入盤中，貼紙，方位其上，不拘何方，子午必向南北，謂之旱羅經。近遇地師汪弄丸者，始知以鐵杖不拘巨細，系繩懸之，以手擊之旋，旋定，首必指南，即羅經法也。余取試之良然。可見造化之巧隨處不易如此。

章潢《圖書編》卷一六 天市垣象緯考

南北二極所以定子午之位。歷家因二極而立赤道，所以定卯酉之位。北極，瓜之蒂也。南極，瓜之攢花之處。赤道，瓜之腰圍也。指南針所以通二極之氣也。

又 卷二二 陰陽五行八卦

陰陽五行，氣而已矣，雖各一其名義，各一其象數，各一其方位，而一氣周流變動，本無端倪。然陰陽五行自不可亂，猶定盤之針，雖盤隨方位轉移，而針之指南者不易也。于此了然洞徹，胸中有活子焉，則支干卦爻隨其布列，造化由之以斡旋矣。諸術家各執一説，確信不疑，固未免膠柱，刻舟捫盂以爲見也。又有會通諸術，凡古人畫一圖，創一説者，皆兼收以統其全，殆如萃盤示兒，色色具備，欲嬰兒盡取之以爲終身福慶之驗也，有是理哉！彼天陽而地陰也，日陽而月陰也，春夏陽而秋冬陰，東南陽而西北陰也。然晝則天地皆屬陽，夜則天地皆屬陰；春夏則天地日月皆陽，秋冬則天地日月皆陰。東南則四時皆陽，西北四時皆陰。譬手焉，左陽右陰，不可易也。而左右仰皆陽，覆皆陰。仰覆熱皆陽，寒皆陰。陰陽惡可執一論耶。然卒不可以左爲陰，右爲陽。在人雖男女皆有陰陽，卒不可以女爲陽，男爲陰也，明矣。是故天干陽也，地支陰也。

何汝賓《兵録》卷六《軍行總説》 一遇天景曀霾，夜色暝黑，又不能辨方向，則當縱其馬前行，令識道路。或出指南車及指南魚以辨所向。指南魚法，用薄鐵葉剪裁，長二寸，濶五分，首尾鋭如魚形。置炭火中燒之，候通赤，以鐵鈐鈐魚首出火，以尾正對子位，蘸水盆中，没尾數分則止，以密器收之。用時置水碗於無風處，放魚在水面，令浮，其首常南向午也。

趙台鼎《寶顔堂訂正脉望》卷四　人肖天地，養生之理取法天地焉。蓋南北之極所以定子午之位。曆家因二極而立赤道，所以定卯酉之位。北極，瓜之蒂也。南極，瓜之攢花處也。赤道，瓜之腰圍也，正當天之濶處。指南針所以通二極之氣也。

方以智《物理小識》卷八《器用類》　指南説

磁針指南，何也？《鏡源》曰：磁陽，故指南。愚者曰：蒂極、臍極定軸子午不動，而卯酉旋轉，故縣絲以蠟綴針亦指南。存中云：此處指南必偏丙位。舶商言大秦西海偏丁位，則中土在崑崙東，彼海在崑崙西，其氣隨地勢而少變者乎。滕揖曰：鐵條長而均者，縣之亦指南，不獨此也。五金皆指南，金重故也。況於水亦必指南，惟水淺不及旋定，則有亂向。若深水，則任其本勢矣。歐宗衡曰：興國縣北鄉一石若龜，首北向，移之次早如故。暄曰：物皆向南也。凡竹木金石條而長者，縣空浮水能自轉移者，皆得南向。東西動而南北静也。針淬而指南，應南極垂而北極高也。石首向北，尾則向南，重故也。鱘首仰則朝北，首舉而尾垂也。旱碓臨南臨西則轉，臨東北則不轉，東來氣，北上仰也。赤道以南則反是。或疑石之能移，曰氣能飛山移石，竹木鐵石，恒轉移于空中水中，即能轉移于氣中也。石不必皆移，而此石精瑩，其與此地之氣相吸耳。中通曰：東西轉者地上氣也，物圓而長，雖重亦隨氣轉，故不指東西而指南北也。針若扁或方輪者，則亂指。南之極，北之極，日月腰輪之國，針即不指南矣。

傅汎際譯義　李之藻達辭《寰有詮》卷三　動施篇第四

論天有施於下域

如北辰有吸磁石之能，故磁石吸水面鍼必向於北。又日輪日一周天，德感雄鷄，夜半而啼，若有慶幸日輪復來之意。月輪亞利稱爲小日，爲其尤近下域，德能更顯也。蓋月主潮汐，其消長進退皆繇於月。水中蠃蚌魚腦之類，其盈虛亦隨月德。又有一種異石，名色勒泥特，有月象焉，月之盈闕遞變，其小大亦隨之遞變。

又　論天施之何以

又指南，水面之鍼所繇北向者，人知磁石所吸，不知石與北辰所吸，而鍼乃從之。顧北辰之吸，非其光吸之也。即置鍼於光所不照之地，猶然向北。蓋緣北辰含藏之力，吸動磁石，磁石轉吸鐵鍼，使自北向耳。

黄宗炎《周易象辭》卷二《坤》

西，鳥在巢上，象形。日在西方而鳥棲，故借爲東西之西。爲借所專，又作，棲以爲棲息之用。

南，從屮，從羊，從八。立二干于地，測日景以定方位，南面既得，則八方可别矣。舊解離，火之方，任養萬物，陽極而陰干犯之，似爲未盡。今俗所謂指南針者，其取南也，微偏于丙，非正南之位，必以干測日乃能通屮爾。

東，從日，從木，日在木中，始出之時爲東方也。杲之日在木上，杳之日在木下，皆從此生，不必言日出榑桑也。

北，從二人相背。南方陽明，長養萬物，人性喜嚮之。北方幽暗淒然，有肅殺之氣，人性多背而不嚮，故即爲乖叛之用，即爲肩背之背。

愛新覺羅・胤禛《聖祖仁皇帝庭訓格言》　訓曰：人生凡事固有定數，然而其中以人力奪天工者有之，如取火鏡、指南鍼，一物之微能參造化。至於推步七政之運行，寒暑之節候，日月之交蝕，皆時刻不爽。又若春耕夏耘，乃致西成秋穫，苟徒恃天工，不盡人力，何以發造化之機而時亮天工乎。

又愛新覺羅・胤禛《聖祖仁皇帝聖訓》卷三〇《重農桑》　總之，南北地氣不同，節候各異，寒暑之遲早全視太陽之遠近，所以赤道度數最宜詳審。欲定南北之向，惟以太陽正午所到之度爲準，即指南針亦不能無偏。設有鐵器在旁，則針爲所引，亦復不準。此是一定之理。今將一片石以繩懸之，使之旋轉，俟其既定，刻記所向南北；復動如前，其所向南北仍復不變，即此可思其理。所以凡物皆有自然一定之理。庫勒納奏曰：聞黑龍江日長夜短，雖晚日落，不至甚暗，不知何故。

江永《河洛精藴》卷八《外篇》

羅經原始

《周禮》曰：惟王建國，辨方正位。《詩》曰：揆之以日，作于楚室。又曰：既景迺岡，相其陰陽。《攷工記》匠人營國，晝則眎臬測日影，夜則兼攷極星。所以辨方正位者，如此而已。其無針盤之器可知。説者謂黄帝禽蚩尤時，天降(元)[玄]女，授以針法。此無稽之言也。成王時，越裳氏來朝，迷其歸路。周公作指南車以送之，蓋以機巧作之，非今之羅經也。大約此器必三代以後精物理者刱之。針何以一端恒指北，一端恒指南也？坎水者，金之子家。離火者，金之所畏，亦金之所喜，是以恒眷戀於南北。當其鍛鐵而抽之爲線，則指南之性已定於此。用輕浮物貫線而浮之水，必指南，此從革之性也。唯慈石能引之。産慈石之山必産鐵，同類而相招也。智者窮物理，因製爲指南之器，後來形家踵事而加精焉耳。

又 羅針三盤説

羅針指午曰正針。與正針差半位，指其丙午之間者曰縫針。與縫針差一位，以丙爲午，以午爲丁，正針指其午丁之間者曰中針。正針者，地盤之子午也。中針者，天盤之子午，與北極相對者也。縫針者，地盤地支之午分爲兩半，一爲丙，一爲午也。以中針與正針較，差半位，地之午偏於丁，而天之午正當地盤丙午之間者也。地之午與天之午何故差半位？豈地有偏倚，不當天之中乎？曰：非也。此當通大地而言之，地亦是圓形，謂之地球，正當天心。以天度量之，南北二百五十里，則北極出地差一度。以二百五十里乘三百六十度，則地球周九萬里，東西亦如之。上下四周皆有山水，人物環而居之。地球分五大州，極西一州曰歐邏巴，亦謂之大西洋。環中華一州，彼土人呼之曰亞細亞。又歐邏巴之東南，亞細亞之西南，一大州曰利未亞，亦謂之小西洋。此三州地脉相連，大海環之。又一大州曰亞默利加，又一大州曰默瓦臘泥加，皆大海隔之，不與三州相通也。歐邏巴人浮海而來，望東南斜迤而行，歷利未亞州，其地有大浪山，見南極出地三十六度者也。既過此山，乃漸迤東北而行，至廣東番禺登岸。通計海程，約九萬里。海舟必藉羅針與天星以指路。當其未至大浪山，則針偏於丙，既過大浪山，則針偏於丁。唯當大浪山之處，針正對南極之下無所偏。此何以故？蓋地亦有南北極，其中亦隱有督任二脉，當南極處，如瓜之蒂，如人頂之百會穴。針指午，指其蒂也，指其百會穴也。大浪山是當督任脉之處，故針無所偏。自西方望之，地極近東，故針偏丙，而天之正午在其西。自東方望之，地極近西，故針偏丁，而天之正午在其東。然則當大浪山之處，天地之中合爲一線，正針即是中針，他處則不然矣。然則正中之處，亦有縫針乎？曰：縫針者，以丙午夾地盤之正午，常差半位，處處皆然，唯中針有變動耳。解羅經者，謂天之子午與浮針之子午差半位，故設天盤以應之，不知地是圓形，針隨地而差，半位是十五度。大浪山至中國，斜迤而行，直量之約差半位，故以日影測驗。如此設盤，其實不可以膠定。如東海至陝西、雲南八九千里，必有數度之差，豈可以膠定之天盤，偏用之各省乎？此説難以語於今人，唯就地圓之理，針隨地差之故，發明所以然，載之此書，以廣異聞。針偏、針正之説，西人浮海者所親見，載在《天學初函》，必非虚言也。

吴騫《尖陽叢筆》卷一 尖山觀音殿前一石盤陀，安指南鍼其上，則轉而北指。又東十餘里，談仙嶺側一石亦然，俗稱倒針石，蓋下有慈石所致。

徐朝俊《自鳴鐘表圖説》 鐘表瑣略

一，凡銅鋼淬水則硬，獨紅銅淬水則柔，作指南針帽，不可不知。

【略】

一，作指南針，鋼必宜蘸火。若如現成鐵絲，儘養磁石經年，終不能得指南之性。

丁芮樸《風水袪惑》 指南針

指南針亦曰子午針，見《文山集》贈魏山人詩。未詳所起。毛詩《公劉》：既景迺岡，相其陰陽。毛云：既景迺岡，考於日景參之高岡。鄭云：既廣其地之東西，又長其南北，既以日景定其經界。疏云：日景定其經界者，民居田畝或南或東，皆須正其方面，故以日影定之。居山之脊觀其陰陽，則觀其山之南北也。大名則山南爲陽，山北爲陰。又定之方中，作于楚宫。揆之以日，作于楚室。毛云：定，營室也。方中，昏正四方揆度也。度日出日入，以知東西。南視定北，準極以正南北。《周禮・地官大司徒》以土圭之灋，測土深，正日景，以求地中。鄭注：土圭，所以致四時日月之景也。測猶度也，不知廣深，故曰測。測土深，謂南北東西之深也。又土方氏掌土圭之灋，以致日景。《春官・典瑞》：土圭以致四時日月。封國則以土地。又《馮相氏》：冬夏致日，春秋致月。《考工記・玉人》：土圭尺有五寸，以致日，以土地。匠人建國，水地以縣，置槷以縣。眂以景，爲規，識日出之景與日入之景。晝參之日中之景，夜考之極星，以正朝夕。鄭注：極星謂北辰。疏云：前經已正東西，南北恐其不審，猶更以此二者以正南北。言朝夕即東西也。南北正，則東西亦正，故兼言東西也。《晏子春秋・内篇雜下》：古之立國者，南望南斗，北戴樞星。《困學紀聞》云樞星即極星。是三代時見於經典者，惟有揆日瞻星以正東西南北之位，未聞有指南針。觀毛君、鄭君之注，則兩漢亦未有也。考《夢溪筆談・雜誌》：方家以磁石磨針鋒，則能指南，然常微偏東，不全南也。水浮多蕩摇，指爪及盌唇上皆可爲之，轉運尤速，但堅滑易墜，不若縷懸爲最善。其法取新纊中獨繭縷，以芥子許蠟綴於針腰，無風處懸之，則針常指南。其中有磨而指北者。予家指南北者皆有之。《本草衍義》亦載有此説。又云：以針横貫燈心，浮水上，亦指南。觀沈存中、寇宗奭之言，當時第知作指南針之法，而不言用於羅經，則其所未見又可知矣。乃今術士輒曰羅經創自黄帝，顯於周公，其言於古籍無徵。惟指南車或以爲作於周公，見《宋書·禮志》、《宋史·輿服志》、《古今注》等書。或又稱始自黄帝。見《宋史·黄帝内傳》、《古今注》等書。已屬後人附會之詞，史承其誤。且針與車自是兩器，各各不同。考《晉書·輿服志》，司南車，一名指南車，駕四馬，其下制如樓三級，四角金龍銜羽葆，刻木爲仙人，衣羽衣，立車上，車雖回運而手常南指。大駕出行，爲先啟之乘。其制法具在。又詳見《宋史·輿服志》。其謂指南車始於黄帝者，出《黄帝内傳》，是書《漢藝文志》《隋經籍志》俱不載，後世僞託，不足爲証。考《漢書·地理志》，黄帝作舟車，以濟不通。《初學記》引譙周《古史考》，黄帝作車。《後漢書·郡國志》注引《帝王世紀》，黄帝始作舟車。案《周易·繫辭下》，黄帝、堯舜氏作，刳木爲舟，以濟不通；服牛乘馬，引重致遠。故後人皆歸之耳。班氏以後之説皆取諸此，然第曰作舟車非指南也，其謂周公所作者，《意林》引《物理論》指南車見《周官》，而《周官》無指南車之文。魏博士馬鈞第曰古有之，見《三國志·杜夔傳》注引傅(元)[玄]序及《事類賦》注引《魏書·馬鈞傳》。晉代又有指南舟，見《宋書·禮志》、《初學記·器物部》引《晉宫閣記》有指南舟。皆不言其所創始，而術士謂指南針始自黄帝、周公，則更庸妄不足究詰矣。

崔國因《出使美日秘國日記》卷五 因按：那威地處極北，故好測北極。從前曾用輪船於五月冰解時過北極海而返。據云至地球北極之地，天樞一星當頂，電氣至重，指南針失準，鐘表亦失常度。今又往測，抑以前次所測尚有未盡者乎。

徐建寅《兵學新書·附卷測地繪圖》 測向羅盤一百三十五

羅盤之鋼針有恒指南北之性，故能定向。其恒指南北之性，因鋼針有吸鐵性，與地球吸鐵性之南北極相攝之故，故用指南針之人，不可帶鐵器，如佩刀、洋槍、鑰匙、小刀等，皆能吸指南針使方向不準。用時如持於手中，則稍振動，而分度難看清，必平置架上用之。又視孔或不直立，而所看之物，高於地面者，每差至十度。山林房屋等處，在一處不能測得多點者，用此器最宜。行軍測繪，大半藉此器。指南針所指，係地球之吸鐵極。此極與地球自轉之南北極不相合，故指南針非指正南北，而有偏差。針雖有偏差，而用之測向繪圖，則無妨。因所測各向之相較，仍可無差也。俟圖成後，考得本處偏差之度分，繪一方向盤於圖之角，作一正南北線，以記其偏差可矣。此器簡便易攜，所測角度皆係平地之度，故作行軍圖，分三角形及補圖，皆極便用。

羅盤之用，能測得地面各處之方向，即與指南針所成南北經線相交之角度。故亦可得二方向所成之角度。其所成角度，即等於二方向度之較。如圖三十二。二方向所成之角度，如乙甲丙角。等於二方向度如乙甲卯角及丙甲卯角。之相較數。

形式。如圖三十三。中有活面，如丙。周畫自〇度起，至三百六十度。由左向右，連於指南針之上。針中有瑪瑙帽子，罩於中釘尖上，轉動極活。其前有立牌，如甲。中繫絲線一條，後有視孔，連折光鏡。如己。視孔及立牌皆作鉸鏈，不用之時，可以按平。折光鏡能上下移動，下面有顯微鏡，看活面之度數能清晰。旁有一小簧，輕按之能使活面停止。測望時將立牌及視孔皆扳起直立。

測方向。如前圖三十二。人手持羅盤，或置桌上。立於心點，如甲。而測一處，如乙。將折光鏡上下移動，以對眼光，至見活面之度數極清，從視孔看絲線，對準其處，如乙。而看活面之度數，即得方向。視孔後有紅綠二鏡，用測太陽出没時之角度，非測地所用。

既測得各處之方向，畫於紙上。法用紙一張，畫平行直線多條，合於南北向。其各線之相距合於圖之比例。如以四寸代一英里，則各線相距四分寸之一，即代一百十碼。補畫各物於圖甚易。

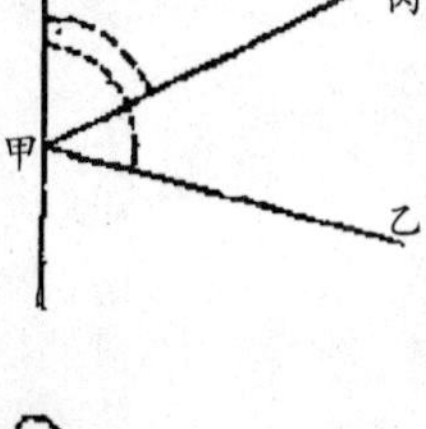

三十二

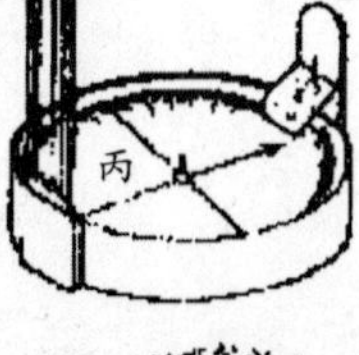

三十三

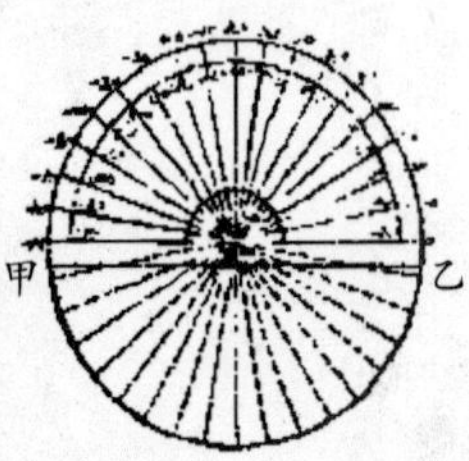

三十四

畫方向線於圖，用分角板。如圖三十四。以薄明角作半圓形，外周畫分度，自〇度起，由右向左，至一百八十度。内周自一百八十度起，亦由右向左，至三百六十度。直邊如甲乙。與圓徑平行，相距二分。又有長方形分角板，其理相同，而用之有差，故不詳録。

畫各物之方向，必自北而東，而南，而西計之。如圖三十五。欲自一點如丙。作畫一線，與縱線成五十度，以分角板之五十度對縱線，而移圓心對其點如丙。作線。如乙丙。

三十五

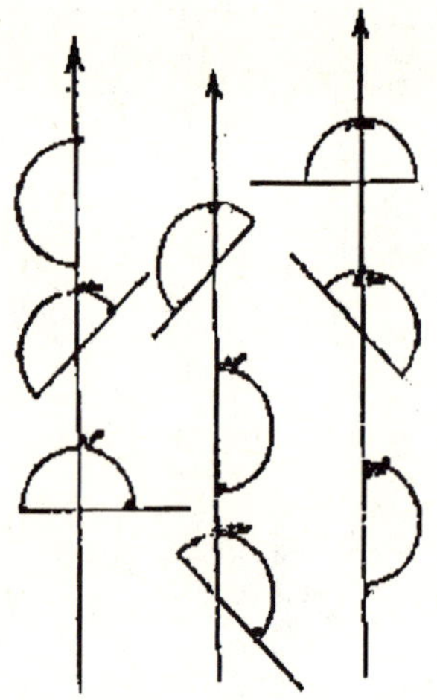

三十六

自〇度至一百八十度，用分角板之外周。自一百八十度至三百六十度，用分角板之内周。如圖三十六。

王仁俊《格致古微》卷二 《宋書》

司南車，周公作，送荒外遠使，迷於東西，使知南北。案：此即指南車也。又見《鬼谷子》《韓非子》及《古今注》。王大海《海島逸誌》曰：和蘭行船，指南車不用針，以鐵一片，兩頭尖而中濶，形如棱，當心一小凹下，立一鋭以承之，式如雨傘而旋轉，面書和蘭字。用十六方向，曰東、西、南、北，曰東南、東北、西南、西北，曰東南之左、東南之右、東北之左、東北之右、西南之左、西南之右、西北之左、西北之右也。唐帆欲往何方，乃旋指南車之字向以繩船。洋帆欲往何方，則旋船以依指南車之字向。揆其理，一也，但制度異耳。

又 卷四 《夢溪筆談》

磁鍼微偏東，不全南。案：此即南北極不正之説也。《癸巳存稿・六論羅盤》曰：徐岳《術數記遺》云：其一八卦，鍼刺八方，位闕從天。即此盤是漢已有之，後不傳耳。若以偏東偏西爲南，蓋西洋謂中國南北極不正，其説已見沈括《筆談》，謂磁石磨鍼，微偏東，不全南。其説非也，請以西説證之。晉法顯《佛國記》云：拘薩羅國佛論議處起精舍，道東有外道天寺。日在西時，精舍影射天寺。日在東時，天寺影北映，終不得映精舍。此事不足道，而旁證最可爲據。日月隨星躔出辰入戌，則中在未。天寺蓋在精舍東，僧徒夸言亦以中在偏西未位。若中國日中時正在午，豈得謂中國北極不正。磁石乃指大郎山，如西洋人之論耶。以《佛國記》推之，中國正南在午，佛國及西洋正南反在未。此又言羅盤指南鍼者所當知也。

藝文

戴叔倫《贈徐山人》彭定求等《全唐詩》卷二七三

亂餘山水半凋殘，江上逢君春正闌。針自指南天窅窅，星猶拱北夜漫漫。漢陵帝子黄金盌，晉代神仙白玉棺。回首風塵千里外，一作別。故園煙雨五峰寒。

段成式《酉陽雜俎續集》卷五《寺塔記上》

辭二十字連句

乘晴入精舍，語默想東林。盡是忘機侣，誰驚息影禽。善繼。有松堪繫馬，遇鉢更投針。記得湯師句，高禪助朗吟。柯古。一雨微塵盡，支郎許數過。方同嗅薝蔔，不用算多羅。夢復。

辭書事連句

悉爲無事者，任被俗流憎。夢復。客異干時客，僧非出院僧。柯古。遠聞疎牖磬，曉辨密龕燈。善繼。步觸珠幡響，吟窺鉢水澄。夢復。句饒方外趣，遊愜社中朋。柯古。静裏已馴鴿，齋中亦好鷹。善繼。金塗筆是褩，彩溜紙非繒。昇上人。錫杖已剋鍛，田衣從壞塍。柯古。占牀暫一脅，巷箔賴長肱。善繼。佛日初開照，魔天破幾層。柯古。呪中陳秘計，論處正先登。善繼。勇帶綻綻疑作磁。針石，危防邱井藤。昇上人。

王伋《針法詩》胡國楨《羅經解定》卷四

虚危之間針路明，南方張宿上三乘。坎離正位人難識，差却毫釐斷不(明)[靈]。

定歷之始，以虛星二宿六度爲南北之正中。今以日影較針，却微偏於右，北指虛危之間，南指張宿三度。視天道南北中路，差三度有餘。今人但取虛危針路，移爲南北正位，非矣，故曰人難識也。又有四針之論，紛紛藉藉。所謂土圭針，即木石針。所謂金盤針，即銅盤針。非土圭，不足以定四紀四墓之山；非金盤，不足以定八干四維之位。蓋自周公製土圭，測日晷，作子午針，始有十二支之用，是謂先天。及漢唐諸公，則以甲庚丙壬乙辛丁癸之天干爲天元氣清，必取地元配合，故用銅爲盤，增入八干四維，共成二十四位，是後天也。其實止於十二支位，截其首尾，加入干卦，是先天後天針有異名，而本無異用。筠松楊氏雙山之説出，遂以干維居右，支辰居左，針指正子之中縫，命曰縫針。一曰三七針，謂以縫針合平分透地龍，止有三七正半，而無二八也。時因透地有三七正半，强合正針，又失之矣。此針法蒙塵久矣，特標其最要者於此，餘辨見前。熊宗嵒曰：羅經豈虛具之器哉，上可以觀天文，下可以察地理，能使天禽地獸、日月精華灌注幽冥之室，護蔭死骨，遺體繁昌，天造地設，效驗捷如影響。若夫針路稍有毫釐之差，則理氣不清，禍福有間，即便斷不靈而無驗矣。然此惟積善之家，迎機就合。爲惡之輩，鬼神爲之轉移，豈得而不善哉。今俗師嗷嗷争鳴，皆曰我能奪天功，改天命，不知冥冥中自有默握其柄者在，實非人力之所能爲也。可見吉地精華，天機秘惜，玉必固璞，金必蒙砂，至寶不經，發見有日。固不令人通知，亦不絶人莫曉。神司其柄，天啓其靈，賓主幸逢，佳城適會。不然，何天開地闢，山川不改，古用今求，未嘗見竭。

彭龜年《止堂集》卷一七《寄黃商伯兼簡詹元善》　今日蠻荒好，逢人説桂林。秖應一片雪，端在兩公心。祈望羅明月，生黎斷水沈。滔滔迷所往，莫望指南針。

文天祥《文山集》卷一三別集《指南録·楊子江》　幾日隨風北海游，回從楊子大江頭。臣心一片鐵針石，不指南方不肯休。

朱繼芳《静佳詩集·航海》　地角與天倪，茫茫何處期。星回析木次，日挂扶桑枝。沈石尋孤嶼，浮針辨四維。飄然一桴意，乘此欲安之。

方回《桐江續集》卷一〇《贈地里周國祥》　存衛府動有是事，下婢子品斯何心。多少幽明不平處，煩君端試指南針。

又　卷一六《贈程山人》　青囊遺論究幾深，屋宅爲陽墓宅陰。二元出易中後天卦，更憑心上指南針。故知形勝從來有，難必榮華此處尋。周洛秦函倏興廢，豈虞山水喚之今。風水家之字水今字山。

王玠《還真集》卷下《述金丹工夫三十六首》　身中要識指南針，一寸山河一寸金。正穴定從心下見，三台應向面前尋。金烏玉兔東西轉，白虎青龍左右臨。口口相傳無別訣，不離當處鍊純陰。

張昱《可閒老人集》卷三《廉都事海道失風自丹羅至浙右還閩省》　指南針下失風帆，雪浪連天不見山。惟爾不懷和氏璧，彼蒼竟賜大夫環。皇天未厭生戎馬，國步何能斷阻難。此去驛程三百里，海棠花底度閩關。

胡維霖《胡維霖集》卷三《贈山人廖少峰》　短小精勤不用筇，談天炙轂好尋龍。頭龍三朵飢飡石，足踏千山醉卧松。鍼定指南能轉斗，星看拱北喜朝宗。君平何必逃名隱，到處懽迎廖少峰。

馬世奇《澹寧居詩集》卷下《庚辰限三字韵咏懷五十首》　閒向前賢乞指南，投針時似隔微參。尚留仙障名居一，未斷言筌知問三。解易遠猶疑輔嗣，草玄近敢望桓譚。人間妄意論天上，慧業文人半是憨。

金堡《徧行堂集》詩集卷五《遣興正韻》　隕海星難依碇石，指南針好送飛車。破家不在招窮鬼，移毒何勞覓脆蛇。下脚總教華頂裂，張拳輕把日輪遮。於今罷托沿門鉢，七寶隨身有一些。

王夫之《薑齋詩文集》詩集卷四《柳岸吟·和白沙》　江門一空際，萬卷且幽尋。龍馬誰之迹，星河盡此心。萍月開池影，松風合澗音。萬端無彼是，中有指南鍼。

王原祁《萬壽盛典初集》卷八二《萬壽詩七言截句三十首》　天長地久萬年心，烏弋黃支獻國琛。八表葵傾同向日，海波已定指南針。其二十七

劉墉《劉文清公遺集》卷一四《滄園言歸以定南鍼盤贈行四首·其一》　善財五十三參，步步向南而去。贈汝金鍼指南，驀直遄登覺路。

錢大昕《潛研堂集》詩集卷三《兩頭纖纖詩二首·其二》　兩頭纖纖指南鍼，半白半黑沙際禽。腷腷膊膊落葉音，磊磊落落松柏心。

百齡《守意龕詩集》卷二五丁卯《次韻答清平階中丞見贈之作》　愛山自喜看雲卧，對榻頻煩聽雨過。贈我言如良藥苦，感人詩似早春和。鞭心末路酬恩晚，回首前塵鑄錯多。聞有指南鍼在手，近來津渡問如何。

孫原湘《天真閣集》卷三四《踏莎行》　短褎憐花，孤行惜草，一庭緑鎖春愁

老。不知十二箇時辰，爲誰情緒空顛倒。測日圭圓，指南鍼小，玉纖拈弄偏輕巧。碧梧陰細漏斜陽，一天又是閒過了。

張維屏《國朝詩人徵略二編》卷六〇《邱毓章》 寄跡水晶域，秉心朱提銀。象異指南針，形如倒垂綸。外晝辨分寸，中條判厓垠。驗暑見進上，占寒觀退屯。寒暑針。

斌良《抱冲齋詩集》卷三五《扈蹕延恩集一・行營雜詠恭和乾隆御製原韻・銅晷》 銅範歐邏巧製初，範銅爲日晷，其製出自歐邏巴，後流傳至中國。指南鍼準渾儀如。萬年甲子循環歷，十二元辰次第書。測景鳌毫時不舛，趨公晷刻整多餘。夙聞大禹分陰惜，先聖箴規足警余。

斌椿《天外歸帆草・曉起》 曉起登樓岸葛巾，飄然一葉載吟身。針盤正指南洋道，帆席迴看北海濱。三島煙霞籠鶴背，九天雲影蹙魚鱗。愧聞異域咸稱説，中土西來第一人。

又 《過波羅雜哈》 航海三旬久，針盤正指南。桄榔圍四面，蒲葦繞孤潭。風暖熏如醉，書拋睡半酣。金焦驚人望，何處覓茅庵。東坡放船至焦山有「爲我佳處留茅庵」句。

陳與三《過示所造渾象並星表爲賦長句》陸嵩《意苕山館詩稿》卷八 陳生胷腹滿象緯，日望斗杓動感慨。便思直上觀星臺，細就璣衡辨顯晦。觚棱金爵夢未通，但抱陳編坐户内。往年南粤騰欃槍，含愁語我生旁皇。謂恐兵戈此難免，妖氛遥射穿銀潢。閩城日夜恣講論，歎君所見非荒唐。因之從君究占驗，法象無器難求詳。洛閎張衡不可作，案頭《靈憲》空評量。卻憶星家有鑄造，玉管横施擅奇巧。仰觀躔度恒參差，運轉胡能絜穹昊。君言南北地不平，二極出入要先考。指南漫分昏旦中，一鍼早定黄赤道。按節應候資尋求，象有難明輔以表。此意豈復疇人知，并可西差廢搜討。攜來指示月黑天，繁星燦燦俱眼前。不比壺中小日月，直教袖裏摶坤乾。方今海濤已安謐，胡爲失正威弧弦。復訝虚危守熒惑，長庚作作光芒連。杞憂未免更私抱，知君祕造窺無窓。西洋鐘表失寶貴，所望從此欽虞璿。嗚呼君才世豈有，安得靈臺爲君守。明時治厤同羲和，四海卿雲仰縵糺。

孫雄《道咸同光四朝詩史》甲集卷五《歲暮雜感十首・其三》 貨殖經綸邁古今，車行不待指南針。山川已洩金銀氣，谿壑難盈豺虎心。芋賦狙公朝又暮，海填精衛淺還深。從來互市成巵漏，在尺奚能便直尋。

指南針應用分部

堪輿

論説

管輅撰 王伋等注《管氏地理指蒙》卷下

望勢尋形第四十七

舊註曰：大率駝穴肉鞍之背，象穴捲草之鼻，然駝弓身而背露，象環鼻而外單，故穴於攀肩，穴於垂耳，横以取向則爲得法。

開陽曜而廓陰華，明堂通運；振天維而衍地絡，元室凝光。氣積地而應天，光芒經緯；福司神而顧德，嗣續繁昌。

陽曜，日也。陰華，月也。振，收也。絡，脈絡也。明堂開擴，日月照臨。若幽暗抑塞，與天運不能相通。故出口貴乎干維明堂之腹，貴乎廣衍而平夷也。蓋積氣成天，積形成地。凡在天之氣，皆地之升。故地之災祥，一凖之日月星辰而鬼福及之，謂非神以司之乎。彼積不善者，未可以倖致也。

又况頓格定鍼而偏中何的，易節轉宫而分野多訛。圓術無拘於縱指，方術有持而敢差。風門及應案之形可居堂而問音姓，水口與後龍之勢宜離穴而審經過。水下重重脚手回，捍門擁節；蕩畔環環頭面顧，堡壁排衙。承祖脈之真純，爪牙有意；遇孫枝而駁雜，肩項堪誇。

此一節辨形勢陰陽宫位之法。格龍要在龍上，格水要到水中，非可漫然而指者。二十四位應二十四節氣，故曰易節。風門、應案，應於穴者有定，故居堂可格。水口、後龍，轉於宫者靡常，故離穴乃鍼。捍門在水口外，堡壁在羅城内。譬祖脈屬陽，遇爪牙亦屬陽，雖微有用。孫枝即爪牙也。遇孫枝而忽陰，當於肩項純陽處求之，自有真結。

又况坐卧異形，不可不察。横直異穴，不可不悉。横穴慮其過去，直穴慮其偏兀。彎彎腹上顧垂乳以回頭，宛宛臍間保丹元於盤膝。

坐者其氣浮，臥者其氣沉。橫穴須要貼脊，直穴偏則氣脈不貫，兀則危而不安。乳在腹之上，其乳雖垂而頭復昂起內顧。膝在臍下，其臍宛蓄而膝要環抱內收。

又況降龍之勢貴於住穴，應龍之勢貴於有情。非端崇而顧主，雖層疊以何憑。應龍降勢，似行龍愛其趣進。去水款城，如揖水要得寬平。

降者，自高而降平也。應龍非無故而起，有真龍必有真應。若無顧主之情，雖層疊非應也。

又況高坎曰露，低坎曰藏。低而不沉者穴之顯，高而不暴者氣之鍾。高岡融結於停儲，洿中蓄氣。迫案幽囚於卑隘，絕下虧陽。

坎，窩窟也。低而不沉者，面前明堂開暢，案應不塞；高而不暴者，左右從佐等齊，窩口內蓄。

又　逾宮越分第六十八一本作差山認主，一作字林斷例，一作形勢純駁。

鍼指坎離，定陰陽之分野；格偏一作侵。壬丙，探僭越之津涯。喪家失柄於羣奴，化國總歸於一德。是以坤艮向宅，禍萌於丑未寅申；乾巽安墳，災伏於辰戌巳亥。元辰巳水，巽興合活之悲；向首艮山，丑起缺脣之祟。皆由駁雜，執斷例以言凶；若是真純，豈《字林》之可斷。

鍼指子午，萬古不易，陰陽之定位也。格偏壬丙者，非天也，蓋子之西屬壬，午之東屬丙，以子午而較之，則有壬子，有丙午。五行各異其用，其原出自上古，非後世所可臆度者。或謂晷影較偏於壬丙，紛紛争論，不知此羲和之術，所以正四時者，而移之以推地氣則謬矣。兩間之理，天動而地静。唐虞至今四千餘年，日之躔次相去已五十餘度，又安得而齊之，故歲差之法歲歲有變，非若地之凝然不動也。此書以《洛書》五行爲用，專重(元)[玄]女浄陰浄陽。在探其津涯者，恐干支陰陽相錯，便有羣奴喪家之禍。必純粹無疵者，乃可得其化國之權也。故坤以未申爲奴，艮以丑寅爲奴，乾以戌亥爲奴，巽以辰巳爲奴。若元辰巳水，巽爲兩巳相共，故犯合活；向首艮山，丑與辰宫相破，故犯缺脣。巳水則爲乾山，艮山則爲坤坐，故云駁雜，不得真純也。

張洞玄《玉髓真經》卷八上　朱雀名髓第八

《靈臺明堂經》云：指針求南，是未辨方。向晦得日，因陰求陽。八面陽明，軒豁開張。土温而潤，臬潔而香。谷響不襲，水聲不揚。回枯蔭生，是爲吉藏。此明堂朱雀陽明之訣也。蓋謂以針南而後爲南，則不知明陽之義，與不辨方者同。

又　**卷二四**　方向論髓第二十四

假如子方正是卯向，即壬是亥子之間兩隅地，癸是子丑之間兩隅地，世言子丑之間方是正子者，非也。蓋古人以十干及四卦參之者，乃正以識兩辰之間，反以兩辰之間爲正則謬焉矣。

假如針是天然理，分明正指子午地。如何不穿子癸間，如何不止午丁地。但觀此理是天然，可見兩辰非達理。

以子午針明之，最明白也。

假如舊塋指兩向，屍皆朽敗無全理。蓋緣兩向有陰陽，陰與陽雜即非美。

假如子癸向午丁，子癸午乃是陽，而丁是陰，即爲凶矣。陽山陰向，陰山陽向。

又　**後卷卷一一**　子午針髓第十一

試問縫針自昔傳，君今獨以單向言。不知玄向何所據，願聞妙旨發其玄。吁嗟此說本易曉，此法當來自聖賢。交趾之南越常國，重譯來朝慕周德。忽迷歸路失方位，周公爲此作針制，置之於車名指南，只言子午定方位。若非子午針所指，蓋言兩辰雙向義。

假如世俗說南北順口，常總無異，只說北方亥子丑。說又言南方巳午未，不言丙丁，夾南北方亦不言壬癸。

要知中古創制時，只有支神十有二。自唐以來始兼向，周公何由縫中置。元因正穴向不正，遂用兼成定其義。庶幾偏正有分寸，非謂諸向從古備。當初欲置兼向時，只因乾坤艮巽起。遂以十干用其八，强將戊己歸中位。時師傳襲不知元，二十四向常拘泥。遂將縫針巧遷就，尅擇埋葬可迴避。或言針今自指縫，不知針特隨人意。若移辰戌當子午，針亦依然兩頭指。針之所指是子午，人之所移隨手至。子午本來隨針定，今人反以針隨意。

言人若强以辰戌二向移當子午，令針指之，則針但知子午，不知羅圖板上是辰戌，其謂之辰戌乎。今人移丙午壬子之位，令針指之，則針之所指必以正子午也。今所名及雙辰，其可真謂之指縫乎？子午二向本以人不能知方向之的，故以針定子午二向，則其他位向可得而推。今人反以針不指子午，使移易以隨人意，則人雖命之曰指縫，而針實指子午也。

若還雙向偶比和，此亦依違無所議。若還陰陽或異局，豈不悞人害非細。

何緣葬屍有不全，雙向不和之所致。

言雙向或有陰陽異向，則向不比和，能令所葬之地不全。

時師不曉陰陽局，只傳俗説苟微利。聖賢創始本不差，後人添演失其理。明人通達迷易省，庸人相嗤反詬罵。但説周時無雙向，只言十有二辰次。既無兼向預先傳，必不偏斜定針位。勸君只説子午向，莫説縫針悞來世。

儲泳《祛疑説・易占説》陶宗儀《説郛》卷七三上　辨鍼

陰陽家之説尚矣，其間得失是否，未易輕議。要亦驗諸事，折諸理而已。地理之學，莫先於辨方，二十四山於焉取正。以百二十位分金言之，用丙午中針，則差西南者兩位有半；用子午正針，則差東南者兩位有半。吉凶禍福，豈不大相遠哉。此而不明，他亦奚取。曩者先君卜地，日者一以丙午中鍼爲是，一以子午正鍼爲是，各自執其師傳之學。世無先覺，何所取正，而兩者之説亦各有理。主丙午中鍼者曰：狐首古書專明此事，所謂自子至丙，東南司陽；自午至壬，西北司陰；壬子丙午，天地之中。繼之曰：針雖指南，本實戀北。其説蓋有所本矣。又曰：十二支辰以子午爲正，厥後以六十四卦配爲二十四位，丙實配午，是午一位而丙共之。丙午之中，即十二支單午之中也。其説又有理矣。主子午正針者曰：自伏羲以八卦定八方，離坎正南北之位，丙丁輔離壬，癸輔坎，以八方析爲二十四位。南方得丙午丁，北方得壬子癸。子午實居其中。其説有理，亦不容廢。又曰：日之躔度，次丙位則爲丙時，次午則爲午時。今丙時前二定之位良亦勢止。因著其説，與好事者共之。但用丙午中鍼，亦多有驗，適得本位耳。

佚名《九天玄女青囊海角經一・浮針方氣之圖》　圖説

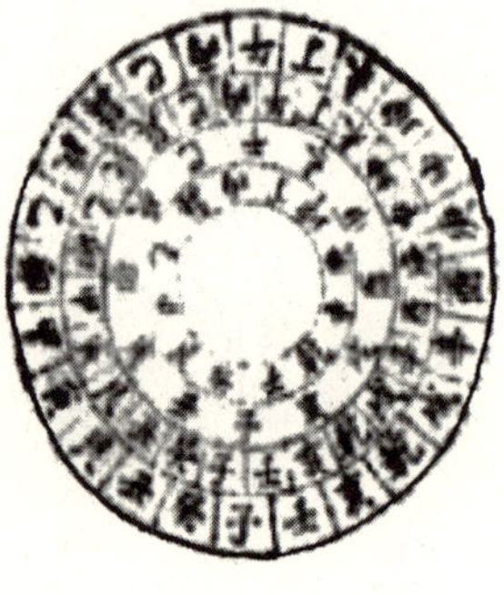

(元)[玄]女書以太陽出没而定方所，夜以子宿分野而定方氣，因蚩尤而作指南，是以得分方定位之精微，始有天干方所，地支方氣，後作銅盤，合局二十四向。天干輔而爲天盤，地支分而爲地盤。立向納水從乎天，格龍收沙從乎地。今之象占，以正針天盤格龍，以縫針地盤立占，圓者從天，方則從地，以明地紀。

王景《羅經銘》程敏政《明文衡》卷一八　羅經，指南車之轄也。其法以磁針定其子午，子午正而二十四位皆正。噫！化機若是之可握歟！爲之銘曰：

混而茫，規洪厖。奠玄黄，天崑崙。廓八握，孰用宜。我無爲，司南離。學坤維，役萬靈。斡曜星，爲民正。大化元，聖治原。翼蟬聯，忒其恒。馮翼懵，杳冥冥。法其施，亂是釐。靜應之，唯其然。握坤乾，於萬年。

徐善繼徐善述撰　鄭同校《繪圖地理人子須知》卷四之二　以八卦定穴

觀物翁曰：察來山之形勢，水神之曲直，若龍虎有情，賓主相應，件件合法，然後察脉點穴。點穴既定，然後定向。方向既定，然後證之以天星法度。按《泄天機》云：四象既定，當分八卦。先於穴星分水脊上下盤針，定脉從何方來。次於暈心標下下盤針，定脉從何方去。又於明堂中下盤針，定水從何方來，何方去。如陽脉得陽向，陽水來，陽水去；陰脉得陰向，陰水來，陰水去。謂之陰陽純粹，大吉。若陽脉見陰水來去，或扦陰向；陰脉見陽水來去，或扦陽向。謂之陰陽駁雜，大凶。向吉水凶，先吉後凶；向凶水吉，先凶後吉。此八卦定穴綱領也。

按：向與水如不合，而形勢、龍穴、沙水、堂氣自吉，則穴内用控制之法，所謂卦向穴中作也。大抵向水駁雜者，雖是禍福相雜，然不害富貴。轉凶爲吉，全在葬法合矩耳。八卦統干支，所屬方位，陰陽見坤册。

又　卷七之三　附南針説

按羅經二十四位，子爲正北，壬癸輔之。午爲正南，丙丁輔之。卯爲正東，甲乙輔之。酉爲正西，庚辛輔之。子午卯酉即文王後天坎離震兑四方至正之位也。乾坤艮巽爲四隅，總以八干十二支，即東方甲卯乙辰，而卯居正中；南方巳丙午丁未，而午居正中；西方申庚酉辛戌，而酉居正中；北方亥壬子癸丑，而子居正中。此大中至正之理，天地至極之位，萬古之方。但後來浮針之制，較之日影，南望南斗，北對樞星，其針頗偏于丙，蓋非南北之偏，實浮針之畏正火而然也。故立縫針以准天地之正位，是以針合天地之位也。後人遂杜撰其説，附會多端，或以節氣爲言，或以漏刻爲喻，愈辨愈支。苟以浮針所指爲正南北，則是將天地方位移轉以就其針矣，豈有是理也哉！

按廖金精曰：古者辨方位，樹八尺之臬，而度其日出之影，以正東西。又參日中之影與極星以正南北。《周禮・匠人》之制度繁難，智者用周公指南車之制，規以木盤，外書二十四位，中爲水池，滴水於其間，以磁石磨針浮於水面，則指南。然後以臬影較之，則不指正南，常偏丙位，故以丙午間對針，則二十四位

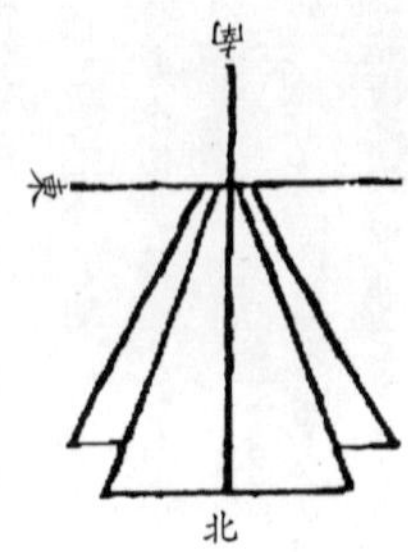

樹臬圖

皆得其正矣。用此以代樹臬，可謂簡便，真萬古不滅之良法也。昧者罔知，曉曉致辯，何其謬哉！

徐之鏌《新鐫徐氏家藏羅經頂門針》卷上《問答辨疑設二十四條》

一辨正縫針

或問：羅經闡理氣之宗，古今本無二理，亦無殊氣，宜其百世之同制，千聖之同法，而無先後彼此之異可矣。何故一針法而有正、縫針之異制？又何一縫針，而楊公以壬子同宫，賴公以子癸同宫？若是針位之懸絶何也？徐子曰：縫針之法，楊、賴二公雖是異制，其義各以壬子、丙午爲天地之中，而但其所指之中不同也。蓋楊、賴以二氣之在天地間，自子至巳，東南司陽；自午至亥，西北司陰。故楊公以正針之子午，直指縫針壬子、丙午之中；賴公又以縫針之子午，直指正針壬子、丙午之中。

又《附管氏指蒙釋中篇》

星紀四時次舍，觀章於《堯典》。墟分五帝分野，申法於麟箋。八卦兆形于八節，廿四氣分布而成一年。四維張而枝幹錯列，四至奠而分至推遷。積閏餘於二道，故二十八宿分緯而經周天。知夫曆者之法乎，閏無特氣，節必加雙而分中始焉。蓋始氣胚脾而未兆成，中氣著象而有常纏。陽生于子而起日於子半，陰生于午而起夜于三刻之未全。閏無中氣之正位，而斗柄斜指于兩辰之間，是則八干四維之至正，乃寂然未動，微然未著之前。無非于辰初刻之所，推十二支辰，是乃各辰正刻之所移。惟壬與丙，陰始終而陽始窮。惟子與午，陽始肇而陰始生。探陰陽自始自終之蘊，察天地南離北坎之原。【略】大哉中之道也，亶乎中之不可不及也，亦不可過而失之。不及者可以進，過者不可追。是以磁針之所指者，其旨在斯。何京房之臆鑿，舍四正以深悲。

謹按：古有陽生于子，陰生于午之説，非謂午子之初而陰陽便生也。蓋陽不生子初，而生于子之半。故十一月建子，初氣大雪，尚屬陰氣之方終。至于冬至中氣，而一陽始生。此可知大雪與冬至，爲陰極陽生之介，正在先天十二支中之子位，而楊公縫針壬子同宫之法，蓋本于此。則壬屬大雪，而子便爲冬至矣。陰不生午，而生於午之半。故五月建午，其初氣芒種，尚屬陽氣之方窮。至于夏至中氣而一陰始生。此可知芒種夏至，爲陽極陰生之介，正在先天十二支中之午位，而楊公縫針丙午之同宫，蓋本於此。則丙屬芒種，而午便爲夏至，却與管氏本篇中所謂惟壬與丙，陰始終而陽始窮；惟子與午，陽始肇而陰始生説相脗合，無非謂冬至生于子之半，於卦爲復，一陽之始肇也。至南方之丙，則純乾而陽已窮矣。夏至生於午之半，於卦爲姤，一陰之始生也。至北方之壬，則純坤而陰已極矣。此所以謂壬丙爲陰陽之窮極，子午爲陰陽之肇生。生於半而不生於初，總在先天十二支神，子午之半以定之，而大義了了矣。又以時推之，謂凡于辰爲初刻之所推，以位各處于先天十二支辰之初故也。十二支辰爲各辰正刻之所移，以位各處于先天十二支辰之半，而當其正中，故壬爲子之初刻，而子則便爲子之正刻；癸爲丑之初刻，而丑則便爲丑之正刻。吾故謂楊公縫針之壬子同宫者，既與時之分初正刻者相妙合，又與月之分初中氣者相符契。較之賴而透不相侔者，豈有子癸同宫，謂陽生於子之初，陰生於午之始可乎？又豈謂十二支辰爲初刻之所推，而干辰反爲正刻之所移可乎？近世羅經之制，議論紛紛，正爲楊賴二公針法殊異，大綱既不相侔，于是透地穿山，分金度數，節目種種，而益莫勝其變幻之多端。究其初，皆針法之未定，實使之然也。故予不揣謬妄，獨推重乎楊公縫針之可法。此非敢妄如軒輊也，蓋法以從一爲是，自不得兼此兼彼，而自迷於多岐云。高明者詳之。

又　二辨縫針用法

或問：楊公之縫針，既與雙山合，則雙山似爲論龍之法，而縫針原非定穴之用也，何云楊公以正針格龍，縫針定穴，是何説乎？徐子曰：雙山非獨論龍之法。凡立穴定向，以及消納局内山水休囚旺相之方位，胥用之矣。觀之《青囊經》有云坎癸騰騰入亥乾，此非用之論龍也乎？又云丙向夾蛇扦，此非用之立穴定向也乎？又云虎馬兔山高聳起，莊田置萬頃。着紅着緋并着緑，寅甲水來逐。

此非用之消納局内山水休囚旺相方位也乎？看來雙山之論龍者，正所以爲立向之地，爲立向而不得不先及于龍矣。然則雙山既爲立向而設，而縫針爲立穴定向加減之用，不待言矣。

又　三辨格龍定穴各有專主

或問：立穴乘氣，以龍爲根本，則欲格龍，而其所用之針，應有一定之法，方於立穴乘氣無差錯也。今得聞楊公以正針格龍，縫針定穴是矣。賴公則又以縫針格龍，正針定穴，豈格龍定穴用正用縫，可以任意，而不必拘乎？徐子曰：二公各有一定之法，格龍則取其先至之氣，定穴則取其後至之氣，皆一定而不可移易者也。所以然者，楊公縫針壬子丙午中分，而子則已後於正針半位。正針子午，正對縫針壬子丙午之中，而子則已先於縫針半位。如今豐城及徽邑羅經之制是也。用此制，則斷斷以正格龍，而縫定穴，否則有失先後之氣，而豈其可以任意不拘乎。賴公縫針子癸午丁中分，而子則已先於正針半位。正針子午，正對縫針子癸午丁之中，而子則後于縫針半位。如今杭州羅經之制是也。用此制則斷斷以縫格龍，而正定穴，否則不合乎氣之後先，而豈其可以任意不拘乎。吾故曰：楊賴自有一定之法，龍穴各有一定之用，何至乘氣有差謬也哉。

又　四辨針法專主正針爲是

或問：楊賴羅經之制，所用既各有定法矣，倘楊如立法之是，則賴可以不必用也；如賴立法之妥，則楊可以不必用也。請問：以從楊從賴爲誰優？徐子曰：用正用縫，楊與賴各有偏處，難以從一爲是。不若獨決之於一正針，其義合乎後天之八卦，兼合乎先天經盤十二支宫位，最是自然。用此便爲不易之正宗矣。以言八卦，則合壬子癸而屬坎，合丑艮寅而屬艮，合甲卯乙而屬震，合辰巽巳而屬巽，合丙午丁而屬離，合未坤申而屬坤，合庚酉辛而屬兑，合戌乾亥而屬乾，統之八三得二十四，而卦位之有一不出於自然者乎。以言乎先天十二支，則後天二十四位中亦支支相頂，而八干四維，分居于十二支之界縫，其宫位有一不出於自然者乎？惟其自然之不待勉强，不待安排，則凡格龍，凡定穴，俱在一正針便自了了。而縫針直説紛紛，如從办，從禄，金針辟火，及壬子丙午天地之中，種種諸説，皆後來添設，愈求而愈失之遠矣。不惟從楊是，從賴是，并楊賴之縫針而總皆非矣。所以然者，人貴究乎先天理氣之正。何嘗有二十四位，而止于十二支，亦且無十二支，而先有八卦。試較以八卦，若楊之縫針，則壬子居中，而左牽亥之半，以混入於坎宫；右去癸之半，而偏出於艮宫也。若賴之縫針，則子癸居中，而右牽丑之半，以混入於坎宫；左去壬之半，而偏出于乾宫也。舉一坎位之不相符，其餘卦卦皆謬。烏有於卦不合，而可云得理氣之正者乎。又試較以先天經盤十二支，子午正分南北，謂之指南。若楊之縫針，丙午同宫，而指南將在巳午之界也。若賴之縫針，午丁同宫，而指南將在午未之界也。既失指南之義，而縫針之失昭昭矣。常考《玉髓經》中子午論髓，深闢縫針雙向之非，而獨以正針爲可宗，則楊賴所用縫針之失，自可見也。故欲較論楊賴之從誰爲妥，則楊公以正針格龍者最是，而縫針爲定穴之法，近似之矣。賴公以正針定穴爲是，而縫針爲格龍之用，則未必妥焉。蓋格龍取其一氣之清，而正針中之十二支，與先天經盤十二位，支支相頂，宫位最清，而無一毫之夾襍。如辛亥爲正亥，戊寅爲正艮之類，以斯知楊之格龍用正針爲是，而賴用縫爲未妥也。定穴取其彼此挨加之法，以正爲至，而兼以縫參之，乃接木鍬皮而不劈首之義，最爲有理。如壬山丁亥分金，則壬兼亥。又癸山丙子分金，則癸兼子之類。以斯知楊公用縫定穴之爲近似，而惜其不以正針主之也。賴公用正定穴之爲近是，而惜其不以縫針參之也。故愚見所定，專用正針格龍定穴，胥此爲主。縫針不過佐立穴挨加權宜之法，其於格龍則縫針分毫不與也。識者辨之。

又　附《玉髓經》子午論髓

試問縫針自昔傳，君今獨以單向言。不知玄向何所據，願聞妙旨發其玄。吁嗟此説本易曉，立法當來自聖賢。交趾之南越常國，重譯來朝慕周德。忽迷歸路失方位，周公爲此作針制。置之於車名指南，只言子午定方位。要知中古創制時，只是支神十有二。厥後始增干與維，周公何由縫中置。時師傳襲不知元，二十四向常拘泥。遂將縫針巧遷就，尅擇埋藏可迴避。或言針今自指縫，不知針特隨人意。若移辰戌當子午，針亦依然兩頭指。針之所指是子午，人之所移隨手至。子午本來隨針定，今人反以針隨意。時師不曉陰陽理，只傳俗説苟微利。聖賢創制本不差，後人添演失其義。但説周時無雙向，只言支辰十有二。既無兼向預先傳，必不偏斜定針位。勸君只言子午針，莫説縫針悞來世。

又　五辨平分六十透地與盈縮龍之是非

或問：針法之正縫，不過羅經中之大畧矣，進之則又有穿山透地之異用，更爲精且悉也。近稽時制，穿山七十二，止有一式無容辨矣，乃透地六十，則有盈縮與平分之異制。敢問以從何爲是？徐子曰：平分者是也。朱蔡已辨之詳矣。

蓋透地之法，總大約取天氣先至之義，但平分者之甲子，則起于先天經盤十二支位之亥末，而右與子鄰，是氣已先至而不失之遲，又不失之於太早。古人積三十分而後起冬至，此法得之。若論盈縮者，則甲子起於先天十二支位之亥中，去子太遠。其氣已失之過早而難以超接，則乘氣不真。此盈縮之不及平分者，其分布甲子先後之序，爲更妥也。又以八卦宮位言之，平分六甲，則每一卦分得七位半，合十五位而配成二卦，合三十位而配成四卦，合六十位而配成八卦，更無此多彼少，而卦位適均也者。若論盈縮六十，則一卦或分配多而八九龍者，或少而分配六七龍者。此平分者之卦，配均平而盈縮者則失之矣。又以宿度五行較論之，平分龍六十位，而宿度五行亦共六十位，兩者位次分度各相券合，以應周天六六之數。若盈縮龍止六十，而宿度五行則六十有一，彼此不勝互異，其於以配周天六六之數遠不相符矣。且吾遡稽盈縮之意，彼説者莫不謂透龍屬天紀之作用，而天氣中不無月分之大小，故透龍内因有宮分之盈縮也。殊不知月分雖有大小，追至三年一閏，五歲再閏，而每月各足三十日，每年各足三百六十之數。是自一年十二月論之，則分大小。自五年六十箇月計之，而大小總均匀于兩閏之中矣。朱蔡有見於此，所以去盈縮之謬，而更爲平分之制。用以審龍氣之清濁、純駁、單行、雙行，而三七及平抽之數起矣。夫以十數而分爲三七，則即此三七雖不言盈縮，而盈縮多寡之妙已隱藏於渾天六甲之中。此平分之所爲員而神也。

又　六辨透地甲子起於正針

或問：透地既取平分者，有合三七之數及合配卦之法，此必以正針二十四位論之，而始與三七之數合也；亦必以正針一卦管三山論之，而後與配卦之法合也，據此則透地應分布在正針二十四位之下爲是矣。乃時制則以穿山起於正，透地布于縫，果何者與古制相同爲可遵歟？徐子曰：穿山之分布于正針，此古制也。透地分布於縫針之内，非古制也。穿山無容辨矣，若透地則亦並起於正針者，而不當布在縫針，有三説焉。以位之正偏言之，則今之談透地者，誰不以辛亥爲正亥，丙子爲正壬乎？然以縫針論之，則辛亥位在乾之末，而何以云正亥？丙子在亥壬之界，而何以云正壬也？若以正針較之，則辛亥始在亥之中，丙子始在壬之中，所以爲之正壬正亥。此可知透地之不起於縫，而應起於正針，一矣。以氣之純駁，數之多寡言之，則今之談透地者，誰不以己亥爲五乾、五亥，甲子爲七壬、三亥乎？然以縫針論之，則己亥正當乾之中，應爲正乾，與亥宮風馬牛之不相及，而何云五乾五亥也？甲子當亥之中末而與壬位遠不相近，則應亥多壬少，而何云七壬三亥也？若以正針較之，則己亥當乾亥中縫之界，寧不爲之五乾五亥；甲子在壬之初而左與亥相逼爲鄰，寧不謂之七壬三亥。其分數所以多寡純駁之故，詳見後六十透龍論。此可知透地之不起于縫，而應起於正，二矣。以遁卦分別内外兩卦言之，則今之談透地者，誰不以甲子爲純坎乎？夫純坎則上之飛來是坎，而下之龍分，本宮内卦亦是坎，此所以爲純坎也。然以縫針論之，則甲子分在亥之末，屬乎乾宮，爲之内卦。以内卦之乾合飛來外卦，未是上下純坎，而何以云坎卦也。若以正針論之，則甲子分在壬之初，屬乎坎宮，爲之内卦，以内卦之坎合外卦飛來所得之坎，所以爲之純坎。其内外飛卦之法，詳見於後透地卦例。此可知透地之不起於縫而應起於正，三矣。噫！求之縫針而種種不合，求之正針而罔不符前人立法之本意，則透地之誤起於縫，訛從何始，遂使滋蔓至此極也。吾殆於此而知其作俑之所從始矣。蓋因俗傳正針以格龍，縫針以定穴，穿山以格龍，透地以定穴，於是展轉從便，而以穿山起於正，透地起於縫，職此無他故矣。夫惟誤傳以穿山格龍，則正針爲格龍之用，無或乎以穿山起於正也。惟誤傳以透地坐穴，則縫針爲定穴之用，無或乎以透地起於縫也。

【略】

又　八辨天地祀與天地盤之異制

或問：透地穿山既以氣之先後而分配天地紀也，乃兼較之正縫針而分別天地盤者，却與此異，如楊公以正升爲地盤，而子却在縫針之先；以縫針爲天盤，而子却在正針之後。又賴公以正針爲天盤，而子却在縫針之後，以縫針爲地盤，而子却在正針之先。是較論二公之針法，所取爲天盤者子各居後，取爲地盤者子各居先也。豈論透地穿山而獨以先至爲天紀，後至爲地紀乎？徐子曰：此二者立法原自不同，不可執一論也。蓋穿山透地以氣至之先後而分別，天地紀針法以勢旋之左右而分別天地盤。是故透地之六甲，比之穿山而進前二位，非即天氣之先至乎？所以爲之天紀也。穿山六甲後於透地之六甲二位，是即地氣之後至，爲之地紀不亦宜乎。若楊公縫針壬子丙午中分，而子則左旋，已偏過於正針半位，此縫針所以爲之天盤，而正針之勢則右旋爲地盤，職此故也。賴公縫針子癸午丁同宮而子則右旋，已偏道於正針半位，此縫針所以爲之地盤，而正針之勢則左旋爲天盤，不亦宜乎。

【略】

又 二十三辨針向子午

或問：羅經玅無盡之藏，然非浮針不能顯其妙以補其用，則針法之係於羅經，非細故也。敢問針本鐵質，其體重而性主沉，何從而反浮於水也？鐵本金屬，喜土生而畏火剋，則南北似俱非其所好也，何故枕北而向南，其義何居？徐子曰：鐵本重質，其性主沉，惟其受戕于火而成針，完氣於土而戀磁，則已化其重濁之質而變爲輕清之體矣。不觀金丹之法乎，交媾于戊己而精結於九轉，此丹之輕清上浮者爲真金，重濁下沉者爲凡寶，夫非變化自戊己中來耶？知金丹之結自戊己，則金針之化，自磁石而輕清上浮可例知者。嘗觀之《管子釋中篇》有云：磁者母之道，針者鐵之戕。母子之氣以是感，以是通。受戕之性以是復，以是完。體輕而徑所指必端，是可識浮針之所從來矣。至究其針之所枕而必於子者，蓋子北屬水，乃金所生之相。地金得水相而可無火爍之憂，此即奇門遁甲，取丙丁以制唐，而父依子以制其仇之義也。又後天坎位，原屬先天坤位，坤土乃金生即北，如子依母而助其氣之義也。此針之所以必枕子矣。其針末必指午者，午屬南離，離中有己火，中藏土而金伏其中，故夏至後火盛土傳，逢庚爲伏，正此義也。更不參之四長生乎，木長生于亥，水宜矣。火長生于寅，木宜矣。水長生于申，金宜矣。已火本剋金，而金何以生于已哉？蓋己中渾天五位而丁巳居末，納音屬土，此金之藉以生。而生於五已中之丁巳，以火中有土之故耳。又後天離位原屬先天乾位，乾金乃針之本氣，而還戀其本位，此針之所以必指南也。

又 二十四辨羅經自有常法

或問：羅經備種種之妙，是仰觀俯察者之所必不能廢也。乃近閱《堪輿四喩》，有爲一端之說者曰：時師于棺中格羅經，惟恐一線有差，不知棺受氣乎？骨受氣乎？使棺中之骨一偏，分金安在乎？葬者反氣納骨以蔭所生，非反氣納棺也。又有無棺，而以骨一具令格之，何者爲中乎？據此則坐向分金，果無定法，而羅經似爲不急之浮物矣。徐子曰：此說過於深求，而有意立異，以闢天星方位者之見也。夫骨藏於棺之內，即使外棺與內骨未必內外絲毫如一，然亦斷無棺內之骨偏而至於橫斜顛倒，不可方物也者。豈可遂謂棺正骨偏，分金安在，而于反氣納骨之法便不合也。無論有棺者爲然，即使以骨一具格之，自有頭足面背之分，縱頭足之未必全者，亦未嘗無正斜橫直之別，則即此而何者無中？何者而非分金坐向之所指乎？噫！天下之理以常求之，則比比無弊；以變窮之，則不獨天星方位之可議，而巒頭、形勢、葬法之亦不能無可議也。

熊汝岳《新刻羅經解》卷上

第一層天池

羅經者，森羅列宿以作經天之物也。中間一井爲天池，名曰太極，池內含金水，動靜互用，此即理氣之源也。蓋天一生水，水即氣之母。注水於池，中分綫路左畔自子至丙屬陽，右畔自午至壬屬陰。金針體質堅剛，能主剖決，且得磁石土氣養成土子。土在五行位居於中，故用金針一擲，動浮水面，静必居中，剖開陰陽之氣，能使兩判而四象分、八卦定而大業成。五氣隨布，干支效用，三生萬物，其運不窮者，不無藉於此矣。苟微天池則山川無定向，而運用無(元)[玄]機，(烏)[焉]能以神愛化而恭天地哉。故冲漠無聯之中，難捉摸處求捉摸，其妙在於羅經。列宿有名之位，當變用處尋變用，其妙在於天池。謂天池爲太極，誠哉是言也。

又 第七層地盤正針二十四位

二十四位正針，乃聖人明世致用之法。以八卦爲主，八卦具先天之體，施後天之用，合河洛而表裏一之，蓋天上地下此定位也。一轉旋之。天之北極在亥，而乾居西北，地之南極在申而坤居西南，此以乾坤老亢而居二地之極也。坎離交極則居二至之宮。艮巽不雜，乃置代用之位。震兑始交，以稟化生之機。此文王周易後天八用之卦也。然其所以始震而終艮者，以長子用事，長女代母也，且坎離震兑居四正，是金木水火當生旺之正氣。乾坤艮巽，居四維，制四行之過，補四行之不及，此八卦之定位也。昔周公營洛書制土圭，作子午針，以天子向明而治之義，止用十二支辰。至玄女授赤松子則發明《青囊》，始用卦氣配以納干，加以地支合爲二十四位。經云順五兆，排六甲，布八門，推五運，定六氣，明地紀，立人極，而成化始者是也。堪輿家因位以乘氣，因山以立向，建宅安墳，收砂納水，專論淨陰淨陽，黄泉曜却以此爲主。然有主、有賓、有感、有應，如乾宜向甲，坤宜向乙，艮宜向丙，巽宜向辛，兑宜向丁，巳宜向丑，震宜向庚，亥宜向未，離宜向壬，寅宜向戌，坎癸宜向申辰，皆以納甲三合爲上格。至於甲己、乙庚、丙辛、丁壬、戊癸，此爲生成合，乙丙、庚丁、辛壬、癸甲爲墓合，是皆天然之合亦可作向，外此則强合也。三合六合之法，有不合淨陰淨陽者，此爲奇兵之術，亦能發福。外此若陽龍陰向，陰龍陽向，則爲陰陽駁雜，主凶，所謂陰陽相乘，禍咎滅門是也。

配合既審陰陽不差，然後參之七十二龍，無犯陰陽差錯之弊，又參之百二十分金，精究其孤虛旺相，詳考其受氣純駁，擇其善者而從之，與夫天度之生克水法之相替。神則迎之，煞則避之，庶幾乎盡善美矣。然有內接生氣，外接堂氣之說，生氣內乘毋違收放之法，堂氣外接，莫忽趨避之方。生氣以龍爲主，龍以入首一節爲要領；堂氣以水爲主，水以出面應穴爲源頭。生氣有三，入首一節須認形勢生死，立穴處須認邊生邊死，以左旋右旋，察來氣之生死。生死既明，星巒合格，苟立穴不識收放出煞之機，誤乘雜氣侵棺，則穴吉葬凶矣。假如艮寅雙行入首，七艮三寅，當就艮局立陰向，放虛寅氣，收艮氣入穴。如辰巽雙行入首，七辰三巽，當就辰局立陽向，放虛巽氣收辰氣入穴，不可貪巽之秀，棄辰之罡，而失山川融結之真氣也，此收山出煞之要。賴氏謂收放乘氣爲真機是也。堂氣者，乃穴前交會之水也，宜知進退之法，以趨避之。假如右行巽龍入首，酉水倒右流辰乙而去，則酉爲巽之曜煞，主徒配刑戮，故或進前迎庚水，或縮退收辛水，避却酉水，謂之趨吉避凶也。當立水向，則爲辛壬會而聚辰，更得砂秀局吉，主富貴速趨。如此局不出辰却流東北丑艮而去，則爲三合聯珠體用一源也。又如巽龍左行入首，見午寅甲水會流，由辛入乾戌而去，則巽見寅甲主痼疾，見午水沐浴主淫亂離鄉，是爲滿局帶煞矣。當依法趨避，出却午寅甲煞，收丙丁艮卯水到堂，扦辛戌火向，乃爲乙丙交而趨戌，能發富貴，旺人丁，此接堂氣合格，從局定穴之要訣也。故明金水口當論龍，取三合入首合生旺借配取納甲，皆立穴者所當知。幾審氣脉亦須仔細，《梅花院纂》云：亥爲鱗甲用心安。又云：隔山取氣君須學。蓋以亥之兩傍爲乾爲壬皆不可侵，所謂無鱗甲也。此審本脉取真氣，當如前扶放也。隔山取氣者，如巽巳丙俱爲陰，丙可借巳，巳可借巽，絲質可隔山而借，此審隔山而借真氣，不必扶放也。

伍守陽《仙佛合宗語録》

伍太一十九問・九問

二曰：一陽初動本無心，有心撥動指南針，得箇牛眠藏炁穴，活墓運開七朵金。

無心者，心無生而炁自生，是爲真生，而可得以長生。有心者，時至神已有知，而爲採取之主。凡有知，即是神與炁遇，遇而不離則配合矣，故必有心。指南針者，以小針浮於水面，針身在午，針尖在子。卜吉地者，因以定藏風聚炁之穴也。牛眠地，藏炁穴，皆喻伏炁胎神也。蓋牛之性在鼻，鼻則有息存焉。凡安神息者喻之。仙家張果真人有牧牛圖，佛家誌公和尚有牧牛圖，石鞏和尚有答馬祖牧牛之語，皆同此。活墓者，王重陽真人掘土穴爲墓，自居三年，以養胎乳神，名之曰活死人。

羅明祖《羅紋山全集》卷一三《地理微緒》　羅經針屬雖有正針、中針、縫針，盤屬雖有內盤、中盤、外盤，卦屬雖有天紀、地紀、連山、歸藏、周易之不同，四字以蔽之，曰龍、卦、金、度而已。所以用此四字者，明相生相尅之理，以定吉凶而已。總之正針一盤爲審龍，其餘皆坐穴之用。

黄宗羲《明文海》卷一一六《辯七》　分金用卦辯馬森

地理有分金者，考其説，主於定羅經之南針而言也。其曰：戊己得天地之中。天五地十之數，故中處以爲金母。金伏於天干之戊土，制於地支之午火，藏于地支之子水，故謂分金宜以戊子、戊午，居子午之中也。古者土圭之器，其體以木，其用以金，或亦緣此。但考《周禮》土圭，亦無詳其説。竊意今倣而羅經以針定子午，是其遺法也。原夫針之必向子午者，蓋以金化成于水火，寄跡於土中，是以針中於子午而爲正也。子午之中正既定，則天氣由此而推，地氣由此而正矣。有二十四氣爲一歲之運，循環無端。有二十四向爲一定之位，分布不易。其實不外乎陰陽五行而已。

方以智《物理小識》卷一二《鬼神方術類》　驗針法

堪輿家驗土中有風有水，蓋有捷術。下水羅時，以雄磁旋針數回而針搖者，其下必有翻棺倒尸之風。子午釘橛移地不對者，下有尸。若針沉水者，即主有水。此理最奇。

陳夢雷《古今圖書集成》博物彙編藝術典《堪輿部》卷六五一《彙考一》

圖説

浮針方氣之圖

(元)[玄]女書以太陽出没而定方所，夜以子宿分野而定方氣，因蚩尤而作指南，是以得分方定位之精微，始有天干方所、地支方氣。後作銅盤，合局二十四向，天干輔而爲天盤，地支分而爲地盤。立向納水從乎天，格龍收沙從乎地。今之象占，以正針天盤格龍，以縫針地盤立占。圓者從天，方則從地，以明地紀。

陳元龍《格致鏡原》卷五《坤輿》

地・羅經

《月令廣義》：地理羅經立方向以測星辰天度，以針定子午爲準。其法本於黃帝指南車製，周公更流傳。推倣者寸縷之金必指子午，此造化陰陽之妙。

羅經有水羅，有旱羅。

范宜賓《地理乾坤法竅》下卷《羅經精解》

羅經正僞説

夫羅經創自於黄帝，顯於周公，但是只用十二地支位，其後黄石公增八干四維，共成二十四山，即今所謂正針。正排穿山虎七十二龍、透地六十龍，三百六十五度，二十八宿，至唐朝丘公始益彰明於世也。後楊公因人誤用羅經針法，乃指出三元大卦，分爲獨用兼用二種，是以有的宜左挨、有的宜右挨之分。楊公以此爲法，傳示後人。不知後人仍不明此三卦獨用兼用之理，乃僞造退後半位一盤指爲楊盤，有僞造進前半位一盤指爲賴盤。此不過假借前人之名，以施己之僞法爾，實爲自己不明用法。今以家藏楊盤式較之，盡皆訛錯。如果像徽盤中之楊盤式樣爲是，則與《天玉經》《青囊經》《都天寶照經》諸經之經義全不符合矣。即張文介、楊君庸、徐試可輩，原不知地學之正訣，何能指駁其訛錯也。惟是地學，近今皆稱遵楊公，及至用法用盤，皆不用楊公之盤，皆用徽盤。非稱爲古仙，却説老仙，誣造不通之語，妄用妄爲，惑世禍人。

今余特出示家藏的楊公之盤式，鐫入集中，公示諸同好，庶不蒙江湖術士之誤。後有「楊盤説」另録於下，請細參之，你將自會明白楊盤也。至平分六十龍一盤，世稱朱熹、蔡西山二人所加，無學之徒，好視爲宋儒所加，遵而用之，更謂此盤較七十二龍而不缺，較盈縮而整齊，乃開自然之正理，號之曰胎骨，以之格龍查方。楊公盤式中，只有透地，并無平分，如以平分爲是，則朱熹、蔡西山以前之先師管、郭、楊、曾，俱皆訛錯而不知龍法。此亦後人託名僞增，斷非朱熹、蔡西山所加。而徐試可竟欲以朱熹、蔡西山二字壓倒先賢，此也是腐儒之愚論。要知朱熹、蔡西山地學，亦不過僅登楊、曾之階，安能壓倒也。今日時師不知羅盤始末，正針爲何用，穿山透地爲何用，就徽盤所造，硬以正針立向，以中針格龍，又或格以平分，又以縫針消水，或以中針立向，或以正針、中針、縫針一串并用，紛紛不一，皆因地學無傳，大卦不知，故如是顛倒亂用，反今此古也。

今余特著此辨，申明經盤之用，而經盤之用，其要總不出《天玉經》《青囊經》《都天寶照經》序中，只因怕時師之妄用，不得不爲逐條一一分講，使人們都知道羅盤之正確用法，方不禍人。余輩好名，誠救世之苦心，莫視爲妄談説爾。

常用羅經重要層次

前面：

第一層：指南針（旱針）；

第二層：後天八卦（定陰陽，辨交媾與否）；

第三層：十二地支（古地盤）；

第四層：洛書；

第五層：九星；

第六層：二十四山（即楊盤，爲立向收山出煞之用）；

第七層：七十二穿山虎（坐穴之用星卦納音針）；

第八層：透地六十龍（格龍用之）；

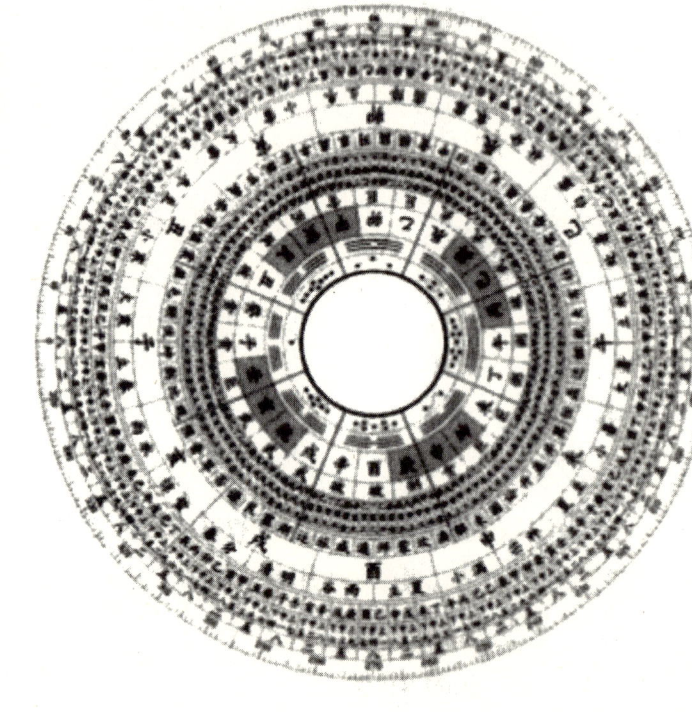

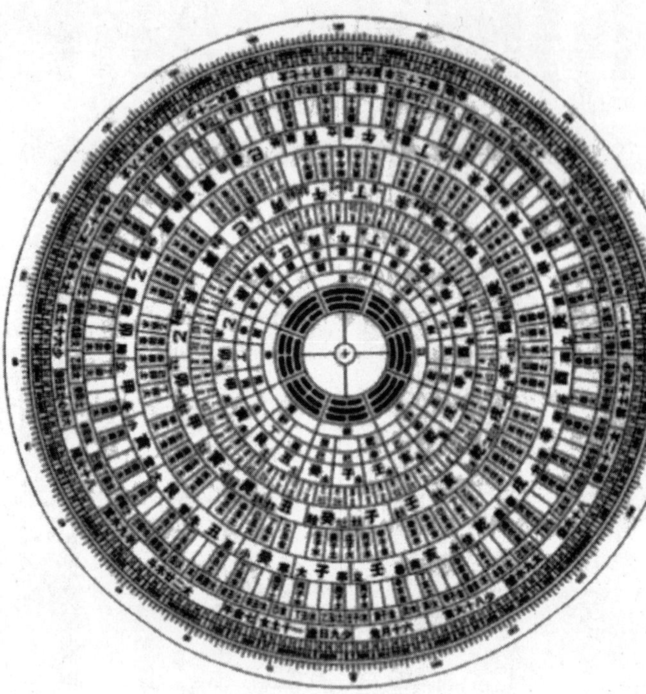

第九層：太陽到山（立向用）；

第十層：三百六十五度（坐穴之用）；

第十一層：二十八宿占度（坐穴之用）。

背面：

透地六十龍，穿山虎，七十二龍之子父財官禄貴驛馬三奇四吉八門方位[坐穴用之]。

現今徽盤中之分陰陽九星，節氣七十二龍之排列，盡皆訛錯，其託名僞增之六十龍，楊盤、賴盤以及外卦盈縮等層，皆後世俗師之妄增，盡不合《天玉經》、《寶照經》二經之奥用。今依楊公盤式更正，式中之有者存之，無者删之。非我故意爲之高僻之舉，但徽盤用的時間太長久，其中錯謬無人指摘，不能分出正僞，訛以傳訛，觀者詳察焉。

又　針説

天體循環無端頭，實際有一定之規律，南北兩極是標志也。是以古聖王造此指南針，先定子午南北向，則八方因之而分，誠合天地生成之理，非奇巧之異制，而後人僞造水針，更爲臆度猜測。以針屬金，畏南方之火，使之偏於母位三度有奇；又謂南隨陽升以牽左，北隨陰降以不右；又謂依伏羲摩蕩之卦，故陽頭偏左，陰頭偏右；又謂火中有土，天之正午在西，故此針頭偏西，以從母位。諸論紛紛，盡屬穿鑿。要知現今經盤中虚危之針路，仍是唐虞天正日躔之次，至周天正，則日躔女二，降及元明之際，天正日躔箕之三度，世人不知天有差移，仍執虚危爲一定之規，更另造以注水浮針之用，因此針創自江西，盛於前明，以此定南北之極。南北不准，或偏左偏右，或尾高首低，或半沉全墜，種種不一，遂因僞造一百一十四針法，神其邪説，衍惑世人。要知針尖之指南，針針皆然，保待磁石之養，火中之煉，方能指南也。兑指南旱針，造自聖主，今反棄古而不用，轉用後人僞造之水針，乖謬已極，失去根本矣。蓋因天體極圓，南北兩極有定，針指子午，處處皆然，乃天地之自然，非聖人不能知，非聖人不能創造，何今人不遵古造爲用，視趨下流呢。今余之經盤，遵用旱針，不用水針，亦去僞遵古之意也。

又　楊公用盤説

楊盤之式，前已叙明，今將楊盤用法，再爲細説一下。

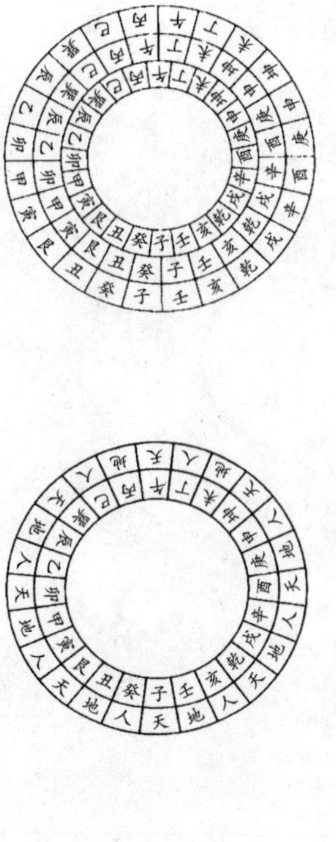

天地人三針盤飛圖

其八干四維一盤，分四正之左爲陰，四維之左爲陽，於三大卦内，以天地人三卦、地卦爲不兼之單用，以天人兩卦爲可兼之雙用。後人不明挨左爲天人兩卦可兼用，按此僞造退後半位一盤，名爲縫針。不知地卦爲獨用，又僞造進前半位一盤，名爲中針。不知正針一盤即楊公之所用，楊公盤式中，并無中縫兩盤，其僞説可知。今不説明，以後之用者，仍有訛錯此盤之用。

自子之西起壬一字、丑一字、甲一字、辰一字、丙一字、未一字、庚一字、戌一字，此八字，皆向左行，皆是四個一也。故《天玉經》開章即曰：江東一卦從來吉，八神四個一也；子午卯酉，乾坤艮巽，皆向右行，此八正位，亦系四個一也；癸在子之東，亦向左行，故癸亥辛申丁巳乙寅八神，皆向左走，亦是四個一也。而甲丙庚壬辰戌丑未（地元龍），爲子午卯酉乾坤艮巽之逆子，不與父母同行；乙辛丁癸寅申巳亥（人元龍），爲子午卯酉乾坤艮巽（天元龍）順子，與父母一路同行，即是八神四個二也。故《天玉經》説，江西一卦排龍位，八神四個二也。逆子即是地元之卦，有順逆之不同，即有可兼不可兼之例。夫可兼者，天元之與人元并用；不可兼者，地元之獨用也。因有不可兼之處，故楊公用法與人不同，要人知莫兼地元之壬，只兼人元之癸。如坐之與向，水之來去方位，合得天元八位，即爲合卦；有一不在此八位上，即是出卦。人元地元，俱同此例，收山出煞，惟有此三卦之用。用三卦，即收得山來，出得煞去；不用此三卦，即收不進山來，亦出不得煞去。這三卦已泄盡千變萬化之妙矣。

至前面説子之不可兼壬，乃舉一以例，其餘如艮之不可兼丑，卯之不可兼甲，巽之不可兼辰，午之不可兼丙，坤之不可兼未，酉之不可兼庚，乾之不可兼戌也。可兼者，固是乙辛丁癸寅申巳亥，而此八位，不能兼乾坤艮巽子午卯酉也。只有父母去兼子息，子息不可去兼父母，以父母可帶子息，子息不可去帶父母之義。再地元龍辰戌丑未，固不可混入人元龍爲用，而乾坤艮巽之山向，則水之來去，却在辰戌丑未之上，却亦可用，何也？因乾坤艮巽，爲辰戌丑未之父母，故爲可用。此即《都天寶照經》辰戌丑未四山龍，乾坤艮巽夫婦宗，亦即《天玉經》南北八神共一卦，是天元之卦，能包人元龍、地元龍，能兼三卦之用，但是水之去來，在甲庚丙壬之上，則天元却又不可兼用，因爲他是子午卯酉之子，不似辰戌丑未，爲乾坤艮巽之子也。如乾坤艮巽之山向，要子午卯酉來去之水；子午卯酉之山向，要乾坤艮巽來去之水。如乙辛丁癸之山向，要寅申巳亥來去之水；寅申巳亥之山向，要乙辛丁癸來去之水。如乾坤艮巽之山向，兼用寅申巳亥，不得子午卯酉來去之水，得乙辛丁癸來去之水，亦爲可用。如子午卯酉之山向，兼用乙辛丁癸，不得乾坤艮巽來去之水，即寅申巳亥來去之水，亦是可用。至於地元甲丙庚壬辰戌丑未八位，却是獨用，不可兼天人兩元。是此三卦，總要干向支水，支向干水，方合《天玉經》挨加之法也。

要知雙雙起者，是以甲丙庚壬乾坤艮巽寅申巳亥，爲陽出脉，却放在水上，以子午卯酉乙辛丁癸辰戌丑未爲陰出脉，放在山上，名爲順子一局之一起。以子午卯酉辰戌丑未乙辛丁癸，是陰神出脉，放在水上；以甲丙庚壬乾坤艮巽寅申巳亥，是陽神出脉，放在山上，名爲逆子一局之一起。此非一山兩用四十八局乎？此四十八局，即雙雙起，雙雙起即此四十八局，始合《青囊經》陽用陰朝，陰用陽應，顛顛倒倒之義。山龍平陽，并用此法。復以楊公之三卦，并二十四山挨之，則天元八位爲八局，地元八位爲八局，人元八位爲八局，合此三卦之三八，并二十四山之二十四局，又豈非四十八局乎。這些都是《天玉經》、《都天寶照經》、《青囊奧語》、《青囊序》中種種奧義，忽分而言之，又合而言之，左之右之，總不離乎三卦也。

既明楊盤爲立向消水、收山出煞之用，則縫針之消水，中針之收山，或以中縫針立内外兩向，或正縫針三針并用，東牽西就，大爲錯謬。且徽盤中所造貴人、禄馬、三奇、四吉、八門、驛馬、黄泉、八煞、四龍、三合、洪范、大小玄空、納甲、干支空亡、差錯關煞等，固不合楊公諸經之旨；更將七十二龍，照盈縮排之，種種乖謬，不可勝舉。用徽盤者不知此故，以訛傳訛，即有知者，亦茫無所宗。故余將楊盤盤式刻出，惟望後學詳加研究，參透個中妙理，庶不至自誤以貽誤世人也。余望之。

又 用針説

正針定子午以辨二十四山，楊盤用三卦爲收山出煞、立向消水之用，凡格龍立向，皆先定子午，方可施用，如子午不定，八方亦不能辨。近時俗師，以中縫應用者，失去天玉青囊玄空大卦五行之奧，都是假的，切不可遵。

又 厲伯韶訣曰

先將子午定山岡，休把中針去較量。更用三七與二八，分金坐穴旺方良。

子午者，以正針先定南北之極，以先天卦位，查其陰陽得配與否之意。陰陽既合，則依透地之輪列，取過峽後起頂之山格之，有三四山頂，亦即挨格去，直格至到頭處，要清純不雜，子總在子，丑總在丑，亥總在亥；不要忽在子，又忽在亥，又忽在丑，此即駁雜不清也。十二支具同此例，休把中針去較量者，因人格龍用中針，不知用透地之意，故如此説。而俗師將休字改作即字，去字改作來字，以爲用中針格龍證據，乖謬之甚。今遵師授，將原句改正。三七二八者，是言父母兼子息位之深淺，非言子息去兼父母。其末句説分金坐穴旺方良者，是言要合卦運方爲旺方也。今彼俗師改易爲莫與時師説短長，殊歷陋劣。而葉九升不知後人改易字句，依攙解者注釋，大書先以正針格系某龍，然後以中針較其純雜之語，全背《天玉經》格龍之奥，仍是以訛傳訛。葉説不合經義，不可遵用。至格平洋水龍，詳在《天玉經》寶照中，細參自得也。

透地龍是魄，穿山虎是魂。若將魂就魄，陰鬼化陽神。魂魄既相就，血脉自相親。水爲山血脉，定要吉星臨。

透地爲格龍之用，穿山七十二，爲坐穴之用，以透地爲魄者，是指龍之謂，故説魄爲體；以穿山爲魂者，以向要合龍之用，故説魂爲用。魂就魄者，是以向説合本龍爲用，故説就也。龍與向合，則龍之陽氣，方能入於陰骨，骨得生氣，即化爲陽神矣。魂魄即就，而得生其子孫，與骨血脉相通，自有福蔭之應也。水爲山血脉，定要吉星臨者，亦是言龍要與向合，要向與水合，水要與三吉星合，方爲全美之用，即《天玉經》龍要合向，向合水，水合三吉位之義。而葉九升説，砂水要合内卦，如不合，宜本卦收之，是爲魂就魄；又説，水上必得三奇四吉之神，血脉自與龍親矣；又説，水必得吉星，而龍穴始能發福，此等曰論，全是僞法之用，竟失去《天玉經》三卦之奥用，一任盲談妄注，深爲葉九升可耻。願吾人按龍依向，施三卦之妙，則水土無有不得三吉星之臨，如不用三卦，即《天玉經》所説福未來時禍先至也。

又　辨地支十二位

羅盤中地支十二位，即上古所遺之地盤十二方位，今葉九升説，内具正針，斯言是矣。乃謂此即明楊盤壬子之雙山同子也，此言謬極陋極。夫楊盤發明於唐朝，十二支位傳自於上古，豈有上古之人，預知楊公羅盤，先設此十二支，以待明楊盤壬子雙山同子之理。今觀有人説，楊盤壬子雙山之説，不得將十二支認錯，并將公盤亦認錯，似此乖謬牽混之論，真盲師語也。

又　辨賴盤

中針二十四山一盤，世人稱賴公所加，後人以之格龍立向。此亦人不明乎楊公獨用地卦之義，設此盤稱爲賴布衣所加，亦已僞矣。而俗師以爲明盈縮而設，此謬極矣，故近時之格龍，皆用此盤，反將楊公明獨用地卦之義泯没。若如此用，則透地一層豈不多設乎？而賴氏未加之前，楊曾諸公，又將何以格龍？如認此爲格龍，則楊曾諸公，何不設此進前半位之盤，去格龍脉，何待賴氏加之？諸經中用法，皆非此説，皆後人妄認，造訛謬不經之論，要不可遵。再此盤與楊公并非一理，明其三卦兼用之妙，則一切妄談，不辨自明。既明楊公之用，則賴盤之僞，不辨自然明矣，何待予言。此盤不可用，故前羅經圖中不設，并非宗楊而議賴也。

允禄　梅瑴成《協紀辨方書》卷二《本原二》

中針雙山五行

圖外層所列爲正針，乃二十四山之正位。内層所列爲中針，其子位在正針壬子二位之間，比正針先半位。其雙取者，爲雙山。其取三合者，爲雙山五行，地理家格龍用之。蓋龍爲來脈，故用先至者承之，乃無失也。

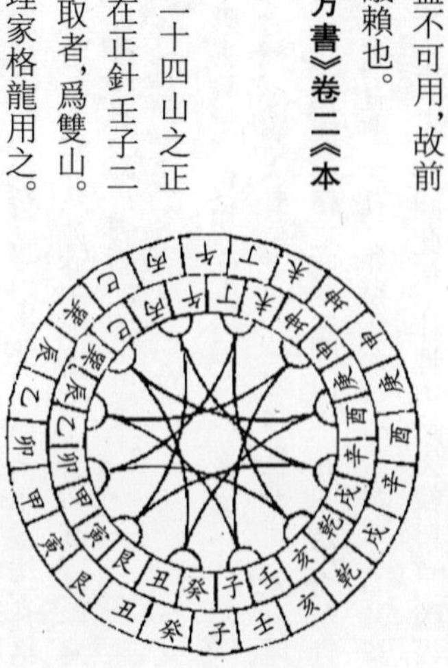

中針雙山五行

又　縫針三合五行

圖外層所列爲正針，内層所列爲縫針。其子位在正針子癸二位之間，比正針後半位。其雙取三合者，爲三合五行，與雙山同，特比中針正差一位耳。地理家用以消砂納水。蓋砂水爲去路，故用後至者收之，乃無遺也。

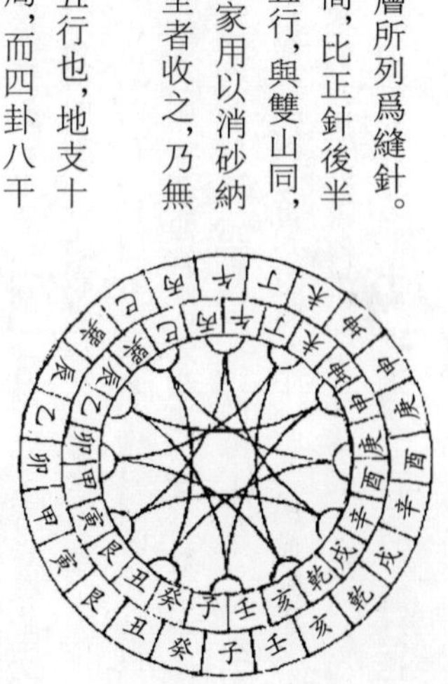

縫針三合五行

按：雙山五行即三合五行也，地支十二取生、旺、墓三者爲三合局，而四卦八干各在支前一位。今以支前一位之卦干與支雙並，而同取地支三合之五行，故曰雙山五行。坤申壬子乙辰合水局，六山皆屬水；乾亥甲卯丁未合木局，六山皆屬木；艮寅丙午辛戌合火局，六山皆屬火；巽巳庚酉癸丑合金局，六山皆屬金。地理書曰：正五行乃五行之質，雙山五行乃五行之氣，故推龍氣之生旺用雙山，而不用正五行也。又地理家有三針：一曰正針，乃二十四山之正位，定向用之；一曰中針，其子位在正針壬子二位之中，格龍用之；一曰縫針，其子位在子癸二位之縫，消砂納水用之。故中針與縫針差一位，在中針則曰雙山五行，在縫針則曰三合五行，其實皆雙山法也。

又　卷三三《利用一》

論用盤針

《通書》曰：盤針之法，漢初只用十二支，自唐以來始添用四維八干。古歌云：縫針之法壬子中，更論正針子亦中。又胡舜申《陰陽備用》云：聞諸前輩言盤針之用，當以丙午壬子之中者爲正，《狐首經》云：陽生於子，陰生於午。自子至丙，東南司陽；自午至壬，西北司陰。丙午壬子之間，爲天地之中，南北之正。其説相合，故斷然以丙午壬子中針爲是。

按：《通書》以壬子之中爲縫針，今謂之中針。蓋中針之子位當壬子之中，乃子之初，自子至癸皆子位也。地理家格龍用之。若定方向，則用正針。消砂納水，則用縫針。詳見《本原》並見後圖。

又　羅經圖

羅經體製不一，多者至三十餘層，然其用總不離乎三針者近是。今約取十二層，内一層天池，以受指南針者也；二層八卦，正方隅也；三層二十四山，一卦三山也；四層坐山九星，變卦也；五層浄陰浄陽，配龍向也；六層穿山七十二龍，正針分金也；七層中針二十四山，八層二十四天星，九層六十龍，皆屬中針，所以格龍者也；十層縫針二十四山，十一層六十龍，十二層一百二十分金，皆屬縫針，所以消砂納水者也。其餘配卦配宿，皆由此推故，約舉之而其義已備也。

又　定方隅法

選擇宗鏡曰中宫，下羅經，中宫定而後方隅定。如直進有幾層者，必自山下第一層之後簷起量至大門之前簷水止，共幾丈，折半爲中宫，下羅經以定二十四字，而方隅始確。《通書》有論層數者，如只有一層，則以棟柱之中爲中宫；若有前廊，前深後淺，又以簷下爲中宫；若前有廊，後有披，厦前後相等，則又以棟柱爲中宫也。如有二層，則前層之後，後層之前，中間天井爲中宫也。如有三層，則以中層爲中宫也。四層則以二層後天井爲中宫，與二層同也。五層則以第三層爲中宫，與三層同也。此其説似是而非，蓋棟數有淺深，而羅經二十四方位無伸縮也。近時有以祖堂爲中宫者，亦非是，古並無此説。羅經二十四字乃一定之方位，如一居周圍有二十四丈，則一字管一丈，有十二丈則一字管五尺，此定理也。如子山午向，則卯酉當腰。若必以祖堂爲中宫，則祖堂在山下者，卯酉前長後短；祖堂近大門者，卯酉前短後長，有是理乎？

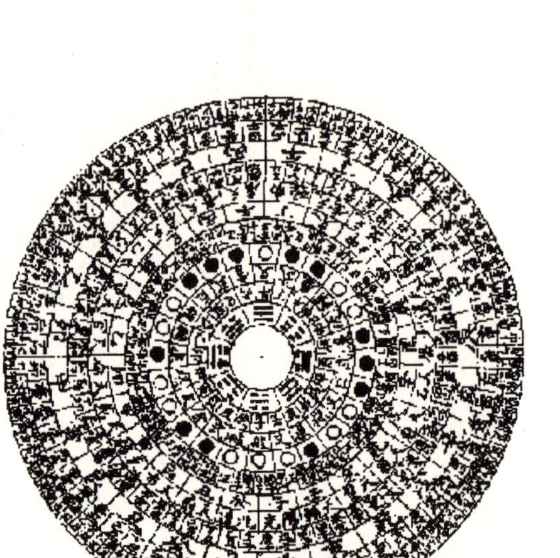

羅經圖

陸燿《切問齋集》卷一《述聞上》　羅經

天動而圓，圓者圍三，故甲乙會亥卯未爲局，丙丁會寅午戌爲局，庚辛會巳酉丑爲局，壬癸會申子辰爲局，三分天而互居其二。地静而方，方者圍四，故亥子丑在壬癸之方，寅卯辰在甲乙之方，巳午未在丙丁之方，申酉戌在庚辛之方，四分地面各居其一。干主動，屬於天，故天干自甲至癸，莫不可東可西，可南可北。支主静，屬於地，故地支子午卯酉當南北東西之中，振古不移。《吴越春秋》曰：吴在辰，越在巳。《華陽國志》曰：巴爲參伐，蜀爲井鬼。參伐，申也。井鬼，未也。若子午之繩繫於南北兩極，按今地圖，其下南值廣州，北值太原，未嘗可移而東西。風水家不明此理，止以羅經之針爲憑，不知此針止名指南，不名指午。指南，則巳與未亦南也。指午，則吴越止有巳，巴蜀止有未，無所爲午也。夫南北之中爲子午之位，猶之夜半、日中爲子午之時。如以吴越之北爲子，南爲午，何異以黄昏爲子時，日出爲午時乎？況此針不與子午中綫相值，前人已歷言之。北極在虚六度之初，南極在七星五度九十二分五十秒，而唐一行以針校之，則北指虚危之間，南指張三度，實比南北極偏右二度九十五分。明鄭世子載堉又嘗以晷景校之，常在午正先一刻零三分刻之一。假使吴越之針果指子午，亦尚有毫釐千里之辨，况去子午甚遠乎。聖人之道，徑而寡失。《周官》辨方正位，辨其東西南北之方，正其嚮背左右之位而已，此建國之恒規，而亦司空度地居民，冢人辨公墓之兆域。墓大，夫令民族葬而正其位之事，豈於方位之中復分爲某山某向，乃羅經所謂山向又大可笑。其説曰：十二支乃周天列宿之次舍，地道法天，雖有十二宮而位分八卦，每卦三爻，則有二十四位。十二支不足以盡地之數，故十干取戊己歸中，分八干爲四正輔佐，然猶未足卦爻之數，遂以四隅四卦補成三八。夫戊己歸中，八干四布是矣。奈何同用八卦，而艮巽坤乾獨列盤上耶？且周天三百六十度，每方各九十度，以八干言，每位得四十五度；以十二支言，每位得三十度。又天干地支動静不同，今奈何使各占十五度。動者不可以動，静者不安其静。東方寅甲卯乙辰，南方巳丙午丁未，西方申庚酉辛戌，北方亥壬子癸丑，總而計之，四隅猶各欠十五度，遂强以艮巽坤乾四卦填補其間，此讀《淮南子》不審而誤解誤用矣。《淮南》以歲有二十四節氣，每十五日而一交，故借干支之名以紀其數，而又别設報德、常羊、背陽、號通之維，以聯四鉤之際。蓋歲氣推行之序，而非方向吉凶之位，初不借重於八卦也。今以術數之學而託之羲、文之《易》，遂謂八卦有二十四爻，按爻分布，遂有二十四山。不知卦本横畫，自下而上，初非竪畫，自右而左。《周易》出震見離，止以卦言，不以爻論。《孝經援神契》始有今之二十四向，是豈足爲儒者道耶。八卦既已妄謬，又益之以九星，《酉陽雜俎》曰：九星一曰執陰，二曰叶詣，三曰視金，四曰沍理，五曰防午，六曰開寶，七曰摇光，八曰招摇，九曰元戈。

焦循《雕菰集》卷一四《答汪晉蕃書》　《黄帝宅經》後人依托。二十四門羅金以爲正針，又加以中針、縫針，即二十四氣析之爲七十二候。《淮南子》天文、時則二訓詳之矣。《乾鑿度》言天氣三微而成一著。鄭康成注云：每一卦生三氣，五日爲一微，十五日爲一著。二十四山分七十二穿山虎，即三微成一著之義。蓋有一歲即有四時，有四時即有十二月，有十二月即有二十四時之變，有二十四氣即有七十二候。楊曾術士不知其原，以十二支爲先天，干維爲後天，非也。其陽左行，陰右行，則與六律六吕合，陰陽之聲同。《占夢》觀天地之會，亦以陽建左旋，陰厭右旋。此疏引鄭志言建戌厭寅，寅與申對，辰與戌對，申近庚，故知庚辰。又言四月陰建於未，破於癸。未破癸者，未與丑對而近癸也。惟二十四山，癸在丑前，庚在申前，故云申近庚，丑近癸，以申合庚，是用縫針之支合中針之干。而庚在申之左，是以支左旋而合干也。以丑合癸，是用中針之支合縫針之干。而癸在丑之右，是以支右旋而合干也。鄭氏所引本諸古堪輿家，最爲可據。三針之用一以貫之，而雙山元空之名殊惑人意。他如納甲納音，均思一一考正之，使左道邪説不誅自退，此俟與肯堂共商之。

俞正燮《癸巳存稿》卷六《羅盤》　羅盤近裏爲十二格，次爲二十四，次爲三十六，次爲七十二，次爲三百六十格。就外格彼此相勘，其綫益直，方位益審。其舊盤中針、縫針不煩别出界畫，就定格偏上偏下取之，即得其位。嘗思得一法，作圓池方盤，畫圓格五重。内重十二支，由北而西，而南，而東，而復北，其方位與各書異，乃仰觀星圖法也。外格俱依仰觀法填之，車上用之，以子内向，午向轅，置盤不動，針之所指即車所向之方。舟行者，嵌盤舟内，以午外向，針所指則舟行方也。置海舟柁樓，與時行羅盤比校用之，其水路益準。覆驗門宅墓，但以子内向，尤易辨也。又見儀器中定南針指時刻，日晷儀因作此盤，但以午向日，兩牆無影，則針之所指即其時刻。徐岳《術數記遺》云：其一八卦，針刺八方，位闕從天。即是此盤，是漢時已有之，後不傳此器耳。若以偏東偏西爲南，蓋西洋謂中國南北極不正，其説已見宋沈括《筆談》謂：磁石磨針微偏東，不全南。其説非也。請以西説證之。晉法顯《佛國記》云：拘薩羅國佛論議處起精舍，道東有外道天寺。日在西時，精舍影射天寺。日在東時，天寺影北映，終不得映精舍。此事不足道，而旁證最可爲據。日月隨星躔出辰入戌，則中在未。天寺蓋在精舍東，僧徒夸言亦以中在偏西未位。若中國日中時正在午，豈得謂中國北極不正？磁石乃指大郎山。如西洋人之論邪，以《佛國記》推之，中國正南在午，佛國及西洋正南反在未，此又言羅盤指南針者所當知也。

陸應穀《地理或問》卷下《理氣》　或問：羅經之用，諸家紛紛，當以何爲是？曰：以中鍼之天心辨龍貴賤，以正鍼之陰陽配龍坐向，以縫鍼之支干消砂納水，其用已備。夫以正鍼定龍者，地承天者也，地之精氣借天星以爲精氣，故以天星之貴賤定龍之吉凶。以正鍼立向者，立向所以定方，正鍼子居於坎，午居於離，本後天之卦位。先天立體，後天致用，故以後天之卦位立向。其以縫鍼消納者，雙山之位次，子在正鍼子癸之中，所以占五行之生死，故用之以消納。又有七十二穿山，六十盈縮，一百二十分金，三百六十五度。三盤既定，則其用隨之矣。

丁芮樸《風水袪惑》 二十四向

《撼龍經》兩云地羅祇有坎山午丁之語，不言二十四向。明萬曆中徐之鏌《羅經頂門針》以當時羅經之制主二十四向，而其始莫考。《禮記・檀弓》曰：葬於北方北首，三代之達禮也，之幽之故也。《禮運》曰：死者北首，生者南鄉，皆從其初。衛湜《集説・方慤》云：南方以陽而明，北方以陰而幽。人之生也，自幽而出乎明，故生者南鄉。及其死也，自明而反乎幽，故死者北首。凡此順陰陽之理而已。三代之禮，雖有文質之變，至於葬之北方北首，則通而行之者，皆所以順死者之反乎幽故也。朱子《山陵議狀》云：《大全集》。古之葬者，必坐北而向南。蓋南陽而北陰，孝子之心不忍死其親，故雖葬之於墓，猶欲其負陰而抱陽也。豈有坐南向北，反背陽而向陰之理乎。是故聖王制常經，示軌法，顯著明文，凡葬必坐北向南，有一定之禮。東西四維尚無所用，而何有於二十四向哉。應邵《風俗通》曰：《文選・詠懷詩》注。葬之郭北北首，求諸幽之道，則漢世葬制承三代之禮，坐北向南，未嘗變易。《史記・鄭世家》正義引酈元注《水經》云：子産墓東北向，鄭城言不忘本也。《唐書》：高密公主薨，遺命：吾葬必令墓東向，以望獻陵，冀不忘孝也。二者皆變禮，初無吉凶之義。

胡國楨《羅經解定》卷一

括言

羅經古制，徑必尺有二者，應十二月也；圍必三尺六寸零者，應周天三百六十五度也；層必二十有四者，應歲時二十四氣也。余謂天池，太極也。外具二十四層，神器之妙用也。天池爲之體，二十四層爲之用，如元氣主宰於中，而四時萬物發斂於外也。或有創爲三十層至四十層者皆非，或列天池於層數之内者亦非。今定天池爲太極，環以二十四層，即天數二十有五，除一爲體之意。但各層之内，繁簡不同，有可以一層而盡一義者，有可以一層而盡兩義者，亦有必合數層而盡一層之義者。今總於本層内分節次，如穿山透地卦禽奇四吉五親禄馬貴人，共計六條，適完穿山透地之義。故但分節次於穿山卦例内，書之盤背，以備臨時取覽。其一層兩義者，如九星天星，則左右分爲二例；他若花甲之有納音吉凶也，卦爻之有渾天干支也，則詳於是解而略於盤。或紀之以圈點，或別之以有書有不書，蓋繁則易致眩目，簡則便於擇用云耳。

又 天池

羅經者，以其搜羅天地之蘊，上揆星辰之躔度，下察山水之峙流，以形應氣，以數合理，無不森羅密布，而陰陽二宅，由斯叶吉，如冶絲者之有經，方能製錦而成章也，故曰羅經。中開一井爲天池，乃羅經之太極，内含金水，動静互用，此即理氣之源也。蓋天一生水，水爲氣母，注水於池中，分線路，左畔，自子至丙屬陽；右畔，自午至壬屬陰。金針體質堅剛，能主剖決，且得磁石，土氣養成土子。土在五行，位居中央，故金針一擲，動浮水面，静必居中，使兩儀判而四象分，八卦定而大業成。五氣順布，三才效用，上際下蟠，其運不窮者，胥賴於此矣。

解略曰：天池中畫一線爲子午定向，注水浮針，合水底線路，則子午定矣。子午定，然後可格龍爲某龍，格向爲某向，分金點穴，驗水觀砂，迎神避煞，皆本於此。其針必指午者，午爲正南火旺之地，金性畏火，見火即伏而不動，曆家三伏之義也。

《玄針論》曰：伏羲先天八卦，以乾坤爲中正。文王後天八卦，以坎離爲中正。是抽乾之中爻，而换坤之中爻，則成坎卦；再抽坤之中爻，而换乾之中爻，則成離卦。針之戀北，即先天之坤宫，乃屬土，爲金之母，是子不離母也。針之指南，即先天之乾，而爲父，是子不背父也。天池體圓，象太極也。中分一路，以別左右，象陰陽也。針指南北，而東西自定，象四相也。外列八卦，象方隅之位也。次列十二宫，象十二月也。次列二十四向，象二十四氣也。七十二分金，象七十二候也。次列周天三百六十五度，象七政運行之序也。自寅宫斗三度起，至卯宫心三度止，皆屬陽木。自卯宫心二度起，至辰宫角十一度止，皆屬陰木。自巳宫軫九度起，至午宫張九度止，皆屬陰火。自午宫張八度起，至未宫井二十八度止，皆屬陽火。自申宫井八度起，至酉宫畢一度止，皆屬陽金。自酉宫畢初度起，至戌宫婁四度止，皆屬陰金。自亥宫奎一度起，至子宫危七度止，皆屬陰水。自子宫危六度起，至丑宫斗二十二度止，皆屬陽水。辰宫十八度並戌宫十八度，皆屬陽土。丑宫十八度並未宫十八度，皆屬陰土。凡木土金水，各自旺七十二日，每季土旺一十八日，亦共計七十二日。四維八干，皆居其位，而不專其氣，乃河洛之定數，陰陽五行之定理也。此浮針之用，出於聖王之制，合天運自然之妙者也。

凡用針之際，須正心誠意，端放羅經，執針在手，叩齒三聲，默咒曰：天有三奇，地有六儀。精靈奇怪，故氣伏屍。黄砂赤土，瓦礫墳基。方廣百步，隨針見之。咒畢下針。針必以三擲，或七擲爲準。始可以驗八針之氣，曰搪、兑、欺、抗、沈、逆、戾爲逆，曰正爲順。氣吉作順，氣凶作逆。天心既正，地維克張，造化莫遁矣。

《八針訣》曰：針浮浮而不足，署定而亂漂，謂之搪。針下盤横於水面，不指子午之正，引而不動，謂之兑。欺者懼也，針見石或異物而閃去，轉而不穩，謂之欺。針半沈半浮，上不浮水面，下不沈底，或一頭沈，一頭浮，謂之抗。下針便沈，或引轉而沈，再三下而不浮者，謂之沈。針引而逆行，不將針頭順石，却以針眼隨石而轉，謂之逆。引而雖轉，終不歸中線，或偏東，或偏西，謂之戾。針下盤穩穩居中，引而隨轉，無礙針頭逆石，不緊不慢，定居中線，無偏無倚，無過不及，八針之中，無出其右，謂之正。

《肘樞經》針法

針向東：搪，下有牛骨貓狗之類。兑，下向北有瓦鐵之器。欺，下向西其地空虛。抗，下中有白石之類。沈，下有蜂蟻蛇虺之穴。逆，下有靈器。戾，向北有石器。正，向西有峯石。

針向南：搪，下有鹹泉。兑，下有甘泉。欺，下有異物。抗，下向東南有鐵器。沈，下向南有石函石器之物。逆，下向東北有石鑛之類。戾，下向西南有磁物。正，下向西北有水。

針向西：搪，下向東有墳基。兑，下向南有頑石。欺，下向北有古廟窑怪。抗，下向東南有井。沈，下向西有伏尸。逆，下向東有磁器。戾，其下必空虛。正，向東有墳墓。

針向北：搪，下向北有磁器。兑，下有□色異。欺，下中有鐵器。抗，其下土有氣色。沈，下有棺槨。逆，下向南有白骨。戾，下有金錫之類。正，下有金玉寶器。

針向中：搪，下有銅器如鐘之類。兑，下有□□。欺，下有□□之□。抗，下傍有鑪磬之類。沈，下有古塚石燈之類。逆，下有灰炭之類。戾，下有□□。正，百祥福祉，百世安甯。

按：八針之中，惟正爲順針，餘皆不可用。蓋針乃神器，有感必應，遇石則沈，氣之相合而就也；逢異物則漂，氣之相戾而避也。《肘樞經》所斷物類，固理之所有，然可姑存其説，而不必刻舟求劍也。

針法云：針有陰陽二者，將石分別，陽者針頭綴石，陰者針眼綴石。要知用針自然輯理，針居石之陽，和養既久，則針爲陽；居石之陰，和養既久，則針爲陰，方有驗也。

天池虛涵，太極本無極也。

浮針中判，太極動而生陽，静而生陰也。由是兩儀剖，四象分，八卦定，衍爲十二支，二十四氣，六十龍之［七］十二候，百二十分金，三百六十五度，包羅玄象，經緯萬端，神矣哉。

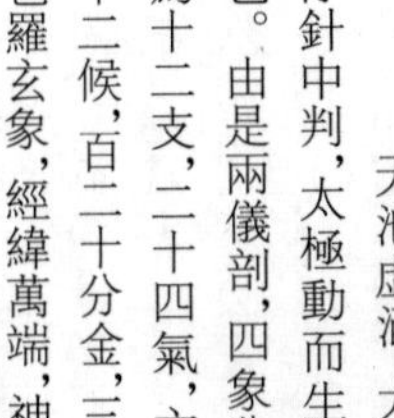

天池虛涵之象

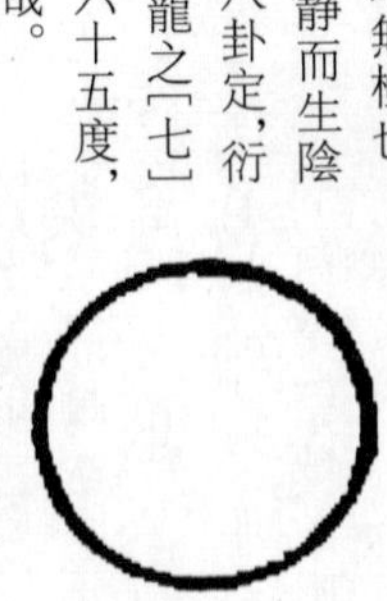

浮針中判之象

凡定來山，先須認定脊脈化生，腦看微茫分水上，令一人立定，至貫穴之脊，再令一人立定，纔用針於天池，對子午界線下定後，於脊脈中上下用線牽之，則脈不差。廖氏謂千里來龍，無過到頭一節是也。然後龍降勢有直來者，斜來者，横來者，回龍來者。其直來斜來者，格如前法。其横來者，若天財貼脊穴，無乳無脈，即以羅經安脊上，横格其回龍。來者若蟠龍形鈎鈎脈，止格降脈，并起頂處，巒處不格。又有金星開口，在頂上結穴者，則格山頂起脈處。若有乳即格乳頭。凡七分陰，三分陽，以陰脈論。七分陽，三分陰，以陽脈論。斷不可移盤以就龍，慎之。格水之法，必須於流來中下針，若溪澗水，則於溪澗中下針。如田塘水，則就田塘深處，隨水勢下針。若大江大河，則乘舟於江河中下針。凡水一曲一折，則一移羅經；十曲十折，則十移羅經，以定來水去水，不可但於穴上指其去來。此不易之至法也。

張鳴鳳曰：凡格龍看其入首過脈處，陰受陽受。陰受有脊，從脊分水下盤，審何龍脈，用何分金，明而易見。若陽受隱晦，必從出脈處中心下盤，又從出口唇處格之，則龍之入首可知矣。若太平水鄉，兩水夾龍，從脈中心下盤，一水盤旋，從水弦微厚處下盤。蓋水者龍之血脈，血行則脈活，故平洋以水爲龍也。凡龍入首一二節，如人之喉，取其通氣出入，故必審陰陽清濁，收納砂水，後龍則貴活動曲折，不必拘矣。故曰後龍觀勢，入首察氣。凡定水須於來口中下盤，以穴上見者爲的，不必直窮其源。去亦然。到堂一節，看其合法撥轉盤收之可也。書云内接生氣，外接堂氣此也。若夫陽宅放水，如天井四方均正，從天井中心下盤；如天井一字，從滴水下下盤。行水溝中轉折，則每一折下一盤，斯無誤矣。陽宅安房，以内茶堂爲中宮下盤。開門以前襟柱爲中宮下盤。如轉折開門，則從第一重門上下盤。此門上安門之法也。

愚按張子微《玉髓經》云：試問縫針自昔傳，君今獨以單向言。不知玆向何所據，願聞妙旨發其端。吁嗟此說本易曉，此法傳來自聖賢。交趾之南越裳國，重譯來朝慕周德。忽迷歸路失方位，周公爲此作針制。置之於車名指南，只言子午定方位。自唐以來始兼向，周公何由縫中置。原因正穴向不正，遂用兼成定其義。庶幾偏正有分裁，非關諸向從古備。當初欲置兼向時，只因乾坤艮巽起。遂於十干用其八，强將戊己歸中位。時師傳襲不知原，二十四向常拘泥。遂將縫針巧遷就，剋擇埋葬可趨避。或言針今自指縫，不知針特隨人意。若移辰戌當子午，針亦依然兩頭指。針之所指是子午，人之所移隨手至。子午本來隨針定，今人反以針隨意。若還雙向偶比和，此亦依違無所議。若還陰陽或異局，豈不悞人害非細。何緣葬屍有不全，雙向不和之所致。聖賢創始本非差，後人添演失其理。要曉周時無雙向，只言十有二辰次。既無兼向預先傳，必不偏陂定針位。勸君但説子午向，莫將縫針誤來世。此張氏門人蔡司成之所述也。蓋確以針之所指爲正子午矣。而廖金精則曰：古者辨方定位，樹八尺之臬，而度日出之影，以正東西。又參日中之影，以正南北。《周禮》匠人制度繁難，智者用周公指南車之制規，以木爲盤，外書二十四位，中爲水池，滴水於其間，以磁石磨鋒浮於水面，則指南。然以臬影較之，則不指正南，常偏丙位。故以丙午間對針，則二十四位皆得其正矣。用此以代臬影，可謂簡便。是又以針之所指，在壬子丙午之縫矣。後人本其意而小變之，作《南針説》曰：羅經二十四位，子爲正北，壬癸輔之；午爲正南，丙丁輔之；卯爲正東，甲乙輔之；酉爲正西，庚辛輔之。子午卯酉，即文王後天坎離震兑四方至正之位也。乾坤艮巽爲四隅，合八干十二支，故曰二十四位。東方寅甲卯乙辰，而卯居正中。南方巳丙午丁未，而午居正中。西方申庚酉辛戌，而酉居正中。北方亥壬子癸丑，而子居正中。此天地一定之理，萬古不易之方。但後來浮針之制，晝參日影，夜對樞星，其針惟偏於丙，故立縫針以準天地之正位。此内之天盤，外之地盤所由分也。獨饒郡二徐著《三昧論》，尤覺詳悉，其略曰：地理之用，莫切於羅經。公劉遷豳，周公營洛，衛文徙楚邱，此其矩矣。故《詩》曰揆之以日，又曰既景乃岡。其法於二分之日，立臬表，測日影，而東西南北，四正適均。聖人以爲不便夫民用，於是制土圭以代之，即今之羅經也。無何針所指，較於臬而偏丙，不相符合，於是聖人又繼而通之，立内外二針。以針所指，當子午之正，因名之曰正針。臬所測當壬子丙午兩縫之間，因名之曰縫針。後世不知聖人制作之原，尚有金盤銅盤，以至土圭、木石、三七、二八之説，紛然雜出，而莫之適從。要之針法之多門，實由正縫之不辨也。蓋天之氣與地之氣，常略參差，故南北陰陽之會，不能恰然齊一。天地之氣，陽生於子中，極於午中，自子至丙，東南司陽；陰始於午中，極於子中，自午至壬，西北司陰。浮針所指，即陰陽大分界。偏於壬丙者，針之泊於氣也。臬測以景，針指於氣，故不能符。夫步太虚之高廣，推七政之躔次，皆準乎臬。針泊於氣，乃偏壬丙，故立縫針以合臬影，則得天地大中至正之位矣。後世不察，曉曉致辨。廖氏求其理而不得，但曰針金也，畏南方正位之火，故不敢指午而偏丙。斯言也，於理未當，何足以屈服乎諸家哉。抑知天之氣，在子午之中；地之氣，在壬子丙午之中。是以候氣者，冬至日，於壬子之中，置黄鍾焉；夏至日，於子午之中，置蕤賓焉，足可徵矣。《矧羅經》古制，原於地支十二位，而加入八干四維，適壬子丙午之半爲中也。此諸家之論，蓋專以縫針爲主，似與《玉髓經》之單取正針者大異矣。然愚考之王趙卿《針法詩》云：虚危之間針路明，南方張度上三乘。則知針之所指，非全在壬子丙午之中，亦非便是正子正午。以古傳列宿過宫之度推之，恰於子午中偏過右邊三度，乃是針路也。其子午之正位，則在虚星二宿六度之上。《界度秘要論》言之鑿鑿。若云針指壬子丙午，則視正子午，止差三度，不應太遠。若云虚危之間及張三度，即是正子午，則午宫所屬，當是張月鹿，而非星日馬矣。此亦顯而易辨者矣。夫針泊於氣之論，雖自有理，究竟針頭偏丙之故，實畏星度太陽之火，因閃向張度耳。徐氏非之，妄矣。至若楊公之縫針，即如徐氏所述，自子至丙，自午至壬，爲陰陽大分界，故以子之前半屬壬，而爲陰之終；後半屬子，而爲陽之始。以午之前半屬丙，而爲陽之終；後半屬壬，而爲陰之始。又如賴公中針之以子癸午丁同宫者，乃是迎二氣於黄泉之初動，肇化機於物感之未形，要皆非爲針法而設也。愚故列諸説於前而竊爲正之，庶學者知所折衷云。

廖氏《界度秘要論》曰：自危初至星太一百八十度五十分，自張初至虚少一百八十四度七十五分。以針法分之，則虚危之間爲北，張二度一十二分五十秒爲南，如此中分針路，各得其半，一頭指北，虚少之後危初之前；一頭指南，張三度之初，在一十二分五十秒之上也。是乃倣司天局中占法，一盤之內，其左方一百八十二度半零一十二分五十秒，其右方亦一百八十二度半零一十二分五十秒，此針路也。而天道南北之中，皆在虛星二宿六度，中間又各過北三十五分，此不可易之論也。愼庵按此，則知用針之法，原非可以草草，非全偏於壬丙，非呆據於正中。今人不知，乃以虛危之間，及張三度正排南北之中，遂致盈縮龍之甲子，起於亥中室十度者，偏過於辛亥之間，則與《月令》積三十分而起冬至之説不能合矣。而欲以此避關煞，審吉凶，甯有當乎？

又　第五層正針二十四向凈陰凈陽五之一

正針之所以名向者何？以其專用之於立向。凡建宅安葬，消納砂水，以此爲主，即先天十二支，而加以甲乙丙丁庚辛壬癸八干，合後天乾坤艮巽四維卦，共成二十四位。其坎離震兑四正卦，即寄於子午卯酉四支之中，不復另列焉。經云順五兆，排六甲，布八門，推五運，定六氣，明地紀，立八極，而成化始者，此也。《解略》曰：二十四山，半爲陽向，半爲陰向。亥、丑、艮、卯、巽、巳、丙、丁、未、庚、酉、辛，屬陰；壬、子、癸、寅、甲、乙、辰、午、坤、申、戌、乾，屬陽。然向有五等，丙丁爲上，庚辛次之，艮巽又次之，亥及卯酉又次之，丑未巳并諸陽向爲下。又有主有賓，有感有應，如乾宜向甲，坤宜向乙，艮宜向丙，巽宜向辛，兑宜向丁，震宜向庚，離宜向壬，坎宜向癸，以及亥向未，巳向丑，寅向戌，申向辰，皆以納甲三合作向，最爲上格。至於甲己乙庚丙辛丁壬戊癸爲生成合，乙丙丁庚辛壬癸甲爲墓合，皆爲天然之合，亦可作向。外此則强合也。又凡陽龍必須陽向，陰龍必須陰向，若陽龍陰向，陰龍陽向，則陰陽駁雜，所謂陰陽相乖，禍咎踵門是也。又陰陽之氣貫通，如陽穴必用陰朝，陰穴必用陽朝，所謂陰陽相見，福禄永貞是也。故地支可以行龍，天干可以立向。古人云龍從地下求，向從天上立。蓋以八干四維，方可以全陰陽相見之義。若四正八支，則皆比和之向也，故無取焉。或在胎沐生旺之方，亦爲可用，即《催官篇》帝旺臨官生養沐，不須更論陰陽疵之謂。配合既審，陰陽不差，然後參之七十二分金，無犯空亡差錯之弊。又參之百二十分金，精究其孤虛旺相之别，詳考其受氣純駁之分，擇其善者而從之。又參之平砂玉尺審向之法，收來山於生旺之方，撥去水於休囚之位，神則迎之，煞則背之，黄泉曜劫，皆宜愼避，則向庶乎其盡善矣。

李喬伯曰：粵自伏羲氏始立八卦之方，堯時命羲和考中星，始用十二辰位。追玄女授赤松子，乃用卦氣，分配干支，而成二十四位，以爲神器。法用天數二十有五，扐一以爲體，而二十四以爲用；地數三十，去六以爲用，而二十四氣全。五行生成，二氣對待，北一，南二，東三，西四，中五，冲位奠居中處。明《河圖》五行生成之氣，推《洛書》九宫推移之跡，發斂化育，有定序矣。故土圭之器，其體以木，其用以金，而化成於水火，寄跡於土中。子午之線一定，天地之位不移，神矣。徐世彦曰：二十四位無戊己者，以戊己土黄，正居中宫，立天地之根元，而爲金母，故金針伏於戊己之中，制於地支之午火，藏於地支之子水。

愼庵氏曰：正針二十四位，合《河》、《洛》而表裏一之，故坎一離九，即《洛書》戴九履一之數也。而坎爲水，離爲火，則又本《河圖》天一生水，地六成之；地二生火，天七成之之義。人但知《河圖》爲體，《洛書》爲用，而不知先天後天，相爲終始。陳潛室謂《圖》、《書》互爲正變，主《河圖》而言，則《河圖》爲正，《洛書》爲變；主《洛書》而言，則《洛書》爲正，《河圖》爲變。二圖雖縱横變動，要只是參互呈見。《河圖》不但畫卦，《洛書》不但明疇，有味哉言之乎。

凈陰凈陽之説，蓋從納甲取之。乾坤老亢，而居二極之地。坎離交極，而直二至之宫。故皆爲陽，爲孤虛。震兑始交，以稟化生之機；艮巽不雜，以處代用之位，故皆爲陰，爲旺相。乾納甲，坤納乙，坎納癸，離納壬，皆屬於陽。震納庚，兑納丁，艮納丙，巽納辛，皆屬於陰。《青囊經》曰：甲壬陽而孤，乙癸陰而虛，丙庚陽而旺，丁辛陰而相。其實凡繫孤虛者，皆陽；旺相者，皆陰也。點穴定向，俱宜趨旺相，避孤虛。若十二支除四正位，餘八支，卦無所配，但以陽支爲陽，陰支爲陰，亦以陽爲孤，陰爲相，陰爲貴，而陽爲賤也。故於二十四位之下，右則紀以陰陽，左則紀以孤虛旺相，庶不致於入用有乖。然必貴陰賤陽者，雖所取在九六冲和，亦以葬者藏也。主陰之象，地法尚陰，從乎其類也。蓋陰能受生，陽不過施生，故陽氣浮，浮則發速而暫。陰氣沈，沈則發大而久。地理反氣納骨，以蔭所生之道也。

《理氣論》曰：《易》卦以乾坎艮震爲陽，坤巽離兑爲陰。羅經所取各異者何？蓋法《河圖》八卦之位，配《洛書》籌數之宫，本陽居一而含九宫，南北而配乾坤，故坤亦陽也。少陽居三而含七宫，東西而配坎離，故離亦陽也。太陰居四而含六宫，東南西北而配艮兑，故艮亦陰也。少陰居二而含八宫，西南東北而配震巽，故震亦陰也。

又　正針二百四十分數五之二

二十四位之下，每位畫以十分，共成二百四十分。凡本位之正中一線爲十分，左右依次遞減至一分而止。如子位左壬右癸，子之中線爲十分。若偏右一分，則爲九子一壬。偏右二分，則爲八子二壬，以次至九壬而子一分始盡。最右則爲十壬而全無子氣矣。偏左同。推二十四山，位位如之。穿山透地之三七正半，以及百二十分金之取正針三七、縫針二八爲坐向者，皆取於此。庶幾一目了然，無復模糊，是層誠爲作用之關鍵也。

慎庵氏曰：羅經之法，不過格龍立穴二者。格龍乃迎天氣之方來，其用在於來山。立穴乃察地氣之已定，其用在於向首。但格龍止取陰陽一氣之清，而流神之來去，砂位之低昂，則有一定之吉凶，所謂體也。若夫立穴，則趨生就旺，神存鬼没，其權全繫於向。《玉尺經》所謂少差就絶，一轉從衰，及所謂乙丙趨戌，辛壬聚辰之類，皆憑向上以爲轉移。語有之，寧可爲人扦千墳，不可爲人立一向。故正針之所布，有七十二分金，又有六十分金，又有一百二十分金，又用遁甲節氣以重卦，用演禽宿曜以管局，用天地人卦以爲分金選擇之助，誠慎之也。苟於立向得其要妙，則於青鳥之術，思過半矣。所謂用也，昔人云：龍神之氣，必於穴乘之；水神之氣，必於向乘之。又云：山自山立穴從山，水自水立穴從水。又云：山管山，水管水。龍水異用，非可混取，自古然也。雖然，正針之以坐穴立向固已，若在格龍，則亦不可舍此以辨純駁，别真僞。獨名之爲二十四向者，向上取用，較難於龍，名從其重也。然則正針者，實有體立用行之妙，大中至正之規。左右二縫針，特爲此盤之助焉耳。《玉髓經》云：勸君只説子午向，莫説縫針悮來世。《細繹經》言：自可起悟。今有以楊公縫針，指爲子午之正，蓋緣不知楊公《青囊》一書，專取雙山三合，以干卦分配十二支，用生旺墓局，辨生尅出入，因立縫針以神其術，實則四正四隅，八卦定位，干支輔之，乃天然一定之經，萬古不易之理也。然則用正針格龍者，當用正針立向。用縫針格龍者，當用縫針立向。時術感於龍迎未至之氣，穴乘已至之氣之説，遂至以一山兩針，一針兩用，爲神奇者，誤矣。

熊宗嵒曰：坐穴有内乘生氣，外接堂氣之論。生氣内乘，毋違收放之法。堂氣外接，莫忽趨避之方。生氣以龍爲主，龍以入首落脈爲主。接堂氣以水爲主，水以出面應穴爲源頭。生氣有三。入首一節，須認形勢生死，立穴處須認邊生邊死。以左旋右旋，察來去之生死。生死既明，星巒合格。苟立穴不知收放出煞之機，則穴吉葬凶矣。假如艮寅雙行入首，七艮三寅，當就艮局立陰向，放虚寅氣，收艮氣入穴。又如辰巽雙行入首，七辰三巽，當就辰局立陽向，放虚巽氣，收辰氣入穴。不可貪巽之秀，棄辰之罡，而失山川融結之真氣也。此收山出煞之要。堂氣者，乃穴前交會之水也，宜知進退之法以趨避之。假如右行巽龍入首，酉水倒右流乙辰而去，則酉爲巽之曜煞，主徒配刑戮，故或進前迎庚水，或縮退收辛水，避却酉水，謂之趨吉避凶。當立水向，則爲辛壬會而聚辰。如此局不出辰，却流丑艮而去，則爲三合連珠貴無價，體用一源也。又如巽龍左行入首，見寅午甲水會流，由辛入乾戌而去，則巽見寅甲，主痼疾。見午水沐浴，主淫亂離鄉，是滿局帶煞矣，當依法趨避。出却午寅甲之煞，收丙丁艮卯水到堂，扦辛戌火向，乃爲乙丙交而趨戌，能發富貴，旺人丁。此接堂氣合格定穴之要訣也。是故内乘真氣，外就堂局，表裏如一，固爲吉地。若外向鉗口不合陰陽，水法不合相替，不妨作内外兩向。所謂内藏黄金斗，外掩時人口，四勢任君談，五行當自守者，此也。昔人言内外兩向，多不利初年者，指内陰外陽，與内陽外陰者言。若陰陽不雜，惟水法與外向不合，全在内向消息之，則亦未嘗不利初年也。

又　第七層穿山七十二分金吉凶

《解略》曰：七十二分金，亦用定向，與二十四向作用雖同，而其法漸加密矣。賴公心法有云：七十二龍，吉凶不一。其中自戊子至己亥一十二位，界於二十四龍縫線之中，名差錯空亡。又八干四維，各有一正，如正艮正甲之類，名戊己龜甲空亡。共有二十四位，安墳立宅，切忌犯之。又七十二位中，凡甲乙壬癸戊己，但屬孤虚，亦不宜向。然則除前諸忌之外，所可向者亦寡矣。時師於此，安可不敬之慎之。

按戊子巳亥至十二位，以正針視之，正在十二支辰之中。《解略》謂界於二十四龍縫線之中者，蓋指楊公縫針二十四龍言也。蓋四正四隅，八卦成位，配以干支，一卦三山，此土圭之定制也。自楊公用雙山之術，以二十四位，配成十二宫，於是生旺墓三合之局定，而縫針出矣。嗣後穿山透地，皆胞在縫針之下，於辛亥之七亥三壬者，指爲正亥；戊寅之七艮三寅者，指爲正艮。賴公見縫針，於八卦正位未免有偏，故仍立正針一盤，然後卦位正而方隅定，時令順而五氣布。所謂中針者，即正針也，即六層之二十四向也。後人沿久而失其旨，乃以穿山透地起壬初之縫針，目爲正針。因更别立一針，以爲楊公縫針。遂以賴公之中針，起穿山透地於壬中者，轉而偏右。而正針之外，更有一賴公之中針矣。腐儒附會其説，以爲楊公偏左之縫針，壬子同宫，隨節氣而順行，謂之地盤。賴公偏右之中針，子癸同宫，隨太陽而逆轉，謂之天盤。且迎合古語，謂龍從地下求，從楊公地盤之縫針也。向從天上立，從賴公天盤之中針也。殊不知龍從地下求，言地支得十二氣之正，正神上山也；向從天上立者，言天干得十二氣之零，零神下水也。蓋龍穴砂水，本同一氣，用雙山玄空則取縫，用八卦洪範則取正。以此格龍，即以此定穴。豈有格龍一針，定穴又一針，自相矛盾哉。愚已著辯，陳略其兹謬云。又按十二支辰中名差錯者，蓋陽生於子中，陰生於午中，陰陽變易之所，故針頭所指，謂之南針差錯；尾所向，謂之北針差錯。本此義也。又凡支位正中，皆屬節氣中氣分界，故亦名之。未必於二十四龍縫線取也。穿山一盤，其傳最先。而楊公縫針，猶在後起者也。

又　卷二

辟卦七十二爻十三之二

辟卦主十二月令，十一月一陽下生，其卦爲復。十二月二陽爲臨，正月三陽爲泰，二月四陽爲大壯，三月五陽爲夬，假人爲者也。

三盤卦例合用之法，假如辛亥龍入首，扦作壬山丙向，用正針辛亥分金。天元連山，得雷地豫卦。豫卦坤宫所統，與辛亥龍納音相和，是二天不犯衝尅。而豫之上卦，九六冲和，尤爲美也。地元歸藏，穿得癸亥水山蹇卦入用，内三爻丙辰土，丙午火，丙申金。外三爻戊申金，戊戌土，戊子水，其丙午係日卦鬼爻不用，餘皆可備選擇。若用得持世爻，尤有力。又壬宫坎爲卦宰，旺在冬至小寒之節，若作於十一月之後，乃爲乘得旺氣。十一月月令復卦主事，初爻庚子水持世。與日卦丙辰戊戌爻相尅不美，惟世爻戊申，與庚子生合，又坎卦四爻，值冬至，亦是戊申，比和甚妙。丙申戊子亦吉，但非持世爻，爲力差輕耳。更須審七十二爻所值之候，如用在冬至初候，則復之六四癸丑值之。中候癸亥，末候癸酉也。亦當與選出之干支相生合比和。若選得戊申，則癸丑泄氣不用，當定在中候末候。論至此，選擇之道，誠不可不慎矣。更須參之《周易》卦，察其五親禄馬貴人之所臨，考其黄泉煞曜之所占，神則迎之，煞則避之。而砂位之低昂，流神

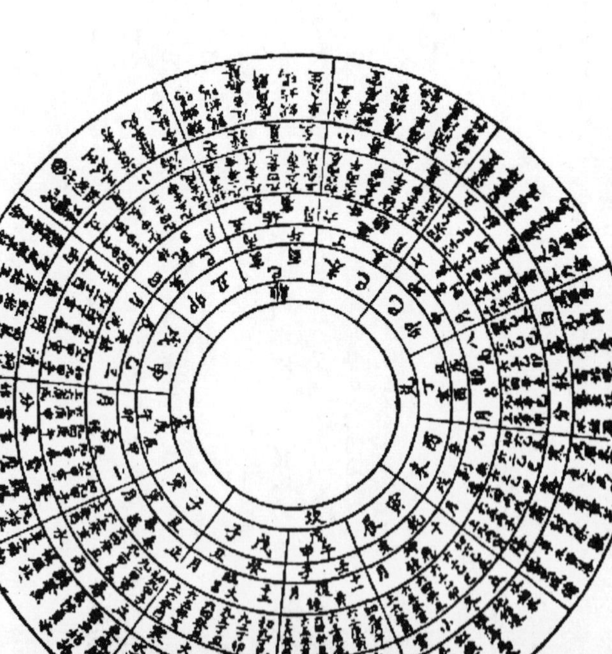

四正卦，司二十四氣。十二辟卦，應十二律吕。七十二爻，應七十二候之圖。

之相替，皆可辨焉。如辛亥分金，坐得人元小畜卦值穴，小畜乾卦所統，以丑爲黄泉，巳午爲曜，寅卯爲煞，諸方山伏水静者吉也。卦例既明，再候得歷數太陽，到山向分金之下，或對宫弔照，則全美矣。又察五星行度，金水同宫尤吉。切忌木星羅星，同宫串度，及對宫弔照，縱得到山，亦無益矣。太陰到山亦吉，夜用更宜。惟忌土司凌掩，則減力矣。至若宫度主星之當臨也，恩用之當親，難仇之當遠，此堪輿家所不盡察，而實在所必察者也。詩曰：二十四爻司旺氣，二十四位麗干支。日卦六爻憑選日，渾天生合比和宜。連山九六觀純剥，《周易》分金砂水推。黄泉曜煞皆須避，臨用星躔算步知。

按大雪屬壬，冬至屬子，十一月復卦主事，壬爲節氣，子爲中氣，前人皆以此

配卦，此壬子同宫之説，即楊公縫針也。其實十一月建子説，不得建壬，則仍當以子居復卦之正位。而右壬左癸，各分其半輔之，所謂支神爲正，干神爲零，最得天地之中，合四時之度。所以然者，冬至乃是子之中，非子之始也。況前古止以十二支配十二月令，加入八干四維，祇可截十二支之首尾分屬之。若竟分前半爲干維之位，是支神反不居正位，偏倚一邊，非説之醇者也。愚故於後圖雖用縫針，以定二十四氣、七十二候，配爻之局，而仍立正針一盤，以示萬古一定之位。庶使用針者知所向方云。

附針法：正針合穿山、透地節氣之圖。

又　第十七層楊公縫針二十四龍第十一層

是層名縫針，以針之所指，在壬子丙午界縫之中，故名。蓋本諸《管氏指蒙篇》。惟壬與丙，陰始終而陽始窮；惟子與午，陽始肇而陰始生，故以神針中判其界，陰陽之位定，消長之機剖。尅時家以初刻屬干卦，以正刻屬支辰，即此義也。楊公格龍，專以此爲主。號曰二十四龍，陰陽各半，亥丑艮震巽巳丙丁未庚兑辛爲陰，壬坎癸寅甲乙辰離坤申戌乾爲陽。陰龍貴，陽龍賤。陰龍久，陽龍速，各有上中下等。陰龍，艮丙巽辛兑丁震庚，爲天星八貴龍，亥應紫微垣爲天皇龍，上也；巳，中也；丑未帶殺，下也。陽龍壬坎癸，上也；離，中也；乾坤寅甲乙辰申戌，下也。凡陰龍博換轉折，俱欲陰；陽龍博換轉折，俱欲陽，方爲净陰净陽。若一路陰龍行來，到頭有一節陽龍，名真龍僞落，用騎龍斬關法裁之。如一路陽龍行來，到頭一節是陰，名僞龍真落，亦用裁法。陽龍則用陽水陽向，陰龍則用陰水陰向。若陰龍出面，後龍博換，或一節陽，又間之以陰，連行至陽則凶，陰則吉。陽龍出而後龍博換，或一節陰，又間之以陽，連行至陰則凶，陽則吉。又當參之透地六十龍，審其行度生尅旺泄，以斷吉凶。行運之法，於穴後步起，二步半爲一年。陰地以下穴之日始，陽宅以竪造之日始，此二十四龍之大略也。

慎庵氏曰：針法之訛，從來久矣。自宋時張子微先生辯之，而其後益紛錯而莫識所宗。有以針之所指爲正者，有以針之所指爲縫者，有以針之偏於左爲正者，有以針之偏於右爲正者。原其聚訟之故，由於針法有壬丙之偏，以致針路有正縫之別。故以針指壬子之中，則子位反偏於左而爲縫矣。詎知針自有路，前賢考訂甚明。楊公縫針之設，絶非爲針路之偏壬丙也。夫楊公步龍察脈，專用雙山三合五行，審來龍之左旋右旋，以定二十四位，陰陽生旺墓順逆之局。如亥卯未類成木局，而乾亥甲卯丁未同宫，故亦爲木。陽局則取其自生趨旺，如乾亥發足，趨入甲卯結穴是也。陰局則取其自旺迎生，如甲卯發足，趨入乾亥結穴是也。此審局之所必宗者也。又其下，亦布以二百四十分數，與正針分數相參，如正針二八，縫針即爲三七。正針三七，縫針即爲二八。《羅經秘旨》云：二十四山，從左從右，占數多寡，各有所犯。用一而得九，名曰老陽，出老鰥。用四而得六，名曰老陰，出老寡。用三而得七，曰少陽，主多生男子。用二而得八，曰少陰，主多生女子。用五而得五，名曰中位，主家敗身亡，貽傷後代。若用十分坐向，對縫空不着字，名曰空亡，即出絶丁，其禍立見。由此言之，分數惟得三七爲吉，二八次之。正縫針止此二分金，互相穿對作用，合得乃佳也。此分金之所必參者也。然以此按之八卦方隅，及先天十二支之正位，則未免有以乾侵坎，以子侵丑之弊。如陰陽不雜，猶可無議。若單龍獨向，艮雜於寅，則有風跛之患。卯淩於乙，則防絶嗣之憂。其他妨害，率多類是。賴公因其偏倚不正，仍立正子午二十四位，號爲中針。中者正也，蓋緣縫針沿習已久，遂有以針法原偏壬丙，而目之爲正針者，因轉以正子正午，更名之爲中針耳，其實即正針也。獨怪近世術家，見從來止有正縫，而賴公復立中針之號，私智穿鑿，於正縫之右，别爲一盤，爲壬以子爲刃，癸以子爲禄，中針子癸同宫，蓋從禄不從刃也。且附會古語云：龍從地下來，正針是羅盤，當格龍。向從天上立，中針是天盤，當定向。夫既以縫針爲格龍矣，而此轉屬之正針。既以正針爲定向矣，而此轉屬之中針。抑知格龍定向，分屬正縫，已覺其理。況以來左者忽轉而偏右，山川從何位置？氣脈從何取的？且縫針尚有於元天十二支，加入八干四維，故以干爲辟氣，子爲正氣。若夫子癸同宫者，又將何所取義乎？愚故斷以縫針爲正針之助，而削去偏右一盤，使業是術者，不惑於他歧。凡所謂天道左旋，地脈右通。楊公取偏左之縫針，以迎天道。賴公取偏右之中針，以迎地脈。悉屬拘牽紐合之見矣。或曰：盈縮透地龍，起於亥半。舊例有三亥七壬之說，疑即此中針分數所定。曰：平分透地龍，可定分數，獨盈縮透地龍，不可定分數。蓋盈縮透地，隨渾天星度五行之闊狹，故分數無定準，非若平分者，有一定之則也。其隸以三七正半者，當是平分透地縫針分數，而誤入於盈縮下耳。知此則愈知中針之無所取矣。或曰：測日躔者，亦以干維屬節氣，以支辰屬中氣。嘗觀《天玉經》天卦地卦之說，其法於二十四山，從前兼後，自子癸數起，至亥壬而終者，名曰挨星五行，謂之古東卦，取以陰從陽之義。從後兼前，自壬子數起，至乾亥而終者，名曰雙山三合五行，謂之古西卦，取以陽附陰之義。夫從壬子數起者，固楊公之縫針矣。從子癸數起者，非即所謂賴公之中針乎？然則説皆非歟。曰：以時歷考之，大雪在尾五度，正屬甲干。冬至在箕二度，正屬寅支。其實躔至三日後，則干轉而支，支轉而干矣。況歲差百年而變，日躔無定度，焉可以干維支辰定太陽之傳舍乎？至若《天玉經》所論，正以發明正針之妙用也。其自壬子數起，至乾亥而終者，十二支位居左，取天地之氣。至此已成凝結鎔固，可以乘龍脈之真的，故曰龍從地下求。言正針之左位，以求龍也。其自子癸數起，至亥壬而終者，十二支位居右，取天地之氣，至此方肇輕清純粹，可以迎向水之吉祥，故曰向從天上立。言正針之右位，以立向也。蓋挨星五行之十二支，即雙山五行之干卦。《青囊經》赦文御街等例，實本於此。由此觀之，非但不必於正針之外，更立中針，即縫針一盤，亦止爲正針之所取資，而非有異用也。夫誠精思而熟究之，當必以余言爲非妄耳。

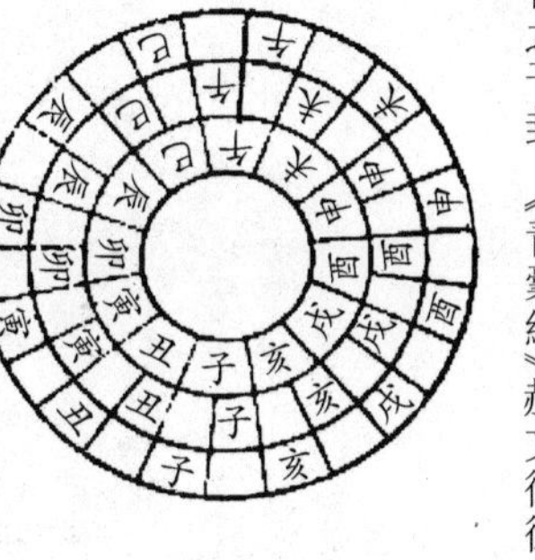

天卦地卦入用之圖

一層先天十二支正位。

二層挨星五行東卦，即天盤也。

三層雙山二合五行西卦，即地盤也。

天盤東卦，取先天十二支初氣，以迎向水，即正針壬末子初之位。地盤西卦，取先天十二支正氣，以乘龍脈，即正針子末癸初之位。此圖體用同源，正縫一致，意味深長，識者玩之。

又 第十八層縫針百二十分金

此盤百二十分金，自縫針壬半起甲子，每支布以十位，共成一百二十。地理家分金，取子癸同宫者是也。蓋陽不生於子初，而生於子半。陰不生於午初，而生於午半。故每歲節氣，必以冬至子中爲陽之始，夏至午中爲陰之始。此盤甲子甲午，正起於陰陽交接之界，相傳爲何潛齋之所制。但較諸正針宫位，稍偏於左，仍當以正針分金爲主，而以此盤佐之。如正針分金，與龍穴合局，比和旺相，不犯尅泄，可不再參縫針矣。若有未合，或與龍穴納音尅泄，或與砂水方位衝射，則須用權宜之術，從縫針分金，轉移求合，神而明之，變而通之，此盤有焉。

慎庵按熊宗岩曰：厲伯韶詩言三七二八，説者謂四少之數，陰陽生長之機，在穴内加減一分，以爲趨全避缺之法，然此亦混沌統説也。今細究之，則正針百二十分金，如庚子庚午之陽而旺者，常居子午之七分。而居壬丙之三分，在縫針則爲丙子丙午，微偏於左，居子午之八分，壬丙之二分也。故三七者，係正針分金，庚子對庚午；二八者，係縫針分金，丙子對丙午也。頗爲不刊之論。但其所云庚子庚午者，反布在中針之下，而所云丙子丙午者，反布在正針之下。至縫針所布，則全偏於子丑相界之宫，蓋亦溺於子癸之説。而見縫針所布，偏陂太甚，又不敢毅然改正，故另布一盤於中針耳。愚故取其布在中針者，歸之正針；布在正針者，歸之縫針，庶不致全偏於癸丑。而於庚子庚午丙子丙午，三七二八轉移之法，脗合無差。又按徐世彦曰：分金兼用之法，以十爲率，正者三七，兼者二八，方值丙丁庚辛之位。若於三七不合，則於邊傍取縫針之二八，謂之補接孤虚。此論與宗岩相合。蓋縫針丙丁庚辛之位，亦在三七分數上，特以正針度之，則二八耳。名術所用分數，皆準之正針，不準之縫針也。茲附載縫針分數之例於後，而不列之盤内。明最吉者，無如正針之三七。若縫針三七，已在正針二八。究不免多女少寡之嫌，權宜之術也。朱楓林曰：正針者，造化之本體。縫針者，作用之捷徑。可謂片言解頤。

正縫分數合參，以坎宫壬子癸爲例

坎 ☵

正正

壬子癸

中四三二一十一二三四中四三二一十一二三四中四三二一十一二三四中
五六七八九分九八七六五六七八九分九八七六五六七八九分九八七六五
己亥。辛亥。癸亥。甲子。丙子。戊子。庚子。壬子。甲子。丙子。戊子。庚子。壬子。乙丑。丁丑。己丑。

縫針

亥		壬		子		癸

十一二三四中四三二一十一二三四中四三二一十一二三四中四三二一十
分九八七六五六七八九分九八七六五六七八九分九八七六五六七八九分
乙亥。丁亥。己亥。辛亥。癸亥。甲子。丙子。戊子。庚子。壬子。甲子。丙子。戊子。庚子。壬子。

分金辨訛，壬子癸丑爲例

壬前屬亥，壬後屬子。	先天正子。	癸前屬子，癸後屬丑。	先天正丑。
壬	子	癸	丑
	甲子。丙子。戊子。庚子。壬子。	甲子。丙子。戊子。庚子。壬子。	

此以甲子起子支之弦，前遺壬半，後侵癸半，微偏於左。止可作縫針分金，備權宜作用。若隸於正針便非。

縫針				
	壬	子	癸	
		甲子。丙子。戊子。庚子。壬子。	甲子。丙子。戊子。庚子。壬子。	

續表

正針分金起子支之弦。此盤分金，因更起於縫針子支之弦。一誤再誤，全侵丑位而不覺矣。茲爲刪之，而以上層分金隸焉，庶偏不失正。三七二八，可以相參。

中針				
	子	癸	丑	
	甲子。丙子。戊子。庚子。壬子。	甲子。丙子。戊子。庚子。壬子。		

針法止有正縫。中針即正針也，後人誤偏於右，所布分金，卻合正針。今刪中針一盤，而隸分金於正針焉。

又 卷三

羅經便用新式層次

天池墨線兩支，一支子午正對，一支微偏。壬丙北指危一度，虛九少度，中間南指張三度。第一層先天。第二層九星。三層天星。四層正針二十四山。五層節氣。六層七二穿山。七層正針百二十分金，甲子起正針壬中。八層透地六十龍，附納音五行，甲子亦起正針壬中。九層，門奇吉子父財官禄馬貴。十層，縫針二十四龍，子初起正針子中。十一層縫針百二十分金，甲子起縫針壬中。十二層，盈縮透地，甲子起正針亥中，當穿由巳亥未分在室十度之上。十三層，星五行。十四層，星度關煞吉凶。

又 卷四

厲伯詔詩

先將子午定山崗，却把中針來較量。挨加三七與二八，莫與時師說短長。

此言審龍坐穴之用。凡欲審龍，必先用浄水洗浄天池，安放來龍崗上，然後注水浮針，則子午定矣。子午既定，便要將中針來較量龍脈，便知來脈是何龍，宜作何向。所謂中針者，即天盤正針也。昔云以正針格龍，取一氣之清，忌雙宫之越是也。龍向既明，至於入穴分金之際，察氣候，乘生旺，避孤虚，挨加之法，是第一緊要工夫。故於正針三七分數，脱有不合，即取縫針二八分數，乃爲乘得生旺，避得孤虚。時師多以二八指爲三七，三七反爲二八，迷而莫悟，故曰莫説短長，無庸開諭也。熊宗嵓曰：三七二八，説者謂四少之數，

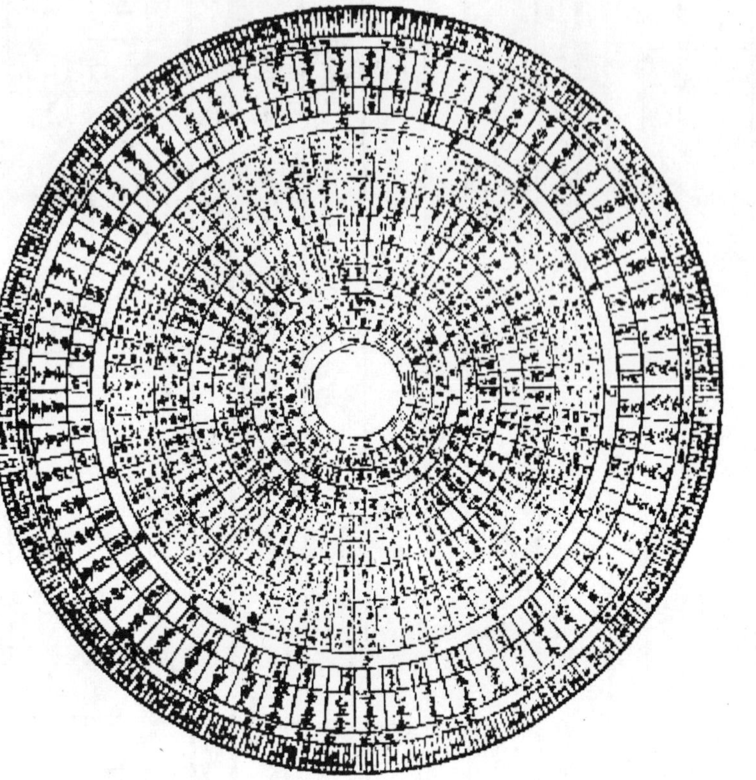

陰陽生長之機。今細究之，則正針百二十分金，如庚子庚午之陽，而旺者常居子午之七分。而居壬丙之三分，在縫針則偏於左。而丙子丙午，則居子午之八分，而居壬丙之二分也。故三七者，係正針分金，庚子對庚午。二八者，係縫針分金，丙子對丙午也。可謂卓見不凡。

又　正縫針法一

或問：正針二十四山，起於先天十二支，支支相對，不必置喙矣。其子午支位，縫針。在正針子癸午丁之間者，是世所傳楊公之製。其子午支位，中針。在正針壬子丙午之間者，是世所傳賴公之製。楊公用雙山例，陰陽相比，先干後支，故以壬子同居子，丙午同居午。此楊賴二縫針立法之大概也。然《叢珠經》《頂門針》《仙婆集》諸書，止取楊公縫針，而子從之，何也？答曰：楊公縫針之設，謂陰陽生於子午之半，故十一月建子，初氣大雪，六陰方終。中氣冬至，一陽始肇。五月建午，初氣芒種，六陽已窮。中氣夏至，一陰乃生。楊公以壬丙當其初氣，以子午當其中氣，正合《管氏指蒙篇》所云：惟壬與丙，陰始終而陽始窮；惟子與午，陽始肇而陰始生。又時家以干爲初刻，支爲正刻，亦用此義。若賴之子癸同宫，則無取焉。故皆略之。然賴亦自有説焉，夫謂陽生於子之半，言至子半而一陽已生。當其未至子半之先，而氣機已潛滋暗長矣。古人謂積三十分而起冬至，便成一畫，故爲復卦。積分之法，起於亥中，則至亥末子初，一陽已生其半。推至巳末午初，亦適逢一陰之半，乃在壬丙中線。賴公以子午當之，故又號曰中針。但其所取三七正半分數，惟盈縮透地龍用之。至於格龍立向，豈得以山川已成之形，而反迎未至之氣乎。諸家之不取者此也。

又　針法偏壬丙二

或問：賴公中針，或因針法之偏而設乎？答曰：針自有路，與中針絶不相蒙。王趙卿詩曰：虚危之間針路明，南方張度上三乘。後世言針法者祖之。今之釋詩者吾疑焉。其言曰：子宫虚危之間，在戊子第三分。午上張宿三度，在甲午第三分，乃南北之正。亘古如斯。據此一解，則針頭當枕正子，針尾當指正午。徐試可從之，以爲鐵本重質性沉，惟其受戕於火而成針，完氣於土而戀磁，則能化重濁之質，而變輕清之體。子屬水，金得水相，可無火爍之憂。此即奇門遁甲，取丙丁以制庚之氣，又坎之先天坤，坤土乃金生地，子依母而全其氣，此針之所以必枕子也。午位南離，離納巳火，中有土金伏其中。夏至火盛土傳，逢庚爲伏，即此義也。又離之先天乾針，戀同氣而還居本位，故指南。而顧陵岡則云：太史局立表以測日影，用中針，則日出没晷表，略差弧首。熊宗岩亦云：天體右轉，常過一度，而偏於壬，針法從之。南方火燄爍金，故偏於丙。昔人謂壬子丙午爲天地之中，蓋指地盤之壬子丙午言也。今之坊制，多用前解。而顧熊偏壬偏丙之論，徒爲虚設者，則以言偏壬，而不言偏於壬之幾分。言偏丙，而不言偏於丙之幾分，即有樹臬以揆日中之影，針法之偏立見，然究無鑿鑿言之，宜乎俗師庸匠之從前解爲便也。余熟究之而得其故。夫在地爲十二支，在天即爲十二次第。支辰所以辨方位，故宫分無闊狹。次舍所以步星躔，故度數有多寡。

然度數之多寡，由日行之遲速，而於支辰宮分，則適相印合，不差累黍。試以子宮論之，女十一度，虛九度，危十六度，除女一度在丑，危十三度以下在亥，則子宮共得三十一度。取其中，常在虛六度上，非在虛末危初也。又以午宮論之，柳十三度，星七度，張十八度，除柳三度在未，張十五度以下在巳，則午宮共得三十一度。取其中，常在星六度上，亦非在張之三度也。今從虛危間，以視虛六度，由張三度以視星六度，相差約三度餘，必取虛危間張三度移置正中，則一天宿度，反偏於左，有是理乎。若從熊氏移指壬子丙午之間，則宿度又偏於右，其失等也。余謂枕虛危而指張三度，自是萬古不易之制。特後人用之，失其旨焉耳。今取歷法宿度過宮布之，女二過子，危十三過亥，奎一過戌，胃四過酉，畢七過申，井九過未，柳四過午，張十五過巳，軫十過辰，氐一過卯，尾三過寅，斗四過丑。次舍傳遞之間，皆在干維中線三百六十五度，無稍偏倚。然後取針之枕虛危而指張三度者參之，則針頭適當子之中，而稍偏於壬之三分。針尾適當午之中，而稍偏於丙之三分。夫羅經作用，全憑一針，差之毫釐，謬於千里，可不知哉。顧氏所謂用中針以察日晷略差者，蓋以針所指，較日晷則略差耳，非用賴公子癸同宮之中針也。

又　三七分數五

或問：穿山布於正針。《叢珠經》所載甲子金龍，七壬三子。丙子水龍，七子三壬。戊子火龍，正子是也。若夫盈縮透地，起甲子於室十度，乃在正針亥中。叢珠載甲子金山，三亥七壬；丙子水山，正壬；戊子火山，五壬五子；似乎又起於壬初者何也？答曰：是從賴公中針而定耳。時制亦有以穿山布於正，透地布於縫，但所布乃楊公壬子縫針，非賴公子癸中針，較之相去殊遠。宜乎徐試可堅執三亥七壬之爲正針，而竟欲以天表之透地，易素書之透地也。不知賴公中針，全爲盈縮透地而設。昔人云：天盤縫針，隨氣流動，主格龍之用。地盤正針，配方靜定，主立向之用。天盤猶龍神之變化，地盤像穴向之有常。又曰：測天之氣候，以天紀中針爲當。考地之形勢，以地紀正針爲當。又謂天包地外，地著天中。天干配先天進前半位，地支配後天退後半位。支中有干，干中有支，如天地自相依倚。此所言縫針中針，皆指賴而非指楊也。但楊於雙山入用甚夥，賴惟盈縮一盤分數用之，究於格龍非宜，辨之已明。余故存其說而不列於盤，并盈縮分數削之，使覽者無多歧之惑焉。

又　正縫分金七

或問：羅經舊傳有三盤分金，子獨取二而舍一，何也？答曰：舊傳分金三盤，一隸於六十分金下，今所謂正針分金也。一隸於縫針二十四籌下，今所謂楊公縫針分金也。一隸中針二十四山下，今所謂賴公縫針分金也。然今所謂正縫分金者皆謬焉。試以正針言之，先天子位始於壬之中，終於癸之中，由此至亥，其始終各分干維之半，以成十二支位。故六十分金，起甲子於壬中，而凡干維正中一線，名爲空亡。言五行遞禪，氣無所貫也。至七十二穿山，則直空干維十二位，爲較密矣。後人復將六十重之爲百二十分金，則更密矣。所以張氏少谷於平分六十，穿山七十二，皆名之曰分金，大是有見。獨怪百二十分金，原因六十分金而重之者也。今六十分金，起於壬中，而百二十分金，則起子位之弦，乃在六十分金丙子之下，遂至五子皆子，五癸亦皆子，而壬之左半屬子者，反爲亥矣。時人附會之，謂分金從禄不從刃，又謂本易七日來復之義，抑知兩間陰陽造化，錯綜循環，無或偏陂，焉有六十分金之甲子起壬，百二十又起子，一氣兩用，位置舛錯若是乎？且夫分金之所以趨旺相，避孤虛，審三七，挨二八，亦惟求氣之純而不雜耳。今以亥而雜於子，以子而雜於丑，猶謂得純正之氣可乎。正針分金一失，而楊公縫針分金，亦由之而失。縫針分金，宋時何潛齋所作，倣正針分金式，起甲子於縫針子支之弦，抑知正針之分金，子已偏癸，丑已偏艮，宮次不無侵越。況楊公縫針子午，原在正針子癸午丁之間，今分金之子午，又偏雜於癸丁，以視先天十二支正位，則直移子一半入丑，移丑一半入寅，不特雜氣，而且竄宮。如此謬戾，不待智者而後辨之，世之業堪輿者，顧取此以爲挨加二八之準，殊可哂也。熊宗岩亦謂何潛齋分金，子癸過丑三分，越玄枵次舍，欲證加減之用，則不相對。蓋亦知其脫氣已甚，但狃於習傳，畏於時論，不敢創立棄取耳。然則何潛齋所定，斷然在所當棄，而時用正針分金，亦未免偏癸偏艮。法以先天十二支定百二十分金之位次，則正縫兩盤，界限分明，天然造化，不容私智穿鑿。其甲子起於正針壬中，當先天子支之弦，與六十分金甲子相串，是爲正針分金，即三七針也。其甲子起於縫針壬中，當先天子支之五分，是爲楊公縫針分金，即二八針也。若以時式較之，所謂正針分金者，實當爲縫針分金也。所謂縫針分金者，當棄而不可用也。所謂中針分金者，實當爲正針分金也。不觀之實鏡乎，其分金之甲子，起於危十二度下，夫危十二度，非正針之壬中乎。熊氏論分金之起壬中者，居玄枵之中，得八方之正，可以證坐穴挨加之用。其間屏明暗殺神，遠返吟白虎，避關煞黃泉穴伏吟星曜，行注布氣，依左依右以乘生氣，毫厘勿爽。對天星，用地卦，皆在於此。又徐清泉心法，謂坐艮向坤者，若偏右三分兼丑未，當作辛丑辛未分金。若偏左三分兼寅申，當作丙寅丙申分金。誠爲先得我心。當時厲伯詔密用此盤，加意深焉。金斗行注取此分金，用旺以迎生，用相以乘折，用孤以應曜，用虛以制煞，用空以消凶龍之惡氣。《青囊玄樹經》《陰契陽符》俱論此盤之妙，但皆拘於子癸同宮之説，附之中針。余删去中針一盤，而取以隸於正針，則環視盤中，支支相對，位位無偏，有天然布置之巧，無左盤右歉之弊，洵於造化，不無小補。正針之分金定，而後縫針之分金亦定，方不致有以丑爲子，以寅爲丑之誤矣。其分金法，先以正針爲主，正針不得，後參以縫針。假如亥龍氣從左來，穴宜坐乾向巽，左耳乘氣，取七乾三亥，丁亥分金，此三七正針之用也。其或砂水證應，略有未合，則移置八乾二亥，分路上正當縫針，庚戌分金，此二八縫針之用也。縫針之三七，在正針二八路上，故名。《槖籥論》加以三七挨以二八者，此也。厲伯詔詩，更加三七與二八，莫與時師説短長者，此也。熊宗岩云：三七者，係正針分金，庚子對庚午；二八者，係縫針分金，丙子對丙午。則又不煩辭費而自明矣。《頂門針》云：三七用以審龍，二八用以立向。非也。

又 天地盤十

或問：天地盤之分，其説不一，有以正針爲天盤，而縫爲地盤者，張少谷、熊静齋從之。有以正針爲地盤，而縫爲天盤者，熊宗岩從之。其説孰是？答曰：余觀徐試可之論曰：楊公以正針爲地盤，而子在縫針之先；以縫針爲天盤，而子在正針之後。賴公以正針爲天盤，而子在縫針之後；以縫針爲地盤，而子在正針之先。是較論二公之針，所取爲天盤者，子各居後；所取爲地盤者，子各居先。此與透地取先至爲天紀，穿山取後至爲地紀者，立法自異。蓋穿透以氣至之先後分別天地紀，而針法以勢旋之左右，分別天地盤。左陽法天，右陰象地故也。此論極得，抑余又觀《天玉經》天卦地卦之例，更有説焉。其法於二十四山，從前兼後，自子癸數起，至亥壬而終者，名曰挨星五行，謂之古東卦，取以陰從陽之義。從後兼前，自壬子數起，至乾亥而終者，名曰雙山三合五行，謂之古西卦，取以陽附陰之義。東卦，即天卦也。西卦，即地卦也。則又以偏右者爲天，偏左者爲地矣。要之天地盤之名，可以不設也。以子癸針右旋爲地，即可執先至而爲天矣。以壬子針左旋爲天，即可執後至而爲地矣。若夫正針，得陰陽冲和之氣，居天地中正之位，豈得因楊公針法，而名之爲地盤；復因賴公針法，而名之爲天盤哉。故不如不設也。

又 正縫針作用十二

或問：中針既可不録，即以正縫二針言之，有以正格龍，以縫立向者；有以正立向，以縫格龍者。諸説不一，未知孰是。答曰：古語云：向從天上立，龍從地下求。談龍向者宗此二語。徐試可以正針爲地盤，故主格龍之用；以縫針爲天盤，故主立向之用。然考楊公縫針例，則取雙山龍氣，察左右順逆之勢，定陰陽生旺墓之局，初未專爲立向用也。至於正針穿山卦例，皆是穴向中作用，則亦未定爲格龍用，而立向毫不相涉也。惟《解略》則以正針主向，縫針主龍，其説爲長，余從之。然正縫龍穴，各有作用，行龍若中出，或透迤曲折，難定左右順逆者，則取正氣，以正針格龍，即以正針立向，從卦氣也。行龍若一氣盤旋，或左關，或右關，生旺墓之形勢已成，則用縫針格龍，而穴向亦於縫針取之，從雙山也。蓋卦氣配納，施之縫針則雜；雙山合局，用之正針則偏，二者絶不相蒙。余之從解略者，亦當互爲參考。

王道亨《羅經透解・序》 粵嵇羅經之制，軒帝創其始，周公遵其法，指南針方位分定。然先天只有十二支神，漢張良配至八干、四維，羅列於内，名爲地盤。楊、賴二公又加中、外兩層，號曰天盤，合成三才。其中全度星宿備載羅列，衍寓河、洛五行之奥，顯藏羲、文以卦之奇，體精用宏，變化無窮，洞哉包羅萬象，經緯天地。上可以格天運星度輪回，下可以辨山川方位吉凶，中可以定人間陰陽兩宅，而萬事利用之至寶也。漢、晉、唐、宋以來，名賢崛起，自楊、曾、廖、賴而外，代不乏人。救貧造福，應驗足神。究其著書立説，體認因在星巒，化用實在羅經。後之業堪輿者，講巒頭取象，類習例杖，分門別户，嘵嘵争鳴。合可講究羅經，不知地理之扼，安心巒頭爲體，以經盤爲用，即習羅經，其中之神義不明，忘毫厘之應，至千里之謬，況羅經不講，則龍、穴、砂、水無由辨其真僞休咎。縱得巒頭馳洽之美，往往吉凶遝致，使水蟻交侵，人財敗絶，其敝可勝嘆哉！諺云：「庸師不明，傾覆全家。」信斯言也！余學習地理，多歷年所，頗識星巒吉凶之道，迄善選擇星頭，惟恐羅經未能透晰鮮明，禍福難明，爰博覽古今名籍，廣投明師指授，將羅經全體大用潛心考究，參透(元)[玄]機，由是跋涉山川，遍訪名墳鄉冢，考驗禍福，百無一失，則地理之要道三要悉備。内可以問諸己，外可以質諸人，凡爲人造葬遷卜，頗能趨吉避凶，而無傾覆敗絶之害。但制化精微，穿山透地，消砂納水，分金坐度，層次繁密，理法深晦。有各層分用者，有兩層互用者，有一層兼用者，有通盤合用者。此中有變而通之、神而明之之妙用焉。倘一絲錯誤，關系匪小。茲謹將古制羅經三十六層集成一帙，付之卷梨，散諸四方。願天下後世共知，共能按圖訣，用多能備知巒頭，選擇則盡善盡美，而於造福之道，庶不差矣。

又　卷上

論羅經之用如樹臬測影

蓋羅經之始，乃軒轅黄帝戰蚩尤，迷其南北，天降玄女，授帝針法，始得破彼妖術，此針法所由來也。然事屬荒遠，莫能稽考，或者謂周成王時，越裳入貢，歸迷故道，周公遵其針法，造指南車以送之，針法始定。而帝因授流傳，必以羅經定其位而察其氣，乘其氣而裁其穴。察宿度，合天星。取生旺，明制化。禮先天，用後天。觀水步之去流，察禍福於毫厘，使神不能專其宰，天不能易其命。故君子所以有奪神功，改天命之才也。然地有不全之功，可以補之；有抑減之數，可以易之。則三才之理，要自羅經始明。所以上觀天時，下察地利，中定人事，舍此無他道也。

又　考驗羅經層次起例用法對證

蓋羅經之制，原本太極，爲天地之精凝，萬物之根本。何爲羅？乃包羅萬象。何謂經？乃經綸天地。所以立規矩，權輕重，成方員，莫不由金針與天池，始定風水焉。假令羅經無天池，則子、午無定，陰、陽莫分，八卦、九宫，何由而别？五行迭運，無自而用。兩頭支、干，莫由能效。龍向氣脉，亦無由而稽。故天池藏有金針，動而爲陽，静而爲陰。兩儀判四象，分八卦，定吉凶，自然化化生生於不窮。況天池本無極頭，始於正中頂針一點爲祖氣，亦萬物萬化之根本也。分按天池外，羅經即太極也。是以子、午中分爲兩儀，兩儀合卯、酉爲四象，四象合四維即八卦。八卦定方位，各司其令而天道成、地道平、人道立矣。王伋曰：「虚危之間針路明，南方張度上三乘。坎離正位人難識，差却毫厘斷不靈。」

又　第六層地盤正針

謂先天經盤辨方、定位、立向，爲羅經之始。先天地支只載有十二位，一名十二雷門，爲胎骨龍。以正針論之，子、午、卯、酉爲天地四正之位，寅、申、巳、亥爲五行長生之地，辰、戌、丑、未爲五氣歸元之所。故後天正針運用，支支相頂。地夫屬陰，静不動也。後天增之四維、八干。四維者，乾、坤、艮、巽；八干者，甲、庚、丙、壬、乙、辛、丁、癸，屬陽，主動，以居十二支位之界縫，當氣候遁代之間。所以天地間有陰不可無陽，陰支中得陽干，是不得錯雜其間，則陰資陽而不至於虚，陽藉陰而不至於孤，二氣自有化生之妙矣。後天正針之制，不外先天十二支而變矣。地盤全爲縫針、中針之根，穿山透地之本。五行生旺休囚之異位，陰陽順逆旋轉之殊例，自此而推。上參日躔舍過將，下察九州分野，諸妙俱備，智者熟此。後人以正針二十四山本於文王八卦，每卦管三山，子、午、卯、酉居坎、離、震、兑四正之位，爲四藏卦；乾、坤、艮、巽居四維之地，爲四顯卦。四正得金、木、水、火之正氣，坎居正北，左右壬、癸付之；離居正南，左右丙、丁付之；震居正東，左右甲、乙付之；兑居正西，左右庚、辛付之。四維者，乃地支中之四庫，四生附也。乾居西北，戌、亥付之；坤居西南，未、申付之；巽居東南，辰、巳付之；艮居東北，寅、丑付之。偏正兼該，顯藏互用，經天緯地，無所不貫。格龍、定向、立穴、乘風，消沙，納水，建宅安墳，陰陽選配，作用最廣。其中排六甲在八門，推五運定六氣，五行顛倒，異用無窮矣。古仙云：「識得五行顛倒顛，便是人間地中仙。」且又合龍玄關通竅，其用當於龍脊上先分四大水口，次以左右旋論。古聖云：「乙、丙交而趨戌，辛、壬會而聚辰。丑牛納庚，丁之氣，金羊收癸、甲之靈。」論先天、後天之理，詳明某局水口；右旋，甲、卯爲乙木，當配丙火出戌口，爲妻與夫相配。若配庚出丑，配甲出未，配壬出辰，便爲路遇之夫，犯陽差病。左旋，丙、午爲丙火，當配乙木出戌口，爲夫與妻相配。若配辛出辰，配癸出未，配丁出丑，便爲路遇之妻，犯陰錯病。如右旋，丙、午爲丁火，當配庚金出丑口，爲妻與夫相配。若配丙出戌，配甲出未，配壬出辰，便爲路遇之夫，犯陽差病。左旋，庚、酉爲庚金，當配丁火出丑口，爲夫與妻相配。若配辛出辰，配辰出未，配乙出戌，便爲路遇之妻，犯陰錯病。右旋，庚、酉爲辛金，當配壬水出辰口，爲夫與妻相配。若配庚出丑，配甲出未，配丙出午，便爲路遇之夫，犯陽差病。左旋，壬、子爲壬水，當配辛金出辰口，爲夫與妻相配。若配丁出丑，配癸出未，配乙出戌，便爲路遇之妻，犯陰錯病。右旋，壬、子爲癸水，當配甲木出未口，爲妻與夫相配。若配庚出丑，配丙出午，配壬出辰，便爲路遇之夫，犯陽差病。左旋，甲、卯爲甲木，配癸水出未口，爲夫與妻相配。若配辛出辰，配丁出丑，配乙出戌，便爲路遇之妻，犯陰錯病。此四局以龍與坐山配水入堂出口，慎勿忽之。又如甲、乙、寅、卯、巽

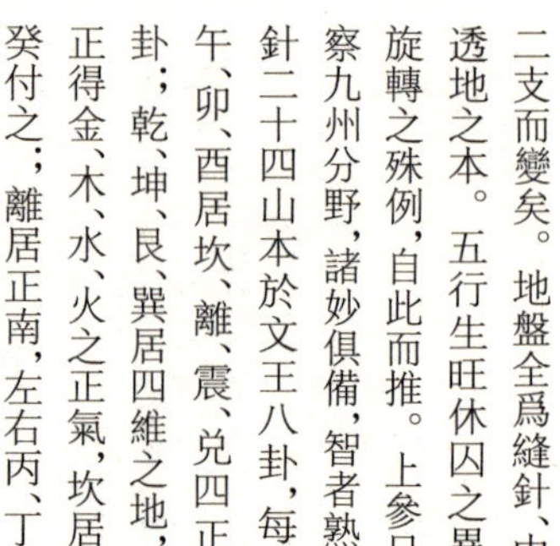

地盤正針式

五龍入首，左旋爲甲木生亥，旺卯墓未；右旋爲乙木生午，旺寅墓戌。丙、丁、巳、午四龍入首，左旋爲丙火，生寅旺午墓戌；右旋爲丁火，生酉旺巳墓丑。庚、辛、申、酉、乾五龍入首，左旋爲庚金，生巳旺酉墓丑；右旋爲辛金，生子旺申墓辰。壬、癸、亥、子、坤、艮、辰、戌、丑、未十龍入首，左旋爲壬水戊土，生申旺子墓辰；右旋爲癸水，生卯旺亥墓未。巳，土生酉旺巳墓丑。其訣以入首水出墓庫論之。立向宫位，當依納水消砂，先賢已經詳察明辨，後學慎勿任情自誤。

正針紅針對地盤午中正南，黑針對地盤子中正北，以八干從其禄，四維從其墓。

又　第十二層中針人盤

中針二十四山，即人盤也。較之地盤，少有參差，爲天道健，地道順，人道平之理。先有天、地，後有人，故人盤居天、地盤之中。此以子、午進一位，子、午居天盤壬子、丙子之縫，故爲縫針。子、午居地盤之正，故爲正針，人盤居子、癸、午、丁之中，故曰中針。昔先聖造此三才，用之廣也。法以人盤上關天星躔度、氣運進退，下關山川分野、地脉臧否，故以盤爲天、地二盤作用之主宰，即人爲萬物之靈，成天、地而成三才也。人力勝天，故有人盤而合用參地，是完全之功也。昔太素先師審龍以爲消砂作用也，楊公以之納水，正合司馬頭陀水法，放去黄泉，謂之出煞，名曰貴人禄馬上御街。歌曰：「貴人三合連珠水，隔八相生爛了錢。其貴貪狼并禄馬，三合連珠貴無價。辛入乾宫百萬莊，癸歸艮位發文章。乙向巽流清富貴，丁從坤去萬斯箱。」正合此人盤。太素《消砂要訣》：「砂雖在地，關實在天。」何以見之？聖人云：「爲政以德，譬如北辰。居其所而衆星拱之。」辰在斗内，斗有九星，居中建極，以運四方。二十八宿周天經布列於外，環拱北辰。堪輿之法：穴場者，北辰也；龍神者，九星也；砂水者，二十八宿也。楊筠松則用九星看龍神，賴太素用二十八宿看砂水，所謂在天者，正在此耳。昔廖公以及楊、賴二公撥砂一法，歷來秘而不傳，務口傳心授，授若輕泄，必遭天遣，故其法至今不敢泄露。然聖人云：道理不可埋没。如其隱秘，後世何以得其傳哉？夫聖人尤慮失傳，而余豈敢再秘哉？余是以甘願遭遣，將楊、賴二公撥砂之旨注解詳明，以爲天下後世同學望，以救世人耳。《砂法歌》云：「乾坤艮巽是木鄉。」此一句屬二十八宿，屬七政五行也。四星屬木，乾爲奎木狼，坤名井木犴，艮爲斗木獬，巽爲角木蛟，消砂當以木論之也。「寅申巳亥水神當。」宿之言水者，言寅名箕水豹，申名參水猿，巳名軫水蚓，亥名壁水㺄，消砂當以水論之也。「甲庚丙壬真是火。」宿之言火者，言甲名尾火虎，庚名觜火猴，丙名翼火蛇，壬名室火豬，消砂當以火論之也。「子午卯酉火依相。」宿之亦言火者，言子爲虚日鼠、危月燕，午爲星日馬、張月鹿，卯爲房日兔、心月狐，酉爲卯日鷄、畢月烏。日、月何以言火？蓋日爲君火，月爲相火。子、午、卯、酉居四正之地，取日、月同宫，故雙星配之，余山一宿配之也。「辰戌丑未金爲局。」言四山皆金，辰爲亢金龍，戌名婁金狗，丑名牛金牛，未爲鬼金羊，消砂當以金論之也。「乙辛丁癸土相傷。」言四山皆屬土，乙名氐土貉，辛名胃土雉，丁名柳土獐，癸名女土蝠，消砂當以土論。

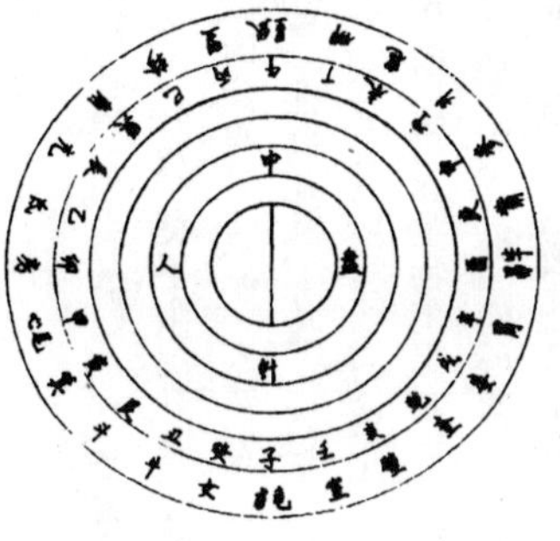

中針人盤式

又　第十八層縫針天盤辨來去之水

夫天盤名曰縫針，亦與雙山相合。前人論之，以龍向消去來之水，以辨休、囚、旺、相之方，所以縫針與壬子同宫，丙午同宫，爲天盤收水作用。正針者，正對子、午，名曰地盤，楊公制之。納龍立向，則縫針與正針隔半位。賴公中針，子、癸縫中，午丁同宫，名曰人盤。古人傳之以爲消砂，又名换星法。論選擇，以太陽到方，到向，十二宫分野，十二次躔度。所以天、地、人三針，各自爲用無窮。至於收水之法，其理多門，錯亂無憑，參其中精微之理，不外净陰净陽。伏羲先天八卦，《洛書》之源，如乾南坤北，乃《洛書》戴九履一；先天離東坎西，乃《洛書》左三右七，皆得奇數，是爲净陽。先天兑居東南，巽居西南，乃《洛書》二四爲肩；先天震居東北，艮居西北，乃《洛書》六八爲足，皆得偶數，是爲净陰，賴公所謂萬物之生不一，於一必兩。奇遇奇，偶遇偶，奇遇偶，偶遇奇方美，不然則非孤即寡，安能生育？務必立陽向則喜陽水來，雜陰則凶；陰水來立陰向，雜陽則凶。賴公净陰净陽之法如此，而廖公用輔星卦辨來水公位，其法大有深義，專以向上爲主，就向起輔，看去來之水，不拘生、旺、墓等法，總以水從天干放，不宜流地支，合吉則吉，合凶則凶。有歌云：「唯有輔星卦最位，右今水法此爲先。貪巨輔武四吉星，破禄文廉凶莫占。乾坤坎離四陽定，震巽艮兑四陰判。已上九星合成八，一星一卦管自然。卦值吉星從吉論，卦遇凶星照星言。若是吉星入陽位，凶神便入四陰前。凶星若游四陽内，吉便入陰不雜偏。但思一卦有數水，陰陽莫紊清切翻。乾納甲兮坤納乙，壬與寅戌離宮納，坎癸申辰納水音。十二宮，皆屬陽，立向收水莫逢陰。艮納丙兮巽納辛，東震納庚與亥未，酉兑納丁巳丑金。十二宮水皆屬陰，陽水破局即凶星。翻得離宮貪狼值，其中寅戌與北壬。三翻合斷貪狼固是吉，四條豈無分别情。一翻上起下落兮，二翻下起上落提。三翻中起仍中落，四翻邊起邊落齊。輔武破廉起從向，次將貪巨禄文移。初移左輔得官貴，慈恭孝友定可必。再移武曲富貴全，及第登科屈壽眉。三移破軍凶恭揚，投軍家敗少年斃。第四廉貞暴凶狂，横傲欺詐忤且逆。五移逢著貪狼星，生人孝友聰明奇。巨門第六吉星位，衣食豐足倉庫積。第七禄存多狂妄，心性頑鈍僧道尼。第八文曲好淫亂，虚詐顛狂多眼疾。」余遵考先賢注解，編成一類，以醒後學隱秘難明之患，因録歌再解云：「星卦相配成一胎，無差無錯任君裁。先變乾卦掌中起，上兑下震小指排。無名指上坤與坎，中指巽上艮低徊。上離下乾歸食指，一卦既定余翻來。」且乾、坤、坎、離屬陽，乾納甲，坤納乙，坎納癸、申、辰，離納壬、寅、戌，十二宮屬陽，地盤謂之十二陽龍。天盤納水，謂之十二陽水。巽、艮、震、兑四卦屬陰，巽納辛，艮納丙，震納艮、亥、未，兑納丁、巳、丑，十二宮屬陰，地盤謂之十二陰龍，天盤謂之十二陰水。凡有穴中看來水，陰水來，立陰向收之，陽水來，立陽向收之。先聖云：「陽向水來陽，富貴百年昌。陰向水來陰，富貴斗量金。」

航海

論説

朱彧《萍洲可談》卷二　每舶大者數百人，小者百餘人，以巨商爲綱首、副綱首、雜事。市舶司給朱記，許用笞治。其徒有死亡者，籍其財。商人言，船大人衆則敢往，海外多盜賊，且掠非詣其國者。如請占城公據而誤入真臘，則盡没其舶貨，縛北人賣之云爾。本不來此，兼外夷雖無商税，而誅求謂之獻送。不論貨物多寡，一例責之，故不利小舶也。舶船深濶各數十丈，商人分占貯貨。人得數尺許，下以貯物，夜卧其上。貨多陶器，大小相套，無少隙地。海中不畏風濤，唯懼靠閣，謂之凑淺，則不復可脱。船忽發漏，既不可入。治令鬼奴持刀絮自外補之。鬼奴善游，入水不瞑。舟師識地理，夜則觀星，晝則觀日，陰晦觀指南針，或以十丈繩鈎取海底泥，嗅之便知所至。

徐兢《宣和奉使高麗圖經》卷三四《海道一》　半洋焦

舟行過蓬萊山之後，水深，碧色如玻璃，浪勢益大。洋中有石，曰半洋焦。舟觸焦則覆溺，故篙師最畏之。是日午後，南風益急，加野狐颿。制颿之意，以浪來迎舟恐不能勝其勢，故加小颿於大颿之上，使之提挈而行。是夜，洋中不可住，維視星斗前邁。若晦冥，則用指南浮針以揆南北。入夜舉火，八舟皆應。夜分風轉西北，其勢甚亟，雖已落篷，而颭動颺摇，缾盎皆傾，一舟之人震懼膽落。黎明稍緩，人心尚寧，依前張颿而進。

趙汝适《諸蕃志》卷下《志物》　海南，漢朱崖、儋耳也。武帝平南粤，遣使自徐聞今雷州徐聞縣。渡海略地，置朱崖、儋耳二郡。昭帝省儋耳，併爲朱崖郡。元帝從賈捐之議，罷朱崖。至梁隋復置。唐貞觀元年，析爲崖、儋、振三州，隸嶺南道。五年，分崖之瓊山置郡，陞萬安縣爲州，今萬安軍是也。儋、振則今之吉陽、昌化軍是也。貞元五年，以瓊爲督府，今因之。徐聞有遞角場，與瓊對峙，相去約三百六十餘里。順風半日可濟，中流號三合溜，涉此無風濤，則舟人舉手相賀。至吉陽迺海之極，亡復陸塗。外有洲曰烏里，曰蕪吉浪，南對占城，西望真臘，東則千里長沙，萬里石床，渺茫無際，天水一色。舟舶來往，惟以指南針爲則，晝夜守視唯謹。毫釐之差，生死繫焉。

吴自牧《夢粱録》卷一二《江海船艦》　浙江乃通江渡海之津道，且如海商之艦，大小不等。大者五千料，可載五六百人；中等二千料至一千料，亦可載二三百人；餘者謂之鑽風，大小八櫓或六櫓，每船可載百餘人。此網魚買賣，亦有名三板船。不論此等船，且論商舶之船。自入海門便是海洋，茫無畔岸，其勢誠險，蓋神龍怪蜃之所宅。風雨晦冥時，惟憑針盤而行，乃火長掌之，毫釐不敢差誤，蓋一舟人之命所繫也。愚累見大商賈人，言此甚詳悉。若欲船泛外國買賣，則自泉州便可出洋，迤邐過七洲洋，舟中測水約有七十餘丈。若經崑崙、沙漠、蛇龍、烏猪等洋，神物多於此中行雨，上畧起朵雲，便見龍現全身，目光如電，爪角宛然，獨不見尾耳。頃刻大雨如注，風浪掀天，可畏尤甚。但海洋近出礁則水淺，撞礁必壞船。全憑南針，或有少差，即葬魚腹。自古舟人云，去怕七洲，回怕崑崙。亦深五十餘丈。又論舟師觀海洋中日出日入則知陰陽，驗雲氣則知風色逆順，毫髮無差。遠見浪花則知風自彼來，見巨濤拍岸則知次日當起南風。見電光則云夏風對閃。如此之類，畧無少差。相水之清渾，便知山之近遠。大洋之水碧黑如澱，有山之水碧而緑，傍山之水渾而白矣。有魚所聚必多礁石，蓋石中多藻苔，則魚所依耳。每月十四、二十八日，謂之大汛等日分。此兩日若風雨不當，則知一旬之内多有風雨。凡測水之時，必視其底，知是何等泥沙，所以知近山有港。

佚名　向達校注《順風相送・序》　昔者周公設造指南之法，通自古今，流行久遠。中有山形水勢，抄描圖寫終悞，或更數增減無有之，或籌頭差别無有之。其古本年深破壞，有無難以比對。後人若抄寫從真本惟恐悞事。予因暇日，將更籌比對稽攷通行較日，於天朝南京直隸至太倉並夷邦巫里洋等處更數、針路、山形、水勢、澳嶼淺深，攢寫於後，以此傳好遊者云爾。

昔者上古先賢通行海道，全在地羅經上二十四位，變通使用。或往或回，須記時日早晚。海島山看風汛，東西南北起風落一位平位，水流緩急順逆如何全用水掏探知水色深淺，山勢遠近。但凡水勢上下，仔細詳察，不可貪睡。倘差之毫釐，失之千里，悔何及焉。若是東西南北起風籌頭落一位，觀此者務宜臨時機變。若是弔戧，務要專上位，更數多寡，順風之時，使補前數。其正路若七州洋中，上不離艮下不離坤，或過南巫里洋及忽魯謀斯，牽星高低爲準。各宜深曉。行路難者有徑可尋，有人可問。若行船難者則海水連接於天，雖有山嶼，莫能識認。其正路全憑周公之法，《羅經針簿》爲準。倘遇風波，或逢礁淺，其可忌之皆在地羅經中取之。其主掌人觀看針路，船行高低，風汛急緩，流水順急，機變增減。或更數針位，或山嶼遠近，水色淺深，的實無差。又以牽星爲準，保得寶舟安穩。

永樂元年奉差前往西洋等國開詔，累次較正針路，牽星圖樣，海嶼水勢山形，圖畫一本山爲微簿。務要取選能諳針深淺更籌，能觀牽星山嶼，探打水色淺深之人在船。深要宜用心，反覆仔細推詳，莫作泛常，必不悞也。

取水法

取水下針，務要陽水，不取陰水。何爲陰陽水？蓋陽水者，風上危也；陰水者，風下厄也。

下針法

安羅經，下指南，須從乾宫下。蓋乾宫者乃二十四向之首，夫乾者天之性情，故下針必以是爲先。庶針定向，不至浮沉。

定三方針法

寅午戌。亥卯未。申子辰。巳酉丑。甲乾丁。庚巽癸。乙坤壬。丙艮辛。

定四方針法

子午卯酉。寅申巳亥。辰戌丑未。乙辛丁癸。坤艮乾癸。甲庚丙壬。

定風用針法

東風巳酉丑。西風亥卯未。南風申子辰。北風寅午戌。東北乙坤壬。西北癸巽庚。東南甲乾丁。西南丙艮辛。

又　福建往交趾針路

五虎門開船，用乙辰針，取官塘山。船行，有三礁在東邊，用丙午針，取東沙山西邊過，打水六七托，用單乙針，三更船，取浯嶼。用丁午針一更，坤未針取烏坵山。坤申七更船，平太武山。用坤申及單申七更船，平南澳山。用坤申針十五更，平大星尖。用坤未針七更平東姜山，坤未針五更平烏猪山。用單坤針十三更平七州山。單申針七更平海南黎母山，即是青南頭。用庚申針十五更，取海寶山，正路。用單亥及乾亥針，五更取雞唱門，即是安南國雲屯州海門也。

回針

雞唱門外開船，用辰巽針五更船，取寶山。過洋，十五更船，取黎母山。用單艮針，二十更船，取平獨猪山。單艮針五更、艮寅十五更船，平大星尖。單寅針十五更船，平南澳彭山，外過。艮寅針三更船，平大小柑山過外。單寅四更船，平太武山。單艮針七更船，平烏坵山，内過。艮寅針四更船，平牛嶼。艮丑針□更船，取東沙，外過，官塘山五虎門也。

又　往柬埔寨針路

浯嶼開船，用丁未及單未，七更船，平南澳彭山，外過。用坤申十更船，用單坤五十更船，用單未七更船，取外羅山，外過。用丙午針十更船，取羊嶼。用丁未及單丁針十更船，見伽倆貌。用坤未針五更船，取羅灣頭。用坤申五更船，取赤坎山。用單申四更船，取鶴頂山。用庚申二更，取真嶼。用庚申二更船，取嘴貼頭山，抛船妙也。有瓜石蘭，生開，不出水，去入港，船到使出山頭。用坤未針及坤申針，單申及庚申、辛酉針入港爲妙也。

回針

用甲卯針四更船，用單甲三更船，用甲寅針四更船，取鶴頂山、赤坎山。用艮寅五更取羅灣頭。用單艮針五更船，取伽倆貌山。單丑三更，取靈山大佛。子癸針及單子針五更船，取羊嶼。用壬子針七更船，取外羅山，外過。用單丑十更船，用丑艮針二十五更，用單艮針十更船，取弓鞋山。用艮寅針七更船，取大星尖。用艮寅十五更船，取南澳山，外過。用丑癸針十更船，取浯嶼爲妙。用心看風汛使船，若風東風西，臨時機變。

又　福建往暹羅針

五虎門開船，用乙辰針，取官塘山。船行三礁外過，東北邊使用巽巳針，取東沙山。西邊打水六七托，用單巳針，三更船，平牛嶼。用丁午針一更，坤未二更，坤申一更，平烏坵山。用坤申針七更船，平太武山遠過。用單申針四更船，取大小甘山，外過。用坤申針三更船，取南澳山外過。用坤申十五更船，取大星尖。用坤針七更船，取東姜山。坤七更船，取獨猪山。單坤及坤未二十更船，取外羅山，外過。用丙午針七更船，取校杯嶼及羊嶼，外過。用丁午針五更船，取靈山大佛，往回放彩船。用坤未針三更船，取伽倩貌。用坤未五更船，取羅灣頭。用坤未五更船，取赤坎山及鶴頂山。洋中有玳瑁州，大山邊有老古石，名曰林郎淺。用坤未及單未針，十五更，取崑崙，高大，在帆鋪邊來：內過，打水十七八托，爛泥地，；外過，硬沙地。用單庚及庚酉針，三更船，取小崑崙山。西邊有礁出水，內過。用庚酉及單酉針，八更，取真嶼山：內過，打水十四五托，泥地；外過，打水十四托，沙地。遠過只有七八托，便是假嶼。山北面水淺，不可行船，恐風不順，難以出船，至此十分低了又不是正路，只從真嶼東北邊出水，礁南邊過船爲正路。用辛戌針五更，取大横山，外過，南邊打水二十五托爲正路。近北邊水淺，只有五托水。船身在南邊，見小横山或三個，各山皆是樹木。用辛戌針十更船，單戌針十更船，用乾戌十更船，取筆架山，在帆鋪邊。用壬亥針五更船，取陳公嶼及黎頭山。用壬子針取烏泥淺，打水四五托。用單乾針三更船，取竹嶼。用單子針五更船到淺，打水四五托。用壬子及乾亥針，沿山坤身尾便是暹羅港口也。用子癸針，船尾坐竹嶼入港正路。

回針

港口開船，用巽巳針，取烏泥淺尾。用單巳針，取陳公嶼。用丙午針，五更船，取筆架山。開洋，用單巳及巽巳針，三十五更，取大横山。若見是小横山，門中有礁，南邊過船。遠看小横或三個山俱是樹木。用乙辰針，十更船，取真嶼。東風見假嶼，或二個山，東南邊一個小山，東北尾低西邊高，此小樹木便假嶼山。看見占臘泥尾，都是坤身，西北邊過船。用單未針三更船，取真嶼山。遠看看真嶼或三個山，有門開東北邊，有礁出水。外過用甲寅針，內過用甲卯針，二十更船，取崑崙頭。有礁，山頭赤色，用癸丑十五更船，取赤坎山。船身高恐犯玳瑁州，仔細行船，用丑癸針五更船，取伽倩貌。用子癸針三更船，取靈山大佛，放彩船。用子針五更船，取新州港口。用壬子針七更船，取外羅山。用丑癸針二十更船，平獨猪山。用單丑癸丑針五更船，取銅鼓山。用丑艮針二十更船，取弓鞋及東姜山並南亭門。用艮寅二十更船，取南墺坪山外過。用艮寅針三更船，取大小甘山外過。用艮寅針四更船，取太武山。用單艮針七更船，取烏坵山。用艮寅針三更船，取牛嶼。用艮寅五更，取東湧山外過，取東沙山，入閩安鎮，內是福州。

又　浯嶼往大泥吉蘭丹

浯嶼開船碇內過。用丁未及單丁針七更船，平南澳坪山外過。用坤申針十五更船，平大星尖。用坤申針七更船，取南亭門。用單坤五更，取烏猪山。用單坤及坤未針十三更船，平七州洋。用坤未七更，平獨猪山。用坤未針二十更船，取外羅山外過。用丙午針七更，取校杯嶼及羊嶼。用丙午針五更船，取靈山大佛。用單午針三更船，取伽倩貌山。用丁午針五更，取羅灣頭。用單坤及坤未針五更船，取赤坎。用坤未針十五更船，取崑崙山外過。用坤申及庚酉針三十更船，取吉蘭丹港口，是泥地抛船。用單申針七更船六坤，坤身尾有淺，過西邊入港，是大泥。

大泥回針

大泥離淺用甲寅針，開山用甲卯針及單卯針，十更船，用甲寅針二十更船，取崑崙山外過。用丑癸針，或內用單丑針及丑艮針十五更船，取赤坎山。用丑艮針五更船，取羅灣頭山。用丑癸針五更船，取伽倩貌山。用子癸三更船，取靈山大佛山。用壬子及壬針五更船，取校杯及羊嶼。用子壬針七更船，取外羅山外過。用單丑六更船、二十更船，取獨猪山。用單艮針五更船，取銅鼓山。用丑艮及丑癸針二十更船，取東姜山及南亭門。用艮寅針七更船，到大星尖。用艮寅針十五更船，到南澳。七更船，見浯嶼外羅開船。或直使用單丑針十更，用丑艮針三十二更，取南亭門。或照古使用丑癸針二十更船，平獨猪山。用丑艮二十更船，平弓鞋嶼。用艮寅針二十二更船，平南澳外坪山。用艮寅七更船，平太武爲妙。

又　太武往彭坊針路

丁針四更船，平州山。開用未針三更，取南澳。用坤申針十五更，取大星。用坤未七更，取東姜山。用單坤五更船，取烏猪山。用單坤十五更，取七州洋。用單坤針七更，取獨猪山。用坤未針二十更，取外羅山外過。用丙午針七更船，取校杯嶼及羊嶼。用丙午針七更船，取靈山大佛。用單午針三更，取伽倆貌。用丁午針五更船，取羅灣頭。用坤未針五更船，取赤坎。身開，恐犯玳瑁州；籠，恐犯玳瑁礁及玳瑁鴨。在山兜用單未十五更船，取崑崙山。用坤未四十更船，取彭坊港口爲妙。

回針

彭坊港口回澳，用艮寅六更船，取綿花嶼。用單艮針七更，又用艮並丑艮針六更船，用單丑及丑癸二十更船，取崑崙山外過。用丑癸十五更，取赤坎。用丑艮五更船，取羅灣頭。用丑癸五更船，取伽倆貌。用子癸三更船，取靈山大佛。用壬子單壬針五更船，取校杯嶼及羊嶼。用壬子針七更船，取外羅山外過。用丑癸及單丑二十更船，取獨猪山。用單艮五更船取，銅鼓山。用艮寅針十三更，取東姜。用艮寅針七更船，取大星尖。用單寅針十五更船，取南澳。用艮寅二更，取甘山。用艮寅三更，取太武妙。

又 廣東往磨六甲針路

南亭門放洋，用坤未針五更船，取烏猪山。用單坤十三更，取七州洋。坤未針七更船，平獨猪山。單未針二十更，取外羅山外過。丙午針七更船，平校杯及羊嶼，內外可過船。沿山使前是占城新州港口。嶼外過船，用丙午針五更，是靈山大佛，放彩船。丙午針三更，取伽倆貌。用丁午針五更船，取羅灣頭。用坤未針五更船，取赤坎山。船身開，恐犯玳瑁州；籠，恐犯玳瑁礁。用坤未十五更船，取崑崙山外過。用丁未二十更船，用單未二十五更船，取苧盤山及東西竹將軍帽。遠看見將軍帽內及火燒山。丁未針十五更船，取白礁北及南鞍並羅漢嶼。白礁在帆鋪邊過船。用單酉針五更船，取龍牙門。夜不可行船，防南邊有牛屎礁。過門平長腰嶼，防南邊沙淺及涼傘礁。用辛戌針三更船，取吉里悶山。乾亥針五更船，平崑宋嶼。單亥針五更船，取前嶼。乾針五更，取五嶼。沿山使取磨六甲妙。

又 滿喇咖回廣東針路

浯嶼門放洋，用辰巽五更船，平射箭山，打水十九托。用辰巽五更船，取崑宋嶼，打水十二托。對門南有泥淺，北邊坤身尾有老古石淺。單巽針三更取吉里悶山，沿山使北邊坤身尾謹防。單辰並乙辰，二更取長腰嶼。不可行南，恐犯涼傘礁及沙塘淺。出龍牙門，夜間不可行船。單卯針取官嶼，防北邊牛屎礁。甲卯針五更船，取白礁北邊過行船，打水十五托正路。防北邊羅漢嶼，有礁，打水六七托正路。要防礁淺，方出門離白礁遠。用丑癸十更船，平苧盤山外，東西竹在東邊，內過。用子癸針及單癸四十五更船，取崑崙山，照前取浯嶼爲妙。

又 苧盤往舊港並順塔針路

苧盤山南邊生角尖有山嶼。西頭低，用丙午針，過東西竹山。用丙午針十更，取長嶼。用丁午針十更，取龍牙門山，在馬户邊來過山。用單午針三更，取饅頭嶼。用單丁三更船，取七嶼。在帆鋪邊第二山有沉礁。用坤申針，取舊港，正路。用辰巽針十更船，取進峽門。用丙巳針，南邊打水四五托，北邊打水八九托。用單申針三更船，打水十托，沙泥港地，連坤身使。單丁針及丁午針五更船，丁未針五更船，都取麻横港口。單午針，收林麻塔，有淺不可近，嶼身外打水有九托。離了嶼，用乙辰三更船，見奴沙喇，在帆鋪邊來，打水十四托。離了用丁午針三更船，遠望見類旦大。單午針五更船，取石旦港口。有五嶼在馬户邊，二嶼在帆鋪邊。近正門打水四五托，抛碇平安。前來南邊六更船，使是順塔，進入爲妙。

又 順塔往舊港及苧盤針路

港口放洋，前去西北六更船，取石旦。甲寅針，取交刺。單丑針十更船，打水二十五托是正路。用單子十更，一路打水十二托，用壬子針十更船，打水七八托，是三麥嶼。左邊淺有淺，右邊深可過船，打水四五托。沿坤身使十更船，打水五六托，見帆鋪邊有港口，有一州在馬户邊來，便是舊港。

又 福建往爪蛙針路

浯嶼開船，照前使取外羅山外過，用丙午針七更船，取羊嶼。用丙午針五更船，平大佛山。用丙午針十三更船，取東西董山。用丙午十五更，用單午三十更，取東蛇龍山。遠過打水四十托，低不見蛇龍山，只是蜈蜞嶼生得平平，近看坤身相連蜈蜞嶼。若見門向東南都是坤身，相連若見。用單巳針四更船，使過東蛇龍山，北邊有三個小嶼內有大山，一個是大龜山，東南大山是銅鼓山。入門打水十五托，近看是坤身，門中二邊都是小嶼平平，號名沙湖嶼，使往東邊過。用單丁七更船，平大山尾。有一大嶼，有一箇小嶼，生門在外，過西邊正路。用丁午四更船，平雞籠嶼，四邊低長，北邊拖尾，門中有小嶼一個，西邊正路。丁午針十更，平交蘭山，見東邊高大，北邊有一個小嶼，西邊過船是正路。出門莫得東邊有淺。用單午針三十更，取吉里悶。用單午針五更，取胡椒山。沿山使用丙午及巽巳針十更船，取杜板山，即是爪蛙也。

回針

爪蛙放洋，用壬亥針十更船，取吉里悶山。遠看似大船牽杉板，近看東頭高，成九個大山，西邊有坤身尾老古離山（遠是）。西南風用壬子針，若東南風用單子針，十五更船，打水十七八托，硬地，是正路。壬子針十更，見交蘭山，東邊

山高大，北邊有二個嶼似雞籠樣，西南邊有一嶼，打水十五托。用單壬針使三
更，見十二子山。遠看三個大山，近看六七個，遠看四五個大嶼，東頭低西頭低，
有小嶼有老古。南有門好行船，北邊有一礁相似船帆樣，號石屎杇白泥山爲准。
離山，單壬針十五更，見蜈蜞嶼。遠看蜈蜞樣，近看似橄欖樣。西北路打水十五
六托。用單壬針五更船，取塔林嶼，遠看尖，西北正路。用壬子針五更船，取馬
鞍嶼，遠看是南鞍，近打水四十六托。近去，防南邊有礁出水，名做帽頭礁。離
山放洋，用壬子針及壬亥針四十五更，取赤坎山。用單丑針五更，取羅灣頭。照
前取浯嶼妙。

又　赤坎往柬埔寨針

赤坎開船，用坤申四更，取鶴頂山，沿山使船，打水七八托。用庚酉針二更，
取員嶼。用單庚二更，沿山打水七八托，硬沙地，平小山嘴。貼山有一派石欄不
出水，行船仔細。用坤申一更船，遠看有一條水色黄，打水四五托，沙地。過此
貼補山嘴，用庚寅針一更，平員嶼。山嘴名曰佛山，此前面並崑崒上無山嶼，看
見前面有一小平州在灣內，船在山嘴，可收帆打水四托，正路。取崑崒打水四五
托，泥地。沿山使至平半洲，放船尾來船頭向港，近馬户邊沙壩莫妄過船，船放
帆鋪邊進沙壩內無礙。進去二十三灣，有大人家在馬户邊爲妙也。

又　柬埔寨毛蟹洲出淺

毛蟹洲對南出淺，上水漲四托，一路打水三托半，看見毛蟹洲對港口北邊崑
崒腰，正路。出淺用甲卯針四更，用單寅四更，取鶴頂山及赤坎山。其餘照
前針。

又　赤坎往彭亨針

赤坎開船，用坤未十更，取崑崙，在西邊過。若在東邊過，用坤未並單未三
十更，取斗嶼。用丁午針五更，入港妙。

回針

港口開船，用艮寅六更，取斗嶼及綿花嶼。用艮寅七更、用丑艮六更、單丑
二十更，取崑崙山外過。丑艮並丑癸十五更，取赤坎。

又　柬埔寨往大泥

港口開船離淺，打水七八托，用丁午針三更、單申五更、單坤四更，見真糍。
單坤十更，單申五更，庚申十更，見寨里大山。用辛戌四更沿崑崒使，沿山使打
水十六七托。前去崑崒尾是六坤下池，有淺。過西邊，巡山入大泥港也。

回針

大泥開船，用單申八更，取石碑礁。西南用甲寅二十二更，取真糍山。用艮
寅八更、用甲寅七更船，船尾坐崑崙仔，取柬埔寨南港。

又　暹羅往大泥彭亨磨六甲

暹羅出淺，用丙午針十更，取筆架山，打水十五托，外過，有小嶼。用單丙五
更，取龜山，打水十二托外過，打水十八托，外有小嶼。用丙午三更，取碗碟嶼，
打水三四托。用單午針五更，取穿心山，打水廿四托。用丙午針五更，取佛嶼，
打水廿五托，泥地。用丙午針三更，取欄山，打水廿七托。用丙午五更，取塘山，
打水廿四托，對門蘇梅山在帆鋪邊，打水二十托。丙午五更，取小蘇梅山，在帆
鋪邊，打水二十托。用丙午針五更，取大蘇梅山，內外三門俱可過船。崑崒邊有
一個山，名曰葫蘆山，馬户邊小嶼多。用單午針五更，取錫山，平港口，打水十二
托。丙巳三更，取公婆山，都是崑崒，打水十六托。單午五更，取崑崒大山，打水
十四托。丙午針五更，取六坤港口，打水九托。崑崒外有一嶼名玳瑁州，打水十
五托。丙午三更，取六坤，仔細行船，打水六七托。用丙午針，取角奴貓山孫姑
那港口，即堀頭隴，打水十二托。內過，打水五六托。丙巳三更，取角奴山，打水
十二托。丙巳七更，取六坤下池，沿崑崒使西邊，巡山入大泥港。中路有淺不可
進，記之。大泥港口沿山使七更船，取吉蘭丹港口。丙午四更，取三角嶼，內門
有大山當頭來，名角員山，內外可過。單午三更，取綿花嶼。單午五更，取斗嶼。
單午五更，取彭亨港口。單午五更，取苧盤山，小船可從內過，大船在外過。前
去見東西竹及將軍帽、火燒山、猪母山俱在外。丙午七更，取羅漢嶼，有淺，仔
細。淺上打水八九托，往來須尋白礁爲準，打水十五托。礁在帆鋪邊，馬户邊，
亦不可近嶼，防淺，打水八九托，正路。用庚酉五更，入龍牙門，流水急，夜不可
行。出門了又過淡馬錫門，用庚酉並辛戌針三更，取吉里悶山。乾亥三更取崑
宋嶼，打水廿五托。單乾五更取射箭山。乾戌五更取五嶼，打水廿五托。前去
崑崒，一更即磨六甲港口也。

又　磨六甲回暹羅

五嶼放洋，巽巳針五更船，取射箭山。單巽五更，取崑宋嶼，南邊有淺。用辰
巽五更，取吉里悶山。沿崑崒使北邊，用乙辰三更，取淡馬錫門及長腰嶼，防南邊
涼傘礁並沙塘淺。出龍牙門南邊有牛屎礁，夜間不可行船。用乙辰五更，取羅漢
嶼。嶼邊有白礁，門中可過，防北崑崒尾淺，打水八九托，正路。子癸並單癸三更，

取火燒山、將軍帽，見東西竹，前去苧盤山。用單子五更，取彭亨港口。單子五更，取綿花嶼，西南邊有沉礁。單子三更，取三角嶼並吉蘭丹港口。單子七更，取六坤下池是大泥港口。壬子五更，取孫姑那港口，是即堀頭壠。壬子十更，取玳瑁州內過。單子十五更，取大小蘇梅山門中過。壬子十更，取佛嶼。壬子十更，取龜山。壬子五更，取筆架山。單子五更，取陳公嶼。子癸五更，取竹嶼崑崒，船尾坐竹嶼，進去是港。

又　羅灣頭往六甲針

羅灣頭用坤未針取赤坎，看不見州鴨。用坤未八更、坤申七更，取崑崙北邊過。庚酉八更，取真糍。單酉十更、辛酉二十三更，取玳瑁州仔內，船尾坐玳瑁州。船頭對鶴頂山，又要對船頭，對庚酉針坐正，方可進港。防南邊中央淺，生開遠，記之。

回針

淺口開，用甲卯五更，取玳瑁州仔內過。用乙卯二十更、單乙及乙辰二十更，取真糍。用甲寅十更，取崑崙。丑癸五更、單癸一更，取鶴頂及赤坎山。用單寅五更，取羅灣頭。

又　苧盤往丁機宜針

苧盤開船，五更過東西竹、將軍帽，有帽帶礁，仔細。丙午四更，見緬丹山及過長腰嶼。用坤未及單坤入長腰第二嶼齊，用單坤入門妙。出猪母頭，用庚酉、庚申二更，見崑崒，使沿崑崒去，見港須認是也。

回針

出獨石門，用單卯五更見後面山。用甲寅並單艮，又用丑癸及子癸，五更取長腰嶼。用壬子及單壬十更，取失力馬鞍嶼山。用壬子、壬亥二更，取東西竹，前去苧盤是也。

又　赤坎往舊港順塔

赤坎開洋，用坤未十五更，取崑崙山外過。丁未四十五更，取苧盤。丙巳針過東西竹。丙午十更，取長腰嶼，用丁未三更，取龍雅大山。單午三更，取饅頭嶼。單丁三更，取七嶼，在帆鋪邊。丁未七更，取彭家山，牛腿琴在帆鋪邊東南邊第二山頭，對開有沉礁。用坤申針船尾坐牛腿琴山，收入舊港。崑崒有三港，中港正路，內有小嶼是也。若不入舊港，用辰巽十更，出峽門，用丙巳，南邊打水四五托，北邊打水七八托，正路可過。三麥嶼在馬户邊，左邊打水八九托，右打水四五托，硬地。用坤申三更，打水四五托，沙泥地，沿崑崒行船。單丁、單午取都横港口。單丁、單行林麻塔港口，有淺，船不可離坤身，看不真，亦不可太近坤身淺。若看不真是正路，打水六七托，高下地。用單丙及丙午十更，見高大覽邦港口。外有二個小嶼，名曰奴沙牙。若近嶼外，打水八九托，離嶼用乙辰、丁午三更，見奴沙剌在帆鋪邊近，打水十四托。離了用丁午三更，遠看見類旦港口大山。單午五更，取石旦港口，有四五個嶼在馬户邊，二個在帆鋪邊，船在門打水四五托住船妙。前去東南七更是順塔港。

回針

順塔港口，前去西北邊使六更，取石旦港口。用甲寅針，取奴沙剌山。單丑十更，取打水廿四托，正路。單子十更，一路打水十二托。壬子十更，打水七八托，取三麥嶼，左右有門可過。左邊有淺，右邊深，打水四五托，船尾坐三麥嶼。用乾亥收對內峽港口。沿西邊崑崒打水四五托。行至峽中，見牛腿琴山，崑崒在帆鋪邊，中有一州，即舊港港口。不入舊港，用壬子針，第二山頭防有碎礁生開。離牛腿琴山頭，用單癸七更，取七嶼。單癸三更，取饅頭嶼。單癸三更，取龍雅大山門。壬子五更，取長腰嶼。單子十更，取東西竹及苧盤山。用丑癸針四十五更，取崑崙山外過。用丑癸十五更，取赤坎。洋中有沙，可防礁鴨。

又　順塔外峽

浮呂開船，壬子六更，又用單辰，取奴沙剌山，中有一條大沙線。西南風用單丑十更，用丑艮十更。恐東南風，用艮寅針，取忙甲山皮，大山頭脱落山尾第一門。用單子三更，出門了。前面有一大山似筆架樣，西邊有二個白嶼仔，西北邊有二個白礁，西邊個水漲不見不可近。用單壬二十更，用壬亥二十更，見東西竹及苧盤。

又　萬丹往池汶精妙針路

萬丹出嶼外，用乙卯、單卯、甲卯，沿茭綠巴、茭荖園頭、遮里問、吧哪大山及胡椒山，對開是吉里問山，西邊有嶼四五個。乙卯八更，取雙印嶼，遠看見是印樣，此嶼在隴。甲卯十更，取勿流哪山，山頭內是饒潼、吉力石暨雙銀塔門在內，亦可過。巡山使，盡生得平平長長，山尾有門三個，頭門尾有老古淺，二門正路，三門有礁可防。用丙午三更，取本仔女千山，遠看似香爐樣。用乙辰三更，取麻離大山。用乙卯三更，取郎木山。乙卯八更，灣內是三巴哇大山，不可入灣。灣尾盡，見有崑崒平嶼二個，嶼頭有老古淺，石坪看頭仔細。用乙卯針三更，見一員嶼，取高螺大山東頭，山尾有三個饅頭嶼，一大二小似饅頭樣。內有灣，遠看成門，與麻離大山相對連。用辰巽五更，取火山門過。門右邊山尾，近看似山寨嘴頭，有老古淺，東邊是火山二尖，東邊山尖高，西邊山尖出火，船近火山進門妙。過門右邊有灣好泊船，待流水過急水門祭獻。單巽更半取急水門，右邊是色力礁牌港。門中有嶼，一列四五個，不可近。東北邊有老古坪，對中央流勢是。丙午更半，取單戌武岩。山頭邊看是鵝角樣嘴頭，開有嶼，流水甚急。出門外用乙辰三更，取髻仔山，山尖似髻樣。對開南邊有見巡巴山港口，亦出香。前去見雲螺二大小山，用乙卯針八更，見蘇律門，乃是佛郎所住之處，在左邊。右邊是池汶山。用甲卯五更，收山，不可高低。大山尖下是居邦，欲收北面港口是息里尖。對開有一嶼，使進是老虎。使過是美膋港，此是王居之地，出香甚多。過是啞森，前有一石頭白，過是吧哪吉知，過是六圭，又過是匏笨出蚋之處。欲收南山之門，從居邦面前對南山門出，見一白石頭，是吧哪匏滴。過是脩脩，過是啞嗎魯班，此處出香多。過是柯東央，過是匏洛，過是西寧，俱是一灣頭，內即是港門。但欲收南山，流水甚急，俱是挨洋東南，起早難抛船。此一針路詳考無差。美膋港門亦有淡水，港頭隴是灣，兩邊是老古，佛郎亦居此港。對面是魚油山、麻力汝沙山暨一連是食人山，天山明亮見之。

又　順塔往遮里問淡目

港口開船，用乙卯三更，取茭禄巴山。用乙辰三更，又辰巽，沿山使，巡崑崒，使四更，用乙辰三更，平崑崒尾。用乙辰及丁午沿使四更，取遮里問。前面有出煙大山名特結。用辰巽三更、乙辰三更，取五角嶼。用卯三更，見崑崒淡目港口，打水十托，正路，防淺。

回針

淡目開船，用辛酉三更，取五角嶼。辛戌三更、乾戌沿崑崒使六更，見出煙大山，遮里問大山對開。一更有三角嶼一個可防。若船在遮里問港內，開船用子癸。離嶼，用辛戌四更，平崑崒尾。用辛戌三更、乾戌四更、又辛戌四更，取茭禄巴大山。單酉及辛酉，近隴嶼淺。三更取順塔，崑崒開嶼南邊，有淺沙壇，防之，使一更收入妙。

又　萬丹往馬神

港口開船，用乙卯、乙辰針沿崑崒使，十七更，取遮里問，見出煙大山。用乙卯單卯十更，取吧哪大山，開是吉里問山。放洋，用艮寅三十更，取三密港口。沿崑崒用乙卯二更，至龜嶼。開勢有石大小六七塊，名貓着萬里淺，生帶嶼，遠看似船帆樣，亦色，坐北邊，若見石，夜間使船防，東南崑崒甚長。用單巳三更，取單戌占萬丹。有淺，打水三托，不可行，五托正路，看崑崒不見。用單巳及巽巳，四更，用辰巽收隴取美啞柔港口。前面有大山，中是馬神港口。船入港不可貪西，東邊打水四五托，正路。

回針

港口開船，用單坤三十更，取吉里問，沿山使至萬丹入港。

又　舊港往杜蠻

開洋，用乙卯沿山使十更，取山尾，見三麥嶼門。用巽巳三更，取三麥東門過，打水八九托，正路。西門打水四五托，硬沙地，邊有老古淺，可防。用乙辰十更、辰巽二十更，見香爐嶼並大高山在西邊。用乙辰五更，見吉里問山在船頭。用單辰三更，取胡椒山及那參、杜蠻、饒潼是也。

回針

饒潼開船用壬子，離山遠了用單亥，五更，取吉里問山，東邊過。用單亥五更、乾戌三十更，取三麥嶼東邊過，打水七八托，正路。切不可近嶼。進西門打水四五托，用壬子進門內。使三更取彭家山港口。在馬户邊及有一嶼，名郎家嶼，不可近，有老古淺。生開，對帆鋪邊崑崒尾嘴生去有淺，不可近。用乾戌十更，收舊港，正路，中有一州，左右看有人家是也。

又　大泥往池汶針路

港口開船，丙午取三角嶼內過。單午五更，取綿花嶼。丙巳五更，取斗嶼。單午五更，取地盤山。乙辰十更，取七嶼。單辰廿五更，取吉寧馬踏，在帆鋪邊大山便是。單午三十更，取吉里問山，在頭前正手邊，對依吧哪大山。用乙辰五更，取吉力石港，打水八九托。乙辰八更，取雙艮港。丁丑三更，取貓里大山。單乙三更，取郎木大山。山下便是三巴哇大山，有二個平嶼，嶼頭有老古淺、老古坪，當看頭。單卯五更，取高麗大山。單卯五更，取火山門。丙午五更，取雙排，即急水門。出門齊五更船遠，南邊見巡巴尋山。乙辰十五更，便是池汶，或是崑崒平。若要南，四五更看見池汶大山。若要北，單卯及甲卯池汶大山右邊見。若左邊見，便是蘇律大山，不可進左，收山不可高低，盡是池汶界也。

又　浯嶼往杜蠻饒潼

太武、浯嶼照前原針順行，取靈山大佛。用丙午十三更，取東西董。用丙午十五更，單午三十更，見龍蛇山，東西邊有大小山是銅鼓山，入門打水十五托，近看都是崑崒，門中有一小嶼，名沙湖皮，東邊過船正路。用丁午四更，取雞籠嶼。單午十四更，取色蘭山，東邊高大，北邊看一小嶼是雞籠樣。西邊低長，北邊拖尾，門中有小嶼，東邊西淺，西邊過船正路。用丙午三十更，取吉里問山。單午及丙午五更，取胡椒山。丁巳及丙巳十更，取猪蠻。饒潼地與猪蠻相連。吧哪即吉里問山對籠。

回針

饒潼開船，壬子十五更，取吉里問山。遠看似大船牽杉板樣，近看東頭高大成一行大山。西邊崑崒尾有老古。離山，若是南風用壬子針，若是東南用單子，十更，打水十七八托，硬地。用壬子十更，取色蘭山。用子癸及單癸十更，取假里馬。單子十五更，取蜈蜞嶼。單壬五更，取塔林嶼。壬子五更，取馬鞍嶼。壬子及單亥四十更，取赤坎。照前針收入浯嶼。

又 猪蠻饒潼回針再詳

至色蘭山，離了用單壬及壬子十五更，取假里馬。遠看似帽樣，西南有一小嶼，打水十五托。用單壬五更，見十二子山，遠看二三個，近看六七個，看相似。有大山東高西低。又一嶼有老古石，南邊過，北邊有礁似帆樣，鳥屎污白頂山爲準。離了用單壬放洋，用壬子及壬亥四十五更，取赤坎。

又 浯嶼取諸葛擔籃

太武開船，用前針順取苧盤及東西竹。用乙辰四更，用乙辰、單乙四更，又單乙及乙卯四更，見是獨嶼，名巳養顏。遠看北邊高南邊低小，略似弓鞋樣。南風，船在嶼北過，見外面獨嶼四個平長。內面是淡勿蘭州府，前去見外嶼一列四五個，又見頭嶼仔大小二個在馬户邊，俱在嶼內過，俱是北風。又見前頭嶼生開，用單午使開，恐西南風，內面灣裹嶼多，是三嗟氏州府。恐無風船身挨開，看崑崒內獨嶼南頭高員拖尾，又見前頭大小嶼生在馬户邊來，是吉寧馬哪。丙午收第二門過，又在竹嶼邊過，用單甲收諸葛擔籃是也。

回針

出港，用辛酉針，取竹嶼吉寧馬哪山門。離了用乾戌五更，若遇西風大在繚，使二更，用乾戌三更前去見然丹山。用辛戌三更，又用辛戌，取將軍帽。用壬子取苧盤。照原針取浯嶼。

又 浯嶼往茭維

太武、浯嶼開船，照原針取苧盤。放洋，單乙五更，見偏舵嶼。乙辰十更，取仙丹山在正手邊。單長七更，取旗嶼，東邊有尖山四個甚尖。單午五更，見崑崒，便是茭維港口。開勢有二個大山，名隴膠山，打水八九托。隴膠山門打水二十三托，流水甚緊。乙辰三更，茭維港口有淺，甚遠，水二三托，入港用丙巳甚妙。

又 福建往琉球

太武放洋，用甲寅針七更船，取烏坵。用甲寅並甲卯針，正南東墻開洋。用乙辰，取小琉球頭。又用乙辰，取木山。北風東湧開洋，用甲卯，取彭家山。用甲卯及單卯，取釣魚嶼。南風東湧放洋，用乙辰針，取小琉球頭，至彭家，花瓶嶼在內。正南風梅花開洋，用乙辰取小琉球。用單乙取釣魚嶼南邊。用卯針取赤坎嶼。用艮針取枯美山。南風用單辰四更，看好風單甲十一更，取古巴山，即馬齒山，是麻山赤嶼。用甲卯針取琉球國爲妙。

不入港欲往日本，對琉球山豪霸港可開洋。琉球放洋，用單丁針四更船，取椅山外過。單癸針二更半是葉壁山。離椅山了，單癸四更，取流横山。又用丑癸五更，取田家地。用丑癸三更半，取萬者通七島山邊。用單寅針五更，取野故山內過船。離野故山，用艮針二更半船，取但爾山。又單艮四更，取西甫山平港口，其水望東流十分緊。單寅十更船，取啞慈子里美山，其山用單艮二更、單寅三更，沿度奴烏佳眉山。用癸針三更船，若是船開單子一更，取是麻山邊。南邊有沉礁，名做長礁，東邊過船。單丑一更船，是正路。用子針四更船，取大山門中，傍西邊門過船。用單丑，是兵庫港爲妙。

又 琉球往日本針路

計山對四個椅山，共五十七更船。豪霸港口開船，單子四更，取椅山外過。用癸針二更半，取葉壁。單癸四更，取流横山。用丑癸五更，取田家地山。用丑癸三更半，取夢加利山。單癸三更，取大羅山。單癸二更半，取萬者通七坵山邊過。單寅五更，取野故山內過。艮針二更半，取但爾山。又艮針四更，取野角利山平港口，流水望東十分急。離野里山單寅十更，取啞慈子里美山妙，佳眉。單癸三更，若是船開，單子一更，取而麻山邊一個沉礁名做長礁，東邊過船。單丑十更船，是正路。子針三更，取大山門中，傍西邊門過船。單丑三更，取兵庫港爲妙。

又 兵庫港回琉球針路

港口開船，單未三更、單午四更，取大門山中，傍西邊過。用午四更，取麻山。單丁三更，取沿渡奴烏佳眉山。單辛針，取啞慈子里美山。其山用辛針十一更，取啞甫利山。單坤六更，取但爾山。坤申四更，取野故山。坤申五更，取萬者通七島山內過，山名曰坵奴名山，共野山對面一更船有小礁。五更船千萬仔細，使船在北邊過。單丁三更，取大羅山。丁未三更，取夢加利山。用丁未五更，取葉壁山外過。單丁三更，取馬蹄山。單午四更，取琉球港口爲妙。

又 琉球回福建

港口用坤申一更半，平古巴山是麻山。用辛酉四更半，用辰戌十二更、單乾四更，單辛五更、辛酉十六更，認是東路山，望下勢便是南犯山。坤未三更半，臺山。三更，是烏麻山。坤針，見官塘。五更，平官塘，取定海千户所前抛爲妙。

黃省曾《西洋朝貢典録》卷上

占城國第一

其國在廣州之南可二千里。南際真臘，西接交趾，東北臨大海。福州、長樂、五虎門，張十二帆大舶，西南善風十晝夜程。由福州而往，鍼位取官塘之山，又五更取東沙之山，過東甲之嶼。又五更平南澳，又四十更平獨豬之山，又十更見通草之嶼，取外羅之山。又七更收羊嶼。海行之法以六十里爲一更，以托避樵淺，以鍼位取海道。

又　爪哇國第三

其國在占城南可一千里。由占城而往，針位取靈山，靈山之水可六十托。又五十更曰蜈蜞之嶼。由嶼尾礁而西五更平冒山，又十更望東蛇龍之山，貫圓嶼雙嶼之中，經羅幃之山，山之水十有八托。又五更取竹嶼，又四更取鷄籠之嶼，又十更至勾攔之山，可以治薪水。又三十更，平吉里門之山。又五更平胡椒之山，又三更平那參之山，由是而至杜板。又五更而至爪哇之新村，其都曰滿者。伯夷國無城郭，其王之宫室巍墻而重門，其制如樓蓋以板，坐以簟席。

三佛齊國第四

其國在占城南可一千里，東屬爪哇，西抵滿剌加，南倚大山，北臨大海，是爲舊港。由爪哇新村而往鍼位，五更至杜板，又五更平那參之山，又四更平胡椒之山，又四更至吉里門之山，又三十五更至三麥之嶼，又五更至夾門大山，又五更至舊港，其淡港潮汐咸。二港之兩涯是多磚塔，自港而入爲彭家門。

滿剌加國第五

其地在占城南可二千里，大海在其東南，老岸連山在其西北。由舊港而往鍼位，十更過官嶼之左，又五更至長腰之嶼，見三佛之嶼、鰲魚之嶼。又五更至甘巴門之水，其溜迅急，右曰仁義之礁，左曰牛尾之礁，前曰鬼嶼。又五更平披宗之嶼，又五更取射箭之山，又五更至五嶼，循山而至其國。或曰入由龍牙山門，門之狀如龍角，是多寇鈔，以國有五嶼也。

又　卷中

蘇門答剌國第十二

其國在蘇門西可六百里，一曰南巫里國。由沙里八丹而入鍼位，十晝夜，見觀延之嶼。又平中央之嶼，又巡年嶺之山以至其國。蘇門西行善風，三晝夜到國。

又　溜山國第十四

其國在小帽西南，可二千里。由彭加剌而往，取北辰四指有半，又取北辰三指有半，又取北辰二指一脚之半，又取北辰二指半脚，又取北辰一指三脚之半，又取北辰一指三脚。又過鸚鵡嘴之山，又五更見鐵砧之嶼，又七更見佛舍座之水。又五更見牙里之大山。由是至溜官之嶼而及其國。其地四面濱海，倚山爲都，其都曰牒幹，其上下皆回回人，婚喪一如其教。風俗淳美，男纏首以白布，以金帕下圍帨。女帨蓋首，上短衣，下亦圍帨。其膚體咸黑，其土氣恒燠，其交易以銀錢。

錫蘭山國第十五

其國在南帽山西，可三千里，由蘇門答剌而往鍼位，十二更見南帽之山。又四更半，歷龍涎之嶼。又十更，過翠藍之嶼。嶼之水三十托，一曰梭篤鑾山，山有七門，四疊而一峻。山人之出也，則乘獨木之舟。夏爲巢居，冬爲穴處。其體裸，不可以布帛，被之則浥爛。紉綴樹葉而爲蔽。山芋、波羅蜜、芭蕉子、魚蝦以爲食。又九十更見鸚鵡嘴之山，又至佛堂之山，又十更平牙里，其下有沉牛之礁，鼓浪焉。外過之水三十托，又十更至別羅里，是謂錫蘭國之港。又北行五十里而至國。

又　卷下

小葛蘭國第十七

其國在別羅里西北可一千二百里，由是而歸南巫里也。鍼位第一之日丁未、丁午，第二之日丙午，第三之日丙□，第四之日丙巳，第五之日巽巳，第六之日辰巽，第七之日乙辰、乙卯，以求南巫里焉。其地東連大山，西、南、北濱海。其王脩浮圖教，其俗重象暨牛。其風俗與錫蘭山大同。其和飯以酥，日二食。其交易以金錢。

唐順之《武編》前集卷六

太倉往福建針路

太倉港口開船，用單乙針，一更船，平吳淞江。用單乙針及乙卯針，一更船，平寶山，到南嘴匯。用乙辰針出港口，打水六七丈，正路，沙泥。三更，見茶山在東北邊。用巽巳針，三更船，見大小七山，一路打水六七托。用坤未針及丁未針，三更船，取灘山。打水七八托，用單丁及丁午針，三更船，灌山。用單午針，入西後門。用巽巳針，三更，取茅山。用乙辰針，廟州門内崎山頭取斗口羅嶼。用丁未針，出雙嶼。用丙午針，三更船，取孝順洋及亂礁洋。打水九托十度，平九山，西邊沉礁打浪出水，行船仔細。用丙午針，二更船，壇頭山對開東邊，有一半洋紅片礁出水内，過船正路。前去西邊，見大佛山，打水八九度。用丁未針，五更，取大陳山及羊嶼西邊真谷山。用丁未針，五更船，取披山及黄裙山。用丁未針，一更船，取東洛山外過。用丁未針，二更船，南麂山外過。船西南是金鄉大灣，對開有半洋礁出水打浪。用坤未針，三更船，黑蘇山。船過，用坤針，四更船，芙蓉山及西洋山，船北邊過，沿坤申使，定海千户所山。二更，平淺，取五虎門。

又　太武回太倉針路

太武山用單艮針，七更船，平烏坵山内過。用艮寅針，四更船，平牛嶼山。用單艮針，五更船，取龜山。用丑艮針，七更船，平嵛山。用丑艮針，二更船，取東路及黄裙山。用丑艮針，四更船，真谷山及羊崎嶼東邊過。用子癸針，五更船，取東西雞山及壇頭山，對開有紅片礁，仔細用過。用子癸針，三更船，取九山及亂礁洋、孝順洋、雙嶼港，過崎頭昇羅嶼，水緊可抛。船在廟州門轉過崎，出西後門，用壬子針，二更，平灘山。用丑癸針，平三姑山。用丑艮針，三更船，平大小七山，一路打水六七度。船千萬看流水急慢，務要見茶山，取港口，收寶山，進入太倉港内抛船爲妙。

又　日本往太倉針路

日本爪哇港口開洋，單艮針，二十二更船，取南麂山。在温州府瑞安縣南二百里。丑艮針，二更，取東洛及黄裙山。丑艮針，四更船，取披山。丑癸針，四更船，取真谷山及牛崎山東邊過。子癸針，五更船，取東西雞山及壇頭山，開有片礁内外過。壬子針，二更船，取九山及孝順洋并亂礁洋。壬子針，三更船，取雙嶼港。癸丑針，取崎頭過廟州門，出西後門。單子針，四更船，取灘山。癸丑及丑艮針，三更船，取大小七山。乾亥針，四更船，取茶山東北來。辛亥針，取港洪及南湖嘴并寶山，收太倉劉家河。

又　太倉往日本針路

太倉港口開船，用單乙針，一更船，平吴淞江。用單乙針及乙卯針，一更，平寶山，到南嘴匯。用乙辰針，出港口，打水六七丈，正路，沙泥地，三更，見茶山在東北邊。用巽巳針，三更船，見大小七山，一路打水六七托。用坤未針，及丁未針，三更船，取灘山。打水七八托，用單丁針及丁午針，三更船，藿山。用單午針，入西後門。用巽巳針，三更船，取茅山。用乙辰針，取廟州門内，過崎頭，取昇羅興。用丁未針，出雙嶼港。用丙午針，三更船，取孝順洋及亂礁洋。打水八九托十度，到九山。用單卯針，二十七更，過洋至日本爪哇山港，打水七八托，泥地，東北邊有坤申，西南邊有低嶼三箇，小嶼平平。抛船底有三角港、中央港，是爪生港，口有沙壇線，過西入港，打水二三度。

鄭若曾《江南經畧》卷三下　太倉使往日本針路

太倉港口開船，用單乙針，一更船，平每一晝夜分爲十更，以焚香枝數爲度。吴淞江。用單乙針及乙卯針，一更，平寶山，到南匯嘴。用乙辰針出港口，打水六七丈，沙泥地，是正路。三更，見茶山。茶山下水深十八托，自此用坤申及丁未針，行三更船，直至大小七山灘。山在東北邊，灘山下水深七八托，用單丁針及丁未針，三更船，至霍山。霍山用單午針，至西後門。西後門用巽巳針，三更船，至茅山。茅山用辰巳針，取廟州門，船從門下行過，取升羅嶼。廟州門水深急流，升羅嶼用丁未針，經崎頭山，出雙嶼港，升羅崎頭，俱可泊船。崎頭水深九托，雙嶼港用丙午針，三更船，至孝順洋及亂礁洋。雙嶼港口水流急，孝順洋水深十三托，泥地，亂礁，洋水深八九托。取九山以行。九山西邊有礁，須知防慎。九山用單卯針，二十七更，過洋，至日本港口，打水七八托，泥地南邊泊船。

又鄭若曾《鄭開陽雜著》卷四《日本圖纂·使倭針經圖説》

太倉使往日本針路

見《渡海方程》及《海道針經》。

太倉港口開船，用單乙針，一更船平。

更者，每一晝夜分爲十更，以焚香枝數爲渡。以木片投海中，人從船面行，驗風迅緩，定更多寡，可知船至某山洋界。

吴淞江，用單乙針及乙卯針，一更平。

寶山到南匯嘴，用乙辰針，出港口打水六七丈，沙泥地，是正路，三更，見茶山。

茶山水深十八托，一云行一百六十里，正與此合。

自此用坤申針及丁未針，行三更船，直至大小七山，灘山在東北邊。

灘山下水深七八托，用單丁針及丁午針，三更船，至霍山。

霍山，用單午針至西後門。

西後門，用巽巳針，三更船，至茅山。

茅山用辰巳針，取廟州門，船從門下行過，取升羅嶼。

廟州門水深急流。

升羅嶼用丁未針，經崎頭山，出雙嶼港。

升羅、崎頭俱可泊船。崎頭水深九托。

雙嶼港用丙午針，三更船，至孝順洋及亂礁洋。

雙嶼港口水流急，孝順洋水深十三托，泥地。

亂礁洋水深八九托，取九山以行。

九山西邊有礁，打水行船宜仔細。一云亂礁洋水深六托，泥地。

九山用單卯針，二十七更，過洋至日本港口。

打水七八托，泥地，南邊泊船。

又有從烏沙門開洋，七日即到日本。

若陳錢山至日本用艮針。

福建使往日本針路

梅花東外山開船，用單辰針、乙辰針，或用辰巽針，十更船，取小琉球。

小琉球套北過，船見鷄籠嶼及花瓶嶼彭嘉山。

彭嘉山北邊過船，遇正南風，用乙卯針，或用單卯針，或用單乙針；西南風，用單卯針；東南風，用乙卯針。十更船，取釣魚嶼。

釣魚嶼北邊過，十更船，南風用單卯針，東南風用單卯針，或用乙卯針，四更船，至黃麻嶼。

黃麻嶼北邊過船，便是赤嶼，五更船，南風用甲卯針，東南風用單卯針，西南風用單甲針，或用單乙針，十更船，至赤坎嶼。

赤坎嶼北邊過船，南風用單卯針及甲寅針，西南風用艮寅針，東南風用甲卯針，十五更，至古米山。

古米山北邊過船，有礁，宜知避。南風用單卯針及甲寅針，五更船，至馬岦山。

馬岦山，南風用甲卯針或甲寅針，五更船，至大琉球。

大琉球那霸港泊船。

土官把守港口，船至此用單卯針及甲寅針，行二更，進那霸內港，以入琉球國中。

那霸港外開船用單子針，四更船，取離倚嶼外過船。南風用單癸針，三更船，取熱壁山以行。

熱壁山，南風用單癸針，四更船，取硫黃山。硫黃山，南風用丑癸針，五更船，取田嘉山。又南風，用丑癸針，三更半船，取夢加剌山。南風用單癸針及丑癸針，三更船，取大羅山。

大羅山，用單癸針，二更半船，取萬者通七島山西邊過船。

萬者通七島山，用單寅針，五更船，取野顧七山島內，名㪷兵之妙，是麻山嶼。

野顧山用巽寅針，二更半船，取但午山。用艮寅針，四更船，取亞甫山。

一云野顧山對面行六十里，有小礁四五箇，最宜避在北邊過，船用艮寅，方一百五十里至旦午山。用艮寅，方行二百四十里至亞甫山。

亞甫山平港口，其水望東流，甚急。離此山用艮寅針，十更船，取亞慈理美妙；若不見此山，用單艮針二更，又艮寅針五更船，取灣俶一云治渡俶。烏佳眉山。

沿灣俶烏佳眉山用單癸針，三更船。若船開時用單子針，一更船，至而是麻山。而是麻山南邊有沉礁，名套礁，一云名佐沉長礁。東北邊過船，用單丑針，一更船，是正路。却用單子針，四更船，取大門山中。

大門山傍西邊門過船，用單丑針，三更船，取兵褌山港。

兵褌港循本港直入日本國都。

若曾按：已上針路，乃歷代以來及本朝國初中國使臣入番之古道也。頻年倭寇之人往往取間道突至，便利特甚。予已稍從入寇圖中指畫，然不欲條書之者，恐傳者或貽奸孽以倖釁也。有志於經世者，必須以意會之，而得予之所以不詳書焉，斯善矣。

又　卷七《琉球圖說》

福建使往大琉球鍼路

梅花東外山開船，用單辰鍼、乙辰鍼，或用辰巽鍼，十更船，取小琉球。

小琉球套北過船，見雞籠嶼及花瓶嶼，至彭嘉山。彭嘉山北邊過船，遇正南風用乙卯鍼，或用單卯鍼，或用單乙鍼；西南風用單卯鍼；東南風用乙卯鍼，十更船，取釣魚嶼。

釣魚嶼北邊過，十更船，南風用單卯鍼，東南風用單卯鍼；或用乙卯鍼，四更船，至黄麻嶼。

黄麻嶼北邊過船，便是赤嶼。五更船，南風用甲卯鍼，東南風用單卯鍼，西南風用單甲鍼，或用單乙鍼，十更船，至赤坎嶼。

赤坎嶼北邊過船，南風用單卯鍼及甲寅鍼，西南風用艮寅鍼，東南風用甲卯鍼，十五更，至古米山。古米山北邊過船，有礁，宜知避。南風用單卯鍼及甲寅鍼，五更船至馬岊山。

馬岊山，南風用甲卯鍼或甲寅鍼，五更船，至大琉球那霸港泊船。

土官把守港口，船至此用單卯鍼及甲寅鍼，行二更，進那霸内港，以入琉球國中。

回鍼

出港用單申鍼，放洋，辛酉鍼，一更半，見古米山并麻山。用辛酉鍼四更，辛戌鍼十二更，乾戌鍼四更，單辛戌鍼五更，辛酉鍼十六更，見南紀山。坤未鍼，三更，取台山，水深二十托，西邊過，取有横礁。出水用丁未鍼，三更，取黑麻桑山。單辛鍼，三更，取官塘山，入千户所五虎門。

嚴從簡《殊域周咨録》卷四《東夷》 琉球國

主事唐順之贈澄詩曰：天王玉册頒三殿，漢使星槎下百蠻。鬼國至今通象貢，樓船何處是龍關。海迷南北惟憑日，雲起篷壺忽見山。壯志不愁經歲去，安流應是計程還。陳侃《使事紀略》曰：嘉靖戊子，琉球世子尚清表請襲封事，下禮部移文，長史司覈實，申部上請差二使往，封如故事。癸巳五月，至福州造舶艦，如式以鐵黎木爲柁榦。閩人不諳海道，方切憂之。忽報琉球國使至，乃世子遣長史蔡廷美來迓予等。長史進見道：世子遣問意，又道世子慮閩人不善操舟，特遣看針通事一人，率夷水手至，代充其役。看針者，舶中司指南針者也。

又 卷八《南蠻》 真臘

按：元城帝時，遣永嘉周達觀招諭真臘，往返一年半，悉得其國之風俗、道里、海物、土産，作《真臘風土紀》。言其國自稱爲甘孛智，自温州開洋，行丁未針，歷閩廣，過七洲洋，經交趾、占城，至真蒲，乃真臘境矣。自真蒲行坤申針，過崑崙洋，入港。港凡數十，惟第四港可入，其餘悉以沙淺，故不通巨舟。然而彌望皆修藤古木，黄沙白葦，倉卒未易辨認，故舟人以尋港爲難事。自港口北行，順水可半月，抵其屬郡，曰查南。又換小舟，順水可十餘日，過佛村，渡淡洋，則抵其地矣。大抵航海固必用針以爲向，尤必用磁石以養針。磁石出福建之佛字山，有神最靈。凡取磁石，必先致禱於神。神許則往，亦不多得。否則，皆頑石無用者。洪武初，上饒人許穆以明經擢政和縣丞，有惠政，遠近以廉能稱之。三載秩滿，行李蕭然。或告之曰：公既却人之贐，佛字山有磁石，盍往取焉以供路資。穆乃往取，未嘗謁神，而觸手皆磁石也。以之攝針，則啣尾而起，聯牽五枚六枚而不斷。凡得數十斤，持至京師，會大軍將下海，求磁石爲指南用甚急，遂售之，每斤易銀一斤。民間至今傳之。夫滄溟渺茫，非針不行。其法昉于周公之指南車，故名之爲指南針。磁石之運針，亦天造地設，非人力所爲者。今觀穆之得石助廉，亦何異也。豈神物之生，必有神靈以司之也耶。

慎懋賞《海國廣記・琉球》

福建往琉球針路更數

自福建福州府長樂縣廣石梅花所開洋，正南風，東沙山，用單辰針，陸更船。又用辰巽針，貳更船，小琉球頭。乙卯針，肆更船，彭佳山。單卯針，拾更船，取釣魚嶼。又用乙卯針，肆更船，取黄尾嶼。又用單卯針，五更船，取赤嶼。用單卯針，五更船，取古米山。又乙卯針，陸更船，取馬齒山，直到琉球那霸港。土官把守港口，船至此，用單卯及甲寅針，行貳更，進那霸内港。伍里至天使館，貳拾五里中山坊，伍里歡會門。西南諸國，行貳叁日，即有小港以避風，琉球去閩萬里，殊無停泊之處，且多横風浪。

又 大明往琉球針位

正南風用單卯針，西南風用單卯針，東南風用乙卯針，拾更船，取釣魚嶼，北邊過船。南風用單卯針，東南風用單卯針及乙卯針，肆更船，取黄尾嶼。南風用申卯針，東南風用單卯針，西南風用單申針，拾更船，取赤嶼，北邊過船。南風用單卯及甲寅針，西南風用艮寅針，東南風用甲卯針，拾伍更船，取粘米山，北邊過，十分子細妙也。南風用單卯及甲卯，肆更船，取馬齒山。南風用甲卯及甲寅針，貳更船，取琉球進港妙也。港口開船，用單子，肆更船，取椅山。用單癸，肆更船，取硫磺山。用單癸，伍更船，取田佳地山。用癸丑，叁更半船，取度加剌山。用單癸及丑癸，叁更船，取大羅山。用丑癸，叁更船，取七島山，兩邊過船。用艮寅，伍更船，取野故大山，内邊過船。用艮寅，貳更半船，取旦爾山。

又 琉球國船往暹羅針路

昆侖山用庚酉針及單酉針，拾更船，真嶼，打水十七托，正路，若十五六托亦妙，在真嶼内過。用壬亥針，伍更船，取假嶼内通過，近山使打水十七八托。用壬亥針，伍更船，取籠嶼，即角生，打水伍陸托爲妙，就大横在外洋，坐西上。又用壬亥及單亥針，伍更船，平都昆侖。大高山近前，用壬亥針，上有兩山，便討柴水，此處正平凉山嶼大小角巑巑二山，船身高山在西上，船身正平凉山嶼。用乾亥針，叁更船，用壬亥針及單壬針，壹更船，見赤龜礁，出在海中，心在亥上。若夜晚，平凉山嶼，用乾亥針，必逢赤龜礁。若打水二十一托，用單亥針，正逢礁。打水十八九托，二十一托，正路。船身在赤龜礁内過，是正路。赤龜正平角龍赤龜礁，出水赤白色，船身在内過。用單亥針及乾亥針，好風叁更船，平嵋格刷。回頭望赤龜礁在西上，望見前一山出横在壬亥上，就時打水二十三四托，近見方認得是野猪嶼，即角公，此處抛碇。有松魚多野猪嶼，好風用乾亥針及單亥針，肆更船，取仙髻山，即角麥角骨相連象次，打水二十，打水二十一二托，是正路，船身平仙髻山相連。用乾亥針，伍更船，取三山長沙，打水十九托二十托是正路。若平仙髻山，打水十八九托好落碇。十分小魚食，船平三山尾，有斷嶼生開，并有個出水小礁，亦生開在嶼邊，夜間行船避防子細。沿坤申岸打水十六七托，勒打水沿打水沿山使，用辛酉針，取海潮門妙也。

又　安南

福建往安南國針路

福州五虎門開船，用乙辰針，取官堂船，行三礁東西邊，用丙午針，取東沙山，西邊過船，打水六七托。用單巳針，三更船，取片嶼。用丁午針，一更，用坤申未針，二更，用坤申，一更船，平烏垢山。用坤申，七更船，平太武山。用坤申，七更船，平南澳外平外。用坤申，十五更船，平大星尖。用坤未針，七更船，取東姜山。用坤未針，五更船，平烏猪山。用單申針，十五更船，取七洲。用單申針，平海南黎母山。用庚酉針，十五更船，取海堂山正路。用單亥針及乾亥針，十五更船，取鷄唱門，即是南海云屯洲海門也。

又　安南國回暹羅針路

鷄唱門外開船，用辰巽針，五更船，取海堂山，過洋。十五更船，取黎母山。丑艮針，二十更船，平烏猪山。用單艮針，五更船，用艮寅針，十五更船，平大星尖。用單寅針，十五更船，南澳外彭山外過。用艮寅針，三更船，平大小甘山外過。用單寅針，四更過船爲正路。用辛戌針，十更，取大横山内過，打水二十五托爲正路。近北水淺，只有五托，船身在南邊，見小横山，成三個山，各山皆是樹木。用辛戌針，十一更，用單戌針，十五更，用乾戌針，十更船，取筆架山，在帆鋪邊。用壬寅針，五更船，取陳公嶼及犁頭山。用壬子針，取烏頭淺。用單乾針，三更船，取竹嶼。用單子針，五更到淺，打水四五托。用壬子針及乾玄針，隨坤申尾去，便是暹羅港口。用子癸針，船尾對竹嶼，入港正路也。

又　真臘

浙江温州至真臘路程

自温州開洋行丁未針，歷閩廣海外諸港口，過七洲洋，經交趾洋，到占城，又自占城順風可半月到真蒲，乃其境也。又自真蒲行坤申針，過昆侖洋入港。港幾數十，惟第四港可入，其餘悉以沙淺，不通巨舟，然彌望皆修藤古木，黄沙白葦，未易辨認，故舟人以尋港爲難事。自港口北行，順水半月可抵，其屬郡曰查南。又自查南换小舟，順水十餘日，過半路村佛村，渡淡洋，抵其地曰干傍，去城五十里。

又　赤坎往占臘針位

赤坎開船，用坤申針，肆更船，平覆頂山，使打水柒捌托。用庚酉針，貳更船，平一小員嶼。用單庚針，叁更船，沿山，使打水柒捌托，硬沙地，平小山咀，貼上有一派石欄，不出水，行船仔細。用坤申針，壹更船，遠看，單未上有一路，水色黄，打水肆伍托，沙地，過去貼鋪山咀。用庚申針，壹更船，取員山咀，名叫佛山。此前頭并坤申上，自無山嶼看見，只見前面一平洲，在灣里，洲内托上正是真角港口，船從山咀上，可收隴。打水叁肆托，正路收隴。坤申邊，打水肆伍托，泥地，沿坤申使至中平州。將平州放在船尾，船頭向港，近馬户沙壩些，莫要船帆鋪進，離沙壩内無礙。進去三二灣，有人家馬户，邊莫放心他爲妙。

又　占臘回赤坎山針位

在柸榔港，出用丙午針，伍更船，見大昆侖山，在西南上看遠，用單丑。

又　占城

福建往占城針位

五虎開始，用乙辰針，取官塘山，行船三礁，東北邊過。用丙巳針，取東沙山，西邊過船，打水六七托。用單巳針，叁更船，平牛嶼。用丁午針，壹更，用坤未針，貳更，用坤申針，壹更船，取烏坵山。用坤申針，柒更船，取太武山。用坤申針及單申針，柒更船，取南灣外彭山。用坤申針，拾五更船，取平大星尖。用坤申未針，柒更船，平東姜山。用坤未針，伍更船，取烏猪山。用坤未針，拾叁更船，平七洲山。用坤未針，柒更船，平獨猪山。用單未針，貳拾更船，取占畢羅。用單未針，伍更船，取外羅山外。用丙午針，柒更船，取校楹嶼內過，船沿山使入新州港口也。

又 占城回福建針路

新州港口開洋，用單壬針，取校楹嶼，用壬子針，柒更船，取外羅山內過。用丑癸針及單丑針，貳拾更船，平獨猪山。用單艮針，伍更，艮寅針，貳拾伍更船，平大星尖山。用單寅針，拾伍更船，平南灣外彭山。艮寅針，拾五更船，取大小甘山外過。用單寅針，肆更船，平大武山。用單艮針，柒更船，平烏丘山內過。用艮寅針，肆更船，平牛嶼。用丑艮針，伍更船，平東沙山外過。取海塘山灣頭，外有玳瑁州，子細。

又 爪哇

廣州往哇國針位

南亭門開洋用坤位未針，伍更船，平烏猪洋。用坤未針，拾叁更船，取七洲洋。用坤未針，柒更船及未針，貳拾更船，取外羅山。用丙午針，柒更船，取校杯嶼及羊嶼。用丙午針，伍更船，取大佛山。用丙午針，拾叁更船，取東董山。用丙午針，拾五更船，用單午針，叁更船，取陀龍山東南邊大山，是銅鼓山，入門，打水拾伍托，近看都是坤申門中，西邊有小嶼，名叫沙潮皮，東邊過船正路。用單丁針，柒更船取大嶼，之一小嶼生開在外，西邊過船正路。用丁午針，肆更船，取鷄籠嶼。用午針，拾更船，取美蘭山，東邊高大，北邊看有一個小嶼，是鷄籠嶼樣，西邊抵長北長抛尾門中一小嶼，東有泥淺，西邊過船正路。用丙午針，拾叁更船，取吉里悶山。用單午針及丙午針，伍更船，取胡椒山。用丙巳及單巽針，拾更船，取是爪哇。

又 爪哇回廣州針位

那咼開洋用壬子針，拾更船，取吉里悶山。遠看使大船牽杉板樣，近看長高大成一個大山，西邊坤申，尾有老古離山。若是東南風，用壬子針；若是東風用壬子針，拾更，打水十七八托，硬地用壬子針，拾更船，取美蘭山。用癸子針及單癸針，取煆里馬打山。用單壬針，拾伍更船，取㖔哄嶼。用單壬針，伍更船，取搭林嶼。用壬子針，伍更船，取馬鞭山。用壬子及壬癸針，肆拾伍更船，取赤坎山。用單丑針，伍更船，取羅灣。用癸丑針，肆更船，取伽藍貌山。用子癸針，叁更船，取大佛靈山。用子針，伍更船，取校杯嶼及羊嶼。用子癸針，柒更船，取外羅山。用子癸針，貳拾更船，平獨猪洋。用單癸針，柒更船，平七州洋。用癸丑針，拾叁更船，平烏猪洋。用單癸針，柒更船，取南亭門是也。

又 地滿往舊港針路乃爪哇地方

地滿山生東角尖，用丙午過，用單午針，是東西竹。又丙午針，十更船，取長腰嶼。用丁午針，十更船，見龍牙門山，在馬鋪邊過。單午針，三更船，取饅頭嶼。用單午及丁午針，三更船，見七嶼，在帆鋪邊來。用單午針及丁未針，四更七更船，平家在帆鋪來西南山第二山見沉礁、用坤申針，收舊港，見坤申三港，中間一港是正路也。

又 舊港收回地滿山針路

出港口用壬子針，四更船，取七嶼。用單癸針，三更船，取饅頭嶼。癸丑及子癸針，十更船，取龍牙門。用壬子針，十更船，取長嶼。用單子針，取東西竹，收到地滿是也。

又 爪哇往舊港針路

爪哇杜板開洋，用壬子針，離用用乾亥針，十二更船，取吉里悶山東北外過。單乾針，使五更，用乾戌針，三十更船，取三麥嶼，打水九托十托，北邊過船，正路。打水八九托，南邊過船，打水四五托，用壬亥針，進峽門。用單乾戌針，十更船，取港口坤申。有三港，中間一港有小嶼，是正路，入港是也。

又 舊港回爪哇針路

舊港開洋用乙卯針，平第一坤申尾，用單辰針，沿坤申使取彭家山尾，見三麥嶼。用巽巳針，前面南北二邊，有淺水，打水四五托。嶼邊有老古石，不可近嶼，使東邊過船。東風用巽辰針，三更船，用乙辰針，七更船，用辰巽針，二十更船，見香爐山，南邊山高大。若西南風，用乙針，使見山在尾後，打水三十二三托。用乙辰，五更船，見吉里悶山，在船頭對來。用單辰針，取胡椒山，剌嗲麻里東山托板是也。

又 崑崙往爪哇針路

崑崙放洋，用丁未針，貳拾伍更船，用單未針，貳拾伍更船，取苧麻山及東西竹山。用丙午針，拾更船，取長腰嶼。用丁午針，拾更船，見龍牙門山，在馬户邊。用單午針，叁更船，取彭家山，在帆鋪邊。用辰巽及單巽針，拾更船，是進峽門。用單丙針，見麥嶼，南北貳邊有淺，打水四五托，嶼邊有老古石，不可近，嶼東邊過船是正路。東風使用辰巽針，及單巽針，二十更船，見香爐山在南邊，山高大。若西南風，用單乙針，使見山在頭尾後，打水六七托。用單辰針，伍更船，見吉里悶山，在船頭對來。

又 爪哇回崑崙針位

用單辰針，見胡椒山剌嗲麻里東收托板是也。

爪哇開洋，用壬子針，離山遠用乾亥針，拾貳更船，取吉里悶山外過。單乾針，伍更船，用乾戌針，三十更船，取三麥嶼，打水九托十托，東北邊過船，正路。打水八九托，南邊過船，四五托，用壬癸針，進峽用單乾針及乾戌針，拾更船，平舊港口，外是彭家山。用壬子針，叁更船，見七嶼。用癸針，叁更船，取饅頭嶼。用癸丑針，拾更船，平龍牙門大山。用壬子針，拾更船，取長腰嶼。用單子針，拾更船，取東西竹及苧麻山。用子丑針及單癸針，四十五更船，取崑崙是也。

又　滿剌加

廣東至滿剌加針路

自廣東東莞縣南亭門放洋，南至烏猪洋、獨猪洋、七洲洋，星盤坤未針至外羅、坤申針，四拾五程至占城，舊港，經大佛靈山，其上烽墩則交趾屬也。又未針至崐崘山洋，直子午，收龍牙門港。西行貳日程，至其國。又滿剌加陸行，可達暹羅國。

又　福建安民鎮往滿剌加國針路

五虎門安民鎮出門，過梅花淺，船從叁礁外，打水壹丈捌尺過淺，取官塘山，打水，船行叁礁東北正路過。用巽巳針，取東沙山。用巳針，叁更船，取牛嶼。用坤申針，肆更船，平烏丘山。用坤申針，柒更船，打水柒捌托，西邊過船，近山泥地，好住，船平太武山。用坤申，柒更船，平南澳山及外洋平山。用單申針，拾五更船，平大星尖。用坤未針，柒更船，平東姜山及南亭門。用坤未針，五更船，取烏猪山。用坤未針，拾叁更船，平七洲洋山。用坤未針，柒更船，平獨猪山。用單未針，貳拾壹更船，取外羅山山外過。用丙午針，柒更船，見校樯嶼及羊嶼，外過船。用丙午，伍更船，平大佛靈山。用單午針，叁更船，平伽藍貌山。用丁午針，伍更船，平羅灣頭。用坤未針，伍更船，平赤坎山，外洋過。有玳瑁鴨，船近坤申，看不見玳瑁州。用單未針，拾伍更船，取崑崙山外過。用單丁未針，肆拾叁更船，取苧麻山及東西竹將軍帽，內有火燒山。用丁針，柒更船，平馬鞍山及達羅漢嶼并白礁，北邊進妙。用丁針，伍更船，取龍牙門，夜間不許行船，切防南邊牛屎礁，過長腰嶼，又防南邊沙塘淺及涼傘礁。用單午針，貳更船，平吉里悶山。用單乾針，叁更船，取崑宋嶼。用單亥針，叁更船，取射箭山。用乾針，伍更舡，取五嶼，收滿剌加爲妙。

又　滿剌加回福建五虎門針路

五嶼開船，用辰巳針，伍更船，平射箭山，打水拾玖貳拾托。用辰巽，叁更船，平崑宋嶼對開，南邊有淺，北邊坤申尾有老古淺。用單巽針，叁更船，取吉里問山，沿北邊坤申，都是泥淺。用單辰針及乙辰針，叁更船，平長腰嶼，不可貪南，南邊有涼傘礁及沙塘淺。出龍牙門，不許夜間行船。用單卯針，取官嶼，不可貪南，南邊有牛屎礁。用申卯針，伍更船，取白礁北邊過船，打水拾伍托，正路。船身又不可貪北邊，切防達羅漢礁及有高低石礁。若離白礁遠了，用癸丑針，柒更船，取將軍帽及東西竹并苧麻山內過船。用子癸針，肆拾伍更船，取平崑崙山外過船。用癸丑針，拾伍更船，平赤坎山。若船身開，犯玳瑁州，若船身隴，恐玳瑁鴨玳瑁礁。用丑艮針，伍更船，取羅遠頭。用單癸針及癸丑針，伍更船，取伽藍貌。用單子針，叁更船，取平大佛靈山。用壬子，伍更船，取校杯嶼及平羊嶼，并新州港口。用壬子針，柒更船，取外羅山東邊過船。用單丑及丑癸針，貳拾更船，平獨猪山。用單艮針，伍更船，平銅鼓山。用艮寅針，貳拾更，平大星外過船。用艮寅，拾伍更船，平南澳及山平山。用艮寅，叁更船，大小耳山外過船。用單艮，肆更船，平大武山。用單艮針，柒更船，平烏丘山內過船。用艮寅針，肆更船，平中嶼。用丑艮針，伍更船，討東沙山外過船。用壬寅針，取三礁及官塘，收五虎門妙也。

又　崑崙往暹羅暹羅往滿剌加針位

離淺，用丁午針，拾更船，平佛嶼。用單丙針，拾更船，大小蘇梅山，山內有三門，都是可過船。用單午針，拾伍更船，平玳瑁嶼，嶼內是中樸淺，船不可近，坤申行。用丙午針，拾更船，平孫姑那港口，有三嶼，名叫角奴角貓，外過船。用丁午針，伍更船，取六坤下池，其坤申尾有淺生開，是孛大泥地方。用單丙針，柒更船，平吉蘭舟港口。用丙午針，肆更船，平三角嶼內，遇船，見吉具嶼在船頭，并有一圓光嶼，可近外大嶼行妙，內有小嶼，不可近也。用單午針，伍更船，平斗嶼內過船。用單丙針，伍更船，取坊彭港口。用單丙針，伍更船，平地盤山及東西竹將軍帽，俱在外，火燒山及猪母山俱放在內門也，可行。丙午針，柒更船，取達羅漢嶼，嶼北邊坤申有淺，船在達羅漢嶼內過妙。若不行內門，往外尋白礁，望白礁打水拾伍托，正路。若白礁在馬户邊，過船又不可近羅漢嶼。用庚酉針，伍更船，入龍牙門，流水緊，夜間不可行船。用庚戌及辛戌針，叁更船，取吉里悶山。用乾戌針，叁更，取崑宋嶼。用單乾針，伍更，取射箭嶼。用乾亥針，伍更船，取五嶼，肆伍托，抛船坤申，是滿剌加爲妙也。

又　滿剌加回暹羅針路

五嶼開船，用巽巳針，伍更船，平射箭嶼。用單巽針，伍更船，取昆宋嶼，南邊有淺。用單辰針，叄更，取吉里悶山，沿北邊坤申駛。用乙辰針，叄更船，討長腰嶼，防嶼南邊有涼傘礁及塘淺沙。入龍牙門，防北邊牛屎礁。用乙卯針，伍更船，取馬鞍嶼。嶼內可過船，防北邊坤申尾有淺。若是外出，望白礁，打水拾伍托，正路。船在白礁，凡鋪過船離礁遠。用單子針及子癸針，伍更船，平火燒山及外東西竹并將軍帽，并前地盤山。用單壬針及壬癸針，伍更船，平彭坊港口。用單子針，拾更船，取斗嶼，船在內過。用壬子針，伍更船，取吉具嶼及一員頂嶼，俱在外過船，在此嶼內行妙，不可貪西邊小嶼，有沉礁。前頭是三角嶼，放在外上，內有小嶼，放在內邊。舡往中行，用壬子針，肆更船，吉蘭丹港口。用單子針，柒更船，取孛大泥及六神下地，其坤申尾有淺生開。用壬子針，伍更船，取外那姑港口，口外有二嶼，名喚奴角貓。用壬子針，拾更船，取玳瑁嶼內過，防坤申邊中樸淺生開，打水肆伍托行爲妙。用單子針，拾更船，取大小蘇梅山，山內有三門，都可過船。用壬子針，拾更船，取佛嶼。用單壬針，拾更船，取龜山。用單壬針，伍更船，平筆架山。用單子針，拾更船，收暹羅港口爲妙也。

又　暹羅

廣東東莞縣至暹羅針路

自廣東東莞縣之南亭門放洋，南至烏猪洋、獨猪洋、七洲洋，星盤坤未針，至外羅坤申針，肆拾伍程，至占城舊港，經大佛靈山，其上烽墩則交趾屬也。又未針至昆屯山，又坤未針至玳瑁洲玳瑁額及於龜山，酉針至暹羅，由盈和門臺海口入港。水中長洲隱隆如壩，海船出入，如中國車壩然，亦國之一控扼也。少進爲一關，守以夷酋，又少進爲二關，即國都也。

又　廣東往暹羅針路

南亭門開洋，用坤未針，伍更船，平烏猪山，在馬户邊。用坤未針，拾叄更，平七洲山。又用坤未針，柒更，平獨猪山。如見獨猪山，可用丁未針，貳拾更，取外羅山。用丙午針，柒更，平校杯嶼及新州港。用丙午針，伍更船，平大佛靈山。用單午，叄更船，平伽藍貌山。用丁午針，平羅灣頭。用坤未針，伍更船，平赤坎山，船身開，恐犯玳瑁州，船身隴恐犯玳瑁鴨玳瑁礁。若船身近赤坎山，看不見玳瑁州。用丁未及單未針，拾伍更船，取大昆侖山內過船，打水拾伍陸托。用庚酉針，叄更船，取小昆侖山。用庚酉針，拾更船，取真嶼山，山內過船，打水拾肆伍托。用辛戌，拾更船，取大横山，內外可過船。用辛戌針，伍更船，取小横山內外，可遠山過船。用乾戌針，貳拾伍更船，取筆架山。用壬子針，拾更船，取陳翁嶼。用單壬針，叄更船，收進暹羅爲妙也。

又　暹羅回廣東針路

離淺用丙巳針，平陳翁嶼。用丙午針，拾更船，平筆架山遠放洋。用單丙針及丙巳針，貳拾伍更船，取小横山，在帆鋪邊。用丙巳針，伍更船，平大横山帆鋪户邊。用單辰針，拾更船，取真嶼山，在帆鋪邊。用申卯針及單卯針，拾叄更船，取大昆侖山，在馬户邊。用單丑及丑癸針，拾伍更船，取赤坎山。若船身開，恐犯玳瑁洲；若船身隴，恐犯玳瑁鴨玳瑁礁。用單丑，五更船，取羅灣長。用單丑及丑癸針，伍更船，取伽藍貌。用單子針，叄更船，平大佛靈山。用子癸針，伍更船，平校杯嶼及羊角嶼，內是新州港口。用壬子針，柒更船，取外羅山東邊過船。用丑癸針，貳拾更船，取獨猪山。用丑艮針及單艮，伍更船，平銅鼓山。用丑艮針，貳更船，平七洲山。用丑艮針，拾叄更船，取烏猪山。用單艮針，伍更船，收南亭門姜山爲妙也。

又　暹羅往交趾針路

出港離淺水了，用丁午針，拾更船，取筆架山，過洋。用單巳及丙巳針，叄拾更，小横山。用巽巳針，伍更船，取大横山，船在帆鋪邊過。用單辰針及乙辰針，拾更船，取真嶼。用甲卯針，拾更船，取大小昆侖山。用丑艮針，伍更船，用單丑，拾更船，取赤坎山。用單艮針，伍更船，取羅灣頭。用單癸針，伍更船，取伽藍貌。用子癸針，取靈山。用單子針，伍更舡，取新州洋嶼。及單子針及壬子針，伍更船，取外羅山。用單亥針，伍更船，取占畢羅山。用單亥針，伍更船，取大琅瑚山。用壬子及單子針，拾更船，取黎母山。用單亥及壬亥針，伍更船，取海寶山，正路。用單亥及乾亥針，伍更船，取唱鷄門。

又　交趾回暹羅針路

在唱鷄門，出辰巽針，伍更船，取海寶山黎母山。用辰巽針，拾五更船，取海南山尾。用單巳及巽巳針，拾貳更船，取占畢羅山。用單辰巽針，伍更船，取外羅山。用單午及午針，柒更船，取新州得嶼。用單午針，伍更船，取靈山。用單丁針，伍更船，取伽藍兒。用單丁及丁未針，伍更船，取羅灣頭。用坤未針，伍更船，取赤坎，過洋。用單未針，拾伍更船，取大小昆侖山，子細。用庚酉針，拾更船，取真嶼。用辛酉針，伍更船，取假嶼。用辛酉針，伍更船，取大横山。用乾戌針，伍更船，取小横山，見山一個，都在馬户邊，不可近迹山，打水五六托，入到中心鼻頭，有淺沙出水，近過。打水三四托，巡灣使莫中路，過大嶼，有淺橫，入坤申灣尾，有石牌出水，名叫婆剌昭昔利同，可近過。打水六托，使巳辰針，前見角隴四箇，嶼有三門，若入大門，有嶼往外，四箇嶼在内，打水十一托，次門三嶼在内，打水六托，泚灣使不可貪，在外有淺沙，打水三托，過了。用單辰針，遠見白礁，有坤申，相見崐隴港口，東邊有一箇山嶼，在門邊，打水八托，泥地在外，使單辰針，前取烈。又有角自忌，在有通公凉老，在近坤申及此嶼邊，有石牌角烈，内外可過，打水十二托。又用卯針，取大小巑巑山，二嶼在西邊，使入門，不可近，坤申山鼻長有石牌沉水，半浮在邊，使子細。大嶼在馬户邊，近嶼使，不可從中路使，都是沉石，只有三個嶼，都在馬户邊，取角攬巑山鼻長，打水十二三托，水討柴藤嶼灣，都有礁淺在山、長出，對嶼來有沙灣，高平水，有礁淺在頭，不可近山，子細。打水三四托，看中路出門，門尾有一小嶼，名叫角阿靈，在帆鋪邊，打水五托，近此嶼出門了。用單辰針，叁更船，取刺池塔州府，又長員大小嶼，在兩邊門，二嶼在北邊，有三箇小嶼在南邊，有一小嶼名叫角托，落在魚尾，有沉石牌出水，不可近使。前見都侖山，有三門，都通過，若入山門，打水三十二托；若入第二門，過洋，用單乾針，貳拾更船，用乾亥針，取筆架山。用壬亥，叁更船，取黎頭山。連坤申，用單子針，叁更船，取竹嶼。用單子針，伍更船，打水七八托，收港入門爲妙也。

又　暹羅往東邊路沿山使收苧麻山針路

出港離淺了，用丙針，伍更船，使角思廠，地頭有石牌出水。若從外過，打水十八托，遠看北邊高，南邊低，嶼内有三箇小嶼，近大嶼，都在外邊山使過，打水十三托，是正路。用單午針，貳更船，取角婆侖在外，從内過。用單午針，使前，見牛巑山，打水八九托，是正路。對坤申，有石礁，可近過，不可遠，子細。外使又有一小嶼，大嶼在此小嶼頭，内有沉礁石牌，從嶼面橫出，來到中路，不可從中過。可近坤申河山使，打水八九托。用丁未針，叁更船，前見白礁碑，在馬户邊，子細，收用。架巑山頭都小嶼，不可嶼邊過，沿山使，打水十二三托，嶼尾有小嶼，不可近使，有沙淺白礁，巡山使。出嶼門，尾前見角台小菩南，途灣有二嶼，都在帆鋪邊。前見大菩南，途灣在外，及有二三個小嶼，都在馬户邊。又有一小嶼，對頭來，名叫角自氣，在帆鋪邊，橫出是正路，可近嶼頭使。有一白小嶼，近大嶼，有淺莫近過，過山使灣，尾有石牌出水，在帆鋪邊，可近過。打水六七托，用甲寅針，近山使，有小嶼在半灣，名忌吉。用甲寅針，取鼻頭山前，見靈禄樹，若打水八九托，仔細，有沉礁在山頭下，打水六托，是正路。外是角思密，入門，先巡坤申使，打水四五托，平山尾過。取角思密頭，近佛家昔過，打水四五托，是正路。灣内有所，名叫都侖山，在山邊外，過來都是礁淺，莫過，中路過，出門，坤申邊有四五箇小嶼，都在帆館邊過。門口有小嶼，名叫角華帶，外邊有老古，内外通過，若在内過，打水捌托，泥地，又用單乙針。若要外過，用單卯針，叁更船，取角南稍嶼，是占伴港口，對開洋遠有光，古生浪出，水遠看山，不見坤申，仔細使，若打水十一托，正看此石。若内過，打水八九托，可過。若稱外過，打水十二三托，通過坤申，有三箇小嶼頭，有石牌近。又用乙辰針，伍更船，取角象坎山，在馬户邊近嶼，打水八九托，中路有老古不可過。若内過，仔細看象，中央過水，内外通過，打水五六托，大嶼尾有二三個小嶼，近嶼使，莫近坤申，怕長腰嶼，有淺石牌。遠使過了小嶼尾前，見角匙嶼，山尾是角泰嶼及角骨嶼，打水八九托。用巽巳針，伍更船，取角沙巴及公嶼，在外過，打水十二三托，平朋格刷港。只有一嶼在外，兩邊是正港。近嶼使丙巳針，叁更船，取角冲，有一個小嶼，近坤申，有礁不可近過，打水十一托。入門角冲及有大小嶼十中，打水二十一托，老古地若入第三門中，打水十五六托，也是老古地。若入山門使，到中灣，三個小嶼，嶼須好抛船，討柴水。使出門，用單巳針，前見角苹使嶼在馬户邊，打水八托。過了用單巳針，伍更船，取角在内外通過。若内，打水八托，連大果子嶼，在帆鋪邊。若在外過，打水十一二托，用單針。若内過，用丙巳針，伍更船，取假嶼内外通過。内有三嶼，名叫角婆羅塵，在帆鋪邊，打水十二托。若戧風使不得緊甚甚。又真假在帆鋪邊，入去又有一長嶼，在馬户邊入，打水六托，在真嶼好抛船，討柴水，看好日好風，方才開得使船。在真嶼開洋，用丙巳針，貳拾更船，打水十五六托，若是白水，是正路。又用丙巳針，拾更船。又用單午針，伍更船，順風，四十四托，沙地。用單午針，伍更船，望見苧麻山。

茅元儀《武備志》卷二四〇　占度載度五十二

航海

茅子曰：《禹貢》之終也，詳哉言聲教所及。儒者曰：先王不務遠。夫勞近以務遠，君子不取也。不窮兵，不疲民，而禮樂文明，赫昭異域，使光天之下，無不沾德化焉。非先王之天地同量哉！唐起于西，故玉關之外將萬里。明起于東，故文皇帝航海之使不知其幾十萬里。天實啓之，不可强也。當是時，臣爲内豎鄭和，亦不辱命焉。其圖列道里國土，詳而不誣，載以昭來世，志武功也。

自寶船廠開船從
龍江關出水直抵
外國諸番圖
皇城
太平洲

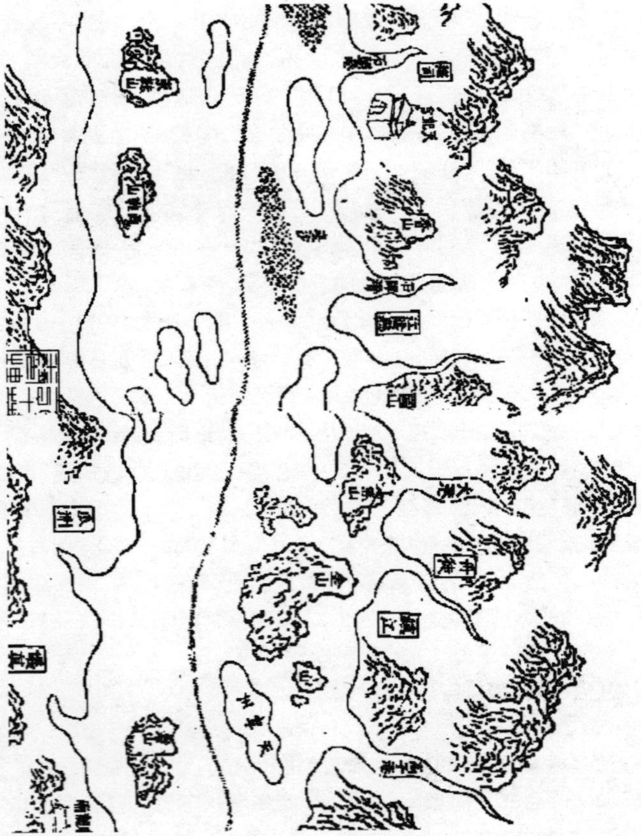
金山

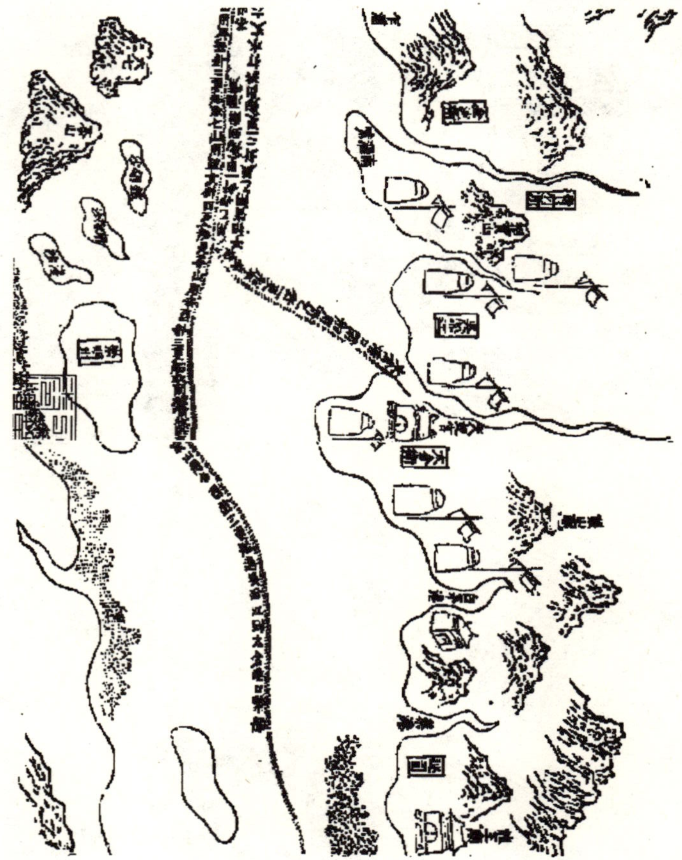

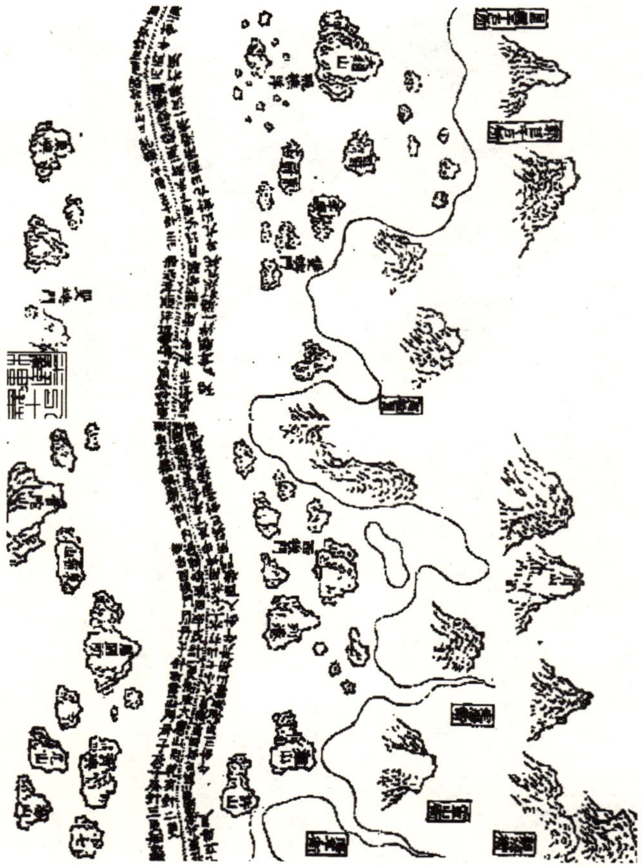

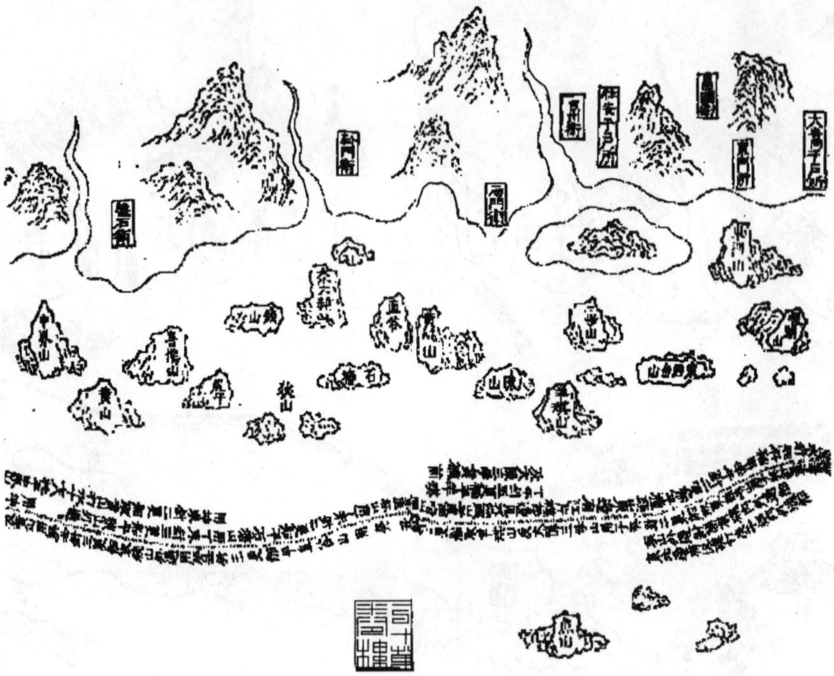

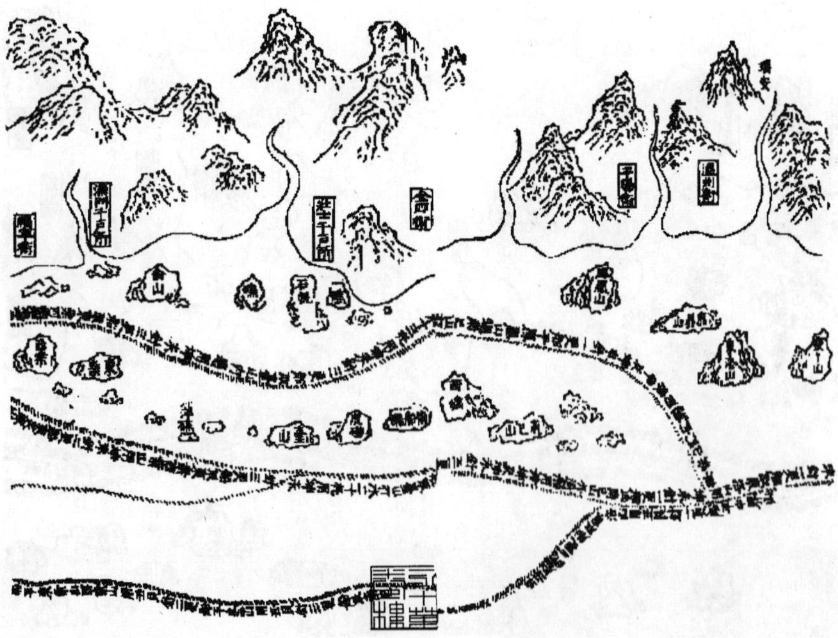

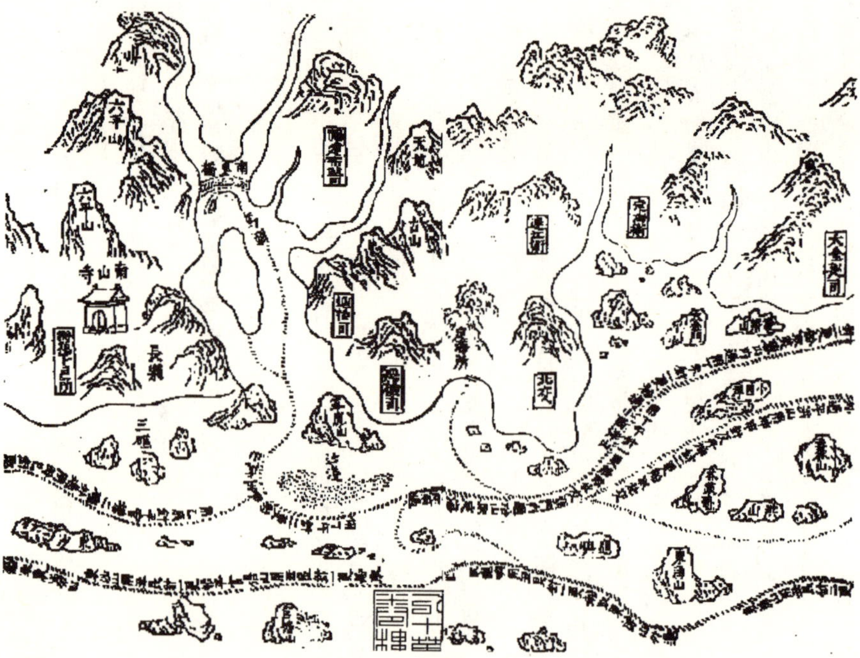

佚名　向達校注《指南正法·序》　昔者聖人周公設造指南之法，通行海道，自古及今，流傳久遠。中有山形水勢描抄終悞，或更數增減，籌頭差錯，別查本年朽損，難以比對。指定手法乃漳郡波吴氏，氏寓澳，擇日閑暇，稽考校正。自天朝南直隸至太倉，沿而福建，而廣東，併交趾、七洲、夷邦南巫里洋等處更數，針路、山形水勢、澳嶼淺深、礁石沙泥，撰録於後，以與諸人有志遠遊於此者共識之耳。

自古聖賢教人通行海道，全憑羅經二十四位，通變使用。或往回須記時日早晚、風汛東南西北、流水緩急順逆，如何用鉤探水，以知深淺。山勢遠近，切要謹慎，不可貪眠。差之毫厘，失之千里，悔之何及。若遇東南西北，籌頭落一位半位，難針臨時機變。若是弔戧，切記上下更數多寡，風汛大小，順風使補以合正路。或遇七洲洋，上不離艮，下不離坤。若遇南巫里及忽魯謨斯，牽星高低爲準，各宜深曉。

又云，行路難者有人可問，有徑可尋，有地可止。行船岐者海水連天，雖有山嶼，莫能識認。雖知正路，全憑指南之法，羅經針簿，全憑主掌之人。須知船身高低、風汛大小、流水順逆，隨時增減更數針位，或山嶼遠近、高低形勢，探水淺深，牽星爲準，的實無差，保得無虞矣。

凡船到七洲洋及外羅，遇漲水退數乃須當斟酌。初一至初六、十五至二十，水俱漲，漲時流西。初八至十三、念二至念九，水退，退時流東。亦要至細審看。風看大小，流水順逆，可准正路。慎勿貪東貪西，西則流水扯過東，東則無流水扯西。西則海水澄清，朽木漂流，多見拜風魚。貪東則水色黑青，鴨頭鳥成隊，惟箭鳥是正路。若過七洲，貪東七更，則見萬里長沙，遠似舡帆，近看二三個船帆，可宜牽舵。使一日，見外羅對開。東七更便是萬里石塘，内有紅石嶼不高，如是看見舡身低，水可防。或到交趾洋，水色青白，併見拜風魚，可使開落占筆羅，惟得出。若見紫城流界併大死樹，可用坤申針，一日一夜見靈山大佛。大佛前四、六、七、八月水流西甚急，可近山便妙。東北風晴，流水正北，緊記之。

又　定羅經中針祝文

伏以壇前弟子，謹秉誠心，俯伏躬身，焚香拜請諸位請歷代御前指南祖師，軒轅皇帝，周公聖人，前代神通陰陽先師，鬼谷，孫臏先師，袁天罡、李淳風，楊救貧仙師，王子喬，陳希夷仙師，主儞郭仙師，歷代過洋、知山形水勢、知淺深、知礁嶼、識灣澳、精通海島、望斗牽星、往古來今前傳後受流派祖師，奉祀羅經二十四位尊神，神針大將，夾石大神，定針童子，換水童郎，水盞聖者，起針神兵，位向守護尊神，魯班仙師，部下神兵目龍槓椇一切神兵，本船護國庇民明著天后，三界伏魔關聖帝君，茅竹水仙，五位尊王部下，喝浪神兵，白水都公，林使總管，海洋澳嶼里位正神，本船隨帶奉祝香火一切尊神，乞賜降臨。伏念大清國某省某府某縣某保某船主某人，興販某港，涓于某月某日開駕下針，虔備禮物，祈保平安。今日上針，東南西北無差，往來過洋，已行正路。人船清吉，海島安寧。暴風疾雨不相遇，暗礁沉石莫相逢。求謀遂意，財實自興。來則流星，去則降神。稽首皈依，無極珍重。

又　下針方法

定羅經下針從乾位先，蓋乾者乃二十四籌頭之元首，故以是爲先。遮針定法不至浮沉，若佮舵工之人，針頭起放舵止，針頭垂牽舵回。

謝杰撰　朱琦等輯《虔臺倭纂》卷上《倭針》　針者，倭之利有攸往者也，故附利之後。

太倉港口開舡，用單乙針，一更舡，平吴淞江。用單乙針及乙卯針，一更，平寶山，到南匯嘴。用乙辰針，出港口，打水六七丈，沙坭地是正路。三更，見茶山。自此用坤申及丁未針，行三更舡，直至大小七山。灘山在東北邊，灘山下水深七八托，用單丁及丁午針，三更舡，至霍山。霍山用單午針，至西後門。西後門用巽巳針，三更舡，至茅山。茅山用辰巳針，取廟州門，舡從門下行過，取升羅嶼。升羅嶼用丁未針，經崎頭山，出雙嶼港。雙嶼港用丙午針，三更舡，至孝順洋及亂礁洋。亂礁洋水深八九托，取九山以行。九山用單卯針，二十七更，過洋，至日本港口。又有從烏沙門開洋，七日即到日本。若陳錢山至日本，用艮針。此吴浙日本針路也。福建往者，梅花東外山開舡，單用辰針、乙辰針，或用辰巽針，十更舡，取小琉球，套北過舡，見雞籠嶼及梅花瓶彭嘉山。由彭嘉北邊過舡，遇正南風用乙卯針，或用單卯針，或用單乙針；西南風用單卯針；東南風用乙卯針；十更舡，取釣魚嶼北邊過。十更舡，南風用單卯針，東南風用單卯針，或用乙卯針，四更舡，至黄麻嶼北邊過舡，便是赤嶼。五更舡，南風用甲卯針，東南風用單卯針，西南風用單甲針，或用單乙針，十更舡，至赤坎嶼，北邊過舡。南風用單卯及甲寅針，西南風用艮寅針，東南風用甲卯針，十五更舡，至古米山，北邊過舡，有礁宜避。南風用單卯針及甲寅針，五更舡，至馬昆山。南風用甲卯或甲寅針，五更舡，至大琉球那霸港，泊舡。那霸港外開舡，用單子針，四更舡，取離倚嶼外過舡。南風單癸針，三更舡，取熱壁山。南風用單癸針，四更舡，取硫黄山。南風用丑癸針，五更舡，取田嘉山。又南風用丑癸針，三更半舡，取夢加剌山。南風用單癸針及丑癸針，三更舡，取大羅山。用單癸針，二更半舡，取萬者通七島山，西邊過舡。萬者通七島山，用單寅針，五更舡，取野顧七山島。野顧山用巽寅針，二更半舡，但爾山。用艮寅針，四更舡，取亞甫山。亞甫山平港口，其水望東流，甚急。離此山用艮寅針，十更舡，取亞慈理美妙山。若不見此山，用單艮針，二更舡，又艮寅針，五更舡，取鳥佳眉山。鳥佳眉山，用單癸針，三更舡。若舡開時用單子針，一更舡，至而是麻山。而是麻山南邊有沉礁，名套礁，一名佐沉長礁。東北邊過舡，用單丑針，一更舡，是正路。却用單子針，四更舡，取大門山中。大門山傍西邊門過舡，用單丑針，三更舡，取兵褲山港。循本港直入日本國都。此福建入日本針路也。按：針者，水羅經子午針也。針舵相仍，針之所向，則舵隨之。司針者名夥長，司舵者名舵工。余使琉球，用夥長八人，舵工十六人。夥長二人一班，舵工四人一班，晝夜番休，無少間。上班者管事，下班者歇息。司針之處甚幽密，外物一無所睹，惟開小牖，與舵門相向，欲其專也。針艙内燃長明燈，不分晝夜。夜五更，晝五更，故舡行十二時辰爲十更。梅蒼東外山起至那霸港止，則余使琉球之路也。

夏子陽《使琉球録》卷上《造舟》　官艙之後，梢尾最高處，爲黄屋二層，中安詔勅爲司鍼密室，夥長居之；又後爲梢，舵工在焉。

徐光啟等《新法算書》卷一九　求海中舟道

漂海者依指南針行，此定法也。總分針盤爲三十二向，如正南、北、東、西乃四正向，如東南、東北、西南、西北乃四角向，又有在正與角之中各三向，各相距一十一度一十五分，而各向線乃其過頂及交地平之大圈也。臨行時，其道有三等，皆依盤上向線引舟，而實有與盤所載直線異同者。蓋正南北行，則依針線所引之道與所指子午圈同。正東西在赤道下行，則以東西線所引之道與所指過頂之赤道圈同。若正東西在赤道内外行者，雖依東西線引舟，而其實所行之道與赤道爲平行，與線所指之圈則不同。若西南、西北、東南、東北行，雖依針盤所分正角中諸線引舟，而其實所引之舟與所行之道異。蓋所行之道非大圈，亦非平行圈，且亦非圓圈線，何者？大圈因過天頂斜交子午圈，則所交子午圈之角不等，必漸遠，得角漸大。而平行圈皆以直角交，乃舟道之交子午者，爲等角，隨處方向同，故自與大小等圈不同也。今舟行正南北或正東西赤道下，即未嘗離子午或赤道，因而皆爲大圈，則須以度加減之，乃可得其路程，即正東西與赤道爲平行，亦不離此小圈，而以所去度化爲赤道度，平行圈度大小不等。復以加減求之亦可得。惟斜行推路甚煩，故或以經緯推距度及方向，或以經及方向推距與緯，又或以緯與距度推經及方位，或以方向及距推經緯，必先知總方所引西南，西北，東南，東北，全國四分之一。及原界之緯度所開，乃依本球求得此簡法也。

陳良弼《水師輯要》 洋船更數説

故火長之定羅經者，船頭從何字行，約有幾更，該到何處下鐵錐以取泥沙，則知更數之有準，針道之不移，或轉字與否，隨其分别矣。

劉獻廷《廣陽雜記》卷五 自厦門至澎湖七更，自澎湖至臺灣五更，凡十有二更。海船上司羅盤者曰夥長，置一龕，下鋪細砂，安盤于上，取平。周回置燈，夥長晝夜視之，較之以刻漏而定方向焉。其水之淺深，泥之顔色，臭味，皆知之，驗之，毛髮不爽。一見山，則事在舵工，夥長之任卸矣。

徐懷祖《臺灣隨筆》 臺灣距厦門不知若干里，而舟人稱海程則以更爲計，云自厦至臺爲十一更，自臺至松江之上洋爲五十六更。然問其所謂更者，莫解其義也。余在臺灣一載，乃復從海道歸，既登舟止于鹿耳門十日。鹿耳門爲臺灣門户，其水中沙石纍纍環瀠，出入危險，舟行畏之。既而啓行，南風甚勁，海師以指南針指子癸之次，凡三日三夜，乃目覩風濤之壯。然已逾金厦漳泉，而徑達于興化之港矣。

徐葆光《中山傳信録》卷一《封舟》 封舟圖

【略】下爲柁樓，樓前小艙布針盤，夥長、柁工及接封使臣、主針者，居之。

【略】

每船船户以下二十二人。

正夥長主針盤羅經事，副夥長經理針房，兼主水鉤。長綆三條，候水淺深。

針盤

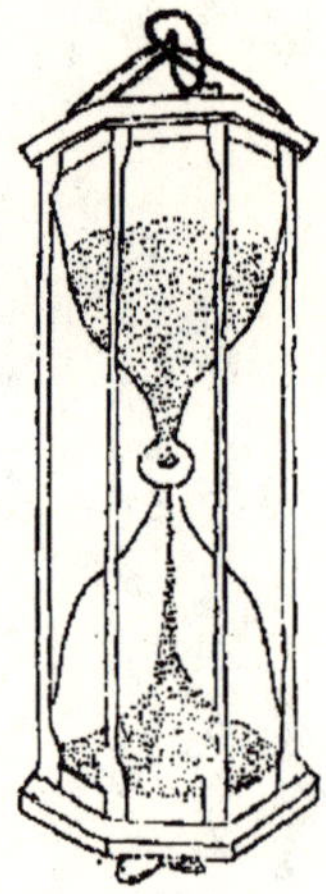
玻璃漏

更定更法。

海中船行里數皆以更計，或云百里爲一更，或云六十里爲一更，或云分晝夜爲十更。今問海舶夥長，皆云六十里之説爲近。

《舊録》云：以木柹從船頭投海中，人疾趨至梢，人柹同至謂之合更。人行先於柹爲不及更，人行後於柹爲過更。今西洋船用玻璃漏定更，簡而易曉。細口大腹玻璃瓶兩枚，一枚盛沙滿之，兩口上下對合，通一線以過沙。懸針盤上。沙過盡爲一漏，即倒轉懸之。計一晝一夜約二十四漏。每更船六十里，約二漏半有零。人行先木柹爲不及更者，風慢船行緩，雖及漏刻，尚無六十里，爲不及更也。人行後於柹爲過更者，風疾船行速，當及漏刻，已踰六十里，爲過更也。

針路圖

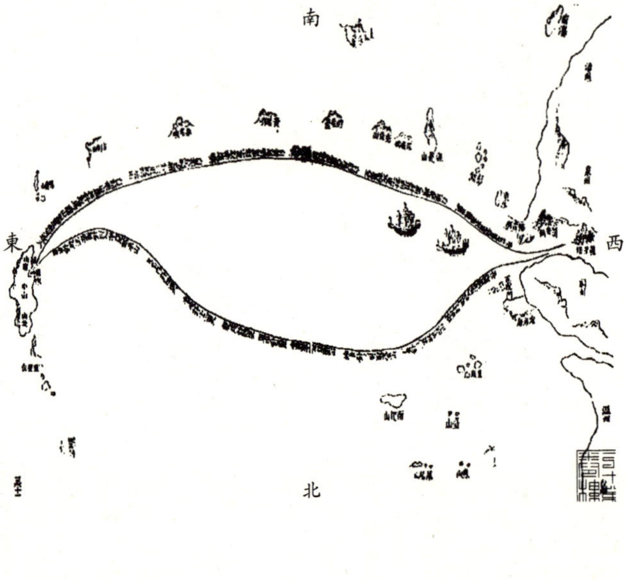

針路圖

針路

琉球在海中，本與浙閩地勢東西相值，但其中平衍無山。船行海中，全以山爲準。福州往琉球，出五虎門必取雞籠、彭家等山。諸山皆偏在南，故夏至乘西南風，參用辰巽等針，衺繞南行，以漸折而正東。琉球歸福州，出姑米山，必取温州南杞山，山偏在西北，故冬至乘東北風，參用乾戌等針，衺繞北行，以漸折而正西。雖彼此地勢東西相值，不能純用卯酉針，徑直相往來者皆以山爲準，且行船必貴占上風故也。

《指南廣義》云：福州往琉球，由閩安鎮出五虎門東沙外開洋，用單或作乙。辰針，十更，取雞籠頭、見山即從山北邊過船，以下諸山皆同。花瓶嶼、彭家山。用乙卯並單卯針，十更，取釣魚臺。用單卯針，四更，取黄尾嶼。用甲寅或作卯。針，十或作一。更，取赤尾嶼。用乙卯針，六更，取姑米山。琉球西南方界上鎮山。用單卯針，取馬齒。甲卯及甲寅針，收入琉球那霸港。

福州五虎門至琉球姑米山共四十更船。

琉球歸福州，由那霸港用申針放洋，辛酉針，一更半，見姑米山並姑巴甚麻山。辛酉針，四更；辛戌針，十二更；乾戌針，四更；單申針，五更；辛酉針，十六更，見南杞山。屬浙江温州。坤未針，三更，取臺山。丁未針，三更，取里麻山。一名霜山。單申針，三更，收入福州定海，所進閩安鎮。

琉球姑米山至福州定海所共五十更船。

郝玉麟等監修　魯曾煜等編纂《廣東通志》卷九《海防志》　洋船底二重，皆以鐵力木厚三四尺者爲之，錮以瀝青、石腦油、泥油，填以礌石矸，以獨鹿木紮以藤篷，以椰索北椗，以鐵力木杪釘以桄榔箆簩淬釘以蛇皮内膏，北海水鹹，爛鐵妨磁石，故皆不用鐵物。云桅凡三，一桅嘗植，二桅以風而植。桅長者十四五丈，或二三接，中皆横一杆，上有望斗，容四十餘人。又以木爲人，或升或降，遍置梯繩之間。前木照，後柁以黑鬼善没者司之。其舶小者四圍皆密，腹中僅留一孔，自上而下。飄洋時，梢公縛身桅下，餘悉在船腹之中。凡上舶容人千餘，中者數百，皆有舵師、歴師，然必以羅經指南。掌羅經者爲一舶司命，毫末分利害焉。每舶有羅經三，一置神樓，一舶尾，一在半桅之間。必三鍼相對不爽，乃敢行海。大魚至，以銅銃擊而退之。大魚去而波浪爲怪，以長劍斬之。具大小譁《外番志》。

朱仕玠《小琉球漫志》卷一《泛海紀程》　舵前相距二丈餘，設立板屋，寬約一丈餘，深約一丈，内供養天后像。左右立四小艙，以爲卧室，名曰麻離。板屋後附立一小龕，高約三尺，横濶約五尺，以置羅盤，定子午針。

潘相《琉球入學見聞録》卷一《星槎島蹟附》　十二月二十一日起風一日，應來年正月一月多風，二日應二月，後皆以次遞應。或一日風作一次二次，則來年所應之月，颱亦一次二次。多亦如之，無不驗者。俗傳暴期不在本日，則前後三日。又日值箕畢翼軫四宿，亦主起風，皆宜避，不得謂誣也。渡海船二座，自五虎門至姑米山四十更，自姑米至定海所五十更。一更六十里，以沙漏定之。漏用玻璃瓶兩枚，細口大腹。一枚盛沙滿之，兩口對合，中通一線以過沙，倒懸針盤上。沙盡爲一漏，復轉懸之。計一晝夜約二十四漏，每二漏半有零爲一更。風緩船遲，雖及漏刻，尚不及更。風疾船速，未及漏刻，已逾六十里，爲過更也。又以木柹即木柴。從船頭投海中，人疾趨至梢，人柹同至，謂之合更；人行先於柹，爲不及更；人行後於柹，爲過更。船尾安用針盤羅星，以山爲準。自福州往琉球，出五虎門，取雞籠山、花瓶嶼、彭家山、一作平佳山。釣魚臺、黄尾嶼、赤尾嶼、姑米山、馬齒山，諸山皆偏在南。夏至取山北過，乘西南風，參用辰巽等針，衺繞南行，以漸折而正東，收入那灞港。自琉球回福州，出姑米山，取温州南杞山、臺山、里麻山，一名霜山。諸山偏在西北。冬至取山南過，乘東北風，參用乾戌等針，衺繞北行，以漸折而正西，收入定海所，進五虎門。蓋福州琉球，雖地勢東西正對，然船身宜上不宜下，故前明封舟不至落北者，惟夏子陽，餘皆多用卯針，以致飄過北山。故《指南廣義》主用卯針之説，不可信也。徐録周志，言之詳矣。

王大海《海島逸志》　指南車不用鍼，荷蘭以鐵一片，兩頭尖如梳，中心一小凹，下立一鋭承之，或如雨傘，面書荷蘭字，分十六方向，洋帆所向用之。

李元春《臺灣志略》卷一《地志》　通洋海舶，掌更漏及駛船針路者爲火長；一正一副，各有傳抄海道秘本，名曰《水鏡》。

佚名《粤海關志》卷四《前代事實三・明》　唐順之云：國初，浙福廣三省設三市舶司。在浙江者，專爲日本人貢帶有貨物，許其交易。在廣東者，則西洋番舶之輳，許其交易而抽分之。若福建既不通貢，又不通舶，而國初設市舶之意，浸不可考矣。【略】蓋土著民醵錢造舟，裝土産，徑望東西洋而去，與海島諸夷相貿易。其出有時，其歸有候。廣洋巨浸，船一開帆，四望惟天水相粘，茫無畔岸，而海人習知海道者，用指南針即羅經也。爲其導向。相傳有《航海針經》，針或單用，或指兩辰間。以前知某洋島所在，約更時當行水路幾許，打量水深淺幾托，方言幾仞爲幾托。海中島嶼作何狀，某洋礁險宜慎；或風雲氣候不常，以何法趨避之。

俞正燮《清初海疆圖説》　天下海疆總論・洋船更數説

大凡陸地往來，有里數、有程站，可以按程計日，分毫不謬。惟洋船則不然。蓋大海之中，全憑風力。若風信不順，則船勢漸退，此不可以日期定也；汪洋所在，杳無山影，非同內洋可涯岸垵泊者比，此不可以程站計也。故設爲更數，以定水程。夫更數者，洋船設一漏以貯砂，砂陸漏盡，則爲一更；然不得風力相稱者，則又不可以計更。故持木片一塊，在船頭放於海中，人即疾趨至船尾；其木片亦即並流至船尾者，此其風力相稱，即可隨漏以計更矣。果有此風信，盡一日夜可得十更，一更可行六十里，如陸路之一站也。其所放木片，或人走至半船而木片已先流過船尾者，此其風力十分順利，則爲過更數；過更者，則爲兼程也。其所放木片或人走至船尾而木片只流至半船者，此其風信不順，則爲不及更數；不及更者，則爲不及程也。故火長之定羅經、看船頭，從何字行約有幾更，該到何處；下鐵錘以取泥沙，則知更數之有準、針道之不移。或轉字與否，隨其分別矣。每見洋船回棹，被風飄流誤投他處者，皆由火長不精，錯認更數；或被狂風錯認山勢，或因失落器具，致遭飄流之害耳。

藝文

袁翼《邃懷堂全集》詩集前編卷四《渡海》 真疑此外無天地，瘴海南流不復東。一綫鍼通千里路，海中不辨南北，舵師惟視鍼盤，晝夜目不他瞬。半桅帆壓萬鈞風。是日風大順，祇挂半帆。馬人市隱腥煙黑，鼇背山開石壁紅。童女童男今立國，思量徐福是英雄。

夏之蓉《半舫齋編年詩》卷三《題筠莊兄巡臺百韻詩後己酉》 疆索鯷人向化并，繡衣銜詔耀雙旌。針盤風信宜三月，水驛晴光報十更。觀海人居鼇背迥，籌邊樓壓鳳山平。銅鈴舊俗今冠帶，采得謳謡協載賡。

周煌《海山存稿》卷一一《海上即事四首》 針路微茫日本經，海舶率用日本羅經。寶於龜鑑座中銘。長令甲乙輪爲直，船長以司針置正副二人。真有乾坤磨不停。分水似犀投木柹，以木柹從船頭投海中，人疾趨至梢。人柹同至謂之合更，人先柹爲不及更，人後柹爲過更。出波如蒜見花瓶。嶼名。豈知中外原無界，溝祭空煩說四溟。

陳文述《頤道堂集》詩選卷一三《掛帆示舵工施瑞》 長檣業業拂雲高，艘艓分明駕六鰲。爾以輕便狎風浪，我憑忠信涉波濤。浮生閱歷心多感，宦海蒼茫首獨搔。細認鍼盤牢把舵，莫辭辛苦莫辭勞。

斌椿《天外歸帆草・曉起》 曉起登樓岸葛巾，飄然一葉載吟身。針盤正指南洋道，帆席迴看北海濱。三島煙霞籠鶴背，九天雲影蹙魚鱗。愧聞異域咸稱說，中土西來第一人。

又 過波羅雜哈 航海三旬久，針盤正指南。桄榔圍四面，蒲葦繞孤潭。風暖熏如醉，書拋睡半酣。金焦驚入望，何處覓茅庵。東坡《放船至焦山》有「爲我佳處留茅庵」句。

俞聃《兩孤存》大剛集卷下《掩卷》 但凡十五路交叉，飛鳥以無踪到家。春岾墨囊中脫稿，晚閨燈盞上開花。騎驢馬服同窺井，挽鹿牛衣別打車。子午鍼盤鋒撞壁，珊瑚海底露紅丫。

天文地理測量

論說

陳櫟《定宇集》卷四《中星考》 今術家欲辨方位，必先定子午針以爲準，亦其遺法。中星無刻無之，特白日不見。他時無準。惟於節氣初昏之時候之，正午爲便。

熊三拔《簡平儀說》 用法十三首

第八 隨地隨節氣求日出入之廣幾何。春分、秋分日，日行赤道一線之上，其出入處是赤道與地平線之交，謂之天元卯酉。春分以後，日出入漸北，至夏至而極，復南。秋分以後，日出入漸南，至冬至而極，復北。其南北之廣，隨地不同，獨赤道之下廣至二十三度半强。其自赤道南北漸遠漸廣，故隨地有各節氣日出入之廣。其欲用此法何也？凡營度，必正方面。正方面之法，今時多用羅經。羅經針鋒所止，非子午正線。羅經自有正針處。身嘗經歷在大浪山，去中國西南五萬里。過此以西，針鋒漸向西；過此以東，針鋒漸向東。各隨道里，具有分數。至中國則泊於丙午之間矣。其所以然，自有別論。今欲得正子午線，亦有轉用之法，但針體微細，難得真確。不如《周禮》土圭及欽天監簡儀正方案所得方面爲準。若用此儀，先知本地本日，日出入去天元卯酉幾何度，候日出量取，即天元卯酉。依卯酉作垂線，得子午。

徐光啟等《新法算書》卷一九　以經緯推距度及方向

法於子午圈上識開舟時二界（繇此界以至彼界故名二界）。相距之緯，隨於球上任用一方向線，以交子午圈於前緯爲度，因以得二界相距之經。乃轉球令之東或西，（依引舟總方是）。視本方向線能復交前緯點，則其線必爲舟所應隨之線。否則另試一方向線，務以得交。如前法，假如利未亞洲之西獅山距鶯島東一十五度二十分，距赤道北七度三十分，設於此處開舟，引之至依勒納島，乃更距東九度一十分，距赤道南一十五度三十分。試轉球，以東南之偏南中線交子午圈，距北七度三十分。復轉球西，（因去界在東故）。過赤道九度一十分，（二界經度差是）。則得本線距赤道南一十五度三十分交子午圈。乃依針盤本線引舟至依勒納島也。又一法，用規器于球上量二界之距，必本則正合方向線在二界緯圈上，即本線必爲引舟之線矣。假如取瓊州府與小琉球之距，因瓊州府距赤道北一十八度，小琉球距赤道北二十二度，必求方向線于十八及二十二度各緯圈線上，得在東南之偏東中線。依之從瓊州府去小琉球必正道也。向線定矣，因求二處相距之至，法用規器于里表上取相應半度之數，（爲一百三十五里，愈少取愈準）。依二處緯圈中之向線量之，得數與一百三十五相乘，因得總里數。或用後表更準，初行指一總方向線之數，次三行指大向度分秒所應各向線之緯度。如自瓊州府至小琉球，其路爲東北之偏東中者，應從正北數第六線。（從子午圈左右數爲恒法）。蓋子午線上平度一距度，應大圈二度三十六分四十七秒，而總二處相距之緯正四度，推得二千八百二十一里，爲此二處之總路。餘倣此。

方向	度	分	秒
一	一	一	〇一
二	一	四	六五
三	一	二一	九〇
四	一	四二	一五
五	一	七四	九五
六	二	六三	七四
七	五	七〇	三三

又　卷二〇《渾天儀說》卷五

製内外不等圈

以上諸圈如法合成，隨安置于架中，必使子午圈半在地平上，半在下。而負儀之柱長短務如法，必先試之而後乃定住。所開之孔亦與地平之孔等，以其能函子午圈及兩耳，可游行不礙也。架之下安指南針，必線與子午圈正合，或與之爲平行。臨用時，一與針對，而本儀之南北得，即東西可定矣。

天地各球十二長圓形圖

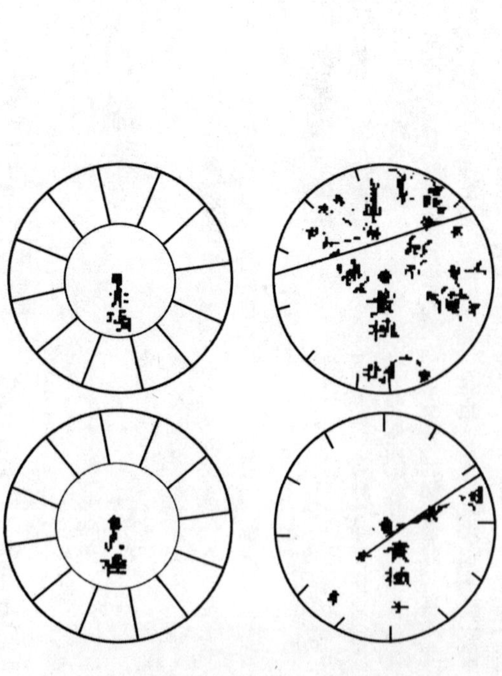

因前圖未畫圓形，至二極中尚差十度，故復以此圓圈補之。各以十二平分，而中心當極，可合前圖成圓球也。臨糊時，先從此圈始，次將長圖各于相應之界連接之。（法詳之後篇）。球製已完，必地平子午圈高弧及時盤指南針等與渾儀同，乃可以全球之用。但前圖大小有定則，而子午地平必依其則以爲徑。今定其式如左，與圈内周之邊等，即球與圈相間之空俱在算内，而天地球圈同一式矣。

又　卷八九《測量全義》卷三　繪洲島郡邑法

法用平版如几案，置儀其一端。儀之心以當兩測之初所定，儀用游表左右遷移，令二表與次所相參直，即于兩表間作一線，名曰主線。主線之左右視所繪之物，令與兩表相參直，即如前作線，虚記本物之名號。次用指南針定其方向。又各兩線中間書其度分之數，畫訖，至次所置儀於版之他端，以儀心加主線之上。主線與初所相參直，令初測之儀心在兩所之間也。定儀如前，用兩表視所繪之物，各作線，審方注度，即每物各有兩線在圖版之上必相遇。相遇之點，乃實註本物之名號。末去各線，成所求作圖。

又徐光啓《農政全書》卷一四《水利・東南水利中》 先於某境第一號，量至第二號，用繩取直。下定指南鍼，審定繩直，于三百六十分度内，定是何向，注于號簿。如河岸迴曲，一號中可分作二，或作三四，格定注實。格完，又用矩極，于第一號上立一人，持丈竿取直。于第二號上立，對準取平。又互換覆看，對準取平。即知第二號下于第一號幾何尺寸，注于號簿。每號俱用此二法，至號盡而止。事畢布算，先將逐號小弦，依本號坐向，與子午鍼對算，即知小勾幾何；與卯酉鍼對算，即知小股幾何。逐號算成小勾股，注于號簿。次將小勾積算，即知大勾；小股積算，即知大股。以大勾股求弦，即知大直弦丈尺；以大勾股依子午卯酉鍼上取弦，即知大直弦于二十四向中定作何向。又用矩極所測高下分寸積算，便知二境相去高下之數，亦便知沿河而來，每幾何丈尺而下一尺。次用大勾股歸除之，即知直股上每幾何丈尺而下一尺，直勾上每幾何丈尺而下一尺。

陸世儀《思辨録輯要》卷一六《治平類》 清丈田畝，莫如行方田。方田即張子厚經界法，安石知其粗而不知其精，知其畧而不知其詳，無怪乎紛紛擾民也。苟得其法，則縣官不必履畝而勘，而吏民自不能欺。吏民即欲朋比爲奸，而其勢自不能混。其法每千步爲大方，方立大標竿；百步爲小方，方立小標竿。大標竿以石爲之，如今之華表。小標竿以木爲之，如今之旗竿。下立兩石，足夾而立之。大標竿常立而不仆，小標竿或立或仆，皆不妨以下有石足可驗也。立之之法，先須正南北，以針盤準之。如立一標竿於南，則自此以至極北地方，皆依針路竪立，直如引繩。不許一毫參差，差則罪其司吏。東西亦如之。如遇山險及江河水道，不可立標竿者，則竟不必立。蓋此處雖不立，而有左右前後之標竿可以相準，故不立亦無礙。

李塨《小學稽業》卷四《計》 建標方田法

每千步爲大方，方角立大標竿。百步爲小方，方角立小標竿。南北東西，以針盤引繩準之，不使一毫參差。大方積百萬步，在今法當田四十一頃六十六畝一百六十步，在古法古以百步爲畝，三百步爲里。當田萬畝。小方積萬步，在今法當田四十一畝一百六十步，在古法當田百畝。孟子方里而井，井九百畝，九小方也。不用量算，已有定數。其間有山林川澤不毛之地，另算除之。若山河不可立標者，有前後左右標竿可以相準，不立亦無妨也。

張廷玉等撰　紀昀等校訂《清朝文獻通考》卷二五八《象緯考三》 儀器

製地平半圓日晷儀，以銅爲之，凡二重。地平盤，長四寸三分，寬三寸五分。中施指南針，外畫時刻線。正北當午正，正西卯正，正東酉正，後直立方盤，上加半圓。通徑中爲中心，兩旁各爲半徑。半徑上穿孔，地平中心線入之，視線影以知時刻。半圓中心施遊表，表兩端立耳，穿中線，對太陽驗遊表與通徑距度，以準太陽高弧。

三十二年四月製三辰簡平地平合璧儀，以白金爲之。如匱形，正方徑七寸九分，上下啟之，凡六重。第一重爲三辰公晷，外盤列十二時初正，二十四節氣。内遊盤列十二時初正，三十日及恒星星名等次。第二重爲日行時刻度分，下列度數。上以遊盤冪之，測時旋轉，使當其空處。第三重爲指南針盤，上帶遊表，環以地平方向。第四重爲地平儀，外列九十度，中施指南針，上帶遊表，内畫矩度。第五重爲簡平儀，地盤外爲赤道，列十二時初正，中心爲北極。内橢圓心爲天頂，圓線爲經圈，徑線爲緯圈。天盤小圓爲黄道，列十二宫，上帶遊表。第六重爲象限儀，弧線爲圓度弧，内外方線爲矩度，以合諸儀之用，各如其法。

【略】

製方矩象限儀，以銅爲之，半徑八寸五分，象限之周九十度。圓線十重，以斜線相交成十格。象限外畫方矩線，斜直相交，亦成十格。象限内亦畫方矩線，平半矩施立耳，爲定表。圓心施遊表，表兩端有立耳，中爲指南針盤，前施二墜線。測量法，以遊表直邊指度數，兩表相距度分爲所測之角。承以銅軸，攢木爲三足，能升降。

乾隆九年二月製三辰公晷儀，以銅爲之，通高二尺一寸，凡二重。四圈正立爲子午圈，列周天度。上應天頂，下應地心。兩軸爲南北極，與子午圈十字交。而常定不動者，爲天常赤道圈，列晝夜時刻。天常圈内層爲遊旋赤道圈，列十二宫，以南北極爲樞。而東西旋轉者，爲過極遊圈。座心表末與天頂地心相對，後施指南針，前施墜線。表四足施螺旋，以中腰表耳測赤道經度，以對南北極直距中窺衡測赤道緯度，以遊表加遊旋赤道上測時刻。

【略】

渾天合七政儀，以銅爲之，徑一尺二寸，高一尺三寸五分，凡三重。外二環，平者爲地平圈，上列西洋書十二宫十二月。立者爲子午圈。子午圈上天頂垂銅葉，爲地平高弧，北小圈爲時刻盤。次内五環兩軸爲南北極，貫二極爲二至經圈，腰帶赤道，斜帶黄道。黄赤道交處爲二分，相距最遠處爲二至。二極軸上小圈爲負黄極圈，其最内平面圓環爲黄道十二宫，中心爲日體，圓邊爲地球。對地球立表，以指日行宫度。日與地各爲盤，地盤有月體，日盤有金水二星體。日外大盤有火木土三星體，皆以璣旋之。月旋以地爲心，五星旋以日爲心。座面旁施指南針，以測太陽緯度及出入地平時刻方位。

七政儀，以銅爲之，徑一尺六寸五分，高二尺五分，凡二重。外重平圈爲黄道，列周歲十二月、周天十二宫。斜圈爲赤道，十字圈爲赤道子午卯酉經圈。内重爲七政盤，列十二宫，與黄道左右相應，中心爲日體，最近日爲水星，次金星，次月與地，次火星，次木星，最遠土星。木星旁四小星，土星旁五小星。土星上圓環平之，則星正圓；側之則星長圓。日體旁爲瓶，置燈，以取日影。對日處映以玻璃盤，内皆有機輪。其旁以小盤之軸挈諸輪轉之，承以半圓十字，下岐三足。座心設指南針，十二宫上施遊表。表轉一周爲一日。視諸體之旋轉以測七政晝夜隱見之象。

地平赤道公晷儀，以銅爲之，徑七寸八分。地平盤分内外。外方盤施露管二、螺柱四。内圓盤列地平三百六十度，施指南針，中帶銅弧，弧上九十度。赤道環在圓盤北，銅弧入之以定各處北極高度。環面施大遊表，表近上加立表，中有直線。環上端小圓盤内有小遊表及半環。環上穿小孔，以大遊表對日景，從小孔透立表中線，視大遊表下端所指知時刻，小遊表所指知分數。

地平經緯赤道公晷儀，以銅爲之。通高一尺，地平盤分内外。外盤畫子午線，三角植螺柱。内盤列地平三百六十度，施指南針，縱横置露管。盤上正立爲赤道經圈，上環中線爲天頂，斜倚爲赤道。中施直表，列節氣宫度。表中縫加遊表，上穿孔，使透日光。經圈上平赤道施兩表耳，測日影。内盤九十度線與外盤子午線準以赤道經圈，按度對天頂，以遊表小孔對節氣日數，視日影所臨知時刻。以赤道經圈對日上下轉之，日影從上表耳孔透下表耳之兩點，視赤道距天頂度與九十度相減，知太陽距地平高度。視内盤距子午線度，知太陽距午正東西偏度。以外盤分數線與度數線對，知時刻。

八角立表赤道公晷儀，以銅爲之。地平盤長二寸二分，寬一寸八分。前施指南針，後爲赤道盤。横軸上下之盤周畫時刻線。正北當午正，西南起寅正，東南止戌正。盤上施日影表以指北極。右帶高弧表，角與弧皆高六十度，驗影以知時刻。

方赤道地平公晷儀，以銅爲之。地平四寸二分，中施指南針，後爲赤道盤。外方内圓，兩面畫時刻線。正北當午正，西南起卯初，東南止酉初。盤底有機。上下之地平右施螺旋表，環列度數，以表指之。赤道盤中施直表，指南北極。春分後向北，秋分後向南。驗表影以知時刻。

遊動地平公晷儀，以銅爲之。圓座徑二寸一分，高一寸八分。内遊環三層，繫日晷地平盤於三層環内。中施指南針，周圍時刻線三層，依北極高三十度、四十度、五十度北有弧表，畫線亦如之。自地平中心出斜線，對弧表線以指北極，視線影以知時刻。爲舟行測驗之器。

【略】

定南針指時刻日晷儀，以銅爲之。地平盤，長一尺三寸五分，寬一尺一寸一分。中爲指南針，外畫時刻線七重。第一重爲二分，第七重爲二至，以次順逆數之。線各分十二時初正。兩端立表耳，中線對日，兩耳影相對，驗指南針所指以知時刻。

【略】

日月晷儀，象牙爲之，凡二重。下爲日晷地平，長二寸，寬一寸四分。中施指南針，外畫時刻線。啟其上直立之，以地平中心線縮小孔内視線影，以知時刻。上爲月晷赤道盤，上列三十日，從正北起。中心置時刻遊盤，列十二時，午正初刻。上出表末以指日數，中施遊表，表端立環，對月表末指時。以上重左銅鈎按下重側面北極高度，揸定立環内不見月光，視表末以知時刻。

四定表全圓儀，以銅爲之。通徑一尺，全周三百六十度。中施指南針，圓線十層。以斜線相交成十格，分四象限。通徑線兩端各施立耳爲定表。中心設旋圓盤，其通徑線兩端施立耳爲遊表。表兩端直邊對立耳中線，以指度數。以定表、遊表相距度分爲所測之角，平測立測，惟所宜。

矩度全圓儀，以銅爲之。通徑六寸，全周三百六十度分。半周通徑線兩端各施立耳爲定表，中心施遊表。表中線兩端加立耳，立耳中線與遊表中線對，上施指南針，前施墜線。表端鋭處指度數，以兩表相距度分爲所測之角。圓内下半周矩度縱横各六十分，爲勾股比例之用，平測立測惟所宜。小花全圓儀，以銅爲之。通徑二寸，施定表、遊表、指南針與矩度全圓儀同。以中圓花隙鋭處對遊表立耳，指度數，平測立測，惟所宜。

【略】

測太陽高度象限儀，以銅爲之。半徑一尺二分，象限之周九十度，圓線十重，以斜線相交成十格。平半徑兩端各有立耳，上立耳中線穿小孔，下立耳中線爲空圈。內交十字，半徑旁施指南針。午正日光從小孔透十字心，與表耳參直。圓心施墜線於方銅管內以護風，由管末玻璃中視墜線距日光線，知太陽距天頂之度。以時刻儀驗準，對太陽測之，知太陽隨時高度。易墜線爲遊表兩立耳，皆如定表法，與所測參直。以二表距度爲所測之角，承以直柱，三足，能升降。平測立測，惟所宜。

測高弧象限儀，以銅爲之。半徑一尺七分，象限之周九十度，圓線十五層，以斜線相交成十五格。兩半徑線末各施立耳爲定表，中圓柱四面穿直孔。旋之，使孔中線與立耳中線相對，以受日光。圓心施銅墜線，表穿長孔，有比例分以指分數。座中施指南針，以墜線距定表爲太陽距天頂度，承以直柱，有輪能升降。

【略】

地平方位儀，木質螺鈿飾。徑二寸三分，中施指南針，周列十二辰，八方列八卦。內周施遊盤，盤面分十二宮。對立直表，其長兩相等。先定子午線，轉銅環令表與所測之處參直，距正午東西若干度爲地平偏度，以分界知其所屬方位。

雙千里鏡象限儀，以銅爲之。半徑一尺四寸五分，象限之周九十度，圓線十重，以斜線相交成十格，平半徑千里鏡爲定表，平中心千里鏡爲遊表，下爲半圓，縱橫設兩輪低昂之。測量法，以兩表相距度分爲所測之角，承以直柱三足，平測立測，惟所宜。

四遊千里鏡半圓儀，以銅爲之。通徑一尺三寸五分，半周一百八十度。外圓線三重，內層十二重。每度末斜線與圓線相交成十二格，通徑線兩端立耳爲定表，其半圓心施遊表。表兩端有立耳，表端中線以指外重度分，立耳方孔中線以指內重度分。立耳內施墜線，表心施指南針圓盤。外兩柱承千里鏡，以兩軸左右上下之。以遊表、定表相距度爲所測之角，座三足，能升降，平測立測，惟所宜。

【略】

日影表，木質，立表高八寸，上施墜線，平表長二尺七寸，中銜銅尺，三角施螺柱，以指南針盤九十度對表。候影正時，自立表下量之，視影之長短以定節氣時刻。

鄂爾泰《授時通考》卷一七《土宜・水利三》 徐光啟量算河工測驗地勢法

一量所開河某境起至某處，如前法。已得曲折弦若干丈尺，今欲知直弦幾何丈尺，東西直股幾何丈尺，南北直勾幾何丈尺，東邊地形下于西邊幾何丈尺。要見本處地形，沿河而來，幾何丈而下一尺？東西直股，幾何丈而下一尺？南北直勾，幾何丈而下一尺？其大勾股之弦，于二十四向中當作何向？先於某境第一號，量至第二號，用繩取直，下定指南鍼。審定繩直，于三百六十分度內，定是何向，註于號簿。如河岸迴曲，一號中可分作二或作三四，格定註實。格完，又用矩極于第一號上立二人持丈竿取直，于第二號上立，對準取平。又互換覆看，對準取平。即知第二號下于第一號幾何尺寸，註于號簿。每號俱用此二法，至號盡而止。事畢布算，先將逐號小弦依本號坐向與子午鍼對算，即知小勾幾何；與卯酉鍼對算，即知小股幾何。逐號算成小勾股，註于號簿。次將小勾積算，即知大勾。小股積算，即知大股。以大勾股求弦，即知大直弦丈尺。以大勾股依子午卯酉鍼上取弦，即知大直弦于二十四向中定作何向。又用矩極所測高下分寸積算，便知二境相去高下之數；亦便知沿河而來，每幾何丈尺而下一尺。次用大勾股歸除之，即知直股上每幾何丈尺而下一尺，直勾上每幾何丈尺而下一尺。

陶澍《陶文毅公全集》卷四四《平面日晷銘》 《周官》建國，辨方正位。《月令》勤民，率作興事。二十四方，二十四氣。晷以測時，三者咸備。候氣之瑄，寒燠或愆。指南之鍼，癸丁或偏。維晷之綫，曰日景界。節有贏縮，景無弗届。維晷之表，用正地中。南北既定，辨乎西東。所以者何，有極高度。黃赤經緯，於是而步。天以運行，人以法測。厥道有常，所司罔忒。迺知民性，物則是依。豈其嚮化，而與令違。曷觀於天，流行不息。誰其代工，而鰥厥職。撫兹平晷，惜乃分陰。礱石垂模，爰告盍簪。

王家弼《天學闡微》卷七

日月合晷圖

日晷，緯線分節氣，分候，分日，本用天周，不用歲周；本用實行，不用平行。而用者最易誤認，不若明列南北緯度之數，較爲真確。月晷舊法用指南針，又月出以三五八十換時，不問緯度南北，不問朔望遲早，並不問本地之出入地平在何度分，是以有差，不若合用經緯定時。時既真確，且可合日月爲一晷。其經緯度從北極而分，實由天頂而定緯。南北各三十度，內二十三度二十九分爲日影所到，各加五度一十七分二十秒爲月影所到。晷用三十度，舉整數也。經度以一度作時之四分，十五度爲一小時。

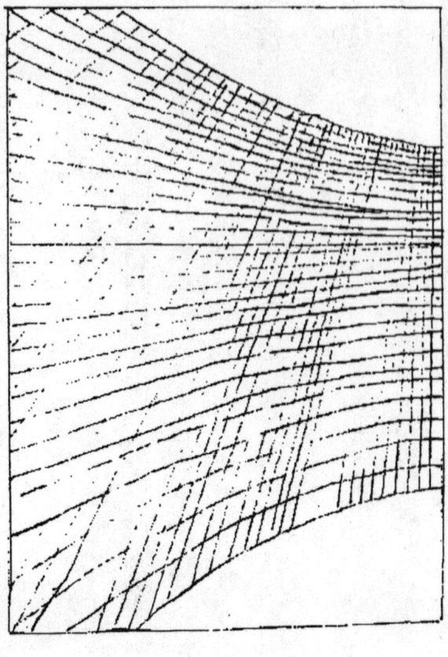

又　恒星平儀高弧定時圖

恒星定時之法，舊用經度中星，今於中星之外既用各宫經度求之矣。而又以經度定時，必用南北真線或用校準之指南針，非此則無以求之。不若用其緯度較便，且真。其法檢恒星經緯度表，加減歲差。用本年緯度作緯線于赤道之

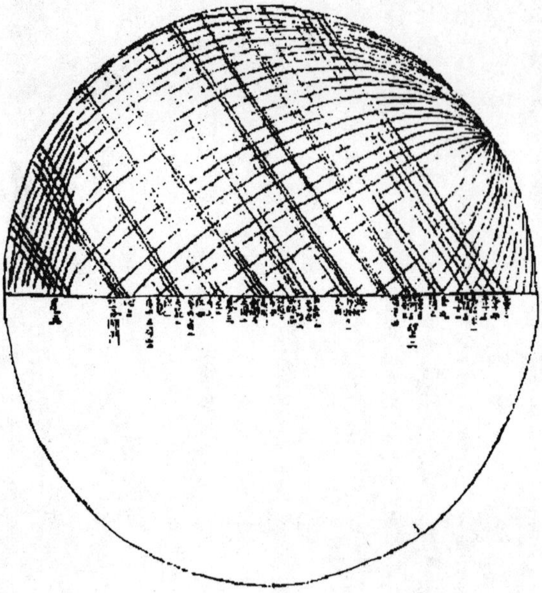

南北，然後測其地平緯度。以地平緯度察赤緯，求赤經，得恒星所臨赤經方位。又察恒星赤經原度，加本日距日赤經度分，變作時刻，即得本日之時刻也。

李善蘭《談天》卷二《命名》　凡雲開微隙，日光漏入，成直線數條，此諸線從天之最遠處來，可作平行線論。成天球之大圈，有二合點，一在日，一在日對面之點。在日之點，平地可見。而對面之點，必登高山，當日初出或將入時，見此諸線發于東，漸斂于西，或發于西，漸斂于東，成對面合點也。又北曉，俗名天開眼。或云是電氣光。其光成諸直線，皆與指南針平行，視之向地平漸斂，若合于針所指之點，其上皆如天球之大圈，而合于對面之點。又立冬後四五兩夜，諸奔星之方向，詳十七卷。若引長之，可彙于一點。故諸奔星大約方向平行，觀此諸事，前條之理自明。

周人甲《管蠡匯占》卷一　視中星法

視中星，先於高平處，將指南針判定南北，用線牽准。再將圓篾一根，長三丈，上刻一百八十二度。零褱於南北線界，如半月形，中縛一線，東西牽准釘定。中再懸一線，以物墜之令直，爲凖繩。線終處乃目視處也。於中懸線處南數三十六度，再繫一線，牽至視處，爲赤道線。於赤道線處南數二十四度，再繫一線，牽至視處，爲黄道線。如列宿在黄道上下者，依黄道線考。在赤道上下者，依赤道線考。此法最爲省便。圖列於左。

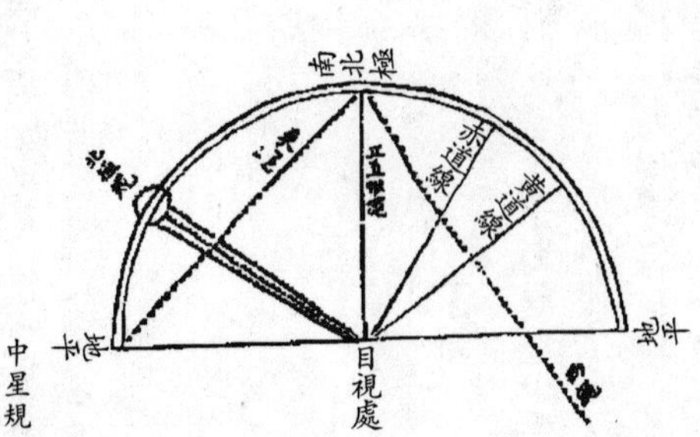

中星規

允禄等《清朝禮器圖式》卷三《儀器》

遊動地平公晷儀

本朝製遊動地平公晷儀，鑄銅爲之。圓座徑二寸一分，高一寸八分，内遊環三層，繫日晷地平盤于三層環内。中施指南針，周圍時刻線三層，依北極高三十度、四十度、五十度，北有弧表，畫線亦如之。自地平中心出斜線對弧表線，以指北極。視線影以知時刻，爲舟行測驗之器。

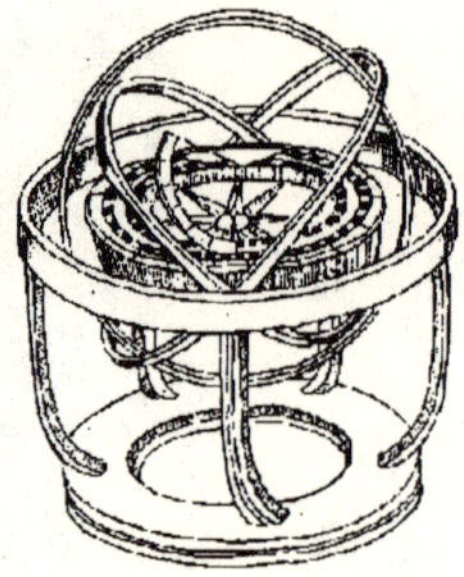
遊動地平公晷儀

又 定南針指時刻日晷儀

本朝製定南針指時刻日晷儀，鑄銅爲之。地平盤長一尺三寸五分，濶一尺一寸一分，中爲指南針，外畫時刻線七重。第一重爲二分，第七重爲二至，以次順逆數之，線各分十二時初正。兩端立表耳，中線對日，兩耳影相對，驗指南針所指以知時刻。

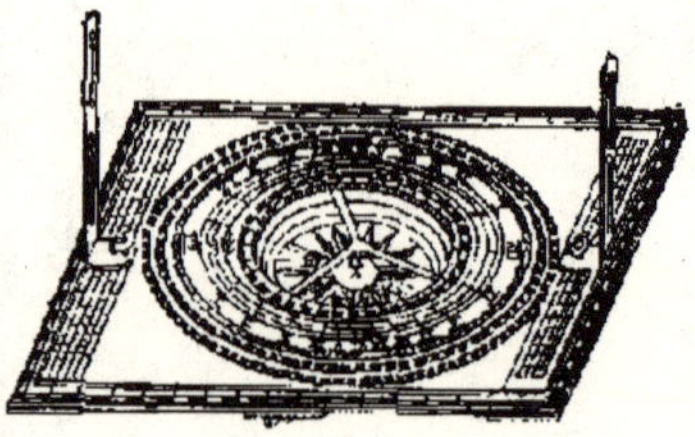
定南針指時刻日晷儀

又 地平方位儀

本朝製地平方位儀，木質，螺鈿飾。徑二寸三分，中施指南針，周列十二辰，八方列八卦。内周施遊盤，盤面分十二宫。對立直表，其長兩相等。先定子午線，轉銅環，令表與所測之處參直，距正午東西若干度，爲地平偏度，以分界知其所屬方位。

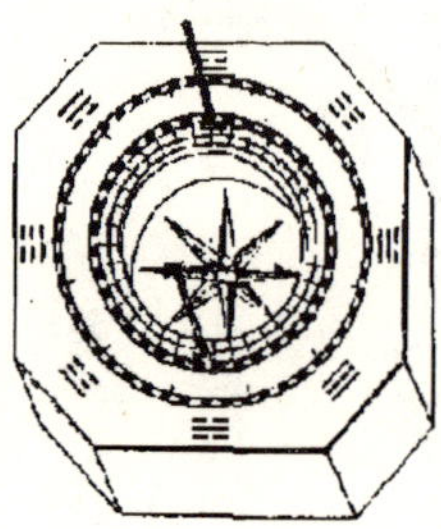
地平方位儀

又 日影表

本朝製日影表，木質。立表高八寸，上施墜線。平表長二尺七寸，中銜銅尺，三角，施螺柱，以指南針盤九十度對表。候影正時，自立表下量之，視影之長短，以定節氣時刻。

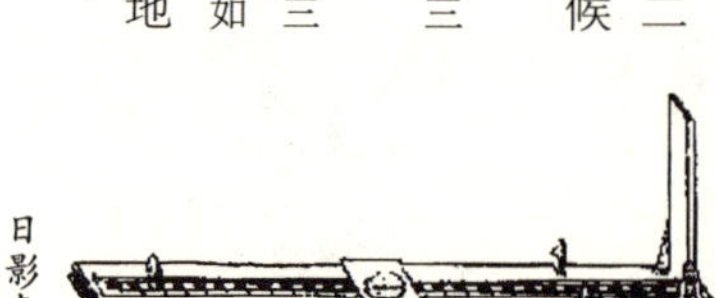
日影表

徐建寅《兵學新書》附卷《測地繪圖》 羅盤用法一百三十六

圖內有二點，如甲乙。地面有物，如天。欲補入圖。如圖三十七。先在原處，如呷。測新處如吠。之方向。再往一原處，如吃。亦測新處如吠。之方向。用分角板依二方向之角度，在地圖上二原點，如甲乙。各畫其方向角線，二線相遇得點。如天。

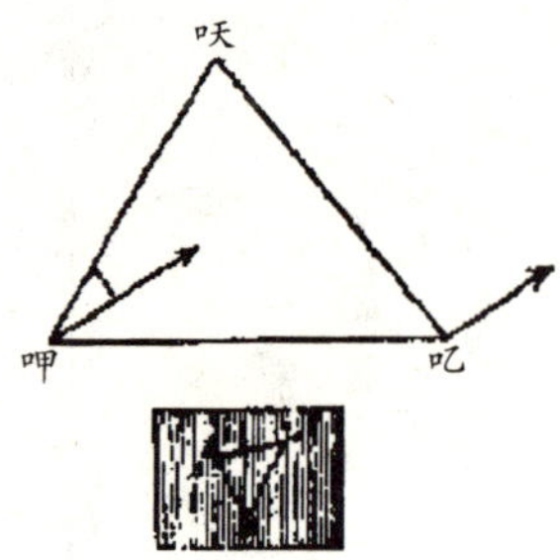

三十七

圖內有二點，如甲乙。地面有物，如吠。人能到其處，欲補入圖。人立在其處，如吠。以測人不能到之原處如呷吃。之二方向。用分角板依二方向之角度，在圖上二原點如甲乙。各畫其方向角線，相遇得點。如天。

地面原有二處，如甲乙。人立其處，同時可測數處如天地人。之方向。如圖三十八。但各角不可太鋭，如太鋭，必從別處如丙。另測一方向，始得準。

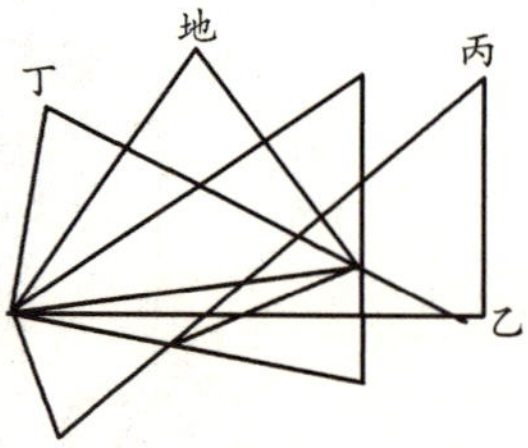

三十八

地面有路，如呷吃呐叮。欲繪於地圖上。如圖三十九。人先立於原處，如呷。起測第二處如吃。之方向，用分角板在地圖原點如甲。依測得之方向畫一線。量地面二處如呷吃。之相距，依比例在圖上原點量得第二點。如乙。又在地面第二點如吃。測第三處如呐。之方向。量二處如吃呐。之相距。用分角板在地圖第二點如乙。依測得之方向畫一線，依比例在圖上第二點如乙。量其相距，得第三點。如丙。餘仿此，而成路形。

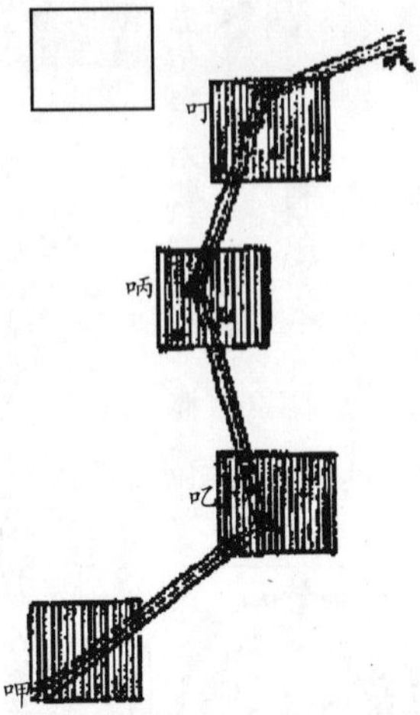

三十九

反測其角，更爲便捷。在路第一處，如呷。測第二處如叱。之方向。其第二處、如叱。第四處如叮。可不測，而在第三處如呧。測第二處、如叱。第四處如叮。之方向，仍量各處如呷叱呧叮。之相距在地圖原點。如甲。依方向畫一線，依比例量相距，得點。如乙。自此點如乙。依方向畫一線，量相距，得點。如丙。

畫路旁各處如辛寅卯。者，如圖四十。在路各處，如甲乙丙丁。測其方向，用分角板於圖上依方向畫線。

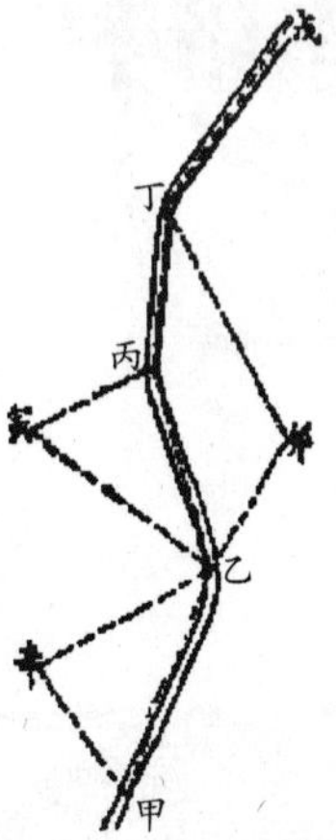

四十

城牆凸角，人不能到其處，欲測其方向角，如圖四十一。人持羅盤，如甲。移行至望對凸角之一面，如呷呧。合一線，測其方向角。如哨。人又行至如乙望對凸角之又一面，如叱呧。測其方向角，如吭。由哨角內減去吭角，爲凸角之角度。如呷叱呧。半之，爲凸角角度之半。

繪行軍圖，便用之木板，法國武官塗林刻所創，能代分角板，比例尺，二者之用，其式甚簡，數分時即能造成。如圖四十二。用長方木板，如甲乙丙丁。板面用厚圓紙一張，圓心如戊。釘連於木板，能旋轉。圓紙周分畫三百六十度，紙面畫平行縱橫多線。其相距依欲畫地圖之比例，如六英寸代一英里，則九分九代一千英尺。再平分爲十分，即代一百英尺是也。其對九十度及二百七十度之通徑，畫紅線。對〇度及一百八十度之通徑，畫黑線。其餘每五線稍粗，使易分別。板邊連有指針，如庚。與紙周相切而不相礙。畫地圖紙，用薄而透明者，以帽釘四箇，如己己己己。釘於板面，板右有缺口，手指在此，撥紙轉動。

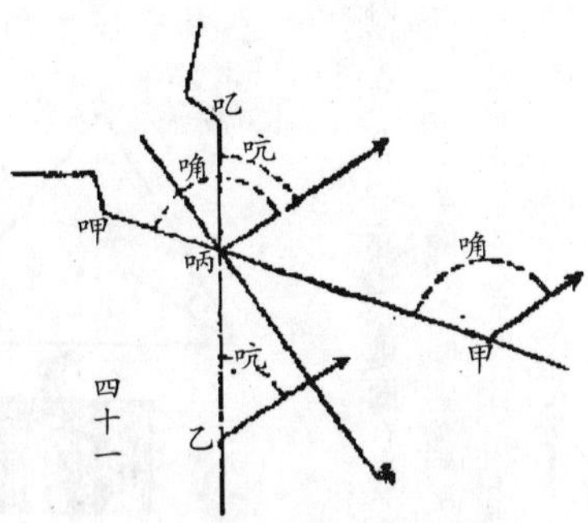

四十一

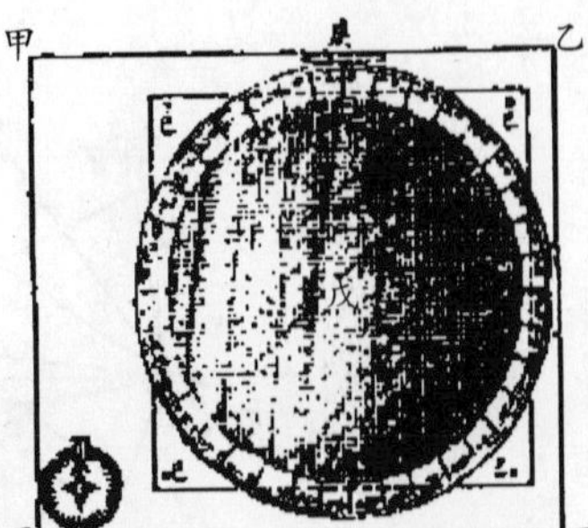

四十二

欲畫方向線，如爲一百三十度，可撥圓紙轉至一百三十度對指針，如庚。用界尺在圖紙上，對下圓紙面之線，以鉛筆靠尺畫之，再依所量得之相距，照每方格所有方向線之長量之。或另用指南針，以螺釘二箇，連於木板之角，則更便用。

地磁偏角的發現與測量分部

論説

楊維德《塋原總録》卷一《主山論》 客主的取，宜匡四正以無差，當取丙午針，於其正處，中而格之，取方直之正也。蓋陽生於子，自子至丙爲之順；陰生於午，自午至壬爲之逆。故取丙午壬子之間是天地中，得南北之正也。丙午約而取於大概。若究詳密，宜曲表垂繩，下以重物墜之，照重物之心，圓而為圈，一如日月之暈。繩以占號，二晷漸移，逢暈致槷，自辰巳至于未申，□□兩旁真東西也。半折之，望墜物之下，則知南北之正中也。

管輅撰　王伋等注《管氏地理指蒙》卷上　釋中第八

星紀四時次舍，觀章于《堯典》。墟分五帝分野，申法於麟箋。八卦兆形于八節，二十四氣分布而成一年。一本二百六旬酌八卦而北形于八節，二十四氣分八方而成務於一年。四維張而枝幹錯列，四至奠而分至推遷。積閏餘于二道，故二十八宿分緯而經周天。知夫曆者之法乎，閏無特氣，節必加雙，一本有則知月將。而分終終改中。始焉。蓋始氣胚普回切懷胎也。腪音運。而未成兆，中氣着象而有常躔。陽生于子而起日於子半，陰生于午而起夜于三刻之未全。閏無中氣之正位，而斗杓斜指于兩辰之間。是則八干四維之至正，乃寂然未動，微然未著之前。惟壬與丙未形未觀。定天地之中，必于危張之度。陰陽所生之元，無非千辰初刻之所。推十二支辰，是乃各辰正刻之所移。惟壬與丙，陰始終而陽始窮。惟子與午，陽始肇而陰始生。探陰陽自始自終之藴，察天地南離北坎之原。磁磁石可引鍼。者，母之道。鍼者，鐵之戕。母子之氣以是感，以是通，受戕之性以是復以是完。體輕而徑，所指必端。應一氣之所召，土曷中而方曷偏。較軒轅之紀，尚在星虛丁癸之躔。惟歲差之法，隨黄道而瞻之，見成象之昭然。【略】

二十四氣之有節氣，有中氣者，何也？氣常盈而朔每不及，必置閏以爲之補。非兩氣以限之，亦烏知其氣之盈而朔每不及也。然氣一也，有天氣焉，有地氣焉。天氣恒先至，所謂胚腪之氣也。地氣恒後至，所謂著象之氣也。陽生於子，必當于子之中。陰生於午，必極於午之正。閏無中氣者何也？歲止有十二月，以應十二支，因氣盈朔虛，不得不置閏，以完其二十四宮之全氣，故上半月作前月用，下半月作後月用。斗杓斜指於兩辰之間，是閏之不得當十二支之位也，明矣。王趙卿曰：虛危之間針路明，南方張度上三乘。坎離正位人難識，差却毫釐斷不靈。則危張之度，屬子午之正宮，從可識矣。元，始也。每一時分八刻，初二刻屬干維，正四刻屬支辰，則胚腪之始在干維，而著象則在於支辰也。【略】

磁石受太陽之氣而成，磁石孕二百年而成鐵。鐵雖成於磁，然非太陽之氣不生，則火實爲石之母。南離屬太陽真火，針之指南北，顧母而戀其子也。《土宿本草》云：鐵受太陽之氣，始生之初，鹵石產焉。一百五十年而成磁石，二百年孕而成鐵。又云：鐵稟太陽之氣，而陰氣不交，故燥而不潔。日有中道，中道者，黄道也。非天之有是道，乃因日行而名之。其道北至東井，去極近；南至牽牛，去極遠；東至角，西至婁，去極中。此二至二分之所在也。

陽生子中，陰生午中。金水爲天地之始氣，金得火而陰陽始分，故陰從南而陽從北，天定不移。磁石爲鐵之母，亦有陰陽之向背，以陰而置南，則北陽從之；以陽而置北，則南陰從之。此顛倒陰陽之妙，感應必然之機。

曆之有歲差者，何也？曰：天行之度有餘，日月所行之度不足，故天運常外平而舒，日道常内轉而縮。由是天漸差而西，歲漸差而東，而歲差之法立焉。晉虞喜以五十年日退一度，失之太過。何承天、劉焯、一行輩，互有損益，而又失之不及。惟郭守敬以周天周歲强弱相減，差一分五十秒，積六十六年八個月而差一度。筭已往，減一筭。筭將來，加一筭。而歲差始爲精密。

歲差者，歲歲有差。假令今歲冬至日在箕三度，至明年冬至日仍在箕三度，其間已差秒忽矣。所以然者，天體三百六十五度二十五分七十五秒，太陽每日又躔一度，一歲積三百六十五日二時七刻有奇。太陽與天會於原次，而太陽不及天一分五十秒，積六十六年二百四十三日六時而差一度，積二千三十餘年而差一宮，積二萬四千五百年弱而太陽與天復會於子宮之虛宿，是之謂一大周天。凡一度百分，一分百秒。

大哉中之道也，天地以立極，寒暑以順時，陰陽以致和，日月以重輝，範之以矩，模之以規。節之而聲不淫，表之而影不欹。以南以北，以東以西，以横以植，以簡以夷。權之以平，量之以齊，賞之以勸，罰之以威。居之莫不安，用之莫不宜，亶乎中之不可不及也，亦不可過而失之。噫！不及者可以進，過者不可追，是以磁鍼之所指者，其旨在斯，何京房之臆鑿，捨四正之深悲。

極言得中之道。天地得中而四極以立，四時得中而寒暑以順，陰陽得中而無愆伏之災，日月得中而當交會之候。矩得中爲天下之至正，規得中爲天下之至圓，聲得中而不亂，影得中而不斜。南北以經，東西以緯，横者以直，易者以平。輕重得之以爲衡，長短得之以爲準。賞不偏而下斯勸，罰不過而上乃威。居中則有一定之寧，用中則無兩端之失。不肖者不及，賢者又恐其過之。唯勉其不及以抑其過，斯針指之謂乎。京房以臬影較，偏於丙壬，謬矣。

以磁石磨針鋒，則鋭處常指南，亦有指北者，恐石性亦不同。如夏至鹿角解，冬至麋角解。南北相反，理應有異，未深考耳。

程棨《三柳軒雜識》 指南鍼

陰陽家爲磁石引針定南北，每有子午丙壬之理。按本州沽義磁石磨針鋒則能指南，然嘗偏東，不全南也。其注取新纊中獨縷，以半芥子蠟綴于針腰，無風處垂之，則針嘗指南。以針積貫燈心，浮水上，亦指南，然常偏丙位。蓋丙爲土火，庚辛金其制，故知是物類感耳。

寇宗奭《本草衍義》卷五 磁石

色輕紫，石上皸澁，可吸連針鐵，俗謂之熁鐵石。養益腎氣，補填精髓，腎虚、耳聾、目昏皆用之。入藥須燒赤，醋淬。其玄石，即磁石之黑色者也，多滑净。其治體大同小異，不可不分而爲二也。磨針鋒則能指南，然常偏東，不全南也。其法取新纊中獨縷，以半芥子許蠟綴于針腰，無風處垂之，則針常指南。以針横貫燈心，浮水上，亦指南，然常偏丙位。蓋丙爲大火，庚辛金受其制，故如是，物理相感耳。

江少虞《新雕皇朝類苑》卷五八《廣知博識》 磁石指南柏指西

方家以磁石磨針鋒，則能指南，然常微偏東，不全南也。水浮多蕩摇，指爪及盌唇上皆可爲之，運轉尤速，但堅滑易墜，不若縷縣爲最善。其法取新纊中獨繭縷，以芥子許蠟綴于針腰，無風處懸之，則針常指南。其中有磨而指北者。予家指南北者皆有之。磁石之指南，猶柏之指西，莫可原其理。

曾三異《因話録》 子午針

地螺或有子午正針，或用子午丙壬間縫針。天地南北之正當用子午。或謂今江南地偏，難用子午之正，故以丙壬參之。古者測日景於洛陽，以其天地之中也。然有於其外縣陽城之地，地少偏，則難正用，亦自有理。

謝采伯《密齋筆記》卷五 地理之説與命相通，宗廟比三命，天星比五星，砂形比相法。宗廟、天星、砂形，三者並合而無差，則萬不失一。

言子午針者誣丙午之非，用丙午針者排子午之失。針法乃五行之樞機，禍福之繩墨，既無定論，何以取準。余編十餘家之説，引援詳悉，不可盡舉，惟一家云：曾游歷格古州縣鎮幾百處，皆用子午正針，以是知子午正針法也。中針，後人遷就之説也。此是有定位形象之物，必以子午卯酉奠四方，故子午卯酉不易其金木水火之性。

何溥《靈城精義》卷下 地以八方正位定坤道之輿圖，故以正子午爲地盤，居内以應地之實。天以十二分野正躔度之次舍，故以壬子丙午爲天盤，居外以應天之虚。

今人論針，乃有正針、縫針之分，且有彼是此非，又有專用此而不用彼者。蓋不知二針各有取義，相爲用而不相爲悖耳。地盤何取於正子午也？原地盤分屬，以八卦爲分屬，一從《河》、《雒》中來。《河圖》之象列以八方，《雒書》之數亦有四正四隅，舍此之外，則無理氣。經之所謂氣從八方，混元子所謂八方定位，《靈轄經》所謂内立八極以統八方之氣，是也。夫既以八方分位，則壬子癸共一坎也，丙午丁共一離也。一卦三山，其以正子午爲地之中，夫何疑乎。古人用以測地，正爲氣從八方，故以正子午之針打龍。所謂龍從地下求者，指地盤言也。夫地氣何以分貴賤？乃從天星也。天之躔度以十二次舍爲分，壬子共一子也，何以辨之？凡次舍十二，每次分得三十度，合考之玄枵，次舍自女八度起，至危十五度方成三十度。夫女四星十一度半，屬癸。今玄枵起於女八度，是僅侵癸之三度而已。虚二星九度半，屬坎。危三星十八度，屬壬。今玄枵止於危十五度，亦僅成剩壬之三度而已。則玄枵子分，豈非壬子之間乎。故以壬子之間爲天盤之子，又復何疑。即子而推，丙午亦共一午，則壬子丙午之間，正爲天之中矣。古人向從天中立，正以應天之虚從天盤也。蓋地氣静，故尋龍捉脈當以地盤之静定爲主。天氣動，故收水立向當以天盤之旋動爲主。且貴賤在天星，若不從天盤而定，則天星無據，將何以發用乎？是故收生旺之氣於坐下，而又迎吉曜之氣於向方，則天與地通而動與静合，斯可以召福而迎祥也。然則正針、縫針，豈有偏重、偏用之理。但龍是一定之龍，向無一定之向，縱龍脈有挨加，亦是因向方而有挨加。昔人云立穴易，立向難。正以動體之難捉摸耳。

沈括《夢溪筆談》卷二四《雜誌一》 方家以磁石磨針鋒則能指南，然常微偏東，不全南也。水浮多蕩摇。指爪及盌唇上皆可爲之，運轉尤速，但堅滑易墜，不若縷懸爲最善。其法取新纊中獨繭縷，以芥子許蠟綴于針腰，無風處懸之，則針常指南，其中有磨而指北者。予家指南北者皆有之。磁石之指南，猶柏之指西，莫可原其理。

又 《補筆談》卷下 補第三十卷十二件藥議二

鮑雲龍撰　鮑寧辨正《天原發微》卷一下《玄渾》　【略】夏至立表，表景長短以玉圭量。表景恰一尺五寸，此便是地之中。晷長則表景短，晷短則表景長。冬至後，表景長一丈三尺餘，今地中與古已不同。漢陽城是地之中，宋朝岳臺是地之中，今在浚儀，舊開封縣。唐開元十二年，遣使天下候景，南距林邑，北距横野，中得浚儀之岳臺，應南北弦，居地之中。大周建國，定都於汴，樹圭置箭，測岳臺晷刻。居中晷正，則日至氣應得之矣。陸象山云：孔壺爲漏，浮箭爲刻，日有十二辰、八干、四維，歲有十二月、二十四氣。以土圭測日景，以磁石辨方位，而二十四位於是乎正。日行有南北，晝夜有長短，而二十有一箭於是乎立。岳以南三徙之而箭不同者六，岳以北三徙之而箭亦六。干維之間，或前或後，或兩屬。磁鍼所指或以爲午，或以爲午之三分，丙之七分，或以爲丙午之間，要必有一定之説。相其陰陽，自周公以來則然矣。學者所當攷。

佚名《日月星晷式》　日晷圖法

夫造日月星晷及諸測器之業，不能離方圓線圈也。其線與圈亦每須分之。故造器之論，恒命分某線某圈幾何度分，截幾何度分，量某圈分爲幾何度分之圈分。且命作直線，引長線作平行線，作垂線，作全圈，作圈分，分平度，分差度。此等非直尺及規矩俱不能成也。縱尺規俱精，不得造法，則甚爲煩雜，故易厭廢焉。且百種晷必先知本處北極出地度分，然後其造法及用法俱準，不然則萬萬不能準也。方向不準，時刻亦不準。蓋羅經周於天下，獨有太狼山針鋒直指南北，其餘皆偏矣。西域指南之端則偏西，中國則偏東。以羅經定方向，安能不差爽耶。若得節氣線或子午線，則方向準定，羅經之偏亦因可測而補之矣。故以作方圓分線圈，測極出度分節氣線諸法爲首篇也。

邢雲路《古今律曆考》卷六一《曆議二》　曆議

趙友欽曰：地中有子午卯酉四向，四向既正，則輪盤二十四向皆正矣。然而八方之地各有偏向，若世所用指南針，要亦可准。試即偏地用之，驗其所指者，正午歟？偏午歟？使偏地而指偏午，則二十四向皆隨偏午，而定一向既差，則餘向俱差矣。曾三異《因話録》：地螺或用子午正針，或用子午丙壬間縫針。天地南北之正當用子午，或謂今江南地偏，難用子午之正，故以丙壬參之。古者測日景於洛陽，以其天地之中。然外陽城之地，少偏，則難以正用矣。至於《廣雅》則云天周六百一十萬餘里，天去地一百一萬五千餘里。《淮南子》論天去地五億萬里，禹使大章豎亥步自東極至西極，南極至北極，各二億三萬餘里。又丘處機論北斗斡旋與星河在天，皆不入地，日亦不入地。若日入地，則與箕斗拆破。人强稱星日入地者，非是。而楊升菴深信之。夫自昔之論星度里差方向出入，各有不同如此。余據授時所測天度，以句股密率較之，得冬至日下去地二萬六千二百餘里，夏至日下去地五萬九千二百餘里，約千里差一度，約天徑十二萬餘里，天周三十七萬餘里，是其數也。縱授時所測或少有不的，不過里數中小差，於大約固不遠也。如求其真，則惟執句股之密率，再於南北二三千里以準繩一量之，即定矣。然總不出千里上下差一度，而諸論之異同可勿疑也。若以測北辰，則惟取璣衡正其北面，即於紐星近處設管，以目力圓轉求之。晝夜一周，於圓轉中自得不動之處，出地度若干，乃以正方案各於九服所在，以景規之。凡出入一規之交，識以墨度，以線屈其半以爲中，即所識與臬相當，且其景最短，則日南定矣。極星正其北，日景正其南，將隨處各有子午卯酉之中，而七政之出入因之，指南針可勿用也。

李孫宸《璿璣玉衡以齊七政考》　鄭玄云：凡日晷之地千里而差一寸，景尺有五者，南戴日下萬五千里也。宋元嘉中，使使往交州測影，計陽城去交州僅萬里，而影實差一尺八寸，是六百里而差一寸也。今燕都《禹貢》冀州之域爲尾箕分野，國初定鼎金陵，分野在斗。若執國初長短之度，而不計里道以定日影，則所差已多矣。故今首宜定分野，以測影，八方之地各有偏向。世所用指南針或亦可准，隨地用之，正午、偏午，驗其所指而二十四向俱隨以定。然後以道里之偏正遠近而爲測影之尺寸，庶步日可無差也。古之治曆者無二百年，如六官分職而治，號令天下。至治之世，人事有常則，各守常度而行。如或君臣失職，政令錯謬，乖氣所感，則度逆多端，非復常理。

黄道周《博物典彙》卷一《天文》　皇朝曆

郭太史敬測景之所，二十有七，悉宇内之形勢，而極其推美之詳矣。當元統任事之日，從南監觀象臺測驗日晷耳。日晷已改，而於推步七政諸法，可悉沿其故乎。何也？測晷準諸漏刻，而晷漏則隨地勢南北、辰極高下爲異者。如南海極出地一十五度，北海極出地六十五度，若是其不同也。今燕都《禹貢》冀州之域爲尾箕分野，金陵分野則在斗。若執國初長短之度，而不計里道以定日影，則所差必多矣。近如萬曆乙亥日食，京師未甚，而薊松遂至晝暝，此可以驗南北地勢之不同也。故宜首定分野，以測影八方之地，各有偏向。世所用指南針，或亦可準，隨地用之正午偏午。驗其所指，而二十四向俱隨以定，然後以道里之偏正遠近而測景之尺寸，庶步日可以無差矣。

熊明遇《格致草》

指南針

指南針非真子午，術家所用多泊丙午之間。今以考之各處實不同，如在北京則偏東五度四十分。若憑以造晷，則冬至午正先天一刻四十四分有奇，夏至午正先天五十一分有奇。若過西海，又偏西泊午丁之間。汎海人爲余言如此。則術家羅經非定向，所以又設下盤也。

又 北辰吸磁石

羅經鍼鋒指南，思之不得其故，一日閱西域書云：北辰有下吸磁石之能，以故羅經鍼必用磁石磨之，常與磁石同包而後南北之指方定。竊謂磁石與鍼，金類也。北屬水，豈母必顧子與。然而羅經鍼鋒所指之南，非正午，常稍東偏，在丙午之介。問之浮海者，云：其在西海又常稍西偏在午丁之介。若求真子午，必立表取影者爲確。果爾則堪輿家耑用羅經定方位者，不覺怳然如失矣。

葉泰《地理大成羅經指南撥霧集》卷上

羅經正盤總説

古今談經盤者，咸祖玄女，謂玄女授針法於黄帝，其後赤松、黄石制爲經盤，有《青囊》正經可據。愚意玄女、黄帝，世遠無稽，但針法非聖人不能制。《青囊》非周秦以下書，經盤必剏於三代之聖人，此則其可知也。自周而秦漢六朝，其制隱秘，世不盛行。至唐邱公所傳，有二十四山净陰陽、九星、天星、盈宿六十龍等法。二十四山者，合八卦十二支而成者也。六十龍者，上應天星之貴賤者也，以之乘氣立向，消納砂水，法已無所不備。明了之人，只此二層，其用已足。後楊公以盤制三八，而廿四山八卦之界限則明了。但十二支之界，必半分干維，愚者卒難通曉，於是將十二支位，每位兩分，前干維而後地支，二十四山雙雙起，倍其十二而廿四，地支之界，亦了然明白。以之起生旺而挨九星，無瞻前跨後之弊矣。其制正當舊制之縫中，故稱縫針，而指舊制曰正針也。又以正針二十四山，既應天之二十四氣，然一氣有三候，未有應者，故作七十二山，用之坐穴，避干維之中空，地支之正冲，所謂七十二分金也。又以七十二分金，每山三位，未爲精細，乃於每山之下，各設五位，共一百二十分金，取以旺相，避其孤虛、龜甲。所取者正當二分之加數，不犯五六之空冲，九十之偏薄，分金之法，精當無遺矣。

若夫中針者，則賴公設之，以明盈縮龍者也。盈縮甲子，起於正針之亥末，從天盤也，淺者疑之。公作催官，發明天星之秘，故作此盤。蓋天星以天皇大帝二星爲主宰，此星在勾陳口中，紫微皇帝星正照午位，則天星在乾亥之間。故此盤以亥居乾亥之間，以壬居壬亥之間，以子居壬子之間，悉前半位，上應天星，正對而不偏倚。《青囊》曰北極，斜居壬亥之間也。蓋天之子午與浮針之子午，差半位而不相對，非此盤無以應之。正針之子午，曰正針地盤也；北極之子午，曰中針天盤也。其名中針者，以此盤之子午正指正針丙午二火之中也。中針一設，而天星之位，各得其正，而盈縮甲子之起於正針亥末者，實天盤之壬中，無可疑矣。三針備而八卦地支天星之分界劃然，盈縮從天星起甲子於正針之亥末，子午正當中針之子位，中針之用也。七十二從八卦起甲子於正針之壬中，五子正當正針之子位，正針之用也。百二十從地支起甲子於正針之子初，十子正當縫針之位，縫針之用也。中主天星以辨龍，正主八卦陰陽以定龍向，縫主地支生旺以消納沙水，曰三針。盈縮六十，爲辨龍之細法；穿山七十二，爲坐穴之細法；百二十分金，爲分金之細法，曰三盤三針。三盤爲扞作之必需，缺一而不可者，故集爲正盤。其余正針内辨龍水純駁之法，細盤先後天卦例之説，不背正理者，則集爲備用盤云。

又 三針三盤總説

天體左旋，五行順序，故背北面東以言氣，則西爲先而東爲後，天氣先至，地氣後至。地理龍氣爲先，穴向爲後，故用先至之氣辨龍，後至之氣坐穴分金，以符天地之氣，此三針三盤之用也。然此以氣言，無形可見，人亦烏從而信之。抑知仰觀而北極斜居西北，測臬而日影倚于西南。中縫兩針，非憑空無據而設者，蓋有理斯有氣，有氣自有象也。經盤秘妙，邱公得之太乙老人，有正針一針，有天紀地紀分金三盤。地紀從正針，人所共知，分金子偏東北，午偏西南，故楊公加入縫針，所以明分金之位。且兩位歸於一支，并無兼前跨後之弊，以之消水，穩妥無疵。况正針明用八卦，暗用地支，惟加入縫針，而後地支之用始大著也。天紀子偏西北，午偏東南，故賴公加入中針，所以明天紀之位也。三針有理可信，有象可憑。中最先而主龍，正次之而坐向，縫又次之而消納，分金先後次第，天地自然，龍向消納，各有其司，猶人身之五官，各司其用也。

梅文鼎《曆算全書》卷一九《揆日候星紀要》 四省表影立成

一取正午之影須在正南，然天上正南非羅針所指之正南也，須於羅針正午之西稍偏取之。或曰丙午之間縫針與臬影合，亦非也。蓋針所指在在不同，如金陵則偏三度，此非正方案則不能定，或以曆書法，用北極附近星取之。

陸隴其《三魚堂日記》卷三《乙卯》 初六會曲阜朱年翁。朱館於侍御黄敬璣家爲余借得南懷仁《靈臺儀象志》。其書凡十六卷，内二卷係儀象圖，另爲大板，凡一百十七圖。讀之始知西法不用指南鍼，以其尚有偏也。

閔麟嗣《黄山志定本》卷二《山産志・石屬》 引針石出引針鋒下，石能引針使指南，然常偏東，不定南也。按鐵受太陽之氣，始生之初，石産焉。百五十年而成慈石，又二百年而成鐵。《易》曰：同聲相應，同氣相求。於石可悟，氣化感應之一端。

吴士玉　沈宗敬《駢字類編》卷一五〇《器物門三針鍼同》 針鋒

《三柳軒雜識》：陰陽家爲磁石引針定南北，每有子午向之理。按《本草詁義》：磁石磨針鋒則能指南，然嘗偏東，不全南也。其法取新纊中獨縷，以半芥子蠟綴於針腰，無風處垂之則針嘗指南。以針積貫燈心，浮水上亦指南，然嘗偏丙位。蓋丙爲土火，庚辛金其制，故知是物類感耳。

吴光酉《陸稼書先生年譜定本》卷上 利云：西法一日分爲九十六刻，一度止分爲六十分，蓋度自度，日自日。度止三百六十，日有三百六十五，故一日平行約五十九分也。先生因思《大學衍義》補歷象之法二卷。丘瓊山取《詩・十月之交》註，而不取《堯典》天與日月皆左旋之註，蓋瓊山亦未知二説之一也。讀日躔表，始知郭守敬消長之説，西法未嘗不用。又借得南懷仁《靈臺儀象志》，其書凡十六卷，内二卷係儀象圖，凡一百十七圖。讀之始知西法不用指南針，以其尚有偏也。

張廷玉等《明史》卷二五《志第一・天文》 又言定時之法當議者五事：一曰壺漏，二曰指南鍼，三曰表臬，四曰儀，五曰晷。漏壺水有新舊滑濇，則遲疾異。漏管有時塞時磷，則緩急異。正漏之初，必於正午初刻，此刻一誤，靡所不誤，故壺漏特以濟晨昏陰晦，儀晷表臬所不及，而非定時之本。指南鍼，術人用以定南北，辨方位，使咸取則焉。然鍼非指正子午，曩云多偏丙午之間。以法考之，各地不同，在京師則偏東五度四十分。若憑以造晷，冬至午正先天一刻四十四分有奇，夏至午正先天五十一分有奇。若表臬者，即《考工》匠人置槷之法，識日出入之影，參諸日中之影，以正方位。

汪師韓《韓門綴學》卷四《歲差無法》 孟子以善端發現言性，而豈取喻於開闢以來不可知之數歟。又古時北極星正當不動之處，今時久漸移，已去不動處三度有奇。又指南鍼非指正子午，多偏丙午之間，以法考之，各地不同，俱見崇正二年禮部侍郎徐光啟之疏。此學者所當知也。

秦蕙田《五禮通考》卷一八五《嘉禮五十八》 觀象授時

《明史・天文志》：崇禎二年，禮部侍郎徐光啟兼理曆法，請造象限大儀六，紀限大儀三，平懸渾儀三，交食儀一，列宿經緯天球一，萬國經緯地球一，平面日晷三，轉盤星晷三，候時鐘三，望遠鏡三，報允已。又言定時之法，當議者五事：一曰壺漏，二曰指南鍼，三曰表臬，四曰儀，五曰晷。漏壺水有新舊，滑濇則遲疾異；漏管有時塞時磷，則緩急異；正漏之初，必於正午初刻，此刻一誤，靡所不誤。故壺漏特以濟晨昏陰晦，儀晷表臬所不及，而非定時之本。指南鍼，術人用以定南北，辨方正位咸取則焉。然鍼非指正子午，曩云多偏丙午之間。以法考之，各地不同，在京師則偏東五度四十分。若憑以造晷，冬至午正先天一刻四十四分有奇，夏至午正先天五十一分有奇。若表臬者，即《考工》匠人置槷之法，識日出入之影，參諸日中之影，以正方位。今法置小表於地平，午正前後累測日影，以求相等之兩長影爲東西，因得中間最短之影爲正子午，其術簡甚儀者。本臺故有立運儀測驗七政高度，臣用以較定子午，於午前屢測太陽高度，因最高之度即得最短之影，是爲南北。正線既定，子午卯酉之正線因以法分布，時刻加入節氣諸線即成平面日晷。

陸燿《切問齋集》卷三《指南車》 《綱目》前編曰：車上用子午盤針以定四方也。按：子午盤針即今地師所用之羅經，其法以磁石磨針鋒，即南向。試之指爪之端，或綴絲縷而懸之，貯盃水而浮之，無不驗者。然鋒之所指果否正在子午，宜有確證。儲華谷《祛疑説纂》曰：曩者先君卜地，日者一以丙午中針爲是，一以子午正針爲是。主丙午中針者，謂自子至丙，東南司陽；自午至壬，西北司陰；壬子丙午，天地之中。主子午正針者，謂自伏羲以八卦定八方，離坎正南北之位，丙丁輔離，壬癸輔坎，以八方析爲二十四位，南方得丙午丁，北方得壬子癸，子午實居其中。兩家是非，華谷不能決也。余按：唐一行嘗以針較北極，針指虛危之間，極在虛六度之初。針實偏於極右二度九十五分。北極偏右，則知南極之偏左矣。宋沈存中《夢溪筆談》亦曰針常微偏東，不全南。近楊光先《針路論》曰：子中在虛六度之初，午中在星五度九十二分五十秒，故一行有訣曰：虛危之間針路明，南方張度上三乘。明虛危之間是針路，非子中。據此數説則知在天爲虚危，在針即爲壬子；在天爲張三度，在針即爲丙午。度分或有不符，大要不甚相遠，特謂壬子丙午，天地之中，則是以針爲天，其説甚謬。今宜移針與丙午相值，而其他仍各據子午卯酉正線爲準，則兩家之論雖異而實同矣。然針本無知之物，何以鋒必南向，且又不在正午，而在丙午，理不可曉。楊光先曰：乾南坤北，天地定位，而乾者金也，居午中之左；坤者土也，居子中之右。針稟先天金氣，於乾爲同體，於坤爲金母，此針之所以指南而又偏東二度九十五分也。

余以爲不然，乾坤者，伏羲所畫之卦名，未有《易》，先有天地。有天地即有南北東西四方之位，而南方屬火，以離配；北方屬水，以坎配。故曰：離也者明也，萬物皆相見，南方之卦也；坎者水也，正北方之卦也。此聖人之辭，萬世不易之定理。乾者西北之卦也，與兑相次，故乾兑皆屬金。若位於南方，必乾亦屬火，否則金爲火尅矣。天下之物末鋭者皆象火，火在南而針指之，當丙午交接之際，正離火生旺之時，過是而爲午中，轉有日中則昃之勢，是以不於正午而於丙午之中，乃火就燥，同氣相求之義。若日與乾同體，針乃當指西北，有是理哉？且所謂乾南坤北，天地定位者，出於後儒，而非伏羲、文王、周公、孔子之《易》嘗有是言，曷足爲據。惠氏士奇《易説》曰：天地定位者，天尊地卑而乾坤定，卑高以陳而貴賤位也。如謂先天乾在南，後天乾在西北，先天坤在北，後天坤在西南，是天地無定位矣。又北極在上，南極在下，乾南坤北，是天在下，地在上，謂之定位，可乎？潘氏《耒卦位論》曰：就人目中所見言之，最高者爲乾，爲天；最卑者爲坤，爲地。猶天之有北極、南極也。羲皇畫卦之初，分陰分陽，則天象地，但有上下左右，詎可以南北分配哉。由此以觀，天自居子午之正，針自指丙午之間。今誤以丙午爲午之正位，則其所言龍穴沙水生死禍福，尚何可憑？姑誌其疑，俟質之明於地理者。

鄭復光《費隱與知録》

羅鍼偏東　由于地脈

問：鐵能指南，何以中國偏東，而西洋人又謂，在大浪山東則指西，在大浪山西則指東，惟正到大浪山則指南。其説可信乎？曰：西説既非身親，姑可不論，而中國偏東，京都五度，金陵三度，京都五度有奇，本梅徵君説《儀象志》云四度有餘，不能畫一者，蓋測日星器大法備，尚難準確，況針體微細，度分甚纖，側實難矣。且羅針至大難以過尺，突出槃外，針大益高，不切盤面，則有視差故也。既見諸書確然無疑，而偏則各地不同。從《儀象志》圖悟得是各順其地脈也。地脈根兩極南北，如植物出土，皆指天頂，但不能不稍曲焉耳。惟植物尚小，又生長活動，故曲較大，不似地爲一成之質，其脉長大，故曲處甚微焉。又地脈之根止有地心一綫，其處最直，而漸及地面，不無稍曲。鍼爲地脈牽掣，故偏亦甚微。曰鐵爲鐵造，鐵順地脈向南向北，自因生塊本所致然理也。迨製成鍼鐵，向南處未必恰值鍼杪，且鍼本不指南，磨磁乃然。曾聞針本指南，余試以寸針，知不確矣。墨林兄以爲確，試之而驗，但不甚靈耳。是用繡花針，蓋小而輕較靈也。而《儀象志》又謂燒紅之鐵銅絲，縣之既復原冷，兩端自轉而向南北。又舊墻磚如鐵鎔者亦然。夫鍼或因磨處在鐵，故鐵獨靈，若燒紅則全鐵入火，何以獨鐵指南？曰：鐵若圓形，無由知其指南。針是長形，雖各處皆欲指南，必輾轉相就，然後分向南北，不得不在其鐵矣。如投木于水，順其水性，亦必直行方安。有時而横者，緣木非有直指之性，不過隨水直流耳。而水之流也，變動不拘，活潑特甚。若舟有柁，則柁直舟直矣。故磁石本體生于地脈有向南處，有向北處，針杪磨向南處則指南，磨向北處則指北。雖磁生地中，亦有向東西處，而鍼則無有指東西時，是知磁雖四面而南北爲脈，鍼因長體，故向必在端。鐵本向南北，感磁益靈，而金性從革，非由本所也。沈存中《夢溪筆談》云：針磨磁石指南，有磨而指北者。余試以羅經，持石其旁，針或相指或亦不動，即轉石則針必轉，迨至針端恰指石時，即作識石上。石轉一周，必有紅黑兩識，乃别取鍼，不拘用杪用本，磨紅識處則指南，磨黑識處則指北，百試無爽。乃知沈蓋嘗試而爲是言，第不詳耳。或謂有磨而指東西北者，故必試準乃用臆説也。《高厚蒙求》云：鍼必淬火，不然雖養磁石，經年終不能得指南之性。余磨之即時指南，説乃未確，然宜從之。觀《儀象志》有燒紅之語，可知蓋物久露則本性不純。蓄磁必藏鐵屑中，或水内亦此理。燒紅則變化使復其舊矣，淬水則鐵彌堅，殆助其力之意。凡鍼材亦本有火也。

又　翦紙浮鍼　不圓不靈

問：方家水羅用繡花鍼浮天池中，沈則取出，挼乾再投。試用盌水投衣鍼則多沈少浮，體大較重也。因取梅紅廢柬翦如錢大小，輕投水上，使載鍼浮，亦可指南。然偶未翦圓，即不靈，何故？曰：此重學也。圓則易轉，方則有角爲礙。指南鍼全藉鐵磨磁石之靈，其力幾何，以鍼之重加以紙之大，苟不極圓，安能轉動乎？有言針不須磁，自能指南者，唯繡花針能之，然亦甚緩，不及磨磁之靈動遠矣。

王家弼《天學闡微》卷七

春秋分朝夕測南北真線圖

指南針之所指，指大地之正南，非各方之正南也。各方之正南，必以日月星之出入及高度定之。春秋分時，日出之時刻爲卯正，日出之方位亦爲卯正；日入之時刻爲酉正，日入之方位亦爲酉正。故於此時用儀器測得日出之處即正東，日入之處即正西。半周分中之處即正南，或取表影作東西線，與東西線相交作十字線，即南北真線也。

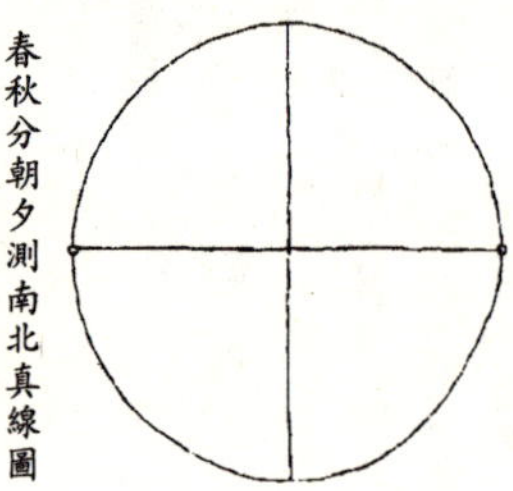

春秋分朝夕測南北真線圖

又 中國各省經緯度圖

魏氏書中所載各省經緯圖，用方格平分度數，既不明於度有濶狹之義。各書所分偏度，俱以京師爲中線定其東西，而又不知京師之仍有偏度也。攷渾儀位置之法，京師南北真線偏指南鍼西二度三十分，蓋即京師之偏度也。今準此作圖，取京師東二度三十分爲中線，以定各省之經緯。京師北極出地三十九度五十五分，偏於中線之西二度三十分。盛京高四十一度五十一分，偏東四度三十分。山東高三十六度四十五分，偏西一十五分。河南高三十四度五十二分，偏西四度二十四分。江南高三十二度四分，偏西一十二分。安徽高三十一度，偏東一度三十分。浙江高三十度十八分，偏東一度十一分。江西高二十八度三十七分，偏西三度七分。福建高二十六度二分，偏東二十九分。山西高三十七度五十三分，偏西六度二十七分。陝西高三十四度十六分，偏西十度三分。甘肅高三十七度，偏西十五度三十分。湖北高三十度三十四分，偏西四度四十七分。湖南高二十九度，偏西六度三十分。廣東高二十三度十分，偏西六度三分。廣西高二十五度十三分，偏西八度四十四分。四川高三十度四十一分，偏西十四度四十六分。雲南高二十五度六分，偏西十六度七分。貴州高二十六度三十分，偏西十二度二十二分。

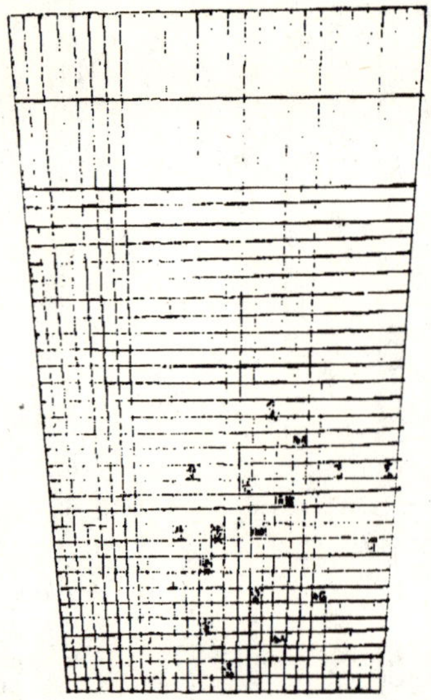

李善蘭《談天》卷四《地理》 圜之周徑率爲三一四一五九二六與一之比例，故若地爲正球，則測得其大圈爲幾里幾尺，即知其徑若干。而但測大圈之一分，即可知全周。如測一度，即知三百六十度也。故若依子午圈細測一度之里數，即全周可知。然地面無表亦無準繩，指南針不能無小差，亦無用，則何以能知度分？何以能不離子午圈？故法當用地外之表恒星是也。恒星距極度可查，故測其高度，即知本地極出地度，乃依子午圈向南或向北至極出地差一度，計其所過里數，即三百六十分地球大圈之一也。

【略】

指南針有時忽自動，偏而復正，數萬里内皆同時而動。或統地球皆同，亦未可知。今諸國常觀針候之，若果同，用以測經度差，法無妙于此者。

俞樾《茶香室叢鈔》 宋沈括《夢溪筆談》云：方家以磁石磨針鋒則能指南，然常微偏東，不全南也。水浮多蕩摇，指爪及盌唇上皆可爲之，轉運尤速，但堅滑易墜，不若縷懸爲最善。其法取新纊中獨繭縷，以芥子許蠟綴於針腰，無風處懸之，則針常指南。其中有磨而指北者，予家指南北者皆有之。按：指北之針，世所未見，然既可使指南，亦自可使指北，其理一也。

又宋寇宗奭《本草衍義》云：以針横貫燈心，浮水上，亦指南，然常偏丙位。蓋丙爲大火，庚辛金受其制，故如是。

按：沈寇兩家之説，是宋時已有指南針而未有羅盤，故其用針者止有水浮及縷懸諸法也。

金永森《西被考略》卷五《考工製造》 黄氏懋材曰：羅鍼指午曰正鍼，與正鍼差半位，指丙午之間者曰縫鍼；差一位，以丙爲午，以午爲丁，正鍼指午丁之間者曰中鍼。正鍼者，地盤之子午。中鍼者，天盤之子午，與北極相對者也。縫鍼者，地盤地支之午分爲兩半，一爲丙，一爲午也。以中鍼與正鍼較差半位，地之午偏於丁，而天之午正當地盤丙午之間者也。説者曰：磁石産於南方大浪山，故鍼恒指其處，若子之顧母。昔有歐羅巴人航海而來，初迤東南而行，歷利末亞洲，過大浪山，見南極出地三十六度，復迤東北行，抵廣東番禺登岸。當其未至大浪山，則鍼偏於丙，既過大浪則鍼偏於丁。惟當大浪山之處，天地之中合爲一線，正鍼即是中鍼。中華在地球偏於東北，約距大浪山十五度有奇，故設天盤以應之，爲差半位耳。其實鍼之變動，隨地隨時不同，不獨東西有偏度，上下有欹度。近日同文館所譯《格物入門》論之甚詳，其言曰：磁石之爲物，與電氣同類，其吸力恒萃於兩端。試以長條磁石覆紙，其上散布鐵屑，以指彈觸其紙，使鐵屑震動，即見層層紋理圓轉，若地球圖經圈。或曰因有自然之電氣旋繞磁石，故生吸驅之力；或曰内有陰陽二氣層層相間，北端首層屬陰，則南端末層爲陽，故陽遇陰，陰遇陽，則能相吸；陽遇陽，陰遇陰則能相驅。彼地球之體，無非一大磁石也。地面四週皆有電氣圍繞，特他物不覺，惟磁石覺之耳。然磁鍼所指之點，非地軸之二極。其點别在一處，名曰電極。北電極於赤道七十度之北一百一十四度之西，南電極於赤道七十二度之南一百二十五度之東。此準英國倫敦起算。按倫敦在順天府偏西一百一十六度半。是故羅經在赤道上，鍼之兩端俱平。由赤道而北行，則鍼之北端下沉，距緯愈多，下沉之度愈增，至七十二度處而其鍼直立矣。由赤道而南行，則鍼之南端下沉，至七十二度亦直立矣。此羅經上下欹度之故也。又電極之距緯二圈，不能旋繞地軸四周，惟一點在北，二點在南。地極爲奇而電極成耦也。其南北度數既由鍼偏下而得，其東西度數即由鍼偏左右而得。如美國之馬日頓，鍼偏西八度五十一分；於三盧駉偏東十度四十七分，便知不偏之點必居二地之間，是爲電氣之正經，亦繞地面四周所過之境，即可由鍼之偏東偏西攷之。至電之正經與南北二圈相交之點，是爲電極也。或謂電極恒居地球極冷之所，蓋磁氣之生因地面各處冷熱不同，向日則熱，背日則冷。磁氣順日運行，由東而西，故令鍼横指南北耳。然則鍼之所指之方向，亘古不變乎？曰：非也。其所指之點由漸而變甚微，人雖不知其故，然所差之公度仍有可攷。當一千六百年間，按即前明萬曆戊戌。倫敦鍼偏東四度半，厥後六十年鍼指正北，以後復漸偏西，迨一千八百十八年間，即嘉慶二十二年。偏西至二十四度。自此以後，漸漸復原。由是觀之，地球之電極，由漸運行，周而復始，往還一次約四百餘載。且鍼尚有每日之改移，從朝至暮，夏日差至十九分，冬日差至七分。因天氣冷暖不同，鍼即隨之而變。苟非細心體察，差之毫釐，斯謬之千里。豈可膠執一定之盤，一成之法哉！今堪輿家所用羅經有二種，一爲徽盤，所謂三合盤是也。一爲蔣盤，雲間蔣大鵬所製也。蔣氏未明三盤之故，而師心自用，變亂古法，此紀愼齋先生所爲力闢其謬也。按：此爲中國用電之始。

測量

趙友欽《革象新書》卷四《偏遠準則》 地中之子午卯酉四嚮既正，則輪盤可正二十四嚮矣。然八方之地各有偏嚮，何以言之？蓋因測地中而知之。春分前二日，秋分後二日，此兩日之卯酉時，太陽在地盤卯酉正位。假若地偏南北者，則卯酉表景不相直。以正卯之景定輪盤，則不對正酉。以正酉之景定輪盤，則不對正卯。北極是地盤正子之位，日中太陽是地盤正午之位，假若地偏東西者，則子午兩嚮不相直。以正午之景定輪盤，則不對正子；以正子之嚮定輪盤，則不對正午。若偏地而欲取正四嚮以分輪盤，則二十四嚮疎密不均，首尾不對矣。要當各立偏嚮，其偏卯偏酉雖不能端指正卯正酉，然所移之數卯酉皆均，不於正卯移多而正酉移少，不於正卯移少而正酉移多。子午之偏正亦然。但地偏南北而不偏東西者，子午二嚮無改異，自然是卯酉均移。地偏東西而不偏南北者，卯酉二嚮無改異，自然是子午均移。若地在四隅，不在四正，而四嚮偏者，必合均移，未有準則。蓋午偏而傍又偏，則四嚮皆偏矣，何所取正而均移哉。愚今思索，因得偏定卯酉之方。權置平木一條，約長三尺，闊五寸，厚三寸。東端之内五寸許樹構短木，高二尺。西端之内五寸許樹構短木，高一尺。短木之首俱作圓竅，以窺筒貫於其中，須令穩而不動，名曰筒架。别置一圓案如輪盤，然徑廣約三尺，不分二十四嚮，周圍三百六十輻。輻輳於中不滿周天全度者，蓋約數也。置筒架於案上，其長短相同，使窺筒西竅齊於人目，案足高低稱之。當昏見時，窺望東方之星於筒内，將筒架於圓輻漸遷，記各星所嚮圓輻繩墨，亦記其在筒内高低偏正與夫窺見之時漏刻晝數。俟已測之星曉落西方，移轉架筒，亦於圓輻漸遷而窺望。但有一星之兩嚮相直，其窺見之時刻，又且昏曉兩數距夜半皆均，距午亦然。以此星繩墨爲東西之嚮，假作偏卯偏酉，準繩猶未得偏卯偏酉之真，故曰假。所以然者，蓋爲天遠則似較低。地東者西望偏酉差南，地西者東望偏卯差南。欲求其真，且以假準繩爲則，置一木架如地中所測經度者，其兩木所開長罅直指偏卯酉之假準繩，測望天脊之緯度。所謂天脊者，自地平子際上至北極，自北極上至嵩高，自嵩高南至地平午際。比如一環之半周，名曰天脊。

平分東西於正中，皆是定體午位。凡緯度北距於極者，至天脊而最高最南，兩傍低於天脊，漸漸斜倚，於北未至天脊而少偏於東。尚自帶北而低，已過天脊而少偏於西，又復指北而低。此以一緯度論也。若於卯酉長罅之内仰觀，則見緯度不一，惟有天脊緯度與北極最近。天脊兩傍東西之緯度，在罅内者，距天脊愈偏，則距北極愈遠。倘若長罅，得偏卯酉之真者，脊傍所偏度均假。若罅卯差北而罅酉差南，其脊西之罅度相距北極較遠，脊東之緯度相距北極卻近。罅卯差南而罅酉差北者，反是。其緯度距北極之數已測，中外天官爲準而定，即制器所測横度是也。若取其偏卯偏酉之真，須移長罅而改準繩。若移定而脊傍均偏者，是得偏卯偏酉之真矣。雖然若是不立假準繩，而便約量測天脊，亦可求之。其偏卯偏酉，移對於正辰正申者有之，移對於正寅正戌者有之。偏子偏午，移對於正丑正巳者有之，移對於正亥正未者有之。其偏地二十四嚮既定，若求地偏東西之數，則置刻漏，準取昏曉折中取爲夜半，置測經度之木架罅指偏午，於此夜半仰望中星，以較地中夜半中星，則知地偏東西之度數。又從罅内候視地中夜半之中星，以其偏地此時漏刻比較地中夜半漏刻，此又是以時刻求東西之偏數也。若求地偏南北之數，但論罅内所見天脊緯度，取其距北極之數計之，此術固可準矣。求地中之術亦可用以相參。先定所偏子午卯酉繩墨，欲就春分前二日或秋分後二日太陽正當赤道時分，於辰申中刻視表景而畫於地，但不用偏地刻漏之辰申，須當以偏地刻漏較取地中之辰申正時，然後將其辰申表景與所偏繩墨相較。若偏子午之繩墨近辰景而遠申景者，其地偏東；近申景而遠辰景者，其地偏西。若偏卯酉之繩墨近申景而遠辰景者，其地偏東；近辰景而遠申景者，其地偏西。量其所偏遠近，則是地偏東西之數，用辰申景而不用卯酉景者，蓋偏地而求地中卯酉兩時，恐太陽出没有遲早之不同，或二景一有一無，故用辰申也。望北極而畫定正子之嚮，以較偏子繩墨遠近，亦是地偏東西之數，用偏地刻漏較取地中午時於偏地中候得地中午時之正，畫其表景於地，以定正午之嚮。【略】此術但憑天象推測，然世間有所謂指南針，若置偏地，其所指者正午歟？抑偏午歟？若在偏地果指偏午，則二十四嚮隨偏午而定，亦可用以測天。若指正午，則偏地難指正嚮，午雖正午，而子非正子，首尾不對，一嚮既差，則二十四向皆差，是不可以不辨也。偏不嚮正之理，已於篇首詳説，不復贅辭。

趙友欽撰　王禕刊訂《重修革象新書》卷下《地有偏向》　地中有子午卯酉四向，四向既正，則輪盤二十四向皆正矣。然而八方之地各有偏向，春分前二日、後二日，此兩日卯酉時，日在卯酉正位。設地偏南北，則卯酉表景不相直。北極爲子正之位，日中太陽爲正午之位，設地偏東西，則子午表景不相直。故於偏地而欲取正四向以分輪盤，則二十四向疎密不均，首尾不對矣。要當各立偏向，而先審定偏卯偏酉之方，置爲木架如測經度者，其上所列兩木直罅指偏卯酉，以測望天脊之緯度。天脊緯度與北極最近，天脊兩旁東西之緯度當罅内者，距天脊愈偏，則距北極愈遠。苟其罅所指得偏卯酉之真，則脊旁之度均偏矣。大抵偏卯偏酉者，或以正辰正申爲對，或以正寅正戌爲對；偏子偏午者，或以正丑正巳爲對，或以正亥正未爲對，而二十四向因可定也。然此法乃憑天象以測地向，若世所用指南針，要亦可准，試即偏地用之，驗其所指者正午歟？偏午歟？使偏地而指偏午，則二十四向皆隨偏午而定，而亦可因以測天。苟指正午，則偏地難指正向，午雖正午，而子非正子，首尾不對，一向既差，餘向俱差矣。此不可不辨也。

朱載堉《律曆融通》卷四《黄鐘曆議下》　正方

《宋志》云：舊説謂今中國於地爲東南，當偏西北望極星，置極不當正北。又謂天常傾西北，極星不得居中。夫謂中國觀之，天常北倚可也，謂極星偏西則不然。所謂東西南北者，何從而得之？豈不以日之所出者爲東，日之所入者爲西乎？古人候天，自安南至浚儀纔六千里，而北極差十五度，稍北不已，庸詎知極星之不直人上也。今南北纔五百里，則北極輒差一度已上，而東西南北數千里間，日分之時候之，日未嘗不出於卯半而入於酉半，則又知天樞既中，則日之所出者定爲東，日之所入者定爲西，天樞則常爲北無疑矣。以衡窺之，日分之時，以渾儀抵極星以候日之出没，則常在卯酉之半少北，此殆放乎四海而同者，何從而知中國之爲東南也？

彼徒見中國東南，皆際海而爲是説也。彼北極之出地六千里之間，所差者已如是，又安知其茫昧幾千萬里之外耶？今直當據建邦之地，人目之所及者裁以爲法，不足爲法者宜置而勿議可也。趙友欽曰：地中有子午卯酉四向，四向既正，則輪盤二十四向皆正矣。然而北方之地各有偏向，若世所用指南針，要亦可准。試即偏地用之，驗其所指者正午歟？偏午歟？使偏地而指偏午，則二十四向皆隨偏午而定，一向既差，餘向俱差矣。此不可不辨也。《本草衍義》曰：磁石磨針鋒則能指南，然常偏東，不全南也。蓋丙爲大火，庚金受其制，故如此。嘗以正方案之一規均爲百刻，而此日景與指南針相校，果指午正之東一刻零三分刻之一。然世俗多不解，考日景以正方向，而惟憑指南針以爲正南，豈不誤哉。

徐光啟等《新法算書》卷一《緣起一》 計開

臣等竊照定時之法，當議者五事：一曰壺漏，二曰指南針，三曰表臬，四曰儀，五曰晷。其一壺漏等器，規制甚多。今所用者水漏也，然水有新舊滑濇，則遲疾異；漏管有時而塞，有時而磷，則緩急異；定漏之初必于午正初刻，此刻一誤，無所不誤。雖調品如法，終無益也，故壺漏者，特以濟晨昏陰雨晷儀表臬所不及，而非定時之本。所謂本者，必準於天行，則用表用儀用晷晝測日，夜測星是已。其二指南針者，今術人恒用以定南北。凡辨方正位皆取則焉，然所得子午，非真子午。向來言陰陽者多云泊于丙午之間。今以法考之，實各處不同，在京師則偏東五度四十分。若憑以造晷，則冬至午正先天一刻四十四分有奇，夏至午正先天五十一分有奇，然此偏東之度，必造針用磁悉皆合法，其數如此。若今術人所用短針、雙針，磁石同居之針，雜亂無法，所差度分或多或少，無定數也。今觀象臺有赤道日晷一座及正方案。臣等以法考之，其正方案偏東二度，日晷先天半刻，計在當時亦用羅經與表臬參定，故差數爲少。若專用羅經者，恐所差刻分多少亦無定數，而大抵皆失於先天。據此以候交食時刻，即其失不盡在推步也。今但用表臬或儀器以求子午真線，或依偏針加減，別造正線羅經，以與舊晷較勘，差數立見矣。

又 卷一九《渾天儀說》卷四 依求諸晷方位法

日晷之製原以度數考求，而度數必有相應之定處，則又在取準方位焉。故凡平面日晷所向方位多變，大約相較有二原。或較地平即與之爲平行，有正立，有曲立，種種不同皆應度數不等；或較子午圈亦與之爲平行，乃有偏左偏右，而多寡復以間度爲則者，又或有偏于地平、偏于子午，兼地平子午而別爲一種，總不外此二原。乃復得一方位者，必先置木或銅，取四方直角平面形爲甲乙丙丁，依其長邊面內作戊己線，與甲乙爲平行線，應平分于壬，即以壬爲心，以辛爲界，作己辛戊半圈，乃平分一百八十度也。從中線壬辛左右各一象限而另設垂線于壬，則定方位之器全矣。臨用時如求地平方位，即令此器以丙丁邊倚晷面正立，得垂線合壬辛中線者，即得其面正與地平同。若垂線偏距中線左右，則必查象限，得晷面前後

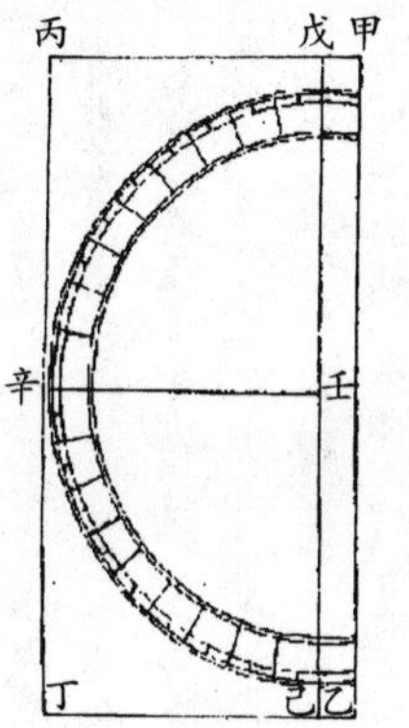

離地平若干度，以垂線依象限辛點之前後度爲法。或令甲丙邊依直角倚晷面，得垂線距辛點內外，則依其距度于象限上亦可得晷面偏前後之廣。欲求距子午圈方位，即令甲乙邊以直角倚晷面，從此器中心壬出尺，能旋轉于半圈諸度。尺末設指南針，其上隨尺同轉，乃先安器，後轉尺，而以羅針對下順尺線者爲準。隨以尺距中線之度，定晷面距子午圈之廣。但羅針未免署差，故又一法，晷面上界線自上一直下于線上立表，表末另懸垂線，候日光射垂線之景必合晷面上線乃準。且將渾儀依法測得日輪高度，而以太陽躔度對高弧，則高弧所指地平度或正東西，或偏左右，因偏若干亦可定晷面離正南北之廣也。其求重複方位，各依所向可得。

陳子龍選輯《明經世文編》卷四九三《徐文定公集・謹題爲奉旨回奏事》

臣於十月十七日登臺測候月食，具本回奏。奉聖旨考驗曆法，全在交食，覽奏臺官用器不同，測時互異，還着較勘，畫一具奏，欽此欽遵，隨行督率該監堂屬官，并知曆人等到臺，前後較勘三次，設立表臬，及用合式羅經，於本臺日晷、簡儀、立運儀、正方案。上較定本地子午真線，以爲定時根本。據法當製造如式日晷以定晝時，造星晷以定夜時，造正線羅經以定子午。若晨昏陰雨，當造如式行漏，與該監所有銅漏比驗畫一，以濟二晷所不及。但備辦界畫，工力甚細，今工尚未竣，而較勘略定，理合先行奏聞。臣等竊照定時之法，當議者五事：一曰壺漏，二曰指南針，三曰表臬，四曰儀，五曰晷。其一壺漏等器，規制甚多。今所用者水漏也，然水有新舊滑濇，則遲疾異；漏管有時而塞，有時而磷，則緩急異；定漏之初，必于午正初刻，此刻一誤，無所不誤。雖調品如法，終無益也。故壺漏者，特以濟晨昏陰雨晷儀表臬所不及，而非定時之本。所謂本者，必準于天行，則用表用儀用晷，晝測日，夜測星是已。其二指南針者，今術人恒用以定南北，凡辨方正位，皆取則焉。然所得子午，非真子午。向來言陰陽者，多云泊于丙午之間。今以法考之，實各處不同，在京師則偏東五度四十分。若憑以造晷，則冬至午正先天一刻四十四分有奇，夏至午正先天五十一分有奇，然此偏東之度，必造針用磁，悉皆合法，其數如此。若今術人所用短針、雙針、磁石同居之針，雜亂無法，所差度分或多或少，無定數也。今觀象臺有赤道日晷一座及正方案，臣等以法考之，其正方案偏東二度，日晷先天半刻，計在當時，亦用羅經與表臬參定，故差數爲少。若專用羅經者，恐所差刻分多少，亦無定數，而大抵皆失于先天。據此以候交食時刻，即其失不盡在推步也。今但用表臬或儀器以求子

午真線，或依偏針加減，別造正線羅經，以與舊晷較勘，差數立見矣。三曰表臬者，即《周禮》匠人置槷之法，識日出入之景，參諸日中之景，以正方位。今法置小表於地平，午正前後累測日景，以求相等之兩長景，即爲東西；因得中間最短之景，即爲真子午。其術更爲簡便也。四曰儀者，本臺原有立運儀，用以測驗七政高度，臣等即用以較定子午，於午前累測日高度分至於長極而消，則因最高之度，即得最短之景，此午正時南北真線也。五曰晷者，造成平面晷體，依前儀器、表臬、南針三法，參互考合，務得子午卯酉真線，因以法分布時刻，加入節氣諸線，即成平面日晷。若今時所用圓石欹晷，是爲赤道晷，亦用所得子午線較定。此二晷者，皆可得天正時刻，所謂晝測日也。若測星之晷，亦即《周禮》夜考極星之法，然周時北極一星，正與真北極同壤。今時久密移，此星去極三度有奇，《周官》舊法不復可用，故用重盤星晷。上盤書時刻，下盤書節氣，展轉相加，依近極二星，用時指垂權測，知天正時刻，所謂夜測星也。總五事而論之，壺漏用物，用其分數。南針用物，用其性情。然皆非天不因，非人不成。惟表、惟儀、惟晷，悉本天行，私智謬巧無容其間，故可爲候時造曆之準式也。今若干准表准儀准針，任用一事，因之以造日星二晷，又因二晷以較定壺漏，用加減輕重之法，令遲疾如意，則天正時刻，人人通知，在在畫一矣。如是而交食時刻，尚有後先，則失在推步也。然而推步之學，其中事理，有須申明奏聞者，蓋曆自漢迄元一千三百五十年，凡六十八改，而後有授時之法，是皆從粗入精，先迷後得，謂古法良是，後來失傳誤改者，皆謬論也。

允禄　何國宗等《曆象考成》上編卷四《日躔曆理》　南北真線

辨方定位，歷象首務，蓋必先定南北，然後可以候中星，步日躔。然南北之大勢雖若易知，而立線定向必豪釐不失，乃得其真，即用指南針，亦有所偏向，不可爲準。其所偏向又隨地不同，故欲得南北之真線者，必以測量星日爲主。

允禄等《聖祖仁皇帝御製文集》第四集卷二九《康熙幾暇格物編》　定南針

定南針所指，必微有偏向，不能確指正南。且其偏向各處不同，而其偏之多少，亦不一定。如京師二十年前測得偏三度，至今偏二度半。各省或偏西，或偏東，皆不一。惟盛京地方得正南，今不知改易否也。宋沈括《夢溪筆談》謂：磁石磨針，必微偏東向。而元周達觀《真臘風土記》謂：定南多丁未針。《大觀本草注》謂：丙丁皆火位，庚辛受其制，物理相感耳。而推求真南之道，昔人未嘗言之。朕曾測量日影，見日至正南，影必下垂，以此定是正南真向也。今人營造居室，如因地勢曲折者，面向所不必言；若適有平正之地，其所卜建屋基向東南者，針亦東南；向西南者，針亦西南。初非有意爲之，乃自然而然，無所容其智巧者也。又，赤道之下，針定向上，此土針鋒亦畧斜向上。今羅鏡中制之平耳。海西人云：磁石乃地中心之性，一尖指地，一尖指赤道。今將上指者，令重使平，以取南，與《物性志》謂磁石受太陽之精，其氣直上下之説相合。

阮元《疇人傳》卷五二《國朝續補四·張作楠》　張作楠字丹邨，金華人，由處州府教授歷官陽湖縣太倉州洊升至徐州府，以不得於大府，將改簡，遂乞假終養歸，優游林下者十餘稔。生平酷嗜西人秝算之學，與婺源齊彦槐、全椒江臨泰相友善，以兩人皆同治西算也。居官不事酬應，嘗曰：與其浪費無益之酬應，不若將薄俸養活工匠，製儀器，刻算書，俾絶學大昌。故凡履任，悉以銅木石工及剞劂氏相隨。所著書若干種，名《翠薇山房算學叢書》，大率皆西人成法推而演之。嘗謂：僧一行曾以指南鍼較北極，鍼指虚危之間，極在虚六度初，鍼實偏於極右二度九十五分。北極偏右，則知南極偏左。沈存中《筆談》亦稱微偏東，不全南。徐文定《秝議》稱鍼所得子午非真，隨地不同，在京師則偏東五度四十分，冬至正午先天一刻四十四分有奇。梅勿庵《揆日紀要》稱天上正南，非羅鍼所指之正南，須於正午之西稍偏取之，故楊光先有《鍼路論》。陸朗夫《切問齋集》有指南鍼辨，因量取《坤輿全圖》各直省府廳州縣及諸部落經緯線推演，列爲全表，附造平面、立面及面東西諸日晷法。

鄭光祖《一斑録》卷一《天地》　外夷

大西洋船來中國，直南八十度出赤道之外，見大浪山，乃折而北入廣東，計程十餘萬里。在空洋中，往往六七個月不見一山。近五六十年則有峽路可通，不必遠出赤道之外矣。惟由峽路來東土，風水皆順，三月可到。若由東土回西國，風水皆逆，必遲至五月乃到。此何以故？蓋因大地之面自西旋東，故大西洋來去，其順逆難易如此。若人於千里百里中東西來去，實亦有順逆難易之別，特所差較微，人不察耳。中國行海程，計更數，每更約六十里。投木梳於水，人循舟旁疾趨隨之，其速同，曰合更，一晝夜行十更。梳先於人，曰過更，則行較速。人先於梳，曰不及更，則行較遲。洋中必望山島爲識認，若無山島，計程未免約略。所恃指南鍼即羅經。紅鍼，實向大浪山。在中國京師則紅鍼偏東五度四十分。各省各不同。若在大洋行遠，紅鍼竟不足恃，故中國海船未有能出赤道外者。

若大西洋海舶，精識天上度數。正南方以日東出西入定之，即無山島識認，廣行空洋，亦無差悮，故能遠出赤道之外。

又　卷三《物理》　金石

磁石吸鐵石，生鐵之山，其背有之。每塊均有頭尾，頭則吸鐵，尾則驅鐵。指南鍼以此爲之，實指不正南。在中國京師則偏東五度也。或云南洋大浪山皆磁石，故指南鍼向之，不知洋中類有磁石，洋船恐遭吸擱，釘用紫銅及竹木爲之。

又　雜述四　晷景午時最久

日月出入，爲青濛氣所騰，本未出者，已見其出；本已入者，尚見未入。不獨卯酉然也，即辰巳未申皆有差，惟午正乃無差。余嘗留心體察，知日在巳初三刻，而晷影已到巳正。日在未正，而晷影尚在未初三刻。故以晷影定時刻，一日中惟午時爲最久。則欲定時刻，須以自鳴鐘在午正時與晷影配準，又須按指南鍼偏東度數配準，則所行晝夜時刻乃無差悮。

劉啓端《清會典圖》卷一〇七《天文一天體》　南北真綫圖四

南北真綫圖四

辨方正位，疇人首務，蓋必先定南北，然後可以候中星步日躔。然南北雖若易知，而立綫定向，必毫釐不失，乃得其真。指南鍼亦有所偏，不可爲準。其所偏又隨地不同。故欲得南北之真綫者，以測量星日爲主，法當先求午正。不拘何日，植表取影，自午前至午後，視表末影所至，隨作點爲識；次取與表心最近之一點，爲午正表影，乃太陽出地最高之度。依此點向表心作直綫，即南北綫，如第一圖。又法，用方案令極平，作圖數層，植表於圜心，以取日影。凡影切圜上者，作點識之。視午前午後兩點同在一圜上者，作直綫聯之，即東西綫。取其中，向圜心作垂綫，即南北綫，如第二圖。又法，植表取日影，別用儀器測得午前日軌高度，作點於影末；又測得午後日軌高度與午前等，亦作點於影末。乃以兩點作直綫聯之，即東西綫。取東西綫之正中，向表作垂綫，即南北綫，如第三圖。又法，於冬至日前後，用儀器測句陳第五星，初昏時此星在北極之西，候其漸轉而西，至不復西而止。至五更後，此星在北極之東，候其漸轉而東，至不復東而止。兩表視綫之正中，即南北綫，如第四圖。蓋句陳第五星，冬至日，酉時在極西，卯時在極東，他星則離極太遠，故止取此星，可以得東西之準。他時非不可測，但或日永夜短，卯酉二時星不可見，故必於冬至日前後測之也。

綜述

王棠《燕在閣知新録》卷五　天地里數日影里數

六安黃氏曰：周天每度三千九百三十二里千四百六十一分里之三百四十八，圓周一百七萬一千里，以圍三徑一言，直徑三十五萬七千里，此爲二十八宿周圍直徑之數。又二十八宿以外上下東西各有萬五千里，是謂四游之極，謂之四表。據四表之內星宿內總有三十八萬七千里，天徑中央正半之處則一十九萬三千五百里，地在於中，厚三萬里。春分之時，地正當中，自此地漸漸而下，至夏，地下游萬五千里，地之上畔與天中平。夏至之後，地漸漸而上，至秋分地正當天之中。自此地漸漸而上，至冬至上游萬五千里，地之下畔與天中平。自冬至後，地漸而下，地常升降於三萬里之中。日中立竿測景，以勾股量之，夏至立八尺表，景一尺六寸。表景千里而差一寸，是則天上一寸，地下千里。言本於《周髀》之文，髀者，股也。以表爲股，相傳本伏羲氏立法。自周公受之於大夫商高，周人志之，故曰《周髀》。鄭玄云：凡日景與地千里而差一寸，景尺有五寸，南戴日下萬五千里也。以此推之，日當去其下地八萬里也。日斜射陽城則天徑之半也。以勾股法言之，旁萬五千里，勾也。立八極萬里，股也。從日斜射陽城，弦也。以勾股求弦法入之，得八萬一千三百九十四里。天徑之半，而地上去天之數也。倍之得十六萬二千七百八十八里，正徑之數也。以周率乘之，徑率約之，得五十一萬三千六百八十七里，周天之數也。案宋時往交州測影，夏至之日，影出表南三寸二分。何承天遥取陽城夏至一尺五寸，計陽城去交州萬里，而影差一尺八寸二分，是六百而差一寸也。又見公孫崇集諸朝士共觀秘書影，同是夏至日，其中影皆長一尺五寸八分。以此推之，金陵去洛南北略當千里而影差四寸，則二百五十里而影差一寸也。八月海中南望老人星下衆星燦然，皆古所未見，大約去南極二十度以上皆見。鄭玄之説非也。趙友欽曰：地中有子午卯酉，四向既正，則輪盤二十四向皆正，然而八方之地各有偏向。曾三異《因話録》：地螺或用子午正針，或用子午丙壬閒縫針，以江南地偏，以丙壬參之。《廣雅》則云：天周六百一十萬餘里，天去地一百一萬五千里。《淮南子》論天去地五億萬里，禹使大章豎亥步自東極至西極，南極至北極，各二億三萬餘里。又丘處機論北斗斡旋與星河在天，皆不入地，日亦不入地。若日入地，則與箕斗折破。人强稱星日入地者，非。楊升菴信之。昔之持論不同如此。余據授時所測得冬至去地二萬六千二百餘里，夏至日下去地五萬九千二百餘里，約千里差一度，約天徑十二萬餘里，天周三十七萬餘里，是其數也。縱授時所測或少有不的，不過里數小差，大約固不遠也。總不出千里上下差一度，論之異同可勿疑也。極星正其北，日影正其南，隨處皆有子午卯酉，而七致之出入因之。指南針亦可勿用。

陳元龍《格致鏡原》卷四九《日用器物類》 針

《稗史類編》：陰陽家以磁石引針定向，每有戊午丙午之異。按《本草演義》：磁石磨針則能指南，然常偏東，不全南也。其法新纊中獨縷，以半分子蠟綴於針腰，無風處垂之則針常指南。以針横貫燈草心，浮水上，亦指南，然常偏丙位。蓋丙爲火，庚辛金受其制，故如是，物類相感耳。

劉嶽雲《格物中法》卷一《氣部》 電氣

慈石磨鍼鋒則能指南，然常偏東，不全南也。其法取新纊中獨縷，以半芥子許蠟綴于鍼腰，無風處垂之，則鍼常指南。以鍼横貫燈心，浮水上，亦指南，然常偏丙位。蓋丙爲大火，庚辛受其制，物理相感耳。寇宗奭《本草衍義》。

方家以磁石磨鍼鋒，則能指南，然常微偏東，不全南也。水浮多蕩摇，指爪及盌脣上皆可爲之，運轉尤速，但堅滑易墜，不若縷絲爲最善。法取新纊中獨繭縷，以芥子許蠟綴於鍼腰，無風處懸之，則鍼常指南，其中有磨而指北者。予家指南北者皆有之。磁石之指南，猶柏之指西，莫可原其理。《夢溪筆談》。

以磁石磨鍼鋒，則鋭處常指南，亦有指北者。恐石性亦不同，如夏至鹿角解，冬至麋角解。南北相反，理應有異，未深攷耳。《夢溪筆談》。

嶽雲謹案：鍼一頭指南，則餘一頭指北，此定理也。若以不鋭一端先磨之，自然鋭者指北，而不鋭者指南，無足異者。又玄石亦磁石也，而性與磁石相反。沈括言石性不同，語亦有本。

陰陽家謂磁石引鍼定南北，每有子午丙午之異。宋程棨《三柳軒雜識》。

定南針所指必微有偏向，不能確指正南，且其偏向各處不同，而其偏之多少亦不一定。如京師二十年前測得偏三度，至今偏二度半，各省或偏西，或偏東，皆不一。《幾暇格物編》。

嶽雲謹案：唐僧一行曾以指南鍼校北極，鍼指虚危之間，極在虚六度初，鍼實偏于極右二度九十五分。北極偏右，則知南極偏左。在沈括程棨前。

又案：徐文定《秝議》稱鍼所得子午非真，隨地不同。在京師則偏東五度四十分，若憑以造晷，則冬至正午先天一刻四十四分有奇。梅勿菴《揆日紀要》亦云：鍼所指在在不同，金陵則偏東三度。言之精矣。然鍼之指南，不獨各節氣各地不同，即同地同節氣，試之亦不同。良由電氣時時運動，亦猶黄白道極與赤道極古今遠近不同，非久久測驗不能定也。

又案：西人謂：磁石所指爲電極，非正南方。古有言之者矣。

四

計算

鄭玄注　賈公彦疏　陸德明音義《周禮注疏》卷二七《春官宗伯下》　凡爲樂器，以十有二律爲之數度，以十有二聲爲之齊量。注：數度，廣長也。齊量，侈弇之所容。音義：齊，才計反。注同。廣，古曠反。長，直亮反。疏：注釋曰：樂器，據《典同》所作，謂鐘也。云以十有二律爲之度數者，依《律歷志》云，古之神瞽，度律均鍾，以律計倍半。假令黄鐘之管長九寸，倍之爲尺八寸，又九寸得四寸半，總二尺二寸半，以爲鐘口之徑，及上下之數。自外十二辰頭，皆以管長短計之可知。故云度數廣長也。廣則口徑，長則上下也。云以十有二聲爲之齊量者，十二聲，則十二辰零鍾，鍾則聲也。十二鍾皆有所容多少之齊量。故云侈弇之所容者，上文侈弇雖是鍾病，所容多少則依濩，故舉侈弇見文而言也。凡和樂亦如之。注：和謂調其故器也。疏：注釋曰：鄭和調故器者，上文凡爲樂器，是新造者，今更言和樂，明是調故器，知聲得否及容多少，當依濩度也。

司馬遷撰　裴駰集解　司馬貞索隱　張守節正義《史記》卷二五《律書第三》

律數

九九八十一以爲宫。

三分去一，五十四以爲徵。

三分益一，七十二以爲商。

三分去一，四十八以爲羽。

三分益一，六十四以爲角。

黄鐘長八寸十分一，宫。索隱案：上文云律九九八十一，故云長八寸十分一。而《漢書》云黄鐘長九寸者，九分之寸也。劉歆、鄭(元)[玄]等皆以長九寸即十分之寸，不依此法也。云宫者，黄鐘爲律之首，宫爲五音之長，十一月以黄鐘爲宫，則聲得其正。舊本多作七分，蓋誤也。

大吕長七寸五分三分一。索隱謂：十一月以黄鐘爲宫，五行相次，大吕爲商者，大吕所以助陽宣化。

太簇長七寸七分二，角。

夾鐘長六寸(一)[七]分三分一。

姑洗長六寸七分四，羽。索隱：亦以金生水故也。

仲吕長五寸九分三分二，徵。

蕤賓長五寸六分三分一。

林鐘長五寸七分四，角。索隱：水生木，故以爲角。不用蕤賓者，以陰氣起，陽不用事，故去也。

夷則長五寸四分三分二，商。

南吕長四寸七分八，徵。

無射長四寸四分三分二。

應鐘長四寸二分三分二，羽。

生鐘分：索隱：此算術生鐘律之法也。正義：分，音扶問反。

子一分。索隱：自此已下十一辰，皆以三乘之，爲黄鐘積實之數也。丑三分二。索隱：案：子律黄鐘長九寸，林鐘爲衡，衡長六寸，以九比六，三分少一，故云丑三分二。即是黄鐘三分去一，下生林鐘數也。寅九分八。索隱：十二律以黄鐘爲主，黄鐘長九寸，太簇長八寸，圍八分，寅九分八，即是林鐘三分益一，上生太簇之義也。正義：孟康云：元氣始起於子。未分之時，天地人混合爲一，故子數獨一。《漢書·律歷志》云：太極元氣，函三爲一，行於十二辰，始動於子，參之於丑，得三。又參於寅，得九。又參之於卯，得二十七。又參之於辰，得八十一。又參之於巳，得二百四十三。又參之於午，得七百二十九。又參之於未，得二千一百八十七。又參之於申，得六千五百六十一。又參之於酉，得萬九千六百八十三。又參之於戌，得五萬九千四十九。又參之於亥，得十七萬七千一百四十七。此陰陽合德，氣鍾於子，化生萬物者也。然丑三分二，寅九分八者，並是分之餘數，而《漢書》不說也。卯二十七分十六。索隱：此以丑三乘寅，寅三乘卯，得二十七。南吕爲卯，衡長五寸三分寸之一，以三約二十七得九，即黄鐘之本數。又以三約十六得五，(縣)[餘]三分之一，即南吕之長，故云卯二十七分十六，亦是太簇三分去一，下生南吕之義。已下八辰並準此。然丑三分二，寅九分八者，皆分之餘數也。辰八十一分六十四。巳二百四十三分一百二十八。午七百二十九分五百一十二。未二千一百八十七分一千二十四。申六千五百六十一分四千九十六。酉一萬九千六百八十三分八千一百九十二。戌五萬九千四十九分三萬二千七百六十八。亥十七萬七千一百四十七分六萬五千五百三十六。

生黄鐘

術曰：以下生者，倍其實，三其法。索隱：案：蔡邕云陽生陰爲下生，陰生陽爲上生。又《律歷志》云陰陽相生自黄鐘始，而左旋八八爲五。孟康註云：從子數辰至未得八，下生林鐘。數又自未至寅，亦得八，上生太簇律是也。然上下相生，皆以此爲率。今云以下生者，謂黄鐘下生林鐘。黄鐘長九寸，倍其實者二九十八，三其法者以三爲法，約之得六，爲林鐘之長也。以上生者，四其實，三其法。索隱：四其實者，謂林鐘上生太簇。林鐘長六寸，以四乘六得二十四，以三約之得八，即爲太簇之長也。上九，商八，羽七，角六，宫五，徵九。索隱：此五聲之數，亦上生三分益一，下生三分(宫)〔去一〕。宫去一下生徵，徵益一上生商。商去一下生羽，羽益一上生角。然此文似數錯，未暇研覈也。置一而九，三之以爲法。索隱：《漢書·律歷志》曰：太極元氣，函三爲一，行之於十二辰，始動於子，參之於丑得三，又參之於寅得九。是謂置一而九，三之也。韋昭曰：置一而九，以三乘之是也。樂彦云：一氣生於子，至丑而三，是一三也。又自丑至酉爲九，皆以三乘之，是九三也。實如法，得長一寸。索隱：實謂以子一乘丑三，至亥得十七萬七千一百四十七爲實數。如法謂以上萬九千六百八十三之法除實得九，爲黄鐘之長。言得一者，算術設法辭也。得下有長，一下有寸者，皆衍字也。韋昭云得九寸之一也。姚氏謂得一即黄鐘之子數。凡得九寸，命曰黄鐘之宫。故曰音始於宫，窮於角。索隱：即如上文宫下生徵，徵上生商，商下生羽，羽上生角，是其窮也。數始於一，終於十，成於三；氣始於冬至，周而復生。神生於無形，正義：無形爲太陽氣，天地未形之時，言神本在太虚之中而無形也。成於有形，正義：天地既分，二儀已質，萬物之形成於天地之間，神在其中。然後數形而成聲，正義：數謂天數也，聲謂宫、商、角、徵、羽也。言天數既形，則能成其五聲也。故曰神使氣，氣就形。形理如類有可類。或未形而未類，或同形而同類，類而可班，類而可識。聖人知天地識之别，故從有以至未有，正義：從有謂萬物形質也，未有謂天地未形也。以得細若氣，微若聲。正義：氣謂太易之氣，聲謂五聲之聲也。然聖人因神而存之，正義：言聖人因神理其形體，尋迹至於太易之氣，故云因神而存之。上云從有以至未有是也。雖妙必効情，核其華道者明矣。正義：妙謂微妙之性也。効猶見也。核，研核也。華道，神妙之道也。言人雖有微妙之性，必須程督已之情理，然後研核神妙之道，乃能究其形體，辨其成聲，故謂明矣。故下云非有聖心以乘聰明，孰能存天地之神而成形之情哉是也。非有聖心以乘聰明，孰能存天地之神而成形之情哉？神者，物受之而不能知及其去來，正義：言萬物受神妙之氣，不能知覺，及神去來，亦不能識其徃復也。故聖人畏而欲存之。唯欲存之，神之亦存。正義：言聖人畏神妙之理難識，而欲常存之。惟欲常存之，故其神亦存也。其欲存之者，故莫貴焉。正義：言平凡之人欲得精神存者，故亦莫如貴神之妙焉。

太史公曰：在旋璣玉衡以齊七政，即天地二十八宿。正義：宿音息袖反，又音肅。謂東方角、亢、氐、房、心、尾、箕，南方井、鬼、柳、星、張、翼、軫，西方奎、婁、胃、昴、畢、觜、參，北方斗、牛、女、虚、危、室、壁，凡二十八宿一百二十八宿星也。十母，正義：十干：甲、乙、丙、丁、戊、己、庚、辛、壬、癸。十二子，正義：十二支：子、丑、寅、卯、辰、巳、午、未、申、酉、戌、亥。鐘律調自上古。建律運歷造日度，可據而度也。正義：度音田洛反。合符節，通道德，即從斯之謂也。索隱述贊曰：自昔軒后，爰命泠綸。雄雌是聽，厚薄伊均。以調氣候，以軌星辰。軍容取飾，樂器斯因。自微知著，測化窮神。大哉虚受，含養生人。

范曄　司馬彪撰　劉昭補注《後漢書》卷一一《志第一·律曆上》　古之人論數也，曰物生而後有象，象而後有滋，滋而後有數。然則天地初形，人物既著，則算數之事生矣。記稱大橈作甲子，《吕氏春秋》曰：黄帝師大橈。《博物記》曰：容成氏造歷，黄帝臣也。《月令章句》：大橈探五行之情，占斗綱所建，於是始作甲乙以名日，謂之幹；作子丑以名(日)〔月〕，謂之枝，枝幹相配，以成六旬。隸首作數。《博物記》曰：隸首，黄帝之臣。一説，隸首，善算者也。二者既立，以比日表，表即晷景。以管萬事。夫一、十、百、千、萬，所同用也；律、度、量、衡、歷，其别用也。故體有長短，檢以度；《説苑》曰：以粟生之，十粟爲一分，十分爲一寸，十寸爲一尺，十尺爲一丈。物有多少，受以量；《説苑》曰：千二百粟爲一籥，十籥爲一合，十合爲一升，十升爲一斗，十斗爲一斛。量有輕重，平以權衡；《説苑》曰：十粟重一圭，十圭重一銖，二十四銖重一兩，十六兩重一斤，三十斤重一鈞，四鈞重一石。聲有清濁，協以律吕；三光運行，紀以歷數。然後幽隱之情，精微之變，可得而綜也。《前志》曰：夫推歷生律，制器規圓矩方，權重衡平，準繩嘉量，探賾索隱，鉤深致遠，莫不用焉。度長短者不失毫氂，量多少者不失圭撮，權輕重者不失黍累。紀於一，協於十，長於百，大於千，廣於萬。

漢興，北平侯張蒼首治律歷。孝武正樂，置協律之官。至元始中，博徵通知鍾律者，考其意義，羲和劉歆典領條奏，前史班固取以爲志。而元帝時，郎中京房，房字君明，知五聲之音，六律之數。上使太子太傅韋玄成，字少翁；諫議大夫章雜，試問房於樂府。房對：受學故小黄令焦延壽。六十律相生之法：以上生下，皆三生二；以下生上，皆三生四；陽下生陰，陰上生陽，終於中吕而十二律畢矣。中吕上生執始，執始下生去滅，上下相生，終於南事，六十律畢矣。夫十二律之變至於六十，猶八卦之變至於六十四也。宓犧作《易》，紀陽氣之初，以爲律法。建日冬至之聲，以黄鍾爲宫，太蔟爲商，姑洗爲角，林鍾爲徵，南吕爲羽，應鍾爲變宫，蕤賓爲變徵。《月令章句》曰：以姑洗爲角，南呂爲羽，則微濁也。此聲氣之元，五音之正也。故各終一日。其餘以次運行，當日者各自爲宮，而商徵以類從焉。《月令章句》曰：律，率也，聲之管也。上古聖人本陰陽，別風聲，審清濁，而不可以文載口傳也。於是始鑄金作鍾，以主十二月之聲，然後以放升降之氣。鍾難分別，乃截竹爲管，謂之律。律者，清濁之率法也。聲之清濁，以長短爲制。《禮運篇》曰五聲、六律、十二管還相爲宮，此之謂也。鄭玄曰：宮數八十一，黄鍾長九寸，九九八十一也。三分宮去一生徵，徵數五十四，林鍾長六寸，六九五十四也。三分徵益一生商，商數七十二，太簇長八寸，八九七十二也。三分商去一生羽，羽數四十八，南呂長五寸三分寸之一，五九四十五又三分寸之一，爲四十八也。三分羽益一生角，角數六十四，姑洗長七寸九分寸之一，七九六十三又九分寸之一，爲六十四也。三分角去一生變宮，三分變宮益一生變徵。自此已後，則隨月而變，所謂還相爲宮。以六十律分朞之日，黄鍾自冬至始，及冬至而復，陰陽寒燠風雨之占生焉。於以檢攝羣音，考其高下，苟非草木之聲，則無不有所合。《虞書》曰律和聲，此之謂也。房又曰：竹聲不可以度調，故作準以定數。準之狀如瑟，長丈而十三弦，隱間九尺，以應黄鍾之律九寸；中央一弦，下有畫分寸，以爲六十律清濁之節。房言律詳於歆所奏，其術施行於史官，候部用之，文多不悉載。故總其本要，以續《前志》。

律術曰：陽以圓爲形，其性動；陰以方爲節，其性静。動者數三，静者數二。以陽生陰，倍之；以陰生陽，四之。皆三而一。陽生陰曰下生，陰生陽曰上生。上生不得過黄鍾之清濁，下生不得及黄鍾之數實。皆參天兩地，圓蓋方覆，六耦承奇之道也。黄鍾，律呂之首，而生十二律者也。《前書》曰：黄帝使伶倫自大夏之西，崑崙之陰，取竹之嶰谷生，其竅厚均者，斷兩節間而吹之，以爲黄鍾之管。制十二筩以聽鳳之鳴，其雄鳴爲六，雌鳴亦六，比黄鍾之音，而皆可以生之，是爲律本。至治之世，天地之氣合以生風。天地之風氣正，十二律乃定。其相生也，皆三分而損益之。是故十二律之，得十七萬七千一百四十七，是爲黄鍾之實。《前書》曰：太極元氣，函三爲一。極，中也。元，始也。行於十二辰，始動於子。參之於丑，得三。又參之於寅，得九。又參之於卯，得二十七。又參之於辰，得八十一。又參之於巳，得二百四十三。又參之於午，得七百二十九。又參之於未，得二千一百八十七。又參之於申，得六千五百六十一。又參之於酉，得萬九千六百八十三。又參之於戌，得五萬九千四十九。又參之於亥，得十七萬七千一百四十七。此陰陽合德，氣鍾於子，化生萬物者也。故滋萌於子，紐牙於丑，引達於寅，冒茆於卯，振美於辰，已盛於巳，咢布於午，昧曖於未，申堅於申，留孰於酉，畢入於戌，該閡於亥，出甲於甲，奮軋於乙，明炳於丙，大成於丁，豐茂於戊，理紀於己，斂更於庚，悉新於辛，懷任於壬，陳揆於癸。故陰陽之施化，萬物之終始，既類旅於律呂，又經歷於日辰，而變化之情則可見矣。又以二乘而三約之，是爲下生林鍾之實。又以四乘而三約之，是爲上生太蔟之實。推此上下，以定六十律之實。以九三之數萬九千六百八十三爲法。律爲寸，於準爲尺。不盈者十之，所得爲分。又不盈十之，所得爲小分。以其餘正其强弱。

黄鍾，十七萬七千一百四十七。下生林鍾。黄鍾爲宮，太蔟商，林鍾徵。一日。律，九寸。準，九尺。

色育，十七萬六千七百七十六。下生謙待。色育爲宮，未知商，謙待徵。六日。律，八寸九分小分八微强。準，八尺九寸萬五千九百七十三。

執始，十七萬四千七百六十二。下生去滅。執始爲宮，時息商，去滅徵。六日。律，八寸八分小分七大强。準，八尺八寸萬五千五百一十六。

丙盛，十七萬二千四百一十。下生安度。丙盛爲宮，屈齊商，安度徵。六日。律，八寸七分小分六微弱。準，八尺七寸萬一千六百七十九。

分動，十七萬八十九。下生歸嘉。分動爲宮，隨期商，歸嘉徵。六日。律，八寸六分小分四强。準，八尺六寸八千一百五十二。

質未，十六萬七千八百。下生否與。質未爲宮，形晉商，否與徵。六日。律，八寸五分小分二强。準，八尺五寸四千九百四十五。

大呂，十六萬五千八百八十八。下生夷則。大呂爲宮，夾鍾商，夷則徵。八日。律，八寸四分小分三弱。準，八尺四寸五千五百八。

分否，十六萬三千六百五十四。下生解形。分否爲宮，開時商，解形徵。八日。律，八寸三分小分一强。準，八尺三寸二千八百五十一。

凌陰，十六萬一千四百五十二。下生去南。凌陰爲宮，族嘉商，去南徵。八日。律，八寸二分小分一弱。準，八尺二寸五百一十四。

少出，十五萬九千二百八十。下生分積。少出爲宮，争南商，分積徵。六日。律，八寸小分九强。準，八尺萬八千一百六十。

太蔟，十五萬七千四百六十四。下生南呂。太蔟爲宮，姑洗商，南呂徵。一日。律，八寸。準，八尺。

未知，十五萬七千一百三十四。下生白呂。未知爲宮，南授商，白呂徵。六日。律，七寸九分小分八强。準，七尺九寸萬六千三百八十三。

時息，十五萬五千三百四十四。下生結躬。時息爲宮，變虞商，結躬徵。六日。律，七寸八分小分九少强。準，七尺八寸萬八千一百六十六。

屈齊，十五萬三千二百五十三。下生歸期。屈齊爲宮，路時商，歸期徵。
六日。律，七寸七分小分九弱。準，七尺七寸萬六千九百三十九。
隨期，十五萬一千一百九十。下生未卯。隨期爲宮，形始商，未卯徵。
六日。律，七寸六分小分八强。準，七尺六寸萬五千九百九十二。
形晉，十四萬九千一百五十五。下生夷汗。形晉爲宮，依行商，夷汗徵。
六日。律，七寸五分小分八弱。準，七尺五寸萬五千三百二十五。
夾鍾，十四萬七千四百五十六。下生無射。夾鍾爲宮，中吕商，無射徵。
六日。律，七寸四分小分九强。準，七尺四寸萬八千一十八。
開時，十四萬五千四百七十。下生閉掩。開時爲宮，南中商，閉掩徵。
八日。律，七寸三分小分九微弱。準，七尺三寸萬七千八百四十一。
族嘉，十四萬三千五百一十三。下生鄰齊。族嘉爲宮，内負商，鄰齊徵。
八日。律，七寸二分小分九微强。準，七尺二寸萬七千九百五十四。
争南，十四萬一千五百八十二。下生期保。争南爲宮，物應商，期保徵。
八日。律，七寸一分小分九强。準，七尺一寸萬八千三百二十七。
姑洗，十三萬九千九百六十八。下生應鍾。姑洗爲宮，蕤賓商，應鍾徵。
一日。律，七寸一分小分一微强。準，七尺一寸二千一百八十七。
南授，十三萬九千六百七十。下生分烏。南授爲宮，南事商，分烏徵。
六日。律，七寸小分九大强。準，七尺萬八千九百三十。
變虞，十三萬八千八十四。下生遲内。變虞爲宮，盛變商，遲内徵。
六日。律，七寸小分一半强。準，七尺三千三十。
路時，十三萬六千二百二十五。下生未育。路時爲宮，離宮商，未育徵。
六日。律，六寸九分小分二微强。準，六尺九寸四千一百二十三。
形始，十三萬四千三百九十二。下生遲時。形始爲宮，制時商，遲時徵。
五日。律，六寸八分小分三弱。準，六尺八寸五千四百七十六。
依行，十三萬二千五百八十二。上生色育。依行爲宮，謙待商，色育徵。
七日。律，六寸七分小分三大强。準，六尺七寸七千五十九。
中吕，十三萬一千七十二。上生執始。中吕爲宮，去滅商，執始徵。
八日。律，六寸六分小分六弱。準，六尺六寸萬一千六百四十二。
南中，十二萬九千三百八。上生丙盛。南中爲宮，安度商，丙盛徵。
七日。律，六寸五分小分七微弱。準，六尺五寸萬三千六百八十五。
内負，十二萬七千五百六十七。上生分動。内負爲宮，歸嘉商，分動徵。
八日。律，六寸四分小分八强。準，六尺四寸萬五千九百五十八。
物應，十二萬五千八百五十。上生質末。物應爲宮，否與商，質末徵。
七日。律，六寸三分小分九强。準，六尺三寸萬八千四百七十一。
蕤賓，十二萬四千四百一十六。上生大吕。蕤賓爲宮，夷則商，大吕徵。
一日。律，六寸三分小分二微强。準，六尺三寸四千一百三十一。
南事，十二萬四千一百五十四。下生南事。窮無商，徵不爲宮。
七日。律，六寸三分小分一弱。準，六尺三寸一千五百三十一。
盛變，十二萬二千七百四十一。上生分否。盛變爲宮，解形商，分否徵。
七日。律，六寸二分小分三大强。準，六尺二寸七千六十四。
離宮，十二萬一千八百一十九。上生凌陰。離宮爲宮，去南商，凌陰徵。
七日。律，六寸一分小分五微强。準，六尺一寸萬二百二十七。
制時，十一萬九千四百六十。上生少出。制時爲宮，分積商，少出徵。
八日。律，六寸小分七弱。準，六尺萬三千六百二十。
林鍾，十一萬八千九十八。上生太蔟。林鍾爲宮，南吕商，太蔟徵。
一日。律，六寸。準，六尺。
謙待，十一萬七千八百五十一。上生未知。謙待爲宮，白吕商，未知徵。
五日。律，五寸九分小分九弱。準，五尺九寸萬七千二百一十三。
去滅，十一萬六千五百八。上生時息。去滅爲宮，結躬商，時息徵。
七日。律，五寸九分小分二弱。準，五尺九寸三千七百八十三。
安度，十一萬四千九百四十。上生屈齊。安度爲宮，歸期商，屈齊徵。
六日。律，五寸八分小分四弱。準，五尺八寸七千七百八十六。
歸嘉，十一萬三千三百九十三。上生隨期。歸嘉爲宮，未卯商，隨期徵。
六日。律，五寸七分小分六微强。準，五尺七寸萬一千九百九十九。
否與，十一萬一千八百六十七。上生形晉。否與爲宮，夷汗商，形晉徵。
五日。律，五寸六分小分八强。準，五尺六寸萬六千四百二十一。
夷則，十一萬五百九十二。上生夾鍾。夷則爲宮，無射商，夾鍾徵。
八日。律，五寸六分小分二弱。準，五尺六寸三千六百七十二。
解形，十一萬九千一百三。上生開時。解形爲宮，閉掩商，開時徵。
八日。律，五寸五分小分四强。準，五尺五寸八千四百六十五。

去南，十萬七千六百三十五。上生族嘉。去南爲宫，鄰齊商，族嘉徵。八日。律，五寸四分小分六大强。準，五尺四寸萬三千四百六十八。
分積，十萬六千一百八十八。上生争南。分積爲宫，期保商，争南徵。七日。律，五寸三分小分九半强。準，五尺三寸萬八千六百八十一。
南吕，十萬四千九百七十六。上生姑洗。南吕爲宫，應鍾商，姑洗徵。一日。律，五寸三分小分三强。準，五尺三寸六千五百六十一。
白吕，十萬四千七百五十六。上生南授。白吕爲宫，分烏商，南授徵。五日。律，五寸三分小分二强。準，五尺三寸四千三百七十一。
結躬，十萬三千五百六十三。上生變虞。結躬爲宫，遲内商，變虞徵。六日。律，五寸二分小分六少强。準，五尺二寸萬二千一百一十四。
歸期，十萬二千一百六十九。上生路時。歸期爲宫，未育商，路時徵。六日。律，五寸一分小分九微强。準，五尺一寸萬七千八百五十七。
未卯，十萬七百九十四。上生形始。未卯爲宫，遲時商，形始徵。六日。律，五寸一分小分二微强。準，五尺一寸四千八十七。
夷汗，九萬九千四百三十七。上生依行。夷汗爲宫，色育商，依行徵。七日。律，五寸小分五强。準，五尺萬二百二十。
無射，九萬八千三百四。上生中吕。無射爲宫，執始商，中吕徵。八日。律，四寸九分小分九强。準，四尺九寸萬八千五百七十三。
閉掩，九萬六千九百八十。上生南中。閉掩爲宫，丙盛商，南中徵。八日。律，四寸九分小分三弱。準，四尺九寸五千三百三十三。
鄰齊，九萬五千六百七十五。上生内負。鄰齊爲宫，分動商，内負徵。七日。律，四寸八分小分六微强。準，四尺八寸萬一千九百六十六。
期保，九萬四千三百八十八。上生物應。期保爲宫，質末商，物應徵。八日。律，四寸七分小分九微强。準，四尺七寸萬八千七百七十九。
應鍾，九萬三千三百一十二。上生蕤賓。應鍾爲宫，大吕商，蕤賓徵。一日。律，四寸七分小分四微强。準，四尺七寸八千十九。
分烏，九萬三千一百一十七。上生南事。分烏窮次，無徵，不爲宫。七日。律，四寸七分小分三微强。準，四尺七寸六千五十九。
遲内，九萬二千五十六。上生盛變。遲内爲宫，分否商，盛變徵。八日。律，四寸六分小分八弱。準，四尺六寸萬五千一百四十二。
未育，九萬八百一十七。上生離宫。未育爲宫，凌陰商，離宫徵。八日。律，四寸六分小分一少强。準，四尺六寸二千七百五十二。
遲時，八萬九千五百九十五。上生制時。遲時爲宫，少出商，制時徵。六日。律，四寸五分小分五强。準，四尺五寸萬二百一十五。

截管爲律，吹以考聲，列以物氣，道之本也。《前書》注曰：章帝時，零陵文學奚景於泠道縣舜祠下得白玉琯，古以玉爲琯。術家以其聲微而體難知，其分數不明，故作準以代之。準之聲，明暢易達，分寸又粗。然弦以緩急清濁，非管無以正也。均其中弦，令與黄鍾相得，案畫以求諸律，無不如數而應者矣。

甄鸞撰　李淳風注《五經算術》卷下

《禮記月令》黄鍾律管法

黄鍾術曰：置一算，以三九徧因之，爲法。置一算，以三因之，得三。又三因之，得九。又三因之，得二十七。又三因之，得八十一。又三因之，得二百四十三。又三因之，得七百二十九。又三因之，得二千一百八十七。又三因之，得六千五百六十一。又三因之，得一萬九千六百八十三，爲法。即是黄鍾一寸之積分。重張其位于上，以三再因之，爲黄鍾之實。以法除之，得黄鍾，十一月，管長九寸。

置黄鍾一寸積分一萬九千六百八十三，以三因之，得五萬九千四十九。又置五萬九千四十九，以三因之，得十七萬七千一百四十七，爲黄鍾之實。以寸法一萬九千六百八十三除實，得黄鍾之管長九寸。

律管之法，隔八相生。子午已東爲上生，子午已西爲下生。上生者，三分益一。下生者，三分損一。益者，四乘，三除；損者，二乘，三除。黄鍾下生林鍾，六月，管長六寸。置黄鍾管長九寸，以二乘之，得十八。以三除之，得林鍾管長六寸。

林鍾上生太蔟，正月，管長八寸。置林鍾管長六寸，以四乘之，得二十四。以三除之，得太蔟管長八寸。

太蔟下生南吕，八月，管長五寸三分寸之一。置太蔟之管八寸，以二乘之，得十六。以三除之，得南吕之管長五寸三分寸之一。

南吕上生姑洗，三月，管長七寸九分寸之一。置南吕管長五寸，以分母三乘之，内子一，得十六。以四乘之，得六十四。以三乘法三，得九，爲法。以除之，得姑洗之管長七寸九分寸之一。

姑洗下生應鍾，十月，管長四寸二十七分寸之二十。置姑洗管長七寸，以分母九乘之，內子一，得六十四。以二乘之，得一百二十八。以分母九乘法三，得二十七，爲法。以除之，得應鍾之管長四寸二十七分寸之二十。

應鍾上生蕤賓，五月，管長六寸八十一分寸之二十六。置應鍾管長四寸，以分母二十七乘之，內子二十，得一百二十八。以四乘之，得五百一十二。以分母二十七乘法三，得八十一，爲法。除之，得蕤賓管長六寸八十一分寸之二十六。

蕤賓上生大呂，十二月，管長八寸二百四十三分寸之一百四。置蕤賓管長六寸，以分母八十一乘之，內子二十六，得五百一十二。以四乘之，得二千四十八，爲實。以分母八十一乘法三，得二百四十三，爲法。除之，得大呂之管長八寸二百四十三分寸之一百四。

大呂下生夷則，七月，管長五寸七百二十九分寸之四百五十一。置大呂管長八寸，以分母二百四十三乘之，內子一百四，得二千四十八。以二乘之，得四千九十六，爲實。以分母二百四十三乘法三，得七百二十九，爲法。除之，得夷則管長五寸七百二十九分寸之四百五十一。

夷則上生夾鍾，二月，管長七寸二千一百八十七分寸之一千七十五。置夷則管長五寸，以分母七百二十九乘之，內子四百五十一，得四千九十六。以四乘之，得一萬六千三百八十四，爲實。以分母七百二十九乘法三，得二千一百八十七，爲法。除之，得夾鍾管長七寸二千一百八十七分寸之一千七十五。

夾鍾下生無射，九月，管長四寸六千五百六十一分寸之六千五百二十四。置夾鍾管長七寸，以分母二千一百八十七乘之，內子一千七十五，得一萬六千三百八十四。以二乘之，得三萬二千七百六十八，爲實。以分母二千一百八十七乘法三，得六千五百六十一，爲法。除之，得無射管長四寸六千五百六十一分寸之六千五百二十四。

無射上生中呂，四月，管長六寸一萬九千六百八十三分寸之一萬二千九百七十四。置無射管長四寸，以分母六千五百六十一乘之，內子六千五百二十四，得三萬二千七百六十八。以四乘之，得十三萬一千七十二，爲實。以分母六千五百六十一乘法三，得一萬九千六百八十三，爲法。除之，得中呂之管長六寸一萬九千六百八十三分寸之一萬二千九百七十四。

又《禮記禮運注》始于黃鐘終于南呂法

五行之動迭相竭。五行、四時、十二月還相爲本。五聲、六律、十二管還相爲宮。五味、六和、十二食還相爲滑。案：今《禮記》正文作質，鄭注云：五味，酸、苦、辛、咸、甘也。和之者，春多酸，夏多苦，秋多辛，冬多咸，皆有滑甘，是謂六和。蓋五味加滑而六，據《內則》曰滫瀡以滑之，疏云：滫瀡之令柔滑也。食味言還相爲滑，衣色言還相爲質，質如凡畫者丹質之質。食味衣色，二者語宜有別，此所引在唐以前，應是古本作滑，仍之以備參考。五色、六章、十二衣還相爲質。注云：竭，猶負載也。言五行運轉更相爲始。五聲，宮、商、角、徵、羽。其管陽曰律，陰曰呂。布在十二辰，始于黃鍾，九寸。下生者，三分去一；上生者，三分益一。終于南呂。更相爲宮，凡六十律。

甄鸞按：五聲、六律、十二管還相爲宮，終于南呂：

黃鍾爲宮，林鍾爲徵，太蔟爲商，南呂爲羽，姑洗爲角。
林鍾爲宮，太蔟爲徵，南呂爲商，姑洗爲羽，應鍾爲角。
太蔟爲宮，南呂爲徵，姑洗爲商，應鍾爲羽，蕤賓爲角。
南呂爲宮，姑洗爲徵，應鍾爲商，蕤賓爲羽，大呂爲角。
姑洗爲宮，應鍾爲徵，蕤賓爲商，大呂爲羽，夷則爲角。
應鍾爲宮，蕤賓爲徵，大呂爲商，夷則爲羽，夾鍾爲角。
蕤賓爲宮，大呂爲徵，夷則爲商，夾鍾爲羽，無射爲角。
大呂爲宮，夷則爲徵，夾鍾爲商，無射爲羽，中呂爲角。
夷則爲宮，夾鍾爲徵，無射爲商，中呂爲羽，黃鍾爲角。
夾鍾爲宮，無射爲徵，中呂爲商，黃鍾爲羽，林鍾爲角。
無射爲宮，中呂爲徵，黃鍾爲商，林鍾爲羽，太蔟爲角。
中呂爲宮，黃鍾爲徵，林鍾爲商，太蔟爲羽，南呂爲角。

甄鸞按：《禮記》注一本乃有云始于黃鍾，終于南事者，更顯之于後。

又《漢書》終于南事算之法

甄鸞按：司馬彪《志》序云：漢興，北平侯張蒼首治律、歷。孝武正樂，置協律之官。至元始中，博徵通知鍾律者，攷其意義。劉歆典領條奏，前史班固取以爲志。而元帝時，郎中京房知五聲之音，六律之數。上使太子太傅(元)[玄]成、諫議大夫章雜試問房于樂府。房對：受學故小黃令焦延壽。六十律相生之法：以上生下皆三生二，以下生上皆三生四。陽下生陰，陰上生陽，始于黃鍾，案：《後漢書》今本及見于《禮記》疏者，皆無始于黃鍾四字，此所引乃全文，可補二書脱誤。

終于中呂，而十二律畢矣。中呂上生執始，執始下生去滅，上下相生，終于南事，六十律畢矣。夫十二律之變至于六十，猶八卦之變至于六十四也。宓羲作《易》，紀陽氣之初，以爲律法，建日冬至之聲。以黄鍾爲宫，太蔟爲商，姑洗爲角，林鍾爲徵，南吕爲羽，應鍾爲變宫，蕤賓爲變徵，此聲氣之元，五音之正也。故各統一月，案：《後漢書》今本訛作各終一日，下當月者訛作當日者。攷律法，十二律分十二月，各自爲宫，而商徵以類從，是一律統一月也。《禮記》疏引作各統一日，下仍作當月者，惟此所引無舛誤，可據以訂正二書。其餘以次運行。當月者各自爲宫，而商、徵以類從焉。《禮運》篇曰五聲、六律、十二管還相爲宫，此之謂也。以六十律分朞之日，黄鍾自冬至始，及冬至而復。陰陽、寒燠、風雨之占生焉。所以檢攝羣音，考其高下，苟非革木之聲，案：革木，《後漢書》今本訛作草木，當以此所引爲正。則無不有所合。（作）[竹]聲不可以度調，故作準以定數。準之狀如瑟，長丈而十三弦。隱間九尺，以應黄鍾之律九寸。中央一弦，下有畫分寸，以爲六十律清濁之節。

律術曰：陽以圓爲形，其性動；陰以方爲節，其性静。動者數三，静者數二。以陽生陰，倍之。以陰生陽，四之。皆三而一。陽生陰曰下生，陰生陽曰上生。上生不得過黄鍾之濁，下生不得不及黄鍾之清。案：後復引此二語，下云是，則上生不得過九寸，下生不得減四寸五分。攷蔡邕《月令章句》云：黄鍾之宫，謂黄鍾少宫也。半黄鍾九寸之數，管長四寸五分。蓋九寸者，黄鍾全律。四寸五分者，黄鍾半律。《後漢書》今本作上生不得過黄鍾之清濁，下生不得及黄鍾之數實，訛謬不可通，當是傳寫致舛。校書者因有所竄改，此所引猶善本未訛者也。皆參天兩地，圓蓋方覆，六耦承奇之道也。黄鍾，律吕之首，而生十二律者也。其相生也，皆三分而損益之。是故十二律之，得十七萬七千一百四十七，是爲黄鍾之實。如前置一算，以三九徧因之，得一萬九千六百八十三，爲黄鍾一寸之積分，即爲一寸之法。即以三再因之，得一十七萬七千一百四十七，爲黄鍾之實。以寸法除之，得黄鍾之管長九寸。又以二乘而三約之，是謂下生林鍾之實。置黄鍾之實一十七萬七千一百四十七，以二因之，得三十五萬四千二百九十四。以三除之，得一十一萬八千九十八，爲林鍾之實。以寸法一萬九千六百八十三除之，得林鍾之管長六寸。又以四乘而三約之，是謂上生太蔟之實。置林鍾之實十一萬八千九十八，以四因之，得四十七萬二千三百九十二。以三除之，得十五萬七千四百六十四，爲太蔟之實。以寸法一萬九千六百八十三除之，得太蔟之管長八寸。自餘諸管上下相生，皆倣此。推此上下以定六十律之實。以九三之數，案：數，原本訛作得，今據《後漢書》改正。萬九千六百八十三爲法。實如法，于律爲寸，于準爲尺。案：尺字原本訛作寸，今據《後漢書》改正。于律爲分，于準爲寸。案：《後漢書》今本無此二語，攷下云不盈者十之所得爲分，正承于準爲寸，句謂不盈寸也。當是《後漢書》脱落，此所引乃全文。不盈者，十之所得爲分，又不盈十之所得爲小分。以其餘正其强弱。

子，黄鍾實十七萬七千一百四十七，律九寸。下生林鍾。

臣淳風等謹案：此六十律上下相生之法，空有都術而無問目。今于此下附一都問，自餘諸律問皆準此。其問宜云：黄鍾實一十七萬七千一百四十七，律長九寸。下生林鍾，實、律各幾何？曰：實一十一萬八千九十八。律長六寸。

色育實十七萬六千七百七十六，律八寸九分。小分八微强。下生謙待。

執始實十七萬四千七百六十二，律八寸八分。小分七太强。下生去滅。

丙盛實十七萬二千四百一十，律八寸七分。小分六微弱。下生安度。

分動實十七萬八十九，律八寸六分。小分四微强。下生歸嘉。

質末實十六萬七千八百，律八寸五分。小分二半强。下生否與。

丑，大吕實十六萬五千八百八十八，律八寸四分。小分三弱。下生夷則。

分否實十六萬三千六百五十四，律八寸三分。小分一强。下生解形。

凌陰實十六萬一千四百五十二，律八寸二分。小分一弱。下生去南。案：此句之上原本脱小分一弱四字，今據《後漢書》補。

少出實十五萬九千二百八十，律八寸。小分九少强。下生分積。

寅，太蔟實十五萬七千四百六十四，律八寸。下生南吕。

未知實十五萬七千一百三十四，律七寸九分。小分八强。下生白吕。

時息實十五萬五千三百四十四，律七寸八分。小分九少强。下生結躬。

屈齊實十五萬三千二百五十三，律七寸七分。小分九弱。下生歸期。

隨期實十五萬一千一百九十，律七寸六分。小分八微强。下生未卯。

形晉實十四萬九千一百五十六，案：六，《後漢書》作五，據否與上生形晉所得數末位爲六，今本《後漢書》蓋流傳之訛，當以此所引爲正。律七寸五分。小分八弱。下生夷汗。

卯，夾鍾實十四萬七千四百五十六，律七寸四分。小分九微强。下生無射。

開時實十四萬五千四百七十，律七寸三分。小分九微强。下生閉掩。

族嘉實十四萬三千五百一十三，律七寸二分。小分九微强。下生鄰齊。

爭南實十四萬一千五百八十二，律七寸一分。小分九强。下生期保。

辰，姑洗實十三萬九千九百六十八，律七寸一分。小分一微强。下生應鍾。

南授實十三萬九千六百七十四，案：《後漢書》無四字，據白呂上生南授所得數末二位爲七十四，今本《後漢書》蓋脱去四字，當以此所引爲正。律七寸。小分九太强。下生分烏。

變虞實十三萬八千八十四，律七寸。小分一半强。下生遲內。

路時實十三萬六千二百二十五，律六寸九分。小分二微强。下生未育。

形始實十三萬四千三百九十二，律六寸八分。小分二弱。下生遲時。

依行實十三萬二千五百八十二，律六寸七分。小分三半强。上生色育。

巳，中呂實十三萬一千七十二，律六寸六分。小分六微弱。上生執始。

南中實十二萬九千三百八，律六寸五分。小分七微弱。上生丙盛。

內負實十二萬七千五百六十七，律六寸四分。小分八微强。上生分動。

物應實十二萬五千八百五十，律六寸三分。小分九强。上生質末。

午，蕤賓實十二萬四千四百一十六，律六寸三分。小分二微强。上生大呂。

南事實十二萬四千一百五十四，律六寸三分。小分一弱。不生。案：不，今本《後漢書》訛作下，據六十律終于南事，故下文云南事窮，無商徵，不爲宫，所以明其不生也。又甄鸞按：以下復兩引《後漢志》注云不生而辨論之，足證今本《後漢書》流傳之誤。

盛變實十二萬二千七百四十一，律六寸二分。小分三半强。上生分否。

離宫實十二萬一千八百一十九，案：原本訛作一千八十九，脱百一二字，今據《後漢書》補。律六寸一分。小分五微强。上生淩陰。

制時實十一萬九千四百六十，律六寸。小分七微弱。上生少出。

未，林鍾實十一萬八千九十八，律六寸。上生太蔟。

謙待實十一萬七千八百五十一，律五寸九分。小分九弱。上生未知。

去滅實十一萬六千五百八，律五寸九分。小分四微弱。上生時息。

安度實十一萬四千九百四十，律五寸八分。小分四微弱。上生屈齊。

歸嘉實十一萬三千三百九十三，律五寸七分。小分六微强。上生隨期。

否與實十一萬一千八百六十七，律五寸六分。小分八强。上上形晉。案：原本脱此四字，今據《後漢書》補。

申，夷則實十一萬五百九十二，律五寸六分。小分二弱。上生夾鍾。

解形實十萬九千一百三，案：十萬，《後漢書》作十一萬。據分否下生解形所得數首位爲十萬，次位空，今本《後漢書》誤衍一字耳。若十一萬九千一百三，則律六寸矣。當以此所引爲正。律五寸五分。小分四强。上生開時。

去南實十萬七千六百三十五，律五寸四分。小分六太强。上生族嘉。

分積實十萬六千一百八十七，案：七，《後漢書》作八，據少出下生分積所得數末位六六六不盡，故約之爲七，不得有八也。今本《後漢書》訛舛，當以此所引爲正。律五寸三分。小分九强。上生爭南。

酉，南呂實十萬四千九百七十六，律五寸三分。小分三强。上生姑洗。

白呂實十萬四千七百五十六，律五寸三分。小分二少强。上生南授。

結躬實十萬三千五百六十三，律五寸二分。小分六微强。上生變虞。

歸期實十萬二千一百六十九，律五寸一分。小分九微强。上生路時。

未卯實十萬七百九十四，律五寸一分。小分二微强。上生形始。

夷汗實九萬九千四百三十七，律五寸。小分五微强。上生依行。

戌，無射實九萬八千三百四，律四寸九分。小分九强。上生中呂。

閉掩實九萬六千九百八十，律四寸九分。小分三弱。上生南中。

鄰齊實九萬五千六百七十五，律四寸八分。小分六微强。上生內負。

期保實九萬四千三百八十八，律四寸七分。小分九半强。上生物應。

亥，應鍾實九萬三千三百一十二，律四寸七分。小分四微强。上生蕤賓。

分烏實九萬三千一百一十六，案：六，《後漢書》作七，據南授下生分烏所得數末爲六，今本《後漢書》訛舛，當以此所引爲正。律四寸七分。小分三微强。上生南事。

遲內實九萬二千五十六，律四寸六分。小分八强。上生盛變。

未育實九萬八百一十七，律四寸六分。小分一强。上生離宫。

遲時實八萬九千五百九十五，律四寸五分。小分五微强。上生制時。案：以上小分以强、弱、少强、微强、微弱、半强、太强七等約言之。未育之小分一强，尾數一三有奇，今本《後漢書》訛作一少强。分積之小分九强，尾數九三有奇，今本《後漢書》訛作九半强。少出之小分九少强，尾數九二有奇；白呂之小分二少强，尾數二二有奇，今本《後漢書》竝脫少字。分動之小分四微强，尾數四一有奇；隨期、内負之小分八微强，尾數八一有奇；夾鍾之小分九微强，尾數九一有奇；夷汗、遲時之小分五微强，尾數五一有奇。今本《後漢書》竝脫微字。結躬之小分六微强，尾數六一有奇，今本《後漢書》訛作六少强。中呂之小分六微弱，尾數五九有奇，增而爲六；制時之小分七微弱，尾數六九有奇，增而爲七；安度之小分四微弱，尾數三九有奇，增而爲四。今本《後漢書》竝脫微字。開時之小分九微强，九之外尚奇零不盡，今本《後漢書》訛作九微弱。質末之小分二半强，尾數二五有奇，今本《後漢書》脫半字。依行、盛變之小分三半强，尾數三五有奇，今本《後漢書》竝訛作太强。期保之小分九半强，尾數九五有奇，今本《後漢書》訛作九微强。皆當以此書所引爲正。惟去滅之小分二微弱，尾數一九有奇，今本《後漢書》脫微字。此所引二訛作四，可以互相補正。

甄鸞按：剛柔殊節，清濁異倫，五音六律，理無相奪。隔八相生，又如合契。按司馬彪《志》序云：上生不得過黃鍾之濁，下生不得不及黃鍾之清，是則上生不得過九寸，下生不得減四寸五分。且依行者，辰上之管也。長六寸七分，上生色育。然則色育者，亥上之管也，長四寸四分，減黃鍾之清。其名仍就下生之名，其算變取上生之實。乃越亥就子，編于黃鍾之下，律長八寸九分。非直名與實乖，抑亦違例隔凡。《志》又云：始于黃鍾，終于南事。注云不生。且南事，午上管也。計南事之律次得上生八寸四分之管，便是上生不過黃鍾之濁。乃注云不生，此乃苟欲充六十之數。其于義理未之前聞。

蔡元定《律呂新書》卷一《律呂本原》

黃鐘之實第二

以《淮南子》《漢前志》定其寸、分、釐、毫、絲之法，以《律書》生鍾分定。

子一，　黃鐘之律。
丑三，　爲絲法。
寅九，　爲寸數。
卯二十七，　爲毫法。
辰八十一，　爲分數。
巳二百四十三，　爲釐法。
午七百二十九，　爲釐數。
未二千一百八十七，　爲分法。
申六千五百六十一，　爲毫數。
酉一萬九千六百八十三，　爲寸法。
戌五萬九千〇〇四十九，　爲絲數。
亥一十七萬七千一百四十七，　黃鐘之實。

案：黃鐘九寸，以三分爲損益，故以三歷十二辰，得一十七萬七千一百四十七，爲黃鐘之實。其十二辰所得之數，在子、寅、辰、午、申、戌六陽辰，爲黃鐘寸、分、釐、毫、絲之數；子爲黃鐘之律，寅爲九寸，辰爲八十一分，午爲七百二十九釐，申爲六千五百六十一毫，戌爲五萬九千四十九絲。在亥、酉、未、巳、卯、丑六陰辰，爲黃鐘寸、分、釐、毫、絲之法。亥爲黃鐘之實，酉之一萬九千六百八十三爲寸，未之二千一百八十七爲分，巳之二百四十三爲釐，卯之二十七爲毫，丑之三爲絲。其寸分釐毫絲之法皆用九數，故絲爲毫，九毫爲釐，九釐爲分，九分爲寸，爲黃鐘。蓋黃鐘之實一十七萬七千一百四十七之數，以三約之，爲絲者五萬九千四十九；以二十七約之，爲毫者六千五百六十一；以二百四十三約之，爲釐者七百二十九；以二千一百八十七約之，爲分者八十一；以一萬九千六百八十三約之，爲寸者九。由是三分損益，以生十一律焉。或曰徑圍之分以十爲法，而相生之分、釐、毫、絲以九爲法，何也？曰：以十爲法者，天地之全數也；以九爲法者，因三分損益而立也。全數者即十而取九，相生者約十而爲九。即十而取九者，體之所以立。約十而爲九者，用之所以行。體者所以定中聲，用者所以生十一律也。或問：算到十七萬有餘之數當何用？朱子曰：以定管之長短而出是聲，大抵考究其法是如此。

黃鐘生十一律第三

子一分，一爲九寸。
丑三分二，一爲三寸。
寅九分八，一爲一寸。
卯二十七分十六，三爲一寸，一爲三分。
辰八十一分六十四，九爲一寸，一爲一分。
巳二百四十三分一百二十八，二十七爲一寸，三爲一分，一爲三釐。
午七百二十九分五百一十二，八十一爲一寸，九爲一分，一爲一釐。
未二千一百八十七分一千二十四，二百四十三爲一寸，二十七爲一分，三爲一釐，一爲三毫。
申六千五百六十一分四千九十六，七百二十九爲一寸，八十一爲一分，九爲一釐，一爲一毫。
酉一萬九千六百八十三分八千一百九十二，二千一百八十七爲一寸，二百四十三爲一分，二十七爲一釐，三爲一毫，一爲三絲。

戌五萬九千四十九分三萬二千七百六十八，六千五百六十一爲一寸，七百二十九爲一分，八十一爲一釐，九爲一毫，一爲一絲。

亥十七萬七千一百四十七分六萬五千五百三十六，一萬九千六百八十三爲一寸，二千一百八十七爲一分，二百四十三爲一釐，二十七爲一毫，三爲一絲，一爲三忽。

案：黄鐘生十一律，子、寅、辰、午、申、戌六陽辰皆下生，丑、卯、巳、未、酉、亥六陰辰皆上生。其上以三歷十二辰者，皆黄鐘之全數。其下陰數以倍者，即算法倍其實。三分本律而損其一也。陽數以四者，即算法四其實。三分本律而增其一也。六陽辰當位自得，六陰辰則居其衝。其林鐘、南吕、應鐘三吕在陰，無增損也。其大吕、夾鐘、仲吕三吕在陽，則用倍數方與十二月之氣相應。蓋陰之從陽，自然之理也。

習軒吴氏曰：子一分者，數起子得一也。丑三分二者，三其法爲三分，兩其實爲二也。寅九分八者，三其法爲九分，四其實爲八也。以下生者倍其實，以上生者四其實也。以法以子析爲三分，每分五萬九千四十九。五於三分之中得其二，爲十一萬八千九十八，積六寸，爲林鐘。此黄鐘之實三分損一下生林鐘也。以子一析爲九分，每分得萬九千六百八十三。寅于九分之中得其八，爲十五萬七千四百六十四，積八寸，爲太簇。此林鐘之實三分益一上生太簇也。自卯而下放此。黄瑞節曰：其上云者，十二辰分字以上，如子一分、丑三分是也。其下云者，十二辰分字以下，如二八十六是也。其上爲黄鐘全數，其下爲損益相生之數。此損益數，即下章十二律實數。吴氏算法全載圖類，今舉一律起例附此。子爲陽辰，黄鐘當位自得也。丑爲未衝，林鐘以未而居丑，居其衝也。他放此。衝亦作衡，録載後辨證。

十二律之實第四

子，黄鐘十七萬七千一百四十七。

全，九寸。半，無。

丑，林鐘十一萬八千〇〇九十八。

全，六寸。半，(二十)[三寸]，不用。

寅，太簇十五萬七千四百六十四。

全，八寸。半，四寸。

卯，南吕十〇萬四千九百七十六。

全，五寸三分。半，二寸六分，不用。

辰，姑洗十三萬九千九百六十八。

全，七寸一分。半，三寸五分。

巳，應鐘九萬三千三百一十二。

全，四寸六分六釐。半，二寸三分三釐，不用。

午，蕤賓十二萬四千四百一十六。

全，六寸二分八釐。半，三寸一分四釐。

未，大吕十六萬五千八百八十八。

全，八寸三分七釐六毫。半，四寸一分八釐八毫。

申，夷則十一萬〇五百九十二。

全，五寸五分五釐一毫。半，二寸七分二釐五毫。

酉，夾鐘十四萬七千四百五十六。

全，七寸四分三釐七毫三絲。半，三寸六分六釐三毫六絲。

戌，無射九萬八千三百〇四。

全，四寸八分八釐四毫八絲。半，二寸四分四釐二毫四絲。

亥，仲吕十三萬一千〇七十二。

全，六寸五分八釐三毫四絲六忽。餘二算。半，三寸二分八釐六毫二絲二忽。

案：十二律之實，約以寸法，則黄鐘、太簇得全寸。全寸約以分法，則南吕、姑洗得全分。約以釐法，則應鐘、蕤賓得全釐。約以毫法，則大吕、夷則得全毫。約以絲法，則夾鐘、無射得全絲。至仲吕之實十三萬一千七十二，以三分之，不盡二算，其數不行，此律之所以止於十二也。

變律第五

黄鐘十七萬四千七百六十二。小分四百八十六。

全，八寸七分八釐一毫六絲二忽不用。半，四寸三分八釐五毫三絲一忽。

林鐘十一萬六千五百〇〇八。小分三百二十四。

全，五寸八分二釐四毫一絲一忽三初。半，二寸八分五釐六毫五絲六初。

太簇十五萬五千三百四十四。小分四百三十二。

全，七寸八分二毫四絲四忽七初，不用。半，三寸九分四釐五毫六絲六忽八初。

南吕十〇萬三千五百六十三。小分四十五。

全，五寸二分三釐一毫六忽一初六秒。半，二寸五分六釐七絲四忽五初三秒。

姑洗十三萬八千〇〇八十四。小分六十。

全，七寸一釐一毫二絲一初二秒，不用。半，三寸四分五釐一毫一絲一初一秒。

應鐘九萬二千〇〇五十六。小分四十。

全，四寸六分七毫四絲三忽一初四秒。餘算。半，二寸三分三毫六絲六忽六秒彊，不用。

案：十二律各自爲宫，以生五聲二變。其黄鐘、林鐘、太簇、南吕、姑洗、應鐘六律則能具足，至蕤賓、大吕、夷則、夾鐘、無射、仲吕六律則取黄鐘、林鐘、太簇、南吕、姑洗、應鐘六律之聲少下，不和，故有變律。變律者，其聲近正而少高於正律也。然仲吕之實一十三萬一千〇〇七十二，以三分之，不盡二算，既不可行，當有以通之。律當變者有六，故置一而六三之，得七百二十九。以七百二十九因仲吕之實十三萬一千〇〇七十二，爲九千五百五十五萬一千四百八十八，三分益一，再生黄鐘、林鐘、太簇、南吕、姑洗、應鐘六律。又以七百二十九歸之，以從十二律之數。紀其餘分以爲忽秒，然後洪纖高下不相奪倫。至應鐘之實六千七百一十〇萬八千八百六十四，以三分之，又不盡一算，數又不可行，此變律之所以止於六也。變律非正律，故不可宫也。朱子曰：自黄鐘至仲吕，相生之道至是窮矣。遂復變而上生，黄鐘之宫再生之黄鐘不及九寸，只是八寸有餘。然黄鐘君象也，非諸宫之所能役，故虚其正而不復用，所用只再生之變者。就再生之變，又缺其半。所謂缺其半者，蓋若大吕爲宫，黄鐘爲變宫時，黄鐘管最長，所以只得用其半。其餘宫亦放此。

又　卷二《律吕證辨》

黄鐘之實第三

《淮南子》曰：規始於一，一不生，故分而爲陰陽，陰陽合和而萬物生。故曰一生二，二生三，三生萬物。天地三月而爲一時，故祭祀三飯以爲禮，喪紀三踊以爲節，兵重三軍以爲制。三參物，三三如九，故黄鐘之九寸而宫音調，因而九之，九九八十一，故黄鐘之數立焉。黄者，土德之色。鐘者，氣所鍾也。日冬至，德氣爲土，土色黄，故曰黄鐘。律之數六，分爲雌雄，故曰十二鐘以副十二月。十二各以三成，故置一而十一三之，爲積分十七萬七千一百四十七，黄鐘大數立焉。《前漢志》曰：太極元氣，函三爲一。極，中也。元，始也。行於十二辰，始動於子。參之於丑，得三。又參之於寅，得九。又參之於卯，得二十七。又參之於辰，得八十一。又參之于巳，得二百四十三。又參之於午，得七百二十九。又參之於未，得二千一百八十七。又參之於申，得六千五百六十一。又參之於酉，得萬九千六百八十三。又參之於戌，得五萬九千〇〇四十九。又參之於亥，得十七萬七千一百四十七。此陰陽合德，氣鍾於子，化生萬物者也。《律書》曰：置一而九，三之，以爲法，實如法，得長一寸。凡得九寸，命曰黄鐘之律。

案：《淮南子》謂置一而十一三之以爲黄鐘之大數，即此置一而九，三之以爲寸法者，其術一也。夫置一而九三之，既爲寸法，則七三之爲分法，五三之爲釐法，三三之爲毫法，一三之爲絲法，從可知矣。《律書》獨舉寸法者，蓋已生於鐘分内默具律寸分釐毫絲之法，而又於此律數之下指其大者，以明凡例也。一三之而得三，三三之而得二十七，五三之而得二百四十三，七三之而得二千一百八十七，九三之而得一萬九千六百八十三。故一萬九千六百八十三，以九分之，則爲二千一百八十七。二千一百八十七以九分之，則爲二百四十三。(三)[二]百四十三以九分之，則爲二十七。二十七以九分之，則爲三。三者，絲法也。九其三，得二十七，則毫法也。九其二十七，得二百四十三，則釐法也。九其二百四十三，得二千一百八十七，則分法也。九其二千一百八十七，得一萬九千六百八十三，則寸法也。一寸九分，一分九釐，一釐九毫，一毫九絲，以之生十一律，以之生五聲二變。上下乘除，參同契合，無所不通，蓋數之自然也。顧自《淮南》、太史公之後，即無識其意者。如京房之六十律，雖亦用此十七萬七千一百四十七之數，然乃謂不盈寸者十之所得爲分，又不盈分者十之所得爲小分，以其餘爲强弱。不知黄鐘九寸，以三損益，數不出九。苟不盈分者十之，則其奇零無時而能盡。雖泛以强弱該之，而卒無以見强弱之所幾何，則其數之精微固有不可得而紀者矣。至於杜佑、胡瑗、范蜀公等，則又不復知有此數，而以意强爲之法，故《通典》則自南吕而下，各自爲法，固不可以見分釐毫絲之實。胡、范則止用八百一十分，乃是以積實生量之數爲律之長，而其因乘之法亦用十數，故其餘算亦皆棄而不録。蓋非有意於棄之，實其重分累析，至於無數之可紀，故有所不得而録耳。夫自絲以下，雖非目力之所能分，然既有其數，而或一算之差則法於此而遂變，不以約十爲九之法分之，則有終不可得而齊者。故《淮南》、太史公之書，其論此也已詳。特房等有不察耳。司馬貞《史記索隱》注黃鐘八寸十分一云：律九九八十一，故云八寸十分一。《漢書》云：長九寸者，九分之寸也。此則古人論律以九分爲寸之明驗也。

黃鐘生十一律寸分釐毫絲數章第四　此以隔八相生之法以定諸律之次。

子一分。一爲九寸。

太極元氣，函三爲一。子數一，故一爲黃鐘之律。其曰一爲九寸，則一之數九寸也，具十一律分釐毫絲之數法，由是取之。《律書》曰：置一而九，三之，以爲法，實如法，得長一寸。凡得九寸，命曰黃鐘之律。孟康曰：元氣始起於子，未分之時，天地人混合爲一，故子數獨一也。

丑三分二。一爲三寸。

子數一，以三因之，得三，爲黃鐘之絲法。下生者倍其實，得二。故二九一十八也。以三分之，則爲六者。三一爲三寸，二則爲六寸也，而林鐘之數具于此矣。

寅九分八。一爲一寸。

丑上數三，以三因之，得九，爲黃鐘之寸數。上生者四其實，故四其二得八，八九七十二也。以三分之，則爲二十四，得三者，八一爲一寸，則八寸也，太簇之數具于此矣。

卯二十七分十六。三爲一寸，一爲三分。

寅上數九，以三因之，得二十七，爲黃鐘之毫法。下生者倍其實，故二其下數八，而得十六。十六而以三分之，則爲五者三而餘一。三爲一寸，則三五十五而得五寸。一爲三分。共五寸三分也，而南呂之數具于此矣。

辰八十一分六十四。九爲一寸，一爲一分。

卯上數二十七，以三因之，得八十一，爲黃鐘之分數。上生者四其實，故四其下數十六，而得六十四。以九分之，則爲九者七。九爲一寸，故七寸。餘一筭，一爲一分。共七寸一分，而姑洗之數具于此矣。

巳二百四十三分一百二十八。二十七爲一寸，三爲一分，一爲三釐。

辰上數八十一，以三因之，得二百四十三，爲黃鐘之釐法。下生者倍其實，故其下二數六十四，而得一百二十八。以二十七分之，則爲二十七者四。以二十七爲一寸，則得寸者四，而成一百單八，餘二十。以三分之，則爲三者六。故三爲一分，而成六分。又餘二分，以一分之，則爲一者二，故一爲三釐而成六釐矣。共四寸六分六釐，而應鐘之數具于此矣。

午七百二十九分五百一十二。八十一爲一寸，九爲一分，一爲一釐。

巳上數二百四十三，以三因之，得七百二十九，爲黃鐘之釐數。上生者四其實，故其下四數一百二十八，而得五百一十二。以五百一十二而以八十一分之，則爲八十一者六。以八十一爲一寸，則得寸者六，而成四百八十六，餘二十六。以九分之，則爲九者二，故九爲一分，而成二分。又餘八，以一算之，則爲八者一而成八釐矣。共六寸二分八釐，而蕤賓之數具于此矣。

未二千一百八十七分一千二十四。二百四十三爲一寸，二十七爲一分，三爲一釐，一爲三毫。

午上數七百二十九，以三因之，得二千一百八十七，爲黃鐘之分法。下生者倍其實，故二其午下數五百一十二，而得一千二十四。大呂未律在丑，以陰居陽，又倍其實，得二千四十八。以二百四十三分之，則爲二百四十三者八。故以二百四十三爲一寸，則得寸者八，而成一千九百四十四，餘一百四。以二十七分之，則爲二十七者三。故二十七爲一分，則得分者三，而成八十一，又餘二十三。以三分之，則爲三者七，而成二十一。故三爲一釐，則得釐者七，又餘二。以一算之，則一爲一毫，而得二毫矣。共八寸三分七釐二毫，而大呂之數具于此矣。《新書》作六毫恐誤。

申六千五百六十一分四千九十六。七百二十九爲一寸，八十一爲一分，九爲一釐，一爲一毫。

未上數二千一百八十七，以三因之，得六千五百六十一，爲黃鐘之毫數。上生者四其實，故四其未下數一千二十四，而得四千九十六。以七百二十九分之，則爲七百二十九者五。故以七百二十九爲一寸，則得寸者五，而成三千六百四十五，餘四百五十一。以八十一分之，則爲八十一者五。故以八十一爲一分，則得分者五，而成四百單五，餘四十六。以九分之，則爲九者五。九爲一釐，則得釐者五，而成四十五，餘一，則爲毫者一而無餘矣。共五寸五分五釐一毫，而夷則之數具于此矣。

酉一萬九千六百八十三分八千一百九十二。二千一百八十七爲一寸，二百四十三爲一分，二十七爲一釐，三爲一毫，一爲三絲。

申上數六千五百六十一，以三因之，得一萬九千六百八十三，爲黃鐘之寸法。下生者倍其實，故二其申下數四千九十六，得八千一百九十二。夾鐘酉律在卯，以陰居陽，倍其實爲一萬六千三百八十四。以二千一百八十七分之，則爲二千一百八十七者七。故以二千一百八十七爲一寸，則得寸者七，而成一萬五千二百六十，餘一千一百六十四。以二百四十三分之，則爲二百四十三者四。故以二百四十三爲一分，則得分者四，而成九百七十二矣。餘七十一，以三分之，則爲九者七。故以爲一毫，則得毫者七，而成六十三矣。餘九，以三分之，則爲三者三。故以一爲三絲，則得絲者三，而成九矣。共七寸四分三釐七毫三絲，而夾鐘之數具于此矣。

戌五萬九千四十九分三萬二千七百六十八。六千五百六十一爲一寸，七百二十九爲一分，八十一爲一釐，九爲一毫，一爲一絲。

酉上數一萬九千七百八十三，以三因之，得五萬九千四十九，爲黄鐘之絲數。上生者四其實，故四其酉下數八千一百九十二，得三萬二千七百六十八。以六千五百六十一分之，則爲六千五百六十一者四。故以六千五百六十一爲一寸，則得寸者四，而成二萬六千二百四十四，餘六千五百二十四。以七百二十九分之，則得七百二十九者八。故以七百二十九爲一分，則得分者八，而成五千八百三十二矣。餘六百九十二，以八十一分之，則得八十一者八，而成六百四十八，餘四十四。以九分之，則得九者四。故以九爲一毫，則得毫者四，而成三十六矣。餘八，以八算之，無以一爲一絲，則八絲也。共四寸八分八釐四毫八絲，而無射之數具于此矣。

亥十七萬七千一百四十七分六萬五千五百三十六。一萬九千六百八十三爲一寸，二千一百八十七爲一分，二百四十三爲一釐，二十七爲一毫，三爲一絲，一爲三忽。

戌上數五萬九千四十九，以三因之，得十七萬七千一百四十七，爲黄鐘之實。下生者倍其實，故二其戌下數三萬二千七百六十八，得六萬五千五百三十。仲吕亥律在巳，以陰居陽，倍其實，得十三萬一千零七十二。以一萬九千六百八十三分之，則爲一萬九千六百八十三者六。故以一萬九千六百八十三爲一寸，則得寸者六，而成十一萬八千零九十六，餘一萬二千九百七十四。以二千一百八十七分之，則爲二千一百八十七者五。故以二千一百八十七爲一分，則得分者五，而成一萬九百三十五，餘二千三十九。以二百四十三分之，則爲二百四十三者八。故以二百四十三爲一釐，則得釐者八，而成一千九百四十四矣。餘九十六，以二十七分之，則爲二十七者三。故以二十七爲一毫，則得毫者三，而成八十一矣。餘十五，以三分之，則爲三者四。故以三爲一絲，則得絲者四，而成十二矣。餘二，以一分之，則得二。故以一爲三忽，則得忽者六，而成二矣。共六寸五分八釐三毫四絲六忽，而仲吕之數具于此矣。

西山蔡氏曰：按此即三分損益，上下相生之數。其分字以上者，皆黄鐘之全數。其分字以下者，皆諸律所取於黄鐘長短之數也。其上下相生之序，則《晉志》所謂在六律爲陽，則當位自得而下生於陰；六吕爲陰，則得其所衝而上生於陽者是也。大吕、夾鐘、仲吕止得半聲，必用倍數乃與天地之氣相應，其寸分釐毫絲皆積九以爲法。又曰：黄鐘生十一律，子、寅、辰、午、申、戌六陽辰皆下生，丑、卯、巳、未、酉、亥六陰辰皆上生。其上以三歷十二辰者，皆黄鐘之全數。其下陰數以倍者，即算法倍其實。三分本律而損其一也。陽數以四者，即算法四其實。三分本律而增其一也。六陽辰當位自得，六陰辰則居其衝。其林鐘、南吕、應鐘三吕在陰，無所增損。其大吕、夾鐘、仲吕三吕在陽，則用倍數方與十二月之氣相應。蓋陰之從陽，自然之理也。朱子曰：自黄鐘至仲吕，皆屬陽。自蕤賓至應鐘，皆屬陰。此是一箇大陰陽。黄鐘爲陽，大吕爲陰，太簇爲陽，夾鐘爲陰，一陰間一陽。此是一箇小陰陽。

愚按：六陽辰當位自得，如子律居子，寅律居寅，辰律居辰，午律居午，申戌律居申戌是也。六陰辰則居其衝，如丑律居未，卯律居酉，巳律居亥是也。蔡氏謂大吕、夾鐘、仲吕居陽者，三吕本在未、酉、亥之地，而在十二月、二月、四月之辰，故曰在陽。餘三吕本在陰月，用倍數。惟大吕居陽月，故必變以從陽，而倍其數也，與三吕不同。

黄鎮成《尚書通考》卷四《蔡西山黄鐘生十一律解》

子一分。

一爲九寸。

一爲九寸者，一分全用十七萬七千一百四十七爲九寸全數，故黄鐘之管長九寸，而上下損益以生十一律也。

右陽辰當位自得，故子爲黄鐘居子。他倣此。

丑三分二。分字以上皆黄鐘全數，分字以下乃本律所得之數。後皆倣此。

以十七萬七千一百四十七全數分爲三分，丑得其二分，爲十一萬八千九十八，乃子之十七萬七千一百四十七三分去一之數也。

一爲三寸。

一爲三寸者，丑三每以一爲三寸，則得三箇三爲九寸全數。

右丑三分，得其二分。以一爲三寸，則二爲六寸，故林鍾之管長六寸，爲黄鍾三分去一下生之律。

右陰辰則居其衝，故丑爲林鍾，居未，乃丑之衝。後倣此。

寅九分八。

以十七萬七千一百四十七全數分爲九分，寅得八分，爲十五萬七千四百六十四，乃丑之十一萬八千九十八三分益一之數也。

一爲一寸。

一爲一寸者，寅九每以一爲一寸，則得九箇一，爲九寸全數。

右寅九分，得其八分。以一爲一寸，則八爲八寸，故太蔟之管長八寸，爲林鍾三分益一上生之律。

卯二十七分十六。

以十七萬七千一百四十七全數分爲二十七分，卯得十六分，爲十萬四千九百七十六，乃寅之十五萬七千四百六十四三分去一之數也。

三爲一寸。

三爲一寸者，卯二十七，以三爲一寸，則得九箇三，爲九寸全數。

一爲三分。

一爲三分者，卯二十七，每以一爲三分，則得二十七箇三分，爲八十一分，即寸有九分之全數也。

右卯二十七分，得十六分，以三爲一寸，則十五爲五寸。又以一爲三分，則合十六爲五寸三分，故南吕之管長五寸三分，爲太蔟三分去一下生之律也。

辰八十一分六十四。

以十七萬七千一百四十七全數分爲八十一分，辰得六十四分，爲十三萬九千九百六十八，乃卯之十萬四千九百七十六三分益一之數也。

九爲一寸。

九爲一寸者，辰八十一，每以九爲一寸，則得九箇九，爲九寸全數。

一爲一分。

一爲一分者，辰八十一，每以一爲一分，則得八十一箇一，爲八十一分全數。

右辰八十一分，得六十四分，以九爲一寸，則六十三爲七寸。又以一爲一分，則合六十四爲七寸一分，故姑洗之管長七寸一分，爲南吕三分益一上生之律也。

巳二百四十三分一百二十八。

以十七萬七千一百四十七全數分爲二百四十三分，巳得一百二十八分，爲九萬三千三百一十二，乃辰之十三萬九千九百六十八三分去一之數也。

二十七爲一寸。

二十七爲一寸者，巳二百四十三，每以二十七爲一寸，則得九箇二十七，爲九寸全數。

三爲一分。

三爲一分者，巳二百四十三，每以三爲一分，則得八十一箇三，爲八十一分全數。

一爲三釐。

一爲三釐者，巳二百四十三，每以一爲三釐，則三箇二百四十三，得七百二十九釐，爲分有九釐全數。

右巳二百四十三分，得一百二十八，以二十七爲一寸，則一百八爲四寸。以三爲一分，則十八爲六分。以一爲三釐，則二爲六釐。合一百二十八，則爲四寸六分六釐，故應鍾之管長四寸六分六釐，爲姑洗三分以下闕文。益一得十六萬五千八百八十八，爲蕤賓重上生之數也。

二百四十三爲一寸。

二百四十三爲一寸者，未二千一百八十七，每以二百四十三爲一寸，則得九箇二百四十三，爲九寸全數。

二十七爲一分。

二十七爲一分者，未二千一百八十七，每以二十七爲一分，則得八十一箇二十七，爲八十一分全數。

三爲一釐。

三爲一釐者，未二千一百八十七，每以三爲一釐，則得七百二十九箇三，爲七百二十九釐全數。

一爲三毫。

一爲三毫者，未二千一百八十七，每以一爲三毫，則得六千五百六十一毫，爲釐有九毫全數。

右未二千一百八十七分，得一千二十四，以二百四十三爲寸，則九百七十二爲四寸。又以二十七爲一分，又以三爲一釐，則二十四爲八釐。又以一爲三毫，合一千二十四則爲四寸一分八釐三毫。然大呂在陽，則用倍數方與氣應，故大呂之管長八寸三分七釐六毫，爲蕤賓三分益一重上生之律。

申六千五百六十一分四千九十六。

以十七萬七千一百四十七全數分作六千五百六十一分，申得四千九十六分，爲十一萬五百九十二，乃未之十一萬五千八百八十八三分去一之數也。

七百二十九爲一寸。

七百二十九爲一寸者，申六千五百六十一，每以七百二十九爲一寸，則得九箇七百二十九，爲九寸全數。

八十一爲一分。

八十一爲一分者，申六千五百六十一，每以八十一爲一分，則得八十一箇八十一，爲八十一分全數。

九爲一釐。

九爲一釐者，申六千五百六十一，每以九爲一釐，則得七百二十九箇九，爲七百二十九釐全數。

一爲一毫。

一爲一毫者，申六千五百六十一，每以一爲一毫，則得六千五百六十一毫，爲釐有九毫全數。

右申六千五百六十一分，得四千九十六。以七百二十九爲寸，則三千六百四十五爲五寸。以八十一爲分，則四百五爲五分。以九爲釐，則四十五爲五釐。又以一爲一毫。合四千九十六，則爲五寸五分五釐一毫，故夷則之管長五寸五分五釐一毫，爲大呂三分去一下生之律。

酉一萬九千六百八十三分八千一百九十二。

以十七萬七千一百四十七全數分作一萬九千六百八十三分，酉得八千一百九十二分，爲十四萬七千四百五十六，乃申之十一萬五百九十二三分益一之數也。

二千一百八十七爲一寸。

二千一百八十七爲一寸者，酉一萬九千六百八十三，每以二千一百八十七爲一寸，則得九箇二千一百八十七，爲九寸全數。

二百四十三爲一分。

二百四十三爲一分者，酉一萬九千六百八十三，每以二百四十三爲一分，則得八十一箇二百四十三，爲八十一分全數。

二十七爲一釐。

二十七爲一釐者，酉一萬九千六百八十三，每以二十七爲一釐，則得七百二十九箇二十七，爲七百二十九釐全數。

三爲一毫。

三爲一毫者，酉一萬九千六百八十三，每以三爲一毫，則得六千五百六十一箇三，爲六千五百六十一毫全數。

一爲三絲。

一爲三絲者，酉一萬九千六百八十三，每以一爲三絲，則得五萬九千四十九，爲毫有九絲全數。

右酉一萬九千六百八十三，得八千一百九十二。以二千一百八十七爲寸，則六千五百六十一爲三寸。以二百四十三爲一分，則一千四百五十八爲六分。以二十七爲一釐，則一百六十二爲六釐。以三爲一毫，則九爲三毫。以一爲三絲，則二爲六絲。合八千一百九十二，則爲三寸六分六釐三毫六絲，然夾鐘在陽，則用倍數方與氣應，故夾鐘之管長七寸四分三釐七毫三絲，爲夷則三分益一上生之律。

戌五萬九千四十九分三萬二千七百六十八。以十七萬七千一百四十七全數分作五萬九千四十九分，戌得三萬二千七百六十八分，爲九萬八千三百四，乃酉之十四萬七千四百五十六三分去一之數也。

六千五百六十一爲一寸。

六千五百六十一爲一寸者，戌五萬九千四十九，每以六千五百六十一爲一寸，則得九箇六千五百六十一，爲九寸全數。

七百二十九爲一分。

七百二十九爲一分者，戌五萬九千四十九，每以七百二十九爲一分，則得八十一箇七百二十九，爲八十一分全數。

八十一爲一釐。

八十一爲一釐者，戌五萬九千四十九，每以八十一爲一釐者，得七百二十九箇八十一，爲七百二十九釐全數。

九爲一毫。

九爲一毫者，戌五萬九千四十九，每以九爲一毫，則得六千五百六十一箇九，爲六千五百六十一毫全數。

一爲一絲。

一爲一絲者，戌五萬九千四十九，每以一爲一絲，則得五萬九千四十九絲全數。

右戌五萬九千四十九，得三萬二千七百六十八。以六千五百六十一爲一寸，則二萬六千二百四十四爲四寸。以七百二十九爲一分，則五千八百三十二爲八分。以八十一爲釐，則六百四十八爲八釐。以九爲一毫，則三十六爲四毫。以一爲一絲，則八爲八絲。合三萬二千七百六十八則爲四寸八分八釐四毫八絲，故無射之管長四寸八分八釐四毫八絲，爲夾鐘三分去一下生之律。

亥一十七萬七千一百四十七分六萬五千五百三十六。

以一十七萬七千一百四十七全數分之，亥得六萬五千五百三十六分，仲呂用倍數，故爲十三萬一千七十二，乃戌之九萬八千三百四三分益一之數也。

一萬九千六百八十三爲一寸。

一萬九千六百八十三爲一寸者，亥一十七萬七千一百四十七，每以一萬九千六百八十三爲一寸，則得九箇一萬九千六百八十三，爲九寸全數。

二千一百八十七爲一分。

二千一百八十七爲一分者，亥一十七萬七千一百四十七，每以二千一百八十七爲一分，則得八十一箇二千一百八十七，爲八十一分全數。

二百四十三爲一釐。

二百四十三爲一釐者，亥一十七萬七千一百四十七，每以二百四十三爲一釐，則得七百二十九箇二百四十三，爲七百二十九釐全數。

二十七爲一毫。

二十七爲一毫者，亥一十七萬七千一百四十七，每以二十七爲一毫，則得六千五百六十一箇二十七，爲六千五百六十一毫全數。

三爲一絲。

三爲一絲者，亥一十七萬七千一百四十七，每以三爲一絲，則得五萬九千四十九箇三，爲五萬九千四十九絲全數。

一爲三忽。

一爲三忽者，亥一十七萬七千一百四十七，每以一爲三忽，則五十三萬一千四百四十一忽，爲絲有九忽，合黃鐘九寸之全數。

右亥一十七萬七千一百四十七，得六萬五千五百三十六。以一萬九千六百八十三爲一寸，則五萬九千四十九爲三寸。以二千一百八十七爲一分，則四千三百七十四爲二分。以二百四十三爲一釐，則一千九百四十四爲八釐。以二十七爲一毫，則一百六十二爲六毫。以三爲一絲，則六爲二絲。又以一爲三忽。合六萬五千五百三十六，爲三寸二分八釐六毫二絲三忽。然仲呂在陽，則用倍數方與氣應，故仲呂之管長六寸五分八釐三毫四絲六忽，爲無射三分益一上生之律。

西山曰：按黃鐘生十一律，六陽辰當位自得，子、寅、辰、午、申、戌爲陽辰。六陰辰則居其衝，丑、卯、巳、未、酉、亥爲陰辰。其林鐘、南呂、應鐘三呂在陰，無所增損。未、酉、亥月之管，此所謂陰者，以自午至亥皆陰生之月也。其大呂、夾鐘、仲呂三呂在陽，則用倍數方與十二月之氣應。蓋陰之從陽，自然之理也。丑、卯、巳月之管，此所謂陽者，以自子至巳皆陽生之月也。又曰：按十二律之實，實謂本律所得之數，如丑三分二，則二乃實也。下同。至仲呂十三萬一千七十二，以三分之，不盡二算，其數不行，此律之所以止於十二也。

十二正律管相生長短圖黃鐘生十一律，全者半律，半者正半律，所謂子聲也。

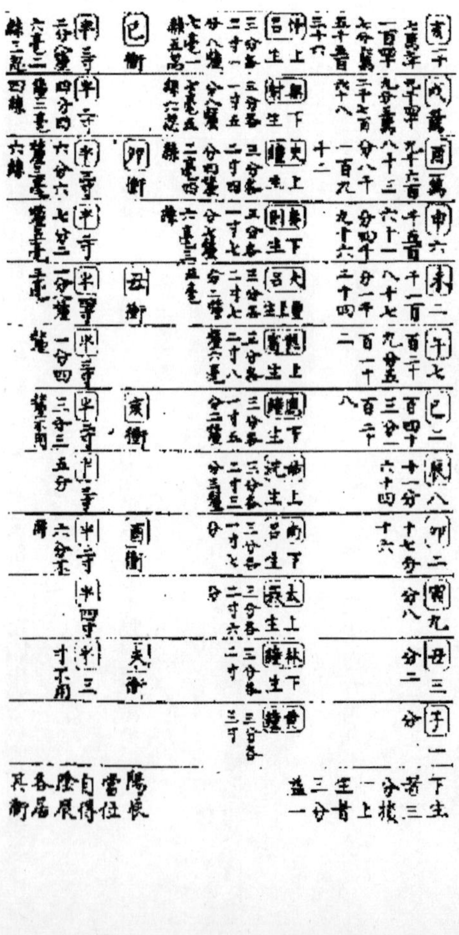

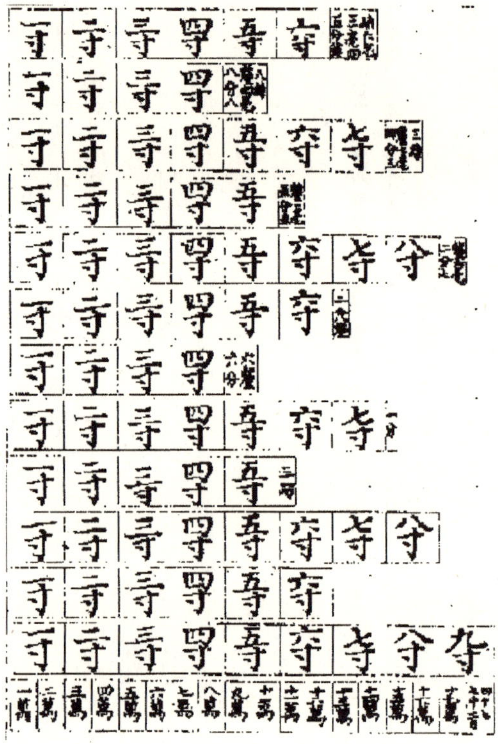

變律

黃鐘十七萬四千七百六十二。小分四百八十六。

全，八寸七分八釐一毫六絲二忽，不用。半，四寸三分八釐五毫三絲一忽。

林鐘十一萬六千五百闕。八。小分三百二十四。

全，五寸八分二釐四毫一絲一忽三初。半，二寸八分五釐六毫五絲六初。

太蔟十五萬五千三百四十四。小分四百三十二。

全，七寸八分二毫四絲四忽七初，不用。半，三寸八分四釐五毫六絲六忽八初。

南呂十闕。萬三千五百六十三。小分四十五。

全，五寸二分三釐一毫六絲一初六秒。半，二寸五分六釐七絲四忽五初三秒。

姑洗十三萬八千闕。八十四。小分六千。

全，七寸一釐二毫二絲一初二秒，不用。半，三寸四分五釐一毫一絲一初一秒。

應鐘九萬二千闕。五十六。小分四十。

全，四寸六分七毫四絲三忽一初四秒。餘一算。半二寸三分三毫六絲六忽六秒彊，不用。

按：十二律各自爲宮，以生五聲二變。其黃鐘、林鐘、太蔟、南呂、姑洗、應鐘六律，則能具足。至蕤賓、大呂、夷則、夾鐘、無射、仲呂六律，則取黃鐘、林鐘、太蔟、南呂、姑洗、應鐘六律之聲，少下不和，故有變律。變律者，其聲近正律而少高於正律也。然仲呂之實一十三萬一千闕。七十二，以三分之，不盡二算，既不可行，當有以通之。律當變者有六，故置一而六三之，得七百二十九。以七百二十九因仲呂之實十三萬一千闕。七十二，爲九千五百五十五萬一千四百八十八，三分益一，再生黃鐘、林鐘、太蔟、南呂、姑洗、應鐘六律。又以七百二十九歸之，以從十二律之數。紀其餘分以爲忽秒，然後洪纖高下不相奪倫。至應鐘之實六千七百一十闕。萬八千八百六十四，以三分之，又不盡一算，數又不可行，此變律之所以止於六也。變律非正律，故不爲宮也。

又 律生五聲《禮運》鄭玄註附。

宮聲八十一。宮數八十一，黃鐘長九寸，九九八十一也。三分宮，去一生徵。

商聲七十二。商數七十二，太蔟長八寸，八九七十二也。三分商，去一生羽。

角聲六十四。角數六十四，姑洗長七寸九分寸之一，七九六十三，九分寸之一爲六十四也。三分角，去一生變宮。三分變宮，益一生變徵。自此以後，隨月而變，所謂還相爲宮也。

徵聲五十四。徵數五十四，林鐘長六寸，六九五十四也。三分徵，益一生商。

羽聲四十八。羽數四十八，南呂長五寸三分寸之一，五九四十五，又三分寸之一，爲四十八也。三分羽，益一生角。

按：黃鐘之數九九八十一，是爲五聲之本。三分損一，以下生徵。徵三分益一，以上生商。商三分損一，以下生羽。羽三分益一，以上生角。至角聲之數六十四，以三分之，不盡一算，數不可行，此聲之數所以止於五也。或曰此黃鐘一均五聲之數，他律不然。曰置本律之實，以九九因之，三分損一，以爲五聲。再以本律之實約之，則宮固八十一，商亦七十二，角亦六十四，徵亦五十四，羽亦四十八矣。假令應鐘九萬三千三百一十二，以八十一乘之，得七百五十五萬八千二百七十二[爲]宮。以九萬三千三百一十二約之，得八十一。三分宮損一，得五百闕。三萬八千八百四十八爲徵。以九萬三千三百一十二約之，得五十四。三分徵益一，得六百七十二萬八千四百六十四爲商。以九萬三千三百一十二約之，得七十二。三分商損一，得四百四十七萬八千九百七十六爲羽。以九萬三千三百一十二約之，得四十八。三分羽益一，得五百九十七萬一千九百六十八爲角。以九萬三千三百一十二約之，得六十四。

又 變聲

變宮聲四十二。小分六。變徵聲五十六。小分八。

按：五聲宮與商，商與角，徵與羽，羽與宮，相去乃二律。相去一律則音節和，相去二律則音節遠。故角徵之閒，近徵收一聲，比徵少下，故謂之變徵。羽宮之閒，近宮收一聲，少高於宮，故謂之變宮也。角聲之實六十有四，以三分之，不盡一算，既不可行，當有以通之。聲之變者二，故置一而兩三之，得九。以九因角聲之實六十有四，得五百七十六，三分損益，再生變徵、變宮二聲。以九歸之，以從五聲之數，存其餘數以爲彊弱。至變徵之數五百一十二，以三分之，又不盡二算，其數又不行，此變聲所以止於二也。變宮、變徵，宮不成宮，徵不成徵，古人謂之和繆，又曰所以濟五聲之不及也。變聲非正，故不爲調也。

杜佑《通典》曰：十二律相生之法，自黃鍾始，黃鍾之管九寸。三分損益，下生林鍾，林鍾上生太蔟，太蔟下生南吕，南吕上生姑洗，姑洗下生應鍾，應鍾上生蕤賓，蕤賓上生大吕，大吕下生夷則，夷則上生夾鍾，夾鍾下生無射，無射上生仲吕。仲吕之管長六寸一萬九千六百八十三分寸之萬二千九百七十四。此謂十二律長短相生，一終於仲吕之法。又制十二鍾以准十二律之正聲。又鳧氏爲鍾，以律計自倍半，以子聲比正聲，則正聲爲倍。以正聲比子聲，則子聲爲半。但先儒釋用倍聲有二義：一義云半十二律正律，爲十二律之子聲之鍾；二義云從於仲吕之管寸數，以三分益一，上生黃鍾，以所得管之寸數然後半之，以爲子聲之鍾。其爲半正聲之法者，以黃鍾之管正聲九寸，子聲則四寸半。又上下相生之法者，以仲吕之管長六寸一萬九千六百八十三分寸之萬二千九百七十四上生黃鍾。三分益一，得八寸五萬九千闕。四十九分寸之五萬一千八百九十六，半之，得四寸五萬九千闕。四十九分寸之二萬五千九百四十八，以爲黃鍾。又上下相生，以至仲吕。皆以相生所得之律寸數半之，以爲子聲之律。

按：此説黃鍾九寸生十一律，有十二子聲，即謂正律，正半律也。又自仲吕上生黃鍾，黃鍾八寸五萬九千闕。四十九分寸之五萬一千八百九十六。又生十一律，亦有十二子聲，即所謂變律、變半律也。正律及半，凡四十八聲，上下相生，最得《漢志》所謂黃鍾不復爲他律役之意與《律書》五聲小大次第之法。但變律止於應鍾，雖設而無所用，則其實三十六聲而已。其間陽律不用變聲，而黃鍾又不用正半聲，陰律又不用正半聲，而應鍾又不用變半聲，其實又二十八聲而已。又曰律吕散亡，其器不可復見，然古人所以制作之意，則猶可攷也。太史公曰：細若氣，微若聲，聖人因神而存之，雖妙必效。言黃鍾始於聲氣之元也。班固所謂使伶倫取竹，斷兩節閒吹之以爲黃鍾之宮。又曰天地之風氣正，而十二律定。劉昭所謂必養紀陽氣之初，以爲律法。又曰吹以攷聲，律以候氣，皆以聲之清濁、氣之先後求黃鍾者也。是古人制作之意也。夫律長則聲濁而氣先至，極長則不成聲而氣不應。律短則聲清而氣後至，極短則不成聲而氣不應。此其大凡也。今欲求聲氣之中，而莫適爲準，則莫若且多截竹以擬黃鍾之管，或極其短，或極其長，長短之內，每差一分而爲一管，皆即以其長權爲九寸，而度其圍徑，如黃鍾之法焉。如是而更迭以吹，則中聲可得，淺深以列，則中氣可驗。苟聲和氣應，則黃鍾之爲黃鍾者信矣。黃鍾者信，則十一律與度量衡權者得矣。後世不知出此，而唯尺之求。晉氏而下，則多求之金石。梁隋以來，又參之秬黍。下至王朴，剛果自用，遂專恃累黍，而金石亦不復攷矣。夫金石真僞固難盡信，若秬黍，則歲有豐凶，地有肥瘠，種有長短、大小、圓妥不同，尤不可恃。況古人謂子穀秬黍中者實其龠，則是先得黃鍾，而後度之以黍，不足則易之以大，有餘則易之以小，約九十黍之長，中容千二百黍之實，以見周徑之廣，以生度量衡權之數而已，非律生於黍也。百世之下，欲求百世之前之律者，其亦求之於聲氣之元，而毋必之於秬黍則得之矣。

愚按：黃鍾爲萬事根本，律度量衡皆由此始，其長九寸，陽數之極也。分、釐、毫、絲、忽，咸以九爲度。故九寸、八十一分、七百二十九釐、六千五百六十一毫、五萬九千四十九絲、五十三萬一千四百四十一忽者，黃鍾一律之長也。又置一而三乘之，三者天地人之定位也。故子一，丑三，寅九，卯二十七，辰八十一，巳二百四十三，午七百二十九，未二千一百八十七，申六千五百六十一，酉一萬九千六百八十三，戌五萬九千四十九，亥十七萬七千一百四十七者，黃鍾一律之實也。以此十七萬七千一百四十七全數，三分損益，以生十一律，而各得其管之長短，由是而被之以五聲，則爲六十調。然十二律各自爲均之時，宮長於衆律則用正律，他律長於宮則陵犯而不和，故又有正半律，所謂子聲也。又黃鍾君象，不爲他律役，故自仲吕再生黃鍾，不及九寸，爲變律六。然其管長於宮者，亦止用其半，故又有變半律。五聲，九九八十一以爲宮，亦三分損益以生徵、商、羽、角。周加文武二聲，故又有變宮、變徵。由是均之，爲八十四調。清濁高下，相濟相成，所謂八音克諧，無相奪倫者也。然《易》該陰陽之妙，律統天地之和，故二者之數皆出自然，是以三分之法正律止於十二，變律止於六，五聲止於五，變聲止於二。自此以上，其數不行，亦猶揲扐之變，參伍錯綜，有非人力所能與於其間也。然自秦漢以來，去古逾邈，尺度墮廢，而中聲不定。累黍有圓橢之殊，指尺有短長之異，是以代變新樂，議論紛紜，卒無以追還雅正。子嘗考夫二帝三王之盛，皆以仁義教化，涵濡天下，及其久也，充暢浹洽，陰陽調，風雨時，無一民一物不遂其性，陵犯之風絶，乖戾之氣消，君臣上下翕然大和。由是而播之歌詠，被之聲音，施之郊廟，朝廷，鄉黨，無一而不得其宜。故曰樂有本，有文。以和爲本，則天地之和應，而候氣之法可用。氣正而尺度均，尺度均而中聲得，樂之文無不協矣。斯義也，惟太史公知之。其論律至文帝曰：百姓無内外之繇，得息肩於田畝，天下殷富，粟至十餘錢，鷄鳴犬吠，煙火萬里。可謂和樂者乎。其次則班固因之曰：至治之世，天地之氣合以生風，天地之風氣正而十二律定。淵哉言矣。世之作者，有能求人心之和以得天地之和，使黄鐘一律既定，而他律無不定，度量權衡亦猶是而協矣。心和則氣和，氣和則律和，天地之大和交應天下，其有不長治久安也哉。

劉瑾《律呂成書》卷一

求黄鐘圍長法第四 以彭氏律法八章定。

此圖者，黄鍾管之周圍也，又名圍長。互算得十分六釐三毫六絲八忽强。

算法從長平方立方圖

凡布算者先須知，此寸分釐毫絲忽皆然。

一分從長十釐，當萬忽。平方百釐，當萬萬忽，約一億忽。立方千釐，當萬億忽。

一釐從長十毫，當千忽。平方百毫，當百萬忽。立方千毫，當十萬萬忽，約十億忽。

一毫從長十絲，當百忽。平方百絲，當萬忽。立方千絲，當百萬忽。

一絲從長十忽，平方百忽，立方千忽。

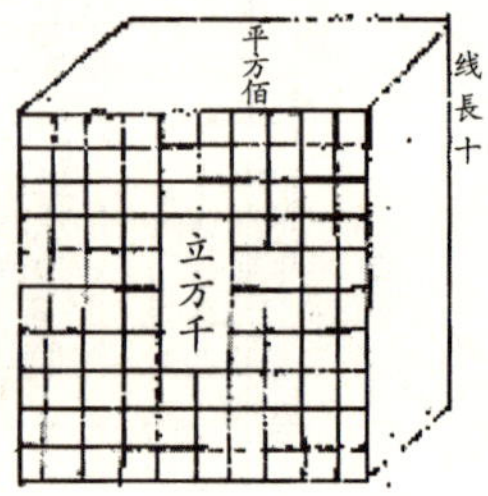

彭氏曰：《筭經·少廣》章，開圓唐李氏注：依密率，八十八乘之，七而一，開方除之，即周。此置積求周法也。又《方田》章圓田術李氏注：密率，以七乘周，二十二而一，即徑；以二十二乘徑，七而一，即周。此置周求徑，置徑求周法也。此密率本祖氏冲之所作，比之古率極爲精密。今以黄鍾面冪開方求周徑一，依此術。既得黄鍾面冪九方分，該九萬萬忽，約之爲九億忽。依密律筭圓周法，置九億忽以八十八乘之，得七百九十二億忽，乃以七歸之，得一百一十三億一千四百二十八萬五千七百一十四忽七分忽之二，是爲實數。以此實數開方求圓周，置此實數在地，借一筭，子步約至億下，約得至萬而止，是名下法。謂億之面萬，以此記方面從長數。乃於實數之上商置一十萬，名上商。記方面從長，就以此除地上實數。乃於實數之下法直上置一十億，名方法。

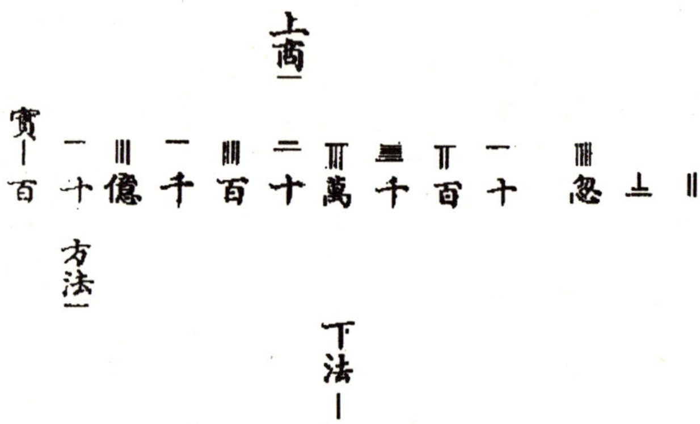

第一次開方

方法一十億合商一，呼一一如一，爲一百億。乃命上商除實數一百億，猶存實數一十三億一千四百二十八萬五千七百一十四忽七分忽之二。第二重開之：方法十億倍之，得二十億，一退得二億。下法萬，一退，得千。乃於上商十萬位下續商置六千，又於方法之下下法直上置六百萬，名廉法。

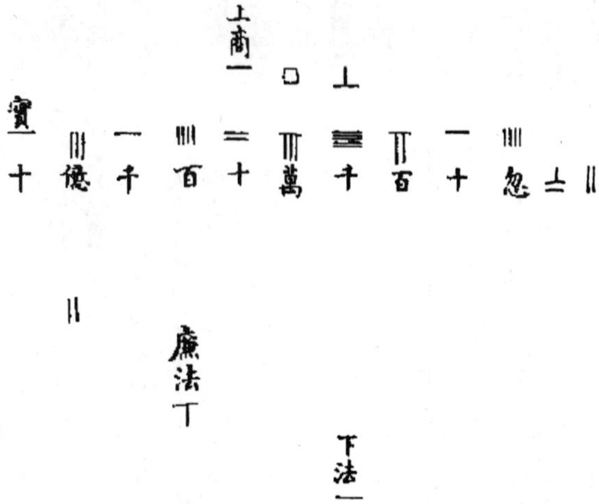

第二次開方

案：自此以下八圖原本參差不一，其旁書所商得數多訛舛，不與圖相符，又於方冪及廉隅之數缺而不書。今並爲訂正改歸一例。

方法二億合商六，得十二億。呼二六一十二也。廉法六百萬亦從上商六，得三千六百萬。呼六六三十六也。乃命上商除實數十二億三千六百萬，猶存實數七千八百二十八萬五千七百一十四忽七分忽之二。第三重開之：倍廉法六百萬，得一千二百萬，并入方法二億內，共得二億一千二百萬。一退，得二千一百二十萬。下法千再退百。乃命上商六千位下續商置三百。又於下法直上置三萬，亦名廉法。

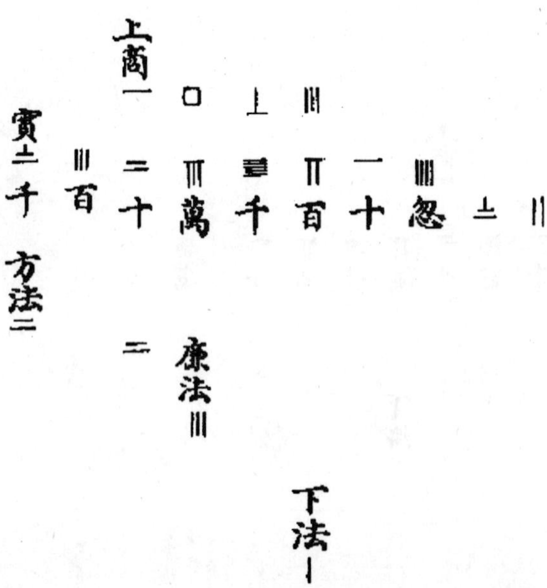

第三次開方

方法二千一百二十萬合商三，得六千呼二三得六也。三百又呼一三如三也。六十萬。又呼二三如六也。廉法三萬亦從上商三，得九萬。呼三三如九也。乃命上商除實數六千三百六十九萬，猶存實數一千四百五十九萬五千七百一十四忽七分忽之二。第四重開之：倍廉法得六萬，并入方法二千一百二十萬內，共得二千一百二十六萬。一退，得二百一十二萬六千。下法再退，得十。乃於上商三百位下續商置六十。又於下法之上置六百，亦名廉法。

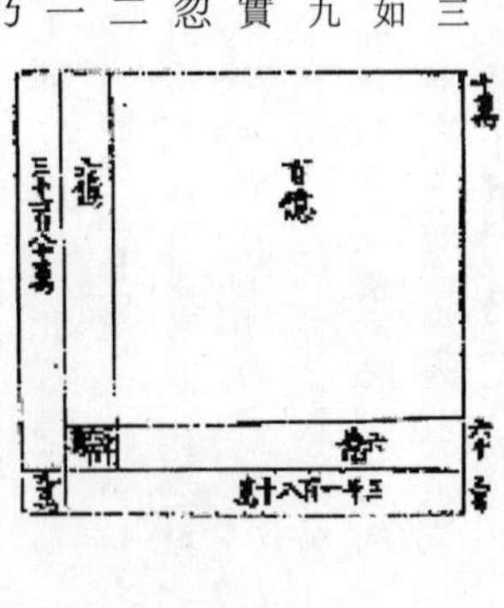

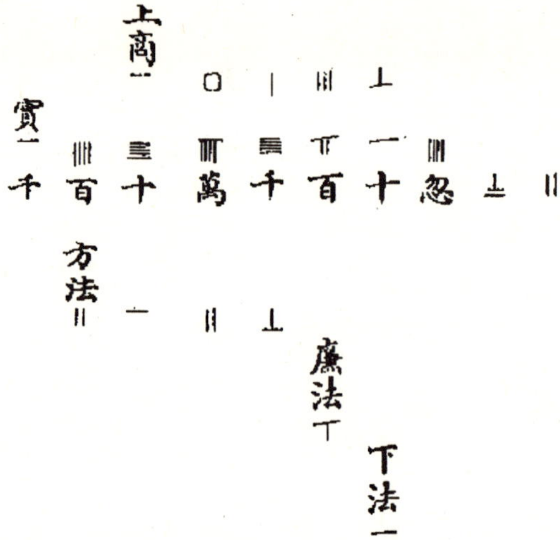

第四次開方

方法二百一十二萬六千合商六，得一千二百七十五萬六千。呼二六一十二，又呼一六如六，又呼二六一十二，又呼六六三十六，共得此數。廉法六百亦從上商六，得三千六百。呼六六三十六也。乃命上商除實數一千二百七十五萬九千六百忽，猶存實數一百八十三萬六千一百一十四忽七分忽之二。第五次開之：又倍廉法六百，得一千二百，併入方法二百一十二萬六千中，共得二百一十二萬七千二百。一退，得二十一萬二千七百二十。下法再退，得一。乃於上商六十位下續商置八。又於下法之上置八，亦名廉法。

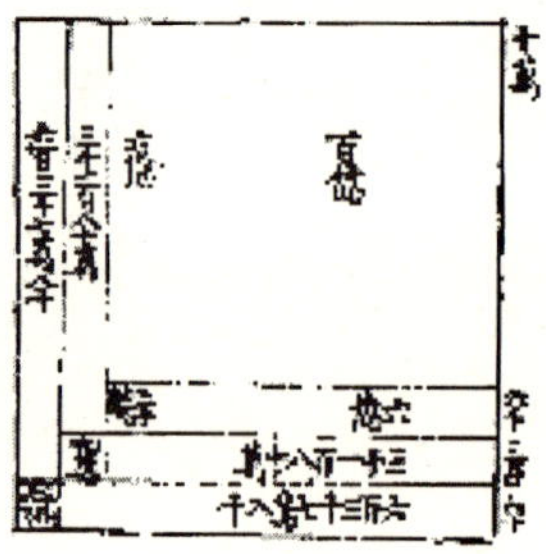

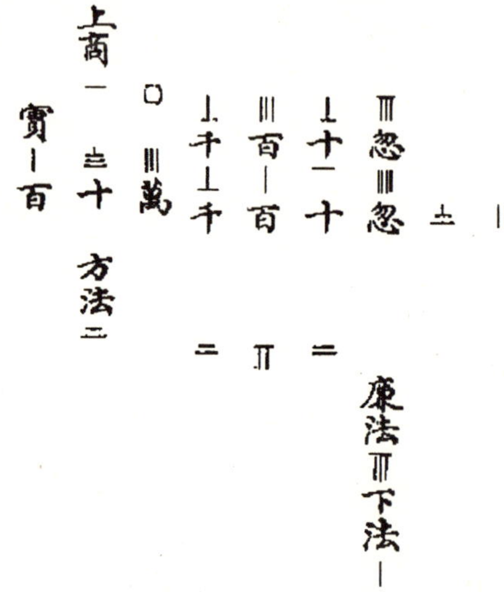

第五次開方

方法二十一萬二千七百二十合商八，得一百七十〇萬一千七百六十。以八呼上方法而得此數也。廉法八亦從上商八，得六十四。呼八八六十四也。乃命上商除實數一百七十〇萬一千八百二十四忽，猶存實數一十三萬四千二百九十〇忽七分忽之二在地。又須第六重開之。乃以一忽作萬萬分，每一忽從計一萬分，每一忽平方計一萬萬方。約之爲一億分，則在地不盡，實數共積，得一十三萬四千二百九十〇億二千八百五十七萬一千四百二十六分奇。以一忽作一億分算，故通前七分忽之二，以七歸之，共得此數。前開方已得每一面從計一十〇萬六千三百六十八忽。乃倍前廉法八，得一十六忽，并入前方法內，共得二十一萬二千七百三十六忽。以億法通之，前所餘實數，既以一忽作一億分算，故此方法忽數亦以億法通之。計得二十一萬二千七百三十六億分。一退，得二萬一千二百七十三億六十萬分。前下法一升爲萬，再退，得千。前上商十〇萬六千三百六十八升爲十〇億六千三百六十八萬。乃於前上商八忽位下續商置六千。又於下法之上置六百萬，亦名廉法。

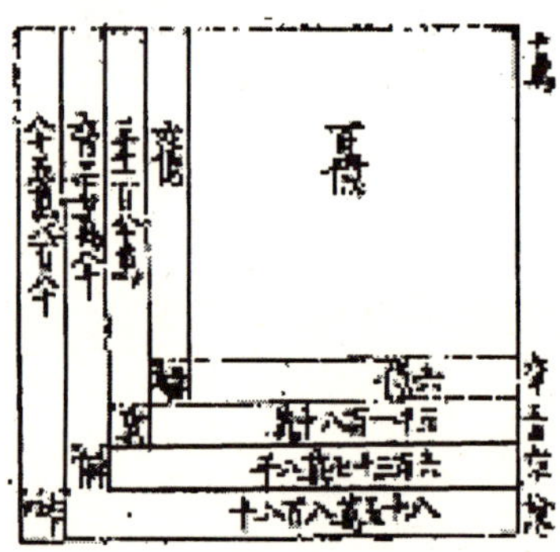

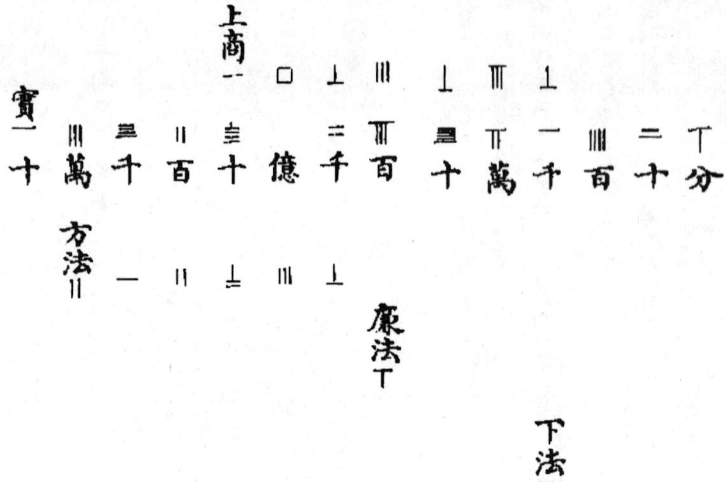

第六次開方

方法二萬一千二百七十三億六千萬分合商六，得一十二萬七千六百四十一億六千萬分。以六呼上文方法而得此數也。廉法六百萬分亦從上商六，得三千六百萬分。呼六六三十六也。乃命上商除實數一十二萬七千六百四十一億九千六百萬分，猶存實數六千六百四十八億三千二百五十七萬一千

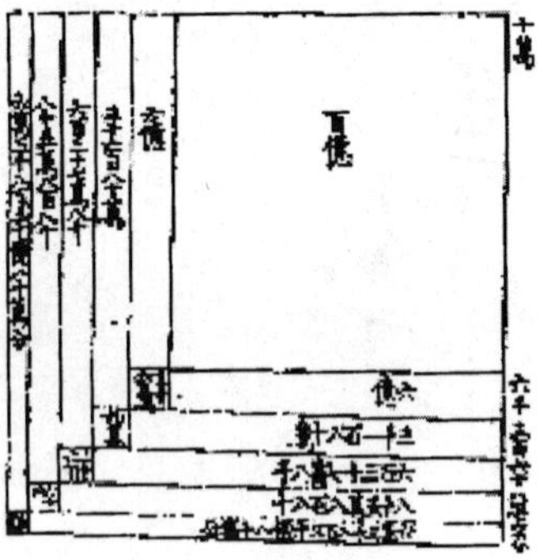

四百二十六分。第七重開之：倍廉法六百萬，得一千二百萬，并入前方法內，共得二萬一千二百七十三億七千二百萬。一退，得二千一百二十七億三千七百二十萬。下法再退，得百。乃於上商六千位下續商置三百分。又於下法之上置三萬，亦名廉法。

第七次開方

方法二千一百二十七億三千七百二十萬合商三，得六千三百八十二億一千一百六十萬分。以三呼上文方法而得此數也。廉法三萬亦從上商三，得九萬分。呼三三如九也。乃命上商除實數六千三百八十二億一千一百六十九萬分，猶存實數二百六十六億二千〇〇八十八萬一千四百二十六分。第八重開之：倍廉法三萬，得六萬，併入前方法內，共

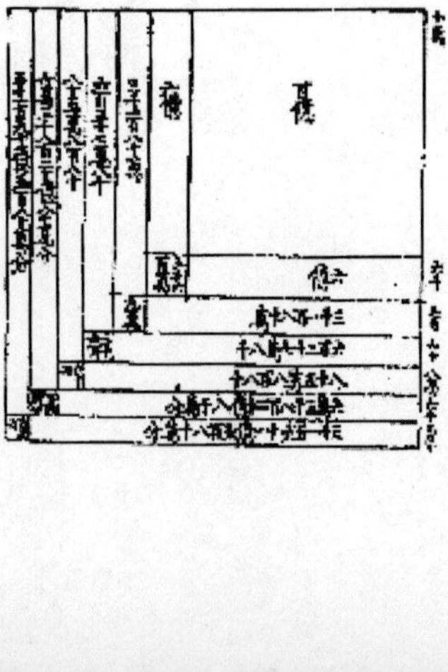

得二千一百二十七億三千七百二十六萬。一退,得二百一十二億七千三百七十二萬六千。下法再退,得十。乃於上商三百分下續商置一十分。又於下法之上置一百分,亦名廉法。

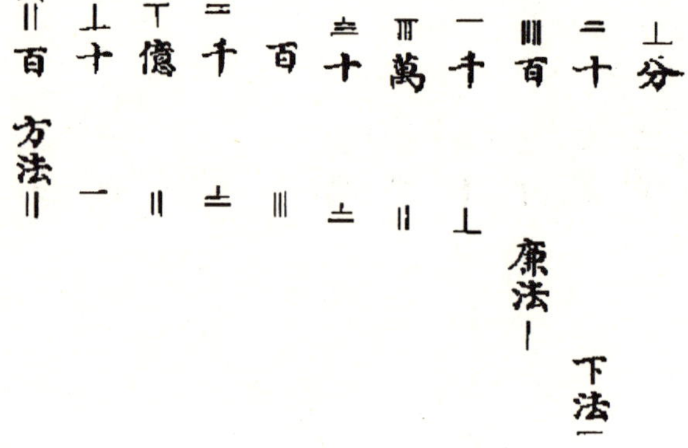

第八次開方

方法二百一十二億七千三百七十二萬六千分,廉法一百分,皆以上商一命之,共計除實數二百一十二億七千三百七十二萬六千一百分,猶存實數五十三億四千七百一十五萬五千三百二十六分。第九重開之：倍廉法一百,得二百,并入前方法內,共得二百一十二億七千三百七十二萬六千二百。一退,得二十一億二千七百三十七萬二千六百二十。

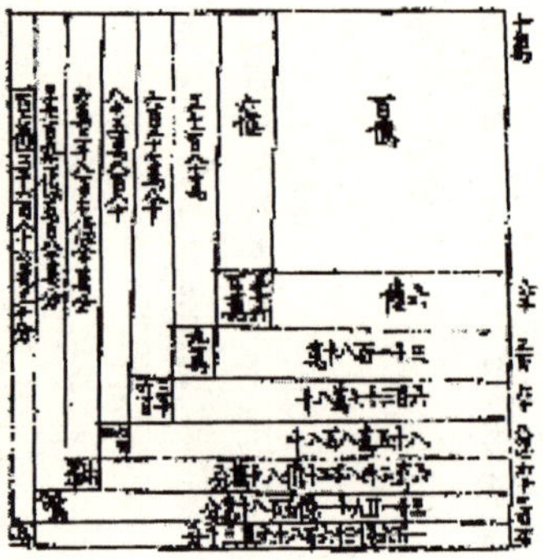

下法再退,得一。乃於上商一十位下續商置二。又於下法之上置二,名隅法。

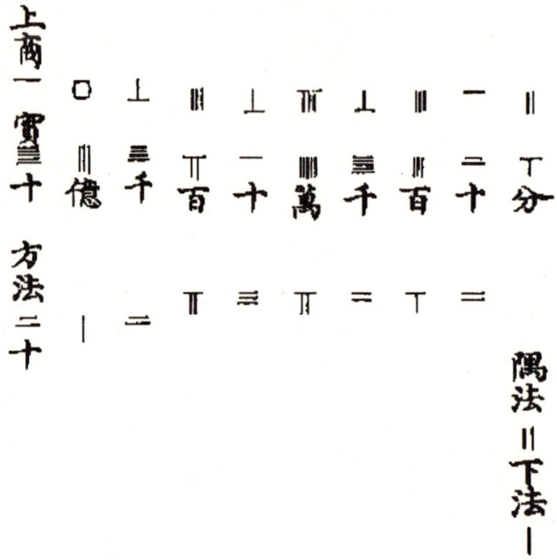

第九次開方

案：原本此圖訛舛,今改正。

方法二十一億二千七百三十七萬二千六百二十分合商二,得四十二億五千四百七十四萬五千二百四十分。以二呼上文方法而得此數也。隅法二亦從上商二,得四分。呼二二如四也。乃命上商除實數四十二億五千四百七十四萬五千二百四十四分,猶存實數一十〇億九千二百四十一萬〇〇八十二分,計一十忽奇,開不盡,棄之。

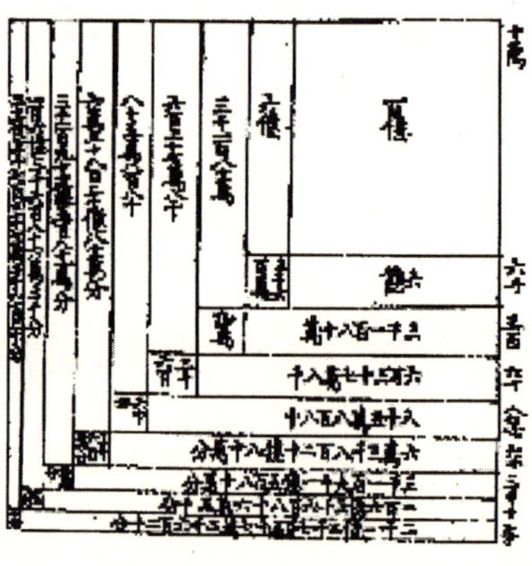

已上黃鍾面冪九方分,該九億忽,開方得一十萬六千三百六十八忽萬分忽

之六千三百一十二分，即圓周數。以一萬忽爲從，分法除之，得一十分，不盡六千三百六十八忽萬分忽之六千三百一十二分。以一千忽爲從，釐法除之，得六釐，不盡三百六十八忽萬分忽之六千三百一十二分。以一百忽爲從，毫法除之，得三毫，不盡六十八忽萬分忽之六千三百一十二分。以一十忽爲從，絲法除之，得六絲，餘八忽萬分忽之六千三百一十二分。黄鍾律圓周的計一十分六釐三毫六絲八忽萬分忽之六千三百一十二分。

求黄鍾徑長法第五以彭氏律法八章定。

圓内直者，黄鍾管内徑長也，互算得三分三釐八毫四絲四忽强。

彭氏曰：置前黄鍾圓周數一十〇萬六千三百六十八忽萬分忽之六千三百一十二分在地。今具數如左。

據前在地之數，依《算經》密率置周求徑法，以七乘之，其以七相乘布算之法，游移增減，算位無常。今不可以具圖，曉算法者當自知之。後不具圖者倣此。得七十四萬四千五百八十忽萬分忽之四千一百八十四分。今具所得之數如左。

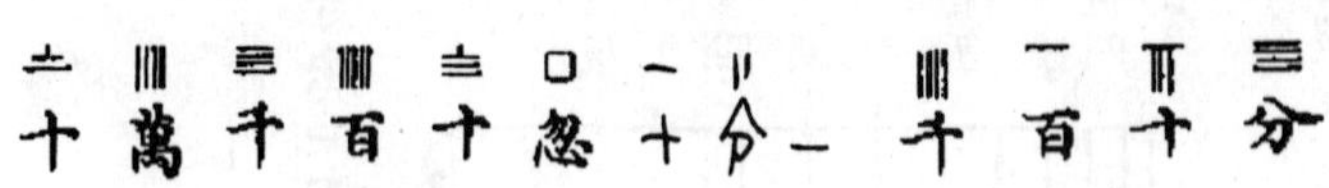

乃據上文，以七乘之，所得之數却以二十二而一除之，即算法二歸二除也，蓋於二十二分中取其一分，以爲徑長之數。得三萬三千八百四十四忽，不盡一十二忽萬分忽之四千一百八十四分。今具所得之數及不盡之數如左。

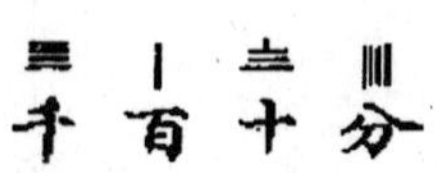

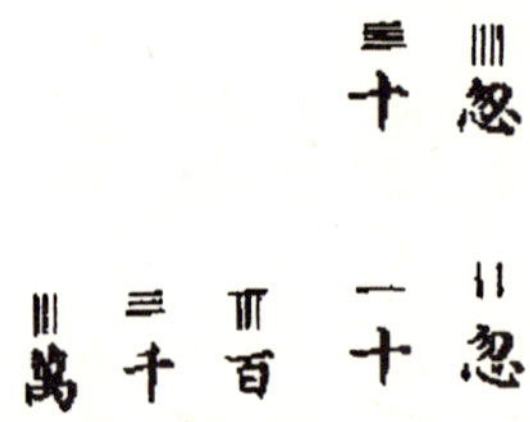

此上一層三萬三千八百四十四忽者，即以二歸二除所得全忽之數也。下一層一十二忽四千一百八十四分者，乃不盡之餘數，不可歸除，作全忽之數，又須別歸除之，作忽外零數，詳見下文。

通分內子，即以前不盡之數通而計之也。得一十二萬四千一百八十四分。以二十二而一除之，得五千六百四十四分，餘二十二分分之一十六。餘分少六數，於算法二十二分之數不足，故不能滿一分，止當得七釐有奇。今以餘分姑作一分，通計五千六百四十五分。今具圖說如左。

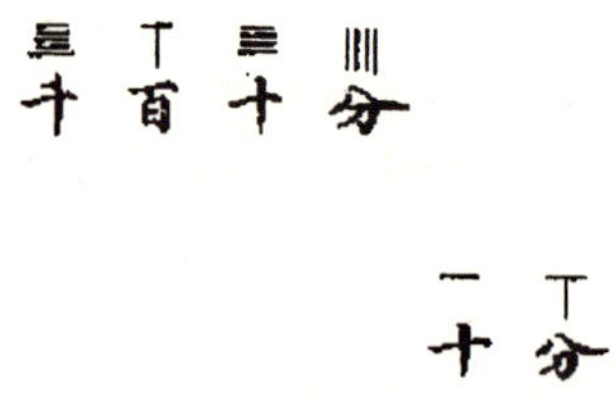

此上一層五千六百四十四者，即以二歸二除已前不盡之數而得此忽外全分之數也。下一層一十六分者，又歸除分外不盡之餘數，不可歸除作全分之數者也。若歸除之，止得七釐强，不滿一分，然此數所少者微塵耳。算法不容不然，今故舉成數言，姑作五千六百四十五分計之。

乃合前後歸除所得全忽全分之數通計之，共得三萬三千八百四十四忽萬分忽之五千六百四十五分，乃黃鍾管徑長之數也。其圖如左。

已上以七乘黃鍾圓周之數，以二十二除之，得三萬三千八百四十四忽萬分忽之五千六百四十五分，如上文所具，即圓徑數也。乃以一萬忽爲從，分法除之，得三分，不盡三千八百四十四忽萬分忽之五千六百四十五分。以一千忽爲從，釐法除之，得三釐，不盡八百四十四忽萬分忽之五千六百四十五分。以一百忽爲從，毫法除之，得八毫，不盡四十四忽萬分忽之五千六百四十五分。以一十忽爲從，絲法除之，得四絲，餘四忽萬分忽之五千六百四十五分。黃鍾律圓徑的計三分三釐八毫四絲四忽萬分忽之五千六百四十五分。

復以半周半徑求黃鍾冪積元數法第六以彭氏律法八章定。

彭氏曰：既得黃鍾周徑數，乃以半周半徑求面冪九方分。其法置所得圓周數一十〇萬六千三百六十八忽萬分忽之六千三百一十二分，半之，得五萬三千一百八十四忽萬分忽之三千一百五十六分。通分內子，計五億三千一百八十四萬三千一百五十六分。各具圖如左。

圓周數　　半周數　　半周通分內子數

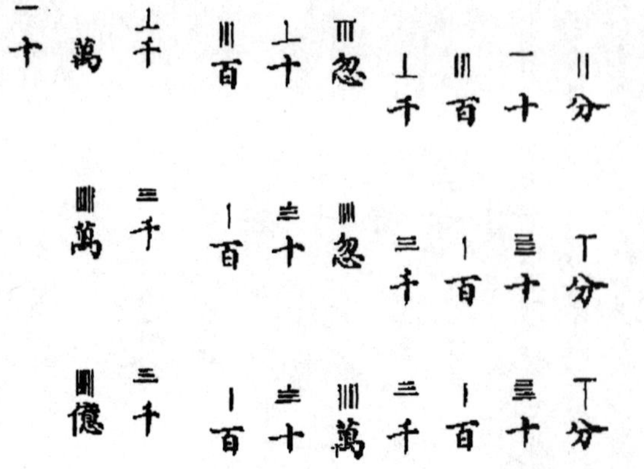

另置所得圓徑數三萬三千八百四十四忽萬分忽之五千六百四十五分，半之，得一萬六千九百二十二忽萬分忽之二千八百二十二分半，通分內子，計一億六千九百二十二萬二千八百二十二分半。各具圖如左。

圓徑數　　半徑數　　半徑通分內子數

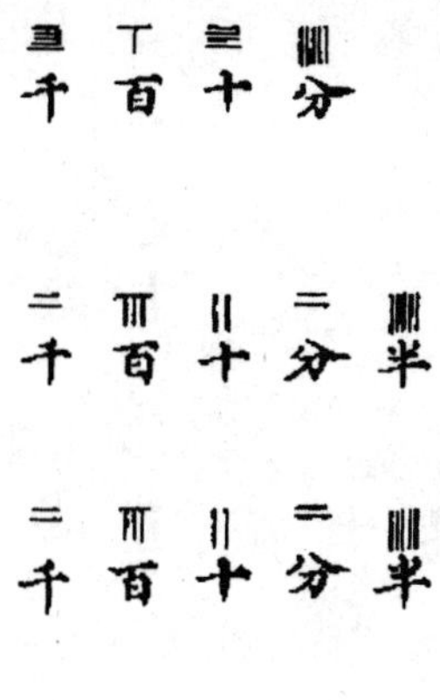

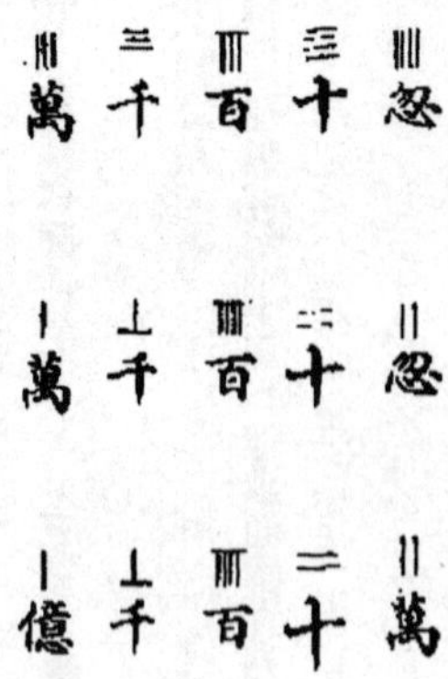

乃置所得半徑內子分數列於上一位，另置所得半周內子分數列於下一位，乘之，得八億九千九百九十九萬九千九百九十九億八千五百六十二萬七千八百一十分。各具圖如左。

半徑　置半徑內子分數於此上一位

半周　置半周內子分數於此下一位

乘所得此數　下一位與上數相乘

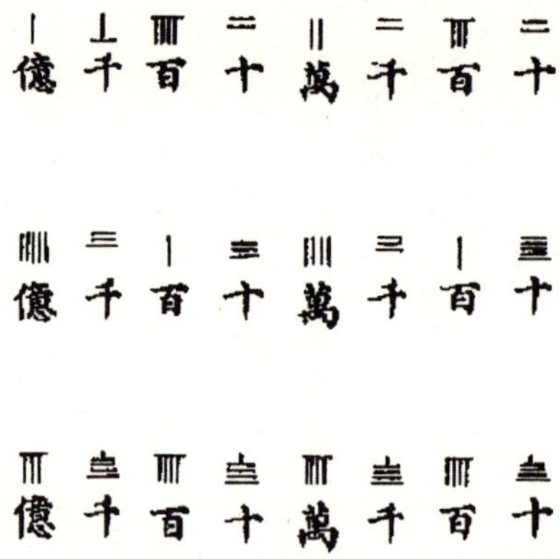

已上半周半徑相乘所得數，即面冪數。乃以億分當一忽，爲法除之，得八億九千九百九十九萬九千九百九十九忽億分忽之八千五百六十二萬七千八百一十分。此介乎有形無形之間，雖微塵不足以喻之，算法不容不然，故云一忽弱。蓋前以面冪九億忽開方求圓周，有不盡之數，故此面冪元數九億忽内有此一弱忽。具圖如左。

通前一忽弱，姑以成數計之，通作一忽算，加入所少之數，一千四百三十七萬二千一百九十分在前數内，凑得面冪元法九億平方忽。乃以百忽當一絲，爲法除之，得九百萬平方絲。既得九百萬絲，又以百絲當一毫，爲法除之，得九萬平方毫。既得九萬毫，又當以百毫當一釐，爲法除之，得九百平方釐。既得九百釐，又以百釐爲一分除之，得九平方分，是爲黄鍾面冪元數。既得面冪九平方分，乃以九十分管長乘之，一分管長面冪容九平方分，則十分管長當積九十立方分，九十分管長當積八百一十立方分，是爲黄鍾積實元數。

復以冪積求黄鍾從長元數法第七

彭氏曰：既得黄鍾元積八百一十立方分，知空圍内積九立方分，則其管當深長一分。空圍内積九十立方分，則其管當深長九分。空圍内積八百一十立方分，則其管當深長九十分，是爲黄鍾從長元數。則黄鍾筭法至此而成矣。合而論之，的計從長九十分爲九寸，積實八百一十分，面冪九方分，圓周十分六釐三毫六絲八忽萬分忽之六千三百一十二分，圓徑三分三釐八毫四絲四忽萬分忽之五千六百四十五分。蓋以從長冪積周徑五法參較推算，而各得其數如此，皆出於自然，無不符合。則算法於此而成，而黄鍾之所以爲黄鍾者，信矣。於是可以造律矣。

又 黄鍾律本三暦十二辰法第十三以《新書本原》第二章、《證辨》第三章參定。

子　一，黃鍾之律。

辰起於子，數起於一。子之一爲黃鍾之律者，乃聲氣之元，而具十二辰之全體者也。故置一而以三歷十二辰，則各得黃鍾之一體，以爲分寸釐毫絲之法與數也，至亥而得十七萬七千一百四十七，是爲黃鍾之實。凡分寸釐毫絲之法與數，皆以此數乘除而得之，詳具下文。

丑　三，三其子之一也。黃鍾絲法。

其法以三爲一絲，以此絲法三歸黃鍾十七萬七千一百四十七之數，則得五萬九千〇〇四十九爲絲數。其絲法與絲數自然相符。餘倣此。

寅　九，三其丑之三也。黃鍾寸數。

其寸數共九，以黃鍾十七萬七千一百四十七之數九歸之，則得一萬九千六百八十三，爲寸法，其寸數又與寸法自相符。餘倣此。

卯　二十七，三其寅之九也。黃鍾毫法。

其法以二十七爲一毫，以此毫法歸除黃鍾十七萬七千一百四十七之數，則得六千五百六十一，爲毫數。

辰　八十一，三其卯之二十七也。黃鍾分數。

其分數共八十一，以黃鍾十七萬七千一百四十七之數歸除之，則得二千一百八十七，爲分法。

巳　二百四十三，三其辰之八十一也。黃鍾釐法。

其法以二百四十三爲一釐，以此釐法歸除黃鍾十七萬七千一百四十七之數，則得七百二十九，爲釐數。

午　七百二十九，三其巳之二百四十三也。黃鍾釐數。

其釐數共七百二十九，以黃鍾十七萬七千一百四十七之數歸除之，則得二百四十三爲釐法。

未　二千一百八十七，三其午之七百二十九也。黃鍾分法。

其法以二千一百八十七爲一分，以此分法歸除黃鍾十七萬七千一百四十七之數，則得八十一，爲分數。

申　六千五百六十一，三其未之二千一百八十七也。黃鍾毫數。

其毫數共六千五百六十一，以黃鍾十七萬七千一百四十七之數歸除之，則得二十七，爲毫法。

酉　一萬九千六百八十三，三其申之六千五百六十一也。黃鍾寸法。

其法以一萬九千六百八十三爲一寸，以此寸法除黃鍾十七萬七千一百四十七之數，則得九，爲寸數。

戌　五萬九千〇〇四十九，三其酉之一萬九千六百八十三也。黃鍾絲數。

其絲數共五萬九千〇〇四十九，以黃鍾十七萬七千一百四十七之數歸除之，則得三，爲絲法。

亥　十七萬七千一百四十七，三其戌之五萬九千四十九也。黃鍾之實。

置子之一，而以三歷十二辰，至亥而得此數，是爲黃鍾之實。所以統體十二辰之全數，蓋與子之一相爲首尾。故凡黃鍾寸分釐毫絲之法與數，皆以此數乘除而得之。若由此數而三分損益之，又所以遞生十一律也。詳見下章。

蔡氏曰：黃鍾九寸，以三分爲損益，故以三歷十二辰，得一十七萬七千一百四十七，爲黃鍾之實。其十二辰所得之數，在子、寅、辰、午、申、戌六陽辰爲黃鍾寸分釐毫絲之數，在亥、酉、未、巳、卯、丑六陰辰爲黃鍾寸分釐毫絲之法。其寸分釐毫絲之法皆用九數，故九絲爲毫，九毫爲釐，九釐爲分，九分爲寸，九寸爲黃鍾。由是三分損益，以生十一律焉。

又曰：按《淮南子》謂置一而十一三之，積十七萬七千一百四十七，爲黃鍾大數。即《律書》所謂置一而九，三之以爲寸法者，其術一也。彭氏曰：《史記・律書》曰：置一而九，三之以爲法，實如法，得長一寸。凡得九寸，命曰黃鍾之律。按《漢志》：太極元氣，函三爲一。三者天地人也，一即天也，二則兼天與地，三則參天地與人。故元氣之動，始于子一而即已具三，三之于丑，得三。三之于寅，得九。三之于卯，得二十七。三之于辰，得八十一。三之于巳，得二百四十三。三之于午，得七百二十九。三之于未，得二千一百八十七。三之于申，得六千五百六十一。三之于酉，得一萬九千六百八十三。三之于戌，得五萬九千四十九。三之于亥，得十七萬七千一百四十七。此元氣運行于十二辰，用三施化，其自然之數有如此也。黃鍾居子位，其忽數亦始于一，凡十一次三之，得十七萬七千一百四十七忽，與亥數合。此即是黃鍾一律從長忽數，所謂實也。既得實數，乃置一忽之數，凡九次三之，得萬九千六百八十三忽，與酉數合。以此求黃鍾從長寸數，此即所謂置一而九，三之以爲法也。以法除實，每萬九千六百八十三得一寸，凡九次除之，而實數盡，適得九寸。此即所謂實如法，得長一寸，凡得九寸命曰黃鍾之律也。夫置一而九三之既爲寸法，則七三之爲分法，五三之爲釐法，三三之爲毫法，一三之爲絲法，從可知矣。《律書》獨舉寸法者，蓋已於生鍾分內默具律寸分釐毫絲之法，而又於此律數之下指其大者，以明凡例也。一三之而得三，三三之而得二十七，五三之而得二百四十三，七三之而得二千一百八十七，九三之而得一萬九千六百八十三。故一萬九千六百八十三以九分之，則爲二千一百八十七。二千一百八十七以九分之，則爲二百四十三。二百四十三以九分之，則爲二十七。二十七以九分之，則爲三。三者，絲法也。九其三，得二十七，則毫法也。九其二十七，得二百四十三，則釐法也。九其二百四十三，得二千一百八十七，則分法也。九其二千一百八十七，得一萬九千六百八十三，則寸法也。一寸九分，一分九釐，一釐九毫，一毫九絲，以之生十一律，以之生五聲二變。上下乘除，參同契合，無所不通，蓋數之自然也。顧自《淮南》、太史公之後，即無識其意者。如京房之六十律，雖亦用此十七萬七千一百四十七之數，然乃謂不盈寸者，十之所得爲分；又不盈分者，十之所得爲小分，以其餘爲强弱。不知黄鍾九寸，以三損益，數不出九。苟不盈分者十之，則其奇零無時而能盡。雖泛以强弱該之，而卒無以見强弱之爲幾何。則其數之精微，固有不可得而紀者矣。至於杜佑、胡瑗、范蜀公等，則又不復知有此數，而以意强爲之法。故《通典》則自南吕而下各自爲法，固不可以見分釐毫絲之實。故范則止用八百一十分，乃是以積實生量之數爲律之長，而其因乘之法亦用十數，故其餘算亦皆棄而不録。蓋非有意於棄之，實其重分累析至於無數之可紀，故有所不得而録耳。夫自絲以下，雖非目力之所能分，然既有其數，而或一算之差，則法於此而遂變，不以約十爲九之法分之，則有終不可得而齊者。故《淮南》、太史公之書，其論此也已詳，特房等有不察耳。司馬禎《史記索隱》注黄鍾八寸十分一云：律九九八十一，故云八寸十分一。《漢書》云：長九寸者，九分之也。此則古人論律以九分爲寸之明驗也。

又　卷二

黄鍾生十一律法第十四以《新書本原》三章、四章及《證辨》四章參定。

子一分，一爲九寸，黄鍾九寸。

子之一爲九寸者，是以一而約黄鍾之全體也。餘十一辰所歷之數，各隨其多寡約之，而皆合黄鍾寸分釐毫絲之本數。又以各辰所約黄鍾之法，就約各辰之律，亦皆合其律長短之數。詳見下文。

黄鍾之實十七萬七千一百四十七。

此即亥位所得之數，乃黄鍾之實也。以寸法一萬九千六百八十三除之，得九寸，是黄鍾本數也。若以分法二千一百八十七歸除之，得八十一分。以釐法二百四十三歸除之，得七百二十九釐。以毫法二十七歸除之，得六千五百六十一毫。以絲法三歸之，得五萬九千四十九絲。亦皆黄鍾本數也。餘十一律所得之實，亦皆以此黄鍾寸分釐毫絲之法除之，而各得其律長短之數。詳見下文。

丑三分二。一爲三寸。林鍾六寸。

丑之三數，約以一爲三寸，則共爲九寸，是黄鍾本數也。二者，倍其子之一以下生林鍾也。蓋以陽律生吕，三分而損其一，即爲加倍法。凡律生吕皆然。據林鍾所得二數，約以一爲三寸，則共爲六寸。此以所約黄鍾之法而約林鍾寸數也。

林鍾之實十一萬八千〇〇九十八。

析黄鍾之實爲三分，每分五萬九千四十九。林鍾於三分之内得其二，故其實總得此數，以寸法一萬九千六百八十三除之，得六，是爲林鍾寸數也。按：隔八相生與十二月律之位，林鍾皆在未。今居丑者，蓋循十二辰之位與數而遞生之，則六陽律皆當位自得，六陰吕皆居其對衝。陽不可易而陰可易也。

寅九分八。一爲一寸。太簇八寸。

寅之九數，約以一爲一寸，則共爲九寸，亦黄鍾本數也。八者，四倍林鍾之二數，以上生太簇也。陰吕生律，三分而益其一，即爲加四倍法。凡吕生律皆然。據太簇所得八數，約以一爲一寸，則共爲八寸。此以所約黄鍾之法而約太簇寸數也。

太簇之實十五萬七千四百六十四。

析黄鍾之實爲九分，每分一萬九千六百八十三。太簇於九分之内得其八，故其實總得此數。又以林鍾之實三分益一，亦得此數。以寸法一萬九千六百八十三除之，得八，是爲太簇寸數也。

卯二十七分十六。三爲一寸，一爲三分。南吕五寸三分。

卯之二十七數，約以三爲一寸，則共爲九寸；約以一爲三分，則共爲八十一分，亦皆黄鍾本數也。十六者，倍其太簇之數以下生南吕也。據南吕所得十六數，内約以三爲一寸，則以十五數共爲五寸，而餘一爲三分，此以所約黄鍾之法而約南吕寸分之數也。

南吕之實十萬四千九百七十六。

析黄鍾之實爲二十七分，每分六千五百六十一。南吕得其内之十六分，故其實總得此數。又以太簇之實三分損一，亦得此數。以寸法一萬九千六百八十三除之，得五。餘數以分法二千一百八十七除之，得三。是爲南吕寸分之數。

辰八十一分六十四。九爲一寸，一爲一分。姑洗七寸一分。

辰之八十一數，約以九爲一寸，則共爲九寸；約以一爲一分，則就爲八十一分，亦皆黄鍾本數也。六十四者，四倍南吕之數以上生姑洗也。據姑洗所得六十四數，内約以九爲一寸，則以六十三數共爲七寸，而餘一爲一分。此以所約黄鍾之法而約姑洗寸分之數也。

姑洗之實十三萬九千九百六十八。

析黄鍾之實爲八十一分，每分二千一百八十七，姑洗得其内之六十四分，故其實總得此數。又以南吕之實三分益一，亦得此數。以寸法一萬九千六百八十三除之，得七，而餘二千一百八十七爲一分，是爲姑洗寸分之數。

巳二百四十三分一百二十八。二十七爲一寸，三爲一分，一爲三釐。應鍾四寸六分六釐。

巳之二百四十三數，約以二十七爲一寸，共爲九寸；約以三爲一分，則共爲八十一分；約以一爲三釐，則共爲七百二十九釐。亦皆黄鍾本數也。一百二十八者，倍姑洗之數以下生應鍾也。據應鍾所得一百二十八數，内約以二十七爲一寸，則以一百八數共爲四寸。餘數二十，内約以三爲一分，則以十八數共爲六分。猶餘二數，約以一爲三釐，則共爲六釐。此以所約黄鍾之法而約應鍾寸分釐之數也。

應鍾之實九萬三千三百一十二。

析黄鍾之實爲二百四十三分，每分七百二十九，應鍾得其内之一百二十八分，故其實總得此數。又以姑洗之實三分損一，亦得此數。以寸法一萬九千六百八十三除之，得四。餘數以分法二千一百八十七除之，得六。餘數又以釐法二百四十三除之，得六。是應鍾寸分釐之數。

午七百二十九分五百一十二。八十一爲一寸，九爲一分，一爲一釐。蕤賓六寸二分八釐。

午之七百二十九數，約以八十一爲一寸，則共爲九寸；約以九爲一分，則共爲八十一分；約以一爲一釐，則就爲七百二十九釐。亦皆黄鍾本數也。五百一十二者，四倍應鍾之數以上生蕤賓也。據蕤賓所得五百一十二數，内約以八十一爲一寸，則以四百八十六數共爲六寸。餘數二十六，約以九爲一分，則以十八數共爲二分。猶餘八爲八釐。此以所約黄鍾之法而約蕤賓寸分釐之數也。

蕤賓之實十二萬四千四百一十六。

析黄鍾之實爲七百二十九分，每分二百四十三，蕤賓得其内之五百一十二分，故其實總得此數。又以應鍾之實三分益一，亦得此數。以寸法一萬九千六百八十三除之，得六。餘數以分法二千一百八十七除之，得二。餘數又以釐法二百四十三除之，得八。是爲蕤賓寸分釐之數。

未二千一百八十七分一千○二十四。加倍則爲二千四十八。二百四十三爲一寸，二十七爲一分，三爲一釐，一爲三毫。大吕八寸三分七釐六毫。

未之二千一百八十七數，約以二百四十三爲一寸，則共爲九寸；約以二十七爲一分，則共爲八十一分；約以三爲一釐，則共爲七百二十九釐；約以一爲三毫，則共爲六千五百六十一毫。亦皆黄鍾本數也。一千二十四者，倍蕤賓之數以下生大吕。然據未宫之數，止得半聲。蓋大吕以對衝而居丑位，則以陰吕而居陽方，必再倍其數方與丑月之氣深淺相應，故必倍其數而爲二千四十八也。據大吕所得二千四十八數，内約以二百四十三爲一寸，則共得八寸。餘數約以二十七爲一分，則共得三分。餘數又約以三爲一釐，則共得七釐。餘數又約以一爲三毫，則共得六毫。此以所約黄鍾之法而約大吕寸分釐毫之數也。

大吕之實八萬二千九百四十四。加倍則爲十六萬五千八百八十八。

析黄鍾之實爲二千一百八十七分，每分八十一，大吕得其内之一千二十四分，止得實數八萬二千九百四十四，必倍其數，則得十六萬五千八百八十八。又以蕤賓之實三分損一，再加一倍，亦得此數。以寸法一萬九千六百八十三除之，得八。餘數以分法二千一百八十七除之，得三。餘數又以釐法二百四十三除之，得七。餘數又以毫法二十七除之，得六。是爲大吕寸分釐毫之數。

申六千五百六十一分四千○九十六。七百二十九爲一寸，八十一爲一分，九爲一釐，一爲一毫。夷則五寸五分五釐一毫。

申之六千五百六十一數，約以七百二十九爲一寸，則共爲九寸；約以八十一爲一分，則共爲八十一分；約以九爲一釐，則共爲七百二十九釐；約以一爲一毫，則就爲六千五百六十一毫。亦皆黄鍾之本數也。四千九十六者，四倍大吕元數以上生夷則也。據夷則所得四千九十六數，内約以七百二十九爲一寸，則共得五寸。餘數約以八十一爲一分，則共得五分。餘數又約以九爲一釐，則共得五釐。猶餘一爲一毫。此以所約黄鍾之法而約夷則寸分釐毫之數也。

夷則之實十一萬○五百九十二。

析黄鍾之實爲六千五百六十一分，每分二十七，夷則得其内之四千九十六分，故其實總得此數。又以大吕之實元數三分益一，亦得此數。以寸法一萬九千六百八十三除之，得五。餘數以分法二千一百八十七除之，得五。餘數又以釐法二百四十三除之，得五。猶餘二十七爲一毫。是爲夷則寸分釐毫之數。

酉一萬九千六百八十三分八千一百九十二。加倍則爲一萬六千三百八十四。二千一百八十七爲一寸，二百四十三爲一分，二十七爲一釐，三爲一毫，一爲三絲。夾鍾七寸四分三釐七毫三絲。

酉之一萬九千六百八十三數，約以二千一百八十七爲一寸，則共爲九寸；約以二百四十三爲一分，則共爲八十一分；約以二十七爲一釐，則共爲七百二十九釐；約以三爲一毫，則共爲六千五百六十一毫；約以一爲一絲，則共爲五萬九千四十九絲。亦皆黄鍾本數也。八千一百九十二者，倍其夷則之數以下生夾鍾。然夾鍾對衝而居卯，亦以陰吕而居陽方，亦必再倍其數，則爲一萬六千三百八十四，然後與卯月之氣相應。據夾鍾所得一萬六千三百八十四數，内約以二千一百八十七爲一寸，則共得七寸。餘數約以二百四十三爲一分，則共得四分。餘數又約以二十七爲一釐，則共得三釐。餘數又約以三爲一毫，則共得七毫。猶餘一爲三絲。此以所約黄鍾之法而約夾鍾寸分釐毫絲之數也。

夾鍾之實七萬三千七百二十八。加倍則爲十四萬七千四百五十六。

析黄鍾之實爲一萬九千六百八十三分，每分得九，夾鍾得其内之八千一百九十二分，止得實數七萬三千七百二十八，必倍其數則得十四萬七千四百五十六。又以夷則之實元數三分損一，再加一倍，亦得此數。以寸法一萬九千六百八十三除之，得七。餘數以分法二千一百八十七除之，得四。餘數又以釐法二百四十三除之，得三。餘數又以毫法二十七除之，得七。餘數又以絲法三除之，得三絲。是爲夾鍾寸分釐毫絲之數。

戌五萬九千○四十九分三萬二千七百六十八。六千五百六十一爲一寸，七百二十九爲一分，八十一爲一釐，九爲一毫，一爲一絲。無射四寸八分八釐四毫八絲。

戌之五萬九千四十九數，約以六千五百六十一爲一寸，則共爲九寸；約以七百二十九爲一分，則共爲八十一分；約以八十一爲一釐，則共爲七百二十九釐；約以九爲一毫，則共爲六千五百六十一毫；約以一爲一絲，則就爲五萬九千四十九絲。亦皆黄鍾本數也。三萬二千七百六十八者，四倍夾鍾元數以上生無射也。據無射所得三萬二千七百六十八數，内約以六千五百六十一爲一寸，則共得四寸。餘數約以七百二十九爲一分，則共得八分。餘數又約以八十一爲一釐，則共得八釐。餘數又約以九爲一毫，則共得四毫。猶餘八，爲八絲。此以所約黄鍾之數而約無射寸分釐毫絲之數也。

無射之實九萬八千三百○○四。

析黄鍾之實爲五萬九千四十九分，每分得三，無射得其内之三萬二千七百六十八分，故其實總得此數。又以夾鍾之實元數三分益一，亦得此數。以寸法一萬九千六百八十三除之，得四。餘數以分法二千一百八十七除之，得八。餘數又以釐法二百四十三除之，得八。餘數又以毫法二十七除之，得四。餘數又以絲法三除之，得八。是爲無射寸分釐毫絲之數。

亥十七萬七千一百四十七分六萬五千五百三十六。加倍則爲十三萬一千七十二。一萬九千六百八十三爲一寸，二千一百八十七爲一分，二百四十三爲一釐，二十七爲一毫，三爲一絲，一爲三忽。仲吕六寸五分八釐三毫四絲六忽。

亥爲黄鍾之實之全數，故以黄鍾寸分釐毫絲之本法約之而各得寸分釐毫絲之本數。又約以一爲三忽，則爲五十三萬一千四百四十一忽，雖在黄鍾本法之外，固亦無不通也。六萬五千五百三十六者，倍其無射之數以下生仲吕。然仲吕對衝而居陽方，亦必再倍其數則爲十三萬一千七十二，然後與巳月之氣相應。據仲吕所得此數，約以一萬九千六百八十三爲一寸，則共得六寸。餘數約以二千一百八十七爲一分，則共得五分。餘數又約以二百四十三爲一釐，則共得八釐。餘數又約以二十七爲一毫，則共得三毫。餘數又約以三爲一絲，則共得四絲。餘數又約以一爲三忽，則共得六忽。此以所約黄鍾之數而約仲吕寸分釐毫絲忽之數也。

仲吕之實十三萬一千○○七十二。

析黄鍾之實爲十七萬七千一百四十七分，每分得其一，仲吕得其内之十三萬一千七十二分，故其實總得此數。又以無射之實三分損一，再加一倍，亦得此數。以寸法一萬九千六百八十三除之，得六。餘數以分法二千一百八十七除之，得五。餘數又以釐法二百四十三除之，得八。餘數又以毫法二十七除之，得三。餘數又以絲法三除之，得四。餘數又以一爲三忽，則得六忽。是爲仲吕寸分釐毫絲忽之數也。

《後漢志》曰：術曰，陽以圓爲形，其性動；陰以方爲節，其性静。動者數三，静者數二。以陽生陰倍之，以陰生陽四之，皆三而一。陽生陰，曰下生。陰生陽，曰上生。上生不得過黄鍾之清濁，下生不得及黄鍾之數實，皆三天兩地，圓蓋方覆，六耦承奇之道也。黄鍾，律吕之首，而生十一律者也。

蔡氏曰：黄鍾生十一律，子、寅、辰、午、申、戌六陽辰皆下生，丑、卯、巳、未、酉、亥六陰辰皆上生。其上以三歷十二辰者，皆黄鍾之全數。其下陰數以倍者，即筭法倍其實。三分本律而損其一也。陽數以四者，即筭法四其實。三分本律而增其一也。又曰：其分字以上者，皆黄鍾之全數。分字以下者，諸律所取於黄鍾長短之數也。安成黄氏曰：其上云者，十二辰分字以上，如子一分，丑三分是也。其下云者，十二辰分字以下，如二、八、十六是也。六陽辰當位自得，六陰辰則居其衝。安成黄氏曰：子爲陽辰，黄鍾當位自得也。未爲丑衝，林鍾以丑而居未，居其衝也。他倣此。其林鍾、南吕、應鍾三吕在陰，無所增損。其大吕、夾鍾、仲吕三吕在陽，則用倍數方與十二月之氣相應，蓋陰之從陽，自然之理也。按：子、寅、辰、午、申、戌爲陽辰，丑、卯、巳、未、酉、亥爲陰辰，朱氏所謂小陰陽者也。自子至巳爲陽方，自午至亥爲陰方，朱子所謂大陰陽者也。子、寅、辰爲陽中陽，丑、卯、巳爲陽中陰。午、申、戌爲陰中陽，未、酉、亥爲陰中陰。其六陽律當位自得，固無增損。林鍾、南吕、應鍾，陰居陰方，亦無增損。惟大吕、夾鍾、仲吕，以陰從陽而居丑、卯、巳，故用倍數然後與天地之氣相符也。

又曰：上下相生之敘，則《晉志》所謂在六律爲陽，則當位自得而下生於陰；六吕爲陰，則得其所衝而上生於陽者是也。又曰：《吕氏春秋》《淮南子》上下相生與司馬氏《律書》《漢前志》不同，雖大吕、夾鍾、仲吕用倍數則一，然《吕氏》《淮南》不過以數之多寡爲生之上下，律吕陰陽皆錯亂而無倫，非其本法也。

又曰：十二律之實，約以寸法，則黄鍾、林鍾、太簇得全寸；約以分法，則南吕、姑洗得全分；約以釐法，則應鍾、蕤賓得全釐；約以毫法，則大吕、夷則得全毫；約以絲法，則夾鍾、無射得全絲。至仲吕之實十三萬一千○七十二，以三分之，不盡二筭，其數不行，此律之所以止於十二也。

律寸舊法新法圖第十五以《儀禮經傳通解·鍾律篇》定。

黄鍾之實九寸。

下生者倍其實，得十八以爲法。三分其法，得一者六，爲六寸，以爲林鍾。

林鍾之實六寸。

上生者四其實，得二十四以爲法。三分其法，得一者八，爲八寸，以爲太簇。

太簇之實八寸。

下生者倍其實，得十六以爲法。三其一，得三，以分其法。用十五得三者五，爲五寸，餘一爲三分寸之一，合之爲南吕。

南吕之實五寸三分寸之一。計十六分。

上生者四其實，得六十四以爲法。三其三，得九，以分其法。用六十三得九者七，爲七寸，餘一爲九分寸之一，合之爲姑洗。

姑洗之實七寸九分寸之一。計六十四分。

下生者倍其實，得一百二十八以爲法。三其九，得二十七，以分其法。用一百八得二十七者四，爲四寸，餘二十爲二十七分寸之二十，合之爲應鍾。

應鍾之實四寸二十七分寸之二十。計一百二十八分。

上生者四其實，得五百十二以爲法。三其二十七，得八十一，以分其法。用四百八十六得八十一者六，爲六寸，餘二十六爲八十一分寸之二十六，合之爲蕤賓。

蕤賓之實六寸八十一分寸之二十六。計五百十二分。

下生者倍其實，得一千二十四，再加一倍，乃得二千四十八以爲法。必用倍數，説見上章。三其八十一，得二百四十三，以分其法。用一千九百四十四得二百四十三者八，爲八寸，餘一百四爲二百四十三分寸之一百四，合之爲大吕。

大吕之實八寸二百四十三分寸之一百四。計二千四十八分，其元數則止一千二十四分。

上生者四其實，據元數一千二十四得四千九十六以爲法。三其二百四十三，得七百二十九，以分其法。用三千六百四十五得七百二十九者五，爲五寸，餘四百五十一爲七百二十九分寸之四百五十一，合之爲夷則。

夷則之實五寸七百二十九分寸之四百五十一。計四千九十六分。

下生者倍其實，得八千一百九十二分，再加一倍，乃得一萬六千三百八十四以爲法。三其七百二十九，得二千一百八十七，以分其法。用一萬五千三百九得二千一百八十七者七，爲七寸，餘一千七十五爲二千一百八十七分寸之一千七十五，合之爲夾鍾。

夾鍾之實七寸二千一百八十七分寸之一千七十五。計一萬六千三百八十四分，其元數則止八千一百九十二分。

上生者四其實，據元數八千一百九十二得三萬二千七百六十八以爲法。三其二千一百八十七，得六千五百六十一，以分其法。用二萬六千二百四十四得六千五百六十一者四，爲四寸，餘六千五百二十四爲六千五百六十一分寸之六千五百二十四，合之爲無射。

無射之實四寸六千五百六十一分寸之六千五百二十四。計三萬二千七百六十八分。

下生者倍其實，得六萬五千五百三十六分，再加一倍，乃得十三萬一千七十二以爲法。三其六千五百六十一，得一萬九千六百八十三，以分其法。用十一萬八千九十八得一萬九千六百八十三者六，爲六寸，餘一萬二千九百七十四爲一萬九千六百八十三分寸之一萬二千九百七十四，合之爲仲吕。

仲吕之實六寸一萬九千六百八十三分寸之一萬二千九百七十四。計十三萬一千七十二分，其元數則止六萬五千五百三十六分。

上生者四其實，得五十二萬四千二百八十八以爲法。三其一萬九千六百八十三，得五萬九千四十九，以分其法。用四十七萬二千三百九十二得五萬九千四十九者八，爲八寸，餘五萬一千八百九十六爲五萬九千四十九分寸之五萬一千八百九十六，合之爲黄鍾之瘦。

右律寸舊法。朱子曰：本《周禮》鄭(元)[玄]注及杜佑《通典》法推之，定爲此數。

黄鍾之實九寸。

三分其實，得三以爲法。下生者倍其法，得六寸，以爲林鍾。

林鍾之實六寸。

三分其實，得二以爲法。上生者四其法，得八寸，以爲太簇。

太簇之實八寸。

三分其實，得二寸六分以爲法。下生者倍其法，得五寸三分，以爲南吕。凡言分者，皆九分寸之一。

南吕之實五寸三分。

三分其實，得一寸七分以爲法。上生者四其法，得四寸二十八分，内收二十七分得三寸。合之得七寸一分，以爲姑洗。

姑洗之實七寸一分。

三分其實，得二寸三分三釐以爲法。下生者倍其法，得四寸六分六釐，以爲應鍾。凡言釐者，皆九分分之一。

應鍾之實四寸六分六釐。

三分其實，得一寸五分二釐以爲法。上生者四其法，得四寸二十分八釐，内收十八分爲二寸。合之得六寸二分八釐，以爲蕤賓。

蕤賓之實六寸二分八釐。

三分其實，得二寸八釐六毫以爲法。下生者倍其法，得四寸十六釐十二毫，再加一倍，乃得八寸三十二釐二十四毫，内收二十七釐爲三分，又收十八毫爲二釐。合之得八寸三分七釐六毫，以爲大吕。凡言毫者，皆九分釐之一。

大吕之實八寸三分七釐六毫。據蕤賓下生元數止計四寸十六釐十二毫。

三分其實於元數四寸十六釐十二毫，得一寸三分五釐七毫以爲法。上生者四其法，得四寸十二分二十釐二十八毫，内收九分爲一寸，又收十八釐爲二分，又收二十七毫爲三釐。合之得五寸五分五釐一毫，以爲夷則。

夷則之實五寸五分五釐一毫。

三分其實，得一寸七分七釐六毫三絲以爲法。下生者倍其法，得二寸十四分十四釐十二毫六絲，再加一倍，乃得四寸二十八分二十八釐二十四毫十二絲，内收二十七分爲三寸，又收二十七釐爲三分，又收十八毫爲二釐，又收九絲爲一毫。合之得七寸四分三釐七毫三絲，以爲夾鍾。凡言絲者，皆九分毫之一。

夾鍾之實七寸四分三釐七毫三絲。據大吕下生元數止計二寸十四分十四釐十二毫六絲。

三分其實，據元數二寸十四分十四釐十二毫六絲得一寸二分二釐一毫二絲，以爲法。上生者四其法，得四寸八分八釐四毫八絲，以爲無射。

無射之實四寸八分八釐四毫八絲。

三分其實，得一寸五分八釐七毫五絲六忽以爲法。下生者倍其法，得二寸十分十六釐十四毫十絲十二忽，再加一倍，乃得四寸二十分三十二釐二十八毫二十絲二十四忽，内收十八分爲二寸，又收二十七釐爲三分，又收二十七毫爲三釐，又收十八絲爲二毫，又收十八忽爲二絲。合之得六寸五分八釐三毫四絲六忽，以爲中吕。凡言忽者，皆九分絲之一。

中吕之實六寸五分八釐三毫四絲六忽。

三分其實，得二寸一分八釐七毫一絲五忽以爲法。上生者四其法，得八寸七分八釐一毫六絲二忽，以爲黄鍾之變。

右律寸新法。朱子曰：本太史公《律書》生鍾分，蔡元定以寸分釐毫絲忽約之得此法。

朱子曰：按鄭氏與太史公説不同者，鄭氏之言分寸審度之正法，太史公之言欲其便於損益，而爲假設之權制也。蓋律管之長以九爲本，上下相生，以三其法。而鄭氏所用正法，破一寸以爲十分，而其下破分爲釐，破釐爲毫，破毫爲絲，破絲爲忽，皆必以十爲數。則其數中損益之際，皆有餘分，雖有巧歷終不能盡，是以自分而下，遂不可析，而直以九相乘，歷十二管，至破一寸以爲一萬九千餘分，而後畧可得而紀焉。然亦苦於難記而易差，終不若太史公之法爲得其要而易考也。蓋其以子爲一，而十一三之以至於亥，則得十七萬七千一百四十七筭。而子爲全律之數，亥爲全律之實可知矣。以寅爲子之寸數，而酉爲寸法，則其律有九寸可知矣。以辰爲子之分數，而未爲分法，則其分有九分可知矣。以午爲子之釐數，而巳爲釐法，則其分有九釐可知矣。以申爲子之毫數，而卯爲毫法，則其釐有九毫可知矣。以戌爲絲數，而丑爲絲法，則毫有九絲可知矣。下而爲忽，亦因絲而九之。雖出權宜，而不害其得乎自然之數。以之損益，則三分之數整齊，簡直易記而不差也。

又 全律半律第二十以《新書本原》第四章定。

黄鍾，全九寸，半無。

林鍾，全六寸，半三寸不用。

太簇，全八寸，半四寸。

南吕，全五寸三分，半二寸六分不用。

姑洗，全七寸一分，半三寸五分。

應鍾，全四寸六分六釐，半二寸三分三釐不用。

蕤賓，全六寸二分八釐，半三寸一分四釐。

大吕，全八寸三分七釐六毫，半四寸一分八釐三毫。

夷則全五寸五分五釐一毫，半二寸七分二釐五毫。

夾鍾，全七寸四分三釐七毫三絲，半三寸六分六釐三毫六絲。

無射，全四寸八分八釐四毫八絲，半二寸四分四釐二毫四絲。

仲吕，全六寸五分八釐三毫四絲六忽，餘二筭。半三寸二分八釐六毫二絲三忽。

變律第二十一以《新書本原》第五章定。

黄鍾之實一萬二千七百四十〇萬一千九百八十四，十七萬四千七百六十二。小分四百八十六。

全，八寸七分八釐一毫六絲二忽，不用。半，四寸三分八釐五毫三絲一忽。

林鍾之實八千四百九十三萬四千六百五十六，十一萬六千五百〇〇八。小分三百二十四。

全，五寸八分二釐四毫一絲一忽三初。半，二寸八分五釐六毫五絲〇〇六初。

太簇之實一萬一千三百二十四萬六千二百〇八，十五萬五千三百四十四。小分四百三十二。

全，七寸八分〇二毫四絲四忽七初，不用。半，三寸八分四釐五毫六絲六忽八初。

南吕之實七千五百四十九萬七千四百七十二，十〇萬三千五百六十三。小分四十五。

全，五寸二分三釐一毫六絲〇〇一初六秒。半，二寸五分六釐〇〇七絲四忽五初三秒。

姑洗之實一萬〇〇〇六十六萬三千二百九十六，十三萬八千〇〇八十四。小分六十。

全，七寸〇〇一釐二毫二絲〇〇一初二秒，不用。半，三寸四分五釐一毫一絲〇〇一初一秒。

應鍾之實六千七百一十〇萬八千八百六十四，九萬二千〇〇五十六。小分四十。

全，四寸六分〇〇七毫四絲三忽一初四秒。餘一筭。半，二寸三分〇〇三毫六絲六忽六秒彊，不用。

蔡氏曰：十二律各自爲宫以生五聲、二變，其黄鍾、林鍾、太簇、南吕、姑洗、應鍾六律則能具足。至蕤賓、大吕、夷則、夾鍾、無射、仲吕六律，則取黄鍾、林鍾、太簇、南吕、姑洗、應鍾六律之聲少下，不和，故有變律。朱子曰：黄鍾，君象也。非諸宫之所能役，故虚其正而不復用。所用只再生之變者。就再生之變，又缺其半。所謂缺半者，蓋若大吕爲宫，黄鍾爲變宫時，黄鍾管最長，所以只得用其半。其餘宫亦倣此。變律者，其聲近正律而少高於正律也。然仲吕之實一十三萬一千〇〇七十二，以三分之，不盡二筭，既不可行，當有以通之。律當變者有六，故置一而六三之，得七百二十九。置子之一而六次三之，故得七百二十九數。以七百二十九因仲吕之實十三萬一千〇〇七十二，爲九千五百五十五萬一千四百八十八，三分益一，再生黄鍾、林鍾、太簇、南吕、姑洗、應鍾六律。又以七百二十九歸之，以從十二律之數。以七百二十九歸除其實，各得其内七百二十九分之一。仍以黄鍾寸分釐毫絲之本法除之，各得全律、半律長短之數。紀其餘分以爲忽秒，然後洪纖高下不相奪倫。至應鍾之實六千七百一十〇萬八千八百六十四，以三分之，又不盡一筭，數又不可行。此變律之所以止於六也。變律非正律，故不爲宫也。

《通典》曰：以子聲比正聲，則正聲爲倍；以正聲比子聲，則子聲爲半。但先儒釋用倍聲有二義：一義云，半十二律正律爲十二子聲之鍾；二義云，從於仲吕之管寸數，以三分益一，上生黄鍾，以所得管之寸數然後半之以爲子聲之鍾。其爲變正聲之法者，以黄鍾之管正聲九寸，子聲則四寸半。又上下相生之法者，以仲吕之管長六寸一萬九千六百八十三分寸之萬二千九百七十四上生黄鍾。三分益一，得八寸五萬九千〇〇四十九分寸之五萬一千八百九十六。半之，得四寸五萬九千〇〇四十九分寸之二萬五千九百四十八以爲黄鍾。又上下相生，以至仲吕，皆以相生所得之律寸數半之以爲子聲之律。

蔡氏又曰：按此説，黄鍾九寸生十二律，有十二子律，即謂正律正半律也。又自仲吕上生黄鍾，黄鍾八寸五萬九千〇〇四十九分寸之五萬一千八百九十六，又生十一律，亦有十二子聲，即所謂變律變半律也。正變及半，凡四十八聲，上下相生最得《漢志》所謂黄鍾不復爲他律役之意與《律書》五聲小大次第之法。但變律止於應鍾，雖設而無所用，則其實三十六聲而已。其間陽律不用變聲，而黄鍾又不用正半聲，陰律不用正變聲，而應鍾又不用變半聲，其實又二十八聲而已。又曰：世之論律者，皆以十二律爲循環相生，不知三分損益之數徃而不返。仲吕再生黄鍾，止得八寸七分有奇，不成黄鍾正聲。京房覺其如此，故仲吕再生，别名執始，轉生四十八律。其三分損益不盡之筭，或棄或增。夫仲吕上生不成黄鍾，京房之見則是矣。至於轉生四十八律，則是不知變律之數止於六者，出於自然，不可復加，雖强加之而亦無所用也。凡律學微妙，其生數立法，正在毫釐秒忽之間。今乃以不盡之筭不容損益，遂或棄之，或增之，則其畸贏朒虧之積，亦不得爲此律矣。又依行在辰，上生包育，編於黄鍾之次，乃是隔九。其黄鍾、林鍾、太簇、南吕、姑洗，每律統五律；蕤賓、應鍾，每律統四律；大吕、夾鍾、仲吕、夷則、無射，每律統三律。參伍不周，多寡不例，其與反生黄鍾相去五十百步之間耳。意者，房之所得出於焦氏。焦氏卦氣之學亦去四而爲六十，故其推算亦必求合卦氣之數，不知數之自然，在律者不可增，而於卦者不可減也。何承天、劉焯譏房之病蓋得其一二，然承天與焯皆欲增林鍾以下十一律之分，使至仲吕反生黄鍾，還得十七萬七千一百四十七之數，如此則是惟黄鍾一律成律，他十一律皆不應三分損益之數，其失又甚於房矣。可謂目察秋毫而不見其睫也。

韓邦奇《苑洛志樂》卷二

黄鐘第一

解曰：此黄鐘之體數也，十分爲寸，分、釐、毫、絲并同。斷用之九爲十，何以自然之數也。

長九寸，空圍九分，積八百一十分。

解曰：從長九寸。寸者，十分黄鐘之長，通有九寸也。空圍九分。分者，十分寸之一。黄鐘之管滿於圍中容九方分也。積實八十一分，黄鐘之管從長九寸，寸十分，黄鐘九十分，空圍中九分，每長一分圍必九分，以九十因之，則八百一十分也。

以寸代分，取其大則明白易于乘除。

員田術，三分益一，得十二分。

解曰：三分爲一分，三分九分也，又益一分共四分，十二分也。以九方分平置，又三分益一分，共十二方分。

以開方法除之。

解曰：以上一分分割爲四片，每凡二釐五毫，貼於九方分四面。又每片除一毫九絲二忽爲角，每片上得二釐三毫八忽。

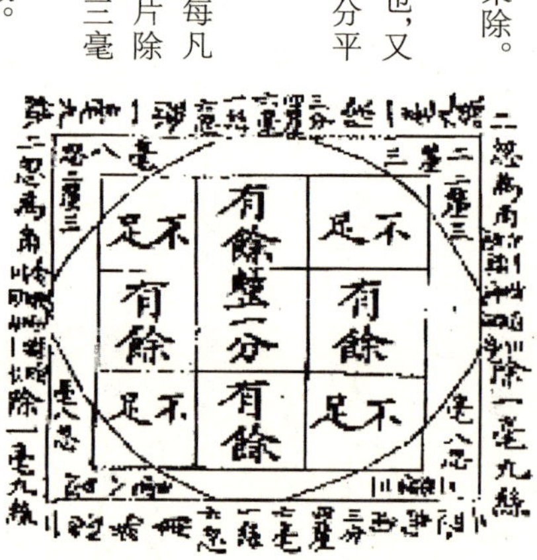

得三分四釐六毫强，爲實徑之數。

解曰：中九方分，四面各得三分，外四面各二釐三毫八忽。東與西四釐六毫一絲六忽，南與北亦然。是縱横又得三分四釐六毫一絲六忽，爲實徑之數。

不盡三毫八絲四忽。

解曰：此補四角之數也。本以一分割作四片，每片二釐五毫，兩面該五釐。合九方分，該三分五釐徑。今每片取一毫九絲二忽，補角兩面，該三毫八絲四忽，徑止得三分四釐六毫一絲六忽，猶餘三毫八絲四忽也。

今求員積之數。

解曰：謂圍員之數并内積之數也。

以徑三分四釐六毫自相乘，

解曰：不用一絲六忽，每一分得三分四釐六毫，每一釐得三釐四毫六絲，每一毫得三毫四絲六忽。

得十一分九釐七毫一絲六忽。

解曰：若用一絲六忽時，正十二方分。惟不用一絲六忽，故止得如此。以上所乘，計之分之所得者，十分三釐八毫。釐之所得者，一分三釐八毫四絲。毫之所得者，二釐六絲十六忽。總計所得十一方分零九釐七毫一絲六忽。

加以開方不盡之數二毫八絲四忽，

解曰：此不盡之數與上不同，上不盡之數乃是以三分四釐六毫一絲六忽爲徑，秖盡三毫八絲四忽，除去補四角，成十二方分。此不盡之數乃是以三分四釐六毫爲徑，于十二方分中餘得此數。

得一十二分。

解曰：以十一分九釐一毫一絲六忽合二毫八絲四忽，共得十二分，如前開方之數。以管長九補注：以管長九四字疑衍。

解曰：每管一分該十二分，積九十分，而計之共一千八十分，爲方積之數。徑三分四釐六毫一絲六忽，周方共十三分八釐四毫六絲四忽。

四分取三爲員積之數，得八百一十分。

解曰：以一千八十分作四分，則一分該二百七十分。四分中取三分爲員積之數，該八百一十分。以九方分積中計之，徑三分四釐六毫一絲六忽，周員十分八釐三毫四絲八小忽〇八秒。蔡十分三釐八毫則少，彭十分八釐七毫則多。

彭氏曰：黄鐘律管有從長，有面羃，有空圍，有周，有徑，有積實。

解曰：從長者，只以黄鐘管上下言之，不以積論也。一，一管。二，九寸。三，九十分。四，九百釐。五，九千毫。六，九萬絲。面羃者，止論黄鐘管面上中郛之數也。空圍者，論圍員中所容之數合面羃積實之數也。以方分計之，一分整，四分有餘，四分不足，以有餘補不足，每長一分當有九方分，充滿於黄鐘之管。周廣者，九方分之郛，黄鐘管周員之數也，當有十分八釐三毫四絲零八少忽八秒。徑者，論黄鐘管直徑之數也。以管三分得一，當有三分四釐六毫一絲六忽。内積者，論黄鐘管上下空圍中之數也。七，九爲絲法。八，九十爲毫法。九，九百爲釐法。十，九千爲分法。十一，九萬爲寸法。十二，八十一萬爲黄鐘之實。通計黄鐘之實一管九寸，九十分，乘空圍九分，八百一十分，八十一萬釐，八萬萬一千萬毫，八千萬萬一百萬萬絲。

積黍。

解曰：一爲一分，黄鐘之管長九十分，立九十黍。每一分空圍中可容十三黍又三分黍之一，以九十因之，可容千二百黍矣。夫黄鐘之管，一黍爲一分。黄鐘之實止八百一十方分，何以能容千二百黍哉？蓋方與員不同，方無空，員有空，以員頂對員頂，則一爲一分。若縱横補塞其空，充滿黄鐘之管，可容千二百黍。九十分之，則每分該十三黍又三分黍之一矣。用羊頭山黍，以篩子篩之，去其大者小者，而用中者。若管既定，則隨大小之宜而實其數，尤爲至當。

黄鐘之實第二

解曰：此黄鐘之用數也。九分爲寸，分釐毫絲并同。約體之十以爲九何？以九，因三分損益而立也。若以十，則三分不盡其數，必有餘剩之數，且難推算。約之爲九，既不失其十之長，又無餘剩之數，易于推筭矣。又置一而三，三徃而九，間之亦理之自然也。

子一，黄鐘之律。

解曰：此黄鐘通長之管也，一而已，太極以一含三。此一管含下文寸分釐毫絲之法數，實十一箇三也。置一也，陽辰之始也。

丑三，爲絲法。

解曰：黄鐘之數起于絲，然空圍中九分，八面相乘，各三分。每一絲必有三絲，故三爲一絲，由一而三，加爲三，三箇一也。此雖由一而三，然陰陽各爲一，事不相焉。第一三也，陰辰之始也。

寅九，爲寸數。

解曰：此黄鐘之九寸也。一管九寸，與上子爲一連事。由三而三，加爲九，三箇三也，第二三也。含三寸。

卯二十七，爲毫法。

解曰：黄鐘之數九絲爲毫，然一毫乘圍，必有三毫，故九三二十七爲一毫也。與上丑爲一連事。由九而三，加爲二十七，三箇九也，第三三也。

辰八十一，爲分數。

解曰：此黄鐘八十一分也。一寸九分寸，共八十一分，與上寅爲一連事。由二十七而三，加爲八十一，三箇二十七也，第四三也。一分含三分。

巳二百四十三，爲釐法。

解曰：黄鐘之數九毫爲釐，然一釐乘圍必有三釐，二十七既爲一毫，則九箇二十七該二百四十三，爲一釐也。與上卯爲一連事。由八十一而三，加爲二百四十三，三箇八十一也，第五三也。

午七百二十九，爲釐數。

解曰：此黄鐘七百二十九釐。一分九釐，八十一分共該七百二十九釐。與上辰爲一連事。由二百四十三而三，加爲七百二十九，三箇二百四十三也，第六三也。一釐含三釐。

未二千一百八十七，爲分法。

解曰：黄鐘之數九釐爲分，然一分乘圍必有三分。二百四十三既爲一釐，則九箇二百四十三該二千一百八十七，爲一分也。與上巳爲一連事。由七百二十九而三，加爲二千一百八十七，三箇七百二十九也，第七三也。

申六千五百六十一，爲毫數。

解曰：此黄鐘之六千五百六十一毫也。一釐九毫，七百二十九釐共該六千五百六十一毫。與上午爲一連事。由二千一百八十七而三，加爲六千五百六十一，三箇二千一百八十七也，第八三也。一毫含三毫。

酉一萬九千六百八十三，爲寸法。

解曰：黄鐘之數九分爲寸，然一寸乘圍必有三寸。二千一百八十七既爲一分，則九箇二千一百八十七該一萬九千六百八十三，爲一寸也。與上未爲一連事。由六千五百六十一而三，加爲一萬九千六百八十三，三箇六千五百六十一也，第九三也。所謂九三之爲寸法是也。

戌五萬九千四十九，爲絲數。

解曰：此黄鐘之五萬九千四十九絲也。一毫九絲，六千五百六十一毫共該五萬九千四十九也。與上申爲一連事。由一萬九千六百八十三而三，加爲五萬九千四十九，三箇一萬九千六百八十三也，第十三也。一絲含三絲。

亥十七萬七千一百四十七，爲黄鐘之實。

解曰：黄鐘之數九寸爲管，然乘圍而三之，一萬九千六百八十三既爲一寸，則九箇一萬九千六百八十三，該十七萬七千一百四十七爲九寸，一管黄鐘之實也。與上酉爲一連事。由五萬九千四十九而三，加爲十七萬七千一百四十七，三箇五萬九千四十九也，第十一三也。所謂置一而十一三之，謂黄鐘之實是也。

子、寅、辰、午、申、戌，六陽辰。

解曰：以六律在位故也。子、丑、寅、卯、辰、巳，則正陽。

亥、酉、未、巳、卯、丑，六陰辰。

解曰：以六吕在位故也。午、未、申、酉、戌、亥，則正陰。

黄鐘生十一律第三

解曰：十二律相生亦在内。

黄鐘子　黄鐘通長之管，通用。

黄鐘爲一分。

子一分。一爲九寸。

解曰：子，黄鐘也。一，黄鐘之管也，下十一律皆由此管而生。本註者，黄鐘生十一律也。圈外註者，十二律三分損益相生也。

黄鐘子　林鐘六寸之管，二分用。

分黄鐘爲三分，一分不用。

丑三分二。一爲三寸。

解曰：丑，林鐘也。三分，三分乎子也。二，林鐘之管也。以黄鐘九寸分爲三分，每分三寸，得其二分，計六寸，爲林鐘之數也。分黄鐘九寸爲三分，去一分，下生林鐘得二分，計六寸。

黄鐘子　太蔟八寸之管，八分用。

分黄鐘爲九分，一分不用。

寅九分八。一爲一寸。

解曰：寅，太蔟也。九分，九分乎子也。八，太蔟之管也。以黄鐘九寸分爲九分，每分一寸，得其八分，計八寸，爲太蔟之數也。分林鐘六寸爲三分，每分二寸，益一分，上生太蔟得四分，計八寸。

黄鐘子　南吕五寸三分之管，十六分用。

分黄鐘爲二十七分，十一分不用。

卯二十七分十六。三爲一寸，一爲三分。

解曰：卯，南吕也。二十七分，二十七分乎子也。十六，南吕之管也。以黄鐘九寸分爲二十七分，每三分一寸，得其十六分，計五寸三分，爲南吕之數也。分太蔟八寸爲三分，每分二寸六分，去一分，下生南吕得二分，計五寸三分。

黃鍾子　分黃鍾爲八十一分，十七分不用。

姑洗七寸一分之管，六十四分用。

辰八十一分六十四。九爲一寸，一爲一分。

解曰：辰，姑洗也。八十一分，八十一分乎子也。六十四，姑洗之管也。以黃鍾九寸分爲八十一分，每九分一寸，得六十四分，計七寸一分，爲姑洗之數也。分南呂五寸三分爲三分，每分一寸七分，益一分，上生姑洗得四分，計七寸一分。

黃鍾子　分黃鍾爲二百四十三分，一百五十分不用。

應鍾四寸六分六釐，一百二十分用。

巳二百四十三分一百二十八。二十七爲一寸，三爲一分，一爲三釐。

解曰：巳，應鍾也。二百四十三分，二百四十三分乎子也。一百二十八，應鍾之管也。以黃鍾九寸分爲二百四十三分，每二十七分一寸，得一百二十八分，計四寸六分六釐，爲應鍾之數也。分姑洗七寸一分爲三分，每分二寸三分三釐，去一分，下生應鍾得二分，計四寸六分六釐。

黃鍾子　分黃鍾爲七百二十九分，二百一十七分不用。

蕤賓六寸二分八釐之管，五百十二分用。

午七百二十九分五百一十二。八十一分爲一寸，九爲一分，一爲一釐。

解曰：午，蕤賓也。七百二十九分，七百二十九分乎子也。五百一十二，蕤賓之管也。以黃鍾九寸分爲七百二十九分，每八十一分一寸，得五百一十二，計六寸二分八釐，爲蕤賓之數也。分應鍾四寸六分六釐爲三分，每分一寸五分二釐，益一分，上生蕤賓得四分，計六寸二分八釐。

黃鍾子　分黃鍾爲二千一百八十七分，一百六十三不用。

大呂八寸三分七釐六毫之管，一千二十四用倍之。二百四十三分。

未二千一百八十七分一千二十四。二百四十三爲一寸，二十七爲一分，三爲一釐，一爲三毫。

解曰：未，大呂也。二千一百八十七分，二千一百八十七分乎子也。一千二十四，大呂之管也。以黃鍾九寸分爲二千一百八十七分，每二百四十三分一寸，得一千二十四，計四寸一分八釐三毫，在陽倍之爲八寸三分七釐六毫，爲大呂之數也。分蕤賓六寸二分八釐爲三分，每分二寸八釐六毫，去一分，下生大呂得二分，計四寸一分八釐三毫，在陽倍之，通計八寸三分七釐六毫。在陽謂居午也。

黃鍾子　分黃鍾爲六千五百六十一分，二千四百六十五分不用。

夷則五寸五分五釐一毫之管，四千九十六分用，七百二十九用。

申六千五百六十一分四千九十六。

七百二十九爲一寸，八十一爲一分，九爲一釐，一爲一毫。

解曰：申，夷則也。六千五百六十一分，六千五百六十一分乎子也。四千九十六，夷則之管也。以黃鍾九寸分爲六千五百六十一分，每七百二十九分一寸，得四千九十六，計五寸五分五釐一毫，爲夷則之數也。分大呂四寸一分八釐三毫爲三分，每分一寸三分五釐七毫，益一分，上生夷則得四分，計五寸五分五釐一毫。

黃鍾子　分黃鍾爲一萬九千六百八十三分，萬一千四百九十一分不用。

夾鍾七寸四分三釐七毫三絲之管，八千一百九十六用倍之。二千二百八十七。

酉一萬九千六百八十三分八千一百九十二。

二千一百八十七爲一寸，二百四十一爲一分，二十七爲一釐，三爲一毫，一爲二絲。

解曰：酉，夾鍾也。一萬九千六百八十三分，一萬九千六百八十三分乎子也。八千一百九十二，夾鍾之半管也。以黃鍾九寸分爲一萬九千六百八十三分，每二千一百八十七爲一寸，得八千一百九十二，計三寸六分六釐三毫六絲，在陽倍之，共七寸四分三釐七毫三絲，爲夾鍾之數也。分夷則五寸五分五釐一毫爲三分，每分一寸七分七釐六毫三絲，去一分，下生夾鍾得二分，計三寸六分六釐三毫六絲，在陽倍之，通計七寸四分三釐七毫三絲也。在陽謂居卯也。

黃鍾子　分黃鍾爲五萬九千四十九分，二萬六千二百八十一分不用。

無射四寸八分八釐四毫八絲之管，三萬二千七百六十八用。

一千五百六十一。

戌五萬九千四十九分三萬二千七百六十八。

六千五百六十一爲一寸，七百二十九爲一分，八十一爲一釐，九爲一毫，一爲一絲。

解曰：戌，無射也。五萬九千四十九分，五萬九千四十九分乎子也。三萬二千七百六十八，無射之管也。以黃鍾九寸分爲五萬九千四十九分，每六千五百六十一爲一寸，得三萬二千七百六十八，計四寸八分八釐八絲，爲無射之數也。分夾鐘三寸六分六釐三毫六絲爲三分，每分一寸二分二釐一毫二絲，益一分，上生無射得四分，計四寸八分八釐四毫八絲。

分黄鐘爲一十七萬七千一百四十七分，一十一萬一千六百一十一分不用。

黄鐘子

仲吕六寸五分八釐三毫四絲六忽之管，六萬五千五百二十六分倍用之。一萬九千六百八十三分。

亥一十七萬七千一百四十七分六萬五千五百三十六。一萬九千六百八十三爲一寸，二千一百八十七爲一分，二百四十三爲一釐，二十七爲一毫，三爲一絲，一爲三忽。

解曰：亥，仲吕也。十七萬七千一百四十七分，十七萬七千一百四十七分乎子也。六萬五千五百三十六，仲吕之半管也。以黄鐘九寸分爲十七萬七千一百四十七分，每一萬九千六百八十三爲一寸，得六萬五千五百三十六，計三寸三分八釐六毫二絲三忽，在陽倍之，共六寸五分八釐七毫四絲六忽，爲仲吕之數也。分無射四寸八分八釐四毫八絲爲三分，每分一寸五分八釐七毫五絲六忽，去一分，下生仲吕得二分，計三十〇分八釐六毫二絲三忽，在陽倍之，六寸五分八釐三毫四絲六忽。在陽謂居巳也。

十二律之實第四

解曰：十二律各得於黄鐘之數也(也)。

子，黄鐘十七萬七千一百四十七。

全九寸。

解曰：黄鐘之數一萬九千六百八十三爲一寸，積則九箇一萬九千六百八十三，爲九寸，共該十七萬七千一百四十七分。

半無。一以十七萬七千一百四十七之數不可分。

解曰：一十七萬七千一百四十七分作兩分，一分得八萬八千五百七十三餘一，兩分不得均平，故不可分，而無半也。

一以三分損益上下相生之所不及，故亦無所用也。

解曰：黄鐘不爲他律所役，故損益不及。損益不及，故不用半。如林鐘受損於黄鐘三分九寸，林鐘得二分六寸。一分三寸，爲半非半，無以成其數也。如太簇受益於林鐘三分六寸，太簇得四分八寸。二分四寸，爲半非半，亦無以成其數也。獨黄鐘不然。

丑，林鐘十一萬八千九十八。

全六寸。半三寸，不用。

解曰：凡律用半者，以上律短而下律長，故下律用半，以成宫商角徵羽之五聲。林鐘、南吕、應鐘三律受役於黄鐘、太簇，爲徵羽其上；太簇、姑洗、蕤賓皆本然多寡之數，其餘爲宫、商、角，皆依序而下，乃自爲上律，而上律更無短者，而半又將何所用哉。雖爲無射之羽，所用則變林鐘也，以黄鐘用變之半故也。

寅，太簇十五萬七千四百六十四。

全八寸。半四寸。

卯，南吕十萬四千九百七十六。

全五寸三分。半二寸六分，不用。

解曰：黄鐘之數二千一百八十七爲一分，積而三之，六千五百六十一爲三五寸得九萬八千四百一十五，合三分之數，共十萬四千九百七十六。分。

辰，姑洗十三萬九千九百六十八。

全七寸一分。半三寸五分。

巳，應鐘九萬三千三百一十二。

全四寸六分六釐。半二寸三分三釐，不用。

解曰：黄鐘之數二百四十三爲一釐，積而六之，一千四百五十八爲六釐。四寸六分得九萬一千八百五十四，合六釐之數，共九萬三千三百一十二。

午，蕤賓十二萬四千四百一十六。

全六寸二分八釐。半三寸一分四釐。

未，大吕十六萬五千八百八十八。

全八寸三分七釐六毫。半四寸一分八釐三毫。

解曰：黄鐘之數二十七爲一毫，積而六之，一百六十二爲六毫。八寸三分七釐得十六萬五千七百二十六，合六毫之數，共十六萬五千八百八十八。

申，夷則十一萬五百九十二。

全五寸五分五釐一毫。半二寸七分二釐五毫。

酉，夾鐘十四萬七千四百五十六。

全七寸四分三釐七毫三絲。半三寸六分六釐三毫六絲。

解曰：黄鐘之數三爲一絲，積而三之爲九。七寸四分三釐七毫得十四萬七千四百四十七，合三絲之數，共十四萬七千四百五十六。

戌，無射九萬八千三百四。

全四寸八分八釐四毫八絲。半二寸四分四釐二毫四絲。

亥，仲吕十三萬一千七十二。

全六寸五分八釐三毫四絲六忽。餘二筭。半三寸二分八釐六毫二絲。

解曰：黄鐘之數一爲三忽，積而六之爲二。六寸五分八釐三毫四絲得十三萬一千七十，合六忽之數，共十三萬一千七十二。

數至仲吕不生。

解曰：數止于仲吕十二不生者，何也？蓋律吕相生，以三分損益至于仲吕，寸分釐毫絲忽雖可三分，數十三萬一千七十二并半數，三分亦不足，故不以相生也。二筭者，三忽爲一也。

寸忽可三分：

全 二寸一分八釐七毫一絲五忽
二寸一分八釐七毫一絲五忽
二寸一分八釐七毫一絲五忽

半 一寸八釐八毫七忽
一寸八釐八毫七忽
一寸八釐八毫七忽

數不可三分：

一十三萬一千七十二

全 四 三 六 九 一
四萬三千六百九十
四 三 六 九 餘二

六萬五千五百三十六

半 二 一 八 四 五 一
二萬一千八百四十五
二 一 八 四 五 餘一

變律第五

解曰：變律者，在正律之位而非正律之聲也。然律所以有變者，其故有三：其一，黄鐘至尊爲君，不爲他律役，而每一律皆當爲五聲二變，共七聲。如黄鐘爲宮，則得其正矣。其爲無射之商，夷則角，蕤賓之變徵，仲吕之徵，夾鐘之羽，大吕之變宮，皆受役于他律，故皆當變。黄鐘既變，其次所生之若仍本律，則長不成曲，亦當變焉。如黄鐘爲商，則太簇之角，姑洗之變徵，林鐘之羽，南吕之變宮，皆隨而變。如黄鐘爲角，則太簇之變徵，林鐘之變宮，皆隨而變。如爲徵，則應鐘爲變徵；爲羽，則太簇爲變宮。臣之從君，理固然也。其二，以黄鐘、林鐘、太簇、南吕、姑洗、應鐘上六律長，蕤賓、大吕、夷則、夾鐘、無射、仲吕下六律短。以上律役下律，則或正或半，通而和。以下律役上律，則或正或半，戾而不和。故以上律役上律，以下律役下律，以上律役下律，皆不必變，惟以下律役上律則必變。其上律使少短，而與下律適也。其三，相生之法至仲吕而窮，使不再生。六律則上律獨不能遍七聲之用，下律亦無由而通，故以六三之七百二十九因仲吕之實十三萬一千七十二，三分而益之，再得六律以爲變也。其實乃仲吕之實相乘，三分益一，再生黄鐘不及舊數，止得十七萬四千七百六十二。其下相因而生五律，莫不於舊爲減，是皆數之自然，而非人力私智增損其間，以求合乎音韻也。其所以變有六者，以數至應鐘而窮，然至此則十二律七聲循環相役已遍，莫非天然自有也，律吕之數妙矣哉。

黄鐘十七萬四千七百六十二。小分四百八十六。

全八寸七分八釐一毫六絲二忽，不用。

解曰：仲吕之實十三萬一千七十二，以三分之，不盡二算，當有以通之。律當變者有六，故置一而六三之，得七百二十九。七百二十九因仲吕之十三萬一千七十二，每仲吕之一當七百二十九，共九千五百五十五萬一千四百八十八，以三分之，每分得三千一百八十五萬四百九十六。又益一分，上生黄鐘，共一萬二千七百四十萬一千九百八十四。復以七百二十九歸之，爲十七萬四千七百六十二箇七百二十九零四百八十六。每黄鐘之一當七百二十九，爲黄鐘十七萬四千七百六十二零三分一之二。以寸法計之，十五萬七千四百六十四得寸者八。以分法計之，一萬五千三百九得分者十。以釐法計之，一千九百四十四得釐者八。以毫法計之，二十七得毫者一。以絲法計之，一十八得絲者六。七百二十九爲一，一小分七百二十九爲三，得三分一之二爲四百八十六，爲二忽。積而計之，十七萬四千七百六十二小分四百八十六。半四寸三分八釐五毫三絲一忽，得八萬七千三百八十一小分二百四十三，不用。全者所受役之律，無長於此者也。下同。且黄鐘君也。

林鐘十一萬六千五百。

全五寸八分二釐四毫一絲一忽三初。半二寸八分五釐六毫五絲六初。

解曰：以黃鐘一萬二千七百四十萬一千九百八十四三分之，每分得四千二百四十六萬七千三百二十八，損一分，下生林鐘八千四百九十三萬四千六百五十六。以七百二十九歸之，爲林鐘之十一萬六千五百八箇七百二十九零三百二十四。八十一爲一初。

太簇十五萬五千三百四十四。小分四百三十二。

全七寸八分二毫四絲四忽七初，不用。半三寸八分四釐五毫六絲六忽八初。

解曰：以林鐘八千四百九十三萬四千六百五十六三分之，每分得二千八百三十一萬一千五百五十二，益一分，上生太簇一萬一千三百二十四萬六千二百八。以七百二十九歸之，爲太簇之十五萬五千三百四十四箇七百二十九零四百三十二。

南呂十萬三千五百。

全五寸。半二寸五分六釐七毫四絲五初二秒。

解曰：以太簇一萬一千三百二十四萬六千二百八三分之，每分得三千七百七十四萬八千七百三十六，損一分，下生南呂七千五百四十九萬七千四百七十二。以七百二十九歸之，爲南呂之十萬三千五百六十三箇七百二十九零四十五。

姑洗十三萬八千八十四。小分六十。

全七寸一釐二毫二絲一初二秒，不用。半三寸四分五釐一毫一絲一初一秒。

解曰：以南呂七千五百四十九萬七千四百七十二三分之，每分得二千五百十六萬五千八百二十四，益一分，上生姑洗一萬六十六萬三千二百九十六。以七百二十九歸之，爲姑洗之十三萬八千八十四箇七百二十九零六十。

應鐘九萬二千五十六。小分四十。

全四寸六分七毫四絲三忽一初四秒。餘算。半二寸三分三毫六絲六忽六秒彊，不用。

解曰：以姑洗一萬六十六萬三千二百九十六三分之，每分得三千三百五十五萬四千四百三十二，損一分，下生應鐘六千七百十萬八千八百六十四。以七百二十九歸之，爲應鐘之九萬二千五十箇七百二十九零四十。

應鐘六千七百十萬八千八百六十四，三分之，不盡一算。

二　二　三　六　九　六　二　一

二千二百三十六萬九千六百二十一不盡一算

二　二　三　六　九　六　二

律生五聲第六

解曰：聲生于律。蓋律管之從長、周徑、圍積、面冪，其分寸釐毫絲忽無不通者。以黃鐘而吹之則爲宮，以太簇而吹之則爲商，以姑洗而吹之則爲角，以林鐘而吹之則爲徵，以南呂而吹之則爲羽。此律管所以爲聲之元也。然律管相生先後上下，自然有如此之聲矣。豈人爲之哉。

宮聲八十一。

黃鐘

解曰：以此管吹之，其聲最濁，爲宮聲。曰八十一者，以此管有八十一分也。此管之聲即所謂宮，夫豈缺。

商聲七十二。

太簇

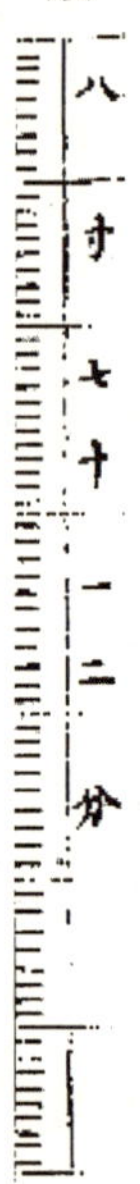

解曰：以此管而吹之，其聲次濁，爲商聲。曰七十二者，以此管有七十二分也。

角聲六十四。

姑洗

解曰：以此管而吹之，其聲半濁半清，清濁之間爲角。曰六十四者，以此管六十四分也。

徵聲五十四。

林鐘

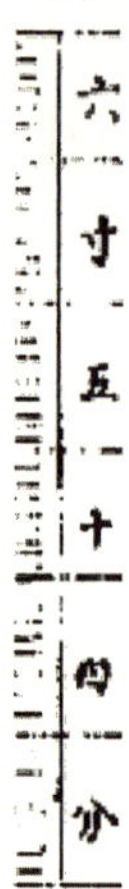

解曰：以此管而吹之，其聲次清，爲徵。曰五十四者，以此管有五十四分也。

羽聲四十八。

南呂 

解曰：以此管而吹之，其聲最清，爲羽。曰四十八者，以此管有四十八分也。

變聲第七

解曰：變聲者，所以接五聲之音，宮比于宮，徵比于徵，雖有七名，其實五聲而已。

變宮四十二。小分六。

解曰：角聲之實六十四，以三分之，不盡一筭，既不可行，當有以通之。聲之變者二，故置一而兩三之，得九。以九因角聲之實六十四，一九而當角數之一，爲六十四箇九，六十九得五百四十，又四九得三十六，共五百七十六。以三分之，每分一百九十二，損一分，下生變宮，得三百八十四。以九歸之，得三百六十，爲四十[箇]九，又爲二[箇]九，是爲宮之四十二。又六爲一分，一之二，即是姑洗生應鐘也。

變徵五十六。小分八。

解曰：以變宮三百八十四，三分之，每分得一百二十八，益一分，上生變徵，得五百一十二，以九歸之，得五百四，爲五十六箇九，是爲徵之五十六，又八爲四分一之三，是即應鐘生蕤賓也。

又 卷一八 黄鐘之實第三

《淮南子》曰：規始於一，一而不生，故分而爲陰陽，陰陽合和而萬物生。故曰一生二，二生三，三生萬物。天地三月而爲一時，故祭祀三飯以爲禮，喪紀三踊以節，兵重三軍以爲制。三參物，三三如九，故黄鐘之九寸而宮音調，因而九之，九九八十一，故黄鐘之數立焉。黄者，土德之色。鐘者，氣之所種也。日冬至，德氣爲土，土色黄，故曰黄鐘。律之數六，分爲雌雄，故曰十二鐘以副十二月。十二各以三成，故置一而十一三之，爲積分十七萬七千一百四十七，黄鐘大數立焉。《前漢志》曰：太極元氣，函三爲一。極，中也。元，始也。行於十二辰，始動於子。參之於丑，得三。又參之於寅，得九。又參之於卯，得二十七。又參之於辰，得八十一。又參之於巳，得二百四十三。又參之於午，得七百二十九。又參之於未，得二千一百八十七。又參之於申，得六千五百六十一。又參之於酉，得萬九千六百八十三。又參之於戌，得五萬九千〇四十九。又參之於亥，得十七萬七千一百四十七。此陰陽合德，氣鐘於子，化生萬物者也。《律書》曰：置一而九三之，以爲法，實如法，得長一寸。凡得九寸，命曰黄鐘之律。

蔡子曰：《淮南子》謂置一而十一三之，以爲黄鐘之大數。即此置一而九，三之以爲寸法者，其術一也。夫置一而九三之，既爲寸法，則七三之爲分法，五三之爲釐法，三三之爲毫法，一三之爲絲法，從可知矣。《律書》獨舉寸法者，蓋已生於鐘分內，默具律寸分釐毫絲之法，而又於此律數之下指其大者，以明凡例也。一三之而得三，三三之而得二十七，五三之而得二百四十三，七三之而得二千一百八十七，九三之而得一萬九千六百八十三。故一萬九千六百八十三以九分之，則爲二千一百八十七。二千一百八十七以九分之，則爲二百四十三。二百四十三以九分之，則爲二十七。二十七以九分之，則爲三。三者，絲法也。九其三，得二十七，則毫法也。九其二十七，得二百四十三，則釐法也。九其二百四十三，得二千一百八十七，則分法也。九其二千一百八十七，得一萬九千六百八十三，則寸法也。一寸九分，一分九釐，一釐九毫，一毫九絲，以之生十一律，以之生五聲二變。上下乘除，參同契合，無所不通，蓋數之自然也。顧自《淮南子》、史公之後，即無識其意者。如京房之六十律，雖亦用此十七萬七千一百四十七之數，然乃謂不盈寸者，十之所得爲分；又不盈分者，十之所得爲小分，以其餘爲强弱。不知黄鐘九寸，以三損益，數不出九。苟不盈分者十之，則其奇零無時而能盡，雖泛以强弱該之，而卒無以見强弱之爲幾何，則其數之精微固有不可得而紀者矣。至於杜佑、胡瑗、范蜀公等，則又不復知有此數而以意强爲之法，故《通典》則自南吕而下，各自爲法，固不可以見分釐毫絲之實。胡、范則止用八百一十分，乃是以積實生量之數爲律之長，而其因乘之法亦用十數，故其餘筭亦皆棄而不録。蓋非有意於棄之，實其重分累析，至於無數之可紀，故有所不得而録耳。夫自絲以下，雖非目力之所能分，然既有其數，而或一筭之差則法於此而遂變，不以約十爲九之法分之，則有終不可得而齊者，故《淮南》、太史公之書，其論此也已詳，特房等有不察耳。司馬貞《史記索隱》注黄鐘八寸十分一云：律九九八十一，故云八寸十分一。《漢書》云：長九寸者，九分之寸也。此則古人論律以九分爲寸之明驗也。

倪複《鐘律通考》卷一

黄鐘寸分數法之實章第三

按：此乃蔡季通以《淮南子》《漢前志》《律書》生鐘分定，蓋三歷十二辰而得寸分釐毫絲之數，法三分損益亦由於此。此黄鐘一管之實也。

太極元氣，函三爲一，故子一爲黄鐘之律。

參之於丑，得三箇一，故丑三，爲黄鍾之絲法。
參之於寅，得三箇三，故寅九，爲黄鍾之寸數。
參之於卯，得三箇九，故卯二十七，爲黄鍾之毫法。
參之於辰，得三箇二十七，故辰八十一，爲黄鍾之分數。
參之於巳，得三箇八十一，故巳二百四十三，爲黄鍾之釐法。
參之於午，得三箇二百四十七，故午七百二十九，爲黄鍾之釐數。
參之於未，得三箇七百二十九，故未二千一百八十七，爲黄之分法。
參之於申，得三箇二千一百八十七，故申六千五百六十一，爲黄鍾之毫數。
參之於酉，得三箇六千五百六十一，故酉一萬九千六百八十三，爲黄鍾之寸法。
參之於戌，得三箇一萬九千六百八十三，故戌五萬九千[四十九]。
參之於亥，得三箇五萬九千四十九，故亥一十七萬七千一百四十七，爲黄鍾之實。

西山蔡氏曰：按黄鍾九寸，以三分爲損益，故以三歷十二辰，得一十七萬七千一百四十七，爲黄鍾之實。其十二辰所得之數，在子、寅、辰、午、申、戌六陽辰，爲黄鍾寸分釐毫絲之數。子爲黄鍾之律，寅爲九寸，辰爲八十一分，午爲七百二十九釐，申爲六千五百六十一毫，或爲五萬九千四十九絲。在亥、酉、未、巳、卯、丑六陰辰，爲黄鍾寸分釐毫絲之法。亥爲黄鍾之實，酉之一萬九千六百八十三爲寸，未之二千一百八十七爲分，巳之二百四十三爲釐，卯之二十七爲毫，丑之三爲絲。其寸分釐毫絲之法皆用九數，故九絲爲毫，九毫爲釐，九釐爲分，九分爲寸，爲黄鍾。蓋黄鍾之實一十七萬七千一百四十七之數，以三約之，爲絲者五萬九千四十九；以二十七約之，爲毫者六千五百六十一；以二百四十三約之，爲釐者七百二十九；以二千一百八十七約之，爲分者八十一；以一萬九千六百八十三約之，爲寸者九。由是三分損益，以生十一律焉。或曰徑圍之分，以十爲法，而相生之分釐毫絲以九爲法，何也？曰：以十爲法者，天地之全數也；以九爲法者，因三分損益而立也。全數者，即十而取九。相生者，約十而爲九。即十而取九者，體之所以立。約十而爲九者，用之所以行。體者，所以定中聲。用者，所以生十一律也。

愚按：圍徑之分以十爲法，而即十取九者，蓋於一尺之内取其九十分以爲黄鍾，則寸固十分，分固十釐，釐固十毫，毫固十絲也。相生之分釐毫絲以九爲法者，蓋律管之長九寸，圍十分二釐八毫，中容九方分，故以九爲用。然上下相生以三爲法，若以十爲數，則其數中損益乃有餘分，不可盡筭。唯以九者約而取之，則其寸有九方分，分有九方釐，釐有九方毫，毫有九方絲，所謂約十而爲九也。以之損益，則三分之數整直易記，不差矣。此圍徑之分與相生之分，雖爲法不同，而其實則一也。黄鍾之實十七萬七千一百四十七者，以九加二十七，以二十七而加八十一，以八十一而加二千一百八十七，又加六千五百六十一，又加一萬九千六百八十三，又加五萬九千〇〇四十九，合而數之，則爲十七萬七千一百四十七之數，而黄鍾之實在是矣。或問筭到十七萬七千一百四十七之數，當何用？朱子曰：以定管之長短而出是聲。大抵考究其法，是如此。

《淮南子》曰：規始於一，一不生，故分而爲陰陽，陰陽合和而萬物生。故曰一生二，二生三，三生萬物。天地三月而爲一時，故祭祀三飯以爲禮，喪紀三踊以爲節，兵重三軍以爲制。三參物，三三如九，故曰黄鍾之九寸而宮音調。因而九之，九九八十一，故黄鍾之數立焉。黄者，土德之色。鍾者，氣所種也。日冬至，德氣爲土，土色黄，故曰黄鍾。律之數六，分爲雌雄，故曰十二鍾以副十二月。十二各以三成，故置一而十一三之，爲積分十七萬七千一百四十七，黄鍾大數立焉。《前漢志》曰：太極元氣，函三爲一。極，中也。元，始也。行於十二辰，始動於子。參之於丑，得三。又參之於寅，得九。又參之於卯，得二十七。又參之於辰，得八十一。又參之於巳，得二百四十三。又參之於午，得七百二十九。又參之於未，得二千一百八十七。又參之於申，得六千五百六十一。又參之於酉，得萬九千六百八十三。又參之於戌，得五萬九千〇〇四十九。又參之於亥，得十七萬七千一百四十七。此陰陽合德，氣鍾於子，化生萬物者也。《律書》曰：置一而九，三之以爲法，實如法，得長一寸。凡得九寸，命曰黄鍾之律。

愚按：此寸以九分爲法，而蔡氏皆定三書者也。

西山蔡氏曰：按《淮南子》謂置一而十一三之，以爲黄鍾之大數。即此置一而九三之既爲寸法，則七三之爲分法，五三之爲釐法，三三之爲毫法，一三之爲絲法，從可知矣。《律書》獨舉寸法者，蓋已於生鍾分内默具律寸分釐毫絲之法，而又於此律數之下指其大者，以明凡例也。一三之而得三，三三之而得二十七，五三之而得二百四十三，七三之而得二千一百八十七，九三之而得一萬九千六百八十三。故一萬九千六百八十三以九分之，則爲二千一百八十七。二千一百八十七以九分之，爲二百四十三。二百四十三以九分之，則爲二十七。二十七以九分之，則爲三。三者，絲法也。九其三，得二十七，則毫法也。九其二十七，得二百四十三，則釐法也。九其二百四十三，得二千一百八十七，則分法也。九其二千一百八十七，得一萬九千六百八十三，則寸法也。一寸九分，一分九釐，一釐九毫，一毫九絲，以之生十一律，以之生五聲二變。上下乘除，參同契合，無所不通，蓋數之自然也。顧自《淮南》、太史公之後，即無識其意者。如京房之六十律，雖亦用此十七萬七千一百四十七之數，然乃謂不盈寸者，十之所得爲分；又不盈分者，十之所得爲小分；以其餘爲强弱。不知黄鐘九寸，以三損益，數不出九。苟不盈分者十之，則其奇零無時而能盡，雖泛以强弱該之，而卒無以見强弱之爲幾何，則其數之精微固有不可得而紀者矣。至於杜佑、胡瑗、范蜀公等，則又不復知有此數，而以意强爲之法，故《通典》則自南吕而下，各自爲法，固不可以見分釐毫絲之實。胡、范則止用八百一十分，乃是以積實生量之數爲律之長，而其因乘之法亦用十數，故其餘筭亦皆棄而不録。蓋非有意於棄之，實其重分累析，至於無數之可紀，故有所不得而録耳。夫自絲以下，雖非目力之所能分，然既有其數，而或一筭之差則法於此而遂變，不以約十爲九之法分之，則有終不可得而齊者。故《淮南》、太史公之書，其論此也已詳，特房庶等有不察耳。司馬貞《史記索隱》注黄鐘八寸十分一云：律九九八十一，故云八寸十分一。《漢書》云：長九寸者，九分之寸也。此則古人論律以九分爲寸之明驗也。

黄鐘生十一律寸分釐毫絲數章第四 此以隔八相生之法以定諸律之次。

子一分。一爲九寸。

太極元氣，函三爲一。子數一，故一爲黄鐘之律。其曰一爲九寸，則一之數九寸也，具十一律分釐毫絲之數，法由是取之。《律書》曰：置一而九，三之以爲法，實如法，得長一寸。凡得九寸，命曰黄鐘之律。孟康曰：元氣始起於子，未分之時，天地人混合爲一，故子數獨一也。

丑三分二。一爲三寸。

子數一，以三因之，得三，爲黄鐘之絲法。下生者倍其實，得二。故二九一十八也，以三分之，則爲六者三。一爲三寸，二則爲六寸也。而林鐘之數具于此矣。

寅九分八。一爲一寸。

丑上數三，以三因之，得九，爲黄鐘之寸數。上生者四其實，故四其二，得八。八九七十二也，以三分之，則爲二十四，得三者八。一爲一寸，則八寸也。太簇之數具于此矣。

卯二十七分十六。三爲一寸，一爲三分。

寅上數九，以三因之，得二十七，爲黄鐘之毫法。下生者倍其實，故二其下數八，而得十六。十六而以三分之，則爲五者三。而餘一三爲一寸，則三五十五而得五寸。一爲三分，共五寸三分也。而南吕之數具于此矣。

辰八十一分六十四。九爲一寸，一爲一分。

卯上數二十七，以三因之，得八十一，爲黄鐘之分數。上生者四其實，故四其下數十六，而得六十四。以九分之，則爲九者七。九爲一寸，故七寸。餘一筭，一爲一分。共七寸一分，而姑洗之數具于此矣。

巳二百四十三分一百二十八。二十七爲一寸，三爲一分，一爲三釐。

辰上數八十一，以三因之，得二百四十三，爲黄鐘之釐法。下生者倍其實，故其下二數六十四，而得一百二十八。以二十七分之，則爲二十七者四。以二十七爲一寸，則得寸者四，而成一百單八。餘二十，以三分之，則爲三者六，故三爲一分，而成六分。又餘二分，以一分之，則爲一者二，故一爲三釐，而成六釐矣。共四寸六分六釐，而應鐘之數具于此矣。

午七百二十九分五百一十二。八十一爲一寸，九爲一分，一爲一釐。

巳上數二百四十三以三因之，得七百二十九，爲黄鐘之釐數。上生者四其實，故其下四數一百二十八而得五百一十二。以五百一十二而以八十一分之，則爲八十一者六。以八十一爲一寸，則得寸者六，而成四百八十六。餘二十六，以九分之則爲九者二，故九爲一分，而成二分。又餘八，以一算之則爲八者一，而成八釐矣。共六寸二分八釐，而蕤賓之數具于此矣。

未二千一百八十七分一千二十四。二百四十三爲一寸，二十七爲一分，三爲一釐，一爲三毫。

午上數七百二十九，以三因之，得二千一百八十七，爲黄鐘之分法。下生者倍其實，故二其午下數五百一十二而得一千二十四。大吕未律在丑，以陰居陽，又倍其實，得二千四十八。以二百四十三分之，則爲二百四十三者八，故以二百四十三爲一寸，則得寸者八，而成一千九百四十四。餘一百四，以二十七分之，則爲二十七者三，故二十七爲一分，則得分者三，而成八十一。又餘二十三，以三分之，則爲三者七，而成二十一，故三爲一釐，則得釐者七。又餘二，以一算之，則一爲一毫，而得二毫矣。共八寸三分七釐二毫，而大吕之數具于此矣。《新書》作六毫恐誤。

申六千五百六十一分四千九十六。七百二十九爲一寸，八十一爲一分，九爲一釐，一爲一毫。

未上數二千一百八十七，以三因之，得六千五百六十一，爲黄鐘之毫數。上生者四其實，故四其未下數一千二十四而得四千九十六，以七百二十九分之，則爲七百二十九者五，故以七百二十九爲一寸，則得寸者五，而成三千六百四十五。餘四百五十一，以八十一分之，則爲八十一者五，故以八十一爲一分，則得分者五，而成四百單五。餘四十六，以九分之，則爲九者五，九爲一釐，則得釐者五，而成四十五。餘一則爲毫者一，而無餘矣。共五寸五分五釐一毫，而夷則之數具于此矣。

酉一萬九千六百八十三分八千一百九十二。二千一百八十七爲一寸，二百四十三爲一分，二十七爲一釐，三爲一毫，一爲三絲。

申上數六千五百六十一，以三因之，得一萬九千六百八十三，爲黄鐘之寸法。下生者倍其實，故二其申下數四千九十六，得八千一百九十二。夾鐘酉律在卯，以陰居陽，倍其實爲一萬六千三百八十四，以二千一百八十七分之，則爲二千一百八十七者七，故以二千一百八十七爲一寸，則得寸者七，而成一萬五千二百六十。餘一千一百六十四，以二百四十三分之，則爲二百四十三者四，故以二百四十三爲一分，則得分者四，而成九百七十二矣。餘七十一，以三分之，則爲九者七，故以爲一毫，則得毫者七，而成六十三矣。餘九，以三分之，則爲三者三，故以一爲三絲，則得絲者三，而成九矣。共七寸四分三釐七毫三絲，而夾鐘之數具于此矣。

戌五萬九千四十九分三萬二千七百六十八。六千五百六十一爲一寸，七百二十九爲一分，八十一爲一釐，九爲一毫，一爲一絲。

酉上數一萬九千七百八十三，以三因之，得五萬九千四十九，爲黄鐘之絲數。上生者四其實，故四其酉下數八千一百九十二，得三萬二千七百六十八，以六千五百六十一分之，則爲六千五百六十一者四，故以六千五百六十一爲一寸，則得寸者四，而成二萬六千二百四十四。餘六千五百二十四，以七百二十九分之，則得七百二十九者八，故以七百二十九爲一分，則得分者八，而成五千八百三十二矣。餘六百九十二，以八十一分之，則得八十一者八，而成六百四十八。餘四十四，以九分之，則得九者四，故以九爲一毫，則得毫者四，而三十六矣。餘八，以八筭之，無以一爲一絲，則八絲也。共四寸八分八釐四毫八絲，而無射之數具于此矣。

亥十七萬七千一百四十七分六萬五千五百三十六。一萬九千六百八十三爲一寸，二千一百八十七爲一分，二百四十三爲一釐，二十七爲一毫，三爲一絲，一爲三忽。

戌上數五萬九千四十九，以三因之，得十七萬七千一百四十七，爲黄鐘之實。下生者倍其實，故二其戌下數三萬二千七百六十八，得六萬五千五百三十六。仲呂亥律在巳，以陰居陽，倍其實得十三萬一千零七十二，以一萬九千六百八十三分之，則爲一萬九千六百八十三者六，故以一萬九千六百八十三爲一寸，則得寸者六，而成十一萬八千零九十八。餘一萬二千九百七十四，以二千一百八十七分之，則爲二千一百八十七者五，故以二千一百八十七爲一分，則得分者五，而成一萬九百三十五。餘二千三十九，以二百四十三分之，則爲二百四十三者八，故以二百四十三爲一釐，則得釐者八，而成一千九百四十四矣。餘九十六，以二十七分之，則爲二十七者三，故以二十七爲一毫，則得毫者三，而成八十一矣。餘十五，以三分之，則爲三者四，故以三爲一絲，則得絲者四，而成十二矣。餘二，以一分之，則得二，故以一爲三忽，則得忽者六，而成二矣。共六寸五分八釐三毫四絲六忽，而仲呂之數具于此矣。

西山蔡氏曰：按此即三分損益，上下相生之數。其分字以上者，皆黄鐘之全數。其分字以下者，皆諸律所取於黄鐘長短之數也。其上下相生之序，則《晉志》所謂在六律爲陽，則當位自得而下生於陰；六呂爲陰，則得其所衝而上生於陽者是也。大呂、夾鐘、仲呂止得半聲，必用倍數乃與天地之氣相應。其寸分釐毫絲，皆積九以爲法。又曰：黄鐘生十一律，子、寅、辰、午、申、戌六陽辰皆下生，丑、卯、巳、未、酉、亥六陰辰皆上生。其上以三歷十二辰者，皆黄鐘之全數。其下陰數以倍者，即算法倍其實。三分本律而損其一也。陽數以四者，即算法四其實。三分本律而增其一也。六陽辰當位自得，六陰辰則居其衝。其林鐘、南呂、應鐘三呂在陰，無所增損。其大呂、夾鐘、仲呂三呂在陽，則用倍數方與十二月之氣相應。蓋陰之從陽，自然之理也。朱子曰：自黄鐘至仲呂皆屬陽，自蕤賓至應鐘皆屬陰，此是一箇大陰陽。黄鐘爲陽，大呂爲陰，太簇爲陽，夾鐘爲陰，一陰間一陽，此是一箇小陰陽。

愚按：六陽辰當位自得，如子律居子，寅律居寅，辰律居辰，午律居午，申戌律居申戌是也。六陰辰則居其衝，如丑律居未，卯律居酉，巳律居亥是也。蔡氏謂大呂、夾鐘、仲呂居陽者，三呂本在未、酉、亥之地，而在十二月、二月、四月之辰，故曰在陽。餘三呂本在陰月，用倍數。惟大呂居陽月，故必變以從陽而倍其數也，與三呂不同。

又 卷二

黄鐘本原定法章·六變律寸分釐毫絲相生章第五

蔡氏曰：按十二律自爲宫，以生五聲二變。其黄鐘、林鐘、太簇、南吕、姑洗、應鐘六律，則取黄鐘、林鐘、太簇、南吕、姑洗、應鐘六律之聲，少下不和，故有變律。變律者，其聲近正少高於正律也。然仲吕之實一十三萬一千〇七十二，以三分之，不盡二筭，既不可行，當有以通之。律當變者有六，故置一而六三之。

黄鐘十七萬四千七百六十二。小分四百八十六，忽法小分二百四十三，初法小分二十七，秒法小分三。下五律同。

仲吕生黄鐘，仲吕之實十三萬一千零七十二，以七百二十九因之，得九千五百五十五萬一千四百八十八，以三分之，每分得三千一百八十五萬零四百九十六。上生黄鐘四之，得一億二千七百四十萬一千九百八十四，以七百二十九歸之，得一十七萬四千七百六十二小分四百八十六，爲黄鐘變律之實。以一萬九千六百八十三爲一寸，則得寸者八；以二千一百八十七爲一分，則得分者七；以二百四十三爲一釐，則得釐者八；以二十七爲一毫，則得毫者五；以三爲一絲，則得絲者六，而大分盡矣。其小分，以二百四十三爲一忽，則得忽者二。共計八寸七分八釐一毫六絲二忽，爲黄鐘變全律，不用。半律則得四寸三分八釐五毫三絲一忽。

林鐘十一萬六千五百〇八。小分三百二十四。

黄鐘變律一億二千七百四十萬一千九百八十四，以三分之，每分得四千二百四十六萬七千三百二十八，下生林鐘倍之，得八千四百九十三萬六千五百零八小分三百二十四，爲林鐘變律之實。以一萬九千六百八十三爲一寸，則得寸者五；以二千一百八十七爲一分，則得分者八；以二百四十三爲一釐，則得釐者二；以二十七爲一毫，則得毫者四；以三爲一絲，則得絲者一，而大分盡矣。其小分，以二百四十三爲一絲，則得絲者一；以二十七爲一初，得初者三。共得五寸八分二釐四毫一絲一忽三初，爲林鐘全律。半律則得二寸八分五釐六毫五絲六忽。

太簇十五萬五千三百四十四。小分四百三十二。

林鐘變律之數八千四百九十萬四千六百五十六，以三分之，每分得二千八百三十一萬一千五百五十二，上生太簇四之，得一億一千三百二十四萬六千二百單八，以七百二十九歸之，得十五萬五千三百四十四，小分四百三十二，爲太簇變律之實。以一萬九千六百八十三爲一寸，則得寸者七；以二千一百八十七爲一分，則得分者八；以二十七爲一毫，則得毫者三；以三爲一絲，則得絲者四，而大分盡矣。其小分，以二百四十三爲一忽，則得忽者四；以二十七爲一初，則得初者七。共計七寸八分三毫四絲四忽七初，爲太簇變全律，不用。其半律三寸八分四釐五毫六絲六忽八初。

南吕十〇萬三千五百六十三。小分四十五。

太簇變律之數一億一千三百二十四萬六千二百單八，以三分之，每分得三千七百七十四萬八千七百三十六，下生南吕倍之，得七千五百四十九萬七千四百七十二。以七百二十九歸之，得十萬三千五百六十三，小分四十五，爲南吕變律之實。以一萬九千六百八十三爲一寸，則得寸者五；以二千一百八十七爲一分，則得分者二；以二百四十三爲釐，則得釐者三；以二十七爲一毫，則得毫者一；以三爲一絲，則得絲者六，而大分盡矣。其小分，以二十七爲一初，則得初者一；以三爲一秒，則得秒者六。共計五寸二分三釐一毫六絲一初六秒，爲南吕變全律。半律得二寸五分六釐七絲四忽五初三秒。

姑洗十三萬八千〇八十四。小分六十。

南吕變律之數七千五百四十九萬七千四百七十二，以三分之，每分得二千五百一十六萬五千八百二十四，上生姑洗四之，得一億〇千〇六十六萬三千二百九十六。以七百二十九歸之，得十三萬八千零八十四，小分七百八十九，於小分內除七百二十九，於大分內增一筭，得十三萬八千零八十四，小分六十，爲姑洗變律之實。以一萬九千六百八十三爲一寸，則得寸者七；餘不滿分法，以二百四十三爲一釐，則得釐者一；以二十七爲一毫，則得毫者二；以三爲一絲，則得絲者二，而大分盡矣。其小分不滿忽法，以二十七爲一初，則得初者二；以三爲一秒，則得秒者二。共計七寸一釐二毫二絲零二初二秒，爲姑洗變全律。其半律得三寸四分五釐一毫一絲零一初一秒。

應鐘九萬二千〇五十六。小分四十。

姑洗變律之數一億〇〇六十六萬三千二百九十六，以三分之，每分得三千三百五十五萬四千四百三十二，下生應鐘倍之，得六千七百一十萬八千八百六十四。以七百二十九歸之，得九萬二千〇五十六，小分四十，爲應鐘變律之實。以一萬九千六百八十三爲一寸，則得寸者四；以二千一百八十七爲一分，則得分者六；餘不滿釐法，以二十七爲一毫，則得毫者七；以三爲一絲，則得絲者四，而大分盡矣。其小分，以二百四十三爲一忽，則得忽者三；以二十七爲一初，則得初者一；以三爲一秒，則得秒者四；餘一筭不盡。共計四寸六分七毫四絲三忽一初四秒，爲應鐘變全律。其半律得二寸三分三毫六絲六忽六秒，不用。

西山蔡氏曰：按十二律各自爲宫以生五聲二變，其黃鐘、林鐘、太簇、南呂、姑洗、應鐘六律則能具足。至蕤賓、大呂、夷則、夾鐘、無射、仲呂、六律，則取黃鐘、林鐘、太簇、南呂、姑洗、應鐘六律少下不和，故有變律。此明變律之法。當變者有六，謂黃鐘、林鐘、太簇、南呂、姑洗、應鐘六律爲宫，則其五聲二變不出十二律之外，自能具足而不用變律也。若蕤賓、太呂、夷則、夾鍾、無射、仲呂六律爲宫，當用黃鍾、林鍾、太簇、南呂、姑洗、應鍾之律以爲五聲二變，其間有或稍低不和者，故用六律之變以相濟之，故律雖十二，而變止於六也。變律者，其聲近正而少高於正律也。如黃鐘變半律四寸三分八釐五毫三絲一忽，近乎正半律而少短。林鐘變律五寸八分二釐四毫一絲一忽三秒，近乎正律六寸而少短。林鐘變半律二寸八分五釐六毫五絲六初，近乎正半律三寸而少短。其律少短，則其聲稍高矣。然仲呂之實一十三萬一千〇七十二，以三分之，不盡二筭，既不可行，當有以通之。律當變者有六，故置一而六三之，得七百二十九。以七百二十九因仲呂十三萬一千〇七十二，爲九千五百五十五萬一千四百八十八，三分益一，再生黃鐘、林鐘、太簇、南呂、姑洗、應鐘六律。又以七百二十九歸之，以從十二律，紀其餘分以爲忽秒。按：黃鐘、林鐘、太簇、南呂、姑洗、應鐘六律所生五聲二變，或用其全，或用其變半，皆諸律之正也。律之長短，聲之高下，皆出自然，不相假借者也。若其六律爲他律五聲二變，其間不能無不和者，故用此六律之變以濟之，故變止於六也。置一而六三之，謂置黃鐘一筭，以三因之六次，而成七百二十九也。然後洪纖高下不相奪倫。至應鐘之實六千七百一十〇萬八千八百六十四，以三分之，又不盡一筭，數又不行，此變律所以止於六也。洪纖，大與細也。高下，高與低也。變律者，所以濟正律之少下不和，非正律也，故不爲宫。

十二律正變倍半之實章第六

按：《通典》本文皆用十分之寸計之，朱子乃以九分之寸更定此圖。

	正		半		變		半	
黃鐘	十七萬七千一百四十七	全九寸		半爲十七萬有餘之數不可分也	十七萬四千七百六十二小分四百八十六	全八寸七分八釐二毫六絲二忽不用	八萬七千三百八十一	半四寸五分八釐五毫五絲一忽
林鐘	十六萬七千〇〇九十八	全六寸	五萬九千〇〇四十九	半三寸不用	十一萬六千五百〇〇八小分上有八十四	全五寸八分二釐四毫一絲一忽三初	七萬七千六百五十四	半二寸八分五釐六毫五絲六初
太簇	十五萬七千四百六十四	全八寸	六萬七千七百二十六	半四寸	十五萬五千三百四十四小分四一〇二	全七寸八分八毫四絲四忽一初不用	十六萬七千六百七十二	半五寸八分四釐五毫六絲六忽八初
南呂	十四萬四千九百七十六	全五寸三分	五萬二千四百八十八	半二寸六分不用	十萬二千五百六十三小字四千五	全五寸二分三釐一毫一絲一初六秒	五萬八千七百八十一有奇	半五寸六釐七絲四忽五初三秒
姑洗	十二萬九千九百六十八	全七寸一分	六萬九千九百八十四	半三寸三分五釐	十三萬八千四百八十四小分六十	全八寸一釐一毫二絲一初二秒不用	六萬九千〇〇四十一	半三寸四分五釐六毫一絲一初一秒
應鐘	九萬三千九百一十二	全四寸六分六釐	四萬六千六百五十六	半二寸二分三釐不用	九萬二千〇〇五十六小分四十	全四寸六分七毫四絲六忽一初四秒		半四寸三分三毫六絲六忽六秒不用
蕤賓	十七萬四千四百一十六	全六寸七分八釐	六萬二千二百零八	半七寸一分四釐				

續表

	正	半	變	半
大吕	十六萬五千八百八十八 全八寸五分七釐六毫	八萬二千九百四十四 半四寸一分八釐三毫		
夷則	十一萬三千五百九十二 全五寸五分五釐二毫	五萬五千二百九十六 半二寸七分二釐五毫		
夾鐘	十四萬七千四百五十六 全七寸四分五釐七毫三絲	七萬三千七百二十八 半五寸六分六釐三毫六絲		
無射	九萬八千三百○○四 全四寸八釐四毫八絲	四萬九千一百五十二 半二寸四分四釐二毫四絲		
仲吕	十三萬一千○七十二 全六寸五分八釐二毫四絲六忽	六萬五千五百三十六 半三寸二分八釐六毫二絲二忽		

西山蔡氏曰：按十二律之實約以寸法，則黄鐘、林鐘、太簇得全寸；約以分法，則南吕、姑洗得全分；約以釐法，則應鐘、蕤賓得全釐；約以毫法，則大吕、夷則得全毫；約以絲法，則夾鐘、無射得全絲。至仲吕之實十三萬一千七十二，以三分之，不盡二筭，其數不行，此律之所以止於十二也。至蕤賓、大吕、夷則、夾鐘、無射、仲吕六律，則取黄鐘、林鐘、太簇、南吕、姑洗、應鐘六律之聲，少下不和，故有變律。變律者，其聲近正而少高於正律也。至應鐘之實六千七百一十○萬八千八百六十四，以三分之，又不盡一筭，數又不可行，此變律之所以止於六也。變律非正律，故不爲宫也。

朱子曰：自黄鐘至仲吕，相生之道至是窮矣，遂復變而上生黄鐘之宫。再生之黄鐘不及九寸，只是八寸有餘。然黄鐘，君象也，非諸宫之所能役，故虚其正而不復用，所用即再生之變者。就再生之變，又缺其半。所謂缺其半者，蓋若大吕爲宫，黄鐘爲變宫時，黄鐘管最長，所以只得用其半。餘宫放此。

愚按：蔡氏謂諸律全寸、全分、全釐、全毫、全絲者，如黄鐘九寸，林鐘六寸，太簇八寸，三律寸不零分，故曰得全寸。南吕五寸三分，得分四十八筭；姑洗七寸一分，得分六十四筭。二律分不零釐，故曰得全分。應鐘四寸六分六釐，得釐三百四十八筭；蕤賓五寸二分八釐，得釐五百一十二筭。二律釐不零毫，故曰得全釐。大吕八寸三分七釐六毫，得毫六千一百四十四筭；夷則五寸五分五釐一毫，得毫四千九十六筭。二律毫不零絲，故曰得全毫。夾鐘七寸四分三釐七毫三絲，得絲四萬九千一百五十二筭；無射四寸八分八釐四毫八絲，得絲三萬二千七百六十八筭。二律絲不零忽，故曰得全絲。惟仲吕之實十三萬一千七十二，以三分之，則末位二筭不可分，而分之則缺一筭，而數不行，此律之所以止於十二也。然變律有小分者，蓋十之所得爲分，分不盈十，有餘分之秒忽筭，乃謂之小分耳。

黄鐘生十一律寸分舊法章第七

按：此朱子本蔡季通因《周禮》玄註及杜佑《通典》法，推之定爲此數。

黄鐘之實九寸，下生者倍其實，得十八以爲法。三分其法，得一者六，爲六寸，以爲林鐘。二九十八，三六亦十八也，故三其法爲六寸。

林鐘之實六寸，上生者四其實，得二十四以爲法。三分其法，得一者八，爲八寸，以爲太簇。四六二十四，三八亦二十四也，故三其法，爲八(法)[寸]。

太簇之實八寸，下生者倍其實，得十六以爲法。三其一得三，以分其法，用十五得三者五，爲五寸。餘一，爲三分寸之一。合之爲南吕。二八十六，三五一十五，餘一，故三其法爲五寸三分餘。下所取律倣此。

南吕之實五寸三分寸之一，計十六分。上生者四其實，得六十四以爲法。三其三得九，以分其法，用六十三得九者七，爲七寸。餘一，爲九分寸之一。合之爲姑洗。

姑洗之實七寸九分寸之一，計六十四分。下生者倍其實，得一百二十八以爲法。三其九得二十七，以分其法，用一百八得二十七者爲四寸。餘二十，爲二十七分寸之二十。合之爲應鐘。

應鐘之實四寸二十七分寸之二十，計一百二十八分。上生者四其實，得五百十二以爲法。三其二十七，得八十一以分其法，用四百八十六，得八十一者六，爲六寸。餘二十六，爲八十一分寸之二十六。合之爲蕤賓。

蕤賓之實六寸八十一分寸之二十六，計五百十二分。上生者四其實，得二千四十八以爲法。三其八十一，得二百四十三以分其法，用一千九百四十四，得二百四十三者八，爲八寸。餘一百四，爲二百四十三分寸之一百四。合之爲大呂。

大呂之實八寸二百四十三分寸之一百四，計二千四十八分。

下生者倍其實，得四千九十六以爲法。三其二百四十三，得七百二十九以分其法，用三千六百四十五，得七百二十九者五，爲五寸。餘四百五十一，爲七百二十九分寸之四百五十一。合之爲夷則。

夷則之實五寸七百二十九分寸之四百五十一，計四千九十六分。上生者四其實，得一萬六千三百八十四以爲法。三其七百二十九，得二千一百八十七以分其法，用一萬五千三百〇九，得二千一百八十七者七，爲七寸。餘一千七十五，爲二千一百八十七分寸之一千七十五。合之爲夾鐘。

夾鐘之實七寸二千一百八十七分寸之一千七十五，計一萬六千三百八十四分。下生者倍其實，得三萬二千七百六十八以爲法。三其二千一百八十七，得六千五百六十一以分其法，用二萬六千二百四十四，得六千五百六十一者四，爲四寸。餘六千五百二十四，爲六千五百六十一分寸之六千五百二十四。合之爲無射。

無射之實四寸六千五百六十一分寸之六千五百二十四，計三萬二千七百六十八分。上生者四其實，得十三萬一千七十二以爲法。三其六千五百六十一，得一萬九千六百八十三以分其法，用十一萬八千九十八，得一萬九千六百八十三者六，爲六寸。餘一萬二千九百七十四，爲一萬九千六百八十三分寸之一萬二千九百七十四。合之爲仲呂。

仲呂之實六寸一萬九千六百八十三分寸之一萬二千九百七十四，計十三萬一千七十三分。上生者四其實，得五十二萬四千二百八十八以爲法。三其一萬九千六百八十三，得五萬九千四十九以分其法，用四十七萬二千三百九十三，得五萬九千四十九者八，爲八寸。餘五萬一千八百九十六，爲五萬九千四十九分寸之五萬一千八百九十六。合之爲黃鐘之變也。

黃鐘生十一律寸分新法第八

按：此朱子本太史公《律書》生鐘分及蔡季通以寸分釐毫絲約之得此法，大約與上章同，法有詳略耳。

黃鐘之實九寸，三分其實，得三以爲法，下生者倍其法，得六寸以爲林鐘。

林鐘之實六寸，三分其實，得二以爲法，上生者四其法，得八寸以爲太簇。

太簇之實八寸，三分其實，得二寸六分以爲法，下生者倍其法，得五寸三分以爲南呂。凡言分者，皆九分寸之一。

南呂之實五寸三分，三分其實，得十七分以爲法，上生者四其法，得四寸二十八分，內收二十七分得三寸。合之得七寸一分以爲姑洗。

姑洗之實七寸一分，三分其實，得二寸三分三釐以爲法，下生者倍其法，得四寸六分六釐以爲應鐘。凡言釐者，皆九分分之一。

應鐘之實四寸六分六釐，三分其實，得一寸五分二釐以爲法，上生者四其法，得四寸二十分八釐，內收十八分爲二寸。合之得六寸二分八釐以爲蕤賓。

蕤賓之實六寸二分八釐，三分其實，得二寸八釐六毫以爲法，上生者四其法，得四寸二十分八釐，內收二十七釐爲三分，又收十八毫爲二釐。合之得八寸三分七釐六毫以爲大呂。凡言毫者，皆九分釐之一。

大呂之實八寸三分七釐六毫，三分其實，得二寸七分二釐五毫以爲法，下生者倍其法，得四寸十四分四釐十毫，內收九分爲一寸，又收九毫爲一釐。合之得五寸五分五釐一毫以爲夷則。

夷則之實五寸五分五釐一毫，三分其實，得一寸七分七釐六毫三絲以爲法，上生者四其法，得四寸二十八分二十八釐二十四毫十二絲，內收二十七分爲三寸，又收二十七釐爲三分，又收十八毫爲二釐，又收九絲爲一毫。合之得七寸四分三釐七毫三絲以爲夾鐘。凡言絲者，皆九分毫之一。

夾鐘之實七寸四分三釐七毫三絲，三分其實，得二寸四分四釐二毫四絲以爲法，下生者倍其法，得四寸八分八釐四毫八絲以爲無射。內收十八分爲二寸，又收三十六釐爲四分，又收三十六毫爲四釐，又收十八絲爲二毫，又收三十六忽爲四絲。

無射之實四寸八分八釐四毫八絲，三分其實，得一寸五分八釐七毫五絲六忽以爲法，上生者四其法，得四寸二十分三十二釐二十八毫二十絲二十四忽，内收十八分爲二寸，又收二十七釐爲三分，又收二十七毫爲三釐，又收十八絲爲二毫，又收十八忽爲二絲。合之得六寸五分八釐三毫四絲六忽以爲仲呂。凡言忽者，皆九分絲之一。

仲呂之實六寸五分八釐三毫四絲六忽，三分其實，得二寸一分八釐七毫一絲五忽以爲法，上生者四其法，得八寸七分八釐一毫六絲二忽以爲黄鍾之變。全數不用。

五聲相生損益先後之次章第九

宫	徵	商	羽	角
八十一，下生徵	五十四，上生商	七十二，下生羽	四十八，上生角	六十四

《史記》聲數曰：九九八十一以爲宫。三分去一，五十四以爲徵。三分益一，七十二以爲商。三分去一，四十八以爲羽。三分益一，六十四以爲角。

杜佑《通典》曰：宫生徵，三分宫數八十一，分各二十七，下生者去一，去二十七，餘五十四以爲徵，故徵數五十四。徵生商，三分徵數五十四，分各十八，上生者加一，加十八於五十四，得七十二以爲商，故商數七十二也。商生羽，三分商數七十二，分各二十四，下生者去一，去二十四，餘四十八以爲羽，故羽數四十八。羽生角。三分羽數四十八，分各十六，上生者益一，加十六於四十八，得六十四以爲角，故角數六十四也。此五聲大小之次也，是黄鍾爲均用五聲之法。以下十一辰各有五聲，其爲宫商之法亦如之，故辰各有五聲，合爲六十聲，是十二律之正聲也。

蔡季通曰：按黄鍾之數九九八十一，是爲五聲之本，三分損一，以下生徵。徵三分益一，以上生商。商三分損一，以下生羽。羽三分益一，以上生角。至角聲之數六十四，以三分之，不盡一筭，數不可行，此聲之數所以止於五也。或曰此黄鍾一均五聲之數，他律不然。曰置本律之實，以九九因之，三分損益以爲五聲。再以本律之實約之，則宫固八十一，商亦七十二，角亦六十四，徵亦五十四，羽亦四十八矣。假令應鍾九萬三千三百一十二，以八十一乘之，得七百五十五萬八千二百七十二爲宫，以九萬三千三百一十二約之，得八十一。三分宫損一，得五百○三萬八千八百四十八爲徵，以九萬三千三百一十二約之，得五十四。三分徵益一，得六百七十一萬八千四百六十四爲商，以九萬三千三百一十二約之，得七十二。三分商損一，得四百四十七萬八千九百七十六爲羽，以九萬三千三百一十二約之，得四十八。三分羽益一，得五百九十七萬一千九百六十八爲角，以九萬三千三百一十二約之，得六十四。

愚按：蔡氏此説，於五聲上下相生之數雖可通，而其實不明。蓋置本律之實三分損益，當有高下之次，既以八十一乘之，復以本數約之，而無有增損。如應鍾五聲均以九萬三千餘數約之，則其下商角徵羽但有五聲之數，而本律無所與焉，豈不爲未明乎？蓋十一律各有五聲，而其聲之高下互相增損。假令林鍾之實十一萬八千零九十八，析爲八十一分，得八十一分一千四百五十八爲宫。三分損一，得七萬八千七百三十二爲太簇實之半，計五十四分一千四百五十八爲徵。三分益一，得十萬四千九百七十六爲南吕之實，計七十二分一千四百五十八爲商。三分損一，得六萬九千九百八十四爲姑洗實之半，計四十八分一千四百五十八爲羽。三分益一，得九萬三千三百一十二爲應鍾之實，計六十四分一千四百五十八爲角。餘十律放此。蓋十二律各有五聲，其數皆自八十一至六十四，無弗然者。豈人之所强爲哉。若五聲止在黄鍾一均，而餘律無有，則又何以爲旋宫而成六十調也哉。

二變相生之法章第十

變宫四十二，餘九分之六，蔡氏謂之小分六。羽後宫前。變徵五十六，餘九分之八，蔡氏謂之小分八。角後徵前。

朱子曰：今按五聲相生，至於角位則其數六十有四，隔八下生，當得宫前一位以爲變宫，然其數三分損一，每外各得十有一萬，餘一分不可損益，故五聲之正位至此而析。若欲生之，則須更以所餘一分，析而爲九，損其三分之一分，乃得四十二，餘九分分之六，而後得成變宫之數。又自變宫隔八上生，當得徵前一位，其數五十有六，餘九分分之八，以爲變徵，正合相生之法。自此又當下生，則又餘二分，不可損益，而其數又窮，故立均之法於是而終焉。然而二變但爲和謬，已不得爲正聲矣。

竊詳角之數六十有四，以三分之，則得二十一而餘一分，不可損益，故變而以所餘一分析之爲九，則爲九者七，而成六十三，去其九分之三分，則餘六，爲七者六，而成四十二而爲變宫之數。又以九分而去一，則餘八，爲八者七，而成五十六。以四十二而爲七者六，是爲九分分之六。以五十六而爲七者八，是爲九分分之八。以一數而取九分分而損益之，故曰小分。蓋分之不足於釐者也。蔡氏之説又爲一法耳。

西山蔡氏曰：宫與商，商與角，角與徵，徵與羽，相去各一律。至角與徵，羽與宫，相去乃二律。相去一律則音節和，相去二律則音節遠，故角徵之間，近徵收一聲，比徵少下，故謂之變徵。羽宫之間，近宫收一聲，少高於宫，故謂之變宫也。

此言變宫、變徵之序。如黄鐘一均宫居子，太簇商居寅，姑洗角居辰，皆相去間一律。及林鐘爲徵居未，南吕爲羽居酉，自辰至未隔巳午二位，自酉至子隔戌亥二位，相去皆二律，故於角徵之間，午近未而收林鐘一聲，比徵聲之律稍長，其聲少下，故謂之變徵。於羽宫之間，亥爲近子，收應鐘一聲，比宫聲之律稍短，其聲少高，故謂之變宫。餘十一律放此。如黄鐘均，一管九寸爲宫，前第一孔去吹口八寸爲太簇商，第二孔去吹口七寸一分爲姑洗角，第三孔去吹口六寸爲林鐘徵，第四孔去吹口五寸三分爲南吕羽，後下一孔去吹口六寸二分八釐爲蕤賓變徵，上一孔去吹口四寸六分六釐爲應鐘變宫。餘十一管放此推之。

角聲之實六十有四，以三分之，不盡一筭，既不可行，當有以通之。聲之變者有二，故置一而兩三之，得九，以九因角聲六十四，得五百七十六，三分損益，再生變徵、變宫二聲。以九歸之，以從五聲之數。存其餘數以爲强弱。至變徵之數五百一十二，以三分之，又不盡二筭，其數又不行，此變聲所以止於二也。

按：角聲之實六十有四，以三分之，則末位一筭奇零不可分，而數不行，故别立法，使不可分之一筭亦以三分之。置一而兩三之，得九，謂置一筭以三因之兩次，而成九。蓋置角聲之實六十四，以九因之，得五百七十六，析爲三分，每分得一百九十二，下生變宫倍之，得三百八十四。復以九歸之，得四十二小分[六]，爲變宫之實。又以三百八十四析爲三分，每分得一百二十八，上生變徵四之，得五百一十二，復以九歸之，得五十六小分八，爲變徵之實。存其餘數，謂四十二之下存小分六，五十六之下存小分八，餘數不足以紀一聲之實，故但存之以爲强弱而已。考變宫之所以爲四十二小分六者，朱子以爲九分之，而得六者也。變徵之所以爲五十六小分八者，朱子以爲以九分之而得八者也。饒郡張氏之説亦爲非是。張氏曰，假令黄鐘爲宫，則應鐘爲變宫。應鐘之實九萬三千三百一十二，以二千一百八十七約之，得四十二零萬分一之六千六百六十六，以成數言之，是謂四十二小分六。蕤賓之實十二萬四千四百一十六，以二千一百八十七約之，得五十六零萬分一之八千八百八十八，以成數言之是爲五十六小分八。推之諸律不通。

變宫變徵，宫不成宫，徵不成徵，古人謂之和繆。又曰所以濟五聲之不及也。變非正，故不謂調也。

《春秋左氏傳》晏子曰：先王之濟五味，和五聲也，以平其心，成其政也。聲亦如味，一氣、二體、三數、四物、五聲、六律、七音、八風、九歌以相成也。《漢前志》曰：《書》曰：予欲聞六律、五聲、八音、七始詠，以出納五言，汝聽。《淮南子》曰：宫生徵，徵生商，商生羽，羽生角。角生應鐘比於正音，故爲和。應鐘生蕤賓，不比於正音，故爲繆。《通典》注曰：按應鐘爲變宫，蕤賓爲變徵，自殷以前但有五音，自周以來加文武二聲，謂之七聲。五聲爲正，二聲爲變。變者，和繆也。

按：樂以氣動，故有文武二聲。故曰一氣，二體，三類者，風雅頌也。四物，四方之物也。七始，即七音。《淮南子》所謂角生應鐘，應鐘生蕤賓，蓋指黄鐘一均言之，非謂角止生應鐘，應鐘止生蕤賓，而不生他律也。五聲正聲，故起調畢曲，爲諸聲之綱。至二變聲，宫不成宫，徵不成徵，不比於正音，可濟五聲之所不及，而不爲調耳。苟無二變，則亦不足以成樂矣。

張敔《雅樂發微》卷一

《律吕上下相生》

正律十二

黄鍾十七萬七千一百四十七，三分損一，下生林鍾。

《律書》曰：下生者倍其實，三其法；上生者四其實，三其法。《前漢志》曰：太極元氣，函三爲一。極，中也。元，始也。行於十二辰，動於子，三之於丑，而至於亥，凡歷十一辰。故置一筭以三因之者，十一次，是謂置一而十一三之，得十七萬七千一百四十七。於是置十七萬七千一百四十七以三歸之，即三其法。得五萬九千四十九，以二因之，即倍其實。得十一萬八千九十八，爲林鍾。

林鍾十一萬八千九十八，三分益一，上生太簇。

置十一萬八千九十八以三歸之，得三萬九千三百六十六。以四因之，即四其實。得十五萬七千四百六十四，爲太簇。

太簇十五萬七千四百六十四，三分損一，下生南吕。

置十五萬七千四百六十四，以三歸之，得五萬二千四百八十八。以二因之，得十萬四千九百七十六，爲南吕。

南吕拾萬四千九百七十六，三分益一，上生姑洗。

置十萬四千九百七十六，以三歸之，得三萬四千九百九十二。以四因之，得十三萬九千九百六十八，爲姑洗。

姑洗十三萬九千九百六十八，三分損一，下生應鍾。

置十三萬九千九百六十八，以三歸之，得四萬六千六百五十六。以二因之，得九萬三千三百一十二，爲應鍾。

應鍾九萬三千三百一十二，三分益一，上生蕤賓。

置九萬三千三百一十二，以三歸之，得三萬一千一百四。以四因之，得十二萬四千四百一十六，爲蕤賓。

蕤賓十二萬四千四百一十六，三分損一，下生大吕。

置十二萬四千四百一十六，以三歸之，得四萬一千四百七十二。以二因之，得八萬二千九百四十四，爲大吕倍之，得十六萬五千八百八十八。

大吕十六萬五千八百八十八，三分損一，下生夷則。

置十六萬五千八百八十八，以三歸之，得五萬五千二百九十六。以二因之，得十一萬五百九十二，爲夷則。

夷則十一萬五百九十二，三分益一，上生夾鍾。

置十一萬五百九十二，以三歸之，得三萬六千八百六十四。以四因之，得十四萬七千四百五十六，爲夾鍾。

夾鍾十四萬七千四百五十六，三分損一，下生無射。

置十四萬七千四百五十六，以三歸之，得四萬九千一百五十二。以二因之，得九萬八千三百四，爲無射。

無射九萬八千三百四，三分益一，上生仲吕。

置九萬八千三百四，以三歸之，得三萬二千七百六十八。以四因之，得十三萬一千七十二，爲仲吕。

仲吕十三萬一千七十二，三分益一，上生黄鍾變律。

置十三萬一千七十二，以三歸之，得四萬三千六百九十小分六千六百六十六。以四因之，得十七萬四千七百六十二，爲黄鍾變律。

宋儒蔡元定曰：仲吕之實十三萬一千七十二，以三分之，不盡二筭，當有以通之。律當變者有六，故置一而六三之，謂置一筭以三因之者六次。得七百二十九，以因仲吕之實十三萬一千七十二，爲九千五百五十五萬一千六百八十八，三分益一，得一萬二千七百四十萬一千九百八十四，又以七百二十九爲法除之，得十七萬四千七百六十二小分四百八十六，爲黄鍾變律。臣按：變律自黄鍾至蕤賓凡七，實十二律還宮之所生也。蕤賓以後五律，非不能生，然還宮所用止於蕤賓。大吕以後，有其數而無所用，故不録耳。蔡氏置一而六三之之説雖巧，然非《律書》生鍾分本旨，故今不取。

變律七

黄鍾變律十七萬四千七百六十二，三分損一，下生林鍾變律。

置十七萬四千七百六十二，以三歸之，得五萬八千二百五十四。以二因之，得十一萬六千五百八，爲林鍾變律。

林鍾變律十一萬六千五百八，三分益一，上生太簇變律。

置十一萬六千五百八，以三歸之，得三萬八千八百三十六。以四因之，得十五萬五千三百四十四，爲太蔟變律。

太簇變律十五萬五千三百四十四，三分損一，下生南吕變律。

置十五萬五千三百四十四，以三歸之，得五萬一千七百八十一小分一十三。以二因之，得十萬三千五百六十三，爲南吕變律。

南吕變律十萬三千五百六十三，三分益一，上生姑洗變律。

置十萬三千五百六十三，以三歸之，得三萬四千五百二十一。以四因之，得十三萬八千八十四，爲姑洗變律。

姑洗變律十三萬八千八十四，三分損一，下生應鍾變律。

置十三萬八千八十四，以三歸之，得四萬六千二十八。以二因之，得九萬二千五十六，爲應鍾變律。

應鍾變律九萬二千五十六，三分益一，上生蕤賓變律。

置九萬二千五十六，以三歸之，得三萬六百八十五。以四因之，得十二萬二千七百四十一，爲蕤賓變律。

蕤賓變律十二萬二千七百四十一。

右律吕相生，自黄鍾至仲吕，爲正律者十二；自黄鍾變至蕤賓變，爲變律者七，共十九。京房律準，每正律各生徵商羽角四律，通爲六十。始於黄鍾，訖於南事。《後漢志》載之甚詳，今以還宮之法推之，其用止於十有九律而已，其餘四十一律，還宮之所不及，故不盡録。

蕤賓上生大吕

律吕相生，凡陽生陰爲下生，陰生陽爲上生。蕤賓陽律也，當下生大吕，得八萬二千九百四十四，此《律書》所定也。而《呂氏春秋》《淮南子》皆謂蕤賓復上生大呂，故樂家大呂之實十六萬五千八百八十八。先儒以爲，大呂本八萬二千九百四十四，樂家用其倍律耳。蓋候氣之用，必從本律；聲音之用，當從其宜。今以琴律考之，大呂散聲在第一絃，蕤賓在第三絃，蕤賓生大呂，乃隔一上生。夷則生夾鍾，無射生仲呂亦然。惟姑洗生應鍾，太簇生南呂，其所生律之絃皆在本律之下，是謂不能上生。則《呂氏春秋》《淮南子》之説不爲無據矣。

又　《寸分之法》

《律書》《漢志》爲定

《律書》曰：置一而九，三之謂置一筭，以三因之者九次。以爲法，實如法，得長一寸。《後漢志》曰：以九三之數萬九千六百八十三爲寸法，不盈者十之，所得爲分。又不盈十之，所得爲小分；以其餘正其强弱。杜氏《通典》從之。惟蔡氏爲即十取九，約十爲九之説，而以九分爲寸，九釐爲分，九毫爲釐，九絲爲毫。求之筭術，終難通曉。今以《律書》《漢志》爲定。

正律十二

黃鍾九寸，半四寸五分，不用。

置十七萬七千一百四十七爲實，以寸法一萬九千六百八十三除之，得九寸，半之得四寸五分。

林鍾六寸，半三寸，不用。

置十一萬八千九十八，以寸法除之，得六寸，半之得三寸。

太簇八寸，半四寸。

置十五萬七千四百六十四，以寸法除之，得八寸，半之得四寸。

南呂五寸三分小分三强，半二寸六分小分六强，不用。

置十萬四千九百七十六，以寸法除之，得五寸三分小分三强，半之得二寸六分小分六强。

姑洗七寸一分小分一微强，半三寸五分小分五微强。

置十三萬九千九百六十八，以寸法除之，得七寸一分小分一微强，半之得三寸五分小分五微强。

應鍾四寸七分小分四微强，半二寸三分小分七微强，不用。

置九萬三千三百一十二，以寸法除之，得四寸七分小分四微强，半之得二寸三分小分七微强。

蕤賓六寸三分小分二微强，半三寸一分小分六微强。

置十二萬四千四百一十六，以寸法除之，得六寸三分小分二微强，半之得三寸一分小分六微强。

大呂八寸四分小分三弱，半四寸二分小分一强。

置十六萬五千八百八十八，以寸法除之，得八十四分小分三弱，半之得四寸二分小分一强。

夷則五寸六分小分二弱，半二寸八分小分一弱，不用。

置十一萬五百九十二，以寸法除之，得五寸六分小分二弱，半之得二寸八分小分一弱。

夾鍾七寸四分小分九强，半三寸七分小分四强。

置十四萬七千四百五十六，以寸法除之，得七寸四分小分九强，半之得三寸七分小分四强。

無射四寸九分小分九强，半二寸四分小分九强。

置九萬八千三百四，以寸法除之，得四寸九分小分九强，半之得二寸四分小分九强。

仲呂六寸六分小分六弱，半三寸三分小分三弱。

置十三萬一千七十二，以寸法除之，得六寸六分小分六弱，半之得三寸三分小分三弱。

變律七

黃鍾變八寸八分小分七大强，不用。半四寸四分小分四弱。

置十七萬四千七百六十二，以寸法除之，得八寸八分小分七太强，半之得四寸四分小分四弱。

林鍾變五寸九分小分二弱，半二寸九分小分六弱。

置十一萬六千五百八，以寸法除之，得五寸九分小分二弱，半之得二寸九分小分六弱。

太簇變七寸八分小分九少强，不用。半三寸九分小分四强。

置十五萬五千三百四十四，以寸法除之，得七寸八分小分九少强，半之得三寸九分小分四强。

南呂變五寸二分小分六少强，半二寸六分小分三微强。

置十萬三千五百六十三，以寸法除之，得五寸二分小分六少强，半之得二寸六分小分三微强。

姑洗變七寸小分一半强，不用。半三寸五分小分一弱。

置十三萬八千八十四，以寸法除之，得七寸小分一半强，半之得三寸五分小分一弱。

應鍾變四寸六分小分八弱，不用。半二寸三分小分三太强，不用。

置九萬二千五十六，以十法除之，得四寸六分小分八弱，半之得二寸三分小分三太强。

蕤賓變六寸二分小分三强，半三寸一分小分一太强。

置十二萬二千七百四十一，以寸法除之，得六寸二分小分三强，半之得三寸一分小分一太强。

半律清聲

右正律十二皆有全有半，凡二十四。內黄鍾、林鍾、南吕、應鍾、夷則五半律不用，正律用者十九。變律七，皆有全有半，凡十四。內黄鍾、太蔟、姑洗、應鍾四全律及應鍾一半律不用，變律用者九。共二十八律而已。用者還宫之所生也，不用者還宫之所不及也。蔡氏以爲，正律內夷則有半，變律內有應鍾而無蕤賓。今以還宫推之，知其非是。或曰黄鍾、大吕、太蔟、夾鍾四律皆有半律，故設四清聲是矣。然姑洗、仲吕、蕤賓、林鍾、夷則、南吕、無射七律亦有半律，而不設清聲何也？曰：凡律，或倍，或半，或四分一，止是此聲，故皆清濁相應。惟黄鍾、大吕、太蔟、夾鍾，管極長，聲極濁，若非清聲，則八律還宫，所加四律必不爲所役，此四清所以設也。先儒謂臣民不可相凌，若事物則無相凌，即七律無清聲之義也。

李文察《律吕新書》補注・律吕本原

黄鍾之實第二以《淮南子》《漢前志》定其寸分毫釐絲之法，以《律書》生鍾分定。

臣李文察補註曰：此章皆筭法也。必筭出黄鍾之實數，然後十一律之數皆於此內分矣。

子一，　黄鍾之律。
丑三，　爲絲法。
寅九，　爲寸數。
卯二十七，　爲毫法。
辰八十一，　爲分數。
巳二百四十三，　爲釐法。
午七百二十九，　爲釐數。
未二千一百八十七，　爲分法。
申六千五百六十一，　爲毫數。
酉一萬九千六百八十三，　爲寸法。
戌五萬九千□□四十九，　爲絲數。
亥一十七萬七千一百四十七，　黄鍾之實。

本註曰：按黄鍾九寸，以三分爲損益，故以三歷十二辰，得一十七萬七千一百四十七，爲黄鍾之實。其十二辰所得之數，在子、寅、辰、午、申、戌六陽辰，爲黄鍾寸、分、釐、毫、絲之數。子爲黄鍾之律，寅爲九寸，辰爲八十一分，午爲七百二十九釐，申爲六千五百六十一毫，戌爲五萬九千四十九絲。在亥、酉、未、巳、卯、丑六陰辰，爲黄鍾寸、分、釐、毫、絲之法。亥爲黄鍾之實，酉之一萬九千六百八十三爲寸，未之二千一百八十七爲分，巳之二百四十三爲釐，卯之二十七爲毫，丑之三爲絲。其寸分釐毫絲之法皆用九數，故九絲爲毫，九毫爲釐，九釐爲分，九分爲寸，爲黄鍾。蓋黄鍾之實一十七萬七千一百四十七之數，以三約之，爲絲者五萬九千四十九；以二十七約之，爲毫者六千五百六十一；以二百四十三約之，爲釐者七百二十九；以二千一百八十七約之，爲分者八十一；以一萬九千六百八十三者約之，爲寸者九。由是三分損益以生十一律焉。或曰徑圍之分，以十爲法，而相生之分釐毫絲以九爲法，何也？曰以十爲法者，天地之全數也。以九爲法者，因三分損益而立也。全數者，即十而取九。相生者，約十而爲九。即十而取九者，體之所以立。約十而爲九者，用之所以行。體者，所以定中聲。用者，所以生十一律也。

臣李文察補註曰：此周天之數也，而黄鍾備之。《傳》曰：參天兩地而倚數，是天三數也。三也者，生施無窮之妙機也。故自子至亥，皆以三歷十二辰而得此也。十七萬七千一百四十七之數，而範圍乎天地矣。大而元會運世，小而歲月日時樂，皆有以妙之者有以也。然徑圍之分以十爲法，而相生之分釐毫絲以九爲法，果有據乎？曰：亦於《洛書》乎據之矣。即十而取九者，即《洛書》之圓出於方也。約十而爲九者，即《洛書》之圓行乎方也。惟圓者居正，方者居隅，此《洛書》陰未嘗無，特陽尊而陰卑耳。惟體以定中聲，用以生十一律，此黄鍾之陰未嘗無，特陽純而陰化耳。

黄鍾生十一律第三

臣李文察補註曰：此生字恐未安，不如易以分字爲無病。蓋生也者，自短而長，自寡而多之謂也。黄鐘之管極長，而數極多。十一律之管則漸短，而數則漸寡，是所謂十一律者，就黄鐘管而約分之耳，惡有所謂生者哉。故謂之分則得，謂之生則失。然則上生下生之説，何如？曰：上生下生，自各律言之則有。自多而寡，自寡而多之變，安得不謂之生。此自黄鐘一律言之，則但見其分而不見其生。蓋謂之生則數在黄鐘外，謂之分則數在黄鐘内，微有不同耳。

子一分，一爲九寸。

丑三分二，一爲三寸。

寅九分八，一爲一寸。

卯二十七分十六，三爲一寸，一爲三分。

辰八十一分六十四，九爲一寸，一爲一分。

巳二百四十三分一百二十八，二十七爲一寸，三爲一分，一爲三釐。

午七百二十九分五百一十二，八十一爲一寸，九爲一分，一爲一釐。

未二千一百八十七分一千二十四，二百四十三爲一寸，二十七爲一分，九爲一釐，一爲三毫。

申六千五百六十一分四千九十六，七百二十九爲一寸，八十一爲一分，九爲一釐，一爲一毫。

酉一萬九千六百八十三分八千一百九十二，二千一百八十七爲一寸，二百四十三爲一分，二十七爲一釐，三爲一毫，一爲三絲。

戌五萬九千四十九分三萬二千七百六十八，六千五百六十一爲一寸，七百二十九爲一分，八十一爲一釐，一爲一毫，一爲一絲。

亥一十七萬七千一百四十七分六萬五千五百三十六，一萬九千六百八十三爲一寸，二千一百八十七爲一分，二百四十三爲一釐，二十七爲一毫，三爲一絲，一爲三忽。

本註曰：按黄鐘生十一律，子、寅、辰、午、申、戌六陽辰皆下生，丑、卯、巳、未、酉、亥六陰辰皆上生。其上以三歷十二辰者，皆黄鐘之全數。其下陰數以倍者，即筭法倍其實。三分本律而損其一也。陽數以四者，即筭法四其實。三分本律而增其一也。六陽辰當位自得，六陰辰則居其衝。其林鐘、南吕、應鐘三吕在陰，無所增損。其大吕、夾鐘、仲吕三吕在陽，則用倍數方與十二月之氣相應，蓋陰之從陽，自然之理也。

臣李文察補註曰：以三歷十二辰，而分十一律之管也。其三歷十二辰，即隔八相生之謂也。但隔八相生，則各當其位，而於筭法有難行。三歷十二辰，則於筭法爲便，而陰辰則居其衝而後得，蓋居衝則隔八矣。但謂六陽辰皆下生，六陰辰皆上生，則所生大吕、夾鐘、仲吕三管太短，不能應氣，故用倍數之法，則三吕之管方得協氣。其説雖通，恐於造化不合，不如從朱子之説爲優。朱子曰：十二管隔八相生，自黄鐘之管陽皆下生，陰皆上生。自蕤賓之管，陰反下生，陽反上生，以象天地之氣也。若拘古法，而以陽必下生，陰必上生，則以之候氣而氣不應，以之作樂而樂不和，皆鄭氏重上生法所以爲不易之論也。學者以是求之，則有得矣。惜乎西山當時失載其説，不能不使初學之疑也。范氏曰：自子至巳，陽升陰退，故律生吕言下生，吕生律言上生。從午至亥，陰升陽退，故律生吕言上生，吕生律言下生。長樂陳氏曰：黄鐘、太簇、姑洗損陽以生陰，林鐘、南吕、應鐘益陰以生陽。何則黄鐘至姑洗，陽之陽也？林鐘至應鐘，陰之陰也？陽之陽，陰之陰，則陽息陰消之時，故陽常下生而有餘，陰常上生而不足。蕤賓至無射，則陰之陽也。大吕至仲吕，則陽之陰也。陰之陽，陽之陰，則陽消陰息之時，故陽常上生而不足，陰常下生而有餘。按如此説，則合《洛書》。圖一二三四五，陽長陰消之時也，陽順而陰逆，陽就東行，陰就西行。六七八九，陰長陽消之時也，陰順而陽逆，陽就西行，陰就東行。

十二律之實第四

臣李文察補註曰：此三歷十二辰而得十二律之實也。

子，黄鐘十七萬七千一百四十七。全九寸，半無。

丑，林鐘十一萬八千〇〇九十八。全六寸，半三寸，不用。

寅，太簇十五萬七千四百六十四，全八寸，半四寸。

卯，南吕十〇萬四千九百七十六，全五寸三分，半二寸六分，不用。

辰，姑洗十三萬九千九百六十八，全七寸一分，半三寸五分。

巳，應鐘九萬三千三百一十二。全四寸六分六釐，半二寸三分三釐，不用。

午，蕤賓十二萬四千四百一十六。全六寸二分八釐，半三寸一分四釐。

未，大吕十六萬五千八百八十八。全八寸三分七釐六毫，半一寸一分八釐三毫。

申，夷則十一萬〇〇五百九十二。全五寸五分五釐一毫，半二寸七分二釐五毫。

酉，夾鐘十四萬七千四百五十六。全七寸四分三釐七毫三絲，半三寸六分六釐三毫六絲。

戌，無射九萬八千三百〇〇四。全四寸八分八釐四毫八絲，半二寸四分四釐三毫四絲。

亥，仲吕十三萬一千〇〇七十二。全六寸五分八釐三毫四絲六忽，餘二筭。半三寸二分八釐六毫二絲二忽。

本註曰：按十二律之實，約以寸法，則黄鍾、林鍾、太簇得全寸；約以分法，則南吕、姑洗得全分；約以釐法，則應鍾、蕤賓得全釐；約以毫法，則大吕、夷則得全毫；約以絲法，則夾鍾、無射得全絲。至仲吕之實十三萬一千七十二，以三分之，不盡二筭，其數不行，此律之所以止於十二也。

臣李文察補註曰：六陽辰當位自得，六陰辰則居其衝，不徒爲筭法也，其有得於《洛書》之義甚大。蓋《洛書》一北，二西，三東，四南，是陽就東而陰則就西，即黄鍾居子，太簇居寅，姑洗居辰，林鍾當丑則居未，南吕當卯則居酉，應鍾當巳則居亥之謂也。五中，六下，七西，八東，是陽就西而陰則就東，即蕤賓居午，夷則居申，無射居戌，大吕當未則居丑，夾鍾當酉則居卯，仲吕當亥則居巳之謂也。律吕之止於十二，要添一律添不得，亦猶支辰之終於十二，要添一辰添不得。若添一辰，曆家不能以明時。添一律，樂家不能以和聲。知此則陽氣之所以極於午，黄鍾管之所以極於九者，思過半矣。大抵筭家以全寸、全分、全釐、全毫、全絲而行筭，若三分之有不盡，便筭不得，故謂之不行。數妙於神而難曉，筭徵於法而可推。

季本《樂律纂要・黄鍾生十一律數》

子一分。一爲九寸。

丑三分二。一爲三寸。

寅九分八。一爲一寸。

卯二十七分十六。三爲一寸，一爲三分。

辰八十一分六十四。九爲一寸，一爲一分。

巳二百四十三分一百二十八。二十七爲一寸，三爲一分，一爲三釐。

午七百二十九分五百一十二。八十一爲一寸，九爲一分，一爲一釐。

未二千一百八十七分一千二十四。二百四十三爲一寸，二十七爲一分，三爲一釐，一爲三毫。

申六千五百六十一分四千九十六。七百二十九爲一寸，八十一爲一分，九爲一釐，一爲一毫。

酉一萬九千六百八十三分八千一百九十二。二千一百八十七爲一寸，二百四十三爲一分，二十七爲一釐，三爲一毫，一爲三絲。

戌五萬九千四十九分三萬二千七百六十八。六千五百六十一爲一寸，七百二十九爲一分，八十一爲一釐，九爲一毫，一爲一絲。

亥一十七萬七千一百四十七分六萬五千五百三十六。一萬九千六百八十三爲一寸，二千一百八十七爲一分，二百四十三爲一釐，二十七爲一毫，三爲一絲，一爲三忽。

今按：此即損益相生之數也。十二辰分字以上皆三歷之者，乃黄鍾之全數，在子、寅、辰、午、申、戌六陽辰爲黄鍾寸分釐毫絲之數，在亥、酉、未、巳、卯、丑六陰辰爲黄鍾寸分釐毫絲之法。蓋黄鍾一律之長，爲寸者九，爲分者八十一，爲釐者七百二十九，爲毫者六千五百六十一，爲絲者五萬九千四十九。故寅爲寸數，辰爲分數，午爲釐數，申爲毫數，戌爲絲數。黄鍾之實積十七萬七千一百四十七，由一萬九千六百八十三而起一寸，由二千一百八十七而起一分，由二百四十三而起一釐，由二十七而起一毫，由三而起一絲。故酉爲寸法，未爲分法，巳爲釐法，卯爲毫法，丑爲絲法，三歷十二辰，所以三分損益也。故皆用九數，九絲爲毫，九毫爲釐，九釐爲分，九分爲寸，九寸爲黄鍾，而十一律皆可以生之矣。其分字以下，陰數以倍而得，陽數以四而得者，則三分損益而諸律所取於黄鍾之數也。丑之二爲林鍾，析黄鍾爲三分，而取其二也，故曰丑三分二。一爲三寸，則林鍾爲長六寸矣。寅之八爲太簇，析黄鍾爲九分，而取其八也，故曰寅九分八。一爲一寸，則太簇爲長八寸矣。卯之十六爲南吕，辰之六十四爲姑洗，巳之一百二十八爲應鍾，午之五百一十二爲蕤賓，未之一千二十四爲大吕，申之四千九十六爲夷則，酉之八千一百九十二爲夾鍾，戌之三萬二千七百六十八爲無射，亥之六萬五千五百三十六爲仲吕，皆自黄鍾全數析之而生者也。夫黄鍾在子，太簇在寅，姑洗在辰，蕤賓在午，夷則在申，無射在戌，各居本律之位，《晉志》所謂六陽律當位自得者也。林鍾本未律而居丑，南吕本酉律而居卯，應鍾本亥律而居巳，大吕本丑律而居未，夾鍾本卯律而居酉，仲吕本巳律而居亥，各在相對之辰，《晉志》所謂六陰律各居其衝者也。林鍾、南吕、應鍾，以陰吕而位當未、酉、亥陰中之月，律與大暑、秋分、小雪之氣應，無事增損。唯大吕、夾鍾、仲吕，以陰吕而位當丑、卯、巳陽中之月，則所得乎未之一千二十四，止長四寸一分八釐三毫；所得乎酉之八千一百九十二，止長三寸六分六釐三毫六絲；所得乎亥之六萬五千五百三十六，止長三寸二分八釐六毫二絲三忽；而與大寒、春分、小滿之氣不相應矣。律下生呂，理既不易，則不可不用倍數以從陽也。或者以得數之多寡爲相生之上下，遂自蕤賓上生大呂，然非本法也。

十二律寸法數以九起，與積十者不同，當以意會之。

黄鍾之實九寸，三分其實，得三以爲法，下生者倍其法，得六寸以爲林鍾。

林鍾之實六寸，三分其實，得二以爲法，上生者四其法，得八寸以爲太簇。

太簇之實八寸，三分其實，得二寸六分以爲法，下生者倍其法，得五寸三分以爲南呂。凡言分者，皆九分寸之一。

南呂之實五寸三分，三分其實，得一寸七分以爲法，上生者四其法，得四寸二十八分，內收二十七分爲三寸。合之得七寸一分以爲姑洗。

姑洗之實七寸一分，三分其實，得二寸三分三釐以爲法，下生者倍其法，得四寸六分六釐以爲應鍾。凡言釐者皆九分分之一。

應鍾之實四寸六分六釐，三分其實，得一寸五分二釐以爲法，上生者四其法，得四寸二十分八釐，內收十八分爲二寸。合之得六寸二分八釐以爲蕤賓。

蕤賓之實六寸二分八釐，三分其實，得二寸八釐六毫以爲法，上生者四其法，得八寸三十二釐二十四毫，內收二十七釐爲三分，又收十八毫爲二釐。合之得八寸三分七釐六毫以爲大呂。凡言毫者皆九分釐之一。

今按：蕤賓當下生大呂而用倍，此法上生，姑從其便耳。

大呂之實八寸三分七釐六毫，三分其實，得二寸七分二釐五毫以爲法，下生者倍其法，得四寸十四分四釐十毫，內收九分爲一寸，又收九毫爲一釐。合之得五寸五分五釐一毫以爲夷則。

夷則之實五寸五分五釐一毫，三分其實，得一寸七分七釐六毫三絲以爲法，上生者四其法，得四寸二十八分二十八釐二十四毫十二絲，內收二十七分爲三寸，又收二十七釐爲三分，又收十八毫爲二釐，又收九絲益一毫。合之得七寸四分三釐七毫三絲以爲夾鍾。凡言絲者皆九分毫之一。

夾鍾之實七寸四分三釐七毫三絲，三分其實，得二寸四分四釐二毫四絲以爲法，下生者倍其法，得四寸八分八釐四毫八絲以爲無射。

無射之實四寸八分八釐四毫八絲，三分其實，得一寸五分八釐七毫五絲六忽以爲法，上生者四其法，得四寸二十分三十二釐二十八毫二十絲二十四忽，內收十八分爲二寸，又收二十七釐爲三分，又收二十七毫爲三釐，又收十八絲爲二毫，又收十八忽爲二絲。合之，得六寸五分八釐三毫四絲六忽以爲仲呂。凡言忽者皆九分絲之一。

仲呂之實六寸五分八釐三毫四絲六忽，三分其實，得二寸一分八釐七毫一絲五忽以爲法，上生者四其法，得八寸七分八釐一毫六絲二忽以爲黄鍾之變。

今按：仲呂上生者四其法，下當有收數，蓋略之爾。如前例推算自可見矣。

變律有六，自林鍾而下《鍾律解》不著其法，今補于後，皆借用大字。

變黄鍾之實八寸七分八釐一毫六絲二忽，三分其實，得二寸八分五釐六毫五絲六初以爲法，下生者倍其法，得五寸八分二釐四毫一絲一忽三初，以爲林鍾之變。凡言初者皆九分忽之一。

變林鍾之實五寸八分二釐四毫一絲一忽三初，三分其實，得一寸十八分六釐七毫三絲三忽四初以爲法，上生者四其法，得七寸八分二毫四絲四忽七初，以爲太簇之變。

變太簇之實七寸八分二毫四絲四忽七初，三分其實，得二寸五分六釐七絲四忽五初三秒以爲法，下生者倍其法，得五寸二分三釐一毫六絲一初六秒，以爲南呂之變。凡言秒者皆九分初之一。

變南呂之實五寸二分三釐一毫六絲一初六秒，三分其實，得一寸六分七釐五絲五秒以爲法，上生者四其法，得七寸一釐二毫二絲二初二秒，以爲姑洗之變。

變姑洗之實七寸一釐二毫二絲二初二秒，三分其實，得二寸三分三毫六絲六忽六秒又三分秒之二以爲法，下生者二其法，得四寸六分七毫四絲三忽一初四秒又三分秒之一，以爲應鍾之變。

今按：十二律正聲各自爲宫，六變律不過濟其六聲之所不足而已，非正律，不爲宫也。詳見下條。

十二律正變倍半法此條當與後聲圖內八十四聲參看。

	正律全聲	正律半聲	變律全聲	變律半聲
黄鍾	九寸	無	八寸七分八釐一毫六絲二忽不用	四寸三分八釐五毫三絲一忽
林鍾	六寸	三寸不用	五寸八分二釐四毫一絲一忽三初	二寸八分五釐六毫五絲六初

續表

	正律全聲	正律半聲	變律全聲	變律半聲
太簇	八寸	四寸	七寸八分二毫四絲四忽七初不用	三寸八分四釐五毫六絲六忽八初
南呂	五寸三分	二寸六分不用	五寸二分三釐一毫六絲一初六秒	三寸五分六釐七絲四忽五初三秒
姑洗	七寸一分	三寸五分	七寸一釐二毫二絲二初二秒不用	三寸四分五釐一毫一絲一初一秒
應鍾	四寸六分六釐	二寸三分三釐不用	四寸六分七毫四絲三忽一初四秒三分秒之一	二寸三分三毫六絲六忽六秒三分之二不用
蕤賓	六寸二分八釐	三寸一分四釐		
大呂	八寸三分七釐六毫	四寸一分八釐二毫		
夷則	五寸五分五釐一毫	二寸七分二釐五毫		
夾鍾	七寸四分三釐七毫三絲	三寸六分六釐三毫六絲		
無射	四寸八分八釐四毫八絲	二寸四分四釐二毫四絲		
仲呂	六寸五分八釐三毫四絲六忽	三寸二分八釐六毫二絲三忽		

今按：十二律皆有七聲，謂之一均。自本律爲宫之外，其商角徵羽變徵變宫則以所生之六律正之。黄鍾爲宫，則下生林鍾爲徵，上生太簇爲商，下生南呂爲羽，上生姑洗爲角，下生應鍾爲變宫，上生蕤賓爲變徵。林鍾爲宫，則下生太簇爲徵，上生南呂爲商，下生姑洗爲羽，上生應鍾爲角，下生蕤賓爲變宫，上生大呂爲變徵。太簇爲宫，則下生南呂爲徵，上生姑洗爲商，下生應鍾爲羽，上生蕤賓爲角，下生大呂爲變宫，上生夷則爲變徵。南呂爲宫，則下生姑洗爲徵，上生應鍾爲商，下生蕤賓爲羽，上生大呂爲角，下生夷則爲變宫，上生夾鍾爲變徵。姑洗爲宫，則下生應鍾爲徵，上生蕤賓爲商，下生大呂爲羽，上生夷則爲角，下生夾鍾爲變宫，上生無射爲變徵。應鍾爲宫，則下生蕤賓爲徵，上生大呂爲商，下生夷則爲羽，上生夾鍾爲角，下生無射爲變宫，上生仲呂爲變徵。蕤賓爲宫，則下生大呂爲徵，上生夷則爲商，下生夾鍾爲羽，上生無射爲角，下生仲呂爲變宫，上生黄鍾爲變徵。大呂爲宫，則下生夷則爲徵，上生夾鍾爲商，下生無射爲羽，上生仲呂爲角，下生黄鍾爲變宫，上生林鍾爲變徵。夷則爲宫，則下生夾鍾爲徵，上生無射爲商，下生仲呂爲羽，上生黄鍾爲角，下生林鍾爲變宫，上生太簇爲變徵。夾鍾爲宫，則下生無射爲徵，上生仲呂爲商，下生黄鍾爲羽，上生林鍾爲角，下生太簇爲變宫，上生南呂爲變徵。無射爲宫，則下生仲呂爲徵，上生黄鍾爲商，下生林鍾爲羽，上生太簇爲角，下生南呂爲變宫，上生姑洗爲變徵。仲呂爲宫，則下生黄鍾爲徵，上生林鍾爲商，下生太簇爲羽，上生南呂爲角，下生姑洗爲變宫，上生應鍾爲變徵。十二律旋相爲宫，其數往而不返。黄鍾爲律之首，他律無過其長者，故其正聲不爲他律役。而諧宫之六聲則固皆以後六律爲用也。黄鍾、林鍾、太簇、南呂、姑洗、應鍾爲宫，所用六聲則正律，自能具足。至蕤賓、大呂、夷則、夾鍾、無射、仲呂爲宫，則其六聲當旋取黄鍾、林鍾、太簇、南呂、姑洗、應鍾六律以足之，但用其正律則管少長而聲不和，必自仲呂再生六律，然後聲稍高而律和，故有變律。又仲呂當用六聲，故變律止於六也。夫五聲之次，宫最長，商次之，角又次之，徵又次之，羽又次之。長者聲下而大，短者聲高而細，故宫爲君，商爲臣，角爲民，徵爲事，羽爲物，蓋以長短大小爲序也。諸律之有半聲，正爲五聲上下相生而設爾。如林鍾六寸，本以陰律上生太簇之八寸，若林鍾自爲宫而用八寸爲徵，則徵長於宫而事陵乎君矣。故必用宫下生徵之法，得太簇四寸以爲徵，是用其半也。不相陵者，則用其全而已。唯以是法上下相生，則五聲皆得其調而無不均矣。黄鍾半律四寸半，而前以爲無者，九分之寸析至初秒，終無可判也。諸不用者，相生之所不及也。由此言之，正律有十二，爲聲者二十四。變律有六，爲聲者十二。合三十六聲，其間無半聲者一，不用者七，實計二十八聲。每均七聲，十二均而得八十四聲，皆此二十八聲之所爲也。後世不知本此，自十二正律之外但用清聲者四，合十六聲而已。蓋以南呂爲宫，則大

呂爲角。南呂，君也，管長五寸三分。大呂，民也，乃長八寸三分七釐六毫。是民陵君也。應鍾爲宮，則大呂爲商，夾鍾爲角。應鍾，君也，管長四寸六分六釐。大呂，臣也，乃長八寸三分七釐六毫。夾鍾，民也，亦長七寸四分三釐七毫三絲。是臣民陵君也。夷則爲宮，則黃鍾爲角。夷則，君也，管長五寸五分五釐一毫。黃鍾，民也，乃長九寸。是亦民陵君也。無射爲宮，則黃鍾爲商，太簇爲角。無射，君也，管長四寸八分八釐四絲八毫。黃鍾，臣也，乃長九寸。太簇，民也，亦長八寸。是亦臣民陵君也。臣民不可陵君，故用大呂、夾鍾、黃鍾、太簇四律之半，而謂之清聲。其徵羽爲事爲物，則皆用正律，雖過於宮而有所不避也。夫五聲大小之次，本以上下相生而定，自有不容紊者。臣民固不得陵君矣，事物獨可以無避乎？且黃鍾太簇皆自仲呂反生而用其變律，已非正律之清聲也。此説既行，遂使十二律五聲皆有不得其正者，則亦何以爲樂哉。

鄧文憲《律呂解注》卷上《律呂本原》

黃鍾之實第二

子一	黃鍾之律
丑三	爲絲法
寅九	爲寸數
卯二十七	爲毫法
辰八十一	爲分數
巳二百四十三	爲釐法
午七百二十九	爲釐數
未二千一百八十七	爲分法
申六千五百六十一	爲毫數
酉一萬九千六百八十三	爲寸法
戌五萬九千〇〇四十九	爲絲數
亥一十七萬七千一百四十七	黃鍾之實

黃鍾九寸，以三分爲損益，故以三歷十二辰，得一十七萬七千一百四十七爲

黃鍾之實者，數起子得一也。《前漢志》曰：太極元氣，函三爲一。極，中也。元，始也。行於十二辰，始動於子。子一函三，故以一三歷丑，而丑得三。丑以三三歷寅，故寅得九。寅以九三歷卯，故卯得二十七。卯以二十七三歷辰，故辰得八十一。辰以八十一三歷巳，故巳得二百四十三。巳以二百四十三三歷午，故午得七百二十九。午以七百二十九三歷未，故未得二千一百八十七。未以二千一百八十七三歷申，故申得六千五百六十一。申以六千五百六十一三歷酉，故酉得一萬九千六百八十三。酉以一萬九千六百八十三三歷戌，故戌得五萬九千四十九。戌以五萬九千四十九三歷亥，故亥得一十七萬七千一百四十七。起子終亥而十二辰之數窮，自一至十七萬七千一百四十七而十二律損益相生之本立矣，故爲黃鍾之實。其十二辰所得之數，在子、寅、辰、午、申、戌六陽辰爲黃鍾寸分釐毫絲之數者，蓋黃鍾律管一而已矣，故子一爲黃鍾之律數也。黃鍾九寸，故寅爲黃鍾之寸數也。黃鍾九寸，每寸九分，九箇九分，則八十一分矣，故辰爲黃鍾之分數也。黃鍾八十一分，每分九釐，八十一箇九釐，則七百二十九釐矣，故午爲黃鍾之釐數也。黃鍾七百二十九釐，每釐九毫，七百二十九箇九毫，則六千五百六十一毫矣，故申爲黃鍾之毫數也。黃鍾六千五百六十一毫，每毫九絲，六千五百六十一箇九絲，則五萬九千四十九絲矣，故戌爲黃鍾之絲數也。在亥、酉、未、巳、卯、丑六陰辰爲黃鍾寸分釐毫絲之法者，蓋黃鍾一律，其全數有一十七萬七千一百四十七之數，不以一十七萬七千一百四十七約之，則不合黃鍾一律之全數，此亥所以爲律法也。以至黃鍾之寸分釐毫絲各擅一管之長，則各有一十七萬七千一百四十七之全數。全數内非以一萬九千六百八十三約之，則不合乎九之寸數，此酉所以爲寸法也。全數内非以二千一百八十七約之，則不合乎八十一之分數，此未所以爲分法也。全數内非以二百四十三約之，則不合乎七百二十九之釐數，此巳所以爲釐法也。全數内非以二十七約之，則不合乎六千五百六十一之毫數，此卯所以爲毫法也。全數内非以三約之，則不合乎五萬九千四十九之絲數，此丑所以爲絲法也。惟其如此，是以子與亥計，固有一十七萬七千一百四十七之數。丑與戌，寅與酉，卯與申，辰與未，巳與午，相計亦莫不各有一十七萬七千一百四十七之全數也。其寸分釐毫絲之法，皆用九數，故九絲爲毫，九毫爲釐，九釐爲分，九分爲寸。爲黃鍾者，黃鍾三歷之數始於丑，故丑得三，爲絲法，卯則九其三，得二十七，爲毫法，是九絲爲毫也。巳則九其二十七，得二百四十三，爲釐法，是九毫爲釐也。未則九其二百四十三，得

二千一百八十七，爲分法，是九釐爲分也。酉則九其二千一百八十七，得一萬九千六百八十三，爲寸法，是九分爲寸也。亥則九其一萬九千六百八十三，得一十七萬七千一百四十七，爲黄鐘之實，是九寸爲黄鐘也。竊觀黄鐘之法數，自子至亥，首尾上下次第相對，以歸于中。以三歷之，則數以生法，法以生數，一氣流行，一脉通貫，法數相因而爲一身。以九歷之，則數自爲數，法自爲法，法因數立，數以法得，法數相應而各居其所。不逼而分，而若有所逼。不謀而同，而若有所謀。合之混一無間，不見其有餘；析之有條不亂，不見其不足。開闔變化，各適其用。如河圖洛書之横斜曲直，無所不通。豈非天地自然之數哉。或曰以下解見首章。

黄鐘生十一律第三

子一分。一爲九寸。

丑三分二。一爲三寸。

寅九分八。一爲一寸。

卯二十七分十六。三爲一寸，一爲三分。

辰八十一分六十四。九爲一寸，一爲一分。

巳二百四十三分一百二十八。二十七爲一寸，三爲一分，一爲三釐。

午七百二十九分五百一十二。八十一爲一寸，九爲一分，一爲一釐。

未二千一百八十七分一千二十四。二百四十三爲一寸，二十七爲一分，三爲一釐，一爲三毫。

申六千五百六十一分四千九十六。七百二十九爲一寸，八十一爲一分，九爲一釐，一爲一毫。

酉一萬九千六百八十三分八千一百九十二。二千一百八十七爲一寸，二百四十三爲一分，二十七爲一釐，三爲一毫，一爲三絲。

戌五萬九千四十九分三萬二千七百六十八。六千五百六十一爲一寸，七百二十九爲一分，八十一爲一釐，九爲一毫，一爲一絲。

亥一十七萬七千一百四十七分六萬五千五百三十六。一萬九千六百八十三爲一寸，二千一百八十七爲一分，二百四十三爲一釐，二十七爲一毫，三爲一絲，一爲三忽。

黄鐘生十一律者，其法一以黄鐘全數爲主，禀數有多寡之殊，故律有長短之異也。子一分者，通黄鐘一律言之，一爲九寸也。丑三分者，分黄鐘九寸爲三分，一爲三寸。二者，丑得二分，計六寸，是黄鐘生林鐘也。寅九分者，分黄鐘九寸爲九分，一爲一寸。八者，寅得八分，計八寸，是黄鐘生太簇也。卯二十七分者，分黄鐘九寸爲二十七分，三爲一寸；分黄鐘八十一分爲二十七分，一爲三分。十六者，卯得十六分。十五爲五寸，一爲三分，計五寸三分，是黄鐘生南吕也。辰八十一分者，分黄鐘九寸爲八十一分，九爲一寸。分黄鐘八十一分爲八十一分，一爲一分。六十四者，辰得六十四分。六十三爲七寸，一爲一分，計七寸一分，是黄鐘生姑洗也。巳二百四十三分者，分黄鐘九寸爲二百四十三分，二十七爲一寸。分黄鐘八十一分爲二百四十三分，三爲一分。分黄鐘七百二十九釐爲二百四十三分，一爲三釐。一百二十八者，巳得一百二十八分。一百單八爲四寸，十八爲六分，二爲六釐，計四寸六分六釐，是黄鐘生應鐘也。午七百二十九分者，分黄鐘九寸爲七百二十九分，八十一爲一寸。分黄鐘八十一分爲七百二十九分，九爲一分。分黄鐘七百二十九釐爲七百二十九分，一爲一釐。五百一十二者，午得五百一十二分。四百八十六爲六寸，十八爲二分，八爲八釐，計六寸二分八釐，是黄鐘生蕤賓也。未二千一百八十七分者，分黄鐘九寸爲二千一百八十七分，二百四十三爲一寸。分黄鐘八十一分爲二千一百八十七分，二十七爲一分。分黄鐘七百二十九釐爲二千一百八十七分，三爲一釐。分黄鐘六千五百六十一毫爲二千一百八十七分，一爲三毫。一千二十四者，未得一千二十四分。九百七十二爲四寸，二十七爲一分，二十四爲八釐，一爲三毫，計四寸一分八釐三毫，爲大吕之半管，是黄鐘生大吕也。申六千五百六十一分者，分黄鐘九寸爲六千五百六十一分，七百二十九爲一寸。分黄鐘八十一分爲六千五百六十一分，八十一爲一分。分黄鐘七百二十九釐爲六千五百六十一分，九爲一釐。分黄鐘六千五百六十一毫爲六千五百六十一分，一爲一毫。四千九十六者，申得四千九十六分。三千六百四十五爲五寸，四百單五爲五分，四十五爲五釐，一爲一毫，計五寸五分五釐一毫，是黄鐘生夷則也。酉一萬九千六百八十三分者，分黄鐘九寸爲一萬九千六百八十三分，二千一百八十七爲一寸。分黄鐘八十一分爲一萬九千六百八十三分，二百四十三爲一分。分黄鐘七百二十九釐爲一萬九千六百八十三分，二十七爲一釐。分黄鐘六千五百六十一毫爲一萬九千六百八十三分，三爲一毫。分黄鐘五萬九千四十九絲爲一萬九千六百八十三分，一爲三絲。八千一百九十二者，酉得八千一百九十二分。六千五百六十一爲三寸，一千四百五十八爲六分，一百六十二爲六釐，九爲三毫，二爲六絲，計三寸六分六釐三毫六絲，爲夾鐘之半管，是黄鐘生夾鐘也。戌五萬九千四十九分者，分黄鐘九寸爲五萬九千四十九分，六千五百六十一爲一寸。分黄鐘八十一分爲五萬九千四十九分，七百二十九爲一分。分黄鐘七百二十九釐爲五萬九千四十九分，八十一爲一釐。分黄鐘六千五百六十一毫爲五萬九千四十九分，九爲一毫。分黄鐘五萬九千四十九絲爲五萬九千四十九分，一爲一絲。三萬二千七百六十八者，戌得三萬二千七百六十八分。二萬六千二百四十四爲四寸，五千八百三十二爲八分，六百四十八爲八釐，三十六爲四毫，八爲八絲，計四寸八分八釐四毫八絲，是黄鐘生無射也。亥一十七萬七千一百四十七分者，分黄鐘九寸爲一十七萬七千一百四十七分，一萬九千六百八十三爲一寸。分黄鐘八十一分爲一十七萬七千一百四十七分，二千一百八十七爲一分。分黄鐘七百二十九釐爲一十七萬七千一百四十七分，二百四十三爲一釐。分黄鐘六千五百六十一毫爲一十七萬七千一百四十七分，二十七爲一毫。分黄鐘五萬九千四十九絲爲一十七萬七千一百四十七分，三爲一絲。黄鐘既有五萬九千四十九絲，每絲九忽，五萬九千四十九箇九忽，該有五十三萬一千四百四十一忽。分黄鐘五十三萬一千四百四十一忽爲一十七萬七千一百四十七分，一爲三忽。六萬五千五百三十六者，亥得六萬五千五百三十六分。五萬九千四十九爲三寸，四千三百七十四爲二分，一千九百四十四爲八釐，一百六十二爲六毫，六爲二絲，一爲三忽，計三寸二分八釐六毫二絲三忽，爲仲吕之半管，是黄鐘生仲吕也。子、寅、辰、午、申、戌六陽辰皆下生，丑、卯、巳、未、酉、亥六陰辰皆上生者，又自十二律三分損益上下相生者言也。

蓋律管相生，陽及長者爲上，陰及短者爲下。子生丑，寅生卯，辰生巳，午生未，申生酉，戌生亥，皆陽生陰，長生短，爲上生下，故曰下生。丑生寅，卯生辰，巳生午，未生申，酉生戌，亥生子，皆陰生陽，短生長，爲下生上，故曰上生也。其上以三歷十二辰皆黄鐘之全數者，蓋子一分，寸則九寸，數則一十七萬七千一百四十七之數，固黄鐘之全數也。至於丑則又三分乎子，寅則九分乎子，卯則二十七分乎子，辰則八十一分乎子，巳則二百四十三分乎子，午則七百二十九分乎子，未則二千一百八十七分乎子，申則六千五百六十一分乎子，酉則一萬九千六百八十三分乎子，戌則五萬九千四十九分乎子，亥則一十七萬七千一百四十七分乎子，即十一辰之分數計之，雖多寡不同，莫不各有九寸、十七萬七千一百四十七之數，故曰皆黄鐘之全數也。其下陰數以倍者，三分本律而損其一。陽數以四者，三分本律而增其一者，亦自十二律三分損益相生者言也。

以陰數以倍者言之，凡物三分去一則爲二，二即倍也。丑二倍子一者，子以一三歷丑，丑該得三爲本律，但本律爲子陽所生，陰比陽宜損一分，故損一分而存其二爲二，此丑二所以倍子一也。然子以一爲九寸，丑以一爲三寸，丑二只得六寸，雖曰倍子，實少子九寸三分之一。然則丑損本律三分之一，即損子律三分之一，蓋丑本律三分之九寸，即子一之九寸，此損丑即所以損子，爲黄鐘下生林鐘也。卯十六倍寅八者，寅以八三歷卯，卯該得二十四爲本律，但本律爲寅陽所生，陰比陽宜損一分，故損一分而存其二爲十六，此卯十六所以倍寅八也。然寅以一爲一寸，卯以三爲一寸，卯十六只得五寸三分，雖曰倍寅，實少寅八寸三分之一。然則卯損本律三分之一，即損寅律三分之一，蓋卯本律二十四之八寸，即寅八之八寸，此損卯即所以損寅，爲太簇下生南吕也。巳一百二十八倍辰六十四者，辰以六十四三歷巳，巳該得一百九十二爲本律。但本律爲辰陽所生，陰比陽宜損一分，故損一分而存其二爲一百二十八，此巳一百二十八所以倍辰六十四也。然辰以九爲一寸，巳以二十七爲一寸，巳一百二十八，只得四寸六分六釐，雖曰倍辰，實少辰七寸一分三分之一。然則巳損本律三分之一，即損辰律三分之一，蓋巳本律一百九十二之七寸一分，即辰六十四之七寸一分，此損巳即所以損辰，爲姑洗下生應鐘也。未一千二十四，倍午五百一十二，爲蕤賓三分損一下生大吕之半管。酉八千一百九十二，倍申四千九十六，爲夷則三分損一下生夾鐘之半管。亥六萬五千五百三十六，倍戌三萬二千七百六十八，爲無射三分損一下生仲吕之半管。其法倣此。

以陽數以四者言之，凡物三分益一則爲四。寅八四丑二者，丑以二三歷寅，寅該得六爲本律。但本律爲丑陰所生，陽比陰宜增一分，故增一分爲八，此寅八所以四丑二也。然丑以一爲三寸，寅以一爲一寸，寅八只得八寸，雖曰四丑，止多丑六寸三分之一。然則寅增本律三分之一，即增丑律三分之一，蓋寅本律六之六寸，即丑二之六寸，此增寅即所以增丑，爲林鐘上生太簇也。辰六十四四卯十六者，卯以十六三歷辰，辰該得四十八爲本律。但本律爲卯陰所生，陽比陰宜增一分，故增一分爲六十四，此辰六十四所以四卯十六也。然卯以三爲一寸，辰以九爲一寸，辰六十四，只得七寸一分，雖曰四卯，止多卯五寸三分三分之一。然則辰增本律三分之一，即增卯律三分之一，蓋辰本律四十八之五寸三分，即卯十六之五寸三分，此增辰即所以增卯，爲南吕上生姑洗也。午五百一十二四巳一百二十八者，巳以一百二十八三歷午，午該得三百八十四爲本律。但本律爲巳陰所生，陽比陰宜增一分，故增一分爲五百一十二，此午五百一十二所以四巳一百二十八也。然巳以二十七爲一寸，午以八十一爲一寸，午五百一十二，只得六寸二分八釐，雖曰四巳，止多巳四寸六分六釐三分之一。然則午增本律三分之一，實增巳律三分之一，蓋午本律三百八十四之四寸六分六釐，即巳一百二十八之四寸六分六釐。此增午即所以增巳，爲應鐘上生蕤賓也。申四千九十六，四未一千二十四，爲大吕半管三分益一上生夷則。戌三萬二千七百六十八，四酉八千一百九十二，爲夾鐘半管三分益一上生無射。其法倣此。六陽辰當位自得者，以隔八相生定位言之，黄鐘子位，太簇寅位，姑洗辰位，蕤賓午位，夷則申位，無射戌位。及其生次之位，黄鐘仍居子，太簇仍居寅，姑洗仍居辰，蕤賓仍居午，夷則仍居申，無射仍居戌，無所移易，故曰當位自得也。六陰辰則居其衝者，以隔八相生定位言之，大吕丑位，夾鐘卯位，仲吕巳位，林鐘未位，南吕酉位，應鐘亥位。及其生次之位，丑未爲衝，大吕丑居未，林鐘未居丑。卯酉爲衝，夾鐘卯居酉，南吕酉居卯。巳亥爲衝，仲吕巳居亥，應鐘亥居巳。是六陰辰又各易位而居其衝也。夫子寅辰午申戌爲陽，丑卯巳未酉亥爲陰者，以小分相間陰陽言也。若論其大分，則自子至巳爲正陽，自午至亥爲正陰。其林鐘、南吕、應鐘既是陰吕，而居未、居酉、居亥，又在大分之正陰，陰得陰位，故無所增損，而自與十二月之氣相應。其大吕、夾鐘、仲吕，雖是陰吕，而居丑、居卯、居巳，乃在大分之正陽。

以陰居陽，必用倍數，方與十二月之氣相應，其故何也？蓋陽氣之升始于子，以漸至亥而窮上反下。反下則又始于子，而循環不窮。其在冬至始升之時，氣之所藴，雖深厚莫測，氣之所至，則距地面九寸。冬至升至大寒，又升五分一釐三毫，距地面八寸三分七釐六毫。大寒升至雨水，又升三分七釐六毫，距地面八寸。雨水升至春分，又升四分五釐一毫六絲，距地面七寸四分三釐七毫三絲。春分升至穀雨，又升三分三釐七毫三絲，距地面七寸一分。穀雨升至小滿，又升四分五釐四絲三忽，距地面六寸五分八釐三毫四絲六忽。小滿升至夏至，又升三分三毫四絲六忽，距地面六寸二分八釐。夏至升至大暑，又升二分八釐，距地面六寸。大暑升至處暑，又升三分三釐八毫，距地面五寸五分五釐一毫。處暑升至秋分，又升二分五釐一毫，距地面五寸三分。秋分升至霜降，又升三分四毫一絲，距地面四寸八分八釐四毫八絲。霜降升至小雪，又升二分二釐四毫八絲，距地面四寸六分六釐。至此則陽盡而一歲所升之數窮矣。故又反下而伏藏地中，爲冬至始升之根也。詳見第十章。是故冬至之氣，距地面九寸，黄鐘候之而應。雨水之氣，距地面八寸，太簇候之而應。穀雨之氣，距地面七寸一分，姑洗候之而應。夏至之氣，距地面六寸二分八釐，蕤賓候之而應。大暑之氣，距地面六寸，林鐘候之而應。處暑之氣，距地面五寸五分五釐一毫，夷則候之而應。秋分之氣，距地面五寸三分，南吕候之而應。霜降之氣，距地面四寸八分八釐四毫八絲，無射候之而應。小雪之氣，距地面四寸六分六釐，應鐘候之而應。獨大寒之氣，距地面八寸三分七釐六毫，大吕必倍其四寸一分八釐三毫爲八寸三分七釐六毫而後應。春分之氣，距地面七寸四分三釐七毫三絲，夾鐘必倍其三寸六分六釐三毫六絲爲七寸四分三釐七毫三絲而後應。小滿之氣，距地面六寸五分八釐三毫四絲六忽，仲吕必倍其三寸二分八釐六毫二絲三忽，爲六寸五分八釐三毫四絲六忽而後應。蓋自子至巳，正陽長陰消之際。陰吕在陽，則隨陽而長。固陰隨陽自然之理。且蕤賓生大吕，夷則生夾鐘，無射生仲吕，乃以大分之正陰生大分之正陽，故(因)[陰]生陽而用益一上生之例，亦陰隨陽自然之理也。然則三吕用倍乃天地自然之數，豈人得而妄加增損於其間哉。竊觀三歷之數，在黄鐘之實，則爲法爲數，而各主乎一事。及其生十一律也，則爲綱爲領，而各極其全體。各主一事者體之常，各極全體者體之變。體之常者，其寸分釐毫絲之數，一定而不易。體之變者，其寸分釐毫絲之數，萬變而不滯。萬變不滯者，所以大化育之本於諸律未生之前，使諸律長短之體咸有所取，一實萬分之象也。一定不易者，所以一長短之度於諸律既生之後，使諸律損益之法，上下可通，萬殊一本之象也。且當位居衝，有娶妻生子之義焉。三吕用倍，有陰隨陽之理焉。及十二律各自爲宫以生五聲二變也，又有君臣民事物尊卑貴賤不相陵犯之道焉。先儒謂黄鐘萬事根本，於此可見其大者，豈直度量衡權受法之類器數之末而已哉。或問三歷之數乃用數也，何以謂之體？曰：此體段之體，非體用之體。以十爲法者，體之體段。以九爲法者，用之體段也。曷相悖耶。曰：當位居衝有妻生子之義，何謂也？曰：假如黄鐘生林鐘，林鐘本居未，却徙居丑以聯次黄鐘，若黄鐘娶以爲配然。是陽得陰，象律娶妻之義也。林鐘作配黄鐘以生太簇，是陰得陽，象吕生子之義也。陽律娶妻所以繼嗣，守祖宗基業，不可舍去，以故當位自得也。陰吕必以身從夫而後生子，且無專制之義，以故易位而居衝也。餘律倣此。曰：林鐘次於黄鐘，太簇次於林鐘，乃是三分損益相生之次第，且以爲有娶妻生子之義是已。其所以隔八相生，何義也？曰：黄鐘三分損一，下生林鐘。林鐘三分益一，上生太簇。黃鐘爲候子月冬至氣之管，林鐘爲候未月大暑氣之管，太簇爲候寅月雨水氣之管，自子至未，自未至寅，皆隔八位，故隔八相生也。餘律倣此。

十二律之實第四

子，黃鐘十七萬七千一百四十七。

按：黃鐘之法，以一萬九千六百八十三爲一寸，二千一百八十七爲一分，二百四十三爲一釐，二十七爲一毫，三爲一絲，一爲三忽，十一律並同。全九寸者，黃鐘有十七萬七千一百四十七之數，寸法計之，得九寸也。半無者，一以十七萬七千一百四十七之數不可分而爲二，又三分損益上下相生之所不及，故亦無所用也。或問何爲相生不及？曰：十二律相役，始于黃鐘，終于仲吕，每一律役六律。本律爲宫，一宫，二徵，三商，四羽，五角，六變宫，七變徵。黃鐘用至蕤賓，林鐘用至大吕，太簇用至夷則，南吕用至夾鐘，姑洗用至無射，應鐘用至仲吕，而正律以窮。下文謂十二律各自爲宫以生五聲二變，其黃鐘、林鐘、太簇、南吕、姑洗、應鐘六律則能具足是已。至蕤賓然後用黃鐘爲變徵，大吕用黃鐘爲變宫，夷則用黃鐘爲角，夾鐘用黃鐘爲羽，無射用黃鐘爲商，仲吕用黃鐘爲徵，六律雖皆役黃鐘，然損益相生所及，只用變律半聲，非復黃鐘舊半聲矣。此其所以最尊而爲君之象。然亦非人所能爲，乃數之自然。他律雖欲役之而不可得也，考相生之法可見。

丑，林鐘十一萬八千九十八。

全六寸者，林鐘得黃鐘全數三分之二，爲十一萬八千九十八，計六寸也。半三寸，不用者，爲本律之宫，固用其全。爲黃鐘之徵，亦用其全。爲仲吕之商，夾鐘之角，大吕之變徵，又用變律之全。爲無射之羽，夷則之變宫，又用變律之半。其正律之半皆無所用也。

寅，太簇十五萬七千四百六十四。

全八寸者，太簇得黃鐘全數九分之八，益林鐘全數三分之一，皆爲十五萬七千四百六十四，計八寸也。半四寸。以上三律，約以寸法，黃鐘九寸，林鐘六寸，太簇八寸，數不零分，故云全寸也。

卯，南吕十萬四千九百七十六。

全五寸三分者，南吕得黃鐘全數二十七分之十六，損太簇全數三分之一，皆爲十萬四千九百七十六。九萬八千四百一十五爲五寸，六千五百六十一爲三分。半二寸六分，不用者，爲本律之宫固用其全。爲太簇之徵，林鐘之商，黃鐘之羽，亦用其全。爲仲吕之角，夾鐘之變徵，又用變律之全。爲無射之變宫，又用變律之半。其正律之半皆無所用也。

辰，姑洗十三萬九千九百六十八。

全七寸一分者，姑洗得黃鐘全數八十一分之六十四，益南吕全數三分之一，皆爲十三萬九千九百六十八。十三萬七千七百八十一爲七寸，二千一百八十七爲一分。半三寸五分。以上二律，約以分法，南吕五寸三分，計四十八分。姑洗七寸一分，計六十四分。數不零釐，故云全分也。

巳，應鐘九萬三千三百一十二。

全四寸六分六釐者，應鐘得黃鐘全數二百四十三分之一百二十八，損姑洗全數三分之一，皆爲九萬三千三百一十二。七萬八千七百三十二爲四寸，一萬三千一百二十二爲六分，一千四百五十八爲六釐。半二寸三分三釐，不用者，爲本律之宫，固用其全。爲姑洗之徵，南吕之商，太簇之羽，林鐘之角，黃鐘之變宫，亦用其全。爲仲吕之變徵，又用變律之全。其正律與變律之半，皆無所用也。

午，蕤賓十二萬四千四百一十六。

全六寸二分八釐者，蕤賓得黃鐘全數七百二十九分之五百一十二，益應鐘全數三分之一，皆爲十二萬四千四百一十六。十一萬八千九十八爲六寸，四千三百七十四爲二分，一千九百四十四爲八釐。半三寸一分四釐。以上二律，約以釐法。應鐘四寸六分六釐，計三百八十四釐。蕤賓六寸二分八釐，計五百一十二釐。數不零毫，故云全釐也。

未，大吕十六萬五千八百八十八。

全八寸三分七釐六毫者，大吕得黃鐘全數二千一百八十七分之一千二十四，損蕤賓全數三分之一，皆爲八萬二千九百四十四。在陽倍爲十六萬五千八百八十八，亦爲蕤賓上生三分益一之數。十五萬七千四百六十四爲八寸，六千五百六十一爲三分，一千七百單一爲七釐，一百六十二爲六毫。半四寸一分八釐三毫。

申，夷則十一萬五百九十二。

全五寸五分五釐一毫者，夷則得黃鐘全數六千五百六十一分之四千九十六，益大吕半數三分之一，損大吕全數三分之一，皆爲十一萬五百九十二。九萬八千四百一十五爲五寸，一萬九百三十五爲五分，一千二百一十五爲五釐，二十七爲一毫。半二寸七分二釐五毫。以上二律，約以毫法。大呂八寸三分七釐六毫，計六千一百四十四毫。夷則五寸五分五釐一毫，計四千九十六毫。數不零絲，故云全毫也。

酉，夾鐘十四萬七千四百五十六。

全七寸四分三釐七毫三絲者，夾鐘得黃鐘全數一萬九千六百八十三分之八千一百九十二，損夷則全數三分之一，皆爲七萬三千七百二十八。在陽倍爲十四萬七千四百五十六，亦爲夷則上生三分益一之數。十三萬七千七百八十一爲七寸，八千七百四十八爲四分，七百二十九爲三釐，一百八十九爲七毫，九爲三絲。半三寸六分六釐三毫六絲。

戌，無射九萬八千三百四。

全四寸八分八釐四毫八絲者，無射得黃鐘全數五萬九千四十九分之三萬二千七百六十八，益夾鐘半數三分之一，損夾鐘全數三分之一，皆爲九萬八千三百單四。七萬八千七百三十二爲四寸，一萬七千四百九十六爲八分，一千九百四十四爲八釐，一百單八爲四毫，二十四爲八絲。半二寸四分四釐二毫四絲。以上二律，約以絲法。夾鐘七寸四分三釐七毫三絲，計四萬九千一百五十二絲。無射四寸八分八釐四毫八絲，計三萬二千七百六十八絲。數不零忽，故云全絲也。

亥，仲呂十三萬一千七十二。

全六寸五分八釐三毫四絲六忽者，仲呂得黃鐘全數十七萬七千一百四十七分之六萬五千五百三十六，在陽倍爲十三萬一千七十二，亦爲無射上生三分益一之數。十一萬八千九十八爲六寸，一萬九百三十五爲五分，一千九百四十四爲八釐，八十一爲三毫，十二爲四絲，二爲六忽。半三寸二分八釐六毫二絲三忽。上十一律，其數皆可三分。至仲呂之實十三萬一千七十二，以三分之，不盡二筭，其數不行，此律所以止於十二也。

變律第五

十二律各自爲宮，以生五聲二變。其黃鐘、林鐘、太簇、南呂、姑洗、應鐘六律，則能具足。義見上章。至蕤賓、大呂、夷則、夾鐘、無射、仲呂六律，則取黃鐘、林鐘、太簇、南呂、姑洗、應鐘者，言蕤賓爲宮，取黃鐘爲變徵；大呂爲宮，取黃鐘爲變宮，林鐘爲變徵；夷則爲宮，取黃鐘爲角，林鐘爲變宮，太簇爲變徵；夾鐘爲宮，取黃鐘爲羽，林鐘爲角，太簇爲變宮，南呂爲變徵；無射爲宮，取黃鐘爲商，林鐘爲羽，太簇爲角，南呂爲變宮，姑洗爲變徵；仲呂爲宮，取黃鐘爲徵，林鐘爲商，太簇爲羽，南呂爲角，姑洗爲變宮，應鐘爲變徵也。六律之聲，少下不和，故有變律者。蓋樂聲之和，在於三分損益。蕤賓下六律各自爲宮，取黃鐘上六律爲商角徵羽變宮變徵，過接之時，黃鐘上六律稍長，蕤賓下六律稍短，或全或半，皆不合三分損益之數。惟上六律稍長，不合下六律三分損益之數，由是其聲少下而不和矣。故必變其上六律，使少短而與下六律適也。變律者，其聲近正，而少高於正律者。如黃鐘變半律四寸三分八釐五毫三絲一忽，近正半律之四寸四分有奇而少短。變全律可類推。林鐘變全律五寸八分二釐四毫一絲一忽三初，近正律六寸而少短。變半律可類推，其餘四變律倣此。惟六變律稍短而與下六律適，以合乎三分損益之數，故其聲少高於正律，而與下六律和也。變律止於六者，以數至應鐘而窮。然至此則十二律七聲循環相役已遍，莫非天然自有之分限也。京房不知變律之數止於六者出於自然，不可復加，雖強加之亦無所用，故仲呂再生，別名執始，以轉生四十八律。其三分損益不盡之筭，或棄或增，破壞自然之數已甚，尚得謂之律乎？或問三分損益以相生，律呂之大情也。下六律役上六律，不合上六律本然損益之數何也？曰：律呂之數，往而不返故也。蓋十一律皆黃鐘九寸一氣損益之變，其管自長而漸短，不能自短而復長。且如黃鐘首下生林鐘，林鐘首上生太簇，太簇比黃鐘已短一寸，則其餘以漸而短可知矣。惟其以漸而短，是以相役之道皆自上而下，不能自下而上。以上律役下律，或全或半，皆順而和。以下律役上律，或全或半，皆戾而不和，故六律之變，皆三分損益自然之降殺。所以然者，蓋冬氣之至，以漸而出地面，故黃鐘以下諸律亦以漸而短以候之。律呂所以妙者，正以其數合天地自然之氣，故其聲合天地自然之聲。何承天、劉焯之徒，不察此理，乃欲增林鐘以下十一律之分，使至仲呂再生黃鐘，還得一十七萬七千一百四十七之數，如此則惟黃鐘一律應子月之氣，其十一律皆不應十一月之氣矣。尚得謂之律乎？尚可以爲樂乎？

黃鐘十七萬四千七百六十二。小分四百八十六。

全八寸七分八釐一毫六絲二忽，不用。半四寸三分八釐五毫三絲一忽。

按：仲呂六寸五分八釐三毫四絲六忽，雖可三分益一再生黃鐘變律之八寸七分八釐一毫六絲二忽，但仲呂之實十三萬一千七十二，以三分之，不盡二筭，數不可行，當有以通之。通之云者，謂別立其法，使其不可三分之二筭，亦得以三分之也。通之之法柰何？上律當變以適下律五聲二變之用者，黄鐘、林鐘、太簇、南吕、姑洗、應鐘六律也。律當變者有六，故置一而六次三之，一次三其一得三，二次三其三得九，以次三其九得二十七，四次三其二十七得八十一，五次三其八十一得二百四十三，六次三其二百四十三，得七百二十九。却以七百二十九因仲吕之實十三萬一千七十二，乃是七百二十九箇十三萬一千七十二，得九千五百五十五萬一千四百八十八，爲仲吕之數。却以七百二十九歸之，每除七百二十九爲仲吕之一，除盡九千五百五十五萬一千四百八十八，得十三萬一千七十二仲吕之原數，至此則數可三分矣。然後以仲吕九千五百五十五萬一千四百八十八之數分爲三分，每分得三千一百八十五萬四百九十六，益一分上生黄鐘，得一萬二千七百四十萬一千九百八十四，爲黄鐘之數。却以七百二十九歸之，每除七百二十九爲黄鐘之一，除至一萬二千七百四十萬一千四百九十八，得十七萬四千七百六十二爲大分，以從十二正律之數。餘四百八十六爲小分。大分十七萬四千七百六十二，十五萬七千四百六十四爲八寸，一萬五千三百單九爲七分，一千九百四十四爲八釐，二十七爲一毫，十八爲六絲，小分四百八十六爲二忽，計八寸七分八釐一毫六絲二忽，以合仲吕六寸五分八釐三毫四絲六忽，三分益一再生黄鐘之數。取其半律之四寸三分八釐五毫三絲一忽，以爲仲吕之徵。不用全者，以役黄鐘之律，無長於此者也。下全律不用者義同。且黄鐘，君也。或問黄鐘一爲三忽，此又以小分之四百八十六爲二忽，多寡不侔何也？曰：小分與大分不同，大分以七百二十九爲一，小分乃大分一之餘，以一爲一。小分之四百八十六只是三分七百二十九之二，即三分大分一之二也。夫大分以七百二十九爲一，則七百二十九爲三忽，則四百八十六爲二忽，二百四十三爲一忽，又可知矣。曰：以七百二十九爲一者，惟變律爲然，恐正律本無此數也。曰：若置十二正律之實，以七百二十九因之，復以七百二十九歸之，則十二正律亦無不以七百二十九爲一者矣。曰：黄鐘以下六變律，其餘分之爲忽初與秒，皆不在大分數内，棄而不紀可乎？曰：何可棄也。蓋蕤賓下六律各自爲宫，取黄鐘六變律爲五聲二變，其黄鐘六變律之忽初與秒，皆蕤賓下六律過接時，三分損益一定不易之數。若以餘分不在大分數内，遂棄而不紀，則忽初與秒，又將何以爲數乎。洪纖高下，能保其不相奪倫乎？且律而可增可棄，乃人爲之私，又豈天地自然之數乎？

林鐘十一萬六千五百八。小分三百二十四。

全五寸八分二釐四毫一絲一忽三初。半二寸八分五釐六毫五絲六初。

以黄鐘未歸之一萬二千七百四十萬一千九百八十四分爲三分，每分得四千二百四十六萬七千三百二十八，損一分下生林鐘，得八千四百九十三萬四千六百五十六。以七百二十九歸之，每除七百二十九爲林鐘之一，除至八千四百九十三萬四千三百三十二，得十一萬六千五百單八爲大分，以從十二正律之數。餘三百二十四爲小分。大分十一萬六千五百單八，九萬八千四百一十五爲五寸，一萬七千四百九十六爲八分，四百八十六爲二釐，一百單八爲四毫，三爲一絲。小分三百二十四，二百四十三爲一忽，八十一爲三初。一忽九初，以一忽之二百四十三分爲九分，每二十七爲一初，三初計八十一。計五寸八分二釐四毫一絲一忽三初。半二寸八分五釐六毫五絲六初。

太簇十五萬五千三百四十四。小分四百三十二。

全七寸八分二毫四絲四忽七初，不用。半三寸八分四釐五毫六絲六忽八初。以林鐘未歸之八千四百九十三萬四千六百五十六分爲三分，每分得二千八百三十一萬一千五百五十二，益一分上生太簇，得一萬一千三百二十四萬六千二百單八。以七百二十九歸之，每除七百二十九爲太簇之一，除至一萬一千三百二十四萬五千七百七十六，得十五萬五千三百四十四爲大分，以從十二正律之數。餘四百三十二爲小分。大分十五萬五千三百四十四，十三萬七千七百八十一爲七寸，一萬七千四百九十六爲八分，五十四爲二毫，十二爲四絲，一爲三忽。小分四百三十二，二百四十三爲一忽，一百八十九爲七初。計七寸八分二毫四絲四忽七初。半三寸八分四釐五毫六忽八初。

南吕十萬三千五百六十三。小分四十五。

全五寸二分三釐一毫六絲一初六秒。半二寸五分六釐七絲四忽五初三秒。

以太簇未歸之一萬一千三百二十四萬六千二百單八分爲三分，每分得三千七百七十四萬八千七百三十六，損一分下生南吕，得七千五百四十九萬七千四百七十二。以七百二十九歸之，每除七百二十九爲南吕之一，除至七千五百四十九萬七千四百二十七，得十萬三千五百六十三爲大分，餘四十五爲小分。大分十萬三千五百六十三，九萬八千四百一十五爲五寸，四千三百七十四爲二分，七百二十九爲三釐，二十七爲一毫，十八爲六絲。小分四十五，二十七爲一初，十八爲六秒，一初九秒，以一初之二十七分爲九分，每三爲一秒，十八計六秒。半二寸五分六釐七絲四忽五初三秒。

姑洗十三萬八千八十四。小分六十。

全七寸一釐二毫二絲二初二秒，不用。半三寸四分五釐一毫一絲一初一秒。以南吕未歸之七千五百四十九萬七千四百七十二分爲三分，每分得二千五百十六萬五千八百二十四，益一分上生姑洗，得一萬六十六萬三千二百九十六。以七百二十九歸之，每除七百二十九爲姑洗之一，除至一萬六十六萬三千二百三十六，得十三萬八千八十四爲大分，以從十二正律之數。餘六十爲小分。大分十三萬八千八十四，十三萬七千七百八十一爲七寸，二百四十三爲一釐，五十四爲二毫，六爲二絲。小分六十，五十四爲二初，六爲二秒。計七寸一釐二毫二絲二初二秒。半三寸四分五釐一毫一絲一初一秒。

應鐘九萬二千五十六。小分四十。

全四寸六分七毫四絲三忽一初四秒。半二寸三分三毫六絲六忽六秒彊，不用。以姑洗未歸之一萬六十六萬三千二百九十六分爲三分，每分得三千三百五十五萬四千四百三十二，損一分下生應鐘，得六千七百十萬八千八百六十四。以七百二十九歸之，每除七百二十九爲應鐘之一，除至六千七百十萬八千八百二十四，得九萬二千五十六爲大分，以從十二正律之數。餘四十爲小分。大分九萬二千五十六，七萬八千七百三十二爲四寸，一萬三千一百二十二爲六分，一百八十九爲七毫，十二爲四絲，一爲三忽。小分四十，二十七爲一初，十二爲四秒，餘一筭。半二寸三分三毫六絲六忽六秒彊，不用。解見正律。應鐘之實六千七百一十萬八千八百六十四，以三分之，又不盡一筭，數又不可行，此變律之所以止於六也。變律非正律，故不爲宫也。愚按：變律不爲宫，所以異於正律，故變律之數至應鐘而窮。僅足爲蕤賓六正律五聲二變之用而已。此律吕正變貴賤之别也。京房轉生四十八律，非特破壞自然之數，且以變律爲宫矣。貴賤何以别乎？或曰：變律首於黄鐘，黄鐘君也，爲宫亦何傷哉？曰：黄鐘雖君，然既變其本體以半律爲蕤賓六正律之役，則不復可以爲宫矣。古之天子，能盡君道而不失其常，則四海戴之爲元后，苟或一旦失道而變其常，則衆叛親離，誰以爲君？其斯之謂與。

葛中選《太律》卷七

太律數·損倍數

元數一十七萬七千一百四十七。宫。宫，黄鐘。

一損一十一萬八千零九十八。徵。宫林鍾，徵黄鍾。

二損七萬八千七百三十二。徵林鍾。

一自倍一十五萬七千四百六十四。商。宫太簇，商黄鍾。

三損五萬二千四百八十八。

一自倍一十萬四千九百七十六。羽。宫南吕，商林鍾，徵太簇，羽黄鍾。

四損三萬四千九百九十二。

一自倍六萬九千九百八十四。徵南吕，羽林鍾。

二自倍一十三萬九千九百六十八。角。宫姑洗，商太簇，角黄鍾。

五損二萬三千三百二十八。

一自倍四萬六千六百五十六。

二自倍九萬三千三百一十二。和。宫應鍾，商南吕，角林鍾，徵姑洗，羽太簇，華黄鍾。

六損一萬五千五百五十二。

一自倍三萬一千一百零四。

二自倍六萬二千二百零八。徵應鍾，羽南吕，和林鍾。

三自倍一十二萬四千四百一十。宫蕤賓，商姑洗，角太簇。

七損一萬零三百六十八。

一自倍二萬零七百三十六。

二自倍四萬一千四百七十二。

三自倍八萬二千九百四十四。商應鍾，角南吕，徵蕤賓，羽姑洗，和太簇。

再四自倍一十六萬五千八百八十八。宫大吕。

八損六千九百一十二。

一自倍一萬三千八百二十四。

二自倍二萬七千六百四十八。

三自倍五萬五千二百九十六。羽應鍾，和南吕。

四自倍一十一萬零五百九十二。宫夷則，商蕤賓，角姑洗，徵大吕。

九損四千六百零八。

一自倍九千二百一十六。

二自倍一萬八千四百三十二。

三自倍三萬六千八百二十八。

四自倍七萬三千七百二十八。角應鍾，徵夷則，羽蕤賓，華姑洗。

再四自倍一十四萬七千四百五十六。宮夾鍾，商太呂。
十損三千零七十二。
一自倍六千一百四十四。
二自倍一萬二千二百八十八。
三自倍二萬四千五百七十六。
四自倍四萬九千一百五十二。和應鍾。
五自九萬八千三百零四。宮無射，商夷則，角蕤賓，徵夾鍾，羽大呂。
十一損二千零四十八。
一自倍四千零九十六。
二自倍一萬六千三百八十四。
三自倍一萬六千三百八十四。
四自倍三萬二千七百六十八。
五自倍六萬五千五百三十六。宮仲呂，徵無射，羽夷則，華蕤賓。
再六自倍一十三萬一千零六十九。小三三二四。商夾鍾，角大呂。
十二損一千三百六十五。小三三三三。
一自倍二千七百三十。小六六六六。
二自倍五千四百六十一小三三三三。
三自倍一萬零九百二十二小六六六六。
四自倍二萬一千八百四十五。小三三三三。
五自倍四萬三千六百九十。小六六六六。
六自倍八萬七千零三十一。小三三三二一。商無射，角夷則，徵仲呂，羽夾鍾，和大呂。
十三損九百一十。小二二二二。
一自倍一千八百二十。小四四四四。
二自倍三千六百四十。小八八八八。
三自倍七千二百八十一。小七七七七。
四自倍一萬四千五百六十三。小五五五五。
五自倍二萬九千二百五十四。小一一一〇。
六自倍五萬八千二百五十四。小二二二〇。羽無射，華夷則。
再七自倍一十一萬六千五百零八。小四四四三。商仲呂，角夾鍾。

十四損六百零六。小八一四八。
一自倍一千二百一十三。小六二九六。
二自倍二千四百二十七。小二五九二。
三自倍四千八百五十四。小五一八五。
四自倍九千七百零九。小〇三七〇。
五自倍一萬九千四百一十八。小〇七四〇。
六自倍三萬八千八百三十六。小一四八一。
七自倍七萬七千六百七十二。小二九六二。角無射，羽仲呂，華夾鍾。
十五損四百零四。小五四三二。
一自倍八百零九。小八六四。
二自倍一千六百一十八。小一七二八。
三自倍三千二百三十六。小三四五六。
四自倍六千四百七十二。小六九一三。
五自倍一萬二千九百四十五。小三八二七。
六自倍二萬五千八百九十。小七六五四。
七自倍五萬一千七百八十一。小五三〇八。華無射。
再八自倍一十萬三千五百六十二。小〇六一六。角仲呂。
十六損二百六十九。小六九五四。
一自倍五百三十九。小三九〇八。
二自倍一千零七十八。小七八一六。
三自倍二千一百五十七。小五六三二。
四自倍四千三百一十五。小一二六四。
五自倍八千六百三十。小二五二八。
六自倍一萬七千二百六十。小五〇五六。
七自倍三萬四千五百二十一。小〇一一二。
八自倍六萬九千零四十二。小〇二二四。華仲呂。
其法皆三損一自倍之。
又 音之律數·宮
宮之黄鍾一十七萬七千一百四十七。一。
宮之大呂十六萬五千八百八十八。八。

宮之太簇十五萬七千四百六十四。三。
宮之夾鍾十四萬七千四百五十六。十。
宮之姑洗十三萬九千九百六十八。五。
宮之仲呂十三萬一千零七十二。十二。
宮之蕤賓十二萬四千四百一十六。七。
宮之林鍾十一萬八千零九十六。二。
宮之夷則十一萬五千八百八十八。九。
宮之南呂十萬四千九百七十六。四。
宮之無射九萬八千三百零四。十一。
宮之應鍾九萬三千三百一十二。六。

又 音之律數・商

商之黄鍾十五萬七千四百六十四。合宫太。一。
商之大呂十四萬七千四百五十六。八。
商之太簇十三萬九千九百六十八。合宫姑。三。
商之夾鍾十三萬一千零七十二。十。
商之姑洗十二萬四千四百一十六。合宫蕤。五。
商之仲呂十一萬六千五百零八。小四四三二。世名林變。十二。
商之蕤賓十一萬零五百九十二。變爲益。七。
商之林鍾十萬四千九百七十六。合宫南。二。
商之夷則九萬八千三百零四。九。
商之南呂九萬三千三百一十二。合宫應。四。
商之無射八萬七千三百八十一。小三三二四。世名黄變半。十一。
商之應鍾八萬二千九百四十四。合角南及宫。大半。六。

又 音之律數・角

角之黄鍾十三萬九千九百六十八。合宫姑。
角之大呂十三萬一千零六十九。小三三二四。八。
角之太簇十二萬四千四百一十六。合宫蕤。三。
角之夾鍾一十一萬六千五百零六。小〇七三二七。十。
角之姑洗十一萬零五百九十二。合宫夷。五。
角之仲呂一十萬三千五百六十零。小九五三九。世名南變。十二。
角之蕤賓九萬八千三百零二。七。
角之林鍾九萬三千三百一十二。合宫應。二。
角之夷則八萬七千三百七十九。小五五四九。九。
角之南呂八萬二千九百四十四。合商應爲宫。大半見前。四。
角之無射七萬七千六百七十零七。小一五四六。十一。
角之應鍾七萬三千七百二十八。六。

又 音之律數・徵

徵之黄鍾十一萬八千零九十八。合宫林。一。
徵之大呂一十一萬零五百九十二。八。
徵之太簇一十萬零四千九百七十六。合宫南。二。
徵之夾鍾九萬八千三百零四。十。
徵之姑洗九萬三千二百一十二。合宫應。五。
徵之仲呂八萬七千三百八十一。小三三三一。十二。
徵之蕤賓八萬二千九百四十四。
徵之林鍾七萬八千七百三十二。爲宫太半。一。
徵之夷則七萬三千七百二十八。合宫夾半。
徵之南呂六萬九千九百八十四。爲宫姑半。四。
徵之無射六萬五千五百三十六。合宫仲半。十一。
徵之應鍾六萬二千二百零八。六。

又 音之律數・羽

羽之黄十萬四千九百七十六。宫南。二。
羽之大呂九萬八千三百零四。八。
羽之太簇九萬三千三百一十二。宫應。
羽之夾鍾八萬七千三百八十一。小三三三。十。
羽之姑洗八萬二千九百四十四。合商應及宫大半。五。
羽之仲呂七萬七千六百七十二。小二九六一。十二。
羽之蕤賓七萬三千七百二十八。七。
羽之林鍾六萬九千九百八十四。合徵姑及姑宫半。二。
羽之夷則六萬五千五百三十六。九。
羽之南呂六萬二千二百零八。合徵應及宫蕤半。四。

羽之無射五萬八千二百五十四。小二二二一。十一。
羽之應鍾五萬五千二百九十六。合宫夷半及華南。六。

又 和華五音之和

和之黄鍾九萬三千三百一十二。合宫應。
和之大吕八萬七千三百八十一。小三三三一。八。
和之太簇八萬二千九百四十四。合商應及宫大半。三。
和之夾鍾七萬七千六百七十二。小二九六一。十。
和之姑洗七萬三千七百二十八。合徵夷及宫夾半。五。
和之仲吕六萬九千零四十二。小〇四〇九。十二。
和之蕤賓六萬五千五百三十六。七。
和之林鍾六萬二千二百零八。合徵應及宫蕤半。二。
和之夷則五萬八千二百五十四。小二二二一。九。
和之南吕五萬五千二百九十六。合羽應及宫夷半。四。
和之無射五萬一千七百八十一。小五三〇七。十一。
和之應鍾四萬九千一百五十二。六。
以上共七十二聲，其變則二十七。二十七者，三九也。

又 律之音數・宫每律七變具六十四聲。

黄鍾之宫十七萬七千一百四十七，正平四，出入遲，疾也。
半之八萬八千五百七十三五，正上四，昌平四。
半之四萬四千二百八十六七五，正去四，昌上四，通平四。
半之二萬二千一百四十三三七五，正入四，昌去四，通上四，元平四。
半之一萬一千零七十一六八七五，昌入四，通去四，元上四。
半之五千五百三十五八四三七五，通入四，元去四。
半之二千七百六十七九二一八七五。元入四。
大吕之宫十六萬五千八百八十八，
半之八萬二千九百四十四，
半之四萬一千四百七十二，
半之二萬零七百三十六，
半之一萬零三百六十八，
半之五千一百八十四，
半之二千五百九十二。
太簇之宫十五萬七千四百六十四，
半之七萬八千七百三十二，
半之三萬九千三百六十六，
半之一萬九六百八十三，
半之九千八百四十一五，
半之四千九百二十零七五，
半之二千四百六十零三七五。
夾簇之宫十四萬七千四百五十六，
半之七萬三千七百二十八，
半之三萬六千八百六十四，
半之一萬八千四百三十二，
半之九千二百一十六，
半之四千六百零八，
半之二千三百零四。
姑洗之宫十三萬九千九百六十八，
半之六萬九千九百八十四，
半之三萬四千九百九十二，
半之一萬七千四百九十六，
半之八千七百四十八，
半之四千三百七十四，
半之二千一百八十七。
仲吕之宫十三萬一千零七十二，
半之六萬五千五百三十六，
半之三萬二千七百六十八，
半之一萬六千三百八十四，
半之八千一百九十二，
半之四千零九十六，
半之二千零四十八。
蕤賓之宫十二萬四千四百一十六，

半之六萬二千二百零八，
半之三萬一千一百零四，
半之一萬五千五百五十二，
半之七千七百七十六，
半之三千八百八十八，
半之一千九百四十四。
林鍾之宮十一萬七千一百四十七，
半之五萬八千五百七十三五，
半之二萬九千二百八十六七五，
半之一萬四千六百四十三三七五，
半之七千三百二十一六八七五，
半之三千六百六十零八四三七五，
半之一千八百三十零四二一八七五。
夷則之宮十一萬零五百九十二，
半之五萬五千二百九十六，
半之二萬七千六百四十八，
半之一萬三千八百二十四，
半之六千九百一十二，
半之三千四百五十六，
半之一千七百二十八。
南呂之宮十萬四千九百七十六，
半之五萬二千四百八十八，
半之二萬六千二百四十四，
半之一萬三千一百二十二，
半之六千五百六十一，
半之三千二百八十零五，
半之一千六百四十零二五。
無射之宮九萬八三百零四，
半之四萬九千一百五十二，
半之二萬四千五百七十六，
半之一萬二千二百八十八，
半之六千一百四十四，
半之三千零七十二，
半之一千五百三十六。
應鍾之宮九萬三千三百一十二，
半之四萬六千六百五十六，
半之二萬三千三百二十八，
半之一萬一千六百六十四，
半之五千八百三十二，
半之二千九百一十六，
半之一千四百五十八。

又 律之音數・商

黃鍾之商十五萬七千四百六十四，同宮大。
半之七萬八千七百三十二，
半之三萬九千三百六十六，
半之一萬九千六百八十三，
半之九千八百四十一五，
半之四千九百二十零七五，
半之二千四百六十零三七五。
大呂之商十四萬七千四百五十六。同宮夾。
太簇之商十三萬九千九百六十八。同宮姑。
夾鍾之商十三萬一千零七十二，
半之六萬五千五百三十六，
半之三萬二千七百六十八，
半之一萬六千三百八十四，
半之八千一百九十二，
半之四千零九十六，
半之二千零四十八。
姑洗之商十二萬四千四百一十六。同宮蕤。
仲呂呂之商十一萬六千五百零七零四，世名林變。

半之五萬八千二百五十三五二，
半之二萬九千一百二十六七六，
半之一萬四千五百六十三三八，
半之七千二百八十一六九，
半之三千六百四十零八四五，
半之一千八百二十零四二二五。
蕤賓之商十一萬零五百九十二，
半之五萬五千二百九十六，
半之二萬七千六百四十八，
半之一萬三千八百二十四，
半之六千九百一十二，
半之三千四百五十六，
半之一千七百二十八。
林鍾之商十萬四千九百七十六。同宫南。
夷則之商九萬八千三百零四，
半之四萬九千一百五十二，
半之二萬四千五百七十六，
半之一萬二千二百八十八，
半之六千一百四十四，
半之三千零七十二，
半之一千五百三十六。
南吕之商九萬三千三百一十二。同宫應。
無射之商八萬七千三百八十一，小二四，世名黄變半。
半之四萬三千六百九十零六二，
半之二萬一千八百四十五三一，
半之一萬零九百二十二六五五，
半之五千四百六十一三二七五，
半之二千七百三十零六六三七五，
半之一千三百六十五三三一八七五。
應鍾之商八萬二千九百四十四，同宫大半及角南加一半，折爲六百四十八。

半之四萬一千四百七十二，
半之二萬零七百三十六，
半之一萬零三百六十八，
半之五千一百八十四，
半之二千五百九十二，
半之一千二百九十六。

又 律之音數·角

黄鍾之角十三萬九千九百六十八。同宫姑。
大吕之角十三萬一千零六十九。小三三二四。
半之六萬五千五百三十四，小六六六二。
半之三萬二千七百六十七，小三三三一。
半之一萬六千三百八十三，小六六六五。
半之八千一百九十一，小八三三二。
半之四千零九十五，小九一六六。
半之二千零四十七。小九五八三。
太簇之角十二萬四千四百一十六。合宫蕤。
夾鍾之角一十一萬六千五百零六，小零七三二。
半之五萬八千二百五十三，小零三六六。
半之二萬九千一百二十六，小五一八三。
半之一萬四千五百六十三，小二五九一。
半之七千二百八十一，小六二九五。
半之三千六百四十零，小八一四七。
半之一千八百二十零。小四零七三。
姑洗之角一十一萬零五百九十二。合宫夷。
仲吕之角一十萬零三千五百六十零，小九五三九。
半之五萬一千七百八十零，小四七六九。
半之二萬五千八百九十零，小二三八四。
半之一萬二千九百四十五，小一一九二。
半之六千四百七十二，小五五九六。
半之三千二百三十六，小二七九八。

半之一千六百一十八。小一三九九。
蕤賓之角九萬八千三百零二，
半之四萬九千一百五十一，
半之二萬四千五百七十五，小五。
半之一萬二千二百八十七，小七五。
半之六千一百四十三，小八七五。
半之三千零七十一，小九三七五。
半之一千五百三十五。小九六八七。
林鍾之角九萬三千三百一十二。合宫應。
夷則之角八萬七千三百七十九，小五五四九。
半之四萬三千六百八十九，小七七七四。
半之二萬一千八百四十四，小八八八七。
半之一萬零九百二十二，小四四四三。
半之五千四百六十一，小二二二一。
半之二千七百三十零，小六一一零。
半之一千三百六十五。小三零五五。
南吕之角八萬二千九百四十四。合商應爲宫大半。
無射之角七萬七千六百七十零七，小一五四六。
半之三萬八千八百三十五，小三五七七。
半之一萬九千四百一十七，小六七八八。
半之九千七百零八，小八三九四。
半之四千八百五十四，小四一九七。
半之二千四百二十七，小二零九八。
半之一千二百一十三。小六零四九。
應鍾之角七萬三千七百二十八，
半之三萬六千八百六十四，
半之一萬八千四百三十二，
半之九千二百一十六，
半之四千六百零八，
半之二千三百零四，
半之一千一百五十二。

又　律之音數·徵

黄鍾之徵一十一萬八千零九十八。合宫林。
大吕之徵一十一萬零五百九十二，
半之五萬五千二百九十六，
半之二萬七千六百四十八，
半之一萬三千八百二十四，
半之六千九百一十二，
半之三千四百五十六，
半之一千七百二十八。
太簇之徵一十萬零四千九百七十六。合宫南。
夾鍾之徵九萬八千三百零四，
半之四萬九千一百五十二，
半之二萬四千五百七十六，
半之一萬二千二百八十八，
半之六千一百四十四，
半之三千零七十二，
半之一千五百三十六。
姑洗之徵九萬三千二百一十二。合宫應。
仲吕之徵八萬七千三百八十一，小三三三一。
半之四萬三千六百九十零，小六六六五。
半之二萬一千八百四十五，小三三三二。
半之一萬零九百二十二，小六六六六。
半之五千四百六十一，小三三三三。
半之二千七百三十零，小六六六六。
半之一千三百六十五，小三三三三。
蕤賓之徵八萬二千九百四十四，
半之四萬一千四百七十二，
半之二萬零七百三十六，
半之一萬零三百六十八，

半之五千一百八十四，
半之二千五百九十二，
半之一千二百九十六。
林鍾之徵七萬八千七百三十二。爲宫太半。
夷則之徵七萬三千七百二十八。合宫夾半。
南呂之徵六萬九千九百八十四。爲公姑半。
無射之徵六萬五千五百三十六。合宫仲半。
應鍾之徵六萬二千二百零八，
半之三萬一千一百零四，
半之一萬五千五百五十二，
半之七千七百七十六，
半之三千八百八十八，
半之一千九百四十四，
半之九百七十二。

又 律之音數・羽

黄鍾之羽一十萬零四千九百七十六。宫南。
大呂之羽九萬八千三百零四，
半之四萬九千一百五十二，
半之二萬四千五百七十六，
半之一萬二千二百八十八，
半之六千一百四十四，
半之三千零七十二，
半之一千五百三十六。
太簇之羽九萬三千三百一十二。宫應。
夾鍾之羽八萬七千三百八十一，小三三三一。
半之四萬三千六百九十零，小六六六五。
半之二萬一千八百四十五，小三三三二。
半之一萬零九百二十二，小六六六六。
半之五萬四千六百一十三，小三三三二。
半之二萬七千二百零六，小六六六五。
半之一萬三千六百五十三，小三三三二。
姑洗之羽八萬二千九百四十四。合商應及宫大半。
仲呂之羽七萬七千六百七十二，小二九六一。
半之三萬八千八百三十六，小一四八零。
半之一萬九千四百一十八，小零七四零。
半之九千七百零九，小零三七零。
半之四千八百五十四，小五一八五。
半之二千四百二十七，小二五九二。
半之一千二百一十三。小六二九六。
蕤賓之羽七萬三千七百二十八，
半之三萬六千八百六十四，
半之一萬八千四百三十二，
半之九千二百一十六，
半之四千六百零八，
半之二千三百零四，
半之一千一百五十二。
林鍾之羽六萬九千九百八十四。合徵姑及宫姑半。
夷則之羽六萬五千五百三十六，
半之三萬二千七百六十八，
半之一萬六千三百八十四，
半之八千一百九十二，
半之四千零九十六，
半之二千零四十八，
半之一千零二十四。
南呂之羽六萬二千二百零八。合徵應及宫蕤半。
無射之羽五萬八千二百五十四，小二二二一。
半之二萬九千一百二十七，小一一一零。
半之一萬四千五百六十三，小五五五五。
半之七千二百八十一，小七七七七。
半之三千六百四十零，小八八八八。

半之一千八百二十零，小四四四四。
半之九百一十零。小二二二二。
應鍾之羽五萬五千二百九十六，合宮夷半及華南。
半之二萬七千六百四十八，
半之一萬三千八百二十四，
半之六千九百一十二，
半之三千四百五十六，
半之一千七百二十八，
半之八百六十四。

又 和華

黃鍾之和九萬三千三百一十二。合宮應。
大吕之和八萬七千三百八十一，小三三三一。
半之四萬三千六百九十零，小六六六五。
半之二萬一千八百四十五，小三三三二。
半之一萬零九百二十二，小六六六六。
半之五千四百六十一，小三三三三。
半之二千七百三十零，小六六六六。
半之一千三百六十五。小三三三三。
太簇之和八萬二千九百四十四。合商應及宮大半。
夾鍾之和七萬七千六百七十二，小二九六一。
半之三萬八千八百三十六，小一四八零。
半之一萬九千四百一十八，小零七四零。
半之九千七百零九，小零三七零。
半之四千八百五十四，小五一八五。
半之二千四百二十七，小二五九二。
半之一千二百一十三。小六二九六。
姑洗之和七萬三千七百二十八。合徵夷及宮夾半。
仲吕之和六萬九千零四十二，小零四零九。
半之三萬四千五百二十一，小零二零四。
半之一萬七千二百六十零，小五一零一。
半之八千六百三十零，小二五五一。
半之四千三百一十五，小一二七五。
半之二千一百五十七，小五六三七。
半之一千零七十八。小七八一八。
蕤賓之和六萬五千五百三十六，
半之三萬二千七百六十八，
半之一萬六千三百八十四，
半之八千一百九十二，
半之四千零九十六，
半之二千零四十八，
半之一千零二十四。
林鍾之和六萬二千二百零八。合徵及宮蕤半。
夷則之和五萬八千二百五十四，小二二二一。
半之二萬九千一百二十七，小一一一零。
半之一萬四千五百六十三，小五五五五。
半之七千二百八十一，小七七七七。
半之三千六百四十零，小八八八八。
半之一千八百二十零，小四四四四。
半之九百一十零。小二二二二。
南吕之和五萬五千二百九十六。合羽應及宮夷半。
無射之和五萬一千七百八十一，小五三零七。
半之二萬五千八百九十零，小七六五六。
半之一萬二千九百四十五，小三八二六。
半之六千四百七十二，小六九一三。
半之三千二百三十六，小三四五六。
半之一千六百一十八，小一七二八。
半之八百零九。小零八六四。
應鍾之和四萬九千一百五十二，
半之二萬四千五百七十六，
半之一萬二千二百八十八，

半之六千一百四十四，
半之三千零七十二，
半之一千五百三十六，
半之七百六十八。

邵儲《古樂義》卷二《十二律五聲分析移零盡其餘數》

黄鍾律
正管長九寸，
正聲八十一；
子管長四寸五分，
子聲四十；小分五。
變管長二寸二分五釐，
變聲二十。小分二五。

大吕律
正管長八寸四分二釐七毫九絲八忽三初二秒，
正聲七十五；小分八五一八四八。
子管長四寸二分一釐三毫九絲九忽一初六秒，
子聲三十七；小分九二五。
變管長二寸一分〇六毫九絲九忽五初八秒，
變聲一十八。小分九六二九六二。

太簇律
正管長八寸，
正聲七十二；
子管長四寸，
子聲三十六；
變管長二寸，
變聲一十八。

夾鍾律
正管長七寸四分九釐一毫五絲四忽〇五秒，
正聲六十七；小分四二三八六四。
子管長三寸七分四釐五毫七絲七忽〇二秒，
子聲三十三；小分一一九二三。
變管長一寸八分七釐二毫八絲八忽五初一秒，
變聲一十六。小分八五五九六六。

姑洗律
正管長七寸一分一釐一毫一絲一忽一初，
正聲六十三；小分九九九九九。
子管長三寸五分五釐五毫五絲五忽五初五秒，
子聲三十一；小分九九九九九。
變管長一寸七分七釐七毫七絲七忽七初七秒，
變聲一十五。小分九九九九九。

仲吕律
正管長六寸六分五釐九毫一絲四忽六初九秒，
正聲五十九；小分九三二三二二。
子管長三寸三分二釐九毫五絲七忽三初四秒，
子聲二十九；小分九六六一六一。
變管長一寸六分六釐四毫七絲八忽六初七秒，
變聲一十四。小分九八三〇八。

蕤賓律
正管長六寸三分二釐〇九絲八忽七初四秒，
正聲五十六；小分八八八八六。
子管長三寸一分六釐〇四絲九忽三初七秒，
子聲二十八。小分四四四四四三。

林鍾律
正管長六寸，
正聲五十四；
子管長三寸，
子聲二十七。

夷則律
正管長五寸六分一釐八毫六絲五忽五初四秒，
正聲五十；小分五六七八九八。

子管長二寸八分○九毫三絲二忽七初七秒，
子聲二十五。小分二八三九四九。
南呂律
正管長五寸三分三釐三毫三絲三忽三初三秒，
正聲四十七；小分九九九九九。
子管長二寸六分六釐六毫六絲六忽六初六秒，
子聲二十三。小分九九九九九九。
無射律
正管長四寸九分九釐四毫三絲六忽○二秒，
正聲四十四；小分九四九二四一。
子管長二寸四分九釐七毫一絲八忽○一秒，
子聲二十二。小分四七四六二一。
應鍾律
正管長四寸七分四釐○七絲四忽○六秒，
正聲四十二；小分六六六六六五。
子管長二寸三分七釐○三絲七忽○三秒，
子聲二十一。小分三三三三三二一。

又《十二律五聲移零歸正舉其全數》

黃鍾律
正管九寸，
正聲八十一；
子管四寸五分，
子聲四十；小分五。
變管二寸二分五釐，
變聲二十。小分二五。
大呂律
正管八寸五分四釐，
正聲七十六；小分八六。
子管四寸二分七釐，
子聲三十八；小分四三。
變管二寸一分三釐五毫，
變聲一十九。小分二一五。
太簇律
正管八寸，
正聲七十二；
子管四寸，
子聲三十六；
變管二寸，
變聲一十八。
夾鍾律
正管七寸六分，
正聲六十八；小分四。
子管三寸八分，
子聲三十四；小分二。
變管一寸九分，
變聲一十七。小分一。
姑洗律
正管七寸二分，
正聲六十四；小分八。
子管三寸六分，
子聲三十二；小分四。
變管一寸八分，
變聲一十六。小分二。
仲呂律
正管六寸七分，
正聲六十；小分三。
子管三寸三分五釐，
子聲三十；小分一五。
變管一寸六分七釐五毫，
變聲一十五。小分○七五。
蕤賓律
正管六寸四分，
正聲五十七；小分六。
子管三寸二分，
子聲二十八。小分八。
林鍾律
正管六寸，
正聲五十四；
子管三寸，
子聲三十七。
夷則律
正管五寸七分，
正聲五十一；小分三。
子管二寸八分五釐，
子聲二十五。小分六五。
南呂律
正管五寸四分，
正聲四十八；小分六。
子管二寸七分，
子聲二十四。小分三。
無射律
正管五寸○二釐，
正聲四十五；小分一八。
子管二寸五分一釐，
子聲二十二。小分五九。
應鍾律
正管四寸八分，
正聲四十三；小分二。
子管二寸四分，
子聲二十一。小分六。

又 卷三《十二律五聲生數圖》

黃鍾第一均五聲生數圖分析餘數。
宮聲八十一。
徵聲四十五。
商聲七十二。
羽聲四十八。
角聲六十四。
黃鍾第二均五聲生數圖分析餘數。
宮聲四十二。小分六六六六六六。
徵聲五十六。小分八八八八八八。
商聲七十五。小分八五一八五。
羽聲五十○。小分五六七九。
角聲六十七。小分四二三八六六。
黃鍾第三均五聲生數圖分析餘數。
宮聲四十四。小分九四九二四四。
徵聲五十九。小分九三二三二五。
商聲三十九。小分九五四八八三。
羽聲五十三。小分二七三一七七。
角聲七十一。小分○三○九○二。
黃鍾第四均五聲生數圖分析餘數。
宮聲四十七。小分三五三九三四。
徵聲六十三。小分一三八五七八。
商聲四十二。小分○九二三八五。

羽聲五十六。小分一二三一八。
角聲三十七。小分四一五四五三。
黄鍾第五均五聲生數圖分析餘數。
宫聲四十九。小分八八七二七。
徵聲六十六。小分五一六三六。
商聲四十四。小分三四四二四。
羽聲五十九。小分一二五六五三。
角聲三十九。小分四一七一〇二。
黄鍾第六均五聲生數圖分析餘數。
宫聲五十二。小分五五六一三六。
徵聲三十五。小分〇三七四二四。
商聲四十六。小分七一六五六五。
羽聲六十二。小分二八八七五三。
角聲四十一。小分五二五八三五。
黄鍾第七均五聲生數圖分析餘數。
宫聲五十五。小分三六七七八。
徵聲三十六。小分九一一八五三。
商聲四十九。小分一一五八〇四。
羽聲三十二。小分八一〇五三六。
角聲四十三。小分七四七三八一。
黄鍾第八均五聲生數圖分析餘數。
宫聲五十八。小分三二九八四一。
徵聲三十八。小分八八六五六。
商聲五十一。小分八四八七四六。
羽聲三十四。小分五六五八三。
角聲四十六。小分〇八七七三。
黄鍾第九均五聲生數圖分析餘數。
宫聲三十〇。小分七二五一八二。
徵聲四十〇。小分六九〇九。
商聲五十四。小分。

羽聲三十六。小分四一五〇三。
角聲四十八。小分五五三三七三。
黄鍾第十均五聲生數圖分析餘數。
宫聲三十二。小分三六八九一五。
徵聲四十三。小分一五八五三。
商聲二十八。小分七七二三六八。
羽聲三十八。小分三六三一五七。
角聲五十一。小分一五〇八七六。
黄鍾第十一均五聲生數圖分析餘數。
宫聲三十四。小分一〇〇五八四。
徵聲四十五。小分四六七四四五。
商聲三十〇。小分三一一六三。
羽聲四十〇。小分四一五五〇六。
角聲二十六。小分九四三六七。
黄鍾第十二均五聲生數圖分析餘數。
宫聲三十五。小分九二四八九三。
徵聲四十七。小分八九九八五七。
商聲三十七。小分九三三二三八。
羽聲四十二。小分五七七六五。
角聲二十八。小分三八五一。
大吕第一均五聲生數圖分析餘數。
宫聲七十五。小分八五一八四八。
徵聲五十〇。小分五六七八九八。
商聲六十七。小分四二三八六四。
羽聲四十四。小分九四九二四二。
角聲五十九。小分九三二三二二。
大吕第二均五聲生數圖分析餘數。
宫聲三十九。小分九五四八八一。
徵聲五十三。小分二七三一七四。
商聲七十一。小分〇三〇八九八。

羽聲四十七。小分三五三九三二。
角聲六十三。小分一三八五七六。
大吕第三均五聲生數圖分析餘數。
宫聲四十二。小分〇九二三八四。
徵聲五十六。小分一二三一七八。
商聲三十七。小分四一五四五一。
羽聲四十九。小分八八七二六九。
角聲六十六。小分五一六三五八。
大吕第四均五聲生數圖分析餘數。
宫聲四十四。小分三四四二三八。
徵聲五十九。小分一二五六五。
商聲三十九。小分四一七一。
羽聲五十二。小分五五六一三二。
角聲三十五。小分〇三七四二三。
大吕第五均五聲生數圖分析餘數。
宫聲四十六。小分七一六五六二。
徵聲六十二。小分二八八七四九。
商聲四十一。小分五一五八三二。
羽聲五十五。小分三六七七六。
角聲三十六。小分九一一八五。
大吕第六均五聲生數圖分析餘數。
宫聲四十九。小分二二五八。
徵聲三十二。小分八一〇五三三。
商聲四十三。小分七四七三七七。
羽聲五十八。小分三二九八三六。
角聲三十八。小分八八六五五七。
大吕第七均五聲生數圖分析餘數。
宫聲五十一。小分八四八七四二。
徵聲三十四。小分五六五八二八。
商聲四十六。小分〇八七七七。

羽聲三十〇。小分七二五一八。
角聲四十〇。小分九六六九〇六。
大吕第八均五聲生數圖分析餘數。
宫聲五十四。小分六二二五四一。
徵聲三十六。小分四一五〇二七。
商聲四十八。小分五五三三六九。
羽聲三十二。小分三六八九一二。
角聲四十三。小分一五八五四九。
大吕第九均五聲生數圖分析餘數。
宫聲二十八。小分七七二三六六。
徵聲三十八。小分三六三一五四。
商聲五十一。小分一五〇八七二。
羽聲三十四。小分一〇〇五八九。
角聲四十五。小分四六七四四一。
大吕第十均五聲生數圖分析餘數。
宫聲三十〇。小分三一一六二七。
徵聲四十〇。小分四一五五〇二。
商聲二十六。小分九四三六六八。
羽聲三十五。小分九二四八九。
角聲四十七。小分八九九八五三。
大吕第十一均五聲生數圖分析餘數。
宫聲三十一。小分九三三二三五。
徵聲四十二。小分五七七六四六。
商聲二十八。小分三八五〇九七。
羽聲三十七。小分八四六七九六。
角聲二十五。小分二三一一九七。
大吕第十二均五聲生數圖分析餘數。
宫聲三十三。小分六四一五九六。
徵聲四十四。小分八五五四六一。
商聲二十九。小分九〇三六四。

羽聲三十九。小分八七一五二。
角聲二十六。小分五八一〇一三。
太簇第一均五聲生數圖分析餘數。
宮聲七十二。
徵聲四十八。
商聲六十四。
羽聲四十二。小分六六六六六。
角聲五十六。小分八八八八八。
太簇第二均五聲生數圖分析餘數。
宮聲三十七。小分九二五九二五。
徵聲五十〇。小分五六七九。
商聲六十七。小分四二三八六六。
羽聲四十四。小分九四九二四四。
角聲五十九。小分九三二三二五。
太簇第三均五聲生數圖分析餘數。
宮聲三十九。小分五九四八八三。
徵聲五十三。小分二七三一七七。
商聲三十五。小分五一五四五一。
羽聲四十七。小分三五三九三四。
角聲六十三。小分一三八五七八。
太簇第四均五聲生數圖
宮聲四十二。小分〇九二三八五。
徵聲五十六。小分一二三一八。
商聲三十七。小分四一五四五三。
羽聲四十九。小分八八七二七。
角聲三十三。小分二五八一八。
太簇第五均五聲生數圖分析餘數。
宮聲四十四。小分三四四二四。
徵聲五十九。小分一二五六五三。
商聲三十九。小分四一七一〇二。

羽聲五十二。小分五五六一三六。
角聲三十五。小分〇三七四二四。
太簇第六均五聲生數圖分析餘數。
宮聲四十六。小分一七六五六五。
徵聲三十一。小分一四四三七六。
商聲四十一。小分五二五八三四。
羽聲五十五。小分三六七七七八。
角聲三十六。小分九一一八五二。
太簇第七均五聲生數圖分析餘數。
宮聲四十九。小分二二五八〇二。
徵聲三十二。小分八一〇五三四。
商聲四十三。小分七四七三七八。
羽聲二十九。小分一六四九一八。
角聲三十八。小分八八六五五七。
太簇第八均五聲生數圖分析餘數。
宮聲五十一。小分八四八七四二。
徵聲三十四。小分五六五八二八。
商聲四十六。小分〇八七七七。
羽聲三十〇。小分七二五一八。
角聲四十〇。小分九六六九〇六。
太簇第九均五聲生數圖分析餘數。
宮聲二十七。小分三一一二七。
徵聲三十六。小分四一五〇二六。
商聲四十八。小分五五三三六八。
羽聲三十二。小分三六八九一二。
角聲四十三。小分一五八五四九。
太簇第十均五聲生數圖分析餘數。
宮聲二十八。小分七七二三六六。
徵聲三十八。小分三六三一五四。
商聲二十五。小分五七五四三六。

羽聲三十四。小分一〇〇五八一。
角聲四十五。小分四六七四四一。
太簇第十一均五聲生數圖分析餘數。
宮聲三十〇。小分三一一六二七。
徵聲四十〇。小分四一五五〇二。
商聲二十六。小分九四三六六八。
羽聲三十五。小分九二四八九。
角聲二十三。小分九四九九二六。
太簇第十二均五聲生數圖分析餘數。
宮聲三十一。小分九三三三三四。
徵聲四十二。小分五七七六四五。
商聲二十八。小分一八五〇九六。
羽聲三十七。小分八四六七。
角聲二十五。小分二三一一九六。
夾鍾第一均五聲生數圖分析餘數。
宮聲六十七。小分四二三八六四。
徵聲四十四。小分九四九二四二。
商聲五十九。小分九三三三二二。
羽聲三十九。小分九五四八八一。
角聲五十三。小分二七三一七四。
夾鍾第二均五聲生數圖分析餘數。
宮聲三十五。小分五一五四四九。
徵聲四十七。小分三五三九三二。
商聲六十三。小分一三八五七六。
羽聲四十二。小分〇九二三八四。
角聲五十六。小分一二三一七八。
夾鍾第三均五聲生數圖分析餘數。
宮聲三十七。小分四一五四五二。
徵聲四十九。小分八八七二六九。
商聲三十三。小分二五八一七九。

羽聲四十四。小分三四四二三八。
角聲五十九。小分一二五六五。
夾鍾第四均五聲生數圖分析餘數。
宮聲三十九。小分四一七一。
徵聲五十二。小分五五六一三三。
商聲三十五。小分〇三七四二二。
羽聲四十六。小分七一六五六二。
角聲三十一。小分一四四三七四。
夾鍾第五均五聲生數圖分析餘數。
宮聲四十一。小分五二五八三二。
徵聲五十五。小分三六七七七六。
商聲三十六。小分九一一八五。
羽聲四十九。小分二二五八。
角聲三十二。小分八一〇五三三。
夾鍾第六均五聲生數圖分析餘數。
宮聲四十三。小分七四七三七七。
徵聲二十九。小分一六四九一八。
商聲三十八。小分八八六五五七。
羽聲五十一。小分八四八七四二。
角聲三十四。小分五六五八二八。
夾鍾第七均五聲生數圖分析餘數。
宮聲四十六。小分〇八七七七。
徵聲三十〇。小分七二五一八。
商聲四十〇。小分九六六九〇六。
羽聲二十七。小分三一一二七。
角聲三十六。小分四一五〇二六。
夾鍾第八均五聲生數圖分析餘數。
宮聲四十八。小分五五三三六八。
徵聲三十二。小分三六八九一二。
商聲四十三。小分一五八五四九。

羽聲二十八。小分七七二三六六。
角聲三十八。小分三六三一五四。
夾鍾第九均五聲生數圖分析餘數。
宮聲二十五。小分五七五四三六。
徵聲三十四。小分一〇〇五八一。
商聲四十五。小分四六七四四一。
羽聲三十〇。小分三一一六二七。
角聲四十〇。小分四一五五〇二。
夾鍾第十均五聲生數圖分析餘數。
宮聲二十六。小分九四三六六八。
徵聲三十五。小分九二四八九。
商聲二十三。小分九四九九二六。
羽聲三十一。小分九三三二三四。
角聲四十二。小分五七七六四五。
夾鍾第十一均五聲生數圖
宮聲二十八。小分三八五〇九六。
徵聲三十七。小分八四六七九四。
商聲二十五。小分二三一一九六。
羽聲三十三。小分六四一五九四。
角聲二十二。小分四二七七二九。
夾鍾第十二均五聲生數圖
宮聲二十九。小分九〇三六三八。
徵聲三十九。小分八七一五一七。
商聲二十六。小分五八一〇一一。
羽聲三十五。小分四四一三四八。
角聲二十三。小分六二七五六五。
姑洗第一均五聲生數圖
宮聲六十三。小分九九九九九九。
徵聲四十二。小分六六六六六六。
商聲五十六。小分八八八八八八。

羽聲三十七。小分九二五九二五。
角聲五十〇。小分五六七九。
姑洗第二均五聲生數圖
宮聲三十三。小分七一一九三三。
徵聲四十四。小分九四九二〇四。
商聲五十九。小分九三二三二五。
羽聲三十九。小分九五四八八三。
角聲五十三。小分二七三一七七。
姑洗第三均五聲生數圖
宮聲三十五。小分五一五四五一。
徵聲四十七。小分三五三九三四。
商聲三十一。小分五六九二八九。
羽聲四十二。小分〇九二三八五。
角聲五十六。小分一二三一八。
姑洗第四均五聲生數圖
宮聲三十七。小分四一五四五三。
徵聲四十九。小分八八七二七。
商聲三十三。小分二五八一八。
羽聲四十四。小分三四四二四。
角聲二十九。小分五六二八二六。
姑洗第五均五聲生數圖
宮聲三十九。小分四一七一〇一。
徵聲五十二。小分五五六一三四。
商聲三十五。小分〇三七四二二。
羽聲四十六。小分七一六五六二。
角聲三十一。小分一四四三七四。
姑洗第六均五聲生數圖
宮聲四十一。小分五二五八三二。
徵聲二十七。小分六八三八八八。
商聲三十六。小分九一一八五。

羽聲四十九。小分二一五八。
角聲三十二。小分八一〇五三三。
姑洗第七均五聲生數圖
宮聲四十三。小分七四七三七七。
徵聲二十九。小分一六四九一八。
商聲三十八。小分八八六五五七。
羽聲二十五。小分九二四三七一。
角聲三十四。小分五六五八二八。
姑洗第八均五聲生數圖
宮聲四十六。小分〇八七七七。
徵聲三十〇。小分七二五一八。
商聲四十〇。小分九六六九〇六。
羽聲二十七。小分三一一二七。
角聲三十六。小分四一五〇二六。
姑洗第九均五聲生數圖
宮聲二十四。小分二七六六八四。
徵聲三十二。小分三六八九一二。
商聲四十三。小分一五八五四九。
羽聲二十八。小分七七二三六六。
角聲三十八。小分三六三一五四。
姑洗第十均五聲生數圖
宮聲二十五。小分五七五四三六。
徵聲三十四。小分一〇〇五八一。
商聲二十二。小分七三三七二。
羽聲三十〇。小分三一一六二六。
角聲四十〇。小分四一五五〇一。
姑洗第十一均五聲生數圖
宮聲二十六。小分九四三六六七。
徵聲三十五。小分九二四八八九。
商聲二十三。小分九四九九二六。

羽聲三十一。小分九三五二三四。
角聲二十一。小分二八八八二二。
姑洗第十二均五聲生數圖
宮聲二十八。小分三八五〇九六。
徵聲三十七。小分八四六七九四。
商聲二十五。小分二三一一九六。
羽聲三十三。小分六四一五九四。
角聲二十二。小分四二七七二九。
仲呂第一均五聲生數圖
宮聲五十九。小分九三三三二二。
徵聲三十九。小分九五四八八一。
商聲五十三。小分二七三一七四。
羽聲三十五。小分五一五四四九。
角聲四十七。小分三五三九三二。
仲呂第二均五聲生數圖
宮聲三十一。小分五六九二八八。
徵聲四十二。小分〇九二三八四。
商聲五十六。小分一二三一七八。
羽聲三十七。小分四一五四五二。
角聲四十九。小分八八七二六九。
仲呂第三均五聲生數圖
宮聲三十三。小分二五八一七九。
徵聲四十四。小分三四四二三八。
商聲二十九。小分五六二八二五。
羽聲三十九。小分四一七一〇。
角聲五十二。小分五五六一三三。
仲呂第四均五聲生數圖
宮聲三十五。小分〇三七四二二。
徵聲四十六。小分一七六五六二。
商聲三十一。小分一四四三七四。

羽聲四十一。小分五二五八三二。
角聲二十七。小分六八三八八八。
仲呂第五均五聲生數圖
宮聲三十六。小分九一一八五。
徵聲四十九。小分二一一五八。
商聲三十二。小分八一〇五三三。
羽聲四十三。小分七四七三七七。
角聲二十九。小分一六四九一八。
仲呂第六均五聲生數圖
宮聲三十八。小分八八六五五七。
徵聲二十五。小分九二四三七一。
商聲三十四。小分五六五八二八。
羽聲四十六。小分〇八七七七。
角聲三十〇。小分七二五一八。
仲呂第七均五聲生數圖
宮聲四十〇。小分九六六九〇六。
徵聲二十七。小分三一一二七。
商聲三十六。小分四一五二六。
羽聲二十四。小分二七六六八四。
角聲三十二。小分三六八九一二。
仲呂第八均五聲生數圖
宮聲四十三。小分一五八五四九。
徵聲二十八。小分七七二三六六。
商聲三十八。小分三六三一五四。
羽聲二十五。小分五七五四三六。
角聲三十四。小分一〇〇五八一。
仲呂第九均五聲生數圖
宮聲二十二。小分七三三七二。
徵聲三十〇。小分三一一六二六。
商聲四十〇。小分四一五五〇一。

羽聲二十六。小分九四三六六七。
角聲三十五。小分九二四八八九。
仲呂第十均五聲生數圖
宮聲二十三。小分九四九九二六。
徵聲三十一。小分九三三三二四。
商聲二十一。小分二八八八二二。
羽聲二十八。小分三八五〇九六。
角聲三十七。小分八四六七九四。
仲呂第十一均五聲生數圖
宮聲二十五。小分二三一一九六。
徵聲三十三。小分六四一五九四。
商聲二十二。小分四二七七二九。
羽聲二十九。小分九〇三六三八。
角聲一十九。小分九三五七五八。
仲呂第十二均五聲生數圖
宮聲二十六。小分五八一〇一。
徵聲三十五。小分四四一三四六。
商聲二十三。小分六二七五六四。
羽聲三十一。小分五〇三四一八。
角聲二十一。小分〇〇二二七八。
蕤賓第一均五聲生數圖
宮聲五十六。小分八八八八八六。
徵聲三十七。小分九二五九二四。
商聲五十〇。小分五六七八九八。
羽聲三十三。小分七一一九三二。
角聲四十四。小分九四九二四二。
蕤賓第二均五聲生數圖
宮聲二十九。小分九六六一六一。
徵聲三十九。小分九五四八八一。
商聲五十三。小分二七三一七四。

羽聲三十五。小分五一五四四九。
角聲四十七。小分三五三九三二。
蕤賓第三均五聲生數圖
宮聲三十一。小分五六九二八八。
徵聲四十二。小分〇九二三八四。
商聲二十八。小分〇六一五八九。
羽聲三十七。小分四一五四五二。
角聲四十九。小八八七二六九。
蕤賓第四均五聲生數圖
宮聲三十三。小分二五八一七九。
徵聲四十四。小分三四四二三八。
商聲二十九。小分五六二八二五。
羽聲三十九。小分四一七一。
角聲二十六。小分二七八〇六六。
蕤賓第五均五聲生數圖
宮聲三十五。小分〇三七四二一。
徵聲四十六。小分七一六五六一。
商聲三十一。小分一四四三七四。
羽聲四十一。小分五二五八三二。
角聲二十七。小分六八三八八八。
蕤賓第六均五聲生數圖
宮聲三十六。小分九一一八五。
徵聲二十四。小分六〇七九。
商聲三十二。小分八一〇五三三。
羽聲四十三。小分七四七三七七。
角聲二十九。小分一六四九一八。
蕤賓第七均五聲生數圖
宮聲三十八。小分八八六五五七。
徵聲二十五。小分九二四三七一。
商聲三十四。小分五六五八二八。

羽聲二十三。小分〇四三八八五。
角聲三十〇。小分七二五一八。
蕤賓第八均五聲生數圖
宮聲四十〇。小分九六六九〇六。
徵聲二十七。小分三一一二七。
商聲三十六。小分四一五〇二六。
羽聲二十四。小分二七六六八四。
角聲三十二。小分三六八九一二。
蕤賓第九均五聲生數圖
宮聲二十一。小分五七九二七四。
徵聲二十八。小分七七二三六五。
商聲三十八。小分三六三一五三。
羽聲二十五。小分五七五四三。
角聲三十四。小分一〇〇五八。
蕤賓第十均五聲生數圖
宮聲二十二。小分七三三七二。
徵聲三十〇。小分三一一六二六。
商聲二十〇。小分二〇七五。
羽聲二十六。小分九四三六六六。
角聲三十五。小分九二四八八八。
蕤賓第十一均五聲生數圖
宮聲二十三。小分九四九九二五。
徵聲三十一。小分三三三三。
商聲二十一。小分二八八八二三。
羽聲二十八。小分三八五〇九九。
角聲一十八。小分九二三九七。
蕤賓第十二均五聲生數圖
宮聲二十五。小分二三二一九六。
徵聲三十三。小分六四一五九四。
商聲二十二。小分四二七七二九。

羽聲二十九。小分九〇三六三八。
角聲一十九。小分九三五七五八。

林鍾第一均五聲生數圖

宮聲五十四。
徵聲三十六。
商聲四十八。
羽聲三十二。
角聲四十二。小分六六六六六六。

林鍾第二均五聲生數圖

宮聲二十八。小分四四四四四四。
徵聲三十七。小分九二五九二五。
羽聲三十三。小分七一一九三三。
商聲五十〇。小分五六七九。
角聲四十四。小分九四九二四四。

林鍾第三均五聲生數圖

宮聲二十九。小分九六六一六二。
徵聲三十九。小分九五四八八二。
商聲二十六。小分六三六五八八。
羽聲三十五。小分五一五四五。
角聲四十七。小分三五三九三三。

林鍾第四均五聲生數圖

宮聲三十一。小分五六九二八八。
徵聲四十二。小分〇九二三八四。
商聲二十八。小分〇六一五八九。
羽聲三十七。小分四一五四五二。
角聲二十四。小分九四三六三四。

林鍾第五均五聲生數圖

宮聲三十三。小分二五八一七八。
徵聲四十四。小分三四四二三七。
商聲二十九。小分五六二八二四。
羽聲三十九。小分四一七〇九八。
角聲二十六。小分二七八〇七五。

林鍾第六均五聲生數圖

宮聲三十五。小分〇三七四二。
徵聲二十三。小分三五八二八。
商聲三十一。小分一四四三七三。
羽聲四十一。小分五二五八三。
角聲二十七。小分六八三八八六。

林鍾第七均五聲生數圖

宮聲三十六。小分九一一八四八。
徵聲二十四。小分六〇七八九八。
商聲三十二。小分八一〇五三。
羽聲二十一。小分八七三六八六。
角聲二十九。小分一六四九一四。

林鍾第八均五聲生數圖

宮聲三十八。小分八八六五五二。
徵聲二十五。小分九二四三六八。
商聲三十四。小分五六五八二四。
羽聲二十三。小分〇四三八八二。
角聲三十〇。小分七二五一七六。

林鍾第九均五聲生數圖

宮聲二十〇。小分四八三四五。
徵聲二十七。小分三一一二六六。
商聲三十六。小分四一五〇二一。
羽聲二十四。小分四七六六八。
角聲三十二。小分三六八九〇六。

林鍾第十均五聲生數圖

宮聲二十一。小分五七九二七。
徵聲二十八。小分七七二三六。
商聲一十九。小分一八一五七三。
羽聲二十五。小分五七五四三。
角聲三十四。小分一〇〇五七三。

林鍾第十一均五聲生數圖

宮聲二十二。小分七三三七一五。
徵聲三十〇。小分三一一六二。
商聲二十〇。小分二〇七七四六。
羽聲二十六。小分九四三六六一。
角聲一十七。小分九六二四四。

林鍾第十二均五聲生數圖

宮聲二十三。小分九四九九二。
徵聲三十一。小分九三三二二六。
商聲二十一。小分二八八八一七。
羽聲二十八。小分三八五〇八九。
角聲一十八。小分九二三三九二。

夷則第一均五聲生數圖

宮聲五十〇。小分五六七八九八。
徵聲三十三。小分七一一九三三。
商聲四十四。小分九四九二四二。
羽聲二十九。小分九六六一六一。
角聲三十九。小分九五四八八一。

夷則第二均五聲生數圖

宮聲二十六。小分六三六五八七。
徵聲三十五。小分五一五四四九。
商聲四十七。小分三五三九三二。
羽聲三十一。小分五六九二八八。
角聲四十二。小分〇九二三八四。

夷則第三均五聲生數圖

宮聲二十八。小分〇六一五八九。
徵聲三十七。小分四一五四五二。
商聲二十四。小分九四三六三四。
羽聲三十三。小分二五八一七八。
角聲四十四。小分三四四二三七。

夷則第四均五聲生數圖

宮聲二十九。小分五六二八二四。
徵聲三十九。小分四一七〇九八。
商聲二十六。小分二七八〇六五。
羽聲三十五。小分〇三七四二。
角聲二十三。小分三五八二五。

夷則第五均五聲生數圖

宮聲三十一。小分一四四三七三。
徵聲四十一。小分五二五八三。
商聲二十七。小分六八三八八六。
羽聲三十六。小分九一一八四八。
角聲二十四。小分六〇七八九八。

夷則第六均五聲生數圖

宮聲三十二。小分八一〇五三。
徵聲二十一。小分八七三六八六。
商聲二十九。小分一六四九一四。
羽聲三十八。小分八八六五五二。
角聲二十五。小分九二四三六八。

夷則第七均五聲生數圖

宮聲三十四。小分五六五八二四。
徵聲二十三。小分〇四三八八二。
商聲三十〇。小分七二五一七六。
羽聲二十〇。小分四八三四五。
角聲二十七。小分三一一二六六。

夷則第八均五聲生數圖

宮聲三十六。小分四一五〇二一。
徵聲二十四。小分二七六六八。
商聲三十二。小分三六八九〇六。

羽聲二十一。小分五七九二七。
角聲二十八。小分七七二三六。

夷則第九均五聲生數圖

宮聲一十九。小分一八一五七三。
徵聲二十五。小分五七五四三。
商聲三十四。小分一〇〇五七五。
羽聲二十二。小分七三三七一五。
角聲三十〇。小分三一一六二。

夷則第十均五聲生數圖

宮聲二十。小分二〇七七四六。
徵聲二十六。小分九四三六六一。
商聲一十七。小分九六二四四。
羽聲二十三。小分九四九九二。
角聲三十一。小分九三三二二六。

夷則第十一均五聲生數圖

宮聲二十一。小分二八八八一七。
徵聲二十八。小分三八五〇八九。
商聲一十八。小分九二三三九二。
羽聲二十五。小分二三一一八九。
角聲一十六。小分八二〇七九二。

夷則第十二均五聲生數圖

宮聲二十二。小分四二七七二三。
徵聲二十九。小分九〇三六二九。
商聲一十九。小分九三五七五二。
羽聲二十六。小分五八一〇〇二。
角聲一十七。小分七二〇六六八。

南呂第一均五聲生數圖

宮聲四十七。小分九九九九九九。
徵聲三十一。小分九九九九九九。
商聲四十二。小分六六六六六六。
羽聲二十八。小分四四四四四四。
角聲三十七。小分九二五九二五。

南呂第二均五聲生數圖

宮聲二十五。小分二八三九五。
徵聲三十二。小分七一一九三三。
商聲四十四。小分九四九二四四。
羽聲二十九。小分九六六一六二。
角聲三十九。小分九五四八八二。

南呂第三均五聲生數圖

宮聲二十六。小分六三六五八八。
徵聲三十五。小分五一五四五。
商聲二十三。小分六七六九六六。
羽聲三十一。小分五六九二八八。
角聲四十二。小分〇九二三八四。

南呂第四均五聲生數圖

宮聲二十八。小分〇六一五八九。
徵聲三十七。小分四一五四五二。
商聲二十四。小分九四三六三四。
羽聲三十三。小分二五八一七八。
角聲二十二。小分一七二一一八。

南呂第五均五聲生數圖

宮聲二十九。小分五六二八二四。
徵聲三十九。小分四一七〇九八。
商聲二十六。小分二七八〇六五。
羽聲三十五。小分〇三七二四。
角聲二十三。小分三五八二八。

南呂第六均五聲生數圖

宮聲三十一。小分八一〇五三。
徵聲二十一。小分八七三六八六。
商聲二十九。小分一六四九一四。
羽聲一十九。小分四四三二七六。
角聲二十五。小分九二四三六八。

南呂第七均五聲生數圖

宮聲三十二。小分八一〇五三。
徵聲二十一。小分八七三六八六。
商聲二十九。小分一六四九一四。
羽聲一十九。小分四四三二七六。
角聲二十五。小分九二四三六八。

南呂第八均五聲生數圖

宮聲三十四。小分五六五八二四。
徵聲二十三。小分〇四三八八二。
商聲三十〇。小分七二五一七六。
羽聲二十〇。小分四八三四五。
角聲二十七。小分三一一二六六。

南呂第九均五聲生數圖

宮聲一十八。小分二〇七五一。
徵聲二十四。小分二七六六八。
商聲三十二。小分三六八〇九六。
羽聲二十一。小分五七九二七。
角聲二十八。小分七七二三六。

南呂第十均五聲生數圖

宮聲一十九。小分一八一五七三。
徵聲二十五。小分五七五四三。
商聲一十七。小分〇五〇二八六。
羽聲二十二。小分七三三七一四。
角聲三十〇。小分三一一六一八。

南呂第十一均五聲生數圖

宮聲二十〇。小分二〇七七四五。
徵聲二十六。小分九四三六六。
商聲一十七。小分九六二四四。
羽聲二十三。小分九四九九二。
角聲一十五。小分九六六六一三。

南呂第十二均五聲生數圖

宮聲二十一。小分二八八八一七。
徵聲二十八。小分三八五〇八九。
商聲一十八。小分九二三三九二。
羽聲二十五。小分二三一一八九。
角聲一十六。小分八二〇七九二。

無射第一均五聲生數圖

宮聲四十四。小分九四九二四一。
徵聲二十九。小分九六六一六。
商聲三十九。小分九五四八八。
羽聲二十六。小分九三六五八六。
角聲三十五。小分五一五四四八。

無射第二均五聲生數圖

宮聲二十三。小分六七六九六五。
徵聲三十一。小分五六九二八六。
商聲四十二。小分〇九二三八一。
羽聲二十八。小分〇六一五八七。
角聲三十七。小分四一五四四九。

無射第三均五聲生數圖

宮聲二十四。小分九四三六三二。
徵聲三十三。小分一五八一七六。
商聲二十二。小分一七二一一七。
羽聲二十九。小分五六二八二二。
角聲三十九。小分四一七〇九六。

無射第四均五聲生數圖

宮聲二十六。小分二七八〇六四。
徵聲三十五。小分〇三七四一八。
商聲二十三。小分三五四六七八。

羽聲三十一。小分一四四三七。
角聲二十〇。小分七六七九一三。

無射第五均五聲生數圖

宮聲二十七。小分六八三八八四。
徵聲三十六。小分九一一八四五。
商聲二十四。小分六〇七八九六。
羽聲三十二。小分八六〇五二八。
角聲二十一。小分八七三六八五。

無射第六均五聲生數圖

宮聲二十九。小分一六四九一三。
徵聲一十九。小分四四三二七五。
商聲二十五。小分九二四三六六。
羽聲三十四。小分五六五八二一。
角聲二十三。小分〇四三八八。

無射第七均五聲生數圖

宮聲三十〇。小分七二五一七三。
徵聲二十〇。小分四八三四四八。
商聲二十七。小分三一一二六四。
羽聲一十八。小分二〇七五〇九。
角聲二十四。小分二七六六七八。

無射第八均五聲生數圖

宮聲三十二。小分三六八九〇四。
徵聲二十一。小分五七九二六九。
商聲二十八。小分七七二三五。
羽聲一十九。小分一八一五七二。
角聲二十五。小分五七五四二九。

無射第九均五聲生數圖

宮聲一十七。小分〇五〇二八六。
徵聲二十二。小分七五三七一四。
商聲三十〇。小分三一一六一八。
羽聲二十〇。小分二〇七七四五。
角聲二十六。小分九四三六六。

無射第十均五聲生數圖

宮聲一十七。小分九六二四四。
徵聲二十三。小分九四九九二。
商聲一十五。小分九六六六一三。
羽聲二十一。小分二八八八一七。
角聲二十八。小分三八五〇八九。

無射第十一均五聲生數圖

宮聲一十八。小分九二三三九二。
徵聲二十五。小分二三一一八九。
商聲一十六。小分八二〇七九二。
羽聲二十二。小分四二七七二二。
角聲一十四。小分九五一八一八。

無射第十二均五聲生數圖

宮聲一十九。小分九三五七五二。
徵聲二十六。小分五八一〇〇二。
商聲一十七。小分七二〇六六八。
羽聲二十三。小分六二七五五七。
角聲一十五。小分七五一七〇四。

應鍾第一均五聲生數圖

宮聲四十二。小分六六六六六五。
徵聲二十八。小分四四四四四三。
商聲三十七。小分九二五九二四。
羽聲二十五。小分二八三九四九。
角聲三十三。小分七一一九三二。

應鍾第二均五聲生數圖

宮聲二十二。小分四七四六二一。
徵聲二十九。小分九六六一六一。
商聲三十九。小分九五四八八一。
徵聲二十六。小分六三六五八七。
角聲三十五。小分五一五四四九。

應鍾第三均五聲生數圖

宮聲二十三。小分六七九六六。
徵聲三十一。小分五六九二八八。
商聲二十一。小分〇四六一九二。
羽聲二十八。小分〇六一五八九。
角聲三十七。小分四一五四五二。

應鍾第四均五聲生數圖

宮聲二十四。小分九四三六三四。
徵聲三十三。小分二五八一七八。
商聲二十二。小分一七二一一八。
羽聲二十九。小分五六二八六四。
角聲一十九。小分七〇八五四九。

應鍾第五均五聲生數圖

宮聲二十六。小分二七八〇六五。
徵聲三十五。小分〇三七四二。
商聲二十三。小分三五八二八。
羽聲三十一。小分一四四三七三。
角聲二十〇。小分七六二九一五。

應鍾第六均五聲生數圖

宮聲二十七。小分六八三八八六。
徵聲一十八。小分四五九二四。
商聲二十四。小分六〇七八九八。
羽聲三十二。小分八一〇五三。
角聲二十一。小分八七三六八六。

應鍾第七均五聲生數圖

宮聲二十九。小分一六四九一四。
徵聲一十九。小分四四三二七六。
商聲二十五。小分九二四三六八。
羽聲一十七。小分二八二九一二。
角聲二十三。小分〇四三八八二。

應鍾第八均五聲生數圖

宮聲三十〇。小分七二五一七六。
徵聲二十〇。小分四八三四五。
商聲二十七。小分三一一二六六。
羽聲一十八。小分二〇七五一。
角聲二十四。小分二七六六八。

應鍾第九均五聲生數圖

宮聲一十六。小分一八四四五三。
徵聲二十一。小分五七九二七。
商聲二十八。小分七七二三六。
羽聲一十九。小分一八一五七三。
角聲二十五。小分五七五四三。

應鍾第十均五聲生數圖

宮聲一十七。小分〇五〇二八六。
徵聲二十二。小分七三三七一四。
商聲一十五。小分一五五八〇九。
羽聲二十〇。小分二〇七七四五。
角聲二十六。小分九四三六六。

應鍾第十一均五聲生數圖

宮聲一十七。小分九六二四四。
徵聲二十三。小分九四九九二。
商聲一十五。小分九六六六一三。
羽聲二十一。小分二八八八一七。
角聲一十四。小分一九二五四四。

應鍾第十二均五聲生數圖

宮聲一十八。小分九二三三九二。
徵聲二十五。小分二三一一八九。
商聲一十六。小分八二〇七九二。

羽聲二十二。小分四二七七二三。
角聲一十四。小分九五一八一四。

聲數起於全數之管則旋相而生

聲數起於全數之管，管相指相主之管，亦并各管而言之也。故能旋以相生，其數亦能與律數還以相證。用是播之于樂，則聲律無不協和矣。

黃鍾第一均五聲生數圖以下皆歸餘全數。

宮聲八十一。
徵聲五十四。
商聲七十二。
羽聲四十八。小分六。
角聲六十四。小分八。

黃鍾第二均五聲生數圖歸餘全數。

宮聲四十三。小分六。
徵聲五十七。小分六。
商聲七十六。小分八六。
羽聲五十一。小分三。
角聲六十八。小分四。

黃鍾第三均五聲生數圖歸餘全數。

宮聲四十五。小分一八。
徵聲六十〇。小分三。
商聲四十〇。小分五。
羽聲五十四。
角聲七十二。

黃鍾第四均五聲生數圖歸餘全數。

宮聲四十八。小分六。
徵聲六十四。小分八。
商聲四十三。小分二。
羽聲五十七。小分六。
角聲三十八。小分四三。

黃鍾第五均五聲生數圖歸餘全數。

宮聲五十一。小分三。
徵聲六十八。小分四。
商聲四十五。小分一八。
羽聲六十〇。小分三。
角聲四十〇。小分五。

黃鍾第六均五聲生數圖

宮聲五十四。
徵聲三十六。
商聲四十八。小分六。
羽聲六十四。小分八。
角聲四十三。小分二。

黃鍾第七均五聲生數圖

宮聲五十七。小分六。
徵聲三十八。小分四三。
商聲五十一。小分三。
羽聲三十四。小分二。
角聲四十五。小分一八。

黃鍾第八均五聲生數圖歸餘全數。

宮聲六十〇。小分三。
徵聲四十〇。小分五。
商聲五十四。
羽聲三十六。
角聲四十八。小分六。

黃鍾第九均五聲生數圖歸餘全數。

宮聲三十一。小分四。
徵聲四十三。小分二。
商聲五十七。小分六。
羽聲三十八。小分四三。
角聲五十一。小分三。

黃鍾第十均五聲生數圖歸餘全數。

宮聲三十四。小分二。
徵聲四十五。小分一八。
商聲三十〇。小分一五。
羽聲四十〇。小分五。
角聲五十四。

黃鍾第十一均五聲生數圖歸餘全數。

宮聲三十六。
徵聲四十八。小分六。
商聲三十二。小分四。
羽聲四十三。小分二。
角聲二十八。小分八。

黃鍾第十二均五聲生數圖歸餘全數。

宮聲三十八。小分四三。
徵聲五十一。小分三。
商聲三十四。小分二。
羽聲四十五。小分一八。
角聲三十〇。

大吕第一均五聲生數圖歸餘全數。

宮聲七十六。小分八六。
徵聲五十一。小分三。
商聲六十八。小分八六。
羽聲四十五。小分一八。
角聲六十〇。小分三。

大吕第二均五聲生數圖歸餘全數。

宮聲四十〇。小分五。
徵聲五十四。
商聲七十二。
羽聲四十八。小分六。
角聲六十四。小分八。

大吕第三均五聲生數圖歸餘全數。

宮聲四十三。小分二。
徵聲五十七。小分六。
商聲三十八。小分四三。
羽聲五十一。小分三。
角聲六十八。小分四。

大吕第四均五聲生數圖歸餘全數。

宮聲四十五。小分一八。
徵聲六十〇。小分三。
商聲四十〇。小分五。
羽聲一十四。
角聲三十六。

大吕第五均五聲生數圖歸餘全數。

宮聲四十八。小分六。
徵聲六十四。小分八。
商聲四十三。小分二。
羽聲五十七。小分六。
角聲三十八。小分四三。

大吕第六均五聲生數圖歸餘全數。

宮聲五十一。小分三。
徵聲三十四。小分二。
商聲四十五。小分一八。
羽聲六十〇。小分三。
角聲四十〇。小分五。

大吕第七均五聲生數圖歸餘全數。

宮聲五十四。
徵聲三十六。
商聲四十八。小分六。

羽聲三十二。小分四。
角聲四十三。小分二。
大吕第八均五聲生數圖歸餘全數。
宫聲五十七。小分六。
徵聲三十八。小分四三。
商聲五十一。小分三。
羽聲三十四。小分二。
角聲四十五。小分一八。
大吕第九均五聲生數圖歸餘全數。
宫聲三十〇。小分一五。
徵聲四十〇。小分五。
商聲五十四。
羽聲三十六。
角聲四十八。小分六。
大吕第十均五聲生數圖
宫聲三十二。小分四。
徵聲四十三。小分二。
商聲二十八。小分八。
羽聲三十八。小分四三。
角聲五十一。小分三。
大吕第十一均五聲生數圖歸餘全數。
宫聲三十四。小分二。
徵聲四十五。小分一八。
商聲三十〇。小分一五。
羽聲四十〇。小分五。
角聲二十七。
大吕第十二均五聲生數圖歸餘全數。
宫聲三十六。
徵聲四十八。小分六。
商聲三十二。小分四。

羽聲四十三。小分二。
角聲二十八。小分八。
太簇第一均五聲生數圖歸餘全數。
宫聲七十二。
徵聲四十八。小分六。
商聲六十四。小分八。
羽聲四十三。小分二。
角聲五十七。小分六。
太簇第二均五聲生數圖歸餘全數。
宫聲二十八。小分三。
徵聲五十一。小分三。
商聲六十八。小分四。
羽聲四十五。小分一八。
角聲六十〇。小分三。
太簇第三均五聲生數圖歸餘全數。
宫聲四十〇。小分五。
徵聲五十四。
商聲三十六。
羽聲四十八。小分六。
角聲六十四。小分八。
太簇第四均五聲生數圖歸餘全數。
宫聲四十三。小分二。
徵聲五十七。小分六。
商聲三十八。小分四三。
羽聲五十一。小分三。
角聲三十四。小分二。
太簇第五均五聲生數圖歸餘全數。
宫聲四十五。小分一八。
徵聲六十〇。小分三。
商聲四十〇。小分五。

羽聲五十四。
角聲三十六。
太簇第六均五聲生數圖
宫聲四十八。小分六。
徵聲三十二。小分四。
商聲四十三。小分二。
羽聲五十七。小分六。
角聲三十八。小分四三。
太簇第七均五聲生數圖
宫聲五十一。小分三。
徵聲三十四。小分二。
商聲四十五。小分一八。
羽聲三十〇。小分一五。
角聲四十〇。小分五。
太簇第八均五聲生數圖歸餘全數。
宫聲四十五。
徵聲三十六。
商聲四十八。小分六。
羽聲三十二。小分四。
角聲四十三。小分二。
太簇第九均五聲生數圖歸餘全數。
宫聲二十八。
徵聲三十八。小分四三。
商聲五十一。小分三。
羽聲三十四。小分六。
角聲四十五。小分一八。
太簇第十均五聲生數圖歸餘全數。
宫聲三十〇。小分一五。
徵聲四十〇。小分五。
商聲二十七。

羽聲三十六。
角聲四十八。小分六。
太簇第十一均五聲生數圖歸餘全數。
宫聲三十二。小分四。
徵聲四十三。小分二。
商聲二十八。小分八。
羽聲三十八。小分四三。
角聲二十五。小分六五。
太簇第十二均五聲生數圖歸餘全數。
宫聲三十四。小分二。
徵聲四十五。小分一八。
商聲三十〇。小分一五。
羽聲四十〇。小分五。
角聲二十七。
夾鍾第一均五聲生數圖歸餘全數。
宫聲六十八。小分四。
徵聲四十五。小分一八。
商聲六十〇。小分三。
羽聲四十〇。小分五。
角聲五十四。
夾鍾第二均五聲生數圖歸餘全數。
宫聲四十六。
徵聲四十八。小分六。
商聲六十四。小分八。
羽聲四十三。小分二。
角聲五十七。小分六。
夾鍾第三均五聲生數圖歸餘全數。
宫聲三十八。小分四三。
徵聲五十一。小分三。
商聲三十四。小分二。

羽聲四十五。小分一。
角聲六十〇。小分三。
夾鍾第四均五聲生數圖歸餘全數。
宮聲四十〇。小分五。
徵聲五十四。
商聲三十六。
羽聲四十八。小分六。
角聲三十二。小分四。
夾鍾第五均五聲生數圖歸餘全數。
宮聲四十三。小分二。
徵聲五十七。小分六。
商聲三十八。小分四三。
羽聲五十一。小分三。
角聲三十四。小分二。
夾鍾第六均五聲生數圖歸餘全數。
宮聲四十五。小分一八。
徵聲三十〇。小分一五。
商聲四十〇。小分五。
羽聲五十四。
角聲三十六。
夾鍾第七均五聲生數圖歸餘全數。
宮聲四十八。小分六。
徵聲三十二。小分四。
商聲四十三。小分二。
羽聲二十八。小分八。
角聲三十八。小分四三。
夾鍾第八均五聲生數圖歸餘全數。
宮聲五十一。小分三。
徵聲三十四。小分二。
商聲四十五。小分一。

羽聲三十〇。小分一五。
角聲四十〇。小分五。
夾鍾第九均五聲生數圖歸餘全數。
宮聲二十七。
徵聲三十六。
商聲四十八。小分六。
羽聲三十二。小分四。
角聲四十三。小分二。
夾鍾第十均五聲生數圖
宮聲二十八。小分八。
徵聲三十八。小分四三。
商聲二十五。小分六五。
羽聲三十四。小分二。
角聲四十五。小分一八。
夾鍾第十一均五聲生數圖歸餘全數。
宮聲三十〇。小分一五。
徵聲四十〇。小分五。
商聲二十七。
羽聲三十六。
角聲二十四。小分三。
夾鍾第十二均五聲生數圖歸餘全數。
宮聲三十二。小分四。
徵聲四十三。小分二。
商聲二十八。小分八。
羽聲三十八。小分四三。
角聲二十五。小分六五。
姑洗第一均五聲生數圖歸餘全數。
宮聲六十四。小分八。
徵聲四十三。小分二。
商聲五十七。小分六。

羽聲三十八。小分四三。
角聲五十一。小分三。
姑洗第二均五聲生數圖歸餘全數。
宮聲三十四。小分二。
徵聲四十五。小分一八。
商聲六十〇。小分三。
羽聲四十〇。小分五。
角聲五十四。
姑洗第三均五聲生數圖歸餘全數。
宮聲三十六。
徵聲四十八。小分六。
商聲三十二。小分四。
羽聲四十三。小分二。
角聲五十七。小分六。
姑洗第四均五聲生數圖歸餘全數。
宮聲三十八。小分四三。
徵聲五十一。小分三。
商聲三十四。小分二。
羽聲四十五。小分一八。
角聲三十〇。小分一五。
姑洗第五均五聲生數圖歸餘全數。
宮聲四十〇。小分五。
徵聲五十四。
商聲三十六。
羽聲四十八。小分六。
角聲三十二。小分四。
姑洗第六均五聲生數圖歸餘全數。
宮聲四十三。小分二。
徵聲二十八。小分八。
商聲三十八。小分四三。

羽聲五十一。小分二。
角聲四十三。小分二。
姑洗第七均五聲生數圖
宮聲四十五。小分一八。
徵聲三十〇。小分一五。
商聲四十〇。小分五。
羽聲二十七。
角聲三十六。
姑洗第八均五聲生數圖歸餘全數。
宮聲四十八。小分六。
徵聲三十二。小分四。
商聲四十三。小分二。
羽聲二十八。小分八。
角聲三十八。小分四三。
姑洗第九均五聲生數圖歸餘全數。
宮聲二十五。小分六五。
徵聲三十四。小分二。
商聲四十五。小分一八。
羽聲三十〇。小分一五。
角聲四十〇。小分五。
姑洗第十均五聲生數圖歸餘全數。
宮聲二十七。
徵聲三十六。
商聲二十四。小分三。
羽聲三十二。小分四。
角聲四十三。小分二。
姑洗第十一均五聲生數圖歸餘全數。
宮聲二十八。小分八。
徵聲三十八。小分四三。
商聲二十五。小分六五。

羽聲三十四。小分二。
角聲二十二。小分五九。
姑洗第十二均五聲生數圖歸餘全數。
宮聲三十〇。小分一五。
徵聲四十〇。小分五。
商聲二十七。
羽聲三十六。
角聲二十四。小分三。
仲呂第一均五聲生數圖歸餘全數。
宮聲六十〇。小分三。
徵聲四十〇。小分五。
商聲五十四。
羽聲三十六。
角聲四十八。小分六。
仲呂第二均五聲生數圖歸餘全數。
宮聲三十二。小分四。
徵聲四十三。小分二。
商聲五十七。小分六。
羽聲三十八。小分四三。
角聲五十一。小分三。
仲呂第三均五聲生數圖歸餘全數。
宮聲三十四。小分二。
徵聲四十五。小分一八。
商聲三十〇。小分一五。
羽聲四十〇。小分五。
角聲五十四。
仲呂第四均五聲生數圖歸餘全數。
宮聲三十六。
徵聲四十八。小分六。
商聲三十二。小分四。
羽聲四十三。小分二。
角聲二十八。小分八。
仲呂第五均五聲生數圖歸餘全數。
宮聲三十八。小分四三。
徵聲五十一。小分三。
商聲三十四。小分二。
羽聲四十五。小分一八。
角聲三十〇。小分一五。
仲呂第六均五聲生數圖歸餘全數。
宮聲四十〇。小分五。
徵聲二十七。
商聲三十六。
羽聲四十八。小分六。
角聲三十二。小分四。
仲呂第七均五聲生數圖歸餘全數。
宮聲四十三。小分二。
徵聲二十八。小分八。
商聲三十八。小分四三。
羽聲二十五。小分六五。
角聲三十四。小分二。
仲呂第八均五聲生數圖歸餘全數。
宮聲四十五。小分一八。
徵聲三十〇。小分一五。
商聲四十〇。小分五。
羽聲二十七。
角聲三十六。
仲呂第九均五聲生數圖歸餘全數。
宮聲二十四。小分三。
徵聲三十二。小分四。
商聲四十三。小分二。
羽聲二十八。小分八。
角聲三十八。小分四五。
仲呂第十均五聲生數圖歸餘全數。
宮聲二十五。小分六五。
徵聲三十四。小分二。
商聲二十二。小分五九。
羽聲三十〇。小分一五。
角聲四十〇。小分五。
仲呂第十一均五聲生數圖歸餘全數。
宮聲二十七。
徵聲三十六。
商聲二十四。小分三。
羽聲三十二。小分四。
角聲二十一。小分六。
仲呂第十二均五聲生數圖歸餘全數。
宮聲二十八。小分八。
徵聲三十八。小分四三。
商聲二十五。小分六五。
羽聲三十四。小分一。
角聲二十二。小分五九。
蕤賓第一均五聲生數圖歸餘全數。
宮聲五十七。小分六。
徵聲三十八。小分四三。
商聲五十一。小分三。
羽聲三十四。小分二。
角聲四十五。小分一八。
蕤賓第二均五聲生數圖
宮聲三十〇。小分一五。
徵聲四十〇。小分五。
商聲五十四。
羽聲三十六。
角聲四十八。小分六。
蕤賓第三均五聲生數圖歸餘全數。
宮聲三十二。小分四。
徵聲四十三。小分二。
商聲二十八。小分八。
羽聲三十八。小分四三。
角聲五十一。小分三。
蕤賓第四均五聲生數圖歸餘全數。
宮聲三十四。小分二。
徵聲五十四。小分一八。
商聲三十〇。小分一五。
羽聲四十〇。小分五。
角聲二十七。
蕤賓第五均五聲生數圖歸餘全數。
宮聲三十六。
徵聲四十八。小分六。
商聲三十二。小分四。
羽聲四十三。小分二。
角聲二十八。小分八。
蕤賓第六均五聲生數圖歸餘全數。
宮聲三十八。小分四三。
徵聲二十五。小分六五。
商聲四十三。小分二。
羽聲四十五。小分一八。
角聲三十〇。小分一五。
蕤賓第七均五聲生數圖歸餘全數。
宮聲四十〇。小分五。
徵聲二十七。
商聲三十六。

羽聲二十四。小分三。
角聲三十二。小分四。
蕤賓第八均五聲生數圖歸餘全數。
宮聲四十三。小分二。
徵聲二十八。小分八。
商聲三十八。小分四三。
羽聲二十五。小分六五。
角聲三十四。小分二。
蕤賓第九均五聲生數圖歸餘全數。
宮聲二十二。小分五九。
徵聲三十〇。小分一五。
商聲四十〇。小分五。
羽聲二十七。
角聲三十六。
蕤賓第十均五聲生數圖歸餘全數。
宮聲二十四。小分三。
徵聲三十二。小分四。
商聲二十一。小分六。
羽聲二十八。小分八。
角聲三十八。小分四三。
蕤賓第十一均五聲生數圖歸餘全數。
宮聲二十五。小分六五。
徵聲三十四。小分二。
商聲二十二。小分五九。
羽聲三十〇。小分一五。
角聲二十〇。小分二五。
蕤賓第十二均五聲生數圖歸餘全數。
宮聲二十七。
徵聲三十六。
商聲二十四。小分三。
羽聲三十二。小分四。
角聲二十一。小分六。
林鍾第一均五聲生數圖歸餘全數。
宮聲五十四。
徵聲三十六。
商聲四十八。小分六。
羽聲三十二。小分四。
角聲四十三。小分二。
林鍾第二均五聲生數圖歸餘全數。
宮聲二十八。小分八。
徵聲三十八。小分四三。
商聲五十一。小分三。
羽聲三十四。小分二。
角聲四十五。小分一八。
林鍾第三均五聲生數圖歸餘全數。
宮聲三十〇。小分一五。
徵聲四十〇。小分五。
商聲二十七。
羽聲三十六。
角聲四十八。小分六。
林鍾第四均五聲生數圖歸餘全數。
宮聲三十二。小分四。
徵聲四十三。小分二。
商聲二十八。小分八。
羽聲三十八。小分四三。
角聲二十五。小分六五。
林鍾第五均五聲生數圖歸餘全數。
宮聲三十四。小分二。
徵聲四十五。小分一八。
商聲三十〇。小分一五。
羽聲四十〇。小分五。
角聲二十七。
林鍾第六均五聲生數圖歸餘全數。
宮聲三十六。
徵聲二十四。小分三。
商聲三十二。小分四。
羽聲三十四。小分二。
角聲二十八。小分八。
林鍾第七均五聲生數圖歸餘全數。
宮聲三十八。小分四三。
徵聲二十五。小分六五。
商聲三十四。小分二。
羽聲二十二。小分五九。
角聲三十〇。小分一五。
林鍾第八均五聲生數圖歸餘全數。
宮聲四十〇。小分五。
徵聲二十七。
商聲三十六。
羽聲二十四。小分三。
角聲三十二。小分四。
林鍾第九均五聲生數圖歸餘全數。
宮聲二十一。小分六。
徵聲二十八。小分八。
商聲三十八。小分四三。
羽聲二十五。小分六五。
角聲三十四。小分二。
林鍾第十均五聲生數圖歸餘全數。
宮聲二十二。小分五九。
徵聲三十〇。小分一五。
商聲二十〇。小分二五。
羽聲二十七。
角聲三十六。
林鍾第十一均五聲生數圖歸餘全數。
宮聲二十四。小分三。
徵聲三十二。小分四。
商聲二十一。小分六。
羽聲二十八。小分八。
角聲一十九。小分二一五。
林鍾第十二均五聲生數圖歸餘全數。
宮聲二十五。小分六五。
徵聲三十四。小分二。
商聲二十二。小分五九。
羽聲三十〇。小分一五。
角聲二十〇。小分二五。
夷則第一均五聲生數圖歸餘全數。
宮聲五十一。小分三。
徵聲三十四。小分二。
商聲四十五。小分一八。
羽聲三十〇。小分一五。
角聲四十〇。小分五。
夷則第二均五聲生數圖歸餘。
宮聲二十七。
徵聲三十六。
商聲四十八。小分六。
羽聲三十二。小分四。
角聲四十三。小分二。
夷則第三均五聲生數圖歸餘全數。
宮聲二十八。小分八。
徵聲三十八。小分四三。
商聲二十五。小分六五。

羽聲三十四。小分二。
角聲四十五。小分一八。
夷則第四均五聲生數圖歸餘全數。
宮聲三十〇。小分一五。
徵聲四十〇。小分五。
商聲二十七。
羽聲三十六。
角聲二十四。小分四。
夷則第五均五聲生數圖歸餘全數。
宮聲三十二。小分四。
徵聲四十三。小分二。
商聲二十八。小分八。
羽聲三十八。小分四三。
角聲二十五。小分六五。
夷則第六均五聲生數圖歸餘全數。
宮聲三十四。小分二。
徵聲二十二。小分五九。
商聲三十〇。小分一五。
羽聲四十〇。小分五。
角聲二十七。
夷則第七均五聲生數圖歸餘全數。
宮聲三十六。
徵聲二十四。小分三。
商聲三十二。小分四。
羽聲二十一。小分六。
角聲二十八。小分八。
夷則第八均五聲生數圖歸餘全數。
宮聲三十八。小分四三。
徵聲二十五。小分六五。
商聲三十四。小分二。

羽聲二十二。小分五九。
角聲三十〇。小分一五。
夷則第九均五聲生數圖歸餘全數。
宮聲二十〇。小分二五。
徵聲二十七。
商聲三十六。
羽聲二十四。小分三。
角聲三十二。小分四。
夷則第十均五聲生數圖歸餘全數。
宮聲二十一。小分六。
徵聲二十八。小分八。
商聲一十九。小分二一五。
羽聲二十五。小分六五。
角聲三十四。小分二。
夷則第十一均五聲生數圖歸餘全數。
宮聲二十二。小分五九。
徵聲三十〇。小分一五。
商聲二十〇。小分二五。
羽聲二十七。
角聲一十八。
夷則第十二均五聲生數圖歸餘全數。
宮聲二十四。小分三。
徵聲三十二。小分四。
商聲二十一。小分六。
羽聲二十八。小分八。
角聲一十九。小分二一五。
南呂第一均五聲生數圖歸餘全數。
宮聲二十八。小分六。
徵聲三十二。小分四。
商聲四十三。小分二。

羽聲二十八。小分八。
角聲三十八。小分四三。
南呂第二均五聲生數圖歸餘全數。
宮聲二十五。小分六五。
徵聲三十四。小分二。
商聲四十五。小分一八。
羽聲三十〇。小分一五。
角聲四十〇。小分五。
南呂第三均五聲生數圖歸餘全數。
宮聲二十七。
徵聲三十六。
商聲二十四。小分三。
羽聲三十二。小分四。
角聲四十三。小分二。
南呂第四均五聲生數圖歸餘全數。
宮聲二十八。小分八。
徵聲三十八。小分四三。
商聲二十五。小分六五。
羽聲三十四。小分二。
角聲二十二。小分五九。
南呂第五均五聲生數圖歸餘全數。
宮聲三十〇。小分一五。
徵聲四十〇。小分五。
商聲二十七。
羽聲三十六。
角聲二十四。小分三。
南呂第六均五聲生數圖歸餘全數。
宮聲三十二。小分四。
徵聲二十一。小分六。
商聲二十八。小分八。

羽聲三十八。小分四三。
角聲二十五。小分六。
南呂第七均五聲生數圖歸餘全數。
宮聲三十四。小分二。
徵聲二十二。小分五九。
商聲三十〇。小分一五。
羽聲二十〇。小分二五。
角聲二十七。
南呂第八均五聲生數圖歸餘全數。
宮聲三十六。
徵聲二十四。小分三。
商聲三十二。小分四。
羽聲二十一。小分六。
角聲二十八。小分八。
南呂第九均五聲生數圖歸餘全數。
宮聲一十九。小分二一五。
徵聲二十五。小分六五。
商聲三十四。小分二。
羽聲二十二。小分五九。
角聲三十〇。小分一五。
南呂第十均五聲生數圖歸餘全數。
宮聲二十〇。小分二。
徵聲二十七。
商聲一十八。
羽聲二十四。小分三。
角聲三十二。小分四。
南呂第十一均五聲生數圖歸餘全數。
宮聲二十一。小分六。
徵聲二十八。小分八。
商聲一十九。小分二一五。

羽聲二十五。小分六五。
角聲一十七。小分一。

南呂第十二均五聲生數圖歸餘全數。

宮聲二十二。小分五九。
徵聲三十〇。小分一五。
商聲二十〇。小分二五。
羽聲二十七。
角聲一十八。

無射第一均五聲生數圖歸餘全數。

宮聲四十五。小分一八。
徵聲三十〇。小分一五。
商聲四十〇。小分五。
羽聲二十七。
角聲三十六。

無射第二均五聲生數圖歸餘全數。

宮聲二十四。小分三。
徵聲三十二。小分四。
商聲四十三。小分二。
羽聲二十八。小分八。
角聲三十八。小分四三。

無射第三均五聲生數圖歸餘全數。

宮聲二十五。小分六五。
徵聲三十四。小分二。
商聲二十二。小分五九。
羽聲三十〇。小分一五。
角聲四十〇。小分五。

無射第四均五聲生數圖歸餘全數。

宮聲二十七。
徵聲二十七。
商聲二十四。小分三。
羽聲三十二。小分四。
角聲二十一。小分六。

無射第五均五聲生數圖歸餘全數。

宮聲二十八。小分八。
徵聲三十八。小分四三。
商聲二十五。小分六五。
羽聲三十四。小分二。
角聲二十二。小分五九。

無射第六均五聲生數圖歸餘全數。

宮聲三十〇。小分一五。
徵聲二十〇。小分二五。
商聲二十七。
羽聲三十六。
角聲二十四。小分三。

無射第七均五聲生數圖歸餘全數。

宮聲三十二。小分四。
徵聲二十一。小分六。
商聲二十八。小分八。
羽聲一十九。小分二一五。
角聲二十五。小分六五。

無射第八均五聲生數圖歸餘全數。

宮聲三十四。小分二。
徵聲二十二。小分五九。
商聲三十〇。小分一五。
羽聲二十〇。小分二五。
角聲二十七。

無射第九均五聲生數圖歸餘全數。

宮聲一十八。
徵聲二十四。小分六。
商聲三十二。小分四。
羽聲二十一。小分六。
角聲二十八。小分八。

無射第十均五聲生數圖歸餘全數。

宮聲一十九。小分二一五。
徵聲二十五。小分六五。
商聲一十七。小分一。
羽聲二十二。小分五九。
角聲三十〇。小分一五。

無射第十一均五聲生數圖歸餘全數。

宮聲二十〇。小分二五。
徵聲二十七。
商聲一十八。
羽聲二十四。小分三。
角聲一十六。小分六。

無射第十二均五聲生數圖歸餘全數。

宮聲二十一。小分六。
徵聲二十八。小分八。
商聲一十九。小分二一五。
羽聲二十五。小分六五。
角聲一十七。小分一。

應鍾第一均五聲生數圖歸餘全數。

宮聲四十三。小分二。
徵聲二十八。小分八。
商聲十八。小分〇五。
羽聲二十五。小分六五。
角聲三十四。小分二。

應鍾第二均五聲生數圖歸餘全數。

宮聲二十二。小分五九。
徵聲三十〇。小分一五。
商聲四十〇。小分五。
羽聲二十七。
角聲三十六。

應鍾第三均五聲生數圖歸餘全數。

宮聲二十四。小分三。
徵聲三十二。小分四。
商聲二十一。小分六。
羽聲二十八。小分八。
角聲三十八。小分四五。

應鍾第四均五聲生數圖歸餘全數。

宮聲二十五。小分六五。
徵聲三十四。小分二。
商聲二十二。小分五九。
羽聲三十〇。小分五。
角聲二十〇。小分二五。

應鍾第五均五聲生數圖歸餘全數。

宮聲二十七。
徵聲三十六。
商聲二十四。小分三。
羽聲三十二。小分四。
角聲二十一。小分六。

應鍾第六均五聲生數圖歸餘全數。

宮聲二十八。小分八。
徵聲一十九。小分二一五。
商聲二十五。小分六五。
羽聲三十四。小分二。
角聲二十二。小分五九。

應鍾第七均五聲生數圖歸餘全數。

宮聲三十〇。小分一五。
徵聲二十〇。小分二五。
商聲二十七。

羽聲一十八。小分三。
角聲二十四。小分三。
應鍾第八均五聲生數圖歸餘全數。
宫聲三十二。小分四。
徵聲二十一。小分六。
商聲二十八。小分八。
羽聲一十九。小分二一五。
角聲二十五。小分六五。
應鍾第九均五聲生數圖歸餘全數。
宫聲一十七。小分一。
徵聲二十二。小分五九。
商聲三十〇。小分一。
羽聲二十〇。小分二五。
角聲二十七。
應鍾第十均五聲生數圖歸餘全數。
宫聲一十八。
徵聲二十四。小分三。
商聲一十六。小分二。
羽聲二十一。小分六。
角聲二十八。小分八。
應鍾第十一均五聲生數圖歸餘全數。
宫聲一十九。小分二一五。
徵聲二十五。小分六五。
商聲一十七。小分一。
羽聲二十。小分五九。
[以下原書缺，略]

邢雲路《古今律曆考》卷二九《律吕一》

律吕・黄鐘之實

子一，　黄鐘之律一而已。
丑三，　爲絲法。
寅九，　爲寸數。
卯二十七，　爲毫法。
辰八十一，　爲分數。
巳二百四十三，　爲釐法。
午七百二十九，　爲釐數。
未二千一百八十七，　爲分法。
申六千五百六十一，　爲毫數。
酉一萬九千六百八十三，　爲寸法。
戌五萬九千〇四十九，　爲絲數。
亥一十七萬七千一百四十七，　黄鐘之實。

黄鐘之律以三歷十(三)[二]辰所得之數，在子、寅、辰、午、申、戌六陽辰爲黄鐘寸分釐毫絲之數。子爲黄鐘之律，寅爲九寸，辰爲八十一分，午爲七百二十九釐，申爲六千五百六十一毫，戌爲五萬九千四十九絲。在亥、酉、未、巳、卯、丑六陰辰爲黄鐘寸分釐毫絲之法。亥爲黄鐘之實，酉之一萬九千六百八十三爲寸，未之二千一百八十七爲分，巳之二百四十三爲釐，卯之二十七爲毫，丑之三爲絲。其寸分釐毫絲之法皆用九數，故九絲爲毫，九毫爲釐，九釐爲分，九分爲寸，爲黄鐘。蓋子一爲黄鐘之律。三其一，則丑爲三。三其三，則寅爲九。三其九，則卯爲二十七。三其二十七，則辰爲八十一。三其八十一，則巳爲二百四十三。三其二百四十三，則午爲七百二十九。三其七百二十九，則未爲二千一百八十七。三其二千一百八十七，則申爲六千五百六十一。三其六千五百六十一，則酉爲一萬九千六百八十三。三其一萬九千六百八十三，則戌爲五萬九千四十九。三其五萬九千四十九，則亥爲一十七萬七千一百四十七。以是數爲黄鐘之實，而定管之短長。以三爲絲，故有五萬九千四十九絲。以二十七爲毫，故有六千五百六十一毫。以二百四十三爲釐，故有七百二十九釐。以二千一百八十七爲分，故有八十一分。以一萬九千六百八十三爲寸，故有九寸。合而觀之，積絲毫釐分之長，爲寸皆九，合絲毫釐分寸之數皆一十七萬七千一百四十七。在陽辰，順而左行爲數。在陰辰，逆而右行爲法也。

又　黄鐘生十一律

子一分。一爲九寸。
丑三分二。一爲三寸。

寅九分八。一爲一寸。

卯二十七分十六。三爲一寸，一爲三分。

辰八十一分六十四。九爲一寸，一爲一分。

巳二百四十三分一百二十八。二十七爲一寸，三爲一分，一爲三釐。

午七百二十九分五百一十二。八十一爲一寸，九爲一分，一爲一釐。

未二千一百八十七分一千二十四。二百四十三爲一寸，二十七爲一分，三爲一釐，一爲三毫。

申六千五百六十一分四千九十六。七百二十九爲一寸，八十一爲一分，九爲一釐，一爲一毫。

酉一萬九千六百八十三分八千一百九十二。二千一百八十七爲一寸，二百四十三爲一分，二十七爲一釐，三爲一毫，一爲三絲。

戌五萬九千四十九分三萬二千七百六十八。六千五百六十一爲一寸，七百二十九爲一分，八十一爲一釐，九爲一毫，一爲一絲。

亥一十七萬七千一百四十七分六萬五千五百三十六。一萬九千六百八十三爲一寸，二千一百八十七爲一分，二百四十三爲一釐，二十七爲一毫，三爲一絲，一爲三忽。

按：黄鐘生十一律，子、寅、辰、午、申、戌六陽辰皆下生，丑、卯、巳、未、酉、亥六陰辰皆上生。其上以三歷十二辰者，皆黄鐘之全數。其下陰數以倍者，倍其實，三分本律而損其一也。陽數以四者，四其實，三分本律而益其一也。六陽辰當位自得，六陰辰則居其衝。其林鐘、南吕、應鐘三吕在陰，無所增損。其大吕、夾鐘、仲吕三吕在陽，則用倍數方與十二月之氣相應。蓋陰之從陽，自然之理也。曰子一分者，數起子得一也。丑三分二者，三其法爲三分，兩其實爲二也。寅九分八者，三其法爲九分，四其實爲八也。以下生者倍其實，以上生者四其實也。其法以子析爲三分，每分五萬九千四十九，丑於三分之中得其二，爲十一萬八千九十八，積六寸爲林鐘。此黄鐘之實三分損一下生林鐘也。以子一析爲九分，每分得一萬九千六百八十三，寅於九分之中得其八，爲十五萬七千四百六十四，積八寸，爲太蔟，此林鐘之實三分益一上生太蔟也。自卯而下倣此。其詳子一分，一爲九寸，爲黄鐘之律也。三其一，則丑爲三分。倍其一爲二分。一爲三寸，二爲六寸，爲林鐘之律也。三其三，則寅爲九分，四其二爲八分，一爲一寸，八爲八寸，爲太蔟之律也。三其九，則卯爲二十七分，倍其八，爲十六分。三爲一寸，以十五爲五寸，餘一爲三分，共五寸三分，爲南吕之律也。三其二十七，則辰爲八十一分，四其十六，爲六十四分。九爲一寸，以六十三爲七寸，餘一爲一分，共七寸一分，爲姑洗之律也。三其八十一，則巳爲二百四十三分，倍其六十四，爲一百二十八分。二十七爲一寸，以一百八爲四寸。餘二十，三爲一分，以十八爲六分。餘二，一爲三釐，二爲六釐。共四寸六分六釐，爲應鐘之律也。三其二百四十三，則午爲七百二十九分，四其一百二十八，爲五百一十二分。八十一爲一寸，以四百八十六爲六寸。餘二十六，九爲一分，以十八爲二分。餘八，一爲一釐，八爲八釐。共六寸二分八釐，爲蕤賓之律也。三其七百二十九，則未爲二千一百八十七，倍其五百一十二，爲一千二十四。二百四十三爲一寸，以九百七十二爲四寸。餘五十二，以二十七爲一分。餘二十五，三爲一釐，以二十四爲八釐。餘一，一爲三毫。共四寸一分八釐三毫，止得大吕半律之數。因居丑在陽倍之，以一千二十四倍爲二千四十八，計得八寸三分七釐六毫，爲大吕之律也。三其二千一百八十七，則申爲六千五百六十一，四其一千二十四，爲四千九十六。七百二十九爲一寸，以三千六百四十五爲五寸。餘四百五十一，以八十一爲一分，以四百五爲五分。餘四十六，九爲一釐，以四十五爲五釐。餘一爲一毫。共五寸五分五釐一毫，爲夷則之律也。三其六千五百六十一，則酉爲一萬九千六百八十三，倍其四千九十六，爲八千一百九十二。二千一百八十七爲一寸，以六千五百六十一爲三寸。餘一千六百三十一，二百四十三爲一分，以一千四百五十八爲六分。餘一百七十三，二十七爲一釐，以一百六十二爲六釐。餘一十一，三爲一毫，以九爲三毫。餘二，一爲三絲，二爲六絲。共三寸六分六釐三毫六絲，止得夾鐘半律之數。因居卯在陽倍之，以八千一百九十二倍爲一萬六千三百八十四，計得七寸四分三釐七毫三絲，爲夾鐘之律也。三其一萬九千六百八十三，則戌爲五萬九千四十九，四其八千一百九十二，爲三萬二千七百六十八。六千五百六十一爲一寸，以二萬六千二百四十四爲四寸。餘六千五百二十四，七百二十九爲一分，以五千八百三十二爲八分。餘六百九十二，八十一爲一釐，以六百四十八爲八釐。餘四十四，九爲一毫，以三十六爲四毫。餘八，一爲一絲，八爲八絲。共四寸八分八釐四毫八絲，爲無射之律也。三其五萬九千四十九，則亥爲一十七萬七千一百四十七，倍其三萬二千七百六十八，爲六萬五千五百三十六。一萬九千六百八十三爲一寸，以五萬九千四十九爲三寸。餘六千四百八十七，二千一百八十七爲一分，以四千三百七十四爲二分。餘二千一百一十三，二百四十三爲一釐，以一千九百四十四爲八釐。餘一百六十九，二十七爲一毫，以一百六十二爲六毫。餘七，三爲一絲，六爲二絲。餘一，一爲三忽。共三寸二分八釐六毫二絲三忽，止得仲吕半律之數。因居巳在陽倍之，以六萬五千五百三十六倍爲十三萬一千七十二，計得六寸五分八釐三毫四絲六忽餘二不盡，爲仲吕之律也。其曰以三歷十二辰，皆黄鐘之全數者。蓋子一分，則一爲九寸，是黄鐘之全數。丑三分二，則一爲三寸，三爲九寸，亦是黄鐘九寸之全數。三分取其二，故林鐘得六寸。寅九分八，則一爲一寸，九爲九寸，亦是黄鐘九寸之全數。九分取其八，故太蔟得八寸。曰陰數以倍，陽數以四者，蓋黄鐘九寸，下生則倍其實，爲一尺八寸，以三分之，每分六寸，而得其一爲林鐘，即三分黄鐘九寸而損其一者也。林鐘六寸，上生則四其實，爲二尺四寸，以三分之，每分八寸，而得其一爲太蔟，即三分林鐘六寸而益其一者也。餘放此。其候氣之法，六陽辰當位自得，子居子而寅居寅也。六陰辰則居其衝，丑則居未而卯則居酉也。其林鐘在未、南吕在酉、應鐘在亥爲陰，原無半數，故無所增損。其大吕在丑、夾鐘在卯、仲吕在巳爲陽，吹之則用半數，方其聲和也。候氣之法乖舛，詳見後。

又 十二律之實

子，黄鐘十七萬七千一百四十七。

全九寸，半無。

丑，林鐘十一萬八千〇九十八。

全六寸，半三寸不用。

寅太蔟十五萬七千四百六十四。

全八寸，半四寸。

卯，南吕十〇萬四千九百七十六。

全五寸三分，半二寸六分不用。

辰，姑洗十三萬九千九百六十八。

全七寸一分，半三寸五分。

巳，應鐘九萬三千三百一十二。

全四寸六分六釐，半二寸三分三釐不用。

午，蕤賓十二萬四千四百一十六。

全六寸二分八釐，半三寸一分四釐。

未，大吕十六萬五千八百八十八。

全八寸三分七釐六毫，半四寸一分八釐三毫。

申，夷則十一萬〇五百九十二。

全五寸五分五釐一毫，半二寸七分二釐五毫。

酉，夾鐘十四萬七千四百五十六。

全七寸四分三釐七毫三絲，半三寸六分六釐三毫六絲。

戌，無射九萬八千三百〇四。

全四寸八分八釐四毫八絲，半二寸四分四釐二毫四絲。

亥，仲吕十三萬一千〇七十二。

全六寸五分八釐三毫四絲六忽，餘二筭。半三寸二分八釐六毫二絲三忽。

黄鐘全九寸者，以一萬九千六百八十三爲一寸，積十七萬七千一百四十七爲九寸也。半無者，黄鐘至尊，不爲他律所役，損益不及，故不用半也。林鐘於十七萬七千一百四十七内三分損一，損五萬九千四十九，則爲十一萬八千九十八。太蔟於十一萬八千九十八内三分益一，益三萬九千三百六十六，則爲十五萬七千四百六十四。南吕於十五萬七千四百六十四内三分損一，損五萬二千四百八十八，則爲十萬四千九百七十六。姑洗於十萬四千九百七十六内三分益一，益三萬四千九百九十二，則爲十三萬九千九百六十八。應鐘於十三萬九千九百六十八内三分損一，損四萬六千六百五十六，則爲九萬三千三百一十二。蕤賓於九萬三千三百一十二内三分益一，益三萬一千一百四，則爲十二萬四千四百一十六。蕤賓而後，大吕當未，應三分損其一也。若損一，止得大吕之半數，因在陽倍之，故以大吕於十二萬四千四百一十六内三分損一，損四萬一千四百七十二，爲八萬二千九百四十四之數，倍之則爲十六萬五千八百八十八。夷則於十六萬五千八百八十八内三分損一，損五萬五千二百九十六，則爲十一萬五百九十二。夾鐘於十一萬五百九十二内三分益一，益三萬六千八百六十四，則爲十四萬七千四百五十六。無射於十四萬七千四百五十六内三分損一，損四萬九千一百五十二，則爲九萬八千三百四。仲吕於九萬八千三百四内三分益一，益三萬二千七百六十八，則爲十三萬一千七十二。夫黄鐘生十一律，陽皆下生，倍其實而損；陰皆上生，四其實而益。蕤賓以後，陽反四上生益，而陰反倍下生損，何也？蓋從子至亥，黄鐘、太蔟、姑洗陽之陽也，林鐘、南吕、應鐘陰之陰也，陽生陰退，故律生吕言下生，吕生律言上生。蕤賓、夷則、無射陰之陽也，大吕、夾鐘、仲吕陽之陰也，陰升陽退，故律生吕言上生，吕生律言下生。故鄭氏重上生法，所以爲不易之論，而真西山失載其説，不能不令人疑耳。推前律半律法，如姑洗十三萬九千九百六十八，以一萬九千六百八十三爲一寸，二千一百八十七爲一分，除十三萬七千七百八十一爲七寸，餘二千一百八十七爲一分，故姑洗全七寸一分。以十三萬九千九百六十八半之，爲六萬九千九百八十四，除五萬九千四十九爲三寸，餘一萬九百三十五爲五分，故姑洗半三寸五分。餘倣此。凡律用半者，以上律短而下律長故。下律用半以成宫商角徵羽之五聲。林鐘、南吕、應鐘三律受役於陽律，依序而下，乃自爲上律。而上律更無短者，故不用半，以相生之不及也。按十二律之實，約以寸法，則黄鐘、林鐘、太蔟得全寸。約以分法，則南吕、姑洗得全分。約以釐法，則應鐘、蕤賓得全釐。約以毫法，則大吕、夷則得全毫。約以絲法，則夾鐘、無射得全絲。至仲吕之實十三萬一千七十二，以三分之，不盡二筭，其數不行，此律之所以止於十二也。

又 變律

黄鐘十七萬四千七百六十二。小分四百八十六。

全八寸七分八釐一毫六絲二忽不用，半四寸三分八釐五毫三絲一忽。

前正律至仲吕之實十三萬一千七十二，以三分之，不盡二筭，其數既不可行，當有以通之。律當變者有六，故置一而六三之，蓋自子之一而至午之六，以三歷之，得七百二十九。以七百二十九乘仲吕之十三萬一千七十二，共九千五百五十五萬一千四百八十八，以三分之，每分得三千一百八十五萬四百九十六，三分益一，共一萬二千七百四十萬一千九百八十四。復以七百二十九歸之，每黄鐘之一當七百二十九，爲黄鐘之十七萬四千七百六十二，不盡零小分四百八十六，爲三分一之二。蓋以七百二十九爲一小分，三分之，每分得二百四十三，則四百八十六爲二百四十三者二，乃三分一之二也。以寸法計之，十五萬七千四百六十四得寸者八。以分法計之，一萬五千三百九得分者七。以釐法計之，一千九百四十四得釐者八。以毫法計之，二十七得毫者一。以絲法計之，一十八得絲者六。以忽法計之，小分四百八十六，一爲三忽，三分一之二爲二忽，得忽者二。此全數也。半數得八萬七千三百八十一小分二百四十三，以寸分釐毫絲忽法計之，得四寸三分八釐五毫三絲一忽。全數不用者，黄鐘，君象也，受役之律無長於此，諸律不得而役之，故虚其正而不用。所用即再生之變者。就再生之變，又缺其半。所謂缺其半者，蓋若大吕爲宫，黄鐘爲變宫時，黄鐘管最長，所以只得用其半。其餘宫亦倣此。

林鐘十一萬六千五百八。小分三百二十四。

全五寸八分二釐四毫一絲一忽三初，半二寸八分五釐六毫五絲六初。

以黄鐘之一萬二千七百四十萬一千九百八十四三分之，每分四千二百四十六萬七千三百二十八，三分損一，爲八千四百九十三萬四千六百五十六，以七百二十九歸之，爲下生林鐘之十一萬六千五百八零小分三百二十四。以寸分釐毫絲法計之，得全五寸八分二釐四毫一絲。小分三百二十四，以二百四十三爲一忽。餘八十一，以二十七爲一初，爲三初。半之爲五萬八千二百五十四小分一百六十二，以法計之，得半二寸八分五釐六毫五絲，餘一百六十二爲六初。

太蔟十五萬五千三百四十四。小分四百三十二。

全七寸八分二毫四絲四忽七初不用，半三寸八分四釐五毫六絲六忽八初。

以林鐘之八千四百九十三萬四千六百五十六三分之，每分二千八百三十一萬一千五百五十二，三分益一，爲一萬一千三百二十四萬六千二百八，以七百二十九歸之，爲上生太蔟之十五萬五千三百四十四，零小分四百三十二。以法計之，得全七寸八分二毫四絲三忽。餘小分四百三十二，除二百四十三爲一忽，共前爲四忽。餘一百八十九爲七初。半之，爲七萬七千六百七十二小分二百一十六。以法計之，得半三寸八分四釐五毫六絲六忽，餘二百一十六爲八初。

南吕十萬三千五百六十三。小分四十五。

全五寸二分三釐一毫六絲一初六秒，半二寸五分六釐七絲五忽一初三秒。

以太蔟之一萬一千三百二十四萬六千二百八三分之，每分三千七百七十四萬八千七百三十六，三分損一，爲七千五百四十九萬七千四百七十二，以七百二十九歸之，爲下生南吕之十萬三千五百六十三，零小分四十五。以法計之，得全五寸二分三釐一毫六絲。餘小分四十五，除二十七爲一初。餘十八，三爲一秒，爲六秒。半之爲五萬一千七百八十一，小分五百二十二零五。以法計之，得半二寸五分六釐七絲三忽，餘五百二十二零五。除四百八十六爲二忽，共前五忽。餘三十六零五，除二十七爲一初。餘九零五，除九爲三秒不盡。舊本四忽五初三秒，今多六初。

姑洗十三萬八千八十四。小分六十。

全七寸一釐二毫二絲二初二秒不用，半三寸四分五釐一毫一絲一初一秒。

以南吕之七千五百四十九萬七千四百七十二三分之，每分二千五百一十六萬五千八百二十四，三分益一，爲一萬六十六萬三千二百九十六，以七百二十九歸之，爲上生姑洗之十三萬八千八十四零小分六十。以法計之，得全七寸一釐二毫二絲。餘小分六十，除五十四爲二初。餘六爲二秒。舊本一初二秒，今多一初。半之爲六萬九千四十二，小分三十。以法計之，得半三寸四分五釐一毫一絲。餘小分三十，除二十七爲一初。餘三爲一秒。

應鍾九萬二千五十六。小分四十。

全四寸六分七毫四絲三忽一初四秒，餘一算。半二寸三分三毫六絲六忽六秒强不用。

以姑洗之一萬六十六萬三千二百九十六三分之，每分三千三百五十五萬四千四百三十二，三分損一，爲六千七百一十萬八千八百六十四，以七百二十九歸之，爲下生應鍾之九萬二千五十六零小分四十。以法計之，得全四寸六分七毫四絲三忽。餘小分四十，除二十七爲一初。餘十三，除十二爲四秒，不盡。半之爲四萬六千二十八，小分二十。以法計之，得半二寸三分三毫六絲六忽。餘小分二十，除十八爲六秒。不盡。

變律者，在正律之位而非正律之聲也。律所以變者，其故有三：其一，黄鍾至尊爲君，不爲他律所役。其十二律各自爲宫，以生五聲二變，共七聲。黄鍾、林鍾、太蔟、南吕、姑洗、應鍾六律，則能具足。如黄鍾爲宫，則林鍾爲徵，太蔟爲商，南吕爲羽，姑洗爲角，應鍾爲變宫，蕤賓爲變徵。林鍾爲宫，則太蔟爲徵，南吕爲商，姑洗爲羽，應鍾爲角，蕤賓爲變宫，大吕爲變徵。十二律中自能具足，五聲二變各得其正矣。至蕤賓、大吕、夷則、夾鍾、無射、仲吕六律，則取黄鍾、林鍾、太蔟、南吕、姑洗、應鍾六律之聲，少下不和，故有變律。變律者，其聲近正而少高於正律也。蓋蕤賓爲宫，則未免反取黄鍾爲變徵。大吕爲宫，則未免反取黄鍾、林鍾爲變宫、變徵。黄鍾既變，其次所生之律若仍本律，則長不成曲，亦當變焉。如黄鍾爲商，則林鍾之羽、太蔟之角、南吕之變宫、姑洗之變徵，皆隨而變。黄鍾爲角，則林鍾之變宫、太蔟之變徵皆隨而變。臣之從君，理固然也。其二，黄鍾、林鍾、太蔟、南吕、姑洗、應鍾上六律長，蕤賓、大吕、夷則、夾鍾、無射、仲吕下六律短。以上律役下律，則或正或半，通而和。以下律役上律，則或正或半，戾而不和。故以上律役下律，以下律役下律，皆不必變。惟以下律役上律則必變，其上律使少短而與下律通也。其三，相生之法至仲吕而窮，使不再生六律，則上律不能徧七聲之用，下律亦無由而通，故以六三之乘仲吕之實，三分益一，復變而再生黄鍾之宫。因再生，故不及黄鍾九寸之舊數，止得八寸有奇。其下相因而生五律，亦各於舊爲減，皆數之自然也。太蔟、姑洗之全不用者，其律長，相生所不及也。應鍾之半不用者，數之窮也。故律止於六，至應鍾而窮也。蓋應鍾之實六千七百一十萬八千八百六十四，以三分之，每分二千二百三十六萬九千六百二十一，餘一，又不盡一算，數又不可行，此變律之所以止於六也。

又　卷三〇《律吕二》

律吕·律生五聲

宫聲八十一，下生徵。商聲七十二，下生羽。角聲六十四，下生變宫。徵聲五十四，上生商。羽聲四十八，上生角。

黄鍾之數，九九八十一以爲宫，是爲五聲之本。以宫之八十一數三分之，每分二十七，三分損一，於八十一數損其二十七，餘五十四下生徵，故徵數五十四也。徵三分益一，七十二上生商。商三分損一，四十八下生羽。羽三分益一，六十四上生角。是黄鍾爲均，用五聲之法。以下十一辰，辰各有五聲，其爲宫商之法亦如之。故辰各有五聲，是十二律之正聲也。詳此，是十一律皆可爲宫。蓋置本律之實，以九九因之，三分損益以爲五聲。再以本律之實約之，則宫固八十一，商亦七十二，角亦六十四，徵亦五十四，羽亦四十八也。如應鍾爲宫，置本律應鍾之實九萬三千三百一十二，以九九八十一乘之，得七百五十五萬八千二百七十二爲宫，以九萬三千三百一十二約之，爲八十一。三分宫損一，得五百三萬八千八百四十八爲徵，以九萬三千三百一十二約之，爲五十四。三分徵益一，得六百七十一萬八千四百六十四爲商，以九萬三千三百一十二約之，爲七十二。三分商損一，得四百四十七萬八千九百七十六爲羽，以九萬三千三百一十二約之，爲四十八。三分羽益一，得五百九十七萬一千九百六十八爲角，以九萬三千三百一十二約之，爲六十四是也。蓋十二律生於黄鍾，雖各長短不齊，及其旋相爲宫以生五聲二變，皆約以八十一起數，而五十四以後次之，則八十四聲各有所歸矣。然五聲至角，其數六十四，以三分之，每分二十一，不盡一筭，數不可行，此正聲所以止於五也。通而變之，角聲乃生變宫、變徵，以足五聲二變之數耳。

又 變聲二

變宫聲四十二，餘小分九分分之六，羽後宫前，上生變徵。變徵聲五十六，餘小分九分分之八，角後徵前，不生。

考《國語》周景王問於泠州鳩曰：七律者何？韋昭註曰：周有七音，黄鐘爲宫，太蔟爲商，姑洗爲角，林鐘爲徵，南吕爲羽，應鐘爲變宫，蕤賓爲變徵。然則五聲二變有自來矣。蓋五聲宫與商，商與角，徵與羽，相去各一律。至角與徵，羽與宫，相去乃二律。以隔八相生之序言之，如黄鐘爲宫，則相去一律而太蔟爲商，商相去一律而姑洗爲角，角相去二律始得林鐘之徵，徵相去一律而南吕爲羽，南吕之羽距黄鐘之宫又相去二律焉。相去一律則音節和，相去二律則音節遠，故角徵之間，近徵收一聲，比徵少下，謂之變徵。羽宫之間，近宫收一聲，少高於(高)[宫]，謂之變宫也。五聲相生，至於角位，其數六十有四，以三分之，每分二十有一，不盡一筭，五聲之正至此而窮。然既不可行，當有以通之。聲之變者二，故置一而兩三之。置子之一而兩，至寅以三歷之，得九。以九因角聲之實六十四，得五百七十六，以三分之，每分一百九十二，三分損一，爲三百八十四，以九歸之，爲四十二下生變宫，是姑洗生應鐘也。餘六不用。又以變宫之三百八十四，三分之，每分一百二十八，三分益一，爲五百一十二，以九歸之，爲五十六，上生變徵，是應鐘生蕤賓也。餘八不用。至變徵之數五百一十二，以三分之，又不盡二筭，其數又不行，此變聲所以止於二也。變聲者，所以濟五聲之不及，宫比於宫，徵比於徵，雖有七聲，其實五聲而已。《淮南子》曰：姑洗生應鐘，比於正音，故爲和；應鐘生蕤賓，不比於正音，故爲謬。

五聲二變十二律相生之圖

曰謬，則已難比於正，故變聲非正，不爲調也。

旋宫八十四聲圖

	宫下生	徵上生	商下生	羽上生	角下生	變宫上生	變徵止
一宫十一月	黄正	林正	太正	南正	姑正	應正	蕤正
二宫六月	林正	太正半	南正	姑正半	應正	蕤正半	大正半
三宫正月	太正	南正	姑正	應正	蕤正	大正半	夷正半
四宫八月	南正	姑正半	應正	蕤正半	大正半	夷正半	夾正
五宫三月	姑正	應正半	蕤正	大正半	夷正	夾正半	無正
六宫十月	應正	蕤正半	大正半	夷正半	夾正半	無正半	仲正半
七宫五月	蕤正	大正半	夷正	夾正半	無正	仲正半	黄變半
八宫十二月	大正	夷正	夾正	無正	仲正	黄變半	林變
九宫七月	夷正	夾正半	無正	仲正半	黄變半	林變半	太變半
十宫二月	夾正	無正	仲正	黄變半	林變	太變半	南變
十一宫九月	無正	仲正半	黄變半	林變半	太變半	南變半	姑變半
十二宫四月	仲正	黄變半	林變	太變半	南變	姑變半	應變

此言十二律還相爲宫，以次生五聲二變，成八十四聲也。律吕之數往而不返，惟黄鐘不爲他律所役，所用七聲皆正律，無空積忽微。蓋黄鐘爲宫，則林鐘爲徵，太蔟爲商，南吕爲羽，姑洗爲角，應鐘爲變宫，蕤賓爲變徵，皆正，無餘分也。自林鐘而下則有半聲。如太蔟爲宫，則以大吕爲變宫；大吕爲宫，則以黄鐘爲變宫。一半聲也。姑洗爲宫，則以大吕爲羽，夾鐘爲變宫。夾鐘爲宫，則以黄鐘爲羽，太蔟爲變宫。二半聲也。林鐘、蕤賓四半聲，南吕、夷則五半聲，應鐘、無射六半聲。自蕤賓而下則有變律。如蕤賓爲宫，則以黄鐘變爲變徵，一變律也。大吕爲宫，則以黄鐘變爲變宫，林鐘變爲變徵，二變律也。夷則三變律，夾鐘四變律，無射五變律，仲吕六變律。半聲、變律，皆有空積忽微，不得其正，故黄鐘一均獨爲聲氣之元也。其序每一律役六律，已往者退，方來者進。如黄鐘爲宫，下生林鐘徵，徵上生太蔟商，商下生南吕羽，羽上生姑洗角，角下生應鐘變宫，變宫上生蕤賓變徵。一均既畢，黄鐘者退，大吕者進。林鍾爲宫，上生

太蔟徵，徵下生南呂商，商上生姑洗羽，羽下生應鐘角，角上生蕤賓變宮，變宮下生大呂變徵。一均既畢，林鐘者退，夷則者進。自此以往，至於蕤賓則變黄鐘爲變徵，大呂則變黄鐘爲變宮，變林鐘爲變徵，以次夷則三變，夾鐘四變，無射五變，至仲呂六變。總之，十二律各備七聲，七聲各足十二律而後終焉。然黄鐘爲元，十一律皆受法於黄鐘，雖其管長短不齊，及其用而爲宮則一也。宮數八十一，則皆約以八十一起數，三分損益，以序生四聲二變，有條而不紊者也。

以正言之，黄鐘爲宮，置黄鐘本律之實十七萬七千一百四十七，以宮八十一乘之，得一千四百三十四萬八千九百七爲宮數，以本律之實約之，爲八十一，爲宮。三分宮數，每分四百七十八萬二千九百六十九，三分損一，得九百五十六萬五千九百三十八，以本律之實約之，爲五十四，爲徵，是爲黄鐘之宮下生林鐘之徵。置林鐘本律之實十一萬八千九十八，以徵五十四乘之，得六百三十七萬七千二百九十二爲徵數，三分徵數，每分二百一十二萬五千七百六十四，三分益一，得八百五十萬三千五十六，以本律之實約之，爲七十二，爲商，是爲林鐘之徵上生太蔟之商。置太蔟本律之實十五萬七千四百六十四，以商七十二乘之，得一千一百三十三萬七千四百八爲商數，三分商數，每分三百七十七萬九千一百三十六，三分損一，得七百五十五萬八千二百七十二，以本律之實約之，爲四十八，爲羽，是爲太蔟之商下生南呂之羽。置南呂本律之實十萬四千九百七十六，以羽四十八乘之，得五百三萬八千八百四十八爲羽數，三分羽數，每分一百六十七萬九千六百一十六，三分益一，得六百七十一萬八千四百六十四，以本律之實約之，爲六十四，爲角，是爲南呂之羽上生姑洗之角。置姑洗本律之實十三萬九千九百六十八，以角六十四乘之，得八百九十五萬七千九百五十二爲角數，三分角數，每分二百九十八萬五千九百八十四，三分損一，得五百九十七萬一千九百六十八，以本律之實約之，爲四十二，餘六不用，爲變宮，是爲姑洗之角下生應鐘之變宮。置應鐘本律之實九萬三千三百一十二，以變宮四十二乘之，得三百九十一萬九千一百四爲變宮數，三分變宮數，每分一百三十萬六千三百六十八，三分益一，得五百二十二萬五千四百七十二，以本律之實約之，爲五十六，爲變徵，是爲應鐘之變宮上生蕤賓之變徵。此正律，皆全數也。

以正與正半言之，如林鐘爲宮，置林鐘全數之實十一萬八千九十八，以宮八十一乘之，得九百五十六萬五千九百三十八爲宮數，以本律全數約之，爲八十一，爲宮。三分宮數，每分三百一十八萬八千六百四十六，三分損一，得六百三十七萬七千二百九十二，以本律全數約之，爲五十四，爲徵，是爲林鐘全數之宮下生太蔟正半之徵。置太蔟半數之實七萬八千七百三十二，以徵五十四乘之，得四百二十五萬一千五百二十八爲徵數，三分徵數，每分一百四十一萬七千一百七十六，三分益一，得五百六十六萬八千七百四，以本律半數約之，爲七十二，爲商，是爲太蔟正半之徵上生南呂全數之商。置南呂全數之實十萬四千九百七十六，以商七十二乘之，得七百五十五萬八千二百七十二爲商數，三分商數，每分二百五十一萬九千四百二十四，三分損一，得五百三萬八千八百四十八，以本律全數約之，爲四十八，爲羽，是爲南呂全數之商下生姑洗正半之羽。置姑洗半數之實六萬九千九百八十四，以羽四十八乘之，得三百三十五萬九千二百三十二爲羽數，三分羽數，每分一百一十一萬九千七百四十四，三分益一，得四百四十七萬八千九百七十六，以本律半數約之，爲六十四，爲角，是姑洗半數之羽上生應鐘全數之角。置應鐘全數之實九萬三千三百一十二，以角六十四乘之，得五百九十七萬一千九百六十八爲角數，三分角數，每分一百九十九萬五百五十六，三分損一，得三百九十八萬一千三百一十二，以本律全數約之，爲四十二，爲變宮，是爲應鐘全數之角下生蕤賓正半之變宮。置蕤賓半數之實六萬二千二百八，以變宮四十二乘之，得二百六十一萬二千七百三十六爲變宮數，三分變宮數，每分八十七萬九百一十二，三分益一，得三百四十八萬三千六百四十八，以本律半數約之，爲五十六，爲變徵，是爲蕤賓正半之變宮上生大呂正半之變徵。此正與正半之律也。餘倣此。

以正與變與變半言之，如夾鐘爲宮，置夾鐘全數之實十四萬七千四百五十六，以宮八十一乘之，得一千一百九十四萬三千九百三十六爲宮數，以本律全數約之，爲八十一，爲宮。三分宮數，每分三百九十八萬一千三百一十二，三分損一，得七百九十六萬二千六百二十四，以本律全數約之，爲五十四，爲徵，是爲夾鐘全數之宮下生無射全數之徵。置無射全數之實九萬八千三百四，以徵五十四乘之，得五百三十萬八千四百一十六爲徵數，三分徵數，每分一百七十六萬九千四百七十二，三分益一，得七百七萬七千八百八十八，以本律全數約之，爲七十二，爲商，是爲無射全數之徵上生仲呂全數之商。置仲呂全數之實十三萬一千七十二，以商七十二乘之，得九百四十三萬七千一百八十四爲商數，三分商數，每分三百一十四萬五千七百二十八，三分損一，得六百二十九萬一千四百五十六，以本律全數約之，爲四十八，爲羽，是爲仲呂全數之商下生黃鐘變半之羽。置黃鐘變半之實八萬七千三百八十一，小分不用，以羽四十八乘之，得四百一十九萬四千二百八十八爲羽數，三分羽數，每分一百三十九萬八千九十六，三分益一，得五百五十九萬二千三百八十四，以本律半數約之，爲六十四，爲角，是爲黃鐘變半之羽上生林鐘變數之角。置林鐘變數之實十一萬六千五百八，以角六十四乘之，得七百四十五萬六千五百一十二爲角數，三分角數，每分二百四十八萬五千五百四，三分損一，得四百九十七萬一千八，以本律全數約之，爲四十二，爲變宮，是爲林鐘變數之角下生太蔟變半之變宮。置太蔟變半之實七萬七千六百七十二，以變宮四十二乘之，得三百二十六萬二千二百二十四爲變宮數，三分變宮數，每分一百八萬七千四百八，三分益一，得四百三十四萬九千六百三十二，以本律半數約之，爲五十六，爲變徵，是爲太蔟變半之變宮上生南呂變數之變徵。此正與變與變半之律也。餘倣此。

一法，如夾鐘爲宮，置夾鐘全數十四萬七千四百五十六，以法計之得全七寸四分三釐有奇。三分全數，每分四萬九千一百五十二，三分損一，得九萬八千三百四爲無射，計得全四寸八分八釐有奇，是夾鐘全數之宮下生無射全數之徵。置無射全數九萬八千三百四，三分之，每分三萬二千七百六十八，三分益一，得十三萬一千七十二，爲仲呂，計得全六寸五分八釐有奇，是無射全數之徵上生仲呂全數之商。置仲呂全數十三萬一千七十二，以變呂六三數乘之，得九千五百五十五萬一千四百八十八，三分損一，所約之數八萬七千三百八十一，爲黃鐘變半，計得半四寸三分八釐有奇，是仲呂全數之商下生黃鐘變半之羽。置黃鐘變半八萬七千三百八十一，三分益一，得十一萬六千五百八爲林鐘變數，計得全五寸八分二釐有奇，是黃鐘變半之羽上生林鐘變數之角。置林鐘變數十一萬六千五百八，三分損一，得七萬七千六百七十二，爲太蔟變半，計得三寸八分四釐有奇，是林鐘變數之角下生太蔟變半之變宮。置太蔟變半七萬七千六百七十二，三分益一，得十萬三千五百六十三爲南呂變數，計得全五寸二分三釐有奇，是太蔟變半之變宮上生南呂變數之變徵。餘律倣此。其數悉合。夫十一律之皆可爲宮也，或有疑之者，不知十一律之數，各以八十一分之爲宮，而三分損益，上下相生，各得五聲二變之數，自然之妙，非人力之爲也。如應鐘四寸六分六釐，律之最短者，然既爲宮，則短中之君也。由此三分損一，下生蕤賓正半之徵，則三寸一分四釐；益一，上生大呂正半之商，則四寸一分八釐；損一，下生夷則正半之羽，則二寸七分二釐；益一，上生夾鐘正半之角，則三寸六分六釐；損一，下生無射正半之變宮，則二寸四分四釐；益一，上生仲呂正半之變徵，則三寸二分八釐。凡所生四聲二變，其數更無長於四寸六分六釐者，則應鐘之爲宮爲君也，何疑？且其損益相生之數，機括消息，皆與黃鐘之正律合符也。

六十調圖

	宮	商	角	變徵	徵	羽	變宮
黃鐘宮	黃正	太正	姑正	蕤正	林正	南正	應正

此黃鐘爲宮，黃鐘第一調也。所謂黃鐘一均之備者也。

	宮	商	角	變徵	徵	羽	變宮
無射商	無正	黃變半	太變半	姑變半	仲正半	林變半	南變半

此黃鐘爲商，黃鐘第二調也。

	宮	商	角	變徵	徵	羽	變宮
夷則角	夷正	無正	黃變半	太變半	夾正半	仲正半	林變半

此黃鐘爲角，黃鐘第三調也。

	宮	商	角	變徵	徵	羽	變宮
仲呂徵	仲正	林變	南變	應變	黃變半	太變半	姑變半

此黃鐘爲徵，黃鐘第四調也。

	宮	商	角	變徵	徵	羽	變宮
夾鐘羽	夾正	仲正	林變	南變	無正	黃變半	太變半

此黃鐘爲羽，黃鐘第五調也。

上下宮商角徵羽者，黃鐘得五聲，所謂黃鐘一均之備者也。左右宮商角徵羽者，五聲盡黃鐘，所謂黃鐘一調之備者也。共五調，此黃鐘一大調也。下十一律同。

	宮	商	角	變徵	徵	羽	變宮
大呂宮	大正	夾正	仲正	林變	夷正	無正	黃變半
應鐘商	應正	大正半	夾正半	仲正半	蕤正半	夷正半	無正半
南呂角	南正	應正	大正半	夾正半	姑正半	蕤正半	夷正半
蕤賓徵	蕤正	夷正	無正	黃變半	大正半	夾正半	仲正半
姑洗羽	姑正	蕤正	夷正	無正	應正	大正半	夾正半

此大呂一大調也。

	宮	商	角	變徵	徵	羽	變宮
太蔟宮	太正	姑正	蕤正	夷正	南正	應正	大正半
黃鐘商	黃正	太正	姑正	蕤正	林正	南正	應正
無射角	無正	黃變半	太變半	姑變半	仲正半	林變半	南變半
林鐘徵	林正	南正	應正	大正半	太正半	姑正半	蕤正半
仲呂羽	仲正	林變	南變	應變	黃變半	太變半	姑變半

此太蔟一大調也。

	宮	商	角	變徵	徵	羽	變宮
夾鐘宮	夾正	仲正	林變	南變	無正	黃變半	太變半
大呂商	大正	夾正	仲正	林變	夷正	無正	黃變半
應鐘角	應正	大正半	夾正半	仲正半	蕤正半	夷正半	無正半
夷則徵	夷正	無正	黃變半	太變半	夾正半	仲正半	林變半
蕤賓羽	蕤正	夷正	無正	黃變半	大正半	夾正半	仲正半

此夾鐘一大調也。

	宮	商	角	變徵	徵	羽	變宮
姑洗宮	姑正	蕤正	夷正	無正	應正	大正半	夾正半
太蔟商	太正	姑正	蕤正	夷正	南正	應正	大正半
黃鐘角	黃正	太正	姑正	蕤正	林正	南正	應正
南呂徵	南正	應正	大正半	夾正半	姑正半	蕤正半	夷正半
林鐘羽	林正	南正	應正	大正半	太正半	姑正半	蕤正半

此姑洗一大調也。

	宮	商	角	變徵	徵	羽	變宮
仲呂宮	仲正	林變	南變	應變	黃變半	太變半	姑變半
夾鐘商	夾正	仲正	林變	南變	無正	黃變半	太變半
大呂角	大正	夾正	仲正	林變	夷正	無正	黃變半
無射徵	無正	黃變半	太變半	姑變半	仲正半	林變半	南變半
夷則羽	夷正	無正	黃變半	太變半	夾正半	仲正半	林變半

此仲呂一大調也。

	宮	商	角	變徵	徵	羽	變宮
蕤賓宮	蕤正	夷正	無正	黃變半	大正半	夾正半	仲正半
姑洗商	姑正	蕤正	夷正	無正	應正	大正半	夾正半
太蔟角	太正	姑正	蕤正	夷正	南正	應正	大正半
應鐘徵	應正	大正半	夾正半	仲正半	蕤正半	夷正半	無正半
南呂羽	南正	應正	大正半	夾正半	姑正半	蕤正半	夷正半

此蕤賓一大調也。

	宮	商	角	變徵	徵	羽	變宮
林鐘宮	林正	南正	應正	大正半	太正半	姑正半	蕤正半
仲呂商	仲正	林變	南變	應變	黃變半	太變半	姑變半
夾鐘角	夾正	仲正	林變	南變	無正	黃變半	太變半
黃鐘徵	黃正	太正	姑正	蕤正	林正	南正	應正
無射羽	無正	黃變半	太變半	姑變半	仲正半	林變半	南變半

此林鐘一大調也。

	宮	商	角	變徵	徵	羽	變宮
夷則宮	夷正	無正	黃變半	太變半	夾正半	仲正半	林變半
蕤賓商	蕤正	夷正	無正	黃變半	大正半	夾正半	仲正半
姑洗角	姑正	蕤正	夷正	無正	應正	太正半	夾正半
大呂徵	大正	夾正	仲正	林變	夷正	無正	黃變半
應鐘羽	應正	大正半	夾正半	仲正半	蕤正半	夷正半	無正半

此夷則一大調也。

	宮	商	角	變徵	徵	羽	變宮
南呂宮	南正	應正	大正半	夾正半	姑正半	蕤正半	夷正半
林鐘商	林正	南正	應正	大正半	太正半	姑正半	蕤正半
仲呂角	仲正	林變	南變	應變	黃變半	太變半	姑變半
太簇徵	太正	姑正	蕤正	夷正	南正	應正	大正半
黃鐘羽	黃正	太正	姑正	蕤正	林正	南正	應正

此南呂一大調也。

	宮	商	角	變徵	徵	羽	變宮
無射宮	無正	黃變半	太變半	姑變半	仲正半	林變半	南變半
夷則商	夷正	無正	黃變半	太變半	夾正半	仲正半	林變半
蕤賓角	蕤正	夷正	無正	黃變半	大正半	夾正半	仲正半
夾鐘徵	夾正	仲正	林變	南變	無正	黃變半	太變半
大呂羽	大正	夾正	仲正	林變	夷正	無正	黃變半

此無射一大調也。

	宮	商	角	變徵	徵	羽	變宮
應鐘宮	應正	大正半	夾正半	仲正半	蕤正半	夷正半	無正半
南呂商	南正	應正	大正半	夾正半	姑正半	蕤正半	夷正半
林鐘角	林正	南正	應正	大正半	太正半	姑正半	蕤正半
姑洗徵	姑正	蕤正	夷正	無正	應正	太正半	夾正半
太簇羽	太正	姑正	蕤正	夷正	南正	應正	大正半

此應鐘一大調也。

十二律旋相爲宮，五聲二變各具七聲，共八十四聲。以相生之序言之，則曰宮，曰徵，曰商，曰羽，曰角，曰變宮，曰變徵。以高下清濁言之，則曰宮，曰商，曰角，曰變徵，曰徵，曰羽，曰變宮。以律之長短爲序也，合七聲爲一調，合五調爲一曲。宮聲十二，商聲十二，角聲十二，徵聲十二，羽聲十二，凡六十聲，爲六十調。共四百二十聲。其變宮十二，在羽聲之後，宮聲之前。變徵十二，在角聲之後，徵聲之前。宮不成宮，徵不成徵，凡二十四聲，不可爲調。黄鐘宮至夾鐘羽，並用黄鐘起調。始於黄鐘，終於黄鐘，五調爲一大調。黄鐘畢曲。大吕宮至姑洗羽，並用大吕起調大吕畢曲。以至應鐘皆然。其正者，以正律全聲應也。正半者，以正律半聲應也。變者，以變律全聲應也。變半者，以變律半聲應也。旋相爲宮，若到應鐘爲宮，其聲最短而清，則下四聲皆當低去，所以有半聲，亦謂之子聲。近時所謂清聲是也。蓋樂律最忌下陵上，應鐘爲宮，如用大呂爲之商，則是商聲高似宮聲，爲臣陵君。用夾鐘爲之角，則是角聲高似宮聲，爲民陵君。徵羽亦然。皆不可用。遂乃用半律之清聲以應之也。宮商角三十六調爲陽，徵羽二十四調爲陰。大調五律，除調首，中聲必有二陽二陰，六十調皆同。如陽律爲宮，而商角皆陽，徵羽爲陰。陰律爲宮，而商角皆陰，徵羽爲(陰)[陽]，故調成而陰陽備也。

朱虛《古今疏》卷七《樂》 樂者何？所以象天也。禮言制，樂言作者何？樂者陽也，陽倡始，故言作。禮者陰也，陰制度於陽，故曰制。伏羲之樂曰立基，言五運成立，甲曆始基也，亦曰扶來。神農曰下謀，言始基立化，設降羣謀也，亦曰扶持，然制未備也。黃帝命伶倫，自大夏之西，取竹於嶰谿之谷，斷兩節而吹之，以爲黃鍾之律。次聽鳳凰之鳴，以制十二律。樂曰咸池，言大施天下之道而行之，天下皆咸蒙德施也，亦曰雲門。少昊曰九淵，顓頊曰六莖，莖者著萬物也。帝嚳曰五韺，言能調和五聲以養萬物，調其英華也。堯曰大章，言大明天地人之道也。舜曰大磬，言能繼堯之道也。禹曰大夏，言順二帝之道而行之也。湯曰大護，言能護民之急也。周武曰大武，又文王曰巨業，武曰象武，周公作勺，言能酌文武之道而成之也。

古先王有四夷之樂，蓋夷狄來朝，作樂樂之也。南夷之樂曰兜，南之爲言任也，任養萬物也。西夷之樂曰禁，言萬物禁藏也。北夷之樂曰昧，言萬物老衰也。東夷之樂曰離，言萬物微離地而生也。原起自冥罔既覺之時，亥子相承之際，積絲成毫，積毫成釐，積釐成分。一時三十分，一日十二時，一月三十日，一年十二月。萬物孳萌曰子，紐牙曰丑，引達曰寅，昌茆曰卯，振美曰辰，已盛曰巳，咢布曰午，昧薆曰未，申堅曰申，留熟曰酉，卑入曰戌，該閡曰亥。其生成屈伸，莫不有分限節度，所謂數也。先王因陰陽之氣而協十二辰，即十有二辰而生十有二律。氣有盈虛，則聲有高下。氣在聲先，聲從氣後。律之爲言率也，所以率氣令達也。亦謂之分，言可以分氣也。六陽管爲律，六陰管爲呂。呂侶也，言陰爲陽之侶也。亦助也，助陽宣氣也。然總謂之律者，陽統陰也。

一曰黃鍾，以下十一律，皆從此而生焉。其相生之數，以九爲法。九秒爲初，九初爲忽，九忽爲絲，九絲爲毫，九毫爲釐，九釐爲分，九分爲寸。其積長，則以十忽爲絲，十絲爲毫，十毫爲釐，十釐爲分，十分爲寸。蓋非用九數，則上生下生之損益不行。非用十數，則中聲不可得其所以。用九而相生，用十而得中聲者，蓋天地之數始於一，終於十。其一三五七九爲陽，九者陽之成。二四六八十爲陰，十者陰之成也。用九數以爲生律之本，是律呂繇陽數而生也。用天地之全數，以尺量定中聲，是律呂繇陰數而成也。陽以生之，陰以成之。此律之所以與造化通也。太極元氣，涵三爲一，而始動於子。子爲天一之數，乾以一畫而包坤之二，是爲三，是一生三也。然三可變，而一不可變，故置一不用，以象太極。則三者，數之始也。三而三之，究於九。則九者，數之終也。故陽數其始也不離於三，而極也不離於九。當氣初動於子之始，僅得一數，然而萬億皆含於此，即黃鍾之一寸，而八寸皆一寸之積也。故子之一爲寸，蓋以長九分之一，乘空圍九方之一，爲長一寸也。是謂之命黃鍾寸法。此子一，單指一寸而言。其餘八寸，皆與此一寸同，故曰命黃鍾寸法一數而因之，則爲二。二則陰而非陽也，須三方爲陽數，故至丑則得三數。然置黃鍾空圍一而三因之，則三寸也。此三寸爲一分，去聲。黃鍾通長九寸，凡爲三寸之分去聲。者三，是謂黃鍾積長九寸之實。數始於三，凡數皆當以三因之，丑得三數矣。三三之則爲九，故至寅而得九數。此九乃黃鍾長一寸中之分數也。蓋析寸爲分，而每寸有九分也。以黃鍾空圍一而九因之，爲方分者有九，蓋空圍一而有方分九也。凡空圍九方分，爲長一分，是謂命黃鍾分法。一寸長九分，長一分又有九方分，則長九分之一寸，而又有八十一方分矣。若以九寸計之，則七百二十九方分矣。此寅單指長一分之方分而言，則有九方分。其餘分之長之方分，皆與此同，故曰命黃鍾分法寅得九數矣。三其九，至卯而得二十七。三九之爲二十七，則黃鍾之九方分者。三之得方分，二十七方分，此二十七方分爲一分，去聲。乃積三分平聲。之長而爲此一分也。黃鍾通積九寸，每寸長九分，九九八十一分。橫以九計之，每長一分，又有九方分，是黃鍾通積七百二十九方分也。然取八十一分而十乘之，則爲八百一十分。此八百一十分，乃黃鍾通積之分數也。通積八百一十分，則凡爲二十七分平。之分去。者三十，是爲黃鍾方分積長九寸之實卯之數二十七矣。三其二十七，則爲八十一，故至辰而得八十一數。此八十一，乃黃鍾一分中之釐數也。蓋析分爲釐，而每分有九釐也。以黃鍾空圍九方分，而九乘之，爲方釐者八十有一。蓋一方分有九釐，九方分則八十一方釐也。凡空圍八十一方釐，爲長一釐，是謂命黃鍾釐法。縱言之，一寸長九分，長九寸則八十一分矣。一分長九釐，八十一分則長七百二十九釐矣。橫言之，長一分有九方分，長九分則有八十一方分矣。

一方分有九方釐，八十一方分則七百九十二方釐矣。此一寸之釐數也。長九釐，共有七百二十九方釐，則長一釐乃八十一方釐矣。九釐爲一分，若以一分計之，則有七百二十九方釐。以九分計之，則有六千五百六十一方釐。以九寸計之，則有六千五百六十一方釐矣。此辰之八十一，單指長一分之方釐而言，其餘分之長之方釐，皆與此同。故曰命黄鍾釐法辰得八十一數矣。三其八十一，則爲二百四十三，故至巳而得二百四十三。三其八十一爲二百四十三，則黄鍾之八十一方釐者，三之，得方釐二百四十三。此二百四十三方釐爲一分，去聲。乃積三釐之長，而爲此一分去聲。也。黄鍾通積九寸，以九縱計之，每寸長九分，九寸則八十一分。每分長九釐，長八十一分，則長七百二十九釐矣。以九横計之，每長一釐，有九方釐，長一分，則横有八十一方釐矣。長一寸，則横亦七百二十九釐矣。長九寸，則横有六千一百六十一釐矣。此以上皆以九計之也。然取七百二十九釐而十之，則爲七千二百九十釐。取七千二百九十釐而十之，則爲七萬二千九百釐。此七萬二千九百，乃黄鍾通積之釐數也。通積七萬二千九百，則凡爲二百四十三釐之分去聲。者三百，是爲黄鍾方釐積長九寸之實巳之數二百四十三矣。三其二百四十三，則爲七百二十九，故黄鍾至午而得七百二十九。此七百二十九，乃黄鍾長一分中之毫數也。蓋析釐爲毫，而每釐有九毫也。以黄鍾空圍方釐之八十一而九乘之，爲方毫二百二十有九。蓋一方分有九釐，九方分有八十一方釐矣。此方釐又每釐有九毫，八十一方釐，則七百二十九方毫矣。凡空圍七百二十九方毫，爲長一毫，是謂命黄鍾毫法。縱言之，一寸長九分，然長九寸，則有八十一分矣。一分長九釐，八十一分則長七百二十九釐矣。一釐長九毫，長二百二十九釐，則有八千五百六十一毫矣。此黄鍾九寸之毫數也。横言之，長一分有九方分，長九分則有八十一方分矣。一方分有九方釐，八十一方分，則有七百二十九釐矣。一釐有九毫，七百二十九釐，則有六千五百六十一方毫矣。此長一寸之毫數也。以横計九寸，則有五萬九千四十九方毫矣。此午之七百二十九，乃單指一分之毫數而言，其餘分之長之方毫皆與此同。故曰命黄鍾毫法午得七百二十九矣。三其七百二十九，得二千一百八十七，故至未而得二千一百八十七。三其七百二十九，爲二千一百八十七，則黄鍾之七百二十九方毫者，三之得方毫二千一百八十七，此二千一百八十七之方毫，爲一分，去聲。乃積三毫之長而爲此一分也。黄鍾通長九寸，以九縱計之，其釐共有七百二十九釐，又有六千五百六十一毫矣。以九横計之，每長一毫，横有九方毫，長一釐，有八十一方毫矣。長一分，則横有七百二十九方毫矣。長一寸，則横有六千五百六十一」方毫。長九寸，則横有五萬九千四十九方毫矣。此以上皆以九計之也。然取六千五百六十一毫而十之，則爲六萬五千六百一十毫矣。取六萬五千六百一十毫而十之，則六十五萬六千一百毫矣。取六十五萬六千一百毫而十之，則六百五十六萬一千毫矣。此六百五十六萬一千，乃黄鍾通積之毫數也。通積六百五十六萬一千，則凡爲二千一百八十七毫之分者三千，是爲黄鍾方毫積長九寸之實未得二千一百八十七矣。三(十)[其]二千一百八十七，得六千五百六十一，故至申而得六千五百六十一。三其二千一百八十七，爲六千五百六十一，則黄鍾之二千一百八十七方毫者，三之，得方絲六千五百六十一。此六千五百六十一，乃黄鍾長一分中之絲數也。蓋析毫爲絲，而每毫有九絲也。以黄鍾空圍方毫七百二十九而九乘之，爲方絲者六千五百六十一。蓋一釐有九方毫，九方釐則八十一方毫矣。八十一方釐，則七百二十九方毫矣。每毫有九絲，是八十一方釐，則六千五百六十一方絲也。凡空圍六千五百六十一方絲，爲長一絲，是謂命黄鍾絲法。縱言之，一寸長九分，九寸則有八十一分矣。一分長九釐，八十一分則長七百二十九釐矣。一釐長九毫，長二百七十九釐，則長六千五百八十一毫。一毫長九絲，長六千五百六十一毫，則長五萬九千四十九絲矣。此黄鍾長九寸之絲數也。横言之，長一分有九方分，長九分，則有八十一方分矣。一方分又有九方釐，八十一方分則有七百二十九方釐矣。一方釐又有九方毫，七百二十九釐則有六千五百六十一方毫矣。一毫又有九方絲，六千五百六十一方毫則有五萬九千四十九絲矣。此黄鍾長一寸之絲數也。若以横計九寸，則有五十三萬一千四百四十一方絲矣。此申之六千五百六十一絲，即單指一分之絲數而言，其餘分之長之方絲與此同。故曰命黄鍾絲法申得六千五百六十一矣。三其六千五百六十一，爲一萬九千六百八十三，故至酉而得一萬九千六百八十三。三其六千五百六十一，爲一萬九千六百八十三，則黄鍾之六千五百六十一方絲者，三之，得方絲一萬九千六百八十三。此一萬九千六百八十三爲一分，去聲。乃積三絲之長而爲一分去聲。也。黄鍾通長九寸，以九絲計之，其毫有六千五百六十一方毫矣。一毫又有九絲，則長六千五百六十一方毫則有五萬九千四十九絲矣。以九横計之，每長一絲有九方絲，長一毫則有八十一方絲矣。長一釐，則横有七百二十九方絲矣。長一分，則横有六千五百六十一方絲矣。長一寸，則有五萬九千四十九方絲矣。長九寸，則有五十三萬一千四百四十一方絲矣。此以上皆以九計之者也。然取五萬九千四十九絲而十之，則有五十九萬四百九十毫矣。取五十九萬四百九十毫而十之，則爲五百九十萬四千九百絲矣。取五百九十萬四千九百而十之，則爲五千九百四萬九千絲矣。取五千九百四萬九千絲而十之，則爲五萬九千四十九萬絲矣。此五萬九千四十九萬，乃積黄鍾通積之絲數也。通積五萬九千四十九萬，則凡爲一萬九千六百八十三絲者之分者三萬，是爲黄鍾方絲積長九寸之實酉得一萬九千六百八十三矣。三其一萬九千六百八十三，得五萬九千四十九，故至戌而得五萬九千四十九。三其一萬九千六百八十三，爲五萬九千四十九，則黄鍾之一萬九千六百八十三，三之，得方忽五萬九千四十九。此五萬九千四十九，乃黄鍾長一分中之忽數也。蓋析絲爲忽，而每絲有九忽也。以黄鍾空圍方絲六千五百六十一而九乘之，爲方忽者五萬九千四十九。蓋一方毫有九方絲，九方毫則有八十一方絲矣。若八十一方毫，則七百二十九方絲矣。七百二十九方毫，則六千五百六十一方絲也。每絲又有九忽，六千五百六十方絲，則五萬九千四十九方絲也。凡空圍五萬九千四十九方忽，爲長一忽是謂命黄鍾忽法。縱言之，一寸長九分，九寸則八十一分矣。一分長九釐，八十一分則長七百二十九釐矣。一釐長九毫，長七百二十九釐，則長六千五百六十一毫矣。一毫九絲，六千五百六十一毫，則長五萬九千四十九絲。一絲九忽，長五萬九千四十九絲，則有五十三萬一千四百四十一忽矣。此黄鍾九寸之忽數也。横言之，長一分有九方分，長九分則横有八十一方分矣。一方分又有九方釐，八十一方分則有七百二十九方釐矣。一方釐有九方毫，七百二十九方釐則有六千五百六十一方毫。一方毫又有九方絲，六千五百六十一方毫則有五萬九千四十九方絲。一方絲又有九方忽，五萬九千四十九絲則有五十三萬一千四百四十一方忽矣。此黄鍾長一寸之絲數也。若以横計，九寸則四百七十八萬二千九百六十九忽。此戌之五萬九千四十九方忽，乃單指一分之忽數而言，其餘分之長之方忽與此同。故曰命黄鍾忽法戌得五萬九千四十九矣。三其五萬九千四十九，爲一十七萬七千一百四十七，故至亥而得十七萬七千一百四十七。三其五萬九千四十九，爲一十七萬七千一百四十七，則黄鍾之五萬九千四十九三之得方忽一十七萬七千一百四十七。此十七萬七千一百四十七爲一分，去聲。乃黄鍾積三忽之長而爲此一分去聲。也。黄鍾通長九寸，以九縱計之，其絲有五萬九千四十九絲矣。一絲有九忽，長五萬九千四十九絲則有五十三萬一千一百四十一忽矣。以九横計之，每長一忽有九方忽，長一絲則横八十一方忽矣。長一毫，則横七百二十九方忽矣。長一釐，則横有六千五百六十一方忽矣。長一分，則横有五萬九千四十九方忽矣。長一寸，則有五十三萬一千四百四十一方忽矣。長九寸，則有四百七十八萬二千九百六十九方忽矣。此以上皆以九計之者也。然取五十三萬一千四百四十一忽而十之，則五百三十一萬四千四百一十忽矣。取五百三十一萬四千四百一十而十之，則五百三十一萬四千四百一百忽矣。取五百三十一萬四千四百一百忽而十之，則有五百三十百萬四千四百一千忽矣。取五百三十百万四千四百一千忽而十之，則有五百三十千萬四千四百一萬忽矣。取五百三十千萬四千四百一萬忽而十之，則有五百三十萬萬四千四百一十萬忽矣。此五百三十一萬萬四千四百一十萬乃黄鍾通積之忽數也。通積五萬九千，則凡爲一十七萬七千一百四十七忽之分者三十萬，是爲黄鍾方忽積長九寸之實。

蔡元定知以三歷十二辰以生黄鍾，而不知其法實之用，乃以子一爲黄鍾之律，亥十七萬七千一百四十七爲黄鍾之實。寅辰午申戌，順而左旋，爲寸分釐毫絲之數。酉未巳卯丑逆而右轉，爲寸分釐毫絲之法。其以丑三爲絲法者，蓋黄鍾通積之絲數，五萬九千四十九，今以十七萬七千一百四十七之數分平聲。爲三分，去聲。每分去聲。約有五萬九千四十九，適如黄鍾通積之絲數。是以三分去聲。分平聲。十七萬七千一百四十九而得絲數也。故以丑三爲絲法，其以五萬九千四十九爲絲數者，蓋以黄鍾長九寸，一寸九分，九寸則八十一分矣。一分九釐，八十一分，則七百二十九釐矣。一釐九毫，七百二十九釐，則六千五百六十一毫。一毫九絲，六千五百六十一毫，則五萬九千四十九絲。是黄鍾通積之絲數止於此也。故以丑五萬九千四十九爲絲之數。其以卯爲毫法者，蓋以黄鍾通積之毫數六千五百六十一。今丑爲絲法矣，寅爲寸數矣，卯之二十七乃毫法也。九數之始，與其通積爲法。毫數固不始於二十七，在卯爲二十七，惟辰是三其二十七，爲八十一。至巳則又其三其八十一，而爲二百四十七。午又三其二百四十三，爲七百二十九。未又三其七百二十九，而爲二千一百八十七。申又三其二千一百八十七，而爲六千五百六十一。是毫數不始於二十七，而極數亦不以二十七爲法也。安得以二十七爲毫法乎。是不如以卯二十七爲黄鍾方分，積長九寸之實，以十七萬七千一百四十七之數分爲二十七分，去聲。每分約有六千五百六十一，適如黄鍾通積之毫數。是以二十七分，分十七萬七千一百四十七之數，而得黄鍾毫數。故以卯二十七爲毫法，其以六千五百六十爲毫數者，蓋黄鍾長九寸，一寸九分，九寸則八十一分矣。一分九釐，八十一分，則七百二十九釐矣。一釐九毫，七百二十九釐，則六千五百六十一毫矣。是黄鍾通積之毫數止於此也，故以申六千五百六十一爲毫法。其以巳之二百四十三爲釐法者，蓋黄鍾通積之釐數七百二十九，今以十七萬七千一百四十七，分平聲。作二百四十三分，去聲。約有七百二十九，適如黄鍾通積之釐數。是以二百四十分，去聲。分平聲。十七萬七千一百四十七，此釐數也，故以巳之二百四十三爲釐法。其以七百二十九爲釐數者，蓋黄鍾長九寸，一寸九分，九寸則八十一分矣。一分九釐，八十一分，則七百二十九釐矣。是黄鍾通積之釐數立於此也，故以午之七百二十九爲釐數。其以未之二千一百八十七爲分法者，蓋黄鍾通積之分數八十一，今以十七萬七千一百四十七之數分去聲。作二千一百八十七分，去聲。每分去聲。約有八十一，適如黄鍾通積之分數，是以二千一百八十七分，去聲。分平聲。十七萬七千一百四十七而得分平聲。數也，故以未二千一百八十七爲分法。其以八十一爲分數者，蓋黄鍾九寸，一寸九分，九寸則八十一分矣。是黄鍾通積之分數止於此也，故以辰之八十一爲分數。其以一萬九千六百八十三爲寸法者，蓋黄鍾九寸，今以十七萬七千一百四十七之數分平聲。作一萬九千六百八十三分，去聲。每分有九，適如黄鍾寸數，是以一萬九千六百八十三分，去聲。分平聲。十七萬一百四十七，此寸數也，故以酉之一萬九千六百八十三爲寸法。其以九爲寸數者，蓋以黄鍾爲九寸也，故以寅之九爲寸數。通黄鍾通積之數十七萬七千一百四十七，絲之數止五萬九千四十九，是一絲乃三數也。然十二律，惟仲呂是三爲一絲。無射之五萬九千四十九，則一爲一絲。夾鍾之一萬九千六百八十三，則一爲三絲矣。十七萬七千一百四十七，而毫之數止六千五百六十一，是一毫乃二十七數也。然十二律唯仲呂是二十七爲一毫。無射之五萬九千四十九，則九爲一毫矣。夾鍾之一萬九千二百八十三，則三爲一毫矣。夷則之六千五百六十一，則一爲一毫矣。大呂之二千一百八十七，則一爲三毫矣。十七萬七千一百四十七，而釐之數止七百二十九，是一釐乃二百四十三數也。十二律唯仲呂是二百四十三爲一釐。無射之五萬九千四十九，則八十一爲一釐矣。夾鍾之一萬九千六百八十三，則二十七爲一釐矣。夷則之六千五百六十一，則九爲一釐矣。大呂之二千一百八十七，則三爲一釐矣。蕤賓之七百二十九，則一爲一釐矣。應鍾之二百四十三，則一爲三釐矣。十七萬七千一百四十七，分之數止八十一，是二千一百八十七爲一分也。十二律唯仲呂是二千一百八十七爲一分。無射之五萬九千四十九，則七百二十七爲一分矣。夾鍾之一萬九千六百八十三，則二百四十三爲一分矣。夷則之六千五百六十一，則八十一爲一分矣。大呂之二千一百八十七，則二十七爲一分矣。蕤賓之七百二十九，則九爲一分矣。應鍾之二百四十三，則三爲一分矣。沽洗之八十一，則一爲一分矣。南呂之二十七，則一爲三分矣。十七萬七千一百四十七，寸之數止九，是一萬九千六百八十三爲一寸也。十二律唯仲呂是一萬九千六百八十三爲一寸。無射之五萬九千四十九，則六千五百六十一爲一寸矣。夾鍾之一萬九千六百八十九，則二千一百八十七爲一寸矣。夷則之六千五百六十三，則七百二十九爲一寸矣。大呂之二千一百八十七，則二百四十三爲一寸矣。蕤賓之七百二十九，則八十一爲一寸矣。應鍾之二百四十三，則二十七爲一寸矣。沽洗之八十一，則九爲一寸矣。南呂之二十七，則三爲一寸矣。太簇之九，則一爲一寸矣。林鐘之三，則一爲三寸矣。是寅、辰、午、申、戌爲寸分釐毫絲之數。酉、未、巳、卯、丑爲寸分釐毫絲之法者，無真見而徒牽合也。黄鍾積長之忽，通有五十三萬一千四百四十一，此以九爲法者也。若以十横計之，凡一忽而十之，十忽爲一絲，而十則五百三十一萬四千四百一十。凡一絲而横十之，則五百三十十萬四千四百百矣。凡一毫而十之，則五百三十百萬四千四百一千矣。凡一釐而十之，則五百三十千萬四千四百一萬。凡一分而十之，則五百三十萬萬四千四百一十萬矣。是黄鍾通積長之數，以九計之有五十三萬一千四百四十七也。横計其通積之數，則五百三十一萬萬四千四百一十萬也。前所謂子一分者，乃一數也。此所謂子一分者，則黄鍾通積之數五百三十一萬萬四千四百一十萬也。前所謂丑三者，乃三數也。此所謂丑三者，乃析黄鍾之總數五百三十一萬萬四千四百一十萬而爲三分去聲。也。分平聲。五百三十一萬萬四千四百一十萬而爲三分，去聲。則每分有一百七十七萬萬一萬四百七十萬，此所謂分去聲。一者，乃於黄鍾三分去聲。之中損其一而止有二也。黄鍾之一分，乃一百七十七萬萬一千四百七十萬，於五百三十一萬萬四千四百一十萬之中而去此一分，則止有三百五十四萬萬二千九百四十萬矣。此三百五十四萬萬二千九百四十萬乃黄鍾下生林鍾之實也。下生者倍其實，三其法。取五百三十一萬萬四千四百一十萬而倍之，則爲一千六十二萬萬八千八百二十萬，此所謂倍其實也。取一千六十二萬萬八千八百二十萬而三分之，每分得三百五十四萬萬二千九百四十萬，此所謂三其法也。取黄鍾之數而三分之，去其止得二分，爲三百五十四萬萬二千九百四十萬,此所謂三分損一也。前所謂寅九者,乃九數也。此所謂寅九者,乃析黃鍾之總數而爲九分去聲。也。五百三十一萬萬四千四百一十萬而分平聲。之爲九分,去聲。則每分去聲。該五十九萬萬四百九十萬也。乃於九分之中而去一,止有八。一分五十九萬萬四百九十萬,於五百三十一萬萬四千四百一十萬中而去此一分,則止有四百七十二萬萬三千九百二十萬矣。此四百七十二萬萬三千九百二十萬乃林鍾上生太簇之實也。上生者三其法,四其實。林鍾之實三百五十四萬萬二千九百四十萬,今取此實數而四之,得一千四百一十七萬萬一千七百六十萬,所謂四其實也。取一千四百一十七萬萬一千七百六十萬而三分之,得四百七十二萬萬三千六百二十萬,所謂三其法也。上生者三分益一。林鍾之數三百五十四萬萬二千九百四十萬,取而三分之,每分得一百一十八萬萬九百八十萬。今以三百五十四萬萬二千九百四十萬而益以一百一十八萬萬九百八十萬,共得四百七十二萬萬三千九百二十萬,此所謂三分益一也。前所謂卯二十七者,乃二十七數也。此所謂二十七者,乃析黃鍾之總數而爲二十七分去聲。也。取五百三十一萬萬四千四百一十萬而分平聲。之爲二十七分,去聲。則每分該一十九萬萬六千八百三十萬也。此所謂分十六者,乃於二十七分之中而去其十一,止有十六分也。一分十九萬萬六千八百三十萬,十一分乃二百一十六萬萬五千一百三十萬也。於五百三十一萬萬四千四百一十萬之中而去此二[百一]十六萬萬五千一百三十,則止有三百一十四萬萬九千二百八十萬矣。此三百一十四萬萬九千二百八十萬乃太簇下生南呂之實也。下生者倍其實,三其法。太簇之實四百七十二萬萬三千九百二十萬矣,取此實而倍之,得九百四十萬萬七千八百四十萬,所謂倍其實也。取此九百四十萬萬七千八百四十萬而三分之,每分得三百一十三萬萬五千九百四十六萬,所謂三其法也。下生者三分損一,太簇之數四百七十二萬萬三千九百二十萬。今取而三分之,每分得一百五十七萬萬四千六百四十萬。今以四百七十二萬萬三千九百二十萬而去其一百五十七萬萬四千六百四十萬,止得三百一十四萬萬九千二百八十萬,此所謂三分損一也。前所謂辰之八十一者,乃八十一數也。此所謂八十一者,乃析黃鍾之總數而爲八十一分去聲。也。取五百三十一萬萬四千四百一十萬而分平聲。之爲八十一分,去聲。每分該六萬萬五千六百一十萬也。此所謂分六十四者,乃於八十一分之中而去其十七分,止有六十四分也。一分該六萬萬五千六百一十萬,十七分乃一百一十一萬萬五千三百七十萬也。於五百三十一萬萬四百一十萬之中而去此一百一十一萬萬五千三百七十萬,則止有四百一十九萬萬九千四十萬,乃南呂上生姑洗之實也。上生者四其實,三其法。南呂之實三百一十三萬萬五千九百四十六萬,今取此實而四之,得一千二百五十四萬萬三千七百八十四萬,所謂四其實也。取此一千二百五十四萬萬三千七百八十四萬而三分之,每分得四百一十八萬萬一千二百六十一萬,所謂三其法也。上生者三分益一。南呂之數三百一十三萬萬五千九百四十六萬,今取而三分之,每分得一百四萬萬五千三百一十五萬,取南呂原數而益以一百四萬萬五千三百一十五萬,共得四百一十八萬萬一千一百六十一萬,此所三分益一也。前所謂二百四十三萬者,乃二百四十三數也。此所謂二百四十三者,乃析黃鍾之數而爲二百四十三分去聲。也。取五百三十一萬萬四千四百一十萬而分之爲二百四十三分,去聲。則每分該二萬萬一千八百七十萬也。此所謂一百二十八者,乃於二百四十三分之中而去其一百一十五分,而止有一百二十八分也。一分該二萬萬一千八百七十萬,一百一十五分乃二百五十一萬萬五千五十萬也。於五百三十一萬萬四千四百一十萬而去二百五十一萬萬五千五十萬,則止有二百七十九萬萬九千三百六十萬,乃姑洗下生應鍾之實也。下生者倍其實,三其法。姑洗之實四百一十九萬萬九千四十萬也,取此實而倍之,得八百三十九萬萬八千八十萬,所謂倍其實也。取此八百三十九萬萬八千八十萬而三分之,每分得二百七十九萬萬九千三百六十萬,所謂三其法也。下生者三分損一。姑洗之數四百一十九萬萬九千四十萬,今取而三分之,每分得一百三十九萬萬九千六百八十萬。今以四百一十九萬萬九千四十萬而損一百三十九萬萬九千六百八十萬,止餘二百七十九萬萬九千三百六十萬,此所謂三分損一,爲姑洗下生應鍾之實也。前之午,所謂七百二十九者,乃七百二十九數也。此之午,所謂七百二十九者,乃析黃鍾之總數爲七百二十九分也。取五百三十一萬萬四千四百一十萬而分之爲七百二十九萬分,則每分該七千二百九十萬也。此所謂五百一十二者,乃於七百二十九分之中而去二百一十七分,而止有五百一十二分也。一分該七千二百九十萬,二百一十七分則一百五十八萬萬一千九百三十萬也。於五百三十萬萬四千四百一十萬而去一百五十八萬萬一千九百三十萬,則止有三百七十三萬萬二千四百八十萬,乃應鍾上生蕤賓之實也。上生者,四其實,三其法。應鍾之實二百七十九萬萬九千三百六十萬,取此實而四之,得一千一百一十九萬萬七千四百四十萬,所謂四其(法)[實]也。取此一千一百一十九萬萬七千四百四十萬而三分之，每分得三百七十三萬萬二千四百八十萬，所謂三其法也。上生者，三分益一。應鍾之數二百七十九萬萬九千三百六十，今取而三分之，每分去聲。得九十三萬萬三千一百二十萬，今以二百七十九萬萬九千三百六十萬而益以九十三萬萬三千一百二十萬，共有三百七十三萬萬二千四百八十萬，爲應鍾上生蕤賓之實也。前之未，所謂二千一百八十七者，乃二千一百八十七數也。此未所謂二千一百八十七者，乃析黃鍾之總數爲二千一百八十七分也。取五百三十一萬萬四千四百一十萬而分之爲二千一百八十七，則每分得二千四百三十萬也。此所謂一千二十四者，乃於二千一百八十之中而去其一千一百六十三分，而止有一千二十四分也。一分謂該二千四百三十萬，然一千一百六十三分，則(一)[二]百八十二萬萬六千九十萬也。於五百三十一萬萬四千四百一十萬之中而去二百八十二萬萬六千九十萬，則止二百四十八萬萬八千三百二十萬，乃蕤賓下生大呂之實也。下生者，倍其實，三其法。蕤賓之實三百七十三萬萬二千四百八十萬，取此實而倍之，得七百四十六萬萬四千九百六十萬，所謂倍其實也。取此七百四十六萬萬四千九百六十萬而三分之，每分得二百四十八萬萬八千三百二十萬，所謂三其法也。下生者，三分損一。蕤賓之數三百七十三萬萬二千四百八十萬，今取此數而三分之，每分得一百二十四萬萬四千一百六十萬。今以三百七十三萬萬二千四百八十萬而去一百二十四萬萬四千一百六十萬，止餘二百四十八萬萬八千三百二十萬，爲蕤賓下生大呂之實也。前之申，所謂六千五百六十一者，乃六千五百六十一數。此之申，所謂六千五百六十一者，乃析黃鍾之總數爲六千五百六十一分也。取五百三十一萬萬四千四百一十萬而分之爲六千五百六十一分，則每分該八百一十萬也。此所謂分四千九十六分者，乃於六千五百六十一之中而去其二千四百六十五分，而止有四千九十六也。一分該八百一十萬，二千四百六十五分，則一百九十九萬萬六千六百五十萬也。於五百三十一萬萬四千四百一十萬之中，而去一百九十九萬萬六千六百五十萬，則止有三百三十一萬萬七千七百六十萬，乃大呂上生夷則之實也。上生者，四其實，三其法。大呂之實二百四十八萬萬八千三百二十萬，取此實而四之，得九百九十五萬萬三千二百八十萬也，所謂四其實也。取此九百九十五萬萬三千二百八十萬而三分之，每分得三百三十一萬萬七千七百六十萬也，所謂三其法也。上生者，三分益一。大呂之數二百四十八萬萬八千三百二十萬，今取而三分之，每分得八十二萬萬九千四百四十萬。今以二百四十八萬萬八千三百二十萬而益以八十二萬萬九千四百四十萬，共得三百三十一萬萬七千七百六十萬，爲大呂上生夷則之實也。前之酉，所謂一萬九千六百八十三者，乃一萬九千六百八十三數也。此之酉，所謂一萬九千六百八十三者，乃析黃鍾之總數爲一萬九千六百八十三分也。取五百三十一萬萬四千四百一十萬而分之爲一萬九千六百八十三分，則每分得二百七十萬也。此所謂八千一百九十二分去聲。者，乃於一萬九千六百八十三分之中去其一萬一千四百九十一，而尚有八千一百九十二分也。一分該二百七十萬，然一萬一千四百九十一分，則三百一十萬萬二千五百七十萬也。取五百三十一萬萬四千四百一十萬而去三百一十萬萬二千五百七十萬，則止有二百二十一萬萬一千八百四十萬，乃夷則下生夾鍾之實也。下生者，倍其實，三其法。夷則之實三百三十一萬萬七千七百六十萬，取此實而倍之，得六百六十三萬萬五千五百二十萬，所謂倍其實也。取此六百六十三萬萬五千五百二十萬而三分之，每分得二百二十一萬萬一千八百四十萬，所謂三其法也。下生者，三分損一。夷則之數三百三十一萬萬七千七百六十萬，今取此數而三分之，每分得一百一十萬萬五千九百二十萬。今以三百三十一萬萬七千七百六十萬而去此一百一十萬萬五千九百二十萬，止餘二百二十一萬萬一千八百四十萬，此所謂三分損一爲夷則下生夾鍾之實也。前之戌，所謂五萬九千四十九者，乃五萬九千四十九數。此之戌，所謂五萬九千四十九者，乃析黃鍾之總爲五萬九千四十九分去聲。也。取五百三十一萬萬四千四百一十萬而分之爲五萬九千四十九分，則每分該九十萬也。此所分三萬二千七百六十八分去聲。者，乃於五萬九千四十九分之中而去其二萬六千二百八十一分，而止有三萬二千七百六十八也。一分該九十萬，然二萬六千二百八十一分，則二百三十六萬萬五千二百九十萬也。於五百三十一萬萬四千四百一十萬之中而去二百三十六萬萬五千二百九十萬，則止有二百九十四萬萬九千一百二十萬，乃夾鍾上生無射之實也。上生者，四其實，三其法。夾鍾之實二百二十一萬萬一千八百四十萬，四倍之，則八百八十四萬萬七千三百六十萬，所謂四其實也。取此八百八十四萬萬七千三百六十萬而三分之，每分二百九十四萬萬九千一百二十萬，所謂三其法也。上生者，三分益一。夾鍾之數二百二十一萬萬一千八百四十萬，今取而三分之，每分得七十三萬萬七千二百八十萬。今以二百二十一萬萬一千八百四十萬而益以七十三萬萬七千二百八十萬，共得二百九十四萬萬九千一百二十萬，所謂三分益一爲夾鐘上生無射之實也。前之亥，所謂十七萬七千一百四十七者，乃十七萬七千一百四十七數也。此之亥，所謂十七萬七千一百四十七者，乃析黄鍾之總數而爲十七萬七千一百四十七分也。取五百三十一萬萬四千四百一十萬而分之爲十七萬七千一百四十七分，去聲。則每分得三十萬也。此所謂分六萬五千五百三十六分者，乃於十七萬七千一百四十七分之中而去其十七萬一千六百一十一分，而尚有六萬五千五百三十六分。一分該三十萬，然十一萬一千六百一十一分，則三百三十四萬萬八千三百三十萬也。於五百三十一萬萬四千四百一十萬中而去三百三十四萬萬八千三百三十萬，則止有一百九十六萬萬六千八十萬，乃無射下生仲吕之實也。下生者，倍其實，三其法。無射之實二百九十四萬萬九千一百二十萬，取此實而倍之，得五百八十九萬萬八千二百四十萬也，所謂倍其實也。取此五百八十九萬萬八千二百四十萬而三分之，每分得一百九十六萬萬六千八十萬，所謂三其法也。下生者，三分損一。無射之數二百九十四萬萬九千一百二十萬，今取此數而三分之，每分得九十八萬萬三千四十萬。今以二百九十四萬萬九千一百二十萬而去九十八萬萬三千四十萬，止餘一百九十六萬萬六千八十萬，此所謂三分損一，爲無射下生仲吕之實也。

以上三分損益之法甚明矣。然何以下生者則損一，上生者則益一也？蓋以陽生陰曰下生。陽原有餘，有餘當損，故下生者三分損一也。以陰生陽曰上生。陰原不足，不足者當益，故上生者三分益一也。黄鍾生林鍾，林鍾生太簇，太簇生南吕，南吕生姑洗，姑洗生應鍾，應鍾生蕤賓，蕤賓生大吕，大吕生夷則，夷則生夾鍾，夾鍾生無射，無射生仲吕，此隔八相生之説也。然必隔八乃生者何也？律，陽也，有乾六爻之義焉。吕，陰也，有坤六爻之義焉。獨陽不生，獨陰不生，乾之爻必得坤之爻乃相生。故黄鍾爲乾之初九，下生者林鍾爲坤之初六。林鍾爲坤初六，而上生太簇爲乾之九二。太簇爲乾之九二，而下生南吕爲坤之六二。南吕坤六二，上生姑洗爲乾之九三。姑洗爲乾九三，下生應鍾爲坤之六三。應鍾爲坤六三，上生蕤賓爲乾之九四。蕤賓乾之九四，下生大吕爲坤之六四。大吕爲坤六四，上生夷則爲乾之九五。夷則爲乾九五，下生夾鍾爲坤之六五。夾鍾爲坤之六五，上生無射爲乾之上九。無射爲乾上九，下生仲吕爲坤之上六。同位者象夫婦，異位者象子母，故曰律娶妻而吕生子。此隔八相生之故也。相生之法，元定以十[七]萬七千一百四十七行損益，然此所損益，則必以寸分毫釐絲計之，而此獨以忽計之者何也？蓋以寸計之，黄鍾之九寸，以三寸爲一分，損一(寸)[分]可以生林鍾之六寸。以二寸爲一分，益二寸可以生太簇之(六)[八]寸。若於太簇之八寸，以三寸爲一分，則少一寸；以二寸爲一分，則餘二寸。已不可以寸分之矣，何以損一以生南吕也？南吕以下又可知矣。此須以分計之，太簇之八寸，乃七十二分也。三分之，每分得二十四分，七十二分而損此二十四分，止餘四十八分，此四十八分乃五寸三分也，是爲南吕之實。是必以分計而後可以得太簇下生南吕之實也。以倍實三法行之亦同。南吕之五寸三分，乃四十八分也。三分之，每分一十六分，取四十八分而益以十六分，共成六十四分。此六十四分，乃七寸一分也，是爲姑洗之實。是必以分計之而後可以得南吕上生姑洗之實也。以四實三法行之亦同。姑洗之七寸一分，乃六十四分也，三分之，每分得二十一分，止六十三，尚餘一分，是至姑洗又不可以分分之矣，何以損一下生應鍾也？應鍾以下又不可知矣。此須以釐計之。姑洗之七寸一分，乃六十四分也。六十四分，乃五百七十六釐。三分之，每分得一百九十二釐，取五百七十六釐而損其一百九十二釐，止餘三百八十四釐。此三百八十四釐，乃四十二分六釐也。此四十二分六釐，乃四寸六分六釐也，是爲應鍾之實。是必以釐計之而後可以得姑洗下生應鍾之實也。以倍實三法行之亦同。應鍾之實四寸六分六釐，乃三百八十四釐也，三分之，每分得一百二十八釐。取三百八十四釐而益以一百二十八釐，共得五百一十二釐，此五百一十二釐乃五十六分八釐也，此五十六分八釐乃六寸二分八釐也，是爲蕤賓之數。是必以釐計之而後可以得應鍾上生蕤賓之數也。以四實三法行之亦同。蕤賓之六寸二分八釐，三分之，每分二寸九釐，尚餘一釐，是至蕤賓又不可以釐分之矣，何以損一下生大吕哉？大吕以下又可知矣。此須以毫計之。蕤賓之六寸二分八釐，乃五十六分八釐也，五十六分八釐乃五百[一]十二釐也，五百一十二釐乃四千六百八毫也，三分之，每分得一千五百三十六毫，取四千六百八毫而損其一千五百三十六毫，止餘三千七十二毫，乃三百四十一釐三毫也，三百四十一釐三毫，乃三十七分八釐三毫也，蕤賓所生止得一半，須倍之乃得正數。故倍三十七分八釐三毫，爲七十五分六釐六毫，此七十五分六釐六毫乃八寸三分七釐六毫也，是爲大吕之實。是必以毫計之又倍之，而後可以得蕤賓下生大吕之實也。以倍實三法行之亦同。大吕之實雖八寸三分七釐六毫，乃倍數也，若正數則止四寸一分八釐三毫。此四寸一分八釐三毫乃三十七分八釐三毫也，此三十七分八釐三毫乃三百四十一釐三毫也，此三百四十一釐三毫乃三千七十二毫也，三分之，每分得一千二十四毫，取三千七十二毫而益以一千二十四毫，乃四千九十六毫也，四千九十六毫乃四百五十四釐六毫。此四百五十四釐六毫，乃五十分五釐一毫。此五十分五釐一毫，乃五寸五分五釐一毫也，是爲夷則之實。是必以毫計之而後可以得大吕上生夷則之實也。以四實三法行之亦同。夷則之實五寸五分五釐一毫，乃五十分五釐一毫也。五十分五釐一毫，乃四千九十六毫也。三分之，每分得一千三百六十五毫，尚餘一毫，是至夷則已不可以毫分之矣，何以損一下生夾鐘哉？夷則以下又可知矣。此須以絲計之。夷則之五寸五分五釐一毫，乃五十分五釐一毫，乃四百五十四釐六毫也，此釐數乃四千九十毫也，此毫數乃三萬六千八百六十四絲也。三分之，每分得一萬二千二百八十八絲，去此一分，止二萬四千五百七十六絲也。此絲數乃二千七百三十毫六絲也，此毫數乃三百三釐三毫六絲也，此釐數乃三十三分六釐三毫六絲也。此當用倍法倍之，乃六十七分三釐七毫三絲也。此分數乃七寸四分三釐七毫三絲也，是爲夾鐘之實。是必絲計之而後可以得夷則下生夾鍾之實也。以倍實三法行之亦同。夾鐘之實七寸四分三釐七毫三絲，乃倍數也。若正數，則止三十三分六釐三毫六絲也。此三十三分六釐三毫六絲，乃三百三釐三毫六絲也。此三百三釐三毫六絲，乃二千七百三十毫六絲。此二千七百三十毫六絲，乃二萬四千五百七十六絲也，三分之，每分得八千一百九十二絲，取二萬四千五百七十六絲而益以八千一百九十二絲，共得三萬二千七百六十八絲也。此三萬二千七百六十八絲，乃三千六百四十毫八絲也。此三千六百四十毫八絲，乃四百四釐四毫八絲也。此四百四釐四毫八絲，乃四十四分八釐四毫八絲也。此四十四分八釐四毫八絲，乃四寸八分八釐四毫八絲也，是爲無射之數。是必以絲計之而後可以得夾鐘上生無射之數也。以四實三法行之亦同。無射之數四寸八分八釐四毫八絲，乃三萬二千七百六十八絲也，三分之，每分得一萬一千二百二十二絲，尚餘二絲。是以絲計之亦不可分之爲三矣。此以忽通之，三萬二千七百六十八絲，乃二十九萬四千九百一十二忽也，三分之，每分得九萬八千三百四忽，取二十九萬四千九百一十二忽而損其九萬八千三百四忽，止餘十九萬六千六百八忽。此十九萬六千六百八忽，乃二萬一千八百四十五絲三忽，乃二千四百二十七毫二絲三忽。此二千四百二十七毫二絲三忽，乃二百六十九釐六毫二絲三忽也。此二百六十九釐六毫二絲三忽，乃二十九分八釐六毫二絲三忽也。此又當用倍數，二十九分八釐六毫二絲三忽，乃五十九分八釐三毫四絲六忽。此五十九分八釐三毫四絲六忽，乃六寸五分八釐三毫四絲六忽也，是爲仲吕之實。然必以忽計之而後可以得無射下生仲吕之實也。以倍實三法行之亦同。是以寸損益不可行於南吕之下，以分損益不可行於姑洗以下，以毫釐損益不行於蕤賓以下，以絲損益不可行於無射之下。不如總以忽爲可損益，故上條以忽損益之也。寸分釐毫絲不可行矣。然取十七萬七千一百四十七而三分之，每分得五萬九千四十九，去此則餘十一萬八千九十八而生林鐘。此又三分之，每分三萬九千三百六十六，益以此，則得十五萬七千四百六十四而生太簇。此又三分之，每分得五萬二千四百八十八，去此則餘十萬四千九百七十六而生南吕。此又三分之，每分得三萬四千九百九十二，益此共得十三萬九千九百六十八，而生姑洗。此又三分之，每分四萬六千六百五十六，去此，則餘九萬三千三百一十二，而生應鐘。此又三分之，每分得三萬一千一百零四，益此，共成十二萬四千四百一十六，而生蕤賓。此又三分之，每分得四萬一千四百七十二，而去此，則餘八萬二千九百四十四，何以生大吕？此須用倍法，方得十六萬五千八百八十八而生大吕。此又三分其原數，每分二萬七千六百四十八，益此，則得十一萬五百九十二，而生夷則。此又三分之，分三萬六千八百六十四，去此，餘七萬三千七百二十八，此又須用倍法，方得十四萬七千四百五十六而生夾鐘。此又三分之，分二萬四千五百七十六，益此，共得九萬八千單四而生無射。此又三分之，分三萬二千七百六十八，去此，止餘六萬五千五百三十六，又須用倍法，方得十三萬一千七十二而生仲吕。雖亦簡易可行，然黄鐘之寸有九，分有八十一，釐有七百二十九，毫有六千五百六十一，絲有五萬九千四十九，忽有五十三萬一千四百四十一，若以三爲一分，則五十三萬一千四百四十一，當有十萬七千一百四十七分也。是十七萬七千一百四十七，乃析黄鐘積長之忽數而以三爲一分也，非黄鐘本數也，即可行，亦必分寸釐毫絲計而後可。然分寸釐絲毫又長短不齊，故總不如忽計之爲愈也。如不以忽計，但以絲計，而絲又止五萬九千四十九，不足十七萬七千一百四十七之數，必三之而後可。然一絲有九忽，三之則又不足忽之數，故十七萬七千一百之數雖可損益，然而無所用之也。

然又有變律者何也？蓋仲吕爲宫，以隔八相生計之，則黄鐘爲徵。然仲吕僅六寸五分八釐三毫四絲六忽，乃以九寸之黄鐘爲之徵，則是以臣役君而不和矣。若用其半之四寸五分，雖不爲臣陵君，然與三分損益之數不合，是半聲不可用也。故《新書》曰半無。非無也，無所用之而若無也。今以三分損益計之，黄鐘通積之數五百三十一萬萬四千四百一十萬忽，此以十而横計其方忽也。若以十而約之，則止五十三萬一千四百四十一。若此則仲吕之一百九十六萬萬六千八十萬，止十九萬六千六百八忽也，此又當用倍數，乃三十九萬三千二百十六忽也，三分之，每分得一十三萬一千七十二忽，取三十九萬三千二百一十六忽而益以一十三萬一千七十二忽，共成五十二萬四千二百八十八忽也。此五十二萬四千二百八十八忽，比黄鍾五十三萬一千四百四十一之數少七千一百五十三。此七千一百五十三忽，乃七百九十四絲七忽，乃八十八毫二絲七忽也。此八十八毫二絲七忽，乃九釐七毫二絲七忽也。此九釐七毫二絲七忽，乃一分七毫二絲七忽也。於八十一分之中而去一分七毫二絲七忽，餘八寸七分八釐一毫六絲二忽。此八寸七分八釐一毫七絲二忽不足黄鍾之數，似不可爲黄鍾。然仲吕隔八所生之位政是黄鍾，故謂之黄鐘變律。此變而有八寸七分八釐一毫六絲二忽，亦不可爲仲吕之徵，故《新書》謂爲不用。若用爲徵，須用其半四寸三分八釐五毫三絲二忽。故《新書》又有變半之名焉。黄鍾之變五十二萬二百八十八忽，又分爲四百七十一萬八千五百九十二初，三分之，每分一百五十七萬二千八百六十四初，止餘三百一十四萬五千七百二十八初。約之乃三十四萬九千五百二十五忽三初，又約之乃三萬八千八百三十六絲。一忽三初也，又約之乃四千三百一十五毫一絲一忽三初也。又約之乃四百七十九釐四毫一絲一忽三初也，又約之乃五十三分二釐四毫一絲一忽三初也，又約之爲五寸八分二釐四毫一絲一忽三初，是爲林鐘變之寔。林鐘原數六寸，此數不足林鐘本數，似不可爲林鐘。然黄鐘隔八相生者政當林鐘，故謂之林鐘變律。黄鐘變爲仲吕之徵，止用其半。則林鐘變爲仲吕之商，亦止用其半，乃二寸八分五釐六毫五絲六初也。林鐘之實三百一十四萬五千七百二十八初，三分之，每分一百四萬八千五百七十六初，取三百一十四萬五千七百二十八初而益以一百四萬八千五百七十六初，共成四百一十九萬四千三百四初，約之爲四十六萬六千三十三忽七初，又約之爲五萬一千七百八十一絲四忽七初，又約之爲五千七百五十三萬四絲四忽七初，又約之爲六百三十九釐二毫四絲四忽七初，又約之爲七十一分二毫四絲四忽七初，又約爲七寸八分三毫四絲四忽七初，是爲太簇之數。太簇原數八寸，此不足原數，似不可爲太簇。然林鐘隔八相生政是太簇，故謂之太簇變律。林鐘變爲仲吕之商，止用一半，則太簇變爲仲吕之羽亦止用其半，乃三寸八分四釐五毫六絲六忽八初也。太簇之數四百一十九萬四千三百四初，分爲三千七百七十四萬八千七百三十六秒，三分之，每分得一千二百五十八萬二千九百一十二秒，取三千七百七十四萬八千七百三十六秒而去一千二百五十八萬二千九百一十二秒，止餘二千五百一十六萬五千八百二十四秒，約之乃二百七十九萬六千二百二初六秒，又約之爲三十一萬六百八十九忽一初六秒，又約之爲三萬四千五百二十一絲一初六秒，又約之爲三千八百三十五毫六絲一初六秒，又約之爲四百二十六釐一毫六絲一初六秒，又約之爲四十七分三釐一毫六絲一初六秒，又約之爲五寸二分三釐一毫六絲一初六秒，是爲南吕之實。南吕原數五寸三分，此數不足原數，似不可爲仲吕。然太簇爲仲吕之羽，須隔八生南吕以爲角，此政當其位，故謂之爲南吕變律。仲吕六寸有餘，以南吕之五寸有餘爲之角，似無相陵。然所用太簇僅三寸八分有餘，此用五寸雖與仲吕不陵，然與太簇陵矣。故亦止當用其半之二寸五分六釐七絲四忽五初三秒也。南吕之寔二千五百一十六萬五千八百二十四秒，三分之，每分得八百三十八萬八千六百八秒，取二千五百一十六萬五千八百二十四秒而益以八百三十八萬八千六百八秒，共成三千三百五十五萬四千四百三十二秒，約之爲三百七十二萬八千二百七十初二秒，約之爲四十一萬四千二百五十二忽二秒二初，約之爲四萬六千二十八絲二初二秒，約之爲五千一百一十四毫二絲二初二秒，又約之爲五百六十八釐二毫二絲二初，又約之爲六千三分一釐二毫二絲二初，又約之爲七寸一釐二毫二絲二初二秒，是爲姑洗之實。姑洗原數七寸一分，此數不足，似不可爲姑洗。然南吕爲仲吕之角，須隔八生姑洗以爲變宫，此政當其位，故謂之爲姑洗變律。仲吕六寸有餘爲宫，南吕五寸有餘爲羽，若全用姑洗之數，則相陵而不和，故亦止用其半之三寸四分五釐一毫一絲一初一秒也。姑洗之數三千三百五十五萬四千四百三十二秒，三分之，每分得一千一百一十八萬四千八百一十秒，餘二秒。一秒九數，二秒十八數，三分之得六數。取三千三百五十五萬四千四百三十二秒，而去其一千一百一十八萬四千八百十秒零六數，止餘二千二百三十六萬九千六百二十二秒一十二數，約之爲二百四十八萬五千五百一十三秒四初，又約之爲二十七萬六千一百六十八忽一初四秒零四，又約之爲三萬六百八十五絲三忽一初四秒餘四零，又約之爲三千四百九毫四絲三忽一初四秒〇四數，又約之爲三百七十八釐七毫四絲三忽一初四秒〇四數，又約之爲四十二分七毫四絲三忽一初四秒〇四數，又約之爲四寸六分七毫四絲三忽一初四秒零四數，是爲應鐘之數。應鍾原數四寸六分六釐有餘，此數亦不足原數，似不足爲應鍾。但以姑洗爲仲吕之變宫，須隔八生，應鍾以爲變徵政當此位，故謂之爲應鍾變律。應鍾原數止四寸六分有餘，亦極少矣，此又少焉，任用之何宫，皆不相陵，故止用全數。至於半則不之用也。應鍾之數二千二百三十六萬九千六百二十二秒，三分益一，得六寸二分有餘，可爲蕤賓變律，然宫止用十二，黄鍾、林鍾、太簇、南吕、姑洗、應鍾，六律爲宫，其徵，其商，其羽，其角，其變宫變徵，取之正律而足，無所用變。自蕤賓爲宫，以仲吕爲變宫矣，勢必以黄鍾爲變徵。黄鍾之正律乃九寸，用則相陵，故須用黄鍾變，即變尚有八寸餘，亦相陵，故用其變半。大吕爲宫，以黄鍾變半爲變宫，勢必以林鍾爲變徵，若用正律則相陵，故須用林鍾變律。夾鍾爲宫，以林鍾變爲變宫，勢必以太簇爲變徵，若用正律亦相陵，故須太簇變律。無射爲變宫，以黄鍾變爲商，林鍾變爲羽，太簇變爲角，南吕變爲變宫，必以姑洗變爲變徵，若用正律亦相陵，故須用南吕變。仲吕爲宫，以黄鍾變爲徵，林鍾變爲商，太簇變爲羽，南吕變爲角，姑洗變爲變宫，必以應鍾變爲變徵。宫至仲吕，宫止矣。雖可再生蕤賓變，然無所用之，故變律止於六也。是變律之止於此者，以無所用之也。若論生生之數，則相生無窮矣，所以黄鍾爲萬物根本也。此以上律吕相生之法也。

六律謂之六始，六吕謂之六間。律者，首黄鍾，陽律，長九寸，中空容九方分，周廣十分三釐八毫四絲六忽，直徑三分四釐六毫一絲六忽，面幂十三黍又三分黍之一，内積七百二十九方分，周尺容一千二百。周粱各自爲尺，皆不合，議者以爲周尺已失，故求合其數而不可得，不知以一千二百黍求之則可得周尺矣，有何不合者。然有不合者，周歲有豐兇，地有肥瘠，種有長短大小圓妥不同，非周尺之不合也。其位在子，爲十一月之管。一陽始生，得乾之初爻，其卦爲復，候於子半，冬至之氣應焉。十一月之律，何以爲黄鍾也？十一月，建子之月也。子者孳也，言萬物孳萌也。鍾者動也。是黄鍾者，乃陽氣始萌於黄泉，而生物之義也。故十一月之律爲黄鍾。十一月一陽初生，則黄鍾似止數之始，爲一寸，却九寸，而十一律無與之齊者，何也？蓋十月雖一陽初生，而以上五陽皆包於此，則黄鍾雖數之始而千百萬億之數皆包於此，猶太極之生萬物也，故舉其終數而以爲九寸也。九寸何以爲終數？蓋律管無長於此者也。聲有二用，其在本律，於五行屬水，其音羽，以之爲宫，則屬於中央土，謂之正宫，十律皆由此而生，是爲聲氣之元，律之本也。

大吕，陰吕也，長八寸三分七釐七毫，半四寸一分有奇，其面幂中空周圍廣直徑之數，皆於黄鍾同。以下法律雖長短不同，其空圍皆以九方分爲限者，法黄鍾也，故面幂等皆同。内積五百六十黍有奇，其位在丑，爲十二月之管，二陽始生，得乾之九二，其卦爲臨，候於丑半，大寒之氣應焉。十二月之律何以爲大吕也？十二月建丑之月也，丑者紐也，言萬物紐芽也。吕者助也，謂之大者，極而論之也。陰不極則陽不芽生，陽莫如子，而亥芽焉，是陽芽於亥也。達而至於丑，可謂大矣，故謂之大。是大吕者，乃陰氣大助黄鍾，宣氣而芽物也。故十二月之律爲大吕。其屬水，其音羽。大吕以黄鍾爲主而助之，是陰繫於陽也，是爲元間，乃不名其功，歸功於上之義也。

太簇，陽律也，長八寸，内積一千六十六黍之二，其位在寅，爲正月之管，三陽始生，得乾之九三。其卦爲泰，候於寅半，而雨水之氣應焉。正月之律何以爲太簇也？正月建寅之月也，寅者螾也，言萬物螾螾也。簇者癸也，太者大也，是時陽出而上陰入而下，凡負(陽)[陰]抱陽而生者莫不通矣。故曰太簇。是太簇之義，乃陽氣太湊地而達物也。故正月之律爲太簇，其屬木，其音角，謂之清角，於正聲爲商。

夾鍾，陰吕也，長七寸四分有餘，半三寸六分有奇，内積四百八十七黍奇，其位在卯，爲二月之管。四陽始生，得乾之九四，其卦爲大壯，候於卯半，得春分之氣應焉。二月之管，何以爲夾鍾也？二月建卯之月也，卯者冒茂然也，言萬物冒茂於卯也。陰陽之氣相夾而聚，謂之夾鍾。是夾鍾之義，言陰氣夾助陽而出，助太簇宣氣而種物也。故二月律，謂之夾鍾，亦謂之圜鍾。仲春於時主規，陽氣始出，其形卷然廻旋，故物皆勾萌應規之圓也，故謂之圜鍾。其屬木，其音角，是爲二間。

姑洗，陽律也，長七寸一分有奇，内積九百四十七黍有奇，其位在辰，爲三月之管。五陽始生，得乾之九五，其卦爲夬，候於辰半，穀雨之氣應焉。三月之管，何以爲姑洗？三月辰之月也，辰則振振之也，言萬物振美於辰焉。姑必也，洗潔也，是姑洗之義言陽氣洗濯，萬物必潔齊也，故三月律謂之姑洗。其屬木，其音角，於正聲爲角。

仲吕，陰吕也，長六寸五分有奇，半三寸二分有奇，内積四百三十一黍奇，其位在巳，爲四月之管。六陽已極，得乾之上九，其卦爲乾，候於巳半，小滿之氣應焉。四月之管，何以謂之仲吕？四月建巳之月也，巳者，生已定也，言萬物已盛於巳也。已盛者將消，然雖消其端尚微，猶陽極陰生而陰尚微也。仲者小也，是時陽出在外而盛大，陰入在中而微小。是仲吕之義，乃陽極陰生始起未成，居中助陽也，故四月之律爲仲吕。其屬火，其音徵，是爲三間。

蕤賓，陽律也，長六寸二分有奇，内積八百四十二黍有奇，其位在午，爲五月之管。一陰始生，得坤之初六，其卦爲姤，候於午半，夏至之氣生焉。前以黄鐘爲初九，林鐘爲初六，則以太簇爲九二，姑洗爲九三，蕤賓爲九四，夷則爲九五，無射爲上九，以南吕爲六二，應鐘爲六三，大吕爲六四，夾鐘爲六五，仲吕爲上六者，蓋以十二月分爲乾坤二卦，奇月爲乾，偶月爲陰。總指乾坤二卦，以象十二月也。此以黄鐘爲初九，以蕤賓爲初六，則以大吕爲九二，太簇爲九三，夾鐘爲九四，姑洗爲九五，仲吕爲上九。以林鐘爲六二，以夷則爲六三，南吕爲六四，無射爲六五，應鐘爲上六。蓋舉復、臨、泰、大莊、夬、乾、姤、遯、否、觀、剥、坤，指其各卦所得之主爻，以象十二月也。五月之律，何以謂之蕤賓？五月建午之月也，午者忤也，言萬物留熟於午也。五月一陰生，而爲主於内，五陽消而爲賓於外。蕤則下垂之象也，賓者以之爲賓也。陽雖在外爲賓，然在始消之時，陰雖在内爲主，然繼陽而方生之陰也，當萎蕤下垂以賓陽。是蕤賓之義，乃以陰爲主而尊陽爲賓之義也。故五月之律爲蕤賓。其屬火，其音徵，於正聲爲變徵。

林鐘，陰吕也，長六寸，容八百黍，其位在未，爲六月之律。二陰始生，得坤之六二，其卦爲遯，候於未半，大暑之氣應焉。六月之律，何以謂之林鐘？六月建未之月也，未者昧也，言萬物蔓昧於未也。林，茂也，盛也。是林鐘之義，乃陰氣受任於太陽，生長萬物，其類衆多如林也。故六月之律謂之林鐘。其屬土，其音徵，於正聲爲正徵，是爲四間。土旺於四時，而獨以爲六月之律者，何也？蓋火生土，土生金，未月在火金之間，又居一歲之中，故特以林鐘屬土焉。六月應屬火，而以林鐘爲土者何也？蓋火至六月將衰，土至六月特盛，故以其盛者言之也。唯六月爲火，而律爲土，故十二月皆言律中某律，獨於中央言律中黄鐘之宫也。林鐘既爲土矣，五行以土爲主，宫音又屬土，則即以林鐘爲宫可矣，又何以黄鐘爲宫而林鐘爲之徵也？蓋以中央雖旺於六月，而六月乃二陽消二陰長之時也，不可以生物。不可以生，則不可以爲宫，唯十一月一陽來復，爲生物之始，乃可以爲宫，而十一月之律乃黄鐘也。五聲本於宫，八音本於土，四時本於中央，是又唯土乃可以爲宫，故以土配黄鐘之律，且土無正律，故可以移之而爲黄鐘之律也。此專以德之相配言，非以氣候言也。若論候，則土爲四季之末，而六月爲特盛也。土何以無正律也？以王於三月，而三月却屬角，爲姑洗。王於九月，而九月却屬商，而爲無射。王於十二月，而十二月却屬羽，而爲大吕也。其林鐘爲之徵者，蓋土爲宫，土生火，火爲徵。林鐘雖屬土，然居六月之火位，且土亦火所生，故亦可以爲徵也。又謂之函鐘者，以未屬土，爲地統，有含洪之義也。

薛鳳祚《曆學會通致用》

黄鐘之實

子一，　　黄鐘之律一而已。

丑三，　　爲絲法。

寅九，　　爲寸數。

卯二十七，　　爲毫法。

辰八十一，　　爲分數。

巳二百四十三，　　爲釐法。

午七百二十九，　　爲釐數。

未二千一百八十七，　　爲分法。

申六千五百六十一，　　爲毫數。

酉一萬九千六百八十三，　　爲寸法。

戌五萬九千〇四十九，　　爲絲數。

亥一十七萬七千一百四十七，　　黄鐘之實。

黄鐘之律以三歷十二辰所得之數，在子、寅、辰、午、申、戌六陽辰，爲黄鐘寸分釐毫絲之數。子爲黄鐘之律，寅爲九寸，辰爲八十一分，午爲七百二十九釐，申爲六千五百六十一毫，戌爲五萬九千四十九絲。

在亥、酉、未、巳、卯、丑六陰辰，爲黄鐘寸分釐毫絲之法。亥爲黄鐘之實，酉之一萬九千六百八十三爲寸，未之二千一百八十七爲分，巳之二百四十三爲釐，卯之二十七爲毫，丑之三爲絲。

其寸分釐毫絲之法，皆用九數，故九絲爲毫，九毫爲釐，九釐爲分，九分爲寸，爲黄鐘。蓋子一爲黄鐘之律，三其一，則丑爲三。三其三，則寅爲九。三其九，則卯爲二十七。三其二十七，則辰爲八十一。三其八十一，則巳爲二百四十三。三其二百四十三，則午爲七百二十九。三其七百二十九，則未爲二千一百八十七。三其二千一百八十七，則申爲六千五百六十一。三其六千五百六十一，則酉爲一萬九千六百八十三。三其一萬九千六百八十三，則戌爲五萬九千[〇]四十九。三其五萬九千四十九，則亥爲一十七萬七千一百四十七。

以是數爲黄鍾之實而定管之短長，以三爲絲，故有五萬九千四十九絲。以二十七爲毫，故有六千五百六十一毫。以二百四十三爲釐，故有七百二十九釐。以二千一百八十七爲分，故有八十一分。以一萬九千六百八十三爲寸，故有九寸。合而觀之，積絲毫釐分之長爲寸皆九，合絲毫釐分寸之數皆一十七萬七千一百四十七，在陽辰順而左行爲數，在陰辰逆而右行爲法也。

又 黄鍾生十一律

子一分。一爲九寸，半無。

黄鍾之實十七萬七千一百四十七。

丑三分三其一。二。倍其一。一爲三寸，二爲六寸。

全六寸，半三寸不用。

林鍾之實十一萬八千〇九十八。

十七萬七千一百四十七數內三分損一，減五萬九千四十九。

寅九分三其三。八。四其二。一爲一寸，八爲八寸。

全八寸，半四寸。

太簇之實十五萬七千四百六十四。

十一萬八千〇九十八內三分益一，加三萬九千三百六十六。

卯二十七分三其九。十六。倍其八。三爲三寸，一爲三分。十五爲五寸，一爲三分。

全五寸三分，半二寸六分不用。

南呂之實十萬四千九百七十六。

十五萬七千四百六十四內三分損一，減五萬二千四百八十八。

辰八十一分三其二十七。六十四。四其十六。九爲一寸，一爲一分。六十三爲七寸。一爲一分。

全七寸一分，半三寸五分。

姑洗之實十三萬九千九百六十八。

十萬四千九百七十六內三分益一，加三萬四千九百九十二。

巳二百四十三分三其八十一。一百二十八。倍其六十四。二十七爲寸，三爲一分，一爲三釐。一百〇十八爲四寸，十八爲六分，二爲六釐。

全四寸六分六釐，半二寸三分三釐不用。

應鍾之實九萬三千三百一十二。

十三萬九千九百六十八內三分損一，減四萬六千六百五十六。

午七百二十九分三其二百四十三。五百一十二。四其一百二十八。八十一爲一寸，九爲一分，一爲一釐。四百八十六爲六寸，一十八爲二分，八爲八釐。

全六寸二分八釐，半三寸一分四釐。

蕤賓之實十二萬四千四百一十六。

九萬三千三百一十二內三分益一，加三萬一千一百四。

未二千一百八十七分三其七百二十九。一千二十四。倍其五百一十二。二百四十三爲一寸，二十七爲一分，三爲一釐，一爲三毫。九百七十三爲四寸，二十七爲一分，二十四爲八釐，一爲三毫。

全八寸三分七釐六毫，對沖陽宮倍數。半四寸一分八釐三毫。

大呂之實十六萬五千八百八十八。

十二萬四千四百一十六內三分損一，減四萬一千四百七十二，爲八萬二千九百四十四，倍之。

申六千五百六一分三其二千一百八十七。四千〇九十六。四其一千二十四。七百二十九爲一寸，八十一爲一分，九爲一釐，一爲一毫。三千六百四十五爲五寸，四百〇五爲五分，餘四十五爲五釐，一爲一毫。

全五寸五分五釐一毫，半二寸七分二釐五毫。

夷則十一萬〇五百九十二。

十六萬五千八百八十八內三分損一，減五萬五千二百九十六。

酉一萬九千六百八十三分三其六千五百六十一。八千一百九十二。倍其四千九十六。二千一百八十七爲一寸，二百四十三爲一分，二十七爲一釐，三爲一毫，一爲三絲。六千五百六十一爲三寸，一千四百五十八爲六分，一百六十二爲六釐，九爲三毫，二爲六絲。

全七寸四分三釐七毫三絲，對沖陽宮倍數。半三寸六分六釐三毫六絲。

夾鍾之實十四萬七千四百五十六。

十一萬五百九十二內三分益一，加三萬六千八百六十四。

戌五萬九千四十九分三倍一萬九千六百八十三。三萬二千七百六十八。四其八千一百九十二。六千五百六十一爲一寸，七百二十九爲一分，八十一爲一釐，九爲一毫，一爲一絲。二萬六千二百四十四爲四寸，五千八百三十二爲八分，六百四十八爲八釐，三十六爲四毫，八爲八絲。

全四寸八分八釐四毫八絲，半二寸四分四釐二毫四絲。

無射之實九萬八千三百〇四。

十四萬七千四百五十六内三分損一，減四萬九千一百五十二。六萬五千五百三十六。

亥一十七萬七千一百四十七分三其五萬九千四十九。

倍其三萬二千七百六十八。一萬九千六百八十三爲一寸，三千一百八十七爲一分，一百四十三爲一釐，二十七爲一毫，三爲一絲，一爲三忽。五萬九千四十九爲三寸，四千三百七十四爲二分，一千九百四十四爲八釐，一百六十二爲六毫，六爲二絲，一爲三忽。

全六寸五分八釐三毫四絲六忽餘二筭，用對宫倍數。半三寸二分八釐六毫二絲二忽。

仲吕之實十三萬一千〇七十二。

九萬八千三百四内三分益一，加三萬二千七百六十八。

黄鐘生十一律，子、寅、辰、午、申、戌六陽辰皆下生，丑、卯、巳、未、酉、亥六陰辰皆上生。其上以三歷十二辰者，皆黄鐘之全數。其下陰數以倍者，倍其實，三分本律而損其一也。陽數以四者，四其實，三分本律而益其一也。

六陽辰當位自得，六陰辰則居其冲。其林鐘、南吕、應鐘三吕在陰無所增損。其大吕、夾鐘、仲吕三吕在陽，則用倍數方與十二月之氣相應。蓋陰之從陽，自然之理也。

曰子一分者，數起子一也。丑三分二者，三其法爲三分，兩實爲二也。寅九分八者，三其法爲九分，四其實爲八也。以下生者倍其實，以上生者四其實也。

其法以子拆爲三分，每分五萬九千四十九，丑于三分之中得其二，爲十一萬八千九十八，積六寸，爲林鐘。此黄鐘之實十七萬七千一百四十七。三分損一，下生林鐘也。以子一拆爲九分，每分得一萬九千六百八十三，九歸一十七萬七千一百四十五。寅于九分之中得其八，爲十五萬七千四百六十四，八乘一萬九千六百八十三。積八寸，寸法一萬九千八百六十三。爲太簇。此林鐘之實三分益一，上生太簇也。自卯而下倣此。

首段云三歷十二辰，皆黄鐘之全數者，蓋子一分，則一爲九寸，是黄鐘之全數。丑三分二，則一爲三寸，二三爲九寸，一是黄鐘九寸之全數。三分取其二，故林鐘得六寸。寅九分八，則一爲一寸，九爲九寸，亦是黄鐘九寸之全數。九分取其八，故太簇得八寸。

黄鐘生十一律，陽皆下生，倍其實而損。陰皆上生，四其實而益。蕤賓以後，陽反四上生益，而陰反倍下生損，何也？蓋從子至亥，黄鐘、太簇、姑洗，陽之陽也。林鐘、南吕、應鐘，陰之陰也。陽生陰退，故律生吕言下生，吕生律言上生。蕤賓、夷則、無射，陰之陽也。大吕、夾鐘、仲吕，陽之陰也。陰升陽退，故律生吕言上生，吕生律言下生。故鄭氏重上生法所以爲不易之論，而真西山失載其説，不能不令人疑耳。

凡律用半者，以上律短而下律長，故下用半以成宫商角徵羽之五聲。林鐘、南吕、應鐘三律受役于陽律，依序而下，乃自爲上律，而上律更無短者，故不用半，以相生之不及也。

十二律之實，約以寸法，則黄鐘、林鐘、太簇得全寸。約以分法，則南吕、姑洗得全分。約以釐法，則應鐘、蕤賓得全釐。約以毫法，則大吕、夷則得全毫。約以絲法，則夾鐘、無射得全絲。至仲吕之實十三萬一千七十二，以三分之，不盡二筭，其數不行，此律之所以止于十二也。

又　變律六

黄鐘十七萬四千七百六十二。小分四百八十六。

全八寸七分八釐一毫六絲二忽，不用。

半四寸三分八釐五毫三絲一忽。

前正律至仲吕之實十三萬一千七十二，以三分之，不盡二筭，其數既不可行，當有以通之。律當變者有六，故置一而六三之。蓋自子之一而至午之六，以三歷之得七百二十九。以七百二十九乘仲吕之十三萬[一千]七十二，爲九千五百五十五萬一千四百八十八，以三分之，每分得三千一百八十五萬四百九十六，三分益一，共一萬二千七百四十萬一千九百八十四，復以七百二十九歸之，每黄鐘之一當七百二十九，爲黄鐘之十七萬四千七百六十二，不盡零小分四百八十六。爲三分一之二。蓋以七百二十九爲一小分，三分之，每分得二百四十三，則四百八十六爲二百四十三者二，乃三分一之二也。以寸法計之，十五萬七千四百六十四得寸者八。以分法計之，一萬五千三百九得分者七。以釐法計之，一千九百四十四得釐者八。以毫法計之，二十七得毫者一。以絲法計之，一十八得絲者六。以忽法計之，小分四百八十六，一爲三忽，三分一之二爲二忽，得忽者二。此全數也。半數得八萬七千三百八十一小分二百四十三，以寸分釐毫絲忽法計之，得四寸三分八釐五毫三絲一忽。全數不用者，黄鍾君象也，受役之律無長于此。諸律不得而役之，故虚其正而不用。所用即再生之變者。就再生之變，又缺其半。所謂缺其半者，蓋若大吕爲宫，黄鍾爲變宫時，黄鍾管最長，所以只得用其半。其餘宫亦倣此。

林鍾十一萬六千五百八。小分二百二十四。

全五寸八分二釐四毫一絲一忽三初。

半二寸八分五釐六毫五絲六初。

以黄鍾之一萬二千七百四十萬一千九百八十四三分之，每分四千二百四十六萬七千三百二十八，三分損一，爲八千四百九十三萬四千五百五十六，以七百二十九歸之，爲下生林鍾之十一萬六千五百八零小分三百二十四。以寸分釐毫絲法計之，得全五寸八分二釐四毫一絲。小分三百二十四，以二百四十三爲一忽。餘八十一，以二十七爲一初，爲三初。半之爲五萬八千二百五十四，小分一百六十二。以法計之，得半二寸八分五釐六毫五絲，餘一百六十二爲六初。

太簇十五萬五千三百四十四。小分四百三十二。

全七寸八分二毫四絲四忽七初，不用。

半二寸八分四釐五毫六絲六忽八初。

以林鍾之八千四百九十三萬四千六百五十六三分之，每分二千八百三十一萬一千五百五十二，三分益一，爲一萬一千三百二十四萬六千二百八，以七百二十九歸之，爲上生太簇之十五萬五千三百四十四零小分四百三十二。以法計之，得全七寸八分二毫四絲三忽，餘小分四百三十二。除二百四十三爲一忽，共前爲四忽。餘一百八十九爲七初。半之爲七萬七千六百七十二小分二百一十六。以法計之，得半三寸八分四釐五毫六絲六忽，餘二百一十六爲八初。

南吕十萬三千五百六十三。小分四十五。

全五寸二分三釐一毫六絲一初六秒。

半二寸五分六釐七絲五忽一初三秒。

以太簇之一萬一千三百二十四萬六千二百八三分之，每分二千七百七十四萬八千七百三十六，三分損一，爲七千五百四十九萬七千四百七十二，以七百二十九歸之，爲下生南吕之十萬三千五百六十三零小分四十五。以法計之，得全五寸二分三釐一毫六絲，餘小分四十五。除二十七爲一初，餘十八三爲一秒，爲六秒。半之，爲五萬一千七百八十一小分五百二十二零五。以法計之，得半二寸五分六釐七絲三忽。餘五百二十五零五，除四百八十六爲二忽，共前五忽。餘三十六零五，除二十七爲一初。餘九零五，除九爲三秒不盡。舊本四忽五初三秒，今多六初。

又 律生五聲

宫聲八十一，下生徵。商聲七十二，下生羽。角聲六十四，下生變宫。徵聲五十四，上生商。羽聲四十八，上生角。

黄鍾之數九九八十一以爲宫，是爲五聲之本。以宫之八十一數，三分之，每分二十七，三分損一，于八十一數損其二十七，餘五十四，下生徵，故徵數五十四也。徵三分益一，七十二上生商。商三分損一，四十八下生羽。羽三分益一，六十四上生角。是黄鍾爲均，用五聲之法。以下十一辰，辰各有五聲，是十二律之正聲也。各有五聲，其爲宫商之法亦如之。詳此是十一律皆可爲宫，益置本律之實以九九因之，三分損益以爲五聲。再以本律之實約之，則宫固八十一，商亦七十二，角亦六十四，徵亦五十四，羽亦四十八也。如應鍾爲宫，置本律應鍾之實九萬三千三百一十二，以九九八十一乘之，得七百五十五萬八千二百七十二爲宫，以九萬三千三百一十二約之，爲八十一。三分宫損一，得五百三萬八千八百四十八爲徵，以九萬三千三百一十二約之，爲五十四。三分徵益一，得六百七十一萬八千四百六十四爲商，以九萬三千三百一十二約之，爲七十二。三分商損一，得四百四十七萬八千九百七十六爲羽，以九萬三千三百一十二約之，爲四十八。三分羽益一，得五百九十七萬一千九百六十八爲角，以九萬三千三百一十二約之，爲六十四是也。蓋十二律生于黄鍾，雖各長短不齊，及其旋相爲宫以生五聲二變，皆約以八十一起數，而五十四以後次之，則八十四聲各有所歸矣。然五聲至角，其數六十四，以三分之，每分二十一，不盡一算，數不可行，此正聲所以止于五也。通而變之，角聲乃生變宫、變徵，以足五聲(三)[二]變之數耳。

黄鍾之實第四

子一，	黄鍾之律。
丑三，	爲絲法。
寅九，	爲寸數。
卯二十七，	爲毫法。
辰八十一，	爲分數。
巳二百四十三，	爲釐法。
午七百二十九，	爲釐數。
未二千一百八十七，	爲分法。
申六千五百六十一，	爲毫數。
酉一萬九千六百八十三，	爲寸法。
戌五萬九千〇〇四十九，	爲絲數。
亥一十七萬七千一百四十七，	黄鍾之實。

右西山蔡氏以《淮南子》《漢前志》定其寸分釐毫絲之法，以《律書》生鍾分定。

蔡氏曰：按黄鍾九寸，以三分爲損益，故以三歷十二辰，得一十七萬七千一百四十七，爲黄鍾之實。其十二辰所得之數，在子、寅、辰、午、申、戌六陽辰，爲黄鍾寸分釐毫絲之數。子爲黄鍾之律，寅爲九寸，辰爲八十一分，午爲七百二十九釐，申爲六千五百六十一毫，戌爲五萬九千四十九絲。在亥、酉、未、巳、卯、丑六陰辰，爲黄鍾寸分釐毫絲之法。亥爲黄鍾之實，酉之一萬九千六百八十三爲寸，未之二千一百八十七爲分，巳之二百四十三爲釐，卯之二十七爲毫，丑之三爲絲。其寸分釐毫絲之法，皆用九數，故九絲爲毫，九毫爲釐，九釐爲分，九分爲寸，九寸爲黄鍾。蓋黄鍾之實一十七萬七千一百四十七之數，以三約之，爲絲者五萬九千四十九。以二十七約之，爲毫者六千五百六十一。以二百四十三約之，爲釐者七百二十九。以二千一百八十七約之，爲分者八十一。以一萬九千六百八十三約之，爲寸者九。由是三分損益，以生十一律焉。或曰圍徑之分以十爲法，而相生之分釐毫絲以九爲法，何也？曰：以十爲法者，天地之全數也；以九爲法者，因三分損益而立也。全數者，即十而取九。相生者，約十而爲九。即十而取九者，體之所以立。約十而爲九者，用之所以行。以九還十，則可伸而不可屈。約十爲九，則可屈而亦可伸。

《淮南子》曰：十二鐘以副十二月，十二各以三成，故置一而十一三之，爲積分十七萬七千一百四十七，黄鍾大數立焉。

《前漢志》曰：太極元氣，函三爲一。極，中也。元，始也。行於十二辰，始動於子。參之于丑，得三。又參之於寅，得九。又參之於卯，得二十七。又參之於辰，得八十一。又參之於巳，得二百四十三。又參之於午，得七百二十九。又參之於未，得二千一百八十七。又參之於申，得六千五百六十一。又參之於酉，得一萬九千六百八十三。又參之於戌，得五萬九千〇〇四十九。又參之於亥，得一十七萬七千一百四十七。此陰陽合德，氣鍾于子，化生萬物者也。

撝謙按：此即黄鍾之實，而十二律之實已定，以諸律圍徑相同故也。故鄭康成曰凡律空圍九分。蔡邕《月令章句》曰：律雖有大小，圍徑無增減。孔穎達《月令》疏曰：諸律雖長短有差，其圍皆以九分爲限。自漢及《隋志》與唐宋諸儒論律者，皆無異議。唯孟康註《漢志》則曰：黄鍾圍九分，林鍾圍六分，太簇圍八分。及宋胡瑗，更定林鍾以下圍徑，而近時振之李氏推定，凡律九分其律之長，以其一爲之内周，而用句股求弦之術即得外周。二十分其律之長，以其一爲之外徑，用弦求句股之術即得内徑。自謂使一人吹黄鍾，一人吹林鍾，其聲相合；又吹林鍾與太簇應，吹太簇與夷則應，而取黄鍾諸律圍徑同者同吹，却不相應。詆諸儒爲舛，然以撝謙論之，蔡邕曉解律吕，又親見西京之器，豈有誤理。而聲之應與不應，固自有説。黄鍾與諸律圍徑相同，而黄鍾管長故濁，應鍾管短故清。管長者氣足而厚，管短者氣寬而薄。若圍徑長短而伸縮，則聲但有小大之殊，而無長短之異，此祇成黄鍾一調，何得不相應乎？亦不識制律之理矣。且振之亦知作律之始，由伶倫截嶰谷之竹爲之，其斷兩節間爲之者，祇黄鍾一律，餘律已不免用筭法截取，又安得十二等圍徑之竹以爲之管乎。孟康之時律已不存，又不解律吕，不過一時之妄説，而從而信之亦已過矣。

黄鍾生十一律第五

後漢鄭康成曰：陽管爲律，陰管爲吕，布十二辰。子爲黄鍾，管圓九分，長九寸。同位娶妻，隔八生子。下生者，三分去一。上生者，三分益一。黄鍾隔八而下生林鍾，林鍾隔八而上生太簇，太簇下生南吕，南吕上生姑洗，姑洗下生應鍾，應鍾上生蕤賓，蕤賓又上生大吕，大吕下生夷則，夷則上生夾鍾，夾鍾下生無射，無射上生仲吕。

前漢司馬遷生鍾術曰：以下生者，倍其實，三其法。以上生者，四其實，三其法。

黄鍾之實九寸，下生者倍其實，得十八以爲法，三分其法，得一者六，爲六寸，以爲林鍾。

林鍾之實六寸，上生者四其實，得二十四以爲法，三分其法，得一者八，爲八寸，以爲太簇。

太簇之實八寸，下生者倍其實，得十六以爲法。三其一得三，以分其法。用十五得三者五，爲五寸。餘一爲三分寸之一。合之爲南呂。

律呂隔八相生之圖

南呂之實五寸三分寸之一，計十六分。上生者四其實，得六十四以爲法。三其三得九，以分其法。用六十三得九者七，爲七寸。餘一，爲九分寸之一。合之爲姑洗。

姑洗之實七寸九分寸之一，計六十四分。下生者倍其實，得一百二十八以爲法。三其九得二十七，以分其法。用一百八得二十七者四，爲四寸。餘二十，爲二十七分寸之二十。合之爲應鍾。

應鍾之實四寸二十七分寸之二十，計一百二十八分。上生者四其實，得五百十二以爲法。三其二十七，得八十一以分其法。用四百八十六得八十一者六，爲六寸。餘二十六，爲八十一分寸之二十六。合之爲蕤賓。

蕤賓之實六寸八十一分寸之二十六，計五百十二分。上生者四其實，得二千四十八以爲法。三其八十一，得二百四十三以分其法。用一千九百四十四得二百四十三者八，爲八寸。餘一百四，爲二百四十三分寸之一百四。合之爲大呂。

大呂之實八寸二百四十三分寸之一百四，計二千〇四十八分。下生者倍其實，得四千九十六以爲法。三其二百四十三，得七百二十九以分其法。用三千六百四十五得七百二十九者五，爲五寸。餘四百五十一，爲七百二十九分寸之四百五十一。合之爲夷則。

夷則之實五寸七百二十九分寸之四百五十一，計四千九十六分。上生者四其實，得一萬六千三百八十四以爲法。三其七百二十九，得二千一百八十七以分其法。用一萬五千三百九得二千一百八十七者七，爲七寸。餘一千七十五，爲二千一百八十七分寸之一千七十五。合之爲夾鍾。

夾鍾之實七寸二千一百八十七分寸之一千七十五，計一萬六千三百八十四分。下生者倍其實，得三萬二千七百六十八以爲法。三其二千一百八十七，得六千五百六十一以分其法。用二萬六千二百四十四得六千五百六十一者四，爲四寸。餘六千五百二十四，爲六千五百六十一分寸之六千五百二十四。合之爲無射。

無射之實四寸六千五百六十一分寸之六千五百二十四，計三萬二千七百六十八分。上生者四其實，得十三萬一千七十二以爲法。三其六千五百六十一，得一萬九千六百八十三以分其法。用十一萬八千九百八得一萬九千六百八十三者六，爲六寸。餘一萬二千九百七十四，爲一萬九千六百八十三分寸之一萬二千九百七十四。合之爲仲呂。

仲呂之實六寸一萬九千六百八十三分寸之一萬二千九百七十四，計十三萬一千七十二分。上生者四其實，得五十二萬四千二百八十八以爲法。三其一萬九千六百八十三，得五萬九千四十九以分其法。用四十七萬二千三百九十二得五萬九千四十九者八，爲八寸。餘五萬一千八百九十六，爲五萬九千四十九分寸之五萬一千八百九十六。合之爲黄鍾之變。上生不及黄鍾。

右律寸舊法。

黄鍾之實九寸，三分其實，得三以爲法。下生者倍其法，得六寸，以爲林鍾。

林鍾之實六寸，三分其實，得二以爲法。上生者四其法，得八寸，以爲太簇。

太簇之實八寸，三分其實，得二寸六分以爲法。下生者倍其法，得五寸三分以爲南呂。凡言分者皆九分寸之一。

南呂之實五寸三分，三分其實，得一寸七分以爲法。上生者四其法，得四寸二十八分，內收二十七分得三寸。合之得七寸一分以爲姑洗。

姑洗之實七寸一分，三分其實，得二寸三分三釐以爲法。下生者倍其法，得四寸六分六釐以爲應鍾。凡言釐者，皆九分分之一。

應鍾之實四寸六分六釐，三分其實，得一寸五分二釐以爲法。上生者四其法，得四寸二十分八釐，內收十八分爲二寸。合之得六寸二分八釐以爲蕤賓。

蕤賓之實六寸二分八釐，三分其實，得二寸八釐六毫以爲法。上生者四其法，得八寸三十二釐二十四毫，内收二十七釐爲三分，又收十八毫爲二釐。合之得八寸三分七釐六毫以爲大吕。凡言毫者，皆九分釐之一。

大吕之實八寸三分七釐六毫，三分其實，得二寸七分二釐五毫以爲法。下生者倍其法，得四寸十四分四釐十毫，内收九分爲一寸，又收九毫爲一釐。合之得五寸五分五釐一毫以爲夷則。

夷則之實五寸五分五釐一毫，三分其實，得一寸七分七釐六毫三絲以爲法。上生者四其法，得四寸二十八分二十八釐二十四毫十二絲，内收二十七分爲三寸，又收二十七釐爲三分，又收十八毫爲二釐，收九絲爲一毫。合之得七寸四分三釐七毫三絲以爲夾鍾。凡言絲者，皆九分毫之一。

夾鍾之實七寸四分三釐七毫三絲，三分其實，得二寸四分四釐二毫四絲以爲法。下生者倍其法，得四寸八分八釐四毫八絲以爲無射。

無射之實四寸八分八釐四毫八絲，三分其實，得一寸五分八釐七毫五絲六忽以爲法。上生者四其法，得四寸二十分三十二釐二十八毫二十絲二十四忽，内收十八分爲二寸，又收二十七釐爲三分，又收二十七毫爲三釐，又收十八絲爲二毫，又收十八忽爲二絲。合之得六寸五分八釐三毫四絲六忽以爲仲吕。

仲吕之實六寸五分八釐三毫四絲六忽，三分其實，得二寸一分八釐七毫一絲五忽以爲法。上生者四其法，得八寸七分八釐一毫六絲二忽，以上生不及黄鍾。

右朱子律寸新法。仍《儀禮經傳》。

蕤賓之實六寸二分八釐，三分其實，得二寸八釐六毫以爲法。下生者倍其法，得四寸一分八釐三毫以爲大吕半。

大吕半之實四寸一分八釐三毫，三分其實，得一寸三分五釐七毫。上生者四其法，得四寸一十二分二十釐二十八毫，内收九分爲一寸，又收十八釐爲二分，又收二十七毫爲三釐。合之得五寸五分五釐一毫以爲夷則。

夷則之實五寸五分五釐一毫，三分其實，得一寸七分七釐六毫三絲以爲法。下生者倍其法，得三寸六分六釐三毫六絲以爲夾鍾半。

夾鍾半之實三寸六分六釐三毫六絲，三分其實，得一寸二分二釐一毫二絲。上生者四其法，得四寸八分八釐四毫八絲以爲無射。

無射之實四寸八分八釐四毫八絲，三分其實，得一寸五分八釐七毫五絲六忽。下生者倍其法，得三寸二分八釐六毫二絲三忽以爲仲吕半。

仲吕半之實三寸二分八釐六毫二絲三忽，三分其實，得一寸八釐八毫七忽。上生者四其法，得四寸三分八釐五毫三絲一忽，以爲黄鍾不及半之律。

右補推班志蕤賓下生之法，以備四清之律。

子一分。黄鍾。

一爲九寸。

丑三分二。林鍾。

一爲三寸。

寅九分八。太簇。

一爲一寸。

卯二十七分十六。南吕。

三爲一寸，一爲三分。

辰八十一分六十四。姑洗。

九爲一寸，一爲一分。

巳二百四十三分一百二十八。應鍾。

二十七爲一寸，三爲一分，一爲三釐。

午七百二十九分五百一十二。蕤賓。

八十一爲一寸，九爲一分，一爲一釐。

未二千一百八十七分一千二十四。大吕。

二百四十三爲一寸，二十七爲一分，三爲一釐，一爲三毫。

申六千五百六十一分四千九十六。夷則。

七百二十九爲一寸，八十一爲一分，九爲一釐，一爲一毫。

酉一萬九千六百八十三分八千一百九十二。夾鍾。

二千一百八十七爲一寸，二百四十三爲一分，二十七爲一釐，三爲一毫，一爲三絲。

戌五萬九千四十九分三萬二千七百六十八。無射。

六千五百六十一爲一寸，七百二十九爲一分，八十一爲一釐，九爲一毫，一爲一絲。

亥一十七萬七千一百四十七分六萬五千五百三十六。仲吕。

一萬九千六百八十三爲一寸，二千一百八十七爲一分，二百四十三爲一釐，二十七爲一毫，三爲一絲，一爲三忽。

右蔡氏推《律書》生鍾分法。凡分以上皆黄鍾之全數，分以下皆本律之數。

蔡氏曰：六陽辰當位自得，六陰辰則居其衝。

子，黄鍾十七萬七千一百四十七。

丑，林鍾十一萬八千〇〇九十八。

寅，太簇十五萬七千四百六十四。

卯，南吕十〇萬四千九百七十六。

辰，姑洗十三萬九千九百六十八。

巳，應鍾九萬三千三百一十二。

午，蕤賓十二萬四千四百一十六。

未，大吕十六萬五千八百八十八。

申，夷則十一萬〇〇五百九十二。

酉，夾鍾十四萬七千四百五十六。

戌，無射九萬八千三百〇〇四。

亥，仲吕十三萬一千〇〇七十二。

右十二律之實。仍蔡氏《新書》。

蔡氏曰：按十二律之實，約以寸法，則黄鍾、林鍾、太簇得全寸。約以分法，則南吕、姑洗得全分。約以釐法，則應鍾、蕤賓得全釐。約以毫法，則大吕、夷則得全毫。約以絲法，則夾鍾、無射得全絲。至仲吕之實十三萬一千七十二，以三分之，不盡二筭，其數不行，此律之所以止于十二也。

律吕之筭雖繁矣，然以見數之自然，而非人力所能爲者。非徒一家之學，蓋有深意焉。乃後世猶有以三寸九分爲黄鍾，如李文利者。

右西山蔡氏約十爲九黄鍾九寸之尺。

黄鍾生正律、蕤賓生變律圖説第六合《吕覽》《史記》《淮南子》、漢前後志、鄭氏説、杜氏《通典》、蔡氏《新書》定。

黄鍾九寸，下生。

林鍾六寸，上生。

太簇八寸，下生。

南吕五寸三分，上生。

姑洗七寸一分，下生。

應鍾四寸六分六釐，上生。

蕤賓六寸二分八釐，重上生。

大吕八寸三分七釐六毫，下生。

夷則五寸五分五釐一毫，上生。

夾鍾七寸四分三釐七毫三絲，下生。

無射四寸八分八釐四毫八絲，上生。

仲吕四寸五分八釐二毫四絲六忽，下生即黄鍾變半。

下生一變律，四寸一分八釐三毫，即大吕半聲，爲大吕之子。上生即夷則正律，故重下生二變律，二寸七分二釐五毫，即夷則半聲，爲夷則之子。上生三變律，三寸六分六釐三毫六絲，即夾鍾半聲，爲夾鍾之子。下生四變律，二寸四分四釐三毫四絲，即無射半聲，爲無射之子。上生五變律，三寸二分八釐六毫二絲二忽，即仲吕半聲，爲仲吕之子。仲吕半下生不及應鍾之半，則不復可以下生。更變重上生六變律，四寸三分八釐五毫三絲一忽，不及黄鍾之半，謂之黄鍾變半，爲黄鍾之子。下生七變律，二寸八分五釐六毫五絲六初，不及林鍾之半，謂之林鍾變半，爲林鍾之子。上生八變律，三寸八分四釐五毫六絲六忽八初，不及太簇之半，謂之太簇變半，爲太簇之子。下生九變律，二寸五分六釐七絲四忽五初三秒，不及南吕之半，謂之南吕變半，爲南吕之子。上生十變律，三寸四分五釐一毫一絲一初一秒，不及姑洗之半，謂之姑洗變半，爲姑洗之子。下生十一變律，二寸三分三毫六絲六忽六秒六微，不及應鍾之半，謂之應鍾變半，爲應鍾之子。上生十二變律，三寸一分四毫八絲八忽八秒八微，不及蕤賓之半，謂之蕤賓變半，爲蕤賓之子。生于蕤賓，復歸于蕤賓，變極反本也。若下生，又不及，應鍾變半窮矣。

凡半律有五，變半律有七，共十二變律者何也？十二律至仲吕而老，老者變而生陽。蕤賓者律之中，中者化而生陰。所謂陰生午中是也。古人命名以午律爲蕤賓，蕤者，蕤下垂之貌，蓋陽下生陰而出爲賓。則上生之中又有下生，固法象自然之妙。

問：子何以知蕤賓之必下生乎？曰：重上生大吕者，《吕覽》《鴻烈》、鄭氏四變律，無射半，二寸四分四釐三毫四絲。

十一變律，應鍾變半，二寸三分三毫六絲六忽六秒六微。不用。

辨舊變之誤

夫變律之説何自起乎？曰：蓋起于旋宫之法失傳，而世之論律者，皆以十二律爲循環相生，不知三分損益之數往而不返，仲吕再生黄鍾，止得八寸七分有奇，不成黄鍾。漢京房覺之，乃定六十律，仲吕再生，别名執始，轉生四十八律，正律之外曰執始，曰去滅，曰時息，曰結躬，曰變虞，曰遲内，曰盛變，曰分否，曰解形，曰開時，曰閉掩，曰南中，曰丙盛，曰安度，曰屈齊，曰歸期，曰路時，曰未育，曰離宫，曰凌陰，曰去南，曰簇嘉，曰鄰齊，曰内負，曰分動，曰歸嘉，曰隨時，曰未卯，曰刑始，曰遲時，曰制時，曰少出，曰分積，曰争南，曰期保，曰物應，曰質末，曰否與，曰形晉，曰惟汗，曰依行，曰色育，曰謙待，曰未知，曰白吕，曰南授，曰分烏，曰南事。其三分損益不盡之筭，或棄或增，虧自然之數而造無益之聲。至劉宋何承天、隋劉焯皆譏之，而承天與焯皆欲增林鍾已下十一律之分，使至仲吕反生黄鍾，還得十七萬七千一百四十七之數，唯黄鍾一律不失其舊，他十一律皆不應三分損益之數，其失又甚于房矣。後魏陳仲孺仍主京房之律，其言曰：調聲之體，宫商宜濁，徵羽宜清。若依公孫崇止以十二律而還相爲宫，清濁悉足，非唯未練五調調器之法，至于五聲次第，自是不足。何者？黄鍾爲聲氣之元，其管最長，故以黄鍾爲宫，太簇爲商，林鍾爲徵，則一相順。若均之八音，猶須錯採衆聲，配成其美。若以應鍾爲宫，大吕爲商，蕤賓爲徵，則徵濁而宫清，雖有其韻，不成音曲。若以無射爲宫，則十二律中惟得取仲吕爲徵，其商角羽並無其韻。若以仲吕爲宫，則十二律内全無所取，何者？仲吕爲十二律之窮，變律之首也。依京房書，仲吕爲宫，乃以去滅爲商，執始爲徵，然後成韻。而崇乃以仲吕爲宫，猶用林鍾爲商，黄鍾爲徵，如何可諧。按：仲孺此説足破臣民陵宫之害，但不知所增四十八律爲繁冗而病雅也。唐杜佑《通典》曰：梟氏爲鍾，以律計自倍半。以子聲比正聲，則正聲爲倍。以正聲比子聲，則子聲爲半。但先儒釋用倍聲有二義：一義云，半十二律正律爲十二子聲之鍾；二義云，從于仲吕之管寸數，以三分益一，上生黄鍾，以所得管之寸數，然後半之以爲子聲之鍾。其爲變正聲之法者，以黄鍾之管正聲九寸，子聲則四寸半。又上下相生之法者，以仲吕之管長六寸一萬九千六百八十三分寸之萬二千九百七十四，上生黄鍾，三分益一，得八寸五萬九千零四十九分寸之五萬一千八百九十六，半之得四寸之説也。律下生，吕上生者，司馬《律書》、漢前後志之説也。二者必皆有所傳矣，而傳之不詳，是以失之耳。吾皆用之。

一變律爲變律之母，諸半聲由此而起。六變律爲變律之父，諸變半聲由此而起。黄濁宫，大清宫也。二變與七變，清徵配濁徵也。三變與八變，清商配濁商也。四變與九變，清羽配濁羽也。五變與十變，清角配濁角也。十一變與十二變，變宫變徵自相配也。後天猶先天也。

至五變而五音之清聲備，乃變生清聲中，五音之濁聲清濁備而二變生焉。

正變律長短相次

黄鍾，九寸。

大吕，八寸三分七釐六毫。

太簇，八寸。

夾鍾，七寸四分三釐七毫三絲。

姑洗，七寸一分。

仲吕，六寸五分八釐三毫四絲六忽，陰變生陽。

蕤賓，六寸二分八釐，陽化生陰。

林鍾，六寸。

夷則，五寸五分五釐一毫。

南吕，五寸三分。

無射，四寸八分八釐四毫八絲。

應鍾，四寸六分六釐。

六變律，黄鍾變半，四寸三分八釐五毫二絲八忽六初。

一變律，大吕半，四寸一分八釐三毫。

八變律，太簇變半，三寸八分四釐五毫六絲六忽八初。

三變律，夾鍾半，三寸六分六釐三毫八絲。

十變律，姑洗變半，三寸四分五釐一毫一絲一初一秒。

五變律，仲吕半，三寸二分八釐六毫三絲三忽。

十二變律，蕤賓變半，三寸一分四毫八絲八忽八秒八微。

七變律，林鍾變半，二寸八分五釐六毫五絲六初。

二變律，夷則半，二寸七分二釐五毫。

九變律，南吕變半，二寸五分六釐七絲四忽五初三秒。

五萬九千零四十九分寸之二萬九千五百四十八，以爲黄鍾。又上下相生，以至仲吕，皆以相生所得之律寸數，半之以爲子聲之律。按：此謂十二律以其半聲爲子聲，所謂正律正半律也。又以仲吕所生八寸有餘之變黄鍾轉生十一變律，亦以其半聲爲子聲，所爲變律，變半律也。宋西山蔡氏《律吕新書》以爲，凡四十八聲，上下相生最得《漢志》所謂黄鍾不復爲他律役之意與《律書》五聲大小次第之法，但變律止于應鍾，雖設而無所用，則其實三十六聲而已。其間陽律不用變聲，而黄鍾不用正半聲，陰吕不用正半聲，而應鍾又不用變半聲，其實又二十八聲而已。然二十八聲中，大吕、夾鍾、仲吕亦係陰吕，仍用正半聲。則觀蔡氏之意，不過于半律、變律、變半律中，擇取其聲之比次者而用之，亦初非有定法也。不知七音還宫，止用二十三聲，而衆律具足。併二十八聲，亦所不必。造化自然生成之數，豈可以人爲擇取乎。其用見于後圖。

正律生四清律法第七

黄鍾下生，
林鍾上生，
太簇下生，
南吕上生，
姑洗下生，
應鍾上生，
蕤賓上生，
大吕下生，
夷則上生，
夾鍾下生，
無射上生仲吕。

下生一變律爲次清聲，四寸一分八釐三毫，即大吕半。上生二變律，即夷則正律無。夷則正律下生三變律，爲第三清，三寸六分六釐三毫六絲，即夾鍾半。上生四變律，即無射正律無。無射正律下生五變律，爲第四清，三寸二分八釐六毫三絲三忽，即仲吕半。上生六變律爲第一清，四寸三分八釐五毫三絲一忽，即黄鍾變半。

清聲至六變上生而不及黄鍾之半，已減于應鍾矣，則下生之聲已細，此古之清聲所以止于四也。

古樂變有六，而聲止四，此變之中也。周樂變至十二，此變之極也。均造化自然之則也。嗚呼，非知變化之道者，安可與論陰陽之微哉。

王建常《律吕圖説》卷上《律吕圖説第四・黄鐘生十一律》 此篇言三分損益上下相生之法。

《漢後志》曰：黄鐘律吕之首，而生十一律者也。蔡氏註曰：黄鐘九寸，以三分爲損益，故以三歷十二辰，得一十七萬七千一百四十七爲黄鐘之實。其十二辰所得之數，在子寅辰午申戌六陽辰爲黄鐘寸分釐毫絲之數。小註：子爲黄鐘之律，寅爲九寸，辰爲八十一分，午爲七百二十九釐，申爲六千五百六十一毫，戌爲五萬九千四十九絲，此順而左行以爲數也。在亥、酉、未、巳、卯、丑六陰辰，爲黄鐘寸分釐毫絲之法。小註：亥爲黄鐘之實，酉之一萬九千六百八十三爲寸，未之二千一百八十七爲分，巳之二百四十三爲釐，卯之二十七爲毫，丑之三爲絲，此逆而右行以起法也。其寸分釐毫絲之法皆用九數，故九絲爲毫，九毫爲釐，九釐爲分，九分爲寸，九寸爲黄鐘。蓋黄鐘之實一十七萬七千一百四十七之數，以三約之，爲絲者五萬九千四十九。以三爲絲，故有五萬九千四十九絲。餘放此。以二十七約之，爲毫者六千五百六十一。以二百四十三約之，爲釐者七百二十九。以二千一百八十七約之，爲分者八十一。以一萬九千六百八十三約之，爲寸者九。繇是三分損益，以生十一律焉。或問：算到十七萬有餘之數當何用？朱子曰：以定管之長短而出是聲。大抵考究，其法是如此。桑氏悦曰：以是數爲黄鐘之實，而定管之長短。蓋積絲毫釐分之長，爲寸皆九，合絲毫釐分寸之數，皆一十七萬七千一百四十七，不容一毫私意牽合者也。或曰徑圓之分以十爲法，而相生之分釐毫絲以九爲法，何也？曰：以十爲法者，天地之全數也。以九爲法者，因三分損益而立也。全數者，即十而取九。即十分寸中取九分也。相生者，約十而爲九。約十分之寸爲九分也。即十而取九者，體之所以立。約十而爲九者，用之所以行。體者，所以定中聲。用者，所以生十一律也。言分數或十或九，法雖不同，其長短則一也。愚按：黄鐘以三歷十二辰，其數起於子得一，一爲九寸，爲黄鐘之律。《淮南子》云：一生二，二生三，三三如九，故一爲九寸。參之於丑，得三。絲法。又參之於寅，得九。寸數。又參之於卯，得二十七。毫法。又參之於辰，得八十一。分數。又參之於巳，得二百四十三。釐法。又參之於午，得七百二十九。釐數。又參之於未，得二千一百八十七。分法。又參之於申，得六千五百六十一。毫數。又參之於酉，得一萬九千六百八十三。寸法。又參之於戌，得五萬九千四十九。絲數。又參之於亥，得一十七萬七千一百四十七。爲黄鐘之實。所謂置一而十一三之以爲黄鐘之大數者，此也。

一即是子一，置一謂安一於此也。蓋黃鐘之數始於子，子爲天一，以天之一而包地之二，是爲三數，故一生三。三可變而一不可變，故置一不用，蓋一非數也。非數而數以之成也。十一三之，則循序分爲十一，而以三之數行乎其中也。蔡氏曰：一三之而得三，三三之而得二十七，五三之而得二百四十三，七三之而得二千一百八十七，九三之而得一萬九千六百八十三。故一萬九千六百八十三以九分之，則爲二千一百八十七。二千一百八十七以九分之，則爲二百四十三。二百四十三以九分之，則爲二十七。二十七以九分之，則爲三。三者，絲法也。九其三得二十七，則毫法也。九其二十七得二百四十三，則釐法也。九其二百四十三得二千一百八十七，則分法也。九其二千一百八十七得一萬九千六百八十三，則寸法也。一寸九分，一分九釐，一釐九毫，一毫九絲，以之生十一律，以之生五聲二變。上下乘除，參同契合，無所不通，蓋數之自然也。又曰：自絲而下，雖非目力之所能分，然既有其數，而或一算之差則法於此遂變，不以約十爲九之法分之，則有終不可得而齊者矣。夫七三之而得二千一百八十七者，爲九寸一之全分。以此全分三之，而七百二十九爲三分一，倍之而一千四百五十八爲三分二，是乃小分也。餘分之多者爲强，少者爲弱。如多一釐爲强二百四十三，多二釐爲强四百八十六。多一毫爲强二十有四之三，多三毫爲强七十有二之九。弱亦如之。而强弱之法於是定焉。以上明凡例如此。又按《新書》子寅辰午申戌六陽辰皆下生，丑卯巳未酉亥六陰辰皆上生，其法不變，却與圖一般。陳潛室謂無比次降殺之序，不可以候氣制樂，失非小也。今乃參考諸家，自午以下竊爲更定如左。

子，黃鐘。陽律，位子，主十一月，是謂乾之初九，隔八下生林鐘之初六。六陽辰當位自得，六陰辰則居其衝。如子爲陽辰，黃鐘以子而居子，當位自得也。丑爲未衝，林鐘以未而居丑，是居其衝也。各依此推之可見。十二律相生，以陰陽六體爲之其序。律所生者常同位，初九生初六之類是也。呂所生者常異位，初六生九二之類是也。故曰律娶妻而呂生子。

長九寸，《漢書》：九寸者，九分之寸也。爲九九八十一之數，《史記》：八寸十分一。蓋黃鐘之律九寸，一寸九分，凡八十一分。而又以十約之爲寸，故云八寸十分一。其實十七萬七千一百四十七，三分之，分各五萬九千〇〇四十九，損一，去五萬九千〇〇四十九，餘有十一萬八千〇〇九十八，而下生林鐘。按《新書》生律章人多難理會，而自未以後，數又與律不合。今只以十二律之實上下相生，庶乎損益分明，可與衆共曉也。若依本律寸分分而爲三，下生則損一，上生則益一，法與此同。全九寸，宮。半無。黃鐘不用正半聲，故云半無。

丑，林鐘。陰呂，位未，主六月，是爲坤之初六，隔八上生太簇之九二。

長六寸，爲六九五十四之數。五寸十分四。其實十一萬八千〇〇九十八，三分之，分各三萬九千三百六十六，益一，加三萬九千三百六十六于十一萬八千〇〇九十八，則得十五萬七千四百六十四而上生太簇。全六寸，徵。半三寸，不用。

寅，太簇。陽律，位寅，主正月，是爲九二，隔八下生南呂之六二。

長八寸，爲八九七十二之數。七寸十分二。其實十五萬七千四百六十四，三分之，分各五萬二千四百八十八，損一，去五萬二千四百八十八，餘有十〇萬四千九百七十六而下生南呂。全八寸，商。半四寸。

卯，南呂。陰呂，位酉，主八月，是爲六二，隔八上生姑洗之九三。

長五寸三分，爲四十八之成數。四寸十分八。以常數計之，五九四十五，三九二十七，此言四十八，舉成數也。餘放此。其實十〇萬四千九百七十六，三分之，分各三萬四千九百九十二，益一，加三萬四千九百九十二于十〇萬四千九百七十六，則得十三萬九千九百六十八而上生姑洗。全五寸三分，羽。半二寸六分，不用。

辰，姑洗。陽律，位辰，主三月，是爲九三，隔八下生應鐘之六三。

長七寸一分，爲六十四之成數。六寸十分四。其實十三萬九千九百六十八，三分之，分各四萬六千六百五十六，損一，去四萬六千六百五十六，餘有九萬三千三百一十二而下生應鐘。全七寸一分，角。半三寸五分。

巳，應鐘。陰呂，位亥，主十月，是爲六三，隔八上生蕤賓之九四。自應鐘以下皆有小分。小分之法，九其二十七爲一釐，三釐爲小三分一，六釐爲小三分二。多於此者爲强，少於此者爲弱。

長四寸六分六釐，爲四十二之成數。四寸二分小三分二。其實九萬三千三百一十二，三分之，分各三萬一千一百〇〇四，益一，加三萬一千一百〇〇四于九萬三千三百一十二，則得十二萬四千四百一十六而上生蕤賓。全四寸六分六釐，變宮。半二寸三分三釐，不用。以上陰呂不用正半聲。

午，蕤賓。陽律，位午，主五月，是爲九四，隔八上生大呂之六四。自蕤賓以下，損益上下之法變。范氏曰：從子至巳，陽升陰退，故律生呂言下生，呂生律言上生。從午至亥，陰升陽退，故律生呂言上生，呂生律言下生。

長六寸二分八釐，爲五十六之成數。五寸六分，小三分二强四百八十六。其實十二萬四千四百一十六，三分之，分各四萬一千四百七十二，益一，變損爲益。加四萬一千四百七十二于十二萬四千四百一十六，則得十六萬五千八百八十八而上生大呂。全六寸二分八釐，變徵。半三寸一分四釐。

未，大呂。陰呂，位丑，主十二月，是爲六四，隔八下生夷則之九五。

長八寸三分七釐六毫，爲七十五之成數。七寸五分小三分二强四百〇〇五。其實十六萬五千八百八十八，三分之，分各五萬五千二百九十六，損一，變益爲損。去五萬五千二百九十六，餘有十一萬〇〇五百九十二而下生夷則。變上爲下。全八寸三分七釐六毫，半四寸一分八釐三毫。

申，夷則。陽律，位申，主七月，是爲九五，隔八上生夾鐘之六五。

長五寸五分五釐一毫，爲五十之成數。五寸〇〇小三分二弱二百一十六。其實十一萬〇〇五百九十二，三分之，分各三萬六千八百六十四，益一，加三萬六千八百六十四于十一萬〇〇五百九十二，則得十四萬七千四百五十六而上生夾鐘。全五寸五分五釐一毫，半二寸七分二釐五毫。

酉，夾鐘。陰呂，位卯，主二月，是爲六五，隔八下生無射之上九。

長七寸四分三釐七毫三絲，爲六十七之成數。六寸七分小三分一强一百九十八。其實十四萬七千四百五十六，三分之，分各四萬九千一百五十二，損一，去四萬九千一百五十二，餘有九萬八千三百〇〇四而下生無射。全七寸四分三釐七毫三絲，半三寸六分六釐三毫六絲。

戌，無射。陽律，位戌，主九月，是爲上九，隔八上生仲呂之上六。

長四寸八分八釐四毫八絲，爲四十四之成數。四寸四分小三分二强六百一十八。其實九萬八千三百〇〇四，三分之，分各三萬二千七百六十八，益一，加三萬二千七百六十八于九萬八千三百〇〇四，則得十三萬一千〇〇七十二而上生仲呂。全四寸八分八釐四毫八絲，半二寸四分四釐二毫四絲。

亥，仲呂。陰呂，位巳，主四月，是爲上六，極不生。

長六寸五分八釐三毫四絲六忽，爲五十九之成數。五寸九分小三分二强五百八十一。其實十三萬一千〇〇七十二，三分之，分各四萬三千六百九十，不盡二算。餘二分也。全六寸五分八釐三毫四絲六忽，餘二算。半三寸二分八釐六毫二絲三忽。

註曰：十二律之實，約以寸法，則黃鐘、林鐘、太蔟得全寸。約以分法，則南呂、姑洗得全分。約以釐法，則應鐘、蕤賓得全釐。約以毫法，則大呂、夷則得全毫。約以絲法，則夾鐘、無射得全絲。至仲呂之實十三萬一千七十二，以三分之，不盡二算，其數不行，此律之所以止於十二也。

愚按：數不可行，便是極不生矣。然反生以通之，再變而益一，得十七萬四千七百六十二奇，爲八寸七分八釐一毫六絲二忽，不反黃鐘之數，而不成正聲。

故曰仲呂者，十二律之窮而變律之首也。問：蔡氏生律章取法於古，陽律皆下生，三分長而損一；陰呂皆上生，三分長而益一。今子此篇，蕤賓以前，上下相生，固如法。而蕤賓後，乃與其前相反者，何也？曰：朱子嘗言之矣。十二管隔八相生，自黃鐘之管，陽皆下生，陰皆上生。自蕤賓之管，陰反下生，陽反上生，以象天地之氣也。陳長樂云：黃鐘至姑洗，陽之陽也。林鐘至應鐘，陰之陰也。陽之陽，陰之陰，則陽息陰消之時，故陽常下生而有餘，陰常上生而不足。蕤賓至無射，則陰之陽也。大呂至仲呂，則陽之陰也。陰之陽，陽之陰，則陽消陰息之時，故陽常上生而不足，陰常下生而有餘，所謂象天地之氣者如此。若拘古法而以陽必下生，陰必上生，則以之候氣而氣不應，以之作樂而樂不和，此鄭氏重上生法所以爲不易之論也。且言重上生者亦不獨一家而已，《呂覽》《淮南子》、杜氏《通典》都是如此說。而西山乃謂非其本法，得無過信《律書》《班志》之言而失之於此與。故某敢竊爲更定，而無復可疑也。

變律

朱子曰：古者，十二律外有十二子聲，又有變律六。蔡氏註曰：十二律各自爲宫，以生五聲二變，其黃鐘、林鐘、太蔟、南呂、姑洗、應鐘六律，則能具足。至蕤賓、大呂、夷則、夾鐘、無射、仲呂六律，則比黃鐘、林鐘、太蔟、南呂、姑洗、應鐘六律之聲，少下不和，故有變律。變律者，其聲近正而少高於正律也。

黃鐘，全八寸七分八釐一毫六絲二忽，不用。半四寸三分八釐五毫三絲一忽，其實十七萬四千七百六十二，小分四百八十六。三分之而去其一，用因歸法。下生林鐘。

林鐘，全五寸八分二釐四毫一絲一忽三初，半二寸八分五釐六毫五絲六初，其實十一萬六千五百〇〇八，小分三百二十四。三分之而增其一，上生太蔟。

太蔟，全七寸八分二毫四絲四忽七初，不用。半三寸八分四釐五毫六絲六忽八初，其實十五萬五千三百四十四，小分四百三十二。三分之而去其一，下生南呂。

南呂，全五寸二分三釐一毫六絲一初六秒，半二寸五分六釐七絲四忽五初三秒，其實十〇萬三千五百六十三，小分四十五。三分之而增其一，上生姑洗。

姑洗，全七寸一釐二毫二絲二初二秒，不用。以上陽律不用變聲。半三寸四分五釐一毫一絲一初一秒，其實十三萬八千〇〇八十四，小分六十。三分之而去其一，下生應鐘。

應鐘，全四寸六分七毫四絲三忽一初四秒，餘一算。半二寸三分三毫六絲六忽六秒强，不用。應鐘不用變半聲。其實九萬二千〇〇五十六，小分四十。三分之，不盡一算，餘一分也。數又不行，則是極不復生矣。

註曰：仲吕之實一十三萬一千〇〇七十二，以三分之，不盡二算，既不可行，當有以通之。律當變者有六，故置一而六三之，得七百二十九，置子之一而六至午，以三歷之，得七百二十九。以七百二十九因仲吕之實十三萬一千〇〇七十二，爲九千五百五十五萬一千四百八十八，三分損益，再生黄鐘、林鐘、太蔟、南吕、姑洗、應鐘六律，又以七百二十九歸之，以從十二律之數，紀其餘分以爲忽秒，然後洪纖高下不相奪倫。至應鐘之實六千七百一十〇萬八千八百六十四，以三分之，又不盡一算，數又不可行，此變律之所以止於六也。變律非正律，故不爲宫也。朱子曰：自黄鐘至仲吕，相生之道至是窮矣。遂復變而上生黄鐘之宫，再生之黄鐘不及九寸，只是八寸有餘，然黄鐘君象也，非諸律之所能役，故虚其正而不復用，所用只再生之變者。就再生之變，又缺其半。所謂缺其半者，蓋若大吕爲宫，黄鐘爲變宫時，黄鐘管最長，所以只得用其半。其餘宫亦倣此。

李子金《律吕心法》卷一　三分損益隔八相生第九

黄鐘長九寸，三分損一而下生下姑洗。

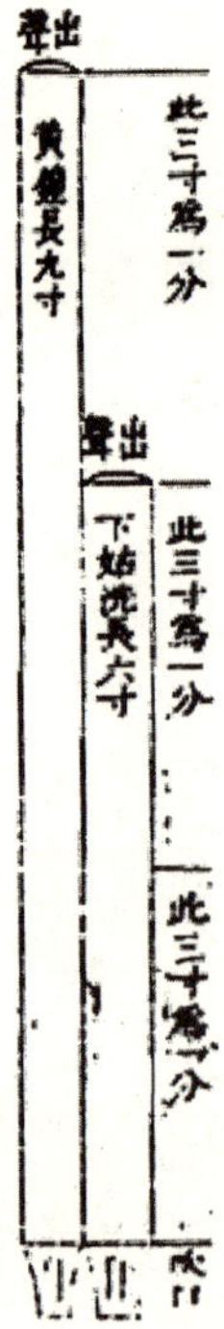

法曰：上生下者，二其實，三其法。置黄鐘九寸爲實，以二因之，得一十八寸，以三爲法歸之，則得下姑洗長六寸。

黄鐘之管九寸，分爲三分，則每一分當是三寸，于三分之内而損其一，則下姑洗當得二分，而其數爲六寸也。所謂下生者，以管末出聲之竅言之，長者在上，而短者在下，非如十二辰陰陽之説也。何以謂之下姑洗，蓋姑洗以後五律皆有高下二聲，此則其聲之下者故名也。何以知其爲姑洗？以其相應知之也。天地之音隔五位則必相應。觀應鐘應林鐘，林鐘應夾鐘，三律皆以鐘稱，南吕應仲吕，仲吕應大吕，三律皆以吕稱，是以知之也。今下姑洗居第五位，聲與黄鐘相應，故知六寸之爲下姑洗也。其隔八相生者，謂之子聲。何以知其爲子聲？以隔八知之也，蓋子聲至本律共八位也。隔八而何以謂之子聲也？以其聲之相合知之也。按律法，凡聲之相合者，其數必在第八位也。所以然者，天地之間止有七聲，周而復始如環無端，即至于數千百聲之不同，皆不能出此七聲之外。第八位之聲謂之周而復始，其聲與本律合，即本律之清聲也。既爲本律之清聲，與《周禮》子律之義正同，所以其數居折半之位，而謂之子聲也。諸律俱同，後不悉載。

下姑洗長六寸，三分益一，而上生大吕長八寸。

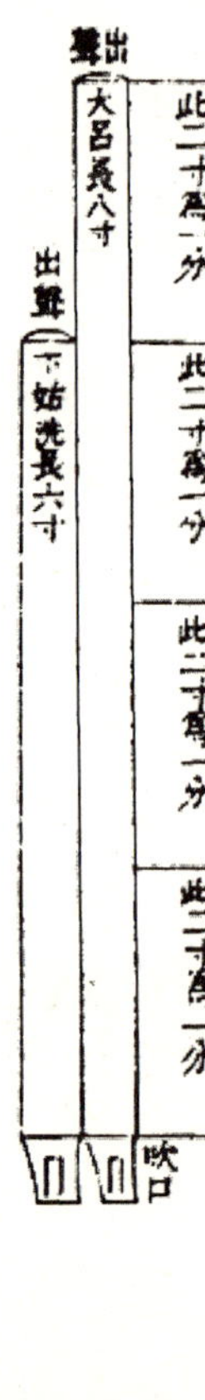

法曰：下生上者，四其實，三其法。置下姑洗六寸爲實，以四因之，得二十四寸，以三爲法，歸之，則得大吕長八寸。

下姑洗之管六寸，分爲三分，則每一分當是二寸，于三分之外而益其一，則大吕當得四分，而其數爲八寸也。所謂上生者，亦以管末出聲之竅言之，短者在下而長者在上也。八寸而何以知其爲大吕也？以其位居黄鐘之次知之也。即以其聲之相應而又相合者，亦可以知之。下姑洗三分而損其一，則其聲與下姑洗相應，而又正與此律相合，以是知下姑洗三分益一之爲大吕也。自大吕以後，凡三分損益之相生，皆準前法。其全數已載前説，此不復贅。旋宫相生之法亦見前説。

天下有不知其事而率意輕言者，妄也。有明知其無是事，而造爲榮華之言，以取悦于人者，巧言令色之徒也。亦有知其真有是事，因古人未曾言及而遂不敢言者，推其意不過畏人之非笑怒駡，欲以苟全一時之庸名，斯其人亦無勇之甚也。律吕之有十二聲，自古及今未嘗有異説也。即謂古者加四清聲，合之亦不過十六也。或謂古者十二律之外不止四清，更有十二清聲焉，合之則又二十有四也。安有所謂姑洗五律皆有高下，以十二律爲十七聲，而孟浪如是者哉。是皆止知世有旋宫之律，未嘗手自制管而口自吹之也。吾之所謂十二律者，蓋亦止于十二律也。吾之所謂十七聲者，蓋真有是十七聲也。何以言之？按朱子云，看來十二律俱有清聲，乃指十二律隔八相生之子聲而言，非謂十二律損益相生之本聲也。太古之時，樂皆雅淡，十二律之本聲已自足用。中古以後，禮明樂備，必欲使所歌之辭抑揚高下，曲折盡致而後已，則聲依永而律和聲者，不得不求其相副，于是有子聲折半之制焉。此十二律俱有清聲之所由來也。金石絲竹之器，雖不一而足，而其清濁高下，莫不以十二律之聲定之，則十二律相生之序，固非私意穿鑿之所能合也。今止就十二律損益相生之本聲言之，而十七聲之數有缺一而不能者，巢笙之制爲管者一十有七，而凡工上一之類，必皆有高下二音，而後七均始備。此固昭然可考者，况十二律自黄鐘以後遞損遞益，十二位甫足，而十七聲已與之俱來，雖欲減去其一，其可得乎。凡此皆天地自然之數，無容措置者也。如但以一十七萬七千一百四十七爲黄鐘之實，生至十一次而自謂已足，是舍却蕤賓、無射、林鐘、應鐘、夷則之五律，而將古人所謂和繆者俱列爲正數矣。既無比次降殺之序，而又失清濁高下之等，雖强名之曰此十二律也，亦何取此不適于用，徒有其名之十二律乎？予合之器數，協之聲音，皆見其確不可易，故斷爲十七聲而不疑。蓋亦真知其實有是事而不忍不言，雖大不理于非笑怒罵之人，而亦不恤也。後之君子當自有知予者，予又何憾哉。

李光地　梅瑴成　王蘭生等《律吕正義》上編《正律審音》卷一

定律吕之長損益相生

自古論律吕者，必先考黄鐘之長，黄鐘之長定而十一律吕皆由此定。《律吕新書》言黄鐘九寸，寸作十分，爲九十分。又言黄鐘九寸，寸作九分，爲八十一分。夫九十分乃黄鐘之正數，而八十一分原于《管子》絃音五聲度分。《史記》《淮南子》遂以爲管音度分，《新書》雖兼取之，而九寸之説實不可易。但尺度不明，則執九寸之説亦不能無失，故定律吕之長必以古尺通之。今以比例推求，然後真數可得。以古尺言之，黄鐘九寸，三分損一，得六爲林林鐘。林鐘三分益一，得八寸爲太蔟。太蔟三分損一，得五寸三分三釐三毫三絲三忽三微三纖有奇爲南吕。南吕三分益一，得七寸一分一釐一毫一絲一忽一微一纖有奇爲姑洗。姑洗三分損一，得四寸七分四釐零七絲四忽零七纖有奇爲應鐘。應鐘三分益一，得六寸三分二釐零九絲八忽七微七纖有奇爲蕤賓。蕤賓三分益一，得八寸四分二釐七毫九絲八忽三微五纖有奇爲大吕。大吕三分損一，得五寸六分一釐八毫六絲五忽五微六纖有奇爲夷則。夷則三分益一，得七寸四分九釐一毫五絲四忽零九纖有奇爲夾鐘。夾鐘三分損一，得四寸九分九釐四毫三絲六忽零六纖有奇爲無射。無射三分益一，得六寸六分五釐九毫一絲四忽七微四纖有奇爲仲吕。仲吕三分益一，得八寸八分七釐八毫八絲六忽三微三纖有奇，比之黄鐘九寸，不足一分二釐一毫一絲三忽六微六纖有奇。以今尺言之，黄鐘之七寸二

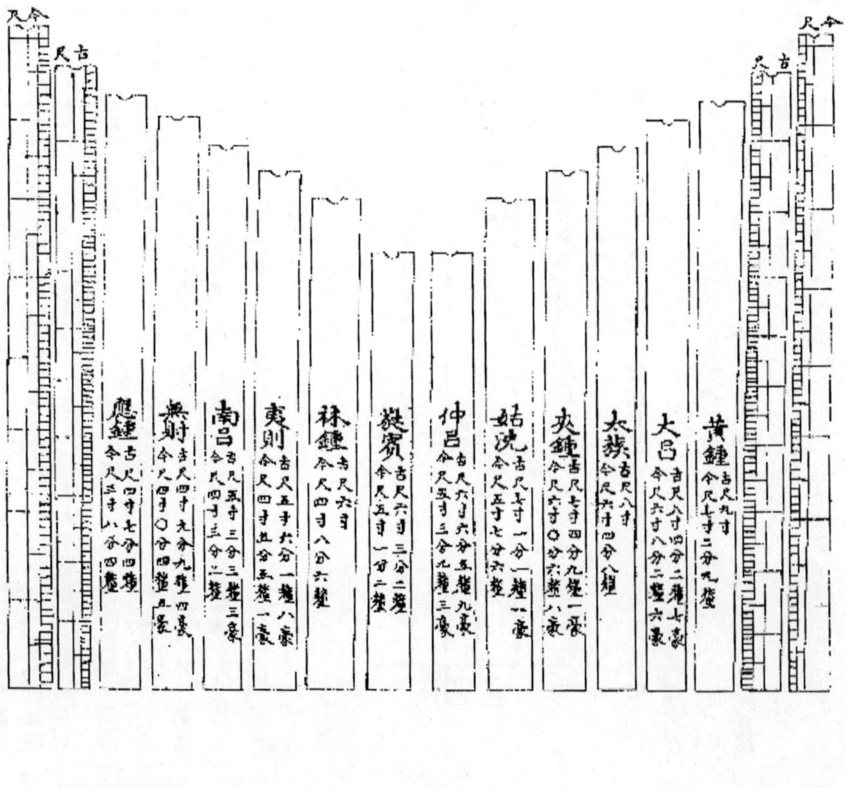

分九釐，損益相生，則林鍾得四寸八分六釐，太蔟得六寸四分八釐，南吕得四寸三分二釐，姑洗得五寸七分六釐，應鍾得三寸八分四釐，蕤賓得五寸一分二釐，大吕得六寸八分二釐六豪六絲六忽六微六纖有奇，夷則得四寸五分五釐一豪一絲一忽一微一纖有奇，夾鍾得六寸零六釐八豪一絲四忽八微一纖有奇，無射得四寸零四釐五豪四絲三忽二微有奇，仲吕得五寸三分九釐三豪九絲零九微四纖有奇，至仲吕上生比黄鍾原數不足九釐八豪一絲二忽零六纖有奇。夫黄鍾古尺之度所生律吕，其分寸如彼。今尺之度所生律吕，其分寸如此。古尺之度爲數多，今尺之度爲數少。數多者，横黍之所生。數少者，縱黍之所累。數之多少雖異，而管之長短則同。今尺之七寸二分九釐，正古尺之九寸也。至于仲吕不能還生黄鍾，乃數之使然。蓋十二律吕上下相生，損之漸少而益之不足，故仲吕上生之變黄鍾雖不及黄鍾一分上下，而其數仍與黄鍾相近，不得自成一律，其聲亦與黄鍾相近，不能自成一音。細繹其理，下生而損，上生而益，損益之間，數有消長，亦如氣盈朔虚之有閏分，此古人所以以律吕配之十二月也。

又 定律吕之積損益相生

制律吕之法，以積實容黍爲要者，蓋因管之長短廣狹依此以正，而聲之洪纖高下賴此以生，是以必得黄鍾之真積，然後中聲可定，由是三分損益，以爲十一律吕而積無不合，聲無不諧。但古今尺度不同，則縱長周徑因之而積實之數亦異，必考核古今積數之異，而驗以容受之同，然後律吕之真分可辨也。黄鍾積實，古尺之八百一十分與今尺之四百三十分四百六十七釐二百一十豪爲數不同，而體之積分、龠之容黍千二百粒。實未嘗異，故十二律吕之積損益相生皆本于此。黄鍾古尺之積八百一十分，三分損一，得五百四十分爲林鍾。林鍾三分益一，得七百二十分爲太蔟。太蔟三分損一，得四百八十分爲南吕。南吕三分益一，得六百四十分爲姑洗。姑洗三分損一，得四百二十六分六百六十六釐六百六十六豪有奇爲應鍾。應鍾三分益一，得五百六十八分八百八十八釐八百八十八豪有奇爲蕤賓。蕤賓三分益一，得七百五十八分五百一十八釐五百一十八豪有奇爲大吕。大吕三分損一，得五百零五分六百七十九釐零一十二豪有奇爲夷則。夷則三分益一，得六百七十四分二百三十八釐六百八十三豪有奇爲夾鍾。夾鍾三分損一，得四百四十九分四百九十二釐四百五十五豪有奇爲無射。無射三分益一，得五百九十九分三百二十三釐二百七十三豪有奇爲仲吕。若夫今尺之積，黄鍾之四百三十分四百六十七釐二百一十豪，三分損益，則林鍾得二百八十六分九百七十八釐一百四十豪，太蔟得三百八十二分六百三十七釐五百二十豪，南吕得二百五十五分零九十一釐六百八十豪，姑洗得三百四十分一百二十二釐二百四十豪，應鍾得二百二十六分七百四十八釐一百六十豪，蕤賓得三百零二分三百三十釐八百八十豪，大吕得四百零三分一百零七釐八百四十豪，夷則得二百六十八分七百三十八釐五百六十豪，夾鍾得三百五十八分三百一十八釐零八十豪，無射得二百三十八分八百七十八釐七百二十豪，仲吕得三百一十八分五百零四釐九百六十豪。夫製管取聲皆由于積實，則十一律吕之積宜與黄鍾並詳，而言律者多未及焉。蓋因其所定律吕之長與面冪相乘，積數有未合耳。十二律吕之度，太蔟以上得全寸而無奇零，故未顯同異。南吕以下積差漸多，南吕古尺之長五寸三分三釐三豪三絲三忽有奇，與面冪九方分相乘得積四百八十分。如以南吕爲五寸三分與面冪九分方相乘，止得積四百七十七分，則少三分。至無射四寸九分九釐四豪三絲六忽與面冪相乘，得四百四十九分四百九十二釐有奇。如以無射爲四寸八分八釐四豪八絲與面冪相乘，止得積四百三十九分六百三十二釐，則少九分八百六十釐。凡制樂之法，皆以積數倍之，或加四倍，或加八倍，或加至十數倍。及其用也，若積少一分，四倍則差四分，八倍則差八分。積少九分，四倍則差三十六分，八倍則差七十二分。夫聲音之發，所辨正在中容實積多寡，豪釐之際而可因其奇零遂略之耶。至于黄鍾之龠，積八百一十分，容千二百黍，蓋所積之分方分也，所容之黍圓粒也。以方分度圓粒，則必有空隙，故合八百一十分之方適容千二百黍之圓，乃爲虚實相應之準則焉。然十二律吕之管皆生于黄鍾，而論者亦止及黄鍾之容，其他俱未載。夫積分猶恐虚實之難憑，而容粒則有實黍之可證，故容黍之分亦當用三分損益以核之。黄鍾容千二百黍，三分損一，得八百黍爲林鍾。林鍾三分益一，得一千零六十七黍爲太蔟。太蔟三分損一，得七百一十一黍爲南吕。南吕三分益一，得九百四十八黍爲姑洗。姑洗三分損一，得六百三十二黍爲應鍾。應鍾三分益一，得八百四十三黍爲蕤賓。蕤賓三分益一，得一千一百二十四黍爲大吕。大吕三分損一，得七百四十九黍爲夷則。夷則三分益一，得九百九十九黍爲夾鍾。夾鍾三分損一，得六百六十六黍爲無射。無射三分益一，得八百八十八黍爲仲吕。仲吕三分益一，得一千一百八十四黍。凡餘分過大半者進一黍，不及半者不計。夫體積雖有古今尺度之殊，而容黍則一，是以假黍以證分，推分以定律。以千二百黍實黄鍾之龠，不虧不溢，則其他律吕之容度亦皆無一黍之差也。是知古人制律，有積分以驗實體，有容受以驗積分，所以互相比較，務得律吕之真度。故並著其同異，俾觀者得取衷焉。

又　度量權衡

《虞書》曰：協時日正月，同律度量衡。同者，慮其不同而必期于同也。黄鍾爲聲氣之元，象數之本，度量權衡皆于是受法焉。《律吕新書·審度》篇曰：度者，分、寸、尺、丈、引，所以度長短也，生于黄鍾之長。以子穀秬黍中者九十枚，度之一爲一分。十分爲寸，十寸爲尺，十尺爲丈，十丈爲引。《嘉量》篇曰：量者，龠、合、升、斗、斛，所以量多少也，生于黄鍾之容。以子穀秬黍中者一千二百實其龠，以井水準其槩，以度數，審其容，合龠爲合，十合爲升，十升爲斗，十斗爲斛。《謹權衡》篇曰：權衡者，銖、兩、斤、鈞、石，所以權輕重也，生于黄鍾之重。以子穀秬黍中者一千二百實其龠，百黍一銖，一龠十二銖，二十四銖爲一兩，十六兩爲斤，三十斤爲鈞，四鈞爲石。又《新書》載《周禮·典瑞》：璧羨以起度。《玉人》：璧羨度尺好，三寸以爲度。《易緯·通卦驗》：以十馬尾爲一分。《孫子算術》：以蠶所吐絲爲忽。又載《周禮·考工記》：㮚氏爲量，改煎金錫則不耗，不耗然後權之，權之然後準之，準之然後量之。量之以爲鬴，深尺，内方尺而圓其外，其實一鬴。其臀一寸，其實一豆；其耳三寸，其實一升。重一鈞。聲中黄鍾之宫。注：周鬴容六斗四升，實一千二百八十龠，計一百零三萬六千八百分；漢斛容十斗，實二千龠，計一百六十二萬分。今置鬴積，以深一尺分之，得面冪一萬零三百六十八分。約之以尺，得正方一尺零三寸六十八分。然則所謂内方尺者，非鬴之圓面冪容正方一尺耶。若求鬴徑，則置面冪，用平圓求徑定率推之，得徑一尺一寸四分八釐九豪有奇。再以鬴積六斗四升分之，每升得一萬六千二百分。以十合分之，每合得一千六百二十分。以二龠分之，每龠得八百一十分，與黄鍾龠數同。漢斛積，以十斗分之，每斗得一十六萬二千分。以十升分之，每升得一萬六千二百分，與周鬴所容升數同。自升而下，亦得黄鍾之龠數焉。夫黄鍾之積有古今尺度爲數之不同，而就黄鍾本律之分而言，則周鬴、漢斛皆可以相證也。權衡之數始于銖。古之一龠爲十二銖，重五錢。今所定之龠，以現行權衡考之，止二錢五分强。五量之數終于斛。古之十斗爲一斛，今則五斗爲一斛。權衡與量，今比古皆加一倍矣。推原其故，古尺乃横黍所累，本小。今尺乃縱黍所累，本大。小尺所制黄鍾之龠必小，故量與權衡亦隨之而小。大尺所制黄鍾之龠必大，故量與權衡亦隨之而大。使不審尺之大小，則黄鍾竟無定體之可憑矣。即今所定黄鍾之龠而論之，則古尺之八百一十分與今尺之四百三十分數雖不同，而體則一。若但執一尺而論，則八百一十分與四百三十分，其體已差一倍，此今之量與權衡所以加古一倍也。要之，量與權衡之大小皆由于尺度之短長，尺度之短長原于定黄鍾之各異，定黄鍾之各異又係于累黍之不同。然則度量權衡皆起于黄鍾，而驗黄鍾者可不取證于度量權衡耶。是知一本而萬殊者，由于萬類之難齊。萬殊而一本者，無非一理之所貫，故古聖人同律度量衡，爲經國宜民之要務也。

周模《〈律吕新書〉注》卷上《律吕本原》　以《淮南子》《漢前志》定其寸、分、釐、毫、絲之法，以《律書·生鐘分》定黄鐘。有兩個分數，一是審度分數，一是相生分數。審度分數以十爲寸法，故以黄鐘之長爲九十分，前章之數是也。相生分數以九爲寸法，故以黄鐘之長爲八十一分，此章之數是也。法雖不同，其管之長短則一。

黄鐘之實第二

子一，黄鐘之律。

一者，數之始，數始子得一也。黄鐘之律，其全數一十七萬七千一百四十七，其長九寸，八十一分，七百二十九釐，六千五百六十一毫，五萬九千四十九絲，陽氣始動，其數即具，故子一爲黄鐘之律。

丑三，爲絲法。

此下皆以三歷十二辰，以三乘子一，得丑三。三者，五萬九千四十九分十七萬七千一百四十七之一也。以三除十七萬七千一百四十七得五萬九千四十九絲，故三爲絲法。

寅九，爲寸數。

以三乘丑三，得寅九。九者，一萬九千六百八十三分十七萬七千一百四十七之一也。黄鐘長九寸，故九爲寸數。

卯二十七，爲毫法。

以三乘寅九，得卯二十七。二十七者，六千五百六十一分十七萬七千一百四十七之一也，以二十七除十七萬七千一百四十七，得六千五百六十一毫，故二十七爲毫法。

辰八十一，爲分數。

以三乘二十七，得八十一。八十一者，二千一百八十七分十七萬七千一百四十七之一也。黄鐘長八十一分，故爲分數。

巳二百四十三，爲氂法。

以三乘八十一，得二百四十三。二百四十三者，七百二十九分十七萬七千一百四十七之一也。以二百四十三除十七萬七千一百四十七，得七百二十九氂，故二百四十三爲氂法。

午七百二十九，爲氂數。

以三乘二百四十三，得七百二十九。七百二十九者，二百四十三分十七萬七千一百四十七之一也。黄鐘長七百二十九氂，故爲氂數。

未二千一百八十七，爲分法。

以三乘七百二十九，得二千一百八十七。二千一百八十七者，八十一分十七萬七千一百四十七之一也。以二千一百八十七除十七萬七千一百四十七，得八十一分，故二千一百八十七爲分法。

申六千五百六十一，爲毫數。

以三乘二千一百八十七，得六千五百六十一，乃二十七分十七萬七千一百四十七之一也。黄鐘長六千五百六十一毫，故爲毫數。

酉一萬九千六百八十三，爲寸法。

以三乘六千五百六十一，得一萬九千六百八十三，乃九分十七萬七千一百四十七之一也。以一萬九千六百八十三除十七萬七千一百四十七，得九寸，故一萬九千六百八十三爲寸法。

戌五萬九千〇〇四十九，爲絲數。

以三乘一萬九千六百八十三，得五萬九千四十九，乃三分十七萬七千一百四十七之一也。黄鐘長五萬九千四十九絲，故爲絲數。

以九乘五萬九千四十九，得五十三萬一千四百四十一，爲黄鐘忽數，乃三倍十七萬七千一百四十七之數。

亥一十七萬七千一百四十七，黄鐘之實。

以三乘五萬九千四十九，得一十七萬七千一百四十七，黄鐘大數立焉。十二律寸分氂毫絲之數，皆取諸此。實者，本律所得之數。其一十七萬七千一百四十七者，黄鐘所得之數也。謂之實者，充滿無空虚也。黄鐘之管，筭至十七萬七千一百四十七，而分氂毫絲之數充滿於中，更無餘欠，故可三分損益，使十一律所得寸分氂毫絲皆無纖毫不實之處，而律管所出之聲方不失其正。若黄鐘之數少有絲毫失缺，以之生十一律，必皆有缺，而數不足，聲不正矣。

按：黄鐘九寸，以三分爲損益，三分損益，則其聲和。若過於三分，則其聲高下不相接。不及三分，則其聲混而不分。此所以必以三分也。聖人所謂純皦繹者蓋如此。故以三歷十二辰，三所以立其法也。以三增其數，故可以三分爲損益。得一十七萬七千一百四十七，爲黄鐘之實。此章以三加至十七萬七千一百四十七，下章復以三分十七萬七千一百四十七損益之。其十二辰所得之數，在子寅辰午申戌六陽辰，爲黄鐘寸分氂毫絲之數。本注：子爲黄鐘之律，寅爲九寸，辰爲八十一分，午爲七百二十九氂，申爲六千五百六十一毫，戌爲五萬九千四十九絲。在亥酉未巳卯丑六陰辰，爲黄鐘寸分氂毫絲之法。本注：亥爲黄鐘之實，酉之一萬九千六百八十三爲寸，未之二千一百八十七爲分，巳之二百四十三爲氂，卯之二十七爲毫，丑之三爲絲。其寸分氂毫絲之法，皆用九數，故九絲爲毫，九毫爲氂，九氂爲分，九分爲寸，爲黄鐘。蓋黄鐘之實，一十七萬七千一百四十七之數，以三約之，爲絲者五萬九千四十九。以二十七約之，爲毫者六千五百六十一。以二百四十三約之，爲氂者七百二十九。以二千一百八十七約之，爲分者八十一。以一萬九千六百八十三約之，爲寸者九。由是三分損益，以生十一律焉。上下乘除，參同契合，無所不通，故可三分損益，以生十一律。或曰，徑圍之分，以十爲法，而相生之分氂毫絲，以九爲法，何也？前章分數，是以十爲法。此章分氂毫絲之數，是以九爲法。曰：以十爲法者，天地之全數也。以九爲法者，因三分損益而立也。全數者，即十而取九。相生者，約十而爲九。即十而取九者，體之所以立。約十而爲九者，用之所以行。十爲天地全數，故以十分爲寸，通得九十分，而爲九寸。所以定黄鐘之體，前章之數是也。九因三分損益而立，故約分氂毫絲之十爲九，則無奇零不盡之數。所以達黄鐘之用，此章之數是也。體者，所以定中聲。中聲，天地之和聲也。聲從管出，管之體得，則中聲得矣。故黄鐘之管，以九寸爲法者，所以定中聲也。用者，所以生十一律也。十則不可三分損益，九則可以上下相生，故黄鐘之體數以十爲法，而用必以九爲法也。

按：孔穎達曰：諸律雖長短有差，其空圍皆以九分爲限。蓋惟十二律之空圍同而長短異，故其出聲之清濁高下各應其律，而不失黄鐘一聲之正。此所謂十一律皆寫黄鐘一聲也。若空圍不同，出聲必異，又長短之，則不知其聲之爲何律矣。豈能成樂哉。

黃鐘生十一律第三

黃鐘之實定而法數備，則三分損益，而十一律可生矣。十一律皆生自黃鐘，故黃鐘爲律本云。

子一分。分，去聲。

子爲黃鐘之律，亥爲黃鐘之實，律與實，一而二，二而一者也。故子一分，即十七萬七千一百四十七之數也。

十一律皆自黃鐘上下損益而生，雖所得之數多寡長短不同，然皆得黃鐘之分數，黃鐘自得全數，故統爲一分。

一爲九寸。以十七萬七千一百四十七通作一分，乃九個一萬九千六百八十三，故一爲九寸，是黃鐘全數。由此三分損益，以生十一律。

右陽辰當位自得，故子爲黃鐘居子。凡陽辰倣此。

丑三分二。

以十七萬七千一百四十七析爲三分，每分五萬九千四十九，丑於三分中得二分，爲十一萬八千九十八，乃子之十七萬七千一百四十七三分去一之數。

一爲三寸。以丑三析爲九分，乃一個作三個，故一爲三寸，丑三爲九寸全數。

丑於三分得二，以一爲三寸，則二爲六寸。乃黃鐘三分去一，下生林鐘之律也。

丑陰辰則居其衝，故林鐘以未而居丑，凡陰辰倣此。

寅九分八。

以十七萬七千一百四十七析爲九分，每分一萬九千六百八十三，寅於九分中得八分，爲十五萬七千四百六十四，乃丑之十一萬八千九十八三分益一之數。

一爲一寸。九爲寸數，故一爲一寸。寅九爲九寸全數。

寅九分得八，以一爲一寸，則八爲八寸。乃林鐘三分益一上生太簇之律也。

卯二十七分十六。

以一十七萬七千一百四十七析爲二十七分，每分六千五百六十一，卯於二十七分中得十六分，爲十萬四千九百七十六，乃寅之十五萬七千四百六十四三分去一之數。

三爲一寸。以二十七析爲九分，每分三，故三爲一寸，二十七爲九寸全數。

一爲三分。以二十七析爲八十一分，乃一個作三個，故一爲三分，二十七爲寸有九分，全數。

卯於二十七分得十六，以三爲一寸，則十五爲五寸，又以一爲三分，則餘一爲三分。合十六爲五寸三分，乃太簇三分去一，下生南呂之律也。

辰八十一分六十四。

以十七萬七千一百四十七析爲八十一分，每分二千一百八十七，辰得六十四分，爲十三萬九千九百六十八，乃卯之十萬四千九百七十六三分益一之數。

九爲一寸。以八十一析爲九分，每分九，故九爲一寸，八十一爲九寸全數。

一爲一分。八十一爲分數，故一爲一分，爲八十一分全數。

辰於八十一分中得六十四，以九爲一寸，則六十三爲七寸。餘一，又以一爲一分，則餘一爲一分。合六十四爲七寸一分，乃南呂三分益一上生姑洗之律也。

巳二百四十三分一百二十八。

以一十七萬七千一百四十七析爲二百四十三分，每分七百二十九，巳於二百四十三分中得一百二十八分，爲九萬三千三百一十二，乃辰之十三萬九千九百六十八三分去一之數。

二十七爲一寸。以二百四十三析爲九分，每分二十七，故二十七爲一寸。二百四十三爲九寸全數。

三爲一分。以二百四十三析爲八十一分，每分三，故三爲一分，二百四十三爲八十一分全數。

一爲三釐。以二百四十三析爲七百二十九分，乃一個作三個，故一爲三釐，二百四十三爲七百二十九釐全數。

巳於二百四十三分得一百二十八，以二十七爲一寸，則一百零八爲四寸。餘二十，又以三爲一分，則十八爲六分。餘二，又以一爲三釐，則二爲六釐。合一百二十八爲四寸六分六釐，乃姑洗三分去一下生應鐘之律也。

午七百二十九分五百一十二。

以一十七萬七千一百四十七析爲七百二十九分，每分二百四十三，午於七百二十九分中得五百一十二分，爲十二萬四千四百一十六，乃巳之九萬三千三百一十二三分益一之數。

八十一爲一寸。以七百二十九析爲九分，每分各八十一，故八十一爲一寸，七百二十九爲九寸全數。

九爲一分。以七百二十九析爲八十一分，每分九，故九爲一分，七百二十九爲八十一分全數。

一爲一釐。七百二十九爲釐數，故一爲一釐，爲七百二十九釐全數。

午於七百二十九分得五百一十二，以八十一爲一寸，則四百八十六爲六寸。餘二十六，又以九爲一分，則十八爲二分。餘八，又以一爲一釐，則八爲八釐。合五百一十二爲六寸二分八釐，乃應鐘三分益一上生蕤賓之律也。

未二千一百八十七分一千二十四。

以一十七萬七千一百四十七析爲二千一百八十七分，每分八十一，未於二千一百八十七分中得一千二十四分，爲八萬二千九百四十四，乃午之十二萬四千四百一十六三分去一之數。

二百四十三爲一寸。以二千一百八十七析爲九分，每分二百四十三，故二百四十三爲一寸，二千一百八十七爲九寸全數。

二十七爲一分。以二千一百八十七析爲八十一分，每分二十七，故二十七爲一分，二千一百八十七爲八十一分全數。

三爲一釐。以二千一百八十七析爲七百二十九分，每分各三，故三爲一釐，二千一百八十七爲七百二十九釐全數。

一爲三毫。以二千一百八十七析爲六千五百六十一分，乃一個作三個，故一爲三毫，二千一百八十七爲六千五百六十一毫全數。

未於二千一百八十七分得一千二十四，以二百四十三爲一寸，則九百七十二爲四寸。餘五十二，以二十七爲一分。餘二十五，又以三爲一釐，則二十四爲八釐。餘一爲三毫。合一千二十四爲四寸一分八釐三毫，乃蕤賓三分損一下生大呂之律也。然大呂在五，必與黃鐘太簇之律長短相類，乃與天地之氣相應。蕤賓下生之律止得半聲，不能與氣應，故用倍數，爲十六萬五千八百八十八，長八寸三分七釐六毫，則長短有次，陰從陽律矣。夾鐘、仲呂用倍數之義做此。

申六千五百六十一分四千九十六。

以一十七萬七千一百四十七析爲六千五百六十一分，每分二十七，申於六千五百六十一分中得四千九十六分，爲十一萬五百九十二，乃未之八萬二千九百四十四三分益一之數。

七百二十九爲一寸。以六千五百六十一析爲九分，每分七百二十九，故七百二十九爲一寸，六千五百六十一爲九寸全數。

八十一爲一分。以六千五百六十一析爲八十一分，每分各八十一，故八十一爲一分，六千五百六十一爲八十一分全數。

九爲一釐。以六千五百六十一析爲七百二十九分，每分各九，故九爲一釐，六千五百六十一爲七百二十九釐全數。

一爲一毫。六千五百六十一爲毫數，故一爲一毫。爲釐有九毫全數。

申於六千五百六十一分得四千九十六，以七百二十九爲一寸，則三千六百四十五爲五寸。餘四百五十一，以八十一爲一分，則四百零五爲五分。餘四十六，又以九爲一釐，則四十五爲五釐。餘一爲一毫。合四千九十六爲五寸五分五釐一毫，乃大呂三分益一上生夷則之律也。

酉一萬九千六百八十三分八千一百九十二。

以一十七萬七千一百四十七析爲一萬九千六百八十三分，每分九，酉於一萬九千六百八十三分得八千一百九十二分，爲七萬三千七百二十八，乃申之十一萬五百九十二三分去一之數。以夾鐘在陽用倍數，故爲十四萬七千四百五十六。

二千一百八十七爲一寸。以一萬九千六百八十三析爲九分，每分二千一百八十七，故二千一百八十七爲一寸，一萬九千六百八十三爲九寸全數。

二百四十三爲一分。

以一萬九千六百八十三析爲八十一分，每分二百四十三，故二百四十三爲一分，一萬九千六百八十三爲八十一分全數。

二十七爲一釐。以一萬九千六百八十三析爲七百二十九分，每分二十七，故二十七爲一釐，一萬九千六百八十三爲七百二十九釐全數。

三爲一毫。以一萬九千六百八十三析爲六千五百六十一分，每分三，故三爲一毫，一萬九千六百八十三爲六千五百六十一毫全數。

一爲三絲。以一萬九千六百八十三析爲五萬九千四十九分，乃一個作三個，故一爲三絲，一萬九千六百八十三爲五萬九千四十九絲全數。

酉於一萬九千六百八十三分得八千一百九十二，以二千一百八十七爲一寸，則六千五百六十一爲三寸。餘一千六百三十一，又以二百四十三爲一分，則一千四百五十八爲六分。餘一百七十三，又以二十七爲一釐，則一百六十二爲六釐。餘十一，又以三爲一毫，則九爲三毫。餘二，又以一爲三絲，則二爲六絲。合八千一百九十二爲三寸六分六釐三毫六絲，乃夷則三分去一下生夾鐘之律也。以夾鐘在陽用倍數，故爲七寸四分三釐七毫三絲。

戌五萬九千〇〇四十九分三萬二千七百六十八。

以一十七萬七千一百四十七析爲五萬九千四十九分，每分三，戌於五萬九千四十九分得三萬二千七百六十八分，爲九萬八千三百四，乃七萬三千七百二十八三分益一之數。

六千五百六十一爲一寸。以五萬九千四十九析爲九分，每分六千五百六十一，故六千五百六十一爲一寸，五萬九千四十九爲九寸全數。

七百二十九爲一分。以五萬九千四十九析爲八十一分，每分七百二十九，故七百二十九爲一分，五萬九千四十九爲八十一分全數。

八十一爲一釐。以五萬九千四十九析爲七百二十九分，每分八十一，故八十一爲一釐，五萬九千四十九爲七百二十九釐全數。

九爲一毫。以五萬九千四十九析爲六千五百六十一分，每分九，故九爲一毫，五萬九千四十九爲六千五百六十一毫全數。

一爲一絲。五萬九千四十九爲絲數，故一爲一絲。五萬九千四十九爲毫有九絲全數。

戌於五萬九千四十九得三萬二千七百六十八，以六千五百六十一爲一寸，則二萬六千二百四十四爲四寸。餘六千五百二十四，以七百二十九爲一分，則五千八百三十二爲八分。餘六百九十二，又以八十一爲一釐，則六百四十八爲八釐。餘四十四，又以九爲一毫，則三十六爲四毫。餘八，又以一爲一絲，則八爲八絲。合三萬二千七百六十八爲四寸八分八釐四毫八絲，乃夾鐘三分益一上生無射之律也。

亥一十七萬七千一百四十七分六萬五千五百三十六。

此一十七萬七千一百四十七乃黃鐘全數，亥於一十七萬七千一百四十七分得六萬五千五百三十六，爲戌之九萬八千三百四三分去一之數，以仲呂在陽，用倍數，故爲十三萬一千七十二。

一萬九千六百八十三爲一寸。以一十七萬七千一百四十七析爲九分，每分一萬九千六百八十三，故一萬九千六百八十三爲一寸，十七萬七千一百四十七爲九寸分數。

二千一百八十七爲一分。以一十七萬七千一百四十七析爲八十一分，每分二千一百八十七，故二千一百八十七爲一分，十七萬七千一百四十七爲八十一分全數。

二百四十三爲一釐。以一十七萬七千一百四十七析爲七百二十九分，每分二百四十三，故二百四十三爲一釐，十七萬七千一百四十七爲七百二十九釐全數。

二十七爲一毫。以一十七萬七千一百四十七析爲六千五百六十一分，每分二十七，故二十七爲一毫，十七萬七千一百四十七爲六千五百六十一毫全數。

三爲一絲。以一十七萬七千一百四十七析爲五萬九千四十九分，每分三，故三爲一絲，十七萬七千一百四十七爲五萬九千四十九絲全數。

一爲三忽。以一十七萬七千一百四十七爲五十三萬一千四百四十一分，乃一個作三個，故一爲三忽，十七萬七千一百四十七則得五十三萬一千四百四十一忽，爲黃鐘絲有九忽之全數。

亥於一十七萬七千一百四十七得六萬五千五百三十六，以一萬九千六百八十三爲一寸，則五萬九千四十九爲三寸。餘六千四百八十七，又以二千一百八十七爲一分，則四千三百七十四爲二分。餘二千一百一十三，又以二百四十三爲一釐，則一千九百四十四爲八釐。餘一百六十九，又以二十七爲一毫，則一百六十二爲六毫。餘七，又以三爲一絲，則六爲二絲。又以一爲三忽，則餘一爲三忽。合六萬五千五百三十六爲三寸二分八釐六毫二絲三忽，乃無射三分損一下生仲呂之律也。以仲呂在陽，用倍數，故爲六寸五分八釐三毫四絲六忽。

按：黃鐘生十一律，子寅辰午申戌六陽辰皆下生，丑卯巳未酉亥六陰辰皆上生。陽生陰爲下生，陰生陽爲上生。以陰陽爲上下，不以數之多寡爲上下。司馬氏《律書》《漢前志》皆如此。《呂氏春秋》《淮南子》《周禮》鄭氏乃以蕤賓爲重上生，則陽反上生，陰反下生矣。故《證辨》云：《呂氏》《淮南》以數之多寡爲生之上下，律呂陰陽皆錯亂而無倫，非其本法也。其上，以三歷十二辰者，皆黃鐘之全數。其上十二辰分字以上，如子一、丑三、寅九之類，黃鐘之全數也。其下，陰數以倍者，本注：即筭法倍其實。三分本律而損其一也。陽數以四者，本注：即筭法四其實。三分本律而增其一也。其下，十二辰分字以下，如丑二、寅八、卯十六之類，乃諸律所取於黃鐘長短之數。陰數以倍者，丑二，一倍子一；卯十六，一倍寅八。下皆倣此。陽數以四者，寅八，四倍丑二；辰六十四，四倍卯十六。下皆倣此。倍爲損一，四爲增一者，數以三歷，倍比三少一，故爲三分損一。四比三多一，故爲三分增一。如丑三分二，三爲全數，二爲損一。三倍丑二爲六，四倍爲八，故寅八爲增一。三益三之一爲四，三損三之一爲倍。六陽辰當位自得，六陰辰則居其衝。子黄鍾居子，寅太簇居寅，辰姑洗居辰，午蕤賓居午，申夷則居申，戌無射居戌，皆當本位自得而下生乎陰。未林鍾居丑，酉南吕居卯，亥應鍾居巳，丑大吕居未，卯夾鍾居酉，巳仲吕居亥，皆居其衝而上生乎陽。此上言黄鍾生十一律之法，此下言大吕、夾鍾、仲吕之所以當用倍數也。其林鍾、南吕、應鍾三吕在陰，午至亥爲陰。無所增損。其大吕、夾鍾、仲吕三吕在陽，子至巳爲陽。則用倍數，方與十二月之氣相應。蓋陰之從陽，自然之理也。午以後陰生於下，陽浮而上，而林鍾、南吕、應鍾之律數，與蕤賓、夷則、無射之律數，差次相近，故無所增損，但用本數即與氣應。子以後陽生於下，陰凝而上，其大吕、夾鍾、仲吕之律數，與黄鍾、太簇、姑洗之律數差次相遠，用本數則律短而氣不應，故用倍數。蓋陽律長，則陰吕亦當長；陽律短，則陰吕亦當短。自然之理也。

朱子曰：樂律自黄鍾至仲吕皆屬陽，自蕤賓至應鍾皆屬陰，此是一個大陰陽。黄鍾爲陽，大吕爲陰，太簇爲陽，夾鍾爲陰，每一陽間一陰，又是一個小陰陽。

十二律之實第四

此十二律實數，即上章三分損益之數，但上章黄鍾生十一律之法，此章舉其實而著之，以明聲氣之用也。

子，黄鍾十七萬七千一百四十七。

全九寸，半無。

置十七萬七千一百四十七，以寸法一萬九千六百八十三約之爲九寸。半云無者，西山曰：以十七萬七千一百四十七之數不可分，又三分損益上下相生之所不及，故亦無所用也。

丑，林鍾十一萬八千○○九十八。

全六寸，半三寸不用。

置十一萬八千九十八，以寸法約之爲六寸。

半爲上下相生之所不及，故不用。後凡言不用者倣此。

寅，太簇十五萬七千四百六十四。

全八寸，半四寸。

以寸法約太簇之實爲八寸。

卯，南吕十○萬四千九百七十六。

全五寸三分，半二寸六分不用。

置十萬四千九百七十六，以寸法除九萬八千四百一十五爲五寸。餘六千五百六十一，以分法二千一百八十七除之爲三分。半五萬二千四百八十八，以寸法除三萬九千三百六十六爲二寸。餘一萬三千一百二十二，以分法約之爲六分。以下筭法同。

辰，姑洗十三萬九千九百六十八。

全七寸一分，半三寸五分。

巳，應鍾九萬三千三百一十二。

全四寸六分六釐，半二寸三分三釐不用。

午，蕤賓十二萬四千四百一十六。

全六寸二分八釐，半三寸一分四釐。

未，大吕十六萬五千八百八十八。

全八寸三分七釐六毫，半四寸一分八釐三毫。

蕤賓所生之數止八萬二千九百四十四，此用倍數。

申，夷則十一萬○○五百九十二。

全五寸五分五釐一毫，半二寸七分二釐五毫。

此全數與後候氣章數不同，少四毫，蓋彼處錯誤。

酉，夾鍾十四萬七千四百五十六。

全七寸四分三釐七毫三絲，半三寸六分六釐三毫六絲。

夷則所生之數止得半數，此用倍數。

戌，無射九萬八千三百○○四。

全四寸八分八釐四毫八絲，半二寸四分四釐二毫四絲。

亥，仲吕十三萬一千○○七十二。

全六寸五分八釐三毫四絲六忽，餘二筭。半三寸二分八釐六毫二絲三忽。

置十三萬一千七十二，以寸法一萬九千六百八十三除十一萬八千九十八，爲六寸。餘一萬二千九百七十四，以分法二千一百八十七除一萬九百三十五，爲五分。餘二千三十九，以釐法二百四十三除一千九百四十四，爲八釐。餘九十五，以毫法二十七除八十一，得三毫。餘十四，以絲法三除十二，得四絲。餘二，一爲三忽，則二爲六忽。半六萬五千五百三十六，以寸法除五萬九千四十九，得三寸。餘六千四百八十七，以分法除四千三百七十四，得二分。餘二千一百一十三，以釐法除一千九百四十四得八釐。餘一百六十九，以毫法除一百六十二，得六毫。餘七，以絲法除六，得二絲。餘一，爲三忽。三分各四萬三千六百九十，餘二，筭不盡。無射所生之數，止得半數，此用倍數。

按十二律之實，約以寸法，則黄鐘、林鐘、太簇得全寸。三律無分。約以分法，則南吕、姑洗得全分。有分無釐。約以釐法，則應鐘、蕤賓得全釐。有釐無毫。約以毫法，則大吕、夷則得全毫。有毫無絲。約以絲法，則夾鐘、無射得全絲。有絲無忽。至仲吕之實十三萬一千七十二，有忽數。以三分之，不盡二筭，其數不行，此律之所以止於十二也。

律之長短，皆以數定，數不盡則有盈朒之處，而律不可定矣。此所以止於仲吕也。

變律第五

變律非正律也，爲仲吕再生之律，故謂之變律。其有變律何也？曰：黄鐘爲聲氣之元，其管最長，故以黄鐘爲宫則五聲二變，皆以正律應其高下，固無不順矣。即以林鐘、太簇、南吕、姑洗、應鐘爲宫，雖他律有長於爲宫者，然止用正律之半，即合三分損益相生之法，不必取資於十二律正半之外也。至蕤賓爲宫，則取黄鐘爲變徵。大吕爲宫，則取林鐘爲變徵，黄鐘爲變宫。夷則爲宫，則取黄鐘爲角，太簇爲變徵，林鐘爲變宫。夾鐘爲宫，則取林鐘爲角，黄鐘爲羽，南吕爲變徵，太簇爲變宫。無射爲宫，則取黄鐘爲商，太簇爲角，林鐘爲羽，姑洗爲變徵，南吕爲變宫。仲吕爲宫，則取林鐘爲商，南吕爲角，黄鐘爲徵，太簇爲羽，應鐘爲變徵，姑洗爲變宫。其黄鐘、林鐘、太簇、南吕、姑洗、應鐘正半之律，皆多於爲宫者損益相生之數，則聲下不和，倫次相奪矣。故復自仲吕通之，以生六變律，亦所以濟十二律之不及也。

黄鐘十七萬四千七百六十二，小分四百八十六。

置仲吕之實十三萬一千七十二，以七百二十九爲法因之，得九千五百五十五萬一千四百八十八，三分之，各三千一百八十五萬四百九十六，益一，得十二千七百四十萬一千九百八十四，又以七百二十九約之，得十七萬四千七百六十二，餘四百八十六爲小分。

全八寸七分八釐一毫六絲二忽不用。

全十七萬四千七百六十二，以一萬九千六百八十三除之，則十五萬七千四百六十四爲八寸。餘一萬七千二百九十八，以二千一百八十七除之，則一萬五千三百九爲七分。餘一千九百八十九，以二百四十三除之，則一千九百四十四爲八釐。餘四十五，以二十七除之，得一毫。餘十八，以三除之，爲六絲。餘小分四百八十六，以二百四十三爲一忽，則四百八十六爲二忽。

自爲宫用正律，他律爲宫，其長過於諸律，故不用。

半四寸三分八釐五毫三絲一忽。

以十七萬四千七百六十二折半，爲八萬七千三百八十一，以寸法除七萬八千七百三十二，爲四寸。餘八千六百四十九，以分法除六千五百六十一，爲三分。餘二千八十八，以釐法除一千九百四十四，爲八釐。餘一百四十四，以毫法除一百三十五，爲五毫。餘九，爲三絲。小分二百四十三爲一忽。

林鐘十一萬六千五百〇八，小分三百二十四。

置十二千七百四十萬一千九百八十四，三分損一，得八千四百九十三萬四千六百五十六，以七百二十九約之，得十一萬六千五百八，合十七萬四千七百六十二三分去一之數，餘小分三百二十四。

全五寸八分二釐四毫一絲一忽三初。

全十一萬六千五百八，以寸法除九萬八千四百一十五，爲五寸。餘一萬八千九十三，以分法除一萬七千四百九十六，爲八分。餘五百九十七，以釐法除四百八十六，爲二釐。餘一百一十一，以毫法除一百八，爲四毫。餘三爲一絲。小分三百二十四，以二百四十三爲一忽。餘八十一，以二十七爲一初，則八十一爲三初。

半二寸八分五釐六毫五絲六初。

半五萬八千二百五十四，以寸法除三萬九千三百六十六，爲二寸。餘一萬九千八百八十八，以分法除一萬七千四百九十六，爲八分。餘一千三百九十二，以釐法除一千二百一十五，爲五釐。餘一百七十七，以毫法除一百六十二，爲六毫。餘十五爲五絲。小分一百六十二，以二十七除，爲六初。

太簇十五萬五千三百四十四，小分四百三十二。

置八千四百九十三萬四千六百五十六三分益一，得十一千三百二十四萬六千二百八，以七百二十九約之，得十五萬五千三百四十四，合林鐘三分益一之數，餘小分四百三十二。

全七寸八分二毫四絲四忽七初，不用。

全十五萬五千三百四十四，以寸法除十三萬七千七百八十一，爲七寸。餘一萬七千五百六十三，以分法除一萬七千四百九十六，爲八分。餘六十七，以毫法除五十四，爲二毫。餘十三，除十二爲四絲。餘一，爲三忽。餘小分四百三十二，除二百四十三爲一忽，合三忽，爲四忽。餘一百八十九，以二十七除，爲七初。

半三寸八分四釐五毫六絲六忽八初。

半七萬七千六百七十二，以寸法除五萬九千四十九，爲三寸。餘一萬八千六百二十三，以分法除一萬七千四百九十六，爲八分。餘一千一百二十七，除九百七十二，爲四釐。餘一百五十五，以毫法除一百三十五，爲五毫。餘二十，以絲法除十八，爲六絲。餘二，爲六忽。餘小分二百一十六，以二十七除，爲八初。

南吕十〇萬三千五百六十三，小分四十五。

置十一千三百二十四萬六千二百八，三分損一，得七千五百四十九萬七千四百七十二，以七百二十九約之，得十萬三千五百六十三零小分四十五。

全五寸二分三釐一毫六絲一初六秒。

全十萬三千五百六十三，以寸法除九萬八千四百一十五，爲五寸。餘五千一百四十八，以分法除四千三百七十四，爲二分。餘七百七十四，以釐法除七百二十九，爲三釐。餘四十五，以毫法除二十七，爲一毫。餘十八，爲六絲。餘小分四十五，除二十七爲一初。餘十八爲六秒。

半二寸五分六釐七絲四忽五初三秒。

以十萬三千五百六十三折半，得五萬一千七百八十一，餘一另筭。以寸法一萬九千六百八十三除三萬九千三百六十六，爲二寸。餘一萬二千四百一十五，以分法二千一百八十七除一萬九百三十五，爲五分。餘一千四百八十，以釐法二百四十三除一千四百五十八，爲六釐。餘二十二，以絲法三除二十一，爲七絲。餘一爲三忽。七百二十九因則餘一，爲七百二十九，合小分四十五，爲七百七十四。折半得三百八十七，以二百四十三爲一忽，合三忽，爲四忽。餘一百四十四，以二十七爲一初，除一百三十五爲五初。餘九，以三爲一秒，則九爲三秒。

姑洗十三萬八千〇〇八十四，小分六十。

置七千五百四十九萬七千四百七十二三分，各二千五百一十六萬五千八百二十四，益一，得一萬〇〇〇六十六萬三千二百九十六。以七百二十九約之，得十三萬八千八十四零小分六十。

全七寸一釐二毫二絲一初三秒，不用。

全十三萬八千八十四，以寸法除十三萬七千七百八十一，爲七寸。餘三百零三，以釐法除二百四十三，爲一釐。餘六十，除五十四，爲二毫。餘六，爲二絲。餘零小分六十，以二十七除五十四，爲二初。餘六爲二秒。此作一初三秒。通考作一初二秒，皆訛。

半三寸四分五釐一毫一絲一初一秒。

半六萬九千四十二，除五萬九千四十九爲三寸。餘九千九百九十三，除八千七百四十八，爲四分。餘一千二百四十五，除一千二百一十五，爲五釐。餘三十，除二十七，爲一毫。餘三爲一絲。小分三十，除二十七爲一初。餘三爲一秒。

應鐘九萬二千〇〇五十六，小分四十。

置一萬〇〇六十六萬三千二百九十六，三分損一，得六千七百一十萬八千八百六十四，以七百二十九約之，得九萬二千五十六零小分四十。

全四寸六分七毫四絲三忽一初四秒，餘一筭。

全九萬二千五十六，以寸法除七萬八千七百三十二，爲四寸。餘一萬三千三百二十四，以分法除一萬三千一百二十二，爲六分。餘二百零二，以毫法除一百八十九，爲七毫。餘十三，以絲法除十二，爲四絲。餘一，爲三忽。小分四十，除二十七爲一初。餘十三，除十二爲四秒，餘一筭。

半二寸三分三毫六絲六忽六秒彊，不用。

半四萬六千二十八，除三萬九千三百六十六，爲二寸。餘六千六百六十二，除六千五百六十一，爲三分。餘一百零一，除八十一爲三毫。餘二十，除十八爲六絲。餘二爲六忽。小分二十，除十八爲六秒。餘二，故云强也。小分二百四十三爲一忽，二十七爲一初，三爲一秒者，仲吕再生六變律，以七百二十九因，則一爲七百二十九，三分，各二百四十三，故二百四十三爲一忽，猶一爲三忽也。九分二百四十三爲二十七，九分二十七爲三，故二十七爲一初，三爲一秒也。

按：十二律各自爲宫，以生五聲二變。五聲宫商角徵羽也，二變變宫變徵也。十二律旋相爲宫，各三分損益，以生五聲二變，爲一調之音。如黄鐘爲宫數八十一，三分損一，下生林鐘徵。徵數五十四，三分益一，上生太簇商。商數七十二，三分損一，下生南吕羽。羽數四十八，三分益一，上生姑洗角。角數六十四，三分損一，下生應鐘變宫。變宫數四十二，三分益一，上生蕤賓變徵。變徵數五十六。他律爲宫，倣此。其黄鐘、林鐘、太簇、南吕、姑洗、應鐘六律則能具足。黄鐘以下六律，其一調七聲止用正律，而五聲二變則能具足。至蕤賓、大吕、夷則、夾鐘、無射、仲吕六律，則取黄鐘、林鐘、太簇、南吕、姑洗、應鐘六律之聲，少下不和，故有變律。蕤賓以下六律，其一調七聲，用正律，則聲下不和，所以有六變律也。詳後圖。變律者，其聲近正而少高於正律也。管長則聲下，短則聲高。正律長不合損益相生之數，變律稍短於正律，故聲近正而少高於正律也。然仲吕之實，一十三萬一千〇〇七十二，以三分之，不盡二筭，既不可行，當有以通之。律當變者有六，蕤賓、大吕、夷則、夾鐘、無射、仲吕六律，所取黄鐘、林鐘、太簇、南吕、姑洗、應鐘六正律皆長，故當變有六也。故置一而六三之，正律十二，故置一而十一三之。變律六，故置一而六三之，其法一也。得七百二十九，以七百二十九因仲吕之實十三萬一千七十二，爲九千五百五十五萬一千四百八十八，三分益一，再生黄鐘、林鐘、太簇、南吕、姑洗、應鐘六律。是爲變律。又以七百二十九歸之，以從十二律之數，紀其餘分以爲忽秒。詳見變律各條下。然後洪纖高下不相奪倫，有六變律，則十二律萬八千八百六十四，以三分之，又不盡一筭，數又不可行，此變律之所以止於六也。正律止於十二，變律止於六，聲止於五，變聲止於二，皆自然之數，非人以意爲也。若以意爲增加則失之矣。變律非正律，故不爲宮也。

汪紱《樂經律吕通解》卷二《律吕本原》以《淮南子》《漢前志》定其寸、分、釐、毫、絲之法以《律書》生鍾分定。

黄鐘之實第二

子一，	黄鐘之律。
丑三，	爲絲法。
寅九，	爲寸數。
卯二十七，	爲毫法。
辰八十一，	爲分數。
巳二百四十三，	爲釐法。
午七百二十九，	爲釐數。
未二千一百八十七，	爲分法。
申六千五百六十一，	爲毫數。
酉一萬九千六百八十三，	爲寸法。
戌五萬九千〇〇四十九，	爲絲數。
亥一十七萬七千一百四十七，	黄鐘之實。

按：黄鐘九寸，以三分爲損益，故以三歷十二辰，得一十七萬七千一百四十七，爲黄鐘之實。其十二辰所得之數，在子、寅、辰、午、申、戌六陽辰，爲黄鐘寸分釐毫絲之數。子爲黄鐘之律，寅爲九寸，辰爲八十一分，午爲七百二十九釐，申爲六千五百六十一毫，戌爲五萬九千〇〇四十九絲。按：此謂寸分毫釐絲，皆以九爲數，故子律黄鐘以寸言之，即九寸也。以分言之，則八十一分也。以釐言之，則七百二十九釐也。以毫言之，則六千五百六十一毫也。以絲言之，則五萬九千〇〇四十九絲也。若更以忽計之，則當有五十三萬一千四百四十一忽。而寸分釐毫絲之數，則見於寅辰午申戌五陽辰矣。在亥、酉、未、巳、卯、丑六陰辰，爲黄鐘寸分釐毫絲之法。亥爲黄鐘之實，酉之一萬九千六百八十三爲寸，未之二千一百八十七爲分，巳之二百四十三爲釐，卯之二十七爲毫，丑之三爲絲。三約之法見下。其寸分釐毫絲之法，皆用九數，故九絲爲毫，九毫爲釐，九釐爲分，九分爲寸，九寸爲黄鐘。蓋黄鐘之實一十七萬七千一百四十七之數，以三約之，爲絲者五萬九千〇〇四十九。以二十七約之，爲毫者六千五百六十一。以二百四十三約之，爲釐者七百二十九。以二千一百八十七約之，爲分者八十一。以一萬九千六百八十三約之，爲寸者九。由是三分損益，以生十一律焉。

按：約之之字，皆指黄鐘之實一十七萬七千一百四十七之數而言也。約之者，合其數也。每合三以爲一也。以忽數言，則五十三萬一千四百四十一忽，三約之爲黄鐘之實，是亥即忽法也。此寸分釐毫絲之法之寓於亥酉未巳卯丑六陰辰也。

或曰：徑圍之分以十爲法，而相生之分釐毫絲以九爲法，何也？曰：以十爲法者，天地之全數也。以九爲法者，因三分損益而立也。全數者，即十而取九。相生者，約十而爲九。即十而取九者，體之所以立。約十而爲九者，用之所以行。體者，所以定中聲。用者，所以生十一律也。或問算到十七萬有餘之數當何用？朱子曰：以定管之長短而出是聲，大抵考究，其法是如此。

按：此章大數，迭以三乘，故三其一而爲三，三其三而爲九，三其九爲二十七，三其二十七爲八十一，三其八十一爲二百四十三，三其二百四十三爲七百二十九，三其七百二十九爲二千一百八十七，三其二千一百八十七爲六千五百六十一，三其六千五百六十一爲一萬九千六百八十三，三其一萬九千六百八十三爲五萬九千〇〇四十九，三其五萬九千〇〇四十九爲一十七萬七千一百四十七。是爲三歷十二辰，至亥而數無可行矣。故止於亥，而以爲黄鐘之實也。其曰寸分釐毫絲之數，即黄鐘之寸數、分數、釐數、毫數也。其曰寸分釐毫絲之法，亦黄鐘之法也。其紀數雖用十，而其寸分釐毫絲之積則以九也。然則即十而取九，立體即以涵用。約十而爲九，致用以各成其體。體用之一源也。蓋數非耦不立，非奇不行，如河圖十數，而其體則圓，洛書九數，而其體則方。然大衍之用虚其一，則仍九也。洛書而虚其五，則又莫非十也。天地之數，成變化而行鬼神，其妙皆大抵不出此與。

黄鐘生十一律第三本太史《律書》生鐘分。

子一分。

十七萬七千一百四十七之全數。

一爲九寸。九分爲一寸。

丑三分二。

三分黄鐘之實，而丑得其二也。子陽，丑陰。凡陽下生陰，數以倍。

一爲三寸。子九寸，而丑三分之，是每一分爲三寸也。其所得三分之二，即六寸也。

寅九分八。

九分黄鐘之實，而寅得其八也。丑陰，寅陽。凡陰上生陽，數以四。

一爲一寸。

子九寸，寅九分之，是每一分即一寸也。其所得九分之八，即八寸也。

卯二十七分十六。

寅下生卯，二十七分黄鐘之實，而卯得其十六也。

三爲一寸，一爲三分。

三爲一寸，九三二十七，即九寸。九分爲寸，每寸而三分之，是每分得三分也。卯得二十七分之十六，即五寸有三分矣。

辰八十一分六十四。

卯上生辰，八十一分黄鐘之實，而辰得其六十四也。

九爲一寸，一爲一分。

九爲一寸。八十一分，即九寸。而每分實得一分也。辰得八十一分之六十四，即七寸有一分也。

巳二百四十三分一百二十八。

辰下生巳，二百四十三分黄鐘之實，而巳得其一百二十八也。

二十七爲一寸，三爲一分，一爲三釐。

三爲一分，三九二十七，即九分爲寸也，九釐爲分，每分而三分之，是一爲三釐也。巳得二百四十三分之一百二十八，即四寸有六分有六釐也。

午七百二十九分五百一十二。

巳上生午，七百二十九分黄鐘之實，而午得其五百一十二也。

八十一爲一寸，九爲一分，一爲一釐。

九釐爲分，九九八十一分爲寸，午得七百二十九分之五百一十二，即六寸有二分有八釐也。

未二千一百八十七分一千二十四。

午下生未，二千一百八十七分黄鐘之實，而未得其一千零二十四也。

二百四十三爲一寸，二十七爲一分，三爲一釐，一爲三毫。

三爲一釐，三九二十七，則九釐爲分也。一釐而三分之，則每一分爲三毫。未得二千一百八十七分之一千零二十四，爲四寸一分八釐三毫，倍之則八寸三分七釐六毫。

申六千五百六十一分四千九十六。

未上生申，六千五百六十一分黄鐘之實，而申得其四千零九十六也。

七百二十九爲一寸，八十一爲一分，九爲一釐，一爲一毫。

九毫爲釐，九九八十一毫爲分，申得六千五百六十一分之四千零九十六，爲五寸有五分有五釐有一毫。

酉一萬九千六百八十三分八千一百九十二。

申下生酉，一萬九千六百八十三分黄鐘之實，而酉得其八千一百九十二分也。

二千一百八十七爲一寸，二百四十三爲一分，二十七爲一釐，三爲一毫，一爲三絲。

一爲三絲，三三九絲爲毫，三九二十七毫爲釐，酉得一萬九千六百八十三分之八千一百九十二，爲三寸六分六釐三毫六絲，倍之則七寸四分三釐七毫三絲。

戌五萬九千四十九分三萬二千七百六十八。

酉上生戌，五萬九千零四十九分黄鐘之實，而戌得其三萬二千七百六十八也。

六千五百六十一爲寸，七百二十九爲分，八十一爲釐，九爲一毫，一爲一絲。

九絲爲毫，九九八十一絲爲釐，戌得五萬九千零四十九分之三萬二千七百六十八，爲四寸有八分有八釐有四毫有八絲。

亥一十七萬七千一百四十七分六萬五千五百三十六。

戌下生亥，合黄鐘之全數，而亥得其六萬五千五百三十六也。

一萬九千六百八十三爲一寸，

二千一百八十七爲一分，二百四十三爲一釐，二十七爲一毫，三爲一絲，一爲三忽。

一爲三忽，三三則九忽爲絲，三九二十七忽爲毫。亥得一十七萬七千一百四十七分之六萬五千五百三十六，爲三寸二分八釐六毫二絲二忽，倍之則六寸五分八釐三毫四絲六忽。

按：黄鐘生十一律，子、寅、辰、午、申、戌六陽辰皆下生，丑、卯、巳、未、酉、亥六陰辰皆上生。其上，以三歷十二辰者，皆黄鐘之全數。上謂分字以上。其下，陰數以倍者，三分本律而損其一也。下謂分字以下。以倍而損其一，即太史所謂以下生者，倍其實，三其法也。陽數以四者，三分本律而增其一也。以四而增其一，即太史所謂以上生者，四其實，三其法也。六陽辰當位自得，六陰辰則居其衡。其林鐘、南吕、應鐘三吕在陰，謂西方爲陰。無所增損。其大吕、夾鐘、仲吕三吕在陽，謂東方爲陽。則用倍數，方與十二月之氣相應。蓋陰之從陽，自然之理也。

習軒吴氏曰：子一分者，數起子得一也。丑三分二者，三其法爲三分，倍其實爲二也。寅九分八者，三其法爲九分，四其實爲八也。以下生者倍其實，以上生者四其實也。其法，以子析爲三分，每分五萬九千四十九，丑於三分中得其二，爲十一萬八千九十八，積六寸，爲林鐘。此黄鐘之實三分損一下生林鐘也。以子一析爲九分，每分得一萬九千六百八十三，寅於九分中得其八，爲十五萬七千四百六十四，積八寸，爲太簇，此林鐘之實三分益一上生太簇也。以子一析爲二十七分，每分得六千五百六十一，卯於二十七分中得其十六，爲十萬四千九百七十六，積五寸三分，爲南吕，此太簇之實三分損一下生南吕也。以子一析爲八十一分，每分得二千一百八十七，辰於八十一分中得其六十四，爲十三萬九千九百六十八，積七寸一分，爲姑洗，此南吕之實三分益一上生姑洗也。以子一析爲二百四十三分，每分得七百二十九，巳於二百四十三分中得其一百二十八，爲九萬三千三百一十二，積四寸六分六釐，爲應鐘，此姑洗之實三分損一下生應鐘也。以子一析爲七百二十九分，每分得二百四十三，午於七百二十九分中得其五百一十二，爲十二萬四千四百一十六，積六寸二分八釐，爲蕤賓，此應鐘之實三分益一上生蕤賓也。以子一析爲二千一百八十七分，每分得八十一，未於二千一百八十七分中得其一千二十四，爲八萬二千九百四十四，積四寸一分八釐三毫，爲大吕，此蕤賓之實三分損一下生大吕也。以子一析爲六千五百六十一分，每分得二十七，申於六千五百六十一分中得其四千九十六，爲十一萬五百九十二，積五寸五分五釐一毫，爲夷則，此大吕之實三分益一上生夷則也。以子一析爲一萬九千六百八十三分，每分得九，酉於一萬九千六百八十三分中得其八千一百九十二，爲七萬三千七百二十八，積三寸六分六釐三毫六絲，爲夾鐘，此夷則之實三分損一下生夾鐘也。以子一析爲五萬九千四十九分，每分得三，戌於五萬九千四十九分中得其三萬二千七百六十八，爲九萬八千三百單四，積四寸八分八釐四毫八絲，爲無射，此夾鐘之實三分益一上生無射也。黄鐘之實十七萬七千一百四十七，亥於十七萬七千一百四十七分中得其六萬五千五百三十六，積三寸二分八釐六毫二絲二忽，爲仲吕，此無射之實三分損一下生仲吕也。黄氏瑞節曰：其上云者，十二辰分字以上，如子一分、丑三分是也。其下云者，十二辰分字以下，如二、八、十六是也。其上爲黄鐘全數，其下爲損益相生之數也。烜按：六陽辰當位自得，黄鐘、太簇、姑洗、蕤賓、夷則、無射是也。六陰辰則居其衡，謂林鐘未律而居丑，南吕酉律而居卯，應鐘亥律而居巳，大吕丑律而居未，夾鐘卯律而居酉，仲吕巳律而居亥也。林鐘、南吕、應鐘三吕在陰方，無所增損。以未、酉、亥皆在西方，爲陰辰，故林鐘、南吕、應鐘三吕，皆止如其本數也。大吕、夾鐘、仲吕三吕在陽方，則用倍數，方與十二月之氣相應。如大吕本數止八萬二千九百四十四，積四寸一分八釐三毫，必倍之爲十六萬五千八百八十八，積八寸三分七釐六毫，而後應丑月之氣。夾鐘本數止七萬三千七百二十八，積三寸六分六釐三毫六絲，必倍之爲十四萬七千四百五十六，積七寸四分三釐七毫三絲，而後應卯月之氣。仲吕本數只六萬五千五百三十六，積三寸二分八釐六毫二絲二忽，必倍之爲十三萬一千零七十二，積六寸五分八釐三毫四絲六忽，而後應巳月之氣也。律取妻而吕生子，男從宗而女適人。婦女以夫之長幼爲長幼，此亦天地自然之理。然此以律下生吕，吕上生律，順十二辰布之，故有居衡用倍之法。若如吕不韋、淮南之説，則隔八相生，又自無煩居衡用倍矣。蔡子一宗《律書》及《漢前志》，故彼二家之説，皆所不取云。

律吕相生圖

黃鐘	子一分，下生丑林
林鐘	丑三分二，上生寅太
太簇	寅九分八，下生卯南
南吕	卯二十七分十六，上生辰姑
姑洗	辰八十一分六十四，下生巳應
應鐘	巳二百四十三分一百二十八，上生午蕤
蕤賓	午七百二十九分五百一十二，下生未大
大吕	倍之乃應月氣　未二千一百八十七分一千二十四，上生申夷
夷則	申六千五百六十一分四千九十六，下生酉夾
夾鐘	倍之乃應月氣　酉一萬九千六百八十三分八千一百九十二，上生戌無
無射	戌五萬九千四十九分三萬二千七百六十八，下生亥仲
仲吕	倍之乃應月氣　亥十七萬七千一百四十七分六萬五千五百二十六

此及上圖，皆據生鐘分。以黃鐘三歷十二辰之法，數皆出於自然。而十二辰順序，律當位自律，吕則居其衡，陰可易而陽不可易。亦莫非天地自然之理，非安排而後得也。

此即吕居本位以應十二月之氣，方位實與《吕氏》之隔八相生者同。但損益之法則略有可通變處。究之律吕之長短，則彼此一揆也。

子	黃鐘九寸，三分損一下生未林
未	林鐘六寸，三分益一上生寅太
寅	太簇八寸，三分損一下生一酉南
酉	南吕五寸三分寸之一，三分益一上生辰姑
辰	姑洗七寸九分寸之一，三分損一下生亥應
亥	應鐘四寸二十七分寸之二十，三分益一上生午蕤
午	蕤賓六寸八十一分寸之二十六，三分益一上生丑大
丑	大吕八寸二百四十三分寸之一百四十四，三分損一下生申夷
申	夷則五寸七百二十九分寸之四百五十一，三分益一下生卯夾
卯	夾鐘七寸二千一百八十七分寸之一千零七十五，三分損一下生戌無
戌	無射四寸六千五百六十一分寸之六千三百一十四，三分益一上生巳仲
巳	仲吕六寸一萬九千六百八十三分寸之一萬二千九百七十四，上生變黃

此及上圖，用《吕氏春秋》及《淮南子》之説，陰陽似乎錯亂。然下生者五，上生者七，無煩加倍之法。隔八相生，不必居衝易位，是亦有自然之妙。蓋自子至辰爲陽，自巳至亥爲陰故也。

又按：如前法，則陽律下生陰吕，陰吕上生陽律，順行不亂。如後説，則應鐘上生蕤賓，蕤賓又上生大吕，於是律反上生吕，吕反下生律，以終於仲吕。其實，律吕相生亦不泥一定上下。蓋用律有倍律，有本律，有半律。於本律下生，用倍律則上生矣。於本律上生，用半律則下生矣。如用姑洗宫下生應鐘爲徵，則應鐘上生蕤賓爲商，此應鐘上生蕤賓也。若用應鐘宫則下生蕤賓爲徵，是應鐘下生蕤賓矣。他可類推。要以三分損益之法不失，則上下全半正變，用之皆無往而不合也。後圖由東北而生西南，則爲下生。由西南而生東北，則爲上生。朱子亦嘗取此説。蓋亦一消一長之道也。前圖所載寸分，如南吕五寸三分，姑洗七寸一分，應鐘四寸六分六釐之類，此書本法，以九分爲寸，九釐爲分者也。約十以九，故絲忽皆可盡。後圖所載，如南吕五寸三分寸之一，姑洗七寸九分寸之一，應鐘四寸二十七分寸之二十之類，乃杜祐《通典》之法。以十分爲寸，餘分難盡，故虚設此三三之數也。然五寸三分寸之一，要即五寸三分；七寸九分寸之一，要即七寸一分；四寸二十七分寸之二十，要即四寸六分六釐，其實一也。

十二律之實第四

子，黄鐘十七萬七千一百四十七。

即三歷十二辰之實數。

全九寸，半無。

全爲本宫，不爲他律役。其半無者，分之數有不盡也。

丑，林鐘十一萬八千〇九十六。

即三分黄鐘之二。

全六寸，半三寸不用。

全爲本宫，爲黄鐘之徵。半無所用。東方之吕有半而得用，大吕、夾鐘、仲吕是也。西方之吕有半而不用，林鐘、南吕、應鐘是也。陽律之半，則皆得用也。大約東方之律吕爲本宫，而用西方之律吕則用全，自黄鐘至姑洗爲宫是也。西方之律吕爲本宫，而用東方之律吕則多用半，自蕤賓至應鐘爲宫是也。西方之陽律有用半者，律長，故可用半。西方之陰吕無用半者，吕短，故不必用，亦不可用也。凡用半律者，不使臣陵君、民陵臣故也。

寅，太簇十五萬七千四百六十四。

即九分黄鐘之八。

全八寸，半四寸。

全爲本宫，爲黄鐘之商。半爲林鐘之徵。

卯，南吕十〇萬四千九百七十六。

即二十七分黄鐘之十六。

全五寸三分，半二寸六分不用。

全爲本宫，爲黄鐘之羽，太簇之徵，林鐘之商。

辰，姑洗十三萬九千九百六十八。

即八十一分黄鐘之六十四。

全七寸一分，半三寸五分。

全爲本宫，爲黄鐘之角，太簇之商。半爲南吕之徵，林鐘之羽。

巳，應鐘九萬三千三百一十二。

即二百四十三分黄鐘之一百二十八。

全四寸六分六釐，半二寸三分三釐不用。

全爲本宫，爲黄鐘之變宫，爲南吕之商，林鐘之角，姑洗之徵，太簇之羽。

午，蕤賓十二萬四千四百一十六。

即七百二十九分黄鐘之五百一十二。

全六寸二分八釐，半三寸一分四釐。

全爲本宫，爲姑洗之商，太簇之角，黄鐘之變徵。半爲應鐘之徵，南吕之羽，林鐘之變宫。

未，大吕十六萬五千八百八十八。

未二千一百八十七分黄鐘之一千零二十四，實止八萬二千九百四十四，倍之乃合此數。

全八寸三分七釐六毫，半四寸一分八釐三毫。

全爲本宮，半爲應鐘之商，南吕之角，蕤賓之徵，姑洗之羽，太簇之變宮。全者十六萬五千八百八十八之倍數，半即八萬二千九百四十四之實數也。

申，夷則十一萬〇〇五百九十二。

即六千五百六十一分黄鐘之四千九十六。

全五寸五分五釐一毫，半二寸七分二釐五毫。

全爲本宮，爲蕤賓之商，姑洗之角，太簇之變徵，大吕之徵。半爲應鐘之羽，南吕之變宮。

酉，夾鐘十四萬七千四百五十六。

全七寸四分三釐七毫三絲，半三寸六分六釐三毫六絲。

全爲本宮，爲大吕之商，半爲應鐘之角，南吕之變徵，蕤賓之徵，姑洗之羽。

酉一萬九千六百八十三分黄鐘之八千一百九十二，則實止七萬三千七百二十八，倍之乃合此數。

全者十四萬七千四百五十六之倍數，半即七萬三千七百二十八之實數也。

戌，無射九萬八千三百〇〇四。

即五萬九千四十九分黄鐘之三萬二千七百六十八。

全四寸八分八釐四毫八絲，半二寸四分四釐二毫四絲。

全爲本宮，爲夷則之商，蕤賓之角，姑洗之變徵，夾鐘之徵，大吕之羽。半爲應鐘之變宮。

亥，仲吕十三萬一千〇〇七十二。

亥一十七萬七千一百四十七分黄鐘之六萬五千五百三十六，即其實數，倍之乃有此數。

全六寸五分八釐三毫四絲六忽，餘二算。半三寸二分八釐六毫二絲二忽。

全爲本宮，爲夾鐘之商，大吕之角。半爲應鐘之變徵，無射之徵，夷則之羽，蕤賓之變宮。全者十三萬一千零七十二之倍數，半即六萬五千五百三十六之實數。

按：十二律之實，約以寸法，則黄鐘、林鐘、太簇得全寸。約以分法，則南吕、姑洗得全分。約以釐法，則應鐘、蕤賓得全釐。約以毫法，則大吕、夷則得全毫。約以絲法，則夾鐘、無射得全絲。至仲吕之實十三萬一千七十二，以三分之，不盡二算，其數不行，此律所以止於十二也。

九忽爲絲，九絲爲毫，九毫爲釐，九釐爲分，九分爲寸，九寸爲黄鐘。以九爲法，故三三之而上下損益，得以不窮。而寸分毫釐皆得有可紀也。寸法、分法、釐法、毫法、絲法，即前章之酉爲寸法，未爲分法，巳爲釐法，寅爲毫法，丑爲絲法是也。凡以三約之而可盡，則合於寸分毫釐絲之全數。以三約之而有不盡，則數之有所不行也。

變律第五

黄鐘十七萬四千七百六十二，小分四百八十六。

仲吕三分益一轉生黄鐘，不及九寸之數，於是謂之變律。所謂十七萬四千七百六十二者，由六三仲吕之實而三分益一以生黄鐘，乃復六三歸之，以見黄鐘本數也。其小分四百八十六者，歸之猶有不盡之仲吕小數，則存之以爲忽秒之數也。

全八寸七分八釐一毫六絲二忽不用，半四寸三分八釐五毫三絲一忽。

變律不爲宮，又長於他律，故全者不用。凡自仲吕轉生，則有變律，而變半黄鐘爲無射之商，夷則之角，蕤賓之變徵，仲吕之徵，夾鐘之羽，大吕之變宮。

林鐘十一萬六千五百〇〇八，小分三百二十四。

由變黄鐘三分損一而得此數。

全五寸八分二釐四毫一絲一忽三初，半二寸八分五釐六毫五絲〇〇六初。

全爲仲吕之商，夾鐘之角，大吕之變徵。半爲無射之羽，夷則之變徵。

太簇十五萬五千三百四十四，小分四百三十二。

由變林鐘三分益一而得此數。

全七寸八分〇〇二毫四絲四忽七初不用，半三寸八分四釐五毫六絲六忽八初。

半爲無射之角，夷則之變徵，仲吕之羽，夾鐘之變宮。凡東方之變律吕，只用半，不用全。黄鐘、太簇、姑洗也。西方之變律吕，則全半皆用。林鐘、南吕是也。惟應鐘用全不用半，半無可用也。

南吕十〇萬三千五百六十三，小分四十五。

由變太簇三分損一而得此數。

全五寸二分三釐一毫六絲一初六秒，半二寸五分六釐七絲四忽五初三秒。

全爲仲吕之角，夾鐘之變徵。半爲無射之變宮。

姑洗十三萬八千〇〇八十四，小分六十。

由變南呂三分益一而得此數。

全七寸〇〇一釐一毫二絲一初二秒不用，半三寸四分五釐一毫一絲一初一秒。

半爲無射之變徵，爲仲呂之變宫。

應鐘九萬二千〇〇五十六，小分四十。

由變姑洗三分損一而得此數。

全四寸六分〇〇七毫四絲三忽一初四秒，餘一算。

半二寸三分〇〇三毫六絲六忽六秒强，不用。

全爲仲呂之變徵。半不成聲。

按：十二律各自爲宫，以生五聲二變。其黄鐘、林鐘、太簇、南呂、姑洗、應鐘六律，則能具足。至蕤賓、大呂、夷則、夾鐘、無射、仲呂六律，則取黄鐘、林鐘、太簇、南呂、姑洗、應鐘六律之聲，少下不和，故有變律。變律者，其聲近正而少高於正律也。然仲呂之實一十三萬一千〇〇七十二，以三分之，不盡二算，既不可行，當有以通之。律當變者有六，故置一而六三之，得七百二十九，以七百二十九因仲呂之實十三萬一千〇〇七十二，爲九千五百五十五萬一千四百八十八，三分益一，再生黄鐘、林鐘、太簇、南呂、姑洗、應鐘六律，又以七百二十九歸之，以從十二律之數，紀其餘分以爲忽秒。然後洪纖高下，不相奪倫。至應鐘之實六千七百一十〇萬八千八百六十四，以三分之，又不盡一算，數不可行，此變律之所以止於六也。變律非正律，故不以爲宫也。

朱子曰：自黄鐘至仲呂，相生之道至是窮矣，遂復變而上生黄鐘。再生之黄鐘不及九寸，只是八寸有餘，然黄鐘君象也，非諸宫之所能役，故虚其正而不復用，所用只再生之變者。就再生之變者，又缺其半。所以缺其半者，若大呂爲宫，黄鐘爲變宫時，黄鐘管最長，所以只用其半。其餘可以類推矣。

律當變者六，謂黄鐘、太簇、姑洗、林鐘、南呂、應鐘也。置一而六三之，一三之爲三，再三之爲九，三三之爲二十七，四三之爲八十一，五三之爲二百四十三，六三之則七百二十九也。三之以通損益上下之法，六三之以盡六變也。以七百二十九因仲呂之實十三萬一千零七十二，爲九千五百五十五萬一千四百八十八，以此三分之，則每分當三千一百八十五萬〇〇四百九十六，三分益一，合得一萬二千七百四十萬一千九百八十四，爲黄鐘之實。即以此數由黄鐘三分損一，得八千四百九十三萬四千六百五十六，是爲下生林鐘。由林鐘三分益一，得一萬一千三百二十四萬六千二百〇〇八，是爲上生太簇。由太簇三分損一，得七千五百四十九萬七千四百七十二，是爲下生南呂。由南呂三分益一，得一萬〇〇〇〇六十六萬三千二百九十六，是爲上生姑洗。由姑洗三分損一，得六千七百一十〇萬八千八百六十四，是爲下生應鐘。再以是三分之，則餘一算不行矣。生六變律既畢，乃以原七百二十九歸之，以見原律本數，則黄鐘十七萬四千七百六十二，而仍餘小分四百八十六。林鐘十一萬六千五百〇〇八，而仍餘小分三百二十四。太簇十五萬五千三百四十四，而仍餘小分四百三十二。南呂十〇萬三千五百六十三，而仍餘小分四十五。姑洗十三萬八千〇〇八十四，而仍餘小分六十。應鐘九萬二千〇〇五十六，而仍餘小分四十。由是以前寸分釐毫絲忽之法約之，而變律之長短寸分皆可考矣。事物之變，本非數所可窮，此置一而六三之，故三分之變亦至六而止。若復置一而十二三之，則十二律亦皆有變矣。然十二律還相爲宫，所用變律固止於六。餘律自不有變，縱使有變亦無所用之也。後世以變律起宫，則於是而執始、南事，分部子母，紛紜乃不可紀矣。

附變律圖

變黄鐘八寸七分八釐一毫六絲二忽不用	半四寸三分八釐五毫三絲一忽
變林鐘五寸八分二釐四毫一絲一忽三初	半二寸八分五釐六毫五絲〇六初
變太簇七寸八分〇二毫四絲四忽七初不用	半三寸八分四釐五毫六絲六忽八初
變南呂五寸二分三釐一毫六絲〇一初六秒	半二寸五分六釐〇七絲四忽五初三秒
變姑洗七寸〇一釐二毫二絲〇一初二秒不用	半三寸四分一釐一毫一絲〇一初一秒
變應鐘四寸六分〇七毫四絲三忽一初四秒	半二寸三分〇三毫六絲六忽六初强不用

又　卷三《律呂證辯》

律長短圍徑之數第二

司馬遷《律書》：

本文	改正
黃鍾八寸七分一宮	八寸十分一
林鍾五寸七分四角	五寸十分四
太簇七寸七分二商	七寸十分二
南呂四寸七分八徵	四寸十分八
姑洗六寸七分四羽	六寸十分四
應鍾四寸二分三分二羽	四寸二分三分二
蕤賓五寸六分三分一	五寸六分三分二强四百八十六
大呂七寸四分三分一	七寸五分三分二强四百〇五
夷則五寸四分三分二商	五寸〇三分二弱二百一十六
夾鍾六寸一分三分一	六寸七分三分一强一百九十八
無射四寸四分三分二	四寸四分三分二强六百〇二
仲呂五寸九分三分二徵	五寸九分三分二强五百八十一

按：《律書》此章所記分寸之法，與他記不同，以難曉故多誤。蓋取黃鍾之律九寸，一寸九分，凡八十一分。而又以十約之爲寸，故云八寸十分一。本作七分一者，誤也。今以相生次序列而正之。其應鍾以下，則有小分。小分以三爲法，如歷家太少餘分强弱耳，其法未密也。今以二千一百八十七爲全分，七百二十九爲三分一，一千四百五十分爲三分二，餘分之多者爲强，少者爲弱。列於逐律之下，其誤字悉正之。

黃鍾八寸十分一者，謂黃鍾長八寸。而又十分寸之一也。其八寸者，即八十之數。而十分一者，即一分之數，是八十一分也。林鍾五寸四分，四者，以林鍾六寸，六九則五寸四分，故言長五寸而又十分寸之四也。太簇八寸，八九則七寸二分，故言長七寸而又十分寸之二也。南呂五寸三分，五九則四寸五分，加三分則四寸而又十分寸之八也。然此已有小分未盡矣。姑洗七寸一分，七九則六寸三分，加一分，則六寸而又十分寸之四也。此亦尚有小分。應鍾四寸六分六釐，四九則三寸六分，加六分，是爲四寸二分，餘六釐，爲三分分之二也。蕤賓六寸二分八釐，六九則五寸四分，加二分，是爲五寸六分，餘八釐不止三分分之二以强。大呂八寸三分七釐六毫，八九則七寸二分，加三分，是爲七寸五分，餘七釐六毫，亦不止三分分之二以强。夷則五寸五分五釐一毫，五九則四寸五分，加五分，是爲五寸，餘五釐一毫，不及三分分之二以弱。夾鍾七寸四分三釐七毫三絲，七九則六寸三分，加四分，是爲六寸七分，餘三釐七毫三絲，不止三分分之一以强。無射四寸八分八釐四毫八絲，四九則三寸六分，加八分，是爲四寸四分，餘八釐四毫八絲，不止三分分之二以强。仲呂六寸五分八釐三毫四絲六忽，六九則五寸四分，加五分，是爲五寸九分，餘八釐三毫四絲六忽，不止三分分之二以强也。今欲悉其餘分强弱之數，故置一而七三之，爲二千一百八十七，爲全分之數，又三分之，以七百二十九爲三分一之數，以一千四百五十八爲三分二之數，則如蕤賓五寸六分而三分分之二，仍强四百八十六也。餘餘分放此。《律書》此章多訛。而積算亦疎，蓋不止七字之誤。然在當時如喻世清者乃以黃鍾九寸者爲正聲，八寸七分一者爲中聲，是承訛踵誤而莫之察也。故西山詳爲考正，以辨其數之實焉。

《隋志》引此章中黃鍾、林鍾、太簇、應鍾四律寸分，以爲與班固、司馬彪、鄭氏、蔡邕、杜夔、荀勖所論雖尺有增減，而十二律之寸數竝同，則是時《律書》尚未誤也。及司馬貞《索隱》，始以舊本作七分一爲誤，其誤亦未久也。沈括亦曰：此章七字皆當作十字，誤屈中畫耳。大要《律書》用相生分數。相生之法，以黃鍾爲八十一分。今以十爲寸法，故有八寸一分。漢前後志及諸家用審度分數，審度之法，以黃鍾之長爲九十分，亦以十爲寸法，故有九十分。法雖不同，其長短則一，故《隋志》云寸數竝同也。[其黃鍾下有宮字，太簇下有商字，姑洗下有羽字，林鍾下有角字，南呂下有徵字，《晉志》論《律書》五音相生，而有宮生角，角生商，商生徵，徵生羽，羽生宮。求其理用，罔見通達者。是也仲呂下有徵字，夷則下有商字，應鍾下有羽字，三者未詳，亦疑後人誤增也。下文云，徵九，商八，羽七，角六，宮五。徵九者，即是上文聲律之數。太簇八寸爲商，姑洗七寸爲羽，林鍾六寸爲角，南呂五寸爲徵，黃鍾九寸爲宮，其曰宮五徵九誤字也。]

以九爲寸法，則曰黃鍾九寸。以十爲寸法，則曰黃鍾八寸一分，此加一數於本律之外也。以黃鍾爲九十分者，即本律之長而以十分之爲法也。三者之法不同，然於黃鍾本律無所加減，故云長短則一。以姑洗爲羽，林鍾爲角，南呂爲徵，此其意以五行受制之序爲相生也。按樂律歷三書相次，其理其數皆原於一。太初曆法，一本鍾律。而太初曆實出子長之手，則其於五聲之相生，當不至如此章之多謬若是。其或初脱稿而未及訂正，故多訛字與。抑或褚少孫之徒妄有所增附與。

《前漢志》曰：《易》曰參天兩地而倚數。天之數始於一，終於二十五。其義紀之以三，故置一得三，又二十五分之六，凡二十五，置終天之數，得八十一。以天地五位之合終於十者乘之，爲八百一十分，應曆一統，孟康曰：十九歲爲一章，一統凡八十一章。千五百三十九歲之章數，黄鐘之實也。繇此之義，起十二律之周徑。孟康曰：律孔徑三分，參天數也。圍九分，終天數也。地之數始於二，終於三十。其義紀之以兩，故置一得二，凡三十，置終地之數得六十。以地中六數乘之爲三百六十分，當期之日，林鐘之實也。孟康曰：林鐘長六寸，圍六分，以圍乘長，得三百六十分。人者繼天順地，序氣成物，統八卦，調八風，理八政，正八節，諧八音，舞八風，監八方，被八荒，以終天地之功，故八八六十四。其義極天地之變，以天地五位之合終於十者乘之，爲六百四十分，以應六十四卦，太簇之實也。孟康曰：太簇長八寸，圍八分，爲積六百四十分也。

按：《漢志》以黄鐘、林鐘、太簇三律之長，自相乘，又因之以十也。黄鐘長九寸，九九八十一，又以十因之，爲八百一十。林鐘長六寸，六六三十六，又以十因之，爲三百六十。太簇長八寸，八八六十四，又以十因之，爲六百四十。黄鐘應曆一統，林鐘當期之日，太簇應六十四卦，皆倚數配合爲説而已。獨黄鐘云，繇此之義起十二律之周徑，蓋黄鐘十其廣之分以爲長，十一其長之分以爲廣，故空圍九分，積八百一十分，其數與此相合。長九寸，積八百一十分，則其周徑可以數起矣。即胡安定所謂徑三分四釐六毫，圍十分三釐八毫者是也。孟康不察，乃謂凡律圍徑不同，各以圍乘長而得此數者，蓋未之攷也。

《漢志》之説，天數二十五，參天則七十有五，又取二十五分之六，合之爲八十一，以此應黄鐘之數，此其説亦牽强湊合，而無當於律之理矣。其以人當太簇，則無端尋八個八來以合六十四之數，此皆漢儒習氣，不足述也。獨其言由此之義起十二律之周徑，則可見十二律雖有長短，而周徑則無不同矣。十其廣之分以爲長，十一其長之分以爲廣者，廣九分，十之則九寸矣。長九寸，十一之則空圍九分，積八百一十分矣。言此以見黄鐘周徑，本非以圍乘長，以辨孟康之失也。孟康全不曉事，果如其言，徑三分，圍九分，長九寸，則其中積實實止六百三十餘分，如何得合八百一十分之數。蓋九九則八十一，六六則三十六，八八則六十四，此方田縱横相乘則然，非圓徑以圍乘長積冪之法也。積八百一十方分，則周徑當如彭魯齋之説，徑三分三釐八毫四絲四忽强，圍十分六釐三毫六絲八忽强。胡氏徑三分四釐六毫强，圍十分三釐八毫之説，未的。彭氏説見上卷首章。

後漢鄭康成《月令》註曰：凡律空圍九分。孔穎達曰：諸律雖短長有差，其圍皆以九分爲限。

蔡邕《銅龠銘》曰：龠黄鐘之宫，長九寸，空圍九分，容秬黍一千二百粒，稱重十二銖，兩之爲一合，三分損益，轉生十一律。《月令章句》曰：古之爲鐘律者，以耳齊其聲。後人不能，則假數以正其度。度正，則音以正矣。鐘以斛兩尺寸中所容受升斗之數爲法，律亦以寸分長短爲度，故曰黄鐘之管長九寸，徑三分，其餘皆稍短。惟大小圍數無增減，以度量者可以文載口傳，與衆共知，然不如耳決之明也。

韋昭《周語》註曰：黄鐘之變也，管長九寸，徑三分，圍九分，因而九之，九九八十一，故黄鐘之數立焉。

按：鄭康成《月令》註云凡律空圍九分，蔡邕《銅龠銘》亦云空圍九分，蓋空圍中廣九分也。東都之亂，樂律散亡，邕之時未亂，當親見之，又曉解律吕，而《月令章句》云徑三分，何也？孟康韋昭之時，漢斛雖在，而律不存矣。康昭等不通律吕，故康云黄鐘林鐘太簇圍徑各異，昭云黄鐘徑三分圍九分，皆無足怪者。隋氏之失，豈康昭等有以啓之與。不知而作，宜聖人所深戒也。

言空圍九分而不言徑，則徑不止三分可知矣。然《漢志》以前，皆不言圍徑者，蓋因圍徑毫釐之間，難以的舉，而中積八百一十分之實，可以彼此互求見之也。《月令章句》言徑三分，而未言圍九分，則所謂徑三分者，亦或略舉之辭，猶言詩三百耳。蓋徑三分四釐以弱，則以成數概之。如太史《律書》，其紀十二律小分，若蕤賓五寸六分三分二云云，亦未密也。不謂後人泥此以定法矣。韋昭言徑三分圍九分，則泥於三分之徑，且未解密率算法徑三者不止圍九。而徑三圍九者，其九寸之長，積實又不及八百一十分也。自此以下，皆深辨徑三分之説也。

魏徵《隋志》曰：開皇元年，平陳後，牛宏辛彦之鄭譯何妥等參攷古律度，合依時代制律，其黄鐘之管，俱徑三分，長九寸，度自有損益，故聲有高下。圍徑長短與度而差，故容黍不同。今列其數云。

晉前尺黄鐘，容黍八百八粒。

此尺宜近古，而所容少者，以圍徑狹之故也。容受既少，則其聲亦因之，故荀勗以此定樂，而其音高急也。容八百八黍，其音當近林鐘以平。

梁法尺黄鐘，容八百二十八。

此晉田父所得尺，長於晉前尺七釐，故容黍稍多。容八百二十八黍，則聲當近蕤賓而稍高。

梁表尺黃鐘三，其一容九百二十五，其一容九百一十，其一容一千一百二十。

此尺比晉前尺長二分二釐一毫，同度而異量者，腹有庛也。容九百二十五黍，則聲當近變姑洗稍高。容九百一十黍，則聲當近變姑洗而更高。容一千一百二十黍，則聲當近變黃鐘。

漢官尺黃鐘，容九百三十九。

此始平中掘地所得銅尺，比晉前尺長三分七毫。容九百三十九黍，則當聲近變姑洗稍平。

古銀錯題黃鐘龠，容一千二百。

此蔡邕所題，實比晉前尺長一寸五分八釐，然而其所容黍合於黃鐘者，蓋其圍徑狹也。以此調聲，亦當合黃鐘，而未免弇鬱。若以起度生律，則又難合。

宋氏尺即鐵尺，黃鐘凡二，其一容一千二百，其一容一千四十七。

此錢樂之渾天儀尺，比晉前尺長六分四釐，其尺同而容受不定，腹有庛也。短於銀錯題龠，而容黍偶同者，圍徑不定也。容一千四十七黍，其聲當在太簇正變之閒。

後魏前尺黃鐘，容一千一百一十五。

此尺比晉前尺長二寸零七釐。容一千一百一十五黍，則其聲當近變黃鐘而高。

後周玉尺黃鐘，容一千二百六十七。

此尺同銀錯題龠，而所容又稍多。容一千二百六十七黍，則其聲當近應鐘倍律。

後魏中尺黃鐘，容一千五百五十五。

此尺比晉前尺長二寸一分一釐。容一千五百五十五黍，則其聲近南呂倍律而稍平。

後魏後尺黃鐘，容一千八百一十九。

此尺比晉前尺長二寸八分一釐。容一千八百一十九黍，則其聲當近變姑洗倍律而稍高。

東魏尺黃鐘，容二千八百六十九。

此尺最長，比晉前尺長五寸零八毫。容二千八百六十九黍，則其聲當近四倍南呂而稍平。

萬寶常水尺律母黃鐘，容黍一千三百二十。

此又比晉前尺長一寸八分六釐。容一千三百二十黍，故其聲近南呂倍律，而又稍高也。

梁表鐵尺律黃鐘副別者，其長短及口空之圍徑並同，而容黍或多或少，皆是作者旁庛其腹，使有盈虛。

按：梁表尺三律，與宋氏尺二律，容受不同，史謂作者旁庛其腹使有盈虛，則當時制作之疎亦可見矣。晉前尺律黃鐘止容八百八黍者，失在於徑三分也。古銀錯與玉尺玉斗合玉斗之容受，與晉前尺徑三分四釐六毫者不甚相遠，但玉尺律徑不及三分，故其律遂長，而尺長於晉前尺一寸五分八釐。蓋自漢魏而下，造律竟不能成，而度之長短，量之受容，權衡之輕重，皆戾於古。大率皆由徑三分之說誤之也。

律呂聲氣之得失，及其中積實之多寡，只争差長短圍徑毫釐之閒，故失律而求之尺，尺不足據而參之黍，失其本矣。晉梁之尺，不必太遠於古，而容黍不同，其圍徑失也。銀錯題龠及宋氏尺，容黍合其數矣，而長短又未必其合度，亦以其圍徑狹也。但容受既同，則積分必同。積分同，則聲氣亦不相遠。但尺寸既長，而尺度不足以爲法矣。晉魏之閒，古之器數猶有存者，而金石之音亦尚可考，乃不能參觀互考，審其聲氣之中，而徒泥於尺度，以至紛紛無據若此，況更徒累黍以求尺度，詭遇希冀以求一合，其又胡能有定也哉。

本朝胡安定《律呂議》曰：按歷代律呂之制，黃鐘之管，長九十黍之廣，積九寸，度之所由起也。容千二百黍，積八百一十分，量之所由起也。重十有二銖，權衡之所由起也。既度量權衡皆出於黃鐘之龠，則黃鐘之龠圍徑容受，可取四者之法交相酬驗，使不失其實也。今驗黃鐘律管，每長一分，內實十三黍又三分黍之一，圍中容九方分也。後世儒者，執守孤法，多不能貫知權量之法，但制尺求律，便爲堅證。因謂圍九分者，取空圍圓長九分爾。以是圍九分之誤，遂有徑三分之說。若從徑三圍九之法，則黃鐘之管，止容九百黍，積止六百七分半，如此，則黃鐘之聲，無從而正。權量之法，無從而生。周之嘉量，漢之銅斛，皆不合其數矣。

按：十二律圍徑，自先漢以前，傳記並無明文，惟班志云黃鐘八百一十分，繇此之義起十二律之周徑。然其說，乃是以律之長自乘，而因之以十，蓋配合爲說耳。未可以爲據也。惟《審度》章云，一黍之廣度之，九十分黃鐘之長，一爲一分。《嘉量》章則以千二百黍實其龠。《謹衡權》章則以千二百黍爲十二銖。則是累九十黍以爲長，積千二百黍以爲廣，可見也。夫長九十黍，容千二百黍，則空圍有九方分，乃是圍十分三釐八毫，徑三分四釐六毫也。每一分容十三黍又三分黍之一，以九十因之，則一千二百也。

黃鐘八百一十分，由此之義起十二律之周徑，則由長九寸容八百一十分，以求周徑之度，而即以黃鐘周徑爲十二律周徑也。夫以長九寸容八百一十分起周徑之度，則必不止徑三分圍九分可知矣。又《審度》則以九十黍累黃鐘之長，而《嘉量》《權衡》則又以千二百黍實黃鐘之龠，夫使累九十黍徑三黍，則其容不及一千二百。容一千二百，則其徑不止三黍。以是參觀，可見所謂八百一十分者，乃實積八百一十方分。而空圍九分者，乃空圍中容九方分矣。蓋必空圍中容九方分，積實八百一十方分，而後累九十黍之長，可容千二百黍。度量權衡皆合於一，而非如徑三分圍九分之說也。凡讀書者，必參觀而後知所疑，必知所疑而後可以得所信，非執守孤法者所可通矣。

又漢斛銘文云：律嘉量，方尺，圓其外，庣旁九釐五毫，冪百六十二寸。深尺，積一千六百二十寸，容十斗。嘉量之法，合龠爲合，十合爲升，十升爲斗，十斗爲石。一石積一千六百二十寸，爲分者一百六十二萬。一斗積一百六十二寸，爲分者十六萬二千。一升積十六寸二分，爲分者一萬六千二百。一合積一寸六分二釐，爲分者一千六百二十。則黃鐘之龠，爲八百一十分明矣。空圍八百一十分，則長累九十黍，廣容一千二百黍矣。蓋十其廣之分以爲長，十一其長之分以爲廣，自然之數也。

此又即漢斛之銘，嘉量之法，以證黃鐘所容之實。而其爲空圍八百一十方分，更無可疑也。漢斛之法，詳見末章。

自孟康以律之長十之一爲圍之謬，其後韋昭之徒，遂皆有徑三分之說，而《隋志》始著以爲定論。然累九十黍，徑三黍，止容黍八百有奇，終與一千二百黍之法兩不相通，而律竟不成。唐因聲制樂，雖近於古，而律亦非是。本朝承襲，皆不能覺，獨胡安定以爲九分者，九方分也，以破徑三分之說。

自晉隋唐以及於宋，皆泥徑三分之說，故律終不合。胡氏始有容九方分之說，可以破從前之謬。蓋歷參之，而確有可據也。

然所定之律，不本於聲氣之元，一取之秬黍，故其度量權衡，皆與古不合。

由上文言之，則累黍之數，與容黍之圍徑，嘉量之積分，既亦當有合矣。而度量權衡，又與古不合者，蓋分分而積之，至寸必差，而黍之大小，又不能一定。且律分可以定黍，而黍不足以定律之分。由黃鐘之容可以計黍多寡，而黍之多寡不足以定黃鐘所容，此本末不同也，故必求之於聲氣之元，而後庶可以得黃鐘之實，徒法不足以窮之也。

又不知變律之法，但見仲呂反生，不及黃鐘之數，乃遷就林鐘以下諸律圍徑，以就黃鐘清聲。以夷則、南呂爲徑三分，圍九分。無射爲徑二分八釐，圍八分四釐。應鐘爲徑二分六釐五毫，圍七分九釐五毫。夫律以空圍之同，故其長短之異，可以定聲之高下，而其所以爲廣狹長短者，又莫不有自然之數，非人之所能爲也。今其律之空圍不同如此，則亦不成律矣。遂使十二律之聲皆不當位，反不如和峴舊樂之爲條理，亦可惜也。

此更胡氏之大失也，天下理數，莫非自然。一費安排，便成私智。如歲之有差，乃天行不得不差。月之有閏，乃月行不得不閏。律呂之數，往而不反，故用及變律，亦理數之自然。聖人有以節之，使用之者不過於中焉斯已耳。安可以遷就於其間哉。律管以空圍之同，而後長短可以定聲，正如簫笛之穴孔有上下，而空圍同此一管。琴瑟之徽柱有遠近，而大小同此一弦。謂簫笛之管兩頭異其粗細，以合律，此必無之理也。胡氏所定之律如此，又安足以成樂乎。孟康不知律呂，故謂律管各以其律之長十之一爲圍，謬矣。胡氏宜所稱知律者，而此之遷就無理，其亦私智之爲害也夫。

房庶以徑三分周圍九分，累黍容受不能相通，遂廢一黍爲一分之法，而增益班志八字以就其說，范蜀公乃從而信之，過矣。

《漢志》云：以子穀秬黍中者一黍之廣度之，九十分黃鐘之長，一爲一分。房庶云得古本漢書，一黍字下有「之起積一千二百黍」八字，今本漢書闕之。范蜀公鎮信其言，遂欲廢累黍爲分之法，夫專求之累黍，非也。舉其法而廢之，亦非也，先求之聲氣之原以定律，而後參之累黍以起度量權衡，則於律呂其庶幾乎。

黃鐘之實第三

《淮南子》曰：規始於一，一不生，故分而爲陰陽，陰陽合和而萬物生。故曰一生二，二生三，三生萬物。天地三月而爲一時，故祭祀三飯以爲禮，喪禮三踊以爲節，兵三軍以爲制。三參物，三三如九，故黃鐘之九寸而宮音調。因而九之，九九八十一，故黄鐘之數立焉。黄者，土德之色。鐘者，氣所種也。日冬至，德氣爲土，土色黄，故曰黄鐘。律之數六，分爲雌雄，故曰十二鐘以副十二月。十二各以三成，故置一而十一三之，爲積分十七萬七千一百四十七，黄鐘大數立焉。

《前漢志》曰：太極元氣，函三爲一。極，中也。元，始也。行於十二辰，始動於子。參之於丑，得三。又參之於寅，得九。又參之於卯，得二十七。又參之於辰，得八十一。又參之於巳，得二百四十三。又參之於午，得七百二十九。又參之於未，得二千一百八十七。又參之於申，得六千五百六十一。又參之於酉，得萬九千六百八十三。又參之於戌，得五萬九千〇〇四十九。又參之於亥，得十七萬七千一百四十七。此陰陽合德，氣鍾於子，化生萬物者也。

《律書》曰：置一而九，三之以爲法，實如法，得長一寸。凡得九寸，命曰黄鐘之律。

按：《淮南子》謂置一而十一三之，以爲黄鐘之大數，即此置一而九，三之以爲寸法者，其術一也。夫置一而九三之既爲寸法，則七三之爲分法，五三之爲釐法，三三之爲毫法，一三之爲絲法，從可知矣。《律書》獨舉寸法者，蓋已先於鐘分内默具律寸分釐毫絲之法，而又於此律數之下指其大者以明凡例也。一三之而得三，三三之而得二十七，五三之而得二百四十三，七三之而得二千一百八十七，九三之而得一萬九千六百八十三。故一萬九千六百八十三，以九分之，則爲二千一百八十七。二千一百八十七，以九分之，則爲二百四十三。二百四十三，以九分之，則爲二十七。二十七以九分之，則爲三。三者，絲法也。九其三得二十七，則毫法也。九其二十七，得二百四十三，則釐法也。九其二百四十三，得二千一百八十七，則分法也。九其二千一百八十七，得一萬九千六百八十三，則寸法也。一寸九分，一分九釐，一釐九毫，一毫九絲，以之生十一律，以之生五聲二變，上下乘除，參同契合，無所不通，蓋數之自然也。

天地之數，以三而行，故律吕皆以三爲法。三三如九，故寸分皆以九爲數。以三因之，以九歸之，所以迭爲損益，上下相生，可以循環不窮也。此章之説，詳已見上篇第二、第三章。

顧自淮南、太史而後，即無識其意者。如京房之六十律，雖亦用此十七萬七千一百四十七之數，然乃謂不盈寸者十之，所得爲分。又不盈分者十之，所得爲小分。以其餘爲强弱。不知黄鐘九寸，以三損益，數不出九。苟不盈分者十之，則其奇零無時而能盡，雖泛以强弱該之，而卒無以見强弱之爲幾何，則其數之精微，固有不得而紀者矣。

凡數奇則行，耦則止。黄鐘十七萬七千一百四十七之數，本生於三，而十分釐毫絲之法，其用亦皆以三，其上下損益，亦迭用三，故可行而不滯。京房用十七萬七千一百四十七之數，而寸分則約之以十，本末衡決矣。此奇零所以無時可盡，而失古人之意也。

至於杜佑、胡瑗、范蜀公等，則又不復知有此數，而以意强爲之法，故《通典》則自南吕而下各自爲法，固不可以見分釐毫絲之實。胡范則止用八百一十分，乃是以積實生量之數，爲律之長，而其因乘之法亦用十數，故其餘算亦皆棄而不録。蓋非有意於棄之，實其重分累析，至於無數之可紀，故有所不得而録耳。

十七萬七千一百四十七之數，置一而十一三之者也。惟置一而十一三之，故能轉生十一律。若八十一之數，雖亦生於三，然其爲數狹，則至五而窮矣。八百一十分者，即八十一分而十之者也。八十一之數生於三，而因乘用十，則又本末衡決矣。

夫自絲以下，雖非目力之所能分，然既有其數，而或一算之差，則法於此而遂變，不以約十爲九之法分之，則有終不可得而齊者。故淮南、太史公之書，其論此也已詳，特房等有不察耳。司馬貞《史記索隱》註黄鐘八寸十分一云：律九九八十一，故云八寸十分一。《漢書》云：長九寸者，九分之寸也。此即古人論律以九分爲寸之明驗也。

此章引《淮南子》太史公之言，特以證一寸九分，一分九釐，一釐九毫，一毫九絲之法。蓋必如是，而後三分損益得以不窮。乃京房以後不知用九而用十，此所以失之也。

潘士權《大樂元音》卷四

黄鐘生十一律十二律相生亦在内。

黄　黄鐘爲一分。

鐘　黄鐘通長之管通用。

子

子一分。一爲九寸。

子，黄鐘也。一，黄鐘之管也，下十一律皆由此管而生。本註者，黄鐘生十一律也。圈外註者，十二律三分損益相生也。

黄　分黄鐘爲三分。

鐘　林鐘六寸之管。

子　一分不用。

丑三分二。一爲三寸。

丑，林鐘也。三分，三分乎子也。二，林鐘之管也，以黄鐘九寸分爲三分，每分三寸，林鐘長六寸，用二分也。分黄鐘九寸爲三分，去一分下生林鐘，得二分，計六寸。

黄　分黄鐘爲九分。

鐘　太簇八寸之管。

子　一分不用。

寅九分八。一爲一寸。

寅，太簇也。以黄鐘九寸，分爲九分，每分一寸，太簇長八寸，用八分也。分林鐘六寸爲三分，每分二寸，益一分上生太簇，得四分，計八寸。

黄　分黄鐘爲二十七分。

鐘　南吕五寸三分之管。

子　十一分不用。

卯二十七分十六。三爲一寸，一爲三分。

卯，南吕也。以黄鐘九寸，分爲二十七分，每三分一寸，南吕長五寸三分，用十六分也。分太簇八寸爲三分，每分二寸六分，去一分下生南吕，得二分，計五寸三分。

黄　分黄鐘爲八十一分。

鐘　姑洗七寸一分之管。

子　十七分不用。

辰八十一分六十四。九爲一寸，一爲一分。

辰，姑洗也。以黄鐘九寸分爲八十一分，每九分一寸，姑洗長七寸一分，用六十四分也。分南吕五寸三分爲三分，每分一寸七分，益一分上生姑洗，得四分，計七寸一分。

黄　分黄鐘爲二百四十三分。

鐘　應鐘四寸六分六釐之管。

子　一百十五分不用。

巳二百四十三分一百二十八。二十七爲一寸，三爲一分，一爲三釐。

巳，應鐘也。以黄鐘九寸，分爲二百四十三分，每二十七分一寸，應鐘長四寸六分六釐，用一百二十八分也。分姑洗七寸一分爲三分，每分二寸三分三釐，去一分下生應鐘，得二分，計四寸六分六釐。

黄　分黄鐘爲七百二十九分。

鐘　蕤賓六寸二分八釐之管。

子　二百十七分不用。

午七百二十九分五百一十二。八十一分爲一寸，九爲一分，一爲一釐。

午，蕤賓也。以黄鐘九寸，分爲七百二十九分，每八十一分一寸，蕤賓長六寸二分八釐，用五百一十二分也。分應鐘四寸六分六釐爲三分，每分一寸五分二釐，益一分上生蕤賓，得四分，計六寸二分八釐。

黄　分黄鐘爲二千一百八十七分。

鐘　大吕八寸三分七釐六毫之管。

子　一百六十三[分]不用。

未二千一百八十七分一千二十四。二百四十三爲一寸，二十七爲一分，三爲一釐，一爲三毫。

未，大吕也。以黄鐘九寸，分爲二千一百八十七分，每一百四十三分爲一寸，大吕得一千二十四分，計長四寸一分八釐三毫，在陽倍之爲八寸三分七釐六毫也。分蕤賓六寸二分八釐爲三分，每分二寸八釐六毫，去一分下生大吕，得二分，計四寸一分八釐三毫，在陽倍之，通計八寸三分七釐六毫。在陽謂居丑也。

黄　分黄鐘爲六千五百六十一分。

鐘　彝則五寸五分五釐一毫之管。

子　二千四百六十五分不用。

申六千五百六十一分四千九十六。七百二十九爲一寸，八十一爲一分，九爲一釐，一爲一毫。

申，彝則也。以黄鐘九寸，分爲六千五百六十一分，每七百二十九分一寸，得四千九十六，彝則長五寸五分五釐一毫，得四千九十六分也。分大吕四寸一分八釐三毫爲三分，每分一寸三分五釐七毫，益一分上生彝則，得四分，計五寸五分五釐一毫。

黄　分黄鐘爲一萬九千六百八十三分。

鐘　夾鐘七寸四分三釐七毫三絲之管。

子　一萬一千四百九十一分不用。

酉一萬九千六百八十三分八千一百九十二。一千一百八十七爲寸，二百四十三爲一分，二十七爲一釐，三爲一毫，一爲三絲。

酉，夾鐘也。以黄鐘九寸分爲一萬九千六百八十三分，每二千一百八十七爲一寸，夾鐘得八千一百九十二分，長三寸六分六釐三毫六絲。在陽倍之，共七寸四分三釐七毫三絲，爲夾鐘之數也。分彝則五寸五分五釐一毫爲三分，每分一寸七分七釐六毫三絲，去一分下生夾鐘，得二分，計三寸六分六釐三毫六絲，在陽倍之，通計七寸四分三釐七毫三絲也。在陽謂居卯也。

黄　分黄鐘爲五萬九千四十九分。

鐘　無射四寸八分八釐四毫八絲之管。

子　二萬六千二百八十一分不用。

戌五萬九千四十九分三萬二千七百六十八。六千五百六十一爲一寸，七百二十九爲一分，八十一爲一釐，九爲一毫，一爲一絲。

戌，無射也。以黄鐘九寸，分爲五萬九千四十九分，每六千五百六十一爲一寸。無射得三萬二千七百六十八分，計長四寸八分八釐四毫八絲也。分夾鐘三寸六分六釐三毫六絲爲三分，每分一寸二分二釐一毫二絲，益一分上生無射，得四分，計四寸八分八釐四毫八絲。

黄　分黄鐘爲一十七萬七千一百四十七分。

鐘　仲吕六寸五分八釐二毫四絲六忽之管。

子　十一萬一千六百一十分不用。

亥一十七萬七千一百四十七分六萬五千五百三十六。一萬九千六百八十三爲一寸，二千一百八十七爲一分，二百四十三爲一釐，二十七爲一毫，三爲一絲，一爲一忽。

亥，仲吕也。以黄鐘九寸，分爲十七萬七千一百四十七分，每一萬九千六百八十三爲一寸。仲吕得六萬五千五百三十六，計長三寸二分八釐六毫二絲三忽。在陽倍之，共六寸五分八釐三毫四絲六忽，爲仲吕之數也。分無射四寸八分八釐四毫八絲爲三分，每分一寸五分八釐七毫五絲六忽，去一分下生仲吕，得二分，計三寸二分八釐六毫二絲三忽，在陽倍之，六寸五分八釐三毫四絲六忽。在陽謂居巳也。

又　十二律之實明十二律各得於黄鐘之實也。

子，黄鐘十七萬七千一百四十七。

全九寸。

黄鐘之數，一萬九千六百八十三爲一寸，積之則九個一萬九千六百八十三爲九寸，共該十七萬七千一百四十七分。

半無。

一以十七萬七千一百四十七之數不可分，蓋一十七萬七千一百四十七分作兩分，一分得八萬八千五百七十三，兩分不得均平，故不可分而無半也。

一以三分損益上下相生之所不及，故亦無所用之也。蓋黄鐘不爲他律役，故損益不及。損益不及，故不用半。如林鐘受損於黄鐘，三分九寸，林鐘得二分爲六寸。一分則三寸，爲半。非半無以成其數也。如太簇受益於林鐘，三分六寸，太簇得四分爲八寸。二分四寸，爲半。非半無以成其數也。獨黄鐘不然。

丑，林鐘十一萬八千九十八。

全六寸，半三寸不用。

凡律用半者，以上律短而下律長，故下律用半，以成宫商角徵羽之五聲。黄鐘一均，皆本律多寡之數，不用半。其餘五聲二變，皆依序之長短而下，不得不有全半之用。今林鐘不用半者，以仲吕之後用變半，故林鐘、南吕、應鐘三律，皆受役於黄鐘而不用正半。自仲吕後，林律用變半，應用變律。

寅，太簇十五萬七千四百六十四。

全八寸，半四寸。

卯，南吕十萬四千九百七十六。

全五寸三分，半二寸六分不用。

黄鐘之數，二千一百八十七爲一分，積而三之，六千五百六十一，爲三分。五寸得九萬八千四百一十五，合三分之數，共十萬四千九百七十六。

辰，姑洗十三萬九千九百六十八。

全七寸一分，半三寸五分。

巳，應鐘九萬三千三百一十二。

全四寸六分六釐，半二寸三分三釐不用。

黄鐘之數，二百四十三爲一釐，積而六之，一千四百五十八爲六釐。四寸六分，得九萬一千八百五十四，合六釐之數，共九萬三千三百一十二。

午，蕤賓十二萬四千四百一十六。

全六寸二分八釐，半三寸一分四釐。

未，大吕十六萬五千八百八十八。

全八寸三分七釐六毫，半四寸一分八釐三毫。

黄鐘之數，二十七爲一毫，積而六之，一百六十二爲六毫。八寸三分七釐，得十六萬五千七百一十六。合六毫之數，共十六萬五千八百八十八。

申，彝則十一萬五百九十二。

全五寸五分五釐一毫，半二寸七分二釐五毫。

酉，夾鐘十四萬七千四百五十六。

全七寸四分三釐三絲，半三寸六分六釐三毫六絲。

黄鐘之數，三爲一絲，積而三之爲九。七寸四分三釐七毫，得十四萬七千四百四十七。合三絲之數，共十四萬七千四百五十六。

戌，無射九萬八千三百四。

全四寸八分八釐四毫八絲，半二寸四分四釐二毫四絲。

亥，仲吕十三萬一千七十二。

全六寸五分八釐三毫四絲六忽，餘二筭。半三寸二分八釐六毫二絲三忽。

黄鐘之數，一爲三忽，積而六之爲二。六寸五分八釐三毫四絲，得十三萬一千七十。合六忽之數，共十三萬一千七十二。

數至仲吕不生

數止於仲吕十二不生者何也？蓋律吕相生，以三分損益，至於仲吕寸分釐毫絲忽雖可三分，數十三萬一千七十二，並半數三分亦不足，故不以相生也。二算者，三忽爲一也。

寸忽可三分

全［二寸一分八釐七毫一絲五忽以三忽爲絲算亦同
　　二寸一分八釐七毫一絲五忽但爲一絲三忽
　　二寸一分八釐七毫一絲五忽］

半［一寸八釐八毫七忽
　　一寸八釐八毫七忽
　　一寸八釐八毫七忽］

數不可三分

一十三萬一千七十二

全［四四四］萬［三三三］千［六六六］百［九九九］十

六萬五千五百三十六

半［二二二］萬［一一一］千［八八八］百［四四四］十［五五五］

又 變律解

變律者，在正律之位而非正律之聲也。然律所以有變者，其故有三：其一，黄鐘至尊爲君，不爲他律役，而每一聲皆當爲五聲二變，共七聲。如黄鐘爲宫，則得其正矣。其爲無射之商，彝則之角，蕤賓之變徵，仲吕之徵，夾鐘之羽，大吕之變宫，皆受役於他律，故皆當變。黄鐘既變，其次所生之律若仍本律，則長不成曲，亦當變焉。如黄鐘爲商，則太簇之角，姑洗之變徵，林鐘之羽，南吕之變宫，皆隨而變。如黄鐘爲角，則太簇之變徵，林鐘之變宫，皆隨其變。如爲徵，則應鐘爲變徵。爲羽，則太簇爲變宫。臣之從君，理固然也。其二，以黄鐘、林鐘、太簇、南吕、姑洗、應鐘上六律長，蕤賓、大吕、彝則、夾鐘、無射、仲吕下六律短，以上律役下律，則或正或半，通而和。以下律役上律，則或正或半，戾而不和。故以上律役上律，以下律役下律，以上律役下律，皆不必變。惟以下律役上律，則必變其上律使少短而與下律適也。其三，相生之法，至仲吕而窮，使再生六律，則上律獨不能遍七聲之用，下律亦無由而通，故以六三之七百二十九因仲吕之實十三萬一千七十二，三分而益之，再得六律以爲變也。其實乃仲吕之實相乘，三分益一，再生黄鐘，不及舊數，止得十七萬四千七百六十二，其下相因而生五律，莫不於舊爲減。是皆數之自然，而非人力私智增損其間，以求合乎音韻也。其所以變有六者，以數至應鐘而窮。然至此則十二律七聲循環相役以遍，莫非天然自有也，律吕之數妙矣哉。其實正律至仲吕而窮，不足旋宫之用。

黄鐘十七萬四千七百六十二。

全八寸七分八釐一毫六絲二忽，不用。

半四寸三分八釐五毫三絲一忽。

仲吕之實，十三萬一千七十二，以三分之，不盡二算，當有以通之。律當變者有六，故置一而六三之，得七百二十九。七百二十九因仲吕之十三萬一千七十二，每仲吕之一，當七百二十九，共九千五百五十五萬一千四百八十八，以三分之，每分得三千一百八十五萬四百九十六，又益一分上生黄鐘，共一萬二千七百四十萬一千九百八十四，復以七百二十九歸之，爲十七萬四千七百六十二個七百二十九零四百八十六。每黄鐘之一，當七百二十九，爲黄鐘十七萬四千七百六十二零三分一之二。以寸法計之，十五萬七千四百六十四，得寸者八。以分法計之，一萬五千三百九，得分者七。以釐法計之，一千九百四十四，得釐者八。以毫法計之，二十七，得毫者一。以絲法計之，一十八，得絲者六。七百二十九爲一，一小分七百二十九爲三，得三分一之二，爲四百八十六爲二忽。積而計之爲十七萬四千七百六十二，小分四百八十六。半四寸三分八釐五毫三絲一忽，得八萬七千三百八十一，小分二百四十三。不用全者，所受役之律，無長於此者也。

林鐘十一萬六千五百八，小分三百二十四。

全五寸八分二釐四毫一絲一忽三秒。

半二寸八分五釐六毫五絲六秒。

以黄鐘一萬二千七百四十萬一千九百八十四三分之，每分得四千二百四十六萬七千三百二十八，損一分下生林鐘八千四百九十三萬四千六百五十六，以七百二十九歸之，爲林鐘之十一萬六千五百八個七百二十九零三百二十四。八十一爲一初。

太簇十五萬五千三百四十四，小分四百三十二。

全七寸八分二毫四絲四忽七初，不用。

半三寸八分四釐五毫六絲六忽八初。

以林鐘八千四百九十三萬四千六百五十六三分之，每分得二千八百三十一萬一千五百五十二，益一分上生太簇一萬一千三百二十四萬六千二百八，以七百二十九歸之，爲太簇之十五萬五千三百四十四個七百二十九零四百三十二。

南吕十萬三千五百六十三，小分四十五。

全五寸二分三釐一毫六絲一初六秒。

半二寸五分六釐七絲四忽五初二秒。

以太簇一萬一千三百二十四萬六千二百八十三分之，每分得三千七百七十四萬八千七百三十六，損一分下生南吕七千五百四十九萬七千四百七十二，以七百二十九歸之，爲南吕之十萬三千五百六十三個七百二十九零四十五。

姑洗十三萬八千八十四，小分六十。

全七寸一釐二毫二絲一初二秒，不用。

半三寸四分五釐一毫一絲一初一秒。

以南吕七千五百四十九萬七千四百七十二三分之，每分得二千五十六萬五千八百二十四，益一分上生姑洗一萬○○六十六萬三千二百九十六，以七百二十九歸之，爲姑洗之十三萬八千八十四個七百二十九零六十。

應鐘九萬二千五十六，小分四十。

全四寸六分七毫四絲三忽一初四秒。

半二寸三分三毫六絲六忽六秒强，不用。

以姑洗一萬零六十六萬三千二百九十六三分之，每分得三千三百五十五萬四千四百三十二，損一分下生應鐘六千七百十萬八千八百六十四，以七百二十九歸之，爲應鐘之九萬二千五百六個七百二十九零四十。

應鐘六千七百十萬八千八百六十四，三分之，不盡一算。

二　二　三　六　九　六　二　一

二千二百三十六萬九千六百二十一，不盡一算。

二　二　三　六　九　六　二

羅登選《律吕新書〈箋義〉》卷上《律吕本原》

黄鐘之實第二以《淮南子》《漢前志》定其寸分釐毫絲之法，以書生鐘分定。

子一，黄鐘之律。

箋曰：元氣之始爲太極，太極之所函圍三則徑一，故一者元始之數也。元始初動，端於子，故子之數一。黄鐘應子半之氣，故子一黄鐘之律。

丑三，爲絲法。

箋曰：置子一而三之也。卯二十七爲毫法，毫有九絲，故法以三爲一絲。

寅九，爲寸數。

箋曰：置丑三而三之也。子一爲黄鐘之律，律有九寸，故寅爲寸數。

卯二十七，爲毫法。

箋曰：置寅九而三之也。巳之二百四十三爲釐法，釐有九毫，故法以二十七爲一毫。

辰八十一，爲分數。

箋曰：置卯二十七而三之也。寅之九爲寸數，寸有九分，九寸積八十一分，故辰爲分數。

巳二百四十三，爲釐法。

箋曰：置辰八十一而三之也。未之二千一百八十七爲分法，分有九釐，故法以二百四十三爲一釐。

午七百二十九，爲釐數。

箋曰：置巳二百四十三而三之也。辰之八十一爲分數，分有九釐，八十一分積七百二十九釐，故午爲釐數。

未二千一百八十七，爲分法。

箋曰：置午七百二十九而三之也。酉之一萬九千六百八十三爲寸法，寸有九分，故法以二千一百八十七爲一分。

申六千五百六十一，爲毫數。

箋曰：置未二千一百八十七而三之也。午之七百二十九爲釐數，釐有九毫，七百二十九釐積六千五百六十一毫，故申爲毫數。

酉一萬九千六百八十三，爲寸法。

箋曰：置申六千五百六十一而三之也。亥之一十七萬七千一百四十七爲黄鐘之實，黄鐘九寸，故法以一萬九千六百八十三爲一寸。

戌五萬九千○○四十九，爲絲數。

箋曰：置酉一萬九千六百八十三而三之也。申之六千五百六十一爲毫數，毫有九絲，六千五百六十一毫積五萬九千四十九絲，故戌爲絲數。

亥一十七萬七千一百四十七，黄鐘之實。

箋曰：置戌五萬九千四十九而三之也。辰於此而周，數於此而備，聲於此而全，故爲黄鐘之實。其自子順至亥，皆以三遞加，隔一位則爲九。其自亥逆至子，皆以三遞析，隔一位亦爲九。順逆迴環，諸數各得，是乃天地自然之位，故其始終條理如此。

按：黄鐘九寸，以三分爲損益，故以三歷十二辰，得一十七萬七千一百四十七，爲黄鐘之實。其十二辰所得之數，在子寅辰午申戌六陽辰，爲黄鐘寸分釐毫絲之數。子爲黄鐘之律，寅爲九寸，辰爲八十一分，午爲七百二十九釐，申爲六千五百六十一毫，戌爲五萬九千四十九絲。在亥酉未巳卯丑六陰辰，爲黄鐘寸分釐毫絲之法。亥爲黄鐘之實，酉之一萬九千六百八十三爲寸，未之二千一百八十七爲分，巳之二百四十三爲釐，卯之二十七爲毫，丑之三爲絲。其寸分釐毫絲之法皆用九數，故九絲爲毫，九毫爲釐，九釐爲分，九分爲寸，爲黄鐘。蓋黄鐘之實一十七萬七千一百四十七之數，以三約之，爲絲者五萬九千四十九，以二十七約之，爲毫者六千五百六十一。以二百四十三約之，爲釐者七百二十九。以二千一百八十七約之，爲分者八十一。以一萬九千六百八十三約之，爲寸者九。由是三分損益，以生十一律焉。或曰徑圍之分以十爲法，而相生之分釐毫絲以九爲法，何也？曰：以十爲法者，天地之全數也。以九爲法者，因三分損益而立也。全數者，即十而取九。相生者，約十而爲九。即十而取九者，體之所以立。約十而爲九者，用之所以行。體者，所以定中聲。用者，所以生十一律也。

箋曰：若以丑、戌、寅、酉、卯、申、辰、未、巳、午互相乘，皆得十七萬七千一百四十七，合黄鐘之實，此陰陽互藏其宅之義也。黄鐘長九寸，空圍九分，徑三分三釐有奇，圍十分六釐有奇，皆以寸作十分，分作十釐，釐作十毫，毫作十絲，絲作十忽，此圍徑以十爲法之所以合天地之全數也。以九寸約作八十一分，分有九釐，釐有九毫，毫有九絲，絲有九忽。陽下生陰，倍其實，三其法。陰上生陽，四其實，三其法。此相生以九爲法之所以因三分損益而立也。天地之全數爲十，天地之元音爲律，故十之數常爲體而中聲出焉。律以三歷十二辰，三非九則數不行，故九之數常爲用而十一律生焉。

黄鐘生十一律第三

子一分。

箋曰：子一分者，黄鐘十七萬七千一百四十七之全數也。其曰子一者，黄鐘位子，一陽初動，萬物未萌，故數起子得一也。

一爲九寸。

箋曰：子一黄鐘之律，故一爲九寸也。

丑三分二。

箋曰：三分子一，每分五萬九千四十九，丑於三分之中得其二，當有十一萬八千九十八，爲黄鐘下生林鐘之數。

一爲三寸。

箋曰：九分丑三，故一爲三寸也。下文其上以三歷十二辰，皆黄鐘之全數者即此。

寅九分八。

箋曰：九分子一，每分一萬九千六百八十三，寅於九分之中得其八，當有十五萬七千四百六十四，爲林鐘上生太蔟之數。

一爲一寸。

箋曰：九分寅九，故一爲一寸也。

卯二十七分十六。

箋曰：二十七分子一，每分六千五百六十一，卯於二十七分之中得其十六，當有十萬四千九百七十六，爲太蔟下生南吕之數。

三爲一寸，一爲三分。

箋曰：九分卯二十七，故三爲一寸也。寸有九分，故一爲三分也。

辰八十一分六十四。

箋曰：八十一分子一，每分二千一百八十七，辰於八十一分之中得其六十四，當有十三萬九千九百六十八，爲南吕上生姑洗之數。

九爲一寸，一爲一分。

箋曰：九分辰八十一，故九爲一寸也。寸有九分，故一爲一分也。

巳二百四十三分一百二十八。

箋曰：二百四十三分子一，每分七百二十九，巳於二百四十三分之中得其一百二十八，當有九萬三千三百一十二，爲姑洗下生應鐘之數。

二十七爲一寸，三爲一分，一爲三釐。

箋曰：九分巳二百四十三，故二十七爲一寸也。寸有九分，故三爲一分也。分有九釐，故一爲三釐也。

午七百二十九分五百一十二。

箋曰：七百二十九分子一，每分二百四十三，午於七百二十九分之中得其五百一十二，當有十二萬四千四百一十六，爲應鐘上生蕤賓之數。

八十一爲一寸，九爲一分，一爲一釐。

箋曰：九分午七百二十九，故八十一爲一寸也。寸有九分，故九爲一分也。分有九釐，故一爲一釐也。

未二千一百八十七分一千二十四。

箋曰：二千一百八十七分子一，每分八十一，未於二千一百八十七分之中得其一千二十四，當有八萬二千九百四十四，倍之得十六萬五千八百八十八，爲蕤賓上生大吕之數。後文所謂大吕、夾鐘、仲吕，在陽則用倍數者，此也。

二百四十三爲一寸，二十七爲一分，三爲一釐，一爲三毫。

箋曰：九分未二千一百八十七，故二百四十三爲一寸也。寸有九分，故二十七爲一分也。分有九釐，故三爲一釐也。釐有九毫，故一爲三毫也。

申六千五百六十一分四千九十六。

箋曰：六千五百六十一分子一，每分二十七，申於六千五百六十一分之中得其四千九十六，當有十一萬五百九十二，爲大吕下生夷則之數。

七百二十九爲一寸，八十一爲一分，九爲一釐，一爲一毫。

箋曰：九分申六千五百六十一，故七百二十九爲一寸也。寸有九分，故八十一爲一分也。分有九釐，故九爲一釐也。釐有九毫，故一爲一毫也。

酉一萬九千六百八十三分八千一百九十二。

箋曰：一萬九千六百八十三分子一，每分九，酉於一萬九千六百八十三分之中得其八千一百九十二，當有七萬三千七百二十八，倍之得十四萬七千四百五十六，爲夷則上生夾鐘之數。

二千一百八十七爲一寸，二百四十三爲一分，二十七爲一釐，三爲一毫，一爲三絲。

箋曰：九分酉一萬九千六百八十三，故二千一百八十七爲一寸也。寸有九分，故二百四十三爲一分也。分有九釐，故二十七爲一釐也。釐有九毫，故九爲一毫也。毫有九絲，故一爲三絲也。

戌五萬九千四十九分三萬二千七百六十八。

箋曰：五萬九千四十九分子一，每分三，戌於五萬九千四十九分之中得其三萬二千七百六十八，當有九萬八千三百單四，爲夾鐘下生無射之數。

六千五百六十一爲一寸，七百二十九爲一分，八十一爲一釐，九爲一毫，一爲一絲。

箋曰：九分戌五萬九千四十九，故六千五百六十一爲一寸也。寸有九分，故七百二十九爲一分也。分有九釐，故八十一爲一釐也。釐有九毫，故九爲一毫也。毫有九絲，故一爲一絲也。

亥一十七萬七千一百四十七分六萬五千五百三十六。

箋曰：一十七萬七千一百四十七分子一，每分一，亥於十七萬七千一百四十七分之中得其六萬五千五百三十六，倍之得十三萬一千七十二，爲無射上生仲吕之數。

一萬九千六百八十三爲一寸，二千一百八十七爲一分，二百四十三爲一釐，二十七爲一毫，三爲一絲，一爲三忽。

箋曰：九分亥十七萬七千一百四十七，故一萬九千六百八十三爲一寸也。分有九釐，故二千一百八十七爲一分也。釐有九毫，故二百四十三爲一釐也。毫有九絲，故二十七爲一毫也。絲有九忽，故三爲一絲也。絲有九忽，故一爲三忽也。至此則寸分釐毫絲忽其數皆全，其法皆正，與前之以三歷十二辰者若合一焉，則亦非人力之所能爲矣。

按：黃鐘生十一律，子寅辰午申戌六陽辰，皆下生。丑卯巳未酉亥六陰辰，皆上生。其上以三歷十二辰者，皆黃鐘之全數。其下陰數以倍者，即算法倍其實。三分本律而損其一也。陽數以四者，即算法四其實。三分本律而增其一也。六陽辰當位自得，六陰辰則居其衝。其林鐘、南吕、應鐘三吕在陰，無所增損。其大吕、夾鐘、仲吕三吕在陽，則用倍數方與十二月之氣相應。蓋陰之從陽，自然之理也。

箋曰：自子一而丑三，而寅九，而卯二十七，而辰八十一，而巳二百四十三，而午七百二十九，而未二千一百八十七，而申六千五百六十一，而酉一萬九千六百八十三，而戌五萬九千四十九，而亥十七萬七千一百四十七，是皆以三歷十二辰也。丑三分二，則以一爲三寸，合三而爲九寸。寅九分八，則以一爲一寸，合九而爲九寸，是皆黃鐘之全數也。卯以下倣此。丑卯巳未酉亥六陰數以倍者，如由一而二，八而十六是也。子寅辰午申戌六陽數以四者，如由二而八，十六而六十四是也。子黃鐘之數，寅太蔟之數，辰姑洗之數，午蕤賓之數，申夷則之數，戌無射之數，故曰六陽辰當位自得。丑林鐘之數，卯南吕之數，巳應鐘之數，未大吕之數，酉夾鐘之數，亥仲吕之數，故曰六陰辰則居其衝。林鐘位二陰，南吕位四陰，應鐘位六陰，是爲以陰居陰。但如其相生之常而止，故曰在陰無所增損。大吕位二陽，夾鐘位四陽，仲吕位六陽，是爲以陰居陽必倍其相生之數乃合，故曰在陽則用倍數。

十二律吕之實第四

子，黃鐘十七萬七千一百四十七。

箋曰：子，黃鐘之律也。亥，黃鐘之實也。實乃子一以三歷十二辰所積之數也。故曰子黃鐘十七萬七千一百四十七，三分其實，得五萬九千四十九以爲法，下生者倍其法，得十一萬八千九十八以爲林鐘。《漢前志》曰：黃者，中之色，君之服也。鐘者，種也。天之中數五，五爲聲，聲上宮，五聲莫大焉。地之中數六，六爲律，律有形有色，色上黃，五色莫盛焉。故陽氣施種於黃泉，孳萌萬物，爲六氣元也。以黃色名元氣律者，著宮聲也。宮以九倡六，變動不拘，周流六虛，始於子，在十一月。

又按：前篇以倍以四，即三分損益之數也。此又詳解三分本律之實，以明著其法。

全九寸，半無。

箋曰：黃鐘之實約以寸法，其爲一萬九千六百八十三者有九，故黃鐘長九寸，半四寸五分也。又謂之子聲仲吕再生黃鐘用其變半，再生非正律，故曰半無。《儀禮經傳通解》曰：三分其長，得三以爲法，下生者倍其法，得六寸，以爲林鐘。

丑，林鐘十一萬八千○九十八。

箋曰：林鐘之實十一萬八千九十八，三分其實，得三萬九千三百六十六以爲法，上生者四其法，得十五萬七千四百六十四，以爲太蔟。《漢前志》曰：林，君也，言陰氣受任，助蕤賓主種物，使長大楙盛也，位於未，在六月。

全六寸，半三寸不用。

箋曰：林鐘之實約以寸法，其爲一萬九千六百八十三者有六，故林鐘長六寸。自黃鐘而下，林鐘、南吕、應鐘亦不用正半，故皆曰半不用。《儀禮經傳通解》曰：三分其長，得二以爲法，上生者四其法，得八寸以爲太蔟。

寅，太蔟十五萬七千四百六十四。

箋曰：太蔟之實十五萬七千四百六十四，三分其實，得五萬二千四百八十八以爲法，下生者倍其法，得十萬四千九百七十六，以爲南吕。《漢前志》曰：蔟，奏也，言陽氣大奏地而達物也，位於寅，在正月。

全八寸，半四寸。

箋曰：太蔟之實約以寸法，其爲一萬九千六百八十三者有八，故太蔟長八寸。《儀禮經傳通解》曰：三分其長，得二寸六分以爲法，下生者倍其法，得五寸三分以爲南吕。

卯，南吕十○萬四千九百七十六。

箋曰：南吕之實十萬四千九百七十六，三分其實，得三萬四千九百九十二以爲法，上生者四其法，得十三萬九千九百六十八，以爲姑洗。《漢前志》曰：南，任也，言陰氣旅助夷則任成萬物也，位於酉，在八月。

全五寸三分，半二寸六分不用。

箋曰：南吕之實約以寸法，其爲一萬九千六百八十三者有五。約以分法，其爲二千一百八十七者有三，故南吕長五寸三分。《儀禮經傳通解》曰：三分其長，得一寸七分以爲法，上生者四其法，得七寸一分以爲姑洗。

辰，姑洗十三萬九千九百六十八。

箋曰：姑洗之實十三萬九千九百六十八，三分其實，得四萬六千六百五十六以爲法，下生者倍其法，得九萬三千三百一十二以爲應鐘。《漢前志》曰：洗，絜也，言陽氣洗物辜絜之也，位於辰，在三月。

全七寸一分，半三寸五分。

箋曰：姑洗之實約以寸法，其爲一萬九千六百八十三者有七。約以分法，其爲二千一百八十七者有一。故姑洗長七寸一分。《儀禮經傳通解》曰：三分其長，得二寸三分三釐以爲法，下生者倍其法，得四寸六分六釐以爲應鐘。

巳，應鐘九萬三千三百一十二。

箋曰：應鐘之實九萬三千三百一十二，三分其實，得三萬一千一百單四以爲法，上生者四其法，得十二萬四千四百一十六以爲蕤賓。《漢前志》曰：言陰氣應無射，該藏萬物而襍陽閡種也，位於亥，在十月。

全四寸六分六釐，半二寸三分三釐不用。

箋曰：應鐘之實約以寸法，其爲一萬九千六百八十三者有四。約以分法，其爲二千一百八十七者有六。約以釐法，其爲二百四十三者有六。故應鐘長四寸六分六釐。《儀禮經傳通解》曰：三分其長，得一寸五分二釐以爲法，上生者四其法，得六寸二分八釐以爲蕤賓。

午，蕤賓十二萬四千四百一十六。

箋曰：蕤賓之實十二萬四千四百一十六，三分其實，得四萬一千四百七十二以爲法，上生者四其法，得十六萬五千八百八十八以爲大吕。《漢前志》曰：蕤繼也，賓導也，言陽始導陰氣使繼養物也，位於午，在五月。

全六寸二分八釐，半三寸一分四釐。

箋曰：蕤賓之實約以寸法，其爲一萬九千六百八十三者有六。約以分法，其爲二千一百八十七者有二。約以釐法，其爲二百四十三者有八。故蕤賓長六寸二分八釐。《儀禮經傳通解》曰：三分其長，得二寸八釐六毫以爲法，上生者四其法，得八寸三分七釐六毫以爲大吕。十二律相生，皆上生下生相間，至於蕤賓生大吕，則不然。蓋十二月承一陽之後，五月當一陰之始，應鐘上生蕤賓，蕤賓又上生大吕，亦以陰從陽，乃自然之理也。

未，大吕十六萬五千八百八十八。

箋曰：大吕之實十六萬五千八百八十八，三分其實，得五萬五千二百九十六以爲法，下生者倍其法，得十一萬五百九十二以爲夷則。《漢前志》曰：吕，旅也，言陰大旅助黄鐘宣氣而牙物也，位於丑，在十二月。

全八寸三分七釐六毫，半四寸一分八釐三毫。

箋曰：大吕之實約以寸法，其爲一萬九千六百八十三者有八。約以分法，其爲二千一百八十七者有三。約以釐法，其爲二百四十三者有七。約以毫法，其爲二十七者有六。故大吕長八寸三分七釐六毫。《儀禮經傳通解》曰：三分其長，得二寸七分二釐五毫以爲法，下生者倍其法，得五寸五分五釐一毫以爲夷則。

申，夷則十一萬〇五百九十二。

箋曰：夷則之實十一萬五百九十二，三分其實，得三萬六千八百六十四以爲法，上生者四其法，得十四萬七千四百五十六以爲夾鐘。《漢前志》曰：則，法也，言陽氣正法度而使陰氣夷當傷之物也，位於申，在七月。

全五寸五分五釐一毫，半二寸七分二釐五毫。

箋曰：夷則之實約以寸法，其爲一萬九千六百八十三者有五。約以分法，其爲二千一百八十七者有五。約以釐法，其爲二百四十三者有五。約以毫法，其爲二十七者有一。故夷則長五寸五分五釐一毫。《儀禮經傳通解》曰：三分其長，得一寸七分七釐六毫三絲以爲法，上生者四其法，得七寸四分三釐七毫三絲以爲夾鐘。

酉，夾鐘十四萬七千四百五十六。

箋曰：夾鐘之實十四萬七千四百五十六，三分其實，得四萬九千一百五十二以爲法，下生者倍其法，得九萬八千三百單四以爲無射。《漢前志》曰：言陰夾助太蔟宣四方之氣而出種物也，位於卯，在二月。

全七寸四分三釐七毫三絲，半三寸六分六釐三毫六絲。

箋曰：夾鐘之實約以寸法，其爲一萬九千六百八十三者有七。約以分法，其爲二千一百八十七者有四。約以釐法，其爲二百四十三者有三。約以毫法，其爲二十七者有七。約以絲法，其爲三者有三。故夾鐘長七寸四分三釐七毫三絲。《儀禮經傳通解》曰：三分其實，得二寸四分四釐二毫四絲以爲法，下生者倍其法，得四寸八分八釐四毫八絲以爲無射。

戌，無射九萬八千三百〇四。

箋曰：無射之實九萬八千三百單四，三分其實，得三萬二千七百六十八以爲法，上生者四其法，得十三萬一千七十二以爲仲吕。《漢前志》曰：射，厭也，言陽氣究物而使陰氣畢剥落之，終而復始，無射已也，位於戌，在九月。

全四寸八分八釐四毫八絲，半二寸四分四釐二毫四絲。

箋曰：無射之實約以寸法，其爲一萬九千六百八十三者有四。約以分法，其爲二千一百八十七者有八。約以釐法，其爲二百四十三者有八。約以毫法，其爲二十七者有四。約以絲法，其爲三者有八。故無射長四寸八分八釐四毫八絲。《儀禮經傳通解》曰：三分其長，得一寸五分八釐七毫五絲六忽以爲法，上生者四其法，得六寸五分八釐三毫四絲六忽以爲仲吕。

亥，仲吕十三萬一千〇七十二。

箋曰：仲吕之實十三萬一千七十二，三分其實，餘二算，不盡。《漢前志》曰：言微陰始起未成著，於其中旅助姑洗宣氣齊物也，位於巳，在四月。

全六寸五分八釐三毫四絲六忽，餘二算。半三寸二分八釐六毫二絲三忽。

箋曰：仲吕之實約以寸法，其爲一萬九千六百八十三者有六。約以分法，其爲二千一百八十七者有五。約以釐法，其爲二百四十三者有八。約以毫法，其爲二十七者有三。約以絲法，其爲三者有四。約以忽法，其爲一者有六。故仲吕長六寸五分八釐三毫四絲六忽。《儀禮經傳通解》曰：三分其長，得二寸一分八釐七毫一絲五忽以爲法，上生者四其法，得八寸七分八釐一毫六絲二忽以爲黄鐘之變。十二律相生之數，至仲吕而以三分之則有不盡，然約寸分釐毫絲忽之法，餘數則棄。故可以三分者，所以存生生之義。而律吕之實不可以有零奇，故不可以三分者，所以見正變之分。

按：十二律之實，約以寸法，則黄鐘、林鐘、太蔟得全寸。約以分法，則南吕、姑洗得全分。約以釐法，則應鐘、蕤賓得全釐。約以毫法，則大吕、夷則得全毫。約以絲法，則夾鐘、無射得全絲。至仲吕之實十三萬一千七十二，以三分之，不盡二算，其數不行，此律之所以止於十二也。

箋曰：黄鐘、林鐘、太蔟止於寸，故曰約以寸法得全寸。南吕、姑洗止於分，故曰約以分法得全分。應鐘、蕤賓止於釐，故曰約以釐法得全釐。大吕、夷則止於毫，故曰約以毫法得全毫。夾鐘、無射止於絲，故曰約以絲法得全絲。至仲吕之實，以三分之，各得四萬三千六百九十，餘二算，不盡。如此則相生之數窮矣。故曰其數不可行，此律之所以止於十二也。

變律第五

黄鐘十七萬四千七百六十二。小分四百八十六。

箋曰：以七百二十九乘仲吕之實十三萬一千七十二，得九千五百五十五萬一千四百八十八，三分其實，得三千一百八十五萬四百九十六以爲法，上生者四其法，得一億二千七百四十萬一千九百八十四，復以七百二十九歸之，得十七萬四千七百六十二爲變黄鐘。從十二律之實除後，仍有四百八十六不盡，故曰小分四百八十六。

全八寸七分八釐一毫六絲二忽不用，半四寸三分八釐五毫三絲一忽。

箋曰：減於正律一分七毫二絲七忽。蕤賓爲宫，黄鐘用變半爲變徵。大吕爲宫，黄鐘用變半爲角。夾鐘爲宫，黄鐘用變半爲變宫。夷則爲宫，黄鐘用變半爲羽。無射爲宫，黄鐘用變半爲商。仲吕爲宫，黄鐘用變半爲徵，故曰全不用。

林鐘十一萬六千五百〇八。小分三百二十四。

箋曰：黄鐘之實一億二千七百四十萬一千九百八十四，三分其實，得四千二百四十六萬七千三百二十八以爲法，下生者倍其法，得八千四百九十三萬四千六百五十六，復以七百二十九歸之，得十一萬六千五百單八爲變林鐘。從十二律之實除後仍有三百二十四不盡，故曰小分三百二十四。

全五寸八分二釐四毫一絲一忽三初，半二寸八分五釐六毫五絲六初。

箋曰：減於正律六釐四毫七絲七忽六初。

太蔟十五萬五千三百四十四。小分四百三十二。

箋曰：林鐘之實八千四百九十三萬四千六百五十六，三分其實，得二千八百三十一萬一千五百五十二以爲法，上生者四其法，得一億一千三百二十四萬六千二百單八，復以七百二十九歸之，得十五萬五千三百四十四爲變太蔟。從十二律之實除後，仍有四百三十二不盡，故曰小分四百三十二。

全七寸八分二毫四絲四忽七初不用，半三寸八分四釐五毫六絲六忽八初。

箋曰：減於正律八釐六毫四絲四忽二初。夷則爲宫，太蔟用變半爲變徵。

夾鐘爲宮，太蔟用變半爲變宮。無射爲宮，太蔟用變半爲角。仲呂爲宮，太蔟用變半爲羽，故曰全不用。

南呂十〇萬三千五百六十三。小分四十五。

箋曰：太蔟之實一億一千三百二十四萬六千二百單八，三分其實，得三千七百七十四萬八千七百三十六以爲法，下生者倍其法，得七千五百四十九萬七千四百七十二，復以七百二十九歸之，得十萬三千五百六十三爲變南呂。從十二律之實除後，仍有四十五不盡，故曰小分四十五。

全五寸二分三釐一毫六絲一初六秒，半二寸五分六釐七絲四忽五初三秒。

箋曰：減於正律五釐七毫二絲八忽七初三秒。

姑洗十三萬八千〇〇八十四。小分六十。

箋曰：南呂之實七千五百四十九萬七千四百七十二，三分其實，得二千五百一十六萬五千八百二十四，上生者四其法，得一億六十六萬三千二百九十六，復以七百二十九歸之，得十三萬八千八十四爲變姑洗。從十二律之實除後，仍有六十不盡，故曰小分六十。

全七寸一釐二毫二絲二初二秒不用，半三寸四分五釐一毫一絲一初一秒。

箋曰：減於正律七釐六毫六絲八忽六初七秒。無射爲宮，姑洗用變半爲變徵。仲呂爲宮，姑洗用變半爲變宮，故曰全不用。

應鐘九萬二千〇〇五十六。小分四十。

箋曰：姑洗之實一億六十六萬三千二百九十六，三分其實，得三千三百五十五萬四千四百三十二以爲法，下生者倍其法，得六千七百一十萬八千八百六十四，復以七百二十九歸之，得九萬二千五十六爲變應鐘。從十二律之實除後仍有四十不盡，故曰小分四十。

全四寸六分七毫四絲三忽一初四秒，餘一算。半二寸三分三毫六絲六忽六秒强不用。

箋曰：減於正律五釐一毫四絲五忽七初五秒。自蕤賓宮以下，惟應鐘最短，不用變半，故曰半不用。

按：十二律各自爲宮，以生五聲二變。其黃鐘、林鐘、太蔟、南呂、姑洗、應鐘六律則能具足。至蕤賓、大呂、夷則、夾鐘、無射、仲呂六律，則取黃鐘、林鐘、太蔟、南呂、姑洗、應鐘六律之聲，少下不和，故有變律。變律者，其聲近正而少高於正律也。然仲呂之實一十三萬一千〇〇七十二，以三分之，不盡二算，既不可行，當有以通之。律當變者有六，故置一而六三之，得七百二十九，以七百二十九因仲呂之實十三萬一千〇〇七十二，爲九千五百五十五萬一千四百八十八，三分益一，再生黃鐘、林鐘、太蔟、南呂、姑洗、應鐘六律，又以七百二十九歸之，以從十二律之數，紀其餘分以爲忽秒，然後洪纖高下不相奪倫。至應鐘之實六千七百一十〇萬八千八百六十四，以三分之，又不盡一算，數又不可行，此變律之所以止於六也。變律非正律，故不爲宮也。

箋曰：黃鐘、林鐘、太蔟、南呂、姑洗、應鐘六律爲宮，其下六聲皆正律，不用再生之變，故能具足。蕤賓、大呂、夷則、夾鐘、無射、仲呂六律爲宮，則取仲呂以後六律以足七聲之數，不復純用正律矣。夫十二律相生之道，至仲呂而窮。今於仲呂以後之律，猶以正聲相應，則是相生之所不及，必有高與下之不相和矣，於是以七百二十九乘仲呂之實，再生黃鐘、林鐘、太蔟、南呂、姑洗、應鐘六變律。變律者，其律較減，其聲較清，故曰近正而稍高於正律也。七百二十九者，即前之子一以三歷六位，至午七百二十九也。律當變者有六，故用此數乘仲呂之實也。三分仲呂之實，既有二算不盡。今用以三歷辰之數相乘，則可以使不能三分者而三分之矣。至於三分應鐘之實，各得二千二百三十六萬九千六百二十一，又餘一算不盡，其數又不可行，此變律之所以止於六也。十二律旋相爲宮而爲調，變律不爲調，故不爲宮也。

又 卷下《律呂辯證》

律長短圍徑之數第二

司馬遷律書：

本文	改正
黃鐘八寸七分一宮	八寸十分一
林鐘五寸七分四角	五寸十分四
太蔟七寸七分二商	七寸十分二
南呂四寸七分八徵	四寸十分八
姑洗六寸七分四羽	六寸十分四
應鐘四寸二分三分二羽	四寸二分三分二

續表

本文	改正
蕤賓五寸六分三分一	五寸六分三分二强四百八十六
大吕七寸四分三分一	七寸五分三分二强四百〇五
夷則五寸四分三分二商	五寸〇〇三分二弱二百一十六
夾鐘六寸一分三分一	六寸七分三分一强一百九十八
無射四寸四分三分二	四寸四分三分二强六百〇〇二
仲吕五寸九分三分二徵	五寸九分三分二强五百八十一

箋曰：司馬遷，字子長，龍門人，漢太史令，著《史記》。凡篇内引《律書》即《史記・律書》。此篇以十分爲一寸，黃鐘八寸十分一，即八十一分也。上篇以九分爲一寸，黃鐘全九寸，即以九約八十一也。林鐘以下，寸數倣此。其曰强分弱分者，謂以二千一百八十七爲全分，而三分之取其七百二十九爲三分一，取其一千四百五十八爲三分二，多分在七百二十九以下者爲强，少分在七百二十九以下者爲弱。如蕤賓之實十二萬四千四百一十六，除實十萬九千三百五十爲十分寸之五寸，又除實一萬三千一百二十三爲六分，又除實一千四百五十八爲三分二，除過察原實内多四百八十六，故曰强四百八十六。夷則之實十一萬五百九十二，除實十萬九千三百五十爲十分寸之五寸，又除實一千四百五十八爲三分二，除過察原實内少二百一十六，故曰弱二百一十六。餘倣此。

按：《律書》此章所記分寸之法，與他記不同，以難曉故多誤。蓋取黃鐘之律九寸，一寸九分，凡八十一分，而又以十約之爲寸，故云八寸十分一，本作七分一者誤也。今以相生次序列而正之。其應鐘以下則有小分，小分以三爲法，如厤家太少、餘分强弱耳。其法未密也。今以二千一百八十七爲全分，七百二十九爲三分一，一千四百五十八爲三分二，餘分之多者爲强，少者爲弱，列於逐律之下。其誤字悉正之。《隋志》引此章中黃鐘、林鐘、太蔟、應鐘四律寸分，以爲與班固、司馬彪、鄭氏、蔡邕、杜夔、荀勗所論雖尺有增減，而十二律之寸數並同，則是時《律書》尚未誤也。及司馬貞《索隱》始以舊本作七分一爲誤，其誤亦未久也。沈括亦曰：此章七字皆當作十字誤，屈中畫耳。大要《律書》用相生分數，相生之法以黃鐘爲八十一分，今以十爲寸法，故有八寸一分。漢前後志及諸家用審度分數。審度之法以黃鐘之長爲九十分，亦以十爲寸法，故有九十分。法雖不同，其長短則一，故《隋志》云寸數並同也。

其黃鐘下有宫，太蔟下有商，姑洗下有羽，林鐘下有角，南吕下有徵字，《晉志》論《律書》五音相生而以宫生角，角生商，商生徵，徵生羽，羽生宫，求其理用，罔見通達者是也。仲吕下有徵，夷則下有商，應鐘下有羽字，三者未詳，亦疑後人誤增也。下云上九、商八、羽七、角六、宫五、徵九者，即是上文聲律數。太蔟八寸爲商，姑洗七寸爲羽，林鐘六寸爲角，南吕五寸爲徵，黃鐘九寸爲宫，其曰宫五、徵九誤字也。

箋曰：隋志《隋書・律志》：司馬彪，字紹統，南北朝秘書丞。鄭氏，字康成，北海高密人，漢名儒。蔡邕，字伯喈，陳留圉人，漢左中郎將。杜夔，字公良，河南人，漢雅樂郎中。荀勗，字公曾，潁川潁陰人，晉中書監侍中。司馬貞，河内人，唐宏文館學士，著《史記索隱》。沈括，字存中，湖州人，宋翰林學士。皆歷代通曉律吕之儒。晉志《晉書・律志》。

《漢志》曰：《易》曰參天兩地而倚數。天之數始於一，終於二十五，其義紀之以三，故置一得三，又二十五分之六，凡二十五置終天之數，得八十一，以天地五位之合終於十者乘之，爲八百一十分，應厤一統孟康曰：十九歲爲一章，一統凡八十一章。千五百三十九歲之章數，黃鐘之實也。繇此之義起十二律之周徑。孟康曰：律孔徑三分，參天數也。圍九分，終天數也。地之數始於二，終於三十，其義紀之以兩，故置一得二，凡三十置，終地之數，得六十，以地中六數乘之，爲三百六十分，當期之日，林鐘之實也。孟康曰：林鐘長六寸，圍六分，以圍乘長得三百六十分。人者繼天順地，序氣成物，統八卦，調八風，理八政，正八節，諧八音，舞八風，監八方，被八荒，以終天地之功，故八八六十四，其義極天地之變。以天地五位之合終於十者乘之，爲六百四十分，以應六十四卦，太蔟之實也。孟康曰：太蔟長八寸，圍八分，爲積六百四十分也。

箋曰：天道圓，圓者一而圍三，三各一奇，故曰參。天地道方，方者一而圍四，四合二偶，故曰兩。地倚數，言大衍之數倚此而起也。三奇則三三而九，三偶則三三而六，兩二二三則爲七，兩三一二則爲八，三變之末，雖得數有六七八九之不同，然皆一以三兩括之，故曰參天兩地而倚數。河圖，天數一三五七九，合之凡二十五，三其二十五，而又二十五分之六，得八十一。又以十乘之，得八百一十，是黃鐘長九寸自乘九九八十一，因而十之，得八百一十，應八十一章而合參天之數。地數二四六八十，合之凡三十，兩其三十得六十，又以六乘之，得三百六十，是林鐘長六寸自乘六六三十六，因而十之，得三百六十，應三百六十日而合兩地之數。人終天地之功，其數八八六十四，又以十乘之，得六百四十，是太蔟長八寸自乘八八六十四，因而十之，得六百四十，應六十四卦而合乎人所用之數。凡此皆取本律自乘之數而十因之，與天地人之數配合爲説而已，非謂凡律圍徑不同而各以圍乘長得此數也。註説非是，故後文譏之。五位終於十，謂五奇五偶之合始天一而終地十也。地之中數六，謂二四六八十爲地數，六乃居其中也。孟康，字公休，三國魏散騎常侍，註《漢書》。

按：《漢志》以黄鐘、林鐘、太蔟三律之長自相乘，又因之以十也。黄鐘長九寸，九九八十一，又以十因之，爲八百一十。林鐘長六寸，六六三十六，又以十因之，爲三百六十。太蔟長八寸，八八六十四，又以十因之，爲六百四十。黄鐘應麻一統，林鐘當期之日，太蔟應六十四卦，皆倚數配合爲説而已。獨黄鐘云繇此之義起十二律之周徑，蓋黄鐘十其廣之分以爲長，十一其長之分以爲廣，故空圍九分，積八百一十分，其數與此相合。長九寸，積八百一十分，則其周徑可以數起矣。即胡安定所謂徑三分四釐六毫，圍十分三釐八毫者是也。孟康不察，乃謂凡律圍徑不同，各以圍乘長而得此數者，蓋未之考也。

箋曰：安定胡瑗所居地名廣，即空圍也。《漢志》所謂繇此之義起十二律之周徑，言繇黄鐘長廣得黄鐘周徑，繇黄鐘周徑得諸律周徑。孟康不察，乃謂凡律皆繇以圍乘長起周徑，以林鐘爲圍六分，太蔟圍八分，此皆不考班義而誤解也。

後漢鄭康成《月令》註曰：凡律空圍九分。孔穎達疏曰：諸律雖短長有差，其圍皆以九分爲限。

箋曰：按《禮記·月令》：孟春之月，律中太蔟。漢鄭氏註曰：孟春氣至則太蔟之氣應。太蔟者，林鐘之所生，三分益一，律長八寸。凡律空圍九分。唐孔穎達疏云：凡律空圍九分者，以黄鐘爲諸律之首，諸律雖長短有差，其圍皆以九分爲限。若依孟康，林鐘長六寸，圍六分，則圍之大小、逐管長短，然則分寸之數不可定也。二説蓋言，凡律長短雖不同，而其空圍皆九分也。孔穎達，字仲達，冀州衡水人，唐國子祭酒，曲阜縣男，作《禮記正義》與鄭註並行謂之疏。

蔡邕《銅龠銘》曰：龠，黄鐘之宫，長九寸，空圍九分，容秬黍一千二百粒，稱重十二銖，兩之爲一合，三分損益轉生十一律。《月令章句》曰：古之爲鐘律者，以耳齊其聲，後人不能，則假數以正其度，度正則音已正矣。鐘以斤兩尺寸中所容受升斗之數爲法，律亦以寸分長短爲度，故曰黄鐘之管長九寸，徑三分，其餘皆稍短，雖大小圍數無增減。以度量者，可以文載口傳，與衆共知，然不如耳決之明也。

箋曰：《銅龠銘》以銅爲黄鐘之龠而銘之。《月令章句》，蔡邕著。以耳齊聲，謂古之神明於樂之人，以耳聽十二律之高下而齊其聲也。然史載後漢嚴宣，傳父律吕之學，太史丞宏試以十二律，其二中，其四不中，其六不知何律。明太祖親擊石磬，命學士朱升辨五音，升不能辨，以宫音爲徵音。是耳決之難，又不如度考之易也。

韋昭《周語註》曰：黄鐘之變也，管長九寸，徑三分，圍九分，因而九之，九九八十一，故黄鐘之數立焉。

箋曰：韋昭，三國雲陽人，吴高陵亭侯，註《國語》。按周景王將鑄無射，問律於伶州鳩。伶州鳩對曰：夫六，中之色也，故名之曰黄鐘。註曰：六者，天地之中，天有六氣，地生五味，天有六甲，地有五子，十一而天地畢矣，而六爲中，故六律六吕而成天道。黄鐘六律之首，故以六律正色爲黄鐘之名，君之義也。黄鐘陽之變也，管長九寸，徑三分，圍九分，因而九之，九九八十一，故黄鐘之數立焉。蓋自古律散亡，歷代儒者拘於徑一圍三之説，而不知以密率考之，見云圍九分者，遂以爲徑三分。孟康之註《漢書》，韋昭之註《周語》是皆不知講求於圍徑之密率者，宜後文之深譏之也。

按：鄭康成《月令註》云凡律空圍九分，蔡邕《銅龠銘》亦云空圍九分，蓋空圍中廣九分也。東都之亂，樂律散亡，邕之時未亂，當親見之，又曉解律吕，而《月令章句》云徑三分，何也？孟康、韋昭之時，漢斛雖在，而律不存矣。康昭等不通律吕，故康云黄鐘、林鐘、太蔟圍徑各異，昭云黄鐘徑三分，皆無足怪者。隋氏之失，豈康昭等有以啓之與。不知而作，宜聖人所深戒也。

魏徵《隋志》曰：開皇元年，平陳後，牛宏、辛彦之、鄭譯、何妥等，參考古律度，合依時代制律，其黄鐘之管俱徑三分，長九寸，度自有損益，故聲有高下。圍徑長短與度而差，故容黍不同。今列其數云。

箋曰：魏徵，字元成，魏州人，唐太子太師，鄭國公，修《隋書》。凡篇内引《隋志》，即《隋書·律志》。開皇，隋文帝年號。牛宏，字里仁，鶉觚人，隋右光禄大夫，文安侯。辛彦之，狄道人，隋洛州刺史，任城郡公。鄭譯，字正義，滎陽人，隋沛國公，上柱國。何妥，字栖鳳，西城人，隋國子祭酒。黄鐘尺數如後文所列。

晉前尺黄鍾，容黍八百八粒。

箋曰：晉有兩尺，以西晉泰始十年荀勗等所造尺爲晉前尺；渡江後所造尺爲後尺，此尺少於古黄鍾之容三百九十二黍。然史稱前尺立意精密，故《隋志》十五等尺，皆以晉前尺爲本。謂與周漢諸尺相近而容受不合古之黄鍾，未審何説。

梁法尺黄鍾，容八百二十八。

箋曰：法尺，朝野通用以爲法度之尺，此尺少於古黄鍾之容三百七十二黍。

梁表尺黄鍾三：其一容九百二十五，其一容九百一十，其一容一千一百二十。

箋曰：用竿以取午正日影謂之表，量表之尺謂之表尺。此尺其一少於古黄鍾之容二百七十五黍，其一少二百九十黍，其一少八十黍。

漢官尺黄鍾，容九百三十九。

箋曰：官尺，漢時官所造以頒民閒之尺。後世凡稱尺小者謂之官，以官尺從黄鍾定，較俗尺爲小故也。此尺少於古黄鍾之容二百六十一黍。

古銀錯題黄鍾龠，容一千二百。

箋曰：銀錯題黄鍾龠，即蔡邕銅龠。此龠容黍一千二百，合古黄鍾之尺。《隋志》云：從上相傳，有銅龠一，以銀錯題其銘。唐祖孝孫云：相承傳是蔡邕銅龠，凡以金銀縷爲文作題，識者稱金錯題、銀錯題。

宋氏尺即鐵尺，黄鍾凡二：其一容一千二百，其一容一千四十七。

箋曰：此尺其一合古黄鍾之容，其一少一百五十三黍。史稱錢樂之渾天儀尺，後周鐵尺，開皇初調鍾律尺，及平陳後調鍾律水尺，皆宋代人閒常用之尺傳入齊梁陳，以制樂律，實與晉後尺及梁時俗尺、劉曜渾天儀諸尺相依近，故知當時宋氏鐵尺亦魏晉以後最有法度之尺。歷代尺合古黄鍾容受者，惟此尺與蔡邕銅龠而已。

後魏前尺黄鍾，容一千一百一十五。

箋曰：後魏有前尺、中尺、後尺，皆因造尺有先後之殊故名，此尺少於古黄鍾之容八十五黍。

後周玉尺黄鍾，容一千二百六十七。

箋曰：此尺多於古黄鍾之容六十七黍。玉尺解見後。

後魏中尺黄鍾，容一千五百五十五。

箋曰：此尺多於古黄鍾之容三百五十五黍。

後魏後尺黄鍾，容一千八百一十九。

箋曰：此尺多於古黄鍾之容六百一十九黍。

東魏尺黄鍾，容二千八百六十九。

箋曰：此尺多於古黄鍾之容一千六百六十九黍。歷代黄鍾容受多寡相差皆在數百黍以内，惟此尺則倍其容受而又多四百六十九黍，竊恐當時造律雖差亦不至此，疑史二千當作一千。

萬寶常水尺律母黄鍾，容黍一千三百二十。

箋曰：此尺多於古黄鍾之容一百二十黍。萬寶常，周隋之知樂者。水尺律，萬寶常所造，説稱其黄鍾律當鐵尺南吕倍聲。南吕爲黄鍾宫之羽，羽屬水，故謂之水尺律。南吕倍聲一尺零六分，今用此尺當黄鍾，是長於黄鍾之律一寸六分，其聲滔滔和雅，令人舒緩，故當時以萬寶常之樂爲良。

梁表鐵尺律，黄鍾副别者，其長短及口空之圍徑並同，而容黍或多或少，皆是作者旁庣其腹，使有盈虚。

箋曰：此尺用以量表，又造律，故名梁表鐵尺律。庣，過也，又不滿也。口，律之兩端冪處也。腹，口以内也。口之大小，其數易見。腹之盈朒，難於尺量。當時所算容受，從律口起算，而不知其腹有旁庣，實不與口相應，故其長短及口空之圍徑雖同，而容黍有多少不同。

按：梁表尺三律與宋氏尺二律容受不同，史謂作者旁庣其腹，使有盈虚，則當時制作之疎亦可見矣。晉前尺律黄鍾止容八百八黍者，失在於徑三分也。古銀錯與玉尺玉斗合玉斗之容受，與晉前尺徑三分四釐六毫者不甚相遠，但玉尺律徑不及三分，故其律遂長，而尺長於晉前尺一寸五分八釐。蓋自漢魏而下，造律竟不能成，而度之長短，量之容受，權衡之輕重，皆戾於古，大率皆由徑三分之説誤之也。

箋曰：梁表尺三律，其一容黍九百二十五，其一容黍九百一十，其一容黍一千一百二十。宋氏尺二律，其一容黍一千二百，其一容黍一千四十七，此皆作者旁庣其腹使然，而當時不知焉。則其制作之疎，亦可見矣。徑大者容多，徑小者容少。晉前尺黄鍾容黍八百八粒，故知失在徑三分也。玉斗，後周武帝保定中，因修倉掘地，得古玉斗，以爲正器，當時據斗所造之律即爲玉尺。玉尺律容黍一千二百六十七，與古銀錯容黍一千二百不甚相遠，故曰古銀錯與玉尺玉斗合。以玉斗之容受造律，其長若與晉前尺等，則尺短容少，其徑必大。今玉尺律徑不及三分，是徑小容溢，其尺乃長。此據斗造律之所以亦不合也。以爲徑三分者，晉前尺之實法也。以爲徑三分四釐六毫者，蓋由玉斗而以晉前尺之長約之也。凡律太長不成聲，太短亦不成聲，故聖人因天地之氣以定黄鐘之律，所以考中音正元始也。後世不知出此，而惟尺是尚，又誤於徑三分之法。宜乎？律度量衡之皆舛已。

本朝胡安定《律吕議》曰：按歷代律吕之制，黄鐘之管長九十黍之廣，積九寸，度之所由起也。容千二百黍，積八百一十分，量之所由起也。重十有二銖，權衡之所由起也。既度量權衡皆出於黄鐘之龠，則黄鐘之龠圍徑容受，可取四者之法交相酬驗，使不失其實也。今驗黄鐘律管，每長一分，内實十三黍又三分黍之一，圍中容九方分也。後世儒者執守孤法，多不能貫知權量之法，但制尺求律，便爲堅證。因謂圍九分者，取空圍圓長九分爾。以是圍九分之誤，遂有徑三分之説。若從徑三圍九之法，則黄鐘之管止容九百黍，積止六百七分半，如此則黄鐘之聲無從而正，權量之法無從而生，周之嘉量，漢之銅斛，皆不合其數矣。

箋曰：一圍内容九方分，謂空圍内冪積九分也。圓長九分，謂空圍外圓周九分也。以爲徑三分，則周當有九分四釐二毫四絲七忽，而不止於九分。以爲周九分，則徑止有二分八釐六毫四絲一忽，而不及三分。以此展轉相求，故知主徑三分之説爲誤。徑三分者，既圍九分有奇，則每分空圍面積七分六毫八絲五忽，以九十因之，則積六百三十六分一釐六毫五絲。面積不及九分，則每分容一十黍又十分黍之四，以九十因之，則容九百三十六黍。胡云徑三分圍九分，容九百黍，積六百七分半，此蓋舉其大畧以破徑三圍九之説，非密率也。

按：十二律圍徑，自先漢以前，傳記並無明文。惟班志云黄鐘八百一十分，繇此之義起十二律之周徑。然其説乃是以律之長自乘，而因之以十，蓋配合爲説耳，未可以爲據也。惟《審度》章云一黍之廣度之九十分，黄鐘之長一爲一分。《嘉量》章則以千二百黍實其龠。《謹衡權》章則以千二百黍爲十二銖。則是累九十黍以爲長，積千二百黍以爲廣，可見也。夫長九十黍，容千二百黍，則空圍當有九方分，乃是圍十分三釐八毫，徑三分四釐六毫也。每一分容十三黍又三分黍之一，以九十因之，則一千二百也。又漢斛銘文云：律嘉量，方尺，圓其外，庣旁九釐五毫，冪百六十二寸，深尺，積一千六百二十寸，容十斗。嘉量之法，合龠爲合，十合爲升，十升爲斗，十斗爲石。一石積一千六百二十寸，爲分者一百六十二萬。一斗積一百六十二寸，爲分者十六萬二千。一升積十六寸二分，爲分者一萬六千二百。一合積一寸六分二釐，爲分者一千六百二十。則黄鐘之龠，爲八百一十分明矣。空圍八百一十分，則長累九十黍，廣容一千二百黍矣。蓋十其廣之分以爲長，十一其長之分以爲廣，自然之數也。自孟康以律之長十之一爲圍之謬，其後韋昭之徒遂皆有徑三分之説，而《隋志》始著以爲定論。然累九十黍，徑三黍，止容黍八百有奇，終與一千二百黍之法兩不相通，而律竟不成。唐因聲制樂，雖近於古而律亦非是。本朝承襲皆不能覺，獨胡安定以爲九分者方分也，以破徑三分之法，然所定之律不本於聲氣之元，一取之秬黍，故其度量權衡皆與古不合，又不知變律之法，但見仲吕反生不及黄鐘之數，乃遷就林鐘以下諸律圍徑，以就黄鐘清聲。以夷則、南吕爲徑三分、圍九分，無射爲徑二分八釐、圍八分四釐，應鐘爲徑二分六釐五毫、圍七分九釐五毫。夫律以空圍之同，故其長短之異可以定聲之高下。而其所以爲廣狹長短者，又莫不有自然之數，非人之所能爲也。今其律之空圍不同，如此則亦不成律矣。遂使十二律之聲皆不當位，反不如和峴舊樂之爲條理，亦可惜也。房庶以徑三分周圍九分，累黍容受不能相通，遂廢一黍爲一分之法，而增益班志八字，以就其説，范蜀公乃從而信之，過矣。

箋曰：黄鐘長九寸，空圍九分，積八百一十分，以方圓密率考之，亦可知其徑之不止於三分矣。自孟康註《漢書》，以爲律孔徑三分圍九分。韋昭之註《周語》亦然，其後歷隋及唐及宋，未有能正之者。夫以爲徑三分圍九分，是既不知圍九分爲冪九分，因有周九分之説，又不知徑一則周三一四一五九二六五，又有徑三分之誤，遂使圓長容徑皆不相通，此隋律之所以止容黍八百有奇也。獨胡安定用九方分算法，得黄鐘徑三分四釐六毫，圍十分三釐八毫，而圍徑之率以定。然於候氣之法不講，而專以大黍横累一百起尺，以小黍一千二百實龠，則亦不自知其法之有相戾矣。律吕之數往而不返，仲吕再生黄鐘八寸七分有奇，不及黄鐘之九寸。半之得四寸三分有奇，不及黄鐘之正半。胡安定以爲律之圍徑準於其積，而律之有積準於其長。今再生黄鐘不及九寸，則其空圍内積亦必不及八百一十分之數，若驟然而小，律恐不諧，於是乃遷就夷則、南吕、無射、應鐘諸圍徑，使以次漸減以就之。其曰黄鐘清聲者，指所用變半而言也。不知律法三分黄鐘之長以生諸律之長，則亦三分黄鐘之積以生諸律之積。今諸律圍徑不同如此，則是三分損益可以通於諸律之長，而不可以通於諸律之積，非法也。昔後魏安豐王依孟註林鐘空圍六分及太蔟空圍八分，作律吹之，不合黄鐘商徵之聲，惟皆空圍九分乃與均鐘器合，是諸律圍徑之不可以有異，前人已先驗之矣。嘉祐初，范鎮與房庶議樂，亦力詆安定之非，然鎮主庶説，以爲黄鐘徑三分圍九分，則亦不知其法之不能相通矣。和峴，浚儀人，五代魯國公凝之子。太祖常以雅樂聲高，詔峴考定。房庶，益州進士，以知音用宋，祁薦召詣闕論樂。庶不知黄鐘之率本非徑三圍九，又見累黍容受不能合於古人之法，於是乃以後世之律不能相齊，皆由儒者誤以一黍爲一分，其法非是，不若以一千二百黍實管中，隨其長短斷之以爲黄鐘之管。九十分其長，一爲一分，而以三爲空徑。又恐其説不能孤行，以爲嘗得古本《漢書》云度起於黄鐘之長，以子穀秬黍中者一黍之起，積一千二百黍之廣，度之九十分，黄鐘之長一爲一分。今文脱「之起積一千二百黍」八字，以故諸儒不通其義，而誤解之。名爲後人所脱，其實乃庶所增。范蜀公從而信之，此司馬温公所以反覆辨論也。考《唐志》，張文收依古斷竹爲十二律，高祖命與祖孝孫吹調五鐘，叩之而應，由是十二鐘皆用。孝孫又以十二月旋相爲六十聲八十四調，其法因五音生二變，因變徵爲正徵，因變宫爲清宫，七音起黄鐘終南吕，迭爲綱紀。黄鐘之律，管長九寸，王於中宫。半之四寸五分，與清宫合，五音之首也。加以二變循環無間，故一宫，二商，三角，四變徵，五徵，六羽，七變宫。其聲由濁至清，爲一均。蓋凡十二宫調皆正宫也。正宫聲之下無復濁音，故五音以宫爲尊。十二商調，商有下聲一。十二角調，角有下聲二。十二徵調，徵有下聲三。十二羽調，羽有下聲四。十二變徵調，居角後徵前。十二變宫調，居羽後清宫前。所謂因聲制樂者以此。然其黄鐘圍徑不著密率，竊恐律非而聲亦未必獨是也。已餘義見上篇。

黄鐘之實第三

《淮南子》曰：規始於一，一不生，故分而爲陰陽，陰陽合和而萬物生。故曰一生二，二生三，三生萬物。天地三月而爲一時，故祭祀三飯以爲禮，喪紀三踊以爲節，兵重三罕以爲制。三參物，三三如九，故黄鐘之九寸而宫音調。因而九之，九九八十一，故黄鐘之數立焉。黄者，土德之色。鐘者，氣所種也。日冬至，德氣爲土，土色黄，故曰黄鐘。律之數六，分爲雌雄，故曰十二鐘以副十二月。十二各以三成，故置一而十一三之，爲積分十七萬七千一百四十七，黄鐘大數立焉。

箋曰：《淮南子》，漢劉安著，説見《天文訓》篇。太極無端，渾然如規。運規者一，而圍三，故曰規始於一。一元在中，象數未形，故曰一不生。迨乎動而爲陽，静而爲陰，始生一奇一偶，而爲一畫者二，是爲兩儀，故曰一生二。兩儀既定，天位乎上，地位乎下，人居天地之中，與天地並立而爲三，是爲三才，故曰二生三，三生萬物。時成於天，而兼言地者，謂合天干地支以爲日月之數也。三飯謂祭祀飯尸，以三爲度也。踊，哀哭跳躍也。《儀禮·士喪禮》註云：主人稽顙頭觸地成踊者三。罕同旱，軍中大旗也。兩一爲偶，三一爲參，謂一與一相對待，而又以一參之也。三自乘得九，是爲黄鐘之寸數。九自乘得八十一，是爲黄鐘之分數。冬至一陽初動而黄鐘之灰飛焉，是於日爲冬至也。黄者土德之色，鐘者氣之所種，是於德氣爲土也。以其宫而爲君，故名之曰黄鐘。黄者中之色，君之服也，以其名爲黄鐘，故又謂之合德於土。土者，中之位，其色黄也。律之數六，謂陰陽律各六也。陽律黄鐘、太蔟、姑洗、蕤賓、夷則、無射爲雄。陰吕大吕、夾鐘、仲吕、林鐘、南吕、應鐘爲雌。十二鐘即十二律之鐘，一月應一律，十二鐘故副十二月也。自子一而丑三，而寅九，而卯二十七，而辰八十一，而巳二百四十三，而午七百二十九，而未二千一百八十七，而申六千五百六十一，而酉一萬九千六百八十三，而戌五萬九千四十九，而亥十七萬七千一百四十七，皆得以三遞加之數，所謂置一而十一三之以爲黄鐘之積分也。蓋論相生之次，則三生於二，而溯無極之初，則一實函三。黄鐘始動於一，而以三歷十一辰，此律吕之所以與陰陽合德歟。

《前漢志》曰：太極元氣，函三爲一。極，中也。元，始也。行於十二辰，始動於子。參之於丑，得三。又參之於寅，得九。又參之於卯，得二十七。又參之於辰，得八十一。又參之於巳，得二百四十三。又參之於午，得七百二十九。又參之於未，得二千一百八十七。又參之於申，得六千五百六十一。又參之於酉，得萬九千六百八十三。又參之於戌，得五萬九千〇〇四十九。又參之於亥，得十七萬七千一百四十七。此陰陽合德，氣種於子，化生萬物者也。

箋曰：義見上篇。

《律書》曰：置一而九，三之以爲法，實如法，得長一寸。凡得九寸，命曰黄鐘之律。

箋曰：置一而九，三之以爲法，謂自子一以三歷九，位至酉一萬九千六百八十三，以爲寸法也。復以一萬九千六百八十三爲實，以一寸爲法，除之，故曰實如法得長一寸。因而九之爲九寸，是爲黄鐘之律。

按：《淮南子》謂置一而十一三之，以爲黄鐘之大數。即此置一而九，三之以爲寸法者，其術一也。夫置一而九三之既爲寸法，則七三之爲分法，五三之爲釐法，二三之爲毫法，一三之爲絲法，從可知矣。《律書》獨主寸法者，蓋已於生鐘分内默具律寸分釐毫絲之法，而又於此律數之下指其大者，以明凡例也。一三之而得三，三三之而得二十七，五三之而得二百四十三，七三之而得二千一百八十七，九三之而得一萬九千六百八十三。故一萬九千六百八十三以九分之，則爲二千一百八十七。二千一百八十七以九分之，則爲二百四十三。二百四十三以九分之，則爲二十七。二十七以九分之，則爲三。三者，絲法也。九其三，得二十七，則毫法也。九其二十七，得二百四十三，則釐法也。九其二百四十三，得二千一百八十七，則分法也。九其二千一百八十七，得一萬九千六百八十三，則寸法也。一寸九分，一分九釐，一釐九毫，一毫九絲，以之生十一律，以之生五聲二變。上下乘除，參同契合，無所不通，蓋數之自然也。顧自淮南、太史公之後，即無識其意者。如京房之六十律，雖亦用此十七萬七千一百四十七之數，然乃謂不盈寸者十之所得爲分，又不盈分者十之所得爲小分，以其餘爲强弱。不知黄鐘九寸，以三損益，數不出九。苟不盈分者十之，則其奇零無時而能盡。雖泛以强弱該之，而卒無以見强弱之爲幾何，則其數之精微固有不可得而紀者矣。至於杜佑、胡瑗、范蜀公等則又不復知有此數，而以意强爲之法，故《通典》則自南吕而下各自爲法，故不可以見分釐毫絲之實。胡范則止用八百一十分，乃是以積實生量之數爲律之長，而其因乘之法亦用十數，故其餘算亦皆棄而不録。蓋非有意於棄之，實其重分累析，至於無數之可紀，故有所不得而録耳。夫自絲以下，雖非目力之所能分，然既有其數，而或一算之差則法於此而遂變，不以約十爲九之法分之，則有終不可得而齊者，故淮南、太史公之書，其論此也已詳，特房等有不察耳。司馬貞《史記索隱》註黄鐘八寸十分一云：律九九八十一，故云八寸十分一。《漢書》云：長九寸者，九分之寸也。此則古人論律以九分爲寸之明驗也。

箋曰：京房，字君明，頓邱人，漢魏郡太守。《漢後志》云：房受學故小黄令焦延壽。六十律相生之法，以上生下皆三生二，以下生上皆三生四。陽下生陰，陰上生陽，終於仲吕而十二律畢矣。仲吕生執始，執始生去滅，終於南事，六十律畢矣。夫十二律之變至於六十，猶八卦之變至於六十四也。其曰不盈寸者十之所得爲分，又不盈分者十之所得爲小分，蓋房但以黄鐘之寸萬九千六百八十三爲法，滿此爲寸，不滿此十之爲分，又十之爲小分，有不盡則紀之以爲强弱。十之者，謂以萬九千六百八十三爲十分，則有一千九百六十八即爲一分，有一百九十六即爲一小分也。如太蔟生南吕十萬四千九百七十六，除實九萬八千四百一十五爲五寸，又除實五千九百單四爲三分，又除實五百九十爲小分三，除後尚有六十七不盡，爲小分三强。是皆以寸爲法，而得數如此，不知律吕之數自寸以下其分釐毫絲皆各有法。不滿寸者，約以分法爲分。不滿分者，約以釐法爲釐。不滿釐者，約以毫法爲毫。不滿毫者，約以絲法爲絲。今房之法如此，則是南吕本五寸三分，房法乃得五寸三分三釐。南吕本十萬四千九百七十六，房法乃得十萬四千九百單九。古法皆以九御分釐毫絲，房法乃以十之爲分。古法無奇零，房法乃有餘數。則亦無以見數之精微矣。餘倣此。杜佑，萬年人，仕唐拜司空，封岐國公，著《通典》。按《通典》十二律相生之法，皆以黄鐘爲始，黄鐘之管九寸，下生者三分去一，上生者三分益一，五下六上，仍得一終。黄鐘下生林鐘，林鐘管長六寸。林鐘上生太蔟，太蔟管長八寸。太蔟下生南吕，南吕管長五寸三分寸之一。南吕上生姑洗，姑洗管長七寸九分寸之一。姑洗下生應鐘，應鐘管長四寸二十七分寸之二十。應鐘上生蕤賓，蕤賓管長六寸八十一分寸之二十六。蕤賓上生大吕，大吕管長四寸二百四十三分寸之五十二，倍之爲八寸分寸之一百四。大吕下生夷則，夷則管長五寸七百二十九分寸之四百五十一。夷則上生夾鐘，夾鐘管長三寸二千一百八十七分寸之一千六百三十一，倍之爲七寸分寸之一千七十五。夾鐘下生無射，無射管長四寸六千五百六十一分寸之六千五百二十四。無射上生仲吕，仲吕管長六寸萬九千六百八十三分寸之萬二千九百七十四。所謂《通典》自南吕而下各自爲法者，以此。然諸律惟黄鐘、林鐘、太蔟得全寸，其南吕、姑洗則有分，應鐘、蕤賓則有釐，大吕、夷則則有毫，夾鐘、無射則有絲，仲吕則有忽，是必以各律之實一約之以分釐毫絲之法，然後其爲分釐毫絲之實乃可得而見。今杜氏自南吕以下，皆各用以三歷十二辰所得之數爲法。如南吕管長五寸三分寸之一，則丑三之法是也。三分寸之九分，而得其一，是爲長五寸又寸之三分。姑洗管長七寸九分寸之一，則寅九之法是也。九分寸之九分，而得其一，是爲長七寸又寸之一分。其應鐘、蕤賓以釐約，大吕、夷則以毫約，夾鐘、無射以絲約，仲吕以忽約，俱倣此。是使十二律分釐毫絲之法既不相齊，而十二律分釐毫絲之數亦究無以見其爲幾何矣。黄鐘積八百一十分爲一龠，所以生量。胡安定、范蜀公用此八百一十分之數三分損益，轉生十一律。所謂胡范皆以積實生量之數爲律之長也。數以九爲法，可以三分。以十爲法，則有一算不盡。胡范因乘皆用十數，此所以亦有奇零之不盡也。餘義見上篇。

何夢瑤《賡和録》卷下《律吕新書》

黄鐘之實第二

子一	黄鐘之律黄鐘一律應冬至，乃諸律之首，故爲子一。
丑三三因子一得之。	爲絲法
寅九三因丑三得之。餘倣此。	爲寸數
卯二十七	爲毫法
辰八十一	爲分數
巳二百四十三	爲釐法
午七百二十九	爲釐數
未二千一百八十七	爲分法
申六千五百六十一	爲毫數
酉一萬九千六百八十三	爲寸法
戌五萬九千零四十九	爲絲數
亥十七萬七千一百四十七	黄鐘之實

《前漢志》曰：太極元氣，函三爲一。孟康曰：元氣始起於子，未分之時，天地人混合爲一，故子獨爲一也。十二律相生，並以三分爲損益，故以三因偏歷十二辰，而三其子一爲丑三，三其丑三爲寅九，三其寅九爲卯二十七也。寅爲寸數者，黄鐘之管長九寸也。辰爲分數者，本以十分爲一寸，今約之爲九分，每寸九分，九寸共八十一分也。釐毫絲各數倣此。九絲爲一毫，九毫爲一釐，九釐爲一分。蓋用十分八算，則有畸零不盡之數，故用約法以通之，而其長無異，非減十分爲九分也。丑三爲絲法者，以亥數爲實，用三除之，即得戌絲數，故丑三爲絲法也。卯爲毫法者，以亥數爲實，用二十七除之，即得申毫數，故卯爲毫法也。三因申得酉，又三因得戌，又三因得亥，即如二十七因申得亥也。故以二十七除亥，還原得申。餘倣此。

黄鐘生各律第三

子一分，黄鐘。

一爲九寸。

丑三分二，林鐘。

三因子一，得丑三分，蓋化黄鐘一分爲三分也。三分二者，於黄鐘三分內，取其二分爲林鐘也。算法，三分爲母，二分爲子，母指黄鐘，子指林鐘。下倣此。

一爲三寸。黄鐘子一爲九寸，化作丑三分，則一分爲三寸也。林鐘二分，得六寸。

寅九分八，太簇。三因丑三得母，四因丑二得子。

一爲一寸。太簇八分，得八寸。

卯二十七分十六，南吕。三因寅九得母，二因寅八得子。

三爲一寸，一爲三分。三分爲一寸，每寸九分，則一分爲三分。南吕十六分，內十五分得五寸，餘一分得三分，合之得五寸三分。乃五寸又九分寸之三也。

辰八十一分六十四，姑洗。三因卯母得母，四因卯子得子。

九爲一寸，一爲一分。姑洗六十四分，內六十三分得七寸。一分，得一分。合之得七寸又九分寸之一。

巳二百四十三分一百二十八，應鐘。三因辰母得母，二因辰子得子。

二十七爲一寸，三爲一分，一爲三釐。應鐘一百二十八分，內一百零八分得四寸，十八分得六分，二分得六釐，合之得四寸六分六釐。乃四寸又九分寸之六分，又九分分之六釐也。

午七百二十九分五百一十二，蕤賓。三因巳母得母，四因巳子得子。

八十一爲一寸，九爲一分，一爲一釐。蕤賓五百一十二分，內四百八十六分得六寸，十八分得二分，八分得八釐，合之得六寸二分八釐。乃六寸，又九分寸之二分，又九分分之八釐也。

未二千一百八十七分一千零二十四，大吕。三因午母得母，二因午子得子。

二百四十三爲一寸，二十七爲一分，三爲一釐，一爲三毫。大吕一千零二十四分，內九百七十二分得四寸，二十七分得一分，二十四分得八釐，一分得三毫，合之得四寸一分八釐三毫。乃四寸又九分寸之一分，又九分分之八釐，又九分釐之三毫。爲大吕半數，倍之得八寸三分七釐六毫爲大吕全數。乃八寸又九分寸之三分，又九分分之七釐，又九分釐之六毫也。

申六千五百六十一分四千零九十六，夷則。三因未母得母，四因未子得子。

七百二十九爲一寸，八十一爲一分，九爲一釐，一爲一毫。夷則四千零九十六分，內三千六百四十五分得五寸，四百零五分得五分，四十五分得五釐，一分得一毫，合之得五寸五分五釐一毫。乃五寸又九分寸之五分，又九分分之五釐，又九分釐之一毫也。

酉一萬九千六百八十三分八千一百九十二，夾鐘。三因申母得母，二因申子得子。

二千一百八十七爲一寸，二百四十三爲一分，二十七爲一釐，三爲一毫，一爲三絲。倣前法，合得三寸又九分寸之六分，又九分分之六釐，又九分釐之三毫，又九分毫之六絲，爲夾鐘半數。倍之得七寸又九分寸之四分，又九分分之三釐，又九分釐之七毫，又九分毫之三絲，爲夾鐘全數。

戌五萬九千零四十九分三萬二千七百六十八，無射。倣前取數。

六千五百六十一爲一寸，七百二十九爲一分，八十一爲一釐，九爲一毫，一爲一絲。倣前法。合得無射四寸，又九分寸之八分，又九分分之八釐，又九分釐之四毫，又九分毫之四絲。

亥一十七萬七千一百四十七分六萬五千五百三十六，仲呂。倣前取數。

一萬九千六百八十三爲一寸，二千一百八十七爲一分，二百四十三爲一釐，二十七爲一毫，三爲一絲，一爲三忽。倣前法。合得仲呂三寸，又九分寸之二分，又九分分之八釐，又九分釐之六毫，又九分毫之二絲，又九分絲之六忽，爲仲呂半數。倍之得六寸又九分寸之五分，又九分分之八釐，又九分釐之三毫，又九分毫之四絲，又九分絲之六忽，爲全數。

此論黃鐘一律徧生各律，分字上是黃鐘母數，分字下是各律子數。其法如此。非言十二律三分損益相生之法，然其法已肇于此。蓋六陽律子、寅、辰、午、申、戌爲陽。皆以二因其子數，得六陰律丑、卯、巳、未、酉、亥爲陰。子數，即《史記》所謂下生者倍其實也。六陰律皆四因其子數，得六陽律子數，即《史記》所謂上生者四其實也。詳下章。

原註：六陽辰，當位自得。黃鐘子月之律而居子，太簇寅月之律而居寅是也。六陰辰，則居其衝。林鐘未月之律而居丑，南呂酉月之律而居卯，皆居其對衝之位也。其林鐘、南呂、應鐘三者，在陰無所增損。林鐘在未，南呂在酉，應鐘在亥，並在子午之西，屬陰方，無半數，故無增損。其大呂、夾鐘、仲呂三者在陽，大呂在丑，夾鐘在卯，仲呂在巳，並居子午之東，是陰居陽方。則用倍數，方與十二月之氣相應。蓋陰之從陽，陰居陽方，故從陽。自然之理也。此言候氣當用全數方應，他法不在此論。

十二律之實第四

子，黃鐘十七萬七千一百四十七。

全九寸，半無。半乃四寸半，以五因九寸可得。緣寸分釐諸數，皆以九起算，不可用五折。且黃鐘君律，不爲他律所役，無取乎半數，故云無。必欲照下例具數。則云半四寸又十分寸之五，不用。未爲不可也。

丑，林鐘十一萬八千零九十八。三分子實而二因之，得此。

全六寸，半三寸不用。觀第九章圖，無用林半者可知。下倣此。

寅，太簇十五萬七千四百六十四。三分丑實而四因之，得此。

全八寸，半四寸。

卯，南呂十萬零四千九百七十六。三分寅實而二因之，得此。

全五寸三分，實五寸三分三釐三毫不盡，蓋三分乃九分寸之三分。今改用十分寸，則實數乃十分寸之三分三釐三三不盡也。其法以九歸三分得之。半二寸六分，不用。問五寸三分之半，當二寸六分五釐而少五釐，何也？曰折半者以十起算者也，此以九起算，故止二寸六分。試將卯實半之爲五萬二千四百八十八分，依首章一萬九千六百八十三爲寸法，二千一百八十七爲分法例算之，適得二寸六分耳。下倣此。依五寸三三不盡半之，當得二寸六分六六不盡。

辰，姑洗十三萬九千九百六十八。三歸卯實而四因之，得此。

全七寸一分，實七寸一分一釐一毫不盡。半三寸五分。實數將全實數折半即得，故不復註。

巳，應鐘九萬三千三百一十二。三歸辰實而二因之，得此。

全四寸六分六釐，實四寸七分四釐零七絲四忽。半二寸三分三釐，不用。

已上俱陽下生，陰上生。

午，蕤賓十二萬四千四百一十六。三歸巳實而四因之，得此。

全六寸二分八釐，實六寸三分二釐零九絲八忽七初六秒五四不盡。半三寸一分四釐。

巳下俱陽上生，陰下生。

未，大呂十六萬五千八百八十八。三歸午實而四因之，得此。

全八寸三分七釐六毫，實八寸四分三釐七毫九絲八忽三初五秒三九不盡。半四寸一分八釐三毫。

申，夷則十一萬零五百九十二。三歸未實而二因之，得此。

全五寸五分五釐一毫，實五寸六分一釐八毫六絲五忽五初六秒九二不盡。

半二寸七分二釐五毫。

酉，夾鐘十四萬七千四百五十六。三歸申實而四因之，得此。

全七寸四分三釐七毫三絲，實七寸四分九釐一毫五絲四忽零九秒二不盡。

半三寸六分六釐三毫六絲。

戌，無射九萬八千零三百零四。三歸酉實而二因之，得此。

全四寸八分八釐四毫八絲，實四寸九分九釐四毫三絲六忽零六秒一五不盡。半二寸四分四釐二毫四絲。

亥，仲呂十三萬一千零七十二。三歸戌實，不盡二算，則數不行，故律止於十二。

全六寸五分八釐三毫四絲六忽，實六寸六分五釐九毫一絲四忽七初四秒八八不盡。半三寸二分八釐六毫二絲三忽。

范氏曰：從子至巳，陽生陰退，故律生呂言下生，三分損一。呂生律言上生，三分益一。從午至亥，陰生陽退，故律生呂言上生，呂生律言下生。梁氏曰：班志隔八相生，一上一下，則終於仲呂。其長止三寸三分八釐六毫二絲三忽，雖三分益一，不能復生黃鐘，故京房立法，至蕤賓重上生下，五下六上，至仲呂長六寸五分餘，則三分益一，可以復生黃鐘也。

附隔八相生圖

變律第五此以上章仲呂之實十三萬一千零七十二分，三分益一，再生黃鐘以遞生各律也。然三分益一，不盡二算，則法雖用，當變法以通之，故曰變。詳下。

黃鐘十七萬四千七百六十二，小分四百八十六。

以仲呂之實三分之，不盡二算，則法窮，窮則變，變則通。律當變者有六，黃、林、簇、南、姑、應也，詳下。故置一，一謂第三章子一分。而六三之，六次三因之也。得七百二十九，以子一用三因偏歷六辰，至午得此。以乘仲呂之實十三萬一千零七十二，得九千五百五十五萬一千四百八十八。是七百二十九其十三萬一千零七十二也。三分益一，再生黃鐘一萬二千七百四十萬零一千九百八十四分。是七百二十九其黃鐘之實。又以七百二十九除之，以還實數。得黃鐘十七萬四千七百六十二分，餘小分四百八十六。所餘小分不用，故但小註紀之。其黃鐘遞生林、太、南、姑、應各律倣此。至應鐘之實六千七百一十萬八千八百六十四，以三歸之，又不盡一算數，又不可行，此變律之所以終於六也。

全八寸七分八釐一毫六絲二忽，實八寸八分七釐八毫八絲六忽三初三秒一七不盡。不用。此下俱照第三章某數爲寸等取數。

半四寸三分八釐五毫三絲一忽。

朱子曰：黃鐘正律九寸，變律則八寸有餘。黃鐘君象也，非諸宮之所能役，故虛其正不復用。所用即再生之變者，又缺其半。如大呂爲宮，黃鐘當加變律二字。爲變宮，黃管最長，黃鐘變律長八寸七分餘。只得用其半也。餘宮倣此。

林鐘十一萬六千五百零八分，小分三百二十四。

全五寸八分二釐四毫一絲一忽三初，實五寸九分一釐九毫二絲四忽二初二秒一一不盡。

半二寸八分五釐六毫五絲零六初。

太簇十五萬五千三百四十四，小分四百三十二。

全七寸八分零二毫四絲四忽七初不用，實七寸八分九釐三毫二絲二忽九初四秒八不盡。

半三寸八分四釐五毫六絲六忽八初。

南呂十萬零三千五百六十三，小分四十五。

全五寸二分三釐一毫六絲零一初六秒，實五寸二分六釐一毫五絲四忽八初六秒三二不盡。

半二寸五分六釐零七絲四忽五初三秒。

姑洗十三萬八千零八十四，小分六十。

全七寸零一釐二毫二絲零一初二秒不用，實七寸零一釐五毫三絲九忽八初一秒七六不盡。

半三寸四分五釐一毫一絲零一初一秒。

應鐘九萬二千零五十六，小分四十。

全四寸六分零七毫四絲三忽一初四秒，實四寸六分七釐六毫九絲三忽二初一秒不盡。

半二寸三分零三毫六絲六忽零六秒强，不用。

十一律各自爲宮，以生五聲二變。詳下章。其黃、林、太、南、姑、應六律，則能具足。如黃爲宮，則林爲徵，太爲商，南爲羽，姑爲角，應爲變宮，蕤爲變徵，五聲二變皆能具足也。至蕤、大、夷、夾、無、仲六律，則取黃、林、太、南、姑、應之聲，少下不和，如蕤爲宮，反取黃爲變徵；大爲宮，反取黃爲變宮；林爲變徵，則其聲少下而不和。正律長則聲濁而低下也。故有變律。變律聲近正而少高，則正律既少下不和，故用變律之少高以和之。變律較正律少短，則聲少清而高也。

律生五聲第六

宮聲八十一，即八寸一分，黃鐘之律九寸，于五音屬宮。以九約之得此。因九寸三分損益，至商八寸，而三歸餘二，數不可行，故約之。然八寸一分與九寸，數雖不同而長無異，乃虛約，非實減也。

商聲七十二，角聲六十四，徵聲五十四，羽聲四十八。

宮八十一，三分損一生徵五十四，又三分益一生商七十二，又三分損一生羽四十八，又三分益一生角六十四，又三分六十四，不盡一，數不可行，故聲止五。

原註：或曰此黃鐘一均五聲之數，一均猶言一宮。他律不然。疑他律旋相爲宮，爲商角徵羽，便非八十一、七十二、六十四、五十四、四十八也。曰：置本律之實，以八十一乘之，三分損益，以生餘四律。而各以本律之實約之，則宮固八十一，商亦七十二，角亦六十四，徵亦五十四，羽亦四十八矣。如應鐘爲宮，其實九萬三千三百一十二，以八十一乘之，得七百五十五萬八千二百七十二爲宮數。三分損一，得五百零三萬八千八百四十八爲蕤賓徵數。二數各以應鐘之實爲法除之，得宮八十一，徵五十四也。宮數乃八十一箇應鐘之實，徵數乃五十四箇實，故以應鐘之實爲法除之還原。十二律旋相爲宮，亦旋相爲商角徵羽，故徵五十四，在黃鐘宮則爲林鐘，在應鐘宮則爲蕤賓。在仲呂宮則爲黃鐘半，在夾鐘則爲無射。乃沈括謂五十四在仲呂爲商，在夾鐘爲角，謬矣。彼蓋泥五十四定屬林鐘，見六十調仲呂宮，林鐘居商位，故云然。不知旋宮之理，原不泥定林鐘爲徵也。

張琛《律呂新書初解》卷上

黃鐘之實第二

琛曰：此自子爲一，以三遞加，至亥推明黃鐘之實也。其説本于司馬遷以三相加之説。蔡子本之創爲絲毫分寸之法。用九不用十，於是以三損益之道，頭頭皆是。古人聰明細密，豈後人所能望其肩背哉。

子一，黃鐘之律。

琛曰：子一者，即司馬遷所謂太極元氣，函三爲一，始起於子，故曰子一。故爲黃鐘之律，是爲各律之根。

丑三，爲絲法。

琛曰：丑三者，即司馬遷所云參之丑得三也。以三乘子之一，故得三。爲絲法者，言今以三作爲一絲之法也。其説如以十尺爲如一丈，十六兩爲一斤之意。其意甚淺，無以深奧。求之，蓋蔡子創出此法。而後可推算其三分損益之理，云其法用九。故以三爲絲，積至九絲，二十七矣，即爲一毫。積至九毫，爲九个二十七，爲二百四十三矣，即爲一釐。積至九釐，爲九个二百四十三矣，即爲二千一百八十七，即爲一分。積至九分，爲九个二千一百八十七矣，即爲一萬九千六百八十三，即爲一寸。積至九寸，爲九个一萬九千六百八十三矣，即爲十七萬七千一百四十七黃鐘之實也。如此絲毫釐分寸之説明，而後十二律之長短，本此説而推衍，則了然明白，此《新書》開示後學之苦心也。

寅九，爲寸數。

琛曰：寅九者，即司馬遷所云參之于寅，得九也。以丑之三又三乘之，故得九。爲寸數者，黃鐘九寸。寅九，正是黃鐘之寸數。

卯二十七，爲毫法。

琛曰：卯二十七者，即司馬遷所謂參之于卯，得二十七也。以寅之九三乘之，故得二十七。爲毫法者，二十七正是九个三，爲九絲，故爲一毫也。

辰八十一，爲分數。

琛曰：辰八十一者，即司馬遷所謂參之于辰，得八十一也。以卯之二十七，三乘之，故得八十一。爲分數者，黃鐘之數九寸，每寸分作九分，爲八十一分之數。辰之八十一，黃鐘以分計積之數也。

巳二百四十三，爲釐法。

琛曰：巳二百四十三，即司馬遷所謂參之于巳，得二百四十三也。以辰之八十一，三乘之，故得二百四十三。爲釐法者，二百四十三正是九个二十七，爲九毫，故爲一釐也。

午七百二十九，爲釐數。

琛曰：午七百二十九，即司馬遷所謂參之于午，得七百二十九也。以巳之二百四十三，三乘之，故得七百二十九。爲釐數者，黃鐘之數八十一分，每分又分作九釐，正是七百二十九釐。午之七百二十九，黃鐘以釐計積之數也。

未二千一百八十七，爲分法。

琛曰：未二千一百八十七，即司馬遷所謂參之于未，得二千一百八十七也。以午之七百二十九，三乘之，故得二千一百八十七。爲分法者，二千一百八十七正是九个二百四十三，爲九釐，故爲一分也。

申六千五百六十一，爲毫數。

琛曰：申六千五百六十一，即司馬遷所謂參之于申，得六千五百六十一也。以未之二千一百八十七，三乘之，故得六千五百六十一。爲毫數者，黄鍾以釐計算，則七百二十九釐，又將一釐分作九毫，計六千五百六十一毫。申之六千五百六十一，黄鍾以毫計積之數也。

酉一萬九千六百八十三，爲寸法。

琛曰：酉一萬九千六百八十三，即司馬遷所謂參之于酉，得一萬九千六百八十三也。以申之六千五百六十一，三乘之，故得一萬九千六百八十三也。爲十法者，一萬九千六百八十三正是九个二千一百八十七，爲九分，故爲一寸也。

戌五萬九千〇〇四十九，爲絲數。

琛曰：戌五萬九千〇〇四十九，即司馬遷所謂參之於戌，得五萬九千〇〇四十九也。以酉之一萬九千六百八十三，三乘之，故得五萬九千〇〇四十九也。爲絲數者，黄鍾之數。以毫計算，爲六千五百六十一毫，今以一毫分作九絲，共計五萬九千〇〇四十九絲。戌之五萬九千〇〇四十九正是黄鍾以絲計積之數也。

亥一十七萬七千一百四十七，爲黄鍾之實。

琛曰：亥一十七萬七千一百四十七，即司馬遷所謂參之於亥，得一十七萬七千一百四十七也。以戌之五萬九千〇〇四十九，三乘之，故得一十七萬七千一百四十七也。爲黄鍾之實者，一十七萬七千一百四十七正是九个一萬九千六百八十三，爲九寸，黄鍾管長九寸，正符其數，故得黄鍾之實數也。

琛曰：統言之，黄鍾之數共十七萬七千一百四十七，以每三爲一絲之法計之，則黄鍾爲五萬九千〇〇四十九絲也。以二十七爲一毫計之，則黄鍾爲六千五百六十一毫。以每二百四十三爲一釐之法計之，則黄鍾爲七百二十九釐也。以每二千一百八十七爲一分之法計之，則黄鍾爲八十一分也。以每一萬九千六百八十三爲一寸之法計之，則黄鍾爲九寸也。

琛曰：其法積三爲絲，絲積九爲毫，毫積九爲釐，釐積九爲分，分積九爲寸。不用十也，其所以用九者，蓋以三相損益，三三成九，其法捷也。

原註：案黄鍾九寸，以三(卜)[分]爲損益，故以三歷十二辰，得一十七萬七千一百四十七，爲黄鍾之實。其十二辰所得之數，在子寅辰午申戌六陽辰，爲黄鍾寸分釐毫絲之數。在亥酉未巳卯丑六陰辰，爲黄鍾寸分釐絲之法。其寸分釐毫絲之法，用九數，故九絲爲毫，九毫爲釐，九釐爲寸。由是三分損益，以生十一律焉。或曰經圍之分以十爲法，而相生之分釐毫絲以九爲法者，何也？曰：十爲法，天地之全數也。以九爲法者，因三分損益而立也。

黄鍾生十一律第三

琛曰：前一章自一以三遞加至十七萬七千一百四十七，爲黄鍾之實矣。其法既明，于是以其法講明生十一律之道。

子一分。

原註：一爲九寸。

琛曰：分字不如讀作去聲，較爲易曉。子一分者，言子全占此一分也。子爲黄鍾律長九寸，故子之一分，爲得占九寸之全也。

丑三分二。

原註：一爲三寸。

琛曰：丑，林鍾也。丑三分二者，將子之九寸勻作三分，林鍾得其二分也。勻九寸作三分，則一分爲三寸矣，故原註曰一爲三寸也。二分應六寸，林鍾管長六寸也。

寅九分八。

原註：一爲一寸。

琛曰：寅，太簇也。寅九分八者，將子之九寸勻作九分，太簇得其八分也。九寸勻作九分，則一分爲一寸矣，故原註曰一爲一寸也。八分應八寸，太簇管長八寸也。

卯二十七分十六。

原註：三爲一寸，一爲三分。

琛曰：卯，南吕也。卯二十七分十六者，將子之九寸勻作二十七分，南吕得其十六分也。以九寸勻作二十七分，則三爲一寸，一爲三分矣。其法悉用九，故一爲一(卜)[分]，二爲六分，三爲九(卜)[分]，即爲一寸。下文積絲毫釐忽之法皆倣此。故原註曰三爲一寸，一爲三(卜)[分]也。十六分，應五寸三(卜)[分]，南吕管長五寸三分也。

辰八十一分六十四。

原註：九爲一寸，一爲一分。

琛曰：辰，姑洗也。辰八十一分六十四者，將子之九寸匀作八十一分，姑洗得其六十四分也。以九寸分作八十一分，則九爲一寸，一爲一分矣。六十四分，應七寸一分，七九六十三，一如一，故應七寸一分。下倣此。姑洗管長七寸一分也。

巳二百四十三分一百二十八。

原註：二十七爲一寸，三爲一分，一爲三釐。

琛曰：巳，應鍾也。巳二百四十三分一百二十八者，將子之九寸分作二百四十三分，應鍾得其一百二十八分也。以九寸匀作二百四十三分，則二十七爲一寸，三爲一分，一爲三釐矣。故原註曰二十七爲一寸，三爲一分，一爲三釐也。一百二十八分，應四寸六分六釐，應鍾管長四寸六分六釐也。

午七百二十九分五百一十二。

原註：八十一爲一寸，九爲一分，一爲一釐。

琛曰：[午]，蕤賓也。午七百二十九分五百一十二者，將子之九寸匀作七百二十九分，蕤賓得其五百一十二也。以九寸匀作七百二十九分，則八十一爲一寸，九爲一分，一爲一釐矣，故原註曰八十一爲一寸，九爲一分，一爲一釐也。五百一十二分，應六寸二分八釐，蕤賓管長六寸二分八釐也。

未二千一百八十七分一千二十四。

原註：二百四十三爲一寸，二十七爲一分，三爲一釐，一爲三毫。

琛曰：未，大吕也。未二千一百八十七分一千二十四者，將子之九寸分作二千一百八十七分，大吕得其一千二十四分也。以九寸匀作二千一百八十七分，應二百四十三爲一寸，二十七爲一分，三爲一釐，一爲三毫矣，故原註曰二百四十三爲寸，二十七爲一分，三爲釐，一爲三毫也。一千二十四分倍之，惟大吕、夾鍾、仲吕三吕應倍之。得二千四十八，計八寸三分七釐六毫，大吕管長八寸三分七釐六毫也。

申六千五百六十分四千九十六。

原註：七百二十九爲一寸，八十一爲一分，九爲一釐，一爲一毫。

琛曰：申，夷則也。申六千五百六十一分四千九十六者，將子之九寸分作六千五百六十一分，夷則得其四千九十六分也。以九寸分作六千五百六十一分，則七百二十九爲一寸，八十一爲一分，九爲一釐，一爲一毫，故原註曰七百二十九爲一寸，八十一爲一分，九爲一釐，一爲一毫也。四千九十六分應五寸五分五釐一毫，夷則管長五寸五分五釐一毫也。

酉一萬九千六百八十三分八千一百九十二。

原註：二千一百八十七爲一寸，二百四十三爲一分，二十七爲一釐，三爲一毫，一爲三絲。

琛曰：酉，夾鍾也。酉一萬九千六百八十三分八千一百九十二者，將子之九寸分作一萬九千六百八十三分，夾鍾得其八千一百九十二分也。將九寸匀作一萬九千六百八十三分，應二千一百八十七爲一寸，二百四十三爲一分，二十七爲一釐，三爲一毫，一爲三絲矣，故原註曰二千一百八十七爲一寸，二百四十三爲一分，二十七爲一釐，三爲一毫，一爲三絲也。八千一百九十二倍之，應一萬六千三百八十四，應七寸四分三釐七毫三絲。夾鍾管長七寸四分三釐七毫三絲也。

戌五萬九千四十九分三萬二千七百六十八。

原註：六千五百六十一爲一寸，七百二十九爲一分，八十一爲一釐，九爲一毫，一爲一絲。

琛曰：戌，無射也。戌五萬九千四十九分三萬二千七百六十八者，將子之九寸分作五萬九千四十九分，無射得其三萬二千七百六十八分也。以九寸分作五萬九千四十九分，應六千五百六十一爲一寸，七百二十九爲一分，八十一爲一釐，九爲一毫，一爲一絲矣，故原註曰六千五百六十一爲一寸，七百二十九爲一分，八十一爲一釐，九爲一毫，一爲一絲也。三萬二千七百六十八，以六千五百六十一爲一寸計之，應四寸八釐八絲，則無射之長也。

亥一十七萬七千一百四十七分六萬五千五百三十六。

原註：一萬九千六百八十三爲一寸，二千一百八十七爲一分，二百四十三爲一釐，二十七爲一毫，三爲一絲，一爲三忽。

琛曰：亥，仲吕也。亥一十七萬七千一百四十七分六萬五千五百三十六者，將子之九寸匀作一十七萬七千一百四十七分，仲吕得其六萬五千五百三十六分也。以九寸分作一十萬七千一百四十七分，應一萬九千六百八十三爲一寸，二千一百八十七爲一分，二百四十三爲一釐，二十七爲一毫，三爲一絲，一爲三忽矣。故原註曰一萬九千六百八十三爲一寸，二千一百八十七爲一分，二百四十三爲一釐，二十七爲一毫，三爲一絲，一爲三忽也。六萬五千五百三十六倍之，應十三萬一千〇七十二，以一萬九千六百八十一爲一寸計之，應六寸五分八釐三毫四絲六忽，則仲吕之長也。

琛曰：以上自子一至亥，一十七萬七千一百四十七分，皆以三遞乘之數也。既得乘數，約爲寸，皆九歸也。如十七萬七千一百四十七，以九除之，正一萬九千六百八十三也。餘可類推。其法既得寸，又約爲分亦九歸也。一萬九千六百八十三，以九除之，正是二千一百八十七也。其釐毫絲忽之道皆然。

原註：案黄鍾生十一律，子寅辰午申戌六陽辰，皆下生。丑卯巳未酉亥六陰辰，皆上生。以三歷十二辰皆黄鍾之全數，其下陰數以倍者，即算法倍其實。三分本律而損其一也。陽數以四者，即三分[本]律而增其一也。六陽辰，當法自得。六陰辰，則居其冲。其林鍾、南吕、應鍾三吕在陰，無所增損。其大吕、夾鍾，仲吕在陽，則用倍數，方與十二月之氣相應。蓋陰之從陽，自然之理也。

琛曰：其下陰數以倍者，如子丑。丑，陰也。子三數，倍其實，成六是也。三分本律而損其一者，如子爲九寸，三分之，每分爲三寸，今損其一分，餘六寸是也。陽數以四者，如丑生寅。寅陽也。丑數二，四其實，成八是也。三分本律而增其一者，如丑爲六寸，三分每分爲二寸，今增其一分，成八寸是也。餘可類推。

琛曰：按自蕤賓以至仲吕，吕不韋之説本曰蕤賓損一，下生大吕，又損一下生夷則，又益一上生夾鍾，又損一下生無射，又益一上生仲吕。司馬遷亦因之而不變。惟班固作前志，乃始易之，謂蕤賓損一下生大吕，又益一上生夷則，又損一下生夾鍾，又益一上生無射，又損一下生仲吕。其上下損益之説，與吕氏司馬氏異。蓋午陽位，其生未，陰位也。生陰不當曰上，不當益陽而反成陰也。至未生申，申陽位也，又是以陰生陽，不當曰下生，不當曰損陰而反成陽。其申酉戌亥相生之道皆同。故班氏易其損益上下也。然既易之，則數不足，惟倍其數，則始符。即原註所謂在陽則用倍數者，其此意與。惟季通先生始發明之，此説參看第四章自明。

十二律之實第四

琛曰：此以第二章黄鍾之實十七萬七千一百四十七爲根，三分損益，以求十一律之實也。第三章各律分寸絲毫釐已得之矣，此又以二章黄鍾之分寸絲毫釐之法求之，無不合也。

子，黄鍾十七萬七千一百四十七。

原註：全九寸，半無。

琛曰：黄鍾一寸之法，爲一萬九千六百八十三，今有十七萬七千一百四十七，正是九个一萬九千六百八十三，故其全則九寸，其半無者。各律之數皆偶，可以分而二。惟黄鍾之數奇，不能分而二。其零七故曰奇。蓋黄鍾無空積忽微之不正無半聲也。

丑，林鍾十一萬八千○九十八。

原註：全六寸，半三寸不用。

琛曰：將黄鍾之十七萬七千一百四十七三分之，每分爲五千九百○四十九，於十七萬七千一百四十七内損去之，正是十一萬八千○九十八，林鍾之實也。所爲黄鍾三分損一，下生林鍾也。以黄鍾每一萬九千六百八十三爲一寸之法求之，正是六个一萬九千六百八十三，積爲十一萬八千○九十八，故林鍾之管長六寸。其十一萬八千○九十八之半，爲五萬九千四十九，正是三个一萬九千六百八十三，故林鍾之半長三寸也。不用者，林鍾雖有半律，其聲不用也。觀後六十調圖内，並不收入自明。

寅，太簇十五萬七千四百六十四。

原註：全八寸，半四寸。

琛曰：將林鍾之十萬八千○九十八三分之，每分三萬九千三百六十六，增十萬八千○九十八内，正是十五萬七千四百六十四，爲太簇之實也。所爲林鍾三分益一，上生太簇。以黄鍾之每一萬九千六百八十三爲一寸求之，正是八个一萬九千六百八十三，積成爲十五萬七千四百六十四，故太簇之管長八寸。其十五萬七千四百六十四之半，則爲七萬八千七百三十二，正是四个一萬九千六百八十三，故太簇之半長四寸也。

卯，南吕十萬○四千九百七十六。

原註：全五寸三分，半二寸六分不用。

琛曰：以太簇之十五萬七千四百六十四三分之，每分爲五萬二千四百八十八，於十五萬七千四百六十四内損去之，正是十萬○四千九百七十六，南吕之實也。所爲太簇三分損一，下生南吕也。以黄鍾之每一萬九千六百八十三爲一寸，又以二千一百八十七爲一分之法求之，正是五个一萬九千六百八十三，三个二千一百八十七，積成十萬○四千九百七十六也，故南吕之管長五寸三分也。其十萬○四千九百七十六之半，則爲五萬二千四百八十八，正是二个一萬九千六百八十三，六个二千一百八十七，故南吕之半長二寸六分也。

或曰：南吕之全五寸三分，折半應二寸六分五釐，今云二寸六分者何也？琛曰：此用九之所以妙也。凡用十者，如七爲一分，必足十个七而爲七十，始成一寸。折半爲三十五，即五个七爲五分矣。其法全，分半，恰折而爲二。今用九，如七爲一分，九个七，只六十三即爲一寸。其所餘之七，又成一分矣。是七十，即爲一寸一分。若將七十減半而爲三十五，以七爲一分計之，則只五个七，爲五分矣。其一分爲三十五内所無之數，故折半不能與全恰二分也。後姑洗、大吕、夷則、夾鍾、仲吕皆同。若應鍾、蕤賓、無射及林鍾、太簇，其全數均在四，或四，或六，或八之内，零數亦在四或四，或六，或八之内，分之恰二，故全與半，恰分而爲二也。

辰，姑洗十三萬九千九百六十八。

原註：全七寸一分，半三寸五分。

琛曰：以南吕之十萬〇四千九百七十六三分之，每分爲三萬四千九百九十二，於十萬〇四千九百七十六内增之，正是十三萬九千九百六十八，姑洗之實也，所爲南吕三分益一上生姑洗。以黄鍾之每一萬九千六百八十三爲一寸，又以二千一百八十七爲一分之法求之，正是七个一萬九千六百八十三，一个二千一百八十七，積成十三萬九千九百六十八，故姑洗之長七寸一分也。其十三萬九千九百六十八之半，爲六萬九千九百八十四，正是三个一萬九千六百八十三，五个二千一百八十七，故姑洗之半長三寸五分也。

巳，應鍾九萬三千三百一十二。

原註：全四寸六分六釐，半二寸三分三釐，不用。

琛曰：以姑洗之十三萬九千九百六十八三分之，每分爲四萬六千六百五十六，於十三萬九千九百六十八内損去之，正是九萬三千三百一十二，應鍾之數也，所爲姑洗三分損一下生應鍾也。以黄鍾之每一萬九千六百八十三爲一寸，又以二千一百八十七爲一分，又以二百四十三爲一釐之法求之，正是四个一萬九千六百八十三，六个二千一百八十七，六个二百四十三，積成九萬三千三百一十二，故應鍾之管長四寸六分六釐也。其九萬三千三百一十二之半，爲四萬六千六百五十六，正是二个一萬九千六百八十三，三个二千一百八十七，三个二百四十三，故應鍾之半，長二寸三分三釐也。不用之義如林鍾。

午，蕤賓十二萬四千四百一十六。

原註：全六寸二分八釐，半三寸一分四釐。

琛曰：以應鍾之九萬三千三百一十二三分之，每分爲三萬一千一百，增入九萬三千三百一十二内，正是十二萬四千四百一十六，蕤賓之實也，所爲應鍾三分益一上生蕤賓也。以黄鍾之每一萬九千六百八十三爲一寸，又以二千一百八十七爲一分，二百四十三爲一釐之法求之，正是六个一萬九千六百八十三，二个二千一百八十七，八个二百四十三，積成十二萬四千四百一十六，故蕤賓之管長六寸二分八釐也。其十二萬四千四百一十六之半，則爲六萬二千二百，正是三个一萬九千六百八十三，一个二千一百八十七，四个二百四十三，故蕤賓之實半長三寸一分四釐也。

未，大吕十六萬五千八百八十八。

原註：全八寸三分七釐六毫，半四寸一分八釐三毫。

琛曰：以蕤賓之十二萬四千四百一十六三分之，每分爲四萬一千四百七十二，於十二萬四千四百一十六内損去之，餘八萬二千九百四十四，又倍之，爲十六萬五千八百八十八，大吕之實也，所爲蕤賓三分損一下生大吕也。以黄鍾之每一萬九千六百八十三爲一寸，二千一百八十七爲一分，二百四十三爲一釐，二十七爲一毫之法求之，正是八个一萬九千六百八十三，二个二千一百八十七，七个二百四十三，六个二十七，積成十六萬五千八百八十八，故大吕之管長八寸三分七釐六毫也。其十六萬五千八百八十八之半，爲八萬二千九百四十四，正是四个一萬九千六百八十三，一个二千一百八十七，八个二百四十三，三个二十七，故大吕之半長四寸一分八釐三毫也。

或曰：蕤賓十二萬四千四百一十六，三分之，增入一分，是大吕之十六萬五千八百八十八，應曰三分益一，何以曰三分損一，却損其一而又倍之，非故作轉折乎？琛曰：蔡邕《律歷記》曰：凡陽生陰者曰下生。今以午生未，正是陽生陰，所爲下生也。下生者，皆損其一，損其一，其數不符，倍之則符矣。凡陽生陰，不當言上生。陽數常足，不當益之而反爲陰，故其文如是，故吕不韋《春秋》、司馬《史記》亦以蕤賓爲下生大吕，而又未詳其所以然。其數又是上生。迨班固前志，以蕤賓爲損一，下生大吕矣。而倍法亦未説明，至讀《新書》始了然矣。下文夾鍾仲吕義同。

申，夷則十一萬〇五百九十二。

原註：全五寸五分五釐一毫，八半二寸七分二釐五毫。

琛曰：以大吕之八萬二千九百四十四三分爲二萬七千六百四十八，增入八萬二千九百四十四內,正是十一萬〇五百九十二,夷則之實也,所爲大呂益一上生夷則。以黄鍾之每一萬九千六百八十三爲一寸,二千一百八十七爲一分,二百四十三爲一釐,二十七爲一毫之法求之,正是五个一萬九千六百八十三,五个二千一百八十七,五个二百四十三,一个二十七,積成十一萬〇五百九十二,故夷則之管長五寸五分五釐一毫也。其十一萬〇五百九十二之半爲五萬五千二百九十六,正是二个一萬九千六百八十三,七个二千一百八十七,二个二百四十三,五个二十七,故夷則之半長二寸七分二釐五毫也。

或曰大呂十六萬五千八百八十八,三分損一,正是夷則十一萬〇五百九十二之數,何以却用大呂之半數八萬二千九百四十四,三分之而益其一,非故作轉折乎?琛曰:蔡邕《律歷記》曰:凡陰生陽者,皆曰上生。今以未生申,正是陰生陽,上生也。上生者,皆益其一,不當損陰而反成陽也。故呂氏、司馬氏誤以大呂爲下生夷則。班固正之曰:大呂益一,上生夷則。悉見古人之精意也。惟其數則是下生之數,班氏亦未説明應用倍法。至讀《新書》,始了然矣。下文無射義同。

酉,夾鍾十四萬七千四百五十六。

原註:全七寸四分三釐七毫六絲,半三寸六分六釐三毫六絲。

琛曰:以夷則之十一萬〇五百九十二三分之,每分爲三萬六千八百六十四,於十一萬〇五百九十二內損去之,爲七萬三千七百二十八,倍之爲十四萬七千四百五十六,爲夾鍾之實也。以黄鍾之每一萬九千六百八十三爲一寸,二千一百八十七爲一分,二百四十三爲一釐,二十七爲一毫,三爲一絲之法求之,正是七个一萬九千六百八十三,四个二千一百八十七,三个二百四十三,七个二十七,六个三,積成十四萬七千四百五十六,故夾鍾之管長七寸四分三釐七毫三絲也。其十四萬七千四百五十六之半,爲七萬三千七百二十八,正是三个一萬九千六百八十三,六个二千一百八十七,六个二百四十三,三个二十七,六个三,故夾鍾之半長三寸六分六釐三毫六絲也。

戌,無射九萬八千三百〇四。

原註:全四寸八分八釐四毫八絲,半二寸四分四釐二毫四絲。

琛曰:以夾鍾之半數七萬三千七百二十八三分之,每分爲二萬四千五百七十六,增入七萬三千七百二十八內,爲九萬八千三百〇四,無射之實也。以黄鍾之每一萬九千六百八十三爲一寸,二千一百八十七爲一分,二百四十三爲一釐,二十七爲一毫,三爲一絲之法求之,正是四个一萬九千六百八十三,八个二千一百八十七,八个二百四十三,四个二十七,八个三,積成九萬八千三百〇四,故無射之管長四寸八分八釐四毫八絲也。其九萬八千三百〇四之半,爲四萬九千一百五十,爲二个一萬九千六百八十三,四个二千一百八十七,四个二百四十三,二个二十七,四个三,故無射之半長二寸四分四釐二毫四絲也。

亥,仲呂十三萬一千〇七十二。

原註:全六寸五分八釐三毫四絲六忽,餘二算。半三寸二分八釐六毫二絲三忽。

琛曰:以無射之九萬八千三百〇四三分之,每分爲三萬二千七百六十八,於九萬八千三百〇四內損去之,餘六萬五千五百三十六,倍之爲十三萬一千〇七十二,仲呂之實也。以黄鍾每一萬九千六百八十三爲一寸,二千一百八十七爲一分,二百四十三爲一釐,二十七爲一毫,三爲一絲之法求之,正是六个一萬九千六百八十三,五个二千一百八十七,八个二百四十三,三个二十七,四个三,積成十三萬一千〇七十尚餘二,爲六忽。黄鍾之實約三成絲,則一自爲三忽,二爲六忽,三爲九忽,成一絲矣。故仲呂之管長六寸五分八釐三毫四絲六忽。其十三萬一千〇七十二之半,則爲六萬五千五百三十六,則係三个一萬九千六百八十三,二个二千一百八十七,八个二百四十三,六个二十七,二个三,尚餘一算。故仲呂之半長三寸二分八釐六毫二絲三忽也。

琛曰:如此三分損益之道,節節皆通,處處核實,較之《律歷志》爲真切矣。附録《律歷志》所説三分損益之道一節,于後備考。《律歷志》曰:黄鍾之筒長九寸,圍九分,積實八百一十分,三分損一,下生林鍾。其二曰大呂之筒,長八寸二百四十三分寸之一百四,言將一寸分作二百四十三,今於二百四十三分內得其一百〇四也。圍九分,積實七百五十八分四釐强,三分損一,下生夷則。其三曰太簇之筒,長八寸,積實七百二十分,三分損一,下生南呂。其四曰夾鍾之筒,長七寸二千一百八十七分寸之千七十五,將一寸分作二千一百八十七,今於二千一百八十七分內得其一千〇七十五也。圍九分,積實六百七十四分三釐,三分損一,下生無射。其五曰姑洗之筒,長七寸九分寸之一,言將一寸分作九分,今於九分內得其一分也。圍九分,積實六百四十分,三分損一,下生應鍾。其六曰仲呂之筒,長六寸萬九千六百八十三分寸之萬二千九百七十四,言將一寸分作一萬九千六百八十三,今於一萬九千六百八十三內得一萬二千九百七十四分也。圍九分,積實五百九十分二釐,三分損一,下生黄鍾。其七曰蕤賓之筒,長六寸八十一分寸之二十六,言將一寸分作八十一分，今於八十一分內得其二十六分也。圍九分，積實五百六十一分八釐强，三分益一，上生大吕。其八曰林鍾之筩，長六寸，圍九分，積實五百四十分，三分益一，上生太簇。其九曰夷則之筩，長五寸七百二十九分寸之四百五十一，言將一寸分作七百二十九分，今於七百二十九分內得其四百五十一分也。圍九分，積實五百五分七釐，三分益一，上生夾鍾。其十曰南吕之筩，長五寸三分寸之一，言將一寸分作三分，今於三分內得其一分也。圍九分，積實四百八十分，三分益一，上生姑洗。其十一曰無射之筩，長六千五百六十分之六千五百二十四，言將一寸分作六千五百六十分，今於六千五百六十內得其六千五百二十四分也。圍九分，積實四百四十九分四釐，三分益一，上生仲吕。其十二曰應鍾之筩，長四寸二十七分寸之二，言將一寸分作二十七分，今於二十七分內得其二分也。圍九分，積實四百二十六分三分寸之二，言將一寸分作三分，今於三分內得其二分也。三分益一，上生蕤賓。

琛曰：按蔡邕《律歷志》上下損益之説，猶依吕氏、司馬氏而未更其訛。徑寸之筩，分作數十分猶可也，分作數千盈萬，將何以分。而數千數萬之內，既定之分，又分之以定此一寸應分之數，不亦難哉。是僅存其説耳，而於分釐絲毫之間安得無差。《新書》出損益之道，一依于班，將一十百千萬約之爲絲毫釐分寸，於是十二律之長短無纖微不準。至蕤賓損一，下生大吕。大吕益一，上生夷則。夷則損一，下生夾鍾。夾鍾益一，上生無射。無射損一，下生仲吕。夫管之短者生長，何以曰損。管之長者生短，何以曰益。故《晉書・律歷志》內，以爲求其理用，罔見通途。今讀《新書》，始知蕤賓以下，倍其實而損益之，其道咸合。噫！蔡子用心亦良苦矣。

原註：案十二律之實，約以寸法，則黄鍾、林鍾、太簇得全寸。約以分法，則南吕、姑洗得全分。約以釐法，則應鍾、蕤賓得全釐。約以毫法，則大吕、夷則得全毫。約以絲法，則夾鍾、無射得全絲。至仲吕之實十三萬一千〇七十二，以三分之，不盡二算，此律之所以止於十二也。

琛曰：得全寸者，如黄鍾九寸，林鍾六[寸]，太簇八寸，更無分之餘也。得全分者，如南吕五寸三分，姑洗七寸一分，更無釐之餘也。其全釐、全毫、全絲之説，可以類推。仲吕之實十三萬一千〇七十二，三分之，每分爲四萬三千六百九十，三个四萬三千六百九十，積成十三萬一千〇七十，所餘者二不能作三分，故曰不盡二算。十二律之道總以三相損益，蓋仲吕有零數二，不能三矣，故其數不行。下文五聲之止於角，亦猶是也。

變律第五

琛曰：第五章言正律矣，此言變律也。變律者，其管少短於正律，其聲近正而少高。律之爲數，其高下相接，皆以和不相奪。如後文第一調圖內，無射商之七聲，其第一聲爲無射之正律，管長四寸八分八釐四毫八絲，其聲甚高。其二聲應取黄鍾，而黄鍾爲九寸，其聲甚低，高低直下，其聲不和，故用黄鍾之變律，其管爲八寸七分八釐一毫六絲二忽，短於正律，而猶長於無射之正律，故用黄鍾變律之半聲，則四寸三分八釐五毫三絲，高低相接而和矣。故律有變律，聲有變聲者以此。其變律之道，非鑿空而立也，其法仍生於黄鍾。黄鍾以三損益既生十二律，至仲吕，餘二算，不能行，其道已窮。窮者有以通之，仍於仲吕之數之內，以三旋轉而俾生變律。

黄鍾十七萬四千七百六十二，小分四百八十六。

原註：全八寸七分八釐一毫六絲二忽不用，半四寸三分八釐五毫三絲一忽。

琛曰：此十七萬四千七百六十二，於仲吕之實十三萬一千〇七十二內生出黄鍾之數也。法以十三萬一千〇七十二爲根，先置一而六三之。置一者，如有一於此也。六三之者，如子一至午，以三遞乘六次之數也，其數得七百二十九。於是以七百二十九因仲吕之實十三萬一千〇七二，共因得九千五百五十五萬一千四百八十八，乃三分之，每一分爲三千百八十五萬〇四百九十六，以之增入九千五百五十五萬一千四百八十八內，此爲三分益一，共得一萬二千七百四十萬一千九百八十四。此爲生林鍾之根。以七百二十九歸之，應十七萬四千七百六十二，即黄鍾變律之實也。其十七萬四千七百六十二，仍以七百二十九因之，只除得一萬二千七百四十萬一千四百九十八，尚餘四百八十六，即註内所爲小分四百八十六也。何以爲小分？其歸用七百二十九，其分只四百八十六，每一分不能得一，故曰小分。後同。至管之全半之數，悉以十七萬四千七百六十二之數，如黄鍾之每一萬九千六百八十三爲一寸，及分釐毫絲之法，如正律之説，定之求之。

林鍾十一萬六千五百〇八，小分三百二十四。

原註：全五寸八分二釐四毫一絲一忽三初。琛曰：九忽爲一初。半二寸八[分]五釐六毫五絲六初。

琛曰：以黄鍾之數一萬二千七百四十萬一千九百八十四三分之，每一分爲四千二百四十六萬七千三百二十八，於一萬二千七百四十萬一千九百八十四內損去之，餘八千四百九十三萬四千六百五十六。此生太簇變律之根。以七百二十九歸之，應一十一萬六千五百〇八，即林鍾變律之實也。其十一萬六千五百〇八，仍以七百二十九因之，只除得八千四百九十三萬四千三百三十二，尚餘三百二十四，即註内所爲小分三百二十四也。其管之全半之數，悉以十一萬六千五百〇八之數，如正律之法定之。

琛曰：以黄鍾之十七萬四千七百六十三，三分而損其一，正是林鍾之十一萬六千五〇八，其算較捷。其後四變律皆可以三分損益而通，然不能知小分之數，故仍以一萬二千七百四十萬一千九百八四爲根，三分而損益之，而以七百二十九歸之爲如法也。

太簇十五萬五千三百四十四，小分四百三十二。

原註：全七寸八分二毫四絲四忽七初不用，半三寸八分四釐五毫六絲六忽八初。

琛曰：林鍾之數八千四百九十三萬四千六百五十六矣，三分之，每一分爲二千八百三十一萬一千五百五十二，增入八千四百九十三萬四千六百五十六内，爲一萬一千三百二十四萬六千二百〇八。此生南吕之根。以七百二十九歸之，十五萬五千三百四十四，此太簇變律之實也。其十五萬五千三百四十四，仍以七百二十九因之，只除得一萬一千三百二十四萬五千七百七十六，尚餘四百三十二，即註内所謂小分四百三十二也。其管之全半，悉以十五萬五千三百四十四之數如正律之説定之。

南吕十萬〇三千五百六十三，小分四十五。

原註：全五寸二分三釐一毫六絲一初六抄。琛曰：三抄爲一初。半二寸五分六釐七絲四忽五初三抄。

琛曰：太簇之數一萬一千三百二十四萬六千二百〇八矣，三分之，每一分爲三千七百七十四萬八千七百三十六，於一萬一千三百二十四萬六千二百〇八内損去之，餘數七千五百四十九萬七千四百七十二。此爲姑洗之根。以七百二十九歸之，應十萬〇三千五百六十三，南吕變律之實也。其十萬三千五百六十三，仍以七百二十九因之，只除得七千五百四十九萬七千四百二十七，餘數四十五，所爲註内之小分也。其管之全半之數，悉以十萬三千五百六十三之數如正律之法定之。

姑洗十三萬八千〇八十四，小分六十。

原註：全七寸一釐二毫二絲二初二抄不用，半三寸四分五釐一毫一絲一初一抄。

琛曰：南吕之數七千五百四十九萬七千四百七十二矣，三分之，每分爲二千五百一十六萬五千八百二十四，增入七千五百四十九萬七千四百七十二之内，爲一萬〇〇六十六萬三千二百九十六。此生應鍾之根。以七百二十九歸之，應十三萬八千〇八十四，此姑洗變律之實也。其十三萬八千〇八十四，仍以七百二十九因之，只除得一萬〇〇六十六萬三千二百三十，餘數六十，即註所爲小分六十也。其管之全半之數，悉以十三萬八千〇八十四如正律之法定之。

應鍾九萬二千〇五十六，小分四。

原註：全四寸六分七毫四絲三忽一初四抄，餘一算。半二寸三分三毫六絲六忽六抄强不用。

琛曰：姑洗之數一萬〇〇六十六萬三千二百九十六矣，三分之，每分爲三千三百五十五萬四千四百三十二矣，於一萬〇〇六十六萬三千二百九十六内損去之，爲六千七百一十萬〇八千八百六十四矣，以七百二十九歸之，應九萬二千〇五十六，此應鍾變律之實也。其九萬二千〇五十六，仍以七百二十九因之，只除得六千七百一十萬〇八千八百二十四，餘四十，即註内所爲小分也。其管之全半之數，悉以九萬二千〇五十六如正律之法定之。

原註：案十二律各自爲宫，以生五聲二變。其黄鍾、林鍾、太簇、南吕、姑洗、應鍾六律，則能具足。至蕤賓、大吕、夷則、夾鍾、無射、仲吕六律，則取黄鍾、林鍾、太簇、姑洗、應鍾六律之聲，少下不和，故有變律。變律者，其聲近正而稍高於正律也。然仲吕之實一十三萬一千〇七十二，以三分之，不盡二算，既不可行，當有以通之。律當變者有六，故置一而六三之，得七百二十九，因仲吕之實十三萬一千〇七十二，爲九千五百五十五萬一千四百八十八，三分損益，再生黄鍾、林鍾、太簇、南吕、姑洗、應鍾六律，又以七百二十九歸之，以從十二律之數，紀其餘分，以爲忽抄，然後洪纖高下不相奪倫。至應律之實六千七百一十萬〇八千八百六十四，以三分之，又不盡一算，數又不可行，此變律之所以上於六也。變律非律，故不爲宫也。

琛曰：原註有曰：紀其餘分，以爲忽抄二語，正是小分之精意。如黄鍾十七萬四千七百六十二，按一萬九千六百八十三爲一寸，二千一百八十七爲一分，二百四十三爲一釐，二十七爲一毫，三爲一絲之法求之，正是八个一萬九千六百八十三，七个二千一百八十七，八个二百四十三，一个二十七，六个三，正是八寸七分八釐一毫六絲，足十七萬四千七百六十二之數。而尚有二忽者，蓋一爲三忽也。七百二十九歸之，必足七百二十九始每分得其一，今只餘四百八十六，每一分爲三之二分，故曰二忽。其餘五律之小分，皆可類推。

琛曰：變律之始，始于京房以十二律衍作六十律，又加入變徵變宮二聲。自是言正聲者，乃有七聲。至李唐以變宮爲清宮。

又　卷下

律生五聲圖第六

宮聲八十一。

琛曰：黄鍾之數，九九八十一，故宫聲從之。

琛又曰：九九八十一之説，始於淮南王安，安既謂黄鍾之管九寸矣，因而九之，爲九九八十一。

商聲七十二。

琛曰：以宫聲之八十一，三分之，每分爲二十七，於八十一内損去二十七，是爲五十四，宫所生之徵聲也。以五十四三分之，每分爲一十八，以十八益入五十四内，是爲七十二，徵所生之商聲也。

琛曰：七十二之説，亦始淮南王安，安既以黄鍾爲八十一矣。於是立各律之數，林鍾五十四，太簇七十二，南吕四十八，姑洗六十四，應鍾四十二，蕤賓五十七，大吕七十八，夷則五十一，夾鍾六十八，無射四十五，仲吕六十。太簇屬商，故七十二。下文姑洗爲角，故六十四。林鍾爲徵，故五十四。南吕爲羽，故四十八。琛按：黄鍾、林鍾、太簇、姑洗、南吕之數，皆與以三損益之道合，故以之屬五聲。自應鍾之四十二以下，或不能三，或不與損益之道合，故不屬五聲。

角聲六十四。

琛曰：以商聲之七十二三分之，每分爲二十四，於七十二内損去之，爲四十八，商所生之羽聲也。以四十八三分之，每分爲十六，益入四十八内，爲六十四，羽所生之角聲也。

徵聲五十四。

琛曰：宫聲之八十一，損一而生者，説見商聲。

羽聲四十八。

琛曰：商聲之七十二，損一而生者説見角聲。

原註：案黄鍾之數，九九八十一，是爲五聲之本。三分損一，以下生徵。徵三分益一，以上生商。商三分損一，以下生羽。羽三分益一，以上生角。至角聲之六十四，以三分之，不盡一算，數不可行，此聲之所以止于五也。或曰此黄鍾一均五聲之數也。他律不然，曰置本律之實，以九九因之，三分損益以爲五聲，再以本律之實約之，則宫固八十［一］，商亦七十二，角亦六十四，徵亦五十四，羽亦四十八矣。

琛曰：一均，一統之説也，言黄鍾一統五聲也。其曰宫固八十一，商亦七十二者，言以九九因出數而損益之，宫聲固八十一矣。其商依商之本律之實算之，亦七十二，不須由宫聲相生而始出也。其徵羽角之數皆能自出也。然黄鍾爲八十四聲之本，八十四聲説見後。乃由黄鍾一均之説，謂得其統率也。司馬遷曰：九九八十一爲一宫，三分去［一］，五十四以爲徵。三分益一，七十二以爲商。三分去一，四十八以爲羽。三分益一，六十四以爲角。其意不一統於黄鍾之根與。

戴長庚《律話》卷上《探本窮源四十八律》　前上九法一路留根蒂，六陽律至無射不能復黄鍾之半律，乃陽微無濟。又從林鍾一路至仲吕不能復生林鍾之原律，於隔八相生之義亦不能復生黄鍾之數。《淮南》謂仲吕極不生，於是有徵生宫之法。考之《史記》法中如黄鍾長八寸一分，記有七分字，將八寸一分作七折，得五寸六分七釐，復以上九法得六寸三分。蓋黄鍾九寸，數爲老陽。六寸三分乃七九也，七爲少陽。老陽窮處當問少陽，而此位在《史記》又爲黄鍾得寸之始，當以六寸三分作生黄鍾之數，此《淮南》所謂徵生宫也。蓋坤之爻一百九十二，每爻得二十四，計之當是四千六百零八。今以黄鍾八十一歸之，得五寸六分八釐八豪八絲，復以上九法得六寸三分二釐，正蕤賓律下之數。故於蕤賓律下用坤六之法以尋母律。在京房用六寸三分零七豪六絲一忽八微，五因不及一釐，故有小分一弱字也。

六寸三分。京房律名南事六寸三分小分一弱，蕤賓第二音。

將六寸三分用九折收入，積得五寸六分七釐。轉以六歸，得九寸四分五釐。其數過黄鍾，用半律，後倣此。得四寸七分二釐五豪，爲南事之母律，所謂徵生宫也。用六歸者，《史記》捷訣中角六即徵六法也。用九折者，即上九倒法也。餘見前。

四寸七分二釐五豪。京房律名分烏四寸七分小分三，應鍾第二音。

將四寸七分二釐五豪用九折收入，積得四寸二分五釐二豪五。轉以六歸，得七寸八釐八豪，爲分烏之母。

七寸八釐七豪五。京房律名南授七寸小分九，姑洗第二音。

將七寸八釐七豪五用九折收入，積得六寸三分七釐九豪。轉以六歸，得一尺六分三釐二豪。用半律，得五寸三分一釐六豪，爲南授之母。

五寸三分一釐六豪。京房律名白吕五寸三分小分二，南吕第二音。

將五寸三分一釐六豪用九折收入，積得四寸七分八釐五豪。轉以六歸，得七寸九分七釐五豪，爲白吕之母。

七寸九分七釐五豪。京房律名未知七寸九分小分八，太簇第二音。

將七寸九分七釐五豪用九折收入，積得七寸一分七釐八豪。轉以六歸，得一尺一寸九分六釐三豪，用半律，得五寸九分八釐一豪，爲未知之母。

五寸九分八釐一豪。京房律名謙待五寸九分小分九，林鍾第二音。

將五寸九分八釐一豪用九折收入，積得五寸三分八釐三豪。轉以六歸，得八寸九分七釐一豪五，爲謙待之母。

八寸九分七釐一豪五。京房律名色育八寸九分小分八，黄鍾第二音。

將八寸九分七釐一豪五用九折收入，積得八寸七釐五豪。轉以六歸，得一尺三寸四分五釐八豪。用半律，得六寸七分二釐九豪，爲色育之母。

六寸七分二釐九豪。京房律名依行六寸七分小分三，姑洗第六音。以姑洗第六音而生黄鍾第二音。

將六寸七分二釐九豪用九折收入，積得六寸五釐六豪。轉以六歸，得一尺九釐四豪。用半律，得五寸四釐七豪，爲依行之母。

五寸四釐七豪。京房律名夷汗五寸小分五，南吕第六音。

將五寸四釐七豪用九折收入，積得四寸五分四釐二豪。轉以六歸，得七寸五分七釐，爲夷汗之母。

七寸五分七釐。京房律名形晉七寸五分小分八，太簇第六音。

將七寸五分七釐用九折收入，積得六寸八分一釐三豪。轉以六歸，得一尺一寸三分五釐六豪。用半律，得五寸六分七釐八豪，爲形晉之母。

五寸六分七釐八豪。京房律名否與五寸六分小分八，林鍾第六音。

將五寸六分七釐八豪用九折收入，積得五寸一分一釐。轉以六歸，得八寸五分一釐六豪，爲否與之母。

八寸五分一釐六豪。京房律名質末八寸五分小分二，黄鍾第六音。

將八寸五分一釐六豪用九折收入，積得七寸六分六釐五豪。轉以六歸，得一尺二寸七分七釐六豪。用半律，得六寸三分八釐七豪，爲質末之母。

六寸三分八釐七豪。京房律名物應六寸三分小分九，仲吕第四音。以仲吕第四音而生黄鍾第六音。

將六寸三分八釐七豪用九折收入，積得五寸七分四釐九豪。轉以六歸，得九寸五分八釐二豪。用半律，得四寸七分九釐一豪，爲物應之母。

四寸七分九釐一豪。京房律名期保四寸七分小分九，無射第四音。

將四寸七分九釐一豪用九折收入，積得四寸三分一釐二豪。轉以六歸，得七寸一分八釐六豪，爲期保之母。

七寸一分八釐六豪。京房律名争南七寸一分小分九，夾鍾第四音。

將七寸一分八釐六豪用九折收入，積得六寸四分六釐七毫。轉以六歸，得一尺七分八釐。用半律，得五寸三分九釐，爲争南之母。

五寸三分九釐。京房律名分積五寸三分小分九，夷則第四音。

將五寸三分九釐用九折收入，積得四寸八分五釐一豪。轉以六歸，得八寸八釐五豪，爲分積之母。

八寸八釐五豪。京房律名少出八寸小分九，大吕第四音。

將八寸八釐五豪用九折收入，積得七寸二分七釐七豪。轉以六歸，得一尺二寸一分二釐八豪。用半律，得六寸六釐四豪，爲少出之母。

六寸六釐四豪。京房律名制時六寸小分七，蕤賓第五音。以蕤賓第五音而生大吕第四音。

將六寸六釐四豪用九折收入，積得五寸四分五釐八豪。轉以六歸，得九寸九釐七豪。用半律，得四寸五分四釐九豪，爲制時之母。

四寸五分四釐九豪。京房律名遲時四寸五分小分五，應鍾第五音。

將四寸五分四釐九豪用九折收入，積得四寸九釐四豪。轉以六歸，得六寸八分二釐三豪，爲遲時之母。

六寸八分二釐三豪。京房律名形始六寸八分小分三，姑洗第五音。

將六寸八分二釐三豪用九折收入，積得六寸一分四釐一豪。轉以六歸，得一尺二分三釐五豪。用半律，得五寸一分一釐八豪，爲形始之母。

五寸一分一釐八豪。京房律名未卯五寸一分小分二，南吕第五音。

將五寸一分一釐八豪用九折收入，積得四寸六分六豪。轉以六歸，得七寸六分七釐七豪，爲未卯之母。

七寸六分七釐七豪。京房律名隨期七寸六分小分八，太簇第五音。

將七寸六分七釐七豪用九折收入，積得六寸九分九釐。轉以六歸，得一尺一寸五分一釐五豪。用半律，得五寸七分五釐八豪，爲隨期之母。

五寸七分五釐八豪。京房律名歸嘉五寸七分小分六，林鍾第五音。

將五寸七分五釐八豪用九折收入，積得五寸一分八釐二豪。轉以六歸，得八寸六分三釐五豪，爲歸嘉之母。

八寸六分三釐五豪。京房律名分動八寸六分小分四，黄鍾第五音。

將八寸六分三釐五豪用九折收入，積得七寸七分七釐一豪。轉以六歸，得一尺二寸九分五釐二豪。用半律，得六寸四分七釐六豪，爲分動之母。

六寸四分七釐六豪。京房律名内負六寸四分小分八，仲吕第五音。

將六寸四分七釐六豪用九折收入，積得五寸八分二釐八豪。轉以六歸，得九寸七分一釐四豪。用半律，得四寸八分五釐七豪，爲内負之母。

四寸八分五釐七豪。京房律名鄰齊四寸八分小分六，無射第三音。

將四寸八分五釐七豪用九折收入，積得四寸三分七釐一豪。轉以六歸，得七寸二分八釐六豪，爲鄰齊之母。

七寸二分八釐六豪。京房律名族嘉七寸二分小分九，夾鍾第三音。

將七寸二分八釐六豪用九折收入，積得六寸五分五釐七豪。轉以六歸，得一尺九分二釐九豪。用半律，得五寸四分六釐五豪，爲族嘉之母。

五寸四分六釐五豪。京房律名去南五寸四分小分六，夷則第三音。

將五寸四分六釐五豪用九折收入，積得四寸九分一釐九豪。轉以六歸，得八寸一分九釐八豪，爲去南之母。

八寸一分九釐八豪。京房律名淩陰八寸二分小分一弱，大吕第三音。

將八寸一分九釐八豪用九折收入，積得七寸三分七釐八豪。轉以六歸，得一尺二寸二分九釐六豪。用半律，得六寸一分四釐八豪，爲淩陰之母。按京房此律祇有八寸二分二豪六絲奇。

六寸一分四釐八豪。京房律名離宫六寸一分小分五，蕤賓第四音。

將六寸一分四釐八豪用九折收入，積得五寸五分三釐三豪。轉以六歸，得九寸二分二釐二豪。用半律，得四寸六分一釐一豪，爲離宫之母。

四寸六分一釐一豪。京房律名未育四寸六分小分一，應鍾第四音。

將四寸六分一釐一豪用九折收入，積得四寸一分五釐。轉以六歸，得六寸九分一釐七豪，爲未育之母。

六寸九分一釐七豪。京房律名路時六寸九分小分二，姑洗第四音。

將六寸九分一釐七豪用九折收入，積得六寸二分二釐五豪。轉以六歸，得一尺三分七釐五豪。用半律，得五寸一分八釐八豪，爲路時之母。

五寸一分八釐八豪。京房律名歸期五寸一分小分九，南吕第四音。

將五寸一分八釐八豪用九折收入，積得四寸六分六釐九豪。轉以六歸，得七寸七分八釐二豪，爲歸期之母。

七寸七分八釐二豪。京房律名屈齊七寸七分小分九弱，太簇第四音。

將七寸七分八釐二豪用九折收入，積得七寸四豪。轉以六歸，得一尺一寸六分七釐三豪。用半律，得五寸八分三釐七豪，爲屈齊之母。

五寸八分三釐七豪。京房律名安度五寸八分小分四，林鍾第四音。

將五寸八分三釐七豪用九折收入，積得五寸二分五釐三豪。轉以六歸，得八寸七分五釐五豪，爲安度之母。

八寸七分五釐五豪。京房律名丙盛八寸七分小分六，黄鍾第四音。

將八寸七分五釐五豪用九折收入，積得七寸八分七釐九豪。轉以六歸，得一尺三寸一分三釐二豪。用半律，得六寸五分六釐六豪，爲丙盛之母。

六寸五分六釐六豪。京房律名南中六寸五分小分七，仲吕第二音。

將六寸五分六釐六豪用九折收入，積得五寸九分九豪。轉以六歸，得九寸八分四釐九豪。用半律，得四寸九分二釐五豪，爲南中之母。

四寸九分二釐五豪。京房律名閉掩四寸九分小分三弱，無射第二音。

將四寸九分二釐五豪用九折收入，積得四寸四分三釐二豪。轉以六歸，得七寸三分八釐七豪，爲閉掩之母。

七寸三分八釐七豪。京房律名開時七寸三分小分九，夾鍾第二音。

將七寸三分八釐七豪用九折收入，積得六寸六分四釐八豪。轉以六歸，得一尺一寸八釐。用半律，得五寸五分四釐，爲開時之母。

五寸五分四釐。京房律名解形五寸五分小分四，夷則第二音。

將五寸五分四釐用九折收入，積得四寸九分八釐六豪。轉以六歸，得八寸三分一釐，爲解形之母。

八寸三分一釐。京房律名分否八寸三分小分一，大吕第二音。

將八寸三分一釐用九折收入，積得七寸四分七釐九豪。轉以六歸，得一尺二寸四分六釐五豪。用半律，得六寸二分三釐二豪，爲分否之母。

六寸二分三釐二豪。京房律名盛變六寸二分小分三，蕤賓第三音。

將六寸二分三釐二豪用九折收入，積得五寸六分九豪。轉以六歸，得九寸三分四釐八豪。用半律，得四寸六分七釐四豪，爲盛變之母。

四寸六分七釐四豪。京房律名遲内四寸六分小分八，應鍾第三音。

將四寸六分七釐四豪用九折收入，積得四寸二分七豪。轉以六歸，得七寸一釐二豪，爲遲内之母。

七寸一釐二豪。京房律名變虞七寸小分一半强，姑洗第三音。

將七寸一釐二豪用九折收入，積得六寸三分一釐。轉以六歸，得一尺五分一釐八豪。用半律，得五寸二分五釐九豪，爲變虞之母。

五寸二分五釐九豪。京房律名結躬五寸二分小分六，南呂第三音。

將五寸二分五釐九豪用九折收入，積得四寸七分三釐三豪。轉以六歸，得七寸八分八釐九豪，爲結躬之母。

七寸八分八釐九豪。京房律名時息七寸八分小分九，太簇第三音。

將七寸八分八釐九豪用九折收入，積得七寸一分。轉以六歸，得一尺一寸八分三釐四豪。用半律，得五寸九分一釐七豪，爲時息之母。

五寸九分一釐七豪。京房律名去滅五寸九分小分二，林鍾第三音。

將五寸九分一釐七豪用九折收入，積得五寸三分二釐五豪。轉以六歸，得八寸八分七釐六豪，爲去滅之母。

八寸八分七釐六豪。京房律名執始八寸八分小分七，黃鍾第三音。

將八寸八分七釐六豪用九折收入，積得七寸九分八釐八豪。轉以六歸，得一尺三寸三分一釐三豪。用半律，得六寸六分五釐七豪，爲執始之母。

六寸六分五釐七豪。京房律名即是仲呂六寸六分小分六，仲呂第一音。

以上四十八律，因仲呂陰極不生，轉出徵生宮來，法易爻，從下而上，探本窮源，故得四十八聲，仍至仲呂而止。併前陽順行得十二正律，共六十律。本從《淮南》甲子仲呂之徵句生出，《史記》隱入角六法内，京房得之，改爲順生，入於律準。今爲史律作解，故特探其原委如此。然此法在歷家爲長歷推算，而音律家以察變聲併轉調用之。至今俗樂尚有一二存者。惟京房四十八律之名，且有一日、五日、八日之分别，在可解不可解之間，姑置之以俟世之知音者。或問：俗樂尚有一二存者在何處？曰：譬如工工四尺上，吹笛人皆從此吹起，工字是南呂，四字是太簇，尺字是林鍾，逆溯而來，非即結躬至時息，時息至去滅，去滅至黃鍾乎。以上字擬宮聲故也。曲中起伏皆用逆溯之法，不一而足，姑言其畧如此。

又　卷上之二　置一而九，三之以爲法，實如法，得長一寸。凡得九寸，命曰黃鍾之宫。故曰音始於宫，窮於角解。

《新書》謂置子一分爲置一，丑三分爲一三之，寅九分爲二三之，卯二十七分爲三三之，辰八十一分爲四三之，巳二百四十三分爲五三之，午七百二十九分爲六三之，未二千一百八十七分爲七三之，申六千五百六十一分爲八三之，酉一萬九千六百八十三分爲九三之，以爲酉一萬九千六百八十三分乃黃鍾之一寸。以九箇一萬九千六百八十三爲得九寸，其數正亥十七萬七千一百四十七爲黃鍾之實。案《淮南》十二各以三成，故置一而十一三之，爲積分十七萬七千一百四十七，黃鍾大數立焉。先有此説矣。後京房作律準以十七萬七千一百四十七爲黃鍾之實，又以二乘而三約之，是爲下生林鍾之實。又以四乘而三約之，是爲上生太簇之實。推此上下，以定六十律之實。以九三之數萬九千六百八十三爲法，律爲寸，於準爲尺，不盈者十之所得爲分，又不盈十之所得爲小分，以其餘正强弱。除黃鍾、大呂、太簇、夾鍾、姑洗、仲呂、蕤賓、林鍾、夷則、南呂、無射、應鍾十二律呂原沿舊名之外，另立執始、去滅、時息、結躬、變虞、遲内等四十八律，合六十律。而爲準以一尺代一寸，故其準九尺以代黃鍾之九寸，此其大略也。《新書》取其法亦以九三之數萬九千六百八十三爲一寸，以十七萬七千一百四十七爲黃鍾之實，故十二律之分數悉與京房律準同。另分出黃變、林變、太變、南變、姑變、應變六律之變數。所謂黃變十七萬四千七百六十二者，即京房執始之數也。林變數即去滅數，太變數即時息數，南變數即結躬數，姑變數即變虞數，應變數即遲内數。於是以京房六十律而爲六十調，不用京房結躬等名，祇用變半字，此《新書》之法於京房者也。即以京房之律準註太史之律數，前漢後漢年代不遠，想無疑義矣。惟是律呂之數，四通八達，今取前人未收之贏義表於左。

置子一分於算位，接連三箇九折，一九如九，九九八十一。一九如九，八九七十二。此置一而九三之之法也。蓋一釐祇有九豪，此第一箇九折。一分祇有九釐，九九八十一豪，此第二箇九折。一寸祇有九分，乃七百二十九豪，此第三箇九折也。故以七百二十九豪爲一寸，以九寸計之，乃六千五百六十一分爲黃鍾九寸之積。漢律但計豪釐分寸，豪以下不取，所以鍾律數祇載幾寸幾分幾，如四寸二分三分二之類是也。然六千五百六十一分，此數載在申位之下，而申又非黃鍾均所取之音，因此致疑，殆未察始宫窮角一語矣。

子一分。

辰八十一分六十四。

申六千五百六十一分四千九十六。

黄鍾子以夷則申爲宫，夷則申以姑洗辰爲宫，姑洗辰以黄鍾子爲宫。子一分即八十一，所謂九九八十一以爲宫也。辰之八十一，亦宫數也，即子一分之八十一也。申六千五百六十一分，即八十一箇八十一，亦宫數也。試以六千五百六十一分爲實，以八十一分爲法，實如法，仍爲八十一，是子一分之數矣。譬如甲子生人，數至甲申得八十一歲，此黄鍾子之宫數在申矣。甲申生人，數至甲辰得八十一歲，此夷則申之宫數在辰矣。甲辰生人，數至甲子得八十一歲，此姑洗辰之宫數在子矣。故申子辰三位自旋其宫。

子一分，宫數也，下無小數，蓋爲宫作八十一分，爲角六十四分，爲商爲羽，隨其數而升降之。黄鍾爲宫，其角聲在姑洗辰之下六十四者，爲黄鍾子之角數也。姑洗辰爲宫，其角數在夷則申之下四千九十六者，乃六十四箇六十四，爲姑洗辰之角數也。子一分若爲角，即六十四，試以四千九十六爲實，以六十四爲法，實如法，仍是六十四，此子一分又爲申之角數。故夷則申爲宫，其角數在黄鍾子。是以申子辰三位自旋其宫，亦自旋其角，所謂音始於宫窮於角是也。

寅九分八。

午七百二十九分五百十二。

戌五萬九千四十九分三萬二千七百六十八。

太簇寅以無射戌爲宫，無射戌以蕤賓午爲宫，蕤賓午以太簇寅爲宫，故太簇之宫數在戌，無射之宫數在午，蕤賓之宫數在寅。午之七百二十九分，乃九箇八十一也，故寅九分即九箇八十一宫數也。戌之五萬九千四十九分，乃七百二十九箇八十一也，亦宫數也，故戌之宫數在午。試以戌五萬九千四十九分爲實，以寅九分爲法，實如法，得六千五百六十一分，仍合黄鍾之宫數。第黄鍾之數八十一，太簇之數七十二，是寅數不及子數有九分，將六千五百六十一分作九折扣之，得五九四九，因不便於呼，故借萬千等字以呼之爲五萬九千四十九耳，所以寅數在戌。此寅午戌互相爲宫也。若以五萬九千四十九分爲實，以黄鍾之六千五百六十一分爲法扣之，衹有九分，此太簇寅九分之數根於戌也。

太簇寅爲宫，蕤賓午爲角。蕤賓午爲宫，無射戌爲角。無射戌爲宫，太簇寅爲角。蕤賓午下五百十二者，乃八箇六十四也，故太簇寅下有八字以明午乃寅之角聲。無射下三萬二千七百六十八者，乃五百十二箇六十四也，以明無射戌乃午之角聲。試以三萬二千七百六十八爲實，五百十二爲法，實如法，得六十四。再以寅數八字歸之，仍是八數，故戌之角數在寅始宫窮角，彼此互根者也。

丑三分二。

巳二百四十三分一百二十八。

酉一萬九千六百八十三分八千一百九十二。

大吕丑以南吕酉爲宫，南吕酉以仲吕巳爲宫，仲吕巳以大吕丑爲宫。丑三分者，三箇八十一也，計之得二百四十三分。故巳之宫數在丑一萬九千六百八十三分者，乃巳之二百四十三箇八十一也。故酉之宫數在巳，試以一萬九千六百八十三爲實，二百四十三分爲法，實如法，得八十一分，以丑之三分字即三箇八十一爲二百四十三矣。試以一萬九千六百八十三分取黄鍾宫數六千五百六十一爲法除之，得三分，所以丑之宫數三分，其數根於酉之下者此也。

大吕丑爲宫，仲吕巳爲角。仲吕巳爲宫，南吕酉爲角。南吕酉爲宫，大吕丑爲角。丑之角數二，巳之角數一百二十八，乃兩箇六十四，是丑以巳爲角矣。酉之八千一百九十二乃一百二十八箇六十四，是巳以酉爲角矣。將酉之八千一百九十二爲實，四千九十六爲法，實如法，得二分，正丑下之角數二也。故南吕酉爲宫，以丑爲角。要之宫數九九終於六千五百六十一分，蓋八十一箇八十一，陽數之盡處也。角數八八終於四千九十六，蓋六十四箇六十四，陰數之窮處也。故取六千五百六十一分爲求宫數之法，取四千九十六爲求角數之法，兩數皆載於申位之下。

卯二十七分十六。

未二千一百八十七分一千二十四。

亥十七萬七千一百四十七分六萬五千五百三十六。

夾鍾卯以應鍾亥爲宫，應鍾亥以林鍾未爲宫，林鍾未以夾鍾卯爲宫。未下二千一百八十七分者，正卯之二十七箇八十一也。亥下十七萬七千一百四十七分，正未之二千一百八十七箇八十一也。

試取十七萬七千一百四十七分以黄鍾六千五百六十一爲法除之，得二十七分，是卯之宫聲在亥矣。以二十七分除十七萬七千一百四十七分，是亥得六千五百六十一之宫數，故宫聲在亥。未下一千二十四，乃十六箇六十四也，故未爲卯之角聲。亥下六萬五千五百三十六，乃一千二十四箇六十四也，故亥爲未之角聲。試以六萬五千五百三十六爲實，四千九十六爲法除之，得十六，乃知卯爲亥之角聲矣。

七律説

《國語》伶州鳩論七律有曰：「王以癸亥夜陳，未畢而雨。以夷則之上宮畢，當辰，辰在戌上，故長夷則之上宮，名之曰羽，所以藩屏民則也。王以黄鍾之下宮，布戎於牧之野，故謂之厲，所以厲六師也。以太簇之下宮，布令於商，昭顯文德，底紂之多罪，故謂之宣，所以宣三王之德也。反及嬴内，以無射之上宮，布憲施舍於百姓，故謂之嬴亂，所以優柔容民也」云云。按長夷則之上宮，以黄鍾爲下宮，是夷則爲宮，黄鍾爲角矣。以太簇爲下宮，以無射爲上宮，是無射爲宮，太簇爲角矣。此宮角相應也。上宮藩屏民則、優柔容民，下宮厲六師、底紂之多罪。宮有宮之體，角有角之象，可想而知也。於是長夷則爲宮，以無射爲商，無射以黄鍾爲商，黄鍾以太簇爲商。所以宣三王之德者，布令於商，非貪商也。論七列祇言四陽律，三同附焉。太簇、黄鍾之間有大吕，大吕以夷則爲徵，正上宮南徵之義。無射、黄鍾之間有應鍾，應鍾乃下宮太簇之羽。夷則、無射之間有南吕，南吕乃下宮黄鍾之羽。此二下宮有羽者。厲師底罪，正所以藩屏民則優柔容民也。自申至寅凡七律，故曰七列，皆宮角相應也。恭讀欽定《律吕正義》有倍夷則，倍無射，即長夷則之上宮，以無射爲上宮之義，謹繹元音，乃知數合聲和。我朝樂律實成周之美盛焉。

數始於一，終於十，成於三。氣始於冬至，周而復生解。

子一分對面是午，午下七百二十九即是子之一寸也。到未是三箇七百二十九，合成二千一百八十七，即是三寸矣，故對面丑位是三分也。到申是三箇二千一百八十七，合成六千五百六十一，即是三箇三寸而成九寸矣，故對面寅位是九分也。到酉是三箇六千五百六十一，合成一萬九千六百八十三，即是三箇九寸而成二十七寸矣，故對面卯位是二十七分也。到戌是三箇一萬九千六百八十三，合成五萬九千四十九，即是三箇二十七寸而成八十一寸矣，故對面辰位是八十一分也。到亥是三箇五萬九千四十九，合成十七萬七千一百四十七，即是三箇八十一寸而成二百四十三寸矣，故對面巳位是二百四十三分也。然則依前法，將亥十七萬七千一百四十七亦以三倍而成五十三萬一千四百四十一，爲三箇二百四十三寸，合而計之，是七百二十九寸矣。依舊子位下對面午位七百二十九也，以七百二十九寸言之，正黄鍾十丈之數。蓋十丈祇有九丈，九丈祇有八十一尺，八十一尺祇有七百二十九寸。自子一寸起七百二十九算一路，加三而成，再至子位復爲七百二十九寸以成十丈，故曰數始於一，終於十，成於三。氣始於冬至，周而復生者，冬至子也，必周而復生方見始於一寸而終於十丈也。所云五十三萬一千四百四十一算者，正黄鍾自乘再乘之數，其法以八十一乘八十一，得六千五百六十一，爲自乘之數。再以八十一乘之，得五十三萬一千四百四十一，爲再乘之數。所謂七百二十九寸者，以七百二十九毫爲一寸計算，七百二十九寸正五十三萬一千四百四十一毫也。以九寸計之，正六千五百六十一毫，爲黄鍾之全積也。六千五百六十一者，即五萬九千四十九釐也，亦即是五十三萬一千四百四十一毫也，推而下之於絲忽，推而上之於尋丈，總是有九無十，故黄鍾取法於九寸也。

子一分下無小數，而對面午位七百二十九分之下有五百十二者，陰數也。七百二十九爲一寸，乃九寸之尺。五百十二亦爲一寸，乃八寸之尺。蔡邕獨斷謂周乃八寸之尺。鄭康成以爲八寸爲咫，不爲尺。前人言律吕者，皆棄此數而不取。今推其數於左，蓋置一而九三之，乃一分起，由九分、八十一分、七百二十九分爲一寸。下文實如法者，由倍其實、四其實之實字，亦如九三之法耳。今作八三之以求角數。

置一而八三之，取子一分作八折，得數八，再八乘得六十四。蓋一釐祇有八豪，一分祇有八釐，計之得六十四豪。一寸祇有八分，計之祇得五百十二豪，故以五百十二豪爲一寸。一尺祇有八寸，計之祇得四千九十六豪，此數亦載於申位之下，是以申位上六千五百六十一乃九寸爲尺之全律，申位下四千九十六乃八寸爲尺之全律。試將四千九十六之實數以七百二十九豪除之，得五寸六分一釐八豪奇，正夷則申之長。蓋以八寸之尺較九寸之尺，自然而然之數也。未分之下一千二十四者，乃兩箇五百十二，即二寸也。未對面是丑，故丑分下有二也。申分下四千九十六者，乃八箇五百十二，即八寸也。申對面是寅，故寅分下有八也。酉分下八千一百九十二者，乃十六箇五百十二，即一尺六寸也。酉對面是卯，故卯分下有十六也。戌分下三萬二千七百六十八者，乃六十四箇五百十二，即六尺四寸也。戌對面是辰，故辰分下有六十四也。亥分下六萬五千五百三十六者，乃一百二十八箇五百十二，即一丈二尺八寸也。亥對面是巳，故巳分下有一百二十八也。亥以下當接子，亦以四其實之數推之，應得二十六萬二千一百四十四，乃五百十二箇五百十二，即五百十二寸也。子對面是午，故午分下有五百十二也。五百十二寸者，即是咫尺十丈也。蓋咫尺十丈祇有八丈，八丈祇有六十四尺，六十四尺祇有五百十二寸，故以五百十二寸爲八寸尺之十丈也。自一寸至十丈，皆從子位復生而成，故曰始於一，終於十，成於三。氣始於冬至，周而復生者，其義如此。不然鍾分數下又載此數竟同贅文矣。

又　十二律吕分數表

宫數以七百二十九豪爲一寸，以六千五百六十一豪爲九寸，約之仍爲八十一。角數以五百十二豪爲一寸，以四千九十六豪爲八寸，約之仍爲六十四。然十二律吕長短不齊，今統以六千五百六十一爲宫，統以四千九十六爲角，將何以分長短耶？前人以十七萬七千一百四十七爲九寸，攤分十二律，乃《淮南》廣幅二十七之法。今以《史記》六千五百六十一攤分十二律，取黄鍾之律修九寸之豪數，以見此數皆法《易》策。三分損益，何莫非爻策往來。爲黄鍾宫，林鍾徵，太簇商，南吕羽，姑洗角，五音有序。其得數皆有源委，非空數也。今將隔八相生律分表於左。

黄鍾六千五百六十一，以七百二十九豪爲一寸歸之，得九寸。以八十一歸之，得八寸一分。

取黄鍾六千五百六十一而三分之，每分得二千一百八十七，於六千五百六十一内損一分，剩四千三百七十四，爲林鍾之律數。

林鍾四千三百七十四，以七百二十九豪爲一寸歸之，得六寸。以八十一歸之，得五寸四分。

取林鍾四千三百七十四而三分之，每分得一千四百五十八，於四千三百七十四内益一分，共五千八百三十二，爲太簇之律數。

前人以丑三分二爲三分，分黄鍾九寸，而得其二也。今以六千五百六十一而三分分之，每分得二千一百八十七，應得二分，計共四千三百七十四。丑爲陰吕，數應沖位，是未，其數正與此同。

此本後來律家分九寸之法，今借以分六千五百六十一，以証數之實在。後做此。

太簇五千八百三十二，以七百二十九豪爲一寸歸之，得八寸。以八十一歸之，得七寸二分。

取太簇五千八百三十二而三分之，每分得一千九百四十四，於五千八百三十二内損一分，剩三千八百八十八，爲南吕之律數。

前人以寅九分八爲九分，分黄鍾九寸，而得其八也。今以六千五百六十一而九分分之，每分得七百二十九，應得八分，計共五千八百三十二。寅爲陽律，不用尋沖其數，正與此同。

南吕三千八百八十八，以七百二十九豪爲一寸歸之，得五寸三分三釐三豪。以八十一歸之，得四寸八分。

取南吕三千八百八十八而三分之，每分得一千二百九十六，於三千八百八十八内益一分，共五千一百八十四，爲姑洗之律數。

前人以卯二十七分十六爲二十七分，分黄鍾九寸，而得其十六也。今以六千五百六十一而二十七分分之，每分得二百四十三，應得十六分，計共三千八百八十八。卯爲陰吕，數應沖位，是酉，其數正與此同。

姑洗五千一百八十四，以七百二十九豪爲一寸歸之，得七寸一分一釐一豪。以八十一歸之，得六寸四分。

取姑洗五千一百八十四而三分之，每分得一千七百二十八，於五千一百八十四内損一分，剩三千四百五十六，爲應鍾之律數。

前人以辰八十一分六十四爲八十一分，分黄鍾九寸，而得其六十四也。今以六千五百六十一而八十一分分之，每分得八十一，應得六十四分，計共五千一百八十四。陽律不用尋沖，其數正與此同。

應鍾三千四百五十六，以七百二十九豪爲一寸歸之，得四寸七分四釐七絲。以八十一歸之，得四寸二分六釐六豪六。

取應鍾三千四百五十六而三分之，每分得一千一百五十二，於三千四百五十六内益一分，共四千六百零八，爲蕤賓之律數。

前人以巳二百四十三分一百二十八爲二百四十三分，分黄鍾九寸，而得其一百二十八也。今以六千五百六十一而二百四十三分分之，每分得二十七，應得一百二十八分，計共三千四百五十六。巳爲陰吕，數應沖位，是亥，其數正與此同。按三千四百五十六數，得乾策之半。

蕤賓四千六百零八，以七百二十九豪爲一寸歸之，得六寸三分二釐奇。以八十一歸之，得五寸六分八釐八豪八。

取蕤賓四千六百零八而三分之，每分得一千五百三十六，於四千六百零八内益一分，共六千一百四十四，爲大吕之律數。

前人以午七百二十九分五百十二，爲七百二十九分分黄鍾九寸，而得其五百十二也。今以六千五百六十一而七百二十九分分之，每分得九，應得五百十二分，計共四千六百零八。午爲陽律，不用尋沖，其數正與此同。按四千六百零八數，得坤策之全。

大呂六千一百四十四，以七百二十九豪爲一寸歸之，得八寸四分二釐七豪奇。以八十一歸之，得七寸五分八釐五豪。

取大呂六千一百四十四而三分之，每分得二千四十八，於六千一百四十四內損一分，剩四千九十六，爲夷則之律數。

前人以未二千一百八十七分一千二十四，爲二千一百八十七分分黃鍾九寸，而得其一千二十四也。今以六千五百六十一而二千一百八十七分分之，每分得三，應得一千二十四分，計共三千七十二，倍之得六千一百四十四。未爲陰呂，數應沖位，是丑，其數正與此同。

夷則四千九十六，以七百二十九豪爲一寸歸之，得五寸六分一釐八豪。以八十一歸之，得五寸五釐六豪七。

取夷則四千九十六而三分之，每分得一千三百六十五三三，於四千九十六內益一分，共五千四百六十一三三，爲夾鍾之律數。

前人以申六千五百六十一分四千九十六，爲六千五百六十一分分黃鍾九寸，而得其四千九十六也。今以六千五百六十一而六千五百六十一分分之，每分得一，應得四千九十六分。申爲陽律，不用尋沖，其數正與此同。按每得一分，即子一分之止處，爲黃鍾之全度。《史記》謂北至於留，留者，陽氣之稽留也云云，言以下陰用事，故申得四千九十六之陰數也。

夾鍾五千四百六十一三三，以七百二十九豪爲一寸歸之，得七寸四分九釐一豪。以八十一歸之，得六寸七分四釐二豪三。

取夾鍾五千四百六十一三三而三分之，每分得一千八百二十零四四四，於五千四百六十一三三內損一分，剩三千六百四十零八八，爲無射之律數。

前人以酉一萬九千六百八十三分八千一百九十二，爲一萬九千六百八十三分分黃鍾九寸，而得其八千一百九十二也。今以六千五百六十一而一萬九千六百八十三分分之，每分得三萬三千三百三十三之六千五百六十一，應得八千一百九十二分，計共二千七百三十零六六，倍之得五千四百六十一三三。酉爲陰呂，數應沖位，是卯，其數正與此同。得數下帶六千五百六十一爲奇零之數，是陽氣稽留之根。

無射三千六百四十零八八，以七百二十九豪爲一寸歸之，得四寸九分九釐四豪。以八十一歸之，得四寸四分九釐四豪。

取無射三千六百四十零八八而三分之，每分得一千二百十三六二，於三千六百四十零八八內益一分，共四千八百五十四五，爲仲呂之律數。

前人以戌五萬九千四十九分三萬二千七百六十八，爲五萬九千四十九分分黃鍾九寸，而得其三萬二千七百六十八也。今以六千五百六十一而五萬九千四十九分分之，每分得一萬一千一百十一之六千五百六十一，應得三萬二千七百六十八分，計共三千六百四十零八八。戌爲陽律，不用尋沖，其數正與此同。

仲呂四千八百五十四五，以七百二十九豪爲一寸歸之，得六寸六分五釐九豪。以八十一歸之，得五寸九分九釐三豪。

取仲呂四千八百五十四五而三分之，每分得一千六百十八一六六，於四千八百五十四五益一分，共六千四百七十二六六，爲再生黃鍾之律數。

前人以亥十七萬七千一百四十七分六萬五千五百三十六，爲十七萬七千一百四十七分分黃鍾九寸，而得其六萬五千五百三十六也。今以六千五百六十一而十七萬七千一百四十七分分之，每分得三萬七千三十七之六千五百六十一，應得六萬五千五百三十六分，計共二千四百二十七奇，倍之得四千八百五十四五。亥爲陰呂，數應沖位，是巳，其數正與此同。

黃鍾本六千五百六十一，今祇得六千四百七十二六六，不及黃鍾原數八十八。以七百二十九歸之，少一分二釐奇。以八十一歸之，少一分零九豪奇。此無他，緣經十二番損益而消長之道見矣。此天地之氣數使然也。譬如甲子夜冬至，過六十年後，尚能於甲子夜冬至否？不能也。又如海上之潮，一日夜凡兩至，若以大月計之當六十潮，然從古至今，大月不過五十八潮。潮爲天地之氣，此顯而易見乃造化之大權。律呂之道，不出乎此。

按黃鍾長九寸，爲十一律之冠，以六千五百六十一豪爲九寸，以七百二十九豪爲一寸。如太簇八寸，將六千五百六十一豪除七百二十九豪，便是除一寸，祇剩五千八百三十二豪，即是太簇律數。又如林鍾六寸，是少黃鍾三寸，每寸七百二十九豪，計之當得四千三百七十四豪，故林鍾得四千三百七十四豪也。然其法實載《史記》生鍾分下，非臆説也。

又　黃鍾宮數全積

治歷家與律呂同出一途，理無二致。如周天三百六十五度四分度之一，此爲周天之全度，然必總二十八舍而計之。古以斗牛起，自斗二十二度，牛七度，女十一度，虛九度，一路滚算，算至箕九度半，得三百五十五度，然後通計度之太少，得三百六十五度四分度之一，此爲周天之全度，皆日所經之地，故曰日行天三百六十五度四分度之一，爲一周天也。歷家以之推節氣，求日食，皆倚此全度爲定體。如推立春節捷訣云：今年若知來年春，六甲五日三時辰。蓋謂經六甲子，六六得三百六十日，加五日，便是三百六十五日。日一日一周天，故以日爲度，即是三百六十五度矣。另以一日內之十二時而四分之，每分得三時，爲四分度之一，扣足此數便是來年立春之節，此歷家用全度之大略也。今若計黄鍾全積，當從子一分，丑三分，寅九分，卯二十七分，亦如斗牛女虛一路滚算，算至亥十七萬七千一百四十七分，共得二十六萬五千七百二十分積，然後將子下一分抽出一半，入於二十六萬五千七百二十分之下，爲二十零半分，以爲周而復始之數。於是以九寸得積八百十分之法，用八一歸之，得三千二百八十分零五策，倍之得六千五百六十一分，爲黄鍾之九寸矣。若無半分加入其數，便不符此理。惟邵康節知之，故胡氏云嘗因邵子子半之説推之，以卦分配節候，復爲冬至子之半，指此半分之數也。故《史記》細若氣，微若聲，雖玅必效。玅者，眇也，謂微秒之數皆有效驗，正指此等處也。方以智《通雅》，玅字自註音眇。於是以六千五百六十一爲黄鍾之九寸而歸其積，得積八百十分，以此考之，黄鍾六千五百六十一爲九寸更無疑也。

律呂之數皆法於《易》策。《易》陽爻一百九十二，每爻得策三十六，計之有六千九百十二。今取其數，用每寸得七百二十九分以歸之，得九寸四分八釐一豪四絲八忽，數過黄鍾之九寸矣。京房謂數不得過黄鍾之清濁，因而用半律，得四十七分四釐七絲四忽，即是亥之律。若將陽策六千九百十二用半律，得三千四百五十六，前分數表載亥三千四百五十六，正得陽策之半。若不用六千五百六十一爲黄鍾，安能得此數耶。蓋黄鍾九寸，應鍾四寸七分四釐七絲四忽，亥月緊接子月，若無理數存焉，律管長短相去甚遠，其高下聲音何能相接耶？於是通計倍四之法，如黄鍾八十一，倍之得一百六十二，生林鍾。林鍾五十四，四其實，得二百十六。二百十六者，乾策也。太簇七十二，倍之得一百四十四。一百四十四者，坤策也。南呂四十八，四其實，得一百九十二。一百九十二者，陰陽爻之數也。姑洗六十四，倍之得一百二十八。一百二十八者，合兩篇策之總數也。兩篇之策，萬有一千五百二十，以黄鍾九寸歸之，得一百二十八分也。於是生應鍾三千四百五十六，得陽策六千九百十二之半律。生蕤賓四千六百零八，得陰策四千六百零八之全律。故漢人註釜六斗四升，引萬有一千五百二十爲聲中黄鍾之宫而反復焉者，蓋指六斗四爲六十四，乃姑洗之律。姑洗爲角，其宫數在黄鍾宫角相應，故曰反復焉。是以前分數表載姑洗五千一百八十四，以九寸之律歸之，得五千七百六十，倍之即一萬一千五百二十，而爲兩篇之策矣。若不以六千五百六十一分爲黄鍾，安能得此理數耶？大抵數過黄鍾者，不用半，便用九，亦如策數非五則九也。以此攷之，《史記》九三之爲一寸，在午不在酉。凡得九寸，在申不在亥，亦明矣。而京房以萬九千六百八十三爲一寸，以十七萬七千一百四十七爲九寸者，因《易》數不輕授人，故邵子學易二十年始得其師説乾坤之位。可見前人秘密如此，故《史記》上九、商八，如爲廋辭皆此意也。

京房用十七萬七千一百四十七分爲黄鍾者，一則欲將十二律許多名物度數一概藏起，不輕授人，却借《淮南》大數之説以文之，而又用《淮南》廣幅之數以分十二律，故其尺寸悉與《史記》合。《淮南子》曰：黄鍾之律修九寸，物以三生，三九二十七，故廣幅二尺七寸。是二尺七寸者，乃黄鍾九寸之所生，非黄鍾九寸之律也。今取十七萬七千一百四十七分，試以六千五百六十一歸之，正得二十七分，此可以識京房之用意矣。於是以二十七分倍之，得五十四，生林鍾。然則黄鍾之長二尺七寸耶？二十七分耶？其必曰物以三生，三三如九寸矣。善乎！高氏註《淮南》上下生句云：鍾律上下相生，誘不敏也。此註《淮南》而譏《淮南》之言，京房受《淮南》之誘，而轉以誘人，故以十七萬七千一百四十七分下生林鍾十一萬八千九十八，衹説萬九千六百八十三分爲一寸，而不説此數是何取義，蓋委蛇而出之數，實不欲以《易》策輕示人故也。然而求出之律數，却又絲豪不苟且，能推減角一算之法。如將兩篇策數萬有一千五百二十，前漢人引註六斗四升之積，今將萬九千六百八十三分爲一寸，以歸萬一千五百二十，得五分八釐五豪二絲七忽，復以九寸之律歸之，得六寸五分三豪七忽，是姑洗之積六寸四分，暗暗多一分三豪七忽矣。而人目中所見萬物當春而發，耳内所聞五音入角獨高，苦無探其來路。得此物以三生之法，推出當萬物之數萬有一千五百二十，有暗高暗長之數。在《史記》有羽七之法，用之而不疑矣。然此法亦惟製調與轉調用之，如琴家以三絃安姑洗者反稱慢角調，其律暗高其音慢矣。又如唐宋人二十八調，以變宫爲角，是取角之所生爲角，不以正角爲角，亦嫌其音慢有僭越於宫聲，故避正角聲爲調。自宋之後，變宫爲角之法無傳，一切角調亦皆無考。惟有大晟角招一調，當時共譏其宫離而不附，總以角聲越於宫聲，故不附耳。至於行腔依舊角是六十四，此朱子所謂依舊七箇都在正。與此同附識於後，餘見琴曲話卷中。

《前漢書・律歷志》黄鍾九寸爲天統，林鍾六寸爲地統，太簇八寸爲人統，三統合於一元，故因元一而九三之以爲法，十一三之以爲實，實如法，得一。黄鍾初九，律之首，陽之變也。因而六之，以九爲法，得林鍾初六，吕之首，陰之變也。皆參天兩地之法也。上生六而倍之，下生六而損之，皆以九爲法。九六，陰陽、夫婦，子母之道也。律娶妻而吕生子，天地之情也。六律六吕，十二辰立矣。按《史記》之前，《淮南子》最近。《史記》之後，《前漢書》最切。今考《前漢書》所載，亦以萬九千六百八十三爲法，以十七萬七千一百四十七爲實，以法歸實，得數九，故曰實如法得一，一即九也。故曰黄鍾初九，律之首。因而六之，以九爲法者，將黄鍾九數作六倍，得五十四，復以九歸之，得六，故曰得林鍾初六，吕之首，陰之變也。上生六而倍之者，如林鍾得六，倍之爲十二，復用六倍得七十二。皆以九爲法者，將七十二用九歸得八十，爲太簇也。下生六而損之者，將太簇八作六倍，得四十八，爲南吕，折之即損之不用倍也。南吕四十八，倍之爲九十六，仍用九歸得一零六六六六奇，復用六倍得六十三九九九奇，爲六十四，即姑洗之數也。推而至蕤賓，轉生大吕，又當倍之矣。然必用九歸，仍復六乘，即《史記》上九角六，即徵六之法。惟祇用倍其實，不用四其實，而求十二律之數，卻以三統合於一元。又曰皆參天兩地之法，亦如《淮南》物以三生，三九二十七，爲廣幅之數同也。從子一分至亥，爲十一三之，得數十七萬七千一百四十七。此數乃未成律之前，是子、丑、寅、卯、辰、巳、午、未、申、酉、戌、亥十二辰之數。自因元一而九，三之以爲法，以十一三之以爲實，求得黄鍾初九之後，將十二辰變作十二律吕，皆從黄鍾初九推來，不復用十二辰之名，亦不復用十二辰之數，惟記某律幾寸幾分幾釐而已。此《前漢書・律歷志》可考也。所謂律娶妻而吕生子者，如黄鍾律娶林鍾吕爲妻，隔八生太簇爲子；太簇律娶南吕吕爲妻，隔八生姑洗爲子之類，故有夫婦子母之道也。後漢京房之法卻以十七萬七千一百四十七爲黄鍾之九寸，以十一萬八千九十八爲林鍾之六寸之類，既得律之寸，又記律之數，是又變前漢人之法矣。大抵淮南用《吕氏春秋》而變其法，吕氏不用倍四而淮南用倍四。用倍四者，黄鍾與仲吕對待而言，正冬至與夏至相映，如黄鍾八十一倍之爲一百六十二，除生林鍾五十四之外，尚存一百零八，正兩箇五十四也。五十四爲徵，是黄鍾爲徵乃仲吕爲宫也。故曰日夏至，音比黄鍾浸以清。又如林鍾五十四，用四其實得二百十六，除生太簇七十二之外，尚存一百四十四，乃兩箇七十二也。七十二爲商，是林鍾爲商乃仲吕爲宫也。以下推之皆然。蓋黄鍾除生林鍾，存一百零八，得陽策三爻之數。林鍾除生太簇，存一百四十四，得陰策之數。故冬至以林鍾爲徵，淮南謂日冬至，音比林鍾浸以濁，謂其一生太簇，其音乃陰數浸淫於濁矣。以此按之，淮南損益吕氏之法而加密焉。《史記》用淮南之法，然淮南乃漢分封之小國，豈有大漢用小國制度而不加損益哉，因是增入上九以尊宫數，減去角律以齊二變之奇零，增入周人豆區釜鍾之數於分數之下，以爲始於宫窮於角，增入商八等法以見陽律從陽各留根蒂、陰吕從陰互含虚實，較淮南又加密焉。

班固《前漢・律歷志》云，漢興，北平侯張蒼首律歷事。孝武時，樂官考正。至元始中，王莽秉政，欲燿名譽，徵天下通知鍾律者百餘人，使羲和劉歆等典領條奏，言之最詳，故删其僞辭，取正義著於篇云云。按所云孝武時樂官考正者，《史記》之律法也。班固所叙者，乃王莽使羲和等所爲之鍾律也，於是損益《史記》之法，增入天統、地統、人統，三統合於一元，取《史記》上九爲以九爲法，取《史記》徵六爲坤六用，倍其實而廢四其實。因太極元氣，函三爲一，行於十二辰，三分損益，而分十二律，而除其倍，用籌二百七十一根爲六觚，以算十二律。專以林鍾初六吕之首，陰之變爲法，而廢始宫窮角之數入於人統，此損益大畧也。後漢京房於元帝時，以六十律相生之法爲律準，以上生下皆三生二，以下生上皆三生四，陽下生陰，陰上生陽，終於中吕而十二律畢矣。於是以中吕上生執始，執始下生去滅，上下相生，終於南事，又得四十八律，合前爲六十律。此又損益《淮南》《史記》《前漢志》之鍾律，故六十律分數皆以十七萬七千一百四十七而攤分之，既得數，又得寸，增入陽以圓爲形，其性動，陰以方爲節，其性静，動者數三，静者數二，上生不得過黄鍾之清濁，下生不得及黄鍾之實數，皆參天兩地，圓蓋方覆，六耦承奇之道也云云。從此以後，以十七萬七千一百四十七分爲黄鍾之九寸矣，與《前漢志》黄鍾初九陽之變似同而其實不同也。然廢《史記》宫角相倚之數，專以六十律旋宫，爲後來六十調之祖矣。

又　黄鍾角數全積

陰之數自丑分下二，寅分下八，卯分下十六，辰分下六十四，一路滚算，至亥下六萬五千五百三十六，共十一萬二千三百四十六，此尚非角數之全積，必如亥下六萬五千五百三十六，四其實得二十六萬二千一百四十四乃爲角數之全積，亦氣始於冬至，周而復生之數也。今以六百四十分以歸之，得四千九十六爲咫尺之九寸。復以四千九十六歸二十六萬二千一百四十四，得積六百四十分，正黃鍾宮中之角數也，故律數一篇分上爲宮數，分下爲角數，所謂音始於宮窮於角。以之較量，五音猶之豆區釜鍾以量五穀，必藉此數爲器者矣。嘗考《爾雅》二缶謂之鍾，註：八斛也。《左傳》餼國人粟户一鍾，註：六斛四斗，又四豆爲區，區一斗六升，四區爲釜，釜六斗四升。《論語》註：釜，六斗四升。庾，十六斗。秉，十六斛。則丑二，寅八，卯十六，辰六十四，即是二缶，八斛，十六斗，十六斛一斗六升，六斗四升，六斛四斗之數矣。遞而下之，巳一百二十八，乃兩箇六十四，二缶之數也。午五百十二，八釜，八鍾之數也。未一千二十四，十六釜，十六鍾之數也。申四千九十六，六十四釜，六十四鍾之數也。至於酉戌亥依舊是二八十六，仍交於子而成六十四，故嘉量權衡皆本此數而出。當時較量五穀，律家較量五音，所以《左傳》天子省風，作樂器以鍾之。註：鍾，聚也，以器聚音，則曰二，曰八，曰十六，曰六十四者，爲較量五音之器數明矣。故黃鍾、林鍾、夾鍾、應鍾，鍾字《史記》從重不從童，與釜鍾鍾字通，豈非較量五音之輕重哉。故《嘉量》篇有數合黃鍾而反復焉之文，是此篇之數，《史記》以前《吕氏》《淮南》所未載，《史記》以後羲和京房亦未取，而始於宮窮於角之義竟廢，總歸於十七萬七千一百四十七分內。是宮角之分者，乃《史記》之所獨也。然則九三之以爲法，當亦不與各家同也。惟算律尺寸雖屢經損益，其數悉同，可見鍾律之數四通八達，在用之者何如爾。

神生於無形，成於有形，然後數形而成聲，故曰神使氣，氣就形解。

此節承上文始一成三而來，其言圓融內有數形成聲字樣，尚可因數推求，因取徑一圍三法以明之，不是虛辭，乃實事也。列圖表於後，可以尺量，無不符合。至於形理，如類有可類，以下之文則無數可推矣。

《史記》曰：凡得九寸，命曰黃鍾之宮。今取琴絃一條，以尺量定九寸，兩頭界墨痕而圈之，如太極之〇，對墨痕以綫扎定。此圈便是黃鍾之宮牆，以尺量其徑，必是三寸。圍三徑一，圍九徑三。此三寸即是林鍾之半律，黃鍾生林鍾子胎母宮矣。於是計圍九寸，徑三寸，共十二寸。用半律，得六寸，爲林鍾之宮矣。

黃鍾宮

圍九寸，成於有形，量其徑三寸。此從空處得數，乃無形之神。從有以至未有，即是神生於無形成於有形，然後數其形得十二寸。用半律乃林鍾之數，使氣鼓之，氣就形內之數而成林鍾之聲，即是黃鍾所生之徵聲也。

太簇宮

圍八寸，量其徑二寸六分六釐六豪，即南呂之半律倍其實之法也。太簇生南呂，子胎母宮矣。合圍徑之數得十寸六分六釐六豪，用半律，得五寸三分三釐三豪，爲南呂之宮矣。

南呂宮

圍五寸三分三釐三豪，量其徑一寸七分七釐七豪七，即姑洗之半半律四其實之法也。南呂生姑洗，子胎母宮矣。合圍徑之數得七寸一分一釐一豪一，爲姑洗之宮矣。

姑洗宮

圍七寸一分一釐一豪，量其徑二寸三分七釐，即應鍾之半律倍其實之法也。姑洗生應鍾，子胎母宮矣。合圍徑之數得九寸四分八釐一豪，用半律，得四寸七分四釐奇，爲應鍾之宮矣。

應鍾宮

圍四寸七分四釐奇，量其徑一寸五分八釐，即蕤賓之半半律四其實之法也。應鍾生蕤賓，子胎母宮矣。合圍徑之數得六寸三分二釐，爲蕤賓之宮矣。

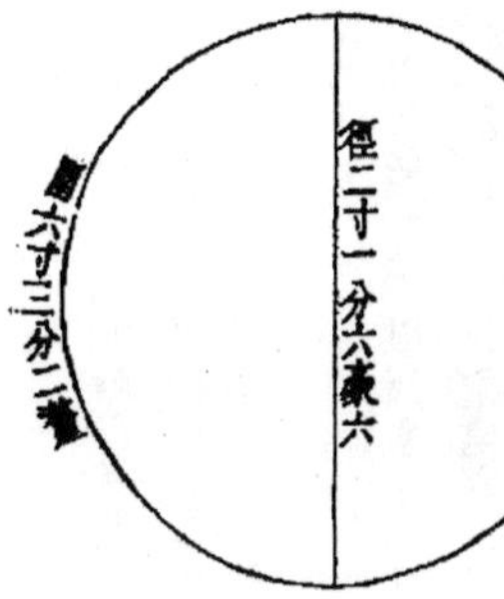

蕤賓宮

圍六寸三分二釐，量其徑二寸一分六毫六，即大吕之半半律四其實之法也。蕤賓生大吕，子胎母宮矣。合圍徑之數得八寸四分二釐六毫六，爲大吕之宮矣。

大吕宮

圍八寸四分二釐六毫六，量其徑二寸八分八毫八，即夷則之半律倍其實之法也。大吕生夷則，子胎母宮矣。合圍徑之數得十一寸二分三釐五毫，用半律，得五寸六分一釐七毫五，爲夷則之宮矣。

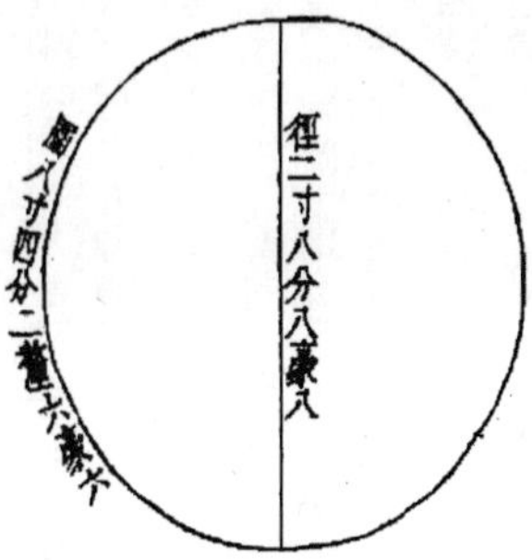

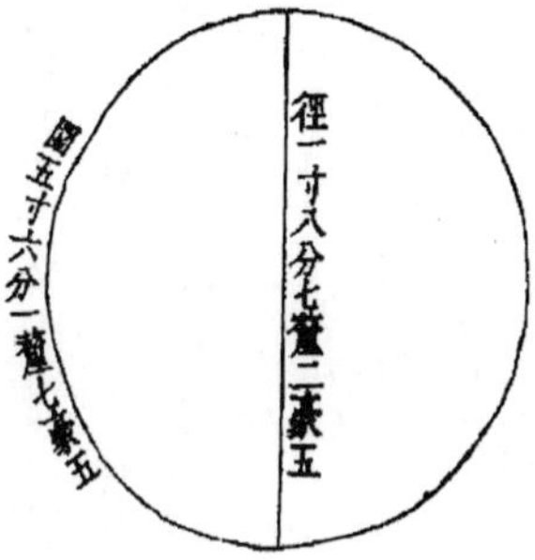

夷則宮

圍五寸六分一釐七毫五，量其徑一寸八分七釐二毫五，即夾鍾之半半律四其實之法也。夷則生夾鍾，子胎母宮矣。合圍徑之數得七寸四分九釐，爲夾鍾之宮矣。

夾鍾宮

圍七寸四分九釐，量其徑二寸四分九釐六毫六，即無射之半律倍其實之法也。夾鍾生無射，子胎母宮矣。合圍徑之數得九寸九分八釐六毫六，用半律，得四寸九分九釐三毫三，爲無射之宮矣。

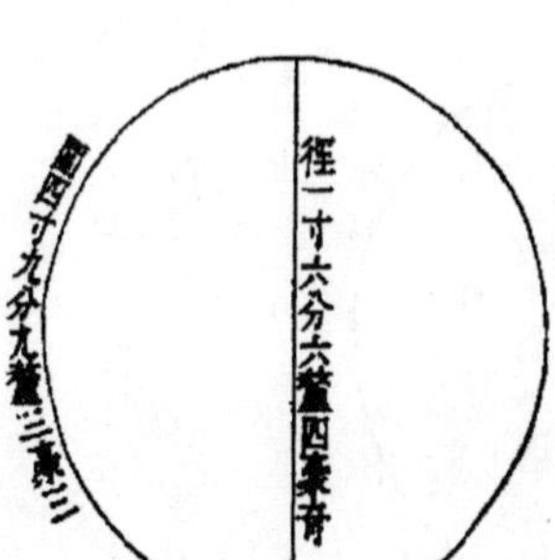

無射宮

圍四寸九分九釐三毫三，量其徑一寸六分六釐四毫奇，即仲吕之半半律四其實之法也。無射生仲吕，子胎母宮矣。合圍徑之數得六寸六分五釐八毫，爲仲吕之宮矣。

仲吕宮

圍六寸六分五釐八毫，量其徑二寸二分一釐九毫三，即黃鍾半半律之變數也。仲吕復生黃鍾，其數不足，然子居母宮，依舊四其實，合圍徑之數得八寸八分七釐七毫三，不及原數一分二釐二毫七，爲黃鍾變律之宮矣。

以上六律六吕，長生短者倍徑線而半之，短生長者四徑線而全之。爰作十二律圈，另挂

標記，載若干長若干徑，細玩其理，最爲微妙。如以擬簫管篪笛，其中空處便是實之以氣之所。如以擬嘉量升合，便是實之以物之地。此四其實、倍其實之謂，至於俗樂莫不由此圈中而定，今舉一二於後。

戴煦《音分古義》卷上《用連比例定管音法》 凡定管音之法，必先以一管爲首音，然後求其相應同聲之短管。其法以首音管高吹與短管平吹相飲，飲者以音相比較也。必令相合同聲；則兩管皆平吹，必相應同聲。凡辨相合同聲較易於相應同聲。既得兩管同聲之度分，於是審其兩音之間可作幾音，乃用連比例術求其逐音度分，此定音之正術也。而古人定音之法，相傳以爲三分損益。夫三分損益誠合於連比例矣，安必其第八音之必應於首音，且不得兩管相應，是無所據依矣。復何從立術乎？嗣讀《吕覽·古樂》篇，益恍然於三分損益，乃既得音分之後爲此簡易之捷法，而用連比例真定音之正術也。《古樂》篇之詞曰：昔黄帝令伶倫作爲律，伶倫自大夏之西，乃之阮隃之陰，取竹於嶰谿之谷以生空竅厚鈞者，斷兩節間，其長三寸九分而吹之，以爲黄鐘之宫，吹曰含少。次制十二筒。其云以生空竅厚鈞者，蓋空竅不鈞則音不足爲準，厚不鈞則兩端空竅或不鈞，故有取乎竹之生成竅厚皆鈞也。云斷(相)[兩]節間者，不使其中有節，而空竅雖鈞中有齟齬也。云其長三寸九分而吹之以爲黄鐘之宫者，蓋伶倫當日先斷竹爲管，長九十横黍，命爲九寸，名之曰黄鐘，爲首音，定爲宫聲。於是依前法求其相應同聲，至三寸九分有餘之管，以數驗之知其有餘，但舉成數則曰三寸九分。而復得宫聲適與黄鐘相應也。云吹曰含少者，黄鐘爲正宫聲，則三寸九分之管爲少宫聲，以其含少宫之聲，故吹之而名之曰含少也。云次制十二筒者，伶倫既得兩管相應之度分，於是審其兩音之間，若間以五音則高下差太大，差大則戾而不和；間以七音，則高下差太小，差小則混而不皦，遂於兩音之間定爲六音，合首末二音爲八音，而第八音適與首音相應，因用連比例術求其度分，至第七音度分與黄鐘之半相差不遠，故不復遞求，而六音之上胥代以半律，此律之所以止於六也。既得六律，而六律之間尚可另立一均，於是前借半度以合成七音者。今復借倍度以合成七音，而吕亦止於六，爰第其次序而爲十二筒也。或疑連比例法來自泰西，且有首率，有八率，求二率，應開六乘方，其法恐非上古所有，不知伶倫造律適當隸首作算數之時，説者謂算數，即九章之屬，而四率比例，即九章之今有術。其一率即所有率，二率即所求率，三率即今有數，四率即求得數，若所求率與今有數同數，即成中比例。若有求得數之後，復以爲所求率又爲今有數，更以前所求率爲所有率，再推求得數，蟬聯而下，即成相連比例矣。至開諸乘方，尤爲少廣專術，不得疑上古之未有其法也。兹將求律吕算法并各管度分列於左。

凡審度之器，其寸分以下微而難辨，故含少之管僅知其爲三寸九分有餘，而畸零細數不可知，於是即以九寸爲首率，三寸九分爲八率，求二率。其法以九寸自乘五次，得五十三萬一千四百四十一寸，又以三寸九分乘之，得二百〇七萬二千六百十九寸九百萬分，平方以百分爲寸，立方以千分爲寸，以此遞推，則六乘方當以一千萬分爲寸，故九百萬分未成一寸。六乘方開之，得七寸九分有奇，而不足八寸。夫含少之長本三寸九分有餘，而只用三寸九分爲八率，則其數稍弱，而所得之二率其數亦必稍弱，於是即以八寸爲二率，轉求第八率，以驗其數之合否。法以八寸自乘六次，得二百〇九萬七千一百五十二寸爲實。以九寸自乘五次，得五十三萬一千四百四十一爲法，除之得三寸九分四釐六毫一絲六忽一微四纖，適與含少之長若合符節，遂定第二音度分爲八寸，名曰太簇。既得第二音度分而逐音度分莫不在是矣。

求第三音度分者，以二率八自乘，得六十四。一率九除之，若不除而命分爲九分寸之六十四，若除得寸數而零數命分爲七寸九分寸之一，若除得實數爲七寸一分一釐一毫一絲一忽一微一纖有奇，爲第三率即姑洗度分。

求第四音度分者，以二率八乘三率九分寸之六十四，得九分寸之五百十二，凡整數乘零數，則乘其分子爲子，原分母爲母。一率九除之，得八十一分寸之五百十二，凡整數除零數，則乘其分母爲母，原分子爲子。寸數爲六寸八十一分寸之二十六，實數爲六寸三分二釐〇九絲八忽七微六纖有奇，爲四率即蕤賓度分。

求第五音度分者，以二率八乘四率八十一分寸之五百十二，得八十一分寸之四千〇九十六，一率九除之，得七百二十九分寸之四千〇九十六寸，數爲五寸七百二十九分寸之四百五十一，實數爲五寸六分一釐八毫六絲五忽五微六纖，爲五率即夷則度分。

如是遞求第六音度分，得六千五百六十一分寸之二十六萬二千一百四十四，寸數爲四寸六千五百六十一分寸之六千五百二十四，實數爲四寸九分九釐四毫三絲六忽〇六纖，爲六率，即無射度分。第七音度分得五萬九千〇四十九分寸之二十六萬二千一百四十四，寸數爲四寸五萬九千〇四十九分寸之二萬五千九百四十八，實數爲四寸四分三釐九毫四絲三忽一微六纖，爲七率。按其數與半黄鐘四寸五分所差不過半黍。若依次求第八音，則適得含少之長，而以較半太蔟四寸所差亦不過半黍，故無射以上之音胥代以半律而不復遞求。此律之所以止於六也。蓋音之遞差也本極微，而耳之辨音也又非極精，故所差無幾，可借用也。

既得六律，而于三律之間作兩音，其高下之差必仍與六律等，自可另立一均，于是六吕生焉。其法以黃鐘九寸爲首率，半太蔟四寸爲末率，末率應用含少，但古人既借半太蔟爲第八音，且所差無幾，故用爲末率。求其中率，其音必在第四音蕤賓、第五音夷則之間，而高于蕤賓半音，下於夷則亦半音。乃以首率九寸乘末率四寸，得三十六寸，平方開之，得中率六寸，命爲首音，是爲林鐘。

求第二音度分者，其逐音高下差既與六律等，故即以九寸爲一率，八寸爲二率，六寸爲三率，求四率。二三率相乘，得四十八寸。一率九除之，得九分寸之四十八寸，數爲五寸九分寸之三，約之爲三分寸之一，三分之一，即九分之三，以下零分均用約分法。實數爲五寸三分三釐三毫三絲三忽三微三纖，爲四率，即南吕度分。

求第三音度分者，以二率八乘四率九分寸之四十八，得九分寸之三百八十四。一率九除之，得八十一分寸之三百八十四寸，數爲四寸二十七分寸之二十，實數爲四寸七分四釐〇七絲四忽〇七纖，爲五率，即應鐘度分。

如是遞求第四音度分，得七百二十九分寸之三千〇七十二，寸數爲四寸二百四十三分寸之五十二，實數爲四寸二分一釐三毫九絲九忽一微七纖，爲六率，即大吕度分。第五音度分爲六千五百六十一分寸之二萬四千五百七十六，寸數爲三寸二千一百八十七分寸之一千六百三十一，實數爲三寸七分四釐五毫七絲七忽〇五纖，爲七率，即夾鐘度分。第六音度分爲五萬九千〇四十九分寸之十九萬六千六百〇八，寸數爲三寸一萬九千六百八十三分寸之六千四百八十七，實數爲三寸三分二釐九毫五絲七忽三微七纖，爲八率，即中吕度分。自此以降，則其音太高而噍促，故至中吕而極。于是求首音林鐘之前一音，其法以八寸爲一率，九寸爲二率，六寸爲三率，求四率。以二三率相乘，得五十四寸。一率除之，得四率六寸七分五釐，與倍中吕六寸六分五釐九毫零相差僅九釐。又求首音之前二音，以二率乘四率，得六十寸〇七十五分。一率除之，得五率七寸五分九釐三毫七絲五忽，爲林鐘。前二音與仲吕相應同聲，而適與倍夾鐘七寸四分九釐一毫相差僅分許，故亦不復遞求。而林鐘以下之音咸代以倍吕，此吕之所以亦止于六也。

律吕度分表：

黃鐘	徑三分三釐八毫五絲一忽三微七纖	長九寸	
太蔟	徑同	長八寸	較分一寸相隔一音
姑洗	徑同	長七寸一分一釐一毫一絲一忽一微一纖	較分八八八八八九相隔一音
蕤賓	徑同	長六寸三分二釐〇九絲八忽七微六纖	較分七九〇三三五相隔一音
夷則	徑同	長五寸六分一釐八毫六絲五忽五微六纖	較分七〇二三三〇相隔一音
無射	徑同	長四寸九分九釐四毫三絲六忽〇六纖	較分六二四二九五〇相隔一音
林鐘	徑同	長六寸	
南吕	徑同	長五寸三分三釐三毫三絲三忽三微三纖	較分六六六六六七相隔一音
應鐘	徑同	長四寸七分四釐〇七絲四忽〇七纖	較分五九二五九二六相隔一音
大吕	徑同	長四寸二分一釐三毫九絲九忽一微七纖	較分五二六七四九〇相隔一音
夾鐘	徑同	長三寸七分四釐五毫七絲七忽〇五纖	較分四六八二二二二相隔一音
中吕	徑同	長三寸三分二釐九毫五絲七忽三微七纖	較分四一六一九六八相隔一音

或問三分損益之法，吕不韋以黄鐘下生林鐘，而蕤賓重上生大吕，故中吕以上三吕長於林鐘。自京房鄭(元)[玄]以來莫不悉遵其説，惟司馬遷、劉歆以黄鐘下生林鐘，而蕤賓仍下生大吕，故大吕以下三吕短於應鐘。而從之者自班固至蔡元定，不過數人。今連比例所得適合蕤賓下生之數，何也？曰：以數驗之而知其當然也。大凡定音分者，必令逐音高下之差相等，故自高而下，其度分之較以漸而長，如今無射至黄鐘，中吕至林鐘是也。若用蕤賓上生法之，前三吕實爲大吕、夾鐘、中吕之倍數，試以應鐘與南吕較得五分九釐二毫零，以南吕與林鐘較得六分六釐六毫零，是以次而長也。而以林鐘與六寸六分有餘之中吕較，僅得六分五釐九毫零，反短於林鐘與南吕之較，是其間高下差較近，而相隔不及一音。雖所差無幾，古人未嘗不借六寸六分五釐零之管爲林鐘下一音，但十二律吕爲衆音之準，當無忽微之差，不應立之準者先取借用，故知大吕以下三吕當短於應鐘也。吕氏以六間用三倍吕、三正吕，故以黄鐘下生得三正吕，蕤賓上生得三倍吕耳。古文簡易，倍律倍吕皆不言倍，歷朝史志尚然。至三分損益上下相生之古義，不特不同於吕氏，并不同於司馬、劉氏何也？蓋損益之法見於三代以上之書者，惟《管子·地員》篇，其詞曰：凡將起五音，起五音者，五音相生之起例也，變宫變徵爲宫徵之半，故五音可該七音。凡首，先主一首先主一者，先以一度分爲主也。而三之，三之者，將此度分三倍之也。四開開，分開也。四開者，復以三倍之度分四分開也。以合九九，九九者，八十一分也。《管子》所用尺適與鄭世子斜黍尺相符，蓋當時所行用，其九十分適當横黍尺一尺，故横黍尺九寸適當伊尺八十一分也。以合九九，言所主之度分三倍之，復四分之，必令合于九九八十一分之度，故曰以合九九也。以是生黄鐘是，猶此也，指三之四開也。言所取度分以三之四開而生九九八十一分之黄鐘也。小素之首，小素字當是分率之訛，篆文分作[illegible]，與[illegible]類。率作[illegible]，與[illegible]類。三分損益之率，始于黄鐘，故曰分率之首也。以成宫。以黄鐘爲宫音也。三分而益之以一，爲百有八，以八十一分三分之，得二十七分，爲三分之一，加於八十一，得一百〇八分，爲倍林鐘度分也。有，古與又通。下同。爲徵。不不字當是音字之脱誤，篆文音作[illegible]，不作[illegible]，音字脱下日字誤爲不字也。爲徵音者，黄鐘上生倍林鐘爲清均徵音也。此即前云所主之度分分率，雖起黄鐘而倍林鐘最長，故以爲主也。無有三分，無字當是既字之訛，篆文無字古作[illegible]，既省作[illegible]，正相類。前求徵音以宫音之度三分之，今復取徵音之度三分之，故曰既又三分也。而去其乘，乘爲剩字省文。剩，餘也。以一百〇八分三分之，得三十六爲三分之一，以爲剩餘之數。于一百〇八内去其剩餘之數，得七十二分，爲太蔟之度分也。適足無畸零也。以是生商。倍林鐘清徵下生太蔟濁商也。有三分而復於其所，以七十二分三分之，得二十四，爲三分之一，益于七十二，得九十六分，爲倍南吕度分也。前既三分損一，今又三分益一，有似歸原，故云復於其所也。以是成羽。太蔟濁商上生倍南吕清羽也。又三分去其乘，適足以九十六分三分之，得三十二，爲三分之一，爲剩餘，于九十六内去之，得六十四分，爲姑洗度分也。重言適足者，明律吕相生，姑洗以下多帶奇零，此則尚適足也。以是成角。倍南吕清羽下生姑洗濁角也。文爲五音相生起例，故至濁角而止，不待終言也。或謂《管子》所言絲絃音度分，竊謂三代以上以律定絃，不另設絃音度分。《管子》所言，正管音度分也。雖辭有脱誤，而大意可見。其法實起黄鐘濁宫，三分益一，上生倍林鐘清徵。清徵三分損一，下生太蔟濁商。濁商三分益一，上生倍南吕清羽。清羽三分損一，下生姑洗濁角。因是而推，則必濁角三分益一，上生倍應鐘清變宫。清變宫三分損一，下生蕤賓濁變徵。濁變徵三分益一，上生倍大吕清宫。清宫三分損一，下生夷則濁徵。濁徵三分益一，上生倍夾鐘清商。清商三分損一，下生無射濁羽。濁羽三分益一，上生倍中吕清角。可由《管子》之義而伸言之也。陽數九，陰數六，故律始於九，而吕始於六。黄鐘九寸，林鐘六寸。八十一，九九也。五十四，六九也。陽數奇，陰數耦，故律得正數而吕得倍數。陽生陰爲律取妻，奇得耦也。陰生陽爲吕生子，耦復得奇也。五下六上，當以《管子》爲正，其間宫生徵，徵生商，商生羽，羽生角，秩然不紊。特生有上下之異，音有清濁之殊。濁宫所生者清徵，從上生起例。清宫所生者濁徵，從下生起例。此正五音相生之所由來，以見清濁二均之不相混，而不必如濁宫下生濁徵，清宫下生清徵之説也。由是黄鐘宫音，半之爲半黄鐘，雖非宫音而由宫音而變，故羽音上一音之半黄鐘名曰變宫。而清變宫之繼於清羽者，因之倍林鐘徵音半之爲林鐘。雖非徵音而由徵音而變，故角音上一音之林鐘名曰變徵。而濁變徵之繼於濁角者，因之此正變宫變徵之所由名，以見倍半各律之可借用，而不必如烏勒鳴乏朔拉犀平列七字也。稽之《管子》之義，準以五音相生之序，證以變宫變徵之名，可知三分損益古義之所在。然則馬遷、劉歆之全用下生者，取律吕皆得本數，特簡易之法也。

律吕借用倍半

古人定律吕度分，以立高下差相等之準，而音非止於六也。以陽律而言，黄鐘爲宫，太蔟爲商，姑洗爲角，蕤賓爲變徵，夷則爲徵，無射爲羽，而音之下者不自黄鐘而止，于是倍律生焉。音之高者不自無射而止，于是半律生焉。倍律者，黄鐘而下，倍無射爲變宫，倍夷則爲下羽，倍蕤賓爲下徵也。再下則音抑啞矣，故倍律至蕤賓而止。半律者，無射而上，半黄鐘爲變宫，半太蔟爲少宫，半姑洗爲少商也。再上則音噍促矣，故半律至姑洗而止。以陰吕而言，林鐘爲變徵，南吕爲徵，應鐘爲羽，大吕爲變宫，夾鐘爲少宫，中吕爲少商。音之高者，中吕而上已噍促矣。而音之下者，不自林鐘而止，故無半吕，有倍吕。倍吕者，林鐘而下，倍中吕爲角，倍夾鐘爲商，倍大吕爲宫，倍應鐘爲變宫，倍南吕爲下羽，倍林鐘爲下徵也。再下則抑啞矣，故有倍吕，無四倍吕。然用倍半律吕者，特古人簡易之法，而細核其度分，則皆爲借應，而非正應也。何以言之？蓋音之自下而高者，其度分之較，必以次而短。其自高而下者，度分之較，必以次而長。此定理也。試以姑洗七寸一分一釐一毫零與太蔟八寸較，得較分八分八釐八毫零。以太蔟與黄鐘九寸較，得較分一寸，此以次而長也。以黄鐘與倍無射九寸九分八釐八毫零較，得較分九分八釐八毫零，反小于黄鐘較分之一寸，是黄鐘下一音，其度分不止九寸九分零。更以應鐘四寸七分四釐零與南吕五寸三分三釐三毫較，得較分五分九釐二毫零。以南吕與林鐘六寸較，得較分六分六釐六毫零，是亦以次而長也。以林鐘與倍中吕六寸六分五釐九毫零較，得較分六分五釐九毫零，反小于林鐘較分之六分六釐六毫零，是林鐘下一音其度分亦不止六寸六分零。而倍律倍吕尚覺微短，止可借應，必有加分而始爲正應也。以半姑洗三寸五分五釐五毫零與半太蔟四寸較，得較分四分四釐四毫零。以半太蔟與半黄鐘四寸五分較，得較分五分，是亦以次而長也。以半黄鐘與無射四寸九分九釐四毫零較，得較分四分九釐四毫零，反小于半黄鐘較分之五分，是無射以上，其度分不及四寸五分，而半律又微長，亦止可借應，當有減分方爲正應也。其求正應度分，仍當用連比例。如求加分倍律，則以太蔟八寸爲一率，黄鐘九寸爲二率，二率自乘，一率除之，得三率一尺○一分二釐五毫，較倍無射加一分三釐零，爲加分倍無射。以二率乘加分倍無射，一率除之，得四率一尺一寸三分九釐○六絲二忽五微，較倍夷則加一分五釐零，爲加分倍夷則。以二率乘加分倍夷則，一率除之，得五率一尺二寸八分一釐四毫四絲五忽三微一纖，較倍蕤賓加一分七釐零，爲加分倍蕤賓。如求加分倍吕，則仍用前一二率，以林鐘六寸爲三率，二三率相乘，一率除之，得四率六寸七分五釐，較倍中吕加九釐零，爲加分倍中吕。以二率乘加分倍中吕，一率除之，得五率七寸五分九釐三毫七絲五忽，較倍夾鐘加一分零，爲加分倍夾鐘。以二率乘加分倍夾鐘，一率除之，得六率八寸五分四釐二毫九絲六忽八微七纖，較倍大吕加一分一釐零，爲加分倍大吕。以二率乘加分倍大吕，一率除之，得七率九寸六分一釐○八絲三忽九微八纖，較倍應鐘加一分二釐零，爲加分倍應鐘。以二率乘加分倍應鐘，一率除之，得八率一尺○八分一釐二毫一絲九忽四微七纖，較倍南吕加一分四釐零，爲加分倍南吕。以二率乘加分倍南吕，一率除之，得九率一尺二寸一分六釐三毫七絲一忽九微零，較倍林鐘加一分六釐零，爲加分倍林鐘。如求減分半律，則以黄鐘九寸爲一率，太蔟八寸爲二率，無射四寸九分九釐四毫三絲六忽○六纖爲三率，二三率相乘，一率除之，得四率四寸四分三釐九毫四絲三忽一微六纖，較半黄[鐘]減六釐零，爲減分半黄鐘。即京房執始律之半。以二率乘減分半黄鐘，一率除之，得五率三寸九分四釐六毫一絲六忽一微四纖，較半太蔟減五釐零，爲減分半太蔟。即京房時息律之半，亦即含少。以二率乘減分半太蔟，一率除之，得六率三寸五分○七毫六絲九忽九微○，較半姑洗減四釐零，爲減分半姑洗。如是則其數既合其聲，愈協不差忽微矣。國朝《律吕正義後編》謂半太蔟應黄鐘聲覺微低，竊從此纂發其旨，並列借應正應(如)[各]度分於左。

倍半律吕借應表：

借應下徵		
倍蕤賓	一尺二寸六分四釐一毫九絲七忽五微二纖	
借應下羽		較分一四○四六六四○相隔一音
倍夷則	一尺一寸二分三釐七毫三絲一忽一微二纖	
借應變宫		較分一二四八五九○○相隔一音
倍無射	九寸九分八釐八毫七絲二忽一微二纖	
正應宫聲		較分○九八八七二二二相隔不及一音
黄鐘	九寸	
正應商聲		較分一○○○○○○○相隔一音

續表

太蔟	八寸	
正應角聲		較分〇八八八八八九相隔一音
姑洗	七寸一分一釐一毫一絲一忽一微一纖	
正應變徵		較分〇七九〇三三五相隔一音
蕤賓	六寸三分二釐〇九絲八忽七微六纖	
正應徵聲		較分〇七〇二三三〇相隔一音
夷則	五寸六分一釐八毫六絲五忽五微六纖	
正應羽聲		較分〇六二四二九五〇相隔一音
無射	四寸九分九釐四毫三絲六忽〇六纖	
借應變宮		較分〇四九四三六〇六相隔不及一音
半黃鐘	四寸五分	
借應少宮		較分〇五〇〇〇〇〇相隔一音
半太蔟	四寸	
借應少商		較分〇四四四四四四相隔一音
半姑洗	三寸五分五釐五毫五絲五忽五微六纖	
借應清下徵		
倍林鐘	一尺二寸	
借應清下羽		較分一三三三三三三相隔一音
倍南呂	一尺〇六分六釐六毫六絲六忽六微七纖	

續表

借應清變宮		較分二八五一八五二相隔一音
倍應鐘	九寸四分八釐一毫四絲八忽一微五纖	
借應清宮		較分一〇五三四九八〇相隔一音
倍大呂	八寸四分二釐七毫九絲八忽三微五纖	
借應清商		較分〇九三六四四二六相隔一音
倍夾鐘	七寸四分九釐一毫五絲四忽〇九纖	
借應清角		較分〇八三三三九三五相隔一音
倍中呂	六寸六分五釐九毫一絲四忽七微四纖	
正應清變徵		較分〇六五九一四七四相隔不及一音
林鐘	六寸	
正應清徵		較分〇六六六六六七相隔一音
南呂	五寸三分三釐三毫三絲三忽三微三纖	
正應清羽		較分〇五九二五九二六相隔一音
應鐘	四寸七分四釐〇七絲四忽〇七纖	
正應清變宮		較分〇五二六七四九〇相隔一音
大呂	四寸二分一釐三毫九絲九忽一微七纖	
正應清少宮		較分〇四六八二二二相隔一音
夾鐘	三寸七分四釐五毫七絲七忽〇五纖	
正應清少商		較分〇四一六一九六八相隔一音
中呂	三寸三分二釐九毫五絲七忽三微七纖	

加分減分倍半律呂正應表：

正應下徵		
加分倍蕤賓	一尺二寸八分一釐四毫四絲五忽三微一纖	
正應下羽		較分一四二三八二八一相隔一音
加分倍夷則	一尺一寸三分九釐〇六絲二忽五微	
正應變宮		較分一二六五五六二五相隔一音
加分倍無射	一尺〇一分二釐五毫	
正應宮聲		較分一一二五〇〇〇〇相隔一音
黃鐘	九寸	
正應商聲		較分一〇〇〇〇〇〇〇相隔一音
太蔟	八寸	
正應角聲		較分〇八八八八八八九相隔一音
姑洗	七寸二分一釐一毫一絲一忽一微一纖	
正應變徵		較分〇七九三三五相隔一音
蕤賓	六寸三分二釐〇九絲八忽七微六纖	
正應徵聲		較分〇七〇二三三二〇相隔一音
夷則	五寸六分一釐八毫六絲五忽五微六纖	
正應羽聲		較分〇六二四二九五〇相隔一音
無射	四寸九分九釐四毫三絲六忽〇六纖	
正應變宮		較分〇五五四九二九〇相隔一音
減分半黃鐘	四寸四分三釐九毫四絲三忽一微六纖	

續表

減分半太蔟	三寸九分四釐六毫一絲六忽一微四纖	
正應少商		較分〇四三八四六二四相隔一音
減分半姑洗	三寸五分〇七毫六絲九忽九微〇	
正應清下徵		
加分倍林鐘	一尺二寸一分六釐三毫七絲一忽九微〇	
正應清下羽		較分一三五一五二四一相隔一音
加分倍南呂	一尺〇八分一釐二毫一絲九忽四微九纖	
正應清變宮		較分一二〇一三四五一相隔一音
加分倍應鐘	九寸六分一釐〇八絲四忽九微八纖	
正應清宮		較分一〇六七八八二相隔一音
加分倍大呂	八寸五分四釐二毫九絲六忽八微七纖	
正應清商		較分〇九四九二八七相隔一音
加分倍夾鐘	七寸五分九釐三毫七絲五忽	
正應清角		較分〇八四三七五〇〇相隔一音
加分倍中呂	六寸七分五釐	
正應清變徵		較分〇七五〇〇〇〇〇相隔一音
林鐘	六寸	
正應清徵		較分〇六六六六六六七相隔一音
南呂	五寸三分三釐三毫三絲三忽三微三纖	

形管下於黃鐘七音，下於倍蕤賓四音，單簫有此聲。六十四倍黃鐘同形管下於黃鐘十四音，下於倍蕤賓十一音，琴瑟有此聲。其云至倍蕤賓以下而抑啞者，以律呂管徑僅古尺三分有奇，至倍蕤賓以下吹不成聲也。

又 六間準分

倍大呂音在黃鐘太蔟之間，倍夾鐘音[在]太蔟姑洗之間，故倍大呂爲元間，倍夾鐘爲二間，由此遞推則倍中呂爲三間，林鐘爲四間，南呂爲五間，應鐘爲六間，此六間所由名，伶州鳩之説也。但六律六呂本屬陰陽分配，更兼加分減分倍半，律呂各得十二聲，則清濁二均之音畧備而高下相宣，自無微差，此特謂律呂之分用則然也。若云六間則以陰呂間於陽律之間，而合清濁以課其高下矣，是必元間適高於黃鐘半音，又適下于太蔟半音。二間、三間以上莫不皆然，方可云間。茲以數攷之，則以倍大呂爲元間，其高於黃鐘不止半音。若用加分大呂，其高於黃鐘又不及半音，即四間之正呂林鐘其高於蕤賓亦不及半音，故六間之用不特倍呂爲借用，即正呂亦屬借用，何也？蓋求林鐘度分本當以黃鐘乘含少開方而得，今乘半太蔟開方而得，古人特取其數之整以從簡易，且清濁本屬分用固無不可，而合而課之，則其中本有微差也。今欲得其準分，仍不外乎連比例。以黃鐘九寸爲一率，太蔟八寸爲三率，求二率，法以一三率相乘，得七十二寸爲實，平方開之，得二率八寸四分八釐五毫二絲八忽一微三纖，是爲元間準分。以三率乘元間準分，一率除之，得四率七寸五分四釐二毫四絲七忽二微三纖，爲二間準分。以三率乘二間準分，一率除之，得六率六寸七分〇四毫四絲一忽九微八纖，爲三間準分。以三率乘三間準分，一率除之，得八率五寸九分五釐九毫四絲八忽四微三纖，爲四間準分。按此與黃鐘乘含少開方得數同。以三率乘四間準分，一率除之，得十率五寸二分九釐九毫三絲一忽九微三纖，爲五間準分。[以三率乘五間準分，]一率除之，得十二率四寸七分〇八毫七絲二忽八微三纖，爲六間準分。由是而下推，則以一率乘元間準分，三率除之，得九寸五分四釐五毫九絲四忽一微五纖，較之倍六間相去不遠，而有加分，命爲加分倍六間，其音必下於黃鐘半音。以一率乘加分倍六間，三率除之，得一尺〇七分三釐九毫一絲八忽四微一纖，爲加分倍五間，必下於加分倍無射半音。以一率乘加分倍五間，三率除之，得一尺二寸〇八釐一毫五絲八忽二微二纖，爲加分倍四間，必下於倍夷則半音。更由是而上推，則以三率乘六間準分，一率除之，得四寸一分八釐五毫五絲三忽六微三纖，較之半元間亦相去不遠，而有減分，命爲減分半元間，必高於

續表

正應清羽		較分○五九二五九二六相隔一音
應鐘	四寸七分四釐○七絲四忽○七纖	
正應清變呂		較分○五二六七四九○相隔一音
大呂	四寸二分一釐三毫九絲九忽一微七纖	
正應清少宮		較分○四六八二二二二相隔一音
夾鐘	三寸七分四釐五毫七絲七忽○五纖	
正應清少商		較分○四一六一九六八相隔一音
中呂	三寸三分二釐九毫五絲七忽三微七纖	

凡長管與短管相應同聲，其比例數四百七十八萬二千九百六十九分之二百○九萬七千一百五十二，故以四七八二九六九爲一率，二○九七一五二爲二率，正應下徵之加分倍蕤賓度分，爲三率，推得四率爲正應徵聲之夷則度分。若以加分倍夷則度分爲三率，則四率爲無射度分，以下羽與羽聲相應也。若以加分倍林鐘[度分]爲三率，則四率爲南呂度分，以清下徵與清徵相應也。以加分倍南呂度分爲三率，則四率爲應鐘度分，以清下羽與清羽相應也。由是推而上之，莫不皆然。若以短管求長管之相應，則更率算之，以二○九七一五二爲一率，四七八二九六九爲二率，如以少商減分半姑洗度分爲三率，推得四率爲商聲太蔟度分。若以少宮減分半太蔟度分爲三率，則四率爲宮聲黃鐘。若以清少商中呂爲三率，則四率爲清商加分倍夾鐘。以清少宮夾鐘爲三率，（則四率爲清商加分倍夾鐘以清少宮夾鐘爲三率）則四率爲清宮加分倍大呂。由是等而下之，又莫不皆然。如此則庶幾諸數流通而無幾微之不合。夫驗之于數而既無幾微之不合，自審之于音而亦無幾微之不合矣。

或問律呂至倍蕤賓以下而音抑啞，至中呂以上而音噍促，然則聲音止於此乎？曰：非也。中呂爲音之極高，在陰呂，笛即大呂笛或中呂笛。爲正調之高乙字，譜書作亿。其上尚有高上字，特歌曲未嘗用耳。若音之下者，則八倍黃鐘同

續表

無射	○四九九四三六○六	較分二五三六一九九	相隔半音
六間借分即應鐘	○四七四○七四○七	較分二四○七四○七	相隔半音
半黃鐘	○四五○○○○○○	較分二八六○○八三	相隔不止半音
半元間即大吕	○四二一三九九一七	較分二一三九九一七	相隔不及半音
半太蔟	○四○○○○○○○	較分二五四二二九五	相隔不止半音
半二間即夾鐘	○三七四五七七○五	較分一九○二一五○	相隔不及半音
半姑洗	○三五五五五五五六	較分二二五九七一八	相隔不止半音
半三間即中吕	○三三二九五七三七		

減分半黃鐘半音。以三率乘減分半元間，一率除之，得三寸七分二釐○四絲七忽六微七纖，爲減分半二間，必高於減分半太蔟半音。以三率乘減分半太蔟，一率除之，得三寸三分○七毫○九忽○四纖，爲減分半三間，必高於減分半姑洗半音。大清濁二均本屬分用，則陽律陰吕之間稍有微差，原無所礙。惟是以連比例求黃鐘同形管，見後。其應各吕之管，于倍吕正吕均爲借應。而正應乃在各間準分，即求絃音度分以合管音。見後。而清濁備於一絃，則應各吕度分。其正應亦在各間準分，特揭之而並列借分準分於後。

六間借分表：

倍蕤賓	一二六四一九七五二	較分六四一九七五二	相隔不及半音
倍四間即倍林鐘	一二○○○○○○○	較分七六二六八八八	相隔不止半音
倍夷則	一一二三七三一一二	較分五七○六四四六	相隔不及半音
倍五間即倍南吕	一○六六六六六六七	較分六七七九四五四	相隔不止半音
倍無射	○九九八七二二二	較分五○七二三九七	相隔半音
倍五間即倍應鐘	○九四八一四八一五	較分四八一四八一五	相隔半音
黃鐘	○九○○○○○○○	較分五七二○一六五	相隔不止半音
元間借分即倍大吕	○八四二七九八三五	較分四二七九八三五	相隔不及半音
太蔟	○八○○○○○○○	較分五○八四五九一	相隔不止半音
二間借分即倍夾鐘	○七四九一五四○九	較分三八○四二九八	相隔不及半音
姑洗	○七一一一一一一一	較分四五一九六三七	相隔不止半音
三間借分即倍中吕	○六六五九一四七四	較分三三八一五九八	相隔不及半音
蕤賓	○六三二○九八七六	較分三二○九八七六	相隔不及半音
四間借分即林鐘	○六○○○○○○○	較分三八一三四四四	相隔不止半音
夷則	○五六一八六五五六	較分二八五三二二三	相隔不及半音
五間借分即南吕	○五三三三三三三三	較分三三八九七二七	相隔不止半音

六間準分表：

加分倍蕤賓	一二八一四四五三一	較分七三二八七○九	相隔半音
加分倍四間	一二○八一五八二二	較分六九○九五七二	相隔半音
加分倍夷則	一一三九○六二五○	較分六五一四四○九	相隔半音
加分倍五間	一○七三九一八四一	較分六一四一八四一	相隔半音
加分倍無射	一○一二五○○○○	較分五七九○五八五	相隔半音
加分倍六間	○九五四五九四一五	較分五四五九四一五	相隔半音
黃鐘	○九○○○○○○○	較分五一四七八一七	相隔半音
元間準分	○八四八五二八一三	較分四八五二八一三	相隔半音
太蔟	○八○○○○○○○	較分四五七五二七七	相隔半音
二間準分	○七五四二四七二三	較分四三一三六一二	相隔半音
姑洗	○七一一一一一一一	較分四○六六九一三	相隔半音
三間準分	○六七○四四一九八	較分三八三四三二二	相隔半音
蕤賓	○六三二○九八七六	較分三六一五○三三	相隔半音

續表

四間準分	○五九五九四八四三	較分三四○八二八七	相隔半音
夷則	○五六一八六五五六	較分三一九三三六三	相隔半音
五間準分	○五二九九三一九三	較分三○四九五八七	相隔半音
無射	○四九九四三六○六	較分二八五六三二三	相隔半音
六間準分	○四七○八七二八三	較分二六九二九六七	相隔半音
減分半黃鐘	○四四三九四三一六	較分二五三八九五三	相隔半音
減分半元間	○四一八五五三六三	較分二三九三七四九	相隔半音
減分半太蔟	○三九四六一六一四	較分二二五六八四七	相隔半音
減分半二間	○三七二○四七六七	較分二一二七七七七	相隔半音
減分半姑洗	○三五○七六九九○	較分二○○六○八六	相隔半音
減分半三間	○三三三○七○九○四		

三分損益之法自京馬鄭蔡以來，咸宗《呂覽》蕤賓重上生之說，而中呂即今倍中呂。下同。不能還生黃鐘。京房因其微差衍爲六十律，錢樂之復推廣其意，爲三百六十律。何承天、劉焯非之，更造新率。何説不著損益相生之法，但云太蔟長八寸二釐，林鐘長六寸一釐，應鐘長四寸七分九釐强，從中呂還得黃鐘。劉説則以六十三爲黃鐘之實，以七爲法，其每律之實以次遞減三分，故太蔟實減六分，長八寸一分四釐。林鐘實減二十一分，仍長六寸之二。説者度其逐律高下之差，彌復參錯，未是定率。兹以六間準分之數攷之，知三分損益不異古憲斗分，尚屬簡易之法，誠如何議？蓋下生者不止損三分之一分，而尚有小餘；上生者復不止益三分之一分，而亦有小餘。古法不計小餘，故中呂上生有微差也。如欲得其準數，則下生者當三分本數損一分，○一三五○五二三。上生者當三分本數益一分。○二七一九四○七。如黃鐘九寸，求下生度分，則置九寸三除之，得三寸，爲三分黃鐘之一分，以損分率一○一三五○五二三乘之，得三寸○四釐○五絲一忽五微七纖，爲應損分。置本數九寸内減應損分，得五寸九分五釐九毫四絲八忽四微三纖，即四間準分。凡下生皆依此算之。如四間準分求上生度分，則置四間準分以三除之，得一寸九分八釐六毫四絲九忽四微八纖，爲三分四間之一分，以益分率一○二七一九四○七乘之，得二寸○四釐○五絲一忽五微七纖，爲應益分。置本數五寸九分五釐九毫四絲八忽四微三纖加應益分，得八寸，即太蔟。凡上生，皆依此算之。又法下生者，以一九八六四九四七七乘本律爲實，以三爲法，除之得所生律。上生者以四○二七一九四○七乘本律爲實，以三爲法除之，得所生律與前法同。如此則三間自能還生黃鐘矣。夫三間既能上生黃鐘，則若環無端，任以何律何呂起算，轆轤旋轉，罔勿相遇，不必定起黃鐘也。且不惟若是，任自加分倍蕤賓至減分半三間，截用十二管，用前損益分率，依《呂覽》上下相生之例算之，亦莫不一一脗合。用是諸數流通，無有齟齬。然則謂中呂極不生者，非定論也。謂律呂往而不返者，亦非定論也。附圖於後。

甲圖起加分倍蕤賓下生元間準分，至三間準分上生黃鐘。黃鐘上生加分倍四間終。（加分倍四間終）加分倍六間上生加分倍蕤賓。

乙圖起加分倍夷則下生二間準分，至四間準分上生太蔟。太蔟重上生加分倍五間終。元間準分上生加分倍夷則。

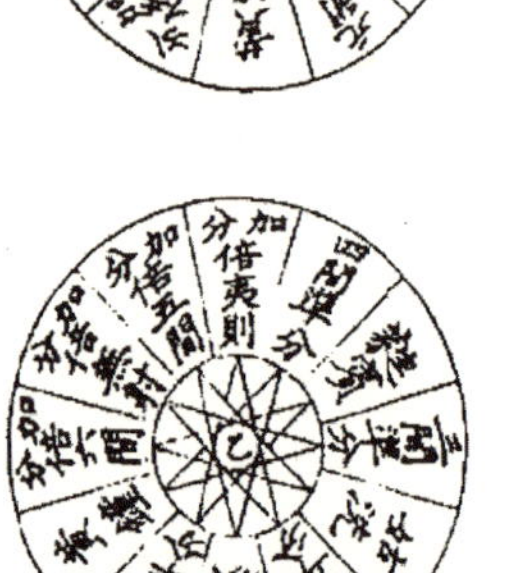

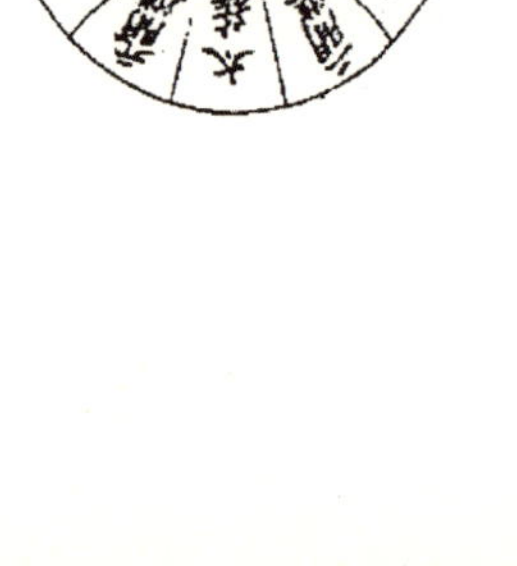

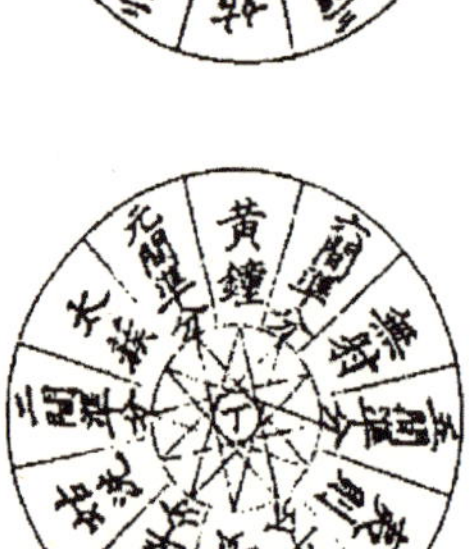

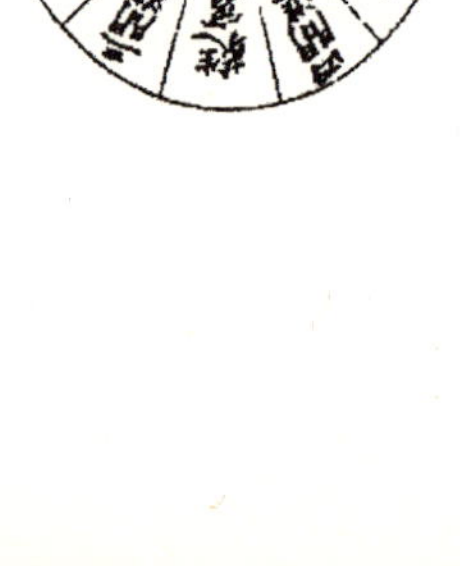

丙圖起加分倍無射下生三間準分，至五間準分上生姑洗。姑洗重上生加分倍六間終。二間準分上生加分倍無射。

丁圖起黃鐘下生四間準分，至六間準分上生蕤賓，蕤賓重上生元間準分終。三間準分上生黃鐘。

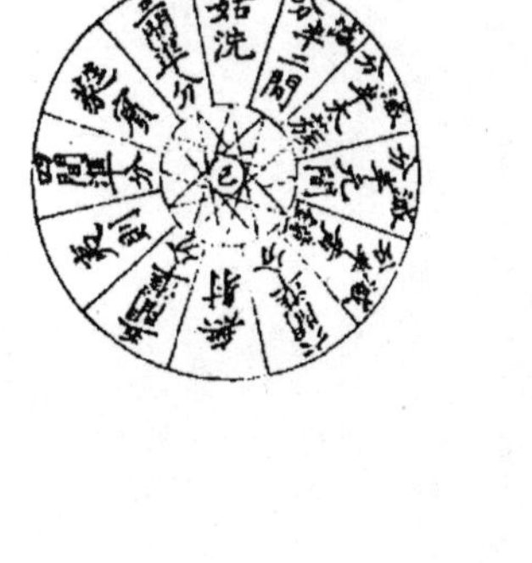

戊圖起太蔟下生五間準分，至減分半元間上生夷則，夷則重上生三間準分終。四間準分上生太蔟。

己圖起姑洗下生六間準分，至減分半二間上生無射，無射重上生三間準分終。五間準分上生姑洗。

庚圖起蕤賓下生減分半元間，至減分半三間上生減分半黃鐘，減分半黃鐘重上生四間準分終。六間準分上生蕤賓。

又　黃鐘同形管

黃鐘同形管，即(管)[算]法中相似形也。徑與長之比例，與黃鐘徑與長之比例相同，即成同形管。如徑與長得黃鐘徑與長之倍，或得其半，或得幾分之幾，皆爲比例相同。蓋諸管音樂器之徑不能與黃鐘相同，或大於黃鐘之徑，簫笛之類是也；或小於黃鐘之徑，笙竽之類是也。故同形管爲制器之準，然古來未有議及此者。惟國朝《律呂正義》詳言之，其立法之原起由於八倍黃鐘之積，製同形管與黃鐘相應同聲，又八分黃鐘之積，製同形管亦與黃鐘相應同聲。蓋絃音倍半相應，而管音倍半不相應者，以西法點線面體言之，則絃屬綫部，而管屬體部。線則取其長之倍，取其長之半即爲倍半。若體部中之長圓體，則必長與徑俱倍，或長與徑俱半而後可言倍半，非僅取長之倍半也。故管體之積八倍，而長與徑適一倍。

管體之積八分之一，而長與徑適一半，而皆與本管相應，是兼長與徑而言。而管音本亦倍半相應也。由是于八倍同形管與黃鐘之間求其應各律各呂之倍大同形管，于八分之一同形管與黃鐘之間亦求其應各律各呂之折小同形管，如七倍之管應大呂，即倍大呂。六倍之管應太蔟。至八分之一又加此一分之八分之一之管即六十四分之九。應半大呂即大呂之屬，是皆審之以耳而得其大概也。夫既審之以耳而得其大概，由此可驗之理與數，而得其細分矣。驗之理與數者若何？蓋同形管之度分亦一相連比例數也。以體積而言，八倍同形管與黃鐘之兩體積，其比例若八與一，而黃鐘與八分之一同形管之兩體積其比例亦仍若八與一，故以八倍同形管體積六千四百八十分爲連比例首率，黃鐘體積八百一十分爲二率，求得三率一百〇一分二百五十釐，即八分之一同形管體積。以空圍面積而言，八倍同形管與黃鐘之兩面積，其比例若四與一，而黃鐘與八分之一同形管之兩面積其比例亦若四與一，故以八倍同形管面積三十六分爲連比例首率，黃鐘面積九分爲二率，求得三率二分二十五釐，即八分之一同形管面積，是三管之積成連比例也。以長與徑而言，八倍同形管之長與徑與黃鐘之長與徑，其比例若二與一，而黃鐘之長與徑與八分之一同形管之長與徑，其比例亦若二與一。（而黃鐘之長與徑與八分之一同形管之長與徑其比例亦若二與一）故以八倍同形管長一尺八寸爲連比例首率，黃鐘長九寸爲二率，求得三率四寸五分，爲八分之一同形管之長。以八倍同形管徑六分七釐七毫零爲連比例首率，黃鐘徑三分三釐八毫零爲二率，求得三率一分六釐九毫零，即八分之一同形管徑，是三管之長與徑亦成連比例也。夫三管之積與長與徑胥成連比例者，以相應同聲之後復得相應同聲，其三音之間高下差相等也。以高下差相等而積與長與徑胥成連比例，則凡遇高下差相等者，其積與長與徑必皆成連比例矣。故以八倍同形管之長爲連比例首率，以黃鐘爲連比例第八率，用有首率有八率求二率法，求得二率以爲同形管之長。復以黃鐘之長爲一率，黃鐘之徑爲二率，前所得之二率爲三率，求得四率以爲同形管之徑，則此同形管必聲應太蔟。既得聲應太蔟同形管，而諸陽律同形管皆可用連比例遞求而得矣。其求諸陰呂同形管，則以八倍同形管之長爲連比例首率，聲應太蔟同形管之長爲三率，求得二率爲同形管之長。復以黃鐘之長與徑爲一率、二率，所得之二率爲三率，求得四率爲同形管之徑，此同形管必聲應倍大呂。借應倍大呂，正應元間準分。既得聲應倍大呂同形管，則以八倍同形管之長爲一率，聲應太蔟同形管之長爲二率，聲應倍大呂同形管之長爲三率，求得四率以爲同形管之長。復以黄鐘之長與徑爲一率、二率，今得之四率爲三率，求得四率以爲同形管之徑。此同形管必聲應倍夾鐘。借應倍夾鐘，正應二間準分。既得倍大呂、倍夾鐘同形管，而諸陰呂同形管亦皆可用連比例遞求而得，而各律各呂之面積體積亦皆在是矣。至黄鐘以下各折小同形管之長與徑，皆倍大管之半數，不必另求，故其面積爲倍大管四分之一，其體積爲倍大管八分之一。蓋聲應黄鐘倍大同形管與黄鐘之比例如是，則聲應倍大呂、聲應太蔟等各倍大同形管與折小同形管之比例亦莫不如是也。兹將求諸管算法並各黄鐘同形管表列於左。

求聲應太蔟同形管者，以八倍同形管之長一尺八寸爲首率，黄鐘之長九寸爲八率，求二率。法以首率自乘五次，得三千四百〇一萬六千二百二十四寸。又以八率九寸乘之，得三萬〇六百十一萬〇〇十六寸。六乘方開之，得二率一尺六寸三分〇三毫〇二忽六微，爲三率，求得四率六分一釐三毫一絲九忽九微八纖，爲聲應太蔟同形管之徑。如求面積、體積，則以徑自乘，得三十七分六十釐〇〇一毫四十絲，爲徑冪，與同徑之方圓冪積定率爲比例，以方冪一〇〇〇〇〇〇〇〇〇爲一率，圓積七八五三九八一六三三爲二率，徑冪爲三率，求得四率二十九分五十三釐二十毫〇七十三絲，爲同形管之空圍面積。再以長乘之，得四千八百一十四分小餘六二一五，爲體積。如求比黄鐘積大若干倍，則置體積，以黄鐘積八百十一分除之，得五九四三九八，爲黄鐘五倍九分小餘四三九八之同形管。

求聲應姑洗同形管者，以八倍管之長一尺八寸爲首率，五倍九分管之長一尺六寸三分〇三毫〇二忽六微〇爲中率，自乘，以首率除之，得末率一尺四寸七分六釐六毫〇三忽六微四纖，爲聲應姑洗同形管之長。餘依前法，求得五分五釐五毫三絲八忽九微五纖，爲聲應姑洗同形管之徑。求得二十四分二十二釐六十二毫三十絲，爲空圍面積。求得三千五百七十七分小餘二四九九，爲體積。又求得四四一六三六，爲黄鐘四倍四分小餘一六三六之同形管，其聲應蕤賓。及夷則、無射、半黄鐘各同形管皆依此法求之。

求聲應倍大呂同形管者，以八倍管之長一尺八寸爲首率，五倍九分管之長一尺六寸三分〇三毫〇二忽六微爲末率，求中率。以首末率相乘，得二尺九十三寸四十五分四十四釐六十八毫，爲實，爲聲應倍大呂同形管之長。餘依前法求之，得徑六分四釐四毫三絲二忽三微七纖，空圍面積三十二分六十釐〇六十毫〇五十二絲，體積五千五百八十五分小餘五八三八，爲黄鐘六倍八分小餘九五七八之同形管。

求聲應倍夾鐘同形管者，以八倍管之長一尺八寸爲一率，五倍九分管之長一尺六寸三分〇三毫爲二率，六倍八分管之長一尺七寸一分三釐〇五絲一忽二微八纖爲三率，求得四率一尺五寸五分一釐五毫五絲一忽〇八纖，爲聲應倍夾鐘同形管之長。其求倍中呂及林鐘、南呂、應鐘、大呂各同形管之長，皆依此法求之。餘皆依前法求之。

又 黄鐘同形管生各律各間同形管

凡管音，不論管體長短及管徑大小，其長管與短管之比例爲四百七十八萬二千九百六十九分之二百〇九萬七千一百五十二，均相應同聲；長管與短管之比例爲九分之八，均相隔一音。故無論倍大折小，每一同形管皆可依六律六間連比例相生同徑之清濁二均十四管，而其音仍與各律各間相應，且此所生之同徑各管，又爲各律各間之同形管，何也？蓋八倍黄鐘同形管所生之第二音度分，適得太蔟倍長，故其積亦得太蔟之八倍。六倍八分餘之黄鐘同形管所生之第二音度分一尺六寸一分餘，依法求其體積亦適得太蔟體積之六倍八分餘，故知黄鐘同形管所生之各管皆各律各間同形管也。其求各律各間同形管之法，則用六律六間度分爲比例。如求八倍黄鐘同形管所生十四管，則以黄鐘長九寸爲一率，元間長八寸四分八釐五毫二絲八忽一微三纖爲二率，得黄鐘分之八倍同形管［之長一尺八寸］爲三率，推得四率一尺六寸九分七釐〇五絲六忽二微六纖，爲元間分。于是以黄鐘之長恒爲一率，太蔟之長恒爲二率，若以黄鐘分爲三率，其四率即太蔟分。再爲三率，其四率即姑洗分。如是遞求，得七管音分。再以元間分爲三率，其四率即二間分。再爲三率，其四率即三間分。如是遞求，復得七管音分。而各律各呂八倍同形管全矣，餘悉依此法求之。兹將黄鐘倍大各同形管所生各同徑管度分表列於後，至其折小同形管所生同徑管，實即倍大管之半數。如求聲合太蔟之黄鐘折小同形管所生各同徑管度分，則取聲應太蔟之黄鐘倍大同形管所生同徑管度分半之即得，故不另列表，從簡易也。

黄鐘同形管所生各律各間同形管表：

八倍○○○○	黃鐘分 徑○○六七○二七四 長一八○○○○○○○		正應黃鐘		下宮
	元間分	一六九七○五六二六	正應元間準分 借應倍大呂		清下宮
	太蔟分	一六○○○○○○○	正應太蔟		下商
	二間分	一五○八四九四四六	正應二間準分 借應倍夾鐘		清下商
	姑洗分	一四二二二二二二二	正應姑洗		下角
	三間分	一三四○八八三九六	正應三間準分 借應倍中呂		清下角
	蕤賓分	一二六四一九七五二	正應蕤賓		下變徵
	四間分	一一九一八九六八六	正應四間準分 借應林鐘		清下變徵
	夷則分	一一二三七三一一二	正應夷則	正合加分倍蕤賓 借合倍蕤賓	下徵
	五間分	一○五九八六三八六	正應五間準分 借應南呂	正合加分倍四間 借合倍林鐘	清下徵
	無射分	○九九八八七二一二	正應無射	正合加分倍夷則 借合倍夷則	下羽
	六間分	○九四一七四五六六	正應六間準分 借應應鐘	正合加分倍五間 借合倍南呂	清下羽
	半黃分	○八八七八八六五二	正應減分半黃鐘 借應半黃鐘	正合加分倍無射 借合倍無射	下變宮
	半元分	○八三七一○七二六	正應減分半元間 借應大呂	正合加分倍六間 借合倍應鐘	清下變宮

續表

六倍八分九五七八	黃鐘分 徑○○六四四三三七 長一七一三○五一二八		正應元間準分 借應倍大呂		清下宮
	元間分	一六一五○八○二二	正應太蔟		下商
	太蔟分	一五二二七一二二五	正應二間準分 借應倍夾鐘		清下商
	二間分	一四三五六二六八六	正應姑洗		下角
	姑洗分	一三五三五二二○○	正應三間準分 借應倍中呂		清下角
	三間分	一二七六一一二七六	正應蕤賓		下變徵
	蕤賓分	一二○三一二九五六	正應四間準分 借應林鐘		清下變徵
	四間分	一一三四三二二四五	正應夷則	正合加分倍蕤賓 借合倍蕤賓	下徵
	夷則分	一○六九四四八五○	正應五間準分 借應南呂	正合加分倍四間 借合倍林鐘	清下徵
	五間分	一○○八二八六六二	正應無射	正合加分倍夷則 借合倍夷則	下羽
	無射分	○九五○六二○八九	正應六間準分 借應應鐘	正合加分倍五間 借合倍南呂	清下羽
	六間分	○八九六二五四七七	正應減分半黃鐘 借應半黃鐘	正合加分倍無射 借合倍無射	下變宮
	半黃分	○八四四九九六三五	正應減分半元間 借應大呂	正合加分倍六間 借合倍應鐘	清下變宮

續表

宮	正合黃鐘	正應減分半太蔟 借應半太蔟	〇七九六六七〇九一	半元分	
下商		正應太蔟	徑〇〇六一三一九九八 長一六三〇三〇二六〇	黃鐘分	五倍九分四三九八
清下商		正應二間準分 借應倍夾鐘	一五三七〇六四〇二	元間分	
下角		正應姑洗	一四四九一五七八七	太蔟分	
清下角		正應三間準分 借應倍中呂	一三六六二七九一三	二間分	
下變徵		正應蕤賓	一二八八一四〇三三	姑洗分	
清下變徵		正應四間準分 借應林鐘	一二一四四七〇三四	三間分	
下徵	正合加分倍蕤賓 借合倍蕤賓	正應夷則	一一四五〇一三六三	蕤賓分	
清下徵	正合加分倍四間 借合倍林鐘	正應五間準分 借應南呂	一〇七九五二九一九	四間分	
下羽	正合加分倍夷則 借合倍夷則	正應無射	一〇一七七八九八九	夷則分	
清下羽	正合加分倍五間 借合倍南呂	正應六間準分 借應應鐘	〇九五九五八一五〇	五間分	
下變宮	正合加分倍無射 借合倍無射	正應減分半黃鐘 借應半黃鐘	〇九〇四七〇二二二	無射分	
清下變宮	正合加分倍六間 借合倍應鐘	正應減分半元間 借應大呂	〇八五二九六一三三	六間分	

續表

宮	正合黃鐘	正應減分半太蔟 借應半太蔟	〇八〇四一七九六六	半黃分	
清宮	正合元間準分 借合倍大呂	正應減分半二間 借應夾鐘	〇七五八一八七八五	半元分	
清下商		正應二間準分 借應倍夾鐘	徑〇〇五八三五七九二 長一五五一五五一〇八	黃鐘分	五倍一分二三五五
下角		正應姑洗	一四六二八一六三七	元間分	
清下角		正應三間準分 借應倍中呂	一三七九一五六五二	太蔟分	
下變徵		正應蕤賓	一三〇〇二八一二二	二間分	
清下變徵		正應四間準分 借應林鐘	一二二五九一六九一	姑洗分	
下徵	正合加分倍蕤賓 借合倍蕤賓	正應夷則	一一五五八〇五五三	三間分	
清下徵	正合加分倍四間 借合倍林鐘	正應五間準分 借應南呂	一〇八九七〇三九二	蕤賓分	
下羽	正合加分倍夷則 借合倍夷則	正應無射	一〇二七三八二六九	四間分	
清下羽	正合加分倍五間 借合倍南呂	正應六間準分 借應應鐘	〇九六八六二五七一	夷則分	
下變宮	正合加分倍無射 借合倍無射	正應減分半黃鐘 借應半黃鐘	〇九一三二二九〇六	五間分	
清下變宮	正合加分倍六間 借合倍應鐘	正應減分半元間 借應大呂	〇八六一〇〇〇六三	無射分	
宮	正合黃鐘	正應減分半太蔟 借應半太蔟	〇八一一七五九一六	六間分	

續表

倍數	分	數	應	合	聲
	半黃分	○七六五三三三八九	正應減分半二間 借應夾鐘	正合元間準分 借合倍大呂	清宮
	半元分	○七二一五九五七○	正應減分半姑洗 借應半姑洗	正合太蔟	商
四倍四分一六三六	黃鐘分 徑○○五五三八九五 長一四七六六○三六四		正應姑洗		下角
	元間分	一三九二一五五二五	正應三間準分 借應倍中呂		清下角
	太蔟分	一三一二五三六五七	正應蕤賓		下變徵
	二間分	一二三七四七一三三	正應四間準分 借應林鐘		清下變徵
	姑洗分	一一六六六九九一七	正應夷則	正合加分倍蕤賓 借合倍蕤賓	下徵
	三間分	一○九九九七四五二	正應五間準分 借應南呂	正合加分倍四間 借合倍林鐘	清下徵
	蕤賓分	一○三七○六五九三	正應無射	正合加分倍夷則 借合倍夷則	下羽
	四間分	○九七七七五五一三	正應六間準分 借應應鐘	正合加分倍五間 借合倍南呂	清下羽
	夷則分	○九二一八三六三八	正應減分半黃鐘 借應半黃鐘	正合加分倍無射 借合倍無射	下變宮
	五間分	○八六九一一五六七	正應減分半元間 借應大呂	正合加分倍六間 借合倍應鐘	清下變宮
	無射分	○八一九四一○一二	正應減分半太蔟 借應半太蔟	正合黃鐘	宮
	六間分	○七七二五四七二六	正應減分半二間 借應夾鐘	正合元間準分 借合倍大呂	清宮

續表

倍數	分	數	應	合	聲
	半黃分	○七二八三六四五五	正應減分半姑洗 借應半姑洗	正合太蔟	商
	半元分	○六八六七○八六八	正應減分半三間 借應中呂	正合二間準分 借合倍夾鐘	清商
三倍八分○六七八	黃鐘分 徑○○五二八五六一五 長一四○五二七六五三		正應三間準分 借應倍中呂		清下角
	元間分	一三二四九○七四一	正應蕤賓		下變徵
	太蔟分	一二四九一三四六九	正應四間準分 借應林鐘		清下變徵
	二間分	一一七七六九五四八	正應夷則	正合加分倍蕤賓 借合倍蕤賓	下徵
	姑洗分	一一一○三四一九五	正應五間準分 借應南呂	正合加分倍四間 借合倍林鐘	清下徵
	三間分	一○四六八四○四三	正應無射	正合加分倍夷則 借合倍夷則	下羽
	蕤賓分	○九八六九七○六二	正應六間準分 借應應鐘	正合加分倍五間 借合倍南呂	清下羽
	四間分	○九三○五二四八三	正應減分半黃鐘 借應半黃鐘	正合加分倍無射 借合倍無射	下變宮
	夷則分	○八七七三○七二二	正應減分半元間 借應大呂	正合加分倍六間 借合倍應鐘	清下變宮
	五間分	○八二七一三三一八	正應減分半太蔟 借應半太蔟	正合黃鐘	宮
	無射分	○七七九八二八六四	正應減分半二間 借應夾鐘	正合元間準分 借合倍大呂	清宮
	六間分	○七三五二二九四九	正應減分半姑洗 借應半姑洗	正合太蔟	商

續表

倍	分	數	應	合	聲
	半黃分	○六九三一八一○一	正應減分半三間 借應中呂	正合二間準分 借合倍夾鐘	清商
	半元分	○六五三五三七三二		正合姑洗	角
三倍二分八一三四	黃鐘分 徑○○五○三○二九四 長一三三七三九四八六		正應蕤賓		下變徵
	元間分	一二六○九○七九五	正應四間準分 借應林鐘		清下變徵
	太蔟分	一一八八七九五四三	正應夷則	正合加分倍蕤賓 借合倍蕤賓	下徵
	二間分	一一二○八○七○七	正應五間準分 借應南呂	正合加分倍四間 借合倍林鐘	清下徵
	姑洗分	一○五六七○七○五	正應無射	正合加分倍夷則 借合倍夷則	下羽
	三間分	○九九六二七二九五	正應六間準分 借應應鐘	正合加分倍五間 借合倍南呂	清下羽
	蕤賓分	○九三九二九五一六	正應減分半黃鐘 借應半黃鐘	正合加分倍無射 借合倍無射	下變宮
	四間分	○八八五五七五九六	正應減分半元間 借應大呂	正合加分倍六間 借合倍應鐘	清下變宮
	無射分	○七四二一五九一四	正應減分半姑洗 借應半姑洗	正合太蔟	商
	六間分	○六九九七一四三四	正應減分半三間 借應中呂	正合二間準分 借合倍夾鐘	清商
	半黃分	○六五九六九七○一		正合姑洗	角
	半元分	○六二一九六八三○		正合三間準分 借合倍中呂	清角

續表

倍	分	數	應	合	聲
二倍八分二八四三	黃鐘分 徑○○四七八七二○七 長一二七二七九二二一		正應四間準分 借應林鐘		清下變徵
	元間分	一二○○○○○○	正應夷則	正合加分倍蕤賓 借合倍蕤賓	下徵
	太蔟分	一一三一三七○八五	正應五間準分 借應南呂	正合加分倍四間 借合倍林鐘	清下徵
	二間分	一○六六六六六六七	正應無射	正合加分倍夷則 借合倍夷則	下羽
	姑洗分	一○○五六六二九八	正應六間準分 借應應鐘	正合加分倍五間 借合倍南呂	清下羽
	三間分	○九四八一四八一五	正應減分半黃鐘 借應半黃鐘	正合加分倍無射 借合倍無射	下變宮
	蕤賓分	○八九三九二二六五	正應減分半元間 借應大呂	正合加分倍六間 借合倍應鐘	清下變宮
	四間分	○八四二七九八三六	正應減分半太蔟 借應半太蔟	正合黃鐘	宮
	夷則分	○七九四五九七九一	正應減分半二間 借應夾鐘	正合元間準分 借合倍大呂	清宮
	五間分	○七四九一五四一○	正應減分半姑洗 借應半姑洗	正合太蔟	商
	無射分	○七○六三○九二五	正應減分半三間 借應中呂	正合二間準分 借合倍夾鐘	清商
	六間分	○六六五九一四七六		正合姑洗	角
	半黃分	○六二七八三○四四		正合三間準分 借合倍中呂	清角
	半元分	○五九一九二四二三		正合蕤賓	變徵

續表

二倍三分九七二四				
黃鐘分	徑〇〇四五五六〇五六 長一二一一三一〇一七	正應夷則	正合加分倍蕤賓 借合倍蕤賓	下徵
元間分	一一四二〇三四一七	正應五間準分 借應南呂	正合加分倍四間 借合倍林鐘	清下徵
太蔟分	一〇七六七二〇一五	正應無射	正合加分倍夷則 借合倍夷則	下羽
二間分	一〇一五一四一四八	正應六間準分 借應應鐘	正合加分倍五間 借合倍南呂	清下羽
姑洗分	〇九五七〇八四五八	正應減分半黃鐘 借應半黃鐘	正合加分倍無射 借合倍無射	下變宮
三間分	〇九〇二三四七九七	正應減分半元間 借應大呂	正合加分倍六間 借合倍應鐘	清下變宮
蕤賓分	〇八五〇七四一八五	正應減分半太蔟 借應半太蔟	正合黃鐘	宮
四間分	〇八〇二〇八七〇八	正應減分半二間 借應夾鐘	正合元間準分 借合倍大呂	清宮
夷則分	〇七五六二一四九八	正應減分半姑洗 借應半姑洗	正合太蔟	商
五間分	〇七一二九六六二九	正應減分半三間 借應中呂	正合二間準分 借合倍夾鐘	清商
無射分	〇六七二一九一〇九		正合姑洗	角
六間分	〇六三三七四七八一		正合三間準分 借合倍中呂	清角
半黃分	〇五九七五〇三一九		正合蕤賓	變徵
半元分	〇五六三三三一三九		正合四間準分 借合林鐘	清變徵

續表

二倍一分〇一五一				
黃鐘分	徑〇〇四三三五九七七 長一一五二七九八〇二	正應五間準分 借應南呂	正合加分倍四間 借合倍林鐘	清下徵
元間分	一〇八六八六八三九	正應無射	正合加分倍夷則 借合倍夷則	下羽
太蔟分	一〇二四七〇九三五	正應六間準分 借應應鐘	正合加分倍五間 借合倍南呂	清下羽
二間分	〇九六六一〇五二四	正應減分半黃鐘 借應半黃鐘	正合加分倍無射 借合倍無射	下變宮
姑洗分	〇九一〇八五二七六	正應減分半元間 借應大呂	正合加分倍六間 借合倍應鐘	清下變宮
三間分	〇八五八七六〇二一	正應減分半太蔟 借應半太蔟	正合黃鐘	宮
蕤賓分	〇八〇九六四六九〇	正應減分半二間 借應夾鐘	正合元間準分 借合倍大呂	清宮
四間分	〇七六三三四二四一	正應減分半姑洗 借應半姑洗	正合太蔟	商
夷則分	〇七一九六八六一三	正應減分半三間 借應中呂	正合二間準分 借合倍夾鐘	清商
五間分	〇六七八五二六五九		正合姑洗	角
無射分	〇六三九七二一〇〇		正合三間準分 借合倍中呂	清角
六間分	〇六〇三一三四七五		正合蕤賓	變徵
半黃分	〇五六八六四〇八九		正合四間準分 借合林鐘	清變徵
半元分	〇五三六一一九七八	正合夷則	正合加分倍蕤賓 借應倍蕤賓	徵

續表

正加八分一一四五	黄鍾分 徑○○四一二六五二七 長一○九七一一一九三		正應無射	正合加分倍夷則 借合倍夷則	下羽
	元間分	一○三四三六 七○四	正應六間準分 借應應鍾	正合加分倍五間 借合倍南呂	清下羽
	太蔟分	○九七五二一 ○六○	正應減分半黄鍾 借應半黄鍾	正合加分倍無射 借合倍無射	下變宮
	二間分	○九一九四三 七三七	正應減分半元間 借應大呂	正合加分倍六間 借合倍應鍾	清下變宮
	姑洗分	○八六六八五 三八七	正應減分半太蔟 借應半太蔟	正合黄鍾	宮
	三間分	○八一七二七 七六六	正應減分半二間 借應夾鍾	正合元間準分 借合倍大呂	清商
	蕤賓分	○七七○五三 六七七	正應減分半姑洗 借應半姑洗	正合太蔟	商
	四間分	○七二六四六 九○三	正應減分半三間 借應中呂	正合二間準分 借合倍夾鍾	清商
	夷則分	○六八四九二 一五七		正合姑洗	角
	五間分	○六四五七○ 二五		正合三間準分 借合倍中呂	清角
	無射分	○六○八八一 九一七		正合蕤賓	變徵
	六間分	○五七四○○ ○二二		正合四間準分 借合林鍾	清變徵
	半黄分	○五四一一七 二六○	正合夷則	正應加分倍蕤賓 借應倍蕤賓	徵
	半元分	○五一○二二 二四二	正合五間準分 借合南呂	正應加分倍四間 借應倍林鍾	清徵

續表

正加五分六一四二	黄鍾分 徑○○三九二七一九七 長一○四四一一六四五		正應六間準分 借應應鍾	正合加分倍五間 借合倍南呂	清下羽
	元間分	○九八四四○ 二四二	正應減分半黄鍾 借應半黄鍾	正合加分倍無射 借合倍無射	下變宮
	太蔟分	○九二八一○ 三五一	正應減分半元間 借應大呂	正合加分倍六間 借合倍應鍾	清下變宮
	二間分	○八七五○二 四三七	正應減分半太蔟 借應半太蔟	正合黄鍾	宮
	姑洗分	○八二四九八 ○九○	正應減分半二間 借應夾鍾	正合元間準分 借合倍大呂	清宮
	三間分	○七七七七九 九四四	正應減分半姑洗 借應半姑洗	正合太蔟	商
	蕤賓分	○七三三三一 六三六	正應減分半三間 借應中呂	正合二間準分 借合倍夾鍾	清商
	四間分	○六九一三七 七二八		正合姑洗	角
	夷則分	○六五一八三 六七六		正合三間準分 借合倍中呂	清角
	五間分	○六一四五五 七五六		正合蕤賓	變徵
	無射分	○五七九四一 ○四五		正合四間準分 借合林鍾	清變徵
	六間分	○五四六二七 三四○	正合夷則	正應加分倍蕤賓 借應倍蕤賓	徵
	半黄分	○五一五○三 一五一	正合五間準分 借合南呂	正應加分倍四間 借應倍林鍾	清徵
	半元分	○四八五五七 六三六	正合無射	正應加分倍夷則 借應倍夷則	羽

續表

正加三分九〇四五	黃鐘分	徑〇〇三七三七四九四 長〇九九三六八〇五六	正應減分半黃鐘 借應半黃鐘	正合加分倍無射 借合倍無射	下變宮
	元間分	〇九三六八五一〇一	正應減分半元間 借應大呂	正合加分倍六間 借合倍應鐘	清下變宮
	太蔟分	〇八八三二七七六一	正應減分半太蔟 借應半太蔟	正合黃鐘	宮
	二間分	〇八三二七五六四五	正應減分半二間 借應夾鐘	正合元間準分 借合倍大呂	清宮
	姑洗分	〇七八五一三〇三二	正應減分半姑洗 借應半姑洗	正合太蔟	商
	三間分	〇七四〇二二七九六	正應減分半三間 借應中呂	正合二間準分 借合倍夾鐘	清商
	蕤賓分	〇六九七八九三六二		正合姑洗	角
	四間分	〇六五七九八〇四一		正合三間準分 借合倍中呂	清角
	夷則分	〇六二〇三四九八八		正合蕤賓	變徵
	五間分	〇五八四八七一四八		正合四間準分 借合林鐘	清變徵
	無射分	〇五五一四二二一二	正合夷則	正應加分倍蕤賓 借應倍蕤賓	徵
	六間分	〇五一九八八五七六	正合五間準分 借合南呂	正應加分倍四間 借應倍林鐘	清徵
	半黃分	〇四九〇一五三〇〇	正合無射	正應加分倍夷則 借應倍夷則	羽
	半元分	〇四六二一二〇六八	正合六間準分 借合應鐘	正應加分倍五間 借應倍南呂	清羽

續表

正加一分六〇一三	黃鐘分	徑〇〇三五五六九五五 長〇九四五六八〇九七	正應減分半元間 借應大呂	正合加分倍六間 借合倍應鐘	清、下變宮
	元間分	〇八九一五九六五六	正應減分半太蔟 借應半太蔟	正合黃鐘	宮
	太蔟分	〇八四〇六〇五三一	正應減分半二間 借應夾鐘	正合元間準分 借合倍大呂	清宮
	二間分	〇七九二五三〇二八	正應減分半姑洗 借應半姑洗	正合太蔟	商
	姑洗分	〇七四七二〇四七二	正應減分半三間 借應中呂	正合二間準分 借合倍夾鐘	清商
	三間分	〇七〇四四七一三六		正合姑洗	角
	蕤賓分	〇六六四一八一九七		正合三間準分 借合倍中呂	清角
	四間分	〇六二六一九六七六		正合蕤賓	變徵
	夷則分	〇五九〇三八三九七		正合四間準分 借合林鐘	清變徵
	五間分	〇五五六六一九三四	正合夷則	正應加分倍蕤賓 借應倍蕤賓	徵
	無射分	〇五二四七八五七五	正合五間準分 借合南呂	正應加分倍四間 借應倍林鐘	清徵
	六間分	〇四九四七七二七五	正合無射	正應加分倍夷則 借應倍夷則	羽
	半黃分	〇四六六四七六二二	正合六間準分 借合應鐘	正應加分倍五間 借應倍南呂	清羽
	半元分	〇四三九七九八〇〇	正合減分半黃鐘 借合半黃鐘	正應加分倍無射 借應倍無射	變宮

又　卷下《用連比例定弦音法》　今之言絃音度分者，其半絃以下逐音度分之較止六全分，其七音之位，則五正聲相距得全分。惟變宮至宮，變徵至徵得半分，故七音相距合成六全分。其清濁二均各調，謂惟宮調與律呂相應。若改絃換調，則濁均雜入陰呂，清均雜入陽律。又變宮變徵既用半分，則各絃七音之位不能相同，而又不與散聲相應。如應變宮聲者得徵絃之分，應宮聲者得羽絃之分是也。竊嘗疑之，夫七音皆相隔一音，則逐音度分之較必以次而短，何以中有半分，是忽長忽短也？宮調既屬律呂分應，則各調皆可律呂分應而不雜矣。如以琴絃散聲而言，首絃應倍無射，七絃應半太蔟，則高於倍無射、下於半太蔟之音，無不備具於七絃之中，而均可應以散聲。且散聲得陰呂者，緊半音慢半音，皆應陽律，何以必令雜入陰呂？散聲得陽律者，緊半音慢半音皆應陰呂，何以必令雜入陽律？以按聲而言，散聲應黄鐘，半絃應半太蔟，則凡高於黄鐘、下於半太蔟之音，無不備具於半絃之内，抑且按聲得陽律者，按上按下各半分皆應陰呂，其得陰呂者按上按下皆爲陽律，何以按聲亦令律呂相雜，又絃音無論緊慢高下而半絃必應散聲，可知相隔第八音度分一定不移矣。是必相隔一音，相隔二音、三音，各度分亦一定不移，何以半分之位時有上下？又宮調既分應律呂，是换調之所以改絃者，不過因不設變宮、變徵二絃也。若使九絃並設，則換調原不必改絃，如濁正宮調下徵首絃應倍無射，下羽二絃應黄鐘，變宮三絃應太蔟不用，宮分四絃應姑洗，商分五絃應蕤賓，角分六絃應夷則，變徵七絃應無射不用，正徵八絃應半黄鐘，正羽九絃應半太蔟，而各位各分亦莫不皆應陽律矣。今欲轉爲商調，只須以蕤賓五絃爲宮，夷則六絃爲商，無射七絃爲角，倍無射首絃、半黄鐘八絃爲變徵不用，黄鐘二位半太蔟九絃爲徵，太蔟三絃爲羽，姑洗四絃爲變宮不用，而各絃七音仍用原分，不依然皆應陽律乎？何以一改絃而必用陰呂也？再四推詳，以明其故，意者，所謂應某律呂某聲字者，尚屬借應，而非正應乎。緣取其度分之由來細核之，而益爽然矣。所以然者，三代以上，以管音定絃音，音既合而度分自無不合，不另立絃音度分也。三代以下，無不用管音度分爲絃音度分，而絃音遂與管音不合。夫管(者)[音]倍半不相應者也，絃音倍半相應者也，以倍半不相應之管音度分用之於倍半相應之絃音，則高下之差較大，故至第七音而已相差一音，是與管音不合也。何以知其用管音度分爲絃音度分也？大約言絃音者，多取《淮南・天文訓》之説，以八十一爲宮，而宮分即黄鐘分。七十二爲商，而商分即太蔟分。六十四爲角，而角分即姑洗分。五十四爲徵，而徵分即林鐘分。四十八爲羽，而羽分即南呂分。其法仍用三分損益，遞生至五十九分爲餘，《淮南》作六十舉成數也。爲清角而止，而清角即中呂分。試以黄鐘九寸，每寸分作九分，去聲。則九寸即八十一分。太蔟八寸，即七十二分。以此遞推，至十二音分莫不與《淮南》之説悉合。蓋管音絃音均用三分損益，則雖尺寸不同，而比例相同，是依然以管音[度分爲]絃音度分也。而第十三音半黄鐘度分四十分餘，已與黄鐘首音相應，第十四音半大呂即大呂，淮南主蕤賓上生，故爲半大呂。度分三十七分餘，已與大呂即倍大呂。二音相應。以其音止十二音，而清濁二均之音則有十四，不敷清濁分用，遂以陽律陰呂雜用爲均。凡宮商角變徵前四音用陽律者，則徵羽變宮後三音用陰呂。若前四音用陰呂，則後三音用陽律。清濁二均中有兩音重用濁均之正宮正徵，即清均之變宮變徵，其變宮至宮，變徵至徵相距止半分。相距既止半分，則相差亦止半音，而易淆混，遂置變宮變徵於不用，皆不得不然之勢也。然絃音雖借名律呂，究與管音律呂彼此參錯。如定全絃爲黄鐘，而以黄鐘一均考其音，則第二音太蔟在管音太蔟二間之間，第三音姑洗較管音三間畧下，第四音蕤賓極近管音四間，第五音林鐘較管音夷則微高，第六音南呂在管音無射六間之間，第七音應鐘極近減分半元間，第八音半黄鐘正合減分半太蔟。陽律有時應陰呂，陰呂有時應陽律，則十四音與十二音高下差之異也。竊謂上古管音既有十四，必不絃音僅止十二。陰陽分配律呂，必不絃音獨相間雜爲用，但其説歷代相承，勢難置之不論。特是獨奏絃音則可，而欲和以管音則不可。别設管音與之相合則可，而欲和以管音之律呂則不可。夫絃音度分亦相連比例數也，何以知之？蓋全絃散聲必與二分絃之一相應，而二分絃之一又必與四分絃之一相應，四分絃之一又必與八分絃之一相應。試設全絃爲一百分，爲連比例首率，二分絃之一五十分爲二率，求得三率二十五分，適四分絃之一；求得四率十二分半，適八分絃之一，是合於連比例也。其所以合連比例者，以相應同聲之後復得相應同聲，其高下差相等也是可知。高下差相等者，其度分必合於連比例矣。今管音與首音相應者在第八音，則當以全絃散聲爲首音度分，命爲連比例首率，半絃五十分爲第八音度分，命爲八率，求其二率。復依法遞求各率，則全半相應之間可得十四音至十五音，而復與首音相應，庶較之各律各呂之音一一相符，初無忽微之假借，而清濁二均各分應陽律陰呂而不紊矣。茲將用連比例算法並逐音度分表列於左。

法以全絃命爲一百分，爲首率，半絃五十分爲第八率，求其二率。以首率自乘五次，得一萬億分。又以第八率五十乘之，得五十萬億分爲開方實，六乘方開之，得九十分小餘五七二三六六四二，爲二率，即第二音度分。

以第二音度分自乘，首率一百分除之，得八十二分小餘〇三三五三五五九，爲三率，即第三音度分。

以第二音度分乘第三音度分，首率除之，得七十四分小餘二九九七一四四四，爲四率，即第四音度分。

以第二音度分乘第四音度分，首率除之，得六十七分小餘二九五〇〇九六一，爲五率，即第五音度分。

以第二音度分乘第五音度分，首率除之，得六十分小餘九五〇六六二六八，爲六率，即第六音度分。

以第二音度分乘第六音度分，首率除之，得五十五分小餘二〇四四七五六六，爲七率，即第七音度分。若再以第二音度分乘第七音度分，首率除之，適得五十分，爲第八音度分，當全絃之半，與首音相應。

于是求其相隔半音之度分。其法以首率一百與八率五十相乘，得五千分爲開方實，平方開之，得七十分小餘七一〇六七八一二，爲中率，適在四音五音之間，高於第四音半音，而下於第五音亦適半音，命爲又四音度分。

然後以首音度分一百爲一率，第二音度分九十分小餘五七二三六六四二爲二率，又四音度分爲三率，二三率相乘，一率除之，得六十四分小餘〇四四三三四四九，爲四率，即又五音度分。

以二率乘又五音度分，一率除之，得五十八分小餘〇〇六四六九三〇，爲五率，即又六音度分。

以二率乘又六音度分，一率除之，得五十二分小餘五三七八三一九二，爲六率，即又七音度分。

又以第二音度分九十分小餘五七二三六六四二爲一率，首音一百分爲二率，又四音度分七十分小餘七一〇六七八一二爲三率，二三相乘，一率除之，得七十八分小餘〇七〇九一八二一，爲四率，即又三音度分。

以二率乘又三音度分，一率除之，得八十六分小餘一九七二八二一二，爲五率，即又二音度分。

以二率乘又二音度分，一率除之，得九十五分小餘一六九五一五三。爲六率，即又首音度分。

其第八音度分二分絃之一五十分，至四分絃之一二十五分，爲第十五音度分，其中又八音度分即又首音度分之半，第九音度分即第二音度分之半，又九音度分即又二音度分之半。順是以下，皆用折半之度，至第十四音度分爲第七音度分之半，又十四音度分爲又七音度分之半。其自第十五音度分四分絃之一二十五分，至八分絃之一十二分小餘五，爲第二十二音度分，其中又十五音度分即又八音之半，第十六音度分爲第九音之半，又十六音度分爲又九音之半，至第二十一音度分爲第十四音之半，又二十一音度分爲又十四音之半。蓋一百分之於五十分，五十分之于二十五分，均爲折半比例，故逐音度分亦皆爲折半比例也。其較首音下半音，則得又七音倍數。下一音，則得第七音倍數。下一音半，則得又六音倍數。下二音，則得第六音倍數。下二音半，則得又五音倍數。下三音，則得第五音倍數。義亦同前。

絃音度分表：

首音前三音	一二四五九〇〇一九二二
首音前二音半	一二八〇八八六六八九八
首音前二音	一二一九〇一三二五三六
首音前一音半	一一六〇一二九三八六〇
首音前一音	一一〇四〇八九五一三二
首音前半音	一〇五〇七五六六三八四
首音	一〇〇〇〇〇〇〇〇〇〇
又首音	〇九五一六九五一五三〇
第二音	〇九〇五七二三六六四二
又二音	〇八六一九七二八二一二
第三音	〇八二〇三三五三五五九
又三音	〇七八〇七〇九一八二一
第四音	〇七四二九九七一四四四

續表

又四音	○七○七一○六七八一二
第五音	○六七二九五○○九六一
又五音	○六四○四四三三四四九
第六音	○六○九五○六六二六八
又六音	○五八○○六四六九三○
第七音	○五五二○四四七五六六
又七音	○五二五三七八三一九二
第八音	○五○○○○○○○○
又八音	○四七五八四七五七六五
第九音	○四五二八六一八三二一
又九音	○四三○九八六四一○六
第十音	○四一○一六七六七八○
又十音	○三九○三五四五九一一
第十一音	○三七一四九八五七二二
又十一音	○三五三五五三三九○六
第十二音	○三三六四七五○四八一
又十二音	○三二○二二一六七二五
第十三音	○三○四七五三三一三四
又十三音	○二九○○三二三四六五
第十四音	○二七六○二二三七八三
又十四音	○二六二六八九一五九六
第十五音	○二五○○○○○○○○
又十五音	○二三七九二三七八八三

續表

第十六音	○二二六四三○九一六一
又十六音	○二一五四九三二○五三
第十七音	○二○五○八三八三九○
又十七音	○一九五一七七二九五六
第十八音	○一八五七四九二八六一
又十八音	○一七六七七六六九五三
第十九音	○一六八二三七五二四一
又十九音	○一六○一一○八三六三
第二十音	○一五二三七六六五六七
又二十音	○一四五○一六一七三三
第二十一音	○一三八○一一一八九二
又二十一音	○一三一三四四五七九八
第二十二音	○一二五○○○○○○○

如求首音前三音以下各音分，則檢後七音之度分倍之。求第二十二音以上各音分，則檢前七音之度分半之，即得各音度分。

或問：九絃並設，换調不必轉絃之説若何？曰：舊法四陽律配（一）[三]陰呂，或四陰呂配三陽律爲一均，每轉一調，則更换一律一呂，故雖九絃並設而换調必須轉絃。如今之所謂正宫調，即姑洗均。所謂商調，即蕤賓均也。姑洗均以姑、蕤、夷、無四陽律爲宫、商、角、變徵，以應、大、夾三陰呂爲徵、羽、變宫。蕤賓均以蕤、夷、無、黄四陽律爲宫、商、角、變徵，以大、夾、中三陰呂爲徵、羽、變宫。較姑洗均少姑洗、應鐘，而多黄鐘、中呂。如上圖爲姑洗均之九絃第一絃，下徵爲倍應二絃，下羽爲大三絃，變宫爲夾四絃，宫爲姑五絃，商爲蕤六絃，角爲夷七絃，變徵爲無八絃，正徵爲應九絃，正羽爲半大。今欲轉爲商調，則必换姑洗、應鐘兩絃爲黄鐘、中呂，方合蕤賓均七音。如下圖一絃緊倍應半音轉爲黄鐘爲下變徵，二絃仍用大爲下徵，三絃仍用夾爲下羽，四絃緊姑半音轉爲中呂爲變

宮調

第一絃倍應鐘下徵
第二絃大呂下羽
第三絃夾鐘變宮不用
第四絃姑洗宮
第五絃蕤賓商
第六絃夷則角
第七絃無射變徵不用
第八絃應鐘正徵
第九絃半大呂正羽

商調

緊半音	第一絃黄鐘下變徵不用
	第二絃大呂下徵
	第三絃夾鐘下羽
緊半音	第四絃中呂變宮不用
	第五絃蕤賓宮
	第六絃夷則商
	第七絃無射角
緊半音	第八絃半黄鐘變徵不用
	第九絃半大呂正徵

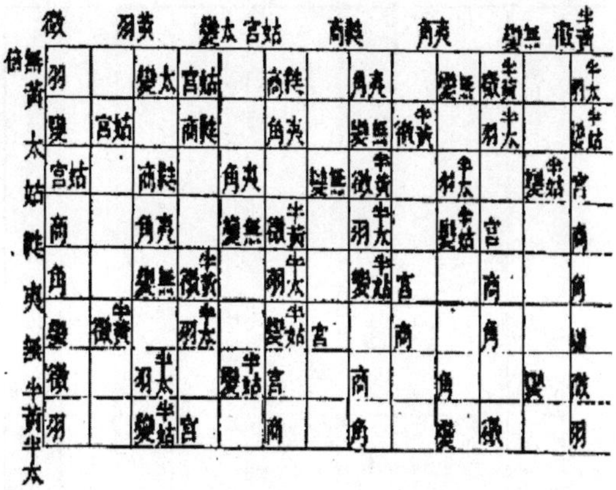

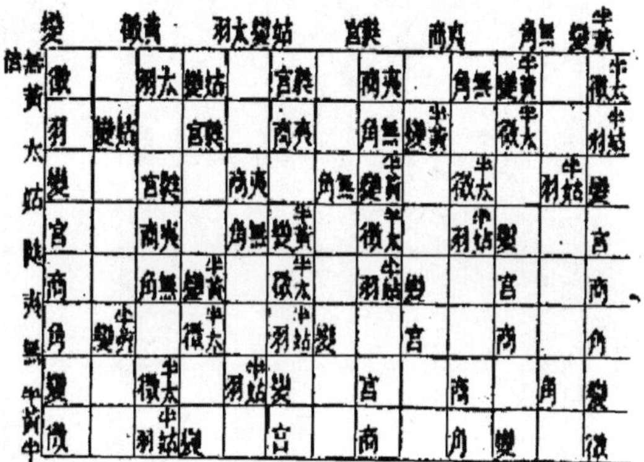

宮，五絃仍用蕤爲宮，六絃仍用夷爲商，七絃仍用無爲角，八絃緊半音爲半黄鐘爲變徵，九絃仍用半大爲正徵，方得爲商調。若在轉角調，亦須遞換一律一呂，是換調必須轉絃也。如陽律陰呂分用爲均，則凡濁均七調所用之七律皆爲黄、太、姑、蕤、夷、無、半黄，而倍無即半黄之下聲，半太即黄之高聲，初未嘗更換一律。倘謂今之正宮調能應陽律一均，是如上圖一絃倍無爲下徵，二絃黄爲下羽，三絃太爲變宮，四絃姑爲宮，五絃蕤爲商，六絃夷爲角，七絃無爲變徵，八絃半黄爲正徵，九絃半太爲正羽也。今欲轉爲商調，只須如下圖一絃仍用倍無爲下變徵，二絃仍用黄爲下徵，三絃仍用太爲下羽，四絃仍用姑爲變宮，五絃仍用蕤爲宮，六絃仍用夷爲商，七絃仍用無爲角，八絃仍用半黄爲變徵，九絃仍用半太爲正徵，其各位各音亦仍用原分，而移其七音之名，是換調不必轉絃也。今轉商調而二變必雜入陰呂，可知今所用宮調之應陽律一均，尚屬借應也。

又問：絃音度分以分數言，管音度分以尺寸言，何由知其管音度分爲絃音度分也？曰：此甚易辨也。試取一九寸之度分，如上圖每寸分作十分，依律呂度分作點識之，又即九寸之度分每寸作九分，即成八十一分，依絃音度分作點識之。又逐點相連成綫，則絃音大呂七十五分餘，適與管音大呂八寸四分餘相值，此用蕤賓上生之說。絃音太蔟七十二分適與管音太蔟八寸相值，絃音夾鐘六十七分餘適與管音夾鐘七寸四分餘相值，自此以下，至半黄鐘莫不皆然。其在絃音則半黄鐘已與全度首音黄鐘相

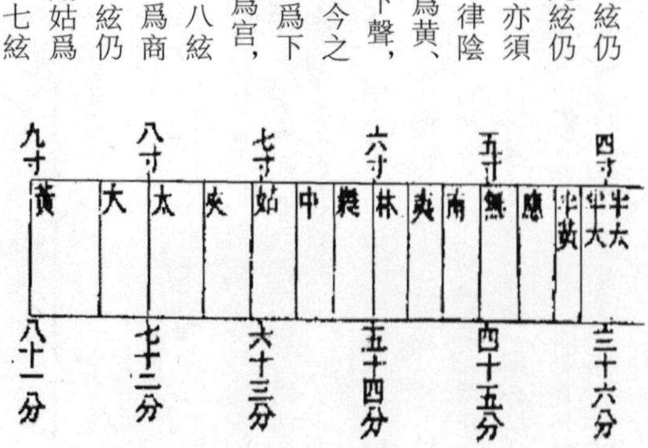

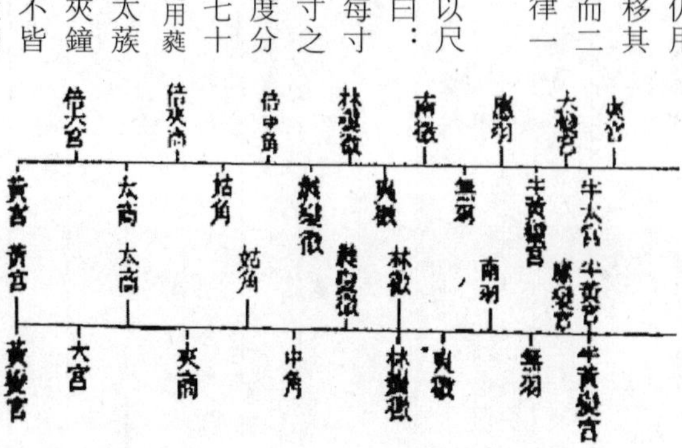

應同聲，而在管音必自半黃鍾至半大呂、自半大呂至半太蔟方與全度首音黃鍾相應同聲，故高下差兩，不相等，而齊其首音黃鍾，則以下各律呂之音均彼此參錯也。又問兩音重用之説若何？曰世傳絃音度分僅有十二位，而清濁二均則有十四音，故必兩音重用方得合於二均。如上圖爲新定絃音度分，若清濁二均備於一絃，在濁宮調，則全絃首音起黃鍾宮，二音太蔟商，三音姑洗角，四音蕤賓變徵，五音夷則徵，六音無射羽，七音半黃鍾變宮，至八音半太蔟仍爲宮。在清宮調，則首音倍大呂宮，二音倍夾鍾商，三音倍中呂角，四音林鍾變徵，五音南呂徵，六音應鍾羽，七音大呂變宮，至八音夾鍾仍爲宮。清濁二均各音兩不相值，與管音合。下圖爲舊法度分同此。一絃而在黃鍾均則爲宮絃，故以散聲黃鍾爲宮，太蔟爲商，姑洗爲角，蕤賓爲變徵，而林鍾則爲徵，南呂爲羽，應鍾爲變宮。半黃鍾仍爲宮，在大呂均又爲變宮絃。故散聲黃鍾在黃鍾均爲宮者，在大呂均又爲變宮。由是大呂爲宮，夾鍾爲商，中呂爲角。而林鍾在黃鍾均爲徵者，在大呂均又爲變徵，由是夷則爲徵，無射爲羽，半黃鍾亦仍是變宮，是兩音重用而與管音不合也。若依京房之執始、去滅爲大呂均之變宮、變徵，而執始分數七十九分小餘九一，較黃鍾僅差一分，兩音且清變宮清變徵應下于濁宮濁徵半音，而度分轉小於濁宮濁徵，則亦僅可借應而已。

又問：何以知絃音借名律呂而與管音彼此參錯之數也？曰：試以舊定絃音度分之黃鍾宮絃八十一分，依新定合管音之絃音度分比例，得合各律各呂之分數互相比較，則其義顯然矣。其法用四率比例。一百分常爲一率，八十一分常爲二率，以又首音分九十五分餘爲三率，得四率七十七分餘爲管音元間度分。以第二音九十分餘爲三率，得四率七十三分餘爲管音太蔟度分。如是遞求，至四十二分餘爲管音半元間度分，於是兩相比較。如下圖黃鍾首音八十一分，彼此相同，其舊定太蔟七十二分，在新定太蔟七十三分三六、二間六十九分八二之間。舊定姑洗六十四分較

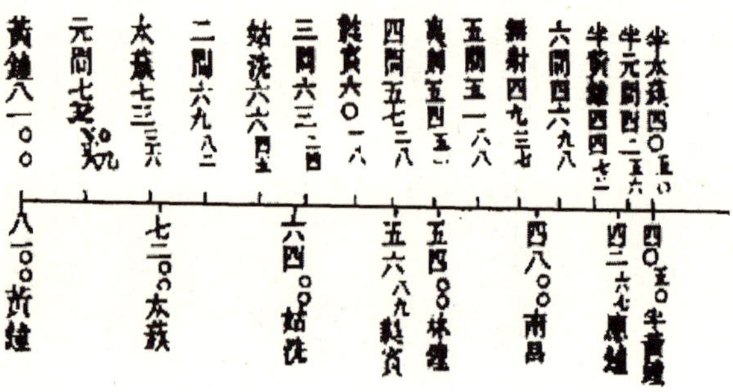

新定三間六十三分二四多七六，是畧下也。舊定蕤賓五十六分八九較新定四間五十七分二八僅少三九，是極近也。舊定林鍾五十四分較新定夷則五十四分五一，少五一，是微高也。舊定南呂四十八分則在新定無射四十九分三七、四十六分九八之間。舊定應鍾四十二分六七較新定減分半元間四十二分五六，多一一，是極近也。舊定半黃鍾四十分五〇正與新定減分半太蔟四十分五〇相合。如是比較，則音分之所在無遁情矣。

琴弦徵分

琴徽專取泛音之大者，故不與七音相合。其法以全絃自岳山起至龍齦取八分之一爲一徽，六分之一爲二徽，五分之一爲三徽，四分之一爲四徽，三分之一爲五徽，五分之二爲六徽，二分之一爲七徽。七徽爲全絃之中徽，上(徽)下各徽皆兩兩相對，故五分之三爲八徽，三分之二爲九徽，四分之三爲十徽，五分之四爲十一徽，六分之五爲十二徽，八分之七爲十三徽，其中惟七徽與全絃散聲隔八相應，故七徽與散聲之間名爲下準，中具七音之位。若兼律呂而言，則有十四音，其四徽又與七徽隔八相應，兩徽之間名爲中準。其一徽又與四徽隔八相應，兩徽之間名爲上準。每準皆具七音，兼言律呂，則均有十四音，除一、四、七共三徽外，其餘各徽均不當七音之位。故按徽定音者，先定(其)[某]音爲某徽，又于某徽之外、兩徽之間分作十分，求其零分，方得某音徽分。其各絃散聲雖不同，而各絃各音均有一定不移之位，彼此相同，祇須求得一絃各音徽分，而各絃各音徽分莫不脗合。玆以黃鍾宮絃一百分爲主，先取八分之一，得十二分小餘五，爲一徽定分。又取六分之一，得十六分小餘六六六七，小餘從簡易，用四位，爲二徽定分。又取五分之一，得二十分爲三徽定分。又取四分之一，得二十五分爲四徽定分。如是遞取，至八分之七，得八十七分小餘五爲十三徽定分。于是以二徽定分內減一徽定分，得四分小餘一六六七爲一徽外分。以三徽定分內減二徽定分，得三分小餘三三三三爲二徽外分。以四徽定分內減三徽定分，得五分爲三徽外分。如是遞減，至以全絃百分內減十三徽定分得十二分小餘五，爲十三徽外分。如求又首音九十五分小餘一六九五徽分者，視音分大于十三徽定分先定爲十三徽，然後以十三徽外分一二五爲一率，以十三徽定分八七五與音分相減，得七六九五名減餘分，爲二率，十分爲三率，推得四率六一三五，爲零分，合之爲十三徽六分一釐小餘三五也。玆將上中下三準各音徽分表列于左，此種徽分各絃通用，均不分列。

各徽定外分表：

一徽定分	一二五〇〇〇
外分	〇四一六六七
二徽定分	一六六六六七
外分	〇三三三三三
三徽定分	二〇〇〇〇〇
外分	〇五〇〇〇〇
四徽定分	二五〇〇〇〇
外分	〇八三三三三
五徽定分	三三三三三三
外分	〇六六六六七
六徽定分	四〇〇〇〇〇
外分	一〇〇〇〇〇
七徽定分	五〇〇〇〇〇
外分	一〇〇〇〇〇
八徽定分	六〇〇〇〇〇
外分	〇六六六六七
九徽定分	六六六六六七
外分	〇八三三三三
十徽定分	七五〇〇〇〇
外分	〇五〇〇〇〇

續表

十一徽定分	八〇〇〇〇〇
外分	〇三三三三三
十二徽定分	八三三三三三
外分	〇四一六六七
十三徽定分	八七五〇〇〇
外分	一二五〇〇〇

琴絃三準徽分表：

首音	散聲
又首音	十三徽六分一釐三五
二音	十三徽二分四釐五七
又二音	十二徽六分八釐七三
三音	十一徽六分一釐〇一
又三音	十徽六分一釐四一
四音	九徽九分一釐五九
又四音	九徽四分八釐五二
五音	九徽〇分七釐五四
又五音	八徽六分〇釐六六
六音	八徽一分四釐二五
又六音	七徽八分〇釐六四
七音	七徽五分二釐〇四
又七音	七徽二分五釐三七

右下準音分。

續表

八音	七徵
又八音	六徵七分五釐八四
九音	六徵五分二釐八六
又九音	六徵三分〇釐九八
十音	六徵一分〇釐一六
又十音	五徵八分五釐五三
十一音	五徵五分七釐二五
又十一音	五徵三分〇釐三三
十二音	五徵〇分五釐四六
又十二音	四徵八分四釐二六
十三音	四徵六分五釐七〇
又十三音	四徵四分八釐〇三
十四音	四徵三分一釐三三
又十四音	四徵一分五釐二二

右中準音分。

十五音	四徵
又十五音	三徵七分五釐八四
十六音	三徵五分二釐八六
又十六音	三徵三分〇釐九八
十七音	三徵一分〇釐一六
又十七音	二徵八分五釐五三
十八音	二徵五分七釐二五
又十八音	二徵三分〇釐三三
十九音	二徵〇分五釐四六
又十九音	一徵八分四釐二六
二十音	一徵六分五釐七〇
又二十音	一徵四分八釐〇三
二十一音	一徵三分一釐三三
又二十一音	一徵一分五釐二二

右上準音分。

或問：三準徵分何以知各絃通用也？曰：凡連比例所定之音分，任進前一位，退後一位，而各絃音分之位未嘗少動，亦如第八音常在二分絃之一，第十五音常在四分絃之一，不似三分損益之絃音，其各絃音分之位時有差錯也。此理驗之徵分最爲明顯，今設九十五分一六九五爲全絃首音度分，則其又首音度分爲九十分五七二四，其第二音度分爲八十六分一九七三，試取全絃八分之七，得八三二七三三，爲十三徵定分，以減全絃，得一一八九六二爲十三徵外分，以爲一率。以又首音度分減徵定分，得減餘分七二九九一爲二率。十分爲三率，求得四率六一三五，合之仍得又首音徵分十三徵六分一釐小餘三五。若以第二音度分減徵定分，得減餘分二九二四〇爲二率，十分爲三率，求得四率二四五七，合之仍得第二音徵分十三徵二分四釐小餘五七。由是遞推，各音徵分莫不與前所得相同，即任取第幾音度分爲全絃首音，依法求之亦莫不與前所得相同，此其所以爲通用之徵分也。

又《用連比例訂正世傳弦音度分法》 三分損益用之絃音，其十三音已應首音，與管音之第十五音始應首音者不合，此世傳絃音之大差也。管音第七音止四寸四分餘，半黄鐘乃是借用，而各陰吕尚非六間準分。以律吕分用，故不差忽微。絃音之半絃爲半黄鐘，非借用矣。而又陽律陰吕合用爲均，則逐音高下之差微有不等，此又世傳絃音之小差也。夫高下之差既微有不等，則以各律各吕定絃，而各絃七音之位亦必微有參錯。蔡氏元定知各絃音分之位不得有參錯也，于是申杜佑之義，用變律半變律以濟其窮，而使各絃音分之位彼此齊一，其用意亦深矣。然此特齊其末，而未齊其本也。蓋音分之所以不齊者，以高下之差不等也。若使高下之差無有不等，則以各律各吕定絃而音分之位自無不齊，又何必求之變律乎。兹姑勿論管音之合不合，而就世傳絃音訂正之。當依鄭世子所定音分爲準，如以黄鐘宫絃爲八十一分，求各音度分。其法以全絃八十一分爲連比例首率，半絃四十分小餘五爲第七率，求其二率。復依次遞求各率以爲各音度分，則任以何律何吕定絃，而各絃各音之位莫不相同矣。兹特將連比例算法並訂正世傳絃音度分表列於左。

法以宫絃八十一分爲首率，半絃四十分小餘五爲第七率，求二率。以首率自乘四次，得三十四億八千六百七十八萬四千四百〇一分，(以又)〔又以〕七率乘之，得一百四十一億二千一百四十七萬六千八百二十四分小餘〇五，以五乘方開之，得七十二分小餘一六二七九六爲二率，即太蔟音分。復以八十一分爲首率，太蔟音分爲末率，求中率。以首率末率相乘，得五千八百四十五分小餘一八六四七六，平方開之，得中率七十六分小餘四五三八一九，即大吕音分。舊法蕤賓從上生，故爲大吕。于是黄鐘音分常爲首率，大吕音分常爲二率，求得三率即太蔟音分，求得四率六十八分小餘一一二六〇九即夾鐘音分，求得五率六十四分小餘二八九七四二即姑洗音分，求得六率六十分小餘六八一四三六即中吕音分，求得七率五十七分小餘二七五六四九即蕤賓音分，求得八率五十四分小餘〇六一〇一四即林鐘音分，求得九率五十一分小餘〇二六八〇二即夷則音分，求得十率四十八分小餘一六二八八八即南吕音分，求得十一率四十五分小餘四五九七一二即無射音分，求得十二率四十二分小餘九〇八二五五即應鐘音分。若再求十三率，適得四十分小餘五，即半黄鐘音分也。其黄鐘以下各音分，則用倍數。半黄鐘以上各音分，則用半數，與前法同。

訂正世傳絃音度分表：

首音	黄鐘	八一〇〇〇〇〇〇			原同
又首音	大吕	七六四五三八一九	較分四五四六一八一隔	半音	原七五八五一八五二
二音	太蔟	七二一六二七九六	四二九一〇二三	半音	原七二〇〇〇〇〇〇

續表

又二音	夾鐘	六八一一二六〇九	四〇五〇一八七	半音	原六七四二三八六八
三音	姑洗	六四二八九七四二	三八二二八六七	半音	原六四〇〇〇〇〇〇
又三音	中吕	六〇六八一四三六	三六〇八一三〇	半音	原五九九三一三四〇
四音	蕤賓	五七二七五六四九	三四〇五七八七	半音	原五六八八八八八九
又四音	林鐘	五四〇六一〇一四	三二一四六三五	半音	原五四〇〇〇〇〇〇
五音	夷則	五一〇二六八〇二	三〇三四二一二	半音	原五〇五六七九〇一
又五音	南吕	四八一六二八八八	二八六三九一四	半音	原四八〇〇〇〇〇〇
六音	無射	四五四五九七一二	二七〇三一七六	半音	原四四九四九二四五
又六音	應鐘	四二九〇八二五五	二五五一四五七	半音	原四二六六六六六七
七音	半黄鐘	四〇五〇〇〇〇〇	二四〇八二五五	半音	原同

或問：三分損益音分何以參錯？用變律何以齊一？曰：三分損益之在絃音，其黄鐘均宫絃七音皆由宫分遞生，黄鐘宫下生林鐘徵，又上生太蔟商，又下生南吕羽，又上生姑洗角，又下生應鐘變宫，又上生蕤賓變徵，胥從宫分起算。在林鐘均，宫絃爲林鐘宫，下生半太蔟徵，又上生南吕商，又下生半姑洗羽，又上生應鐘角，又下生蕤賓變宫，又上生半大吕變徵，亦由宫分遞生也。由是太蔟均、南吕均、姑洗均、應鐘均，各宫絃莫不由宫分遞生，故其七音之位彼此齊一。

至蕤賓均，宫絃則蕤賓宫，下生半大吕徵，又上生夷則商，又下生半夾鐘羽，又上生無射角，又下生半中吕變宫。夫中吕固極不生者也，故第四音變徵半黄鐘非中吕所生，而音分之位參錯矣。必由半中吕上生半變黄鐘爲變徵，而音分之位方與黄鐘各均齊一。由是大吕、夷則、夾鐘、無射、中吕各均，亦皆須用變律。如左上圖爲黄鐘、林鐘、太蔟、南吕、姑洗、應鐘各均宫絃所用，皆正律，而七音之位莫不齊一，以皆由宫分遞生也，初不必用變律。下圖爲蕤賓、大吕、夷則、夾鐘、無射、中吕各均宫絃，則皆須用變律，而音分方得齊一。蕤賓均用一變律，大吕均用二變律，夷則均用三變律，夾鐘均用四變律，無射均用五變律，中吕均用六變律，其音分始得與黄鐘各均相同。若用正律，則音分較大，參錯在前矣。此用變律之深意也。然用三分損益則高下本有微差，雖用變律不過宫絃音分之位，不致參錯耳。而高下差之不等自若也。三分損益音分，其較分長短不以次，故知高下差不等。故必用連比例，則高下之差莫不相等，而音分自然齊一。朱氏曾見及此，亦可謂具卓識矣。

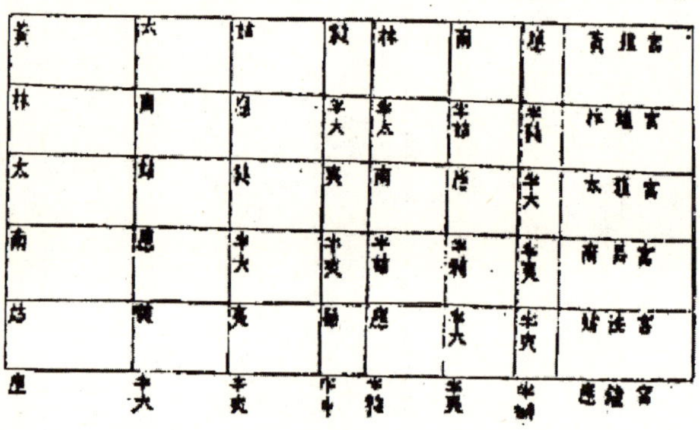

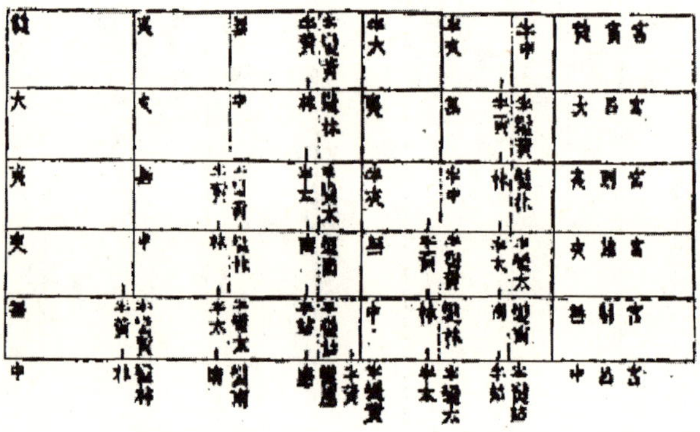

全絃八十一分各徵定外分表：

一徵	定分	一〇二二五
	外分	〇三三七五
二徵	定分	一三五
	外分	〇二七
三徵	定分	一六二
	外分	〇四〇五
四徵	定分	二〇二五
	外分	〇六七五
五徵	定分	二七
	外分	〇五四
六徵	定分	三二四
	外分	〇八一
七徵	定分	四〇五
	外分	〇八一
八徵	定分	四八六
	外分	〇五四
九徵	定分	五四
	外分	〇六七五
十徵	定分	六〇七五
	外分	〇四〇五
十一徵	定分	六四八

續表

	外分	○二七
十二徽	定分	六七五
	外分	○三七五
十三徽	定分	七○八七五
	外分	一○一二五

訂正世傳絃音徽分表：

首音	散聲
音半	十三徽五分五釐一○
第二音	十三徽一分二釐七二
二音半	十二徽一分八釐一五
第三音	十徽八分七釐四
三音半	九徽九分八釐九八
第四音	九徽四分八釐五三
四音半	九徽○○二四
第五音	八徽四分四釐九四
五音半	七徽九分四釐六○
第六音	七徽六分一釐二三
六音半	七徽二分九釐七三

右下準。

第七音	七徽
七音半	六徽七分一釐九四
第八音	六徽四分五釐四五

續表

八音半	六徽二分○四五
第九音	五徽九分五釐二八
九音半	五徽六分一釐八六
第十音	五徽三分○三三
十音半	五徽○○一五
第十一音	四徽七分七釐九八
十一音半	四徽五分六釐七六
第十二音	四徽三分六釐七四
十二音半	四徽一分七釐八四

右中準。

第十三音	四徽
十三音半	三徽七分一釐九四
第十四音	三徽四分五釐四五
十四音半	三徽二分○四五
第十五音	二徽九分五釐二八
十五音半	二徽六分一釐八六
第十六音	二徽三分○三三
十六音半	二徽○○一五
第十七音	一徽七分七釐九八

續表

十七音半	一徽五分六釐七六
第十八音	一徽三分六釐七四
十八音半	一徽一分七釐八四

右上準。

自第幾音至第幾音爲全分，自第幾音至幾音半，或自幾音半至第幾音均爲半分，此種徽分各絃通用，其全分半分挨次旋轉。

或問：琴絃七音，若依宮分八十一分，用三分損益求得各音徽分，而令各絃通用，其全分半分亦挨次旋轉，似無不可，何必定用連比例乎？曰：不能也。凡三分損益之音分，若令徽分齊一，則聲音參錯。若令聲音齊一，則徽分參錯。試以中呂一均明之，如後圖圖止下準，餘可類推。爲中呂均之七絃。夫中呂一均，其合三分損益定準徽分所生之六音，固皆爲變律者也。說見前。依京房律準名之，則商音變林爲去(滅)[滅]，角音變南爲結躬變徵音，變應爲遲内徵音，半變黃爲半執始羽音，半變太爲半時息變宮音，半變姑爲半變虞，各音既應變律，則各絃散聲亦當以變律應之矣。乃依三分損益定準之徽分以考其各絃各音之分，則執始下徵絃之宮音當三音半徽分者，不應中呂而應南中。時息下羽絃之宮音、角音、徵音當二音半與三音半與第六音徽分者，不應中呂、去滅、半執始，而應南中、安度、半丙盛。由是遞變，至變徵絃，則散聲遲内以上爲半丙盛、半屈齊、半路時、半南中、半安度、半歸期，是按聲六音全與宮絃不合矣，所謂徽分齊一而聲音參錯也。若仍用中、林、南應半黃、半太、半姑爲七音而齊其聲音，則如第二圖惟下徵一絃與三分損益定準徽分相合。其下羽絃商音，在定準徽分爲九徽八分七釐八九者，今則適當十徽。其徵音在定準徽分爲七徽五分四釐九三者，今則在七徽六分二釐五〇。其變徵絃，僅有半中呂一音適當定準徽分之九徽四分二釐八〇。其宮絃則無一音當定準徽分者，是齊其聲音而徽分又參錯不齊矣。高下差不等，則較分長短不以次，故徽分不齊。夫聲音齊一而徽分參錯，原屬無礙，但徽分之所以不齊者，實緣高下差不等之故。而高下之差不等，終不得云聲音之齊一也。惟舍三分損益而用連比例，則相間得全分者相隔適一音，相間得半分者相隔亦適半音，不特徽分齊一，聲音齊一，而高下之差亦莫不齊一，故即不論管音之合不合，而就世傳絃音細辨之，亦不得不以連比例爲定音分之正法也。

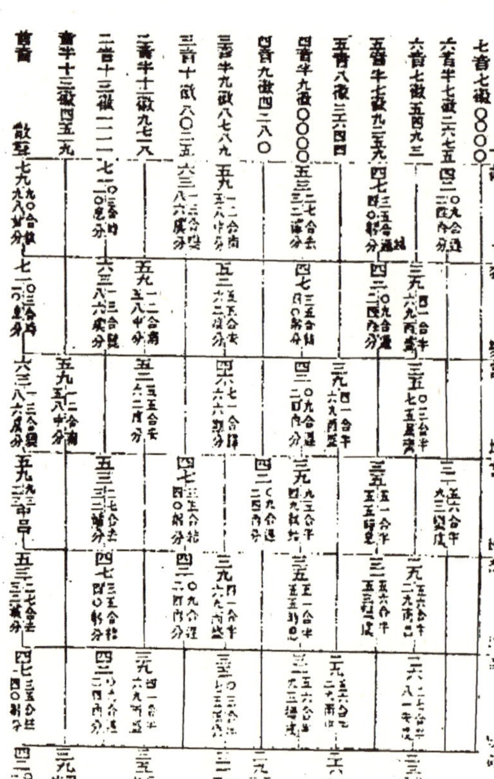

黃鐘之實第二

子一，黃鐘之律。

丑三，爲絲法。

寅九，爲寸數。

卯二十七，爲豪法。

辰八十一，爲分數。

巳二百四十三，爲釐法。

午七百二十九，爲釐數。

未二千一百八十七，爲分法。

申六千五百六十一，爲豪數。

酉一萬九千六百八十三，爲寸法。

戌五萬九千○四十九，爲絲數。

亥一十七萬七千一百四十七，黃鐘之實。

案：黃鐘九寸，以三分爲損益，故以三歷十二辰，得一十七萬七千一百四十七，爲黃鐘之實。其十二辰所得之數，在子寅辰午申戌六陽辰，爲黃鐘寸分釐豪絲之數。在亥酉未巳卯丑六陰辰，爲黃鐘寸分釐豪絲之法。其寸分釐豪絲之法，皆用九數，故九絲爲豪，九豪爲釐，九釐爲分，九分爲寸，由是三分損益，以生十一律焉。或曰徑圍之分以十爲法，而相生之分釐豪絲以九爲法，何也？曰：以十爲法者，天地之全數也。以九爲法者，因三分損益而立也。

藻翔按：黃鐘之管長九寸，而黃鐘之實則一十七萬七千一百四十七，何也？蓋黃鐘之圍徑以十爲法，而相生之分釐豪絲以九爲法。如管長九寸，以九分爲寸通之，必得八十一分。又以九釐爲分通之，必得七百二十九釐。又以九豪爲釐通之，必得六千五百六十一豪。又以九絲爲豪通之，必得五萬九千○四十九絲。因此數不便損益，所以又用三通之，得一十七萬七千一百四十七，即爲黃鐘之實。

黃鐘生十一律第三

子一分。

一爲九寸。

丑三分二。

一爲三寸。

寅九分八。

一爲一寸。

卯二十七分十六。

三爲一寸，一爲三分。

辰八十一分六十四。

九爲一寸，一爲一分。

巳二百四十三分一百二十八。

二十七爲一寸，三爲一分，一爲三釐。

午七百二十九分五百一十二。

八十一爲一寸，九爲一分，一爲一釐。

未二千一百八十七分一千二十四。

二百四十三爲一寸，二十七爲一分，三爲一釐，一爲三豪。

申六千五百六十一分四千九十六。

七百二十九爲一寸，八十一爲一分，九爲一釐，一爲一豪。

酉一萬九千六百八十三分八千一百九十二。

二千一百八十七爲一寸，二百四十三爲一分，二十七爲一釐，三爲一豪，一爲三絲。

戌五萬九千四十九分三萬二千七百六十八。

六千五百六十一爲一寸，七百二十九爲一分，八十一爲一釐，九爲一豪，一爲一絲。

亥一十七萬七千一百四十七分六萬五千五百三十六。

一萬九千六百八十三爲一寸，二千一百八十七爲一分，二百四十三爲一釐，二十七爲一豪，三爲一絲，一爲三忽。

案：黃鐘生十一律，子寅辰午申戌六陽辰皆下生，丑卯巳未酉亥六陰辰皆上生。其上以三歷十二辰者，皆黃鐘之全數。其下陰數以倍者，（即算法倍其實。）三分本律而損其一也。陽數以四者，（即算法四其實。）三分本律而增其一也。六陽辰當位自得，六陰辰則居其衝，其林鐘、南呂、應鐘三呂在陰，無所增損。其大呂、夾鐘、仲呂三呂在陽，則用倍數，方與十二月之氣相應。蓋陰之從陽，自然之理也。

藻翔案：律管之法，隔八相生，子午巳東爲上生，子午巳西爲下生。上生者三分益一，下生者三分損一。益者四乘三除，損者二乘三除。

黃鍾下生林鍾，六月，管長六寸。置黃鍾之管九寸，以二乘之，得十八。以三除之，得林鍾管長六寸。

林鍾上生太簇，正月，管長八寸。置林鍾管長六寸，以四乘之，得二十四。以三除之，得太簇管長八寸。

太簇下生南呂，八月，管長五寸三分寸之一。置太簇之管八寸，以二乘之，得十六。以三除之，得南呂之管長五寸三分寸之一。

南呂上生姑洗，三月，管長七寸九分寸之一。置南呂管長五寸，以分母三乘之，內子一，得十六。以四乘之，得六十四。以三乘法三，得九爲法，以除之，得姑洗之管長七寸九分寸之一。

姑洗下生應鍾，十月，管長四寸二十七分寸之二十。置姑洗管長七寸，以分母九乘之，內子一，得六十四。以二乘之，得一百二十八。以分母九乘法三，得二十七爲法，以除之，得應鍾之管長四寸二十七分寸之二十。

應鍾上生蕤賓，五月，管長六寸八十一分寸之二十六。置應鍾管長四寸，以分母二十七乘之，內子二十，得一百二十八。以四乘之，得五百一十二。以分母二十七乘法三，得八十一爲法，除之，得蕤賓管長六寸八十一分寸之二十六。

蕤賓上生大呂，十二月，管長八寸二百四十三分寸之一百四。置蕤賓管長六寸，以分母八十一乘之，內子二十六，得五百一十二。以四乘之，得二千四十八爲實，以分母八十一乘法三，得二百四十三爲法，除之，得大呂之管長八寸二百四十三分寸之一百四。

大呂下生夷則，七月，管長五寸七百二十九分寸之四百五十一。置大呂管長八寸，以分母二百四十三乘之，內子一百四，得二千〇四十八。以二乘之，得四千〇九十六爲實。以分母二百四十三乘法三，得七百二十九爲法，除之，得夷則管長五寸七百二十九分寸之四百五十一。

夷則上生夾鍾，二月，管長七寸二千一百八十七分寸之一千〇七十五。置夷則管長五寸，以分母七百二十九乘之，內子四百五十一，得四千〇九十六。以四乘之，得一萬六千三百八十四爲實。以分母七百二十九乘法三，得二千一百八十七爲法，除之，得夾鍾管長七寸二千一百八十七分寸之一千〇七十五。

夾鍾下生無射，九月，管長四寸六千五百六十一分寸之六千五百二十四。置夾鍾管長七寸，以分母二千一百八十七乘之，內子一千〇七十五，得一萬六千三百八十四。以二乘之，得三萬二千七百六十八爲實。以分母二千一百八十七乘法三，得六千五百六十一爲法，除之，得無射管長四寸六千五百六十一分寸之六千五百二十四。

無射上生中呂，四月，管長六寸一萬九千六百八十三分寸之一萬二千九百七十四。置無射管長四寸，以分母六千五百六十一乘之，內子六千五百二十四，得三萬二千七百六十八，以四乘之，得十三萬一千〇七十二爲實。以分母六千五百六十一乘法三，得一萬九千六百八十三爲法，除之，得中呂之管長六寸一萬九千六百八十三分寸之一萬二千九百七十四。

右十一律算法，若以比例釋之，則以三爲一率，二若四爲二率，本律爲三率，求得四率，即所生律管之長。如寸下帶幾分寸之幾，即以幾分遍乘一二三率，再依常法求之，即得。至於原書生十一律法，則以三歷十二辰爲分母，倍其實四其實爲分子，再以分母爲一率，九寸爲二率，分子爲三率，求得四率，即得各律寸分釐豪絲之數。

十二律之實第四

子，黃鍾十七萬七千一百四十七。

全九寸，半無。

丑，林鍾十一萬八千〇〇九十八。

全六寸，半三寸不用。

寅，太簇十五萬七千四百六十四。

全八寸，半四寸。

卯，南呂十萬四千九百七〇十六。

全五寸三分，半二寸六分不用。

辰，姑洗十三萬九千九百六十八。

全七寸一分，半三寸五分。

巳，應鍾九萬三千三百一十二。

全四寸六分六釐，半二寸三分三釐不用。

午，蕤賓十二萬四千四百一十六。

全六寸二分八釐，半三寸一分四釐。

未，大呂十六萬五千八百八十八。

全八寸三分七釐六豪，半四寸一分八釐三豪。

申，夷則十一萬〇〇五百九十二。

全五寸五分五釐一豪，半二寸七分一釐五豪。

酉，夾鐘十四萬七千四百五十六。

全七寸四分三釐七豪三絲，半二寸六分六釐三豪六絲。

戌，無射九萬八千三百〇〇四。

全四寸八分八釐四豪八絲，半二寸四分四釐二豪四絲。

亥，仲呂十三萬一千〇〇七十。

全六寸五分八釐三豪四絲六忽，餘二算。半三寸二分八釐六豪二絲三忽。

案：十二律之實，約以寸法，則黄鐘、林鐘、太蔟得全寸。約以分法，則南呂、姑洗得全分。約以釐法，則應鐘、蕤賓得全釐。約以豪法，則大呂、夷則得全豪。約以絲法，則夾鐘、無射得全絲。至仲呂之實十三萬一千七十二，以三分之，不盡二算，其數不行，此律之所以止於十二也。

藻翔案：十二律之實，夫人而知之。惟十二律之積，則罕有核出者。今試以術求之。林鐘之積爲五百四十分，容黍八百粒。太蔟之積爲七百二十分，容黍一千〇六十六粒有餘。南呂之積爲四百七十七分，容黍七百〇六粒有餘。姑洗之積爲六百三十九分，容黍九百四十六粒有餘。應鐘之積爲四百一十九分四百釐，容黍六百一十九粒有餘。蕤賓之積爲五百六十五分二百釐，容黍八百三十七粒有餘。大呂之積爲七百五十三分八百四十釐，容黍一千一百一十五粒有餘。夷則之積爲四百九十九分五百九十釐，容黍七百三十七粒有餘。夾鐘之積爲六百六十九分三百五十七釐，容黍七百八十七粒有餘。無射之積爲四百三十九分六百三十二釐，容黍六百五十粒有餘。仲呂之積爲五百九十二分五百一十一釐四百豪，容黍八百九十七粒有餘。

變律第五

黄鐘十七萬四千七百六十二，小分四百八十六。

全八寸七分八釐一豪六絲二忽不用，半四寸三分八釐五豪三絲一忽。

林鐘十一萬六千五百〇〇八，小分三百二十四。

全五寸八分二釐四豪一絲一忽三初，半二寸八分五釐六豪五絲六初。

太蔟十五萬五千三百四十四，小分四百二十二。

全七寸八分二豪四絲四忽七初不用，半三寸八分四釐五豪六絲六忽八初。

南呂十〇萬三千五百六十三，小分四十五。

全五寸二分三釐一豪六絲一初六秒，半二寸五分六釐七絲四忽五初三秒。

姑洗十三萬八千〇〇八十四，小分六十。

全七寸一釐二豪二絲二初二秒不用，半三寸四分五釐一豪一絲一初一秒。

應鐘九萬二千〇〇五十六，小分四十。

全四寸六分七豪四絲三忽一初四秒，餘一算。半二寸三分三豪六絲六忽六秒强不用。

案：十二律各自爲宫，以生五聲二變。其黄鐘、林鐘、太蔟、南呂、姑洗、應鐘六律，則能具足。至蕤賓、大呂、夷則、夾鐘、無射、仲呂六律，則取黄鐘、林鐘、太蔟、南呂、姑洗、應鐘六律之聲，少下不和，故有變律。變律者，其聲近正而稍高於正律也。然仲呂之實一十三萬一千〇〇七十二，以三分之，不盡二算，既不可行，當有以通之。律當變者有六，故置一而六三之，得七百二十九，以七百二十九因仲呂之實十三萬一千〇〇七十二，爲九千五百五十五萬一千四百八十八，三分損益再生黄鐘、林鐘、太蔟、南呂、姑洗、應鐘六律。又以七百二十九歸之，以從十二律之數。紀其餘分，以爲忽秒，然後洪纖高下不相奪倫。至應鐘之實六千七百一十〇萬八千八百六十四，以三分之，又不盡一算，數又不可行，此變律之所以止於六也。變律非正律，故不爲宫也。

載武《樂律明真明算》

三分損益算法説

三分損益之法，乃用三除二乘，或三除四乘也。將一弦以三分之，而用其二爲三分損一。將一弦以三分之，而用其四爲三分益一。若以上字屢損之，初損之得本調之六，二損之得高一調之伬，三損之得高一調之伍，四損之得高二調之仜，五損之得高二調之亿，六損之得高三調之仉，七損之得高四調之仕。所得之度，皆爲隔調之音。然愈推其數，較差漸小，漸與真音之度不合。

若以上字屢益之，初益之得本調之變徵，二益之得本調之變宫，三益之得高一調之角，四益之得高一調之羽，五益之得高二調之商，六益之得高二調之徵，七益之得高三調之宫。所得之度皆爲隔調之音。愈推其數，較差亦漸與真數不合。然彼向小推之，乃得音爲隔三位。此向大推之，乃得音爲隔二位。彼還於宫音在高四調，此還於宫音在高三調。是知向大推之之差，其比例仍同於向小推之之差。式見生音表。

凡任何理皆憑天地之自然。彼確音之理，其各分數(比之)[之比]既皆(漸爲)[爲漸]減漸加，雖或向上或向下遞推一二位，是仍不改原理之數。若此三分損益之理，其各分數之比皆爲長短無則，或向上向下遞推一二位，則大更改原理之數。故知彼合天然，此不合天然。若損益並用，則得本調之七音，又成三式。一式以宮音本弦向大推之，至第七次得本弦之倍而還低宮。二式以宮音本弦向小推之，至第七次得本弦之(數)[半]而還高宮。三式以宮音本弦向大推之三音，向小推三音，至第七次仍得本弦之數而還原宮。三式如下。

宮商之起首：凡益皆上至第四位，凡損皆下至第五位，即得損益之排次。

式　一

第八數宮即原宮之倍
第三數商損得羽
第五數角損得變宮
第七數變徵益得低宮
第二數徵益得商
第四數羽益得角
第六數變宮益得變徵
第一數宮益得徵

理應得第八數爲原宮之倍。

損益之排次：

宮一次益
徵二次益
商三次損
羽四次益
角五次損
變宮六次益
變徵七次益

式謂以第一數宮益之而得徵，第二數徵益之而得商，第三數商損之而得羽，至第七數益之而得低宮，依理應得原宮之二倍，乃其算得數必比應得數較小，是知與宮音不甚相合。

宮商之起首：

式　二

第一數宮損得徵
第三數商損得羽
第五數角損得變宮
第七數變徵損得高宮
第二數徵益得商
第四數羽益得角
第六數變宮益得變徵
第八數宮即原宮之半

理應得第八數爲原宮之半。

損益之排次：

宮一次損
徵二次益
商三次損
羽四次益
角五次損
變宮六次益
變徵七次損

式謂以第一數宮損之得徵，第二數徵益之得商，第三數商損之得羽，至第七數損之而得高宮，依理應得原宮之折半，乃其算得之數必比應得數較小，是知與宮音不甚相合。

宮商之起首：

式　三

第二數徵損得商
第四數羽損得角
第六數變宮損得變徵
第一數宮益得徵
第三數商益得羽
第五數角益得變宮
第七數變徵益得原宮

理應得第八數仍爲原數。

損益之排次：

宮一次益
徵二次損
商三次益
羽四次損
角五次益
變宮六次損
變徵七次益

式謂以第一數宮益之得徵，第二數徵損之得商，第三數商益之得羽，至第七數益之而得原宮，依理應得原宮之原數，乃其算得數必比應得數較小，是知與原音不甚相合。

以數明之。置八十一爲元數，以用乘除可以四次，皆無奇零。

如一式置八十一向大推之，至於其倍。

一式

⊥宮　八一　三除四乘得一〇八。
⊥徵　一〇八　三除四乘得一四四。
丅商　一四四　三除二乘得九六。
⊥羽　九六　三除四乘得一二八。
丅角　一二八　三除二乘得八五三三三。
⊥變宮　八五三三三　三除四乘得一一三七七。
⊥變徵　一一三七七　三除四乘得一五一七。
低宮　一五一七　此按音理應得一六二，今數已小，知不合音。

⊥益號也，丅損號也，其損益之算式爲 ⊥⊥丅⊥丅⊥⊥。

如二式置八十一向小推之，至於其半。

二式

丅宮　八一　三除二乘得五四。
⊥徵　五四　三除四乘得七二。
丅商　七二　三除二乘得四八。
⊥羽　四八　三除四乘得六四。
丅角　六四　三除二乘得四二六六六。
⊥變宮　四二六六六[三除四乘得五六。]
丅變徵　五六八八八　三除二乘得三七九二五。
商宮　三七九二五　此按音理應得四〇五，今數已小，知不合音。

其損益之算式爲 丅⊥丅⊥丅⊥丅。

如三式置八十一大小推之，還於原數。

三式

⊥宮　八一　三除四乘得一〇八。
丅徵　一〇八　三除二乘得七二。
⊥商　七二　三除四乘得九六。
丅羽　九六　三除二乘得六四。
⊥角　六四　三除四乘得八五三三三。
丅變宮　八五三三三　三除二乘得五六八八八。
⊥變徵　五六八八八　三除四乘得七五八五。
宮　七五八五　此按音理應得八一，今數已小，知不合音。

其損益之算式爲 ⊥丅⊥丅⊥丅⊥。

由是觀之，知三分損益之法于數理則甚妙，于音理則不合，于泛音則有合有不合，於確音則大不合，於管音則亦不合。立此法者，蓋不知有確音之理，誤以算泛音爲確音。且管音之理尤屬繁深，則損益更不能御其音理。三分損益之真比例立之如下：

三分之四，其四當增。
宮　三〇〇〇〇
徵　四〇三七四六

三分之二，其二當增。
宮　三〇〇〇〇
徵　二〇一八七三

宮生徵，徵生商，商生羽，羽生角，角生變宮，變宮生變徵，變徵復生宮。用此以爲比例，乃能歸於原數，或倍，或半，或同數。

若以四分損益之法，則得宮生變徵，變徵生變宮，變宮生角，角生羽，羽生商，商生徵，徵復生宮。其四分損益之法，至還原宮之數必大，亦立真比例如下：

四分之六，其六當減。
宮　四〇〇〇〇〇
徵
變　五九四三六八

四分之三，其三當減。
宮　四〇〇〇〇〇
徵
變　二九七一八四

又　損益算式

四分損益至於其半 丅丅⊥丅⊥丅丅。
四分損益至於其倍 ⊥丅⊥丅⊥丅⊥。
四分損益還於其原 丅⊥丅⊥丅⊥丅。

凡三分損益，由低生高，每隔間三位。由高生低，每隔二位。
凡四分損益，由低生高，每隔二位。由高生低，每隔三位。
任何算術，任算何物，所爲得其真確數也。尤必以物理爲根，以數理爲法，而得所求。惜諸先賢皆詳乎數理，忘乎物理，故致悞以十二律呂之第十三律與第一率爲同音，而又錯綜雜亂。今以對數表法求得各真確四位之數，以與古成數相比閲者，當詳參夫理廣驗之器，乃明其數之不誣。

整古成數

宮	八一〇〇
商	七二〇〇
角	六四〇〇
變徵	五六八八八
徵	五四〇〇
羽	四八〇〇
變宮	四二六六六
高宮	三七九二五

今確數

宮	八一〇〇
商	七三三五
角	六六四三
變徵	六〇一六
徵	五四五一
羽	四九三八
變宮	四四七一
高宮	四〇五〇
高商	三六六七
高角	三三二一
高變徵	三〇〇八
高徵	二七二五
高羽	二四六七
高變宮	二二三五
再高宮	二〇二五

古十二律吕排次度數顛倒錯亂之式：

古成數悖理

上	宮	黃鐘	九〇〇〇
乙	變宮	大吕	八四二七
尺	商	太蔟	八〇〇〇
五	羽	夾鐘	七四九一
工	角	姑洗	七一一一
六	徵	仲吕	六六五九
凡	變徵	蕤賓	六三二〇
六	徵	林鐘	六〇〇〇
仩	角	夷則	五六一八
伍	羽	南吕	五三三三
伬	商	無射	四九九四
亿	變宮	應鐘	四七四〇
仕	清宮	半黃鐘	四五〇〇
			〇〇〇〇
			〇〇〇〇

今十二律之排次度數依理改正之式：

今確數合理

上	宮	黃	九〇〇〇
尺	商	太	八一五三
工	角	姑	七三八五
凡	至	蕤	六六九〇
六	徵	仲	六〇五七
五	羽	夾	五四八七
乙	拱	大	四九七〇
仕	倌	田	四五〇〇
伬	徜	無	四〇七六
仜	俑	夷	三六九二
仉	侄	生	三三四五
伔	儆	林	三〇二八
伍	伄	南	二七四三
亿	倛	應	二四八五
彸	倌	[illegible]	二二五〇

古律十三，若以理數覈之於一律，則多五率；于倍律，則少二率。且音律之排次與度數之排次皆不合於天然之理。

大吕本爲乙字，當比上字音低，度長。古率其度反短，且上尺之間寔無音位，若云間音，則又有隔一位者，有相連位者。若云故作往返排次，音學又絶無此理，是知其顛倒錯亂。此亦與《律吕正義》管音九分之四之率亦不相合，深惜古今竟無明白排列以顯其錯亂者。即此觀之，便見古率與今率有大不同之理。今將變宮以拱字代之，變徵以至字代之，半蕤賓以生貝二字代之，半黃鐘以田童二字代之，且黃鐘（省即）[即省]作黃一字，無射省作無，半黃鐘省作田，又如清宮作倌，清變宮作倛，所爲式中排行清楚，半黃之半作[illegible]，半太之半作[illegible]，再高一律則作[illegible]、[illegible]，其田即[illegible]，若低一律則作[illegible]、[illegible]。

律吕宮商工尺三合該例：

黃 太 姑 蕤 仲 夾 大 田 無 夷 生 林 南 應 [illegible]
宮 商 角 至 徵 羽 拱 倌 徜 俑 侄 儆 伄 倛 倌
上 尺 工 凡 六 五 乙 仕 伬 仜 仉 伔 伍 亿 彸

若在正黃之上添律，當用大、夾、仲。若在[illegible]之下添律，當用無、夷、蕤。

古立律吕之初意，斷不至雜亂無章，乃竟雜亂無章，豈中古註解誤成雜亂乎。豈中古知之不敢妄改乎？或上古先只知有五音工尺上四合，不知有七音之理，其後又加一乙音，乃知有六音，得工尺上乙四合，因此六音可以用爲正宫調與小工調，大聲唱用正宫調，小聲唱用小工調，此六音足以該用。取清濁各一幅，共得十二音之數，而缺一凡字音以定爲十二律乎。今命名爲斷音律，或先只知簫笛開六孔之音，不計其末孔之音乎。或先只知六音，又恐人聲有高低之別，又在二音之間作爲一音，得工半工尺半尺上半上乙半乙四半四六半六之十二之數，以定爲十二律乎。今命名爲間音律，或先只知尋常之唱至高不過五字，至低不過低尺[字，得]伍佽仉仜伬上乙五六凡工尺十二音之數，以定爲十二律乎，今命名爲連音律。

斷音十二律　仜伬仩亿伍佽工尺上乙五六　斷音謂中缺凡字音。

間音十二律　工半工尺半尺上半上乙半乙五半五六半六　工半謂比工高又比凡低也。餘類推。間音謂每二音之間隔一半音。

連音十二律　伍佽仉仜伬上乙五六凡工尺　連音謂即七音連用。

間音算法以上下兩音數相乘，開平方也。得正音與間音之比例，其他皆用四率算之。乃以一正一間爲一率二率，今有正音爲三率，得四率即今求間音。如尺工相乘，開平方，得尺半。此音比尺高，又比工低。一率正尺，二率尺半，三率正工，四率工半。音學算法，音既只七，即當用七累增之數而恒加一，或以八率，或以十五率，或以二十二率，或以二十九率乘除開方爲比例。

用八率開六乘方，求一全律相連之八數。第八率爲第八音。

用十五率開十三乘方，求兩全律隔一位之八數。第八數爲第十五音。

用二十二率開二十乘方，求三全律隔二位之八數。第八數爲第二十二音。

用二十九率開二十七乘方，求四全律隔三位之八數。第八數爲第二十九音。

以甲乙作識，謂六乘方連比例，得甲位之八數。

十三乘方連比例，得乙位之八數。

二十乘方連比例，得丙位之八數。

二十七乘方連比例，得丁位之八數。

上　一率—甲—乙—丙—丁
尺　二率—甲
工　三率—甲—乙
凡　四率—甲—丙
六　五率—甲—乙—丁
五　六率—甲
乙　七率—甲—乙—丙
仕　一律至此。　八率—甲
伬　九率—乙—丁
仜　十率—丙
仉　十一率—乙
佽　十二率
伍　十三率—乙—丙—丁
亿　十四率
仩　二律至此。　十五率—乙
⿰彳尺　十六率—丙
⿰彳工　十七率—丁
⿰彳凡　十八率
⿰彳六　十九率—丙
⿰彳五　二十率
⿰彳乙　二一率—丁
⿰彳上　三律至此。　二二率—丙
⿰彳尺　二三率
⿰彳工　二四率
⿰彳凡　二五率—丁
⿰彳六　二六率
⿰彳五　二七率
⿰彳乙　二八率
⿰彳上　四律至此。　二九率—丁

此二十九率之各數，即前卷確音弦長數表中之各數。

依一管一音之管徑同三分三厘三毫，其第八音得第一音九分之四之理造得各音比例：

乙	一一二二七六	乙	九〇九六
上	一〇〇〇〇〇	上	八一〇〇
尺	〇八九〇六六	尺	七二一四
工	〇七九三一〇	工	六四二四
凡	〇七〇六四〇	凡	五七二二
六	〇六二九一〇	六	五〇九七
五	〇五六〇三〇	五	四五三八
亿	〇四九八九〇	亿	四〇四三
仕	〇四四四四四	仕	三六〇〇

此以一〇〇〇〇〇爲率。　此以八一〇〇爲率。

又依前理造得管音三分損益，循環相生真音比例：

正宫上字　三〇〇〇
清徵六字　一八八八

正宫上字　三〇〇〇
濁徵合字　四二四七

又　造管音比例又理

絃音之理，載武已考得具有二理：曰泛音，曰確音。兹管音載武又考得亦具二理：曰第其八音之度得第一音之度九分之四，同音而高一律。前已立得算法，推求成表。黄宫上與太商尺比，若一〇〇〇〇〇與八九〇六六比。曰其第七音之度恰得第一音之度之半，其音低於第一音之清音一音，亦立算法推求成表。黄宫上與太商尺比，若一〇〇〇〇〇與八九〇八八比，待高明考覈取用此理，每一倍半即遞低一音。

法以第一管宫音上字度長一〇〇〇〇〇之四乘方數與第七管變宫乙字度長五〇〇〇〇相乘，得數開五乘方，得八九〇八八，爲第二管商音尺字之度，乃以連比例四率法求得各律，即得同一調中各音之管長數。

乙	一一二二四七
上	一〇〇〇〇〇
尺	〇八九〇八八
工	〇七九三六〇
凡	〇七〇七〇〇
六	〇六二九八〇
五	〇五六一一〇
亿	〇五〇〇〇〇
仕	〇四四五四〇
伬	〇三九六八〇
仜	〇三五三五〇
仉	〇三一四九〇
伕	〇二八〇五五
伍	〇二五〇〇〇
亿	〇二二二七〇
仩	〇一九八四〇

求高低第八音數之法：

若向低以仕求上，即用本音低一音乙之數，倍之即得。餘類推。

若向高以工求仜，即用本音高一音凡之數，半之即得。餘類推。

若求第七音之數，即用本音倍之半之，即得低高之數。此每隔二音又畧如斜度與方度比，即如十與十四一四比。

又依前理第七音得第一音之度之半之理，造得九寸之管與八寸一分之管各音比例：

乙	一〇一〇二	乙	九〇九二
上	〇九〇〇〇	上	八一〇〇
尺	〇八〇一七	尺	七二一六
工	〇七一四三	工	六四二八
凡	〇六三六三	凡	五七二七
六	〇五六六九	六	五一〇二

五　○五○五一　　五　四五四五

亿　○四五○○　　亿　四○五○

仩　○四○○九　　仩　三六○八

又依前理，一七倍半，三分損益，循環相生，真音比例：

上宫　三○○○○

六徵　一八八九四

上宫　三○○○○

合徵　四二四二○

又載武《樂律明真立表》

弦音表説

弦音表共分四類：曰確音，曰泛音，曰生音，曰分音。確音四表乃出天地自然，確切不移之律。一弦得七音，是爲弦音正寔之理，如光學紅黃藍色定不易也。泛音四表乃出匀分，各分同音相和之韻。一弦得三音，是爲弦音旁出之理，如光學緑紫丹色相付成也。生音四表乃出三分損益，偶然恰合之巧。一弦自相生，是爲弦音簡捷之理，如算學方五斜七、周三徑一，舉大數也。分音一表乃出人智心裁，二數酌配之合，一絃分二斷，是爲弦音就合之理，如算學八綫對數各表，開方各表，靈心造也。

確音者，品位有定，真確之音也。泛音者，輕點同彈，浮泛之音也。生音者，二三相例，生助之音也。分音者，一岳中隔，分斷之音也。凡絃之音，同巨同緊者，宫商在乎分各長；同緊同長者，宫商在乎分各巨；同長同巨者，宫商在乎分各緊；是長巨緊三者共有相關之理。已上各表既明，即七調順逆旋相爲宫，三分損益，同聲相應各理，自易了然。

一手彈絃，一手按品，所得之音爲確音。一手彈絃，一手不按，所得之音爲散音。一手彈絃，一手輕點各匀分之處，所得之音爲泛音。此絃三顫之工夫恰合彼絃之二顫，兩顫相會所得之音爲生音。全弦隔爲大小兩斷，其全絃之宫商與大小兩斷之宫商使三音仍中一調之律，所得之音爲分音。

又 確音弦長數表

音	工尺	十萬位	幾萬位	幾千位	幾百位	幾十位	幾單位
宫	上	一	○	○	○	○	○
商	尺		九	○	五	七	一
角	工		八	二	○	三	一
變徵	凡		七	四	二	九	六
徵	六		六	七	二	九	一
羽	五		六	○	九	四	九
變宫	乙		五	五	二	○	四
宫	仩		五	○	○	○	○
商	伬		四	五	二	八	五
角	仜		四	一	○	一	五
變徵	仉		三	七	一	四	八
徵	⿰亻六		三	三	六	四	五
羽	伍		三	○	四	七	四
變宫	亿		二	七	六	○	二
宫	⿰彳上		二	五	○	○	○
商	⿰彳尺		二	二	六	四	二
角	⿰彳工		二	○	五	○	七
變徵	⿰彳凡		一	八	五	七	四
徵	⿰彳六		一	六	八	二	二
羽	⿰彳五		一	五	二	三	七
變宫	⿰彳乙		一	三	八	○	一
宫	⿰彡上		一	二	五	○	○
商	⿰彡尺		一	一	三	二	一
角	⿰彡工		一	○	二	五	三
變徵	⿰彡凡			九	二	八	七
徵	⿰彡六			八	四	一	一
羽	⿰彡五			七	六	一	八
變宫	⿰彡乙			六	九	○	○
宫	⿰彡上			六	二	五	○

如月琹岳山距覆手

第一品距覆手

第二品

第三品

第四品

第五品

第六品

第七品

第八品

第九品

第十品

第十一品

第十二品

第十三品

第十四品

雙琴琵琶二弦及一切有品之器倣此。其第三品之位近於全絃四分之三而微弱。其第四品之位近於全絃三分之二而微强。

讀表法

表中各數依算學法自左而右横列而讀，上下指以萬千百十之位左右對以宫商工尺之音，所爲易明弦度長短，律音高低，音韻之理，原無分乎何者爲清，何者爲濁，必定一音爲準，乃比此音清者爲清，濁者爲濁。故表中宫商之字不分清濁，只將工尺之字每高一調，以亻別之；高二調，以彳別之；高三調，以彡別之；高四調，以彡彳別之。若由高而低，則亻彳在右，蓋音若漸高，度必漸短，顫即漸多而速；音若漸低，度必漸長，顫即漸少而慢，故一表已具二理之用。故有互相反比例一○○○○○者，謂第一音宫，弦長十萬分也。九○五七一者，謂第二音商，弦長九萬零五百七十一分也。餘類推。末位單位任便，命爲分厘毫絲皆可。

定表法

任定一弦長爲宫音十萬分，推得同一弦中由低而高各音弦長數，其由高而低，弦長各數與確音顫數表各數相同。

造表法

依倍半同音七級回環漸加漸減八率六次連比例之理，以全絃爲十萬分，以半弦爲五萬分，用代數推得法以全弦之五乘方，與半弦相乘，得數開六乘方，得九〇五七一，即爲由低而高之第二音弦長數。乃以連比例六次求得第八音，爲全弦之半五萬。既得七音弦長各數，即將各數各折半，即得第八音以下之弦長各數。此下每隔六音皆爲倍與半。若將第八音以上之數各加倍，即得由高而低第一音全弦以外之數，其數皆與顫數表同，即可觀顫數表。

用表法

設有一弦自山口至覆手二尺一寸六分，欲安各品求各品距覆手之位，即以二尺一寸六分與表中九〇五七一相乘，得第一品之數。再用九〇五七一相乘，得第二品之數。再用九〇五七一相乘，得第三品之數。如是推至第八數，即爲各品各距山口之數。以下各品將各得數折半，即得各距覆手之位。

四率算式

一率表中一音一〇〇〇〇〇

∶ ÷

二率表中二音〇九〇五七一

∷ ×

三率今之一音二一六〇〇〇

∶ ＝

四率今之二音一九五六三三

其法恒以二率與三率相乘，以一率除之，得數即爲四率所求之數，下式理同。

式中∶者，謂相比也。∷者，謂相如也。×者，謂相乘也。÷者，謂以除之。＝者，謂兩同也。蓋言一率與二率相比，如若三率與四率相比，故將二一六與九〇五七一相乘，以一〇〇〇〇〇除之，得一九五六三三，即爲所求之數。式中用各記號者，所爲算理一目了然。

設有月琹全弦長二尺三寸，中失第五音之品，欲尋其位，即以表中第五數六七二九一與二尺三寸相乘，即得其距覆手之長數爲一尺五寸四分七釐六毫九絲。

四率算式

一率表中一音一〇〇〇〇〇

二率表中五音〇六七二九一

三率今之一音二三〇〇〇〇

四率今之五音一五四七六九

設有一弦定調而嫌其太緩，欲將山口向外展添一位，使多增一音，知山口至覆手一尺二寸，求添位至覆手長若干。依前法，求得一尺三寸二分四厘八毫。

四率算式

一率表中五〇〇〇〇

二率表中五五二〇四

三率今有一二〇〇〇

四率今求一三二四八

造律

蕭衍《樂社大義》 立四器，名之爲通。通受聲廣九寸，宣聲長九尺，臨岳高一寸二分，每通皆施三絃。一曰玄英通：應鍾絃用一百四十二絲，長四尺七寸四分差強；黄鍾絃用二百七十絲，長九尺；大吕絃用二百五十二絲，長八尺四寸三分差弱。二曰青陽通：太蔟絃用二百四十絲，長八尺；夾鍾絃用二百二十四絲，長七尺五寸弱；姑洗絃用一百四十二絲，長七尺一寸一分強。三曰朱明通：中吕絃用一百九十九絲，長六尺六寸六分弱；蕤賓絃用一百八十九絲，長六尺三寸二分強；林鐘絃用一百八十絲，長六尺四寸。四曰白藏通：夷則絃用一百六十八絲，長五尺八寸二分弱；南吕絃用一百六十絲，長五尺三寸二分大強；無射絃用一百二十九絲，長四尺九寸一分強。因以通聲轉推月氣，悉無差違而還相得中。《隋書·音樂志》沈約奏云，帝既素善鍾律，詳悉舊事，遂自制定禮樂，又立四器云云，據補。

制爲十二笛，黄鍾笛長三尺八寸，大吕笛長三尺六寸，太蔟笛長三尺四寸，夾鍾笛長三尺二寸，姑洗笛長三尺一寸，中吕笛長二尺九寸，蕤賓笛長二尺八寸，林鍾笛長二尺七寸，夷則笛長二尺六寸，南吕笛長二尺五寸，無射笛長二尺四寸，應鍾笛長二尺三寸。用笛以寫通聲，飲古鍾玉律并周代古鍾，並皆不差。

於是被以八音，施以七聲，莫不和韻。同上。

魏收《魏書》卷一〇九《志·樂五》 永平二年秋，尚書令高肇，尚書僕射、清河王懌等奏言：案太樂令公孫崇所造八音之器并五度五量，太常卿劉芳及朝之儒學，執諸經傳，考辨合否，尺寸度數悉與《周禮》不同。問其所以，稱必依經文，聲則不協，以情增減，殊無準據。竊惟樂者，皇朝治定之盛事，光贊祖宗之茂功，垂之後王。不刊之制，宜憲章先聖，詳依經史。且二漢魏晉歷諸儒哲，未聞器度依經，而聲調差謬。臣等參議，請使臣芳準依《周禮》更造樂器，事訖之後，集議並呈，從其善者。詔可。芳上尚書言：詞樂諧音，本非所曉，且國之大事，亦不可決於數人。今請更集朝彦，衆辨是非，明取典據，資決元凱，然後營制。肇及尚書邢巒等奏許，詔可。於是芳主修營。時揚州民張陽子、義陽民兒鳳鳴、陳孝孫、戴當千、吴殿、陳文顯、陳成等七人頗解雅樂正聲，八佾、文武二舞、鐘聲、管絃登歌聲調，芳皆請令教習，參取是非。

永平三年冬，芳上言觀古帝王，罔不據功象德而制舞名及諸樂章，今欲教文武二舞，施之郊廟，請參制二舞之名。竊觀漢魏已來，鼓吹之曲亦不相緣，今亦須制新曲，以揚皇家之德美。詔芳與侍中崔光、郭祚，黄門游肇、孫惠蔚等四人參定舞名并鼓吹諸曲。其年冬，芳又上言：臣聞樂者，感物移風，諷氓變俗，先王所以教化黎元，湯武所以改章功德。晉氏失政，中原紛蕩。劉石以一時姦雄，跋扈魏趙，苻姚以部帥强豪，趦趄關輔。於是禮壞樂隳，廢而莫理。大魏應期啓運，奄有萬方，雖日不暇給，當以禮樂爲先。古樂虧闕，詢求靡所，故頃年以來，創造非一，考之經史，每乖典制。遂使鏗鏘之禮，未備於郊廟；鼓舞之式，尚闕於庭陛。臣忝官宗伯，禮樂是司，所以仰慚俯愧，不遑寧處者矣。自獻春被旨，賜令博採經傳，更制金石，并教文武二舞及登歌、鼓吹諸曲。今始校就，謹依前敕，延集公卿并一時儒彦討論終始，莫之能異。謹以申聞，請與舊者參呈。若臣等所營形合古制，擊拊會節，元日大饗，則須陳列。既歲聿云暮，三朝無遠，請共本曹尚書及郎中部率呈試。如蒙允許，賜垂敕判。詔曰：「舞可用新，餘且仍舊。」鼓吹雜曲遂寢焉。

初，御史中尉元匡與芳等競論鍾律。孝明帝熙平二年冬，匡復上言其事，太師、高陽王雍等奏停之。

先是，有陳仲儒者自江南歸國，頗閑樂事，請依京房，立準以調八音。神龜二年夏，有司問狀。仲儒言：前被符，問京房準定六十之律，後雖有［器］存，曉之者尠。至熹平末，張光等猶不能定絃之急緩，聲之清濁。仲儒授自何師，出何典籍而云能曉？但仲儒在江左之日，頗授琴文，嘗覽司馬彪所撰《續漢書》，見京房準術，成數昞然，而張光等不能定。仲儒不量庸昧，竊有意焉。遂竭愚思，鑽研甚久。雖未能測其機妙，至於聲韻，頗有所得。度量權歷，出自黄鐘，雖造管察氣，經史備有，但氣有盈虚，黍有巨細，差之毫釐，失之千里。自非管應時候，聲驗吉凶，則是非之原，諒亦難定。此則非仲儒淺識所敢聞之。至於準者，本以代律，取其分數，調校樂器，則宫商易辨。若尺寸小長，則六十宫商相與微濁；若分數加短，則六十徵羽類皆小清。語其大本，居然微異。至於清濁相宜，諧會歌管，皆得應合。雖積黍驗氣，取聲之本，清濁諧會，亦須有方。若閑準意，則辨五聲清濁之韻；若善琴術，則知五調調音之體。參此二途，以均樂器，則自然應和，不相奪倫。如不練此，必有乖謬。案後漢順帝陽嘉二年冬十月，行禮辟雍，奏應鐘，始復黄鐘作樂，器隨月律。是爲十二之律必須次第爲宫，而商角徵羽以類從之。尋調聲之體，宫商宜濁，徵羽用清。若公孫崇止以十二律聲，而云還相爲宫，清濁悉足，非唯未練五調調器之法，至於五聲次第，自是不足。何者？黄鐘爲聲氣之元，其管最長，故以黄鐘爲宫，太蔟爲商，林鐘爲徵，則宫徵相順。若均之八音，猶須錯採衆聲，配成其美。若以應鐘爲宫，大吕爲商，蕤賓爲徵，則徵濁而宫清，雖有其韻，不成音曲。若以夷則爲宫，則十二律中唯得取中吕爲徵，其商角羽並無其韻。若以中吕爲宫，則十二律内全無所取。何者？中吕爲十二之窮，變律之首。依京房書，中吕爲宫，乃以去滅爲商，執始爲徵，然後方韻。而崇乃以中吕［爲宫］，猶用林鐘爲商，黄鐘爲徵，何由可諧？仲儒以調和樂器，文飾五聲，非準不妙。若如嚴嵩父子，心賞清濁，是則爲難。若依案見尺作準，調絃緩急，清濁可以意推耳。

但音聲精微，史傳簡略，舊志唯云準形如瑟，十三絃，隱間九尺，以應黄鐘九寸，調中一絃，令與黄鐘相得。案(盂)［畫］以求其聲，遂不辨準須柱以不？柱有高下，絃有粗細，餘十二絃復應若爲？致令攬者望風拱手。又案房準九尺之内，爲一十七萬七千一百四十七分，一尺之内爲萬九千六百八十三分，又復十之，是爲於準一寸之内亦爲萬九千六百八十三分。然則於準一分之内，乘爲二十分，又爲小分，以辨彊弱。中間至促，雖復離朱之明，猶不能窮而分之。雖然仲儒私曾考驗，但前却中柱，使入準常尺分之内，則相生之韻已自應合。分數既微，器宜精妙。其準而平直，須如停水；其中絃一柱，高下須與二頭臨岳一等，移柱上下之時，不使離絃，不得舉絃。又中絃粗細，須與琴宮相類。中絃須施軫如琴，以軫調聲，令與黄鐘一管相合。中絃下依數畫出六十律清濁之節。其餘十二絃，須施柱如箏。又凡絃皆須豫張，使臨時不動，即於中絃案畫一周之聲，度著十二絃上。然後依相生之法，以次運行，取十二律之商徵。商徵既定，又依琴五調調聲之法，以均樂器。其瑟調以宫爲主，清調以商爲主，平調以(宫)[角]爲主。五調各以一聲爲主，然後錯採衆聲以文飾之，方如錦繡。上來消息調準之方，並史文所略，出仲儒所思。若事有乖此，聲則不和。仲儒尋準之分數，精微如彼，定絃緩急，艱難若此。而張光等親掌其事，尚不知藏中有準。既未識其器，又焉能施絃也？且燧人不師資而習火，延壽不束脩以變律，故云知之者欲教而無從，心達者體知而無師。苟有一毫所得，皆關心抱，豈必要經師授然後爲奇哉！但仲儒自省膚淺，才非一足，正可粗識音韻，纔言其理致耳。時尚書蕭寶寅奏言：金石律吕，制度調均，中古已來尠或通曉。仲儒雖粗述書文，頗有所説，而學不師授，云出己心；又言舊器不任，必須更造，然後克諧。上違成勑用舊之旨，輒持己心，輕欲制作。臣竊思量，不合依許。詔曰：禮樂之事，蓋非常人所明，可如所奏。

魏徵等《隋書》卷一三《志第八·音樂上》【略】是時對樂者七十八家，咸多引疏略，浩蕩其詞，皆言樂之宜改，不言改樂之法。帝既素善鍾律，詳悉舊事，遂自制定禮樂。又立爲四器，名之爲通。通受聲廣九寸，宣聲長九尺，臨岳高一寸二分。每通皆施三絃。一曰玄英通：應鍾絃，用一百四十二絲，長四尺七寸四分差强；黄鐘絃，用二百七十絲，長九尺；大吕絃，用二百五十二絲，長八尺四寸三分差弱。二曰青陽通：太簇絃，用二百四十絲，長八尺；夾鍾絃，用二百二十四絲，長七尺五寸弱；姑洗絃，用一百四十二絲，長七尺一寸一分强。三曰朱明通：中吕絃，用一百九十九絲，長六尺六寸六分弱；蕤賓絃，用一百八十九絲，長六尺三寸二分强；林鍾絃，用一百八十絲，長六尺四寸。四曰白藏通：夷則絃，用一百六十八絲，長五尺六寸二分弱；南吕絃，用一百六十絲，長五尺三寸二分大强；無射絃，用一百二十九絲，長四尺九寸一分强。因以通聲，轉推月氣，悉無差違，而還相得中。又制爲十二笛，黄鐘笛長三尺八寸，大吕笛長三尺六寸，大簇笛長三尺四寸，夾鐘笛長三尺二寸，姑洗笛長三尺一寸，中吕笛長二尺九寸，蕤賓笛長二尺八寸，林鐘笛長二尺七寸，夷則笛長二尺六寸，南吕笛長二尺五寸，無射笛長二尺四寸，應鐘笛長二尺三寸。用笛以寫通聲，飲古鐘玉律并周代古鐘，並皆不差。於是被以八音，施以七聲，莫不和韻。

蔡元定《律吕新書》卷二《律吕證辨》 造律第一

班固《漢前志》曰：黄帝使伶倫自大夏之西，昆侖之陰，取竹之解谷生其竅厚鈞者，斷兩節間而吹之，以爲黄鐘之宫。制十二筩，以聽鳳之鳴，其雄鳴爲六，雌鳴亦六，比黄鐘之宫，而皆可以生之，是爲律本。至治之世，天地之氣合以生風，天地之風氣正，十二律定。劉昭《漢後志》曰：伏羲作《易》，紀陽氣之初，以爲律法。建日冬至之聲，以黄鐘爲宫，太簇爲商，姑洗爲角，林鐘爲徵，南吕爲羽，應鐘爲變宫，蕤賓爲變徵，此聲氣之元，五音之正也。又曰：截管爲律，吹以攷聲，列以候氣，道之本也。《國朝會要》曰：古者黄鐘爲萬事之根本，故尺量權衡皆起於黄鐘。至晉隋間，累黍爲尺，而以制律容受卒不能合。及平陳得古樂，遂用之。唐興因聲以制樂，其器雖無法，而其聲猶不失於古。五代之亂，大樂淪散，王樸始用尺定律，而聲與器皆失之，故太祖患其聲高，特減一律，至是又減半律。然太常樂比唐之聲，猶高五律，比今燕樂高三律。帝雖勤勞於制作，而未得其當者，有司失之於以尺而生律也。案此皆范蜀公之説。河南程氏曰：黄鐘之聲亦不難定，世自有知音者，將上下聲考之，既得正，便將黍以實其管，看管實得幾粒，然後推而定法可也。古法律管當實千二百粒黍，今羊頭黍不相應，則將數等驗之，看如何大小者方應其數，然後爲正。昔胡先生定樂，取羊頭山黍，用三等篩子篩之，取中等者，特未定也。又曰：以律管定尺，乃是以天地之氣爲準，非秬黍之比也。秬黍積數，在先王時，惟此適與度量合，故可用。今時則不同。横渠張氏曰：律吕有可求之理，德性淳厚者必能知之。

案：律吕散亡，其器不可復見，然古人所以制作之意，則猶可考也。太史公曰：細若氣，微若聲，聖人因神而存之，雖妙必效。言黄鐘始於聲氣之元也。班固所謂黄帝使伶倫取竹斷兩節間吹之，以爲黄鐘之宫。又曰：天地之風氣正，而十二律定。劉昭所謂伏羲紀陽氣之初，以爲律法。又曰：吹以考聲，列以候氣，皆以聲之清濁、氣之先後求黄鐘者也。是古人制作之意也。夫律長則聲濁而氣先至，極長則不成聲，而氣不應。律短則聲清而氣後至，極短則不成聲，而氣不應。此其大凡也。今欲求聲氣之中，而莫適爲準則，莫若且多截竹以擬黄鐘之管，或極其短，或極其長，長短之内，每差一分，以爲一管，皆即以其長權爲九寸，而度其圍徑，如黄鐘之法焉。如是而更迭以吹，則中聲可得；淺深以列，則中氣可驗。苟聲和氣應，則黄鐘之爲黄鐘者信矣。黄鐘者信，則十一律與度量衡權者得矣。後世不知出此，而唯尺之求。晉氏而下，則多求之金石。梁隋以來，又參之秬黍。下至王樸，剛果自用，遂專恃累黍，而金石亦不復考矣。夫金石真僞固難盡信，若秬黍，則歲有凶豐，地有肥瘠，種有長短小大圓妥不同，尤不可恃。況古人謂子穀秬黍中者實其龠，則是先得黄鐘而後度之，以黍不足，則易之以大；有餘，則易之以小。約九十黍之長，中容千二百黍之實，以見周徑之廣，以生度量衡權之數而已，非律生於黍也。百世之下，欲求百世之前之律者，其亦求之於聲氣之元，而毋必之於秬黍，則得之矣。

劉瑾《律吕成書》卷一 以《律吕新書·證辨》第一、第九、第十章及《彭氏律法》第七章參定。

候氣求黄鐘法第一

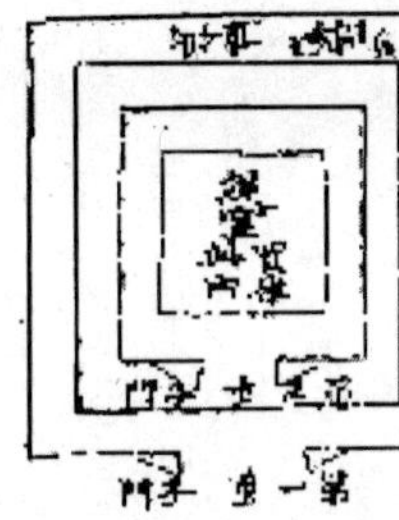

三重緹室圖 緹，音啼，又音體，赤色也。

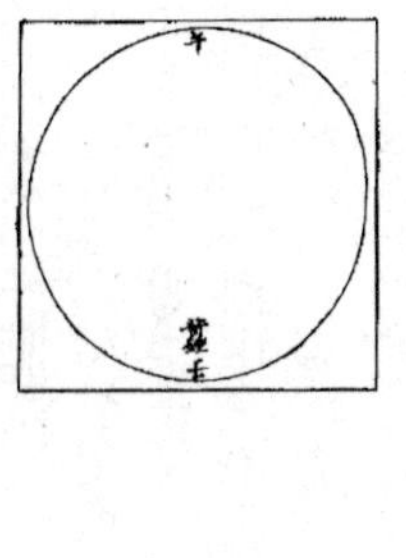

緹室内置律方位圖

《後漢志》曰：候氣之法，爲室三重，户閉，塗釁必周密。長樂陳氏曰：三室各有門，爲門之位，外以子，中以午，内復以子。楊子所謂九閉之中也。布緹縵無文也。室中，以木爲案，每律各一案，内庳外高，從其方位加律其上，以葭莩灰抑其内端。長樂陳氏曰：室中上圓下方，依辰位埋律管，使其端與地齊，而以薄紗覆之。中秋白露降，採葭莩爲灰，加管端。彭氏曰：律管各當其辰，斜埋地下，入地處庳，出地處高，故云内庳外高。黄鐘則埋於子位，上頭向南。按歷而候之，氣至者灰去。氣所動者灰散，人及風所動者灰聚。

蔡氏曰：律吕散亡，其器不可復見。然古人所以制作之意，則猶可攷也。太史公曰：細若氣，微若聲，聖人因神而存之，雖妙必効。言黄鐘始於聲氣之元也。班固所謂黄帝使伶倫取竹，斷兩節間吹之，以爲黄鐘。又曰：天地之風氣正，而十二律定。《漢前志》曰：黄帝使伶倫自大夏之西，崑崙之陰取竹之解谷生其竅厚均者，斷兩節間而吹之，以爲黄鐘之宫。制十二筩，以聽鳳之鳴，其雄鳴爲六，雌鳴亦六，比黄鐘之宫，而皆可以生之，是爲律本。至治之世，天地之氣合以生風。天地之風氣正，十二律定。劉昭所謂伏羲紀陽氣之初，以爲律法。又曰吹以攷聲，列以候氣。《漢後志》曰：伏羲作《易》，紀陽氣之初，以爲律法，建日冬至之聲，以黄鍾爲宫，太簇爲商，姑洗爲角，林鍾爲徵，南吕爲羽，應鍾爲變宫，蕤賓爲變徵，此聲氣之元，五音之正也。又曰：截管爲律，吹以攷聲，列以候氣，道之本也。皆以聲之清濁，氣之先後，求黄鍾者也。是古人制作之意也。夫律長則聲濁而氣先至，極長則不成聲，而氣不應。律短則聲清而氣後至，極短則不成聲，而氣不應。此其大凡也。今欲求聲氣之中，而莫適爲準則，莫若且多截竹以擬黄鍾之管，或極其短，或極其長，長短之内，每差一分而爲一管，皆即以其長權爲九分，而度其圍徑如黄鍾之法焉。如是而更迭以吹，則中聲可得；淺深以列，則中氣可驗。苟聲和氣應，則黄鍾之爲黄鍾者信矣。黄鍾者信，則十一律與度量權衡者得矣。後世不知出此，而唯尺之求。又曰：《隋志》載十五等尺，一周尺及王莽時劉歆銅斛尺，後漢建武銅尺，晉荀勗所造晉前尺，祖冲之所傳銅尺，長短近同。按荀勗尺出於汲冢之律，與劉歆之斛最爲近古。蓋去古未遠，古之律度量衡猶在也。自董卓之亂而樂律散亡，故魏杜夔之律，圍徑差小而尺因以長。荀勗雖改定新尺，然其樂聲高急，不知當時律之圍徑，又果何如也。後周以玉斗生律，玉斗之容受則近古矣。然當時以斗制律，圍徑不及三分，其尺遂長於荀勗尺一寸五分八釐。意者，後世尺度之差皆由律圍徑之誤也。今司馬公所傳此尺者，出於王莽之法錢，蓋丁度所奏，高若訥所定者，也後之君子有能驗聲氣之元以求古之律吕者，於此當有考而不可忽也。二晉田父玉尺及梁法尺，實比晉前尺一尺七釐。三，梁表尺實比晉前尺一尺二分二釐一毫有奇。按此即祖暅所筭造銅圭影表者也。四漢官尺及晉時始平掘地所得古銅尺，實比晉前尺一尺三分七毫五，魏杜夔尺實比晉前尺一尺四分七釐六。晉後尺，江左所用，實比晉前尺一尺六分二釐七。後魏前尺實比晉前尺一尺二寸七釐八，後魏中尺實比晉前尺一尺二寸一分一釐九，後魏後尺實比晉前尺一尺二寸八分一釐十，東魏尺實比晉前尺一尺五寸八毫十一。蔡邕銅龠尺及後周玉尺實比晉前尺一尺一寸五分八釐。按銅龠玉斗二者當是古之嘉量。後周據斗造尺，但以容受乘除求之耳。然皆惑於三分之徑，故其尺律遂長。唐之度量權衡與玉斗相符，即此尺爾。十二宋氏尺及錢樂之渾天儀尺，後周鐵尺，實比晉前尺一尺六分四釐。按隋平陳以後，即用此尺，即本朝和峴所用影表尺也。范蜀公以爲即今大府帛尺，誤矣。十三萬寶常所造律吕水尺，實比晉前尺一尺一寸八分六釐。十四雜尺及劉曜渾天儀土圭尺，實比晉前尺一尺五分。十五梁朝俗開尺，實比晉前尺一尺七分一釐。按前十五等尺，其間多無所取証，所以存而不削者，要見諸代之不同，多由於累黍及圍徑之誤也。晉氏而下，則多求之金石。梁隋以來，又參之秬黍。《隋志》曰：晉泰始十年，中書考古器，揆校今杜夔尺長四分半，所校古法有七器：一曰姑洗玉律，二曰小吕玉律，三曰西京銅望臬，四曰金錯望臬，五曰銅斛，六曰古錢，七曰建武銅尺。後魏《律曆志》公孫崇永平中更造新尺，以一黍之長累爲寸法。劉芳受詔修樂，以秬黍中者一黍之廣即爲一分，而元匡以一黍之廣度黍二縫，以取一分。三家紛競久不能決。太和十九年，遂用劉芳典修金石。後周武帝保定中，詔盧景宣等累黍造尺，縱横不定，後因修倉掘地得古玉斗，據斗造律度量衡。下至王朴，剛果自用，專恃累黍，而金石亦不復攷矣。又曰：唐張文收鑄銅斛銘云：大唐貞觀十年歲次，玄枵月旅應鍾，依新令累黍尺定律校龠，成兹嘉量，與古玉斗相符。故唐樂器雖無法，而聲不失於古。自王朴以黍定尺，以尺生律，聲與器始皆失之矣。夫金石真僞，固難盡信。若秬黍，則歲有凶豐，地有肥瘠，種有長短、大小、圓妥不同，尤不可恃。況古人謂秬黍中者實其龠，則是先得黄鍾而後度之以黍，不足則易之以大，有餘則易之以小，約九十黍之長，中容千二百之實，以見周徑之廣，以生度量權衡之數而已，非律生於黍也。百世之下欲求百世之前之律者，其亦求之於聲氣之元，而毋必之於秬黍，則得之矣。又曰：律者陽氣之動，陽氣之始必聲和氣應，然後可以見天地之心。今不此之先，而乃區區於黍之縱横，古錢之大小，其亦難矣。然非精於曆數，則氣節亦未易正也。

歐陽穎伯曰：候冬至，驗諸管之中有氣應灰飛之律者，即黄鍾九寸之真數。今歲得之，則來年又從而驗之，以兩冬至相距三百六旬有六日内應者爲可準，不必拘於當時太史筭歷所定冬至之時可也。彭氏曰：欲求黄鍾的實者，須依蔡元定説，多截竹管以擬黄鍾，或短或長，每差纖微各爲一管，悉以此諸管埋地中，俟冬至時驗之，若諸管之中有氣應者，即知此管合於造化自然也。蓋律之大要，莫先候氣，故太史論律謂氣始於冬至，周而復生，神生於無形，成於有形，然後數形而成聲。

求黄鍾從長法第二以《新書本原》第一章定。

此即冬至氣應之管　即爲黄鍾從長九寸計九十分

古法黄鍾長九寸，今據此冬至氣應之管分作九寸，蔡氏曰：天地之數，始於一終於十，其一三五七九爲陽，九者陽之成也。其二四六八十爲陰，十者陰之成也。黄鍾者，陽聲之始，陽氣之動也。故其數九分寸之數，具於聲氣之元，不可得而見，及斷竹爲管，吹之聲和，候之氣應，而後數始形焉，故約其長得九寸。寸作十分，分作十釐，釐作十毫，毫作十絲，絲作十忽。此乃元氣距地淺深長短、自然之度，是爲黄鍾律管從長之數。歐陽穎伯曰：一二三四五皆生數也，六七八九十皆成數也。天九與地十，則陰陽成數之極者也。以九乘十，以十乘九，皆爲九十，此黄鍾之長以九爲寸數，以十爲分數也。總而計之，爲九十分者，用陰陽之極也。陽之極則陰生焉，陰之極則陽生焉，是以冬至一陽生於積陰之下，而黄鍾之律應，則理也，氣也，數也，出於一而不可以異觀矣。既得從長之數如此。於是準此分釐毫絲之度，用《九章筭經》冪音覓積周徑法互相推筭，以求黄鍾律管闊狹之的。筭法詳具後章。

求黄鍾積實面冪法第三以《新書本原》第一章及《彭氏律法》第六章參定。

此下深至底者黄鍾管内積實也互筭得八百一十方分

此圖内空者，黄鍾管内面冪也，互算得九方分。

古法黄鍾積實八百一十分，今據前氣應之管，其長九十分之分爲準以度之。凡一分管長，知空圍中當積九立方分。十分管長，空圍中當積九十立方分。九十分管長，則空圍中當積八百一十立方分，是爲黄鍾之積實也。凡論黄鍾管内積分者，宜取方分，而《漢志》止言積實八百一十分者，省文耳。既得積實之數如此，知管面深一分，則空圍中的容九方分無疑。是又黄鍾之面冪也。冪者，覆籩豆巾也。有方目可紀，故筭管面平方忽絲毫釐分者，皆取象於冪。即蔡氏所謂審其圍得九分，蔡氏又曰空圍中廣九分。積其實得八百一十分者是也。面冪九方分者，九數也。積實八百一十分者，九九數也。皆陽數也。既得面冪之數如此，乃以平方冪法推之，知一分有百釐，從長一分該十釐，故平方面有百釐。餘倣此。有圖見後。釐有百毫，毫有百絲，絲有百忽，積而計之，一平方分通有面冪一萬萬忽，九平方分通有面冪九萬萬忽。由是可以起筭黄鍾之圍徑矣。第歷代諸儒，議論不一，不可不先知也。並附其説如左。

蔡氏曰：按十二律圍徑，自先漢以前傳記並無明文，惟班志曰黄鍾八百一十分，繇此之義起十二律之周徑。然其説乃是以律之長自乘，而因之以十，蓋配合爲説爾，未可以爲據也。又曰：《漢志》以黄鍾長九寸，九九八十一，又以十因之，爲八百一十，應曆一統八十一章之數，此倚數配合爲説而已。其云起律之周徑者，蓋空圍九分，長九寸，積八百一十分，則其周徑可以數起矣。惟《審度》章云一黍之廣度之九十分，黄鍾之長一爲一分。《嘉量》章則以千二百黍實其龠。《謹權衡》章則以千二百黍爲十二銖，則是累九十黍以爲長，積千二百黍以爲廣，可見也。夫長九十黍，容千二百黍，則空圍當有九方分，乃是圍十分三釐八毫徑三分四釐六毫也。每一分容十三黍又三分黍之一，以九十因之，則一千二百也。又漢斛銘文云，律嘉量，方尺，斛面内平方一尺也。圓其外，循其方外四角而規圓之，其徑一尺四寸有奇。庣旁九釐五毫，庣，過也，謂圓外四旁略加開廣也。冪百六十二寸，方尺冪百寸，圓其外，每旁約十五寸，四旁共六十寸，庣旁約二寸。方圓皆在積冪之數。深尺，積一千六百二十寸，斛面平方，平圓一寸，面冪一百六十二寸。斛深立方，立圓十寸，故積一千六百二十寸。容十斗。嘉量之法，合龠爲合，十合爲升，十升爲斗，十斗爲石。一石積一千六百二十寸，爲分者一百六十二萬。斛内立方立圓積分之數也。下放此。一斗積一百六十二寸，爲分者十六萬二千。一升積十六寸二分，爲分者一萬六千二百。一合積一寸六分二釐，爲分者一千六百二十。則黄鍾之龠爲八百一十分明矣。空圍八百一十分，則長累九十黍，廣容一千二百黍矣。蓋十其廣之分以爲長，十一其長之分以爲廣，自然之數也。自孟康以律之長十之一爲圍之謬，其後韋昭之徒遂皆有徑三分之説，而《隋志》始著以爲定論。又曰：鄭康成《月令注》云凡律空圍九分，蔡邕銅龠銘亦云空圍九分，蓋空圍中廣九分也。東都之亂，樂律散亡，邕之時未亂，當親見之，又曉解律書，而於《月令章句》云徑三分何也？孟康韋昭之時，漢斛雖在而律不存矣。康昭等不通律吕，故康注《漢志》云黄鍾徑三分圍九分，林鍾長六寸圍六分，太簇長八寸圍八分。昭注《周語》云黄鍾徑三分圍九分，皆無足怪者。隋氏之失，制律管俱徑三分，豈康昭等有以啓之歟。又曰：漢魏而下，造律竟不能成，而度之長短，量之容受，權衡之輕重，皆戾於古，大率皆由徑三分之説誤之也。然累九十黍，徑三分，止容黍八百有奇，終與一千二百黍之法兩不相通，而律竟不成。唐因聲制樂，雖近於古，而律亦非是。本朝承襲，皆不能覺。獨胡安定以爲，九分者，方分也。以破徑三分之法。然所定之律，不本於聲氣之元，一取之秬黍，故其廣量權衡皆與古不合。胡瑗取羊頭山黍，用三等篩子篩之，取中等者横累一百黍爲尺。又不知變律之法，但見仲吕反生不及黄鍾之數，乃遷就林鍾以下諸律圍徑，以就黄鍾清聲。以夷則、南吕爲徑三分，圍九分。無射爲徑二分八釐，圍八分四釐。應鍾爲徑二分六釐五毫，圍七分九釐五毫。夫律以空圍之同，故其長短之異可以定聲之高下。而其所以爲廣狹長短者，莫不有自然之數，非人之所能爲也。今其律之空圍不同，如此則亦不成律矣。遂使十二律之聲皆不當位，反不如和峴舊樂之爲條理，亦可惜也。房庶以徑三分、周圍九分累黍容受不能相通，遂廢一黍爲一分之法，而增益班志八字，以就其説。范蜀公乃從而信之，過矣。

彭氏曰：予得蔡氏《律吕新書》，又得《九章筭經》載祖冲之筭圓徑術，極爲精密，乃若西山推求聲氣之元，欲多截竹管測候，實爲冠絶古今。然布筭又與祖氏未合。竊以爲，依蔡氏之候法，加之以祖氏之筭術，何黄鍾不可定之有。

又曰：東漢蔡邕始創爲徑三分之説，試依所言徑三分，以祖冲之密率乘除，止得面冪七分七釐奇，乃少一分九十二釐奇，平方冪法，方一分計百釐也。積實止得六百三十六分奇，乃少一百七十三分奇，如此則黄鍾之管無乃太狹，謂曰不然，請以圖証之。凡論黄鍾空圍内冪積分者，宜取方分，今姑以九方分平置如此，則是九方分縱横信有三分徑矣。若以九方分宛轉爲圓，則須得三分有餘徑，方可容之，故必如此，使圓徑積闊，則圓内始可容九方分，不然則止從三分。方徑取圓如此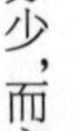，則圓内所容方分少，而方分之四角猶有餘分者皆溢出圓外，而無所容矣。其面冪既差，則其積實愈差。由此觀之，黄鍾徑止三分，則面冪無九方分，積亦無八百一十分，以之造律未爲得也。

晉孟康注《漢律歷志》曰：律孔徑三分，參天數也。圍九分，終天數也。韋昭注《國語》，唐魏徵作《隋志》，及後周王朴、宋房庶、和峴、阮逸、范鎮等，並從此説。按此諸儒言徑三分，與蔡邕同，其説已差。至於言圍九分，用徑一圍三之法尤誤。蓋徑一圍三，雖是古率，然古人大約以此筭圓田耳。若以密率推之，徑一則圍三有奇。假如徑七，則圍當有二十二。若依孟氏所言徑三分，則圍長當九分四釐二毫八絲强，不但止於九分也。若依九分圍長之數，則徑當止有二分八釐六毫三絲六忽强，又不及三分也。謂曰不信，請以圖証之。今且以此○圓形取徑，取得圓内徑長如此⦶，又以此○圓長分摺爲三，如此△三摺之，中取一摺以比圓形内徑⦶，或通以三摺比之圓内之徑必短，而三摺者必長，以此觀之，知圍三徑一乃大約之法，長短自有差殊。圓田或可用此，至於律管，則空積忽微以之造律，未爲得也。

宋胡瑗不主諸儒徑三圍九之説，駁之曰：後世儒者執守孤法，但制尺求律便爲堅証，因謂圍九分者取空圍長九分耳。以是圍九分之誤，遂有徑三分之説。若從徑三圍九之説，則黄鍾之管止容九百黍，積止六百七分半，如此則黄鍾之聲無從而正。大要空圍中容九方分，乃是圍長十分三釐八毫，徑三分四釐六毫也。按胡氏此言，圍徑數雖與諸儒異，然亦用徑一圍三之率，殊不知此率未密。故若依所言三分四釐六毫徑，當得圍長十分八釐七毫四絲二忽强，不但止於十分三釐八毫也。若依十分三釐八毫圍長之數，則徑止得三分三釐奇，又不及三分四釐六毫也。謂曰不信，亦當以前圖証之大槩。胡氏知諸儒徑三分之短，不知自説徑三分四釐六毫者又失於長，兼又不知徑七圍二十有二密率，止以徑一圍三約率言，故所言徑圍分數皆有參差不齊。圓田或可用此，至於律管，則空積忽微以之造律，未爲得也。

宋蔡元定説徑圍分數與胡氏同，辨已見前。蔡氏又曰：筭法，置八百一十分分作九重，每重得九分。圓田術三分益一，得一十二，以開方法除之，得三分四釐六毫强，爲實徑之數，不盡二毫八絲四忽。今求圓積之數，以徑三分四釐六毫自相乘，得十一分九釐七毫一絲六忽，加以開方不盡之數二毫八絲四忽，得一十二分，以管長九十分乘之，得一千八十分，爲方積之數。四分取三爲圓積，得八百一十分。今姑依其説，以九方分平置如此田，又以三分益一，以三方分割置於九方分之外，如此田共積十二方分。其縱横可得三分四釐六毫强，不盡二毫八絲四忽，的如蔡氏説。依古率十二方分通計十二億忽，開方亦得此數。但依此徑以密率相乘，則空圍内面羃不但止得九方分，乃得九方分零四十釐六十毫五十七絲十四忽奇。空圍内積實不但止得八百一十分，乃得八百四十六分五百四十五釐一百四十二絲六百忽奇。如此則黄鍾之管無乃太大，謂曰不信，亦當以圖証之。假如設此□爲十二方分，就此十二方分之中取徑，則方内徑如此⊞，乃就方内之徑圓之如此◎。細考之，則方内之圓所占者不止四分三，圓外之方所當退者又不及四分一，以此知三分益一、四分退一，乃虚加實退，筭家大約之法。至於律管，則空積忽微以之造律，未爲得也。蓋律之大要，莫先候氣以求從長，又在善筭以求周徑，今具筭法於後。

又　造黄鍾律管法第八以彭氏律法六章及《新書本原》第二章參定。

如上章算法既成之後，或以竹，或以銅，別爲黄鍾之管。依前冬至氣應管長，如前分作九十分，乃取其分爲凖，計三分三釐八毫四絲四忽萬分忽之五千六百四十五，以合孔徑。乃取子穀秬黍，《漢書》師古注曰：子穀猶言穀子，秬即黑黍也。或大者，或中者，或小者，各以一黍凖一分，累九十黍，以審其管之長。而實千二百黍於中，以審其管之廣。必其所累之黍與其所實之黍大小一同，而所累之數與所實之數各無餘欠，則與古人造律之法無不合矣。如此則圍長面羃與夫空圍内積，實自然無不諧會，特徑數自八毫以下非可細分，而算法不容不然。故其製造之際，非有上工如離婁之明，公輸之巧，師曠之聰弗能爲。已製造，黄鍾既成，其從長、羃積、周徑皆如前法，則黄鍾之體由是立矣。度量權衡可於此而受法，十一律可於此而相生，又所以爲黄鍾之妙用也。今先具度量權衡之法于下，又可以交相審驗黄鍾律管之長闊焉。

又　卷二　律寸九分復約爲十分法第十九以《新書證辨》第二章定。

司馬遷《律書》：

本文	改正
黄鍾八寸七分一宫	八寸十分一
林鍾五寸七分四角	五寸十分四
太簇七寸七分二商	七寸十分二
南吕四寸七分八徵	四寸十分八
姑洗六寸七分四羽	六寸十分四
應鍾四寸二分三分二羽	四寸二分三分二
蕤賓五寸六分三分一	五寸六分三分二强四百八十六
大吕七寸四分三分一	七寸五分三分二强四百□五
夷則五寸四分三分二商	五寸〇三分二弱二百一十六
夾鍾六寸一分三分一	六寸七分三分一强一百九十八
無射四寸四分三分二	四寸四分三分二强六百一十八
仲吕五寸九分三分二徵	五寸九分三分二强五百八十一

蔡氏曰：按《律書》此章所記分寸之法與他記不同，以難曉，故多誤。蓋取黄鍾之律九寸，一寸九分，凡八十一分，而又以十約之爲寸，故云八寸十分一，本作七分一者，誤也。今以相生次序列而正之。其應鍾以下則有小分，小分以三爲法，如歷家太少餘分强弱耳，其法未密也。今以二千一百八十七爲全分，七百二十九爲三分一，一千四百五十八爲三分二，餘分之多者爲强，少者爲弱，列於逐律之下，其誤字悉正之。《隋志》引此章中黄鍾、林鍾、太簇、應鍾四律寸分，以爲與班固、司馬彪、鄭氏、蔡邕、杜夔、荀勗所論雖尺有增減，而十二律之寸數並同，則是時《律書》尚未誤也。及司馬貞《索隱》始以舊本作七分一爲誤，

其誤亦未久也。沈括亦曰：此章七字皆當作十字，誤屈中畫耳。大要《律書》用相生分數，相生之法以黄鍾爲八十一分，今以十爲寸法，故有八寸一分。漢前後志及諸家用審度分數，審度之法以黄鍾之長爲九十分，亦以十爲寸法，故有九十分。法雖不同，其長短則一，故《隋志》云寸數並同也。其黄鍾下有宫，太簇下有商，姑洗下有羽，林鍾下有角，南吕下有徵字。《晉志》論《律書》五音相生，而以宫生角，角生商，商生徵，徵生羽，羽生宫，求其理用，罔見通達者是也。仲吕下有徵，夷則下有商，應鍾下有羽字，三者未詳，亦疑後人誤增也。下云上九、商八、羽七、角六、宫五、徵九者，即是上文聲律數，太簇八寸爲商，姑洗七寸爲羽，林鍾六寸爲角，南吕五寸爲徵，黄鍾九寸爲宫，其曰宫五、徵九，誤字也。

韓邦奇《苑洛志樂》卷一八　造律第一

班固《漢前志》曰：黄帝使伶倫自大夏之西，昆侖之陰，取竹之解谷生其竅厚均者，斷兩節間而吹之，以爲黄鐘之宫，制十二筩以聽鳳之鳴，其雄鳴爲六，雌鳴亦六，此黄鐘之宫而皆可以生之，是爲律本。至治之世，天地之氣合以生風，天地之風氣正，十二律定。

劉昭《漢後志》曰：伏羲作《易》，紀陽氣之初，以爲律法。建日冬至之聲，以黄鐘爲宫，太簇爲商，姑洗爲角，林鐘爲徵，南吕爲羽，應鐘爲變宫，蕤賓爲變徵，此聲氣之元，五音之正也。又曰：截管爲律，吹以攷聲，列以候氣，道之本也。

蔡子曰：律吕散亡，其氣不可復見，然古人所以制作之意則猶可攷也。太史公曰：細若氣，微若聲，聖人因神而存之，雖妙必效。言黄鐘始於聲氣之元也。班固所謂黄帝使伶倫取竹，斷兩節間吹之，以爲黄鐘之宫。又曰天地之風氣正，而十二律定。劉昭所謂伏羲紀陽氣之初，以爲律法。又曰吹以攷聲，列以候氣，皆以聲之清濁、氣之先後求黄鐘者也。是古人制作之意也。夫律長則聲濁而氣先至，極長則不成聲，而氣不應。律短則聲清而氣後至，極短則不成聲，而氣不應。此其大凡也。今欲求聲氣之中，而莫適爲準則，莫若且多截竹以擬黄鐘之管，或極其短，或極其長，長短之内，每差一分以爲一管，皆即以其長短爲九寸，而度其圍徑，如黄鐘之法焉。如是而更迭以吹，則中聲可得。淺深以列，則中氣可驗。苟聲和氣應，則黄鐘之爲黄鐘信矣。黄鐘者信，則十二律與度量衡權者得矣。後世不知出此，而唯尺之求。晉氏而下則多求之金石，梁隋以來又參之秬黍，下至王朴剛果自用，遂專恃累黍，而金石亦不復攷矣。夫金石真僞固難盡信，若秬黍則歲有凶豐，地有肥瘠，種有長短、大小、圓妥不同，尤不可恃。況古人謂子穀秬黍中者實其籥，則是先得黄鐘而後度之以黍，不足則易之以大，有餘則易之以小。約九十黍之長，中容千二百黍之實，以見周徑之廣，以生度量衡權之數而已，非律生於黍也。百世之下，欲求百世之前之律者，其亦求之於聲氣之元，而毋必之於秬黍，則得之矣。

倪複《鍾律通考》卷三　造律章第十二

班固《漢前志》曰：黄帝使伶倫自大夏之西，昆侖之陰，朱子曰：伶音零。侖音倫，盧昆反。應劭曰：大夏乃西戎之國也。取竹之解谷生其竅厚均者，斷兩節間而吹之，朱子曰：取竹於解溪之谷，以生而空竅厚薄均者，斷兩節間而吹之。孟康曰：解溪昆侖之北谷名也。晉灼曰：取谷中之竹生而内孔厚薄自然均者，截以爲筩，不復加削也。以爲黄鍾之宫。制十二筩以聽鳳之鳴，其雄鳴爲六，雌鳴亦六，比黄鍾之宫而皆可以生之，是爲律本。師古曰：比，合可以生之，謂上下相生也。十一管皆生於黄鍾之宫，故曰黄鐘律吕之本。至治之世，天地之氣合以生風，天地之風氣正，十二律定。瓚曰：風氣正，則十二月之氣各應其律，不失其序。其雄鳴者爲六律，曰黄鐘、太簇、姑洗、蕤賓、夷則、無射。其雌鳴者爲六吕，曰大吕、夾鐘、仲吕、林鐘、南吕、應鐘。於是乎文之以五聲，曰宫、商、角、徵、羽；播之以八音，曰金、石、絲、竹、匏、土、革、木，而大樂和矣。朱子曰：六吕《周禮》作六同。鄭康成曰：此十二者以銅爲管，轉而相生，黄鐘爲首，其長九寸，各因而三分之，上生者益一分，下生者去一分。《國語》曰：律所以立均出度也。古之神瞽考中聲而量之以制，度律均鐘。言以中聲定律，分鐘之均文之者，以調五聲，使之相次如錦綉之有文章。播猶揚也，揚之以八音乃可得而觀之矣。金，鏄鐘也。石，磬也。土，塤也。革，鼓鼗也。木，柷敔也。匏，笙也。竹，管簫也。

竊觀至治之世，天地之風氣正，故十二律候之而應也。苟非至治之世，則八方之風不能順時而至，或先或後，故雖候之而或不應也。治定作樂，蓋由此矣。

劉昭《漢後志》曰：伏羲作《易》，紀陽氣之初，以爲律法。建日冬至之聲，以黄鐘爲宫，太簇爲商，姑洗爲角，林鐘爲徵，南吕爲羽，應鐘爲變宫，蕤賓爲變徵，此聲氣之元，五音之正也。愚詳此以鍾全均言之，非衆律止是也。又曰：截管爲律，吹以攷聲，列以候氣，道之本也。愚按吹以攷聲，列以候氣，此造律之要法也。范蜀公《宋朝會要》曰：古者，黄鐘爲萬事根本，故尺量權衡皆起於黄鍾。至晉隋間，累黍爲尺，而以制律，容受卒不能合，及平陳得古樂，遂用之。唐興，因聲以制樂，其器雖無法，而其聲猶不失於古。五代之亂，大樂淪散，王朴始用尺定制律，而聲與器皆失之，故太祖患其聲高，特減一律，至是又減半律，然太常樂比唐之聲猶高五律，比今燕樂高三律。帝雖勤勞於制作，而未得其當者，有司失之於尺而生律也。程子曰：黃鍾之聲亦不難定，世自有知音者，將上下聲攷之，既得正，便將黍以實其管，看管實得幾粒，然後推而定法可也。古法律管當實千二百粒黍，今羊頭山黍不相應，則將數等驗之，看如何大小者方應其數，然後爲正。昔胡先生定樂，取羊頭山黍，用三等篩子篩之，取中等者，特未定也。又曰：八十四聲，清者極吹盡清，濁者極吹盡濁，就其中考中聲上生下生。

愚按：攷聲之法如《管子》所云：凡聽徵，如負豬豕，覺而駭；凡聽羽，如鳴鳥在樹。凡聽宫，如牛鳴窌中。凡聽商，如離羣羊。凡聽角，如雉登木者。其大凡也。宫商角徵羽雖有清濁高下之序，而獨宫之一聲最濁且下，程子曰黃鍾如牛鳴，牛鳴之聲即黃鍾也。以此準之而聽，則黃鍾一聲可定矣。

又曰：以律管定尺，乃是以天地之氣爲準，非秬黍之比也。秬黍積數，在先王時適與度量合，故可用。今時則不同。

按：天地之氣，即冬至初陽之氣也。律管候之而氣應，然後可以定諸律之高下。而以秬黍千二百粒實之，以黍生尺，而尺由是定，此定律之正法也。後世不知其法，而必之於秬黍，其間容受不同，而律卒無以定也。程子曰以律定尺，以天地之氣爲準，定律者無以易之矣。

張子曰：律呂有可求之理，德性淳厚者必能知之。朱子曰：音律只是氣，人聲亦是氣，故相關。又曰：審音之難不在於聲，而在於律；不在於宫，而在於黃鍾。不以十二律節之，則無以著夫五聲之實；不得黃鍾之正，則十一律者又無所受以爲本律之宫也。

後漢鄭康成《月令註》曰：凡律空圍九分。孔穎達疏曰：諸律雖短長有差，皆以九分爲限。蔡邕銅龠銘曰：龠，黃鍾之宫，長九寸，空圍九分，容秬黍千二百粒，稱重十二銖。兩之爲一合，三分損益，轉生十一律。《月令章句》曰：古之爲鍾律者，以耳齊其聲，後人不能，則假數以正其度。度正則音已正矣。鍾以升兩尺寸中所容受升斗之數爲法，律亦以寸分長短爲度，故曰黃鍾之管長九寸，徑三分，其餘皆稍短。雖大小圍數無增減，以度量者可以文載口傳，與衆共知，然不若耳決之明也。韋昭《周語》註曰：黃鍾之變也，管長九寸，徑三分，圍九分，因而九之，九九八十一，故黃鍾之數立焉。

西山蔡氏曰：按鄭康成《月令註》曰凡律空圍九分，蔡邕銅龠銘亦云空圍九分，蓋空圍中廣九分也。東都之亂，樂律散亡，邕之時未亂，當親見之，又曉解律呂，而《月令章句》云徑三分何也？孟康、韋昭之時，漢斛雖在，而律亦不存矣。康昭等不通律呂，故康云黃鍾、林鍾、太簇圍徑各異，昭云黃鍾徑三分，皆無足怪者。隋氏之失，豈康昭等有以啟之與。不知而作，宜聖人所深戒也。若諸律與黃鍾圍徑各異，則諸律難生，非同心一統之義也。

西山蔡氏曰：律呂散亡，其器不可復見，然古人所以制作之意則猶可攷也。太史公曰：細若氣，微若聲，聖人因神而存之，雖妙必効。言黃鍾始於聲氣之元也。班固所謂黃帝使伶倫取竹，斷兩節間吹之以爲黃鍾之宫。又曰天地之風氣正，而十二律定。劉昭所謂伏羲紀陽氣之初，以爲律法。又曰吹以攷聲，列以候氣。皆以氣之清濁，氣之先後求黃鍾者也。是古人制作之意也。夫律長則聲濁而氣先至，極長則不成聲而氣不應。律短則聲清而氣後至，極短則不成聲而氣不應。此其大凡也。今欲求聲氣之中，而莫適爲準則，莫若多截竹以擬黃鍾之管，或極其短，或極其長，長短之內，每差一分以爲一管，皆即以其長權爲九寸，而度其圍徑如黃鍾之法焉。如是而更迭以吹，則中聲可得。淺深以列，則中氣可驗。苟聲和氣應，則黃鍾之爲黃鍾者信矣。黃鍾信，則十一律與度量權衡者得矣。後世不知出此，而唯尺之求。晉氏而下，則多求之金石，而梁隋以來又參之秬黍。下至王朴剛果自用，遂專恃累黍，而金石亦不復攷矣。夫金石真僞，固難盡信。若秬黍，則歲有凶豐，地有肥瘠，種有長短、小大、圓妥不同，尤不可恃。況古人謂子穀秬黍中者實其龠，則是先得黃鍾而後度之以黍。不足則易之以大，有餘則易之以小，約九十黍之長，中容千二百黍之實，以見周徑之廣，以生度量權衡之數而已，非律生於黍也。百世之下，欲求百世之前之律者，其亦求之於聲氣之元，而毋必之於秬黍，則得之矣。

愚按：累黍當以黍粒逐積累而成其分寸，撼動乃滿，庶幾近之，亦未爲全是也。律中九方分，每分十三黍又三分黍之一。積九十分之高，故千二百黍也。

呂懷《律呂古義》卷中　器準第九

日有黃道，月有九行八方八節之交也，故聖人爲之八音，以調其氣。土曰塤，匏曰笙，皮曰鼓，竹曰管，絲曰絃，石曰磬，金曰鍾，木曰柷敔。《漢書》不言敔，槩之也。《風俗通》笙、柷、鼓、簫、瑟、塤、鍾、磬也。如其次，笙在北方，冬至，爲坎，坎陷也，陽陷陰中，爲之笙以生之。列管匏中，亦有生於坎之象。柷在東北，立春，爲艮，艮有始終之義，故爲之柷以合之，敔以止之。鼓在東方，春分，震雷之象，故爲之鼓以振之。簫在東南，立夏，巽風之象，故爲之簫以噓之。瑟在南方，夏至，離火之象，故爲之絲以調之。塤在西南，立秋，坤土之象，故爲之塤以和之。鍾在西方，秋分，兑象，故爲之金以聲之。磬在東北，立冬，乾象，故爲之石以磬之。

凡器，長短、廣狹、大小、輕重有數。數者，陰陽屈伸往來之蹟也。三三迭運，九九相乘，天地萬物之所生也，中之道也，和也。故數和則氣和，氣和則形和。聲和而天地萬物之和應矣。黄鍾者，天地陰陽之和也。今按黄鍾之長九寸，寸積九十分，分十釐，釐十毫，毫十絲，絲十忽，忽方五十九萬〇四百九十萬，得寸十寸，曰尺。十尺曰丈，十丈曰引。黄鍾之管，其容子粟秬黍中者一千二百，爲龠。龠十抄，抄十撮，撮二圭，圭六粒。粒凡一千二百得龠，十龠曰合，十合曰升，十升曰斗，十斗曰斛。黄鍾之龠，所容千二百黍，其重十二銖。兩龠則二十四銖，爲兩。兩四分，分六銖，銖十絫，絫十黍。黍凡二千四百得兩，十六兩曰斤，二斤曰裹，十五斤曰秤，二秤曰鈞，四鈞曰石。三之九之，損之益之，以合陰陽之中，以通律吕之和，長短廣狹，小大輕重，達於天而制器之道畢矣。

凡爲樂器，以十有二律爲之數度，以十有二聲爲之齊量，是故定律則樂器可制也。又曰制器不獨八音，雖冠服干戚羽旄之屬，皆當有度數，庶幾達天。

按《周禮》太師掌六律六同，以合陰陽之聲，皆播之以八音，金石土革絲木匏竹。孔子曰：《易》有聖人之道四，以制器者尚其象。八音者，聖人致中和之器也。道本六律，義始八方，神而明之，存乎聖人，體元章度存乎。

《周禮》典同掌六律六同之和，以辨天地四方陰陽之聲，以爲樂器。凡聲，高聲碮，正聲緩，下聲肆，陂聲散，險聲斂，達聲贏，微聲韽，回聲衍，侈聲筰，弇聲鬱，薄聲甄，厚聲石。此制樂審音之大凡也。

天子制事陳數，存乎有司，述器準。

王邦直《律吕正聲》卷二《律吕之制》 昔黄帝命伶倫取竹於嶰谿之谷，以其生而自然圓虚，空竅厚薄均者，長三寸九分而吹之，以爲黄鍾之宫，次制十二管於崑崙之下，聽鳳凰之鳴以別十二律，是律之始制以竹也。但崑崙之竹遠隔異域，不可必得，後世皆以宜陽金門山竹爲管。按《一統志》：宜陽，縣名，屬河南府。金門，山名，一名律管山。又若《丹陽記》有慈姥山，生簫管竹，亦可爲律。《丹陽記》曰：江寧縣慈母山，臨江生簫管竹，其竹圓，異衆處。自伶倫採竹嶰谷後，唯見此奇，故歷代常給樂府，而呼鼓吹山。是金門、慈姥之竹，皆可爲管。蓋律以竹爲管者，天生自然之器也。以黍爲實者，天生自然之物也。以天生自然之物，實天生自然之器，則分寸之長短，容受之多寡，聲音之清濁，權衡之輕重，一本之自然，而人爲不與焉。此中和之聲所以出，而大樂所以成也。古人嘗謂不出户庭知天下，不窺户牖見天道，聲律之謂也。《樂苑》曰：律之爲用，窮天地之聲，盡天地之數，播之於樂，動天地，感鬼神，和人心，變風俗，非至聖孰能與於此？後世有作，易竹以銅，或以玉，是以人爲之器實天生之黍，則分寸容受安得不差？聲音輕重安得不紊乎？蓋上古聖人本陰陽，審清濁，不可以文載口傳也，於是始鑄金作鍾，以主十二月之聲，然後以效陰陽之氣。鍾難分別，乃截竹爲管，謂之律。律者，清濁之率法也。審音之清濁，所以制長短，律爲法也，律當用竹無疑。律之始造，以竹爲管，取其自然圓虚也。《史記·律書》註，《釋名》云古律用竹，又用玉，漢末以銅爲之。律之所以用銅者，以銅爲物之至精，不爲燥濕寒暑變其節，不爲風雨暴露改其形，介然有常，有似於士君子之行。故凡律度量衡用銅者，所以同天下、齊風俗也。晉武帝時，荀(勉)[勖]校大樂，八音不和，乃作銅律吕以調聲韻，豈亦祖述漢人之遺制歟？其用玉者，以物之至精者莫如玉，以玉爲律，取其自然廉潤，所以宣六陽六陰之氣也。黄帝作律，以玉爲管，長尺六孔，爲十二音。晉武帝時，汲塚亦獲玉律。故古法物有七品，而姑洗、仲吕、玉律居二焉。《尚書中候》：氣，用玉爲律以候之。東漢以玉律十二候氣於殿中。要之，不若用竹，一本於自然也。

黄鍾，十一月之管，陽律也。黍尺長三寸九分，中空，容九方分，周廣十分三釐八毫四絲六忽，直徑三分四釐六毫一絲六忽，面冪十三黍又三分黍之一，内積三百五十一方分，容秬黍五百二十粒。其位在子，一陽始生，得乾之初九，其卦爲復，候於子半，冬至之氣應焉。聲有二用，其在本律，於五行屬水，其音羽，以之爲宫，則屬中央土。其聲極清，謂之正宫。以九分爲生數，而上生大吕，十一律皆由此而起，是爲聲氣之元，律之本也。

大吕，十二月之管，陰吕也。長四寸八分，其面冪中空周廣直徑之數皆與黄鍾同。以下諸律雖長短有差，其空圍皆以九分爲限者，法黄鍾也。内積四百三十二方分，容秬黍六百四十粒。其位在丑，二陽始生，得乾之九二。其卦爲臨，候於丑半，大寒之氣應焉。其屬水，其音羽。以九分爲生數，而上生太簇，是爲元間也。

太簇，正月之管，陽律也。長五寸七分，内積五百一十三方分，容秬黍七百六十粒。其位在寅，三陽始生，得乾之九三。其卦爲泰，候於寅半，而雨水之氣應焉。其屬木，其音角，謂之清角，於正聲爲商，以九分爲生數，而上生夾鍾。

夾鍾，二月之管，陰呂也。長六寸六分，内積五百九十四方分，容秬黍八百八十粒。其位在卯，四陽始生，得乾之九四。其卦爲大壯，候於卯半，春分之氣應焉。其屬木，其音角。以九分爲生數，而上生姑洗，是爲二間也。

姑洗，三月之管，陽律也。長七寸五分，内積六百七十五方分，容秬黍一千粒。其位在辰，五陽始生，得乾之九五。其卦爲夬，候於辰半，穀雨之氣應焉。其屬木，其音角，於正聲爲角。以九分爲生數，而上生仲呂。

仲呂，四月之管，陰呂也。長八寸四分，内積七百五十六方分，容秬黍一千一百二十粒。其位在巳，六陽已極，得乾之上九。其卦爲乾，候於巳半，小滿之氣應焉。其屬火，其音徵。以六分爲生數，而上生蕤賓，是爲三間。

蕤賓，五月之管，陽律也。長九寸，内積八百一十方分，容秬黍一千二百粒。其位在午，一陰始生，得坤之初六。其卦爲姤，候於午半，夏至之氣應焉。其屬火，其音徵，於正聲爲變徵。以九分爲消數，而下生林鍾。又六陰皆由此以成，是爲聲氣之極，故爲黄鍾之變也。度量衡皆由此以起，所謂萬事根本者，此也。與黄鍾爲諸律之經，左右諸律皆爲之緯也。

林鍾，六月之管，陰呂也。長八寸一分，内積七百二十九方分，容秬黍一千八十粒。其位在未，二陰始生，得坤之六二。其卦爲遯，候於未半，大暑之氣應焉。其屬土，其音徵，於正聲爲正徵。以九分爲消數，而下生夷則，是爲四間。

夷則，七月之管，陽律也。長七寸二分，内積六百四十八方分，容秬黍九百六十粒。其位在申，三陰始生，得坤之六三。其卦爲否，候於申半，處暑之氣應焉。其屬金，其音商。以九分爲消數，而下生南呂。

南呂，八月之管，陰呂也。長六寸三分，内積五百六十七方分，容秬黍八百四十粒。其位在酉，四陰始生，得坤之六四，其卦爲觀，候於酉半，秋分之氣應焉。其屬金，其音商，於正聲爲羽。以九分爲消數，而下生無射，是爲五間。

無射，九月之管，陽律也。長五寸四分，内積四百八十六方分，容秬黍七百二十粒。其位在戌，五陰始生，得坤之六五，其卦爲剥，候於戌半，霜降之氣應焉。其屬金，其音商。以九分爲消數，而下生應鍾。

應鍾，十月之管，陰呂也。長四寸五分，内積四百五方分，容秬黍六百粒。其位在亥，六陰已極，得坤之上六，其卦爲坤，候於亥半，小雪之氣應焉。其屬水，其音羽，於正聲爲變宫。以六分爲消數，而上生黄鍾，是爲六間。

邢雲路《古今律曆考》卷三一《律呂三·律呂·造律》 劉昭《後漢志》曰：伏羲作《易》，紀陽氣之初，以爲律法。建日冬至之聲，以黄鍾爲宫，太蔟爲商，姑洗爲角，林鍾爲徵，南呂爲羽，應鍾爲變宫，蕤賓爲變徵，此聲氣之元，五音之正也。

班固《前漢志》曰：黄帝使伶倫自大夏之西，崑崙之陰，取竹斷兩節間而吹之，以爲黄鍾之宫，制十二筩，定十二律。《周官》太師掌六律六同，以合陰陽之聲。陽聲黄鍾、太蔟、姑洗、蕤賓、夷則、無射，陰聲大呂、應鍾、南呂、函鍾、小呂、夾鍾，皆文之以五聲，播之以八音。《國語》泠州鳩對周景王曰：周有七音，黄鍾爲宫，太蔟爲商，姑洗爲角，林鍾爲徵，南呂爲羽，應鍾爲變宫，蕤賓爲變徵。《禮記·月令》曰：孟春之月律中太蔟，仲春律中夾鍾，季春律中姑洗，孟夏律中中呂，仲夏律中蕤賓，季夏律中林鍾，孟秋律中夷則，仲秋律中南呂，季秋律中無射，孟冬律中應鍾，仲冬律中黄鍾，季冬律中大呂。

《管子》曰：凡聽徵，如負豬豕，覺而駭；凡聽羽，如鳴鳥在樹；凡聽宫，如牛鳴窌中；凡聽商，如離羣羊；凡聽角，如雉登木。凡將起五音，凡首，先主一而三之，四開以合九九，以是生黄鍾小素之首，以成宫。三分而益之以一，爲百有八，爲徵。有三而去其乘，適足以是生商。有三分而復於其所，以是成羽。有三分而去乘，適足以是成角。曰主一而三之，四開以合九九者，三其一而爲三，一開也；三其三而爲九，二開也；三其九而爲二十七，三開也；三其二十七而爲八十一，四開也。是謂四開以合九九八十一之數。黄鍾爲五音之本，故云小素。本八十一，益以三分之一之二十七，通前百有八，是爲徵數。乘，亦三分之一也。三分百有八而去其一之三十六，餘七十二，是爲商數。三分七十二而益其一之二十四，合爲九十六，謂之復於其所，是爲羽數。三分九十六去其一之三十二，餘六十四，是爲角數。此其法也。《後漢志》註引《禮運》古註曰：宫數八十一，黄鍾長九寸，九九八十一也。三分宫去一生徵，徵數五十四，林鍾長六寸，六九五十四也。三分徵益一生商，商數七十二，太蔟長八寸，八九七十二也。三分商去一生羽，羽數四十八，南呂長五寸三分寸之一，五九四十五又三分寸之一，爲四十八也。三分羽益一生角，角數六十四，姑洗長七寸九分寸之一，七九六十三又九分寸之一，爲六十四也。三分角去一生變宫，三分變宫益一生變徵。自此已後則隨月而變，所謂還相爲宮。《爾雅》曰：管，長尺圍寸。曰長尺者，九寸爲尺也。《淮南子》曰：規始於一，一不生，故分而爲陰陽，陰陽合和而萬物生，故曰一生二，二生三，三生萬物。天地三月而爲一時，故祭祀三飯以爲禮，喪紀三踊以爲節，兵重三罕以爲制。三參物，三三如九，黄鍾之九寸而宫音調，因而九之，九九八十一，故黄鍾之數立焉。黄者，土德之色。鍾者，氣所鍾也。日冬至，德氣爲土，土色黄，故曰黄鍾。律之數六，分爲雄雌，故曰十二鍾，以副十二月。十二各以三成，故置一而十一三之，爲積分十七萬七千一百四十七，黄鍾大數立焉。

合而考之，《周禮》《爾雅》《國語》《禮記》諸書在周，泠州鳩、管子皆周人，《月令》在秦初，《淮南子》在漢初，皆最古者也。《史記》《漢書》所推律吕之數，一一皆本於此。然則黄鍾起冬至，爲宮，以生五聲二變。十二律六陽六陰，配十二月。三分損益，上下隔八相生，自三而九，爲黄鍾九寸，九九八十一分，第而生之，以至於亥之十七萬七千一百四十七之數。此其法皆成周以來古人相傳之舊法也。遷固但演其成數，著爲《漢志》，竝未以己意增損其間，後世不知而目爲遷固之法，議其失者則亦未稽諸故實耳。

律長短圍徑之説

司馬遷《律書》：

本文	改正
黄鍾八寸七分一宫	八寸十分一
林鍾五寸七分四角	五寸十分四
太蔟七寸七分二商	七寸十分二
南吕四寸七分八徵	四寸十分八
姑洗六寸七分四羽	六寸十分四
應鍾四寸二分三分二羽	四寸二分三分二
蕤賓五寸六分三分一	五寸六分三分二强四百八十六
大吕七寸四分三分一	七寸五分三分二强四百〇五
夷則五寸四分三分二商	五寸〇三分二弱二百一十六
夾鍾六寸一分三分一	六寸七分三分一强一百九十八
無射四寸四分三分二	四寸四分三分二强六百〇二
仲吕五寸九分三分二徵	五寸九分三分二强五百八十一

蔡季通曰：《律書》此章所記分寸之法與他記不同，以難曉，故多誤。蓋取黄鍾之律九寸，一寸九分，凡八十一分，而又以十約之爲寸，故云八寸十分。一本作七分一者，誤也。今以相生次序列而正之，其應鍾以下則有小分。小分以三爲法，如歷家太少餘分强弱耳，其法未密也。今以二千一百八十七爲全分，七百二十九爲三分一，一千四百五十八爲三分二，餘分之多者爲强，少者爲弱，列於逐律之下，其誤字悉正之。《隋志》引此章中黄鍾、林鍾、太蔟、應鍾四律寸分，以爲與班固、司馬彪、鄭氏、蔡邕、杜夔、荀勗所論雖尺有增減，而十二律之寸數竝同，則是時《律書》尚未誤也。及司馬貞《索隱》始以舊本作七分一爲誤，其誤亦未久也。沈括亦曰：此章七字皆當作十字，誤屈中畫耳。大要《律書》用相生分數，相生之法以黄鍾爲八十一分，今以十爲寸法，故有八寸一分。漢前後志及諸家用審度分數，審度之法以黄鍾之長爲九十分，亦以十爲寸法，故有九十分，法雖不同，其長則一，故《隋志》云寸數竝同也。其黄鍾下有宮，太蔟下有商，姑洗下有羽，林鍾下有角，南吕下有徵字。《晉志》論《律書》五音相生，而以宮生角，角生商，商生徵，徵生羽，羽生宮，求其理用，罔見通達者是也。仲吕下有徵，夷則下有商，應鍾下有羽字，三者未詳，亦疑後人誤增也。下云上九、商八、羽七、角六、宮五、徵九者，即是上文聲律數，太蔟八寸爲商，姑洗七寸爲羽，林鍾六寸爲角，南吕五寸爲徵，黄鍾九寸爲宫。其曰宫五、徵九，誤字也。以余考之，黄鍾爲宮，林鍾爲徵，太蔟爲商，南吕爲羽，姑洗爲角，應鍾爲變宮，蕤賓爲變徵，此正法也。馬遷《律書》本文書黄鍾宮、太蔟商，則是；書林鍾角、南吕徵、姑洗羽、應鍾羽、夷則商、仲吕徵，則非。或皆後人誤書，何則？即史遷推律吕相生之數與此不同，故知後人之誤書也。蔡氏正史文之誤皆是，而獨於無射下小分云强六百〇二，以法推乃六百一十八，較少一十六，亦蔡氏之誤布耳。今以蔡氏改正之法詳推之，十二律皆置每分二千一百八十七，如求黄鍾，以八十一乘每分之數二千一百八十七，得十七萬七千一百四十七爲黄鍾之實，故曰八寸十分一即九分之寸，變爲十分之寸，一百分中之八十一分也。求林鍾，以五十四乘分數，得十一萬八千九十八爲林鍾之實，故曰五寸十分四。求太蔟，以七十二乘分數，得十五萬七千四百六十四，爲太蔟之實，故曰七寸十分二。求南吕，以四十八乘分數，得十萬四千九百七十六，爲南吕之實，故曰四寸十分八。求姑洗，以六十四乘分數，得十三萬九千九百六十八，爲姑洗之實，故曰六寸十分四。求應鍾，以四十二乘分數，得九萬一千八百五十四，加三分二之一千四百五十八，共九萬三

千三百一十二，爲應鐘之實，故曰四寸二分三分二。求蕤賓，以五十六乘分數，得十二萬二千四百七十二，加三分二之一千四百五十八，得十二萬三千九百三十，以較蕤賓之實少四百八十六，加以四百八十六，得十二萬四千四百一十六，爲蕤賓之實，故曰五寸六分三分二强四百八十六。求大吕，以七十五乘分數，得十六萬四千二十五，加三分二之一千四百五十八，得十六萬五千四百八十二，以較大吕之實少四百五，加以四百五，得十六萬五千八百八十八，爲大吕之實，故曰七寸五分三分二强四百五。求夷則，以五十乘分數，得十萬九千三百五十，加三分二之一千四百五十八，得十一萬八百八，較夷則之實多二百一十六，減去二百一十六，得十一萬五百九十二，爲夷則之實，故曰五寸三分二弱二百一十六。求夾鐘，以六十七乘分數，得十四萬六千五百二十九，加三分一之七百二十九，得十四萬七千二百五十八，以較夾鐘之實，少一百九十八，加以一百九十八，得十四萬七千四百五十六，爲夾鐘之實，故曰六寸七分三分一强一百九十八。求無射，以四十四乘分數，得九萬六千二百二十八，加三分二之一千四百五十八，得九萬七千六百八十六，以較無射之實，少六百一十八，加以六百一十八，得九萬八千三百四，爲無射之實，故曰四寸四分三分二强六百一十八。求仲吕，以五十九乘分數，得十二萬九千三十三，加三分二之一千四百五十八，得十三萬四百九十一，以較仲吕之實，少五百八十一，加以五百八十一，得十三萬一千七十二，爲仲吕之實，故曰五寸九分三分二强五百八十一，是其數也。

《漢志》曰：《易》曰參天兩地而倚數。天之數始於一，終於二十五。其義紀之以三，故置一得三，又二十五分之六，凡二十五置，終天之數，得八十一，以天地五位之合終於十者乘之，爲八百一十分，應曆一統千五百三十九歲之章數，黄鐘之實也。繇此之義，起十二律之周徑。地之數始於二，終於三十。其義紀之以兩，故置一得二，凡三十置，終地之數，得六十，以地中六數乘之，爲三百六十分，當期之日，林鐘之實也。人者，繼天順地，序氣成物，統八卦，調八風，理八政，正八節，諧八音，舞八風，監八方，被八荒，以終天地之功，故八八六十四。其義極天地之變，以天地五位之合終於十者乘之，爲六百四十分，以應六十四卦，太蔟之實也。孟康曰：林鐘長六寸，圍六分，以乘長，得三百六十分。太蔟長八寸，圍八分，爲積六百四十分也。《漢志》置一得三，又六乃三其二十五爲七十五，又六爲八十一，以天地之合終於十者乘之，爲八百一十分，即黄鐘長九寸，自乘，九九八十一，又以十因之，爲八百一十也。歷十九歲爲一章，一統八十一章，凡千五百三十九歲，故曰應曆一統。置一得二，乃二其三十爲六十，以地中六數因之爲三百六十分，即林鐘長六寸，自乘，六六三十六，又以十因之爲三百六十也。一期三百六十，故曰當期之日。人終天地之功，故八八六十四，以天地之合終於十者乘之，爲六百四十分，即太蔟長八寸，自乘，八八六十四，又以十因之，爲六百四十也。卦六十四，故曰應六十四卦。蔡氏謂繇此之義起十二律之周徑，蓋黄鐘十其廣之分以爲長，十一其長之分以爲廣，故長九寸，空圍九分，積八百一十分，其數相合，則其周徑可以數定。其言似是而非，蓋班固以八百一十應律一統爲天，三百六十當期之日爲地，六百四十應六十四卦爲人，皆牽强湊數，正蔡季通所謂倚數配合爲説而已，其與積實之數無干也。其謂三百六十當期之日者，則本於《淮南子》所言一律而生五音，十二律而爲六十音，因而六之，爲三百六十音，以當一歲之日之文，然《淮南子》指十二律而言，亦未嘗指爲林鐘爲地也。孟康遂謂林鐘長六寸，圍六分，爲六六三百六；太蔟長八寸，圍八分，爲八八六十四，以附會之。果如所云，則應鐘長四寸六分，圍四分六釐，徑止得一分五釐矣。一分五釐之管，涉於太細，何以施吹，何以成聲乎？其乖舛亡論，已至蔡季通所云十其廣之分以爲長者，謂廣九分，以十分之寸因之，每寸九十分，九寸得長八百一十分。云十一其長之分以爲廣者，謂長八百一十分，九因七百二十九，再加八十一，爲八百一十，乃十一其長以九而一得空圍九分，是其數似合。而不知黄鐘九寸，九分之寸也，每寸九九八十一分，九寸積七百二十九分。蔡謂八十一，則是謂八百一十，則非也。

蔡邕銅龠銘曰：龠，黄鐘之宫，長九寸，空圍九分，容秬黍一千二百粒，稱重十二銖。兩之爲一合，三分損一，轉生十一律。《月令章句》云：黄鐘之管，長九寸，徑三分，其餘皆稍短，雖大小圍數無增減。韋昭《周語註》曰：黄鐘之變也，管長九寸，徑三分，圍九分，因而九之，九九八十一，故黄鐘之數立焉。鄭康成《月令註》曰：凡律空圍九分。孔穎達疏曰：諸律雖短長有差，其圍皆以九分爲限。《漢志》曰：一黍之廣，度之九十分，黄鐘之長累九十黍之廣，積八百一十分。《隋志》：牛宏、辛彦之、鄭譯、何妥等，參攷古律度，合依時代制律，其黄鐘之管俱長九寸，徑三分，然圍徑長短與度而差，故容黍不同。晉前尺黄鐘，容黍八百八粒。梁法尺黄鐘，容八百二十八。梁表尺黄鐘三：其一容九百二十五，其一容九百一十，其一容一千一百二十。漢官尺黄鐘，容九百三十九。古銀錯題黄鐘，容一千二百。宋氏尺即鐵尺黄鐘二：其一容一千二百，其一容一千四十七。後魏前尺黄鍾，容一千一百一十五。後周玉尺黄鍾，容一千二百六十七。後魏中尺黄鍾，容一千五百五十五。後魏後尺黄鍾，容一千八百一十九。東魏尺黄鍾，容二千八百六十九。萬寶常水尺律母黄鍾，容一千三百二十。《隋志》又云：梁表尺三律，宋鐵尺二律，黄鍾副别，其長短及口空之圍徑竝同，而容黍或多或少，皆是作者旁庣其腹，使有盈虚。蔡氏謂梁宋尺容受不同，乃制作之疎。晋前尺黄鍾止容八百八黍者，失在徑三分。古銀錯與玉尺玉斗，合玉斗之容受，與晋前尺三分四釐六毫不甚相遠，但玉尺律徑不及三分，故其律遂長而尺長於晋前尺一寸五分八釐。蓋自漢魏而下，造律竟不能成，而度之長短、量之容受、權衡之輕重皆戾於古，大率皆由徑三分之説誤之也。蔡氏又云班志以黄鍾八百一十分起十二律之周徑，《審度》章以一黍之廣度之九十分，黄鍾之長一爲一分，《嘉量》章以千二百黍實其龠，《謹衡權》章以千二百黍爲十二銖，則是累九十黍以爲長，積千二百黍以爲廣也。夫長九十黍，容千二百黍，則空圍當有九方分，乃是圍十分三釐八毫，徑三分四釐六毫也。每一分容十三黍又三分黍之一，以九十因之，則一千二百也。又漢斛銘文云：律嘉量，方尺，圓其外，庣旁九釐五毫，冪百六十二寸，深尺，積一千六百二十寸，容十斗。嘉量之法，合龠爲合，十合爲升，十升爲斗，十斗爲石。一石積一千六百二十寸，爲分者一百六十二萬。一斗積一百六十二寸，爲分者十六萬二千。一升積十六寸二分，爲分者一萬六千二百。一合積一寸六分二釐，爲分者一千六百二十。則黄鍾之龠爲八百一十分明矣。空圍八百一十分，則長累九十黍，廣容一千二百黍矣。蓋十其廣之分以爲長，十一其長之分以爲廣也。自孟康以律之長十之一爲圍之謬，其後韋昭之徒遂皆有徑三分之説，而《隋志》始著以爲定論。然累九十黍，徑三黍，止容黍八百有奇，終與一千二百黍之法兩不相通，而律竟不成。本朝胡安定謂管長九十黍之廣，内實十三黍三分黍之一，其圍容九分者，乃九方分也。云圍九分者，取空圍圓長九分耳。以是圍九分之誤，遂有徑三分之説。若從徑三圍九之法，則管止容九百黍，積止六百七分半矣。此胡氏破徑三分之説也。以是定律，皆與古不合。又不知變律之法，但見仲吕反生不及黄鍾之數，乃遷就林鍾已下諸律圍徑，以就黄鍾清聲。以夷則、南吕爲徑三分、圍九分，無射爲徑二分八釐、圍八分四釐，應鍾爲徑二分六釐五毫、圍七分九釐五毫，其數不同，遂使十二律之聲皆不當位，反不如和峴舊樂之爲得也。

魯齋彭氏曰：黄鍾律管有周，有徑，有面冪，有空圍内積，有從長。如《史記》論從長，《律歷志》論從長及積，東漢鄭氏注《月令》論冪，東漢蔡氏《月令章句》論從長，皆不易之論，獨周徑之説，漢以前俱無明文，漢《律歷志》開端未竟，東漢蔡氏始創爲徑三分之説，晋孟氏以後諸儒續爲徑三分、圍九分之説，宋胡氏、蔡氏又爲徑三分四釐六毫、圍十分三釐八毫之説。然攷之古方圓周徑冪積，率皆未有合。嘗依東漢蔡氏所言徑三分，以《九章》少廣内祖氏密率乘除，止得空圍内面冪七分七釐奇，乃少一分九十二釐奇；空圍内積實止得六百三十六分奇，乃少一百七十三分奇，如此則黄鍾之管無乃太狹。蓋黄鍾空積忽微若徑内差一忽，即面冪及積所差忽數至多，此東漢蔡氏之説所以不合也。晋孟氏諸儒言徑三分、圍九分，又用徑一圍三之法，雖是古率，然古人大約以(比)[此]圓田，若以密率推之，徑一則圍三有奇。假如徑七，則圍當二十有二。今依孟氏所言徑三分，則圍長當九分四釐二毫一秒强，不但止於九分也。若依九分圍長之數，則徑當止有二分八釐六毫二秒六忽强，又不及三分也。此晋孟氏諸儒之説所以不合也。宋胡氏不主徑三圍九之説，大意疑其管狹耳。然所言徑長三分四釐六毫，圍長十分三釐八毫，亦用徑一圍三之率。若依所言三分四釐六毫徑，當得圍長十分八釐七毫六秒二忽强，不但止於十分三釐八毫也。若依十分三釐八毫圍長之數，則徑止得三分三釐奇，又不及三分四釐六毫也。此宋胡氏之説所以不合也。宋蔡氏説徑圍分數與胡氏同，至於算法，用圓田術，三分益一得一十二，開方除之求徑，又以徑相乘，以管長乘之，用三分益一，四分退一之法，求冪積。今姑依其説以九方分平置，又三分益一，以三方分割置於九方分之外，如此，共積十二方分，其縱横可得三分四釐六毫强，不盡二毫八絲四忽，的如蔡氏之説。但依此徑以密率相乘，則空圍内面冪不但止得九方分，乃得九方分零四十釐六十毫五十七秒十四忽奇；空圍内積實不但止得八百一十分，乃得八百四十六分五百四十五釐一百四十二秒六百忽奇，如此則黄鍾之管無乃太細乎。考之方内之圓，所占者不止四分三，圓外之方所當退者又不及四分一，以此知三分益一，四分退一，乃虚加實退，算家大約之法。此宋蔡氏之説所以又不能以盡合也。今欲求黄鍾律管從長周徑冪積的實定數者，須依蔡氏多截管候氣之説，又以祖氏冲之密率乘除方可。蓋祖冲之乃古今算家之最，而蔡氏多截管候氣之説實得造律本原，其説有前人未發者。今宜依此説，先多截竹以擬黄鍾之管，或短或長，長短之内每差纖微，各爲一管，悉以此諸管埋地中，俟冬至時驗之，若諸管之中有氣應者，即以此管分作九寸，寸作九分，分作九釐，釐作九毫，毫作九秒，秒作九忽，以合八十一終天之數。及元氣運行，自子至亥，得十七萬七千一百四十七之數。凡用此管，三分損益，上下相生。由此又取此管九寸，寸作十分，分作十釐，釐作十毫，毫作十秒，秒作十忽，以合天地五位終於十之數，乃以十乘八十一，得八百一十分。以八百一十分配九十分管，知此管長九十分，空圍中容八百一十分，即十分管長，空圍中容九十分。一分管長，空圍中容九分。凡求度量衡由此。乃以此管面空圍中所容九分，以平方冪法推之，知一分有百釐，釐有百毫，毫有百秒，秒有百忽，積而計之，一平方分通有面冪一萬萬忽，九平方分通有面冪九萬萬忽。乃以此九萬萬忽，依算經少廣章所載宋祖冲之密率乘除，得圓周長的計十分六釐三毫六秒八忽萬分忽之六千三百一十二。又以圓周求徑，計三分三釐八毫四秒四忽萬分忽之五千六百四十五。又以半徑半周相乘，仍得九萬萬忽，内一忽弱。通得面冪九平方分也。既以周徑相乘復得面冪，如此則黄鐘之廣與長及空圍内積實皆可計矣。故面冪計九方分，深一分管，則空圍内當有九立方分。深九十分管，計九寸，則空圍内當有八百一十立方分，此即黄鐘一管之實。其數與天地造化無不相合，此算法所以成也。算法既成之後，或以竹，或以銅别爲之，依其長各作八十一分，以爲十二律相生之法。又依其長作九十分，乃取九十分之分計三分三釐八毫四秒四忽萬分忽之五千六百四十五，以合孔徑，如此則圓長面冪與空圍内積自然無不諧會。特徑數自八毫以下非可細分，而算法積忽與秒不容不然耳。至司馬光與范鎮論律，鎮曰益州進士房庶嘗得古本《漢書》云：度起於黄鐘之長，以子穀秬黍中者一黍之起，積一千二百黍之廣，度之九十分，黄鐘之長一爲一分。今文脱去「之起積一千二百黍」八字，故自前世累黍爲之，縱置之則太長，横置之則太短。今新尺横置之不能容一千二百黍，則大其空徑四釐六毫，是以樂音太高，皆由儒者誤以一黍爲一分，其法非是。且《漢志》云一爲一分者，蓋九十分之一，當以千二百黍實管中，隨其短長斷之以爲黄鐘九寸之管，得九十分，其長一爲一分，取三分以度空徑，合其數。黄鐘之長九寸，加一以爲尺，則律正矣。是鎮意謂制律之法，必以千二百黍實黄鐘九寸之管，九十分其管之長，一爲一分，是度由律起也。光曰：《漢書》正本之度起於黄鐘之長，以子穀秬黍中者一黍之廣，九十分黄鐘之長，一爲一分，本無「之起積一千二百黍」八字。是光意謂制律之法必以一黍之廣定爲一分，九十分則得黄鐘之長，是律由度起也。光鎮争論前後三十年不决，程迥著《三器圖議》曰：體有長短，所以起度也。受有多寡，所以生量也。物有輕重，所以用權也。是器也，皆準之上黨羊頭山之秬黍焉。古人以度定量，以量定權，必參相得，然後黄鐘之律可求，八音五聲從之而應也。迴謂以黍定三器，三者尺爲之本。周尺也者，先儒攷其制，脗合者不一。阮逸、胡瑗累黍定尺，既大於周，姑欲合其量，然於權不合。宋祁取隋大業中歷代尺十五等，獨以周尺爲本。韓琦累黍尺二，其一亦與周尺相近。司馬刻之於石，光舊物也。苟以是定尺，合諸器矣。夫自昔諸説之不同如此，有是者，有非者，有似是而非者，有是而未密者。以余論之，古云黄鐘管九寸，圍九分，徑三分，長八十一分，容千二百黍，此皆古人大率言之，未著爲密率也。故朱子曰：古只説空圍九分，不説徑三分，蓋不啻三分猶有奇也。正謂是耳。然從古無九十分爲黄鐘，并積八百一十分之説，至劉歆典鐘律，乃有本起黄鐘之長，以子穀秬黍中者，一黍之廣度之九十分，一爲一分，十分爲寸之説。蔡季通信之，謂爲累九十枚黍，度之廣，積八百一十分，爲一龠之數，皆非也。考史遷云黄鐘長九寸，長八寸十分一，是以十分爲寸，以九約之，爲八寸十分一，此其説最爲近古，可信也。蓋古法十其寸爲尺，九其寸爲律。觀蔡邕《銅龠銘》曰：黄鐘之宫長九寸，空圍九分。乃《章句》又曰：管者，形長尺圍寸。夫既曰九寸，又曰一尺，既曰九分，又曰一寸，則約十爲尺，約九爲寸，即如史遷所謂長九寸，長八寸十分一之説也。蓋治律約十爲九，其數乃齊。以爲度則約爲十，其理一也。古一爲一分者，去聲之分，非平聲之分也。劉歆誤認爲平聲，遂命黄鐘爲九十分。蔡季通等又演爲八百一十分，是已誤而益誤也。季通既曰全數即十取九，相生約九爲十，是明知約九爲十矣。乃曰積八百一十分，夫十則爲百分、千分，九則爲八十一分、七百二十九分，乃何有八百一十分哉？胡氏云黍實於管，中十三黍三分黍之一而滿一分，是一爲一分也。而以管之九寸，九十枚黍度之，得千二百黍爲黄鐘之管，是乃十其廣之分以爲長，十一其長之分以爲廣也。然以此治律，則管長而狹矣。蓋約九爲十者，就此黄鐘九寸而約爲十寸，非有加也。胡氏蔡氏則九十分，真加九分矣。夫圍九分，仍舊貫之九分也。而長乃加其十之一，以此長且狹之管吹之，何怪其不成聲耶。胡安定謂徑三分爲誤，不知徑三分之誤不過毫忽間，而八百一十分則實多八十一分，其誤大矣。若彭氏謂以管作九寸，寸作九分，以合八十一終天之數。以九作十寸，寸作十分，以合天地終於十之數。似得相約之法，而乃亦謂以十乘八十一，得八百一十分，則猶之乎胡氏蔡氏也。至謂管埋地中以候氣，取其氣應者用之，不知候氣之説皆屬僞爲，不足憑耳。若房庶增「之起積一千二百黍」八字，乃爲妄增。其欲於黃鐘之九寸加一，以爲尺，則爲贅疣。温公論本無「之起積一千二百黍」八字，良是。而其以九寸爲九十分，則亦猶之乎房庶也。所以晉梁以來，諸尺制律各有容受不同，皆坐此分寸不明之故，非旁庛盈虛之致也。惟程迥議三器，壹稟於黍。而宋祁取歷代尺十五等，獨以周尺爲本，似爲得之。然則造律者必遵何術，而可曰古樂亡矣。所存者幸有此九寸、九分之數，千二百黍之文也。舍此其奚之焉。然而古尺不一，莫辨真僞，知何尺爲九寸，則舍黍又奚之焉。必也定九寸爲黃鐘，以九分爲寸，空圍九分，以實千二百黍算之。蓋以九寸歸千二百黍，得每寸一百三十三黍三分黍之一，以九分歸一百三十三黍三分黍之一，得每分十四黍八一四八不盡。置每分一十四黍八一四八不盡，以九九八十一分乘之，得一千二百黍，還黃鐘之原。此其數也。其長圍之數既定，則徑自在其中。約九爲十，約十爲九，無不可者。如以十分爲寸，則分亦十釐，亦以十數量圍徑。如以九分爲寸，則分亦九釐，亦以九數量圍徑。均齊得所，於黃鐘一無增損。數既定矣。考古稱秬黍出上黨羊頭山可用，或謂地有肥瘠，種有不同者。然秬之言大也，似宜於地美種大者用之。其實黍則勿論縱橫，但以容千二百黍爲準，蓋長之分寸與圍之分寸同，則自無有餘不足之弊，而分寸徑圍一皆從此出也。程迥等論周尺爲最想古代之玉尺、銅尺或管，今載在内府必有存者，未之見耳。倘見其器，如前法約其分寸，實以秬黍，酌取其近千二百黍者爲用，以聲音正之。即此且可辨尺與管之真僞，又何論異同哉。得黃鐘之管，然後以勾股密率布之而律即正矣。

又　卷三五《律吕七·求聲器》　古樂既亡，欲求聲器者，宜何施而可？亦惟依法以千二百黍求長九寸、空圍九分之管，使其和也則已，如有不和，必其黍之顆與管之分未當也。則惟本吾之平其心，易其器，徐聽人聲之高下，上下考之，以求其中聲。蓋人之聲無古今，一也。以聲考律，以律定器，九寸之管千二百黍之實，乃可以意定而神解，何則？古尺之分寸與黍之大小不可考矣，即今上黨之黍有最大者、次者不一，想古初所用，安知爲最大次大者哉？又安知其律之分寸，視後代何尺爲當哉？但以人聲察之，以耳聽審之，以九寸千二百約之，且即斯可以度尺數與黍顆，或宜用黍最大者、次大者千二百，可當長九寸、空圍九分之積，恍然有得，即可頃刻而決也。夫古聖賢自無生有制爲器，數原從人聲出之，今有其器數而猶不能審聲以還其本原也，則吾不知其可矣。故程子曰：黃鐘之聲亦不難定，世自有知音者，將上下聲考之，既得正，便將黍以實其管，看管實得幾粒，然後推而定法可也。張子曰：律吕有可求之理，德性淳厚者必能知之。朱子曰：樂之爲教，今無師授，當立一樂學，使士大夫習之，必有精通者出。三説皆探本之論也。

李子金《律吕心法》卷一　黃鐘之管第八

《律書》云：黃鐘之管九寸，空圍九分，積八百一十分。按管九寸者，管之通長九寸也。空者，竅也。空圍九分者，其竅之周圍長九分也。積八百一十分者，乃長與圍相乘得管内通長周圍之數八百一十分也。此法乃一定而不可易者也。

黃鐘之管

律吕之理，無過氣與數而已。何謂氣？凡物之有聲者，或以手擊之，或以口吹之，因其有所鼓動而聲遂出焉，皆氣之所爲也。何謂數？凡物之可度者，皆可以天地生成之數付量于其間，其分寸尺丈之屬，或宜長而宜短者，皆數之所爲也。

古人以黃鐘爲聲氣之元，其管必用九寸，空圍必用九分，何也？蓋九寸爲母，九分爲子，子由母生，母因子成。管既九寸，則圍自不得不九分也。夫黃鐘之聲，氣也；所謂九寸九分者，數也。此乃氣數自然之符，又豈人力之所能强哉。

凡律管之制，吹口皆在下，出聲之竅皆在上，何也？以笙竽之類證之也。古律未嘗言徑，何以圖云徑三分？據算法，圍三則徑必一，言圍而徑自見也。今圍既九分，則徑自三分，故云徑三分也。按律管之吹口，皆是截竹加簧。簧之制，古用竹，後世以銅爲之，何以知之？亦以笙竽之類知之也。史稱黃帝制十二筩，以聽鳳之鳴，其雄鳴六，雌鳴亦六。今觀簫竽巢和皆如鳳形，而其制皆有簧，以是知律管之必用簧也。然則何以知其非截竹開口，如俗樂洞簫橫笛之類乎？蓋洞簫橫笛之氣，半在籥内，半在籥外，且以剛壯之氣吹之則清而高，以柔弱之氣吹之則濁而下。若加之以簧，則不論口之呼吸，其氣皆在内；不論吹之强弱，其聲皆高下如一，故知用簧之是，而開口之非也。蓋據用簧之管與開口之管較而吹之，而知其用簧也。且予嘗以用簧之管與三分損益隔八相生之數無不恰合，而開口之管則乖戾殊甚，是以知之也。即以竹與絲相較而亦知其用簧也。凡絲音，折半之數皆是本律之清聲，自全而半，自半而再半，自再半而又半，依次求之，皆毫忽無爽，此即《周禮》子聲倍半之理。今用九寸之管開口吹之，以擬黄鍾，因截而半之，得四寸五分，亦開口吹之，則聲比蕤賓猶下，况黄鍾之子聲乎。若俱加之以簧，則九寸者爲黄鍾，四寸五分者爲子聲矣。此予反復考較，而斷以律管之必用簧也。

王建常《律吕圖説》卷上《律吕圖説第三・黄鍾之管》此篇言縱長周徑空圍積實之數。

漢蔡邕《銅龠銘》曰：龠，黄鍾之宫，長九寸，空圍九分，容秬黍一千二百粒，稱重十二銖，兩之爲一合，三分損益，轉生十一律。故《新書》謂之律吕本原。朱子曰：本原第一章圍徑之數，此是最大節目，不可草草。

長九寸，十分爲寸，管長九十分也。空圍九分，空圍中廣九分也，胡安定謂之方分。積八百一十分，管長一分，空圍中積實九分，長九十分，則積實八百一十分矣。

蔡氏註曰：天地之數，始於一，終於十，其一三五七九爲陽。九者，陽之成也。其二四六八十爲陰，十者，陰之成也。黄鍾者，陽聲之始，陽氣之動也，故其數九分寸之數，具於聲氣之元，不可得而見，及斷竹爲管，吹之而聲和，候之而氣應，而後數始形焉。按：分寸之數一段是説，律未成之前已具此數，與畫前有易一般，但目不可得見耳。至截竹爲黄鍾之管，吹以考聲，列以候氣，而聲和氣應，然後見其出於造化自然，而分寸之數始著。此乃推黄鍾於聲氣之元，真得造律本原者也。均其長得九寸，審其圍得九分，小註：此章凡言分者，皆十分寸之一。積其實得八百一十分。長九寸，圍九分，積八百一十分，是爲律本。度量權衡於是而受法，十一律繇是而損益焉。

鄭氏《月令註》曰：凡律，空圍九分。補註：黄鍾長九寸，空圍九分，積八百一十分。林鍾長六寸，亦空圍九分，積五百四十分。太蔟長八寸，亦空圍九分，積七百二十分。蓋長短異而圍徑同也。餘放此。蔡氏曰：律以空圍之同，故其長短之異可以定聲之高下，而其所以爲廣狹長短者，蓋莫不有自然之數，非人之所能爲也。

愚按：朱子云：古人只説空圍九分，不説徑三分，蓋不啻三分猶有奇也。則漢魏而下，律之圍徑不得其真者，大率惑於徑三分之説，而不知其猶有奇爾。至宋胡安定始辯其誤，謂黄鍾之管徑三分四釐六毫，圍十分三釐八毫，而蔡氏從之矣。彭魯齋乃云：若依三分四釐六毫徑，當得圍長十分八釐七毫六秒二忽强，其空圍内積實不但八百一十分已也。今考其説，圍當十分六釐三毫六秒八忽奇，徑當三分三釐八毫四秒四忽奇，較似精密。

《新書》算法，置八百一十分分作九重，每重得九分，圓田術三分益一，得一十二，以開方法除之，得三分四釐六毫强，爲實徑之數，不盡二毫八絲四忽。今求圓積之數，以徑三分四釐六毫自相乘，得十一分九釐七毫一絲六忽，加以開方不盡之數二毫八絲四忽，得一十二分，以管長九十分乘之，得一千八十分，爲方積之數。四分取三爲圓積，得八百一十分○。魯齋彭氏曰：黄鍾律管有周，有徑，有面羃，有空圍内積，有從長，如《史記》論從長，《律曆志》論從長及積，鄭氏注《月令》論羃，皆不易之論。獨周徑之説，漢以前俱無明文，東漢蔡氏始創爲徑三分之説，晉孟氏以後諸儒續爲徑三分、圍九分之説，宋胡氏蔡氏又爲徑三分四釐六毫、圍十分三釐八毫之説。然考之古方圓周徑羃積，率皆未有合。嘗依東漢蔡氏所言徑三分，以《九章》少廣内祖氏密率乘除，止得空圍内面羃七分七釐奇，乃少一分九十二釐奇。空圍内積實止得六百三十六分奇，乃少一百七十三分奇。如此則黄鍾之管無乃太狹，蓋黄鍾空積忽微若徑内差一忽，即面羃及積所差忽數至多，此東漢蔡氏之説所以不合也。晉孟氏諸儒又用徑一圍三之法，雖是古率，然古人大約以此圓田，若以密率推之，一徑則圍三有奇。假如徑七，則圍當二十有二。今依所言徑三分，則圍長當九分四釐二毫一秒强，不但止於九分也。若依九分圍長之數，則徑當止有二分八釐六毫二秒六忽强，又不及三分也。此晉孟氏諸儒之説所以不合也。宋胡氏不主徑三圍九，大意疑其管狹耳。然所言徑圍分數，亦用徑一圍三之率，若依所言三分四釐六毫徑，當得圍長十分八釐七毫四秒二忽强，不但止於十分三釐八毫也。若依十分三釐八毫圍長之數，則徑止得三分三釐奇，又不及三分四釐六毫也。此宋胡氏之説所以不合也。蔡氏説徑圍分數與胡氏同，至於算法用圓田術，三分益一，得一十二分，開方除之，求徑。又以徑相乘，以管長乘之，用三分益一，四分退一之法求羃積。今姑依其説以九方分平置，又三分益一，以三方分割置於九方分之外，如此圖共積十二方分，其從横可得三分四釐六毫强，的如蔡氏之説。但依此徑，以密率相乘，則空圍内面羃不但止得九方分，乃得九方分零四十釐六十毫五十七秒十四忽奇，其積實不但止得八百一十分，乃得八百四十六分五百四十五釐一百四十二秒六百忽奇，如此則黄鍾之管無乃太大。細考之，方内之圓所占者不止四分三，圓外之方當退者又不及四分一，以此知三分益一、四分退一，乃虚加實退，算家大約之法。此宋蔡氏之説所以又不能盡合也。今欲求黄鍾律管從長、周徑、冪積的實定數者，須依蔡氏多截管候氣之説，又依祖氏冲之密率乘除方可。蓋祖冲之乃古今算家之最，而蔡氏多截管候氣之説實得造律本原，亦前人所未發者。今宜依此説先多截竹，以擬黄鐘之管，或短或長，長短之内，每差纖微各爲一管，以埋地中，俟冬至時驗之，若諸管中有氣應者，知其合於造化自然，非人力可爲，即取此管分作九寸，寸作九分，分作九釐，釐作九毫，毫作九秒，秒作九忽，以合八十一終天之數。及元氣運行，自子至亥，得十七萬七千一百四十七之數。凡用律管三分損益，上下相生由此。又取此管九寸，寸作十分，分作十釐，釐作十毫，毫作十秒，秒作十忽，以合天地五位終於十之數。乃以十乘八十一，得八百一十分，以八百一十分配九十分管，知此管長九十分，空圍中容八百一十分，即十分管長，空圍中容九十分，一分管長空圍中容九分。凡求度量權衡繇此。乃以此管面空圍中所容九分，以平方分法推之，知一分有百釐，釐有百毫，毫有百秒，秒有百忽，積而計之，一平方分通有面冪一萬萬忽。九平方分，通有面冪九萬萬忽。乃以此九萬萬忽，依祖冲之密率乘除，得圓周長的計十分六釐三毫六秒八忽萬分忽之六千三百一十二。又以圓周求徑計三分三釐八毫四秒四忽萬分忽之五千六百四十五。又以半周半徑相乘，仍得九萬萬忽，内一忽弱。通得面冪九平方分也。既以周徑相乘，復得面冪，如此則黄鐘之廣與長及空圍内積實皆可計矣。故面冪計九方分，深一分，則空圍内當有九立方分。深九十分，管計九寸，則空圍内當有八百一十立方分，此即黄鐘一管之實，其數與天地造化無不相合，此算法所以成也。算法既成之後，或以竹或以銅別爲之，依其長各作八十一分，以爲十二律相生之法，又依其長作九十分，乃取九十分之分計三分三釐八毫四秒四忽萬分忽之五千六百四十五，以合空徑。如此則圓長、面冪與夫空圍内積，自然無不諧會。特徑數自八毫以下，非可細分，而算法積忽與秒不容不然。

證辯曰：律吕散亡，其器不可盡見，然古人所以制作之意，則猶可考也。太史公曰，細若氣，微若聲，聖人因神而存之，雖妙必效。言黄鐘始於聲氣之元也。班固所謂黄帝使伶倫取竹斷兩節間，吹之以爲黄鐘之宫；又曰天地之風氣正，而十二律定。劉昭所謂伏羲紀陽氣之初，以爲律法；又曰吹以考聲，列以候氣，是皆以聲之清濁、氣之先後求黄鐘者也。夫律長則聲濁而氣先至，極長則不成聲，而氣不應。律短則聲清而氣後至，極短則不成聲，而氣不應。此其大凡也。今欲求聲氣之中，而莫適爲準則，莫若且多截竹以擬黄鐘之管，或極其短，或極其長，長短之内，每差一分以爲一管，皆即以其長權爲九寸，而度其圍徑如黄鐘之法焉。如是而更迭以吹，則中聲可得。淺深以列，則中氣可驗。苟聲和氣應，則黄鐘之爲黄鐘者信矣。黄鐘者信，則十一律與度量權衡者得矣。後世不知出此，而惟尺之求。晉氏而下，則多求之金石。梁隋以來，又參之秬黍。下至王朴，剛果自用，遂專恃累黍，而金石亦不復考矣。夫金石真僞固難盡信，若秬黍，則歲有豐凶，地有肥瘠，種有長短小大圓仄不同，尤不可恃。況古人謂子穀秬黍中者實其龠，子穀猶言穀子，秬即黑黍也。中者，不大不小也。則是先得黄鐘而後度之以黍，不足則易之以大，有餘則易之以小，約九十黍之長，中容千二百黍之實，以見周徑之廣，以生度量權衡之數而已，非律生於黍也。此言黍命於律，律不命於黍也。百世之下，欲求百世之前之律者，其亦求之於聲氣之元，而毋必之於秬黍，則得之矣。

程子曰：黄鐘之聲亦不難定，世自有知音者，將上下聲考之，既得正，便將黍以實其管，看管實得幾粒，然後推而定法可也。古法，律管當實千二百粒黍。今羊頭黍不相應，羊頭，山名，在今澤州高平縣。則將數等驗之，看如何大小者方應其數，然後爲正。昔胡先生定樂，取羊頭山黍，用三等篩子篩之，取中等者，特未定也。又曰：以律管定尺，乃是以天地之氣爲準，非秬黍之比也。秬黍積數，在先王時惟此適與度量合，故可用，今時則不同。《月令章句》云：古之爲鐘律者以耳齊其聲，後人不能，則假數以正其度，度正則音亦正矣。鐘以斤兩尺寸中所容受升斗之數爲法，律亦以寸分長短爲度。又曰：以度量者可以文載口傳，與衆共知，然不如耳決之明也。按邕此説先程子而發，謂其解曉律吕信然。

安定胡氏曰：按歷代律吕之制，黄鐘之管長九十黍之廣，積九寸，度之所繇起也。容千二百黍，積八百一十分，量之所繇起也。重十有二銖，權衡之所繇起也。既度量權衡皆出於黄鐘之龠，則黄鐘之龠，圍徑容受可取四者之法交相酬驗，使不失其實也。今驗黄鐘律管每長一分，内實十三黍又三分黍之一，圍中容九方分也。後世儒者執守孤法，多不能貫知權量之法，但制尺求律，便爲堅證，因謂圍九分者，取空圍圓長九分爾。以是爲九分之誤，遂有徑三分之説。若從徑三圍九之法，則黄鐘之管止容九百黍，積止六百七分半，如此則黄鐘之聲無從而正，權量之法無從而生。周之嘉量，漢之銅斛皆不合其數矣。

蔡氏曰：十二律圍徑，自先漢以前傳記並無明文，惟班志《審度》章云一黍之廣，度之九十分，黄鐘之長一爲一分。《嘉量》章則以千二百黍實其龠，《謹權衡》章則以千二百黍爲十二銖。則是累九十黍以爲長，積千二百黍以爲廣可見也。夫長九十黍，容千二百黍，則空圍當有九方分，乃是圍十分三釐八毫徑三分四釐六毫也。每一分容十三黍又三分黍之一，以九十因之，則一千二百也。又漢斛銘文云：律嘉量，方尺，圓其外，庣旁九釐五毫，冪百六十二寸，深尺，積一千六百二十寸，容十斗。嘉量之法，合龠爲合，十合爲升，十升爲斗，十斗爲石。一石積一千六百二十寸，爲分者一百六十二萬。一斗積一百六十二寸，爲分者一十六萬二千。一升積十六寸二分，爲分者一萬六千二百。一合積一寸六分二釐，爲分者一千六百二十。則黄鐘之龠爲八百一十分明矣。空圍八百一十分，則長累九十黍，廣容一千二百黍矣。蓋十其廣之分以爲長，十一其長之分以爲廣，自然之數也。篇内從長空圍積實皆本乎此，故曰以漢斛銘文定。

按：黄鐘爲十二律之首，自古正樂者必先定黄鐘。黄鐘定，則餘律比次而生，繇是以和五聲，而施之八音，合之成樂，無不得其正矣。所謂定得黄鐘方入得樂者是也。

《證辯》内多截管候氣之説，發前人所未發，是朱子所謂尤卓然者。李文利乃云律長短分數，聖人神而定之，非茫然截竹爲管以候氣也。殊不知候氣以定律者，正爲後世無神聖似有(熊氏)[神聖]爾。且截管而權爲九寸，度其圍徑，皆如黄鐘之法，亦豈茫然者乎。王子魚不能辯其妄，而以爲足破蔡説之非，其亦妄人也已。

張子曰：律吕有可求之理，德性淳厚者必能知之。

周模《〈律吕新書〉注》卷下《律吕證辨》　造律第一

班固《漢前志》曰：黄帝使伶倫自大夏之西，崑崙之陰，取竹之解谷崑崙北谷名也。生其竅厚均者，晉灼曰：取谷中之竹，生而孔外肉厚薄自然均者，截之爲筩，不復加削刮也。斷兩節間而吹之，以爲黄鐘之宫。制十二筩以聽鳳之鳴，其雄鳴爲六，雌鳴亦六，比黄鐘之宫而皆可以生之，是爲律本。師古曰：比，合也。可以生之謂上下相生也，故謂之律本。至治之世，天地之氣合以生風，天地之風氣正，十二律定。孟康曰：律得風氣而成聲，風和乃律調也。臣瓚曰：風氣正，則十二月之氣各應其律，不失其序。

劉昭《漢後志》曰：伏羲作《易》，紀陽氣之初，以爲律法。建日冬至之聲，以黄鐘爲宫，太簇爲商，姑洗爲角，林鐘爲徵，南吕爲羽，應鐘爲變宫，蕤賓爲變徵，此聲氣之元，五音之正也。又曰截管爲律，吹以攷聲，列以候氣，道之本也。

《國朝會要》曰：古者黄鐘爲萬事根本，故尺量權衡，皆起於黄鐘。至晉隋間，累黍爲尺而以制律，容受卒不能合。及平陳得古樂，遂用之。唐興，因聲以制樂，其器雖無法，而其聲猶不失於古。五代之亂，大樂淪散，王樸始用尺定律，而聲與器皆失之，故太祖患其聲高，特減一律，至是又減半律。然太常樂，比唐之聲猶高五律，比今燕樂高三律。帝雖勤勞於制作，而未得其當者，有司失之於以尺而生律也。按此皆范蜀公之説。

河南程氏曰：黄鐘之聲，亦不難定，世自有知音者，將上下聲攷之既得正，便將黍以實其管，看管實得幾粒，然後推而定法可也。古法律管當實千二百粒黍，今羊頭黍不相應，則將數等驗之，看如何大小者方應其數，然後爲正。昔胡先生定樂，取羊頭山黍，用三等篩子篩之，取中等者，特未定也。又曰：以律管定尺，乃是以天地之氣爲準，非秬黍之比也。秬黍積數在先王時，惟此適與度量合，故可用，今時則不同。

横渠張氏曰：律吕有可求之理，德性淳厚者必能知之。

按：律吕散亡，其器不可復見，然古人所以制作之意，則猶可攷也。太史公曰：細若氣，微若聲，聖人因神而存之，雖妙必效。言黄鐘始於聲氣之元也。班固所謂黄帝使伶倫取竹，斷兩節間吹之，以爲黄鐘之宫，又曰天地之風氣正，而十二律定。劉昭所謂伏羲紀陽氣之初，以爲律法，又曰：吹以攷聲，列以候氣。皆以聲之清濁、氣之先後求黄鐘者也。是古人制作之意也。夫律長則聲濁而氣先至，極長則不成聲，而氣不應。律短則聲清而氣後至，極短則不成聲，而氣不應。此其大凡也。今欲求聲氣之中，而莫適爲準則，莫若且多截竹以擬黄鐘之管，或極其短，或極其長，長短之内，每差一分以爲一管，皆即以其長權爲九寸，而度其圍徑如黄鐘之法焉。如是而更迭以吹，則中聲可得。淺深以列，則中氣可驗。苟聲和氣應，則黄鐘之爲黄鐘者信矣。黄鐘者信，則十一律與度量衡權者得矣。後世不知出此，而唯尺之求。晉氏而下，則多求之金石。梁隋以來，又參之秬黍。下至王樸，剛果自用，遂專恃累黍而金石亦不復攷矣。夫金石真僞固難盡信，若秬黍，則歲有凶豐，地有肥瘠，種有長短大小圓妥不同，尤不可恃。況古人謂子穀秬黍中者實其龠，則是先得黄鐘而後度之以黍，不足則易之以大，有餘則易之以小，約九十黍之長，中容千二百黍之實，以見周徑之廣，以生度量衡權之數而已，非律生於黍也。百世之下，欲求百世之前之律者，其亦求之於聲氣之元，而毋必之於秬黍，則得之矣。

汪紱《樂經律呂通解》卷三《律呂新書》下《律呂證辨》 造律第一

班固《漢前志》曰：黄帝使伶倫自大夏之西，昆侖之陰，取竹之解谷生，其竅厚均者，斷兩節閒而吹之，以爲黄鐘之宫。制十二筩，以聽鳳之鳴，其雄鳴爲六，雌鳴亦六，比黄鐘之宫，而皆可以生之，是爲律本。至治之世，天地之氣合以生風，天地之風氣正，十二律定。

黄帝都涿，而伶倫造律，乃必取竹於大夏昆侖之閒，不遠西里，此亦史氏之夸辭也。西山引此特以證律呂當求之聲氣之元，不可專求之累黍耳。《月令》中央土，律中黄鐘之宫。蓋以黄鐘爲十二律之本，宫聲爲五聲之本。而土爲五行之所待以成，於十二月無專位，則取類於黄鐘之宫耳。非於十二律之外，又别有一管爲黄鐘之宫作十三律也，或者乃别求有所謂黄鐘之宫。因謂置一得三，三三如九，以三寸九分爲黄鐘之宫，由是以生十二律，以九寸者爲子月之黄鐘焉。蓋班志此章云取解谷之竹斷兩節閒而吹之，以爲黄鐘之宫矣。又曰制十二筩，以聽鳳鳴，雄雌各六。又曰此黄鐘之宫，而皆可以生之，是爲律本。故以十二律之外，别有所謂黄鐘之宫者，此殆積慶之説所從來也。抑知班志此文亦但謂既得黄鐘之宫矣。乃由此以更制十二筩，而皆合鳳鳴，非黄鐘之外又别有十二筩也。律以成聲，彼三寸九分之管，清細已甚，何當於宫聲，而以爲十二律之本邪？世又有謂長則聲清，短則聲濁者，夫知聲而不知音，禽獸是也。彼於聲且不知辨，而亦哆口談樂，何無忌憚之甚乎。

劉昭《漢後志》曰：伏羲作《易》，紀陽氣之初，以爲律法。建日冬至之聲，以黄鐘爲宫，太簇爲商，姑洗爲角，林鐘爲徵，南呂爲羽，應鐘爲變宫，蕤賓爲變徵。此聲氣之元，五音之正也。

又曰：截管爲律，吹以攷聲，列以候氣，道之本也。

《國朝會要》曰：古者黄鐘爲萬事根本，故尺量權衡皆起於黄鐘。至晉隋閒，累黍爲尺，而以制律，容受卒不能合。及平陳，得古樂，遂用之。唐興，因聲以制樂，其器雖無灋，而其聲猶不失於古。五代之亂，大樂淪散，王朴始用尺定律，而聲與氣皆失之，故太祖患其聲高，特減一律，至是又減半律，然太常樂比唐之聲猶高五律，比今燕樂高三律。帝雖勤勞於制作，而未得其當者，有司失之於以尺而生律也。

按：此皆范蜀公之説。

烜按：此亦有不可解者，蓋審如所言，則王朴之黄鐘律，乃當唐之姑洗律，當燕之太簇律，若更不減，則王朴之黄鐘律當唐之仲呂律矣。王朴累黍求律，亦何至長短懸絶若此。然今人所謂正宫調者，實按之乃是以仲呂爲宫，豈王朴之貽歟？

河南程氏曰：黄鐘之聲亦不難定，世自有知音者，將上下聲攷之，既得正，便將黍以實其管，看管實得幾粒，然後推而定法可也。古法律管當實千二百粒黍，今羊頭黍不相應，則將數等驗之，看如何大小者方應其數，然後爲正。昔胡先生定樂，取羊頭山黍，用三等篩子篩之，取中等者，特未定也。

又曰：以律管定尺，乃是以天地之氣爲準，非秬黍之比也。秬黍積數，在先王時，惟此適與度量合，故可用，今時則不同。

横渠張氏曰：律呂有可求之理，德性惇厚者必能知之。

以天地之氣爲準，乃探本之論。求律呂而歸之德性惇厚之人，張子此言最平實而有味。蓋律呂之所以亂而不得其正者，皆佻巧之人之所爲妄作亂之也。

按：律呂散亡，其器不可復見，然古人所以制作之意，則猶可攷也。太史公曰：細若氣，微若聲，聖人因神而存之，雖妙必效。言黄鐘始於聲氣之元也。班固所謂黄帝使伶倫取竹，斷兩節閒吹之以爲黄鐘之宫。又曰：天地之風氣正，而十二律定。劉昭所謂伏羲紀陽氣之初以爲律法，又曰：吹以攷聲，列以候氣。皆以聲之清濁、氣之先後求黄鐘者也。是古人制作之意也。

言古人制作，皆求之聲氣之元也。太史公因神而存之一語最妙，與張子德性惇厚者必能知之之語，正好參看。

夫律長，則聲濁而氣先至。極長，則不成聲而氣不應。律短，則聲清而氣後至。極短，則不成聲而氣不應。此其大凡也。今欲求聲氣之中，而莫適爲準則，莫若且多截竹以擬黄鐘之管，或極其短，或極其長，長短之內，每差一分以爲一管，皆即以其長權爲九寸，而度其圍徑如黄鐘之法焉。如是而更迭以吹，則中聲可得。淺深以列，則中氣可驗。苟聲和氣應，則黄鐘之爲黄鐘者信矣。黄鐘者信，則十一律與度量權衡皆得矣。

此設爲求聲氣之元之法也。權爲九寸者，或短或長，皆權命爲九寸，將以立圍徑之度也。權爲九寸而度其圍徑者，即以其長之九寸爲法，以權其圍之九分，與其實徑之三分四釐六毫也。黄鐘之管未可定，而必預度其圍徑使如法者。管之長短與其圍徑，及管面之羃，管中之積，皆必其彼此相應，而後爲合。否則管長而圍徑狹，管短而圍徑贏，苟積實中同，聲氣亦或相應，然而不可爲度量權衡法。且聲亦或弇或侈也。圍徑如法，而吹之聲和，列之氣應，則九寸真矣，而律本得矣。此一段乃西山特見卓識。王者有志於樂，其必當取法乎此也。

後世不知出此，而唯尺之求。晉氏而下，則多求之金石。梁隋以來，又參之秬黍。下之王朴，剛果自用，遂專恃累黍，而金石亦不復攷矣。夫金石真僞，固難盡信，若秬黍，則歲有豐凶，地有肥瘠，種有長短小大圓妥不同，尤不可恃。況古人謂子穀秬黍中者實其龠，則是先得黃鐘，而後度之以黍，不足則易之以大，有餘則易之以小，約九十黍之長，中容千二百黍之實，以見周徑之廣，以生度量權衡之數而已，非律生於黍也。百世之下，欲求百世之前之律者，其亦求之於聲氣之元，而毋必之於秬黍，則得之矣。

此言後世專求之累黍之失也。

江永《律吕新論》卷下《論造律》

論造律以聲和爲主

制律求聲氣之元，事之最難者也。黃鐘之管，冥符天道，若不可以毫釐差，然其分數甚微，非人所能察。使有天生自然之律管則可，若出于人爲，安能使其無毫釐之差。竊謂造律必須善審音者，聽之聲和爲主，聲既和矣，雖有小差，于樂亦無大害。譬如工人製琴、製笙、製簫笛者，其分寸豈能畫一哉，吹之彈之而聲和焉，斯爲善器矣。邢雲路論之最當，特載之。

邢曰：古樂既亡，欲求聲器者，宜何施而可？亦惟依古以千二百黍求長九寸、空圍九分之管，使其和也則已。如有不和，必其黍之顆與管之分未當也。則惟本吾之平其心，易其氣，徐聽人聲之高下，上下考之，以求其中聲。蓋人之聲無古今，一也。古尺之分寸與黍之大小不可考矣。即今上黨之黍，有大者次者不一，安知古所用者爲何等黍？又安知其律之分寸視後代何尺爲當哉？但以人聲察之，以耳聽審之，以九寸千二百黍約之，斯可矣。程子曰：黃鐘之聲亦不難定，世自有知音者，將上下聲考之，既得正，便將黍實其管，看管實得幾粒，然後推而定法可也。張子曰：律吕有可求之理，德性淳厚者必能知之。朱子曰：樂之爲教，今無師授，當立一樂學，使士大夫習之必有精通者出。三說皆探本之論也。

人身取律寸法

古之尺寸雖出于律，而制字之意則皆本于人身。人身中指第二節，其內兩紋相距爲寸。醫家鍼灸量人穴道，所謂同身寸者取諸此也。今人伸大指與食指爲五寸，張兩手爲五尺，古法以張兩手爲一尋，然則今之五尺當古之八尺，今之五寸當古之八寸。而古之一尺，當今工人尺六寸二分五釐也。以中指第二節內紋爲一寸者度之，自中指端至掌後第二節橫紋而九寸，至第三節橫紋而一尺，然則古之黃鐘九寸，即今人中指端至掌後第二節橫紋之度也。雖人有高下，手指有長短，以中人量之，相去蓋不甚遠，是則一伸掌而黃鐘之度瞭然如在目前矣。夫律寸天生也，人身之寸亦天生也，二者當不約而同。與其求之于古尺古器，求之于縱黍橫黍，荒遠者，無稽紛紜者難信，曷若求之中人之手腕指節爲最近而可據者乎。夫律數精微，雖未可執此一途以未合，唯以人身之寸爲主，而更以古器古法參互而審定之，雖不中或亦不遠乎。

人聲合管聲

人聲之有宮、商、角、徵、羽也，其別有四，有一韻具五聲者，字音出于喉爲宮，出于舌爲商，出于牙爲角，出于齒爲徵，出于唇爲羽，即切韻三十六字母之分屬喉、舌、牙、齒、唇，與半舌半齒是也。有一韻屬一聲者，其韻合口呼之爲宮，開口呼之爲商，張牙呼之爲角，齊齒呼之爲徵，聚吻呼之爲羽，如公韻屬宮，岡韻屬商是也。又一韻之中重濁之字爲宮商，輕清之字爲角徵羽。如彈琴操者，遇重濁之字，則彈重濁之聲以應之；遇輕清之字，則彈輕清之聲以應之是也。又有同是一字，隨其曲調之高下而歌之，遇高調則此字聲高，遇平調則此字聲平，遇低調則此字聲低。則一字皆可爲宮、商、角、徵、羽也。樂以人聲爲主，人聲出于喉，猶管聲出于中管。造律者欲求聲氣之元，既酌乎分寸之度，空圍之量，更以人聲參定之可也。

圖表

武塈《樂書要録》卷六《乾坤唱和義》　《易》曰一陰一陽之謂道，故黃鍾之宮以九唱六。律吕唱和，乾坤之道也。乾坤六子，錯爲六十四卦，繼天順地，序氣成物之數也。

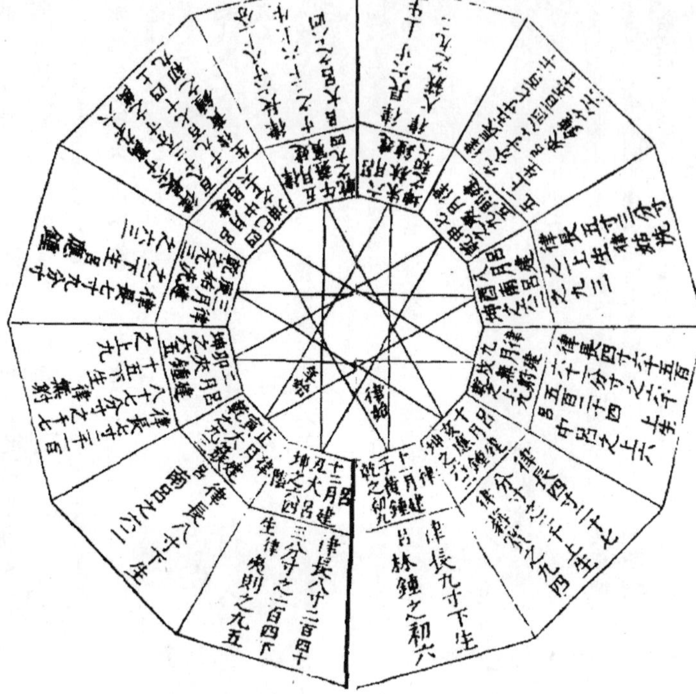

唱和圖

《律曆志》曰：黄鍾之初九，律之首，陽之變也；林鍾之初六，吕之首，陰之變也。皆參天兩地之法也。三三而九，二三而六，參兩之義，九六、陰陽、夫婦、子母之道也。律娶妻，而吕生子。如淳曰：黄鍾生林鍾，林鍾生大簇。

《三禮義宗》曰：陰陽相生之體爲六合，同位者象夫婦，異位者象母子，謂黄鍾初九，下生林鍾之初六，爲律娶妻。同是初位，故謂之夫婦，一陰一陽相配合之道。林鍾初六，上生太簇之九二，爲吕生子。林鍾與太簇異位，林鍾是吕陰也，太簇是律陽也，故言吕生子也。以下准此。

太簇九二，下生南吕之六二，律娶妻也。同位夫婦也。南吕六二，上生姑洗之九三，吕生子也。異位母子。姑洗九三，下生應鍾之六三，律娶妻也。應鍾六三，上生蕤賓之九四，吕生子也。蕤賓之九四，上生大吕之六四，律娶妻也。大吕六四，下生夷則之九五，吕生子也。夷則九五，上生夾鍾之六五，律娶妻也。夾鍾六五，下生無射之上九，吕生子也。無射上九上生中吕之上六，律娶妻也。中吕上六復生黄鍾之初九，又爲吕生子。極而子變也。

又 卷七《論一律有七聲義》 夫旋相爲宫，舉其一隅耳。若窮論聲意，亦旋相當爲商，旋□□爲角，餘聲亦爾，故一律得其七聲。《樂記》曰小大相成，終始相生，唱和清濁，迭相爲經是也。

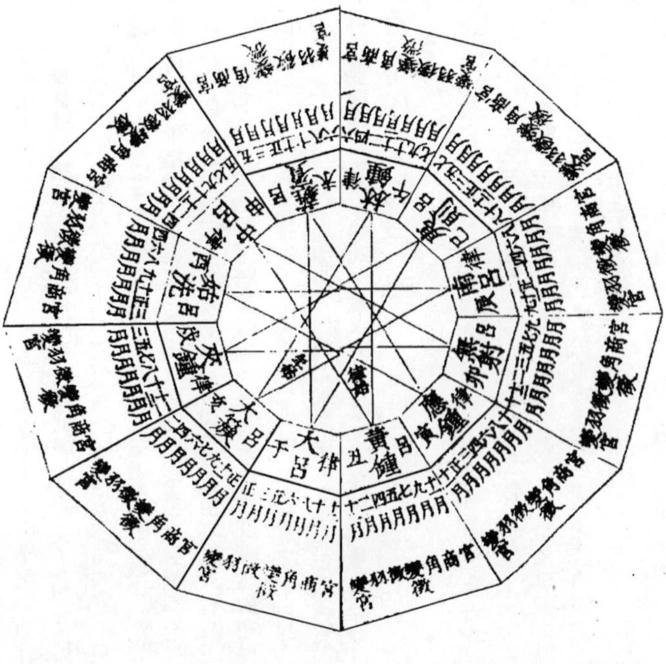

一律有七聲圖

此圖者，月將十二律圖也。何者？以十二支與七聲共逆旋在之故也。而黄鍾月將丑，故名之吕。大吕月將子，故名之律。次太簇月將亥，故名之吕。夾鍾月將戌，故名之律。餘月將吕律，可准知之。夫丑卯巳未酉亥六吕也，又名六陰律也。子寅辰午申戌六律也，又名六陽律也。

十一月黄鍾

黄鍾自爲當月之宫，爲九月無射之商，爲七月夷則之角，爲五月蕤賓之變徵，爲四月中吕之徵，爲二月夾鍾之羽，爲十二月大吕之變宫。

十二月大吕

大吕自爲當月之宫，爲十月應鍾之商，爲八月南吕之角，爲六月林鍾之變徵，爲五月蕤賓之徵，爲三月姑洗之羽，爲正月太簇之變宫。

正月太簇

太簇自爲當月之宫，爲十一月黄鍾之商，爲九月無射之角，爲七月夷則之變徵，爲六月林鍾之徵，爲四月中吕之羽，爲二月夾鍾之變宫。

二月夾鍾

夾鍾自爲當月之宫，爲十二月大吕之商，爲十月應鍾之角，爲八月南吕之變徵，爲七月夷則之徵，爲五月蕤賓之羽，爲三月姑洗之變宫。

三月姑洗

姑洗自爲當月之宫，爲正月太簇之商，爲十一月黄鍾之角，爲九月無射之變徵，爲八月南吕之徵，爲六月林鍾之羽，爲四月中吕之變宫。

四月中吕

中吕自爲當月之宫，爲二月夾鍾之商，爲十二月大吕之角，爲十月應鍾之變徵，爲九月無射之徵，爲七月夷則之羽，爲五月蕤賓之變宫。

五月蕤賓

蕤賓自爲當月之宫，爲三月姑洗之商，爲正月太簇之角，爲十一月黄鍾之變徵，爲十月應鍾之徵，爲八月南吕之羽，爲六月林鍾之變宫。

六月林鍾

林鍾自爲當月之宫，爲四月中吕之商，爲二月夾鐘之角，爲十二月大吕之變徵，爲十一月黄鍾之徵，爲九月無射之羽，爲七月夷則之變宫。

七月夷則

夷則自爲當月之宫，爲五月蕤賓之商，爲三月姑洗之角，爲正月大簇之變徵，爲十二月大吕之徵，爲十月應鍾之羽，爲八月南吕之變宫。

八月南吕

南吕自爲當月之宫，爲六月林鍾之商，爲四月中吕之角，爲二月夾鍾之變徵，爲正月太簇之徵，爲十一月黄鍾之羽，爲九月無射之變宫。

九月無射

無射自爲當月之宫，爲七月夷則之商，爲五月蕤賓之角，爲三月姑洗之變徵，爲二月夾鍾之徵，爲十二月大吕之羽，爲十月應鍾之變宫。

十月應鍾

應鍾自爲當月之宫，爲八月南吕之商，爲六月林鍾之角，爲四月中吕之變徵，爲三月姑洗之徵，爲正月太簇之羽，爲十一月黄鍾之變宫。

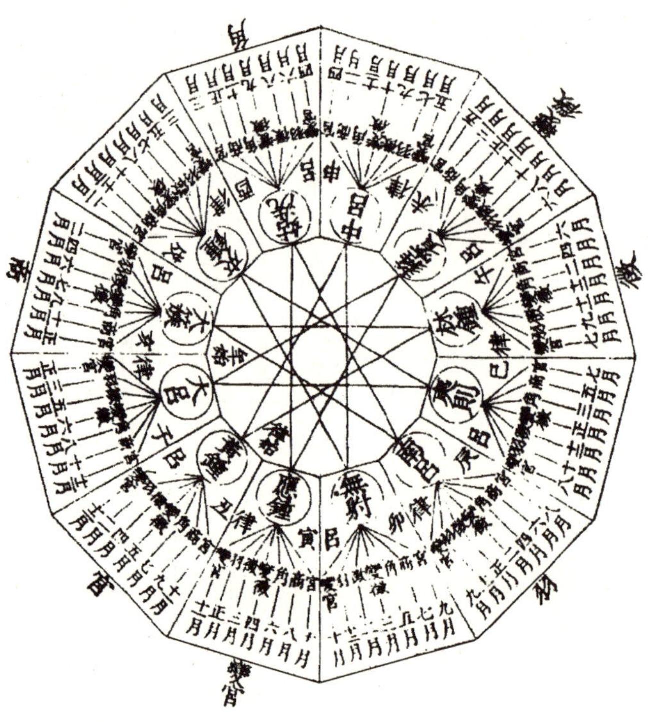

一律有七聲之圖

阮逸　胡瑗《皇祐新樂圖記》卷上　皇祐律吕圖第二

臣謹按《周禮》大師職掌六律六同，以合陰陽之聲。注云：黄鐘長九寸，其實一龠，下生者三分去一，上生者三分益一。大吕長八寸二百四十三分寸之一百四，太簇長八寸，夾鐘長七寸二千一百八十七分寸之千七十五，姑洗長七寸九分寸之一，仲吕長六寸萬九千六百八十三分寸之萬二千九百七十四，蕤賓長六寸八十一分寸之二十六，林鐘長六寸，夷則長五寸七百二十九分寸之四百五十一，南吕長五寸三分寸之一，無射長四寸六千五百六十一分寸之六千五百二十四，應鐘長四寸二十七分寸之二十。《史記·律書》云：王者制事立法，物度軌則，壹禀于六律。六律爲萬事根本焉。律數九九八十一，以爲宫。三分去一，五十四以爲徵。三分益一，七十二以爲商。三分去一，四十八以爲羽。三分益一，六十四以爲角。術曰：以下生者，倍其實，三其法；以上生者，四其實，三其法。《前漢書·律歷志》云：黄鐘爲天統，律長九寸；林鐘爲地統，律長六寸；太簇爲人統，律長八寸。始動于子，參之于丑，得三。又參之于寅，得九。又參之于卯，得二十七。又參之于辰，得八十一。又參之于巳，得二百四十三。又參之于午，得七百二十九。又參之于未，得二千一百八十七。又參之于申，得六千五百六十一。又參之于酉，得萬九千六百八十三。又參之于戌，得五萬九千四十九。又參之于亥，得十七萬七千一百四十七。《後漢書·律歷志》云：黄鐘十七萬七千一百四十七，大吕十六萬五千八百八十八，太簇十五萬七千四百六十四，夾鐘十四萬七千四百五十六，姑洗十三萬九千九百六十八，仲吕十三萬一千七十二，蕤賓十二萬四千四百一十六，林鐘十一萬八千九十八，夷則十一萬五百九十二，南吕十萬四千九百七十六，無射九萬八千三百四，應鐘九萬三千三百一十二。已上皆以萬九千六百八十三爲法，以除十二管之實，各得分寸之數。

臣逸、臣瑗謹詳：《周禮》并歷代史書，律吕長短之法雖立數之等有三，一謂起于黄鐘九寸，上生者三分益一，下生者三分減一，如《周禮·大師職》、《晋書·律歷志》之類是也。二謂以一寸爲九分，如太史公律數、《淮南子》律法、劉焯律分之類是也。三謂萬九千六百八十三爲法，以除十二管之實數，如《後漢書·律歷志》、何承天律法之類是也。其分寸之法則一。謂皆以上生益一，下生減一，而黄鐘得九寸，林鐘得六寸，太簇得八寸也。今以古今律數制成中聲律十有二管，清聲律四管，圖之于左。

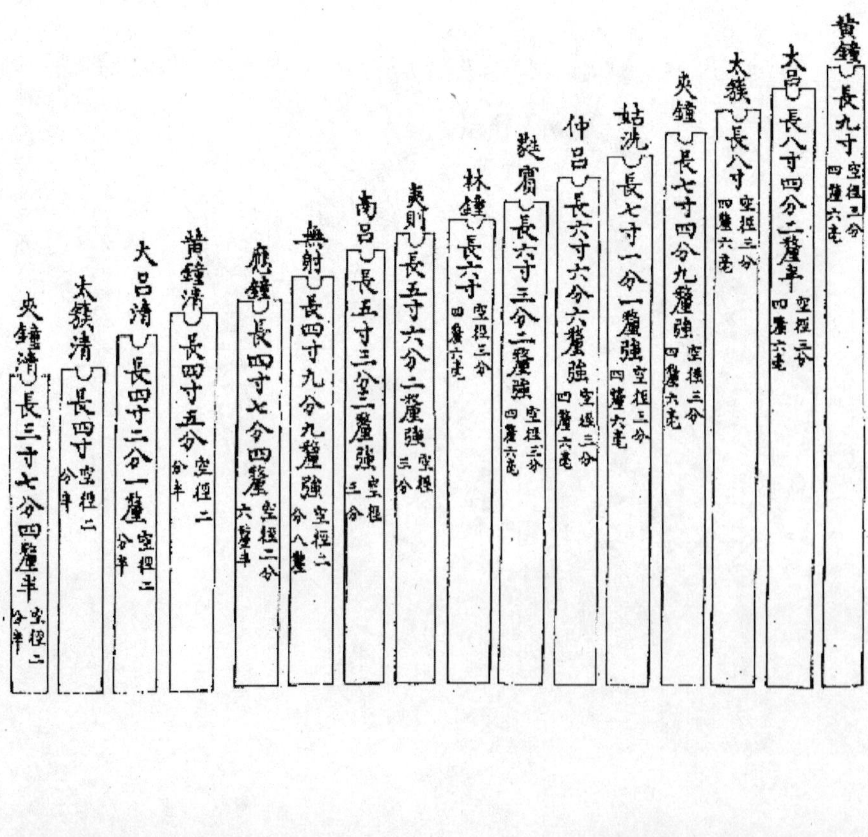

右臣逸、臣瑗謹按：《周禮》嘉量法并《前漢志》等，計黄鐘之管積八百一十分，容一千二百黍。又以《九章》圜田算法計之，黄鐘管每長一分，積九分，容十三黍三分黍之一，空徑三分四釐六毫。算法置九分，三分益一，得十二分，以開方除之，得空徑之數，不盡二毫八絲四忽。仍以度量權衡交相酬驗，是以聲制粗合古法。自隋牛弘、唐田疇輩執守孤學，不知律度量衡四者皆起黄鐘之管，而但以尺律二者校定律吕，又執空徑三分之説，故歷世論議紛紜，無所的從。今臣等幸緣經史之制，黄鐘積八百十分之説稍合古制，以成聖朝之大典焉。

劉瑾《律吕成書》卷二

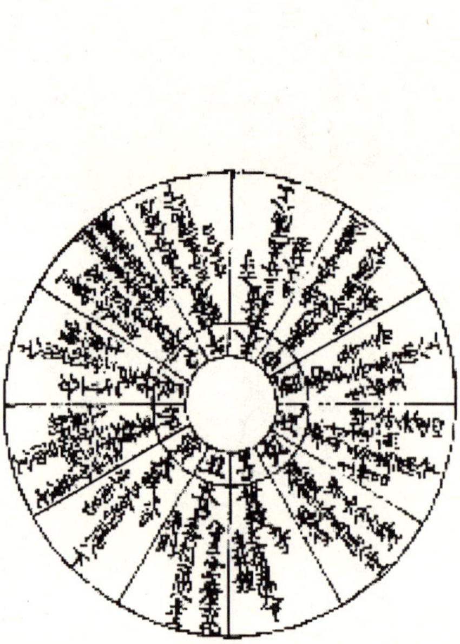

隔八相生圖

隔八相生娶妻生子法第十七以《漢志》及《木鍾集》定。

《前漢律歷志》曰：黄鍾之長，三分損一下生林鍾。三分林鍾，益一上生太簇。三分太簇，損一下生南吕。三分南吕，益一上生姑洗。三分姑洗，損一下生應鍾。三分應鍾，益一上生蕤賓。三分蕤賓，損一下生大吕。三分大吕，益一上生夷則。三分夷則，損一下生夾鍾。三分夾鍾，益一上生無射。三分無射，損一下生中吕。陰陽相生，自黄鍾始而左旋，八八爲伍。注曰：從子數辰至未得八，下生林鍾。數未至寅得八，上生太簇。律上下相生，皆以此爲率伍耦也。八八爲耦。按蕤賓生大吕，夷則生夾鍾，無射生仲吕，皆用倍數。《漢志》但云損一者，舉其相生之大例耳。

如上章十二辰所生律吕長短之數既定，復以十二律分屬十二辰，環列爲圖。自黄鍾九寸居子，次以大吕八寸三分七釐六毫居丑，又次以太簇八寸居寅，循其長短之序，至應鍾而極於亥焉。則六律皆居其本位，六吕皆互换而居其對衝。陽有常尊而不動，陰可移易而相從也。乃復據此十二律周布之位，而推其相生之法，則皆三分損益而隔八位。自黄鍾左旋數至林鍾，隔八位也。自林鍾左旋數至太簇，亦隔八位。餘倣此。其蕤賓生大吕，本法三分損一，而再加數倍。今圖中乃云益一者，兼其倍數而言，以從簡便，是即三分益一之數。必用倍數之義已見上章。數雖益一，仍是陽律下生也。夷則生夾鍾，無射生仲吕，倣此。大吕生夷則，本法三分益一，今圖中乃云損一者，併大吕所加倍數以生夷則，則當三分而反損一，數雖損一，仍是陰律上生也。夾鍾生無射，倣此。蓋但以律吕之陰陽分上下，而不以數之損益分上下。先儒乃因損益之數不同，而自蕤賓以後變其陰陽上下之法，乃有五下七上之説，未爲當也。

今以朱子所謂小陰陽者觀之，則自子至亥，一陽一陰相間，律皆下生而吕皆上生，蓋陽尊而降，陰卑而升也。以所謂大陰陽者觀之，則陽生於子，自子至巳爲陽方，凡律吕居陽方者，皆損一而始於黄鍾；陰生於午，自午至亥皆陰方，凡律吕居陰方者，皆益一而始於蕤賓。蓋陽實而減，陰虚而盈，亦自然之理也。且陽極於巳，相生之法亦至仲吕而極。陰極於亥，長短之數亦至應鍾而極。此子午巳亥者，其陰陽升降消息之機歟？

律娶妻吕生子圖

黄鍾	太簇	姑洗	蕤賓	夷則	無射
初九	九二	九三	九四	九五	上九
林鍾	南吕	應鍾	大吕	夾鍾	仲吕
初六	六二	六三	六四	六五	上六

《前漢志》曰：初九律之首，初六吕之首。律娶妻，如黄鍾生林鍾。而吕生子。如林鍾生太簇。六律六吕而十二辰立矣。

潜室陳氏曰：律所生者常同位，吕所生者常異位，故曰律娶妻而吕生子也。六律六吕，十二辰位焉，乾坤之六爻位焉。故子者，陽數之始，黄鍾生焉，是爲乾之初九。至乎六陽盛於無射，則爲上九矣。未者，陰數之始，林鍾生焉，是爲坤之初六。至乎六陰盛於仲吕，則爲上六矣。且黄鍾之初九下生林鍾之初六，同是初位，是爲夫婦。林鍾之初六上生太簇之九二，初與二異位，是爲母子。太簇之九二下生南吕之六二，同是二位，是爲夫婦。南吕之六二上生姑洗之九三，二與三異位，是爲母子。姑洗之九三下生應鍾之六三，同是三位，是爲夫婦。應鍾之六三上生蕤賓之九四，三與四異位，是爲母子。蕤賓之九四下生大吕之六四，同是四位，是爲夫婦。大吕之六四上生夷則之九五，四與五異位，是爲母子。夷則之九五下生夾鍾之六五，同是五位，是爲夫婦。夾鍾之六五上生無射之上九，五與上異位，是爲母子。無射之上九下生仲吕之上六，同是上位，亦爲夫婦。大率同位娶妻，隔八生子也。

又　八十四聲圖第二十四以《新書》第八章定。

十一月

黃鍾宮

六月

林鍾宮黃鍾徵

正月

太簇宮林鍾徵黃鍾商

八月

南呂宮太簇徵林鍾商黃鍾羽

三月

姑洗宮南呂徵太簇商林鍾羽黃鍾角

十月

應鍾宮姑洗徵南呂商太簇羽林鍾角黃鍾變宮

五月

蕤賓宮應鍾徵姑洗商南呂羽太簇角林鍾變宮黃鍾變徵

十二月

大呂宮蕤賓徵應鍾商姑洗羽南呂角太簇變宮林鍾變(宮)[徵]

七月

夷則宮大呂徵蕤賓商應鍾羽姑洗角南呂變宮太簇變徵

二月

夾鍾宮夷則徵大呂商蕤賓羽應鍾角姑洗變宮南呂變徵

九月

無射宮夾鍾徵夷則商大呂羽蕤賓角應鍾變宮姑洗變徵

四月

仲呂宮無射徵夾鍾商夷則羽大呂角蕤賓變宮應鍾變徵

黃鍾變仲呂徵無射商夾鍾羽夷則角大呂變宮蕤賓變徵

林鍾變　仲呂商無射羽夾鍾角夷則變宮大呂變徵

太簇變　仲呂羽無射角夾鍾變宮夷則變徵

南呂變　仲呂角無射變宮夾鍾變徵

姑洗變　仲呂變宮無射變徵

應鍾變　仲呂變徵

《前漢志》曰：黃鍾爲宮，則太簇、姑洗、林鍾、南呂皆以正聲應，無有忽微，不復與他律爲役者，同心一統之義也。非黃鍾，而他律雖當其月自宮者，則其和應之律有空積忽微，不得其正。此黃鍾至尊，亡與並也。孟康曰：忽微，若有若無，細於髮者也。謂正聲無有殘分也。他律爲宮，則有空積，若鄭氏分一寸爲數千是也。

蔡氏曰：律呂之數往而不返，故黃鍾不復爲他律役，所用七聲皆正律，無空積忽微。自林鍾而下則有半聲，大呂、太簇一半聲，夾鍾、姑洗二半聲，蕤賓、林鍾四半聲，夷則、南呂五半聲，無射、應鍾六半聲。仲呂爲十二律之窮，三半聲。自蕤賓而下則有變律，蕤賓一變律，大呂二變律，夷則三變律，夾鍾四變律，無射五變律，中呂六變律。皆有空積忽微，不得其正。潛室陳氏曰：黃鍾爲宮，五聲皆正聲，應皆全數，是謂無空積忽微。如大呂之八寸二百四十三分寸之一百四，除八寸是實數也。外言二百四十三分者，皆空積也。寸之一百四者，忽微也。若其他十一宮，則未必皆正聲，或變或半，皆非全數，故有空積忽微。蓋虛起此筭數，其空積甚多，而所得甚微細也。故黃鍾獨爲聲氣之元，雖十二律八十四聲皆黃鍾所生。然黃鍾一均，所謂純粹中之純粹者也。八十四聲，正律六十三，變律二十一。六十三，九七之數也。二十一者，三七之數也。

又曰：他律無大於黃鍾，故其正聲不爲他律役。其半聲當爲四寸五分，而前乃云無者，以十七萬七千一百四十七之數不可分，又三分損益上下相生之所不及，故亦無所用也。至於大呂之變宮，夾鍾之羽，仲呂之徵，蕤賓之變徵，夷則之角，無射之商，自用變律半聲，非復黃鍾矣。此其所以最尊而爲君之象，然亦非人之所能爲，乃數之自然。他律雖欲役之而不可得也。此一節最爲律呂旋宮用聲之綱領，古人言之已詳。惟杜佑《通典》再生黃鍾之法爲得之，而他人皆不及也。

八十四聲唱和圖第二十五以歐陽氏《律通》定。

黃鍾宮七聲

六濁之首黃鍾	陽唱	宮	大呂	陰	
太簇	陽唱	商	夾鍾	陰	
姑洗	陽唱	角	中呂	陰	
六清之首蕤賓	陽	變徵	林鍾	陰和	徵
夷則	陽		南呂	陰和	羽
無射	陽		應鍾	陰和	變宮

大呂宮七聲

六濁之首大呂　陰唱　宮　太簇　陽
夾鍾　陰唱　商　姑洗　陽
中呂　陰唱　角　蕤賓　陽
六清之首林鍾　陰　變徵　夷則　陽和　徵
南呂　陰　無射　陽和　羽
應鍾　陰　黃鍾　陽和　變宮

太簇宮七聲

六濁之首太簇　陽唱　宮　夾鍾　陰
姑洗　陽唱　商　中呂　陰
蕤賓　陽唱　角　林鍾　陰
六清之首夷則　陽　變徵　南呂　陰和　徵
無射　陽　應鍾　陰和　羽
黃鍾　陽　大呂　陰和　變宮

夾鍾宮七聲

六濁之首夾鍾　陰唱　宮　姑洗　陽
中呂　陰唱　商　蕤賓　陽
林鍾　陰唱　角　夷則　陽
六清之首南呂　陰　變徵　無射　陽和　徵
應鍾　陰　黃鍾　陽和　羽
大呂　陰　太簇　陽和　變宮

姑洗宮七聲

六濁之首姑洗　陽唱　宮　中呂　陰
蕤賓　陽唱　商　林鍾　陰
夷則　陽唱　角　南呂　陰
六清之首無射　陽　變徵　應鍾　陰和　徵
黃鍾　陽　大呂　陰和　羽
太簇　陽　夾鍾　陰和　變宮

中呂宮七聲

六濁之首中呂　陰唱　宮　蕤賓　陽
林鍾　陰唱　商　夷則　陽
南呂　陰唱　角　無射　陽
六清之首應鍾　陰　變徵　黃鍾　陽和　徵
大呂　陰　太簇　陽和　羽
夾鍾　陰　姑洗　陽和　變宮

蕤賓宮七聲

六濁之首蕤賓　陽唱　宮　林鍾　陰
夷則　陽唱　商　南呂　陰
無射　陽唱　角　應鍾　陰
黃鍾　陽　變徵　大呂　陰和　徵
太簇　陽　夾鍾　陰和　羽
姑洗　陽　仲呂　陰和　變宮

林鍾宮七聲

六濁之首林鍾　陰唱　宮　夷則　陽
南呂　陰唱　商　無射　陽
應鍾　陰唱　角　黃鍾　陽
六清之首大呂　陰　變徵　太簇　陽和　徵
夾鍾　陰　姑洗　陽和　羽
中呂　陰　蕤賓　陽和　變宮

夷則宮七聲

六濁之首夷則　陽唱　宮　南呂　陰
無射　陽唱　商　應鍾　陰
黃鍾　陽唱　角　大呂　陰
六清之首太簇　陽　變徵　夾鍾　陰和　徵
姑洗　陽　中呂　陰和　羽
蕤賓　陽　林鍾　陰和　變宮

南呂宮七聲

六濁之首南呂　陰唱　宮　無射　陽
應鍾　陰唱　商　黃鍾　陽
大呂　陽唱　角　太簇　陽
六清之首夾鍾　陰　變徵　姑洗　陽和　徵

中呂　陰　蕤賓　陽和　羽
林鍾　陰　夷則　陽和　變宮

無射宮七聲

六濁之首無射　陽唱　宮　應鍾　陰
黃鍾　陽唱　商　大呂　陰
太簇　陽唱　角　夾鍾　陰
六清之首姑洗　陽　變徵　中呂　陰和　徵
蕤賓　陽　林鍾　陰和　羽
夷則　陽　南呂　陰和　變宮

應鍾宮七聲

六濁之首應鍾　陰唱　宮　黃鍾　陽
大呂　陰唱　商　太簇　陽
夾鍾　陰唱　角　姑洗　陽
六清之首中呂　陰　變徵　蕤賓　陽和　徵
林鍾　陰　夷則　陽和　羽
南呂　陰　無射　陽和　變宮

歐陽頴伯曰：蔡季通云宮與商，商與角，徵與羽，相去皆一律；角與徵，羽與宮，相去獨二律。一律則近而和，二律則遠而不相及，故宮羽之間有變宮，角徵之間有變徵，此亦出於自然。左氏所謂七音，《漢前志》所謂七始是也。然五聲者，正聲，故以起調畢曲，爲諸聲之綱。至二變聲，則宮不成宮，徵不成徵，不比於正音，但可濟五聲之所不及而已。然有五聲而無二變，亦不可以成樂也。蔡氏之論亦七聲之一義，以其説而觀此圖，則宮商角變徵皆隔一律也，徵羽變宮亦皆隔一律也。

又曰：七聲者，一宮，二徵，三商，四羽，五角，六變宮，七變徵也。一唱而二和，三唱而四和，五唱而六和，七則非唱非和者也。凡十二宮，每宮前六律爲濁，後六律爲清，故凡六濁中以律聲唱者，六清中以呂聲和；六濁中以呂聲唱者，六清中以律聲和。又凡唱爲陽，和爲陰。不問本律陽律陰呂，但在六濁中則爲陽，在六清中則爲陰。故唱以陽律者，爲陽中陽；和以陰呂者，爲陰中陰；唱以陰呂者，爲陽中陰；和以陽律者爲陰中陽。所以别陰陽中陰陽者，在乎先審清濁，而後分律呂也。清爲陰，濁爲陽，律爲陽，呂爲陰也。陽律唱而陰呂和爲正；陰呂唱而陽律和爲變。其歸於一，則濁者唱而清者和而已矣。是以一宮之中有三唱而三和焉。三唱者，宮、商、角也。三和者，徵、羽、變宮也。唱和之間，又用變徵以和之，以和之和如字，餘皆去聲。故爲七聲也。夫三唱而三和，陰陽亦既均且平矣。然必以變徵參厠其間者，蓋正宮爲六濁之首，十二律之始也，所以爲三唱三和之本。變徵爲六清之首，十二律之終也，所以濟三唱三和之不及焉。有始必有終之義也。正宮與變徵，在十二辰之衝，乃其正對也。變宮雖與變徵同爲濟五聲之不及，而一宮一調之中，變宮常用之多，變徵常用之少者，亦閏餘之義也。《樂記》曰：大小相成，始終相生，唱和清濁，迭相爲經。其斯之謂歟。

六十調圖第二十六以《新書本原》第九章定。

	宮	商	角	變徵	徵	羽	變宮
黃鍾宮	黃正	太正	姑正	蕤正	林正	南正	應正
無射商	無正	黃變半	太變半	姑變半	仲半	林變半	南變半
夷則角	夷正	無正	黃變半	太變半	夾半	仲半	林變半
仲呂徵	仲正	林變	南變	應變	黃變半	太變半	姑變半
夾鍾羽	夾正	仲正	林變	南變	無正	黃變半	太變半
大呂宮	大正	夾正	仲正	林變	夷正	無正	黃變半
應鍾商	應正	大半	夾半	仲半	蕤半	夷半	無半
南呂角	南正	應正	大半	夾半	姑半	蕤半	夷半
蕤賓徵	蕤正	夷正	無正	黃變半	大半	夾半	仲半
姑洗羽	姑正	蕤正	夷正	無正	應正	大半	夾半
太簇宮	太正	姑正	蕤正	夷正	南正	應正	大半
黃鍾商	黃正	太正	姑正	蕤正	林正	南正	應正
無射角	無正	黃變半	太變半	姑變半	仲半	林變半	南變半
林鍾徵	林正	南正	應正	大半	太半	姑半	蕤半
仲呂羽	仲正	林變	南變	應變	黃變半	太變半	姑變半
夾鍾宮	夾正	仲正	林變	南變	無正	黃變半	太變半
大呂商	大正	夾正	仲正	林變	夷正	無正	黃變半
應鍾角	應正	大半	夾半	仲半	蕤半	夷半	無半
夷則徵	夷正	無正	黃變半	太變半	夾半	仲半	林變半
蕤賓羽	蕤正	夷正	無正	黃變半	大半	夾半	仲半
姑洗宮	姑正	蕤正	夷正	無正	應正	大半	夾半

太簇商	太正	姑正	蕤正	夷正	南正	應正	大半
黃鍾角	黃正	太正	姑正	蕤正	林正	南正	應正
南呂徵	南正	應正	大半	夾半	姑正	蕤半	夷半
林鍾羽	林正	南正	應正	大半	太半	姑半	蕤半
仲呂宮	仲正	林變	南變	應變	黃變半	太變半	姑變半
夾鍾商	夾正	仲正	林變	南變	無正	黃變半	太變半
大呂角	大正	夾正	仲正	林正	夷正	無正	黃變半
無射徵	無正	黃變半	太變半	姑變半	仲半	林變半	南變半
夷則羽	夷正	無正	黃變半	太變半	夾半	仲半	林變半
蕤賓宮	蕤正	夷正	無正	黃變半	大半	夾半	仲半
姑洗商	姑正	蕤正	夷正	無正	應正	大半	夾半
太簇角	太正	姑正	蕤正	夷正	南正	應正	大半
應鍾徵	應正	大半	夾半	仲半	蕤半	夷半	無半
南呂羽	南正	應正	大半	夾半	姑半	蕤半	夷半
林鍾宮	林正	南正	應正	大半	太半	姑半	蕤半
仲呂商	仲正	林變	南變	應變	黃變半	太變半	姑變半
夾鍾角	夾正	仲正	林變	南變	無正	黃變半	太變半
黃鍾徵	黃正	太正	姑正	蕤正	林正	南正	應正
無射羽	無正	黃變半	太變半	姑變半	仲半	林變半	南變半
夷則宮	夷正	無正	黃變半	太變半	夾半	仲半	林變半
蕤賓商	蕤正	夷正	無正	黃變半	大半	夾半	仲半
姑洗角	姑正	蕤正	夷正	無正	應正	大半	夾半
大呂徵	大正	夾正	仲正	林變	夷正	無正	黃變半
應鍾羽	應正	大半	夾半	仲半	蕤半	夷半	無半
南呂宮	南正	應正	大半	夾半	姑半	蕤半	夷半
林鍾商	林正	南正	應正	大半	太半	姑半	蕤半
仲呂角	仲正	林變	南變	應變	黃變半	太變半	姑變半
太簇徵	太正	姑正	蕤正	夷正	南正	應正	大半
黃鍾羽	黃正	大正	姑正	蕤正	林正	南正	應正
無射宮	無正	黃變半	太變半	姑變半	仲半	林變半	南變半
夷則商	夷正	無正	黃變半	太變半	夾半	仲半	林變半
蕤賓角	蕤正	夷正	無正	黃變半	大半	夾半	仲半
夾鍾徵	夾正	仲正	林變	南變	無正	黃變半	太變半
大呂羽	大正	夾正	仲正	林正	夷正	無正	黃變半
應鍾宮	應正	大半	夾半	仲半	蕤半	夷半	無半
南呂商	南正	應正	大半	夾半	姑半	蕤半	夷半
林鍾角	林正	南正	應正	大半	太半	姑半	蕤半
姑洗徵	姑正	蕤正	夷正	無正	應正	大半	夾半
太簇羽	太正	姑正	蕤正	夷正	南正	應正	大半

《[禮]記・禮運》曰：五聲、六律、十二管，還相爲宮。鄭氏註曰：始於黃鍾，終於仲呂，更相爲宮，凡六十也。孔氏疏曰：黃鍾爲第一宮，林鍾第二宮，太簇第三宮，南呂第四宮，姑洗第五宮，應鍾第六宮，蕤賓第七宮，大呂第八宮，夷則第九宮，夾鍾第十宮，無射第十一宮，仲呂第十二宮。十二宮各有五聲，凡六十聲。蔡氏曰：五聲者，所以起調畢曲，爲諸聲之綱領。《禮運》所謂還相爲宮，所以始於黃鍾，終於仲呂也。後世以變宮、變徵參而爲八十四調，其亦不考矣。

蔡氏曰：十二律旋相爲宮，各有七聲，合八十四聲。宮聲十二，商聲十二，角聲十二，徵聲十二，羽聲十二，爲六十調。其變宮十二在羽聲之後，宮聲之前。變徵十二在角聲之後，徵聲之前。宮不成宮，徵不成徵，凡二十四聲，不可爲調。黃鍾宮至夾鍾羽，並用黃鍾起調，黃鍾畢曲。朱子曰：以上黃鍾五調，各用本均七聲，而以黃鍾起調畢曲。餘律倣此。大呂宮至姑洗羽，並用大呂起調，大呂畢曲。太簇宮至仲呂羽，並用太簇起調，太簇畢曲。夾鍾宮至蕤賓羽，並用夾鍾起調，夾鍾畢曲。姑洗宮至林鍾羽，並用姑洗起調，姑洗畢曲。仲呂宮至夷則羽，並用仲呂起調，仲呂畢曲。蕤賓宮至南呂羽，並用蕤賓起調，蕤賓畢曲。林鍾宮至無射羽，並用林鍾起調，林鍾畢曲。夷則宮至應鍾羽，並用夷則起調，夷則畢曲。南呂宮至黃鍾羽，並用南呂起調，南呂畢曲。無射宮至大呂羽，並用無射起調，無射畢曲。應鍾宮至太簇羽，並用應鍾起調，應鍾畢曲。是爲六十調。朱子曰：旋相爲宮，且如大呂爲宮，則大呂用黃鍾八十一之數而三分損一下生夷則，又用林鍾五十四之數而三分益一上生夾鍾，其餘皆然。旋相爲宮，若到應鍾爲宮，則下四聲都低去，所以有半聲，亦謂之子聲。近時所謂清聲是也。若以黃鍾爲宮，則餘律皆順。若以其他律爲宮，便有相陵處。今且以黃鍾言之，自第九宮，後四宮則或爲角，或爲羽，或爲商，或爲徵。若爲角，則是民陵其君。若爲商，則是臣陵其君。徵爲事，羽爲物，皆可類推。故製黃鍾四清聲用之，清聲短其律之半，是黃鍾清長四寸半也。若後四宫用黃鍾爲角徵商羽，則以四清聲代之，不可用黃鍾本律，以避陵慢。沈存中云：唯君臣民不可相陵，事物則不必避。六十調即十二律也。十二律生五聲二變。五聲各爲綱紀，以成六十調。六十調皆黃鍾損益之變也。宫商角三十六調，老陽也。其徵羽二十四調，老陰也。調成而陰陽備也。或曰日辰之數由天五地六錯綜而生，律吕之數由黃鍾九寸損益而生，二者不同。至數之成，則日有六甲，辰具五子，爲六十日。律吕有六律五聲，爲六十調。若合符節，何也？曰：即上文所謂調成而陰陽備也。夫理必有對待，數之自然也。以天五地六合陰與陽言之，則六甲五子究於六十，其三十六爲陽，二十四爲陰。以黃鍾九寸紀陽不紀陰言之，則六律五聲究於六十，亦三十六爲陽，二十四爲陰。蓋一陽之中又自有陰陽也，非知天地之化育者，不能與於此。歐陽穎伯曰：樂由陽來，故聲皆陽。聲而數，皆陽數也。陰則分陽而已。凡有聲皆屬陽，無聲皆屬陰。若《周禮》所謂陽聲、陰聲，則於有聲之中又自分陰陽者也。蔡氏以三十六調配乾爻之策，以二十四調配坤爻之策，則亦《周禮》之義云爾。

同宫異調圖總八十四聲，以歐陽氏《律通》定，下圖同此。

	宫爲調	商爲調	角爲調	變徵不爲調	徵爲調	羽爲調	變宫不爲調
黃鍾一宫五調同用七聲	黃正	太正	姑正	蕤正	林正	南正	應正
大吕一宫五調同用七聲	大正	夾正	仲正	林變	夷正	無正	黃變半
太簇一宫五調同用七聲	太正	姑正	蕤正	夷正	南正	應正	大半
夾鍾一宫五調同用七聲	夾正	仲正	林變	南變	無正	黃變半	太變半
姑洗一宫五調同用七聲	姑正	蕤正	夷正	無正	應正	大半	夾半
仲吕一宫五調同用七聲	仲正	林變	南變	應變	黃變半	太變半	姑變半
蕤賓一宫五調同用七聲	蕤正	夷正	無正	黃變半	大半	夾半	仲半
林鍾一宫五調同用七聲	林正	南正	應正	大半	太半	姑半	蕤半
夷則一宫五調同用七聲	夷正	無正	黃變半	太變半	夾半	中半	林變半
南吕一宫五調同用七聲	南正	應正	大半	夾半	姑半	蕤半	夷半
無射一宫五調同用七聲	無正	黃變半	太變半	姑變半	仲半	林變半	南變半
應鍾一宫五調同用七聲	應正	大半	夾半	仲半	蕤半	夷半	無半
	宫聲第一	商聲第三	角聲第五	變徵聲第七	徵聲第二	羽聲第四	變宫聲第六

歐陽穎伯曰：此方圖以明同宫有五調並用七聲，而律有正變，起調畢曲各用一律，而二變不爲調焉。

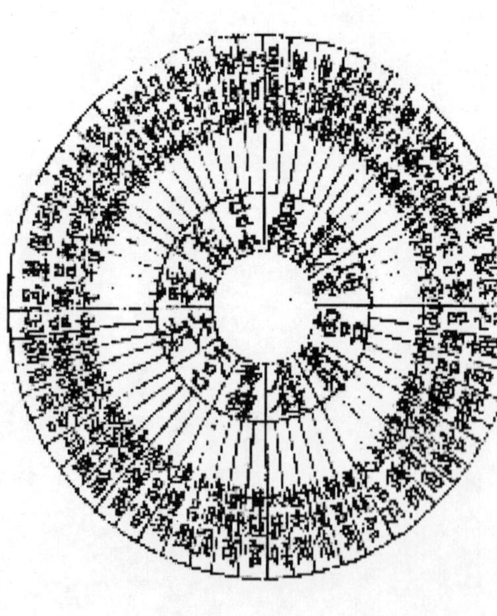

異調同律圖　總六十調共用十二律

韓邦奇《苑洛志樂》卷一　陳氏《樂書》曰：甚哉，諸儒之論律吕何其紛紛邪。謂陰陽相生，自黃鍾始而左旋，八八爲伍，管以九寸爲法者，班固之説也。持下生倍實，上生四實，皆三其法，而管又不專以九寸爲法者，司馬遷之説也。持隔九相生之説，以中吕止生黃鐘不滿九寸，謂之執始，下生去滅，上下相生，終於南事；十二律之外更增六八，爲六十律者，京房之説也。本《吕覽》、淮南王安、蔡邕之説，建蕤賓重生之議；至於大吕、夾鐘、仲吕之律所生分等又皆倍焉者，鄭康成之説也。隔七爲上生，隔八爲下生，至於仲吕則孤而不偶，蕤賓則踰次無準者，劉向之説也。演京房南事之餘而伸之爲三百六十律，日當一管，各以次生者，宋錢樂之之説也。斥京房之説而以新舊法分度參録之者，何承天、沈約之説也。校定黃鐘，每律減三分而以七寸爲法者，隋劉焯之論也。析毫釐之彊弱爲筭者，梁武帝之法也。由此觀之，諸儒之論角立蠭起，要之最爲精密者，班固之志而已。今夫陰陽之聲，上生者三分之外並一，下生者三分之内損一，蓋古人簡易之法，猶古曆周天三百六十五度四分度之一也。若夫律同之聲，適多寡之數，長短之度，小大之量，清濁之音，一要宿乎中聲而止，則動黄鍾而林鍾應，動無射而仲吕應，和樂未有不興者矣。彈宫而徵應，彈徵而商應，彈商而羽應，彈羽而角應，是五聲以相生爲和，相勝爲繆，先王立樂之方也。律不求元聲元氣，雖能宰物，終是苟且，與天地何與哉。然聖人得元聲以候元氣，今當候元氣以求元聲，律能應氣，度量衡由之而定。凡八音之輕重、厚薄、大小、多寡、長短，皆由于律。其體則天地之體，宜其用之能感天地也。

絲隨五聲，管隨十二律。然和平沉厚，麄大而下者，宫聲也；勁凝明峻，從上而下歸於中者，商聲也；圓長通徹，中平而正者，角聲也；抑揚流利，從下而上，歸於中正者，徵聲也；嘤哑而遠徹，細小而高者，羽聲也。

聖人不能以一身周天下之用，故制爲器數，以教萬世，是以天下後世，人非聖人而道則聖人之道也。昔孔子聞韶于齊，夫其考擊而搏拊者，固非皆夔倫也，而其美如此者器數存也。且聖人之道有文有本，天地之道有纖有洪，自然之理也。今不論度量衡之數，而曰妙在其人，則聖人當時止爲一支之木，一塊之土，一鈞之金足矣，何必爲鐘，爲鼓，爲笙，爲磬，又從而爲簧，爲絃，有煩有簡若是哉。今試以祭祀之時，燕享之際，琴瑟缺其絃，笙盡去其簧，鑄萬鈞爲鎛鐘，合以方寸之蕢皷，又從而盡去八音，使寶常擊食器，荀勗摇牛鐸可乎？不可乎？是故君子不爲無益之空言，必究制作之實用。

自隋唐以來，律皆造作，用全刀剖削而成，非本然之管，恐傷元氣。且律吕絲忽所争，若非良工，剖削之際安能適中。予謂多取竹管，其從長未免用刀斷之，必求徑三分四釐六毫，周廣十分三釐六毫者而後用之，庶得聲氣之元矣。

律雖非生于累黍，然古樂既亡，律管非累黍亦何由定。予謂亦須自九十黍累爲九寸，然後依蔡氏之説，多截竹管，或長一分，或半分，或十分分之一，以至于九；或短一分，或半分，或十分分之一，以至于九。中間必有適之者矣。

埋管之地不可以城市之中，蓋城市之地翻取數過，皆灰糞瓦礫，非本然之土。必于壙野，素無人居之地，土之黄壤者，亦須去二三尺以盡客土，撅亦不可深，深則恐傷正氣。如此候之，或得正氣之應矣。

古樂既亡，代變新聲，至元則壞之極矣。周德清中原音韻方且自謂知音，姑以四聲論之。聲之有平、上、去、入，猶天之元、亨、利、貞，地之東、西、南、北也。今以元音入不能歌，乃以入聲派入三聲，是何理也？夫之知王黄呼唤雖差，聲與韻未害也。德清乃以六爲溜，國爲鬼。至于别爲平，則無字。彼徒知譏沈約以南蠻之音爲中原之音，自不知以北狄之音爲中原之音也。獨其論黄荒原元之分陰陽爲得耳。以《點絳唇》論之，則游藝中原差而竚立閑階是矣。

器與造化通，唯律而已。黄鍾既定，凡天地之器，雖衣服盤盂皆造化之運，形而上，形而下，本一物也。

宫聲重而尊，商聲明而敏，角聲輕而易制，徵聲泛而不流，羽聲涣散而抑。

八音之數惟絲爲自然，其七音皆倚此而起數。

古以周尺八尺爲步，以今步尺除之，中尺可考也。

宫、商、角、徵、羽，借此五字爲母，五字即五聲也。

春陽無不到，陵原無二氣。

蕤賓隔八，若益一分上生大吕，與損一分下生大吕，倍其數長短不差絲毫。然不如下生爲自然，於十二律之序爲順，審思自見。

司馬遷以宫生角，角生商，商生徵，徵生羽，羽生宫，則反其所尅，不可被之八音。

大吕爲當十月管，逆數至應鍾爲夏至。

世説稱有田父於野地中得周時玉尺，便是天下正尺。

荀勗試以校尺所造金石絲竹，皆短校一米。

今尺惟車工之尺最准，萬家不差毫釐，少不同則不利載，是孰使之然哉。古今相沿，自然之度也。然今之尺，則古之尺二寸也。所謂尺二之軌，天下皆同是也。以木工尺去二寸，則周尺也。昔魯公欲高大其宫室而畏王制，乃以時尺增一寸，召班授之，班知其意，復一寸進於公曰：臣家相傳之尺，乃舜時同度之尺也。乃以其尺爲之度。諸侯聞之，争召班。然班亦本木工之聖者也。

世儒有言，學樂必先等字，若然，三百篇無一章中律者。經言律和聲，未聞以律就聲也。夫人之聲有洪者，細者，亮者，萬萬不齊。古之聖人，雖堯舜之聲亦不能合律。惟大禹一人聲可爲律耳。正使人人之聲皆中律，亦只五聲。人有八十四喉舌哉。且如呦呦鹿鳴一句，上呦字宫，下呦字徵，豈一字二音哉，協以就律耳。等字云者，非知樂者之言也。

聲出於脾，合口而通之謂之宫。出於肺，開口而吐之謂之商。出於肝，而張齒湧吻謂之角。出於心，而齒合吻開謂之徵。出於腎，而齒開吻聚謂之羽。

宫，土聲也，其性圓而居中，若牛之鳴窌，而主合。商，金聲也，其性方而成器，若羊之離羣，而主張。角，木聲也，其性直而崇高，若雉之鳴木，而主湧。徵，火聲也，其性明而辨物，若豕之負駭，而主分。羽，水聲也，其性潤而澤物，若馬之鳴野，而主吐。

宮聲雄洪，調則政和國安，亂則其國危。在西域則婆脆九也。商聲鏘鏘倉倉然，調則刑法不作威令行，亂則其宮壞。在西域則稽積識也。角聲喔喔確確然，調則四民安，亂則其人怨。在西則沙識也。徵聲倚倚戲戲然，調則百物理，亂則庶績隳。在西域則沙臘也。羽聲詡雨酗具然，調則倉廩實庶物備，亂則其民憂其財匱。在西域則般贍也。

黃鐘宮聲，去太簇商聲一寸，去大吕接聲六分三釐，去林鐘應聲三寸。瑟，黃鐘折馬後即大吕，不必下一絃也。十二管倍其長，則倍其空圍；半其長，則半其空圍。十二管雖有長短，空圍則同。康成以十二管隨其長短而減其空圍，則於八百一十分十七萬之數戾矣。

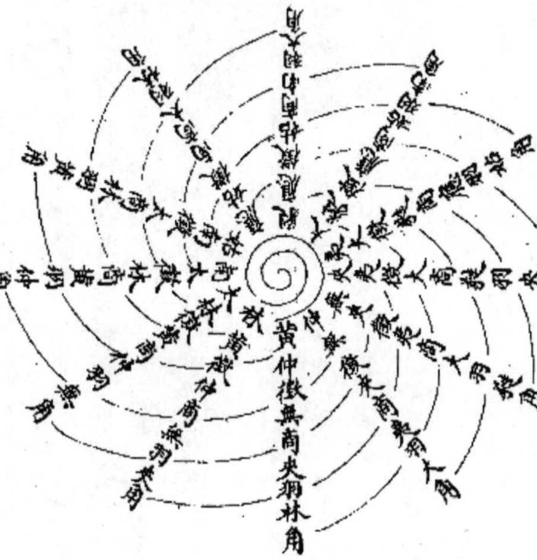

旋宮圖

八禮

十二律隔八相生之圖

十二律生次之圖

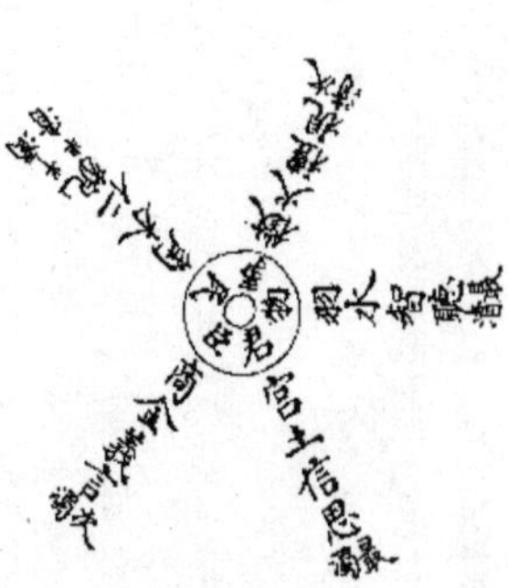

五音清濁之序

五音相生之序

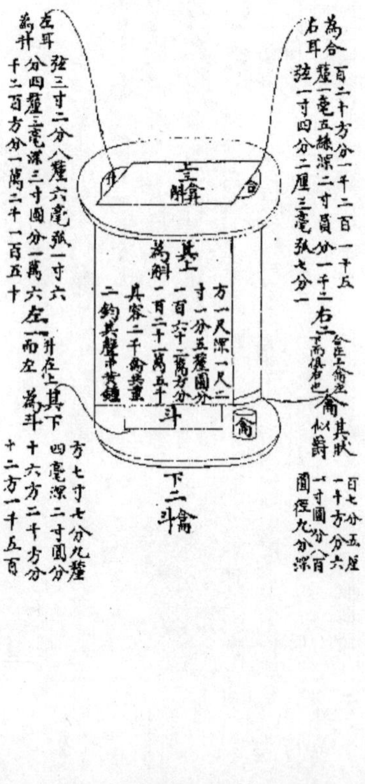

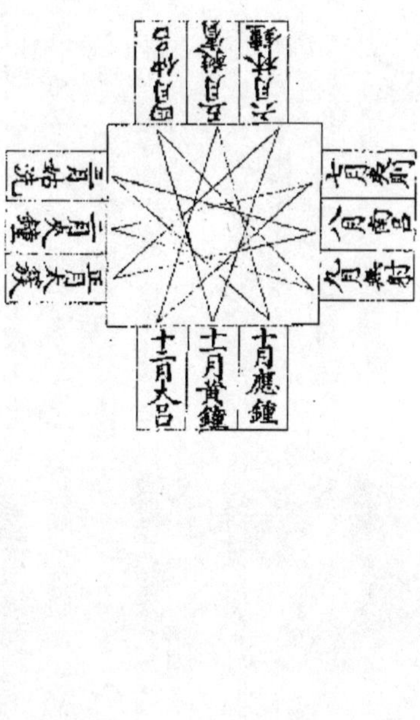

以前三分五釐取三分四釐六毫徑，以徑四面所餘補四角。如此圖。

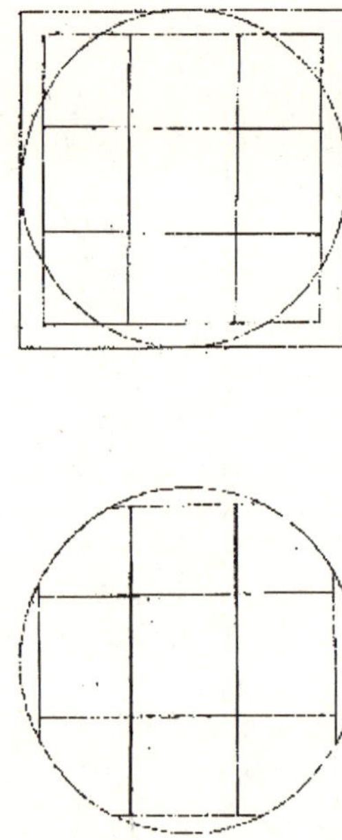

此則空圍九分也。

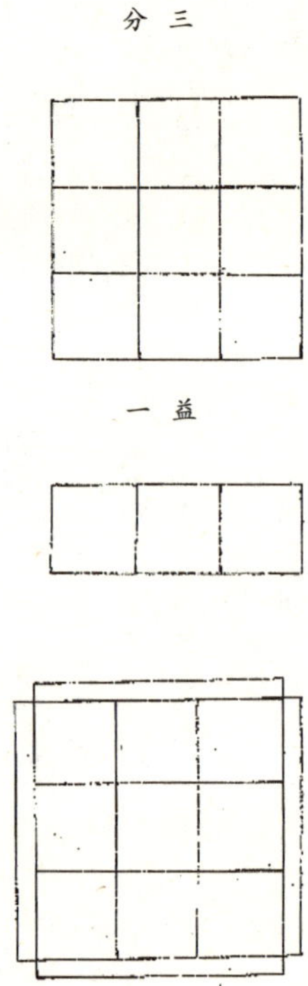

以一分割爲四片，每片二釐五毫，貼於四面，徑三分五釐。如此圖。

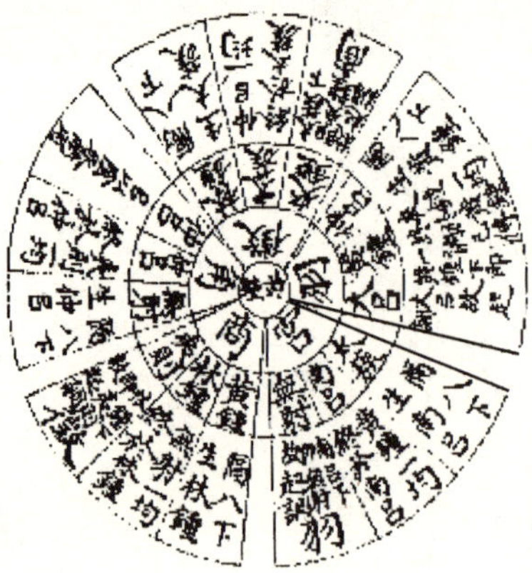

六十四調起調之圖

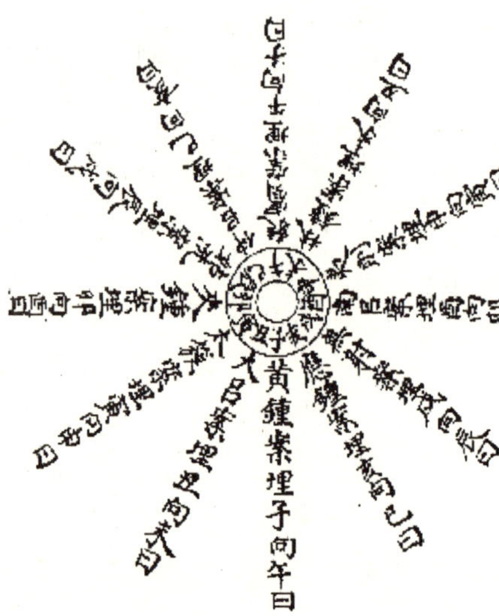

十二管案圖

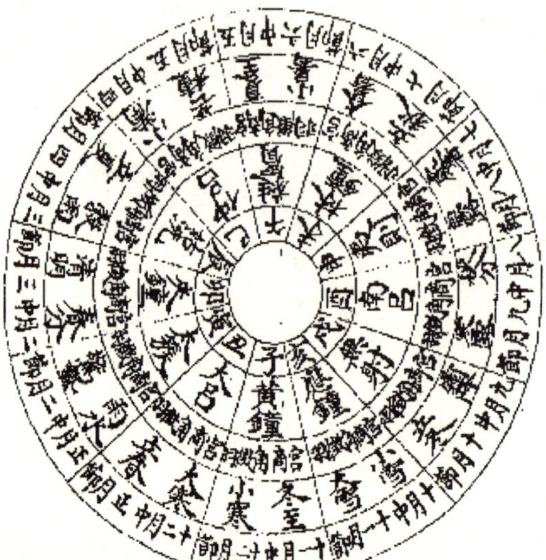

十二律氣運之圖

又 卷二

八十四聲圖第八

正律墨書　正聲墨書
變律朱書　半聲朱書

十一月黃鍾宮
六月林鍾宮黃鍾徵
正月太簇宮林鍾徵黃鍾商
八月南呂宮太簇徵林鍾商黃鍾羽
三月姑洗宮南呂徵太簇商林鍾羽黃鍾角
十月應鍾宮姑洗徵南呂商太簇羽林鍾角黃鍾變宮
五月蕤賓宮應鍾徵姑洗商南呂羽太簇角林鍾變宮黃鍾變徵
十二月大呂宮蕤賓徵應鍾商姑洗羽南呂角太簇變宮林鍾變徵
七月夷則宮大呂徵蕤賓商應鍾羽姑洗角南呂變宮太簇變徵
二月夾鍾宮夷則徵大呂商蕤賓羽應鍾角姑洗變宮南呂變徵
九月無射宮夾鍾徵夷則商大呂羽蕤賓角應鍾變宮姑洗變徵
四月仲呂宮無射徵夾鍾商夷則羽大呂角蕤賓變宮應鍾變徵
黃鍾變仲呂徵無射商夾鍾羽夷則角大呂變宮蕤賓變徵
林鍾變　仲呂商無射羽夾鍾角夷則變宮大呂變徵
太簇變　仲呂羽無射角夾鍾變宮夷則變徵
南呂變　仲呂角無射變宮夾鍾變徵
姑洗變　仲呂變宮無射變徵
應鍾變　仲呂變徵

解曰：十二律循其相生之序，以次而爲五聲二變，必足其數而後已。每一律役六律，已往者退，方來者進。如黄鍾爲宫，下生林鍾爲徵，林鍾上生太簇爲商，太簇下生南吕爲羽，南吕上生姑洗爲角，姑洗下生應鍾爲變宫，應鍾上生蕤賓爲變徵。黄鍾爲第一，林鍾爲第二，太簇爲第三，南吕爲第四，姑洗爲第五，應鍾爲第六，蕤賓爲第七。一均既畢，黄鍾者退，大吕者進。林鍾爲宫，上生太簇爲徵，太簇下生南吕爲商，南吕上生姑洗爲羽，姑洗下生應鍾爲角，應鍾上生蕤賓爲變宫，蕤賓下生大吕爲變徵。一均既畢，林鍾者退，夷則者進。自此以往，至于蕤賓，則變黄鍾爲變徵，大吕則變黄鍾爲變宫，變林鍾爲變徵。夷則則變黄鍾爲角，變林鍾爲變宫，變大簇爲變徵。夾鍾則變黄鍾爲羽，變林鍾爲角，變太簇爲變宫，變南吕爲變徵。無射則變黄鍾爲商，變林鍾爲羽，變太簇爲角，變南吕爲變宫，姑洗爲變徵。仲吕則變黄鍾爲徵，變林鍾爲商，變太簇爲羽，變南吕爲角，變姑洗爲變宫，變應爲變徵。十二律各備七聲，七聲各盡十二律而後止焉。然黄鍾一均既畢，林鍾爲宫，固相生之序，而太簇爲徵，至蕤賓亦仍前之序。更以盡十二律莫不皆然，律吕之序其妙矣哉。把圖中變黄鍾以下拿來放在黄鍾以下，折而員之，則旋宫之義愈爲明白。

六十調圖第九

宫　商　角

黄鍾宫黄正太正姑正蕤正林正南正應正
此黄鍾爲宫，黄鍾第一調也，所謂黄鍾一均之備者也。
無射商無正黄半大半姑半仲半林半南半
此黄鍾爲商，黄鍾第二調也。
夷則角夷正無正黄半太半夾半仲半林半
此黄鍾爲角，黄鍾第三調也。
仲吕徵仲正林正變南變應變黄半太半姑半
此黄鍾爲徵，黄鍾第四調也。
夾鍾羽夾正仲正林正變南變無正黄半太半
此黄鍾爲羽，黄鍾第五調也。上下宫商角徵羽者，黄鍾得五聲，所謂黄鍾一均之備者也。左右宫商角徵羽者，五聲盡黄鍾，所謂黄鍾一調之備者也。
下十二律并同。
大吕宫大正夾正仲正林正變夷正無正黄半
應鍾商應正大半夾半仲半蕤半夷半無半
南吕角南正應正大半夾半姑半蕤半夷半
蕤賓徵蕤正夷正無正黄半大半夾半仲半
姑洗羽姑正蕤正夷正無正應正大半夾半
此大吕一大調也。
太簇宫太正姑正蕤正夷正南正應正大正
黄鍾商黄正太正姑正蕤正林正南正應正
無射角無正黄半太半姑半仲半林半南半

林鐘徵林正南正應正大半太半姑半蕤半
仲呂羽仲正林變南變應變黄半大半姑半
此太簇一大調也。
夾鐘宫夾正仲正林變南變無正黄半太半
大呂商大正夾正仲正林變夷正無正黄半
應鐘角應正大半夾半仲半蕤半夷半無半
夷則徵夷正無正黄半太半夾半仲半林半
蕤賓羽蕤正夷正無正黄半大半夾半仲半
此夾鐘一大調也。
姑洗宫姑正蕤正夷正無正應正大半夾半
太簇商太正姑正蕤正夷正南正應正大正
黄鐘角黄正太正姑正蕤正林正南正應正
南呂徵南正應正太半夾半姑半蕤半夷半
林鐘羽林正南正應正太半夾半姑半蕤半
此姑洗一大調也。
仲呂宫仲正林變南變應變黄半太半姑半
夾鐘商夾正仲正林變南變無正黄半太半
大呂角大正夾正仲正林變夷正無正黄半
無射徵無正黄半太半姑半仲半林半南半
夷則羽夷正無正黄半太半夾半仲半林半
此仲呂一大調也。
蕤賓宫蕤正夷正無正黄半太半夾半仲半
姑洗商姑正蕤正夷正無正應正大半夾半
太簇角太正姑正蕤正夷正南正應正大半
應鐘徵應正大半夾半仲半蕤半夷半無半
南呂羽南正應正大半夾半姑半蕤半夷半
此蕤賓一大調也。
林鐘宫林正南正應正大半太半姑半蕤半
仲呂商仲正林變南變應變黄半太半姑半
夾鐘角夾正仲正林變南變無正黄半大半
黄鐘徵黄正太正姑正蕤正林正南正應正
無射羽無正黄半太半姑半仲半林半南半
此林鐘一大調也。
夷則宫夷正無正黄半大半夾半仲半林半
蕤賓商蕤正夷正無正黄半大半夾半仲半
姑洗角姑正蕤正夷正無正應正太半夾半
大呂徵大正夾正仲正林變夷正無正黄半
應鐘羽應正太半夾半仲半蕤半夷半無半
此夷則一大調也。
南呂宫南正應正大半夾半姑　蕤　夷
林鐘商林正南正應正大半太半姑半蕤半
仲呂角仲正林變南變應半黄半大半姑半
太簇徵太正姑正蕤正夷正南正應正大半
黄鐘羽黄正太正姑正蕤正林正南正應正
此南呂一大調也。
無射宫無正黄半太半姑半仲半林半南半
夷則商夷正無正黄半太半夾半仲半林半
蕤賓角蕤正夷正無正黄半太半夾半仲半
夾鐘徵夾正仲正林變南變無正黄半太半
大呂羽大正夾正仲正林變夷正無正黄半
此無射一大調也。
應鐘宫應正大半夾半仲半蕤半夷半無半
南呂商南正應正大半夾半姑半蕤半夷半
林鐘角林正南正應正大半太半姑半蕤半
姑洗徵姑正蕤正夷正無正應正大半夾半
太簇羽太正姑正蕤正夷正南正應正大半
此應鐘一大調也。

解曰：始于黄鐘，終于黄鍾，有五調爲一大調。黄鐘爲調首，其下四調得調首爲商徵角羽而一大調備矣。大調五律除調首中聲，必有二陰二陽，六十調皆同。夫六十調之序，雖以十二律長短爲先後，然黄鐘一均之備終於南呂。南呂下即無射起調，一均之備終於仲呂。仲呂下該蕤賓。然一陽事畢，陰當用事，乃以仲呂起調，一均之備終於太簇。太簇下夾鐘起調，而一大調畢矣。夾鐘一均之備終於黃鐘。黃鐘下大呂起調首，然以大呂自左而右逆數已往爲調四律，即大呂一均之備。五聲之序循是而去，六十調皆然。律呂之數妙矣哉。

倪複《鐘律通考》卷二　三分損益上下相生之辨章第十一

太史公《律書》生鐘分曰：子一分。丑三分二。寅九分八。卯二十七分十六。辰八十一分六十四。巳二百四十三分一百二十八。午七百二十九分五百一十二。未二千一百八十七分一千〇〇二十四。申六千五百六十一分四千〇〇九十六。酉一萬九千六百八十三分八千一百九十二。戌五萬九千〇〇四十九分三萬二千七百六十八。亥一十七萬七千一百四十七分六萬五千五百三十六。其解已見前。《漢前志》曰：黃鐘三分損一，下生林鐘。三分林鐘益一，上生太簇。三分太簇損一，下生南呂。三分南呂益一，上生姑洗。三分姑洗損一，下生應鐘。三分應鐘益一，上生蕤賓。三分蕤賓損一，下生大呂。三分大呂益一，上生夷則。三分夷則損一，下生夾鐘。三分夾鐘益一，上生無射。三分無射損一，下生仲呂。陰陽相生，自黃鐘始而左旋，八八爲伍。《律書》曰：術曰以下生者，倍其實，三其法；上生者，四其實，三其法。蔡氏曰：假令黃鐘九寸，下生則倍其實，爲一尺八寸，三其法乃爲六寸，而得林鐘。六寸上生則四其實，爲二尺四寸，三其法乃爲八寸，而得太簇。他皆倣此。《漢後志》曰：術曰陽以圓爲形，其性動。陰以方爲節，其性靜。動者數三，靜者數二。以陽生陰，倍之。以陰生陽，四之。皆三而一。陽生陰，曰下生。陰生陽，曰上生。上生不得過黃鐘之清濁，下生不得及黃鐘之數實，得參天兩地，圓蓋方覆，六耦承奇之道也。黃鐘，律呂之首，而生十二律者也。愚考兩書所言，術法最爲生十二律之要，長短之數由是以出，而不可不深考者也。律，陽也，其數奇，有天之道。呂，陰也，其數耦，有地之道。律生呂曰下生，圓蓋之義也。呂生律曰上生，方覆之義也。奇者在上而尊，耦者在下而卑，故曰六耦承奇。《呂氏春秋》曰：黃鐘生林鐘，林鐘生太簇，太簇生南呂，南呂生姑洗，姑洗生應鐘，應鐘生蕤賓，蕤賓生大呂，大呂生夷則，夷則生夾鐘，夾鐘生無射，無射生仲呂。三分所生，益之一分以上生。三分所生，去其一分以下生。黃鐘、大呂、太簇、姑洗、仲呂、蕤賓爲上，林鐘、夷則、南宮、無射、應鐘爲下。《淮南子》：黃鐘位子，其數八十一，主十一月，下生林鐘。林鐘之數五十四，主六月，上生太簇。太簇之數七十二，主正月，下生南呂。南呂之數四十八，主八月，上生姑洗。姑洗之數六十四，主三月，下生應鐘。應鐘之數四十二，主十月，上生蕤賓。蕤賓之數五十六，主正月，上生大呂。大呂之數七十六，主十二月，下生夷則。夷則之數五十六，主七月，上生夾鐘。夾鐘之數六十八，主二月，下生無射。無射之數四十五，主九月，上生仲呂。仲呂之數六十四，主四月，極不生。

西山蔡氏曰：按《呂氏》《淮南子》上下相生，與司馬《律書》《漢前志》不同，雖大呂、夾鐘、仲呂用倍數則一，然《呂氏》《淮南》不過以數之多寡爲生之上下，律呂陰陽皆錯亂而無倫，非其本法也。

杜氏曰：五聲相生而獨宮徵有變聲，何也？宮爲君，商爲臣，角爲民，徵爲事，羽爲物。君者，法度號令之所自出也。宮故生徵，法度號令所以授臣，臣所以奉承者也。徵故生商，君臣一德，以康庶務，則萬物得所，民遂其生矣。故

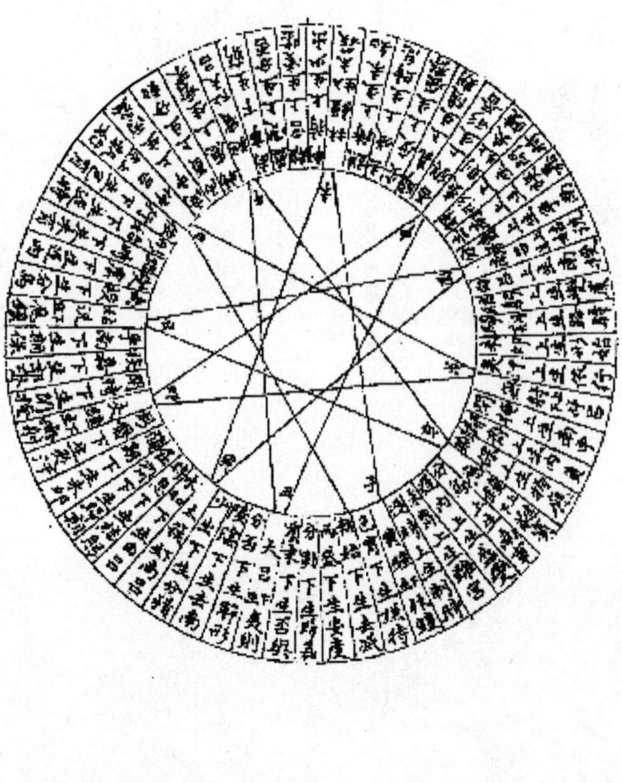

京房六十律相生圖

商生羽，羽生角也。然臣有常職，民有常業，物有常形，不可以遷，遷則失其常矣。商與角羽三聲，此其無所變也。故君總萬務，不可執於一方。事通萬變，不可滯於一隅。故宮徵二聲必有變也。

愚謂：樂所以象成，周加二變於五音，以象時事也。紂肆於民而天絶之，民叛之，君之位亡矣。故武王不得不誅其君而代之，此宮之所以變也。紂之所爲賊仁賊義之事，武王欲繼文王之政而行之，則紂之事不可不改也。此徵之所以變也，此變宮變徵之所爲起也。故《洪範》稱武王勝殷殺受而不謂之弑，《武成》稱武王反商政，政由舊而不謂之亂。故《易》革傳曰：順天應人而爲革，時之大也。豈虚言哉。故周之變宮變徵謂之和繆，由是而已。陳氏不知其妙，而欲去之，非矣。杜氏之説乃得其一端云。

周景王曰：七律者何？伶州鳩對曰：昔武王伐紂，歲在鶉火，月在天駟，日在析木之津，辰在斗柄，星在天黿。歲之所在，則我有周之分野也。月之所在，辰馬農祥也，我太祖后稷之所經緯也。王欲因是五位之所而用之，自鶉及駟七列也，南北之揆七同也。凡神人以數合之，以聲昭之，數合聲龢，然後可同也。以七同其數，而以律和其聲，於是乎有七律。

愚按：州鳩之説與《通典》所言不同，蓋自武王之時始有此七律，其義自與商夏樂異也。

又　卷四　旋宮八十四聲

圖章第十九

按此乃朱子以孔氏䟽定，即後章六十調圖，旋宮各有陰陽、辰位、次序、乾坤六爻之配位也。

鄭康成曰：陽管爲律，陰管爲呂，布十二辰。子爲黄鍾，管圓九分而長九寸。同位娶妻，隔八生子。下生者三分去一，上生者三分益一。黄鍾乾之初九也，隔八而下生林鍾坤之初六。林鍾又隔八而上生太簇之九二，太簇又下生南呂之六二，南呂又上

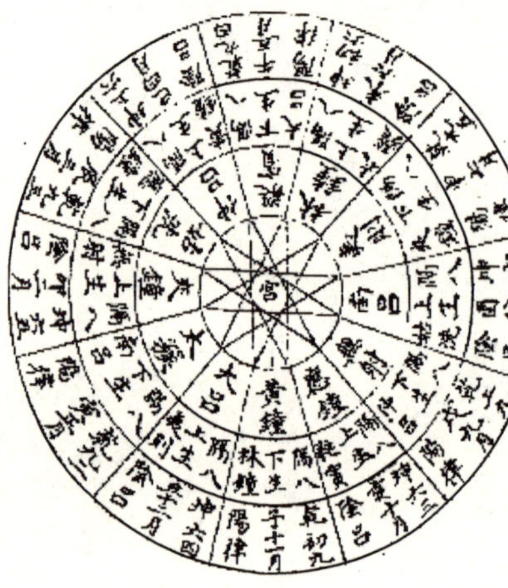

旋宮圖

生姑洗之九三，姑洗又下生應鍾之六三，應鍾又上生蕤賓之九四，蕤賓又下生大呂之六四，大呂又上生夷則之九五，夷則又下生夾鍾之六五，夾鍾又上生無射之上九，無射又下生仲呂之上六，五下六上乃一終也。司馬遷生鍾術曰：以下生者，倍其實，三其法。以上生者，四其實，三其法。朱子曰：假令黄鍾九寸，下生則倍其實，爲一尺八寸，三其法乃爲六寸而得林鍾。六寸上生則四其實，爲二尺四寸，三其法乃爲八寸而得太簇。餘倣此。

按《律書》術曰：下生者，倍其實三其法。上生者，四其實三其法。此四句乃生十二律之要法也。如黄鍾九寸，倍其實則爲一十八，得一尺八寸也。三其法，則十八爲三六，故下生林鍾之六寸。林鍾六寸，四其實則爲四六二十四，三其法則二十四爲三八，故上生太簇之八寸。餘律倣此推之，則長短見矣。

八十四聲圖第二十今按蔡氏圖與此本同，但朱子差爲明白易見，故特取朱子此圖焉。

	宮下生	徵上生	商下生	羽上生	角下生	變徵上生	變宮
第一宮	黄正	林正	太正	南正	姑正	應正	蕤正
第二宮	林正	太正半	南正	姑正半	應正	蕤正半	大正半
第三宮	太正	南正	姑正	應正	蕤正	大正半	夷正
第四宮	南正	姑正半	應正	蕤正半	大正半	夷正半	夾正半
第五宮	姑正	應正	蕤正	大正半	夷正	夾正半	無正
第六宮	應正	蕤正半	大正半	夷正半	夾正半	無正半	仲正半
第七宮	蕤正	大正半	夷正	夾正半	無正	仲正半	黄變半
第八宮	大正	夷正	夾正	無正	仲正	黄變半	林變
第九宮	夷正	夾正半	無正	仲正	黄變半	林變半	太變半
第十宮	夾正	無正	仲正	黄變半	林變半	太變半	南變
第十一宮	無正	仲正	黄變半	林變半	太變半	南變半	姑變半
第十二宮	仲正	黄變半	林變	太變半	南變	姑變半	應變半

《禮運》曰：五聲六律十二管，旋相爲宮也。孔氏《正義》曰：十二辰各自爲宮，各有五聲。十二管相生之次，至仲呂而帀，凡六十聲。朱子曰：今按孔氏以本文但云五聲十二管，故不及二變，而止爲六十聲。今增入二變二十四聲，合爲八十四聲。自唐以來法皆如此。西山蔡氏曰：律呂之數往而不返，故黄鍾不復爲他律役，所用七聲皆正律，無空積忽微。自林鍾而下則有半聲，大呂、太簇一

半聲，夾鐘、姑洗二半聲，蕤賓、林鐘四半聲，夷則、南吕五半聲，無射、應鐘六半聲；仲吕爲十二律之窮，三半聲。自蕤賓而下則有變律，蕤賓一變律，大吕二變律，夷則三變律，夾鐘四變律，無射五變律，仲吕六變律。皆有空積忽微，不得其正。故黃鐘獨爲聲氣之元，雖十二律八十四聲，皆黃鐘所生。然黃鐘一均，所謂純粹中之純粹者也。八十四聲，正律六十三，變律二十一。六十三者，七九之數也。二十一者，三七之數也。

愚案：蔡氏所謂一均，即一律七聲之法也。均有七音，其合聲即本律宮，其高下所取即本律宮之衆音也。其面有四穴，爲商角徵羽；背有二穴，即變宮變徵也。

又 卷五 六十調圖章第二十

朱子曰：六十調，即前旋宮圖六十聲也。其二變二十四聲，非五聲之正，不可爲調，故止於六十也。又曰：十二管自本律之外，爲他律之四聲者，合其律爲調，此和聲也。愚詳合其律爲調者，如本宮黃鐘，則無射之商，夷則之角，仲吕之徵，夾鐘之羽，皆取黃鐘之變以應和之，然後聲韻諧協，故合其律爲調。然本宮所取之七聲，即隔八相生損益之次序，故宮下生徵，徵上生商，商下生羽，羽上生角，角下生變徵，變徵上生變宮，然後高下清濁自然相順，又合其律而成聲，則其調成矣。此六十調之義也。蔡氏以《周禮》《淮南子》《禮記》鄭氏注孔氏正義定每調有七音，取其聲以相應也。每調統四調，取其聲以相和也。

	宮	商	角	變徵	徵	羽	變宮
黃鐘本律	宮正	太正	姑正	蕤正	林正	南正	應正
無射商	無正	黃變半	太變半	姑變半	仲半	林變半	南變半
夷則角	夷正	無正	黃變半	太變半	夾半	仲半	林變半
仲吕徵	仲正	林變	南變	應變	黃變半	太變半	姑變半
夾鐘羽	夾正	仲正	林變	南變	無正	黃變半	太變半
大吕本律	宮正	夾正	仲正	林變	夷正	無正	黃變半
應鐘商	應正	大半	夾半	仲半	蕤半	夷半	無半
南吕角	南正	應正	大半	夾半	姑半	蕤半	夷半
蕤賓徵	蕤正	夷正	無正	黃變半	大半	夾半	仲半
姑洗羽	姑正	蕤正	夷正	無正	應正	大半	夾半
太簇本律	宮正	姑正	蕤正	夷正	南正	應正	大半
黃鐘商	黃正	太正	姑正	蕤正	林正	南正	應正
無射角	無正	黃變半	太變半	姑變半	仲半	林變半	南變半
林鐘徵	林正	南正	應正	大半	太半	姑半	蕤半
仲吕羽	仲正	林變	南變	應變	黃變半	太變半	姑變半
夾鐘本律	宮正	仲正	林變	南變	無正	黃變半	太變半
大吕商	大正	夾正	仲正	林變	夷正	無正	黃變半
應鐘角	應正	大半	夾半	仲半	蕤半	夷半	無半
夷則徵	夷正	無正	黃變半	太變半	夾半	仲半	林變半
蕤賓羽	蕤正	夷正	無正	黃變半	大半	夾半	仲半
姑洗本律	宮正	蕤正	夷正	無正	應正	大半	夾半
太簇商	太正	姑正	蕤正	夷正	南正	應正	大半
黃鐘角	黃正	太正	姑正	蕤正	林正	南正	應正
南吕徵	南正	應正	太半	夾半	姑半	蕤半	夷半
林鐘羽	林正	南正	應正	大半	太半	姑半	蕤半
仲吕本律	宮正	林變	南變	應變	黃變半	太變半	姑變半
夾鐘(羽)[商]	夾正	仲正	林變	南變	無正	黃變半	太變半
大吕角	大正	夾正	仲正	林變	夷正	無正	黃變半
無射徵	無正	黃變半	太變半	姑變半	仲半	林變半	南變半
夷則羽	夷正	無正	黃變半	太變半	夾半	仲半	林變半
蕤賓本律	宮正	夷正	無正	黃變半	大半	夾半	仲半
姑洗商	姑正	蕤正	夷正	無正	應正	大半	夾半
太簇角	太正	姑正	蕤正	夷正	南正	應正	大半
應鐘徵	應正	大半	夾半	仲半	蕤半	夷半	無半
南吕羽	南正	應正	大半	夾半	姑半	蕤半	夷半
林鐘本律	宮正	南正	應正	大半	太半	姑半	蕤半
仲吕商	仲正	林變	南變	應變	黃變半	太變半	姑變半
夾鐘角	夾正	仲正	林變	南變	無正	黃變半	太變半
黃鐘徵	黃正	太正	姑正	蕤正	林正	南正	應正
無射羽	無正	黃變半	太變半	姑變半	仲半	林變半	南變半
夷則本律	宮正	無正	黃變半	太變半	夾半	仲半	林變半

蕤賓商	蕤正	夷正	無正	黃變半	大半	夾半	仲半
姑洗角	姑正	蕤正	夷正	無正	應正	太半	夾半
大呂徵	大正	夾正	仲正	林變	夷正	無正	黃變半
應鐘羽	應正	大半	夾半	仲半	蕤半	夷半	無半
南呂本律	宮正	應正	大半	夾半	姑半	蕤半	夷半
林鐘商	林正	南正	應正	大半	太半	姑半	蕤半
仲呂角	仲正	林變	南變	應半	黃變半	太變半	姑變半
太簇徵	太正	姑正	蕤正	夷正	南正	應正	大半
黃鐘羽	黃正	太正	姑正	蕤正	林正	南正	應正
無射本律	宮正	黃變半	太變半	姑變半	仲半	林變半	南變半
夷則商	夷正	無正	黃變半	太變半	夾半	仲半	林變半
蕤賓角	蕤正	夷正	無正	黃變半	太半	夾半	仲半
夾鐘徵	夾正	仲正	林變	南變	無正	黃變半	太變半
大呂羽	大正	夾正	仲正	林變	夷正	無正	黃變半
應鐘本律	宮正	大半	夾半	仲半	蕤半	夷半	無半
南呂商	南正	應正	大半	夾半	姑半	蕤半	夷半
林鐘角	林正	南正	應正	大半	太半	姑半	蕤半
姑洗徵	姑正	蕤正	夷正	無正	應正	大半	夾半
太簇羽	太正	姑正	蕤正	夷正	南正	應正	大半

蔡氏曰：按十二律旋相爲宮，各有七聲，合八十四聲。宮聲十二，商聲十二，角聲十二，徵聲十二，羽聲十二，凡六十聲，爲六十調。其變宮十二，在羽聲之後，宮聲之前。變徵十二，在角聲之後，徵聲之前。宮不成宮，徵不成徵，凡二十四聲，不可爲調。黃鐘宮至夾鐘羽，並用黃鐘起調，黃鐘畢曲。大呂宮至姑洗羽，並用大呂起調，大呂毕曲。太簇宮至仲呂羽，並用太簇起調，太簇畢曲。夾鐘宮至蕤賓羽，並用夾鐘起調，夾鐘畢曲。姑洗宮至林鐘羽，並用姑洗起調，姑洗畢曲。仲呂宮至夷則羽，並用仲呂起調，仲呂畢曲。蕤賓宮至南呂羽，並用蕤賓起調，蕤賓畢曲。林鐘宮至無射羽，並用林鐘起調，林鐘畢曲。夷則宮至應鐘羽，並用夷則起調，夷則畢曲。南呂宮至黃鐘羽，並用南呂起調，南呂畢曲。無射宮至大呂羽，並用無射起調，無射畢曲。應鐘宮至太簇羽，並用應鐘起調，應鐘畢曲。是爲六十調。六十調即十二律也，十二律即一黃鐘也。黃鐘生十二律，十二律生五聲二變。五聲各爲綱紀，以成六十調。六十調皆黃鐘損益之變也。宮商角三十六調，老陽也。其徵羽二十四調，老陰也。調成而陰陽倫矣。或曰日辰之數由天五地六錯綜而生，律呂之數由黃鐘九寸損益而生，二者不同。至數之成，則日有六甲，辰有五子，爲六十日。律呂有律呂五聲，爲六十調。若合符節，何也？曰：即上文所謂調成而陰陽倫矣。夫理必有對待，數之自然也。以天五地六合陰與陽言之，則六甲五子究於六十，其三十六爲陽，二十四爲陰。以黃鐘九寸紀陽不紀陰言之，則六律五聲究於六十，亦三十六爲陽，二十四爲陰。蓋一陽之中又自有陰陽也，非知天地之化育者，不能與於此。愚按唐樂起調，取樂章第一字爲某宮起調，及畢曲之時遂用其宮終之也。

竊詳起調畢曲，首尾皆用本宮何也。五調之中，取本宮爲主，而以商角徵羽四調相應和之，非於本宮之外更生別調，以爲他律之聲，故六十調即十二律也。如第一行黃鐘之宮，則用本均管中合聲爲黃鐘之正；其下商聲，則取第二行無射調黃鐘變半之商聲以和之；角聲則取第三行夷則調黃鐘變半之角聲以和之；徵聲則取第四行仲呂調黃鐘變半之徵聲以和之；羽聲則取夾鐘調黃鐘變半之羽聲以和之。夫黃鐘調雖有五聲二變，雜用他律以抑揚歎和之，然不過扶沈伏發，散越以成黃鐘之一聲耳。唐張文收、祖孝孫所定十二和，意蓋如此。凡一聲之中，清濁高下如縈縷然，故曰繹如也，以成此古人起調畢曲之意也。

朱子曰：黃、大、太、夾、姑、仲、蕤、林、夷、南、無、應爲十二律長短之次，宮、商、角、徵、羽爲五聲長短之次。黃鐘一均，上生下生，長短皆順，故得各用其全律之正聲。自林鐘之宮而生太簇之徵，則林鐘六寸而太簇八寸，徵反長於宮而聲失其序矣。雖當爲林鐘上生太簇，而宮下生徵，則得太簇半律四寸之管，其聲方順。又自太簇半律四寸之徵，而生南呂五寸有奇之商，則於律雖本爲下生，而於聲反爲上生矣。自南呂五寸有奇之商，而生姑洗七寸有奇之羽，則於律雖本爲上生，而於聲則又當用其半而爲下生矣。自姑洗半律三寸有奇之羽，而生應鐘四寸有奇之角，則於律雖爲下生，而於聲反爲上生矣。其餘十律皆然。孔疏蓋知此法，但言之不詳耳。半律，杜佑《通典》謂之子聲者是也。此是古法，但後人失之，而唯存黃鐘、大呂、太簇、夾鐘四律有四清聲，即此半聲是也。

孔氏《禮記疏》曰：黃鐘爲第一宮，下生林鐘爲徵，上生太簇爲商，下生南呂爲羽，上生姑洗爲角。林鐘爲第二宮，上生太簇爲徵，下生南吕爲商，上生姑洗爲羽，下生應鐘爲角。太簇爲第三宮，下生南吕爲徵，上生姑洗爲商，下生應鐘爲羽，上生蕤賓爲角。南吕爲第四宮，上生姑洗爲徵，下生應鐘爲商，上生蕤賓爲羽，上生大吕爲角。姑洗爲第五宮，下生應鐘爲徵，上生蕤賓爲商，上生大吕爲羽，下生夷則爲角。應鐘爲第六宮，上生蕤賓爲徵，上生大吕爲商，下生夷則爲羽，上生夾鐘爲角。蕤賓爲第七宮，上生大吕爲徵，下生夷則爲商，上生夾鐘爲羽，下生無射爲角。大吕爲第八宮，下生夷則爲徵，上生夾鐘爲商，下生無射爲羽，上生仲吕爲角。夷則爲第九宮，上生夾鐘爲徵，下生無射爲商，上生仲吕爲羽，上生黄鐘爲角。夾鐘爲第十宮，下生無射爲徵，上生仲吕爲商，上生黄鐘爲羽，下生林鐘爲角。無射爲十一宮，上生仲吕爲徵，上生黄鐘爲商，下生林鐘爲羽，上生太簇爲角。仲吕爲十二宮，上生黄鐘爲徵，下生林鐘爲商，上生太簇爲羽，下生南吕爲角。是十二宮各有五聲，凡六十聲。

《淮南子》曰：一律而五音，十二律而爲六十音，因而六之，六六三十六，故三百六十音，以當一歲之日，故律歷之數天之道也。愚按：孔氏疏上生下生，不盡陰陽之義。凡律生吕，曰下生；吕生律，曰上生。蓋圜蓋方覆，六耦承奇之道蓋如此。

蔡氏曰：按聲者，所以起調畢曲，爲諸聲之綱領，《禮運》所謂還相爲宮，所以始於黄鐘終於南吕也。後世以變宮變徵參而八十四調，其亦不攷矣。

《周禮》曰：春官大司樂，凡樂，圜鐘爲宮，黄鐘爲角，太簇爲徵，姑洗爲羽，雷鼓雷鼗，孤竹之管，雲和之琴瑟，雲門之舞。冬日至，於地上之圜丘奏之，若樂六變，則天神皆降可得而禮矣。凡樂，函鐘爲宮，太簇爲角，姑洗爲徵，南吕爲羽，靈鼓靈鼗，孫竹之管，空桑之琴瑟，咸池之舞。夏日至，於澤中之方丘奏之，若樂八變，則地示皆出可得而禮矣。凡樂，黄鐘爲宮，大吕爲角，太簇爲徵，應鐘爲羽，路鼓路鼗，陰竹之管，龍門之琴瑟，九德之歌，九磬之舞，於宗廟之中奏之，若樂九變，則人鬼可得而禮矣。

西山蔡氏曰：按此祭祀之樂不用商聲，只有宮角徵羽四聲，無變宮變徵。蓋古人變宮變徵不爲調也。《左氏傳》曰：中聲以降，五降之後不容彈矣。夫五聲之後，更有變宮、變徵，而曰不容彈者，以二變之不可爲調也。愚按：中聲者，正聲也。正聲有五，五聲之後有變宮變徵，故曰五降之後不容彈者，非謂蕤賓以下不可爲調也。此左氏之意也。

朱子曰：所謂五降以下不容彈者，乃謂蕤賓以下不可爲宮耳。此説固未必，然與今所謂一定不可易，所謂隨十二月爲宮者，似得中制。又曰若初弦一定，不復更可緊慢。恐无是理也。

按朱子此説，以不得二變不可爲調之説，故以未以下蕤賓不爲宮者疑之，其疑則是，而終無得明。若蕤賓以下不可爲宮，則《禮記》所謂旋相爲宮之説非矣。旋相爲宮，則蕤賓以後諸律皆用子聲以成其調，未有不可爲宮也。唯變宮變徵雖有子聲不可用，故不爲調，以其不可彈也。

愚按：圜鐘，賈逵、鄭玄皆作夾鐘，《筆談》從之，是也。唯馬融與《隋書》皆作應鐘，恐爲未是。函鐘，林鐘也。此十六調，乃祭天神、地祇、人鬼之樂，與上六十調紀綱不同。朱子曰此是降神之樂，如黄鐘爲宮，大吕爲角，子與丑合。太簇爲徵，應鐘爲羽，寅與亥合也。自是四樂各舉其一者而言之。以大吕爲角，則南吕爲宮。太簇爲徵，則林鐘爲宮。應鐘爲羽，則太簇爲宮。以七聲推之合如此，注家之説非也。

朱子曰：祭天神、地示、人鬼獨用宮角徵羽，此不可曉。先儒謂商是殺聲，鬼神所畏，故不用。而只用四聲迭相爲宮，未知其五音不偹，又何以爲樂。然恐是無商調，不是無商音。他奏起來時，五音依舊皆在。

愚按：凡用樂，七音不可不偹。本律之商，蓋不可缺也。用七音而無商音以成之，則高下相間，樂必不和，豈容缺此一聲哉。朱子之説是也。但一均之中七音具在，宮角徵羽皆有歎和，而商音獨無。愚又恐未知其扶發之際更如何也，此又不可曉耳。沈存中又以商爲中聲，而虚其中以興降上下之神，與祀鬼神尚柔之義不同，故具見其説於後，以俟知者焉。沈氏又特言本律之商，不言他均，又不知何故。

沈存中曰：五聲之序，宮生徵，徵生商，商生羽，羽生角。商爲中聲，興降上下之神，虚其中人聲所以致一於鬼神也。又曰：圜鐘爲宮，則林鐘當爲角，今變而用黄鐘，此祀天之音云耳，非謂易羽而爲角也。函鐘爲宮，則太簇當爲徵，今變而用姑洗，此求地示之音云耳，非謂易羽以爲徵也。黄鐘爲宮，則南吕當爲羽，今變而用應鐘，此求人鬼之音云耳，非謂易均外間聲以爲羽也。愚按：沈氏興降上下之神之説最是。何以知興降上下之爲是也？《周禮》曰：天神皆降可得而禮矣。蓋以此樂降神，降神之後然後獻牲體，酌盡齊而禮之。以此推之，知爲降神之樂无疑。與沈存中興降上下之説雖爲近之，若以佩玉，左宮羽右徵角推之，則又不通矣。唯祭尚柔之義爲近。

九變之樂，以沈氏觀之，祗是每調四聲；依朱子之説，則爲十二調，而其所取之義，鄭氏詳焉，未知是否。鄭氏曰：圜鐘生於房心之氣，夾鐘卯也。房心爲天帝之明堂，故圜鐘爲天宮，而以黄鐘爲角，太簇爲徵，姑洗爲羽，是三者陽律之相繼也。相繼者天之道。函鐘生於坤未之氣，天社在輿鬼之外。天社，地神也。故函鐘爲地宮，而以太簇爲角，姑洗爲徵，南呂爲羽，是三者律呂之相生也。相生者地之功。黄鐘生於虚危之氣，虚危爲宗廟，故黄鐘爲人宮，而以大呂爲角，太簇爲徵，應鐘爲羽，是三者律呂之相合也。相合者人之情。

十二均七聲次序數圖第二十一 愚按六十調雖有圖，而中間所取七聲未有其數，故按其實著爲聲數之序如左。

七聲所取寸分釐毫法，皆自上而下。均者，如黄鐘之實十七萬七千一百四十七析爲八十一分，每分得二千一百八十七，五聲皆以是取之，故曰均。

黄鐘一均七聲以二千一百八十七爲率。

黄鐘管空圍九方分，徑三分四釐六毫，長九寸積八百一十分。

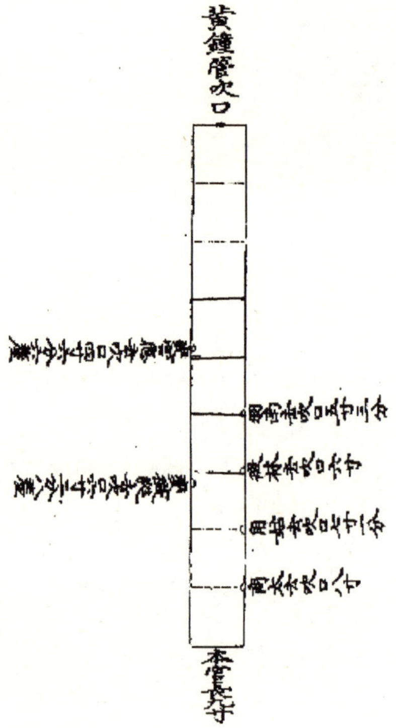

此黄鐘一均七聲。黄鐘之實十七萬七千一百四十七，析爲八十一分，計八十一箇二千一百八十七，爲黄鐘之宮。三分損一，得十一萬八千九十八爲林鐘之實，計五十四箇二千一百八十七，爲黄鐘之徵。又三分益一，得十五萬七千四百六十四，爲太簇之實，計七十二箇二千一百八十七，爲黄鐘之商。又三分損一，得十萬四千九百七十六，爲南呂之實，計四十八箇二千一百八十七，爲黄鐘之羽。又三分益一，得十三萬九千一百四十七，爲姑洗之實，計六十四箇二千一百八十七，爲黄鐘之角。又九分角之一而餘八分，得十二萬四千四百一十六，爲蕤賓之實，計五十六箇二千一百八十七，爲黄鐘之變徵。又九分角之一而餘六分，得九萬三千三百一十二，爲應鐘之實，計四十二箇二千一百八十七，爲黄鐘之變宮。而一均之聲備矣。

大呂一均七聲以二千零四十八爲率。

大呂管圍徑與黄鐘同，長八寸三分七厘六毫，積七百五十三分八厘四毫。

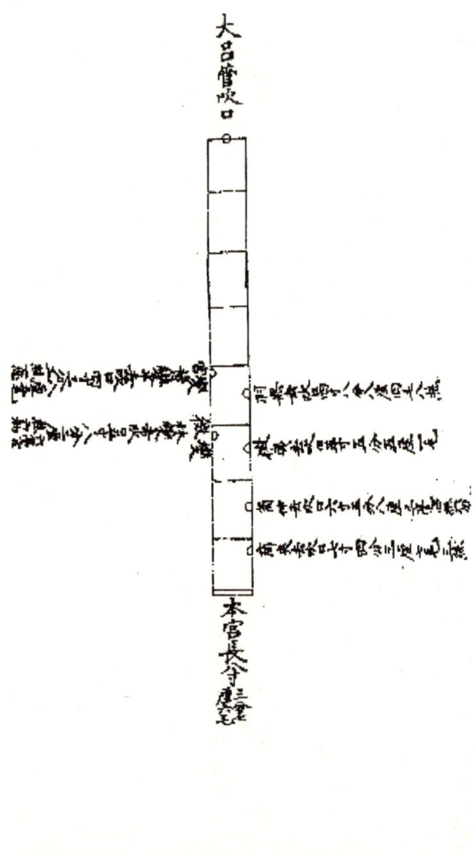

此大呂一均七聲。大呂之實十六萬五千八百八十八，析爲八十一分，計八十一個二千四十八，爲大呂之宮。又三分損一，得十一萬零五百九十二，爲夷則之實，計五十四個二千四十八，爲大呂之徵。又三分益一，得十四萬七千四百五十六，爲夾鐘之實，計七十二個二千四十八，爲大呂之商。又三分損一，得九萬八千三百零四，爲無射之實，計四十八個二千四十八，爲大呂之羽。又三分益一，得十三萬零七十二，爲仲呂之實，計六十四個二千四十八，爲大呂之變。又九分角之一分而餘八分，得十一萬六千五百單八，爲林鐘變之實，計五十六個二千四十八，爲大呂之變徵。又九分角之一而餘六分，得八萬七千三百八十一，爲變黄鐘之半實，計四十二個二千四十八，爲大呂之變宮。而一均七聲備矣。

太簇一均七聲以一千九百四十四爲率。

太簇管圍徑與黄鐘同，長八寸，積七百二十分。

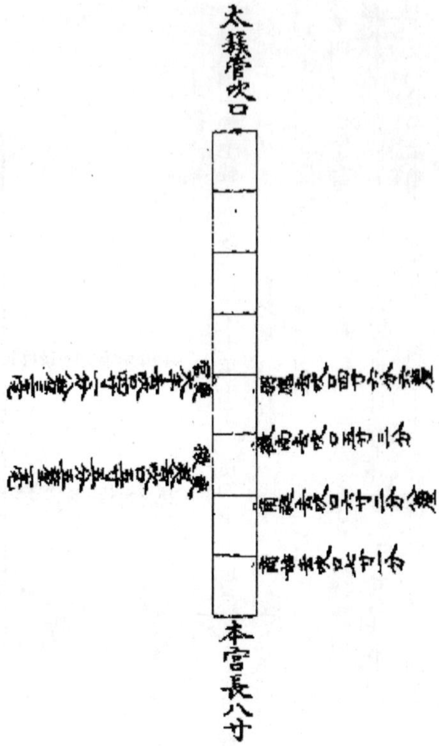

此太簇一均七聲。太簇之實十五萬七千四百六十四，析爲八十一分，計八十一箇一千九百四十四，爲太簇之宮。又三分損一，得十萬四千九百七十六，爲南呂之實，計五十四箇一千九百四十四，爲太簇之徵。又三分益一，得十三萬九千九百六十八，爲姑洗之實，計七十二箇一千九百四十四，爲太簇之商。又三分損一，得九萬三千三百一十二，爲應鐘之實，計四十八箇一千九百四十四，爲太簇之羽。又三分益一，得十二萬四千四百一十六，爲蕤賓之實，計六十四箇一千九百四十四，爲大簇之角。又以角之一而九分之，餘八分，得十一萬零五百九十二，爲夷則之實，計五十六箇一千九百四十四，爲太簇之變徵。又以角之九分而餘六分，得八萬二千九百四十四，爲大呂半之實，計四十二箇一千九百四十四，爲太簇之變宮。而一均七聲備矣。

夾鐘一均七聲以一千八百二十小分四千四百四十四。

夾鐘管圍徑與黃鐘同，長七寸四分三釐七毫三絲，積六百六十九分三釐五毫七絲。

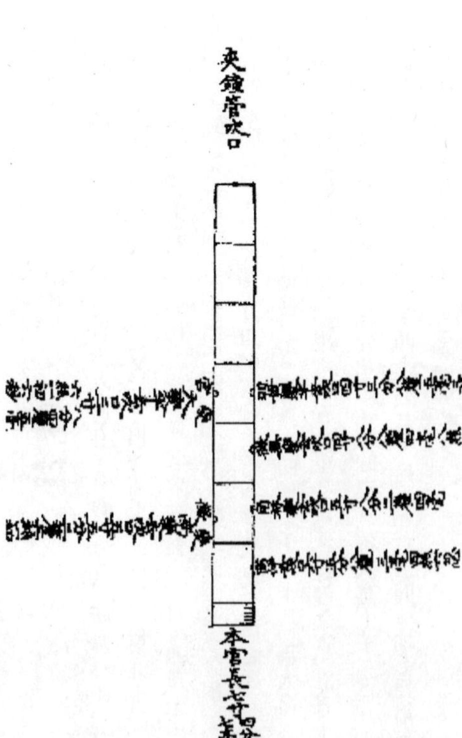

此夾鐘一均七聲。夾鐘之實十四萬七千四百五十六，析爲八十一分，計八十一箇一千八百二十，爲夾鐘之宮。又三分損一，得九萬八千三百零四，爲無射之實，計五十四箇一千八百二十，爲夾鐘之徵。又三分益一，得十三萬一千零七十二，爲仲呂之實，計七十二箇一千八百二十，爲夾鐘之商。又三分損一，得八萬七千二百八十一，爲黃鐘變半之實，計四十八箇一千八百二十，爲夾鐘之羽。又三分益一，得十一萬六千五零八小分三百二十四，爲變林鐘之實，計六十四箇一千八百二十，爲夾鐘之角。又九分角之一而餘八分，得十萬三千五百六十三小分四十五，爲南呂變之實，計五十六箇一千八百二十，爲夾鐘之變徵。又九分角之一而餘六，得七萬七千六百七十二小分二百一十六，爲太簇變半之實，計四十二箇一千八百二十，爲夾鐘之變宮。而一均七聲備矣。

姑洗一均七聲以一千七百二十八爲率。

姑洗管圍徑與黃鐘同，長七寸一分，積六百三十九分。

此姑洗一均七聲。姑洗之實十三萬九千九百六十二，析爲八十一分，計八十一箇一千七百二十八，爲姑洗之宮。又三分損一，得九萬三千三百一十二，爲應鐘之實，計五十四箇一千七百二十八，爲姑洗之徵。又三分益一，得十二萬四千四百一十六，爲蕤賓之實，計七十二箇一千七百二十八，爲姑洗之商。又三分損一，得八萬二千九百四十四，爲大呂半之實，計四十八箇一千七百二十八，爲姑洗之羽。又三分益一，得十一萬零五百九十二，爲夷則之實，計六十四箇一千七百二十八，爲姑洗之角。又九分角之一而餘八，得九萬八千三百零四，得無射之實，計五十六箇一千七百二十八，爲姑洗之變徵。又九分角之一而餘六，得七

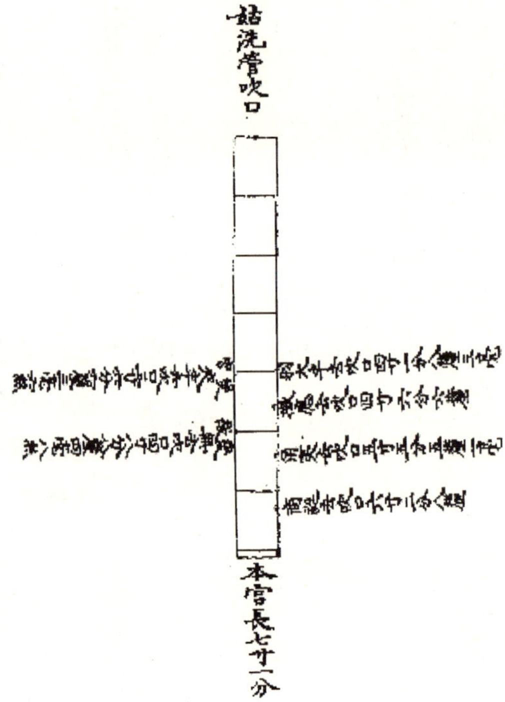

萬三千七百二十八，爲夾鐘半之實，計四十二箇一千七百二十八，爲姑洗之變宮。而一均七聲備矣。

仲呂一均七聲以一千(七)[六]百(二)[一]十八爲率。

仲呂管圍徑與黃鐘同，長六寸五分八釐三毫四絲六忽，積六百九十二分五釐一毫一絲一忽。

此仲呂一均七聲。仲呂之實十三萬一千零七十二，析爲八十一分，計八十一箇一千六百一十八，爲仲呂之宮。三分損一，得八萬七千三百八十一小分二百四十三，爲黃鐘變半之實，計五十四箇一千六百一十八，爲仲呂之徵。又三分益一，得十一萬六千五百零八，爲林鐘變半之實，計七十二箇一千六百一十八，爲仲呂之商。又三分損一，得七萬七千六百七十二小分二百一十六，爲大呂變半之實，計四十八箇一千六百一十八，爲仲呂之羽。又三分益一，得十萬三千五百六十三，爲南呂變之實，計六十四箇一千六百一十八，爲仲呂之角。又九分角之一而餘八分，得九萬二千零五十二小分四十，爲應鐘半之實，計五十六箇一千六百一十八，爲仲呂之變徵。又九分角之一而餘六分，得六萬九千零四十二小分三十，爲姑洗變半之實，計四十二箇一千六百一十八，爲仲呂之變宮。而一均七聲備矣。

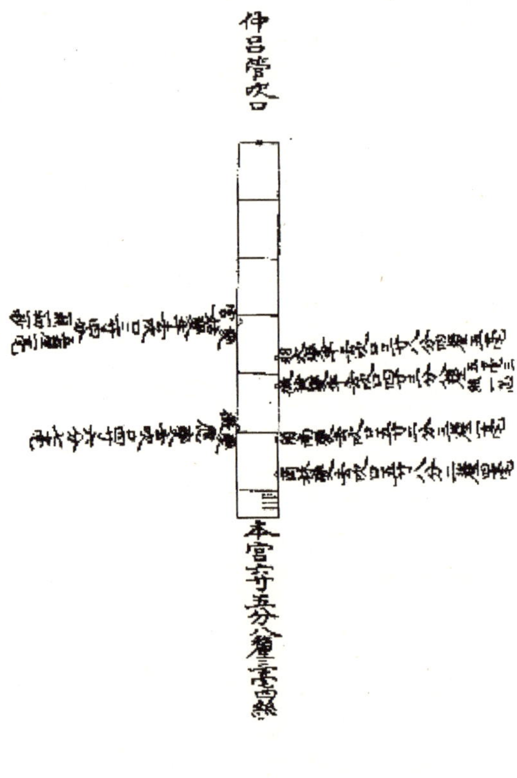

蕤賓一均七聲以一千五百三十六爲率。

蕤賓管圍徑與黃鐘同，長六寸二分八釐，積五百六十五分二釐。

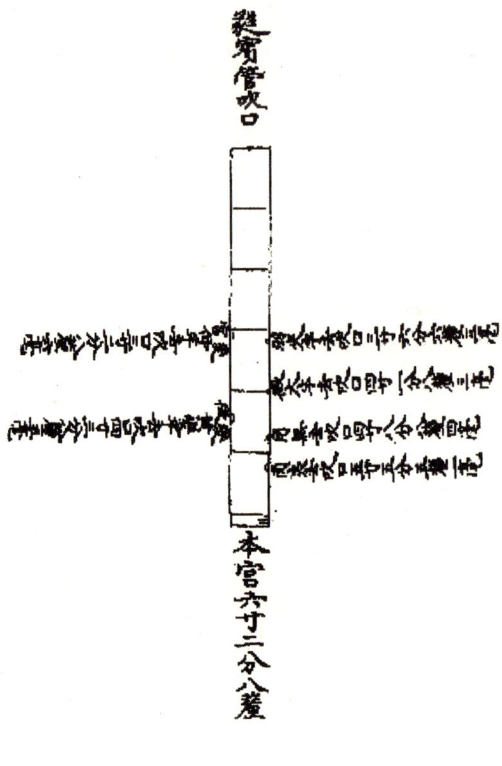

此蕤賓一均七聲。蕤賓之實十二萬四千四百一十六，析爲八十一分，計八十一箇一千五百三十六，爲蕤賓之宮。又三分損一，得八萬二千九百四十四，爲大呂半之實，計五十四箇一千五百三十六，爲蕤賓之徵。又三分益一，得十一萬零五百九十二，爲夷則之實，計七十二箇一千五百三十六，爲蕤賓之商。又三分損一，得七萬三千九百二十八，爲夾鐘半之實，計四十八箇一千五百三十六，爲蕤賓之羽。又三分益一，得八萬八千三百零四，爲無射之實，計六十四箇一千五百三十六，爲蕤賓之角。又九分角之一而餘八分，得八萬七千三百八十一小分二百四十三，爲黃鐘變半之實，計五十六箇一千五百三十六，爲蕤賓之變。又九分角之一而餘六分，得六萬五千五百三十六，爲仲呂半之實，計四十二箇一千五百三十六，爲蕤賓之變宮。而一均七聲備矣。

林鐘一均七聲以一千四百五十八爲率。

林鐘管圍徑與黃鐘同，長六寸，積五百四十分。

林鐘管吹口

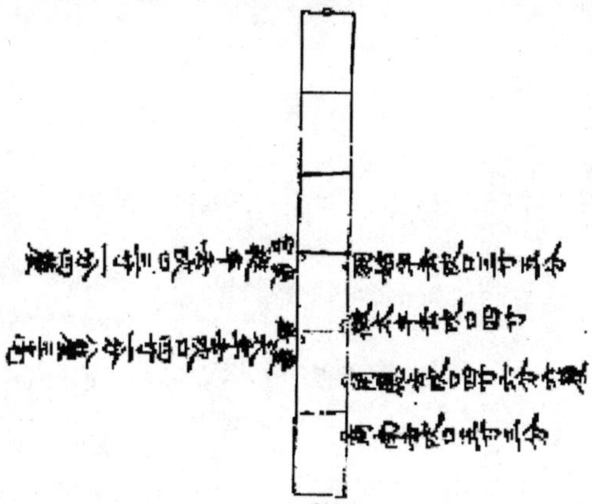

本宮長六寸

此林鐘一均七聲。林鐘之實十一萬八千零九十八，析爲八十一分，計八十一箇一千四百五十八，爲林鐘之宮。又三分損一，得七萬八千七百三十二，爲太簇半之實，計五十四箇一千四百五十八，爲林鐘之徵。又三分益一，得十萬四千九百七十六，爲南呂之實，計七十二箇一千四百五十八，爲林鐘之商。又三分損一，得六萬九千九百八十四，爲姑洗半之實，計四十八箇一千四百五十八，爲林鐘之羽。又三分益一，得七萬八千七百三十二，爲應鐘之實，計六十四箇一千四百五十八，爲林鐘之角。又九分角之一而餘八分，得八萬二千九百四十四，爲大呂半之實，計五十六箇一千四百五十八，爲林鐘之變徵。又九分角之一而餘六分，得六萬二千二百零八，爲蕤賓半之實，計四十二箇一千四百五十八，爲林鐘之變宮。而一均七聲備矣。

夷則一均七聲以(一)[一]千三百六十五小分三千三百三十三爲率。

夷則管圍徑與黃鐘同，長五寸五分五釐一毫，積四百九十分五釐九毫。

夷則管吹口

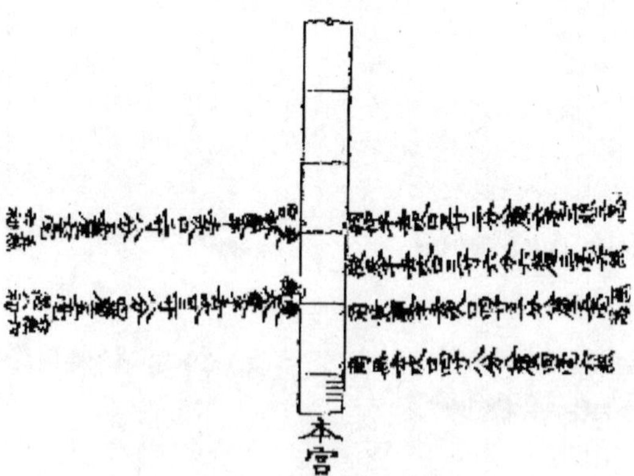

本宮長五寸五分五釐一毫

此夷則一均七聲。夷則之實十一萬零五百九十二，析八十一分，計八十一箇一千三百六十五，爲夷則之宮。又三分損一，得七萬三千七百二十八，爲夾鐘半之實，計五十四箇一千三百六十五，爲夷則之徵。又三分益一，得九萬八千三百零四，爲無射之實，計七十二箇一千三百六十五，爲夷則之商。又三分損一，得六萬五千五百三十六，爲仲呂半之實，計四十八箇一千三百六十五，爲夷則之羽。又三分益一，得八萬七千三百八十一小分二百四十三，爲黃鐘變半之實，計六十四箇一千三百六十五，爲夷則之角。又九分角之一而餘八，得七萬七千六百七十二小分二百一十六，爲太簇變半之實，計五十六箇一千三百六十五，爲夷則之變徵。又九分角之一而餘六分，得五萬八千二百五十四小分一百六十二，爲夷則之變宮。而一均七聲備矣。

南呂一均七聲以一千二百九十六爲率。

南呂管圍徑與黃鐘同，長五寸三分，積四百七十七分。

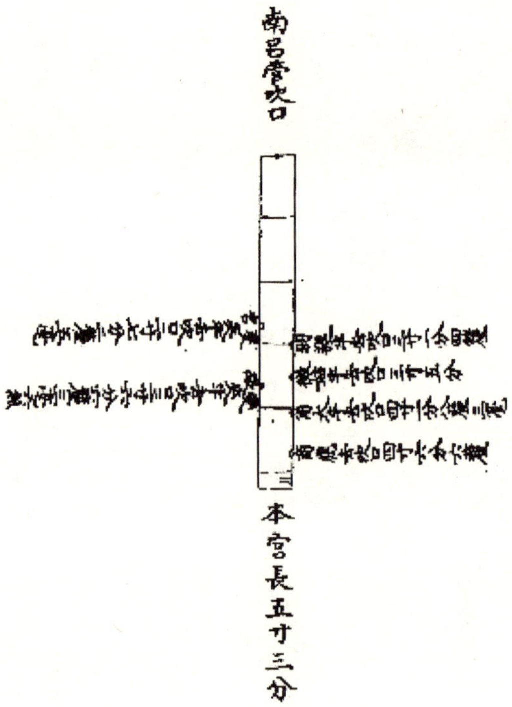

此南呂一均七聲。南呂之實十萬四千九百七十六，析爲八十一分，計八十一箇一千二百九十六，爲南呂之宮。又三分損一，得六萬九千九百八十四，爲姑洗半之實，計五十四箇一千二百九十六，爲南呂之徵。又三分益一，得九萬三千三百一十二，爲應鐘之實，計七十二箇一千二百九十六，爲南呂之商。又三分損一，得六萬二千二百零八，爲蕤賓半之實，計四十八箇一千二百九十六，爲南呂之羽。又三分益一，得八萬二千九百四十四，爲大呂半之實，計六十四箇一千二百九十六，爲南呂之角。又九分角之一而餘八分，得七萬三千七百二十八，爲夾鐘半之實，計五十六箇一千二百九十六，爲南呂之變徵。又九分角之一而餘六分，得五萬五千零九十六，爲夷則半之實，計四十二箇一千二百九十六，爲南呂之變宮。而一均七聲備矣。

無射一均七聲以一千二百一十三小分六千二百九十六爲率。

無射管圍徑與黃鐘同，長四寸八分有奇，積四百三十九分六釐三毫二絲。

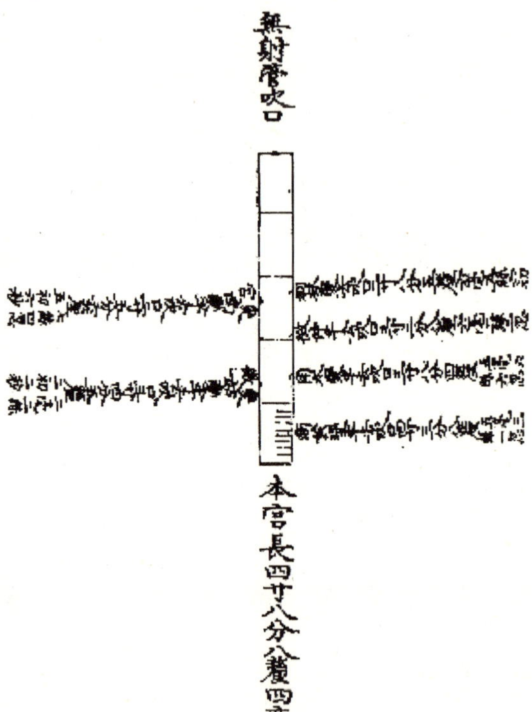

此無射一均七聲。無射之實得九萬八千三百零四，析爲八十一分，計八十一箇一千二百一十三，爲無射之宮。又三分損一，得六萬五千五百三十六，爲仲呂半之實，計五十四箇一千二百一十三，爲無射之徵。又三分益一，得八萬七千三百八十一小分二百四十三，爲黃鐘變半之實，計七十二箇一千二百一十三，爲無射之商。又三分損一，得五萬八千二百五十四小分一百六十二，爲林鐘變半之實，計四十八箇一千二百一十三，爲無射之羽。又三分益一，得七萬七千六百七十二小分二百一十六，爲大呂變半之實，計六十四箇一千二百一十三，爲無射之角。又九分角之一而餘八，得六萬九千零四十二小分三十，爲姑洗變半之實，計五十六箇一千二百一十三，爲無射之變徵。又九分角之一而餘六，得三萬一千七百八十一，爲南呂變半之實，計四十二箇一千二百一十三，爲無射之變宮。而一均七聲備矣。

應鐘一均七聲以一千一百五十二爲率。

應鐘管圍徑與黃鐘同，長四寸六分六釐，積四百一十九分四釐。

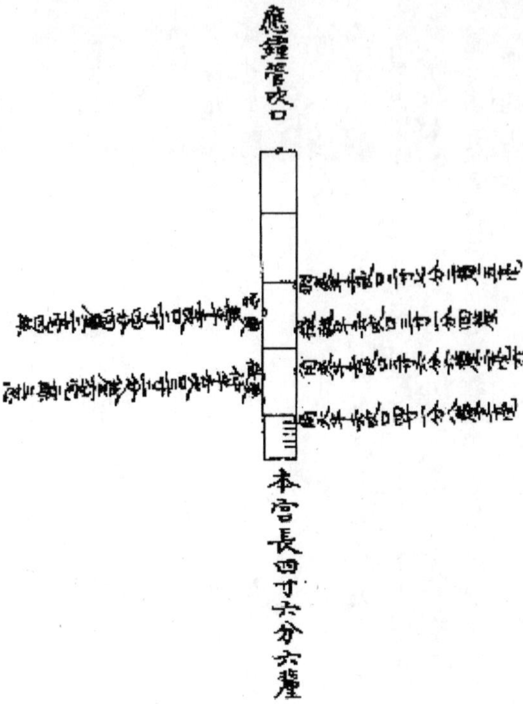

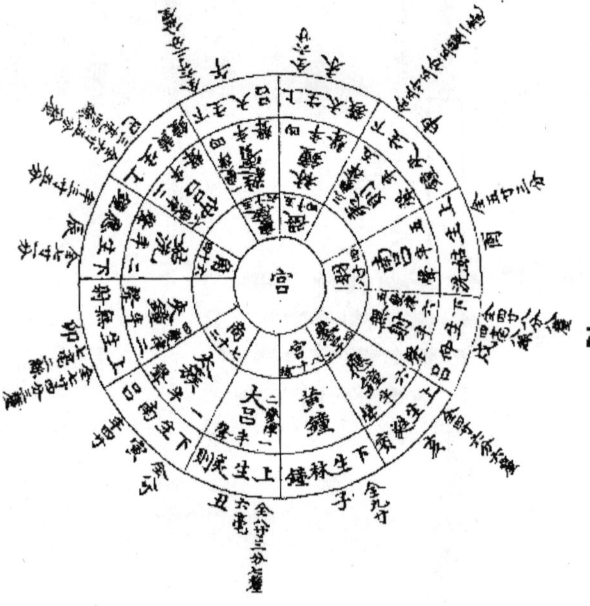

此應鐘一均七聲。應鐘之實九萬三千三百一十二，析爲八十一分，計八十一箇一千一百五十二，爲應鐘之宮。又三分損一，得六萬二千二百零八，爲蕤賓半之實，計五十四箇一千一百五十二，爲應鐘之徵。又三分益一，得八萬二千九百四十四，爲大呂半之實，計七十二箇一千一百五十二，爲應鐘之商。又三分損一，得五萬五千二百七十六，爲夷則半之實，計四十八箇一千一百五十二，爲應鐘之羽。又三分益一，得七萬三千七百二十六，爲夾鐘半之實，計六十四箇一千一百五十二，爲應鐘之角。又九分角之一而餘八分，得六萬五千五百三十六，爲仲呂半之實，計五十六箇一千一百五十二，爲應鐘之變徵。又九分角之一而餘六分，得四萬九千一百五十二，爲無射半之實，計四十二箇一千一百五十二，爲應鐘之變宮。而一均七聲備矣。

李文利《大樂律呂元聲》卷五　聲律陰陽雙宮合鳴對調圖第二十六

	宮	商	角	變徵	徵	羽	變宮	宮
子	宮黃鍾	太簇	姑洗	蕤賓	林鍾	南呂	應鍾	黃鍾收聲
丑	大呂	夾鍾	仲呂	林鍾	夷則	無射	黃鍾	大呂收聲
寅	商太簇	姑洗	蕤賓	夷則	南呂	應鍾	大呂	太簇收聲
亥	應鍾	大呂	夾鍾	仲呂	蕤賓	夷則	無射	應鍾收聲
辰	徵姑洗	蕤賓	夷則	無射	應鍾	大呂	夾鍾	姑洗收聲
酉	南呂	應鍾	大呂	夾鍾	姑洗	蕤賓	夷則	南呂收聲
午	羽蕤賓	夷則	無射	黃鍾	大呂	夾鍾	仲呂	蕤賓收聲
未	林鍾	南呂	應鍾	大呂	太簇	姑洗	蕤賓	林鍾收聲
申	夷則	無射	黃鍾	太簇	夾鍾	仲呂	林鍾	夷則收聲
巳	羽仲呂	林鍾	南呂	應鍾	黃鍾	太簇	姑洗	仲呂收聲
戌	無射	黃鍾	太簇	姑洗	仲呂	林鍾	南呂	無射收聲
卯	夾鍾	仲呂	林鍾	南呂	無射	黃鍾	太簇	夾鍾收聲

右第一章正宮用事，黃鍾、大呂畢詠天元雍熙之音也；周六樂以祀天神，又

奏於宗廟，蓋冬至祭始祖也。俱用全律，無半聲。下同。

	宮	商	角	變徵	徵	羽	變宮	宮
丑	宮大呂	夾鍾	仲呂	林鍾	夷則	無射	黃鍾	大呂收聲
子	黃鍾	太簇	姑洗	蕤賓	林鍾	南呂	應鍾	黃鍾收聲
卯	角夾鍾	仲呂	林鍾	南呂	無射	黃鍾	太簇	夾鍾收聲
戌	無射	黃鍾	太簇	姑洗	仲呂	林鍾	南呂	無射收聲
巳	羽仲呂	林鍾	南呂	應鍾	黃鍾	太簇	姑洗	仲呂收聲
申	夷則	無射	黃鍾	太簇	夾鍾	仲呂	林鍾	夷則收聲
未	林鍾	南呂	應鍾	大呂	太簇	姑洗	蕤賓	林鍾收聲
午	蕤賓	夷則	無射	黃鍾	大呂	夾鍾	仲呂	蕤賓收聲
酉	南呂	應鍾	大呂	夾鍾	姑洗	蕤賓	夷則	南呂收聲
辰	姑洗	蕤賓	夷則	無射	應鍾	大呂	夾鍾	姑洗收聲
亥	應鍾	大呂	夾鍾	仲呂	蕤賓	夷則	無射	應鍾收聲
寅	太簇	姑洗	蕤賓	夷則	南呂	應鍾	大呂	太簇收聲

右第二章次宮用事，大呂、黃鍾畢詠地元承和之音也，與一章並用。

	宮	商	角	變徵	徵	羽	變宮	宮
寅	宮太簇	姑洗	蕤賓	夷則	南呂	應鍾	大呂	太簇收聲
亥	應鍾	大呂	夾鍾	仲呂	蕤賓	夷則	無射	應鍾收聲
辰	姑洗	蕤賓	夷則	無射	應鍾	大呂	夾鍾	姑洗收聲
酉	南呂	應鍾	大呂	夾鍾	姑洗	蕤賓	夷則	南呂收聲
午	蕤賓	夷則	無射	黃鍾	大呂	夾鍾	仲呂	蕤賓收聲
未	林鍾	南呂	應鍾	大呂	太簇	姑洗	蕤賓	林鍾收聲
申	夷則	無射	黃鍾	太簇	夾鍾	仲呂	林鍾	夷則收聲
巳	仲呂	林鍾	南呂	應鍾	黃鍾	太簇	姑洗	仲呂收聲
戌	無射	黃鍾	太簇	姑洗	仲呂	林鍾	南呂	無射收聲
卯	夾鍾	仲呂	林鍾	南呂	無射	黃鍾	太簇	夾鍾收聲
子	黃鍾	太簇	姑洗	蕤賓	林鍾	南呂	應鍾	黃鍾收聲
丑	大呂	夾鍾	仲呂	林鍾	夷則	無射	黃鍾	大呂收聲

右第三章商用事，一變宮太簇、應鍾畢詠人元法和之音也，周六樂以祭地示。

	宮	商	角	變徵	徵	羽	變宮	宮
卯	宮夾鍾	仲呂	林鍾	南呂	無射	黃鍾	太簇	夾鍾收聲
戌	無射	黃鍾	太簇	姑洗	仲呂	林鍾	南呂	無射收聲
巳	商仲呂	林鍾	南呂	應鍾	黃鍾	太簇	姑洗	仲呂收聲
申	夷則	無射	黃鍾	太簇	夾鍾	仲呂	林鍾	夷則收聲
未	林鍾	南呂	應鍾	大呂	太簇	姑洗	蕤賓	林鍾收聲
午	羽蕤賓	夷則	無射	黃鍾	大呂	夾鍾	仲呂	蕤賓收聲
酉	南呂	應鍾	大呂	夾鍾	姑洗	蕤賓	夷則	南呂收聲
辰	商姑洗	蕤賓	夷則	無射	應鍾	大呂	夾鍾	姑洗收聲
亥	應鍾	大呂	夾鍾	仲呂	蕤賓	夷則	無射	應鍾收聲
寅	太簇	姑洗	蕤賓	夷則	南呂	應鍾	大呂	太簇收聲
丑	大呂	夾鍾	仲呂	林鍾	夷則	無射	黃鍾	大呂收聲
子	黃鍾	太簇	姑洗	蕤賓	林鍾	南呂	應鍾	黃鍾收聲

右第四章角用事，二變宮夾鍾無射畢詠靈元勉和之音也，周人冬至奏於圜丘，與十一章並用。

	宮	商	角	變徵	徵	羽	變宮	宮
辰	宮姑洗	蕤賓	夷則	無射	應鍾	大呂	夾鍾	姑洗收聲
酉	南呂	應鍾	大呂	夾鍾	姑洗	蕤賓	夷則	南呂收聲
午	羽蕤賓	夷則	無射	黃鍾	大呂	夾鍾	仲呂	蕤賓收聲
未	林鍾	南呂	應鍾	大呂	太簇	姑洗	蕤賓	林鍾收聲
申	夷則	無射	黃鍾	太簇	夾鍾	仲呂	林鍾	夷則收聲
巳	仲呂	林鍾	南呂	應鍾	黃鍾	太簇	姑洗	仲呂收聲
戌	無射	黃鍾	太簇	姑洗	仲呂	林鍾	南呂	無射收聲
卯	夾鍾	仲呂	林鍾	南呂	無射	黃鍾	太簇	夾鍾收聲
子	黃鍾	太簇	姑洗	蕤賓	林鍾	南呂	應鍾	黃鍾收聲
丑	大呂	夾鍾	仲呂	林鍾	夷則	無射	黃鍾	大呂收聲
寅	太簇	姑洗	蕤賓	夷則	南呂	應鍾	大呂	太簇收聲
亥	應鍾	大呂	夾鍾	仲呂	蕤賓	夷則	無射	應鍾收聲

右第五章徵用事，三變宮姑洗、南呂畢詠事元降和之音也，周六樂以祀四望。

	宮	商	角	變徵	徵	羽	變宮	宮
巳	宮仲呂	林鍾	南呂	應鍾	黃鍾	太簇	姑洗	仲呂收聲
申	夷則	無射	黃鍾	太簇	夾鍾	仲呂	林鍾	夷則收聲
未	林鍾	南呂	應鍾	大呂	大呂	姑洗	蕤賓	林鍾收聲
午	蕤賓	夷則	無射	黃鍾	大呂	夾鍾	仲呂	蕤賓收聲
酉	南呂	應鍾	大呂	夾鍾	姑洗	蕤賓	夷則	南呂收聲
辰	姑洗	蕤賓	夷則	無射	應鍾	大呂	夾鍾	姑洗收聲
亥	應鍾	大呂	夾鍾	仲呂	蕤賓	夷則	無射	應鍾收聲
寅	太簇	姑洗	蕤賓	夷則	南呂	應鍾	大呂	太簇收聲
丑	大呂	夾鍾	仲呂	林鍾	夷則	無射	黃鍾	大呂收聲
子	黃鍾	太簇	姑洗	蕤賓	林鍾	南呂	應鍾	黃鍾收聲
卯	夾鍾	仲呂	林鍾	南呂	無射	黃鍾	太簇	夾鍾收聲
戌	無射	黃鍾	太簇	姑洗	仲呂	林鍾	南呂	無射收聲

右第六章羽用事，四變宮仲呂夷則畢詠物元沉和之音也，與九章並用。

	宮	商	角	變徵	徵	羽	變宮	宮
午	宮蕤賓	夷則	無射	黃鍾	大呂	夾鍾	仲呂	蕤賓收聲
未	林鍾	南呂	應鍾	大呂	太簇	姑洗	蕤賓	林鍾收聲
申	夷則	無射	黃鍾	太簇	夾鍾	仲呂	林鍾	夷則收聲
巳	仲呂	林鍾	南呂	應鍾	黃鍾	太簇	姑洗	仲呂收聲
戌	無射	黃鍾	太簇	姑洗	仲呂	林鍾	南呂	無射收聲
卯	夾鍾	仲呂	林鍾	南呂	無射	黃鍾	太簇	夾鍾收聲
子	黃鍾	太簇	姑洗	蕤賓	林鍾	南呂	應鍾	黃鍾收聲
丑	大呂	夾鍾	仲呂	林鍾	夷則	無射	黃鍾	大呂收聲
寅	商太簇	姑洗	蕤賓	夷則	南呂	應鍾	大呂	太簇收聲
亥	應鍾	大呂	夾鍾	仲呂	蕤賓	夷則	無射	應鍾收聲
辰	角姑洗	蕤賓	夷則	無射	應鍾	大呂	夾鍾	姑洗收聲
酉	南呂	應鍾	大呂	夾鍾	姑洗	蕤賓	夷則	南呂收聲

右第七章正羽用事，五變宮蕤賓林鍾畢詠物元正和之音也，周六樂以祭山川。

	宮	商	角	變徵	徵	羽	變宮	宮
未	宮林鍾	南呂	應鍾	大呂	太簇	姑洗	蕤賓	林鍾收聲
午	蕤賓	夷則	無射	黃鍾	大呂	夾鍾	仲呂	蕤賓收聲
酉	南呂	應鍾	大呂	夾鍾	姑洗	蕤賓	夷則	南呂收聲
辰	姑洗	蕤賓	夷則	無射	應鍾	大呂	夾鍾	姑洗收聲
亥	應鍾	大呂	夾鍾	仲呂	蕤賓	夷則	無射	應鍾收聲
寅	太簇	姑洗	蕤賓	夷則	南呂	應鍾	大呂	太簇收聲
丑	大呂	夾鍾	仲呂	林鍾	夷則	無射	黃鍾	大呂收聲
子	黃鍾	太簇	姑洗	蕤賓	林鍾	南呂	應鍾	黃鍾收聲
卯	商夾鍾	仲呂	林鍾	南呂	無射	黃鍾	太簇	夾鍾收聲
戌	無射	黃鍾	太簇	姑洗	仲呂	林鍾	南呂	無射收聲
巳	徵仲呂	林鍾	南呂	應鍾	黃鍾	太簇	姑洗	仲呂收聲
申	夷則	無射	黃鍾	太簇	夾鍾	仲呂	林鍾	夷則收聲

右第八章羽用事，四變宮林鍾蕤賓畢詠物元應和之音也，周人夏至奏於方丘，與七章並用。

	宮	商	角	變徵	徵	羽	變宮	宮
申	宮夷則	無射	黃鍾	太簇	夾鍾	仲呂	林鍾	夷則收聲
巳	仲呂	林鍾	南呂	應鍾	黃鍾	太簇	姑洗	仲呂收聲
戌	無射	黃鍾	太簇	姑洗	仲呂	林鍾	南呂	無射收聲
卯	夾鍾	仲呂	林鍾	南呂	無射	黃鍾	太簇	夾鍾收聲
子	黃鍾	太簇	姑洗	蕤賓	林鍾	南呂	應鍾	黃鍾收聲
丑	大呂	夾鍾	仲呂	林鍾	夷則	無射	黃鍾	大呂收聲
寅	太簇	姑洗	蕤賓	夷則	南呂	應鍾	大呂	太簇收聲
亥	應鍾	大呂	夾鍾	仲呂	蕤賓	夷則	無射	應鍾收聲
辰	姑洗	蕤賓	夷則	無射	應鍾	大呂	夾鍾	姑洗收聲
酉	南呂	應鍾	大呂	夾鍾	姑洗	蕤賓	夷則	南呂收聲
午	角蕤賓	夷則	無射	黃鍾	大呂	夾鍾	仲呂	蕤賓收聲
未	林鍾	南呂	應鍾	大呂	太簇	姑洗	蕤賓	林鍾收聲

右第九章徵用事，三變宮夷則仲呂畢詠事元升和之音也，周六樂以享先妣。

	宮	商	角	變徵	徵	羽	變宮	宮
酉	宮南呂	應鍾	大呂	夾鍾	姑洗	蕤賓	夷則	南呂收聲
辰	姑洗	蕤賓	夷則	無射	應鍾	大呂	夾鍾	姑洗收聲
亥	應鍾	大呂	夾鍾	仲呂	蕤賓	夷則	無射	應鍾收聲
寅	太簇	姑洗	蕤賓	夷則	南呂	應鍾	大呂	太簇收聲
丑	大呂	夾鍾	仲呂	林鍾	夷則	無射	黃鍾	大呂收聲
子	黃鍾	太簇	姑洗	蕤賓	林鍾	南呂	應鍾	黃鍾收聲
卯	夾鍾	仲呂	林鍾	南呂	無射	黃鍾	太簇	夾鍾收聲
戌	無射	黃鍾	太簇	姑洗	仲呂	林鍾	南呂	無射收聲
巳	仲呂	林鍾	南呂	應鍾	黃鍾	太簇	姑洗	仲呂收聲
申	夷則	無射	黃鍾	太簇	夾鍾	仲呂	林鍾	夷則收聲
未	林鍾	南呂	應鍾	大呂	太簇	姑洗	蕤賓	林鍾收聲
午	蕤賓	夷則	無射	黃鍾	大呂	夾鍾	仲呂	蕤賓收聲

右第十章角用事，二變宮南呂姑洗畢詠靈元平和之音也，與五章並用。

	宮	商	角	變徵	徵	羽	變宮	宮
戌	無射	黃鍾	太簇	姑洗	仲呂	林鍾	南呂	無射收聲
卯	夾鍾	仲呂	林鍾	南呂	無射	黃鍾	太簇	夾鍾收聲
子	黃鍾	太簇	姑洗	蕤賓	林鍾	南呂	應鍾	黃鍾收聲
丑	大呂	夾鍾	仲呂	林鍾	夷則	無射	黃鍾	大呂收聲
寅	太簇	姑洗	蕤賓	夷則	南呂	應鍾	大呂	太簇收聲
亥	應鍾	大呂	夾鍾	仲呂	蕤賓	夷則	無射	應鍾收聲
辰	徵姑洗	蕤賓	夷則	無射	應鍾	大呂	夾鍾	姑洗收聲
酉	南呂	應鍾	大呂	夾鍾	姑洗	蕤賓	夷則	南呂收聲
午	徵蕤賓	夷則	無射	黃鍾	大呂	夾鍾	仲呂	蕤賓收聲
未	林鍾	南呂	應鍾	大呂	太簇	姑洗	蕤賓	林鍾收聲
申	夷則	無射	黃鍾	太簇	夾鍾	仲呂	林鍾	夷則收聲
巳	角仲呂	林鍾	南呂	應鍾	黃鍾	太簇	姑洗	仲呂收聲

右第十一章商用事，一變宮無射夾鍾畢詠人元顯和之音也，周六樂以享先祖。

	宮	商	角	變徵	徵	羽	變宮	宮
亥	宮應鍾	大呂	夾鍾	仲呂	蕤賓	夷則	無射	應鍾收聲
寅	太簇	姑洗	蕤賓	夷則	南呂	應鍾	大呂	太簇收聲
丑	大呂	夾鍾	仲呂	林鍾	夷則	無射	黃鍾	大呂收聲
子	黃鍾	太簇	姑洗	蕤賓	林鍾	南呂	應鍾	黃鍾收聲
卯	角夾鍾	仲呂	林鍾	南呂	無射	黃鍾	太簇	夾鍾收聲
戌	無射	黃鍾	太簇	姑洗	仲呂	林鍾	南呂	無射收聲
巳	仲呂	林鍾	南呂	應鍾	黃鍾	太簇	姑洗	仲呂收聲
申	夷則	無射	黃鍾	太簇	夾鍾	仲呂	林鍾	夷則收聲
未	林鍾	南呂	應鍾	大呂	太簇	姑洗	蕤賓	林鍾收聲
午	蕤賓	夷則	無射	黃鍾	大呂	夾鍾	仲呂	蕤賓收聲
酉	南呂	應鍾	大呂	夾鍾	姑洗	蕤賓	夷則	南呂收聲
辰	姑洗	蕤賓	夷則	無射	應鍾	大呂	夾鍾	姑洗收聲

右第十二章宮用事，應鍾、太簇畢詠地元泰和之音也，與三章並用。

按：以上六樂，每樂六調，陽律陰呂合奏以詠也。十二章以陽律當宮爲主，陰呂當宮繼奏，兩宮乃成一大調，實則六大章調也。若用陰呂當宮，如周人以夾鍾奏於圜丘，則合奏以無射，陽宮隨其歌之短長而用也。

右一百四十四調，起黃鍾，終應鍾，陰陽相間，兩兩並立對待，二儀之象也。共爲十二章調，當期之月也。諸調以律爲主，按氣順行，呂爲應。丑爲子應，亥爲寅應，酉爲辰應，未爲午應，巳爲申應，卯爲戌應，六章陽律當宮。丑卯巳未酉亥六章陰呂當宮。又一雌雄鳴也。十二章，戌亥子丑寅卯六章，尤樂中純粹至善，調之盛美者也。知音者可以觀世矣，非知道者孰能與於斯。

凡用陽律調以陰呂調足奏，用陰呂以陽律足奏，又一大雌雄鳴也。

又　卷六　十二律旋宮六十調圖第二十七

	宮	商	角	變徵	徵	羽	變宮	宮
子	宮黃鍾	太簇	姑洗	蕤賓	林鍾	南呂	應鍾	黃鍾收聲
	商夾鍾	仲呂	林鍾	南呂	無射	黃鍾	太簇	夾鍾收聲
	角蕤賓	夷則	無射	黃鍾	大呂	夾鍾	仲呂	蕤賓收聲
	徵南呂	應鍾	大呂	夾鍾	姑洗	蕤賓	夷則	南呂收聲
	羽應鍾	大呂	夾鍾	仲呂	蕤賓	夷則	無射	應鍾收聲
	宮黃鍾	太簇	姑洗	蕤賓	林鍾	南呂	應鍾	黃鍾收聲畢詠
丑	宮大呂	夾鍾	仲呂	林鍾	夷則	無射	黃鍾	大呂收聲
	商姑洗	蕤賓	夷則	無射	應鍾	大呂	夾鍾	姑洗收聲

角林鍾	南呂	應鍾	大呂	太簇	姑洗	蕤賓	林鍾收聲
徵無射	黃鍾	太簇	姑洗	仲呂	林鍾	南呂	無射收聲
羽黃鍾	太簇	姑洗	蕤賓	林鍾	南呂	應鍾	黃鍾收聲
宮大呂	夾鍾	仲呂	林鍾	夷則	無射	黃鍾	大呂收聲畢詠

右十調第一章。

宮	商	角	變徵	徵	羽	變宮	宮
寅宮太簇	姑洗	蕤賓	夷則	南呂	應鍾	大呂	太簇收聲
商仲呂	林鍾	南呂	應鍾	黃鍾	太簇	姑洗	仲呂收聲
角夷則	無射	黃鍾	太簇	夾鍾	仲呂	林鍾	夷則收聲
徵應鍾	大呂	夾鍾	仲呂	蕤賓	夷則	無射	應鍾收聲
羽大呂	夾鍾	仲呂	林鍾	夷則	無射	黃鍾	大呂收聲
宮太簇	姑洗	蕤賓	夷則	南呂	應鍾	大呂	太簇收聲畢詠
卯宮夾鍾	仲呂	林鍾	南呂	無射	黃鍾	太簇	夾鍾收聲
商蕤賓	夷則	無射	黃鍾	大呂	夾鍾	仲呂	蕤賓收聲
角南呂	應鍾	大呂	夾鍾	姑洗	蕤賓	夷則	南呂收聲
徵黃鍾	太簇	姑洗	蕤賓	林鍾	南呂	應鍾	黃鍾收聲
羽太簇	姑洗	蕤賓	夷則	南呂	應鍾	大呂	太簇收聲
宮夾鍾	仲呂	林鍾	南呂	無射	黃鍾	太簇	夾鍾收聲畢詠

右十調第二章。

宮	商	角	變徵	徵	羽	變宮	宮
辰宮姑洗	蕤賓	夷則	無射	應鍾	大呂	夾鍾	姑洗收聲
商林鍾	南呂	應鍾	大呂	太簇	姑洗	蕤賓	林鍾收聲
角無射	黃鍾	太簇	姑洗	仲呂	林鍾	南呂	無射收聲
徵大呂	夾鍾	仲呂	林鍾	夷則	無射	黃鍾	大呂收聲
羽夾鍾	仲呂	林鍾	南呂	無射	黃鍾	太簇	夾鍾收聲
宮姑洗	蕤賓	夷則	無射	應鍾	大呂	夾鍾	姑洗收聲畢詠
巳宮仲呂	林鍾	南呂	應鍾	黃鍾	太簇	姑洗	仲呂收聲
商夷則	無射	黃鍾	太簇	夾鍾	仲呂	林鍾	夷則收聲
角應鍾	大呂	夾鍾	仲呂	蕤賓	夷則	無射	應鍾收聲
徵太簇	姑洗	蕤賓	夷則	南呂	應鍾	大呂	太簇收聲
羽姑洗	蕤賓	夷則	無射	應鍾	大呂	夾鍾	姑洗收聲
宮仲呂	林鍾	南呂	應鍾	黃鍾	太簇	姑洗	仲呂收聲畢詠

右十調第三章。

宮	商	角	變徵	徵	羽	變宮	宮
午宮蕤賓	夷則	無射	黃鍾	大呂	夾鍾	仲呂	蕤賓收聲
商南呂	應鍾	大呂	夾鍾	姑洗	蕤賓	夷則	南呂收聲
角黃鍾	太簇	姑洗	蕤賓	林鍾	南呂	應鍾	黃鍾收聲
徵夾鍾	仲呂	林鍾	南呂	無射	黃鍾	太簇	夾鍾收聲
羽仲呂	林鍾	南呂	應鍾	黃鍾	太簇	姑洗	仲呂收聲
宮蕤賓	夷則	無射	黃鍾	大呂	夾鍾	仲呂	蕤賓收聲畢詠
未宮林鍾	南呂	應鍾	大呂	太簇	姑洗	蕤賓	林鍾收聲
商無射	黃鍾	太簇	姑洗	仲呂	林鍾	南呂	無射收聲
角大呂	夾鍾	仲呂	林鍾	夷則	無射	黃鍾	大呂收聲
徵姑洗	蕤賓	夷則	無射	應鍾	大呂	夾鍾	姑洗收聲
羽蕤賓	夷則	無射	黃鍾	大呂	夾鍾	仲呂	蕤賓收聲
宮林鍾	南呂	應鍾	大呂	太簇	姑洗	蕤賓	林鍾收聲畢詠

右十調第四章。

宮	商	角	變徵	徵	羽	變宮	宮
申宮夷則	無射	黃鍾	太簇	夾鍾	仲呂	林鍾	夷則收聲
商應鍾	大呂	夾鍾	仲呂	蕤賓	夷則	無射	應鍾收聲
角太簇	姑洗	蕤賓	夷則	南呂	應鍾	大呂	太簇收聲
徵仲呂	林鍾	南呂	應鍾	黃鍾	太簇	姑洗	仲呂收聲
羽林鍾	南呂	應鍾	大呂	太簇	姑洗	蕤賓	林鍾收聲
宮夷則	無射	黃鍾	太簇	夾鍾	仲呂	林鍾	夷則收聲畢詠
酉宮南呂	應鍾	大呂	夾鍾	姑洗	蕤賓	夷則	南呂收聲
商黃鍾	太簇	姑洗	蕤賓	林鍾	南呂	應鍾	黃鍾收聲

角夾鍾	仲呂	林鍾	南呂	無射	黃鍾	太簇	夾鍾收聲
徵蕤賓	夷則	無射	黃鍾	大呂	夾鍾	仲呂	蕤賓收聲
羽夷則	無射	黃鍾	太簇	夾鍾	仲呂	林鍾	夷則收聲
宮南呂	應鍾	大呂	夾鍾	姑洗	蕤賓	夷則	南呂收聲畢詠

右十調第五章。

	宮	商	角	變徵	徵	羽	變宮	宮
戌	宮無射	黃鍾	太簇	姑洗	仲呂	林鍾	南呂	無射收聲
	商大呂	夾鍾	仲呂	林鍾	夷則	無射	黃鍾	大呂收聲
	角姑洗	蕤賓	夷則	無射	應鍾	大呂	夾鍾	姑洗收聲
	徵林鍾	南呂	應鍾	大呂	太簇	姑洗	蕤賓	林鍾收聲
	羽南呂	應鍾	大呂	夾鍾	姑洗	蕤賓	夷則	南呂收聲
	宮無射	黃鍾	太簇	姑洗	仲呂	林鍾	南呂	無射收聲畢詠
亥	宮應鍾	大呂	夾鍾	仲呂	蕤賓	夷則	無射	應鍾收聲
	商太簇	姑洗	蕤賓	夷則	南呂	應鍾	大呂	太簇收聲
	角仲呂	林鍾	南呂	應鍾	黃鍾	太簇	姑洗	仲呂收聲
	徵夷則	無射	黃鍾	太簇	夾鍾	仲呂	林鍾	夷則收聲
	羽無射	黃鍾	太簇	姑洗	仲呂	林鍾	南呂	無射收聲
	宮應鍾	大呂	夾鍾	仲呂	蕤賓	夷則	無射	應鍾收聲畢詠

右十調第六章。

按：上六十調見蔡季通《律呂新書》，諸調俱逆行，是又未可曉也。今正之從左旋，取聲亦異，無半聲，但六十調用宮與《周禮・春官》不合，姑存之以俟識樂君子。每十調内缺二音，氣亦不周，恐古樂之調不如是也。變徵變宮不爲調説者，謂徵不成徵，宮不成宮，不可爲調，非也。蓋調只取五聲之全，不欲重耳，二變乃重聲也。

李文察《李氏樂書六種・律呂新書補注》

八十四聲圖第八

臣李文察補註曰：此合五聲二變，以從十二律而得此數也。

月	宮	徵	商	羽	角	變宮	變徵
十一月	黃鍾宮						
六月	林鍾宮	黃鍾徵					
正月	太簇宮	林鍾徵	黃鍾商				
八月	南呂宮	太簇徵	林鍾商	黃鍾羽			
三月	姑洗宮	南呂徵	太簇商	林鍾羽	黃鍾角		
十月	應鍾宮	姑洗徵	南呂商	太簇羽	林鍾角	黃鍾變宮	
五月	蕤賓宮	應鍾徵	姑洗商	南呂羽	太簇角	林鍾變宮	黃鍾變徵
十二月	大呂宮	蕤賓徵	應鍾商	姑洗羽	南呂角	太簇變宮	林鍾變徵
七月	夷則宮	大呂徵	蕤賓商	應鍾羽	姑洗角	南呂變宮	太簇變徵
二月	夾鍾宮	夷則徵	大呂商	蕤賓羽	應鍾角	姑洗變宮	南呂變徵
九月	無射宮	夾鍾徵	夷則商	大呂羽	蕤賓角	應鍾變宮	姑洗變徵
四月	仲呂宮	無射徵	夾鍾商	夷則羽	大呂角	蕤賓變宮	應鍾變徵
黃鍾變		仲呂徵	無射商	夾鍾羽	夷則角	大呂變宮	蕤賓變徵
林鍾變			仲呂商	無射羽	夾鍾角	夷則變宮	大呂變徵
太簇變				仲呂羽	無射角	夾鍾變宮	夷則變徵
南呂變					仲呂角	無射變宮	夾鍾變徵
姑洗變						仲呂變宮	無射變徵
應鍾變							仲呂變徵

本註曰：按律呂之數往而不返，故黃鍾不復爲他律役，所用七聲皆正律，無空積忽微。自林鍾而下則有半聲，大呂、太簇一半聲，夾鍾、姑洗二半聲，蕤賓、林鍾四半聲，夷則、南呂五半聲，無射、應鍾六半聲，仲呂爲十二律之窮三半聲。自蕤賓而下則有變律，蕤賓一變律，大呂二變律，夷則三變律，夾鍾四變律，無射五變律，仲呂六變律。皆有空積忽微，不得其正。故黃鍾獨爲聲氣之元。雖十二律八十四聲皆黃鍾所生，然黃鍾一均所謂純粹中之純粹者也。八十四聲，正律六十三，變律二十一。六十三者，九七之數也。二十一者，三七之數也。

臣李文察補註曰：本圖自十一月黃鍾宮，至四月仲呂宮，蓋言林鍾以下則有半聲也。自黃鍾變至應鍾變，蓋言蕤賓以下則有變律也。其曰某律宮，初生之本律也。其曰某律變，再生之變律也。本律十二，變律則六。本律宮下讀之者，當添一爲字則易曉。如林鍾宮爲黃鍾之徵，太簇宮爲林鍾之徵，黃鍾之商之類是也。變律變下讀之者，亦當添一爲字則易曉，如黃鍾變爲仲呂之徵，無射之商，林鍾變爲仲呂之商、無射之羽之類是也。言六月林鍾宮爲黃鍾徵，以至四月仲呂宮無射徵，何爲也耶？欲示人考半聲於六十調圖也。言黃鍾變爲仲呂之徵，以至應鍾變爲仲吕之變徵，何爲也耶？欲示人考變聲於六十調圖也。惟十一月黄鍾宮下無所書者，以黄鍾不復爲他律役，所用皆正律，無空積忽微也。諸律諸聲皆黄鍾所生，然惟黄鍾一均純粹，其在洛書凡數皆五，然惟中五獨尊也。其曰大吕、太簇一半聲者，言大吕、太簇之爲宮，則有一半聲也。餘半聲皆然。其曰蕤賓一變律者，言蕤賓之爲宮，則有一變律也。餘變律皆然。

六十調圖第九

臣李文察補註曰：六十調圖，有直觀，有横觀。直觀者，十二宮字直下是也。横觀者，十二宮字横左是也。直下者，諸宮之役乎六律也。横左者，諸宮之役於四律也。役乎六律以起調，役於四律以終曲。起調必以宮者長言之也，終曲必以始宮者嗟嘆之也。《記》曰：歌之爲言也，長言之也。長言之不足，故嗟嘆之；嗟嘆之不足，故不知手之舞之，足之蹈之。於六十調圖可以觀長言焉，可以觀嗟嘆焉。惜乎《新書》言樂終於調，而不及舞。

	宮	商	角	變徵	徵	羽	變宮
黄鍾宮	黄正	太正	姑正	蕤正	林正	南正	應正
無射商	無正	黄變半	太變半	姑變半	仲半	林變半	南變半
夷則角	夷正	無正	黄變半	太變半	夾半	仲半	林變半
仲吕徵	仲正	林變	南變	應變	黄變半	太變半	姑變半
夾鍾羽	夾正	仲正	林變	南變	無正	黄變半	太變半
大吕宮	大正	夾正	仲正	林變	夷正	無正	黄變半
應鍾商	應正	大半	夾半	仲半	蕤半	夷半	無半
南吕角	南正	應正	大半	夾半	姑半	蕤半	夷半
蕤賓徵	蕤正	夷正	無正	黄變半	大半	夾半	仲半
姑洗羽	姑正	蕤正	夷正	無正	應正	大半	夾半
太簇宮	太正	姑正	蕤正	夷正	南正	應正	大半
黄鍾商	黄正	太正	姑正	蕤正	林正	南正	應正
無射角	無正	黄變半	太變半	姑變半	仲半	林變半	南變半
林鍾徵	林正	南正	應正	大半	太半	姑半	蕤半
仲吕羽	仲正	林變	南變	應變	黄變半	太變半	姑變半
夾鍾宮	夾正	仲正	林變	南變	無正	黄變半	太變半
大吕商	大正	夾正	仲正	林變	夷正	無正	黄變半
應鍾角	應正	大半	夾半	仲半	蕤半	夷半	無半
夷則徵	夷正	無正	黄變半	太變半	夾半	仲半	林變半
蕤賓羽	蕤正	夷正	無正	黄變半	大半	夾半	仲半
姑洗宮	姑正	蕤正	夷正	無正	應正	大半	夾半
太簇商	太正	姑正	蕤正	夷正	南正	應正	大半
黄鍾角	黄正	太正	姑正	蕤正	林正	南正	應正
南吕徵	南正	應正	大半	夾半	姑半	蕤半	夷半
林鍾羽	林正	南正	應正	大半	太半	姑半	蕤半
仲吕宮	仲正	林變	南變	應變	黄變半	太變半	姑變半
夾鍾商	夾正	仲正	林變	南變	無正	黄變半	太變半
大吕角	大正	夾正	仲正	林變	夷正	無正	黄變半
無射徵	無正	黄變半	太變半	姑變半	仲半	林變半	南變半
夷則羽	夷正	無正	黄變半	太變半	夾半	仲半	林變半
蕤賓宮	蕤正	夷正	無正	黄變半	大半	夾半	仲半
姑洗商	姑正	蕤正	夷正	無正	應正	大半	夾半
太簇角	太正	姑正	蕤正	夷正	南正	應正	大半
應鍾徵	應正	大半	夾半	仲半	蕤半	夷半	無半
南吕羽	南正	應正	大半	夾半	姑半	蕤半	夷半
林鍾宮	林正	南正	應正	大半	太半	姑半	蕤半
仲吕商	仲正	林變	南變	應變	黄變半	太變半	姑變半
夾鍾角	夾正	仲正	林變	南變	無正	黄變半	太變半
黄鍾徵	黄正	太正	姑正	蕤正	林正	南正	應正
無射羽	無正	黄變半	太變半	姑變半	仲半	林變半	南變半
夷則宮	夷正	無正	黄變半	太變半	夾半	仲半	林變半
蕤賓商	蕤正	夷正	無正	黄變半	大半	夾半	仲半
姑洗角	姑正	蕤正	夷正	無正	應正	大半	夾半
大吕徵	大正	夾正	仲正	林變	夷正	無正	黄變半
應鍾羽	應正	大半	夾半	仲半	蕤半	夷半	無半
南吕宮	南正	應正	大半	夾半	姑半	蕤半	夷半
林鍾商	林正	南正	應正	大半	太半	姑半	蕤半

仲呂角	仲正	林變	南變	應半	黃變半	太變半	姑變半
太簇徵	太正	姑正	蕤正	夷正	南正	應正	大半
黃鐘羽	黃正	太正	姑正	蕤正	林正	南正	應正
無射宮	無正	黃變半	太變半	姑變半	仲半	林變半	南變半
夷則商	夷正	無正	黃變半	太變半	夾半	仲半	林變半
蕤賓角	蕤正	夷正	無正	黃變半	太半	夾半	仲半
夾鐘徵	夾正	仲正	林變	南變	無正	黃變半	太變半
大呂羽	大正	夾正	仲正	林變	夷正	無正	黃變半
應鐘宮	應正	大半	夾半	仲半	蕤半	夷半	無半
南呂商	南正	應正	大半	夾半	姑半	蕤半	夷半
林鐘角	林正	南正	應正	大半	太半	姑半	蕤半
姑洗徵	姑正	蕤正	夷正	無正	應正	大半	夾半
太簇羽	太正	姑正	蕤正	夷正	南正	應正	大半

本註曰：按十二律旋相爲宮，各有七聲，合八十四聲。宮聲十二，商聲十二，角聲十二，徵聲十二，羽聲十二，凡六十聲，爲六十調。其變宮十二，在羽聲之後宮聲之前；變徵十二在角聲之後徵聲之前。宮不成宮，徵不成徵，凡二十四聲，不可爲調。黃鐘宮至夾鐘羽，並用黃鐘起調，黃鐘畢曲。大呂宮至姑洗羽，並用大呂起調，大呂畢曲。太簇宮至仲呂羽，並用太簇起調，太簇畢曲。夾鐘宮至蕤賓羽，並用夾鐘起調，夾鐘畢曲。姑洗宮至林鐘羽，並用姑洗起調，姑洗畢曲。仲呂宮至夷則羽，並用仲呂起調，仲呂畢曲。蕤賓宮至南呂羽，並用蕤賓起調，蕤賓畢曲。林鐘宮至無射羽，並用林鐘起調，林鐘畢曲。夷則宮至應鐘羽，並用夷則起調，夷則畢曲。南呂宮至黃鐘羽，並用南呂起調，南呂畢曲。無射宮至大呂羽，並用無射起調，無射畢曲。應鐘宮至太簇羽，並用應鐘起調，應鐘畢曲。是爲六十調。六十調即十二律也，十二律即一黃鐘也。黃鐘生十二律，十二律生五聲二變。五聲各爲綱紀，以成六十調。六十調皆黃鐘損益之變也。宮商角三十六調，老陽也。其徵羽二十四調，老陰也。調成而陰陽備也。或曰日辰之數由天五地六錯綜而生，律呂之數由黃鐘九寸損益而生，二者不同。至數之成，則日有六甲，辰有五子，爲六十日；律呂有六律五聲，爲六十調。若合符節，何也？曰：即上文之所謂調成而陰陽備也。夫理必有對待，數之自然也。以天五地六合陰與陽言之，則六甲五子究於六十，其三十六爲陽，二十四爲陰。以黃鐘九寸紀陽不紀陰言之，則六律五聲究於六十，亦三十六爲陽，二十四爲陰。蓋一陽之中又自有陰陽也，非知天地之化育者不能與於此。

臣李文察補註曰：按六十調圖，直下之宮商角徵羽易曉，横左之宮商角徵羽難悟。横左者，爲諸宮起調、諸宮畢曲設也。其曰黃鐘宮，言黃鐘之爲宮也。曰無射商，言無射爲宮而黃鐘爲之商。夷則角，言夷則爲宮而黃鐘爲之角。仲呂徵，言仲呂爲宮而黃鐘爲之徵。夾鐘羽，言夾鐘爲宮而黃鐘爲之羽。餘宮皆然。故自黃鐘宮圖下考黃字，則黃鐘之起調畢曲可見。自大呂宮圖下考大字，則大呂之起調畢曲可見。自太簇宮圖下考太字，則太簇之起調畢曲可見。自夾鐘宮圖下考夾字，則夾鐘之起調畢曲可見。自姑洗宮圖下考姑字，則姑洗之起調畢曲可見。自仲呂宮圖下考仲字，則仲呂之起調畢曲可見。自蕤賓宮圖下考蕤字，則蕤賓之起調畢曲可見。自林鐘宮圖下考林字，則林鐘之起調畢曲可見。自夷則宮圖下考夷字，則夷則之起調畢曲可見。自南呂宮圖下考南字，則南呂之起調畢曲可見。自無射宮圖下考無字，則無射之起調畢曲可見。自應鐘宮圖下考應字，則應鐘之起調畢曲可見。謂之以此起調以此畢曲，非但始終二調是此管耳，凡一曲皆是此管之貫。以黃鐘一曲言之，第一調黃鐘作宮，第二調黃鐘作商，第三調黃鐘作角，第四調黃鐘作徵，第五調黃鐘作羽。一調而黃鐘分五行。一曲而黃鐘作五行分者，黃鐘中有五行也，作者五行中有黃鐘也。餘調曲皆以此推之。六十調當六甲之日，一圖三百六十四律當朞之日，一曲三十五律當一月之日。月西行作晦爲一月，宮西轉作羽爲一曲。晦盡起朔，曲終起調。有東行之調，有西轉之調。由黃鐘、大呂、太簇、夾鐘、姑洗、仲呂、蕤賓、林鐘、夷則、南呂、無射、應鐘十二管旋相爲宮，東行也。黃鐘、無射、夷則、仲呂、夾鐘五管旋相爲宮，西轉也。東行者綱之宮，西轉者紀之宮。綱之宮，黃鐘管長於六律。紀之宮，黃鐘管短於四律。長於六律者，皆用正。短於四律者，皆用變半。其在洛書生數一三五由東行，二四由西行。成數六八由東行，七九由西行。凡東行者其力重，凡西行者其力輕。管長當力重，管短當力輕。朱子曰：宮之一聲，在五行爲土，在五常爲信，在五事爲思。又曰：黃鐘之宮，始之始，中之中也。十律之宮，始之次而中少過也。應鐘之宮，始之終而中已盡也。諸律半聲過乎輕，清始之外而中之上也。半聲之外過乎輕，清之甚則又外之外、上之上，而不可以爲樂矣。三註曰：以相生之序言之，則曰宮，曰徵，曰商，曰羽，曰角，曰變宮，曰變徵。以高下清濁言之，則曰宮，曰商，曰角，曰變徵，曰羽，曰變宮。以七聲而爲一調，以五調而當一曲。一曲既畢，而別起調。至於太簇羽，凡十二曲，六十調，四百四十聲也。其正者，以正律全聲應也。其半者，以正律半聲應也。變半者，以變律半聲應也。其變者，以變律全聲應也。

又《興樂要論》卷三　五音進退以漸六十調圖第一

第一曲　黃鐘宮

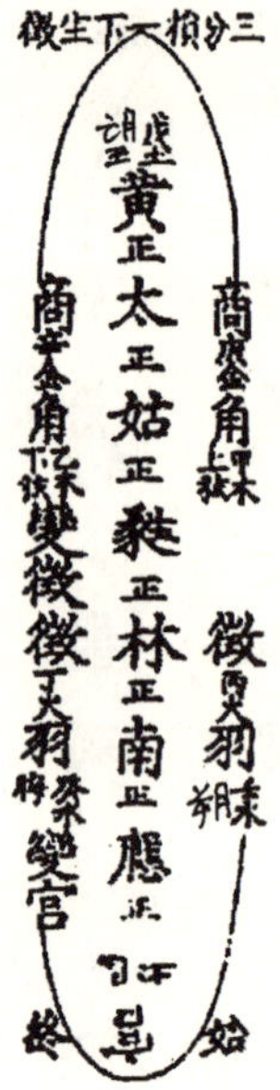

第二曲　黃鐘徵

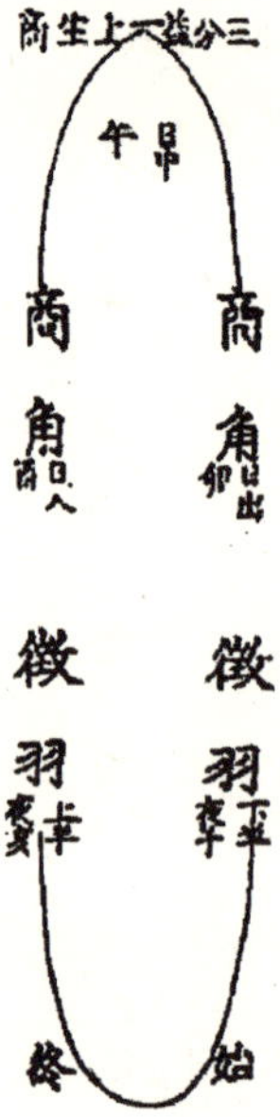

第三曲　黃鐘商

第四曲　黃鐘羽

第五曲　黃鐘角

右總調黃鐘宮以應十二子之子月，分調則本宮之徵商羽角爲之，以應子月十母之流行。

第一曲　林鐘宮

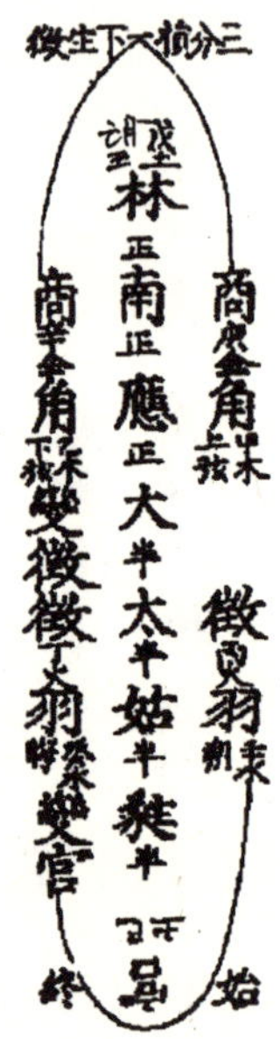

第二曲　林鐘徵

第三曲　林鐘商

第四曲　林鐘羽

第五曲
林鐘角

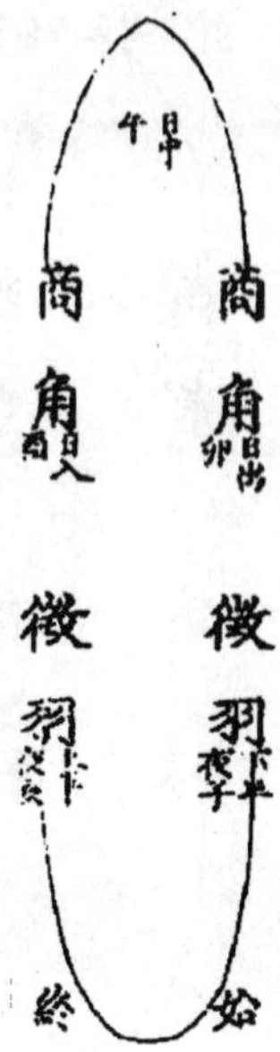

右總調林鐘宮以應十二子之丑月，分調則本宮之徵商羽角爲之，以應丑月十母之流行。

第一曲
太簇宮

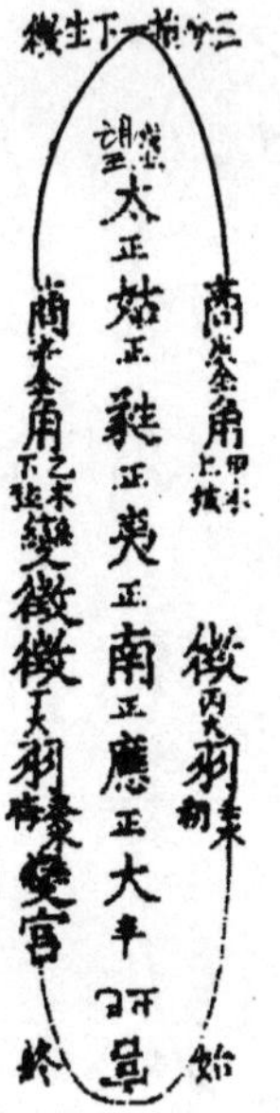

第二曲
太簇徵

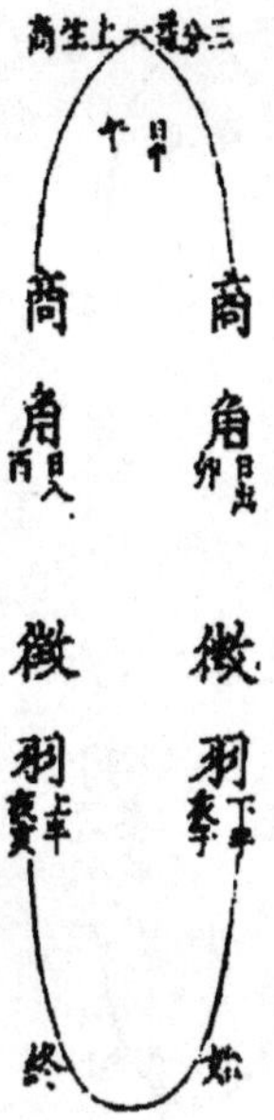

第三曲
太簇商

第四曲
太簇羽

第五曲
太簇角

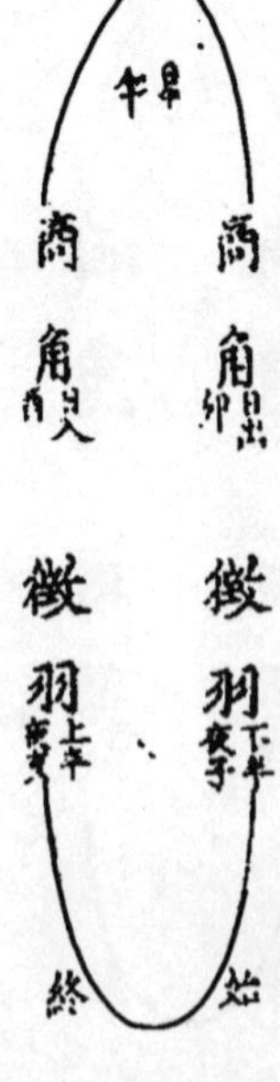

右總調太簇宮以應十二子之寅月，分調則本宮之徵羽角爲之，以應寅月十母之流行。

第一曲
南呂宮

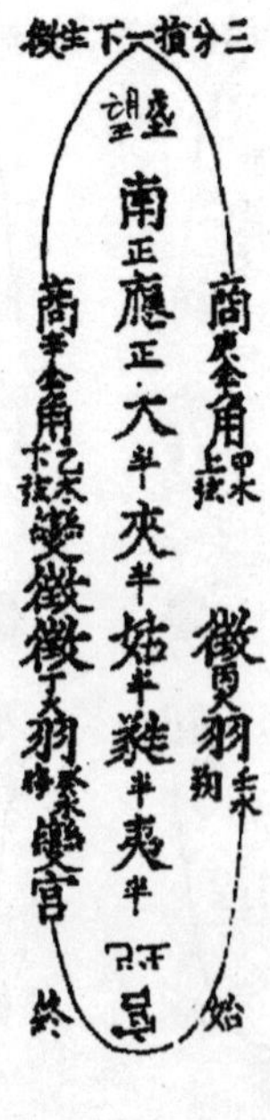

第二曲
南呂徵

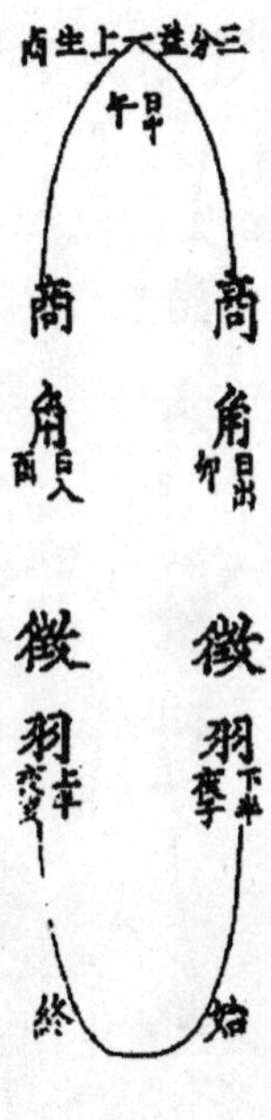

第三曲
南呂商

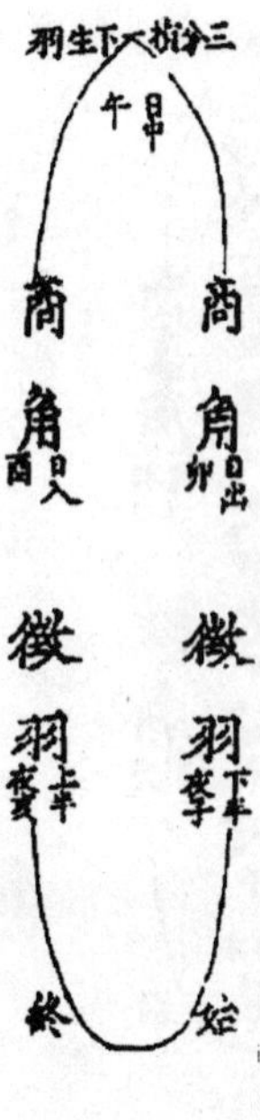

第四曲
南呂羽

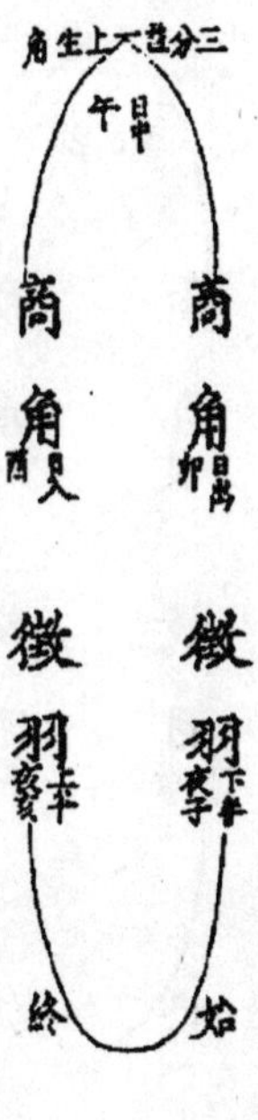

第五曲
南呂角

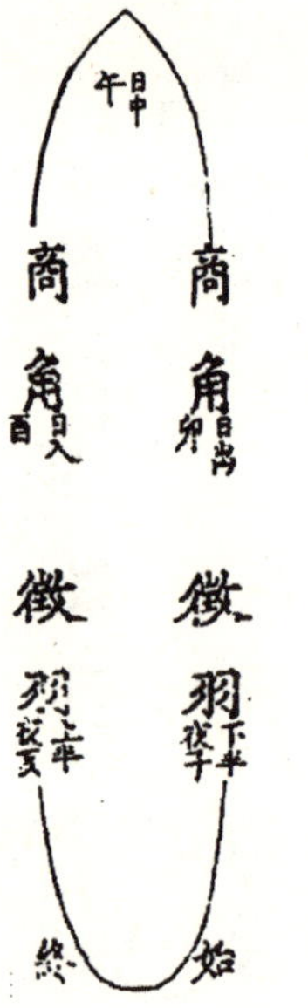

右總調南呂宮以應十二子之卯月，分調則本宮之徵商羽角爲之，以應卯月十母之流行。

第一曲
姑洗宮

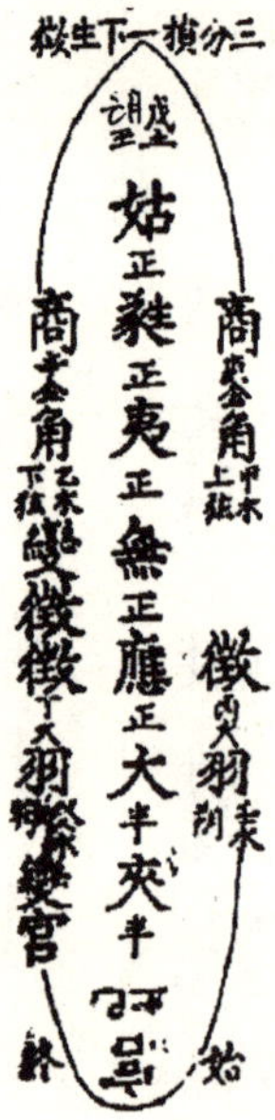

第二曲
姑洗徵

第三曲
姑洗商

第四曲
姑洗羽

第五曲
姑洗角

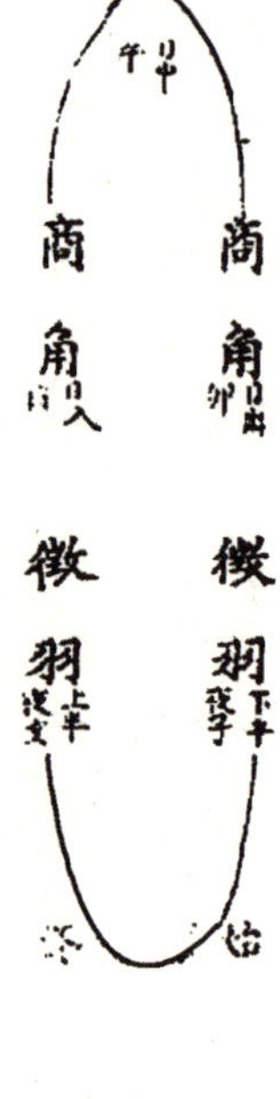

右總調姑洗宮以應十二子之辰月，分調則本宮之徵商羽角爲之，以應辰月十母之流行。

第一曲
應鐘宮

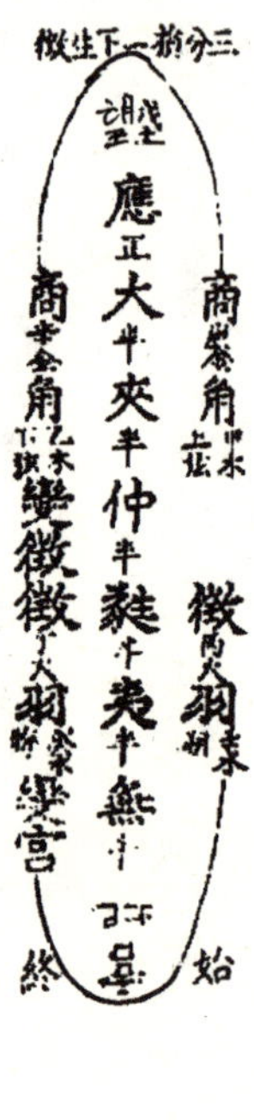

第二曲
應鐘徵

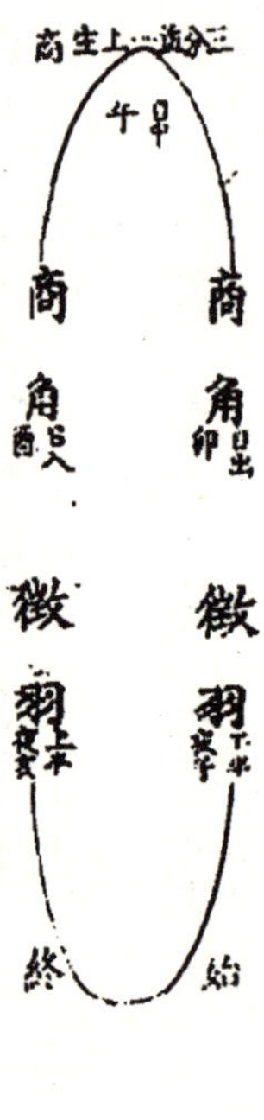

第三曲
應鐘商

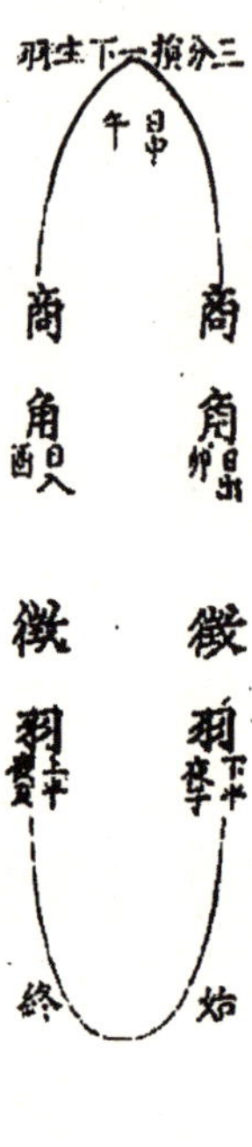

第四曲
應鐘羽

第五曲
應鐘角

右總調應鐘宮以應十二子之巳月，分調則本宮之徵商羽角爲之，以應巳月十母之流行。

第一曲
蕤賓宮

第二曲
蕤賓徵

第三曲
蕤賓商

第四曲
蕤賓羽

第五曲
蕤賓角

右總調蕤賓宮以應十二子之午月，分調則本宮之徵商羽角爲之，以應午月十母之流行。

第一曲
大吕宮

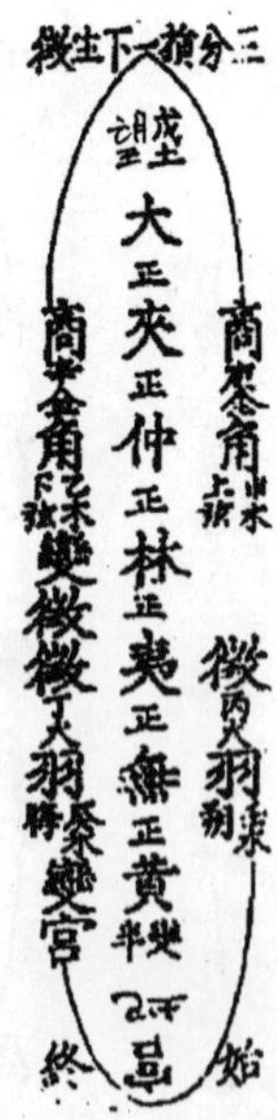

第二曲
大吕徵

第三曲
大吕商

第四曲
大吕羽

第五曲
大吕角

右總調大吕宫以應十二子之未月，分調則本宫之徵商羽角爲之，以應未月十母之流行。

第一曲
夷則宫

第二曲
夷則徵

第三曲
夷則商

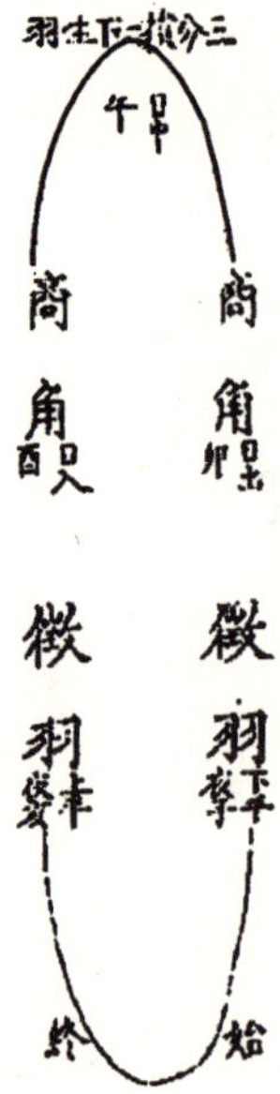

第四曲
夷則羽

第五曲
夷則角

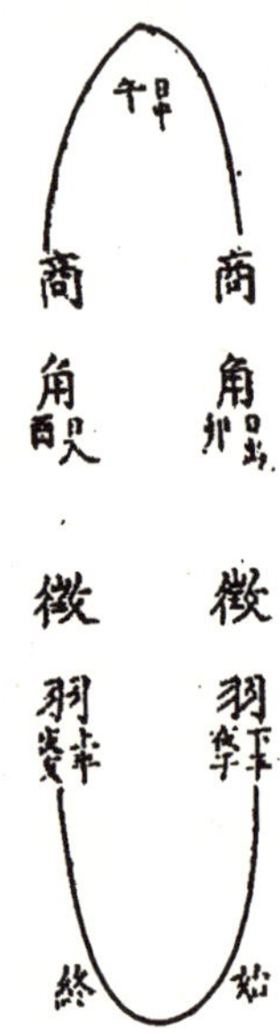

右總調夷則宫以應十二子之申月，分調則本宫之徵商羽角爲之，以應申月十母之流行。

第一曲
夾鐘宫

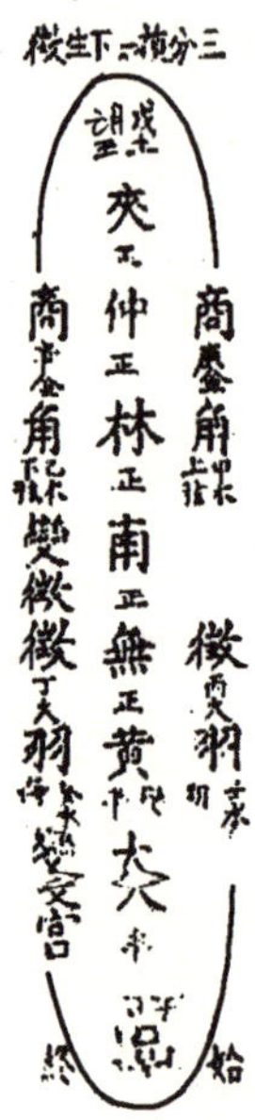

第二曲
夾鐘徵

第三曲
夾鐘商

第四曲
夾鐘羽

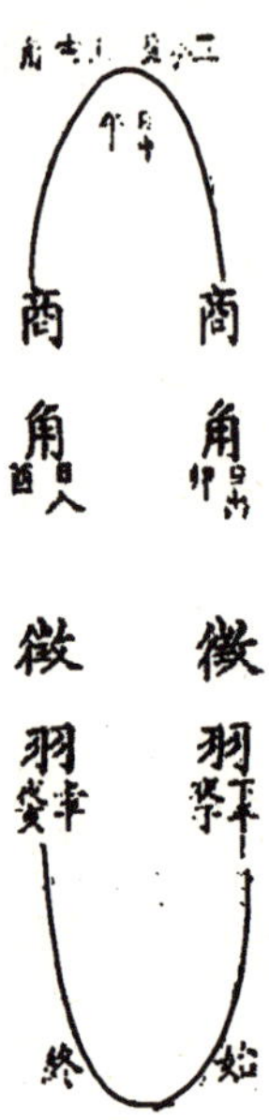

第五曲
夾鐘角

右總調夾鐘宮以應十二子之酉月，分調則本宮之徵商羽角爲之，以應酉月十母之流行。

第一曲
無射宮

第二曲
無射徵

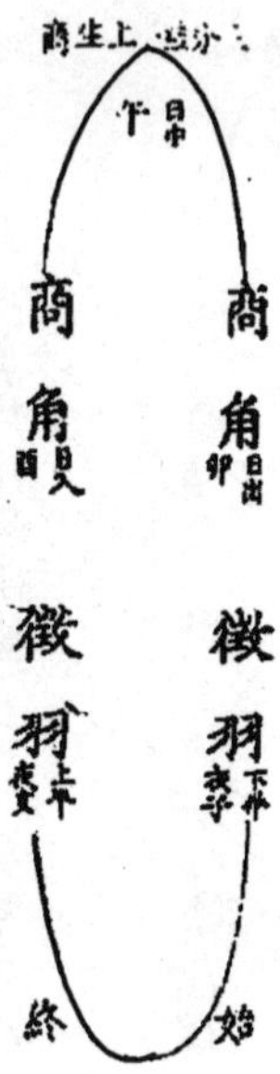

第三曲
無射商

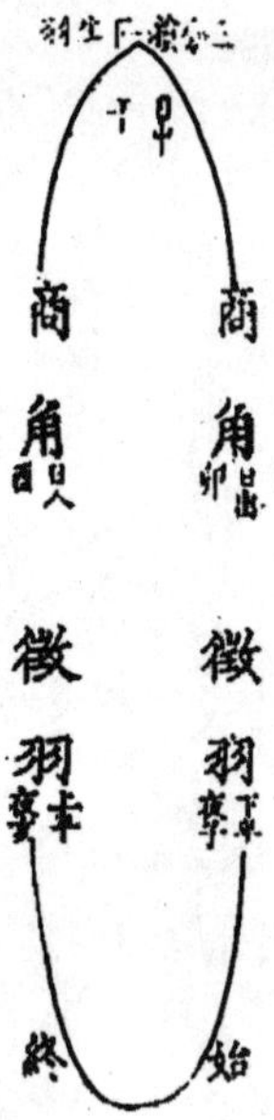

第四曲
無射羽

第五曲
無射角

右總調無射宮以應十二子之戌月，分調則本宮之徵商羽角爲之，以應戌月十母之流行。

第一曲
仲吕宫

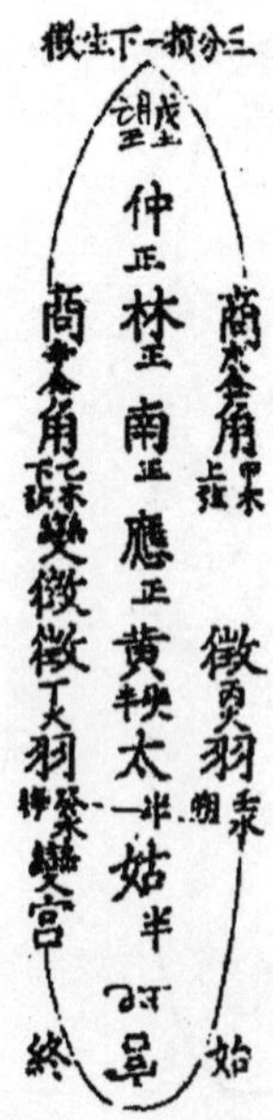

第二曲
仲吕徵

第三曲
仲吕商

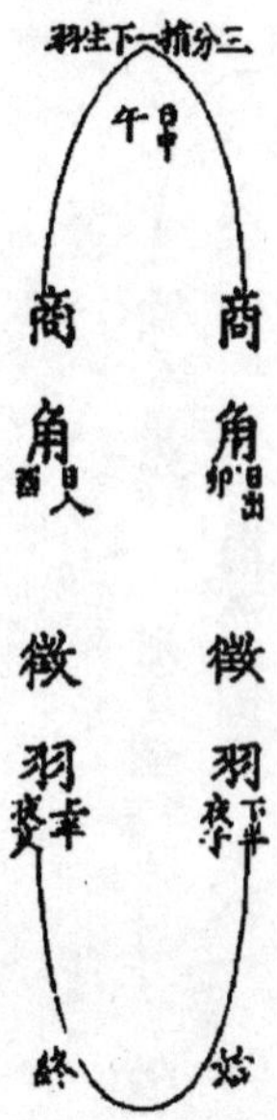

第四曲
仲吕羽

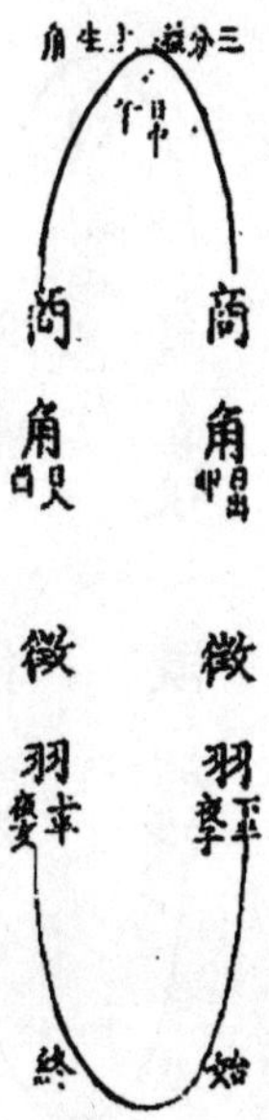

第五曲
仲吕角

右總調仲吕宫以應十二子之亥月，分調則本宫之徵商羽角爲之，以應亥月十母之流行。

一辰分五調，五調各一曲調也者，言平調和一宫之節奏也。曲也者，言平曲盡一宫之節奏也。總調有十二，以應乎十二月也。調分五音，以應乎一月之晦朔弦望，及一日之夜半、日出、日中、日入也。五音有始終，以應五行之生成也。始無宫徵之變，而終有之者，順成之道也。孔子曰繹如也以成。非二變何以能使其成之繹如哉。變徵居中，所以濟乎成聲中韻之不及。變宫居終，所以濟乎成聲終韻之不及。《記》曰順成和動。和動言其始，順成言其終。始則氣盈而有餘，無事於濟而其動自和。終則氣乏而不足，非濟之則其成必不順。總宫有晦朔、弦望，天氣一月之始終也。分宫有夜半、日出、日中、日入，天氣一日之始終也。各調之下有宫商角徵羽之序焉，五調之中有宫徵商羽角之序焉。二序合以兼五行之橫直，五行兼則一年一月一日之理皆於樂中見之矣。故奏之可以宣八風之氣有以也。

又《古樂筌蹄》卷一

生黄鐘術補解説

古樂律失傳，大賴《史記》所載律書律數生鐘分法及生黄鐘術，使後人有所據以尋其端緒焉。其律書律數生鐘分法，宋儒蔡季通已本之而作《律吕新書》，尚有所遺。索隱韋昭雖有所解，殆未盡其義，故後世莫不苦黄鐘管之難定，爲其術之未明也。臣習讀有年，頗知中間意義。大抵黄鐘管之數九寸，九寸之數一本於神之所爲。神生氣而爲陰陽，氣生形而爲四象。由太虚有參天之數，由氣化有兩地之數，合虚與氣有四象之數，三數備而黄鐘之管成，十二律之宫見矣。臣本此理而作解定圖，於是而生黄鐘，於是而成調變。詞愧淺陋，法則先王之遺也，伏望皇上采擇焉。

生鐘分

子一分。

丑三分二。

寅九分八。

卯二十七分十六。

辰八十一分六十四。

巳二百四十三分一百二十八。

午七百二十九分五百一十二。

未二千一百八十七分一千二十四。

申六千五百六十一分四千九十六。

酉一萬九千六百八十三分八千一百九十二。

戌五萬九千四十九分三萬二千七百六十八。

亥十七萬七千一百四十七分六萬五千五百三十六。

生黄鐘術曰：以下生者，倍其實，三其法。以上生者，四其實，三其法。

臣按：此言黄鐘生十一律之法。自西而北者，下生也。自東而南者，上生也。蓋天地之位以東南爲上，以西北爲下。故十二管隔八相生，自黄鐘之管，陽皆下生西北，陰皆上生東南。自蕤賓之管，陰反下生西北，陽反上生東南。以象天地之氣也。《律吕新書》以陽皆下生，陰皆上生，則所生大吕、夾鐘、仲吕三管太短，不能應氣，姑用倍數之法，誠不得上生下生之旨矣。倍其實者，子一之於丑二，寅八之於卯十六，辰六十四之於巳一百二十八，午五百一十二之於未一千二十四，申四千九十六之於酉八千一百九十二，戌三萬二千七百六十八之於亥六萬五千五百三十六也。四其實者，丑二之於寅八，卯十六之於辰六十四，巳一百二十八之於午五百一十二，未一千二十四之於申四千九十六，酉八千一百九十二之於戌三萬二千七百六十八也。倍實三其法，三分而損一也。四實三其法，三分而益一也。益一者，其數見。損一者，其數不見。

上九，商八，羽七，角六，宫五，徵九。

臣按：上九者，以九而爲尚。尺取九寸，寸取九分，去十而存九之謂也。以下八、七、六、五、九之數，皆至酉而定。蓋酉爲寸法，其位當乎十也。數雖尚九，位則當十，可見十未嘗無，特不用之耳。商八，太簇爲商，居寅。自寅數酉當八。羽七，南吕爲羽，居酉。酉之衝在卯，自卯數酉當七。角六，姑洗爲角，居辰。自辰數酉當六。宫五，黄鐘爲宫，居子。自子數酉當十。十者，二其五也，是亦五焉。徵九，林鐘爲徵，居未。未之衝在丑，自丑數酉當九。陽律當位自得，陰吕則居其衝，此自黄鐘一調言之。若旋相爲宫，則六律六吕皆有此數。蓋不論其長短，惟尚九，則凡商皆八，凡羽皆七，凡角皆六，凡宫皆五，凡徵皆九。是故黄鐘者，九寸之九寸也。諸管者，諸管之九寸也。諸管皆可尚九，故諸管皆可爲宮。至於起調，五音隔八相生，起羽至宮皆合此數。以羽七之樂而爲六變，祀天神以之。以徵九之樂而爲八變，祭地示以之。以宮五之樂而爲九變，享人鬼以之。其義咸取諸此。是數也，其樂之關鍵乎。知此數者，樂其可興焉。今載聲調數圖于左。

置一而九，三之以爲法，實如法，得長一寸。凡得九寸，命曰黃鐘之宮。

臣按：此言上九之理。置一者，置子上一位也。而九者，自丑至酉有九位也。三之以爲法者，丑上爲一三，至酉爲九三也。得長一寸者，酉上爲寸法也。凡得九寸者，寅上爲寸數也。命曰黃鐘之宮，見生黃鐘之術不越乎此矣。蓋一者神也，九者太陽之數也。三爲九之衍母，九爲三之衍子。蓋陽奇也，奇則圍而爲三也，三三而爲九也，故曰圓而神也。黃鐘九寸，圓神之體也，太陽之數也。其曰得長一寸，凡得九寸者，蓋一其體也，九其數也。體數之間，神之所以妙萬物也。一九之間，黃鐘之所以妙五音也。

故曰：音始於宫，窮於角。數始於一，終於十，成於三。

臣按：此言宫五之理。始宫終角，一調終也，陰陽有五行焉。始一終十，十干畢也，五行有陰陽焉。成於三，去十而存九，三三以成九，即洛書數陽不數陰之理。黃鐘本之，亦紀陽不紀陰。虛十以合九，用九以歸三。子酉相去十位，兩其五也，亦猶十干一五行耳。故酉上不曰宮十，而曰宮五。周樂起羽終宮，其音有十，是乃宮五之樂。

氣始於冬至，周而復生。神生於無形，成於有形，然後數形而成聲。

臣按：此言律終於仲呂，再生黃鐘之管八寸七分，用以收宮，如一年氣周而復生。冬至九寸之管，則虛而不用，以象太極無爲之道。夫無思無爲者，神也，何形可見。故長九寸，廣三分之管，聲清而未成音。及分爲陰陽，則兩儀形焉。故倍三爲六，由是倍其九而四象之數形焉。數形則變成，變成方謂之音，故曰數形而成聲。冬至爲十二月之始，故曆法起於冬至。冬至正，則二十四氣皆正。黃鐘爲十二律之始，故律法生於黃鐘。黃鐘正，則二十四聲皆正。[略]

聲調合宮五徵九商八羽七角六之圖

黃鐘宮起調	黃鐘徵林鐘應調	黃鐘商太簇應調	黃鐘羽南呂應調	黃鐘角姑洗應調
一聲南呂宮之羽	一聲姑洗徵之羽	一聲應鐘商之羽	一聲蕤賓羽之羽	一聲大呂角之羽
二聲姑洗	二聲應鐘	二聲蕤賓	二聲大呂	二聲夷則
三聲應鐘	三聲蕤賓	三聲大呂	三聲夷則	三聲夾鐘
四聲蕤賓	四聲大呂	四聲夷則	四聲夾鐘	四聲無射
五聲大呂	五聲夷則	五聲夾鐘	五聲無射	五聲仲呂
六聲夷則	六聲夾鐘	六聲無射	六聲仲呂	六聲黃鐘謂之角六
七聲夾鐘	七聲無射	七聲仲呂	七聲黃鐘謂之羽七	
八聲無射	八聲仲呂	八聲黃鐘謂之商八		
九聲仲呂	九聲黃鐘謂之徵九			
十聲黃鐘謂之宮五				

林鐘宮起調	林鐘徵太簇應調	林鐘商南呂應調	林鐘羽姑洗應調	林鐘角應鐘應調
一聲姑洗宮之羽	一聲應鐘徵之羽	一聲蕤賓商之羽	一聲大呂羽之羽	一聲夷則角之羽
二聲應鐘	二聲蕤賓	二聲大呂	二聲夷則	二聲夾鐘
三聲蕤賓	三聲大呂	三聲夷則	三聲夾鐘	三聲無射
四聲大呂	四聲夷則	四聲夾鐘	四聲無射	四聲仲呂
五聲夷則	五聲夾鐘	五聲無射	五聲仲呂	五聲黃鐘
六聲夾鐘	六聲無射	六聲仲呂	六聲黃鐘	六聲林鐘謂之角六
七聲無射	七聲仲呂	七聲黃鐘	七聲林鐘謂之羽七	
八聲仲呂	八聲黃鐘	八聲林鐘謂之商八		
九聲黃鐘	九聲林鐘謂之徵九			
十聲林鐘謂之宮五				

太簇宮起調	太簇徵南呂應調	太簇商姑洗應調	太簇羽應鐘應調	太簇角蕤賓應調
一聲應鐘宮之羽	一聲蕤賓徵之羽	一聲大呂商之羽	一聲夷則羽之羽	一聲夾鐘角之羽
二聲蕤賓	二聲大呂	二聲夷則	二聲夾鐘	二聲無射
三聲大呂	三聲夷則	三聲夾鐘	三聲無射	三聲仲呂
四聲夷則	四聲夾鐘	四聲無射	四聲仲呂	四聲黃鐘
五聲夾鐘	五聲無射	五聲仲呂	五聲黃鐘	五聲林鐘
六聲無射	六聲仲呂	六聲黃鐘	六聲林鐘	六聲太簇謂之角六
七聲仲呂	七聲黃鐘	七聲林鐘	七聲太簇謂之羽七	
八聲黃鐘	八聲林鐘	八聲太簇謂之商八		
九聲林鐘	九聲太簇謂之徵九			
十聲太簇謂之宮五				

南吕宫起調
一聲蕤賓宫之羽
二聲大吕
三聲夷則
四聲夾鐘
五聲無射
六聲仲吕
七聲黄鐘
八聲林鐘
九聲太簇
十聲南吕謂之宫五

南吕徵姑洗應調
一聲大吕徵之羽
二聲夷則
三聲夾鐘
四聲無射
五聲仲吕
六聲黄鐘
七聲林鐘
八聲太簇
九聲南吕謂之徵九

南吕商應鐘應調
一聲夷則商之羽
二聲夾鐘
三聲無射
四聲仲吕
五聲黄鐘
六聲林鐘
七聲太簇
八聲南吕謂之商八

南吕羽蕤賓應調
一聲夾鐘羽之羽
二聲無射
三聲仲吕
四聲黄鐘
五聲林鐘
六聲太簇
七聲南吕謂之羽七

南吕角大吕應調
一聲無射角之羽
二聲仲吕
三聲黄鐘
四聲林鐘
五聲太簇
六聲南吕謂之角六

姑洗宫起調
一聲大吕宫之羽
二聲夷則
三聲夾鐘
四聲無射
五聲仲吕
六聲黄鐘
七聲林鐘
八聲太簇
九聲南吕
十聲姑洗謂之宫五

姑洗徵應鐘應調
一聲夷則徵之羽
二聲夾鐘
三聲無射
四聲仲吕
五聲黄鐘
六聲林鐘
七聲太簇
八聲南吕
九聲姑洗謂之徵九

姑洗商蕤賓應調
一聲夾鐘商之羽
二聲無射
三聲仲吕
四聲黄鐘
五聲林鐘
六聲太簇
七聲南吕
八聲姑洗謂之商八

姑洗羽大吕應調
一聲無射羽之羽
二聲仲吕
三聲黄鐘
四聲林鐘
五聲太簇
六聲南吕
七聲姑洗謂之羽七

姑洗角夷則應調
一聲仲吕角之羽
二聲黄鐘
三聲林鐘
四聲太簇
五聲南吕
六聲姑洗謂之角六

應鐘宫起調
一聲夷則宫之羽
二聲夾鐘
三聲無射
四聲仲吕
五聲黄鐘
六聲林鐘
七聲太簇
八聲南吕
九聲姑洗
十聲應鐘謂之宫五

應鐘徵蕤賓應調
一聲夾鐘徵之羽
二聲無射
三聲仲吕
四聲黄鐘
五聲林鐘
六聲太簇
七聲南吕
八聲姑洗
九聲應鐘謂之徵九

應鐘商大吕應調
一聲無射商之羽
二聲仲吕
三聲黄鐘
四聲林鐘
五聲太簇
六聲南吕
七聲姑洗
八聲應鐘謂之商八

應鐘羽夷則應調
一聲仲吕羽之羽
二聲黄鐘
三聲林鐘
四聲太簇
五聲南吕
六聲姑洗
七聲應鐘謂之羽七

應鐘角夾鐘應調
一聲黄鐘角之羽
二聲林鐘
三聲太簇
四聲南吕
五聲姑洗
六聲應鐘謂之角六

蕤賓宫起調
一聲夾鐘宫之羽
二聲無射
三聲仲吕
四聲黄鐘
五聲林鐘
六聲太簇
七聲南吕
八聲姑洗
九聲應鐘
十聲蕤賓謂之宫五

蕤賓徵大吕應調
一聲無射徵之羽
二聲仲吕
三聲黄鐘
四聲林鐘
五聲太簇
六聲南吕
七聲姑洗
八聲應鐘
九聲蕤賓謂之徵九

蕤賓商夷則應調
一聲仲吕商之羽
二聲黄鐘
三聲林鐘
四聲太簇
五聲南吕
六聲姑洗
七聲應鐘
八聲蕤賓謂之商八

蕤賓羽夾鐘應調
一聲黄鐘羽之羽
二聲林鐘
三聲太簇
四聲南吕
五聲姑洗
六聲應鐘
七聲蕤賓謂之羽七

蕤賓角無射應調
一聲林鐘角之羽
二聲太簇
三聲南吕
四聲姑洗
五聲應鐘
六聲蕤賓謂之角六

大吕宫起調
一聲無射宫之羽
二聲仲吕
三聲黄鐘
四聲林鐘
五聲太簇
六聲南吕
七聲姑洗
八聲應鐘
九聲蕤賓
十聲大吕謂之宫五

大吕徵夷則應調
一聲仲吕徵之羽
二聲黄鐘
三聲林鐘
四聲太簇
五聲南吕
六聲姑洗
七聲應鐘
八聲蕤賓
九聲大吕謂之徵九

大吕商夾鐘應調
一聲黄鐘商之羽
二聲林鐘
三聲太簇
三聲南吕
五聲姑洗
六聲應鐘
七聲蕤賓
八聲大吕謂之商八

大吕羽無射應調
一聲林鐘羽之羽
二聲太簇
三聲南吕
四聲姑洗
五聲應鐘
六聲蕤賓
七聲大吕謂之羽七

大吕角仲吕應調
一聲太簇角之羽
二聲南吕
三聲姑洗
四聲應鐘
五聲蕤賓
六聲大吕謂之角六

夷則宫起調
一聲仲吕宫之羽
二聲黄鐘
三聲林鐘
四聲太簇
五聲南吕

夷則徵夾鐘應調
一聲黄鐘徵之羽
二聲林鐘
三聲太簇
四聲南吕
五聲姑洗

夷則商無射應調
一聲林鐘商之羽
二聲太簇
三聲南吕
四聲姑洗
五聲應鐘

夷則羽仲吕應調
一聲太簇羽之羽
二聲南吕
三聲姑洗
四聲應鐘
五聲蕤賓

夷則角黄鐘應調
一聲南吕角之羽
二聲姑洗
三聲應鐘
四聲蕤賓
五聲大吕

六聲姑洗　六聲應鐘　六聲蕤賓　六聲大呂　六聲夷則謂之角六
七聲應鐘　七聲蕤賓　七聲大呂　七聲夷則謂之羽七
八聲蕤賓　八聲大呂　八聲夷則謂之商八
九聲大呂　九聲夷則謂之徵九
十聲夷則謂之宮五

夾鐘宮起調　夾鐘徵無射應調　夾鐘商仲呂應調　夾鐘羽黃鐘應調　夾鐘角林鐘應調
一聲黃鐘宮之羽　一聲林鐘徵之羽　一聲太簇商之羽　一聲南呂羽之羽　一聲姑洗角之羽
二聲林鐘　二聲太簇　二聲南呂　二聲姑洗　二聲應鐘
三聲太簇　三聲南呂　三聲姑洗　三聲應鐘　三聲蕤賓
四聲南呂　四聲姑洗　四聲應鐘　四聲蕤賓　四聲大呂
五聲姑洗　五聲應鐘　五聲蕤賓　五聲大呂　五聲夷則
六聲應鐘　六聲蕤賓　六聲大呂　六聲夷則　六聲夾鐘謂之角六
七聲蕤賓　七聲大呂　七聲夷則　七聲夾鐘謂之羽七
八聲大呂　八聲夷則　八聲夾鐘謂之商八
九聲夷則　九聲夾鐘謂之徵九
十聲夾鐘謂之宮五

無射宮起調　無射徵仲呂應調　無射商黃鐘應調　無射羽林鐘應調　無射角太簇應調
一聲林鐘宮之羽　一聲太簇徵之羽　一聲南呂商之羽　一聲姑洗羽之羽　一聲應鐘角之羽
二聲太簇　二聲南呂　二聲姑洗　二聲應鐘　二聲蕤賓
三聲南呂　三聲姑洗　三聲應鐘　三聲蕤賓　三聲大呂
四聲姑洗　四聲應鐘　四聲蕤賓　四聲大呂　四聲夷則
五聲應鐘　五聲蕤賓　五聲大呂　五聲夷則　五聲夾鐘
六聲蕤賓　六聲大呂　六聲夷則　六聲夾鐘　六聲無射謂之角六
七聲大呂　七聲夷則　七聲夾鐘　七聲無射謂之羽七
八聲夷則　八聲夾鐘　八聲無射謂之商八
九聲夾鐘　九聲無射謂之徵九
十聲無射謂之宮五

仲呂宮起調　仲呂徵黃鐘應調　仲呂商林鐘應調　仲呂羽太簇應調　仲呂角南呂應調
一聲太簇宮之羽　一聲南呂徵之羽　一聲姑洗商之羽　一聲應鐘羽之羽　一聲蕤賓角之羽
二聲南呂　二聲姑洗　二聲應鐘　二聲蕤賓　二聲大呂
三聲姑洗　三聲應鐘　三聲蕤賓　三聲大呂　三聲夷則
四聲應鐘　四聲蕤賓　四聲大呂　四聲夷則　四聲夾鐘
五聲蕤賓　五聲大呂　五聲夷則　五聲夾鐘　五聲無射
六聲大呂　六聲夷則　六聲夾鐘　六聲無射　六聲仲呂謂之角六
七聲夷則　七聲夾鐘　七聲無射　七聲仲呂謂之羽七
八聲夾鐘　八聲無射　八聲仲呂謂之商八
九聲無射　九聲仲呂謂之徵九
十聲仲呂謂之宮五

律呂全半數圖唯黃鐘用變及變半，餘律只用正而不必用變。

	正律	半律	變律	變半
黃鐘	九寸	四寸五分	八寸七分八釐一毫六絲二忽	四寸三分九釐八絲一忽
大呂	八寸三分七釐六毫	四寸一分八釐八毫		
太簇	八寸	四寸		
夾鐘	七寸四分三釐七毫三絲	三寸七分一釐八毫六絲五忽		
姑洗	七寸一分	三寸五分五釐		
仲呂	六寸五分八釐三毫四絲六忽	三寸二分九釐一毫七絲三忽		
蕤賓	六寸二分八釐	三寸一分四釐		
林鐘	六寸	三寸		
夷則	五寸五分五釐一毫	二寸七分七釐五毫五絲		
南呂	五寸三分	二寸六分五釐		
無射	四寸八分八釐四毫八絲	二寸四分四釐三毫四絲		
應鐘	四寸六分六釐	二寸三分三釐		

定寸法

天地之氣鐘於人，人之氣得數於左手中指中節，故孔子曰布指知寸。但人有大小，而左手中指中節亦有短長不同，惟當以得中不短不長者爲度，乃用參天兩地數制管吹之，仍驗以喉音，則與周天合矣。故曰聲爲律，身爲度也。

截管九寸九分之尺

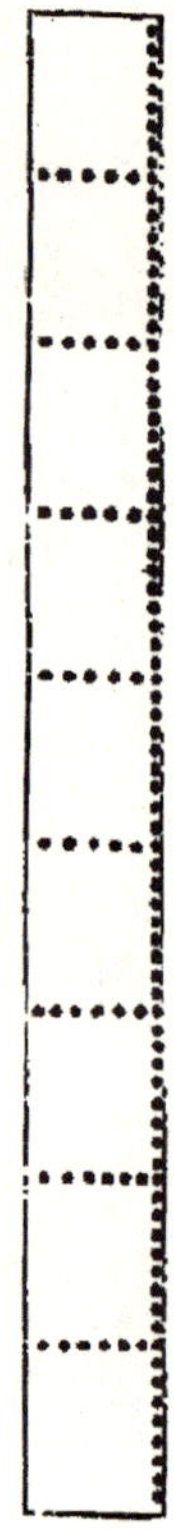

截黃鐘管法

管本於數，數本於陰陽老少。三三而九，老陽之數。三二而六，老陰之數。老陰其地乎，老陽其天乎，天地交合而有少陽少陰以寓乎其間，是七八之數也。在管廣三分長九寸者，是參天也；倍其廣，是兩地也。倍其長者，而四象之數備矣。備四象之氣而後成天，備四象之數而後成黃鐘。知黃鐘之本數以爲聲氣之原，知黃鐘之全數吹之而後成聲。故合參天兩地四象管而對吹之，雖有清濁之殊，然清宮合於濁宮，清商合於濁商，清角合於濁角，清徵合於濁徵，清羽合於濁羽，不差毫釐。其聲相濟，優柔和動，可見天地四象同一氣，而正管、倍管同一音。蓋天地自然有倍數，律呂自然有倍管。聖人精義之藴不盡傳於經，故律呂之學不克明於後世也。臣敢僭補之以備聖代之制焉。

定黃鐘宮聲法

宮聲至濁，其聲在中，故《管子》曰宮聲如牛鳴窌中，又如雷初出地。《易》曰：雷出地奮豫，先王以作樂崇德。人之喉音似之，凡音皆由喉起者也。起於喉而見於脣齒舌，不拘平上去入皆有二十四聲，出於自然，故定宮聲以喉音最便，但喉音亦有清濁分數多寡之不同，在人能審辯之，須於心得其正時識得，不可以言語形容也。

季本《樂律纂要》

十二律呂上下相生法

《前漢志》曰：黃鍾三分損一，下生林鍾。三分林鍾益一，上生太簇。三分太簇損一，下生南呂。三分南呂益一，上生姑洗。三分姑洗損一，下生應鍾。三分應鍾益一，上生蕤賓。三分蕤賓損一，下生大呂。三分大呂益一，上生夷則。三分夷則損一，下生夾鍾。三分夾鍾益一，上生無射。三分無射損一，下生仲呂。陰陽相生，自黃鍾始而左旋，八八爲伍。從子數至未得八，下生林鍾。數未至寅得八，上生太簇。上下相生，皆以此爲率。伍，偶也。《史記·律書》術曰：以

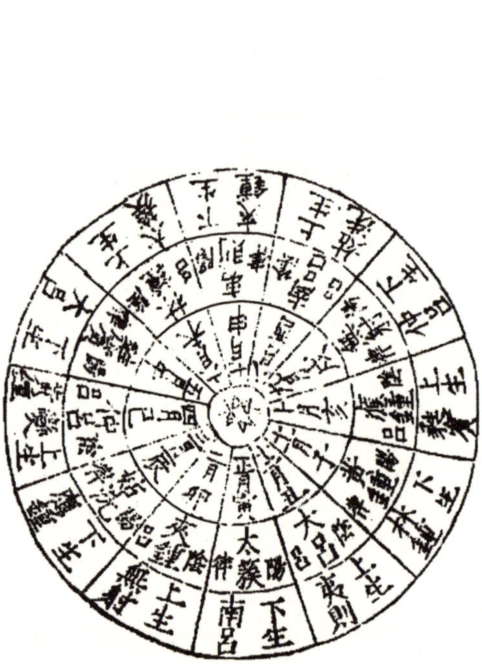

隔八相生圖

下生者，倍其實，三其法。上生者，四其實，三其法。假令黃鍾九寸，下生則倍其實，爲一尺八寸，三其法乃爲六寸而得林鍾。林鍾六寸，上生則四其實，爲二尺四寸，三其法乃爲八寸而得太簇。他皆倣此。《後漢志》曰：以陽生陰，倍之。以陰生陽，四之。皆三而一。陽生陰曰下生，陰生陽曰上生。

今按：下生者，倍而三之，三分而損其一也。上生者，四而三之，三分而益其一也。十二律總而言之，則皆曰律。分而言之，則陽曰律，陰曰呂。黃鍾、太簇、姑洗、蕤賓、夷則、無射爲陽律。大呂、夾鍾、仲呂、林鍾、南呂、應鍾爲陰呂。陽律下生陰呂，陰呂上生陽律，此不易之理也。詳見下條。

又 聲調圖

	宮	商	角	變徵	徵	羽	變宮
第一宮	黃正	太正	姑正	蕤正	林正	南正	應正
第二宮	林正	南正	應正	大正半	太正半	姑正半	蕤正半
第三宮	太正	姑正	蕤正	夷正	南正	應正	大正半
第四宮	南正	應正	大正半	夾正半	姑正半	蕤正半	夷正半
第五宮	姑正	蕤正	夷正	無正	應正	大正半	夾正半

第六宮	應正	大正半	夾正半	仲正半	蕤正半	夷正半	無正半
第七宮	蕤正	夷正	無正	黃變半	大正半	夾正半	仲正半
第八宮	大正	夾正	仲正	林變	夷正	無正	黃變半
第九宮	夷正	無正	黃變半	太變半	夾正半	仲正半	林變半
第十宮	夾正	仲正	林變	南變	無正	黃變半	太變半
第十一宮	無正	黃變半	太變半	姑變半	仲正半	林變半	南變半
第十二宮	仲正	林變	南變	應變	黃變半	太變半	姑變半

蔡氏曰：十二律旋相爲宮，各有七聲，合八十四聲。宮聲十二，商聲十二，角聲十二，徵聲十二，羽聲十二，凡六十聲，爲六十調。其變宮十二，在羽聲之後，宮聲之前。變徵十二，在角聲之後，徵聲之前。宮不成宮，徵不成徵，凡二十四聲，不可爲調。後世以變宮變徵參而爲八十四調，其亦不考矣。今按一均七聲，五正聲皆可爲調，如叶之樂章則以起調一聲爲首尾。其七聲則考其上下之和而以七律參錯用之，初無定位，但所用止於本均，而他宮不與焉。觀下條詩樂圖，亦略可見二變聲雖不得爲調，然和聲之際，固未嘗廢也。後世又或併此不用，則其樂亦無由而諧矣。

許珍《律呂新書》分注圖算》卷首

律呂諸圖纂

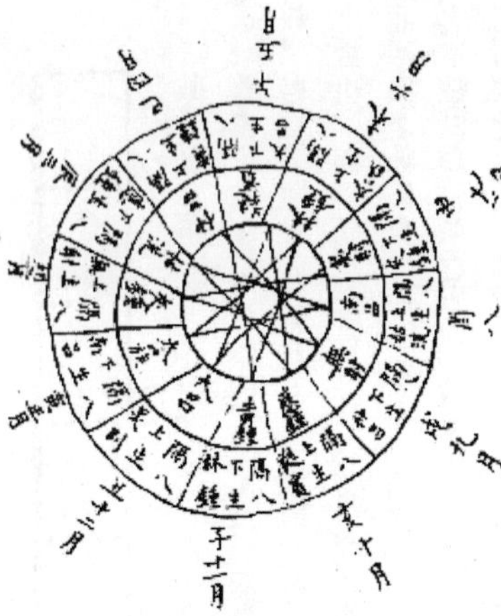

六律六吕圖

五位居衡隔八生次之圖

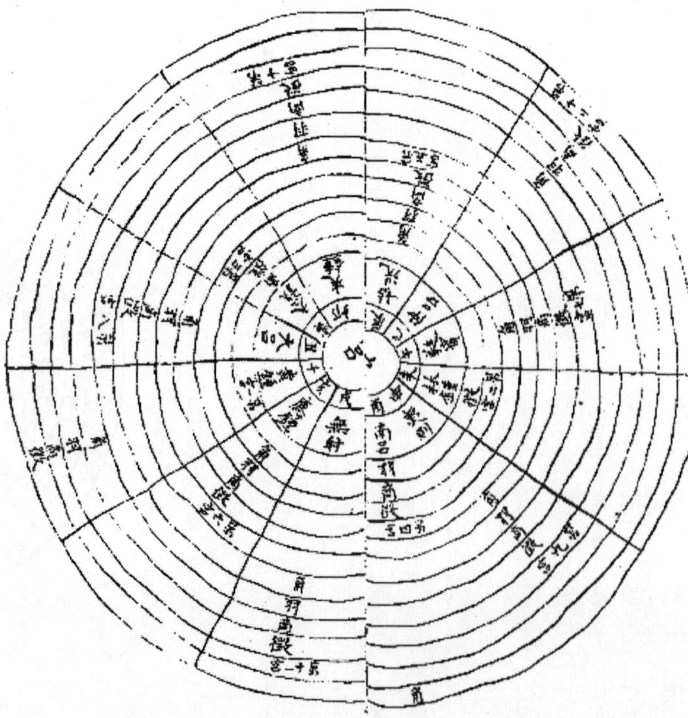

黃鍾一管縱長通有九寸，寸必十分，九寸九十分也。管長一分。其中，圜必九分，九分者九十分也，九十分平方分也。積九寸之九十分，得八百一十分也，八百一十分立方分也。

縱長者，只以黃鍾管上下言之，不以積論也。

一管，二九寸，三九十分，四九百厘，五九千毫，六九萬絲。

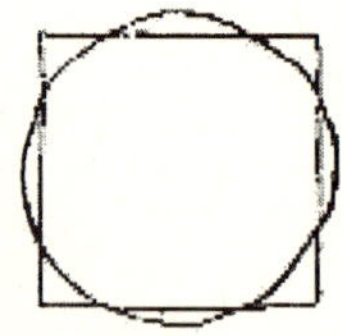

員積平置圖

東西南北中五分正方，四隅四分不足，而四正有餘。員以員之有餘補方之不足，恰九方分。

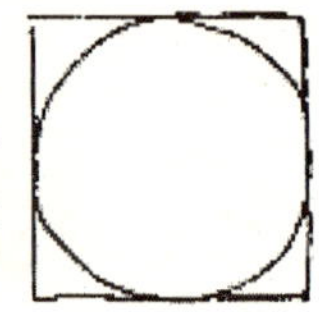

員積益方圖

員積九方分，以十四乘之，十一除之，得十一分四厘五毫强，爲平方積。開平方，除之，得三分二厘八毫强，爲徑。密率。

外廉長三分三厘，濶八毫。內廉長三分，濶三厘。方徑三分。

開方方廉隅圖

外隅方八毫，內隅方三厘，外廉長濶同上，內廉長濶同上。

置一十一分四厘五毫四絲

和商三分，除方三三九分。

再商三厘除廉三六一十八厘，除隅三三九毫。

三商八毫除廉六八四十八毫六八四十八絲，

餘二毫九厘六忽，除隅八八六十四忽。

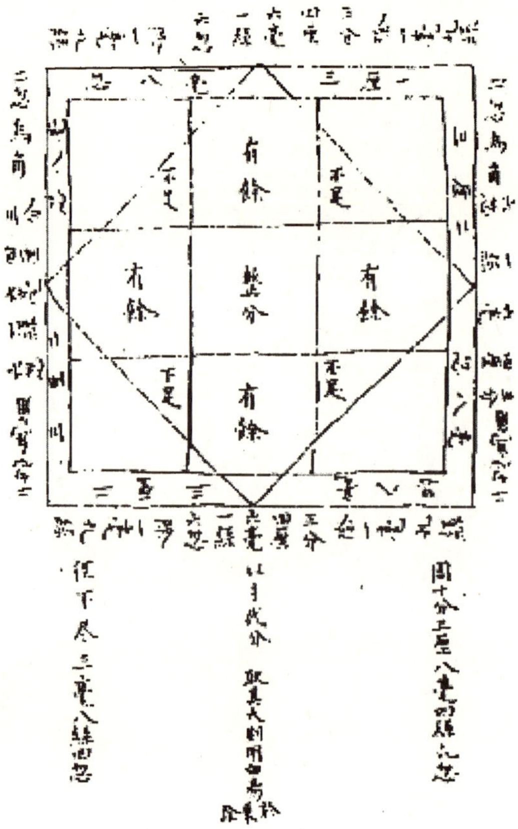

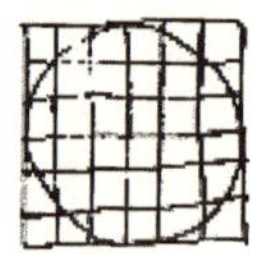

方員易見圖

假令方徑六寸，自乘得方積三十六寸，以右員法三分益一筭之，當積內員二十七寸，外方九寸。今圖每角不滿二寸，故曰方內之員不止四分之三，員外之方不及四分之一。古法未密也。密率徑自乘，十一乘之，十四除之，得員積二十八寸二分八厘强，外方共七寸分一厘强。每角得一寸九分二厘八毫强也。

三重室圖

蔡云作室之法，宜一類平土之地，獨高者不可，獨下者不可，水火砂磚者不可。

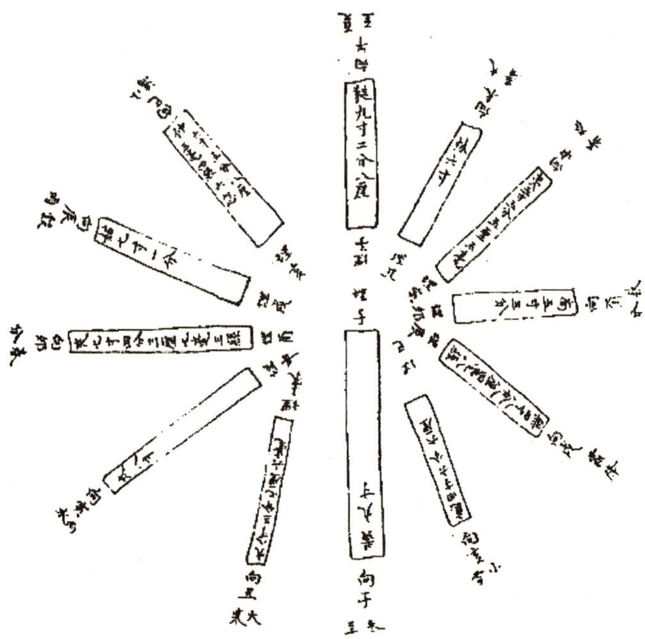

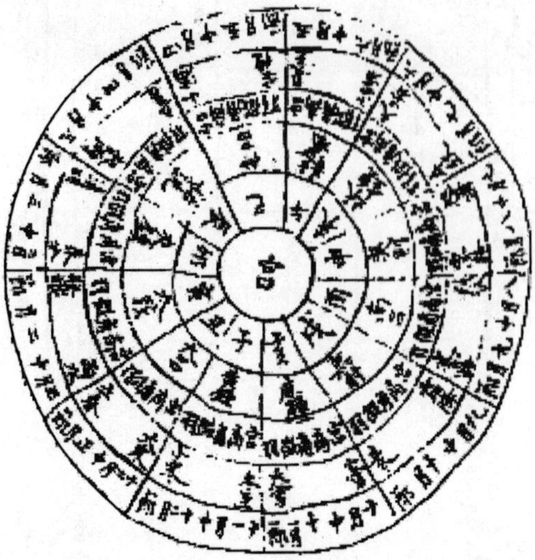

十二律氣運之圖

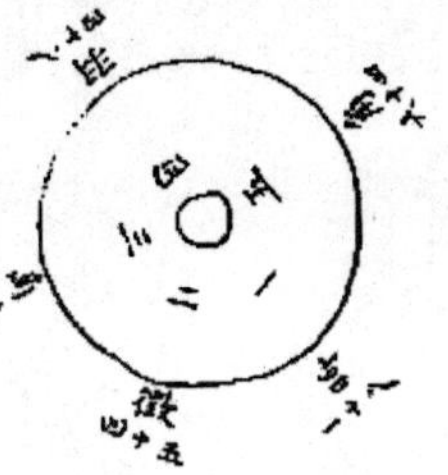

五音相生之序

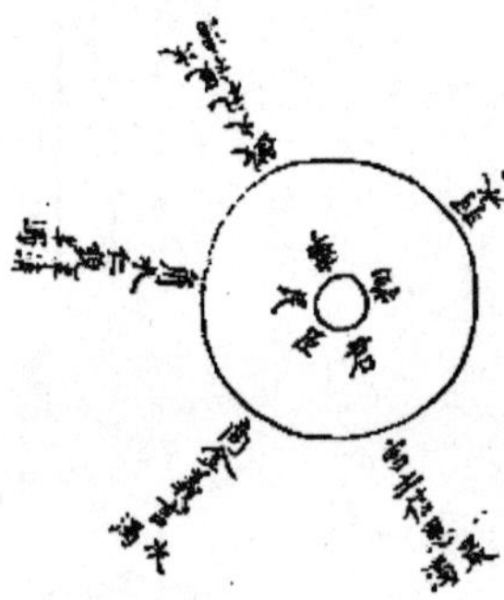

五音清濁之序

又 黃鍾役律見役圖

黃鍾役六律圖

	徵	商	羽	角	變宮	變徵
黃鍾宮	黃鍾					
林鍾徵		黃鍾				
太簇商			黃鍾			
南呂羽				黃鍾		
姑洗角					黃鍾	
應鍾變宮						黃鍾
蕤賓變徵						蕤賓
黃鍾變半	變仲呂	無射	夾鍾	夷則	大呂	

又 大呂役律見役圖

大呂役六律圖

	徵	商	羽	角	變宮	變徵
大呂宮	大呂					
夷則徵		大呂				
夾鍾商			大呂			
無射羽				大呂		
仲呂角					大呂	
黃鍾變變宮						大呂
林鍾變變徵						林鍾
大呂	蕤賓	應鍾	姑洗	南呂	太簇	

自左而右，兩傍孔爲黃鍾正聲。四字孔，右半爲大呂，左半爲太簇。一字孔，右半爲夾鍾，左半爲姑洗。上字與勾字共一孔，上字居右爲仲呂，勾字居左爲蕤賓。尺字孔爲林鍾。工字孔，右半爲夷則，左半爲南呂。凡字孔，右半爲無射，左半爲應鍾。其黃鍾清聲爲六字，以凡字孔哨聲當之。太簇夾鍾二清聲爲五字，以四字孔哨聲當之。旋宮之法未考。

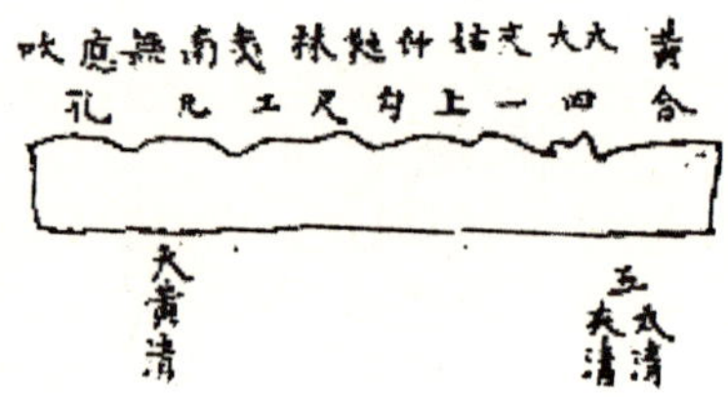

十字管孔圖

又 支干陰陽圖

宮	商	角	徵	羽
甲子乙丑	甲寅乙卯	甲辰乙巳	丙辰丁巳	戊辰己巳
甲午乙未	甲申乙酉	甲戌乙亥	丙戌丁亥	戊戌己亥
庚辰辛巳	丙子丁丑	丙寅丁卯	戊寅己卯	庚寅辛卯
庚戌辛亥	丙午丁未	丙申丁酉	戊申己酉	庚申辛酉
壬寅癸卯	壬辰癸巳	戊子己丑	庚子辛丑	壬子癸丑
壬申癸酉	壬戌癸亥	戊午己未	庚午辛未	壬午癸未

	宮陽	商陽	角陽	徵陰	羽陰
黃鍾均	黃鍾	太簇	姑洗	林鍾	南呂
林鍾均	林鍾	南呂	應鍾	太簇	姑洗
太簇均	太簇	姑洗	蕤賓	南呂	應鍾
南呂均	南呂	應鍾	大呂	姑洗	蕤賓
姑洗均	姑洗	蕤賓	夷則	應鍾	大呂

續表

	宮陽	商陽	角陽	徵陰	羽陰
應鍾均	應鍾	大呂	夾鍾	蕤賓	夷則
蕤賓均	蕤賓	夷則	無射	大呂	夾鍾
大呂均	大呂	夾鍾	仲呂	夷則	無射
夷則均	夷則	無射	黃鍾	夾鍾	仲呂
夾鍾均	夾鍾	仲呂	林鍾	無射	黃鍾
無射均	無射	黃鍾	太簇	仲呂	林鍾
仲呂均	仲呂	林鍾	南呂	黃鍾	太簇

按本註云：六律五聲究於六十，亦三十六爲陽，二十四爲陰者。蓋以十二均各有五聲，以宮商角爲陽，徵羽爲陰。一均以三聲爲陽，十二均數爲陽者三十六也。以二聲爲陰，十二均數爲陰者二十四也。一其所以爲陰陽者，如黃鍾一均，黃鍾宮當子，太簇商當寅，姑洗角當辰，故爲陽。林鍾徵當未，南呂羽當商，故爲陰。餘律倣此。

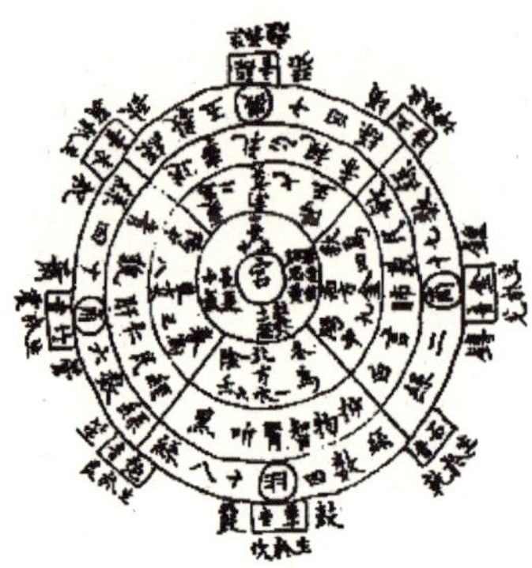

五聲八音圖

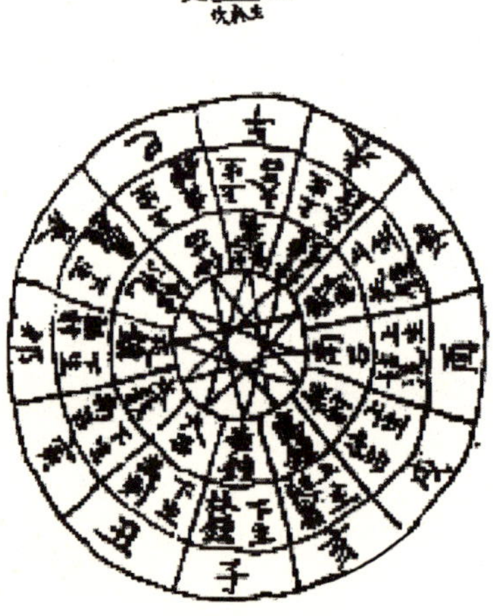

律呂東西上下方位圖

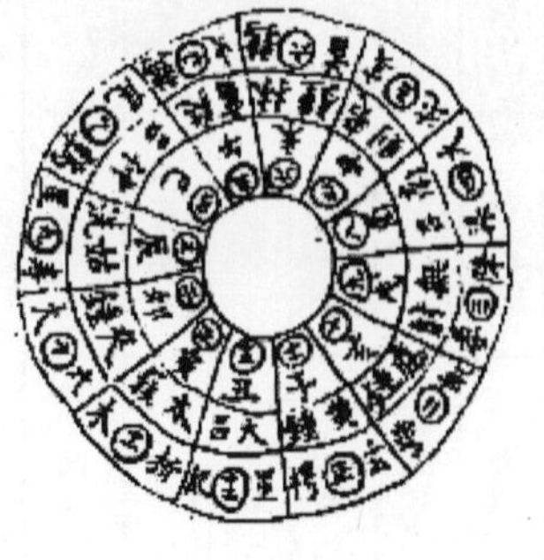

律呂合天斗建日月會圖

六呂對衝易位間六律圖

鄭氏律卦合圖

熊氏律卦合圖

律呂娶妻生子圖

又 律呂娶妻生子納音圖

	金	火	木	土
黃鍾	甲子	戊子	壬子	庚子
大呂	乙丑	己丑	癸丑	辛丑
夷則	壬申	丙申	庚申	戊申
南呂	癸酉	丁酉	辛酉	己酉
姑洗	庚辰	甲辰	戊辰	丙辰
仲呂	辛巳	乙巳	己巳	丁巳
蕤賓	甲午	戊午	壬午	庚午
林鍾	乙未	己未	癸未	辛未
太簇	壬寅	丙寅	庚寅	戊寅
夾鍾	癸卯	丁卯	辛卯	己卯
無射	庚戌	甲戌	戊戌	丙戌
應鍾	辛亥	乙亥	己亥	丁亥
西	南	東	北	中

此言陰陽升降,以十二辟卦言也,今並具圖于下辟卦。

又 卦律陰陽升降相合圖

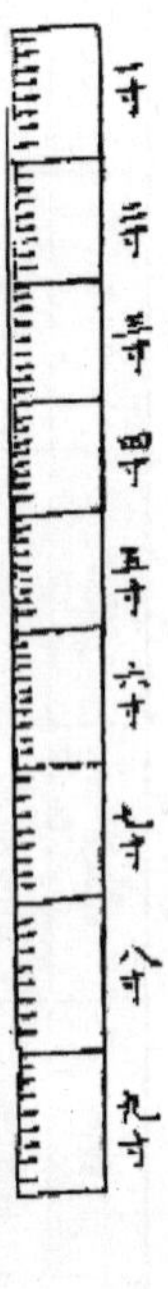

子月一陽 ䷗ 復,冬至,黃鍾九寸

丑月二陽 ䷒ 臨,大寒,大呂八寸三分七厘六毫

寅月三陽 ䷊ 泰,雨水,太簇八寸

卯月四陽 ䷡ 大壯,春分,夾鍾七寸四分三厘七毫三絲

辰月五陽 ䷪ 夬,穀雨,姑洗七寸一分

巳月純陽 ䷀ 乾,小滿,仲吕六寸五分八厘三毫四絲六忽

午月一陰 ䷫ 姤,夏至,蕤賓六寸二分八厘

未月二陰 ䷠ 遯,大暑,林鍾六寸

申月三陰 ䷋ 否,處暑,夷則五寸五分五厘一毫

酉月四陰 ䷓ 觀，秋分，南呂五寸三分

戌月五陰 ䷖ 剥，霜降，無射四寸八分八厘四毫八絲

亥月純陰 ䷁ 坤，小雪，應鍾四寸六分六厘

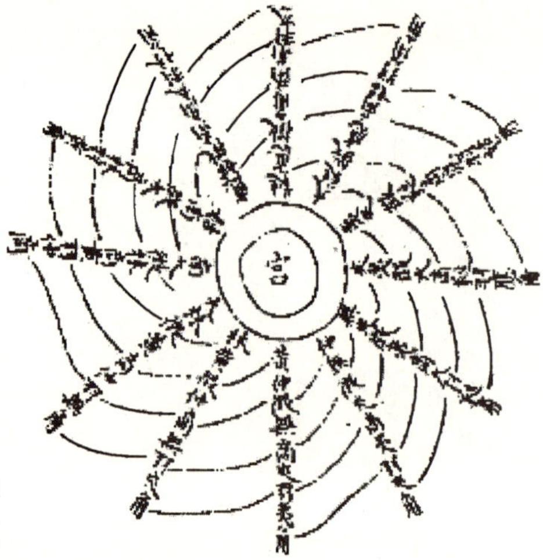

旋宫圖

呂懷《律呂古義・卷首圖》

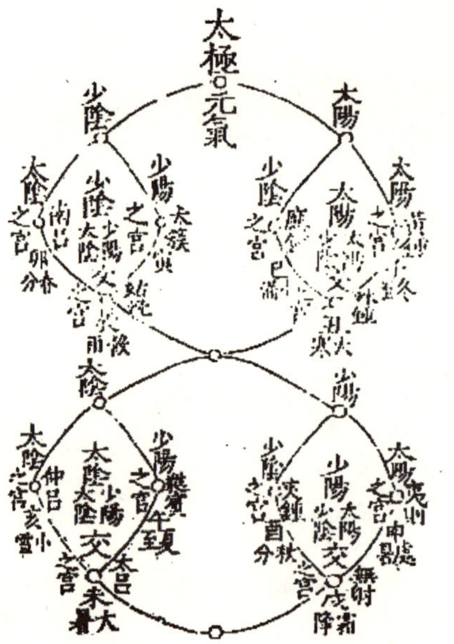

十二律本天地陰陽之始圖

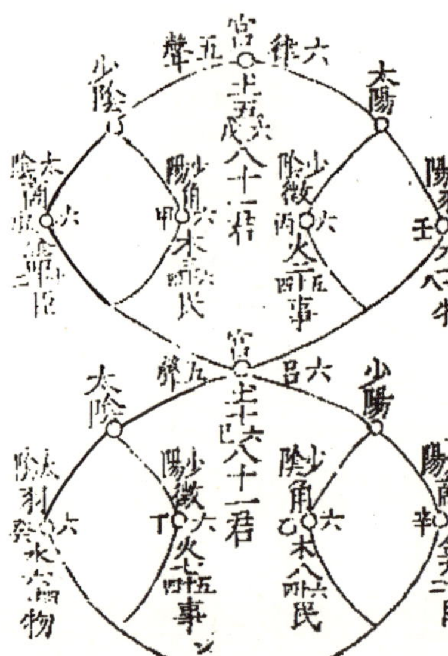

五音本天地陰陽之始圖

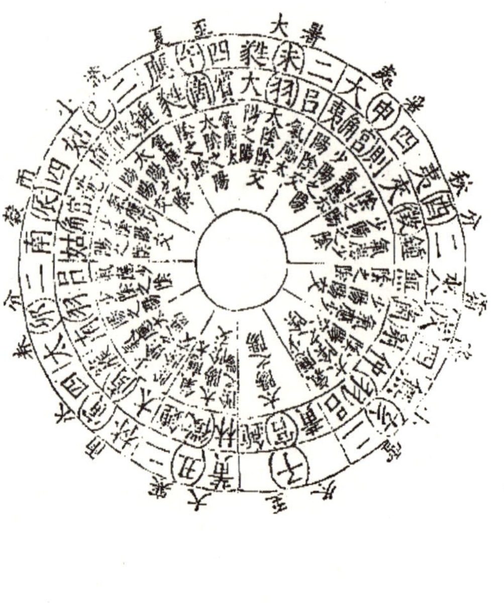

十二律相生相應同心一統圖

十二律納音隔八娶妻生子圖

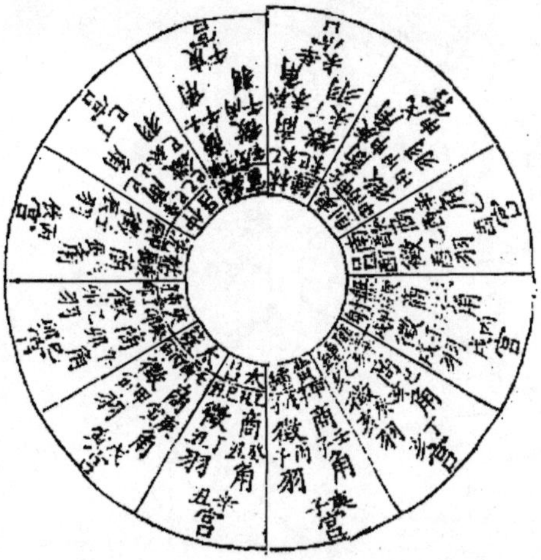

十二律納音六十圖

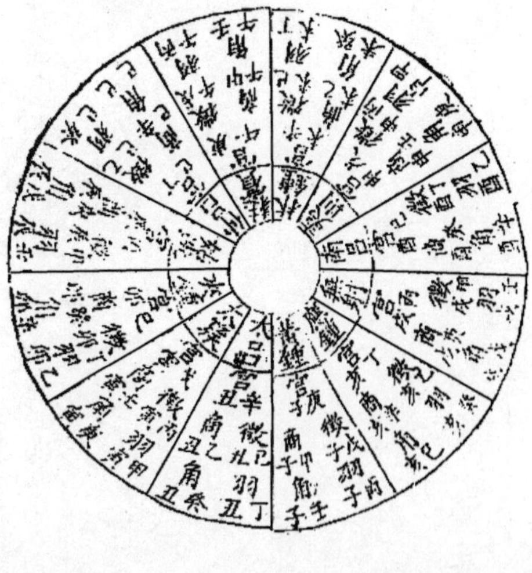

六十音成方十二圖

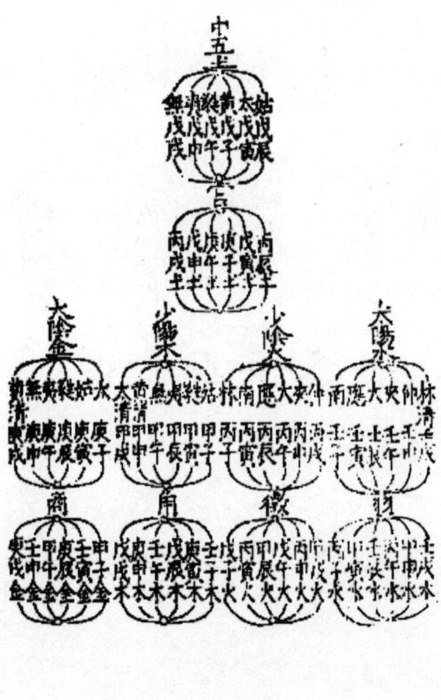

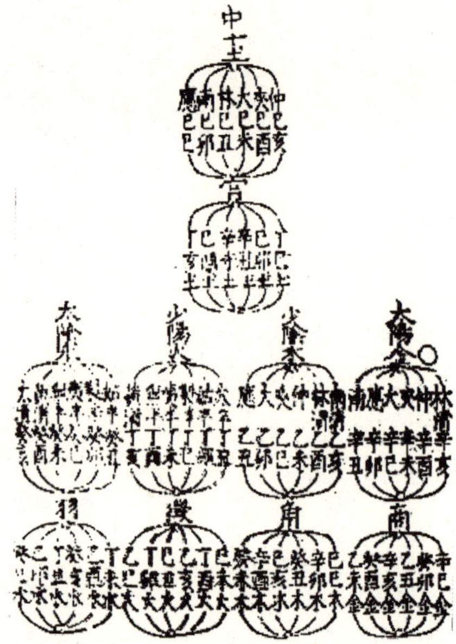

律呂旋宮納音體用一原之圖

鄧文憲《律呂解注》卷上《律呂本原》

變律第七此章之注，自按五聲至變宮也節，通言十二均，五聲有二變之由；自角聲之實至以爲強弱節，專言黃鐘之角生二變之法。

宮與商，商與角，徵與羽，相去各一律。至角與徵，羽與宮，相去乃二律者，此據隔八相生之位，五聲大小之次而言也。自黃鐘一均論之，子黃鐘宮至寅太簇商，隔丑大呂一律。寅太簇商至辰姑洗角，隔卯夾鐘一律。未林鐘徵至酉南呂羽，隔申夷則一律。若辰姑洗角至未林鐘徵，乃隔巳仲呂、午蕤賓二律。酉南呂羽至子黃鐘宮，乃隔戌無射、亥應鐘二律也。十一均倣此。相去一律則音節和，相去二律則音節遠者，蓋樂聲之和，由於洪纖高下之有序。洪纖高下之有序，生於律管降殺之中度。一寸損一分，一分損一釐，一釐損一毫，一毫損一絲，一絲損一忽，一忽損一初，一初損一秒，此律管降殺之中度也。然必相去一律者，始合中度。合中度則聲不混不離而得其和。太近則不及中度而聲混，謂二律相比，則上律聲掩下律聲。太遠則過中度而聲離，謂相隔二律，則下律聲不及上律聲。此樂聲和與不和之大凡也。自黃鐘一均論之，黃鐘九寸，損九分則爲太簇之八寸，隔大呂一律，合降殺之中度也，故太簇能應黃鐘，而商與宮和。若大呂則太近爲所掩，若夾鐘則太遠不相及。太簇八寸，損八分則爲姑洗之七寸一分，隔夾鐘一律，合降殺之中度也，故姑洗能應太簇而角與商和。若夾鐘，則太近爲所掩。若仲呂，則太遠不相及。林鐘六寸，損六分則爲南呂之五寸三分，隔夷則一律，合降殺之中度也，故南呂能應林鐘而羽與徵和。若夷則，則太近爲所掩。若無射，則太遠不相及。至於姑洗七寸一分，乃損一寸一分而後爲林鐘之六寸，隔巳午二律，過中度矣，故徵聲之高，不及角聲之下。南呂反益三寸六分而後爲黃鐘之九寸，非特相去二律，抑愈不合中度矣，故宮聲之下，不及羽聲之高。惟徵聲之高不及角聲之下，故於角辰徵未之間而午爲近未，收蕤賓一律，比徵之管長二分八釐，隔仲呂一律，合姑洗七寸一分損七分一釐之中度，故其聲少下於徵而與角和，是變徵因徵不及角而設也。十一均收變徵倣此。惟宮聲之下不及羽聲之高，故於羽酉宮子之間而亥爲近子，收應鐘一律，比宮之管短四寸二分三釐，隔無射一律，合南呂五寸三分損五分三釐之中度，故其聲少高於宮而與羽和，是變宮因宮不及羽而設也。十一均收變宮倣此。夫收二變於五聲之中，乃是間取七律於十二律之內。朱子謂律呂有十二箇，用時只使七箇，若更插一聲便拗了。夫七律插一律便拗，則七律缺一律亦便拗矣。蓋五聲而有二變，則皆隔一降殺而序不亂，上倡下應而音不孤。七聲之律各備五聲。獨奏一律，則一律自爲五聲，高自爲高，下自爲下。並奏七律，則七律合爲五聲，高則齊高，下則齊下。被之樂章，殆猶五味之相濟，無不和矣。使有五聲而無二變，亦安能以成樂哉。或曰五聲並奏，未嘗不和，何謂無二變不能成樂？曰：無二變，則五聲中自有虧欠間隔不合倫序處，且欠變宮一清聲矣。夫樂音不倫不備，豈得爲盡善盡美邪。竊料樂聲如人歌曲相似，今選聲音相次者十有二人，准十二律。其第二人聲爲第一人所掩，第四人聲又不及第一人，故用第三人和第一人，第一人是宮，第三人是商。第四人聲爲第三人所掩，第六人聲又不及第三人，故用第五人和第三人，第三人是商，第五人是角。第六人聲爲第五人所掩，第八人聲又不及第五人，故用第七人和第五人，第五人是角，第七人是變徵。第九人聲爲第八人所掩，第十一人聲又不及第八人，故用第十人和第八人，第八人是徵，第十人是羽。第十一人聲爲第十人所掩，第一人聲又大於第十人，故用第十二人和第十人，第十人是羽，第十二人是變宮。自首至尾，大小有序，既不至於相掩，又不至於相離。一人之聲，由濁至清，其間高下曲折，亦如一律之備五聲。若一人獨歌，則一人自爲高下。七人共歌，則七人同爲高下，借曰不和，未之有也。此第一人爲宮，比黃鍾一均之七聲。若第二人爲宮比大吕一均之七聲，則第一人當用半聲之署次者，若黃鍾用變半律然。下十人配十律，其聲音增減分數，一視十律用正變全半之聲爲準。曰若如此，則合十二人共歌，合十二律並奏，其聲不亦愈備而愈和乎。曰：孔子曰：始作翕如，從之純皦繹如。夫皦如非止高下明白，或高或下，俱要見得七聲不相掩處。若合奏十二律借曰能純，必不能皦。蓋皦自有純，而純未必皦，故不得而並用也。曰：吾聞樂聲之和在於三分損益，今若此，則在大小之次，而不在三分損益矣，柰何？曰：五聲二變大小之次第，正是三分損益所生者。若無三分損益，安有大小次第。蓋三分損益，行於大小次第之前；大小次第，成於三分損益之後。三分損益未即和，損益既成，大小有序，而後和耳。故凡言和者不曰宮徵相宣，而曰宮商相宣，爲是故也。然則謂樂聲之和在於三分損益者，推其本也。謂樂聲之和在於大小之次者，據其成也。各有攸當，又何疑乎。曰：或論二變之用曰，角徵之間，羽宮之際，必得一聲連上接下，皆得諧和，似與大小之次不相爲謀，何也？曰：此説非也。蓋上大下小，或上小下大，而我以不大不小居中，可曰連上接下。若姑洗七寸一分居辰，林鍾六寸居未，而午蕤賓以六寸二分八釐居辰未之間，爲變徵，猶可曰連上接下。至於黃鍾九寸居子，南吕五寸三分居酉，而亥應鍾乃居子酉之下，固非連上接下之位。且其管只得四寸六分六釐爲變宮，又短於黃鍾南吕二律，顧曰連上接下，不亦悖哉。曰：子謂七聲之律，各備五聲，其制柰何？曰：十二管各如其律之數，自下而上爲四孔，以管底中翕聲爲宮，第一孔爲商，第二孔爲角，第三孔爲徵，第四孔爲羽。如黃鍾一律，以管底中翕聲去吹口九寸爲黃鍾，是宮。第一孔去吹口八寸爲太簇，是商。第二孔去吹口七寸一分爲姑洗，是角。第三孔去吹口六寸爲林鍾，是徵。第四孔去吹口五寸三分爲南吕，是羽。餘律倣此。曰：既謂五聲而無二變不能成樂，各管五聲，又無二變，何也？曰：五聲之收二變，謂十一均五聲，各收二變以濟不及，合七律而成一均也。非謂一管五聲之内，復增二變也。夫萬物之聲，五者備矣。一管而備五聲，則人聲詩歌，皆可協矣，復增二變，將何用邪？今具十二律五聲相去一律二律，收變宮變徵之圖及管式于後。

全聲即正聲，但變律不可以言正，故不曰正聲而曰全聲，所以別正律也。

黃鍾五聲相去	子	丑	寅	卯	辰	巳	午	未	申	酉	戌	亥	子
一律二律收變	黃	大	太	夾	姑	仲	蕤	林	夷	南	無	應	黃
宮變徵之圖	宮		商		角		變徵	徵		羽		變宮	宮

大吕五聲相去	丑	寅	卯	辰	巳	午	未	申	酉	戌	亥	子	丑
一律二律收變	大	太	夾	姑	仲	蕤	**林**	夷	南	無	應	**黃**	大
宮變徵之圖	宮		商		角		**變徵**	徵		羽		**變宮**	宮

太簇五聲相去	寅	卯	辰	巳	午	未	申	酉	戌	亥	子	丑	寅
一律二律收變	太	夾	姑	仲	蕤	林	夷	南	無	應	黃	大	太
宮變徵之圖	宮		商		角		變徵	徵		羽		變宮	宮

夾鍾五聲相去	卯	辰	巳	午	未	申	酉	戌	亥	子	丑	寅	卯
一律二律收變	夾	姑	仲	蕤	**林**	夷	**南**	無	應	**黃**	大	**太**	夾
宮變徵之圖	宮		商		**角**		**變徵**	徵		**羽**		**變宮**	宮

姑洗五聲相去	辰	巳	午	未	申	酉	戌	亥	子	丑	寅	卯	辰
一律二律收變	姑	仲	蕤	林	夷	南	無	應	黃	大	太	夾	姑
宮變徵之圖	宮		商		角	變徵	徵		羽			變宮	宮

仲吕五聲相去	巳	午	未	申	酉	戌	亥	子	丑	寅	卯	辰	巳
一律二律收變	仲	蕤	**林**	夷	**南**	無	**應**	**黃**	大	**太**	夾	**姑**	仲
宮變徵之圖	宮		**商**		**角**		**變徵**	**徵**		**羽**		**變宮**	宮

蕤賓五聲相去	午	未	申	酉	戌	亥	子	丑	寅	卯	辰	巳	午
一律二律收變	蕤	林	夷	南	無	應	**黃**	大	太	夾	姑	仲	蕤
宮變徵之圖	宮		商		角		**變徵**	徵		羽		變宮	宮

林鍾五聲相去	未	申	酉	戌	亥	子	丑	寅	卯	辰	巳	午	未
一律二律收變	林	夷	南	無	應	黃	大	太	夾	姑	仲	蕤	林

宮變徵之圖 宮 商 角 變徵 徵 羽 變宮 宮
夷則五聲相去 申 酉 戌 亥 子 丑 寅 卯 辰 巳 午 未 申
一律二律收變 夷 南 無 應 黃 大 太 夾 姑 仲 蕤 林 夷
宮變徵之圖 宮 商 角 變徵 徵 羽 變宮 宮
南呂五聲相去 酉 戌 亥 子 丑 寅 卯 辰 巳 午 未 申 酉
一律二律收變 南 無 應 黃 大 太 夾 姑 仲 蕤 林 夷 南
宮變徵之圖 宮 商 角 變徵 徵 羽 變宮 宮
無射五聲相去 戌 亥 子 丑 寅 卯 辰 巳 午 未 申 酉 戌
一律二律收變 無 應 黃 大 太 夾 姑 仲 蕤 林 夷 南 無
宮變徵之圖 宮 商 角 變徵 徵 羽 變宮 宮
應鐘五聲相去 亥 子 丑 寅 卯 辰 巳 午 未 申 酉 戌 亥
一律二律收變 應 黃 大 太 夾 姑 仲 蕤 林 夷 南 無 應
宮變徵之圖 宮 商 角 變徵 徵 羽 變宮 宮

右圖每律七聲，皆於十二律内間錯取其合降殺中度者以成音韻，只該十二位。所以多下一層者，欲使羽宮之間收變宮之法易於觀覽耳。看熟之後須塗此一層可也。按此圖十二律當月自宮之序，律管長短之次，隔八相生之位，五聲二變大小清濁之倫，正律變律正聲半聲之别，皆具焉。細玩此圖，則律吕之義思過半矣。或問五聲二變有君臣民事物尊卑貴賤不相陵犯之道，何以見之？曰：宮爲君，商爲臣，角爲民，徵爲事，羽爲物。商大於宮，是謂臣陵君。角大於宮，是謂民陵君。大於商，是謂民陵臣。事物皆可類推。假如無射爲宮，若用黃鐘正律爲商，則臣陵其君。夷則爲宮，無射爲商，若用黃鐘正律爲角，則民陵其君與其臣矣。故用黃鐘變半律以避陵犯。餘律倣此。曰：先有物而後有事，事反居物上，何也？曰：事所以處物，物無事以處之則不成其爲物矣，故事居物上也。

又 管圖

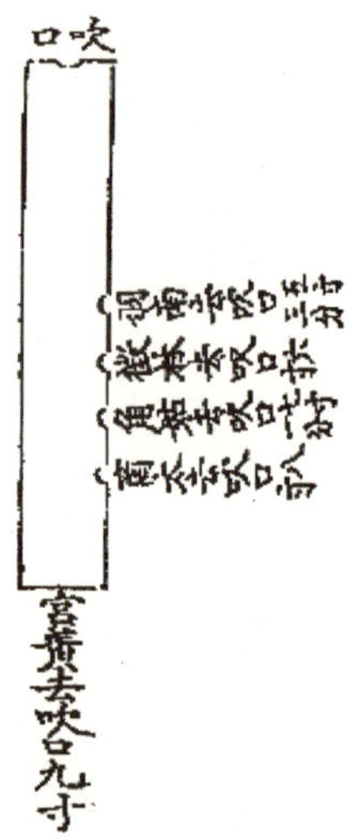

黃鐘管式

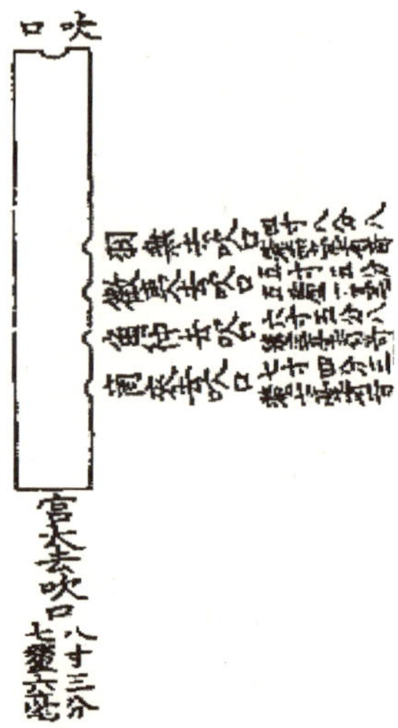
大吕管式

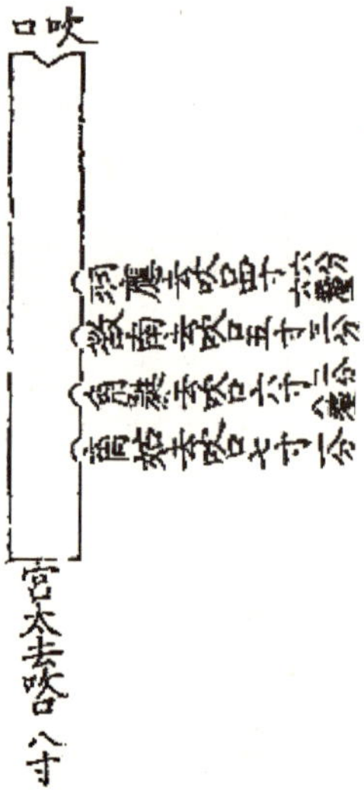

太簇管式

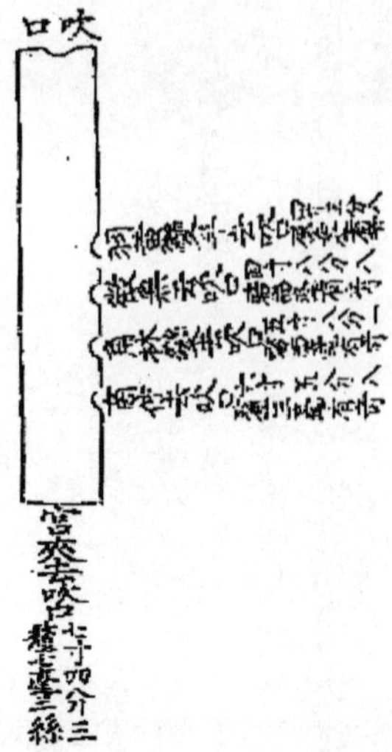

夾鐘管式

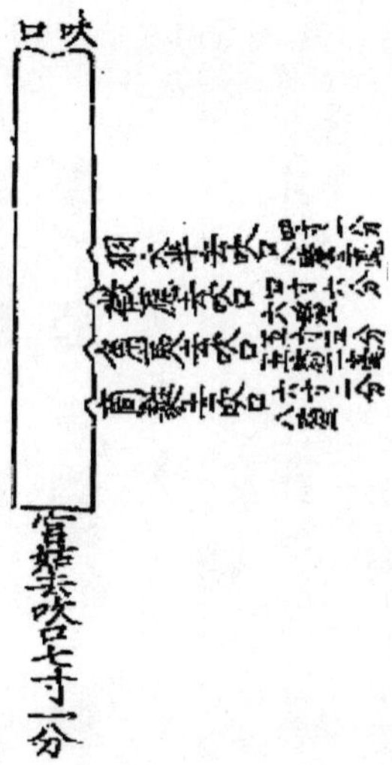

姑洗管式

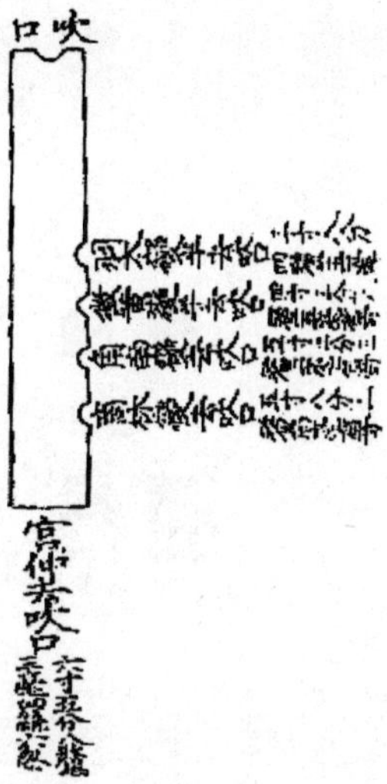

仲呂管式

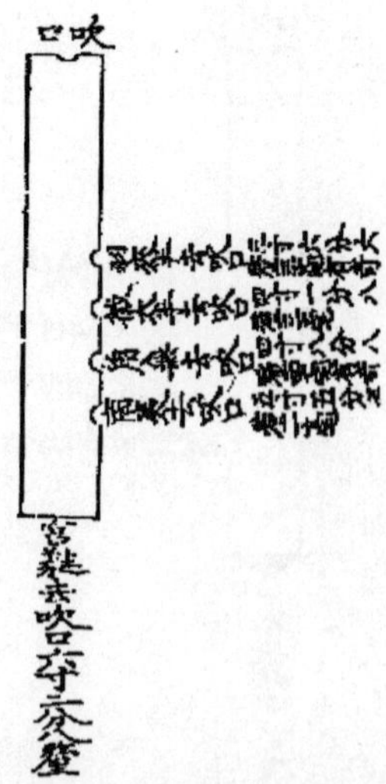

蕤賓管式

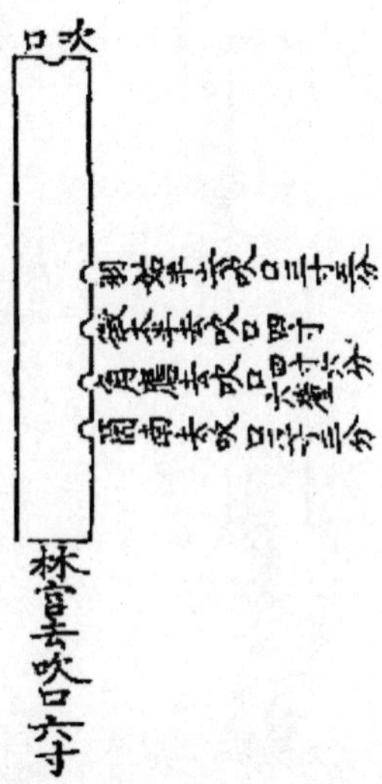

林鐘管式

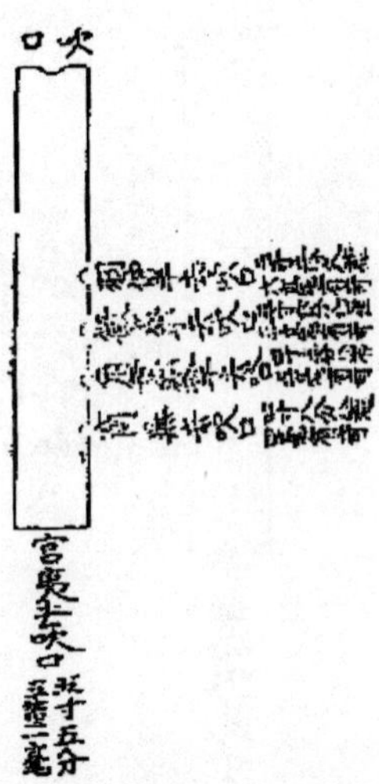

夷則管式

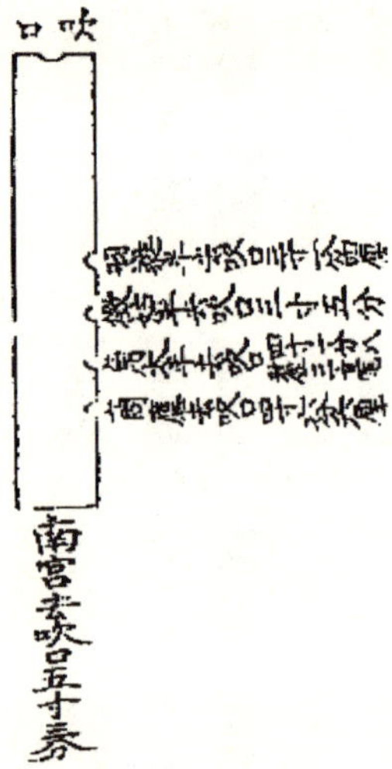

南呂管式

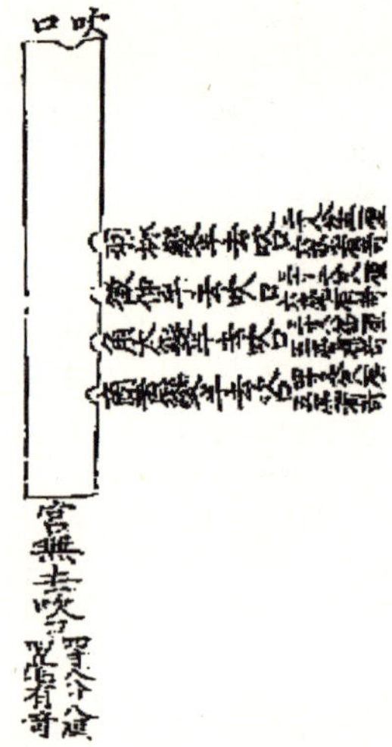

無射管式

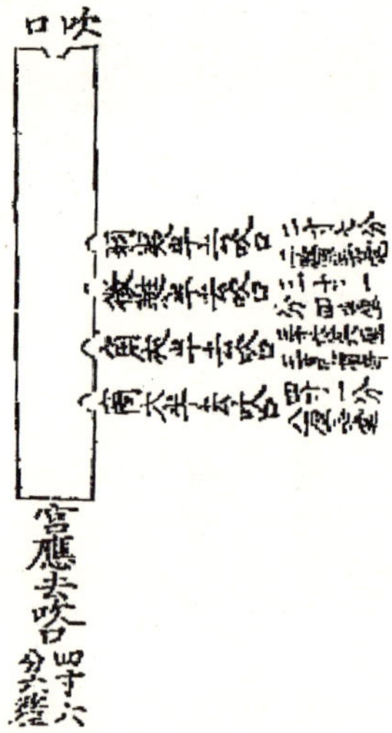

應鐘管式

右十二管式，乃十二律各備五聲之法，所謂獨奏一律，則一律自爲高下者也。若每均七律並用，則惟黃鐘一均七聲，得七正律，其餘則有半律變律變半律，所謂並奏七律，則七律同爲高下者也。半律變律變半律各具五聲之法。半律得正律半聲，變半律得變律半聲，其四孔相去位次，一以正律爲準，視律長短而消詳增減之。

或曰：半律亦具五聲乎？曰：正律不具五聲，則無以著乎洪纖高下之曲折；半律不具五聲，又何以和乎正律而成其節族邪。蓋長短可異，而制度不可異。異長短所以別清濁，苟異制度，則不合節族矣。焉有不合節族而可以爲樂乎。曰：半律具五聲，則半律亦有宫乎？曰：管雖至短，而其底中翕聲固自在也，何謂無宫。但其爲用僅可備七聲之數，不能爲宫以統衆聲耳。曰：何故？曰：假如夷則半律，止長二寸七分二釐五毫，若以爲宫，則其下六聲，相生必入於纖伏而無其聲矣，故不能爲宫以統衆聲也。曰：所置十二管四孔相去寸分釐毫絲忽之數，即每均所用下四律之數，何也？曰：聲音之道無二致也，苟本律所置四孔之位，與所用四律之數不同，是二致矣，欲其克諧得乎。十二均七聲制度詳見第九章。

變宫聲四十二。小分六。變徵聲五十六。小分八。

此黃鐘一均二變之數也。黃鐘之角，乃姑洗之七寸一分，本可三分損一下生應鐘爲變宫，但五聲以分爲主，其七寸一分之六十四分，以三分之不盡一筭，既不可行，當有以通之。通之云者，謂別立其法，使其不可三分之一筭亦得以三分之也。通之之法柰何？聲之當變以濟五聲所不及者，宫徵二聲也。聲之變者二，故置一而二即兩也。次三之，一次三其一得三，二次三其三得九，即以九因角聲之實六十四，乃是九箇六十四，亦是六十四箇九，得五百七十六，其實分姑洗六十四分爲五百七十六釐也，分分爲釐，則其不盡之一分，可作九釐三分之矣。於是分角聲之五百七十六釐爲三分，每分一百九十二，損一分下生變宫，得三百八十四，即應鐘之三百八十四釐也。以九歸之，每除九釐爲應鐘之一分，除至三百七十八，得四十二爲大分，以從五聲之數。餘六釐爲小分，紀而存之以爲强弱。四十二小分六，此黃鐘變宫聲之數也。又分變宫未歸之三百八十四爲三分，每分一百二十八，益一分上生變徵，得五百一十二，即蕤賓之五百一十二釐也。以九歸之，每除九釐爲蕤賓之一分，除至五百單四，得五十六爲大分，以從五聲之數。餘八釐爲小分，紀而存之以爲强弱。五十六小分八，此黃鐘變徵聲

應鐘商	應宮	大商	夾角	仲變徵	蕤徵	夷羽	無變宮
南呂角	南宮	應商	大角	夾變徵	姑徵	蕤羽	夷變宮
蕤賓徵	蕤宮	夷商	無角	黃變徵	大徵	夾羽	仲變宮
姑洗羽	姑宮	蕤商	夷角	無變徵	應徵	大羽	夾變宮
太簇宮	太宮	姑商	蕤角	夷變徵	南徵	應羽	大變宮
黃鐘商	黃宮	太商	姑角	蕤變徵	林徵	南羽	應變宮
無射角	無宮	黃商	太角	姑變徵	仲徵	林羽	南變宮
林鐘徵	林宮	南商	應角	大變徵	太徵	姑羽	蕤變宮
仲呂羽	仲宮	林商	南角	應變徵	黃徵	太羽	姑變宮
夾鐘宮	夾宮	仲商	林角	南變徵	無徵	黃羽	太變宮
大呂商	大宮	夾商	仲角	林變徵	夷徵	無羽	黃變宮
應鐘角	應宮	大商	夾角	仲變徵	蕤徵	夷羽	無變宮
夷則徵	夷宮	無商	黃角	太變徵	夾徵	仲羽	林變宮
蕤賓羽	蕤宮	夷商	無角	黃變徵	大徵	夾羽	仲變宮
姑洗宮	姑宮	蕤商	夷角	無變徵	應徵	大羽	夾變宮
太簇商	太宮	姑商	蕤角	夷變徵	南徵	應羽	大變宮
黃鐘角	黃宮	太商	姑角	蕤變徵	林徵	南羽	應變宮
南呂徵	南宮	應商	大角	夾變徵	姑徵	蕤羽	夷變宮
林鐘羽	林宮	南商	應角	大變徵	太徵	姑羽	蕤變宮
仲呂宮	仲宮	林商	南角	應變徵	黃徵	太羽	姑變宮
夾鐘商	夾宮	仲商	林角	南變徵	無徵	黃羽	太變宮
大呂角	大宮	夾商	仲角	林變徵	夷徵	無羽	黃變宮
無射徵	無宮	黃商	太角	姑變徵	仲徵	林羽	南變宮
夷則羽	夷宮	無商	黃角	太變徵	夾徵	仲羽	林變宮
蕤賓宮	蕤宮	夷商	無角	黃變徵	大徵	夾羽	仲變宮
姑洗商	姑宮	蕤商	夷角	無變徵	應徵	大羽	夾變宮
太簇角	太宮	姑商	蕤角	夷變徵	南徵	應羽	大變宮
應鐘徵	應宮	大商	夾角	仲變徵	蕤徵	夷羽	無變宮

之數也。變徵之數五百一十二，以三分之又不盡二筭，其數又不行，此變聲所以止於二也。或曰吾子既謂黃鐘之角，不分完分爲小分以全純粹，此又分分爲釐何也？曰：雖是分分爲釐，乃是一分九釐之實數，僅爲二變之紀餘釐而設，與十一均散爲二千一百八十七之分法以該釐毫絲忽之不齊者自是不同。且不顯然分分爲釐，委曲立法以合其數，及二變既生之後，紀其餘數曰小分六小分八，細尋其故，然後知其法之分分爲釐耳。又何害其爲純粹邪。變宮不成宮者，謂其居羽宮之間，將以爲宮，則其聲稍高於宮而非宮。變徵不成徵者，謂其居角徵之間，將以爲徵則其聲稍下於徵而非徵也。古人謂之和繆，又曰所以濟五聲之不及，通論十二均之二變也。《淮南子》釋黃鐘一均二變之義曰：角生應鐘，不比於正音，故爲和。應鐘生蕤賓，不比於正音，故爲繆。夫和有諧合之義，繆有乖戾之義，二字非相類者。爲二變能濟不及而謂之和邪。和同曰和可也。爲二變非宮非徵而謂之繆邪。繆同曰繆可也。二變既收，七聲克諧，則亦不當復以繆爲言矣。不知《淮南子》何所本而分應鐘爲和，蕤賓爲繆也。竊料古人立言之意，蓋見得角徵羽宮皆相去二律，不合降殺中度，故其聲遠不相及而至於乖戾。二變之收，正濟其不及，于以和其乖戾而歸之純，故既曰和繆。又曰所以濟五聲之不及。夫和其繆，即所以濟不及。濟不及，正所以和其繆。二句言意字義，互相發明，未嘗有異。不知《淮南子》何所本而分應鐘爲和，蕤賓爲繆也。今不敢從而復正之，以俟知者詳焉。變聲非正故不爲調者，言其宮不成宮，徵不成徵，但用以濟五聲之不及，不以起調畢曲爲諸聲之綱也。義見六十調圖。

各均二變皆各均角聲所生，宜隨律以求其數。

又 六十調圖第九以《周禮》《淮南子》《禮記》鄭氏注孔氏正義定。《周禮·春官·大司樂》《淮南子》見前。鄭玄注《禮記》、孔穎達作《正義》見《十三經注疏》。

黃鐘宮	黃宮	太商	姑角	蕤變徵	林徵	南羽	應變宮
無射商	無宮	黃商	太角	姑變徵	仲徵	林羽	南變宮
夷則角	夷宮	無商	黃角	太變徵	夾徵	仲羽	林變宮
仲呂徵	仲宮	林商	南角	應變徵	黃徵	太羽	姑變宮
夾鐘羽	夾宮	仲商	林角	南變徵	無徵	黃羽	太變宮
大呂宮	大宮	夾商	仲角	林變徵	夷徵	無羽	黃變宮

南呂羽	南宮	應商	大角	夾變徵	姑徵	蕤羽	夷變宮
林鐘宮	林宮	南商	應角	大變徵	太徵	姑羽	蕤變宮
仲呂商	仲宮	林商	南角	應變徵	黃徵	太羽	姑變宮
夾鐘角	夾宮	仲商	林角	南變徵	無徵	黃羽	太變宮
黃鐘徵	黃宮	太商	姑角	蕤變徵	林徵	南羽	應變宮
無射羽	無宮	黃商	太角	姑變徵	仲徵	林羽	南變宮
夷則宮	夷宮	無商	黃角	太變徵	夾徵	仲羽	林變宮
蕤賓商	蕤宮	夷商	無角	黃變徵	大徵	夾羽	仲變宮
姑洗角	姑宮	蕤商	夷角	無變徵	應徵	大羽	夾變宮
大呂徵	大宮	夾商	仲角	林變徵	夷徵	無羽	黃變宮
應鐘羽	應宮	大商	夾角	仲變徵	蕤徵	夷羽	無變宮
南呂宮	南宮	應商	大角	夾變徵	姑徵	蕤羽	夷變宮
林鐘商	林宮	南商	應角	大變徵	太徵	姑羽	蕤變宮
仲呂角	仲宮	林商	南角	應變徵	黃徵	太羽	姑變宮
太簇徵	太宮	姑商	蕤角	夷變徵	南徵	應羽	大變宮
黃鐘羽	黃宮	太商	姑角	蕤變徵	林徵	南羽	應變宮
無射宮	無宮	黃商	太角	姑變徵	仲徵	林羽	南變宮
夷則商	夷宮	無商	黃角	太變徵	夾徵	仲羽	林變宮
蕤賓角	蕤宮	夷商	無角	黃變徵	大徵	夾羽	仲變宮
夾鐘徵	夾宮	仲商	林角	南變徵	無徵	黃羽	太變宮
大呂羽	大宮	夾商	仲角	林變徵	夷徵	無羽	黃變宮
應鐘宮	應宮	大商	夾角	仲變徵	蕤徵	夷羽	無變宮
南呂商	南宮	應商	大角	夾變徵	姑徵	蕤羽	夷變宮
林鐘角	林宮	南商	應角	大變徵	太徵	姑羽	蕤變宮
姑洗徵	姑宮	蕤商	夷角	無變徵	應徵	大羽	夾變宮
太簇羽	太宮	姑商	蕤角	夷變徵	南徵	應羽	大變宮

按註自按十二律至不可爲調一節言，調首所以止於六十之由，蓋十二律旋相爲宮，每律七聲，十二律計八十四聲，該八十四調。但五聲乃正聲，正聲可爲調；二變乃變聲，變聲不可爲調。八十四聲，除變聲二十四，正聲計六十，每律二變聲，十二律計二十四。每律五正聲，十二律計六十。此調所以止於六十也。或問變聲不可爲調，其故何也？曰：調首衆聲之綱，必聲之倡而有和者，始可爲綱以起調畢曲。若宮倡而商和，故宮可爲調。商倡而角和，故商可爲調。角倡而變徵和，故角可爲調。徵倡而羽和，故徵可爲調。羽倡而變宮和，故羽可爲調。至於變宮則居羽聲之後，宮聲之前，乃爲宮不及羽而設。變宮倡，五聲無和之者。變徵居角聲之後，徵聲之前，乃爲徵不及角而設。變徵倡，五聲無和之者。故不可爲衆聲之綱以起調畢曲也。自黃鐘宮至是爲六十調一節，詳六十調用聲之法。蓋每律五調爲一大調，如黃鐘爲宮，是黃鐘第一調，起調畢曲，皆黃鐘宮聲之一調。黃鐘爲商，是黃鐘第二調，起調畢曲，皆黃鐘商聲之一調。黃鐘爲角，是黃鐘第三調，起調畢曲，皆黃鐘角聲之一調。黃鐘爲角，則夷則爲宮。黃鐘爲徵，是黃鐘第四調，起調畢曲，皆黃鐘徵聲之一調。黃鐘爲徵，則仲呂爲宮。黃鐘爲羽，是黃鐘第五調，起調畢曲，皆黃鐘羽聲之一調。黃鐘爲羽，則夾鐘爲宮。合此五調，則黃鐘之一大調備矣。以下各調用聲之法倣此。或問黃鐘宮聲一調，乃是黃鐘宮爲調首，謂之起調畢曲宜也。其餘若黃鐘商聲一調，則是無射宮聲爲調首，當謂無射起調畢曲，安得屬之黃鐘乎？曰：每律七聲相須以成一調，除二變不可爲調者不得用之，其五正聲則其用一調。若無射爲宮，固用此調，黃鐘爲商，太簇爲角，仲呂爲徵，林鐘爲羽，並用此調。主無射爲宮而言，則爲無射起調畢曲。主黃鐘爲商而言，則爲黃鐘起調畢曲。主太簇爲角而言，則爲太簇起調畢曲。主仲呂爲徵而言，則爲仲呂起調畢曲。主林鐘爲羽而言，則爲林鐘起調畢曲。此承上黃鐘宮聲一調而來，故云黃鐘商聲之一調也。且如首行一調，主黃鐘爲宮而言，則爲黃鐘起調畢曲。若主太簇爲商而言，則爲太簇起調畢曲。主姑洗爲角而言，則爲姑洗起調畢曲。主林鐘爲徵而言，則爲林鐘起調畢曲。主南呂爲羽而言，則爲南呂起調畢曲。調聲雖同，而所主者異，故名不得而不異也。譬如一人之身，對父則名爲子，對子則名爲父，對君則名爲臣，對臣則名爲君。世有議一調而異五名之爲非者，蓋未察此理也。每律五調，每調或正或變，或全或半，皆有七聲，合三十五聲。此聲字總一管之聲而言，即一管也。每聲之管，又有五聲，合一百七十五聲。一律三十五管，十二律六十調，計四百二十管。一律一百七十五聲，十二律六十調，計二千一百聲，具圖于後。

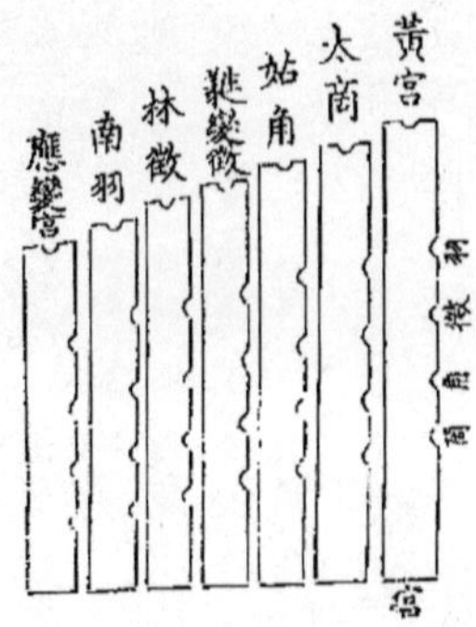

此黃鐘爲宮，黃鐘第一調也。自此調至六十調，每調或正或變或全或半，皆七律，合四百二十律，每律五聲，合二千一百聲。

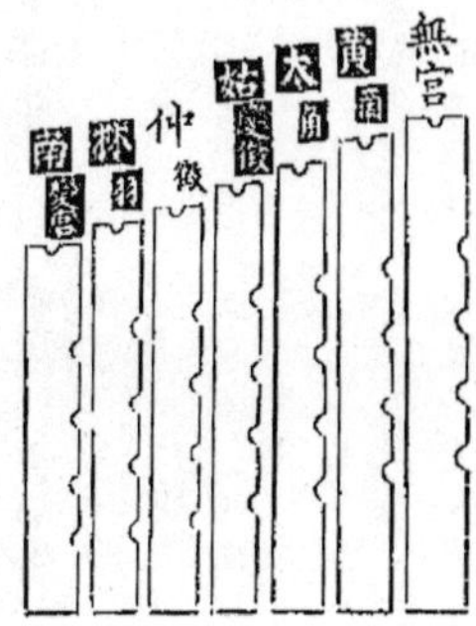

此黃鐘爲商，黃鐘第二調也。黃鐘爲商，則無射爲宮。

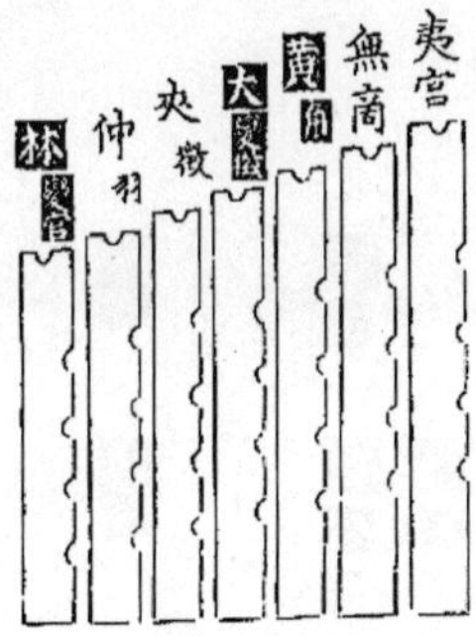

此黃鐘爲角，黃鐘第三調也。黃鐘爲角，則夷則爲宮。

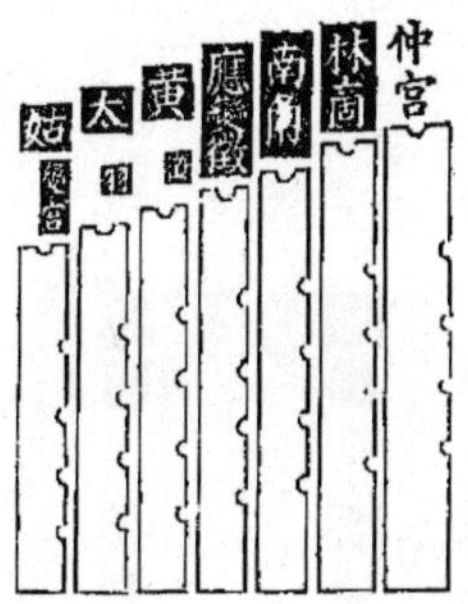

此黃鐘爲徵，黃鐘第四調也。黃鐘爲徵，則仲呂爲宮。

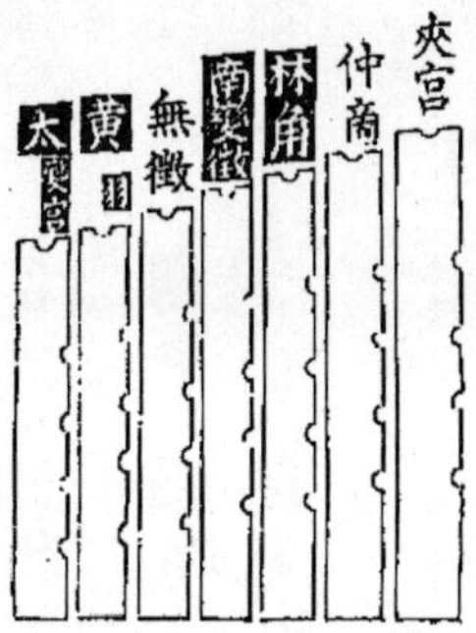

此黃鐘爲羽，黃鐘第五調也。黃鐘爲羽，則夾鐘爲宮。

此大呂爲宮，大呂第一調也。

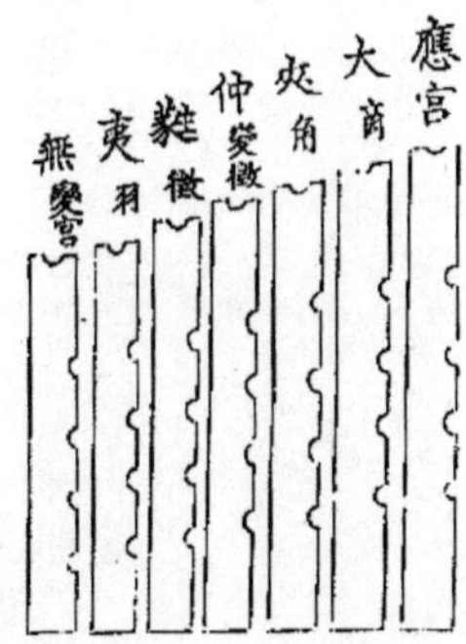

此大呂爲商，大呂第二調也。大呂爲商，則應鐘爲宮。

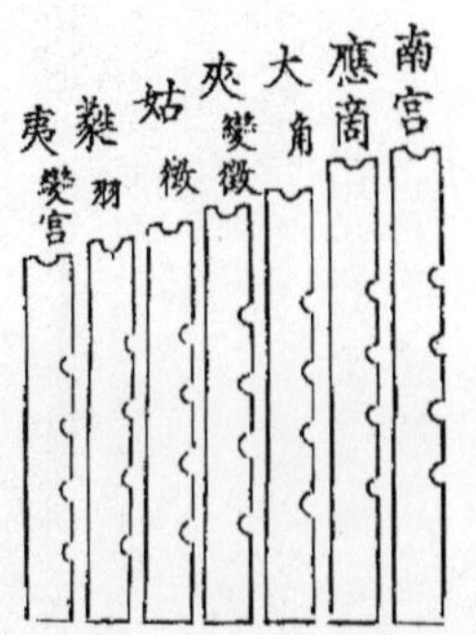

此大呂爲角，大呂第三調也。大呂爲角，則南呂爲宮。

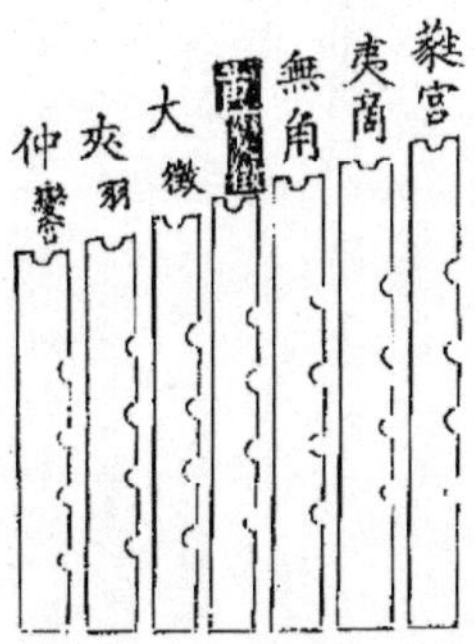

此大呂爲徵，大呂第四調也。大呂爲徵，則蕤賓爲宮。

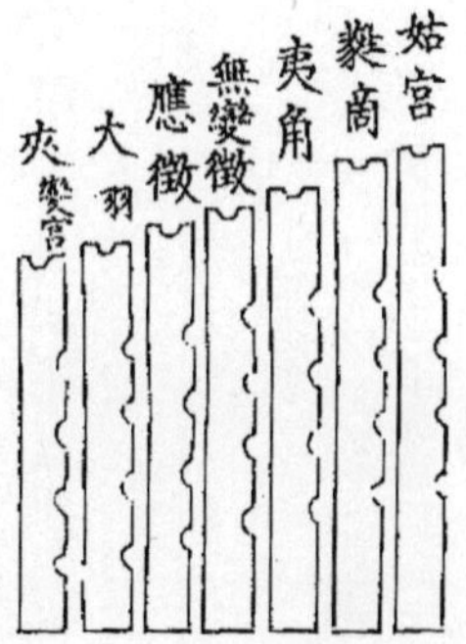

此大呂爲羽，大呂第五調也。大呂爲羽，則姑洗爲宮。

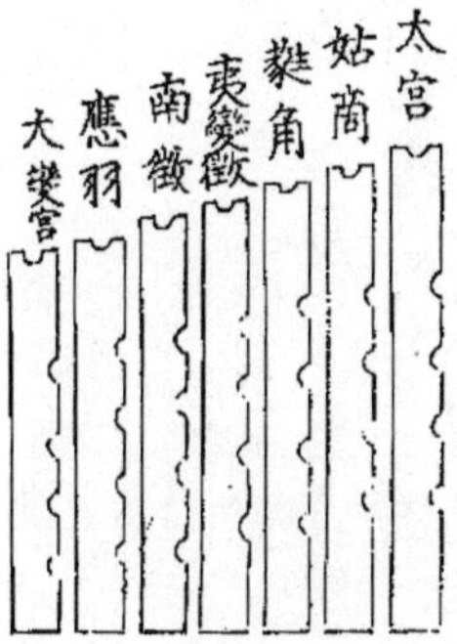

此太簇爲宮，太簇第一調也。

此太簇爲商，太簇第二調也。太簇爲商，則黃鐘爲宮。

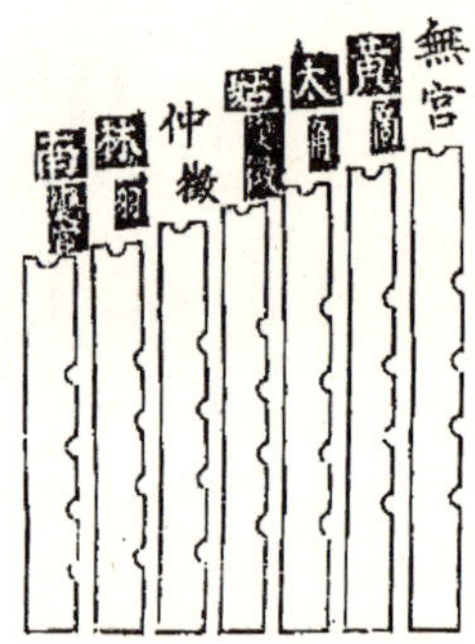

此太簇爲角，太簇第三調也。太簇爲角，則無射爲宮。

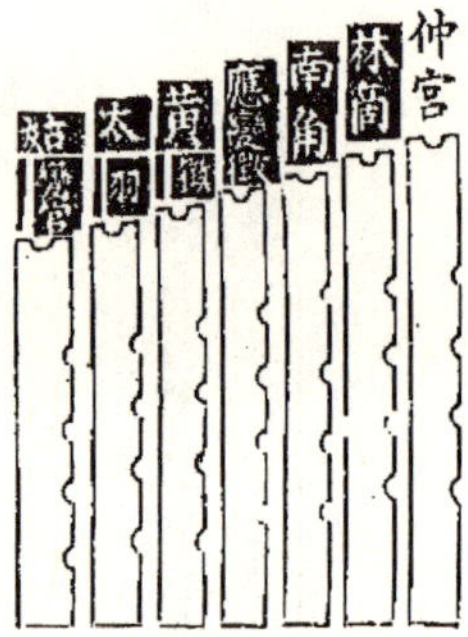

此太簇爲羽，太簇第五調也。太簇爲羽，則仲吕爲宮。

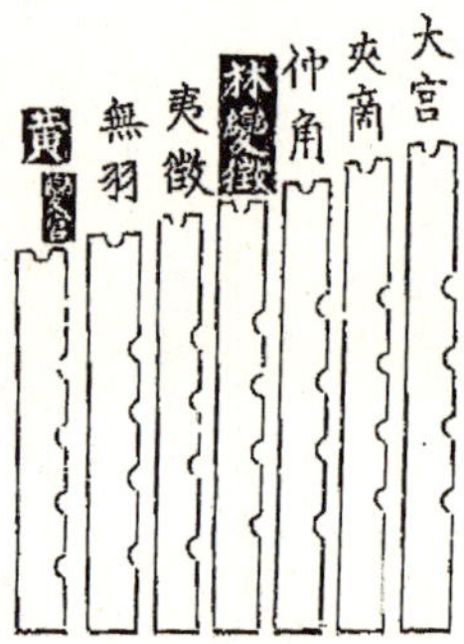

此夾鐘爲商，夾鐘第二調也。夾鐘爲商，則大吕爲宮。

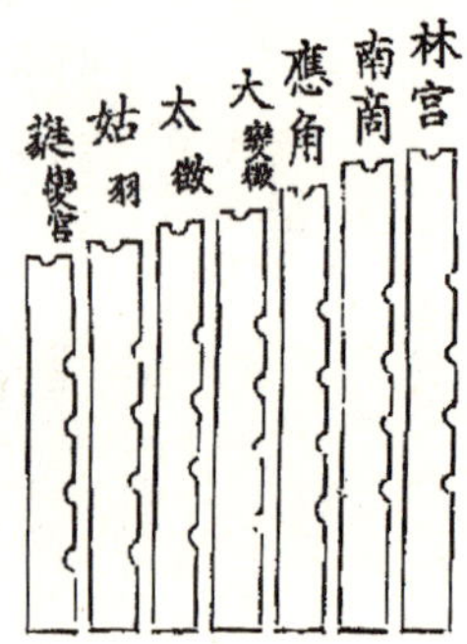

此太簇爲徵，太簇第四調也。太簇爲徵，則林鐘爲宮。

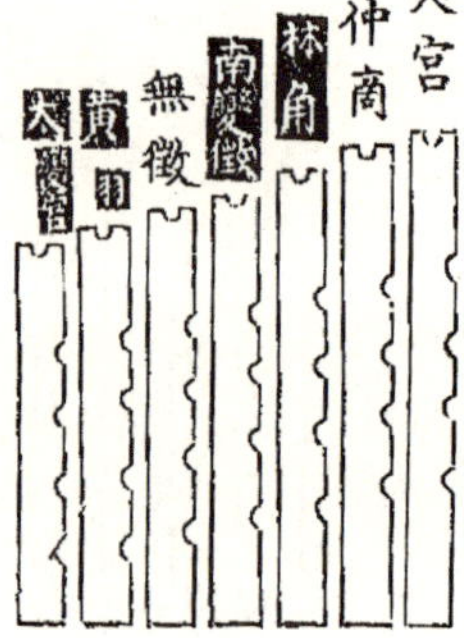

此夾鐘爲宮，夾鐘第一調也。

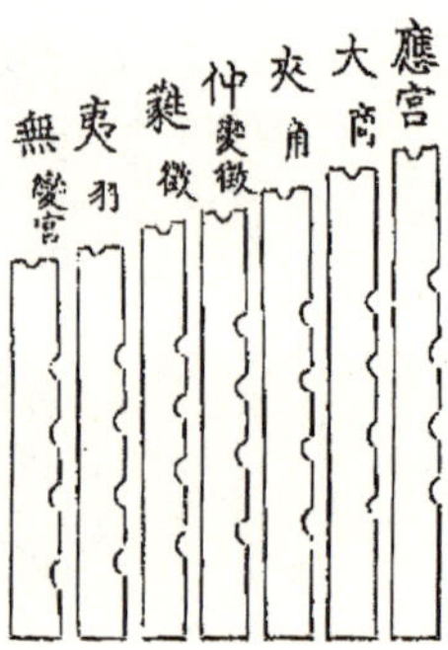

此夾鐘爲角，夾鐘第三調也。夾鐘爲角，則應鐘爲宮。

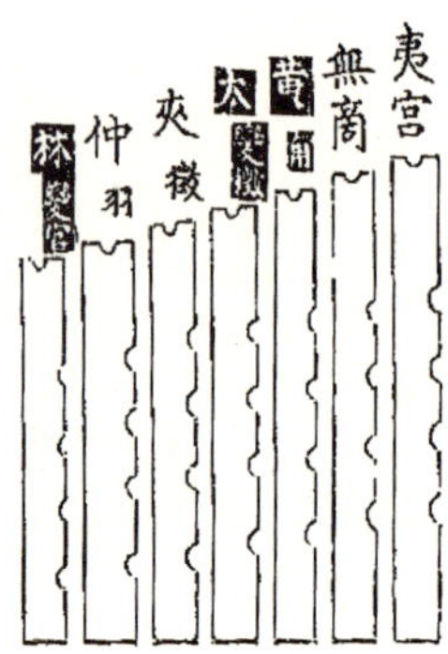

此夾鐘爲徵，夾鐘第四調也。夾鐘爲徵，則夷則爲宮。

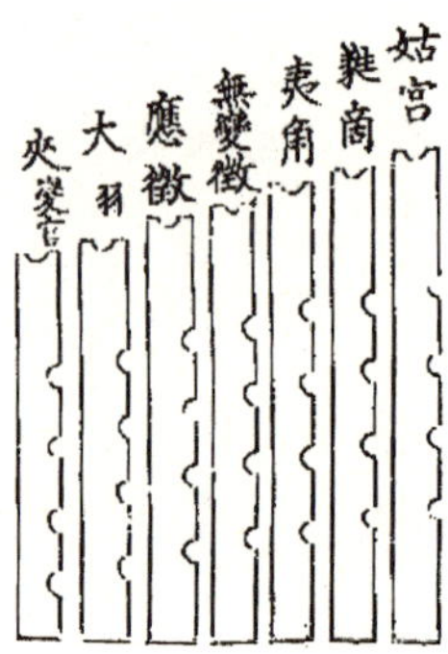

此姑洗爲宮，姑洗第一調也。

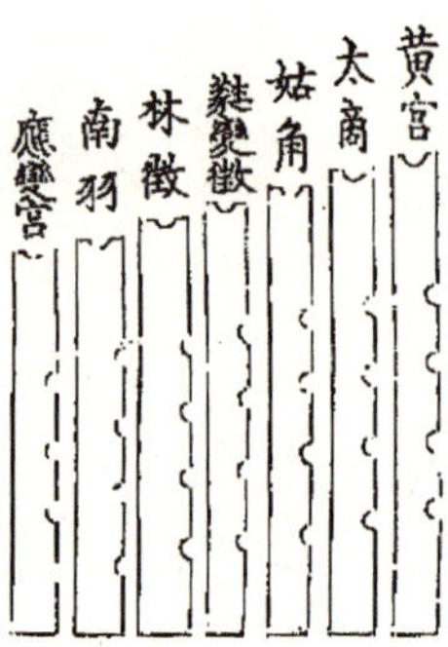

此姑洗爲角，姑洗第三調也。姑洗爲角，則黃鐘爲宮。

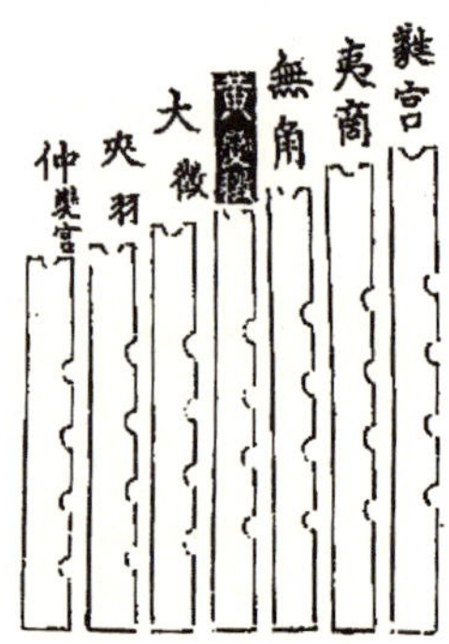

此夾鐘爲羽，夾鐘第五調也。夾鐘爲羽，則蕤賓爲宮。

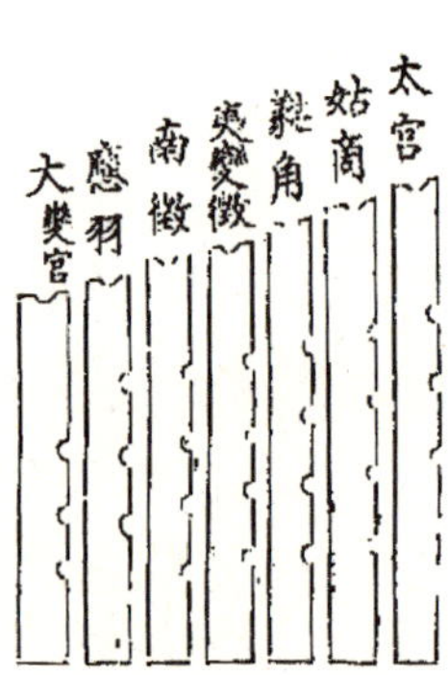

此姑洗爲商，姑洗第二調也。姑洗爲商，則太簇爲宮。

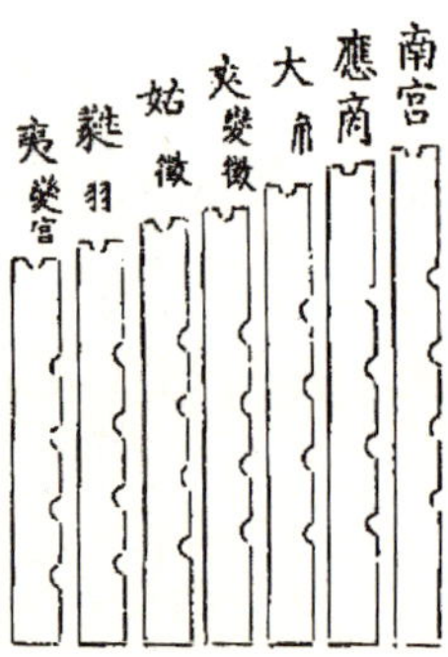

此姑洗爲徵，姑洗第四調也。姑洗爲徵，則南吕爲宮。

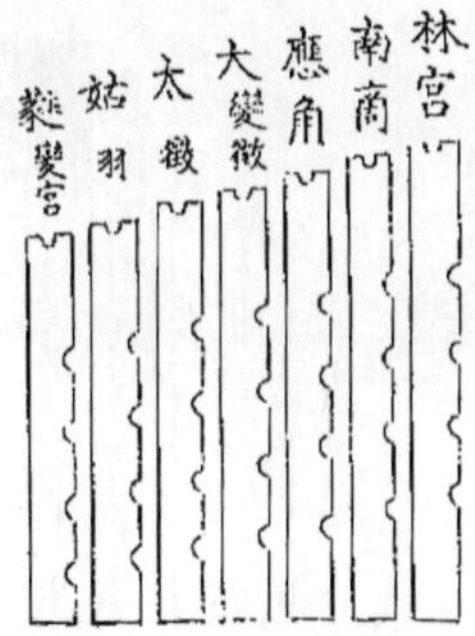

此姑洗爲羽，姑洗第五調也。姑洗爲羽，則林鐘爲宮。

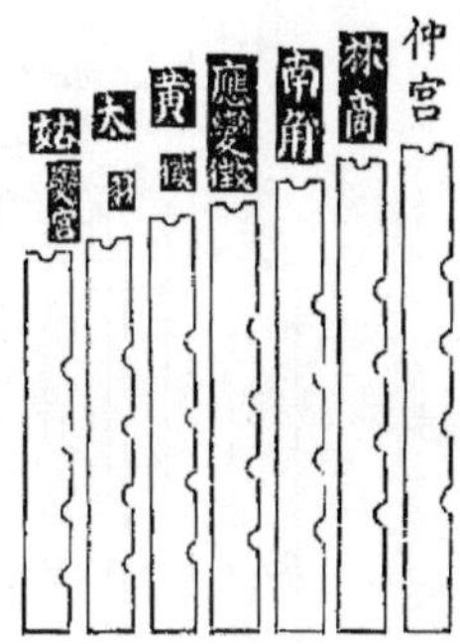

此仲呂爲宮，仲呂第一調也。

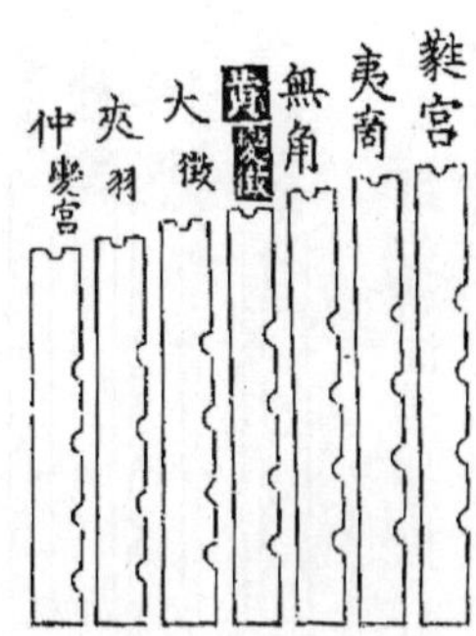

此蕤賓爲宮，蕤賓第一調也。

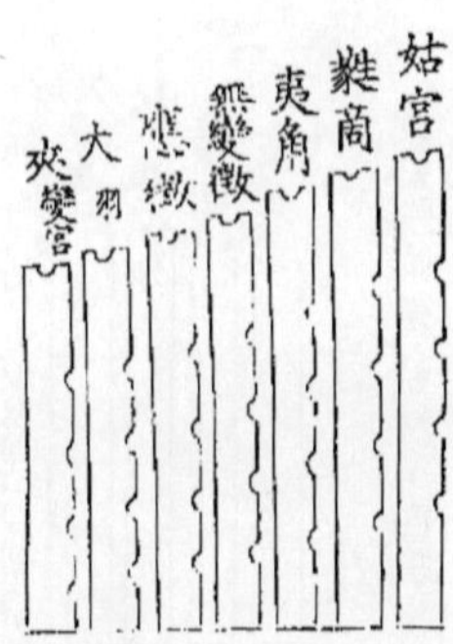

此蕤賓爲商，蕤賓第二調也。蕤賓爲商，則姑洗爲宮。

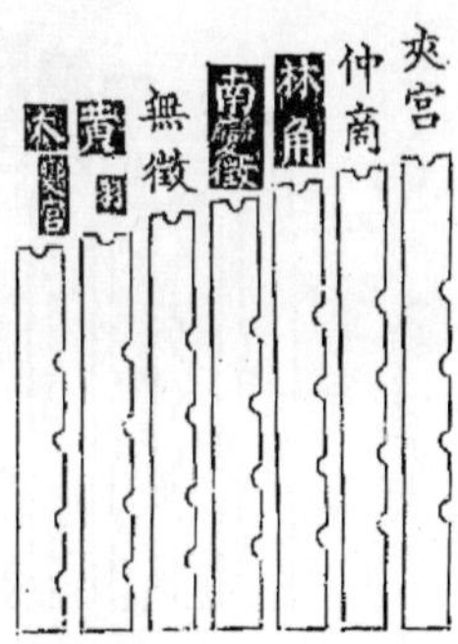

此仲呂爲商，仲呂第二調也。仲呂爲商，則夾鐘爲宮。

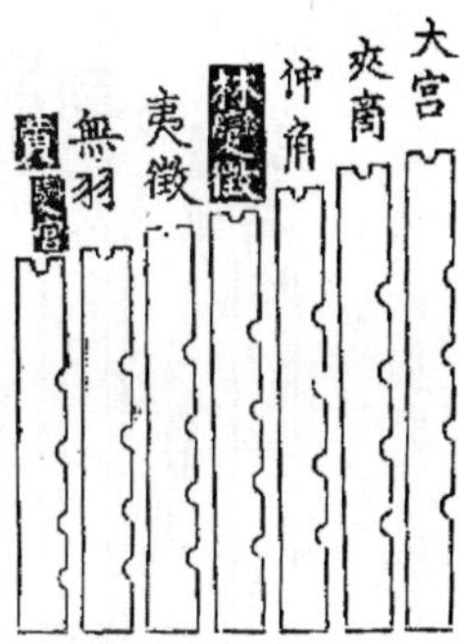

此仲呂爲角，仲呂第三調也。仲呂爲角，則大呂爲宮。

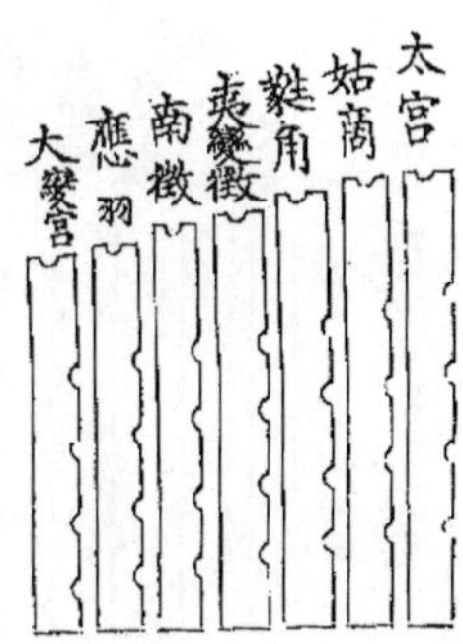

此蕤賓爲角，蕤賓第三調也。蕤賓爲角，則太簇爲宮。

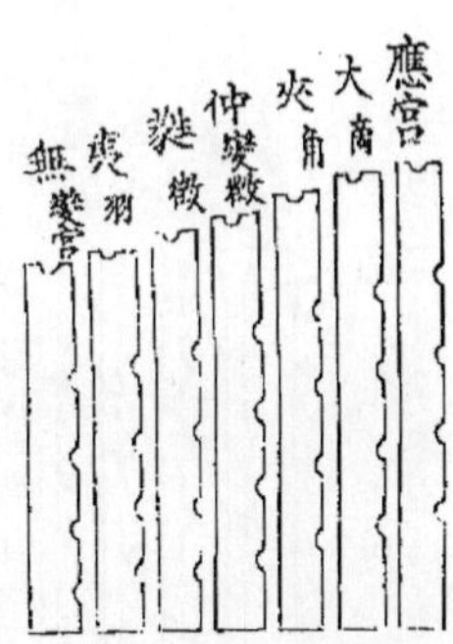

此蕤賓爲徵，蕤賓第四調也。蕤賓爲徵，則應鐘爲宮。

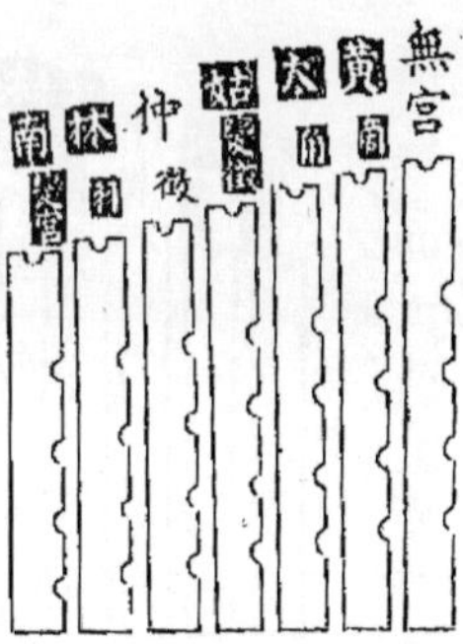

此仲呂爲徵，仲呂第四調也。仲呂爲徵，則無射爲宮。

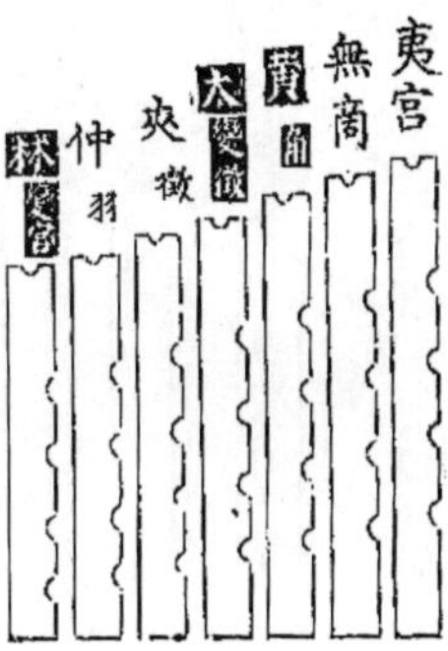

此仲呂爲羽，仲呂第五調也。仲呂爲羽，則夷則爲宮。

此蕤賓爲羽，蕤賓第五調也。蕤賓爲羽，則南呂爲宮。

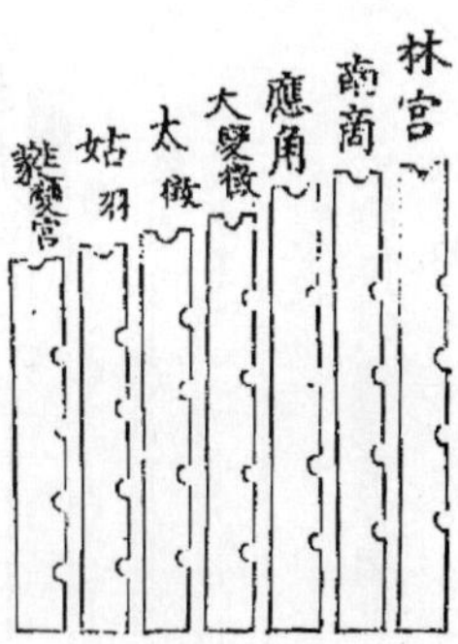

此林鐘爲宮，林鐘第一調也。

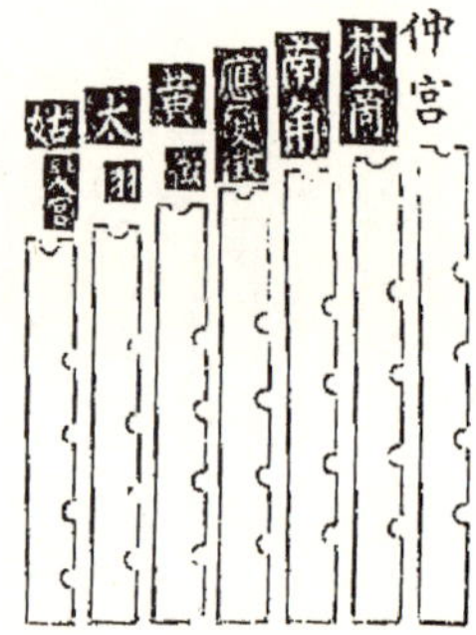

此林鐘爲商，林鐘第二調也。林鐘爲商，則仲呂爲宮。

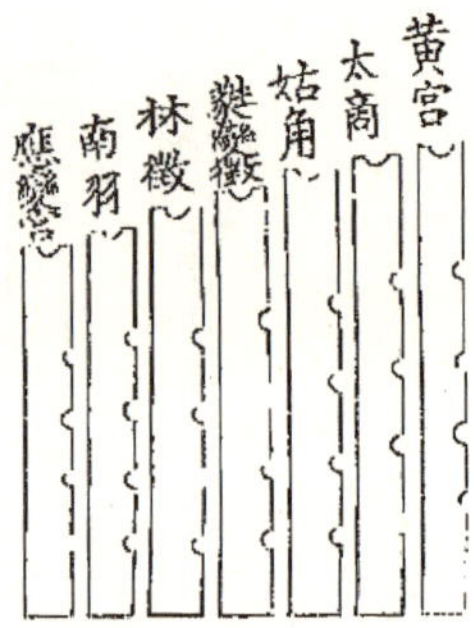

此林鐘爲徵，林鐘第四調也。林鐘爲徵，則黄鐘爲宮。

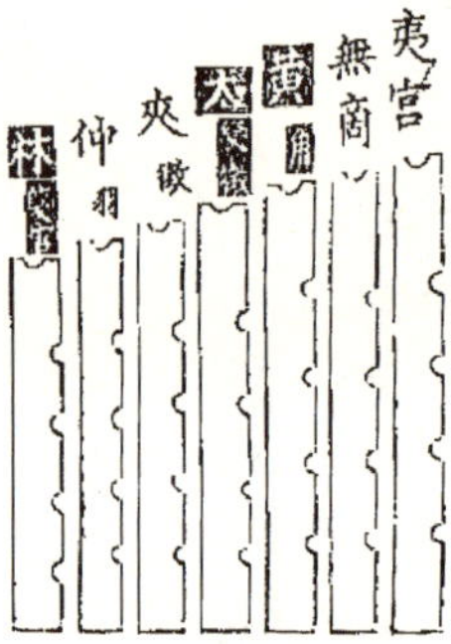

此夷則爲宮，夷則第一調也。

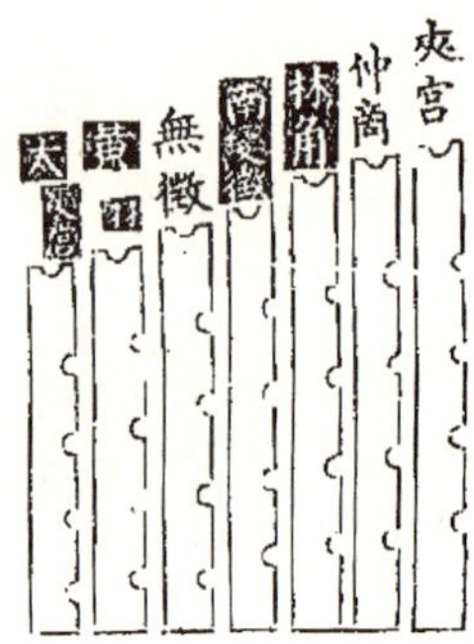

此林鐘爲角，林鐘第三調也。林鐘爲角，則夾鐘爲宮。

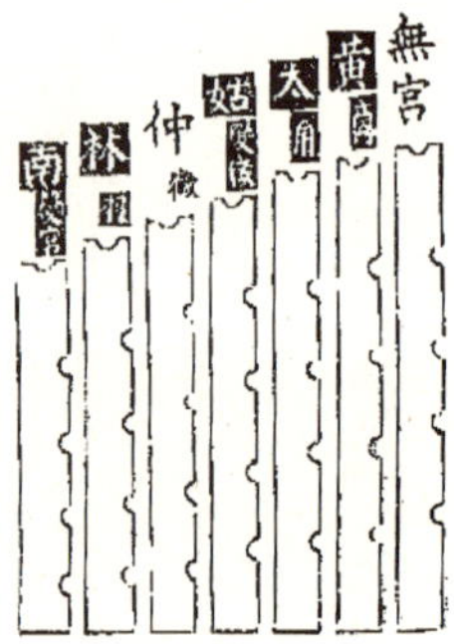

此林鐘爲羽，林鐘第五調也。林鐘爲羽，則無射爲宮。

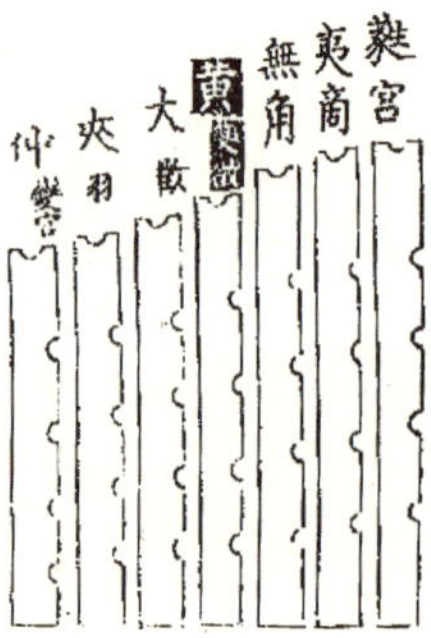

此夷則爲商，夷則第二調也。夷則爲商，則蕤賓爲宮。

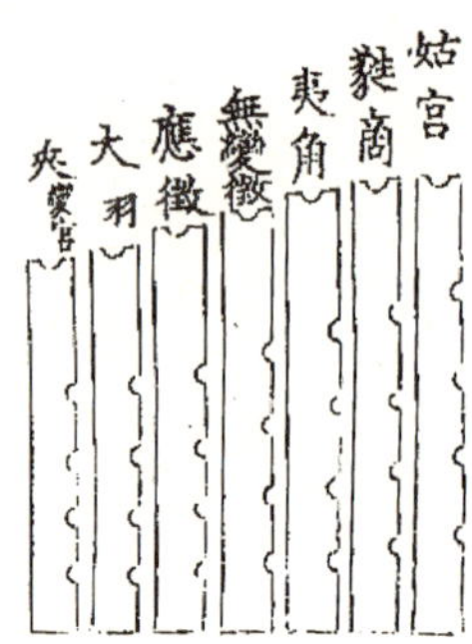

此夷則爲角，夷則第三調也。夷則爲角，則姑洗爲宮。

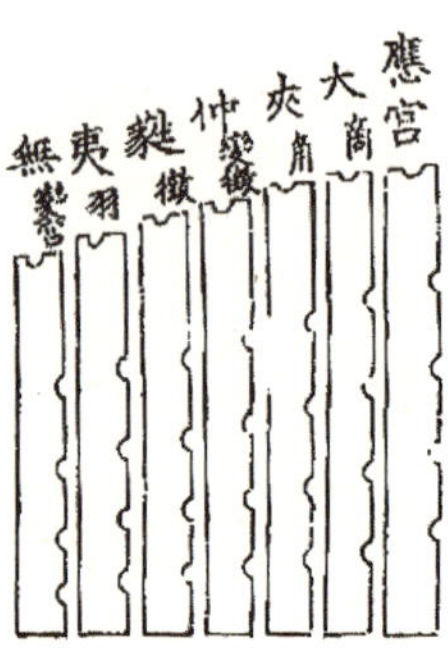

此夷則爲羽，夷則第五調也。夷則爲羽，則應鐘爲宮。

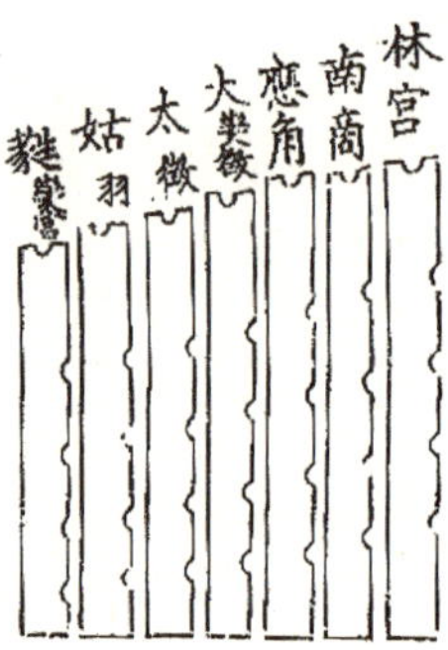

此南呂爲商，南呂第二調也。南呂爲商，則林鐘爲宮。

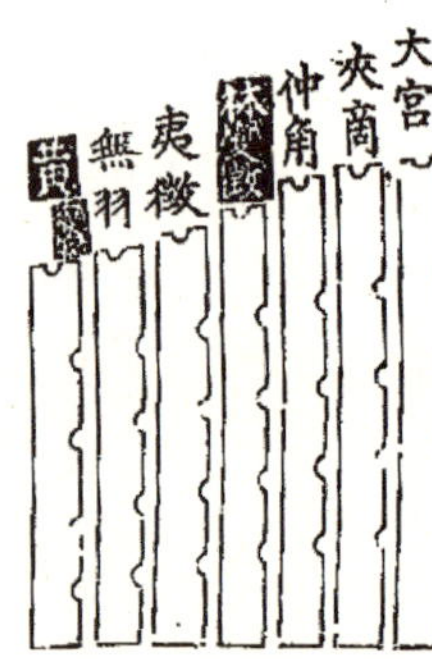

此夷則爲徵，夷則第四調也。夷則爲徵，則大呂爲宮。

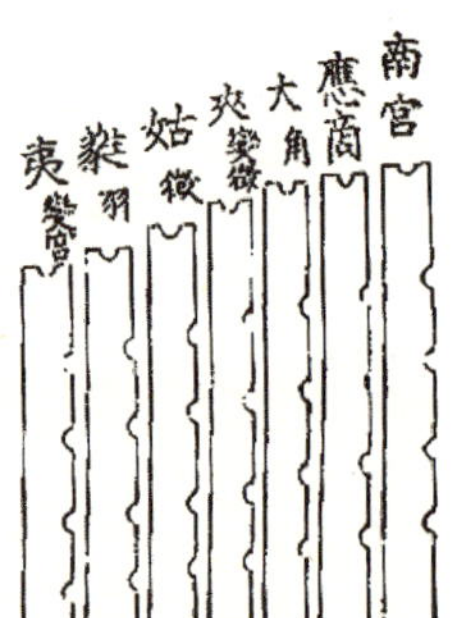

此南呂爲宮，南呂第一調也。

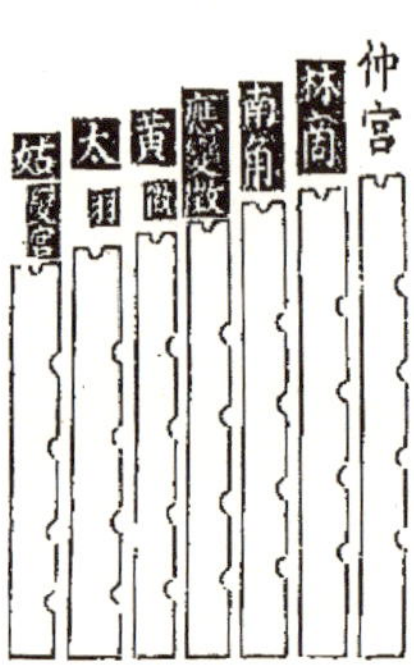

此南呂爲角，南呂第三調也。南呂爲角，則仲呂爲宮。

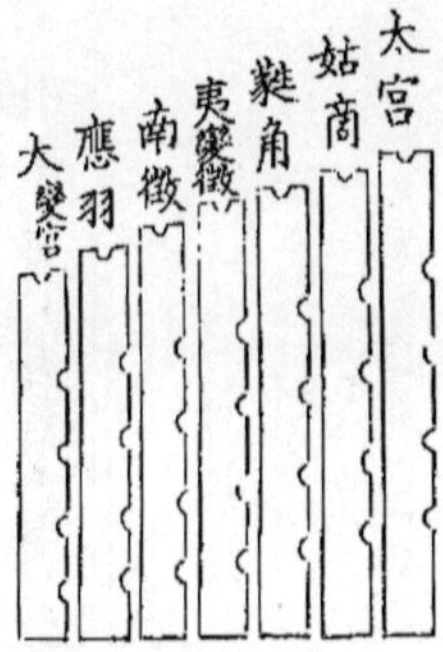

此南呂爲徵，南呂第四調也。南呂爲徵，則太簇爲宮。

此南呂爲羽，南呂第五調也。南呂爲羽，則黃鐘爲宮。

此無射爲羽，無射第五調也。無射爲羽，則大呂爲宮。

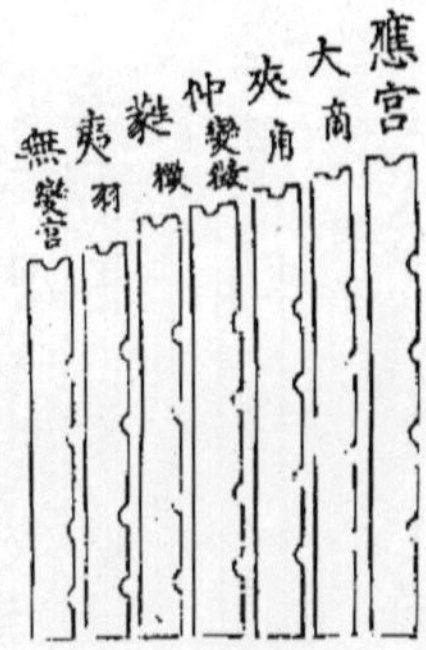

此應鐘爲宮，應鐘第一調也。

此無射爲宮，無射第一調也。

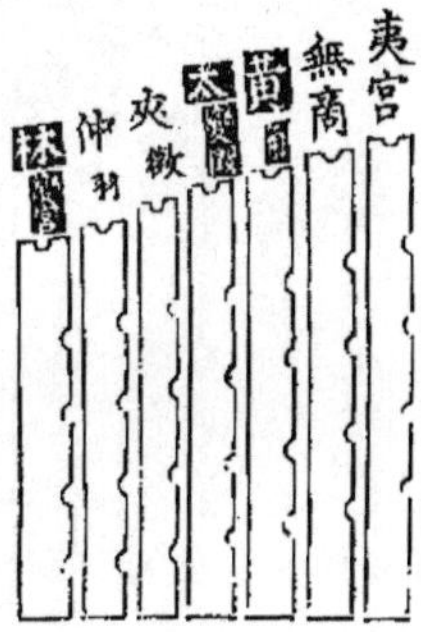

此無射爲商，無射第二調也。無射爲商，則夷則爲宮。

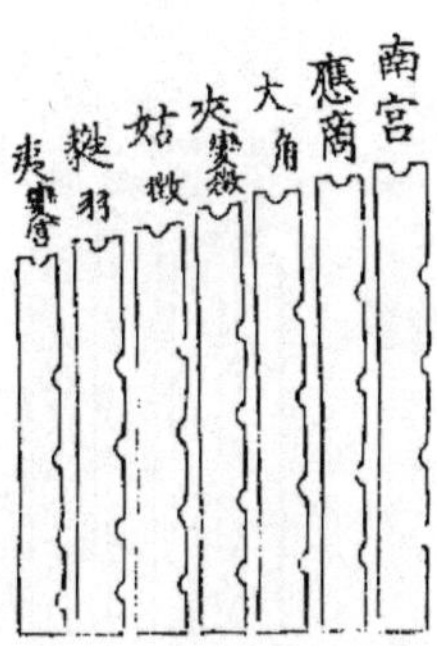

此應鐘爲商，應鐘第二調也。應鐘爲商，則南呂爲宮。

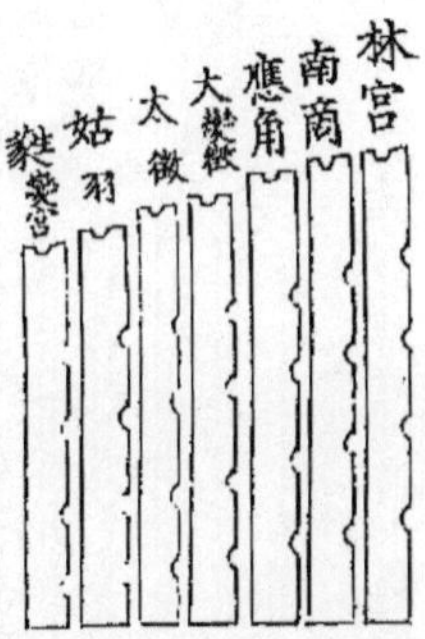

此應鐘爲角，應鐘第三調也。應鐘爲角，則林鐘爲宮。

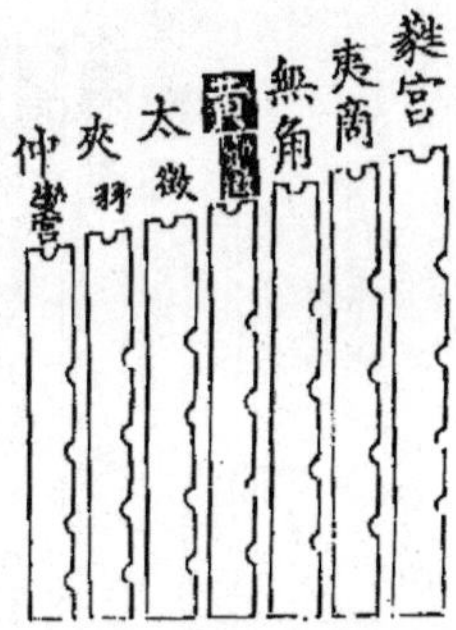

此無射爲角，無射第三調也。無射爲角，則蕤賓爲宮。

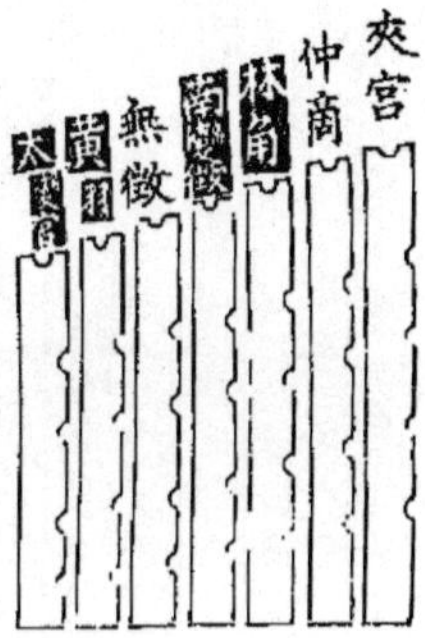

此無射爲徵，無射第四調也。無射爲徵，則夾鐘爲宮。

此應鐘爲徵，應鐘第四調也。應鐘爲徵，則姑洗爲宮。

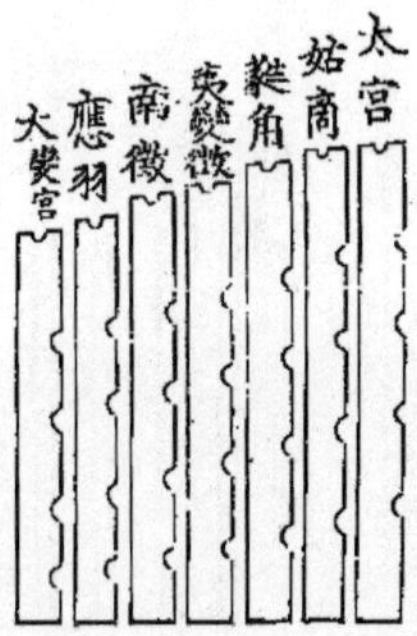

此應鐘爲羽，應鐘第五調也。應鐘爲羽，則太簇爲宮。

右十二律，五聲各爲綱紀以起調畢曲。第一黄鐘五聲爲綱紀，第二大吕五聲爲綱紀，第三太簇五聲爲綱紀，第四夾鐘五聲爲綱紀，第五姑洗五聲爲綱紀，第六仲吕五聲爲綱紀，第七蕤賓五聲爲綱紀，第八林鐘五聲爲綱紀，第九夷則五聲爲綱紀，第十南吕五聲爲綱紀，第十一無射五聲爲綱紀，第十二應鐘五聲爲綱紀。十二律五聲各爲綱紀以起調畢曲，而六十調備矣。每調七律，悉合降殺中度，而音韻克諧。每律五聲以爲高下之節，而詩歌可協。苟明乎此，樂可作矣。或曰宫乃君也，十二律宫聲爲綱紀，是以君而爲臣民事物之主，宜也。其餘各調皆有宫聲，若商聲爲綱紀，是以臣而主君；角聲爲綱紀，是以民而主君；豈尊君之義乎？曰：聲音之道，各有所主。若獨舉一調而言，誠如吾子之所論，然每律五聲爲五調，成一大調。綱紀之名，因爲調而立。第一調宫聲爲綱紀，其下四調之商角徵羽，或正或變，或全或半，皆是大調調首宫聲一律之聲，亦當各爲綱紀以足五聲之數，然後大調可成。蓋承大調調首宫而來，以大調調首宫聲爲主故也。若下四調又各以本調宫聲爲綱紀，則與大調調首宫聲不相統屬。每律大調只有本律宫聲一調，其下本律四聲，皆以屬之他律。本律更不得取之爲商角徵羽以足一律五聲五調之數，此豈各有所主之義乎。且下四調以宫爲綱紀，自是四調爲宫時事，不是爲商角徵羽時事。又商角徵羽雖承大調調首宫聲而來，各爲綱紀以足大調五聲之數，然皆以本調宫聲爲本調之首，何嘗不尊君乎？蓋在一調之中，則以一調之宫爲綱紀，固尊君之義。若在大調調首之下，則四聲者，又當各爲綱紀以足大調調首宫聲一律五聲之數，乃同心一統之義，亦尊君之義也。圖中四百二十律，或正或變，或全或半，每律三十有五，錯綜以成六十調，然皆本於黄鐘九寸之所生，故曰六十調即十二律也，十二律即一黄鐘也。此自末緣本而言也。黄鐘九寸，既分爲十二律，又分爲五聲二變，又分爲六十調四百二十律，故曰黄鐘生十二律，十二律生五聲二變，五聲各爲綱紀以成六十調。六十調皆黄鐘損益之變也，此自本之末而言也。宫商角皆下生而屬陽，每聲十二，合三十六。三十六者，四九之數，故曰老陽。徵羽皆上生而屬陰，每聲十二，合二十四。二十四者，四六之數，故曰老陰。夫律惟寫陽動之一聲而已。及五聲各爲綱紀之後，有宫商角三十六調爲老陽，徵羽二十四調爲老陰，故曰調成而陰陽備也。或曰以下至末，皆反覆推明調成而陰陽備之意，所以然者，蓋天地化育，陰陽而已。然陰陽非截然二事也，陰中有陽，陽中有陰，陰陽之中又各有陰陽，此所謂調成而陰陽備者。一陽之中自有陰陽也，是乃對待之理，自然之數，天地化育之妙，不可執一求者。故曰非知天地化育者不能與於此。或曰或論五聲陰陽之説，曰：如黄鐘爲宫，太簇爲商，姑洗爲角，林鐘爲徵，南吕爲羽，宫當子位，商當寅位，角當辰位，徵當未位，羽當酉位。子寅辰皆陽也，故宫商角屬陽。未酉皆陰也，故徵羽屬陰。下十一均倣此。與子所謂宫商角皆下生故屬陽，徵羽皆上生故屬陰，所見不同，何也？曰：如或人所論，則惟六律五聲，陰陽得位。若六吕五聲，宫商角反當陰位而屬陰矣，徵羽反當陽位而屬陽矣。如相悖何哉？惟以下生者爲陽，上生者爲陰，然後與十二律相生之法既無二致。十二律之五聲，陰陽又各當位而不相悖也。曰：六律五聲究於六十，宫商角屬陽，徵羽屬陰，謂之三十六爲陽，二十四爲陰宜也。若六甲五子之究於六十也，合日之十干、辰之十二支論之，如甲子乙丑，丙寅丁卯，天干則甲丙屬陽，乙丁屬陰。地支則子寅屬陽，丑卯屬陰。自此以下，莫不皆然。乃是陰陽相間，各三十也，何謂三十六爲陽，二十四爲陰乎？曰：此恐是以十干配五音，戊己土配宫，庚辛金配商，甲乙木配角，故三十六爲陽。丙丁火配徵，壬癸水配羽，故二十四爲陰。不然則以水木土三者皆天生，故三十六爲陽，火金二者皆地生，故二十四爲陰。二者未知是否，宜更詳考。曰圖中正變及半，每律三十五，計四百二十律，此錯綜爲用以成六十調者也。敢問實是幾管？曰：實是二十八管。蓋黄鐘九寸生十一律，有十二子聲，即半聲亦謂之清聲。所謂正律正半律也。又自仲吕上生黄鐘，黄鐘八寸七分八釐一毫六絲二忽，又生十一律，亦有十二子聲，所謂變律變半律也。正變及半，凡四十八聲，但變律止於應鐘，蕤賓至仲吕六變律，雖設而無所用，其實三十六聲而已。其間黄鐘、林鐘、南吕、應鐘皆不用正半聲，黄鐘、太簇、姑洗皆不用變全聲，應鐘又不用變半聲，其實二十八聲而已。

張宣猷　鄭先慶《樂書内編》卷一《易部樂書小引》　《繫辭》曰：一陰一陽之謂道。而樂中六律爲陽，六吕爲陰。易理即樂理也。乾六爻具六律，坤六爻具六吕，乾坤二卦已具十二律。按八音之位，金配兑，石配乾，絲配離，竹配震，匏土配艮坤，革木配坎巽，是八音中有卦氣焉。以五聲論，宫商角三十六調老陽也，徵羽二十四調老陰也。所謂調成而陰陽備也。《漢志》曰：天之數五，五爲聲；地之數六，六爲律。楊升菴解卦字曰：卦字圭聲卜義。造律量以六十四黍爲一圭，適與六十四象相應。《河圖》、《洛書》，滿盤皆易理，即滿盤皆樂理，豈獨豫卦爲《易》中之樂乎。

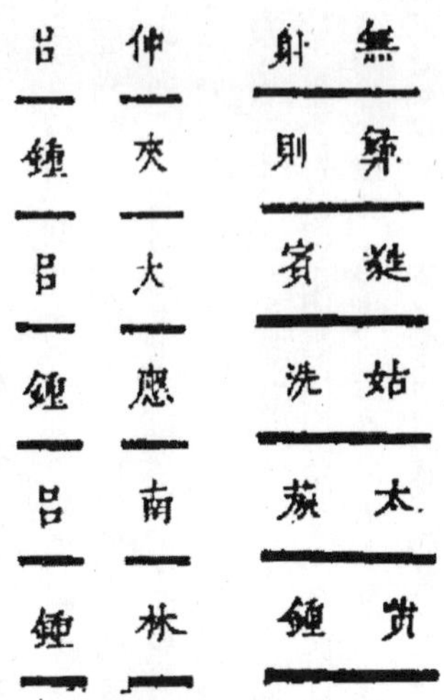

乾坤二卦具十二律圖

十一月辟卦復，十二月辟卦臨，正月辟卦泰，二月辟卦大壯，三月夬，四月乾，五月姤，六月遯，七月否，八月觀，九月剥，十月坤。黄鍾配復，大吕配臨，以次而轉，是律吕合卦氣。

金聲尚羽，春容而音鏗，於卦配兑。石聲角，温栗而音辨，於卦配乾。土聲尚宫，含弘而音濁，於卦配坤。革聲一而隆大，其音讙，於卦配坎。絲聲尚宫，纖徵而音哀，於卦配離。匏尚議，聲崇聚而音啾愁，於卦配艮。竹尚議，其聲越，其音温而濫，於卦配震。水聲一而音直，於卦配巽。

五聲八音配八卦圖

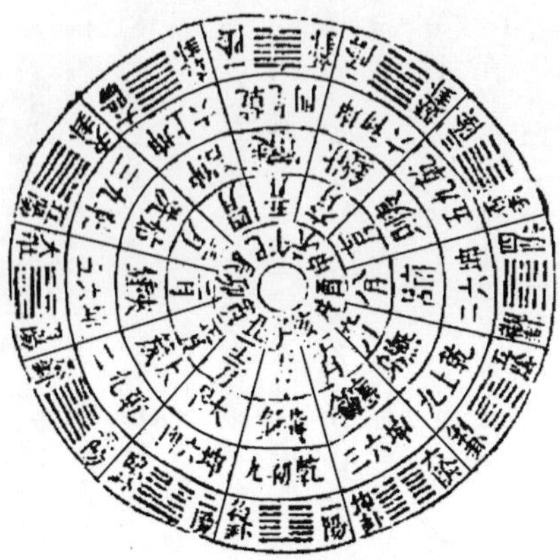

十二律配十二辟卦之圖

《律曆志》言，律娶妻吕生子。以《易》證之。黄鍾得乾之初九，下生林鍾爲坤之初六。初與初爲同位。一陰一陽同位敵體，是謂律娶妻。林鍾坤之初六，上生太簇爲乾之九二。初與二爲異位。陰陽異位不相敵，是謂吕生子。律所生者爲夫妻，吕所生者爲母子。餘律皆可以此而推。

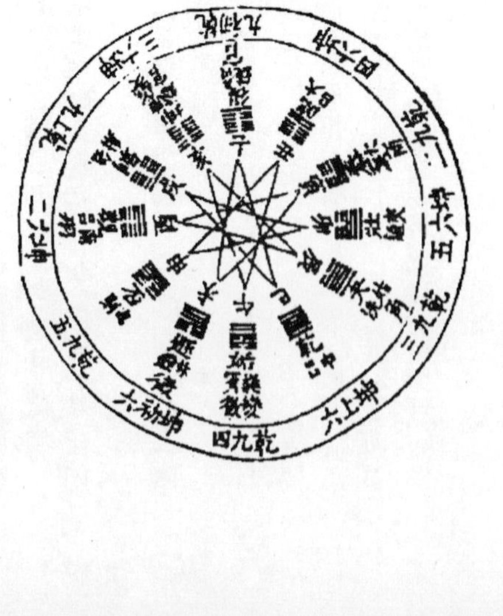

律娶妻吕生子之圖

又 律吕旋宫合乾坤六子圖

旋宫之法，自冬至始，隨月所建，六律六吕迭相爲均。均字即古韻字，言一韻聲也。一均之音有七，以一爲主，六爲從。爲從者，律有三，吕有三。先儒謂之三男三女，蓋以陽律爲父爲男，陰吕爲母爲女，取象於大易也。父爲均主，則男長女幼。男爲兄，女爲妹，故先男而後女。母爲均主，則女長男幼，女爲姊，男爲弟，故先女而後男。此其大凡也。建子之月，黄鍾爲宫，父也。太蔟爲商，長男也。姑洗爲角，中男也。蕤賓爲變徵，少男也。林鍾爲徵，長女也。南吕爲羽，中女也。應鍾爲變宫，少女也。建丑之月，大吕爲宫，母也。夾鍾爲商，長女也。仲吕爲角，中女也。林鍾爲變徵，少女也。夷則爲徵，長男也。無射爲羽，中男也。黄鍾爲變宫，少男也。建寅之月，太蔟爲宫，父也。姑洗爲商，長男也。蕤賓爲角，中男也。夷則爲變徵，少男也。南吕爲徵，長女也。應鍾爲羽，中女也。大吕爲變宫，少女也。建卯之月，夾鍾爲宫，母也。仲吕爲商，長女也。林鍾爲角，中女也。南吕爲變徵，少女也。無射爲徵，長男也。黄鍾爲羽，中男也。太蔟爲變宫，少男也。建辰之月，姑洗爲宫，父也。蕤賓爲商，長男也。夷則爲角，中男也。無射爲變徵，少男也。應鍾爲徵，長女也。大吕爲羽，中女也。夾鍾爲變宫，少女也。建巳之月，仲吕爲宫，母也。林鍾爲商，長女也。南吕爲角，中女也。應鍾爲變徵，少女也。黄鍾爲徵，長男也。太蔟爲羽，中男也。姑洗爲變宫，少男也。建午之月，蕤賓爲宫，父也。夷則爲商，長男也。無射爲角，中男也。黄鍾爲變徵，少男也。大吕爲徵，長女也。夾鍾爲羽，中女也。仲吕爲變宫，少女也。建未之月，林鍾爲宮，母也。南呂爲商，長女也。應鍾爲角，中女也。大呂爲變徵，少女也。太蔟爲徵，長男也。姑洗爲羽，中男也。蕤賓爲變宮，少男也。建申之月，夷則爲宮，父也。無射爲商，長男也。黄鍾爲角，中男也。太蔟爲變徵，少男也。夾鍾爲徵，長女也。仲呂爲羽，中女也。林鍾爲變宮，少女也。建酉之月，南呂爲宮，母也。應鍾爲商，長女也。大呂爲角，中女也。夾鍾爲變徵，少女也。姑洗爲徵，長男也。蕤賓爲羽，中男也。夷則爲變宮，少男也。建戌之月，無射爲宮，父也。黄鍾爲商，長男也。太蔟爲角，中男也。姑洗爲變徵，少男也。仲呂爲徵，長女也。林鍾爲羽，中女也。南呂爲變宮，少女也。建亥之月，應鍾爲宮，母也。大呂爲商，長女也。夾鍾爲角，中女也。仲呂爲變徵，少女也。蕤賓爲徵，長男也。夷則爲羽，中男也。無射爲變宮，少男也。此與大易之理相合，造化自然之妙用也。

《記》曰：《大章》，章之也。《咸池》，備矣。是序樂始於堯，猶之删書始自堯也。然二典於堯樂缺而不載，惟言后夔教胄，臯陶賡歌，干羽格苗，簫韶致鳳。于舜樂則序之不厭其詳者，蓋韶以紹堯得名，合兩代以成一代之樂，故能盡美盡善。雖不言堯樂，而韶樂固足以包舉之矣。禹有《大夏》，湯有《大濩》，武有《大武》，亦皆逸而不載者。禮盛於王，樂盛於帝，各舉其盛者言之也。故曰見其禮而知其政，聞其樂而知其德。觀於樂止存可以考帝王霸之升降焉。樂之關於世運豈其微哉。

六律統六呂圖

宮商角徵羽者，君臣民事物之序。

五聲相生圖

宮

九九八十一起宮數，三分分開，是每分二十七也。下生者三分而損其一分，則于八十一中去二十七，餘五十四爲徵，是謂宮下生徵。

宮徵商羽角者，先後相生之序也。

徵

徵數五十四，三分分開，是每分十八也。上生者三分而益一分，則于五十四中加十八，成七十二爲商，是謂徵上生商。

商

商數七十二，三分分開，是每分二十四也。下生者三分而損一分，則于七十二中損去二十四，餘四十八爲羽，是謂商下生羽。

羽

羽數四十八，三分分開，是每分十六也。上生者三分而益一分，則于四十八中加十六，成六十四爲角，是謂羽上生角。

角

角數六十四，三分分開，每分得二十一，尚餘一分不可損益，故五聲之正至此而窮，不能復轉生宮，乃參酌而下生變宮焉，變宮又生變徵焉。

帝曰予欲聞六律五聲八音。止言六律，不及六呂者，陰統於陽也。攷之《周官・大司樂》，祀天神，奏黄鍾則歌大呂以合之。祭地示，奏太蔟則歌應鍾以合之。祀四望，奏姑洗則歌南呂以合之。祭山川，奏蕤賓則歌函鍾即林鍾。以合之。享先妣，奏夷則則歌小呂即中呂。以合之。享先祖，奏無射則歌夾鍾以合之。皆以陽律爲主也，故孟子曰不以六律，不能正五音。

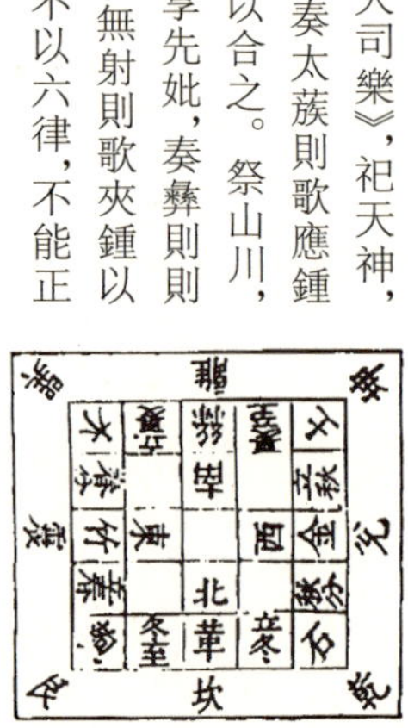

八音方位圖

金，秋分之音也，莫尚於鍾。石，立冬之音也，莫尚於磬。絲，夏至之音也，莫尚於琴瑟。竹，春分之音也，莫尚於管籥。匏，立春之音也，莫尚於笙竽。土，立秋之音也，莫尚於塤篪。革，冬至之音也，莫尚於鼗鼓。木，立夏之音也，莫尚於柷敔。金石土類，故與土位西成之方。匏竹木類，故與木位東生之方。絲成於夏，故琴瑟在南。革成於冬，故鼗鼓在北。

又 卷八 禮部圖

陳暘曰：五聲本於五行，其數起於黄鍾九寸之管，因九而九之，則八十有一者，宮聲之數也。因宮數三分去一，得數五十有四，而下生徵。因徵數三分益一，得數七十有二，而上生商。因商數三分去一，得數四十有八，而下生羽。因羽數三分益一，得數六十有四，而上生角。數多者濁以大，而大不踰宮；數少者清以細，而細不踰羽。宮生徵，徵生商，商生羽，羽生角，故彈宮而徵應，彈徵而商應，彈商而羽應，彈羽而角應。相生則和，相勝則繆也。

自黄鍾下生林鍾，由子數至未，凡八位。林鍾上生大蔟，由未數至辰，亦八位。是謂隔八相生也。

黄鍾爲乾之初九，下生林鍾爲坤之初六，初與初爲同位。一陰一陽同位連體，是謂律娶妻。林鍾坤之初六，上生太蔟爲乾之九二，初與二爲異位。陰陽異位不相敵，是謂呂生子。律所生者爲夫妻，呂所生者爲母子。餘律皆以此而推。

律呂隔八相生圖

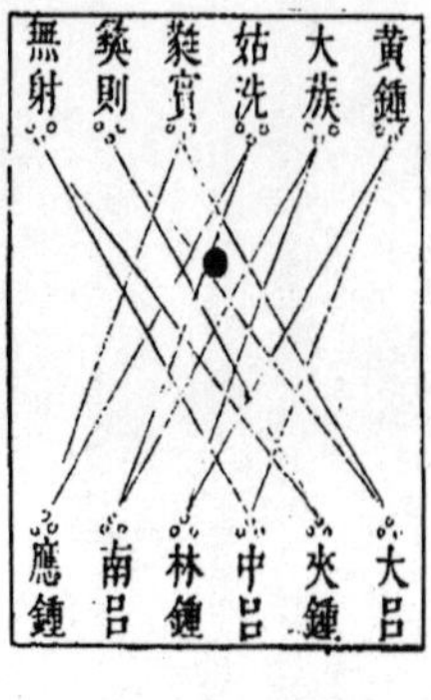

十二律相生之圖 從黃鍾下生林鍾起

律呂旋相爲宮

宮		徵		商		羽		角		變宮		變徵	
黃鍾爲宮	正	林鍾爲徵	正	太簇爲商	正	南呂爲羽	正	姑洗爲角	正	應鍾爲變宮	正	蕤賓爲變徵	正
林鍾爲宮	正	太簇爲徵	正半	南呂爲商	正	姑洗爲羽	正半	應鍾爲角	正	蕤賓爲變宮	正半	大呂爲變徵	正半
太簇爲宮	正	南呂爲徵	正	姑洗爲商	正	應鍾爲羽	正	蕤賓爲角	正	大呂爲變宮	正半	夷則爲變徵	正
南呂爲宮	正	姑洗爲徵	正半	應鍾爲商	正	蕤賓爲羽	正半	大呂爲角	正	夷則爲變宮	正半	夾鍾爲變徵	正半
姑洗爲宮	正	應鍾爲徵	正	蕤賓爲商	正	大呂爲羽	正半	夷則爲角	正半	夾鍾爲變宮	正半	無射爲變徵	正
應鍾爲宮	正	蕤賓爲徵	正半	大呂爲商	正半	夷則爲羽	正半	夾鍾爲角	正半	無射爲變宮	正半	中呂爲變徵	正半

八十四聲之圖

宮		徵		商		羽		角		變宮		變徵	
蕤賓爲宮	正	大呂爲徵	正半	夷則爲商	正	夾鍾爲羽	正半	無射爲角	正	中呂爲變宮	正半	黃鍾爲變徵	變半
大呂爲宮	正	夷則爲徵	正	夾鍾爲商	正	無射爲羽	正	中呂爲角	正	黃鍾爲變宮	變半	林鍾爲變徵	變
夷則爲宮	正	夾鍾爲徵	正	無射爲商	正	中呂爲羽	正半	黃鍾爲角	變半	林鍾爲變宮	變半	太簇爲變徵	變半
夾鍾爲宮	正	無射爲徵	正	中呂爲商	正	黃鍾爲羽	變半	林鍾爲角	變	太簇爲變宮	變半	南呂爲變徵	變
無射爲宮	正	中呂爲徵	正半	黃鍾爲商	變半	林鍾爲羽	變半	太簇爲角	變半	南呂爲變宮	變半	姑洗爲變徵	變半
中呂爲宮	正	黃鍾爲徵	變半	林鍾爲商	變	太簇爲羽	變半	南呂爲角	變	姑洗爲變宮	變半	應鍾爲變徵	變

何月之律爲宮，即將內層宮字轉於本月之上，則知某律爲商，某律爲角。餘皆倣此。

律均，均字讀作韻，古無韻字，以均爲韻字。一均者猶言一韻聲也。旋宮之法，自冬至始，隨月所建，六律六呂迭相爲均。一均之音有七，以一爲主，六爲從。其爲從者三陽律，三陰律，先儒謂之三男三女。蓋以陽律爲父爲男，陰律爲母爲女，取象於大《易》也。陽律爲宮爲父，則所生者徵羽與變宮三陰律爲三女，商角與變徵三陽律爲三男。陰律爲宮爲母，則所生者徵羽與變宮三陽律爲三男，商角與變徵三陰律爲三女。凡一均之中，除均主一律外，相生相應者止用六律，餘五律皆無所用。此之謂五聲六律十二管旋相爲宮，生生不已，轉轉無窮，與大《易》之理相合，造化自然之妙用也。

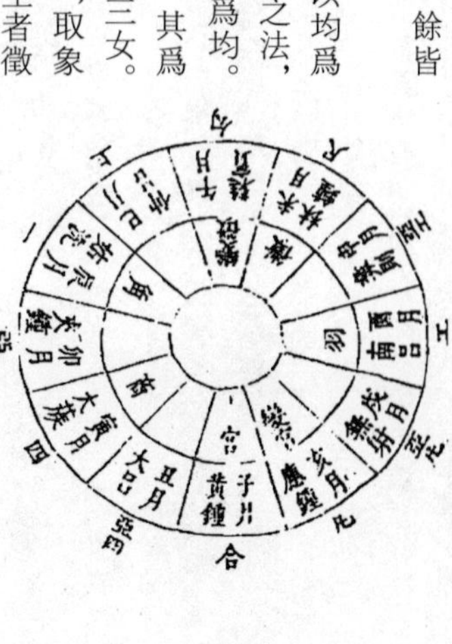

十二律呂旋相爲宮圖

應撝謙《古樂書》卷上

六十聲圖第九即五音還宮法，用《左傳》、鄭注《宋鍾》定。

《周禮》大師掌六律六同，以合陰陽之聲。陽聲黃鍾、太簇、姑洗、蕤賓、夷則、無射，陰聲大呂、應鍾、南呂、函鍾、小呂、夾鍾，皆文之以五聲宮商角徵羽。高下以五爲節，欲其聲之相近則和。

宮	商	角	徵	羽	
黃	大	太	夾	姑	十一月

大	太	夾	姑	仲	十二月
太	夾	姑	仲	蕤	正月
夾	姑	仲	蕤	林	二月
姑	仲	蕤	林	夷	三月
仲	蕤	林	夷	南	四月
蕤	林	夷	南	無	五月
林	夷	南	無	應	六月
夷	南	無	應	首黄鐘清變半	七月
南	無	應	首黄鐘清變半	次大呂清半	八月
無	應	首黄鐘清變半	次大呂清半	正夾鐘清半	九月
應	首黄鐘清變半	次大呂清半	正夾鐘清半	四仲呂清半	十月

右六十聲用十六律，用鐘磬皆十六。按左氏載鄭人賂晉女樂二八。鄭康成釋《周禮》，謂鐘磬十六爲一堵。後世儒者以漢犍爲郡水濱得古磬十六枚，正始中徐州薛城送玉磬十六枚，于是多宗鄭説。用四清聲，以謂夷南無應四宫管短，則減黄大太夾四管之半而應之，樂音諧矣。故宋以十二枚爲正鍾，四枚爲清鍾。朱蔡二師以十二律皆有清聲，不從其説。以愚論之，四清之樂未爲非古，而先儒不知生律之法。十二律皆有清聲，然非章韶之舊，春秋歌南雅皆用古音，歌頌始用大武七律，以三分損益無旋宫，知此二者則並行不悖矣。

《左傳》秦醫和曰：先王之樂所以節百事也，故有五節，遲速本末以相及，中聲以降，五降之後不容彈矣。此蓋但見諸侯之樂，而未見大武，故有是言。當時六代之樂唯周與魯有之。

宫全濁，商次濁，角不清不濁，徵次清，羽全清，此奏音高下之次。

宫生徵，徵生商，商生羽，羽生角，此奏音前後之次。

補舊五音還宫法據孔氏《禮》疏。

黄鐘爲第一宫，下生林鐘爲徵，上生太簇爲商，下生南吕爲羽，上生姑洗爲角。

宫黄　商太　角姑　徵林　羽南

林鐘爲第二宫，上生太簇爲徵，下生南吕爲商，上生姑洗爲羽，下生應鍾爲角。

宫林　商南　角應　徵太陵宫　羽姑陵宫

太簇爲第三宫，下生南吕爲徵，上生姑洗爲商，下生應鍾爲羽，上生蕤賓爲角。

宫太　商姑　角蕤　徵南　羽應

南吕爲第四宫，上生姑洗爲徵，下生應鍾爲商，上生蕤賓爲羽，上生大吕爲角。

宫南　商應　角大陵宫　徵姑陵宫　羽蕤陵宫

姑洗爲第五宫，下生應鍾爲徵，上生蕤賓爲商，上生大吕爲羽，下生夷則爲角。

宫姑　商蕤　角夷　徵應　羽大陵宫

應鍾爲第六宫，上生蕤賓爲徵，上生大吕爲商，下生夷則爲羽，上生夾鍾爲角。

宫應　商大陵宫　角夾陵宫　徵蕤陵宫　羽夷陵宫

蕤賓爲第七宫，上生大吕爲徵，下生夷則爲商，上生夾鍾爲羽，下生無射爲角。

宫蕤　商夷　角無　徵大陵宫　羽夾陵宫

大吕爲第八宫，下生夷則爲徵，上生夾鍾爲商，下生無射爲羽，上生仲吕爲角。

宫大　商夾　角仲　徵夷　羽無

夷則爲第九宫，上生夾鍾爲徵，下生無射爲商，上生仲吕爲羽，上生黄鍾爲角。

宫夷　商無　角黄陵宫　徵夾陵宫　羽仲陵宫

夾鍾爲第十宫，下生無射爲徵，上生仲吕爲商，上生黄鍾爲羽，下生林鍾爲角。

宫夾　商仲　角林　徵無　羽黄陵宫

無射爲第十一宫，上生仲吕爲徵，上生黄鍾爲商，下生林鍾爲羽，上生太簇爲角。

宫無　商黄陵宫　角太陵宫　徵仲陵宫　羽林陵宫

仲吕爲第十二宫，上生黄鍾爲徵，下生林鍾爲商，上生太簇爲羽，下生南吕爲角。

宫仲　商林　角南　徵黄陵宫　羽太陵宫

《禮運》曰：五聲、六律、十二管，還相爲宮也。故漢以後論樂者皆以十二律爲循環相生，不知五音宮爲君，商爲臣，角爲民，徵爲事，羽爲物。聲必以大統細，臣民不得陵君，此清聲之所以不可已也。

問：還宮之法，先儒但有宮生徵，徵生商之説，並不言比肩還宮之法，子何得創言之。曰：非創也，七律據《周語》始于周，則前此唯用五音。今竟用孔氏五音還宮之説，又以子聲避陵僭，則當用二十一鍾磬，古無其文。而十六鍾磬則歷歷有攷，宋用黃大太夾之清聲，則亦以比肩還宮可知已。問：奏樂次第，前此並不拘生次，有儒先以律吕相生之序爲譜，振之李氏闢之，以爲必宮次徵而徵次商，將稱誰調宮而誰調角？是凡詩皆共一譜，而風雅頌不復可辨。子何復述之？曰：先王作樂，本不欲樂聲高下太驟，故以五降齊其節次，要之無有一連五降之理。如西山蔡氏之言，謂五聲宮與商，商與角，徵與羽，相去各一律，至角與徵、羽與宮相去乃二律，相去一律則音節和，相去二律則音節遠，故角徵之間，近徵收一聲，比徵少下，故謂之變徵。羽宮之間，近宮收一聲，稍高于宮，故謂之變宮也。如此則是一連七降，不成樂矣。必須一高一下，自下以漸而高。至于七聲不可復高，則復歸于下，此至理也。

八十四聲圖第十七音還宮法，即以三分損益相生爲次，以《國語》《漢書》定。

宮	商	角	變徵	徵	羽	變宮
黃九寸	太八寸	姑七寸一分	蕤六寸二分八釐	林六寸	南五寸三分	應四寸六分六釐
林六寸	南五寸三分	應四寸六分六釐	大四寸一分八釐強	太三寸八分八釐強	姑三寸四分五釐強	蕤三寸一分強
太八寸	姑七寸一分	蕤六寸二分八釐	夷五寸五分五釐強	南五寸三分	應四寸六分六釐	大四寸一分八釐強
南五寸三分	應四寸六分六釐	大四寸一分八釐強	夾五寸六分六釐強	姑三寸四分五釐強	蕤三寸一分強	夷二寸七分二釐強
姑七寸一分	蕤六寸二分八釐	夷五寸五分五釐強	無四寸八分八釐強	應四寸六分六釐	大四寸一分八釐強	夾三寸六分六釐強
應四寸六分六釐	大四寸一分八釐強	夾五寸六分六釐強	仲三寸一分八釐強	蕤三寸一分強	夷二寸七分二釐強	無二寸四分四釐強
蕤六寸二分八釐	夷五寸五分五釐強	無四寸八分八釐強	黃四寸三分八釐強	大四寸一分八釐強	夾二寸六分六釐強	仲三寸二分八釐強
大八寸二分七釐強	夾七寸四分三釐強	仲六寸五分八釐強	林六寸	夷五寸三分五釐強	無四寸八分八釐強	黃四寸三分八釐強
夷五寸二分五釐強	無四寸八分八釐強	黃四寸三分八釐強	太二寸八分四釐強	夾三寸六分七釐強	仲三寸一分八釐強	林二寸八分五釐強
夾七寸四分三釐強	仲六寸五分八釐強	林六寸	南五寸三分	無四寸八分八釐強	黃四寸三分八釐強	太三寸八分四釐強
無四寸八分八釐強	黃四寸三分八釐強	太三寸八分四釐強	姑三寸四分五釐強	仲三寸五分八釐強	林二寸八分五釐強	南二寸五分六釐強
仲六寸八分八釐強	林六寸	南五寸三分	應四寸六分六釐	黃四寸七分四釐強	太三寸八分四釐強	姑五寸四分五釐強

《漢前志》曰：黃鍾爲宮，則太簇、姑洗、林鍾、南吕皆以正聲應，無有忽微，不復與他律爲役者，同心一統之義也。非黃鍾而他律，雖當其月自宮者，則其和應之律有空積忽微，不得其正，此黃鍾正尊無與並也。

此言黃鍾九寸至太簇八寸相去九分，恰合自宮至商之數，若林鍾六寸至南吕五寸三分，則不合自宮至商之九數，所謂空積忽微也。蔡氏解誤。

據淮南、鄭玄、韋昭皆直以七律爲七音，未嘗謂七音可以旋宮。然《國語》言七律，又言黃鍾、太簇、夷則、無射皆爲宮，則大武七音自是還宮，非若一定之七音止以黃鍾爲宮也。據景王問律於伶州鳩，州鳩答以武王伐紂之時，歲在鶉火，月在天駟，星在天黿，自鶉及駟七列也。鶉火、天黿，南北之揆七同也。武王欲合而用之，於是乎有七律。蓋天黿律中黃鍾，鶉火律中蕤賓，自黃鍾至蕤賓，以子迄午，相去七律，遂用七音。其奏音之次，宮徵商羽角。五音之外，重用二音，則爲變宮變徵。二變之爲變音，猶十二變之爲變律也。州鳩雖未識聖人用樂之微，然繇州鳩之言，則知作樂者六代惟周有七音，雖文王南籥不用也，唯大武有之耳。戰國時有謂加文武二絃者，臆説也。孔子稱樂，則韶舞舜鼓五絃之琴以歌南風。而蔡氏謂有五音，無二變，不可以成樂，亦臆説也。周樂七音律遠未免蹈厲，而韶止五音律近尤和。

七音生次 即奏音先後之序

宮生徵
商生羽
徵生商
羽生角
角生變宮，變宮生變徵，變音生音之中

王建常《律呂圖說》卷上

律呂圖說一

《說文》：聲生於心，有節於外，謂之音，宮、商、角、徵、羽，聲也。金、石、絲、竹、匏、土、革、木，音也。朱子曰：人聲自有高下，聖人制五聲以括之。宮聲洪濁，其次爲商，羽聲清，其次爲徵，清濁洪纖之中爲角。又曰：音律如尖塔樣，闊者濁聲，尖者清聲。宮以下則太濁，羽以上則太清，皆不可爲樂，惟五聲者中聲也。

五聲八音圖

《漢前志》曰：聲者，宮商角徵羽也。所以作樂者，諧八音，蕩滌人之邪意，全其正性，移風易俗也。八音，土曰塤，塤，燒土爲之，其形銳上而平底，圍五寸半，長三寸半，六孔，上一前三後二，髹飾其上。舊圖大者謂之雅塤，小者謂之頌塤。匏曰笙，笙以匏爲之，十三管列匏中，而施簧管端，吹笙則鼓動其簧而發聲。《爾雅》：笙，十九簧曰巢，十三簧曰和。皮曰鼓，鼓，草屬，賁鼓大鼓也，長八尺，圍四尺，中圍加三之一。《記》云：夏后氏之鼓足，殷楹鼓，周縣鼓。鼗如鼓而小，有柄，持而搖之則旁耳自擊。《爾雅》：大者謂之鞞，小者謂之䩄。竹曰管，管，漆竹長尺圍寸，有六孔。鄭氏曰管如笛而小，併兩而吹之。絲曰絃，琴瑟皆絲屬。琴長三尺六寸，廣六寸，五絃，後加文武二絃。雅瑟長八尺一寸，廣一尺八寸，二十五絃，其常用者十九絃。頌瑟長七尺二寸，廣一尺八寸，二十五絃盡用。石曰磬，磬有大小，小則編縣，謂之編磬，二八一簨虡。大則特縣，謂之特磬。特磬二，在堂上者以玉爲之，堂下者以石爲之。編磬在西而亦名頌磬，應歌故也。特磬在東而亦名笙磬，應笙故也。金曰鐘，金之屬二，小而編縣者曰編鐘，亦謂之頌鐘。大而不編者曰特鐘，亦謂之笙鐘，即所云鏞是也。《爾雅》：大鐘曰鏞。《三禮圖》：特縣者謂之鎛。是又以鎛爲大鐘也。木曰柷。柷以起樂者，敔以止樂者，皆木爲之。郭璞曰：柷如漆桶，方二尺四寸，深一尺八寸，中有椎，連底，撞之令左右擊。敔狀如伏虎，背上有二十七鉏鋙刻，以甄櫟之，甄長一尺，用木。五聲和，八音諧，而樂成。又曰：五聲之本生於黃鐘之律，九寸爲宮，或損或益，以定商角徵羽。九六相生，陰陽之應也。疏曰：五聲之配五方也，於《月令》角東，商西，徵南，羽北，宮在中央。立名還以其方爲義。《漢志》云：商之爲言章也，物成就可章度也。角，觸也，物觸地而出，戴芒角也。宮，中也，居中央暢一作統。四方，唱始施生爲四聲綱也。徵，祉也，物盛大而蕃祉也。羽，宇也，物聚藏宇覆之也。《樂記》曰：宮爲君，商爲臣，角爲民，徵爲事，羽爲物。劉氏註曰：宮屬土，絃用八十一絲爲最多，而聲至濁，於五聲獨尊，故爲君象。疏云：宮爲君，君是陽，陽數極於九，故宮數八十一。商屬金，絃用七十二絲，聲次濁，故次於君而爲臣象。角屬木，絃用六十四絲，聲半清半濁，居五聲之中，故次於臣而爲民象。徵屬火，絃用五十四絲，其聲次清，有民而後有事，故爲事象。羽屬水，絃用四十八絲，爲最少，而聲至清，有事而後用物，故爲物象。此其大小之次也。《晉志》云：凡聲尊卑取象五行，數多者濁，數少者清。大不過宮，細不過羽。以上解圖之體，其説詳見於後。

按《月令廣義》所載聲音圖，於第三圈外又環以八風，八方之風。《通典》云：八音者，八卦之音。卦各有風，謂之八風也。而其下系之辭云：天地之間，聲大者如雷霆，小者如蟂蠓，小飛蟲也。皆不得其和，惟十二律大不過宮，小不過羽，聲始和矣。以此被之八音，則八音和；奏之天地，則八風和。八風和而諸福之物可致之，祥畢至矣。聖人一天人，贊化育之道莫善於此。《淮南子》曰：距日冬至四十五日條風一名融風。至，艮卦之風爲笙。《史記》：條風居東北，言條治萬物而出之也。疏云：條者，生也。則出輕繫，去稽留。立春。四十五日明庶風至，震卦之風爲管。明庶風居東方。明庶者，明衆物盡出也。疏云：迎衆也。則正封疆，修田疇。春分播穀。四十五日清明風至，巽卦之風爲柷。清明風居東南維，言風生萬物皆清潔明浄也。疏云：清，芒也。則出幣帛，使諸侯。立夏長養。四十五日景風至，離卦之風爲絃。景風居南方。疏云：景者大也，言陽氣長養也。則爵有位，賞有功。夏至陽在上，主布施。四十五日涼風至，坤卦之風爲塤。涼風居西南維。疏云：涼，寒也，陰氣行也。則報地德，祀四郊。立秋農登穀。四十五日閶闔風至，兑卦之風爲鐘。閶闔風居西方。閶者，唱帥之義。闔者，覆閉之理。古時萬物將歸復於土，陽唱而入，陰隨而闔也。疏云：閶闔者，咸收藏也。則收縣垂，琴瑟不張。秋分殺氣愴，故收縣垂鐘磬之樂。四十五日不周風至，乾卦之風爲磬。不周風居西北。疏云：不周者，不交也，言陰氣未合化也。則脩宮室，繕邊城。立冬土功始。四十五日廣莫風至，坎卦之風爲鼓。廣莫風居北方。疏云：廣莫者，大莫也，開陽氣也。則閉關梁，決刑罰。冬至象冬閉藏。以上補圖之闕。蓋此雖本圖所未及，然八音諧而八風遂，則律和聲和者，自然之應也。録附於後，亦以發其藴焉云爾。

律呂圖說二

《漢志》：律有十二，陽六爲律，陰六爲呂。律以統氣類物，曰黃鐘、太蔟、姑洗、蕤賓、夷則、亡射，呂以旅陽宣氣，曰林鐘、南呂、應鐘、大呂、夾鐘、中呂，皆曰律陽統陰也。朱子曰：樂律自黄鐘至仲呂皆屬陽，自蕤賓至應鐘皆屬陰，此是一箇大陰陽。黄鐘爲陽，大呂爲陰，太蔟爲陽，夾鐘爲陰，每一陽間一陰，又是一箇小陰陽。

十二律圖

《漢前志》曰：黄帝使泠綸自大夏西戎國名。之西，崑崙山名。之陰，取竹之解谷谷名，在昆侖之北。生其竅厚均者，竅，孔也。晉灼曰：取谷中之竹生而孔外肉厚薄自然均者，截以爲筩，不復加削剖也。斷兩節間而吹之，以爲黄鐘之宮。制十二筩，《通典》作管。以聽鳳之鳴，其雄鳴爲六，雌鳴亦六，比黄鐘之宮而皆可以生之，是爲律本。以上明律之原。至治之世，天地之氣合以生風，天地之風氣正，十二律定。瓚曰：風氣正，則十二月之氣各應其律，不失其序。黄鐘：黄者，中色也，鐘者，種也，言陽氣施種於黄泉，孳萌萬物爲六氣元也，本志以黄色名元氣。《史記》言陽氣踵黄泉而出也。始於子，在十一月。大呂：呂，旅也，言陰大呂助黄鐘宣氣而牙物也，位於丑，在十二月。太蔟：蔟，奏也，言陽氣大奏地而達物也，奏謂進而出地也。位於寅，在正月。夾鐘：一名圜鐘。言陰夾助太蔟宣四方之氣而出種物也，種物，種生之物也。《史記》言陰陽相夾厠也。位於卯，在二月。姑洗：洗，絜也，言陽氣洗物辜絜之也，辜，必也，必使之絜也。一云：姑，故也。洗，鮮也，言萬物去故而就鮮。位於辰，在三月。中呂：一名小呂。言微陰始起未成著，於其中旅助姑洗，宣氣齊物也，位於巳，在四月。蕤賓：蕤，繼也，賓導也，言陽始導陰氣，使繼養物也，位於午，在五月。林鐘：一名函鐘。林，君也，言陰氣受任，助蕤賓君主種物，使長大楙盛也，位於未，在六月。夷則：則，法也，言陽氣正法度而使陰氣夷當傷之物也，夷亦傷也。位於申，在七月。南呂：南，任也，言陰氣旅助夷則，任成萬物也，取含秀懷任之義也。位於酉，在八月。亡射：射，厭也，言陽氣究物而使陰氣畢剥落之，終而復始，亡厭已也，位於戌，在九月。應鐘：言陰氣應亡射，該藏萬物而雜陽閡種也，外閉曰閡，謂陰雜陽氣閉塞，爲萬物作種也。位於亥，在十月。又曰：陰陽相生，自黄鐘始而左旋，八八爲伍，伍，耦也。孟康曰：從子數辰至未得八，下生林鐘。數未至寅得八，上生太蔟。律上下相生，皆以此爲率。《漢後志》曰：伏羲氏作《易》，紀陽氣之初，以爲律法。建日冬至之聲，以黄鐘爲宮，太蔟爲商，姑洗爲角，林鐘爲徵，南呂爲羽，應鐘爲變宮，蕤賓爲變徵，此聲氣之元，五音之正也。故各統一日，其餘以運行。當月者，各自爲宮，而商徵以類從焉。揚子雲曰：聲生於日，日謂甲己爲角，乙庚爲商，丙辛爲徵，丁壬爲羽，戊癸爲宮，是五行合爲五日，五音之聲生於日也。又曰：律生於辰，謂十二律出於十二辰，子爲黄鐘之類是也。安成劉氏曰：十二律旋相爲宮，每律備五聲，則成六十聲；每律加變宮變徵，則成八十四聲矣。以上解圖之體。《淮南子》曰：黄鐘位子，其數八十一，主十一月，下生林鐘。林鐘之數五十四，主六月，上生太蔟。太蔟之數七十二，主正月，下生南呂。南呂之數四十八，主八月，上生姑洗。姑洗之數六十四，主三月，下生應鐘。應鐘之數四十二，主十月，上生蕤賓。蕤賓之數五十六，主五月，上生大呂。大呂之數七十六，主十二月，下生夷則。夷則之數五十一，主七月，上生夾鐘。夾鐘之數六十八，主二月，下生無射。無射之數四十五，主九月，上生仲呂。仲呂之數六十，主四月，極不生。《呂氏春秋》曰：三分所生，益之一分以上生。三分所生，去其一分以下生。黄鐘、大呂、太蔟、夾鐘、姑洗、仲呂、蕤賓爲上，林鐘、夷則、南呂、無射、應鐘爲下。鄭氏重上生法，蓋本諸此。陳氏《禮運》註曰：上下之生，五下六上，蓋自林鐘未至應鐘亥，皆在子午以西，故謂之下生。自大呂丑至蕤賓午皆在子午以東，故謂之上生。子午皆屬上生，當云七上，而云六上者，以黄鐘爲諸律之首，故不數也。以上證圖之誤，或云圖立於史遷，觀他《律書》亦言蕤賓下生大呂，蓋不知重上生法故也。竊意子午以西上下字間當改正，詳見後生律篇。

按圖圈外列十二辰而系以月者，蓋黄鐘之所歷也。十二律當月爲宮之次也，而候氣之時與位亦具是矣。其説詳見於後。問十二律陰陽各六，而又以律名陽，以呂名陰，何也？曰陳長樂云：别而言之，則律言其用，呂言其體，故陽六爲律，陰六爲呂。合而言之皆所以述氣而已，故通謂之十二律。其説是矣。或云以其陰陽相侶，故曰六呂。以其陰陽相間，又曰六閒。《周禮》又謂之六同，言助陽宣氣與之同也。然或止言六律而不言呂，陽統乎陰也。亦可參看。《律書》《釋名》云：古律用竹，又用玉，漢末以銅爲之。愚謂銅與玉雖可久，然不如竹之自然爲宜也。考聲候氣者，其審之。

又按五聲，宮最濁而羽極清，所以協歌之上下。十二律，黄最濁而應極清，又所以旋相爲宮而節其聲之上下。程子曰：先王之樂，必須律以考其聲。律不得，則中聲無繇見。律者，自然之數也。朱子曰：古人要和聲，先須吹律，使衆聲皆合律，方可用。程氏復心曰：人聲自有高下，聖人制五聲以括之，又制十二律以節五聲。五聲中又各有高下，每聲又分十二等，所謂律和聲也。吳氏澄曰：宮商角徵羽之高下無定準，必以律管長短定之。十二管長者聲濁，短者聲清。每律之宮各有商角徵羽而不相亂，則長短之度不可有毫釐之差，然後其聲勻調，歌聲勻調，施之八音皆然，而無相奪倫矣。蓋律者，所以正聲音也，故又輯先儒之説以明二圖相須之義如此。朱子曰：今之士大夫問以五聲十二律，無能曉者，要之當立一樂學，使士大夫習之，必有精通者出。然則欲復古樂，法誠莫要於此矣。

又　卷下　律呂圖説六

五聲十二律還相爲宮宮者，君主之義。還相爲宮，五聲十二管更迭爲主也。

潛室陳氏曰：五聲之生本於黄鐘，黄鐘同爲宮矣，若五聲還相爲宮，則十二律皆可爲宮，非特黄鐘而已。愚按五聲十二律，以其相生之序言之，則曰宮徵商羽角，而黄鐘爲第一宮，林鐘爲第二宮，終於仲呂爲第十二宮。以其相應之節言之，則曰宮商角徵羽，而黄鐘爲第一宮，大呂爲第二宮，還至應鐘爲第十二宮。十二宮各有五聲，宮聲十二，商聲十二，角聲十二，徵聲十二，羽聲十二，凡六十聲，即所謂六十調也。增入變宮變徵各十二，爲八十四聲。然宮不成宮，徵不成徵，不可以爲調，故聲雖八十有四，而調則止於六十也。

八十四聲圖正律墨書，半聲白書，變律白書，半聲墨書。

按：圖始於黄鐘，終於仲呂，其爲宮都順而左旋，即前十二律隔八相生者是也。蓋自黄鐘宮斜數至仲呂變徵，正律六十三，變律二十一，凡八十四聲。長樂陳氏曰：《書》曰聲依永，律和聲。則律非五聲不能辨，聲非十二律不能和，五聲非變則不能盡，故十二律之中莫不具五聲，五聲之外有所謂二變。黄鐘爲宮，則林鐘爲徵，太蔟爲商，南呂爲羽，姑洗爲角，應鐘爲變宮，蕤賓爲變徵。林鐘爲宮，則太蔟爲徵，南呂爲商，姑洗爲羽，應鐘爲角，蕤賓爲變宮，大呂爲變徵，以至十律之爲宮，餘律之爲徵商羽角，爲二變，旋之爲十二宮，析之爲八十四聲。類皆五位爲五音，第之至六爲變宮，又第之至七爲變徵，然後宮復旋矣。

十一月黄鐘宮
六月林鐘宮黄鐘徵
正月太蔟宮林鐘徵黄鐘商
八月南呂宮太蔟徵林鐘商黄鐘羽
三月姑洗宮南呂徵太蔟商林鐘羽黄鐘角
十月應鐘宮姑洗徵南呂商太蔟羽林鐘角黄鐘變宮
五月蕤賓宮應鐘徵姑洗商南呂羽太蔟角林鐘變宮黄鐘變徵
十二月大呂宮蕤賓徵應鐘商姑洗羽南呂角太蔟變宮林鐘變徵
七月夷則宮大呂徵蕤賓商應鐘羽姑洗角南呂變宮太蔟變徵
二月夾鐘宮夷則徵大呂商蕤賓羽應鐘角姑洗變宮南呂變徵
九月無射宮夾鐘徵夷則商大呂羽蕤賓角應鐘變宮姑洗變徵
四月仲呂宮無射徵夾鐘商夷則羽大呂角蕤賓變宮應鐘變徵
黄鐘仲呂徵無射商夾鐘羽夷則角大呂變宮蕤賓變徵
林鐘仲呂商無射羽夾鐘角夷則變宮大呂變徵
太蔟仲呂羽無射角夾鐘變宮夷則變徵
南呂仲呂角無射變宮夾鐘變徵
姑洗仲呂變宮無射變徵
應鐘仲呂變徵

註曰：律呂之數往而不返，故黄鐘不復爲他律役，所用七聲皆正律，無空積忽微。自林鐘而下則有半聲，小註：大呂、太蔟一半聲，夾鐘、姑洗二半聲，蕤賓、林鐘四半聲，夷則、南呂五半聲，無射、應鐘六半聲。仲呂爲十二律之窮，三半聲。自蕤賓而下則有變律，小註：蕤賓一變律，大呂二變律，夷則三變律，夾鐘四變律，無射五變律，仲呂六變律。皆有空積忽微，不得其正，故黄鐘獨爲聲氣之元。或問聲氣之元，朱子曰律歷家最重這元聲，元聲一定，向下都定；元聲差，下都差。雖十二律八十四聲皆黄鐘所生，然黄鐘一均所謂純粹中之純粹者也。八十四聲，正律六十三，變律二十一。六十三者，九七之數也。二十一者，三七之數也。《禮運》曰：五聲、六律、十二管，還相爲宮也。孔氏疏曰：黃鐘爲第一宮，下生林鐘爲徵，上生太蔟爲商，下生南呂爲羽，上生姑洗爲角。林鐘爲第二宮，上生太蔟爲徵，下生南呂爲商，上生姑洗爲羽，下生應鐘爲角。太蔟爲第三宮，下生南呂爲徵，上生姑洗爲商，下生應鐘爲羽，上生蕤賓爲角。南呂爲第四宮，上生姑洗爲徵，下生應鐘爲商，上生蕤賓爲羽，上生大呂爲角。姑洗爲第五宮，下生應鐘爲徵，上生蕤賓爲商，上生大呂爲羽，下生夷則爲角。應鐘爲第六宮，上生蕤賓爲徵，上生大呂爲商，下生夷則爲羽，上生夾鐘爲角。蕤賓爲第七宮，上生大呂爲徵，下生夷則爲商，上生夾鐘爲羽，下生無射爲角。大呂爲第八宮，下生夷則爲徵，上生夾鐘爲商，下生無射爲羽，上生仲呂爲角。夷則爲第九宮，上生夾鐘爲徵，下生無射爲商，上生仲呂爲羽，上生黃鐘爲角。夾鐘爲第十宮，下生無射爲徵，上生仲呂爲商，上生黃鐘爲羽，下生林鐘爲角。無射爲第十一宮，上生仲呂爲徵，上生黃鐘爲商，下生林鐘爲羽，上生太蔟爲角。仲呂爲第十二宮，上生黃鐘爲徵，下生林鐘爲商，上生太蔟爲羽，下生南呂爲角。是十二宮各有五聲，凡六十聲。朱子曰：五聲相生，至於角位隔八下生，當得宮前一位以爲變宮，五聲之正至此而窮。又自變宮隔八上生，當得徵前一位以爲變徵。餘分不可損益，而其數又窮，故立均之法至於是而終焉。孔氏以本文但云五聲十二管，故不及二變，而止爲六十聲。增入二變二十四聲，合爲八十四聲，自唐以來，法皆如此云。

六十調圖

按：圖上面橫書者即十二律還相爲宮也，其爲五調之綱，俱是逆而右轉。而下面直書爲紀者，又各自有宮，是則五聲還相爲宮也。然上面右轉，下却左旋者，陰陽之合也。補註又云：陽律爲宮而商角皆陽，至變徵則變而爲陰；徵羽爲陰，至變宮又變而爲陽也。陰律爲宮而商角皆陰，至變徵則變而爲陽；徵羽爲陽，至變宮又變而爲陰也。及合本註老陽老陰觀之，則陰陽之義信乎其備矣。而朱子所謂橫斜曲直，如珠之不出於盤者，不亦於是而可見哉。此十二宮皆以七聲爲一調，五調爲一曲，凡十二曲，六十調，四百二十聲。每曲三十五聲。其正者，以正律全聲應也。其半者，以正律半聲應也。變半者，以變律半聲應也。其變者，以變律全聲應也。都是他本圖立法之要如此。朱子曰：律呂有十二箇，用時只使七箇，若更插一聲便拗了。

	宮	商	角	變徵	徵	羽	變宮
黃鐘宮	黃正	太正	姑正	蕤正	林正	南正	應正
無射商	無正	黃變半	太變半	姑變半	仲半	林變半	南變半
夷則角	夷正	無正	黃變半	太變半	夾半	仲半	林變半
仲呂徵	仲正	林變	南變	應變	黃變半	太變半	姑變半
夾鐘羽	夾正	仲正	林變	南變	無正	黃變半	太變半
大呂宮	大正	夾正	仲正	林變	夷正	無正	黃變半
應鐘商	應正	大半	夾半	仲半	蕤半	夷半	無半
南呂角	南正	應正	大半	夾半	姑半	蕤半	夷半
蕤賓徵	蕤正	夷正	無正	黃變半	大半	夾半	仲半
姑洗羽	姑正	蕤正	夷正	無正	應正	大半	夾半
太蔟宮	太正	姑正	蕤正	夷正	南正	應正	大半
黃鐘商	黃正	太正	姑正	蕤正	林正	南正	應正
無射角	無正	黃變半	太變半	姑變半	仲半	林變半	南變半
林鐘徵	林正	南正	應正	大半	太半	姑半	蕤半
仲呂羽	仲正	林變	南變	應變	黃變半	太變半	姑變半
夾鐘宮	夾正	仲正	林變	南變	無正	黃變半	太變半
大呂商	大正	夾正	仲正	林變	夷正	無正	黃變半
應鐘角	應正	大半	夾半	仲半	蕤半	夷半	無半
夷則徵	夷正	無正	黃變半	太變半	夾半	仲半	林變半
蕤賓羽	蕤正	夷正	無正	黃變半	大半	夾半	仲半
姑洗宮	姑正	蕤正	夷正	無正	應正	大半	夾半
太蔟商	太正	姑正	蕤正	夷正	南正	應正	大半
黃鐘角	黃正	太正	姑正	蕤正	林正	南正	應正
南呂徵	南正	應正	大半	夾半	姑半	蕤半	夷半

林鐘羽	林正	南正	應正	大半	太半	姑半	蕤半
仲呂宮	仲正	林變	南變	應變	黃變半	太變半	姑變半
夾鐘商	夾正	仲正	林變	南變	無正	黃變半	太變半
大呂角	大正	夾正	仲正	林變	夷正	無正	黃變半
無射徵	無正	黃變半	太變半	姑變半	仲半	林變半	南變半
夷則羽	夷正	無正	黃變半	太變半	夾半	仲半	林變半
蕤賓宮	蕤正	夷正	無正	黃變半	大半	夾半	仲半
姑洗商	姑正	蕤正	夷正	無正	應正	大半	夾半
太簇角	太正	姑正	蕤正	夷正	南正	應正	大半
應鐘徵	應正	大半	夾半	仲半	蕤半	夷半	無半
南呂羽	南正	應正	大半	夾半	姑半	蕤半	夷半
林鐘宮	林正	南正	應正	大半	太半	姑半	蕤半
仲呂商	仲正	林變	南變	應變	黃變半	太變半	姑變半
夾鐘角	夾正	仲正	林變	南變	無正	黃變半	太變半
黃鐘徵	黃正	太正	姑正	蕤正	林正	南正	應正
無射羽	無正	黃變半	太變半	姑變半	仲半	林變半	南變半
夷則宮	夷正	無正	黃變半	太變半	夾半	仲半	林變半
蕤賓商	蕤正	夷正	無正	黃變半	大半	夾半	仲半
姑洗角	姑正	蕤正	夷正	無正	應正	大半	夾半
太呂徵	太正	夾正	仲正	林變	夷正	無正	黃變半
應鐘羽	應正	大半	夾半	仲半	蕤半	夷半	無半
南呂宮	南正	應正	大半	太半	姑半	蕤半	夷半
林鐘商	林正	南正	應正	大半	太半	姑半	蕤半
仲呂角	仲正	林變	南變	應變	黃變半	太變半	姑變半
太簇徵	太正	姑正	蕤正	夷正	南正	應正	大半

黃鐘羽	黃正	太正	姑正	蕤正	林正	南正	應正
無射宮	無正	黃變半	太變半	姑變半	仲半	林變半	南變半
夷則商	夷正	無正	黃變半	太變半	夾半	仲半	林變半
蕤賓角	蕤正	夷正	無正	黃變半	大半	夾半	仲半
夾鐘徵	夾正	仲正	林變	南變	無正	黃變半	太變半
大呂羽	大正	夾正	仲正	林變	夷正	無正	黃變半
應鐘宮	應正	大半	夾半	仲半	蕤半	夷半	無半
南呂商	南正	應正	大半	夾半	姑半	蕤半	夷半
林鐘角	林正	南正	應正	大半	太半	姑半	蕤半
姑洗徵	姑正	蕤正	夷正	無正	應正	大半	夾半
太簇羽	太正	姑正	蕤正	夷正	南正	應正	大半

註曰：十二律旋相爲宮，各有七聲，合八十四聲。宮聲十二，商聲十二，角聲十二，徵聲十二，羽聲十二，凡六十聲，爲六十調。其變宮十二，在羽聲之後，宮聲之前。變徵十二，在角聲之後，徵聲之前。宮不成宮，徵不成徵，凡二十四聲不可爲調。黃鐘宮至夾鐘羽，並用黃鐘起調，黃鐘畢曲。大呂宮至姑洗羽，並用大呂起調，大呂畢曲。太簇宮至仲呂羽，並用太簇起調，太簇畢曲。夾鐘宮至蕤賓羽，並用夾鐘起調，夾鐘畢曲。姑洗宮至林鐘羽，並用姑洗起調，姑洗畢曲。仲呂宮至夷則羽，並用仲呂起調，仲呂畢曲。蕤賓宮至南呂羽，並用蕤賓起調，蕤賓畢曲。林鐘宮至無射羽，並用林鐘起調，林鐘畢曲。夷則宮至應鐘羽，並用夷則起調，夷則畢曲。南呂宮至黃鐘羽，並用南呂起調，南呂畢曲。無射宮至大呂羽，並用無射起調，無射畢曲。應鐘宮至太簇羽，並用應鐘起調，應鐘畢曲。是爲六十調。六十調即十二律也，十二律即一黃鐘也。黃鐘生十二律，十二律生五聲二變。五聲各爲綱紀，以成六十調。六十調皆黃鐘損益之變也。宮商角三十六調，老陽也。其徵羽二十四調，老陰也。調成而陰陽備也。或曰日辰之數繇天五地六錯綜而生，律呂之數繇黃鐘九寸損益而生，二者不同。至數之成，則日有六甲，辰有五子，爲六十日。律呂有六律五聲，爲六十調。若合符節，何也？曰：即上文之所謂調成而陰陽備也。夫理必有對待，數之自然也。以天五地六合陰與陽言之，則六甲五子究於六十，其三十六爲陽，二十四爲陰。以黃鐘

九寸紀陽不紀陰言之，則六律五聲究於六十，亦三十六爲陽，二十四爲陰。蓋一陽之中又自有陰陽也。按所謂紀陽不紀陰者，黃鐘九寸純乎陽也。六律五聲皆黃鐘損益之變也，故子左六管紀陽之升，午右六管紀陽之降，十二辰一陽之升降而已。其實陽降便是陰，而一陽之中又自有箇陰陽，但律於陰則不紀耳。非知天地之化育者，不能與於此。朱子曰：旋宮，且如大呂爲宮，則大呂用黃鐘八十一之數而三分損一，下生夷則。爲徵。又用林鐘五十四之數而三分益一，上生夾鐘，爲商。其餘皆然。又曰：旋相爲宮，若到應鐘爲宮，則下四聲都當低去，所以有半聲，亦謂之子聲。近時所謂清聲是也。陳仲儒云：調聲之體，宮商宜濁，徵羽宜清。樂家大率最忌臣民陵君，故商聲不得過宮聲。如應鐘爲宮，其聲最短而清，或蕤賓爲之商，則是商聲高似宮聲，爲臣陵君，不可用。遂乃用蕤賓律減半爲清聲以應之，雖然減半，只是此律，故亦能相應也。又曰：聲依永，律和聲。此皆有自然之調。沈存中以爲，臣與民不要大，事與物大不相妨，若合得自然，二者亦自大不得。陳潛室曰：旋宮之法，正律亦用減半以應者，蓋宮常爲君，商常爲臣，角常爲民，徵常爲事，羽常爲物。子無過母之法，臣無高君之理，必用減半法以折之，則清濁高下以次相比，無奪倫之患，所謂金聲玉振，始終條理也。大凡壓入音律只以首尾二字，章首一字是某調，章尾即以某調終之。如《關雎》，關字合作無射調，結尾亦著作無射聲應之。《葛覃》，葛字合作黃鐘調，結尾亦著作黃鐘聲應之。如《七月流火》，三章皆七字起，七字則是清聲調，末亦以清聲結之。如「五月斯螽動股」，「二之日鑿冰沖沖」，五字二字皆是濁聲黃鐘調，末亦以濁聲結之。如今俗樂亦只有宮商羽三調而已。

周模《〈律呂新書〉注》卷上《律呂本原》

八十四聲圖第八以《漢志》斛銘文定。

十二律皆當月自宮，每一律各五聲二變，合爲七聲，宮徵商羽角變宮變徵也。一律七聲，十二律，爲八十四聲。其黃鐘、林鐘、太簇、南呂、姑洗、應鐘六變律不爲宮，特以資蕤賓、大呂、夷則、夾鐘、無射、仲呂六律，徵商羽角與二變之用耳。

十一月黃鐘宮						
六月林鐘宮	黃鐘徵					
正月太簇宮	林鐘**徵**	黃鐘商				
八月南呂宮	太簇徵	林鐘商	黃鐘羽			
三月姑洗宮	南呂**徵**	太簇商	林鐘**羽**	黃鐘角		
十月應鐘宮	姑洗徵	南呂商	太簇羽	林鐘角	黃鐘變宮	黃鐘變徵
五月蕤賓宮	應鐘**徵**	姑洗商	南呂**羽**	太簇角	林鐘變**宮**	林鐘變徵
十二月大呂宮	蕤賓**徵**	應鐘**商**	姑洗**羽**	南呂**角**	太簇變**宮**	林鐘變**徵**
七月夷則宮	太呂徵	蕤賓商	應鐘**羽**	姑洗角	南呂變**宮**	太簇變徵
二月夾鐘宮	夷則**徵**	大呂商	蕤賓**羽**	應鐘**角**	姑洗變**宮**	南呂變**徵**
九月無射宮	夾鐘徵	夷則商	大呂羽	蕤賓角	應鐘變**宮**	姑洗變徵
四月仲呂宮	無射**徵**	夾鐘商	夷則**羽**	大呂角	蕤賓變**宮**	應鐘變**徵**
黃鐘變	**仲呂**徵	**無射**商	**夾鐘**羽	**夷則**角	**大呂變**宮	**蕤賓變**徵
林鐘變		**仲呂商**	**無射**羽	**夾鐘角**	**夷則變**宮	**大呂變徵**
太簇變			**仲呂**羽	**無射**角	**夾鐘變**宮	**夷則變**徵
南呂變				**仲呂角**	**無射變**宮	**夾鐘變徵**
姑洗變					**仲呂變**宮	**無射變**徵
應鐘變						**仲呂變徵**

按：律呂之數往而不返，律呂雖以三分爲損益，然所益者終不及所損者之數，故往而不返。即仲呂再生黃鐘止八寸七分有奇，不成黃鐘正聲，不能循環相生也。故黃鐘不復爲他律役。西山曰：黃鐘爲十二律之首，他律無長於黃鐘者，故其正聲不爲他律役。至於大呂之變宮，夾鐘之羽，仲呂之徵，蕤賓之變徵，夷則之角，無射之商，自用變律半聲，非復黃鐘矣。此其所以最尊而爲君之象。然亦非人之所能爲，乃數之自然。他律雖欲役之而不可得也。所用七聲皆正律，非特無變律，亦無半聲也。無空積忽微。孟康曰：空積，若鄭氏分一寸爲數千。忽微，若有若無，細於髮者也。謂正聲無有殘分也。自林鐘而下，則有半聲。本注：大呂、太簇一半聲，夾鐘、姑洗二半聲，蕤賓、林鐘四半聲，夷則、南呂五半聲，無射、應鐘六半聲。仲呂爲十二律之窮，三半聲。自蕤賓而下，則有變律。本注：蕤賓一變律，大呂二變律，夷則三變律，夾鐘四變律，無射五變律，仲呂六變律。皆有空積忽微，不得其正，故黃鐘獨爲聲氣之元。十二律皆得天地之聲氣，而黃鐘獨爲聲氣之元，故十二律皆生自黃鐘也。雖十二律八十四聲皆黃鐘所生，然黃鐘一均，所謂純粹中之純粹者也。十二律八十四聲，固皆盡善全美，然猶有空積忽微。不若黃鐘一均七聲，爲純粹中之純粹，無空積忽微也。八十四聲，正律六十三，變律二十一。六十三者，九七

之數也。二十一者，三七之數也。自仲呂以上，六十三聲，皆正律。自黃鐘變以下，二十一聲，皆變律。九七三七，皆陽數也。

或問聲氣之元，朱子曰：律歷家最重這元聲，元聲一定，向下都定。元聲差，下都差。

八十四聲圖，黃鐘上書十一月，黃鐘十一月律也。下書宮，當月爲宮也。次於林鐘下書黃鐘徵，於太簇下書黃鐘商，於南呂下書黃鐘羽，於姑洗下書黃鐘角，於應鐘下書黃鐘變宮，於蕤賓下書黃鐘變徵，黃鐘七聲也。其下十一律皆書月，書宮。其於七聲，皆如此鱗次斜下，各係六聲分位之律。後復橫列六變律次第。書變，變律也。不書月，十二正律應十二月，變律無所應也。不書宮，變律不應月，故不爲宮也。不爲宮，故無徵商羽角變宮變徵也。其列於仲呂後者，爲仲呂再生之律，所以濟蕤賓、大呂、夷則、夾鐘、無射、仲呂六律變徵、變宮、角羽商徵之用也。其首黃鐘者，黃鐘獨爲聲氣之元，十二律八十四聲皆黃鐘所生也。其終仲呂者，仲呂爲十二律之窮，不可以三分損益也。自應鐘以前有半聲，而無變聲，自蕤賓以後有變聲，而復有變半聲。其變律黃鐘、太簇、姑洗，三律皆用半不用全，應鐘用全不用半。其正律林鐘、南呂、應鐘三律皆用全不用半，黃鐘亦不用半。正聲十二，正半聲亦十二，變聲六，變半聲亦六，合爲三十六聲。其間變律不用者四，正律不用者亦四，則其實二十八聲而已。以二十八聲而損益爲五聲二變，播爲八十四聲，樂之道備矣哉。

六十調圖第九 以《周禮》《淮南子》《禮記》鄭氏註孔氏正義定。

	宮	商	角	變徵	徵	羽	變宮
黃鐘宮	黃正	太正	姑正	蕤正	林正	南正	應正
無射商	無正	黃變半	太變半	姑變半	仲半	林變半	南變半
夷則角	夷正	無正	黃變半	太變半	夾半	仲半	林變半
仲呂徵	仲正	林變	南變	應變	黃變半	太變半	姑變半
夾鐘羽	夾正	仲正	林變	南變	無正	黃變半	太變半
大呂宮	大正	夾正	仲正	林變	夷正	無正	黃變半
應鐘商	應正	大半	夾半	仲半	蕤半	夷半	無半
南呂角	南正	應正	大半	夾半	姑半	蕤半	夷半

蕤賓徵	蕤正	夷正	無正	黃變半	大半	夾半	仲半
姑洗羽	姑正	蕤正	夷正	無正	應正	大半	夾半
太簇宮	太正	姑正	蕤正	夷正	南正	應正	大半
黃鐘商	黃正	太正	姑正	蕤正	林正	南正	應正
無射角	無正	黃變半	太變半	姑變半	仲半	林變半	南變半
林鐘徵	林正	南正	應正	大半	太半	姑半	蕤半
仲呂羽	仲正	林變	南變	應變	黃變半	太變半	姑變半
夾鐘宮	夾正	仲正	林變	南變	無正	黃變半	□變半
大呂商	大正	夾正	仲正	林變	夷正	無正	黃變半
應鐘角	應正	大半	夾半	仲半	蕤半	夷半	無半
夷則徵	夷正	無正	黃變半	太變半	夾半	仲半	林變半
蕤賓羽	蕤正	夷正	無正	黃變半	大半	夾半	仲半
姑洗宮	姑正	蕤正	夷正	無正	應正	大半	夾半
太簇商	太正	姑正	蕤正	夷正	南正	應正	大半
黃鐘角	黃正	太正	姑正	蕤正	林正	南正	應正
南呂徵	南正	應正	大半	夾半	姑半	蕤半	夷半
林鐘羽	林正	南正	應正	大半	太半	姑半	蕤半
仲呂宮	仲正	林變	南變	應變	黃變半	太變半	姑變半
夾鐘商	夾正	仲正	林變	南變	無正	黃變半	太變半
大呂角	大正	夾正	仲正	林變	夷正	無正	黃變半
無射徵	無正	黃變半	太變半	姑變半	仲半	林變半	南變半
夷則羽	夷正	無正	黃變半	太變半	夾半	仲半	林變半
蕤賓宮	蕤正	夷正	無正	黃變半	大半	夾半	仲半
姑洗商	姑正	蕤正	夷正	無正	應正	大半	夾半
太簇角	太正	姑正	蕤正	夷正	南正	應正	大半
應鐘徵	應正	大半	夾半	仲半	蕤半	夷半	無半
南呂羽	南正	應正	大半	夾半	姑半	蕤半	夷半
林鐘宮	林正	南正	應正	大半	太半	姑半	蕤半

調	一	二	三	四	五	六	七
仲呂商	仲正	林變	南變	應變	黃變半	太變半	姑變半
夾鐘角	夾正	仲正	林變	南變	無正	黃變半	太變半
黃鐘徵	黃正	太正	姑正	蕤正	林正	南正	應正
無射羽	無正	黃變半	太變半	姑變半	仲半	林變半	南變半
夷則宮	夷正	無正	黃變半	太變半	夾半	仲半	林變半
蕤賓商	蕤正	夷正	無正	黃變半	大半	夾半	仲半
姑洗角	姑正	蕤正	夷正	無正	應正	大半	夾半
大呂徵	大正	夾正	仲正	林變	夷正	無正	黃變半
應鐘羽	應正	大半	夾半	仲半	蕤半	夷半	無半
南呂宮	南正	應正	大半	夾半	姑半	蕤半	夷半
林鐘商	林正	南正	應正	大半	太半	姑半	蕤半
仲呂角	仲正	林變	南變	應變	黃變半	太變半	姑變半
太簇徵	太正	姑正	蕤正	夷正	南正	應正	大半
黃鐘羽	黃正	太正	姑正	蕤正	林正	南正	應正
無射宮	無正	黃變半	太變半	姑變半	仲半	林變半	南變半
夷則商	夷正	無正	黃變半	太變半	夾半	仲半	林變半
蕤賓角	蕤正	夷正	無正	黃變半	大半	夾半	仲半
夾鐘徵	夾正	仲正	林變	南變	無正	黃變半	太變半
大呂羽	大正	夾正	仲正	林變	夷正	無正	黃變半
應鐘宮	應正	大半	夾半	仲半	蕤半	夷半	無半
南呂商	南正	應正	大半	夾半	姑半	蕤半	夷半
林鐘角	林正	南正	應正	大半	太半	姑半	蕤半
姑洗徵	姑正	蕤正	夷正	無正	應正	大半	夾半
太簇羽	太正	姑正	蕤正	夷正	南正	應正	大半

按：十二律旋相爲宮，各有七聲，五聲二變也。合八十四聲。一聲各統七聲，十二律合八十四聲。宮聲十二，商聲十二，角聲十二，徵聲十二，羽聲十二，凡六十聲，爲六十調。八十四聲以五聲爲綱紀，五聲各有十二，凡六十聲，爲六十調。一調七聲，六十調合四百二十聲。然商角徵羽四調二十八聲，即爲宮七聲也，故爲八十四聲。其變宮十二，在羽聲之後，宮聲之前。變徵十二，在角聲之後，徵聲之前。宮不成宮，徵不成徵，凡二十四聲，不可爲調。此所以調止六十，而八十四調之説非也。黃鐘宮至夾鐘羽，並用黃鐘起調，黃鐘畢曲。大呂宮至姑洗羽，並用大呂起調，大呂畢曲。太簇宮至仲呂羽，並用太簇起調，太簇畢曲。夾鐘宮至蕤賓羽，並用夾鐘起調，夾鐘畢曲。姑洗宮至林鐘羽，並用姑洗起調，姑洗畢曲。仲呂宮至夷則羽，並用仲呂起調，仲呂畢曲。蕤賓宮至南呂羽，並用蕤賓起調，蕤賓畢曲。林鐘宮至無射羽，並用林鐘起調，林鐘畢曲。夷則宮至應鐘羽，並用夷則起調，夷則畢曲。南呂宮至黃鐘羽，並用南呂起調，南呂畢曲。無射宮至大呂羽，並用無射起調，無射畢曲。應鐘宮至太簇羽，並用應鐘起調，應鐘畢曲。是爲六十調。宮商角徵羽五調，並以宮聲起調畢曲者，宮爲綱，商角徵羽爲紀也。五聲不備不可以成樂，故一調雖具七聲而必綱紀以五聲也。六十調即十二律也，十二律旋相爲五聲以成六十調。十二律即一黃鐘也。黃鐘三分損益以生十二律。黃鐘生十二律，十二律生五聲二變，十二律各生五變二變。五聲各爲綱紀，宮爲商角徵羽四聲之綱，四聲爲宮紀。十二律旋相爲五聲，故云各爲綱紀。以成六十調。五聲爲經，七聲爲緯，以成六十調。六十調皆黃鐘損益之變也。黃鐘三分損益以生十二律，三分損益以生五聲二變，配成六十調，故六十調之聲律不一，然實皆黃鐘損益之變。此黃鐘獨爲聲氣之元，六律五聲之首也。宮商角三十六調，老陽也。其徵羽二十四調，老陰也。調成而陰陽備也。陽九爲老，七爲少。陰六爲老，八爲少。陽主進，陰主退也。三十六者，四九之數也。二十四者，四六之數也。黃鐘爲陽聲之始，陽氣之動，六十調皆黃鐘損益之變，似純陽而無陰。然宮商角之數爲三十六，徵羽之數爲二十四，陰陽未始不備也。或曰，日辰之數，日，十日也。辰，十二辰也。其數六十。由天五地六錯綜而生。律吕之數，由黃鐘九寸損益而生。二者不同。一自九寸三分損益，一自五六前後錯綜。至數之成，則日有六甲，辰有五子，六甲：甲子、甲戌、甲申、甲午、甲辰、甲寅也。五子：甲子、丙子、戊子、庚子、壬子也。甲寅無子，故爲五子。爲六十日。律吕有六律五聲，爲六十調。若合符節，何也？曰：即上文之所謂調成而陰陽備也。夫理必有對待，數之自然也。天地之間，無獨必有對。有陰即有陽，有陽即有陰，乃理數之自然，非人力所能爲也。以天五地六合陰與陽言之，天五陽也，地六陰也。則六甲五子，究於六十。六甲運於五子，爲六十日。至六十一日，復爲甲子。其三十六爲陽，二十四爲陰。甲己角，乙庚商，丙辛徵，丁壬羽，戊癸宮。甲己乙庚戊癸爲陽，丙辛丁壬爲陰。以黃鐘九寸紀陽不紀陰言之，黃鐘以九寸爲法，明其陽數之

極也。則六律五聲究於六十，十二律各爲五聲，至六十皆徧。亦三十六爲陽，二十四爲陰。蓋一陽之中，又自有陰陽也。陽中自有陰陽，故律雖紀陽不紀陰，及調成而陰陽自備。非知天地之化育者，不能與於此。天地之化育，陰陽屈伸而已。其伸也陽也，陽中函陰。其屈也陰也，陰中函陽。蓋獨陽不生，獨陰不成也。律呂之道，純粹精微，一本天地化育之自然，苟不知之，烏能達此哉。

此即五聲十二律還相爲宮，《周官》太師所謂文之以五聲者也。五聲各十二，合爲六十調。其爲宫者，所生之律或用正聲，或用半聲，或用變聲，或用變半聲，要歸合於三分損益之次，非有意於用不用也。《通典》曰：正管長者爲均之時，則自用正聲五音。正管短者爲均之時，則通用子聲五音。亦皆三分益一，減一之次。還以宫商角徵羽之聲得調是也。子聲即半聲，亦謂之清聲。圖內七聲，故隔八相生。圖上五聲，故隔六相生。皆越一位，方不錯爲宮次第，方可相生不窮。如圖上角聲下隔六便又是當月爲宮者，圖內變徵下隔八亦是當月爲宮者。

童能靈《樂律古義》卷一

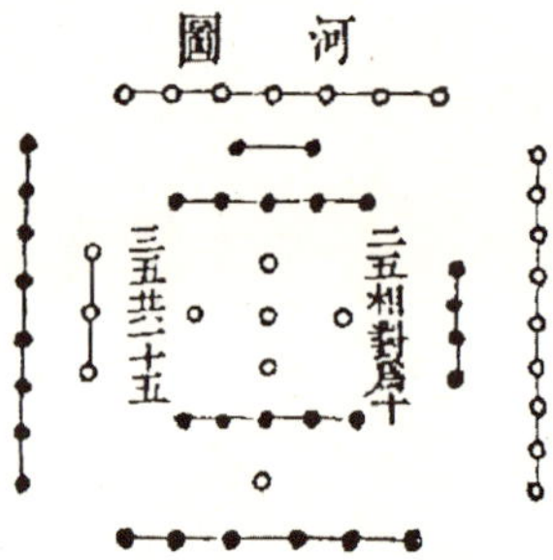

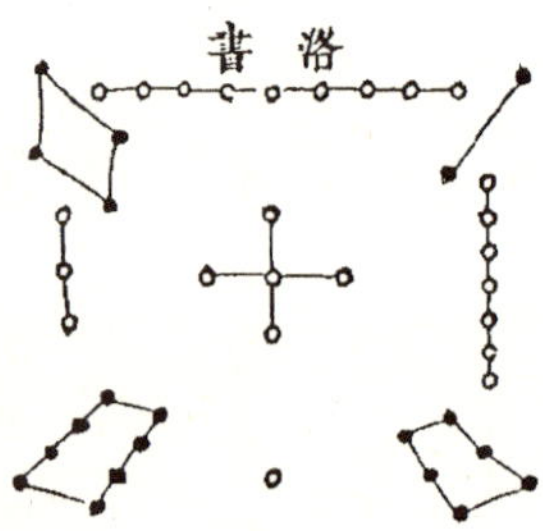

五音源於《河圖》包《洛書》

《記》曰樂由天作。蓋天包地外，地處天中，而天即地之中以爲中焉。氣從中起，而由中以繞乎外爲天，由外而凝於中爲地，故《河圖》之太極，《洛書》之皇極，皆中五爲之樞紐也。《河圖》圓而爲天，《洛書》方而爲地。《河圖》之中數包《洛書》之全體也。其中五統二五者，《洛書》縱横十五也。其二五相對爲十而抱中五者，《洛書》全數相對爲十而抱五也。故《河圖》爲《洛書》之源，《洛書》之中五本於《河圖》也。在《河圖》，則中五爲天，爲性之五常。在《洛書》，則中五爲地中之天，爲心具五常也。性者，太極也。心者，皇極也。太極無極，而皇極有體也。此爲易範之源，而五音從此出焉。夫音生於氣，氣生於機，而機也者，心也。性具心中，心動而喜怒哀樂之情見焉，所謂凡音之起由人心生也。心静而爲性則未發之中，寂然不動，所謂人生而静者也。然静而無静而五音存存焉矣。機爲心，本朱子解太極及《陰符經考異》。

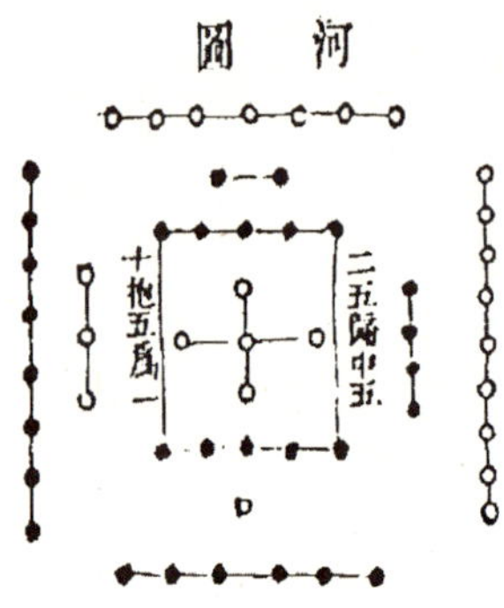

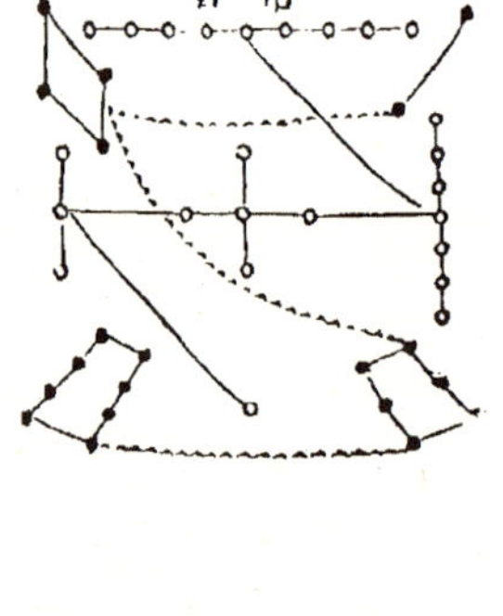

五音成於《河圖》變《洛書》

五音成於《洛書》

五音源於《河圖》，而成於《洛書》。《河圖》圓而爲氣，《洛書》方而爲體。而五音者，氣也。氣凝爲體，而體以聚氣，然後聲音出焉。今空中有氣而無體不成音是也。《河圖》之數十，《洛書》之數九，而《河圖》以二五爲十抱五而居中，即合五而爲一焉。則十變爲九，而圖變書矣。《河圖》之陰陽相合而相摩，運行而不凝者，氣也。《洛書》之陰陽相判而相制，結聚而不散者，體也。其陽自下而升於上，出一而三，而五，而七，而九，則陽極而生陰焉。其陰自上而降於下，由二而四，而六，而八，則陰極而生陽焉。一升一降，相遇而《洛書》之體以凝矣。且陽數奇，奇者無對，故從中出而居四正之中。陰數偶，偶者有對，故從邊入而居四隅之旁。陽欲發於中，而陰欲斂於旁，《洛書》之體以成矣。體成而氣聚，氣聚而音出於其間焉。

又　五音細數

中一外八本九數，而四方四維相對則十寓焉。此十縮而爲九也，故九九縮八，八九縮七，以下皆退一數。

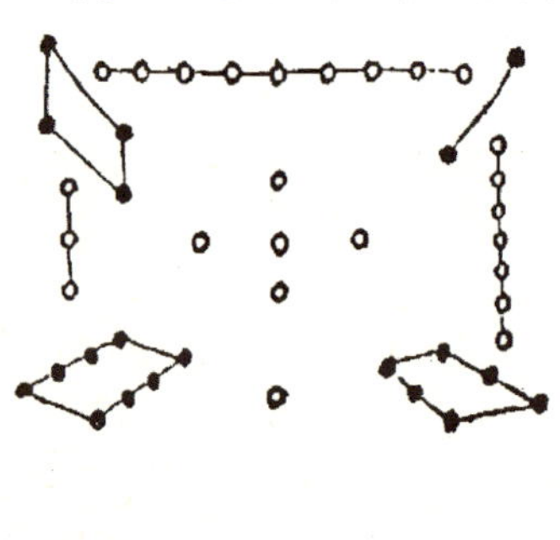
五音縮而盈本《洛書》

自《河圖》之氣入《洛書》之體，而宮土以十縮爲九而統五音，則五音大數不出於《洛書》之五九矣。然其細數以三分而損益者，角音七九六十三，加一而爲六十四。羽音五九四十五，加三而爲四十八。或出入於五九之數者，何也？《洛書》自《河圖》而來，其南與西交易其位，而北與東不易者，北水而東木也。水爲生生之本，木爲生生之氣，以其方生而未變也。角爲木音，大數七九而加一，爲八八六十四，則八爲木之本數也。羽爲水音，大數五九而加一，爲六八四十八，則六爲水之本數也。大數爲寸，細數爲分。大數定體，而細數歸根，此即《洛書》水木不易其方之義也。然其歸根者，又有密理焉。《洛書》之數以九具三三而統於中五爲一，故其動體自一而三而五以極於九，亦自九而返五，五返三，而返於一也。五返於三，則四十五加三，而爲四十八也。三返於一，則六十三加一而爲六十四也。宮之八十一者，一無可返也。徵之五十四，商之七十二，則二四之陰不與三五之陽俱動也。此又水木仍合陽之生意而返矣。惟熟玩圖書，得其動靜常變在在皆然，則亦見其不誣矣。

凡九數，其四陰統於四陽，以合於中五。以中五涵五九爲體。九具三三，而九以三進退。九退三爲六，九進三爲十二，爲用。體用相涵爲音律。

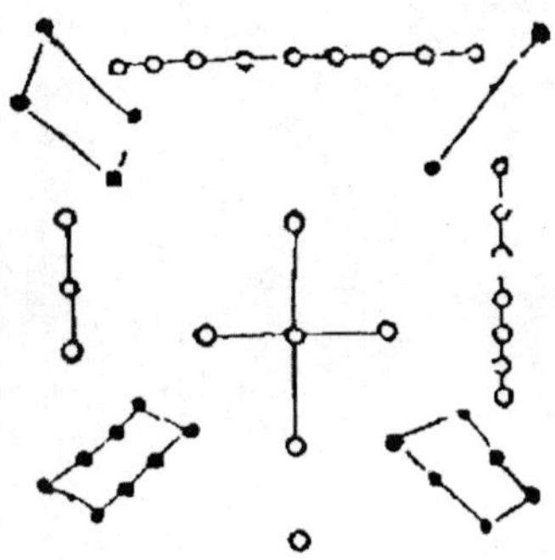

五音六律相涵本《洛書》

又 音律相涵本《洛書》

音有五，始於宮。律有六，始於黃鍾。黃鍾之宮，其數九九八十一，即《洛書》九位也。以九而分體用焉。體立而統於五，是爲五音用行。而用六進十二，是爲六律也。蓋《洛書》九位之積凡得五九，而五居於中，四陽四陰居於其外，以四陽統四陰爲四合，於中五爲五，此其體立於五而主於音也。九位縱橫，各成三五，而三周於九，九周乎三，以三進退焉。九退三爲六，進三爲十二，此其用行於三，進退於九六而至於律也。夫以立於五而縱橫成三，是音涵律也。進退於三而曾不出五九焉，是律涵音也。此其一體一用，爲五爲六，判然而分者，渾然而合焉。蓋天地自然之妙，非人智意所設也。

統體五九爲五音，以統體爲一而中分五重之九，則併統體爲六而成六律。詳見生鍾分陽辰陽數。

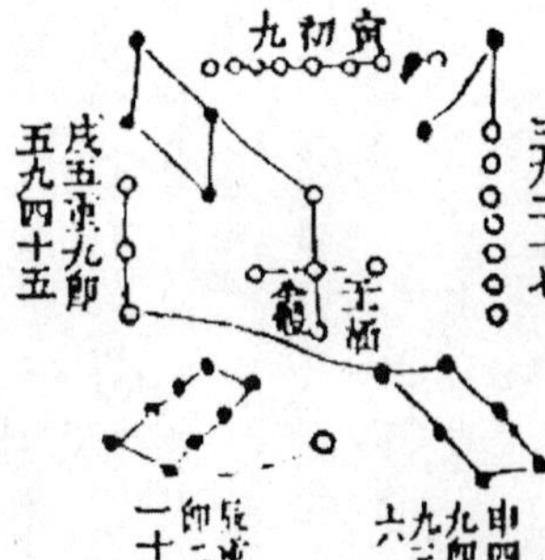

五音以一生五成六律

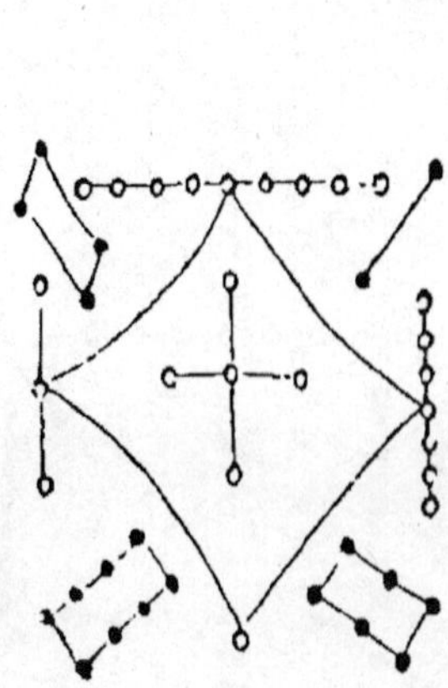

五音以參兩成六律

又統體九數，順逆分之皆得五九，而逆者即紀於順也。寅之初九單一，九至辰而重之，得九九八十一，即二九一十八也。至午而三重之，九其九得七百二十九，即三九二十七也。至申而四重之，九九其九九得六千五百六十一，即四九三十六也。至戌而五重之，九九其九九而又九之，得五萬九千四十九，即五九四十五也。《洛書》止此五數，合於全體而爲六九。內有餘數，詳於生鍾分。戌爲第五重之五九，子爲統五重之五九。自第五重之戌還源於統五重之子，則巳爲第六重矣。

九數四陰五陽，分兩體。陰在邊而居四隅，陽在中而居四正，則四陰統於五陽，爲五而縱橫皆成三，故參其五爲三，復兩其三爲六。

又 卷二

氣體相涵三分損益律體

中五陽得天之參爲三，旁四陰得地之兩爲二，以旁涵中爲二涵三，四陽四陰其抱中五而成九，爲八涵九，即十二律之氣體相涵也。

凡數之立，陽奇而陰偶。凡數之行，陽參而陰兩。《洛書》五陽而四陰。陽屬天而參其五爲三，陰屬地而兩其四爲二。陽居中而陰居隅，是以二涵三也。四陰即四陽之偶，而以陽偶而爲陰，是倍陽以生陰也。《律書》所謂下生者，倍其實也。陰陽各四而得八，其抱中五而成九，是以八涵九也。

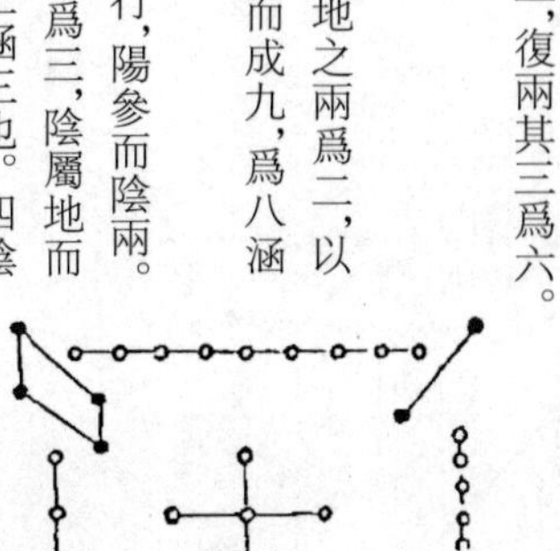

律呂氣體相涵本《洛書》

陰陽各四爲四偶，而以四偶抱五而成九，是四其陰以生陽也。《律書》所謂上生者，四其實也。其四倍一四皆九之所變化，而九疊爲三三，又縱横各成三五，則所謂三其法也。不獨此而已。一歲二氣而分四時者，倍其實四其實也。一時三月，一月三旬者，三其法也。月分朔望而盈闕，於三五亦倍其實而三之也。朔望分上下弦而周於三旬，亦四其實而三之也。一陰一陽，統於太極爲三也。八卦分四正四維，而各三爻也。此皆倍實四實而三之者也。是爲律呂損益之源，著於天地，具於圖書，論者頗弗之察也。今考《律書》生鍾分，九三相生，陽數是爲律氣，而爲損益之本。二八相生，陰數是爲律體而爲損益之節。其倍之爲二，則二與三相涵。其四之爲八，則八與九相受。蓋氣以成體，而體以具氣焉，兩者皆無餘欠也。

又　生鍾分全數氣體相涵陰陽全數。

子一分。《洛書》全體九數統於中五而爲一，故一即九，而黄鍾以九寸爲一。

丑三分二。一周於三，故一生三，而一倍爲二，則三涵於二也。《洛書》動體兩，其四陰於旁參其五陽於中，即三涵於二也。

寅九分八。三周於九，故三生九而二四爲八，則九涵於八也。《洛書》静體外八而中一，即九涵於八也。

卯二十七分十六。九具三三，故九分三爲二十七，而八具二四，爲二二者二，故八分二爲十六也。以九之三而得八之二，則九在八中，而三九在二八之中，亦三涵於二也。

辰八十一分六十四。九之三周於九九爲八十一，而八之二周於八八爲六十四，以九九而得八八，亦九涵於八也。

巳二百四十三分一百二十八。九九分三爲二百四十三，而八八分二爲一百二十八，以九九之三而得八八之二，亦三涵於二也。

午七百二十九分五百一十二。以九九而九之爲七百二十九，以八八而八之爲五百一十二，則九其九九而得八其八八，亦九涵於八也。

未二千一百八十七分一千二十四。九其九九之三而得八其八八之二，亦三涵於二也。

申六千五百六十一分四千九十六。九九其九九而得八八其八八，亦九涵於八也。

酉一萬九千六百八十三分八千一百九十二。九九其九九之三而得八八其八八之二，亦三涵於二也。

戌五萬九千四十九分三萬二千七百六十八。九九其九九而九之得八八其八八而八之，亦九涵於八也。

亥一十七萬七千一百四十七分六萬五千五百三十六。九九其九九而九之之三，得八八其八八而八之之二，亦三涵於二也。

分字以上九三相生者，爲律之氣，即五音之分而爲十二律者也。分字以下二八相生者，爲律之體，即十二律之所以分五音者也。蓋由音之高下分律之長短，而即以律之長短定音之高下，此音律之所以相生，而氣體所以相涵而無餘欠也。《律呂新書》謂分字以上皆黄鍾之全體，分字以下爲各律所取於黄鍾者，如此則丑之三分二，取二而去其一也。寅之九分八，取八而去其一也。無以見相生相涵之妙矣。夫天地之間，止此氣體而已。氣有大小，而體亦因之。體分長短，而氣亦從之矣。氣出於中而渾淪也，故其數奇。體成於邊而對待也，故其數偶。凡偶者，其中必虚，虚處則氣所在也，是故三涵於二，九涵於八。二與八之體定，而氣寓其中矣。不特此也，凡氣之未分者，合於一而數少，其體反長。及其分而次第層見，則愈多愈細，而愈縮以短矣。一歲二氣，分而四時。一時分三月，一月分而三十日，此即愈多愈縮而愈短者也。四體分而十指，而指節羅紋亦愈多愈縮而短也。是故少者如根幹，而多者如花葉。根幹固長於花葉矣。或曰如此則丑卯巳之數少宜得長，未酉亥之數多宜得短。而六呂相衡，則多者反得其長，少者反得其短，何也？曰：此體與用之分也。方其未用，少者本以未分而長，多者本以細縮而短。及其交易爲用也，未酉亥以右之陰衡於左，是陰進而陽也。丑卯巳以左之陽衡於右，是陽退而陰也。進者倍之而益其多，退者本數不改其少，則進者發而長，退者斂而短矣。未酉亥之倍而進也，花葉乘根幹之旺而發於春夏也。丑卯巳之本數而退也，根幹斂花葉之數而退藏於秋冬也。此爲用數之變而異於常體也。然而莫不有定理焉，此所以爲律呂之數也。

生鍾分本數，但自少而多，次第順布，所以存其體也。其相衡之用不以相紊，特於分寸長短之内可求而得之。是其一體一用常變，動静判然而分明也。六呂相衡另有圖説在下。

三涵於二，則以二爲體。自子一而倍之爲二，所謂下生者倍其實也。以三分而去其一，故謂之三其法也。九涵於八，則以八爲體。自丑二而四之爲八，所謂上生者四其實也。以三分而益其一，故亦謂之三其法也。陽上加陽，則陽重而變陰，是倍陽以生陰也。陰上加陰，則陰極而變陽，是四陰以生陽也。凡此皆未變之本數也。至於一歲大分，子後爲陽，午後爲陰，午申戌巳爲陽辰之陰，而未酉亥以衡於午前，則爲陰極而變陽也。故其相衡之數未酉亥反得四其實，而謂之重上生法，要亦不失爲陰上生陽之正也。此處不明，即陰陽上下錯亂，而不知律數爲定理矣。

三涵於二，九涵於八，在丑寅者固分明矣。至於卯以三九二十七涵於二八一十六，則二八各涵一九，又其涵一九而三九涵於二八，爲三涵於二也。辰以九九八十一涵於八八六十四，則八八各涵一九，又其涵一九而九九涵於八八，爲九涵於八也。巳以九九而三之爲二百四十三，涵於八八而二之爲一百二十八，則每一八八涵一九九，兩八八又其涵一九九，而九九之三涵於八八之二，爲三涵於二也。午以九九而九之爲七百二十九，涵於八八而八之爲五百一十二，則每一八八各涵一九九，總八其八八又其涵一九九，而九九而九之涵於八八而八之，爲九涵於八也。

統之爲九，分之則處八而中一，即九九而八十一也。八合於中一而成九，見九而不見八也。八統於中一而九，爲一見一而不見八也。故《洛書》全體分之爲九，合之爲一，不用八之陰數，乃所以成其全而爲黄鍾純陽之數也。

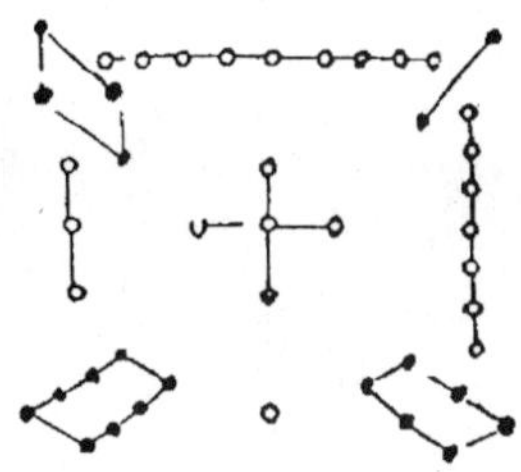

黄鍾純陽爲君本《洛書》

汪紱《樂經律吕通解》卷二《律吕新書》上

八十四聲圖第八 正律墨書，半聲朱書；變律朱書，半聲墨書。

月	宮	徵	商	羽	角	變宮	變徵
十一月	黄鍾宮						黄鍾不爲他律役
六月	林鍾宮	黄鍾徵					
正月	太簇宮	林鍾徵	黄鍾商				
八月	南吕宮	太簇徵	林鍾商	黄鍾羽			
三月	姑洗宮	南吕徵	太簇商	林鍾羽	黄鍾角		
十月	應鍾宮	姑洗徵	南吕商	太簇羽	林鍾角	黄鍾變宮	
五月	蕤賓宮	應鍾徵	姑洗商	南吕羽	太簇角	林鍾變宮	黄鍾變徵
十二月	大吕宮	蕤賓徵	應鍾商	姑洗羽	南吕角	太簇變宮	林鍾變徵
七月	夷則宮	大吕徵	蕤賓商	應鍾羽	姑洗角	南吕變宮	太簇變徵
二月	夾鍾宮	夷則徵	大吕商	蕤賓羽	應鍾角	姑洗變宮	南吕變徵
九月	無射宮	夾鍾徵	夷則商	大吕羽	蕤賓角	應鍾變宮	姑洗變徵
四月	仲吕宮	無射徵	夾鍾商	夷則羽	大吕角	蕤賓變宮	應鍾變徵
	黄鍾變	仲吕徵	無射商	夾鍾羽	夷則角	大吕變宮	蕤賓變徵
	林鍾變		仲吕商	無射羽	夾鍾角	夷則變宮	大吕變徵
	太簇變			仲吕羽	無射角	夾鍾變宮	夷則變徵
	南吕變				仲吕角	無射變宮	夾鍾變徵
	姑洗變					仲吕變宮	無射變徵
	應鍾變						仲吕變徵

按律吕之數，往而不返，故黄鍾不復爲他律役。所用七聲皆正律，無空積忽微。自林鍾而下，則有半聲。大吕、太簇一半聲，夾鍾、姑洗二半聲，蕤賓、林鍾四半聲，夷則、南吕五半聲，無射、應鍾六半聲，仲吕三半聲。用半聲者，不使臣陵君，民陵臣也。自蕤賓而下，則有變律。蕤賓一變律，大吕二變律，夷則三變律，夾鍾四變律，無射五變律，仲吕爲十二律之窮，用六變律。用變律者，以正律少下不和，故用變律而後和也。皆有空積忽微，不得其正。故黄鍾獨爲聲氣之元。雖十二律八十四聲皆黄鍾所生，然黄鍾一均，所謂純粹中之純粹者也。八十四聲，正律六十三，變律二十一。六十三者，九七之數也。二十一者，三七之數也。或問聲氣之元，朱子曰：律歷家最重此元聲，元聲一定，向下都定。元聲差，以下都差。

按正律，黄鍾一聲，林鍾二聲，太簇三聲，南吕四聲，姑洗五聲，應鍾六聲。蕤賓、大吕、夷則、夾鍾、無射、仲吕皆七聲，令得六十三聲。內太簇一半聲，姑洗二半聲，蕤賓三半聲，大吕六半聲，夷則二半聲，夾鍾五半聲，無射一半聲，仲吕四半聲，凡半聲二十四，全聲三十九也。變律，變黄鍾六聲，變林鍾五聲，變大簇四聲，變南吕三聲，變姑洗二聲，變應鍾一聲，合得二十一聲。內黄鍾、太簇、姑洗皆用半不用全，應鍾用全不用半。林鍾全聲三，半聲二。南吕全聲二，半聲一。凡半聲十五，全聲六也。此圖本律爲某鈞所用則直下，本宫所用某律則斜飛，縱横求之，皆有可考矣。聲氣之元，即生氣之始也。十二律八十四聲，皆自黄鍾而生，而用之則有以全、以半、以變、以變半之異，所以合生氣之和也。聲音之發，千變萬殊，不可方物，不範之以律，合之使和，則放散流蕩，無所不至。陽者必散，陰者必密，剛則必怒，柔則必懾，又何以保合太和而得其性命之正哉。古聖人稽之度數，於是以定十二律矣。而又於十二律之中，必審其用全、用半、用變、用變半之宜，以範人聲而使之一出於和，則君臣民事物之象，皆安其位而

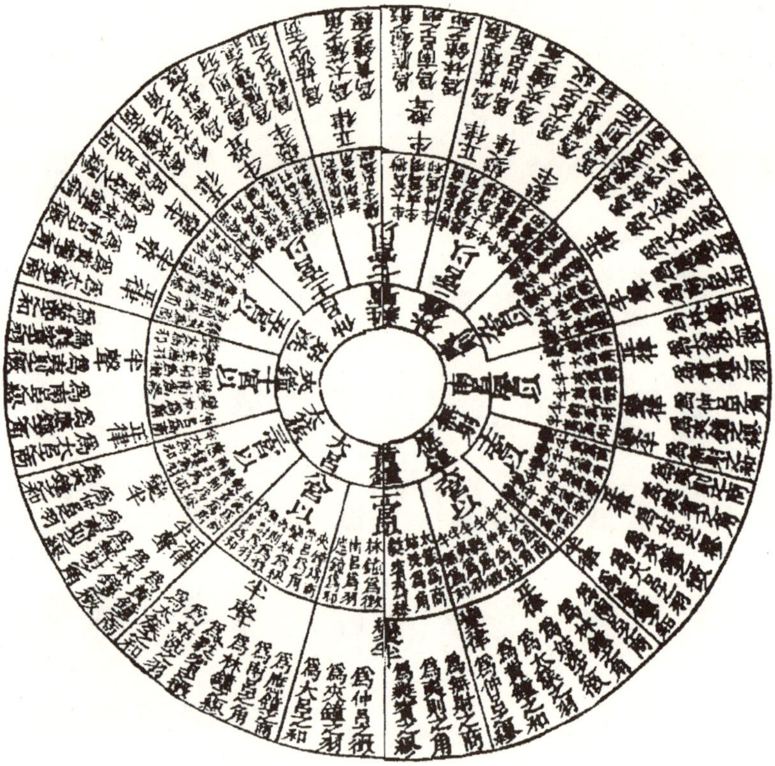

附十二律相用圖

不相陵。相生相統之宜，各有其常而不相紊。此所以陽而不散，陰而不密，剛氣不怒，柔氣不懾，而五常之行亦已寓乎其中也。然生氣之元，未有不純粹至善者，而氣之所流往往不能無差，是以有得半得變之異。惟變而不失其正，則不害其爲生氣之和。而惟黄鐘一均所用皆正律，爲純粹中之純粹者，此猶六十四卦之乾，爲純粹精也。其餘則猶他卦之各成體象，而有不能盡純者矣。況後世律吕既失，中聲不可復求，黄鐘一律即失其真，則餘十一律皆差以毫釐，謬以千里，八十四聲皆非其正，而聽聲者又徒取其悦耳，變聲變律皆以起宮，是以徒爲導欲增悲而已。欲以感天地而格鬼神，養性情而和心志也，胡可得與？噫。

六十調圖第九以《周禮》《淮南子》《禮記》鄭氏注孔氏正義定。

	宫	商	角	變徵	徵	羽	變宫
黄鐘宫	黄正	太正	姑正	蕤正	林正	南正	應正
無射商	無正	黄變半	太變半	姑變半	仲半	林變半	南變半
夷則角	夷正	無正	黄變半	太變半	夾半	仲半	林變半
仲吕徵	仲正	林變	南變	應變	黄變半	太變半	姑變半
夾鐘羽	夾正	仲正	林變	南變	無正	黄變半	太變半

此五調皆以黄鐘起調，黄鐘畢曲。

	宫	商	角	變徵	徵	羽	變宫
大吕宫	大正	夾正	仲正	林變	夷正	無正	黄變半
應鐘商	應正	大半	夾半	仲半	蕤半	夷半	無半
南吕角	南正	應正	大半	夾半	姑半	蕤半	夷半
蕤賓徵	蕤正	夷正	無正	黄變半	大半	夾半	仲半
姑洗羽	姑正	蕤正	夷正	無正	應正	大半	夾半

此五調皆以大吕起調大吕畢曲。

	宫	商	角	變徵	徵	羽	變宫
太簇宫	太正	姑正	蕤正	夷正	南正	應正	大半
黄鐘商	黄正	太正	姑正	蕤正	林正	南正	應正
無射角	無正	黄變半	太變半	姑變半	仲半	林變半	南變半
林鐘徵	林正	南正	應正	大半	太半	姑半	蕤半
仲吕羽	仲正	林變	南變	應變	黄變半	太變半	姑變半

此五調皆以太簇起調太簇畢曲。

	宫	商	角	變徵	徵	羽	變宫
夾鐘宫	夾正	仲正	林變	南變	無正	黄變半	太變半
大吕商	大正	夾正	仲正	林變	夷正	無正	黄變半
應鐘角	應正	大半	夾半	仲半	蕤半	夷半	無半
夷則徵	夷正	無正	黄變半	太變半	夾半	仲半	林變半

蕤賓羽　蕤正　夷正　無正　黃變半　大半　夾半　仲半

此五調皆以夾鐘起調夾鐘畢曲。

姑洗宮　姑正　蕤正　夷正　無正　應正　大半　夾半
大簇商　太正　姑正　蕤正　夷正　南正　應正　大半
黃鐘角　黃正　太正　姑正　蕤正　林正　南正　應正
南呂徵　南正　應正　大半　夾半　姑半　蕤半　夷半
林鐘羽　林正　南正　應正　大半　太半　姑半　蕤半

此五調皆以姑洗起調姑洗畢曲。

仲呂宮　仲正　林變　南變　應變　黃變半　太變半　姑變半
夾鐘商　夾正　仲正　林變　南變　無正　黃變半　大變半
大呂角　大正　夾正　仲正　林變　夷正　無正　黃變半
無射徵　無正　黃變半　太變半　姑變半　仲半　林變半　南變半
夷則羽　夷正　無正　黃變半　太變半　夾半　仲半　林變半

此五調皆以仲呂起調仲呂畢曲。

蕤賓宮　蕤正　夷正　無正　黃變半　大半　夾半　仲半
姑洗商　姑正　蕤正　夷正　無正　應正　大半　夾半
太簇角　太正　姑正　蕤正　夷正　南正　應正　大半
應鐘徵　應正　大半　夾半　仲半　蕤半　夷半　無半
南呂羽　南正　應正　大半　夾半　姑半　蕤半　夷半

此五調皆以蕤賓起調蕤賓畢曲。

林鐘宮　林正　南正　應正　大半　太半　姑半　蕤半
仲呂商　仲正　林變　南變　應變　黃變半　太變半　姑變半
夾鐘角　夾正　仲正　林變　南變　無正　黃變半　太變半
黃鐘徵　黃正　太正　姑正　蕤正　林正　南正　應正
無射羽　無正　黃變半　太變半　姑變半　仲半　林變半　南變半

此五調皆以林鐘起調林鐘畢曲。

夷則宮　夷正　無正　黃變半　太變半　夾半　仲半　林變半
蕤賓商　蕤正　夷正　無正　黃變半　大半　夾半　仲半
姑洗角　姑正　蕤正　夷正　無正　應正　大半　夾半
大呂徵　大正　夾正　仲正　林變　夷正　無正　黃變半
應鐘羽　應正　大半　夾半　仲半　蕤半　夷半　無半

此五調皆以夷則起調夷則畢曲。

南呂宮　南正　應正　大半　夾半　姑半　蕤半　夷半
林鐘商　林正　南正　應正　大半　太半　姑半　蕤半
仲呂角　仲正　林變　南變　應變　黃變半　太變半　姑變半
太簇徵　太正　姑正　蕤正　夷正　南正　應正　大半
黃鐘羽　黃正　太正　姑正　蕤正　林正　南正　應正

此五調皆以南呂起調南呂畢曲。

無射宮　無正　黃變半　太變半　姑變半　仲半　林變半　南變半
夷則商　夷正　無正　黃變半　太變半　夾半　仲半　林變半
蕤賓角　蕤正　夷正　無正　黃變半　太半　夾半　仲半
夾鐘徵　夾正　仲正　林變　南變　無正　黃變半　太變半
大呂羽　大正　夾正　仲正　林變　夷正　無正　黃變半

此五調皆以無射起調無射畢曲。

應鐘宮　應正　大半　夾半　仲半　蕤半　夷半　無半
南呂商　南正　應正　大半　太半　姑半　蕤半　夷半
林鐘角　林正　南正　應正　大半　太半　姑半　蕤半
姑洗徵　姑正　蕤正　夷正　無正　應正　大半　夾半
太簇羽　太正　姑正　蕤正　夷正　南正　應正　大半

此五調皆以應鐘起調應鐘畢曲。

按十二律旋相爲宮，各有七聲，合八十四聲。宮聲十二，商聲十二，角聲十二，徵聲十二，羽聲十二，凡六十聲，爲六十調。其變宫十二，在羽聲之後，宫聲之前。變徵十二，在角聲之後，徵聲之前。宫不成宫，徵不成徵，凡二十四聲，不可爲調。

變聲不可爲調，此一定不易之理。蓋金聲玉振，初終二聲，便是全闋綱紀，豈可用變聲領之。聲有二變，變宫者，如君之有儲貳。變徵者，如事之有權變。以之爲五聲之助則可，以之專成一聲且有不可。況以起調畢曲乎。顧自荀勗祖京房而制十二笛，錢樂因南事而衍三百六十律，沈約三百六十律，各因月之本律爲一部，以母統子，隨多少合爲一部，則變律不止於七，而聲音之道日雜。由是變律可以起宫，變聲亦以起調，而梁武帝立四通，十二笛以寫通聲，鄭譯因琵琶七調而立七均，祖孝孫以十二笛旋爲六十聲八十四調。變聲起調，無復有非之者。今教坊九宫，謂合四一上尺工凡六五也。七調，則小工調，又名閉宫調。次凡字調，次六字調，次正宫調，次一字調，次上字調，次尺字調。小工調最平，尺字調最高。以今考之，小工調實是黄鐘均，而正宫調却宜是仲吕均。蓋其分調，亦既雜亂而無章。雖亦旋宫之法，而用律已失古之制矣。又上凡六五皆以起宫起調，謂古樂曾有是哉。又今樂以平上去入分羽角宫商。其法平聲羽七調，第一運中吕調，二運正平調，三運高平調，四運仙吕調，五運黄鐘調，六運般涉調，七運高般調。上聲角七調，第一運越調，二運大石調，三運高大石調，四運雙調，五運小石調，六運歇指調，七運林鐘調。去聲宫七調，第一運正宫調，二運高宫調，三運中吕調，四運道調，五運南吕調，六運仙吕調，七運黄鐘宫調。八聲商，第一運越調，二運大石調，三運高大石調，四運變調，五運小石調，六運歇指調，七運林鐘調。七調與上聲大同。上平聲徵，商角同用，宫逐羽音，此教坊之十九調二十八變也。夫以平上去入分五聲，既格格不合，而且決裂一無所當，且正宫非正，其不背於古者益已鮮矣。

黄鐘宫至夾鐘羽，竝用黄鐘起調，黄鐘畢曲。大吕宫至姑洗羽，竝用大吕起調，大吕畢曲。太簇宫至仲吕羽，並用太簇起調，太簇畢曲。夾鐘宫至蕤賓羽，竝用夾鐘起調，夾鐘畢曲。姑洗宫至林鐘羽，竝用姑洗起調，姑洗畢曲。仲吕宫至夷則羽，竝用仲吕起調，仲吕畢曲。蕤賓宫至南吕羽，竝用蕤賓起調，蕤賓畢曲。林鐘宫至無射羽，竝用林鐘起調，林鐘畢曲。夷則宫至應鐘羽，竝用夷則起調，夷則畢曲。南吕宫至黄鐘羽，並用南吕起調，南吕畢曲。無射宫至大吕羽，竝用無射起調，無射畢曲。應鐘宫至太簇羽，並用應鐘起調，應鐘畢曲。是爲六十調。

黄鐘宫者，以黄鐘爲宫，又用以起調畢曲也。黄鐘爲無射之商，爲夷則之角，爲仲吕之徵，爲夾鐘之羽。今奏無射鈞，而以黄鐘起調黄鐘畢曲，則謂之無射之商調。奏仲吕鈞，而以黄鐘起調黄鐘畢曲，則謂之仲吕之徵調。奏夷則鈞，而以黄鐘起調黄鐘畢曲，則謂之夷則之角調。奏夾鐘鈞，而以黄鐘起調黄鐘畢曲，則謂之夾鐘之羽調。餘六十調倣此。宫調商調之别，謂就某鈞中用某聲起止耳。其實一調之中，五聲皆足備也。周人祭祀之樂不用商聲者，亦只是不用商調。先儒已言之矣。宋人大樂無徵角二調，此又不知何故。朱子云此却是不知如何，其中有個甚麽欠缺處，所以做那徵不成。徽宗嘗令人硬去做，然後來做得成，卻只是首一聲是徵，尾後一聲依舊不是，依舊走了，不知是何故。又云如今俗樂，亦只有宫商羽三調而已。烜按周人無商，是不用商調。宋人無徵角調，却是缺了徵角調。此其所以做那徵不成處，蓋亦緣宫律已失正，而徵聲失位。如所云今樂各有某宫，其各宫起處卻差一位是也。今人以去聲爲宫，而第一運正宫調，卻按之是大吕調，此其差一位可知矣。宫聲一差，向後都愈差去，而徵不能成調矣。角本難和，故角調亦不成，如今人不用勾字而用上字，則徵失可知。又用上字遂不用一字，則角且無聲矣。商羽却去宫聲上下之閒不遠，故猶得成調也。又今樂以平上去入分配羽角宫商，則徵已無與於調矣。雖曰上平聲徵，而又商角同用，宫逐羽音，則徵究無專調。又商調之與角調七運同用，則是亦别無角調可知也。宋以仁宋之盛而未能正樂，其後則王介甫新法，事煩民困，徵角之不成固其所也。

六十調，即十二律也，十二律即一黄鐘也。黄鐘生十二律，十二律生五聲二變。五聲各爲綱紀以成六十調。六十調皆黄鐘損益之變也。宫商角三十六調，老陽也。其徵羽二十四調，老陰也。調成而陰陽備也。

問調成而陰陽備，曰律吕已具陰陽，此則指三十六、二十四而言，謂陰陽之數至此而備也。陰陽之道不爲典要，以宫商角爲陽，以徵羽爲陰，此亦是西山所見。

或曰：日辰之數，由天五地六錯綜而生。律吕之數，由黄鐘九寸損益而生。二者不同。至數之成，則日有六甲，辰有五子，爲六十日。律吕有六律五聲，爲六十調。若合符節，何也？曰：即上文之所謂調成而陰陽備也。夫理必有對待，數之自然也。以天五地六合陰陽言之，則六甲五子究於六十，其三十六爲陽，二十四爲陰。以黄鐘九寸紀陽不紀陰言之，則六律五聲究於六十，亦三十六爲陽，二十四爲陰。蓋一陽之中,又自有陰陽也。非知天地之化育者,不能與於此。然律有六,而紀陽不紀陰者,樂由陽作,凡聲陽也,而九寸者,陽之成數也。耦之則十二,陰數之耦。聲有五,五者陽之奇,以五乘六,則其數亦自然備於六十矣。六十調合於六十日之數如此,亦以可見分八十四調之非矣。六十調合六十日,陰陽家以十干化氣分配五聲,而行於十二辰以配十二律,亦頗似有理。附見於此。

甲己宮	乙庚商	丙辛羽	丁壬角	戊癸徵
甲子黃鐘宮	乙丑大呂商	丙寅太簇羽	丁卯夾鐘角	戊辰姑徵
己巳仲呂宮	庚午蕤商	辛未杯羽	壬申夷角	癸酉南徵
甲戌無射宮	乙亥應商	丙子黃羽	丁丑大角	戊寅太徵
己卯夾鐘宮	庚辰姑商	辛巳仲羽	壬午蕤角	癸未林徵
甲申夷則宮	乙酉南商	丙戌無羽	丁亥應角	戊子黃徵
己丑大呂宮	庚寅太商	辛卯夾羽	壬辰姑角	癸巳仲徵
甲午蕤賓宮	乙未林商	丙申夷羽	丁酉南角	戊戌無徵
己亥應鐘宮	庚子黃商	辛丑大羽	壬寅太角	癸卯夾徵
甲辰姑洗宮	乙巳仲商	丙午蕤羽	丁未林角	戊申夷徵
己酉南呂宮	庚戌無商	辛亥應羽	壬子黃角	癸丑大徵
甲寅太簇宮	乙卯夾商	丙辰姑羽	丁巳仲角	戊午蕤徵
己未林鐘宮	庚申夷商	辛酉南羽	壬戌無角	癸亥應徵

化氣者,甲己化土,乙庚化金,丙辛化水,丁壬化木,戊癸化火也。

都四德《黃鐘通韻》卷上

五音位次第二

五音之理,與五行之理相同。音律家以五音配五行。一宮爲中土,二商爲西金,三角爲東木,四徵爲南火,五羽爲北水。一宮爲中土者,是自內而外也。五行家謂天一生北水,地二生南火,天三生東木,地四生西金,天五生中土。五土爲中者,是自外而內也。兩家爲數,互相顛倒。數雖顛倒,其羽水位北,徵火位南,角木位東,商金

五音五行配東西南北方位圖

位西,宮土位中之理則一。宮屬土,土音温厚和平。商屬金,金音輕長清暢。角屬木,木音重濁直樸。徵屬火,火音高焦燥烈。羽屬水,水音沉抑卑柔。音以和平爲主,故以宮音爲中。論音律,須被於樂器,方有實據。管孔琴絃,惟有橫直。五音五行,不能按東西南北五位方圓,以宮土居內爲中位。須得順度量權衡五數次第,以宮土居三爲中位。自輕至重,在音爲徵商宮角羽,在行爲火金土木水。自重至輕,在音爲羽角宮商徵,在行爲水木土金火。方能被於管絃,繪圖於後。

五音五行配度量權衡次第直圖

火金土木水
徵商宮角羽
分寸尺丈引
龠合升斗斛
銖兩觔鈞石

五音五行配度量權衡次第橫圖

火徵分龠銖
金商寸合兩
土宮尺升觔
木角丈斗鈞
水羽引斛石

六律第三

孟子曰:師曠之聰,不以六律,不能正五音。細詳孟子之言,五音有音無律,六律有律無音。以六律多寡之數,正五音輕重之聲,是知欲正五音,非六律不可;欲正六律,非管絃無憑。陽爲律,黃鐘爲陽律之本,在管爲筩內聲,在琴爲第一絃,聲氣至重至低,六陰一陽,屬子爲第一律。上升大吕丑爲二陽第二律,太簇寅爲三陽第三律,夾鐘卯爲四陽第四律,姑洗辰爲五陽第五律,仲吕巳爲六陽第六律。陽極生陰,陰爲吕。蕤賓爲陰吕之本,在管爲極上孔,在琴爲第七絃,聲氣至輕至高,六陽一陰,屬午爲第一吕。下降林鐘未爲二陰第二吕,夷則申爲三陰第三吕,南吕酉爲四陰第四吕,無射戌爲五陰第五吕,應鐘亥爲六陰第六吕。陰陽各六。管自筩內聲,上升至第五孔爲陽六律。自極上孔,下降至第六孔爲陰六律。琴自第一絃,前進至第六絃爲陽六律。自第七絃,後退至第二絃爲陰六律。六律定,然後能正五音。繪圖於後。

七均第四

七均之理,與七政之理相同。水火木金土五行,必得陰陽二氣,合爲七政,方成渾圓一體。宮商角徵羽五音,亦必得律吕二聲,合爲七均,方能循環一調。所以

管有七聲，琴有七絃。朱子曰：律呂有十二個，用時只使七個，若更插一聲，便拗了。七個即是七均。左氏謂七音，漢前志謂七始。自黄鍾上升至蕤賓爲七均，即如元人所用合四上尺工六五七字。自蕤賓下降至黄鍾爲七均，即是倒轉七字，爲五六工尺上四合，循環消長，共爲一調。朱子時，尚未有此七字，故曰律呂有十二個，用時只使七個。十二律對待則爲六律，錯綜則爲七均。七均合爲一調，若更插一聲，便不合管孔琴絃。蔡季通《律呂新書》遠取上古傳記，傍搜歷朝尺度，分寸絲毫，巨細不捐。朱子序爲明白淵深，縝密通暢。愚昧無知，又何敢妄爲議論。見朱子序內，有季通更欲將五音六律，均調節族，被之管絃，别爲樂書，以究其業。是知季通當日只據傳記所載五音十二律，在紙上循環，用變宮變徵爲七均，未及將樂器管孔琴徵用尺寸較量驗看。追述其意，以今之管孔琴徵驗之，管只有七聲，琴只有七絃，不能分爲方圓十二律，以五音循環，加變宮變徵爲七均。只可將十二律錯綜爲七均，以五音來往爲循環，方能被於管絃。以三分損益，上下相生律數攷之，亦合尺寸。雖未必能究季通之業，别爲樂書，亦可以合時樂之用。但於變宮變徵之義，不能無議。律呂各家盡知七均爲一調，而俱不以陰陽六律錯綜爲

陰陽六律配十二枝圓圖

陰陽六律配十二枝直圖

蕤賓午一陰呂	仲呂巳六陽律
林鍾未二陰呂	姑洗辰五陽律
夷則申三陰呂	夾鍾卯四陽律
南呂酉四陰呂	太簇寅三陽律
無射戌五陰呂	大呂丑二陽律
應鍾亥六陰呂	黄鍾子一陽律

陰陽六律配十二枝横圖

黄鍾子一陽律	大呂丑二陽律	太簇寅三陽律	夾鍾卯四陽律	姑洗辰五陽律	仲呂巳六陽律
應鍾亥六陰呂	無射戌五陰呂	南呂酉四陰呂	夷則申三陰呂	林鍾未二陰呂	蕤賓午一陰呂

七均，惟以五音加二變爲七均；不分陰陽各爲六律，而渾用陰陽十二律；不以黄鍾爲律本，而以黄鍾爲宫，太簇爲商，姑洗爲角，林鍾爲徵，南呂爲羽。五音不敷六律，只得以應鍾爲變宮。變宮猶不敷七均，只得以蕤賓爲變徵。變宮變徵，雖敷七均，而十二律中猶虚五律，只得又以宫循環，遍臨五律以敷其數。致有高低奪倫，輕重失次者，又作變律半聲之例。猶如不用枝惟用幹，不以子午月爲二至，卯酉月爲二分，惟憑甲乙循環推算。臨得子午月爲二分，卯酉月爲二至，其寒暑失節，春秋失序者，亦理之所必至。況孟子有曰：師曠之聰，不以六律，不能正五音。惟六律能正五音，五音不能正六律。若因五音不敷循環十二律之故，以十二律作爲變宮變徵，變律半聲，是五音能正六律矣。蔡季通《律呂新書》亦有變宮變徵，宫不成宫，徵不成徵，古人謂之和繆。又有變聲非正，故不爲調之論。按黄鍾又並非宫。班固《漢前志》曰：黄帝使伶倫自大夏之西，崑崙之陰，取竹之解谷生，其竅厚均者，斷兩節間而吹之，以爲黄鍾之宫。制十二筩，以聽鳳之鳴，其雄鳴爲六，雌鳴亦六，比黄鍾之宫，而皆可以生之，是爲律本。足見黄鍾是律本，不是宫。律本之外，又别有宫，不是黄鍾。此黄鍾之宫而皆可以生之，猶如此黄鍾之商而皆可以生之，此黄鍾之角而皆可以生之，此黄鍾之徵羽而皆可以生之之類。若黄鍾即是宫，只宜云斷兩節間而吹之以爲宫，不宜云以爲黄鍾之宫。其言甚晰，且《周禮》載有圜鍾爲宫，奏於圜丘；函鍾爲宫，奏於方丘；黄鍾爲宫，奏於宗廟。益見宫無定例，後人惟以黄鍾爲宫之故，五音不敷循環十二律，只得加變宮變徵、變律半聲之法。況變徵律數五十六，以六律論，又多一個間一分之律。變宮律數四十二，以七均論，又少一個輕六分之聲。管絃可証，竊謂欲正五音，仍依《漢前志》所載，以黄鍾爲律本，以六律多寡之數正五音輕重之位。以內外方圓五行論，宫居中位。以横直次第五數論，宫居三位。自重至輕論，爲羽角宫商徵。自輕至重論，爲徵商宫角羽。以黄鍾爲律本，以羽角宫商徵爲五位。以蕤賓爲呂本，以徵商宫角羽爲五位。錯綜循環，自黄鍾至蕤賓爲陽七均，自蕤賓至黄鍾爲陰七均。黄鍾屬子聲至低，蕤賓屬午聲至高。二律單用，其餘十律，同位同音，陰陽並用。黄鍾爲陽律之本，六陰一陽，聲音至低爲第一均。大呂應鍾聲半低爲羽第二均，太簇無射聲少低爲角第三均，夾鍾南呂聲平和爲宫第四均，姑洗夷則聲少高爲商第五均，仲呂林鍾聲半高爲徵第六均。蕤賓爲陰呂之本，六陽一陰，聲音至高爲第七均。自第七均下降至第二均，是呂徵商宫角羽六陰律。自第一均上升至第六均，是律羽角宫商徵六陽律。

五音六律，錯綜循環，共爲七均。宫在方圓五行，爲四方之中位；在横直五數，爲第三之中位；在横直七均，爲第四之中位；在渾圓七均，爲中中之中位。徵前羽後，角左商右。蕤賓爲上中，黄鍾爲下中，宫爲中中，是一渾圓七均，足成一調。與左氏所謂七音，《漢前志》所謂七始，朱子所謂律吕有十二個，用時只使七個；今之管孔琴絃，合四上尺工六五七字，俱各相合。與孟子所謂以六律正五音之意亦相合。古人制度詳明，節族齊整，爲樂器之總法，樂音之大成，不可勝用。俟無容更議變宫變徵，變律半聲之例，被之於管絃矣。繪圖於後。

七均配七政横圖

陽	吕	七均	五
火	徵	六均	六
金	商	五均	工
土	宫	四均	尺
木	角	三均	上
水	羽	二均	四
陰	律	一均	合

七均配七政直圖

陽	火	金	土	木	水	陰
吕	徵	商	宫	角	羽	律
七均	六均	五均	四均	三均	二均	一均
五	六	工	尺	上	四	合

七均配五音六律圓圖

七均配七政方位圓圖

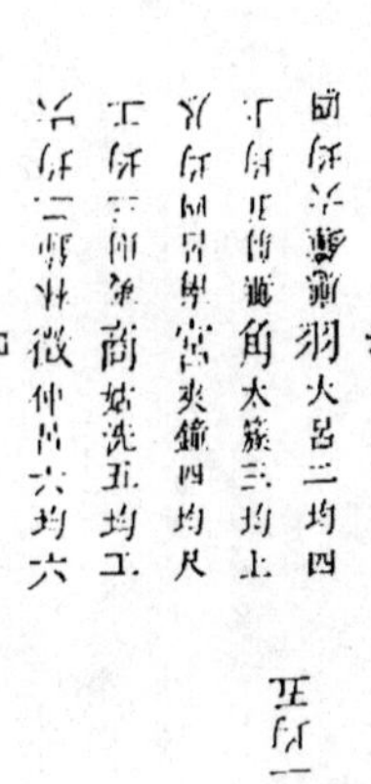

七均配五音六律横圖

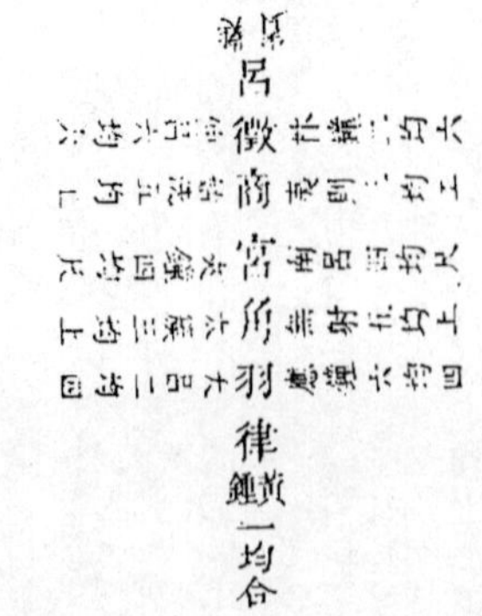

七均配五音六律直圖

五音六律三分損益上下相生第五

律有十二，不曰十二律，而曰六律者，只用一邊之故。一邊陽律合管，一邊陰律合琴。琴是六陰律，用一陽律。管是六陽律，用一陰律。陰陽六律，俱是各自相生。按志與各書所載，十二律相生之法，下生者三分損一，上生者三分益一。自黄鍾生林鍾，林鍾生太簇，太簇生南吕，南吕生姑洗，姑洗生應鍾，應鍾生蕤賓，蕤賓生大吕，大吕生夷則，夷則生夾鍾，夾鍾生無射，無射生仲吕，此謂十二律相生，一終於仲吕之法。細詳此法，是七均一調，十二律依次還相爲宫之法。若以爲十二律三分損益上下相生之法，必生有變宫變徵。變律半聲之數，不合管絃。管只有七聲，琴只有七絃，不能分爲方圓十二位。自黄鍾始，隔八相生，一終於仲吕，須得以衡位爲正位。歸爲一邊六律，方合管絃。黄鍾生林鍾，林鍾即是大吕。太簇生南吕，南吕即是夾鍾。姑洗生應鍾，應鍾即是仲吕。仍是黄鍾生大吕，大吕生太簇，太簇生夾鍾，夾鍾生姑洗，姑洗生仲吕，是一邊陽六律。蕤賓生大吕，大吕即是林鍾。夷則生夾鍾，夾鍾即是南吕。無射生仲吕，仲吕即是應鍾。仍是蕤賓生林鍾，林鍾生夷則，夷則生南吕，南吕生無射，無射生應鍾，是一邊陰六律。既用一邊六律，三分損益上下相生之數，亦應歸在一邊六律。論音律須以管絃爲憑。音律之數，俱係自多而少，自重而輕，管孔琴徽，亦應自下而上，以上生者爲三分損一，下生者爲三分益一，方合管孔琴徽之式。九九爲陽，黄鍾得全數，故爲陽律之本。九九八十一，三分損一，上生夾鍾五十四。夾鍾五十四，三分益一，下生大吕七十二。大吕七十二，三分損一，上生姑洗四十八。姑洗四十八，三分益一，下生太簇六十四。太簇六十四，三分損一，上生仲吕四十二分强。仲吕四十二，即是黄鍾八十一所生之子，是以律止於六。此一邊陽六律分寸，即合管之孔。八九爲陰，蕤賓得半數，故爲陰吕之本。六六三十六，三分損一，上生南吕二十四。南吕二十四，三分益一，下生林鍾三十二。

林鐘三十二，三分損一，上生無射二十一，三分益一，下生夷則二十八分四釐。夷則二十八，三分損一，上生應鐘一十八分九釐。應鐘一十八，即是蕤賓三十六所生之子。是以呂亦止於六。此一邊陰六律尺寸，即合琴之絃。陽律以寸，陰律以尺。兩邊六律，俱是正律，並無變律，似無容更議生變律之數矣。六律之數定，然後能正五音。五音之聲有高低，六律之數有多寡，自黃鍾八十一至仲呂四十二爲陽六律，自蕤賓三十六至應鐘一十八爲陰六律。管陽琴陰，管却有七聲，琴却有七絃，管琴却是錯綜陰陽六律，合併爲一行七律。管律五音，是順陽逆陰。琴律五音，是順陰逆陽。管琴五音，亦只生於一邊七律。以七律配七政論，自兩端生正中，黃鍾是第一律，在管爲第內聲，在琴爲第一絃，一陽六陰，律數至重，音聲至低，至重至低屬地。蕤賓是第七律，在管爲極上孔，在琴爲第七絃，一陰六陽，律數至輕，音聲至高，至輕至高屬天。天一生水，是第一律。地二生火，是第六律。天三生木，是第三律。地四生金，是第五律。天五生土，是第四律。以七律爲七均論，自正中生兩端，一宮爲土，屬第四律。二商爲金，屬第五律。三角爲木，屬第三律。四徵爲火，屬第六律。第六律是管之正中孔，琴之第六絃，與第一律黃鍾合律同音，故只有六律。五羽爲水，屬第二律。第二律是管之極下孔，琴之第二絃，與第七律蕤賓合律同音，故只有七均。七均只有六律，六律只有五音，故孟子曰不以六律不能正五音。五音如四時，十二律如十二月。四時惟依寒暑，五音亦惟依高低。自寒至暑，俱是正律，並無變律。自低至高，俱是正聲，並無變聲。似無容更議。渾用陰陽十二律，自黃鍾始，隔八相生，一終於仲呂，爲變宮變徵，變律半聲之法矣。繪圖於後，但此法六律之數有損益，五音之聲有順逆，難於推算。又有一法，以上生者三分爲三律，每一分損一九爲損一；下生者三分爲三律，每一分益一六爲益一。攷之，更與管孔琴絃七均合切。黃鍾爲元音，九九八十一數，損一九上生羽七十二，再損一九上生角六十三，再損一九上生宮五十四。上生者共三分，每一分損一九爲損一，得五十四數，蕤賓爲極音。六六三十六數，益一六下生徵四十二，再益一六下生商四十八，再益一六下生宮五十四。下生者共三分，每一分益一六爲益一，亦得五十四數。五十四，爲陰陽際會之中，理應爲宮。數簡法明。宮者中也，中聲定，其餘輕重高低之聲皆依律數可定。是以五音之中，以宮音爲首，以宮音爲尊。

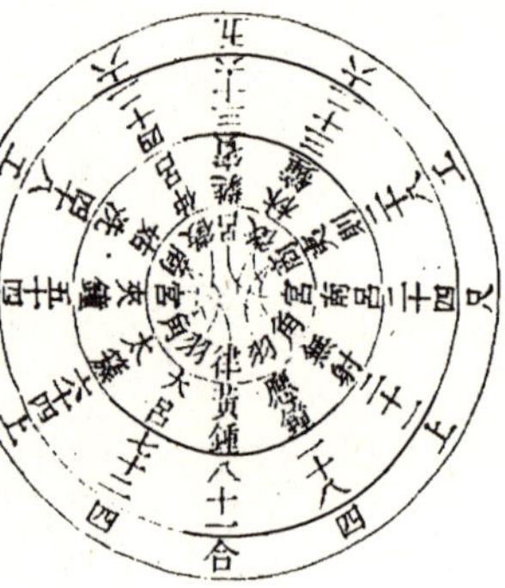

五音六律三分損益上下相生圓圖

直則爲管圖，橫則爲笛圖，七均相同。自吹口至氣眼長八寸一分。六孔之下第七孔，即爲氣眼。氣眼即是黃鍾，以上六孔是律數。

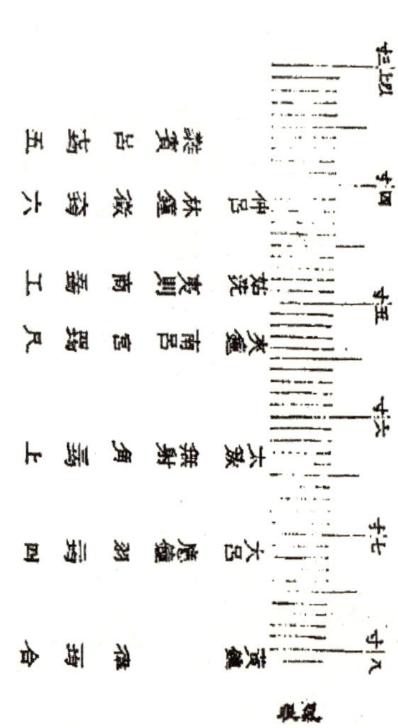

直則一絃琴圖，橫則七絃琴圖，七均相同。琴絃自首至尾，長三尺六寸。直則一絃七均，橫則七絃七均。一絃元音是黃鍾，以前六絃是律數。

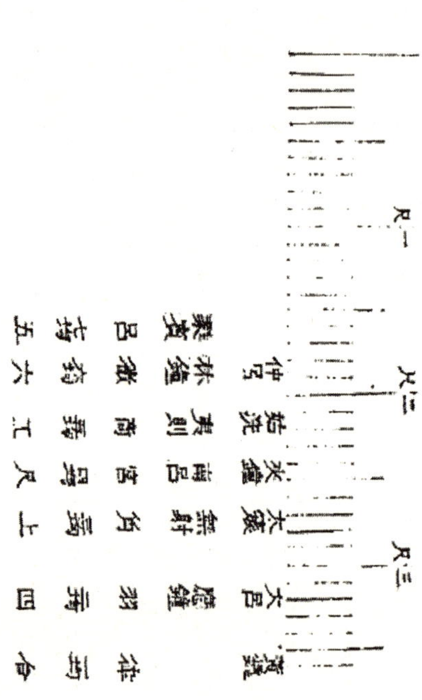

右十二律相生圓圖，自黄鍾八十一至蕤賓三十六，即是管之七聲。自蕤賓三十六至黄鍾一十六，即是琴之七絃。琴陰管陽，陽律順數正五音，陰律逆數正五音。陰律難推，故琴律亦用黄鍾六陽律之名。三圖參看，可知古人制律之法。管絃一理，陰陽同律。今之樂器，猶古之樂器，似無容更議。將五音六律，均調節族，被之管絃矣。

潘士權《大樂元音・三百二十五韻全圖》〔説明：原書本節内容有闕失〕

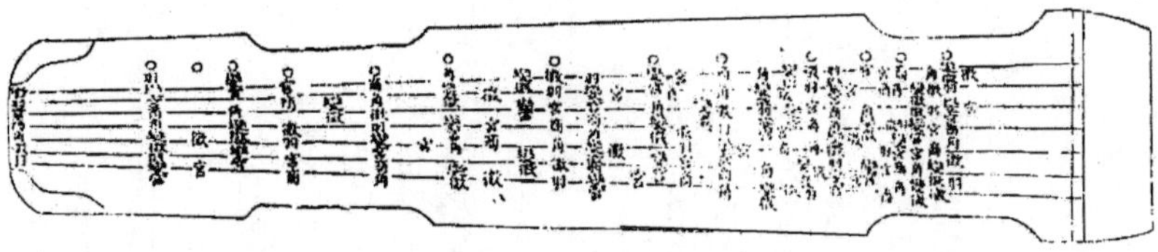

十二律生次之圖

十二律隔八相生之圖

五音相生之序圖

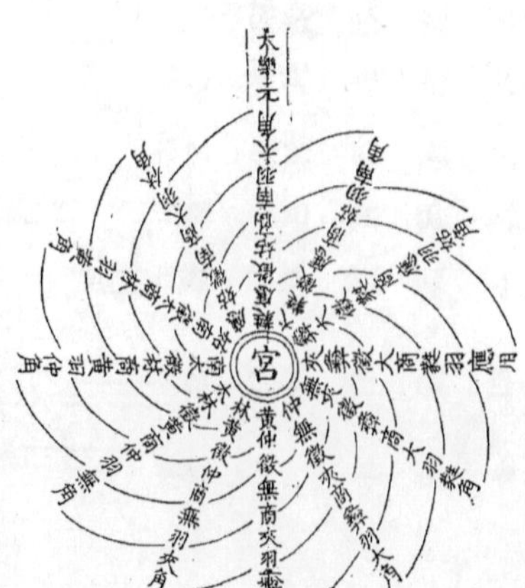
琴合樂六十調旋宮圖

五音清濁之序圖

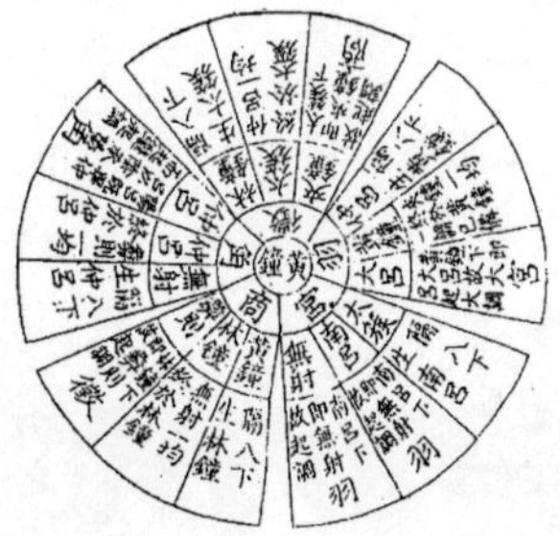
琴合樂六十調起調圖

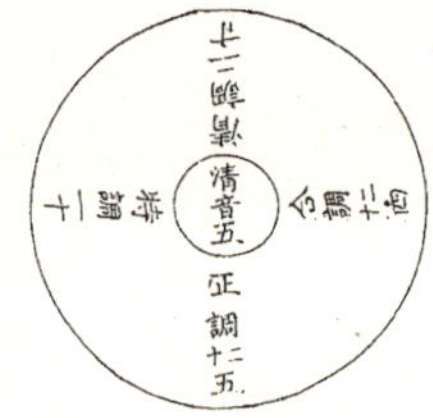

琴樂各調圖

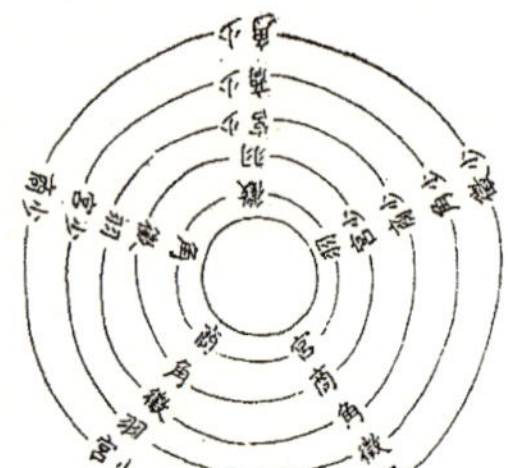

琴旋宮二十五正調圖

合五清音亦共八十四調。

如黃鐘爲宮，太簇爲商，姑洗爲角，林鐘爲徵，南吕爲羽，凡調内五聲皆可起調畢曲。如用太簇起畢，則云黃鐘之商，餘倣此。但琴之五律即五音也，不可與大樂十二律旋宮以首聲爲宮同。自太簇以下，雖旋宮成調，仍以本音爲首聲。如太簇首聲，則仍云商。若用太簇商音起畢，則調云太簇之商。用太簇一均内之林律徵音起畢，則調云太簇之徵。餘倣此。

琴二十五正調起調圖

琴弦一百五十四音分數圖

首絃下徵一百零八分
二絃下羽九十六分
三絃宮八十一分
四絃商七十二分
五絃角六十四分
六絃徵五十四分
七絃羽四十八分
下徵音一百零八分首絃散音取
下羽音九十六分首絃分數取二絃散音
宮音八十一分首絃二絃分數取三絃散音
少宮音四十分小餘五
少少宮音二十分小餘二七五
少少少宮音一十分小餘一三七五
商音七十二分四絃散音一二三絃分數取
少商音三十六分
少少商音一十八分
少少少商音九分
角音六十四分五絃散音一二三四絃分數上取
少角音三十二分
少少角音一十六分
少少少角音八分
徵音五十四分六絃散音一二三四五絃分數上取
少徵音二十七分
少少徵音一十三分小餘五
少少少徵音六分小餘七五
羽音四十八分七絃散音一二三四五六絃分數上取
少羽音二十四分
少少羽音一十二分
少少少羽音六分
倍變宮八十五分小餘三三
變宮四十二分小餘六六五
少變宮二十一分小餘三三二五
少少變宮一十分小餘一六六二五
變徵五十六分小餘八八
少變徵二十八分小餘四四
少少變徵一十四分小餘二二
少少少變徵七分小餘一一

凡定音分，自岳山内際，至蕉尾内際止，每絃按散音分數，均作若干分取音。如首絃自岳山内際至蕉尾，均作一百零八分，散音爲下徵。自岳山内數至七徽五十四分，九徽七十二分，十徽八十一分，故按七徽則與六絃應，按九徽則與四絃應，按十徽則與三絃應。不論正音，凡少音，少少音，少少少音之分數，按彈必與同音之絃相應。如少宮，少少宮，少少少宮，俱與三絃應。可悟同聲相應之理。而首絃倍徵，二絃倍羽，三宮，四商，五角，六徵，七羽，不辨自明。且宮絃八十一分，數至十徽下，得六十四分爲角位，故應五絃必在三絃十徽下。

又 琴弦二百五十九律圖

首絃三十七律散音倍林，按音始於倍夷終於蕤賓。

二絃三十七律散音倍南，按音始於倍射終於夷則。

三絃三十七律散音黄鐘，按音始於大吕終於應鐘。

四絃三十七律散音太簇，按音始於夾鐘終於大吕。

五絃三十七律散音姑洗，按音始於仲吕終於夾鐘。

六絃三十七律散音林鐘，按音始於夷則終於蕤賓。

七絃三十七律散音南吕，按音始於夷則終於蕤賓。

絃分三截，每一截照本絃散音律分數，各有一十二律分數，或倍，或正，或半，或半半，或再半半，有此律之分數，即有此音。但與大樂合音，用全律正半之音位旋宮。孤琴，只用五律之正半音位轉調。若半半律音，再半半律音，則孤琴與大樂皆不用。不過備爲指出，以見琴中原有此音律。

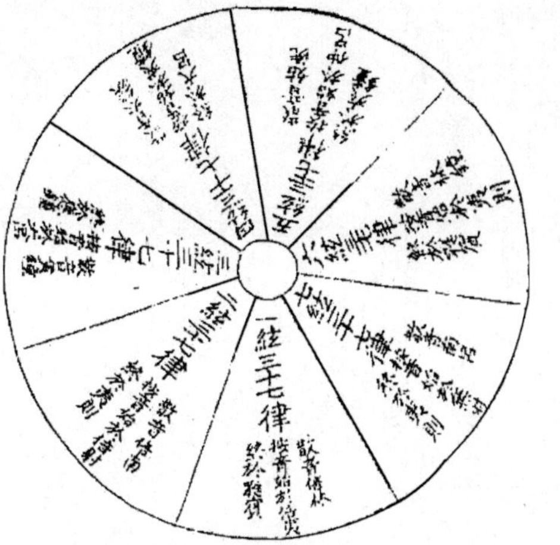
琴絃二百五十九律圖

五聲八音八卦八風之圖

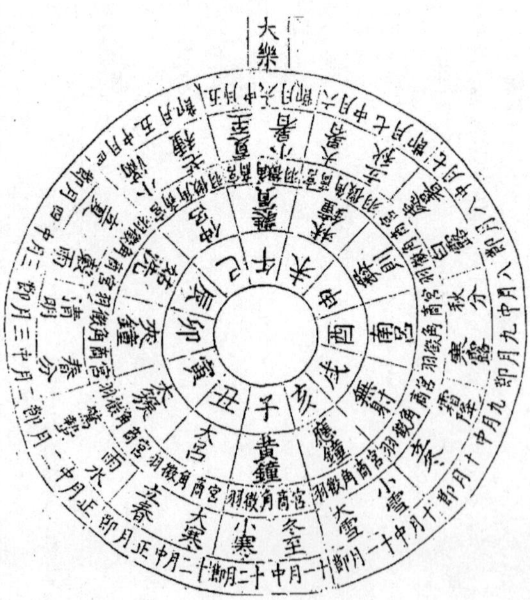
十二律氣運之圖

又 **卷四**

八十四聲圖

十一月黄鐘宮

六月林鐘宮黄鐘徵

正月太簇宮林鐘徵黄鐘商

八月南吕宮太簇徵林鐘商黄鐘羽

三月姑洗宮南吕徵太簇商林鐘羽黄鐘角

十月應鐘宮姑洗徵南吕商太簇羽林鐘角黄鐘變宮

五月蕤賓宮應鐘徵姑洗商南吕羽太簇角林鐘變宮黄鐘變徵

十二月太吕宮蕤賓徵應鐘商姑洗羽南吕角太簇變宮林鐘變徵

七月彝則宮太吕徵蕤賓商應鐘羽姑洗角南吕變宮太簇變徵

二月夾鐘宮彝則徵太呂商蕤賓羽應鐘角姑洗變宮南呂變徵
九月無射宮夾鐘徵彝則商大呂羽蕤賓角應鐘變宮姑洗變徵
四月仲呂宮無射徵夾鐘商彝則羽大呂角蕤賓變宮應鐘變徵
黃鐘變仲呂徵無射商夾鐘羽彝則角大呂變宮蕤賓變徵
林鐘變　仲呂商無射羽夾鐘角彝則變宮大呂變徵
太簇變　仲呂羽無射角夾鐘變宮彝則變徵
南呂變　仲呂角無射變宮彝則變徵
姑洗變　仲呂變宮無射變徵
應鐘變　仲呂變徵

按十二律，循其相生之序，以次而爲五聲二變，必足其數而後已。每一律役六律，已往者退，方來者進。如黃鐘爲宮，下生林鐘爲徵，林鐘上生太簇爲商，太簇下生南呂爲羽，南呂上生姑洗爲角，姑洗下生應鐘爲變宮，應鐘上生蕤賓爲變徵。黃鐘爲第一，林鐘則爲第二，太簇爲第三，南呂爲第四，姑洗爲第五，應鐘爲第六，蕤賓爲第七。一均既畢，黃鐘者退，大呂者進。林鐘爲宮，上生太簇爲徵，太簇下生南呂爲商，南呂上生姑洗爲羽，姑洗下生應鐘爲角，應鐘上生蕤賓爲變宮，蕤賓下生大呂爲變徵。一均既畢，林鐘者退，彝則者進。自此以往，至於蕤賓，則變黃鐘爲變徵，大呂則變黃鐘爲變宮。林鐘爲變徵，彝則則變黃鐘爲角，變林鐘爲變宮，變太簇爲變徵。夾鐘則變黃鐘爲羽，變林鐘爲角，變太簇爲變宮，變南呂爲變徵。無射則變黃鐘爲商，變林鐘爲羽，變太簇爲角，變南呂爲變宮，變姑洗爲變徵。仲呂則變黃鐘爲徵，變林鐘爲商，變太簇爲羽，變南呂爲角，變姑洗爲變宮，變應鐘爲變徵。十二律各備七聲，七聲各盡十二律而後止焉。然黃鐘一均既畢，林鐘爲宮，固相生之序，而太簇爲徵，至蕤賓亦仍前之序，更以盡十二律，莫不皆然。律呂之序，其妙矣哉。把圖中變黃鐘以下挈來，故在黃鐘以下，折而員之，則旋宮之義，愈爲明白。

又　六十調圖

	宮	商	角	變徵	徵	羽	變宮
黃鐘宮	黃正	太正	姑正	蕤正	林正	南正	應正
無射商	無正	黃變半	太變半	姑變半	仲半	林變半	南變半
夷則角	夷正	無正	黃變半	太變半	夾半	仲半	林變半
仲呂徵	仲正	林變	南變	應變	黃變半	太變半	姑變半
夾鐘羽	夾正	仲正	林變	南變	無正	黃變半	太變半
大呂宮	大正	夾正	仲正	林變	夷正	無正	黃變半
應鐘商	應正	大半	夾半	仲半	蕤半	夷半	無半
南呂角	南正	應正	大半	夾半	姑半	蕤半	夷半
蕤賓徵	蕤正	夷正	無正	黃變半	大半	夾半	仲半
姑洗羽	姑正	蕤正	夷正	無正	應正	大半	夾半
太簇宮	太正	姑正	蕤正	夷正	南正	應正	大半
黃鐘商	黃正	大正	姑正	蕤正	林正	南	應正
無射角	無正	黃變半	太變半	姑變半	仲半	林變半	南變半
林鐘徵	林正	南正	應正	大半	大半	姑半	蕤半
仲呂羽	仲正	林變	南變	應變	黃變半	太變半	姑變半
夾鐘宮	夾正	仲正	林變	南變	無正	黃變半	太變半
大呂商	大正	夾正	仲正	林變	夷正	無正	黃變
應鐘角	應正	大半	夾半	仲半	蕤半	夷半	無半
夷則徵	夷正	無正	黃變半	太變半	夾半	鐘半	林變半
蕤賓羽	蕤正	夷正	無正	黃變半	大半	夾半	仲半
姑洗宮	姑正	蕤正	夷正	無正	應正	大半	夾半
大簇商	太正	姑正	蕤正	夷正	南正	應正	大半
黃鐘角	黃正	太正	姑正	蕤正	林正	南正	應正
南呂徵	南正	應正	大半	夾半	姑半	蕤半	夷半
林鐘羽	林正	南正	應正	大半	太半	姑半	蕤半
仲呂宮	仲正	林變	南變	應變	黃變半	太變半	姑變半
夾鐘商	夾正	仲變	林變	南變	無正	黃變半	太變半
大呂角	大正	夾正	仲正	林變	夷正	無正	黃變半
無射徵	無正	黃變半	太變半	姑變半	仲半	林變半	南變半
夷則羽	夷正	無正	黃變半	太變半	夾半	仲半	林變半
蕤賓宮	蕤正	夷正	無正	黃變半	太半	夾半	仲半
姑洗商	姑正	蕤正	夷正	無正	應正	大半	夾半
太簇角	太正	姑正	蕤正	夷正	南正	應正	大半
應鐘徵	應正	大半	夾半	仲半	蕤半	夷半	無半
南呂羽	南正	應正	大半	夾半	姑半	蕤半	夷半
林鐘宮	林正	南正	應正	大半	太半	姑半	蕤半
仲呂商	仲正	林變	南變	應變	黃變半	太變半	姑變半
夾鐘角	夾正	仲正	林變	南變	無正	黃變半	太變半
黃鐘徵	黃正	太正	姑正	蕤正	林正	南正	應正
無射羽	無正	黃變半	太變半	姑變半	仲半	林變半	南變半
夷則宮	夷正	無正	黃變半	太變半	夾半	仲半	林變半

蕤賓商	蕤正	夷正	無正	黃變半	大半	夾半	仲半
姑洗角	姑正	蕤正	夷正	無正	應正	太半	夾半
大呂徵	大正	夾王	仲正	林變	夷正	無正	黃變半
應鐘羽	應正	大半	夾半	仲半	姑半	蕤半	夷半
南呂宮	南正	應正	大半	夾半	太半	姑半	蕤半
林鐘商	林正	南正	應正	大半	黃變半	太變半	姑變半
仲呂角	仲正	林變	南變	應半	南正	應正	大半
太簇徵	太正	姑正	蕤正	夷正	林正	南正	應正
黃鐘羽	黃正	太正	姑正	蕤正	仲半	林變半	南變半
無射宮	無正	黃變半	太變半	姑變半	夾半	仲半	林變半
夷則商	夷正	無正	黃變半	太變半	夾半	仲半	林變半
蕤賓角	蕤正	夷正	無正	黃變半	太半	夾半	仲半
夾鐘徵	夾正	仲正	林變	南變	無正	黃變半	太變半
太呂羽	大正	夾正	仲正	林變	夷正	無正	黃變半
應鐘宮	應正	大半	夾半	仲半	蕤半	夷半	無半
南呂商	南正	應正	大半	夾半	姑半	蕤半	夷半
林鐘角	林正	南正	應正	大半	太半	姑半	蕤半
姑洗徵	姑正	蕤正	夷正	無正	應正	大半	夾半
太簇羽	太正	姑正	蕤正	夷正	南正	應正	大半

始於黃鐘，終於黃鐘，有五調爲一大調，黃鐘爲調首，其下四調，得調首爲商徵角羽，而一大調備矣。大調五律，除調首中聲，必有二陰二陽，六十調皆同。夫六十調之序，雖以十二律長短爲先後，然黃鐘一均之備，終於南呂。南呂下即無射起調，一均之備，終於林鐘。林鐘下夷則起調，一均之備，終於仲呂。仲呂下該蕤賓，然一陽事畢，陰當用事，乃以仲呂起調，一均之備，終於太簇。太簇下夾鐘起調，而一大調畢矣。夾鐘一均之備，終於黃鐘。黃鐘下大呂起調首，然以大呂自左而右，逆數已往，爲調四律，即大呂一均之備。五聲之序，循是而去，六十調皆然，律吕之數妙矣哉。

羅登選《〈律吕新書〉箋義·律吕本原》

八十四聲圖第八

十一月黃鐘宮						
六月林鐘宮	黃鐘徵					
正月太簇宮	林鐘**徵**	黃鐘商				
八月南呂宮	太簇徵	林鐘商	黃鐘羽			
三月姑洗宮	南呂**徵**	太簇商	林鐘**羽**	黃鐘角		
十月應鐘宮	姑洗徵	南呂商	太簇羽	林鐘角	黃鐘變宮	
五月蕤賓宮	應鐘**徵**	姑洗商	南呂**羽**	太簇角	林鐘**變宮**	黃鐘變徵
十二月大呂宮	蕤賓**徵**	應鐘**商**	姑洗**羽**	南呂**角**	太簇**變宮**	林鐘**變徵**
七月夷則宮	大呂徵	蕤賓商	應鐘**羽**	姑洗角	南呂**變宮**	太簇變徵
二月夾鐘宮	夷則**徵**	大呂商	蕤賓**羽**	應鐘**角**	姑洗**變宮**	南呂**變徵**
九月無射宮	夾鐘徵	夷則商	大呂羽	蕤賓角	應鐘**變宮**	姑洗變徵
四月仲呂宮	無射**徵**	夾鐘商	夷則**羽**	大呂角	蕤賓**變宮**	應鐘**變徵**
黃鐘變	**仲呂**徵	**無射**商	**夾鐘**羽	**夷則**角	**大呂**變宮	**蕤賓**變徵
林鐘變		**仲呂商**	**無射**羽	**夾鐘角**	**夷則**變宮	**大呂變徵**
太簇變			**仲呂**羽	**無射**角	**夾鐘**變宮	**夷則**變徵
南呂變				**仲呂角**	**無射**變宮	**夾鐘變徵**
姑洗變					**仲呂**變宮	**無射**變徵
應鐘變						**仲呂變徵**

箋曰：此圖所以明樂之有八十四聲也。黃鐘爲宮以生徵，生商，生羽，生角及變宮變徵，此黃鐘宮之七聲也。十一律各自爲宮，亦生徵，生商，生羽，生角及變宮變徵，此旋宮之七聲也。每律各有七聲，十二律故有八十四聲。黃鐘宮七聲，黃鐘十一月，下生六月林鐘爲徵，林鐘上生正月太簇爲商，太簇下生八月南呂爲羽，南呂上生三月姑洗爲角，姑洗下生十月應鐘爲變宮，應鐘上生五月蕤賓爲變徵。林鐘宮七聲，林鐘六月，上生正月太簇用半爲徵，太簇下生八月南呂爲商，南呂上生三月姑洗用半爲羽，姑洗下生十月應鐘爲角，應鐘上生五月蕤賓用半爲變宮，蕤賓上生十二月大呂用半爲變徵。太簇宮七聲，太簇正月下生八月

南吕爲徵，南吕上生三月姑洗爲商，姑洗下生十月應鐘爲羽，應鐘上生五月蕤賓爲角，蕤賓上生十二月大吕用半爲變宫，大吕下生七月夷則爲變徵。南吕宫七聲，南吕八月上生三月姑洗用半爲徵，姑洗下生十月應鐘爲商，應鐘上生五月蕤賓用半爲羽，蕤賓上生十二月大吕用半爲角，大吕下生七月夷則用半爲變宫，夷則上生二月夾鐘用半爲變徵。姑洗宫七聲，姑洗三月下生十月應鐘爲徵，應鐘上生五月蕤賓爲商，蕤賓上生十二月大吕用半爲羽，大吕下生七月夷則爲角，夷則上生二月夾鐘用半爲變宫，夾鐘下生九月無射爲變徵。應鐘宫七聲，應鐘十月上生五月蕤賓用半爲徵，蕤賓上生十二月大吕用半爲商，大吕下生七月夷則用半爲羽，夷則上生二月夾鐘用半爲角，夾鐘下生九月無射用半爲變宫，無射上生四月仲吕用半爲變徵。蕤賓宫七聲，蕤賓五月上生十二月大吕用半爲徵，大吕下生七月夷則爲商，夷則上生二月夾鐘用半爲羽，夾鐘下生九月無射爲角，無射上生四月仲吕用半爲變宫，仲吕再生黄鐘用半爲變徵。大吕宫七聲，大吕十二月下生七月夷則爲徵，夷則上生二月夾鐘爲商，夾鐘下生九月無射爲羽，無射上生四月仲吕爲角，仲吕再生黄鐘用半爲變宫，黄鐘再生林鐘爲變徵。夷則宫七聲，夷則七月上生二月夾鐘用半爲徵，夾鐘下生九月無射爲商，無射上生四月仲吕用半爲羽，仲吕再生黄鐘用半爲角，黄鐘再生林鐘用半爲變宫，林鐘再生太蔟用半爲變徵。夾鐘宫七聲，夾鐘二月下生九月無射爲徵，無射上生四月仲吕爲商，仲吕再生黄鐘用半爲羽，黄鐘再生林鐘爲角，林鐘再生太蔟用半爲變宫，太蔟再生南吕爲變徵。無射宫七聲，無射九月上生四月仲吕用半爲徵，仲吕再生黄鐘用半爲商，黄鐘再生林鐘用半爲羽，林鐘再生太蔟用半爲角，太蔟再生南吕用半爲變宫，南吕再生姑洗用半爲變徵。仲吕宫七聲，仲吕四月再生黄鐘用半爲徵，黄鐘再生林鐘爲商，林鐘再生太蔟用半爲羽，太蔟再生南吕爲角，南吕再生姑洗用半爲變宫，姑洗再生應鐘爲變徵。圖内七聲，皆各以本宫識别之，如黄鐘爲宫，則林鐘爲徵，其下即書黄鐘徵。林鐘爲宫，則太蔟爲徵，其下即書林鐘徵之類是也。五聲，宫恒下生。十一律旋相爲宫，則從十一月之位。如林鐘爲宫，上生太蔟爲徵；南吕爲宫，上生姑洗爲徵之類是也。聲者，律所出之聲也。後世乃譜以字，合爲黄鐘，四下爲大吕，四上爲太蔟，一下爲夾鐘，一上爲姑洗，上爲仲吕，勾爲蕤賓，尺爲林鐘，工下爲夷則，工上爲南吕，凡下爲無射，凡上爲應鐘，六爲黄鐘清，五下爲大吕清，五上爲太蔟清，緊五爲夾鐘清，此譜以紀燕樂，即《宋志》所載者。《明志》以爲黄鐘一均，宜用合，用尺，用四，用工，用一，用凡，用勾，是雅樂之用字紀聲，與燕樂同六者，黄鐘之半聲也。《明志》又以再生黄鐘爲六，則黄鐘之正半變半與太蔟之正半變半同爲六五可知矣。而林鐘、南吕、姑洗、應鐘正變之同爲尺工一凡亦可知矣。蓋古樂散亡，太常及民間皆習此譜，今若不由此譜求之，則樂之五音十二律又何由而知也。然後以此十六字被之八音之上，其音之中某字者即爲某律，或以長短爲次，或以輕重大小多寡爲次，定其最長、最重、最大、最多者，以中黄鐘之律，而譜黄鐘之字。其下以次損益生十一律，亦各因其所中之律而譜之以字。蓋以黄鐘之實十七萬七千一百四十七得所中黄鐘之律若干與各律之實相乘除，而各律所中之長短、輕重、大小、多寡可得而定矣。其長短生於黄鐘之長，其輕重大小多寡生於黄鐘之重與容，故八音一十二律也，十二律一黄鐘也。至於七聲用法，即後圖之所謂調也。黄鐘調，律用黄、林、太、南、姑、應、蕤，字用合，用尺，用四上，用工上，用一上，用凡上，用勾。林鐘調，律用林、太、南、姑、應、蕤、大，字用尺，用五上，用工上，用一上清，用凡上，用勾清，用五下。太蔟調，律用太、南、姑、應、蕤、大、夷，字用四上，用工上，用一上，用凡上，用勾，用五下，用工下。南吕調，律用南、姑、應、蕤、大、夷、夾，字用工上，用一上清，用凡上，用勾清，用五下，用工下清，用緊五。姑洗調，律用姑、應、蕤、大、夷、夾、無，字用一上，用凡上，用勾，用五下，用工下，用緊五，用凡下。應鐘調，律用應、蕤、大、夷、夾、無、仲，字用凡上，用勾清，用五下，用工下清，用緊五，用凡下清，用上清。蕤賓調，律用蕤、大、夷、夾、無、仲、黄，字用勾，用五下，用工下，用緊五，用凡下，用上清，用六。大吕調，律用大、夷、夾、無、仲、黄、林，字用四下，用工下，用一下，用凡下，用上，用六，用尺。夷則調，律用夷、夾、無、仲、黄、林、太，字用工下，用緊五，用凡下，用上清，用六，用尺清，用五上。夾鐘調，律用夾、無、仲、黄、林、太、南，字用一下，用凡下，用上，用六，用尺，用五上，用工上。無射調，律用無、仲、黄、林、太、南、姑，字用凡下，用上清，用六，用尺清，用五上，用工上清，用一上清。仲吕調，律用仲、黄、林、太、南、姑、應，字用上，用六，用尺，用五上，用工上，用一上清，用凡上。十二律正變既各有清聲，則凡宫輕而商角徵羽重者，自當以清聲應之。宋王堯臣《鐘論》曰：自夷則至應鐘四律爲均之時，若盡用正聲，則宫輕而商角重，是謂陵替。蓋夷則爲宫，則黄鐘爲角。南吕爲宫，則大吕爲角。無射爲宫，則黄鐘爲商，太蔟爲角。應鐘爲宫，則大吕爲商，夾鐘爲角。黄鐘、大吕、太蔟、夾鐘正律俱長，並當用清聲，此四清鐘可用之騐也。若他律爲宫，則不當以清聲間之，大意以爲，七聲之中惟君臣民不可相陵犯，事物則不必避。黃鐘、林鐘、太蔟、姑洗、蕤賓、大吕、夾鐘、仲吕八律爲均，其商角無有越於宫者，宫清而四律居商角之位，惟夷則以下四均則然。是則他宫無半聲，四宫四律苟非當商角之位，亦無半聲。此其説又與本書之圖有不合矣。至於樂章舊以字之四聲分配七音，平入配重濁之律，上去配輕清之律，每歌一言則絃一攬，鐘一擊，竽笙簫管一吹。然愚以謂律之五音宫商角徵羽也，字之五部喉齶舌齒脣也。律有十二，而一律各具五音。字有五部，而一部亦各具五音。蓋即一韻之中而又有喉齶舌齒脣之分焉。喉音深，當配宫。齶次喉，當配商。舌音中，當配角。齒音淺，當配徵。脣最淺，當配羽。亦五音以類相從之理也。

按律吕之數往而不返，故黃鐘不復爲他律役，所用七聲皆正律，無空積忽微。自林鐘而下，則有半聲。大吕、太蔟一半聲，夾鐘、姑洗二半聲，蕤賓、林鐘四半聲，夷則、南宫五半聲，無射、應鐘六半聲。仲吕爲十二律之窮，三半聲。自蕤賓而下，則有變律。蕤賓一變律，大吕二變律，夷則三變律，夾鐘四變律，無射五變律，仲吕六變律。皆有空積忽微，不得其正，故黃鐘獨爲聲氣之元。雖十二律八十四聲，皆黃鐘所生，然黃鐘一均所謂純粹中之純粹者也。八十四聲，正律六十三，變律二十一。六十三者，九七之數也。二十一者，三七之數也。

箋曰：律吕皆由長而漸短，至於應鐘極短，不復由短返長而再生黃鐘之正律。蓋以黃鐘至尊，非他律之所能役也。故其一均之内，七聲皆正，無半變變半之聲，無小分不齊之數，乃五聲二變所從出，十二律八十四聲所由生，所謂黃鐘一均純粹中之純粹者也。宫小而下六聲反大於宫，則減下以從上，謂如林鐘爲宫，全六寸，則太蔟用四寸以爲商，姑洗用三寸五分以爲羽，蕤賓用三寸一分四釐以爲變宫，大吕用四寸一分八釐三毫以爲變徵。太蔟爲宫，全八寸，則大吕用四寸一分八釐三毫以爲變宫之類，故曰自林鐘而下則有半聲。仲吕再生黃鐘、林鐘、太蔟、南吕、姑洗、應鐘六變律，以足蕤賓、大吕、夷則、夾鐘、無射、仲吕六宫七聲之數，謂如蕤賓爲宫，以再生黃鐘爲變徵；大吕爲宫，以再生黃鐘爲變宫之類，故曰自蕤賓而下則有變律。半者，分全而爲半。變者，減全而爲變。取其全者而破之，則必有不足於全者之空積矣，故曰皆有空積忽微，不得其正。一均七聲，以七因九因三，故曰正律六十三，九七之數；變律二十一，三七之數。

六十調圖第九以《周禮》《淮南子》《禮記》鄭氏注孔氏正義定。

	宫	商	角	變徵	徵	羽	變宫
黃鐘宫	黃正	太正	姑正	蕤正	林正	南正	應正
無射商	無正	黃變半	太變半	姑變半	仲半	林變半	南變半
夷則角	夷正	無正	黃變半	太變半	夾半	仲半	林變半
仲吕徵	仲正	林變	南變	應變	黃變半	太變半	姑變半
夾鐘羽	夾正	仲正	林變	南變	無正	黃變半	太變半
大吕宫	大正	夾正	仲正	林變	夷正	無正	黃變半
應鐘商	應正	大半	夾半	仲半	蕤半	夷半	無半
南吕角	南正	應正	大半	夾半	姑半	蕤半	夷半
蕤賓徵	蕤正	夷正	無正	黃變半	大半	夾半	仲半
姑洗羽	姑正	蕤正	夷正	無正	應正	大半	夾半
太蔟宫	太正	姑正	蕤正	夷正	南正	應正	大半
黃鐘商	黃正	太正	姑正	蕤正	林正	南正	應正
無射角	無正	黃變半	太變半	姑變半	仲半	林變半	南變半
林鐘徵	林正	南正	應正	大半	太半	姑半	蕤半
仲吕羽	仲正	林變	南變	應變	黃變半	太變半	姑變半
夾鐘宫	夾正	仲正	林變	南變	無正	黃變半	太變半
大吕商	大正	夾正	仲正	林變	夷正	無正	黃變半
應鐘角	應正	大半	夾半	仲半	蕤半	夷半	無半
夷則徵	夷正	無正	黃變半	太變半	夾半	仲半	林變半
蕤賓羽	蕤正	夷正	無正	黃變半	大半	夾半	仲半
姑洗宫	姑正	蕤正	夷正	無正	應正	大半	夾半
太蔟商	太正	姑正	蕤正	夷正	南正	應正	大半
黃鐘角	黃正	太正	姑正	蕤正	林正	南正	應正
南吕徵	南正	應正	大半	夾半	姑半	蕤半	夷半
林鐘羽	林正	南正	應正	大半	太半	姑半	蕤半
仲吕宫	仲正	林變	南變	應變	黃變半	太變半	姑變半

調	一	二	三	四	五	六	七
夾鐘商	夾正	仲正	林變	南變	無正	黃變半	太變半
大吕角	大正	夾正	仲正	林變	夷正	無正	黃變半
無射徵	無正	黃變半	太變半	姑變半	仲半	林變半	南變半
夷則羽	夷正	無正	黃變半	太變半	夾半	仲半	林變半
蕤賓宮	蕤正	夷正	無正	黃變半	大半	夾半	仲半
姑洗商	姑正	蕤正	夷正	無正	應正	大半	夾半
太蔟角	太正	姑正	蕤正	夷正	南正	應正	大半
應鐘徵	應正	大半	夾半	仲半	蕤半	夷半	無半
南吕羽	南正	應正	大半	夾半	姑半	蕤半	夷半
林鐘宮	林正	南正	應正	大半	太半	姑半	蕤半
仲吕商	仲正	林變	南變	應變	黃變半	太變半	姑變半
夾鐘角	夾正	仲正	林變	南變	無正	黃變半	太變半
黃鐘徵	黃正	太正	姑正	蕤正	林正	南正	應正
無射羽	無正	黃變半	太變半	姑變半	仲半	林變半	南變半
夷則宮	夷正	無正	黃變半	太變半	夾半	仲半	林變半
蕤賓商	蕤正	夷正	無正	黃變半	大半	夾半	仲半
姑洗角	姑正	蕤正	夷正	無正	應正	大半	夾半
大吕徵	大正	夾正	仲正	林變	夷正	無正	黃變半
應鐘羽	應正	大半	夾半	仲半	蕤半	夷半	無半
南吕宮	南正	應正	大半	夾半	姑半	蕤半	夷半
林鐘商	林正	南正	應正	大半	太半	姑半	蕤半
仲吕角	仲正	林變	南變	應變	黃變半	太變半	姑變半
太蔟徵	太正	姑正	蕤正	夷正	南正	應正	大半
黃鐘羽	黃正	太正	姑正	蕤正	林正	南正	應正
無射宮	無正	黃變半	太變半	姑變半	仲半	林變半	南變半
夷則商	夷正	無正	黃變半	太變半	夾半	仲半	林變半
蕤賓角	蕤正	夷正	無正	黃變半	大半	夾半	仲半

調	一	二	三	四	五	六	七
夾鐘徵	夾正	仲正	林變	南變	無正	黃變半	太變半
大吕羽	大正	夾正	仲正	林變	夷正	無正	黃變半
應鐘宮	應正	大半	夾半	仲半	蕤半	夷半	無半
南吕商	南正	應正	大半	夾半	姑半	蕤半	夷半
林鐘角	林正	南正	應正	大半	太半	姑半	蕤半
姑洗徵	姑正	蕤正	夷正	無正	應正	大半	夾半
太蔟羽	太正	姑正	蕤正	夷正	南正	應正	大半

箋曰：此圖所以明樂之有六十調也。六十調，即旋宮之法也。黃鐘爲宮，以生徵，生商，生羽，生角，及變宮變徵，此黃鐘之調也。十一律各自爲宮，亦生徵，生商，生羽，生角，及變宮變徵，此旋宮之調也。一律各有五音，一音各爲一調，迭而衍之以成六十調。變宮變徵不比於正音，不可爲調，故調止於六十。黃鐘五調：黃鐘爲宮，爲黃鐘宮調；黃鐘爲商，爲無射商調；黃鐘爲角，爲夷則角調；黃鐘爲徵，爲仲吕徵調；黃鐘爲羽，爲夾鐘羽調。五調首尾皆作黃鐘聲也。大吕五調：大吕爲宮，爲大吕宮調；大吕爲商，爲應鐘商調；大吕爲角，爲南吕角調；大吕爲徵，爲蕤賓徵調；大吕爲羽，爲姑洗羽調。五調首尾皆作大吕聲也。太蔟五調：太蔟爲宮，爲太蔟宮調；太蔟爲商，爲黃鐘商調；太蔟爲角，爲無射角調；太蔟爲徵，爲林鐘徵調；太蔟爲羽，爲仲吕羽調。五調首尾皆作太蔟聲也。夾鐘五調：夾鐘爲宮，爲夾鐘宮調；夾鐘爲商，爲大吕商調；夾鐘爲角，爲應鐘角調；夾鐘爲徵，爲夷則徵調；夾鐘爲羽，爲蕤賓羽調。五調首尾皆作夾鐘聲也。姑洗五調：姑洗爲宮，爲姑洗宮調；姑洗爲商，爲太蔟商調；姑洗爲角，爲黃鐘角調；姑洗爲徵，爲南吕徵調；姑洗爲羽，爲林鐘羽調。五調首尾皆作姑洗聲也。仲吕五調：仲吕爲宮，爲仲吕宮調；仲吕爲商，爲夾鐘商調；仲吕爲角，爲大吕角調；仲吕爲徵，爲無射徵調；仲吕爲羽，爲夷則羽調。五調首尾皆作仲吕聲也。蕤賓五調：蕤賓爲宮，爲蕤賓宮調；蕤賓爲商，爲姑洗商調；蕤賓爲角，爲太蔟角調；蕤賓爲徵，爲應鐘徵調；蕤賓爲羽，爲南吕羽調。五調首尾皆作蕤賓聲也。林鐘五調：林鐘爲宮，爲林鐘宮調；林鐘爲商，爲仲吕商調；林鐘爲角，爲夾鐘角調；林鐘爲徵，爲黃鐘徵調；林鐘爲羽，爲無射羽調。五調首尾皆作林鐘聲也。夷則五調：夷則爲宮，爲夷則宮調；夷則爲商，爲蕤賓商調；夷則爲角，爲姑洗角調；夷則爲徵，爲大吕徵調；夷則爲羽，

爲應鍾羽調。五調首尾皆作夷則聲也。南吕五調：南吕爲宫，爲南吕宫調；南吕爲商，爲林鍾商調；南吕爲角，爲仲吕角調；南吕爲徵，爲太蔟徵調；南吕爲羽，爲黄鍾羽調。五調首尾皆作南吕聲也。無射五調：無射爲宫，爲無射宫調；無射爲商，爲夷則商調；無射爲角，爲蕤賓角調；無射爲徵，爲夾鍾徵調；無射爲羽，爲大吕羽調。五調首尾皆作無射聲也。應鍾五調：應鍾爲宫，爲應鍾宫調；應鍾爲商，爲南吕商調；應鍾爲角，爲林鍾角調；應鍾爲徵，爲姑洗徵調；應鍾爲羽，爲太蔟羽調。五調首尾皆作應鍾聲也。蓋六十調即十二調旋宫而成，惟識之以首尾，則用此調不得混彼調，而綱紀井然矣。嘗考《儀禮經傳通解》所引古詩樂譜，其爲黄鍾清宫、無射清商者，皆以黄鍾起調，黄鍾畢曲。朱子云：大凡壓入音律，只以章首章尾二字，如《葛覃》，葛字合作黄鍾調，結尾亦著作黄鍾聲應之。《關雎》，關字合作無射調，結尾亦著作無射聲應之。其云以字合調者，即今字有五音之法也。字之配律，古今不同，或以部分，或以母別，故即朱子當時所叶者，後世亦不能盡合，而其起調畢曲之説，則固無以易矣。然調雖有六十，而每五調所用商角徵羽之聲，即每律各自爲宫以相生之聲，是其實止十二調而已。十二調衍而爲六十調，六十調合而成四百二十聲，舊以一音旋轉相用，則惟黄鍾一調爲得其正，大吕以下便是遷就。昔者，蔡邕倣古旋宫之義，作十二笛。今宜推廣邕法，定其長短輕重大小多寡，凡音皆各具十二律，一律各爲一均，每用一調則從其律。黄鍾調用黄鍾音，大吕調用大吕音，其餘諸調莫不皆然。庶幾以音協律，以律協調，十二調於是而不亂，六十調亦於是而可施矣。今民間俗樂亦有調法，如用六字調是古清黄鍾調，一字調是古姑洗調，上字調是古仲吕調，尺字調是古林鍾調。然或名爲六字調，而雜用正黄鍾調字。名爲一字調，而雜用林鍾調字。名爲上字調，而雜用太蔟調字。名爲尺字調，而雜用應鍾調字。是不惟不知有六十調，實并不知有十二調。不惟不知有十二調，且并不知有十二律之正聲矣。故苟欲復先王之古樂，誠非因聲以正其調不可。

按十二律旋相爲宫，各有七聲，合八十四聲。宫聲十二，商聲十二，角聲十二，徵聲十二，羽聲十二，凡六十聲，爲六十調。其變宫十二，在羽聲之後，宫聲之前。變徵十二，在角聲之後，徵聲之前。宫不成宫，徵不成徵，凡二十四聲，不可爲調。黄鍾宫至夾鍾羽，並用黄鍾起調，黄鍾畢曲。大吕宫至姑洗羽，並用大吕起調，大吕畢曲。太蔟宫至仲吕羽，並用太蔟起調，太蔟畢曲。夾鍾宫至蕤賓羽，並用夾鍾起調，夾鍾畢曲。姑洗宫至林鍾羽，並用姑洗起調，姑洗畢曲。仲吕宫至夷則羽，並用仲吕起調，仲吕畢曲。蕤賓宫至南吕羽，並用蕤賓起調，蕤賓畢曲。林鍾宫至無射羽，並用林鍾起調，林鍾畢曲。夷則宫至應鍾羽，並用夷則起調，夷則畢曲。南吕宫至黄鍾羽，並用南吕起調，南吕畢曲。無射宫至大吕羽，並用無射起調，無射畢曲。應鍾宫至太蔟羽，並用應鍾起調，應鍾畢曲。是爲六十調。六十調即十二律也，十二律即一黄鍾也。黄鍾生十二律，十二律生五聲二變，五聲各爲綱紀，以成六十調。六十調皆黄鍾損益之變也。宫商角三十六調，老陽也。其徵羽二十四調，老陰也。調成而陰陽備也。或曰日辰之數由天五地六錯綜而生，律吕之數由黄鍾九寸損益而生，二者不同。至數之成，則日有六甲，辰有五子，爲六十日。律吕有六律五聲，爲六十調。若合符節，何也？曰：即上文之所謂調成而陰陽備也。夫理必有對待，數之自然也。以天五地六合陰與陽言之，則六甲五子究於六十，其三十六爲陽，二十四爲陰。以黄鍾九寸紀陽不紀陰言之，則六律五聲究於六十，亦三十六爲陽，二十四爲陰。蓋一陽之中又自有陰陽也，非知天地之化育者，不能與於此。

箋曰：宫商角其律長，長者，聲舒屬陽。一律各有宫商角三調，十二律共三十六調，是爲合於三十六策之數而爲老陽。徵羽其律短，短者，聲殺屬陰。一律各有徵羽二調，十二律共二十四調，是爲合於二十四策之數而爲老陰。天數一三五七九，而五爲中。地數二四六八十，而六爲中。以地之中數配天干，則日有六甲。以天之中數配地支，則辰有五子。六甲五子相循，始甲子，終癸亥，而六十日周矣。其閒甲子、丙子、戊子，陽日各有十二，合之得三十六爲陽。庚子、壬子，陰日亦各有十二，合之得二十四爲陰。以律吕言之，黄鍾以九寸相生，而不能有復生黄鍾者，律之所以紀陽不紀陰也。及其由旋宫而爲十二調，因十二而爲六十，則天地有三十六陽日，律亦有三十六陽調。天地有二十四陰日，律亦有二十四陰調。蓋紀陽不紀陰者，以律之上下相生而言也，而有陽自有陰者，由樂之始終條理而見也。陽調三十六，而調之宫商角三聲，則陽中之陽也；其徵羽二聲，則陽中之陰也。陰調二十四，而調之宫商角三聲，則陰中之陽也；其徵羽二聲，則陰中之陰也。洵非知天地之化育者，不能與於此已。

何夢瑶《賡和録》卷下《律吕新書・訓釋》

八十四聲圖第八

每律具七聲，十二律共八十四聲。

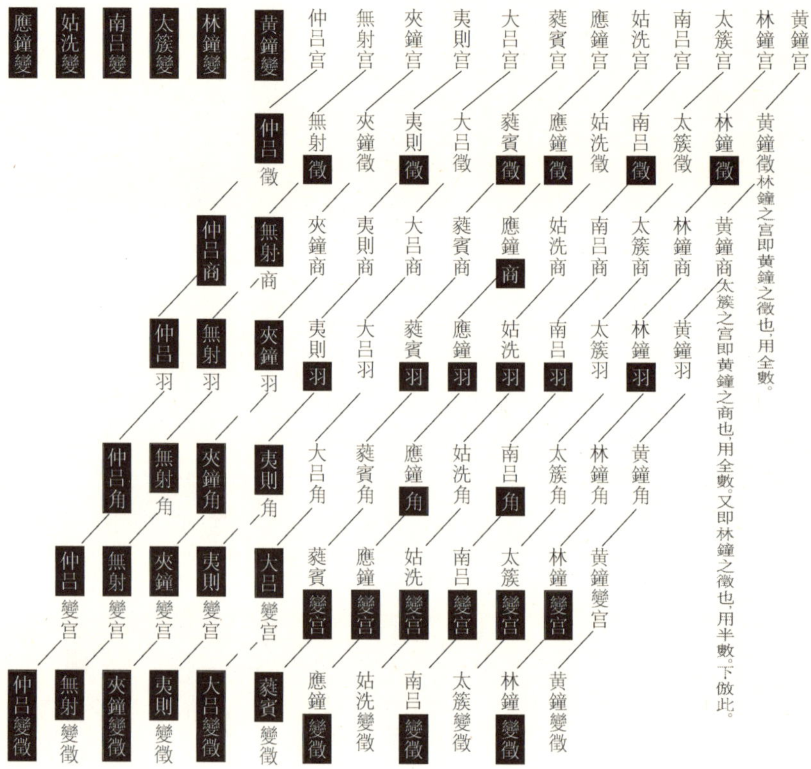

橫數者，七律也。視首層。斜數者，七聲也。視斜線。聲與律位數相應，內黃鐘皆全聲，太簇一半聲，第六聲變宮，用大呂半聲也。大呂亦然。第六聲變宮用黃鐘變半宮。夾鐘二半聲，第四聲羽，第六聲變宮俱用半。姑洗亦然。羽變宮。蕤賓四半聲，徵、羽、變宮、變徵俱半。林鐘亦然。夷則五半聲，除商外，餘俱半。南呂亦然。無射六半聲，應鐘亦然。仲呂爲十二律之窮，三半聲。徵、羽、變宮俱半。蕤賓一變律，第七聲用黃鐘變半。大呂二變律，第六第七。夷則三變律，五六七。夾鐘四變律，四五六七。無射五變律，三四五六七。仲呂六變律。二三四五六七。

原註：律呂之數往而不返，自黃鐘九寸遞減而短，不復返而長也。故黃鐘不復爲他律所役。黃鐘正律全半，及變律全，皆不爲他律所役。惟變律半聲，他律旋宮則用之耳。所用七聲皆正律，此從首行斜數，蓋黃鐘之徵即林鐘也，黃鐘之商即太簇也，羽即南呂，角即姑洗，變宮即應鐘，變徵即蕤賓也，皆正律。無空積忽微。律法得全寸、全分、全釐、全毫者爲正律。有忽秒者爲不盡算。長既不盡，則空圍之積亦必不盡矣。自林鐘而下，則有半聲。已詳上。自蕤賓而下，則有變律。亦詳上。皆有空積忽微，變律皆有忽秒，正律仲呂亦然，看第四五章可見。不得其正，故黃鐘獨爲聲氣之元。雖十二律八十四聲皆黃鐘所生，然黃鐘一均，所謂純粹中之純粹也。八十四聲，正律六十三，自仲呂宮行以上。九七之數。變律二十一，自黃鐘變行以下。三七之數也。

按補註：謂林鐘爲宮，則以大呂爲變徵，一半聲也；南呂爲宮，則以大呂爲角，夾鐘爲變徵，二半聲也。必誤，蓋林鐘宮以太簇爲徵，姑洗爲羽，蕤賓爲變宮，皆用半聲，豈獨大呂。南呂宮以姑洗爲徵，蕤賓爲羽，夷則爲變宮，皆半聲，豈獨大呂夾鐘乎。

御製《性理精義》云：此圖當斜觀之。自黃鐘宮以至黃鐘變徵，仲呂宮以至仲呂變徵，每隔一行，低一位即是其相生之聲也。與前橫斜數法微異。凡言宮商角徵羽者，有聲有調，此圖則其聲也，後圖則其調也。聲者以律之高下長短別五聲，隨每字每聲而名之者也。調者以其律之起聲收聲分五調，統一曲七聲而名之者也。知聲與調之分，則知樂之所謂條理矣。此論十二律旋相爲宮也。首黃鐘宮，次林鐘宮，以次至仲呂宮，而變律不與焉，故無宮字，觀圖自明。

六十調圖第九

已前各篇皆以相生之序言，故先宮，次徵，次商，次羽，次角，次變宮，次變徵。此章以聲之清濁高下言，故先宮，次商角變徵徵羽變宮。

		宮	商	角	變徵	徵	羽	變宮
一	黃鐘宮	黃正	太正	姑正	蕤正	林正	南正	應正
二	無射商	無正	黃變半	太變半	姑變半	仲半	林變半	南變半
三	夷則角	夷正	無正	黃變半	大變半	夾半	仲半	林變半
四	仲呂徵	仲正	林變	南變	應變	黃變半	太變半	姑變半

五	夾鐘羽	夾正	仲正	林變	南變	無正	黃變半	太變半
六	大呂宮	大正	夾正	仲正	林變	夷正	無正	黃變半
七	應鐘商	應正	大半	夾半	仲半	蕤半	夷半	無半
八	南呂角	南正	應正	大半	夾半	姑半	蕤半	夷半
九	蕤賓徵	蕤正	夷正	無正	黃變半	大半	夾半	仲半
十	姑洗羽	姑正	蕤正	夷正	無正	應正	大半	夾半
十一	太簇宮	太正	姑正	蕤正	夷正	南正	應正	太半
十二	黃鐘商	同一						
十三	無射角	同二						
十四	林鐘徵	林正	南正	應正	大半	太半	姑半	蕤半
十五	仲呂羽	同四						
十六	夾鐘宮	同五						
十七	大呂商	同六						
十八	應鐘角	同七						
十九	夷則徵	同三						
二十	蕤賓羽	同九						
二一	姑洗宮	同十						
二二	大簇商	同十一						
二三	黃鐘角	同一						
二四	南呂徵	同八						
二五	林鐘羽	同十四						
二六	仲呂宮	同四						
二七	夾鐘商	同五						
二八	大呂角	同六						
二九	無射徵	同二						
三十	夷則羽	同三						
三一	蕤賓宮	同九						
三二	姑洗商	同十						
三三	太簇角	同十						
三四	應鐘徵	同七						
三五	南呂羽	同八						
三六	林鐘宮	同十四						
三七	仲呂商	同四						
三八	夾鐘角	同五						
三九	黃鐘徵	同一						
四十	無射羽	同二						
四一	夷則宮	同三						
四二	蕤賓商	同九						
四三	姑洗角	同十						
四四	大呂徵	同六						
四五	應鐘羽	同七						
四六	南呂宮	同八						
四七	林鐘商	同十四						
四八	仲呂角	同四						
四九	太簇徵	同十一						
五十	黃鐘羽	同一						
五一	無射宮	同二						
五二	夷則商	同三						
五三	蕤賓角	同九						
五四	夾鐘徵	同五						
五五	大呂羽	同六						
五六	應鐘宮	同七						
五七	南呂商	同八						
五八	林鐘角	同十四						
五九	姑洗徵	同十						
六十	太簇羽	同十一						

問首五行皆黃鐘曲，而次行乃冠以無射，何也？曰首行黃鐘爲宫，而次行則變爲商，故無射得以冠之也。以第七章圓圖左旋觀之，可見矣。曰黃鐘既爲商，則無射當爲宫，而曰無射商，何也？曰黃鐘居本位爲宫，左旋居太簇位爲商，則無射亦以本位爲宫，左旋居黃鐘位爲商也。然次行與五十一行，七音無異，則無射未始非宫，特次行乃黃鐘之商調，故主黃鐘立名耳。

右六十調，每五調用墨線界分爲一曲，共十二曲。初曲黃鐘，統五調爲一曲畢，乃及大呂五調。餘倣此。二變，宫不成宫，徵不成徵，故不立調。後世參入二變，共爲八十四調，蔡氏非之。

朱子曰：旋相爲宫，若到應鍾爲宫，則下四聲都當低去，言下四聲若用正律，則皆長於應鍾，而聲俱低，爲相反也。十二律長短見後圖。所以有半聲，亦謂之子聲，近時所謂清聲也。

補註：以七聲爲一調，以五調而當一曲。一曲既畢，而别起調。其正者，以正律全聲應也。半者，以正律半聲應也。變者，以變律全聲應也。變半者，以變律半聲應也。陽律爲宫，而商角皆陽，宫商角三十六調皆陽。至變徵而變爲陰。徵羽爲陰，徵羽二十四調皆陰。至變宫又變而爲陽。若陰律爲宫則反此。朱子曰：大凡壓入音律，只以首尾二字，章首一字是某調，章尾即以某調終之。如《關雎》關字，合作無射調，關開口音屬商，當作無射商調也。結尾亦著作無射聲應之。《葛覃》葛字，合作黄鍾調，葛喉音，故屬黄鍾宫。結尾亦著作黄鍾聲應之。如《七月流火》三章，皆七字起，七字是清聲調，羽至清。末亦以清聲調結之。如「五月螽斯動股」、「二之日鑿冰沖沖」，五字二字皆濁聲黄鍾調，末以濁聲結之。起一聲爲起調，結一聲爲畢曲。如今俗樂，亦只有商宫羽三調而已。按六十調實止有十二調，得此説而雷同之疑可釋。沈氏《筆談》曰：十二律併清宫，四聲詳下。當有十六聲。今燕樂止有十五聲，蓋本樂高於古樂二律以下，故無正黄鍾聲。聲高則管短，故無。只以合字當大吕，猶差高，當在大吕太簇之閒。下四字近太簇，之之疑衍。高四字近夾鍾，下一字近姑洗，高一字近仲吕，上字近蕤賓，句字近林鍾，尺字近夷則，二字疑工字。近南吕，高二字工近無射，六字近應鍾。下凡字爲黄鍾清，高凡字爲大吕清，下五字爲太簇清，高五字爲夾鍾清。朱子謂十二律皆有清聲，只説四者，意取其數之多者言之。然此調煞聲，煞尾聲也。不能盡歸本律，故有偏煞，側煞，寄煞，元煞之類。雖與古法不同，推之亦皆有理。

附各律長短七聲次第圖

明此，則上圖十二宫之次第，黄次大次太等。及每宫之次第，黄宫次無次夷等。每調七聲之次第曉然矣。

黄正九寸
黄變八寸八七八八不盡
大正八寸四二七九八不盡
太正八寸
太變七寸八九三不盡
夾正七寸四九一五不盡
姑正七寸一一一不盡
姑變七寸〇一五三不盡
仲正六寸六六〇〇三不盡
蕤正六寸三二〇九八七不盡
林正六寸
林變五寸九二〇〇不盡
夷正五寸六一八六五五不盡
南正五寸三三不盡
南變五寸二六二不盡
無正四寸九九五〇二不盡
應正四寸七四〇四七不盡
應變四寸六七六九不盡
黄變半四寸四四〇〇不盡
大半四寸二一八九九不盡
太半四寸
太變半三寸九四六不盡
夾半三寸七四五七不盡
姑半三寸五五五不盡
姑變半三寸五〇八一不盡
仲半三寸三三〇〇不盡
蕤半三寸一六〇四不盡
林變半二寸九六〇不盡
夷半二寸八〇九不盡
南變半二寸六三一一不盡
無半二寸四九七〇不盡

宫隔一位商，商隔一位角，角隔一位變徵，變徵下位徵，徵隔一位羽，羽隔一位變宫。每位以墨線分界，正與變只算一位，如大吕爲宫，隔一位夾鍾爲正商，又隔一位仲吕爲正角，又隔一位林鍾爲變徵。下一位夷則爲正徵，又隔一位無射爲正羽，又隔一位黄鍾變半爲變宫也。隔位不隔位，以第七章圜圖考之可見。

程瑶田《聲律小記・周官三大樂鄭注圖説》《周官・大司樂》：凡樂，圜鍾爲宫，黄鍾爲角，太蔟爲徵，姑洗爲羽；凡樂，函鍾爲宫，太蔟爲角，姑洗爲徵，南吕爲羽；凡樂，黄鍾爲宫，大吕爲角，太蔟爲徵，應鍾爲羽。此三大樂采用還宫六十調之法，而非本宫所還之角徵羽也，即以函鍾爲宫言之，四律順生。函鍾生太蔟徵也，太蔟生南吕商也，南吕生姑洗羽也。今不曰徵而曰角，不曰商而曰羽，不曰羽而曰徵，是無商之名，而有商之實。謂之祭不用商，可乎？惠氏士奇著《禮説》，論三大樂綦詳，其言曰：圜丘六變，三宫四均；方丘八變，宗廟九變，四宫四均。蓋謂圜鍾、函鍾、黄鍾即以其宫爲均。黄鍾角者，夷則宫之角也。太蔟徵姑洗羽者，林鍾宫之徵與羽也。太蔟角者，無射宫之角也。姑洗徵者，南吕宫之徵也。南吕羽者，黄鍾宫之羽也。大吕角者，南吕宫之角也。太蔟徵者，林鍾宫之徵也。應鍾羽者，太蔟宫之羽也。凡此皆以其宫之或角或徵或羽爲均也，如此則猶是以黄、林、太、南、姑、應、蕤、大、夷、夾、無、中更相爲宫者，任舉一宫循其序而還之，皆可爲均，用以起調畢曲，而無陵亂舛互之嫌，故足尚也。惠氏又曰：古者一宫四調，沿及魏晉，三調猶存，曰正宫調，曰清角調，曰下徵調，而羽調亡矣。又言《國語》上宫爲清角，下宫爲下徵，皆足與三大樂相發明。然遽欲持其説以難鄭注則不可，夫言豈一端而已。夫各有所當也。注蓋以聖人制作皆其精意所存，此宫必此角此徵此羽以配之，豈苟焉已哉。於是以聲類求之而得，其不用與辟之之故而爲之説，初不謂其爲本宫所還之角徵羽也。如謂注即以爲本宫之所還，則《禮運》所謂五聲六律十二管還相爲宫者，鄭氏之説具在，可覆而視也。由其説之不相入而知其指之各有歸矣，安得輕議之乎。爰録鄭注且爲圖以明之。

鄭注：圜鍾，夾鍾也。函鍾，林鍾也。用聲類求之，天宫夾鍾陰聲，其相生從陽數，其陽無射。無射上生中吕，中吕與地宫同位，不用也。中吕上生黄鍾，黄鍾下生林鍾，林鍾地宫又不用。林鍾上生太蔟，太蔟下生南吕，南吕與無射同位，又不用。南吕上生姑洗，地宫林鍾。林鍾上生太蔟，太蔟下生南吕。南吕上生姑洗，人宫黄鍾。黄鍾下生林鍾，林鍾地宫，辟之。林鍾上生太蔟，太蔟下生南吕。南吕與天宫之陽同位，又辟之。南吕上生姑洗，姑洗南吕之合，又辟之。姑洗下生應鍾，應鍾上生蕤賓，蕤賓地宫，林鍾之陽也，又辟之。蕤賓上生大吕。凡五聲宫之所生，濁者爲角，清者爲徵羽。此樂無商者，祭尚柔，商堅剛也。

天宫

按賈疏，以注中從陽數，數字作上聲讀，謂天宫。夾鍾乃陰聲，而其陽則無射。此宫數相生之法，當從無射陽聲數起。故其陽無射句下不添不用二字者，非不用也。若用之是從陰數起矣。依疏言，凡言不用者卑之，陰不當卑陽，故知非不用，乃不能用耳。天宫夾鍾卯氣陰吕，無射戌氣陽律。卯戌相合，故曰天宫之陽也。林鍾地宫不用者，以天尊地卑之意。而中吕與林鍾同在南方，位亦嫌而不用也。無射既不能用，南吕與之同位，故亦不用也。

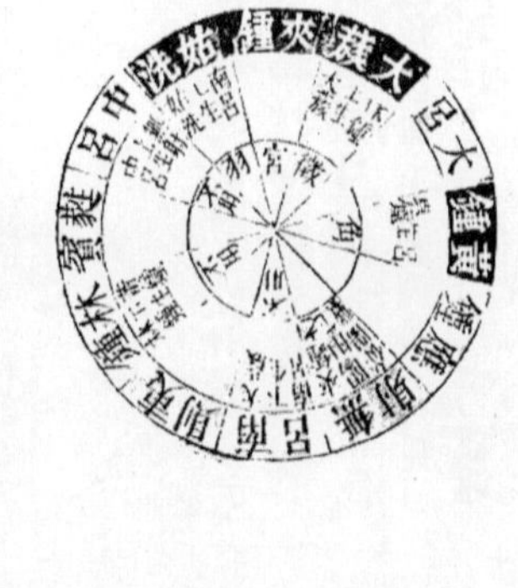

地宫

按賈疏，謂地宫羽爲先生後用，徵爲後生先用，人宫徵爲先生後用，角爲後生先用，蓋謂角徵羽以絲多者居先，相次而用之也。然則天地二宫，宫皆在徵羽之間，其角徵二音絲皆多於宫音，豈宫音宜用倍律與。

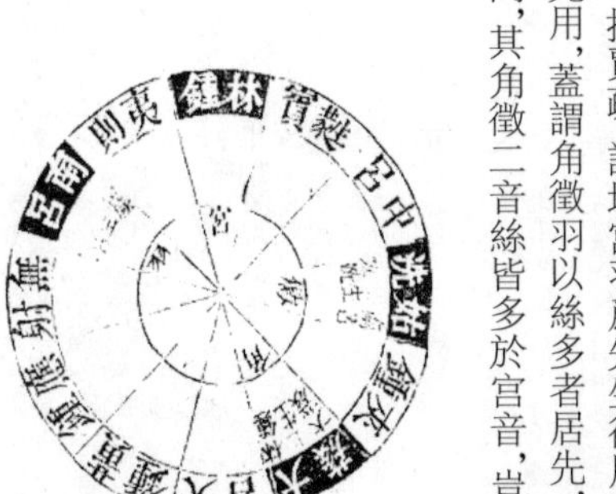

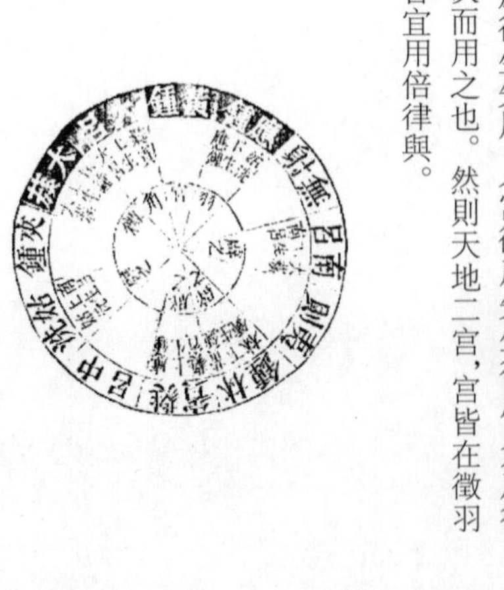

人宫

按賈疏，凡言辟之者尊之，故林鍾爲地宫，辟之無射爲天宫之陽，當辟。而南吕則與無射同位，故亦辟之。南吕酉氣，姑洗辰氣，辰酉相合。南吕既辟，姑洗因亦辟之。林鍾未氣，蕤賓午氣，午未相合。林鍾既辟，蕤賓因亦辟之。

徐養原《律吕臆説・五音數爲衆律通法圖》

	宫八十一	徵五十四	商七十二	羽四十八	角六十四
黄九寸	七百二十九寸	四百八十六寸	六百四十八寸	四百三十二寸	五百七十六寸
林六寸	四百八十六寸	三百一十四寸	四百三十二寸	二百八十八寸	三百八十四寸
太八寸	六百四十八寸	四百三十二寸	五百七十六寸	三百八十四寸	五百一十二寸

續表

	宮八十一	徵五十四	商七十二	羽四十八	角六十四
南五寸三分寸之一	四百三十二寸	二百八十八寸	三百八十四寸	二百五十六寸	三百四十一寸一分寸之一
姑七寸九分寸之一	五百七十六寸	三百八十四寸	五百一十二寸	三百四十一寸三分寸之一	四百五十五寸九分寸之一
應四寸二十七分寸之二十	三百八十四寸	二百五十六寸	三百四十一寸三分寸之一	二百二十七寸九分寸之五	三百二寸一十七分寸之十
蕤六寸一十一分寸之二十六	五百一十二寸	三百四十一寸三分寸之一	四百五十五寸九分寸之一	三百二寸二十七分寸之十一	四百四寸八十一分寸之四十四
大八寸二百四十三分寸之一百四	六百八十二寸三分寸之二	四百五十五寸九分寸之一	六百六寸二十七分寸之二十二	四百四寸八十一分寸之四十四	五百三十九寸二百四十三分寸之九十五
夷五寸七百二十九分寸之四百五十一	四百五十五寸九分寸之一	三百三寸二十七分寸之十一	四百四寸八十一分寸之四十四	二百六十九寸二百四千三分寸之一百八十九	三百五十九寸七百二十九分寸之四百二十三
夾七寸二千一百八十七分寸之千七十五	六百六寸二十七分寸之二十二	四百四寸八十一分寸之四十四	五百三十九寸二百四十三分寸之九十五	三百五十九寸七百二十九分寸之四百三十三	四百七十九寸二千一百八十七分寸之一千三
無四寸六千五百六十一分寸之六千五百二十四	四百四寸八十一分寸之四十四	二百六十九寸二百四十三分寸之一百六十九	三百五十九寸七百二十九分寸之四百三十三	二百三十九寸二千一百八十七分寸之一千五百九十五	三百一十九寸六千五百六十一分寸之四千一百九十三
仲六寸萬九千六百八十三分寸之萬二千九百七十四	五百三十九寸一百四十三分寸之九十五	三百五十九寸七百二十九分寸之四百三十三	四百七十九寸二千一百八十七分寸之一千三	三百一十九寸六千五百六十一分寸之四千一百九十三	四百二十六寸萬九千六百八十三分寸之三千六百五十

右聲律相乘，其數如此。觀此則知一律自具五音，五音又各應一律，或全或半，皆以聲數定之。如林鍾爲宮，宮生徵爲下生，呂生律當上生。旋宮以音爲主，故林鍾之徵，其數半於太簇之宮。夷則以後之羽、徵、角、商還應黄、林、太、南四律，雖律度不合，而音之相生自若以數爲準，況莫切於此。據《管子》徵羽宜用濁倍，說見後。今姑從《史記》用正數。《史記》不及二變，今亦略之。

張琛《律呂新書初解》

黄鐘第一

長九寸。

琛曰：長九寸者，言黄鍾之管長九寸也。按黄帝取嶰竹三寸九分者而吹之爲之黄鍾，則管只長三寸九分，本無九寸之說也。具謂黄鍾九寸者，始于漢淮南王安，時去古未遠，自有所本。厥後劉歆始言其意，曰黄鍾律應十一月，位在子，正如乾之初九，潛伏于地下，故律長九寸。九寸者，所以究極中和之意也。劉歆之說似空，然至今以九寸爲律之本，不能易也。

空圍九分。

琛曰：空圍九分者，言黄鍾之管中空圈圓，有九分也。孟康曰：律孔徑三分，參天之數也。圈九分，終天之數也。

積八百一十分。

琛曰：積八百一十分者，黄鍾之管，圍圓九分，每一分容九十，九九容八百一十分也。若曰管長九寸，内有圍圓九分之空孔，孔内可容一分大之實八百一十個也。按圍九分，以密率考之，其徑應三分三釐八毫五絲一忽，其圍十分零六釐三毫四絲六忽，其積實不止八百一十分，而古法只知徑三圍九，故積實八百一十分。

原註：黄者，陽聲之始，陽氣之動也，故其數九分寸之數，具于聲氣之先，不可得而見，及斷竹爲管，吹之而聲和，候之而氣應，而後數始形焉。均其長得九寸，審其圍得九分，積其實得八百一十分，是爲律本。度量權衡於是而受法，十一律由是而損益焉。

琛曰：八百一十分爲律之本，故不能另以密率之法定其圍徑，蓋圍徑既易，則積實不止八百一十分，則律本先有所更而下文皆說不去矣。

琛曰：度量權衡於是而受法者，其說解見本書之第十一、十二、十三章。【略】

又 變聲第七

變宮聲四十二。小分六。

琛曰：此四十二之說，由角聲之六十四，乃以三分損益之道旋轉以生出者。其法置一而兩三生之。置一者，如有一于此也。兩三生之者，如子一至寅九，以一遞加三，相乘兩次也，乘出之數爲九。因角聲之實六十四，得五百七十六，乃三分之，每分爲一百九十二，於五百七十六内損去之，餘三百八十四。乃以九歸，應四十二，變宫聲之數也。其四十二以九因還原，只除得三百七十八，尚餘六，即註内之小分六也。

變徵聲五十六。小分八。

琛曰：以變宫之三百八十四，三分之，每分爲一百二十八，於三百八十四内增入之，爲五百一十二。以九歸之，應五十六，變徵聲之數也。其五十六，以九因還原，只除得五百〇四，尚餘八，即註内之小分八也。

原註：案五聲，宫與商，商與角，徵與羽，相去各一律。至角與徵，羽與宫，相去乃二律。相去一律，則音節和。相去二律，則音節遠。故角徵之間，近徵收一聲，比徵少下，故謂之變徵。羽宫之間，近宫收一聲，少高於宫，故謂之變宫也。角聲之實，六十有四，以三分之，不盡一算，既不可行，當有以通之。聲之變者二，故置一而兩三之，得九。以九因角聲之實六十有四，得五百七十六，三分損益，再生變徵變宫二聲。以九歸，以從五聲之數，存其餘數，以爲强弱。至變徵之五百一十二，以三分之，又不盡二算，其數又不行，此變聲之所以止于二也。變宫變徵，宫不成宫，徵不成徵，古人謂之和繆。又曰所以濟五聲之不及也。變聲非正，故不爲調也。

琛曰：宫與商，商與角，徵與羽，相去各一律者，言宫生徵，徵生商，宫與商相去之間有一徵。商生羽，羽生角，商與角相去之間有一商，故云相去各一律。相去一律，其聲近，故和。角與徵，羽與宫，相去二律者，徵生商，商生羽，羽乃生角，角徵相去之間有商羽二律。宫生徵，徵生商，商乃生羽，宫羽相去之間有徵商二律，故云相去二律也。相去二律其聲遠，故收變徵變宫二聲，以使相接之間和諧也。存其餘數以爲强弱者，將小分之六之八之數，仍以九歸之，如變律章内，紀其餘分以爲忽秒之意也。變徵之數五百一十二，三分之，每分得一百七十，只除得五百一十，尚餘二，故云不盡二算也。

琛又曰：淮南王安又謂角生應鍾，不比正音，故爲和。應鍾生蕤賓，不比正音，故爲繆。按應鍾之數四十二，今變宫聲亦四十二，變宫爲角所生，正合角生應鍾之説。至蕤賓之數五十七，今變徵之聲五十六，少一算，然有小分一，以九歸，只少九分一之一，即足一成五十七矣。或者淮南舉其九分之八而爲一，然則亦符應鍾生蕤賓之意矣。

八十四聲圖第八 正律實書，半聲空書，變律空書，半聲實書。

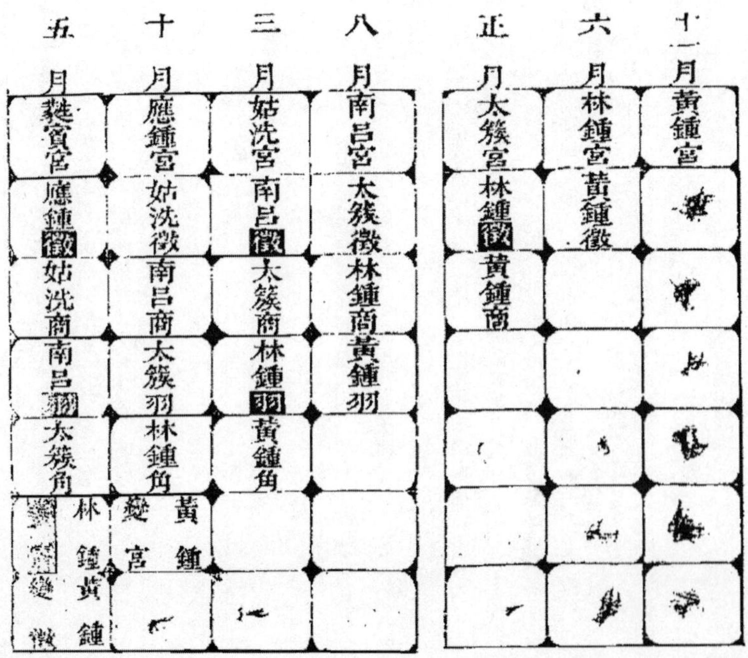

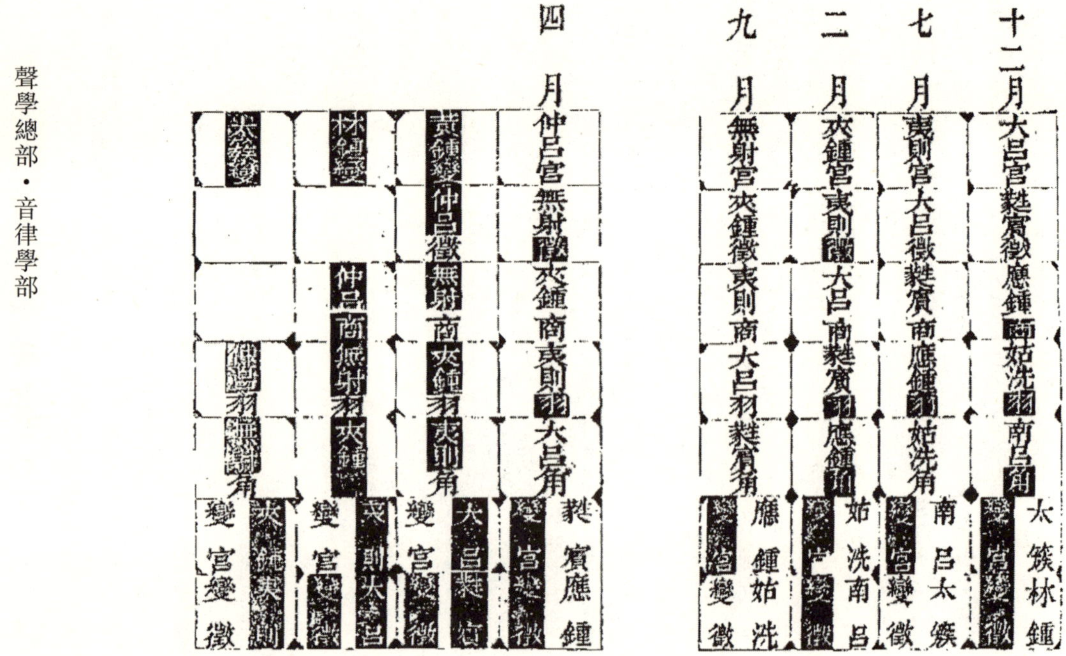

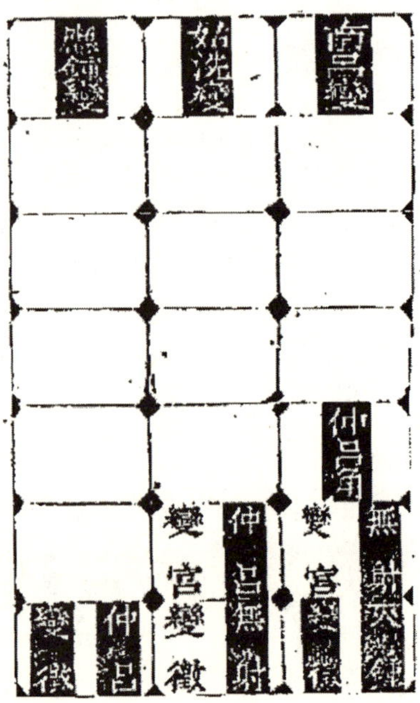

琛曰：音始於宫，窮於角，角既窮又生出變宫變徵二聲，凡七聲。以上第六、第七章，其七聲相生之道已班班矣。而每律皆有七聲，如今俗調，五字調内有五六工尺上四合，而六字調内亦有五六工尺上四合。其六字調内之工尺上四合悉本於六字，少低於五字調内之工尺上四合矣。而五字調内各聲悉根於五字少高矣，不得混言五六工尺上四合而謂同聲也。此圖七聲亦然，如黄鍾之音最濁，黄鍾爲宫，則黄鍾所領六音皆濁。林鍾之音最清，林鍾爲宫則所領六音皆清。此雖同爲七聲，而不得混言七聲爲同也。其太簇各律皆一律有七音，十二律共八十四音也。

琛曰：此圖自黄鍾以至仲吕，其横引之序，一如第四章十二律之實。又當斜觀之，如第一行黄鍾宫，其第二行低一位之黄鍾商，即所生之聲也。以次斜生至變徵，其林鍾以至仲吕皆同。又當直觀之，如仲吕宫本行次位爲無射徵，又次爲夾鍾商，又次爲夷則羽，又次爲大吕角。其意若曰仲吕爲宫調，則所領之調爲無射徵，夾鍾商，夷則羽，大吕角四調也。或曰，若然則自姑洗以下直觀之則有五聲，可知所領各調矣。其黄鍾一行直觀之，只一聲。林鍾一行只二聲，太簇一行只三聲，南吕一行只四聲，將何以知五聲之所屬乎？曰：不有仲吕宫隔一行之四位乎，可以移而補之黄鍾宫一位之下也。仲吕商一行之三位乎，可以移而補之林鍾宫二位之下也。仲吕羽一行之二位乎，可以移而補之太簇宫三位之下也。仲吕角一行之一位乎，可以移而補之南吕宫四位之下也。如是皆有宫商角徵羽，如黄鍾爲宫調，則知所領爲仲吕徵、無射商、夾鍾羽、夷則角四調矣。則後圖調之所由來，於此生之。其林鍾以下可類推。或曰尚有變宫變徵二聲，其不在直觀之列乎？後文原註曰：宫不成宫，徵不成徵，不能成調也，故直觀之盡五聲而止，不言其變律也。

或曰：何以有半聲乎？曰黄鍾之管九寸，其管吹七聲，故能具足。大吕則（一）［八］寸三分七氂六豪，其管始短於黄鍾，故能得六聲之正，而第七聲之變徵只有半聲矣。所爲半聲者，非一聲之分而爲二，但有空積忽微之不正，則爲半聲也。至太簇之管爲八寸，則又短於大吕矣，故其管吹至變宫則先不足，蓋變聲又在第六聲矣。此大吕太簇之變律，同有一半聲之道也。至次太簇而短者，夾鍾七寸四分零，故吹至變宫雖足，而於變徵則不足，於角聲又不足矣。次夾鍾而短者，姑洗七寸一分，故於夾鍾又先已不足，易變徵而先不足於變宫，易角而先不足於羽，此夾鍾姑洗之所以有二半聲也。至次姑洗而短者，則蕤賓之六寸二分零，林鍾之六寸，故變宫變徵則不足，吹至徵不足，吹至羽又不足矣，故有四半聲也。至夷則之管五寸五分零，南吕之管五寸三分，則愈短矣，故除宫商之外，吹之皆不足，而有五半聲也。至仲吕之管則六寸五分零，長於蕤賓，而短於姑洗矣，故於商於角於變徵則有三半聲也。

或曰：變律自仲吕生黄鍾，黄鍾生林鍾，林鍾生太簇，太簇生南吕，南吕生姑洗，姑洗生應鍾。至應鍾，其數不能三分，其道已窮，變律止於六矣。玆則自蕤賓一變律，大吕二變律，夷則三變律，夾鍾四變律，無射五變律，仲吕六變律。其變律何自而生？琛曰：此變律非如黄鍾等變律之謂也，蓋黄鍾以下六變律，蓋自仲吕所生。三分損益，纖毫不差，故其全半皆可爲管，皆可爲聲，而列於六十調圖内而用之也。至此之所爲變律者，正如晉之孟康曰：十二月之氣，各以其月之律爲宫，非五音之正，則聲有高下差降也。如以蕤賓爲宫矣，而蕤賓吹徵吹羽，則恰合半聲，不多不少，故以半聲註之。至吹變徵，則於正聲之道既不合，於一半之道亦有高下差降之殊，故註之曰變律。蓋其聲不正，擯而不用者也。其夷則、夾鍾、無射、仲吕變律之道，其意皆同，何以知其不用？觀後六十調圖内不收其聲自明。

原註：案律吕之數，往而不返，故黄鍾不復爲他律役，所用七聲皆正律，無空積忽微。（不得其正）故黄鍾獨爲聲氣之元。雖十二律八十四聲，皆黄鍾所生，然黄鍾一均，所謂純粹中之純粹者也。八十四聲，正律六十三，變律二十一。六十三者，九七之數也。二十一者，三七之數也。

琛曰：變律二十一聲，即指蕤賓以至仲吕之變律也，其聲六十調圖内並不用。六十調圖内所用者，正律六十三，又黄鍾至應鍾變律六聲也。故十二律雖有八十四聲，其適用者六十三聲耳，而黄鍾之變律六聲恰適用，然不在八十四聲之内也。

六十調圖第九

	宫	商	角	變徵	徵	羽	變宫
黄鍾宫	黄正	太正	姑正	蕤正	林正	南正	應正
無射商	無正	黄半變	太半變	姑半變	仲半	林半變	南半變
夷則角	夷正	無正	黄半變	太半變	夾半	仲半	林半變
仲吕徵	仲正	林變	南變	應變	黄半變	太半變	姑半變
夾鍾羽	夾正	仲正	林變	南變	無正	黄半變	太半變

琛曰：此六十調之第一調至第五調也。其七聲之次第，一宫，二商，三角，四變徵，五徵，六羽，七變宫，如五聲圖内之次第而間以變徵變宫也。其辨十二律爲某聲之處，當横觀之，如圖之横第一位爲黄、無、夷、仲、夾，在宫字位上則皆宫聲。第二位太、黄、無、林、仲，在商字位上則皆商聲。其角以下，可類推。其六十調七聲之位皆然。

或曰：宫之下，何以不依八十四聲圖内生徵而接以商，何也？曰：五聲相生之道，三分損一而生一聲，三分益一而又生一聲，故宫聲八十一，損一而生徵聲；徵聲五十四，益一而生商聲。此言其聲之相生也。至以聲和調，則三分損益而後成調，言損之而又益，或益之而又損，乃始相接而成調也。如宫聲損之而生徵聲，徵聲益之而始生商聲，故以商接宫也。其商聲損之而生羽聲，羽聲益之而生角聲，故以角接商。角聲損之而生變宫，變宫益之而生變徵，故以變徵接角。其即以徵接變徵者，變聲章内所爲角與徵相去二律，其聲遠，故以變徵接角。既有變徵之聲，則可得徵聲之正矣，故以徵接變徵。徵聲益一而生商聲，商聲損一而生羽聲，故以羽接徵。羽聲益一而生角聲，角聲損一而生變宫，故以變宫接羽。皆損之又益，或益之又損，其調乃相接也。或曰：第一調内，黄鍾起聲，其接聲不用林鍾，而用太簇者，何也？琛曰：亦如上文七聲三分損益之道也。其律之相生也，三分損之而成一律，三分益之而又成一律。至以人調，則損之而又益，或益之而又損，乃相接。如第一調黄鍾損之而生林鍾，林鍾益之而生太簇，故以太簇接黄鍾。至太簇損之而生南吕，南吕益之乃生姑洗，故以姑洗接太簇。一損一益皆備，而後取其律以相接，故每隔一律取一律也。推之六十調皆同。此相接之道也。

或曰：如上文之説則黄太姑洗相接之法明矣，然止四聲也，其第五聲蕤賓損之生大吕，大吕益之生夷則，則當接夷則，何以又還而補取林鍾也？曰：每七律成一調，其一調取其相接連之七律，而不能奪倫以取也。如自黄鍾至蕤賓，爲緊接之七律，其一調即於此七律内成之，不能取之七律之外也。若自林鍾起調，則林鍾爲第一律，至大吕爲第七律，則此一調總在此七律之内。餘可類推。故黄鍾既隔一律取一律，至蕤賓足四律矣，乃還而取第一聲所生之律。如黄鍾爲第一聲，則黄鍾所生者林鍾，故又取林鍾也。而林鍾則又益而又損，以取南吕。南吕則又損而又益，以取應鍾。於是七聲畢而一調成矣。推之六十調，其法皆同。

或曰：其一調七律，一損一益，乃始相接而又還而補取第一聲所生之律，亦有説乎？琛曰：律之爲道，往而不返，其七聲以律之分寸長短，緊挨相接而下，如下階然。如黄鍾長九寸，爲自上而下之第一階，其第二階則太簇之八寸，第三階則姑洗之七寸一分，第四階則蕤賓六寸三分八釐，第五階則林鍾之六寸，第六階則南吕之五寸三分，第七階則應鍾之四寸六分六釐。其管皆以次而短，所爲洪纖高下，不相奪倫者。若按律序相接，則黄鍾之九寸，下而接林鍾之六寸，而又上而接太簇之八寸，不上下相奪乎？其自蕤賓第四聲接第五聲，如不還而取林鍾而取大吕，則大吕之管長八寸三分七釐六毫，蕤賓之管只長六寸二分八釐，不又返而上越數階，將何以相接乎？故還而取林鍾六寸之管，與六寸二分八釐恰相下一階也。

琛曰：其一調内七律相接之道，加繪一圖，其意愈明。

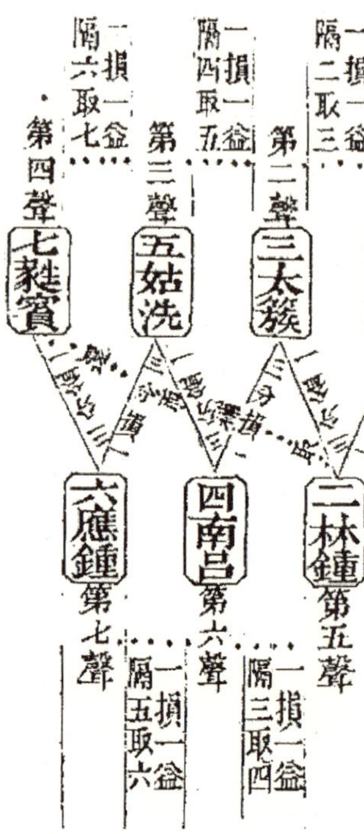

如一黄鍾，二林鍾，三太簇，四南吕，五姑洗，六應鍾，七蕤賓，所爲相連接之七律也。以此七律成一調，不得用第八律大吕以外之律也。其法黄鍾爲第一聲，一損一益，取太簇爲二聲。又一損一益，取姑洗爲第三聲。又一損一益，取蕤賓爲第四聲。於是還而補取第一聲黄鍾所生之律林鍾爲第五聲。又一損一益，取南吕爲第六聲。又一損一益，取應鍾爲第七聲。其第一二三四五六七，皆所隔一律，以取一律。惟第五聲，則還而補取第一聲所生之律也。其法六十調皆同。

或曰第二調何以無射爲第一聲乎？琛曰：視黄鍾所在之位而定之也。黄鍾換而爲商，則在第二聲矣。其第一聲當轉而上之，隔一律取一律矣，故以無射爲第一聲也。黄鍾爲各律之先，其上無聲，故於變律中轉而上之。加繪一圖，其意益明。

其圖前後半頁分繪，觀之不甚了然，故繪於後半頁。

十二正律既畢，則與六變律相接，此第二調十一無射，十二仲吕，十三黄變，十四林變，十五太變，十六南吕，十七姑洗，所爲相連接之七律，不取之於外律也。

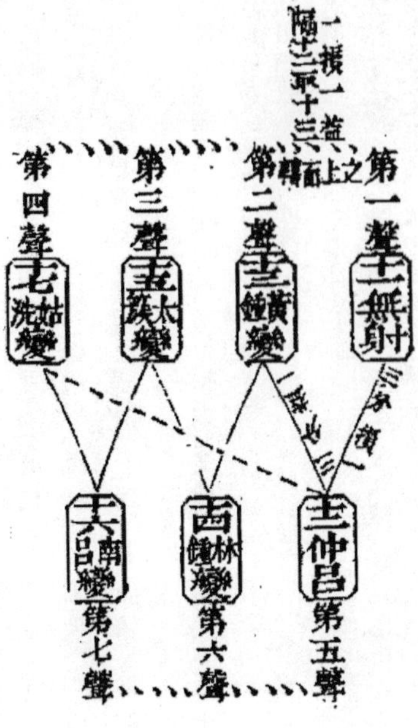

或曰：第三調何以夷則爲第一聲乎？琛曰：視黄鍾所在之位而定之也。黄鍾換而爲角矣，在第三聲矣。其第二聲當轉而上之，隔一律取一律矣。其第二聲又當從第二聲轉而上之，隔一律取一律矣，故以夷則爲第一聲也。加繪一圖，其意自明。

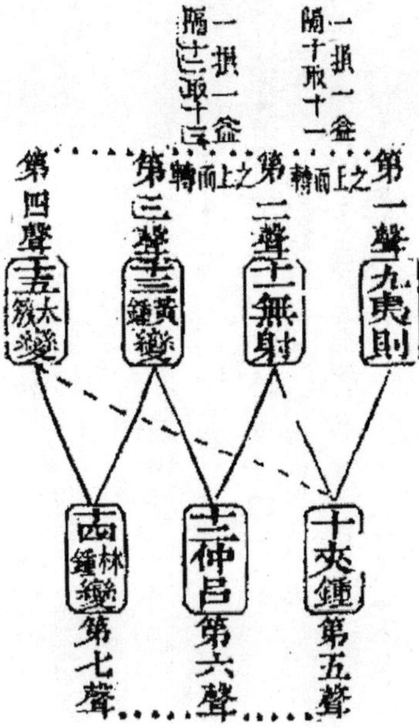

或曰：第四調何以仲呂爲第一聲乎？琛曰：視黄鍾所在之位而定之也。黄鍾換而爲徵矣，中有變徵，爲四聲，故不計。在第五聲矣，正當還而補取之位也。其第四聲當轉而上之，求其補取之所自出之律。其第三聲當從第四聲轉而上之，隔一律取一律。第二聲當從第三聲轉而上之，隔一律取一律。第一聲當從第二聲轉而上之，隔一律取一律，故以仲呂爲第一聲也。加繪一圖，其意自明。

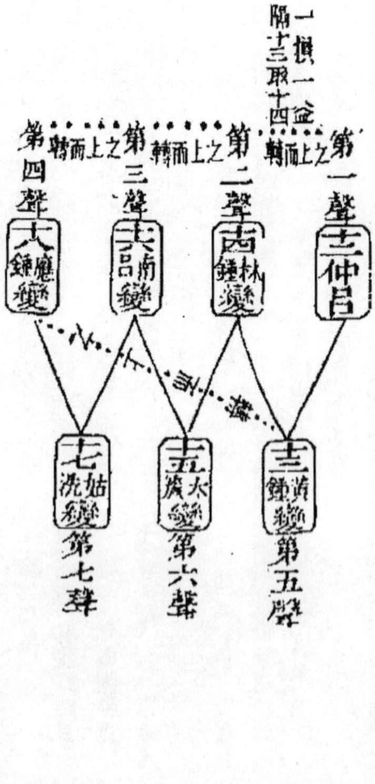

或曰：第五調何以夾鍾爲第一聲乎？琛曰：視黄鍾所在之位而定之也。黄鍾換而爲羽，在第六位矣，其第五聲當轉而上之，隔一律取一律矣。其第四聲當自第五聲轉而上之，求其還而補取之所自出之律。其第三聲當自第四聲轉而上之，隔一律取一律矣。其第二聲當從第三聲轉而上之，隔一律取一律矣。其第一聲當自第二聲轉而上之，隔一律矣，故以夾鍾爲第一聲也。加繪一圖，其意自明。

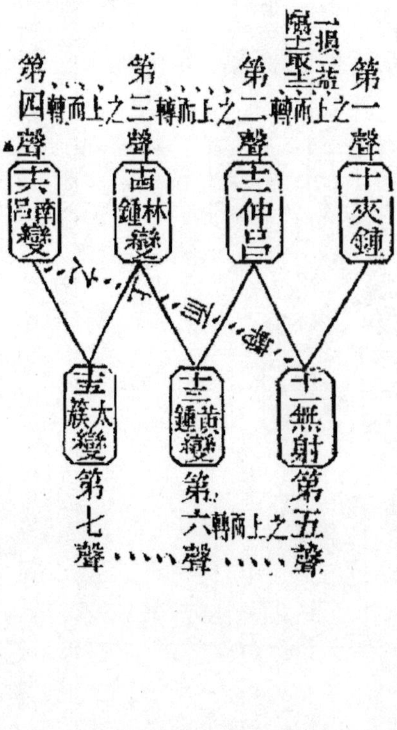

以上五圖，悉言黃鍾宮五調内十二律次序相接之理。此圖以黃鍾爲主，故視黃鍾所在五聲之位而上下次序之。至大吕調，則視大吕所在五聲而次序推之。十二律皆以某律爲宫，則視某律五聲所在爲次序。其法皆同。

或曰何以各律之相從分别正律變律也？琛曰：其説置十二正律六變律相接之圖即明。

十二正律
六變律　次第圖

（一　黃鍾）　正律
（二　林鍾）　正律
（三　太簇）　正律
（四　南吕）　正律
（五　姑洗）　正律
（六　應鍾）　正律
（七　蕤賓）　正律
（八　大吕）　正律
（九　夷則）　正律
（十　夾鍾）　正律
（十一　無射）　正律
（十二　仲吕）　正律
（十三　黃鍾）　變律
（十四　林鍾）　變律
（十五　太簇）　變律
（十六　南吕）　變律
（十七　姑洗）　變律
（十八　應鍾）　變律

以上正律接變律，非正自爲正，變自爲變也。故仲正之十二即接黃變爲十三，凡十八律焉。如第一調七聲，自黃鍾起，一黃，二太，三姑，四蕤。又還而補取第二律之林鍾爲第五聲，曰五林，六南，七應也。推之六十調皆然。而第一調之七聲皆在正律之内，故第一調皆正聲也。至第二調，則自無射起，爲一無，二黃，三太，四姑，五仲，還而補取六林，七南。則一無爲圖内之十一，在正律。二黃則爲圖内之十三，入變律。三太爲圖内之十五，入變律。四姑爲圖内之十七，入變律矣。至五仲則還而補取圖内之十二，仍爲正律。六林又爲圖内之十四，又入變律。七林又爲圖内之十六，又入變律。其或正或變之道，本乎此。推之六十調皆然。

或曰：何以各律有半聲乎？其用半聲之道，何以别之？曰：其法以各律之長短，而次第以圖之即明。

各律長短次序圖

（一）　黃鍾正全九寸。
（二）　黃鍾變全八寸七分八釐一毫六絲二忽。
（三）　大吕正全八寸三分七釐六毫。
（四）　太簇正全八寸。
（五）　太簇變全七寸八分二毫四絲四忽七初。
（六）　夾鍾正全七寸四分三釐七毫六絲。
（七）　姑洗正全七寸一分。
（八）　姑洗變全七寸一釐二毫二絲二初二秒。
（九）　仲吕正全六寸五分八釐三毫四絲六忽。
（十）　蕤賓正全六寸二分八釐。
（十一）　林鍾正全六寸。
（十二）　林鍾變全五寸八分二釐四毫一絲一忽三初。
（十三）　夷則正全五寸五分五釐一毫。
（十四）　南吕正全五寸三分。
（十五）　南吕變全五寸二分三釐一毫六絲一初六秒。
（十六）　無射正全四寸八分八釐四毫八絲。
（十七）　應鍾正全四寸六分六釐。
（十八）　應鍾變全四寸六分七毫四絲三忽一[初]四秒。
（十九）　黃鍾變半四寸三分八釐五毫三絲一忽。
（二十）　大吕正半四寸一分八釐五毫。
（二十一）太簇正半四寸。
（二十二）太簇變半三寸八分四釐五毫六絲六忽八初。
（二十三）夾鍾正半三寸六分六釐三毫六絲。
（二十四）姑洗正半三寸五分。
（二十五）姑洗變半三寸四分五釐一毫一絲一初一秒。
（二十六）仲吕正半三寸二分八釐六毫二絲二忽。
（二十七）蕤賓正半三寸一分四釐。
（二十八）林鍾正半三寸。

(二十九)林鍾變半二寸八分五釐六毫五絲六初。
(三十) 夷則正半二寸七分二釐五毫。
(三十一)南吕正半二寸六分。
(三十二)南吕變半二寸五分六釐七。
(三十三)無射正半二寸四分四釐二毫四絲。
(三十四)應鍾正半二寸三分三釐。
(三十五)應鍾變半二寸三分三毫六絲六忽六[初]强。

以上十二正律、六變律，共十八律。除黄鍾正律無半律外，每一律一全律一半律，合之爲三十五律，其長短分寸爲三十五階。凡律之爲調，其理皆自長而短，所爲往而不返。如第二調内，第一聲爲無射，其管長四寸八分八釐零，爲第十六階。其第二聲爲黄鍾之變律，其管之全長八寸七分八釐零，在第二階。其無射安能越十餘階而上，故用黄變之半律，則管長四寸三分零，則在第十九階可以相接矣。故原圖黄鍾調内，黄變註明用半聲也。至第三聲太簇變律之全又七寸八分零，在第五階，安能相接，故用其半，則三寸八分四釐零在二十二階。其第四聲姑洗變律之全又七寸一釐零，安得相接，故亦用其半，則三寸四分零在二十五階。至第五聲仲吕，其全則六寸五分零，安得接，故亦用其半，則三寸二分八釐在二十六階。其第七聲用林變，其全則五寸八分，安得接，故用其半，則二寸八分五厘零在第二十九階。至二十九階皆逐漸而下，所爲往而不返也。其用半聲之道，悉本于自然，無所容心于其間也。故得律之準即得聲之和。凡六十調半聲之道皆同。

琛曰：此黄鍾宫五調原文與後五十五調本相連，今每一調分之一圖，仍依其序，蓋其次亦有義，如黄鍾爲十一月，故先列黄鍾，大吕爲十二月，太簇爲正月，夾鍾爲二月，姑洗爲三月，仲吕爲四月，蕤賓爲五月，林鍾爲六月，夷則爲七月，南吕爲八月，無射爲九月，應鍾爲十月。以後各調，皆從十二月，而正月，而次至十月而畢。凡各調之理皆言之于此矣。其後各法皆同不贅。

大吕宫

宫	商	角	變徵	徵	羽	變宫
大正	夾正	仲正	林變	夷正	無正	黄半變

應鍾商	應正	大半	夾半	仲半	蕤半	夷半	無半
南吕角	南正	應正	大半	夾半	姑半	蕤半	夷半
蕤賓徵	蕤正	夷正	無正	黄半變	大半	夾半	仲半
姑洗羽	姑正	蕤正	夷正	無正	應正	大半	夾半

琛曰：此第六調至第十調也。總名曰大吕宫，視大吕所在五聲之位而上下次序之，其法均與黄鍾宫同。

	宫	商	角	變徵	徵	羽	變宫
太簇宫	太正	姑正	蕤正	夷正	南正	應正	大半
黄鍾(宫)[商]	黄正	太正	姑正	蕤正	林正	南正	應正

	宮	商	角	變徵	徵	羽	變宮
無射角	無正	黃半變	太半變	姑半變	仲半	林半變	南半變
林鍾徵	林正	南正	應正	大半	太半	姑半	蕤半
仲呂羽	仲正	林變	南變	應變	黃半變	太半變	姑半變

琛曰：此第十一調至第十五調也。總名曰太簇宮，視太簇所在五聲之位而上下次序之，其法均與大呂宮同。

	宮	商	角	變徵	徵	羽	變宮
夾鍾宮	夾正	仲正	林變	南變	無正	黃半變	太半變
大呂商	大正	夾正	仲正	林變	夷正	無正	黃半變
應鍾角	應正	大半	夾半	仲半	蕤半	夷半	無半

	宮	商	角	變徵	徵	羽	變宮
夷則徵	夷正	無正	黃半變	太半變	夾半	仲半	林半變
蕤賓羽	蕤正	夷正	無正	黃半變	大半	夾半	仲半

琛曰：此第十六調至二十調也。總名曰夾鍾宮，視夾鍾所在五聲之位而上下次序之，其法均與太簇宮同。

	宮	商	角	變徵	徵	羽	變宮
姑洗宮	姑正	蕤正	夷正	無正	應正	大半	夾半
太簇商	太正	姑正	蕤正	夷正	南正	應正	大半
黃鍾角	黃正	太正	姑正	蕤正	林正	南正	應正
南呂徵	南正	應正	大半	夾半	姑半	蕤半	夷半
林鍾羽	林正	南正	應正	大半	太半	姑半	蕤半

琛曰：此第二十一調至二十五調也。總名曰姑洗宮，視姑洗之律所在五聲之位而上下次序之，其法與夾鍾宮同。

仲呂宮
夾鍾商
大呂角
無射徵
夷則羽

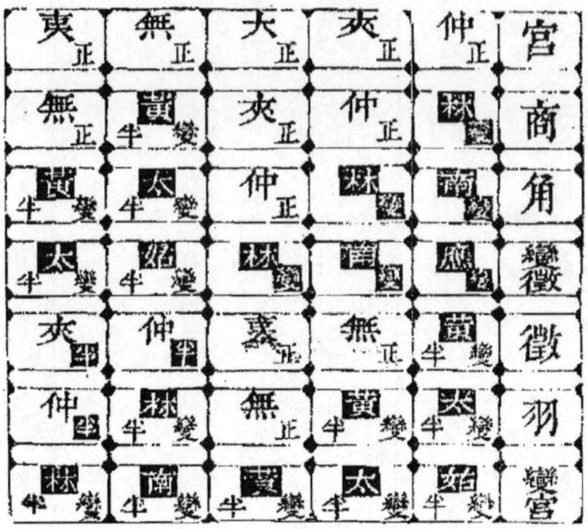

琛曰：此第二十六調至三十調也。總名曰仲呂宮，視仲呂所在五聲之位而上下次序之，其法與姑洗宮同。

蕤賓宮
姑洗商
太簇角
應鍾徵
南呂羽

琛曰：此第三十一調至三十五調也。總名曰蕤賓宮，視蕤賓所在五聲之位而上下次序之，其法與仲呂宮同。

聲	林鐘宮	仲呂商	夾鐘角	黃鐘徵	無射羽
宮	林正	仲正	夾正	黃正	無正
商	南正	林變	仲正	太正	黃變半
角	應正	南變	林變	姑正	太變半
變徵	大半	應變	南變	蕤正	無變半
徵	太半	黃變半	無正	林正	仲半
羽	姑半	太變半	黃變半	南正	林變半
變宮	蕤半	姑變半	太變半	應正	南變半

琛曰：此第三十六調至四十調也。總名曰林鐘宮，視林鐘所在五聲之位而上下次序之，其法與蕤賓宮同。

聲	夷則宮	蕤賓商	姑洗角	大呂徵	應鐘羽
宮	夷正	蕤正	姑正	大正	應正
商	無正	夷正	蕤正	夾正	大半
角	黃變半	無正	夷正	仲正	夾半
變徵	太變半	黃變半	無正	林變	仲半
徵	夾半	大半	應正	夷正	蕤半
羽	仲半	夾半	大半	無正	夷半
變宮	林變半	仲半	夾半	黃變半	無半

琛曰：此第四十一調至四十五調也。總名曰夷則宮，視夷則所在五聲之位而上下次序之，其法與林鐘宮同。

聲	南呂宮
宮	南正
商	應正
角	大半
變徵	夾半
徵	姑半
羽	蕤半
變宮	夷半

琛曰：此第四十六調至五十調也。總名曰南吕宮，視南吕所在五聲之位而上下次序之，其法與夷則宮同。

琛曰：此第五十一調至五十五調也。總名曰無射宮，視無射所在五聲之位而上下次序之，其法與南吕宮同。

琛曰：此第五十五調至六十調也。總名曰應鍾宮，視應鍾所在五聲之位而上下次序之，其法與無射宮同。

原註：案十二律旋相爲宮，各有七聲，合八十四聲。宮聲十二，商聲十二，角聲十二，徵聲十二，羽聲十二，凡六十聲，爲六十調。其變宮十二，在羽聲之後，宮聲之前；變徵十二，在角聲之後，徵聲之前。宮不成宮，徵不成徵，凡二十四聲，不可爲調。黃鍾宮至夾鍾羽，並用黃鍾起調，黃鍾畢曲。大吕宮至姑洗羽，並用大吕起調，大吕畢曲。太簇宮至仲吕羽，並用太簇起調，太簇畢曲。夾鍾宮至蕤賓羽，並用夾鍾起調，夾鍾畢曲。姑洗宮至林鍾羽，並用姑洗起調，姑洗畢曲。仲吕宮至夷則羽，並用仲吕起調，仲吕畢曲。蕤賓宮至南吕羽，並用蕤賓起調，蕤賓畢曲。林鍾宮至無射羽，並用林鍾起調，林鍾畢曲。夷則宮至應鍾羽，並用夷則起調，夷則畢曲。南吕宮至黃鍾羽，並用南吕起調，南吕畢曲。無射宮至大吕羽，並用無射起調，無射畢曲。應鍾宮至太簇羽，並用應鍾起調，應鍾畢曲。是爲六十調。六十調即十二律也，十二律即一黃鍾也。黃鍾生十二律，十二律生五聲二變。五聲各爲綱紀，以成六十調，六十調皆黃鍾損益之變也。

安清翹《樂律心得》卷二《六十調八十四聲》 或問樂家有六十調，又有八十四聲之説，豈聲音之道固有多少之不同歟？曰：此後人因旋宮之説而推衍之耳，非樂理之要也。以五音合十二律而得六十，以七音合十二律而得八十四，於十二律未嘗有增損也，豈有多少之不同哉。夫聲音無窮，有正律，有倍律，有半律，共三十六。又有倍之倍，半之半，共六十。其實，樂之用不過七音耳。七音之説當以五音加二清爲是，只以琴之七弦，依鄭世子琴圖明之便可知也。應鍾爲變宮，蕤賓爲變徵之舊解，只可備一説，存而不論可也。

琴圖

黃鐘爲宮

一弦	徵	林倍
二弦	羽	南倍
三弦	宮	黃正
四弦	商	太正
五弦	角	姑正
六弦	徵	林正
七弦	羽	南正

鄭世子曰：凡各弦散聲即本律之正音，第十徽實音爲散聲之母，能生本律也。第九徽實音爲散聲之子，本律所生也。解弦更張，先吹合字上第一弦，按第十徽彈之，令與笙音相同，是爲黃鐘。次吹四字上第二弦，按第十徽彈之，令與笙音相同，是爲太簇。次吹上字上第三弦，按第十徽彈之，令與笙音相同，是爲仲吕。次吹尺字上第四弦，按第十徽彈之，令與笙音相同，是爲林鐘。次吹工字上第五弦，按第十徽彈之，令與笙音相同，是爲南吕。其第六弦、第七弦散聲與第一弦、第二弦散聲相應，此五聲爲均之琴也。愚按：世子吹聲定弦之説，即以律正音之意甚爲有理，所論雖曰五聲爲均之琴，然琴實有七弦，即七音也。琴圖所列即八十四聲也。

又曰：一弦十徽實音爲宮，二弦十徽實音爲商，三弦十徽實音爲角，四弦十徽實音爲徵，五弦十徽實音爲羽，六弦十徽實音爲少宮，七弦十徽實音爲少商，此古所謂正調也。俗謂正調一弦散聲爲宮，二弦散聲爲商，三弦散聲爲角，四弦散聲爲徵，五弦散聲爲羽，六弦散聲爲少宮，七弦散聲爲少商，非也。愚按：據《管子》徵羽宮商角之序，則世子之言乃不易之論。蓋徵羽宮商角者，散聲之序也。宮商角徵羽者，實音之序也。然其要在於審音，不在於五音之名號也。

又曰：黃鐘、大吕二均，其宮在第三弦之散聲。太簇、夾鐘二均，其宮在第四弦之散聲。姑洗、仲吕、蕤賓三均，其宮在第五弦之散聲。林鐘、夷則二均，其宮在第六弦之散聲。南吕、無射、應鐘三均，其宮在第七弦之散聲。宮所在處，名爲均主。惟第一弦、第二弦上取實音應和，不取散聲爲宮，不名均主也。愚按：世子此段論琴音甚是，然亦不必拘於宮爲均主之名也。

孫廷芝《律吕指掌》 十二支圖解

凡學律之法，先將十二支加於掌上，將子加無名指根，丑加中指根，寅加食指根，卯加食指根上節，辰加食指再上節，巳加食指頂節，午加中指頂節，未加無名指頂節，申加小指頂節，酉加小指頂下節，戌加小指再下節，亥加小指根。十二支爲十二律之綱，學律者宜先熟此圖，以爲律呂變通之門户，最要切記。

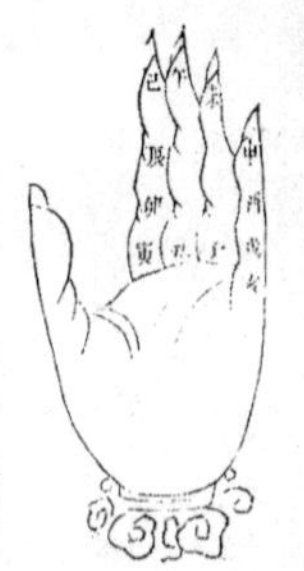

十二支指掌圖

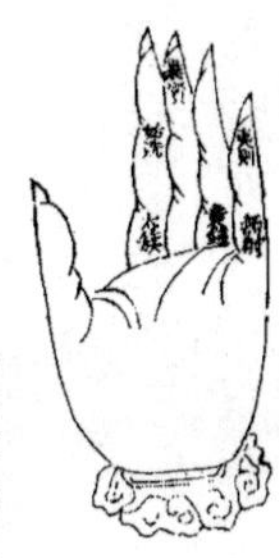

六陽律指掌圖

又　六陽律圖解

黄鍾在子，太簇在寅，姑洗在辰，蕤賓在午，夷則在申，無射在戌，以定六陽律之位。

又　六陰律圖解

大呂在丑，夾鍾在卯，仲呂在巳，林鍾在未，南呂在酉，應鍾在亥，以定六陰呂之位。

又　律呂圖解

《月令》云：孟春之月，律中太簇；仲春之月，律中夾鍾；季春之月，律中姑洗；孟夏之月，律中仲呂；仲夏之月，律中蕤賓；季夏之月，律中林鍾；孟秋之月，律中夷則；仲秋之月，律中南呂；季秋之月，律中無射；孟冬之月，律中應鍾；仲冬之月，律中黄鍾；季冬之月，律中大呂。掌上歷歷可數。

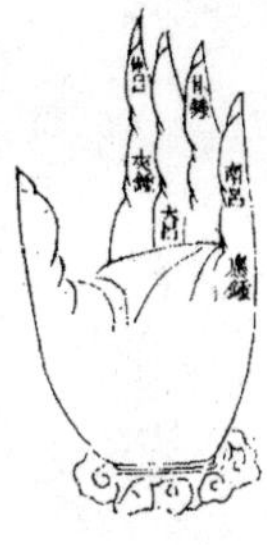

六陰呂指掌圖

律呂圖

又　隔八相生圖解

黄鍾在子，子一，丑二，寅三，卯四，辰五，巳六，午七，未八，生林鍾。林鍾在未，未一，申二，酉三，戌四，亥五，子六，丑七，寅八，生太簇。太簇在寅，寅一，卯二，辰三，巳四，午五，未六，申七，酉八，生南呂。南呂在酉，酉一，戌二，亥三，子四，丑五，寅六，卯七，辰八，生姑洗。姑洗在辰，辰一，巳二，午三，未四，申五，酉六，戌七，亥八，生應鍾。應鍾在亥，亥一，子二，丑三，寅四，卯五，辰六，巳七，午八，生蕤賓。蕤賓在午，午一，未二，申三，酉四，戌五，亥六，子七，丑八，生大呂。大呂在丑，丑一，寅二，卯三，辰四，巳五，午六，未七，申八，生夷則。夷則在申，申一，酉二，戌三，亥四，子五，丑六，寅七，卯八，生夾鍾。夾鍾在卯，卯一，辰二，巳三，午四，未五，申六，酉七，戌八，生無射。無射在戌，戌一，亥二，子三，丑四，寅五，卯六，辰七，巳八，生仲呂。仲呂在巳，巳一，午二，未三，申四，酉五，戌六，亥七，子八，生黄鍾。周而復始，循環無端。學律者宜切記此圖。凡律管絃絲，三分損益，七音正變，娶妻生子，旋相爲宮，諸圖之妙，皆蘊於此，學者須深思焉。

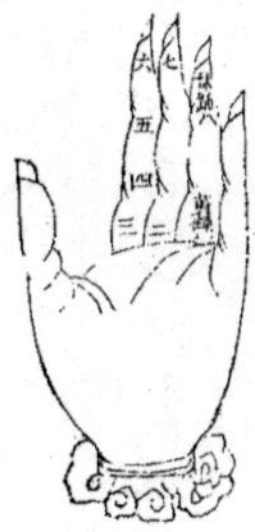

隔八相生圖

又　七音正變圖

黄鍾在子，爲正宮。大呂在丑，爲變宮。太簇在寅，爲商。夾鍾在卯，爲羽。姑洗在辰，爲角。仲呂在巳，爲變徵。蕤賓在午，爲正徵。林鍾在未，爲變徵。夷則在申，爲角。南呂在酉，爲羽。無射在戌，爲商。應鍾在亥，爲變宮。

七音正變圖

又　旋相爲宮圖解

宮爲君，商爲臣，角爲民，徵爲事，羽爲物。假令爲君作樂，則以黄鍾爲宮，林鍾爲徵，太簇爲商，南呂爲羽，姑洗爲角。假令爲臣作樂，則以太簇爲宮，南呂爲徵，姑洗爲商，應鍾爲羽，蕤賓爲角。假令爲物作樂，則以夾鍾爲宮，無射爲徵，仲呂爲商，黄鍾爲羽，林鍾爲角。假令爲民作樂，則以姑洗爲宮，應鍾爲徵，蕤賓爲商，大呂爲羽，夷則爲角。假令爲事作樂，以蕤賓爲宮，大呂爲徵，夷則爲商，夾鍾爲羽，無射爲角。凡十二管旋相爲宮，宮與商，商與角，徵與羽，相隔皆一律；角與徵，羽與宮，相隔皆二律。故有變宮、變徵以濟律之不及。故古人云，角徵之間有變徵，羽宮之間有變宮是也。

旋相爲宮圖

又　五音娶妻生子圖解

陽娶妻，陰生子。黄鍾娶林鍾爲妻，生太簇。太簇娶南呂爲妻，生姑洗。姑洗娶應鍾爲妻，生蕤賓。蕤賓娶大呂爲妻，生夷則。夷則娶夾鍾爲妻，生無射。無射娶仲呂爲妻，生黄鍾。

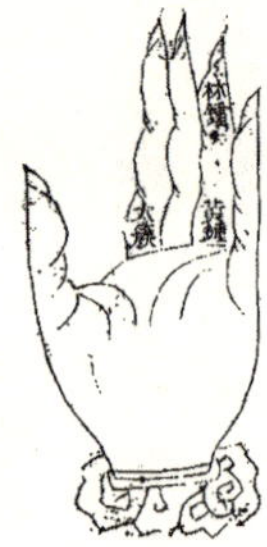

嫛妻生子圖

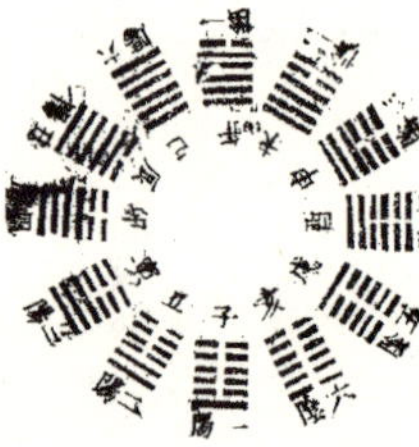

十二月卦圖

又　十二月八卦圖解

黄鍾在子，十一月，一陽卦，地雷復。大吕在丑，十二月，二陽卦，地澤臨。太簇在寅，正月，三陽卦，地天泰。夾鍾在卯，二月，四陽卦，雷天大壯。姑洗在辰，三月，五陽卦，澤天夬。仲吕在巳，四月，純陽卦，乾乾。自子到巳，卦皆爲陽，律亦爲陽，故三分損一而下生。蕤賓在午，五月，一陰卦，天風姤。林鍾在未，六月，二陰卦，天山遯。夷則在申，七月，三陰卦，天地否。南吕在酉，八月，四陰卦，風地觀。無射在戌，九月，五陰卦，山地剥。應鍾在亥，十月，純陰卦，坤坤。自午到亥，卦皆爲陰，律亦爲陰，故三分益一而上生。此論卦律之大陰陽也。愚按《月令》註：損而生者凡五律，黄鍾、大吕、太簇、夾鍾、姑洗是也；益而生者凡七律，仲吕、蕤賓、林鍾、夷則、南吕、無射、應鍾是也。兹言自子到巳，三分損一而下生，自午到亥，三分益一而上生。指大陰陽而言，學者勿泥焉，可也。

五音相生圖

又　五音相生圖解

黄鍾爲正宫，屬土。蕤賓爲正徵，屬火。二者爲經，不動。大吕爲變宫，屬土，土生金。太簇爲商，商屬金，金生水。夾鍾爲羽，羽爲水，水生木。姑洗爲角，角屬木，木生火。仲吕爲變徵，屬火。此由丑而寅而卯而辰而巳，五音順生之序也。應鍾爲變宫，屬土，土生金。無射爲商，商屬金，金生水。南吕爲羽，羽屬水，水生木。夷則爲角，角屬木，木生火。林鍾爲變徵，屬火。此由亥而戌而酉而申而未，五音逆生之序也。

戴長庚《律話》卷上　南政甲巳，如甲子、甲戌、甲申、甲午、甲辰、甲寅、己丑、己亥、己酉、己未、己巳、己卯，此十二年爲南政。其餘四十八年爲北政。然則十二律呂之外，又生四十八律，此京房之所本也。

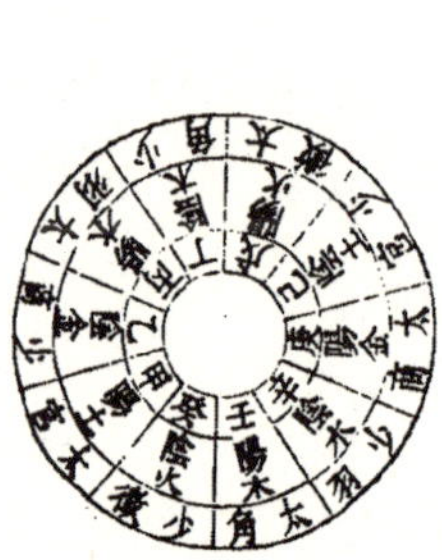

五音太少相生圖

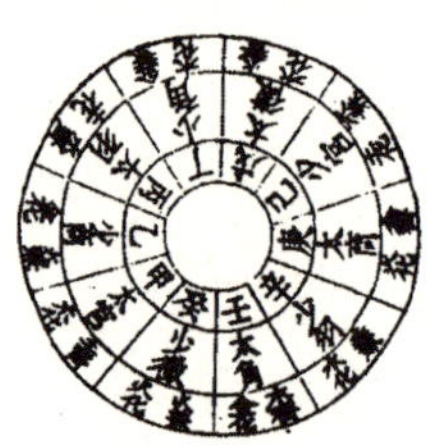

五音齊化兼化圖

南北政圖

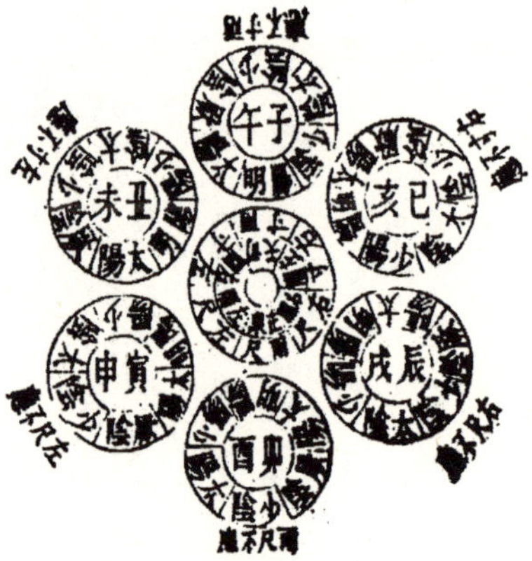

南政年脈不應圖

北政年脈不應圖

以上五圖本出《内經》，在天爲五運六氣，在人爲五臟六腑，在《洪範》爲五福六極，在聲音爲五音六律，至今星命家、選擇家、地理家、卜易家莫不採入，當行用其甲巳合化之義。而醫家主客之氣，司天在泉是其專司。恭讀御纂《醫宗金鑑》詳列二十餘圖，編輯運氣要訣，系之以歌，表彰於世，重民瘼也。然而宫商羽角徵明載於篇，前輩談律之家反棄之而不取，惟《史記》上九、商八、羽七、角六、宫五、徵九之序，與此圖一宫、二商、三羽、四角、五徵同法。晉人不知上古有此音律，譏其罔見通達耳。

又南北政六十年圖内，十二年左旋右旋，皆在少陰之位，其脈不應正與此六十律中十二旋宫，每逢角位必減一算，可見天人一氣之義矣。雖用法失傳而次序尚在，因立表於左：

甲己化土爲宮甲子黃鍾爲太宮　己丑大呂爲少宮
乙庚化金爲商庚寅太簇爲太商　乙卯夾鍾爲少商
丙辛化水爲羽丙辰姑洗爲太羽　辛巳仲呂爲少羽
丁壬化木爲角壬午蕤賓爲太角　丁未林鍾爲少角
戊癸化火爲徵戊申夷則爲太徵　癸酉南呂爲少徵

十干從化，音律中惟《淮南子》用此法。至於地支合化，如寅與亥合，《周禮註疏》已載，茲不列入。

按《內經》乃黃帝岐伯《素問》《靈樞》之言。黃帝首制律呂祇有五音，至周方入二變，故羽角徵三音稱謂不同，羽即角，角即徵，徵即羽也。然與我朝造律有不謀而合之處，如以陽律爲太，陰呂爲少，正《正義》陽律爲濁，陰呂爲清之義。且以夷則爲濁徵，南呂爲清徵，即戊癸化火之法。所以國朝製律，超邁千古，前聖後聖其揆一也。

葛銘《古今聲律定宮》卷一　黃大太夾姑仲，陽位也，陽常有餘，故三分損一而下生。蕤林夷南無應，陰位也，陰常不足，故三分益一而上生。

律呂相生圖

朱子曰：樂律，自黃鍾至仲呂皆屬陽，自蕤賓至應鍾皆屬陰，此是一個大陰陽。黃鍾爲陽，大呂爲陰，太簇爲陽，夾鍾爲陰，皆一陰間一陽，又是一個小陰陽。故自黃鍾至仲呂皆下生，自蕤賓至應鍾皆上生。以上生下，皆三生二，即三分損一也。以下生上，皆三生四，即三分益一也。

朱氏載堉曰：凡陰呂居陽方，即皆屬陽。凡陽律居陰方，即皆屬陰。惟應鍾蕤賓同在陰方，應鍾上生蕤賓。故別論小陰陽，乃變例也。其餘諸律，只論大陰陽，乃正例也。

此以黃鍾七音爲圖，宮與商，隔大呂。商與角，隔夾鍾。徵與羽，隔夷則。相去皆一律，則音易諧。若角與徵，隔仲呂蕤賓。羽與宮，隔無射應鍾。相去皆二律，則音難諧。故於角徵之間加變徵，羽宮之間加變宮，以濟五音之不及。餘律七音依此類推。

《語類》問：既有宮商角徵羽，又有變宮變徵何也？朱子曰：二者是樂之和相連接處。

朱子曰：建樂立均之法，諸律相距，間皆一律，而獨宮羽徵角之間，各間二律。相距既遠，則其聲勢隔闊，而有不能相通之患。然猶幸其隔八相生之序。五聲既備，即有二律介於宮羽徵角之間，於是作樂者因而取之，謂之二變。然後彼四聲者，乃得連續無間，而七均備焉。

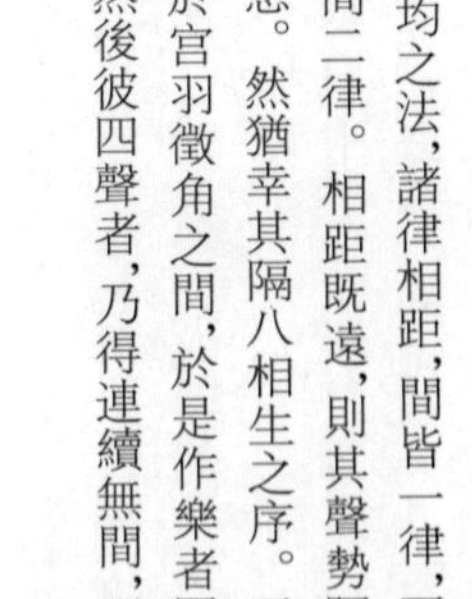
五聲二變圖

十二律之序

黃、大、太、夾、姑、仲、蕤、林、夷、南、無、應，十二律長短之序也。黃鍾最長，應鍾最短。長者聲濁，短者聲清。黃、林、太、南、姑、應、蕤、大、夷、夾、無、仲，十二律相生之序也。

繆闐《庚癸原音・律呂通今圖說》

七聲遞成次序之圖

上	黃	濁	宮	清	鍾	仕
六	林鍾	清	徵	濁	仲呂	合
尺	太簇	濁	商	清	無射	伬
五	南呂	清	羽	濁	夾鍾	四
工	姑洗	濁	角	清	夷則	仜
亿	應鍾	清	變宮	濁	大呂	乙
凡	蕤	濁	變徵	清	賓	仉

此七聲之序，所謂宮生徵，徵生商，商生羽，羽生角，角生變宮，變宮生變徵也。十二律呂之清濁並成，亦適如其分而止，七聲之外復何律呂相生之與有。

又　律管損益并進圖

黃鍾九寸　爲宮折半得四寸五分爲清宮
三分黃鍾損一得六寸　益一得一尺二寸　爲林鍾清　仲呂濁徵
三分林鍾益一得八寸　損一得四寸　爲太簇濁　無射清商
三分太簇損一得五寸三分三釐三毫　益一得一尺零六分六釐六毫　爲南呂清　夾鍾濁羽

三分南呂益一得七寸一分一釐一毫爲姑洗濁
　　　　損一得三寸五分五釐五毫爲夷則清　角
三分姑洗損一得四寸七分四釐爲應鐘清
　　　　益一得九寸四分八釐爲大呂濁　變宮
三分應鐘益一得六寸三分二釐爲蕤賓變徵　折半得三寸一分六釐爲清變徵
　　大呂損

朱子曰：黃鐘九寸，倍其實爲十八，三其法則十八爲三六，是林鐘之六寸得其一，仲吕之一尺二寸得其二也，亦奇偶之義。二律相併，折半仍還黃鐘之九寸。餘可類推。黃鐘爲萬事根本，萬物之數終於九，故黃鐘九寸，不易之經也。長九寸，圍九分，截管取聲，合乎宫音，故有九九八十一爲宫之誤。十二律吕中，長於九寸者，大吕、夾鐘、仲吕三律；短於九寸者，太蔟、姑洗、蕤賓三律；長於四寸五分者，應鐘、南吕、林鐘三吕；短於四寸五分者，無射、夷則、半蕤賓三吕。故必等而上者三，等而下者三，則黃鐘九寸居中，乃合至尊之體。如泥以九寸爲最長，萬世無諧聲之律矣。

又　十四管律度量衡聲數總圖附律度量衡一貫說。

周度一尺，爲漢慮傂銅尺之九寸，宋三司布帛尺之七寸七分，乾隆六年工部庫貯校準營造鐵尺之六寸七分半。

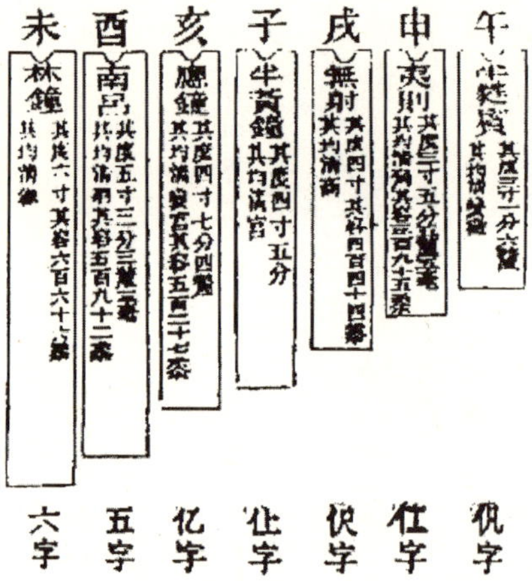

陳氏《通考》律尺圖式，較營造鐵尺爲七寸之度，殊與數理未合。

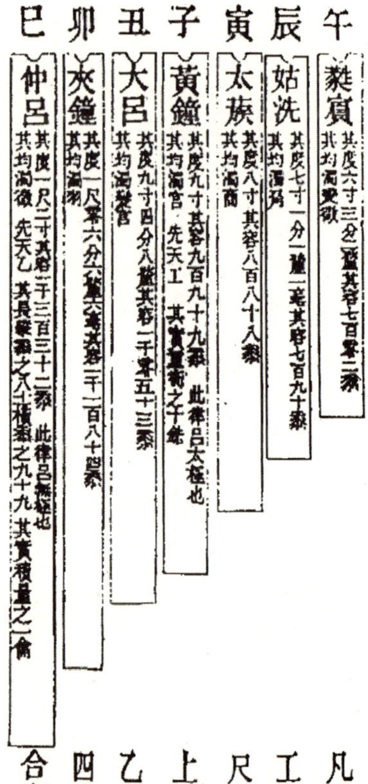

右繪圖皆用各本度三分之二。

謹按乾隆六年較準營造鐵尺，實爲千古極則，蓋子穀秬黍中者較度之，一當其分，十當其寸，百當其尺。黍之體不能變，即尺之度不能磨也。且縱黍之八十一，當橫黍之九十九，適符周度之一尺二寸當期之數，爲律吕中最長之管，最下之音。是知一尺二寸之管，即營造之八寸一分，恰合黃鐘先天之體，爲律吕之無極也。四分其無極之體，損一得九寸之管，恰合黃鐘後天之用，爲律吕之太極也。以無極内實之黍爲炤，而一龠之數盈。以太極内實之數爲衡，而十銖之數足甚矣，而鐘之體用分事物之理數乃合營造一尺，實有以貫之也。

又　併律折半還原圖附尺二之管具五行全數説。

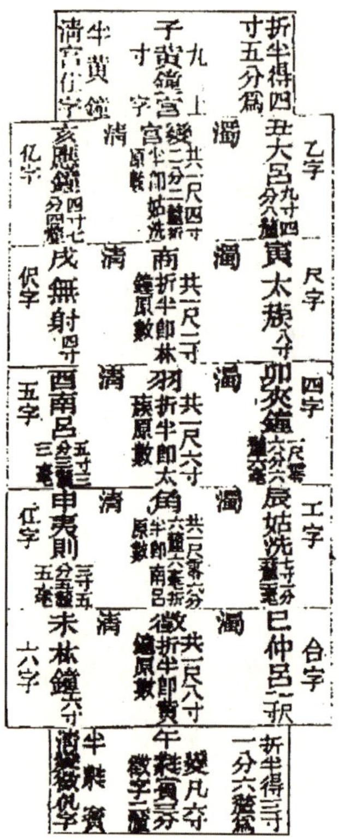

附尺二之管具五行全數説。或曰：尺二之管，既爲仲吕，又謂爲先天黄鐘，不嫌兩歧乎？曰：此五行之數也。黄鐘本五十之土，非水火不成聲。而水之數一六也，火之數二七也，四數相併，得一十六。四分其十六之數，而陰得其二，陽得其二，相和適成十二，故尺二實合水火之精。且三八木也，四九金也，四數相併，得二十四，折半亦成十二，故尺二實協木金之韻。以之爲仲吕者，爲其得聲之濁而下也。以之爲黄鐘者，爲其得數之先而全也。

又 律吕以八十一定位圖

黄鐘之數起於九，自乘而律定。三分其數，隔八而損益相生。收其餘剩，辨方而左右相併則衆律定。共得八十一者，七其合數則五百六十七，是律吕先天之體也。先天之體數也，數不可以雙進，故獨自林鐘演起。

十二律中，惟無射得先天本數，序值九月，故有重九之目，重九之名。統月而言，應不專指九曰也。

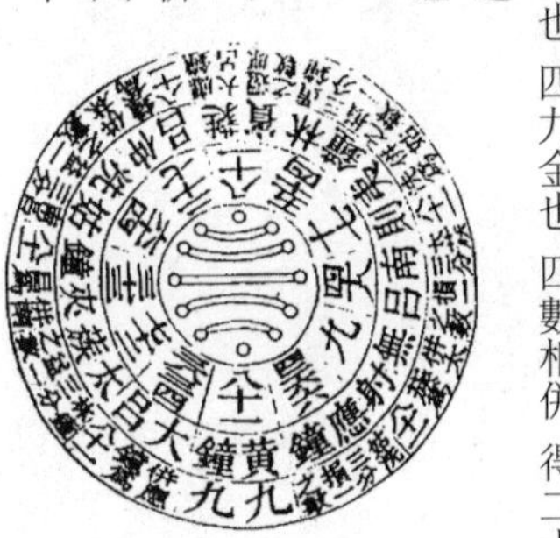

又 七聲清濁并成圖

黄鐘，太極也。陽氣發聲爲濁宫，左旋而成者，清徵濁商清羽濁角清變宫濁變徵也。陰氣發聲爲清宫，右旋而成者，濁徵清商濁羽清角濁變宫清變徵也。以氣宣聲，即序聲而成調，是律吕後天之用也。後天之用氣也，氣不可以孤行，故仲吕與林鐘並起。

又 十二月聲律旋入中宫圖計圖十二，子、午有説。

此子水之氣入中宫也。

黄鐘之濁宫順接太蔟，其清宫即逆接無射。蕤賓之濁變徵順接林鐘，其清變徵即逆接仲吕。二律自以清濁相間，仍不失隔三之義。

律中黄鐘

宫音順逆旋宫圖

律中大吕

變宫音順逆旋宫圖

律中應鐘

此丑、亥之氣入中宫也。

律中太蔟

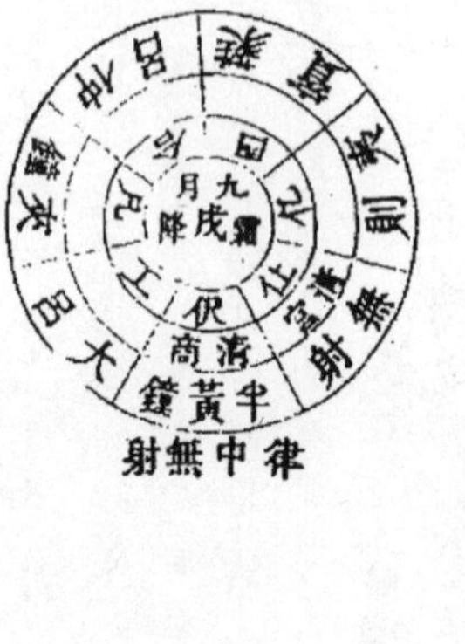

律中無射

商音順逆旋宫圖

此寅、戌之氣入中宫也。

律中夾鐘

律中南吕

羽音順逆旋宫圖

此卯、酉之氣入中宫也。

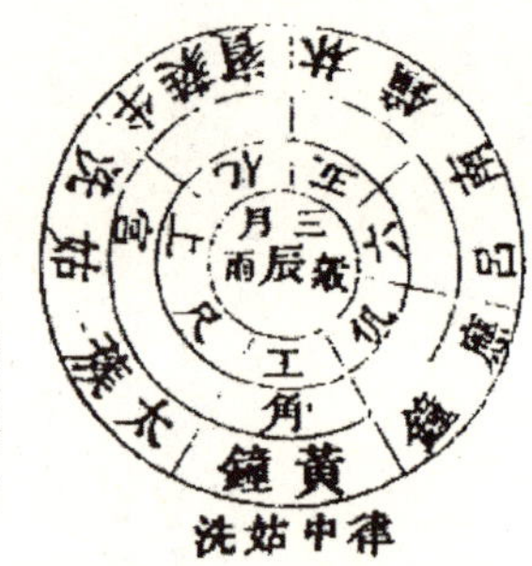

角音順逆旋宮圖

此辰、申之氣入中宮也。

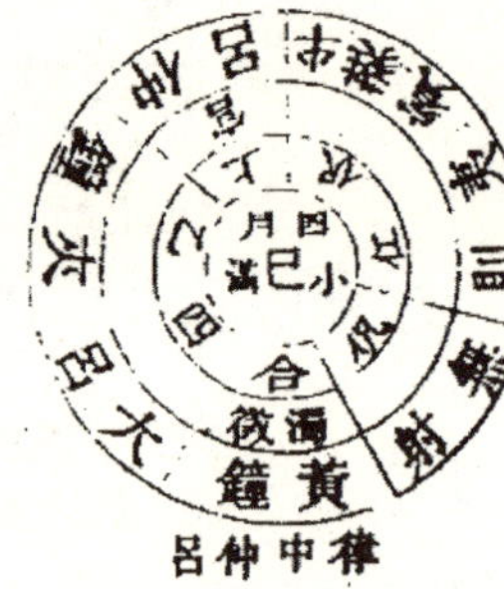

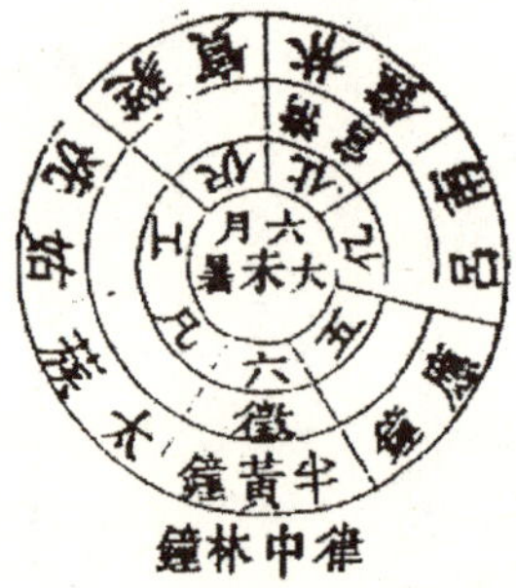

徵音順逆旋宮圖

此巳、未之氣入中宮也。

此午火之氣入中宮也。

《律歷志》曰：蕤繼也，賓導也，則繼陽而導乎陰，繼陰而導乎陽，適得會歸之用。又曰黃鐘至尊，無與並也，亦正合太極之體。奈何獨忽清濁並成之義，致使蕤賓以下，空生五律，異哉。

變徵音順逆旋宮圖

又　七聲正變均調合圖

直爲各均	宮	商	角	變徵	徵	羽	變宮
七均本調	子調	寅調	辰調	午調	巳調	卯調	丑調

黃鐘均	太蔟無射均	姑洗夷則均	中【蕤賓均】	林鐘仲呂均	南呂夾鐘均	應鐘大呂均	橫爲小工七調各調	各月宜用
宮 仩 上	商 伬 尺	角 仜 工	變徵 仉 凡	徵 令 六	羽 四 五	變宮 乙 亿	子調 四	十一月
商 伬 尺	角 仜 工	變徵 仉 凡	徵 六 合	羽 四 五	變宮 乙 亿	宮 上 仩	戌調 六	九 正月
角 仜 工	變徵 仉 凡	徵 六 合	羽 五 四	變宮 乙 亿	宮 上 仩	商 尺 伬	申調 儿	七 三月
變徵 仉 凡	徵 六 合	羽 五 四	【變宮 亿 乙 中】	宮 上 仩	商 尺 伬	角 工 仜	午調 工	五月
徵 六 合	羽 五 四	變宮 亿 乙	宮 仩 上	商 尺 伬	角 工 仜	變徵 凡 仉	未調 尺	六 四月
羽 五 四	變宮 亿 乙	宮 仩 上	商 伬 尺	角 工 仜	變徵 凡 仉	徵 合 六	酉調 上	八 二月
變宮 亿 乙	宮 仩 上	商 伬 尺	角 仜 工	變徵 凡 仉	徵 令 六	羽 四 五	亥調 乙	十 十二月

七均之內，蕤賓爲奇。本律居七聲之中，而本均之變宮又居四十九聲之中，故變徵爲七聲之樞紐，而變徵之變宮實爲七均之樞紐，二變之爲用不亦大歟。

又　小工七調正變簡明圖

夷則姑洗 凡調	蕤賓 工調	林鐘仲呂 尺調	夾鐘南呂 上調	大呂應鐘 乙調	黃鐘 五調
角 工 仜	變徵 凡 仉	徵 合 六	羽 五 四	變宮 亿 乙	宮 仩 上
商 尺 伬	角 工 仜	變徵 凡 仉	徵 六 合	羽 五 四	變宮 亿 乙
宮 上 仩	商 尺 伬	角 工 仜	變徵 仉 凡	徵 六 合	羽 五 四
變宮 乙 亿	宮 上 仩	商 尺 伬	角 仜 工	變徵 仉 凡	徵 六 合
羽 四 五	變宮 乙 亿	宮 上 仩	商 伬 尺	角 仜 工	變徵 仉 凡
徵 合 六	羽 四 五	變宮 乙 亿	宮 仩 上	商 伬 尺	角 仜 工
變徵 凡 仉	徵 合 六	羽 四 五	變宮 亿 乙	宮 仩 上	商 伬 尺

太簇 無射	六調	商	宮	變宮	羽	徵	變徵	角
太簇		尺	上	乙	四	合	凡	工
無射		伬	仩	亿	五	六	伵	仜

又 五音正十二律圖

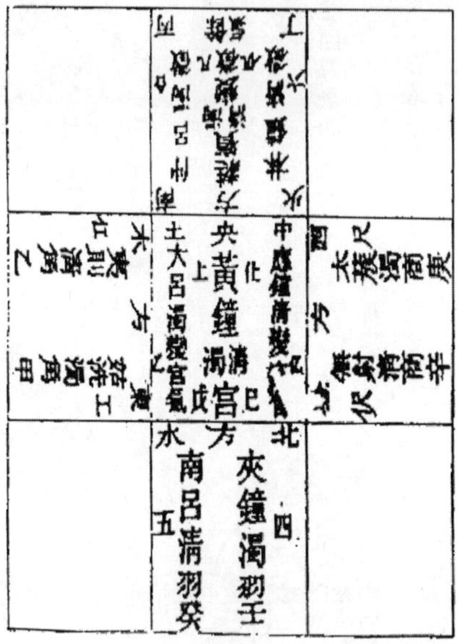

甲丙戊庚壬，剛音也。剛爲陽，故濁而下。乙丁己辛癸，柔音也，柔爲陰，故清而高。東南陽也，故先定甲丙之位。西北陰也，故先定辛癸之位。

中央之氣，其行必始於南，此宮之所以生徵也。於是自南而西，而北，而東，一氣順行，此商羽角之所以遞宣也。角成而氣不盡，是以復乎中而仍畢於南，此二變之所以相繼也。中氣至南而竭，復何聲律之能生也哉。按天干之音，五剛五柔也。地支之調，六順六逆也。剛柔者清濁之分也，順逆者消長之道也。故調以順逆成，音以剛柔判，必各依其律之均，秩然而不紊，均即十二月旋宮中，調之順逆音之剛柔也。調依其均者，凡子以後，陽順陰逆。午以後，陰順陽逆。聲律固不可專一難聽。然起首二三字，必應合度，不得已用顛倒之聲，祇可在三字以後。而通體須不失順逆之格，否則陰陽錯亂，非所以宣導氣機也。且夏行冬令，每召祲氛。倘春發秋音，能無滯塞乎。音依其均者，凡旋宮字譜，皆以黃鐘爲主。而世俗祇知小工之名，須知變徵爲小工本調，故宮調上字，乃小工之凡。則商之上，小工之工。角之上，小工之尺。徵之上，小工之乙。羽之上，小工之四。變宮之上，小工之合矣。逐調尋聲，以剛柔分清濁，庶免毫釐千里之謬。則陰陽之理正，天地之情通，太和之氣充塞寰區，將見玉燭常調，金甌永奠也。律呂之時用大矣哉。

又 六十花甲音調之譜

按花甲内除子午調各五音外，其餘五十調，順逆相併，實共得二十五音。

甲子黃鐘角	濁音順調	甲午蕤賓角	濁音逆調
乙丑大呂角	清音逆調	乙未林鐘角	清音順調
丙寅太蔟徵	濁音順調	丙申夷則徵	濁音逆調
丁卯夾鐘徵	清音逆調	丁酉南呂徵	清音順調
戊辰姑洗宮	濁音順調	戊戌無射宮	濁音逆調
己巳仲呂宮	清音逆調	己亥應鐘宮	清音順調
庚午蕤賓商	濁音逆調	庚子黃鐘商	濁音順調
辛未林鐘商	清音順調	辛丑大呂商	清音逆調
壬申夷則羽	濁音逆調	壬寅太蔟羽	濁音順調
癸酉南呂羽	清音順調	癸卯夾鐘羽	清音逆調
甲戌無射角	濁音逆調	甲辰姑洗角	濁音順調
乙亥應鐘角	清音順調	乙巳仲呂角	清音逆調
丙子黃鐘徵	濁音順調	丙午蕤賓徵	濁音逆調
丁丑大呂徵	清音逆調	丁未林鐘徵	清音順調
戊寅太蔟宮	濁音順調	戊申夷則宮	濁音逆調
己卯夾鐘宮	清音逆調	己酉南呂宮	清音順調
庚辰姑洗商	濁音順調	庚戌無射商	濁音逆調
辛巳仲呂商	清音逆調	辛亥應鐘商	清音順調
壬午蕤賓羽	濁音逆調	壬子黃鐘羽	濁音順調
癸未林鐘羽	清音順調	癸丑大呂羽	清音逆調
甲申夷則角	濁音逆調	甲寅太蔟角	濁音順調
乙酉南呂角	清音順調	乙卯夾鐘角	清音逆調
丙戌無射徵	濁音逆調	丙辰姑洗徵	濁音順調
丁亥應鐘徵	清音順調	丁巳仲呂徵	清音逆調
戊子黃鐘宮	濁音順調	戊午蕤賓宮	濁音逆調
己丑大呂宮	清音逆調	己未林鐘宮	清音順調
庚寅太蔟商	濁音順調	庚申夷則商	濁音逆調
辛卯夾鐘商	清音逆調	辛酉南呂商	清音順調
壬辰姑洗羽	濁音順調	壬戌無射羽	濁音逆調
癸巳仲呂羽	清音逆調	癸亥應鐘羽	清音順調

此五聲十二律旋相爲宮也。年月日時，孰能外之。果各依干支以宣者調，何

患不民和年豐也。至九宮譜之以宮調角三項分定南北曲調目之名，理不可解。

文藻翔《律呂新書淺釋》

黃鐘第一以《漢志》斛銘文定。

長九寸，空圍九分，積八百一十分。

黃鐘者，陽聲之始，陽氣之動也，故其數九。分寸之數，具於聲氣之元，不可得而見。及斷竹爲管，吹之而聲和，候之而氣應，而後數始形焉。均其長得九寸，審其圍得九分，此章凡言分者，皆十分寸之一。積其實得八百一十分，是爲律本。度量衡權於是而受法，十一律由是而損益焉。

藻翔案：西算古書，首推幾何，而三大綱實爲幾何之本，何謂三大綱，一曰線，有長無廣；一曰面，止有長有廣；一曰體，有長短厚薄廣狹。然此三大綱，黃鐘皆足以括之。蓋長九寸，即西法之線也；空圍九分，即西法之面冪也。積八百一十分，即西法之體積也。

今案黃鐘圍徑當細剖其九方分之面冪，以方圓比例求之。

藻翔謹案：舊術以徑一圍三立算，故有徑求積，失之太弱，因之有積求徑，亦未能密合。今以徑一周三一四一五九二六五爲率，能得圓之真積。所以先將此徑求得方積，次將此徑求得圓積，即可定爲方圓同徑異積之真比例。既有此率，而黃鐘古尺之真徑可考矣。

漢蔡邕，晉孟康，吳韋昭皆主徑三圍九，其術既甚疏，而積實太少。

藻翔謹案：徑三則圍不止於九，圍九則徑不及夫三。今姑依其法，以半周四分五釐乘半徑一分五釐，得面冪六分七十五釐。以長九十分乘之，得體積六百〇七分五百釐，與黃鐘積八百一十分相較，少積二百〇二分五百釐。再以八百一十分爲一率，一千二百黍爲二率，所得體積六百〇七分五百釐爲三率，求得四率九百黍，爲所容黍數，與黃鐘容一千二百粒相較，少容黍三百粒。

宋胡瑗主徑三分四釐六毫，考其積實則又過之。

藻翔謹案：宋胡瑗著《皇祐新樂圖記》，主徑三分四釐六毫，今試考其積以徑一一三爲一率，周三三五爲二率，徑三分四釐六毫爲三率，求得四率十分〇八釐六毫九絲九忽爲應得之周。乃以應得之半周五分四釐三毫四絲九忽五微乘半徑一分七釐三毫，得面冪九分四十釐二十四毫六十三絲五十忽。以長九十分乘之，得體積八百四十六分二百二十一釐七百一十五毫。與黃鐘積相較，又多積三十六分二百二十一釐七百一十五毫。再以八百一十分爲一率，一千二百黍爲二率，所得體積八百四十六分二百二十一釐七百一十五毫爲三率，求得四率一千二百五十三黍六六不盡，爲所容黍數。與黃鐘容黍一千二百粒相較，多容黍五十三粒。

惟劉宋祖沖之密率，求得徑三分三釐八毫四絲四忽，其數爲近。但其法以周率二十二四之，猶用圓田術三分益一起算，故尚有毫絲之差。

藻翔謹案：凡圓體，其圍繞之環線完密無闕者謂之周，其圓冪居中之直線謂之徑，而周徑相求其率有五，曰古率，曰徽率，曰祖氏約率，曰祖氏密率，曰定率。

古率徑一周三最疏。何以知之？試翦紙六頁，作三角形，令三邊相等，各長五分，平鋪作一六角形，則全徑一尺，周繞三尺矣。然則徑一周三者，從其六觚之環耳。以推圓規多少之較，猶弓之與弦也。晉劉徽有見於此，更作新術，割六觚以爲十二觚，術以半徑之半作勾，半徑爲弦，依法求得股。又以半徑之半爲股，所求得之股減半徑，用其餘者爲勾，依法求得弦，即十二觚之一。如是累割爲二十四觚，四十八觚，至九十六觚以上，定爲徑一尺周三尺一寸四分，所謂徽率也。劉宋南徐州從事史祖沖之，更推其數，定爲徑一周三一四一五九二七爲盈數，三一四一五九二六爲朒數，正數在盈朒二限之間。密率徑一百一十三，周三百五十五。約率徑七，周二十二也。元趙友欽著《革象新書》又以四角起數，求得周徑亦同。明湯若望又兼用四角六觚，爲六宗三要二簡法，求得一象限內弦矢割切各正餘八線，立爲表，定爲徑一周三一四一五九二六五。聖祖仁皇帝御製《數理精蘊》亦採用之，則又密矣。所謂定率也，他若杜德美以連比例求周，法雖簡捷，得數則同。然祖沖之密率，何以能求得徑三分三釐八毫四絲四忽？則置黃鐘積八百一十分，以長九十分除之，得九方分爲實。四因周率二十二，得八十八，乘之，徑率七除之，得一百一十三分一十四釐二十八毫五十七絲。開平方，得圓周十分〇六釐三毫六絲八忽復置周十分〇六釐三毫六絲八忽爲實，以徑率七乘之，周率二十二除之，得圓徑三分三釐八毫四絲四忽。乃以半周五分三釐一毫八絲四忽乘半徑一分六釐九毫二絲二忽，得面冪八分九十九釐九十七毫九十六絲四十八忽。以長九十分因之，得體積八百〇九分九百八十一釐六百八十三毫二百絲。與黃鐘積八百一十分相較，少積一十八釐三百一十六毫八百絲。再以八百一十分爲一率，一千二百黍爲二率，所得體積八百〇九分九百八十一釐六百八十三毫二百絲爲三率，求得四率一千一百九十九黍八百一十分黍之七百八十八，爲容黍數。與黃鐘所容黍一千二百粒相較，少容黍八百一十分黍之二十二。

今以密率考得黃鐘之徑三分三釐八豪五絲一忽，其周十分零六釐三豪四絲六忽，爲定數云。

藻翔謹案，黃鐘古尺體積八百一十分，以長九十分歸之，得九方分，爲黃鐘之圓面積。乃用邊線相等面積不同定率比例，圓面積一〇〇〇〇〇爲一率，方面積一二七三二四爲二率，今面積九方分爲三率，求得四率一一一分四十五釐九十豪，爲圓面積徑線相等之正方面積。開平方，得三分三釐八豪五絲一忽，即黃鐘古尺之徑。又以定率徑一一三爲一率，周三五五爲二率，今所得徑三分三釐八豪五絲一忽爲三率，求得四率十分〇六釐三豪四絲六忽，即黃鐘古尺之周也。

又 律生五聲圖第六

宮聲八十一　商聲七十二　角聲六十四　徵聲五十四　羽聲四十八

案黃鐘之數九九八十一，是爲五聲之本。三分損一以下生徵，徵三分益一以上生商，商三分損一以下生羽，羽三分益一以上生角。至角聲之數六十四，以三分之，不盡一算，數不可行，此聲之數所以止於五也。或曰此黃鐘一均五聲之數，他律不然。曰置本律之實，以九九因之，三分損益，以爲五聲。再以本律之實約之，則宮固八十一，商亦七十二，角亦六十四，徵亦五十四，羽亦四十八矣。

藻翔案黃鐘之數九九八十一，爲宮聲。置八十一，以二乘之，得一百六十二。以三除之，得五十四爲徵聲。置五十四，以四乘之，得二百一十六。以三除之，得七十二爲商聲。置七十二，以二乘之，得一百四十四。以三除之，得四十八爲羽聲。置四十八，以四乘之，得一百九十二。以三除之，得六十四爲角聲。

變聲第七

變宮聲四十二。小分六。　變徵聲五十六。小分八。

案五聲宮與商，商與角，徵與羽，相去各一律。至角與徵，羽與宮，相去乃二律。相去一律則音節和，相去二律則音節遠，故角徵之閒，近徵收一聲，比徵少下，故謂之變徵。羽宮之閒，近宮收一聲，少高於宮，故謂之變宮也。角聲之實六十有四，以三分之，不盡一算，既不可行，當有以通之。聲之變者二，故置一而兩三之，得九。以九因角聲之實六十有四，得五百七十六。三分損益，再生變徵變宮二聲。以九歸之，以從五聲之數。存其餘數，以爲强弱。至變徵之數五百一十二，以三分損益，不盡二算，其數又不行，此變聲所以止於二也。變宮變徵，宮不成宮，徵不成徵，古人謂之和繆，又曰所以濟五聲之不及也。變聲非正，故不爲調也。

八十四聲圖第八

十一月黃鐘宮
六　月林鐘宮黃鐘徵
正　月太蔟宮林鐘徵黃鐘商
八　月南呂宮太蔟徵林鐘商黃鐘羽
三　月姑洗宮南呂徵太蔟商林鐘羽黃鐘角
十　月應鐘宮姑洗徵南呂商太蔟羽林鐘角黃鐘變宮
五　月蕤賓宮應鐘徵姑洗商南呂羽太蔟角林鐘變宮黃鐘變徵
十二月大呂宮蕤賓徵應鐘商姑洗羽南呂角太蔟變宮林鐘變徵
七　月夷則宮大呂徵蕤賓商應鐘羽姑洗角南呂變宮太蔟變徵
二　月夾鐘宮夷則徵大呂商蕤賓羽應鐘角姑洗變宮南呂變徵
九　月無射宮夾鐘徵夷則商大呂羽蕤賓角應鐘變宮姑洗變徵
四　月仲呂宮無射徵夾鐘商夷則羽大呂角蕤賓變宮應鐘變徵
黃鐘變仲呂徵無射商夾鐘羽夷則角大呂變宮蕤賓變徵
林鐘變　仲呂商無射羽夾鐘角夷則變宮大呂變徵
太蔟變　　仲呂羽無射角夾鐘變宮夷則變徵
南呂變　　　仲呂角無射變宮夾鐘變徵
姑洗變　　　　仲呂變宮無射變徵
應鐘變　　　　　仲呂變徵

案律呂之數往而不返，故黃鐘不復爲他律役，所用七聲皆正律，無空積忽微。自林鐘而下，則有半聲。大呂、太蔟一半聲，夾鐘、姑洗二半聲，蕤賓、林鐘四半聲，夷則、南呂五半聲，無射、應鐘六半聲。仲呂爲十二律之窮，三半聲。自蕤賓而下，則有變律。蕤賓一變律，大呂二變律，夷則三變律，夾鐘四變律，無射五變律，仲呂六變律。皆有空積忽微，不得其正，故黃鐘獨爲聲氣之元。雖十二律八十四聲皆黃鐘所生，然黃鐘一均所謂純粹中之純粹者也。八十四聲，正律六十三，變律二十一。六十三者，九七之數也。二十一者，三七之數也。

今案此圖當斜觀之，自黃鐘宮以至黃鐘變徵，仲呂宮以至仲呂變徵，每隔一行低一位，即是其相生之聲也。凡言宮商角徵羽者，有聲有調，此圖則其聲也，後圖則其調也。聲者，以律之長短高下別，五聲隨每字每聲而名之者也。調者，以其律之起聲收聲分五調，純一曲七聲而名之者也。知聲與調之分，則知樂之所謂條理矣。

六十調圖第九以《周禮》《淮南子》《禮記》鄭氏注孔氏正義定。

	宮	商	角	變徵	徵	羽	變宮
黃鐘宮	黃正	太正	姑正	蕤正	林正	南正	應正
無射商	無正	黃變半	太變半	姑變半	仲半	林變半	南變半
夷則角	夷正	無正	黃變半	太變半	夾半	仲半	林變半
仲呂徵	仲正	林變	南變	應變	黃變半	太變半	姑變半
夾鐘羽	夾正	仲正	林變	南變	無正	黃變半	太變半
大呂宮	大正	夾正	仲正	林變	夷正	無正	黃變半
應鐘商	應正	大半	夾半	仲半	蕤半	夷半	無半
南呂角	南正	應正	大半	夾半	姑半	蕤半	夷半
蕤賓徵	蕤正	夷正	無正	黃變半	大半	夾半	仲半
姑洗羽	姑正	蕤正	夷正	無正	應正	大半	夾半
太蔟宮	太正	姑正	蕤正	夷正	南正	應正	大半
黃鐘商	黃正	大正	姑正	蕤正	林正	南正	應正
無射角	無正	黃變半	太變半	姑變半	仲半	林變半	南變半
林鐘徵	林正	南正	應正	大半	太半	姑半	蕤半
仲呂羽	仲正	林變	南變	應變	黃變半	太變半	姑變半
夾鐘宮	夾正	仲正	林變	南變	無正	黃變半	太變半
大呂商	大正	夾正	仲正	林變	夷正	無正	黃變半
應鐘角	應正	大半	夾半	仲半	蕤半	夷半	無半
夷則徵	夷正	無正	黃變半	太變半	夾半	仲半	林變半
蕤賓羽	蕤正	夷正	無正	黃變半	大半	夾半	仲半
姑洗宮	姑正	蕤正	夷正	無正	應正	大半	夾半
太蔟商	太正	姑正	蕤正	夷正	南正	應正	大半
黃鐘角	黃正	太正	姑正	蕤正	林正	南正	應正
南呂徵	南正	應正	大半	夾半	姑半	蕤半	夷半
林鐘羽	林正	南正	應正	大半	太半	姑半	蕤半
仲呂宮	仲正	林變	南變	應變	黃變半	太變半	姑變半
夾鐘商	夾正	仲正	林變	南變	無正	黃變半	太變半
大呂角	大正	夾正	仲正	林變	夷正	無正	黃變半
無射徵	無正	黃變半	太變半	姑變半	仲半	林變半	南變半
夷則羽	夷正	無正	黃變半	太變半	夾半	仲半	林變半
蕤賓宮	蕤正	夷正	無正	黃變半	大半	夾半	仲半
姑洗商	姑正	蕤正	夷正	無正	應正	大半	夾半
太蔟角	太正	姑正	蕤正	夷正	南正	應正	大半
應鐘徵	應正	大半	夾半	仲半	蕤半	夷半	無半
南呂羽	南正	應正	大半	夾半	姑半	蕤半	夷半
林鐘宮	林正	南正	應正	大半	太半	姑半	蕤半
仲呂商	仲正	林變	南變	應變	黃變半	太變半	姑變半
夾鐘角	夾正	仲正	林變	南變	無正	黃變半	太變半
黃鐘徵	黃正	太正	姑正	蕤正	林正	南正	應正
無射羽	無正	黃變半	太變半	姑變半	仲半	林變半	南變半
夷則宮	夷正	無正	黃變半	太變半	夾半	仲半	林變半
蕤賓商	蕤正	夷正	無正	黃變半	大半	夾半	仲半
姑洗角	姑正	蕤正	夷正	無正	應正	大半	夾半
大呂徵	大正	夾正	仲正	林變	夷正	無正	黃變半
應鐘羽	應正	大半	夾半	仲半	蕤半	夷半	無半
南呂宮	南正	應正	大半	夾半	姑半	蕤半	夷半
林鐘商	林正	南正	應正	大半	太半	姑半	蕤半
仲呂角	仲正	林變	南變	應變	黃變半	太變半	姑變半
大蔟徵	太正	姑正	蕤正	夷正	南正	應正	太半
黃鐘羽	黃正	太正	姑正	蕤正	林正	南正	應正
無射宮	無正	黃變半	太變半	姑變半	仲半	林變半	南變半
夷則商	夷正	無正	黃變半	太變半	夾半	仲半	林變半
蕤賓角	蕤正	夷正	無正	黃變半	太半	夾半	仲半
夾鐘徵	夾正	仲正	林變	南變	無正	黃變半	太變半
大呂羽	大正	夾正	仲正	林變	夷正	無正	黃變半
應鐘宮	應正	大半	夾半	仲半	蕤半	夷半	無半
南呂商	南正	應正	大半	夾半	姑半	蕤半	夷半
林鐘角	林正	南正	應正	大半	太半	姑半	蕤半
姑洗徵	姑正	蕤正	夷正	無正	應正	大半	夾半
太蔟羽	太正	姑正	蕤正	夷正	南正	應正	大半

案：十二律旋相爲宮，各有七聲，合八十四聲。宮聲十二，商聲十二，角聲

十二，徵聲十二，羽聲十二，凡六十聲，爲六十調。其變宫十二，在羽聲之後，宫聲之前。變徵十二，在角聲之後，徵聲之前。宫不成宫，徵不成徵，凡二十四聲，不可爲調。黄鐘宫至夾鐘羽，並用黄鐘起調，黄鐘畢曲。大吕宫至姑洗羽，並用大吕起調，大吕畢曲。太蔟宫至仲吕羽，並用太蔟起調，太蔟畢曲。夾鐘宫至蕤賓羽，並用夾鐘起調，夾鐘畢曲。姑洗宫至林鐘羽，並用姑洗起調，姑洗畢曲。仲吕宫至夷則羽，並用仲吕起調，仲吕畢曲。蕤賓宫至南吕羽，並用蕤賓起調，蕤賓畢曲。林鐘宫至無射羽，並用林鐘起調，林鐘畢曲。夷則宫至應鐘羽，並用夷則起調，夷則畢曲。南吕宫至黄鐘羽，並用南吕起調，南吕畢曲。無射宫至大吕羽，並用無射起調，無射畢曲。應鐘宫至太蔟羽，並用應鐘起調，應鐘畢曲。是爲六十調。六十調即十二律也，十二律即一黄鐘也。黄鐘生十二律，十二律生五聲二變。五聲各爲綱紀以成六十調，六十調皆黄鐘損益之變也。

今案此圖每行雖全列七聲，然取以名調者，止一聲耳。如首行黄鐘居宫位，故以黄鐘宫爲調也。次行黄鐘居商位，故以無射商名調。以後各行可推而知。所謂起調者，曲之起聲一字也。所謂畢曲者，曲之收聲一字也。自第一調至第五調，皆以黄鐘之律起聲收聲。其餘中閒之聲，則雜用本行中七律也。其餘各調莫不皆然。

藻翔案：十二宫爲月律，六十調八十四聲爲日律。月律歲而復，日律六十日而復，亦四百二十日而復。然六十調從戊子始，八十四聲從甲子始，故六十調黄鐘爲五子，戊子爲黄鐘宫，庚子爲無射商，壬子爲夷則角，甲子爲中吕徵，丙子爲夾鐘羽。大吕爲五丑，己丑爲大吕宫，辛丑爲應鐘商，癸丑爲南吕角，乙丑爲蕤賓徵，丁丑爲姑洗羽。其餘十宫，可以類推。其八十四聲始甲子，一復而始戊子，再復而始壬子，三復而始丙子，四復而始庚子，至五復則周矣。至後世以納音配六十律，則失《史記》《淮南》諸書之本意矣。

綜述

班固撰　顔師古注《漢書》卷二一上《律曆志第一上》　《虞書》曰：乃同律度量衡。師古曰《虞書·舜典》也。同謂齊等。所以齊遠近，立民信也。自伏戲畫八卦，由數起，師古曰：萬物之數，因八卦而起也。劉攽曰：《志》言卦起於數，顔云數起於卦，非也。至黄帝、堯、舜而大備。三代稽古，法度章焉。師古曰：三代，夏、殷、周也。稽，考也。考於古事，而法度益明。周衰官失，孔子陳後王之法，曰：謹權量，審法度，修廢官，舉逸民，四方之政行矣。師古曰：此《論語》載孔子述古帝王之政，以示後世。權，謂斤兩也。量，斗斛也。法度，丈尺也。逸民，謂有德而隱處者。漢興，北平侯張蒼首律曆事，師古曰：首，謂始定也。孝武帝時樂官考正。師古曰：更質正其事。至元始中王莽秉政，欲燿名譽，徵天下通知鐘律者百餘人，使羲和劉歆等典領條奏，言之最詳。故删其僞辭，取正義，著于篇。師古曰：班氏自云作志取劉歆之義也。自此以下訖於用竹爲引者事之宜也，則其辭焉。

一曰備數，二曰和聲，三曰審度，四曰嘉量，五曰權衡。參五以變，錯綜其數，稽之於古今，效之於氣物，和之於心耳，考之於經傳，咸得其實，靡不協同。

數者，一、十、百、千、萬也，所以算數事物，順性命之理也。《書》曰：先其算命。師古曰：《逸書》也。言王者統業，先立算數以命百事也。本起於黄鐘之數，始於一而三之，三三積之，孟康曰：黄鐘，子之律也。子數一。泰極元氣，含三爲一，是以一數變而爲三也。歷十二辰之數，十有七萬七千一百四十七，而五數備矣。孟康曰：初以子一乘丑三，餘則轉因其成數以三乘之，歷十二辰，得是積數也。五行陰陽變化之數備於此矣。其算法用竹，徑一分，長六寸，二百七十一枚而成六觚，爲一握。蘇林曰：六觚，六角也。度角至角，其度一寸，而容一分，算九枚，相因之數有十，正面之數實九，其表六九五十四，算中積凡得二百七十一枚。徑象乾律黄鐘之一，而長象坤吕林鐘之長。張晏曰：林鐘長六寸。韋昭曰：黄鐘管九寸，十分之一，得其一分也。其數以《易》大衍之數五十，其用四十九，成陽六爻，得周流六虚之象也。孟康曰：以四十九成陽六爻爲乾，乾之實數二百一十六，以成六爻，是爲周流六虚之象也。

夫推歷生律，張晏曰：推歷十二辰以生律吕也。制器，規圜矩方，權重衡平，準繩嘉量，張晏曰：準，水平。量知多少，故曰嘉。探賾索隱，鉤深致遠，莫不用焉。師古曰：賾亦深也。索，求也。度長短者不失豪氂，孟康曰：豪，兔豪也。十豪爲氂。師古曰：度音大角反。量多少者不失圭撮，應劭曰：圭自然之形，陰陽之始也。四圭曰撮，三指撮之也。孟康曰：六十四黍爲圭。師古曰：撮音倉括反。權輕重者不失黍絫，孟康曰：絫音累蠡。應劭曰：十黍爲絫，十絫爲一銖。師古曰：絫，孟音來戈反，此字讀亦音纍紲之纍。紀於一，協於十，長於百，大於千，衍於萬，其法在算術。宣于天下，小學是則。職在太史，羲和掌之。

房玄齡等《晉書》卷一六《志第六·律曆上》　《易》曰：「形而上者謂之道，

形而下者謂之器。」夫神道廣大，妙本於陰陽；形器精微，義先於律呂。聖人觀四時之變，刻玉紀其盈虛；察五行之聲，鑄金均其清濁。所以遂八風而宣九德，和大樂而成政道。然金質從革，侈弇無方；竹體圓虛，修短利制。是以神瞽作律，用寫鍾聲，乃紀之以三，平之以六，成於十二，天之道也。又叶時日於晷度，效地氣於灰管，故陰陽和則景至，律氣應則灰飛。灰飛律通，吹而命之，則天地之中聲也。故可以範圍百度，化成萬品，則《虞書》所謂「叶時月正日，同律度量衡」者也。中聲節以成文，德音章而和備，則可以動天地，感鬼神，導性情，移風俗。叶言志於詠歌，鑒盛衰於治亂。故君子審聲以知音，審音以知樂，審樂以知政，蓋由茲道。太史公《律書》云：「王者制事立法，物度軌則，一禀於六律。六律爲萬事之本，其於兵械尤所重焉。故云望敵知吉凶，聞聲效勝負，百王不易之道也。」

及秦氏滅學，其道浸微。漢室初興，丞相張蒼首言音律，未能審備。孝武帝創置協律之官，司馬遷言律呂相生之次詳矣。及王莽之際，考論音律，劉歆條奏，大率有五：一曰備數，一、十、百、千、萬也；二曰和聲，宫、商、角、徵、羽也；三曰審度，分、寸、尺、丈、引也；四曰嘉量，龠、合、升、斗、斛也；五曰權衡，銖、兩、斤、鈞、石也。班固因而志之。蔡邕又記建武已後言律呂者，至司馬紹統採而續之。漢末天下大亂，樂工散亡，器法堙滅。魏武始獲杜夔，使定樂器聲調。夔依當時尺度，權備典章。及武帝受命，遵而不革。至泰始十年，光禄大夫荀勗奏造新度，更鑄律呂。元康中，勗子藩嗣其事，未及成功，屬永嘉之亂，中朝典章，咸没於石勒。及元帝南遷，皇度草昧，禮容樂器，掃地皆盡，雖稍加採掇，而多所淪胥，終于恭、安，竟不能備。今考古律相生之次，及魏武已後言音律度量者，以志于篇云。

傳云「十二律，黄帝之所作也。使伶倫自大夏之西，乃之崑崙之陰，取竹之嶰谷生，其竅厚均者，斷兩節間長三寸九分而吹之，以爲黄鍾之宫，曰含少。次制十二竹筩，寫鳳之鳴，雄鳴爲六，雌鳴亦六，以比黄鍾之宫，皆可以生之以定律呂。則律之始造，以竹爲管，取其自然圓虛也」。又云「黄帝作律，以玉爲管，長尺，六孔，爲十二月音。至舜時，西王母獻昭華之琯，以玉爲之」。及漢章帝時，零陵文學奚景於泠道舜祠下得白玉琯。又武帝太康元年，汲郡盜發六國時魏襄王冢，亦得玉律。則古者又以玉爲管矣。以玉者，取其體含廉潤也。而漢平帝時，王莽又以銅爲之。銅者，自名也，所以同天下，齊風俗也。爲物至精，不爲燥溼寒暑改節，介然有常，似士君子之行，故用焉。【略】

又

漢章帝元和元年，待詔候鍾律殷彤上言：「官無曉六十律以準調音。故待詔嚴崇具以準法教子男宣，願召宣補學官，主調樂器。」詔曰：「崇子學審曉律，別其族，協其聲者，審試。不得依託父學，以聾爲聰。聲微妙，獨非莫知，獨是莫曉。以律錯吹，能知命十二律，其二中不失一，乃爲能傳崇學耳。」試宣十二律，其二中，其四不中，其六不知何律，宣遂罷。自此律家莫能爲準。

靈帝熹平六年，東觀召典律者太子舍人張光等問準(竟)〔意〕，光等不知，歸閱舊藏，乃得其器。形制如房書，猶不能定其絃緩急。音不可書以曉人，知之者欲教而無從，心達者體知而無師，故史官能辯清濁者遂絶。其可以相傳者，唯候氣而已。漢末紛亂，亡失雅樂。

魏武時，河南杜夔精識音韻，爲雅樂郎中，令鑄銅工柴玉鑄鍾，其聲均清濁多不如法，數毁改作，玉甚厭之，謂夔清濁任意，更相訴白於魏武王。魏武王取玉所鑄鍾雜錯更試，然後知夔爲精，於是罪玉。

泰始十年，中書監荀勗、中書令張華出御府銅竹律二十五具，部太樂郎劉秀等校試，其三具與杜夔及左延年律法同，其二十二具，視其銘題尺寸，是笛律也。

問協律中郎將列和，辭：「昔魏明帝時，令和承受(一)笛聲以作此律，欲使學者別居一坊，歌詠講習，依此律調。至於都合樂時，但識其尺寸之名，則絲竹歌詠，皆得均合。歌聲濁者用長笛長律，歌聲清者用短笛短律。歌，凡絃歌調張清濁之制，不依笛尺寸名之，則不可知也。」勗等奏：「昔先王之作樂也，以振風蕩俗，饗神佑賢，必協律呂之和，以節八音之中。是故郊祀朝宴，用之有制，歌奏分敘，清濁有宜。故曰五聲、十二律還相爲宫，此經傳記籍可得而知者也。如和對辭，笛之長短無所象則，率意而作，不由曲度。考以正律，皆不相應；吹其聲均，多不諧合。又辭先師傳笛，別其清濁，直以長短。工人裁制，舊不依律。是爲作笛無法。而和寫笛造律，又令琴瑟歌詠，從之爲正，非所以稽古先哲，垂憲于後者也。謹條牒諸律，問和意狀如左。」

及依典制，用十二律造笛象十二枚，聲均調和，器用便利。講肄彈擊，必合律呂，況乎宴饗萬國，奏之廟堂者哉？雖伶夔曠遠，至音難精，猶宜儀形古者，以求厥衷，合乎經禮，於制爲詳。若可施用，請更部笛工選竹造作，下太樂樂府施行。平議諸杜夔、左延年律可皆留，其御府笛正聲、下徵各一具，皆銘題作者姓名，其餘無所施用，還付御府毀。奏可。

勗又問和：「作笛爲可依十二律作十二笛，令一孔依一律，然後乃以爲樂不？」和辭：「太樂東箱長笛正聲已長四尺二寸，今當復取其下徵之聲。於法，聲濁者笛當長，計其尺寸乃五尺有餘，和昔日作之，不可吹也。又，笛諸孔雖不校試，意謂不能得一孔輒應一律也。」按太樂四尺二寸笛正聲均應蕤賓，以十二律還相爲宫，推法下徵之孔當應律大吕。大吕笛長二尺六寸有奇，不得長五尺餘。輒令大樂郎劉秀、鄧昊等依作大吕笛以示和，又吹七律，一孔一校，聲皆相應。然後令郝生鼓箏，宋同吹笛，以爲雜引、相和諸曲。和乃辭曰：「自和父祖漢世以來，笛家相傳，不知此法，而令調均與律相應，實非所及也。」郝生、魯基、种整、朱夏皆與和同。

又問和：「笛有六孔，及其體中之空爲七，和爲能盡名其宫商角徵孔調與不調，以何檢知？」和辭：「先師相傳，吹笛但以作曲，相語爲某曲當舉某指，初不知七孔盡應何聲也。若當作笛，其仰尚方笛工依按舊像訖，但吹取鳴者，初不復校其諸孔調與不調也。」

按《周禮》調樂，金石有一定之聲，是故造鍾磬者，先依律調之，然後施於廂懸。作樂之時，諸音皆受鍾磬之均，即爲悉應律也。至於饗宴殿堂之上，無廂懸鍾磬，以笛有一定調，故諸絃歌皆從笛爲正，是爲笛猶鍾磬，宜必合於律吕。如和所對，直以意造，率短一寸，七孔聲均，不知其皆應何律，調無以檢正，唯取竹之鳴者，爲無法制。趣部郎劉秀、鄧昊、王豔、魏邵等與笛工參共作笛，工人造其形，律者定其聲，然後器象有制，音均和協。

又問和：「若不知律吕之義作樂，音均高下清濁之調，當以何名之？」和辭：「每合樂時，隨歌者聲之清濁，用笛有長短。假令聲濁者用三尺二笛，因名曰此三尺二調也；聲清者用二尺九笛，因名曰此二尺九調。漢魏相傳，施行皆然。」

按《周禮》奏六樂，乃奏黄鍾，歌大吕；乃奏太蔟，歌應鍾，皆以律吕之義，紀歌奏清濁。而和所稱以二尺、三尺爲名，雖漢魏用之，俗而不典。部郎劉秀、鄧昊等以律作[笛]三尺二寸者，應無射之律；若宜用長笛，執樂者曰請奏無射；作二尺八寸四分四氂者，應黄鍾之律；若宜用短笛，執樂者曰請奏黄鍾。則歌奏之義，若合經禮，考之古典，於制爲雅。

魏收《魏書》卷一〇七上《律曆志三上》 大聖通天地之至理，極生民之能事，體妙繫於神機，作範留於器象。然則制物成法，故冥賾可尋；推變有因，而化生以驗。昔黄帝採竹昆崘之陰，聽鳳岐陽之下，斷自然之物，寫自然之音。音既協矣，黄鍾以立；數既生矣，氣亦徵之。於是乎備數、和聲、審度、嘉量、權衡之用，皆出於兹矣。三古所共行，百王不能易。漢孝武置協律之官，元帝時京房明六十律，事爲密矣。王莽世，徵天下通鍾律之士，劉歆總而條奏之，最爲該博，故班固取以爲志。後漢侍詔嚴崇頗爲知律，至其子宣不傳，遂罷。魏世杜夔亦以通樂制律，晉中書監荀勗持夔律校練八音，以謂後漢至魏尺長古尺四分有餘。又得古玉律，勗以新律命之，謂其應合，遂改晉調，而散騎侍郎阮咸譏其聲高。永嘉以後，中原喪亂，考正鍾律，所未聞焉。其存於夷裔聲器而已。

魏氏平諸僭僞，頗獲古樂。高祖慮其永爽，太和中詔中書監高閭修正音律，久未能定。閭出爲相州刺史，十八年，閭表曰：「《書》稱同律度量衡，《論語》謹權量，審法度。此四者乃是王者之要務，生民之所由。四者何先？以律爲首。豈不以取法之始，求天地之氣故也。孔子曰：『移風易俗，莫尚於樂。』然則樂之所感，其致遠矣。今調音制樂，非律無以克和，然則律者樂之本也。臣前被敕理樂，與皇宗博士孫惠蔚、大樂祭酒公孫崇等考《周官》《國語》及《後漢律歷志》，案京房法作準以定律，吹律以調絲，案律寸以孔竹，八音之别，事以粗舉。書既三奏，備在前文。臣年垂七十，日就衰頽，恐一朝先犬馬，竟無絲髮之益，使律法長絶，遺恨没世，是以悽悽惓惓，不敢忘怠。近在鄴見崇，臣先以其聰敏精勤，有挈瓶之智，雖非經國之才，頗長推考之術，故臣舉以教樂，令依臣先共所論樂事，自作《鍾磬志議》二卷，器數爲備，可謂世不乏賢。今崇徒教樂童書學而已，不恭樂事，臣恐音律一曠，精賞實難，習業差怠，轉乖本意。今請使崇參知律吕鍾磬之事，觸類而長之，成益必深。求持臣先所奏三表勘《後漢律歷志》，陛下親覽，以求厥衷，俱然易了。又著作郎韓顯宗博聞彊識，頗有史才，粗解音律，亦求令時往參知。臣雖在外官，竊慕古人舉善之義，愚意所及，不能自已，雖則越分，志在補益，願不以言廢人。」詔許之。景明四年，并州獲古銅權，詔付崇以爲鍾律之準。永平中，崇更造新尺，以一黍之長，累爲寸法。尋太常卿劉芳受詔修樂，以秬黍中者一黍之廣即爲一分，而中尉元匡以一黍之廣度黍二縫，以取一分。三家紛競，久不能決。太和十九年，高祖詔，以一黍之廣，用成分體，九十黍之長，以定銅尺。有司奏從前詔，而芳尺同高祖所制，故遂典修金石。迄武定末，未有諳律者。

杜佑《通典》卷一四三《歷代製造》　漢文帝令丞相北平侯張蒼始定律歷。武帝以李延年爲協律都尉，蓋掌音律也。

元帝時，郎中京房知五音六十律之數，上使韋玄成等試問房於樂府。房對：「受學於故小黄令焦延壽。六十律相生之法：以上生下，皆三生二，以下生上，皆三生四，陽下生陰，陰上生陽，終於中吕，而十二律畢矣。中吕上生執始，執始下生去滅，上下相生，終於南事，六十律畢矣。」夫十二律之變於六十，猶八卦之變至於六十四也。又造准，形如瑟，十三絃，隱間九尺，中［央］一絃，下有尺分寸、六十律之節。史官傳之。至後漢建武之後，不能定其絃緩急矣。王莽徵天下通知鍾律者，有百餘人，令劉歆領之，造銅律，其所制與房不殊。

魏武帝時，杜夔精識音韻，爲雅樂郎中令。鑄銅工柴玉巧有意思，形器之中，多所造作，亦爲時人見知。夔令玉鑄鐘，其聲均清濁多不如法，數毁改作。玉甚厭之，謂夔清濁任意，更相訴白於魏武。魏武取所鑄鐘，雜錯更試，然後知夔爲精而玉之謬也。

明帝青龍中，鑄大鐘，高堂崇諫曰：「夫禮樂者，爲治之大本也。故《簫韶》九成，鳳皇來儀，雷鼓六變，天神以降，是以政平刑措，和之至也。新春發響，商辛以隕；大鐘既鑄，周景以死。存亡之機，恒由此作。君舉必書，古之道也。作而不法，何以示後。」帝稱善焉。

晉張華、荀勗校魏杜夔所造鍾律，其聲樂多不諧合，乃出御府古今銅竹律二十五，銅尺、銅斛七具，校減新尺，短夔尺四分，因造十有二笛，笛具五音，以應京房之術。笛體之音，皆各用蕤賓、林鍾之角，短則又倍之二，笛八律而後成，去四分之一，而以本宫管上行度之，則宫定也；因宫（冗）［穴］，以本宫徵管上行度之，則徵定也。各以其律展轉相因，隨（冗）［穴］疎密所宜置之，或半之，或四之，以調律吕，正雅樂。正會殿庭作之，自謂宫商克諧，然論者謂勗爲暗解。初，勗常於路逢趙賈人牛鐸。及掌樂事，律吕未諧，曰：得趙人牛鐸則諧矣。遂下郡國，悉送牛鐸，果得諧者。時阮咸善達八音，論者謂之神解。咸常心譏勗新律聲高，以謂高近哀思，不合中和。每公會作樂，勗自以爲遠不及咸，常意咸謂之不調，以爲異已，乃出咸爲始平相。後有田夫耕於野，得周玉尺，勗以校己所理鍾石絲竹，皆短校一米，於此伏咸之妙，復徵咸歸。

梁武帝天監元年，下詔博採古樂，竟無所得。帝既素善音律，詳悉舊事，遂自制立四器，名之爲通。通受聲（亮）廣九寸，直長九尺，臨岳高寸二分。每通施三絃。一曰玄英通：應鍾絃，用百四十二絲，長四尺七寸四分差强；黄鍾絃，用二百七十絲，長九尺；大吕絃，用二百五十二絲，長八尺四寸三分差弱。二曰青陽通：太蔟絃，用二百四十絲，長八尺；夾鍾絃，用二百二十四絲，長七尺五寸弱；姑洗絃，用百四十二絲，長七尺二寸一分强。三曰朱明通：中吕絃，用百九十絲，長六尺六寸六分弱；蕤賓絃，用百八十九絲，長六尺三寸二分强；林鍾絃，用百八十絲，長六尺四寸四分。四曰白藏通：夷則絃，用百六十八絲，長五尺六寸二分弱；南吕絃，用百六十絲，長五尺三寸三分大强；無射絃，用百二十九絲，長四尺九寸九分强。因以通聲，轉推（用）［月］氣，悉無差違，而還相得中。又制爲十二笛，黄鍾笛長三尺八寸，大吕笛長三尺六寸，太蔟笛長三尺四寸，夾鍾笛長三尺二寸，姑洗笛長三尺一寸，中吕笛長二尺九寸，蕤賓笛長二尺八寸，林鍾笛長二尺七寸，夷則笛長二尺六寸，南吕笛長二尺五寸，無射笛長二尺四寸，應鍾笛長二尺三寸。用笛以寫通聲，攷古（夾）鍾玉律并周代古鐘，並皆不差。於是被以八音，旋以七聲，莫不和韻。

陳山陽太守毛爽，習京房候氣術。陳亡，祖孝孫學之於爽。周歲之日，日異其律。冬至之日，以黄鐘爲宫，林鍾爲徵，太蔟爲商，南吕爲羽，姑洗爲角，應鍾爲變宫，蕤賓爲變徵。隨月異宫，帀歲而復。

後魏孝明帝神龜元年，有陳仲儒者自江南歸魏，頗閑樂事，請依前漢京房立准，以調八音。有司問仲儒言：前被符，問京房准定六十律之後，雖有器存，曉之者尠，至後漢熹平末，張光等猶不能定絃之急緩，聲之清濁。仲儒授自何師，出何典籍，而云能曉？答曰：仲儒在江左之日，頗愛琴，又常覽司馬彪所撰《續漢書》，見京房准術，成數昭然，而張光等不能定。仲儒不量庸昧，竊有意焉。遂竭愚思，鑽研甚久。雖不能測其機妙，至於聲韻，頗有所得。度量衡歷，出自黄鐘，雖造管察氣，經史備存，但氣有盈虚，黍有巨細，差之毫釐，失之千里。自非管應時候，聲驗吉凶，則是非之源，諒亦難定。此則非仲儒淺識所敢聞之。至於准者，本以代律，取其分數，調校樂器，則宫商易辨。若尺寸少長，則六十宫商相與微濁；若分數加短，則六十徵羽類皆小清。至於清濁相宣，諧會歌管，皆得應合。雖積黍驗氣，取聲之本，清濁諧會，亦須有方。若閑准意，則辨五聲清濁之韻；若善琴術，則知五調調音之體。參此二途，以均樂器，則自然應和，不相奪倫。如不練此，必至乖謬。按後漢順帝陽嘉二年冬十月，行禮辟雍，奏應鍾，始復黄鍾作樂，器隨月律。是謂十二之律必須次第爲宫，而商羽角徵以類從之。尋調聲之體，宫商宜濁，徵羽用清。若依公孫崇止以十二律聲，而云還相爲宮，清濁悉足，非唯未練五調調器之法，至於五聲次第，自是不足。何者？黄鍾爲聲氣之元，其管最長，故以黄鍾爲宮，太蔟爲商，林鍾爲徵，則一任相順。若均之八音，猶須錯採衆聲，配成其美。若以應鍾爲宮，大吕爲商，蕤賓爲徵，則徵濁而宮清，雖有其韻，不成音曲。若以夷[則爲宮]，則十二律中唯得取中吕爲徵，其商角羽並無其韻。若以中吕爲宮，則十二律内全無所取。何者？中吕爲十二之窮，變律之首。依京房書，中吕爲宮，乃以去滅爲商，執始爲徵，然後方韻。而崇乃以中吕爲宮，猶用林鍾爲商，黄鍾爲徵，何由可諧？仲儒以爲，調和樂器，文飾五聲，非准不妙。若如嚴嵩父子，心賞清濁，是則爲難。若依案見尺作准，調絃緩急，清濁可以意推耳。但音聲精微，史傳簡略，舊志唯云准形如瑟十三絃，隱間九尺，以應黄鍾九寸，調中一絃，令與黄鍾相得。按畫以求其聲，遂不辨准須柱以不。柱有高下，絃有麤細，餘十二絃復應若爲？致令攬者迎前拱手。又按房准九尺之内若十七萬七千一百四十七分，一尺之内爲萬九千六百八十三分，又復十之，是爲於准一寸之内亦爲萬九千六百八十三分。然則於准一分之内，乘爲二千分，又爲小分，以辨强弱。中間至促，離朱之明猶不能窮而分之。雖然，仲儒私曾考驗，但前却中柱，使入常准尺分之内，相生之韻已自應合。然分數既微，器宜精妙。其准平面直，須如停水；其中絃一柱，高下須與二頭臨岳一等，移柱上下之時，不使離絃，不得舉絃。又中絃麤細，須與琴宫相類。中絃須施軫如琴，以軫調聲，令與黄鍾一管相合。中絃下依數[畫]出六十律清濁之節。其餘十二絃，須施柱如筝。又凡絃皆須素張，使臨時不動，即於中絃按畫一周之聲，度著十二絃上。然後依相生之法，以次運行，取十二律之商徵。商徵既定，又依琴五調調聲之法，以均樂器。其調以宮爲主，清調商爲主，平調以角爲主。然後錯採衆聲以文飾之如錦繡。自上代以來，消息調准之方，並史文所略，出仲儒愚思。若事有乖此，聲則不和。(平)仲儒尋之分數，精微如彼，定絃急緩，艱難若此。而張光等視掌尚不知藏中有准。既未識其器，又安能施絃也。且燧人不師資而習火，延壽不束脩以變律，故云知之者欲教而無從，心達者體知而無師。苟有毫釐所得，皆關心抱，豈必要經師授然後(尋)[爲]奇哉。但仲儒自省庸淺，才非贍足，正可麤識音韻，纔言其理致耳。

時尚書蕭寶寅又奏：「金石律吕，制度調均，自古以來，尠或通曉。仲儒雖麤述，而學不師授，云出己心，又言舊器不任，必須更造，然後克諧。上違用舊之旨，輕欲製造。臣竊思量，不合依許。」詔曰：「禮樂之事，蓋非常人能明，可如所奏。」

北齊神武霸府田曹參軍信都芳，世號知音，能以管候氣，仰觀雲色。常與人對語，則指天曰：「孟春之氣至矣。」人往驗管，而飛灰已應。每月所候，言皆無爽。又爲輪扇二十四埋地中，以測二十四氣，每一氣感，則一扇自動，他扇並住，與管灰相應，若合符契焉。

隋文帝開皇二年，詔求知音之士參定音樂。沛國公鄭譯云：「考尋樂府鍾石律吕，皆有宮、商、角、徵、羽、變宮、變徵之名。七聲之内，三聲乖應，每常求訪，終莫能通。初，周武帝時，有龜兹人曰蘇祇婆，從突厥皇后入國，善胡琵琶。聽其所奏，一均之中間有七聲。因而問之，答云：『父在西域，稱爲知音。代相傳習，調有七種。』以其七調，勘校七聲，冥若合符。一曰娑陁力，華言平聲，即宮聲也。二曰雞識，華言長聲，即(南吕)[商]聲也。三曰沙識，華言質直聲，即角聲也。四曰沙侯加濫，華言應聲，即變徵聲也。五曰沙臘，華言應和聲，即徵聲也。六曰般贍，華言五聲，即羽聲也。七曰俟利箑，華言斛牛聲，即變宮聲也。」譯因習而彈之，始得七聲之正。然其就此七調，又有五旦之名，旦作七調。以華言譯之，旦者則謂之均也。其聲亦應黄鍾、太蔟、林鍾、南吕、姑洗五均，以外七律，更無調聲。遂因其所捻琵琶，絃柱相飲爲均，推演其聲，更立七均。合成十二，以應十二律。律有七音，音立一調，故成七調十二律，合八十四調，旋轉相交，盡皆和合。仍以其聲考校大樂所奏，林鍾之宮，應用林鍾爲宮，乃用黄鍾爲宮；應用南吕爲商，乃用太蔟爲商；應用應鍾爲角，乃取姑洗爲角。故林鍾一宮七聲，三聲並戾。其十一宮七十七音，例皆乖越，莫有通者。又以編懸有八，因作八音之樂。七聲之外，更立一聲，謂之應聲。譯因作書二十餘篇，明其指趣。至是譯以其書宣示朝廷，並立議正之。

有萬寶常者，妙通鍾律，徧解六音。常與人方食，論及聲調，時無樂器，因取前食器及雜物，以箸扣之，品其高下，宮商畢備，諧於絲竹。文帝後召見，問鄭譯所定音樂可否，對曰：「此亡國之音，豈陛下之所宜聞。」遂極言樂聲哀怨淫放，非雅正之音，請以水尺爲律，以調樂器。上遂從之。遂造諸樂器，其聲率下於譯調二律。並撰(六)《樂譜》[六]十四卷，論八音旋相爲宮之法，改絃移柱之變。爲八十四調，百四十四律，變化終於千八[百]聲。時人以《周禮》有旋宮之義，自漢魏以來，知音者皆不能通，見寶常(時)[特]創其事，皆哂之。至是，試令爲之，應手成曲，無所凝滯，見者莫不嗟異。於是損益樂器，不可勝紀，其聲雅淡，不爲時所好，太常善聲者多排毀之。

又太子洗馬蘇夔駁譯曰：「《韓詩外傳》所載樂聲感人，及《月令》所載五音所中，並皆有五，不言變宮、變徵。」又《左氏》所云：「七音六律，以奏五聲。」准此而言，每宮應立五調，不聞更加變宮、變徵二調爲七調。七調之作，所出未詳。」譯荅曰：「周有七音之律。《漢書・律歷志》天地人及四時，謂之七始。黃鍾爲天始，林鍾爲地始，太蔟爲人始，是爲三始。姑洗爲春，蕤賓爲夏，南呂爲秋，應鍾爲冬，是爲四時。四時三始，是以爲七。今若不以二變爲調曲，則是冬夏聲闕，四時不備。是故每宮須立七調。」於是衆從譯議。譯又與夔俱云：「按今樂府黃鍾，乃以林鍾爲調首，失君臣之義；清樂黃鍾宮，以小呂爲變徵，乖相生之道。今請推黃鍾宮爲調首，清樂去小呂，還用蕤賓爲變徵。」衆皆從之。

夔又與譯議，欲累黍立分，正定律呂。時以音律久不通，譯、夔等一朝能爲之，以爲樂聲可定。而何妥舊以學問推爲儒首，帝素不悅學，不知樂，妥又恥已宿儒不逮譯等，欲沮壞其事。乃立議非十二律旋相爲宮，曰：「經文雖道旋相爲宮，恐是直言其理，亦不通隨月用調，是以古來不取。若依鄭玄及司馬彪，須用六十律，方得和韻。今譯唯取黃鍾之正宮，兼得七始之妙義。非止金石諧韻，亦乃簨簴不繁，可以享百神，可以合萬舞矣。」而又非其七調之義，曰：「近代書記所載，縵樂鼓琴吹笛之人，多云三調。[三調]之聲，其來久矣。請存三調而已。」時牛弘總知樂事，不能精究音律。寶常又修洛陽舊(典)[曲]，言幼學音律，師於祖孝徵，知其上代修調古樂。周之璧翣，殷之崇牙，懸八用七，盡依《周禮》備矣。所謂正聲，又近前漢之樂，不可廢也。是時競爲異議，各立朋黨，是非之理，紛然淆亂。或欲各令修造，待成擇其善者而從之。妥恐樂成，善惡易見，乃請張樂試之。遂先說曰：「黃鍾者，以象人君之德。」及奏黃鍾之詞，帝曰：「洋洋和雅，甚與我會。」妥因陳用黃鍾一宮，不假餘律。帝大悅，班賜妥等修樂者。自是譯等議寢。

帝又遣毛爽及蔡子元、于普明等，以候節氣。依古，於三重密屋之內，以木爲案，十有二具。每取律呂之管，隨十二辰置於案上，而以土埋之，上平於地。中實葭莩之灰，以輕緹素覆律口。每地氣至，與律冥符，則灰飛衝素，散出於外。而氣應有早晚，灰飛有多少，或初入月其氣即應，或至中下旬間氣始應者；或飛灰出三五夜而盡，或終一月纔飛少許者。帝異之，問牛弘。弘對曰：「灰飛半出爲和氣，灰全出爲猛氣，吹灰不能出爲衰氣。和氣應者其政平，猛氣應者其臣縱，衰氣應者其君暴。」帝駁之曰：「臣縱君暴，其政不平，非月別而有異也。今十二月律，於一歲內，應並不同。安得暴君縱臣若斯之甚也。」弘不能對。初，萬寶常聽太常所奏樂，泫然而泣。人問其故，對曰：「樂淫厲而哀，天下不久相殺。」當時四海全盛，聞其言皆謂不然。大業末，其言卒驗。而寶常貧困，無人贍遺，饑餒將死，取其所著書焚之，曰：「何用此爲。」見者於火中探得數卷，見行於世。開皇初，有盧賁、蕭吉並撰著樂書，皆爲當時所用。至於天機，去寶常遠矣。又有安馬駒、曹妙達、王長通、郭金[樂]等，能造曲，爲一時之妙，多習鄭聲。而寶常所爲，皆歸於雅正。雖公議不服，然皆謂以爲神。

煬帝將幸江都，有樂人王令言妙達音律，令言之子常從，於户外彈胡琵琶，作翻安公子曲。令言時卧室中，聞之大驚，蹶然而起，變色，急呼其子曰：「此曲興自早晚？」對曰：「頃來有之。」令言歔欷流涕，謂其子曰：「汝慎無從行，帝必不返。此曲宮聲往而不返。宮，君也。吾所以知之。」帝竟被弑於江都。

大唐高祖受禪後，軍國多務，未遑改枘，樂府尚用隋氏舊文。至武德九年正月，始命太常少卿祖孝孫考正雅樂，至貞觀二年六月樂成，奏之。太宗謂侍臣曰：「禮樂之作，蓋聖人緣情設教，以爲撙節，治之興替，豈此之由。」御史大夫杜淹對曰：「前代興亡，實由此樂。陳之將亡也，爲玉樹後庭花。齊之將亡也，爲伴侶[曲]。行路(難)聞之，莫不悲泣，所謂亡國之音也。以是觀之，蓋樂之由也。」太宗曰：「不然。夫音聲能感人，自然之道也。故懽者聞之即大悅，憂者聞之即大悲。悲悅之情，在於人心，非由樂也。將亡之政，其人必苦，然苦心所感，故聞之則悲耳。何有樂聲哀怨，能使人悅者悲乎。今玉樹後庭花，伴侶之曲，其聲具存，朕當爲公奏之，知公必不悲矣。」初，孝孫以梁、陳舊(業)[樂]，雜用吳楚之音；周齊舊樂，多涉胡戎之伎。於是斟酌南北，考以古音，而作大唐雅樂。以十二律各順其月，旋相爲宮。按《禮記》云：「大樂與天地同和。」「治世之音，安以樂，其政和。」故製十二和之樂，合三十二曲，八十有四調。祭圜丘以黃鍾爲宮，郊朝方澤以林鍾爲宮，宗廟以太蔟爲宮，五郊、(廟)[朝]賀、享宴則隨月用律爲宮。初，隋但用黃鍾一宮，唯扣七鐘，餘五鐘虛懸而不扣。及孝孫建旋宮之法，扣鐘皆徧，無復虛懸也。凡祭天神奏豫和之樂，地祇奏順和，宗廟奏永和，天地、宗廟、登歌俱奏肅和，皇帝臨軒奏太和，王公出入奏舒和，皇帝食舉及飲酒奏休和，皇帝受朝奏正和，皇太子軒懸出入奏承和，元日、冬至皇帝禮會登歌奏昭和，郊廟俎入奏雍和，皇帝祭饗酌酒、讀祝文及飲福酒、受胙奏壽和，五郊迎氣各以月律而奏其音。又郊廟祭享奏化康、凱安之舞。《周禮》旋宮之義，亡絶已久，莫能知之，一朝復古，自孝孫始也。

貞觀初，張文收善音律，嘗覽蕭吉樂譜，以爲未甚詳悉，乃取歷代沿革，截竹爲十二律吹之，備盡旋宮之義。太宗召文收於太常，令與少卿祖孝孫參定雅樂。太樂有古鍾十二，近代唯用其七，餘有五鐘，俗號啞鐘，莫能通者。文收吹律調之，聲皆響徹，時人咸服其妙。尋授協律郎。及孝孫卒，文收復採三禮，更加釐革。依《周禮》，祭昊天上帝，以圜鍾爲宮，黄鍾爲角，太蔟爲徵，姑洗爲羽，奏豫和之舞。若封太山，同用此樂。若地祇方丘，以函鍾爲宮，太蔟爲角，姑洗爲徵，南吕爲羽，奏順和之舞。禪梁甫，同用此樂。禘祫宗廟，以黄鍾爲宮，大吕爲角，太蔟爲徵，應鍾爲羽，奏永和之舞。五郊、日月星辰及類上帝，黄鍾爲宮，奏豫和之曲。大蜡、大報，以黄鍾、太蔟、姑洗、蕤賓、夷則、無射等調奏豫和、順和、永和之曲。明堂、雩，以黄鍾爲宮，奏豫和之曲。神州、社稷、籍田，並以太蔟爲宮，雨師以姑洗爲宮，山川以蕤賓爲宮，並奏順和之曲。臨軒出入，奏舒和之樂，並以姑洗爲宮。饗先妣，以夷則爲宮，奏永和之曲。大饗讌會，奏姑洗、蕤賓二調。皇帝食畢，以月律爲宮，並奏休和之曲。皇帝郊廟出入，奏太和之樂；臨軒出入，奏舒和之樂；皇帝大射，奏騶虞之曲，並以姑洗爲宮。皇太子奏貍首之曲。皇太子軒懸，姑洗爲宮，奏永和之曲。凡奏黄鍾，歌大吕；奏太蔟，歌應鍾；奏姑洗，歌南吕；奏蕤賓，歌林鍾；奏夷則，歌中吕；奏無射，歌夾鍾。凡黄鍾、蕤賓爲宮，其樂九變；大吕、林鍾爲宮，其樂八變；太蔟、夷則爲宮，其樂七變；夾鍾、南吕爲宮，其樂六變；姑洗、無射爲宮，其樂五變；中吕、應鍾爲宮，其樂四變。天子十二終，上公九終，侯伯七終，子男五，卿六，大夫四，士三。然後樂教大備。總章中，潤州得玉磬以獻，張文收試扣其一，曰：「是晉某歲閏月造者，得月數當十(二枚)[三]，今闕其一，於黄鍾東九尺掘必得焉。」下州求之，如言而得。裴知古，武太后朝以知音(在)[直]太常，路逢乘馬者，聞其聲，竊云：「此人當墜馬。」好事者隨觀之，行未半里，馬驚，墜殆死。常觀人迎婦，聞婦玉聲，曰：「此婦人不利姑。」是日，姑有疾，竟亡。其知音皆此類也。近代言樂，衛道弼爲最，天下莫能以聲欺者，曹紹夔次之。夔弼皆爲太樂令。享北郊，監享御史有怒於夔，欲以樂不和爲之罪，雜扣鐘聲，使夔闇辨之無誤者，由是反歎服。又洛陽有僧，房中磬日夜自鳴，僧以爲怪，懼而成疾，求術士百方禁之，終不能已。紹夔素與僧善，來問疾，僧尋以告。俄擊齋鐘，磬復作聲。紹夔笑曰：「明日可設盛饌，當與除之。」僧雖不信紹夔言，冀其或效，乃具饌以待。紹夔食訖，出懷中錯，鑢錯磬數處而去，聲遂絶。僧苦問其所以，紹夔云：「此磬與鍾律合，故擊彼此應。」僧大喜，疾亦愈。

前上元三年十一月勑：新造上元之舞，先令大祠享皆將陳設，自今以後，圓丘、方澤、太廟祀享然後用此舞，餘祭並停。乾元元年三月，肅宗以太常舊鐘磬自隋以來，所傳五聲，或有錯差，謂太常少卿于休烈曰：「古者聖人作樂，以應天地之和，以合陰陽之序。和則人不夭札，物不疵癘。且金石絲竹，樂之器也。比親享郊廟，每聽樂聲，或宮商不倫，或鐘磬失度。可盡將鐘磬來，朕當於内定。」太常進入，上集樂工考試數日，審知差錯，然後令再造及磨刻。二十五日，一部先畢，召太常樂工，上臨三殿親觀考擊，皆合五音，送太常。又於内造樂章三十一章，送太常，郊廟歌之。

劉昫等《舊唐書》卷二八《志第八·音樂一》 於是依《周禮》，祭昊天上帝，以圜鐘爲宮，黄鐘爲角，太簇爲徵，姑洗爲羽，奏豫和之舞。若封太山，同用此樂。若地祇方丘，以函鐘爲宮，太簇爲角，姑洗爲徵，南吕爲羽，奏順和之舞。禪梁甫，同用此樂。祫禘宗廟，以黄鐘爲宮，大吕爲角，太簇爲徵，應鐘爲羽，奏永和之舞。五郊、日月星辰及類于上帝，黄鐘爲宮，奏豫和之曲。大蜡、大報，以黄鐘、太簇、姑洗、蕤賓、夷則、無射等調，奏豫和、順和、永和之曲。明堂、雩，以黄鐘爲宮，奏豫和之曲。神州、社稷、藉田，宜以太簇爲宮，雨師以姑洗爲宮，山川以蕤賓爲宮，並奏順和之曲。饗先妣，以夷則爲宮，奏永和之舞。大饗讌，奏姑洗、蕤賓二調。皇帝郊廟、食舉，以月律爲宮，並奏休和之曲。皇帝郊廟出入，奏太和之樂，臨軒出入，奏舒和之樂，並以姑洗爲宮。皇帝大射，姑洗爲宮，奏騶虞之曲。皇太子奏貍首之曲。皇太子軒懸，姑洗爲宮，奏永和之曲。凡奏黄鐘，歌大吕；奏太簇，歌應鐘；奏姑洗，歌南吕；奏蕤賓，歌林鐘；奏夷則，歌中吕；奏無射，歌夾鐘。黄鐘蕤賓爲宮，其樂九變；大吕、林鐘爲宮，其樂八變；太簇、夷則爲宮，其樂七變；夾鐘、南吕爲宮，其樂六變；姑洗、無射爲宮，其樂五變；中吕、應鐘爲宮，其樂四變。天子十二鐘，上公九，侯伯七，子男五，卿六，大夫四，士三。及成，奏之，太宗稱善，於是加級頒賜各有差。

歐陽修等《新唐書》卷二一《志第十一·禮樂志》 聲無形而樂有器。古之作樂者，知夫器之必有敝，而聲不可以言傳，懼夫器失而聲遂亡也，乃多爲之法以著之。故始求聲者以律，而造律者以黍。自一黍之廣，積而爲分、寸；一黍之多，積而爲龠、合；一黍之重，積而爲銖、兩。此造律之本也。故爲之長短之法，而著之於度；爲之多少之法，而著之於量；爲之輕重之法，而著之於權衡。是三物者，亦必有時而敝，則又總其法而著之於數。使其分寸、龠合、銖兩皆起於黄鍾，然後律、度、量、衡相用爲表裏，使得律者可以制度、量、衡，因度、量、衡亦可以制律。不幸而皆亡，則推其法數而制之，用其長短、多少、輕重以相參考。四者既同，而聲必至，聲至而後樂可作矣。夫物用於有形而必敝，聲藏於無形而不竭，以有數之法求無形之聲，其法具存。無作則已，苟有作者，雖去聖人於千萬歲後，無不得焉。此古之君子知物之終始，而憂世之慮深，其多爲之法而丁寧纖悉，可謂至矣。

三代既亡，禮樂失其本，至其聲器，有司之守，亦以散亡。自漢以來，歷代莫不有樂，作者各因其所學，雖清濁高下時有不同，然不能出於法數。至其所以用於郊廟、朝廷，以接人神之歡，其金石之響，歌舞之容，則各因其功業治亂之所起，而本其風俗之所由。

自漢、魏之亂，晉遷江南，中國遂没於夷狄。至隋滅陳，始得其樂器，稍欲因而有作，而時君褊迫，不足以堪其事也。是時鄭譯、牛弘、辛彦之、何妥、蔡子元、于普明之徒，皆名知樂，相與撰定。依京房六十律，因而六之，爲三百六十律，以當一歲之日，又以一律爲七音，音爲一調，凡十二律爲八十四調，其説甚詳。而終隋之世，所用者黄鍾一宫，五夏、二舞、登歌、房中等十四調而已。《記》曰：「功成作樂。」蓋王者未作樂之時，必因其舊而用之。

唐興即用隋樂。武德九年，始詔太常少卿祖孝孫、協律郎竇璡等定樂。初，隋用黄鍾一宫，惟擊七鍾，其五鍾設而不擊，謂之啞鍾。唐協律郎張文收乃依古斷竹爲十二律，高祖命與孝孫吹調五鍾，叩之而應，由是十二鍾皆用。孝孫又以十二月旋相爲六十聲、八十四調。其法，因五音生二變，因變徵爲正徵，因變宫爲清宫。七音起黄鍾，終南吕，迭爲綱紀。黄鍾之律，管長九寸，王於中宫土。半之，四寸五分，與清宫合，五音之首也。加以二變，循環無間。故一宫、二商、三角、四變徵、五徵、六羽、七變宫，其聲繇濁至清爲一均。凡十二宫調，皆正宫也。正宫聲之下，無復濁音，故五音以宫爲尊。十二商調，調有下聲一，謂宫也。十二角調，調有下聲二，宫、商也。十二徵調，調有下聲三，宫、商、角也。十二羽調，調有下聲四，宫、商、角、徵也。十二變徵調，居角音之後，正徵之前。十二變宫調，在羽音之後，清宫之前。雅樂成調，無出七聲，本宫遞相用。唯樂章則隨律定均，合以笙、磬，接以鍾、鼓。樂既成，奏之。太宗謂侍臣曰：「古者聖人沿情以作樂，國之興衰，未必由此。」御史大夫杜淹曰：「陳將亡也，有玉樹後庭花；齊將亡也，有伴侣曲，聞者悲泣，所謂亡國之音哀以思。以是觀之，亦樂之所起。」帝曰：「夫聲之所感，各因人之哀樂。將亡之政，其民苦，故聞以悲。今玉樹、伴侣之曲尚存，爲公奏之，知必不悲。」尚書右丞魏徵進曰：「孔子稱：『樂云樂云，鍾鼓云乎哉。』樂在人和，不在音也。」十一年，張文收復請重正餘樂，帝不許，曰：「朕聞人和則樂和，隋末喪亂，雖改音律而樂不和。若百姓安樂，金石自諧矣。」文收既定樂，復鑄銅律三百六十、銅斛二、銅秤二、銅甌十四、秤尺一。斛左右耳與臀皆方，積十而登，以至於斛，與古玉尺、玉斗同。皆藏於太樂署。武后時，太常卿武延秀以爲奇玩，乃獻之。及將考中宗廟樂，有司奏請出之，而秤尺已亡，其跡猶存，以常用度量校之，尺當六之五，量、衡皆三之一。至肅宗時，山東人魏延陵得律一，因中官李輔國獻之，云：「太常諸樂調皆下，不合黄鍾，請悉更制諸鍾磬。」帝以爲然，乃悉取太常諸樂器入于禁中，更加磨剡，凡二十五日而成。御三殿觀之，以還太常。然以漢律考之，黄鍾乃太蔟也，當時議者以爲非是。其後黄巢之亂，樂工逃散，金奏皆亡。昭宗即位，將謁郊廟，有司不知樂縣制度。太常博士殷盈孫按周法以算數除鎛鍾輕重高卬，黄鍾九寸五分，倍應鍾三寸三分半，凡四十八等。圖上口項之量及徑衡之圍。乃命鑄鎛鍾十二，編鍾二百四十。宰相張濬爲修奉樂縣使，求知聲者，得處士蕭承訓等，校石磬，合而擊拊之，音遂諧。唐爲國而作樂之制尤簡，高祖、太宗即用隋樂與孝孫、文收所定而已。其後世所更者，樂章舞曲。至于昭宗，始得盈孫焉，故其議論罕所發明。若其樂歌廟舞，用於當世者，可以考也。

薛居正等《舊五代史》卷一四五《志七・樂志下》 六年春正月，樞密使王朴奉詔詳定雅樂十二律旋相爲宫之法，并造律準，上之。其奏疏略曰：夫樂作于人心，成聲于物，聲氣既和，反感于人心者也。所假之物，大小有數。九者，成數也，是以黄帝吹九寸之管，得黄鍾之聲，爲樂之端也。半之，清聲也。倍之，緩聲也。三分其一以損益之，相生之聲也。十二變而復黄鍾，「聲」之總數也。乃命之曰十二律。旋迭爲均，均有七調，合八十四調，播之于八音，著之于歌頌。宗周而上，率由斯道。自秦而下，旋宫聲廢。洎東漢雖有太子丞鮑鄴興之，人亡而政息，無嗣續之者。漢至隋垂十代，凡數百年，所存者黄鍾之宫一調而已。十二律中惟用七聲，其餘五律，謂之啞鐘，蓋不用故也。唐太宗復古道，乃用祖孝孫、張文牧攷正雅樂，而旋宫八十四調復見于時，在懸之器，方無啞者。安史之亂，京都爲墟，器之與工，十不存一，所用歌奏，漸多紕繆。逮乎黄巢之餘，工器都盡，購募不獲，文記亦亡，集官詳酌，終不知其制度。時有太常博士商盈孫，案

《周官·考工記》之文，鑄鎛鐘十二，編鐘二百四十。處士蕭承訓校定石磬，今之在懸者是也。雖有樂器之狀，殊無相應之和。逮乎朱梁、後唐，歷晉與漢，皆享國不遠，未暇及于禮樂。以至于十二鎛鐘，不問聲律宫商，但循環而擊，編鐘、編磬徒懸而已。絲、竹、匏、土，僅有七聲，作黄鐘之宫一調，亦不和備，其餘八十三調，于是乎泯絶，樂之缺壞，無甚于今。

陛下天縱文武，奄宅中區，思復三代之風，臨視樂懸，親自考聽，知其亡失，深動上心。乃命中書舍人竇儼參詳太常樂事，不踰月調品八音，粗加和會。以臣嘗學律歷，宣示古今樂録，令臣討論。臣雖不敏，敢不奉詔。遂以周法，以秬黍校定尺度，長九寸，虚徑三分，爲黄鐘之管，與見在黄鐘之聲相應。以上下相生之法推之，得十二律管。以爲衆管互吹，用聲不便，乃作律準，十三弦宣聲，長九寸張弦，各如黄鐘之聲。以第八弦六尺，設柱爲林鐘；第三弦八尺，設柱爲太蔟；第十弦五尺三寸四分，設柱爲南吕；第五弦七尺一寸三分，設柱爲姑洗；第十二弦四尺七寸五分，設柱爲應鍾；第七弦六尺三寸三分，設柱爲蕤賓；第二弦八尺四寸四分，設柱爲大吕；第九弦五尺六寸三分，設柱爲夷則；第四弦七尺五寸一分，設柱爲夾鍾；第十一弦五尺一分，設柱爲無射；第六弦六尺六寸八分，設柱爲中吕；第十三弦四尺五寸，設柱爲黄鍾之清聲。十二律中，旋用七聲爲均。爲均之主者，宫也，徵、商、羽、角、變宫、變徵次焉。發其均主之聲，歸乎本音之律，七聲迭應而不亂，乃成其調。均有七調，聲有十二均，合八十四調，歌奏之曲，由之出焉。

伏以旋宫之聲久絶，一日而補，出臣獨見，恐未詳悉，望集百官及内外知音者校其得失，然後依調制曲。八十四調，曲有數百，見存者九曲而已，皆謂之黄鍾之宫。今詳其音數，内三曲即是黄鍾宫聲，其餘六曲，錯雜諸調，蓋傳習之誤也。唐初雖有旋宫之樂，至于用曲，多與禮文相違。既不敢用唐爲則，臣又懵學獨力，未能備究古今，亦望集多聞知禮文者，上本古曲，下順常道，定其義理。于何月行何禮，合用何調何曲，聲數長短，幾變幾成，議定而制曲，方可久長行用。所補雅樂旋宫八十四調，并所定尺、所吹黄鍾管、所作律準，謹同上進。世宗善之，詔尚書省集百官詳議。兵部尚書張昭等議曰：昔帝鴻氏之制樂也，將以範圍天地，協和人神，候八節之風聲，測四時之正氣。（器）［氣］之清濁不可以筆授，聲之善否不可以口傳，故扈氏鑄金，伶倫截竹，爲律吕相生之算，宫商正和之音。乃播之于管弦，宣之于鐘石，然後覆載之情訢合，陰陽之氣和同，八風從律而不奸，五色成文而不亂。空桑孤竹之韻，足以禮神；雲門、大夏之容，無虧觀德。然月律有旋宫之法，備于太師之職。經秦滅學，雅道陵夷。漢初制氏所調，惟存鼓舞，旋宫十二均更用之法，世莫得聞。漢元帝時，京房善《易》、别音，探求古義，以周官均法，每月更用五音，乃立準調，旋相爲宫，成六十調。又以日法析爲三百六十，傳于樂府，而編懸復舊，律吕無差。遭漢中微，雅音淪缺。京房準法，屢有言者，事終不成。錢（褱）［樂］空記其名，沈重但條其説，六十律法，寂寥不傳。梁武帝素精音律，自造四通十二笛，以鼓八音。又引古五正二變之音，旋相爲宫，得八十四調，與律準所調，音同數異。侯景之亂，其音又絶。隋朝初定雅樂，羣黨沮議，歷載不成。而沛公鄭譯，因龜兹琵琶七音，以應月律，五正、二變，七調克諧，旋相爲宫，復爲八十四調。工人萬寶常又減其絲數，稍（全）［令］古淡。隋高祖不重雅樂，令儒官集議。博士何妥駁奏，其鄭、萬所奏八十四調竝廢。隋氏郊廟所奏，惟黄鍾一均，與五郊迎氣，雜用蕤賓，但七調而已；其餘五鍾，懸而不作。三朝宴樂，用縵樂九部，迄于革命，未能改更。唐太宗（受）［爰］命舊工祖孝孫、張文收整比鄭譯、萬寶常所均七音八十四調，方得絲管竝施，鐘石俱奏，七始之音復振，四（廟）［厢］之韻皆調。自安、史亂離，咸秦蕩覆。崇牙樹羽之器，掃地無餘；戞擊搏拊之工，窮年不嗣。郊廟所奏，何異南箕，波蕩不還，知音始絶。

臣等竊以音之所起，出自人心，夔、曠不能［長存，人事不能］常泰，人亡則音息，世亂則樂崩，若不深知禮樂之情，安能明制作之本。陛下心苞萬化，學富三雍。觀兵耀武之功，已光鴻業；尊祖禮神之致，尤軫皇情。乃睠奉常，痛淪樂職，親閲四懸之器，思復九奏之音，爰命廷臣，重調鍾律。樞密使王朴，採京房之準法，練梁武之通音，攷鄭譯、寶常之七均，校孝孫、文收之九變，積累黍以審其度，聽聲詩以測其情，依權衡嘉量之前文，得備數和聲之大旨，施于鐘虡，足洽蕭韶。臣等今月十九日于太常寺集，命太樂令賈峻奏王朴新法黄鍾調七均，音律和諧，不相淩越。其餘十一管諸調，望依新法教習，以備禮寺（視）［施］用。其五郊天地、宗廟、社稷、三朝大禮，合用十二管諸調，竝載唐史、《開元禮》，近代常行。廣順中，太常卿邊蔚奉勅定前件祠祭朝會舞名，樂曲，歌詞，寺司合有簿籍，伏恐所定與新法曲調聲韻不協，請下太常寺檢詳校試。如或乖舛，請本寺依新法聲調，别撰樂章舞曲，令歌者誦習，永爲一代之法，以光六樂之書。世宗覽奏，善之。乃下詔曰：「禮樂之重，國家所先，近朝已來，雅音廢墜，雖時運之多故，亦官守之因循。遂使擊拊之音，空留梗槩；旋相之法，莫究指歸。樞密使王朴，博識古今，懸通律呂，討尋舊典，撰集新聲，定六代之正音，成一朝之盛事。其王朴所奏旋宮之法，宜依張昭等議狀行。仍令有司，依調制曲，其間或有疑滯，更委王朴裁酌施行。」自是雅樂之音，稍克諧矣。

陳暘《樂書》卷九《禮記訓義·樂記》 先王作樂，以聲配日，以律配辰。原樂聲之始，五聲未始不先律要；樂器之成，十二律未始不先聲。《書》曰：「詩言志，歌永言，聲依永，律和聲。」原樂聲之始也。《周官》大師掌六律六同，以合陰陽之聲，皆文之以宮、商、角、徵、羽之聲。樂器之成也。古者考律均聲，必先立黃鍾以本之。黃鍾之管，以九寸爲度，觸類而長之。數多者上生而有餘，數少者下生而不足，一損一益，皆不出三才之數而已。故參分益一，上生之數也；參分損一，下生之數也。今夫樂始於聲，聲始於宮。宮，土音也，其數八十一，其聲最大而中，固足以綱四聲，覆四方，君之象也。參分宮數，損一而下生徵。徵，火音也，其數五十四，其聲微清而生變，事之象也。參分徵數，益一而上生商。商，金音也，其數七十二，其聲則濁而下，次於宮，臣之象也。參分商數，損一而下生羽。羽，水音也，其數四十八，其聲最清，而足以致飾物之象也。參分羽數，益一而上生角。角，木音也，其數六十四，其聲一清一濁，其究善觸而已。宮、徵、商、羽，角，上下相生之次也。宮、商、角、徵、羽，君臣民事物之次也。《傳》曰：「宮者，音之主。」蓋商非宮則失其所守，不足以爲臣；角非宮則失其所治，不足以爲民；徵非宮則失其所爲，不足以爲事；羽非宮則失其所生，不足以爲物。五行主土，五事主思，亦猶是也。晏子道：景公以徵招角招作君臣相說之樂，雖主興發以爲事，補不足以爲民，亦舉中見上下之意歟。然角調於春，徵調於夏，宮調於季夏，商調於秋，羽調於冬，此五聲適四時之正也。若夫師文之鼓琴，當春而叩商弦，凉風隨至；當夏而叩羽弦，雪霜交下；當秋而叩角弦，温風徐迴；當冬而叩徵弦，陽光熾烈；命宮而總四弦，則慶風景雲不旋踵而會。是又五聲召四時之妙，非所以爲常也。語其常，則五者之音倡和，清濁迭相爲經而不亂，尚何有沾懘之淫聲乎。

宮亂則荒，其君驕；商亂則陂，其官壞；角亂則憂，其民怨；徵亂則哀，其事勤；羽亂則危，其財匱。五者皆亂，迭相陵，謂之慢。如此則國之滅亡無日矣。鄭衛之音，亂世之音也，比於慢矣。桑間濮上之音，亡國之音也，其政散，其民流，誣上行私而不可止也。

天五與地十合而生土於中，其聲爲宮。地四與天九合而生金於右，其聲爲商。天三與地八合而生木於左，其聲爲角。地二與天七合而生火於上，其聲爲徵。天一與地六合而生水於下，其聲爲羽。天數五奇，地數五偶，奇偶相資而五[illegible]成焉。蓋宮、商、角、徵、羽，五聲之名也。君、臣、民、事、物，五聲之實也。實[illegible]則聲從而治，實亂則聲從而亂。宮亂聲荒而不治，則君驕而不敬。商亂聲陂[illegible]不歛，則官壞而不修。角亂聲憂而不喜，則民怨而不和。徵亂聲哀而不樂，則[illegible]勤而不濟。羽亂聲危而不平，則財匱而不給。《國語》曰：「有和平之聲，則有[illegible]殖之財。」豈不信歟。《傳》曰：「聞宮音，使人温舒而廣大。聞商音，使人方正[illegible]好義。聞角音，使人惻隱而愛人。聞徵音，使人樂善而好施。聞羽音，使人整[illegible]而好禮。宮亂而君驕，失温舒廣大之意也。商亂而官壞，失方正好義之意也。角亂而民怨，失惻隱愛人之意也。徵亂而事勤，失好施而爲之之意也。羽亂而財匱，失好禮而節之之意也。」先儒謂宮聲方正而好義，角聲堅齊而好禮，誤矣。《[illegible]》曰：「聲應相保曰和，細大不踰曰平。」細抑大陵非和也，聽聲越遠非平也。五聲皆亂而不治，則倡和清濁迭相陵犯而不相爲經。非所謂聲應相保而爲和，細大不踰而爲平。氣有滯陰，亦有散陽，而沾懘之淫聲作矣，慢孰甚焉。如此則國之滅亡無日矣。鄭音好濫淫志，衛音趨數煩志，內足以發疾，外足以傷人，亂世之音也。雖未全於亡國之慢，亦比近於慢而已。師延爲桑間濮上之音，則紂朝[illegible]北鄙靡靡之樂，亡國之音也，其政散而無紀，其民流而不反，誣上行私而不可[illegible]者也。《大司樂》：凡建國，禁其淫聲、過聲、凶聲、慢聲。淫聲不止，過聲不中[illegible]聲不善，慢聲不肅。是聲莫輕於淫，莫甚於慢。亂國之淫聲未至於慢，亡國[illegible]慢聲其去淫遠矣。記者所以再言之，《大司樂》所以禁之者，示深戒之意也，極[illegible]論之。《大司樂》：凡圜鍾爲宮，黃鍾爲角，大蔟爲徵，姑洗爲羽，以禮天神[illegible]繼之以函鍾爲宮，太蔟爲角，姑洗爲徵，南呂爲羽，以禮地示；終之以黃鍾爲[illegible]大呂爲角，太蔟爲徵，應鍾爲羽，以禮人鬼。所謂五聲、十二律還相爲宮，不[illegible]足三宮而已，猶之夏、商、周三正三統之義也。孰謂五聲之外復有變宮、變徵，[illegible]十二律之外復有六十律、三百六十音邪。漢焦延壽、京房之徒謂宓犧作《易[illegible]紀陽氣之初，以爲六十律法，建日至之聲，黃鍾爲宮，太蔟爲商，姑洗爲角，林[illegible]爲徵，南呂爲羽，應鍾爲變宮，蕤賓爲變徵。甚者謂律有六十音，因而六之[illegible]三百六十音，以當一歲之日。考之於經，則無據；施之於樂，則不龢。豈非遷[illegible]傅會，以滋後世之惑歟。

凡音者，生於人心者也。樂者，通倫理者也。

樂爲音之藴，音爲樂之發，故樂足以該音，而音不足以盡樂。音雖生於人心，未始不通於倫理。八音克諧，無相奪倫是也。樂雖通倫理，未始不生於人心，樂者心之動是也。蓋倫則天人之道存而有先後，理則三才之義貫而有度數，故行而倫清以爲樂。論倫無患以爲情，近而親疏貴賤之理形，遠而天地萬物之理著，然則樂通倫理，雖不離先後度數之間，蓋將載道而與之俱，往來而不窮矣。彼禽獸知聲而不知音，衆庶知音而不知樂，豈足與語此。凡音由人心生，以心爲主也。凡音生於人心，以音爲主也。

是故知聲而不知音者，禽獸是也。知音而不知樂者，衆庶是也。惟君子爲能知樂。是故審聲以知音，審音以知樂，審樂以知政，而治道備矣。

心感於內，情形於外，而單出者樂之聲也。曲折成方，交錯成文，而雜比者樂之音也。樂發於聲，則中之爲宫，章之爲商，觸之爲角，驗之爲徵，宇之爲羽，此五聲原於五行者也。聲寓於器，則金石以動之，絲竹以行之，匏以宣之，瓦以贊之，草木以節之，此八音以遂八風者也。《大司樂》曰：「凡樂皆文之以五聲，播之以八音。」《傳》曰：「五聲和，八音諧，而樂成。」則樂者，比五聲八音而成之者也。《國語》曰：「政象樂，樂從和。」《經》曰：「聲音之道與政通。」則政者，通乎聲音之道而正之者也。是不知聲者不可與言音，不知音者不可與言樂。禽獸知聲而不知音，六馬仰秣於伯牙之琴，流魚出聽於瓠巴之瑟是已。衆庶知音而不知樂，魏文倦於聽古樂，晉平喜於聞新聲是已。君子則不然，仁足以盡性術，智足以通倫理。其於知樂也何？有孔子聞韶於齊，爲之三月不知肉味。非窮神知化，孰究此哉。然聲樂之象，音樂之輿，故審聲之清濁，則知音之高下；審音之高下，則知樂之和否；審樂之和否，則知政之得失，而治道備矣。豈非所謂和大樂以成政道之意歟。觀《大司樂》以五聲、八音、六舞、大合樂，以致鬼神示，以和邦國，以諧萬民，以安賓客，以説遠人，以作動物，則五聲所以成八音，審聲以知音也。八音所以節舞而合樂，審音以知樂也。幽足以致鬼神示，明足以和邦國，內足以諧萬民，外足以安賓客，遠足以説遠人，微足以作動物，是則審樂以知政而治道備，豈外是歟。子張問政，孔子對之以明禮樂之道，此論知政特言審樂者，審樂則禮可知矣。

是故不知聲者，不可與言音；不知音者，不可與言樂。知樂則幾於禮矣。

又　卷九六《樂圖論・序樂》　《周官・大司樂》：以六律、六同、五聲、八音、六舞大合樂。大師掌六律、六同，以合陰陽之聲。陽聲：黄鍾、太簇、姑洗、蕤賓、夷則、無射；陰聲：大吕、應鍾、南吕、函鍾、小吕、夾鍾。皆文之以五聲宫、商、角、徵、羽，皆播之以八音金、石、土、革、絲、木、匏、竹。由是觀之，六律、六同所以考五聲，五聲所以成八音，八音所以節六舞，故先王作樂，先之以律同，繼之以五聲，成之以八音，終之以六舞，則發諸聲音，形諸動静，性術之變，盡於此矣。然先王立樂之方，先後有倫而不亂，終始有彝而不變。循乎道之序，君子以成焉。明乎樂之序，君子以終焉。圖之以著制器之象，論之以明尚象之意，故先同律，次五聲，又次以八音，而以歌舞終之，此樂之大凡也。大象無形，大音希聲，故五聲樂之象，而非大象也；八音樂之器，而非大音也。大象、大音，同冥於太虛之妙，蓋將載道而與之俱矣，庸詎不爲樂之本歟。今夫三才之道，參和爲沖氣；五六之數，一貫爲中合。故參兩合而五聲形焉，參伍合而八音生焉，二六合而十二律成焉。其取數雖多，要之會歸於中而已。是樂以太虛爲本，而聲音律吕又以中聲爲本也。昔伊耆氏實始作樂，以謂土位中央，而於陰陽爲沖氣，籥生黄鍾而於律吕爲中聲。始乎土鼓中聲出焉，中乎蕢桴中聲發焉，卒乎葦籥中聲通焉，樂之所本如此。豈不爲天地之和，人道之正也哉。雖然，樂本於太虛，而聲音又本於人心。人心居中以治五官，非聲而所聲者自是而發，而聲聲者實該而存焉。是知心以情變，聲以心變。本乎哀心感者，聲之變也噍以殺。本乎樂心感者，聲之變也嘽以緩。至於本乎喜怒敬愛之心，而其聲之變也亦如之。苟窮本知變，則樂之情文得矣。知其情者能作，知其文者能述。非深通乎本末者，其孰能與此。

馬端臨《文獻通考》卷一三一《樂考四・歷代製造律吕》　黄帝使伶倫取竹於嶰溪之谷，斷兩節間而吹之，以爲黄鍾之宫，制十二筩以聽鳳凰之鳴，其雄鳴六，雌鳴六。

《周官》：「太師掌六律六同，以合陰陽之聲。陽聲：黄鍾、太蔟、姑洗、蕤賓、夷則、無射；陰聲：大吕、應鍾、南吕、函鍾、小吕、夾鍾。皆文之以五聲，播之以八音。」「典同掌六律六同，以辨天地、四方、陰陽之聲，以爲樂器。故書同作銅。鄭司農云：陽律以竹爲管，陰律以銅爲管。竹，陽也；銅，陰也。各順其性。康成謂律述氣者也。同，助陽宣氣與之同，皆以銅爲之。凡爲樂器，以十有二律爲之數度，以十有二聲爲之齊量。數度，廣長也。齊量，侈弇之所容。凡和樂亦如之。」和，謂調其故器也。

爲時人所知。夔令玉鑄鍾，其聲均清濁多不如法，數毁改作。玉甚厭之，謂夔清濁任意，訴於魏武，取所鑄鍾，雜參更試，然後知夔爲精妙，而玉之謬也。

晉武帝時，張華、荀勗校魏杜夔所造鍾律，其聲樂多不諧合，乃出御府古今銅竹律二十五，銅尺、銅斛七具，校減新尺，短夔尺四分，因造十有二笛，笛具五音，以應京房之術。笛體之音，皆各用蕤賓、林鍾之角，短則又倍之二，笛八律而後成，去四分之一，而以本宫管上行度之，則宫穴也；因宫穴以本宫徵管上行度之，則徵穴也。各以其律展轉相因，隨穴疎密所宜置之，或半之，或四之，以調律吕，正雅樂。正會殿庭作之，自謂宫商克諧，然論者謂勗爲暗解。初，勗常於路逢趙賈人牛鐸。及掌樂事，律吕未諧，曰：得趙人牛鐸則諧矣。遂下郡國，悉送牛鐸，果得諧矣。時阮咸善達八音，論者謂之神解。咸常心譏勗新律聲高，以謂高近哀思，不合中和。每公會作樂，勗自以爲遠不及咸，常意咸謂之不調，以爲異己，乃出咸爲始平相。後有田夫耕於野，得周玉尺，勗以校己所理鍾石絲竹，皆短校一米，於此伏咸之妙。

宋元嘉中，太史錢樂之以爲京房六十律，上下相生，終於南事，乃因京房南事之餘，更生三百律。至梁博士沈重《鍾律議》曰：「《易》以三百六十策當朞之日，此律歷之數也。」《淮南子》云：「一律而生五音，十二律而爲六十音，因而六之，故三百六十音以當一歲之日。律歷之數，天地之道也。此則自古而然矣。」重乃依《淮南》本數，用京房之術求之，得三百六十律。各因月之本律，以爲一部。以一部律數爲母，以一中氣所有日爲子，以母命子，隨所多少，各一律所建日辰分數也。以之分配七音，則建日冬至之聲，黄鍾爲宫，太蔟爲商，林鍾爲徵，姑洗爲角，南吕爲羽，應鍾爲變宫，蕤賓爲變徵，五音七聲，於斯和備。其次日建律，皆依次類運行。當日者各自爲宫，而宫徵亦以次從。以考聲徵氣，辨識時序，萬類所宜，各順其節。自黄鍾終於壯進，一百五十律，皆三分損一以下生。自依行終於億兆，二百九律，皆三分益一以上生。唯安運一律爲終，不生。其數皆取黄鍾之實十七萬七千一百四十七爲本，以九三爲法，各除其實，得寸分及小分，餘皆委之，即各其律之長也。脩其律部，則上生下生宫徵之次也。今略其名次云：黄鍾一部，三十四律。每律直三十四分日之三十一。大吕一部，二十七律。每律直一日及二十七分日之三。太蔟一部，三十四律。夾鍾一部，三十四律。姑洗一部，三十四律。中吕一部，二十七律。蕤賓一部，二十七律。林鍾一部，三十四律。夷則一部，二十七律。南吕一部，三十四律。無射一部，二十七律。應鍾一部，二十八律。

梁武帝素善鍾律，詳悉舊事，遂自制定禮樂，又立爲四器，名之爲通。通受聲廣九寸，宣聲長九尺，臨岳高一寸二分。每通皆施三絃。一曰元英通：應鍾絃，用一百四十二絲，長四尺七寸四分差强；黄鍾絃，用二百七十絲，長九尺；大吕絃，用二百五十二絲，長八尺四寸三分差弱。二曰青陽通：太蔟絃，用二百四十絲，長八尺；夾鍾絃，用二百二十四絲，長七尺五寸弱；姑洗絃，用一百四十二絲，長七尺一寸一分强。三曰朱明通：中吕絃，用一百九十九絲，長六尺六寸六分弱；蕤賓絃，用一百八十九絲，長六尺三寸二分强；林鍾絃，用一百八十絲，長六尺四寸。四曰白藏通：夷則絃，用一百六十八絲，長五尺六寸二分弱；南吕絃，用一百六十絲，長五尺三寸二分大强；無射絃，用一百二十九絲，長四尺九寸一分强。因以通聲，轉推月氣，悉無差違，而還相得中。又制爲十二笛，黄鍾笛長三尺八寸，大吕笛長三尺六寸，太蔟笛長三尺四寸，夾鍾笛長三尺二寸，姑洗笛長三尺一寸，中吕笛長二尺九寸，蕤賓笛長二尺八寸，林鍾笛長二尺七寸，夷則笛長二尺六寸，南吕笛長二尺五寸，無射笛長二尺四寸，應鍾笛長二尺三寸。用笛以寫通聲，引古鍾玉律并周代古鍾，並皆不差。於是被以八音，施以七聲，莫不和韻。

後魏孝明帝神龜元年，有陳仲儒自江南歸魏，頗閑樂事，請依前漢京房立準，以調八音。有司問狀。仲儒言：前被符。問：「京房準定六十律之後，雖有器存，曉之者尠，至後漢嘉平末，張光等猶不能定絃之緩急，聲之清濁。仲儒授自何師，出何典籍，而云能曉？」答曰：仲儒在江左之日，頗愛琴，又嘗覽司馬彪所撰《續漢書》，見京房準術，成數昭然，而張光等不能定。仲儒不量庸昧，竊有意焉。遂竭愚思，鑽研甚久。雖未能測其穢妙，至於聲韻，頗有所得。度量衡歷，出自黄鍾，雖造管察氣，經史備存，但氣有盈虚，黍有巨細，差之毫釐，失之千里。自非管應時候，聲驗吉凶，則是非之源，諒亦難定。此則非仲儒淺識所敢聞之。至於準者，本以代律，取其分數，調校樂器，則宫商易辨。若尺寸小長，則六十宫商相與微濁；若分數加短，則六十徵羽類皆小清。至於清濁相宜，諧會歌管，皆得應合。雖積黍驗氣，取聲之本，清濁諧會，亦須有方。若閑準意，則辨五聲清濁之韻；若善琴術，則知五調調音之體。參此二途，以均樂器，則自然應和，不相奪倫。如不練此，必至乖謬。

按後漢順帝陽嘉二年冬十月，行禮辟雍，奏應鍾，始復黄鍾作樂，器隨月律。

是謂十二之律必須次第爲宮，而商角徵羽以類從之。尋調聲之體，宮商宜濁，徵羽宜清。若依公孫崇上以十二律聲，而云還相爲宮，清濁悉足，非唯未練五調調器之法，至於五聲次第，自是不足。何者？黄鍾爲聲氣之元，其管最長，故以黄鍾爲宮，太蔟爲商，林鍾爲徵，則一任相順。若均之八音，猶須錯採衆聲，配成其美。若以(黄)[應]鍾爲宮，大吕爲商，蕤賓爲徵，則徵濁而宮清，雖有其韻，不成音曲。若以夷則[爲宮，則]十二律中唯得取中吕爲徵，其商角羽並無其韻。若以中吕爲宮，則十二律内全無所取。何者？中吕爲十二之窮，變律之首。依京房書，中吕爲宮，乃以去滅爲商，執始爲徵，然後方韻。而崇乃以中吕爲宮，猶用林鍾爲商，黄鍾爲徵，何由可諧？仲儒以爲調和樂器，文飾五聲，非準不妙。若如嚴嵩父子，心賞清濁，是以爲難。若依按見尺作準，調絃緩急，清濁可以意推耳。但音聲精微，史傳簡略，舊誌唯云準形如瑟十三絃，隱間九尺，以應黄鍾九寸，調中一絃，令與黄鍾相得。按畫以求其聲，遂不辨準，須柱以求，柱有高下，絃有粗細，餘十二絃復應若爲？致令攬者迎前拱手。

又按房準，九尺之内(若)[爲]十七萬七千一百四十七分，一尺之内爲萬九千六百八十三分，又復十之，是爲準一寸之内亦爲萬九千六百八十三分。然則於準一分之内，乘爲二千分，又爲小分，以辨强弱，中間至促，雖離朱之明，猶不能窮而分之。雖然，仲儒私曾考驗，但前却中柱，使入常準尺分之内，相生之韻，已自應合。然分數既微，器宜精妙。其準(平面)[面平]直，須如停水。其中絃一柱，高下須與二頭臨岳一等，移柱上下之時，不使離絃，不得舉絃。又中絃粗細，與琴宫相類。中絃須施軫如琴，以軫調聲，令與黄鍾一管相合。中絃下依數[畫]出六十律清濁之節，其餘十二絃，須(拖)[施]柱如筝。又凡絃皆須(素)[豫]張，使臨時不動，則於中絃按畫一周之聲，度著十二絃上。然後依相生之法，以次運行，取十二律之商徵。既定，又依琴五調調聲之法，以均樂器。其調以宮爲主，清調商爲主，平調以角爲主。然後錯採衆聲，以文飾之，如錦繡。

自上代以來，消息調準之方，並史文所略，出仲儒愚思。若事有乖此，聲則不和(平)，仲儒尋之分數，精微如彼，定絃急緩，艱難若此。而張光等(視掌)[親掌其事]，尚不知藏中有準。既未識其器，又安能施絃也？且燧人不師資而習火，延壽不束脩以變律，故云知之者欲教而無從，心達者體知而無師。苟有毫釐所得，皆關心抱，豈必要經師授然後尋奇哉！但仲儒自省庸淺，才非贍足，正可粗識音韻，纔言其理致耳。

時尚書蕭寶夤又奏：「金石律吕，制度調均，自古以來尠或通曉。仲儒雖粗述，而學不師授，云出己心，又言舊器不任，必須更造，然後克諧。上違用舊之旨，輕欲製造。臣竊思量，不合依許。」詔曰：「禮樂之事，蓋非常人能明，可如所奏。」

北齊神武霸府田曹參軍信都芳，世號知音，能以管候氣，仰觀雲色。常與人對語，則指天曰：「孟春之氣至矣。」人往驗管，而飛灰已應。每月所候，言皆無爽。又爲輪扇二十四埋地中，以測二十四氣，每一氣感，則一扇自動，他扇並住，與管灰相應，若合符契。

隋文帝開皇二年，詔求知音之士，參定音樂。沛國公鄭譯言：「考尋樂府鍾石律吕，皆有宮、商、角、徵、羽、變宮、變徵之名。七聲之内，三聲乖應，每常求訪，終莫能通。初，周文帝時，有龜兹人曰蘇祗婆，從突厥皇后入國，善胡琵琶。聽其所奏，一均之中間有七聲。因而問之，答云：「父在西域，稱爲知音。代相傳習，調有七種。以其七調，勘校七聲，(宜)[冥]若合符。一曰婆陁力，華言平聲，即宮聲也。二曰雞識，華言長聲，即南宮聲也。三曰沙識，華言質直聲，即角聲也。四曰沙侯加濫，華言應聲，即變徵聲也。五曰沙臘，華言應聲，即徵聲也。六曰般贍，華言五聲，即羽聲也。七曰俟利箑，華言斛牛聲，即變宮聲也。」譯(音)[因]習而彈之，始得七聲之正。然其就此七調，又有五旦之名，旦作七調。以華言譯之，旦者則謂之均也。其聲亦應黄鍾、太蔟、林鍾、南吕、姑洗五均，以外七律，更無調聲。[譯]遂因其所捻琵琶，絃柱相飲爲均，推演其聲，更立七均。合成十二，以應十二律。律有七音，音(律)[立]一調，故成七調十二律，合八十四調，旋轉相交，盡皆和合。仍以其聲考校大樂所奏，林鍾之宮，應用林鍾爲宮，乃用黄鍾(宮聲)爲宮；應用南吕爲商，乃用太蔟爲商；應用應鍾爲角，乃取姑洗爲角。故林鍾一宮七聲，三聲並戾。其十一宮七十七音，例皆乖越，莫有通者。又以編懸有八，因作八音之樂。七聲之外，更立一聲，謂之應聲。譯因作書二十餘篇，明其旨趣。至是譯以其書宣示朝廷，并立議正之。

有萬寶常者，妙達鍾律，徧解六音。常與人方食，論及聲調，時無樂器，因取前食器及雜物以箸扣之，品其高下，宮商畢備，諧於絲竹。文帝後召見，問鄭譯所定音樂可否，對曰：「此亡國之音，豈陛下之所宜聞。」遂極言樂聲哀怨淫放，非雅正之音。請以水尺爲律，以調樂器。上遂從之。遂造諸樂器，其聲率下於譯調二律。并撰(六樂譜)[樂譜六]十四卷，論八音旋相爲宮之法，改(絲)[絃]

移柱之變，爲八十四調，百四十四律，變化終於千八聲。時人以《周禮》有旋宮之義，自漢、魏以來，知音者皆不能通，見寶常(時)[特]創立其事，皆哂之。至是，試令爲之，應手成曲，無所凝滯，見者莫不嗟異。於是損益樂器，不可勝紀，其聲雅淡，不爲時所好，太常善聲者多排毀之。

又太子洗馬蘇夔駁譯曰：「《韓詩外傳》所載樂聲感人，及《月令》所載五音所中，並皆有五，不言變宮、變徵。又《左氏》所云：『七音六律，以奉五聲。』準此而言，每(應宮)[宮應]立五調，不聞更加變宮、變徵二調爲七調。七調之作，所出未詳。」譯答曰：「周有七音之律，《漢書・律歷志》，天地人及四時，謂之七始。黃鍾爲天始，林鍾爲地始，太蔟爲人始，是爲三始。姑洗爲春，蕤賓爲夏，南呂爲秋，應鍾爲冬，是爲四時。四時三始，是以爲七。今若不以二變爲調曲，則是冬夏聲闕，四時不備。是故每宮須立七調。」於是衆從譯議。

譯又與夔俱云：「按今樂府黃鍾，乃以林鍾爲調首，失君臣之義；清樂黃鍾宮，以小呂爲變徵，乖相生之道。今請(推)[雅樂黃鐘宮，以]黃鍾爲調首；清樂去小呂，還用蕤賓爲變徵。」衆皆從之。夔又與譯議，欲絫黍立分，正定律呂。時以音樂久不通，譯夔等一朝能爲之，以爲樂聲可定。而何妥舊以學聞推爲儒首，帝素不悅學，不知樂，妥又恥己宿儒不逮譯等，欲沮壞其事。乃立議非十二律還相爲宮，曰：「經文雖道旋相爲宮，恐是直言其理，亦不通隨月用調，是以古來不取。若依鄭(元)[玄]及司馬彪，須用六十律，方得和韻。今譯惟取黃鍾之正宮，兼得七始之妙義。非止金石諧韻，亦乃簨簴不繁，可以享百神，可以合萬舞矣。」而又非其七調之義，曰：「近代書記所載，緩樂鼓琴吹笛之人，多云[三調]。三調之聲，其來久矣。請存三調而已。」時牛弘總知樂事，不能精究音律。寶常又修洛陽舊曲，言幼學音律，師於祖孝徵，知其上代修調古樂。周之壁翣，殷之崇牙，懸八用七，盡依《周禮》備矣。所謂正聲，又近前漢之樂，不可廢也。是時競爲異議，各立朋黨，是非之理，紛然淆亂。或欲各令修造，待成，擇其善者而從之。妥恐樂成，善惡易見，乃請張樂試之。遂先說曰：「黃鍾者，以象人君之德。」及奏黃鍾之調，帝曰：「洋洋和雅，甚與我會。」妥因陳用黃鍾一宮，不假餘律。帝大悅，班賜妥等修樂者。自是譯等議寢。

帝又遣毛爽及蔡子元、于普明等，以候節氣。依古，於三重密屋之内，以木爲案，十有二具。每取律呂之管，隨十二辰[位]，置於案上，而以土埋之，上平於地。中實葭莩之灰，以輕緹素覆律口。每地氣至，與律冥符，則灰飛衝素，散出於外。而氣應有早晚，灰飛有多少，或初入月其氣(則)[即]應，或至中下旬間氣始應者。或灰飛出三五夜而盡，或終一月纔飛少許者。帝異之，問牛弘。弘對曰：「灰飛半出爲和氣，灰全出爲猛氣，吹灰不能出爲衰氣。和氣應者其政平，猛氣應者其臣縱，衰氣應者其君暴。」帝駁之曰：「臣縱君暴，其政不平，非月別而有異也。今十二月律，於一歲內，應並不同。安得暴君縱臣若斯之甚也？」弘不能對。

致堂胡氏曰：「音五爾，而律呂十有二，猶十二支而配十干，所以變而不窮也。律呂，陰陽也，闕一則不和矣。宮爲君，商爲臣，角爲民，徵爲事，羽爲物。今獨奏黃鍾而不用餘音，是有君而無臣、無民、無事、無物，其爲君也不亦亢乎！何妥，佞人也，逢迎周宣立五后者。隋文豈不知之？而命以典樂，妥能探其主猜防克忌之微，而尊隆君道，寓意於黃鍾。帝果悅而從之，遂使古樂盡廢，後世無所考焉。其害豈不甚哉！且禮樂歷數，有國之大事也。王澤滅息，易學不傳；有欲議禮，則紛如聚訟；有欲修樂，則謟承君意；有欲正歷，則必請殺異己者。竟不能復三代之正，況欲行先王之道乎！夫論事莫驗於成敗之效。萬寶常妙達鍾律，樂聲雅淡，必近古矣，而爲蘇威父子所抑。及太常樂成，寶常聞之，曰：『亡國之音也。淫厲而哀，天下將盡矣。』不二十年而其言驗。向使隋文以五音不可偏廢，折何妥、鄭譯、牛弘之徒，而專委寶常製作，雖不能救隋之亡，而先代正音，必不至泯絶於隋世矣。雖然，寶常知樂之聲音，而未知樂之道也。如知樂之道，則其將死當以其書授之好樂者，使傳於後，而以不遇遂焚其書，無廣博易良油然和樂之心，故曰不知樂之道也。」

唐高祖初受禪，未遑改創，樂府尚用隋氏舊文。至武德九年，始命太常少卿祖孝孫正雅樂。孝孫以梁陳舊樂，雜用吳楚之音；周齊舊樂，多涉胡戎之伎。於是斟酌南北，考以古音，作大唐雅樂。以十二(月)[律]各順其(律)[月]，旋相爲宮。製十二和之樂，合三十二曲，八十有四調。《周禮》有旋宮之義，亡絶已久，莫能知之。一朝復古，自孝孫始也。

太宗貞觀初，張文收善音律，常覽蕭吉樂譜，以爲未甚詳悉，乃取歷代沿革，截竹爲十二律吹之，備盡旋宮之義。太宗召文收於太常，令與少卿祖孝孫參定雅樂。太樂有古鍾十二，近代唯用其七，餘有五種，(仍)[俗]號啞鍾，莫能通者。文收吹律調之，聲皆響徹，時人咸服其妙。尋授協律郎。及孝孫卒，文收復採三禮，更加釐革。依《周禮》，祭昊天上帝，以圜鍾爲宮。詳見樂門。雅樂既成，文收復請重正餘樂。帝不許，曰：「朕聞人和則樂清。隋末喪亂，雖改音律而樂不和。若百姓安樂，金石自諧矣。」文收既定樂，復鑄銅律三百六十，皆藏於太樂署。

總章中，潤州得玉磬以獻，張文收扣其一，曰：「是晉某歲閏月造者，得月數當十三，今闕其一，於黄鍾東九尺掘必得焉。」下州求之，如言而得。裴知古，武太后朝以知音直太常，路逢乘馬者，聞其聲，竊云：「此人當墜馬。」好事者隨觀之，行未半里，馬驚，墮地死。嘗觀人迎婦，聞婦珮玉聲，曰：「此婦人不利姑。」是日，姑有疾，竟亡。其知音皆此類也。近代言樂，衛道弼爲最，天下莫能以聲欺者，曹紹夔次之。夔、弼皆爲太樂令。享北郊，監享御史有怒於夔，欲以樂不和爲之罪，雜扣鍾聲，使夔闇名之，無誤者，由是反歎服。又洛陽有僧，房中磬日夜自鳴，僧以爲怪，懼而成疾，求術士百方禁之，終不能已。紹夔素與僧善，來問疾，僧尋以告。俄擊齋鐘，磬復作聲。紹夔笑曰：「明日可設盛饌，當與除之。」僧雖不信紹夔言，冀其或效，乃具饌以待。紹夔食訖，出懷中錯，鑢磬數處而去，聲遂絶。僧苦問其所以，紹夔云：「此磬與鍾律合，故擊彼此應。」僧大喜，疾亦愈。

肅宗時，山東人魏延陵得律一，因中官李輔國獻之，云：「太常諸樂調皆下，不合黄鍾，請悉制諸鍾。」帝以爲然，乃悉取太常諸樂器入於禁中，更加磨剗，凡二十五日而成。御三殿觀之，以還太常。然以漢律考之，黄鍾乃太蔟也，當時議者以爲非是。

周世宗顯德六年，樞密使王朴上疏曰：臣聞樂作於人心，成聲於物，聲氣既和，反感於人心者也。所假之物，大小有數。九者成數也，是以黄帝吹九寸之管，得黄鍾之聲，爲樂之端也。半之，清聲也；倍之，緩聲也；三分其一以損益之，相生之聲也。十二變而復黄鍾，聲之總數也，乃命之曰十二律。旋迭爲均，均有七調，合八十四調，播之於八音，著之於歌頌，將以奉天地，事祖宗，和君臣，接賓旅，恢政教，厚風俗，以其功德之形容告於神明，俾百代之後知邦國之所由行者也。宗周而上，率由斯道，自秦而下，旋宫聲廢。洎東漢雖有大予丞鮑鄴興之，亦人亡而音息，無嗣續之者。漢至隋垂十代，凡數百年，所存者黄鍾之宫一調而已。十二律中唯用七聲，其餘五調謂之啞鍾，蓋不用故也。唐太宗有知人之明，善復古道，乃用祖孝孫、張文收考正雅樂，而旋宫八十四調復見於時，在懸之器方無啞者。所以知太宗之道與三五同功焉。安史之亂，京都爲墟，器之與工，十不存一，所用歌奏，漸多紕繆。逮乎黄巢之餘，工器俱盡，購募不獲，文記亦亡，集官酌詳，終不知其制度。時有太常博士殷盈孫，按《周官·考工記》之文，鑄鐘十二，編鐘二百四十；處士蕭承訓校定石磬，今之在懸者是也。雖有樂器之狀，殊無相應之和。逮乎僞梁後唐，歷晉與漢，皆享國不遠，未暇及於禮樂，至於十二鎛鐘，不問聲律宫商，但循環而擊之，編鐘、編磬徒懸而已。絲、竹、匏、土，僅七聲，作黄鍾之宫一調，亦不和備，其餘八十四調於是乎泯滅。樂之缺壞，無甚於今。陛下天縱文武，奄宅中區，思復三代之風，臨視樂懸，親自考聽，知其亡失，深動上心，乃命中書舍人竇儼參詳太常樂事，不踰月調品八音，粗加和會。以臣曾學律歷，宣示古今樂録，令臣討論。臣雖不敏，敢不奉詔。遂依周法，以秬黍校定尺度，長九寸，虚徑三分，爲黄鍾之管，與見在黄鍾之聲相應。以上下相生之法推之，得十二律管。以爲衆管(至)[互]吹，用聲不便，乃作律準，十三絃(宣)[宫]聲，長九尺張絃，各如黄鍾之聲。以第八絃六尺，設柱(如)[爲]林鍾；第三絃八尺，設柱爲太蔟；第十絃五尺三寸四分，設柱爲南吕；第五絃七尺一寸三分，設柱爲姑洗；第十二絃四尺七寸五分，設柱爲應鍾；第七絃六尺三寸三分，設柱爲蕤賓；第二絃八尺四寸四分，設柱爲大吕；第九絃五尺六寸三分，設柱爲夷則；第四絃七尺五寸一分，設柱爲夾鍾；第十一絃五尺一分，設柱爲無射；第六絃六尺六寸八分，設柱爲中吕；第十三絃四尺五寸，設柱爲黄鍾之清聲。十二(聲)[律]中，旋用七聲爲均，爲均之主者，惟宫，徵、商、羽、角、變宫、變徵次焉。發其均主之聲，歸乎本音之律，七聲迭應而不亂，乃成其調。均有七調，聲有十二均，合八十四調，歌奏之曲，由之出焉。旋宫之聲久絶，一日而補，出臣獨見，恐未詳悉，望下中書門下，集百官及内外知音者較其得失，然後依調製曲。八十四調，曲有數百，今見存者九曲而已，皆謂之黄鍾之宫聲。其餘六曲，錯雜諸調，蓋傳習之誤也。唐初雖有旋宫之樂，至於用曲，多與禮文相違。既不敢用唐爲則，臣又懵學獨力，未能備究古今，亦望集多聞知禮樂者，上本古典，下順常道，定其義理，於何月行何禮，合用何調曲，聲數長短，幾變幾成，議定而製曲，方可久長行用。所補雅樂旋宫八十四調，并所定尺，所吹黄鍾管、所作律準，謹並上進。乃詔尚書省集百官詳議。兵部尚書張昭等議：「於太常寺命太樂令賈峻奏王朴新法黄鍾調七均，音律和諧，不相淩越。其餘十一管諸調，望依新法教習，以備禮寺施用。」從之。

宋太祖皇帝以雅樂聲高，詔有司重加考正。時判太常寺和峴上言：「古聖設法，先立尺寸作爲律吕，三分損益，上下相生，取合(其)[眞]音，謂之形器。但以尺寸長短，非書可傳，故絫秬黍，求爲準的。後代試之，或不符會。西京銅望臬可校古法，即今司天臺影表銅臬下石尺是也。及以王朴所定尺比較，短於石尺四分，作樂聲之高，蓋由於此。況影表測於天地，則管律可以準繩。」上乃令依古法以造新尺，并黄鍾九寸之管，命工人校其聲，果下於朴所定管一律。又内出上黨羊頭山秬黍累尺校律，亦相符合。由是重(法)[造]十二律管，雅樂和暢。

仁宗時，馮元等上新修《景祐廣樂記》。時鄧保信、阮逸、胡瑗等亦奏造鍾律，詔翰林學士丁度等取保信、逸、瑗等鍾律詳考得失。度等上議：「以爲黍有圓長、大小，而保信所用者圓黍，又首尾相銜，逸等止用大者，故再考之即不同。尺既有差，故難以定鐘、磬。謹詳古今之制，自晉至隋，絫黍之法，但求尺裁管，不以權量參校，故歷代黄鍾之管容黍之數不同。惟後周掘地得古玉斗，據斗造律，兼制權量，亦不同周漢制度。故漢制有備數、和聲、審度、嘉量、權衡之説，悉起於黄鍾。今欲器數之制參伍無失，則班志積分之法爲近。逸等以大黍絫尺，小黍實龠，自戾本法。保信今尺以圓黍絫之，及首尾相銜，又與實龠之黍再絫成尺不同。」又言：「歲有豐儉，地有肥墝，就令一歲之中，一境之内，取黍校驗，亦復不齊。是蓋天物之生，理難均一，古之立法，存其大槩耳。故前代制尺，非特絫黍，必求古雅之器以參校焉。晉泰始十年，荀公曾等校定尺度，以調鍾律，是謂晉之前尺。公曾等以古物七品勘之，一曰姑洗玉律，二曰小吕玉律，三曰西京銅望臬，四曰金錯望臬，五曰銅斛，六曰古錢，七曰建武銅尺。當時以公曾尺揆校古器，與本銘尺寸無差，前史稱其用意精密。《隋志》所載諸代尺度，十有五等，然以晉之前尺爲本，以其與姬周之尺、劉歆銅斛尺、建武銅尺相合。竊惟周、漢二代，享年永久，聖賢制作，可取則焉。而隋氏銷毁金石，典正之物，罕復存者。夫古物之有分寸，明著史籍，可以酬驗者，惟有(漢)[法]錢而已。周之圜法，歷載曠遠，莫得而詳。秦之半兩，實重八銖；漢初四銖，其文亦曰半兩。孝武之世，始行五銖，下盡隋朝，多以五銖爲號。既歷代尺度屢改，故小大輕重鮮有同者。又盜鑄既多，不必皆中法度，但當校其首足肉好、長廣、分寸皆合正史者用之。然有唐享國三百年，其制度法度，雖未逮周漢，亦可謂治安之世。今朝廷必求尺度之中，當依漢錢分寸。若以爲太祖膺圖受禪，創制垂法，嘗詔和峴等用影表尺典修金石，七十年間，薦之郊廟，稽(古)[合]唐制，以示詒謀，則可且依景表舊尺，俟有妙達鍾律之學者，俾考正之，以從周漢之舊可也。」乃詔罷其議。

宋祁、田況薦益州進士房庶曉音，祁上其《樂書補亡》三卷，召詣闕。庶自言：「嘗得古本《漢志》，云度起於黄鍾之長，以子穀秬黍中者一黍之起，積一千二百黍之廣，度之九十分，黄鍾之長，一爲一分。今文脱『之起積一千二百黍』八字，故自前世以來，絫黍爲尺以製律，是律生於尺，尺非起於黄鍾也。且《漢志》云一爲一分者，蓋九十分之一，後儒誤以一黍爲一分，其法非是。當以秬黍中者一千二百實管中，黍盡，得九十分，黄鍾之長，九寸加一以爲尺，則律定矣。」

直祕閣范鎮是之，乃爲言曰：「照以縱黍絫尺，管空徑三分，容黍千七百三十；瑗以横黍絫尺，管容黍一千二百，而空徑三分四釐六毫，是皆以尺生律，不合古法。今庶所言，實千二百黍於管，以爲黄鍾之長，就取三分以爲空徑，則無容受不合之差，校前二説爲是。蓋絫黍爲尺，始失之於《隋書》，當時議者以其容受不合，棄而不用。及隋平陳，得古樂器，高祖聞而嘆曰：『華夏舊聲也！』遂傳用之。至唐祖孝孫、張文收，號稱知音，不能更造尺律，止沿隋之古樂，制定聲器。朝廷久以鍾律未正，屢下詔書，博訪羣議，冀有所獲。今庶所言，以律生尺，誠衆論所不及，請如其法，試造尺律，更以古器參考，當得其眞。」乃詔王洙與鎮同於修制所如庶説造律、尺、龠。律徑三分，圍九分，長九十分。龠徑九分，深一寸。尺起黄鍾之長加十分，而律容千二百黍。

初，庶言太常樂高古樂五律，比律成，才下三律，以爲今所用黍，非古所謂一稃二米黍也。尺比横黍所絫者長一寸四分。庶又言：「古有五音，而今無正徵音。國家以火德王，徵屬火，不宜闕。今以(旋相五行)[五行旋相]相生法，得徵音。」又言：「《尚書》同律度量衡，所以齊一風俗。今太常、教坊、鈞容及天下州縣，各自爲律，非《書》同律之義。且古者帝王巡狩方岳，必考禮樂同異，以行誅賞。謂宜頒格律，自京師及州縣，毋容輒異，有擅高下者論之。」帝召輔臣觀庶所進律、尺、龠，又令庶自陳其法，因問律吕旋相爲宫事，令撰圖以進。其説以五正、二變配五音，迭相爲主，衍之成八十四調。舊以宫、徵、商、羽、角五音，次第配七聲，然後加變宫、變徵二聲以足之。庶推以旋相之法，謂五行相戾非是，當改變徵爲變羽，易變爲閏，隨音加之，則十二月各以其律爲宫，而五行相生，終始無窮。詔以其圖送詳定所。庶又論吹律以聽軍聲者，謂以五行逆順，可以知吉凶，先儒之説略矣。是時瑗、逸制樂有定議，乃補庶試祕書省校書郎，遣之。

鎮又上書曰：「陛下制樂，以事天地、宗廟，以揚祖宗之休，兹盛德之事也。然自下詔以來，及今三年，有司之論，紛然未決，蓋由不議其本而爭其末也。竊惟樂者，和氣也。發和氣者，聲音也。聲音之生，生於無形，故古人以有形之物傳其法，俾後人參考，然後無形之聲音得而和氣可導也。有形者，秬黍也，律也，尺也，龠也，鬴也，斛也，算數也，權衡也，鐘也，磬也，是十者必相合而不相戾，然後爲得，今皆相戾而不相合，則爲非是矣。有形之物非是，而欲求無形之聲音其和，安可得哉？謹條十者非是之驗，惟裁擇焉。

按《詩》：誕降嘉種，維秬維秠。誕降者，天降之也。許慎云：秬，一稃二米。又云：一秬二米。後漢任城縣産秬黍三斛八斗，實皆二米，史官載之，以爲嘉瑞。又古人以秬黍爲酒者，謂之秬鬯。宗廟降神，惟用一尊，諸侯有功，惟賜一卣，以明天降之物，世不常有而可貴也。今秬黍取之民間者，動至數斛，秠皆一米，河東之人謂之黑禾。設有真黍，以爲取數至多，不敢送官，此秬黍爲非是，一也。

又按先儒皆言空徑三分，圍九分，長九十分，容千二百黍，積實八百一十分。今律空徑三分四釐六毫，圍十分三釐八毫，是圍九分外大其一分三釐八毫，而後容千二百黍，除其圍廣，則其長止七十六分二釐矣。說者謂四釐六毫爲方分，古者以竹爲律，竹形本圓，而今以方分置算，此律之爲非是，二也。

又按《漢書》，分、寸、尺、丈、引本起黄鍾之長。又云九十分黄鍾之長者，據千二百黍而言也。千二百黍之施於量，曰黄鍾之龠；施於權衡，則曰黄鍾之重；施於尺，則曰黄鍾之長。今遺千二百之數，而以百黍爲尺，又不起於黄鍾，此尺之爲非是，三也。

又按《漢書》言龠，其狀似爵，爵謂爵琖，其體正圓。故龠當圓徑九分，深十分，容千二百黍，積實八百一十分，與律分正同。今龠乃方一寸，深八分一釐，容千二百黍，是亦以方分置算也，此龠之非是，四也。

又按《周禮》鬴法：方尺，圓其外，深尺，容六斗四升。方尺者，八寸之尺也；深尺者，十寸之尺也。何以知尺有八寸、十寸之别？按《周禮》：壁羡度尺，好三寸以爲(尺)[度]。壁羡之制，長十寸，廣八寸，同謂之度尺。以爲尺，則八寸、十寸俱爲尺矣。又《王制》云：「古者以周尺八尺爲步，今以周尺六十四寸爲步。」八尺者，八寸之尺也。六尺四寸者，十寸之尺也。同謂之周尺者，是周用八寸、十寸尺明矣。故知以八寸尺爲鬴之方，十寸尺爲鬴之深，而容六斗四升，千二百八十龠也，積實一百三萬六千八百分。今鬴方尺，積千寸，此鬴之非是，五也。

又按《漢書》斛法：方尺，圓其外，容十斗，旁有庣焉。當隋時，漢斛尚在，故《隋書》載其銘曰：「律嘉量斛，方尺圓其外，庣九釐五毫，羃百六十二寸，深尺，容一斛。」今斛方尺，深一尺六寸二分，此斛之非是，六也。

又按算法，圓分謂之徑圍，方分謂之方斜，所謂徑三圍九、方五斜七是也。今圓分而以方法算之，此算數非是，七也。

又按權衡者，起千二百黍而立法也。周之鬴，其重一鈞，聲中黄鍾；漢之斛，其重二鈞，聲中黄鍾。鬴、斛之制，有容受，有尺寸，又取其輕重者，欲見薄厚之法，以考其聲也。今黍之輕重未真，此權衡爲非是，八也。

又按：「梟氏爲[鐘]」，大鐘十分，其鼓間，以其一爲之厚；小鐘十分，其鉦間，以其一爲之厚。」今無大小厚薄，而一以黄鍾爲率，此鐘之非是，九也。

又按：「磬氏爲磬，倨句一矩有半，有博爲一，股爲二，鼓爲三。」蓋各以其律之長短爲法也。今亦以黄鍾爲率，而無長短薄厚之别，此磬之非是，十也。

前此者，皆有形之物也，易見者也。使其一不合，則未可以爲法，況十者之皆相戾乎？臣固知其無形之聲者不可得而和也。請以臣章下有司，問黍之二米與一米孰是？律之空徑三分與三分四釐六毫孰是？律之起尺與尺之起律孰是？龠之圓制與方制孰是？鬴之方尺圓其外，深尺與方尺孰是？斛之方尺圓其外，庣旁九釐五毫與方尺深尺六寸二分孰是？算數之以圓分與方外孰是？權衡之重以二米秬黍與一米孰是？鐘磬依古法有大小、輕重、長短、薄厚而中律與不依古法而中律孰是？是不是定，然後制龠、合、升、斗、鬴、斛以校其容；受容受合，然後下詔以求真黍，真黍至，然後可以爲量、爲鐘磬；量與鐘磬合於律，然後可以爲樂也。今尺律本末未定，而詳定修制二局工作之費，無慮千萬計矣。此議者所以云云也。然議者不言有司論議依違不決，而顧謂作樂爲過舉，又言當今宜先政令而禮樂非所急，此臣之所尤惑也。倘使有司合禮樂之論，是其所是，非其所非，陛下親臨決之，顧於政令不已大乎！」

元祐初，鎮用房庶律法，上所定樂，下詔褒美。揚傑言：「按《爾雅》秬，黑黍。秠，一稃二米。法律有用秬黍之文，無用秠之説，[鎮]以爲必得秠然後制律，未之前聞也。鎮所造銅量，斛在上，斗在下，左耳爲升，右耳上爲合，下爲龠。上三下二，與漢制符矣。《漢志》「量，聲中黄鍾，始於黄鍾，而反覆焉」。孟康曰：「反斛聲中黄鍾，覆斛亦中黄鍾之宫。」臣叩鎮所造銅量，其聲不與黄鍾合，則非漢制也。黄帝命伶倫斷竹節兩間，聽鳳之鳴，以爲律吕，此造律之本也。初無用黍之法，至漢制乃有用黍之制。鎮以爲世無真黍，乃用太府尺以爲樂尺，而又下一律有奇，其實下舊樂三律矣。其可用乎！」鎮樂律卒不行。

司馬光君實與范鎮景仁往反論鍾律書。君實書云：「蒙示房生尺法，云生嘗得古本《漢書》云：「度起於黄鍾之長，以子穀秬黍中者，一黍之起，積一千二百黍之廣，度之九十分，黄鍾之長，一爲一分。」今文誤脱「之起積一千二百黍」八字。故自前世以來，絫黍爲尺，縱置之則太長，横置之則太短。今新尺横置之，不能容一千二百黍，則大其空徑四釐六毫，是以樂聲太高。又嘗得開元中笛及方響，校太常樂下五律，教坊樂下三律，皆由儒者誤以一黍爲一分，其法非是。不若以一千二百黍實管中，隨其短長斷之以爲黄鍾，九寸之管九十分，其長一爲一分，取三分以度空徑，數合則律正矣。景仁比來盛稱此論，以爲先儒用意皆不能到，可以正積古之謬，袪一世之惑。光竊思之，有所未諭者凡數條，敢書布陳，(若)[幸]景仁教之。景仁曰：「房生家有《漢書》，異於今本。」

夫按絫黍求尺，其來久矣，生所得書，不知傳於何世。而相承積謬，由古至今，更大儒甚衆，曾不寤也。又，其書既云積一千二百黍之廣，何必更云一黍之起，此四字者將安施設？劉子駿、班孟堅之書，不宜如此冗長也。且生欲以黍實中，乃求其長，何得謂之積一千二百黍之廣？孔子稱：必也正名乎。必若所云，則爲新尺一丈二尺，得無求合其術而更戾乎？景仁曰：「度、量、權衡皆生於律者也。今先絫黍爲尺，而後制律，返生於度與黍，無乃非古人之意乎。」光謂不然。夫所謂律者，果何如哉？嚮使古之律存，則歙其聲而知聲，度其長而知度，審其容而知量，校其輕重而知權衡。今古律已亡矣，非黍無以見度，非度無以見律，律不生於度與黍，將何從生邪？夫度量衡所以佐律而存法也。古人所謂制四器者，以相參校，以爲三者雖亡，苟其一存，則三者從可推也。又謂後世器或壞亡，故載之於書，形之於物。夫黍者自然之物，有常不變者也，故於此寓法焉。今四器皆亡，不取於黍，將安取之？凡物之度其長短則謂之度，量其多少則謂之量，稱其輕重則謂之權衡。然量有虚實，衡有低昂，皆易差而難精。等之，不若因度求律之爲審也。房生今欲先取容一龠者爲黄鍾之律，是則律生於量也。量與度皆非律也。捨彼用此，將何擇焉？景仁曰：「古律法空徑三分，圍九分。今新律空徑三分四釐六毫。此四釐六毫者，何從出邪？」光謂不然。夫徑三分、圍九分者，數家言其大要耳。若以密率言之，徑七分者，圍二十有二分也。古之爲數者，患其空積微之太煩，則上下輩之，所爲三分者，舉成數而言耳，四釐六毫不及半分，故棄之也。又律管至小，而黍粒體圓，其中豈無負戴死空之處，而欲責其絲忽不差邪？景仁曰：「生一千二百黍，積實於管中，以爲九寸，取其三分以爲空徑，此自然之符也。」光按量法，方尺之量所受一斛，此用絫黍之法校之則合矣。若從生言，度法變矣，而量法自如，則一斛之物，豈能滿方尺之量乎？景仁曰：「量權衡皆以一千二百黍爲法，何得度法獨用一黍！」光按黄鍾所生，凡有五法：一曰備數，二曰和聲，三曰審度，四曰嘉量，五曰權衡。量與衡據其容與其重，非千二百不可至於度法，止於一黍爲分，無用其餘。若數與聲，則無所事黍矣，安在其必以一千二百爲之定率也？景仁曰：「生云今樂太高，太常黄鍾適當古之中吕。」不知生所謂中吕者，果后夔之中吕邪？開元之中吕邪？若開元之中吕，則安知今之太高，非昔之太下邪？笛與方響，里巷之樂，庸工所爲，豈能盡得律吕之正？今欲取以爲法，考定雅樂，不亦難乎？此皆光之所大惑也。景仁復書曰：「一君實曰：《漢書》傳於世久矣，更大儒甚衆，庶之家安得善本而有之？是必謬爲脱文以欺於鎮也。」是大不然。鎮豈可欺哉！亦以義理而求之也。《春秋》夏五之闕文，《禮記·玉藻》之脱簡，後人豈知其闕文與脱簡哉？亦以義理而知之也。猶鎮之知庶也，豈可逆謂其欺而置其理義哉？又云：「一黍之起，劉子駿、班孟堅之書爲冗長者。」夫古者有律矣，未知其長幾何，未知其空徑幾何，未知其容受幾何，豈可直以一千二百黍置其間哉？宜起一黍積而至一千二百然後滿，故曰一黍之起，積一千二百黍之廣，其法與文勢皆當然也，豈得爲冗長乎？若如君實之説，以尺生律，《漢書》不當先言本起黄鍾之長，而後論用黍之法也。若爾，是子駿、孟堅之書不爲冗長，而反爲顛倒也。又云：「積一千二百黍之廣，是爲新尺一丈二尺者。」君實之意，以積爲排積之積，廣爲一黍之廣而然邪。夫積者，謂積於管中也；廣者，謂所容之廣也。《詩》云：「乃積乃倉。」孟康云「空徑之廣」是也。又云：「徑三分，圍九分者，數家之大要不及半分，則棄之也。」今者三分四釐六毫，其圍十分三釐八毫，豈得謂不及半分而棄之哉？《漢書》曰：「律容一龠，得八十一寸。」謂以九分之圍，絫九寸之長，九九而八十一也。今圍分之法既差，則新尺與量未必是也。如欲知庶之量與尺合，姑試驗之乃可。又云：「權衡與量，據其容與其重，必千二百黍而後可。」至於尺法，止於一黍爲分，無用其餘。若以生於一千二百，是生於量也。且夫黍之施於權衡，則由黄鍾之重，施於量則由黄鍾之龠，施於尺則由黄鍾之長，其實皆一千二百也。此皆《漢書》正文也，豈得謂一黍而爲尺邪？豈得謂尺生量邪？又云：「庶言太常樂太高，黃鍾適當古之中呂，不知中呂者果后夔之中呂邪？開元之中呂邪？若開元之中呂，則安知今之太高，非昔之太下者。」此正是不知聲者之論也，無復議也。又云：「方響與笛，里巷之樂，庸工所爲。」不能盡得律呂之正者，是徒知古今樂器之名爲異，而不知律與聲之同也，亦無復議也。就使得其真黍，用庶之法，制爲律呂，無忽微之差，乃黃帝及仲尼也，豈直后夔、開元之云乎？《書》曰律和聲。方舜之時，使夔典樂，猶用律而后能和聲。今律有四釐六毫之差，以爲適然，而欲以求樂之和，以副朝廷制作之意，其可得乎！其可得乎！」

君實書又曰：「近於夢得處連得所賜兩書，且云鑄周鬴漢斛已成，欲令光至潁昌就觀。周室既衰，禮缺樂弛，典章亡逸，疇人流散，律度量衡不存乎世，咸、夏、韶、濩不傳乎人，重以暴秦焚滅六籍，樂之要妙，存乎聲音，其失之甚易，求之甚難。自漢以來，諸儒取諸胸臆，以臆度古法，牽於文義，拘於名數，校竹管之短長，計黍粒之多寡，競無形之域，訟無證之廷，迭相否臧，紛然無已。雖使后夔復生，不能決矣。彼周鬴出於《考工記》，[事]非經見，是非固未得而知。如漢斛者，劉歆爲王莽爲之，就使其器尚存，亦不足法；況景仁復改其形制，恐徒役心[力]，費銅炭而已。」

按：古人言律爲萬事本，度量衡皆由焉。律以和聲，度以審度，量以嘉量，衡以權衡。度有長短，量有小大，衡有輕重，雖庸愚之人，皆能知之。至律之於聲，或雅或淫，或和或乖，則雖賢哲之士不能遽曉。蓋四者之中，議律爲難。度或長或短，量或小或大，衡或輕或重，三物皆生民日用不可闕者。然以四海九州觀之，未有千里而同一度量衡者也。以古往今來觀之，未有千年而同一度量衡者也。蓋隨世立法，隨地從宜，取其適於用，而初無害於事，固不必盡同也。

至律則差之絲忽，不能以諧聲。聲不諧，不足以爲樂；樂不和，不足以致治。蓋四者之中，制律爲尤難。是以古人之於律，或求之於絲竹，伶倫之管，京房之凖是也。或求之於金石，編鐘、編磬、鎛鐘、簴磬之屬是也。雖曰假器物以求之，然心之精微，口不能授；性所解悟，筆不能書。假如有人與后夔、伶倫並世而生，亦豈能盡得其叶律和聲之法乎？後之儒者病樂之不和，議欲更律。而更律之法，或取之絫黍，或求之古之度量。然絫黍之法，漢制特以較度、量、衡，所謂黃鍾之長，黃鍾之龠，黃鍾之重云者，特以明三物之與律相表裏耳，未嘗專言絫黍以爲律也。至於古之度與量，則周鬴漢斛，與魏晉以來尺十有五種，相去且千年，其流傳至於今者，是乎非乎，不可得而詳也。倘其果爲古器，則不知造此器之時，其與虞朝之同律度量衡，周王之考制度，果無纖毫之差乎！亦不可得而詳也。而方伥伥然於千百載之後，搜求古雅之器於荒邱古墓之中，而自以爲得之，蓋亦疏矣。蓋律度量衡雖曰相爲表裏，然至易曉者度量衡也，至難知者律也；隨時而變易，屢易而無害於事者，度量衡也。假如古者度短、量小、衡輕，後世度長、量大、衡重，則當其或短、或小、或輕之時多取之，或長或大或重之時少取之，而斂散同此一器，何害於事乎？周取民之制什一，漢取其五，秦取其大半，蓋病在於重斂，不必大其器也。一定而不易，易則害於樂者，律也。今失其難者，而反取則於其易者；失其不易者，而反取則於其屢易者。何哉？竊以爲必欲製律，必如杜夔、荀勗、阮咸、張文收之徒，自有宿悟神解，如聽牛鐸而知其可以諧音，聽玉磬而知其爲閏月所造之類。而後可以語此。如其不然，或專求之於絫黍，或專求之於周鬴、漢斛、魏尺之屬，毋異刻舟而尋劍也。李照、胡瑗、房庶之說，皆以黍求律者也。范蜀公力主房庶之說，以爲照以縱黍絫尺管，空徑三分，容黍千七百三十則太長；瑗以橫黍絫尺管，容黍一千二百，而空徑三分四釐六毫則太短，皆以尺生律，不合古法。今庶所言，實千二百黍，於管以爲黃鍾之長就三分，以爲空徑則無容受不合之差，校前二說爲是。累千百言，大要不過如此。愚請得而詰之！

夫古人之制律，管皆有分寸，如十二律，管徑三分，圍九分，黃鍾之管長九寸，自大呂以下以次降殺是也。然則，欲制律，必先定分寸，而古今之分寸不可考矣。是以《隋書》因漢制之說，以一黍爲一分，則是十黍爲一寸。分寸既定，然後管之徑圍可定；管之徑圍既定，然後律之長短可定。瑗與照雖有縱橫之異，然以黍定分，以黍之分定管之徑圍則一也。今庶既盡闢縱橫之說，而欲以是千二百黍亂實之管中，隨其短長斷之，以爲黃鍾九寸之管，取三分以度空徑。則不知庶之所謂空徑三分之管，既非縱黍之分，復非橫黍之分，則以何爲分乎？未有分寸不先定，而可以制律者。如庶之所謂分，既非縱黍，復非橫黍，則必別有一物爲度以起分，倘別有一物爲度以起分，則只須以其三分爲徑，以九十分其長爲黃鍾之管，而律本不因於黍矣。何煩實黍於管，又何煩於《漢書》中增益八字以求合千二百黍之數乎？此愚所以未敢以爲通論也。

律以竹爲管，然竹有大小，其大者容千二百不能以寸；其小者不及千二百黍而盈尺矣。故必先以黍爲分度之三分爲徑，然後實以千二百黍，則九十分其長爲黃鍾之管矣。愚雖不能曉鍾律，竊意古人以黍定律，其法如此。

徽宗崇寧三年正月，方士魏漢津言：「禹以聲爲律，以身爲度。用左手中指三節三寸，謂之君指，裁爲宮聲之管；又用第四指三節三寸，謂之臣指，裁爲商聲之管；又用第五指三節三寸，謂之物指，裁爲羽聲之管；第二指爲民，爲角；大指爲事，爲徵；民與事，君臣治之，以物養之，故不用爲裁管之法。得三指合之爲九寸，即黄鍾之律定矣。黄鍾定，餘律從而生焉。又中指之徑圍乃容盛也，則度量權衡皆自是出而合矣。」又曰：「有太聲，有少聲。太者，清聲，陽也，天道也。少者，濁聲，陰也，地道也。中聲，人道也。宜用第三指爲法。先鑄九鼎，諸鍾均絃裁管，爲一代樂。」從之。

劉炳主樂事，建白：「太、少不合儒書，請罷太、少議，以太史公書黄鍾八寸七分琯爲中聲奏之。」因請帝指時止用中指，不用徑圍爲容盛之法，遂爲正聲之律十二，中聲之律十二，清聲之律四，凡二十有八。玉尺二，金尺一，長於王朴尺二寸一分，和峴尺一寸八分，弱阮逸等尺一寸七分，短於鄧保信尺三分，弱太府布帛尺四(方)[分]。量大於漢魏，而小於隋。權衡之制，黄鍾所容爲十二銖，得太府四錢二分。又曰：「十二律統一歲，一律統一月。一月之律：六宮、六商、六角、六徵、六羽，太少各居其三。總十二律，宮、商、角、徵、羽各七十有二，凡三百有六十。古者天地四方咸有災變，則參酌歲氣運譜以調之，故木運臨卯，火運臨午，土運臨四季，金運臨酉，水運臨子，此謂歲會氣之平也。非其位則邪，當其位則正。未至而至爲大過，至而不至爲不及，故聖人持五運之政猶權衡也，高者抑之，下者舉之；有餘損之，不足補之。以調鼎則有法，以調樂則有術。事微則祭本方之鼎，而運本均之譜。事逆則祭剋制之鼎，而運剋制之譜。」政和末，蔡京引沈宗堯爲太晟府典樂。宗堯復申漢津太少之議。時京子攸提舉大晟府，又奏田爲爲典樂，宗堯憤之，令樂工斷黄鍾琯二，一倍之，一半之，紿爲曰：「此太、少律也。」爲信之，以白攸，攸因執以爲是，遂不用劉炳中聲八寸七分琯，而止用九寸琯。又爲一律，長尺有八寸，曰太聲。一律長四寸有半，曰少聲，乃有三黄鍾律云。

脱脱等《宋史》卷七一《志第二十四・律曆四》 道體爲一，天地之元，萬物之祖也。散而爲氣，則有陰有陽；動而爲數，則有奇有偶；凝而爲形，則有剛有柔；發而爲聲，則有清有濁。其著見而爲器，則有律有吕。凡禮樂、刑法、權衡、度量皆出于是。自周衰樂壞，而律吕候氣之法不傳。西漢劉歆、楊雄之徒，僅存其説。京房作準以代律，分六十聲，始於南事，終於去滅。然聲細而難分，世不能用。歷晉及隋唐，律法微隱。《宋史》止載律吕大數，不獲其詳。今掇仁宗論律及諸儒言鍾律者記于篇，以補續舊學之闕。

仁宗著《景祐樂髓新經》，凡六篇，述七宗二變及管分陰陽，剖析清濁，歸之于本律。次及間聲，合古今之樂，參之以六壬遁甲。

其一，釋十二均，曰：「黄鍾之宮爲子，爲神后，爲土，爲鷄緩，爲正宮調；太簇商爲寅，爲功曹，爲金，爲般頡，爲大石調；姑洗角爲辰，爲天剛，爲木，爲嗢没斯，爲小石角；林鍾徵爲未，爲小吉，爲火，爲雲漢，爲黄鍾徵；南吕羽爲酉，爲從魁，爲水，爲滴，爲般涉調；應鍾變宮爲亥，爲登明，爲日，爲密，爲中管黄鍾宮；蕤賓變徵爲午，爲勝光，爲月，爲莫，爲應鍾徵。大吕之宮爲太吉，爲高宮；夾鍾商爲大衝，爲高大石；仲吕角爲太一，爲中管小石調；夷則徵爲傳送，爲大吕徵；無射羽爲河魁，爲高般涉；黄鍾變宮爲正宮調，林鍾變徵爲黄鍾徵。太簇之宮爲中管高宮，姑洗商爲高大石，蕤賓角爲歇指角，南吕徵爲太簇徵，應鍾羽爲中管高般涉，大吕變宮爲高宮，夷則變徵爲大吕徵。夾鍾之宮爲中吕宮，仲吕商爲雙調，林鍾角在今樂亦爲林鍾角，無射徵爲夾鍾徵，黄鍾羽爲中吕調，太簇變宮爲中管高宮，南吕變徵爲太簇徵，姑洗之宮爲中管中吕，蕤賓商爲中管商調，夷則角爲中管林鍾角，應鍾徵爲姑洗徵，大吕羽爲中管中吕調，夾鍾變宮爲中吕宮，無射變徵爲夾鍾徵。仲吕之宮爲道調宮，林鍾商爲小石調，南吕角爲越調，黄鍾徵爲中吕徵，太簇羽爲平調，姑洗變宮爲中管中吕宮，應鍾變徵爲姑洗徵。蕤賓之宮爲中管道調宮，夷則商爲中管小石調，無射角爲中管越調，大吕徵爲蕤賓徵，夾鍾羽爲中管平調，中吕變宮爲道調宮，黄鍾變徵爲仲吕徵。林鍾之宮爲南吕宮，南吕商爲歇指調，應鍾角爲大石調，太簇徵爲林鍾徵，姑洗羽爲高平調，蕤賓變宮爲中管道調宮，大吕變徵爲蕤賓徵。夷則之宮爲仙吕，無射商爲林鍾商，黄鍾角爲高大石調，夾鍾徵爲夷則徵，仲吕羽爲僊吕調，林鍾變宮爲南吕宮，太簇變徵爲林鍾徵。南吕之宮爲中管僊吕宮，應鍾商爲中管林鍾商，大吕角爲中管高大石角，姑洗徵爲南吕徵，蕤賓羽爲中管僊吕調，夷則變宮爲僊吕宮，夾鍾變徵爲夷則徵。無射之宮爲黄鍾宮，黄鍾商爲越調，太簇角爲變角，仲吕徵爲無射徵，林鍾羽爲黄鍾羽，南吕變宮爲中管僊吕宮，姑洗變徵爲南吕徵。應鍾之宮爲中管黄鍾宮，大吕商爲中管越調，夾鍾角爲中管雙角，蕤賓徵爲應鍾徵，夷則羽爲中管黄鍾羽，無射變宮爲黄鍾宮，仲吕變徵爲無射徵。」

二，明所主事，調五聲爲五行、五事、四時、五帝、五神、五嶽、五味、五色，爲生數一二三四五、成數六七八九十，爲五藏、五官及五星。

三，辯音聲，曰：「宮聲沈厚麤大而下，爲君，聲調則國安，亂則荒而危。合口通音謂之宮，其聲雄洪，屬平聲，西域言婆陁力。一曰婆陁力。商聲勁凝明達，上而下歸於中，爲臣，聲調則刑法不作，威令行，亂則其宮壞。開口吐聲謂之商，音將將，倉倉然，西域言稽識，稽識猶長聲也。角聲長而通徹，中平而正，爲民，聲調則四民安，亂則人怨。聲出齒間謂之角，喔喔確確然，西域言沙識，猶質直聲也。徵聲抑揚流利，從下而上歸於中，爲事，聲調則百事理，亂則事隳。齒合而脣啓謂之徵，倚倚巇巇然，西域言沙臘。沙臘，和也。羽聲嘤嘤而遠徹，細小而高，爲物，聲調則倉廩實，庶物備，亂則匱竭。齒開脣聚謂之羽，詡雨酗芋然。西域言般瞻。變宮，西域言侯利𨈆，猶言斛律聲也。變徵聲，西域言沙侯加濫，猶應聲也。」

其四，明律呂相生，祭天地宗廟，配律陽之數，曰：「太空，育五太：太易、太初、太始、太素、太極也。分爲七政，陽數七，所以齊律呂，均節度，不可加減也。以育六甲，六甲，天之使，行風雹，筴鬼神。爲歲日時有善惡，故爲九宮。九者，陽數變化之道也。爲四正卦、五行、十幹，陰陽錯綜，律呂相叶，命宮而商者應，修下而高者降，下生隔八，上生隔六，皆圖于左。」

其五，著十二管短長。

其六，出度量衡，辯古今尺龠。律呂真聲，本陰陽之氣，可以感格天地，在於符合尺寸短長，宜因聲以定之。因聲定律，則庶幾爲得；以尺定聲，則乖隔甚矣。

初，馮元等上《新修景祐廣樂記》時，鄧保信、阮逸、胡瑗等奏造鐘律，詔翰林學士丁度、知制誥胥偃、右司諫高若訥、韓琦，取保信、逸、瑗等鐘律詳考得失。度等上議曰：「保信所製尺，用上黨秬黍圓者一黍之長，累而成尺。律管一，據尺裁九十黍之長，空徑三分，空圍九分，容秬黍千二百。遂用黍長爲分，再累成尺，校保信尺、律不同。其龠、合、升、斗深闊，推以算法，類皆差舛，不合周、漢量法。逸、瑗所製，亦上黨秬黍中者累廣求尺，製黃鐘之律。今用再累成尺，比逸、瑗所製，又復不同。至於律管、龠、合、升、斗、斛、豆、區、鬴亦率類是。蓋黍有圓長、大小，而保信所用者圓黍，又首尾相銜，逸等止用大者，故再考之即不同。尺既有差，故難以定鐘、磬。謹詳古今之製，自晉至隋，累黍之法，但求尺裁管，不以權量累黍參校，故歷代黃鐘之管容黍之數不同。惟後周掘地得古玉斗，據斗造律，兼制權量，亦不同周、漢制度。故《漢志》有備數、和聲、審度、[嘉]量、權衡之說，悉起於黃鐘。今欲數器之制參互無失，則班志積分之法爲近。逸等以大黍累尺，小黍實龠，自戾本法。保信黍尺以長爲分，雖合後魏公孫崇所說，然當時已不施用。況保信今尺以圓黍累之，及首尾相銜，有與實龠之黍再累成尺不同。其量器，分寸既不合古，即權衡之法不可獨用。」詔悉罷之。又詔度等詳定太府寺并保信、逸、瑗所制尺，度等言：「尺度之興尚矣，《周官》璧羨以起度，廣徑八寸，袤一尺。《禮記》布手爲尺，《淮南子》十二粟爲一寸，《孫子》十釐爲分，十分爲寸，雖存異說，莫可適從。《漢志》：元始中，召天下通知鐘律者百餘人，使劉歆典領之。是時，周滅二百餘年，古之律度當有考者。以歆之博貫藝文，曉達歷算，有所制作，宜不凡近。其審度之法云：「一黍之廣爲分，十分爲寸，十寸爲尺。」先儒訓解經籍，多引以爲義，歷世祖襲，著之定法。然而歲有豐儉，地有磽肥，就令一歲之中，一境之內，取以校驗，亦復不齊。是蓋天物之生，理難均一，古之立法，存其大槩爾。故前代制尺，非特累黍，必求古雅之器以雜校焉。晉泰始十年，荀勗等校定尺度，以調鐘律，是爲晉之前尺。勗等以古物七品勘之，一曰姑洗玉律，二曰小呂玉律，三曰西京銅望臬，四曰金錯望臬，五曰銅斛，六曰古錢，七曰建武銅尺。當時以勗尺揆校古器，與本銘尺寸無差，前史稱其用意精密。《隋志》所載諸代尺度，十有五等，然以晉之前尺爲本，以其與姬周之尺、劉歆銅斛尺、建武銅尺相合。

竊惟周漢二代，享年永久，聖賢制作，可取則焉。而隋氏銷毀金石，典正之物，罕復存者。夫古物之有分寸，明著史籍，可以酬驗者，惟有法錢而已。周之圜法，歷載曠遠，莫得而詳。秦之半兩，實重八銖。漢初四銖，其文亦曰半兩。孝武之世，始行五銖，下暨隋朝，多以五銖爲號。既歷代尺度屢改，故大小輕重鮮有同者，惟劉歆置銅斛。世之所鑄錯刀并大泉五十，王莽天鳳元年改鑄貨布、貨泉之類，不聞後世復有兩者。臣等檢詳《漢志》《通典》《唐六典》云：「大泉五十，重十二銖，徑一寸二分。錯刀環如大泉，身形如刀，長二寸。貨布重二十五銖，長二寸五分，廣一寸，首長八分有奇，廣八分，足股長八分，間廣二分，圍好徑二分半。貨泉重五銖，徑一寸。」今以大泉、錯刀、貨布、貨泉四物相參校，分寸正同。或有大小輕重與本志微差者，蓋當時盜鑄既多，不必皆中法度，但當較其首足、肉好、長廣、分寸，皆合正史者用之，則銅斛之尺從可知矣。況經籍制度皆起周世，以劉歆術業之博，祖沖之算數之妙，荀勗揆較之詳密，校之既合周尺，則最爲可法。兼詳隋牛弘等議，稱後周太祖敕蘇綽造鐵尺，與宋尺同，以調中律，以均田度地。唐祖孝孫云，隋平陳之後，廢周玉尺，用此鐵尺律，然比晉前尺長六分四釐。今司天監影表尺，和峴所謂西京銅望臬者，蓋以其洛都舊物也。晉荀勖所用西京銅望臬者，蓋西漢之物，和峴謂洛陽爲西京，乃唐東都爾。今以貨布、錯刀、貨泉、大泉等校之，則景表尺長六分有奇，畧合宋、周、隋之尺。由此論之，銅斛、貨布等尺寸昭然可驗。有唐享國三百年，其間制作法度，雖未逮周、漢，然亦可謂治安之世矣。

今朝廷必求尺之中，當依漢錢分寸。若以爲太祖膺圖受禪，創制垂法，嘗詔和峴等用影表尺與典修金石，七十年間，薦之郊廟，稽合唐制，以示詒謀，則可且依影表舊尺，俟有妙達鐘律之學者，俾考正之，以從周、漢之制。王朴律準尺比漢錢尺寸長二分有奇，比影表尺短四分，既前代未嘗施用，復經太祖朝更易。其逸、瑗、保信及照所用太府寺等尺，其制彌長，出古遠甚。又逸進《周禮度量法議》，欲且鑄嘉量，然後取尺度權衡，其説疎舛，不可依用。謹考舊文，再造影表尺一、校漢錢尺二并大泉、錯刀、貨布、貨泉總十七枚上進。詔度等以錢尺、影表尺各造律管，比驗逸、瑗并太常新舊鐘磬，考定音之高下以聞。

度等言：「前承詔考太常等四尺，定可用者，止按典故及以漢志古錢分寸參校影表尺，畧合宋、周、隋之尺，謂宜準影表尺施用。今被旨造律管驗音高下，非素所習，乞別詔曉音者總領校定。」詔乃罷之。而若訥卒用漢貨泉度尺寸，依《隋書》定尺十五種上之，藏于太常寺：一、周尺，與《漢志》劉歆銅斛尺、後漢建武中銅尺、晉前尺同；二、晉田父玉尺，與梁法尺同，比晉前尺爲一尺七釐；三、梁表尺，比晉前尺爲一尺二分二釐一毫有奇；四、漢官尺，比晉前尺爲一尺三分七毫；五、魏尺，杜夔之所用也，比晉前尺爲一尺四分七釐；六、晉後尺，晉江東用之，比晉前尺爲一尺六分三釐；七、魏前尺，比晉前尺爲一尺一寸七釐；八、中尺，比晉前尺爲一尺二寸一分一釐；九、後尺，同隋開皇尺、周氏尺，比晉前尺爲一尺二寸八分一釐；十、東魏後尺，比晉前尺爲一尺三寸八毫；十一、蔡邕銅龠尺，同後周玉尺，比晉前尺爲一尺一寸五分八釐；十二、宋氏尺，與錢樂之渾天儀尺、後周鐵尺同，比晉前尺爲一尺六分四釐；十三、太府寺鐵尺，制大樂所裁造尺也；十四、雜尺，劉曜渾儀土圭尺也，比晉前尺爲一尺五分；十五、梁朝俗尺，比晉前尺爲一尺七分一釐。太常所掌，又有後周王朴律準尺，比晉前尺長二分一釐，比梁表尺短一釐；有司天監影表尺，比晉前尺長六分三釐，同晉後尺；有中黍尺，亦制樂所新造也。

其後宋祁、田況薦益州進士房庶曉音，祁上其《樂書補亡》三卷，召詣闕。庶自言：「嘗得古本《漢志》，云：度起於黄鐘之長，以子穀秬黍中「者」一黍之起，積一千二百黍之廣，度之九十分，黄鐘之長，一爲一分。」今文脱「之起積一千二百黍」八字，故自前世以來，累黍爲尺以製律，是律生於尺，尺非起於黄鐘也。且《漢志》「一爲一分」者，蓋九十分之一，後儒誤以一黍爲分，其法非是。當以秬黍中者一千二百實管中，黍盡，得九十分，爲黄鐘之長，九寸加一以爲尺，則律定矣。直秘閣范鎮是之，乃爲言曰：「照以縱黍累尺，管空徑三分，容黍千七百三十；瑗以横黍累尺，管容黍一千二百，而空徑三分四釐六毫。是皆以尺生律，不合古法。」今庶所言，實千二百黍於管，以爲黄鐘之長，就取三分以爲空徑，則無容受不合之差，校前二説爲是。蓋累黍爲尺，始失之於《隋書》，當時議者以其容受不合，棄而不用。及隋平陳，得古樂器，高祖聞而歎曰：「華夏舊聲也！」遂傳用之。至唐祖孝孫、張文收，號稱知音，亦不能更造尺律，止沿隋之古樂，制定聲器。朝廷久以鐘律未正，屢下詔書，博訪羣議，冀有所獲。今庶所言，以律生尺，誠衆論所不及，請如其法，試造尺律，更以古器參考，當得其真。」乃詔王洙與鎮同於修制所，如庶説造律、尺、龠：律徑三分，圍九分，長九十分；龠徑九分，深一寸；尺起黄鐘之長加十分，而律容千二百黍。初，庶言太常樂高古樂五律，比律成，才下三律，以爲今所用黍，非古所謂一稃二米黍也。尺比横黍所累者，長一寸四分。

庶又言：「古有五音，而今無正徵音。國家以火德王，徵屬火，不宜闕。今以五行旋相生法，得徵音。」又言：「《尚書》同律度量衡，所以齊一風俗。今太常、教坊、鈞容及天下州縣，各自爲律，非《書》同律之義。且古者帝王巡狩方岳，必考禮樂同異，以行誅賞。謂宜頒格律，自京師及州縣，毋容輒異，有擅高下者論之。」帝召輔臣觀庶所進律、尺、龠，又令庶自陳其法，因問律呂旋相爲宫事，令撰圖以進。其説以五正、二變配五音，迭相爲主，衍之成八十四調。舊以宫、徵、商、羽、角五音，次第配七聲，然後加變宫、變徵二聲，以足其數。推以旋相生之法，謂五行相戾非是，當改變徵爲變羽，易變爲閏，隨音加之，則十二月各以其律爲宫，而五行相生，終始無窮。詔以其圖送詳定所。庶又論吹律以聽軍聲者，謂以五行逆順，可以知吉凶。先儒之説畧矣。是時瑗、逸制樂有定議，乃補庶試秘書省校書郎，遣之。鎮爲論於執政曰：今律之與尺所以不得其真，累黍爲之也。累黍爲之者，史之脱文也。古人豈以難曉不合之法，書之於史，以爲後世惑乎？

殆不然也。易曉而必合也，房庶之法是矣。今庶自言其法，依古以律而起尺，其長與空徑、與容受、與一千二百黍之數，無不合之差。誠如庶言，此至真之法也。且黃鐘之實一千二百黍，積實分八百一十，於算法圓積之，則空徑三分，圍九分，長九十分，積實八百一十分，此古律也。律體本圓，圓積之是也。今律方積之，則空徑三分四氂六毫，比古大矣。故圍十分三氂八毫，而其長止七十六分二氂，積實亦八百一十分。律體本不方，方積之，非也。其空徑三分，圍九分，長九十分，積實八百一十分，非外來者也，皆起於律也。以一黍而起於尺，與一千二百黍之起於律，皆取於黍。今議者獨於律則謂之索虛而求分，亦非也。其空徑三分，圍九分，長九十分之起於律，與空徑三分四氂六毫，圍十分三氂八毫，長七十六分二氂之起於尺，古今之法，疏密之課，其不同較然可見，何所疑哉？若以謂工作既久而復改爲，則淹引歲月，計費益廣，又非朝廷制作之意也。其淹久而計費廣者，爲之不敏也。今庶言太常樂無姑洗、夾鐘、大簇等數律，就令其律與其説相應，鐘磬每編才易數三，因舊而新，敏而爲之，則旬月功可也，又何淹久而廣費哉？執政不聽。

四年，鎮又上書曰：陛下制樂，以事天地、宗廟，以揚祖宗之休，茲盛德之事也。然自下詔以來，及今三年，有司之論紛然未決，蓋由不議其本而爭其末也。切惟樂者，和氣也。發和氣者，聲音也。聲音之生，生於無形，故古人以有形之物傳其法，俾後人參考之，然後無形之聲音得而和氣可道也。有形者，秬黍也，律也，尺也，龠也，鬴也，斛也，算數也，權衡也，鐘也，磬也，是十者必相合而不相戾，然後爲得，今皆相戾而不相合，則爲非是矣。有形之物非是，而欲求無形之聲音和，安可得哉？謹條十者非是之驗，惟裁擇焉。

按《詩》「誕降嘉種，維秬維秠」。誕降者，天降之也。許慎云：「秬，一稃二米。」又云：「一秬二米。」後漢任城縣産秬黍二斛八斗，實皆二米，史官載之，以爲嘉瑞。又古人以秬黍爲酒者，謂之秬鬯。宗廟降神，惟用一尊；諸侯有功，惟賜一卣，以明天降之物，世不常有而可貴也。今秬黍取之民間者，動至數百斛，秬皆一米，河東之人謂之黑米。設有真黍，以爲取數至多，不敢送官，此秬黍爲非是，一也。

又按先儒皆言律空徑三分，圍九分，長九十分，容千二百黍，積實八百一十分。今律空徑三分四氂六毫，圍十分二氂八毫，是爲九分外大其一分三氂八毫，而后容千二百黍，除其圍廣，則其長止七十六分二氂矣。說者謂四氂六毫爲方分，古者以竹圍爲律，竹形本圓，今以方分置算，此律之爲非是，二也。

又按《漢書》分、寸、尺、丈、引本起黃鐘之長，又云九十分黃鐘之長者，据千二百黍而言也。千二百黍之施於量，則曰黃鐘之龠；施於權衡，則曰黃鐘之重；施於尺，則曰黃鐘之長。今遺千二百之數，而以百黍爲尺，又不起於黃鐘，此尺之爲非是，三也。

又按《漢書》言龠，其狀似爵，謂爵琖，其體正圓。故龠當圓徑九分，深十分，容千二百黍，積實八百一十分，與律分正同。今龠乃方一寸，深八分一氂，容千二百黍，是亦以方分置算者，此龠之非是，四也。

又按《周禮》鬴法：方尺，圓其外，深尺，容六斗四升。方尺者，八寸之尺也；深尺者，十寸之尺也。何以知尺有八寸、十寸之別？按《周禮》「璧羨度尺，好三寸以爲(尺)[度]」。璧羨之制，長十寸，廣八寸，同謂之度尺。以爲尺，則八寸、十寸俱爲尺矣。又《王制》云：「古者以周尺八尺爲步，今以六尺四寸爲步。」八尺者，八寸之尺也；六尺四寸者，十寸之尺也。同謂之周尺者，是周用八寸、十寸尺明矣。故知八寸尺爲鬴之方，十寸尺爲鬴之深，而容六斗四升，千二百八十龠也。積實一百三萬六千八百分。今鬴方尺，積千寸，此鬴之非是，五也。

又按《漢書》斛法：方尺，圓其外，容十斗，旁有庣焉。當隋時，漢斛尚在，故《隋書》載其銘曰：「(審)律嘉量斛，方尺圓其外，庣旁九氂五毫，(幕)[冪]百六十二寸，深尺，容一斛。」今斛方尺，深一尺六寸二分，此斛之非是，六也。

又按算法，圓分謂之徑(圓)[圍]，方分謂之方斜，所謂徑三、圍九、方五、斜七，是也。今圓分而以方法算之，此算數非是，七也。

又按權衡者，起千二百黍而立法也。周之鬴，其重一鈞，聲中黃鐘；漢之斛，其重二鈞，聲中黃鐘。鬴、斛之制，有容受，有尺寸，又取其輕重者，欲見薄厚之法，以考其聲也。今黍之輕重未真，此權衡爲非是，八也。

又按：「鳧氏爲鐘，大鐘十分，其鼓間之，以其一爲之厚；小鐘十分，其鉦間之，以其(二)[一]爲之厚。」今無大小薄厚，而一以黃鐘爲率，此鐘之非是，九也。

又按：「磬氏爲磬，倨句一矩有半，其博爲一，股爲二，鼓爲三。」蓋各以其律之長短爲法也。今亦以黃鐘爲(變)[率]，而無長短厚薄之別，此磬之非是，十也。

前此者，皆有形之物也，可見者也。使其一不合，則未可以爲法，況十者之皆相戾乎？臣固知其無形之聲音不可得而和也。請以臣章下有司，問黍之二米與一米孰是？律之空徑三分與三分四氂六毫孰是？律之起尺與尺之起律孰是？龠之圓制與方制孰是？鬴之方尺圓其外，深尺與方尺孰是？斛之方尺圓其外，㽹旁九氂五毫與方尺六寸二分孰是？算數之以圓分與方分孰是？權衡之重以二米秬黍與一米孰是？鐘磬依古法有大小、輕重、長短、薄厚而中律孰是？是不是定，然後制龠、合、升、斗、鬴、斛以校其容受；容受合，然後下詔以求真黍；真黍至，然後可以爲量，爲鐘磬；量與鐘磬合於律，然後可以爲樂也。今尺律本[末]未定，而詳定、脩制二局工作之費無慮千萬計矣，此議者所以云云也。然議者不言有司論議依違不決，而顧謂作樂爲過舉，又言當今宜先政令而禮樂非所急，此臣之所大惑也。儻使有司合禮樂之論，是其所是，非其所非，陛下親臨決之，顧於政令不已大乎。

昔漢儒議鹽鐵，後世傳《鹽鐵論》。方今定雅樂以求廢墜之法，而有司論議不著盛德之事，後世將何考焉？願令有司，人人各以經史論議條上，合爲一書，則孰敢不自竭盡，以副陛下之意？如以臣議爲然，伏請權罷詳定、修制二局，竢真黍至，然後爲樂，則必至當而無事於浮費也。詔送詳定所。鎮説自謂得古法，後司馬光數與之論難，以爲弗合。世鮮鐘律之學，卒莫辯其是非焉。

又 卷八一《志第三十四・律曆十四》 中原既失，禮樂淪亡。高宗時，胡銓著《審律論》，曰：臣聞司馬遷有言曰：「六律爲萬事根本，其於兵械尤所重，望敵知吉凶，聞聲效勝負，百王不易之道也。」臣嘗深愛遷之言律於兵械爲尤重，而深惜後之談兵者止以戰鬬、擊刺、奇謀，此律之所以汨陳而學者未嘗道也。夫律、度、量、衡，古也淵源於馬遷，濫觴於班固，劉昭挹其流，孟康、京房、錢樂之之徒汨其泥而揚其波。遷之言曰，黄鍾之實八十一以爲宫，而以九爲法，實如法，得長一寸，則黄鍾爲九寸矣。黄鍾之實十七萬七千一百四十七，而以一萬九千六百八十三爲法，實如法，亦得長一寸，亦黄鍾爲九寸也。然則十七萬七千一百四十七與夫所謂八十一者，雖多少之不同，而其實一也；萬九千六百八十三與夫所謂九者，雖多少之不同，而其法一也。又曰，丑二，寅八，卯十六，辰六十四。夫丑與卯，陰律也；寅與辰，陽律也。生陰律者皆二，所謂下生者倍其實；生陽律者皆四，所謂上生者四其實。遷之言才數百，可謂簡矣，而後之言律者祖焉，是不亦淵源於馬遷乎？固之言曰，黄鍾之實八百一十分。蓋遷意也。然以林鐘之實五百四十，而乃以爲六百四十，林鐘、太蔟之實以其長自乘，則聲雖有，小同於黄鍾之宫耳。然則魏曹王製律，而與黄鍾商、徵不合，其失兆此矣。夫自子一分，終於亥十七萬七千一百四十七分，蓋遷術也。而固亦曰，太極元氣，函三爲一，始動於子，參之於丑，歷十二辰之數，而得黄鍾之實，以爲陰陽合德，化生萬物。其説蓋有本矣。然其言三分蕤賓損一，下生大吕，而不言夫所謂濁倍之變何也？夫蕤賓之比於大吕，則蕤賓清而大吕濁，今又損二分之一以生大吕，則大吕之聲乃清於蕤賓，是不知夫倍大吕之濁。然則蕭衍之論，至於夾鐘而裁長三寸七分，其失兆此矣。是不亦濫觴於班固乎？昭之言曰，推林鐘之實至十一萬八千九十八、太蔟之實至十五萬七千四百六十四，二乘而三約之者，爲下生之實；四乘而三約之者，爲上生之實。此遷固之意，昭則詳矣。然以蕤賓爲上生大吕，而大吕乃下生夷則，何也？蓋昭之説陽生陰爲下生，陰生陽爲上生。今以蕤賓爲上生大吕，則是陽生陰，乃上生也；以大吕爲下生夷則，是陰生陽，乃下生也。其蔽亦由不知夫大吕有濁倍之變，則其視遷固去本遠矣。是不亦挹其流於劉昭乎。若夫孟康、京房、錢樂之之徒，則又大不然矣。夫班固以八十一分爲黄鍾之實，起十二律之周徑，度其長以容其實，初未嘗有徑三圍九之説也。康之徒惑於八十一分之實，以一寸爲九十分，而不察方圜之異，於是有徑三圍九之論興焉。夫律之形圜，如以爲徑三圍九，則刓其四用之方，而不足於九分之數，以之容黍，豈能至於千二百哉！然則所謂圍九，方分也。何以知之？知龠之方，則知黄鍾之分亦方也。固雖無明説，其論洛下閎起歷之法曰：「律容一龠，積八十一寸，則一日之分也。」夫八十一寸者，是乃八百一十分，以千二百黍納之龠中，則不摇而自滿，是無異黄鍾之容也。龠之制，方寸而深八分。一龠之方，則黄鍾之分，安得而不方哉！圜九方分而圜之，則徑不止於三分矣。故夫徑三圍九之説，孟康爲之也。然由律生吕，數十有二，止矣；京氏演爲六十，錢樂之廣爲三百六十，則與黄帝之説悖矣。蓋樂之用《淮南》之術，一律而生五音，十二律而爲六十音，而六之，故三百六十音，以當一歲之日。以黄鍾、太簇、姑洗、林鐘、南吕生三十有四，以大吕、夾鐘、中吕、蕤賓、夷則、無射生二十有七，應鍾生二十有八，始於包育，而終於安運。然由黄鍾迄於壯進百有五十，則三分損一焉以下生；由依行迄於億兆二百有九，則三分益一焉以上生；惟安運爲終而不生。其言與黄帝之法大相牴牾。自遷固而下，至是雜然莫適爲主，至五季王朴而後議少定，沈括、蔣之奇論之當矣。是不亦汨其泥而揚其波乎？嗚呼！律也者，固以實爲本而法爲末，陛下修其實於上，而有司方定其法於下，以協天地中和之聲，則夫數子者，其説有可考焉，臣敢輕議哉！

淳熙間，建安布衣蔡元定著《律呂新書》，朱熹稱其超然遠覽，奮其獨見，爬梳剔抉，參互考尋，推原本根，比次條理，管括機要，闡究精微。其言雖多出於近世之所未講，而實無一字不本於古人之成法。其書有《律呂本原》《律呂證辨》。《本原》者，黄鍾第一，黄鍾之實第二，黄鍾生十二律第三，十二律之實第四，變律第五，律生五聲圖第六，變聲第七，八十四聲圖第八，六十調圖第九，候氣第十，審度第十一，嘉量第十二，謹權量第十三。《證辨》者，造律第一，律長短圍徑之數第二，黄鍾之實第三，三分損益上下相生第四，和聲第五。權臣既誣元定以僞學，貶死舂陵，雖有其書，卒爲空言，嗚呼惜哉！

久之，宜春歐陽之秀復著《律通》，其自序曰：自律呂之度數不見於經，而釋經者反援《漢志》以爲據。蓋濫觴於《管子》《呂氏春秋》，流衍於《淮南子》、司馬遷之書，而波助於劉歆、京房之學。班固《漢志》，盡歆所出也。司馬彪志，盡房所出也。後世協律者，類皆執守以爲定法。歷代合樂，不爲無人，而終不足以得天地陰陽之和聲，所以不能追還於隆古之盛者，大抵由三分損益之説拘之也。夫律固不能舍損益之説以求之，由其有損有益，而後有上生下生之異。至其專用三分以爲損益之法則失之，未免乎聲與數之不相合，有非天成之自然耳。蓋嘗因其損益，上下生之義，而去其專用三分之蔽，乃多爲分法以求之，自黄鍾以往，其下生者盈十，而上生者止一而已。此其數之或損或益，出於自然，而與舊法固不侔矣。若謂相生之法，一下必一上，既上而復下，則其法之窮也，於蕤賓、大呂間見之。夫黄鍾而降，轉以相生，至於姑洗則下生應鍾，而應鍾之上生蕤賓者，法也。今乃蕤賓之生大呂，又從而上生焉，此班志所載，所以變其説爲下生大呂，而大呂之長遂用倍法矣。夫律之相生而用倍法，猶爲有理，獨專用三分以爲損益，則律之長短，不中乎天地自然之數爾。生律之分，蓋不止於三分損益之一端，以一律而分爲三，此生律之極數，特一求徵聲之法耳。苟以三分損益，一下生而一上生，則聲律殆無窮矣，何至於十二而止也乎。夫十二律之生也，十律皆下生，一律獨上生。唯其下生者，損之極也，而後上生者益焉。上生則律窮矣，此窮上反下、窮下反上之理也。琴一弦之間具十二律，皆用下生之法，而末以上生法終之。若以七弦而緊慢之爲旋宫之法，則應鍾一均之律，宫聲之外，多用倍法生一律矣。此天地聲音自然而然，不可拘於一而不知通變也。故正律止於十二而已。竊意十二律之度數，當具於《周禮》之《冬官》，如《考工記》鳧氏爲鍾、磬氏爲磬之類，各有一職。然《冬官》一篇既亡，則世無以考其度數之詳，而三分損益之説散見於書傳者，恐或得之目擊而不及識其全，或得之口授而未能究其誤，或求諸耳決而不能究其真，因是遂著爲定論。夫人皆以爲法之盡善矣，豈知三分損益所生之律，乃僅得其聲之近似而未真。蓋非師曠之聰，則耳不能齊，其聲之近似者，足以惑人之聽，是以不復求其法之未盡善者。此蔡邕所以不如(日月)[耳決]之明者，亦不能盡信其法也。後世之制樂者，不知律法之故有未善，而每患其聲音高下之不協，以至取古(者)[昔]遺亡之器而求之，蓋亦不知本矣。聲以數而傳，數以聲而定，二者皆有自然之則。如侈者聲必咋，弇者聲必鬱，高者數必短，下者數必長。侈弇者，數也，未聞其聲而已知其有咋鬱之分；高下者，聲也，未見其數已知其有長短之異。故不得其自然之聲，則數不可得而考；不得其自然之數，則聲不可得而言。今之創律者，不知出此，而顧先區區於秬黍之縱横、古尺之修短、斛斗之廣狹、鍾磬之高下謀之，是何足以得其聲之和哉！

邵雍曰：「世人所見者，漢律歷耳。」然則三分損益之法爲未善，亦隱然矣。近世蔡元定特著一書，可謂究心，然其説亦有可用與否。其可用者，多其所自得，而又有證於古，凡載於吾書者可見矣；其否者，皆由習熟於三分上下生之説，而不於聲器之近似者察之也。豈嘗察之而未有法以易之乎？此《律通》之所以作也。蓋律之所以長短，不止乎三分損益之一端，自四分以往，推而至於有二十分之法。管之所以廣狹，必限於千二百黍之定數，因其容受有方分、圜分之異，與黍體不合，而遂分辨其空龠有實積、隙積之理。其還相爲宫之法，有以推見其爲一陰一陽相繼之道，而非一上一下相生之謂也。嗟乎！觀吾書者，能知其數之出於自然而然，則知由先漢以前至于今日，上下幾二千年，凡史傳所述三分損益一定之説者，可以删而去之矣。使其説之可用也，則累世律可協、樂可和，何承天、劉焯輩不改其法矣。故京房六十律不足以和樂，而況錢樂之衍爲三百六十之非法，徒增多而無用乎？是其數非出於自然之無所加損，而徒欲傅會於當期之日數云爾。古之聖人所以定律止於十二者，自然之理數也。苟不因自然之理數，則以三分損益之法衍之，聲律殆不特三百六十而已也，而況京房之六十乎？且房之律，吾意其自爲之也，而託言受之焦延壽，以欺乎人，以售其説。使律法之善，何必曰受諸人？律法不善矣，雖焦延壽何益哉！所謂善不善者，亦顧其法之可用與否耳。曩者，魏漢津嘗創用指尺以制律，乃竊京房之故智，上以取君之信，下以遏人之議，能行之於一日，豈能使一世而用之乎？今《律通》之作，其數之損益可以互相生，總爲百四十四以爲之體，或變之，又可得二百一十有六以爲之用，乾坤之策具矣。世不用則已，用則聲必和，亦因古黄鍾九寸法審之，以人物之聲而稍更定之耳。或曰：「律止十二，胡爲復衍百四十四律乎？」應之曰：「十二者，正聲也；百四十四者，變聲也。使不爲百四十四者，何以見十二宫七聲長短之有定數，而宫、商、角、徵、羽清濁之有定分乎？其要主於和而已。故有正聲則有變聲也，通其變然後可與論律矣。」《律通》上下二篇：十二律名數第一，黄鍾起數第二，生律分正法第三，生律分變法第四，正變生律分起筭法第五，十二宫百四十四律數第六，律數傍通法第七，律數傍通别法第八，九分爲寸法辨第九、第十，五十九律會同第十一，空圍龠實辨第十二，十二律分陰陽圖説第十三，陽聲陰聲配乾坤圖第十四，五聲配五行之序第十五，七聲配五行之序第十六，七聲分類第十七，十二宫七聲倡和第十八，六十調圖説第十九，辨三律聲法第二十。真德秀、趙以夫皆盛稱之。

舒州桐城縣丞李如篪作《樂書》，評司馬光、范鎮所論律，曰：鎮得蜀人房庶言尺法，庶言：「嘗得古本《漢書》云：『度起於黄鍾之長，以子穀秬黍中者，一黍之起，積一千二百黍之廣，度之九十分，黄鍾之長，一爲一分。』今文脱去『之起積一千二百黍』八字，故自前世累黍爲之，縱置之則太長，横置之則太短。今新尺横置之不能容一千二百黍，則大其空徑四釐六毫，是以樂聲太高，皆由儒者誤以一黍爲一分，其法非是。不若以千二百黍實管中，隨其短長斷之，以爲黄鍾九寸之管九十分，其長一爲一分，取三分以度空徑，數合則律正矣。」鎮盛稱此論，以爲先儒用意皆不能到。其意謂制律之法，必以一千二百黍實黄鍾九寸之管九十分，其管之長一爲一分，是度由律起也。光則據《漢書》正本之「度起於黄鍾之長。以子穀秬黍中者，一黍之廣，『度之』九十分，黄鍾之長，一爲一分。」本無「之起積一千二百黍」八字。其意謂制律之法，必以一黍之廣定爲一分，九十分則得黄鍾之長，是律由度起也。

《書》云：「同律、度、量、衡。」先言律而後及度、量、衡，是度起於律，信矣。然則鎮之説是，而光之説非也。然庶之論積一千二百黍之廣之説則非，必如其説，則是律非起於度而起於量也。光之説雖非先王作律之本，而後之爲律者，不先定其分寸，亦無以起律。又其法本之《漢志》之文，則光之説亦不得謂其非是也。故嘗論之，律者，述氣之管也。其候氣之法，十有二月，每月爲管，置於地中。氣之來至，有淺有深，而管之入地者，有短有長。十二月之氣至，各驗其當月之管，氣至則灰飛也。其爲管之長短，與其氣至之淺深，或不相當則不驗。上古之聖人制爲十二管，以候十二辰之氣，而十二辰之音亦由之而出焉。以十二管較之，則黄鍾之管最長，應鍾之管至短；以林鍾比於黄鍾，則短其三分之一；以太簇比之林鍾，則長其三分之一；其餘或長或短，皆上下於三分之一之數。其默符於聲氣自然之應者如此也，當時惡睹所謂三分損益哉！又惡睹夫一千二百黍實黄鍾容受之量與夫一黍之廣一爲一分之説哉。古之聖人既爲律矣，欲因之以起度量衡之法，遂取秬黍之中者以實黄鍾之管，滿龠傾而數之，得黍一千有二百，因以制量；以一黍之廣而度之，得黄鍾管九十分之一，因以起度；以一龠之黍之重而兩之，因以生衡。去古既遠，先王作律之本始，其法不傳，而猶有所謂一千二百黍爲一龠容受之量與夫一黍之廣一爲一分者可考也。推其容受而度其分寸，則律可得而成也。先王之本於律以起度、量、衡者，自源而生流也；後人以度、量、衡而起律者，尋流而及源也。光鎮争論往復，前後三十年不決，大槩言以律起度，以度起律之不同。鎮深闢光以度起律之説，不知後世舍去度數，安得如古聖人默符聲氣之驗，自然而成律也哉！至若庶之增益《漢志》八字以爲脱誤，及其他紛紛之議，皆穿鑿以爲新奇，雖鎮力主之，非至當之論有補於律法者也。如篪書曰《樂本》，曰《樂章》。

沙隨程迥著《三器圖議》，曰：「體有長短，所以起度也；受有多寡，所以生量也；物有輕重，所以用權也。是器也，皆準之上黨羊頭山之秬黍焉。以之測幽隱之情，以之達精微之理。推三光之運則不失其度，通八音之變則可召其和。以辨上下則有品，以分隆殺則有節。凡朝廷之出治，生民之日用，未有頃刻不資焉者也。古人以度定量，以量定權，必參相得，然後黄鍾之律可求，八音五聲從之而應也。皇祐中，阮逸、胡瑗累黍定尺，既大於周尺，始欲合其量也，然竟於權不合，乃謂黍稱二兩，已得官稱一兩，反疑史書之誤。及韓琦、丁度詳定，知逸、瑗之失，亦莫能以三器參相攷也。」

先是，鎮上封事曰：「樂者，和氣也，發和氣者，音聲也。音聲生於無形，故古人以有形之物傳其法，俾後人參攷之。有形者何？秬黍也，律也，尺也，龠也，鬴也，斛也，筭數也，權稱也，鐘也，磬也，是十者必相合而不相戾，而後爲得也。」迥謂：「以黍定三器，則十者無不該。三者，尺爲之本。周尺也者，先儒攷其制，脗合者不一。至宋祁取《隋書》大業中歷代尺十五等，獨以周尺爲之本，以攷諸尺。韓琦嘉祐累黍尺二，其一亦與周尺相近。司馬備刻之於石，光舊物也。苟以是定尺，又以是參定權量，以合諸器，如挈裘而振其領，其順者不可勝數也。」迴博學好古，朱熹深禮敬之。其後江陵府學教授廬陵彭應龍，既注《漢律歷志》，設爲問荅，著《鐘律辨疑》三卷，至爲精密，發古人所未言者。

倪復《鐘律通考》卷一

黄鐘本原定法章

蔡氏《新書》曰：「黄鐘長九寸，空圍九分，積八伯壹拾分。」

註曰：天地之數始於一，終於十，其一、三、五、七、九爲陽，九者，陽之成也。二、四、六、八、十爲陰，十者，陰之成也。黄鐘陽聲之始，陽氣之動也，故其數九。分寸之數具于聲氣之元，不可得而見，及斷竹爲管，吹之而聲和，候之而氣應，而後數始形焉。均其長，得九寸；審其圍，得九分；此章凡言分者，皆十分寸之一。積其寔，得八伯壹拾分。長九寸，圍九分，積八伯壹拾分，圍九分即空圍九分也。是爲律本。度量權衡於是而受法，十一律由是而損益焉。

算法：置八百一十分，分作九重，每重得九分。圓田術，三分益一，得一十二，以開方法除之，得三分四釐六毫强，爲實徑之數，不盡貳毫八絲四忽。今求圓積之數，以徑叁分肆釐陸毫自相乘，得十一分九釐七毫一絲六忽，加以開方不盡之數二毫八絲四忽，得一十二分。以管長九十分乘之，得一千八十分，爲方積之數。四分取三，爲圓積，得八百一十分。愚按：律中九方分之法爲難算，惟以圓田術開方法算之，則易曉矣。蓋四分取三，算之是也。惟朱子《壺説》易曉，故録之。

愚按：九分者，九方分也。四方上下皆一分也。至於釐毫絲之數皆然。其有不足者：絲不足，以忽算；毫不足，以絲算；釐不足，以毫算；分不足，以釐算。故謂之小分。

朱子《壺説》曰：「壺之所容，止於斗有五升，而注乃以二斗釋之。經之所言圓壺之實數，而注之所言乃借以方體明之，而算法所謂虚加之數也。蓋圓形繁曲難計，故算家必借方形虚加釐數，以定其法，然後四分去一，以爲圓形之實。今以算法求之，凡此定二斗之量者，計其積實當爲三百七或作二字。拾四寸，而以其高伍寸者分之，則每高一寸爲廣六十四寸八分。此六十四寸者，自爲正方。又取其八分者，割裂而加於正方之外，則四面各得二釐五毫之數，乃復合此六十四寸八分者立爲一方壺，則其高五寸，其廣八寸五釐，而外方三尺二寸二分，中受二斗，如注之初説矣。然此方形者，算術所借以爲虚加之數耳。若欲得圓壺之實數，則當就此方形規而圓之，去其四角虚加之數四分之一，使六十四寸八分者但爲四十八寸六分，三百二十四寸者但爲二百四十三寸，則壺腹之高雖不減於五寸，其廣雖不減於八寸五釐，而其外圍則僅爲二尺四寸一分五釐，其中所受僅爲斗有五升，如經之云，無不諧合矣。」

愚按：朱子《壺説》虚加實積之數，與此黄鐘空積之數正同，而蔡季通所借圓田開方之法，冥相符會。以其法而求之，則黄鐘之圍九分，積八百一十分者，可得而推矣，故録其説如右。

又　黄鐘定法辨證章

漢蔡邕《銅龠銘》曰：「龠，黄鐘之宫，長九寸，空圍九分，容秬黍一千二百粒，稱重十二銖，兩之爲一合，三分損益，轉生十一律。」

宋胡安定《律吕議》曰：「按歷代律吕之制，黄鐘之管長九十黍之廣，積九寸，度之所由起也。容千二百黍，積八百一十分，量之所由起也。重十有二銖，權衡之所由起也。」圍中容九方分，而世儒不能貫知。權量之法，因謂圍九分者，取空圍長九分爾。以是圍九分之誤，遂有徑三分之説。若從徑三分圍九之法，則黄鐘之管止容九百黍，積止六百七分半，如此則黄鐘之聲無從而正，權量之法無從而生，周之嘉量、漢之銅斛，皆不合其數矣。

西山蔡氏曰：「按十二律圍徑，自先漢以前，傳記並無明文，唯班志云黄鐘八百一十分，繇此之義起十二律之周徑。然其説乃是以律之長自乘而因之以十，蓋配合爲説耳，未可以爲據也。惟《審度章》「一黍之廣，度之九十，分黄鐘之長，一爲一分。」《嘉量章》則以千二百黍實其龠，《謹權衡章》則以千二百黍爲十二銖，則是累九十黍以爲長，積千二百黍以爲廣，可見也。夫長九十黍，容千二百黍，則空圍當有九方分，乃是圍十分三釐八毫，徑三分四釐六毫也。每一分容十三黍又三分黍之一，以九十因之，則一千二百也。愚按三分黍之一者，蓋一分容十三黍不盡，又以黍三折之殺其一，累至九十，則十三黍至九寸，得一千一伯七十，又以三分黍九十者合之得三十，故千二百黍也。

又漢斛銘文云：律嘉量，方尺，圓其外，庣旁九釐五毫，冪百六十二寸，深尺，積一千六百二十寸，容十斗。嘉量之法，合龠爲合，十合爲升，十升爲斗，十斗爲石，一石積一千六百二十寸，爲分者一百六十二萬。一斗積一百六十二寸，爲分者十六萬二千。一升積十六寸二分，爲分者一萬六千二百。一合積一寸六分二釐，爲分者一千六百二十。則黄鐘之龠爲八百一十分明矣。空圍八百一十分，則長累九十黍，廣容一千二百黍矣。蓋十其廣之分以爲長，十一其長之分以爲廣，自然之數也。自孟康以律之長十之一爲圍之謬，其後韋昭之徒遂皆有徑三分之説，而隋志始著以爲定論，然累九十黍，徑三黍，止容黍八百有奇，終與一千二百黍之法兩不相通，而律竟不成。唐因聲制樂，雖近於古，而律亦非是。本朝承襲皆不能覺，獨胡安定以爲九分者方分也，以破徑三分之法，然所定之律，不本於聲氣之元，一取之秬黍，故其度量權衡皆與古不合。又不知變律之法，但見仲吕反生不及黄鐘之數，乃遷就林鐘已下諸律圍徑，以就黄鐘清聲。以夷則、南吕爲徑三分，圍九分；無射爲徑二分八釐，圍八分四釐；應鐘爲徑二分六釐五毫，圍七分九釐五毫。夫律以空圍之同，故其長短之異可以定聲之高下，而其所以爲廣狹長短者，又莫不有自然之數，非人之所能爲也。今其律之空圍不同，如此則亦不成律矣。遂使十二律之聲皆不當位，反不如和峴舊樂之爲條理，亦可惜也。房庶以徑三分、周圍九分累黍，容受不能相通，遂廢一黍爲一分之法，而增益班志八字以就其説。范蜀公乃從而信之，過矣。

愚按：蔡邕、胡安定論黄鐘長九寸、圍九分之法，可謂明矣。而安定證辨徑三分之誤，深得其實。蓋徑一圍三，乃取圍之要法，而非所以定黄鐘也。黄鐘之廣，圍十分二釐八毫，徑三分四釐六毫，管長九寸，累九十黍以爲長。中有九方分，一分容十三黍，又以十三黍所容，猶有三釐三毫有奇之空，故析黍爲三，每十三黍之中插一，三十黍爲九十瓣，實千二百黍也。若黄鐘之管止徑三分，則其容者減去六分之四而管細矣，黄鐘之聲烏得而和哉。

劉恕《通鑑外紀》載：「黄帝命伶倫自大夏之西，取竹於解谿之谷，斷兩節間，長三寸九分，而吹之以爲黄鐘之宫。」

長孫無忌曰：「黄帝命伶倫斷竹長三寸九分，而吹之以爲黄鐘之宫，曰含少。《吕氏春秋》亦載三寸九分之數。」

愚按：黄鐘九寸之數，蓋天地聲氣自然之妙，非人所得而增減者也。而劉恕、長孫無忌不能考其非，遂以吕氏所載三寸九分之管，不詳其故而信之。而今莆田李氏文利又以瞽師之見，遂著爲説，以爲黄鐘之尊，在於氣清上行，不在數多。清者數少，濁者數多，故少者貴，多者賤。宫聲極清，黄鐘實在正宫，其數少，故爲君。聲極清，且上行，故爲三寸九分，而以九寸爲蕤賓之律。嗚呼！此豈律之本然哉！彼徒知至尊無與並之爲貴，而不知黄鐘同心一統之義也。蓋天子者，兼總條貫，統理民物者也。使黄鐘而可三寸九分也，則理之既淺，而冬至初陽之氣不應，其中分、釐、毫、絲之數法何由而分？十一律之數何由而生？而度量權衡之制又何由而定乎？則法由是廢矣。先王制作之妙，夫豈若是踈哉！蓋三寸者，三三九寸也；九分者，九方分也。若黄鐘之長誠止三寸九分也，則聲必亢急而難吹，而餘律之長陵及其主，臣民事物顛倒錯亂，將欲作樂以宣其和，而不免爲乖戾之氣以奸之，樂何由而可諧耶？且黄鐘寫其元聲，而元氣之起雖爲甚微，必全體具足，及其流行，則遍布四達。《易》曰：「大哉乾元，萬物資始乃統天。」則元非數之短者也。不識其妙，而剛果自用，遂斷以爲三寸九分之數，其何能議千載之律而復先王之舊哉！或者乃從而信之，特以爲天授之獨見，豈不誤之益甚哉！

劉濂《樂經元義》卷一《律吕篇·歷代律議辨》 班固《漢志》曰：「黄帝使伶倫自大夏之西，崑崙之陰，取竹之嶰谷生其竅厚均者，斷兩節間而吹之，以爲黄鍾之宫。制十二筩，以聽鳳之鳴，其雄鳴爲六，雌鳴亦六。(此)[比]黄鍾之宫而皆可以生之，是爲律本。」予謂黄鍾之管，嶰谷可也，他竹亦可也。神明存乎人耳，至於聽鳳之鳴，雄鳴爲六應律，雌鳴亦六應吕，清濁不相淩犯，如旋宫之法焉。有是理乎？使六鳴清濁不順次序，待人而擇，則人之歌唱亦有六聲，何不擇人而擇鳳也？嘗聽黄鸝之鳴，清和宛轉，五音俱備，亦可準以爲律乎？鳳固神鳥也，其靈在于天下有道始出，不在于聲之應律也。達識貞觀者，決明其不然矣。太史公曰：「細若氣，微若聲，聖人因神而存之。」劉昭《後漢志》曰：「伏羲作《易》，記陽氣之初，以爲律法。」予謂律法者，皆實理實事，明白易簡。今所謂微若聲，細若氣者，恍忽茫昧，果何物也？伏羲作《易》，有卦畫而無文字，今易辭俱在，果孰爲紀陽氣者？不以律管候陽氣，又以陽氣爲律管，惑于候氣之法，而復爲異説以附會者也。太史公《律書》曰：「王者制事[立法]，一稟於六律，六律爲萬事根本。其於兵械尤所重，故云望敵知吉凶，聞聲效勝負，百王不易之道也。武王伐紂，吹律聽聲，推孟春以至於季冬，殺氣相併，而音尚宫。同聲相從，物之自然，何足怪哉？」予謂六律本爲正五音而設，候氣之法已非正義，至於望敵聞聲而知吉凶勝負，則又讖緯家幽謬之術矣。伐紂吹律，孟春以至於季冬，則十二律皆吹五音清濁偏矣，而止言尚宫者，何也？以文武周公之明聖，不卜之人心天命，而卜之律聲耶。使音不尚宫，牧野之師將不舉乎？此因宫亂君驕，商亂臣壞之意而附會之也。又及於文帝，天下殷富，粟之十餘錢，鳴鷄吠犬，煙火萬里，可謂和樂者乎？此魯之腐儒，積德百年而後興禮樂之説，不足據也。

晉荀勗出御府古今銅竹律二十五，銅尺、銅斛七具，校減新尺短夔尺四分，因造十有二笛，笛具五音，各以其律展轉相因，以調律吕，正雅樂，自謂宫商克諧。時阮咸善達八音，論者謂之神解。咸常心譏勗新律聲高，次謂高近哀思，不合中和。後有田夫耕于野，得周玉尺，校新尺短一米，於此伏咸之妙。予謂御府銅竹律果周之物乎？恐不然矣，亦漢魏之僞制耳。至于造十二笛，笛具五音，其法謬矣。十二律管皆不穴，隨其長短吹之，清濁自定。若鑚之爲笛，笛雖具五音，而其聲之大致則徵音也。定律不用黄鍾中聲，而用笛之徵律，其音必剽疾響厲，非樂之正度。阮咸譏其新律聲高，近哀思，不合中和，是矣。而不知其用十二笛定律之謬，亦未爲神解也。若以黄鍾九寸、蕤賓六寸二分論之，當差一寸八分，比周尺豈止短校一米耶。

梁武帝素善鍾律，自制定禮樂，又立爲四器，名之爲通。通受聲廣九寸，宣聲長九尺，臨岳高一寸二分，每通皆施三絃。一曰玄英通：應鍾絃，黄鍾絃，大吕絃。二曰青陽通：太簇絃，夾鍾絃，姑洗絃。三曰朱明通：中吕絃，蕤賓絃，林鍾絃。四曰白藏通：(射)[夷]則絃，南吕絃，無射絃。因以通聲轉推月氣，悉無差違，而還相得中。又制爲十二笛，黄鍾笛長三尺八寸，大吕笛長三尺六寸，太簇笛長三尺四寸，夾鍾笛長三尺二寸，姑洗笛長三尺一寸，中吕笛長二尺九寸，蕤賓笛長二尺八寸，林鍾笛長二尺七寸，夷則笛長二尺六寸，南吕笛長二尺五寸，無射笛長二尺四寸，應鍾笛長二尺三寸。笛以寫通與古鍾玉律。周代古鍾並皆不差，于是被以八音，拖以七聲，莫不和韻。予謂四通之制，俗樂法也，大畧類今之箏阮，悠揚纖靡，焉得雅聲也？十二笛長者爲徵，短者爲羽，響徹振厲，實少中和之氣，此即荀勗十二笛之遺法，雖應十二律，不足準也。若不論淫雅，止論應十二律，則世俗淫樂豈有不應十二律而成聲者哉。謂協周代玉律，謬爲大言以欺人也。

隋蘇夔駮鄭譯律議曰：《月令》所載五音，並皆有五，不言變宫、變徵。又《左氏》所云，七音六律以奉五音。准此而言，每宫應立五調，不聞更加變宫變徵二調爲七調。七調之作，所出未詳。譯荅曰：周有七音之律，《漢書律志》天地人及四時謂之七始，黄鍾爲天始，林鍾爲地始，太簇爲人始，是爲三始。姑洗爲春，蕤賓爲夏，南吕爲秋，應鍾爲冬，是謂四時。四時三始，是以爲七。今若不以二變爲調曲，則是冬夏聲闕，四時不備。予謂七音七始之説，五音加變宫變徵是也。蘇夔不知二變，其駮固謬矣。而譯乃謂天地人四時爲七始，其謬尤甚。及觀其律，黄鍾、太簇、姑洗、蕤賓、林鍾、南吕、應鍾七律皆正律，而七始已備，實無宫徵二變律也。不識變律，而以正律爲七始，自相矛盾，自漢而已然矣。至於開皇時，新樂既成，萬寶常聽之泫然曰：樂聲淫厲而哀，天下不久將盡。時，四時全盛，聞者不以爲然。至大業末乃驗。煬帝將幸江都，有樂人王令言，妙達音律，其子常于户外彈琵琶，作翻調《安公子曲》。令言卧中聞之大驚，曰：「此曲興自早晚？」對曰：「頃來有之。」謂其子曰：「慎無從行，帝必不返。此曲宫聲往而不返，宫君也。」帝竟遇弑于江都。予謂樂聲淫厲而哀，此俗樂之常著，作者非其人耳。由此遽知天下將盡，吾不敢以爲然也。煬帝荒淫暴虐，四海怨毒，有死之道焉。雖愚人亦知之，而令言占之宫聲，往而不返，使宫聲返焉，煬帝將不死乎？令言神其術以欺人，實以自欺矣。裴知古逢乘馬者，聞其聲，知其當墜馬死；聞新婦珮玉聲，知不利于姑。此又以邪謬之術而假之樂聲，以欺人者，不可信也。

唐張文收依《周禮》祭昊天上帝，以圜鍾爲宫，雅樂既成，文收復請重正餘樂，帝不許，曰：「朕聞人和則樂清。隋末喪亂，雖改音律而樂不和。若百姓安樂，金石自協矣。」予謂《周禮》圜鍾，予前已(變)[辯]其法之不可行，若其可行，當別有法，非文收之所知也。太宗謂人和樂清，百姓安樂，金石自協，則堯舜之世，周成康之時，不當設典樂之官，如后夔太師矣。所謂内不能辨外，爲大言者也。

周世宗顯德時，王朴論曰：黄帝吹九寸之管，得黄鍾之聲，半之清聲也，倍之緩聲也。三分其一以損益之，相生之聲也。十二變而復黄鍾，聲之總數也。乃命之曰十二律旋迭爲均，均有七調，合八十四調。播之於八音，著之于歌頌。宗周而上，率由斯道。自秦而下，旋宫聲廢。漢至隋，垂十代，凡數百年，所存者黄鍾之宫一調而已。十二律中唯用七聲，其餘五調謂之啞鍾。唐張文收考定雅樂，而旋宫八十四調復見，于時器無啞者。安、史之亂，黄巢之餘，工器俱盡僞。梁後唐晉漢享國不遠，未暇及于禮樂，至于十二鍾不論聲律宫商，但循還而擊之，黄鍾一調亦不和備矣。今依周法，以秬黍校定尺，度長九寸，虚徑三分，爲黄鍾之管。以上下相生之法推之，得十二律管，至吹用聲不便，乃作律准十三絃，十二聲中旋用七聲爲均，爲均之主者惟宫，徵、商、羽、角、變宫、變徵次焉。其均主之聲歸乎本音之律，七聲迭應而不亂，乃成其調。均有七調，聲有十二均，合八十四調，歌奏之曲由之出焉。予謂朴之説可謂精密矣，而其實不然也。古旋宫之法，十二律加四清聲，爲六大調。京房六十調之説，已非正議，況八十四乎。十三絃之法，因梁四通之法而變，不可爲準也。由其不識二變四清，又不識八十四調之謬，是以任意放言如此。

宋太祖時，和峴依古法造新尺，用司天臺景表銅臬。仁宗時，丁度等絫較阮逸、胡瑗律尺，謂累黍絫校不齊，必求古雅之器。宋祁薦益州進士房庶，言《漢志》云：一爲一分，蓋九十分之一。後儒誤以一黍爲一分，其法非是。當以秬黍中者一千二百實管中，黍盡，得九十分。黄鍾之長九寸加一以爲尺，則律定矣。范鎮力主其説。元祐初，鎮用庶法上所定樂。下詔褒美。楊傑謂，黄帝造律，止用斷竹，初無用黍之法。至漢乃有用黍之制，鎮以爲世無真黍，乃用太府尺以爲樂尺。徽宗時，方士魏漢津言：禹以聲爲律，身爲度。請帝三指爲法，合之爲九寸，即黄鍾之律定矣。予謂古樂之所以中和者，由于黄鍾之管，而黄鍾之管必以九寸者，太過則弇鬱不暢，不及則振厲而高，此以長短爲黄鍾之準也。其中空必容一千二百黍者，蓋九寸之管，空大而容多者聲濁，空小而容少者聲清，此又以容之多少而定黄鍾也。尺與量，原爲二事，而世儒止論尺，不及量。縱尺合焉，亦不能定黄鍾矣，況不合乎。又不識二變四清，故其論人人殊也。而諸儒之中，惟胡安定辨徑三圍九之謬爲有特見，而其制作亦近古。和峴諸人失之太拘，蓋由信古而寡心靈之用。其最暗謬，不師古者，阮逸、房庶、魏漢津也。

王邦直《律吕正聲・律吕總敘》 敘曰：夫樂，何爲而作也？本天地之和，以感夫人心者也。今夫陰陽之氣，一升一降，相摩相蕩，欲已之而不能。於是奮擊之而爲雷霆，潤澤之而爲風雨，推明之而爲日月，往來之而爲寒暑。絪緼煦嫗，和氣薰蒸，品物由是而亨焉，化育由是而成焉，樂之道其有加於是者乎？古之聖人有見於此，因制之以爲樂，形見之於聲容，發揮之於事業。著天地之和以感人心之和，養其優游平中之德，以消其暴慢淫邪之氣。無非使人自易其惡，自至於中，以歸於雅正焉而已矣。故《易》曰：「雷出地奮，豫。」先王以作樂崇德，殷薦之上帝，以配祖考。《記》曰：「流而不息，合同而化，而樂興焉。」樂之道可謂觀其深矣。稽之上古，樂教已興。伏羲樂曰《立基》，言伏羲之代五運成，立甲曆始基，畫八卦以定陰陽，造琴瑟以諧律吕，故曰《立基》。神農樂曰《下謀》，言神農播種百穀，濟育羣生，造五絃之琴，演六十四卦，始基立化，設降神謀，故曰《下謀》。然而其制猶未備也，其制之備則始於軒轅。黄帝氏命伶倫自大夏之西，取竹於嶰谿之谷，斷兩節間，長三寸九分而吹之，以爲黄鍾之宫。次制十二管於崑崙之下，聽鳳凰之鳴以制十二律。律吕之制既定，則樂有定體。厥後帝王有作，雖樂不相沿，而其度數之同，則未之或改也。故《虞書》協時月正日，同律度量衡，《王制》考時月定日同律，然則其所同者果何謂也？豈非以其度數而爲言耶？故典同掌六律六同之和，以辨天地四方陰陽之聲，以爲樂器。凡爲樂器，以十有二律爲之數度，以十有二聲爲之齊量。但其度數之詳，則有不可得而聞者，何耶？或者當時《樂經》未亡，其度數之詳，人皆習而知之，固無俟於諄諄者乎？是其時尚未有異論也。至經秦火之餘，而《樂經》亡矣。《樂經》亡則《禮》素而《詩》虚，是一經缺而三經不完也。三經既無所考據，異論遂起，故司馬遷《律書》出焉。《律書》以黄鍾爲九寸，三分損益，隔八相生。由是而生十一律，則律吕之制益滅裂而不可復聞矣。竊意以黄鍾爲九寸者，必傳聞子九之説而誤也。蓋子午之數俱九，子爲九分，九之少也；午爲九寸，九之老也。一陽來復，而以九寸之老當之，可乎？其三分損益，隔八相生，疑古《樂經》之言。蓋律以子午爲經，左五律各益三分，右五律各損三分，陰陽贏縮之意也。律以隔八而取應聲，故宫、徵、商、羽、角五聲皆是隔八，陰陽倡和之理也。三分自三分，隔八自隔八，若以三分合於隔八，使律吕之制至於毫忽微塵而不可窮究，豈不失之愈遠矣乎？今以《律書》黄鍾九寸，上生下生損益筭之，黄鍾至大吕差六分奇，大吕至太簇差三分奇，太簇至夾鍾差五分奇，夾鍾至姑洗差三分奇，姑洗至仲吕差五分奇，仲吕至蕤賓差三分奇，蕤賓至林鍾差二分奇，林鍾至夷則差四分奇，夷則至南吕差二分奇，南吕至無射差四分奇，無射至應鍾差二分奇，應鍾至黄鍾差四寸三分奇。曆家二十四氣，每氣筭之不差毫忽。今律管之長短，其參差不齊若是，則節中之氣必不應管，而葭莩之管必不飛灰，又何以協時月正日而成歲哉？《律書》既定，後世諸儒之言律吕者，皆倚《律書》而推。《律書》既以黄鍾爲九寸，其相生至於仲吕，不能復於黄鍾，遂謂黄鍾往而不返。故京房又於仲吕之下添執始以下六十律，錢樂之復演爲三百六十律。夫律有十二，古之制也，别爲六十，演爲三百六十，豈不愈謬矣乎？噫！樂之不明久矣。自漢以來，旋宫之樂久廢，歷代相承皆黄鍾一均，變極七音。唐命祖孝孫、張文收考正雅樂，始爲旋宫之制，一依《周禮》。圜丘以夾鍾爲宫，其樂六變。方澤以林鍾爲宫，其樂八變。宗廟以黄鍾爲宫，其樂九變。五郊、朝賀、燕饗則隨月用律，可謂度越前代矣，但五音損益須逐時宜。周以木王，故去商調，以金能剋木，故去之也。唐以土王，當用商調而去角調，豈可將木德之儀而施土德之用哉？律吕之制，史未明言，豈亦循用黄鍾九寸之制耶？宋建隆初，用王朴樂。以其聲高，近於哀思，詔和峴考兩京表尺，令下一律。仁宗景祐二年，又命燕肅、李照、宋祁同預考按，照鑄編鍾一簴，其聲猶高，復用和峴舊樂。夫王朴、和峴、李照之律，雖有高下弗同，然皆以黄鍾九寸爲法，故無所得也。至於李照言四清聲可去，極爲有理。四清聲自晉以來已有之，蓋以黄鍾爲九寸，其黄鍾、大吕、太簇、夾鍾管長，聲不協和，易至奪倫，故半其律，謂之清聲，亦曰子聲，非古之制也。故梁寅曰：「杜佑正律之外有子聲，是不察計律爲鍾之意。蔡氏十二律皆有半聲，蓋踵佑之失也。」是譏子聲、半聲之非也。元豐間，又詔范鎮等詳定《大樂》，故司馬光、范鎮之論往復數萬餘言，大約其説有二。鎮主蜀人房庶之説，欲以律生尺；司馬光之説，則以尺生律。反覆諸家之説，不過泥於黄鍾九寸之誤。承舛襲訛，莫覺其非，故西山蔡氏折衷衆論，以著《律吕新書》，歷十二辰而得十七萬七千一百四十七分，絲分毫析，巧若天成，其爲書非不精妙也。但以黄鍾爲九寸，其損益相生之謬，變律半律之非，以之和聲而聲不和，以之候氣而氣不應。是漢唐以降之律吕，非三代以上之律吕也。至我朝李文利糾蔡氏之失，以著《律吕元聲》，以黄鍾爲三寸九分，而生十一律，子午爲經，左右爲緯，升降清濁，妙協陰陽，其所見非不卓然也。但其以左律爲右律，其六九升陽之訛，十二月第之謬，是一人臆見之律吕，亦非三代以上之律吕也。夫黄鍾本三寸九分，則宫聲最清，故爲君；商聲次清，故爲臣；角在清濁之間，故屬之民。自漢而下，皆以黄鍾爲九寸，若黄鍾爲宫，則固無不順矣。若以他律爲宫，則是以最濁爲君，其臣與民反尊於君，則禮義乖矣，人道廢矣，天道逆矣。其所奏，莫非陵上之音，反位而亂倫者也，何望其移風易俗，感格天人者哉！此漢唐宋之治所以不古若者，皆由於此也。然則聖人之制作，豈終不可得而見耶？蓋律吕之度數雖亡，其散見於諸書，猶有存者，顧諸儒之弗察耳。黄鍾三寸九分，《吕氏春秋》志之矣；圜鍾六變，函鍾八變，黄鍾九變，《周禮》載之矣；子午之數九，丑未八，寅申七，卯酉六，辰戌五，巳亥四，吕三十六，律四十二，合之七十有八，或還或否，黄鍾之數立焉，楊子《太玄》詳之矣。其見於制作，黄鍾、蕤賓爲宫，其樂九變；大吕、林鍾爲宫，其樂八變；太簇、夷則爲宫，其樂七變；夾鍾、南吕爲宫，其樂六變；姑洗、無射爲宫，其樂五變；仲吕、應鍾爲宫，其樂四變，有《唐史》可考也。其存於度數，㮚氏爲輔，聲中黄鍾之宫，與㮚氏黄鍾之鍾合，其爲量皆六斗四升，有《攷工記》可稽也。其方位之數即《洛書》之數，是以《洛書》爲之體也；其相生之數，即《河圖》之數，是以《河圖》爲之用也。縱數七百二十九，楊子雲得之以爲《太玄》者，此也。積數六千五百六十一，蔡九峯得之以爲《洪範皇極》者，此也。子午爲經，左右爲緯，其經緯之義即《易》之陰陽消長之機。陰南陽北，迭爲消長。其清濁之用，即《樂記》清濁迭經之理。本《先天圓圖》，以序卦氣之運；本《先天方圖》，以盡聲卦之變。其候氣也，則正之以中星，參之以晷影，考之以日月之會，以符其飛灰之節；其應曆也，則取之以中氣，驗之以物候，稽之以氣朔閏餘之數，以合其周天之度；其應五氣，則本之於《素問》；其應八風，則參之以後天；五音、六律、十二管還相爲宫，取《禮運》還相爲宫之法；宫、商、角、徵、羽五聲，本人聲而正之以律，本《虞書》依永和聲之義；以宫、商、角、徵、羽爲五聲清濁之次，以宫、徵、商、羽、角爲五聲相生之次，本朱子《儀禮》之疏也。一均五調，一調七聲，聲用二變；庭奏以律，升歌以吕，調用雙聲，本李氏元聲之説也。至於二舞之容，則本《周禮》大舞、小舞之制，《宋史》文舞、武舞之節。若趙慎言方色之論，李太常周舞之節，韓邦奇虞舞之圖，亦未嘗不兼考之矣。其八音之器，則本㮚氏之鍾制、磬人之磬制。若韓人臯陶之度、陳暘八音之論、李氏吹孔之法，亦未嘗不兼取之矣。律爲萬事之根本，可以審度，可以嘉量，可以平衡。度則本於司馬光所定，兼累之以上黨之黍，符之以三體淳化之錢，而度無不定矣。量以周鬴爲法，衡以漢制爲法，其容受銖兩，亦皆參之以秬黍，而量衡無不定矣。

草野微臣，耕農之暇，頗湛書史，憂律吕之失傳，傷諸儒之傅會，故不憚勞苦，竭力研窮幾二十年，乃敢會衆説而折衷之，分爲六十餘卷。芹曝之忱不能自已，輒不自量，欲獻之當宁，冀命儒臣更加詳考。儻有可采，以爲大樂之助，庶千載之謬可革，而往聖之絶學不患於無繼矣。

朱載堉《律吕精義》外篇卷一《古今樂律雜説并附録》　辨蔡元定、李照之失第一　序曰：蔡元定之律失之短，李照之律失之長，皆非中聲，故辨之。

蔡元定《律吕新書》引丁度之説曰：「古物之有分寸，明著史籍可以酬驗者，惟有法錢而已。周之圜法，歷代曠遠，莫得而詳。惟劉歆制銅斛之世所鑄錯刀并大泉五十，王莽天鳳元年改鑄貨布、貨泉之類，不聞後世復有鑄者。檢詳《漢志》《通典》《唐六典》云：大泉五十，重十二銖，徑一寸二分。錯刀，環如大泉，身形如刀，長二寸。貨布，重二十五銖，長二寸五分，廣一寸，首長八分有奇，廣八分，足枝長八分，間廣二分，圓好徑二分半。貨泉，重五銖，徑一寸。今以大泉、錯刀、貨布、貨泉四物相參校，分寸正同。或有小大輕重與本《志》微差者，蓋當時盜鑄既多，不必皆中法度。但當校其首足、肉好、長廣分寸皆合正史者用之，則銅斛之尺從而可知也。」

其論周尺曰：「按此尺出於汲冢之律，與劉歆之斛最爲近古，蓋漢去古未遠，古之律度量權衡猶在也。故班氏所志，無諸家異同之論。王莽之制作雖不足據，然律度量衡當不敢變於古也。自董卓之亂，而樂律散亡，故杜夔之律圍徑差小，而尺因以長。荀勗雖定此尺，然其樂聲高急，不知當時律之圍徑又果何如也。意者，後世尺度之差，皆由律圍徑之誤也。今司馬光所傳此尺者，出於王莽之法錢，蓋丁度所奏、高若訥所定者也。雖其年代久遠，輪郭不無消毀，然其大約當尚近之。後之君子，有能驗聲氣之元以求之古之律吕者，於此當有考而不可忽也。」

其論圍徑曰：「黄鍾長九寸，空圍九分，積八百一十分。」又曰：「按：十二律圍徑，自先漢以前，傳記并無明文。惟《班志》云『黄鍾八百一十分』。由此之義，起十二律之周徑。然其説乃是以律之長自乘，而因之以十，蓋配合爲説耳，未可以爲據也。惟《審度》章云『一黍之廣，度之九十分，黄鍾之長。一爲一分』；《嘉量》章則以『千二百黍實其龠』；《謹衡權》章則以『千二百黍爲十二銖』。則是累九十黍以爲長，積千二百黍以爲廣可見也。夫長九十黍，容千二百黍，則空圍當有九方分，乃是圍十分三釐八毫，徑三分四釐六毫也，每一分容十三黍又三分黍之一，以九十因之，則一千二百也。蓋十其廣之分以爲長，十一其長之分以爲廣，自然之數也。」

又曰：「大律以空圍之同，故其長短之異可以定聲之高下。」「孟康不察，乃謂凡律圍徑不同，各以圍乘長而得此數者，蓋未之考也。」

其論九分爲寸曰：「《淮南子》所謂『置一而十一三之』以爲黄鍾之大數，即太史公所謂『置一而九三之以爲寸法』者，其術一也。夫置一而九三之既爲寸法，則七三之爲分法，五三之爲釐法，三三之爲毫法，一三之爲絲法，從可知矣。」「一寸九分，一分九釐，一釐九毫，一毫九絲，以之生十一律，以之生五聲二變。上下乘除，無所不通，蓋數之自然也。顧自淮南太史公之後，即無識其意者。如京房之六十律，雖亦用此十七萬七千一百四十七之數，然乃謂不盈寸者十之，所得爲分，又不盈分者十之，所得爲小分，以其餘爲强弱。不知黄鍾九寸，以三損益，數不出九，苟不盈分者十之，則其奇零無時而能盡，雖泛以强弱該之，而卒無以見强弱之爲幾何。則其數之精微，固有不可得而紀者矣。」「蓋非有意於棄之，實其重分累析，至於無數之可紀，故有所不得而録耳。夫自絲以下雖非目力之所能分，然既有其數，而或一筭之差，則法於此而遂變，不以約十爲九之法分之，則有終不可得而齊者。故淮南太史公之書，其論此也已詳，特房等有不察耳。司馬貞《史記索隱》註黄鍾八寸十分一云：『律九九八十一，故云八寸十分一。』《漢書》云『長九寸』者，九分之寸也。此則古人論律，以九分爲寸之明驗也。」（以上數條，元定書中最緊要者。）

謹按：黄鍾之長九寸者，縱黍九分之寸耳。太史公《律書》以爲八寸十分一者是也。劉歆以爲横黍十分之寸，及《漢志》言九十分黄鍾之長者，皆非也。元定亦知以九約之爲是，以十約之爲非，乃於首章摽云「以《漢志》斛銘定」。何也？夫《漢志》本於劉歆所杜撰，漢斛出於王莽所僞造，奚足爲百世師哉！元定之徒，固執九十黍之廣即黄鍾之長，而黄鍾之長實止縱黍八十一分耳。

蔡元定律法：（筭以九爲率，度用貨泉尺。）

子　黄鍾長九寸。

丑　林鍾長六寸。

寅　太蔟長八寸。

卯　南吕長五寸三分。

辰　姑洗長七寸一分。

巳　應鍾長四寸六分六釐。

午　蕤賓長六寸二分八釐。

未　大吕長八寸三分七釐六毫。

申　夷則長五寸五分五釐一毫。

酉　夾鍾長七寸四分三釐七毫三絲。

戌　無射長四寸八分八釐四毫八絲。

亥　仲吕長六寸五分八釐三毫四絲六忽。

漢劉歆。漢平帝時，命劉歆同律度量衡，變漢制從周制，蓋僞周尺也。王莽因之，以鑄錢貨銅斛塱臬。晉武帝時，荀勗因錢貨銅斛塱臬重製此尺，故名曰晉前尺。歷代尚之。周世宗時，王朴造樂用此尺而略有所增焉。

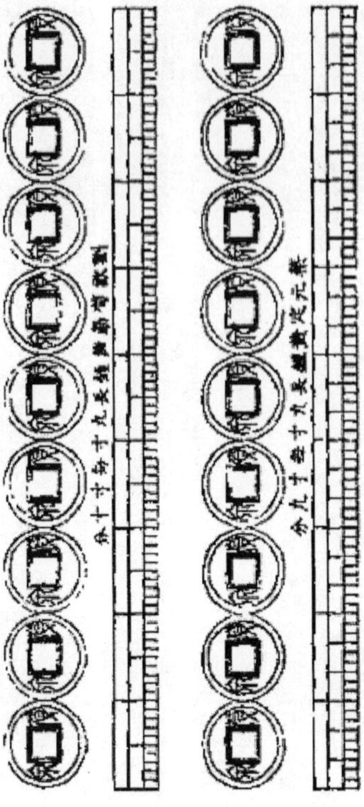

僞周尺。宋太祖嫌其尺短音哀,命和峴更增之。仁宗時,丁度、高若訥仍據王莽錢貨定尺以獻,而司馬光刻之於石,蔡元定著之於書,遂名此爲周尺,誤矣。《隋志》間載十五種尺,以此尺爲主,然無補於律。今皆不取也。

蔡元定所著律書大率宗此尺,則其黄鍾與歆勗之黄鍾大同而小異。歆勗之黄鍾空徑三分,元定則徑三分四釐六毫,依此尺法製律吹之,黄鍾聲中夾鍾,《宋志》謂王朴之黄鍾亦然。四家黄鍾,比古律高三律。

僞尺辨疑

舊説:「晉武帝泰始九年,中書監荀勗校大樂,八音不和,始知後漢至魏,尺長於古四分有餘。勗乃部著作郎劉恭依《周禮》制尺,所謂古尺也。依古尺更鑄銅律吕,以調聲韻。以尺量古器,與本銘尺寸無差。又汲郡盗發六國時魏襄王冢,得古周時玉律及鍾磬,與新律聲韻闇同。于時郡國或得漢時故鍾,吹律命之皆應。勗銘其尺曰:『晉泰始十年,中書考古器,揆校今尺,長四分半。所校古法有七品:一曰姑洗玉律,二曰小吕玉律,三曰西京銅望臬,四曰金錯望臬,五曰銅斛,六曰古錢,七曰建武銅尺。姑洗微强,西京望臬微弱,其餘與此尺同。』銘八十二字。此尺者,勗新尺也。今尺者,杜夔尺也。荀勗造新鍾律,與古器諧韵,時人稱其精密。惟散騎侍郎陳留阮咸譏其聲高,聲高則悲,非興國之音,亡國之音也。亡國之音哀以思,其人困。今聲不合雅,懼非德正至和之音,必古今尺有長短所致也。會咸病卒,武帝以勗律與周漢器合,故施用之。後始平掘地得古銅尺,歲久欲腐,不知所出何代,果長勗尺四分。時人服咸之妙,而莫能厝意焉。」見《晉書·律志》。宋儒章如愚曰:「荀勗所制尺、銘,其制非不詳審,其銘非不周複,猶未免阮咸之誚。豈非汲冢玉律乃魏襄王所制,未能盡合古制者耶?不然,春秋以來,權度已正,夫子不必發『謹權度』之語矣。」見《山堂考索》。

辨疑曰:僞周尺者,漢平帝時劉歆所造,《隋志》謂之晉前尺,蓋以晉荀勗所定故也。至宋儒或謂之校漢錢尺,或謂之漢銅斛尺,名雖小異,理亦無錯,但不可直認爲周尺耳。其謂之周尺者,不過因戰國時魏襄王冢中所獲玉律乃晚周之物,故云耳。夫晚周之物,豈可便謂成周之律度哉!魏自文侯已耽鄭衛而厭古樂,降至襄王,則其時世又可知也。梁武《鍾律緯》云,古玉律八枚,惟夾鍾有題刻。然則餘無題刻明矣。而荀勗不知何故,舍有題之夾鍾,而求諸無題之姑洗、小吕。夫彼既無題,不能的知何律,但以勗之姑洗、小吕比較長短,與彼偶同,吹或應之,因謂相協耳。安知勗之此律,而非與彼他律應耶?何者?以其無題刻也。劉歆銅斛,王莽錢貨,固不足法,而西京望臬,建武銅尺,恐亦因仍莽歆之謬而爲之,是亦不足法也。郡國所得漢時故鍾,尤不可信。按漢《禮樂志》云:「今漢郊廟詩樂,未著祖宗之事;八音調均,又不協於鍾律,而内有掖庭才人,外有上林樂府,皆以鄭聲施於朝廷。」以此觀之,豈可信哉?故今從《隋志》,名此尺爲晉前尺,未敢以爲真周尺也。名爲僞周尺,庶幾得之矣。

京房、劉歆、荀勗律尺,每寸十分。元定律尺,每寸九分。今於歆尺背面除去一寸,止用九寸,每寸均作九分,每分九釐,是名蔡氏律尺。若造律管,以銅或竹,依蔡氏所算新分,及京氏所算舊分相校,始知二家長短無異,但所言分釐之數不同耳。其空圍内徑三分者,京氏、劉氏之法也;徑三分四釐六毫者,胡氏、蔡氏之法也。空徑之數,但依歆尺。蔡氏所謂徑圍之分,以十爲法是也。按王莽本傳,僞天鳳六年初,獻新樂於明堂、太廟。或聞其樂聲,曰:「清厲而哀,非興國之聲也。」此則劉歆所造之樂,其在當時已有是譏矣。荀勗復用其法,而阮咸譏之。王朴再用其法,而李照譏之。蓋劉歆、荀勗、王朴、蔡元定四家之律,聲音高下相去不遠,爲用貨泉之尺及《漢志》之法也。以縱黍尺古律較之,蔡氏黄鍾應古律之夾鍾,實高三律云。

朱熹曰:「十二律皆在,只起黄鍾之宫不得,所以起不得者,尺不定也。律管只吹得中聲爲定。若謂用周尺,或羊頭山黍,雖應準則,不得中聲,終不是。大抵聲太高,則焦殺;低,則盎緩。此不可容易杜撰。」又曰:「季通不能琴，他只是思量得，不知彈出，便不可行。這便是無下學工夫，吾人皆坐此病。古人朝夕習於此，故以之上達不難。蓋下學中，上達之理皆具矣。」並見《經世大訓》。

謹按：世之言律者，多宗蔡元定，其法備載《性理書》中。朱熹因之著於《儀禮通解》，其説益詳明矣。然觀二子雖嘗著書，而實未嘗審定其音。蓋儒者所明，惟律之理耳；至於聽音，或未盡善，抑有其要而未之得也。夫審音乃樂律之本，豈徒空言已乎？故述其造律審音之要，并辨其可疑者焉。

以上辨蔡元定之律太短之失。劉歆、荀勗、王朴、蔡元定律皆失之短。

《文獻通考》曰：「宋仁宗景祐二年，時承平久，上留意禮樂之事。先是，判太常寺燕肅言，大樂制器，歲久金石不調，願以王朴所造律準考按。乃命館職宋祁、李照同預。至是，肅等上所考定樂器。上臨閱，奏郊廟五十一曲。因問照：『樂何如？』照對：『樂音高。』命詳陳之。照言：『王朴律準，視古樂高五律，視禁坊胡部樂高二律。擊黃鍾才應仲吕，擊夾鍾才應夷則，是冬興夏令，春召秋氣。蓋五代之亂，雅樂廢壞，朴創意造律準，不合古法。用之本朝，卒無福應。又編鍾、鎛鍾無大小輕重、厚薄長短之差，銅錫不精，聲韵失美，大者陵，小者抑，非中度之器。相傳以爲，唐舊鍾亦有朴所製者。昔軒轅氏命伶倫截竹爲律，復令神瞽協其中聲，然後聲應鳳鳴，而管之參差亦如鳳翅。其樂傳之夐古，不刊之法也。願聽臣依神瞽律法，試鑄編鍾一簴，可使度量權衡協和。』詔許之。仍令就錫慶院鑄之。照請下潞州，求上黨縣羊頭山秬黍，及下懷州河内縣取葭莩，制玉律以候氣。從之。照既鑄成編鍾一簴以奏御，遂建議請改制大樂。取京縣秬黍，累尺成律，鑄鍾審之，其聲猶高。更用太府布帛尺爲法，乃下太常四律。照獨任所見，更造新器，而新聲極下。議者以爲迂誕，罷之。」又曰：「初，李照斥王朴樂音高，乃作新樂下其聲。太常歌工病其太濁，歌不成聲，私賂鑄工，使減銅齊，而聲稍清，歌乃協。然照卒莫之辨。」

臣嘗累黍考之，知宋尺與今營造尺大同小異。制管考之，知今太常寺所謂黃鍾者，與李照之黃鍾大同小異。詳見尺圖條下。

《玉海》曰：「李照所定黃鍾，律聲極下，樂工歌其韵，中無射倍聲。司諫韓琦言照樂不合古法，詔晏殊宋綬詳定。綬等言照新樂比舊樂下三律，無所考據，請復用和峴舊樂。詔悉仍舊制。」

李照律法：筭以十爲率，度用太府尺。

黃鍾長九寸。凡律，空内皆徑三分。

林鍾長六寸。

太蔟長八寸。

南吕長五寸三分小分三强。小分三者，謂三釐也。下文倣此。

姑洗長七寸一分小分一微强。

應鍾長四寸七分小分四微强。

蕤賓長六寸三分小分二微强。

大吕長八寸四分小分三弱。

夷則長五寸六分小分二弱。

夾鍾長七寸四分小分九微强。

無射長四寸九分小分九强。

仲吕長六寸六分小分六弱。以上見《後漢志》，即京氏所算也。

宋尺。宋太府尺，即黃帝尺，以大泉之徑爲九分。今營造尺，即唐大尺，以開元錢之徑爲八分、宋尺之八寸一分，爲今尺之八寸。

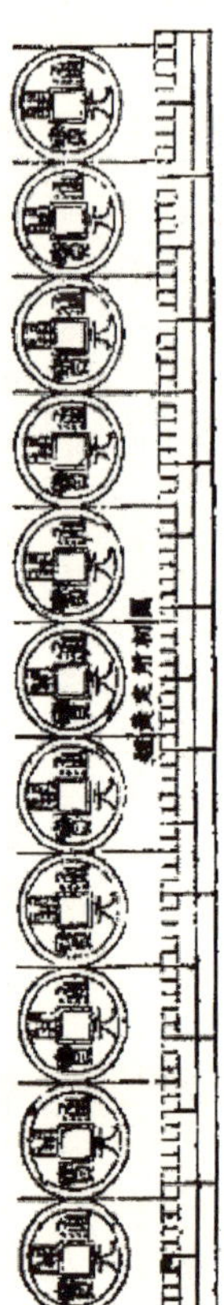

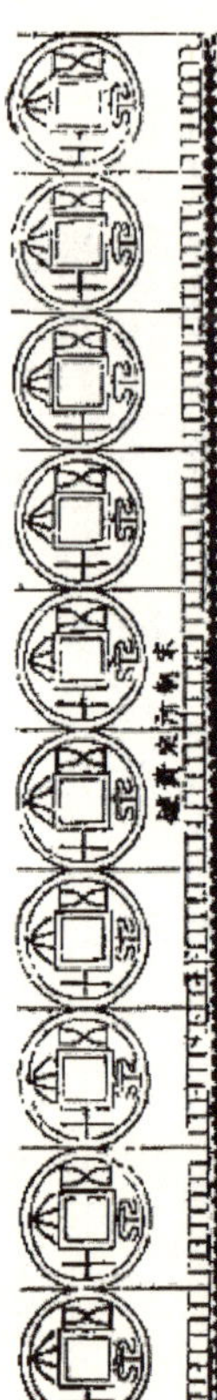

今尺。宋黃鍾在宋尺爲九寸，在今尺爲八寸八分八釐八毫八絲。今黃鍾在今尺爲九寸，在宋尺爲九寸一分一釐二毫五絲。

宋李照、范鎮、魏漢津等所定律大率皆依太府鐵尺，黃鍾長九寸，徑三分，積六百三十六分，聲比古無射倍律之聲。

國初，協律郎冷謙所定律大率依宋制，而尺則用今工部營造尺黃鍾長九寸，徑三分四釐六毫，積八百四十六分。比古南吕倍律之聲微高。

謹按：《文獻通考》云：「李照改制大樂，取京縣秬黍，累尺成律，鑄鍾審之，其聲猶高。更用太府布帛尺爲法，乃下太常四律。」是先有太府尺，而照欲求合耳，非照自造太府尺也。然則太府尺竟不知何人所製。范鎮以爲黃帝之尺，雖未必然；蔡元定以爲李照之尺，蓋亦誤矣。萬曆己卯歲，取羊頭山秬黍縱累成尺，與漢錢尺互相較正，實與《宋志》所載分寸相同。夫自宋至今五百餘年，而黍與尺契合如故，豈非天地造化真理所寓者乎？律學之士，未可以忽之也。但李照范鎮之徒，惑於京房、劉歆之謬説，而不達淮南、太史公之妙論，遂使黃鍾之管縱長，周、徑及所容黍，俱不得其正，而致樂律之乖。此乃照等不善用尺，而非尺之弊也。誠依淮南太史公之法爲之，則盡善盡美。而范鎮指此爲黃帝之尺，亦不誣矣。蓋淮南太史公所謂黃鍾長九寸者，依古法以九分爲寸，九寸乃八十一分也。照等所謂黃鍾長九寸者，依《漢志》以十分爲寸，九寸乃九十分也，其相去遠矣。嘗以李照律與蔡元定所算之律吹而相較，果差五律。蔡之黃鍾，李之仲呂也；蔡之夾鍾，李之夷則也。大抵元定之律，即王朴之律耳。其算術雖不同，其音調實相類，蓋殊途而同歸者也。夫朴之樂，照已譏之矣，而照之樂亦不免於譏。何也？豈高者失之清，下者失之濁，皆非中正和平之樂歟？《山堂考索》謂：朴之樂比古樂高三律，其黃鍾應古之夾鍾。《玉海》謂：照之樂比古樂下二律，其黃鍾應古無射之倍聲。和峴、胡瑗之樂，比朴下一律，蓋以古之太簇爲其黃鍾，比真黃鍾猶高二律，其謬亦可見矣。或言：照律比太常下四律者，指和峴之樂而言也；或言：照樂比舊樂下三律者，指王朴之樂及私賂減銅者而言也。然則朴以夾鍾爲黃鍾，若下朴三律，則得真黃鍾，而樂律皆正，其孰使然乎？是知朴照之聰而不如工師之聰，有以識夫中正和平之音矣。蓋凡音之起，由人心生也，人心終不滅，樂亦竟不亡。患在律學諸儒不知而作，非理變亂之耳。若夫俗樂則不然也。初無繩準之拘，由人取便，求其所安，使歌聲雖高不至於氣竭，雖低不至於聲咽，自然而然，此正古人所謂中聲者也。禮失求諸野，其斯之謂乎！儒者於樂則異於是。蓋爲律度所拘，不以人聲爲恤。故《宋志》曰：「王朴編鍾聲律太高，歌者難逐，故四清聲置而弗用。李照新鍾，歌工病其太濁，私賂鑄工，使減銅齊，於歌乃協。」馬端臨謂：「學士大夫之説，卒不能勝工師之説。是樂雖曰變而實未嘗變。」蓋天理人心今古同然也。蔡元定謂：「萬寶常之樂，魏延陵之律，嘗以漢樂較之，漢樂音調至隋唐猶在也。」然則宋時古樂音調亦未嘗亡，是故李照之律雖以無射倍聲爲律之首，其鍾磬則高二律，尚與古樂無殊。至魏漢津卒勝工師之説，始以無射倍聲命曰黃鍾矣。既經諸臣變更，而曲調名益乖舛。政和四年，詔改正而難遽革。故俗樂所稱黃鍾者，蓋宋人從時制以稱之耳，其實古無射也。無射爲宮，則必以黃鍾爲商，故俗樂謂商調爲正宮，就黃鍾而言耳。黃鍾者，無射之商也。謂角調爲商調，就太蔟而言耳。太蔟者，無射之角也。蓋俗人祇見音調落在黃鍾太蔟者，便謂宮商，而不知旋宮之法，宮商無定也。又，俗謂徵調爲中呂，中呂者無射之徵也。謂羽調爲越調，越乃羽之訛也。俗名南呂調者，黃鍾之下羽也；仙呂調者，黃鍾之清宮也。欲觀諸調，以律定箏，彈之自見，非可以空言爭之也。苟能知律，則古今雅俗一以貫之矣。無射倍聲爲均，蓋自周景王始。或問：「無射爲之大林，何謂大林？」答曰：「黃鍾，律之首，管之最長、鍾之最大而濁者也。漸而短之小之，以生十一律，則無射應鍾爲管之最短、鍾之最小而清者也。五聲次序論之，宮宜長大而濁，羽宜短小而清，此其常理。而旋宮之法，無射爲宮則林鍾爲之羽，宮短而羽長，羽濁而宮清，故律家相傳以林鍾子聲爲無射之羽。景王則不然，使無射爲宮者大於其羽，故曰『爲之大林』，謂大於林鍾也。」若然，無射必用倍數，用倍數則反長大於黃鍾矣。夫律呂之用倍數，於理無妨也。但不可因無射大於黃鍾而遂改無射，強名曰黃鍾。故所係甚大，《左傳》《國語》言之最詳。有國家者，不可不慎。當時古律俱存，故單穆公伶州鳩可得而辨之。自李照之後，遂真以無射命爲黃鍾矣，而古律又亡。世鮮知音者，孰能辨之哉！

以上辨李照之律太長之失。李照、范鎮、魏漢津、冷謙律，皆失之長。

《金史·樂志》曰：「初，太宗取汴，得宋之儀章鍾磬樂簴，挈之以歸。皇統元年，熙宗加尊號，始就用宋樂。有司以鍾磬刻『晟』字者犯太宗諱，皆以黃紙封之。大定十四年，太常始議『歷代之樂各自爲名，今郊廟社稷所用宋樂器犯廟諱，宜皆刮去，更爲製名』。於是命禮部、學士院、太常寺撰名，乃取『太樂與天地同和』之義，名之曰太和。明昌五年，詔用唐宋故事，置所講議禮樂。有司謂：『雅樂自周漢以來止存大法，魏晉而後更造律度，訖無定論。至後周保定中，得古玉斗于地中，以造尺律。其後牛弘以爲不可，止用蘇綽鐵尺，至隋亦用之。唐興，因隋樂不改。及黃巢之亂，樂懸散失，太常博士殷盈孫以周法鑄鎛鍾、編鍾，處士蕭承訓等校石磬，合而奏之。至周顯德以黍定律，議者謂比唐樂高五律。宋初亦用王朴所制樂。時和峴以周顯德律音近哀思，乃依西京銅望臬、石尺重造十二管，取聲下王朴一律。景祐初，李照取黍累尺成律，以其聲猶高，更用太府布帛尺，遂下太常樂三律。皇祐中，阮逸、胡瑗改造，止下一律。或謂其聲弇鬱不和，依舊用王朴樂。元豐間，楊傑參用李照鍾磬加四清聲，下王朴樂二律，以爲新樂。元祐間，范鎮又造新律，下李照樂一律而未用。至崇寧間，魏漢津以范鎮知舊樂之高無法以下之，乃以時君指節爲尺，其所造鍾磬即今所用樂是也。然以王朴所制聲高，屢命改作。李照以太府尺制律，人習舊聽，疑於太重。其後范鎮等論樂，復用李照所用太府尺，即周隋所用鐵尺，牛弘等以爲近古合宜者也。今取見有樂，以唐初開元錢校其分寸亦同，則漢津所用指尺殆與周隋唐所用之尺同矣。漢津用李照范鎮之説而恥同之，故用時君指節爲尺，使衆人不敢輕議。其尺雖爲詭説，其制乃與古同，而清濁高下皆適中，非出於法數之外私意妄爲者也。蓋今之鍾磬雖崇寧之所製，亦周、隋、唐之樂也。閱今所用樂律，聲調和平，無太高太下之失，可以久用。」上曰：『嘗觀宋人論樂，以爲律主於人聲，不當泥於其器，要之在聲和而已。』於是命禮部符下南京，取宋舊工及鍾磬，擇其諳者用之。」

《元史·樂志》曰：「太宗十年十一月，宣聖五十一代孫衍聖公元措來朝，言于帝曰：『今禮樂散失，燕京、南京等處，亡金太常故臣及禮册樂器多存者，乞降旨收録。』於是降旨，令各處管民官，如有亡金知禮樂舊人，可并其家屬徙赴東平，令元措領之。中統元年，召太常禮樂人至燕京，用新製雅樂享于祖宗。禮畢，命太常禮樂人復還東平。五年，太常寺言：『自古帝王功成作樂，樂各有名，盛德形容，於是乎在。伏覩主上踐阼以來，留心至治，聲名文物，思復承平之舊。首敕有司，修完登歌宮懸、八佾樂舞，以備郊廟之用。若稽古典，宜有徽稱。謹按歷代樂名，黄帝曰《咸池》《龍門大卷》，少昊《大淵》，顓頊《六莖》，高辛《五英》，唐堯《大咸》《大章》，虞舜《大韶》，夏禹《大夏》，商湯《大濩》，周武《大武》。降及近代，咸有厥名。宋總名曰《大晟》，金總名曰《大和》。今採輿議，權以數名，伏乞詳定。』中書省遂定名曰《大成之樂》。太常因言，亡金散失樂器若止於燕京拘括，似爲未盡，合於各路各觀民家括之，庶省鑄造。於是奏檄各道宣慰司，括到鍾磬，送于太常。」

謹按：《金史》《元史》樂志所載歷代樂律制度，因革損益，來歷甚明。然則宋《大晟樂》，即方士魏漢津之所造，取徽宗指寸爲律者也。朱熹所謂「崇宣之季，姦諛之會，黥涅之餘，不足以語天地之和」，指漢津而言也。其樂器等，汴京破，没入金，改名《大和》；金亡入元，改名《大成》。元亡，樂歸於我。國初，斟酌元樂用之，雖更製章造器，而未嘗累黍驗律。見今太常雅樂及天下學宫所謂《大成樂》者，蓋漢津之律也。夫漢津之杜撰自不能服宋人之心，而金元以來返遵用之，無敢議其失者，理不可曉。近日建言之臣，科場之策，屢以爲言，卒不見省，兹則好古知音之士尚抱歉焉。嘗讀山東鄉試程策，其議樂曰：「我太祖高皇帝平定天下，即與陶凱諸臣親制九奏樂歌，詩章準之古雅，聲調易諸胡靡，蓋洋洋盛矣。然累黍未明，七始未備，奉常講禮不講樂，博士習詩不習聲。論者猶然少之。」弘治初，儒臣丘濬撰《大學衍義補》，其論禮樂曰：「竊聞開國之初，太祖皇帝不遑他務，首以禮樂爲急，開禮樂二局，徵天下耆儒宿學，分局以講究禮典樂律，將以成一代之制。然當草創之初，廢學之後，稽古禮文之事，諸儒容或有未足以當上意者。當時雖輯成《大明集禮》一書，然亦無所折衷，樂則未見有全書焉。古云：禮樂百年而後興。今承六聖太平之治，百有餘年于兹，所謂聖人在天子之位而制禮作樂者，兹其時歟！」濬又總論樂律之制，凡二千六百餘言，多可採者，文煩不載。夫濬爲此論時，上距國初百二十年矣，下距今日又將百二十年。濬所望者，尚未之見。儻能得覩如斯盛典，豈非莫大之幸也哉！是故惓惓編著此書，以俟知樂君子或有擇取者焉，則未必無小補云耳。

以上論歷代及勝國并我本朝見用之樂。

又　附録

臣讀《性理》等書，摘取先儒要語，與夫古今儒者或論律學之正理，或辨樂家之邪説，附録於此卷末。興樂君子覽焉，庶幾知所取舍云耳。

程頤曰：「先王之樂，必須律以考其聲。今律既不可求，人耳又不可全信，正惟此爲難。求中聲，須得律；律不得，則中聲無由見。律者，自然之數，至如今之度量權衡亦非正也。今之法，且以爲準則可，非如古法也。此等物雖出於自然，亦須人爲之。但古人爲之，得其自然。至於規矩，則極盡天下之方圓。」

以上一條言求先王古樂，必須求真律。

又曰：「黄鍾之聲，亦不難定，世自有知音者。將上下聲考之，既得正，便將黍以實其管，看管實得幾粒，然後推而定法可也。古法，律管當實千二百粒黍。今羊頭山黍不相應，則將數等驗之，看如何大小者方應其數，然後爲正。」

又曰：「以律管定尺，乃是以天地之氣爲準，非秬黍之比也。秬黍積數在先王時，惟此適與度量合，故可用。今時則不同。」

張載曰：「律呂有可求之理，德性淳厚者必能知之。」

又曰：「古樂不可見，蓋爲今人求古樂太深，始以古樂爲不可知。只以《虞書》『詩言志，歌永言，聲依永，律和聲』求之，得樂之意，蓋盡於是。詩只是言志，歌只是永其言而已，只要轉其聲，令人可聽。今日歌者亦以轉聲而不變字爲善。歌長言後，却要入於律。律則知音者知之，知此聲入得何律。古樂所以養人德性，中和之氣。後之言樂者，止以求哀。故晉平公曰：『音無哀於此乎？』哀則止以感人不善之心。歌亦不可以太高，亦不可以太下；太高則入於噍殺，太下則入於嘽緩。蓋窮本知變，樂之情也。」

以上四條言律有可求之理，亦不難求。

朱熹曰：「六經之道同歸，而禮樂之用爲急。遭秦滅學，禮樂先壞。漢晉以來，諸儒補緝，竟無全書。其頗存者，《三禮》而已。若乃樂之爲教，則又絶無師授。律尺短長，聲音清濁，學士大夫莫有知其説者，而不知其爲闕也。」

又曰：「今之上大夫，間以五音十二律，無能曉者。要之，當立一樂學，使士大夫習之，久後必有精通者出。」

又曰：「今人都不識樂器，不聞其聲，故不通其義。如古人尚識鍾鼓，然後以鍾鼓爲樂。如孔子云：『樂云樂云，鍾鼓云乎哉？』今人鍾鼓已自不識。」

以上三條言樂不求則失傳，求則得之。

又曰：「古者教法：禮、樂、射、御、書、數，不可闕一，就中樂之教尤親切。夔教胄子只用樂，大司徒之職也。是用樂蓋是教人朝夕從事於此物，得心長在這上面，蓋爲樂有節奏，學他底急也不得，慢也不得，久之，都换了他一副當情性。」

以上一條言古樂有益於國，有益於人。

又曰：「古樂亦難遽復，且如今樂中去其噍殺促數之音，并考其律呂，令得其正。更令掌詞命之官製撰樂章，其間略述教化訓戒及賓主相與之情，及如人主待臣下恩意之類，令人歌之，亦足以養人心之和平。」

以上一條言古樂難遽復，必自今樂始。

又曰：「樂律自黄鍾至仲呂皆屬陽，自蕤賓至應鍾皆屬陰，此是一個大陰陽。黄鍾爲陽，大呂爲陰；太蔟爲陽，夾鍾爲陰。每一陽間一陰，又是一個小陰陽。」

又曰：「自黄鍾至仲呂皆下生，自蕤賓至應鍾皆上生。以上生下，皆三生二；以下生上，皆三生四。」

以上二條，辨蕤賓生大呂爲重上生。舊有二説：呂不韋、劉安作上生者是也。司馬遷、班固作下生者非也。且如應鍾在亥爲陰呂，蕤賓在午爲陽律，故應鍾生蕤賓是陰生陽，爲上生，所謂小陰陽也。至若蕤賓姤卦爲一陰，大呂臨卦爲二陽，故蕤賓生大呂亦是陰生陽，爲上生，所謂大陰陽也。蓋陰呂居陽方，即皆屬陽，而陽律居陰方，即皆屬陰。惟應鍾、蕤賓同在陰方，而仲呂、黄鍾同在陽方，故別論小陰陽，其餘諸律則只論大陰陽耳。此論精妙而非蔡氏所及，故表出之。

右出《性理大全》，論律學之正理。

沈括辨歷代樂家之失曰：「《漢志》言數，曰：『太極元氣，函三爲一。極，中也。元，始也。行於十二辰，始動於子。參之於丑，得三。又參之於寅，得九。又參之於卯，得二十七。歷十二辰，得十七萬七千一百四十七。此陰陽合德，氣鍾於子，化生萬物者也。』殊不知此乃求律呂長短，置筭立成法耳，別有何義？爲史者但見其數浩博，莫測所用，乃曰：『此陰陽合德，化生萬物者也。』嘗有人於土中得一朽弊搗帛杵，不識，持歸以示鄉里，大小聚觀，莫不怪愕，不知何物。後有一書生過，見之曰：『此靈物也。吾聞防風氏身長三丈，骨節專車。此防風氏脛骨也。』鄉人皆喜，築廟祭之，謂之脛廟。班固此論，亦近乎脛廟也。」又唐《獨異志》云：『唐承隋亂，樂簴散亡，獨無徵音，李嗣真密求得之。聞弩營中砧聲，求得喪車一鐸，入振之於東南隅，果有應者。掘之，得石一段，裁爲四具，以補樂簴之闕。』此妄也。聲在短長厚薄之間，故《考工記》：『磬氏爲磬，已上則磨其旁，已下則磨其端。』磨其毫末，則聲隨而變。豈有帛砧裁琢爲磬而尚存故聲哉！兼古樂宫、商無定聲，隨律命之，迭爲宫、徵。嗣真必嘗爲新磬，好事者遂附益爲之説。既云『裁爲四具』，則是不獨補徵聲也。」又《國史纂異》云：『潤州曾得玉磬十二以獻，張率更叩其一，曰：「晉某歲所造也。是歲閏月，造磬者法月數，當有十三。宜於黄鍾東九尺掘，必得焉。」從之，果如其言。』此妄也。法月律爲磬，當依節氣，閏月自在其間。閏月無中氣，豈當月律？此懵然者爲之也。叩其一，安知其是晉某年所造？既淪陷在地中，豈暇復按方隅尺寸埋之？此欺誕之甚也。」以上並見《夢溪筆談》。

劉濂辨歷代樂家之失曰：「《虞書》『詩言志』數語，萬世詩樂之宗也。自是而下，言樂之詳者莫如《樂記》及《周禮・大司樂》。其言過當失實，如繫風捕影，無一語可裨於樂者，蓋由不知詩之爲樂，乃遺詩而言樂，故其失如此。律者，聖人之制，古今所同。今據《大司樂》之説，是天地間別有一律法，別有一聖人矣。有是理乎？『一變而致羽物，再變而致贏物，三變而致鱗物，四變而致毛物，五變而致介物，六變而致象物。』夫羽、毛、鱗、介者，麟、鳳、龜、龍也，猶可説也。所謂贏與象者，果何物乎？誤天人甚矣！周成王之盛，實未聞有此瑞應，不知何所指也。」臣載堉曰：經凡言致者，不過言致禮耳，非謂致其物來至也。舊説以爲「大蜡索鬼神而致禮百物，樂六奏而禮畢」，此説是也。然又以爲感致其物來至，則近乎語怪，非經本旨矣。「《詩》樂淪缺已久，猶幸《樂記》一篇存焉。愚讀其書，往往見其過當失實，荒漫無稽，心甚疑也。曰：『宫亂則荒，其君驕；商亂則陂，其臣壞；角亂則憂，其民怨；徵亂則哀，其事勤；羽亂則危，其財匱。』夫樂之有宫、商、角、徵、羽，猶國之有君、臣、民、事、物，亦一時取義取象如此耳，其實了不相涉。乃謂君、臣、民、事、物之失道，真由宫、商、角、徵、羽之亂，近於誣矣！」「《前漢志》曰：『黄帝使伶倫，自大夏之西，崑崙之陰，取竹之嶰谷生，其竅厚均者，斷兩節間而吹之，以爲黄鍾之宫。制十二筩以聽鳳之鳴，其雄鳴爲六，雌鳴亦六，比黄鍾之宫，而皆可以生之，是爲律本。』愚謂：黄鍾之管，嶰谷可也，他竹亦可也，神明存乎人耳。至於聽鳳之鳴，雄鳴爲六應律，雌鳴亦六應吕，清濁不相凌犯如旋宫之法焉，有是理乎？使六鳴清濁不順，次序待人而擇，則人之歌唱亦有六聲，何不擇人而擇鳳也？嘗聽黄鸝之鳴，清和宛轉，五音俱備，亦可準以爲律乎？鳳固神鳥也，其靈在于天下有道始出，不在于聲之應律也。達識貞觀者，決明其不然矣。《後漢志》曰：『伏羲作《易》，紀陽氣之初，以爲律法。』愚謂：律法者，皆實理實事，明白易簡。不以律管候陽氣，又以陽氣爲律管，惑于候氣之法而復爲異説以附會者也。」「太史公《律書》曰：『王者制事，一禀於六律，六律爲萬事根本。其於兵械尤所重，故云「望敵知吉凶，聞聲效勝負」，百王不易之道也。』愚謂：六律本爲正五音而設，候氣之法已非正議。至於望敵聞聲而知吉凶勝負，則又讖緯家幽謬之術矣！此因宫亂君驕、商亂臣壞之意而附會之也。末又及於文帝，『天下殷富，粟至十餘錢，鳴鷄吠犬，煙火萬里，可謂和樂者乎！』此魯之腐儒『積德百年而後興禮樂』之説，不足據也。」「魯兩生曰：『禮樂積德百年而後可興。』愚謂：禮樂刑政，治之具也。王者業定功成，正當興禮樂，然後可以更化善治，移風易俗，以致太平。乃不興禮樂而積德，則所謂德者何物也？百年之間將悠悠無爲，空談白坐，以俟德化之成，天下古今有是理乎？」「開皇時，新樂既成，萬寶常聽之，泫然曰：『樂聲淫厲而哀，天下不久將盡。』時四海全盛，聞者不以爲然。至大業末乃驗。煬帝將幸江都，有樂人王令言妙達音律，其子嘗於户外彈琵琶，作翻《安公子曲》。令言卧中聞之大驚，謂其子曰：『慎無從行，此曲宫聲往而不返。』愚謂：樂聲淫厲而哀，此俗樂之常，著作者非其人耳。由此遽知天下將盡，吾不敢以爲然也。令言占之宫聲往而不返，神其術以欺人，實以自欺矣！裴知古逢乘馬者，聞其聲，知其當墜馬死；聞新婦佩玉聲，知不利于姑。此又以邪謬之術而假之樂聲以欺人者，不可信也。」以上並見《樂經元義》。

臣謹按：聖人之制作也，律以和歌聲，曆以紀時令，度以審修短，量以平多寡，衡以權輕重，所以齊遠近、立民信耳。故《舜典》曰「協時月正日，同律度量衡」，五者一例言之。自吕不韋著書，始言伶倫嶰谷取則鳳鳴，雄鳴爲律，雌鳴爲吕。太史公亦謂「望敵知吉凶，聞聲效勝負」。推之律理，實乃誣詭，而歷代諸家效尤者衆。劉歆既以律爲候氣衍曆之術，京房又謂律有寒燠風雨之占。自此以後，遂使流俗視律吕之理若鬼神之變化，非聖人所能爲一。或用之未當，則祚之延促、國之治亂無不繫焉。寧不制律作樂，而惟恐制作之未善，不敢與度量衡權一例論之矣。此吕不韋司馬遷之説所誤也。吕氏又言：帝顓頊好其音，乃令飛龍作效八風之音。乃令鱓先爲樂倡，鱓乃偃寢，以其尾鼓其腹，其音英。帝嚳因令鳳鳥天翟舞之。帝堯立，乃命質爲樂，乃拊石擊石，以象上帝玉磬之音，以致舞百獸。此等文字怪誕不經，非儒者之言也。仲尼没而微言絶，異端起而大義乖，正謂此耳。飛龍及鱓之奇獸，鳳鳥天翟之異禽，孰能駕御？而上帝玉磬之音，孰曾見聞？伶倫嶰谷，雄律雌吕，是此一類語耳。後人撰《前漢》《晉》《隋》志皆採其説，以爲實有嶰谷鳳鳴之事，蓋亦誤矣！至於緱山跨鶴、秦樓引鳳、寒谷生黍、緹室吹灰，此類最多，大率皆邪説也。臣愚《奏議》有云：尊信耳聞虚説，指此類而言也。今擬斷自《舜典》，以爲律家之始，豈不光明正大？其餘嶰谷等説，在所不取焉。夫漢晉隋儒不必論矣，宋儒每以道統自居，不爲牽合附會，不爲浮辭濫説，而取候氣吹灰之事以爲造律之本，何哉？詳觀歷代史書論律吕處，惟《唐禮樂志》得之，既不惑於鳳鳴幽怪之説，亦不流於候氣狂誕之爲，可謂深知聖人制律本旨，而非京劉班馬諸家所及也。

右出《筆談》等書，辨樂家之邪説。

李文利黄鍾失之清，張敔黄鍾失之濁，皆非中聲，故辨之。

又　外篇卷二《古今樂律雜説並附録》　辨李文利、張敔之失第二　序曰：

莆田李文利著《律吕元聲》，會稽季本爲之辨曰：「近日莆田李教授文利著《律吕元聲》，專主黄鍾三寸九分之説，蓋本《吕氏春秋·仲夏·適音篇》。其言曰：『黄帝令伶倫自大夏之西，阮隃之陰，取竹嶰溪之谷，空竅厚勻者，斷兩節間，其長三寸九分而吹之，以爲黄鍾之宫。次制十二筒，以聽鳳凰之鳴，以别十二律。其雄鳴爲六，雌鳴亦六，以比黄鍾之宫，而皆可以生之。故曰：黄鍾之宫，律吕之本。』宋劉恕作《外紀》，書黄帝令伶倫造律，亦載此文。原恕之意不過博采古書，以備三皇之事耳，而三寸九分之制，則未暇詳求其義焉。然《吕氏春秋·季夏·六月紀》又曰：『黄鍾生林鍾，林鍾生太蔟，太蔟生南吕，南吕生姑洗，姑洗生應鍾，應鍾生蕤賓，蕤賓生大吕，大吕生夷則，夷則生夾鍾，夾鍾生無射，無射生仲吕。三分所生，益之一分以上生。三分所生，去其一分以下生。黄鍾、大吕、太蔟、夾鍾、姑洗、仲吕、蕤賓爲上；林鍾、夷則、南吕、無射、應鍾爲下。』其法固與《史記》《漢書》上下相生、三分損益者同，而黄鍾之宫實起九寸也。吕氏之説前後不同，亦自相牴牾矣！夫《史記》《漢書》雖未爲得古人制律之意，然比之三寸九分之説，猶有可推，而其數亦似自然。若以三寸九分爲黄鍾，如吕氏上下相生之法而損益之，至於應鍾止長一寸八分四釐八毫八絲，何以成聲耶？竊意長三寸九分當爲長九寸，空徑三分之誤也。故《漢書》引此語，削去『長三寸九分』五字，蓋有以知其爲非矣。《隋志》亦偶未察而復述此以論和聲，亦欲備古義，踵其誤而不覺耳。終亦以上下相生、三分損益爲古人易簡之法。而黄鍾之爲九寸者，皆仍《漢書》未有改也。若韋昭註《國語》而曰『黄鍾，陽之變』，本爲黄鍾而言。其曰『管長九寸，徑三分，圍九分』，亦言黄鍾之圍徑長短。而於蕤賓，則固曰管長六寸二分八釐，但舉成數而曰六寸三分耳，非以九寸本蕤賓之律而爲黄鍾之變也。豈可據三寸九分之謬説，以爲黄鍾之定數哉？文利之意，本以律吕之數往而不返，非陰陽消長往來之理。故以三寸九分起數，循環升降，自大吕以至蕤賓，五陽辰皆以陽升而進九分。惟黄鍾陽氣尚微，故止進六分。自林鍾以至黄鍾，五陰辰皆以陰降而退九分。惟林鍾陰氣未盛，故止退六分。此其差也。然陽之進也，氣則從微至著以漸而盈；陰之退也，氣則從盛反衰以漸而縮。陰陽進退盈縮，適均不應。陽之始進以六分，而後則五辰皆進九分；陰之始退以六分，而後則五辰皆退九分也。其意雖善而數亦强排，且非吕氏上生下生之本法也，則亦臆説而已。既以三寸九分定黄鍾，因謂黄鍾之尊在於清氣上行，不在數多。清者數少，濁者數多；數少者貴，數多者賤。黄鍾爲宫，聲極清而上行，至角徵羽乃下降重濁而爲民事物，盡斥諸儒言黄鍾長九寸之非。殊不知禮有以多爲貴者，如獻數天子十二、上公九、侯伯七、子男五、卿大夫三、士一；豆數天子二十六、諸公十六、諸侯十二、上大夫八、下大夫六；佾數天子八、諸侯六、大夫四、士二之類。各隨所重，以别尊卑，未嘗執一端以爲典要也。故數多管長，則聲濁而爲宫，有持重深沉之意焉，何害其爲貴？數少管短，則聲清而爲羽，有飛越輕佻之意焉，何害其爲賤？商角徵之聲，亦因是而上下之。此君臣民事物所以序也。凡天地之道，體静而用動。君也者，以静制動者也。自商以下，皆以動而制於静者也。古人立法，亦隨所用而各有意義，何必務爲新奇以成其臆説哉！今《律吕大象章》既以子黄鍾爲正宫，丑大吕、亥應鍾爲宫，寅太蔟、戌無射爲商，卯夾鍾、酉南吕爲角，辰姑洗、申夷則爲徵，巳仲吕、未林鍾爲羽，午蕤賓爲正羽，以配君臣民事物之等，則明以三寸九分之黄鍾以次而至於九寸之蕤賓也。其定五聲生數次第則曰：『宫聲五十，商聲八十，角聲九十，徵聲七十，羽聲六十。』商角則自宫而加多，徵、羽則自角而減少。或加三十，或加一十，或減二十，或減一十，其參差不齊，又不知其何所本邪？夫宫，土聲也，以土當河圖之五數，十乘之而爲五十；徵，火聲也，以火當河圖之七數，十乘之而爲七十；羽，水聲也，以水當河圖之六數，十乘之而爲六十，猶可説也。商，金聲也，而以當河圖之八數，十乘之而爲八十，則木而非金矣；角，木聲也，而以當河圖之九數，十乘之而爲九十，則金而非木矣。其視《律吕大象章》所差之次，又何其舛錯邪？又以變宫五十、變徵七十爲二變，以備七音，是又襲七始七同之舊也。故其對調旋宫之圖悉從《律吕新書》每均七聲之數。而蔡氏相去一律則音節和，相去二律則音節遠之説，亦併用之。然止用全聲，不用半聲，其數皆不因上生下生而得，徒以雌雄和鳴之故。陽律三爲宫、商、角，則陰吕二爲徵、羽；陰吕三爲宫、商、角，則陽律二爲徵、羽。其長短亦不皆一一順序也，亦安在其爲均哉？至其六十調圖雖本《律吕新書》，而《新書》之意乃以一律爲五調，故每律皆立五均。今以其逆行而正之以從左旋，而每五調之後又列一宮，捏與大司樂奏歌之說相湊。其雙宮對調之圖，則止據奏歌二律分配而互換更番也。此本不知《律呂新書》之意而妄意爲之，其勢拙亦甚矣。其《正五音章》以喉舌齒脣牙分屬宮、商、角、徵、羽，則別爲一義，蓋喉舌齒脣牙字音也。字亦有清濁、半清半濁之分，故借宮、商、角、徵、羽以名之，而非以字音分六律所正之五音也。如沈括所謂『字則有喉脣齒舌，當使字字舉皆輕圓而聲中無字。又，宮聲字而曲合用商聲，則能轉宮爲商。』使字中有聲則可，若謂字聲即合歌聲則不可。以歌聲即同字聲，是又一牽扯也。至引蘇祗婆七聲之說，正是秦漢以來五聲二變之義，但在西域其名異耳，安得執此以爲聲清之證哉！其爲此書，止有以先儒不識黃鍾生成之數一節，足以破往而不返之失。其餘諸論，今不今，古不古，以法象則無取，以度數則不倫，無一合於理者也。孔子曰『蓋有不知而作之者』，其此類也夫！」

臣謹按：李文利所見之偏，何瑭、李文察皆辨之。惟金谿黃積慶宗信其說，著書名曰《樂律管見》，與《律呂元聲》並行於世。

黃鍾長十寸造化自然圖

可見黃鍾管長三寸九分者爲無據。

已上辨李文利以黃鍾爲最清之非。

羽數一，其管長六寸；徵數二，其管長七寸；角數三，其管長八寸；商數四，其管長九寸；宮數五，其管長十寸。除十寸外，餘舉成數。

饒州張敔解蔡元定《律呂新書》，以人聲最低者命爲黃鍾。引《書》曰「詩言志，歌永言，聲依永，律和聲」，言因人聲而制律也。其門生江陰徐充爲序，辨曰：「夫六律者，作樂之根本；黃鍾者，又六律之根本也。然必先求聲氣之元，而後黃鍾可定。先生聽察洞微，斷以人之最低一聲爲黃鍾，下更欲低無聲也，高亦如之。故最低者即黃鍾之宮，最高者即應鍾之變宮也。參之合曲，少壯聲協、人自爲唱則殊矣。是知成人之低聲，黃鍾之宮也；童子之低聲，黃鍾之清聲也。正聲與清聲相和，如琴瑟之弦，大小齊鼓與各鼓之異亦若是而已。此人聲所以統五聲、十二律、六十調、八十四聲，獨低而沉重寬宛，如黃鍾一調兼總衆聲，而黃鍾則爲主也。竊嘗獻疑：南北風氣強弱不同，人恢眇肥瘠老幼，聲無不同者，胡敢謂然？而先生以爲不然。間質之南雍少司成汪公，亦疑人聲最低者，未以爲然。而先生復以爲不然，至謂崇寧以指節定律，節長法當律下。曩云：『黃鍾之律，緣是而高』，此後世學者雷同之見，大率類此。嗚乎！若先生其篤信者歟！」見敔所解《律呂新書後序》。

臣謹按：十二律皆中聲也。伶州鳩曰「古之神瞽考中聲而量之以制，度律均鍾」，此之謂也。夫何爲中聲耶？歌出自然，雖高而不至於揭不起，雖低而不至於咽不出，此所謂中聲也。中聲之上則有半律，是爲清聲；中聲之下則有倍律，是爲濁聲。彼謂黃鍾最低，其下更無低者，應鍾最高，其上更無高者，不知律呂有倍半之理也。嘗以人聲驗之，十二正律由濁而清，黃大太夾姑仲蕤林夷南無應，皆自然也。繼以半律黃大太夾，雖清可歌。至於姑仲，則聲益高而揭不起，或強揭起，非自然矣。十二正律由清而濁，應無南夷林蕤仲姑夾太大黃，皆自然也。繼以倍律應無南夷，雖濁可歌。至於林蕤，則聲益低而咽不出，或強歌出，非自然矣。中聲止於十二，此非難知之事，不待知音者，衆庶可知也。世稱移宮換羽，移宮換羽亦非難知之事。且以黃鍾之均言之，黃鍾爲宮則濁，俗呼合字是也。而其半律則清，俗呼高六是也。南呂爲羽則清，俗呼工字是也，而其倍律則濁，俗呼低工是也。宮音本濁而移之使清，羽音本清而換之使濁，則是應鍾之上非無清聲，黄鍾之下非無濁聲，而彼以爲黄鍾最濁，誤矣。今引太常樂譜爲證，其圖如左。

字	工尺	律	聲	注
慶	合	黄	宫	黄鍾之宫，黄鍾起調
源	四	太	商	
發	一	姑	角	
祥	尺	林	徵	
世	丁	南	羽	
德	六	黄	宫	清聲之宫，聲高於羽
惟	工	南	羽	
崇	尺	林	徵	
致	尺	林	徵	
我	一	姑	角	
祖	合	黄	宫	
宗	四	太	商	
開	尺	林	徵	
基	四	太	商	
建	工低	南	羽	濁聲之羽，聲低於宫
功	合	黄	宫	
京	六	黄	宫	清聲之宫，聲高於羽
都	工	南	羽	
之	尺	林	徵	
内	一	姑	角	
親	六	黄	宫	清聲之宫，聲高於羽
廟	工	南	羽	

字	工尺	律	聲	注
在	一	姑	角	
東	尺	林	徵	
惟	尺	林	徵	
我	一	姑	角	
子	合	黄	宫	
孫	四	太	商	
永	合	黄	宫	
懷	四	太	商	
祖	工低	南	羽	濁聲之羽，聲低於宫
宗	合	黄	宫	
氣	四	太	商	
體	合	黄	宫	
則	四	太	商	
同	一	姑	角	
呼	六	黄	宫	清聲之宫，聲高於羽
吸	尺	林	徵	
相	工	南	羽	
通	尺	林	徵	
來	尺	林	徵	
格	一	姑	角	
來	六	黄	宫	清聲之宫，聲高於羽
從	尺	林	徵	
皇	一	姑	角	
靈	四	太	商	

顯 工低 南 羽 濁聲之羽，聲低於宮

融 合 黃 宮 黃鍾之宮，黃鍾畢曲

右樂譜十二句，共計四十八字。其間用中聲之宮者八字，用清聲之宮者五字，用中聲之商者八字，用中聲之角者八字，用中聲之徵者十一字，用中聲之羽者五字，用濁聲之羽者三字。夫清宮高於羽，而濁羽低於宮。張敔認最低爲黃鍾，誤矣。

顯 尺 林 徵 黃鍾之徵，林鍾起調

兮 工 南 羽

幽 一 姑 角

兮 合 黃 宮

神 六 黃 宮 清聲之宮，聲高於羽

運 尺 林 徵

無 工 南 羽

迹 尺 林 徵

變 尺 林 徵

馭 一 姑 角

逍 工 南 羽

遙 尺 林 徵

安 一 姑 角

其 四 太 商

所 工低 南 羽 濁聲之羽，聲低於宮

適 合 黃 宮

其 六 黃 宮 清聲之宮，聲高於羽

靈 工 南 羽

在 一 姑 角

天 尺 林 徵

其 一 姑 角

主 合 黃 宮

在 四 太 商

室 一 姑 角

子 一 姑 角

子 尺 林 徵

孫 一 姑 角

孫 合 黃 宮

孝 一 姑 角

思 尺 林 徵

無 六 黃 宮 清聲之宮，聲高於羽

數 尺 林 徵 黃鍾之徵，林鍾畢曲

右譜八句，共計三十二字。其間用中聲之宮者四字，用清聲之宮者三字，用中聲之商者二字，用中聲之角者九字，用中聲之徵者九字，用中聲之羽者四字，用濁聲之羽者一字。以此觀之，然則應鍾之上非無清聲，而黃鍾之下非無濁聲也。

百 上 仲 宮 仲吕之宮，仲吕起調

王 工 南 角

宗 尺 林 商

師 上 仲 宮 中聲之宮，聲高於羽

生 尺 林 商

民 上 仲 宮 中聲之宮，聲高於羽

物	四	太	羽	中聲之羽，聲低於宮
軌	合	黃	徵	中聲之徵，聲低於宮
瞻	六	黃	徵	清聲之徵，聲高於宮
之	工	南	角	
洋	尺	林	商	
洋	上	仲	宮	中聲之宮，聲高於羽
神	尺	林	商	
其	上	仲	宮	中聲之宮，聲高於羽
寧	四	太	羽	中聲之羽，聲低於宮
止	合	黃	徵	中聲之徵，聲低於宮
酌	四	太	羽	中聲之羽，聲低於宮
彼	合	黃	徵	中聲之徵，聲低於宮
金	尺	林	商	
罍	上	仲	宮	中聲之宮，聲高於羽
惟	工	南	角	
清	尺	林	商	
且	四	太	羽	中聲之羽，聲低於宮
旨	上	仲	宮	中聲之宮，聲高於羽
登	上	仲	宮	中聲之宮，聲高於羽
獻	四	太	羽	中聲之羽，聲低於宮
惟	尺	林	商	
三	上	仲	宮	中聲之宮，聲高於羽
於	六	黃	徵	清聲之徵，聲高於宮
嘻	工	南	角	
成	尺	林	商	
禮	上	仲	宮	仲呂之宮，仲呂畢曲

右譜八句，共計三十二字。其間用中聲之宮者十字，用中聲之商者八字，用中聲之角者四字，用中聲之徵者三字，用清聲之徵者二字，用中聲之羽者五字。舊云：徵羽與宮商角無所陵犯，故不必避。或云：宜避。以今審之，未見其所謂陵犯也。

大	四	太	羽	仲呂之羽，太蔟起調
哉	工	南	角	
宣	尺	林	商	
聖	上	仲	宮	中聲之宮，聲高於羽
道	四	太	羽	中聲之羽，聲低於宮
德	上	仲	宮	中聲之宮，聲高於羽
尊	尺	林	商	
崇	上	仲	宮	中聲之宮，聲高於羽
維	工	南	角	
持	尺	林	商	
王	上	仲	宮	中聲之宮，聲高於羽
化	四	太	羽	中聲之羽，聲低於宮
斯	尺	林	商	
民	上	仲	宮	中聲之宮，聲高於羽
是	合	黃	徵	中聲之徵，聲低於宮
宗	四	太	羽	中聲之羽，聲低於宮
典	合	黃	徵	中聲之徵，聲低於宮
祀	四	太	羽	中聲之羽，聲低於宮

有	上	仲	宫	中聲之宫，聲高於羽
常	尺	林	商	
精	工	南	角	
純	尺	林	商	
并	四	太	羽	中聲之羽，聲低於宫
隆	上	仲	宫	中聲之宫，聲高於羽
神	六	黄	徵	清聲之徵，聲高於宫
其	工	南	角	
來	尺	林	商	
格	上	仲	宫	中聲之宫，聲高於羽
於	尺	林	商	
昭	上	仲	宫	中聲之宫，聲高於羽
聖	合	黄	徵	中聲之徵，聲低於宫
容	四	太	羽	仲吕之羽，太蔟畢曲

右譜八句，共計三十二字。其間用中聲之宫者九字，用中聲之商者八字，用中聲之角者四字，用中聲之徵者三字，用清聲之徵者一字，用中聲之羽者七字。宫清而徵羽濁，實理之自然也。間或用清亦無不可，泥於用清以避陵犯，不亦謬乎？

黄鍾之均：黄鍾爲宫，太蔟爲商，姑洗爲角，林鍾爲徵，南吕爲羽。

仲吕之均：仲吕爲宫，林鍾爲商，南吕爲角，黄鍾爲徵，太蔟爲羽。

旋宫久廢，初學難曉。故引舊譜發明新義，庶幾因指見月，使知黄鍾非一定爲宫，太蔟非一定爲商，姑洗非一定爲角，林鍾非一定爲徵，南吕非一定爲羽也。使知宫非一定最濁，商非一定次濁，角非一定不清不濁，徵非一定次清，羽非一定最清也。使知仲吕雖清爲宫，黄鍾太蔟雖濁爲徵羽，然亦無所陵犯。陵犯之説，不足信也。使知仲吕之均，商角徵羽皆用正律，無變律也。使知高六即是黄鍾半律，低工即是南吕倍律。倍半之律則未嘗無，而四清聲不可廢也。使知應鍾之上非無清聲，黄鍾之下非無濁聲。由黄鍾至應鍾十二正律皆中聲也，以證黄鍾雖非最清，亦非最濁。文利及敔二家偏見之誤，甚矣。

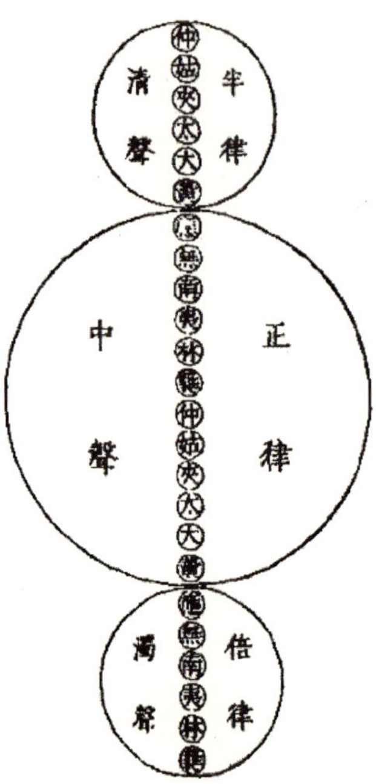

半律倍律各止於六之圖

從子至巳，律吕皆長，故有半而無倍，倍之則太長。從午至亥，律吕皆短，故有倍而無半，半之則太短。

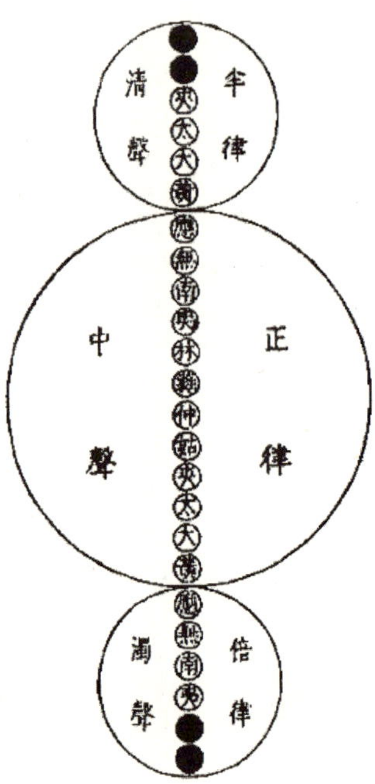

清聲濁聲各止於四之圖

半律雖六而清聲止於四，巳上太高，歌聲揭不起。倍律雖六而濁聲止於四，巳下太低，歌聲咽不出。

對越至親，合四一尺。矩者自下直上。

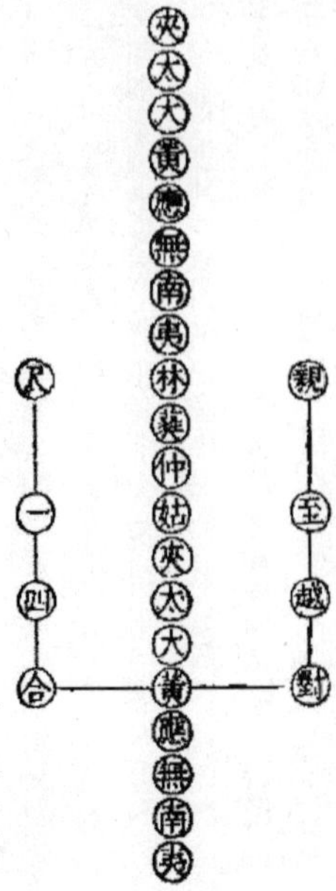

倨中矩之格圖

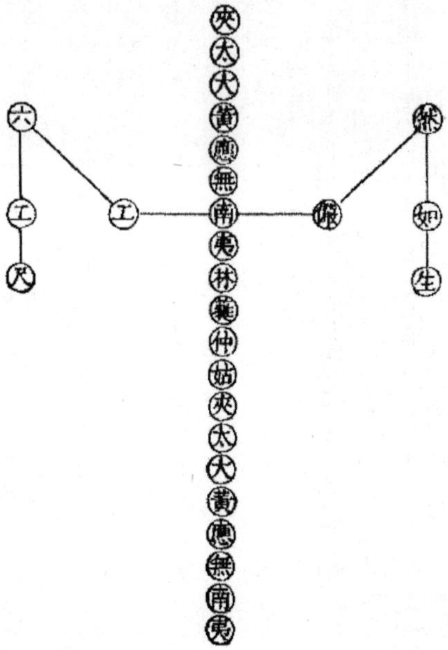

句中鉤之格圖

儼然如生，工六工尺。鉤者聲如秤鉤。

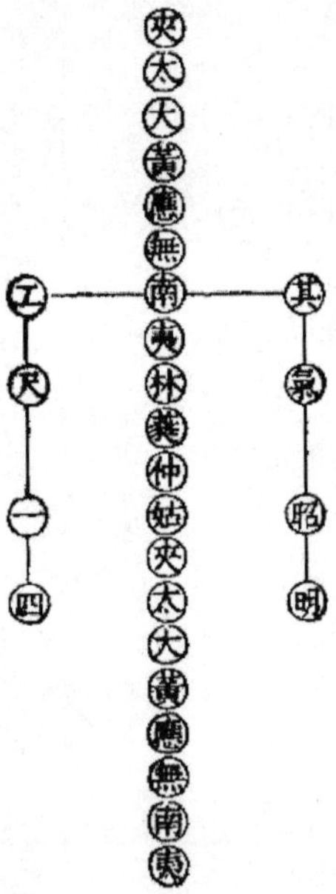

端如貫珠格圖

其氣昭明，工尺一四。貫者自上直下。

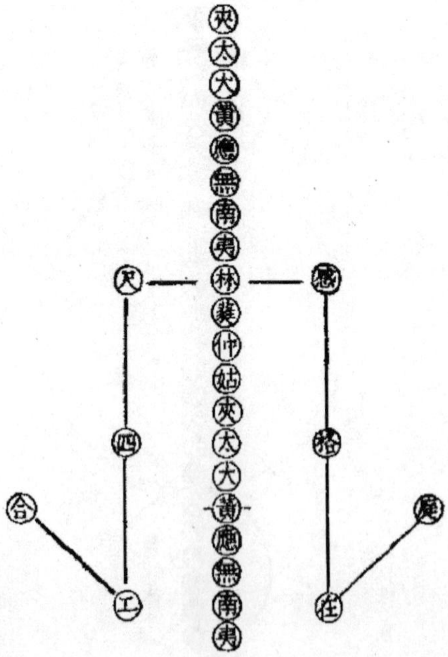

下如隊之格圖

感格在庭，尺四工合。隊者聲之極低。

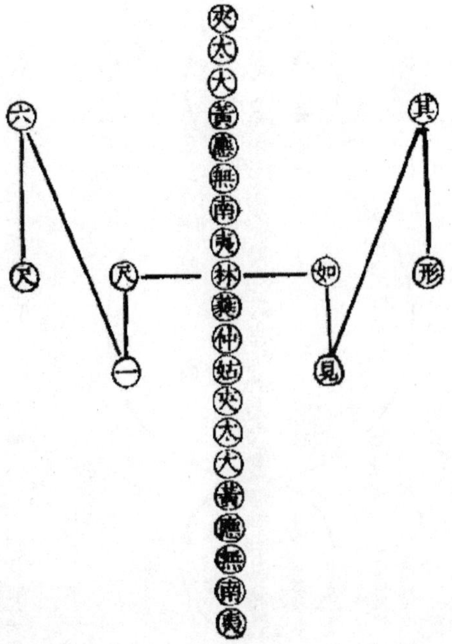

曲如折之格圖

如見其形，尺一六尺。此折上而復下。

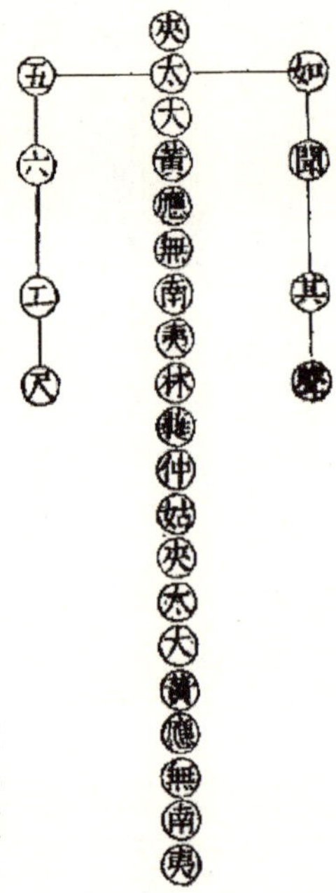

上如抗之格圖

聞其聲，五六工尺。抗者聲之極高。

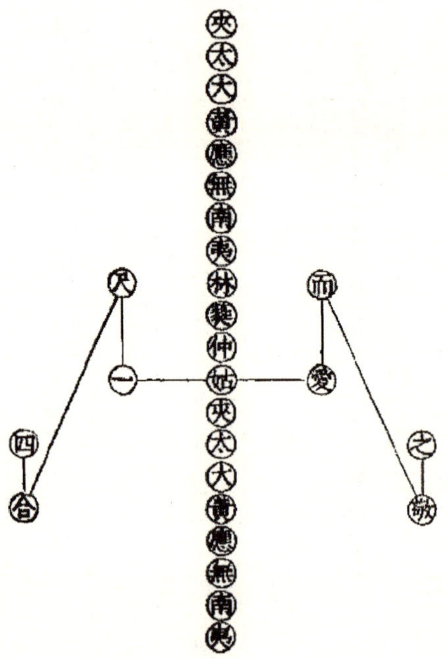

曲如折之格圖

愛而敬之，一尺合四。此折下而復上。

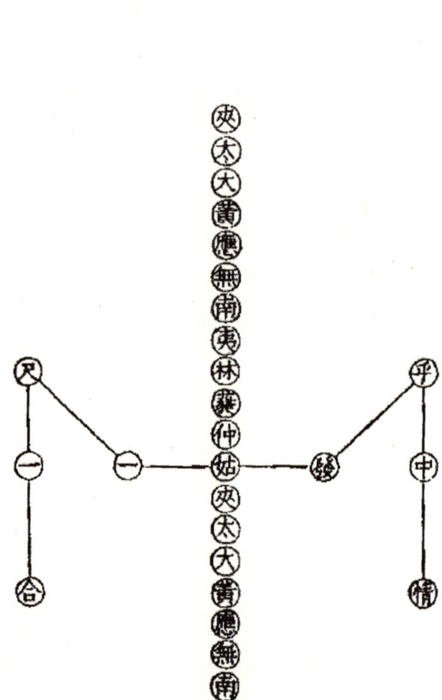

止如槀木格圖

發乎中情，一尺一合。聲止而意不盡。

朱熹曰：「竊疑古樂有唱有和。唱者，發歌句也；和者，繼其聲也。詩辭之外應更有疊字散聲，以嘆發其趣。若但以一聲叶一字，則古詩篇篇可歌，無復樂崩之嘆矣，夫豈然哉！」見《儀禮經傳通解》。

沈括曰：「古之善歌者有語，謂『當使聲中無字，字中有聲』。凡曲，止是一聲清濁高下如縈縷爾。字則有喉唇齒舌等音，當使字字舉皆輕圓，融入聲中，令轉換處無磊磈，此謂『聲中無字』，古人謂之『如貫珠』，今謂之『善過度』是也。如宮聲字而曲合用商聲，則能轉宮爲商歌之，此『字中有聲』也，善歌者謂之『內裏聲』。不善歌者，聲無抑揚，謂之『念曲』；聲無含韞，謂之『叫曲』。」見《夢溪筆談》。

季本曰：「今按：字音亦有宮商角徵羽，與樂之五聲不同。蓋字以喉舌牙唇齒而定，而樂則以清濁高下而諧，不因乎字也。但字本有音，協之樂聲或不能無拗。故沈氏謂『當使融入聲中，令無磊磈』，蓋亦得古人諧聲之意矣。」見《彭山全集》。

又曰：「按每均七聲，五正聲皆可爲調。如叶之樂章，則以起調一聲爲首尾，其七聲則考其上下之和，而以七律參錯用之。初無定位，但所用止於本均，而他宮不與焉。二變聲雖不得爲調，然和聲之際固未嘗廢也。後世又或併此不用，則其樂亦無由而諧矣。」又按：「宋樂家亦用四清聲，合十二正律而爲十六。

今太常樂亦仍十六聲之舊，而所用者止黃鍾之合，太蔟之四，姑洗之一，仲呂之上，林鍾之尺，南呂之工，黃鍾清之六，其餘則皆設而不用，猶隋所謂啞鍾也。蓋諸祭祀惟奏黃鍾宮、姑洗角、林鍾徵、仲呂宮、太蔟羽之五調，而此五調者，實不出黃鍾仲呂之二均。又二變不以諧聲，故所用止於前之七聲，而二均爲已足矣。此今時之所尚而不可不知者，因併及之。」同上。

臣謹按：神樂觀雅樂所吹笙，以合字爲黃鍾正律，合字之下有大凡爲應鍾倍律，大凡之下有大工爲南呂倍律，大工之下有大尺爲林鍾倍律。以此證之，則知黃鍾正律之下非無低聲也。合字之上有四字爲太蔟正律，四字之上有一字爲姑洗正律，一字之上有上字爲仲呂正律，上字之上有勾字爲蕤賓正律，勾字之上有小尺爲林鍾正律，小尺之上有小工爲南呂正律，小工之上有小凡爲應鍾正律，小凡之上有小六爲黃鍾半律，小六之上有小五爲太蔟半律。以此證之，則知應鍾正律之上非無高聲也。蓋笙與律，其理無二，以證張敔之失，亦昭然矣。

以上辨張敔以黃鍾爲最濁之非。

又　外篇卷三《古今樂律雜説並附録》　辨李文察、劉濂之失第三　序曰：李文察據隔八相生，劉濂據五音切韻，所撰皆非，故辨之。

李文察撰譜據隔八相生，其建議曰：「古先聖王之樂無他，其始隔八以生律呂，然後隔八而成五音已耳。隔八以生律呂者，陰陽進退之義也；隔八以成五音者，娶妻生子之道也。故曰黃鍾娶林鍾，以生太蔟是矣。『由是奏黃鍾，歌大呂，以祀天神；由是奏太蔟，歌應鍾，以祭地示；由是奏夷則，以享先妣；由是奏無射，以享先祖。』皆隔八之音以貫之而無遺矣。漢唐宋以來，律呂不全，而五音之奏不由於隔八，惟取相近之律以成調。殊不知五音即五行也。五行之位有相得之數焉，有相合之數焉。相得者，水生木，水生火，火生土，土生金，金生水之謂也。相合者，天一生水，地六化成之，故一與六合；地二生火，天七變成之，故二與七合；天三生木，地八化成之，故三與八合；地四生金，天九變成之，故四與九合；天五生土，地十化成之，故五與十合。是五行由有合而後能相得也。隔八之音，乃有合之道。是故黃鍾合於林鍾而得太蔟也，太蔟合於南呂而得姑洗也，姑洗合於應鍾而得蕤賓也，以後諸律皆然。今太常協音亦仍近代之法，以相得之律而成調，大概順合四一尺工六之序，習成腔調，純熟而難變。一旦遽試以隔八之音，未免有扞格不勝之嫌。若習之慣，則亦成自然矣。夫隔八之音爲近世所嫌者，其亦有說。蓋隔八之音，規圓矩方之音也；連近相得之音，取便捷徑之音也。猶之行禮焉：隔八之音，端冕以行禮也；連近相得之音，便服以行禮也。猶之作字焉：隔八之音，真楷以爲文也；連近相得之音，行書以爲文也。猶之攝生焉：隔八之音，真人之息也以踵；連近相得之音，凡人之息也以喉。古人步趨重規矩，古人行禮重端冕，古人作書重真楷，古人攝生重踵息，故於樂也亦重夫隔八之音。後人步趨樂捷徑，後人行禮樂便服，後人作字樂行書，後人攝生樂喉息，故於樂也亦樂習夫連近相得之音。望洗唐宋以來之陋，必習隔八相生之音，則樂真可比隆於虞舜矣！天下萬世之大幸也。」

臣謹按：文察本不知音，而乃强作解事，故其建議如此。蓋孔子所謂巧言、孟子所謂詖辭也。臣恐後世學者，苟非有超卓之見，不爲其所惑者鮮矣，故不得不辨也。文察杜撰樂書以進，所謂《青宮樂章》并譜，鄙俚繆妄，識者無不笑之。今録，爲撰譜戒。

第一章第一句黃鍾爲宮

皇	六	黃	宮
祖	尺	林	徵
創	四	太	商
鴻	工	南	羽
艱	一	姑	角

第一章第二句應鍾爲宮

守	凡	應	宮
成	勾	蕤	徵
列	亞四	大	商
聖	亞工	夷	羽
難	亞一	夾	角

第一章第三句無射爲宮

中	亞凡	無	宮
興	上	仲	徵
禮	六	黃	商
與	尺	林	羽
樂	四	太	角

字	譜	律	聲	句
敬	工	南	宮	第一章第四句南呂爲宮
守	一	姑	徵	
萬	凡	應	商	
年	勾	蕤	羽	
安	亞四	大	角	
萬	亞工	夷	宮	第二章第一句夷則爲宮
年	亞一	夾	徵	
功	亞凡	無	商	
業	上	仲	羽	
垂	六	黃	角	
賢	尺	林	宮	第二章第二句林鍾爲宮
子	四	太	徵	
賢	工	南	商	
孫	一	姑	羽	
培	凡	應	角	
勉	勾	蕤	宮	第二章第三句蕤賓爲宮
勉	亞四	太	徵	
帝	亞工	夷	商	
王	亞一	夾	羽	
學	亞凡	無	角	
培	上	仲	宮	第二章第四句仲呂爲宮
培	六	黃	徵	
頂	尺	林	商	
山	四	太	羽	
嵬	工	南	角	
帝	一	姑	宮	第三章第一句姑洗爲宮
王	凡	應	徵	
學	勾	蕤	商	
法	亞四	大	羽	
天	亞工	夷	角	
天	亞一	夾	宮	第三章第二句夾鍾爲宮
理	亞凡	無	徵	
備	上	仲	商	
宮	六	黃	羽	
縣	尺	林	角	
元	四	太	宮	第三章第三句太蔟爲宮
子	工	南	徵	
天	一	姑	商	
所	凡	應	羽	
卷	勾	蕤	角	
本	亞四	大	宮	第三章第四句大呂爲宮
支	亞工	夷	徵	
百	亞一	夾	商	
世	亞凡	無	羽	
綿	上	仲	角	

右樂章并譜皆李文察撰。

臣謹按：旋宮者，每篇各爲一宮，非每句各爲一宮也。文察不曉此理，其所撰譜每句各爲一宮，遂致宮商角徵羽五者皆錯亂，正古人所謂「迭相陵」者也。

《樂記》曰：「五者皆亂，迭相陵，謂之慢。如此，則國之滅亡無日矣。」此之謂也。或曰：「信如《樂記》之説，果有吉凶之感應乎？」曰：「不然也。」何瑭嘗辨之曰：「若此者，以其象言之耳。蓋樂之有宫商角徵羽，猶國之有君臣民事物。宫商角徵羽亂則不可以爲樂，猶君臣民事物亂則不可以爲國。其道相似，故以爲比，非謂君臣民事物之失道，真由於宫商角徵羽之亂也。」曰：「然則何以爲聲音之道與政通？」曰：「『治世之音安以樂，其政和；亂世之音怨以怒，其政乖；亡國之音哀以思，其民困。』所謂聲音之道與政通者，此也，非宫商角徵羽之謂也。」

以上辨李文察據隔八相生撰譜之非。

《樂經元義》，劉濂所撰。其論五音曰：「宫如牛之鳴窌，商若羊之離羣，角若鷄之鳴木，徵若豕之負駭，羽若馬之鳴野，言一物具一音也。惟人禀中和之性，而備聲氣之全。古人制五音，必本之人聲，又必以中原之人爲準。宫本喉，商本牙，角本舌，徵本齒，羽本唇，此五音之原也。凡人之言説歌唱，必會通五音而成聲。若統論音聲之大致，則沉鬱重濁者爲宫商，飄揚輕清者爲徵羽。宫商洪遠而悠長，徵羽高厲而剽疾。以器數論，則宫商役徵羽；以聲響論，則徵羽軋宫商。如歌宫商濁曲，亦必會徵羽而成聲，其大致則宫商也；如歌徵羽清曲，亦必會宫商而成聲，其大致則徵羽也。五音之妙盡于此矣。世儒謂氣呼而聲出，必自宫而徵，自徵而商，自商而羽，自羽而角。愚大不然。五音之出皆本於喉，四者待喉而有聲。無喉焉，四者無聲矣。無四者，喉能自爲聲。宫者，元聲之所出也。喉會於牙爲商，喉會於舌爲角，喉會於齒爲徵，喉會於唇爲羽。未有一字出而周流於五音者也。惟詩章能備五音，如《鹿鳴》《文王》二曲，一篇數章，一章數句，一句數音，故能會五音之全，而大致則黄鍾太蔟調也。以此論音，豈不易簡乎？」

其論樂調曰：「五音不可以爲調，至六律始有調。一律爲主而衆律從之，如聽調然，故謂之調。如以黄鍾爲宫，則太蔟、姑洗、林鍾、南吕以次相從，此宫音黄鍾調也。觀一調，餘調可知矣。蓋六律六吕又濟以四清，故能盡五音之變而爲調。若五音止於五耳，何能爲調也？愚定調必先審五音，次定十二律，次四清，然後用旋宫之法衍爲六大調。樂調之説盡於此矣。《王氏家藏集》謂：『發聲收聲始終會於喉之分者，宫調也；始終會於舌齒之交際者，徵調也；始終會於舌齶之際而口張者，商調也；始終會於唇吻之際者，羽調也。故詩章七音一周可以識調。』王氏認音以爲調，故遺律吕而專求人聲。果若此説，聖人何不直以人聲爲樂調，而乃設十二律四清，不幾於贅乎？既謂之詩章，即屬之人聲；既謂之樂調，即屬之律吕。雖一貫之物，其實有分辨也。何氏《管見集》謂：『樂雖備五音，而起調畢曲則恒以一音爲主。如作宫調，則起調畢曲皆主於宫；作商調，則起調畢曲皆主於商。』何氏亦認音以爲調，故遺聲音之大致而惟求之起調畢曲。設使起調畢曲爲宫矣，而其中或雜以他音，亦可以宫論乎？斷不然矣。」

其論樂章曰：「《三百篇》，古樂章也。以聲音大致論之，皆宫商也。如《周南》之《麟趾》，《大雅》之《文王》，宫音黄鍾調。《秦》之《兼葭》，王之《黍離》，商音太蔟調。觀四詩，餘可知矣。王氏謂：『五音在人聲氣有定，而詩章之字則無定。如宫字本宫音也，使在第四聲則亦可以協羽；商字本商音也，使在第二聲則亦可以爲徵。何也？爲人聲氣節度所奪，雖本音平仄素定而亦不能拘矣。』愚大不然。如《思齊》之篇曰『雝雝在宫』，則宫字在第四聲矣。歌之則仍爲宫，必不能變而爲羽。《文王》之篇曰『有商孫子』，則商字在第二聲矣。歌之則仍爲商，必不能變而爲徵。二詩之大致，則皆宫音黄鍾調也。又謂：『詩之一字即人之一聲，人之一聲即律之一管。』愚又不然。一字一聲是矣，一聲一管於理不通。如一句數宫字皆統於一宫律，數商字皆統於一商律，一句有五音則散爲五律，豈可謂一律一管也？何氏謂『詩之詞句有短長，則其音自有清濁高下之異，審其音之宜宫宜商，一也。句之韻脚字各不同，審其音之爲宫爲商，一也。荆卿《易水之歌》，初爲商聲，士皆流涕，則商調也。繼爲羽聲，士皆裂眦，則羽調也。夫《易水之歌》一也，其調可以爲商，可以爲羽，古之樂調亦可以變通而用之矣。』此又大不然。詩樂之道，重濁者爲宫商，輕清者爲徵羽，不論一篇大致而求之一字一句，然一詩數句、一句數字未有不備五音者，將以何者爲調主乎？自今觀之，《易水之歌》其濁少次於宫，乃商音太蔟調曲也，實不能爲清聲。乃謂可以商、可以羽，誣矣。至於始爲商音，士皆流涕，繼爲羽聲，士皆裂眦，此世儒講文義而不識聲音，曲爲異説以附會者也。蓋以商者傷也，故流涕；羽者清而激也，故裂眦。果士之哀與怒由於商羽，則再變而爲宫爲角徵，將嬉笑乎？和平乎？將復流涕裂眦也？荆卿之行爲何行？其哀與怒有不待感者矣。」

臣謹按：濂所論音調，大率認切韻之法爲撰譜之法。夫切韻之喉牙齒舌唇，雖取象於宫商角徵羽，實與樂調非一途也。蓋人之五音有定，而樂之五音無定。以其無定，是故可以爲宫，可以爲商。瑭論《易水》，誠爲得之矣。濂蓋未達，妄以爲不然。臣聞國初冷謙深知撰譜之理，至今神樂觀人人皆能之，惟攻儒業者未暇考耳。今摘劉氏所撰樂譜數句，以見其失；復摘冷氏所撰樂譜數句，以見其得。初學撰譜者，知所取舍云。

劉氏所撰樂譜之失。録其大略，不必全載。

文王在上　文王陟降　亹亹文王　侯文王孫子
林南姑姑　林南黄太　黄黄林南　姑林南黄黄

文王孫子　文王以寧　穆穆文王　儀刑文王
林南黄黄　林南黄林　太太林南　黄林林南

以上八句，「文」字「王」字譜同。

有周不顯　帝命不時　令聞不已　不顯亦世
太黄黄太　黄太黄黄　太黄黄黄　黄太太黄

世之不顯　其麗不億　駿命不易　命之不易
黄黄黄太　林姑黄太　黄黄黄太　黄黄黄太

以上八句，「不」字譜同。

凡周之士　世之不顯　維周之楨　商之孫子
姑黄黄黄　黄黄黄太　林黄黄太　太黄黄黄

王之藎臣　殷之未喪　師命之不易　上天之載
林黄黄林　黄黄太姑　黄黄黄黄　太姑姑黄姑

以上八句，「之」字譜同。

亹亹文王　厥猷翼翼　濟濟多士　穆穆文王
黄黄林南　黄南姑姑　黄黄太黄　太太林南

以上四句，重字譜同。

依喉牙齒舌脣定譜者，其弊率類此，學者當以爲戒。

右辨劉氏之失。

冷氏所撰樂譜之得。録其大略，不必全載。

追遠其先　其氣昭明　如見其形　如聞其聲
潢林南林　南林姑太　林姑潢林　汰潢南林

欲報其德　神其燕娭　安其所適　其靈在天　其主在室
姑林南林　林太南黄　姑太南黄　潢南姑林　姑黄太姑

以上九箇「其」字、兩箇「如」字、兩箇「在」字，譜皆不同。

來格來從　顯兮幽兮　子子孫孫
林姑潢林　林南姑黄　姑林姑黄

以上三句，字重而譜不同。

不依喉牙齒舌脣，其譜故無弊。學者當以此爲法也。

右論冷氏之得。

擬冷氏旋宫譜

臣謹按：朱熹《語録》曰：「或問：『《周禮・大司樂》説宫角徵羽與七聲不合。如何？』曰：『此是降神之樂，如黄鍾爲宫，大吕爲角，太蔟爲徵，應鍾爲羽，自是四樂。各舉其一者而言之，大吕爲角，則南吕爲宫；太蔟爲徵，則林鍾爲宫；應鍾爲羽，則太蔟爲宫；以七聲推之合如此。』」又曰：「所謂黄鍾宫，大吕角，這便是調。如頭一聲是宫聲，尾後一聲亦是宫聲，這便是宫調。若是其中按拍處那五音依舊都用，不只是全用宫。」

今依冷氏舊譜推衍三譜。如左。

慶源發祥　世德惟崇　致我祖宗　開基建功
黄太姑林　南半黄南林　林姑黄太　林大倍南黄

京都之内　親廟在東　惟我子孫　永懷祖宗
半黄南林姑　半黄南姑林　林姑黄太　黄太倍南黄

氣體則同　呼吸相通　來格來從　皇靈顯融
太黄太姑　半黄林南林　林姑半黄林　姑太倍南黄

以上一曲，宫調曲也。黄鍾之宫，黄鍾爲宫，故以黄鍾起調畢曲。

慶源發祥　世德惟崇　致我祖宗　開基建功
大姑蕤南　應半大應南　南蕤大姑　南姑倍應大

京	都	之	內	親	廟	在	東	惟	我	子	孫	永	懷	祖	宗
半														倍	
大	應	南	蕤	大	應	蕤	南	南	蕤	大	姑	大	姑	應	大

氣	體	則	同	呼	吸	相	通	來	格	來	從	皇	靈	顯	融
				半					半					倍	
姑	大	姑	蕤	大	南	應	南	南	蕤	大	南	蕤	姑	應	大

以上一曲，角調曲也。南吕之宮，大吕爲角，故以大吕起調畢曲。

慶	源	發	祥	世	德	惟	崇	致	我	祖	宗	開	基	建	功
					半									倍	
太	姑	林	南	應	太	應	南	南	林	太	姑	南	姑	應	太

京	都	之	內	親	廟	在	東	惟	我	子	孫	永	懷	祖	宗
半				半										倍	
太	應	南	林	太	應	林	南	南	林	太	姑	太	姑	應	太

氣	體	則	同	呼	吸	相	通	來	格	來	從	皇	靈	顯	融
				半							半				倍
姑	太	姑	林	太	南	應	南	南	林	太	南	林	姑	應	太

以上一曲，徵調曲也。林鍾之宮，太蔟爲徵，故以太蔟起調畢曲。

慶	源	發	祥	世	德	惟	崇	致	我	祖	宗	開	基	建	功
倍					正					倍				倍	倍
應	太	姑	蕤	南	應	南	蕤	蕤	姑	應	太	蕤	太	南	應

京	都	之	內	親	廟	在	東	惟	我	子	孫	永	懷	祖	宗
正				正						倍		倍		倍	倍
應	南	蕤	姑	應	南	姑	蕤	蕤	姑	應	太	應	太	南	應

氣	體	則	同	呼	吸	相	通	來	格	來	從	皇	靈	顯	融
	倍			正						正				倍	倍
太	應	太	姑	應	蕤	南	蕤	蕤	姑	應	蕤	姑	太	南	應

以上一曲，羽調曲也。太蔟之宮，應鍾爲羽，故以應鍾起調畢曲。

又 五音譜類

倣對類之書作。初學對者須看對類，初學譜者須看譜類。

宮調韻脚	徵調韻脚	商調韻脚	羽調韻脚	角調韻脚
合四一合	合四合尺	合四一四	合四合工	合四合一
合四尺合	合四一尺	合四尺四	合四一工	合四尺一
合四工合	合四工尺	合四工四	合四尺工	合四工一
合一四合	合一合尺	合一合四	合一合工	合一四一
合一尺合	合一四尺	合一尺四	合一四工	合一尺一
合一工合	合一工尺	合一工四	合一尺工	合一工一
合尺四合	合尺四尺	合尺合四	合尺合工	合尺合一
合尺一合	合尺一尺	合尺一四	合尺四工	合尺四一
合尺工合	合尺工尺	合尺工四	合尺一工	合尺工一
合工四合	合工合尺	合工合四	合工四工	合工合一
合工一合	合工四尺	合工一四	合工一工	合工四一
合工尺合	合工一尺	合工尺四	合工尺工	合工尺一
四合一合	四合四尺	四合一四	四合四工	四合四一
四合尺合	四合一尺	四合尺四	四合一工	四合尺一
四合工合	四合工尺	四合工四	四合尺工	四合工一
四一四合	四一合尺	四一合四	四一合工	四一合一
四一尺合	四一四尺	四一尺四	四一四工	四一尺一
四一工合	四一工尺	四一工四	四一尺工	四一工一
四尺四合	四尺合尺	四尺合四	四尺合工	四尺合一
四尺一合	四尺一尺	四尺一四	四尺四工	四尺四一
四尺工合	四尺工尺	四尺工四	四尺一工	四尺工一
四工四合	四工合尺	四工合四	四工合工	四工合一
四工一合	四工四尺	四工一四	四工一工	四工四一
四工尺合	四工一尺	四工尺四	四工尺工	四工尺一
一合四合	一合四尺	一合一四	一合四工	一合四一
一合尺合	一合一尺	一合尺四	一合一工	一合尺一
一合工合	一合工尺	一合工四	一合尺工	一合工一
一四一合	一四合尺	一四合四	一四合工	一四合一
一四尺合	一四一尺	一四尺四	一四一工	一四尺一
一四工合	一四工尺	一四工四	一四尺工	一四工一
一尺四合	一尺合尺	一尺合四	一尺合工	一尺合一

一尺一合	一尺四尺	一尺一四	一尺四工	一尺四一
一尺工合	一尺工尺	一尺工四	一尺一工	一尺工一
一工四合	一工合尺	一工合四	一工合工	一工合一
一工一合	一工四尺	一工一四	一工四工	一工四一
一工尺合	一工一尺	一工尺四	一工尺工	一工尺一
尺合四合	尺合四尺	尺合一四	尺合四工	尺合四一
尺合一合	尺合一尺	尺合尺四	尺合一工	尺合尺一
尺合工合	尺合工尺	尺合工四	尺合尺工	尺合工一
尺四一合	尺四合尺	尺四合四	尺四合工	尺四合一
尺四尺合	尺四一尺	尺四一四	尺四一工	尺四尺一
尺四工合	尺四工尺	尺四工四	尺四尺工	尺四工一
尺一四合	尺一合尺	尺一合四	尺一合工	尺一合一
尺一尺合	尺一四尺	尺一尺四	尺一四工	尺一四一
尺一工合	尺一工尺	尺一工四	尺一尺工	尺一工一
尺工四合	尺工合尺	尺工合四	尺工合工	尺工合一
尺工一合	尺工四尺	尺工一四	尺工四工	尺工四一
尺工尺合	尺工一尺	尺工尺四	尺工一工	尺工尺一
工合四合	工合四尺	工合一四	工合四工	工合四一
工合一合	工合一尺	工合尺四	工合一工	工合尺一
工合尺合	工合工尺	工合工四	工合尺工	工合工一
工四一合	工四合尺	工四合四	工四合工	工四合一
工四尺合	工四一尺	工四一四	工四一工	工四尺一
工四工合	工四工尺	工四尺四	工四尺工	工四工一
工一四合	工一合尺	工一合四	工一合工	工一合一
工一尺合	工一四尺	工一尺四	工一四工	工一四一
工一工合	工一工尺	工一工四	工一尺工	工一尺一
工尺四合	工尺合尺	工尺合四	工尺合工	工尺合一
工尺一合	工尺四尺	工尺一四	工尺四工	工尺四一
工尺工合	工尺一尺	工尺工四	工尺一工	工尺工一

係宮調者，起調畢曲皆宮，韻脚或宮或徵。宮徵相生。

係徵調者，起調畢曲皆徵，韻脚或徵或宮或商。徵商相生。

係商調者，起調畢曲皆商，韻脚或商或徵或羽。商羽相生。

係羽調者，起調畢曲皆羽，韻脚或羽或商或角。羽角相生。

係角調者，起調畢曲皆角，韻脚或角或羽。角羽相生。

古人有言，聲不過五，五聲之變至不可窮也，在人摘而用之耳。但樂章有四言、五言、六言、七言、八言、九言，亦有長短句者，譜類不能盡載。各舉數章以爲定式，庶幾倣此而推之也。

世宗肅皇帝御製樂章譜：

大祈穀獻香，樂奏《達馨之曲》。黃鍾之徵，用林鍾起調，林鍾畢曲。四言

恭祈寶穡 蕤獻真香 青煙結篆 紫穗凝祥

林南姑黃 潢林南林 南林姑太 姑林姑黃

氤氳鳳蓋 煥爛龍章 豐登協慶 降福穰穰

太黃太姑 潢林南林 南林姑太 姑林潢林

大祈穀獻茶，樂奏《凝和之曲》。仲呂之羽，用太蔟起調，太蔟畢曲。四言

采采丹萌 瀹以玄泉 品邁六清 昭薦法筵

太南林仲 太仲林仲 南林仲太 黃太仲太

願垂洪眷 鑒我恭虔 沾溉芳甸 迄用康年

潢南林仲 南林仲太 潢南林仲 南林仲太

大祈穀初獻，樂奏《壽熙之曲》。黃鍾之宮，用黃鍾起調，黃鍾畢曲。五言

涓辰脩秘典 撫歲企嘉禎 瓊詮通妙感 瑤梵徹上清

黃太姑南林 潢南黃太黃 太黃仲南林 南林黃太黃

稽首雲陛下 酌醴獻初誠 帝眷垂明貺 九宇保成平

太黃南潢南 潢南黃太黃 太黃太南林 南林黃太黃

大祈穀亞獻，樂奏《沖玄之曲》。黃鍾之宮，用黃鍾起調，黃鍾畢曲。六言

瞻龍御兮皇皇 耀靈輝兮寶光 望帝閽兮九陛

黃太姑林潢林 潢南林姑太黃 太黃蕤太潢南

飭予誠兮再觴 歌洞章兮瑤範 願神歆兮樂康

潢南林姑太黃 黃太姑太潢南 南潢林姑太黃

洪應殿送神，樂奏《敷祥之曲》。仲吕之羽，用太蔟起調，太蔟畢曲。七言

雷車殷兮雲旗張 戒萬乘兮騰九光 迂大漢兮眇青蒼 瓊闕窈兮銀漢長
太黃仲林潢仲林 南林仲太黃仲太 黃太仲太潢南林 南林仲太黃仲太

回慧鑒兮睠八方 寅拜送兮佇遐想 錫簡福兮祚閟昌
太黃仲林潢南林 南林仲太潢南林 南林仲太黃仲太

大祈穀獻玉帛，樂奏《通真之曲》。黄鍾之宫，用黄鍾起調，黄鍾畢曲。八言

植蒼璧兮文幣肆陳 耀七襄兮光映百純
黃太姑太林姑潢林 潢南林姑林姑太黃

儼帝鑒兮顧此華珍 熙歲事兮佑我天民
太黃蕤太潢林南林 潢南林姑林黃太黃

大祈穀送神，樂奏《敷祥之曲》。黄鍾之宫，用黄鍾起調，黄鍾畢曲。九言

龍輿載駕兮雲旗肅張 慶煙塞路兮非霧流祥
黃太姑太林潢林南林 潢南林姑林姑黃太黃

千真萬聖兮回返帝鄉 高上太虚兮璚宫紫房
太黃蕤太林潢林南林 潢南姑林姑林黃太黃

丹靈顯著兮保國寧邦 標名金籙兮享壽無疆
太黃太姑林潢林南林 潢南林姑林姑黃太黃

臣謹按：孟子曰：「今之樂，由古之樂也。」今之樂章則可以爲譜，古人之詩則不能爲譜，孟子豈欺我哉！抑學者自畫耳。臣愚建議以爲，該部考選協律郎及典樂等官之時，取太常知音人赴部出題試之，其題四言，則取《毛詩》；五言七言則取《文選》《文粹》等書；長短句取楚騷或古樂府各一二篇以爲題目。務要創撰新譜，不許雷同，就令歌之，以協笙笛。其譜宜以世宗肅皇帝御製樂章譜及《存心録》《太常總覽》二書所載本朝雅樂譜爲式，不許如劉濂李文察之所杜撰。本寺堂上官知音者充考官，品定等第，頭等選協律郎，次等選典樂，三等者仍習學，以俟再考。夫如是則人人留心音律，不惟雅樂不致失傳，又免後世有樂官不知樂之誚，其於聖政未必無小補也。擬撰譜格式，爲初學筌蹄。附録如左。

釋奠《大成樂章》新舊譜同異考

	見今所用譜	元朝頒行譜
大哉宣聖	太南林仲	黃南林姑
於昭聖容	林仲黃太	南姑太黃
度越前聖	黃太仲太	蕤夷應南
神其來格	黃南林仲	太黃南林
神其寧止	林仲太黃	應夷夾大
神馭還復	仲太林仲	林黃姑太
維持王化	南林仲太	應南蕤姑
惟王神明	南林仲太	夾大應南
大哉聖王	太仲黃太	南應姑蕤
百王宗師	仲南林仲	姑夷無夷

可見譜無定法，勿憚改定潤色。

謹按：古之歌音雖則失傳，然其遺響猶有存者，若太常《中和樂譜》及釋奠《大成樂譜》最爲近之。觀其「大哉宣聖」之聖，「於昭聖容」之聖，「度越前聖」之聖，此三聖字於律或爲仲吕，或爲黄鍾，或爲太蔟。「神其來格」之神，「神其寧止」之神，「神馭還復」之神，此三神字於律亦各不同。「惟持王化」之王，「惟王神明」之王，「大哉聖王」之王，「百王宗師」之王，此四王字律皆異焉。「瞻之洋洋，威儀雍雍」二句雖係疊字而律不重用，黄鍾之後或繼以太蔟，或繼以姑洗，不拘定法，但取美聽。以此觀之，爲是譜者亦可謂知音矣。其次則僧家宣偈，道家步虚，船家棹歌之類，尚存古法於萬一焉。夫禮失求諸野，言相去不遠也。嘗怪世之不知音者，或以律吕上下相生之音，循序更迭而奏，若李文察所定之譜是也；或以平上去入及牙齒舌喉唇審定音調，若劉濂所擬之譜是也。如文察所定，則篇篇相似而雅頌無别；如濂之所擬，則字字重複而曲折不分。其於古法相去遠矣。殊不思善歌者一字中五音具焉，隨調宛轉，變動不居，豈可以平上去入、牙齒舌喉唇拘之哉！近世有書名《志樂》《古樂筌蹄》《樂經元義》《樂律管見》等項，其所杜撰歌詩之譜，蓋皆不

知而作者也。《文獻通考》曰：「樂者，器也，聲也。」非徒以資議論而已。今訂正雖詳而鏗鏘不韻，辨析雖可聽而考擊不成聲，則亦何取焉？觀諸家所著樂書，凡數十萬言，其辭非不富也，然於樂之本旨猶昧。其論歌譜，舍腔韻之抑揚而取五行之生克；其論舞譜，舍功德之形容而取日躔之方位。附會穿鑿，不亦甚乎！

以上辨劉濂據《五音切韻》撰譜之非。黄佐《樂典》之類，凡以切韻之法爲樂譜者皆非。惟季本謂：「樂譜與切韻雖各有五音，自是兩途，不可牽合。」詳見下文起調畢曲新説。

又　外篇卷四《古今樂律雜説並附録》　辨何妥、陳暘之失第四　序曰：何妥知音而不知樂，陳暘知聲而不知音，所議皆非。故辨之。

《隋書・樂志》曰：「開皇二年，尚因周樂，命工人齊樹提檢校樂府，改換聲律，益不能通。俄而柱國沛公鄭譯奏上，請更修正。於是詔太常卿牛弘、國子祭酒辛彦之、國子博士何妥等議正樂。然淪謬既久，音律多乖，積年議不定。譯立議以爲十二律，律有七音，音立一調，故成七調十二律，合八十四調，旋轉相交，盡皆和合。仍以其聲考校太樂。時邳國公世子蘇夔，亦稱明樂，駁譯曰：『《韓詩外傳》所載樂聲感人，及《月令》所載五音所中，並皆有五，不言變宫、變徵。又《春秋左氏》所云「七音六律，以奉五聲」，准此而言，每宫應立五調，不聞更加變宫、變徵二調爲七調。七調之作，所出未詳。』」

臣謹按：七音者，譬吹横笛，六孔皆閉爲一音，從尾漸開爲六音，共爲七也。夫横笛到手必六指按之，雖愚夫皆知笛是七音，不可增損，則此七音從來有之，乃自然之理，非難知之事也。譯及萬寶常皆託得於胡人所傳，何哉？彼徒知神其説，以欺愚夫，殊不知反使愚夫詆七音爲胡樂。其疑至今不決，非譯輩之罪歟？既有七音，宜有七調，而蔡元定謂二變不爲調，蓋蘇夔故智也。且《史記・荆軻傳》明載變徵爲調，而夔以爲所出未詳。近時何瑭劉濂又指《易水歌》爲商調，豈别有所考歟！

「譯答之曰：『周有七音之律。《漢書・律曆志》：「天地人及四時，謂之七始。」黄鍾爲天始，林鍾爲地始，太蔟爲人始，是爲三始。姑洗爲春，蕤賓爲夏，南吕爲秋，應鍾爲冬，是爲四時。四時三始，是以爲七。今若不以二變爲調曲，則是冬夏聲闕，四時不備。是故每宫須立七調。』衆從譯議。」

會稽季本著《樂律纂要》曰：「夫五聲得變，而後成均，猶四時得閏，而後成歲。此乃自然之理，雖聖人亦不得而增損之也。《通典》註謂：『自殷以前，止有五音。自周以來，加文武二聲。』蓋本《國語》七列七同而爲之説耳。殊不知《國語》此言因七律而附會，非聲律之自然也。況《漢志》稱舜欲聞七始，則唐虞時固已有之，安得云至周始加乎？」

臣謹按：七始二字，伏生以爲出於舜世，其名義最古雅。但《漢志》以天地人及四時解之，則惟黄鍾一調可通，而餘均皆不通，恐非命名初意。臣嘗思之，夫十二律各自爲均，每均之内凡有七音，古人謂之七始，何也？蓋律吕相生有始必有終，故七始而五終。始者，本也；終者，末也。故用其本，不用其末。朱熹所謂「律吕有十二箇，用時只使七箇」是也。假如黄鍾之均，則黄生林，林生太，太生南，南生姑，姑生應，應生蕤，此所謂七始也。蕤生大，大生夷，夷生夾，夾生無，無生仲，此所謂五終也。又如大吕之均，則大生夷，夷生夾，夾生無，無生仲，仲生黄，黄生林，此所謂七始也。林生太，太生南，南生姑，姑生應，應生蕤，此所謂五終也。餘均皆倣此。《孔子家語》曰：「五聲六律十二管，旋相爲宫。」此之謂也。五終，古人謂之五降，有圖已見《内篇》。

「譯又與夔俱云：『案今樂府黄鍾，乃以林鍾爲調首，失君臣之義；清樂黄鍾宫，以小吕爲變徵，乖相生之道。今請雅樂黄鍾宫，以黄鍾爲調首，清樂去小吕，還用蕤賓爲變徵。』衆皆從之。」

臣謹按：今太常笙，「尺」字簧長，「合」字簧短，此所謂林鍾爲調首也。譜有「上」字而無「勾」字，此所謂小吕爲變徵也。自隋以前如此，非始於近代也，蓋亦有説焉。林鍾爲調首者，古稱下徵是也。今民間笛六孔全閉低吹爲尺，即下徵也。徵下於宫，故曰下徵，即林鍾倍律聲也。從尾放開一孔低吹爲工，即下羽也。羽下於宫，故曰下羽，即南吕倍律聲也。放開二孔低吹爲凡，即應鍾倍律聲。放開三孔低吹爲合，即黄鍾正律聲。放開四孔低吹爲四，即太蔟正律聲。放開五孔低吹爲一，即姑洗正律聲。六孔全開低吹爲勾，即蕤賓正律聲。此黄鍾之均七聲也。其林鍾、南吕、應鍾正律之聲，及黄鍾、太蔟、姑洗半律之聲，開閉同前，但高吹耳。臣謂民間之笛，蓋古人遺法也。其宫商有清濁，而徵羽有上下。下徵二字見《晉書》《宋書》志及《文選》註。夫一調内下有倍律濁聲，上有半律清聲，則黄鍾爲中聲明矣。管仲所謂徵數一百八，羽數九十六，宫數八十一，商數七十二，角數六十四，徵、羽之數多，宫、商、角之數少，即此理也。近世律家不明此理，往往强作解事，指黄鍾爲最濁，似是而實非也。今太常笛六孔全閉爲合，擬黄鍾之正律；六孔全開爲凡，擬應鍾之正律。譯等所改即此笛耳。彼徒能改笛而不能改笙。今笙所存者，古人遺法也。以理論之，黄鍾之均無仲吕，有蕤賓。譯等以爲去仲吕用蕤賓，其議是也；去林鍾倍聲則非也。

「夔又與譯議，欲累黍立分，正定律吕。時以音律久不通，譯夔等一朝能爲之，以爲樂聲可定。而何妥舊以學聞，雅爲高祖所信。高祖素不悦學，不知樂，妥又耻己宿儒，不逮譯等，欲沮壞其事。是時競爲異議，各立朋黨，是非之理，紛然淆亂。或欲令各修造，待成，擇其善者而從之。妥恐樂成，善惡易見，乃請高祖張樂試之。遂先説曰：『黄鍾者，以象人君之德。』及奏黄鍾之調，高祖曰：『滔滔和雅，甚與我心會。』妥因陳用黄鍾一宫，不假餘律，高祖大悦，班賜妥等修樂者。自是譯等議寢。」「九年平陳，獲宋、齊舊樂，詔於太常置清商署以管之。求陳太樂令蔡子元、于普明等，復居其職。牛弘遂又請依古五聲六律，旋相爲宫。雅樂每宫但一調，唯迎氣奏五調，謂之五音。縵樂用七調，祭祀施用。各依聲律尊卑爲次。高祖猶憶妥言，注弘奏下，不許作旋宫之樂，但作黄鍾一宫而已。故隋代雅樂，唯奏黄鍾一宫，郊廟饗用一調，迎氣用五調。舊工更盡，其餘聲律，皆不復通。」

《文獻通考》：「致堂胡氏曰：『音五爾，而律吕十有二。猶十二支而配十干，所以變而不窮也。律吕，陰陽也，闕一則不和矣。宫爲君，商爲臣，角爲民，徵爲事，羽爲物。今獨奏黄鍾而不用餘音，是有君而無臣、無民、無事、無物，其爲君也，不亦亢乎？何妥，佞人也，逢迎周宣立五后者，隋文豈不知之，而命以典樂。妥能探其主猜防克忌之微，而尊隆君道，寓意於黄鍾。帝果悦而從之，遂使古樂盡廢。後世無所考焉，其害豈不甚哉！』」

《唐書·樂志》曰：「自漢魏之亂，晉遷江南，中國遂没於夷狄。至隋滅陳，始得其樂器，稍欲因而有作，而時君褊迫，不足以堪其事。故終隋之世，所用者黄鍾一宫而已。唐興即用隋樂。武德九年，始詔太常少卿祖孝孫、協律郎竇璡等定樂。初，隋用黄鍾一宫，惟擊七鍾，其五鍾設而不擊，謂之啞鍾。唐協律郎張文收乃依古斷竹爲十二律，高祖命與孝孫吹調五鍾，叩之而應，由是十二鍾皆用。孝孫又以十二月旋相爲六十調、八十四聲。其法，因五音生二變，因變徵爲正徵，因變宫爲清宫。七音起黄鍾，終南吕，迭爲綱紀。黄鍾之律，管長九寸，王於中宫土。半之，四寸五分，與清宫合，五音之首也。加以二變，循環無間。故一宫、二商、三角、四變徵、五徵、六羽、七變宫，其聲繇濁至清爲一均。凡十二宫調，皆正宫也。正宫聲之下，無復濁音，故五音以宫爲尊。十二商調，調有下聲一，謂宫也。十二角調，調有下聲二，宫、商也。十二徵調，調有下聲三，宫、商、角也。十二羽調，調有下聲四，宫、商、角、徵也。十二變徵調，居角音之後，正徵之前。十二變宫調，在羽音之後，清宫之前。雅樂成調，無出七聲，本宫遞相用。唯樂章則隨律定均，合以笙、磬，節以鍾、鼓。樂既成，奏之。」

臣謹按：《唐志》謂：宫聲之下無復濁音，惟論黄鍾之均則可，餘均則不通矣。律家以清濁二字論宫商角徵羽者，蓋非知音者也。且如應鍾之均，夷則爲羽，無射爲變宫，皆濁於正宫，亦自然之理耳。惑者欲以夷則無射子聲代之，非也。

《文獻通考》曰：「周世宗顯德六年，樞密使王朴上疏曰：『臣聞樂作於人心，成聲於物，聲氣既和，反感於人心者也。所假之物，大小有數，九者成數也。是以黄帝吹九寸之管，得黄鍾之聲，爲樂之端也。半之，清聲也；倍之，緩聲也。三分其一以損益之，相生之聲也。十二變而復黄鍾，聲之總數也，乃命之曰十二律。旋迭爲均，均有七調，合八十四調。播之於八音，著之於歌頌，將以奉天地，事祖宗，和君臣，接賓旅，恢政教，厚風俗，以其功德之形容告於神明，俾百代之後知邦國之所由行者也。』」

臣謹按：世儒談樂者，往往譏王朴，然朴之失在於信用班固《漢志》，誤以莽尺爲周制耳。除此之外，未可輕議之也。蓋朴亦一代之奇才，且如此段議論，十二變而復黄鍾之一言，足以度越諸家矣。自漢京房至今，皆守往而不返之説，惟朴獨參透，遂不用舊説，此豈他人所能及哉！故特表而出之，庶使後世學者不可以其所短而廢其所長也。

「『宗周而上，率由斯道；自秦而下，旋宫聲廢。洎東漢雖有太常丞鮑鄴興之，亦人亡而音息，無嗣續之者。漢至隋垂十代，凡數百年，所存者黄鍾之宫一調而已。十二律中唯用七聲，其餘五調謂之啞鍾，蓋不用故也。唐太宗有知人之明，善復古道，乃用祖孝孫、張文收考正雅樂，而旋宫八十四調復見於時，在懸之器方無啞者。所以知太宗之道與三五同功焉。安史之亂，京都爲墟，器之與工，十不存一，所用歌奏，漸多紕繆。逮乎黄巢之餘，工器俱盡，購募不獲，文記亦亡，集官酌詳，終不知其制度。時有太常博士殷盈孫，案《周官·考工記》之文，鑄鎛鍾十二，編鍾二百四十。處士蕭承訓校定石磬，今之在懸者是也。雖有樂器之狀，殊無相應之和。逮乎僞梁後唐，歷晉與漢，皆享國不遠，未暇及於禮樂。至于十二鎛鍾，不問聲律宫商，但循環而擊之，編鍾編磬徒懸而已。絲竹匏土僅七聲，作黄鍾之宫一調亦不和備，其餘八十三調於是乎泯滅。樂之缺壞，無甚於今。』」

臣謹按：歷代樂家得失，此段載之甚明，但觀此文，不必細考他書，亦知其大概矣。

「『遂依周法，以秬黍校定尺度，長九寸，虚徑三分，爲黄鍾之管，與見在黄鍾之聲相應。以上下相生之法推之，得十二律管。以爲衆管至吹用聲不便，乃作律準，十三弦，宣聲長九尺，張弦各如黄鍾之聲。以第八弦六尺設柱如林鍾，第三弦八尺設柱爲太蔟，第十弦五尺三寸四分設柱爲南吕，第五弦七尺一寸三分設柱爲姑洗，第十二弦四尺七寸五分設柱爲應鍾，第七弦六尺三寸三分設柱爲蕤賓，第二弦八尺四寸四分設柱爲大吕，第九弦五尺六寸三分設柱爲夷則，第四弦七尺五寸一分設柱爲夾鍾，第十一弦五尺一分設柱爲無射，第六弦六尺六寸八分設柱爲仲吕，第十三弦四尺五寸設柱爲黄鍾之清聲。十二聲中旋用七聲爲均，爲均之主者惟宫，徵、商、羽、角、變宫、變徵次焉。發其均主之聲，歸乎本音之律。七聲迭應而不亂，乃成其調。均有七調，聲有十二均，合八十四調。歌奏之曲，由之出焉。旋宫之聲久絶，一日而補出，臣獨見恐未詳悉，望下中書門下，集百官及内外知音者，較其得失，然後依調製曲。』」以上二段皆王朴疏。

臣謹按：《後漢志》載京房之説曰：「竹聲不可以度調，故作準以定數。準之狀如瑟，長丈而十三弦，隱間九尺，以應黄鍾之律九寸；中央一弦，下有畫分寸，以爲六十律清濁之節。」又曰：「截管爲律，吹以考聲，列以物氣，道之本也。術家以其聲微而體難知，其分數不明，故作準以代之。準之聲，明暢易達，分寸又粗。然弦以緩急清濁，非管無以正也。均其中弦，令與黄鍾相得，案畫以求諸律，無不如數而應者矣。」朴之準，蓋出於房也。二家之法頗煩瑣而難用。臣嘗自造一物，形如界尺，厚如半指，一頭寬者高如瑟柱，一頭窄者低如瑟岳，長如瑟身之半，均作九段，命爲九寸，寸内均作九分，分内均作九釐，擬軒轅氏古尺也。依新法或舊法各律之長，而刻如階級焉，置於瑟中弦之下，以代瑟柱。吹黄鍾正律之聲，以定中弦，按其刻處彈之，内外二十四弦由此定矣。比諸房朴之準，庶幾簡而易行，附載於此。

《宋史・樂志》曰：「翰林學士承旨王堯臣等言：『奉詔與參議阮逸所上編鍾四清聲譜法。竊以律吕旋宫之法既定以管，又制十二鍾準爲十二正聲，準正聲之半，以爲十二子聲，故有正聲、子聲各十二鍾。子聲即清聲也。其正管長者爲均，自用正聲；正管短者爲均，則通用子聲而成五音。然求聲之法，本之於鍾，故《國語》所謂「度律均鍾」者也。其編金石之法，則歷代不同，或以十六爲一虡者，是謂「縣八用七」也；或以二十四爲一虡，則清、正之聲備。故唐制以十六枚爲小架，二十四爲大架，天地、宗廟、朝會各有所施。今太常鍾縣十六者，舊傳正聲之外有黄鍾至夾鍾四清聲，雖於圖典未明所出，然考之實有義趣。蓋自夷則至應鍾四律爲均之時，若盡用正聲，則宫輕而商重，緣宫聲以下，不容更有濁聲。一均之中，宫弱商强，是謂陵僭，故須用子聲，乃得長短相叙。自角而下，亦循兹法。故夷則爲宫，則黄鍾爲角；南吕爲宫，則大吕爲角；無射爲宫，則黄鍾爲商、太蔟爲角；應鍾爲宫，則大吕爲商、夾鍾爲角。蓋黄鍾、大吕、太蔟、夾鍾正律俱長，並當用清聲，如此則音律相諧而無所抗，此四清鍾可用之驗也。至他律爲宫，其長短、尊卑自序者，不當更以清聲間之。自唐末世，樂文墜缺，考擊之法久已不傳。今若使匏、土、絲、竹諸器盡求清聲，即未見其法。又據大樂諸工所陳，自磬、簫、琴、和、巢五器本有清聲，塤、篪、竽、筑、瑟五器本無清聲，歌工引音極唱，止及黄鍾清聲。臣等參議，其清、正二聲既有典據，理當施用。自今大樂奏夷則以下四均正律爲宫之時，商、角依次並用清聲，自餘八均盡如常法。至於絲、竹等諸器舊有清聲者，令隨鍾石教習；本無清聲者，未可創意求法，且當如舊。惟歌者本用中聲，故夏禹以聲爲律，明人皆可及。若强所不至，足累至和。請止以正聲作歌，應合諸器亦自是一音，别無差戾。其阮逸所上聲譜，以清濁相應，先後互擊，取音靡曼，近於鄭衛，不可用。』詔可。」

《文獻通考》曰：「宋仁宗明道初，改制大樂，命集賢校理李照等預議，翰林學士馮元等同共討論。時太常鍾磬每十六枚爲一簴，而四清聲相承不擊。照因上言：『十二律聲已備，餘四清聲乃鄭衛之樂，請於編縣止留十二中聲，去四清鍾，則哀思邪辟之聲無由而起也。』元等駁之曰：『聖人既以十二律各配一鍾，又設黄鍾至夾鍾四清聲，以附正聲之次，原其四清之意，蓋爲夷則至應鍾四宫而設也。夫五音宫爲君，商爲臣，角爲民，徵爲事，羽爲物。不相凌，謂之正；迭相凌，謂之慢。百王之不易也。聲重大者爲尊，輕清者爲卑，卑者不可加於尊，古今之所同也。故列聲之尊卑者，事與物不與焉。何則？事爲君治，物爲君用，不能尊於君故也。惟君臣民三者，則自有上下之分，不得相越，故四清聲之設正謂臣民相避以爲尊卑也。今若止用十二鍾旋相考擊，至夷則以下四管爲宫之時，臣民相越，上下交戾，則凌犯之音作矣。此甚不可者也。其鍾磬十六，皆本周漢諸儒之説，及唐家典法所載。欲損爲十二，惟照獨見。臣以爲且如舊制便。」帝令權用十二枚爲一格，且詔曰：『俟有知音者能考四鍾，協調清濁。有司别議以聞。』」

「神宗元豐三年，詔劉几范鎮楊傑詳定大樂。初，傑言大樂七失，其二曰：『八音不諧，鍾磬缺四清聲。虞樂九成，以簫爲主；商樂和平，以磬爲依；周樂合奏，以金爲首。鍾磬簫者，衆樂之所宗，則天子之樂用八。鍾磬簫，衆樂之本，乃倍之爲十六。且十二者，律之本聲，而四者，應聲也。本聲重大爲君父，應聲輕清爲臣子，故其四聲曰清聲，或曰子聲也。李照議樂，始不用四清聲，是有本而無應也，八音何從而諧哉？今巢笙和笙，其管十九，以十二管發律吕之本聲，以七管爲應聲，用之已久而聲至和，則編鍾磬簫宜用四子聲，以諧八音。』帝乃下鎮几參定。鎮作律尺等，欲圖上之。而几之議律主於人聲，不以尺度求合，其樂大抵即李照之舊而加四清聲。遂奏成，第加恩賚，而鎮謝曰：『此劉几樂也，臣何預焉！』」

「哲宗元祐間，范鎮爲《樂論》上之。其論鍾曰：『清聲者，不見於經，惟《小胥註》云：「鍾磬者，編次之二八十六枚而在一簴，謂之堵。」至唐又有十二清聲，其聲愈高，尤爲非是。國朝舊有四清聲，置而弗用。至劉几用之，與鄭衛無異。』楊傑著《元祐樂議》以破鎮説，曰：『按編鍾編磬十六，其來遠矣，豈獨見於《周禮·小胥》之註哉！漢成帝時，犍爲郡於水濱得古鍾十六枚，帝因是陳禮樂雅頌之聲，以風化天下。其事載於《禮樂志》，不爲不詳。豈因劉几然後用哉？且漢承秦，秦未嘗制作禮樂，其稱古磬十六者，乃二帝三王之遺法也。其王朴樂内編鍾編磬，以其聲律太高，歌者難逐，故四清聲置而不用。及神宗朝下二律，則四清聲皆用而諧協矣。《周禮》曰：「鳧氏爲鍾，薄厚之所震動，清濁之所由出」，則清聲豈不見於經哉！今鎮簫、笛、塤、篪、巢笙、和笙獻於朝廷，簫必十六管，是四清聲在其間矣。自古無十二管之簫，豈《簫韶》九成之樂已有鄭衛之聲乎？』禮部太常亦言鎮樂法自係一家之學，難以參用，而樂如舊制。」

陳暘《樂書》曰：「先王制十有二律，倡和清濁，迭相爲經，而清濁之聲未嘗偏勝也。孰謂十二律之外復有四清聲乎？爲是説者，非古也，其隋唐諸儒附會之説歟！彼其所據者，唐之正史、通禮、《會要》、令式、《通典》、義纂、義羅之類，特一人之私説，非有本於聖人之經、天下之公論也。世之廣其説者，不過謂臣民相避以爲尊卑也。鍾磬之簴以無射爲宫，則黄鍾爲商，太蔟爲角。無射，君也，管長四寸九分；黄鍾，臣也，乃長九寸；太蔟，民也，亦長八寸。若用正聲，則民與臣聲皆尊，而君聲獨卑。必須用黄鍾四寸五分、太蔟四寸之清，以答無射之律，則君尊於上，臣卑於下，民役其令矣。是不知十二律以黄鍾爲君，非所以爲臣也。今夫黄鍾之律，冠十二律之首，正位於北而面南，所以寓人君向明而治之意，而十有一律莫敢與之抗矣。是君聲常尊而臣民之聲常卑，天地自然之道也。安有君臣與民相避以爲尊卑之理乎？彼謂黄鍾至夾鍾四清聲以附正聲之次，原其四者之意，蓋爲夷則至應鍾四宫而設。既謂黄鍾至夾鍾爲清，又謂爲夷則至應鍾而設，是兩四清也。至於論琴瑟笙竽，又益四清而爲十二清聲，是十六律之説，果不足以勝十二月矣。又況既有黄鍾矣，又有黄鍾清焉，豈古人所謂尊無二上之旨哉！臣竊觀聖朝嘗命有司考正鍾律，遍問大樂諸工，僉言每朝饗祭祀，唯傳舊法，用正聲十二，其四清聲多不能考擊，是太常之樂名用四清，實用十二律也。李照據《周禮·典同》而論之，謂十二鍾之外，其餘四鍾皆是清聲，非中聲，乃鄭衛之樂也。若去四清之鍾，則哀思邪辟之聲無由而起，何知樂之深耶！」

又曰：「五聲者，樂之指拇也。二變者，五聲之駢枝也。駢拇枝指出乎形而侈於形，存之無益也，去之可也。二變出乎五聲而淫於五聲，存之亦無益也，削之可也。蓋五聲之於樂，猶五星之在天，五行之在地，五常之在人也。五聲可益爲七音，然則五星、五行、五常亦可益而七之乎？其説必不行矣。先儒必爲是説者，蓋有原焉。《左氏傳》曰：『爲之七音以奉五聲。』《周語》載：『武王伐商，歲在鶉火，月在天駟，日在析木之津，辰在斗柄，星在天黿。自鶉及駟七列，南北之揆七同。』《楚語》述先王之祀有七事，而以天、地、民、四時之務當之。《書大傳》述聖王巡十有二州，論十有二俗，以定七始，而以七統當之。漢焦延壽、京房、鄭康成之徒，謂黄鍾爲宫，太蔟爲商，姑洗爲角，林鍾爲徵，南吕爲羽，應鍾爲變宫，蕤賓爲變徵，是謂七始。班固又從而附會之，謂舜『欲聞六律、五聲、八音、七始詠，以出納五言，汝聽』。是其説始於《夏書》，而蔓衍於《左傳》《國語》《書傳》《漢志》，是不知《書》之『在治忽』有五聲而無七始，《國語》之『七同』有四宫而無徵也。左氏爲七音之説，蓋八音耳，八音以土爲主，而七音非土不和。故《書》之《益稷》，《禮》之《樂記》，其言八音，皆虚其土，猶大衍之數，虚其一也。大衍之數虚其一，無害爲五十；七音之數虚其土，無害爲八音也。若以七音爲二變在焉，是以五聲奉五聲，豈其理歟？臣嘗讀《後周史》，武帝時有龜兹人白籍入國，最善爲胡琵琶。聽其所奏之調有七音，一曰娑陁力，二曰雞識，三曰沙識，四曰沙侯，五曰加濫，六曰般瞻，七曰俟利箑，以應七律之音，合爲八十四調。又知二變之聲出於夷音，非華音也。蘇夔素號知音，嘗援《韓詩外傳》樂聲所感及《月令》五音所中，並皆有五，不聞更加變宫變徵，是欲以夏變夷，不欲以夷音變夏樂也。若變者，可謂知五聲之本矣。今夫天無二日，土無二君，宫既爲君而又有變宫，是二君也。害教莫甚焉，豈先王制樂之意哉！」

又曰：「一人感物以形聲，聲本無而爲有，故五聲之别，宫爲上平聲，商爲下平聲，角爲入聲，徵爲上聲，羽爲去聲。知此可與言聲律矣。先儒一宫、二商、三角、四變徵、五徵、六羽、七變宫之説，一何妄邪！」

臣謹按：《樂記》曰：「聲相應，故生變，變成方，謂之音。比音而樂之，謂之樂。」唐楊收謂二變亦曰比，蓋變與比名義皆出《樂記》，非始於近代也。夫樂有所謂聲者，有所謂音者，何也？單出曰聲，宫商角徵羽是也；雜比曰音，變宫變徵是也。聲音二義相兼，所謂樂也。然聲之爲義，淺而易解；音之爲義，深而難解。故曰：「惟君子爲能知樂。」誠哉言也。古者旋宫之法，必用二變四清而後成均。宋李照之爲樂，既黜四清，而陳暘之著書，復擠二變。此古所謂知聲而不知音者也。暘著《樂書》凡若干萬言，而無絲毫裨補於樂，紛紛饒舌，徒欲沮壞旋宫之法而已。此所謂不知音而不可與言樂者也。先儒惟朱熹最知樂，其次則蔡元定，所論皆有理。今載二家成説，以破陳暘之謬。

朱熹《文集》載其與門人論樂律，書曰：「凡十二律，各以本律爲宫而生四律。如黄鍾爲宫，則太蔟爲商，姑洗爲角，林鍾爲徵，南吕爲羽，是黄鍾一均之聲也。若林鍾爲宫，則南吕爲商，應鍾爲角，太蔟爲徵，姑洗爲羽，是林鍾一均之聲也。各就其宫以起四聲，而後六十律之聲備。非以黄鍾定爲宫，太蔟定爲商，姑洗定爲角，林鍾定爲徵，南吕定爲羽也。但黄、大、太、夾、姑、仲、蕤、林、夷、南、無、應爲十二律長短之次；宫、商、角、徵、羽爲五聲長短之次。黄鍾一均，上生下生長短皆順，故得各用其全律之正聲。其餘十一律則有半聲。孔《疏》蓋知此法，但言之不詳耳。半律，杜氏《通典》謂之子聲者是也。此是古法，但後人失之，而唯存黄鍾、大吕、太簇、夾鍾四律。有四清聲，即此半聲是也。變宫、變徵始見於《國語註》中及《後漢・樂志》，乃十二律之本聲，自宫而下，六變七變而得之者，非清聲也。如黄鍾爲宫，則第六變得應鍾爲變宫，第七變得蕤賓爲變徵。如林鍾爲宫，則第六變得蕤賓爲變宫，第七變得大吕爲變徵是也。凡十二律皆有二變，一律之内，通前五聲合爲七聲。祖孝孫王朴之樂皆同。所以有八十四調者，蓋每律各添此二聲而得之也。但畫一圖，朝夕看誦，仍於指掌間輪之，久久自熟，乃見其妙。此又可驗，凡事皆然，别無奇巧，只是久而習熟，便是妙處也。」

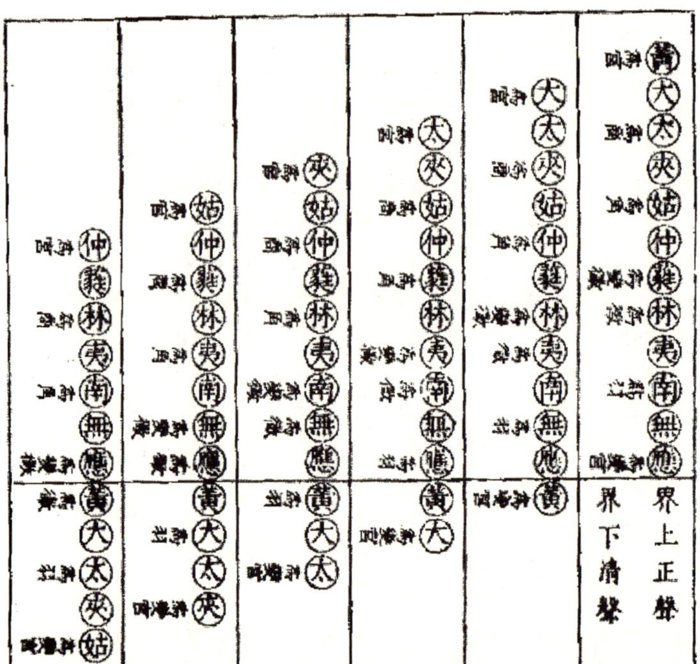

依杜氏《通典》十二律皆有子聲，蓋唐制也。朱熹、蔡元定從之者，或未嘗以歌聲試驗耳。無射長二寸有奇，其細已甚。恐無此理。

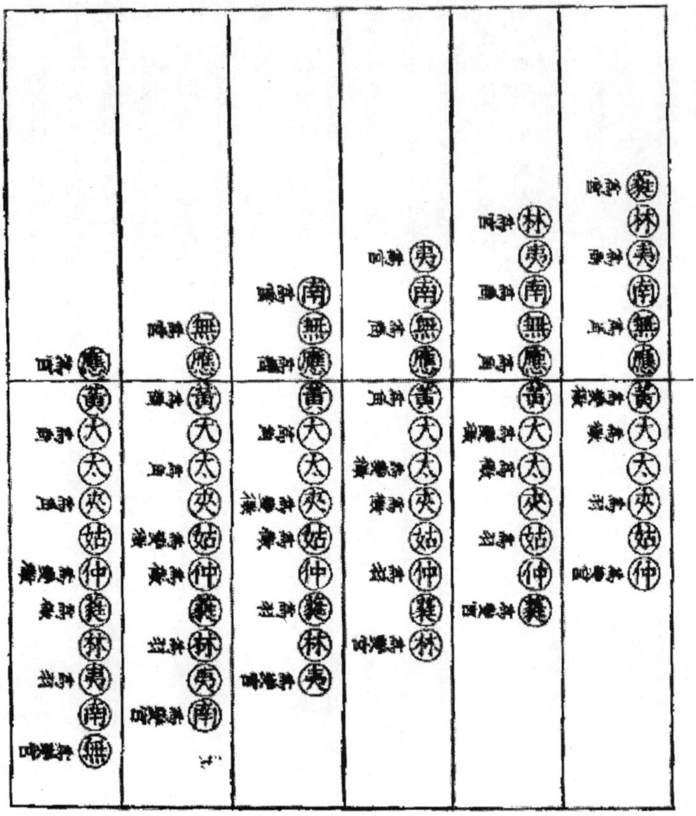

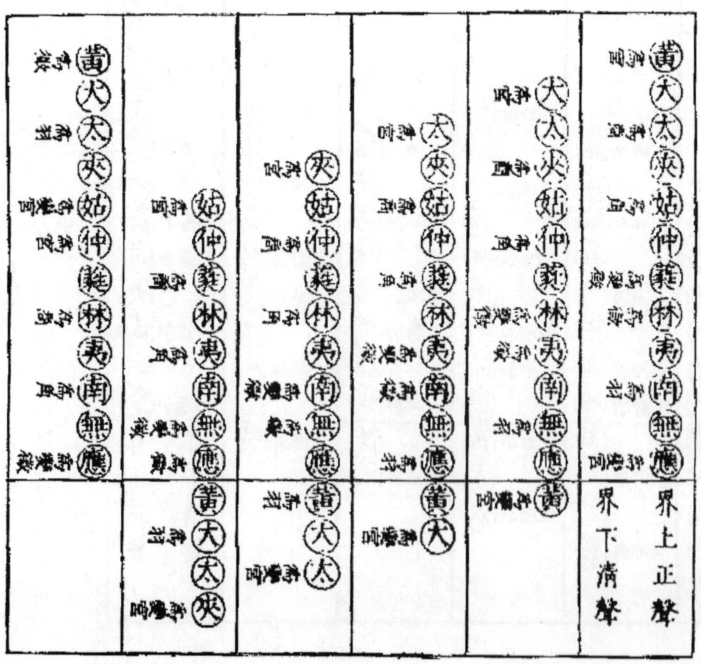
界上正聲
界下清聲

依《周禮》註十六鍾磬，清聲惟四，蓋古制也。馮元、楊傑皆主此説，與今太常雅樂鍾磬排簫制同，而與熹等所説不同。此理近是。

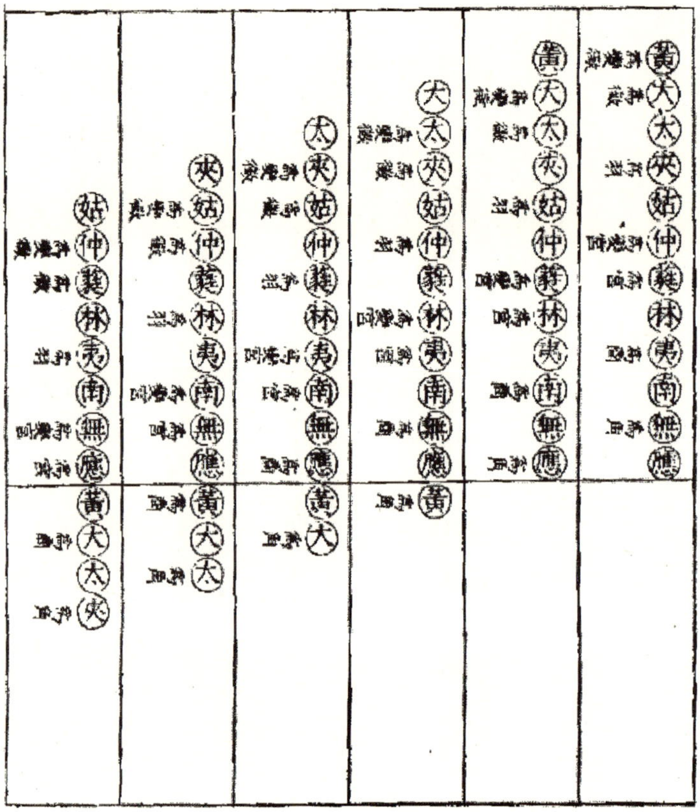

一宮，二徵，三商，四羽，五角，六和，七中爲主。變宮名和，變徵名中，循環無端，是名旋宮。

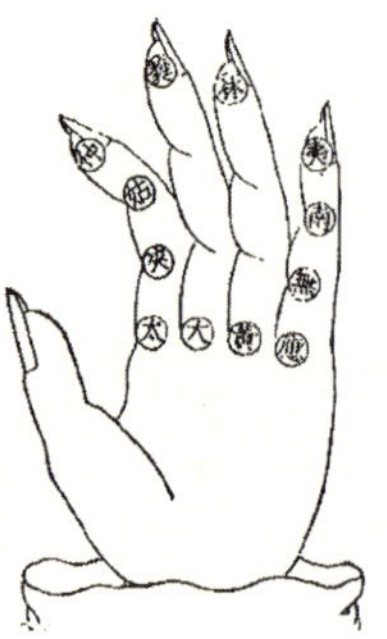

指掌旋宮之圖

黄林太南姑應蕤
大夷夾無仲黄林
太南姑應蕤大夷
夾無仲黄林太南
姑應蕤大夷夾無
仲黄林太南姑應
蕤大夷夾無仲黄
林太南姑應蕤大
夷夾無仲黄林太
南姑應蕤大夷夾
無仲黄林太南姑
應蕤大夷夾無仲

熹文集又曰：「蓋建樂立均之法，諸律相距間皆一律，而獨宮羽、徵角之間各間二律。相距既遠，則其聲勢隔闊而有不能相通之患。然猶幸其隔八之序，五聲既備，即有二律介於宮羽、徵角之間，於是作樂者因而取之，謂之二變。然後彼四聲者，乃得連續無間，而七均備焉。是亦律吕性情自然之變有如此者，而非人力所能爲也。然非古之哲人機神明鑒，有以盡其曲折之微，則亦孰能發其精蘊著爲明法，以幸後世之人哉！深究其端，殆未易以常理論也。」熹語録曰：「宮、商、角、徵、羽與變宮變徵，皆是數之相生，自然如此，非人力所加損，此其所以爲妙。問：『既有宮商角徵羽，又有變宮變徵，何也？』曰：『二者是樂之和，相連接處。』」

蔡元定《律吕新書》曰：「按五聲宮與商、商與角、徵與羽，相去各一律；至角與徵、羽與宮，相去乃二律。相去一律則音節和，相去二律則音節遠。故角徵之間，近徵收一聲，比徵少下，故謂之變徵；羽宮之間，近宮收一聲，少高於宮，故謂之變宮也。變宮、變徵，宮不成宮，徵不成徵，古人謂之和、繆，所以濟五聲之不及也。變聲非正，故不爲調也。」

又曰：「宮羽之間有變宮，角徵之間有變徵，此亦出於自然。左氏所謂七音，《漢前志》所謂七始是也。然五聲者正聲，故以起調畢曲，爲諸聲之綱。至二變聲，則宮不成宮，徵不成徵，不比於正音，但可以濟五聲之所不及而已。然有五音而無二變，亦不可以成樂也。」

臣謹按：四清二變，古今樂家爲之説者衆矣。然惟馮元楊傑朱熹蔡元定四人之説得之。元之議四清曰：「原其四清之意，蓋爲夷則至應鍾四宮而設也。夫五音宮爲君，商爲臣，角爲民，徵爲事，羽爲物。不相凌，謂之正；迭相凌，謂之慢，百王之不易也。聲重大者爲尊，輕清者爲卑，卑者不可加於尊，古今之所同也。故列聲之尊卑者，事與物不與焉。何則？事爲君治，物爲君用，不能尊於君故也。惟君臣民三者，則自有上下之分，不得相越，故四清聲之設正謂臣民相避以爲尊卑也。今若止用十二鍾旋相考擊，至夷則以下四管爲宮之時，臣民相越，上下交戾，則凌犯之音作矣。此甚不可者也。」傑之議二變曰：「律各有均，均有七聲，更相爲用。協本均則樂調，非本均則樂悖。今黄鍾爲宮，則太蔟、姑洗、林鍾、南吕、應鍾、蕤賓七聲相應，謂之黄鍾之均。餘律爲宮同之。宮爲君，商爲臣，角爲民，徵爲事，羽爲物。君者，法度號令之所出，故宮生徵；法度號令所以授臣而承行之，故徵生商；君臣一德以康庶事，則萬物得所，民遂其生，故商生羽，羽生角。然臣有常職，民有常業，物有常形，而遷則失常，故商角羽無變聲。君總萬化，不可執以一方；事通萬務，不可滯於一隅，故宮徵有變聲。」熹及元定所議亦然。陳暘獨不然，謂雅樂只用五聲十二律，不用二變及四清，譬如天之五星，人之五常，豈可七哉！殊不知五星之與日月爲七政，與炁孛、羅計爲九曜。五常之名，有禮無樂，有智無勇，有仁無孝，有義無忠，有信無恕，豈可便謂忠恕之類皆如駢拇枝指而非五常之正耶？又如青龍、白虎、朱雀各一，而玄武龜、蛇爲二；肝心脾肺各一，而腎與命門爲二。龜與腎屬水，而蛇與命門屬火，皆自然之理而不可去也。二變之不可去亦如此。然暘之謬説，今人多惑之，是所謂不知音不可與言樂者也。吁！旋宮之説尚矣！《大司樂》及《禮運》皆有明文。大儒若朱熹輩皆不敢非之，而近代爲律吕之學者，乃舍周孔朱蔡之成法而不遵，惟妄暘腐儒之是信，非惑之甚者乎？故不可以不辨。

江永《律吕新論》卷上《論蔡氏律書》

論蔡氏律書未盡善

理之在天下至無窮也，智者研之而亦有未精，愚者思之而或有一得。古人發之已謂詳密無可加，後人觀之猶謂罅隙有可議。雖曲藝小道莫不皆然，而況幽深難知如律吕一事乎。古之通于音律者，别有暗悟神解，此誠不可思議。若夫薈萃古人成説，爲之梳櫛其條理，闡發其邃奥，曲暢旁通，自成一家之言，如蔡西山先生律吕《本原》《證辯》二篇，固爲朱子所極取。然而理不厭精，學不厭辯，誠能于古人成説之外别闢一解，别創一法，似新奇而實爲平易，似臆説而又有據，依此亦先儒之所不禁也。永于律吕一事殫思有年，竊疑西山先生之書猶有未盡善者，自以管見爲書二卷，非敢必以爲是也，將俟當世君子論定焉耳。

又論

永少讀蔡氏之書，沈潛反覆，不能贊一詞。中年因讀朱子《琴律説》，見其言管絃同理，又謂琴有兩角聲，此律吕性情自然之變，非人之所能爲。緣此忽有疑焉，使蔡氏之書而至當也，宜其證之。琴家若合符節，胡爲律書有二變，而琴皆正聲？律書唯一角，而琴有兩角？意蔡氏之書猶有不適于用者乎？後觀朱子語有云季通不能琴，彈出便不可行，乃知蔡氏著書未嘗與琴參證也。又因讀《前漢律歷志》，見劉歆有推歷生律一語，竊疑律管短長必有與歷冥符者，當求管中積分以合于歷日，不當執定古人三分損益成法也。既而考之益詳，思之益密，算周髀以求黄鍾之積分，推琴徽以求聲律之數度。考古人轉絃换調之法，訪俗樂工尺上四之記，乃知音律别有精微，亦别有法度，執蔡氏之律書而求合于管絃，無異按圖而索馬，刻舟而求劍也。蓄之于心二十餘年，衆證皆備，前疑盡豁，乃敢筆之于書。若理未經深思，事未加詳考，僅據片言謏字，便欲盡翻前人窠臼，如李文利《律吕元聲》者，則永嘗竊笑之，又何敢效焉。

又論

從來天下事，是非當否，當以理爲斷，不當以人爲斷；當以目前有據者爲定，不當以古説久遠者爲定。如律吕一事，欲求至是之歸，將以人爲斷乎？則若西山先生者，書無不讀，學無不窺，人之所難，彼之所易，朱子稱爲老友，不敢謂在弟子之列者，其所著述尚有考之不詳，思之不精，貽後人之辯駁者乎？且其書實與朱子商確而成，蔡氏之書即朱子之書也。猶謂不足據信乎？如謂以古爲定也，則蔡氏之書悉本古人成説，淮南、太史、劉歆、班固、司馬貞、孔穎達、杜祐皆著述通人，其言前後一揆，豈尚有遺議乎？若破此拘攣之見，以理爲衡，當别有至是之歸，理亦虚而難憑。唯以目前有據之物如琴者以決之，則此理之是非當否，亦不難論定矣。蔡氏别有歷書未行于世，欲以邵子一元之數爲日分，恐亦不能與天密合，使其書今存，豈能舍目前之有據者而唯皇極經世歷是從乎。

又江永《律吕新義自序》　樂無古今，其理一揆。古樂失傳者，名義存而器數亡，不得古人鏗鏘鼓舞之法，疾徐疏數之節，平淡和雅之音，詠歎淫液之聲。若樂理則數千載未嘗亡，人聲即天地之中聲，歌喉宛轉，自成節族。管弦金石，長短，大小，侈弇，薄厚，有自然之度數，即有自然之聲音。比音而樂，按調而奏。工尺四上，粗工能指。清濁高下，俗耳能知。一戾其自然者，即不能自制一曲、奏一鈞，故樂理終古不可亡。理存，人聲、器聲法即存。伶工度曲，何以後世制律造樂，學士大夫紛紜聚訟，終不能勝？工師之説，先儒竭平生之力，參互考尋，勒爲一書。議論愈精，法度愈密，而樂理愈晦，何也？夫固有蔽之者也。稽之

《呂覽》，伶倫造律，必先爲黄鍾之宫以爲律本。所謂黄鍾之宫者，黄鍾九寸之半聲，其長當四寸五分，而古籍轉寫訛四爲三，訛五爲九。樂用中聲，爲宫之理，遂闇而弗彰，已爲聲律之一阸矣。劉歆、班固不知而作，妄删吕書。後儒遂以黄鍾之宫爲最長之律，於是宫聲不得居中，其蔽一。嵇之《管子》始言三分損益，上下相生，本謂九九之數爲黄鍾小素。小素猶之半律，非即謂黄鍾九寸也，故宫生徵不爲損而爲益，不爲下而爲上。參之吕氏言律吕相生，亦以黄鍾至蕤賓爲上生，林鍾至應鍾爲下生，與《管子》正相符。自淮南、馬、班以來，言相生者雖不一，無不以黄鍾爲三分損一下生林鍾者，於是宫聲又不得居中，其蔽二。史遷作《律書》，雖未深究管、吕之法，而猶有上九、商八、羽七、角六、宫五、徵九之云，正可推明宫聲居中之理。司馬貞不能研覈，而後儒竟成誤解，其蔽三。樂有變聲而無變律，仲吕以後京房强立六十律之名，訖無所用。杜氏《通典》乃有變律，有變律子聲，舍其正律之半聲，用其近似不正之變律，於是黄鍾半律伶倫所首重者竟謂不用，其蔽四。琴之七弦，編鐘、編磬之十六枚，本以律中林鍾徵者居首，其六、七弦本是少徵、少羽，鐘磬後四枚本是林鍾、夷則、南吕、無射之清聲，而後人誤以琴弦爲宫、商、角、徵、羽、少宫、少商，誤以鐘磬後之四清爲黄鍾、大吕、太簇、夾鍾，其蔽五。宋人所傳唐時風雅十二詩譜，朱子採爲詩樂，以補經缺者，皆以清黄爲調首，黄鍾無不用清聲者。後人必謂黄鍾鈞是黄鍾最長之律，他律爲宫者，亦是本鈞最濁之聲，不考樂工之法固不如此，其蔽六。宫聲本以居中爲尊，宫之前仍有低聲，後人乃有樂家忌陵犯之説。若用短律爲宫，全是焦殺之音，何以成樂？其蔽七。琴之正宫調以三弦爲宫，正是黄鍾宫也，而後人乃以三弦爲仲吕角，又曰清角，或直斥之爲鄭衛，必以大弦爲宫者爲黄鍾復古調，不知大弦乃是林鍾鈞，其蔽八。教坊燕樂比雅樂高二律，是宫逐羽聲，其由來亦有至理。正宫調亦是清宫，先儒不考燕樂之由，所解釋、所譏評者皆非其質，其蔽九。律吕本無候氣之説，後漢人始言之，其事渺茫難信。先儒有多截管擬黄鍾之説，欲庶幾倖中，將使累年候氣，不能制一黄鍾，律吕又生一蔀障，其蔽十。故樂禮雖存於古今，其實未嘗闡明者十蔽晦之也。十蔽之中，陵犯之説彌近，理愈失真。然而管、吕之書具在，周秦漢初之説散見他書者皆可參證，惟蔡邕卓然不惑，分明言黄鍾之宫管長四寸五分。其所制十二笛，各律有正聲，有下徵聲，厥識遠過後人。儒家雖有樂避相陵之説，而琴家終不以大弦爲正宫，其正宫調必在三弦。推之俗樂亦不以合字爲宫者爲正宫，而正宫調乃在四字，則樂用中聲之理未嘗不明，特未有大聲疾呼，確然破去第七蔽之説，令宫聲君位不以最大爲尊，而以居中爲尊耳。伏惟聖祖仁皇帝明睿天縱，深探造化之原，精究數理之蕴，聲律獨得其微妙，燕閒之暇，以樂理指示臣工安溪李文貞公，約其精要者凡五條，皆儒家所未嘗聞。宫聲君也，宜居中位，一條三十三字，上包管、吕之書，下通雅樂、燕樂之法，大哉皇言，萬世不可易也。

黄鍾之律必最長者，其體也。宫聲居中，徵羽在首者，其用也。然則聲律之理，可括之以兩言曰：體爲宫商角徵羽，用爲徵羽宫商角。如斯而已，安有宫聲最濁而沈，餘聲不得相陵之説哉。西山蔡氏之書，永少而服膺，年三十而漸疑，至五十得聞交河王公論樂，有琴大弦是徵聲之説，遲之十年反覆管、吕之書，乃始豁然有悟，因讀文貞公奏劄，乃知王公得之親侍燕閒，天語指授，非王公創爲是説也。一生辛勤，既幸有得，又復獲聞至要之論，何可不爲一書闡明精蕴，顧使此理終於晦蝕耶，因約爲《律吕新義數卷》。《皇言定聲》居首，以爲論樂之準繩。《稽古》第二，摘管、吕諸書最要之言，專發先儒所忽略。《象數》第三，旁通廣證，河洛圖書，方圓冪積，句股納音，無一不與聲律相通；蔡邕之笛，雅樂之琴，燕樂之調，皆可互相證明。《餘論》第四，於造律制樂參末議焉，而以馬氏學士大夫之論不能勝樂工者，終之吁樂理非難明也，特樂音難知耳。世有夙悟神解，妙達音律，復不膠於成説，不溺於舊聞者，出而審音定律，此書或少有裨補焉。更講求乎雅樂之聲調，去其促數淫哇之靡，復於優柔平中之聲，誰謂三代而下古樂終不可復哉！

又　江永　《律吕闡微》卷五《稽古》　律理晦蝕已久，漢晉而後，訛以傳訛。其正論精義間見傳記、子史者，先儒或忽略而不信，或誤解而失真，不知其所擯爲瓦礫粃糠者，正有金玉精鑿存焉。採而輯之，不可多得也。

《吕氏春秋・古樂篇》曰：「昔黄帝令伶倫作爲律。伶倫自大夏之西，乃之阮隃之陰，取竹於嶰谿之谷，以生空竅厚鈞者，斷兩節間，其長三寸九分，而吹之以爲黄鍾之宫，高誘曰：斷竹長三寸九分，吹之當中黄鍾之宫。　按當作四寸五分。吹曰舍少。次制十二筒，高誘曰：六律、六吕各有管，故曰十二筒，合成舍矣。　按吹曰舍少，當屬上文讀註説，非是舍少，或作含少。以之阮隃之下，聽鳳凰之鳴，以别十二律。其雄鳴爲六，雌鳴亦六，以比黄鍾之宫適合。高誘曰：合，和諧。　按此當作比。黄鍾之宫皆可以生之，故曰黄鍾之宫，律吕之本。」高誘曰：法鳳凰之雌雄，故律有陰陽；上下相生，故曰黄鍾之宫皆可以生之。

前漢班固《律曆志》曰：「黄帝使泠綸自大夏之西，崑崙之陰，取竹之解谷，生其竅厚均者，斷兩節間而吹之，以爲黄鍾之宮。晉灼曰：取谷中之竹生而孔外内厚薄自然均者，截以爲筩，不復加削刮也。顔師古曰：黄鍾之宮，律之最長者。制十二筩，以聽鳳之鳴。其雄鳴爲六，雌鳴亦六，比黄鍾之宮而皆可以生之，是爲律本。」師古曰：比，合也，可以生之謂上下相生也。十一律皆生於黄鍾之宮，故曰律呂之本。

按呂氏述古人造律之始，其言吹律聽鳳凰鳴者，不必論其事之有無。其言造律必先爲黄鍾之宮以爲律本，而後制十二筩，次第昭然可見。蓋黄鍾之宮者，黄鍾之半律也。半律當言四寸五分，而云三寸九分者，字之誤耳。古書四字或用積畫爲亖，是以四與三每相亂。《周禮》掌客，公鉶三十八，訛爲四十二。覲禮三享，訛爲四享。此處則亖訛爲三，而五與九字中間有屈曲，亦略相似而訛也。字雖訛，而呂氏之書，他篇所言黄鍾之宮者，見後條。尚可以見其爲黄鍾之半律。又云次制十二筩，尤可見黄鍾之宮非十二筩之黄鍾。蓋凡樂皆天地之中聲，而黄鍾之宮又爲中之中，是以造律之始特重之。由此倍之，則爲黄鍾九寸，以生十一律。律成而法之以制器，器成而用之以成樂。十二律還相爲宮，正宮之位必恒在清濁之間。最濁、次濁者，居其前；次清、最清者居其後。此律呂之大本原，亦作樂之大關鍵。古今雅俗之樂皆由之。古樂既亡，猶幸有此一條，可推古人制律審音之意。字畫雖訛，可臆揣而知其誤也。班固作志，自謂删劉歆之僞辭，取其正義著於篇。不知歆造律時，三寸九分之文已誤。而歆删之歟，抑猶且存之。班氏以爲僞辭，遂率爾删之歟。既删其長三寸九分，吹曰舍少二句，又删次制十二筩之次字，似黄鍾之宮即爲九寸之律也者。而顔氏遂以最長之律解之。既先爲最長之律矣，又有十二筩之黄鍾，豈不爲重複乎？古文不存，正義亦隨而晦蝕。樂用中聲之理千數百年鬱而不明，班氏不爲無過矣。嗣是以來，言律者但知尊黄鍾，而不知更有黄鍾之宮。蔡西山先生《律呂證辨》，録班而葉呂，且謂黄鍾無半律。半律亦不用，別有再生之變半黄鍾，則又惑於班志黄鍾不爲他律役之謬説。使其果無而不用，伶倫何不即制十二筩，而必先爲黄鍾之宮乎？夫黄鍾之宮，見呂氏本書者三，見《考工記》者一，見《淮南子・天文訓》者一。其必有以別於九寸之黄鍾矣，即後世所謂黄鍾清聲是也。唐時《風雅十二詩譜》猶以清黄起調，畢曲，琴家正宮調黄鍾不在大弦而在第三弦，此正伶倫造律以黄鍾之宮爲律本之意。亦聲律自然之理，而儒家皆昧之。又謂琴之正宮調爲慢角調，或曰仲呂鈞，又或斥爲鄭衛之音，則古法猶存雅器之中者，復爲儒家之論所掩抑。故曰樂用中聲之理，千數百年鬱而不明，班氏之過也。

又按伶倫造律，先爲半黄鍾四寸五分。今朱載堉之書，先爲倍律，而後及正律、半律，何也？曰各有其理也。以方圓相函之理言之，伶倫由内以及外，由半以及全，猶《河圖》先五而後十也。載堉由外以及内，由全以及分，猶《河圖》先盡四十點之積，而後及十及五也。要之倍半之理，生於自然。以十爲倍，則五爲半。以二十爲倍，則十又爲半。其用之以旋宮，謂黄鍾九寸爲最濁，則用其半律爲中聲。謂宮聲之前仍有徵羽濁聲，則蕤賓以下有倍律，而黄鍾正律即是中聲。所言不同，倍半之理則一。古人雖不言倍律，而以黄鍾半律爲律本。則半律以前，皆作蕤賓以下倍律觀。智者可默會也。若曰黄鍾之宮爲最長之律，大失呂氏之意矣。

明嘉靖間，莆田李文利因三寸九分之訛文，著《律呂元聲》，謂黄鍾三寸九分，蕤賓九寸，此猶郢誤書而燕誤説者也。謂黄鍾至大呂，陽氣猶微，止進六分；大呂至蕤賓，皆進九分；蕤賓至林鍾，陰氣未盛，止退六分；林鍾至黄鍾，皆退九分。勉强安排，徒勞且拙。誠爲不知而作，且遺誤後世。即墨王邦直、桐城方以智，皆祖述其説，爲之推演。可謂寶燕石，不能別魚目者矣。彭山季本已辨之，然季氏謂長三寸九分，當爲長九寸、空徑三分之誤，亦非是。其誤解呂氏上生下生，謂呂氏前後自相牴牾。辨見後。

朱載堉云：「十二者，天地之大數也。百二十者，律呂之全數也。除去三十九，則八十一耳。故《呂氏春秋》曰斷兩節間三寸九分，後學未達，遂指三寸九分爲黄鍾之長者，誤矣。八寸一分，三寸九分合而爲十二寸，即律呂之全數。全數之内，斷去三寸九分，餘爲八寸一分，即黄鍾之長也。」按載堉此説亦非是。呂氏本文斷兩節間，其長三寸九分，而吹之以爲黄鍾之宮。吹，即吹此兩節間之長者也。未嘗云斷兩節間，其長三寸九分而去之，則不得如載堉之説矣。且律呂亦無全數十二寸之説。載堉穎悟絶人，能開數千年未闢之蹊徑爲康衢，顧於三寸九分四字，不學邢子才之思誤書，乃作此牽强之解以誣古人之書耶。

三寸九分之文，余久知其誤矣。它日又取揚子《太(元)[玄]經》玩之，其《太(元)[玄]數篇》云：「子午之數九，丑未八，寅申七，卯酉六，辰戌五，巳亥四，故律四十二，呂三十六，并律呂之數或還、或否，凡七十有八，黄鍾之數立焉。其以爲度也，皆生黄鍾。」按此以七十有八爲黄鍾之數，其數生於十二辰，爲納音之原。然則七十有八半之爲三十有九，其即呂覽所謂三寸九分者乎？然而黄鍾之律九寸，九九八十一，終不可以黄鍾爲七寸八分。故晉范望註云：七十有八，律呂之數，通其大數立於此。又云：黄鍾管長九寸云云，是未嘗以數即爲寸分也。呂氏欲言半律，不謂其數三十有九，而云其長三寸九分，是直以數當寸分，其説終不可通矣。且子午數九，丑未數八，亦不可以蕤賓同黄鍾，大呂同林鍾，他辰皆然。納音與律呂别是一理，後《納音篇》詳之。人情好新異，他日恐有李文利之流，取揚子之數附會呂書誤文，别樹一幟，爲律學生蠹者。故言之以塞其兑。

《月令》中央土，其音宫，律中黄鍾之宫。鄭氏曰：黄鍾之宫最長也，十二律轉相生五聲，具終於六十焉。季夏之氣至，則黄鍾之宫聲應。孔氏《正義》曰：蔡氏及熊氏以爲黄鍾之宫謂黄鍾少宫也，半黄鍾九寸之數，管長四寸五分，六月用爲候氣。

按《月令》亦呂氏之書也。仲冬之月律中黄鍾，而季夏之月别爲中央土，律中黄鍾之宫，即伶倫先爲黄鍾之宫以爲律本，别於十二筒之黄鍾者也。自周正氣始冬至言之，則午月夏至爲中；自夏正氣始冬至言之，則未月之末爲中。各有其理，故歷家謂土王四季之月各十八日，而未月之十八日尤爲最王。故謂之中央土，黄鍾半律當之。所謂律中者，五行時位相當耳，非真謂埋管於地，林鍾六寸之管灰飛，黄鍾半律之管又灰飛也。鄭氏不得其説，誤解爲最長之律。何以同一律，中於仲冬，又中於季夏乎？何以别名黄鍾之宫乎？惟蔡邕《月令章句》以爲四寸五分之少宫，而先儒熊安生從之，正得古人之意，但不當言用此候氣耳。呂氏三寸九分之譌文，得此管長四寸五分，而知其誤。琴家命第六弦爲少宫，謂聲合大弦之中徽。而此亦云少宫，又可見呂氏所謂吹曰舍少，即少宫之謂也。孔氏本不從蔡熊之説，幸其説猶存疏義，大有裨於律學，故特表而出之。

《淮南子・時則訓》季夏，中央，律中百鍾。百鍾亦半黄鍾也。説見前。

《呂氏春秋・適音篇》曰：「黄鍾之宫，聲之本也，清濁之衷也。」

按宫固爲聲之最尊，而黄鍾所以爲聲之本者，又不以其最濁，而以其清濁之衷，此聲律之至理。衷，即中也。聖祖仁皇帝論樂曰：宫聲，君也，宜居中位，正與此言相發。此呂氏最精要之語，而先儒皆忽之，蓋其所習聞者，宫聲最大，黄鍾之律最長。如是則偏而不中矣，惡得爲中聲哉。黄鍾之宫，呂氏三言之矣。觀此言，尤可見伶倫所爲者，是四寸五分，非三寸九分。呂氏在管子之後，此以呂先管者，以其論始造律也。呂説必證之管子而後信。

《管子・地員篇》曰：凡聽徵，如負猪豕，覺而駭。凡聽羽，如鳴馬在野。凡聽宫，如牛鳴窌匹教切，害也。中。凡聽商，如離羣羊。凡聽角，如雉登木以鳴，音疾以清。凡將起五音，凡首，房(元)[玄]齡註謂音之最先也。先主一而三之，四開以合九九，註：一而三之，即四也。以是四開合於五音九也。又九之爲八十一也。按註説非是，桐城方氏苞曰：凡數始於一，成於三，開者推而衍之也。一分爲三，三分爲九，九分爲二十七，二十七分爲八十一，皆一而三之，如是者四，則適合黄鍾之數。此説得之，朱載堉讀四字屬上句，亦非是。以是生黄鍾小素之首以成宫。註：素本宫八十一數，生黄鍾之宫，而爲五音之本。按小素者，半黄鍾也。八十一雖黄鍾九寸之數，而半黄鍾亦可命之。全律則倍爲一百六十二，故下文三分益一而生徵。三分而益之以一，爲百有八，爲徵。註：黄鍾之數本八十一，益以三分之一，二十七，通前爲百有八，是爲徵之數。朱子曰：百有八半之，則爲五十四。按黄鍾半律上生徵，百有八即林鍾六寸之數也。若半之爲五十四，則是半林鍾三寸矣。不無有三分而去其乘，適足以是生商。註：不無有，即有也。乘亦三分之一也。三分百八而去其一，餘七十二，是商之數也。按七十二者，半太蔟四分之數也。倍之百四十四，爲全律八寸。不無者，方言語助字。諸有字，皆當讀爲又。乘之，言賸也。適足，言無多少也。有三分而復於其所，以是成羽。註：三分七十二，而益其一分二十四，合爲九十六，是羽之數。朱子曰：九十六半之，則爲四十八。按九十六即南呂五寸三分寸之一數也。若半之爲四十八，則是南呂半律矣。又按於此特言復於其所者，羽在宫前是其本所也。羽在宫前爲本所，則徵在羽前亦其本所矣。凡聲律之理有長短次第之所，有環繞中聲之所。徵羽在商角後者，長短次第之所也。在宫前者，環繞中聲之所也。羽爲五聲之終，特言復於其所，讀者詳之。有三分而去其乘，適足以是成角。註：三分九十六，去其一分，餘六十四，是角之數。按六十四者，半姑洗三寸九分寸之五之數也。倍之百二十八，則全律七寸九分寸之一也。徵羽律短，用其全。宫商角律長，用其半，是以宫聲居中，四聲繞其前後。故上文凡聽徵一節，其序爲徵、羽、宫、商、角也。

按宫、商、角、徵、羽之序，管子非不知之，而顧易其序爲徵、羽、宫、商、角，必有故也。觀下文可知，古籍言三分損益者始此。以今法校之，尚有釐毫之差，然亦已近密矣。故古人遂以此立率上下相生之法。劉安以後言律者，皆曰宫下生徵，徵下生商，商上生羽，羽下生角。獨此書爲宫上生徵，徵下生商，商上生羽，羽下生角。蓋後人以黄鍾全律爲宫，而《管子》以黄鍾半律爲宫也。用半律爲宫，故不正名黄鍾，而曰黄鍾小素，豈不猶呂氏所謂黄鍾之宫，吹曰舍少者乎？五聲之數，變動不居，九九之數凡宫聲皆可命之。謂黄鍾九寸爲八十一，則宫固下生徵爲五十四矣。以黄鍾小素四寸半爲八十一，則宫當上生徵爲百有八矣。夫以半黄鍾爲八十一，則徵之倍爲百有八，羽之倍爲九十六者在其前；商之七十二、角之六十四在其後，而宫、商、角、徵、羽，變爲徵、羽、宫、商、角矣。

聖祖謂宫聲宜居中位，徵羽宜有濁聲，在宫聲之前，豈非古人之明法哉？漢以後，言上下相生者異於此。《管子》之言，棄如土芥。孰知聲律之正論在此，不在彼。《律呂新書》不載此條，朱子修《禮書》，采入《鍾律義篇》，於徵羽二聲略加註，以合本數。他亦無明説，蓋聊備一義耳。今特録之，正與呂書相發明。呂氏説十二律相生，損益上下，亦與此同法。説見下。

《呂氏春秋·音律篇》曰：「黄鍾生林鍾，林鍾生太蔟，太蔟生南呂，南呂生姑洗，姑洗生應鍾，應鍾生蕤賓，蕤賓生大呂，大呂生夷則，夷則生夾鍾，夾鍾生無射，無射生仲呂。三分所生，益之一分以上生；三分所生，去其一分以下生。黄鍾、大呂、太蔟、夾鍾、姑洗、仲呂、蕤賓爲上，林鍾、夷則、南呂、無射、應鍾爲下。」

按所生者，謂本律也。三分所生，益之一分以上生，故黄鍾、大呂、太蔟、夾鍾、姑洗、仲呂、蕤賓七律皆以其半律三分益一而上生，謂黄鍾上生林鍾，大呂上生夷則，太蔟上生南呂，夾鍾上生無射，姑洗上生應鍾，仲呂上生黄鍾，上文言相生，雖止於仲呂，而仲呂亦在上生之列，則仲呂有上生黄鍾之理。如舊法雖有微差，如今法則固循環相生矣。蕤賓上生大呂也。三分所生，去其一分以下生，故林鍾、夷則、南呂、無射、應鍾五律，皆以其全律三分去一而下生，謂林鍾下生太蔟，夷則下生夾鍾，南呂下生姑洗，無射下生仲呂，應鍾下生蕤賓也。呂氏本謂伶倫造律先爲黄鍾之宫，又謂黄鍾之宫清濁之衷，應中央土，故黄鍾生林鍾，不以全律下生，而以半律上生，則黄鍾之宫位乎清濁之間。在其前者，有林鍾、夷則、南呂、無射、應鍾五全律爲濁，而下生乎清；在其後者，有大呂、太蔟、夾鍾、姑洗、仲呂、蕤賓六半律爲清，而上生乎濁也。惟蕤賓生大呂，以半律上生半律，而仲呂亦以半律上生半黄鍾。此損益上下之法，正與《管子》同。但彼言五聲，此言十二律耳。詳味之，呂氏言樂，前後一貫。管呂之法，若合符節，與淮南子、司馬遷、班固諸家言上下相生者，意趣大不侔矣。蔡氏《新書》意主馬、班，陽律下生，陰呂上生，竝引呂氏、淮南之説於前，而總論之曰呂氏、淮南子上下相生，與司馬氏《律書》、漢《律志》不同。雖大呂、夾鍾、仲呂用倍數則一，然呂氏、淮南不過以數之多寡爲生之上下，律呂陰陽皆錯亂而無倫，非其本法也。愚謂呂氏之説本與淮南不同，顧與淮南同譏，謂其皆以數之多寡爲生之上下，得毋謂黄鍾至蕤賓爲數之多多者下生，林鍾至應鍾爲數之少少者上生乎？然呂氏本文，黄鍾七律爲上，而非下；林鍾五律爲下，而非上，則不得如蔡氏之説。蓋蔡氏誤以所生爲前一律，如太蔟以林鍾爲所生，林鍾以黄鍾爲所生。而不知其爲本律。又誤以黄鍾生林鍾即九寸之全律，而不知其以黄鍾之宫四寸五分者，爲律呂之本也。

又按蔡氏既誤讀呂氏之書矣。會稽季本辨李文利《律呂元音》亦引呂氏此文，云其法固與《史記》《漢書》上下相生、三分損益者同，而黄鍾之宫實起九寸。呂氏之説前後不同，亦自相牴牾矣。吁！何昔人讀書，皆粗疎若是耶？試細讀之，果與《史記》、《漢書》同乎？試通《適音篇》與《季夏六月紀》考之，其言果自相牴牾，黄鍾之宫實起九寸乎？呂氏之書當時懸之國門，有能增損一字者予千金，固自詡太過。若書有訛字，後人不能訂正，上生下生，後人背其本指，猶蒙牴牾之譏，亦呂書之不幸已。

又按呂氏以長律用半而上生，短律用全而下生，則長者變短，短者變長。有與呂氏同時，可證明其説者，《韓非子·外儲篇》云：「齊宣王問匡倩曰：儒者鼓瑟乎？曰：不也。夫瑟以小絃爲大聲，以大絃爲小聲，是大小易序，貴賤易位，儒者以爲害義，故不鼓也。」按此詭辭以諷君弱、臣强耳。儒者非真不鼓瑟也？然因此可知調瑟之法：黄、大、太、夾、姑、仲、蕤用半，而居小絃；林、夷、南、無、應用全，而居大絃，正呂氏相生之法也。倘如後人之説，則大聲居大絃，小聲居小絃，何有大小易序者哉？此可見秦以前用聲律之法矣。

《淮南子·天文訓篇》曰：「黄鍾位子，其數八十一，主十一月，下生林鍾。林鍾之數五十四，主六月，上生太蔟。太蔟之數七十二，主正月，下生南呂。南呂之數四十八，主八月，上生姑洗。姑洗之數六十四，主三月，下生應鍾。應鍾之數四十二，主十月，上生蕤賓。蕤賓之數五十六，主五月，上生大呂。大呂之數七十六，主十二月，下生夷則。夷則之數五十一，主七月，上生夾鍾。夾鍾之數六十八，主二月，下生無射。無射之數四十五，主九月，上生仲呂。仲呂之數六十，主四月，極不生。」又曰：「以十二律應二十四時之變：甲子，仲呂之徵也。丙子，夾鍾之羽也。戊子，黄鍾之宫也。庚子，無射之商也。壬子，夷則之角也。」

按《淮南子》之説，黄鍾、大呂、太蔟、夾鍾、姑洗、仲呂皆屬之陽，數多者下生，極於仲呂；蕤賓、林鍾、夷則、南呂、無射、應鍾皆屬之陰，數少者上生，至應鍾而復轉生蕤賓也。此固以數之多寡爲生之上下。若呂氏相生之法，正與此相反，其同者惟蕤賓上生大呂。而用半、用全亦不同，則呂與淮固不可同類而共譏矣。若馬、班之法，拘於陽律下生，陰呂上生，至蕤賓下生大呂，夷則下生夾鍾，無射下生仲呂，必用倍數，乃得全律。又似涉人爲，反不若淮南以午子分陰陽者爲直捷也。總之，管呂之法置黄鍾宫聲於中，以前後爲生之上下。淮南、馬班之法，用黄鍾九寸爲首，以陰陽爲生之上下。諸律用全而上下相生者，聲律之體也；黄鍾用半而上下相生者，聲律之用也。管、吕著其用，而體斯存。聲有半，律有半，則其全者固在也。淮南、馬班第明其體，而用不可見。用不可見，於是謂黄鍾無半律，謂清黄不可爲調首，謂正宫調不當用仲吕鈞，而古今之樂皆不能相通。學士大夫虚談之理，與伶工所用之法，竟不能相合矣。然則聲律上下相生變古法者，自淮南始，安得不溯源於周秦以前之書乎？

又按《淮南子》言上下相生，雖與古法異，然言黄鍾五調配五子，以戊子爲黄鍾之宫居中，而以甲子當徵，丙子當羽，在其前；庚子當商，壬子當角，在其後，則又與管、吕之書合。蓋宫聲居中之理，淮南子未嘗不知也。此五調配五子與後《納音篇》異。納音别是一理。

司馬遷《律書》曰：「上九，商八，羽七，角六，宫五，徵九。」司馬貞索隱曰：此五聲之數，亦上生，三分益一上生三分宫，宫去一下生徵，徵益一上生商，商去一下生羽，羽益一上生角。然此文似數錯，未暇研覈也。蔡氏曰：此即上文聲律數，太蔟八寸爲商，姑洗七寸爲羽，林鍾六寸爲角，南吕五寸爲徵，黄鍾九寸爲宫。其曰宫五徵九，誤字也。

按《生鍾術》曰：「以下生者，倍其實，三其法；以上生者，四其實，三其法。」又紀五聲相生所當之數如此，似與上文不屬。然細繹之，其理出於《河圖》，其法原於《管子》，其用周乎鈞調十二字耳，而妙理無窮。小司馬既不能研覈，而蔡氏之説又大失其指，今爲一一疏明之。何言乎理出於《河圖》也？史遷之時，未必知有《河圖》，而自與之暗合。《河圖》全用十數，一六爲羽，二七爲徵，三八爲角，四九爲商，五十爲宫。此五聲應五行之本數，自多而少爲宫、商、角、徵、羽，大小之序也。而五聲有相生之序：宫生徵，徵生商，商生羽，羽生角，角復生宫，則順河圖之位，中、南、西、北、東而復於中也。其數何以又變而徵當九，商當八，羽當七，角當六，宫則猶是五也？蓋河圖五與十相加減皆爲五，故宫之位定爲五。南方二七合爲九，則徵變而爲九矣。西方四九合爲十三，減五存八，十數已盈，則當以中五減之。則商變而爲八矣。北方一六合爲七，則羽變而爲七矣。東方三八合爲十一，減五存六，則角變而爲六矣。舉其成數，則其生數四徵、三商、二羽、一角，可知此理數自然之妙也。何以言法原於《管子》也？史遷讀古粗疎，未必細研《管子》之書，亦自與之暗合。《管子》以黄鍾小素之首三分益一而上生徵，此置宫於五，正黄鍾小素之位也。宫五上生徵九，故曰上九。此九字，即下文之徵九。宫五既上生徵九，則徵九下生商八，商八上生羽七，羽七下生角六，可知矣。其用周乎鈞調，則仍以河圖之理數明之。河圖之偶數十、八、六、四、二，以五聲次之，十爲宫，八爲商，六爲角，四爲徵，二爲羽。生數不用四徵，用其成數之九，用九猶用四也。二羽用其成數之七，用七猶用二也。此其序爲宫、商、角、徵、羽，五聲大小之序也。河圖之奇數九、七、五、三、一，九爲徵，七爲羽，五爲宫，三爲商，一爲角。三一生數不用，則三商用其成數之八，用八猶用三也。一角用其成數之六，用六猶用一也。此其序爲徵、羽、宫、商、角。宫位中，四聲環繞之序也。五位各有合，以偶從奇，則十亦爲徵，八亦爲羽，六亦爲宫，四亦爲商，二亦爲角，體用相通。見《象數篇》。皆爲徵、羽、宫、商、角之序矣。合而觀之，虚十用五，猶黄鍾虚其全律，用其半律也。徵易四爲九，羽易二爲七，以居五前；商以八爲三，角以六爲一，以居五後。此鈞調之理，正宫居中，徵羽在前，商角在後之位也。漢初言律者已變古法，獨此一條猶可上溯本原，下通今法。意其必有所受，非史遷能創爲此説也。奈何以寸數當之，而謂宫五、徵九爲誤字乎。姑洗七寸，南吕五寸，皆有羸數，不得正當七五，此分明是相生之序。九、八、七、六、五之次不得易爲徵五、宫九。蔡氏稱善讀難書者，此條及《吕覽》上生下生條皆誤讀。由其有先入爲主者蔽之，故不暇深思耳。

《國語》伶州鳩曰：「武王以二月癸亥夜陳未畢而雨，以夷則之上宫畢之。」韋昭註：上宫以夷則爲宫聲。夷則，上宫也，故以畢陳。《周禮》大師執同律以聽軍聲，而詔吉凶。一曰陽氣在上，故曰上宫。當辰，辰在戊上，故長夷則之上宫，名之曰羽，長謂先用之也。所以藩屏則民也。王以黄鍾之下宫布戎于牧之野，黄鍾在下，故曰下宫。故謂之厲，所以厲六師也。以太蔟之下宫布戎于商，昭顯文德，底紂之多罪。太蔟在下，故曰下宫。故謂之宣，所以宣三王之德也。反及羸內，以無射之上宫布憲施舍於百姓，無射在上，故曰上宫。故謂之羸亂，所以優柔容民也。

按伶州鳩因論七律而及武王之四樂。若以律長短言之，黄鍾、太蔟律長，而聲當宫商，豈不謂之上宫？夷則、無射律短，而聲當徵羽，豈不謂之下宫？此則以夷則、無射爲上宫，黄鍾、太蔟爲下宫。蓋律長者用其清聲，故當上者反爲下；律短者用其濁聲，故當下者反爲上。管子、吕氏論聲律相生之法，正與此合。而後世之樂，正宫調在清濁之間，亦即此理。然則樂無古今，其理一揆。古樂用鈞之法不可見，此非全豹之一斑乎？韋註第言夷則、無射在上，黄鍾、太蔟在下，而不能言其所以在上在下，由未細研管吕之書耳。

《史記·律書》：「黄鍾八寸七分一宫，林鍾五寸七分四角，太蔟七寸七分二商，南吕四寸七分八徵，姑洗六寸七分四羽，應鍾四寸二分三分二羽，蕤賓五寸六分三分一，大吕七寸五分三分一，夷則五寸四分三分二商，夾鍾六寸一分三分一，無射四寸四分三分二，仲吕五寸九分三分二徵。」

按此章前五律十分誤作七分，後諸律有衍誤字。分下之小分有强弱未密處，先儒已改正，今皆不論。獨其黄鍾下有宫，太蔟下有商，姑洗下有羽，林鍾下有角，南吕下有徵字。《晉志》謂《律書》五音相生，宫生角，角生商，商生徵，徵生羽，羽生宫。求其理用，罔見通達。仲吕下有徵，夷則下有商，應鍾下有羽字，蔡氏謂三者未詳，亦疑後人誤增，皆不得史遷之意。今詳論之。凡五行數理唯變所適，各有通途，不可以一端盡，一法拘。此章兩紀律所當之聲，皆異常法。所以明夫五聲、五行，變動不居，亦未嘗無自然之法象也。五聲應河圖，有本數，有變數，獨其相生之序，與五行相生者異。其位雖皆順圖左旋，而宫生徵，自中而南；土生金，自中而西。前後各差一位，故不同。然五聲相生，亦猶五行相生。此以黄鍾鈞五正聲，依五行相生之序，則黄鍾當宫土，太蔟當商金，姑洗當羽水，林鍾當角木，南吕當徵火。又以五聲相生之序觀之，則宫而角，角而商，商而徵，徵而羽，皆得其所克之位，如洛書之逆相克矣。試置黄鍾宫於坤維之位，則太蔟商在西，姑洗羽在北，林鍾角在東，南吕徵在南，如河圖之位。而林鍾、南吕亦在宫之前，太蔟、姑洗亦在宫之後矣。又試置黄鍾宫於艮維之位，則林鍾角在東，太蔟商在南，南吕徵在西，姑洗羽在北，如洛書之位。而方位順布，黄鍾、林鍾、太蔟、南吕、姑洗亦適合乎五聲相生之序也。然則求其理用，豈無通達者哉？若應鍾下有羽，夷則下有商，仲吕下有徵，此又别出一例。謂聲律亦有一定之方位，應鍾位亥，屬水，爲羽；夷則位申，屬金，故爲商；仲吕位巳，屬火，故爲徵。由此推之，太蔟位寅，屬木，當爲角，而前例以爲商。於此省之。蓋舉三位爲例，餘一位可知。又以寅、申、巳、亥爲例，而子、午、卯、酉可知。其辰、戌、丑、未，則皆宫土之位也。大抵五聲、五行，變動不居，如甲乙木、丙丁火、戊己土、庚申金、壬癸水，方位次序不易者也。甲己土，乙庚金，丙辛水，丁壬木，戊癸火，合化變易者也。此以黄鍾爲宫，猶甲己土也；太蔟爲商，猶乙庚金也；姑洗爲羽，猶丙辛水也；林鍾爲角，猶丁壬木也；南吕爲徵，猶戊癸火也。而以合於五行之本位，則林鍾角爲甲乙木，南吕徵爲丙丁火，黄鍾宫爲戊己土，太蔟商爲庚辛金，姑洗羽爲壬癸水。宫土居中，木火在其前，金水在其後，即十干之次，而徵羽在宫前，商角在宫後之變體也。應鍾三律，則地支五行本位也。即此一章，亦與正法相發明。言聲律者，豈可泥一途哉。

已上所録，皆所以證明聲律體用之理。自漢已後，言聲律者徒知有體，不知有用。槩不録，餘見《旋宫篇》。

允禄　張照《律吕正義後編》卷七九

樂制考一·商

按《白虎通》則謂大弦爲君，小絃爲臣，文王武王加二絃以合君臣之恩釋。《智匠樂録》又謂文王加一，武王加一，今稱二絃爲文武絃。【略】

樂制考一·周

按《考工記》所載造樂器之法雖已散見《樂器考》，於此仍載其全文，以備觀覽，重其爲三代之文也。其言金石革三器及筍簴之制詳矣，顧備其體制而不言其律吕度數，蓋各有司存也。餘五音惜無其文，而琴瑟簫管等器莫可知矣。若筍簴狀物之形，形存而聲出，其間各有所宜。聖人制作定世，所以爲大無際細無餘也。鐘也，磬也，鼓也，其分體各有名稱，歷代猶襲其號焉。【略】

又

按宫謂之重，商謂之敏，角謂之經，徵謂之迭，羽謂之柳。郭璞云：「皆五音之别名，其義未詳。」間嘗考之，古人名五音以宫、商、角、徵、羽者，要亦非有深義。直以宫字之音即是宫，商字之音即是商耳。角、徵、羽，皆然。顧音有濁必有清，有全必有半，同根而異幹，亦雜比而成文。此重敏經迭柳云者，其即宫商角徵羽之清聲、半聲歟。其云和樂謂之節者，郭璞作八音克諧解，則文自明，故不注。邢昺以爲，相謂之節，相即拊也。所以節樂，以韋爲表，裝之以糠。以柷作樂，以敔止樂，以相節樂，其義似勝，若今之拍板也。

樂制考二·東周

秦醫和對晉侯曰：先王之樂，所以節百事也，故有五節，遲速本末以相及，中聲以降，五降之後，不容彈矣。於是乎有煩手淫聲，慆堙心耳，乃忘平和，君子弗聽也。君子之近琴瑟，以儀節也，非以慆心也。天有六氣，降生五味，發爲五色，徵爲五聲，淫生六疾。六氣曰陰、陽、風、雨、晦、明也，分爲四時，序爲五節。不節不時，能無及此乎？【略】

又

晏子對齊景公曰：先王之濟五味，和五聲也，以平其心、成其政也。聲亦如味，一氣，二體，三類，四物，五聲，六律，七音，八風，九歌，以相成也。清濁，小

大，短長，疾徐，哀樂，剛柔，遲速，高下，出入，周疏，以相濟也。君子聽之以平其心，心平德和，故《詩》曰德音不瑕。【略】

又

按古樂雖淪亡，而其精意具見於此。醫和謂有五節，遲速本末以相及，中聲以降，五降之後不容彈矣。此言立中聲以爲本，自中而低，自中而高，各五降則其音已盡，無可復彈也。其言降而不言升者，表中也。中立則無上，故高低俱曰降，不得以低爲降而高爲升也。隨舉一聲以爲中，皆具五降。若夫天地之中聲，則非黄鐘之真度不能得也。若晏子之言，則七音始明於後世。夫五音、七音，皆天定，非人力。音止有五，無七也。然而無七即無五，天數五，地數五，五者天地。人數七，七者人。無人則天地之心不可得而見，理如是即數如是，數如是即聲如是，不能逃也。音有七位，遞生二變以成五音，而後五音行於十二律之中焉。皆天定，非人力也。其言清濁，小大，短長，疾徐，哀樂，剛柔，遲速，高下，出入，周疏，以相濟云者，品竹彈絲，敲金擊石之法盡之矣。伶州鳩則言鐘槬能致疾，不可槬亦不可窕，必歸於和。和者，樂之極。何以能和？在音之平。《商頌》曰：「既和且平。」蓋自古志之。俗樂以夾鐘爲黄鐘，即其聲不能平，不能平即不能和，不能和自無由召天地之和也。樂之精義，具在此數章矣。【略】

又

按後之言五聲二變者，胥本於此。蓋以韋昭訓七律，謂黄鐘爲宫，太簇爲商，姑洗爲角，林鐘爲徵，南吕爲羽，應鐘爲變宫，蕤賓爲變徵也。韋昭所謂周有七音云者，則以世説古惟五音，至周始加文武二音，故曰周有七音也。然此皆古樂既亡，儒生不知律吕，徒守師傳片言單辭，而未嘗九變復貫，故其説若昧若明而不可具曉，辨之詳問答卷中。又按曰羽、曰厲、曰宣、曰嬴，當時蓋隨義命名耳。然其後終周之代，厲王始暴，宣王中興，卒之，嬴且代周，當宿師商郊而已。定此豈有意爲之，如漢符命圖讖之説哉。光未發，景先現，天地之道如此。【略】

又

又按聲淫及商，鄭氏注謂武樂中有貪商之聲，賈疏因之。後人又謂祭不用商，而《大武》之樂聲淫及商，故賓牟賈以爲有司失其傳。今按兩説皆所未，安《大司樂》圜丘、方澤、宗廟之祭，有宫、角、徵、羽，而無商，後儒遂謂祭不用商。顧所謂圜鍾爲宫云者，其義未詳，其制莫考，安得但據文内無商字，遂謂祭不用商也。五聲闕一，何以成樂？略知操縵，便識其非。若謂不用商調而非不用商聲，以圜鍾宫等十二皆爲調名，則義似可通矣。然圜鍾宫等之果爲調名與否，先未可定，何由知其爲不用商調也？且宫、商、角、徵、羽流行於十二律吕之間，其以宫聲起宫聲止，爲宫調；角聲起角聲止，爲角調；黄鐘宫起黄鐘宫止爲黄鐘宫調；黄鐘角起黄鐘角止，爲黄鐘角調云者，乃宋燕樂用調之法，其原出於蘇祇婆。今以南北朝時突厥之樂例推三代以上，或者古今一致乎？然安可遽信以爲是也。若如鄭氏之言，謂武樂中有貪商之聲，從音聲而得其性情，其義微矣，其螳螂捕蟬之類乎？此惟徒鼓琴瑟，則心之所之，達於音聲，或有其理。然使有意爲之，每日鼓琴必作螳螂捕蟬，斷乎不能。況比音而樂之，令衆志僉同，齊作貪商之聲，寧有此乎？夫聲音與語言文字不同，如有司失傳，而詩中有貪商之語，則可矣。今曰有司失傳，而聲中有貪商之意，所未敢信也。曰：然則所爲聲淫及商者奈何？曰：疑事毋質，非敢以爲然也，姑存以俟後之君子。夫宫聲八十一，商聲七十二，如以七十二爲宫，則遞轉而高，音亦愈以激越，於以悦耳則得矣，而和平中正之音亡焉。如現今俗樂，猶宋之燕樂也，應夾鐘之律爲清商，其度數既從清商始，則比音而樂之，雖仍有宫、商、角、徵、羽之五音，而宫其所宫，非正樂之所爲宫也，其中並無宫音也。意者，春秋之時，大武之樂之器，其度數已失，黄鐘之舊侵淫於大吕、太簇之間，故曰聲淫及商歟，殆非大武樂中不用商音，而亦非以商字爲殷商之商也。【略】

又

按管子生於孔子之前，然所爲《管子》一書乃列國人爲管子之學者之所爲，非管子所自著也，故附於孔門之後，而《吕氏春秋》亦以類從焉。

又按起五音之法，《管子》以前無傳焉，後世言樂音者並托始於此。其所謂先主一而三之云云者，義見上編。夫數始於一，成於三開者，推而衍之也。一分爲三，三分爲九，九分爲二十七，二十七分爲八十一。本一而三之，如是者四，適合黄鐘之數，以成宫也。黄鐘八十一數，益以三分之一二十七，合爲百有八，是爲徵數。乘者即三分之一也，三分百有八，而去其一分三十六，餘七十二爲商數。三分七十二，而益其一分二十四，合爲九十六，爲羽數。三分九十六，去其一分三十二，餘六十四爲角數也。其以百有八爲徵，九十六爲羽者，即五十四爲徵，四十八爲羽之數而倍之，所謂徵羽之數大於宫也。故其聽之之序，則先徵羽而次及宫，即今每宫起調必自下徵下羽先之之法也。其生之之序，則由宫而徵，而商，而羽，而角，即後世三分損益上生下生之法也。其五音所發之狀，叶乎豬

馬牛羊雉之鳴者，所謂遠先諸物也。此生五音之法，《管子》所述於樂祖，而俾後世猶可尋其墜緒者也。【略】

又

按《吕氏春秋》論樂，醇疵相半。《大樂篇》以太一、兩儀、陰陽、變化、日月、星辰、寒暑、剛柔爲本，以節嗜慾、務公平，於君臣、父子、夫婦、長少間爲用，以治身、治國、治天下爲應，可不謂精且宏乎。後世樂之衰也，由於失樂之情也。情之失也，由於養之不適也。《侈樂篇》之説得之矣。《適樂篇》論和心行適之道，期於得四欲、除四惡，而歸本於勝理。折中於小大輕重之衷，不綦信乎。《音律篇》所謂三分所生，益之一分以上生；三分所生，去其一分以下生云者，即司馬遷以下生者倍其實三其法，以上生者四其實三其法之説所由出也。所謂黄鐘、大吕、太簇、夾鐘、姑洗、中吕、蕤賓爲上，林鐘、夷則、南吕、無射、應鐘爲下者，即鄭康成五下六上乃一終之説所自出也。此皆其言之醇而可法者也。獨《古樂》《音初》二篇之論，則爲荒遠而無稽，彼朱襄葛天之世音律未開，文字未作，爾時遂有八闋之歌，且有遂草木、奮五穀、敬天常、依地德之名目，不亦誣乎。其曰顓頊命飛龍效八風之音，帝嚳命鳳鳥天翟爲九招六列之舞，帝堯命質效山林谿谷之音云者，又爲後世《竹書》《拾遺記》作之俑也，況謂塗山氏有待禹之行，謂辛餘靡有振王北濟之事，皆與《尚書》《左氏》不符，今采而存之者，慮後世索隱之徒援以衒異，故彙集於此而辯正之，以祛其惑云。

又　卷八〇

樂制考三・漢

按漢世論樂，淮南王安之書爲後世所宗，且在司馬遷之前，今具列焉。夫律吕之數，始於一，分於二，中於五，交於六，方於八，圓於九，紀於十二，倍於二十四，行於二十七，盈於三十，殺於六十，定於八十一，衍於三百六十，積於十七萬七千一百四十七，而要皆成於三者也。《淮南子・天文訓》之言曰：規始於一，一生二，二生三，三生萬物。天地三月而爲一時，以三參物，三三如九，故黄鐘之律九寸而宫音調。由此推之，太極爲一，陰陽爲二，此三之數所由開也。三加二爲五，而五音出焉。三其二則爲六，而六律起焉。以三加五則爲八，而八音具焉。以三乘三則爲九，而黄鐘九寸之法生焉。二其六爲十二，而十二鐘副十二月之義出焉。三其八爲二十四，而二十四氣之節與二十四銖之權肇焉。三其九爲二十七，而二尺七寸之幅倣焉。三其十爲三十，而一月之日與一鈞之數定焉。五其十二爲六十，而六十音應六十甲子之分成焉。三其二十七爲八十一，而八寸一分之管正焉。三其十二爲三十六，即三其一百二十爲三百六十，以當一歲之日而天地之全數周焉。至所謂十一三之之法，則置一而十一三之，并所置之一爲十二，以爲黄鐘之實十七萬七千一百四十七之數也。若其所謂九九八十一爲黄鐘之數，則所起者乃弦音之分，與司馬遷、班固黄鐘九十分之法原並行而不悖焉。一則九其九寸，一則十其九寸，其法異而實同也。又其所謂下生者倍以三除之，上生者四以三除之之法，又即司馬遷生鐘術所謂上生者倍其實、三其法，下生者四其實，三其法之謂。其用三之術，先後同揆也。蓋其或益之，或損之，或乘之，或除之，或積之，其中皆以三爲法者也。其間或上應天運，或中符人事，或下協地宜，要之皆準三而立者也。至其所謂和繆云者，變宫與宫聲相近，故曰和；徵聲與宫聲爲子母相應，而變徵不與宫聲應，故曰繆也。若夫所謂五子應五音云者，蓋以子爲黄鐘之律，而戊子居五子之中，故曰戊子黄鐘之宫也。戊子既爲宫矣，則次庚子宜爲商，黄鐘爲商，必無射爲宫，故曰庚子無射之商也。庚子既爲商矣，則次壬子宜爲角，黄鐘爲角，必夷則爲宫，故曰壬子夷則之角也。壬子爲角，則次甲子宜爲徵，黄鐘爲徵，必仲吕爲宫，故曰甲子仲吕之徵也。甲子爲徵，則次丙子宜爲羽，黄鐘爲羽，必夾鐘爲宫，故曰丙子夾鐘之羽也。雖其所謂五音者係絃音之分，而非律之本聲；其所謂五子者係六十音之名，而非音有是律。然於義猶有可推。獨其先論斗建所指，以二十四氣分配十二律。自冬至迄夏至，逆行一周；自夏至迄冬至，復順行一周。其逆行也，既不合乎日躔；其順行也，又併不合乎斗建，則天官與律吕之義兩未有合焉，故仍其説而闕之，以俟後之知者。【略】

又

按古樂失傳久矣，後之人猶得尋其遺緒以存什一於千百者，端賴遷史。此宋蔡元定《律吕新書》與和、李、范、馬諸儒及先明諸家言樂者，之所祖述者也。顧樂有教，有藝，有數。教原於道，與天不敝，雖非今古所能損益，然教成於人。與世推移，教不明則樂不興。周衰禮樂並廢，漢武帝徒慕功成作樂，而未明乎樂之道，故不足以爲教。史遷敘其事，明漢樂之大悖乎道而不足以爲樂也，其下文全采《樂記》以明樂教。褚少孫又從而附益之。今珉玉相混，不可辨律書明樂數也。數原於氣。七政，二五之精也。二十八舍，七政所歷也。八風于是出焉，風動物鳴，是曰天籟。先王法之乃有人籟，樂之始也。《記》曰八風從律而不奸，律之所中，循乎二十八舍，一定者也。八風之行，協乎律與否，無定者也。協則歲功成，不協則凶荒札瘥，故曰八風從律而不奸。聖主燮理陰陽，調風以應乎律，而後世乃謂樂能調律以從風，則不察之故也。凡此必有數行乎其中。數非理不立，理非數不行。數非器不徵，器非數不定。數者何？律之寸、分，一十百千萬相生相積者是也。其自九九八十一爲宮，至應鍾長四寸二分十分二以爲羽者，十二律長短，合乎五音之定數也。自子一分至亥十七萬七千一百四十七分者，十二律積實之數也。其以下生者倍其實三其法，以上生者四其實三其法，置一而九三之者，言生黄鍾之術也。所謂音始于宮，終於角者，五音相生之次，一調之始終也。所謂數始於一，終於十，成於三者，言一爲數始，十爲數終。黄鍾紀陽不紀陰，故虚十而存九，即以三三成乎九也。所謂氣始於冬至，周而復始者，十二律之運行，猶前二十八舍之説也。所謂神生於無形，成於有形，以至篇末云云者，言數之超乎形聲，妙乎神氣，惟聖人之聰明，爲能通性情之故，合天地之心，而見無理無事之非數也。嘗考之《律曆志》云陰陽相生自黄鍾始，由左而旋，八八爲伍。孟康云從子數至未得八生林鍾，又從未數至寅得八生太蔟是也。以下生者，如子律一分爲黄鍾九寸之數，至丑三分二，則於九寸中取六寸爲林鍾，所謂黄鍾三分去一下生林鍾也。黄鍾九寸，倍之爲十八，所謂倍其實也。以三約乎十八，得六，爲林鍾之數，所謂三其法也。是凡律之下生者準此矣。以上生者，丑三分二爲林鍾六寸之數，至寅九分八，則於六寸外加二寸爲太蔟，所謂林鍾三分益一上生太蔟也。林鍾六寸，以四乘之爲二十四，所謂四其實也。以三約乎二十四，得八，所謂三其法也。是凡律之上生者準此矣。夫太極元氣，函三爲一，行之於十二辰，始動于子爲一，參之於丑得三，所謂置一而三之也。自丑至酉爲九，皆以三乘之，所謂置一而九三之也。自此至亥，得十七萬七千一百四十七，此陰陽合德，氣鍾於子，化生萬物者也。凡此皆術之昭然，即其數之確然，而理於此行，器於此定，萬物根本於此立，人心好惡於此感而應，千古言樂之家靡不共信而無疑也。獨其律數所載，夷則之角，姑洗、應鍾之羽，林鍾之角，仲吕、南吕之徵，相生不以其倫。而生鍾術中所云上九、商八、羽七、角六、宮五、徵九之説，則司馬貞之索隱、蔡元定之新書，皆不得其説而闕如者，今别爲問答以釋之，茲不具論。若夫樂藝雖曰成而下，然史遷非謂其下而不之紀也。蓋聲音難達之於紙上，且所謂制氏能記其鏗鏘，而不能言其義者既不足徵，而李延年新聲尤史遷所不欲傳諸後世者也。故無其文，而列代史家遂不復能紀，故今欲考何代之樂，其聲音究何如者，皆不可得也。【略】

又

按史遷後，言樂者莫詳於班固。今讀其書，所謂正義者有五：一曰備數，二曰和聲，三曰審度，四曰嘉量，五曰權衡。此志樂之大凡也。及按其條理推行之，實乃知其本數以定聲，而度量衡由之生焉，則五者固一以貫之也。蓋數者，所以筭數事物，順性命之理也，故曰參伍以變，錯綜其數者，言數之盡乎變也。太極元氣，函三爲一者，數之所由肇也。一而三之，三而九之者，數之所由行也。歷十二辰而得黄鍾之實者，數之所由備也。二百七十一枚而成六觚，爲一握者，數之所由算也。五音者，得天之中數五也。六律者，得地之中數六也。有六律，又有六吕者，所謂五六天地之中合也。律娶妻而吕生子者，奇偶相生之數也。始于子，終於亥者，數之周流六虚而爲一周也。本九寸之律爲宮，或損或益，以定商角徵羽者，九六相生、陰陽相應之數也。三統者，三才之數也。天統黄鍾之實爲八百一十分者，九九之數也。地統林鍾之實爲三百六十者，六六之數也。人統太蔟之實爲六百四十者，八八之數也。由是三分損益以生十二律者，參天兩地之數也。凡此皆聲之本乎數者也。至於度，以度長短也，惟起黄鍾之長。數而别於分，忖於寸，蒦於尺，張於丈，信於引也。量，以量多少也，惟起黄鍾之龠。數而躍於龠，合於合，登於升，聚於斗，角於斛也。衡，以任權而均物，平輕重也，惟起黄鍾之重。數而始於銖，兩於兩，明於斤，均於鈞，終於石也。權生衡，衡生規，規生矩，矩生繩，繩生準，五則有品，各順其方而應其行也，是又皆事之起於律，而無一不本乎數者也。獨其《備數章》曰：其數以大衍之數五十，其用四十有九，成陽六爻。孟康注不分曉。今以其數考之，所謂其數者，即上文二百七十一枚之數也。二百七十一枚者，乃六觚六總，積筭則用以紀數，束之則爲一握者也。其形六面，每面九枚，故其表六九五十四，次内六八四十八，次内六七四十二，次内六六三十六，次内六五三十，次内六四二十四，次内六三一十八，次内六二一十二，次内六枚，並中心一枚，共二百七十一枚也。法見《數理精蘊》。成，猶併也。陽，乾卦也。以四十九併乾卦之六爻，又併乾卦六爻之策二百一十六，則得二百七十一數也。志之合數，取象多類此。又其敘參分損益之法，自黄鍾至蕤賓，而謂三分蕤賓，損一下生大吕。由是大吕上生夷則，夷則下生夾鍾，夾鍾上生無射，無射下生中吕，此則五上六下，與《吕氏》《淮南子》、鄭康成、賈公彦、杜佑五下六上之法不合。蓋三分蕤賓損一，僅得大吕之半，必倍之始得其全。若三分蕤賓益一，則不必加倍，而適得大吕之全數。雖二者亦殊塗而同歸，然以聲音度數與陰陽理氣言之，皆以蕤賓上生爲是。上編論之綦詳，是當從《吕氏》《淮南》諸説，而不從班志矣。又曰陰陽相生，自黄鍾始而左旋，八八爲伍。孟康注曰：從子數辰至未得八，下生林鍾；數未至寅得八，上生太蔟。律之上下相生，皆以此爲率。斯言是矣，而未盡其義也。蓋徒以相生言之，則衹當言生，而不當言旋；衹當言八，而不當言八八；衹當言以八相生，而不當言八八爲伍矣。班史所志，於相生、相統、相應、相象、相推、相齊、相乘、相積之義，無所不該，獨未言及旋宫一法，故繼陰陽相生之後而終之曰：自黄鍾始而左旋，言其起黄鍾左行而旋相爲宫也。又曰八八爲伍，言其旋宫之法八與八相比也。伍之云者，言上下諸律皆可爲宫，如儕偶之屬也。賈公彦《禮運》還相爲宫疏曰：自黄鍾下生林鍾至無射上生仲吕，隨其相生之次，每辰各自爲宫，至中吕而匝。黄鍾爲第一宫，林鍾爲第二宫，太蔟爲第三宫，南吕爲第四宫，姑洗爲第五宫，應鍾爲第六宫，蕤賓爲第七宫，大吕爲第八宫，夷則爲第九宫，夾鍾爲第十宫，無射爲第十一宫，仲吕爲第十二宫。此十二宫者，皆以前八交後八，即以後八麗前八，其象則旋轉而無常居，其勢則左行而有定向，斯殆庶幾黄鍾左旋、八八爲伍之義乎。又《權衡章》云忖爲十八，易十有八變之象也，二句與上下文意似不屬。孟康注，謂忖爲忖度，其義黄鍾龠、銖、兩、斤、鈞、石凡七，與下十一象爲十八，尤爲牽强。夫銖、兩、斤、鈞、石由黄鍾之龠而生者也，不得並數爲七。下文十一象，又由銖兩斤鈞石而起者也，不得並數爲十八。今按此二句當在下文。兩者，兩黄鍾律之重也。之下蓋忖者寸也，黄鍾之律九寸，兩黄鍾之律則寸爲十八也。如此則語意恰合，與下段文義亦成一例，而前段上下文亦自聯屬矣。

又按漢世去古未遠，樂家制氏以雅樂聲律世在，太樂官雖不能言其義，然尚能記其鏗鏘鼓舞，故其歌舞音節猶有傳焉。使有文明之主，出羣儒考古驗今，以復三代之遺制，庸詎知其不能？乃新聲競作，褻嫚郊壇，開後世角觝魚龍之術，龜兹伊涼之曲及淫巧百變之戲，吏民湛沔。古制之存什一於千百者于是遂亡。此賈誼、董仲舒、司馬遷、王吉、劉向、班固諸人所爲發憤而增歎也。

又　卷八一

樂制考四·東漢

按自黄帝製律，唐虞三代因之，嗣是《管子》《國語》《樂記》《吕氏春秋》《淮南子》言樂者詳矣，而《史記·律書》生鍾分、生鍾術之法，班固又因之，從未有易其法者。至京房乃作準以代之，蓋以聲微而體難知，其分數不明，故代之以準。準之聲明暢易達，分寸又粗，此其所以作也。顧古人已定之法，雖有好奇善變者，不能出其範圍也。其所謂陽以圓爲形，其性動；陰以方爲節，其性静。動者數三，静者數二云者，乃參天兩地、六耦承奇之道，萬古律法之所同出也。所謂黄鍾律吕之首而生十二律，即《律書》所謂根本也。其十七萬七千一百四十七之數，即生鍾術黄鍾之實也。其謂九三之數萬九千六百八十三爲法者，即生鍾術之寸法也。其謂黄鍾爲宫，太蔟爲商，姑洗爲角，林鍾爲徵，南吕爲羽，應鍾爲變宫，蕤賓爲變徵，即律數三分損益相生之法也。其謂以上生下皆三生二，以下生上皆三生四；又謂以陽生陰倍之，以陰生陽四之，皆三而一云者，即生鍾術上生四其實，三其法，下生倍其實，三其法之謂也。其謂陽氣之初，以爲律法者，即生鍾分始於子一分之謂也。其變爲六十律者，即以十二律而增四十八律于其間也。其以六十律分朞之日，且各終一日，其餘以次運行者，即《律書》以十二律貫乎八風、十母、十二子、二十八舍而終始之之謂也。其相生之有宫、商、徵，而不及羽、角者，則偶舉以爲例耳，非偏而不備也。至其法之於律爲寸，於準則爲尺者，蓋律之爲地促，準之爲地寬，故以寸爲尺，即以分爲寸，以小分爲分，究之非有二法也。其謂不盈者十之爲分，又不盈者更十之爲小分者，律以九爲寸，故寸分小分之法皆異。準以十分爲寸，故寸分小分之法皆同。準所異者，但十其法耳。若九其實，而仍以萬九千六百八十三之法除之，則與律之分寸合矣。是皆準之無可議者也，若其可議者，則亦不一而足矣。古律之用九寸者，以其簡而能該，校量易確也。今準用九尺，則太長且廣矣。長則運掉不靈，廣則校定不密。京氏之意以爲，寬且廣者可以盡明布其數也。夫不能以約治繁，而徒欲以繁治繁，繁之數其有窮極乎？如其法，勢不至億萬，其尺不止矣。區區九尺，其能盡天下之數乎？且十二律之爲清宫、濁宫、清商、濁商之類者，但以律吕陰陽分之，無不皦然明白也。今準之律至於六十，則其爲陰，爲陽，爲清，爲濁者，混淆而不可理，微茫而不可辨。按之準，若明而可徵。比之音，則渾而難别。其可以爲審音定律之則乎？夫律之用在管，準之用在弦。弦以緩急爲清濁，又以燥濕爲緩急，其能如管之一成而不變乎？縱曰均其中弦，令與黄鍾相得而案畫以求之，然求諸弦之勞而迂，孰若求諸管之逸而捷乎。且以弦代管，而遂混管于弦，管其可與絃同論乎？況古人之十二律，至參差，實至整齊。置一而十一三之，其以三遞增者確乎有定也。今準加六十律于十二律中，其相距之律有五律者，有四律者，有三律者，何其參差而絕不整齊也！毋乃以意爲損益，而示異於昔人乎？至其以六十律分朞之日析而按其十二月，則其有三十日者、有三十一日者，是殆欲十二其三十日以當三百有六旬，又六其一日以當有六日矣。然獨不聞有氣盈朔虛之義乎？抑欲舉虛者而盈之乎？又將使司憲明時者有大盡而無小盡乎？況六十律之相距，有八日者，有七日者，有六日者，有五日者，至黃鍾之距色育、太簇之距未知、姑洗之距南授、蕤賓之距南事、林鍾之距謙待、南吕之距白吕、應鍾之距分烏，則祇此一日耳。夫十二律之相差惟九寸至四寸五分盡矣，曾有如一日之去八日者乎？遠近之不倫，何至此極也？凡此皆準之未爲不易者。大抵準之爲術，不過求變乎古人以新一時之耳目。其實終受制于古人，而拾其羹飯者也。揚雄之作《太玄》也，以四畫爲首。蔡九峯之演《洪範》也，以綱一函三爲用。司馬光之作《潛虛》也，以五十五行爲通。邵雍之作《經世》也，以四象爲數。此皆求異于昔聖人之書也，要其歸，曾有出于易道之範圍者乎？無一之能出其範圍者，則後之作者不亦可以已乎。京房之準亦若是而已矣，其曰黃鐘律吕之首而生十二律，十二字當作十一字。至於命八能爲緹室以候氣之說，則別詳辨于《問答》中，茲不具論。【略】

又

按《晉志》言律歷者，有荀勗，有列和，有劉秀、鄧昊、王豔，魏邵、劉恭，要之列和所造每見屈於勗，而劉秀等又惟勗所使令焉，則勗固擅晉世之制作者也。今考其所作，其所奉以爲準者，勗校定之新尺也。其依十二旋宫以命律吕者，勗所造之十二律笛也。其自正聲應黃鍾，下徵應林鍾，至正聲應應鍾，下徵應蕤賓者，則上下次第之笛孔也。其因角體而長者八之，短者四之，實容長者十六之。宫有三變，有二十一伏，孔有四，則十二笛之笛體也。其自姑洗玉律至建武銅尺，則勗所以校尺之器，即所以造笛之本也。神契之妙至於上應汲冢之律，下諧牛鐸之音，豈不巧且密哉。然吾竊謂，其以律爲笛，即命笛爲律者，尚有可議焉。夫律無孔，而笛則有孔者也。《晉志》曰：黃帝命伶倫取竹斷兩節間，吹之以爲黃鍾之宫，次制十二筩，寫鳳之鳴以比黃鍾之宫，以定律吕。初不聞其有孔也。又曰黃帝作律，以玉爲管，長尺，六孔。夫一黃帝之制作也，既云取竹爲黃鍾之宫，又云作律以玉爲管；既云制十二竹筩以比黃鍾之宫，又云以玉爲管、長尺、六孔，則《晉志》之自相支離也。志又曰，漢文學於舜祠下得白玉琯，又晉盜發魏王冢，得玉律，亦不聞其有孔也。又曰，王莽時以銅爲之，亦不聞其有孔也。《周禮》太師掌六律六同，鄭康成注自黃鍾長九寸至應鍾長四寸云云，又不聞其有孔也。《典同》曰，掌六律六同之和。又曰，爲樂器，以十有二聲爲之齊量。鄭注：陽律以竹爲管，陰律以銅爲管，亦不聞其有孔也。至於《國語》伶州鳩曰，古之神瞽考中聲而量之，以制度律均鐘，亦不聞其有孔也。至於笛，則《周禮》笙師注云五孔竹篴，許慎《説文》、應劭《風俗通》俱云七孔，馬融《笛賦》曰笛本四孔，加以一君。明所加孔後出，則笛之有孔也，詳矣。笛之有孔者詳，則律之不言孔者，其無孔不待辨矣。勗欲列和依十二律作十二笛，令一孔依一律，和既有所不能矣。勗又命劉秀等作大吕笛，又吹七律，一孔一校，聲皆相應。夫孔能應律，謂之制笛之善則得矣，而遂以此命律可乎？且考之古制，黃鍾之律九寸，至應鍾之律四寸，未有過九寸者。今勗之笛，黃鍾長二尺八寸四分四釐有奇，應鍾長三尺九寸九分六釐有奇。夫長至三尺九寸九分有餘，即以之爲笛，且苦運掉之難，叶人氣之難周矣。況欲以之爲律乎？夫律之爲用也，先王以正五音，以定四時，以節六氣，以和八風，以審政治，以效軍機，非徒爲一器、一音、一鼓、一吹之用也。笛則依律爲孔，以孔應律，苟有合於成數，則長短可以增損，不拘於成法也。苟神明於古制，則起伏可以變通，不嫌於師心也，然亦適成其爲一器之用而已。勗乃移十二律以命十二笛，是以通天地，貫萬事之本而爲一技一藝之末器也，是以一指起伏、一孔開閉之物而爲彌綸樞紐之大用也，是將謂簫管塤篪，凡與律相叶應者即皆可命之爲律也，可乎哉？夫律，天定者也，一定者也。若夫笛則有待於人之吹，則高下抑揚之間焉得無變乎。至其制笛之法及注家解説之是非，則已詳見《笛考》，茲不贅載。又《晉志》論律吕相生曰，一上一下者，相生之道；重上生者，吹候之用；於蕤賓重上生者，適會爲用之數。故言律者用焉，非相生之正也。是説也，非深知相生之法者，先儒已詳辨之載《律吕正義》上編中，亦不復贅。

又按律吕之道始於黃帝，著於《周禮》，散見於《左傳》《國語》，演於《管子》《樂記》，詳於《吕氏春秋》《淮南子》，集於《史記》、前後漢書，其大指雖同，然其詞由畧而詳，由正而變。如自黃帝制律而後，《周禮》言六律六同，而《左傳》《國語》則有七音五降，及七律、七列之義；《管子》《樂記》言五音，而《吕氏春秋》《淮南子》則有變宫、變徵，及上生下生之用；《史記》言生鍾分、生鍾術，而前後漢書又有三統、一統，及六十律之法，此皆昔人層見疊出，日引日開。前人簡言之而不失之畧，後人備言之而不失之煩，故考樂制者雖上下其議，而於經史之正文無所去取焉，防古制之或漏也。過此自《晉志》而後，拘牽者徒掇拾成書以襲其舊，夸張者又獨逞私智以炫其新。舊者既爲昔人所已言，新者又爲正雅所不道，此則不容轉相沿飾者也。故自《晉志》已下，删其所襲，存其所創；删其可疑，存其可信。其有相傳既久及震驚耳目者，則雖存之仍爲辨其黑白，摘其異同。凡以衛先王大雅之遺音，而亦留質於後之君子也云爾。

又　卷八二

樂制考五・南朝宋

按《史記》有《書》，前漢有《志》，後漢有司馬《續漢志》，惟三國無志。《晉書》尚未修成。沈約《樂志》二卷，凡載魏晉樂制頗詳，惟是吴蜀竝稱三國樂制。何無一傳？豈兵戈擾攘，禮樂日有，不暇給耶？抑史官佚其文耶？何承天云：世咸謂吴朝無雅樂，案孫皓迎父喪明陵，惟云倡伎日夜不息，則無金石登歌可知矣。承天又曰：或云今之神絃，孫氏以爲宗廟登歌也。史臣案陸機、孫權誄肆夏在廟雲翹承機不容虚設。此言又韋昭、孫休世上鼓吹鐃歌十二曲，表曰當付樂官，善歌者習歌，然則吴朝非無樂官，善歌者乃能以歌辭被絲管，寧容止以神絃爲廟樂而已乎？附誌於後，以補三國樂制焉。【略】

又

案梁武帝史稱知樂，作四通以定絃音，制十二笛以與絲聲相應，歷代稱爲巧製。顧其法不傳，尺亦無考。若以今尺驗之，九尺之絃，三尺八寸之管，人手不及，安能用耶。

又　卷八三

樂制考六・隋

按三百六十律之法可謂密矣，然拾京氏六十律之餘巧，而不能出古人十二律之範圍，此特逞其臆智而無益於音律之實用者也。

又　卷八四

樂制考七・後周

按五代王朴稱爲知音，然以律半爲清，如云黄鐘九寸，半之則爲清聲，倍之則爲緩聲。夫清聲與正聲，本同聲相應而清濁分焉，故曰清。若律之半聲能與正律爲同聲乎？至沈括《筆談》謂十二律并清宫當有十六聲。明全賜樂典序又云，簫韶十六管合鐘磬之懸，同用四清爲清角。夫曰十六聲，曰十六管，此亦稍知樂者，然一曰清宫，一曰清角，何耶？至俗樂相傳有以十二律名曰四清者，如曰黄鐘清、大吕清、太簇清、夾鐘清，而宋時笛色亦用之，如下凡曲黄鐘清高凡曰大吕清，下五爲太簇清，高五爲夾鐘清之類。夫四清本五聲之清，而改爲律名固已非是，況下五、高五總一身而清濁分焉，乃占二清聲，豈有此理。特因王朴之言清聲而并論之。

又　卷八五

樂制考八・宋一

禮部員外陳暘上所撰《樂書》二百卷，命吏部尚書何執中看詳，謂暘欲考定音律以正中聲，願送講議司，令知音律者參驗行之。暘論曰：魏漢津論樂用京房二變四清，蓋五聲、十二律，樂之正也。二變四清，樂之蠹也。二變以變宫爲君，四清以黄鐘清爲君，事以時作，固可變也，而君不可變。太簇、大吕、夾鐘或可分也，而黄鐘不可分，豈古人所謂尊無二上之旨哉。

按陳暘，世稱知樂，蓋以能言魏漢津之妄耳。實則二變四清尚不知，安與論樂哉？

又　卷八六

樂制考九・宋二

又按周顯德中，王朴始依周法以秬黍校正尺，度長九寸，虚徑三分，爲黄鐘之管，作律準以宣其聲。宋乾德中，太祖以雅樂聲高，詔有司重加考正。時判太常寺和峴上言曰：古聖設法先立尺寸，作爲律吕，三分損益，上下相生，取合真音，謂之形器。但以尺寸長短非書可傳，故累秬黍求爲準的，後代試之或不符會。西京銅望臬可校古法，即今司天臺影表銅臬下石尺是也，及以朴所定尺比較，短於石尺四分，則聲樂之高蓋由於此。況影表測於天地，則管律可以準繩。上乃令依古法以造新尺并黄鐘九寸之管，命工人校其聲，果下於朴所定管一律。又内出上黨羊頭山秬黍，累尺校律，亦相符合。遂下尚書省集官詳定，衆議僉同。由是重造十二律管。【略】

又

按《夢溪筆談》云：凡聲之高下，列爲五等，以宫、商、角、徵、羽名之。爲之主者曰宫，次二曰商，次三曰角，次四曰徵，次五曰羽，此之謂序。名可易，序不可易。如圜鐘爲宫，則黄鐘乃第五羽聲也。今則謂之角，雖謂之角，名則易矣，其實第五之聲安能變哉，强謂之角而已。先王爲樂之意，蓋不如是也。【略】

又

按《律曆志》范鎮是房庶之律，爲之言曰：照以縱黍累尺，管空徑三分，容黍千七百三十。瑗以横黍累尺，管容黍一千二百，而空徑三分四釐六毫。是皆以尺生律，不合古法。今庶所言，實千二百黍于管，以爲黄鍾之長，就取三分以爲空徑，則無容受不合之差，校前二説爲是。蓋累黍爲尺，始失之于《隋書》。當時議者以其容受不合，棄而不用，及隋平陳得古樂器，高祖聞而嘆曰：華夏舊聲也。遂傳用之。至唐祖孝孫、張文收號稱知音，亦不能更造尺律，止沿隋之古樂制定聲器。朝廷久以鍾律未正，屢下詔書，博訪羣議。今庶所言，以律生尺，誠衆論所不及。請如其法試造尺律，更以古器參考，當得其真。乃詔王洙與鎮同於修制所，如庶説造律尺，龠律徑三分，圍九分，長九十分；龠徑九分，深一寸。尺起黄鍾之長加十分，而律容千二百黍。初，庶言太常樂高古樂五律，比律成才下三律，以爲今所用黍非古所謂一稃二米黍也。尺比横黍所累者長一寸四分。庶又言，古有五音，而今無正徵音，國家以火德王，徵屬火，不宜闕。今以五音旋相生法得徵音。帝召輔臣觀庶所進律尺龠，又令庶自陳其法。因問律吕旋相爲宫事，令撰圖以進其説。以五正二變配五音，迭相爲主，衍之成八十四調。舊以宫、徵、商、羽、角五音次第配七聲，然後加變宫、變徵二聲以足其數。庶推以旋相生之法，謂五行相戾非是，當改變徵爲變羽，易變爲閏，隨音加之，則十二月各以其律爲宫，而五行相生終始無窮。詔以其圖送詳定所。是時胡瑗、阮逸制樂有定議，乃補庶試秘書省校書郎，遣之。鎮爲論于執政，執政不聽。四年，鎮又上書曰：竊惟聲音之生，生於無形，故古人以有形之物傳其法，俾後人參考之。然後無形之聲音得，而和氣可道也。有形者，秬黍也，律也，尺也，龠也，鬴也，斛也，算數也，權衡也，鍾也，磬也。是十者必相合而不相戾，然後爲得。今皆相戾而不相合，則爲非是矣。有形之物非是，而欲求無形之聲音和，安可得哉。謹條十者非是之驗，惟裁擇焉。

按《詩》「誕降嘉種，維秬維秠。」誕降者，天降之也。許慎云：秬，一稃二米。又云：一秬二米。後漢任城縣産秬黍二斛八斗，實皆二米。史官載之，以爲嘉瑞。又古人以秬黍爲酒，謂之秬鬯。宗廟降神惟用一罇，諸侯有功惟賜一卣，以明天降之物，世不常有而可貴也。今秬黍取之民間者，動至數百斛。秬皆一米，河東之人謂之黑米。設有真黍，以爲取數至多，不敢送官，此秬黍爲非是一也。又按先儒皆言，律空徑三分，圍九分，長九十分，容千二百黍，積實八百一十分。今律空徑三分四釐六毫，圍十分三釐八毫，是爲九分外大其一分三釐八毫，而後容千二百黍。除其圍廣，則其長止七十六分二釐矣。說者謂四釐六毫爲方分，古者以竹爲律，竹形本圓，今以方分置算，此律之爲非是二也。又按《漢書》分、寸、尺、丈、引，本起黄鍾之長。又云九十分黄鍾之長者，據千二百黍而言也。千二百黍之施於量，則曰黄鍾之龠；施于權衡，則曰黄鍾之重；施于尺，則曰黄鍾之長。今遺千二百之數而以百黍爲尺，又不起于黄鍾，此尺之爲非是三也。又按《漢書》言龠，其狀似爵，謂爵琖，其體正圓，故龠當圓徑九分，深十分，容千二百黍，積實八百一十分，與律分正同。今龠乃方一寸，深八分一釐，容千二百黍，是亦以方分置算者，此龠之非是四也。又按《周禮》鬴法，方尺，圓其外，深尺，容六斗四升。方尺者，八寸之尺也。深尺者，十寸之尺也。何以知尺有八寸、十寸之别？按《周禮》璧羡度尺，好三寸以爲尺。璧羡之制，長十寸，廣八寸，同謂之度尺，以爲尺，則八寸、十寸俱爲尺矣。又《王制》云：古者以周尺八尺爲步，今以六尺四寸爲步。八尺者，八寸之尺也。六尺四寸者，十寸之尺也。同謂之周尺者，是周用八寸、十寸尺明矣。故知以八寸尺爲鬴之方，十寸尺爲鬴之深，而容六斗四升，千二百八十龠也。積實一百三萬六千八百分。今鬴方尺，積千寸，此鬴之非是五也。又按《漢書》斛法，方尺，圓其外，容十斗，旁有庣焉。當隋時漢斛尚在，故《隋書》載其銘曰：審律嘉量，斛方尺，圓其外，庣旁九釐五毫，冪百六十二寸，深尺，容一斛。今斛方尺，深一尺六寸二分，此斛之非是六也。又按算法，圓分謂之徑，圍方分謂之方斜，所謂徑三、圍九、方五、斜七是也。今圓分而以方法算之，此算數非是七也。又按權衡者，起千二百黍而立法也。周之鬴，其重一均，聲中黄鍾。漢之斛，其重二鈞，聲中黄鍾。鬴斛之制，有容受，有尺寸，又取其輕重者，欲見薄厚之法以考其聲也。今黍之輕重未真，此權衡爲非是八也。又按鳧氏爲鍾，大鍾十分其鼓間，以其一爲之厚；小鍾十分其鉦間，以其一爲之厚。今無大小薄厚而一以黄鍾爲率，此鍾之非是九也。又按磬氏爲磬，倨句一矩有半，其博爲一，股爲二，鼓爲三，蓋各以其律之長短爲法也。今亦以黄鍾爲率，而無長短、厚薄之别，此磬之非是十也。前此者皆有形之物可見者也，使其一不合，則未可以爲法，况十者之皆相戾乎？臣故知無形之聲音不可得而和也。請以臣章下有司，問黍之二米與一米孰是？律之空徑三分與三分四釐六毫孰是？律之起尺與尺之起律孰是？龠之圓制與方制孰是？鬴之方尺，圓其外深尺與方尺孰是？斛之方尺，圓其外，庣旁九釐五毫，與方尺深尺六寸二分孰是？算數之以圓分與方分孰是？權衡之重以二米秬黍與一米孰是？鍾磬依古法有大小、輕重、長短、薄厚而中律與不依古法而中律孰是？是不是定，然後制龠、合、升、斗、鬴、斛，以校其容受。容受合，然後下詔以求真黍。真黍至，然後可以爲量，爲鐘磬。量與鐘磬合於律，然後可以爲樂也。今尺律本末未定，而詳定修制二局，工作之費無慮千萬計矣。如以臣議爲然，伏請權罷詳定修制二局，候真黍至，然後爲樂，則必至當而無事於浮費也。詔送詳定所。

又　卷八七

樂制考一〇·宋三

按李照律據史所載，約在倍無射黄鐘間以爲黄鐘。今范鎮律又下李照一律有奇，則黄鐘正當倍夷則也，更舛於照矣。

又按《文獻通考》云，司馬光君實與范鎮景仁往反論鐘律書，君實書云：蒙示房生尺法，云生嘗得古本《漢書》云，度起於黄鐘之長，以子穀秬黍中者，一黍之起，積一千二百黍之廣，度之九十，分黄鐘之長，一爲一分。今文悮脱「之起積一千二百黍」八字，故自前世以來累黍爲尺，縱置之則太長，横置之則太短。今新尺横置之則不能容一千二百黍，則大其空徑四氂六毫，是以樂聲太高。又嘗得開元中笛及方響，校太常樂下五律，教坊樂下三律，皆由儒者悮以一黍爲一分，其法非是。不若以一千二百黍實管中，隨其短長斷之，以爲黄鐘九寸之管。九十分其長，一爲一分，取三分以度空徑，數合則律正矣。景仁比來盛稱此論，以爲先儒用意皆不能到，可以正積古之謬，祛一世之惑。光竊思之有所未諭者凡數條，敢書布陳，幸景仁教之。景仁曰：房生家有《漢書》異於今本，夫按累黍求尺，其來久矣。生所得書不知傳於何世，而相承積謬由古至今，更大儒甚衆曾不悟也。又其書既云積一千二百黍之廣，何必更云「一黍之起」，此四字者將安施設？劉子駿、班孟堅之書不宜如此冗長也。且生欲以黍求其長，何得謂之積一千二百黍之廣？孔子稱「必也正名乎」，必若所云，則爲新尺一丈二尺，得無求合其術而更戾乎？景仁曰：度量權衡皆生於律者也，今先累黍爲尺，而後制律，返生於度與黍，無乃非古人之意乎？光謂不然，夫所謂律者，果何如哉？嚮使古之律存，則龡其聲而知聲，度其長而知度，審其容而知量，校其輕重而知權衡。今古律已亡矣，非黍無以見度，無以見律。律不生於度，非度與黍將何從生邪？夫度量衡，所以佐律而存法也。古人所謂制四器者，以相參校，以爲三者雖亡，苟其一存，則三者從可推也。又謂後世器或壞亡，故載之於書，形之於物。夫黍者自然之物，有常不變者也，故於此寓法焉。今四器皆亡，不取於黍，將安取之？凡物之度其長短則謂之度，量其多少則謂之量，稱其輕重則謂之權衡，然量有虚實，衡有低昂，皆易差而難精等之，不若因度求律之爲審也。房生今欲先取容一龠者爲黄鐘之律，是則律生於量也。量與度皆非律也，捨彼用此將何擇焉？景仁曰：古律法，空徑三分，圍九分，今新律空徑三分四氂六毫，此四氂六毫者，何從出邪？光謂不然，夫徑三分，圍九分者，數家言其大要耳。若以密率言之，徑七分者，圍二十有一分也。古之爲數者，患其空積微之太煩，則上下輩之所謂三分者，舉成數而言耳。四氂六毫不及半分，故棄之也。又律管至小，而黍粒體圓，其中豈無負戴宛空之處，而欲責其絲忽不差耶？景仁曰：生以一千二百黍積實於管中，以爲九寸，取其三分以爲空徑，此自然之符也。光按：量法，方尺之量所受一斛，此用累黍之法校之則合矣。若從生言，度法變矣。而量法自如，則一斛之物豈能滿方尺之量乎？景仁曰：量權衡皆以千二百黍爲法，何得度法獨用一黍？光按：黄鐘所生凡有五法：一曰備數，二曰和聲，三曰審度，四曰嘉量，五曰權衡。量與權据其容與其重，非千二百不可。至於法度止於一黍爲分，無用其餘。若數與聲則無所事黍矣，安在其必以一千二百爲之定率也？景仁曰：生云今樂太高，太常黄鐘適當古之中呂，不知生所謂中呂者，果后夔之中呂耶？開元之中呂耶？若開元之中呂，則安知今之太高，非昔之太下耶？笛與方響，里巷之樂，庸工所爲，豈能盡得律呂之正，而欲取以爲法，考定雅樂，不亦難乎？此皆光之所大惑也。景仁復書曰：（一）君實曰《漢書》傳於世久矣，更大儒甚衆庶之家安得善本而有之，是必謬爲脱文，以欺於鎮也。是大不然，鎮豈可欺哉，亦以義理求之也。《春秋》夏五之闕文，《禮記·玉藻》之脱簡，後人豈知其闕文與脱簡哉？亦以義理而知之也。猶鎮之知庶也，豈可逆謂其欺而置其義理哉？又云一黍之起，劉子駿、班孟堅之書爲冗長者。夫古者有律矣，未知其長幾何，未知其空徑幾何，未知其容幾何，豈可直以一千二百黍受置其間哉？宜起一黍積而至一千二百然後滿，故曰一黍之起，積一千二百黍之廣。其法與文勢皆當然也，豈得爲冗長乎？若如君實之説，以尺生律，《漢書》不當先言本起黄鐘之長，而後論用黍之法也。若爾，是子駿孟堅之書不爲冗長而反爲顛倒也。又云積一千二百黍之廣，是爲新尺一丈二尺者。君實之意以積爲排積之積，廣爲一黍之廣而然耶。夫積者，謂積於管中也。廣者，謂所容之廣也。《詩》云：「乃積乃倉。」孟康云空徑之廣是也。又云徑三分、圍三分者，數家之大要不及半分則棄之也。今者三分四氂六毫，其圍十分三氂八毫，豈得謂不及半分而棄之哉？《漢書》曰：律容一龠，得八十一寸。謂以九分之圜累九寸之長，九九而八十一也。今圜分之法既差，則新尺與量未必是也。如欲知庶之量與尺合，姑試驗之乃可。又云權衡與量据其容與其重必千二百黍而後可，至於尺法止於一黍爲分，無用其餘，若以生於一千二百是生於量也。且夫黍之施於權衡則由黄鐘之重，施于量則由黄鐘之龠，施於尺則由黄鐘之長，其實皆一千二百也。此皆《漢書》正文也，豈得謂一黍而爲尺耶？豈得謂尺生量耶？又云庶言太常樂太高，黄鐘適當古之中吕，不知中吕者果后夔之中吕耶？開元之中吕耶？若開元之中吕，則安知今之太高非昔之太下者，此正是不知聲者之論也，無復議也。又云方響與笛，里巷之樂，庸工所爲，不能盡得律吕之正者，是徒知古今樂器之名爲異，而不知律與聲之同也，亦無復議也。就使得其真黍，用庶之法制爲律吕，無忽微之差，乃黄帝之仲尼也，豈直后夔開元之云乎？《書》曰：「律和聲。」方舜之時，使夔典樂，猶用律而后能和聲。今律有四氂六毫之差，以爲適然，而欲以求樂之和，以副朝廷制作之意，其可得乎？其可得乎？君實書又曰：近於夢得處連得所賜兩書，且云鑄周鬴、漢斛已成，欲令光至潁昌就觀。周室既衰，禮缺樂弛，典章亡逸，疇人流散，律度量衡不存乎世，咸夏韶護不傳乎人。重以暴秦焚滅六籍，樂之要妙存乎聲音，其失之甚易，求之甚難。自漢以來，諸儒取諸胸臆，以臆度古法，牽於文義，拘於名數，校竹管之短長，計黍粒之多寡，競無形之域，訟無證之廷，迭相否臧，紛然無已，雖使后夔復生不能决矣。彼周鬴出於《考工記》，非經見是非，固未得而知。如漢斛者，劉歆爲王莽爲之，就使其器尚存，亦不足法，況景仁復改其形制，恐徒役心費銅炭而已。

按《文獻通考》云：元祐初，范鎮用房庶律法，上所定樂，下詔褒美。楊傑言，按《爾雅》：秬，黑黍；秠，一稃二米。律法有用秬黍之文，無用秠之説。以爲必得秠，然後制律，未之前聞也。鎮所造銅量，斛在上，斗在下，左耳爲升，右耳上爲合，下爲龠。上三下二，與漢制符矣。《漢志》量，聲中黄鐘，始于黄鐘而反覆焉。孟康曰：反斛聲中黄鐘，覆斛亦中黄鐘之宫。臣叩鎮所造銅量，其聲不與黄鐘合，則非漢制也。黄帝命伶倫斷竹節兩間，聽鳳之鳴以爲律吕，此造律之本也。初無用黍之法，至《漢志》乃有用黍之制。鎮以爲世無真黍，乃用太府尺以爲樂尺，而又下一律有奇，其實下舊樂三律矣，其可用乎？鎮樂律卒不行。

又　卷八八

樂制考一一・宋四

按《廣治平略》云：周子、程子、張子之餘論，皆論其理，或未究其要。南渡後，建陽蔡元定作《鐘律書》，成其所論，多近代之未講，而皆不離古人之成法。先求聲氣之元，而必因律以生尺，蓋卓然獨得而爲朱子之所深取也。考朱子鐘律，蕤賓重上生者，月律也，與《月令》同。蔡氏《新書》，蕤賓下生大吕，則樂均也，與《史記》同。而黄鐘以下生者倍，始於丑三分二，而三之則得林鐘之實。凡律生吕皆如之。林鐘以上生者四，始於寅九分八，而三之則得太蔟之實。凡吕生律皆如之。此雖朱蔡之所未及也。横渠以喉、齒、牙、舌、脣調宫、商、角、徵、羽，轉聲而不變字，爲善歌。若證諸黄帝五鐘，宫與角徵常顯諸仁，而商羽則藏諸用，歌奏合則羽，比於角徵，流於商，以反爲文則歸其宫焉。是知仁禮義統於聖，一如臣民事物從其君矣。此又横渠之所未及也。明道以八十四聲分清濁，取中聲而上下之。若證諸詔本六府、五事，宫羽之中聲爲清角，商羽之中聲爲流徵，移宫换羽，角必返宫，以水和土，以土和火，以火化金，以金治木，木復返土，五行合和以正德、厚生、利用，故能降天神，出地祇，格人鬼而九成焉。是天地四時人之七始，皆自中聲往返，又明道之所未及者也。【略】

又

按《藝文志》云，蔡元定《律吕新書》二卷。《蔡元定傳》：元定於書無所不讀，於事無所不究，義理洞見大原；下至圖書、禮樂、制度，無不精妙。所著有《律吕新書》，朱熹深好其書，謂國家行且平定中原，必將審音協律以諧神人，受詔典領之臣，宜得此書奏之，以備東都郊廟之樂。熹定《鐘律》《詩樂》《樂制》《樂舞》等篇，彙分於所修禮書中。皆聚古樂之根源，簡約可觀，而鐘律分前後篇，其前篇爲條凡七：一曰十二律陰陽辰位相生次第之圖，二曰十二律寸分氂毫絲忽之數，三曰五聲五行之象清濁高下之次，四曰五聲相生損益高下之次，五曰變宫變徵二變相生之法，六曰十二律正變倍半之法，七曰旋宫八十四聲六十調之圖。其後篇爲條凡六：一曰明五聲之義，二曰明十二律之義，三曰律寸舊法，四曰律寸新法，五曰黄鐘分寸數法，六曰黄鐘生十一律數。大槩率采元定所著，更互演繹，尤爲明邃。其《樂制》彙於王朝禮，其《樂舞》彙於祭禮。上下千載，旁搜遠紹，昭示前聖禮樂之非迂，而將期古樂之復見於今，熹蓋深致意焉。其《詩樂篇》别系於後。

嵇璜　曹仁虎《欽定續文獻通考》卷一〇六《樂考・律吕制度》　遼道宗太康中，以秬黍所定升斗定律。

初，用周黍尺九寸，管空圍三分爲本。太康中，詔行秬黍所定升斗嘗定律矣，其法大抵用古律焉。大樂四旦二十八調，則不用黍律，以琵琶弦叶之。

金章宗明昌五年，置所講議禮樂，尺律仍用宋大晟樂制。

詔用唐宋故事，置所講議禮樂。有司謂雅樂自周漢以來止存大法，魏晉而後更造律度，訖無定論。至後周保定中，得古玉斗於地中，以造尺律。其後牛弘以爲不可，止用蘇綽鐵尺。至隋亦用之。唐興，因隋樂不改。黄巢之亂，樂縣散失，太常博士殷盈孫以周法鑄鎛鐘、編鐘，處士蕭承訓等校石磬，合而奏之。至周顯德，以黍定律，議者謂比唐樂高五律。宋初亦用王朴所置樂，時和峴以周顯德律音近哀思，乃依西京銅望石臬尺重造十二管，取聲下王朴一律。景祐初，李照取黍累尺成律，以其聲猶高，更用太府布帛尺，遂下太常樂三律。皇祐中，阮逸、胡瑗改造，止下一律，或謂其聲弇鬱不和，依舊用王朴樂。元豐間，楊傑參用李照鐘磬加四清聲，下王朴樂二律，以爲新樂。元祐間，范鎮又造新律，下李照樂一律而未用。至崇寧間，魏漢津以范鎮知舊樂之高，無法以下之，乃以時君指節爲尺，其所造鐘磬即今所用樂是也。然以王朴所制聲高，屢命改作。李照以太府尺制律，人習舊聽，疑於太重。其後范鎮等論樂，復用李照所用太府尺，即周隋所用鐵尺。牛弘等以爲近古合宜者也。今取見有樂以唐初開元錢校其分寸亦同，則漢津所用指尺殆與周隋唐所用之尺同矣。漢津用李照、范鎮之説而恥同之，故用時君指節爲尺，使衆人不敢輕議。其尺雖爲詭説，其制乃與古同，而清濁高下皆適中，非出於法數之外私意妄爲者也。蓋今之鐘磬，雖崇寧之所製，亦固隋唐之樂也。閲今所用樂律，聲調和平，無太高太下之失，可以久用。唯辰鐘、辰磬，自昔數缺，宜補鑄辰鐘十五、辰磬二十一，通舊各爲二十四簴。帝曰，嘗觀宋人論樂，以爲律主於人聲，不當泥於其器，要之在聲和而已。於是命禮部符下南京，取宋舊工更鑄辰鐘十有二，又以舊鐘姑洗、夷則皆高五律，無射高二律，別鑄以補之，乃協。又琢辰磬各十有二，以其半少劣，擇其諧者用之。

元世祖時，杜瑛著《律歷禮樂禨志》三十卷。

英宗時，翰林學士承旨趙孟頫著《樂原》《琴原》。

孟頫于律吕之樂尤精，深得古人不傳之妙，著《琴原》《樂原》各一篇。

《樂原》篇曰：樂本於律，律始於數，正於度。度曷從而正之？曰：以候氣正之。何以知其然也？古者有絫黍之法。黍之爲物也，大小不齊，就取其中者從絫之而然，橫絫之而否，是故不可以爲定法也。必擇土中，使善歷者候氣焉。氣應則律正，律正則度正矣。較之絫黍之爲，顧不亦善乎。律之長短，鄭氏之法不可易也。是其上下之所以相生也，所以隨時而變易也。夫音之清濁，定于管之長短。凡其空圍，則一而已矣，非有大小之異也。先儒制律有大小之異者，非愚之所知也。律不可以徒律，徒律不可以爲樂，必施之于音而後樂生焉。用之而天地應，鬼神格，人民和，故曰移風易俗莫善于樂。世衰道微，流爲賤工之事，爲士者益恥之，豈特不以爲己任而已哉。然樂之所以動天地、感鬼神、移風易俗者，不可毫厘差也。《禮運》曰：「五音、六律、十二管還相爲宫。」謂律之各自爲宫，而商、角、徵、羽從之也。仲冬之月，律中黄鐘。夫黄鐘爲宫，則太蔟爲商，姑洗爲角，蕤賓爲變徵，林鐘爲徵，南吕爲羽，應鐘爲變宫，此自然之理也。還之于律，而七音備矣；被之于器，而八音諧矣。大吕而下亦猶是也。今之樂，以四清混于七音之中，不亦謬乎？黄鐘爲衆律之祖，宫聲爲衆音之君，皆尊而無二者也。惟其然也，是以有清聲焉。此聖人作樂之妙用也。還宫之法，黄鐘之均無清聲，謂黄鐘爲宫，則商、角、徵、羽以漸而清，自然順序，不待用清聲也。大吕爲宫，則黄鐘爲變宫。還宫之法，宫爲濁，變宫爲清。若乃大吕均以黄鐘爲變宫，則是變宫反濁于大吕宫矣，是上陵之漸也，而可乎？于是以黄鍾之清聲代之。夫清聲者，豈于十二律之外他有所謂清聲者哉。黄鐘之律九寸，半之爲四寸二分寸之一，是黄鐘之清聲也。長短雖不同，而不失黄鐘之中聲，故曰黄鐘之清聲也。豈惟黄鐘爲然，十二律皆有之。今也不然，四清之外無有也。必欲復古，則當復八清。八清不復，而欲還宫以作樂，是商、角、徵、羽重于宫，而臣、民、事、物上陵于君也，此大亂之道也。

熊朋來著《律論》，其説謂黄鐘流行，諸律本無間斷也。算法之起，殆因律管有長短。此算家因律以命術，非强律以命算也。猶之方田焉，田生五穀，豈知我爲圭箕弧環；律和五聲，豈知我爲正變倍半？皆算家命之耳。故古之爲鐘律者以耳齊其聲，後人不能，始假聲以正其度，此所以雅樂之不可復與、聲音之不可傳也。又言《周禮》有聽律之官，無算律之法。遷、固、淮南上下生且不定，何以算律哉？蓋蕤賓重上生，與大吕在陽則倍，其法一耳。紛紛争較，何益于樂。

《元史·儒學傳》曰：熊朋來爲福建廬陵兩郡教授，所至考古，篆籀，文字，調律吕，協歌詩，以興雅樂；制器，定詞，必則古式，學者化焉。每燕居，鼓瑟而歌以自樂。嘗著《瑟賦》二篇。至治中，英宗鋭意制作，翰林學士元明善以朋來薦，未及召而卒。

泰定時，太史院使齊履謙請候氣定律。

元立國百有餘年，而郊廟之樂沿襲宋金，未有能正之者。履謙謂樂本于律，律本于氣，而候氣之法具載前史，可擇僻地爲密室，取金門之竹及河内之葭莩候之，上可以正雅樂、薦郊廟、和神人，下可以同度量、平物貨、厚風俗，列其事上之。適遷他官，事遂寢，有志者惜之。

臣等謹按，元代於律呂無所改作，惟遵用宋崇寧樂。吴萊闢之甚詳，附録于後。

吴萊張氏《大樂元機賦》論題後曰：鄉余北遊京師，聞太常所用樂本大晟之遺法也。自東都不守，大樂氏奉其樂器北趨燕都。燕都喪亂，又徙汴蔡。汴蔡陷没，而東平嚴侯獨得其故樂部人。國初，省旨徵樂。東平太常徐公遂典樂，向日月山奏，觀乞增宫縣登歌文武二舞，令舊工教習，以備大祀。故今樂户子孫猶世籍河汴間，僅能肄其鐘鼓鏗鏘，不復能究其義矣。予因考求前代議樂，自和峴以下，更六七鉅公而議論莫之有定。前日之宿縣者，本謂樂和曾未幾時條已改鑄，或云樂失之清，或云樂過於濁。樂工冶卒且深厭其爐鞲鼓鑄之勞，則或自取其樂之協時，和銅齊以濟之，當軒臨試，雖以老師宿儒終不能必悟其銅齊之輕重，而徒論其銅律之清濁也。迨夫崇寧之世，魏漢津乃以蜀一黥卒爲造大晟樂府，遂頒其樂書於天下。蓋謂古之制樂者，惟黄帝夏禹得樂之正，何則？聖主之稟賦上與天地陰陽爲一體，聲則爲律，身則爲度。故夫黄帝夏禹之制樂，實自其身而得之。臣今請以聖主中指三節三寸定黄鐘之律，中指之徑圍又即據而定爲度量權衡，樂以是制，則臣將見其合天地之正，備陰陽之和，而得夫金石清濁之宜矣。當是時，惟丞相蔡京最神其説，先鑄帝鼎八鼎，復造金石鐘簴，雕幾刻鏤，蓋極後世之選已然。以崇寧之指尺既長，而樂律遂高，雖漢津亦自知之，嘗私謂其弟子任宗堯曰：樂律高，北方元鼎水又溢出。律高則聲過哀而國亂，水溢出則國有變而境土喪没，是不久矣。嗚呼！漢津所制，豈復有加于和峴以下諸人所論之樂哉。然且至今沿襲相承，未聞有所改作。樂殊不可以草創苟且而遽定也。雖然崇寧之樂亦可變矣，蓋古之論樂者一曰古雅樂，二曰俗部樂，三曰胡部樂。古雅樂更秦亂而廢，漢世惟采荆楚燕代之謳，稍協律吕以合八音之調，不復古矣。晉宋六朝以降，南朝之樂多用吴音，北國之樂僅襲北俗，及隋平江左，魏三祖清商等樂存者什四，世謂爲華夏正聲，蓋俗樂也。至是沛國公鄭譯復因龜兹人白蘇祇婆善胡琵琶而翻七調，遂以制樂，故今樂家猶有大石、小石、大食、般涉等調。大石等國本在西域，而般涉即是般膽，華言羽聲，隋人且以是爲太蔟羽矣。由是觀之，漢世徒以俗樂定雅樂。隋氏以來，則以胡樂定雅樂。唐至元宗胡部，坐俗部，立樂工肄樂，坐技不通然後爲立技，立技不精然後使教雅樂，天下後世卒不復知有古雅樂之正聲矣。自唐歷宋，大抵皆然。當大晟樂書之行，教坊色長張侯曾制《大樂元機賦》，論七音、六十律、八十四調本不脱乎龜兹白蘇祇婆之舊，正行四十大曲，常行小令，四部絃管猶或上循乎大唐五代梨園法曲之遺，此非胡與俗之雜行者乎？置雅樂之未易遽復也。古來律歷二事更相爲用，太史郭公一嘗定歷，誠曠世所未有。予謂宜依古法，緹室葭灰隨月候氣，天地之中氣既應，則鐘律之中聲當無有不應者。要在久而獲驗，樂殊不可以草創苟且而遽定也。嗚呼！崇寧之樂亦可變矣。吾又安得夫伶倫榮猨之徒而與之共論樂哉。

明太祖洪武初，命冷謙定律。

謙議用四清聲，故編鐘編磬皆爲十六，成一代完樂。

《律吕精義》曰：宋李照、范鎮、魏漢津所定律大率依宋太府尺，黄鐘長九寸，空徑三分，積六百三十六分，聲比古黄鐘低二律，即無射倍律。國初，冷謙所定律用今工部營造尺，黄鐘長九寸，空徑三分四釐六毫，積八百四十六分，比古黄鍾低三律，即南吕倍律微高。謙及蔡元定十二律管算法皆同，謙律聲比元定下五律餘，失之盎緩；元定比謙高五律餘，失之焦殺。

又曰：往年與善琴者論古今雅樂高下，聞其説曰：冷謙之樂乃古無射調也，俗呼爲清商調，以第二絃爲宫音。少者歌之則拽不出，失之太下，恐非中和也。蔡元定之樂乃古夾鐘調也，俗呼爲清徵調，以第四絃爲宫音，老者歌之則揭不起，失之太高，亦非中和也。所謂中和者，古之正調是也，俗呼爲清角調，軒轅氏之所造，以第三絃爲宫音，比冷謙高一調，比蔡元定低一調，老者歌之不揭，少者歌之不拽，不高不下，是名爲中和也。時典樂尤世賢亦知音者，以所帶來神樂觀笙吹其所習舊樂，章譜與琴譜相校，所論不虚也。

《禮樂箋》曰：説者論大晟樂爲宋方士魏漢津所製，此未考本末，不知樂律者也。宋濂議漢津製樂爲亂世之音。宋濂《孔子廟堂議》曰：釋奠有樂，今則襲用，魏漢津所製大晟之樂，乃先儒所謂亂世之音也，其可乎哉。在洪武四年，而冷謙所定樂舞爲洪武之六年樂章，猶宋之舊，而樂音非宋之音矣。以何知之？以律而知之。蓋（議）［謙］所製者爲太蔟之羽，中吕調也。漢津所製，其迎神初奏爲南吕之角，大吕變調也。與謙之樂如參辰黔皙之不相合矣。蓋謙之七均自太蔟、夷則、夾鐘、無射、中吕皆正調也，惟清黄、清林巧爲變調。然此二變音也，固無妨于變也。漢津之林鐘爲宫者，僅商角二音爲正調，其徵、羽、變宫、變徵皆屬變調，是七均之中而變者居四矣。南(宫)[吕]爲宫者，僅商音爲正調，其徵、羽、角、變宫、變徵皆屬變調，是七均之中而變者居五矣。又況漢津之律即李照之律，下古樂二律。所謂黄鐘者僅中太蔟，則其林鐘之宫僅中南吕，南吕之宫僅中應鍾。應鍾管長四寸六分有奇，而商、角以下六均無一不出于變矣。君則其細已甚，而臣民事物靡然不振，哀淫怨咽，此真亡國之音也，豈可與謙之樂同年而語哉！大抵樂律、樂章本爲二道。由宋以降，樂章屢易而所用者皆王朴之律也。政和以降，樂章屢易而所用者皆漢津之律也。至冷謙定樂，樂章無改而所用者則非宋元之律也。改其律而不變其章者，聲音道微，政合嚴重，律正其元，曲襲其舊，此謙之所以爲明哲也。謙舊有《樂書》，在南太常。

《樂書》曰：律止于十二是矣，然十二者律之本聲，而四者應聲也。本聲重大，爲君，爲父；應聲輕清，爲臣，爲子，故四聲曰清聲，即夾鐘、大吕、黄鐘、太蔟之應也。苟不用四清聲，是有本而無應矣。冷謙議用四清聲，故編鐘、編磬皆爲十六，豈非洞達音律者哉。

弘治中，李文利著《律吕元聲》獨宗《吕覽》黄鐘三寸九分之説。

文利爲思南府教授，著《律吕元聲》。據《吕氏春秋》、長孫無忌《隋志》、劉恕《通鑑外紀》所載，黄帝命伶倫取竹制律，斷兩節間三寸九分而吹之，以爲黄鐘之宫，曰含少。因而詳加考證，以三寸九分正司馬遷黄鐘九寸之誤。以太極、陰陽、五行，由一生二，由少及多，見黄鐘數少爲極清，以正宫聲爲極濁之誤。以左右對待各得一百二十九分，正三分損益上生下生至仲吕而窮之誤。以正徵循環無窮，正隔八相生往而不返之誤。畫圖立説，凡六卷，嘉靖三年其門人御史范永鑾進之朝。

《律吕元聲·黄鐘章》曰：黄鐘長三寸九分，空圍九分，爲聲氣之元，其時子半，其數極少，其聲極清，音屬正宫，一陽方動，其卦爲復，日南至而始反北也。按此即黄帝命伶倫所造之黄鐘也。黄鐘之尊在于氣清上行，不在數多。清者數少，濁者數多。數少者貴，數多者賤。宫聲極清，黄鐘實爲正宫，其數極少，故爲君。臣數多于君，故商爲臣。民數多于臣，故角爲民。事多于人，故徵爲事。物多于事，故羽爲物。皆原于黄鐘之生生不已也。以氣言之，其初至清至静，清以生濁，静以生動，動則萬物生矣。其至清至静者，實爲之主也。以數言之，其初爲一，一生二，二生四，四生八，八生十六，十六生三十二，三十二生六十四，皆由一以始之也。宫聲三十九絲，其聲清越微妙，爲君。至聲微妙而衆聲宗之，猶人君至德淵微而天下應矣，故宫爲聲氣之元。漢儒以黄鐘九寸，則黄鐘爲宫極濁，聲極下，管極長。長則聲濁，因謂宫聲亦極濁。夫宫爲君，聲極清，且上行，至角羽之聲乃下降，重濁而爲民物。古人比類取象，毫釐不爽。漢儒只聞得黄鐘爲諸律之本，又聞得律長九寸，遂錯認以九寸爲黄鐘之長。唐宋以下，有志于樂者遂以爲法，不敢變也。蓋不知九寸爲黄鐘之終數，乃黄鐘益數之極，而爲蕤賓之管也，由是損之以漸而短，至應鍾而極，皆原于黄鐘之損益也。三代以下，獨韋昭以九寸爲黄鐘之變，雖不明言黄鐘幾寸，亦庶乎有見矣。如黄鐘九寸爲宫，至應鍾四寸六分奇爲變宫，乃不及黄鐘半律，音節不屬。如無射爲宫，則黄鐘爲商，長四寸一分，音節亦不屬，故有用半律子聲之説，是不得已而强遷就之也，造化果如是耶？

《蕤賓章》曰：蕤賓長九寸，空圍九分，爲聲氣之極，其時午半，其數極多，其聲極濁，音屬正羽，六陽既亢，其卦爲姤，日北至而始反南也。按西漢司馬遷誤以此爲黄鐘之律也。蓋陽性動，動者數三，三者數之始也。三而三之而究于九，九者數之終也。故陽數其始也不離于三，其極也不離于九。三寸九分，三涵九也。其終于九者，九具三也。涵九者，九之少也。具三者，九之老也。以子之半至卯之半爲日九十，元之九也。卯之半至午之半爲日九十，亨之九也。午之半至酉之半爲日九十，利之九也。酉之半至子之半爲日九十，貞之九也。月有三十日，時有九十日，月始于三，時極于九，亦三九之數也。司馬遷以長九寸爲黄鐘，蓋徒聞律長九寸，遂以九寸爲黄鐘，不知九寸是黄鐘升數之極，而爲蕤賓之管也。遷既定著于史，漢唐以下諸儒遂以爲真，遷就補湊，以成其術，不勝繁弊，終莫有覺其謬者。

《黄鐘升陽歸陽章》曰：十二律紀陽也。陽升起于子半，極于午半；陽降起于午半，極于子半。極則復升，循環不窮矣。按子月一陽動，其律爲黄鐘，聲極清，故黄鐘之宫爲正宫，諸律之本也。由是漸升至午半，則九陽既亢，數多聲濁，實爲正羽。極則復反，陽氣由是漸縮，至子半則一陽又生，數奇聲清，復爲正宫。世儒謂黄鐘相生往而不返，不識黄鐘故也。

《律吕三分損益章》曰：黄鐘漸益以升陽，又漸損以歸陽，終則復始，循環無端，一伸一縮，生生不已，以運五行、叙四時、宜八方之氣。黄鐘子之半也，陽復而未奮，由是一氣丑初爲小寒，又一氣丑半爲大寒，其律大呂。大寒陰氣猶壯，陽雖進而尚微，故止升六分也。大寒以後已向于春，故太蔟以後各益九分，至於蕤賓得九寸焉。蕤賓午之半也，陰始而未盛，由是一氣未初爲小暑，又一氣未半爲大暑，其律林鍾。大暑陰氣未行，陽雖退而尚隆，故止降六分也。大暑以後已向于秋，故夷則以後各損九分，至于應鍾得四寸八分，則黄鍾、蕤賓二律，子午爲經，十律爲緯。黄鍾以左諸律比右律各損三分，蕤賓以右諸律比左律各益三分。所謂三分損益，乃陽氣升降微著之序也。按先儒以黄鍾相生往而不返，不識黄鍾故也。不識黄鍾生成之數，故不知黄鍾生諸律損益之理。數豈人乎哉？理豈鑿乎哉？一天道之自然也。損益自損益，隔八自隔八。唐宋儒者以相生損益專在隔八上，故必遷就分數長短參差，大失本原，實背天道。黄鍾益六生大呂，大呂至蕤賓皆益九分；蕤賓損六生林鍾，林鍾至應鍾皆損九分。大呂以下比右律各損三分，林鍾以下比左律各益三分，隔八求損益，誤矣。三分損益分陰陽也。子以後，自大呂至仲呂爲陽，黄鍾之升也。午以後，自林鍾至應鍾爲陰，黄鍾升極爲降也。每月律升九分，今黄鍾升六分以生大呂，蕤賓降六分以生林鍾，則陰律陽律俱弱三分升降之交故也。損益是冬至後左律與夏至後右律丑亥巳未相對，左各損三分，右各益三分，天然定數，則損益自見，不必以損益推生律也。

《隔八正徵陰陽相生章》曰：律有雌雄，間列十二辰，均陰陽也，周氣候也。作樂之道，得陰陽，備雌雄，聲乃可和。宫、商、角、徵、羽，聲止五，而辰有十二。以聲協辰，黄鍾爲宫，隔一生律則徵在七辰，律當蕤賓；羽在九辰，律當夷則。是律生律，有雄無雌，陽氣孤也。且接黄鍾尚有三律，聲氣不屬，故設變徵于午，退正徵于未，羽于酉，變宫于亥，則徵得林鍾，羽得南呂，二雌鳴，陰陽乃備，還宫同也。隔八相生，續氣候也。黄鍾生太蔟，太蔟生姑洗，皆隔一律。姑洗生林鍾，南呂生黄鍾，乃隔二律。諸旋宫亦然。故設變徵、變宫，以均分數，平陰陽，三律必尋二呂，三呂必尋二律，陰陽之交，必隔八乃可生也。隔八相生，此之謂也。若不隔八，則律自生律，呂自生呂，陰陽不均，氣節不周，無以當期也，故曰隔八。以正徵言，蔡季通主俗説，上生下生，終于仲呂爲隔八；又用上生下生以求三分損益，胥失之矣。按以隔八、三分損益之數，至仲呂再生黄鍾只得八寸七分有奇，不成黄鍾正聲，故諸儒以黄鍾生諸律往而不返。京房妄生執始、南事四十八律，以足六十律之數，聲氣無據，真爲謬妄。至何承天、劉焯病房之病，又欲增林鍾以下十一律之分，使至仲呂返至黄鍾，仍得九寸之數，而十一律三分損益之數又不合。王朴則虚其宫而不用，然則添律以代黄鍾，增十一律之分以就黄鍾，與論黄鍾生律往而不返。虚宫不用，亦可見其術之窮矣。則就隔八相生以求三分損益，由以黄鍾之長九寸，其誤必至于是也。

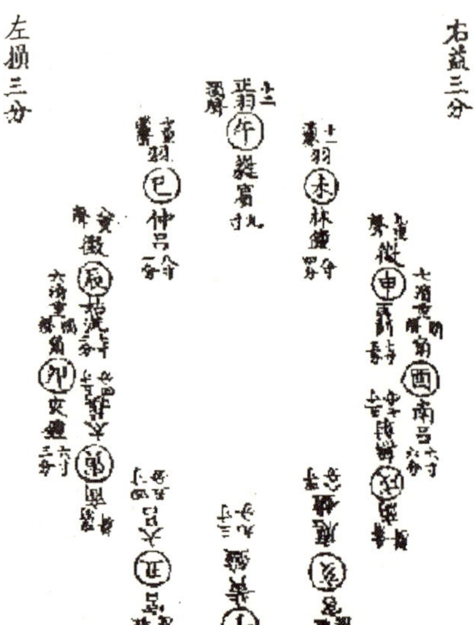

律呂經緯清濁三分損益圖

律與歷一道。歷有日月與天會，盈虚不齊，必七置閏則氣朔分齊爲一章。樂有五聲十二律相配，陰陽不均，必隔八正徵，變宫徵，備七音，以均陰陽相生而成章焉。

《黄鍾分寸法章》曰：黄鍾分寸皆以十分算，不可以九九除之。夫以十絲名毫，十毫名釐，十釐名分，十分名寸，十寸名尺。鍾律長數終于九寸，不滿一尺，故曰九寸。是九寸不可以名尺，而九分豈可以名寸，九釐豈可以名分，九毫豈可

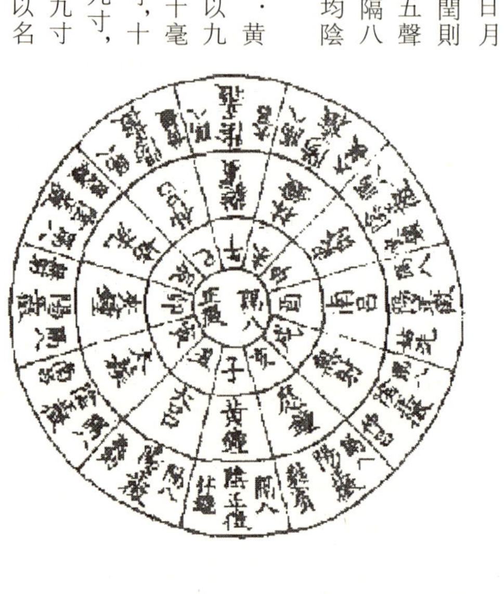

隔八正徵陰陽相生圖

以名釐，九絲豈可以名毫。若九可以名分毫釐絲，則鍾長九寸亦可以一尺名，而以九除之，其誤也明矣。按劉恕《通鑑外紀》載黄帝命伶倫造律之事，乃古史之全文也，其律長三寸九分，是寸以十算，而零又有九分也。一黍爲分，十黍爲寸，三十九黍爲黄鍾之長，九十黍爲蕤賓之長，十黍與中人中指中節外寸同，中節内寸與周尺同，外寸盡兩頭止，内寸以兩横文止。

《陰陽對律得數》左爲生數，右爲成數。章曰：黄鍾、蕤賓二律，子午陰陽對律，生數成數共成一百二十九分。黄鍾生數三十九分，蕤賓成數九十分，共得一百二十九分。大吕、林鍾二律，丑未陰陽對律，生數成數共成一百二十九分。大吕生數四十五分，林鍾成數八十四分，共得數同前。太蔟、夷則二律，寅申陰陽對律，生數成數共成一百二十九分。太蔟生數五十四分，夷則成數七十五分，共得數同前。夾鍾、南吕二律，卯酉陰陽對律，生數成數共成一百二十九分。夾鍾生數六十三分，南吕成數六十六分，共得數同前。姑洗、無射二律，辰戌陰陽對律，生數成數共成一百二十九分。姑洗生數七十二分，無射成數五十七分，共得數同前。仲吕、應鍾二律，巳亥陰陽對律，生數成數共成一百二十九分。仲吕生數八十一分，應鍾成數四十八分，共得數同前。生成之數各得寸十有二，當期也。零各得九分，終天之數也。陰陽對律，數具上損益圖内。

《定證黄鍾章》曰：劉恕《通鑑外紀》載黄帝命伶倫造律吕，取竹于嶰谿之谷，以生空竅厚鈞者，斷兩節間長三寸九分而吹之，以爲黄鍾之宫。制十二筩，以聽鳳凰之鳴而别十二律。《隋志》長孫無忌曰：傳稱黄帝命伶倫斷竹長三寸九分而吹之，以爲黄鍾之宫，曰含少。《吕氏春秋》亦載三寸九分之數。按此三人所引之文乃真傳也。後漢鄭康成《月令註》曰：凡律，空圍九分。孔穎達疏曰：諸律雖長短有差，其圍皆九分爲限。空圍九分，蓋是九方分，每長一分容十三黍奇。

《候氣章》曰：冬至，黄鍾三寸九分，律底入地九寸，律口去地面五寸一分。大寒，大吕四寸五分，律底入地九寸，律口去地面四寸五分。雨水，太蔟五寸四分，律底入地九寸，律口去地面三寸六分。春分，夾鍾六寸三分，律底入地九寸，律口去地面二寸七分。穀雨，姑洗七寸二分，律底入地九寸，律口去地面一寸八分。小滿，仲吕八寸一分，律底入地九寸，律口去地面九分。夏至，蕤賓九寸，律底入地九寸，律口與地面平。大暑，林鍾八寸四分，律底入地九寸，律口去地面六分。處暑，夷則七寸五分，律底入地九寸，律口去地面一寸五分。秋分，南吕六寸六分，律底入地九寸，律口去地面二寸四分。霜降，無射五寸七分，律底入地九寸，律口去地面三寸三分。小雪，應鍾四寸八分，律底入地九寸，律口去地面四寸二分。律皆直樹正立，短律隨律口深淺爲仰，凹寬四五寸，所謂内庳外高是也。諸儒候氣之説，皆以諸律管上頭俱與地面齊，下頭長律入地深，短律入地淺。子月氣深，黄鍾最長，故先得氣似也。夫每月之氣，升降不能過一寸不應。亥子二月，氣之升降，相去四寸有奇，二律音調且又不能相接，大抵皆以黄鍾九寸誤之也。蓋黄鍾極短，以次而長，至蕤賓而極，又漸而短，以接黄鍾。候氣之法，以次各置其律，皆齊其下，不齊其上，入地俱九寸，惟蕤賓一律上口與地面平，其十一律隨長短庳其内，與律口齊深，凹如仰甌狀。子月氣升，纔黄鍾之管，其灰飛其上去孔口地面尚五寸一分。大吕、太蔟以漸而升，至五月盛極出地面，則蕤賓灰飛管通。自此陽氣日降，至應鍾而極，極則復升，循環不窮矣。如此纔與内庳外高相應，天運之數亦不違矣。今候氣者皆取律上口齊，則無内庳外高，故斜放以應内庳外高之文，可謂不知而作矣。候氣之法，緹室中去其穢土，以浄土築卑如砥，用圓木十二塊，俱長九寸，上頭濶六寸，下頭濶四寸，各置十二方位，以浄黄土通築，與木塊上頭平看如平地一般。掃光浄，然後各拔出木塊，各孔深廣皆同。安黄鍾于子位一孔，取中管底著地，管旁取浄黄土粉填實，以手按緊，至三寸九分與律口齊便住。管口先以物蔽，勿令粉土入内，然後揭開依法實葭灰。大抵候氣必待時和氣正，世治甚少候，亦少驗。今存其法，以俟知者。

王邦直《律吕正義》曰：候氣之法，蔡氏以律口與地面齊，是齊其上而不齊其下也。李氏以律底口皆入地九寸，上隨其管之長短爲仰凹之狀，是齊其下而不齊其上也。二説李氏爲優，蓋陰陽之氣距地各有淺深。子月丑月，陽氣藴伏錮而未發，豈能遽達于地上哉。必至建巳之月，陽氣畢達，陰氣將絶，然後達于地上，故朱子曰：天氣都從地中透上來。此氣升降當分爲六，自冬至下面第一層生起，至四月六陽足便消，下面陰氣便生，以律吕合氣候之可見。亦是此意。蔡氏以木爲案，每律各一案，内庳外高，從其方位加律其上。是以木案爲底，以律加于木上，而以土埋之，上平于地。李氏則以浄土築平如砥，加律其上，不用木案，亦當依李氏。蓋以木爲底，其氣之升不無隔越，不如律管著地，其氣之升爲自然也。諸儒謂管當斜埋地下，入地處卑，出地處高，故云内卑外高。黄鍾埋于子位，上頭向南，諸管可悉知。李氏謂律皆直樹正立，隨律口淺深爲仰凹，所謂内卑外高是也。二説皆有所未盡，蓋管雖正立，亦當微斜；雖當微斜，亦不可使其管口各内向，當以十二辰合宫取之，相向可也。如子與丑向，寅與亥向之類。所以然者，蓋律隨斗柄左旋，而其氣與日月之會常相合。律在于子，則日月會于丑；律在于丑，則日月會于子也。律管必以合宫相向者，取日月會合之氣也。劉氏曰：日者太陽之精，凡天之氣以日爲主焉。月者太陰之精，凡地之氣以月爲主焉。故日月會于上，則陰陽合于下。自陰生至于冬至，凡六管之長短者，皆陽氣入地之淺深而始與陰合也。陰合于陽，上進而葭灰飛動者，皆其日之中氣也。陽生至于夏至，凡六管之長短者，皆陰氣入地之淺深而始于陽合也。陽合于陰，上進而葭灰飛動者，皆其月之中氣也。故日月交會于上以成次，則陰陽交會于下以成時。取其管以爲聲，天地之中聲也。取其律以候氣，陰陽之和氣也。非聖人其能與于此乎。

《黄鍾九寸辨章》曰：先正以黄鍾九寸，則不得不以黄鍾爲極濁。以黄鍾爲極濁，則不得不以宫聲亦極濁。以黄鍾長九寸，乃數之極也。極則不可以復益，則自黄鍾而下又不得不損之，以至于應鍾而極短，故又不得不以羽聲爲最清。既以黄鍾極長，應鍾極短，二律之間長短隔絶，音調不屬，故又不得不用半律子聲、清聲，及以黄鍾相生往而不返爲説。夫陽以爲主，陰以爲輔，天地間一陽聲流行耳。若不返，則陽氣絶矣，姤復之道消矣，豈造化生生之妙與歷數同哉？

季本《律吕别説》曰：近日莆田李教授文利著《律吕元聲》，專主黄鍾三寸九分之説。蓋本《吕氏春秋·仲夏·（適音）[古樂]篇》，其言曰：黄帝令伶倫自大夏之西阮隃之陰，取竹嶰谿之谷空竅厚勻者，斷兩節間，其長三寸九分而吹之，以爲黄鍾之宫。次制十二筒，以聽鳳凰之鳴，以别十二律。其雄鳴爲六，雌鳴亦六，以比黄鍾之宫而皆可以生之，故曰黄鍾之宫律吕之本。宋劉恕作《外紀》，書黄帝令伶倫造律，亦載此文。原恕之意，不過博采古書，以備三皇之事耳。而三寸九分之説，則未暇詳求其義焉。然《吕氏·季夏·六月紀》又曰：黄鍾生林鍾，林鍾生太蔟，太蔟生南吕，南吕生姑洗，姑洗生應鍾，應鍾生蕤賓，蕤賓生大吕，大吕生夷則，夷則生夾鍾，夾鍾生無射，無射生仲吕。三分所生，益之一分以上生。三分所生，去其一分以下生。黄鍾、大吕、太蔟、夾鍾、姑洗、仲吕、蕤賓爲上，林鍾、夷則、南吕、無射、應鍾爲下。其法固與《史記》《漢書》上下相生、三分損益者同，而黄鍾之官實起九寸也。吕氏之説前後不同，亦自相牴牾矣。夫《史記》《漢書》雖未爲得古人制律之意，然比之三寸九分之説，猶有可推而其數亦似自然。若以三寸九分爲黄鍾，如吕氏上下相生之法而損益之，至于應鍾止長一寸八分四釐八毫八絲，何以成聲耶？竊意長三寸九分，當爲長九寸、空徑三分之誤也。故《漢書》引此語削去「長三寸九分」五字，蓋有以知其爲非矣。《隋志》亦偶未察而復述此，以論和聲，亦欲備古義，踵其誤而不覺耳。終亦以上下相生、三分損益爲古人易簡之法，而黄鍾之爲九寸者，皆仍漢舊，未有改也。若韋昭註《國語》而曰黄鍾陽之變，本爲黄鍾而言其曰管長九寸，徑三分，圍九分，亦言黄鍾之圍徑長短。而于蕤賓，則固曰管長六寸二分八釐，但舉成數而曰六寸三分耳。非以九寸本蕤賓之律，而爲黄鍾之變也。豈可據三寸九分之謬説以爲黄鍾之定數哉。文利之意，本以律吕之數往而不返非陰陽消長往來之理，故以三寸九分起數，循環升降，自大吕以至蕤賓五陽辰皆以陽升而進九分，惟黄鍾陽氣尚微，故止進六分。自林鍾以至黄鍾五陰辰皆以陰降而退九分，惟林鍾陰氣未盛，故止退六分。此其差也。然陽之進也，氣則從微至著，以漸而盈；陰之退也，氣則從盛反衰，以漸而縮。陰陽進退盈縮適均，不應陽之始進以六分而後則五辰皆進九分，陰之始退以六分而後則五辰皆退九分也。其意雖善，而數亦强排，且非吕氏上生下生之本法也，則亦臆説而已。既以三寸九分爲黄鍾，因謂黄鍾之尊在于清氣上行，不在數多。清者數少，濁者數多。數少者貴，數多者賤。黄鍾爲宫，聲極清而上行，至角徵羽乃下降，重濁而爲民事物。盡斥諸儒言黄鍾長九寸之非，殊不知禮有以多爲貴者，如獻數天子十二，上公九，侯伯七，子男五，卿大夫三，士一；豆數天子二十六，諸公十六，諸侯十二，上大夫八，下大夫六；佾數天子八，諸侯六，大夫四，士二之類。各隨所重以别尊卑，未嘗執一端以爲典要也。故數多管長則聲濁而爲宫，有持重深沉之意焉，何害其爲貴？數少管短則聲清而爲羽，有飛越輕佻之意焉，何害其爲賤？商角徵之聲亦因是而上下之，此君臣民事物所以序也。凡天之道，體静而用動。君也者，以静制動者也。自商以下，皆以動而制于静者也。古人立法亦隨所用而各有意義，何必務爲新奇以成其臆説哉？今《律吕大象章》既以子黄鍾爲正宫，丑大吕、亥應鍾爲宫，寅太蔟、戌無射爲商，卯夾鍾、酉南吕爲角，辰姑洗、申夷則爲徵，巳仲吕、未林鍾爲羽，午蕤賓爲正羽，以配君臣民事物之等，則明以三寸九分之黄鍾以次而至于九寸之蕤賓也。其定五聲生數次第，則曰宫聲五十，商聲八十，角聲九十，徵聲七十，羽聲六十。商角則自宫而加多，徵羽則自角而減少，或加三十，或加一十，或減二十，或減一十，其參差不齊，又不知其何所本耶。夫宫，土聲也，以土當河圖之五數，十乘之而爲五十。徵，火聲也，以火當河圖之七數，十乘之而爲七十。

羽，水聲也，以水當河圖之六數，十乘之而爲六十。猶可説也。商，金聲也，而以當河圖之八數，十乘之而爲八十，則木而非金矣。角，木聲也，而以當河圖之九數，十乘之而爲九十，則金而非木矣。其視《律呂大象章》所差之次，又何其舛錯耶。又以變宫五十、變徵七十爲二變，以備七音，是又襲七始七同之舊也。故其對調旋宫之圖，悉從《律呂新書》每均七聲之數，而蔡氏相去一律則音節和，相去二律則音節遠之説，亦併用之。然止用全聲，不用半聲，其數皆不因上生下生而得，徒以雌雄和鳴之故。陽律三爲宫、商、角，則陰呂二爲徵、羽。陰呂三爲宫、商、角，則陽律二爲徵、羽。其長短亦不皆一一順序也，亦安在其爲均哉？至于六十調圖，雖本《律呂新書》，而《新書》之意乃以一律爲五調，故每律皆立五均。今以其逆行而正之以從左旋，而每五調之後又列一宫，捏與《大司樂》奏歌之説相湊。其雙宫對調之圖，則止據奏歌二律分配而互换更番也。此本不知《律呂新書》之意而妄意爲之，其勢拙亦甚矣。其《正五音章》以喉、舌、齒、唇、牙分屬宫、商、角、徵、羽，則别爲一義。蓋喉舌齒唇牙字音也，字亦有清、濁、半清、半濁之分，故借宫商角徵羽以名之，而非以字音分六律所正之五音也。如沈括所謂字則有喉、唇、齒、舌，當使字字舉皆輕圓，而聲中無字，又宫聲字而曲合用商聲，則能轉宫爲商，使字中有聲則可，若謂字聲即合歌聲則不可。以歌聲即同字聲，是又一牽扯也。至引蘇祇婆七聲之説，正是秦漢以來五聲二變之義，但在西域其名異耳，安得執此以爲聲清之證哉。其爲此書，止有以先儒不識黄鐘生成之數一節足以破往而不返之失，其餘諸論，今不今，古不古，以法象則無取，以度數則不論，無一合於理者也。孔子曰：「蓋有不知而作之者。」其此類也夫。

《律呂精義》曰：李文利所見之偏，何瑭、李文察皆辨之，惟金谿黄積慶宗信其説，著書名曰《樂律管見》，與《律呂元聲》並行于世。

《經濟録》曰：李教授文利作《律呂元聲》，范副使輅等信其説，從受學。楊學士廉愛其書，以爲天授。而王尚書廷相、韓尚書邦奇皆大儒，通解音律，皆不謂然。廷相駁之謂，古人制爲五音，非徒然無所本者。宫本喉，商本齒，角本牙，徵本舌，羽本唇，故凡人呼而出聲，不論歌唱言説，必自宫而徵，而角，而商，而羽。角者，氣之平聲，音之中也。故宫音始而濁，羽音極而清，落而收于角清濁平焉。此聲氣自然之妙，非人力强而能者。今曰黄鐘宫爲清，則黄鐘之管九寸，重濁而不合，故有黄鐘三寸九分之説。嗚呼！其大謬矣。夫上古鐘律之調簡矣而不求備也，故《周禮》三鐘十二律皆足考擊。若必欲盡五音之調，非加以十二子聲不可，何也？清之分數少也。故古之編鐘、編磬有一架二十四枚之設，蓋通正聲、子聲並擊之也。晉宋以來，十二律之外止加四清聲，以補其不及，故作徵調終不能成，何也？清之分數少也。聲之道順而易，逆而難者也。濁之役清也，常有餘；清之役濁也，常不足。故備清濁之道，非子律不可。今曰取聲不用半律，是不用子律矣，即徵羽之調終不可成。令平公欲聽清商，雖師曠何自而擊之？謂子律可廢乎哉！夫正變二十四律，則五音各正之調畧備，必如京房六十調之説，則清律極短，其聲焦殺而不成調，雖有其名，初無實用。蔡氏不深致思，亦信其説而衍之，況後學哉。或曰然則十二律還相爲宫，果何謂乎？曰：此非六十調之謂也。凡調以一律爲主，其餘律皆比而和之，始終出入不離首律，故曰旋相爲宫，言各律旋各自爲首也。如黄鐘爲主律，則必以林鐘爲徵，太蔟爲商，南呂爲羽，姑洗爲角，其音以次而平。若以他律雜之，元非相次之管，必至清濁淩犯而後已。由是言之，一律主一調，合正與子而二十四調生焉。雖缺其一音，而調亦足考矣。故自周至漢，至唐，至宋，雅俗樂流傳千百世者，大抵宫調獨多而商角次之，其徵羽二調止三之一。此足以見聲音之道，濁者常有餘，清者常不足。而京房氏所謂六十調者，論説雖美而實無所用也。後學不察而傳衍之，謬矣。且以爲李氏之説，既不達五音之清濁，又不及作樂之節度。其論律呂、樂職、樂器、樂容之考證，皆長樂陳氏《樂書》之緒餘，豈閩人無喉中之音，故遂以唇舌不正之音而誤撰定之，與其詆之如此。大都黄鐘冲氣無所不在，而十二律之損益皆從出其中，如君無不統，如天無不覆也。故九寸爲之宫，諸少涵焉，豈極清哉。故君子慎變古也。

《樂書》曰：近世儒者乃言黄鍾非九寸之管，而引《外紀》《吕氏春秋》所載含少之説爲證，曰黄鐘音始也，象則君也，其律宜短，其氣宜微，其聲宜清者也。夫黄鐘以八十一分爲管，而吹三十九分以爲聲，故謂之含少。乃遂以三寸九分爲黄鐘之律，而執含少以爲清管焉。是此律一差，大呂而下十二律皆無由取正矣。

韓邦奇著《苑洛志樂》，其論律宗蔡元定之説。

邦奇謂律雖非生于累黍，然古樂既亡，律管非累黍亦何由定。予謂亦須自九十黍累爲九寸，然後依蔡氏之説多截竹管，或長一分，或半分，或十分分之一以至于九，或短一分，或半分，或十分分之一以至于九，中間必有適之者。自隋唐以來，律皆造作，用金刀剖削而成，非本然之管，恐傷元氣。且律呂絲忽所争，若非良工，剖削之際，安能適中。予謂多取竹管，其從長未免用刀斷之，必求徑三分四釐六毫，周廣十分三釐六毫者而後用之，庶得聲氣之元矣。大抵八音之數，惟絲爲自然，其七音皆倚此而起數。宫、商、角、徵、羽，借此五字爲母，五字即五聲也。又謂蕤賓隔八，若益一分上生大吕與損一分下生大吕，倍其數，長短不差絲毫，然不如下生爲自然，于十二律之序爲順。審思乃見著《苑洛志樂》二十卷首《律吕直解》。

《律吕直解·黄鐘第一》：解曰：此黄鐘之體數也。十分爲寸，分、釐、毫、絲並同。斷用之九以爲十何？以十自然之數也。長九寸，空圍九分，積八百一十分。解曰：從長九寸，寸者十分，黄鐘之長通有九寸也。空圍九分，分者十分寸之一。黄鐘之管滿於圍中容九方分也，積實八十一分。黄鐘之管從長九寸，寸十分。黄鐘九十分，空圍中九分，每長一分圍必九分，以九十因之，則八百一十分也。

沈光邦《易律通解》卷四

景王問七律

周景王將鑄無射，問律於伶州鳩。王之意將以大林之法鑄上宫無射，故問上宫七律，鳩不知而舉下宫十二律以對，非王問本意，故王復明問之曰：何謂七律？鳩乃對曰：王以癸亥夜陣，未畢而雨。以夷則之上宫畢之，當辰，辰在戌上，故長夷則之上宫，名之曰羽，所以屏藩民則也。以夷則爲羽，推之則知上宫七律。宫應鍾而徵蕤賓，商大吕而角夾鍾，和無射而穆中吕也。畢之當辰，辰在戌上，癸亥夜將旦，甲子昧爽也。畢好雨，實沈之次，律中夷則，王因陣未畢而有雨兆，故主畢而用夷則，月從星之義也，順天應人之道也，當辰想當然也。雨無象可占，以軍漏推之，知當在戌也。儒者斷破句讀，皆誤以夷則之上宫畢之爲句，則吹律畢陣，兵家之常，何與于雨，何取于夷則也？又謂辰在戌爲斗，柄斗有南北。北斗仲冬竟夜不指戌，南斗軍漏戌刻在卯，亦不在戌也。癸亥夜陣，夷則爲羽。甲子布戎以後，夷則爲宫。故曰王以黄鍾之下宫，布戎于牧之野，故謂之厲，所以厲六師也，則夷則之角也。曰以太蔟之下宫，布令于商，昭顯文德，底紂之多辠，故謂之宣，所以宣三王之德也，則夷則之變徵也。曰反及嬴内，以無射之上宫布憲施舍于百姓，故謂之嬴亂，所以優柔容民也，則夷則之商也。上宫七律，王所問七律也。下宫十二律，鳩所對六律六間也。下宫神瞽所考，上宫伏羲所定。武王修而用之，爲還宫立均設也，故曰律以立均出度。均者，母也。在《易》坤爲母，爲均，六子均出一母，故謂之均。如鳲鳩飼七子，上下平均如一也。上宫七律，下宫五律，變宫七律，紀之以三也。上宫六均，下宫六均，平之以六也。應鍾用下不用上，大不遇宫，成于十二也。七律下不同乎上，故謂之變。變宫、變徵蓋取諸此也。夫律成于十二，十三則變，故下宫應鍾乃上宫應鍾之變律，故曰變宫。下宫之蕤賓乃上宫蕤賓之變律，故曰變徵。非謂黄鍾爲正宫而應鍾爲之變宫也，蓋黄鍾之變宫律小吕所生，伏羲謂之含少，京房謂之執始者也。兩宫但舉夷則、無射、黄鍾、太蔟，而不及夾鍾、中吕、林鍾，言律以該吕也。兩宫惟五聲之律無增減，五聲不可增減也。執始去滅，滅有聲以從無聲，非法也。司馬遷叙八風以配律，首應鍾而終無射，上宫遺法猶存。自班范志律，專以下宫十二律，當月自宫盡用劉氏、京氏之法，蓋上宫于是無傳矣。《楚詞》曰「四上競爽」，即上宫夷、夾、無、中四律。五聲還宫用四上，七聲用六上，八聲用七上，故不同也。太史公曰，音始于宫，窮于角。置下宫應鍾始以長之，窮以消之，三長三消而得上宫應鍾，是爲上元。

又 《管子》聽五聲

《管子》曰：凡聽徵，如負猪豕，覺而駭。凡聽羽，如鳴鳥在樹。凡聽宫，如牛鳴窌中。凡聽商，如離群羊。凡聽角，如雉登木以鳴，音疾以清。凡將起五音，凡首，先主一而三之，四開以合九九，以是生黄鍾小素之首，以成宫。三分而益之，以一爲百有八，爲徵。有三分而去其乘，適足以是生商。有三分而復于其所，以是成羽。有三分而去乘，適足以是成角。此五聽之法。次其清濁，曰徵、羽、宫、商、角。徵最濁，角最清，宫得中。其相生也，下生益一，上生損一。商、角短而清，徵、羽長而濁，宫在長短清濁之中間，故宫爲中聲。惜乎！其混中吕黄鍾爲一律，混中聲宫聲爲一聲也。蓋《管子》五聽之法，乃後天中和第二均。由周而來，律官失業，亡去中和第一均，故不知有中聲一律，而以二均作首均。其林鍾、南吕倍律，本宫、商而以爲徵、羽。其太蔟、姑洗正律，本徵、羽而以爲商、角。其黄鍾正律，本中聲而以爲宫。又後天第二均尚有應鍾角聲倍律居南吕之次，蕤賓和聲正律居姑洗之次，而《管子》無此二律。緫由于混中宫爲一，作五聲還宫耳。今正之如左：

中和第一均：以中吕爲中聲，黄鍾爲宫聲，應鍾爲和聲。

均法二一八七

宫八十一，　黄鍾　一七七一四七。

商七十二，　太蔟　一五七四六四。

角六十四，	姑洗	一三九九六八。
中六十〇七五，	中呂	一三二八六〇二五。
徵五十四，	林鍾	一一八〇九八。
羽四十八，	南呂	一〇四九七六。
和四十二分九分六，	應鍾	〇九三三一二。

中和第二均：以黄鍾爲中聲，林鍾倍律爲宫聲，甤[賓]爲和聲。

均法二九一六

宫八十一，	林鍾倍律	二三六一九六。管子誤以此律爲徵。
商七十二，	南呂倍律	二〇九九五二。管子誤以此律爲羽。
角六十四，	應鍾倍律	一八六六二四。管子無此律。
中六十〇七五，	黄鍾	一七七一四七。管子誤以此律爲宫。
徵五十四，	太蔟	一五七四六四。管子誤以此律爲商。
羽四十八，	姑洗	一三九九六八。管子誤以此律爲商。
和四十二分九分六，	甤賓	一二四四一六。管子無此律。

右置均法，以聲分乘之，即得其聲之律。正者自正，倍者自倍，惟和聲一律化四十二分九分六，爲三百八十四，以乘均法九歸得律。凡律爲中聲，則宫商角皆用倍呂，以中聲不可減，故倍宫商角以從之，而中聲乃無大遇宫之患矣。中和第二均，自後人視之，鮮不以爲此黄均七律耳。所以異者，則以黄均不用倍律，中和均用倍律也。蓋宫律最長，今林鍾倍律最長，非宫而何？和律最短，今甤賓最短，非和而何？中律長短適中，今黄鍾長短適中，非中而何？況以均法求之，絲毫不爽也。

又　《呂氏春秋》律本

《呂氏春秋・仲夏・適音篇》曰：「黄帝令伶倫自大夏之西，阮隃之陰，取竹嶰溪之谷，空竅厚均者，斷兩節間，其長三寸九分，而吹之以爲黄鍾之宫。次制十二筩，以聽鳳凰之鳴，以別十二律。其雄鳴爲六，雌鳴亦六，以比黄鍾之宫，而皆可以生之。故曰黄鍾之宫律呂之本。」今按既曰長三寸九分，吹之以爲黄鍾之宫，又曰次制十二筩。既曰雄鳴六，雌鳴六，又曰比黄鍾之宫而皆可以生之，則分明是十三律矣。又《月令》亦不韋所作，十二月各有律。既以黄鍾配十一月，而中央土又有黄鍾之宫一律，亦分明是十三律。又《呂氏・季夏・六月紀》曰：「黄鍾生林鍾，林鍾生太蔟，太蔟生南呂，南呂生姑洗，姑洗生應鍾，應鍾生甤賓，甤賓生大呂，大呂生夷則，夷則生夾鍾，夾鍾生無射，無射生仲呂。三分所生，益之一分以上生。三分所生，去其一分以下生。」其法與《史記》《漢書》同。是呂氏律法，黄鍾仍是九寸，而黄鍾之宫則三寸九分也。近世閩人李文利著《律呂元聲》，竟以三寸九分爲黄鍾。其説本諸《呂氏春秋》、長孫無忌《隋志》。劉恕《通鑑外紀》云：「黄帝令伶倫取竹制律，斷兩節間三寸九分，而吹之以爲黄鍾之宫，曰含少。」按此則既以黄鍾之宫爲黄鍾，混二律爲一律；又以黄鍾之宫曰含少爲黄鍾，是混三律爲一律矣。夫伏羲律法，黄鍾之宫爲一律，長六寸七分五釐。黄鍾爲一律，長九寸。皆生于一，始之乾。含少爲一律，長四寸三分八釐有奇，生于七，始之坤。含少之四寸三分八釐，若以十分寸計之，則得三寸九分九釐有奇。今呂氏以三寸九分爲含少，或即是坤卦所生之律，乃執始之半律，爲黄鍾之變宫，非黄鍾之宫也。呂氏認爲黄鍾之宫，誤矣。李文利又認爲黄鍾，又誤中之誤矣。李文利以黄鍾爲正宫，律長三寸九分。大呂、應鍾爲宫，大呂長四寸五分，應鍾長四寸八分。太蔟、無射爲商，太蔟長五寸四分，無射長五寸七分。夾鍾、南呂爲角，夾鍾長六寸三分，南呂長六寸六分。姑洗、夷則爲徵，姑洗長七寸二分，夷則長七寸五分。仲呂、林鍾爲羽，仲呂長八寸一分，林鍾長八寸四分。甤賓爲正羽，長九寸。律管之長短倒置，五聲之清濁易位，君臣民事物皆變亂而無序，誰寔使之？則呂氏實始作俑也。然律本終不可廢，今改呂氏三寸九分爲三寸四分八釐二毫八絲五忽一七三七六，爲律本，以生十四律。

爲法曰：置一，以乾坤六爻九八遞乘之，四法得三百四十八萬二千八百五十一萬七千三百七十六，其首數命爲寸，得三寸四分八釐二毫八絲五忽一七三七六爲律本，比呂氏三寸九分則二千五百三十九萬〇六百二十五分之二千二百六十七萬四千八百一十六。

中呂	置律本	角角角	生本律	律本三分益一	角角角	生黄鍾
黄鍾	置律本	角角羽	生本律	律本三分損一	角角羽	生林鍾
林鍾	置律本	角角商	生本律	律本三分益一	角角商	生太蔟
太蔟	置律本	角角徵	生本律	律本三分損一	角角徵	生南呂
南呂	置律本	角角宫	生本律	律本三分益一	角角宫	生姑洗
姑洗	置律本	商商羽	生本律	律本三分損一	商商羽	生應鍾
應鍾	置律本	商商商	生本律	律本三分益一	商商商	生甤賓
甤賓	置律本	商商徵	生本律	律本三分損一	商商徵	生大呂

大呂	置律本	商商宮	生本律	律本三分益一	商商宮	生夷則
夷則	置律本	宮宮羽	生本律	律本三分損一	宮宮羽	生夾鍾
夾鍾	置律本	宮宮商	生本律	律本三分益一	宮宮商	生無射
無射	置律本	宮宮徵	生本律	律本三分損一	宮宮徵	生小呂
小呂	置律本	宮宮宮	生本律	律本三分益一	宮宮宮	生含少
含少	置律本	宮宮中	生本律	律本四分損一	角角羽	生中呂

含少以子律生中呂，已律係反生，故三其實四其法，即三分益一之反也，與黃鍾同位，故用黃鍾生法角角羽。若用十二律相生，則起黃鍾，終小呂。小呂上生黃鍾用角角角，蓋小呂與中呂同位于巳，故用中呂生法也。

又《左氏》論七音

《左氏傳・昭公二十年》晏子論梁丘據同而不和有曰：「聲亦如味，一氣，二體，三類，四物，五聲，六律，七音，八風，九歌，以相成也。」解之者曰：樂以八聲爲主，故曰一氣，文武舞爲二體，風雅頌爲三類，律度量衡爲四物，宮商角徵羽爲五聲，陽律陰律各六爲六律，五聲加變宮變徵爲七音，八方八卦之風爲八風，六府三事爲九歌。《昭二十五年》游吉對趙簡子問禮有云：「爲九歌、八風、七音、六律，以奉五聲。」解之者曰：九歌，九德之歌也。八風，八風舞也。七音，音五云七者，武王伐紂，自午及子，凡七日，王因此以數合之，以聲昭之，故以七同其數，以律和其聲。加變宮變徵，猶琴有五絃，至周加文武二絃也。陳暘《樂書》則謂左氏七音之説，乃八音耳。八音以土爲主，而七音非土不和，故《書》之《益稷》，《禮》之《樂記》，其言八音，皆虛其土，猶大衍之數虛其一也。大衍之數虛其一，無害爲五十。七音之數虛其土，無害爲八音也。若以七音爲二變在焉，是以五聲奉五聲，豈其理歟？今按左氏有中聲五降之後不容彈之語，似陳氏之説爲得其旨。然《國語》亦左氏所撰，其所論七同七列，乃伶州鳩對景王問七律，則七音即七律可知。又似前二解爲是，況游吉所對，有爲之六畜、五牲，三犧以奉五味，則七律與六律固不嫌其重出也。夫《虞書》《禮運》《孟子》皆言五聲、六律，大抵古人文字，言簡意該，言五聲即兼二變，言六律即兼六吕耳。

又《國語》論律

伶州鳩論律合以天文，應以人事，義精詞燦，史漢諸家皆不及。其論七律兩宮，尤發前人所未發。伐紂之歲，歲在鶉火，星在天黿。此南北之揆七同也。自南而北爲上宮七律，自北而南爲下宮七律，其六吕以相生，不用六間。其夷則、無射、黃鍾、太蔟四律，乃錯舉以明上下兩宮之義。據鳩此論，則二變爲武王所增無疑。鳩雖未論及變宮爲大衍餘土，變徵爲少陽倍策，要其援引七政、二十八舍，即律言兵已開《史記・律書》法門。而由夷則爲羽推之，則上宮之起應鍾而終無射，尤《史記》之權輿也。

又《月令》配律

十二天之大數，以律配月，數適相當，則中央原無律可配。今乃以黃鍾之宮配之，則知每月律中，皆言調音，非候氣也。氣生于日，天無此日行，則地亦無此氣應。今中央一，令雖在火金之間，實無定位專氣。故作者于中央不言日躔所在，及昏旦中星以天象所無，不可强斷其有而解者，於中央一律亦不得不變，例作調音解。殊不知，十二月皆調音，非候氣也。或曰《吕氏春秋》十二律之外復有含少一律，名黃鍾之宮，故以配中央，而候冲氣。今以李文利《律吕元聲》考之，則吕氏之含少，即吕氏十一月之黃鍾，亦非别有一律。且其十二律長短之數與史漢諸家不同，亦不足以候氣。今若以李文利之律管候氣，則冬至一陽來復之氣已上，近地面三寸九分，而正月三陽開泰之氣反降入地中五寸四分矣。有是理乎？今依《時憲書》法，用《周禮》六律、六同四上及律同之和配十二月及中央。

月令

孟春之月，中氣雨水，日躔娵訾之次，律中太蔟合應鍾。

仲春之月，中氣春分，日躔降婁之次，律中上宮圜鍾合下宮無射。

用太蔟、姑洗二律相乘，下宮失鍾全律爲法，得上宮同鍾，當月自宮，其下宮夾鍾供他均四聲之役。

季春之月，中氣穀雨，日躔大梁之次，律中姑洗合南吕。

孟夏之月，中氣小滿，日躔實沈之次，律中上宮中吕合下宮夷則。

用姑洗蕤賓二律相乘，下宮小吕全律爲法，得上宮中吕當月自宮，其下宮小吕供他均四聲之役。

仲夏之月，中氣夏至，日躔鶉首之次，律中蕤賓合林鍾。五聲還宮，故不用上宮蕤賓。

季夏之月，中氣大暑，日躔鶉火之次，律中林鍾合蕤賓。

中央土，無定位，無專氣，寄旺于四季，律中律同之和。

用復臨二卦六爻九六遞乘之，加一倍，得一四六九三二八〇七六八爲律同之和。律法得同，同法得律，上法得下，下法得上。

孟秋之月，中氣處暑，日躔鶉尾之次，律中上宮夷則合下宮小呂。無射下生所得。

用林鍾、南呂二律相乘，下宮夷則爲法，得上宮夷則，當月自宮，其下宮夷則供他均四聲之役。

仲秋之月，中氣秋分，日躔壽星之次，律中南呂合姑洗。

季秋之月，中氣霜降，日躔大火之次，律中上宮無射合下宮夾鍾。夷則下生所得。

用南呂、應鍾二律相乘，下宮無射爲法，得上宮無射，當月自宮，其下宮無射供他均四聲之役。

孟冬之月，中氣小雪，日躔析木之次，律中應鍾合太蔟。

仲冬之月，中氣冬至，日躔星紀之次，律中黄鍾合大呂。

季冬之月，中氣大寒，日躔元枵之次，律中大呂合黄鍾。五聲還宮，故不用上宮大呂。

又 《禮運》還宮

《禮運》曰：「五聲，六律，十二管，還相爲宮也。」《後漢書律志》亦引此語。從前註者皆不得其解，謂六律陰陽各六，則六律即十二管，豈不重出，今正之。

五聲，兼二變言，宮、徵、商、羽、角、變宮、變徵也。六律，上宮蕤賓、大呂、夷則、夾鍾、無射、中呂六律也。十二管，下宮黄鍾、林鍾、太蔟、南呂、姑洗、應鍾、蕤賓、大呂、夷則、夾鍾、無射、小呂十二管也。言五聲之法，必得上宮六律以相生，而後施之十二管，乃還相爲宮也。杜氏《通典》、馬氏《通考》、蔡氏《新書》皆用京房六變律以備還宮，而不知蕤賓、大呂之無變，夷則、夾鍾、無射、小呂之無宮，皆不可以立均。今詳其說如左：

凡律，三分損益法不盡者謂之無律。五聲二變，法不盡者謂之無聲。京房執始一律，三分損益法不盡，謂之無律。其律五聲二變，俱法不盡，謂之無聲。宮法不盡，故不爲宮。徵法不盡，故不爲小呂無宮之徵。商法不盡，故不爲無射無宮之商。羽法不盡，故不爲夾鍾無宮之羽。角法不盡，故不爲夷則無宮之角。變宮法不盡，故不爲大呂之變宮。變徵法不盡，故不爲蕤賓之變徵。

小呂一律，三分損益法得盡，謂之有律。其律變徵、變宮、角皆法得盡，故爲應鍾之變徵，蕤賓之變宮，大呂之角。羽法不盡，故不爲夷則無宮之羽。商法不盡，故不爲夾鍾無宮之商。徵法不盡，故不爲無射無宮之徵。宮法不盡，故本律不爲宮。

無射一律，三分損益法得盡，謂之有律。其律二變、角、羽俱法得盡，故爲姑洗之變徵，應鍾之變宮，蕤賓之角，大呂之羽。商法不盡，故不爲夷則無宮之商。徵法不盡，故不爲夾鍾無宮之徵。宮法不盡，故本律不爲宮。

夾鍾一律，三分損益法得盡，謂之有律。其律二變、角、羽、商俱法得盡，故爲南呂之變徵，姑洗之變宮，應鍾之角，蕤賓之羽，大呂之商。徵法不盡，故不爲夷則無宮之徵。宮法不盡，故本律不爲宮。

夷則一律，三分損益法得盡，謂之有律。其律二變、角、羽、商、徵俱法得盡，故爲太蔟之變徵，南呂之變宮，姑洗之角，應鍾之羽，蕤賓之商，大呂之徵。惟宮法不盡，故本律不爲宮。

以上諸律，七音不全不可以均，故須用上宮諸律。蕤賓、大呂二律雖缺二變，然五聲俱備，故有宮。五聲還宮，猶可立均。若夷、夾、無、仲四律，五聲俱無，其不可立均也，决矣。夷均，宮、徵、商、羽有律無聲，角則聲律俱無矣。夾均，宮、徵、商有律無聲，羽、角則聲律俱無矣。無均，宮、徵有律無聲，商、羽、角則聲律俱無矣。仲均，宮有律無聲，徵、商、羽、角則聲律俱無矣。故五聲還宮，此四律必不可立均。七聲還宮，連蕤大六律不可立均，而《通典》《通考》《新書》猶取京房無律無聲之六變律以繼其後，其爲不知聲音也甚矣。

五聲還宮，下宮夷、夾、無、仲四均五聲俱無圖

宮	徵	商	羽	角
夷則	夾鍾	無射	小呂	執始
夾鍾	無射	小呂	執始	去滅
無射	小呂	執始	去滅	時息
小呂	執始	去滅	時息	結躬

宮聲四律八十一，法不盡，是無宮聲也。徵聲四律五十四，法不盡，是無徵聲也。商聲四律七十二，法不盡，是無商聲也。羽聲四律四十八，法不盡，是無羽聲也。角聲四律六十四，法不盡，是無角聲也。夷則四律有律無聲，執始四律無聲無律，所謂無聲非吹不成聲也。太史公曰：數形而成聲，數法不盡，則數不形，數不形則其聲模糊，故不成聲。

五聲還宮，上宮夷、夾、無、仲四律五聲俱備圖置均法以聲乘之得律。

夷均二七六九二八七五	八十一	五十四	七十二	四十八	六十四
夾均一八四五二八一二五	夷則	夾鍾	無射	中呂	黃鍾
無均二四六〇三七五	夾鍾	無射	中呂	黃鍾	林鍾
中均一六四〇二五	無射	中呂	黃鍾	林鍾	太蔟
	中呂	黃鍾	林鍾	太蔟	南呂

若用七聲還宮，加上宮蕤賓、大呂二律，蕤賓均法三一一三九一二一〇九三七五，大呂均法二〇七五九四一二五六二五。

又《周禮》三樂

大司樂祀天，圜鍾爲宮，黃鍾爲角，太蔟爲徵，姑洗爲羽。祀地，函鍾爲宮，太蔟爲角，姑洗爲徵，南呂爲羽。宗廟，黃鍾爲宮，大呂爲角，太蔟爲徵，應鍾爲羽。

註云：天宮夾鍾陰聲，其相生從陽數，其陽無射。無射上生中呂，中呂與地宮同位，不用也。中呂上生黃鍾，黃鍾下生林鍾，林鍾地宮，又不用。林鍾上生太蔟，太蔟下生南呂，南呂與無射同位，又不用。南呂上生姑洗。

今按夾鍾陰聲，其相生從陽數，則地宮林鍾亦陰聲，其相生何以不從陽數？中呂與地宮尚隔一蕤賓，何以謂之同位？林鍾地宮不用，則黃鍾人宮何以又用？南呂與無射同位不用，則人宮黃鍾，左大呂而右應鍾，皆同位，何以又用？

註云：地宮林鍾，林鍾上生太蔟，太蔟下生南呂，南呂上生姑洗。

今按下文註云：此樂無商者，祭尚柔，商堅剛也。則林鍾一均之南呂，獨非商乎？而强謂之羽，天地鬼神其可欺乎。且太蔟、姑洗皆與天宮同位，其可用乎？太蔟本徵而以爲角，南呂本商而以爲羽，姑洗本羽而以爲徵，此成何理？故知此是四調非一調之音也。

註云：人宮黃鍾，黃鍾下生林鍾，林鍾地宮，又辟之。林鍾上生太蔟，太蔟下生南呂，南呂與天宮之陽同位，又辟之。南呂上生姑洗，姑洗南呂之合又辟之。姑洗下生應鍾，應鍾上生蕤賓，蕤賓地宮，林鍾之陽也，又辟之。蕤賓上生大呂。

今按姑洗南呂之合何辟之有？果爾則人宮黃鍾不宜用大呂，而太蔟應鍾亦不宜兩用也。又黃鍾一均之太蔟本商音也，而强謂之徵可乎？且商音雖不用，而其位仍在，若黃鍾爲宮，大呂爲角，則中間更無位置商音之處。鄭氏此種見解，豈不可笑。

朱子曰：黃鍾爲宮，大呂爲角，太蔟爲徵，應鍾爲羽，自是四樂各舉其一者而言之。以大呂爲角，則南呂爲宮。太蔟爲徵，則林鍾爲宮。應鍾爲羽，則太蔟爲宮。此說最是。天地二樂亦然。原是四調，不是一均四音，鄭註乃以相生推之，作一均解，失其旨矣。又創爲辟而不用之說，何其謬哉。

圜鍾乃上宮夾鍾，謂之圜者，固取象于天體之渾圜，亦以其能生黃鍾，有圜轉不窮之義。邵子先天坤卦之數，起坤右轉，每辰減半，二十一減，至卯得上宮圜鍾也。

函鍾乃林鍾倍律，謂之函者，固取象于地之有容，亦以倍律長于太蔟、姑洗，有函蓋之義，《管子》所謂百有八是也。

又 司馬遷《律書》

六經律無專志，司馬遷始爲《律書》，羲軒以降，言律者無出其右。惜其不載伶州鳩七律兩宮，及管子五聽下徵諸法，殊爲闕畧，然其存什一於千百，使後世猶知鐘分長短之實，子母相生之法，則固不爲無功也。遷生律之法，以黃鍾一律爲本而生十一律，與班固遞生異術，其陽三呂皆以下生所得倍用之，觀《生鍾分》及《律數》兩章可見。梁武帝謂京、馬、鄭、蔡，至蕤賓重上生，惟班固則以次下生，其說非是。蓋蕤賓上生，始于京、鄭，不始于遷。然其法較漢史更精密，以律呂陰陽分上下，不如以母子前後分上下也。獨仲呂上生黃鍾，則遷、固、康成皆未之及，京房始求之而往而不復，則三分損益之法誤之也。考之《月令》，月各有律。考之《易本義》，月各有卦。以卦配律，即以卦起律生律，終始若循環。此蓋羲軒以來不傳之秘，故卦爲律本。全觀《史記·律書》，若兵歷、七政、二十八舍、十母、十二子、八風、四時、十二月之屬，無不貫穿馳騁，而獨遺十二卦。宜其生律之法苟趨簡便，往而不能復也。然遷生律之法，乃以黃鍾一律生十一律，終始循環，亦無往而不返之病，後人殆未之識耳。大抵遷之《律書》，解者絶少，而誤解者多。今録于左。

《律數章》：「九九八十一以爲宮，三分去一，五十四以爲徵；三分益一，七十二以爲商；三分去一，四十八以爲羽；三分益一，六十四以爲角。」

按遷生五音之法，用三分損益，未嘗施之十二律也。十二律另有鍾分之法，乃黃鍾一律所生耳。

黃鍾長八寸七分一，宮。大呂長七寸五分三分一。按三分一當作三分二。太蔟長七寸七分二，角。夾鍾長六寸一分一分當作七分三分一。姑洗長六寸七分四，羽。仲呂長五寸九分三分二，徵。蕤賓長五寸六分三分一。三分一當作三分二。林鍾長五寸七分四，角。夷則長五寸四分四分疑衍。三分二，商。南呂長四寸七分八，徵。無射長四寸四分三分二。應鍾長四寸二分三分二，羽。

此章五聲之律，分數上皆用七字，《索隱》及《通典》《通考》皆以爲十字之訛，宜改爲十字，非也。蓋一鐘七律，黃鐘五百六十七，七十分作一寸，七分作一分，故曰八寸七分一，餘四律同。無聲七律，不言七分幾者，省文也。小分不滿分者，半分以上作三分二，半分以下作三分一也。四孟之律，註角、徵、商、羽者，四時之音也。四仲用尅音，仲春、仲夏不註商羽，仲秋、仲冬註徵宮者，春夏生氣不宜尅，秋冬殺氣宜尅也。四季用生音，季春季夏註羽角，季秋季冬不註宮商者，生氣宜生，殺氣不宜生也，扶陽抑陰之意也。

又 班固《律曆志》

班固《律曆志》博大典核，足稱千古奇文，其序律云：「自伏羲畫八卦，由數起，至黃帝、堯、舜而大備。三代稽古，法度章焉。」可謂卓識，惜本志無一言及于律卦，徒取劉歆條奏刪改成文也。其序六呂以林鍾爲首，賢于《周禮》《國語》全以林鍾爲呂元，亦此意也。本志不言七聲，則七始亦未必如鄭譯所云七調。當仍以五聲分三統、四時耳。六觚算法，前後多寡互異，據成陽六爻計之，止得二百一十六枚，尚少五十五算。或云合徑長計，或云合著爻計，見解亦巧，但于文理欠順。三統律實各以其長自乘，謂林鍾圍六分，太蔟圍八分，解書者之誤也。志無明文，蓋實與積不同。三統律實，本文現有取義非必有取于圍分，則所謂實，固非內容之積，亦非外周之積也。如以十七萬七千一百四十七爲黃鍾之實，豈有取于內容外周乎。若天人二統皆以終數乘地統，獨以中數乘，則立例不畫一，雖附會中饋，究屬牽强。《史記》生鍾分以黃鍾爲律本，自丑以下，每辰皆有上下兩數，下數則所謂倍其實、四其實，上數則所謂三其法也。今本志乃刪去下一數，失其旨矣。玉衡杓建一段，與《周禮》律同，合《周禮》，出于劉歆，則此一段乃歆得意之作。《隋志》有《漢斛銘》，本志反不載，殊爲闕略。或以劉歆所定斛法，誤以黃鍾員積爲方積，故削之，亦未可定。《史記·曆書》「名察度驗」，本志改爲「名察發歛」。按詔書例不當改，此必「度驗」「發歛」字形相近而訛耳。自高祖元年乙未至元封七年丁丑，凡百三歲，上溯四千六百一十七歲，上元泰初係辛巳，非甲寅也。若係甲寅，則下至元封七年當爲庚戌，非丁丑，亦非甲寅也。今按《史記·曆書》云其更以七年爲太初元年，年名焉逢攝提格。是當時明以丁丑歲作甲寅矣，豈不可怪。本志乃云至元封七年，復得關逢攝提格之歲，是明以上元泰初與漢太初元年皆屬甲寅矣。夫前元後元皆屬甲寅，則兩元相距必四千六百二十一歲，今止四千六百一十七歲，安得首尾兩端皆甲寅乎？況太初元年，實非甲寅也。不知當時諸人何以恬不爲怪。孟康又謂泰初上元甲子夜半朔旦冬至，七曜會聚斗牛，如合璧連珠。本志不載識見，遇康遠矣。蓋三統曆法，五星會終十三萬八千二百四十歲，其與日月會，則二百六十二萬六千五百六十歲。漢太初元年，距上元十四萬三千一百二十七歲，則泰初上元距上元止十三萬八千五百一十歲，此時五星會終已遇，與日月會尚遠，無合璧連珠之事矣。

又 《漢書·律曆志》

《後漢書·律志》所載者律準、候氣二事而已，而律呂之法，惟取京房一家，何其寥寥也。蓋蔚宗《律志》不如班固《律志》博大而典核。班固《律志》又不如太史公《律書》簡潔而包羅，一代不如一代，豈其時無作者歟，何採緝之不詳也。考後漢之世，如鄭康成、蔡邕之流，亦皆精于律呂，何獨取于京房？豈非以其六十律之作前代所未有歟？《前漢書》京房既入儒林，又有專傳，謂其好鍾律，知音聲，而六十律準曾不以之入志，蓋亦窺見其相生之不倫，毫厘之難辨也。房謂十二律之變至于六十，猶八卦之變至于六十四，而依行所生之色育，以亥律而冒子律，試問八卦之變有以坤宮之卦而冒入乾宮者乎？又謂黃均七律乃聲氣之元、五音之正，故各終一日。夫律呂之用吹以考聲，列以候氣而已。今各終一日，則第二日便吹不得，候不得乎？抑至後六日皆用黃鍾，而待第六日方用色育吹候乎？又大呂一律名曰八日律，是大呂不候之于大寒之日也。夾鍾一律名曰六日律，何以見大呂之確爲八日而夾鍾之確爲六日乎？其六十律當期之日多寡不倫，有一日、五日、六日、七日、八日不等，是何所取歟？又謂以上生下皆三生二，以下生上皆三生四，陽下生陰，陰上生陽，終于中呂，則蕤賓不宜重上生。今蕤賓一律乃云上生大呂何也？又謂推此上下以定六十律，今依行生色育，爲隔八乎？爲隔九乎？爲下生乎？爲上生乎？夫《周禮》鐘磬編懸十六，六律、六同、四上也。六律六同見於《太師》，四上見於《楚詞》，其夷則、無射二上見於《國語》。五聲旋宮，若用上宮夷則爲宮，則仲呂所生之角仍得黃鍾半律，而不必用執始半律矣。用上宮夾鍾爲宮，則黃鍾所生之角仍得林鍾全律，而不必用去滅全律矣。

用上宮無射爲宮，則林鍾所生之角仍得太蔟半律，而不必用時息半律矣。用上宮中呂爲宮，則太蔟所生之角仍得南呂全律，而不必用結躬全律矣。若其每律皆註宮、商、徵三律，則暗合於隸首十二鈞天方圓三角之法，至南事又謂無商、徵不爲宮，則又昧乎方員三角之數矣。大抵京房六十律，惟執始爲含少之倍律，乃坤卦之所生，伏羲之所有，不可廢。自執始以下則皆强生，其終于南事亦係强止也。

又《晉書・律志》

晉志每笛三調，正聲、下徵、清角。十二笛凡三十六調，猶六十四卦反對而成三十六也。三調各自爲宮，與六十調舊法各用本均七聲不同，但三宮二十一變，共此七聲之穴，則既起調之後未畢曲之前，雖神瞽不能別其爲何調，仍不免蹈毛氏《定聲録》所譏。今爲立法以別之。正聲調宮聲單啓第三穴，商聲三、二雙啓，角聲第三穴微啟微按，變徵三、七雙啟，徵聲三、六雙啟，羽聲三、五雙啓，變宮三、四雙啟。每聲不離第三穴，則聽者自知爲正聲之調。下徵調宮聲單啟第六穴，商聲六、五雙啟，角聲六、四雙啟，變徵六、四、三、二齊啟，四、三、二微[口豈]矆之，徵聲六二雙啟，羽聲第六穴微啟微按，變宮六、七雙啟。每聲不離第六穴，則聽者自知爲下徵之調。清角調宮聲，伏孔在笛體中則齊按不啟，而哨吹令清。商聲第七穴微啟微按，角聲第六穴微啟微按，哨吹令清。變徵第五穴微啟微按，哨吹令清。徵聲第四穴微啟微按，羽聲第三穴微啟微按，哨吹令清。變宮第二穴微啟微按，哨吹令清。每聲各以微按代伏孔，則聽者自知爲清角之羽。餘詳《簫管篇》漢笛第五。

又《隋書・律志》

天以陰陽五行化生萬物，是爲七始。以七者之功被諸歌咏而祀之，是爲七始詠。《隋志》七始之義，本于《漢志》謂天地四時人之始。鄭譯以黄均七律當之而作七調，今按天開于子，人生于寅，子寅二律固天人之始矣。若地開于丑，則未律恐非地之始也。四孟爲四時之始，應鍾固冬之始矣。若季春之姑洗，仲夏之蕤賓，仲秋之南呂，恐非三時之始也。夫律呂成于十二，始于七。七者，一、二、三、四、五、六、七，即七政也。一生水，其象爲辰星，其數四十八，應地支酉，其卦爲觀。二生火，其象爲熒惑，其數五十四，應地支未亥，其卦爲遯坤。三生木，其象爲歲星，其數六十四，應地支辰申，其卦爲夬否。四生金，其象爲太白，其數七十二，應地支寅、午、戌，其卦爲泰、姤、剥。五生土，其象爲填星，其數八十一，應地支子，其卦爲復。六水成其象爲月，其數九十六，應地支丑巳，其卦爲臨乾。七水成其象爲日，其數百有八，應地支卯，其卦爲大壯。是爲七緯。自一至七，其積二十八，是爲二十八舍。七緯取中三數爲三經，重之爲六經，是爲五五、四四、三三，各以類乘，併積得大衍之數五十七，自乘得大衍之用四十九，三之百四十有七。每辰各十律，元子加五吕，元未加二元。以下加數每二辰減一，得十二辰策數。用經緯法求之，得十二律，詳《蓍策納音生律篇》。或曰七始詠即來始滑所謂扶來七始者也，伏羲之樂也。

又《淮南子》律數

《淮南子》云：「一律而生五音，十二律而爲六十音，因而六之，故三百六十音，以當一歲之日。」京房因之爲六十律，錢樂之因京房南事之餘，引而伸之，更生三百律。梁沈重因淮南本數，用京房之術求之，得三百六十律，分爲十二部。今按有聲五部各三十四律，無聲七部各二十七律，而應鍾一部獨多安運一律，以足三百六十之數。明係蛇足，且其律名鄙俚不雅，無足取也。又以律值日，既一部律數爲母，一中氣所有，日爲子，以母命子，隨所多少，各一律所建，日辰分數則不宜復限。三十四律者，每律值三十四分日之三十。二十七律者，每律值一日及二十七分日之三。未免彼此齟齬不合，況無射與應鍾長短之差僅二分有奇，若一部復分二十七律，則每律之差止可以絲毫計，恐伶倫截竹不能分，師曠審音不能辨也。乃云考聲徵氣，辨識時序，萬類所宜，各順其節，夫誰欺哉？按《淮南子》律法，乃以聲分爲律數，其相生之法，下生五百乘，上生一千乘，皆以七百四十九爲法除之，雖不用三分損益，實即三分損益之法也。夫三分損益之法變而通之，則下生一五法，上生七五法，即得所生之律，不爽絲毫。今淮南以七百四十九爲法，少一數，法少則實必多，故相生自應鍾以下律數皆有盈餘，雖半分以下棄而不收，而盈餘如故。至仲吕又仍不能上生黄鍾，則亦何取乎？改律數以從己法，而好作更張也哉。

《淮南子》律數：黄鍾八十一；林鍾五十四；太蔟七十二；南呂四十八；姑洗六十四；應鍾四十三，多九分分之三；蕤賓五十七，多九分分之一；大呂七十六，多二十七分分之四；夷則五十一，多八十一分分之三十九；夾鍾六十八，多二百四十三分分之一百四十；無射四十五，多七百二十九分分之三十七；仲吕六十，多二千一百八十七分分之一百四十八。自應鍾以下律數皆增者，爲欲增仲吕以生黄鍾也。今仲吕既增而仍不能生黄鍾，不增可也。

又 鄭康成律寸

《史記》律寸九分，鄭康成改爲十分，蓋錯會《漢書》「九十分黄鍾之長，一爲一分，十分爲寸」數語。《通考》謂其難記易差，不若太史公之法爲得其要而易考者也。又鄭以乾坤九六配律吕，梁武帝譏其以象數配真性，了不繹十二氣所以相通，然其失不始于鄭，始于劉歆、班固。又班以太蔟配乾九三，鄭以太蔟配乾九二，論其得失，則班是而鄭非。宋祁乃據鄭註，反謂《漢書》九三當作九二，是又全不繹下文引用泰卦大象傳之義。夫律吕九六倡和，當用十二卦相配，故隔二相生，綜其月爻則成乾坤；隔八相生，綜其月爻則成既濟未濟。一部全易俱包括在内，此意惟京房知之。京房以月爻爲世，取父子相繼之義，故黄鍾隔二生大吕，爲復之臨；隔八生林鍾，爲復之遯，皆一世生二世也。林鍾隔二生夷則，爲遯之否；隔八生太蔟，爲遯之泰，皆二世生三世也。月前一爻獨動，爲隔二生；月前一爻獨静，爲隔八生。故隔二相生，則乾坤爲六世祖。以乾爲祖，一索得坤之初六，爲蕤賓一世之姤；二索得坤之六二，爲林鍾二世之遯，則林鍾非坤之初六明矣。以坤爲祖，二索得乾之九二，爲大吕二世之臨；三索得乾之九三，爲太蔟三世之泰，則太蔟非乾之九二明矣。由是觀之，梁武謂鄭不思，非遇論也。

第一卷《乾坤定元篇》以六律配六陽卦，六吕配六陰卦，故林鍾屬坤初六，太蔟屬乾九二。《明堂壁卦倚數篇》以陽律陽吕配陽卦，陰律陰吕配陰卦，故林鍾屬遯六二，太蔟屬泰九三；遯六二即坤六二，泰九三即乾九三也。義各有取，不相妨害，但不可夾襍。今班固既以林鍾爲坤初六，則太蔟當屬乾九二，不當云九三矣。若以太蔟爲乾九三，則林鍾當屬坤六二，不當云初六矣。今乃一屬坤初六，一屬乾九三，則未免夾襍之病。

又 劉焯校定鐘律

仲吕上生黄鍾，司馬遷、班固皆未論及，其法起於京房。房因仲吕上生黄鍾不及九寸，乃更生六十律，仍不能復元。宋何承天矯房之失，更設新率以求復元，而中間律分較史漢不無增益。隋劉焯校定鍾律，黄鍾之管六十三爲實，以次每律減三分，十一減至應鍾，得三十分。隔八相生，下生減二十一分，上生加一十五分。仲吕上生黄鍾，仍得六十三分。以七爲寸法，約之得律元黄鍾九寸，吕元林鍾六寸。其法最爲巧妙，惜其中間律寸不無盈縮，自律元以下律分俱盈，自吕元以下律分俱縮，則雖相生循環未免破律以從吾法，不如用卦相生，終始如環，律無增減。自遷、固以來，生律之法莫有善於十二卦者矣。

又 《唐書・樂志》

初，隋用黄鍾一宫，惟擊七鍾，其五鍾設而不擊，謂之啞鍾。唐協律郎張文收乃依古斷竹爲十二律，高祖命與孝孫吹調，五鍾叩之而應，由是十二鍾皆用。孝孫又以十二月旋相爲六十調、八十四聲，其法因五音生二變，循環無間，故一宫，二商，三角，四變徵，五徵，六羽，七變宫。其聲由濁至清爲一均，凡十二宫，調皆正宫也。正宫聲之下無復濁音，故五音以宫爲尊。其十二商調，調有下聲一，謂宫也。十二角調，調有下聲二，宫、商也。十二徵調，調有下聲三，宫、商、角也。十二羽調，調有下聲四，宫、商、角、徵也。十二變徵調，居角音之後，正徵之前。十二變宫調，在羽音之後，清宫之前。明代鄭世子《律吕精義》謂唐志宫聲之下無復濁音，惟論黄鍾之均則可，餘均則不通矣。律家以清濁二字論宫商角徵羽者，非知音者也。且如應鍾之均，夷則爲羽，無射爲變宫，皆濁于正宫，亦自然之理，惑者欲以夷則、無射子聲代之，非也。今按《精義》之説非是。蓋樂均自有均法，七音皆從此而生，即如應鍾一均，其均法一一五二，以八十一乘之，得應鍾本律爲宫；以五十四乘之，自得蕤賓半律爲徵；以七十二乘之，自得大吕正律爲商；以四十八乘之，自得夷則半律爲羽；以六十四乘之，自得夾鍾正律爲角；以四十二分九分六乘之，自得無射半律爲變宫；以五十六分九分八乘之，自得小吕正律爲變徵。皆出於理數之自然，何嘗强以子聲代之哉。

又 杜氏《通典》

《通典》十二律正變倍半啚，正聲十二，正半聲十二，變聲十二，變半聲十二，凡四十八聲。變聲正半自應鍾止，以下正半十二聲不用，實三十六聲。其間陽律不用變聲，而黄鍾又不用正半聲，陰吕不用正半聲，而應鍾又不用變半聲，共不用者八聲，實用者二十八聲而已。今依伏羲律法，下宫正律十四，倍律六，半律七，變宫變徵十四，上宫正律七，倍律二，變宫、變徵十四，凡六十四律，百一十二聲。

又 王朴律準

王朴上疏自言，製律準，十三絃宣聲，長九尺，張絃各如黄鍾之聲。以第八絃六尺，設柱爲林鍾。第三絃八尺，設柱爲太蔟。第十絃五尺三寸三分，設柱爲南吕。第五絃七尺一寸一分，設柱爲姑洗。第十二絃四尺七寸四分，設柱爲應鍾。第七絃六尺三寸二分，設柱爲蕤賓。第二絃八尺四寸二分，設柱爲大吕。

第九絃五尺六寸二分，設柱爲夷則。第四絃七尺四寸九分，設柱爲夾鍾。第十一絃四尺九寸九分，設柱爲無射。第六絃六尺六寸六分，設柱爲仲吕。第十三絃四尺五寸，設柱爲黄鍾清。今按朴所製十三絃各如黄鍾之聲，不分絲之多寡，絃之長短，但依京房律準尺寸設柱以定十二律。其法較梁武帝四通更爲精密，蓋絃之長短與絲之多寡不可並用。以律管論，管有長短而徑圍則同。以琴絃論，絃有大小而長短則同。以有同者而異者可辨也。今四通絃有長短，絲復有多寡，則濁者愈濁，清者愈清，與律管琴絃不合，故以通、準相較，則通不如準，以無並用之失也。今增上宫六絃，去黄鍾清一絃，共十八絃，以相生爲次序。第一絃六尺四寸，設柱爲上宫蕤賓。第二絃八尺五寸四分，設柱爲上宫大吕。第三絃五尺六寸九分，設柱爲上宫夷則。第四絃七尺五寸九分，設柱爲上宫夾鍾。第五絃五尺〇六分，設柱爲上宫無射。第六絃六尺寸五分，設柱爲上宫中吕。第七絃不設柱，爲黄鍾。第八絃六尺，設柱爲林鍾。第九絃八尺，設柱爲太蔟。第十絃五尺三寸三分，設柱爲南吕。第十一絃七尺一寸一分，設柱爲姑洗。第十二絃四尺七寸四分，設柱爲應鍾。爲十二均。第十三絃六尺三寸二分，設柱爲下宫蕤賓。第十四絃八尺四寸二分，設柱爲下宫大吕。第十五絃五尺六寸二分，設柱爲下宫夷則。第十六絃七尺四寸九分，設柱爲下宫夾鍾。第十七絃四尺九寸九分，設柱爲下宫無射。第十八絃六尺六寸六分，設柱爲下宫小吕。以上下宫六絃爲黄鍾，以下六均七聲之役不爲均。

又　李照新聲太下

李照言王朴樂高古五律，擊黄鍾才應仲吕，擊夾鍾才應夷則，此言未確。按和峴以司天臺影表銅臬下石尺比校，王朴所定尺短於石尺四分，則朴樂亦高古一律耳。史稱宋太祖令和峴依古法以造新尺并黄鍾九寸之管，命工人校其聲，果下於朴所定管一律，是其驗也。夫司天臺石尺與晉前尺同等，今照謂朴樂高古五律，是朴尺比晉前尺短二寸六分。今比校石尺僅短四分，可知李照之説毫無影響，宜其新聲極下，歌不成聲。至於鑄工受賂減銅，惘然莫覺，豈不爲歌工所笑哉。

又　房庶古本《漢志》

庶自言嘗得古本《漢志》云：「度起于黄鍾之長。以子穀秬黍中者，一黍之起，積一千二百黍之廣，度之九十分黄鍾之長，一爲一分。」今文脱「之起積一千二百黍」八字。今無論古本真僞有無，原其托古本之意，不過欲廢累黍之法，專用容黍之法耳。至于不先度徑漫，欲以黍千二百亂實管中，隨長短截之，以爲黄鍾之長，就取三分以爲空徑，則太肆狂瞽矣。如庶之説，若遇徑寸之管，則黄鍾之長不能以寸，將取三厘作三分以爲空徑，其如徑寸之管已先定何？若遇徑分之管，則黄鍾之長且一丈二尺，將取四寸作三分以爲空徑，其如徑分之管已先定何？如此言語，雖五尺童子不爲所欺，而范蜀公乃甘受其誑何哉。

又　陳暘《樂書》

暘著《樂書》凡若干萬言，其大指惟欲去四清二變而已。其欲去二變之説曰：五聲者，樂之指拇也。二變者，五聲之駢枝也。駢拇，枝指出乎形而侈于形，存之無益也，去之可也。二變出乎五聲而淫于五聲，存之亦無益也，削之可也。蓋五聲之于樂，猶五星之在天，五行之在地，五常之在人也。五聲可益爲七音，然則五星、五行、五常亦可益而七之乎？其説必不行矣。先儒必爲是説者蓋有，原爲《左氏傳》曰「爲之七音以奉五聲」。《周語》載武王伐商，歲在鶉火，月在天駟，日在析木之津，辰在斗柄，星在天黿。自鶉及駟七列，南北之揆七同。《楚語》述先王之祀有七事，而以天地民四時之務當之。《書大傳》述聖王巡十有二州，論十有二俗以定七始，而以七統當之。漢焦延壽、京房、鄭康成之徒謂黄鍾爲宫，太蔟爲商，姑洗爲角，林鍾爲徵，南吕爲羽，應鍾爲變宫，蕤賓爲變徵，是謂七始。班固又從而傅會之，謂舜欲聞六律、五聲、八音、七始詠，以出納五言，汝聽。是其説始于《夏書》，而蔓衍于《左傳》《國語》《書傳》《漢志》，是不知《書》之在治忽，有五聲而無七始。《國語》之七同，有四宫而無徵也。左氏爲七音之説，蓋八音耳。八音以土爲主，而七音非土不和，故《書》之《益稷》，《禮》之《樂記》，其言八音皆虚其土，猶大衍之數虚其一也。大衍之數虚其一，無害于五十。七音之數虚其土，無害爲八音也。若以七音爲二變在焉，是以五聲奉五聲，豈其理歟？臣嘗讀《後周史》，武帝時，有龜兹人白藉入國，最善爲胡琵琶，聽其所奏之調有七音，一曰娑陁力，二曰鷄識，三曰沙識，四曰沙侯，五曰加濫，六曰般贍，七曰俟利箑，以應七律之音，合爲八十四調。又知二變之聲出于夷音，非華音也。蘇夔素號知音，嘗援《韓詩外傳》樂聲所感，及《月令》五音所及中並皆有五，不聞更加變宫、變徵，是欲以夏變夷，不欲以夷音變夏樂也。若夔者，可謂知五聲之本矣。今夫天無二日，土無二君，宫既爲君而又有變宫，是二君也，害教莫甚焉，豈先王制樂之意哉。

今按伏羲律法，八聲生于四始之八卦，中宫生于一始之乾，徵、商生于二始之兑、離、巽，羽、角生于三始之震、坎、艮，和穆生于四始之坤。若去和穆，是八卦無坤矣。况和穆變律從蓍，乃蓍策之火土。伏羲律法，所謂蓍律宫徵並用者也。若去二變，是蓍策五聲止有商、羽、角，而無宫、徵，而四象缺少陽，大衍無五十矣。如之何其可去也？故二變用四十二分九分六及五十六分九分八，則出于坤。用八十分及五十六分，則出于蓍。皆有來歷，並非出于龜兹。使陳暘知此，必不敢創爲去之之説矣。

又 朱子論中聲

朱子曰：「黄鍾之宫，始之始，中之中也。十律之宫，始之次，而中少過也。應鍾之宫，始之終，而中已盡也。正如子時初四刻屬前日，正四刻屬後日，其兩日之間即所謂始之始、中之中也。然則聲自屬陰，以下亦當默有十二正變半律之地，以爲中聲之前段，如子初四刻之爲者，但無聲氣之可紀耳。」今按朱子中聲前段數語暗合上宫諸律，乃從前律家意想所不到者。但又謂無聲氣可紀，則未考古人爲樂器以律計倍半之説耳。夫律計倍半，即上宫十二律乃中聲之前段，所謂子初四刻之爲也，所差止毫厘耳。假如黄鍾律倍半得二尺二寸五分，以宫聲折之，得一尺八寸二分二厘五毫，比上宫黄鍾少二厘有奇。又如林鍾律倍半得一尺五寸，以宫聲折之得一尺二寸一分五厘，比上宫林鍾少一厘三毫有奇。此即中聲前段十二正半律有聲氣可紀者也。但五聲正律之在下宫者，並非上宫之變律，故不復用上宫。若應鍾以下七律之在下宫者，乃上宫之變律，故須用上宫七正律以爲均，如子初四刻之爲耳。若朱子者，可以接羲、文、周、孔、邵五家之傳矣。

又 馬氏《文獻通考》

《通考》曰：李照、胡瑗、房庶之説，皆以黍求律者也。范蜀公力主房庶之説，以爲照以縱黍累尺，管空徑三分，容黍千七百三十，則太長。瑗以横黍累尺，管容黍一千二百，而空徑三分四厘六毫則太短。皆以尺生律，不合古法。今庶所言，實千二百黍于管以爲黄鍾之長，就三分則爲空徑，則無容受不合之差，校前二説爲是。累千百言，大要不過如此。愚請得而詰之，夫古人之制律管，皆有分寸，如十二律管皆徑三分圍九分。黄鍾之管長九寸，自大吕以下以次降殺是也。然則欲制律，必先定分寸，而古今之分寸不可考矣。是以《隋書》因漢制之説，以一黍爲一分，則是十黍爲一寸。分寸既定，然後管之徑圍可定。管之徑圍既定，然後律之長短可定。瑗與照雖有縱横之異，然以黍定分，以黍之分定管之徑圍，則一也。今庶既盡闢縱横之説，而欲以是千二百黍亂實之管中，隨其長短斷之，以爲黄鍾九寸之管，取三分以度空徑，則不知庶之所謂空徑三分之管，既非縱黍之分，復非横黍之分，則何以爲分乎？未有分寸不先定而可以制律者。如庶之所謂分，既非縱黍，復非横黍，則必別有一物爲度以起分。倘別有一物爲度以起分，則只須以其三分爲徑，以九十分其長爲黄鍾之管，爲律本，不因于黍矣。何煩實黍于管，又何煩于《漢書》中增益八字以求合千二百黍之數乎。此愚所以未敢以爲通論也。古律以竹爲管，然竹有大小，其大者容千二百不能以寸，其小者不及千二百黍而盈尺矣。故必先以黍爲分度之，三分爲徑，然後實以千二百黍，則九十分其長爲黄鍾之管矣。愚雖不能曉鍾律，切意古人以黍定律其法如此。

自古律家不識道理而强辨不休者，未有如范鎮之甚者也。觀其與司馬光往復辨難，真令人髮指。

又 何瑭《樂律管見》

或問：古有十二律管候氣之法，其理如何？何瑭曰：此相傳之誤也。候氣止用黄鍾之管，候子月冬至之氣，餘月則否。何以知之？蓋古法占候，恒在歲始冬至，蓋陽氣之始也。氣在地中，且無形可見，故以黄鍾之管候之，冬至之日，氣至灰飛，則氣節相應，是謂和平。若氣至灰飛在冬至之前，或在其後，則爲太過、不及。於是乎有占，與冬至登臺望雲物以占吉凶蓋同一意也。若謂餘月皆候，則丑月陽氣未出地中，候之猶可也；寅月以後，陽已出地上，又何候乎？况午月以後，陽氣皆自上降下，又安有飛灰之理？然則謂十二月皆以律管候氣者，非也。其爲相傳之誤也，無疑矣。

又 韓邦奇《志樂》

韓邦奇作《志樂》，謂諸家之論角立蜂起，要皆揣測乎影響之際，故司馬遷知律生聲，鍾生律，而律經聲緯之遞變，體十用九之明示則未之及焉。班固知九分之圍、八百一十分之積，而旋宫環轉、乘除規圜之圖則未之及焉。蔡元定知六十律八十四聲，而正變全半子倍之交用、調均首末長短之互見則未之及焉。夫不克窮其理，而徒區區求之古律，或求之古尺古斛，而大要重承于河東之黑黍，輕於千二百則易以大，多于千二百則易以小；此以黍爲方分，彼以黍爲員徑；此以爲律生尺，彼以爲尺生律；一圭一撮，一芒一厘之際，聚訟窮年而猶不解，何紛紛也。若其盡疑古法，謂七音、二變、四清之皆不足信。欲捐去三分損益、隔八相生之説，謂淮南之誤用管子，而漢史之誤用淮南，毋亦好爲持異歟。今按此論亦正但謂不克窮其理，而徒區區求之古律、古尺、古斛累黍之際，則未必然。

朱子謂致知格物，在即物而窮其理。今舍古律等物而空言窮理，則所窮者何理歟？邦奇嘗言，祭祀之時、燕享之際，琴瑟缺其絃，笙竽去其簧，又從而盡去八音，使萬寶常擊食器，荀勗搖牛鐸，可乎？不可乎？是故君子不爲無益之空言，必究制作之實用，與此自不相矛盾矣。

又　李文利《律呂元聲》

自《呂氏春秋》以黃鍾爲三寸九分，長孫無忌《隋志》、劉恕《通鑑外紀》皆載其說，近世李文利、王邦直諸人復本其說以著律書，袁了凡、黃石齋、葉行可皆尊信之。其說以太極、陰陽、五行皆由一以生二，由少以及多，見黃鍾數少爲極清，以正宮聲爲極濁之誤。又謂自九寸之說行，遂以羽聲爲清，宮聲爲濁，於是清濁淆，度數紊，君臣民物皆不安其位，此猶醉者以不醉者爲醉也。夫黃鍾九寸、宮濁羽清說，非創於太史。伶州鳩曰：大不踰宮，細不過羽。夫宮，音之主也，第以及羽，則宮濁羽清，自周景王時已然矣。《管子》曰四開以合九九，則黃鍾之爲九寸，自管子時已然矣。奈何以誣太史，再考商周之際，箕子爲武王陳洪範五行，一曰水，二曰火，三曰木，四曰金，五曰土。土數之五，固多于水火木金之一二三四也。五聲，宮屬土，商屬金，角屬木，徵屬火，羽屬水，其多寡之數較然。李文利諸人即能創爲異說，要不能不以宮聲爲屬土，宮既屬土，則數多聲濁又何疑焉？且其法諸律損益皆以九分，而大呂、林鍾獨六分，于義何取？以卦畫論，陽爻用九，長一陽則益一九，未見二陽之律獨長六分也；消一陽則損一九，是蕤賓已在當損之列，何爲猶益九分？林鍾當損二九十八分，何爲僅損六分？原其本意，祇因相生窮于仲呂，故變其法以對待爲三分損益耳。且其五聲分數亦參差不倫，以宮爲五十，商八十，角九十，徵七十，羽六十。夫宮爲五十，徵爲七十，羽爲六十，猶與河啚之數相合。若商爲金聲，而以爲八十則木而非金矣。角爲木聲，而以爲九十，則金而非木矣。何其舛耶？會稽季本謂，文利此書止有以先儒不識黃鍾生成之數一節，足以破往而不返之失。其餘諸論，今不今，古不古，以法象則無取，以度數則不倫，無一合於理者也。孔子曰：「蓋有不知而作之者。」其此類也夫。

蔣文勛《律呂臆言》卷下

樂律論上

伏羲造琴，黃帝制律，秦火以後，今得見之《管子》《呂氏春秋》《淮南子》《史記》，所述律呂，皆伏羲黃帝之說也，故四書所說皆同。若此爲四人自立之法，何其不謀而合也？今雖不見伏羲之律書，七弦十三徽伏羲所造之琴，即伏羲所箸之書也。律呂之精粗巨細，盡此七弦十三徽，無餘蘊矣。如今人所畫八卦，即伏羲所畫之八卦，即伏羲之《易》也。以今之琴，考《管子》《呂氏春秋》《淮南子》《史記》，若合符節。吾是以知四書所述，皆伏羲、黃帝之說也。不此之信，而信後人牽合臆度格礙之說，律學之所以不明也。彼論而未經施用者，尚不自知其通與否也。有用而經工師私易，如李照、楊傑之鐘，覥面受欺，懵然不覺，又何能辯千萬年前之是非乎？今雖不見黃帝之樂譜，今之笛即黃帝之律，即黃帝之樂譜也。今世所行俗樂，其傳之久遠而不廢者，必上古聖人之制也。以今之樂考《管子》《呂氏春秋》《淮南子》《史記》，若合符節，吾是以知今之樂猶古之樂也。不此之信，而信後人紙上之空談，律學之所以不明也。彼空談者，今之樂尚不能知，又何能知千萬年前之古樂乎？故周漢之論律，簡而明者，述古而不汩以偏見也。後人之論律，繁而晦者，好以浮詞亂說汩之也。

又　樂律論下

律呂之學，命名既多，呼謂各異，故最易混淆。而論者非泥古穿鑿，即憑臆空談，膠轕汩亂於其間。如置人所共見之牛馬雞犬，與虞夏時之牛馬雞犬無異者，則以爲時俗而不講，而務取麒麟、鳳凰、騶虞而講之，而不知麟鳳騶虞，在上古亦僅見之物也。驗歷之是非，以現在之天時；則驗律之是非，當以現行之俗樂可知也。世俗之樂，師師相授，口口相傳，雖秦火亦不能燒之，故古莫古於俗樂也。如尺有夏商周漢各代之不同，而世俗木匠之曲尺，則沿舊而不改也。俗樂工師，雖不知律呂之名，相生之法，猶如行路，雖不知州縣山水之名，由此則通，反此則錯，他俱知之，不會走差。日月星辰之運行，時序寒暑之遷謝，憑你名春爲夏，呼晝爲夜，而天終不差。五聲二變之爲用，十有二均之旋轉，任爾名商爲宮，呼角爲調，而俗終不差。如五聲二變，俗樂南曲用五音，合於《管子》。北曲用七音，二變音不作正腔，不押韻，不加板眼，與朱子二變所以濟五音之不及，律雖十二箇，用時只使七箇，西山蔡氏二變不可爲調合。若陳祥道斥去二變，趙彥肅《十二詩譜》以二變作正腔，且越調變宮變徵多於宮徵正聲，則陳趙二家俱謬矣。如大不踰宮，商角徵羽不得過宮聲，乃專指黃鍾一均而言，並非說旋相爲宮，故俗樂黃鍾均乙字調七音，無大踰合字者。至中呂均小工調七音，並不避合四乙，而單用六五億，可知蔡西山避正用半之非也。故曰驗律之是非，當以現行之俗樂也。

陳澧《聲律通考》卷一《古樂五聲十二律還宮考》《周禮·大師》曰：「掌六律、六同，以合陰陽之聲。陽聲：黃鍾、太蔟、姑洗、蕤賓、夷則、無射；陰聲：大呂、應鍾、南呂、函鍾、小呂、夾鍾。皆文之以五聲：宮、商、角、徵、羽。」又《大司樂》曰：「凡樂，圜鍾爲宮，鄭注云：圜鍾，夾鍾也。黃鍾爲角，太蔟爲徵，姑洗爲羽。冬日至，於地上之圜丘奏之，若樂六變，則天神皆降，可得而禮矣。凡樂，函鍾爲宮，鄭注云：函鍾，林鍾也。太蔟爲角，姑洗爲徵，南呂爲羽。夏日至，於澤中之方丘奏之，若樂八變，則地示皆出，可得而禮矣。凡樂，黃鍾爲宮，大呂爲角，太蔟爲徵，應鍾爲羽，於宗廟之中奏之，若樂九變，則人鬼可得而禮矣。」

《禮記·禮運》曰：「五聲，六律，十二管，還相爲宮也。」《正義》曰：「黃鍾爲第一宮，下生林鍾爲徵，上生太蔟爲商，下生南呂爲羽，上生姑洗爲角。林鍾爲第二宮，上生太蔟爲徵，下生南呂爲商，上生姑洗爲羽，下生應鍾爲角。太蔟爲第三宮，下生南呂爲徵，上生姑洗爲商，下生應鍾爲羽，上生蕤賓爲角。南呂爲第四宮，上生姑洗爲徵，下生應鍾爲商，上生蕤賓爲羽，上生大呂爲角。姑洗爲第五宮，下生應鍾爲徵，上生蕤賓爲商，上生大呂爲羽，下生夷則爲角。應鍾爲第六宮，上生蕤賓爲徵，上生大呂爲商，下生夷則爲羽，上生夾鍾爲角。蕤賓爲第七宮，上生大呂爲徵，下生夷則爲商，上生夾鍾爲羽，下生無射爲角。大呂爲第八宮，下生夷則爲徵，上生夾鍾爲商，下生無射爲羽，上生中呂爲角。夷則爲第九宮，上生夾鍾爲徵，下生無射爲商，上生中呂爲羽，上生黃鍾爲角。夾鍾爲第十宮，下生無射爲徵，上生中呂爲商，上生黃鍾爲羽，下生林鍾爲角。無射爲第十一宮，上生中呂爲徵，上生黃鍾爲商，下生林鍾爲羽，上生太蔟爲角。中呂爲第十二宮，上生黃鍾爲徵，下生林鍾爲商，上生太蔟爲羽，下生南呂爲角。」又曰：「黃鍾爲宮，太蔟爲商，姑洗爲角，林鍾爲徵，南呂爲羽，應鍾爲變宮，蕤賓爲變徵。」

黃	大	太	夾	姑	仲	蕤	林	夷	南	無	應
宮		商		角			徵		羽		
	宮		商		角			徵		羽	
		宮		商		角			徵		羽
羽			宮		商		角			徵	
	羽			宮		商		角			徵
徵		羽			宮		商		角		
	徵		羽			宮		商		角	
		徵		羽			宮		商		角
角			徵		羽			宮		商	
	角			徵		羽			宮		商
商		角			徵		羽			宮	
	商		角			徵		羽			宮

右十二管還相爲宮。

黃	大	太	夾	姑	仲	蕤	林	夷	南	無	應	
宮		商		角			徵		羽			黃鍾爲宮宗廟奏之
商		角			徵		羽			宮		
角			徵		羽			宮		商		黃鍾爲角圜丘奏之
徵		羽			宮		商		角			
羽			宮		商		角			徵		

大	太	夾	姑	仲	蕤	林	夷	南	無	應	黃半	
宮		商		角			徵		羽			
商		角			徵		羽			宮		
角			徵		羽			宮		商		大呂爲角宗廟奏之
徵		羽			宮		商		角			
羽			宮		商		角			徵		

太	夾	姑	仲	蕤	林	夷	南	無	應	黃半	大半	
宮		商		角			徵		羽			
商		角			徵		羽			宮		
角			徵		羽			宮		商		太蔟爲角方丘奏之
徵		羽			宮		商		角			太蔟爲徵圜丘奏之宗廟奏之
羽			宮		商		角			徵		

夾	姑	仲	蕤	林	夷	南	無	應	黃半	大半	太半

宮商角徵羽 圜鍾爲宮圜丘奏之
商角徵羽宮
角徵羽宮商
徵羽宮商角
羽宮商角徵

姑仲蕤林夷南無應黄半大半太半夾半

宮商角徵羽
商角徵羽宮
角徵羽宮商
徵羽宮商角 姑洗爲徵方丘奏之
羽宮商角徵 姑洗爲羽圜丘奏之

仲蕤林夷南無應黄半大半太半夾半姑半

宮商角徵羽
商角徵羽宮
角徵羽宮商
徵羽宮商角
羽宮商角徵

蕤林夷南無應黄半大半太半夾半姑半仲半

宮商角徵羽
商角徵羽宮
角徵羽宮商
徵羽宮商角
羽宮商角徵

林夷南無應黄半大半太半夾半姑半仲半蕤半

宮商角徵羽 函鍾爲宮方丘奏之
商角徵羽宮
角徵羽宮商
徵羽宮商角
羽宮商角徵

夷南無應黄半大半太半夾半姑半仲半蕤半林半

宮商角徵羽
商角徵羽宮
角徵羽宮商
徵羽宮商角
羽宮商角徵

南無應黄半大半太半夾半姑半仲半蕤半林半夷半

宮商角徵羽
商角徵羽宮
角徵羽宮商
徵羽宮商角
羽宮商角徵 南呂爲羽方丘奏之

無應黄半大半太半夾半姑半仲半蕤半林半夷半南半

宮商角徵羽
商角徵羽宮
角徵羽宮商
徵羽宮商角
羽宮商角徵

應黄半大半太半夾半姑半仲半蕤半林半夷半南半無半

宮商角徵羽
商角徵羽宮
角徵羽宮商
徵羽宮商角
羽宮商角徵 應鍾爲羽宗廟奏之

又　卷二《古樂五聲十二律相生考》《管子・地員篇》曰：「凡將起五音，凡首，先主一而三之，四開以合九九，以是生黄鍾小素之首，以成宫。三分而益之以一，爲百有八，爲徵。不無案此二字疑誤。有三分而去其乘，適足以是生商。有三分而復於其所，以是成羽。有三分去其乘，適足以是成角。」

《吕氏春秋・仲夏紀・古樂篇》曰：「昔黄帝令伶倫作爲律，伶倫自大夏之西，乃之阮隃之陰，取竹於嶰谿之谷，以生空竅厚鈞者，斷兩節閒，其長三寸九分而吹之，以爲黄鍾之宫，吹曰舍少。次制十二筒，以之阮隃之下，聽鳳皇之鳴，以别十二律。其雄鳴爲六，雌鳴亦六，以比黄鍾之宫，適合黄鍾之宫皆可以生之，故曰黄鍾之宫律吕之本。」

又《季夏紀・音律篇》曰：「黄鍾生林鍾，林鍾生太蔟，太蔟生南吕，南吕生姑洗，姑洗生應鍾，應鍾生蕤賓，蕤賓生大吕，大吕生夷則，夷則生夾鍾，夾鍾生無射，無射生仲吕。三分所生，益之一分以上生。三分所生，去其一分以下生。黄鍾、大吕、太蔟、夾鍾、姑洗、仲吕、蕤賓爲上，林鍾、夷則、南吕、無射、應鍾爲下。」案《説苑・修文篇》與此略同，其云：「林鍾生大吕，夷則生太蔟，南吕生夾鍾，無射生姑洗。蓋傳寫之誤也。」太園則盡同，竝識於此。

《淮南鴻烈解・天文訓》曰：「黄鍾之律九寸而宫音調，因而九之，九九八十一，故黄鍾之數立焉。律之數六分爲雌雄。十二各以三成，故置一而十一三之，爲積分十七萬七千一百四十七，黄鍾大數立焉。凡十二律，黄鍾爲宫，太蔟爲商，姑洗爲角，林鍾爲徵，南吕爲羽。黄鍾其數八十一，下生林鍾。林鍾之數五十四，上生太蔟。太蔟之數七十二，下生南吕。南吕之數四十八，上生姑洗。姑洗之數六十四，下生應鍾。應鍾之數四十三，案刻本作四十二，誤也。《宋書・律志》作四十三，今據以正之。上生蕤賓。蕤賓之數五十七，上生大吕。大吕之數七十六，下生夷則。夷則之數五十一，上生夾鍾。夾鍾之數六十八，下生無射。無射之數四十五，上生仲吕。仲吕之數六十，極不生。宫生徵，徵生商，商生羽，羽生角，角生案此生字誤。姑洗。姑洗生應鍾，比於正音，故爲和。應鍾生蕤賓，不比正音，故爲繆。」

《史記・律書》曰：「律數九九八十一以爲宫。三分去一，五十四以爲徵。三分益一，七十二以爲商。三分去一，四十八以爲羽。三分益一，六十四以爲角。黄鍾長八寸十分一宫，索隱曰：舊本多作七分，蓋誤也。大吕長七寸五分三分一，程易田《通藝録》曰：落之二强三字。太蔟長七寸七分二角，程曰十字譌作七字。夾鍾長六寸一分三分一，程曰：七字譌作一字，又落之一强三字。姑洗長六寸七分四羽，程曰：十字譌作七字。仲吕長五寸九分三分二徵，程曰：三分一之二强，譌作三分二。蕤賓長五寸六分三分一，程曰：落之二强三字。林鍾長五寸七分四角，程曰：十字譌作七字。夷則長五寸四分三分二商，程曰：衍四分二字，又落弱字。南吕長四寸七分八徵，程曰：譌十字爲七字。無射長四寸四分三分二，程曰：三分下落一之字，二下又落强字。應鍾長四寸二分三分二羽。」程曰：落一之字。又曰：十二律下有書五音字者，有不書者，不知其義。案《史記》文多譌脱，朱子、蔡季通皆嘗訂正，而程氏審定尤爲精密，故録之。

又曰：「生鍾分，子一分，丑三分二，寅九分八，卯二十七分十六，辰八十一分六十四，巳二百四十三分一百二十八，午七百二十九分五百一十二，未二千一百八十七分一千二十四，申六千五百六十一分四千九十六，酉一萬九千六百八十三分八千一百九十二，戌五萬九千四十九分三萬二千七百六十八，亥十七萬七千一百四十七分六萬五千五百三十六。」生黄鍾術曰：「以下生者，倍其實，三其法。以上生者，四其實，三其法。上九，商八，羽七，角六，宫五，徵九。置一而九，三之以爲法，實如法，得長一寸。凡得九寸，命曰黄鍾之宫，故曰音始於宫，窮於角。」

《漢書・律歷志》曰：「黄鐘之長，參分損一，下生林鐘。參分林鐘，益一上生太蔟。參分太蔟，損一下生南吕。參分南吕，益一上生姑洗。參分姑洗，損一下生應鐘。參分應鐘，益一上生蕤賓。參分蕤賓，損一下生大吕。參分大吕，益一上生夷則。參分夷則，損一下生夾鐘。參分夾鐘，益一上生亡射。參分亡射，損一下生中吕。」又載劉歆《三統歷》曰：上生六而倍之，下生六而損之，皆以九爲法。

又曰：「以子穀秬黍中者，一黍之廣，度之九十分黄鐘之長。一爲一分，十分爲寸。」

又曰：「以子穀秬黍中者千有二百實其龠。」龠者，黄鐘律之實也。

鄭氏《禮記・月令注》曰：「凡律空圍九分。」

蔡邕《月令章句》曰：「黄鍾之管，長九寸，孔徑三分，圍九分，其餘皆稍短，惟大小圍數無增減。」《續漢書・律歷志》注《太平御覽》。

《續漢書・律歷志》曰：「京房曰，竹聲不可以度調。」

律吕之度，見於古書者，以《吕氏春秋》爲最古，其云三寸九分爲黄鍾之宫，自來無知其説者，惟《律吕正義》云：聞嘗截竹爲管，詳審其音，黄鍾之半律不與黄鍾合，而合黄鍾者爲太蔟之半律。《吕氏春秋》以三寸九分之管爲聲中黄鍾之宫，非半太蔟合黄鍾之義耶。《正義後編》云：半太蔟長四寸，其音比黄鍾微低，再短一分，則恰與黃鍾合。謹案三寸九分爲黃鍾之宮，至是而昭然若發矇矣。蓋絲聲倍半相應，竹聲倍半不相應，必半之而又稍短乃相應，即京房所謂竹聲不可以度調也。《月令》：「中央土，律中黃鍾之宮。」鄭注云：黃鍾之宮最長也。孔疏云：蔡氏及熊氏以爲黃鍾之宮，謂黃鍾少宮也。半黃鍾九寸之數，管長四寸五分。《新唐書・禮案志》之説與此同。《月令》亦出於呂氏，其所謂黃鍾之宮，即三寸九分之管。鄭注以爲最長，固失之矣。蔡氏、熊氏知其爲黃鍾少宮而云管長四寸五分，則又不知竹聲倍半不相應也。京房所謂竹聲不可以度調，實樂律至要之關鍵。蔡伯喈且不知，況後儒乎。李安溪《古樂經傳》引武進惲遜菴説，以三寸九分爲黃鍾應鍾之較，江慎修《律呂闡微》、戴東原《考工記圖》以三寸九分爲四寸五分之譌，皆非也。惟胡氏彥昇《樂律表微》知三寸九分與九寸之聲相應耳。

五聲以數相求之法，見於《管子》者爲最古，其云：先主一而三之，四開以合九九者，以宮求徵，以徵求商，以商求羽，以羽求角，皆當三分損益，將用四次三分，故先四次三乘爲實，然後四次三分，皆無奇零也。置一而四次三乘之，故爲八十一也。四開者，四次析開也。一析爲三，又析爲九，又析爲二十七，又析爲八十一也。《管子》房玄齡注，未明四開之義。今遵《律呂正義後編》之説以解之。《淮南》《史記》所云九九八十一，皆與此同。惟《史記》以宮數三分去一爲徵，商數三分去一爲羽，《管子》則宮數三分益一爲徵，商數三分益一爲羽。其云有三分而去其乘，適足以是生商者，有讀與又同。去其乘者，去其一也。適足者，無多少也。有三分而復於其所，以是成羽者，亦如以宮求徵三分益一也。有三分去其乘，適足以是成角者，與生商句同義。此徵羽爲《淮南》《史記》之倍數，宮聲居五聲之中，故《漢書・律歷志》云宮中也，居中央爲四聲綱也。江氏《律呂闡微》專明此義。今俗人云工尺上四合，亦以上字居中也。

《淮南》《史記》皆言黃鍾九寸，又言九九八十一，何也？九寸者，九寸之管也，實數也。八十一者，以九寸之管命爲八十一，使四次三分皆無奇零也，虛數也。且《史記》但云九九八十一爲宮，而不云九九八十一爲黃鍾者，十二律皆可爲宮，隨其長短皆可命爲八十一，以求徵商羽角，非獨黃鍾爲然也。《史記》又言黃鍾長八寸十分一者，即以九寸之管命爲八寸一分，此寸分亦虛數也。索隱云黃鍾長九寸者，九分之寸，劉歆鄭(元)[玄]等皆以爲長九寸，即十分之寸，不依此法，此小司馬之臆説耳。《左傳・昭二十年》孔疏云：以黃鍾九寸自乘，爲九九八十一，定之爲宮數。因宮而損益以定商角徵羽之差，唯相準況耳，非言實有此數可用之也。

以黃鍾求大呂以下十一律，當用十一次三分損益，故先置一而十一次三乘之，爲十七萬七千一百四十七，則十一次三歸皆無奇零，此尤虛數也。安有樂器可以分畫爲十七萬七千一百四十七者哉？此陳仲儒所謂離朱之明猶不能窮而分之者，陳仲儒語見《魏書・樂志》。故《淮南子》雖以十七萬七千一百四十七爲黃鍾大數，而其算十一律仍以黃鍾八十一起數也。

《史記》則以十七萬七千一百四十七起數，以此爲黃鍾之實。置一而九三之，得一萬九千六百八十三爲法，除之得九寸。由是以黃鍾之實三分之二，得十一萬八千零九十八爲林鍾之實，所謂丑三分二也。以黃鍾之實九分之八，得十五萬七千四百六十四爲太蔟之實，所謂寅九分八也。以下九律之實皆倣此，於是下生則倍其實三其法。如黃鍾下生林鍾，則倍黃鍾之實得三十五萬四千二百九十四，而三倍黃鍾除法，得五萬九千零四十九，爲法除之，得六寸也。凡下生者皆倣此。上生則四其實三其法，如林鍾上生太蔟，則四倍林鍾之實得四十七萬二千三百九十二，亦以五萬九千零四十九除之，得八寸也。凡上生者皆倣此。惟所謂上九、商八、羽七、角六、宮五、徵九者，不可解。索隱云：此文似數錯，未暇研覈。澧則研覈而未解，有解之者亦未敢信以爲然也。

十二律之相生，非真有陰陽之氣以生也，乃以此律求彼律之法耳。其相生以黃鍾爲本，非真十一律皆由黃鍾之氣而生也，乃以黃鍾起數以求十一律耳。古人以聲不可文載口傳，此語本《續漢書・律歷志》注引蔡伯喈《月令章句》。故以律示人，使其依律而自得之。然律多奇零之數，故惟以黃鍾之律示人，其餘十一律則以黃鍾三分損益轉轉而盡得之，此易簡之法也。《考工記》每一器但記一數，爲起數之根，而轉生他數，即是此法。如輪人六分其輪崇，以其一爲之牙圍，參分其牙圍而漆其二云云，此以輪崇之數生諸數，豈輪能生牙，牙能生漆哉？亦爲易簡之法，使人易知易從而已。律呂相生正如是矣，黃鍾爲律本正如是矣。

凡物之形，長者高，短者下，故十二律長生短則曰下生，短生長則曰上生。《呂氏》《淮南》蕤賓生大呂，夷則生夾鍾，無射生仲呂，皆爲上生；大呂生夷則，夾鍾生無射，則爲下生。京房六十律，鄭氏《周禮注》皆同此説，惟《漢書・律歷志》蕤賓生大呂，夷則生夾鍾，亡射生仲呂，皆曰下生；大呂生夷則，夾鍾生亡射，皆曰上生。然所得大呂、夾鍾、仲呂皆半律，必倍之乃得全律。不如《呂氏》《淮南》之法爲直截矣。《史記》律數，大呂長於太簇，夾鍾長於姑洗，仲呂長於蕤賓，此與《呂氏》《淮南》之法同也。其生鐘分，未二千一百八十七分一千二十四，此以黃鐘爲二千一百八十七分，而大呂得一千零二十四分。大呂不及黃鐘之半，乃大呂半律也。其酉爲夾鐘分數，亥爲仲呂分數，皆倣此。此則大呂、夾鐘、仲呂皆半律，與《漢志》同，即《漢志》之説所自出也。《續漢書·律曆志》乃云：陽生陰曰下生，陰生陽曰上生。此則不據長短之實形，而説陰陽之虚理。蔡季通遂謂《吕氏》《淮南》陰陽錯亂矣，然又謂大吕、夾鍾、仲吕用倍數方與十二月之氣相應，則仍是《吕氏》《淮南》之數耳。

《續漢書·律曆志》云：元帝時，郎中京房受學故小黄令焦延壽。六十律相生之法，中吕上生執始，執始下生去滅，上下相生終於南事，六十律畢矣。故作準以定數，準之狀如瑟，長丈而十三弦，隱間九尺，以應黄鍾之律九寸。中央一弦，下有畫分寸，以爲六十律清濁之節。志載六十律之數文多不録。案仲吕爲宫，則黄鍾半律爲徵，而仲吕之數三分損一，不合黄鍾半律之數，倍之不合黄鍾全律之數。黄鍾十七萬七千一百四十七，仲吕十三萬一千七十二，三分益一，十七萬四千七百六十二。焦、京乃創立執始之名，由此推算爲六十律，然終不能復合黄鍾之數也。蔡季通則於京房所增四十八律取其六，謂之變律。《隋書·律曆志》載何承天立法制議云：上下相生，三分損益其一，蓋是古人簡易之法，猶如古曆周天三百六十五度四分之一，後人改制皆不同焉。而京房不悟，謬爲六十。《宋書·律志》云凡三分益一，三分損一，此其大略。京房不思此意，爲六十律，竟復不合，彌益其疏。案何承天之説，千古卓識。沈約之説，實本於承天也。《隋志》云：劉焯曰舊計未精，終不復始。明鄭世子載堉《律吕精義》云：三分損益，舊率疏舛。案焯與載堉之説，皆何承天所謂不悟者也。惟其爲簡易大略之法，故仲吕爲宫，黄鍾爲徵，不必論其數之小有不合，還相爲宫，十二律而足矣。《魏書·樂志》云：公孫崇以十二律還相爲宫，清濁悉足。《魏書·樂志》載陳仲儒言，房準九尺之内爲一十七萬七千一百四十七分，雖復離朱之明，猶不能窮而分之。尤深中焦、京之病，而錢樂之、沈重、祖孝孫又增衍爲三百六十律，見《隋志》及《舊唐書》祖孝孫傳。皆傅會曆數，假託占候，而實無施於樂也。《續漢志》云：京房六十律，其術施行於史官，候部用之。《宋書·律志》云：荀勖湊六十律，無施於樂。今爲六十律表於左，以著其謬，至三百六十律，更不足辯矣。

黄鍾下生林鍾	執始下生去滅	丙盛下生安度	分動下生歸嘉	質末下生否與
林鍾上生太蔟	去滅上生時息	安度上生屈齊	歸嘉上生隨期	否與上生形晉
太蔟下生南吕	時息下生結躬	屈齊下生歸期	隨期下生未卯	形晉下生夷汙
南吕上生姑洗	結躬上生變虞	歸期上生路時	未卯上生形始	夷汙上生依行
姑洗下生應鍾	變虞下生遲内	路時下生未育	形始下生遲時	依行上生色育
應鍾上生蕤賓	遲内上生盛變	未育上生離宫	遲時上生制時	色育下生謙待
蕤賓上生大吕	盛變上生分否	離宫上生凌陰	制時上生少出	謙待上生未知
大吕下生夷則	分否下生解形	凌陰下生去南	少出下生分積	未知下生白吕
夷則上生夾鍾	解形上生開時	去南上生族嘉	分積上生争南	白吕上生南授
夾鍾下生無射	開時下生閉掩	族嘉下生鄰齊	争南下生期保	南授下生分烏
無射上生中吕	閉掩上生南中	鄰齊上生内負	期保上生物應	分烏上生南事
中吕上生執始	南中上生丙盛	内負上生分動	物應上生質末	南事不生

自執始十二律，至丙盛又十二律，至分動又十二律，至質末皆當黄鍾之位，而其數愈少愈不合黄鍾之數。丙盛十七萬二千四百一十，分動十七萬八十九，質末十六萬七千八百。又五律至色育當應鍾之位，自應鍾至色育降四等矣。十二律應鍾最短，又降四等，幾及於黄鍾半數矣，故夷汙上生依行，依行當下生色育，乃不循下生之次第而又上生色育，雖自亂其例而不顧者，欲倍色育之數以及於黄鍾也。無如其數仍不及黄鍾，色育十七萬六千七百七十六。是終不能復於黄鍾也。故推至南事爲六十律，而不復推也。此沈約所謂竟復不合，彌益其疏者也。甄鸞《五經算術》云：此乃苟欲充六十之數，其於義理未之前聞。

《隋書·律曆志》云：何承天更設新率，則從中吕還得黄鍾。黄鍾長九寸，太蔟長八寸二氂，林鍾長六寸一氂，應鍾長四寸七分九氂强，其中吕上生所益之分還得十七萬七千一百四十七。案《宋書·律志》新律度分，即何承天所設也。又云劉焯校定黄鍾長九寸，太蔟長八寸一分四氂，林鍾長六寸，應鍾長四寸二分八氂七分之四。明鄭世子載堉《律吕精義内篇》云：新法算律用勾股術，命平方一尺爲黄鍾之率，勾自乘，股自乘，相併，開平方，得弦，即蕤賓倍律之率。以勾乘之，開平方，即南吕倍律之率。仍以勾乘之，又以股乘之，開立方，即應鍾倍律之率。案何承天、劉焯所增之數，史家不言其算法，載堉則云用勾股術。《四庫提要》以爲，即諸乘方連比例相求法，云勾股術者，飾詞也。澧謂連比例三率，有首率、末率，求中率之法。以首率末率相乘，開平方得中率，此當以黄鍾與黄鍾半律相乘，開平方得蕤賓。若以黃鍾倍律與黃鍾相乘，開平方，則得蕤賓倍律。[載堉以兩黃鍾各自乘相併者，即黃鍾倍律與黃鍾相乘之數也。]由是以黃鍾、蕤賓求夾鍾，以蕤賓與黃鍾半律求南呂，皆以首率末率求中率；更以黃鍾、夾鍾求大呂、太蔟，以夾鍾、蕤賓求姑洗、仲呂，以蕤賓、南呂求林鍾、夷則，以南呂與黃鍾半律求無射、應鍾，則連比例四率有一率、四率，求二率、三率。其法以一率自乘，又以四率乘之，開立方得二率；以四率自乘，又以首率乘之，開立方得三率也。然此於算法則密矣，而非古人易簡之意。古法三分損益，人人皆解。若連比例算法，則必明算而後能知之。載堉著書，可以精研算法，如欲通行於天下，安能使工人學算而後製其器，伶人學算而後按其聲乎？且黃鍾九寸，三分損益之數與連比例之數所差者不多，固可以不必計也。[古無連比例算法，然三分損益即連比例之意，故所差不多也。]今各列其數於左。

連比例十二律

黃鍾九寸
大呂八寸四分九釐四毫有奇
太蔟八寸〇一釐八毫有奇
夾鍾七寸五分六釐八毫有奇
姑洗七寸一分四釐三毫有奇
仲呂六寸七分四釐二毫有奇
蕤賓六寸三分六釐三毫有奇
林鍾六寸〇〇六毫有奇
夷則五寸六分六釐九毫有奇
南呂五寸三分五釐一毫有奇
無射五寸〇五釐一毫有奇
應鍾四寸七分六釐七毫有奇

三分損益十二律

黃鍾九寸
大呂八寸四分二釐七毫有奇
太蔟八寸
夾鍾七寸四分九釐一毫有奇
姑洗七寸一分一釐一毫有奇
仲呂六寸六分五釐九毫有奇
蕤賓六寸三分二釐有奇
林鍾六寸
夷則五寸六分一釐八毫有奇
南呂五寸三分三釐三毫有奇
無射四寸九分九釐四毫有奇
應鍾四寸七分四釐有奇

黃鍾九寸，三分損益，十一律之數與連比例十一律之數，其林鍾、太蔟二律所差甚微，南呂、姑洗二律所差猶甚微，其餘諸律所差乃稍多耳。以黃鍾爲宮，生林、太、南、姑四律爲徵、商、羽、角，五聲已備，而所差皆甚微，可以不計。故《管子》《史記》皆以宮聲爲八十一，以生徵、商、羽、角。蓋隨舉一律以爲宮，皆命爲八十一，[《朱子語類》云：且如大呂爲宮，則大呂用黃鍾八十一之數，而三分損一下生夷則，其餘皆然。]則其所生徵、商、羽、角四律皆不覺其微差，故三分損益之法不爲疏也。且京房、朱載堉推衍算法而不憚煩者，皆以爲合於數而後合於音也。而房與載堉所算之數則不同，房之音合則載堉之音不合矣，載堉之音合則房之音不合矣。然而房與載堉皆自以其音爲密合也，此尤可見數雖微差而音則不覺有差也。古法誠不必改也。

三分損益之數，較之連比例之數稍少，古人固已知之矣。《淮南子》黃鍾八十一，林鍾五十四，太蔟七十二，南呂四十八，姑洗六十四，皆無奇零。自姑洗以下，以三分損益算之，應鍾當得四十二又三分一之二，而《淮南》乃云應鍾之數四十三。蕤賓當得五十六又三分一之二強，乃云蕤賓之數五十七。大呂當得七十五又三分一之二強，乃云大呂之數七十六。夷則當得五十又三分一之二弱，乃云夷則之數五十一。夾鍾當得六十七又三分一之一強，乃云夾鍾之數六十八。無射當得四十四又三分一之二強，乃云無射之數四十五。仲呂當得五十九又三分一之二強，乃云仲呂之數六十。《淮南》於此七律之數皆稍增之者，非徒取其無奇零也。若欲無奇零，則何不減去其奇零乎？蓋其所以增者，以其數稍少故也，是固知三分損益之未密而增之，使幾於密也。[林鍾、太蔟、南呂、姑洗四律不增者，以其差甚微也。]奚待何承天、劉焯、朱載堉而後設新率哉。

京房言竹聲不可以度調，謂三分損益，相生倍半，清濁相應，弦音則然，管音則否也。蓋定黃鍾之聲必以管，定大呂以下十一律必以弦。先吹黃鍾管以定黃鍾弦，其餘十一律以三分損益按弦而彈之，即盡得十一律聲矣。按弦之半而彈之，即得黃鍾半律之聲矣。若製大呂以下十一管，則下生者三分損一而稍短，上生者三分益一而稍長，其聲乃合也。然此亦非獨京房知之而古人皆不知也，《呂氏春秋》以三寸九分爲黃鍾之宮，而《淮南子》言黃鍾九寸，則古人固知竹聲倍半不相應也。[近代則鄭世子知之，其說竹管黃鍾半律與全律不相合，大呂半律乃與黃鍾略差不遠。《律呂正義》謂半太蔟合黃鍾，蓋由此而審定之也。]

古書但言黃鍾管之長，《漢志》則兼言容黍之數，然猶未言圍徑之數，蓋其管長九十黍，容千二百黍，吹之即得黃鍾聲，不必言圍徑而圍徑在其中矣。鄭氏、蔡氏始言圍九分，徑三分，[徑一圍三，古率最疏。蔡氏言圍九分徑三分，本大略之數，不可據之以入算。]後人乃以長九寸，圍九分，徑三分而算其中容之積，或以積而算其圍、徑，然所算之積乃方分，而黍則圓而長，其在管中橫斜無定，尤無可算之理。且不獨管中容黍不可算，即排黍爲尺，而黍有大小，亦多不確。《漢書》言子穀秬黍中者，亦約略之語耳。《隋書・律歷志》云：周宣帝時，達奚震、牛宏等議曰：

時有水旱之差，地有肥瘠之異，取黍大小未必皆得中。《宋史·律歷志》云：丁度等言，歲有豐儉，地有磽肥，就令一歲之中、一境之内，取以校驗，亦復不齊，是蓋天物之生，理難均一。古之立法，存其大概爾。故前代制尺，非特累黍，必求古雅之器以雜校焉。蔡氏《律呂新書》亦譏王朴專恃累黍，皆通論也。凌次仲不取累黍之説，是其有識也。

《皇祐新樂圖記》云：黄鍾管每長一分，積九分，空徑三分四釐六毫。自注云：算法，置九分，三分益一，得十二分，以開方除之，得空徑之數。案此乃徑一、圍三、積七五之法，最爲疏闊。蔡氏《律呂新書》云：圍十分三釐八毫，徑三分四釐六毫，此亦徑一圍三之數。《苑洛志樂》乃云：多取竹管，必求徑三分四釐六毫，周十分三釐八毫者而後用之，庶得聲氣之元。夫聲氣之元，豈由於算法？況算法疏闊如此而篤信之，未免失之愚矣。《新樂圖記》繪十二律四清聲之管，各記其長數及空徑之數，然黄鍾至林鍾空徑皆三分四釐六毫，而自夷則以下空徑遞減，此當時吹律審音者覺下生之管三分損一而聲未合，又覺四清聲之管用本律之半而聲亦未合，然不敢減其長數，故減其空徑以遷就之。此可見竹聲不可以度調，當時已稍知之。惜未從而深究之耳。《律呂新書》譏其圍徑不同以就黄鍾清聲，而未知其所以不同之故也。

又 卷四《梁隋八十四調考》 《隋書·音樂志》曰：鄭譯云，周武帝時，有龜茲人曰蘇祇婆，善胡琵琶，聽其所奏，一均之中間有七聲，因而問之，答云：父在西域，稱爲知音，代相傳習，調有七種，以其七調勘校七聲，冥若合符。一曰娑陁力，華言平聲，即宮聲也。二曰雞識，華言長聲，即南呂聲也。凌次仲曰：南呂聲當爲商聲之誤。三曰沙識，華言質直聲，即角聲也。四曰沙侯加濫，華言應聲，即變徵聲也。五曰沙臘，華言應和聲，即徵聲也。六曰般贍，華言五聲，即羽聲也。七曰俟利箑，華言斛牛聲，即變宮聲也。鄭譯因習而彈之，始得七聲之正。然其就此七調又有五旦之名，旦作七調，以華言譯之，旦者，則謂均也。其聲亦應黄鍾、太蔟、林鍾、南呂、姑洗五均，已外七律更無調聲。譯遂因其所捻琵琶絃柱相飲爲均，推演其聲，更立七均，合成十二，以應十二律。律有七音，音立一調，故成七調十二律，合八十四調，旋轉相交，盡皆和合。

又《萬寶常傳》曰：父大通從梁，將王琳歸于齊，後復謀還江南，事泄伏誅。由是寶常被配爲樂户，因而妙達鍾律，大爲時人所賞。然歷周洎隋，俱不得調。開皇初，沛國公鄭譯等定樂，每召與議，寶常奉詔造諸樂器，其聲率下鄭譯調二律，并撰樂譜六十四卷，具論八音旋相爲宮之法，改絃移柱之變，爲八十四調。時人以《周禮》有旋宮之義，自漢魏已來，知音者皆不能通，見寶常特創其事，皆哂之。《北史》同。

《舊五代史·樂志》曰：「兵部尚書張昭等議曰：梁武帝素精音律，自造四通、十二笛，以鼓八音。又引古五正二變之音，旋相爲宮，得八十四調。侯景之亂，其音又絶。隋沛公鄭譯因龜茲琵琶七音以應月律，五正二變，七調克諧，旋相爲宮，復爲八十四調。」

《遼史·樂志》曰：「隋高祖詔求知音者，鄭譯得西域蘇祇婆七旦之聲，案七旦當作五旦。求合七音、八十四調之説。由是雅俗之樂皆此聲矣。」

黄鍾均七調

黄	大	太	夾	姑	仲	蕤	林	夷	南	無	應
宮		商		角		變徵	徵		羽		變宮
商		角		變徵	徵		羽		變宮	宮	
角		變徵	徵		羽		變宮	宮		商	
變徵	徵		羽		變宮	宮		商		角	
徵		羽		變宮	宮		商		角		變徵
羽		變宮	宮		商		角		變徵	徵	
變宮	宮		商		角		變徵	徵		羽	

大呂均七調

大	太	夾	姑	仲	蕤	林	夷	南	無	應	半黄
宮		商		角		變徵	徵		羽		變宮
商		角		變徵	徵		羽		變宮	宮	
角		變徵	徵		羽		變宮	宮		商	
變徵	徵		羽		變宮	宮		商		角	
徵		羽		變宮	宮		商		角		變徵
羽		變宮	宮		商		角		變徵	徵	
變宮	宮		商		角		變徵	徵		羽	

太蔟均七調

太夾姑仲蕤林夷南無應黃半大半

宮　商　角　變徵　徵　羽　變宮

商　角　變徵　徵　羽　變宮　宮

角　變徵　徵　羽　變宮　宮　商

變徵　徵　羽　變宮　宮　商　角

徵　羽　變宮　宮　商　角　變徵

羽　變宮　宮　商　角　變徵　徵

變宮　宮　商　角　變徵　徵　羽

夾鐘均七調

夾姑仲蕤林夷南無應黃半大半太半

宮　商　角　變徵　徵　羽　變宮

商　角　變徵　徵　羽　變宮　宮

角　變徵　徵　羽　變宮　宮　商

變徵　徵　羽　變宮　宮　商　角

徵　羽　變宮　宮　商　角　變徵

羽　變宮　宮　商　角　變徵　徵

變宮　宮　商　角　變徵　徵　羽

姑洗均七調

姑仲蕤林夷南無應黃半大半太半夾半

宮　商　角　變徵　徵　羽　變宮

商　角　變徵　徵　羽　變宮　宮

角　變徵　徵　羽　變宮　宮　商

變徵　徵　羽　變宮　宮　商　角

徵　羽　變宮　宮　商　角　變徵

羽　變宮　宮　商　角　變徵　徵

變宮　宮　商　角　變徵　徵　羽

仲呂均七調

仲蕤林夷南無應黃半大半太半夾半姑半

宮　商　角　變徵　徵　羽　變宮

商　角　變徵　徵　羽　變宮　宮

角　變徵　徵　羽　變宮　宮　商

變徵　徵　羽　變宮　宮　商　角

徵　羽　變宮　宮　商　角　變徵

羽　變宮　宮　商　角　變徵　徵

變宮　宮　商　角　變徵　徵　羽

蕤賓均七調

蕤林夷南無應黃半大半太半夾半姑半仲半

宮　商　角　變徵　徵　羽　變宮

商　角　變徵　徵　羽　變宮　宮

角　變徵　徵　羽　變宮　宮　商

變徵　徵　羽　變宮　宮　商　角

徵　羽　變宮　宮　商　角　變徵

羽　變宮　宮　商　角　變徵　徵

變宮　宮　商　角　變徵　徵　羽

林鐘均七調

林夷南無應黃半大半太半夾半姑半仲半蕤半

宮　商　角　變徵　徵　羽　變宮

商 角 變徵 羽 變宮
角 變徵 羽 變宮 商
變徵 羽 變宮 商 角
徵 羽 變宮 商 角 變徵
羽 變宮 商 角 變徵
變宮 商 角 變徵 羽

夷則均七調

夷南無應黃大太夾姑仲蕤林
半半半半半半半半

宮 商 角 變徵 羽 變宮
商 角 變徵 羽 變宮
角 變徵 羽 變宮 商
變徵 羽 變宮 商 角
徵 羽 變宮 商 角 變徵
羽 變宮 商 角 變徵
變宮 商 角 變徵 羽

南吕均七調

南無應黃大太夾姑仲蕤林夷
半半半半半半半半半

宮 商 角 變徵 羽 變宮
商 角 變徵 羽 變宮
角 變徵 羽 變宮 商
變徵 羽 變宮 商 角
徵 羽 變宮 商 角 變徵
羽 變宮 商 角 變徵
變宮 商 角 變徵 羽

無射均七調

無應黃大太夾姑仲蕤林夷南
半半半半半半半半半半

宮 商 角 變徵 羽 變宮
商 角 變徵 羽 變宮
角 變徵 羽 變宮 商
變徵 羽 變宮 商 角
徵 羽 變宮 商 角 變徵
羽 變宮 商 角 變徵
變宮 商 角 變徵 羽

應鍾均七調

應黃大太夾姑仲蕤林夷南無
半半半半半半半半半半半

宮 商 角 變徵 羽 變宮
商 角 變徵 羽 變宮
角 變徵 羽 變宮 商
變徵 羽 變宮 商 角
徵 羽 變宮 商 角 變徵
羽 變宮 商 角 變徵
變宮 商 角 變徵 羽

《隋志》載梁武帝制十二笛，而不言有八十四調。其言鄭譯推演蘇祇婆琵琶成八十四調，亦不云復梁武之舊。然《舊五代志》張昭等之説，則確鑿可信。特隋唐人書亡佚者，多不能考其所本耳。萬寶常本梁人，其爲八十四調，蓋即用梁武之舊法也，必知梁武八十四調可信者。自列和以來至今日之笛，皆勻排六孔，并體中聲爲七聲，七聲旋轉則爲七調。梁武既有十二笛，則旋轉爲八十四調無疑矣。《宋史·樂志》載姜夔議云：古樂止用十二宫，鄭譯之八十四調，出於蘇祇婆之琵琶。凌氏《燕樂考》原引姜氏此説，遂力詆八十四調。蓋皆據《隋志》而未考《舊五代志》，然凌氏謂梁武十二笛爲寶公以來相傳之遺法。《述笛篇》。又云今笛止七調，欲備八十四調，必十二笛而後可。《與阮伯元侍郎書》。如其說，則梁武十二笛已備八十四調，且傳自寶公，而非出於蘇祇婆鄭譯也。《遼志》言，鄭譯得蘇祇婆七旦之聲，求合八十四調之說，是先有八十四調之說，鄭譯求與之合。文義甚顯，凌氏書引《遼志》而未喻其意，亦凌氏之疏也。

姜氏但據《隋書·音樂志》鄭譯有八十四調，而未考《萬寶常傳》亦有八十四調，尤爲疏漏。鄭譯八十四調出於蘇祇婆，豈萬寶常八十四調又出於蘇祇婆乎？且史言寶常特創，則鄭譯之八十四調安知其不出於寶常，而必以爲出於蘇祇婆乎？然即但據《音樂志》，亦未可以十二宮以外之調盡歸之蘇祇婆也。《音樂志》云：蘇夔駁譯曰，《韓詩外傳》所載樂聲感人，及《月令》所載五音所中並皆有五，不言變宮、變徵。又《春秋左氏》所云七音、六律以奉五聲，准此而言，每宮應立五調，不聞更加變宮、變徵二調爲七調，七調之作所出未詳。案此云所出未詳者，謂不見於經傳。如所引《韓詩外傳》《月令》《左傳》之類也。又云何妥恥己宿儒不逮譯等，欲沮壞其事，乃立議非其七調之義，曰近代《書》《記》所載緩樂鼓琴、吹笛之人，多云三調，三調之聲其來久矣，請存三調而已。案鄭譯推演蘇祇婆琵琶，乃蘇夔、何妥所目覩。若八十四調，除十二宮之外，其餘皆出於蘇祇婆，則蘇夔何妥必盡駁之非之矣，何以蘇夔猶云應立五調，何妥猶云請存三調乎？姜氏之說，蓋不使胡樂亂古樂，其意甚善。然於古樂之所有者亦棄去之，以與胡樂相避，則矯枉而過直者也。《朱子語類》云：南北之亂，中華雅樂中絶，隋文帝時鄭譯得之於蘇祇婆。蘇祇婆乃自西域傳來。案朱子之説與姜氏説略同，蓋亦未詳考也。

觀《隋志》所載蘇祇婆琵琶，則西域但知有七聲，不知有十二律也。中國古樂有十二律，胡樂但有七聲，古樂、胡樂之不同者在此。考古樂者當於此辨之，今俗樂但有七聲而無十二律，正與蘇祇婆同矣，可勝嘆哉。觀《隋志》所載鄭譯推演之法，以蘇祇婆五旦應中國黄鐘、太蔟、林鐘、南呂、姑洗五均，而無大呂、夾鐘、仲呂、蕤賓、夷則、無射、應鐘七均，故補完之以合於十二律。所謂推演者如此，所謂求合者如此。琵琶四弦而有十二均者，以一弦兼三均也。第一弦慢則爲黄鐘，稍緊則爲大呂，又緊則爲太蔟。第二弦慢則爲夾鐘，稍緊則爲姑洗，又緊則爲仲呂。第三弦慢則爲蕤賓，稍緊則爲林鐘，又緊則爲夷則。第四弦慢則爲南呂，稍緊則爲無射，又緊則爲應鐘也。蘇祇婆琵琶五旦亦當有一弦兼二旦者。《新唐書·禮樂志》云龜兹伎有五弦，又云五弦如琵琶而小，或蘇祇婆之五旦本用五弦歟？

鄭譯之八十四調，當周宣帝時已獻於朝矣。《周書·斛斯徵傳》云：「宣帝嗣位，鄭譯乃獻新樂，十二月各一笙，每一笙用十六管。帝令與徵議之，徵駁而奏，帝頗納焉。」案十二笙即十二均也，十六管即十二律加四清聲也。每一笙十六管，轉爲七調，十二笙則八十四調也。惟斛斯徵所駁不知云何，蓋與蘇夔、何妥二說相去不遠也。

凌次仲謂八十四調繁複而不可施用，此語頗中其病。然梁武帝、萬寶常、鄭譯之爲此，蓋非盡欲施用，特備其數而已。前乎梁武帝、萬寶常、鄭譯者，《周禮》三大祭之樂，但用十一調，本十二調，圜丘、宗廟同用太蔟爲徵，故十一調耳。而大師職必云六律、六同皆文之以五聲，《禮運》必云十二管還相爲宮。後乎梁武帝、萬寶常、鄭譯者，宋時但用二十八調，而《宋史·樂志》所載《景祐樂髓》及張炎《詞源》，必盡列八十四調，亦取其備而已。焦里堂《二十八調辨》云或疑八十四之數非其實，然不必疑也。如以喉、舌、齒、牙、脣各依等韻，則必有若干音。然制之爲字，不及其音之半。《說文》九千餘字，便於用而人人共識者又不及其半。不得以所用者少，遂疑古之字少；亦不得以字不及音之數，遂疑並無此音。聲調之有八十四，其理如是也。後世取其便於肄習，故日減日少，無可疑也。焦氏此說真通人之論矣。

又 卷五《唐八十四調考》 《通典》曰：祖孝孫以梁陳舊樂雜用吴楚之音，周齊舊樂多涉胡戎之技，於是斟酌南北，考以古音，而作大唐雅樂，以十二律各順其月旋相爲宮。按《禮記》云：大樂與天地同和。治世之音安以樂，其政和，故製十二和之樂，合三十二曲，八十有四調。《舊唐書·音樂志》同。

《舊唐書·音樂志》曰：景龍三年，中宗親祀昊天上帝樂章，皇帝行用太和圜鐘宮，告謝圜鐘宮，登歌用肅和無射均之林鐘羽，迎俎用雍和圜鐘均之黄鐘羽，酌獻用福和圜鐘宮，中宮助祭昇壇用函鐘宮，亞獻用函鐘宮，送文舞出、迎武舞入用舒和圜鐘均之中呂商，武舞作用凱安圜鐘均之無射徵。

又曰開元十一年，元宗祀昊天於圜丘樂章，降神用豫和圜鐘宮三成，黄鐘角一成，太蔟徵一成，姑洗羽一成，以上六變。皇祖光皇帝室酌獻用長發黄鐘宮，太祖景皇帝室酌獻用大基太蔟宮，代祖元皇帝室酌獻用大成姑洗宮，高祖神堯皇帝室酌獻用大明蕤賓宮，太宗文武聖皇帝室酌獻用崇德夷則宮，高宗天皇大帝室酌獻用鈞天黄鐘宮，義宗孝敬皇帝室酌獻用承和黄鐘宮。

又曰元宗開元十三年，封泰山，祀天樂，降神，用豫和六變夾鐘宮之一，夾鐘宮之二，夾鐘宮之三，黄鐘宮，按宮當作角。太蔟徵，姑洗羽；登歌奠玉帛，用肅和羽調；酌獻，用壽和黃鍾宮調；送文舞出迎武舞入，用舒和商調；送神，用豫和夾鍾宮調。

又曰：則天大聖皇帝享明堂樂章，皇帝行用黃鍾宮，登歌用大呂均無射羽，配饗宮音、角音、徵音、商音、羽音。

又曰：祀五方上帝於五郊樂章，祀黃帝降神奏宮音，祀青帝降神用角音，祀赤帝降神用徵音，祀白帝降神用商音，祀黑帝降神用羽音。

又曰：睿宗太極元年祭皇地祇於方丘樂章，迎神用順和黃鍾宮案當作林鍾宮。三變：太蔟角一變，姑洗徵一變，南呂羽一變，案此當八變，此數不合，必有誤字。金奏新加太蔟宮，登歌奠玉帛用肅和應鍾均之夷則，案當脱羽字。送神用順和林鍾宮。

又曰：元宗開元十一年，祭皇地祇於汾陰樂章，迎神用順和林鍾以下各再變，林鍾宮、太蔟角、姑洗徵、南呂羽，皇帝行用太和黃鍾宮，登歌奠玉帛用肅和蕤賓均之夾鍾羽，迎俎用雍和黃鍾均之南呂羽，酌獻飲福用壽和黃鍾宮，送文舞出、迎武舞入用舒和太蔟宮，武舞用凱安黃鍾均之林鍾徵。

又曰：享太廟樂章，迎神用永和黃鍾宮三成、大呂角二成、太蔟案脱徵字。二成、應鍾羽二成，摠九變；登歌酌鬯用肅和夾鍾均之黃鍾羽；皇祖宣簡公酌獻用長發無射宮；皇祖懿王酌獻用長發黃鍾宮；太祖景皇帝酌獻用大基太蔟宮；世祖元皇帝酌獻用大成姑洗宮；高祖大武皇帝酌獻用大明蕤賓宮。

又曰：又享太廟樂章，太宗文皇帝酌獻用崇德夷則宮，高宗天皇太帝酌獻用鈞天黃鍾宮，中宗孝和皇帝酌獻用太和太蔟宮，睿宗大聖真皇帝酌獻用景雲黃鍾宮，皇祖宣皇帝酌獻用光大無射宮。

又曰：又享太廟樂章，迎神黃鍾宮、大呂角、太蔟徵、應鍾羽，金奏無射宮。

又曰：中宗孝和皇帝神龍元年享太廟樂章，迎神用嚴和黃鍾宮三成、大呂角三成、案此當作二成，下同。太蔟徵三成、應鍾羽二成，皇帝行用昇和黃鍾宮，登歌祼鬯用虔和大呂均之無射羽，送文舞出、迎武舞入用同和太蔟同，案此同字疑商字之誤。武舞用寧和林鍾徵，徹俎用恭和大呂均之無射羽，送神用通和黃鍾宮，皇后助享、皇后行用正和黃鍾宮，登歌奠鬯用昭和大呂均之無射羽，皇后酌獻飲福用誠敬黃鍾宮，徹俎用肅和大呂均之無射羽，送神用昭感黃鍾羽。案黃鍾羽上當脱夾鍾均之四字。

又曰：儀坤廟樂章，迎神用永和林鍾宮，金奏夷則宮，皇帝行用太和黃鍾宮，酌獻登歌用肅和中呂均之太蔟，案當脱羽字。一云蕤賓均之夾鍾羽，迎俎用雍和姑洗羽，肅明皇后室酌獻用昭升林鍾宮，飲福用壽和黃鍾宮，送文舞出、迎武舞入用舒和南呂商，武舞用安和太蔟徵，徹俎用雍和蕤賓均之夾鍾羽，送神林鍾宮。

又曰：章懷太子廟樂章，迎神第一姑洗宮，登歌酌鬯第二南呂均之蕤賓羽，迎俎及酌獻第三大呂羽，送文舞出、迎武舞入第四蕤賓商，武舞作第五夷則角。

又曰：懿德太子廟樂章，迎神第一姑洗宮，登歌酌鬯第二南呂均之蕤賓羽，迎俎酌獻第三大呂羽，送文迎武第四蕤賓商，武舞作第五夷則角。

又曰：節愍太子廟樂章，迎神第一姑洗宮，登歌酌鬯第二南呂均之蕤賓，案當脱羽字。迎俎及酌獻第三大呂羽，送文迎武第四蕤賓商，武舞作第五夷則角。

又曰：褒德廟樂章，迎神用昭德姑洗宮二成，登歌用進德南呂均之蕤賓羽，俎入初獻用褒德大呂角。

《新唐書・禮樂志》曰：孝孫以十二月旋相爲六十聲、八十四調。一宮，二商，三角，四變徵，五徵，六羽，七變宮，其聲繇濁至清，爲一均。凡十二宮調，皆正宮也。正宮聲之下無復濁音，故五音以宮爲尊。十二商調，調有下聲一，謂宮也。十二角調，調有下聲二，宮、商也。十二徵調，調有下聲三，宮、商、角也。十二羽調，調有下聲四，宮、商、角、徵也。十二變徵調，居角音之後，正徵之前。十二變宮調，在羽音之後，清宮之前。雅樂成調，無出七聲。

又曰：開元定禮，始復遵用孝孫十二和，其著于禮者：一曰豫和，以降天神，以圜鍾爲宮三奏，黃鍾爲角，太蔟爲徵，姑洗爲羽，各一奏；二曰順和，以降地祇，以函鍾爲宮，太蔟爲角，姑洗爲徵，南呂爲羽，各二奏；三曰永和，以降人鬼，以黃鍾爲宮三奏，大呂爲角，太蔟爲徵，應鍾爲羽，各二奏。

黃鍾均七調

黃大太夾姑仲蕤林夷南無應

宮　商　角　變徵　羽　變宮　黃鍾宮，黃鍾均之南呂羽，黃鍾均之林鍾徵。

商　角　變徵　羽　變宮

角　變徵　羽　變宮　商　黃鍾角。

變徵　羽　變宮　商　角

徵　羽　變宮　商　角　變徵

羽　變宮　商　角　變徵　黃鍾羽。

變宮　商　角　變徵　羽

大吕均七調

大太夾姑仲蕤林夷南無應半黃

宮 商 角 變徵 徵 羽 變宮 大吕均之無射羽。

商 角 變徵 徵 羽 變宮 宮

角 變徵 徵 羽 變宮 宮 商 大吕角。

變徵 徵 羽 變宮 宮 商 角

徵 羽 變宮 宮 商 角 變徵

羽 變宮 宮 商 角 變徵 徵 大吕羽。

變宮 宮 商 角 變徵 徵 羽

太蔟均七調

太夾姑仲蕤林夷南無應半黃半大

宮 商 角 變徵 徵 羽 變宮 太蔟宮。

商 角 變徵 徵 羽 變宮 宮

角 變徵 徵 羽 變宮 宮 商 太蔟角。

變徵 徵 羽 變宮 宮 商 角

徵 羽 變宮 宮 商 角 變徵 太蔟徵。

羽 變宮 宮 商 角 變徵 徵

變宮 宮 商 角 變徵 徵 羽

夾鍾均七調

夾姑仲蕤林夷南無應半黃半大半太

宮 商 角 變徵 徵 羽 變宮 圜鍾宮即夷則宮，圜鍾均之仲吕商，圜鍾均之黃鍾羽，圜鍾均之無射徵。

商 角 變徵 徵 羽 變宮 宮

角 變徵 徵 羽 變宮 宮 商

變徵 徵 羽 變宮 宮 商 角

徵 羽 變宮 宮 商 角 變徵

羽 變宮 宮 商 角 變徵 徵

變宮 宮 商 角 變徵 徵 羽

姑洗均七調

姑仲蕤林夷南無應半黃半大半太半夾

宮 商 角 變徵 徵 羽 變宮 姑洗宮。

商 角 變徵 徵 羽 變宮 宮

角 變徵 徵 羽 變宮 宮 商

變徵 徵 羽 變宮 宮 商 角

徵 羽 變宮 宮 商 角 變徵 姑洗徵。

羽 變宮 宮 商 角 變徵 徵 姑洗羽。

變宮 宮 商 角 變徵 徵 羽

仲吕均七調

仲蕤林夷南無應半黃半大半太半夾半姑

宮 商 角 變徵 徵 羽 變宮 中吕均之太蔟羽。

商 角 變徵 徵 羽 變宮 宮

角 變徵 徵 羽 變宮 宮 商

變徵 徵 羽 變宮 宮 商 角

徵 羽 變宮 宮 商 角 變徵

羽 變宮 宮 商 角 變徵 徵

變宮 宮 商 角 變徵 徵 羽

蕤賓均七調

蕤林夷南無應半黃半大半太半夾半姑半仲

宮 商 角 變徵 徵 羽 變宮 蕤賓宮，蕤賓均之夾鍾羽。

商　角　變徵　羽　變宮　蕤賓商。
角　變徵　羽　變宮　商
變徵　羽　變宮　商　角
徵　羽　變宮　商　角　變徵
羽　變宮　商　角　變徵
變宮　商　角　變徵　羽

林鍾均七調

林夷南無應黃大太夾姑仲蕤
　　　　　半半半半半半

宮　商　角　變徵　羽　變宮　函鍾宮即林鍾宮。
商　角　變徵　羽　變宮
角　變徵　羽　變宮　商
變徵　羽　變宮　商　角
徵　羽　變宮　商　角　變徵　林鍾徵。
羽　變宮　商　角　變徵
變宮　商　角　變徵　羽

夷則均七調

夷南無應黃大太夾姑仲蕤林
　　　　半半半半半半半半

宮　商　角　變徵　羽　變宮　夷則宮。
商　角　變徵　羽　變宮
角　變徵　羽　變宮　商　夷則角。
變徵　羽　變宮　商　角
徵　羽　變宮　商　角　變徵
羽　變宮　商　角　變徵
變宮　商　角　變徵　羽

南呂均七調

南無應黃大太夾姑仲蕤林夷
　　　半半半半半半半半半

宮　商　角　變徵　羽　變宮　南呂均之蕤賓羽。
商　角　變徵　羽　變宮　南呂商。
角　變徵　羽　變宮　商
變徵　羽　變宮　商　角
徵　羽　變宮　商　角　變徵
羽　變宮　商　角　變徵　南呂羽。
變宮　商　角　變徵　羽

無射均七調

無應黃大太夾姑仲蕤林夷南
　　半半半半半半半半半半

宮　商　角　變徵　羽　變宮　無射宮，無射均之林鍾羽。
商　角　變徵　羽　變宮
角　變徵　羽　變宮　商
變徵　羽　變宮　商　角
徵　羽　變宮　商　角　變徵
羽　變宮　商　角　變徵
變宮　商　角　變徵　羽

應鍾均七調

應黃大太夾姑仲蕤林夷南無
　半半半半半半半半半半半

宮　商　角　變徵　羽　變宮　應鍾均之夷則羽。
商　角　變徵　羽　變宮
角　變徵　羽　變宮　商
變徵　羽　變宮　商　角

徵　羽　變宫　商　角　變徵

羽　變宫　商　角　變徵　應鍾羽。

變宫　商　角　變徵　羽

《新唐志》所述祖孝孫八十四調，較《隋志》所述鄭譯八十四調尤爲詳悉，其云以十二月旋相爲六十聲者，一均五聲，十二均六十聲，爲六十調也。云一宫、二商、三角、四變徵、五徵、六羽、七變宫者，五聲五調，加二變調，爲七調，此其七調之次第也。云十二宫調，宫聲之下無濁聲；十二商調，調有下聲一謂宫也者，下聲即濁聲也。蓋宫聲本濁於商聲，而商調之宫聲則反清於商聲，欲使濁於商聲，當用倍律，如黄鍾均之商調，則用無射倍律爲宫也。若本用半律者則用正律。如太蔟均用黄鍾半律，太蔟均之商調則用黄鍾正律也。角、徵、羽調皆倣此。

《舊唐志》所載樂章多記宫調，使讀史者得有所考，其例尤善，爲諸史所未有。惟《宋書·樂志》樂章有註云：黄鍾箱，太蔟箱，姑洗箱，蕤賓箱。又有清商三調，曰平調、情調、瑟調，然不及《舊唐志》之詳也。惟所記有三例不可不辨，其一如圜鍾宫，黄鍾角，太蔟徵，姑洗羽，此一例也。圜鍾宫者，夾鍾均之宫調。黄鍾角者，黄鍾均之角調也。其一如無射均之林鍾羽，圜鍾均之黄鍾羽，此又一例也。林鍾羽本是林鍾均之羽調，此云無射均之林鍾羽，則無射均之宫調以林鍾爲羽耳。黄鍾羽本是黄鍾均之羽調，此云圜鍾均之黄鍾羽，則夾鍾均之宫調以黄鍾爲羽耳。其一如肅和羽調，舒和商調，祀黄帝宫音、青帝角音、赤帝徵音、白帝商音、黑帝羽音，此但言音調，不言律吕，又爲一例也。然此特其文略耳。《通典》則云五郊迎氣，黄帝用黄鍾宫調，青帝用姑洗角調，白帝用太蔟商調，赤帝用林鍾徵調，黑帝用南吕羽調。《舊唐志》删節之耳。其不記宫調者，今不采録。

林鍾羽與無射均之林鍾羽，似複矣。然云林鍾羽，則在林鍾均也；云無射均之林鍾羽，則在無射均也。黄鍾羽與圜鍾均之黄鍾羽，似複矣。然云黄鍾羽，則在黄鍾均也；云圜鍾均之黄鍾羽，則在夾鍾均也。或言均或不言均，以此故也。

唐雅樂八十四調，而舊志樂章祗三十調，又無二變之調，八十四調但備其法而非盡施於用，此其明證也。

《遼史·樂志》云唐十二和樂，遼初用之。又云八音器數，大抵因唐之舊。故今不必别考遼之雅樂，附記於此。

又　卷七《宋八十四調考》　《宋史·律歷志》曰：仁宗著《景祐樂髓新經》凡六篇，其一釋十二均曰：黄鍾之宫爲正宫調，太蔟商爲大石調，姑洗角爲小石角，林鍾徵爲黄鍾徵，南吕羽爲般涉調，應鍾變宫爲中管黄鍾宫，蕤賓變徵爲應鍾徵。大吕之宫爲高宫，夾鍾商爲高大石，仲吕角爲中管小石調，案調當作角。夷則徵爲大吕徵，無射羽爲高般涉，黄鍾變宫爲正宫調，林鍾變徵爲黄鍾徵。太蔟之宫爲中管高宫，姑洗商爲高大石，案爲下脱中管二字。蕤賓角爲歇指角，南吕徵爲太蔟徵，應鍾羽爲中管高般涉，大吕變宫爲高宫，夷則變徵爲大吕徵。夾鍾之宫爲中吕宫，仲吕商爲雙調，林鍾角在今樂亦爲林鍾角，無射徵爲夾鍾徵，黄鍾羽爲中吕調，太蔟變宫爲中管高宫，南吕變徵爲太蔟徵。姑洗之宫爲中管中吕，案中吕下脱宫字。蕤賓商爲中管商調，案商當作雙。夷則角爲中管林鍾角，應鍾徵爲姑洗徵，大吕羽爲中管中吕調，夾鍾變宫爲中吕宫，無射變徵爲夾鍾徵。仲吕之宫爲道調宫，林鍾商爲小石調，南吕角爲越調，案調當作角。黄鍾徵爲中吕徵，太蔟羽爲平調，姑洗變宫爲中管中吕宫，應鍾變徵爲姑洗徵。蕤賓之宫爲中管道調宫，夷則商爲中管小石調，無射角爲中管越調，案調當作角。大吕徵爲蕤賓徵，夾鍾羽爲中管平調，中吕變宫爲道調宫，黄鍾變徵爲仲吕徵。林鍾之宫爲南吕宫，南吕商爲歇指調，應鍾角爲大石調，案調當作角。太蔟徵爲林鍾徵，姑洗羽爲高平調，蕤賓變宫爲中管道調宫，大吕變徵爲蕤賓徵。夷則之宫爲僊吕，案僊吕下脱宫字。無射商爲林鍾商，黄鍾角爲高大石調，案調當作角。夾鍾徵爲夷則徵，仲吕羽爲僊吕調，林鍾變宫爲南吕宫，太蔟變徵爲林鍾徵。南吕之宫爲中管僊吕宫，應鍾商爲中管林鍾商，大吕角爲中管高大石角，姑洗徵爲南吕徵，蕤賓羽爲中管僊吕調，夷則變宫爲僊吕宫，夾鍾變徵爲夷則徵。無射之宫爲黄鍾宫，黄鍾商爲越調，太蔟角爲變角，案變當作雙。仲吕徵爲無射徵，林鍾羽爲黄鍾羽，南吕變宫爲中管僊吕宫，姑洗變徵爲南吕徵。應鍾之宫爲中管黄鍾宫，大吕商爲中管越調，夾鍾角爲中管雙角，蕤賓徵爲應鍾徵，夷則羽爲中管黄鍾羽，無射變宫爲黄鍾宫，仲吕變徵爲無射徵。

張炎《詞源》曰：黄鍾宫俗名正黄鍾宫，黄鍾商俗名大石調，黄鍾角俗名正黄鍾宫角，黄鍾變俗名正黄鍾宫轉徵，黄鍾徵俗名正黄鍾宫正徵，黄鍾羽俗名般涉調，黄鍾閏俗名大石角。大吕宫俗名高宫，大吕商俗名高大石調，大吕角俗名高宫角，大吕變俗名高宫變徵，大吕徵俗名高宫正徵，大吕羽俗名高般涉調，大吕閏俗名高大石角。太蔟宫俗名中管高宫，太蔟商俗名中管高大石調，太蔟角俗名中管高宫角，太蔟變俗名中管高宫變徵，太蔟徵俗名中管高宫正徵，太蔟羽俗名中管高般涉調，太蔟閏俗名中管高大石角。夾鍾宮俗名中呂宮，夾鍾商俗名雙調，夾鍾角俗名中呂正角，夾鍾變俗名中呂變徵，夾鍾徵俗名中呂正徵，夾鍾羽俗名中呂調，夾鍾閏俗名雙角。姑洗宮俗名中管中呂宮，姑洗商俗名中管雙調，姑洗角俗名中管中呂角，姑洗變俗名中管中呂變徵，姑洗徵俗名中管中呂正徵，姑洗羽俗名中管中呂調，姑洗閏俗名中管雙角。仲呂宮俗名道宮，仲呂商俗名小石調，仲呂角俗名道宮角，仲呂變俗名道宮變徵，仲呂徵俗名道宮正徵，仲呂羽俗名正平調，仲呂閏俗名小石角。蕤賓宮俗名中管道宮，蕤賓商俗名中管小石調，蕤賓角俗名中管道宮角，蕤賓變俗名中管道宮變徵，蕤賓徵俗名中管道宮正徵，蕤賓羽俗名中管正平調，蕤賓閏俗名中管小石角。林鍾宮俗名南呂宮，林鍾商俗名歇指調，林鍾角俗名南呂角，林鍾變俗名南呂變徵，林鍾徵俗名南呂正徵，林鍾羽俗名高平調，林鍾閏俗名歇指角。夷則宮俗名仙呂宮，夷則商俗名商調，夷則角俗名仙呂角，夷則變俗名仙呂變徵，夷則徵俗名仙呂正徵，夷則羽俗名仙呂調，夷則閏俗名商角。南呂宮俗名中管仙呂宮，南呂商俗名中管雙調，案雙當作商。南呂角俗名中管仙呂角，南呂變俗名中管仙呂變徵，南呂徵俗名中管仙呂正徵，南呂羽俗名中管仙呂調，南呂閏俗名中管仙角。無射宮俗名黄鍾宮，無射商俗名越調，無射角俗名黄鍾角，無射變俗名黄鍾變徵，無射徵俗名黄鍾正徵，無射羽俗名羽調，無射閏俗名越角。應鍾宮俗名中管黄鍾宮，應鍾商俗名中管越調，應鍾角俗名中管黄鍾角，應鍾變俗名中管黄鍾變徵，應鍾徵俗名中管黄鍾正徵，應鍾羽俗名中管羽調，應鍾閏俗名中管越調。案調當作角。

沈括《補筆談》曰：大呂商，大呂角，大呂羽，太蔟宮，夾鍾角，夾鍾羽，姑洗商，案《燕樂考原》引此張其錦云，商上脱宫字是也。蕤賓宮、商、羽、角，夷則商、角、羽，南呂宮，無射角，應鍾宮，應鍾商，應鍾羽，今燕樂皆無。

宫聲十二調

	黄	大	太	夾	姑	仲	蕤	林	夷	南	無	應	
《樂髓》黄鍾宮爲正宮調	宫		商		角		變徵	徵		羽		變宮	《詞源》黄鍾宮俗名正黄鍾宮
大呂宮爲高宮	變宮	宫		商		角		變徵	徵		羽		大呂宮俗名高宮
太蔟宮爲中管高宮		變宮	宫		商		角		變徵	徵		羽	太蔟宮俗名中管高宮
夾鍾宮爲中呂宮	羽		變宮	宫		商		角		變徵	徵		夾鍾宮俗名中呂宮
姑洗宮爲中管中呂宮		羽		變宮	宫		商		角		變徵	徵	姑洗宮俗名中管中呂宮
仲呂宮爲道調宮	徵		羽		變宮	宫		商		角		變徵	仲呂宮俗名道宮
蕤賓宮爲中管道調宮	變徵	徵		羽		變宮	宫		商		角		蕤賓宮俗名中管道宮
林鍾宮爲南呂宮		變徵	徵		羽		變宮	宫		商		角	林鍾宮俗名南呂宮
夷則宮爲僊呂宮	角		變徵	徵		羽		變宮	宫		商		夷則宮俗名仙呂宮
南呂宮爲中管僊呂宮		角		變徵	徵		羽		變宮	宫		商	南呂宮俗名中管仙呂宮
無射宮爲黄鍾宮	商		角		變徵	徵		羽		變宮	宫		無射宮俗名黄鍾宮
應鍾宮爲中管黄鍾宮		商		角		變徵	徵		羽		變宮	宫	應鍾宮俗名中管黄鍾宮

《樂髓》爲宋仁宗御製雅樂，其正宫、高宫之類則是俗名，以俗名釋雅樂，使人易曉也。此宫聲十二調，正宫、高宫、中呂宫、道調宫、南呂宫、仙呂宫、黄鐘宫已見二十八調七宫表。其餘五調，謂之中管調者，一弦有十二聲，可轉爲十二調。一管則但有六孔，轉爲七調而已。其餘五調，則別製一管，聲高一律者，吹之謂之中管調。此遷就苟簡之法，但使一笛稍下，一笛稍高，皆匀排其孔，不能應律作孔。蓋自列和之笛已如此矣。凡中管調，皆燕樂所無也。

《宋史·樂志》云：景祐二年，李照請去四清聲，馮元等駁之。帝令權用十二枚爲一格，故今爲表不列四清聲。

商聲十二調

宫律呂	太	夾	姑	仲	蕤	林	夷	南	無	應	黄清	大清	
商調律呂	黄	大	太	夾	姑	仲	蕤	林	夷	南	無	應	
《樂髓》太蔟商爲大石調	宫		商		角		變徵	徵		羽		變宮	《詞源》黄鍾商俗名大石調
夾鍾商爲高大石	變宮	宫		商		角		變徵	徵		羽		大呂商俗名高大石調
姑洗商爲中管高大石		變宮	宫		商		角		變徵	徵		羽	太蔟商俗名中管高大石調
仲呂商爲雙調	羽		變宮	宫		商		角		變徵	徵		夾鍾商俗名雙調
蕤賓商爲中管雙調		羽		變宮	宫		商		角		變徵	徵	姑洗商俗名中管雙調
林鍾商爲小石調	徵		羽		變宮	宫		商		角		變徵	仲呂商俗名小石調
夷則商爲中管小石調	變徵	徵		羽		變宮	宫		商		角		蕤賓商俗名中管小石調
南呂商爲歇指調		變徵	徵		羽		變宮	宫		商		角	林鍾商俗名歇指調

無射商爲林鐘商	角 變徵徵 羽 變宮宮 商	夷則商俗名商調	
應鐘商爲中管林鐘商	角 變徵徵 羽 變宮宮 商	南呂商俗名中管商調	
黃鐘商爲越調	商 角 變徵徵 羽 變宮宮	無射商俗名越調	
大呂商爲中管越調	商 角 變徵徵 羽 變宮宮	應鐘商俗名中管越調	

商調十二聲，第一聲亦名爲黃鐘，實應宮調之太蔟，與燕樂同一例，故今爲表兼列宮調律呂，以明商調高於宮調二律也。角、徵、羽及二變調表兼列宮調律呂，皆此意也。

十二宮調，《樂髓》《詞源》所載律呂調名皆同，此十二商調則不然。《樂髓》云太蔟商爲大石調，夾鐘商爲高大石；《詞源》則云黃鐘商俗名大石調，大呂商俗名高大石調，似差二律，然實無異也。《樂髓》《詞源》皆以每弦第一聲爲黃鐘，《詞源》所謂黃鐘商者，非以黃鐘爲商之謂，謂黃鐘爲宮之商調耳，即《樂髓》之太蔟商也。黃鐘爲宮，太蔟爲商。《詞源》所謂大呂商者，非以大呂爲商之謂，謂大呂爲宮之商調耳，即《樂髓》之夾鐘商也。大呂爲宮，夾鐘爲商。餘十調皆仿此。凡南宋人之說，皆與此同。如蔡季通《六十調篇》及姜堯章歌曲是也。凌次仲謂七商本起太蔟，南渡乃起黃鐘，非也。北宋、南宋每弦律呂之位無異，凌氏未深考，故歧而爲二耳。

大石調，高大石雙調，小石調，歇指調，林鐘商越調，已見二十八調七商表。其餘五調謂之中管調，與宮聲中管五調同一例。

商調以大石調爲首，說見《二十八調考》。

角聲十二調

宮調律呂	姑仲蕤林夷南無應黃清大清太清夾清		
角調律呂	黃大太夾姑仲蕤林夷南無應		
《樂髓》應鐘角爲大石角	宮 商 變徵徵 角 羽 變徵徵 變宮宮 羽 商 變宮角	《詞源》黃鐘閏俗名大石角	《補筆談》姑洗角今爲大石角
黃鐘角爲高大石角	變宮宮 角 商 變徵徵 角 羽 變徵徵 變宮宮 羽 商	大呂閏俗名高大石角	中呂角今爲高大石角
大呂角爲中管高大石角	變宮宮 角 商 變徵徵 角 羽 變徵徵 變宮宮 羽 商	太蔟閏俗名中管高大石角	
太蔟角爲雙角	羽 商 變宮宮 角 商 變徵徵 角 羽 變徵徵 變宮宮	夾鐘閏俗名雙角	林鐘角今爲雙角
夾鐘角爲中管雙角	羽 商 變宮宮 角 商 變徵徵 角 羽 變徵徵 變宮宮	姑洗閏俗名中管雙角	
姑洗角爲小石角	徵 宮 羽 商 變宮宮 角 商 變徵徵 角 羽 變徵 變宮	仲呂閏俗名小石角	南呂角今爲小石角
仲呂角爲中管小石角	變徵徵 變宮宮 羽 商 變宮宮 角 商 變徵徵 角 羽	蕤賓閏俗名中管小石角	
蕤賓角爲歇指角	變徵徵 變宮宮 羽 商 變宮宮 角 商 變徵徵 角 羽	林鐘閏俗名歇指角	應鐘角今爲歇指角
林鐘角亦爲林鐘角	角 羽 變徵徵 變宮宮 羽 商 變宮宮 角 商 變徵徵	夷則閏俗名商角	黃鐘角今爲林鐘角
夷則角爲中管林鐘角	角 羽 變徵徵 變宮宮 羽 商 變宮宮 角 商 變徵徵	南呂閏俗名中管仙角	
南呂角爲越角	商 徵 角 羽 變徵徵 變宮宮 羽 商 變宮宮 角 變徵	無射閏俗名越角	太蔟角今爲越角
無射角爲中管越角	商 變徵徵 角 羽 變徵徵 變宮宮 羽 商 變宮宮 角	應鐘閏俗名中管越角	

角調十二聲，第一聲亦名爲黃鐘，實應宮調之姑洗，與燕樂同一例。

《宋史・樂志》云以變宮爲角，又引蔡元定《燕樂書》云閏爲角，故《樂髓》所謂角者，變宮也。《詞源》所謂閏者，角也，亦變宮也。《樂髓》云應鐘角爲大石角，黃鐘角爲高大石角，《詞源》則云黃鐘閏俗名大石角，大呂閏俗名高大石角，似差一律，然實無異也。《樂髓》《詞源》皆以每弦第一聲爲黃鐘，《詞源》所謂黃鐘閏者，非以黃鐘爲角之謂，謂黃鐘爲宮之角調耳，即《樂髓》所謂應鐘角也。黃鐘爲宮，應鐘爲變宮。《詞源》所謂大呂閏者，非以大呂爲角之謂，謂大呂爲宮之角調耳，即《樂髓》所謂黃鐘角也。大呂爲宮，黃鐘爲變宮。餘十調仿此。凌次仲謂南宋七角仍用黃鐘以下七律，而不知北宋南宋每弦律呂之位本無異也。

《補筆談》七角見二十八調考。又與《樂髓》不同，《樂髓》應鐘角爲大石角，《補筆談》則云姑洗角爲大石角。大石角以應鐘爲變宮，姑洗爲角。《樂髓》指變宮所用之律，《補筆談》則指角聲所用之律，其實則同也。餘皆仿此。凌氏云七角一均，移步改觀，未之深考耳。

角聲十二調，《樂髓》以小石角爲首，《詞源》以大石角爲首，《詞源》之次第是也。《樂髓》既謂變宮爲角，故姑洗角爲小石角，列於第一耳。黃鐘爲宮，則姑洗爲角。黃鐘宮爲宮調之首，故亦以姑洗角爲角調之首，實則所謂角者，變宮也，當以應鐘角爲大石角，列於第一乃合也。黃鐘爲宮，則應鐘爲變宮。黃鐘宮爲宮調之首，亦當以應鐘變宮爲角調之首，故此表從《詞源》之次第也。然以大石角爲首，與《琵琶録》以越角爲第一運又不同。說見《二十八調考》。

變宮爲角者，本角調而用其變宮聲爲角聲，則爲變宮調也。十二角調，第一大石角以姑洗爲角，應鐘爲變宮。若以應鐘爲角，則與十二變宮調之第一調中管黃鐘宮正同矣。中管黃鐘宮以姑洗爲角。見後表。大石角之應鐘，乃宮調之夾鐘清聲也。中管黃鐘宮之姑洗，亦宮調之夾鐘清聲也。亦見後表。故大石角之應鐘爲角，即中管黃鐘宮之姑洗爲角也。第一調同，則第二調以下皆兩兩相同矣。故角調之以變宮爲角，實則變宮調也。蔡絛《鐵圍山叢談》云：政和間，作燕樂，求徵角調二均韻不可得，正以角調名爲角調而實非角調故也。

變徵十二調

宮調律呂：黃 大 太 夾 姑 仲 蕤 林 夷 南 無 應

變徵調律呂：蕤 林 夷 南 無 應 黃清 大清 太清 夾清 姑清 仲清

變徵調律呂	五聲二變	《詞源》俗名
《樂髓》蕤賓變徵爲應鐘徵	宮 商 角 變徵 徵 羽 變宮	《詞源》黃鐘變俗名正黃鐘宮轉徵
林鐘變徵爲黃鐘徵	變宮 宮 商 角 變徵 徵 羽	大呂變俗名高宮變徵
夷則變徵爲大呂徵	變宮 宮 商 角 變徵 徵 羽	太蔟變俗名中管高宮變徵
南呂變徵爲太蔟徵	羽 變宮 宮 商 角 變徵 徵	夾鐘變俗名中呂變徵
無射變徵爲夾鐘徵	羽 變宮 宮 商 角 變徵 徵	姑洗變俗名中管中呂變徵
應鐘變徵爲姑洗徵	徵 羽 變宮 宮 商 角 變徵	仲呂變俗名道宮變徵
黃鐘變徵爲仲呂徵	變徵 徵 羽 變宮 宮 商 角	蕤賓變俗名中管道宮變徵
大呂變徵爲蕤賓徵	變徵 徵 羽 變宮 宮 商 角	林鐘變俗名南呂變徵
太蔟變徵爲林鐘徵	角 變徵 徵 羽 變宮 宮 商	夷則變俗名仙呂變徵
夾鐘變徵爲夷則徵	角 變徵 徵 羽 變宮 宮 商	南呂變俗名中管仙呂變徵
姑洗變徵爲南呂徵	商 角 變徵 徵 羽 變宮 宮	無射變俗名黃鐘變徵
仲呂變徵爲無射徵	商 角 變徵 徵 羽 變宮 宮	應鐘變俗名中管黃鐘變徵

燕樂二十八調無變徵調，《景祐樂髓》則有之。變徵調十二聲，第一聲亦名爲黃鐘，實應宮調之蕤賓，故爲變徵也。

《樂髓》蕤賓變徵爲應鐘徵者，謂蕤賓爲變徵是應鐘爲宮之徵聲也。林鐘變徵爲黃鐘徵者，謂林鐘爲變徵是黃鐘爲宮之徵聲也。餘十調仿此。

《詞源》所謂黃鐘變者，謂黃鐘爲宮之變徵調也，即《樂髓》所謂蕤賓變徵也。黃鐘爲宮，蕤賓爲變徵。俗名正黃鐘宮轉徵者，謂正黃鐘宮之變徵聲爲此調之黃鐘也。正黃鐘宮以蕤賓爲變徵，即此變徵十二調之第一聲。所謂大呂變者，謂大呂爲宮之變徵調也，即《樂髓》所謂林鐘變徵也。大呂爲宮，林鐘爲變徵。俗名高宮變徵者，謂高宮之變徵聲爲此調之大呂也。高宮以林鐘爲變徵，即此變徵十二調之第二聲。餘十調仿此。

徵聲十二調

宮調律呂：黃 大 太 夾 姑 仲 蕤 林 夷 南 無 應

徵調律呂：林 夷 南 無 應 黃清 大清 太清 夾清 姑清 仲清 蕤清

徵調律呂	五聲二變	《詞源》俗名
《樂髓》林鐘徵爲黃鐘徵	宮 商 角 變徵 徵 羽 變宮	《詞源》黃鐘徵俗名正黃鐘宮正徵
夷則徵爲大呂徵	變宮 宮 商 角 變徵 徵 羽	大呂徵俗名高宮正徵
南呂徵爲太蔟徵	變宮 宮 商 角 變徵 徵 羽	太蔟徵俗名中管高宮正徵
無射徵爲夾鐘徵	羽 變宮 宮 商 角 變徵 徵	夾鐘徵俗名中呂正徵
應鐘徵爲姑洗徵	羽 變宮 宮 商 角 變徵 徵	姑洗徵俗名中管中呂正徵
黃鐘徵爲仲呂徵	徵 羽 變宮 宮 商 角 變徵	仲呂徵俗名道宮正徵
大呂徵爲蕤賓徵	變徵 徵 羽 變宮 宮 商 角	蕤賓徵俗名中管道宮正徵
太蔟徵爲林鐘徵	變徵 徵 羽 變宮 宮 商 角	林鐘徵俗名南呂正徵
夾鐘徵爲夷則徵	角 變徵 徵 羽 變宮 宮 商	夷則徵俗名仙呂正徵
姑洗徵爲南呂徵	角 變徵 徵 羽 變宮 宮 商	南呂徵俗名中管仙呂正徵
仲呂徵爲無射徵	商 角 變徵 徵 羽 變宮 宮	無射徵俗名黃鐘正徵
蕤賓徵爲應鐘徵	商 角 變徵 徵 羽 變宮 宮	應鐘徵俗名中管黃鐘正徵

燕樂二十八調無徵調，《景祐樂髓》則有之。徵調十二聲，第一聲亦名爲黃鐘，實應宮調之林鐘，故爲徵也。

《樂髓》林鐘徵爲黃鐘徵者，謂林鐘爲徵是黃鐘爲宮之徵調也。夷則徵爲大呂徵者，謂夷則爲徵是大呂爲宮之徵調也。餘十調仿此。

《詞源》所謂黃鐘徵者，謂黃鐘爲宮之徵調也，即《樂髓》所謂林鐘徵也。黃鐘爲宮，林鐘爲徵。俗名正黃鐘宮正徵者，謂黃鐘宮之徵聲爲此調之黃鐘也。正黃鐘宮以林鐘爲徵聲，即此十二徵調之第一聲。所謂大呂徵者，謂大呂爲宮之徵調也，即

《樂髓》所謂夷則徵也。大呂爲宮，夷則爲徵。俗名高宮正徵者，謂高宮之徵聲爲此調之大呂也。高宮以夷則爲徵聲，即此十二徵調之第二聲。餘十調仿此。

《樂髓》有徵調而燕樂無之者，燕樂用琵琶，琵琶無徵調也。《琵琶録》云：徵音有其聲無其調。蔡絛《鐵圍山叢談》云：政和間，作燕樂，求徵角調二均韻不可得，有獨以黃鐘宮調均韻中爲曲，而但以林鐘律卒之，是黃鐘視林鐘爲徵，雖號徵調，然自是黃鐘宮之均韻，非猶有黃鐘以林鐘爲徵之均韻也。姜堯章《自製徵招角招曲序》云：徵招角招者，政和間，大晟府嘗製數十曲，音節駁矣，徵爲去母調，如黃鐘之徵以黃鐘爲母不用，黃鐘乃諧。然黃鐘以林鐘爲徵，住聲於林鐘，若不用黃鐘聲，便自成林鐘宮矣，故大晟府徵調兼母聲，一句似黃鐘均，一句似林鐘均，所以當時有落韻之語。案徵聲無其調，蔡姜二説略同，蓋黃鐘爲宮，用黃宮、太商、姑角、㽔變徵、林徵、南羽、應變宮七律。林鐘爲宮，用林宮、南商、應角、大變徵、太徵、姑羽、㽔變宮七律。惟黃大二律不同，餘六律皆同。故徵調如用黃鐘，則是黃鐘宮之均韻；如不用黃鐘，則便自成林鐘宮也。假如一句用黃、太、姑、林四律，則似黃鐘均之宮、商、角、徵四聲；又一句用太、姑、林、南四律，則黃鐘均之商、角、徵、羽四聲，而又似林鐘均之徵、羽、宮、商四聲也。蔡姜二説之意如此。凌次仲云：元稹《五弦彈詩》云趙璧五弦彈徵調，徵聲激越。何清峭、張祐《五弦詩》云「徵調侵弦乙，商聲過指籠」，是五弦之器有徵調。大晟府借琵琶爲之，致有落韻之譏。凌氏此條考據最爲精確矣。姜堯章云：琴家無媒調，商調之類皆徵也，然則琴亦有徵調，無徵調者惟琵琶耳。《新唐書・禮樂志》韋皋作南詔奉聖樂，又爲五均，其四曰林鐘徵之均。此亦唐時有徵調之證也。

羽聲十二調

宮調律呂	南 無 應 黃清 大清 太清 夾清 姑清 仲清 㽔清 林清 夷清	
羽調律呂	黃 大 太 夾 姑 仲 㽔 林 夷 南 無 應	
《樂髓》南呂羽爲般涉調	宮 商 角 變徵 徵 羽 變宮	《詞源》黃鐘羽俗名般涉調
無射羽爲高般涉	變宮 宮 商 角 變徵 徵 羽	大呂羽俗名高般涉調
應鐘羽爲中管高般涉	變宮 宮 商 角 變徵 徵 羽	太蔟羽俗名中管高般涉調
黃鐘羽爲中呂調	羽 變宮 宮 商 角 變徵 徵	夾鐘羽俗名中呂調
大呂羽爲中管中呂調	羽 變宮 宮 商 角 變徵 徵	姑洗羽俗名中管中呂調
太蔟羽爲平調	徵 羽 變宮 宮 商 角 變徵	仲呂羽俗名正平調
夾鐘羽爲中管平調	變徵 徵 羽 變宮 宮 商 角	㽔賓羽俗名中管正平調
姑洗羽爲高平調	變徵 徵 羽 變宮 宮 商 角	林鐘羽俗名高平調
仲呂羽爲僊呂調	角 變徵 徵 羽 變宮 宮 商	夷則羽俗名仙呂調
㽔賓羽爲中管僊呂調	角 變徵 徵 羽 變宮 宮 商	南呂羽俗名中管仙呂調
林鐘羽爲黃鐘羽	商 角 變徵 徵 羽 變宮 宮	無射羽俗名羽調
夷則羽爲中管黃鐘羽	商 角 變徵 徵 羽 變宮 宮	應鐘羽俗名中管羽調

羽調十二聲，第一聲亦名爲黃鐘，實應宮調之南呂，與燕樂同一例。

《樂髓》云：南呂羽爲般涉調，無射羽爲高般涉。《詞源》則云黃鐘羽俗名般涉調，大呂羽俗名高般涉調，似差三律，然實無異也。《樂髓》《詞源》皆以每弦第一聲爲黃鐘。《詞源》所謂黃鐘羽者，非以黃鐘爲羽之謂，謂黃鐘爲宮之羽調耳，即《樂髓》所謂南呂羽也。黃鐘爲宮，南呂爲羽。《詞源》所謂大呂羽者，非以大呂爲羽之謂，謂大呂爲宮之羽調耳，即《樂髓》所謂無射羽也。大呂爲宮，無射爲羽。餘十調仿此。凌次仲謂七羽本起南呂，南渡起黃鐘，而不知北宋南宋每弦律呂之位無異也。

般涉調、高般涉調、中呂調、正平調、高平調、仙呂調、黃鐘調，已見二十八調七羽表。其餘五調，謂之中管調，亦與宮聲中管五調同一例。

羽調以般涉調爲首，説見《二十八調考》。

變宮十二調

宮調律呂	應 黃清 大清 太清 夾清 姑清 仲清 㽔清 林清 夷清 南清 無清	
變徵調律呂	黃 大 太 夾 姑 仲 㽔 林 夷 南 無 應	
《樂髓》應鐘變宮爲中呂變宮	宮 商 角 變徵 徵 羽 變宮	《詞源》黃鐘角俗名正黃鐘宮角
黃鐘變宮爲正宮調	變宮 宮 商 角 變徵 徵 羽	大呂角俗名高宮角
大呂變宮爲高宮	變宮 宮 商 角 變徵 徵 羽	太蔟角俗名中管高宮角
太蔟變宮爲中管高宮	羽 變宮 宮 商 角 變徵 徵	夾鐘角俗名中呂正角
夾鐘變宮爲中呂宮	羽 變宮 宮 商 角 變徵 徵	姑洗角俗名中管中呂角

變宮調	聲序	角調
姑洗變宮爲中管中呂宮	徵　羽　變宮　商　角　變徵	仲呂角俗名道宮角
中呂變宮爲道調宮	變徵　羽　變宮　商　角	蕤賓角俗名中管道宮角
蕤賓變宮爲中管道調宮	變徵　羽　變宮　商　角	林鐘角俗名南呂角
林鐘變宮爲南呂宮	角　變徵　羽　變宮　商	夷則角俗名仙呂角
夷則變宮爲僊呂宮	角　變徵　羽　變宮　商	南呂角俗名中管仙呂角
南呂變宮爲中管僊呂宮	商　角　變徵　羽　變宮	無射角俗名黃鐘角
無射變宮爲黃鐘宮	商　角　變徵　羽　變宮	應鐘角俗名中管黃鐘角

燕樂二十八調無變宮調，《景祐樂髓》則有之。變宮調十二聲，第一聲亦名爲黃鐘，實應宮調之應鐘，故爲變宮也。

《樂髓》此十二調名盡與宮聲十二調同者，此黃鐘即宮調之應鐘聲，但差一律。此第一調即宮聲第十二調之半聲，此第二調即宮聲第一調之半聲，故其名同也。餘十調仿此。

角調以變宮爲角，即是變宮調，故《詞源》十二變宮調皆謂之角也。第一調黃鐘角者，謂黃鐘爲宮之變宮調也，即《樂髓》所謂應鐘變宮也。黃鐘爲宮，應鐘爲變宮。俗名正黃鐘宮角者，謂正黃鐘宮調之角，即變宮。爲此調之黃鐘也。正黃鐘宮以應鐘爲變宮，即此變宮十二調之第一聲。第二調大呂角者，謂大呂爲宮之變宮調也，即《樂髓》所謂黃鐘變宮也。大呂爲宮，黃鐘爲變宮。俗名高宮角者，謂高宮調之角，即變宮。爲此調之大呂也。高宮以大呂爲變宮，即此變宮十二調之第二聲。餘十調仿此。

《樂髓》八十四調亦謂之十二均，《詞源》但云黃鐘宮、大呂宮，不謂之均。然與鄭譯、祖孝孫十二均不同。鄭譯言一均之中間有七聲，調有七種，謂一弦七調也。所謂一均者，一弦也。祖孝孫十二均亦然。《樂髓》所謂十二均則異於是，如第一均七調，黃鐘宮，太蔟商，姑洗角，林鐘徵，南呂羽，應鐘變宮，蕤賓變徵。若以爲一弦七調，則黃鐘爲宮即是太蔟爲商，姑洗爲角，林鐘爲徵，南呂爲羽，應鐘爲變宮，蕤賓爲變徵矣。豈七調同一調乎？然則《樂髓》所謂一均之七調不在一弦之内矣，黃鐘宮在宮弦，太蔟商在商弦，姑洗角在角弦，林鐘徵在徵弦，南呂羽在羽弦，應鐘變宮在變宮弦，蕤賓變徵在變徵弦也。餘十一均仿此。鄭譯琵琶以一弦兼三均，四弦如十二弦，每弦七調。《樂髓》《詞源》則七弦，每弦十二調。《遼史・樂志》云七七四十九調，亦是七弦，每弦七調也。每弦增中管五調，則八十四調矣。一縱一横互異也。今爲隋、唐八十四調表，唐、宋、遼二十八調表，皆每弦七調並列，故於《樂髓》《詞源》之八十四調亦每弦十二調並列，使前後一例，便於循覽。至八十四調名目紛繁，且《詞源》與《樂髓》又異，甚不易曉，然細意推尋，則枝枝相對，葉葉相當，具有條理。今詳爲解説，昭晰無疑矣。

繆闐《庚癸原音・律吕通今圖説・律吕清濁並成説》　甚哉諸儒之論律吕，何其紛紛耶。謂陰陽相生，自黃鐘始而左旋，八八爲伍，管以九寸爲法者，班固之説也。下生倍實，上生四實，皆三其法，而又不專以九寸爲法者，司馬遷之説也。持隔九相生之説，以中吕上生黃鐘，不滿九寸謂之執始，下生去減，上下相生，終於南事，十二律之外，更增六八爲六十律者，京房之説也。本《吕覽》、淮南王安、蔡邕之説，建蕤賓上生之議，至於大吕、夾鐘、仲吕之律，所生分等，又皆倍焉者，鄭康成之説也。隔七爲上生，隔八爲下生，至於仲吕則孤而不偶，蕤賓則踰次無準者，劉向之説也。演京房南事之餘，而伸之爲三百六十律，日當一管，各以次生者，宋錢樂之之説也。斥京房之説，而以新舊法分度參録之者，何承天、沈約之説也。校定黃鐘，每律減三分，而以七寸爲法者，隋劉焯之論也。析毫釐之彊弱爲算者，梁武帝之法也。以上皆陳氏《樂書》語。改絃易柱爲一百四十四律者，隋鄭譯之説也。每律生五音，共成六十調，演爲三百六十音者，唐毛爽之説也。分十二均，定八十四調之名者，宋仁宗之《樂髓新經》也。斷大聲小聲爲三黃鐘者，沈宗堯之僞造也。辨論律尺，數十年未決者，范鎮、司馬光之争也。聲有二變四清者，陳暘之説也。註聲字而不及支度者，元趙彦肅、熊朋來之瑟譜也。根河洛以譜韶舞者，余載之説也。參蔡彭之説而推演者，劉瑾之法也。十二律皆中聲，而各有倍半者，明鄭世子載堉之説也。涉獵衆論，宗班固而志樂者，韓苑洛之意見也。專主黃鐘九寸爲最清者，李文利之臆斷也。折衷諸説以作通考者，倪復之心得也。近世以來，《周禮》爲經，《樂記》爲傳，以成稿者，李光地也。參漢宋諸説以作書者，應撝謙也。牽合絲竹以求聲者，江永也。度律審音，製調考器以表微者，胡彦昇也。分六十調以納音爲主者，徐遠將也。謂工尺十九字，林鐘以下皆有半聲變律者，方仰松也。千載而上，知旋宫之不成音曲者，後魏陳氏仲儒一人。知聲律之應乎候氣者，宋時蔡氏元定一人。知律吕之僅有七調者，近今毛氏西河一人。乃一則狃於絃準之分數，一則拘於古法而難行，一則惑於字譜有九聲，故原委終莫能合。千載而下，審音察理，當更有精於此者。今請以管見質之。尊黄鐘而度其分量，則知爲衆音之太極，而兩儀必應並生也。審蕤賓而識其氣機，則知爲陰陽之會歸，而高下藉以轉運也。循支建而辨其節候，則知十律之清濁與日躔之短長實同，其爲對待也。蓋自子度之中候得令，黄鐘之元氣，發聲爲宫，其音之陽者，上字。順八以導夫林鐘之氣，而徵聲成焉。六字。其陰者化字。即逆八以導夫仲吕之氣，而濁徵亦成焉。合字。於是林鐘之聲，順達於太蔟而商成。尺字。仲吕之聲，即逆達於無射而清商亦成。伬字。由是而推之，南吕羽五字。既成於太蔟，則夾鐘濁羽四字。必成於無射也。姑洗角工字。既成於南吕，則夷則清角仜字。必成於夾鐘也。應鐘之變宫，亿字。由姑洗導之而成者，則大吕之濁變宫，乙字。必由夷則導之而成者也。至變宫之清濁並成而後，應鐘大吕遂其導夫蕤賓之氣，而變徵之聲亦於是乎成。由應鐘而成者凡字，由大吕而成者仉字，清生濁，濁生清也。變徵成而七聲俱備，是以蕤賓聚重陰之氣，無所復施，勢必渾然而還於黄鐘，此午與子一衝之驗也。又可知應鐘而後、大吕以前之所以一陽復動也，是知陽生以後者謂之律，陰長以後者謂之吕，故黄鐘、太蔟、姑洗爲律，而大吕、夾鐘、仲吕則爲吕中之律，應鐘、南吕、林鐘爲吕，而無射、夷則、蕤賓則爲律中之吕，此之謂十二律吕也。黄鐘、蕤賓之無偶者何也？黄鐘之居體正乎中，故宫聲爲太和之氣，可獨運以成功。高於上字者凡工尺也，低於上字者乙四合也，午後之清聲亦然，故惟上仩二字居七聲之中。蕤賓之所受嫌於雜，故變徵爲混濁之音，遂孤行而無應。變徵之聲爲應鐘大吕二律所成，故其音不純，而聲音亦遂止不復生。二者各自兼其清濁，亦不偶之偶也。此七聲之所以少二律也。然則黄鐘以太極爲律吕清濁之始，蕤賓以會歸爲律吕清濁之終，而其中之旁列者，大吕與應鐘應，太蔟與無射應，夾鐘與南吕應，姑洗與夷則應，仲吕與林鐘應，各依日躔爲律吕清濁之相配，是發聲即所以成律，無二事也。蕤賓而後，復何聲之能名而律之能生也哉。又嘗審夫聲之高下，而知律吕之數，所謂函三爲一者，故皆隔三爲序也。以言乎其順者，則下而濁者之在陽候也。子以後其聲皆濁。黄鐘之宫，必接以太蔟之商，而姑洗之角繼之。上尺工也。高而清者之在陰候也，午以後其聲皆清。林鐘之徵必接以南吕之羽，而應鐘之變宫繼之。六五亿也。而黄鐘之清宫、無射之清商、夷則之清角，仩伬仜也。與夫仲吕濁徵、夾鐘濁羽、大吕濁變宫合四乙也。之逆行成韻者，視此矣。惟蕤賓爲間氣所鍾，居陽月而值陰長之候。變徵值收聲之際，七聲至變徵而止。故上自姑洗，下由夷則而來者，遂自間以清濁，而轉入林鐘、仲吕之度耳。接姑洗入林鐘者凡字，接夷則入仲吕者仉字。陰間陽，陽間陰，亦隔三之義也。且夫黄鐘也者，律吕之父母也，故應鐘爲長男，林鐘爲中男，夾鐘爲少男，三者乃陰氣所感，故自右而左。大吕爲長女，仲吕爲中女，南吕爲少女。三者乃陽氣所感，故自左而右。逆者三而順者三，總之謂之陰中之六子。陰者六而陽者五，太蔟、夷則，陽氣所感。無射、姑洗，陰氣所感。獨蕤賓爲陰陽之會，故特具清濁二聲。統之謂之奇偶之大全。是可知律吕之道，並易而生者也。乾坤得奇偶而爲兩，律吕併奇偶而成三。三三得九而成黄鐘，九九八十一而成律吕。九三分益一得十二，而成律吕之方維。九三分損一得六，六三分益一得八，而成律吕相隔而成之度數。故九者，黄鐘也。八十一者，黄鐘之律也。三分損一而林鐘之律定，隔八左旋。林鐘以五十四較黄鐘之數，得二十七，三分得一。以定仲吕之律。則林鐘、仲吕，亦一八十一也。自林鐘而三分益一，而太蔟之律定。太蔟以七十二較黄鐘之數得九，九分得一。以定無射之律。而太蔟、無射，又一八十一也。由是而損益遞推，較和取數，而南吕之四十八太蔟三分損一之數。與夾鐘之三十三，姑洗之六十四南吕三分益一之數。與夷則之一十七，何獨非八十一乎。至應鐘之四二六六，無損益之可施，姑洗三分損一即不成數。於是併大吕之三八三四爲八十一，而定蕤賓之律也。十二律共得八十一者七。蕤賓定而黄鐘之全數以還，是亦無往不復之義耳。然則九、八十一，律吕之數也。五正二變，律吕之氣也。數爲之體，而氣爲之用，則律吕也者，固氣數之形質也。氣數之流行無滯機，此其所以左之右之而無不可以旋宫也。不然而僅以八十一爲宫，則角之下已不成數之聲。僅以隔八而單行，則蕤賓之下皆不成聲之律，其能已於紛紛之論也耶？

密率新法分部

論説

朱載堉《律吕精義·序》 《律吕精義》乃臣父之遺志，而臣愚所述也。分爲內外二篇：內篇主聲數者爲本，外篇主辨論者爲末。雖則祖述前賢，師法往古，然非宋已來律家常談也。是以臣愚竊謂，比照《大明清類天文分野》等書事例，宜加「大明」二字於書名之首焉。何也？蓋此一書前代未有，實自我朝始耳。良由世廟中興，禮樂咸新，文化遠被，而朝野臣民靡然向風矣。當此之時，於曆數則有若樂護、華湘、唐順之、趙貞吉、顧應祥等諸臣出焉，於樂律則有若張鶚、呂柟、廖道南、王廷相、韓邦奇等諸臣出焉。如是諸臣，未能殫舉，各有著述，一時出者，皆賴世宗皇帝好學作養之所致也。由是臣父恭王厚烷及臣外舅祖都御史何瑭亦與聞焉。然此二臣頴悟超卓，論議精當，蓋多前賢所未發者。若論先天八卦，横圖則乾左坤右，縱圖則乾上坤下，以證前賢方圖之誤；若論黄鍾九寸，縱黍則八十一分，横黍則百分，以證前賢九十分之誤；與夫援笙證琴，則知琴均當具七音；援琴證律，則知律數惟止十二，蓋有變聲而無變律，陳暘、蔡元定所見皆非是。凡此之類，皆出二臣自悟，而非先儒之所授也。臣嘗聞臣父曰：「六經有聽律之文，無算律之説，律由聲制，非由度出。黄鍾之聲既定，則何必拘九寸？執守九寸，爲説誤矣。況又執守王莽尺與斛銘，不亦誤甚乎！蓋律家所謂三分損其一者，猶曆家所謂四分度之一也，皆大略之率耳。自漢劉洪已來，千有餘載，疑四分度之一者，疑之轉深而轉密；信三分損其一者，信之彌久而彌踈。何律曆二家愚智相較，霄壤相懸也？夫數以理爲本，而人心之靈又理數之本也。惟於理有未窮，故其知有不盡，先儒豈欺我哉！彼於冥冥之中固有昭昭者存，但患學者不下苦工夫以求至當耳。援笙證琴，昭然易曉；援琴證律，顯然甚明。仲呂順生黄鍾，返本還元；黄鍾逆生仲呂，循環無端，實無往而不返之理。笙琴互證，則知三分損益之法非精義也。」臣聞此語，潛思有年，用力既久，「豁然」遂悟：不用三分損益之法，其義益精。律曆皆賴臣父所誨，豈敢忘父之志，而不爲芹曝之獻乎！除係曆法者别著成書外，係律法者亦著成書，名曰《律呂精義》。其内篇之目曰：總論造律得失第一，不宗黄鍾九寸第二，不用三分損益第三，不拘隔八相生第四，不取圍徑皆同第五，新舊法參校第六，新舊律試驗第七，候氣辨疑第八，旋宫琴譜第九，樂器圖樣第十，審度第十一，嘉量第十二，平衡第十三；外篇之目有八，其大槩皆古今樂律雜説，而爲辨論附焉。臣愚自序爲書之意曰：竊惟歷代諸史志中，其言駁雜，取舍失當，無足觀者，莫如律曆與夫樂耳。蓋由六藝殘缺，聲調數術知之者鮮故也。班志文藻，足以動人，識者譏其辯而非實，蓋文勝於質也。自是而後，相繼作者，或失之踈略，或失之冗瑣，舍本存末，何益於事，雖有不如無也，皆班固作俑矣。歐陽修撰《唐書》，獨志歷而遺律，托克托撰《宋史》，懲修之弊，載律差詳，然亦摭其末而遺其本。且如蔡元定《律書》，每條所引古人舊説，乃其經也本也；其自辨論於各條下，乃其傳也末也。《宋志》悉删其本，惟載元定之辨，使不見原文者不知此論從何而發，是則雖有不如無也。推詳史家之意，蓋謂兼載則恐文煩，特摭其要而已。殊不知律曆之學以聲數爲至要，若夫辨論，乃其末節也。聲者，合四一上勾尺工凡六五之類是也；數者，一二三四五六七八九十之類是也。前賢多不留心於此，其以爲深者，媮薄自畫而討論不來；其以爲淺者，鄙俚斯嫌而潤色不出。故於論數目尺寸、聲調腔譜處，率删去之，此則史家之通弊也。夫樂也者，聲音之學也；律也者，數度之學也。欲志樂律，宜詳其本。漢初制氏世在樂官，但能紀其鏗鏘鼓舞而不能言其義，可謂知其本矣。齊、魯、韓、毛能言《詩》之義而不知其音，樂律之本亡矣。太史公《律書》其最要者，末後「生鍾分」百三十五字耳，餘説嫌多，删之可也。班固釋五音曰：「宫，中也，居中央，暢四方，唱始施生，爲四聲綱也。」釋六律曰：「黄鍾者，陽氣施種於黄泉，孳萌萬物，爲六氣元也。」夫音律之有名，猶人名耳。丘垤之丘，孔子取之；轗軻之軻，孟子取之。孔孟之德，豈在是乎？聲音有高下而莫能識别，古人强以宫商名之，而又强名爲黄鍾等，正猶此耳。初無别義，以義解律，漢儒之穿鑿也。臣此書中論聲調數術處，惟恐忽略而不敢藻飾者，與其文勝質，寧失之野耳，矯史家之弊也。兹奉明詔徵取律書，謹將舊稿删潤以獻。愚見淺陋，理有未然。伏候聖裁，不勝幸甚。萬曆丙申正月朔日，鄭世子臣載堉稽首頓首謹序。

又　内篇卷一

總論造律得失第一

律非難造之物，而造之難成何也？推詳其弊，蓋有三失：王莽僞作原非至善，而歷代善之，以爲定制，根本不正，其失一也；劉歆僞辭全無可取，而歷代取之以爲定説，考據不明，其失二也；三分損益舊率踈舛，而歷代守之以爲定法，算術不精，其失三也。欲矯其失，則有三要：不宗王莽律度量衡之制，一也；不從《漢志》劉歆、班固之説，二也；不用三分損益踈舛之法，三也。以此三要，矯彼三失，《律呂精義》所由作也。或曰：大泉之寸，秬黍之分，非莽歆遺法乎？今乃取之何也？答曰：大泉之徑，漢尺以爲寸，秬黍之長，古尺以爲分，而莽歆之尺則不然，所以與新法不同也。

《漢書・王莽傳》曰：「天鳳(四)[六]年初，獻新樂於明堂太廟。或聞其樂聲，曰：清麗而哀，非興國之聲也。」根本不正，此之謂也。《宋書・律志》曰：

「班氏所志，未能通律吕本源，徒訓角爲觸，徵爲祉，陽氣施種於黄鍾，如斯之屬，空煩其文，而爲辭費。又推九六，欲符劉歆三統之數，假託非類，以飾其説，皆孟堅之妄矣。」考據不明，此之謂也。《宋書・律志》又曰：「三分益一爲上生，三分損一爲下生，此其大略，猶周天斗分四分之一耳。京房不思此意，引而伸之，仲吕上生執始，執始下生去滅，至于南事，爲六十律，竟復不合，彌益其疎。」算術不精，此之謂也。大泉之寸，秬黍之分，詳見《審度篇》中。

不宗黄鍾九寸第二

律由聲制，非由度出。制律之初，未有度也。度尚未有，則何以知黄鍾乃九寸哉！以黄鍾爲九寸，不過漢尺之九寸耳，周尺則不然也，商尺又不然也，虞夏之尺皆不然也，黄帝之尺亦不然也。

先儒謂：「夏禹十寸爲尺。成湯十二寸爲尺。武王八寸爲尺。」三代之尺不同。尺雖不同，而黄鍾則無不同也。解釋黄鍾之義，遷就九寸之説，自漢儒爲始耳。漢儒已前，《周禮》《左傳》《國語》《管子》《吕覽》之類，皆未嘗以黄鍾之長爲九寸也。此説臣聞諸臣父云：「蓋黄帝之尺，以黄鍾之長爲八十一分者，法雒書陽數也。」

黄帝時，雒出書，見沈約《符瑞志》，猶禹時雒書也。雒書數九，自乘得八十一，是爲陽數。蓋十二者，天地之大數也；百二十者，律吕之全數也，除去三十九，則八十一耳。故《吕氏春秋》曰：「斷兩節間，三寸九分。」後學未達，遂指三寸九分爲黄鍾之長者，誤矣。八寸一分，三寸九分，合而爲十二寸，即律吕之全數。全數之内，斷去三寸九分，餘爲八寸一分，即黄鍾之長也。《管子》曰：「凡將起五音，先主一而三之，四開以合九九，以是生黄鍾。」蓋謂算術，先置一寸爲實，三之爲三寸，又四之爲十二寸也。「開以合九九」者，八十一分開方得九分，九分自乘得八十一分，爲黄鍾之長也。

「虞夏之尺皆以黄鍾之長爲十寸者，法河圖中數也。」《書》稱舜「同律度量衡」。堯、舜、禹相禪，未嘗改制度。然則禹以十寸爲尺，即舜所同之度尺也。舊謂度本起於黄鍾之長。又謂黄鍾之長九寸，外加一寸爲尺。何瑭嘗辨之曰：「《漢志》謂黄鍾之律九寸，加一寸以爲尺。夫度量權衡所以取法於黄鍾者，蓋貴其與天地之氣相應也。若加一寸以爲尺，則又何取於黄鍾？殊不知黄鍾之長，固非人所能爲。至於九其寸而爲律，十其寸而爲尺，則人之所爲也。《漢志》不知出此，乃欲加黄鍾一寸爲尺，謬矣。」臣按：黄鍾之律長九寸，縱黍爲分之九寸也。寸皆九分，凡八十一分，雒書之奇自相乘之數也，是爲律本。黄鍾之度長十寸，横黍爲分之十寸也。寸皆十分，凡百分，河圖之偶自相乘之數也，是爲度母。縱黍之律，横黍之度，名數雖異，分劑實同。孰使之然哉？天地自然之理耳。

成湯以夏尺之十二寸有半寸爲尺，則黄鍾之長乃商尺之八寸。武王以夏尺之八寸爲尺，則黄鍾之長乃周尺之十二寸有半寸。黄鍾無所改，而尺有不同。彼執著九寸爲黄鍾之律，然則商之黄鍾太長，周之黄鍾太短，豈不謬哉。

起度之法，十寸爲尺，八寸爲咫。商之咫，夏之尺也；夏之咫，周之尺也。十寸自乘爲實，八寸爲法除之，得十二寸有半寸也。

又　内篇卷一〇

審度第十一

歷代尺法皆本諸黄鍾而損益不同。

《論語》言「三代皆有所損益」，蓋指度量衡諸物而言耳。律乃天地正氣，人之中聲，不可以損益也。律無損益而尺有損益焉，是故黄鍾尺寸不同。

有以黄鍾之長均作九寸而寸皆九分者，此黄帝命伶倫始造律之尺也，是名古律尺，又名縱黍尺。選中式之秬黍，一黍之縱長命爲一分，九分爲一寸，九寸共計八十一分，是爲一尺。

《淮南子》曰：「道曰規始於一，一而不生，故分而爲陰陽，陰陽合和而萬物生。故曰一生二，二生三，三生萬物。天地三月而爲一時，故祭祀三飯以爲禮，喪紀三踊以爲節，兵重三軍以爲制。以三參物，三三如九，故黄鍾之律九寸而宫音調。因而九之，九九八十一，故黄鍾之數立焉。黄鍾爲宫，宫者，音之君也。故黄鍾位子，其數八十一，主十一月，下生林鍾。林鍾之數五十四，主六月，上生太蔟。太蔟之數七十二，主正月，下生南吕。南吕之數四十八，主八月，上生姑洗。姑洗之數六十四，主三月，下生應鍾。應鍾之數四十三，主十月，上生蕤賓。蕤賓之數五十七，主五月，上生大吕。大吕之數七十六，主十二月，下生夷則。夷則之數五十一，主七月，上生夾鍾。夾鍾之數六十八，主六月，下生無射。無射之數四十五，主九月，上生仲吕。仲吕之數六十，主四月，極不生。」

《後漢志》註引鄭玄曰：「宫數八十一，黄鍾長九寸，九九八十一也。三分宫去一生徵，徵數五十四，林鍾長六寸，六九五十四也。三分徵益一生商，商數七十二，太蔟長八寸，八九七十二也。三分商去一生羽，羽數四十八，南吕長五寸三分寸之一，五九四十五又三分寸之一，爲四十八也。三分羽益一生角，角數六十四，姑洗長七寸九分寸之一，七九六十三又九分寸之一，爲六十四也。三分角去一生變宮，三分變宮益一生變徵。自此以後，則隨月而變，所謂還相爲宮。」

臣謹按：右二節，九分爲寸之舊法也。落下閎以八十一分爲日法，即此耳。劉歆改爲八百一十分，非閎本法也。

有以黃鍾之長均作十寸而寸皆十分者，此舜「同律度量衡」之尺。至夏后氏而未嘗改，故名夏尺。《傳》曰「夏禹十寸爲尺」，蓋指此尺也，又名古度尺，又名橫黍尺。選中式之秬黍，一黍之橫廣命爲一分，十分爲一寸，十寸共計百分，是爲一尺。

《史記·律書·生鍾分》曰：「子一分，丑三分二，寅九分八，卯二十七分十六，辰八十一分六十四，巳二百四十三分一百二十八，午七百二十九分五百一十二，未二千一百八十七分一千二十四，申六千五百六十一分四千九十六，酉一萬九千六百八十三分八千一百九十二，戌五萬九千四十九分三萬二千七百六十八，亥十七萬七千一百四十七分六萬五千五百三十六。」

臣謹按：右一節，十寸爲律之舊法也。先儒錯會，誤以九寸解之。臣嘗聞朱熹曰：「律呂，《漢書》所載甚詳，然不得其要。《史記》所載甚略，卻是要緊處。如説律數，蓋自然之理，與先天圖一般，更無安排。」初聞此語，不曉其義。及聞何瑭之説，有曰：「《漢志》謂黃鍾之律九寸，加一寸爲一尺。夫度量權衡所以取法於黃鍾者，蓋貴其與天地之氣相應也。若加一寸以爲尺，則又何取於黃鍾？殊不知黃鍾之長，固非人所能爲。至於九其寸而爲律，十其寸而爲尺，則人之所爲也。《漢志》不知出此，乃欲加黃鍾一（尺）[寸]爲尺，謬矣。」方悟《漢志》度本起於黃鍾之長，則黃鍾之長即是一尺。古云長九寸、長八寸十分一之類，尺異而律同也。朱熹所謂與先天圖一般者，夫先天圖出於河圖、雒書者也。雒書之數九，故黃鍾之律長九寸。因而九之，得八十一分，與縱黍之長相合。河圖之數十，故黃鍾之度長十寸。因而十之，得百分，與橫黍之廣相合。蓋河圖之奇，雒書之偶，參伍錯綜，而律度二數方備。此乃天地自然之妙，非由人力安排者也。不幸爲劉歆、班固所亂，自漢至今，千數百年造律不成，蓋由律度二尺，縱橫二黍無分別耳。嗚呼！何氏此論，發千載之祕，破萬古之惑，律學最要緊處其在斯歟！此則前代諸儒之所未發者也。

有以黃鍾之長均作四段，加出一段而爲尺者，此商尺也，適當夏尺十二寸五分。《傳》曰「成湯十二寸爲尺」，蓋指此尺也。有以黃鍾之長均作五段，減去一段而爲尺者，此周尺也，適當夏尺八寸。《傳》曰「武王八寸爲尺」，蓋指此尺也。有以黃鍾之長均作九寸，外加一寸爲尺，此漢尺也。有以黃鍾之長均作八寸，外加二寸爲尺，此唐尺也。有以黃鍾之長均作八十一分，外加十九分爲尺，此宋尺也。唐尺即成湯尺，而唐人用之，故又名唐尺。宋尺即黃帝尺，而宋人用之，故又名宋尺。七代尺共五種，互相考證，皆有補於律也。

黃帝尺、宋尺皆以大泉之徑爲九分，漢尺以大泉之徑爲十分。夏尺，唐謂之黍尺，以開元錢之徑爲十分。商尺，唐謂之大尺，以開元錢之徑爲八分。周尺，以開元錢八枚爲十寸。凡錢，初鑄與制度合，再入模即縮小，故大者爲真也。

黃鍾之長，當縱黍尺八十一分，當斜黍尺九寸，當橫黍尺十寸。縱黍之尺，黃帝尺也，宋尺也。斜黍之尺，漢尺也。橫黍之尺，夏尺也。商尺去二寸爲夏尺，夏尺去二寸爲周尺。黃鍾之長當商尺八寸，當周尺十二寸五分。

縱黍尺

斜黍尺

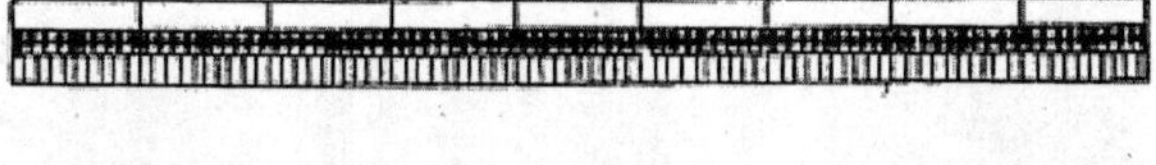

橫黍尺

商尺

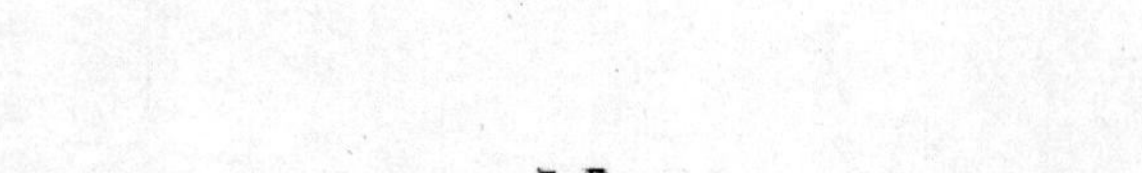

周尺

竹雖天生，求之在人。必先求黍考定樣制，而後依樣求竹造律。古今律家累黍一法名爲最密，實爲最踈。苟無格式大小幾何，惟云中式，尤非定論。若欲揀擇中式之黍，須將格式預先議定，有格式法程而後可選也。

謹按前漢《食貨志》曰：王莽居攝，變漢志，以周錢有子母相權，於是更造大錢，徑寸二分，文曰「大泉五十」。又造契刀、錯刀。契刀，其環如大錢，身形如刀，文曰「契刀五百」。錯刀以黃金錯，其文曰「一刀直五千」。直字錢文作半。

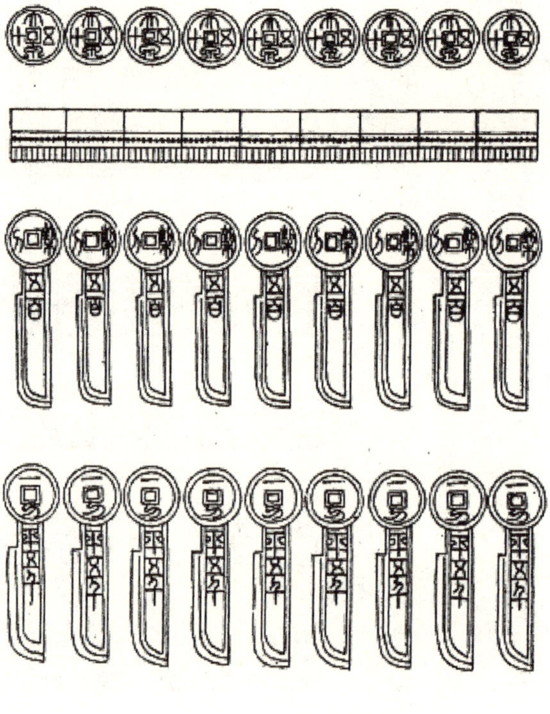

《周禮》註謂大泉乃周景王所鑄，《漢志》亦云以周錢有子母相權，則非始於王莽明矣。《淮南子》謂十二粟當一寸，蓋漢制也。《志》云大錢徑寸二分者，謂莽以漢尺之寸爲其尺之寸二分，故云變漢制，非變周錢也。然則大泉創自周，而王莽因之，其初行時，廣狹厚薄與契刀、錯刀同，厥後二刀不行，獨大泉行，於是盜鑄者衆而漸輕薄，遂與二刀廣狹稍異。今取二刀爲證，必求廣狹同者乃真耳，其不同者爲盜鑄無疑矣。

上黨柜黍佳者，縱累八十一枚，斜累九十枚，橫累百枚，皆與大泉九枚相合，然此佳黍亦自難得。求得此等佳黍，然後可用。若或不滿九枚錢之徑者，慎勿誤用。歷代造律而致樂聲焦急，其失坐在黍不佳也。

《唐會要》云：「高祖武德四年，行開元通寶錢，歐陽詢製詞及書字，含三體，錢徑八分。」《唐六典》云：「凡度，以秬黍中者一黍之廣爲分，十分爲寸，十寸爲尺，一尺二寸爲大尺。」唐代之尺蓋有二種，黍尺與大尺兼用焉。

所謂錢徑八分者，指大尺言也。大尺去二寸，即黍尺一尺也。孫氏《千金方》云：「夏家古尺，今八寸小尺是也。」其著書在唐初，蓋指唐尺而言，然則唐尺之八寸爲夏家之一尺也，唐尺之十寸爲商家之一尺明矣。

審度之法，十寸爲尺，八寸爲咫。商以夏尺爲咫，因而益也。周以夏咫爲尺，因而損也。夏尺、商咫、周尺加二寸半，是爲黃鍾之長。以開元錢校之，則錢十枚爲夏尺之一尺，爲商尺之八寸，爲周尺之一尺二寸半。

周尺自秦以後不復用之。凡經傳中所謂布指知寸，布手知尺，一尺二寸爲武，八尺爲步，八尺爲尋，人長八尺，馬高八尺之類，皆指周尺而言，然周亦不廢夏尺，故先儒解璧羨度尺云，十寸尺、八寸尺兼用之。

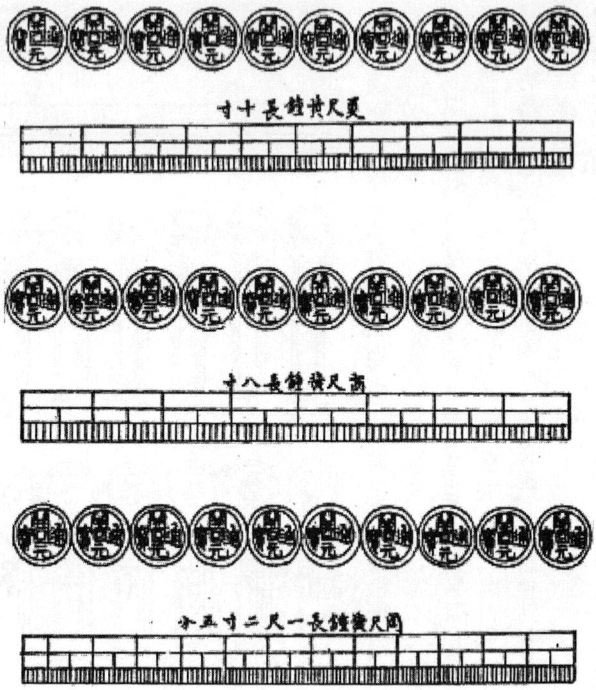

夏尺黃鍾長十寸

商尺黃鍾長八寸

周尺黃鍾長一尺二寸五分

漢尺與黃帝之尺，其寸則同，而分則不同。宋尺與黃帝之尺，其分則同，而寸則不同。唐黍尺與黃帝之尺，其尺則同，而寸及分則皆不同。然唐尺復有二種，其所謂黍尺者，即夏尺也；其所謂大尺者，即商尺也。

蓋漢尺以大泉之徑爲一寸，宋尺以大泉之徑爲九分，唐黍尺以開元錢之徑爲一寸，唐大尺以開元錢之徑爲八分，故宋尺去一寸爲漢尺，漢尺去一寸爲唐黍尺，即夏尺加二寸半爲商尺，去二寸爲周尺。

中黍辨疑

舊説：「上黨之黍，有異他鄉，其色至烏，其形圓重，用之爲量，定不徒然。正以時有水旱之差，地有肥瘠之異，取黍大小，未必得中。按許慎解，秬黍體大，本異於常。疑今之大者，正是其中。累百滿尺，即是會古，實龠之外，纔剩十餘。此恐圍徑或差，造律未妙。就如撼動取滿，論理亦通。晉、梁尺量，過爲短小，以黍實管，彌復不容，據律調聲，必致高急。」此條蔡書在下卷第十章。河南程氏曰：「黃鍾之聲，亦不難定，世自有知音者，將上下聲攷[之]既得正，便將黍以實其管，看管實得幾粒，然後推而定法可也。古法，律管當實千二百粒黍。今羊頭山黍不相應，則將數等驗之，看如何大小者方應其數，然後爲正。昔胡先生定樂，取羊頭山黍，用三等篩子篩之，取中等者，特未定也。以律管定尺，乃是以天地之氣爲準，非秬黍之比也。秬黍積數，在先王時惟此適與度量合，故可用。今時則不同。」此條蔡書在下卷第一章。

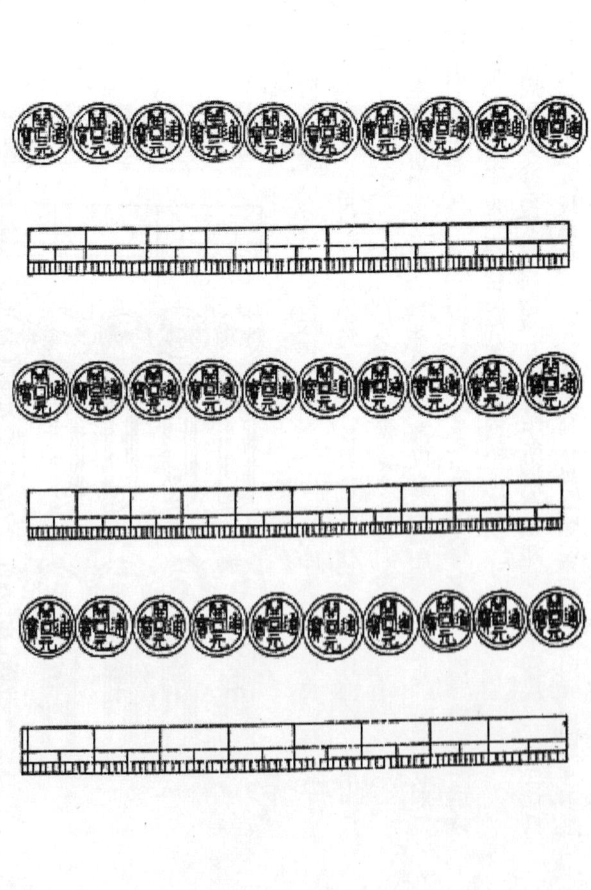

辨疑曰：古上黨郡，今山西潞安府是也。境内產五色黍，其黑色黍復有數種：軟黍堪釀酒者名秬，硬黍堪炊飯者名穄；一稃内二顆黍名秠。律家所用，惟秬而已。穄與秠弗堪用，或誤用之，非也。古云秬黍中者，蓋謂揀選中用之黍，非謂中號中等之黍。俗語選物曰：某物中，某物不中，此中亦非指中等也。古之遺語豈不然乎？或曰：中讀去聲，謂中式也。其義亦通。《詩》曰：「誕降嘉種，惟秬惟秠。」又曰：「實堅實好，實穎實栗。」既用一嘉字，其義已括盡。堅、好、穎、栗，不過形容其嘉而已，則知異常者方爲嘉種也。且秬之爲言巨細之巨也。聞其名則其形可想見矣。蓋謂頭等大號者爲佳，非以次等中號者爲佳也。

古人稼穡，況又異常；今之稼穡，未及古人。若選大黍，庶近乎中；若用中黍，則失之小。《隋志》、宋儒論之當矣。不論古今，槩用中黍，非也。夫黄鍾之律生於尺，而尺乃生於黍者也。黍大則尺長，而由是黄鍾之聲遂濁；黍小則尺短，而由是黄鍾之聲遂清。夫黄鍾，宫音也，最長最濁是其本音，則黍之最大者是乃真秬黍耳。劉歆、荀勗、王朴之流，皆不知此理而泥於《漢志》中黍之文，遂致所累之尺短，所造之樂哀，非中和之聲矣。此不可不辨也。爲今之際，且從蔡氏之説，多截竹管，權擬黄鍾，復用人聲與管相較。聲是而黍非，則易以大黍，大之而益大，至於大不得，斯則黍理已盡。若管内猶不滿，乃管之非真而當從黍也。若非證之以人聲，則黍未免失之小。若非忖之以黍數，則管未免過乎大。人聲管黍互相校正，於理極精，古之神瞽考中聲之遺法，大抵如此。程頤所謂「以上下聲攷之」，則中聲可定矣。總而言之，寧擇大黍遷就人聲，切忌人聲遷就中黍，不可復蹈劉、荀、王氏之故轍耳。詳味頤「特未定也」之一言，則知胡瑗坐誤用中黍之弊，後學當以爲誡也。

累黍詳説

縱黍累者，名曰律尺。以一秬黍之縱長爲一分，九分爲寸，九寸爲尺，是爲黄鍾之長。有圖已見。黄鍾之長九寸，凡八十一分者，取象雒書之九自相乘之數也。此尺每寸九分，每分九釐，每釐九毫，每毫九絲，每絲九忽，每忽九微，每微九纖，所謂以九爲法者也。横黍累者，名曰度尺，以一秬黍之横廣爲一分，十分爲寸，十寸爲尺，是爲黄鍾之長。有圖已見。黄鍾之長十寸，凡百分者，取象河圖之十自相乘之數也。此尺每寸十分，每分十釐，每釐十毫，每毫十絲，每絲十忽，每忽十微，每微十纖，所謂以十爲法者也。二種之度寸數雖異，二種之律分劑則同。昔人誤謂九寸乃九十分，是以縱累則管太長，容黍卻有餘；横累則管太短，容黍卻不足；皆不能合千二百黍之説，蓋惑於《漢志》之謬也。已上一節，其説創於何瑭而臣父深然之。古來無此議論，蓋自我朝爲始，而《律吕精義》之所由作也。或曰：九分爲寸，原爲三分損益設也。今既不用三分損益，猶用九分爲寸，何也？答曰：黄鍾九寸，空圍九分，皆取法於縱黍陽數，古人造律之初意也。故三分損益之法可廢，而九分爲寸之法不可廢也。凡欲造律，先求古錢，次求真黍，復求美竹。古錢洛陽多有，不難得也。然須多得，擇取好者可也，一二枚錢不足憑據。惟真黍頗難得，中式者乃真耳。其一稃二粒者，名爲秠，非秬也，慎勿誤用。隨處有美竹，在人擇之耳，不必拘於金門山也。

嘉量第十二

嘉量起於黄鍾律龠，先鑄律龠，後鑄嘉量。

《前漢志》曰：「量本起黄鍾之龠。龠者，黄鍾律之實也。」律龠嘉量，皆用銅鑄，古所謂赤金也。「六分其金而錫居一」焉。謂紅銅六兩，對白錫一兩，共爲七兩。隨其多少，準此爲率。

「改煎金錫則不耗，不耗然後權之，權之然後準之，準之然後量之。」改煎，煎畢更煎，至不耗乃止也。權之準之，謂稱準六一之數也。量之，謂鑄成方寸者數枚，驗其分量同，則知不耗矣。

「凡鑄金之狀，金與錫：黑濁之氣竭，黄白次之；黄白之氣竭，青白次之；青白之氣竭，青氣次之；然後可鑄也。」

消鍊銅錫，由粗至精，形狀如此。預先用夾沙土造模，鑄成錯磨，令極光瑩。此法鑄匠多有曉者，故不細述。律龠形狀，其長與黄鍾同，但内圓而外方。方與黄鍾外徑相同，圓與黄鍾内徑相同，縱黍律尺刻於前面，其長九寸，每寸九分；横黍度尺刻於後面，其長十寸，每寸十分。律尺者，黄帝之尺也。度尺者，虞夏之尺也。刻紋細如髮，分寸令匀也。律尺之銘三十二字，鐫於左面，曰：黄鍾律龠，空

圜九分，長九寸，是爲一尺，容千二百黍，重十二銖，合之爲合，兩之爲兩。度尺之銘三十二字，鐫於右面，曰：元元本本，數始於一，產氣黄鍾，造計秒忽，八音、七始、五聲、六律、度量權衡曆算逌出。嘉量上截曰鬴，形類羅圈面高。

嘉量中截曰底，底之上面有銘。

小樣

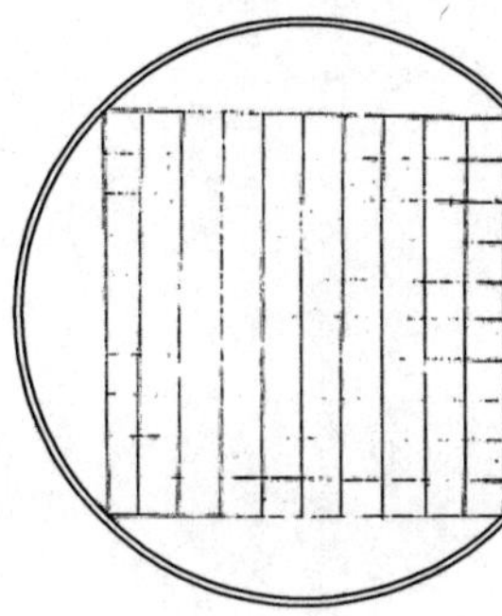

小樣

底之下面無字，形類鏡面而高。

嘉量下截曰臀，形類羅圈而低。

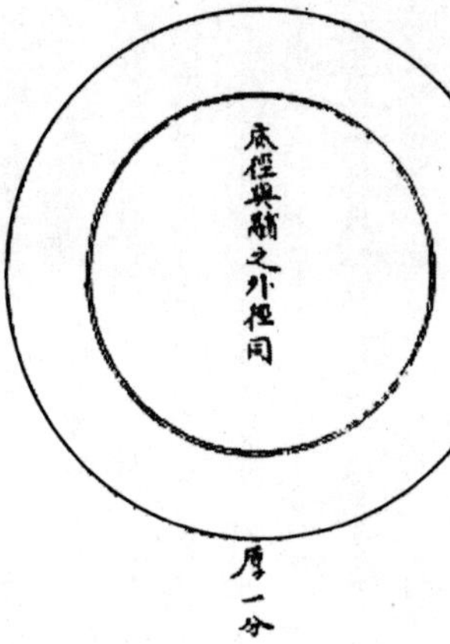

小樣

小樣

量之兩耳無底，形類竹筩而薄。

耳皆高深四寸、内徑二寸五分、外徑二寸七分、厚一分。

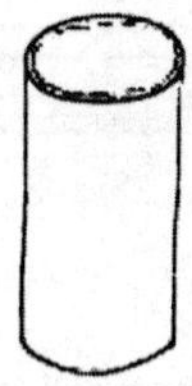

小樣

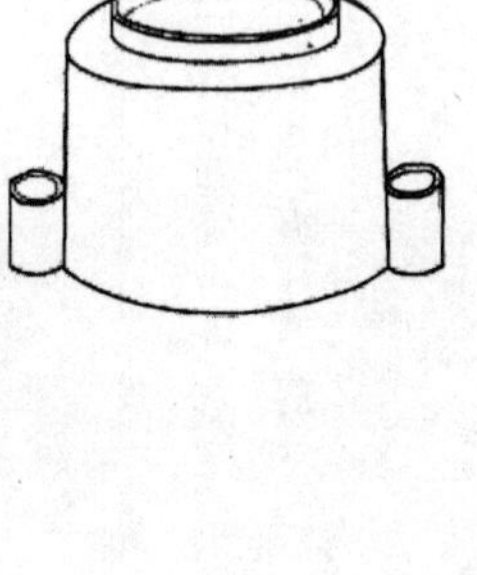

嘉量覆圖

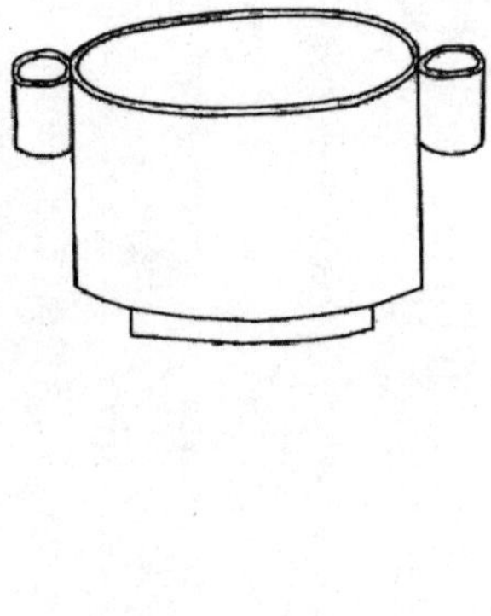

嘉量仰圖

嘉量，古人只一瑰鑄。今人學鑄，分作五件，總銲而爲一，庶幾易成也。五件厚薄相同，夏尺量之，約厚一分有奇。仍視銅之輕重，重則磨去，務合所算之斤兩也。上截鬴者，形類羅圈而高，重時秤一百八十兩，爲古黍秤三百兩。中截底者，形類鏡面而薄，重時秤六十九兩，爲古黍秤一百一十五兩。下截臀者，形類羅圈而低，重時秤十三兩左右。兩耳形類竹筩而薄，重與臀同。臀及兩耳共重時秤三十九兩，爲古黍秤六十五兩。五件銲成一器，重時秤二百八十八兩，爲古黍秤四百八十兩，是爲三十斤也。時秤即今時十六兩平秤，俗間私秤二十兩者勿用。

量腹容二十豆，是爲一鬴，積實一百五十七萬一千三百四十八分有奇。其臀容四升，是爲一豆，積實七萬八千五百六十七分有奇。其耳容二十龠，是爲一升，積實一萬九千六百四十一分有奇。律龠容黍千二百粒，是爲半合，積實九百八十二分有奇。凡較量不用黍，用井水準其槩，係古人舊法云。

量腹之「內方一尺而圓其外」者，此乃算家所謂圓內容方，以其方面求圓徑及圓周之術也。術雖云方，而器內非方，先儒謂積千寸，誤矣。方求斜用勾股求弦術。勾十寸，自乘得一百寸；股十寸，自乘得一百寸，相併共得二百寸。開方除之，得弦一尺四寸一分四釐二毫一絲三忽五微六纖，即鬴之內徑也。凡圓內容方者，假如方面九寸，則圓周四十寸，故以九與四十爲乘除率。今鬴容方一尺，四十乘之，得四十尺，九歸，則得四尺四寸四分四釐四毫四絲四忽四微四纖，即鬴之圓周也。半周半徑相乘，得平圓積，爲鬴之面冪。以深一尺乘之，得一百五十七萬一千三百四十八分有奇，爲鬴之積實也。

臀之內徑一尺。斜求方術：一尺自乘，得一百寸，折半得五十寸爲實，開方除之，得七寸〇分七釐一毫〇絲六忽七微八纖，即臀之內所容方也。四十乘之，得二丈八尺二寸八分四釐二毫七絲一忽二微，九歸，得三尺一寸四分二釐六毫九絲六忽八微，即臀之內周也。半周半徑相乘，得平圓積，爲臀之面冪。以深一寸乘之，得七萬八千五百六十七分有奇，爲臀之積實也。以臀之積實爲法，以鬴之積實爲實，實如法而一，得二十，是知一鬴乃二十豆矣。先儒以爲十六豆者，非是。

耳之內徑二寸五分。斜求方術：二寸五分自乘，得六寸二分五釐，折半得三寸一分二釐五毫爲實，開方除之，得一寸七分六釐七毫七絲六忽六微九纖半，即耳之內所容方也。四十乘之，得七尺〇寸七分一釐〇毫六絲七忽八微，九歸，得七寸八分五釐六毫七絲四忽二微，即耳內之周也。半周半徑相乘，得平圓積，爲耳之面冪，以深四舊作三，誤。寸乘之，得一萬九千六百四十一分有奇，爲耳之積實也。以耳之積實爲法，以臀之積實爲實，實如法而一，得四，是知一豆乃四升矣。

一鬴乃二十豆，以二十豆爲法，置鬴之積一百五十七萬一千三百四十八分爲實，實如法而一，得七萬八千五百六十七分有奇，爲其臀一豆之實也。一豆乃四升，以四升爲法，置臀之積七萬八千五百六十七分爲實，實如法而一，得一萬九千六百四十一分有奇，爲其耳一升之實也。一升乃二十龠，以二十龠爲法，置耳之積一萬九千六百四十一分爲實，實如法而一，得九百八十二有奇，爲黃鍾一龠之實也。

周鬴辨疑

按：《管子》云：「齊西之粟，釜百泉則鏂二十也。齊東之粟，釜十泉則鏂二泉也。」《晏子》曰：「四升爲豆。各自其四，以登於釜。釜十則鍾。」夫釜粟百錢而區二十錢，釜粟十錢而區二錢，則五區爲釜明矣。四升爲豆，四豆爲區，此以四而登也。五區爲釜，釜乃八斗，十釜爲鍾，鍾乃八斛，二四如八，亦以四而登也。此《晏子》所謂「各自其四，以登於釜」者也。若陳氏之量，則每量各加四分之一。是故五豆爲區，區乃二十升；五區爲釜，釜乃百升；十釜爲鍾，鍾乃百斗。比舊量區多四升，釜多二斗，鍾多二斛，故《晏子》曰「鍾乃大矣」。先儒錯會《晏子》之意，誤以六斗四升爲釜。算家以術考之，不合，則又穿鑿以爲方尺者八寸之尺，深尺者十寸之尺，效尤《漢志》庣旁之説，誤益甚矣。按：《洪武正韻》亦謂鍾爲八斛，然則釜爲八斗，與今黃鍾算法全合。

平衡第十三

衡，即今之稱也；平，謂使之平耳。此器有小者，有大者，總名曰衡。小者俗呼等子，大者俗呼爲秤，古文作稱。稱，去聲。下文同。

黃鐘之稱起於累黍

律家揀黍之法，雖名爲密，若篩取中黍，其實爲最疎。苟無格式，大小幾何？惟云中者，尤非定論。蓋后稷之穡，堅好潁粟，豈常人之穡所能及之。自漢以來至於今日，所謂中者正乃小者也，惟極大者庶幾中者耳。若欲揀擇中式之黍，須將格式預先議定，有格式法程而後可選也。新法用銅葉或鐵葉，薄厚如鈔，大小如錢，中鑿一孔，狀類黍形。先於多多黍內揀取一黍，長依縱黍尺之一分，廣依横黍尺之一分，置於二種尺上，令黍與尺全合；將黍納於孔中，令孔與黍全合。然後將別黍一一納孔中，觀其鬆緊。緊者合格式，可用也。鬆者名爲小，不能容者名爲大。如是選一般者千二百粒，實於管內，不足者名爲小，有餘者名爲大。不用大者小者，惟用其中者耳。千二百黍適重三錢，然或新陳曝潤，再稱未必相同，定須以重三錢爲準。上黨境內，地土肥處産黍尤佳，非羊頭山黍可及也。

十黍爲纍，或作絫，並音累。今之二釐半也。十纍爲銖，今之二分半也。二十四銖爲兩，今之六錢也。十六兩爲斤，今之九兩六錢也。二十兩爲鎰，今之十二兩也。

右係衡之小者，俗呼等子是也。

十五斤爲稱，今之九斤也。倍之爲三十斤，今之十八斤也。又四之而爲石，今之七十二斤也。

右係衡之大者，即今之秤是也。

算術置今求古，十乘六除；置古求今，六乘十除，各得其所求矣。是故達者不必改作，今之稱即古之稱耳。

斤下帶兩，兩下帶銖，各依算術通之，而後乘除可也。《前漢志》曰：「凡律度量衡用銅者，名自名也，所以同天下、齊風俗也。銅爲物之至精，不爲燥濕寒暑變其節，不爲風雨暴露改其形，介然有常，有似於士君子之行，是以用銅也。」

古以銅爲衡，若今天平也。新擬法馬，附於卷末。

《虞書》曰「同律度量衡」，言衡不言權。《論語》曰「謹權量」，言權不言衡。蓋權衡合德而相須爲用，舉其一則可以互見故也。然衡之制歷代無異，而權制則不同。周人以玉爲權，見《考工記》。秦人以鐵爲權，見《考古圖》。漢人以銅爲權，圜而環之，見《漢志》；王莽以石爲權，狀如水碓，見《隋志》。聊載數種，見其不同云耳。

《考工記》曰：「玉人，駔琮五寸，宗后以爲權。駔琮七寸，鼻寸有半寸，天子以爲權。」註云：以爲權，故有鼻也。駔讀爲組，以組繫之，因名。舊説：「權以輕重爲宜，圜而環之，周旋無端。終而復始，無窮已也。」

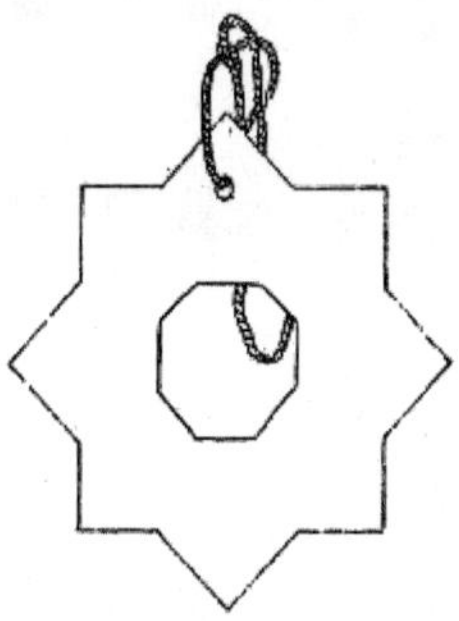
玉權小樣

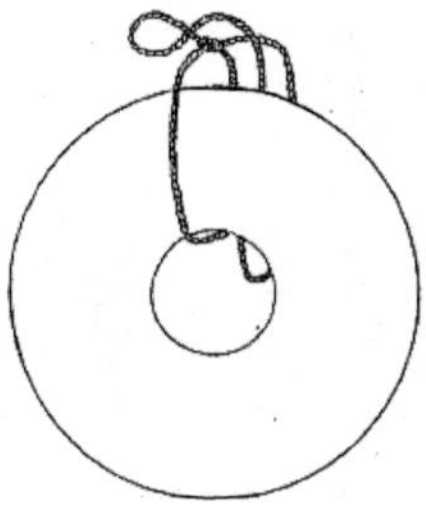
銅權小樣

謹案：此二十二字，義極精，可作權銘。作證往而不返之説非是。此見《顏氏家訓》及《呂氏考古圖》。六朝以來，避孫權諱，改名秤錘。郭璞謂：塡大如鶩子，鋭上平底，形如秤錘。晉人所見蓋此權耳。

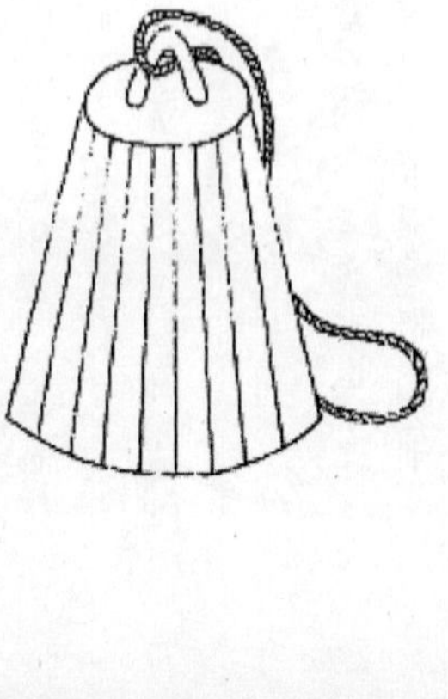
鐵權小樣

擬古天平法馬以銅爲之，上面鐫字，其形不拘，方圓皆可。

一銖：一百黍之重，爲今之二分半。

二銖：二百黍之重，爲今之五分。

三銖：三百黍之重，爲今之七分半。

四銖：四百黍之重，爲今之一錢。

五銖：五百黍之重，爲今之一錢二分半。

六銖：六百黍之重，爲今之一錢五分。

七銖：七百黍之重，爲今之一錢柒分半。

八銖：八百黍之重，爲今之二錢。

九銖：九百黍之重，爲今之二錢二分半。

十銖：千黍之重，爲今之二錢五分。

十一銖：千一百黍之重，爲今之二錢七分半。

半兩：千二百黍之重，爲今之三錢。

一兩：兩龠黍之重，爲今之六錢。

二兩：四龠黍之重，爲今之一兩二錢。

三兩：六龠黍之重，爲今之一兩八錢。

四兩：八龠黍之重，爲今之二兩四錢。

五兩：十龠黍之重，爲今之三兩。

六兩：十二龠黍之重，爲今之三兩六錢。

七兩：十四龠黍之重，爲今之四兩二錢。

半斤：十六龠黍之重，爲今之四兩八錢。

一斤：三十二龠黍之重，爲今之九兩六錢。

龠者，即新鑄黄鍾律龠也。若秬黍小而輕，與所載分兩不合者，則非佳黍，勿誤用之，別擇中式之黍可也。

總論律度量衡四器寓法於黍

《唐禮樂志》曰：「聲無形而樂有器。古之作樂者知夫器之必有敝，而聲不可以言傳，懼夫器失而聲遂亡也，乃多爲之法以著之。故始求聲者以律，而造律者以黍。自一黍之廣積而爲分寸，一黍之多積而爲龠合，一黍之重積而爲銖兩，此造律之本也。故爲之長短之法，而著之於度；爲之多少之法，而著之於量；爲之輕重之法，而著之於權衡。是三物者，亦必有時而敝，則又總其法而著之於數，使其分寸、龠合、銖兩皆起於黄鍾。然後律度量衡相用爲表裏，使得律者可以制度量衡，因度量衡亦可以制律。不幸而皆亡，則推其法數而制之，用其長短、多少、輕重以相參考，四者既同，而聲必至，聲至而後樂可作矣。夫物用於有形而必敝，聲藏於無形而不竭，以有數之法求無形之聲，其法具存。無作則已，苟有作者，雖去聖人於千萬歲後，無不得焉。此古之君子，知物之終始而憂世之慮深，其多爲之法而丁寧纖悉，可謂至矣。」

宋司馬光曰：「夫所謂律者，果何如哉？嚮使古之律存，則吹其聲而知聲，度其長而知度，審其容而知量，校其輕重而知權衡。今古律已亡矣，非黍無以見度，非度無以見律。律不生於度與黍，將何從生耶？夫度量衡，所以佐律而存法也。古人所爲制四器者以相參校，以爲三者雖亡，苟其一存，則三者從(何)[可]推也。又謂後世器或壞亡，故載之於書，形之於物。夫黍者，自然之物，有常不變者也，故於此寓法焉。今四器皆亡，不取於黍，將安取之？凡物之度其長短則謂之度，量其多少則謂之量，稱其輕重則謂之權衡。然量有虚實，衡有低昂，皆易差而難精等之，不若因度求律之爲審也。非謂太古以求律必生於度也，特以近世古律不存，故返從度法求之耳。」

臣謹按：古法由律累黍以生尺，今則由黍累尺以求律，故或者多笑之，謂若泝流而探源也。噫！泝流探源，取則不遠，寧無愈於舍流而但以意揆其源哉！夫土木之性，本非方圓，匠者規矩之，則方圓定矣。人之聲音本非中和，聖人調協之，則中聲出矣。律吕者，調協中聲之具也。累黍者，考定律吕之準也。是故古有累黍之法，豈特爲彼一時製秤尺斗斛設哉？正欲使百世之下，由夫累黍可以見律耳。(總)[縱]然歲有凶豐，地有肥瘠，種有長短小大圓妥之不同，在人擇乎中者可也。宋蔡元定不達此理，蓋因《漢志》横累九十黍爲黄鍾所誤。其於圍徑積實參考不協，則又操兩可之説曰：「莫若且多截管，權擬黄鍾，但憑候氣人聲，以爲信驗。」夫候氣乃荒唐之所造，人聽無憑據之中聲，舍累黍無一定之法度。嗚呼！蔡氏此説，在其書中最爲謬妄者也。近世迷者反從而善之，何哉？或問：畫工貌物，孰易孰難？答曰：鬼神易，犬馬難。何故？貌物欲其似也。鬼神無證，故易；犬馬有證，故難。夫律家累黍制管，犬馬之類也；候氣審音，鬼神之類也。昔之狂伶妄瞽，造爲無稽之言，以神其術，欺罔衆愚，使人莫可致詰，歷代信之不疑，則是難其所易而易其所難也，不亦謬哉！竊謂律學當以窮理爲先，理明而後數定，數定而後制成，制成而後音和，音和而後氣應。以候氣審音爲造律之本者，迂愚之論也。故曰：考究此理，勿事空言，必以累黍爲本。

又朱載堉《律吕正論》卷二

竹黍同異説第七

竹猶黍也，金門山猶羊頭山也。此一同也。羊頭山舊屬上黨郡，今改屬高平縣。金門山舊屬宜陽郡，今改屬永寧縣。其地仍舊，其名非舊。此二同也。羊頭山不拘距山遠近，但係本山所屬之地，所産之黍，皆名佳黍。金門山不拘距山遠近，但係本山所屬之地，所産之竹，皆名美竹。此三同也。黍以錫葉爲式，令明眼人於日光中仔細選取，務令合式。竹以錫管爲式，令明眼人於日光中仔細選取，務令合式。此四同也。羊頭山所屬地雖廣，而合式之黍難得。金門山所屬地雖廣，而合式之竹亦難得。此五同也。黍貴大顆，於多黍中選之，而大顆稀少。竹貴長節，於多竹中選之，而長節亦稀少。此六同也。黍尺有三種：曰縱黍尺，曰斜黍尺，曰横黍尺。竹律有三種：曰八寸一分律，曰九寸律，曰十寸律。此七同也。黍有銖兩，因而爲權衡之準。竹有容受，因而爲嘉量之準。此八同也。《書》云：「稷降播種，農殖嘉穀。」《詩》云：「誕降嘉種，維秬維秠。」秬之爲言巨也，巨者，大也。秠之爲言丕也，丕亦大也。實堅實好，實穎實栗，不過形容其大而已。后稷之穡，豈同常人之稼穡哉。今人乃取平常之黍，擇其中者，豈不失之小乎。無已，擇其極大者，庶幾古之中黍耳。《禹貢》揚州，篠簜既敷。篠乃細竹，堪作箭者。《爾雅》所謂東南之美者，有會稽之竹箭焉，即此篠也。簜乃長節竹，堪作簫管者。《儀禮・大射儀》云「簜在建鼓之間」，即此簜也。先儒解《禹貢》，以簜爲大竹，誤矣。若引《儀禮》解簜，既有考據，豈不明白。夫黍與竹見重於經，此九同也。《隋書・李士謙傳》：「士謙待客，盛饌盈前，必先設黍。」《晉書・王徽之傳》：「徽之隨所寄居，便令種竹。」夫黍與竹見重於史，而史尤貴羊頭山黍，金門山竹，此十同也。黍除上黨外，餘地則不佳。而竹除宜陽外，餘地則更有佳者。今杭州府餘杭縣等處，所産筆管竹，疑即古所謂篠簜。與夫湘竹、蘄竹、紫竹、椶竹，賴人工巧，皆可用也。除秬黍外，其餘若菽、荅、麻、麥之類，則皆不可以爲尺。除筆竹外，其餘若金玉之類，則皆可以爲律。故舜祠玉琯，汲冢玉律，禮經太子生吹銅律以聽其聲，出師吹銅律以占其勝負。古者，天子玉律，諸侯銅律，大夫士庶竹律，分三等而優劣辨矣。今復增添錫律、石律、磁律、瓦律、金銀鐵律、象牙烏木等律，此又不同之同者也。律家明此，是謂知律。

物皆可以爲律説第八

余嘗著論，以爲凡物皆可爲律，而樂律書所未載也。今摘其略載於此卷，一曰玉律，二曰金律，三曰銀律，四曰銅律，五曰鐵律，六曰錫律，七曰牙律，八曰竹律，九曰木律，十曰石律，十一曰磁律，十二曰瓦律。製造有法。玉律説曰，玉有五色，余所見者，白玉、菜玉。玉律似非敢僭，然鄒衍吹玉律，古亦未嘗太拘。今載於諸律之首者爲玉律，有考據，詳見史書故也。金律銀律説曰，《爾雅》黄金美者曰鏐，白金美者曰鐐。註謂：俗呼紫磨金者，是也。金銀雖美而質不堅，周徑面冪易壞，不如用銅鍍金最妙，鍍銀亦可。其鑄銅法，樂書載之，故不復贅。鐵律須漆，不然生銹。錫律易鑄，刻石爲模，捲紙爲軸，一日可得百副，簡便良法，而古人未用也，故表出之。牙律木律説曰，象齒、羚羊犀角最佳，水牛角如烏玉，沉檀降真、烏木、赤木、華麗木等，未能枚舉。竹則上文詳矣，兹不復説。惟石律種類多，珊瑚、瑪瑙、吠琉璃、頗胝迦，内典謂之七寶；青金、緑苗、紫英、白英之類，端歙之硯材，饒處之窑産。金、石、甆律，瓦律，燥潤不展縮，勝如竹木也。

又朱載堉《律學新説》卷一　臣聞宋朱熹之言曰：「看《樂記》大段形容，得樂之氣象。當時許多名物度數，人人曉得，不須説出，故止説樂之理，如此其妙。今許多度數都没了，只有許多樂之意思是好，只是没頓放處。」又曰：「今禮樂之書皆亡，學者但言其義，至於器數則不復曉，蓋失其本矣。」臣自壯年以來，始見韓邦奇、王廷相及何瑭等所著樂書，略有省焉，乃曰，古樂今樂，蓋不甚相遠也。慨生之既晚，不獲與前輩同遊，雖有一得之愚，無憑質問。《楚辭》有云：「往者余弗及，來者吾不聞。」亦可悲哉！聊述愚見數篇，刻而傳之，以俟方來具眼之士，或有可取焉。若夫禮樂氣象、律吕名義，則縉紳先生類能言之。凡非數術音聲之技，兹竝不述，所謂各志其志而已。

律吕本源第一

夫河圖雒書者，律曆之本源，數學之鼻祖也。聖人治世，德動天地，天不愛道，地不愛寶，故鳳鳥至，河圖出。《易》曰：「河出圖，雒出書，聖人則之。」所謂則之者，非止畫卦、叙疇二事而已，至於律曆之類無不皆然。蓋一切萬事不離陰陽，圖，書二物則陰陽之道盡矣。河圖龍發，所以通乾而出天苞；雒書龜感，所以流坤而吐地符。河圖，陽也，陽常有餘；雒書，陰也，陰常不足。故河圖之數五十五，視大衍而有餘；雒書之數四十五，視大衍而不足。合河圖與雒書共得百數，若陰陽之交構，牝牡之相銜，均而分之，得大衍之數者二。此天地自然之至理，故律曆倚之而起數。是以黄鍾之管長九寸，九寸者，縱黍爲分之九寸也，寸皆九分，凡八十一分，雒書之奇自相乘之數也，是爲律本。黄鍾之尺長十寸，十寸者，横黍爲分之十寸也，寸皆十分，凡百分，河圖之偶自相乘之數也，是爲度母。縱黍之律，横黍之度，長短分齊，交相契合，此其造化之妙，而千載以來無一人識者，殊可歎也。先臣何瑭曰：「《漢志》謂黄鍾之律九寸，加一寸爲一尺。夫度量權衡所以取法於黄鍾者，蓋貴其與天地之氣相應也。若加一寸以爲尺，則又何取於黄鍾？殊不知黄鍾之長，固非人所能爲。至於九其寸而爲律，十其寸而爲尺，則人之所爲也。《漢志》不知出此，乃欲加黄鍾一寸爲尺，謬矣。」今按《漢志》，度本起於黄鍾之長，則黄鍾之長即是一尺。所謂長九寸，長八寸十分一之類，蓋算家立率耳。何氏此論，發千載之秘，破萬古之惑。律學第一要緊處，其在斯歟！此則唐宋諸儒之所未發者也。

又　論大陰陽小陰陽第十一

周伶州鳩曰：「黄鍾，所以宣養六氣九德也。由是第之，二曰太蔟，所以金奏贊陽出滯也。三曰姑洗，所以修潔百物，考神納賓也。四曰蕤賓，所以安靖神人，獻酬交酢也。五曰夷則，所以詠歌九則，平民無貳也。六曰無射，所以宣布哲人之令德，示民軌儀也。爲之六間，以揚沈伏而黜散越也。元間大吕，助宣物也。二間夾鍾，出四隙之細也。三間中吕，宣中氣也。四間林鍾，和展百事，俾莫不任肅純恪也。五間南吕，贊陽秀也。六間應鍾，均利器用，俾應復也。」見《國語》。

晉范望曰：「陽生於子，陰生於午。從子至巳，陽生陰退，故律生吕，言下生；吕生律，言上生。從午至亥，陰升陽退，故律生吕，言上生；吕生律，言下生。至午而變，故蕤賓重上生也。」見《太玄經註解》。

宋陳祥道曰：「先王因天地陰陽之氣而辨十有二辰，因十有二辰而生十有二律。黄鍾至姑洗，陽之陽也。林鍾至應鍾，陰之陰也。陽之陽，陰之陰，則陽息陰消之時，故陽常下生而有餘，陰常上生而不足。蕤賓至無射，陰之陽也。大吕至仲吕，陽之陰也。陰之陽，陽之陰，則陽消陰息之時，故陽常上生而不足，陰常下生而有餘。然則自子午以左皆上生，自子午以右皆下生矣。鄭康成以黃鐘三律爲下生，以蕤賓三律爲上生，其説是也。班固則類以律爲下生，吕爲上生，誤矣。」見《禮書》。

朱熹曰：「樂律自黃鍾至中吕皆屬陽，自蕤賓至應鍾皆屬陰，此是一個大陰陽。黃鍾爲陽，大吕爲陰，太蔟爲陽，夾鍾爲陰，每一陽間一陰，又是一個小陰陽。故自黃鍾至中吕皆下生，自蕤賓至應鍾皆上生。以上生下，皆三生二；以下生上，皆三生四。」見《經世大訓》。

謹按：陽律生陰下生，陰律生陽上生。古有二説：其一説者，十二律吕，各照方位，在子午以東者屬陽，在子午以(東)[西]者屬陰。是故：子，黃鍾，復卦一陽；丑，大吕，臨卦二陽；寅，太蔟，泰卦三陽；卯，[夾]鍾，大壯卦四陽；辰，姑洗，夬卦五陽；巳，仲吕，乾卦六陽；午，蕤賓，姤卦一陰；未，林鍾，遯卦二陰；申，夷則，否卦三陰；酉，南吕，觀卦四陰；戌，無射，剥卦五陰；亥，應鍾，坤卦六陰。乾爲老陽，故仲吕亢極不生；坤爲老陰，故應鍾極短爲終。大吕、夾鍾、仲吕三吕，以陰居陽，故皆屬陽；蕤賓、夷則、無射三律，以陽居陰，故皆屬陰。凡律，清者皆上生，濁者皆下生。此其一説也。又一説云：六律數奇，屬陽；六吕數偶，屬陰。是故：子，黃鍾，乾之初九；寅，太蔟，乾之九二；辰，姑洗，乾之九三；午，蕤賓，乾之九四；申，夷則，乾之九五；戌，無射，乾之上九。此六律其數奇，各居本位，屬陽。丑，林鍾，坤之初六；卯，南吕，坤之六二；巳，應鍾，坤之六三；未，大吕，坤之六四；酉，夾鍾，坤之六五；亥，仲吕，坤之上六。此六吕其數偶，各居對衝，屬陰。居本位者皆下生，居對衝者皆上生。下生者用本律及子聲，上生者用本律及倍聲。是故大吕、夾鍾、仲吕三吕，皆短於應鍾；而蕤賓、夷則、無射三律，皆長於大吕。此又一説也。已上二説，自漢至今，是非不決。蓋太史公《律書》兼有此二種：所謂「律數」一節，即蕤賓重上生之法；其「生鍾分」一節，即蕤賓下生之法。是二種兼載之也。《前漢志》獨取蕤賓下生。《後漢志》却用蕤賓上生。梁武帝著《鍾律緯》，專詆下生。唐太宗撰《晉志》乃譏上生。皆徇一偏之見，非通論也。《經世大訓》所解甚明，蓋以一歲言，則冬至已後屬陽，夏至已後屬陰。以一日言，則子時已後屬陽，午時已後屬陰，所謂大陰陽也。子陽丑陰，寅陽卯陰之類，小陰陽也。律吕，陽下生陰，陰上生陽，蓋指其大者耳。凡陰吕居陽方，即皆屬陽；凡陽律居陰方，即皆屬陰。惟應鍾、蕤賓同在陰方，而仲吕、黃鍾同在陽方，故別論小陰陽，乃變例也。其餘諸律則只論大陰陽，乃正例也。朱熹此論，非蔡元定所及。夫重上生之説，出於《國語》《吕氏》《淮南》太史公，其來尚矣。《列子》書謂黃鍾、大吕不可從煩奏之舞，何則？其音疏也。將治大者不治細，成大功者不成小，此之謂矣。是亦以大吕爲濁聲也。況古人既名此律爲大吕，而又謂之元間，間在黃鍾、太蔟之間，則其大可知矣。班志之謬，不足爲據。蔡氏惑之，反譏《吕氏》《淮南》，不亦誤歟？近時有著《樂書》者，遂以大吕長四寸有奇爲定論，蓋班固、元定作俑也。使其大吕爲宫，其商、角、徵、羽之短且不必論；若其仲吕爲宫，其徵當用黃鍾半聲之半，祇長二寸有奇，無乃太短乎！玆不可以不辨。有圖如左。

黃大太夾姑仲蕤林夷南無應，長短有序如此。

黃空太空姑空蕤林夷南無應空大空夾空仲，疏密不倫如此。

左旋右旋相生之圖

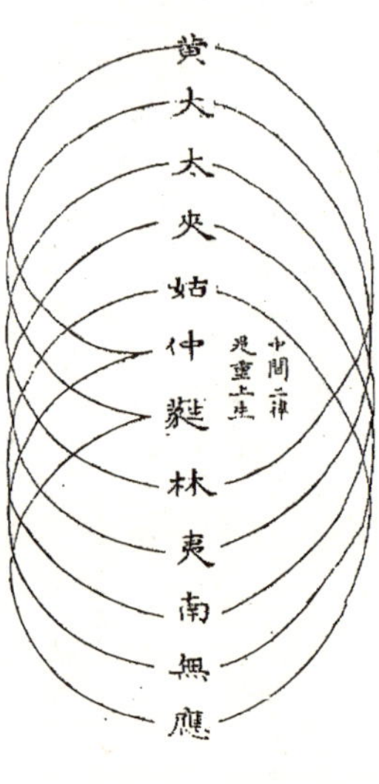

隔八隔六相生之圖

長律下生短律，下生者皆左旋；短律上生長律，上生者皆右旋。

長律下生短律，下生者皆隔八；短律上生長律，上生者皆隔六。

律吕相生，或逾五，或逾七。逾五者連本位數則爲隔六；逾七者連本位數則爲隔八。左旋隔八，則右轉隔六；右轉隔八，則左旋隔六。左右逢源，循環無端。何爲左旋隔八，右轉隔六？若黃生林，林生太，太生南，南生姑，姑生應，應生蕤，蕤生大，大生夷，夷生夾，夾生無，無生仲，仲生黃是也。何爲右轉隔八，左旋隔六？若黃生仲，仲生無，無生夾，夾生夷，夷生大，大生蕤，蕤生應，應生姑，姑生南，南生太，太生林，林生黃是也。右轉左旋，左右逢源，周而復始，循環無端，乃律吕之妙。古人算律，往而不返，但曉左旋，不知右轉，此所以未密也。律管有大小，大生小爲下生，小生大爲上生，一言盡之矣。諸儒辨論，紛紛無定，但

續表

林鍾變		仲呂商	無射羽	夾鍾角	夷則變宮	大呂變徵
太蔟變			仲呂羽	無射角	夾鍾變宮	夷則變徵
南呂變				仲呂角	無射變宮	夾鍾變徵
姑洗變					仲呂變宮	無射變徵
應鍾變						仲呂變徵

觀此圖上下次序，不待辨而明矣。下生五律，終於姑洗生應鍾；上生七律，始於仲呂生黃鍾。蓋黃鍾至大而應鍾至小，故爲上下之始終也。

論有變音無變律第十二

變徵曰中，變宮曰和，此所謂變音也。論理實有，而陳暘以爲無。冷謙從之，非也。變黃鍾曰執始，變林鍾曰去滅，此所謂變律也。論理本無，而京房以爲有。杜佑從之，非也。蔡元定不從陳暘，是也；而取杜佑，非也。雖不名執始而名變黃鍾，變黃鍾者即執始之别名也。上篇證之詳矣。八十四聲舊圖新圖并載於後。

八十四聲舊圖

十一月	黃鍾宮	係蔡元定舊圖					
六月	林鍾宮	黃鍾徵					
正月	太蔟宮	林鍾徵	黃鍾商				
八月	南呂宮	太蔟徵	林鍾商	黃鍾羽			
三月	姑洗宮	南呂徵	太蔟商	林鍾羽	黃鍾角		
十月	應鍾宮	姑洗徵	南呂商	太蔟羽	林鍾角	黃鍾變宮	
五月	蕤賓宮	應鍾徵	姑洗商	南呂羽	太蔟角	林鍾變宮	黃鍾變徵
十二月	大呂宮	蕤賓徵	應鍾商	姑洗羽	南呂角	太蔟變宮	林鍾變徵
七月	夷則宮	大呂徵	蕤賓商	應鍾羽	姑洗角	南呂變宮	太蔟變徵
二月	夾鍾宮	夷則徵	大呂商	蕤賓羽	應鍾角	姑洗變宮	南呂變徵
九月	無射宮	夾鍾徵	夷則商	大呂羽	蕤賓角	應鍾變宮	姑洗變徵
四月	仲呂宮	無射徵	夾鍾商	夷則羽	大呂角	蕤賓變宮	應鍾變徵
	黃鍾變	仲呂徵	無射商	夾鍾羽	夷則角	大呂變宮	蕤賓變徵

八十四聲新圖

黃鍾調	宮黃正	商太正	角姑正	中蕤正	徵林正	羽南正	和應正
大呂調	宮大正	商夾正	角仲正	中林正	徵夷正	羽無正	和黃正
太蔟調	宮太正	商姑正	角蕤正	中夷正	徵南正	羽應正	和大正
夾鍾調	宮夾正	商仲正	角林正	中南正	徵無正	羽黃正	和太正
姑洗調	宮姑正	商蕤正	角夷正	中無正	徵應正	羽大正	和夾正
仲呂調	宮仲正	商林正	角南正	中應正	徵黃正	羽太正	和姑正
蕤賓調	宮蕤正	商夷正	角無正	中黃正	徵大正	羽夾正	和仲正
林鍾調	宮林正	商南正	角應正	中大正	徵太正	羽姑正	和蕤正
夷則調	宮夷正	商無正	角黃正	中太正	徵夾正	羽仲正	和林正
南呂調	宮南正	商應正	角大正	中夾正	徵姑正	羽蕤正	和夷正
無射調	宮無正	商黃正	角太正	中姑正	徵仲正	羽林正	和南正
應鍾調	宮應正	商大正	角夾正	中仲正	徵蕤正	羽夷正	和無正

右按：律吕旋相爲宫，循環無端。黄鍾正律流行諸均，本無間斷。聆音察理，并無變律，蓋由三分損益算術不精，故有變律之説。後世明理知音之士，若欲中興樂律之學，當造均準，依譜調聲，自有證驗，非可以口舌空言争之也。

夫十二律各自爲均，一均之中有七音焉，所謂宫、商、角、徵、羽，及中、和二音也。徵變而爲中，宫變而爲和，有此中、和二音，七律備而成樂，是乃樂學千古不刊之正法也。何妥、陳暘未曉此理，專用五聲而黜二變，旋宫既廢，黄鍾孤立；冬夏聲亡，四時失序，無以贊化機而育萬物，禮壞樂崩，莫斯爲甚。遂使廟堂之上不復得聞治世之音，此則何妥、陳暘之大罪也。舉世惑之，至今未悟。嗚呼！安得朱熹、蔡元定輩大儒復生，而與之論古樂有七音之妙哉！故曰：變黄鍾等六律可廢，而變宫、變徵二音不可廢。

又　朱載堉《樂學新説·典同》　典猶掌也，同即同律度量衡之同也。專掌此事，是故職名典同。舊説同乃六律六同之同，非是。

「掌六律六同之和。」解見《大師》條下。

「以辨天地、四方、陰陽之聲。」

《易》曰：「天一，地二，天三，地四，天五，地六，天七，地八，天九，地十。天數五，地數五，五位相得而各有合。天數二十有五，地數三十，凡天地之數五十有五，此所以成變化而行鬼神也。」横黍尺，黄鍾長十寸，其法本此。

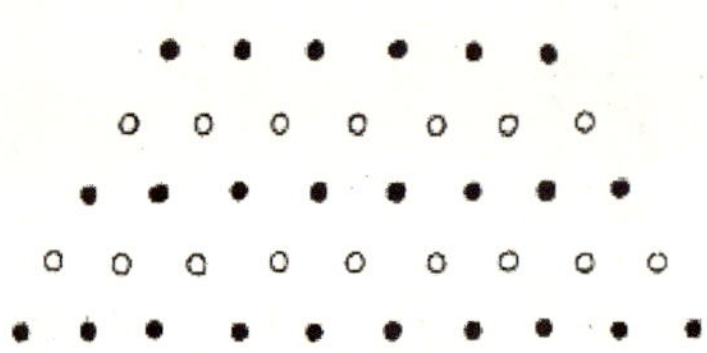

天地生成自然之數

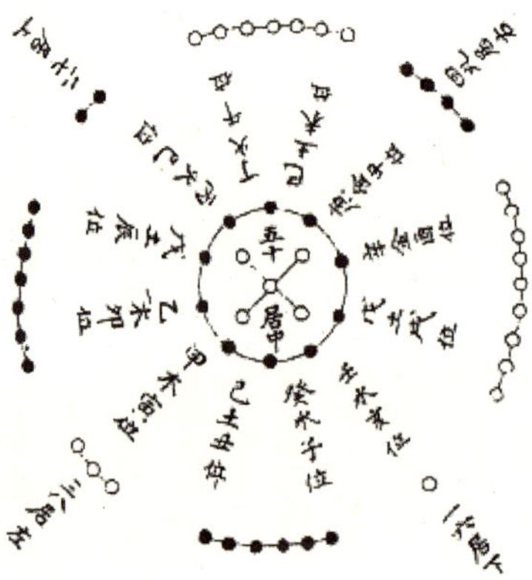

陰陽配合自然之數

《傳》曰，古之所謂道術者無乎不在，其數則一二三四是也。又曰，一與一爲二，二與一爲三，自此以往，巧歷不能得，而况其凡乎。羽數一，其管長六寸。徵數二，其管長七寸。角數三，其管長八寸。商數四，其管長九寸。宫數五，其管長十寸。除十寸外，餘舉成數。

白點二十五，黑點三十。白黑共五十五點，一者數之始，十者數之終。自一至十，陰陽未分，象太極也。白點一三五七九，此五位陽數也。陽數自一至九，而無十，見其始而不見其終，故曰精氣爲物。黑點二四六八十，此五位陰數也。陰數自二至十，而無一，見其終而不見其始，故曰遊魂爲變，成變化行鬼神，此之謂也。《洪範》五行，其序則先水而後土。《樂記》五聲，其序則先宫而後羽。數之少者，於聲爲清；數之多者，於聲爲濁。先後雖異，其序同也。一二三四五爲生數，六七八九十爲成數。少者爲生，多者爲成，此自然之理也。生數之一，成數之六，合而爲水，其位在北方，屬羽，故黄鍾之羽，其律長六寸。生數之二，成數之七，合而爲火，其位在南方，屬徵，故黄鍾變徵，其律長七寸。生數之三，成數之八，合而爲木，其位在東方，屬角，故黄鍾之角，其律長八寸。生數之四，成數之九，合而爲金，其位在西方，屬商，故黄鍾之商，其律長九寸。生數之五，成數之十，合而爲土，其位在中央，屬宫，故黄鍾之宫，其律長十寸。五位相得而各有合，此之謂也。數之九與十，天地之極致也。黍之縱與横，陰陽之至理也。故黄鍾之長，以縱黍較之，則爲八十一分，九九相乘之數也；以横黍較之，則爲百

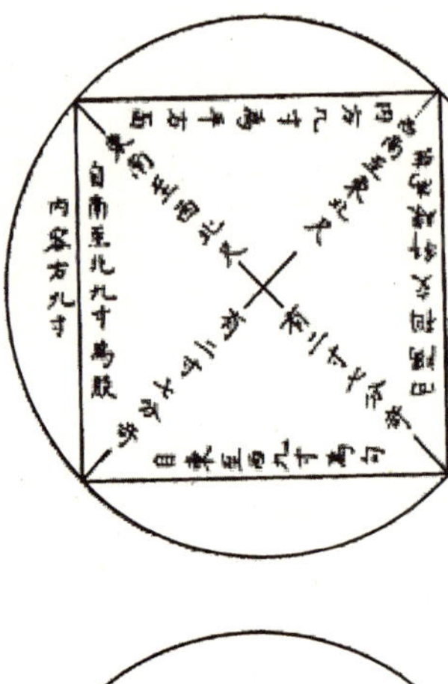

方九測圓自然真數

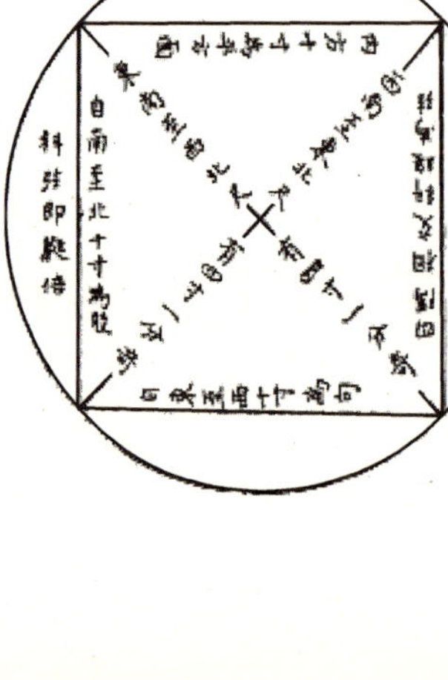

方十測圓自然真數

分，十十相乘之數也。先儒未達，乃謂黃鍾長九十分。縱黍累尺則管太長，橫黍累尺則管太短，豈能容黍千二百哉！歷代造律不成，蓋由此也。是乃律家開卷第一義，不可不辨也。《淮南子》曰：「規始於一，一而不生，故分而爲陰陽，陰陽合和而萬物生。故曰一生二，二生三，三生萬物。以三參物，三三如九，故黃鍾之律九寸而宮音調。因而九之，九九八十一，故黃鍾之數立焉。黃鍾爲宮，宮者音之君也，故黃鍾位子，其數八十一。」縱黍尺，黃鍾長九寸，其法本此。

《隋書・律志》載祖沖之所撰約率，圓徑七，圓周二十二。又撰密率，圓徑一百一十三，圓周三百五十五。今按：二皆約率，非密率也。沖之密率，周徑相乘，四歸，得積一萬而有餘零，則知非真數也。今據《周髀》圓出於方，方出於九九八十一，求得真數，故著論焉。

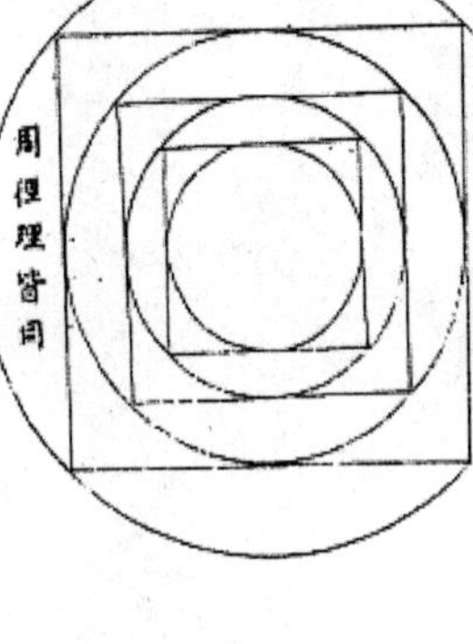

天圓地方自然真數

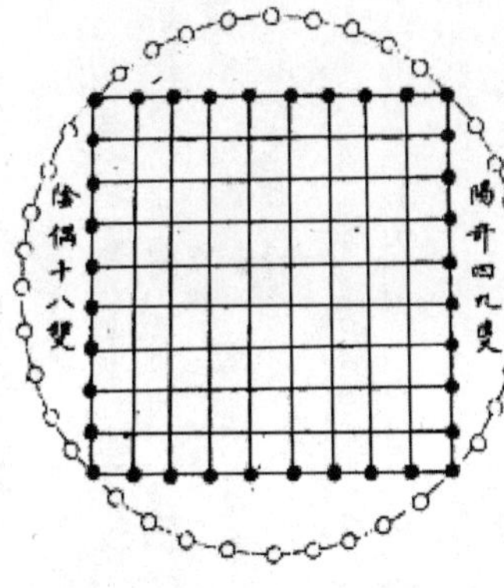

天九地十自然真數

九者形圓，圓者象天。圓爲周也，方爲徑焉。十者形方，方者象地，圓方求之，周徑得矣。

外圓象天，內方象地。方圓四九，三十六位，圓周四尺，容方九寸，弦股相求，是爲定論。

論曰：嘗觀諸家算術最疎謬者莫如圓田之屬，蓋彼尊信圍三徑一之説而執守之，不肯運一規於壁間，以尺量之，較其是否。儒者之學，以格物窮理爲先務。數居六藝之一。規矩，方圓之至，此最易察者而尚莫能辨，何況理之玄奥者乎？無待運規，不拘何等圓器，但周徑分明者皆可較耳。用紙一條，圍器一周，均作三折，以較其徑，顯然不相合矣。是知圍三徑一之説，姑舉大槩而言，非密率也。古有《周髀算經》，首載周公與商高相問答，此理甚明。後人續以圍三徑一之術，蓋傳訛也。商高所謂圓出於方，方出於矩，矩出於九九八十一。又曰環矩以爲圓，合矩以爲方，方屬地，圓屬天，天圓地方，方數爲典，以方出圓。今詳其意，謂畫方形若棋盤紋，每行九寸，九行共有八十一寸；却於四隅之外運規爲圓，與四隅適相投，較量四面方外餘圓，各長一尺，則其一周共有四尺，是謂出於矩耳。矩即今之曲尺是也，規即今之科杖是也。孟子曰：「不以規矩不能成方圓」，此之謂也。昔有劉歆、張衡、王蕃、劉徽、祖沖之輩，皆覺圍三徑一之非，亦嘗更定新率，竟不能得其真。惟元儒李冶善算，乃得其秘傳而歎服之，著於《測圓海鏡・序》中。千載已來，得此理者蓋亦鮮矣。嗚呼！今之學者，小九九尚不熟，何足以語其圓率之疎密也哉！即有通算術者，亦以爲丈量田地，不過得其大略，總差一二步何妨也。殊不知聖人設此術，豈專爲圓田耶？大而旋璣玉衡，小而黃鍾玉琯，凡爲圓器，必求周徑，豈容一秒一忽而有錯誤。寧於求圓之謬，而竟不之察乎。孟子曰：「規矩，方圓之至也。」又曰：「不以規矩不能成方圓。」今編此書，雖採古人成説，而獨詳於求圓一事，蓋欲微顯闡幽，補其闕略而已。詳見《律吕精義》内篇。

解曰：按商高古法，謂圓出於方，方出於矩者，何也？蓋圓周之内必有容方之理，其方之形雖不可見，而其數却易推。惟圓周雖可見，而其數却難測，是故測圓之術，先求方之斜弦，即知圓之周徑，當用弦求句股之法。圓田徑一百步，其内所容方之斜弦亦與圓之徑同，皆一百步自乘，得一萬步，名爲弦冪。冪即四方手巾可以覆罇，所謂舉冪酌酒是也。算家有相乘，有自乘，二種頗不同。蓋自乘之數，其形必方，故取名謂之冪以別之耳，非真用手巾也。凡弦冪中兼有句股二冪之數，減去句冪，餘爲股冪。今弦冪一萬步，蓋有句冪五千步、股冪五千步在其中矣。然正方者，句股相同，故云折半。止存一冪，作句作股皆可。今開方所得七十餘步，乃圓中所容方面，故不謂之句股，但謂之方面也。假令東邊一面之方是九，則其東邊一段之圓是十，若方周三十六，則圓必是四十，故用此爲求圓之率，四因即圓周也。今圓徑一百步，不知其周，但推得其内所容之方面七十步，空七一，空六七八，以九爲法歸之，得其東面一段之圓七十八步五六七四二一。欲知南西北三段，則用四因，而一全周之數得矣。是故四十分之九者，天地自然之數，圓方相求之率也。若周求徑者，亦同此率，但應乘者除之，應除者乘之耳。句股弦三者亦須反求之。徑求周者，先自乘折半，開方所得，而後用求圓之率，乃弦求句也。周求徑者，先用求圓之率所得而後自乘，倍之，開方，乃句求弦也。既求得周徑矣，却用半周半徑相乘，是其面冪，此則不難知也。舊法求圓積者，蓋有四術：半周半徑相乘者，簡而最善；次則周徑相乘四而一者，雖煩亦善；惟所謂徑自乘三之四而一及周自乘十二而一者，最爲疎謬，切不可信用焉。

訣曰：圓周四十容方九，勾股求弦數可知。遂以此爲求徑率，求周、求積亦如之。

解曰：凡圓周内求容方者，其方居圓十分之九。假令圓周四十尺，容方則三十六尺；圓周三十尺，容方則二十七尺。假如圓周三百步，其容方該二百七十步，四歸則得一面之勾及一面之股，各六十七步半，遂各自乘，併之爲實，開方除之，此乃勾股求弦之法。弦即圓之徑也，句股即所容方面也。蓋分圓爲四段，每段其形如弧之背；分方爲四段，每段其形如弧之弦。背若十尺者，弦必九尺矣。十爲河圖之數，所謂天苞也。九爲雒書之數，所謂地符也。天圓地方，陰陽之理出乎自然，非牽合也。圓内之方，九四之則三十六。方外之圓，十四之則四十。故以四十分之九爲圓方相求之率，求周、求徑、求積皆用此爲率也，是名求圓真率。後凡言圓率者，放此。

又　朱載堉《律曆融通》附録《音義》　十乃全數，居中央而爲宫。

以横黍度尺而言，則黄鍾長十寸，居河圖之中央。

九次之，居西方而爲商。

太蔟長八寸九分八毫有奇，舉成數而言則九寸。

八次之，居東方而爲角。

姑洗長七寸九分三釐七毫有奇，舉成數而言則八寸。

七次之，居南方而爲徵。

林鍾長六寸六分七釐四毫有奇，舉成數而言則七寸。

六次之，居北方而爲羽。

南吕長五寸九分四釐六毫有奇，舉成數而言則六寸。

先置黄鍾長十寸在位，下生者五億乘之爲實，七億四千九百一十五萬三千五百三十八爲法除之，得林鍾。就置所得全數在位，上生者十億乘之爲實，仍以前法除之，得太蔟。餘律放此。乘除十二遍，則返本還元。此係新法，與古不同。

自子而亥，故黄鍾生仲吕；自亥而戌，故仲吕生無射；自戌而酉，故無射生夾鍾；自酉而申，故夾鍾生夷則。

自子而亥，女虚危室壁也。自亥而戌，室壁奎婁也。自戌而酉，奎婁胃昴畢也。自酉而申，胃昴畢觜參也。在十二支雖則逆行，在二十八宿卻是順行，故算術則之。黄鍾長十寸，在位下生者五億乘之爲實，六億六千七百四十一萬九千九百二十七爲法除之，得仲吕。就置所得全數在位下生者五億乘之爲實，仍以前法除之，得無射。餘律放此。乘除十二遍，亦返本還元。已上一節與前賢之説雖異，而得律吕精微之理大抵不用三分損(一)[益]，而用勾股之術及開立方之法求之所得也。是以隔八隔六循環無端，上下相生首尾一貫，以證往而不返之説爲非是。蓋二千餘年所未有，實自我朝始耳。恐後世儒者疑，故略釋之，其詳則見諸《律吕精義》云。

又　朱載堉《律吕質疑辨惑・序》　自宋已來，談律學者大率宗蔡元定。吾友伯勤甫著《律吕正論》，不獨明斥蔡氏之謬，抑亦深譏管仲已來，凡言三分損益，隔八相生者皆非是。余初未敢信以爲然，何也？管子、吕不韋，先秦人物也，談律吕度數者未有先此者也，何可一槩皆不取乎？伯勤甫曰：「否也。管仲、吕不韋，春秋戰國時其書方出，非古書也。推而上之，則有《考工記》焉。夫周公，聖人也。聖人之言爲經，賢人之言爲傳。管子等書，不過傳耳。經有明文，而儒者失其傳，乃於子史拾緒餘而述之，譬舍江海而取陂澤，喜而誇曰：此古時水。豈不可笑。蔡元定所著書，不宗先秦，惟取前漢，吾是以譏之耳。」余聞伯勤甫言，遂有所悟。蓋自黄帝造律，虞舜同律，律學其來尚矣，然不言其度數。言度數者，周之《嘉量》始歟。《嘉量》經文，度數詳明，謂之古今律祖，可也。先儒未達，而乃師法王莽、劉歆，豈不謬哉！近代學者悉宗蔡元定，無敢議其失，《正論》主意譏元定之失耳。予初讀而疑之，疑之久，三復乃悟焉。前賢得之者淺，此書得之者深。淺深不相爲謀，是不足怪也。然須具眼之人，圓機之士，可與共談耳。古人有云：「不見異人，當讀異書。」此書殆異書也，異乎天下律吕之書者也。予幸得見異書，得聞異義，一時得二異。然則異人，非予輩而誰歟！質諸伯勤甫，笑曰：所謂堯舜與人同者，勿求同俗，而求同理可也，何異之有乎？

又　辨黄鍾非九寸亦非三分損益

《周禮》經文：見《冬官・考工記》。「㮚氏爲量。改煎金錫則不耗，不耗然後權之，權之然後準之，準之然後量之。量之以爲鬴，深尺，内方尺而圜其外，其實一鬴。其臀一寸，其實一豆。其耳三寸，其實一升。重一均。其聲中黄鍾之宫。槩而不税。其銘曰：「時文思索，允臻其極。嘉量既成，以觀四國。永啓厥後，兹器維則。」凡鑄金之狀，金與錫黑濁之氣竭，黄白次之；黄白之氣竭，青白次之；青白之氣竭，青氣次之，然後可鑄也。」凡一百四十四字。

今按：《易》曰：「形而上者謂之道，形而下者謂之器。」舉而措之天下之民，謂之事業。聖人法象制器以爲天下利，而道未嘗不寓焉。觀其嘉量一器，用意之不苟，可見矣。是故首言改煎金錫，謂再三重鍊之。夫金錫之爲物，必鍊之使精，不復減耗，然後能中式。故始而權之，以眡其輕重之齊；次而準之，以眡其高下之平；終而量之，以眡其多寡之均，然後以之爲鬴也。鬴之爲器，腹深一尺，内方一尺，而圜其外。臀深一寸，而徑一尺。耳深四寸，而徑四分尺之一。所以示度也。腹實八斗，臀實四升，耳實一升，所以示量也。其重三十斤，四之則爲一石。而黍、累、銖、兩，包括無遺。所以示權衡之法也。其聲中黄鍾之宫。夫黄鍾爲六律之首，宫爲五聲之元。黄鍾之宫一定，而十二均、八十四聲無不正矣。又所以示律吕之法也。夫兹一器，而禮樂典制備焉，律度量衡具焉，規矩準繩皆在其中矣，槩猶平也。㮚氏鑄此，以爲天下法，使天下爲鬴者，皆於此取平，而不用此以收税。若今有司鐵斛，蓋古嘉量遺意也歟！古有銘於其上，若曰是乃文德之聖人，思可爲民立法者而作此鬴，信造其法度之極矣。既成此鬴，以觀示四方，使放象之。又開道後王，使長法之。《書》曰：「有典有則，貽厥子孫。關石和均，王府則有。」其是之謂乎？宋王伯厚稱歎此銘，以爲極古。今文章之妙，蓋精於道者兼物物，而後能制器。非周公之聖，孰能與於此。至於火候氣色，乃鑄工之細務，亦必詳言之，曰：凡用金爲器，必和之以錫。初鍊之時，火色黑濁者，穢雜尚多也。鍊去穢雜，火色變而黄白，亦未浄潔也。鎔鍊既久，變而青白，稍浄而未盡也。白色盡去，火色純青，則其鍊之至精，然後可用以鑄焉。噫！聖人垂法後世，叮嚀開示之意切矣！而乃湮没千載，無人知其理數之微，往往匹諸劉歆銅斛，而並言之，是又安足以語此哉！予嘗論之，大禹圖神姦之形，而鑄寶鼎以鎮九州。周公鍊金錫之精而爲嘉量，以觀四國。夫鼎者，君子所以致養也。量者，君子所以致節也。有養而無節，則養之法亂。有節而無養，則節之事虚。是知鼎量二器，其功均矣。故《周易》之觀象玩辭，言鼎而不言量。《周禮》之設官分職，言量而不言鼎。參伍錯綜，互明其義，非有所輕重也。又竊評之，鳧、㮚二氏，爲鍾、爲量，所有制度，經文甚詳。鼎則僅見於「六分其金，而錫居一」之一言，何其太略也。攻金之工六，不載鼎是誰所爲者，疑二氏兼之也。蓋鍾之爲物，欲其清濁協音，脩短應律，而錙銖不可苟。量之爲器，欲其深淺中度，輕重合權，而毫釐不可差。若鼎則方圓、大小由人製造，此其所以易爲，是故不專設官，但令二氏兼之可也。故《禮記》孔子曰：宫室得其度，量鼎得其象，味得其時，樂得其節，車得其式，鬼神得其饗，乃至凡衆之動得其宜；否則宫室失其度，量鼎失其象，味失其時，樂失其節，車失其式，鬼神失其饗，乃至凡衆之動失其宜。反復言之，皆先量而後鼎。聖人重量之意，亦可見矣。質疑曰：律度量衡皆自嘉量而生，既聞命矣，經文不言黄鍾九寸、三分損益，何也？答曰：律由聲製，非由度出。製律之初，未有度也。度尚未有，則何以知黄鍾乃九寸哉！《前漢志》曰「度本起於黄鍾之長」，黄鍾之長便是一尺。外加一寸然後成尺，則不可謂度本起於黄鍾之長。算家假如之法，權以九寸命爲黄鍾，其實黄鍾長一尺也。故經文云「深尺，内方尺」，此五字指黄鍾而言也。

李光地　梅瑴成　王蘭生等《律吕正義》上編《正律審音》卷一　黄鍾律分

嘗以今尺之八寸爲周尺，立法制爲黄鍾之龠，其容黍又少歉，更以今尺之八寸一分立法，乃恰合千二百黍之分。始知古聖人定黄鍾之律，蓋合九九天數之全以立法也。且驗之今尺，縱黍百粒得十寸之全，而横黍百粒適當八寸一分之限。明鄭世子載堉《律吕精義》審度篇亦載横黍百粒當縱黍八十一粒，又《前漢志》曰：「黄鍾之長，以子穀秬黍中者，一黍之廣，度之九十分黄鍾之長，一爲一分。」夫廣者，横之謂也。九十分爲黄鍾之長，則黄鍾爲九十横黍所累明矣。以横黍之度比縱黍之度，即古尺之比今尺。以古尺之十寸即横黍一百之度。爲一率，今尺之八寸一分即縱黍八十一之度。爲二率，黄鍾古尺九寸爲三率，推得四率七寸二分九釐，即黄鍾今尺之度也。夫考音而不審度，固無特契之理；審度而不驗黍，亦無恰符之妙。依今所定之尺，造爲黄鍾之律，考之于聲，既得其中。實之以黍，又適合千二百之數，然則八寸一分之尺，豈非古人造律之真度耶。

允禄　張照《律吕正義後編》卷一一八《樂問二·朱載堉新説》　問：「黄鍾長九寸，空圍九分，三分損益生十一律，既聞命矣。明鄭世子載堉《律吕精義》不宗黄鍾九寸，不用三分損益，不拘隔八相生，不取圍徑皆同，何也？」曰：「此載堉之臆説也。」曰：「載堉固自謂鑿鑿有據矣，今以爲臆説，可得而詳辨之乎？」曰：「黄鍾之爲九寸也，見《淮南子·天文訓》、司馬遷《律書》、班固《律曆志》，其後之祖述者不待言矣。《淮南子》曰：「黄鍾之律九寸而宫音調，因而九之，九九八十一，故黄鍾之數立焉。」是宫數之八十一固由律之九寸而出也。所以必九其九者，以宫數爲八十一，而後商、角、徵、羽各得整分，無奇零也。載堉舍其九寸之説，而執宫數之八十一以爲縱黍之長，此其爲臆説者一也。《律書·生鍾分》

曰：「子一分，丑三分二。」十二律子母之分甚明，載堉强以子一分爲一尺，又引《漢志》算法，用竹徑一分象黄鍾之一，爲一尺之明證。夫《漢志》所云算法用竹者，即後世之算籌也，徑一分，長六寸，其數也。徑象黄鍾之一，而長象林鍾之長，乃因數而衍其義也。象黄鍾之一者，即黄鍾之一分。象林鍾之長者，即林鍾之長數也。如以黄鍾子一分爲一尺，則林鍾丑三分二已非六寸。顧以徑一分象黄鍾之一者爲一尺，則長六寸象林鍾之長者又何説耶？此其爲臆説者二也。《律書》又曰：「寅一而九，三之以爲法，實如法，得長一寸，凡得九寸命曰黄鍾之宫。」《漢志》曰：「以成之數忖該之，積如法爲一寸，則黄鍾之長。」夫所謂成者，酉也，即寅一而九三之之數也。所謂該者，亥也，即寅一而十一三之之數也。其理其法信而有徵，載堉乃概以劉歆、班固爲僞辭，而謬指史遷之一分爲横黍一尺之柄據，此其爲臆説者三也。《吕氏春秋》以三寸九分爲含少，乃黄鍾之少宫，載堉執黄鍾爲八寸一分，遂以一百二十爲律吕之全數，謂於一百二十之中減三十九，得八十一。夫一百二十，數既不合於圖、書，而説又不見於經、傳，是何從而出者耶？此其爲臆説者四也。《管子》曰：「凡將起五音，凡首，先主一而三之，四開以合九九，以是生黄鍾小素之首。」三之而四開云者，乃三倍全分之數，四分之而取其一之謂，是指絃音宫分爲下徵四分之三而言。詳見上编。載堉乃以三之爲三寸，又四之爲十二寸，開以合九九，爲黄鍾之長八十一。夫四與開既不得拆爲二義，十二寸又不得指爲一百二十，是强爲之解，而其義益不可通也。此其爲臆説者五也。秦火以前，古制雖不可考，然易數在所未焚，而漢儒言律實倚易數而起，稽古者斷自漢儒始矣。載堉概舍先儒而不之信任，其私智創爲新法，乃曰蓋黄帝云然，此其爲臆説者六也。律吕之用三分損益也，取諸聲而後驗諸數，《漢志》所爲制十二管，以聽鳳凰之鳴，雄鳴爲六，雌鳴亦六，比黄鍾之宫而皆可以生之。蔡邕所謂古人制律以耳齊其聲，後人不能，則假數以正其度，是也。載堉亦謂律由聲制，非由度出，而乃自立差分之法。使第十三率爲第一率之一半，則是律由度出而非由聲制矣。此其爲臆説者七也。律吕之隔八相生也，亦由十二律之既定，而推其損益之序，適符乎位次之自然，非人之所能爲也。載堉既以己意立爲差分之法，則連類而生也，可隔一，亦可隔二，亦可以至隔三、隔四、隔五、隔六、隔七，順生逆生亦無不可，是則人之所爲矣。乃以此爲循環無端之妙用，其何堪識者之一噱耶？此其爲臆説者八也。律吕之圍徑皆同也。圍徑同而長短異，故聲之清濁高下於是乎生。《漢志》所謂厚𥈭均者是也。如以意爲遞減，則正律之於倍律，半律之於正律，或命爲斜之方，或命爲周之徑，或命爲三角之中垂，自二之一以至百之一，極形變態，無所不可，而究於律吕之清濁、高下無當也。此其爲臆説者九也。且律之爲數，長九寸，空圍九分，積八百一十分，合縱長、面冪、積實計之，無往非九而聲適中。黄鍾之宫，三分損益，終於十二，此聲音理數之所以妙合也。載堉以黄鍾爲一尺，外徑五分，而面冪、積實無一合者，徒執差分周而復始之法，以自鳴其算術之精。此術士之曲藝，而於聲音理數毫無所取也。此其爲臆説者十也。」曰：「然則載堉之言律，誠臆説矣。顧其所定十二律之率，皆以倍應鍾之率累除而得之，正律恰爲倍律之半，終而復始，可不謂精於算乎？」曰：「所貴乎算術者，皆出於數理之自然，故黄鍾爲律本而十一律皆由之而生，至順也。如以倍應鍾之率累除而得之，不已逆乎？」曰：「載堉之密率出於㮚氏爲量，内方尺而圓其外，句股求弦豈絶無義理歟？」曰：「非有義理也，特假借句股之名以欺人耳。夫以黄鍾爲度法，東西爲勾，南北爲股，倍蕤賓爲弦，其名已無當矣。至以句乘蕤賓，開平方而得南吕；以句股乘南吕，開立方而得應鍾，又將何以名之乎？且其自爲之説曰：造率始於黄鍾，必先求蕤賓者，猶冬夏二至；次求夾鍾南吕，猶春秋二分。然其率並無次求夾鍾之法，則是惟務文飾其詞，而並不顧其顯繆也。又寧可以義理求耶？」曰：「然則其率果何法乎？」曰：「差分法也，亦開諸乘方法也。其術先定黄鍾正律爲一尺，倍黄鍾爲二尺，其間十一律皆欲作爲連比例率，使累次乘除而得之，故以倍應鍾之率除倍應鍾，得黄鍾之一尺；即以倍應鍾之率除倍無射，得倍應鍾，是則倍應鍾之率爲方根，而倍無射之率即方根自乘之數也，倍南吕之率即方根再乘之數也。由是遞推，至於倍黄鍾之率，即方根十一乘之數也。夫十一乘方之積，其爲自乘者二，再乘者一，故以倍黄鍾之率爲實開平方，得數又開平方，得數又開立方，即得倍應鍾之率也。其所以一開平方而得倍蕤賓，再開平方而得倍南吕者，凡數，以某數乘幾次之數相乘，即與以某數乘幾次等。試以黄鍾爲一分，逆歷亥、戌、酉、申、未、午，得倍蕤賓爲第六乘。若以倍蕤賓爲一分，逆歷巳、辰、卯、寅、丑、子，得倍黄鍾亦爲第六乘。故倍黄鍾爲倍蕤賓之自乘，開平方即得倍蕤賓也。又以黄鍾爲一分，逆歷亥、戌、酉，得倍南吕爲第三乘。若以倍南吕爲一分，逆歷申、未、午，得倍蕤賓亦爲第三乘。故倍蕤賓爲倍南吕之自乘，開平方即得倍南吕也。如以倍黄鍾之率爲實，先開立方則得倍夷則之率，次開平方則得倍無射之率，再開平方亦得倍應鍾之率。或以倍黄鍾之率爲實，先開平方得倍蕤賓之率，次開立方亦得倍無射之率。是則開諸乘方之法，固然法見《數理精蘊》。與句股弦、冬夏至、春秋分諸名義了無干涉，而乃飾其詞以自文，假其名以欺世，不亦惑之甚耶！」曰：「差分開方之法，誠足以破愚而解惑矣。顧竊聞開方之説，方邊以十寸爲尺，平方以百寸爲尺，立方以千寸爲尺，故載堉以二百寸爲實，開平方得倍蕤賓；以十寸乘之，開平方得倍南吕；又以十寸再乘，開立方始得倍應鍾。今謂以倍黄鍾之率二尺爲實，或開平方，或開立方，則寸分以下位數之不齊，其將何以命之乎？」曰：「善哉問。凡命位以單位爲主。彼其黄鍾之率爲一尺，倍黄鍾之率爲二尺，其十一律之率皆在一尺、二尺之間，雖累次乘除，其位不改，故第以尺爲單位，而寸分以下之奇零皆由尺次第命之，自不虞其紊也。此命位之精義，固非載堉所及知也。」曰：「三分損益止於一法，載堉不拘隔八，則相生乃有四法，可不謂善變者乎？」曰：「非善變也，止一比例術耳。且使十二律果可以比例相求，則又變之不勝變，豈止四法已哉。如載堉第一法，黄鍾生林鍾，林鍾生太簇，下生五億乘上生十億，乘皆以七億四千九百一十五萬有奇除之，是固近似乎三分損益者矣。而其實有不然者，彼以黄鍾生林鍾，林鍾生太簇，猶仲吕之再生黄鍾，故其所爲七億四千九百一十五萬有奇者，即其仲吕之率也。下生猶正生半，故以五億乘上生，猶半生正。故以十億乘，則猶是比例術也。第二法，黄鍾逆生仲吕，仲吕逆生無射，下生五億乘上生十億，乘皆以六億六千七百四十一萬有奇除之，又是大異乎三分損益者矣。而亦有不然者，彼以黄鍾逆生仲吕，仲吕逆生無射，猶林鍾之逆生黄鍾，故其所爲六億六千七百四十一萬有奇者，即其林鍾之率也。上生下生同第一法，則亦猶是比例術也。第三法，黄鍾生大吕，大吕生太簇，均以五億乘，以五億二千九百七十三萬有奇除之，則是以應鍾生半黄鍾爲比例也。第四法，半黄鍾生應鍾，應鍾生無射，均以十億乘，以九億四千三百八十七萬有奇除之，則是以大吕生黄鍾爲比例也。夫十二律既皆爲連比例率，則順逆錯綜，無所不可，與其以仲吕再生黄鍾爲比例，何如以黄鍾下生林鍾爲比例；與其以林鍾逆生黄鍾爲比例，何如以黄鍾轉生倍仲吕爲比例；與其以應鍾順生半黄鍾、大吕逆生黄鍾爲比例，何如以黄鍾順生大吕、逆生倍應鍾爲比例。變除用乘，法良簡易。載堉何未之知耶？」曰：「然則載堉之不用三分損益，不拘隔八相生，固皆出於私意，而不足道矣。顧其所定圍徑之數，十二律雖不同，然半黄鍾適爲倍黄鍾之一半，亦以定率累除而得之，是又用何術歟？」曰：「二十三乘連比例率也，彼求十二律之長，以正黄鍾爲倍黄鍾之半，中間十一律故爲十一乘連比例率。其求圍徑則以半黄鍾爲倍黄鍾之一半，中間二十三律故爲二十三乘連比例率。夫二十三乘方之積，其爲自乘者二，再乘者一，較之十一乘方之積，又多一自乘。而倍半之比例等，故即以倍應鍾之率爲實，開平方即得求圍徑之比例率也。」曰：「然則求其圍徑之率，固亦比例法矣。但其黄鍾之外徑適爲内徑方之斜，又與倍黄鍾之内徑等，此亦豈私意之所得爲歟！」曰：「此其比例之巧合者也。蓋以半黄鍾之率爲一分，則黄鍾之率爲第十二乘。若以黄鍾爲一分，則倍黄鍾之率亦爲第十二乘。故倍黄鍾之率與黄鍾自乘之數等，以倍黄鍾之率二尺爲實，開平方得一四一四二一三五爲黄鍾之率，而兩率相爲比，即同於斜與方之比，其數恰合，非有出於比例之外也。」曰：「圍徑之數固出於巧合矣，但巧合於此者，必不能合於彼。載堉以比例率求圍徑，又以比例率求面冪積實，何以皆盡合乎？」曰：「此同一比例也。凡物以類相比，邊以線，面以自乘，體以再乘。線、面、體雖不同，而比例則一。載堉求面冪之率，即求長之率也，亦即徑率自乘之數也。求積實之率，即長率再乘冪率之數也。夫以其徑率自乘，而求面冪又以其長率再乘，而求積實初無彼此之别，又安得不盡合耶？」曰：「載堉所定縱長、面、冪、積實之率，固同一比例而不足道矣。若其求周徑面冪之法，不視古爲密歟？」曰：「古術求圓，大抵以周三徑一爲率。祖沖之始立密術，徑七周二十二，方積十四，圓積十一。載堉又自立密率，容方九周四十，方積自乘一百六十二，圓積自乘一百，雖比祖沖之約率稍密，而小數亦有微差。且沖之之術簡易，載堉之術繁難，工拙不敵，故亦不足取耳。」曰：「載堉引《淮南子》及晉宋書所載十二律吕之數，謂亦不用三分損益，與其新法頗同，其説然歟！」曰：「不然，是載堉之臆斷也。按《淮南子》《晉書》蕤賓之數五十七，《宋書》作五十六；夷則之數五十一，《宋書》作五十，當以《淮南》《晉書》爲是，而《宋書》爲非。應鍾之數四十二，《宋書》作四十三；夾鍾之數六十八，《宋書》作六十七，當以《淮南》《晉書》爲非，而《宋書》爲是。蓋即三分損益之數，過半分者進一數，不足則棄之，猶算家之所謂强弱也。載堉自執己見，以夾鍾之數爲六十八，則與其所謂上生一千乘，下生五百乘，總以七百四十九除者相合，遂以《淮南》《晉書》爲斷，夫所謂七百四十九者，即其仲吕之率而去其奇零耳，不可以爲據也。故曰此載堉之臆斷也。」曰：「七百四十九固載堉之臆斷矣。敢問其所謂别法用一千乘、五百乘，而用七五除者，又何説耶？」曰：「即三分損益之法也。以七百五十爲三分，則二百五十爲一分，故一千爲四分，即三分益一也；五百爲二分，即三分損一也。載堉以三分損益爲舊法，而又必以一千乘、五百乘、七百五十除者爲別法，則其好爲新奇可知矣。

江永《律呂闡微》卷一《律尺》

造律以定尺爲先

前漢《律曆志》：「度本起黃鍾之長。以子穀秬黍中者，一黍之廣，度之九十分黃鍾之長。一爲一分，十分爲寸，十寸爲尺。是謂黃鍾之長九寸，外加一寸爲尺。」明何瑭辨之曰：「度量權衡所以取法於黃鍾者，貴其與天地之氣相應也。若加一寸以爲尺，則又何取於黃鍾？殊不知黃鍾之長，固非人所能爲。至於九其寸而爲律，十其寸而爲尺，則人之所爲也。《漢志》不知出此，乃欲加黃鍾一寸爲尺，謬矣。」見何瑭《律呂管見》。何瑭者，朱載堉之祖舅也。

按：此說發前人所未發，使當時橫累百黍爲百分，以爲黃鍾之長。十分之爲尺，九分之爲律，則黃鍾中度矣。乃以橫黍九十爲黃鍾九寸，則短於黃鍾者十分之一。律短則樂聲高，不但誤當時，且誤後世。此劉歆之妄作也。

明鄭世子朱載堉著《律呂精義》曰：「臣嘗聞朱子曰：『律呂，《漢書》所載甚詳，然不得其要；《史記》所載甚畧，却是要緊處。如說律數蓋自然之理，與先天圖一般，更無安排。』初聞此語，不曉其義。及聞何瑭之說如此，方悟《漢志》度本起於黃鍾之長，則黃鍾之長即是一尺。古云長九寸、長八寸十分一之類，尺異而律同也。朱子所謂與先天圖一般者，夫先天圖出於河圖、洛書者也。洛書之數九，故黃鍾之律長九寸，因而九之，得八十一分，與縱黍之長相合；河圖之數十，故黃鍾之度長十寸，因而十之得百分，與橫黍之廣相合。蓋河圖之偶，洛書之奇，參伍錯綜，而律度二數方備，此乃天地自然之妙，非由人力安排者也。不幸爲劉歆、班固所亂，自漢至今千數百年，造律不成，蓋由律度二尺、縱橫二黍無分別耳。何氏此論發千載之秘，破萬古之惑，律學最要緊處，其在斯與。此前代諸儒之所未發者也。」

又曰：「律由聲制，非由度出。制律之初，未有度也。度尚未有，何以知黃鍾乃九寸哉？以黃鍾爲九寸，不過漢尺之九寸耳，周尺則不然也，商尺又不然也，虞夏之尺皆不然也，黃帝之尺又不然也。先儒謂夏禹十寸爲尺，成湯十二寸爲尺，武王八寸爲尺，三代之尺不同。尺雖不同，而黃鍾則無不同也。蓋黃帝之尺，以黃鍾之長爲八十一分者，法洛書陽數也。黃帝時洛出書，見沈約《符瑞志》。洛書數九，自乘得八十一，是爲陽數。虞夏之尺，皆以黃鍾之長爲十寸者，法河圖中數也。」《書》稱舜同律度量衡，堯舜禹相禪，未嘗改制。然則禹以十寸爲尺，即舜所同之度尺也。

又曰：「黃鍾之律長九寸，縱黍爲分之九寸也。寸皆九分，凡八十一分，洛書之奇自相乘之數也，是爲律本。黃鍾之度長十寸，橫黍爲分之十寸也。寸皆十分，凡百分，河圖之偶自相乘之數也，是爲度母。縱黍之律，橫黍之度，名數雖異，分劑實同。孰使之然哉？天地自然之理耳。」

按：律尺有二法，推本於河圖、洛書，此亦前代諸儒所未發者也。然而圖、書之妙，不止於此。一切聲、律、數、理、用律、法度及干支、納音，無一不出其中，後詳言之。

又按：律尺實有三法，黃鍾九寸，一寸分作十分，此法黃帝時已有之，載堉謂始於京房者，非也。辨見後。

又曰：「成湯以夏尺之十二寸有半寸爲尺，則黃鍾之長乃周尺之八寸；武王以夏尺之八寸爲尺，則黃鍾之長乃商尺之十二寸有半寸。黃鍾無所改，而尺有不同。彼執著九寸爲黃鍾之律，然則商之黃鍾太長，周之黃鍾太短，豈不謬哉。」

按：商周之尺既不同，則當時之命律也，弟以數言之。如《淮南子》云，黃鍾八十一，林鍾五十四，以至仲呂六十。不言古尺之寸分，亦不言當時之寸分矣。

又曰：「古人算律有四種法：其一，以黃鍾爲十寸，每寸十分，共計百分；其二，以黃鍾爲九寸，每寸十分，共計九十分；其三，以黃鍾爲八十一分，不作九寸；其四，以黃鍾爲九寸，每寸九分，共計八十一分。一切算術，皆取法於河圖、洛書。河圖十位，天地之體數也。洛書九位，天地之用數也。是故算律之術，或有約十而爲九者，著其用也；或有約九而爲十者，存其體也。《史記・律書・生鍾分章》用九爲十者也。先儒誤以九分解之，恐非古人立法之意。若以十分解之，尤簡易妙絶。子一分。分，去聲。子，即黃鍾也。一分者，總爲一段也，即是夏尺之一尺也。命黃鍾爲一尺，故曰一分。《前漢書・叙傳》曰：「元元本本，數始於一，産氣黃鍾，造計秒忽。」《律曆志》曰：「太極元氣，函三爲一。行於十二辰，始動於子。」又曰：「算法用竹徑一分，象黃鍾之一。」此皆古人命黃鍾爲一尺之明證也。

按：《淮南子・時則訓》季夏中央律中百鍾。百鍾之名甚新異，此即《月令》中央土律中黃鍾之宫者也。夫黃鍾之宫爲黃鍾半律，四寸五分。此云百鍾，蓋對黃鍾倍律言之。倍律二百分，本律一百分，猶之半律之理也。使百鍾之名義果如此，不但可證黃鍾爲十寸百分，併可證有倍律黃鍾。載堉之書以倍律二尺起積算，其法有所由來矣。

又曰：「累黍造尺不過三法，皆自古有之矣。曰橫黍者，一黍之廣爲一分也；曰縱黍者，一黍之長爲一分也；曰斜黍者，非縱非横而首尾相銜也。黃鍾之律，其長以横黍言之，則爲一百分，太史公所謂子一分去聲。是也；以縱黍言之，則爲八十一分，平聲。《淮南子》所謂其數八十一是也；以斜黍言之，則爲九十分，前後漢志所謂九寸是也。今人宗九寸，不宗餘法者，惑於《漢志》之偏見也。苟能變通而不惑於一偏，則縱、横、斜黍皆合黃鍾矣。」

又曰：「縱黍、横黍、二術雖異，其律則同。蓋縱黍之八十一分，適當横黍之一百分耳。本無九十分爲黃鍾者也。至於劉歆、班固乃以九十分爲黃鍾，推原其誤，蓋自京房始也。房時去古未遠，明知古法九分爲寸，以其布算頗煩，初學難曉，乃變九而爲十。恐人不曉其意，故云不盈寸者，十之所得爲分。此創始之辭也。至歆則又以九分乘九十分，得八百一十分，命爲黃鍾積實，欲牽合於黃鍾一龠之數。」

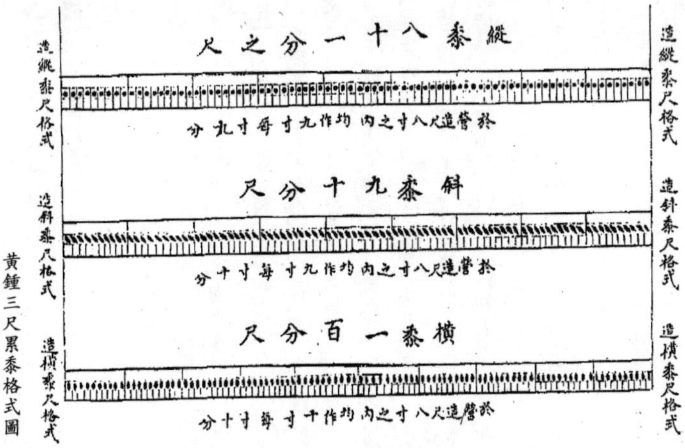

黃鍾三尺累黍格式圖

按：載堉此說恐不然。《呂氏春秋》黃帝令伶倫作爲律，伶倫取竹嶰谿之谷，斷兩節間，其長三寸九分，而吹之以爲黃鍾之宮。三寸九分者，四寸五分之譌文也。別有說，見稽古。夫黃鍾半律四寸五分，則全律九寸，寸下之分已有用十之法矣。倘謂三寸九分之文不誤，則當時以九分爲寸。既滿九分，即當收爲寸，亦不得言三寸九分也。蓋黃鍾九九八十一分，若全用九數，則半律不便命分，不可曰四十又半分也。故造律之始，既約十爲九寸，分皆用九，以法聲之陽。亦即有十分爲寸之法，以便他律之命分。蓋天地陰陽之數不可相無，是亦自然之理。然則以十十者法河圖，以九九者法洛書。以寸用九，分用十者，兼法圖、書。如三才之竝立，自昔然矣。豈待京房始變九爲十哉？

右三尺格式，從載堉書中摹出，即明之工部營造尺兩端各去一寸者也。營造尺即唐之大尺，亦即商湯古尺。當夏禹尺十二寸半，用其八寸，是爲真黃鍾。營造尺視今布帛尺稍短，詳見審度。

朱載堉曰：「有以黃鍾之長均作四段，加出一段而爲尺者，此商尺也，適當夏尺十二寸五分。《傳》曰『成湯十二寸爲尺』，蓋指此尺也。有以黃鍾之長均作五段，減去一段而爲尺者，此周尺也，適當夏尺八寸。《傳》曰『武王八寸爲尺』，蓋指此尺也。有以黃鍾之長均作九寸，外加一寸爲尺，此漢尺也。有以黃鍾之長均作八寸，外加二寸爲尺，此唐尺也。有以黃鍾之長均作八十一分，外加十九分爲尺，此宋尺也。唐尺即成湯尺，而唐人用之，故又名唐尺。宋尺即黃帝尺，而宋人用之，故又名宋尺。七代尺共五種，互相考證，皆有補於律也。」

又曰：「大明通行寶鈔格式，包括三代古尺：寶鈔黑邊外齊，中間均作十寸爲商尺，即今工部營造尺是也；商尺八寸外齊，中間均作十寸，即是夏尺；夏尺八寸外齊，中間均作十寸，即是周尺。十寸曰尺，八寸曰咫，殷以夏尺爲咫，因而益也。周以夏咫爲尺，因而損也。殷尺太過，周尺不及，惟夏尺得其中，是故律家宗之。」又曰：「《論語》言三代皆有所損益，蓋指度量衡諸物而言耳。律乃天地正氣，人之中聲，不可以損益也。律無損益，而尺有損益，是故黃鍾尺寸不同。」

合古錢與累黍造尺

朱載堉曰：「按：《前漢·食貨志》曰王莽居攝，變漢制。以周錢有子母相權，於是更造大錢，徑寸二分，文曰『大泉五十』。又造契刀、錯刀。契刀，其環如大錢，身形如刀，文曰『契刀五百』。錯刀，以黃金錯，其文曰『一刀直五千』。直字錢文作平。《周禮註》謂，大泉乃周景王所鑄。《漢志》亦云，以周錢有子母相權，則非始於王莽明矣。《淮南子》謂十二粟當一寸，蓋漢制也。志云大錢徑寸二分者，謂莽以漢尺之寸二分，故云變漢制，非變周錢也。然則大泉創自周，而王莽因之。其初行時，廣狹厚薄與契刀、錯刀同。厥後二刀不行，獨大泉行，於是盜鑄者衆，而漸轉薄，遂與二刀廣狹稍異。今取二刀爲證，必求廣狹同者乃真耳。其不同者，爲盜鑄無疑矣。」

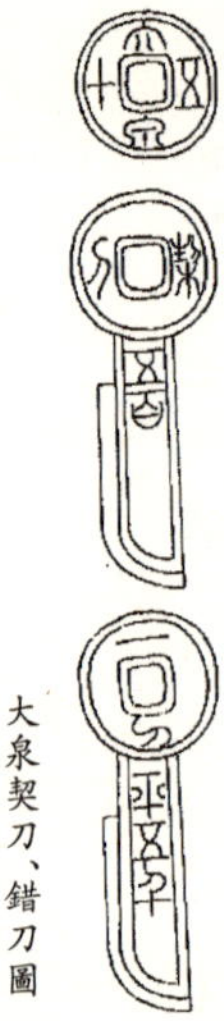

大泉契刀、錯刀圖

又曰：「《唐會要》云，高祖武德四年，行開元通寶錢。歐陽詢製詞及書，字含三體，錢徑八分。《唐六典》云，凡度，以秬黍中者，一黍之廣爲分，十分爲寸，十寸爲尺。一尺二寸爲大尺。唐代之尺蓋有二種，黍與大尺兼用焉。所謂錢徑八分者，指大尺言也。大尺去二寸，即黍尺一尺也。然則唐尺之八寸，爲夏家之一尺也。唐尺之十寸，爲商家之一尺明矣。」

又曰：「黄帝尺、宋尺皆以大泉之徑爲九分，漢尺以大泉之徑爲十分。夏尺，唐謂之黍尺，以開元錢之徑爲十分。商尺，唐謂之大尺，以開元錢之徑爲八分。周尺，以開元錢八枚爲十寸。凡錢初鑄與制度合，再入模即縮小，故大者爲真也。」

求得大泉開元錢以製黄鍾三種之尺，以十寸百分之尺又細分之，以量各律之長與徑。

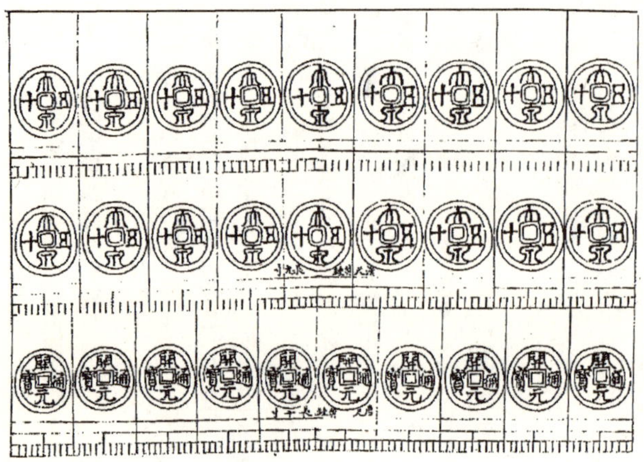

古錢合黄鍾三尺圖

朱載堉曰：「上黨秬黍佳者，縱累八十一枚，斜累九十枚，横累百枚，皆與大泉九枚相合。然此佳黍，亦自難得。求得此等佳黍，然後可用。若或不滿九枚錢之徑者，慎勿誤用。歷代造律而致樂聲焦急，其失坐在黍不佳也。」

載堉《中黍辨疑》曰：「古上黨郡，今山西潞安府是也，境内産五色黍，其黑色黍復有數種。軟黍堪釀酒者，名秬。硬黍堪炊飯者，名穄。一稃内二顆黍，名秠。律家所用惟秬而已，穄與秠弗堪用。或誤用之，非也。古云秬黍中者，蓋謂揀選中用之黍，非謂中號中等之黍。俗語選物曰某物中，某物不中，此中亦非指中等也。古之遺語，豈不然乎？或曰中讀去聲，謂中式也，其義亦通。《詩》曰：『誕降嘉種，維秬維秠。』又曰：『實堅實好，實穎實栗。』既用一嘉字，其義已括盡。堅好穎栗，不過形容其嘉而已，則知異常者方爲嘉種也。且秬之爲言巨細之巨也，聞其名，則其形可想見矣。蓋謂頭等大號者爲佳，非以次等中號者爲佳也。古人稼穡況又異常，今之稼穡未及古人。若選大黍，庶近乎中。若用中黍，則失之小。《隋志》宋儒論之當矣。不論古今，槩用中黍，非也。夫黄鍾之律生於尺，而尺乃生於黍者也。黍大則尺長，而由是黄鍾之聲遂濁；黍小則尺短，而由是黄鍾之聲遂清。夫黄鍾宫音也，最長最濁，是其本音，則黍之最大者是乃真秬黍耳。劉歆、荀勗、王朴之流皆不知此理，而泥於《漢志》中黍之文。遂致所累之尺短，所造之樂哀，非中和之聲矣。此不可不辨也。爲今之計，且從蔡氏之説，多截竹管，權擬黄鍾，復用人聲與管相較，聲是而黍非，則易以大黍。大之而益大，至於大不得，斯則黍理已盡。若管内猶不滿，乃管之非真，而當從黍也。若非證之以人聲，則黍未免失之小。若非忖之以黍數，則管未免過乎大。人聲管黍互相校正，於理極精。古之神瞽考中聲之遺法，大抵如此。程子所謂以上下聲考之，則中聲可定矣。總而言之，寧擇大黍遷就人聲，切忌人聲遷就中黍，不可復蹈劉、荀、王氏之故轍耳。」

又《累黍詳説》曰：「縱黍累者，名曰律尺，以九爲法。横黍累者，名曰度尺，以十爲法。二種之度，尺數雖異，二種之律，分劑則同。昔人誤謂九寸乃九十分，是以縱累則管太長，容黍却有餘；横累則管太短，容黍却不足，皆不能合千二百之説，蓋惑於《漢志》之説也。此説創於何瑭，而臣父深然之。古來無此議論，蓋自我朝爲始，而《律吕精義》之所由作也。或曰九分爲寸，原爲三分損益設也。今既不用三分損益，猶用九分爲寸，何也？答曰：黃鍾九寸，空圍九分，皆取法於縱黍陽數，古人造律之初意也。故三分損益之法可廢，而九分爲寸之說不可廢也。凡欲造律，先求古錢，次求真黍，後求美竹。古錢洛陽多有，不難得也。然須多得，擇取好者可也，一二枚錢不足憑據。惟真黍頗難得，中式者乃真耳。」

又曰：「律家揀黍一法，雖名爲密，若篩取中黍，其實爲最疏。苟無格式大小幾何，惟云中者，尤非定論。自漢以來至於今日，所謂中者，正乃小者也。惟極大者，庶幾中者耳。若欲揀擇中式之黍，須將格式預先議定。新法用銅葉或鐵葉，大小如錢，中鑿一孔，狀類黍形。先於多多黍内揀取一黍，長依縱黍尺之一分，廣依橫黍尺之一分，置於二種尺上，令黍與尺全合，將黍納於孔中，令孔與黍全合。然後將別黍一一納孔中，觀其鬆緊。緊者，合格式，可用也。鬆者，名爲小。不能容者，名爲大。如是選一般者千二百粒，實於管内。不足者名爲小，有餘者名爲大。不用大者、小者，惟用其中者耳。千二百黍，適重三錢。然或新陳曝潤，再稱未必相同，定須以重三錢爲準。上黨境内，地土肥處産黍尤佳，非羊頭山黍可及也。」

按：載堉言累黍、揀黍之法，至詳密矣。然量黍之法，究竟無定式。古人言千二百黍實其龠，舉成數約畧之辭耳，未必無數粒之贏朒也。其量也，將投黍聽其自滿乎？抑必須撼動乎？聽其自滿，中多罅隙，非法也。撼動，則書又未明言也。且量物之理，投之輕與投之重，則鬆緊有不同；撼動少與撼動多，則鬆緊又不同。總之，黍非密實之物，難以取準。如尺度已善矣，黍式已合矣，量之未必適符千二百之數。則又生其疑惑，是宜有別法變通之，詳見四卷量律新法。

古錢別議

載堉言造律先求古錢，次求真黍。漢之大泉與契刀、錯刀之圓環，累九枚爲九寸；唐之開元錢累十枚爲十寸，皆是黃鍾之尺度。大泉與二刀，今時已難得。開元錢固多，輪郭不無蝕毀，擇其大者用之可也。又有説焉，我朝鑄錢，型模制度當時亦必有所取法。嘗取順治通寶、康熙通寶、雍正通寶，與載堉書所圖大泉校之正相符；又取乾隆通寶，與載堉書所圖開元錢校之亦正相符。惟取京師所鑄，背面兩字皆清書，而輪郭完好者用之，則今錢亦即古錢矣，是亦可爲用錢定尺之一助。

律寸別議

載堉書考覈既精詳，刻印亦工緻。所載明初通行寶鈔格式，包括三代之尺。取其格式，黑邊外齊，制爲商尺。取商尺八寸制爲夏尺，即黃鍾律尺。所考校寸分，又有泉刀諸器，且明載晉以後誤用王莽之貨泉爲尺，致律短而樂聲高，則律之寸分不難定矣。茲更有一説焉，許氏《説文》言，周制寸、咫、尺、尋、常、仞，皆以人體爲法。《大戴禮》及《家語·制言篇》皆云，布指知寸，布手知尺，舒肘知尋，則人身固有自然之尺寸矣。史言禹以聲爲律，身爲度。不必聖人，即常人固亦有聲中律、身中度者也。《考工記》言，人長八尺，中人之長也。所謂布指知寸者，中指中節兩橫紋間爲一寸也。橫紋當中屈處有二：上一紋爲小屈處，其寸短，即周尺之一寸，醫家所謂同身寸，以此量人孔穴而施鍼灸者也；下一紋爲大屈處，其寸長，蓋與黃鍾九寸之寸相符。雖人手不皆同，用左手指節，取其不短不長，符乎古今錢文之徑者，定以爲寸，九倍爲尺，亦足以見人身有律度之自然。近取即得，是或一道也。或曰宋崇寧間，方士魏漢津嘗進聲律身度之説，請帝指定律，其説近於誕且誕。今復踵其説乎？曰：漢津之説，非此之謂也。彼謂左手中指三節爲君指，裁爲宫管；第四指三節爲臣指，裁爲商管；第五指三節爲物指，裁爲羽管。請帝三指合爲黃鍾九寸，其説謬妄無理。當時主樂事者爲劉昺，亦不盡用漢津之説。苐以帝中指三節爲三寸，作大晟樂。今惟取中節爲寸，以與古錢相參證，則大異於魏劉之説矣。按：朱子《深衣》度用指尺，注云中指中節爲寸。

又按：聶崇義《三禮圖》有黍尺、指尺。其指尺引《投壺記》云，籌室中五扶，注云鋪四指曰扶，一指案一寸。又《公羊傳》曰：「膚寸而合」。何休云，側手爲膚，案指爲寸，膚扶音義同。《家語》布指知寸者，謂此。此姑備一説。然鋪四指，上狹而下廣，恐難取準四寸也。

又　卷六《象數》　聲律實起於象數，河圖、洛書其本原。句股、方圓、冪積、乘除、開方，律之倍半、長短、廣狹，左旋右旋，隔八相生，起鈞用調，其理數悉具圖、書之中。前人論律，未有究其本原者。惟鄭世子謂黃鍾十寸者，法河圖之體數；約十爲九寸者，法洛書之用數。此爲擴前人所未發，然第能言十與九之體用耳，不知其所推倍律、正律、半律，方圓相函之理與相生旋宫之法，無一不具於圖、書之中也。嘗讀御纂《周易折中·啓蒙附論》云：「圖、書爲天地之文章，萬理於是乎根本，萬法於是乎權輿。」至哉斯言。今以聲律推之，信矣。

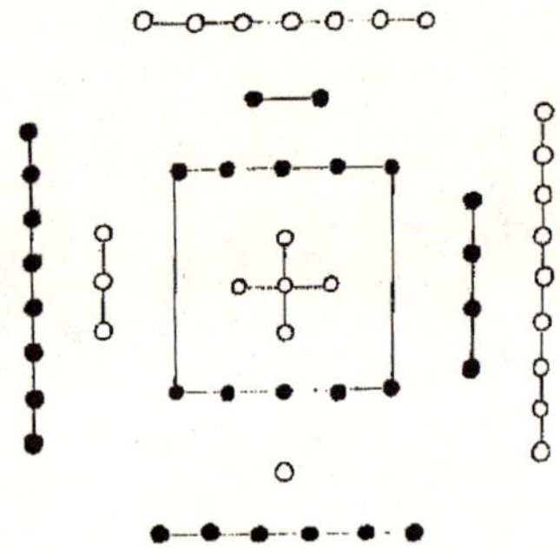

河圖

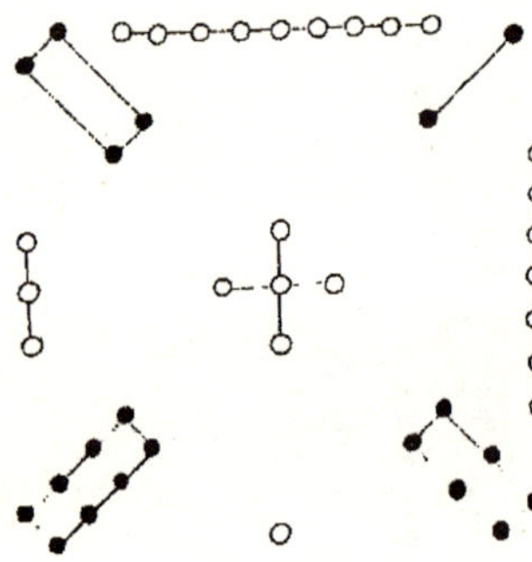

洛書

論河圖爲方圓、冪積、律管通長、空徑之源

河圖有四層，最在內一層五點，萬物之母也；次外一層十點，數之全而五之倍也。以五與十之點變爲線，作兩方形。以十函五如回字之形，內方之冪五五二十五，外方之冪十十爲百，是內方得外方四之一，外方加內方四之三也。而兩方相距有空隙，不能相抵。於是內方之外，隱有小圓以函之，則內方之四角抵圓周矣。小圓之外，又隱有次方以函之，則次方之邊內切圓周矣。次方之外，又隱有大於小圓之圓以函之，則次方之四角皆抵圓周，而外方之邊皆切圓周矣。是五與十兩方形之間，有兩圓一方之形。中間一方，其冪五十，則五與十相乘之數，爲內方冪二十五之倍，爲外方冪一百之半者也。外方之長，應黃鍾正律十寸，內方應黃鍾半律五寸，則中間之方必爲七寸零七分一釐有奇，應蕤賓之長。其外則有大呂、太蔟、夾鍾、姑洗、仲呂，其內則有林鍾、夷則、南呂、無射、應鍾。參差序列，是圖之五與十，便有十二律之理矣。

第三層一、二、三、四合十點，以次層之十乘之爲百；第四層六、七、八、九合三十點，以十乘之爲三百，合之得冪四百。則外二層又有兩方形，一爲一十之方，一爲二十之方。一十之方百，爲四百之一。二十之方四百，比一百加四之三，猶內二方二十五與一百之例也。於是兩方之間，亦隱有圓以函方，又方以函圓，又圓以函方。其內方，則前圓之十也。其中間之方，則冪二百，其邊一尺四寸一分四釐二毫有奇，爲蕤賓倍律之長。外加大方邊二尺，合得兩層冪四百，則黃鍾倍律之長也。是河圖外二層，以冪積得方邊，又有十二倍律一正律之理也。

一正黃鍾，即前圖之十也。

律之長短，既自河圖出。律之外內周徑、冪積亦由之。內一層之五，爲黃鍾半律之長。取十分之一以爲黃鍾倍律之內徑，正律之外徑，則黃鍾倍律之外徑，必得蕤賓正律十分之一。折半則黃鍾正律之內徑，半律之外徑也。內一層之五，又折半爲二五，則黃鍾半律之內徑也。徑五之外周二二二有奇者，爲黃鍾倍律之外周，則其內周必得一五七有奇，爲黃鍾倍律之內周與正律之外周。其二二二有奇折半，則黃鍾正律之內周與半律之外周。其一五七有奇折半，則黃鍾半律之內周也。其面冪，則黃鍾正律得倍律之半，半律得正律之半，如圖之十與五爲倍半也。實積則黃鍾正律得倍律四之一，半律得正律四之一，如圖五之積二十五、十之積百，相差爲四之一也。此皆自然之理數，具於河圖內外四層之中，千古未發明也。

論洛書爲句股、乘除、開方及諸律相生之源

句股者，算法之大用也。凡兩數相合，即成句股。河圖之一與六、二與七、三與八、四與九、五與十已有五句股矣。而句股必有弦，弦之平方冪必合句股兩冪，洛書則顯其象焉。句三、股四、弦五，句股之源也。句三在東，股四在東南。句之冪三三如九，股之冪四四十六，合之二十五，平方開之，得中五，則一切句股求弦之法皆倣此。句九，股十二，則弦十五。句二十七，股三十六，則弦四十五。句八十一，股一百零八，則弦一百三十五。此洛書四句股弦，皆以三倍相加，同一句三、股四、弦五之法也。律之由黃鍾十寸而求蕤賓倍律，即由句股求弦之術得之。蓋平方一尺爲黃鍾之率，東西十寸爲句，南北十寸爲股，各自乘，合冪二百，開方得一尺四寸一分四釐有奇，爲正方之斜弦，即方外之圓徑。其冪二百爲黃鍾倍律四百之半，猶一歲夏至當其半，故倍律爲蕤賓。得蕤賓，遂可以開平方法求南呂；得南呂，遂可以開立方法求應鍾；得應鍾，則諸律皆可求。此千古未發之秘，其始由句股求弦得之。故洛書三四五之合，爲萬法之祖。句三股四長方也，句十股十正方也，求弦則正方與長方同法。

句股有比例之法，謂以一句股爲則，求又一句股，或以小求大，或以大求小。列爲四率，中間兩率相乘爲實，(者)[首]一率爲法除之，則得第四率。蓋首尾相乘，與中間兩率相乘等積，故能比例以求第四率。洛書八位，左旋右旋，任取相比之四位，其尾數皆成比例，此四率斷比例也。又有四率連比例之法，洛書則隔一位取之中間一位重疊爲兩率。重疊，即自乘也，亦即平方也。以洛書明之，如一隔一位爲三，三隔一位爲九。四率比例，一與三若三與九，一九如九，三三亦如九也。由是推之，三與九若九與二十七，九與二十七若二十七與八十一。其偶數，則二與四若四與八，四與八若八與十六，八與十六若十六與三十二，皆中間兩率相同也。律法得蕤賓倍律，以黄鍾十寸乘之，平方開之，得南吕倍律，即四率連比例之理。自後而前，爲黄鍾正律與南吕倍律，若南吕倍律與蕤賓倍律。自前而後，爲蕤賓倍律與南吕倍律，若南吕倍律與黄鍾正律也。蓋先得首尾兩率，因求中間兩率自來者與之等積，故遂得南吕也。推之夾鍾與蕤賓亦然。黄鍾倍律與夾鍾倍律，若夾鍾倍律與蕤賓倍律；夾鍾倍律與蕤賓倍律，若蕤賓倍律與南吕倍律也。推之正律半律皆然，此子卯午酉之連比，亦猶洛書一三九七之連比例也。又推之他律，大吕與姑洗，姑洗與林鍾，林鍾與無射，無射與大吕，此丑辰未戌之連比例；大蔟與仲吕，仲吕與夷則，夷則與應鍾，應鍾與太蔟，此寅巳申亥之連比例，皆猶洛書二四八六之連比例也。其四位之斷比例，左旋爲一與八若三與二十四，三與四若九與十二，九與二若二十七與六，七與五十六若一與八。律則左旋相比而相生，如黄鍾生大吕，大吕生太蔟，皆以應鍾與半黄鍾爲比例而迭相生也。洛書右旋，爲一與六若七與四十二，二十七與十二若九與四，九與二十四若三與八，三與十八若一與六。律則右旋相比而相生，如半黄鍾生應鍾，應鍾生無射，皆以大吕與黄鍾爲比例而迭相生也。洛書又有隔四而可爲比例者，其左旋如一與四若七與二十八，二十四與二十七若八與九，二十七與十八若九與六，十八與九若六與三。律則左旋隔八而相生，如黄鍾生林鍾，林鍾生太蔟，皆以仲吕、黄鍾爲比例也。其右旋如一與二若三與六，二與三若六與九，三與六若九與十八，六與九若十八與二十七。律則右旋隔八而相生，如半黄鍾生仲吕，仲吕生無射，皆以林鍾、黄鍾爲比例也。

論河圖數

宮商角徵羽宮商角徵羽
十九八七六五四三二一
土金木火水土金木火水
中西東南北中西東南北

河圖爲數之源，聲律實昉於此。《月令》已發其端，

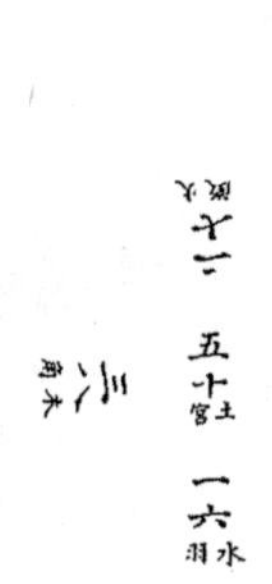

河圖五聲本數圖

春木，其音角，其數八；夏火，其音徵，其數七；中央土，其音宮，其數五；秋金，其音商，其數九；冬水，其音羽，其數六。於中央舉生數，則十亦爲宮；於四方舉成數，則四亦爲商，三亦爲角，二亦爲徵，一亦爲羽。此五聲應五行之本位、本數，數之體也。而五、十居中，四聲環繞，則五聲之用已寓其間矣。縱列十數，自下而上，五行生出之序；自上而下，五聲大小之序。五成數猶五聲之濁，律之全；五生數猶五聲之清，律之半也。《易》稱天地之數五十有五，所以成變化而行鬼神。此五聲之體數定，而變化出其中矣。

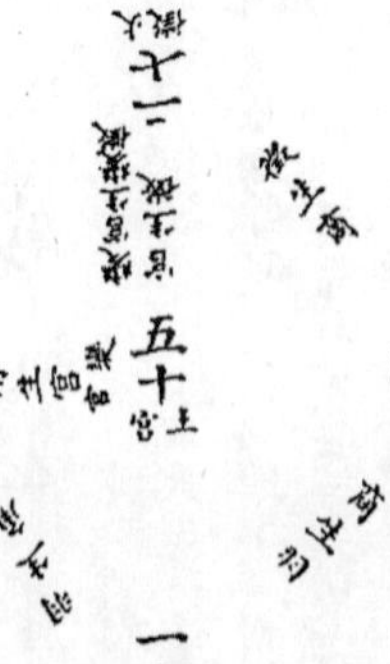

河圖五聲順序相生圖

五聲既有大小之序矣，五方之位矣即有相生之序焉。自中而南，南而西，西而北，北而東，東而復中，復南，自然之數，非關三分損益也。五行相生亦順圖左旋，與此不同者，五行自中而西，五聲自中而南，相差一位，各有其理也。

河圖五聲變數圖

中	十	宮	宮本數
南	九	徵	二七徵，合爲九，徵變爲九，八商變爲八。
西	八	商	四九商，合爲十三，減五得。
北	七	羽	一六羽，合爲七，羽變爲七。
東	六	角	三八角，合爲十一，減五得六，角變爲六。
中	五	宮	宮本數
南	四	徵	二七徵，合爲九，減五得四，徵變爲四。
西	三	商	四九商，合爲十三，減十得三，商變爲三。
北	二	羽	一六羽，合爲七，減五得二，羽變爲二。
東	一	角	三八角，合爲十一，減十得一，角變爲一。

凡數有其正，即有其變。五十中數不變，四方則各以生成之合，以五十減之而數變。徵本二七也，變而爲四九；商四九也，變而爲三八；羽本一六也，變而爲二七；角本三八也，變而爲一六。因以見十九八七六五四三二一本爲五聲大小之序者，變爲相生之序也。此數之妙，唯太史公知之。《律書》徵九、商八、羽七、角六、宮五，即此數。不言十者，黄鍾用半律，虚其全律也。不言四三二一爲徵商羽角者，從可知也。火水生成數少，合之而多者，在五前；金木

生成數多，合之而減十反少，在五後。《管子》徵羽在宮前，商角在宮後之序，已寓其間矣。

河圖五聲變數歸本數圖一

中	南	西	北	東	中	南	西	北	東
十	九	八	七	六	五	四	三	二	一
宮	商	角	徵	羽	宮	商	角	徵	羽
宮本數	二七合爲九商。	四九合爲十三，減五得八角。	一六合爲七徵。	三八合爲十一，減五得六羽。	宮本數	二七合爲九，減五得四商。	四九合爲十三，減十得三角。	一六合爲七，減五得二徵。	三八合爲十一，減十得一羽。

此即前圖之位，以所合所減之數用第一圖之本數，則相生之序仍爲大小之序。

河圖五聲變數歸本數圖二

中	西	東	南	北	中	西	東	南	北
十	九	八	七	六	五	四	三	二	一
宮	角	羽	商	徵	宮	角	羽	商	徵
宮本數	九與四合爲十三，三本角數。	八與三合爲十一，一本羽數。	七與二合爲九，本商數。	六與一合爲七，本徵數。	宮本數	四與九合爲十三，三本角數。	三與八合爲十一，一本羽數。	二與七合爲九，本商數。	一與六合爲七，本徵數。

此仍本數之位，而以本方所合之零數如其本數，則中南西北東仍是大小之序，而自上而下則爲相生之序，與前圖順逆相變。一六徵在北，三八羽在東，居宮前；二七商在南，四九角在西，居宮後。則徵羽宮商角之序也。

觀右諸圖，五聲大小之序，相生之序，同出一源。二序皆以中南西北東爲次，如黃鍾一鈞，中爲黃宮，南爲林徵，(商)[西]爲太商，北爲南羽，東爲姑角，中爲應變宮，南爲蕤變徵，相生之序也；中爲黃宮，南爲太商，西爲姑角，北爲蕤變徵與林徵，東爲南羽，中爲應變宮，大小之序也。

二七變四九，而四九即從徵化；四九變三八，而三八即從商化；一六變二七，而二七即從羽化；三八變一六，而一六即從角化，所謂成變化者也。

河圖奇偶數五聲體用合一圖

	中合	西合	東合	南合	北合
	南宮爲徵	北商爲羽	中角爲變宮	西徵爲商	東羽爲角
體	地十 宮	地八 商	地六 角	地四 徵	地二 羽
用	天九 徵	天七 羽	天五 宮	天三 商	天一 角

此五聲之變數，分奇偶而合之。五偶數大小以序，乃五聲之體。如琴弦宮商角徵羽。偶數陰也，故爲體。五奇數徵羽在宮前，商角在宮後，乃五聲之用。如琴弦徵羽宮商角。奇數陽也，故爲用。然而宮生徵，徵生商，商生羽，羽生角，角生變宮，相生，則相合而相通。《易》曰：「天數五，地數五，五位相得而各有合。」有合者，一與二，三與四，五與六，七與八，九與十也。《本義》以五位相得爲一與二之等，各有合爲一與六之等。今詳不然，五位者東西南北中之五位也，當以一六等爲相得。有合則天地陰陽奇偶自相合也，故《律曆志》云，天之中數五，地之中數六，而二者爲合。唐僧一行亦云，合二始以定剛柔，二中以正律曆，二終以紀閏餘。二始謂一與二，二中謂五與六，二終謂九與十。可見有合宜指此。此句於聲律之理所關者大，讀者宜詳味之。陰從陽，偶從奇，其體爲宮商角徵羽者，其用爲徵羽宮商角。而十宮亦爲徵，八商亦爲羽，六角亦爲宮，四徵亦爲商，二羽亦爲角矣。惟六角爲宮，不能通正宮，而所通者變宮，故姑洗生應鍾也。五則用半黃鍾，此皆非强合强通也，有數存焉，《旋宮篇》聲律體用一源圖詳之。

河圖之位數，固合五聲相生矣。而河圖數十，律數十二，宜若不相合也。然律之相生也隔八，隔八實隔七，從本位數至第八位也。如河圖中五以後，數至第八位而相生，再歷一周，仍復於五。循環不窮，十二律亦猶是也。舊法用三分損

續表

酉	申	未	午			[丑大]	子	亥	戌
未	午	巳	辰	卯	寅	丑			[申夷]
		[卯夾]	寅	丑	子	亥	戌	酉	申
巳	辰	卯			[戌無]	酉	申	未	午
卯	寅	丑	子	亥	戌			[巳仲]	辰
	[子黃]	亥	戌	酉	申	未	午	巳	

益不能再生，新法則循環無端，正與河圖之理數相合矣。

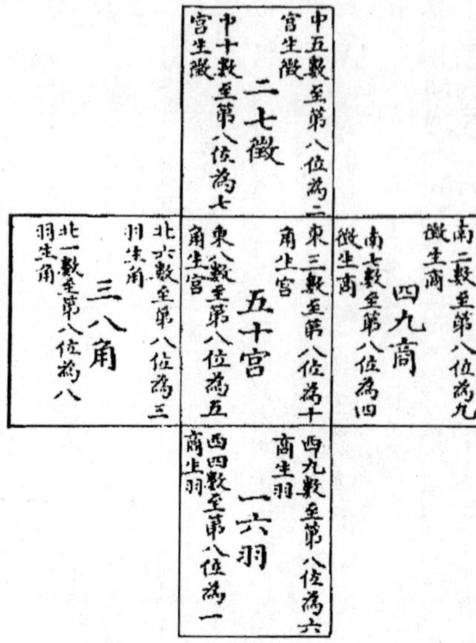

河圖含隔八相生圖

河圖位數，既含隔八相生之理矣。此依變數歸本數之位，而以十二辰數之，十二律配之。數至第八位，則得其相生之律，始於黃鍾，終於仲呂，再生復得黃鍾。看法，自五宮相當之子字起爲黃鍾，逆數丑寅卯辰巳午未，未與二相當，爲林鍾徵。又於次行逆數至寅，與九相當，爲太蔟商。餘放此。黃鍾一鈞，終於蕤賓爲變徵，第六行十蕤與七徵相當是也。蕤賓以後所生之律，則不論其所當之聲，聲律以黃鍾一鈞爲正故也。

河圖含隔八生十二律圖

宮	商	角	徵	羽	宮	商	角	徵	羽
十	九	八	七	六	五	四	三	二	一
中	南	西	北	東	中	南	西	北	東
巳	辰	卯	寅	丑	[子黃]			[未林]	午
	[寅太]	丑	子	亥	戌	酉	申	未	
卯	寅			[酉南]	申	未	午	巳	辰
丑	子	亥	戌	酉			[辰姑]	卯	寅
[亥應]	戌	酉	申	未	午	巳	辰		
亥			[午蕤]	巳	辰	卯	寅	丑	子

河圖含旋宮八十四聲圖

十	九	八	七	六	五	四	三	二	一
中	西	東	南	北	中	西	東	南	北
中	南	西	北	東	中	南	西	北	東
巳‖亥	辰	卯‖酉	寅	丑‖未	㊄子			未	午
應變宮	姑角	南羽	太商	林徵	[黃宮]			換宮	蕤變徵
	寅	丑	子‖午	亥	戌‖辰	酉	申‖寅	㊀未	
	換宮	大變徵	蕤變宮	應角	姑羽	南商	太徵	[林宮]	
卯‖酉	㊈寅			酉	申	未‖丑	午	巳‖亥	辰
南徵	[太宮]			換宮	夷變徵	大變宮	蕤角	應羽	姑商

續表

丑	子＝午	亥	戌＝辰	㊅酉			辰	卯	寅＝申
大角	蕤羽	應商	姑徵	南宮			換宮	夾變徵	夷變宮
亥	戌	酉＝卯	申	未＝丑	午	巳＝亥	㊂辰		
換宮	無變徵	夾變宮	夷角	大羽	蕤商	應徵	姑宮		
㊉亥			午	巳	辰＝戌	卯	寅＝申	丑	子＝午
應宮			換宮	仲變徵	無變宮	夾角	夷羽	大商	蕤徵
酉＝卯	申	未＝丑	㊆午			丑	子	亥＝巳	戌
夾羽	夷商	大徵	蕤宮			換宮	黃變徵	仲變宮	無角
未	子＝午	巳	辰＝戌	卯	寅＝申	㊃丑			申
林變徵	黃變宮	仲角	無羽	夾商	夷徵	大宮			換宮
		卯	寅	丑＝未	子	亥＝巳	戌	酉＝卯	㊀申
		換宮	太變徵	林變宮	黃角	仲羽	無商	夾徵	夷宮
巳	辰＝戌	㊇卯			戌	酉	申寅	未	午＝子
仲商	無徵	夾宮			換宮	南變徵	太變宮	林角	黃羽
卯＝酉	寅	丑＝未	子	亥＝巳	㊄戌			巳	辰
南變宮	太角	林羽	黃商	仲徵	無宮			換宮	姑變徵
	子	亥	戌＝辰	酉	申＝寅	未	午＝子	㊁巳	
	換宮復黃	應變徵	姑變宮	南角	太羽	林商	黃徵	仲宮	

河圖五聲相生，中含七位，既爲隔八相生之原矣。而此(此)七位，亦即爲一宮之七律，則又爲旋宮八十四聲之原。凡陽律爲宮者，宮、商、角、變徵四陽辰當位，徵、羽、變宮三陰辰取衝。陰律爲宮者，宮、商、角、變徵四陰辰當位，徵、羽、變宮三陽辰取衝。其爲序也，自下而上，爲宮、徵、商、羽、角、變宮、變徵。循乎變數之位，自中而東，而北，而西，而南，而中，而東，右旋也。其爲宮、商、角、變徵、徵、羽、變宮，則爲中南西北北東中，如其本數之位。他宮皆倣此。變徵與徵，變宮與宮，必同位也。八十四聲始於子，終于亥，再換宮復得黃鍾，自然之數也。

河圖本無十二之數，兩數相距中含七位，暗以七數爲用，歷十二而周，則十二自在其中。天地自然之妙如此。

河圖用中聲圖

十	九	八	七	六	五	四	三	二	一
			宮	商	角	徵	羽		
宮	商	角	徵	羽	宮	商	角	徵	羽
●	●	●	○	○	◎	○	○	●	●

此用五聲之本數，以五爲中之中。去其十九八之成數與二一之生數，用其七六五四三之五位，則爲徵、羽、宮、商、角。如《管子》五聲之序。亦以五聲大小別之，則爲假借之宮、商、角、徵、羽也。如琴弦一二三四五，亦爲宮商角徵羽也。《旋宮篇》有樂用中聲圖詳之。

河圖宮逐羽聲圖

十	九	八	七	六	五	四	三	二	一
羽	宮	商	角	徵	羽	宮	商	角	徵
●	●	●	○	○	◎	○	○	●	●

十又爲一數止爲九

此前圖之變體，兼用洛書數止於九，而十又別起爲一，配以五聲，則各差一位，羽當宮也。詳見後。

論洛書數

此即河圖五聲之本數，二七徵，一六羽，在宮前者居西北；四九商，二八角，在宮後者居東南。

此即河圖五聲之變數，四九徵，二七羽，在宮前者居南西；三八商，一六角，在宮後者居東北。

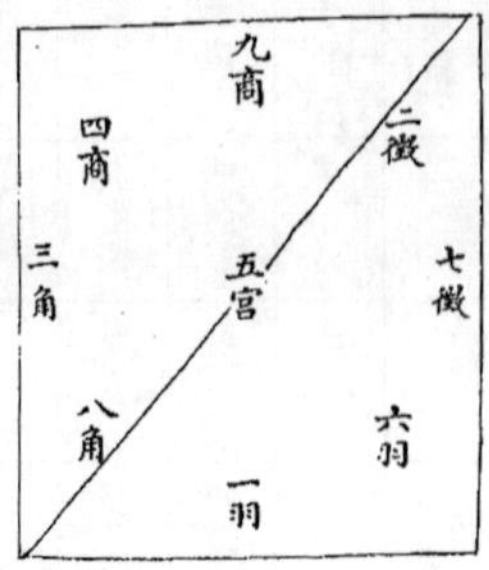

洛書五聲本數圖

洛書五聲變數圖

此即河圖五聲變數歸本數，一六徵，三八羽，在宮前者居北東；二七商，四九角，在宮後者居西南。

洛書五聲變數歸本數圖

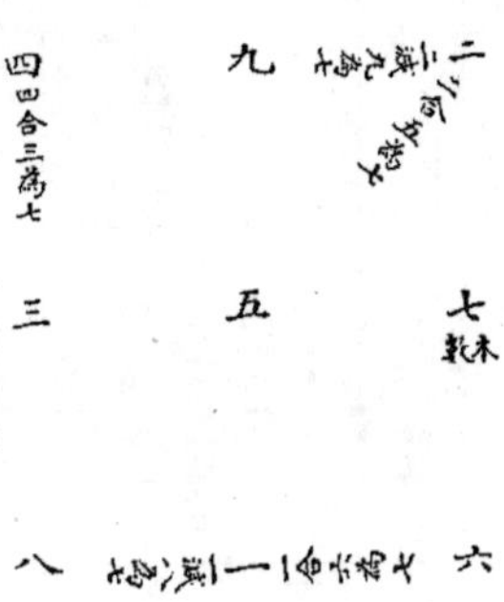

洛書以七爲用圖

此三圖皆可見宮前徵羽，宮後商角，二方相連而宮在其間，五聲之用也。

人聲出于肺，肺金之位在西方。七本南方火，往居西方金位，則七爲音之本數。其餘諸方，二減九，四合三，一減八，六合一，無往不得七，所以有七音而合中五成七者。惟西南之二，五本土宮，二本火徵，七音所以有變宮變徵也。又隔八者，中合七，則相生亦以七爲用。

句股爲算法之本，而洛書者句股之所自出也。方隅合中五，具四句股之數。句三股四者，弦五；句九股十二者，弦十五；句二十七股三十六者，弦四十五；句八十一股一百零八者，弦一百三十五。其本始于句三股四弦五，餘皆以三遞乘，而得其畸零之數也。今新法諸密率，皆以句股乘除得之。又有句股比例諸法，前已言之詳矣。其句三股四弦五之句股，具有聲律之象。後圖詳言之。

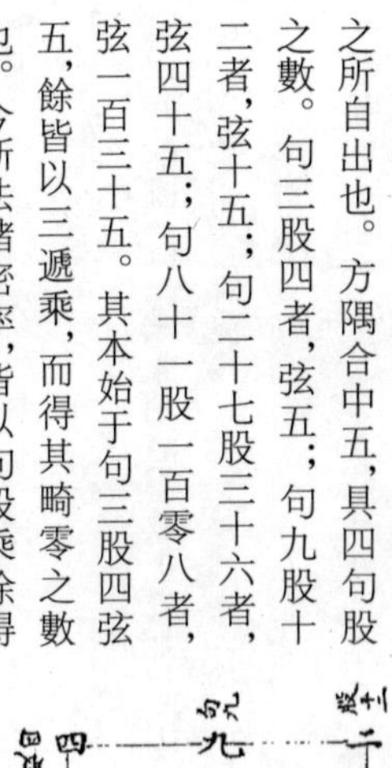

洛書含句股爲聲律之源圖

句股之形萬變，其得數整齊者，必自句三股四弦五始。三者，三才；四者，四時、四方；五者，五行也，而聲律即出其中。弦五非五聲之象乎？句股和七，非七音之象乎？合句股弦十二，非十二律之象乎？分布十二律於句股弦，黃鍾在句弦之間，林鍾在股弦之間，非隔八相生之象乎？黃鍾至蕤賓七律在句股，林鍾至應鍾五律在弦，非《呂覽》七律上生、五律下生之象乎？分布七音七律於句股，餘五律在弦，非用者七始、不用者五降之象乎？

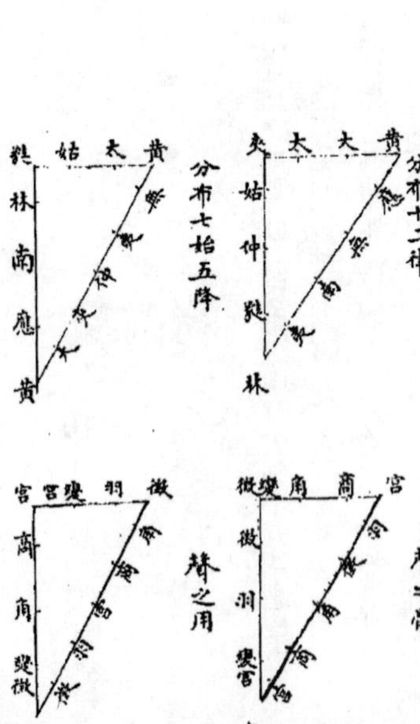

聲律應句股圖

分布七音五聲於句股弦，宮聲在句股、股弦之間，而角聲居弦之中，是大小清濁之次聲之體也。宮居股之初與弦之半，而徵羽變宮居句，在宮之前；商角變徵居股，在宫之後，是樂用中聲之法。聲之用也，即推而《周禮》三大祭，用黃鍾、夾鍾、林鍾，正爲第一圖句股弦之間，象數之妙乃如此。

一九五申子辰三合。

七三五寅午戌三合。

四六二巳酉丑三合。

四六八亥卯未三合。

黃	大	太	夾	姑	仲	蕤	林	夷	南	無	應
九	二八	七	六	五	四	三	八二	一	六	五	四
黃	林	太	南	姑	應	蕤	大	夷	夾	無	仲

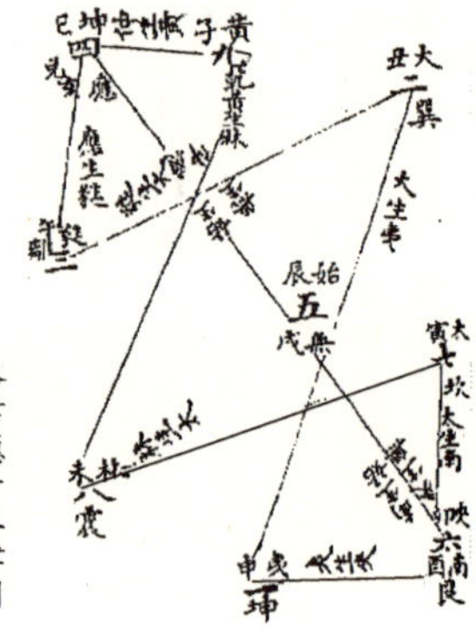

洛書應十二律圖

河圖配五聲，而有隔八相生之數，則可旋宫而周十二律。若洛書者，唯有九位，似與十二律不叶，而不知九位中正藏十二位也。蓋九八七六五四三二一配九律，而一之後又得六五四之三位，則又配三律也。九八七猶天，三二一猶地，六五四猶人。人在天地之間，往來交通，而四之後與九相接，則循環不窮。此六五四之三位，所以必再歷，而九位中即藏十二位也。洛書之左邊本一二三四，其右邊本九八七六，然陰陽之道當東北西南之維，爲丑未之位，必交互相易。先天八卦，震長男與巽長女互易。左方原是坤巽離兑，右方原是乾震坎艮，而易其震巽。後天八卦，艮燥土與坤濕土互易。左方原是坎坤震巽，右方原是離艮兑乾，而易其艮坤。而洛書則二與八互易也。必互易者，天道下濟，地道上行也。二既從九，居西南；八既從一，居東北。於是以十二支辰如位之序布之，當二八之位必衝。其左則九與三衝，其右則一與七衝，而六五四必自衝也。九五一與三五七必成三合，而六四二與六四八亦必成三合也。以十二律如支辰之位布之，循其二繼九，八繼三者，必爲大小之序。循其八繼九，二繼三者，必爲相生之序也。其相生之序，以先天八卦配之，九八七六者，自乾父而長男、中男、少男也；四三二一者，自少女、中女、長女而坤母也。五無卦位，而爲中位，男女之别而交也。艮兑少男少女，人道之所以生生不息，故并中位皆再歷，八卦亦有十二位也。戌辰爲魁罡，居中五之位，而無射姑洗當之也。以後天卦配八位，而統十二支辰者，人知之；以先天數排十二支辰，配十二律，儒家五行家皆未知也。

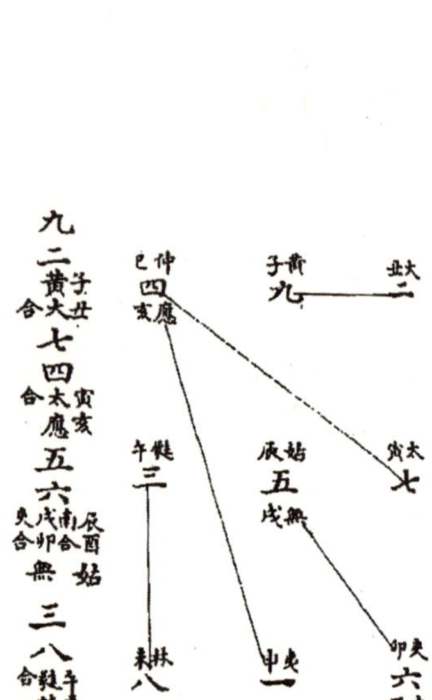

洛書應六合圖

河圖之數，五十有五。五十有五者，五其十有一也。謂十與一，九與二，八與三，七與四，六與五也。洛書九位如前圖分布十二辰與十二律，則十一點之數，應乎支辰與律呂之相合焉。《周禮》曰：「奏黃鍾，歌大呂，以祀天神。」則子與丑合，九與二合爲十一也。「奏太蔟，歌應鍾，以祭地示。」則寅與亥合，七與四合爲十一也。「奏姑洗，歌南呂，以祀四望。」則辰與酉合，五與六合爲十一也。「奏無射，歌夾鍾，以享先祖。」則戌與卯合，亦五與六合爲十一也。「奏蕤賓，歌函鍾，以祭山川。」則午與未合，三與八合爲十一也。「奏夷則，歌小呂，以享先妣。」則申與巳合，宜爲十與一，而洛書無十則假四以爲十。四何以可假爲十也？四與九相連，猶十與九相連，故四一合爲十一也。夫地支六合，應乎日躔與月建者也。是月建，非斗建。舊爲斗建者，誤。而洛書之數自相符，益知前圖配十二辰、十二律之妙。

又　卷七《旋宫》　按《禮運》曰：「五聲、六律、十二管，還相爲宫也。」謂十二律皆迭爲宫，宫者，一鈞之主也。每一律爲主，則商、角、徵、羽、變宫、變徵，或用倍，或用半，或在後，或在前，各有當用之律與之相比而成鈞調也。欲明旋宫之理，當先知清濁、高下、有倍、有半之理。

朱載堉曰：辨張敬謂最低爲黃鍾之誤。「十二律皆中聲也。」伶州鳩曰：「古之神瞽考中聲，而量之以制，度律均鍾。」此之謂也。夫謂之中聲者，即歌出自然。雖高而不至於揭不起，雖低不至於咽不出，此所謂中聲也。中聲之上則有半律，是爲清聲；中聲之下則有倍律，是爲濁聲。彼謂黄鍾最低，其下更無低者；應鍾最高，其上更無高者，不知律吕有倍半之理也。十二正律，由濁而清：黄、大、太、夾、姑、仲、蕤、林、夷、南、無、應，皆自然也。繼以半律，黄、大、太、夾，雖清可歌。至於姑、仲，則聲益高而揭不起，强揭起非自然矣。十二正律，由清而濁：應、無、南、夷、林、蕤、仲、姑、夾、太、大、黄，皆自然也。繼以倍律，應、無、南、夷，雖濁可歌。至於林、蕤，則聲益低而不出，或强歌出非自然矣。世稱移宫换羽，以黄鍾之鈞言之。黄鍾爲宫則濁，俗呼合字是也。其半律則清，俗呼高六是也。南吕爲羽則清，俗呼工字是也。而其倍律則濁，俗呼低工是也。宫音本濁，而移之使清。羽音本清，而换之使濁。則是應鍾之上非無清聲，黄鍾之下非無濁聲，而彼以爲黄鍾最濁，誤矣。

載堉又引《太常樂譜》爲證云：「旋宫(又)[久]廢，初學難(既)[曉]，故引舊譜發明新義。庶幾因指見月，使知黄鍾非一定爲宫，太蔟非一定爲商，姑洗非一定爲角，林鍾非一定爲徵，南吕非一定爲羽也。使知宫非一定最濁，商非一定次濁，角非一定不清不濁，徵非一定次清，羽非一定最清也。使知仲吕雖清爲宫，黄鍾、太蔟雖濁爲徵、羽，然亦無所陵犯，陵犯之説不足信也。又曰：舊云徵羽與宫角無所陵犯，故不必避。或云宜避，以今審之，未見其所謂陵犯也。宫清而徵羽濁，實理之自然，間或用清，亦無不可。況於用清以避陵犯，不亦誣乎。使知仲吕之鈞，商、角、徵、羽皆用正律，無變律也。使知高六即是黄鍾半律，低工即是南吕倍律。倍半之律則未嘗無，而四清聲不可廢也。使知應鍾之上非無清聲，黄鍾之下非無濁聲。由黄鍾至應鍾，十二正律皆中聲也，以證黄鍾雖非最清，亦非最濁。李文利及張敔二家偏見之誤，甚矣。」文利黄鍾失之清，敔黄鍾失之濁，皆非中聲。

按：自隋鄭譯變樂家鈞調之法，不得以林鍾當黄鍾。於是學士大夫之説，無不以黄鍾爲最濁者。應鍾之後有黄鍾、大吕、太蔟、夾鍾四清聲，無不以爲避陵犯之用者，而旋宫之理不明矣。(矣)夫最濁之聲非黄鍾，實林鍾也，又低則可及蕤賓也。最清之聲固不止應鍾，亦不止夾鍾之清聲，而且可及仲吕、蕤賓也。所謂四清者，非黄鍾、大吕、太蔟、夾鍾之清聲，乃林鍾、夷則、南吕、無射之應聲。其及仲吕、蕤賓者，黄鍾、大吕之應聲也。其所謂黄鍾之宫者，以有倍律言之，則如九寸之黄鍾，而蕤賓、林鍾以下皆其倍律者；第以正律言之，則如四寸半之黄鍾，而蕤賓以下則皆其本律也。總之，宫聲無定位，而不得以一鈞之最大者爲宫。黄鍾之律雖最長，而及其用之，則有低於黄鍾者在其前。初非以其最長、最大者爲黄鍾之宫也。其在黄鍾之前者，亦初無陵犯之説也。此理先儒亦未能明。按朱子《聲律辨》云：「五聲之序，宫最大而沈濁，羽最細而輕清，商之大次宫，徵之細次羽，而角居四者之中。」此正載堉所謂一定之最清、最濁、次清、次濁、不清、不濁者也。又云：「凡聲，陽也。自下而上，未及其半，則屬於陰而未暢，故不可用；上而及半，然後屬於陽而始和，故即其始而用之以爲宫。」夫謂宫聲爲及半是矣。既云及半則是不清不濁之聲，何得謂之爲始？若云黄鍾之宫爲始之始，則正是張敔黄鍾最濁之説。自此以前如人聲之咽不出，琴弦之過慢不成聲者矣。何得又有上未及半，屬陰未暢而不可用之聲耶。夫十二律皆中聲也，黄(中)[鍾]之宫，則中之中也。正是不清不濁之聲，後人誤以爲角耳。先儒以衆聲和與未和、用與未用、陰陽際會之中者爲中，以始之始者爲中之中，雖以五行之土、五常之信、五事之思擬之，而中聲之理終不明。先儒釋中字云，不偏不倚，無過不及。若最大而沈濁者爲黄鍾，則偏倚過中，何得爲中之中乎？若所謂角聲者，朱子謂雖當五聲之中，而非衆聲之會，亦非五聲之所以取正。夫屋極居中，必爲衆材之會，亦即爲衆材之所取正。何以當中之聲反不足取正，而必取其最大而沈濁者耶？豈非誤以黄鍾爲角，誤以林鍾徵爲黄鍾宫耶？此理晦蝕已久，太常樂工猶能守之。載堉之論甚明，古今論樂未有能及者也。

又曰：「從子至巳，律吕皆長，故有半而無倍，倍之則太長；從午至亥，律吕皆短，故有倍而無半，半之則太短。」

按：載堉書有三十六律，倍、正、半各十二，舉其全也。及其用之，則正律十二爲中聲，倍律自蕤至應六律爲低聲，半律自黄至仲六律爲高聲。通得二十四律，盡其用也。如不言倍律，只言正律、半律，則其用爲中聲者，乃是半律。其低聲六律，則本律之全；其高聲六律，則半律之又半也。雖律之長短若不同，其爲倍律之理則一。猶之《管子》命黄鍾小素爲九九，命徵爲百有八，羽爲九十六也。

又曰：「半律雖六，而清聲止於四，已上太高，歌聲揭不起；倍律雖六，而濁聲止於四，已下太低，歌聲咽不出。」

按：此又言人聲高下有所止，不能太高、太低。若絲聲，則器有大小。大琴之一弦散聲，可及倍律蕤賓，其清聲則多取聲可也。已上言聲之用備矣。若所謂自上而下未及其半，屬於陰而未暢，故不可用者，則固無其聲也。

又曰：「按神樂觀雅樂，所吹笙以合字爲黄鍾正律；合字之下有大凡，爲應鍾倍律；大凡之下有大工，爲南吕倍律；大工之下有大尺，爲林鍾倍律。以此證之，則知黄鍾正律之下非無低聲也。又合字之上有四字，爲太蔟正律；四字之上有一字，爲姑洗正律；一字之上有上字，爲仲吕正律；上字之上有勾字，爲蕤賓正律；勾字之上有小尺，爲林鍾正律；小尺之上有小工，爲仲吕正律；小工之上有小凡，爲應鍾正律；小凡之上有小六，爲黄鍾半律；小六之上有小五，爲太蔟半律。以此證之，則知應鍾正律之上非無高聲也。蓋笙與律，其理無二，以證張敔之失，亦昭然矣。」

按：以笙證律甚明，所謂樂工能守其法者也。若如先儒之説，則以大尺爲林鍾倍律者，誤認爲黄鍾之宫；以合字爲黄鍾正律者，誤認爲仲吕正律矣。

又曰：「旋宫法，宫、羽無定，或宫濁而羽清，或宫清而羽濁。認清濁爲羽宫，斯謂之不知音。兹理深奥，庸俗難曉，故詳論以袪其惑。論曰：世儒論五音，謂最大而濁者爲宫，最小而清者爲羽，商之大次於宫，徵之小次於羽，而角居大小清濁之中。古人雖有是言，以理評之，似是而非，知音之士必無是説也。太史公之書謂，八十一爲宫，五十四爲徵，則宫大而徵小。管子之書謂宫八十一，徵一百有八，則宫小而徵大。二説不同，而宫與徵未嘗非其音。蓋一百八則五十四加倍之數，五十四即一百八折半之聲耳。《史記》序五音：先宫、商、角，而後徵、羽。《管子》序五音，先徵、羽，而後宫、商、角。假令世俗評二家之得失，料其從馬遷者十中有九，是夷吾者百中無一，不知先徵羽而後宫商角，亦可也，先宫、商、角而後徵羽亦可也。宫大於徵亦可也，徵大於宫亦可也。十二律旋相爲宫，宫無定位，豈可拘於清濁、大小之説。蓋夷吾所得者深，馬遷所知者淺。淺者人所共知，深者俗所難解也。」

按：載堉所以破俗論者，至明切矣。然言先徵、先宫皆可，宫大於徵，徵大于宫皆可，非泛泛爲兩可之説也。先宫而大於徵者，聲律之體，是以黄鍾全律必最長。先徵而大於宫者，聲律之用，是用黄鍾惟用其半律，而林鍾以下用其全律，以居黄鍾之前也。此理太史公未嘗不知，其云上九、商八、羽七、角六、宫五、徵九，以徵當九，宫當五，豈非徵大於宫，徵先於宫乎？此文明載律書，後人不能玩索耳。

聲律體用一源圖

	聲數	律寸	琴弦
宫徵 宫體 徵用 相通	宫數八十一，倍之一百六十二。徵數五十四，三倍之亦一百六十二。	黄鍾九寸，倍之一尺八寸。林鍾六寸，三倍之亦一尺八寸。	琴弦散聲四倍黄鍾三尺六寸，六倍林鍾亦三尺六寸。初弦黄鍾宫實用林鍾徵，六弦林鍾清徵。
徵商 徵體 商用 相通	徵數五十四，四倍之二百一十六。商數七十二，三倍之亦二百一十六。	林鍾六寸，四倍之二尺四寸。太蔟八寸，三倍之亦二尺四寸。	琴九徽四倍林鍾二尺四寸，三倍太蔟亦二尺四寸，四弦林鍾徵實用太蔟商。
商羽 商體 羽用 相通	商數七十二，倍之一百四十四。羽數四十八，三倍之亦一百四十四。	太蔟八寸，倍之一尺六寸。南吕五寸三分寸之一，三倍之亦一尺六寸。	琴十三徽外一寸五分，四倍太蔟三尺二寸，六倍南吕亦三尺二寸。太蔟商實用南吕羽，七弦南吕清羽。
羽角 羽體 角用 相通	羽數四十八，四倍之一百九十二。角數六十四，三倍之亦一百九十二。	南吕五寸三分寸之一，四倍之二尺一寸三分寸之一。姑洗七寸九分寸之一，三倍之亦二尺一寸三分寸之一。	琴八徽稍内四倍南吕二尺一寸三分寸之一，三倍姑洗亦二尺一寸三分寸之一，五弦南吕羽實用姑洗角。
角變宫 角體 變宫用 相通	角數六十四，倍之一百二十八。變宫數四十二又三分之二，三倍之亦一百二十八。	姑洗七寸九分寸之一，倍之一尺四寸九分寸之二。應鍾四寸二十七分寸之二十，三倍之亦一尺四寸九分寸之二。	琴十一徽稍内四倍姑洗二尺八寸九分寸之四，六倍應鍾亦二尺八寸九分寸之四，三弦慢角調姑洗角實用應鍾變宫。
正宫	以宫聲八十一爲黄鍾半律數。	黄鍾半律四寸五分。	琴十徽六倍黄鍾半律二尺七寸，正是黄鍾非仲吕。正宫調三弦是黄鍾，非仲吕。

續　表

	聲數	律寸	琴弦
變宮 變宮體 變徵 變徵相體 通	變宮數四十二又三分之二，四倍之一百七十又三分之二。變徵數五十六又九分之八，三倍之亦一百七十又三分之二。	應鍾四寸二十七分寸之二十，四倍之一尺八寸二十七分寸之二十六。蕤賓六寸八十一分寸之二十六，三倍之亦一尺八寸二十七分寸之二十六。	琴七徽外四倍應鍾一尺八寸二十七分寸之二十六，三倍蕤賓亦一尺八寸二十七分寸之二十六，慢宮調初弦六弦緩一律，用應鍾實用蕤賓。

按：聲律之理，倍之、半之同是此聲、此律。而此聲、此律，或倍之，或加數倍，又别有一聲律加幾倍，則與之等，是兩聲律相通矣。令推之，凡相生者必相通。一爲體，一爲用，其源出於河圖奇偶之相合。前已圖之。兹則確然有數之可指，有琴之可證。體爲宮、商、角、徵、羽，用爲徵、羽、宮、商、角。角不能通宮，而所通者變宮。於是變宮通變徵，周十二律皆然。今新率雖不用三分損益，然所差在毫釐之間，則彈琴者按徽取聲，亦必無乖戾。此聲律體用一源之至理，前人論聲律絶未有致思及此者。於是執定聲最大者爲黄鍾宮，而豈知其實爲林鍾徵哉？或曰若是，則琴初弦可命爲黄鍾宮，又可命爲林鍾徵，將以何者爲正乎？曰：論大小之序，則體爲本，而用爲末；論鈞調之用，則體爲賓，而用爲主。以正宮調明之，如以初弦爲黄鍾，則三弦不得不假借仲吕。以黄鍾鈞而用仲吕爲角，律不正矣。以仲吕鈞之律而命爲正宮，名不正矣。惟以初爲林鍾，二爲南吕，三爲黄鍾，四爲太蔟，五爲姑洗，乃正得黄鍾鈞之律，安得不以用爲主乎？更進而求之，十八六四二之地數以定五聲之體，九七五三一之天數以爲五聲之用，天地自然之妙如此，千古其誰覺之。

琴徽圖《史記・樂書》言琴長八尺一寸，朱子言弦四尺五寸，姜夔言三尺六寸，朱載堉言通身五尺五寸，齦岳間五尺。蓋琴原有大琴、中琴、小琴，而所言之尺寸，各代又有不同也。今以三尺六寸者言之。

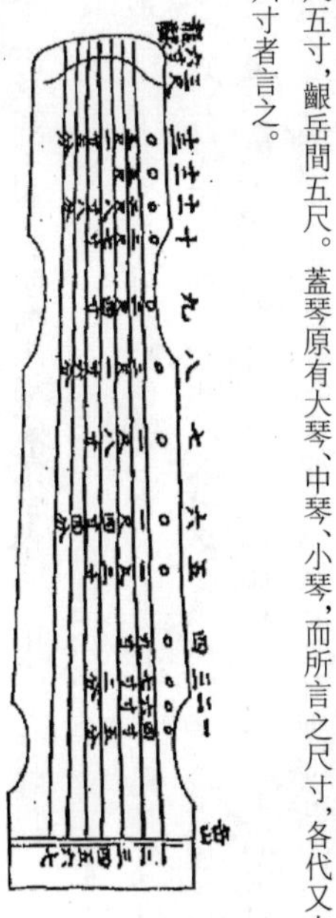

按：琴有十三徽，以泛聲彈之，按弦不至木。當徽有聲，不當徽無聲。其位出於自然，非人之所能爲。蓋兩儀、三才、五行之理也。琴弦三尺六寸，四倍黄鍾之數，亦六倍林鍾之數。折半一尺八寸，爲七徽，半聲也，亦中聲也。又半之四徽九寸，爲四分弦之一。其左半之相對者，十徽二尺七寸，爲四分弦之三。又半之一徽四寸五分，爲八分弦之一。其相對者十三徽三尺一寸五分，爲八分弦之七。皆自兩儀而生者也。五徽一尺二寸，爲三分弦之一，相對九徽二尺四寸，爲三分弦之二。二徽六寸爲六分弦之一，相對十二徽三尺，爲六分弦之五。皆自三才而生者也。三徽七寸二分，爲五分弦之一，相對十一徽二尺八寸八分，爲五分弦之四。六徽一尺四寸四分，爲五分弦之二，相對八徽二尺一寸六分，爲五分弦之三。皆自五行而生者也。自右半言之，一兩儀，二三才，三五行，四兩儀，五三才，六五行。左半相對亦然。其分寸、地位，四七之間倍於一四之間。一二相距，倍之爲四五；二三相距，倍之爲六五；三四相距，倍之爲六七。通全弦爲三停：岳至四一停也，半之爲一；岳至七二停也，半之爲四；岳至齦三停也，半之爲七。全弦一象先天八卦横圖，一徽内、十三徽外無聲，乾坤也；一徽至十三徽有聲，六子也；一四之間，十與十三之間，聲較密，猶艮兑之爲少男少女也；當徽則鳴，猶人身三部九候有動脉，喉、牙、齒、舌、唇有字母也。琴徽泛聲，其理微矣。説者第曰十三徽象閏，豈知琴徽之妙者哉。

考徽當律

琴徽與律吕别是一理，徽出於兩儀、三才、五行，律出於方圓、句股、冪積。然彈琴者必按徽以調弦，又按徽以取聲。其正當律之徽，七徽固居弦之半，猶律之半矣。七徽外正當律者，惟有第十徽。十徽四分弦之三，按第一弦十徽正是黄鍾宮，三弦散聲應之。凡弦十徽皆是生本弦散聲之母，無毫釐之差者也。其次則九徽，九徽三分弦之二，猶舊律林鍾六寸，爲黄鍾九寸三分之二也。新法林鍾六寸〇〇六毫有奇，琴弦展之加四倍，稍贏二釐四五毫。雖不正相當，亦已切近，可云相當。九徽者，本弦散聲所生之子也。又其次則爲十一徽。十一徽者，五分弦之四，於十徽約低一律。如三弦十徽仲吕，十一徽則姑洗角也。黄鍾九寸，五分之四爲七寸二分，而新法姑洗七寸一分四釐三毫有奇，較少五釐六毫有奇。琴弦展而加四倍，較朒二分二釐五毫，亦得云相當，於十一徽内按進半較指，即姑洗之位矣。凡用本弦爲宮，隔一弦散聲爲角者，必按本弦十一徽。取應心知其意者，按進半指可也。又八徽五分弦之三，與本弦羽聲約相當，亦按進半指。若商聲在十三徽外，與律相去遠矣。

朱子《琴律説》：琴弦四尺五寸，正以十三徽當商，十一徽當角，八徽當羽。謂琴徽所以分五聲之位，而配以當位之律，以待抑按取聲。而其布徽之法，則當隨其聲數之多少，律管之長短，而三分損益，上下相生，以(以)定其位。今人布徽，但以四折取中爲法。蓋亦下俚立成之小數，於自然之法象，懵不知其所由來，不免有所未盡。按此説恐誤。琴徽出於泛聲，疎密别有理數，非可强之以就聲律也。

朱載堉《旋宫琴譜説》曰：「諸書雖載六十調、八十四聲之説，然有體無用，初學難曉。今以琴發明，則體用兼備，庶初學易曉也。借管弦淺事，喻律吕深理，要在琴與笙耳。蓋笙猶律也，吹律定弦，古人本法也。以笙代律，今人捷法也。於世俗樂家，擇其新點好笙用之，緫然高下與律未必全同，但經點笙匠新整理相協，則可以定弦矣。不協者勿用也。琴有五音爲鈞者，亦有七音爲鈞者，指法大同小異。先論五音爲鈞，明六十調也。次論七音爲鈞，明八十四聲也。凡各弦散聲即本律之正音，第十徽實音爲散聲之母，能生本律也。第九徽實音爲散聲之子，本律所生也。推此兩徽，雅樂尚之。不尚餘徽者，惡其亂雅也。解弦更張，先吹合字，上第一弦，按第十徽彈之，令與笙音相同，是爲黄鍾。次吹四字，上第二弦，按第十徽彈之，令與笙音相同，是爲太蔟。次吹上字，上第三弦，按第十徽彈之，令與笙音相同，是爲仲吕。次吹尺字，上第四弦，按第十徽彈之，令與笙音相同，是爲林鍾。次吹工字，上第五弦，按第十徽彈之，令與笙音相同，是爲南吕。其第六弦、第七弦散聲與第一弦、第二弦散聲相應。此五聲爲均之琴也。吹笙定弦畢，復照調弦法再詳定之，是上琴大略也。一弦十徽實音爲宫，二弦十徽實音爲商，三弦十一徽實音爲角，四弦十徽實音爲徵，五弦十徽實音爲羽，六弦十徽實音[爲]少宫，七弦十徽實音爲少商，此古所謂正調也，俗謂正宫調。一弦散聲爲宫，二弦散聲爲商，三弦散聲爲角，四弦散聲爲徵，五弦散聲爲羽，六弦散聲爲少宫，七弦散聲爲少商，非也。黄鍾、大吕二鈞，弦音不同，而指法同，俗呼爲正調。按十一徽彈第三弦，與第五弦散聲相應是也。取琴二張，一張按十徽，一張按十一徽，每弦依前法吹笙定就。下者，即黄鍾調。高者，即大吕調。同名正調高下不同。林鍾、夷則二均，弦音不同，而指法同，俗呼緩角調。按十一徽彈第一弦，第六弦與第三弦散聲相應是也。黄鍾調緩三弦即林鍾調，大吕調緩三弦即夷則調，俗謂三弦爲角，故名緩角。同名緩角高下不同。按林鍾調當緩黄鍾爲應鍾，夷則調當緩大吕爲黄鍾，皆在第三弦。太蔟、夾鍾二均，弦音不同而指法同，俗呼緩宫調。按十一徽彈第四弦，與第一弦、第六弦散聲相應是也。林鍾調緩一六，即太蔟調。夷則調緩一六，即夾鍾調。俗謂一六爲宫，故曰緩宫。同名緩宫高下不同。按太蔟調當緩黄鍾爲蕤賓，夾鍾調當緩夷則爲林鍾，皆在一不弦。姑洗、仲吕、蕤賓三均，弦音不同而指法同，俗呼緊羽調。按十一徽彈第五弦，與第二弦、第七弦散聲相應是也。黄鍾調緊五弦即仲吕調，大吕調緊五弦即蕤賓調。别定一琴九徽實音與蕤賓調十徽實音相同，即姑洗調。俗謂五弦爲羽，故曰緊羽。同名緊羽高下不同。按仲吕調當緊姑洗爲仲吕，蕤賓調當緊仲吕爲蕤賓，皆在第五弦。又蕤賓調各弦散聲皆比姑洗調各弦散聲高二律，故須别定一琴，以九徽實音與蕤賓調十徽實音相同，即姑洗。南吕、無射、應鍾三均，弦音不同而指法同，俗呼清商調。按十一徽彈第二弦、第七弦與第四弦散聲相應是也。姑洗調緊二七即南吕調，仲吕調緊二七即無射調，蕤賓調緊二七即應鍾調。俗謂二七爲商，故曰清商。同名清商高下不同。按南吕調當緊夷則爲南吕，無射調當緊南吕爲無射，應鍾調當緊無射爲應鍾，皆在二七弦。

載堉六十調新説五音琴以第三弦散聲爲黄鍾，古人謂之平調。今琴家俗譜以第一弦爲宫，故姜夔謂黄鍾、大吕即緩角調，太蔟、夾鍾即清商，姑洗、仲吕、蕤賓即正調，林鍾、夷則即緩宫，南吕、無射、應鍾即緊羽，其説非是。

五音琴圖

	一弦	二弦	三弦	四弦	五弦	六弦	七弦
黄鍾宫	徵林倍	羽南倍	宫黄正	商太正	角姑正	徵林正	羽南正
大吕宫	徵夷倍	羽無倍	宫大正	商夾正	角仲正	徵夷正	羽無正
太蔟宫	角蕤倍	徵南倍	羽應倍	宫太正	商姑正	角蕤正	徵南正
夾鍾宫	角林倍	徵無倍	羽黄正	宫夾正	商仲正	角林正	徵無正
姑洗宫	商蕤倍	角夷倍	徵應倍	羽大正	宫姑正	商蕤正	角夷正
仲吕宫	商林倍	角南倍	徵黄正	羽太正	宫仲正	商林正	角南正
蕤賓宫	商夷倍	角無倍	徵太正	羽夾正	宫蕤正	商夷正	角無正
林鍾宫	宫林倍	商南倍	角應倍	徵太正	羽姑正	宫林正	商南正
夷則宫	宫夷倍	商無倍	角黄正	徵夾正	羽仲正	宫夷正	商無正

續表

	一弦	二弦	三弦	四弦	五弦	六弦	七弦
南呂宮	羽蕤倍	宮南倍	商應倍	角大正	徵姑正	羽蕤正	宮南正
無射宮	羽林倍	宮無倍	商黃正	角大正	徵仲正	羽林正	宮無正
應鍾宮	羽夷倍	宮應倍	商大正	角夾正	徵蕤正	羽夷正	宮應正

按：載堉謂五音琴製時，琴十二張，隨月用之。如前用調按(徵)[徽]之法，三張亦可移用也。

黃鍾、大呂二均，其宮在第三弦之散聲。太蔟、夾鍾二均，其宮在第四弦之散聲。姑洗、仲呂、蕤賓三均，其宮在第五弦之散聲。林鍾、夷則二均，其宮在第六弦之散聲。南呂、無射、應鍾(二)[三]均，其宮在第七弦之散聲。爲宮不名爲均主也。宮所在處，名爲均主，惟第一弦、第二弦止取實音應和，不取散聲。按此謂林鍾、夷則二均，以一弦十徽取應和；南呂、無射、應鍾三均，以一弦十徽取應和也。琴有散聲、實音、泛音，三者之中散聲最貴，實音次之。惟泛音不足貴，古所謂鄭衛也。按泛音雖不足貴，而徽之所以定者，實由泛音，未可忽也。又按載堉謂琴本皆七弦，無五弦。雖舜琴亦七弦，以其少二音故名五弦。此説恐不然。舜琴五弦取清聲，代六七弦似亦可彈也。

載堉《七弦琴五音詳論》曰：「凡察五音爲均，當依琴家調弦之法。下生者撮四，中間隔二弦，謂之大間勾；上生者撮三，中間隔一弦，謂之小間勾。按下生、上生，據琴弦之下、上。撮四謂一與四、二與五、三與六、四與七，撮三謂三與一、四與二、五與三、六與四、七與五。五音宮徵相生，徵商相生，商羽相生，羽角相生，角宮則不相生。其相生者，大小間勾皆合；不相生者，則不合也。夫宮與徵合，徵與商合，商與羽合，羽與角合。而角與宮獨不合者，蓋音數之窮歟。按角生變宮，琴不用變聲，故不合。其散彈而調之也，除宮角不合外，餘音皆合。因其不合處，而宮角二聲，昭然可辨矣。是故間勾中有不合者，則小弦爲宮，大弦爲角。按如太蔟宮，四弦爲宮，一弦蕤賓爲角。小間勾中有不合者，則大弦爲宮，小弦爲角。按如黃鍾宮，三弦爲宮，五弦姑洗爲角。其按弦而調之也，自岳山至龍齦爲宮，其商當在十三徽外，角在十一徽，徵在九徽，羽在八徽，此五音之正位也。按十一徽、八徽當按進半指，説見前。不拘何弦，旋相爲宮，以按弦配散弦調之，餘音皆會於第九徽。獨宮音不然，而乃應於八、九徽間，餘音皆會於十徽。獨角音不然，而乃應於十一徽。何也？蓋九徽、十徽者，律呂相生之始終也。以琴通長計之，九徽居其三分之二，林鍾之正位也。十徽居其四分之三，仲呂之正位也。此二律者皆與黃鍾相生，故爲羣音會合之際。而獨宮角不居此際者，蓋音之始終也。是故察其何弦散音，而與何弦按十一徽實音相應，則知散者其弦爲角，按者其弦爲宮。又察何弦散音而與何弦八、九徽間實音相應，則知散者其弦爲宮，按者其弦爲角。如是而辨之，宮角昭然矣。俗名緊角調者，古之黃鍾角也。此調以夷則爲宮，無射爲商，夾鍾爲徵，仲呂爲羽，故其宮音在第一弦之散聲。俗名清商調者，古之黃鍾商也。此調以無射爲宮，太蔟爲角，仲呂爲徵，林鍾爲羽，故其宮音在第二弦之散聲。俗名正調者，古之黃鍾宮也。此調以太蔟爲商，姑洗爲角，林鍾爲徵，南呂爲羽，故其宮音在第三弦之散聲。俗名緊宮調者，古之黃鍾羽也。此調以夾鍾爲宮，仲呂爲商，林鍾爲角，無射爲徵，故其宮音在第四弦之散聲。俗名緊羽調者，古之黃鍾徵也。此調用仲呂爲宮，林鍾爲商，南呂爲角，太蔟爲羽，故其宮音在第五弦之散聲。以上五調，皆以第三弦黃鍾爲主焉。是故平調爲古黃鍾調，此調緊五即古仲呂調，復緊二七即古無射調，復緊四即古夾鍾調，復緊一六即古夷則調，復緊三即古大呂調，復從大呂調緊五即古蕤賓調，復緊二七即古應鍾調。以上七調，先以平調漸次而緊者也。卻從平調緩三，即古林鍾調。復緩一六，即古太蔟調。復緩四，即古南呂調。復緩二七，即古姑洗調。以上四調，先自平調漸次而緩者也。總而言之，則黃鍾、大呂二調之宮音皆在第三弦，太蔟、夾鍾二調之宮音皆在第四弦，姑洗、仲呂、蕤賓三調之宮音皆在第五弦，林鍾、夷則二調之宮音皆在第一弦與第六弦，南呂、無射、應鍾三調之宮音皆在第二弦與第七弦。旋相爲宮，此之謂也。夫律有定而宮無定，宮雖移而律不移，是故黃鍾之音常居三弦也。緊之則爲大呂，緩之則爲應鍾。其十一調或緊或緩，惟黃鍾得其中，所以名平調，又謂之正調，五音諸均之祖，律呂相生之本也。先儒喜穿鑿者，惑於《漢志》之説，謂黃鍾至尊，不復與他律爲役，因是遂有半律、變律之法。後世就簡陋者，泥於《國語》之文，謂「大不踰宮，細不過羽」，因是遂指大弦居首者爲宮。故聶崇義《三禮圖》謂琴第一弦爲宮，次弦爲商，又次爲角，爲徵，爲羽，爲少宮，爲少商。宋時姜夔《樂議》亦仍其誤，謂黃鍾、大呂並用緩角調云云者。其説非是。而琴家舊謂緊羽爲蕤賓調，清商爲無射調，其説最是。按以大呂調緊五，則是蕤賓調。若以黃鍾調緊五爲蕤賓調，則失之矣。近代琴譜，誤以清商爲姑洗調，失之遠矣。大抵樂家所謂宮者，謂本均之主耳，非清濁之謂也。噫！旋宮之法廢，蓋由先儒泥於宮濁、羽清之説。譬如兄弟五人，更不叩其年齒、長幼，但指身長體胖者爲兄。謂大弦爲宮，亦猶是耳。非愚迷之甚乎？

按：載堉辨論甚詳明，不知琴家相傳何故失之。揆厥所由，其故有數端。一由黄鍾最長之説，印定耳目。先秦以上管子、吕氏之言，棄如糞土。不知黄鍾半律在清濁之中者乃爲黄鍾之宮，非以最長者爲宮也。一由君臣民事物不可相陵之説，認爲定理。不知更有君宜居中位之説也。一由古人言「大不踰宮，細不過羽」者，是五聲之體，不知更有徵、羽、宮、商、角者爲五聲之用也。如先儒之説，不止稱謂不當而已。推其流失，旋宮至第五弦以後，全用清聲，更無濁聲和之。正晏子所謂若以水濟水，誰能食之？若琴瑟之専一，誰能聽之？何以成音樂乎？

考定琴五調圖

	一弦六弦	二弦七弦	三弦	四弦	五弦
慢角調 當曰慢宮	林鍾[宮] 舊黄鍾	南吕商 舊太蔟	應鍾角 舊姑洗	太蔟徵 舊林鍾	姑洗羽 舊南吕
清商調 當曰無射	林鍾羽 舊黄鍾	無射[宮] 舊夾鍾	黄鍾商 舊仲吕	太蔟角 舊林鍾	仲吕徵 舊無射
宮調 又曰正調	林鍾徵 舊黄鍾	南吕羽 舊太蔟	黄鍾[宮] 舊仲吕	太蔟商 舊林鍾	姑洗角 舊南吕
慢宮調 當曰慢角	蕤賓角 舊黄鍾	南吕徵 舊太蔟	應鍾羽 舊姑洗	太蔟[宮] 舊林鍾	姑洗商 舊南吕
蕤賓調 當曰仲吕	林鍾商 舊黄鍾	南吕角 舊太蔟	黄鍾徵 舊仲吕	太蔟羽 舊林鍾	仲吕[宮] 舊無射

按：宋寧宗時，姜夔《樂議》論七弦琴圖曰：「七弦散而扣之，則間一弦於第十暉，今作徵。取應聲。假如宮調，五弦十暉應七弦散聲，四弦十暉應六弦散聲，二弦十暉應四弦散聲，大弦十暉應三弦散聲。惟三弦獨退一暉，於十一暉應五弦散聲。古今無知之者。説見後。竊謂黄鍾、大吕並用慢角調，故於大弦十一暉應三弦散聲。按舊説以初爲宮，二爲商，三爲角，四爲徵，五爲羽，六爲少宮，七爲少商。此調三弦緩一律當姑洗，故得謂之慢角，黄鍾均也。初散黄鍾十一徽姑洗應三散，三十徽南吕應五散，五十徽大蔟應七散。二散爲太蔟濁聲，三十徽林鍾應四散，四十徽黄鍾應六散。今考之不然。初爲徵，二爲羽，三爲宮，四爲商，五爲角，六爲少徵，七爲少羽。此調三弦緩一律爲應鍾，當爲慢宮調，林鍾均也。初散林鍾十一徽應鍾應三散，三十徽姑洗應五散，五十徽南吕應七散。二散爲南吕濁聲，二十徽太蔟應四散，四十徽林鍾應六散。太蔟、夾鍾並用清商調，故於二弦十一暉應四弦散聲。此調二七弦緊一律，五弦亦緊一律，二七弦也，故爲清商，夾鍾鈞也。二散夾鍾十一徽林鍾應四散，四十徽黄鍾應六散。初散爲黄鍾濁聲，初十徽仲吕應三散，三十徽無射應五散，五十徽夾鍾應七散。今考之不然。此調二七五皆緊一律，當爲無射調，無射鈞也。二散無射十一徽太蔟應四散，四十徽林鍾應六散。初散爲林鍾濁聲，初十徽黄鍾應三散，三十徽仲吕應五散，五十徽無射應七散。姑洗、仲吕、蕤賓並用宮調，故於三絃十一暉應五弦散聲。此調七弦無緊慢，爲正宮，似仲吕鈞。三散仲吕十一徽南吕應五散，五十徽太蔟應七散。二散爲太蔟濁聲，二十徽林鍾應四散，四十徽黄鍾應六散。初散爲黄鍾濁聲，初十徽仲吕應三散。今考之不然。此調爲正宮，正是黄鍾鈞。三散黄鍾十一徽姑洗應五散，五十徽南吕應七散。二散爲南吕濁聲，二十徽太蔟應四散，四十徽林鍾應六散。初散爲林鍾濁聲，初十徽黄鍾應三散。林鍾、夷則並用慢宮調，故於四弦十一暉應六弦散聲。此調初六弦緩一律，三弦亦緩一律，初六宮也。故爲慢宮，林鍾鈞也。四散林鍾十一徽應鍾應六散，初散爲黄鍾濁聲。初十徽姑洗應三散，三十徽南吕應五散，五十徽太蔟應七散。二散爲太蔟濁聲，二十徽林鍾應四散。今考之不然。此調初、六兩弦緩一律，初六角也，當爲慢角，太蔟鈞也。四散太蔟十一徽蕤賓應六散。初散爲蕤賓濁聲，初十徽應鍾應三散，三十徽姑洗應五散，五十徽南吕應七散。二散爲南吕濁聲，二十徽太蔟應四散。南吕、無射、應鍾並用蕤賓調，故於五弦十一暉應七弦散聲。此調五弦緊一律爲無射鈞，與蕤賓無預，不知何以爲蕤賓。五散無射十一徽太蔟應七散。二散爲太蔟濁聲，二十徽林鍾應四散，四十徽黄鍾應六散。初散爲黄鍾濁聲，初十徽仲吕應三散，三十徽無射應五散。今考之不然。此調五絃緊一律當爲仲吕調，仲吕鈞也。五散仲吕十一徽南吕應七散，二散爲南吕濁聲，二十徽太蔟應四散，四十徽林鍾應六散。初散爲林鍾濁聲，初十徽黄鍾應三散，三十徽仲吕應五散也。以律長短配弦大小，各有其序。按律配弦各有法，非以黄鍾配大弦之説也。

右姜夔論五調取應聲之法得之，但習於大弦爲宮之説。以大弦散聲爲黄鍾，不能正其慢角、清商、慢宮之名，而蕤賓調尤無謂。獨於三弦爲宮者，正名宮調。今之彈琴者，亦以此爲正調。此正合黄鍾宮聲居中之理。夫宮聲在三弦，則初六爲徵，二七爲羽，四爲商，五爲角，豈不昭然。奈何古今論樂者固守舊説不變乎？三弦爲黄鍾宮，則初六爲林鍾徵，二七爲南吕羽，四爲太蔟商，五爲姑洗角，正得黄鍾鈞之五律。若以初六爲黄鍾，則三絃爲仲吕，焉有仲吕而可爲黄鍾之角乎？五律皆仲吕鈞，焉有仲吕鈞而可爲宮調乎？然猶幸琴家相傳，皆以此爲正調，爲宮調。其名甚正，於是管吕之説猶可存。若並此而議之汩之，則古法幾無存矣。

隔一弦常應於第十徽，獨爲宮之弦。其角聲必退一徽，於十一徽取應聲，此理甚易知耳。凡商至徵，角至羽，徵至宮，羽至商，中間必歷變律。律與支辰皆第六位，而十徽者正當本絃後第六律也。故皆於此取應，宮至角不歷變律，律與支辰皆第五位。十一徽雖不正當本絃後第五律，而已切近，故獨於此取應也。何以古今無人知耶？

慢角調，今推得是慢宮調林鍾鈞。而琴家或謂之黄鍾調，又曰黄鍾復古調，意以此調正得黄、太、姑、林、南之五律，不知此律爲假借，而真律則林、南、應、太、姑也。何嘗有黄鍾在其間乎？如以此爲復古，則彼正宮調者，非古法，當去乎？此甚有害於琴者也。正宮調三絃本是黄鍾宮，非仲吕角。而大弦爲宮之説牢不可破，是以先儒論律論琴皆不得其要領。朱子《琴律説》謂古人以仲吕爲黄鍾之角，破去三分損益之明法，俯就此謂之僭差。蓋律吕性情自然之變有如此者，而非人之所能爲。今考之，本未嘗以仲吕爲角也。又《答吴元士書》亦往復於黄鍾正宮二調，終不能有確説。而元士又曰正宮又名清角，則正宮之名幸存者，以易名而隱矣。至東坡蘇氏，則直斥之爲鄭衛，使其説行，後人竟廢此調，而樂用中聲之理遂不可見。豈不大有害於樂乎？

琴之五調，由來久矣。後魏陳仲儒云，若善琴術，則知五調是也。西山蔡氏謂琴絣定七弦，只可彈黄鍾一鈞。誠如是，則無轉弦換調之法，且徑以慢角爲黄鍾矣。朱子不然之，謂季通不能琴，彈出便不可行。此便是無下學工夫，吾人皆坐此病。朱子又云，古人隨月調弦，若調至應鍾，弦急恐絶。此亦不然，換調但轉一兩弦或三弦，非盡取七弦而漸緊之也。應鍾猶在黄鍾半律之前，本非甚短之律，則無弦急恐絶之事。朱載堉云，觀朱子與蔡氏，雖嘗著書，但欲明律之理，實未嘗審定其音。夫審音，乃樂之本。豈徒空言而已乎？琴惟五調，何也？蓋弦之緊慢但能易兩律，不能易三律。太緊則弦絶，太慢則不成聲。故正宮五律之外，初六能換蕤賓，二七能換無射，三能換應鍾，五能換仲吕，共九律而已。大吕、夾鍾、夷則三律散聲不用，諸鈞有關涉此三律者則無調也。如朱載堉之法，用琴三張，則六十調皆可旋宮矣。

朱載堉《七音琴説》曰：雅樂失傳，賴琴及笙二器尚在。雖與古律不無異同，若與歌聲高下相協，雖不中不遠矣。以人聲爲律準，雖百世可知也。《詩》不云乎：「鼓瑟鼓琴，笙磬同音。」蓋笙與琴瑟，一堂之樂也。以笙定琴，以琴定瑟，以琴瑟協歌詠以定八音，則雅樂可興矣。古人琴瑟定弦，皆以笙管爲準。《後漢志》所謂弦以緩急清濁，非管無以正也。琴有八十四聲，置八十四以十二除之，得七，是知每均當具七音。自隋何妥建議廢旋宮法，由是以來，世俗琴士不識七音爲均之琴。惟笙皆是七音爲均，却無五音爲均之笙。援笙爲琴瑟作證，不亦深切著明乎？先儒皆不非七音，陳暘何人，乃敢非之。《樂記》曰：「不知聲者，不可與言音；不知音者，不可與言樂。」何妥、陳暘之謂也。至今儒者疑信相半，七音之均幾乎息矣。今特爲七音之均而作，琴中八十四聲，衹用笙中七簧定之。以簡馭繁，妙法也歟。

又八十四聲新説古琴有三等四調：一曰大琴正調，二曰中琴平調，三小琴清調，四瑟調。瑟調最高，古人重之。按：載堉欲破陳暘《樂書》之謬，不言變宮變徵，謂與宮相衝者謂之中，與角相生者謂之和。圖中易變徵爲中字，取《左傳》「中聲以降，五降之後不容彈」，易變宮爲和字，取《淮南子》姑洗生應鍾比於正音，故爲和。今仍作變宮、變徵，使人易曉。

大琴圖之一

	一弦	二弦	三弦	四弦	五弦	六弦	七弦
黄鍾宮	徵林倍	羽南倍	變宮應倍	黄正	商太正	角姑正	變徵蕤正
仲吕宮	商林倍	角南倍	變徵應倍	徵黄正	羽太正	變宮姑正	宮仲正
無射宮	羽林倍	變宮南倍	宮應倍	商黄正	角太正	變徵姑正	徵仲正
夾鍾宮	角林倍	變徵南倍	徵無倍	羽黄正	變宮太正	宮夾正	商仲正
夷則宮	變宮林倍	宮夷倍	商無倍	角黄正	變徵太正	徵夾正	羽仲正
大吕宮	變徵林倍	徵夷倍	羽無倍	變宮黄正	宮太正	商夾正	角仲正

已上六調爲下調，以中弦爲黄鍾，故下大吕一律。

大琴圖之二

	一弦	二弦	三弦	四弦	五弦	六弦	七弦
林鍾宮	[宮] 林倍	商 南倍	角 應倍	變徵 大正	徵 大正	羽 姑正	變宮 蕤正
太蔟宮	變徵 夷倍	徵 南倍	羽 應倍	變宮 大正	[宮] 太正	商 姑正	角 蕤正
南呂宮	變宮 夷倍	[宮] 南倍	商 應倍	角 大正	變徵 夾正	徵 姑正	羽 蕤正
姑洗宮	角 夷倍	變徵 無倍	徵 應倍	羽 大正	變宮 夾正	[宮] 姑正	商 蕤正
應鍾宮	羽 夷倍	變宮 無倍	[宮] 應倍	商 大正	角 夾正	變徵 仲正	徵 蕤正
蕤賓宮	商 夷倍	角 無倍	變徵 黃正	徵 大正	羽 夾正	變宮 仲正	[宮] 蕤正

已上六調爲高調，以中弦爲大呂，故高黃鍾一律。

中琴圖之一

	一弦	二弦	三弦	四弦	五弦	六弦	七弦
黃鍾宮	羽 南倍	變宮 應倍	[宮] 黃正	商 太正	角 姑正	變徵 蕤正	徵 林正
仲吕宮	角 南倍	變徵 應倍	徵 黃正	羽 太正	變宮 姑正	[宮] 仲正	商 林正
無射宮	變宮 南倍	[宮] 無倍	商 黃正	角 太正	變徵 姑正	徵 仲正	羽 林正
夾鍾宮	變徵 南倍	徵 無倍	羽 黃正	變宮 太正	[宮] 夾正	商 仲正	角 林正
夷則宮	[宮] 夷倍	商 無倍	角 黃正	變徵 太正	徵 夾正	羽 仲正	變宮 林正
大吕宮	徵 夷倍	羽 無倍	變宮 黃正	宮 太正	商 夾正	角 仲正	變徵 林正

已上六調爲下調，第三弦爲黃鍾，故下大吕一律。

中琴圖之二

	一弦	二弦	三弦	四弦	五弦	六弦	七弦
林鍾宮	商 南倍	角 應倍	變徵 大正	徵 太正	羽 姑正	變宮 蕤正	[宮] 林正
太蔟宮	徵 南倍	羽 應倍	變宮 大正	[宮] 太正	商 姑正	角 蕤正	變徵 夷正
南吕宮	[宮] 南倍	商 應倍	角 大正	變徵 夾正	徵 姑正	羽 蕤正	變宮 夷正

續表

	一弦	二弦	三弦	四弦	五弦	六弦	七弦
姑洗宮	變徵 無倍	徵 應倍	羽 大正	變宮 夾正	[宮] 姑正	商 蕤正	角 夷正
應鍾宮	變宮 無倍	[宮] 應倍	商 大正	角 夾正	變徵 仲正	徵 蕤正	羽 夷正
蕤賓宮	角 無倍	應徵 黃正	徵 大正	羽 夾正	變宮 仲正	[宮] 蕤正	商 夷正

已上六調爲高調，第三弦爲大吕，故高黃鍾一律。

小琴圖之一

	一弦	二弦	三弦	四弦	五弦	六弦	七弦
黃鍾宮	變宮 應倍	[宮] 黃正	商 太正	角 姑正	變徵 蕤正	徵 林正	羽 南正
仲吕宮	變徵 應倍	徵 黃正	羽 太正	變宮 姑正	[宮] 仲正	商 林正	角 南正
無射宮	[宮] 無倍	商 黃正	角 太正	變徵 姑正	徵 仲正	羽 林正	變宮 南正
夾鍾宮	徵 無倍	羽 黃正	變宮 太正	[宮] 夾正	商 仲正	角 林正	變徵 南正
夷則宮	商 無倍	角 黃正	變徵 太正	徵 夾正	羽 仲正	變宮 林正	[宮] 夷正
太吕宮	羽 無倍	變宮 黃正	[宮] 太正	商 夾正	角 仲正	變徵 林正	徵 夷正

已上六調爲下調，第二弦爲黃鍾，故下大吕一律。

小琴圖之二

	一弦	二弦	三弦	四弦	五弦	六弦	七弦
林鍾宮	角 應倍	變徵 大正	徵 太正	羽 姑正	變宮 蕤正	[宮] 林正	商 南正
太蔟宮	羽 應倍	變宮 大正	[宮] 太正	商 姑正	角 蕤正	變徵 夷正	徵 南正
南吕宮	闕						
姑洗宮	徵 應倍	羽 大正	變宮 夾正	[宮] 姑正	商 蕤正	角 夷正	變徵 無正
應鍾宮	[宮] 應倍	商 大正	角 夾正	變徵 仲正	徵 蕤正	羽 夷正	變宮 無正
蕤賓宮	變徵 黃正	徵 大正	羽 夾正	變宮 仲正	[宮] 蕤正	商 夷正	角 無正

已上六調爲高調，第二弦爲大吕，故高黄鍾一律。

總論曰：十二均七音琴圖，律之大者常在大弦，律之小者常在小弦。若夫宫商則無定位，有以第一弦爲宫者，有以第二弦爲宫者，有以第三四五六七弦爲宫者。宫旋而律不旋，正所謂旋宫也。先儒泥於宫濁羽清之説，遂謂宫商常在大弦，徵羽常在小弦。及至論律，則有正律、變律之别。此乃律旋而宫不旋，非所謂旋宫也。要之，旋宫譜中所謂諸律，皆正律耳，無變律之理也，但有變宫變徵二音。變宫變徵二音，亦正律也。《文獻通考》載宋朝太常琴制，有第一弦爲黄鍾，以至第七弦爲應鍾。隨律彈之，正與古法相合。陳暘、姜夔非之妄矣。

按：先儒之説，宫亦隨律而旋，大小弦皆遞爲宫。病在泥於陵犯之説，謂本均所用爲宫之律，更不得有長律陵越其前，必用半律、變律、變半律以避之。推其流失，遂有小弦爲宫，琴瑟專一之聲，先儒曾未覺悟耳。變律始於杜氏《通典》，此因三分損益仲吕不能復生黄鍾，遂有此謬説，所謂彌近理而愈亂真者也。

蔡邕十二笛圖

蕤賓笛：正聲應蕤賓，下徵應大吕，長三尺九寸九分五釐有奇。八倍無射角四寸九分九釐四毫强。	黄鍾笛：正聲應黄鍾，下徵應林鍾，長二尺八寸四分四釐有奇。四倍姑洗角七寸一分一釐强。
林鍾笛：正聲應林鍾，下徵應大蔟，長三尺七寸九分二釐有奇。八倍應鍾角四寸七分四釐强。	大吕笛：正聲應大吕，下徵應夷則，長二尺六寸六分三釐有奇。四倍中吕角六寸六分五釐九毫强。
夷則笛：正聲應夷則，下徵應夾鍾，長三尺六寸。四倍黄鍾角九寸。	太蔟笛：正聲應太蔟，下徵應南吕，長二尺五寸二分八釐有奇。四倍蕤賓角六寸三分二釐强。
南吕笛：正聲應南吕，下徵應姑洗，長三尺三寸七分一釐有奇。四倍大吕角八寸四分二釐八毫强。	夾鍾笛：正聲應夾鍾，下徵應無射，長二尺四寸。四倍林鍾角六寸。
無射笛：正聲應無射，下徵應仲吕，長三尺二寸。四倍太蔟角八寸。	姑洗笛：正聲應姑洗，下徵應應鍾，長二尺二寸四分七釐有奇。四倍夷則角五寸六分一釐八毫强。
應鍾笛：正聲應應鍾，下徵應蕤賓，長二尺九寸九分六釐有奇。四倍夾鍾角七寸四分九釐有奇。	中吕笛：正聲應中吕，下徵應黄鍾，長二尺一寸三分三釐有奇。四倍南吕角五寸三分三釐三毫强。

三代下制器者，唯蔡邕深明律理。其制十二笛還相爲宫，笛體用本律之角律，長者八之，短者四之，空中實容長者十六。笛體何以用角律也？凡角律，支辰與本律支辰爲三合，如前洛書應十二律數圖。黄鍾當九，則姑洗角當五。九者其體，五者其用，故皆取角律。八之、四之，以爲笛長。而中容又再加八倍乃應也。一笛有正聲，有下徵聲。正聲者，中聲也。下徵者，最濁之聲也。黄鍾笛以林鍾爲最濁，不置黄鍾於首，而置黄鍾於中；不謂林鍾短於黄鍾爲上，而謂長於黄鍾爲下。此正管吕徵羽在宫前之法也。如吕氏法，應鍾下生蕤賓之半律，蕤賓半律上生大吕之半律，則十二笛蕤賓最短，林鍾最長。今以蕤賓最長，何也？權宜之法也。若令蕤賓四倍無射角，僅得一尺九寸九分七釐有奇，太短，不便横吹，故用八倍。令變徵居徵前，是應鍾上生蕤賓之全律，蕤賓下生大吕之半律也。琴轉弦，不能使五弦緊二律當蕤賓，則以大弦緩一律當蕤賓。而蕤賓最濁，亦此理也。若如後人黄鍾用全律爲宫，則必以黄鍾爲最長，應鍾爲最短。何以長者爲蕤賓、林鍾，而黄鍾反短於應鍾耶？此可悟宫聲居中，徵、羽在前者之理矣。晉荀勗不達其故，改黄鍾笛三尺八寸，姑洗笛三尺五寸，蕤賓笛二尺九寸，餘律無所損益，則全無倫理。梁武帝之笛，黄鍾最長三尺八寸，應鍾最短二尺三寸，則如後人之説矣。

朱載堉曰：隋鄭譯與蘇夔俱云，樂府黄鍾乃以林鍾爲調首，失君臣之義。今請雅樂黄鍾宫，以黄鍾爲調首，衆皆從之。按今太常笙，尺字簧長，合字簧短，此謂林鍾爲調首也。自隋已前如此，非始於近代也。蓋亦有説焉，林鍾爲調首者，古稱下徵是也。今民間笛六孔全閉，低吹爲尺，即下徵也。徵下於宫，故曰下徵，即林鍾倍律聲也。從尾放開一孔，低吹爲工，即下羽也。羽下於宫，故曰下羽，即南吕倍律聲也。放開二孔，低吹爲凡，即應鍾倍律聲。放開三孔，低吹爲合，即黄鍾正律聲。放開四孔，低吹爲四，即太蔟正律聲。放開五孔，低吹爲一，即姑洗正律聲。六孔全開，低吹爲勾，即蕤賓正律聲。此黄鍾之鈞七聲也。其林鍾、南吕、應鍾正律之聲開閉同前，但高吹耳。民間之笛，蓋古人遺法也。其宫、商有清、濁，而徵、羽有上、下。下徵二字，見《晉書》、《宋書志》及《文選》註。夫一調内，下有倍律濁聲，上有半律清聲，則黄鍾爲中聲(矣)[明]矣。管仲所謂徵數一百八，羽數九十六，宫數八十一，商數七十二，角數六十四。徵羽之數多，宫商角之數少，即此理也。近世律家不明此理，往往强作解事，指黄鍾爲最濁，似是而實非也。今太常笛，六孔全閉爲合，擬黄鍾之正律。六孔全開爲凡，擬黃鍾之正律。譯等所改，即此笛耳。徒能改笛，而不能改笙。今笙所存者，古之遺法也。

樂用中聲圖

第九行	第八行	第七行	第六行	第五行	第四行	第三行	第二行	第一行
						宮	●	十土
						商	●	九金
						角	●	八木
林	合	黃	宮	宮	徵	徵	○	七火
南	四	太	商	商	羽 變宮	羽	○	六水
應黃清	一上	姑仲	角變徵	角	宮	宮清	◎	五土
太清	尺	林	徵	徵	商	商清	○	四金
姑清 蕤	工 凡	南應	羽變宮	羽	角 變徵	角清	○	三木
						徵	●	二火
						羽	●	一水

天地之聲及人聲可爲樂者，皆天地之中聲，其理出於河圖。此圖左第一行河圖之全數，第二行河圖中宮之十點，半之爲五點；第三行以五聲配之，生數爲清，成數爲濁，而一二之羽徵太清，八九十之角宮商太濁，則所用者中間七、六、五、四、三之五位而已。變徵後雖有清徵、清羽，但爲徵羽之應聲，非別爲二聲也。於是以白黑識其點，而五又爲中之中。以重圈◎識之，此◎之宮，即呂氏所謂黃鍾之宮，《管子》所謂黃鍾小素之首，是爲十二律之本。如《管子》相生之法，則徵羽在宮前，商角在宮後。夫以宮、商、角、徵、羽爲序者，聲之體也。徵、羽、宮、商、角爲序者，聲之用也。體用一源，前圖詳之。第二行加二變爲七音，宮前三聲爲濁，宮後四聲爲清，宮聲正當中之中也。第五行又以宮商角徵羽爲序，蓋所用之五聲，徵最濁，角最清，則又自成五聲大小之序。而宮當徵，商當羽，角當宮，徵當商，羽當角，猶琴家命初弦爲宮，二爲商，三爲角，四爲徵，五爲羽也。《國語》言「五聲大不踰宮，細不過羽」，亦據此行。五聲言之，其實大不踰徵也。第六行加入二變，第七行配以七律，皆爲假借之律。而仲呂於五聲當角，於七音當變徵，又非黃鍾宮之七律。而不得不用之，尤爲假借者也。第八行以樂家管色字配之，黃鍾爲合，太蔟爲四，姑洗爲一，仲呂爲上，林鍾爲尺，南呂爲工，應鍾爲凡。第九行依第四行之七音配以七律，則五聲二變皆得其本位，是爲黃鍾宮之真七律。配以管色字，合爲林鍾徵，四爲南呂羽，一爲應鍾變宮，上爲黃鍾宮，尺爲太蔟商，工爲姑洗角，凡爲蕤賓變徵。後世之樂，一爲變宮，凡爲變徵。北曲用一凡，南曲不用一凡。按圖正相合也。夫一爲變宮，凡爲變徵，今世樂家所通知。若爲圖五六七行之聲律，則一乃是姑洗角，何以爲變宮？凡乃是應鍾變徵，可知第四、第九行之聲律爲真，而五六七行之聲律爲假借矣。四九行之聲律乃第一行之數，第二行之圈，第三行之五聲也。然則樂用中聲之理，豈不昭然？而管呂之說，豈非古今不可易者乎？

又 卷九《審度》 三代已前之尺已見第一卷，此論漢晉以後。

朱載堉曰：「漢平帝時，命劉歆同律度量衡，變漢制從周制，蓋僞周尺也。王莽因之，以鑄錢貨、銅斛、望臬。晉武帝時，荀勗因錢貨、銅斛、望臬重製此尺，故名晉前尺。蔡元定所著律書大率宗此，尺則黃鍾與歆、勗之黃鍾大同小異。歆、勗之黃鍾空徑三分，蔡氏則徑三分四釐六毫。依此尺法製律吹之，黃鍾聲中夾鍾，《宋志》謂王朴之黃鍾亦然。四家黃鍾比古律高三律。宋太祖嫌王朴樂尺短音哀，命和峴更增之。仁宗時，丁度、高若訥仍據王莽錢貨定尺以獻，而司馬光刻之於石，蔡氏著之於書，遂名此尺爲周尺，誤矣。《隋志》開載十五種尺，以此尺爲主。然無補於律，今皆不取也。」

晉荀勗用貨泉尺《隋志》謂之晉前尺。

王莽天鳳元年改鑄貨泉，重五銖徑一寸。劉歆、荀勗黃鐘長九寸，每寸十分。蔡元定黃鐘長九寸，每寸九分。皆紥貨泉九枚，外加一寸爲尺。

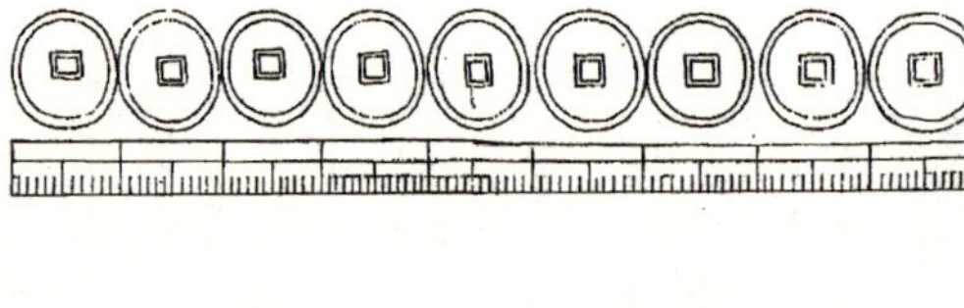

朱載堉《僞尺辨疑》曰：「僞周尺者，漢平帝時劉歆所造，《隋志》謂之晉前尺，蓋以晉荀勗所定故也。晉武帝太始九年，中書監荀勗奉勅校大樂，八音不和，始知後漢至魏尺長於古四分有餘。勗乃部著作郎劉恭，依《周禮》制尺，所謂古尺也。依古尺更鑄銅律呂，以調聲韻。以尺量古器，與本銘尺寸無差。又汲郡盜發六國時魏襄王冢，得古周時玉律及鐘磬，與新律聲韻闇同。於時郡國或得漢時故鐘，吹律命之皆應。勗銘其尺曰：晉秦始十年，中書考古器，揆校今尺長四分半。所校古法有七品：一曰姑洗玉律，二曰小吕玉律，三曰西京銅望臬，四曰金錯望臬，五曰銅斛，六曰古錢，七曰建武銅尺。姑洗微强，西京望臬微弱，其餘與此尺同。銘八十二字，此尺晉新尺，今尺杜夔尺也。至宋儒或謂之校漢錢尺，或謂之漢銅斛尺，名雖小異，理亦無錯，但不可直認爲周尺耳。其謂之周尺者，不過因戰國時魏襄王冢中所獲玉律，乃晚周之物，故云耳。夫晚周之物，豈可便謂成周之律度哉？魏自文侯已耽鄭衛，而厭古樂。降至襄王，則其時世又可知也。梁武《鍾律緯》云：「古玉律八枚，惟夾鍾有題刻。」然則餘無題刻明矣。而荀勖不知何故，舍有題之夾鍾，而求諸無題之姑洗、小吕。夫彼既無題，不能的知何律，但以勖之姑洗、小吕比較長短，與彼偶同，吹或應之，因謂相協耳。安知勖之此律，而非與彼他律應耶？何者以其無題刻也？劉歆銅斛、王莽貨泉，固不足法，而西京望臬、建武銅尺，恐亦因仍莽歆之謬而爲之，是亦不足法也。郡國所得漢時故鍾，尤不可信。按漢《禮樂志》云：今漢郊廟詩樂未著祖宗之事，八音調均又不協於鍾律。而内有掖庭才人，外有上林樂府，皆以鄭聲施於朝廷。以此觀之，豈可信哉。故今從《隋志》，名此尺爲晉前尺，未敢以爲真周尺也。名爲僞周尺，庶幾得之矣。」

又曰：「京房、劉歆、荀勖律尺，每寸十分；元定律尺，每寸九分。今於歆尺背面除去一寸，止用九寸，每寸均作九分，每分九釐，是名蔡氏律尺。若造律管以銅或竹，依蔡氏所算新分，及京氏所算舊分相校，始知二家長短無異，但所言分釐之數不同耳。其空圍内徑三分者，京氏、劉氏之法也。徑三分四釐六毫者，胡氏、蔡氏之法也。空徑之數，但依歆尺，蔡氏所謂徑圍之分以爲十法是也。按《王莽本傳》，僞天鳳六年，初獻新樂於明堂太廟，或聞其樂聲，曰清厲而哀，非興國之聲也。此則劉歆所造之樂，其在當時已有是譏矣。荀勖復用其法，而阮咸譏之。勖造新鍾律，時人稱其精密。阮咸譏之，謂聲高則悲，亡國之音，必古今尺有長短所致。咸卒後，始平掘地得古銅尺，果長勖尺四分，時人服咸之妙。王朴再用其法，而李照譏之。蓋劉歆、荀勖、王朴、蔡元定四家之律，聲音高下相去不遠，爲用貨泉之尺及《漢志》之法也。以縱黍尺古律較之，蔡氏黄鍾應古律之夾鍾，實高三律云。」

按：此尺十寸，約當古黄鍾横黍尺九寸二分，是黄鍾尺仍長八分。始平掘地得古銅尺長勖尺四分者，仍非黄鍾真尺也。以勖尺九寸爲黄鍾，僅得八寸三分有奇耳。空徑又止三分，其律安得不高。

《文獻通考》：宋仁宗景祐二年，李照言王朴創律率不合古法。視古樂高五律，視禁坊胡部樂高三律，請鑄成編鍾一虡，遂建議請改制大樂。取京縣秬黍，累尺成律，鑄鍾審之，其聲猶高。更用太府布帛尺爲法，乃下太常四律。照獨任所見，更造新器，而新聲極下，議者以爲迂誕，罷之。初，照斥王朴樂音高，乃作新樂下其聲。太常歌工病其太濁，歌不成聲，私賂鑄工，使減銅齊，而聲稍清，歌乃協。然照卒，莫之辨。

《玉海》曰：李照所定黄鍾，律聲極下。樂工歌其韻，中無射倍聲。宋綬等言照新樂比舊樂下三律，無所考據。請復用和峴舊樂，詔悉仍舊制。

朱載堉曰：「宋太府尺即黄帝尺，以大泉之徑爲九分。今營造尺即唐大尺，以開元錢之徑爲八分。宋尺之八寸一分爲今尺之八寸。」又曰：「宋李照、范鎮、魏漢津等所定律，大率皆依太府鐵尺。黄鍾長九寸，徑三分，積六百三十六分，聲比古無射倍律之聲。國初，協律郎冷謙所定律，大率依宋制，而尺則用今工部營造尺。黄鍾長九寸，徑三分四釐六毫，積八百四十六分，比古南吕倍律之聲微高。」

又曰：「按李照改制大樂，取京縣秬黍累尺成律，鑄鍾審之，其聲猶高，更用太府布帛尺爲法，乃下太常四律，是先有太府尺，而照欲求合耳，非照自造太府尺也。然則太府尺竟不知何人所製，范鎮以爲黄帝之尺，雖未必然；蔡元定以爲李照之尺，蓋亦誤矣。按《金史·樂志》曰：李照所用太府尺，即周隋所用鐵尺，牛弘等以爲近古合宜者也。今取見有樂，以唐初開元錢校其分寸亦同。則魏漢津所用指尺，殆與周隋唐所用之尺同矣。萬曆己卯歲，取羊頭山秬黍縱累成尺，與漢錢尺互相較正，實與《宋志》所載分寸相同。夫自宋至今，五百餘年，而黍與尺契合如故，豈非天地造化真理者乎？律學之士，未可以忽之也。但李照、范鎮之徒，按元祐間范鎮造新律，其所用尺亦即太府尺。惑於京房、劉歆之謬説，而不達淮南、太史公之妙論，遂使黄鍾之管縱長，周徑及所容黍俱不得其正，而致樂律之乖。按此謂以凡尺之九寸，每寸分爲十分。如《漢志》以九十分爲黄鍾之長，當漢大泉十枚，而尺遂長也。此乃照等不善用尺，而非尺之弊也。誠依淮南、太史公之法爲之，按謂以此尺之九寸，每寸分爲九分，取八十一分以爲黄鍾，當漢大泉九枚，則正得古之黄鍾也。則盡善盡美。而范鎮指此爲黄帝之尺，亦不誣矣。蓋淮南、太史公所謂黄鍾長九寸者，依古法以九分爲寸，九寸乃八十一分也。照等所謂黄鍾九寸者，依《漢志》以十分爲寸，九寸乃九十分也，其相去遠矣。嘗以李照律與蔡元定所算之律吹而相較，果差五律。蔡之黄鍾，李之仲吕也。蔡之夾鍾，李之夷則也。大抵元定之律，即王朴之律耳。其算術雖不同，其音調實相類，蓋殊途而同歸者也。夫朴之樂，蔡已譏之矣。而照之樂，亦不免於譏，何也？豈高者失之清，下者失之濁，皆非中正和平之樂與。《山堂考索》謂朴之樂比古樂高三律，其黄鍾應古之夾鍾。《玉海》謂照之樂比古樂下二律，其黄鍾應古無射之倍聲。和峴、胡瑗之樂比朴下一律，蓋以古之太蔟爲其黄鍾，比真黄鍾猶高二律，其謬亦可見矣。或言照律比太常下四律者，指和峴之樂而言也。或言照樂比舊樂下三律者，指王朴之樂及私賂減銅者而言也。然則朴以夾鍾爲黄鍾者，若下朴三律，則得真黄鍾，而樂律皆正。其孰使然乎？是知朴、照之聰而不如工師之聰，有以識夫中正和平之音矣。蓋凡音之起，由人心生也。人心終不滅，樂亦竟不亡，患在律學諸儒，不知而作，非理變亂之耳。若夫俗樂則不然也。初無繩準之拘，由人取便，求其所安。使歌聲雖高不至於氣竭，雖低不至於聲咽。自然而然，此正古人所謂中聲者也。禮失求諸野，其斯之謂乎？儒者於樂，則異於是，蓋爲律度所拘，不以人聲爲恤。故《宋志》曰：王朴編鍾聲律太高，歌者難逐，故四清聲置而弗用；李照新鍾，歌工病其太濁，私賂鑄工，使減銅齊，於歌乃協。馬端臨謂，學士大夫之説，卒不能勝工師之説。是樂雖曰變，而實未嘗變。蓋天理人心，今古同然也。蔡元定謂萬寶常之樂、魏延陵之律，嘗以漢樂較之。漢樂音調，至隋唐猶在也。然則宋時古樂音調亦未嘗亡，是故李照之律雖以無射倍聲爲律之首，其鍾磬則高二律，尚與古樂無殊。至魏漢津卒，勝工師之説，始以無射倍聲命曰黄鍾矣。既經諸臣變更，而曲調名益乖舛。政和四年，詔改正而難遽革，故俗樂所稱黄鍾者，蓋宋人從時制以稱之耳，其實古無射也。無射爲宫，則必以黄鍾爲商，故俗樂謂商調爲正宫，就黄鍾而言耳。黄鍾者，無射之商也，謂角調爲商調，就太蔟而言耳。太蔟者，無射之角也。蓋俗人祇見音調落在黄鍾、太蔟者，便謂宫、商，而不知旋宫之法，宫商無定也。又俗謂徵調爲中吕，中吕者無射之徵也。謂羽調爲越調，越乃羽之訛也。俗名南吕調者，黄鍾之下羽也。仙吕調者，黄鍾之清宫也。欲觀諸調以律定箏，彈之自見，非可以空言争之也。苟能知律，則古今雅俗一以貫之矣。無射倍聲爲均，蓋自周景王始。或問無射爲之大林，何謂大林？答曰：黄鍾律之音，管之最長，鍾之最大而濁者也。漸而短之小之，以生十一律。則無射、應鍾爲管之最短，鍾之最小而清者也。五聲次序論之，宫宜長大而濁，羽宜短小而清，此其常理。而旋宫之法，無射爲宫，則林鍾爲之羽。宫短而羽長，羽濁而宫清，故律家相傳，以林鍾子聲爲無射之羽。景王則不然，使無射爲宫者，大於其羽，故曰爲之大林，謂大於林鍾也。若然，無射必用倍數。用倍數則反長大於黄鍾矣。夫律吕之用倍數，於理無妨也。但不可因無射大於黄鍾而遂改無射强名曰黄鍾，故所係甚大。《左傳》《國語》言之最詳。有國家者，不可不慎。當時古律俱存，故單穆公、伶周鳩可得而辨之。自李照之後，遂真以無射命爲黄鍾矣。而古律又亡，世鮮知音者，孰能辨之哉！」

按朱子曰：十二律皆在，只起黄鍾之宫不得。所以起不得者，尺不定也。律管只吹得中聲爲定，若謂用周尺或羊頭山黍，雖應準，則不得中聲，終不是。大抵聲太高則焦殺，低則盎緩，此不可容易杜撰。據此，則律尺所係綦重。載堉所考，自王朴以前，失之尺短而聲高；宋元明以來，又矯枉過正，失之尺長而聲低。意者亦因黄鍾宫聲最大而濁之説，習俗相傳，故失之歟。今之尺比明之營造尺爲尤大，更不可以此定律矣。宋太府尺，正合漢大泉之九枚，唐開元錢之十枚。造律者宜以此定黄鍾之長，而毋惑於李照、范鎮用九十分之説，則庶幾有準則矣。若夫後世俗樂，以黄鍾宫當無射之倍律，而别以商調爲正宫。因謂燕樂高於雅樂二律，此或别是一理，非關律尺短長。論律者可因燕樂證雅樂，不必以雅樂繩俗樂也。

如造量爲民間用，各用本朝之尺。周尺較夏尺短二寸，商尺較夏尺長二寸五分。

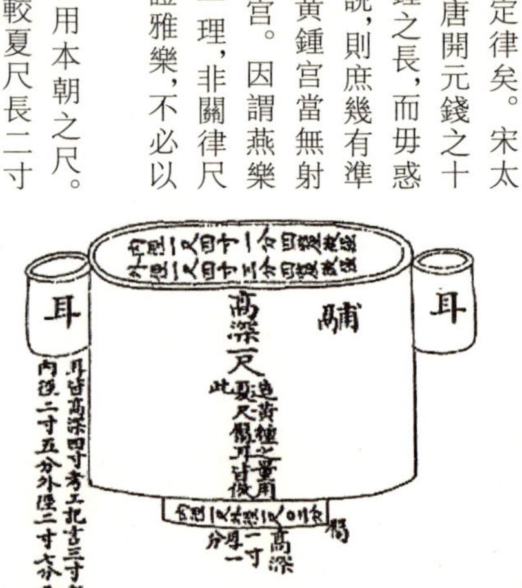

嘉量圖

又　卷一〇《嘉量》　考訂朱載堉書

朱載堉曰：嘉量起於黄鍾律龠。先鑄律龠，後鑄嘉量。《前漢志》曰：量本起黄鍾之龠。龠者，黄鍾律之實也。

律龠、嘉量皆用銅鑄，古所謂赤金也。六分其金而錫居一焉。

謂紅銅六兩，白錫一兩，共爲七兩。隨其多少，準此爲率。

「改煎金錫則不耗，不耗然後權之，權之然後準之，準之然後量之。」

改煎，煎畢更煎，至不耗乃止也。權之、準之，謂稱準六一之數也。量之，謂鑄成方寸者數枚，其分兩同，則知不耗矣。

「凡鑄金之狀，金與錫黑濁之氣竭，黄白次之；黄白之氣竭，青白次之；青白之氣竭，青氣次之，然後可鑄也。」

消錬銅錫，由粗至精，形狀如此。預先用夾沙土造模鑄成，錯磨令極光瑩，此法鑄匠多有曉者，故不細述。律龠形狀，其長與黄鍾同，但内圓而外方，方與黄鍾外徑相同，圓與黄鍾内徑相同。縱黍律尺刻於前面，其長九寸，每寸九分；横黍度尺刻於後面，其長十寸，每寸十分。律尺者，黄帝之尺也。度尺者，虞夏之尺也。刻紋細如髮，分寸令匀也。

鑄嘉量

嘉量古人只一塊鑄。今人學鑄，分作五件。腹底臀兩耳。總銲音汗。而爲一，庶幾易成也。五件厚薄相同，夏尺量之，約厚一分有奇。仍視銅之輕重，重則磨去，務合所算之斤兩也。上截鬴者，形類羅圈而高，重時秤一百八十兩，爲古黍秤三百兩。中截底者，形類鏡面而薄，重時秤六十九兩，爲古黍秤一百一十五兩。下截臀者，形類羅圈而低，重時秤十三兩左右。臀及兩耳，共重時秤三十九兩，載堉謂兩耳無底，今按耳亦可用，以量空有底。爲古黍秤六十五兩。五件各成一器，重時秤二百八十八兩，爲古黍秤四百八十兩，是爲三十斤也。時秤即今時十六兩平秤。俗間私秤二十兩者勿用。

量腹，容二十豆，是爲一鬴，積實一百五十七萬一千三百四十八分有奇。稍贏，辯見後。其臀容四升，是爲一豆，積實七萬八千五百六十七分有奇。稍贏，辯見後。其耳容二十龠，是爲一升，積實一萬九千六百四十一分有奇。稍贏，辯見後。律龠容黍千二百粒，是爲半合，積實九百八十二分有奇。稍贏，辯見後。凡較量不用黍，用井水準其槩，係古人舊法云。用水不如用水銀，見第四卷。

量腹之内方一尺而圓其外者，此乃算家所謂圓内容方，以其方面求圓徑及圓周之術也。術雖云方，而器内非方。先儒謂積千寸，誤矣。按五方積千寸，僅容五斗九合有奇。方求斜，用勾股求弦術。勾十寸自乘，得一百寸；股十寸自乘，得一百寸。相併，共得二百寸。開方除之，得弦一尺四寸一分四釐二毫一絲三忽五微六纖，即鬴之内徑也。凡圓内容方者，假如方面九寸，則圓周四十寸，故以九與四十爲乘除率。今鬴容方一尺，四十乘之，得四十尺。九歸，則得四尺四寸四分四釐四毫四絲四忽四微四纖，即鬴之圓周也。半周半徑相乘，得平圓積，爲鬴之面冪。按圓周四十容方九，此率未真，第三卷已辯之。當以方冪一百，圓積七十八分五十三釐九十八毫一十六絲三十五微，爲求面冪之率。今方積二百，則圓積亦倍之，爲一百五十七分零七釐九十六毫三十二絲，爲鬴之平圓面冪。甚直捷而數真，不若載堉法之迂曲煩難，而數且不確也。後皆倣此。以深一尺乘之，得一百五十七萬一千三百四十八分有奇，今考定一百五十七萬零七百九十六分有奇。爲鬴之積實也。

臀之内徑一尺，斜求方術。一尺自乘得一百寸，折半得五十寸爲實，開方除之，得七寸〇分七釐一毫〇絲六忽七微八纖，即臀之内所容方也。四十乘之，得二丈八尺二寸八分四釐二毫七絲一忽二微，九歸得三尺一寸四分二釐六毫九絲六忽八微，即臀之内周也。半周半徑相乘，得平圓積爲臀之面冪。按方冪一百則圓冪如七八五三九八一六三五之數。以深一寸乘之，得七萬八千五百六十七分有奇，今考定七萬八千五百三十九分有奇。爲臀之積實也。以臀之積實爲法，以鬴之積實爲實，實如法而一，得二十，是知鬴乃二十豆矣。先儒以爲十六豆者，非是。

耳之内徑二寸五分。按知耳之内徑二寸五分者，取臀徑一尺四分之一也。斜求方術，二寸五分自乘得六寸二分五釐，折半得三寸一分二釐五毫爲實，開方除之，得一寸七分六釐七毫七絲六忽六微九纖半，即耳之内所容方也。四十乘之，得七尺〇寸七分一釐〇毫六絲七忽八微。九歸，得七寸八分五釐六毫七絲四忽二微，即耳之内周也。半周半徑相乘，得平圓積，爲耳之面冪。按徑自乘得六十二分半爲方冪，以乘七八五三九八一六三五，以一百除之，得平圓積四百九十分八十七釐三十八毫五十一絲爲面冪。以深四本註舊作三，誤。寸乘之，按古四字用積畫，是以四誤爲三。知非耳徑加廣，而云三寸誤者。若是深三寸，則耳徑不得二寸五分之整數矣。得一萬九千六百四十一分有奇，今考定一萬九千六百三十五分弱。爲耳之積實也。以耳之積實爲法，以臀之積實爲實，實如法而一，得四，是知一豆乃四升矣。

一鬴乃二十豆，以二十豆爲法，置鬴之積一百五十七萬一千三百四十八分爲實，實如法而一，得七萬八千五百六十七分有奇，爲其臀一豆之實也。一豆乃四升，以四升爲法，置臀之積七萬八千五百六十七分爲實，實如法而一，得一萬九千六百四十一分有奇，爲其耳一升之實也。一升乃二十龠，以二十龠爲法，置耳之積一萬九千六百四十一分爲實，實如法而一，得九百八十二分有奇，爲黄鍾一龠之實也。今考定黄鍾一龠之實，九百八十一分七四七七有奇。

載堉《周鬴辨疑》曰：齊西之粟釜百泉，則鏂烏候反。二十也；齊東之粟釜十泉，則鏂二泉也。出《輕重内篇》。《晏子》曰：「四升爲豆，各自其四以登於釜，釜十則鍾。」夫釜粟百錢，而區二十錢；釜粟十錢，而區二錢，則五區爲釜，明矣。四升爲豆，四豆爲區，此以四而登也。五區爲釜，釜乃八斗，十釜爲鍾，鍾乃八斛。二四如八，亦以四而登也。此《晏子》所謂各自其四以登於釜者也。若陳氏之量，則每量加四分之一，是故五豆而區，區乃二十升；五區爲釜，釜乃百升；十釜爲鍾，鍾乃百斗。比舊量區多四升，釜多二斗，鍾多二斛。故《晏子》曰：「鍾乃大矣。」先儒錯會晏子之意，誤以六斗四升爲釜。算家以術考之不合，則又穿鑿，以爲方尺者八寸之尺，深尺者十寸之尺。效尤《漢志》庣旁之説，誤益甚矣。按《洪武正韻》亦謂鍾爲八斛，然則釜爲八斗，與今黄鍾算法全合。

按：載堉引《管子》以證釜爲五區，釜乃八斗，與黄鍾算全合。因以訂先儒六斗四升之誤，亦千古所未發也。註《管子》者亦曰，鏂爲五釜，猶欲合六斗四升之説。釋鏂爲一斗二升八合，則與四升爲豆，四豆爲區者大不侔矣。註者獨未之思乎。然則六斗四升爲釜，乃先儒錯會晏子之意。方算、圓算皆不得六斗四升之數，其誤無疑。以他數參考之，八斗曰釜，倍之則爲庾。冉子請益而與之庾，以倍數益之也。庾亦曰藪，十藪曰秉，猶之半庾爲釜，十釜爲鍾，其加例同也。古人嘉量，不鑄十升之斗，十斗之斛，而鑄八斗之鬴者，取其以圓函方，出於天地自然之數。律之長短、圓徑、平冪、積實，皆本末自然相符。故積二十龠而爲升，八十龠而爲豆，二十豆而爲鬴，不假人力安排。若劉歆爲王莽鑄斛，廣尺、深尺之外加庣旁，以就二千龠之數，則出於人爲，矯揉造作，非自然之數矣。《九章算術》粟米法，以十六寸二分容一升，一百六十二寸容一斗，一千六百二十寸容一石。此率當出劉歆造度量之後，蓋歆以黄鍾爲八百一十分，倍之一百六十二分，是爲一合。故升、斗、石皆以此加也。鄭康成誤以内方算鬴，謂方尺積千寸，於今粟米法少二升八十一分升之二十二。若以今所考定黄鍾之鬴算之，則内方積千寸，僅得五斗九合有奇，與鄭所算六斗一升有奇者相去遠矣。要之，歆之律取九寸於一尺之内，歆之尺加一寸於黄鍾之外，其本已先失之。所謂八百一十分者，又非黄鍾之確數，則律非真律，量亦非嘉量。惟載堉能考前人之誤，使臬氏之法造律造量，本末一貫。銘辭所謂時文思索，允臻其極者，洵非溢美之詞，千古之一快也。載堉又有《嘉量算經》二卷，考之更詳。獨其所用圓周四十容方九之算率，微有未密，今已考定矣。

又按《管子・海王篇》云：「鹽百升而釜。」似當時已有百升爲釜之法。蓋用之以量鹽，後陳氏因之，以量鹽之釜量米以貸民，而以量米之釜收之，陰行竊國之計也。又按臬氏之鬴，固如載堉所算矣。《地官・廩人》云：「凡萬民之食。食者，人四鬴，上也；人三鬴，中也；人二鬴，下也。」謂一月食米之率也，以中年三鬴爲常率計之。十日食八斗，一日食八升，毋乃太多乎。蓋臬氏所謂深尺、方尺者，非夏后氏之尺，乃周尺也。周尺當夏尺之八寸，以八寸計之，一鬴八斗，僅得四斗零九合六勺，則日食四升一合弱耳。又以商尺計之，商尺當夏尺一尺二寸半，以此爲鬴，八斗當夏之一十五斗六升二合有奇。周尺八寸，自乘六十四寸，倍之一百二十八寸，以乘七八五三九八一六，求得面冪一萬零五十三分有奇。以深八寸乘之，八十萬四千二百四十七分有奇，爲鬴之積實，約爲四斗零九合二勺也。商尺一尺二寸五分，自乘一千五百六十二寸五分，倍之三千一百二十五寸，以乘七八五三九八一六，求得面冪二萬四千五百四十三分有奇。以深一尺二寸五分乘之，三百零六萬七千九百五十一分有奇，爲鬴之積實，約爲一十五斗六升二合有奇也。後世之營造尺與商尺同。今時方尺、深尺容四斗。量倉法，長方二尺五寸，深一尺，爲一石。長闊高相乘，二十五除之，得容米數，是方尺、深尺容四斗。周鬴四斗九合有奇，商鬴一十五斗六升二合有奇，約爲四之一而稍贏，則今量四斗，周量一斗稍贏。日食八升，當今量一升稍贏，正爲今人日食之數，與廩人之鬴密合。蓋周人璧羡起度原有二法，一爲十寸之尺，一爲八寸之尺。如造律鑄嘉量，則用黄鍾之尺以垂法；若爲民間之用，則以八寸之尺鑄之。蓋黄鍾不可損益，而度量可損益，故《大傳》曰：「立權度量，可得與民變革。」今以鬴考之，周量視夏量約減半，視商量約四分之一，則周量較營造尺之量亦約四分之一也。又《食貨志》：魏文侯時，李悝計農人所食，月食一石五斗，則日食五升。五升與四升不遠，皆是周尺之量。若漢趙充國議辛武賢引萬騎出張掖，以一馬自負三十日糧計，人日食八升。王莽議十萬衆齎三百日糧出關，嚴尤計一人日食六升，三百日用十八斛。此由當時度量不同，計出軍之糧與平居所食者多寡亦異，是以不能以一率齊也。載堉未考古今量之異同，今補之。

平衡

朱載堉曰：「衡，即今之稱也。小者俗呼等子，大者俗謂之秤。黄鍾之稱，起於絫黍。千二百黍須以重三錢爲準。十黍爲纍，或作絫。今之二釐半也。千纍爲銖，今之二分半也。二十四銖爲兩，今之六錢也。十六兩爲斤，今之九兩六錢也。二十爲鎰，今之十二兩也。十五斤爲稱，今之九斤也。倍之爲三十斤，今之十八斤也。又四之爲石，今之七十二斤也。算術置今求古，十乘六除；置古求今，六乘十除，各得其所求矣。是故達者不必改作，今之稱即古之稱耳。」

載堉擬古天平法馬：

一銖：一百黍之重，爲今之二分半。

二銖：二百黍之重，爲今之五分。
三銖：三百黍之重，爲今之七分半。
四銖：四百黍之重，爲今之一錢。
五銖：五百黍之重，爲今之一錢二分半。
六銖：六百黍之重，爲今之一錢五分。
七銖：七百黍之重，爲今之一錢七分半。
八銖：八百黍之重，爲今之二錢。
九銖：九百黍之重，爲今之二錢二分半。
十銖：千黍之重，爲今之二錢五分。
十一銖：千一百黍之重，爲今之二錢七分半。
半兩：千二百黍之重，爲今之三錢。
一兩：兩龠黍之重，爲今之六錢。
二兩：四龠黍之重，爲今之一兩二錢。
三兩：六龠黍之重，爲今之一兩八錢。
四兩：八龠黍之重，爲今之二兩四錢。
五兩：十龠黍之重，爲今之三兩。
六兩：十二龠黍之重，爲今之三兩六錢。
七兩：十四龠黍之重，爲今之四兩二錢。
半斤：十六龠黍之重，爲今之四兩八錢。
一斤：三十二龠黍之重，爲今之九兩六錢。

按沈括《筆談》云：「予受詔考鍾律及鑄渾儀，求秦漢以來度量升斗，計六斗當今之一斗七升九合，秤三斤當今十三兩，一斤當今四兩三分兩之一，一兩當今六銖半。古尺二尺五分十分分之三，當今尺一寸八分百分分之四十五强。」今存以備考。

安清翹《樂律心得》卷一　論十二律爲虚律

樂之有十二律，乃虚率，非實率也。蓋律起於黄鐘，猶之凡數皆起於一。所謂一者，如立天元一之一，乃虚率也。是故黄鐘即謂之一，並無尺寸之名。其剖一爲若干分，乃算術通分之法，人爲之耳。（如黄鐘爲八十一分之類，乃通分之術也。）譬如周天度，古法三百六十五度四分度之一，今法三百六十整度。立算不同，周天度未嘗異也。梅氏論度法曰：有布帛於此，以周尺度之則於度有餘，以漢尺度之則適足。尺有長短耳，於布帛豈有增損哉。愚亦謂以九寸算黄鐘，或以十寸算黄鐘，或九分爲寸，或十分爲寸，立算不同耳，黄鐘豈有更移哉。苟知十二律爲虚率，其於律學思過半矣。

《管子》先主一，《史記》子一分，所謂一者，即天元一之一，乃虚率，並無尺寸之名。

又　**卷二**

九九連比例

《管子·地圓篇》云：「凡將起五音，凡首，（凡首謂音之總先也。）先主一而三之，四開以合九九，以是生黄鐘小素之首，以成宫。」

愚按：先主一者，凡數始於一也。三之者，以三起率也。一爲數之始，其數不動，一而三之，然後數之用行焉。四開者，一而三之爲一開，三其三得九爲二開，三其九得二十七爲三開，三其二十七得八十一爲四開也。九九者，即八十一也。黄鐘小素之首以成宫者，即所謂黄鐘之宫，即所謂五音凡首也。定黄鐘之宫爲八十一，則五音、十二律皆可用四開之術定之矣。

四開之術即連比例之五率也。一爲第一率，三爲第二率，九爲第三率，二十七爲第四率，八十一爲第五率也。（《史記》生鐘分亦連比例也。）

《管子》此段爲樂律之綱領，凡論樂者不能出其外也。其所謂四開、九九皆虚率，並無尺寸之名。其必以九九定率者，九九即算術也。凡數始於一，終於九。《周髀算經》所謂矩出於九九八十一，《管子·輕重戊篇》所謂虙戲作九九之數以合天道是也。知九九爲算術，知連比例爲算術第一義，而樂律之要可一言蔽之矣。

又　樂律斷比例

十二律相生皆連比例也。至於取聲，則以連比例而兼斷比例，且連比例之用少，而斷比例之用多。連比例者，第一聲與第二聲之比，如第二聲與第三聲之比；而第二聲與第三聲之比，又如第三聲與第四聲之比也。斷比例者，第一聲與第二聲之比，如第四聲與第五聲之比，中隔一聲。其第二聲與第四聲之比，不能如第一聲與第二聲、第四聲與第五聲之比也。推之中隔二三聲，或中隔多聲，皆斷比例也。連比例以兩律求一律，算術用開方。斷比例以三律求一律，算術用異乘同除。如第一聲黄鐘宫，第二聲太簇商，第三聲姑洗角，宫與商之比如商與角之比，此連比例三聲也。（如蕤賓爲變徵，則蕤賓爲第四聲，與宫商角爲四聲連比例。）

如第一聲黃鐘宮，第三聲太簇商，第八聲林鐘徵，第十聲南呂羽，宮與商之比如徵與羽之比也。又如第三聲太簇商，第五聲姑洗角，第八聲林鐘徵，第十聲南呂羽，商與角之比亦如徵與羽之比也。此皆斷比例也。又如第五聲姑洗角，第八聲林鐘徵，第十聲南呂羽，第十三聲半黃鐘清宮，角與徵之比如羽與清宮之比也。此亦斷比例也。其餘可以類推矣。

又 五音之用兼斷比例

十二律之相生爲連比例。若五音之用，則以連比例而兼斷比例者也。蓋作樂之理，聲音必諧，其理即比例之理。所謂累累乎殷如貫珠者，連比例也。所謂上如抗，下如墜，曲如折，止如槀木，倨中矩，句中鉤者，斷比例也。曰上曰下，上與下相諧也；曰曲曰止，曲與止相諧也；曰居曰鉤，居即倨，鉤即句，倨句詳《考工記》。居與鉤相諧也。即斷比例之理也。以五音論之，宮與商之比如商與角之比，是爲連比例三率也。宮與商之比如徵與羽之比，是爲斷比例四率也。第二率與第三率隔二律。商與角之比如徵與羽之比，亦爲斷比例四率也。第二率與第三率隔二律。以上皆間一律之比例也。若角與徵之比如羽與清宮之比，亦爲斷比例四率，第二率與第三率隔一律。乃間二律之比例也。或間一律，或間二律，其斷處或隔一律，或隔二律，或隔三律，然其爲比例則一也。用是知音樂之要全在比例，設比例未合，其聲必不和，其音必不諧矣。非精究理數而得其所以然之故，不足與語此也。

又 七音比例

七音者，宮、商、角、徵、羽，加以變宮、變徵也。以比例之理論之，宮與商之比如商與角之比，商與角之比如角與變徵之比，是爲連比例四率也。間一律比例。徵與羽之比如羽與變宮之比，是爲連比例三率也。間一律比例。變徵與羽之比如羽與清宮之比，亦爲連比例三率也。間二律比例。宮與商之比如羽與變宮之比，第二率與第三率中隔六律。商與角之比亦如羽與變宮之比，第二率與第三率中隔四律。皆爲斷比例四率也。角與變徵之比如徵與羽之比，第二率與第三率相連。亦爲斷比例四率也。以上皆間律之比例。若變徵與徵之比如變宮與清宮之比，第二率與第三率中隔三率。則無間之斷比例也。

又 長短徑圍

聲寓於器，而器有其體。如線面體之體。以竹管言之，有長短，又有徑圍；以絲絃言之，有長短，又有巨細，皆所謂體也。古今論樂律者，或謂長短不同而徑圍則同，或謂長短徑圍俱不同，互相爭辨，各執一義。愚以爲聲音之理變動不居，豈可執一端求之哉。有一體即有一聲，聲不同則體亦不同。有長短不同而徑圍則同者，此一體也。有長短徑圍俱不同者，此亦一體也。且有長短同而徑圍乃不同者，此又一體也。兼斯三者，乃得體之全，即可得聲音之全矣。但就絲絃論之，一絃而有徽柱之不同，此即長短不同而徑圍則同之説也。此絃與彼絃巨細不同而徽柱又異，此即長短徑圍俱不同之説也。各絃長短徽柱俱同而巨細不同，此則長短同而徑圍不同之説也。雖竹管與絲絃取聲不必同，然必兼此三者乃得體之全也，且此三者體雖不同而其爲比例之理則一。所謂樂律者，即比例之理耳。兼此三者，乃可以盡比例之變。若滯於一偏，則非通論矣。

又 三分損益

三分損益始見《管子》。長生短，二因三歸。短生長，四因三歸。此蓋古人相傳算術之簡法耳。以異乘同除之理言之，三常爲第一率，長生短則二爲第二率，短生長則四爲第二率。所知之一律爲第三率，所生之一律爲第四率也。所以然者，十二律中隔八之比例。下生也。以約分之術約之，如三之與四也。設如黃鐘長九寸，下生林鐘長六寸，九與六之比如三與二之比也。林鐘長六寸，上生太簇長八寸，六與八之比如三與四之比也。以密率攷之，黃鐘長九寸，則林鐘六寸之下尚有尾數，太簇八寸之下尚有尾數，今以整數約之，是棄尾數不用也。尾數不用則約六爲二，約八爲四者，必失之弱矣。二與四者第二率也，二率既失之弱，則與三率相乘之實必失之不足矣。實既不足，而以無不足之法除之，則所生之第四率必漸小，此仲呂所以不生黃鐘，遂有往而不返之疑也。鄭世子曰："三分損益往而不返，其弊蓋由七五爲法，法太過而實不及也。"愚謂非法太過，乃實之不及耳。然法之太過與實之不及，其理則一也。七五爲法失之强，《淮南子》七四九爲法，則又失之弱。七十五與五十之比，如三之與二也。七十五與一百之比，如三之與四也。隔八之比例如七四九一五三五三八之與五億，隔六之比例如七四九一五三五三八之與十億，此密率也。密率有尾數，所以密也。

又 十二律周徑面冪空積比例

十二律長短相生，乃線與線之比例也。其徑與徑相生，周與周相生，亦線與線之比例也。徑爲直線，周爲弧線，同爲線與線之比例。若面冪與面冪相生，則面與面之比例也。律之面冪有二，周與徑相乘所得者平圓面冪也，律之長與周相乘所得者長圓面冪也。古今多言平圓面冪，而忽於長圓面冪，於算律之理尚有未盡。若空積與空積相生，則體與體之比例也。然線面體之比例各不同，而其爲連比例十三率則同也。所以然者，線與面之比爲加一之比例，線與體之比爲加二之比例，線與線之比同於面與面之比，而面與面之比同於體與體之比。凡用線者可改而用面，用面者可改而用體，此其所以無不同也。

又 十二律空積圍徑

凡音之生由於體積。金石之音出於實，律管之音出於虛，其爲體積則一也。十二管之清濁由於空積之大小，乃體與體之比例非線與線、面與面之比例也。古今不達此理，大抵臆爲之説，而聲音之道失其傳矣。夫因線生面，因面生體，是故體也者，兼面與線而有之者也。律管有長短，有徑，有圍，皆線也。有徑有圍而成平圓，有長短有圍而成長圓，皆面也。有徑，有圍，有長短而成空積，乃所謂體也。體也者，音之所由生也。古今論律者言長短則遺徑圍，言徑圍則遺空積，間有言空積者，而昧於比例之理，宜乎二千餘年之論樂皆同説夢也。鄭世子曰，舊律徑圍同而新律不同。《禮記注疏》曰，凡律空圍九分。《月令章句》曰圍數無增減，及《隋志》安豐王等説，皆不足取也。愚按世子闢徑圍皆同之説，誠爲卓見。蓋音之生由於律管之空積，舊説只知律管有長短，然長短雖合而空積不合，於比例之理未盡也。世子又曰：以竹或筆管製黃鐘之律，一樣二枚，截其一枚分作兩段，全律半律各令一人吹之，聲必不相合矣。又製大呂之律一樣二枚，周徑與黃鐘同，截其一枚分作兩段，全律半律各令一人吹之，則亦不相合。而大呂半律乃與黃鐘相合，畧差不遠。是知所謂半律者，皆下全律一律矣。愚按：世子此言，蓋驗而得之。夫周徑既同而以一枚分作兩段，是折半平分也，其聲安能相合哉！所以然者，音之相合，由於空積之相應。周徑既同而只折半平分，則全律與半律之空積不相應矣，此其所以不合也。大呂半律與黃鐘相合，畧差不遠者，蓋周徑既同，則周徑大一倍矣。周徑既大一倍，則折半之空積必多一倍矣。空積既多一倍，安得不下全律一律哉！此大呂半律所以與黃鐘全律相合畧差不遠也。世子又曰：「大抵管長則氣隘，隘則雖長而反清；管短則氣寬，寬則雖短而反濁。此自然之理，先儒未達也。」愚按：音之清濁由於空積之大小，其理全在體與體之比例。世子氣隘氣寬之説似矣，而未盡也。世子又曰：「琴瑟不獨徽柱之有遠近，而弦亦有巨細焉。笙竽不獨管孔之有高低，而簧亦有厚薄焉。弦之巨細若一，但以徽柱遠近別之不可也。簧之厚薄若一，但以管孔高低別之不可也。譬諸律管雖有長短之不齊，亦有廣狹之不等。」愚按：世子此論甚是，而亦有未盡。夫琴瑟一弦之上即分十二律，猶之一管徑圍同而分爲十二律也，然而有不同者，何也？蓋琴瑟之弦，絲音也，其取音本不與管音相同。管與管之比例，乃體與體之比例也。琴瑟之弦，其絲雖有巨細，然一弦之内近於線與線之比例，不可與管之長短徑圍比而同之也。至笙管之長短，亦即比例之理與律管本同，其簧有厚薄，則音又生於簧，此如絲音又有緊慢之不同耳。雖相因成聲，而各有其音，不得以笙竽之長短兼簧之厚薄與律管之長短徑圍並論也。世子破除舊説，自屬特識，然未明於線面體比例之理，故其説時有未盡耳。

又 隔八相生

樂律用三分損益，雖非密率，然其用隔八立算，則亦自然之理，何也？蓋十二律有正，有倍，有半，共三十六律，皆連比例也。若用隔七立算，則第一率爲黃鐘，第二率爲蕤賓，第三率即爲半黃鐘，不能生他律矣。若用隔五立算，則第一率爲黃鐘，第二率爲姑洗，第三率爲夷則，第四率即爲半黃鐘，亦不能生他律矣。隔四則第五率仍得半黃鐘，隔三則第七率仍得半黃鐘，皆不能生他律。惟隔六、隔八能生全律，下生順數隔八，上生逆數隔六。是故立算必用隔八，亦不得不然之勢也。且以五音分三十六律，用隔八下生順數，依連比例算之，不用上生逆數。則宮爲第一律黃鐘倍，徵爲第八律林鐘倍，商爲第十五律太簇正，羽爲第二十二律南呂正，角爲第二十九律姑洗清，變宮爲第三十六律應鐘清。自宮至變宮，滿三十六律而五音一周。黃鐘、太簇、姑洗三陽律，林鐘、南呂、應鐘三陰律，各成連比例三率，而樂律之大綱已具。然則用隔八立算，亦有條而不紊也。所當議者，三分損益乃粗率，非密率耳。今用密率算隔八相生，庶於理爲盡，而古法亦存而不廢矣。

一	二	三	四	五	六
黃鐘倍	林鐘倍	太簇正	南呂正	姑洗清	應鐘清
一	二	三	一	二	三
黃鐘	太簇	姑洗	林鐘	南呂	應鐘

又 上生下生一理

古法隔八相生之術，下生隔八，上生隔六，其實一也。蓋姑洗以前，以正律生正律，則下生隔八；以半律生正律，則上生隔六也。仲呂以後，以正律生半律，則下生隔八；以正律生正律，則上生隔六也。如黃鐘生林鐘，用黃鐘正律生林鐘正律則爲下生，用黃鐘半律生林鐘正律則爲上生。所以然者，連比例十三率，黃鐘正律爲第一率，林鐘正律爲第八率，黃鐘半律爲第十三率，自第一率順數至第八率爲隔八，自第十三率逆數至第八率爲隔六也。如仲呂生黃鐘，還元。用仲呂正律生黃鐘半律則爲下生，用仲呂正律生黃鐘正律則爲上生。所以然者，黃鐘爲第一率，仲呂爲第六率，半黃鐘爲第十三率，自第六率順數至第十三率爲隔八，自第六率逆數至第一率爲隔六也。上生、下生本是一理，滯於一偏即有所不通矣。

《管子》：「四開以合九九，以是生黃鐘小素之首，以成宮。三分而益之以一，爲百有八，爲徵。」愚按：此以正律生倍律，以正律生倍律，猶之以半律生正律也。即上生隔六之法也。

《呂氏春秋・音律篇》：「三分所生，益之一分以上生。三分所生，去其一分以下生。黃鐘、太呂、太簇、夾鐘、姑洗、仲呂、蕤賓爲上，林鐘、夷則、南呂、無射、應鐘爲下。」愚按：此即《管子》上生隔六之法。自黃鐘至蕤賓七律，爲上生隔六；自林鐘至應鐘爲下生隔八。上生者以半律生正律，或以正律生倍律；下生者以正律生半律，或以倍律生正律也。在十二律之中則爲以正律生正律。

《史記・律書》：「律數九九八十一以爲宮，三分去一，五十四以爲徵；三分益一，七十二以爲商；三分去一，四十八以爲羽；三分益一，六十四以爲角。」愚按：此即隔八下生之法，與《管子》正相反。《管子》用上生之法，百有八爲徵，此用下生之法，五十四爲徵。百有八者，五十四之倍也，用是知上生下生本是一理。

《漢書・律志》：「黃鐘三分損一下生林鐘，三分林鐘益一，上生太簇；三分太簇損一，下生南呂；三分南呂益一，上生姑洗；三分姑洗損一，下生應鐘；三分應鐘益一，上生蕤賓；三分蕤賓損一，下生大呂；三分大呂益一，上生夷則；三分夷則損一，下生夾鐘；三分夾鐘益一，上生無射；三分無射損一，下生仲呂。陰陽相生，自黃鐘始而左旋，八八爲伍。」注引蔡邕《律曆記》：「凡陽生陰曰下，陰生陽曰上也。」愚按：《律志》以六律生六呂爲下生，以六呂生六律爲上生，蓋黃鐘、太簇、姑洗用正律而下生正律，蕤賓、夷則、無射用正律而下生半律，大呂、夾鐘用半律而上生正律，仲呂、林鐘、南呂、應鐘用正律而上生正律也。半律易爲正律，正律易爲倍律亦可。

總之，上生下生，隔八隔六，乃算術所用所謂二五一十者也。初無深義，儒者於此爭是非，辨得失，則過矣。愚謂，或前五律下生，後七律上生；或前七律上生，後五律下生；或陽律下生，陰呂上生，其歸一也。

《夢溪筆談》云：「《漢志》陰陽相生，自黃鐘始而左旋，八八爲伍。八八爲伍者，謂一上生與一下生相間，如此則自大呂以後律數皆差，須自蕤賓再上生方得本數，此八八爲伍之誤也。」愚按：沈太史泥於前六律下生、後六律上生之法，故謂須自蕤賓再上生方得本數耳。其謂大呂以後律數皆差者，意謂大呂當下生，若上生則差耳。不知上生、下生，不過正律、半律之不同，何嘗有差？

《筆談》又曰：「或云律無上生呂之理，但當下生而用濁倍，二說皆通。然至蕤賓清宮生大呂清宮，又當再上生，如此時上時下，即非自然之數，未免牽合矣。」愚按：下生而用濁倍者，如蕤賓下生大呂，半律倍之爲正律也。知此則知上生下生本無不同，其謂律無上生呂之理，即《漢志》分陰陽之說。其謂蕤賓清宮生大呂清宮又當再上生者，以蕤賓半律生大呂半律又當用上生也。其謂時上時下非自然之數者，駁《漢志》八八爲伍之誤也。沈太史此段駁《漢志》之誤，亦似有理。愚謂，論律而泥於《漢志》陰陽之說，固失之偏，然用以立算，亦無不可。因《漢志》而輕議《管子》及《呂氏春秋》，則失之妄。必欲駁《漢志》之誤，亦可以不必也。

《筆談》又云：「自子至巳，爲陽律陽呂；自午至亥，爲陰律陰呂。凡陽律陽呂皆下生，陰律陰呂皆上生，故巳方之律謂之中呂，言陰陽至此而中也。中呂當讀如本字，作仲非也。至午則謂之蕤賓，陽常爲主，陰常爲賓。蕤賓者，陽至此而爲賓也。納音之法，自黃鐘相生至於中呂而終，謂之陽紀。自蕤賓相生至於應鐘而終，謂之陰紀。蓋中呂爲陰陽之中，子午爲陰陽之分也。」愚按：沈太史此段較之《漢志》其附會又加甚焉。沈太史有脛廟之説以譏班固，此段寧異於所謂脛廟者耶。其前六律皆下生，後六律皆上生，以立算亦無不可。

江氏慎修曰：「黃鐘生林鐘，不以全律下生，而以半律上生，則黃鐘之宮位乎清濁之間。在其前者，有林鐘、夷則、南呂、無射、應鐘五全律爲濁而下生乎清。在其後者，有大呂、太簇、夾鐘、姑洗、仲呂、蕤賓六半律爲清而上生乎濁也。」按：江氏本《呂氏春秋》前七律上生，後五律下生之法而爲此說。愚謂黃鐘乃律本，凡極清、極濁與清濁之間，皆以黃鐘爲之界限。全律、半律共二十四，成連比例二十五率。第一率爲黃鐘，第十三率爲黃鐘，第二十五率又爲黃鐘，初、中、末皆黃鐘也。至於上生下生本是一理，江氏謂黃鐘生林鐘不以全律下生，而以半律上生，則黄鐘位乎清濁之間，豈黄鐘以全律下生即不位乎清濁之間耶？黄鐘用全律，而黄鐘之前有倍律，則黄鐘仍位乎清濁之間也。黄鐘下生而黄鐘爲極濁，黄鐘上生而黄鐘居清濁之間，皆至理也，豈可偏廢乎。夫上生之法本自《管子》，然《管子》以八十一之宫上生百有八之徵，是《管子》亦用全律爲黄鐘之宫也。江氏執四寸五分之説，謂黄鐘生林鐘不以全律下生，而以半律上生，舉一廢百，所謂固哉高叟之爲詩者也。況上生下生，不過隔八之術，乃算律之一端耳。設不用隔八，而黄鐘遂不能生諸律乎？黄鐘遂不能居清濁之中乎？定律之始必是正律，所謂半律者，因全律而半之者也。全律在前，半律在後也。然則黄鐘居清濁之中，亦當用《管子》全律生倍律之法，不可泥於四寸五分之謬説矣。

又　七音二變

五音之外加變宫變徵而爲七音，此舊説也，其説非不可通，而愚傳攷而深思之，舊説殆未必然。蓋七音者，非五音之外加二變聲，乃五音之外加二倍聲，或二半聲耳。其證有四：《管子》五音之數，宫八十一，商七十二，角六十四，此正聲也；百有八爲徵，九十六爲羽，此倍聲也。半之則五十四爲徵之正聲，四十八爲羽之正聲，不言者可知也。夫正聲五而加以二倍聲，是爲七音。《管子》只言五音，而七音已具。此一證也。《史記·律書》曰：「上九、商八、羽七、角六、宫五、徵九。」此十二字，解者不得其意，遂以爲誤字，非也。蓋此一節，就五音相生之序加二半聲而言也。五音配五成數，則宫爲十，徵爲九，商爲八，羽爲七，角爲六。宫、徵、商、羽、角者，五音相生之序也。十、九、八、七、六者，成數之序也。不言宫十者，五音之主，不言可知也。其曰宫五者，半宫也。其曰徵九者，半徵也。徵數本九，九不可半也，故以上九别之。上九爲徵之正聲，則宫五之後又有徵九，其爲半聲可知也。五音之外有半宫半徵，是爲七音。然《史記》與《管子》不同，《管子》乃五音清濁之序，宫、商、角、徵、羽，加倍徵倍羽而爲七律。《律書》此條論五音相生之序，宫、徵、商、羽、角，加半宫半徵而爲七也。二者雖有不同，然音有相生之序，有清濁之序，或用倍聲，或用半聲，其理則一用。是知古人七音之用，必非滯於一端，若後人之拘拘也。此又一證也。古者編鐘編磬必用十六，蓋十二律加以四清聲也。陳氏屏棄四清，爲儒者所嗤宜矣。愚謂，十二律之外有四清聲，猶之五音之外有二倍聲，或二半聲耳。鐘磬十六，其四爲半聲，則音有七，其二爲倍聲或半聲，比而論之，似可無疑。蓋鐘磬雖十六，其四乃清聲，非於十二律之外有所加也。音有七，其二乃半聲或倍聲，非五音之外又有二變也。此又一證也。再以琴音言之，琴之有七弦，殆古者七音之遺也。第一弦散聲爲倍徵，第二弦散聲爲倍羽，第三弦散聲爲宫，第四弦散聲爲商，第五弦散聲爲角，其第六弦散聲與第一弦散聲相應，乃正徵也。第七弦散聲與第二弦散聲相應，乃正羽也。此與《管子》之言若合符節。樂器存於今者惟琴最古，琴之七弦即古之七音，蓋無可疑。學者泥於二變之説，遂生異議耳。此只就琴音論之，又一證也。有此四證，而七音之解不得以空談定之。變徵變宫之説出於《國語注》、《後漢志》，不可據爲定論也。

又　六十調八十四聲

或問：樂家有六十調，又有八十四聲之説，豈聲音之道固有多少之不同歟？曰：此後人因旋宫之説而推衍之耳，非樂理之要也。以五音合十二律而得六十，以七音合十二律而得八十四，於十二律未嘗有增損也，豈有多少之不同哉！夫聲音無窮，有正律，有倍律，有半律，共三十六；又有倍之倍、半之半，共六十。其實，樂之用不過七音耳。七音之説，當以五音加二清爲是。只以琴之七弦，依鄭世子琴圖明之便可知也。應鐘爲變宫，蕤賓爲變徵之舊解，只可備一説，存而不論可也。

琴圖

黄鐘爲宫

一弦	徵	林倍
二弦	羽	南倍
三弦	宫	黄正
四弦	商	太正
五弦	角	姑正
六弦	徵	林正
七弦	羽	南正

鄭世子曰：「凡各弦散聲即本律之正音，第十徽實音爲散聲之母，能生本律也。第九徽實音爲散聲之子，本律所生也。解弦更張，先吹合字，上第一弦，按第十徽彈之，令與笙音相同，是爲黄鐘；次吹四字，上第二弦，按第十徽彈之，令與笙音相同，是爲太簇；次吹上字，上第三弦，按第十徽彈之，令與笙音相同，是爲仲吕；次吹尺字，上第四弦，按第十徽彈之，令與笙音相同，是爲林鐘；次吹工字，上第五弦，按第十徽彈之，令與笙音相同，是爲南吕；其第六弦、第七弦散

聲與第一弦、第二弦散聲相應，此五聲爲均之琴也。」愚按：世子吹聲定弦之説，即以律正音之意，甚爲有理。所論雖曰五聲爲均之琴，然琴實有七弦，即七音也，琴圖所列即八十四聲也。

又曰：「一弦十徽實音爲宫，二弦十徽實音爲商，三弦十徽實音爲角，四弦十徽實音爲徵，五弦十徽實音爲羽，六弦十徽實音爲少宫，七弦十徽實音爲少商，此古所謂正調也。俗謂正調一弦散聲爲宫，二弦散聲爲商，三弦散聲爲角，四弦散聲爲徵，五弦散聲爲羽，六弦散聲爲少宫，七弦散聲爲少商，非也。」愚按：據《管子》徵羽宫商角之序，則世子之言乃不易之論。蓋徵羽宫商角者，散聲之序也；宫商角徵羽者，實音之序也。然其要在於審音，不在於五音之名號也。

又曰：「黄鐘、大吕二均，其宫在第三弦之散聲；太簇、夾鐘二均，其宫在第四弦之散聲；姑洗、仲吕、蕤賓三均，其宫在第五弦之散聲；林鐘、夷則二均，其宫在第六弦之散聲；南吕、無射、應鐘三均，其宫在第七弦之散聲。宫所在處名爲均主，惟第一弦、第二弦上取實音應和，不取散聲爲宫，不名均主也。」愚按：世子此段論琴音甚是，然亦不必拘於宫爲均主之名也。

又　五音清濁之序

宫、商、角、徵、羽，五音清濁之序也。自黄鐘至應鐘，十二律清濁之序也。律有倍有半，倍律濁於正律，半律清於正律。正律之濁較之倍律反爲清，正律之清較之半律反爲濁，所謂不可爲典要，惟變所適也。學者泥於宫濁羽清一定之數，遂誤認倍徵、倍羽而冒以宫商之名，而以宫爲角，以商爲徵，或者知之遂欲破去宫濁羽清之説，皆一偏之見也。鄭世子曰：「世俗琴家謂琴第一弦爲宫，第二弦爲商，第三弦爲角，第四弦爲徵，第五弦爲羽，第六弦爲少宫，第七弦爲少商，其説非也。」愚按：世俗之説誤認倍徵倍羽爲宫商，而以宫爲角，以商爲徵，以角爲羽，以徵爲少宫，以羽爲少商，此特號名之互易耳，於聲音之實未嘗易也。世子又曰：「世儒論五音，謂最大而濁者爲宫，最小而清者爲羽，商之大次於宫，徵之小次於羽，而角居大小清濁之中。古人雖有此言，以理評之，似是而非。夫音固不離乎清濁、大小之分，然不深知何者爲宫，何者爲商、徵、羽，而便一概指其濁而大者謂之宫，清而小者謂之羽，其可哉？伶州鳩曰：大不踰宫，細不過羽。夫宫音之主也，第以及羽。此指黄鐘一調而言則是，以爲通論則非也。」愚按：世俗指音之濁而大者謂之宫，清而小者謂之羽，此樂家之常，不必深論。因此而謂大不踰宫，小不過羽，只指黄鐘一調而言，且以古人宫大羽小之説爲似是而非，則過矣。夫徵羽固有時大於宫商，然必倍徵倍羽乃大於宫商，獨不思有倍徵倍羽，即有倍宫倍商乎。倍徵倍羽大於宫商，若倍宫倍商不更大於倍徵倍羽乎？然則大不踰宫，細不過羽之説正爲通論，豈但指黄鐘一調而言哉？世子因琴之七弦，申明第一弦爲徵，第二弦爲羽，第三弦始爲宫，而爲矯枉過直之論，不知琴乃樂器之一耳。伶州鳩之言豈但指琴之一器而言乎？世子又曰：「韓非子云夫瑟以小弦爲大聲，以大弦爲小聲，借瑟以諷當時君弱臣强，正是此義，不獨善諫，亦可謂知音矣。」愚按：琴瑟一弦之上即分十二律，小弦有大聲，大弦有小聲，此聲音之常也。謂大弦之小聲爲濁，謂小弦之大聲爲清，固不可，然因有小聲而謂大弦爲清，因有大聲而謂小弦爲濁，尤不可也。至以君臣論樂，乃牽合之説，子史諸書誕妄迂怪，全在於此。誠如其言，則旋相爲宫即可謂之旋相爲君乎？此悖妄之尤者，據此破宫大羽小之正論，又過之甚矣。世子又曰：「太史公書謂八十一數爲宫，五十四數爲徵，則宫大而徵小。《管子》之書謂宫數八十有一，徵數一百有八，則宫小而徵大。此二説雖不同，而宫與徵未嘗非其音也，蓋一百八即五十四加倍之數，其五十四即一百八折半之聲耳。」愚按：一百八即五十四加倍之數，然既謂之加倍之數，則宫大徵小之理自明，倍徵大於宫，若倍宫不更大於倍徵乎？宫大徵小，統三十六律而論之也。徵有時而大，宫有時而小，就一節而論之也。滯於一偏，即有害於理矣。世子又曰：「《史記》序五音，先宫商角而後徵羽。《管子》序五音，先徵羽而後宫商角。假令世俗評二家之得失，料其從馬遷者十中有九，求其是夷吾者，百中無一。殊不知，先徵羽而後宫商角，亦可也；先宫商角而後徵羽，亦可也。宫大於徵亦可也，徵大於宫亦可也。十二律吕旋相爲宫，宫無定位，豈可拘於清濁大小之説。蓋夷吾所得者深，馬遷所知者淺。夫淺者人所共知，而深者俗所難解。二家相懸，正猶下里巴人之歌與夫陽春白雪之曲。」愚按：世子謂旋宫之法，宫無定位，宫大於徵亦可，徵大於宫亦可，此通人之論。然宫大徵小，乃音之常理；徵大宫小，乃音之變通。論雖持平，於理尚未盡。至謂《管子》所得深，《史記》所得淺，比之下里巴人與夫陽春白雪，則偏之甚矣。總之，宫商角徵羽，特音之名耳。去其名而以算術比例辨音之清濁高下，乃音之實也。世子蓋猶惑於名而不得其實者也。

又　黄鐘之宫

宫爲五音之主，猶黄鐘爲十二律之主也。以十三率連比例言之，黄鐘居首，半黃鐘居末，是黃鐘者音之始終也。以二十五率連比例言之，則半黃鐘居中，是黃鐘又居大小清濁之中也。居首，居末，居中，皆黃鐘也。此黃鐘所以爲律之主也。宮音亦然。宮商角徵羽五音一定之序，是宮居首也。《管子》用倍徵、倍羽，而爲徵羽宮商角，是宮居中也。居首，居中，皆宮也。此宮所以爲五音之主也。由是以論，黃鐘之宮或用全律，或用半律，用全律則宮居首，用半律則宮居中，皆理之確然不易者也。自學者泥於一偏，執下生之説者則曰，黃鐘之宮乃全律，非半律也。執上生之説者則曰，黃鐘之宮乃半律，非全律也。各執一詞，爭辨不休，皆非通人之論也。

《月令》中央土，其音宮，律中黃鐘之宮。鄭注云：聲始於宮，宮數八十一，屬土者，以其最濁，君之象也。黃鐘之宮最長也。孔疏云：蔡氏及熊氏以爲黃鐘之宮謂黃鐘少宮也，半黃鐘九寸之數，管長四寸五分。愚按：注所言者下生之説也，蔡氏熊氏所言者上生之説也。就《月令》論之，子月律中黃鐘，既爲極長之律，則中央土不應復同，且《月令》本呂氏所作《呂氏春秋》，專主上生。謂黃鐘之宮爲清濁之衷，則蔡氏熊氏之説近是。然《月令》以音律配合節氣，即吹灰之謬論，於音律之所以然全無干涉，且用半律候氣尤謬之謬者。只就《月令》而論，自當從蔡氏熊氏，若據此以駁下生之説，謂《淮南子·天文訓》及《漢書·律曆志》爲謬，則非通人矣。

《攷工記》：㮚氏爲量，内方尺而圓其外，重一鈞，其聲中黃鐘之宮。鄭注云：方尺積千寸，鈞三十斤，其聲應律之首。愚按：此所謂黃鐘之宮，乃全律也。康成律首之注，確不可易，諸儒亦無異説，唯近時戴東原作補注，削去鄭注而從江慎修半律之説，今取其説辨之。補注云，黃鐘之宮，《管子》所謂黃鐘小素之首以成宮者是也。愚按：《管子》：「凡將起五音，凡首，先主一而三之，四開以合九九，得黃鐘小素之首，以成宮。」所謂九九者，即八十一也。宮數八十一乃全律，非半律也。《管子》五音雖以徵羽宮商角爲序，然所謂徵一百八，羽九十六者，乃倍律也。黃鐘雖上生，乃以全律生倍律，非以半律生全律也。倍徵、倍羽而宮乃居中，《管子》之意也。戴氏申明半律之説，而引《管子》乃截去上下文，只取小素之首一句，豈因小素二字即可謂之半律耶？疎矣。補注云，《呂氏春秋》曰：「黃鐘之宮，聲之本也，清濁之衷也。」見《適音篇》。又曰：「昔黃帝令伶倫作爲律，自大夏之西，乃之阮隃之陰，取竹於嶰谿之谷，以生空竅厚鈞者，斷兩節間，其長三寸九分，當作四寸五分。而吹之以爲黃鐘之宮，吹曰含少。次製十二筒，以之阮隃之下聽鳳凰之鳴，以別十二律，其雄鳴爲六，雌鳴亦六，以比黃鐘之宮。適合黃鐘之宮皆可以生之，故曰黃鐘之宮律呂之本也。」見《古樂篇》。又曰：「黃鐘生林鐘，林鐘生太簇，太簇生南呂，南呂生姑洗，姑洗生應鐘，應鐘生蕤賓，蕤賓生大呂，大呂生夷則，夷則生夾鐘，夾鐘生無射，無射生仲呂。三分所生，益之一分以上生；三分所生，去其一分以下生。黃鐘、大呂、太簇、夾鐘、姑洗、仲呂、蕤賓爲上，林鐘、夷則、南呂、無射、應鐘爲下。」見《音律篇》。爲上謂七者以半律上生，爲下謂五者以全律下生。愚按：《呂氏春秋》以黃鐘爲上生，亦算律之一術，與黃鐘下生之術雖異而實同。不過一用全，一用半耳。然此篇並未言及黃鐘之宮，亦未明言上生必用半律，其《古樂篇》三寸九分之説，似乎以半律爲黃鐘之宮，然三寸九分之説本屬可疑，戴氏改爲四寸五分，果否得呂氏之意，尚未可知。即使果得呂氏之意，亦呂氏一家之言耳，不可據一家之言而遂謂全律下生之説爲非也。戴氏據呂氏而改康成之注，亦過矣。況阮隃、鳳鳴等語，乃子書怪妄不經之談，殆不足辨，豈可以之注經乎？補注云：《月令》中央土，其音宮，律中黃鐘之宮。疏云：蔡氏及熊氏以爲黃鐘之宮，謂黃鐘少宮也，半黃鐘九寸之數，管長四寸五分。蔡氏熊氏者，蔡邕《月令章句》，熊安生《禮記義疏》。愚按：《月令》亦呂氏之書，以半律解《月令》黃鐘之宮，自屬可從，愚已論之於前。戴氏據以釋《攷工記》則非也。補注云：江先生曰黃鐘生林鐘，不以全律下生，而以半律上生，則黃鐘之宮位乎清濁之間，在其前者有林鐘、夷則、南呂、無射、應鐘五全律爲濁而下生乎清；在其後者有大呂、太簇、夾鐘、姑洗、仲呂、蕤賓六半律爲清而上生乎濁也。又曰後世之樂，黃鐘宮以清黃爲調首，正宮調不當最濁之律，而在清濁之間。此正伶倫以黃鐘之宮爲律本之意，亦聲律自然之理。愚按：江氏所據者，呂氏黃鐘上生之説也，然呂氏並未明言上生用半律，又安知呂氏之意不以黃鐘全律上生林鐘倍律乎？以黃鐘全律而上生林鐘倍律，則與《管子》以八十一之宮而上生百有八之徵若合符節，而全律爲黃鐘之宮，亦位乎清濁之間，其於理更爲顯而確也。所稱後世之樂，正宮調不當最濁之律，而在清濁之間，即鄭世子論琴之七弦，以第三弦爲宮之説也。然亦與《管子》倍徵、倍羽居宮前之理相同，不得據此謂黃鐘之宮定是半律，決非全律也。戴氏申明江氏之説，以存蔡熊二氏之遺，以備一家之言未嘗不可，若以釋《攷工記》而削康成之正解則不可也。又按：黃鐘之宮或全律或半律，皆律理之所有，則《攷工記》所稱黃鐘之宮其爲全爲半，將何以定之乎？曰：只以記文定之，記曰方尺而圓其外，又曰重一鈞，《國語》單穆公曰：「先王之制鐘也，大不出鈞。既方尺矣，重一鈞矣，則其所中之聲必黃鐘全律可知也。以記文定黃鐘之宮是全非半，雖有善辨者，無所肆其喙矣。

江氏慎修曰：《國語》伶州鳩因論七律而及武王之四樂，夷則、無射曰上宮，黃鐘、太簇曰下宮。蓋律長者用其清聲，律短者用其濁聲。又曰《韓非子》外篇夫琴以小弦爲大聲，大弦爲小聲，雖詭其辭以諷，然因是知古者調瑟之法。黃鐘、大吕、太簇、夾鐘、姑洗、仲吕、蕤賓用半而居小弦，林鐘、夷則、南吕、無射、應鐘用全而居大弦。愚按：江氏此論，與鄭世子因韓非子之言而爲徵大宮小之說，大意相同，皆一偏之見也。總之，宫爲五音之主，或居首，或居中，皆理之至當不易者。拘於宫大之説，而不知音有變通，因音有變通而矯之太過，遂於古人至當之論亦必盡反之而後快，皆樂學之惑也。

又　黃鐘之長一

《管子》四開以合九九，得黃鐘小素之首以成宫。所謂九九者，乃算術虛率，並無尺寸之名，非謂黃鐘長八寸十分一云云，始有分寸之名，蓋即以算術之九九八十一作八寸一分而爲黃鐘之長耳。《律書》又云：「置一而九，三之以爲法，實如法，得長一寸。凡得九寸，命曰黃鐘之宫。」此雖云黃鐘長九寸，然寸乃九分之寸，仍八寸一分也。蓋古來算律之法原如此，《史記》存之耳。其實黃鐘之長並無一定之數也，惟《漢書·律曆志》云：度者本起黃鐘之長，以子穀秬黍中者，一黍之廣度之九十分黃鐘之長，一爲一分。夫曰九十分黃鐘之長，一爲一分則黃鐘長九寸，乃十分之寸矣。此與《史記》不同，而以黍定尺，有實數可據，非復算術假如之虛率比也。後儒言律者泥於其說，皆命黃鐘爲九寸，以黍之廣爲一分。明鄭世子雖有異議，而累黍之法亦不能改也。今取世子之說論之於後。

鄭世子曰：「律由聲制，非由度出。制律之初未有度也，度尚未有，則何以知黃鐘乃九寸哉？以黃鐘爲九寸，不過漢尺之九寸耳。周尺則不然也，商尺又不然也，虞夏之尺皆不然也，黃帝之尺亦不然也。」愚按：律由聲制，非由度出，自不待言，然既制律自不得不寄之於度，所以然者聲虛而度實也。既不能不寄之於度，則即以算術之九九八十一定八寸一分爲黃鐘之長，乃算術假如之法，活數非死數也。此古人立法之本意，非謂必八寸一分，而後謂之律必有一定之八寸一分，而後爲黃鐘之長也。其謂歷代之尺不同，自是度法，於樂律全不相涉。班志以度論律，遂爲講樂家之一大惑。世子辨班志之失，而乃緦緦於度法之不同，是仍爲班志所惑而不自覺也。

又曰：「先儒謂夏禹十寸爲尺，成湯十二寸爲尺，武王八寸爲尺，三代之尺雖不同，而黃鐘則無不同也。解釋黃鐘之義，遷就九寸之說，自漢儒爲始耳。漢儒已前，《周禮》《左傳》《國語》《管子》《吕覽》之類，皆未嘗以黃鐘之長爲九寸也。」愚按：三代之尺不同而黃鐘無不同，是矣。然班志之誤在於混律度爲一，其以黍定尺乃度法也。律既於度法無涉，豈於黍有涉哉？且所謂黃鐘無不同者，乃算術比例之理，所謂四開以合九九者無不同耳。至如假如之法，乃活數也，必比而同之，則無是理矣。其謂漢以前未嘗以黃鐘爲九寸，九寸之說自漢儒始，愚謂《管子》等書所言皆算法虛率，不但無九寸之說，並無八寸一分與夫一尺之說也。《史記》八寸一分與九寸之說，皆算術而加以尺寸之名。漢儒九寸之說，蓋因班氏誤會《史記》九寸之法，《史記》九寸即八十一分。而附會爲九十黍之說，以伸其度起於黃鐘之意耳。世子辨九寸之非，而不能辨度起於黃鐘之謬，是不揣其本而齊其末也。且以九寸布算與以八寸一分布算，其比例本無不同。世子定黃鐘爲一尺，其比例亦豈有異耶？比例既同，而以一尺譏九寸，是同浴而譏裸裎也。

又曰：「蓋黃帝之尺以黃鐘之長爲八十一分者，法洛書陽數也。虞夏之尺皆以黃鐘之長爲十寸者，法河圖中數也。」愚按：八十一分之說出於《管子》，乃算術虛率，並無尺寸之名。至黃鐘之長爲十寸，則之古無此說，乃世子自爲之說也。託之黃帝虞夏而附會於河圖、洛書，愈高遠而愈無當，以此駁班氏，豈能服班氏之心哉。

又曰：「舊謂度本起於黃鐘之長，又謂黃鐘之長九寸，外加一寸爲尺，何塘嘗辨之曰：《漢志》謂黃鐘之律九寸，加一寸以爲尺。夫度量權衡所以取法於黃鐘者，蓋貴其與天地之氣相應也，若加一寸以爲尺，則又何取於黃鐘？殆不知黃鐘之長固非人所能爲，至於九其寸而爲律，十其寸而爲尺，則人之所爲也。《漢志》不知出此，乃欲加黃鐘一寸爲尺，謬矣。」愚按：加黃鐘一寸爲尺，此《漢志》致誤之根在於混律度爲一也。既定黃鐘爲九寸，而累黍之尺一黍爲一分，是一尺有百黍也。而黃鐘止九十黍，安得不加黃鐘一寸而爲尺哉！何氏謂黃鐘非人所能爲，至九其寸而爲律，十其寸而爲尺，則人之所爲。愚謂黃鐘非人所能爲者，算術比例之理耳，加以尺寸之名即人之所爲矣。九寸之律爲人之所爲，則一尺之律獨非人之所爲乎？何氏蓋亦惑於度起於黃鐘之謬說也。

又曰：「黃鐘之律長九寸，縱黍爲分之九寸也，寸皆九分，凡八十一分，洛書之奇自相乘之數也，是爲律本。黄鍾之度長十寸，横黍爲分之十寸也，寸皆十分，凡百分，河圖之偶自相乘之數也，是爲度母。縱黍之律，横黍之度，名數雖異，分劑實同，天地自然之理耳。」愚按：此世子之創論也。班志度與律不同而分則同，世子之論度與律皆同，而分則不同，一齊其本而不齊其末，一齊其末而不齊其本，朝三暮四與朝四暮三寧有異乎？世子意欲辨班志之失，其實承班志之誤而更附會於圖書，附會於黍之縱横以申明度起黄鍾之説，然於樂律之理則去之益遠矣。

又曰：「成湯以夏尺之十二寸有半寸爲尺，則黄鍾之長乃商尺之尺寸。武王以夏尺之八寸爲尺，則黄鍾之長乃周尺之十二寸有半寸。黄鍾無所改而尺有不同，彼執著九寸爲黄鍾之律，然則商之黄鍾太長，周之黄鍾太短，豈不謬哉！」愚按：三代之尺不同，乃度法之不同，與樂律何涉？蓋世子泥於黄鍾有一定之長，故謂黄鍾無所改而有商長周短之疑。愚則謂黄鍾不可改者，九九之數不可改，即定黄鍾爲八寸一分，亦便於算而適於用，可不必改也。若尺寸之大小，則可以不論。尺寸之大小不同，而比例則同；比例既同，則其可以正五音者自無不同。比如測天之器或大或小，皆可以測天。執一定之器以測天，非知天者也。執一定之律以論樂，非知樂者也。

又曰：「歷代尺法皆本諸黄鍾而損益不同，《論語》言三代皆有所損益，蓋指度量衡諸物而言耳。律乃天地正氣、人之中聲，不可以損益也。律無損益而尺有損益，是故黄鍾尺寸不同。」愚按：歷代尺法皆本諸黄鍾，即因班志之謬説而附會之者也。愚則謂度量權衡，所以便民用，示民不惑，或與黄鍾相合，或不與黄鍾相合，於度量權衡之用無涉也。論度量權衡而必求合於黄鍾，乃迂儒牽合附會之談，班志之謬正在於此。所取於班氏者，累黍爲尺之法不見他書，獨班氏言之耳，亦武成之二三策也。世子譏班氏，而謂歷代尺法皆本諸黄鍾，是舍二三策而更附會漂杵之一語也。度量權衡，三代皆有損益，於樂律無涉也。律乃中聲，誠不可損益，然所謂中者，乃時中之中，非子莫之執中也。黍乃天産，亦無損益，此古尺之所以不同而實同也。攷度法自當從累黍爲尺之説，若據以論樂律則失之遠矣。

又曰：「有以黄鍾之長均作九寸，而寸皆九分者，此黄帝命伶倫始造律之尺也，是名古律尺，又名縱黍尺。一黍之縱長命爲一分，九分爲一寸，九寸共計八十一分，是爲一尺。」愚按：縱黍八十一爲一尺，世子之説耳，託之黄帝伶倫而加以古律尺、縱黍尺之名，無徵不信，此之謂矣。

又曰：「《淮南子》曰：一生二，二生三，三生萬物。三三如九，故黄鍾之律九寸而宫音調。因而九之，九九八十一，故黄鍾之數立焉。黄鍾爲宫，宫者音之君也，故黄鍾位子，其數八十一云云。《後漢志》註引鄭(元)[玄]曰：宫數八十一，黄鍾長九寸，九九八十一也云云。右二節，九分爲寸之舊法也，落下閎以八十一分爲日法，即此耳。劉歆改爲八百一十分，非閎本法也。」愚按：《淮南子》及鄭氏之説皆述三分損益之舊法，其原出於《管子》所謂四開以合九九者也，然《管子》本無分寸之名，後人祖其法而加以分寸之名，乃算家假如之法，其實皆虚率，非實數也。世子論三分損益，謂如算術假如之類，誠爲卓識。兹又泥於分寸之名，何也？況《淮南子》諸書並無八十一分爲一尺之説，累黍之法始見班志，《淮南子》諸書無有也。世子據二節爲縱黍八十一即是一尺之證，其誰信之？至落下閎以律定歷，乃曆法之疏。劉歆八百一十分之説，乃律管長九寸，周九分之長圓羃。其所謂寸者，乃十分之寸，非《史記》之九寸也。

又曰：「有以黄鍾之長均作十寸，而寸皆十分者，此舜同律度量衡之尺，至夏后氏而未嘗改，故名夏尺。《傳》曰夏禹十寸爲尺，蓋指此尺也。又名古度尺，又名横黍尺。一黍之横廣命爲一分，十分爲一寸，十寸共計百分，是爲一尺。」愚按：算術以十爲等者，數之常也。此十分爲寸，十寸爲尺，所以利於民而便於算也，豈必求合於黄鍾哉！即欲求合於黄鍾，亦當先齊其本。本者，黍之一分是也。寸者，分之積。尺者，寸之積。世子於律尺則縱其黍，於度尺則横其黍，是本先不齊矣。不齊其本而齊其末，未有能齊者也，且是使民惑也。虞夏之尺雖無確據，必不使民惑。古度尺、横黍尺，世子命之名耳，虞夏之尺無此名也。

又曰：「《史記·律書·生鍾分》曰：子一分，丑三分二云云。右一節，十寸爲律之舊法也。先儒錯會，誤以九寸解之。」愚按：古今言律者以《管子》爲第一，《史記·生鍾分》一節次之。然《史記》亦因《管子》四開之術而推衍之耳。《管子》無尺寸之名，《史記》此節亦無分寸之名，所謂一分三分云者，乃算法通分之術。子一分者，即通分之術所謂整數也。丑三分二，寅九分八云者，即通分之術所謂幾分之幾也。所謂一分者，如立天元一之一。所謂整數者，對畸零不盡之數而言也。十可謂之一，九亦可謂之一。十可謂之整數，九亦可謂之整數也。所以然者，以其爲虚率，非實數也。《史記》此節與《管子》俱無分寸之名，最爲得理之正，先儒以九寸解之，已屬蛇足。世子據此爲黄鍾長一尺之證，則失之愈遠。蓋以九寸解此段，尚在本術中，本術原係由一而三，由三而九也。由一而三，由三而九，即連比例之理也。若世子一尺之説，則出本術之外矣。

又曰：「《漢志》度本起於黄鐘之長，則黄鐘之長即是一尺。古之長九寸，長八寸十分一之類，尺異而律同也。」愚按：《漢志》度起於黄鐘之長，此謬之大者。世子顧獨取其説，既取其説，則《漢志》明言九十黍爲黄鐘之長，加十黍爲一尺。律與度雖有九十黍與百黍之不同，而同起於黍之一分，雖謂之度起於黄鐘之長可也。乃既取之而又駁之，遂有一縱一横之説，以求律度之相應，獨不思一縱一横先不相應矣。且攷之於古，無一合者，雖强合於《史記》《淮南子》，不知其終不可合也。古人長九寸、長八寸十分一之類，乃算術假如之尺寸耳，與《漢志》九十黍之説全不相涉，乃班氏誤會《史記》九寸之法而附會之耳。九寸者，每寸作九分立算，仍是八寸十分一也。本假如之，尺寸何嘗有異而律之同？固不待言。但所謂同者，乃同於比例之理，非同於一定之長短也。

又曰：「有以黄鐘之長均作四段，加出一段而爲尺者，此商尺也，適當夏尺十二寸五分。《傳》曰成湯十二寸爲尺，蓋指此尺也。有以黄鐘之長均作五段，減去一段而爲尺者，此周尺也，適當夏尺八寸。《傳》曰武王八寸爲尺，蓋指此尺也。有以黄鐘之長均作九寸，外加一寸爲尺，此漢尺也。有以黄鐘之長均作八寸，外加二寸爲尺，此唐尺也。有以黄鐘之長均作八十一分，外加十九分爲尺，此宋尺也。唐尺即成湯尺，而唐人用之，故又名唐尺。宋尺即黄帝尺，而宋人用之，故又名宋尺。七代尺共五種，互相攷證，皆有補於律也。」愚按：七代之尺五種，如衣服、宫室、器用、制度之不同耳，豈必盡求合於黄鐘哉！班志本牽合之説，而世子復發明之，益支離蔓延。以之攷古尺則可，其實於樂律無涉也。其謂黄帝尺爲八十一分，尤出臆測。八十一分者，算律之術也。即定爲八寸十分一，亦律之尺寸因算術而定者也，非度長短之尺也。律所以正音，尺所以度長短，各自一事。《漢志》以黍定尺，攷古今尺法，當以爲準。其牽合黄鐘，則出於附會，不足據也。

又曰：「黄鐘之長，當縱黍尺八十一分，當斜黍尺九寸，當横黍尺十寸。縱黍之尺，黄帝尺也，宋尺也。斜黍之尺，漢尺也。横黍之尺，夏尺也。商尺去二寸爲夏尺，夏尺去二寸爲周尺。黄鐘之長，當商尺八寸，當周尺十二寸五分。」愚按：以黍定尺，不易之法也。然必先定黍之分，若一縱、一横、一斜，是黍之分先不定，則所定之尺有三種矣，必無之理也。古者或以八寸爲尺，或以十寸爲尺，或以十二寸爲尺。尺有長短，而一分爲一黍則無不同。至謂漢尺以斜黍九十定之，尤爲非是。《漢志》所言者古尺也，明言百黍爲一尺，即十寸爲尺之尺也。若九十黍之説，本《漢志》之謬談。世子既辨九十黍之非，乃又爲斜黍之説以遷就之，何也？蓋世子不知以律起度之謬，凡一切尺法皆求合於黄鐘，遂分黍之一分爲三種，以遷就求合。究之於律理無涉，乃並尺法而亂之始也。欲因度以定律，既也又因律以亂度，凡泥於牽合之説，其弊必至此。此世子之一大惑也。曰：然則黍之一分何以齊之乎？曰：據《漢志》一黍之廣度之。不曰長而曰廣，似指黍之横而言，然古者風俗渾噩，不似後人之過於細巧。黍雖畧有縱横之分，大抵圓形也。擇黍之中而圓者，以一黍累之，不參以他黍，必近之矣。用是攷世子所定之尺，其縱黍似畧長，横黍似畧短，其斜黍近之而又似微長。雖然，此就累黍爲尺論之耳。若夫黄鐘，則本無長短之可言。所謂黄鐘之長者，即以算術命之耳。古算術謂之九九，九九八十一，加以分寸之名製律管，以便算而適用，則黄鐘之長雖謂之八寸一分，可也。一黍爲一分，則黄鐘之長雖謂之八十一黍，可也。

總而論之，因四開九九之術，命黄鐘爲八寸十分一，古今不易之論也。以黄鐘之長爲九十黍，《漢志》之謬也。凡以九寸立算者，承班氏之失也。辨《漢志》之謬，世子之卓識也。惑於何塘律由聲出之説，而不知律所以定聲，遂拘拘於黄鐘之長短而爲子莫之執中，又泥於《漢志》以律起度之説，遂謂黄鐘爲一尺，又分縱、横、斜三種以遷就求合，世子之惑也。

又　黄鐘之長二

黄鐘不可以長短論，以長短論黄鐘二千餘年，講樂者之一大惑也。夫六律所以正五音，音有清濁，非律不能正，而律不可以清濁言也。如星之於尺，非星不能均長短，而星不可以長短言也。如衡之於權，非衡不能平輕重，而衡不可以輕重言也。如規之於圓，非規無以成圓，而規不可以圓之大小言也。如矩之於方，非矩無以成方，而矩不可以方之大小言也。如句股之表，非表無以算倨句之度，而表不可以度之大小言也。如測天之儀，非儀無以知高遠，而儀不可以高遠言也。尺不以長短言，而自杪忽之短至尋丈之長，皆以星均之也。衡不以輕重言，而自銖兩之輕至鈞石之重，皆以衡平之也。規不以圓之大小言，而圓之小、圓之大皆以規運之也。矩不以方之大小言，而方之小、方之大皆以矩絜之也。表不以度之大小言，而自地球之圓至周天之度，皆以表算之也。儀不以高遠言，而天之高、星辰之遠，皆以儀測之也。律不以清濁言，而匏土革木金石絲竹無窮之音，皆以律正之也。尺非無長短，而求一定之長短於尺，則尺只一用而窮。衡非無輕重，而求一定之輕重於衡，則權只一用而窮。規非不圓，而求一定之圓於規，則規只一用而窮。矩非不方，而求一定之方於矩，則矩只一用而窮。表列倨句之度，而求一定之度於表，則表只一用而窮。儀測高遠，而求一定之高遠於儀，則儀只一用而窮。律所以正聲之清濁，而求一定之清濁於律，則律只一用而窮。此其理亦曉然易見，而二千餘年講樂之家皆迷而不悟，則執一之過也。曰：然則黃鐘何以長八寸一分？曰：此因九九算術而定爲尺寸，以便算而適用耳。尺何必十寸？寸何必十分？取其便於算而適於用也。衡何必十六兩而斤？二十四銖而兩？取其便於算而適於用也。規之爲器，尺寸之間耳，何不爲徑丈之規？不便於算、不適於用也。矩之爲器，一尺二寸耳，何不爲徑丈之矩？不便於算、不適於用也。句股之表，其半徑何以必十萬或千萬？便於算而適於用也。測天之儀何以必分整度？便於算而適於用也。黃鐘之長何以必八十一分？便於算而適於用也。黃鐘之長何不定爲九寸或一尺？不便於算，不適於用也。何疑於黃鐘之長八寸一分哉！黃鐘長八寸一分，而黃鐘不可以長短論也。古樂器多不存，而律未嘗不存。律之號名雖不存，而其實尚存。所謂其實尚存者，古之六律，即後世工師所傳五、凡、工、尺、上、一、四、六、勾、合之類是也。五凡工尺上一四六勾合之類，豈可以長短論之哉？此在工師皆能解，而儒家講樂反不能解，所以不能解者，惑於六律之號名及子史荒誕之說也。視六律爲神怪奇物，必鳳凰鳴而後能定音，必得嶰谷之竹、上黨之黍而後能製管。果有鳳凰，又疑爲他鳥，非鳳凰也。果得嶰谷之竹、上黨之黍，必又曰物有古今之異，此非黃帝時之竹，非黃帝時之黍也。不亦惑之甚而又可哂乎哉！攷之於古，質之於今，斷之以理，審之以數，黃鐘不可以長短論，實無絲毫疑義。蔽以一言，不過童幼所習之小九九耳，雖至淺至近，而爲愚心得之解，掃除二千餘年迂怪之論。蓋百世以俟聖人，而不惑者不但待後世之楊子雲也。

或問：黃鐘不可以長短論，則古來諸家所定之黃鐘或長或短，皆謂之合於律，可乎？曰：不然也。尺不可以長短論，而星則必均，不均不可謂之尺也。權不可以輕重論，而衡則必平，不平不可謂之權也。規不可以圓之大小論，而規則必圓，不圓不可謂之規也。矩不可以方之大小論，而矩則必方，不方不可謂之矩也。表不可以一定之倨句論，而弦矢之率必密，不密不可謂之表也。儀不可以高卑遠近論，而儀上之分數必明，不明不可謂之儀也。黃鐘不可以長短論，而周徑空積之比例必準，不準不可謂之律也。古來諸家所爭不過黃鐘之長短，其於《管子》四開九九之術則茫然不解，鄭世子始用開方立算，辨各律徑圍之大小，較諸家爲密，而於連比例之理、於空積比例之理尚未之知也。然則古來諸家所定之黃鐘，殆無一合於律者，鄭世子近之而未盡也。豈得因黃鐘不論長短，遂可任意爲之而或長或短，無一之不合乎哉？但所謂不合者，由於算術比例不合，非由於長短不合耳。古來諸家所言者律，其實所爭者乃尺也。尺與律最相近而實不同，所謂毫釐千里者也。尺之分數乃平分之數，律之分數乃連比例，非平分也。尺之比例乃線與線之比例，而律之比例乃體與體之比例，以此斷諸家之合與不合，如視指上螺紋矣。

或問：律之不合者無論矣，不識製律既合，遂可以和聲而定樂乎？曰：不然也。尺雖均，而以之度長短仍不能均，不得歸過於尺也。衡雖平而以之權輕重仍不能平，不得歸過於衡也。規雖圓而運之不能成圓，不得歸過於規也。矩雖方而絜之不能成方，不得歸過於矩也。表中之弦矢雖密而算之不精，不得歸過於表也。儀上之分數雖明而測之不準，不得歸過於儀也。製律雖合而聲不諧，樂不和，不得歸過於律也。律者，工師之規矩也，豈能使人巧哉！聖人之於樂，貴學貴習，既學而又時時習之，而巧出焉。而後樂和而聲諧，不諧不和而律不任過，既諧既和而律不任功也。古來諸家所定之樂無論，其律不合，即使得黃帝之律亦斷其不諧不和，何也？諸家之於樂，未嘗學，未嘗習故也。不學不習而以空言求勝，聽其言也，若河漢而無極，工師不能與之辨。而究不能勝工師之說者，工師且學且習故也。規矩未嘗不存，而巧無魯般，豈得謂製律既合遂可以和聲而定樂哉！雖然有規矩而不能巧者有之矣，未有舍規矩而能巧者也。律既合而樂不和、聲不諧者，有之矣，未有律不合而能和樂諧聲者也。此律呂之學所以不可不先講也。

或問：因九九之術而定黃鐘之長爲八十一分，設驗之於聲，而黃鐘或已清或已濁，將何以處之乎？曰：黃鐘已清則用倍律，黃鐘已濁則用半律，黃鐘恰合則用本律。只求合聲而不泥於黃鐘、大呂之名，斯得之矣。音不過五，而律有三十六，不必全用而不可勝用也，在善用者擇之耳。何慮於黃鐘之已清已濁哉！《管子》先徵羽而後宮商，是用倍律也。《周禮》編鐘十六枚，是用半律也。黃鐘非清，有倍律而黃鐘謂之清。黃鐘非濁，有半律而黃鐘謂之濁。旋相爲宮不可爲典要，唯變所適，此正黃鐘之不可以長短論也。不然而謂黃鐘有一定之長短，則黃鐘已爲極長之律，濁之極矣，又有倍律，不太濁乎？應鐘已爲極短之律，清之極矣，又有半律，不太清乎？用是推知古人之用律，擇而用之。黄鐘已清，則用應鐘以前之倍律。應鐘已濁，則用黄鐘以後之半律。所謂時中也。自迂者論之，見黄鐘之前又有長律，必疑黄鐘爲太短；見應鐘之後又有短律，必疑應鐘爲太長。二千餘年，講樂之家著書充棟，所争者黄鐘之長短耳，所守者六律之號名耳。觀其所言，每曰某人之律高於古律若干律，某人之律低於古律若干律，究其所謂古，乃子莫之執中，各爲一子，莫各執一中，而律不知爲何物矣。夫東家之西，即西家之東，畧辨東西者知之。尺有所短，寸有所長，畧解長短者知之。而二千餘年，講樂之家獨不之知也。

或問：講樂之家必求黄鐘之長短者，所以定中聲也。黄鐘不可以長短論，然則何以定中聲？曰：中聲者，人聲也。高於人聲即謂之過高，低於人聲即謂之過低，合於人聲即謂之中聲。是故人聲者，樂律清濁之大界限也。天地之間，何往非聲？風號、雷震皆聲也，而不謂之中聲者，大於人聲故也。蟲吟鳥噪，亦聲也，而不謂之中聲者，細於人聲故也。然則人聲無過大過細之慮乎？曰：有之，强爲大而不出於自然即謂之過大，强爲細而不出於自然即謂之過細。其出於自然而無所用其勉强者，無論細大皆中聲也。《書》曰：「歌永言，聲依永，律和聲。」三言者，樂律之綱要也。歌永言者，人聲之出於自然者也。聲依永者，宫商角徵羽，其清濁高下依乎人聲之自然以爲準也。律和聲者，五音之清濁高下必以律正之，按律索聲而後聲可和也。非歌何以有聲，非聲何以有律。律無中聲可言，以其可以正五音而謂之中聲。五音亦無中聲可言，以其依人之歌聲而謂之中聲也。故曰中聲者，人聲也。講樂之家，舍人聲而求中聲於黄鐘之長短，因律而有聲，因聲而有歌，是聲和律、永依聲也，本末倒置。不但毫釐之差，千里之謬也，且不獨歌聲出於人，凡匏土革木金石絲竹各有五音，亦豈能外於人哉。笙竽簫管，人以氣吹之也。琴瑟鐘磬，人以手鼓之也。氣之所不能吹，手之所不能鼓，其爲過大可知也。氣之所不容吹，手之所不容鼓，其爲過細可知也。氣之所吹，手之所鼓，出於勉强而非自然，其爲非中聲可知也。以歌聲爲主而氣之所吹，手之所鼓，其清濁高下無不與歌聲相應。聽之以人之耳，而平之以人之心，是之謂聲諧而樂和，是之謂中聲。是中聲者人人有之，人人能知之，能得之。而不學不習，遂不知不得，故曰中庸不可能也。聖人作樂所以和血氣、養性情，豈外於人而别有所謂中聲哉。别有中聲而强以人聲合之，是削趾就屨之説也，何以和血氣、養性情乎！曰：講樂之家以中聲爲難定，何也？曰：講樂之家不求人聲而求之鳳凰，求之吹灰，其最近者求之纍黍之尺。夫鳳凰、吹灰豈果有之哉？纍黍之尺豈能不以人聲爲驗哉？舍人人皆有之中聲而索之無何有之鄉，宜其以中聲爲難定也。縱伶倫製管，后夔拊石，而彼亦不知其爲中聲也，以其無可憑也。惑於黄鐘之名而各執一子莫之中，又能爲大言曰：黄鐘者，萬事之根本也，天地之元氣也，所以感神人而致物者也，可以知勝敗，可以定吉凶。人豈敢與之辨哉！辨之則以爲侮天地神人矣！戰必敗而動必凶矣。語曰：道在爾而求諸遠，事在易而求諸難，誠然哉！誠然哉！

鄭世子云：「雅樂失傳，賴琴及笙二器尚在，雖與古律不與異同，若與歌聲高下相協，雖不中不遠矣。以人聲爲準，雖百世可知也。」愚按：以人聲爲準，古今不磨之論。世子知此而猶惑於黄鐘之名，備攷黍尺而爲遷就附會之説，以求黄鐘之長，何也？蓋胸無確見，遂多岐論。世子闢吹灰之謬，而又變以氣驗律之説爲以律驗氣之説，謂候氣爲用律之一端，亦由於胸無確見故也。世子又云：「《詩》不云乎：鼓瑟鼓琴，笙磬同音。蓋笙與琴瑟一堂之樂也，以笙定琴，以琴定瑟，以琴瑟協歌咏以定八音，則雅樂可興矣。古人琴瑟定弦皆以笙管爲準，琴有八十四聲，置八十四以十二除之，得七，是知每均當具七音。自隋何妥建議廢旋宫法，由是以來，世俗琴士不識七音爲均之琴，唯笙皆是七音爲均，卻無五音爲均之笙，援笙爲琴瑟作證，不亦深切著明乎。琴中八十四聲，祇用笙中七簧定之，以簡馭繁，妙法也歟。」愚按：世子以笙之七音證琴之七音，可謂因此得彼，聞一知二者矣。其以笙之七簧定琴之八十四聲，尤爲不易之法。夫笙何與於琴，而可以定琴者，以其比例同也。笙豈無大小，琴豈無長短，而皆可以笙定琴者，大小長短雖異，而比例則同也。蓋以笙定琴，則笙即琴之律也。笙之上、尺、工、凡、合、四、一，即律之黄鐘、太簇、姑洗、蕤賓、林鐘、南吕、應鐘也。夫笙非律而可以代律，笙之長短豈與律之長短相等哉！世子達乎此而猶惑於黄鐘有一定之長短，其亦未之思矣。

又　黄鐘之長三

或問：黄鐘不可以長短論，則纍黍之尺可廢乎？不可廢乎？曰：非謂其不可廢，乃不必廢也。子莫之中，亦中之一，但害在執耳。舉一廢百，執一之故也。果能不廢百，則所舉之一亦百中之一也，又何必舉百廢一乎？有意於舉百廢一，仍是執一也。曰：諸家之纍黍不一，其尺即不一，而律亦不一，將以何者爲是？曰：任取一家，依比例密率算之，製而爲律，使善用律者用之，只求合聲，不惑於黄鐘、大吕之名，則皆可以正五音，可以得中聲也。累黍之尺，惟鄭世子攷校最詳，即就世子之言論之，世子謂蔡元定之律失之短，黄鐘比古律高三律，聲中古之夾鐘。夫古之夾鐘獨非中聲乎？使蔡氏之黄鐘果當古之夾鐘，是蔡氏之名爲黄鐘者即世子之名爲夾鐘者也，則蔡氏之名爲南吕倍律者，必世子之名爲黄鐘者也。易倍南吕之名爲黄鐘，易黄鐘之名爲夾鐘，則蔡氏可同於世子。若易夾鐘之名爲黄鐘，易黄鐘之名爲倍南吕，則世子亦可同於蔡氏矣。去其黄鐘、夾鐘、倍南吕之名，而世子與蔡氏其相同者自在也。世子謂李照之律失之長，黄鐘比古律低二律，當古之無射倍律。夫古之無射倍律獨非中聲乎？使李氏之黄鐘果當古之無射倍律，是李氏之名爲黄鐘者即世子之名爲無射倍律者也，則李氏之名爲太簇者，必世子之名爲黄鐘者也。易太簇之名爲黄鐘，易黄鐘之名爲倍無射，則李氏可同於世子。若易倍無射之名爲黄鐘，易黄鐘之名爲太簇，則世子亦可同於李氏矣。去其黄鐘、太簇、倍無射之名，而世子與李氏其相同者自在也。世子意謂律太短者聲必失之焦急，律太長者聲必失之重濁，皆非中聲也，此尤不然。夫蔡氏之黄鐘既當古之夾鐘，謂古之夾鐘失之焦急，非中聲可乎？蔡氏之黄鐘失之焦急，則何不取蔡氏之倍南吕即古之黄鐘者而用之乎？李氏之黄鐘既當古之倍無射，謂古之倍無射失之重濁，非中聲可乎？李氏之黄鐘失之重濁，則何不取李氏之太簇即古之黄鐘者而用之乎？夫當用黄鐘而不用黄鐘，當用夾鐘而不用夾鐘，當用倍無射而不用倍無射，此用律之過，非律之過也。當用黄鐘而用夾鐘，則失之焦急；用倍無射則失之重濁。若當用倍無射而用黄鐘，則黄鐘亦失之焦急；當用夾鐘而用黄鐘，則黄鐘亦失之重濁矣。豈加以黄鐘之名即可謂之中聲哉！音不過五，而律三十六已不可勝用。古人用律，或倍或半，只求合聲，不拘於倍半之名也。古人用律，其可數者四倍四半，合之本律共二十律。最長之八倍律與最短之八半律不必全用也。蔡氏之短，李氏之長，其當用之二十律，與世子相同者尚在三十六律之中也。設不在三十六律之中，而變而通之，有倍之倍，有半之半，其當用之二十律，與世子相同者亦未嘗不全也。必拘拘於三十六，是亦子莫之執中也。古人之三十六律，就中擇而用之耳，豈盡用之哉！不用之長律與不用之半律，豈盡拘之以八哉。必拘之以八，是又子莫之執中也。此就世子之説論之耳。世子以一己所定謂之古，其實古之十二律並無一定之短長也。古律無一定之短長，而其用之也，則擇之必精，非若後世限以一定之短長而求之於律之名，不求之於聲之實也。總之，定律之要全在算術比例，比例既精，任取一家之尺，依法算之而可以製律矣。至用以正音，則在善用律之人。善用律之人必能審音，必學習既久而後得之，非可以口舌争也。師曠之聰不以六律不能正五音，然唯師曠之聰乃能以六律正五音。師曠上知也，其次必學習得之，非有六律即能正五音也。當師曠時，豈無六律，何師曠之少哉？猶之規矩常存，而巧者少也。如不能審音而歸過於律，於是争黍之大小、尺之長短，而又惑於十二律之名，則守蔡氏之説者謂世子之黍太大，尺太長，其聲失之重濁，其黄鐘乃古之倍南吕也。守李氏之説者謂世子之黍太小，尺太短，其聲失之焦急，其黄鐘乃古之太簇也。各託於古，互相是非，黍豈有聲可論？尺豈有聲可論哉？世子又豈能以口舌争哉？如不惑於十二律之名，而審之以音，則三家之律如前所論，其相同者固在也。又何必以口舌争哉？大抵講樂之家皆惑於律吕之名。所謂名者，不獨黄鐘爲萬事根本，黄鐘爲聲氣之元，一切虚渺之説爲然，即黄鐘長八寸一分，律共三十六與夫六十調、八十四聲有一定之數者，皆律吕之名也。一拘於此，於理必有所不通矣。然則何謂律吕之實？曰：算術比例。《管子》所謂四開九九者，律吕之實也。此聖人之時中，非子莫之執中也。

鄭世子曰：「音律之有名，猶人名耳。邱垤之邱，孔子取之。轗軻之軻，孟子取之。孔孟之德，豈在是乎？聲音有高下而莫能識，則古人强以宫商名之，而又强爲黄鐘等，正猶此耳。初無别義，以義解律，漢儒之穿鑿也。」愚按：世子闢漢儒穿鑿之失，是矣。但所謂名者，豈止宫商黄鐘等謂之名乎。凡五音、七音、三十六律、六十調、八十四聲，以及黄鐘長短、宫濁羽清之類皆名也，諸家守五音之説則非七音，守七音之説又非五音，於三十六律、六十調、八十四聲限以一定之數，必不可增減。而講黄鐘長短者，講宫濁羽清者，尤紛如聚訟。凡此皆惑於名之過也。宫商鐘吕之名，其惑人尚淺。此數端者，其惑人更深也。世子論黍尺而附會於河圖、洛書，創爲縱黍横黍之説，其與漢儒之穿鑿相去幾何哉？

世子又曰：「知音者隨處有之。點笙之人其非知音，而何彼但不知律之名耳。」愚按：後世工師惟不知律之名，而律之實猶在儒者言律如繫風捕影，只於名求之，非失之怪誕即失之拘泥，正由知律之名耳。知律之名即爲律之名所惑，二千餘年凡知律之名者，未有能知音者也。彼工師不知律之名，只求合聲，無所謂陰陽、五行、吹灰生黍也，斯不失之怪誕矣。無所謂隔八相生，累黍定尺也，斯不失之拘泥矣。此如歷家只求合天，其歷必密。凡言歷而求合於陰陽、五行、卦爻、蓍策，其歷未有能密者也。凡言律而惑於名，未有能知律者也。

計算

朱載堉《律學新說》卷一

約率律度相求第二

上古造律，其次聽律，其後算律。《虞書》《周禮》有聽律之官，無算律之法。《典同》所謂數度，爲樂器言之。至於律同合聲，陽左旋而陰右轉，觀其次序，不以算法論矣。算法之起殆因律管有長短，此算家因律以命術，非律命於算也。猶之方田焉：田生五穀，豈知我爲圭、箕、弧環？律和五聲，豈知我爲正、變、倍、半？皆算家命之爾。故曰：古之爲鍾律者，以耳齊其聲。後人不能，始假數以正其度。雅樂之不可興，聲音之學不傳也。古者自小學已教之六樂、九數，今耄且罔知，豈惟算律哉！夫率者，算經假如之法也，若圓徑七、周二十二，穿四、壤五，堅三，勾三、股四、弦五之類是也。古稱黄鍾九寸，其數八十一，此亦算率耳。其實黄鍾即一尺也，以一尺而三分分之，則有不盡之數，故設假如之法。假如黄鍾長九寸，則林鍾長六寸；假如林鍾長六寸，則太簇長八寸；太簇以下諸律放此。算家欲明三分損益、上下相生，故設此率。雖命之曰黄鍾長九寸，圍九分，積八百一十分，而非真數，特算率如此耳。京房、劉歆之徒皆喜穿鑿傅會，餙辭巧説，迷惑千載，而先王古樂愈湮滅難復矣。苟有志復古者，則《漢志》之失所當先辨也。

律度相求

訣曰：從微至著，用九乘除。縱横律度，契合圖書。

若置縱黍之律以求横縱之度，則用九歸。若置横黍之度以求縱黍之律，則用九因。反復相求，各得縱横二黍律度。蓋縱黍之律契合雒書，故以九忽爲絲，九絲爲毫，九毫爲釐，九釐爲分，九分爲寸，九寸爲尺，從微至著，皆用九焉。其横黍之度契合河圖，則以十忽爲絲，十絲爲毫，十毫爲釐，十釐爲分，十分爲寸，十寸爲尺，從微至著，皆用十焉。然古法頗疏，得其大略而已，非精密之算術，故謂之約率也。

黄鍾縱黍律長九寸。

黄鍾横黍度長十寸。

黄鍾九寸，每寸九分，即縱黍八十一分也，以爲九十横黍之廣，誤矣。置九寸在位，用九歸一遍，進位定作十寸，即横黍一百分而爲度母。古謂度本起於黄鍾之長，是也；謂加一寸，非也。

大吕縱黍律長八寸三分七釐六毫。

大吕(縱)[横]黍度長九寸三分六釐四毫四絲二忽。

置八寸三分七釐六毫在位，先從末位毫上算起，用九歸一遍，得六毫六絲六忽奇。却從次位釐上算起，再九歸一遍，得八釐五毫一絲八忽奇。又從次位分上算起，再九歸一遍，得四分二釐七毫九絲八忽奇。又從首位寸上算起，再九歸一遍，得九寸三分六釐四毫四絲二忽奇。餘律皆放此。

太簇縱黍律長八寸。

太簇横黍度長八寸八分八釐八毫八絲八忽。

夾鍾縱黍律長七寸四分三釐三毫三絲。

夾鍾横黍度長八寸三分二釐三毫九絲三忽。

姑洗縱黍律長七寸一分。

姑洗横黍度長七寸九分〇一毫二絲三忽。

仲吕縱黍律長六寸五分八釐三毫四絲六忽。

仲吕横黍度長七寸三分九釐九毫〇五忽。

蕤賓縱黍律長六寸二分八釐。

蕤賓横黍度長七寸〇二釐三毫三絲一忽。

林鍾縱黍律長六寸。

林鍾横黍度長六寸六分六釐六毫六絲六忽。

夷則縱黍律長五寸五分五釐一毫。

夷則横黍度長六寸二分四釐二毫九絲五忽。

南吕縱黍律長五寸三分。

南吕横黍度長五寸九分二釐五毫九絲二忽。

無射縱黍律長四寸八分八釐四毫八絲。

無射横黍度長五寸五分四釐九毫二絲八忽。

應鍾縱黍律長四寸六分六釐。

應鍾横黍度長五寸二分六釐七毫四絲八忽。

此章横黍之度，即《史記》生鍾分術也。還原則依後術九因算之，不滿忽者收作一忽，即是原數。其縱黍之律與蔡氏《律呂新書》所載全律分寸正同。但古法置一而九，三之以爲法，十一三之以爲實，得十七萬七千一百四十七，而黄鍾大數立焉。然後下生者倍其實，三其法；上生者四其實，三其法，實如法而一，以生十二律。其布算煩瑣，不如新法簡捷易曉，所謂殊途而同歸也。古法世多知之，兹不具述。其生鍾分算法已見二卷。

密率律度相求第三

朱熹曰：「琴之有徽，所以分五聲之位，而配以當位之律，以待抑按而取聲。而其布徽之法，則當隨其聲數之多少，律管之長短，而三分損益、上下相生，以定其位。今人殊不知此。其布徽也，但以四折取中爲法，蓋亦下俚立成之小數。雖於聲律之應，若簡切而易知，但於自然之法象，懵不知其所自來，則恐不免有未盡耳。」臣嘗宗朱熹之説，依古三分損益之法以求琴之律位，見律位與琴音不相協而疑之。晝夜思索，窮究此理，一旦豁然有悟，始知古四種律皆近似之音耳。此乃二千年間言律學者之所未覺。惟琴家安徽，其法四折去一，三折去一，俗工口傳，莫知從來，疑必古人遺法如此，特未記載於文字耳。禮失求諸野，不可以其下俚而忽之也。《傳》曰：「今五音之無不應者，其分審也，宫徵商羽角各處其處，音皆調均，不可以相違，此所以不亂也。」夫音生於數者也，數真則音無不合矣。若音或有不合，是數之未真也。達音數之理者，變而通之，不可執於一也。是故不用三分損益之法，創立新法。置一尺爲實，以密率除之，凡十二遍，所求律呂真數，比古四種術尤簡捷而精密。數與琴音互相校正，最爲吻合。惟博學明禮之儒，知音善算之士，詳味此術，必有取焉者矣，豈庸俗所能識哉。

黄鍾横黍度長十寸。

黄鍾縱黍律長九寸。

十寸者，一尺也。《史記》所謂子一分，《漢志》所謂象黄鍾之一是也。置十寸在位，用九因一遍，退位定作九寸，即縱黍八十一分也，是爲律本。古云：黄鍾九寸，因而九之，九九八十一，故黄鍾之數立焉。此之謂也。夫三分損益之法既非，則九分爲寸之説亦誤。今復著其術者何也？爲求縱黍之律故也。雖然，只用横黍之度亦足矣，是故先之。

大呂横黍度長九寸四分三釐八毫七絲四忽。

大呂縱黍律長八寸四分四釐〇六絲七忽。

置九寸四分三釐八毫七絲四忽爲實，初九因至寸位住，得八寸。又九因至分位住，得四分。又九因至釐位住，得四釐。又九因至毫位住，得〇毫。又九因至絲位住，得六絲。又九因至忽位住，得七忽。凡九因六遍，共得八寸四分四釐〇六絲七忽，爲大呂。餘律皆放此。

太蔟横黍度長八寸九分〇八毫九絲八忽。

太蔟縱黍律長八寸〇一釐四毫一絲六忽。

夾鍾横黍度長八寸四分〇八毫九絲六忽。

夾鍾縱黍律長七寸五分一釐〇一絲〇。

姑洗横黍度長七寸九分三釐七毫〇〇。

姑洗縱黍律長七寸二分二釐五毫四絲二忽。

仲呂横黍度長七寸四分九釐一毫五絲三忽。

仲呂縱黍律長六寸六分六釐一毫一絲六忽。

蕤賓横黍度長七寸〇七釐一毫〇六忽。

蕤賓縱黍律長六寸三分二釐四毫二絲八忽。

林鍾横黍度長六寸六分七釐四毫一絲九忽。

林鍾縱黍律長六寸〇〇四毫八絲四忽。

夷則横黍度長六寸二分九釐九毫六絲。

夷則縱黍律長五寸六分〇二毫一絲四忽。

南呂横黍度長五寸九分四釐六毫〇三忽。

南呂縱黍律長五寸三分一釐四毫一絲六忽。

無射横黍度長五寸六分一釐二毫三絲一忽。

無射縱黍律長五寸〇四釐一毫二絲一忽。

應鍾横黍度長五寸二分九釐七毫三絲一忽。

應鍾縱黍律長四寸六分八釐一毫五絲一忽。

右縱黍十二律若要還原，依前術用九歸，即得横黍度數。

密率求方積第四

自乘爲平方，再乘爲立方，此算家所共曉，殊不知算律亦然也。平方謂之冪，立方謂之積。夫冪之名本疏布手巾也，古人用覆飲食之器，今世所謂舉冪酌酒是也。冪形方正，縱横有紋，算術自乘，其數必方，縱横正等，有類乎冪，故取名謂之冪，非真冪也。夫積者如算倉窖中五穀積實耳，借立方術以求之者，立方所得即是積實之數故也。凡算倚短度數，則以十忽爲絲，十絲爲毫，十毫爲釐，十釐爲分，十分爲寸，十寸爲尺，十尺爲丈。平方之術與此不同，乃以百忽爲絲，百絲爲毫，百毫爲釐，百釐爲分，百分爲寸，百寸爲尺，百尺爲丈。蓋平方者，形如方磚，東西南北四面皆方。假如每面皆方十寸，則中積百寸矣，是爲方一尺也，故曰百寸爲尺。立方之術則又不然，乃以千忽爲絲，千絲爲毫，千毫爲釐，千釐爲分，千分爲寸，千寸爲尺，千尺爲丈。蓋立方者，形如方臺，上下左右前後六面皆方。假如每面皆方十尺，則中積千尺矣，是爲方一丈也，故曰千尺爲丈。平圓、立圓，其積生於平方、立方之術。方術未解，而欲測圓，難矣。律孔本圓，今欲求圓先求方者，數乃無形之物，方分實諸圓器之中，則無不隨其圓。若作圓分，則有空隙而不實矣。自宋范鎮創以圓分爲積，此乃臆説，非正理也。圓分之法，在理必無；而縱黍之法，於理則有。假如横黍平方每寸百分，縱黍則每寸惟八十一分。横黍立方每寸千分，縱黍則每寸惟七百二十九分，蓋以九爲法也，求之亦各有術。然約十而爲九，布算煩瑣，無益於事，故自此至終篇，專以横黍言之，不復更求縱黍。先儒亦云：凡律，徑，圍之分以十爲法者，天地之全數也。以九爲法者，不過因三分損益而立耳。則圓分之説不能通於圍、徑，亦可見矣。

求十二律積實新法

置黄鍾横黍度長十寸，自乘得一百寸，倍之得二百寸爲實，開平方法除之，得一十四寸一四二一三五六二三七三〇九五〇四；進一位命作立方積一百四十一寸四百二十一分三百五十六釐二百三十七毫三百〇九絲五百〇四忽爲實，别將律數十二自乘，得一百四十四爲法除之，得黄鍾積實。

黄鍾積實九百八十二分〇九十二釐七百五十一毫六百四十七絲九百八十二忽。

置黄鍾積實在位，以十兆乘之爲實，以十一兆二千二百四十六萬二千〇四十八億三千〇九十三萬七千二百九十八爲法除之，得大吕積實。餘律皆放此。

大吕積實八百七十四分九百四十五釐一百七十三毫五百三十八絲一百〇六忽。

太蔟積實七百七十九分四百八十七釐五百三十三毫五百四十八絲一百七十五忽。

夾鍾積實六百九十四分四百四十四釐四百四十四毫四百四十四絲四百四十四忽。

姑洗積實六百一十八分六百七十九釐六百六十五毫三百七十五絲二百三十五忽。

仲吕積實五百五十一分一百八十釐〇九百二十毫〇八百二十二絲二百九十一忽。

蕤賓積實四百九十一分〇四十六釐三百七十五毫八百二十三絲九百九十一忽。

林鍾積實四百三十七分四百七十二釐五百八十六毫七百六十九絲〇五十三忽。

夷則積實三百八十九分七百四十三釐七百六十六毫七百七十四絲〇八十七忽。

南吕積實三百四十七分二百二十二釐二百二十二毫二百二十二絲二百二十二忽。

無射積實三百〇九分三百三十九釐八百三十二毫六百八十七絲六百一十七忽。

應鍾積實二百七十五分五百九十釐〇四百六十毫〇四百一十一絲一百四十五忽。

密率求圓冪第五

方者象地，圓者法天。方圓相求，自然真率，其數出於河圖、雒書，而非人所爲也。河以通乾，其數十；雒以流坤，其數九。乾坤交泰，互藏其宅，故九爲地，而十爲天。天包地外，地居天内。天有四方，每方十寸，其周爲四尺，則圓之周率也。地有四方，每方九寸，其弦爲一尺二寸七分二釐七毫九絲二忽二微有奇，則圓之徑率也。周公嘉量之制，測圓之術蓋已具焉。所謂方尺而圓其外，得弦一尺四寸一分四釐二毫一絲三忽五微六纖有奇，是名方圓縱率。其測圓，周、徑相求，與半九爲乘除；積，徑相求，與倍九爲乘除。半九者，四寸五分也；倍九者，一尺八寸也。黄鍾倍、半自然之理，律度量衡所由生也。因而九之即得前率，九歸還元復得今率，此二法相通也。推理而論，圓中必容方焉。方無形，圓有形，其方居圓十分之九，是故測圓之術必先求其容方，而後知其周、徑。徑求周，用弦求勾股之術，得其一面之方，四因其方而九除之，即圓周也。周求徑，九因其圓而四除之，用勾股求弦之術，得其兩角之斜，即圓徑也。此古法之妙歟！戰國已來，數學失傳，至漢張蒼掇拾民間猥淺之法，用補黄帝《九章》，後世宗之以爲數學根本。張丘建、夏侯陽、孫子、五曹復推演之。其測方圓乃有直五斜七、圍三徑一之説，算家指此名爲古率，然實非古法也。夫直五、斜七，斜實有餘。圍三、徑一，徑實不足。淺陋之士，豈能察哉！劉歆、王蕃、祖沖之輩，蓋嘗訂正之矣。其測圓，或以爲徑七、周二十二，或以爲徑四十五、周一百四十二，或以爲徑一百一十三、周三百五十五，雖頗密於徑一圍三，要之皆未得自然之理也。祖氏製率初意，蓋謂圓積一億分，則其徑一百一十三尺，乃一萬一千三百分；周三百五十五尺，乃三萬五千五百分。試以其法算之，半徑半周相乘，得積一億而强二十八萬七千五百分，蓋周、徑之分太多也。號爲密率，密安在哉！天地自然真率及周公方圓總率，算律之士誠不可忽。今詳解之，其法如左。

天地自然真率

訣曰：容方九寸，以象雒書。天地自然，豈不妙歟。

試驗之法。用紙大小二幅，其方中矩，用意比對，四面相同。小者每面皆方九寸，大者皆方一尺三寸。置於平處，小者在大者上，中心定針於小者，四角外運規僅容四角，絲毫不可多也。片紙作寸，移量圓周，針尖點識，恰好四十整寸。欲求圓之徑數，即是方之斜弦。勾股求弦術，横方九寸爲勾，自乘得八十一寸；縱方九寸爲股，自乘得八十一寸。併之得一百六十二寸爲實，開平方法除之，得弦一尺二寸七分二釐七毫九絲二忽二微有奇，即圓周四尺之徑數也。是故以四尺爲周率，以一尺二寸七分二釐七毫九絲二忽二微有奇爲徑率。凡平圓以周求徑，置周若干爲實，先以徑率乘之，後以周率除之。以徑求周，置徑若干爲實，先自相乘，又以十寸乘之，得數後以徑率除之。以積求徑，置積若干爲實，先以徑率乘畢，而以十寸除之，得數然(得)[後]開方。以周求積，置周若干，先自相乘，進一位爲實，以徑率乘畢，後以周率除二遍。以積求周，置積若干爲實，先以周率乘二遍，以徑率除畢退一位，然後開方。訣曰：圓周四十容方九，勾股求弦數可知。遂以此爲求徑率。求周、求積，亦如之也。

周公方圓總率

訣曰：容方十寸，取法河圖。聖人制作，不亦善乎。

試驗之法同上。其紙小者方一尺，大者方一尺四寸五分，圓周四尺四寸五分四釐四毫四絲四忽四微四纖九分纖之四。其内容方一尺，勾股皆十寸。各自乘，併之，得二百寸爲實，開平方法除之，得弦一尺四寸一分四釐二毫一絲三忽五微六纖億分纖之二千三百七十三萬〇九百五十有奇，是爲方圓總率。凡測圓徑求周者，以總率乘徑，進一位如四十五而一。周求徑者，以四十五乘周，退一位如總率而一。周、徑求積者，如前求得周徑，半周半徑相乘，或徑自乘，以總率乘之，如十八而一。積求周、徑者，以十八乘積，如總率而一，開方得徑，四歸徑爲法，除積得周。夫四十五乃九寸折半之數，十八乃黄鍾加倍之律，而與方圓總率反復乘除，故能盡幽微之理趣，極古今之玄妙者矣。已上諸條乃捷法也，《律吕精義》所載乃正法也。

求十二律面冪新法

置黄鍾積實九百八十二分〇九十二釐七百五十一毫六百四十七絲九百八十二忽爲實，以林鍾横黍度長一百分爲法除之，得黄鍾面冪。

黄鍾面冪九分八十二釐〇九毫二十七絲五十一忽。

置黄鍾面冪在位，以十億乘之爲實，以十億〇五千九百四十六萬三千〇九十四爲法除之，得大吕面冪。餘律皆放此。

大吕面冪九分二十六釐九十七毫二十一絲二十忽。

太蔟面冪八分七十四釐九十四毫五十一絲七十三忽。

夾鍾面冪八分五十二釐八十三毫八十二絲七十四忽。

姑洗面冪七分七十九釐四十八毫七十五絲三十三忽。

仲吕面冪七分五十五釐七十三毫八十二絲五十九忽。

蕤賓面冪六分九十四釐四十四毫四十四絲四十四忽。

林鍾面冪六分五十五釐四十六毫八十二絲七十二忽。

夷則面冪六分一十八釐六十七毫九十六絲六十五忽。

南吕面冪五分八十三釐九十五毫五十八絲四十三忽。

無射面冪五分五十一釐一十八毫〇九絲二十忽。

應鍾面冪五分二十釐〇二十四毫五十五絲一十二忽。

密率求周徑第六

自《冬官》一篇亡，造律制度不見於經，而其支流餘裔則子史傳記尚或有之。然古文深奥，先儒不曉其義，往往臆見增損其語，遂使本法支離。後之學者苟非聰顯神解，豈能自悟也哉！試畧辨其一二。古云：黄鍾九寸，因而九之，九九八十一，故黄鍾之數立焉。蓋指其縱黍之分而言也。律長九寸，每寸九分，故八十一分。而劉歆以爲九寸自乘，得八十一，故黄鍾之實八百一十分。夫八十一者是也，八百一十者非也。此以臆見增其文者也。古云：黄鍾空圍九分，其長之一。蓋析其管之長，作爲九段，取其一段之數爲其内周。而鄭康成以爲凡律空圍九分。夫黄鍾空圍，九分其長之一是也，凡律空圍九分非也。此以臆見削其文者也。蔡邕銅龠銘曰：「黄鍾九寸，空圍九分。」此説當矣。其《月令章句》曰：「律雖有大小，圍徑無增減。」又曰：「然不如耳決之明。」此乃自知其法之謬，亦不盡信之辭也。夫十二律管内外各有周、徑，孔中面羃要之亦各不同，而先儒未有定論。西晉孟康註《漢志》曰：「黄鍾圍九分，林鍾圍六分，太蔟圍八分。」此説近是，而《隋志》非之。唐及五代趙宋之初，諸議律者悉從《隋志》之説，更無異議。惟胡瑗造樂，審其音不協，乃更林鍾已下諸律圍徑各有等差。蔡元定却譏之，以爲律有長短之異，圍徑則無不同。嗚呼！先儒之論，參差如此。臣初未詳何者爲是，既而命工依彼圍徑皆同之説，制管吹之以審其音：林鍾當與黄鍾、太蔟相和而不相和，南吕當與太蔟、姑洗相和亦不相和，黄鍾正半二音全不相應而甚疑焉。或至終夜不寢，以思其故。久而悟曰：律管長者，其氣狹而聲高；律管短者，其氣寬而聲下。是以黄鍾折半之管，不能復與黄鍾相應而下黄鍾一律也。他律亦然。大抵正半相較，半律雖清而反下，正律雖濁而反高，豈不以其管短氣寬也哉！蓋由圍徑不得自然真理故耳。夫律管脩短既各不同，則其空圍亦當有異。推原其理，總而言之，不過九分其長之一而爲空圍之數。若分別而言之，縱黍黄鍾長八十一分者，則當空圍九分；其横黍黄鍾長百寸者，則當空圍一寸一分一釐一毫一絲一忽。周既有異，徑亦隨之，面羃積實俱各不同。先儒昧於此理，一槩惟以徑三圍九求之，其疎失亦甚矣。算律之術，擬諸環田，周有内周外周，徑有内徑外徑。古所謂空圍者，特指其内周耳，非面羃九分也。創爲九方分之説者，後世之穿鑿也。且夫算術之中，測圓爲難，周、徑、羃、積各有真理存乎其間，苟不得其自然之理，而欲求其精微之數，豈可得哉！新法九分黄鍾之長，以其一爲其内周，用弦求勾股之術，得其外周。二十分黄鍾之長，以其一爲其外徑，用弦求勾股之術，得其内徑。蓋圓中取方，方中取圓，反復相求，則内外周徑自然之數得矣。非知天地之造化者，其孰能與於此乎？韓邦奇曰：「器與造化通，唯律而已。黄鍾既定，凡天地間之器，雖衣服盤盂皆造化之用。形而上，形而下本一物也。明律義，凡天下之理皆可通，不但爲作樂而已。太極之理亦不外此。」

周徑相求正法

置所求律積實全數爲實，以其長若干爲法除之，即得面羃平圓積。置所得平圓積，以黄鍾倍律一尺八寸乘之，以測圓總率一尺四寸一分四釐二毫一絲三忽五微六纖有奇爲法除之，得數爲實，開平方法除之，即得内徑。仍置面羃平圓積四因爲實，以所得内徑爲法除之，即得内周。

周徑相求捷法

以内徑自相乘，得數二因爲實，開平方法除之，即得外徑。

以内周自相乘，得數二因爲實，開平方法除之，即得外周。

置所求律内周爲實，以黄鍾半律四寸五分乘之，以測圓總率一尺四寸一分四釐二毫一絲三忽五微六纖有奇爲法除之，即得内徑。

置所求律外徑爲實，以測圓總率一尺四寸一分四釐二毫一絲三忽五微六纖有奇乘之，以黄鍾半律四寸五分爲法除之，即得外周。

已上二法極爲簡捷，即勾股求弦、弦求勾股之術，得天地方圓自然之理，故殊途而同歸。算律之妙，至此極矣。但絲忽已下有數而無形，非目力所察，故畧之不載。

十二律管長短、廣狹、内外周、徑真數：

黄鍾長十寸，内周一寸一分一釐一毫，内徑三分五釐三毫，外周一寸五分七釐一毫，外徑五分。

大吕長九寸四分三釐八毫，内周一寸〇七釐九毫，内徑三分四釐三毫，外周一寸五分二釐六毫，外徑四分八釐五毫。

太蔟長八寸九分〇八毫，内周一寸〇四釐八毫，内徑三分三釐三毫，外周一寸四分八釐三毫，外徑四分七釐一毫。

夾鍾長八寸四分〇八毫，内周一寸〇一釐八毫，内徑三分二釐四毫，外周一寸四分四釐，外徑四分五釐八毫。

姑洗長七寸九分三釐七毫，内周九分八釐九毫，内徑三分一釐四毫，外周一寸三分九釐九毫，外徑四分四釐五毫。

仲吕長七寸四分九釐一毫，内徑九分六釐一毫，内徑三分〇六毫，外周一寸三分六釐，外徑四分三釐六毫。

蕤賓長寸〇七釐一毫，内徑九分三釐四毫，内徑二分九釐七毫，外周一寸三分二釐一毫，外徑四分二釐。

林鍾長六寸六分七釐四毫，内周九分〇七釐，内徑二分八釐八毫，外周一寸二分八釐三毫，外徑四分〇八毫。

夷則長六寸二分九釐九毫，內周八分八釐一毫，內徑二分八釐，外周一寸二分四釐七毫，外徑三分九釐六毫。

南吕長五寸九分四釐六毫，內周八分五釐六毫，內徑二分七釐二毫，外周一寸二分一釐一毫，外徑三分八釐五毫。

無射長五寸六分一釐二毫，內周八分三釐二毫，內徑二分六釐四毫，外周一寸一分七釐七毫，外徑三分七釐四毫。

應鍾長五寸二分九釐七毫，內周八分○八毫，內徑二分五釐七毫，外周一寸一分四釐三毫，外徑三分六釐三毫。

若遣良工造律管者，惟據此篇度數足矣。前項律、度、方、圓、積等則皆不必討論，恐其文煩難省易惑，亦非工匠所當知也。若夫大儒君子留心律學，推窮理數，須將前項每段算術，次第鑽研，一一親手算過，方得其趣，乃至一句一字不可遺也。

又　卷二　審度篇第一之上

臣所撰《度譜》證古尺者，凡十二類，總若千萬言。於經史百家書中禮樂、名物、車服、器用，近取諸身，遠取諸物，凡有關涉於度數者，無不博採以爲證據。間有相傳之說，亦與辨析，使之昭然無可疑焉。文煩不載，摘取數條録於此篇，以見其大略云。

一曰證之以尺；二曰證之以步；三曰證之以鈔；四曰證之以錢；五曰證之以黍；六曰證之以粟；七曰證之以律；八曰證之以聲；九曰證之以身；十曰證之以體；十一曰證之以器；十二曰證之以物。

右十二條，同類相附，合成六條。

證之以尺步

《通志》曰：「夏禹十寸爲尺，成湯十二寸爲尺，武王八寸爲尺。」

《禮記・王制》曰：「古者以周尺八尺爲步，今以周尺六尺四寸爲步。」

陳祥道曰：「六尺四寸者，十寸之尺也。十寸之尺六尺四寸，乃八寸之尺八尺也。」

蔡元定曰：「周家十寸八寸皆爲尺。以十寸之尺起度，則十尺爲丈，十丈爲引。以八寸之尺起度，則八尺爲尋，倍尋爲常。」

今按：《説文》曰：「十寸爲尺，八寸爲咫。」然則尺之與咫，二器之名也。以尺度物而計之，則曰一尺二尺。以咫度物而計之，則曰一咫二咫。《孔叢子》曰：「昆吾之劍，長尺有咫。」《史記》曰：「肅慎之矢，長尺有咫」是也。今人但知八寸爲咫，而不知咫乃別是一物之名，而非尺矣。譬如量器，則鬴之非斛也。權器，則秤之非等子也。蓋尺、丈、斛、鎰之類，皆以十爲數者也。咫、仞、尋、常、豆、區、鬴、鍾、銖、兩、斤、石，皆以四、以八爲數者也。殷人以夏尺爲其尺之咫，故夏之一尺乃殷之八寸，是因之而益者也。周人以夏尺之咫而爲尺，故夏之八寸乃周之一尺，是因之而損者也。孔子謂殷因於夏，周因於殷，所損益可知，其此之謂歟！雖然，周人亦未嘗廢夏尺。故註疏家言，十寸之尺、八寸之尺兼用，所謂長尺有咫是也。陳氏蔡氏謂以十寸之尺起度，則十尺爲丈，十丈爲引；以八寸之尺起度，則八尺爲尋，倍尋爲常。此言得之矣。

又按：《王制》曰：「古者以周尺八尺爲步。」所謂古者，指周公制禮之時也。所謂周尺，即夏尺去二寸，《通志》、陳氏、蔡氏所謂八寸之尺是也。《王制》又曰：「今以周尺六尺四寸爲步。」所謂今者，指漢文帝命諸儒者撰《王制》之時也。所謂周尺六尺四寸，周字誤也。當作夏尺六尺四寸。蓋夏以十寸爲尺，周以八寸爲尺。周之八尺，即夏之六尺四寸也。尺數雖殊，步則同也。漢儒撰《王制》，不曉周字誤，或謂古一步八十寸，今一步六十四寸，則比今多十六寸矣。或謂古一步六尺四寸，今一步五尺一寸二分，則比今多一尺二寸八分矣。夫步由人足，古今無異也。而云古者一百畝，比今多四十六畝有餘，何哉？註疏家亦謂古者一百畝，比今多五十六畝有餘，蓋皆誤矣。

又按：《周禮》車人爲耒，六尺六寸，與步相中。《射人》及《儀禮》皆言量侯道以弓，謂之貍步弓。人言弓長六尺有奇。司馬法及荀子皆言六尺爲步，則周制未嘗以八尺爲步也。蓋戰國變亂之時，意欲兼并，取人田土，是故大其步法，乃以八尺爲步耳。云八尺者，即八十寸，亦未嘗言以八寸爲尺也。設若彼以八寸爲尺，今以十寸爲尺，則彼八尺與今六尺四寸無異，而田畝里數又有何差別乎？漢文帝時儒者不見古文《周禮》等書，遂據戰國亂世之法，妄謂八尺爲步。雖太史公之流，尚亦惑於其說，謂六尺爲步者是秦始皇所制。何況於他哉。

《小爾雅・廣度篇》曰：「跬，一舉足也。倍跬謂之步。」宋咸《註》曰：「《司馬法》六尺爲步，倍跬乃其大略。」《儀禮註》云：「笴長三尺，與跬相應。」然則跬爲三尺。詳見別卷，證之以器條下。

《國語》單穆公曰：「人目之察度也，不過步武、尺寸之間；其察色也，不過丈墨、尋常之間。」韋昭註曰：「六尺爲步，半步爲武。五尺爲墨，倍墨爲丈。八尺爲尋，倍尋爲常。」《爾雅》云：「武，迹也。」《詩》云：「繩其祖武。」又云：「履帝武敏。」歆、毛、鄭、朱皆以迹解之。《儀禮註疏》謂「中人足迹一尺二寸爲武，五武而成一步。」此云半步爲武，非是。

《荀子》曰：「立視前六尺而大之，六六三十六，三丈六尺。」

《史記・秦始皇本紀》曰：「數以六爲紀，符、法冠皆六寸，而輿六尺，六尺爲步，乘六馬。」張晏曰：「水，北方，黑，終數六，故以六寸爲符，六尺爲步。」譙周曰：「步以人足爲數，非獨秦制然也。」《索隱》曰：「《管子》、《司馬法》皆云六尺爲步。譙周以爲步以人足，非獨秦制。又按：《禮記・王制》曰：「古者八尺爲步」，今以周尺六尺四寸爲步，步之尺數亦不同。」

今按：單穆公曰目之察度也，不過步武之間。荀卿曰立視前六尺而大之，六六三十六尺。然則荀卿所謂六尺者，步也。單穆公所謂步者，六尺也。故《司馬法》曰六尺爲步，步百爲畮。班固論建步立畮，亦祖之以爲說。則古者以六尺爲步明矣。《王制》言：「古者以周尺八尺爲步，今以周尺六尺四寸爲步。」此與荀卿之說不同。故鄭氏註曰：「按禮制，周猶以十寸爲尺。蓋六國時多變亂法度，或言周尺八寸，則步更爲八八六十四寸。」太史公失於詳考，因漢儒《王制》之誤，遂謂六尺爲步者，乃秦始皇之所創制。夫步生於人之足跡，亘古至今無有異也。歷代改正朔，易服色，而豈能改易人之肢體，使步有盈縮哉！周以木王，木之數八，則八尺爲步。秦以水王，水之數六，則六尺爲步。若然，漢以火王，晉魏以土金王，其以七尺、十尺、九尺爲步可乎？此蓋馬遷之謬，譙周辨之當矣。俗謂五尺爲步，而黍尺六尺比今四尺八寸大略近之。劉歆六尺比今四尺四寸有奇，不亦太短乎？據六尺爲步之法以證古尺，則真僞可見矣。

又按：唐、虞及夏后氏之制步也，皆以夏尺六尺爲步。商以夏尺一尺二寸五分爲尺，而以商尺五尺爲步。周以夏尺八寸爲尺，而以周尺八尺爲步。置一尺二寸五分爲實，五因得六尺二寸五分。置八寸爲實，八因得六尺四寸。然則商之一步，乃夏尺六尺二寸五分也。周之一步，乃夏尺六尺四寸也。秦復古制，六尺爲步。自漢以來，步法或從六尺二寸五分，或從六尺四寸。今工部收藏寶源局所鑄量地銅尺，五尺爲步。今之五尺乃夏尺之六尺四寸，周尺之八尺也。用紙條長五尺，置銅尺上，照銅尺兩端裁齊，將紙條折作八段，墨匙界令相均，於每段內界作八寸，共爲六尺四寸，即夏尺六尺四寸也。夏尺八寸，均作十寸，即周尺也。夏尺一尺二寸五分，均作十寸，即商尺也。商尺者，即今木匠所用曲尺。蓋自魯般傳至於唐，唐人謂之大尺，由唐至今用之，名曰今尺，又名營造尺，古所謂車工尺。韓邦奇曰：「今尺惟車工之尺最準，萬家不差毫釐，少不同則不利載。是孰使之然哉？古今相沿，自然之度也。然今之尺，則古之尺二寸也。所謂尺二之軌，天下皆同是也。以木工尺去二寸，則古尺也。蓋魯般家相傳之尺，乃舜時同度之尺也。」臣按：韓氏所謂車工，即造騾車之匠人也。語云「閉門造車，出門合轍」，指此尺而言也。此尺即唐人所謂大尺。大尺去二寸，唐人所謂黍尺。《唐六典》曰：「凡度，以北方秬黍中者，一黍之廣爲分，十分爲寸，十寸爲尺，一尺二寸爲大尺。」臣嘗取秬黍極大者校之，則與《六典》合；中者校之，則不相合也。《六典》又云：「凡積黍爲度者，調鍾律測晷景則用之。內外官司悉用大者。」蓋唐制加黍尺二寸爲今尺，今尺去二寸爲古一尺無疑。韓氏之言信矣。尺中最古而可常用者，惟此尺耳。蓋此尺即殷湯之尺也，去二寸即夏禹之尺。夏禹之尺去二寸，即周武王之尺。是今一曲尺中包括三代之制，不待累黍而自明矣。且夫黃帝至於舜、禹，歷世因仍，未嘗損益，惟殷周始改統易朔，而損益之道興焉。臣又因此以知《黃帝鍼經》孔穴、舜同律度量衡，皆與夏尺同，而禹之身爲度者，亦因夏尺而可想見也。自唐武德四年至今九百八十餘年，以開元錢校此曲尺，則尺未嘗改也。武德而上至魯般時亦尚未及千年，尺之無異從可知矣。又自魯般上至殷湯一千三百餘年，尺亦不過如此而已。范鎮所謂自隋唐以及五代，最爲亂世，而此物不變，則自秦至於三代又何疑哉！千歲之日，今日是也。夫此尺法天地自然中和之道，而爲萬世之準，則誠希世之寶，宜與河圖天球之類咸爲可珍可法者也。彼晉臣乃傅會衰周冢律，宋儒又依倣王莽僞錢杜撰周尺，與世作則，豈不陋哉！營造尺之五尺，乃夏尺之六尺二寸半，而爲今之一步。若去其二寸半，即古所謂六尺爲步是也。然則曲尺八寸爲古一尺明矣。臣嘗依據古法擬造三種步尺，謹附載於左方。

夏尺六尺爲步。比營造五尺短二寸。

裁紙條與寶源局銅五尺一般長，乃界爲六十四段，每段爲夏尺之一寸，十寸爲尺，六十寸爲一步。外餘四寸不用。

商尺五尺爲步。即今營造五尺是也。

裁紙條與寶源局銅五尺一般長，乃界爲五十一寸二分。取其十寸，是爲商之一尺，五尺爲步。外餘一寸二分不用。

周尺八尺爲步。比營造五尺長一寸二分。

裁紙條與寶源局銅五尺一般長，乃界爲八十段，每段爲周尺之一寸，十寸爲尺。通長八十寸，是爲一步。無欠無餘。

右乃三代步尺。夏尺六尺爲步，當商尺之四尺八寸，當周尺之七尺五寸。商尺五尺爲步，當夏尺之六尺二寸五分，當周尺之七尺八寸一分二釐五毫。周尺八尺爲步，當夏尺之六尺四寸，當商尺之五尺一寸二分。其周步尺，即今工部寶源局銅五尺是也。商步尺，即今工部營繕所營造五尺是也。將寶源局銅尺均作六尺四寸，除去四寸，即是夏尺一步。將寶源局銅尺均作五尺一寸二分，除去一寸二分，即是商尺一步。將寶源局銅尺均作八段，每段均作十寸，不必增損，即是周尺一步也。

證之以錢鈔

《會典》云：「洪武八年，詔中書省造大明寶鈔。取桑穰爲鈔料，其制方高一尺，闊六寸許。」

《會典》又云：「凡織造段疋闊二尺，長三丈五尺。」

臣謹按：見今常用官尺有三種，皆國初定制，寓古法於今尺者也。世人止知今尺而已，豈知寓古法哉！請詳言之。一曰鈔尺，即裁衣尺，前所謂織造段疋尺也。此尺與寶鈔紙邊外齊，是爲衣尺，又名鈔尺。二曰曲尺，即營造尺，前所謂方高一尺者也。此尺與寶鈔黑邊外齊，是爲今尺，又名曲尺。三曰寶源局銅五尺，即上條所謂量地五尺也。此尺比鈔黑邊長，比鈔紙邊短，當衣尺之九寸六分。臣家收藏寶鈔數萬，大率同者多，而不同者少，是以取其同者校尺，其不同者不可校也。校尺之法亦用紙條，自鈔紙邊外齊，用刀裁作一尺，均爲十寸，每寸均爲十分，是名衣尺。別取紙條，自鈔近邊黑道外齊，裁作一尺，均爲十寸，每寸均爲十分，是名營造尺。營造尺之八寸，裁衣尺之七寸五分，乃稽古度尺也。求古尺捷法：鈔內黑邊取齊，折爲五折，去一取四，亦得一尺。宜知此捷法校對尤便也。

今制三種尺：鈔尺即裁衣尺；銅尺即量地尺；曲尺即營造尺。

古制三種尺：商湯十二寸半之尺；夏禹十寸之尺；周武王八寸之尺。

黍法三種尺：縱黍八十一分之尺；斜黍九十分之尺；横黍一百分之尺。

裁衣尺：三尺是夏四尺，法用四因三歸。量地尺，五尺是周八尺，法用八因五歸。營造尺，即是商湯之尺。

商尺法天，五尺爲步象天中數。夏尺法地，六尺爲步象地中數。周尺法人，八尺爲步以象綱常。

縱黍尺：軒轅氏尺，宋尺宗之。斜黍尺：周景王尺，漢尺宗之。横黍尺：夏后氏尺，唐尺宗之。

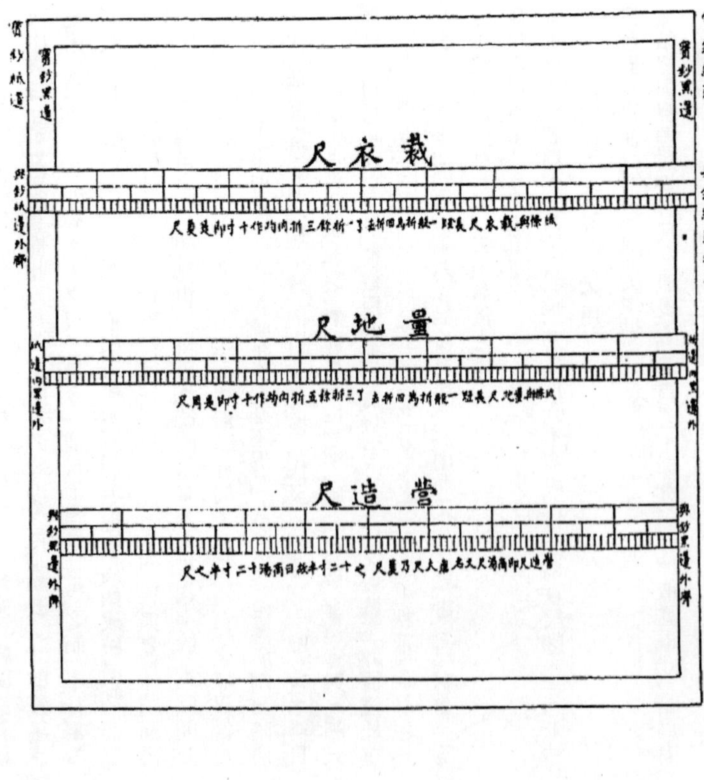

今制三種尺式

凡錢，初鑄與制度合，再入模即縮小。是故，選錢必選取合式者。偶得古錢甚佳，故載其式選者考焉。按：《漢志》小泉徑六分，大泉、栔刀、錯刀皆徑一寸二分，大布長二寸四分，貨泉徑一寸，貨布長二寸五分。今考惟錯刀、栔刀頗合式，大泉、貨泉等多不合式。大泉五十者周錢也。其佳者徑與錯刀、栔刀徑同，而錯刀、栔刀亦有不佳者。其大泉、栔刀、錯刀佳者，排十二枚當裁衣尺一尺，乃爲真也。開元通寶亦有真僞二種，其真者極大，僞者則頗小，須擇其極大者排十枚當營造尺之八寸，乃爲真也。選者宜知。

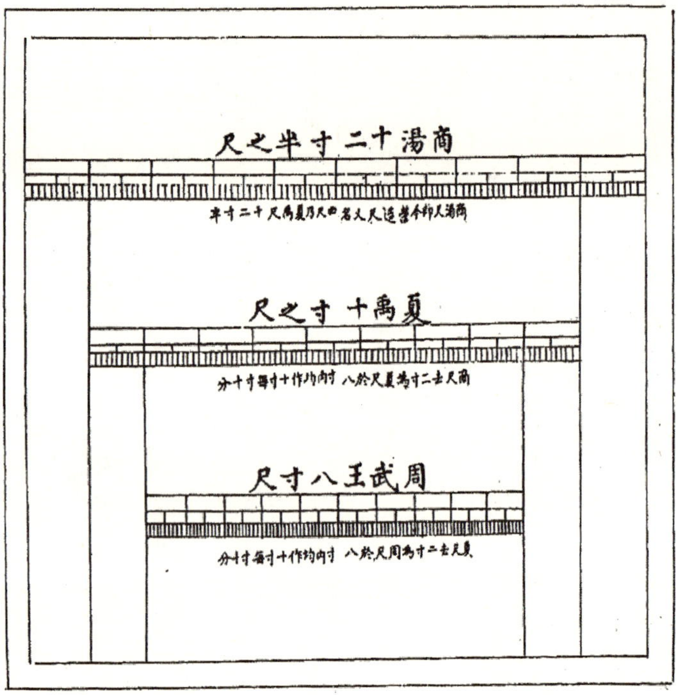

古制三種尺式

《唐會要》云：「高祖武德四年七月十七日，行開元通寶錢。歐陽詢製詞及書字，含八分、篆、隸三體。其錢徑八分，得輕重大小之中。」今按：開元通寶乃錢之名，非年號也。鑄自唐初武德四年，此錢一出，則五銖廢矣，蓋世間第一等佳錢。今人因見錢文作開元通寶，以爲玄宗開元年鑄，非也。凡校尺，選錢之最佳者，其字體端楷，文質分明，肉好停均，匡郭齊整，方爲真正開元錢也。其民間私鑄者，則反之，俗所謂低錢也。然千萬中好者尚無一二，蓋年代既遠，真者愈少，僞者愈多，尤宜細辨，慎勿誤用也。若窖中所獲者，必須滌去銅秀，揩磨乾净，乃可校焉。若帶銅秀校之，則釐毫不審矣。凡諸錢中，惟此等錢得其中制，貨泉等錢則頗小，五銖等錢則頗大，樣制失中，雖佳無用。其開元錢宜以多多俱同者爲中，或有微大及微小者，摘去之。別有一種，背後增一字，俗呼五字開元。

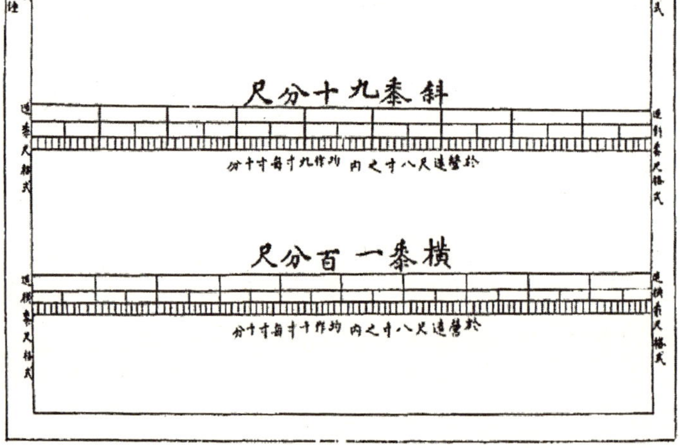

黍法三種尺式

此係武宗會昌年間各州私鑄，非真開元也。夫開元非有意同今尺也，同乎秬黍耳。秬黍則自古至今有常不變者也。《易》曰：「神農氏作耒耨之利，以教天下。日中爲市，聚天下之貨，交易而退，各得其所。」然則秬黍之生，錢貨之起，蓋自上古已有之矣。上古之錢雖不可見，此時之秬黍猶昔日之秬黍也。是故一黍之廣而爲一分，十分爲寸，則錢之外徑也。劉歆誤以秠黍爲秬，所造泉布失於狹小，有乖古制，不足爲法。五銖等錢，歷代變更，亦無定體。所可法者，惟開元錢而已。臣家收藏古開元錢，樣製甚大，市賣者皆不及，亦難得之貨也。伏覩先朝嘉靖錢、隆慶錢及見行萬曆錢，皆徑八分，與古開元錢同。近日得古錢十餘種，形如貨布而短，上有太昊高陽等文，世人多未識。校之廣八分，與古開元同。蓋希世之寶，不計年代矣。

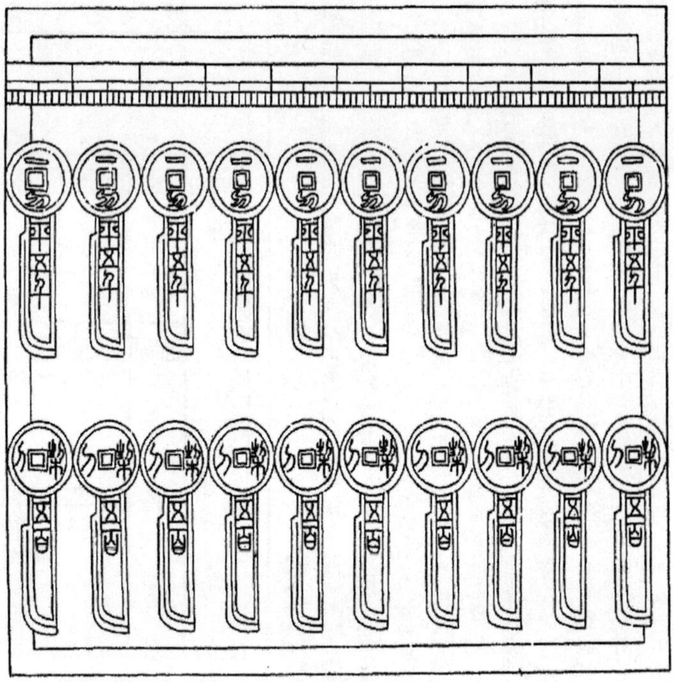

今營造尺八寸，當開元十枚。夏尺十寸，當開元十枚。商尺八寸，當開元十枚。周尺十寸，當開元八枚。

今裁衣尺十寸，當大泉十二枚。漢尺十寸，當大泉十枚。唐尺八寸，當大泉九枚。宋尺九寸，當大泉十枚。

證之以黍粟

《隋律志》曰：「上黨之黍，有異他鄉，其色至烏，其形圓重，用之爲量，定不徒然。正以時有水旱之差，地有肥瘠之異，取黍大小，未必得中。按許慎解，秬黍體大，本異於常。疑今之大者，正是其中者耳。」

程頤曰：「黄鍾之聲，亦不難定。世自有知音者，將上下聲攷之，即得正，便將黍以實其管，看管實得幾粒，然後推而定法可也。古法：律管當實千二百粒黍。今羊頭山黍不相應，則將數等驗之，看如何大小者方應其數，然後爲正。昔

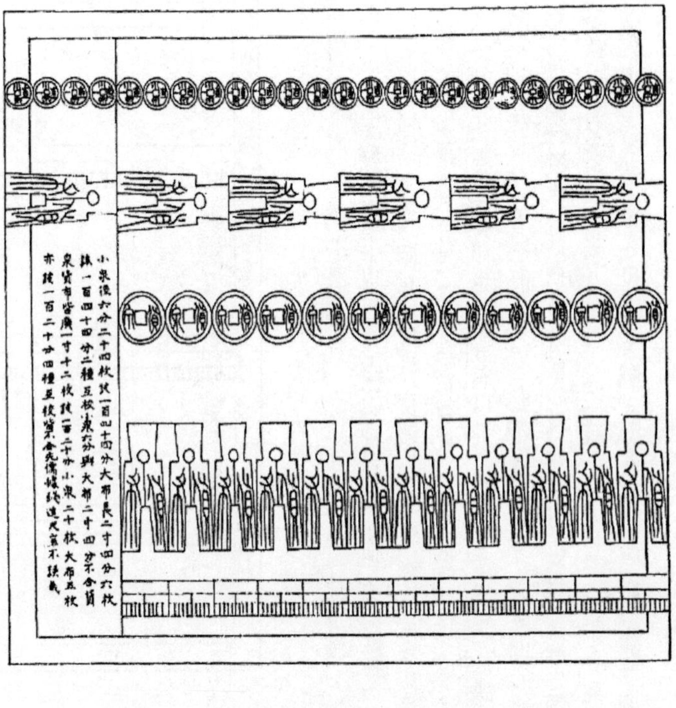

胡先生定樂，取羊頭山黍，用三等篩子篩之，取中等者，特未定也。」以律管定尺，乃是以天地之氣爲準，非秬黍之比也。秬黍積數在先王時，惟此適與度量合，故可用。今時則不同。

辨疑曰：古上黨郡，今山西潞安府是也。境内産五色黍，其黑色黍復有數種：軟黍堪釀酒者，名秬；硬黍堪炊飯者，名穄；一稃内二顆，黍名秠。律家所用惟秬而已。穄與秠弗堪用，或誤用之，非也。古者秬黍中者，蓋謂揀選中用之黍，非謂中號中等之黍。俗語選物曰某物中、某物不中，此中亦非指中等也。古之遺語，豈不然乎！或曰：中讀去聲，謂中式也。其義亦通。《詩》曰：「誕降嘉種，惟秬惟秠。」又曰：「實堅實好，實穎實栗。」既用一嘉字，其義已括盡。堅、好、穎、栗，不過形容其嘉而已，則知異常者方爲嘉種也。且秬之爲言巨細之巨也，聞其名則其形可想見矣。蓋謂頭等大號者爲佳，非以次等中號者爲佳也。

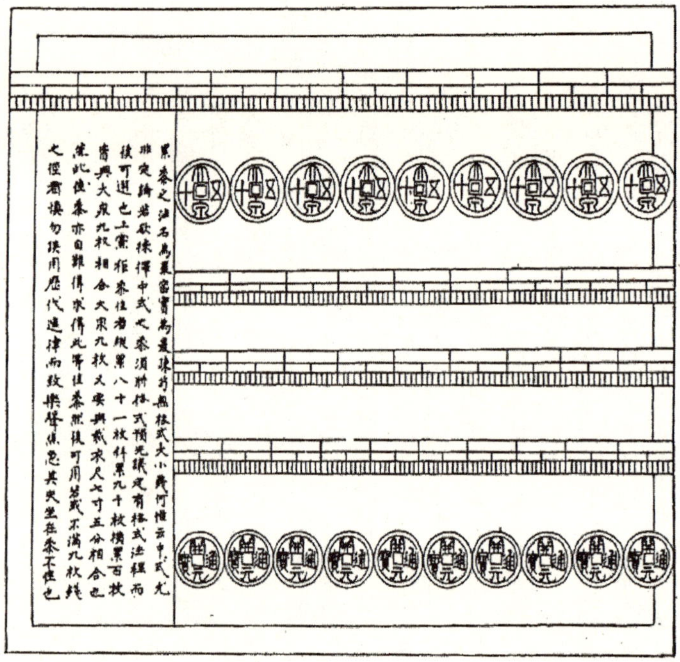

古人稼穡，況又異常。今之稼穡，未及古人。若選大黍，庶近乎中；若用中黍，則失之小。《隋志》、宋儒論之當矣。不論古今，槩用中黍，非也。夫黃鍾之律生於尺，而尺乃生於黍者也。黍大則尺長，而由是黃鍾之聲遂濁；黍小則尺短，而由是黃鍾之聲遂清。夫黃鍾宮音也，最長、最濁是其本音，則黍之最大者是乃真秬黍耳。劉歆、荀勗、王朴之流，皆不知此理而泥於《漢志》中黍之文，遂致所累之尺短，所造之樂哀，非中和之聲矣。此不可不辨也。爲今之計，且從蔡氏之説，多截竹管，權擬黃鍾，復用人聲與管相較。聲是而黍非，則易以大黍，大之而益大，至於大不得，斯則黍理已盡。若管内猶不滿，乃管之非真而當從黍也。若非證之以人聲，則黍未免失之小。若非忖之以黍數，則管未免過乎大。人聲管黍互相校正，於理極精。古之神瞽考中聲之遺法，大抵如此。程頤所謂以上下聲攷之，則中聲可定矣。總而言之，寧擇大黍遷就人聲，切忌人聲遷就中黍，不可復蹈劉、荀、王氏之故轍耳。詳味頤「特未定也」之一言，則知胡瑗坐誤用中黍之弊，後學當以爲誡也。黃鍾之尺，縱黍累者則長八十一分，横黍累者則長百分。昔人誤謂九寸乃九十分，是以縱累則管太長，容黍卻有餘；横累則管太短，容黍卻不足。皆不能合千二百黍之説，蓋惑於《漢志》之謬也。已上一節，其説創於何瑭，而臣父深然之。古來無此議論，蓋自我朝爲始，而《律吕精義》之所由作也。或曰：九分爲寸，原爲三分損益設也。今即不用三分損益，猶用九分爲寸，何也？答曰：黃鍾九寸，空圍九分，皆取法於縱黍陽數，古人造律之初意也。故三分損益之法可廢，而九分爲寸之法不可廢也。凡欲造律，先求古錢，次求真黍，後求美竹。古錢雖陽多有，不難得也，然須多得，擇取好者可也。一二枚錢不足憑據，惟真黍頗難得，中式者乃真耳。其一稃二粒者，名爲秠，非秬也，慎勿誤用。隨處有美竹，在人擇之耳，不必拘於金門山也。

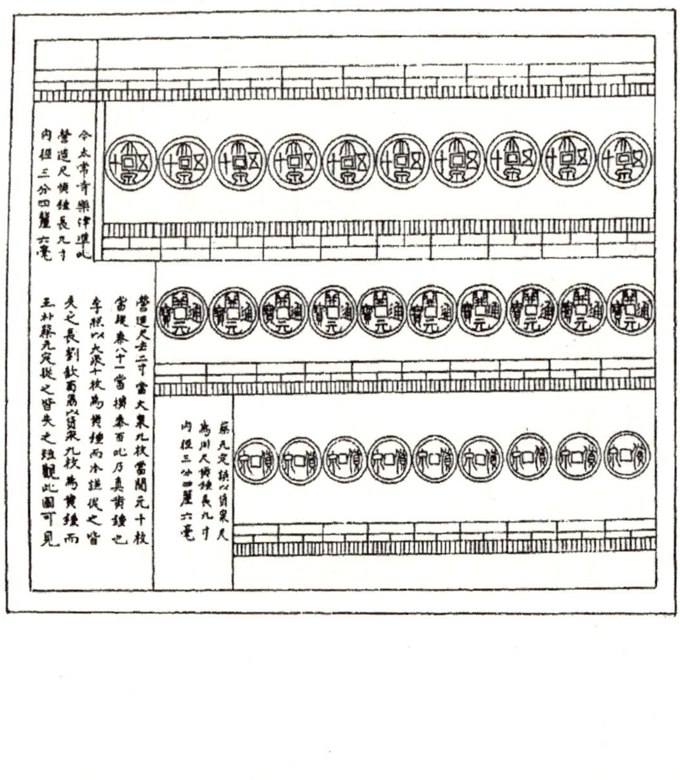

《詩》云：「維秬維秠。」秬、秠二種，皆佳黍也。秬屬陽，其數奇；秠屬陰，其數偶。陽者，丈夫、君子之象也。陰者，妾婦、小人之象也。聖人扶陽抑陰，故取法乎秬，而不取於秠。然先儒多不識，遂使二種無別。若許氏《說文》、鄭氏《周禮註》、班氏《白虎通》、劉氏《說苑》《鍾律書》之説，則皆指秠爲秬。考其承訛踵謬，亦有因也。大鄭註《周禮》，以一稃二米者爲秬，誤矣。然非鄭誤，因許氏之誤也。許氏蓋因班氏之誤，而班氏又因劉氏之誤也。今何以知其誤？按王莽本傳，天鳳六年初，獻新樂於明堂、太廟。或聞其樂聲，曰：「清厲而哀，非興國之聲也。」以此觀之，則知劉歆爲莽造律、度、量、衡，取陰黍以爲法，其誤甚矣。夫陰黍者，偶數之黍也。一稃則二粒，其名曰秠。秠者，匹也，言兩兩相匹也，其粒小於陽黍。陽黍者，奇數之黍也，一稃惟一粒，其名曰秬，秬者據也，言一一可據也，其粒大於陰黍。噫！古人釀秬鬯而爲棵，準秬黍而爲律，何嘗用秠哉！不取於秠者，貴陽賤陰之義。夫貴陽而賤陰，君子之道也。陰黍種雖稀罕，非君子所貴也，其所貴者，即今常種黑黍是也。然陰黍甚少，人皆不識，臣亦素未之見。竊意古有是物，今豈無之？殆格物未博耳。或者指爲瑞異，非也。必求見之，以決此疑。萬曆庚辰仲秋既望，乃差人詣上黨之境，求而得之。其穗狀似黑黍，一胞中，皆含二粒，兩兩相竝，露而不落，土人謂之鴛鴦黍，又謂之黑格穤黍。蓋其鄉音如此，格穤者，謂其胞也，胞即所謂稃也，是一稃二粒，非一粒二米也。舊說不曰一稃二粒，而言一稃二米者，文略而義通也。後儒不解其義，別求一粒中二米者，則妄矣。此黍頗長，亦有圓者，光澤如漆，甚可愛也。臣以其種種之，遂獲數斗，固非難得之物。嘗準此黍造尺，比較貨泉貨布，正與史志分寸全合，故知劉歆誤用者陰黍耳。晉荀勗用歆尺爲法，以造樂器。阮咸譏其聲高而悲，乃亡國之音也。非尺短所致歟？是故此尺或謂之漢前尺，以劉歆作之也；或謂之晉前尺，以荀勗述之也。二名當矣。宋儒深信，以爲周尺，則非也。臣嘗詳考之，自漢至於宋初，其樂往往失之焦殺，蓋由惑於班志律法故爾。夫尺短則聲高，尺長則聲下，此乃自然之理。近代諸儒議律，每患樂聲太高，欲使之下，而又深信貨泉之尺以爲周制。此所以律、度、量、衡之法不能相一也，反歸罪於秬黍，謂世間無真者。若曰毋必之於秬黍則得之，若曰秬黍云乎哉，吁！亦過矣！

古者由律累黍以生尺，今則由黍累尺以求律，故或者多笑之，謂若泝流而探源也。噫！泝流探源，取則不遠，寧無愈於舍流而但以意揆其源哉！夫土木之性，本非方圓，匠者規矩之則方圓定矣。人之聲音，本非中和，聖人調協之則中聲出矣。律呂者，調協中聲之具也。累黍者，考定律呂之準也。是故古有累黍之法，豈特爲彼一時製秤、尺、斗、斛設哉！正欲使百世之下，由夫累黍可以見律耳。縱然，歲有凶豐，地有肥瘠，種有長短、小大、圓妥之不同，在人擇乎中者可也。宋蔡元定不達此理，蓋因《漢志》橫累九十黍爲黃鍾所誤，其於圍、徑、積實，參考不協，則又操兩可之說曰：「莫若且多裁管，權擬黃鍾，但憑候氣人聲，以爲信驗，勿必之於累黍則得之矣。」夫候氣乃荒唐之所造，人聽無憑據之中聲，舍累黍無一定之法度。嗚呼！蔡氏此說，在其書中最爲謬妄者也。近世迷者，反從而善之，何哉？或問：「畫工貌物，孰易孰難？」答曰：「鬼神易，犬馬難。」何故？貌物欲其似也，鬼神無證故易，犬馬有證故難。夫律家累黍制管，犬馬之類也；候氣審音，鬼神之類也。昔之狂伶妄瞽，造爲無稽之言，以神其術，欺罔衆愚，使人莫可致詰，歷代信之不疑，則是難其所易，而易其所難也，不亦謬哉！竊謂學律當以窮理爲先，理明而後數定，數定而後制成，制成而後音和，音和而後氣應。以候氣審音爲造律之本者，迂愚之論也。故曰考究此理，勿事空言，必以累黍爲本。擇黍累尺之法已見上文錢鈔尺圖條下。

臣所撰《黍譜》，文煩不悉載，載其序云：「《管子》曰：以夏至日始，數四十六日，夏盡而秋始而黍熟。天子祀於太祖，其盛以黍。黍者，穀之美者也；祖者，國之重者也。《家語》：孔子侍坐於魯哀公，賜之桃與黍焉。孔子先食黍，左右皆笑之。公問，孔子對曰：夫黍者，五穀之長也，郊廟之禮以爲上盛。隋李士謙嘗集宗黨，盛饌盈前，先爲設黍曰：孔子稱黍爲五穀之長，古人所尚，寧可違乎。然黍見於經史者非一，而其種類亦多，形有陰陽奇偶、小大黏硬之異，色有青黃赤白，濃淡純駁之殊，又有牛馬鴛鴒等名，穄稴重穋等類，《爾雅》《方言》未能悉載，《農書》《食經》《本草》未能盡録也。律家所用，特秬黍一種而已。其一稃二米者，非秬也，先儒用之誤矣。」

證之以律聲

《淮南子》曰：「道者，規始於一，一而不生，故分而爲陰陽，陰陽合和而萬物生。故曰：一生二，二生三，三生萬物。天地三月而爲一時，故祭祀三飯以爲禮，喪紀三踊以爲節，兵重三軍以爲制。以三參物，三三如九，故黃鍾之律九寸，而宮音調。因而九之，九九八十一，故黃鍾之數立焉。黃鍾爲宮，宮者，音之君也。故黃鍾位子，其數八十一，主十一月，下生林鍾。林鍾之數五十四，主六月，上生太蔟。太蔟之數七十二，主正月，下生南呂。南呂之數四十八，主八月，上生姑洗。姑洗之數六十四，主三月，下生應鍾。應鍾之數四十三，主十月，上生蕤賓。蕤賓之數五十七，主五月，上生大吕。大吕之數七十六，主十二月，下生夷則。夷則之數五十一，主七月，上生夾鍾。夾鍾之數六十八，主二月，下生無射。無射之數四十五，主九月，上生仲吕。仲吕之數五十，主四月，極不生。」

《史記·律書·生鍾分》曰：「子一分。丑三分二。寅九分八。卯二十七分十六。辰八十一分六十四。巳二百四十三分一百二十八。午七百二十九分五百一十二。未二千一百八十七分一千二十四。申六千五百六十一分四千九十六。酉一萬九千六百八十三分八千一百九十二。戌五萬九千四十九分三萬二千七百六十八。亥十七萬七千一百四十七分六萬五千五百三十六。」

臣嘗聞朱熹曰：「律吕，《漢書》所載甚詳，然不得其要。《史記》所載甚略，卻是要緊處。如説律數，蓋自然之理，與先天圖一般，更無安排。」初聞此語，不曉其義。及聞何瑭之説，有曰：「《漢志》謂黄鍾之律九寸，加一寸爲一尺。夫度量權衡所以取法於黄鍾者，蓋貴其與天地之氣相應也。若加一寸以爲尺，則又何取於黄鍾？殊不知黄鍾之長，固非人所能爲。至於九其寸而爲律，十其寸而爲尺，則人之所爲也。《漢志》不知出此，乃欲加黄鍾一寸爲尺，謬矣。」方悟《漢志》度本起於黄鍾之長，則黄鍾之長即是一尺。古云長九寸，長八寸十分一之類，尺異而律同也。朱熹所謂「與先天圖一般」者，夫先天圖出於河圖雒書者也。雒書之數九，故黄鍾之律長九寸，因而九之得八十一分，與縱黍之長相合。河圖之數十，故黄鍾之度長十寸，因而十之，得百分，與横黍之廣相合。蓋河圖之奇，雒書之偶，參伍錯綜，而律、度二數方備。此乃天地自然之妙，非由人力安排者也。不幸爲劉歆、班固所亂，自漢至今千數百年，造律不成，蓋由律度二尺、縱横二黍無分别耳。嗚呼！何氏此論，發千載之秘，破萬古之惑，律學最要緊處其在斯歟！此則前代諸儒之所未發者也。

縱黍横黍約率密率算法

黄鍾位子，其數八十一，主十一月，下生林鍾。密率黄鍾八寸一分。

舊法置八十一分爲實，下生者以五百乘之，得四萬〇五百分，以七百四十九爲法除之，得五十四分，爲林鍾。餘數在半分已下，棄之不用。

新法置黄鍾之率十億，以八十一億乘之，折半退位爲實，七億四千七百一十五萬三千五百三十八爲法除之，所得億約爲寸，得林鍾。

林鍾之數五十四，主六月，上生太蔟。密率林鍾五寸四分〇六毫。

舊法置五十四分爲實，上生者以一千乘之，得五萬四千分，以七百四十九爲法除之，得七十二分，爲太蔟。餘數在半分已下，棄之不用。

新法置林鍾之率六億六千七百四十一萬九千九百二十七，以八十一億乘之，退位爲實，七億四千九百一十五萬三千五百三十八爲法除之，所得億約爲寸，得太蔟。

太蔟之數七十二，主正月，下生南吕。密率太蔟七寸二分一釐六毫。

舊法置七十二分爲實，下生者以五百乘之，得三萬六千分，以七百四十九爲法除之，得四十八分，爲南吕。餘數在半分已下，棄之不用。

新法置太蔟之率八億九千〇八十九萬八千七百一十八，以八十一億乘之，折半退位爲實，七億四千九百一十五萬三千五百三十八爲法除之，所得億約爲寸，得南吕。

南吕之數四十八，主八月，上生姑洗。密率南吕四寸八分一釐六毫。

舊法置四十八分爲實，上生者以一千乘之，得四萬八千分，以七百四十九爲法除之，得六十四分，爲姑洗。餘數在半分已下，棄之不用。

新法置南吕之率五億九千四百六十萬〇三千五百五十七，以八十一億乘之，退位爲實，七億四千九百一十五萬三千五百三十八爲法除之，所得億約爲寸，得姑洗。

姑洗之數六十四，主三月，下生應鍾。密率姑洗六寸四分二釐八毫。

舊法置六十四分爲實，下生者以五百乘之，得三萬二千分，以七百四十九爲法除之，得四十二分，餘數在半分已上，收之作四十三分，爲應鍾。

新法置姑洗之率七億九千三百七十萬〇〇五百二十五，以五百三十八爲法除之，所得億約爲寸，得應鍾。

應鍾之數四十三，主十月，上生蕤賓。密率應鍾四寸二分九釐〇毫。

舊法置四十三分爲實，上生者以一千乘之，得四萬三千分，以七百四十九爲法除之，得五十七分，爲蕤賓。餘數在半分已下，棄之不用。

新法置應鍾之率五億二千九百七十三萬一千五百四十七，以八十一億乘之，退位爲實，七億四千九百一十五萬三千五百三十八爲法除之，所得億約爲寸，得蕤賓。

蕤賓之數五十七，主五月，上生大吕。密率蕤賓五寸七分二釐七毫。

舊法置五十七分爲實，上生者以一千乘之，得五萬七千分，以七百四十九爲法除之，得七十六分，爲大吕。餘數在半分已下，棄之不用。

新法置蕤賓之率七億〇七百一十萬〇六千七百八十一，以八十一億乘之，退位爲實，七億四千九百一十五萬三千五百三十八爲法除之，所得億約爲寸，得大吕。

大吕之數七十六，主十二月，下生夷則。密率大吕七寸六分四釐五毫。

舊法置七十六分爲實，下生者以五百乘之，得三萬八千分，以七百四十九爲法除之，得五十分，餘數在半分已上，收之作五十一分，爲夷則。

新法置大吕之率九億四千三百八十七萬四千三百一十二，以八十一億乘之，折半退位爲實，七億四千九百一十五萬三千五百三十八爲法除之，所得億約爲寸，得夷則。

夷則之數五十一，主七月，上生夾鍾。密率夷則五寸一分〇釐二毫。

舊法置五十一分爲實，上生者以一千乘之，得五萬一千分，以七百四十九爲法除之，得六十八分，爲夾鍾。餘數在半分已下，棄之不用。

新法置夷則之率六億二千九百九十六萬〇五百二十四，以八十一億乘之，退位爲實，七億四千九百一十五萬三千五百三十八爲法除之，所得億約爲寸，得夾鍾。

夾鍾之數六十八，主二月，下生無射。密率夾鍾六寸八分一釐一毫。

舊法置六十八分爲實，下生者以五百乘之，得三萬四千分，以七百四十九爲法除之，得四十五分，爲無射。餘數在半分已下，棄之不用。

新法置夾鍾之率八億四千〇八十九萬六千四百一十五，以八十一億乘之，折半退位爲實，七億四千九百一十五萬三千五百三十八爲法除之，所得億約爲寸，得無射。

無射之數四十五，主九月，上生仲吕。密率無射四寸五分四釐五毫。

舊法置四十五分爲實，上生者以一千乘之，得四萬五千分，以七百四十九爲法除之，得六十分，爲仲吕。餘數在半分已下，棄之不用。

新法置無射之率五億六千一百二十三萬一千〇二十四，以八十一億乘之，退位爲實，七億四千九百一十五萬三千五百三十八爲法除之，所得億約爲寸，得仲吕。

仲吕之數六十，主四月，極不生。密率仲吕六寸〇分六釐八毫。

舊法置六十分爲實，上生者以一千乘之，得六萬分，以七百四十九爲法除之，得八十分，餘數在半分已下，棄之不用。而正數亦不足八十一分，故云極不生，言不復上生也。

新法置仲吕之率七億四千九百一十五萬三千五百三十八，以八十一億乘之，退位爲實，七億四千九百一十五萬三千五百三十八爲法除之，所得億約爲寸，得黄鍾。

今按：上文縱黍尺圖，姑洗、蕤賓之間相去七黍，折取中數該三黍半。其仲吕之數若云六十分，則少半黍；六十一分，則多半黍。正數只該六十分半，則不少不多矣。舊法無此半分之數，是以往而不返，故云極不生也。今改正之，置六十分半爲實，上生者以一千乘之，得六萬〇五百分，以七百四十九爲法除之，得八十分，餘數在半分已上，收之作八十一分，爲黄鍾焉。

論曰：夫三分損益者，以七五爲法也。七五者何？四分尺之三也。實弱法强，往而不返，是以疎也。約率所謂七百四十九，即密率所謂七億四千九百萬有奇也。有奇是以密，無奇是以疎，此自然之理耳。雖然，古人算律，惟《淮南子》此法不用三分損益，簡易精妙，超勝諸法。律家多未曉，是以表出之，故著論焉。若夫半已上收，半已下棄，乃算家常談，人所共曉，故不細解也。已上縱黍。

太史公《律書·生鍾分》。去聲。下文每條大經分字皆同。

生鍾分者，三分損益之舊法也。一切算術皆取法於河圖、雒書。河圖十位，天地之體數也。雒書九位，天地之用數也。是故算律之術，或有約十而爲九者，著其用也；或有約九而爲十者，存其體也。上文約十爲九，此章約九爲十。先儒蓋未達，誤以九解之，恐非古人立法初意。若以十解之，尤簡易妙絶。

子一分。

子即黄鍾也。一分者，總爲一段也，即是夏尺之一尺也。命黄鍾爲一尺，故曰一分。《前漢書叙傳》曰：「元元本本，數始於一。産氣黄鍾，造計秒忽。」《律曆志》曰：「太極元氣，函三爲一。行於十二辰，始動於子。」又曰：「算法用竹，徑一分，象黄鍾之一。」此皆古人命黄鍾爲一尺之明證也。

丑三分二。

丑指林鍾。分字已上，林鍾分母也；分字已下，林鍾分子也。

舊法置一尺，以林鍾分子乘之爲實，以林鍾分母爲法除之，得林鍾長六寸六分六釐六毫。

新法置林鍾之率六億六千七百四十一萬有奇，億約爲寸，得林鍾長六寸六分七釐四毫。

寅九分八。

寅即太蔟。分字已上，太蔟分母也；分字已下，太蔟分子也。

舊法置一尺，以太蔟分子乘之爲實，以太蔟分母爲法除之，得太蔟長八寸八分八釐八毫。

新法置太蔟之率八億九千〇百八十九萬有奇，億約爲寸，得太蔟長八寸九分〇釐八毫。

卯二十七分一十六。

卯指南呂。分字已上，南呂分母也；分字已下，南呂分子也。

舊法置一尺，以南呂分子乘之爲實，以南呂分母爲法除之，得南呂長五寸九分二釐五毫。

新法置南呂之率五億九千四百六十〇萬有奇，億約爲寸，得南呂長五寸九分四釐六毫。

辰八十一分六十四。

辰即姑洗。分字已上，姑洗分母也；分字已下，姑洗分子也。

舊法置一尺，以姑洗分子乘之爲實，以姑洗分母爲法除之，得姑洗長七寸九分〇釐一毫。

新法置姑洗之率七億九千三百七十〇萬有奇，億約爲寸，得姑洗長七寸九分三釐七毫。

巳二百四十三分一百二十八。

巳指應鍾。分字已上，應鍾分母也；分字已下，應鍾分子也。

舊法置一尺，以應鍾分子乘之爲實，以應鍾分母爲法除之，得應鍾長五寸二分六釐七毫。

新法置應鍾之率五億二千九百七十三萬有奇，億約爲寸，得應鍾長五寸二分九釐七毫。

午七百二十九分五百一十二。

午即蕤賓。分字已上，蕤賓分母也；分字已下，蕤賓分子也。

舊法置一尺，以蕤賓分子乘之爲實，以蕤賓分母爲法除之，得蕤賓長七寸〇分二釐三毫。

新法置蕤賓之率七億〇千七百一十〇萬有奇，億約爲寸，得蕤賓長七寸〇分七釐一毫。

未二千一百八十七分一千〇百二十四。

未指大呂。分字已上，大呂分母也；分字已下，大呂分子也。

舊法置一尺，以大呂分子乘之爲實，以大呂分母爲法除之，得大呂長四寸六分八釐二毫。是爲半律，倍之得九寸三分六釐四毫爲正律。

新法置大呂之率九億四千三百八十七萬有奇，億約爲寸，得大呂長九寸四分三釐八毫。

申六千五百六十一分四千〇百九十六。

申即夷則。分字已上，夷則分母也；分字已下，夷則分子也。

舊法置一尺，以夷則分子乘之爲實，以夷則分母爲法除之，得夷則長六寸二分四釐二毫。

新法置夷則之率六億二千九百九十六萬有奇，億約爲寸，得夷則長六寸二分九釐九毫。

酉一萬九千六百八十三分八千一百九十二。

酉指夾鍾。分字已上，夾鍾分母也；分字已下，夾鍾分子也。

舊法置一尺，以夾鍾分子乘之爲實，以夾鍾分母爲法除之，得夾鍾長四寸一分六釐一毫。是爲半律，倍之得八寸三分二釐三毫爲正律。

新法置夾鍾之率八億四千〇百八十九萬有奇，億約爲寸，得夾鍾長八寸四分〇釐八毫。

戌五萬九千〇百四十九分三萬二千七百六十八。

戌即無射。分字已上，無射分母也；分字已下，無射分子也。

舊法置一尺，以無射分子乘之爲實，以無射分母爲法除之，得無射長五寸五分四釐九毫。

新法置無射之率五億六千一百二十三萬有奇，億約爲寸，得無射長五寸六分一釐二毫。

亥一十七萬七千一百四十七分六萬五千五百三十六。

亥指仲呂。分字已上，仲呂分母也；分字已下，仲呂分子也。

舊法置一尺，以仲呂分子乘之爲實，以仲呂分母爲法除之，得仲呂長三寸六分九釐九毫。是爲半律，倍之得七寸三分九釐九毫爲正律。

新法置仲呂之率七億四千九百一十五萬有奇，億約爲寸，得仲呂長七寸四分九釐一毫。

臣謹按：古所謂黄鍾空圍九分者，即算家所謂内周也。宋胡瑗穿鑿以爲九方分者，誤指爲面冪也。自宋已來，諸儒從之，以就劉歆之失，而黄鍾等律愈失其真矣。自漢以來，諸儒皆謂凡律空圍九分，至今莫覺其誤。臣於《律書・周徑篇》中論之詳矣。除已見《律書》及《算學新説》，兹不復載。但載各律長短，并内外徑圖樣，書分數於其側，庶便於觀覽云。已上横黍。

舊用河南宜陽縣金門山竹，不如浙江餘杭縣南筆管竹最佳。竹雖天生，擇之在人。預定格式，多多竹中擇合式者則得之矣。【略】

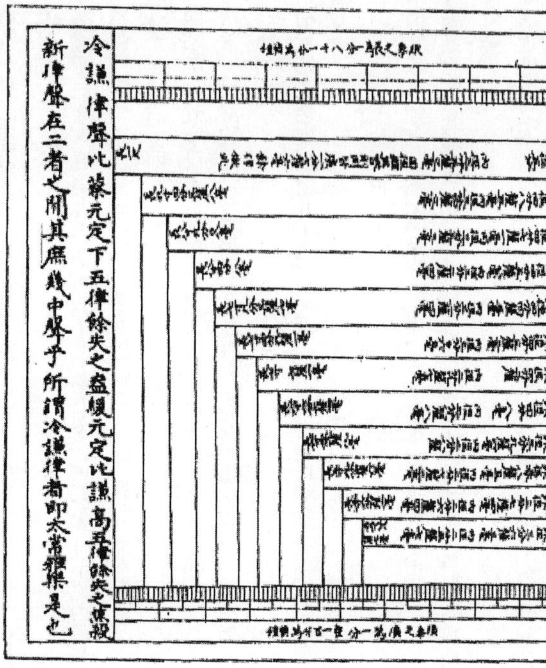

考證古律，不引古詩而引今之樂章，何也？就神樂觀所易曉者喻古樂非難知，孟子云：「今之樂，猶古之樂」，此之謂也。冷氏律定琴瑟之弦，須依冷氏律聲造笙吹之。蔡氏律定琴瑟之弦，須依蔡氏律聲造笙吹之。冷氏黄鍾乃蔡氏之倍律林鍾，蔡氏黄鍾乃冷氏之正律林鍾，此乃大略耳。其實差六七律，而聲在二者之間也。上生下生，皆不相應，蓋二家之失大率相類云。

蔡元定曰：《漢志》度者，分、寸、尺、丈、引也，所以度長短也。本起黄鍾之長，以子穀秬黍中者，一黍之廣度之，九十分黄鍾之長。一爲一分，十分爲寸，十寸爲尺，十尺爲丈，十丈爲引，而五度審矣。房庶云：得古本《漢書》，一黍字下有『之起積一千二百黍』八字，今本《漢書》闕之。按：一黍之廣爲分，故累九十黍爲黄鍾之長，積千二百黍爲黄鍾之廣，古人蓋三五以存法也。自晉宋以來，儒者論律圍、徑，始有同異，至隋因定爲徑三分之説。苟徑三分，則九十黍之長止容黍八百有奇，與千二百黍之廣，兩不相通矣。房庶不知徑三分之爲誤，乃欲增益《漢志》之文以就其説，其過益又甚矣。」

今按：《十三經註疏・舜典》「同律度量衡」條下，唐孔氏疏引《漢書・律曆志》云：「度者，分、寸、尺、丈、引，所以度長短也。本起於黄鍾之管長，以子穀秬黍中者，以一黍之廣度之，千二百黍爲一分，十分爲寸。」《周禮》「典同掌六律六同」條下，唐賈氏疏引《漢志》云：「度者，本起黄鍾之長，一黍爲一分，十分爲寸。」《史記・五帝本紀》「同律度量衡」條下，唐張氏《正義》引《漢律志》云：「度者，本起黄鍾之管長，以子穀秬黍中者，一黍爲一分，十分爲一寸。」以上三家所引《漢志》之文，皆與今本漢志不同，恐唐人所見，自有别本耳。古經書多有别本，不獨此也。如《尚書》、《孝經》有古文、今文；《詩》及《論語》有齊説、魯説；鄭註三禮，每引别本爲證是也。今觀孔賈二疏，言度量衡皆生於千二百黍，並不言長九十黍，亦不言積八百一十分，誠爲有理。又考唐司馬貞《史記索隱》謂《漢書》云：「黄鍾長九寸者，九分之寸也。」使其果有九十黍之説，寧云九分之寸耶？以此觀之，則今本《漢志》之誤明矣。宋邢氏《論語疏》引《漢志》云：「度者，分、寸、尺、丈、引也，所以度長短也，本起黄鍾之長。以子穀秬黍中者，一黍之廣爲一分，十分爲寸，十寸爲尺，十尺爲丈，十丈爲引，而五度審矣。」此語簡妙，當是《漢志》舊文。然則「度之九十分黄鍾之長一」，凡十字，似後人妄加者。房庶不達，復加八字，尤爲冗贅矣。

《隋志》曰：「開皇九年平陳後，牛弘、辛彦之、鄭譯、何妥等，參考古律度，各依時代，制其黄鍾之管，俱徑三分，長九寸。度有損益，故聲有高下；圓徑長短與度而差，故容黍不同。今列其數云：

晉前尺黄鍾容黍八百八粒。

梁法尺黄鍾容八百二十八。

梁表尺黄鍾三：其一容九百二十五；其一容九百一十；其一容一千一百二十。

漢官尺黄鍾容九百三十九。

古銀錯題黃鍾籥容一千二百。

宋氏尺即鐵尺黃鍾凡二：其一容一千二百；其一容一千四十七。

後魏前尺黃鍾容一千一百一十五。

後魏中尺黃鍾容一千五百五十五。

後魏後尺黃鍾容一千八百一十九。

東魏尺黃鍾容二千八百六十九。

後周玉尺黃鍾容一千二百六十七。

萬寶常水尺律母黃鍾容黍一千三百二十。」

《隋志》又曰：「梁表鐵尺律黃鍾副別者，其長短及口空之圍徑並同，而容黍或多或少，皆是作者旁庣其腹，使有盈虛。」

今按：隋人製管，以驗容黍，存諸家之法，辨其得失，考衆律之聲，審其真僞，則彼用意固已密矣。然竊論之，以黍驗其容受，未若以算術推其容受也。以竹考其聲音，未若以算術定其聲音也。聲音容受皆形而下者也，安能出於算術之範圍哉！蓋彼黍粒有小有大，容受有虛有實，人手有輕有重。輕則虛而易滿，重則實而容多，觸動振摇，陷虧不定，一時再校，即無同者。若不先以算術預定所容之黍，則其偶然一校，何足據哉！凡竹管之理，兩端厚薄不等，孔内亦各不同，兩端相似，萬中無一。選遍天下之竹，使之爲管，求其與律合者，亦未有也。況又以刀旁庣管腹，使有盈虛，殊乖自然之理，安能得其真數也哉！昔黃帝之造律，始於用竹者，存其大法而已。虞舜易之以玉，成周繼之以銅。聖作明述，久而益精矣。蓋玉質堅剛，難施其巧；銅性從革，易爲其工。要之，三者銅則盡善盡美者也。故《漢志》曰：「銅爲物之至精，不爲燥濕寒暑變其節，不爲風雨暴露改其形，介然有常，有似於士君子之行，是以律用銅也。」陳暘腐儒，不達此理。乃謂銅律不如竹管，是猶犧象不如污樽，笙簫不如葦籥，大訓不如結繩，明堂不如穴處，豈知理之論哉！夫律有縱長，有周，有徑，有面冪，有積實，有容受，而後聲音寓焉。縱長者，律之所以成始也。容受者，律之所以成終也。是故算法因黃鍾之縱長以求其周，因周以求其徑，因周與徑以求其面冪，因面冪以求其積實，因積實以求其容受，皆有次序而不相紊。夫十二律之於黃鍾，其縱長、積實、容受，固有不同，而周、徑、面冪，亦從而異。脩短廣狹既知，則聲音可知也。算術苟明，圓率誠密，律吕之學，易如指掌耳。

右證之以律聲。

又 卷四

嘉量篇第二

《孔子家語》曰：「黃帝設五量。」五量者何？曰區，曰釜，曰庾，曰鍾，曰秉，此五者量之大者也。曰圭，曰撮，曰合，曰升，曰斗，此五者量之小者也。大者量之正，小者量之餘。亦猶分、寸、尺、丈、引爲度之正，釐、毫、絲、忽、微爲度之餘。劉歆、班固以龠爲量，非也。籥本樂舞之器，而非度量衡之器也。籥之於量，猶璧羨之於度，猶駔琮之於權，蓋所以起度量衡之法耳。按㮚氏之經，惟云鬴、豆，而不言區、鍾、庾、秉。《儀禮》《論語》言庾，言秉，而不言區。管晏之辭乃言豆、區、釜、鍾，而又畧及其形狀，必參相考而後其數可得。然古文玄奥，後學罕通，注疏之家往往錯會。故自漢至今，鮮有得其旨者。鄭康成、胡安定，先儒之領袖也，而尚爲臆説，況於他乎？《管子》曰：「釜區之數，不得爲侈弇。」故此器端直以應繩者，表裏上下皆端直也。平正以應準者，内外中邊皆平正也。是知其器非若鍋缶之形，而陳氏《禮書》有圖狀如酒尊，蔡氏《書傳》有圖狀如酒盞，則皆有侈弇而不可謂之端直平正矣。鄭康成、張文收、阮逸、胡瑗之斛，固雖方正，却又與圓其外之説戾矣。范鎮、陳暘之斛，其穿鑿益甚焉。夫古之所謂方尺圓外，圓而函方者，雖用方以起數，而實不方也。譬如圓木桶中，試以方磚而函入焉，磚之四角適抵桶内，無欠無餘，方圓相校，不過起數而已，豈真用方也哉！若今禮書書傳所載斛圖，祇可發一笑耳。後世好古之士，欲爲此器者，八法之義，不可不知。夫八法者，律、度、量、衡、規、矩、準、繩是也。此器體應律，八法具焉，是爲嘉量矣。或難曰：按《吕氏春秋》云，黃帝使伶倫作黃鍾之律，因律以爲量，是量生於律也。今乃求律於量，何也？答曰：周公制量，而令聲中黃鍾之宫。夫量所以量多寡，其聲安用？豈非示人以求律於量之道耶？新法用密率算出積分，則律與量若合符節，而無一毫錯謬。此乃千載之所未有，而今一旦得之，豈非幸乎？數術之中，測圓爲難，古《九章》《周髀》等算經，皆用徑一、圍三、積七十五爲圓之率，其術踈舛。今造新率，出於勾股求弦之術，契天地自然之妙，無人爲傅會之私。其法簡而易，其數精而密，所推鬴、豆、升等周、徑、冪積真數，與新黃鍾律龠之所容受，無不脗合者也。臣恐後世同志之士於此未解，故詳註之，有可疑處，亦詳辨之。此乃律學要務，讀者不可以其迂闊難曉，而遂廢不講也。

嘉量仰圖

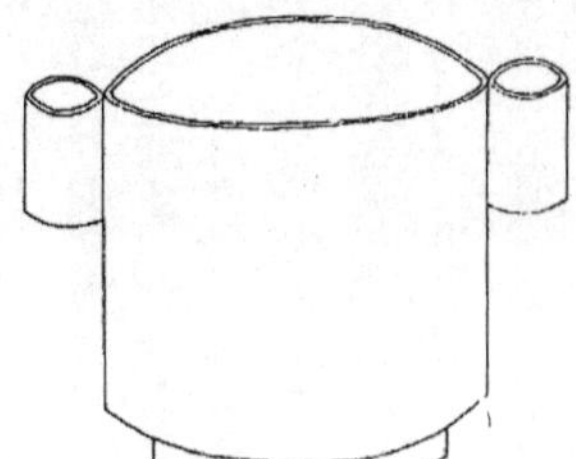

嘉量覆圖

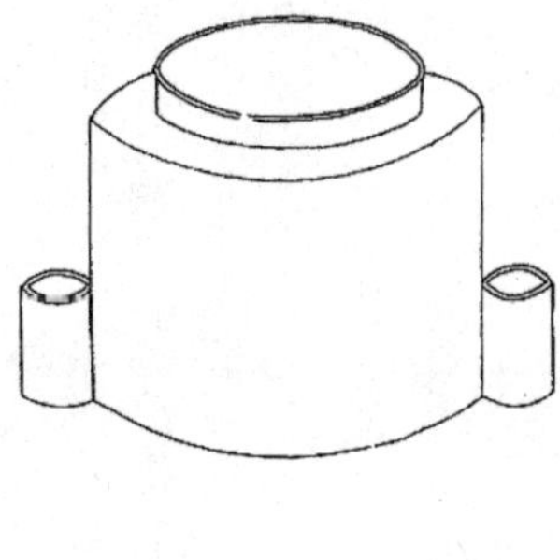

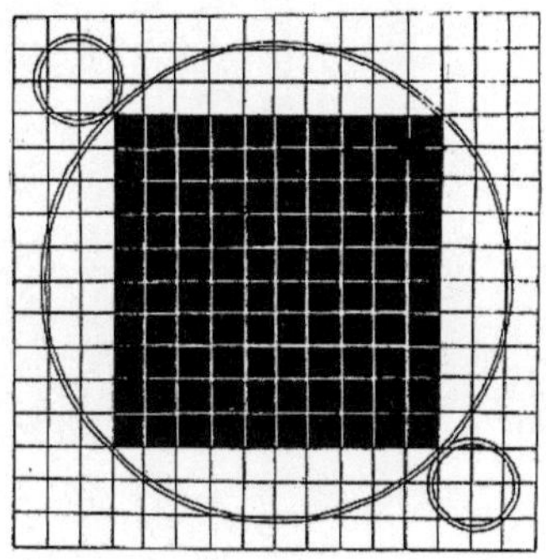

周嘉量新圖

鬴外方冪每面一尺六寸，内外共積二百五十六方，每方當合黍尺一寸。此圖乃小樣耳。其方每面十分，共積一百分。其分每面十釐，共積一百釐。釐毫以下倣此。然鬴之徑一尺四寸一分四釐有奇，則是十四方有奇也。圖中大圓者，即鬴之唇也。兩角小圓者，即耳之唇也。圓内黑方者，所謂方尺也。每面十寸，共積一百寸。方外圓内有全方三十二寸，其餘破方互相補湊，得二十五寸有奇。黑白全破之方共積一百五十七寸有奇，爲鬴之面冪。以深一尺乘之，得一千五百七十一寸有奇，則鬴之積實。

《周禮·冬官·考工記》曰：「國有六職，百工與居一焉。知者創物，巧者述之，守之世，謂之工。百工之事，皆聖人之作也。攻金之工六。」「㮚氏爲量。金有六齊。六分其金而錫居一，謂之鍾鼎之齊。」考正曰：金即銅也，古人謂之赤金。凡鑄鍾、鼎、量器之屬，每紅銅六斤，外加白錫一斤，謂之齊也。鑄餘器各有齊，今不述者，諧爲量設。㮚氏爲量，改煎金錫則不耗。舊注曰：消鍊之精，不復減也。量當與鍾鼎同齊。工異者大器。考正曰：改煎，猶言更煎也。煎之，去盡渣滓，則不折耗。不耗然後權之，權之然後準之，準之然後量之。考正曰：權之者，秤之也。銅、錫各秤之，而又合鍊之。鍊久而後鑄於模中。今鑄銅匠用蠟及泥爲模，既成，乃溶去蠟而鑄以銅。其蠟必準，尺寸、高低、廣狹、分兩、輕重、容受、多寡之數皆有定法。先將蠟模算就，待銅器成，不差釐毫。今世善鑄者皆能知此，蓋古之遺法。量之以爲鬴，深尺，内方尺而圜其外，其實一鬴；考正曰：深尺，方尺，圜其外，當徑一尺四寸一分四釐二毫一絲三忽五微六纖，周四尺四寸四分四釐四毫四絲四忽四微，面冪一百五十七寸一十三分四十八釐四十毫，積實一千五百七十一寸三百四十八分四百釐，容古八斗。其臀一寸，其實一豆；舊注曰：覆之，其底深一寸。考正曰：臀者，底也。其底，内徑一尺；周三尺一寸四分二釐六毫九絲六忽八微，面冪七十八寸五十六分七十四釐二十毫，積實七十八寸五百六十七分四百二十釐，容古四升。其耳三寸，其實一升；舊注曰：耳在旁，可舉也。考正曰：三寸當作四寸，古文三三兩字相類，易訛也。耳内徑二寸五分，周七寸八分五釐六毫七絲四忽二微，面冪四寸九十一分〇四釐六十三毫七十五絲，積實一十九寸六百四十一分八百五十五釐，容古一升。重一均。舊注曰：重三十斤。其聲中黄鍾之宫。舊注曰：應律之首。考正曰：叩擊此器，聲與律合。㮚而不税。舊注曰：令百姓得以量而不租税。疏曰：按鄭志，趙商問：㮚氏爲量，㮚而不税，廛人職有税何？答曰：官量不税。若然，此官量鎮在市司，所以勘當諸廛之量器以取平，非是尋常所用，故不税。彼廛人所税，在肆常用者也。其銘曰：「時文思索，允臻其極。嘉量既成，以觀四國。永啓厥後，兹器維則。」舊注曰：銘，則之也。時，是也。允，信也。臻，至也。極，中也。觀，示也。永，長也。厥，其也。兹，此也。則，法也。考正曰：言是乃文理思索，信至於極者也。既成嘉量，以示四方。長開導於後世，以此器爲法則焉。凡鑄金之狀，金與錫，黑濁之氣竭，黄白次之；黄白之氣竭，青白次之；青白之氣竭，青氣次之，然後可鑄也。舊注曰：謂鑄金之形狀，及消鍊金錫精麤之候。考正曰：詳言之者，務欲精製其器。舊不言厚若干，今以算術考之，四周并底及臀與耳，皆厚一分。

今按：《易》曰：「形而上者謂之道，形而下者謂之器。」舉而措之，天下之民謂之事業。聖人法象制器以爲天下利，而道未嘗不寓焉。觀其嘉量一器，用意之不苟可見矣。是故首言改煎金錫，謂再三重鍊之。夫金錫之爲物，必鍊之使精，不復減耗，然後能中式。故始而權之，以眂其輕重之齊；次而準之，以眂其高下之平；終而量之，以眂其多寡之均；然後以之爲鬴也。鬴之爲器，腹深一尺，内方一尺，而圜其外，臀深一寸，而徑一尺；耳深四寸，而徑四分尺之一，所以示度也。腹實八斗，臀實四升，耳實一升，所以示量也。其重三十斤，四之則爲一石。而黍累銖兩，包括無遺，所以示權衡之法也。其聲中黄鍾之宫。夫黄鍾爲六律之首，宫爲五聲之元，黄鍾之宫一定，而十二均、八十四聲無不正矣，又所以示律吕之法也。夫兹一器，而禮樂典制備焉，律度量衡具焉，規矩準繩皆在其中矣。㮚猶平也，㮚氏鑄此以爲天下法，使天下爲鬴者皆於此取平，而不用此以收税。若今有司鐵斛，蓋古嘉量遺意也歟？古有銘於其上，若曰：是乃文德之聖人，思可爲民立法者，而作此鬴，信造其法度之極矣。既成此鬴，以觀示四方，使放象之。又開道後王，使長法之。《書》曰：「有典有則，貽厥子孫。關石和均，王府則有。」其是之謂乎！宋王應麟稱歎此銘，以爲極古。今文章之妙，蓋精於道者兼物物，而後能制器。非周公之聖，孰能與於此？至於火候、氣色，乃鑄工之細務，亦必詳言之。曰：凡用金爲器，必和之以錫。初錬之時，火色黑濁者，穢雜尚多也。錬去穢雜，火色變而黄白，亦未浄潔也。鎔錬既久，變而青白，稍浄而未盡也。白色盡去，火色純青，則其錬之至精，然後可用以鑄焉。噫！聖人垂法後世，叮嚀開示之意切矣！而乃湮没千載，無人知其理數之微，往往匠諸劉歆銅斛而並言之，是又安足以語此哉！竊嘗論之：大禹圖神姦之形而鑄寳鼎，以鎮九州；周公錬金錫之精而爲嘉量，以觀四國。夫鼎者，君子所以致養也；量者，君子所以致節也。有養而無節則養之法亂，有節而無養則節之事虚。是知鼎量二器，其功均矣。故《周易》之觀象玩辭，言鼎而不言量；《周禮》之設官分職，言量而不言鼎。參伍錯綜，互明其義，非有所輕重也。又竊評之梟、㮚二氏爲鍾爲量，所有制度，經文甚詳，鼎則僅見於「六分其金而錫居一」之一言，何其太甚也？攻金之工六，不載鼎，是誰所爲者？疑二氏兼之歟！蓋鍾之爲物，欲其深淺中度，輕重合權，而毫釐不可差。若鼎，則方圓、大小，由人製造，此其所以易爲，是故不專設官，但令二氏兼之可也。故《禮記》孔子曰：「宮室得其度，量鼎得其象，味得其時，樂得其節，車得其式，鬼神得其饗，乃至凡衆之動得其宜。」否則，「宮室失其度，量鼎失其象，味失其時，樂失其節，車失其式，鬼神失其饗，乃至凡衆之動失其宜。」返復言之，皆先量而後鼎，聖人重量之意亦可見矣。其算法曰：鬴内方一尺而圓其外，置一尺，以勾股求弦術求之，内方一尺，化爲十寸，横十寸爲勾，直十寸爲股，勾十寸自乘得一百寸，股十寸自乘得一百寸，相併，共得二百寸，開方除之，得弦一尺四寸一分四釐二毫一絲三忽五微六纖，即鬴之内徑也。是名測圓總率。以率乘徑，復得二百寸，以黄鍾半律四寸五分爲法除之，得四尺四寸四分四釐四毫四絲四忽四微，即鬴之内周也。半周半徑相乘，得一百五十七寸一十三分四十八釐四十毫，是爲鬴之面冪。又以鬴深十寸乘之，得一千五百七十一寸三百四十八分四百釐，是爲鬴之積實。夫一鬴者，八斗也。一斗該二百龠，八斗乃一千六百龠，却以一千六百龠爲法除鬴之實，得九百八十二分〇九十二釐七百五十毫，則是黄鍾一龠之積，與今新測律術密合。又以四升爲法除鬴之八斗，得鬴受二十豆。以二十豆爲法，除鬴之實，得七十八寸五百六十七分四百二十釐，即豆之積實也。却以其臀深一寸爲法除之，得七十八寸五十六分七十四釐二十毫，即其臀之面冪。以黄鍾倍律一尺八寸乘之，測圓總率除之，得數爲實，開方除之，得一尺，即其臀之内徑。仍前總率乘徑，半律爲法除之，得三尺一寸四分二釐六毫九絲六忽八微，即臀之内周也。夫一豆乃四升，一升該二十龠。一豆者，八十龠也。以八十龠爲法，除豆之實，得九百八十二分〇九十二釐七百五十毫，則是黄鍾一龠之積，亦與新律密合。置豆之實，以四升爲法除之，得一十九寸六百四十一分八百五十五釐，即一升之積數。以耳深四寸除之，得四寸九十一分〇四釐六十三毫七十五絲，是爲耳之面冪。復以倍律乘之，總率除之，得數爲實，開方除之，得二寸五分，即耳之内徑。仍前總率乘徑，半律爲法除之，得七寸八分五釐六毫七絲四忽二微，即耳之内周也。夫一升乃二十龠，以二十龠爲法，除升之實，得九百八十二分〇九十二釐七百五十毫，即是黄鍾一龠之積。反復推求，交相證驗，無不與今新律密合者也。則知劉歆之徒，以八百一十分爲一龠之積者，其謬可決矣。後學如考古人真黄鍾之律者，此術宜識之焉。古云耳深三寸，以率推之，當徑二寸八分八釐六毫七絲五忽有奇，周九寸〇七釐二毫一絲八忽有奇，面冪六寸五十四分七十二釐八十五毫。如此，則於自然之理似不相合，恐是傳寫之誤。

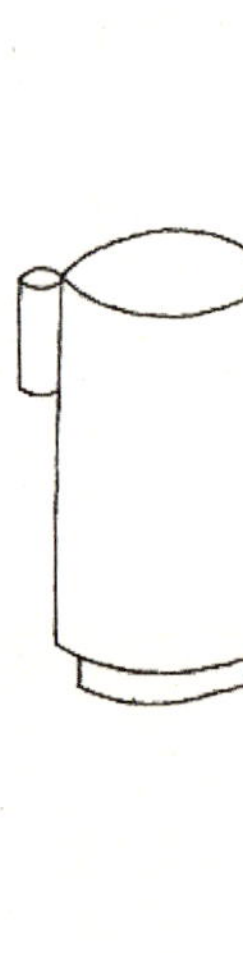
區小樣

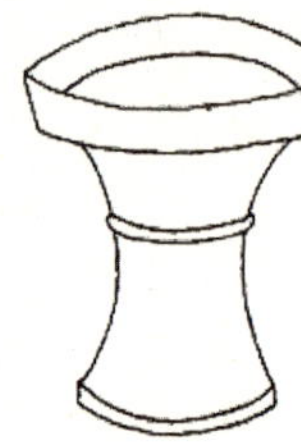
豆小樣

豆乃食器，非量器也。豆之起量，亦猶璧羨、駔琮之起權度云耳。合籥爲合，量自合始。四豆爲區，量自區始。是故籥、豆非量之名。

區容四豆。凡三百二十龠。

深八寸，内容方五寸。徑七寸〇七釐一毫〇六忽七微八纖，周二尺二寸二分二釐二毫二絲二忽二微，冪三十九寸二十八分三十七釐一十毫，積三百一十四寸二百六十九分六百八十釐。

區之臀容一升。凡二十龠。

深一寸，內容方三寸五分三釐五毫五絲三忽三微九纖。徑五寸，周一尺五寸七分一釐三毫四絲八忽四微，羃一十九寸六十四分一十八釐五十五毫，積一十九寸六百四十一分八百五十五釐。

區之耳容一合。凡二龠。

深二寸半，內容方七分〇七毫一絲〇六微七纖。徑一寸，周三寸一分四釐二毫六絲九忽六微八纖，羃七十八分五十六釐七十四毫二十絲，積一寸九百六十四分一百八十五釐半。

鬴容五區。凡一千六百龠。

深一尺，內容方一尺勾股求弦即鬴之徑。徑一尺四寸一分四釐二毫一絲三忽五微六纖，周四尺四寸四分四釐四毫四絲四忽四微，羃一百五十七寸一十三分四十八釐四十毫，積一千五百七十一寸三百四十八分四百釐。

鬴之臀容一豆。凡八十龠。

深一寸，內容方七寸〇七釐一毫〇六忽七微八纖。徑一尺，周三尺一寸四分二釐六毫九絲六忽八微，羃七十八寸五十六分七十四釐二十毫，積七十八寸五百六十七分四百二十釐。

鬴之耳容一升。凡二十龠。

深四寸，內容方一寸七分六釐七毫七絲六忽六微九纖半。徑二寸五分，周七寸八分五釐六毫七絲四忽二微，羃四寸九十一分〇四釐六十三毫七十五絲，積一十九寸六百四十一分八百五十五釐。

鍾容十鬴。凡一萬六千龠。

深二尺五寸，內容方二尺。徑二尺八寸二分八釐四毫二絲七忽一微二纖，周八尺八寸八分八釐八毫八絲八忽八微，羃六百二十八寸五十三分九十三釐六十毫，積一萬五千七百一十三寸四百八十四分。

鍾之臀容一區。凡三百二十龠。

深一寸，內容方一尺四寸一分四釐二毫一絲三忽五微六纖。徑二尺，周六尺二寸八分五釐三毫九絲三忽六微，羃三百一十四寸二十六分九十六釐八十毫，積三百一十四寸二百六十九分六百八十釐。

鍾之耳容一斗。凡二百龠。

深一尺，內容方三寸五分三釐五毫五絲三忽三微九纖。徑五寸，周一尺五寸七分一釐三毫四絲八忽四微，羃一十九寸六十四分一十八釐五十五毫，積一百九十六寸四百一十八分五百五十釐。

新用自然精密算術所測黃鍾五量積分：

黃鍾之長即爲一尺，即橫黍一百分爲古尺十寸。用何氏說。

空圍一寸一分一釐一毫一絲一忽一微一纖有奇，空徑三分五釐三毫五絲五忽三微三纖有奇，面羃九分八十二釐〇九毫二十七絲五十忽，實積九百八十二分〇九十二釐七百五十毫。

黃鍾一龠，積九百八十二分〇九十二釐七百五十毫。二龠爲合，積一寸九百六十四分一百八十五釐半。十合爲升，積一十九寸六百四十一分八百五十五釐。十升爲斗，積一百九十六寸四百一十八分五百五十釐。十斗爲斛，積一千九百六十四寸一百八十五分半。

已上用古度尺，合古黍量。

先臣何瑭謂：《漢志》之尺，加減黃鍾一寸爲謬，此乃超絕古今之論。蓋黃鍾之長即度，其容即量，其重即權，豈不顯然明白也哉！臣因而遂悟劉歆所謂黃鍾長九十黍，空圍九分，積八百一十分，此三言皆謬之甚。而蔡元定非具眼者，乃誤取之，列於篇首，以爲律本，迷惑後學。噫！不獨蔡氏耳，蓋古今律家之膏肓癃痼也。是以歷代製律不成，良由此三言誤之也。臣於律、黍、度三譜中，論之詳矣。茲爲五量積分，立例於此，故不厭鄭重，再略辨之。夫橫黍累尺百分，是爲十寸，即黃鍾之長，所以起度也，太史公《律書》所謂子一分是也。空圍九分者，九分其長之一云耳。劉歆、班固之徒以爲長九十黍，空圍九分，乃十分其長之一，非也。胡瑗、蔡元定之徒以爲空圍中羃有九方分，亦非也。今以算術置黃鍾之律長尺爲實，以九爲法除之，得一寸一分一釐一毫一絲一忽一微一纖一塵有奇，是真黃鍾之空圍也。周求徑者，置周全數，九因得一尺，四十除之得二分五釐，自乘倍之，得一十二分五釐爲實，開平方法除之，得三分五釐三毫五絲五忽三微三纖九塵有奇，是真黃鍾之空徑也。半周半徑相乘，得九分八十二釐〇九毫二十七絲五十一忽有奇，是爲黃鍾之面羃。以長百分乘之，得九百八十二分〇九十二釐七百五十一毫有奇，是爲黃鍾一龠之積實也。是故新法出於句股求弦之術，既與累黍實管脗合，又與周徑羃積符同。算術之妙至此極矣。蓋出於天地自然，真理固當如此，非人力牽合爲之也。惜乎太史公而後，遂失其傳，古今律家之書未載，知夫此者自我朝爲始也。

古今量法考正辨疑

五量所起：

六十四黍爲圭。舊云：六十四黍爲圭，今曰：四，衍文，當删之。

四圭爲撮，四六二十四，二百四十黍也，五撮則爲一龠。

十撮爲合，二千四百黍也。黄鍾容千二百黍，倍之則爲一合。

十合爲升，二萬四千黍二十龠之實也，爲一百撮，四百圭。

十升爲斗，二十四萬黍，二百龠之實也，爲一百合，一千撮。

今按：《前漢志》曰：「量多少者不失圭撮。」應劭曰：「圭，自然之形，陰陽之始也。四圭曰撮，三指撮之也。」孟康曰：「六十四黍爲圭。」許氏《説文》曰：「撮者，四圭也。」古有圭、撮之名，先儒之説如此。愚見以爲，六十黍爲圭，四乃衍文也。四圭爲撮，二百四十黍也。五撮爲龠，千二百黍。十撮爲合，二千四百黍，兩龠之實也。所謂合龠爲合歟！劉歆以龠、斛爲五量，誤也。龠辨見上文矣。斛亦非量之正，何以知之？《論語》：「原思爲之宰，與之粟九百。」古注云：「九百斗。」《史記》：孔子居魯，禄粟六萬。古注云：「六萬斗。」夫九百斗即九十斛，六萬斗即六千斛，但以斗計而不言斛，何也？斗爲量之正，斛非量之正也。《孫子算術》以六粟爲圭，十圭爲抄，十抄爲撮，十撮爲勺，十勺爲合。此流俗之鄙談，非先王之法制，儒者所不道也。

五量正數：

即黄帝所設也。周公嘉量，太公舊量並同。

四豆爲區，十六升也，爲一百六十合，三百二十龠。區或作鏂。

五區爲釜，八斗也，爲八十升，八百合，一千六百龠。釜或作鬴。

倍釜爲庾，十六斗也，爲一百六十升，一千六百合，三千二百龠。庾或作斞，又作逾，又作籔。

五庾爲鍾，八斛也，爲八十斗，八百升，八千合，一萬六千龠。

倍鍾爲秉，十六斛也，爲一百六十斗，一千六百升，一萬六千合，三萬二千龠。

已上五量，各自其四而登者也。

陳氏三量：

釜即所謂斛也。此非周制，而與漢制頗同。

五豆爲區，二斗也，爲二十升，二百合，四百龠，比舊區多四升。

五區爲釜，十斗也，爲一百升，一千合，二千龠，比舊釜多二斗。

十釜爲鍾，百斗也，爲一千升，一萬合，二萬龠，比舊鍾多二斛。

已上三量，各加舊量四分之一。

右按：《晏子》曰：「四升爲豆，各自其四，以登於釜。釜十則鍾。」《管子》曰：「齊西之粟，釜百泉則鏂二十也。齊東之粟，釜十泉則鏂二泉也。」《考工記》曰：「庾實二鬴。」舊作觳，誤。《論語》曰：「與之釜，與之庾。」《儀禮》曰：「十斗曰斛，十六斗曰籔，十籔曰秉。」《注》云：「今文籔爲逾。」逾即庾也。《小爾雅》曰：「鍾二謂之秉。秉十六斛。」已上諸説，合而觀之，所謂二鍾爲秉，秉十六斛，則鍾爲八斛也。所謂十斗爲斛，十釜爲鍾，則鍾乃八十斗，釜乃八斗也。所謂十六斗曰籔，籔即庾也。庾實二鬴，則鬴亦八斗也。釜粟百錢，而區二十錢，釜粟十錢，而區二錢，則五區爲釜亦明矣。夫四升爲豆，四豆爲區，此以四而登也。五區爲釜，釜乃八斗，十釜爲鍾，鍾乃八斛，二四如八，亦以四而登也。此《晏子》所謂「各自其四，以登於釜」者也。若陳氏之量，則每量加四分之一。是故五豆爲區，區乃二十升；五區爲釜，釜乃百升；十釜爲鍾，鍾乃百斗。比舊量區多四升，釜多二斗，鍾多二斛。故《晏子》曰：「鍾乃大矣。」先儒錯會《晏子》之意，遂以六斗四升爲釜。算家以術考之，不合，則又穿鑿以爲周有八寸、十寸二種之尺，誤亦甚矣。其當辨者，詳如下文。

辨先儒解周鬴之非

《周禮》鄭注謂：「鬴六斗四升。」蓋據孔鮒《小爾雅》之説爲言，而諸儒從之，其誤久矣。嘗考三代之制，爲度、爲量、爲權之目，皆有别名，多非近世所知。若夫曰咫、曰仞、曰尋、曰常之類，皆度之别名也。曰豆、曰區、曰鬴、曰庾之類，皆量之别名也。曰錘、曰錙、曰鋝、曰鎰之類，皆權之别名也。《隋志》曰：「歷代差變，其詳未聞」是也。然就其可考者言之，説者以爲八寸曰咫，八尺曰仞，又曰八尺曰尋，倍尋曰常，常者十六尺也。冉有請粟，子曰：「與之釜。」釜即鬴之謂也。故其注亦曰「釜六斗四升」。與鄭此注同。而其注庾則云「十六斗」，秉則云「十六斛」。今以愚見，因其可知者，而究其所不知，似或近之。夫所知者何也？咫也，仞也，尋也，常也，是皆以八爲法者也。蓋數術之理，十者乃河圖之全數；八者乃八卦之變數。聖人則之，故十升爲斗，十斗爲斛，以象河圖之數也。八斗爲鬴，八斛爲鍾，以象八卦之數也。且孔子云「與之釜」，即繼之曰「與之庾」，若例之所謂倍尋曰常，則是倍釜爲庾明矣。庾，十六斗也。然則釜非八斗而何？此理顯然無可疑者。而先儒以爲六斗四升，未必可據也。宋范鎮依先儒六斗四升之説，用算術推求此鬴、周、徑、容受與律不合，乃引《王制》八尺爲步及璧羨之説，謂周制八寸、十寸皆爲一尺；此鬴所云深一尺者，十寸之尺也；方一尺者，八寸之尺也。胡瑗譏之曰：周豈用兩等之尺惑於天下？而鎮云周以八寸尺爲量，八八六十四，故容六斗四升，何穿鑿之甚也！蔡元定獨用范氏之説，謂此鬴方八寸，深十寸。竊以爲不然。夫聖人者成法於六經，以垂千載，豈有含糊潦倒之若是耶？未有一器之方與深，却用二種之尺，而又不明言其所以耶。假使果方八寸，深十寸，則既方深不等，不如只言方八寸，深十寸，豈不明白？何故却云方尺而深尺？范氏、蔡氏蓋不知算術者，故有如此之論也。今考蔡、范二家之説，其推周鬴，皆用古率算耳。且就其説算之：置彼所言一百〇三寸六分八釐爲實，用半圓古率四因三歸，得一百三十八寸二十四分，開平方法除之，得圓徑一尺一寸七分五釐七毫五絲有奇，以方五斜七古率五因，得五尺八寸七分八釐七毫有奇，七歸得八寸三分九釐八毫有奇，八寸之外多四分弱。是故遷就其説，謂有庣旁，祇以欺惑愚夫可也，明算之士豈可欺哉！夫聖人以同律度量衡爲大事，故製此一器，蓋欲律度量衡之法皆寓於中也，豈草草作爲哉！是故腹函四方一尺而深一尺，臀之圓徑亦一尺而深一寸，所以示度也。容受八斗凡二十豆，計一千六百龠，臀容四升凡八十龠，所以示量也。重三十斤，所以示權也。聲中黄鍾之宫，所以示律也。故云「改煎金錫則不耗。不耗然後權之，權之然後準之，準之然後量之，量之以爲鬴」，而後成此器。故其銘曰：「時文思索，允臻其極」，是其用意之不苟可見矣。今謂容六斗四升，既非齊頭數，則何以示量？方，深各不等，皆云一尺，而又庣其旁八寸之外多四分弱，則何以示度？夫庣旁之説，乃漢儒牽合者所爲耳，周公之才之美，豈亦如是乎？范氏、蔡氏而爲此言，抑何未之熟思耶？今考究此鬴術，只作八斗爲鬴，倍之則十六斗爲庾，依孔子答冉有之意云耳，不用孔鮒、康成之説也。按黄鍾之龠合而爲合，十合爲升，則二十龠也。十升爲斗，則二百龠也。八斗爲鬴，乃一千六百龠也。今因鬴之深闊以求其積，又因其積實以求龠之積，則知周公之鬴與律密合，而王莽漢斛之謬益可見矣。

辨前漢志斛制之謬

詳考劉歆所造銅斛，方尺而圓其外，旁有庣焉。庣者，言一尺之外有餘之數，所謂九釐五毫是也。夫制器以爲軌，則所以齊遠近而立民信也。今則既言方尺而却餘九釐五毫，是自先無法而欲以爲天下法，豈不謬乎！此王莽制作之疎，不可與周公之鬴同日而語也。雖其面冪一百六十二寸，積一千六百二十寸，容十斗，偶合黄鍾之龠八百一十分之數，然此不過莽歆胷臆之説，以爲黄鍾之龠耳。歆於《三統曆序》自言「太極中央元氣，故爲黄鍾，其實一龠。以其長自乘，故八十一爲日法，所以生權衡度量，禮樂之所繇出也。」又曰：「律容一龠，積八十一寸，則一日之分也。」孟康曰：「黄鍾律長九寸，圍九分。以圍乘長，得積八十一寸。」此皆謬妄之説。夫算術半周半徑相乘得其面冪，却又以深乘之，乃得積實，未聞以長自乘而求積實也。彼所謂八百一十分者，不過以管長九寸，九九八十一爲言，豈知算家求積之理？苟假借此八十一分以爲日法似可耳，而云所以生權［衡］度量(量)，禮樂之所繇出者，固知彼蓋亦未嘗親自校量也。今不拘何處黍，但揀大小一般者，以本黍累尺，本黍實龠以較之，則千二百黍豈能盡容於八百一十分之空哉！試以薄木板作小升子，其形方直按黍尺造，令深十分，闊九分，則其積乃八百一十分也。即以累尺之黍實之，止容九百八十餘黍。蓋嘗親手驗之，非止一二次而已。胡瑗、阮逸既知其如此，故用大黍累成尺，而以小黍實其管，遷就始容千二百黍，爲丁度等奏駁，其律卒不成。蔡元定之徒未知此理，却云天地風氣不正，故無真黍。古人聲律不傳，故無真法，甚至欲盡棄累黍之説，而終不敢非莽歆八百一十分之謬。夫㮚氏爲鬴，其法最善，吾無間然矣。蓋彼當時官守其職，工世其業，所以頒示天下，又不止於一二次驗之也。若莽之斛，臣則以爲，彼實不知音，不識數，特爲歆等所欺，而不暇以手親驗也。何以知其然？周公之鬴重三十斤，聲中黄鍾之宫；莽之斛重倍之，而亦云中黄鍾之宫；設有重三倍四倍者，皆云中黄鍾之宫。夫黄鍾豈無一定之音，一定之數哉！律管小差，尚已非其調，今漢斛比周鬴增添三十斤銅而聲不改，是知在理所必無也。周之量，方深各一尺，而容八斗，故名曰鬴。莽之量亦方、深各一尺，止添九釐五毫，而容十斗，故謂之斛，則二(氣)［器］者容受多寡既自不同，而深、濶冪無多異，此又在理必無者也。彼徒取法上三下二，左一右二之象，使一耳偏大，一耳偏小，傅會穿鑿，殊爲可笑，而終不若周鬴一般兩耳，用以爲升，乃得自然之法矣。祖沖之譏漢世斛銘劉歆詭謬其數，此則算氏之劇疵也。而胡瑗、阮逸、范鎮、蔡元定輩，固非不明理者，皆拳拳師法此斛何哉？不言莽歆之謬，反改周鬴爲八寸之尺以遷就之，其是非顛倒一至於此，是可歎也。

論唐至今斛法近正

漢度量衡其制皆小，唐度量衡其制皆大。昧者以爲漢制近古，殊不知似是而非，若唐制雖與古異，而古法寓於中也。《唐六典》曰：「凡度，以北方秬黍中者一黍之廣爲分，十分爲寸，十寸爲尺，一尺二寸爲大尺，十尺爲丈。凡量，以秬黍中者容一千二百爲龠，二龠爲合，十合爲升，十升爲斗，三斗爲大斗，十斗爲斛。凡權衡，以秬黍中者百黍之重爲銖，二十四銖爲兩，三兩爲大兩，十六兩爲斤。凡積秬黍爲度量權衡者，調鍾律，測晷景，合湯藥及冠冕之制則用之，内外官司悉用大者。」今以秬黍考之，則古度當唐十分之八，古量當唐十分之三，古權當唐十分之六，是度量稍與《六典》合，惟權則不合。按杜氏《通典》，唐以其尺之分爲開元錢之徑，以開元錢十枚之重爲一兩。嘗以其錢校今之秤、尺，全與唐同，不差分毫。惟量則無所考。然房玄齡注《管子》曰：「古一石，推今三斗三升三合。」今校鐵斛一石，亦與唐制大同小異。九百餘年而度量衡無變，非其法之最善，豈能如是哉。

論宋范鎮斛法之非

宋哲宗元祐三年，范鎮上新樂，楊傑撰《樂議》七篇，其議量曰：「臣元豐議樂時，見鎮所造銅量，斛在上，斗在下，左耳爲升，右耳上爲合，下爲龠。上三下二，與漢制符。」漢制曰「聲中黄鍾」，叩鎮之量，聲不合黄鍾。但以黄鍾之鍾，參考量聲，則知中否。先是鎮言，胡瑗龠皆方制，非似爵也。房庶之龠，圓徑九分，深十分。瑗用方分，庶用圓分算之。鎮又曰：「按算法，圓分謂之徑、(圓)[圍]，方分謂之方、斜。所謂徑三圍九，方五斜七是也。今圓分而以方法算之，非是。」臣謹按：陳暘《樂書》所載斛圖，蓋范鎮之斛也。范氏創爲圓分之説，謂圓分一，當方分四之三。而蔡元定深非之，以爲自古算法無所謂圓分者。蔡氏此説當矣。若平圓、立圓等術，亦是以方分計之，圓分豈可算哉！譬猶水焉，注之圓器則圓，注之方器則方，隨方就圓，無不通者，積分之謂也。譬猶田焉，偏斜觚曲，種種異形，截長續短，湊補使方，積步之謂也。別創圓分，以爲二岐，乃胷臆之説，非至理之論。且黍之爲物，非方亦非圓，乃有長短、闊狹、厚薄之異，兩尖相距謂之長，兩縫相距謂之闊，兩面相距謂之厚。以長校闊，則長爲有餘；以闊校厚，則厚爲不足。一黍一體，便分三等，況亂實管中，任其堆積，縱横偃側，空隙爲多。今術所推，截其有餘，以補不足。總而計之，大約立方術千釐爲一分，而黍止占八百一十八釐有奇，不足一分。若用立圓之術，僅得立方强半，所占尤少，更與黍體不合矣。范氏、房氏圓分之説，非也。是故彭氏密率黄鍾之管，積分則八百一十，而管止容九百八十餘黍，不能容受千二百黍，蓋由不知此理故也。此又劉歆以來，千載之謬，至今未有覺之者也。

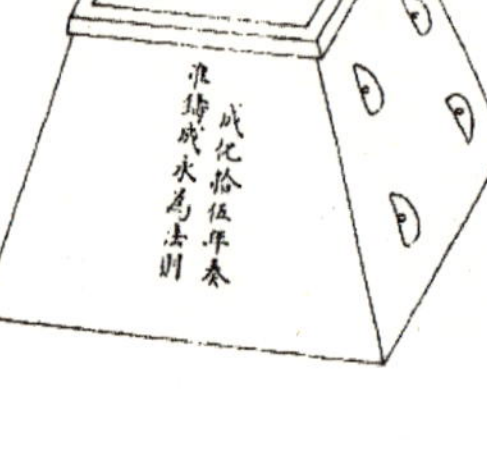

鐵斛前面小樣

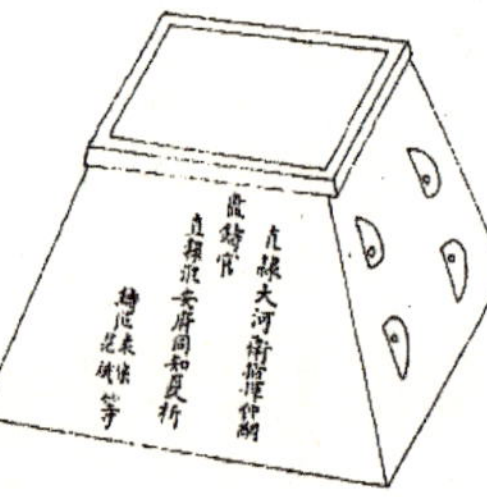

鐵斛後面小樣

依寶源局量地銅尺，斛口外方一尺，内方九寸；斛底外方一尺六寸，内方一尺五寸，深一尺，厚三分。平秤重一百斤。依古横黍度尺，斛口外方一尺二寸八分，内方一尺一寸五分有奇；底外方二尺〇五分，内方一尺九寸二分；深一尺二寸八分；厚四分。

大明頒降鐵斛，今在有司者，其前面有銘，曰「成化十五年奏准鑄成，永爲法則」十三字，其後面有銘，曰「監鑄官直隸大河衛指揮仲綱，直隸淮安府同知夏祈，鑄匠袁宗、范斌等」二十八字。按古人未嘗以五斗爲斛，五斗爲斛者，蓋自唐宋始也。算法依寶源局尺量斛，口内方九寸，底内方一尺五寸，深一尺。置口九寸，自乘得八十一寸；置底一尺五寸自乘，得二百二十五寸；又以口底相乘，得一百三十五寸。三宗相併，得四百四十一寸，三歸得一百四十七寸。以深一尺乘之，得一千四百七十寸，是爲鐵斛五斗實積。倍之得二千九百四十寸，是兩鐵斛即十斗實積。然則今之斛法，非二千五百也。民間俗傳算術，多以二千五百爲斛法者，疑術士杜撰也。或曰此鈔尺也，鈔尺即裁衣尺。算法置量地尺一尺，當裁衣尺(一)[九]寸六分，自乘得九十二寸一十六分，再乘得八百八十四寸七百三十六分爲實，以量地尺斛法二千九百四十寸乘之，一千除之，得裁衣尺二千六百〇一寸一百二十三分八百四十釐，減去二千五百，多一百寸有奇也。如欲算古横黍度尺，求今鐵斛十斗之積者，置古度尺十寸當裁衣尺七寸五分，自乘得五十六寸二十五分，再乘得四百二十一寸八百七十五分爲法，置裁衣尺斛法二千六百〇一寸一百二十三分八百四十釐一千乘之爲實，却以前法除之，得六千一百六十五寸六百二十六分八百八十釐，是爲鐵斛十斗橫黍尺積分也。就置爲實，以古斛法一千九百六十四寸一百八十五分半爲法除之，得古三石一斗三升九合，是今一石之數，爲法以除一石，得今三斗一升八合半，是古十斗比唐量少一升四合半。民間私量，隨時損益，在處不同，難爲憑據，只準鐵斛算之可也。先儒宗古《九章》，以一千六百二十寸爲粟一石之積，此乃前漢王莽斛法，今不可用也。

論校量器當以水爲準槩

今按：世之校斗斛者，或用黍角，或用菽麥，或云麻子輕滑可用。然五穀等物相殊不遠，全在人手輕重爲異耳，故俗説有澆量、斟量二者之不同，蓋澆則虚而易滿，斟則實而容多；況觸動振摇陷虧不定，一手再量即無同者，諸穀之類不可以校也。如此《管子》曰，水也者萬物之準也。準也者，五量之宗也。《漢·律曆志》曰，以井水準其槩。古人用水校量，其有以哉。用水必須使之極平，然後得其真數，否則高低一分，差一分之積矣。却以此升中水盡注於斗，則十升爲一斗而不差矣。或若用意不專而與算術不合，豈量數之謬哉，亦槩之者拙耳。斟，屋刮切。

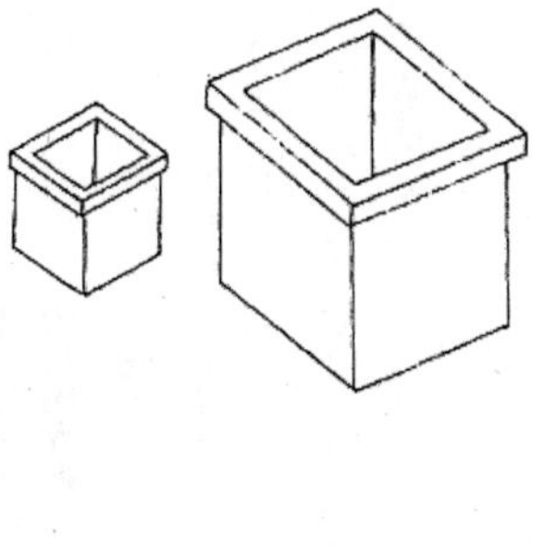
藥升藥合小樣

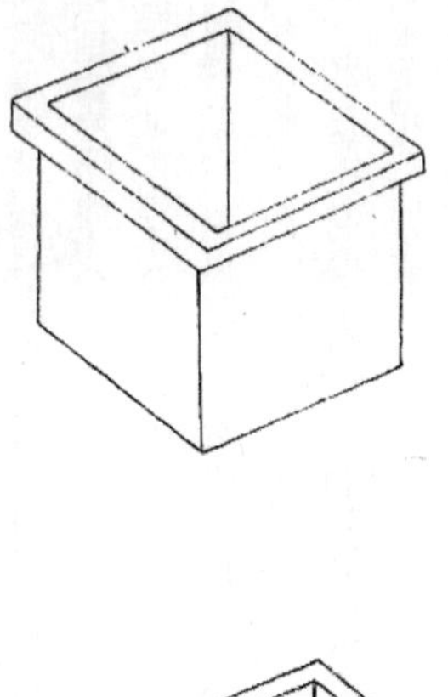
藥斗小樣

新法考古黍量，便於醫家古方所用。斗方夏尺五寸八分一釐，深亦如之。升方夏尺二寸七分，深亦如之。合方夏尺一寸二分五釐，深亦如之。皆以堅木制造。其形正方，斗厚三分五釐，升厚二分五釐，合厚一分五釐。方深度數皆在內，除厚在外不算也。

權衡篇第三

《大戴禮》孔子曰：「夫規矩、準繩、鈞衡，此昔者先王之所以爲天下也。」小以及大，近以及遠。今日行之，可以知古，可以察今。其此耶？《夏書》曰：「有典有則，貽厥子孫。關石和鈞，王府則有。」蔡沈注曰：「關，通。和，平也。」鈞與石，五權之最重者也。關，通，以見彼此通同，無折閲之意；和，平，以見人情兩平，無乖争之意。言禹以明德，君臨天下，典則法度，所以貽後世者如此。至於鈞石之設，所以一天下之輕重而立民信者，王府亦有之。其爲子孫後世慮，可謂詳且遠矣。又按：法度之制始於權，權與物均而生衡。衡運生規，規圓生矩，矩方生繩，繩直生準。是權衡者，又法度之所自生也，故以鈞石言之。《月令》仲春、仲秋「日夜分，則平權衡，正鈞石。」《論語》「謹權量」，《孟子》「權然後知輕重」，皆此之謂也。

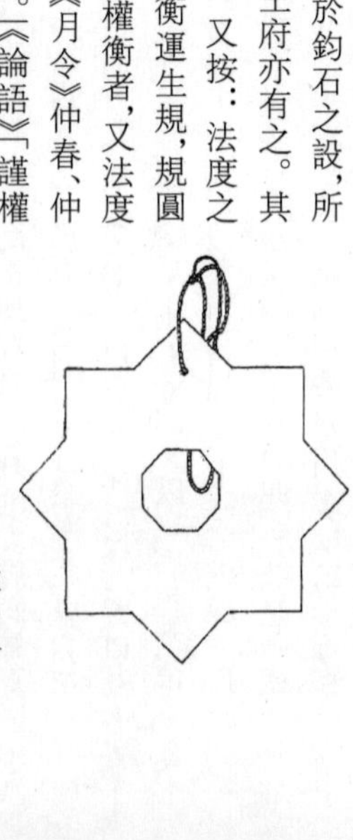
玉權小樣

《周禮·冬官·考工記》玉人之事曰：「駔琮五寸，宗后以爲權。」又曰：「駔琮七寸，鼻寸有半寸，天子以爲權。」鄭康成曰：「駔，讀爲組，以組繫之，因名焉。」鄭司農云：「以爲稱錘，以起量。」又云：「以爲權，故有鼻也。」疏曰：「先鄭云以爲稱錘，以起量者，量自是升、斛之名，而云爲量者，對文量衡異，散文衡亦得自言量，以其量輕重故也。天子以爲權，故有鼻。后權不言鼻者，舉以見，后亦有鼻可知。」

今按：《周禮》以璧禮天，以琮禮地。《儀禮》以璧享君，以琮享夫人。璧圓象天，琮方象地。君璧，夫人琮，天地之象也。故《玉人》曰：「大琮十有二寸，射四寸，厚寸，是謂内鎮，宗后守之。」鄭氏以爲，琮體(方)[八]方，射其外鉏牙。賈氏以爲，八角鋒出各二寸，兩相并，四寸也。然地體方而四隅有維，蓋所射者四角而已。駔琮五寸，宗后以爲權。駔琮七寸，鼻寸有半寸，天子以爲權。鄭司農云：「以爲權，故有鼻也。」鄭康成云：「駔，讀爲組，以組繫之，因名焉。」然則駔琮形如大琮，但減小而有鼻，以組繫之耳。《白虎通》曰：「琮之爲言，聚也。內圓象陽，外直爲陰，外牙而內湊，象聚會也。故謂之琮。」《説文》曰：「琮，瑞玉，大八寸，似車釭。」琮之形狀可考者如此。嘗裁紙二幅，各方七寸，折爲九，空形如井田，中央一空剜去，乃交加沾之，則琮之形也。方七寸者，兩角相距九寸九分，中間所謂好者，似圓而有八隅，徑二寸三分寸之一；其鼻一寸五分，內有孔，徑一分，穿繩繫之以爲權者，蓋與璧羡之意同也。先王以禮爲權，度則本諸琮璧；以樂爲「權」，度則起於黃鍾。禮樂不可斯須去身，此之謂矣。古者，天子巡守四方，稽同權度之法寓於琮璧，所以不離身也。宗后親織玄紞，則絲之輕重須手權之。自春粢盛，則米之多寡須手量之。權度之用，蓋以此乎。

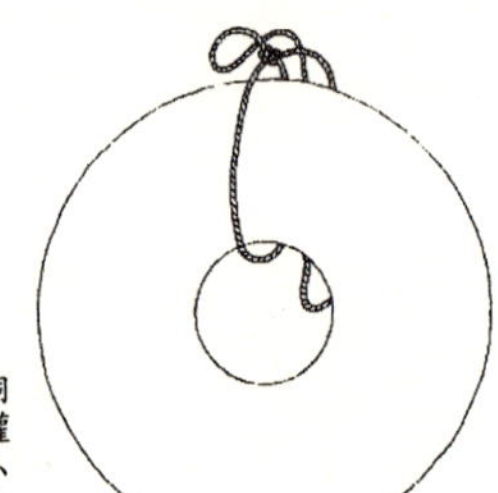

銅權小樣

《前漢志》曰：「五權之制，圜而環之，令肉倍好，周旋無端，終而復始，無窮已也。」孟康曰：謂爲秤錘，形如環也。如淳曰：體爲肉，孔爲好。又曰：「凡律度量衡用銅者，銅爲物之至精，不爲燥濕寒暑變其節，不爲風雨暴露改其形，介然有常，有似於士君子之行，是以用銅也。」

今按：古權之制，《周禮》用玉，《漢志》用銅。今則玉不可以多得，且天子之權非羣下敢僭，惟從《漢志》用銅可也。舊不言其尺寸斤兩，今擬新法載於此篇。用紅銅十八斤，白錫三斤，合而鍊之，待其烟氣竭而後鑄。預先打造沙模，以木作環之樣，照依縱黍律尺，外徑九寸，內徑三寸，放璧羡之制也。其厚除錯磨外，正數準今平秤十八斤，重爲古秤三十斤，與嘉量之重同，此二器相準也。以繩繫之，所謂組紃！蓋此物兼嘉量之重，黃鍾之長，璧羡、駔琮之制，皆寓乎其中矣。古秤用鉤而不用盤，其錘若環，非若今之秤錘。故《莊子》云：「捶鉤者，不失毫芒。」宋太宗詔書曰：「秬黍之制，或差毫釐，捶鉤爲奸，害及黎庶。」錘與鉤本是秤鉤、秤錘之名，因而又爲分兩之名，環字亦然。《周禮注》曰「十鈞爲環」是也。秤鈎亦以銅爲之，十分其權之一，當重一斤十二兩八錢。凡權，各隨衡之大小，《漢志》所謂「其餘小大之差，以輕重爲宜」也。今擬衡制大小二等，中下二等，每衡各有三毫。其小之小者，起於一(寸)[黍]，終於一銖；中者起於一銖，終於一錙；大者起於一錙，終於一兩，若今之等子也。其中之小者，起於一兩，終於一斤；中者起於一斤，終於一衡；大者起於一衡，終於一鈞，若今之小秤也。其大者以架懸之，惟有二毫：小者起於一鈞，終於一石；大者起於一石，終於一鼓，若今之大秤也。王莽石權形如水碓，張文收銅秤有盤無鈎，其制近俗，而非古雅之器，不可用也。

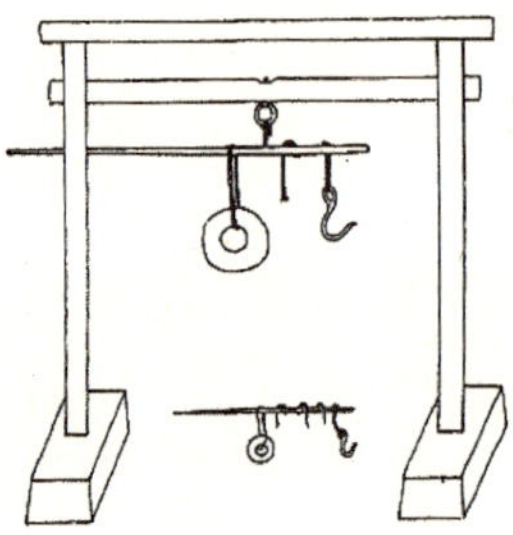

大秤用架

衡起於黃鍾。一龠之黍重十二銖，倍之二十四銖爲兩；十六兩爲斤，斤乃三百八十四銖。三十斤而爲鈞，一月之數也。四鈞爲石，重百二十斤，象十有二月也。

古今權衡考正辨疑

五權所起：

權起於黍，黑色秬黍，擇其圓者，稱一粒之重也。

十黍爲累，或作纍，又作絫，竝音累。以今等子校之，爲二釐五毫。

十累爲銖，一百黍之重也。以今等子校之，爲二分五釐。

六銖爲錙，又謂之分，六百黍之重也。以今等子校之，爲一錢半。

四錙爲兩，黃鍾兩龠二千四百黍之重。以今等子校之，爲六錢。

右五者，權之餘也。《漢志》曰：「權輕重者，不失黍絫。」應劭曰：「十黍爲絫，十絫爲銖。」《說文》曰：「銖，權十分黍分字衍文，黍當作絫。之重也。」「錙，六銖也。」又謂之分。《證類本草》陶隱居云：「古秤惟有銖兩，而無分名。今則以十絫爲一銖，六銖爲一分，四分成一兩。」王肅注《家語》，楊倞注《荀子》皆云「八兩爲錙」。錙、銖細數，未應相遠，八兩之說，似乎不通，當以《說文》六銖爲錙爲正。

五權正數：

十六兩爲斤，古量一升六合黍之重，爲今秤九兩六錢。

十斤爲衡，古量一(升)[斗]六升黍之重，爲今秤六斤。

三衡爲鈞，古量四斗八升黍之重，爲今秤十八斤。

四鈞爲石，古量一石九斗二升黍之重，爲今秤七十二斤。

四石爲鼓，古量七石六斗八升黍之重，爲今秤二百八十八斤。

右五者，權之正也。《漢志》曰：「權本起於黃鍾之重，一龠容千二百黍，重十二銖，兩之爲兩，二十(兩)[四]銖也，十六兩爲斤。三十斤爲鈞。四鈞爲石。」《小爾雅》曰：「斤十謂之衡，衡有半謂之秤，秤二謂之鈞，鈞四謂之石，石四謂之鼓。」五度、五量、五權之外，名目頗多，然非常用之數，已見其譜，茲不復贅。

今按：《國語》單穆公曰：「先王之制鍾也，大不出鈞，重不過石。律度量衡於是乎生，小大器用於是乎出，故聖人慎之。」吳韋氏注曰：「衡有斤兩之數，生於黃鍾。黃鍾之管容秬黍千二百粒，是爲一龠。龠二爲合，合重一兩，故曰律度量衡於是乎生。則三代之制，權衡之起，信亦出於律矣。夫黃鍾之龠，容千二百黍之重，是爲半合，即半兩也。合龠爲合，兩龠爲兩，俱二千四百黍，是乃一合黍之重，即一兩也。然則一升黍之重即爲十兩，一斗黍之重即爲百兩，一斛黍之重即爲千兩，明矣。一斤之重，乃[一]升六合黍也。一鈞之重，乃四斗八升也。一石之重，乃一斛九斗二升也。權量二法，配合整齊，未有得其量而不得其權者。」《書》曰「關石和鈞」，此之謂歟！今考羊頭山秬黍，以時制等子秤之，其大者百粒在二分六釐上下，其小者百粒在二分四釐上下，其中者百粒爲二分五釐整。積至兩龠二千四百粒，秤重六錢。然則今之六錢，爲古一兩；今之六兩，爲古十兩；今之六斤，爲古十斤。其餘可以例推矣。古之一斤，今之九兩六錢也。古之一鈞，今之十八斤也。古之一石，今之七十二斤也。古之一鼓，今之二百八十八斤也。大率古之於今，乃五分之三耳。先儒以爲三分之一，非也。置今求古，則用六歸。以古求今，則用六因。若斤兩互見者，各以其法通之。此算家所易曉，不必細解。求度量亦如之，但率法不同耳。度以八爲率，量以三爲率，權以六爲率者，今之八寸即古一尺，今之三斗即古一斛，今之六錢即古一兩故也。凡度、量、衡，以今求古皆用歸法，以古求今皆用因法。故附見於此云。

辨漢制權衡之謬

宋呂大臨《考古圖》曰：「漢器之有銘者，以今權校之。首山宮鴈足鐙，其銘曰重六斤。上林宮行鐙，銘曰重六斤十兩。今秤之二器，共重三斤十四兩。今秤之重之五兩有奇，當漢之一斤也。甘泉宮内者鐙，銘曰重二十五斤十一兩，今秤之重十斤四兩，是今六兩半有奇，當漢之一斤也。車宮承燭槃，銘曰重二斤八兩，今秤之重一斤五兩。今之六兩，當漢一斤也。好時鼎，銘曰重九斤一兩。今重三斤六兩。今六兩，當漢一斤也。軹家釜，銘曰重十斤一兩九銖。今重二斤十一兩六銖。今四兩七銖，當漢一斤也。軹家甑，銘曰重四斤二十銖。今重一斤七兩。今五兩十八銖，當漢一斤也。齊安宮熏爐，銘曰重五斤六兩。今重一斤三兩。今三兩十八銖，當漢一斤也。諸器權數率各不同，校其度量亦然，蓋不可考也。」

今按：近代凡爲律吕之學者，蓋皆取法於班志。然班志所述，乃劉歆僞辭删之未盡者也。沈約《宋志》云：「班氏所志，未能通律吕本源，空煩其文，而爲辭費。欲符劉歆三統之數，假託非類，以飾其説，皆孟堅之妄矣。」唐太宗《晉志》云：「劉歆三統，以説《左傳》，辯而非實，班固惑之，采以爲志。」觀此二家之論，蓋皆不取班志。嘗考漢制律度量衡，悉紛亂而無紀，其不可爲後世法也，信然矣。臣家所有漢錢數十枚，凡若干種，每種雖度數分寸彷彿，而厚薄輕重不均。以漢《食貨志》校之，彼志云「貨泉重五銖，貨布重二十五銖，大泉重十二銖，大布重二十四銖。」臣以今時等子，將錢每種或十枚或五枚總稱之，以均其輕重，而用算法乘除，以求漢之一兩。則大泉合今三錢三分，貨泉合今三錢五分，貨布合今三錢七分，大布合今三錢八分，各爲漢之一兩，而率皆乖異，與《吕氏考古圖》之説相同也。大率漢之一兩，惟有今之三錢半强，是三兩爲今一兩强。與秬黍之法不同者，蓋因劉歆誤以秠黍爲秬，故律度量衡四器皆失之小，其餘器皿率多舛謬。王莽僞錢，益無足取，今宜壹以秬黍爲法可也。

辨歷代權衡之乖

唐孫真人《千金方》曰：「古秤惟有銖兩，而無分名。今則以十黍爲一銖，六銖爲一分，四分爲一兩，十六兩爲一斤，此則神農之秤也。吴人以二兩爲一兩，隋人以三兩爲一兩，今依四分爲一兩秤爲定。方家凡云等分者，皆是丸散，隨病輕重所須多少，無定銖兩；三種五種，皆悉分兩同等耳。凡丸散云若干分兩者，是品諸藥宜多宜少之分兩，非必止於若干之分兩也。假令日服三方寸匕須瘥止，是三五兩藥耳。凡散藥有云刀圭者，十分方寸匕之一，準如梧桐子大也。方寸匕者，作匕，正方一寸，抄散取不落爲度。錢匕者，以大錢上全抄之。若云半錢匕者，則是一錢抄取一邊爾，竝用五銖錢也。錢五匕者，今五銖錢邊五字者以抄之，亦令不落爲度。一撮者，四(方)[刀]圭也。十撮爲一勺，兩勺爲一合。以藥升分之者，謂藥有虚實、輕重，不得用斤兩，則以升平之。藥升方，作上徑一寸，下徑六分，深八分，内散藥勿按抑之，正爾微動，令平調耳。今人分藥，不復用此。凡丸藥有云如細麻大者，即胡麻也，不必扁扁，但令較量，大小相稱爾。如黍粟者亦然，以十六黍爲一大豆也。如麻子者，即今大麻子，準三細麻也。如胡豆者，今青斑豆也，以二大麻子準之。如小豆者，今赤小豆也，粒有大小，以三大麻子準之。如大豆者，以二小豆準之。如梧桐子者，以二大豆準之。一方寸匕散，以蜜和，得如梧桐子十丸爲定。如彈丸及雞子黄者，以十梧桐子準之。凡方云巴豆若干枚者，粒有大小，當先去心皮，乃秤之，以一分準十六枚。附子烏頭若干枚者，去皮畢，以半兩準一枚。枳實若干枚者，去穰畢，以一分準二枚。橘皮一分準三枚。棗有大小，以三枚準一兩云。乾薑一累者，以半兩爲正。凡方云半夏一升者，洗畢，秤五兩爲正。椒，一升三兩爲正。吴茱萸，一升五兩爲正。菟絲子，一升九兩爲正。菴閭子，一升四兩爲正。蛇牀子，一升三兩半爲正。地膚子，一升四兩爲正。此其不同也。云某子一升者，其子各有虛實、輕重，不(同)[可]通以秤準，皆取平升爲準。凡方云桂一尺者，削去皮畢，重半兩爲正。甘草一尺者，重二兩爲正。云某草一束者，重三兩爲正。一把者，重二兩爲正。凡云蜜一斤者，有七合。猪膏一斤者，一升二合。」

宋林億等校正《千金方凡例》曰：「凡和劑之法，有斤兩、升合、尺寸之數，合湯藥者不可不知。按吴有複秤、單秤；隋有大升、小升。此制雖復紛紜，正惟求之太深，不知其要耳。陶隱居撰《本草序録》一用累黍之法，神農舊秤爲定。孫思邈從而用之。孫氏生於隋末，終于唐永淳中，蓋見隋志唐令之法矣。則今之此書，當用三兩爲一兩，三升爲一升之制。世之妄者，乃謂古今之人，大小有異，所以古人服藥劑多。無稽之言，莫此爲甚。今之用藥，定以三兩爲今一兩，三升爲今一升。方中雖時復有用尺寸處，舊例已有準折兩法，今則不復重述也。」

《普濟方》曰：「凡看古方類例，最是朝代沿革升合分兩差殊。若數味皆用分兩，不足較也。第中間有用升合，枚數，大段不同。升斗秤尺，本自積黍，黍自不可見，度量衡卒亦難明。今以錢譜推測，粗知梗槩。凡度者，分、寸、尺、丈、引。本以一黍之廣爲分，十分爲寸，十寸爲尺，十尺爲丈，十丈爲引。觀今之尺數等不同，如周尺八寸，當作周尺八寸。京尺長一尺六寸，淮尺長一尺二寸，約尺長一尺二寸五分，竝以小尺爲率。小尺既自三微起，却自可準。唐武德年鑄開元錢，八分，當十二錢半得一尺，排錢比之，十一箇已及一尺。又不知唐用何尺？顧漢唐龠量，並用尺寸分布。尺寸如是不齊，將何憑據？博古君子，必有説矣。凡量者，龠、合、升、斗、斛。本以黄鍾龠容十二銖，合龠爲合，重二十四銖。今以錢準，則六銖錢四箇，比開元錢三箇重。升、斗、斛，皆壘而成數，漢唐同用。至宋紹興，升容千二百銖，則古文六銖錢二百箇，開元錢二百二十箇。以紹興一升得漢五升，其餘私用不足計也。凡衡者，銖、兩、斤、鈞、石，亦以黄鍾龠所容重十二銖，兩之爲兩，二十四銖爲兩，十六兩爲斤，三十斤爲鈞，四鈞爲石。每兩則古文六銖錢四箇，開元錢三箇。至宋廣秤，以開元錢十箇爲兩。今之三兩，得漢唐十兩明矣。《千金》《本草》皆以古三兩爲今一兩，以古三升爲今一升，諸藥類例，尤爲難辨。且如半夏一升，準五兩，不知用何升何兩，此修合制度之要務，不可不知。漢銅錢質如周錢，文曰半兩，重如其文。孝文五年，錢多而輕，乃更鑄四銖，其文爲半兩，雜以鉛鐵錫。非殺爲巧則不得贏，而姦或盜磨錢質取鉛。有司言：錢輕，重請郡國鑄五銖錢。周郭有質，令不得磨取鉛。則知漢以二半兩錢爲兩，重十(餘)[銖]明矣。漢唐例以二十四銖爲一兩，抑未知修史人改作唐例，亦不可知。觀錢譜，漢無六銖錢，至唐方有。今以五銖錢十六箇，正得開元錢十箇重，又以六銖錢十二箇，正開元錢九箇重，則知開元錢每一箇重八銖。唐武德四年鑄開元通寶，徑八分，重二銖四(分)[絫]。此所載銖兩，似難攷據，明食貨者必有説焉。據藥書，漢方每服大劑三十兩重，若小劑十有餘兩，用水六升或七升，多煎取二升三升，並分三服。若以古龠量水七升煎，今之三十兩，未淹得過。況散末藥只服方寸匕，丸子如梧桐子大，極至三十粒，湯液豈得如此懸絶？又如風引湯，一劑計五十五兩，每兩只用三指撮，水三升煮三沸，去滓温服一升。看其煮制，每只三指撮，未應料劑如此之多，此又可知也。今以臆説，漢方當用半兩錢二枚爲一兩重，以水煎湯。方數當用漢兩，計一百八十銖，得開元錢二十二箇半重，分三服，(二服分)[已是今]之七錢半重一服。若以唐方準，計二百二十六銖，得開元錢四十二箇重，每服計今之十四錢重，大畧可知。若以開元時所鑄開元錢稱準，一百單五箇重，分三服，每服計三百五錢重，此猶是小劑，況有大劑。名件兩數之多者，未易槩舉，留心此道，幸少詳焉。」

今按：度、量、衡三器之中，惟衡最難定。蓋度與量皆有定形，而衡出於黍粟者，則有燥濕不等。雖止一種黍粟，微曝則輕，微潤則重，蓋自本物尚且無定，況他物乎。《淮南子》謂「十二粟而當一分，十二分而當一銖」，則一銖者一百四十四粟也。《漢志》謂「一千二百黍爲十二銖」，則一銖乃一百黍也。以一百四十四粟與一百黍相校，則粟之輕重僅乃黍之一半。況《後漢志》注又謂「十粟重一圭，十圭重一銖」，則一銖者惟百粟耳，更減《淮南》之數，豈能合前志一銖之重哉！史言，晉之秤、兩，不與古通；梁陳依古秤；齊以古秤一斤八兩爲一斤；後周玉秤四兩當古秤四兩半；隋以古秤三斤爲一斤；唐量衡與古校皆三之一。然史文缺畧，今悉不能的知其數。《肘後方鹿鳴山序》云：「古方，藥品分兩、灸穴分寸，與今不類。爲古人體大小或異，血脉亦有差焉。」此説非也。林億所謂「無稽之言，莫此爲甚」者也。是故全載孫氏之説於此，以破其惑。然孫氏之説，亦頗乖誤，且如百黍爲銖，而云十黍，十當作百，疑傳寫之訛也。其藥升之制，上徑一寸，下徑六分，深八分，此升甚小，不知何代之量，有如此之小者。又與所云半夏一升，秤重五兩校之，不同所云他藥。權量大率類此，姑存而不論。但引其説，以證古今人體實無有異，惟度量權衡，長短、大小、輕重有不同耳。

論唐宋已來度量衡與今大同小異

《唐六典》曰：「凡權衡，以秬黍中者百黍之重爲銖，二十四銖爲兩，三兩爲大兩，十六兩爲斤。凡積秬黍爲度量權衡者，調鍾律、測晷景、合湯藥及冠冕之制則用之，內外官悉用大者。」

杜氏《通典》曰：「大唐武德四年，廢五銖錢，鑄開通元寶錢。每十錢重一兩，計一千重六斤四兩；每兩二十四銖，則一錢重二銖半以下。古秤比今秤，三之一也。則今錢爲古秤之七銖以上，古五銖則加重二銖以上。」開通元寶，疑當作開元通寶。姑依原本不改。

《宋史》曰：「淳化三年三月三日，詔曰：《書》云：協時月正日，同律度量衡。所以建國經而立民極也。國家萬邦咸乂，九賦是均，顧出納於有司，繫權衡之定式。如聞秬黍之制，或差毫釐，錘鉤爲姦，害及黎庶。宜令詳定稱決，著爲通規。事下有司，監內藏庫，崇儀使劉承珪言：太府寺舊銅式自一錢至十斤，凡五十一，輕重無準。外府歲受黃金，必自毫釐計之，式自錢始，則傷於重。遂尋究本末，別制法物。至景德中，承珪重加參定，而權衡之制益爲精備。其法蓋取《漢志》于穀秬黍爲則，廣十黍以爲寸，從其大樂之尺，秬黍，黑黍也。樂尺，自黃鍾之管而生也。謂以秬黍中者爲分寸、輕重之制。就成二術，二術謂以尺、黍而求氂、絫。因度尺而求氂，度者，丈尺之總名焉。因樂尺之源，起於黍而成於寸，析寸爲分，析分爲氂，析氂爲毫，析毫爲絲，析絲爲忽。十忽爲絲，十絲爲毫，十毫爲氂，十氂爲分。自積黍而取絫。從積黍而取絫，則十黍爲絫，十絫爲銖，二十四銖爲兩。錘皆以銅爲之。以氂、絫造一錢半及一兩等二稱，各懸三毫，以星準之。等一錢半者，以取一稱之法。其衡合樂尺一尺二寸，重一錢，錘重六分，盤重五分。初毫星準半錢，至稍總一錢半，析成十五分，分列十氂；第一毫下等半錢，當五十氂，若十五分稱等五斤也。中毫至稍一錢，析成十分，分列十氂；末毫至稍半錢，析成五分，分列十氂。等一兩者，亦爲一稱之則。其衡合樂分尺一尺四寸，重一錢半，錘重六錢，盤重四錢。初毫至稍，布二十四銖，下別出一星，等五絫；每銖之下復出一星，等五絫，則四十八星等二百四十絫，計二千四百絫爲十兩。中毫至稍五錢，布十二銖，列五星，等二絫；布十二銖爲五錢之數，則一銖等十絫，都等一百二十絫爲半兩。末毫至稍六銖，銖列十星，星等絫。每星等一絫，都等六十絫爲二錢半。以御書真、草、行三體淳化錢較定，實重二銖四絫爲一錢者，以二千四百得十有五斤爲一稱之則。其法，初以積黍爲準，然後以分而推忽，爲定數之端。故自忽、絲、毫、氂、黍、絫、銖各定一錢之則。謂皆定一錢之則，然後制取等稱也。忽萬爲分，以一萬忽爲一分之則，以十萬忽定爲一錢之則。忽者，吐絲爲忽。分者，始微而著，言可分別也。絲則千，一千絲爲一分，以一萬絲定爲一錢之則。毫則百，一百毫爲一分，以一千毫定爲一錢之則。毫者，毫毛也。自忽、絲、毫三者皆斷驥尾爲之。氂則十，一十氂爲一分，以一百氂定爲一錢之則。氂者，氂牛尾毛也，曳赤金成絲爲之也。轉以十倍倍之，則爲一錢。轉以十倍，謂自一萬忽至十萬忽之類定爲則也。黍以二千四百枚爲一兩，一龠容千二百黍爲十二銖，則以二千四百黍定爲一兩之則。兩者，以二龠爲兩。絫以二百四十，謂以二百四十絫定爲一兩之則。銖以二十四，轉相因成絫爲銖，則以二百四十絫定成二十四銖，爲一兩之則。銖者，言殊異。遂成其稱。稱合黍數，則一錢半者，計三百六十黍之重。列爲五分，則每分計二十四黍。又每分析爲一十氂，則每氂計二黍十分黍之四。以十氂分二十四黍，則每氂先得二黍。都分成四十分，則一氂又得四分，是每氂得二黍十分黍之四。每四毫一絲六忽有差爲一黍，則氂絫之數極矣。一兩者，合二十四銖，爲二千四百黍之重。每百黍爲銖，二百四十黍爲絫，二銖四絫爲錢，二絫四黍爲分。一絫二黍重五氂，六黍重二氂五毫，三黍重一氂二毫五絲，則黍絫之數成矣。其則，用銅而鏤文，以識其輕重。新法既成，詔以新式留禁中，取太府舊稱四十、舊式六十，以新式校之，乃見舊式所謂一斤而輕者有十，謂五斤而重者有一。式既若是，權衡可知矣。又比用大稱如百斤者，皆懸鉤於架，植鐶於衡，鐶或偃，手或抑按，則輕重之際，殊爲懸絶。至是，更鑄新式，悉由黍絫而齊其斤石，不可得而增損也。又令每月大稱，必懸以絲繩。既置其物，則却立以視，不可得而抑按。復鑄銅式，以御書淳化三體錢二千四百暨新式三十有三、銅牌二十授於太府。又置新式於內府、外府，復頒於四方大都，凡十有一副。先是守藏吏受天下歲貢金帛，而太府權衡舊式失準，得因之爲姦，故諸道主者坐逋負而破産者甚衆。又守藏更代，校計爭訟，動必數載。至是，新制既定，奸弊無所措，中外以爲便。」度、量、權、衡皆太府掌造，以給內外官司及民間之用。凡遇改元，即差變法，各以年號印而識之。其印面有方印、長印、八角印，明制度而防僞濫也。

今按：時俗權衡之法，小數則一兩作爲十錢，而錢之下借用分、釐、毫、絲、忽之名。大數則十五斤爲一秤，八秤爲一馱，二斤爲一裹，百裹爲一引。蓋分、釐、毫、絲、忽，引，本皆尺度之名，借作權名也。古人所謂六銖爲分，四分爲兩之類，今既參差，而亦不復曉矣。以錢爲名，不知始於何代，意者自唐武德開元之錢始乎？然以黍秤校之，漢錢五銖失之太輕，唐錢二銖四絫失之太重，皆不與黍秤合。要之，合於時俗之秤者，開元等錢殆近之矣。《宋史》載其衡權之制最詳，今以古人千二百黍之法校之，與宋不同，宋人所定乃今世俗秤也。依其法以淳化錢校之，正與今同，然與黄鍾度量乖矣。宋皇祐中，阮逸、胡瑗累黍定尺，既大於漢尺，姑欲合其量，然竟於權不合，乃謂黍秤二兩已得官秤一兩，而疑史書之誤。愚見亦以爲然。或今黍秤與隋唐黍秤不同，隋唐之秤一斤當黍秤三斤，今秤一斤只當黍秤一斤十兩三分兩之二。蓋隋唐黄鍾之龠既短且狹，雖以二龠所容黍作一兩，而其實不滿千二百數無疑矣。宋沈括《筆談》曰：「予受詔考定樂律，古秤三斤當今十三兩，一斤當今四兩三分兩之一，一兩當今六銖半。」若然，則古秤適當宋秤四分之一，又與胡、阮之説不同。夫沈與胡、阮相去不遠，便乃相懸，是又可疑也。今術選羊頭山秬黍中者一千二百枚，實於黄鍾之龠，無欠無餘，以天平秤之，整有三錢，乃古半兩也。兩龠之黍，當天平六錢，爲古一兩。然則古秤一斤，當天平九兩六錢；今之平秤一斤，是古一斤十兩三分兩之二也。

總論律度量衡四者貴乎得中

本朝丘濬上《大學衍義補》曰：「臣按：律者，候氣之管，所以作樂者也，而度量衡用以度長短，量多寡，稱輕重，所用與律不同。而帝舜巡守所至同律，而必及於度量衡。何哉？蓋以度量衡皆受法於律。於此審之，三者之法制，皆與律同。斯爲同矣，誠以是三物者，其分寸、龠合、銖兩，皆起於黄鍾，而與候氣之律同出於一。按律固可以制度量衡，而考度量衡，亦可以制律，此聖人制律而及度量衡之本意也。然聖人不徒因律而作樂，而用之於郊廟朝廷之上，而又頒之於下，使天下之人用之，以爲造作出納交易之則焉。其作於上也有常制，其頒於下也有定法。苟下之所用者與上之所頒者不同，則上取於下者當短者或長，當少者或多，當輕者或重；下輸於上者當長者或短，當多者或少，當重者或輕。下虧於民，上損於官，操執者有增減之弊，交易者有欺詐之害，監守出納者有侵尅陪償之患，其所關係蓋亦不小也。是雖唐虞之世，民淳俗厚，帝王爲治，尚不之遺，而況後世民僞日滋之時乎！乞飭所司，每正歲申明舊制，自朝廷始，先校在官之尺度、斗斛、權量，使凡收受民間租税器物，不許過則；又於凡市場交易之處，懸掛則樣，以爲民式。在内京尹及五城兵馬司官，在外府州縣官，每月一次校勘。憲臣出巡所至，必令所司具式呈驗，公私所用，有不如式者，坐其所司及所造所用之人。是亦王政之一端也。」又曰：「臣按：古先盛王，凡有施爲，必順天道。是以春秋二仲之月，晝夜各五十刻，於是乎平等，故於此二時審察度量權衡，以驗其同異，或過而長，或過而短，或過於多，或過於少，或過於重，或過於輕，皆有以正而均之，使之皆適於平焉。後世事不師古，無復順時之政，雖有度量權衡之制，一頒之後，聽民自爲，無復審察校量之令，固有累數十年而不經意者矣，況一歲而再舉乎！民僞所以日滋，國政所以不平，此亦其一事也。」又曰：「臣按：宋太祖、太宗，皆起自民間，熟知官府出納之弊，故其在位，首以謹權量爲務。史謂比用大稱如百斤者，皆懸鉤於架，植鐶於衡，或偃手，或抑按，則輕重之際，殊爲懸絶。於是更鑄新式，悉由絫黍，而齊其斤石，不可得而增損也。又令每用大稱，必懸以絲繩。既置其物，則却立以視，不可得而抑按。」由是觀之，可見古昔好治之君，莫不愛民。其愛民也，凡官吏可藉以害民者，無不預爲之禁革，則雖一毫之物，不使過取於民。彼其具文移著律例，約束非不備，刑罰非不嚴，然利之所在，人惟見利而不見害，往往外法以巧取，依法以爲姦。孰若每事皆立爲一法，如宋人之於權衡，必齊其斤石，不可得而增損，又俾操執者却立以視，而不得按仰。噫！使凡事皆準此以立爲之法，則官吏無所容其姦，而小民不至罹其害矣。又曰：「臣按：程子謂，爲政須要有綱紀，文章、謹權、審量，皆不可闕。朱子謂，文章便是文飾那謹權、審量之類。然但言文章，而不及綱紀。臣竊以謂權而謹之，量而審之，使其長短適（半）〔平〕，多寡酌中，固是文飾之意。然於操執之時，或鉤錘之轉移，衡尾之按仰；收放之際，或斛面之加淋，旁庣之摇撼，則是無綱紀矣。是知聖人爲治，無一善之徒行，無一法之徒立。一器之設雖小也，而必正其制度；一物之用雖微也，而必防其病弊。惟恐一事之或失其宜，一民之或被其害。此所以鉅細精粗無不畢舉，上下四方無不均平也。」

今按：《論語》曰：「謹權量，四方之政行焉。」是乃爲政之要務，不可忽者，而丘氏之言益爲詳切也。以今時俗論之，他郡臣不知，只以弊郡爲説。民間布絹，市尺以鈔尺一尺七寸五分爲一尺，斗以鐵斛之斗一斗三升五合爲一斗，秤有以天平十八兩爲一斤，亦有以二十兩已上爲一斤者。因而號爲官尺、斗、秤，然又時或增損，人各不同焉，是與丘氏之説異矣。蓋習俗既久，不可輒變者也。古之律度量衡所以得天地自然之道者，適中而已矣。夫中也者，無過不及之謂也。於此而益焉，非也；於此而損焉，亦非也。是故爲黄鍾之律者，失於短小則樂均太高，劉歆、荀勗、王朴、蔡元定之律是已；失於長大則樂均太下，李照、范鎮、魏漢津、冷謙之樂是已。隋、唐、宋、元之度量，較之累黍則失於長大；漢、魏、南北朝之度量，校之累黍則失於短小，皆非也。宋儒論樂律者，率舍高而取下；論度量者，又舍大而取小。夫豈知適中之道哉！大明鈔尺七寸五分，適合黍尺一尺，無忽微之差；鐵斛三升二合，適合黍量一斗，無圭撮之戾；平秤九斤，適合黍權一秤，無錙銖之乖。雖不同而實同，雖不用而實用，妙理存乎其間，而人未之知也。臣若不累黍親驗，亦不信有如此之妙。後世爲鍾律之學者，不可以其常用而忽之也。

律學四物譜序

或有問於余曰：「《律(樂)[學]四物譜》何爲而作也？」曰：「余聞諸先儒曰，聲無形而樂有器。古之作樂者，知器之必有敝，而聲不可以言傳，懼器失而聲遂亡也，乃多爲之法以著之。故始求聲者以律，而造律者以黍。自一黍之廣，積而爲分、寸；一黍之多，積而爲龠、合；一黍之重，積而爲銖、兩。此造律之本也。故爲長短之法，而著於度；爲多少之法，而著於量；爲輕重之法，而著於權衡。是三物者，亦必有時而敝，則又總其法而著於數，使其分寸、龠合、銖兩，皆起於黄鍾，然後律度量衡相用爲表裏，使得律者，可以制度量衡，因度量衡亦可以制律。不幸而皆亡，則推其法數而制之。用其長短、多少、輕重，以相參考。四者既同，而聲必至，聲至而後樂可作矣。夫物用於有形而必敝，聲藏於無形而不竭，以有數之法求無形之聲，其法具存。無作則已，苟有作者，雖去聖人於千萬歲後，無不得焉。此古之君子知物之終始，而憂世之慮深，其多爲之法，而丁寧纖悉可謂至矣。夫物莫不有制，制莫不有則，規矩準繩、度量權衡，皆制物之定則也。蓋規以取其圓，矩以成其方，準以揆其平，繩以就其正；度以度其長短，量以測其多寡，權以審其輕重，衡以定其低昂。合是數者，然後謂之有制。智者創物，巧者述之，未有舍是而能自爲之制者。如孟子所謂「不以規矩，不能成方圓」。又曰：「權然後知輕重，度然後知長短。」《禮記》所謂「衡誠縣，不可欺以輕重；繩墨誠陳，不可欺以曲直；規矩誠設，不可欺以方圓」。皆此之謂也。《通曆》曰：「少昊用度量作樂器。」《舜典》曰：「同律度量衡。」古人以度定量，以量定權，必參相得而後黄鍾之律可求。然則律與度量衡相須爲用，非度量衡生於律也。自近世之論起，求律於無憑據之元聲，候管於無證驗之灰氣。其視度量衡以爲末節之務，不暇較其是非。有司頒禮，既繆誤而莫知；儒者談經，亦闕畧而未講。殊不思，度量衡實與律相爲始終、經緯、表裏者也。《論語》言爲政之術，先之以「謹權量」，以道寓器，以器明道，天下得以因器會道，由是四方之政行矣。聖人於粗迹皆有精義存焉。蓋世俗之情，恒喜大秤大斗，用以掊尅聚斂。高下其手，亂之始也。故謹之亦在於始。所謂探賾索隱，鉤深致遠者，是物也。晉陳勰掘地得古尺，尚書奏，宜改今尺，以古爲正。潘岳以爲不宜改。摯虞駁曰：「今尺長於古尺幾於半寸，樂府用之，律吕不合；史官用之，曆象失占；醫局用之，孔穴乖錯。宜如所奏。」元康中，裴頠以爲醫方人命之急，而稱兩不與古同，爲害特重，宜因此改治權衡。不見省夫晉尺長於古尺纔四分有奇，而虞、頠尚以爲不便，況今尺長於古尺多矣，寧無害事乎！醫家有仲景《肘後千金外臺》諸方所用，皆古斗秤尺，其云每服一升，今升豈能服盡一升？故知古升耳。又針灸穴道，皆是古尺分寸，若用尺非宜，則關係人之生命，豈細務耶？此亦好古之士所當詳究者也。今將累黍推定三器，並歷代沿革損益，著之於篇，使夫學者有以考其得失云耳。」或難曰：「同律度，謹權量，乃聖人之事。子何人也，而敢及此，得非僭乎？」曰：「不然也。先儒有言，宇宙内事，己分内事也。故君子所以堯舜其君，堯舜其民者，無不在吾分内。達則兼善天下，窮則獨善一身，其理一也。格物致知者，獨善之術也。治國平天下者，兼善之道也。今儒者，以匹夫之身而言平天下不絶於人口，不以爲僭者，分所固有也。予此書不過格物致知之一端耳。飽食終日，無所用心，以觚翰代博弈，編屬舊文，敷陳新義，以俟後之君子，所謂何傷乎？亦各言其志也而已。若夫同律度，謹權量，此則聖人兼善之事，吾何與焉。雖然，吾書亦未易讀。《荀子》曰：『人莫不好言其所善，而君子尤甚。』余爲人無所長，惟算術是好，因其所好，而益窮之以求至乎其極。用力既久，豁然貫通，故有得先儒所未發者存焉。憫鍾律之失傳，竭平生之心力而爲此書。以淺近之辭，發揮高深之理；以幽微之數，研究迂闊之學。得其精而忘其粗，全同相馬；有其巧而無其用，殆似屠龍。一以自笑，安知來世讀吾書者，不喜吾之所喜，而笑吾之所笑哉！」問者亦哂而退。嘗撰《黍譜》、《度譜》、《量譜》、《權譜》，各卷帙不等，總若干萬言。今摘其要合爲一書，名曰《律學新説》，而以所問所答冠其篇云。

《四物譜》原藁文煩，而考據詳密，後乃删煩摘要，更名曰《律學新説》。成書以進，校其原藁特十分之一耳。茲因暇日，重校原藁，見此序文，不忍棄去。是故續刊，附於末簡，使覽者知作書初意。

又朱載堉《算學新説》 臣所撰《新説》凡四種：一曰《律學》，二曰《樂學》，三曰《算學》，四曰《韻學》。前二者其書之本原，後二者其書之支派，所以羽翼其書者也。夫算學之有書，其亦舊矣，謂之新説，何也？且如周、徑、冪、積相求之類，舊則疎而新則密；平方不用商除，立方不顯廉法之類，舊則繁而新則簡；舊以句股爲末，專明《九章》；新以句股爲首，專明律曆；此其異也。餘則文雖小異，要亦殊途同歸者也。

初學凡例

臣謹按：《内則》曰：「六年，教之數與方名。十年，出就外傅，居宿於外，學書計。」所謂數，即一二三四五六七八九十，乃至百千萬等項之名也。所謂計，即一一退位一，乃至逢九進一十等項之術也。《中庸》曰：「辟如行遠必自邇，辟如登高必自卑。」此之謂也。

常數子生六歲，時教之者此也。一、二、三、四、五、六、七、八、九、十、十一、十二、十三、十四、十五、十六、十七、十八、十九、二十、二十一、二十二、二十三、二十四、二十五、二十六、二十七、二十八、二十九、三十、三十一、三十二、三十三、三十四、三十五、三十六、三十七、三十八、三十九、四十、四十一、四十二、四十三、四十四、四十五、四十六、四十七、四十八、四十九、五十、五十一、五十二、五十三、五十四、五十五、五十六、五十七、五十八、五十九、六十、六十一、六十二、六十三、六十四、六十五、六十六、六十七、六十八、六十九、七十、七十一、七十二、七十三、七十四、七十五、七十六、七十七、七十八、七十九、八十、八十一、八十二、八十三、八十四、八十五、八十六、八十七、八十八、八十九、九十、九十一、九十二、九十三、九十四、九十五、九十六、九十七、九十八、九十九、一百。

大數名色雖多，自京已上初學者難曉，算家亦不常用故畧之。一、十、百、千、萬、十萬、百萬、千萬、萬萬爲億，一億、十億、百億、千億、萬億、十萬億、百萬億、千萬億、萬萬億爲兆，一兆、十兆、百兆、千兆、萬兆、十萬兆、百萬兆、千萬兆、萬萬兆爲京。大數有三等：下等者，十萬爲億，十億爲兆，十兆爲京之類是也；中等者，萬萬爲億，萬萬億爲兆，萬萬兆爲京之類是也。大抵儒書中所載者，下等也；算書中所載者，中等也；其上等者，未詳所載。而佛經中則又與此三等不同，今所用者，特依算書用中等之數耳。

小數名色雖多，自纖已下初學者難曉，算家亦不常用，故畧之。幾尺、幾寸、幾分、幾釐、幾毫、幾絲、幾忽、幾微、幾纖。此乃常人所曉，次載平、立二積與常不同，初學者宜習之。

平方積，此所謂計術也，十歲然後教之。平方百纖爲一微，百微爲一忽，百忽爲一絲，百絲爲一毫，百毫爲一釐，百釐爲一分，百分爲一寸，百寸爲一尺，故曰幾十幾尺、幾十幾寸、幾十幾分、幾十幾釐、幾十幾毫、幾十幾絲、幾十幾忽、幾十幾微、幾十幾纖。

立方積，平立二積，初學難曉，故表出之。立方千纖爲一微，千微爲一忽，千忽爲一絲，千絲爲一毫，千毫爲一釐，千釐爲一分，千分爲一寸，千寸爲一尺，故曰幾百幾十幾尺、幾百幾十幾寸、幾百幾十幾分、幾百幾十幾釐、幾百幾十幾毫、幾百幾十幾絲、幾百幾十幾忽、幾百幾十幾微、幾百幾十幾纖。

又平積：一、一自乘所得也。四、二自乘所得也。九、三自乘所得也。一十六、四自乘所得也。二十五、五自乘所得也。三十六、六自乘所得也。四十九、七自乘所得也。六十四、八自乘所得也。八十一。九自乘所得也。一已上開一，四已上開二，九已上開三，一十六已上開四，二十五已上開五，三十六已上開六，四十九已上開七，六十四已上開八，八十一已上開九，一百已上開一十，四百已上開二十，九百已上開三十，一千六百已上開四十，二千五百已上開五十，三千六百已上開六十，四千九百已上開七十，六千四百已上開八十，八千一百已上開九十，一萬已上開一百，四萬已上開二百，九萬已上開三百，十六萬已上開四百，二十五萬已上開五百，三十六萬已上開六百，四十九萬已上開七百，六十四萬已上開八百，八十一萬已上開九百。

又立積：一、一再乘所得也。八、二再乘所得也。二十七、三再乘所得也。六十四、四再乘所得也。一百二十五、五再乘所得也。二百一十六、六再乘所得也。三百四十三、七再乘所得也。五百一十二、八再乘所得也。七百二十九。九再乘所得也。一已上開一，八已上開二，二十七已上開三，六十四已上開四，一百二十五已上開五，二百一十六已上開六，三百四十三已上開七，五百一十二已上開八，七百二十九已上開九，一千已上開一十，八千已上開二十，二萬七千已上開三十，六萬四千已上開四十，一十二萬五千已上開五十，二十一萬六千已上開六十，三十四萬三千已上開七十，五十一萬二千已上開八十，七十二萬九千已上開九十，一百萬已上開一百，八百萬已上開二百，二千七百萬已上開三百，六千四百萬已上開四百，一億二千五百萬已上開五百，二億一千六百萬已上開六百，三億四千三百萬已上開七百，五億一千二百萬已上開八百，七億二千九百萬已上開九百。

已上凡例，初學須知。凡學開方，須造大算盤，長九九八十一位，共五百六十七子，方可算也。不然，只用尋常算盤，四五箇接連在一處算之，亦無不可也。其算盤梁上帖紙一長條，上寫第一位、第二位等項字樣，使初學易曉也。

第一問曰：古云黄鐘長九寸，今云黄鐘長十寸，何也？

答曰：所謂九寸者，法度之名也，度生于律者也，非律生於度也。古之神瞽考中聲而製律，當此之時，律尚未成，度尚未有，則何以知黄鍾乃九寸哉？及律成後，遂將黄鍾之管命爲一尺，故先儒謂度本起於黄鍾之長。是知黄鍾之長，即度法一尺也。若謂黄鍾止長九寸，外加一寸而後成尺，則非所謂度本起於黄鍾之長。蓋九寸者，算率云耳。率也者，假如之法也。穿四、壤五、堅三，句三、股四、弦五之類是也。假如黄鍾長九寸，則林鍾長六寸。假如林鍾長六寸，則太蔟長八寸。創此率者，主意不過專爲三分損益而設，今既察知三分損益其率疎舛，不用三分損益，則彼黄鍾九寸之説亦不可宗矣。今則取法河圖之數，詳列於左。

五與十居中央，爲土，爲宫，爲君。十寸至尊，故黄鍾之宫長十寸。

四與九居西方，爲金，爲商，爲臣。九寸次之，故黄鍾之商長九寸。

三與八居東方，爲木，爲角，爲民。八寸次之，故黄鍾之角長八寸。

二與七居南方，爲火，爲徵，爲事。七寸次之，故黄鍾變徵長七寸。

一與六居北方，爲水，爲羽，爲物。六寸次之，故黄鍾之羽長六寸。

第二問：律家先求黄鍾，猶曆家先求冬至也；次求蕤賓，猶夏至也。又次求夾鍾，猶春分也；又次求南吕，猶秋分也。然後求大吕，除黄鍾外，諸律吕之首也。其次求應鍾，諸律吕之終也。亦猶曆家所謂履端、舉正、歸餘也。黄鍾履端於始，蕤賓舉正於中，應鍾歸餘於終。故曰律曆一道。今黄鍾正律長十寸，蕤賓倍律、正律各長幾何？

答曰：黄鍾長十寸，是爲平方面。其兩隅斜弦即蕤賓倍律。倍律折半，即蕤賓正律也。若以蕤正爲平方面，而其斜弦即黄正也。《周禮》：「桌氏爲量，内方尺而圓其外。」算法求方之斜，即圓之徑，得斜弦一尺四寸一分四釐二毫一絲三忽五微六纖二三七三〇九五〇四八八〇一六八九，即蕤賓倍律也。折半，得七寸〇七釐一毫〇六忽七微八纖一一八六五四七五二四四〇〇八四四五，即蕤賓正律也。纖已下數，不立名色。餘皆放此。

法曰：依句股求弦算。置方面，自南至北一十寸。自乘，得一百寸。爲股冪。别置方面，自東至西一十寸。自乘，得一百寸。爲句冪。相併，共得二百寸。爲弦冪。就置弦冪二百寸。爲實，看前式内，一百已上該開一十寸，命作一歸。爲下法。用開方歸除法除之。於實首位歸實，呼逢一進一十，得一十寸。有歸不除。餘實一百寸。倍下法。一十寸改作二十寸，命曰二歸。自此已後，有歸有除。於實第一位歸實，呼二一添作五，起一還二，只得四寸。下法亦置四寸於二十寸之下，共得二十四寸。於實第二位除實，呼四四，除一十六。餘實四寸。倍下法。四寸改作八寸，共得二十八寸。於實第三位歸實，呼逢二進一十，得一分。下法亦置一分於二十八寸之下，共得二十八寸一分。於實第三位除實，呼一八退位除八。於第四位除實，呼一一退位除一。餘實一寸一十九分。倍下法。一分改作二分，共得二十八寸二分。於實第三位歸實，呼二一添作五，起一還二，只得四釐。下法亦置四釐於二十八寸二分之下，共得二十八寸二分四釐。於實第四位除實，呼四八除三十二。於第五位除實，呼二四退位除八。於第六位除實，呼四四除一十六。餘實六分〇四釐。倍下法。四釐改作八釐，共得二十八寸二分八釐。於實第五位歸實，呼逢四進二十，得二毫。下法亦置二毫於二十八寸二分八釐之下，共得二十八寸二分八釐二毫。於實第五位除實，呼二八除一十六。於第六位除實，呼二二退位除四。於第七位除實，呼二八除一十六。於第八位除實，呼二二退位除四。餘實三十八釐三十八毫。倍下法。二毫改作四毫，共得二十八寸二分八釐四毫。於實第六位歸實，呼逢二進一十，得一絲。下法亦置一絲於二十八寸二分八釐四毫之下，共得二十八寸二分八釐四毫一絲。於實第六位除實，呼一八退位除八。於第七位除實，呼一二退位除二。於第八位除實，呼一八退位除八。於第九位除實，呼一四退位除四。於第十位除實，呼一一退位除一。餘實一十釐〇〇七毫五十九絲。倍下法。一絲改作二絲，共得二十八寸二分八釐四毫二絲。於實第六位歸實，呼二一添作五，起二還四，只得三忽。下法亦置三忽於二十八寸二分八釐四毫二絲之下，共得二十八寸二分八釐四毫二絲三忽。於實第七位除實，呼三八除二十四。於第八位除實，呼二三退位除六。於第九位除實，呼三八除二十四。於第十位除實，呼三四除一十二。於第十一位除實，呼二三退位除六。於第十二位除實，呼三三退位除九。餘實一釐五十九毫〇六絲三十一忽。倍下法。三忽改作六忽，共得二十八寸二分八釐四毫二絲六忽。於實第七位歸實，呼二一添作五，得五微。下法亦置五微於二十八寸二分八釐四毫二絲六忽之下，共得二十八寸二分八釐四毫二絲六忽五微。於實第八位除實，呼五八除四十。於第九位除實，呼二五除一十。於第十位除實，呼五八除四十。於第十一位除實，呼五四除二十。於第十二位除實，呼二五除一十。於第十三位除實，呼五六除三十。於第十四位除實，呼五五除二十五。餘實一十七毫六十四絲一十七忽七十五微。倍下法。五微改作一忽〇微，共得二十八寸二分八釐四毫二絲七忽〇微。於實第八位歸實，呼二一添作五，逢二進一十，得六纖。下法亦置六纖於二十八寸二分八釐二毫二絲七忽〇微之下，共得二十八寸二分八釐四毫二絲七忽〇六纖。於實第九位除實，呼六八除四十八。於第十位除實，呼二六除一十二。於第十一位除實，呼六八除四十八。於第十二位除實，呼四六除二十四。於第十三位除實，呼二六除一十二。於第十四位除實，呼六七除四十二。至第十五位，下法空微，無除。於第十六位除實，呼六六除三十六。餘實六十七絲一十二忽一十二微六十四纖。

自此已後，開至二十五位，其術同前。但纖已下不立名色，共得斜弦一尺四寸一分四釐二毫一絲三忽五微六纖二三七三〇九五〇四八八〇一六八九，即蕤賓倍律也。折半，即得蕤賓正律。與下條開方所得蕤賓正律數同。

第三問：黄正爲方面，斜弦即蕤倍。前條既明之矣。黄正爲斜弦，方面即蕤正，亦須明之。今黄鍾正律長十寸，其蕤賓正律長幾何？

答曰：長七寸〇七釐一毫〇六忽七微八纖一一八六五四七五二四四〇〇八四四五，即蕤賓正律也。

法曰：依弦求股術算。置斜弦，即黄正長十寸。自乘，得一百寸。爲弦冪。於内減去句冪，正方者句與股相同，去五十寸。餘五十寸。爲股冪。就置股冪五十寸。爲實，看前式内，四十九已上該開七寸，命作七歸。爲下法。用開方歸除法除之。於實首位歸實，呼七五七十一，得七寸。倍下法。七寸改作一十四寸，命作一歸。呼逢七進七十，雖進一位，仍作七寸。有歸不除，餘實一寸。自此以後，有歸有除。第一位得空分。於第二位歸實，呼見一無除作九一，起二還二，只得七釐。下法亦置七釐於一十四寸〇分之下，共得一十四寸〇分七釐。於實第三位除實，呼四七除二十八。第四位下法空分，無除。於第五位除實，呼七七除四十九。餘實一分五十一釐。倍下法。七釐改作一分四釐，共得一十四寸一分四釐。於實第四位歸實，呼逢一進一十，得一毫。下法亦置一毫於一十四寸一分四釐之下，共得一十四寸一分四釐一毫。於實第四位除實，呼一四退位除四。於第五位除實，呼一一退位除一。於第六位除實，呼一四退位除四。於第七位除實，呼一一退位除一。餘實九釐五十九毫。倍下法。一毫改作二毫，共得一十四寸一分四釐二毫。第五位得空絲。於第六位歸實。呼逢六進六十，得六忽。下法亦置六忽於一十四寸一分四釐二毫〇絲之下，共得一十四寸一分四釐二毫〇絲六忽。於實第六位除實，呼四六除二十四。於第七位除實，呼一六退位除六。於第八位除實，呼四六除二十四。於第九位除實，呼二六除一十二。第十位下法空絲無除。於第十一位除實，呼六六除三十六。餘實一釐一十毫〇四十七絲六十四忽。倍下法。六忽改作一絲二忽，共得一十四寸一分四釐二毫一絲二忽。於實第六位歸實，呼見一無除作九一，起二還二，只得七微。下法亦置七微於一十四寸一分四釐二毫一絲二忽之下，共得一十四寸一分四釐二毫一絲二忽七微。於實第七位除實，呼四七除二十八。於第八位除實，呼一七退位除七。於第九位除實，呼四七除二十八。於第十位除實，呼二七除一十四。於第十一位除實，呼一七退位除七。於第十二位除實，呼二七除一十四。於第十三位除實，呼七七除四十九。餘實一十一毫四十八絲一十五忽一十一微。倍下法。七微改作一忽四微，共得一十四寸一分四釐二毫一絲三忽四微。於實第七位歸實，呼見一無除作九一，起一還一，得八纖。下法亦置八纖於一十四寸一分四釐二毫一絲三忽四微之下，共得一十四寸一分四釐二毫一絲三忽四微八纖。於實第八位除實，呼四八除三十二。於第九位除實，呼一八退位除八。於第十位除實，呼四八除三十二。於第十一位除實，呼二八除一十六。於第十二位除實，呼一八退位除八。於第十三位除實，呼三八除二十四。於第十四位除實，呼四八除三十二。於第十五位除實，呼八八除六十四。餘實一十六絲七十八忽〇三微一十六纖。

自此已後，開至二十五位，其術同前。但纖已下不立名色，所得方面七寸〇七釐一毫〇六忽七微八纖一一八六五四七五二四四〇〇八四四五，即蕤賓正律也。加倍，即得蕤賓倍律。與上條開方所得蕤賓倍律數同。

第四問：以黄鍾正律乘蕤賓正律，得平方積七十寸〇七十一分〇六釐七十八毫一十一絲八十六忽五十四微七十五纖二四四〇〇八四四五，開平方，所得即夾鍾正律，其長幾何？

答曰：長八寸四分〇八毫九絲六忽四微一纖五二五三七一四五四三〇三一一二五，即夾鍾正律也。

法曰：置所得蕤賓長，七寸〇七釐一毫〇六忽七微八纖一一八六五四七五二四四〇〇八四四五。以黄鍾長十寸。乘之，得平方積七十寸〇七十一分〇六釐七十八毫一十一絲八十六忽五十四微七十五纖二四四〇〇八四四五。爲實，看前式内，六十四已上該開八寸，命作八歸。爲下法。用開方歸除法除之，於實首位歸實，呼八七八十六得八寸。倍下法。八寸改作一十六寸，命作一歸。呼逢八進八十。雖進一位，仍作八寸。有歸不除，餘實六寸七十一分〇六釐七十八毫一十一絲八十六忽五十四微七十五纖二四四〇〇八四四五。自此已後，有歸有除。於實第二位歸實，呼逢四進四十，得四分。下法亦置四分於一十六寸之下，共得一十六寸四分。於實第二位除實，呼四六除二十四。於第三位除實，呼四四除一十六。餘實一十五分〇六釐七十八毫一十一絲八十六忽五十四微七十五纖二四四〇〇八四四五。倍下法。四分改作八分，共得一十六寸八分。第二位得空釐。於第三位歸實，呼見一無除作九一，起一還一，得八毫。下法亦置八毫於一十六寸八分〇釐之下，共得一十六寸八分〇釐八毫。於實第四位除實，呼六八除四十八。於第五位除實，呼八八除六十四。第六位下法空釐無除。於第七位除實，呼八八除六十四。餘實一分六十二釐一十四毫一十一絲八十六忽五十四微七十五纖二四四〇〇八四四五。倍下法。八毫改作一釐六毫，共得一十六寸八分一釐六毫。於實第四位歸實，呼見一無除作九一，得九絲。下法亦置九絲於一十六寸八分一釐六毫之下，共得一十六寸八分一釐六毫九絲。於實第五位除實，呼六九除五十四。於第六位除實，呼八九除七十二。於第七位除實，呼一九退位除九。於第八位除實，呼六九除五十四。於第九位除實，呼九九除八十一。餘實一十釐〇七十八毫九十絲〇八十六忽五十四微七十五纖二四四〇〇八四四五。倍下法。九絲改作一毫八絲，共得一十六寸八分一釐七毫八絲。於實第五位歸實，呼見一無除作九一，起三還三，得六忽。下法亦置六忽於一十六寸八分一釐七毫八絲之下，共得一十六寸八分一釐七毫八絲六忽。於實第六位除實，呼六六除三十六。於第七位除實，呼六八除四十八。於第八位除實，呼一六退位除六。於第九位除實，呼六七除四十二。於第十位除實，呼六八除四十八。於第十一位除實，呼六六除三十六。餘實六十九毫八十三絲七十忽〇五十四微七十五纖二四四〇〇八四四五。倍下法。六忽改作一絲二忽，共得一十六寸八分一釐七毫九絲二忽。於實第七位歸實，呼逢四進四十，得四微。下法亦置四微於一十六寸八分一釐七毫九絲二忽之下，共得一十六寸八分一釐七毫九絲二忽四微。於實第七位除實，呼四六除二十四。於第八位除實，呼四八除三十二。於第九位除實，呼一四退位除四。於第十位除實，呼四七除二十八。於第十一位除實，呼四九除三十六。於第十二位除實，呼二四退位除八。於第十三位除實，呼四四除一十六。餘實二毫五十六絲五十三忽五十八微七十五纖二四四〇〇八四四五。倍下法。四微改作八微，共得一十六寸八分一釐七毫九絲二忽八微。於實第八位歸實，呼逢一進一十，得一纖。下法亦置一纖於一十六寸八分一釐七毫九絲二忽八微之下，共得一十六寸八分一釐七毫九絲二忽八微一纖。於實第八位除實，呼一六退位除六。於第九位除實，呼一八退位除八。於第十位除實，呼一一退位除一。於第十一位除實，呼一七退位除七。於第十二位除實，呼一九退位除九。於第十三位除實，呼一二退位除二。於第十四位除實，呼一八退位除八。於第十五位除實，呼一一退位除一。餘實八十八絲三十五忽六十五微九十四纖有奇。

自此已後，開至二十五位，其術同前。但纖已下不立名色，所得長八寸四分〇八毫九絲六忽四微一纖五二五三七一四五四三〇三一一二五，即夾鍾正律也。倍之，得一尺六寸八分一釐七毫九絲二忽八微三纖〇五〇七四二九〇八六〇六二二五一，即夾鍾正律也。

第五問：以黃鍾正律乘蕤賓倍律，得平方積一百四十一寸四十二分一十三釐五十六毫二十三絲七十三忽〇九微五十纖〇四八八〇一六八九，開平方，所得即南呂倍律，其長幾何？

答曰：長一尺一寸八分九釐二毫〇七忽一微一纖五〇〇二七二一〇六六七一七五〇〇，即南呂倍律也。

法曰：置所得蕤賓長一十四寸一分四釐二毫一絲三忽五微六纖二三七三〇九五〇四八八〇一六八九。以黃鍾長十寸。乘之，得方平積一百四十一寸四十二分一十三釐五十六毫二十三絲七十三忽〇九微五十纖〇四八八〇一六八九。爲實，看前式內一百已上該開一十寸，命作一歸。爲下法，用開方歸除法除之。於實首位歸實，呼逢一進一十，得一十寸。有歸不除，餘實四十一寸四十二分一十三釐五十六毫二十三絲七十三忽〇九微五十纖〇四八八〇一六八九。倍下法。一十寸改作二十寸，命作二歸。自此已後，有歸有除。於實第二位歸實，呼逢二進一十，得一寸。下法亦置一寸於二十寸之下，共得二十一寸。於實第二位除實，呼一一退位除一。餘實二十寸〇四十二分一十三釐五十六毫二十三絲七十三忽〇九微〇十纖〇四八八〇一六八九。倍下法。一寸改作二寸，共得二十二寸。於實第二位歸實，呼見二無除作九二，起一還二，得八分。下法亦置八分於二十二寸之下，共得二十二寸八分。於實第三位除實，呼二八除一十六。於第四位除實，呼八八除六十四。餘實二寸一十八分一十三釐五十六毫二十三絲七十三忽〇九微五十纖〇四八八〇一六八九。倍下法。八分改作一寸六分，共得二十三寸六分。於實第三位歸實，呼見二無除作九二，得九釐。下法亦置九釐於二十三寸六分之下，共得二十三寸六分九釐。於實第四位除實，呼三九除二十七。於第五位除實，呼六九除五十四。於第六位除實，呼九九除八十一。餘實四分九十二釐五十六毫二十三絲七十三忽〇九微五十纖〇四八八〇一六八九。倍下法。九釐改作一分八釐，共得二十三寸七分八釐。於實第五位歸實，呼逢四進二十，得二毫。下法亦置二毫於二十三寸七分八釐之下，共得二十三寸七分八釐二毫。於實第五位除實，呼二三退位除六。於第六位除實，呼二七除一十四。於第七位除實，呼二八除一十六。於第八位除實，呼二二退位除四。餘實一十六釐九十二毫二十三絲七十三忽〇九微五十纖〇四八八〇一六八九。倍下法。二毫改作四毫，共得二十三寸七分八釐四毫。第五位得空絲。於第六位歸實，呼二二添作五，逢四進二十，得七忽。下法亦置七忽於二十三寸七分八釐四毫〇絲之下，共得二十三寸七分八釐四毫〇絲七忽。於實第七位除實，呼三七除二十一。於第八位除實，呼七七除四十九。於第九位除實，呼七八除五十六。於第十位除實，呼四七除二十八。第十一位下法空絲無除。於第十一位除實，呼七七除四十九。餘實二十七毫三十五絲二十四忽〇九微五十纖〇四八八〇一六八九。倍下法。七忽改作一絲四忽，共得二十三寸七分八釐四毫一絲四忽。於實第八位除實，呼逢二進一十，得一微。下法亦置一微於二十三寸七分八釐四毫一絲四忽之下，共得二十三寸七分八釐四毫一絲四忽一微。於實第八位除實，呼一三退位除三。於第九位除實，呼一七退位除七。於第十位除實，呼一八退位除八。於第十一位除實，呼一四退位除四。於第十二位除實，呼一一退位除一。於第十三位除實，呼一四退位除四。於第十四位除實，呼一一退位除一。餘實三毫五十六絲八十二忽六十八微五十纖〇四八八〇一六八九。倍下法，一微改作二微，共得二十三寸七分八釐四毫一絲四忽二微。於實第九位歸實，呼逢二進一十，得一纖。下法亦置一纖於二十三寸七分八釐四毫一絲四忽二微之下，共得二十三寸七分八釐四毫一絲四忽二微一纖。於實第九位除實，呼一三退位除三。於第十位除實，呼一七退位除七。於第十一位除實，呼一八退位除八。於第十二位除實，呼一四退位除四。於第十三位除實，呼一一退位除一。於第十四位除實，呼一四退位除四。於第十五位除實，呼一二退位除二。於第十六位除實，呼一一退位除一。餘實一毫一十八絲九十八忽五十四微二十九纖四八八〇一六八九。

自此已後，開至二十五位，其術同前。但纖已下不立名色，所得長一尺一寸八分九釐二毫〇七忽一微一纖五〇〇二七二一〇六六七一七五〇〇，即南吕倍律也。半之，得五寸九分四釐六毫〇三忽五微五纖七五〇一三六〇五三三三五八七五〇，即南吕正律也。

初學立方凡例

凡開立方，將算盤梁上帖紙一條，寫千百十寸、百十分、百十釐、百十毫、百十絲、百十忽、百十微、百十纖之名。至於纖已下位數，不立名色。只隔二位畫一圈，使開方除實不錯耳。

隅法定式：

一減〇〇一，二減〇〇八，三減〇二七，四減〇六四，五減一二五，六減二一六，七減三四三，八減五一二，九減七二九。

第六問：置夾鍾正律，以黄鍾再乘，得立方積八百四十寸〇八百九十六分四百一十五釐二百五十三毫七百一十四絲五百四十三忽〇三十一微一百二十五纖，開立方，所得即大吕正律也，其長幾何？

答曰：長九寸四分三釐八毫七絲四忽三微一纖二六八一六九三四九六六四一九一三四，即大吕正律也。

法曰：置所得夾鍾正律長八寸四分〇八毫九絲六忽四微一纖五二五三七一四五四三〇三一一二五，初以黄鍾正律長一十寸乘之，得八十四寸八分九十六釐四十一毫五十二絲五十三忽七十一微四十五纖四三〇三一一二五，名平方積。再以黄鍾正律長一十寸乘之，得八百四十寸〇八百九十六分四百一十五釐二百五十三毫七百一十四絲五百四十三忽〇三十一微一百二十五纖，名立方積，爲實。

商第一位。得九寸。

看式七百三十九寸已上，該商九寸，置於左，而於實内減去，再乘數七百二十九寸，餘實一百一十一寸有奇。

商第二位。得四分。

三因所商，九寸得二尺七寸，置於右，爲下法。與實一百一十一寸相商，五則太過，三則不及，所得該四爲分，置於上商九寸之下，共得九寸四分。別置九寸四分，以所商四分乘之，得三百七十六分。又以下法二尺七寸乘之，滿千分爲寸，得一百〇一寸五百二十分。隅法六十四分相併，減實一百〇一寸五百八十四分，餘實一十寸〇三百一十二分有奇。

商第三位。得三釐。

三因所商，四分得一寸二分，併入下法，共得二尺八寸二分。與實一十寸三百一十二分相商，四則太過，二則不及，所得該三爲釐，置於上商九寸四分之下，共得九寸四分三釐。別置九寸四分三釐，以所商三釐乘之，滿千釐爲分，得二分八百二十九釐。又以下法二尺八寸二分乘之，滿千分爲寸，得七寸九百七十七分七百八十釐。隅法二十七釐相併，減實七寸九百七十七分八百〇七釐，餘實二寸三百三十四分六百〇八釐有奇。

商第四位。得八毫。

三因所商，三釐得九釐，併入下法，共得二尺八寸二分九釐。與實二寸三百三十四分六百〇八釐相商，九則太過，七則不及，所得該八爲毫，置於上商九寸四分三釐之下，共得九寸四分三釐八毫。別置九寸四分三釐八毫，以所商八毫乘之，滿千毫爲釐，得七十五釐五百〇四毫。又以下法二尺八寸二分九釐乘之，滿千釐爲分，滿千分爲寸，得二寸一百三十六分〇八釐一百六十毫。隅法五百一十二毫相併，減實二寸一百三十六分〇八釐六百七十二毫，餘實一百九十八分五百九十九釐五百八十一毫有奇。

商第五位。得七絲。

三因所商，八毫得二釐四毫，併入下法，共得二尺八寸三分一釐四毫。與實一百九十八分五百九十九釐五百八十一毫相商，八則太過，六則不及，所得該七爲絲，置於上商九寸四分三釐八毫之下，共得九寸四分三釐八毫七絲。別置九寸四〇三釐八毫七絲，以所商七絲乘之，滿千絲爲毫，得六百六十毫〇七百〇九絲。又以下法二尺八寸三分一釐四毫乘之，滿千毫爲釐，滿千釐爲分，得一百八十七分〇七十三釐一百四十六毫二百六十絲。隅法三百四十三絲相併，減實一百八十七分〇七十三釐一百四十六毫六百〇三絲，餘實一十一分五百二十六釐四百三十五毫一百一十一絲有奇。

商第六位。得四忽。

三因所商，七絲得二毫一絲，併入下法，共得二尺八寸三分一釐六毫一絲。與實一十一分五百三十六釐四百三十五毫一百一十一絲相商，五則太過，三則不及，所得該四爲忽，置於上商九寸四分三釐八毫七絲之下，共得九寸四分三釐八毫七絲四忽。別置九寸四分三釐八毫七絲四忽，以所商四忽乘之，滿千忽爲絲，滿千絲爲毫，得三毫七百七十五絲四百九十六忽。又以下法二尺八寸三分一釐六毫一絲乘之，滿千毫爲釐，滿千釐爲分，得一十分〇六百九十釐〇七百三十二毫二百二十八絲五百六十忽。隅法六十四忽相併，減實一十分〇六百九十釐〇七百三十二毫二百二十八絲六百二十四忽，餘實八百三十五釐七百〇二毫八百八十二絲九百一十九忽有奇。

商第七位。得三微。

三因所商，四忽得一絲二忽，併入下法，共得二尺八寸三分一釐六毫二絲三忽。與實八百三十五釐七百〇二毫八百八十二絲九百一十九忽相商，四則太過，二則不及，所得該三爲微，置於上商九寸四分三釐八毫七絲四忽之下，共得九寸四分三釐八毫七絲四忽三微。別置九寸四分三釐八毫七絲四忽三微，以所商三微乘之，滿千微爲忽，滿千忽爲絲，得二十八絲三百一十六忽二百二十九微。又以下法二尺八寸三分一釐六毫二絲二忽乘之，滿千絲爲毫，滿千毫爲釐，得八百〇一釐八百〇八毫五百六十九絲九百三十四忽三百八十微。隅法二寸七微相併，減實八百〇一釐八百〇八毫五百六十九絲九百三十四忽四百〇七微，餘實三十三釐八百九十四毫三百一十二絲九百八十四忽六百二十四微有奇。

商第八位。得一纖。

三因所商，三微得九微，併入下法，共得二尺八寸三分一釐六毫二絲二忽九微。與實三十三釐八百九十四毫三百一十二絲九百八十四忽六百二十四微相商，二則太過，一則適足，所得該一爲纖，置於上商九寸四分三釐八毫七絲四忽三微之下，共得九寸四分三釐八毫七絲四忽三微一纖。別置九寸四分三釐八毫七絲四忽三微一纖，以所商一纖乘之，滿千纖爲微，滿千微爲忽，得九十四忽三百八十七微四百三十一纖。又以下法二尺八寸三分一釐六毫二絲二忽九微乘之，滿千忽爲絲，滿千絲爲毫，滿千毫爲釐，得二十六釐七百二十六毫九百六十一絲一百〇九忽一百七十六微九百九十纖。隅法一纖相併，減實二十六釐七百二十六毫九百六十一絲一百〇九忽一百七十六微九百九十一纖，餘實七釐一百六十七毫三百五十一絲八百七十五忽四百四十七微一百三十四纖。

如欲開至二十五位，須用八十一位算盤。先將蕤賓、夾鍾等律各開至七十餘位，然後乃得立方積實。其商除法俱與前同。

或問二十五位主意何也？答曰：河圖中數五五自乘，得二十五。《易》曰天數二十有五。算家立方積，從千寸至幾百、幾十、幾纖，是二十五位。從一至京，亦是二十五位，故以二十五位爲極數耳。亦猶俗間算盤皆十七位，從一至兆爲極則之數也。

第七問：置南吕倍律，以黄鍾再乘，得立方積一千一百八十九寸二百〇七分一百一十五釐〇〇二毫七百二十一絲〇六十六忽七百一十七微五百〇〇纖，開立方，所得即應鍾倍律也，其長幾何？

答曰：一尺〇五分九釐四毫六絲三忽〇九纖四三五九二九五二六四五六一八二五。

法曰：置所得南吕倍律長一尺一寸八分九釐二毫七忽一微一纖五〇〇二七二一〇六六七一七五〇〇，初以黄鍾正律長一十寸乘之，得一百一十八寸九十二分〇七釐一十一毫五十絲〇〇二忽七十二微一十纖〇六六七一七五〇〇，名平方積。再以黄鍾正律長一十寸乘之，得一千一百八十九寸二百〇七分一百一十五釐〇〇二毫七百二十一絲〇六十六忽七百一十七微五百〇〇纖，名立方積，爲實。

商第一位。得一尺。

看式一千寸已上，該商一十寸，置於左，而於實内減去。再乘數一千寸，餘實一百八十九寸有奇。

商第二位。得空寸。

三因所商，一十寸得三十寸，置於右爲下法。與實一百八十九寸相商，一寸該三百三十寸，實不及減。所得空位爲寸，置於上商一十寸之下，共得一十空寸無減，餘實同上。

商第三位。得五分。

三因所商，一十空寸得三十空寸，爲下法。與實一百八十九寸相商，六則太過，四則不及，所得該五，爲分，置於上商一十空寸之下，共得一十寸〇五分。別置一十寸〇五分，以所商五分乘之，得五百二十五分。又以下法三十空寸乘之，滿千分爲寸，得一百五十七寸五百分。隅法一百二十五分相併，減實一百五十七寸六百二十五分，餘實三十一寸五百八十二分有奇。

商第四位。得九釐。

三因所商，五分得一寸五分，併入下法，共得三十一寸五分。與實三十一寸五百八十二分相商，九則適足，八則不及，所得該九，爲釐，置於上商一十寸〇五分之下，共得一十寸〇五分九釐。別置一十寸〇五分九釐，以所商九釐乘之，滿千釐爲分，得九分五百三十一釐。又以下法三十一寸五分乘之，滿千分爲寸，得三十寸〇〇二十二分六百五十釐。隅法七百二十九釐相併，減實三十寸〇〇二十三分三百七十九釐，餘實一寸五百五十八分七百三十六釐有奇。

商第五位。得四毫。

三因所商，九釐得二分七釐，併入下法，共得三十一寸七分七釐。與實一寸五百五十八分七百三十六釐相商，五則太過，三則不及，所得該四爲毫，置於上商一十寸〇五分九釐之下，共得一十寸〇五分九釐四毫。別置一十寸〇五分九釐四毫，以所商四毫乘之，滿千毫爲釐，得四十二釐三百七十六毫。又以下法三十一寸七分七釐乘之，滿千釐爲分，滿千分爲寸，得一寸三百四十六分二百八十五釐五百二十毫。隅法六十四毫相併，減實一寸三百四十六分二百八十五釐五百八十四毫，餘實二百一十二分四百五十釐〇四百一十八毫有奇。

商第六位。得六絲。

三因所商，四毫得一釐二毫，併入下法，共得三十一寸七分八釐二毫。與實二百一十二分四百五十釐〇四百一十八毫相商，七則太過，五則不及，所得該六爲絲，置於上商一十寸〇五分九釐四毫之下，共得一十寸〇五分九釐四毫六絲。別置一十寸〇五分九釐四毫六絲，以所商六絲乘之，滿千絲爲毫，得六百三十五毫六百七十六絲。又以下法三十一寸七分八釐二毫乘之，滿千毫爲釐，滿千釐爲分，得二百〇二分〇三十釐〇五百四十一毫三百二十絲。隅法二百一十六絲相併，減實二百〇二分〇三十釐〇五百四十六毫五百三十六絲，餘實一十分〇四百一十九釐八百七十二毫一百八十五絲有奇。

商第七位。得三忽。

三因所商，六絲得一毫八絲，併入下法，共得三十一寸七分八釐三毫八絲。與實一十分〇四百一十九釐八百七十二毫一百八十五絲相商，四則太過，二則不及，所得該三爲忽，置於上商一十寸〇五分九釐四毫六絲之下，共得一十寸〇五分九釐四毫六絲三忽。別置一十寸〇五分九釐四毫六絲三忽，以所商三忽乘之，滿千忽爲絲，滿千絲爲毫，得三毫一百七十八絲三百八十九忽。又以下法三十一寸七分八釐三毫八絲乘之，滿千毫爲釐，滿千釐爲分，得一十分〇一百〇二釐一百二十八毫〇二十九絲八百二十忽。隅法二十七忽相併，減實一十分〇一百〇二釐一百二十八毫〇三十九絲八百四十七忽，餘實三百一十七釐七百四十四毫一百五十五絲二百一十九忽有奇。

商第八位。得空微。

三因所商，三忽得九忽，併入下法，共得三十一寸七分八釐三毫八絲九忽。與實三百一十七釐七百四十四毫一百五十五絲二百一十九忽相商，一微該三百三十六釐，實不及減，所得空位爲微，置於上商〇十寸〇五分九釐四毫六絲三忽之下，共得一十寸〇五分九釐四毫六絲三忽空微無減，餘實同上。

商第九位。得九纖。

三因所商，空微得空微，併入下法，共得三十一寸七分八釐三毫八絲九忽〇微。與實三百一十七釐七百四十四毫一百五十五絲二百一十九忽相商，九則適足，八則不及，所得該九爲纖，置於上商一十寸〇五分九釐四毫六絲三忽〇微之下，共得一十寸〇五分九釐四毫六絲三忽〇九纖。別置一十寸〇五分九釐四毫六絲三忽〇九纖，以所商九纖乘之，滿千纖爲微，滿千微爲忽，得九百五十三忽五百一十六微七百八十一纖。又以下法三十一寸七分八釐三毫八絲九忽〇微乘之，滿千忽爲絲，滿千絲爲毫，滿千毫爲釐，得三百〇三釐〇六十四毫七百二十四絲八百〇四忽五百八十微〇九百纖。隅法七百二十九纖相併，減實三百〇三釐〇六十四毫七百二十四絲八百〇四忽五百八十一微六百二十九纖，餘實一十四釐六百七十九毫四百三十絲〇四百一十五忽一百三十五微八百七十一纖。

如欲開至二十五位，須用八十一位算盤。先將蕤賓、南吕等律各開至於七十餘位，然後乃得立方積實。其商除法俱與前同。

第八問：子午卯酉四律謂之四正，其象二至二分而爲律曆之要，故曰律與曆一道也。上文既明，兹無疑矣。又有正倍半律之説不與曆同，何也？

答曰：曆者，天道也，人事寓焉。律者，人道也，天象具焉。《記》曰：「律居陰而治陽，曆居陽而治陰，律曆迭相治，其間不容髮。」此之謂也。安有不同之理。夫黄鍾正律，人君之象也。倍律象君之父，又象郊社宗廟。《孝經》曰：「雖天子必有尊也。」言有父也。又曰：「宗廟致敬。」不忘親也。孝弟之至，通於神明，光於四海，非樂孰能保？此黃鍾倍律以之。其黃鍾半律者，人君之繼嗣也。宋仁宗時，李照建議不用四清二變。劉羲叟曰：「不用蕤賓，有北極無南極；不用應鍾，有始無終。眩惑之兆甚著。又不用黃鍾半律，則繼嗣缺矣。」時人皆以羲叟之言爲然，獨陳暘《樂書》以李照爲是。倍半之説，關係甚重。律家不可不知。且如曆家周天、半周、象策、朔策、望策、弦策之類，即是正倍半也，何謂不與曆同。

第九問：正倍半之説既明矣，然所疑者丑未巳亥四律謂之四輔，尤爲至要。四輔之説亦須明之？

答曰：大呂、仲呂、林鍾、應鍾，此四者居南北二極兩鄰，以象四輔之星。仲呂屬陰而生黃鍾，其倍律象人君之母，正律、半律象人君之姑姪姊妹。林鍾屬陰而乃黃鍾所生，其倍律象人君之后，正律、半律象人君之宫眷、子女。又有一説，大呂象左輔，應鍾象右弼，仲呂象前疑，林鍾象後丞。兹所謂四輔也。《易》曰「黃裳元吉」，《書》曰「欽四鄰」，《詩》曰「予曰有疏附，予曰有先後，予曰有奔奏，予曰有禦侮」，皆此之謂也。是故丑、未、巳、亥四律，算律之家以爲至要。觀下文二圖，其義可見矣。

大呂應鍾夾輔之圖

仲呂林鍾夾輔之圖

與宫相衝者謂之中，與角相生者謂之和。左旋相生，分宫徵商羽角和中；右旋相生，分中和角羽商徵宫。一均七律，是爲七同。

中與徵近，舊名變徵。和與宫連，舊名變宫。宫商角中，徵羽和宫。宫則連和，徵則近中。其餘隔一，均均皆同。周而復始，是爲旋宫。

第十問：大呂倍律自乘，所得折半，即是太蔟倍律。太蔟倍律自乘，所得折半，即是姑洗倍律。夾鍾倍律自乘，所得折半，即是蕤賓倍律。姑洗倍律自乘，所得折半，即是夷則倍律。仲呂倍律自乘，所得折半，即是無射倍律。蕤賓倍律自乘，所得折半，即是黃鍾正律。已上六條，係長律生短律，故須折半乃得。應鍾倍律自乘，所得即是無射倍律。無射倍律自乘，所得即是夷則倍律。南呂倍律自乘，所得即是蕤賓倍律。夷則倍律自乘，所得即是姑洗倍律。林鍾倍律自乘，所得即是太蔟倍律。蕤賓倍律自乘，所得即是黃鍾倍律。已上六條係短律生長律，不須折半即得諸律，各長幾何？

答曰：凡學多位乘除，算盤梁上安一竹條，其上寫所求二十五位數，乘法自尾至首，除法自首至尾，次第挪移，算則不錯。其倍、正、半三十六律二十五位開列于後。

二。黃鍾首位，二是二尺。餘律首位，一是一尺。

右乃黃鍾倍律積算。置黃鍾倍律積算爲實，以應鍾倍律積算爲法除之，得大呂。

一八八七七四八六二五三六三三八六九九三二八三八二六。

右乃大呂倍律積算。置大呂倍律積算爲實，以應鍾倍律積算爲法除之，得太蔟。

一七八一七九七四三六二八〇六七八六〇九四八四五二。

右乃太蔟倍律積算。置太蔟倍律積算爲實，以應鍾倍律積算爲法除之，得夾鍾。

一六八一七九二八三〇五〇七四二九〇八六〇六二二五二。

右乃夾鍾倍律積算。置夾鍾倍律積算爲實，以應鍾倍律積算爲法除之，得姑洗。

一五八七四〇一〇五一九六八一九九四七四五一七〇六。

右乃姑洗倍律積算。置姑洗倍律積算爲實，以應鍾倍律積算爲法除之，得仲呂。

一四九八三〇七〇七六八七六六八一四九八七九九二八一。

右乃仲呂倍律積算。置仲呂倍律積算爲實，以應鍾倍律積算爲法除之，得蕤賓。

一四一四二一三五六二三七三〇九五〇四八八〇一六八九。

右乃蕤賓倍律積算。置蕤賓倍律積算爲實，以應鍾倍律積算爲法除之，得林鍾。

一三三四八三九八五四一七〇〇三四三六四八三八三二。

右乃林鍾倍律積算。置林鍾倍律積算爲實，以應鍾倍律積算爲法除之，得夷則。
一二五九九二一〇四九八九四八七三一六四七六七二一。
右乃夷則倍律積算。置夷則倍律積算爲實，以應鍾倍律積算爲法除之，得
南呂。
一一八九二〇七一一五〇〇二七二一〇六六七一七五。
右乃南呂倍律積算。置南呂倍律積算爲實，以應鍾倍律積算爲法除之，得
無射。
一一二二四六二〇四八三〇九三七二九八一四三三五三三。
右乃無射倍律積算。置無射倍律積算爲實，以應鍾倍律積算爲法除之，得
應鍾。
一〇五九四六三〇九四三五九二九五二六四五六一八二五。
右乃應鍾倍律積算。置應鍾倍律積算爲實，以應鍾倍律積算爲法除之，得
黄鍾。
一。黄鍾首位，一是一尺。餘律首位，皆定作寸。
右乃黄鍾正律積算。置黄鍾正律積算爲實，以應鍾倍律積算爲法除之，得
大呂。
〇九四三八七四三一二六八一六九三四九六六四一九一三。
右乃大呂正律積算。置大呂正律積算爲實，以應鍾倍律積算爲法除之，得
太蔟。
〇八九〇八九八七一八一四〇三三九三〇四七四〇二二六。
右乃太蔟正律積算。置太蔟正律積算爲實，以應鍾倍律積算爲法除之，得
夾鍾。
〇八四〇八九六四一五二五三七一四五四三〇三一一二五。
右乃夾鍾正律積算。置夾鍾正律積算爲實，以應鍾倍律積算爲法除之，得
姑洗。
〇七九二七〇〇五二五九八四〇九九七三七三七五八五三。
右乃姑洗正律積算。置姑洗正律積算爲實，以應鍾倍律積算爲法除之，得
仲呂。
〇七四九一五三五三八四三八三四〇七四九三九九六四〇。
右乃仲呂正律積算。置仲呂正律積算爲實，以應鍾倍律積算爲法除之，得
蕤賓。
〇七〇七一〇六七八一一八六五四七五二四四〇〇八四四。
右乃蕤賓正律積算。置蕤賓正律積算爲實，以應鍾倍律積算爲法除之，得
林鍾。
〇六六七四一九九七二〇八五〇一七一八二四一五四一六。
右乃林鍾正律積算。置林鍾正律積算爲實，以應鍾倍律積算爲法除之，得
夷則。
〇六二九九六〇五二四九四七四三六五八二三八三六〇五。
右乃夷則正律積算。置夷則正律積算爲實，以應鍾倍律積算爲法除之，得
南呂。
〇五九四六〇三五五七五〇一三六〇五三三三五八七五〇。
右乃南呂正律積算。置南呂正律積算爲實，以應鍾倍律積算爲法除之，得
無射。
〇五六一二三一〇二四一五四六八六四九〇七一六七六六。
右乃無射正律積算。置無射正律積算爲實，以應鍾倍律積算爲法除之，得
應鍾。
〇五二九七三一五四七一七九六四七六三三一八〇九一二。
右乃應鍾正律積算。置應鍾正律積算爲實，以應鍾倍律積算爲法除之，得
黄鍾。
〇五。黄鍾首位五是五寸，餘律首位皆定作寸。
右乃黄鍾半律積算。置黄鍾半律積算爲實，以應鍾倍律積算爲法除之，得
大呂。
〇四七一九三七一五六三四〇八四六七四八三二〇九五六。
右乃大呂半律積算。置大呂半律積算爲實，以應鍾倍律積算爲法除之，得
太蔟。
〇四四五四四九三五九〇七〇一六九六五二三七〇一一三。
右乃太蔟半律積算。置太蔟半律積算爲實，以應鍾倍律積算爲法除之，得
夾鍾。
〇四二〇四四八二〇七六二六八五七二七一五一五五六二。
右乃夾鍾半律積算。置夾鍾半律積算爲實，以應鍾倍律積算爲法除之，得

姑洗。

○三九六八五○二六二九九二○四九八六八六八七九二六。

右乃姑洗半律積算。置姑洗半律積算爲實，以應鍾倍律積算爲法除之，得仲吕。

○三七四五七六七六九二一九一七○三七四六九九八二○。

右乃仲吕半律積算。置仲吕半律積算爲實，以應鍾倍律積算爲法除之，得蕤賓。

○三五三五五三三九○五九三二七三七六二二○○四二二。

右乃蕤賓半律積算。置蕤賓半律積算爲實，以應鍾倍律積算爲法除之，得林鍾。

○三三三七○九九六三五四二五○八五九一二○七七○八。

右乃林鍾半律積算。置林鍾半律積算爲實，以應鍾倍律積算爲法除之，得夷則。

○三一四九八○二六二四七三七一八二九一一九一八○二。

右乃夷則半律積算。置夷則半律積算爲實，以應鍾倍律積算爲法除之，得南吕。

○二九七三○一七七八七五○六八○二六六六七九三七五。

右乃南吕半律積算。置南吕半律積算爲實，以應鍾倍律積算爲法除之，得無射。

○二八○六一五五一二○七七三四三二四五三五八三八三。

右乃無射半律積算。置無射半律積算爲實，以應鍾倍律積算爲法除之，得應鍾。

○二六四八六五七七三五八九八二三八一六一四○四五六。

右乃應鍾半律積算。置應鍾半律積算爲實，以應鍾倍律積算爲法除之，得黄鍾。

二。黄鍾首位二是二尺，餘律首位一是一尺。

右乃黄鍾倍律積算。置黄鍾倍律積算爲實，以仲吕倍律積算爲法除之，得林鍾。

一三三四八三九八五四一七○○三四三六四八二○八三二。

右乃林鍾倍律積算。置林鍾倍律積算倍之爲實，以仲吕倍律積算爲法除之，得太蔟。

一七八一七九七四三六二八○六七八六○九四八○四五二。

右乃太蔟倍律積算。置太蔟倍律積算爲實，以仲吕倍律積算爲法除之，得南吕。

一一八九二○七一一五○○二七二一○六六七一七五。

右乃南吕倍律積算。置南吕倍律積算倍之爲實，以仲吕倍律積算爲法除之，得姑洗。

一五八七四○一○五一九六八一九九四七四七五一七○六。

右乃姑洗倍律積算。置姑洗倍律積算爲實，以仲吕倍律積算爲法除之，得應鍾。

一○五九四六三○九四三五九二九五二六四五六一八二五。

右乃應鍾倍律積算。置應鍾倍律積算倍之爲實，以仲吕倍律積算爲法除之，得蕤賓。

一四一四二一三五六二三七三○九五○四八八○一六八九。

右乃蕤賓倍律積算。置蕤賓倍律積算倍之爲實，以仲吕倍律積算爲法除之，得大吕。

一八八七七四八六二五三六三三八六九九三二八三八二六。

右乃大吕倍律積算。置大吕倍律積算爲實，以仲吕倍律積算爲法除之，得夷則。

一二五九九二一○四九八九四八七三一六四七六七二一一。

右乃夷則倍律積算。置夷則倍律積算倍之爲實，以仲吕倍律積算爲法除之，得夾鍾。

一六八一七九二八三○五○七四二九○八六○六二二五一。

右乃夾鍾倍律積算。置夾鍾倍律積算爲實，以仲吕倍律積算爲法除之，得無射。

一一二二四六二○四八三○九三七二九八一四三三五三三。

右乃無射倍律積算。置無射倍律積算倍之爲實，以仲吕倍律積算爲法除之，得仲吕。

一四九八三○七○七六六八一四九八七九九二八一。

右乃仲吕倍律積算。置仲吕倍律積算爲實，以仲吕倍律積算爲法除之，得黃鍾。
一。黃鍾首位一是一尺，餘律首位皆定作寸。
右乃黃鍾正律積算。置黃鍾正律積算爲實，以仲呂倍律積算爲法除之，得林鍾。
○六六七四一九九二七○八五○一七一八二四一五四一六。
右乃林鍾正律積算。置林鍾正律積算倍之爲實，以仲呂倍律積算爲法除之，得太蔟。
○八九○八九八七一八一四○三三九三○四七四○二二六。
右乃太蔟正律積算。置太蔟正律積算爲實，以仲呂倍律積算爲法除之，得南呂。
○五九四六○三五五七五○一三六○五三三三五八七五。
右乃南呂正律積算。置南呂正律積算倍之爲實，以仲呂倍律積算爲法除之，得姑洗。
○七九三七○○五二五九八四○九九七三七三七五八五三。
右乃姑洗正律積算。置姑洗正律積算爲實，以仲呂倍律積算爲法除之，得應鍾。
○五二九七三一五四七一七九六四七六三三二八○九一二。
右乃應鍾正律積算。置應鍾正律積算倍之爲實，以仲呂倍律積算爲法除之，得蕤賓。
○七○七一○六七八一一八六五四七五二四四○○八四四。
右乃蕤賓正律積算。置蕤賓正律積算倍之爲實，以仲呂倍律積算爲法除之，得大呂。
○九四三八七四三一二六八一六九三四九六六四一九一三。
右乃大呂正律積算。置大呂正律積算爲實，以仲呂倍律積算爲法除之，得夷則。
○六二九九六○五二四九四七四三六五八二三八三六○五。
右乃夷則正律積算。置夷則正律積算倍之爲實，以仲呂倍律積算爲法除之，得夾鍾。
○八四○八九六四一五二五三七一四五四三○三一一二五。
右乃夾鍾正律積算。置夾鍾正律積算爲實，以仲呂倍律積算爲法除之，得無射。
○五六一二三一○二四一五四六八六四九○七一六七六六。
右乃無射正律積算。置無射正律積算倍之爲實，以仲呂倍律積算爲法除之，得仲呂。
○七四九一五三五三八四三八三四○七四九三九九六四。
右乃仲呂正律積算。置仲呂正律積算爲實，以仲呂倍律積算爲法除之，得黃鍾。
○五。黃鍾首位五是五寸，餘律首位皆定作寸。
右乃黃鍾半律積算。置黃鍾半律積算爲實，以仲呂倍律積算爲法除之，得林鍾。
○三三三七○九九六三五四二五○八五九一二○七七○八。
右乃林鍾半律積算。置林鍾半律積算倍之爲實，以仲呂倍律積算爲法除之，得太蔟。
○四四五四四九三五九○七○一六九六五二三七○一一二。
右乃太蔟半律積算。置太蔟半律積算爲實，以仲呂倍律積算爲法除之，得南呂。
○二九七三○一七七八七五○六八○二六六六七九三七五。
右乃南呂半律積算。置南呂半律積算倍之爲實，以仲呂倍律積算爲法除之，得姑洗。
○三九六八五○二六二九九二○四九八六八六八七九二六。
右乃姑洗半律積算。置姑洗半律積算爲實，以仲呂倍律積算爲法除之，得應鍾。
○二六四八六五七七三五八九八二三八一六一四○四五六。
右乃應鍾半律積算。置應鍾半律積算倍之爲實，以仲呂倍律積算爲法除之，得蕤賓。
○三五三五五三三九○五九三二七三七六二二○○四二二。
右乃蕤賓半律積算。置蕤賓半律積算倍之爲實，以仲呂倍律積算爲法除之，得大呂。
○四七一九三七一五六三四○八四六七四八三三○九五六。
右乃大呂半律積算。置大呂半律積算爲實，以仲呂倍律積算爲法除之，得夷則。

○三一四九八○二六二四七三七一八二九一一九一八○二。

右乃夷則半律積算。置夷則半律積算倍之爲實，以仲呂倍律積算爲法除之，得夾鍾。

○四二○四四八二○七六二六八五七二七一五一五五六二。

右乃夾鍾半律積算。置夾鍾半律積算爲實，以仲呂倍律積算爲法除之，得無射。

○二八○六一五五一二○七七三四三二四五三五八三八三。

右乃無射半律積算。置無射半律積算倍之爲實，以仲呂倍律積算爲法除之，得仲呂。

○三七四五七六七六九二一九一七○三七四六九九八二。

右乃仲呂半律積算。置仲呂半律積算爲實，以仲呂倍律積算爲法除之，得黄鍾。

凡長律生短律，則以應鍾除之，或以大呂乘之；凡短律生長律，則以大呂除之，或以應鍾乘之。凡左旋隔八相生及右旋隔六相生，則以仲呂除之，或以林鍾乘之。凡左旋隔六相生及右旋隔八相生，則以林鍾除之，或以仲呂乘之。乘除法雖不同，而所得皆同也。此篇止載應鍾、仲呂二法，其大呂、林鍾二法可倣此推之。已見《律呂精義》内篇，兹不復載。

第十一問：黄鍾履端於始，古今所知。蕤賓舉正於中，可與黄鍾相配，猶天之北極南極，猶人君之正后也，是故須發明之。譬如先天八卦，乾南坤北，乾爲主則坤爲賓，坤爲主則乾爲賓。互藏其宅，周流六虚，乾與坤一道也，賓與主一理也。黄鍾在北，其象坤也。蕤賓在南，其象乾也。天玄而地黄，故謂之黄鍾。利用賓于王，故謂之蕤賓。是故黄鍾爲股，則蕤賓爲弦；蕤賓爲股，則黄鍾爲弦。此之謂互藏其宅也。六律六呂，兩兩乘除，皆得所求。此之謂周流六虚也。以理明之，發明未盡。若善算者，以數明之，其法如何？

答曰：十二律呂參伍以變，錯綜其數，交互相求，反復皆得。若守舊法，隔八求之，其術淺矣。黄鍾爲宫則蕤賓爲中，蕤賓爲宫則黄鍾爲中，是故黄鍾、蕤賓二律名爲宫中相求之率。大呂爲宫則黄鍾爲和，黄鍾爲宫則應鍾爲和，是故大呂、應鍾二律名爲宫和相求之率。無射爲宫則黄鍾爲商，黄鍾爲宫則太蔟爲商，是故無射、太蔟二律名爲宫商相求之率。夾鍾爲宫則黄鍾爲羽，黄鍾爲宫則南呂爲羽，是故夾鍾、南呂二律名爲宫羽相求之率。夷則爲宫則黄鍾爲角，黄鍾爲宫則姑洗爲角，是故夷則、姑洗二律名爲宫角相求之率。仲呂爲宫則黄鍾爲徵，黄鍾爲宫則林鍾爲徵，是故仲呂、林鍾二律名爲宫徵相求之率。法曰：置黄鍾爲實，以蕤賓乘之得蕤賓；或置黄鍾爲實，以蕤賓除之亦得蕤賓，是爲黄鍾之中。所得多則半之，少則倍之。首位有一爲尺，無一爲寸。餘律倣此。

置大呂爲實，以蕤賓乘之得林鍾。或置大呂爲實，以蕤賓除之亦得林鍾，是爲大呂之中。

置太蔟爲實，以蕤賓乘之得夷則。或置太蔟爲實，以蕤賓除之亦得夷則，是爲太蔟之中。

置夾鍾爲實，以蕤賓乘之得南呂。或置夾鍾爲實，以蕤賓除之亦得南呂，是爲夾鍾之中。

置姑洗爲實，以蕤賓乘之得無射。或置姑洗爲實，以蕤賓除之亦得無射，是爲姑洗之中。

置仲呂爲實，以蕤賓乘之得應鍾。或置仲呂爲實，以蕤賓除之亦得應鍾，是爲仲呂之中。

置蕤賓爲實，以蕤賓乘之得黄鍾。或置蕤賓爲實，以蕤賓除之亦得黄鍾，是爲蕤賓之中。

置林鍾爲實，以蕤賓乘之得大呂。或置林鍾爲實，以蕤賓除之亦得大呂，是爲林鍾之中。

置夷則爲實，以蕤賓乘之得太蔟。或置夷則爲實，以蕤賓除之亦得太蔟，是爲夷則之中。

置南呂爲實，以蕤賓乘之得夾鍾。或置南呂爲實，以蕤賓除之亦得夾鍾，是爲南呂之中。

置無射爲實，以蕤賓乘之得姑洗。或置無射爲實，以蕤賓除之亦得姑洗，是爲無射之中。

置應鍾爲實，以蕤賓乘之得仲呂。或置應鍾爲實，以蕤賓除之亦得仲呂，是爲應鍾之中。

已上十二條，名宫中相求。

置黄鍾爲實，以應鍾乘之得應鍾。或置黄鍾爲實，以大呂除之亦得應鍾，是爲黃鍾之和。

置大呂爲實，以應鍾乘之得黃鍾。或置大呂爲實，以大呂除之亦得黃鍾，是爲大呂之和。

置太蔟爲實，以應鍾乘之得大呂。或置太蔟爲實，以大呂除之亦得大呂，是爲太蔟之和。

置夾鍾爲實，以應鍾乘之得太蔟。或置夾鍾爲實，以大呂除之亦得太蔟，是爲夾鍾之和。

置姑洗爲實，以應鍾乘之得夾鍾。或置姑洗爲實，以大呂除之亦得夾鍾，是爲姑洗之和。

置仲呂爲實，以應鍾乘之得姑洗。或置仲呂爲實，以大呂除之亦得姑洗，是爲仲呂之和。

置蕤賓爲實，以應鍾乘之得仲呂。或置蕤賓爲實，以大呂除之亦得仲呂，是爲蕤賓之和。

置林鍾爲實，以應鍾乘之得蕤賓。或置林鍾爲實，以大呂除之亦得蕤賓，是爲林鍾之和。

置夷則爲實，以應鍾乘之得林鍾。或置夷則爲實，以大呂除之亦得林鍾，是爲夷則之和。

置南呂爲實，以應鍾乘之得夷則。或置南呂爲實，以大呂除之亦得夷則，是爲南呂之和。

置無射爲實，以應鍾乘之得南呂。或置無射爲實，以大呂除之亦得南呂，是爲無射之和。

置應鍾爲實，以應鍾乘之得無射。或置應鍾爲實，以大呂除之亦得無射，是爲應鍾之和。

已上十二條，名宮和相求。

置黃鍾爲實，以太蔟乘之得太蔟。或置黃鍾爲實，以無射除之亦得太蔟，是爲黃鍾之商。

置大呂爲實，以太蔟乘之得夾鍾。或置大呂爲實，以無射除之亦得夾鍾，是爲大呂之商。

置太蔟爲實，以太蔟乘之得姑洗。或置太蔟爲實，以無射除之亦得姑洗，是爲太蔟之商。

置夾鍾爲實，以太蔟乘之得仲呂。或置夾鍾爲實，以無射除之亦得仲呂，是爲夾鍾之商。

置姑洗爲實，以太蔟乘之得蕤賓。或置姑洗爲實，以無射除之亦得蕤賓，是爲姑洗之商。

置仲呂爲實，以太蔟乘之得林鍾。或置仲呂爲實，以無射除之亦得林鍾，是爲仲呂之商。

置蕤賓爲實，以太蔟乘之得夷則。或置蕤賓爲實，以無射除之亦得夷則，是爲蕤賓之商。

置林鍾爲實，以太蔟乘之得南呂。或置林鍾爲實，以無射除之亦得南呂，是爲林鍾之商。

置夷則爲實，以太蔟乘之得無射。或置夷則爲實，以無射除之亦得無射，是爲夷則之商。

置南呂爲實，以太蔟乘之得應鍾。或置南呂爲實，以無射除之亦得應鍾，是爲南呂之商。

置無射爲實，以太蔟乘之得黃鍾。或置無射爲實，以無射除之亦得黃鍾，是爲無射之商。

置應鍾爲實，以太蔟乘之得大呂。或置應鍾爲實，以無射除之亦得大呂，是爲應鍾之商。

已上十二條，名宮商相求。

置黃鍾爲實，以南呂乘之得南呂。或置黃鍾爲實，以夾鍾除之亦得南呂，是爲黃鍾之羽。

置大呂爲實，以南呂乘之得無射。或置大呂爲實，以夾鍾除之亦得無射，是爲大呂之羽。

置太蔟爲實，以南呂乘之得應鍾。或置太蔟爲實，以夾鍾除之亦得應鍾，是爲太蔟之羽。

置夾鍾爲實，以南呂乘之得黃鍾。或置夾鍾爲實，以夾鍾除之亦得黃鍾，是爲夾鍾之羽。

置姑洗爲實，以南呂乘之得大呂。或置姑洗爲實，以夾鍾除之亦得大呂，是爲姑洗之羽。

置仲呂爲實，以南呂乘之得太蔟。或置仲呂爲實，以夾鍾除之亦得太蔟，是爲仲呂之羽。

置蕤賓爲實，以南呂乘之得夾鍾。或置蕤賓爲實，以夾鍾除之亦得夾鍾，是爲蕤賓之羽。

置林鍾爲實，以南呂乘之得姑洗。或置林鍾爲實，以夾鍾除之亦得姑洗，是爲林鍾之羽。

置夷則爲實，以南呂乘之得仲呂。或置夷則爲實，以夾鍾除之亦得仲呂，是爲夷則之羽。

置南呂爲實，以南呂乘之得蕤賓。或置南呂爲實，以夾鍾除之亦得蕤賓，是爲南呂之羽。

置無射爲實，以南呂乘之得林鍾。或置無射爲實，以夾鍾除之亦得林鍾，是爲無射之羽。

置應鍾爲實，以南呂乘之得夷則。或置應鍾爲實，以夾鍾除之亦得夷則，是爲應鍾之羽。

已上十二條，名宮羽相求。

置黃鍾爲實，以姑洗乘之得姑洗。或置黃鍾爲實，以夷則除之亦得姑洗，是爲黃鍾之角。

置大呂爲實，以姑洗乘之得仲呂。或置大呂爲實，以夷則除之亦得仲呂，是爲大呂之角。

置太蔟爲實，以姑洗乘之得蕤賓。或置太蔟爲實，以夷則除之亦得蕤賓，是爲太蔟之角。

置夾鍾爲實，以姑洗乘之得林鍾。或置夾鍾爲實，以夷則除之亦得林鍾，是爲夾鍾之角。

置姑洗爲實，以姑洗乘之得夷則。或置姑洗爲實，以夷則除之亦得夷則，是爲姑洗之角。

置仲呂爲實，以姑洗乘之得南呂。或置仲呂爲實，以夷則除之亦得南呂，是爲仲呂之角。

置蕤賓爲實，以姑洗乘之得無射。或置蕤賓爲實，以夷則除之亦得無射，是爲蕤賓之角。

置林鍾爲實，以姑洗乘之得應鍾。或置林鍾爲實，以夷則除之亦得應鍾，是爲林鍾之角。

置夷則爲實，以姑洗乘之得黃鍾。或置夷則爲實，以夷則除之亦得黃鍾，是爲夷則之角。

置南呂爲實，以姑洗乘之得大呂。或置南呂爲實，以夷則除之亦得大呂，是爲南呂之角。

置無射爲實，以姑洗乘之得太蔟。或置無射爲實，以夷則除之亦得太蔟，是爲無射之角。

置應鍾爲實，以姑洗乘之得夾鍾。或置應鍾爲實，以夷則除之亦得夾鍾，是爲應鍾之角。

已上十二條，名宮角相求。

置黃鍾爲實，以林鍾乘之得林鍾。或置黃鍾爲實，以仲呂除之亦得林鍾，是爲黃鍾之徵。

置大呂爲實，以林鍾乘之得夷則。或置大呂爲實，以仲呂除之亦得夷則，是爲大呂之徵。

置太蔟爲實，以林鍾乘之得南呂。或置太蔟爲實，以仲呂除之亦得南呂，是爲太蔟之徵。

置夾鍾爲實，以林鍾乘之得無射。或置夾鍾爲實，以仲呂除之亦得無射，是爲夾鍾之徵。

置姑洗爲實，以林鍾乘之得應鍾。或置姑洗爲實，以仲呂除之亦得應鍾，是爲姑洗之徵。

置仲呂爲實，以林鍾乘之得黃鍾。或置仲呂爲實，以仲呂除之亦得黃鍾，是爲仲呂之徵。

置蕤賓爲實，以林鍾乘之得大呂。或置蕤賓爲實，以仲呂除之亦得大呂，是爲蕤賓之徵。

置林鍾爲實，以林鍾乘之得太蔟。或置林鍾爲實，以仲呂除之亦得太蔟，是爲林鍾之徵。

置夷則爲實，以林鍾乘之得夾鍾。或置夷則爲實，以仲呂除之亦得夾鍾，是爲夷則之徵。

置南呂爲實，以林鍾乘之得姑洗。或置南呂爲實，以仲呂除之亦得姑洗，是爲南呂之徵。

置無射爲實，以林鍾乘之得仲呂。或置無射爲實，以仲呂除之亦得仲呂，是爲無射之徵。

置應鍾爲實，以林鍾乘之得蕤賓。或置應鍾爲實，以仲呂除之亦得蕤賓，是爲應鍾之徵。

已上十二條，名宮徵相求。

第十二問：上文辨論雖詳，總而言之，不過律管之脩短耳。至於周、徑、冪、積之術，猶未暇細問焉。《律呂精義》周徑篇中其術已明，《樂學新説》典同條下其理益著，玩味彼文，無復疑矣。玆所問者，不置通長，先求實積而後乃求面冪，先得面冪而後乃求周、徑。交互相求，反復皆得，以見算術之妙，是以問焉。

答曰：黄鍾、蕤賓互藏其宅，上文明矣。求黄鍾、蕤賓二律實積，以蕤賓之率爲主。求大呂、林鍾二律實積，以夷則之率爲主。求太蔟、夷則二律實積，以無射之率爲主。求夾鍾、南呂二律實積，以黄鍾之率爲主。求姑洗、無射二律實積，以太蔟之率爲主。求仲呂、應鍾二律實積，以姑洗之率爲主。求蕤賓倍、正、半律，置所求黄鍾倍、正、半律折半即得。其林鍾等五律倣此。求面冪亦如之，其間畧不同者，下文逐條細説可知。

法曰：求黄鍾蕤賓二律實積者，置蕤賓倍率一尺四寸一四二一三五六二三七三〇九五〇四八八〇一六八九，進一位，命作立方積一百四十一寸四百二十一分三百五十六釐二百三十七毫三百〇九絲五百〇四忽八百八十微〇一百六十八纖爲實。先以六律約之，得二十三寸五百七十分〇二百二十六釐〇三十九毫五百五十一絲五百八十四忽一百四十六微六百九十四纖。後以六呂約之，得三寸九百二十八分三百七十一釐〇〇六毫五百九十一絲九百三十忽〇六百九十一微一百一十五纖，爲黄鍾倍律實積。折半，得一寸九百六十四分一百八十五釐五百〇三毫二百九十五絲九百六十五忽三百四十五微五百五十七纖，爲蕤賓倍律實積。又折半，得九百八十二分〇九十二釐七百五十一毫六百四十七絲九百八十二忽六百七十二微七百七十八纖，爲黄鍾正律實積。又折半，得四百九十一分〇四十六釐三百七十五毫八百二十三絲九百九十一忽三百三十六微三百八十九纖，爲蕤賓正律實積。又折半，得二百四十五分五百二十三釐一百八十七毫九百一十一絲九百九十五忽六百六十八微一百九十四纖，爲黄鍾半律實積。又折半，得一百二十二分七百六十一釐五百九十三毫九百五十五絲九百九十七忽八百三十四微〇九十七纖，爲蕤賓半律實積。

求大呂、林鍾二律實積者，置夷則倍率一尺二寸五九九二一〇四九八九四八七三一六四七六七二一一，進一位，命作立方積一百二十五寸九百九十二分一百〇四釐九百八十九毫四百八十七絲三百一十六忽四百七十六微七百二十一纖爲實。先以六律約之，得二十寸〇九百九十八分六百八十四釐一百六十四毫九百一十四絲五百五十二忽七百四十六微一百二十纖〇〇。後以六呂約之，得三寸四百九十九分七百八十釐〇六百九十四毫一百五十二絲四百二十五忽四百五十七微六百八十六纖，爲大呂倍律實積。折半，得一寸七百四十九分八百九十釐〇三百四十七毫〇七十六絲二百一十二忽七百二十八微八百四十三纖，爲林鍾倍律實積。又折半，得八百七十四分九百四十五釐一百七十三毫五百三十八絲一百〇六忽三百六十四微四百二十一纖，爲大呂正律實積。又折半，得四百三十七分四百七十二釐五百八十六毫七百六十九絲〇五十三忽一百八十二微二百一十纖〇，爲林鍾正律實積。又折半，得二百一十八分七百三十六釐二百九十三毫三百四十八絲五百二十六忽五百九十一微一百〇五纖，爲大呂半律實積。又折半，得一百〇九分三百六十八釐一百四十六毫六百九十二絲二百六十三忽二百九十五微五百五十二纖，爲林鍾半律實積。

求太蔟、夷則二律實積者，置無射倍率一尺一寸二二四六二〇四八三〇九三七二九八一四三三五三三，進一位，命作立方積一百一十二寸二百四十六分二百〇四釐八百三十七毫〇九百三十七絲二百九十八忽一百四十三微三百五十三纖爲實。先以六律約之，得一十八寸七百〇七分七百釐〇〇八百〇五毫一百五十六絲二百一十六忽三百五十七微二百二十五纖。後以六呂約之，得三寸一百一十七分九百五十釐〇一百三十四毫一百九十二絲七百〇二忽七百二十六微二百〇四纖，爲太蔟倍律實積。折半，得一寸五百五十八分九百七十五釐〇六十七毫〇九十六絲三百五十一忽三百六十三微一百〇三纖，爲夷則倍律實積。又折半，得七百七十九分四百八十七釐五百三十三毫五百四十八絲一百七十五忽六百八十一微五百五十一纖，爲太蔟正律實積。又折半，得三百八十九分七百四十三釐七百六十六毫七百七十四絲〇八十七忽八百四十微〇七百七十五纖，爲夷則正律實積。又折半，得一百九十四分八百七十一釐八百八十三毫三百八十七絲〇四十三忽九百二十微〇三百八十七纖，爲太蔟半律實積。又折半，得九十七分四百三十五釐九百四十一毫六百九十三絲五百二十一忽九百六十微〇一百九十三纖，爲夷則半律實積。

求夾鍾、南呂二律實積者，置黄鍾正率一尺，進一位，命作立方積一百寸爲實。先以六律約之，得一十六寸六百六十六分六百六十六釐六百六十六毫六百六十六絲六百六十六忽六百六十六微六百六十六纖。後以六吕約之，得二寸七百七十七分七百七十七釐七百七十七毫七百七十七絲七百七十七忽七百七十七微七百七十七纖，爲夾鍾倍律實積。折半，得一寸三百八十八分八百八十八釐八百八十八毫八百八十八絲八百八十八忽八百八十八微八百八十八纖，爲南吕倍律實積。又折半，得六百九十四分四百四十四釐四百四十四毫四百四十四絲四百四十四忽四百四十四微四百四十四纖○，爲夾鍾正律實積。又折半，得三百四十七分二百二十二釐二百二十二毫二百二十二絲二百二十二忽二百二十二微二百二十二纖，爲南吕正律實積。又折半，得一百七十三分六百一十一釐一百一十一毫一百一十一絲一百一十一忽一百一十一微一百一十一纖，爲夾鍾半律實積。又折半，得八十六分八百○五釐五百五十五毫五百五十五絲五百五十五忽五百五十五微五百五十五纖，爲南吕半律實積。

求姑洗、無射二律實積者，置太蔟正率八寸九○八九八七一八一四○三三九三○四七四○二二六，進一位，命作立方積八十九寸○八十九分八百七十一釐八百一十四毫○三十三絲九百三十忽○四百七十四微○二十七纖爲實。先以六律約之，得一十四寸八百四十八分三百一十一釐九百六十九毫○○五絲六百五十五忽○七十九微○○三纖。後以六吕約之，得二寸四百七十四分七百一十八釐六百六十一毫五百絲○○九百四十二忽五百一十三微一百六十七纖，爲姑洗倍律實積。折半，得一寸二百三十七分三百五十九釐三百三十毫○七百五十絲○四百七十一忽二百五十六微五百八十三纖，爲無射倍律實積。又折半，得六百一十八分六百七十九釐六百六十五毫三百七十五絲二百三十五忽六百二十八微二百九十一纖，爲姑洗正律實積。又折半，得三百○九分三百三十九釐八百三十二毫六百八十七絲六百一十七忽八百一十四微一百四十五忽，爲無射正律實積。又折半，得一百五十四分六百六十九釐九百一十六毫三百四十三絲八百○八忽九百○七微○七十二纖，爲姑洗半律實積。又折半，得七十七分三百三十四釐九百五十八毫一百七十一絲九百○四忽四百五十三微五百三十六纖，爲無射半律實積。

求仲吕、應鍾二律實積者，置姑洗正率七寸九三七○○五二五九八四○九九七三七三七五八五三，進一位，命作立方積七十九寸三百七十分○○五十二釐五百九十八毫四百○九絲九百七十三忽七百三十七微五百八十五纖爲實。先以六律約之，得一十三寸二百二十八分三百四十二釐○九十九毫七百三十四絲九百九十五忽六百二十二微九百三十纖。後以六吕約之，得二寸二百○四分七百一十三釐六百八十三毫一百八十九絲一百六十五忽九百三十七微一百五十五纖，爲仲吕倍律實積。折半，得一寸一百○二分三百六十一釐八百四十一毫六百四十四絲五百八十二忽九百六十八微五百七十七纖，爲應鍾倍律實積。又折半，得五百五十一分一百八十釐○九百二十毫○八百二十二絲二百九十一忽四百八十四微二百八十八纖，爲仲吕正律實積。又折半，得二百七十五分五百九十釐○四百六十毫○四百一十四絲一百四十五忽七百四十二微一百四十四纖，爲應鍾正律實積。又折半，得一百三十七分七百九十五釐二百三十毫○二百○五絲五百七十二忽八百七十一微○七十二纖，爲仲吕正律實積。又折半，得六十八分八百九十七釐六百一十五毫一百○二絲七百八十六忽四百三十五微五百三十六纖，爲應鍾半律實積。

求黄鍾面冪者，置蕤賓正率七寸○七一○六七八一一八六五四七五二四四○○八四四，進一位，命作平方積七百○七分一十釐○六十七毫八十一絲一十八忽六十五微五十七纖爲實。先以六律約之，得一百一十七分八十五釐一十一毫三十絲○一十九忽七十七微五十七纖。後以六吕約之，得一十九分六十四釐一十八毫五十五絲○三忽二十九微五十九纖，爲黄鍾倍律面冪。折半，得九分八十二釐○九毫二十七絲五十一忽六十四微七十九纖，爲黄鍾正律面冪。又折半，得四分九十一釐○四毫六十三絲七十五忽八十二微三十九纖，爲黄鍾半律面冪。

求大吕面冪者，置林鍾正率六寸六七四一九九二七○八五○一七一八二四一五四一六，進一位，命作平方積六百六十七分四十一釐九十九毫二十七絲○八忽五十微○一十七纖爲實。先以六律約之，得一百一十一分二十三釐六十六毫五十四絲五十一忽四十一微六十九纖。後以六吕約之，得一十八分五十三釐九十四毫四十二絲四十一忽九十微○二十八纖，爲大吕倍律面冪。折半，得九分二十六釐九十七毫二十一絲二十忽○九十五微一十四纖，爲大吕正律面冪。又折半，得四分六十三釐四十八毫六十絲○六十忽○四十七微五十七纖，爲大吕半律面冪。

求太蔟面冪者，置夷則正率六寸二九九六○五二四九四七四三六五八二三八三六○五，進一位，命作平方積六百二十九分九十六釐○五毫二十四絲九十四忽七十四微三十六纖爲實。先以六律約之，得一百〇四分九十九釐三十四毫二十絲〇八十二忽四十五微七十二纖。後以六吕約之，得一十七分四十九釐八十九毫〇三絲四十七忽〇七微六十二纖，爲太蔟倍律面冪。折半，得八分七十四釐九十四毫五十一絲七十三忽五十三微八十一纖，爲太蔟正律面冪。又折半，得四分三十七釐四十七毫二十五絲八十六忽七十六微九十纖〇，爲太蔟半律面冪。

求夾鍾面冪者，置南吕正率五寸九四六〇三五五七五〇一六三〇五三三三五八七五〇，進一位，命作平方積五百九十四分六十釐〇三十五毫五十七絲五十忽〇一十三微六十纖爲實。先以六律約之，得九十九分一十釐〇〇五毫九十二絲九十一忽六十八微九十三纖。後以六吕約之，得一十六分五十一釐六十七毫六十五絲四十八忽六十一微四十八纖，爲夾鍾倍律面冪。折半，得八分二十五釐八十三毫八十二絲七十四忽三十微〇七十四纖，爲夾鍾正律面冪。又折半，得四分一十二釐九十一毫九十一絲三十七忽一十五微三十七纖，爲夾鍾半律面冪。

求姑洗面冪者，置無射正率五寸六一二三二〇二四一五四六八六四九〇七一六七六六，進一位，命作平方積五百六十一分二十三釐一十毫〇二十四絲一十五忽四十六微八十六纖爲實。先以六律約之，得九十三分五十三釐八十五毫〇四絲〇二忽五十七微八十一纖。後以六吕約之，得一十五分五十八釐九十七毫五十絲〇六十七忽〇九微六十三纖，爲姑洗倍律面冪。折半，得七分七十九釐四十八毫七十五絲三十三忽五十四微八十一纖，爲姑洗正律面冪。又折半，得三分八十九釐七十四毫三十七絲六十六忽七十七微四十纖〇，爲姑洗半律面冪。

求仲吕面冪者，置應鍾正率五寸二九七三一五四七一七九六四七六三二二八〇九一二，進一位，命作平方積五百二十九分七十三釐一十五毫四十七絲一十七忽九十六微四十七纖爲實。先以六律約之，得八十八分二十八釐八十五毫九十一絲一十九忽六十六微〇七纖。後以六吕約之，得一十四分七十一釐四十七毫六十五絲一十九忽九十四微三十四纖，爲仲吕倍律面冪。折半，得七分三十五釐七十三毫八十二絲五十九忽九十七微一十七纖，爲仲吕正律面冪。又折半，得三分六十七釐八十六毫九十一絲二十九忽九十八微五十八纖，爲仲吕半律面冪。

求蕤賓面冪者，置黄鍾半率五寸，進一位，命作平方積五百分爲實。先以六律約之，得八十三分三十三釐三十三毫三十三絲三十三忽三十三微三十三纖。後以六吕約之，得一十三分八十八釐八十八毫八十八絲八十八忽八十八微八十八纖，爲蕤賓倍律面冪。折半，得六分九十四釐四十四毫四十四絲四十四忽四十四微四十四纖，爲蕤賓正律面冪。又折半，得三分四十七釐二十二毫二十二絲二十二忽二十二微二十二纖，爲蕤賓半律面冪。

求林鍾面冪者，置大吕半率四寸七一九三七一五六三四〇八四六七四八三二〇九五六，進一位，命作平方積四百七十一分九十三釐七十一毫五十六絲三十四忽〇八微四十六纖爲實。先以六律約之，得七十八分六十五釐六十一毫九十二絲七十二忽三十四微七十四纖。後以六吕約之，得一十三分一十釐〇九十三毫六十五絲四十五忽三十九微一十二纖，爲林鍾倍律面冪。折半，得六分五十五釐四十六毫八十二絲七十二忽六十九微五十六纖，爲林鍾正律面冪。又折半，得三分二十七釐七十三毫四十一絲三十六忽三十四微七十八纖，爲林鍾半律面冪。

求夷則面冪者，置太蔟半率四寸四五四四九三五九〇七〇一六九六五二三七〇一一三，進一位，命作平方積四百四十五分四十四釐九十三毫五十九纖〇七忽〇一微六十九纖爲實。先以六律約之，得七十四分二十四釐一十五毫五十九絲八十四忽五十微〇二十八纖。後以六吕約之，得一十二分三十七釐三十五毫九十三絲三十忽〇七十五微〇四纖，爲夷則倍律面冪。折半，得六分一十八釐六十七毫九十六絲六十五忽三十七微五十二纖，爲夷則正律面冪。又折半，得三分〇九釐三十三毫九十八絲三十二忽六十八微七十六纖，爲夷則半律面冪。

求南吕面冪者，置夾鍾半率四寸二〇四四八二〇七六二六八五七二七一五一五五六二，進一位，命作平方積四百二十分〇四十四釐八十二毫〇七絲六十二忽六十八微五十七纖爲實。先以六律約之，得七十分〇〇七釐四十七毫〇一絲二十七忽一十一微四十二纖。後以六吕約之，得一十一分六十七釐九十一毫一十六絲八十七忽八十五微二十三纖，爲南吕倍律面冪。折半，得五分八十三釐九十五毫五十八絲四十三忽九十二微六十一纖，爲南吕正律面冪。又折半，得二分九十一釐九十七毫七十九絲二十一忽九十六微三十纖〇，爲南吕半律面冪。

求無射面冪者，置姑洗半率三寸九六八五〇二六二九九二〇四九八六八六八七九二六，進一位，命作平方積三百九十六分八十五釐〇二毫六十二絲九十九忽二十微〇四十九纖爲實。先以六律約之，得六十六分一十四釐一十七毫一十絲〇四十九忽八十六微七十四纖。後以六吕約之，得一十一分〇二釐三十六毫一十八絲四十一忽六十四微四十五纖，爲無射倍律面冪。折半，得五分五十一釐一十八毫〇九絲二十忽〇八十二微二十二纖，爲無射正律面冪。又折半，得二分七十五釐五十九毫〇四絲六十忽〇四十一微一十一纖，爲無射半律面冪。

求應鍾面冪者，置仲吕半率三寸七四五七六七六九二一九一七〇三七四六九九八二，進一位，命作平方積三百七十四分五十七釐六十七毫六十九絲二十一忽九十一微七十纖爲實。先以六律約之，得六十二分四十二釐九十四毫六十一絲五十三忽六十五微二十八纖。後以六吕約之，得一十分〇四十釐〇四十九毫一十絲〇二十五忽六十微〇八十八纖，爲應鍾倍律面冪。折半，得五分二十釐〇二十四毫五十五絲一十二忽八十微〇四十四纖，爲應鍾正律面冪。又折半，得二分六十釐〇一十二毫二十七絲五十六忽四十微〇二十二纖，爲應鍾半律面冪。

求黄鍾通長者，置黄鍾倍律實積三千九百二十八分三百七十一釐〇〇六毫五百九十一絲九百三十忽〇六百九十一微一百一十五纖爲實，以黄鍾倍律面冪一十九分六十四釐一十八毫五十五絲〇三忽二十九微五十九纖爲法除之，得二百分命作二尺，爲黄鍾倍律通長。折半，得一尺，爲黄鍾正律通長。又折半，得五寸，爲黄鍾半律通長。

求大吕通長者，置大吕倍律實積三千四百九十九分七百八十釐〇六百九十四毫一百五十二絲四百二十五忽四百五十七微六百八十六纖爲實，以大吕倍律面冪一十八分五十三釐九十四毫四十二絲四十一忽九十微〇二十八纖爲法除之，得一尺八寸八分七釐七毫四絲八忽六微二纖，爲大吕倍律通長。折半，得九寸四分三釐八毫七絲四忽三微一纖，爲大吕正律通長。又折半，得四寸七分一釐九毫三絲七忽一微五纖，爲大吕半律通長。

求太蔟通長者，置太蔟倍律實積三千一百一十七分九百五十釐〇一百三十四毫一百九十二絲七百〇二忽七百二十六微二百〇四纖爲實，以太蔟倍律面冪一十七分四十九釐八十九毫〇三絲四十七忽〇七微六十二纖爲法除之，得一尺七寸八分一釐七毫九絲七忽四微三纖，爲太蔟倍律通長。折半，得八寸九分〇八毫九絲八忽七微一纖，爲太蔟正律通長。又折半，得四寸四分五釐四毫四絲九忽三微五纖，爲太蔟半律通長。

求夾鍾通長者，置夾鍾倍律實積二千七百七十七分七百七十七釐七百七十七毫七百七十七絲七百七十七忽七百七十七微七百七十七纖爲實，以夾鍾倍律面冪一十六分五十一釐六十七毫六十五絲四十八忽六十一微四十八纖爲法除之，得一尺六寸八分一釐七毫九絲二忽八微三纖，爲夾鍾倍律通長。折半，得八寸四分〇八毫九絲六忽四微一纖，爲夾鍾正律通長。又折半，得四寸二分〇四毫四絲八忽二微〇，爲夾鍾半律通長。

求姑洗通長者，置姑洗倍律實積二千四百七十四分七百一十八釐六百六十一毫五百絲〇〇九百四十二忽五百一十三微一百六十七纖爲實，以姑洗倍律面冪一十五分五十八釐九十七毫五十絲〇六十七忽〇九微六十三纖爲法除之，得一尺五寸八分七釐四毫〇一忽〇五纖，爲姑洗倍律通長。折半，得七寸九分三釐七毫〇〇五微二纖，爲姑洗正律通長。又折半，得三寸九分六釐八毫五絲〇二微六纖，爲姑洗半律通長。

求仲吕通長者，置仲吕倍律實積二千二百〇四分七百二十三釐六百八十三毫二百八十九絲一百六十五忽九百三十七微一百五十五纖爲實，以仲吕倍律面冪一十四分七十一釐四十七毫六十五絲一十九忽九十四微三十四纖爲法除之，得一尺四寸九分八釐三毫〇七忽〇七纖，爲仲吕倍律通長。折半，得七寸四分九釐一毫五絲三忽五微三纖，爲仲吕正律通長。又折半，得三寸七分四釐五毫七絲六忽七微六纖，爲仲吕半律通長。

求蕤賓通長者，置蕤賓倍律實積一千九百六十四分一百八十五釐五百〇三毫二百九十五絲九百六十五忽三百四十五微五百五十七纖爲實，以蕤賓倍律面冪一十三分八十八釐八十八毫八十八絲八十八忽八十八微八十八纖爲法除之，得一尺四寸一分四釐二毫一絲三忽五微六纖，爲蕤賓倍律通長。折半，得七寸〇七釐一毫〇六忽七微八纖，爲蕤賓正律通長。又折半，得三寸五分三釐五毫五絲三忽三微九纖，爲蕤賓半律通長。

求林鍾通長者，置林鍾倍律實積一千七百四十九分八百九十釐〇三百四十七毫〇七十六絲二百一十二忽七百二十八微八百四十三纖爲實，以林鍾倍律面冪一十三分一十釐〇九十三毫六十五絲四十五忽三十九微一十二纖爲法除之，得一尺三寸三分四釐八毫三絲九忽八微五纖，爲林鍾倍律通長。折半，得六寸六分七釐四毫一絲九忽九微二纖，爲林鍾正律通長。又折半，得三寸三分三釐七毫○九忽九微六纖，爲林鍾半律通長。

求夷則通長者，置夷則倍律實積一千五百五十八分九百七十五釐○六十七毫○九十六絲三百五十一忽三百六十三微一百○二纖爲實，以夷則倍律面冪一十二分三十七釐三十五毫九十三絲三十忽○七十五微○四纖爲法除之，得一尺二寸五分九釐九毫二絲一忽○四纖，爲夷則倍律通長。折半，得六寸二分九釐九毫六絲○五微二纖，爲夷則正律通長。又折半，得三寸一分四釐九毫八絲○二微六纖，爲夷則半律通長。

求南吕通長者，置南吕倍律實積一千三百八十八分八百八十八釐八百八十八毫八百八十八絲八百八十八忽八百八十八微八百八十八纖爲實，以南吕倍律面冪一十七分六十七釐九十一毫一十六絲八十七忽八十五微二十三纖爲法除之，得一尺一寸八分九釐二毫○七忽一微一纖，爲南吕倍律通長。折半，得五寸九分四釐六毫○三忽五微五纖，爲南吕正律通長。又折半，得二寸九分七釐三毫○一忽七微七纖，爲南吕半律通長。

求無射通長者，置無射倍律實積一千二百三十七分三百五十九釐三百三十三毫○七百五十絲四百七十一忽二百五十六微五百八十三纖爲實，以無射倍律面冪一十一分○二釐三十六毫一十八絲四十二忽六十四微四十五纖爲法除之，得一尺一寸二分二釐四毫六絲二忽○四纖，爲無射倍律通長。折半，得五寸六分一釐二毫三絲一忽○二纖，爲無射正律通長。又折半，得二寸八分○六毫一絲五忽五微一纖，爲無射半律通長。

求應鍾通長者，置應鍾倍律實積一千一百○二分三百六十一釐八百四十一毫六百四十四絲五百八十二忽九百六十八微五百七十七纖爲實，以應鍾倍律面冪一十分○四十釐○四十九毫一十絲○二十五忽六十微○八十八纖爲法除之，得一尺○五分九釐四毫六絲三忽○九纖，爲應鍾倍律通長。折半，得五寸二分九釐七毫三絲一忽五微四纖，爲應鍾正律通長。又折半，得二寸六分四釐八毫六絲五忽七微七纖，爲應鍾半律通長。

求黄鍾内外周徑者，置黄鍾倍律面冪一十九分六十四釐一十八毫五十五絲○三忽二十九微五十九纖，自乘，得平方積三百八十五分八十釐○二十四毫六十九絲一十三忽五十七微七十六纖，一百六十二分乘之，一百分除之，得六百二十五分爲實，開方，得二十五分。又開方，得五分，爲黄鍾倍律内徑，即正律外徑。折半，得二分五釐，爲黄鍾半律内徑。置前所得二十五分折半，得一十二分半爲實，開方，得三分五釐三毫五絲五忽三微三纖九塵，爲黄鍾正律内徑，即半律外徑。加倍，得七分○七毫一絲○六微七纖八塵，爲黄鍾倍律外徑。置正律内徑三分五釐三毫五絲五忽三微三纖九塵，四十乘之，得一尺四寸一分四釐二毫一絲三忽五微六纖。九歸約之，得一寸五分七釐一毫三絲四忽八微四纖○，爲黄鍾倍律内周，即正律外周。折半，得七分八釐五毫六絲七忽四微二纖，爲黄鍾半律内周。置正律外周一寸五分七釐一毫三絲四忽八微四纖自乘，得平方積二寸四十六分九十一釐三十五毫七十九絲四十一忽八十二微五十六纖。加倍，得四寸九十三分八十二釐七十一毫五十八絲八十三忽六十五微一十二纖爲實，開方，得二寸二分二釐二毫二絲二忽二微二纖，爲黄鍾倍律外周。折半，得一寸一分一釐一毫一絲一忽一微一纖，爲黄鍾正律内周，即半律外周。

求大吕内外周徑者，置大吕倍律面冪一十八分五十三釐九十四毫四十二絲四十一忽九十微○二十八纖自乘，得平方積三百四十三分七十一釐○九毫二十五絲二十忽○八十四微五十四纖。一百六十二分乘之，一百分除之，得五百五十六分八十一釐一十六毫九十八絲八十三忽七十六微九十五纖爲實，開方，得二十三分五十九釐六十八毫五十七絲八十一忽七十微四十一纖。又開方，得四分八釐五毫七絲六忽五微九纖，爲大吕倍律内徑，即正律外徑。折半，得二分四釐二毫八絲八忽二微九纖，爲大吕半律内徑。置前所得二十三分五十九釐六十八毫五十七絲八十一忽七十微○四十一纖，折半，得一十一分七十九釐八十四毫二十八絲九十忽○八十五微二十纖○爲實，開方，得三分四釐三毫四絲八忽八微四纖一塵，爲大吕正律内徑，即半律外徑。加倍，得六分八釐六毫九絲七忽六微八纖二塵，爲大吕倍律外徑。置正律内徑三分四釐三毫四絲八忽八微四纖一塵，四十乘之，得一尺三寸七分三釐九毫五絲三忽六微二纖。九歸約之，得一寸五分二釐六毫六絲一忽五微一纖，爲大吕倍律内周，即正律外周。折半，得七分六釐三毫三絲○七微五纖，爲大吕半律内周。置正律外周一寸五分二釐六毫六絲一忽五微一纖自乘，得平方積二寸三十三分○五釐五十三毫六十六絲三十五忽四十八微○一纖。加倍，得四寸六十六分一十一釐○七毫三十二絲七十忽○九十六微○二纖爲實，開方，得二寸一分五釐八毫九絲五忽九微七纖，爲大吕倍律外周。折半，得一寸○七釐九毫四絲七忽九微八纖，爲大吕正律内周，即半律外周。

求太蔟内外周徑者，置太蔟倍律面冪一十七分四十九釐八十九毫〇三絲四十七忽〇七微六十二纖自乘，得平方積三百〇六分二十一釐一十六毫二十二絲六十七忽九十微〇四十六纖。一百六十二分乘之，一百分除之，得四百九十六分〇六釐二十八毫二十八絲七十四忽〇〇五十四纖爲實，開方，得二十二分二十七釐二十四毫六十七絲九十五忽三十五微〇八纖。又開方，得四分七釐一毫九絲三忽七微一纖，爲太蔟倍律内徑，即正律外徑。折半，得二分三釐五毫九絲六忽八微五纖，爲太蔟半律内徑。置前所得二十二分二十七釐二十四毫六十七絲九十五忽三十五微〇八纖折半，得一十一分一十三釐六十二毫三十三絲九十七忽六十七微五十四纖爲實，開方，得三分三釐三毫七絲〇九微九纖六塵，爲太蔟正律内徑，即半律外徑。加倍，得六分六釐七毫四絲一忽九微九纖二塵，爲太蔟倍律外徑。置正律内徑三分三釐三毫七絲〇九微九纖六塵，四十乘之，得一尺三寸三分四釐八毫三絲九忽八微四纖。九歸約之，得一寸四分八釐三毫一絲五忽五微三纖，爲太蔟倍律内周，即正律外周。折半，得七分四釐一毫五絲七忽七微六纖，爲太蔟半律内周。置正律外周一寸四分八釐三毫一絲五忽五微三纖自乘，得平方積二寸一十九分九十七釐四十九毫六十四絲三十九忽一十八微〇九纖。加倍，得四寸三十九分九十四釐九十九毫二十八絲七十八忽三十六微一十八纖爲實，開方，得二寸〇九釐七毫四絲九忽八微三纖，爲太蔟倍律内周。折半，得一寸〇四釐八毫七絲四忽九微一纖，爲太蔟正律内周，即半律外周。

求夾鍾内外周徑者，置夾鍾倍律面冪一十六分五十一釐六十七毫六十五絲四十八忽六十一微四十八纖自乘，得平方積二百七十二分八十釐〇三十五毫四十二絲一十二忽四十四微〇九纖。一百二十六分乘之，一百分除之，得四百四十一分九十四釐一十七毫三十八絲二十四忽一十五微四十二纖爲實，開方，得二十一分〇二釐二十四毫一十絲〇三十八忽一十三微四十一纖。又開方，得四分五釐八毫五絲〇二微〇，爲夾鍾倍律内徑，即正律外徑。折半，得二分二釐九毫二絲五忽一微，爲夾鍾半律内徑。置前所得二十一分〇二釐二十四毫一十絲〇三十八忽一十三微四十一纖折半，得一十分〇五十一釐一十二毫〇五絲一十九忽〇六微七十纖〇爲實，開方，得三分二釐四毫二絲〇九微八纖八塵，爲夾鍾正律内徑，即半律外徑。加倍，得六分四釐八毫四絲一忽九微七纖六塵，爲夾鍾倍律外徑。置正律内徑二分二釐四毫二絲〇九微八纖八塵，四十乘之，得一尺二寸九分六釐八毫三絲九忽五微二纖。九歸約之，得一寸四分四釐〇九絲三忽二微八纖，爲夾鍾倍律内周，即正律外周。折半，得七分二釐〇四絲六忽六微四纖，爲夾鍾半律内周。置正律外周一寸四分四釐〇九絲三忽二微八纖自乘，得平方積二寸〇七分六十二釐八十七毫三十三絲四十一忽一十五微八十四纖。加倍，得四寸一十五分二十五釐七十四毫六十六絲八十二忽三十一微六十八纖爲實，開方，得二寸〇三釐七毫七絲八忽六微七纖，爲夾鍾倍律内周。折半，得一寸〇一釐八毫八絲九忽三微三纖，爲夾鍾正律内周，即半律外周。

求姑洗内外周徑者，置姑洗倍律面冪一十五分五十八釐九十七毫五十絲〇六十七忽〇九微六十三纖自乘，得平方積二百四十三分〇四釐〇三毫二十五絲九十八忽二十七微九十一纖。一百六十二分乘之，一百分除之，得三百九十三分七十二釐五十三毫二十八絲〇九忽二十一微二十一纖爲實，開方，得一十九分八十四釐二十五毫一十三絲一十四忽九十六微〇一纖。又開方，得四分四釐五毫四絲四忽九微三纖，爲姑洗倍律内徑，即正律外徑。折半，得二分二釐二毫七絲二忽四微六纖，爲姑洗半律内徑。置前所得一十九分八十四釐二十五毫一十三絲一十四忽九十六微〇一纖折半，得九分九十二釐一十二毫五十六絲五十七忽四十八微〇〇爲實，開方，得三分一釐四毫九絲八忽〇二纖六塵，爲姑洗正律内徑，即半律外徑。加倍，得六分二釐九毫九絲六忽〇五纖二塵，爲姑洗倍律外徑。置正律内徑三分一釐四毫九絲八忽〇二纖六塵，四十乘之，得一尺二寸五分九釐九毫二絲二忽〇四纖。九歸約之，得一寸三分九釐九毫九絲一忽三微二纖，爲姑洗倍律内周，即正律外周。折半，得六分九釐九毫九絲五忽二微一纖，爲姑洗半律内周。置正律外周一寸三分九釐九毫九絲一忽三微二纖自乘，得平方積一寸九十五分九十七釐五十四毫一十六絲七十七忽〇八微八十四纖。加倍，得三寸九十一分九十五釐〇八毫三十三絲五十四忽一十七微六十八纖爲實，開方，得一寸九分七釐九毫七絲七忽四微八纖，爲姑洗倍律外周。折半，得九分八釐九毫八絲八忽七微四纖，爲姑洗正律内周，即半律外周。

求仲吕内外周徑者，置仲吕倍律面冪一十四分七十一釐四十七毫六十五絲一十九忽九十四微三十四纖自乘，得平方積二百一十六分五十二釐四十三毫一十四絲八十七忽四十四微七十三纖，一百六十二分乘之，一百分除之，得三百五十分〇七十六釐九十三毫九十絲〇〇九忽六十六微四十六纖爲實，開方，得一十八分七十二釐八十八毫三十八絲四十六忽〇九微五十七纖。又開方，得四分三釐二毫七絲六忽八微二纖，爲仲吕倍律内徑，即正律外徑。折半，得二分一釐六毫三絲八忽四微一纖，爲仲吕半律内徑。置前所得一十八分七十二釐八十八毫三十八絲四十六忽〇九微五十七纖折半，得九分三十六釐四十四毫一十九絲二十三忽〇四微七十八纖爲實，開方，得三分〇六毫〇一忽三微三纖八塵，爲仲吕正律内徑，即半律外徑。加倍，得六分一釐二毫〇二忽六微七纖六塵，爲仲吕倍律外徑。置正律内徑三分〇六毫〇一忽三微三纖八塵，四十乘之，得一尺二寸二分四釐〇五絲三忽五微二纖。九歸約之，得一寸三分八釐〇〇五忽九微四纖，爲仲吕倍律内周，即正律外周。折半，得六分八釐〇〇二忽九微七纖，爲仲吕半律内周。置正律外周一寸三分六釐〇〇五忽九微四纖自乘，得平方積一寸八十四分九十七釐六十一毫五十七絲一十五忽二十八微三十六纖。加倍，得三寸六十九分九十五二十三毫一十四絲三十忽〇五十六微七十二纖爲實，開方，得一寸九分二釐三毫四絲一忽四微四纖，爲仲吕倍律外周。折半，得九分六釐一毫七絲〇七微二纖，爲仲吕正律内周，即半律外周。

求蕤賓内外周徑者，置蕤賓倍律面冪一十三分八十八釐八十八毫八十八絲八十八忽八十八微八十八纖自乘，得平方積一百九十二分九十釐〇一十二毫三十四絲五十六忽七十八微七十六纖，一百六十二分乘之，一百分除之，得三百一十二分半爲實，開方，得一十七分六十七釐七十六毫六十九絲五十二忽九十六微六十三纖。又開方，得四分二釐〇四絲四忽八微二纖，爲蕤賓倍律内徑，即正律外徑。折半，得二分一釐〇二絲二忽四微一纖，爲蕤賓半律内徑。置前所得一十七分六十七釐七十六毫六十九絲五十二忽九十六微六十三纖折半，得八分八十三釐八十八毫三十四絲七十六忽四十八微三十一纖爲實，開方，得二分九釐七毫三絲〇一微七纖七塵，爲蕤賓正律内徑，即半律外徑。加倍，得五分九釐四毫六絲〇三微五纖四塵，爲蕤賓倍律外徑。置正律内徑二分九釐七毫三絲〇一微七纖七塵，四十乘之，得一尺一寸八分九釐二毫〇七忽〇八纖。九歸約之，得一寸三分二釐一毫三絲四忽二微一纖，爲蕤賓倍律内周，即正律外周。折半，得六分六釐〇六絲七忽〇六纖，爲蕤賓半律内周。置正律外周一寸三分二釐一毫三絲四忽二微二纖自乘，得平方積一寸七十四分五十九釐四十二毫五十六絲六十八忽一十七微四十四纖。加倍，得三寸四十九分一十八釐八十五毫一十三絲三十六忽三十四微八十八纖爲實，開方，得一寸八分六釐八毫六絲五忽八微六纖，爲蕤賓倍律外周。折半，得九分三釐四毫三絲二忽九微三纖，爲蕤賓正律内周，即半律外周。

求林鍾内外周徑者，置林鍾倍律面冪一十三分一十釐〇九十三毫六十五絲四十五忽三十九微一十二纖自乘，得平方積一百七十一分八十五釐五十四毫六十二絲六十忽〇四十二微二十一纖。一百六十二分乘之，一百分除之，得二百七十八分四十釐〇五十八毫四十九絲四十一忽八十八微三十八纖爲實，開方，得一十六分六十八釐五十四毫九十八絲一十七忽七十一微二十四纖。又開方，得四分〇八毫四絲七忽八微八纖，爲林鍾倍律内經，即正律外徑。折半，得二分〇四毫二絲三忽九微四纖，爲林鍾半律内徑。置前所得一十六分六十八釐五十四毫九十八絲一十七忽七十一微二十四纖折半，得八分三十四釐二十七毫四十九絲〇八忽八十五微六十二纖爲實，開方，得二分八釐八毫八絲三忽八微一纖七塵，爲林鍾正律内徑，即半律外徑。加倍，得五分七釐七毫六絲七忽六微三纖四塵，爲林鍾倍律外徑。置正律内徑二分八釐八毫八絲三忽八微一纖七塵，四十乘之，得一尺一寸五分五釐三毫五絲二忽六微八纖。九歸約之，得一寸二分八釐三毫七絲二忽五微二纖，爲林鍾倍律内周，即正律外周。折半，得六分四釐一毫八絲六忽二微六纖，爲林鍾半律内周。置正律外周一寸二分八釐三毫七絲二忽五微二纖自乘，得平方積一寸六十四分七十九釐五十毫〇三十八絲九十一忽二十五微〇四纖。加倍，得二寸二十九分五十九釐〇〇七十七絲八十二忽三十微〇〇八纖爲實，開方，得一寸八分一釐五毫四絲六忽一微五纖，爲林鍾倍律外周。折半，得九分〇七毫七絲三忽〇七纖，爲林鍾正律内周，即半律外周。

求夷則内外周徑者，置夷則倍律面冪一十二分三十七釐三十五毫九十三絲三十忽〇七十五微〇四纖自乘，得平方積一百五十三分一十釐〇五十八毫一十一絲三十三忽九十五微〇七纖。一百六十二分乘之，一百分除之，得二百四十八分〇三釐一十四毫一十四絲三十七忽〇〇〇一纖爲實，開方，得一十五分七十四釐九十毫〇一十二絲一十二忽三十六微八十四纖。又開方，得三分九釐六毫八絲五忽〇二纖，爲夷則倍律内徑，即正律外徑。折半，得一分九釐八毫四絲二忽五微一纖，爲夷則半律内徑。置前所得一十五分七十四釐九十毫〇一十二絲一十二忽三十六微八十四纖折半，得七分八十七釐四十五毫〇六絲五十六忽一十八微四十二纖爲實，開方，得二分八釐〇六絲一忽五微五纖一塵，爲夷則正律内徑，即半律外徑。加倍，得五分六釐一毫二絲三忽一微〇二塵，爲夷則倍律外徑。置正律内徑二分八釐〇六絲一忽五微五纖一塵，四十乘之，得一尺一寸二分二釐四毫六絲二忽〇四纖。九歸約之，得一寸二分四釐七毫一絲八忽〇〇，爲夷則倍律內周，即正律外周。折半，得六分二釐三毫五絲九忽〇〇，爲夷則半律內周。置正律外周一寸二分四釐七毫一絲八忽〇自乘，得平方積一寸五十五分五十四釐五十七毫九十五絲二十四忽〇〇〇〇。加倍，得三寸一十一分〇九釐一十五毫九十絲〇四十八忽〇〇〇〇爲實，開方，得一寸七分六釐三毫七絲七忽八微八纖，爲夷則倍律外周。折半，得八分八釐一毫八絲八忽九微四纖，爲夷則正律內周，即半律外周。

求南呂內外周徑者，置南呂倍律面冪一十一分六十七釐九十一毫一十六絲八十七忽八十五微二十三纖自乘，得平方積一百三十六分四十釐〇一十七毫七十一絲〇六忽二十二微〇〇。一百六十二分乘之，一百分除之，得二百二十分〇九十七釐〇八毫六十九絲一十二忽〇七微六十四纖爲實，開方，得一十四分八十六釐五十毫〇八十八絲九十三忽七十五微三十二纖。又開方，得三分八釐五毫五絲五忽二微七纖，爲南呂倍律內徑，即正律外徑。折半，得一分九釐二毫七絲七忽六微三纖，爲南呂半律內徑。置前所得一十四分八十六釐五十毫〇八十八絲九十三忽七十五微三十二纖折半，得七分四十三釐二十五毫四十四絲四十六忽八十七微八十六纖爲實，開方，得二分七釐二毫六絲二忽六微九纖三塵，爲南呂正律內徑，即半律外徑。加倍，得五分四釐五毫二絲五忽三微八纖六塵，爲南呂倍律外徑。置正律內徑二分七釐二毫六絲二忽六微九纖三塵，四十乘之，得一尺〇九分〇五毫〇七忽七微二纖。九歸約之，得一寸二分一釐一毫六絲七忽五微二纖，爲南呂倍律內周，即正律外周。折半，得六分〇五毫八絲三忽七微六纖，爲南呂半律內周。置正律外周一寸二分一釐一毫六絲七忽五微二纖自乘，得平方積一寸四十六分八十一釐五十六毫七十九絲〇二忽九十五微〇四纖。加倍，得二寸九十三分六十三釐一十三毫五十八絲〇五忽九十微〇〇八纖爲實，開方，得一寸七分一釐三毫五絲六忽七微五纖，爲南呂倍律外周。折半，得八分五釐六毫七絲八忽三微七纖，爲南呂正律內周，即半律外周。

求無射內外周徑者，置無射倍律面冪一十一分〇二釐三十六毫一十八絲四十一忽六十四微四十五纖自乘，得平方積一百二十一分五十二釐〇一毫六十二絲九十九忽一十三微八十五纖。一百六十二分乘之，一百分除之，得一百九十六分八十六釐二十六毫六十四絲〇四忽六十微〇四十三纖爲實，開方，得一寸四分〇三釐〇七毫七十五絲六十忽〇三十八微六十六纖。又開方，得三分七釐四毫五絲七忽六微七纖，爲無射倍律內徑，即正律外徑。折半，得一分八釐七毫二絲八忽八微三纖，爲無射半律內徑。置前所得一十四分〇五釐〇七毫七十五絲六十忽〇三十八微六十六纖折半，得七分〇一釐五十三毫八十七絲八十忽〇一十九微三十三纖爲實，開方，得二分六釐四毫八絲六忽五微七纖七塵，爲無射正律內徑，即半律外徑。加倍，得五分二釐九毫七絲三忽一微五纖四塵，爲無射倍律外徑。置正律內經二分六釐四毫八絲六忽五微七纖七塵，四十乘之，得一尺〇五分九釐四毫六絲三忽〇八纖。九歸約之，得一寸一分七釐七毫一絲八忽一微二纖，爲無射倍律內周，即正律外周。折半，得五分八釐八毫五絲九忽〇六纖，爲無射半律內周。置正律外周一寸一分七釐七毫一絲八忽一微二纖自乘，得平方積一寸三十八分五十七釐五十五毫五十七絲七十六忽三十三微四十四纖。加倍，得二寸七十七分一十五釐一十一毫一十五絲五十二忽六十六微八十八纖爲實，開方，得一寸六分六釐四毫七絲八忽五微六纖，爲無射倍律外周。折半，得八分三釐二毫三絲九忽二微八纖，爲無射正律內周，即半律外周。

求應鍾內外周徑者，置應鍾倍律面冪一十分〇四十釐〇四十九毫一十絲〇二十五忽六十微〇八十八纖自乘，得平方積一百〇八分二十六釐二十一毫五十七絲四十三忽七十二微四十五纖。一百六十二分乘之，一百分除之，得一百七十五分三十八釐四十六毫九十五絲〇四忽八十三微三十六纖爲實，開方，得十三分二十四釐三十二毫八十八絲六十七忽九十四微九十一纖。又開方，得三分六釐三毫九絲一忽三微二纖，爲應鍾倍律內徑，即正律外徑。折半，得一分八釐一毫九絲五忽六微六纖，爲應鍾半律內徑。置前所得一十三分二十四釐三十二毫八十八絲六十七忽九十四微九十一纖折半，得六分六十二釐一十六毫四十四絲三十三忽九十七微四十五纖爲實，開方，得二分五釐七毫三絲二忽五微五纖五塵，爲應鍾正律內徑，即半律外徑。加倍，得五分一釐四毫六絲五忽一微一纖，爲應鍾倍律外徑。置正律內徑二分五釐七毫三絲二忽五微五纖五塵，四十乘之，得一尺〇二分九釐三毫〇二忽二微〇。九歸約之，得一寸一分四釐三毫六絲六忽九微一纖，爲應鍾倍律內周，即正律外周。折半，得五分七釐一毫八絲三忽四微五纖，爲應鍾半律內周。置正律外周一寸一分四釐三毫六絲六忽九微一纖自乘，得平方積一寸三十分〇七十九釐七十九毫〇一絲〇二忽九十四微八十一纖。加倍，得二寸六十一分五十九釐五十八毫〇二絲〇五忽八十九微六十二纖爲實，開方，得一寸六分一釐七毫三絲九忽二微三纖，爲應鍾倍律外周。折半，得八分〇八毫六絲九忽六微一纖，爲應鍾正律內周，即半律外周。

又　朱載堉《律呂精義》内篇卷一

不用三分損益第三

律家三分損其一，三分益其一；曆家四分度之一，四分日之一；與夫方則直五斜七，圓則周三徑一等率；皆舉大略而言之耳，非精義也。新法算律與方圓皆用句股術，其法本諸《周禮》㮚氏爲量，「內方尺而圓其外」。有圖見後。內方尺而圓其外，則圓徑與方斜同，知方之斜，則知圓之徑矣。

度本起於黃鍾之長，則黃鍾之長即度法一尺。命平方一尺爲黃鍾之率。東西十寸爲句，自乘得百寸爲句冪；南北十寸爲股，自乘得百寸爲股冪。相併，共得二百寸爲弦冪。乃置弦冪爲實，開平方法除之，得弦一尺四寸一分四釐二毫一絲三忽五微六纖二三七三〇九五〇四八八〇一六八九，爲方之斜，即圓之徑，亦即蕤賓倍律之率。以句十寸乘之，得平方積一百四十一寸四十二分一十三釐五十六毫二十三絲七十三忽〇九五〇四八八〇一六八九爲實，開平方法除之，得一尺一寸八分九釐二毫〇七忽一微一纖五〇〇二七二一〇六六七一七五，即南呂倍律之率。仍以句十寸乘之，又以股十寸乘之，得立方積一千一百八十九寸二百〇七分一百一十五釐〇〇二毫七百二十一絲〇六十六忽七一七五爲實，開立方法除之，得一尺〇五分九釐四毫六絲三忽〇九纖四三五九二九五二六四五六一八二五，即應鍾倍律之率。蓋十二律黃鍾爲始，應鍾爲終，終而復始，循環無端，此自然真理，猶貞後元生，坤盡復來也。是故各律皆以黃鍾正數十寸乘之爲實，皆以應鍾倍數十寸〇五分九釐四毫六絲三忽〇九纖四三五九二九五二六四五六一八二五爲法除之，即得其次律也。安有往而不返之理哉！舊法往而不返者，蓋由三分損益算術不精之所致也。是故新法不用三分損益，別造密率，其詳如左。

積算旁通圖

此條命尺爲京，後條或命寸爲兆，或命寸爲億，蓋欲多列位數，見開方之妙也。

二。

本是二尺，進作二百寸爲實，以上文所載應鍾倍律之數十寸五分有奇爲法除之，餘條倣此。

右乃黃鍾倍律積算。置黃鍾倍律積算進一位爲實，以應鍾倍律積算爲法除之，得大呂。

一八八七七四八六二五三六三三八六九九三二八三八二六。

右乃大呂倍律積算。置大呂倍律積算進一位爲實，以應鍾倍律積算爲法除之，得太蔟。

一七八一七九七四三六二八〇六七八六〇九四八〇四五二一。

右乃太蔟倍律積算。置太蔟倍律積算進一位爲實，以應鍾倍律積算爲法除之，得夾鍾。

一六八一七九二八三〇五〇七四二九〇八六〇六二二五一。

右乃夾鍾倍律積算。置夾鍾倍律積算進一位爲實，以應鍾倍律積算爲法除之，得姑洗。

一五八七四〇一〇五一九六八一九九四七四七五一七〇六。

右乃姑洗倍律積算。置姑洗倍律積算進一位爲實，以應鍾倍律積算爲法除之，得仲呂。

一四九八三〇七〇七六八七六六八一四九八七九九二八一。

右乃仲呂倍律積算。置仲呂倍律積算進一位爲實，以應鍾倍律積算爲法除之，得蕤賓。

一四一四二一三五六二三七三〇九五〇四八八〇一六八九。

右乃蕤賓倍律積算。置蕤賓倍律積算進一位爲實，以應鍾倍律積算爲法除之，得林鍾。

一三三四八三九八五四一七〇〇三四三六四八三〇八三二一。

右乃林鍾倍律積算。置林鍾倍律積算進一位爲實，以應鍾倍律積算爲法除之，得夷則。

一二五九九二一〇四九八九四八七三一六四七六七二一一。

右乃夷則倍律積算。置夷則倍律積算進一位爲實，以應鍾倍律積算爲法除之，得南呂。

一一八九二〇七一一五〇〇二七二一〇六六七一七五〇〇。

右乃南呂倍律積算。置南呂倍律積算進一位爲實，以應鍾倍律積算爲法除之，得無射。

一一二二四六二〇四八三〇九三七二九八一四三三五三三。

右乃無射倍律積算。置無射倍律積算進一位爲實，以應鍾倍律積算爲法除之，得應鍾。

一〇五九四六三〇九四三五九二九五二六四五六一八二五。

右乃應鍾倍律積算。置應鍾倍律積算進一位爲實，以應鍾倍律積算爲法除之，得黄鍾。

密率源流出於《周禮·考工記》㮚氏爲量：「内方尺而圓其外」。詳見第十卷《嘉量篇》。

密率源流

新造密率二種

倍律命寸爲兆，正律命寸爲億，欲初學者知命法之變通云耳。

黄鍾之率二十兆。本是二十寸，命作二十兆。

大吕之率十八兆八千七百七十四萬八千六百二十五億三千六百三十三萬八千六百九十九。

太蔟之率十七兆八千一百七十九萬七千四百三十六億二千八百〇六萬七千八百六十〇。

夾鍾之率十六兆八千一百七十九萬二千八百三十億〇五千〇七十四萬二千九百〇八。

姑洗之率十五兆八千七百四十萬〇一千〇五十一億九千六百八十一萬九千九百四十七。

仲吕之率十四兆九千八百三十萬〇七千〇七十六億八千七百六十六萬八千一百四十九。

蕤賓之率十四兆一千四百二十一萬三千五百六十二億三千七百三十萬〇九千五百〇四。

林鍾之率十三兆三千四百八十三萬九千八百五十四億一千七百萬〇〇三千四百三十六。

夷則之率十二兆五千九百九十二萬一千〇四十九億八千九百四十八萬七千三百一十六。

南吕之率十一兆八千九百二十萬〇七千一百一十五億〇〇二十七萬二千一百〇六。

無射之率十一兆二千二百四十六萬二千〇四十八億三千〇九十三萬七千二百九十八。

應鍾之率十兆〇五千九百四十六萬三千〇九十四億三千五百九十二萬九千五百二十六。

黄鍾之率十億。本是十寸，命作十億。

大吕之率九億四千三百八十七萬四千三百一十二。

太蔟之率八億九千〇八十九萬八千七百一十八。

夾鍾之率八億四千〇八十九萬六千四百一十五。

姑洗之率七億九千三百七十萬〇〇五百二十五。

仲吕之率七億四千九百一十五萬三千五百三十八。

蕤賓之率七億〇七百一十萬〇六千七百八十一。

林鍾之率六億六千七百四十一萬九千九百二十七。

夷則之率六億二千九百九十六萬〇五百二十四。

南吕之率五億九千四百六十萬〇三千五百五十七。

無射之率五億六千一百二十三萬一千〇二十四。

應鍾之率五億二千九百七十三萬一千五百四十七。

論曰：造率始於黄鍾，必先求蕤賓者，猶冬夏二至也；次求夾鍾及南吕者，猶春秋二分也。「太極生兩儀，兩儀生四象」，此之謂也。始於黄鍾者，履端於始也；中於蕤賓者，舉正於中也；終於應鍾者，歸餘於終也。律與曆一道也。黄鍾爲宫，蕤賓爲中，應鍾爲和，此三律者，律吕之綱紀也。尤見變宫、變徵有益於樂，而不可妄廢也。

不拘隔八相生第四

新法不拘隔八相生，而相生有四法，或左旋，或右旋，皆循環無端也，以證三分損益往而不返之誤。所謂四法者，開列于後。

其一，黄鍾生林鍾，林鍾生太蔟，太蔟生南吕，南吕生姑洗，姑洗生應鍾，應鍾生蕤賓，蕤賓生大吕，大吕生夷則，夷則生夾鍾，夾鍾生無射，無射生仲吕，仲吕生黄鍾。長生短，五億乘之；短生長，十億乘之。皆以七億四千九百一十五萬三千五百三十八除之。

其二，黄鍾生仲吕，仲吕生無射，無射生夾鍾，夾鍾生夷則，夷則生大吕，大吕生蕤賓，蕤賓生應鍾，應鍾生姑洗，姑洗生南吕，南吕生太蔟，太蔟生林鍾，林鍾生黄鍾。長生短，五億乘之；短生長，十億乘之。皆以六億六千七百四十一萬九千九百二十七除之。

其三，黄鍾生大吕，大吕生太蔟，太蔟生夾鍾，夾鍾生姑洗，姑洗生仲吕，仲吕生蕤賓，蕤賓生林鍾，林鍾生夷則，夷則生南吕，南吕生無射，無射生應鍾，應鍾生黄鍾半律。此係長生短，皆以五億乘之，皆以五億二千九百七十三萬一千五百四十七除之。

其四，黄鍾半律生應鍾，應鍾生無射，無射生南吕，南吕生夷則，夷則生林鍾，林鍾生蕤賓，蕤賓生仲吕，仲吕生姑洗，姑洗生夾鍾，夾鍾生太蔟，太蔟生大吕，大吕生黄鍾。此係短生長，皆以十億乘之，皆以九億四千三百八十七萬四千三百一十二除之。

横黍百分律，依新法算。

黄鍾長十寸。

新法置黄鍾之率十億爲實，五億乘之，七億四千九百一十五萬三千五百三十八除之，所得億約爲寸，得林鍾。

林鍾長六寸六分七釐四毫一絲九忽九微二纖。

新法置林鍾之率六億六千七百四十一萬九千九百二十七爲實，十億乘之，七億四千九百一十五萬三千五百三十八除之，所得億約爲寸，得太蔟。

太蔟長八寸九分〇八毫九絲八忽七微一纖。

新法置太蔟之率八億九千〇八十九萬八千七百一十八爲實，五億乘之，七億四千九百一十五萬三千五百三十八除之，所得億約爲寸，得南吕。

南吕長五寸九分四釐六毫〇三忽五微五纖。

新法置南吕之率五億九千四百六十萬〇三千五百五十七爲實，十億乘之，七億四千九百一十五萬三千五百三十八除之，所得億約爲寸，得姑洗。

姑洗長七寸九分三釐七毫〇〇五微二纖。

新法置姑洗之率七億九千三百七十萬〇〇五百二十五爲實，五億乘之，七億四千九百一十五萬三千五百三十八除之，所得億約爲寸，得應鍾。

應鍾長五寸二分九釐七毫三絲一忽五微四纖。

新法置應鍾之率五億二千九百七十三萬一千五百四十七爲實，十億乘之，七億四千九百一十五萬三千五百三十八除之，所得億約爲寸，得蕤賓。

蕤賓長七寸〇七釐一毫〇六忽七微八纖。

新法置蕤賓之率七億〇七百一十萬〇六千七百八十一爲實，十億乘之，七億四千九百一十五萬三千五百三十八除之，所得億約爲寸，得大吕。

大吕長九寸四分三釐八毫七絲四忽三微一纖。

新法置大吕之率九億四千三百八十七萬四千三百一十二爲實，五億乘之，七億四千九百一十五萬三千五百三十八除之，所得億約爲寸，得夷則。

夷則長六寸二分九釐九毫六絲〇五微二纖。

新法置夷則之率六億二千九百九十六萬〇五百二十四爲實，十億乘之，七億四千九百一十五萬三千五百三十八除之，所得億約爲寸，得夾鍾。

夾鍾長八寸四分〇八毫九絲六忽四微一纖。

新法置夾鍾之率八億四千〇八十九萬六千四百一十五爲實，五億乘之，七億四千九百一十五萬三千五百三十八除之，所得億約爲寸，得無射。

無射長五寸六分一釐二毫三絲一忽〇二纖。

新法置無射之率五億六千一百二十三萬一千〇二十四爲實，十億乘之，七億四千九百一十五萬三千五百三十八除之，所得億約爲寸，得仲吕。

仲吕長七寸四分九釐一毫五絲三忽五微三纖。

新法置仲吕之率七億四千九百一十五萬三千五百三十八爲實，十億乘之，七億四千九百一十五萬三千五百三十八除之，所得億約爲寸，得黄鍾。

黄鍾長十寸。還元。

新法置黄鍾之率十億爲實，五億乘之，六億六千七百四十一萬九千九百二十七除之，所得億約爲寸，得仲吕。

仲吕長七寸四分九釐一毫五絲三忽五微三纖。

新法置仲吕之率七億四千九百一十五萬三千五百三十八爲實，五億乘之，六億六千七百四十一萬九千九百二十七除之，所得億約爲寸，得無射。

無射長五寸六分一釐二毫三絲一忽〇二纖。

新法置無射之率五億六千一百二十三萬一千〇二十四爲實，十億乘之，六億六千七百四十一萬九千九百二十七除之，所得億約爲寸，得夾鍾。

夾鍾長八寸四分〇八毫九絲六忽四微一纖。

新法置夾鍾之率八億四千〇八十九萬六千四百一十五爲實，五億乘之，六億六千七百四十一萬九千九百二十七除之，所得億約爲寸，得夷則。

夷則長六寸二分九釐九毫六絲〇五微二纖。

新法置夷則之率六億二千九百九十六萬〇五百二十四爲實，十億乘之，六億六千七百四十一萬九千九百二十七除之，所得億約爲寸，得大呂。

大呂長九寸四分三釐八毫七絲四忽三微一纖。

新法置大呂之率九億四千三百八十七萬四千三百一十二爲實，五億乘之，六億六千七百四十一萬九千九百二十七除之，所得億約爲寸，得蕤賓。

蕤賓長七寸〇七釐一毫〇六忽七微八纖。

新法置蕤賓之率七億〇七百一十萬〇六千七百八十一爲實，五億乘之，六億六千七百四十一萬九千九百二十七除之，所得億約爲寸，得應鍾。

應鍾長五寸二分九釐七毫三絲一忽五微四纖。

新法置應鍾之率五億二千九百七十三萬一千五百四十七爲實，十億乘之，六億六千七百四十一萬九千九百二十七除之，所得億約爲寸，得姑洗。

姑洗長七寸九分三釐七毫〇〇五微二纖。

新法置姑洗之率七億九千三百七十萬〇〇五百二十五爲實，五億乘之，六億六千七百四十一萬九千九百二十七除之，所得億約爲寸，得南呂。

南呂長五寸九分四釐六毫〇三忽五微五纖。

新法置南呂之率五億九千四百六十萬〇三千五百五十七爲實，十億乘之，六億六千七百四十一萬九千九百二十七除之，所得億約爲寸，得太蔟。

太蔟長八寸九分〇八毫九絲八忽七微一纖。

新法置太蔟之率八億九千〇八十九萬八千七百一十八爲實，五億乘之，六億六千七百四十一萬九千九百二十七除之，所得億約爲寸，得林鍾。

林鍾長六寸六分七釐四毫一絲九忽九微二纖。

新法置林鍾之率六億六千七百四十一萬九千九百二十七爲實，十億乘之，六億六千七百四十一萬九千九百二十七除之，所得億約爲寸，得黃鍾。

黃鍾長十寸。還元。

新法置黃鍾之率十億爲實，五億乘之，五億二千九百七十三萬一千五百四十七除之，所得億約爲寸，得大呂。

大呂長九寸四分三釐八毫七絲四忽三微一纖。

新法置大呂之率九億四千三百八十七萬四千三百一十二爲實，五億乘之，五億二千九百七十三萬一千五百四十七除之，所得億約爲寸，得太蔟。

太蔟長八寸九分〇八毫九絲八忽七微一纖。

新法置太蔟之率八億九千〇八十九萬八千七百一十八爲實，五億乘之，五億二千九百七十三萬一千五百四十七除之，所得億約爲寸，得夾鍾。

夾鍾長八寸四分〇八毫九絲六忽四微一纖。

新法置夾鍾之率八億四千〇八十九萬六千四百一十五爲實，五億乘之，五億二千九百七十三萬一千五百四十七除之，所得億約爲寸，得姑洗。

姑洗長七寸九分三釐七毫〇〇五微二纖。

新法置姑洗之率七億九千三百七十萬〇〇五百二十五爲實，五億乘之，五億二千九百七十三萬一千五百四十七除之，所得億約爲寸，得仲呂。

仲呂長七寸四分九釐一毫五絲三忽五微三纖。

新法置仲呂之率七億四千九百一十五萬三千五百三十八爲實，五億乘之，五億二千九百七十三萬一千五百四十七除之，所得億約爲寸，得蕤賓。

蕤賓長七寸〇七釐一毫〇六忽七微八纖。

新法置蕤賓之率七億〇七百一十萬〇六千七百八十一爲實，五億乘之，五億二千九百七十三萬一千五百四十七除之，所得億約爲寸，得林鍾。

林鍾長六寸六分七釐四毫一絲九忽九微二纖。

新法置林鍾之率六億六千七百四十一萬九千九百二十七爲實，五億乘之，五億二千九百七十三萬一千五百四十七除之，所得億約爲寸，得夷則。

夷則長六寸二分九釐九毫六絲〇五微一纖。

新法置夷則之率六億二千九百九十六萬〇五百二十四爲實，五億乘之，五億二千九百七十三萬一千五百四十七除之，所得億約爲寸，得南呂。

南呂長五寸九分四釐六毫〇三忽五微五纖。

新法置南呂之率五億九千四百六十萬〇三千五百五十七爲實，五億乘之，五億二千九百七十三萬一千五百四十七除之，所得億約爲寸，得無射。

無射長五寸六分一釐二毫三絲一忽〇二纖。

新法置無射之率五億六千一百二十三萬一千〇二十四爲實，五億乘之，五億二千九百七十三萬一千五百四十七除之，所得億約爲寸，得應鍾。

應鍾長五寸二分九釐七毫三絲一忽五微四纖。

新法置應鍾之率五億二千九百七十三萬一千五百四十七爲實，五億乘之，五億二千九百七十三萬一千五百四十七除之，所得億約爲寸，得黄鍾半律。

黄鍾半律長五寸。

新法置黄鍾半率五億爲實，十億乘之，九億四千三百八十七萬四千三百一十二除之，所得億約爲寸，得應鍾。

應鍾長五寸二分九釐七毫三絲一忽五微四纖。

新法置應鍾之率五億二千九百七十三萬一千五百四十七爲實，十億乘之，九億四千三百八十七萬四千三百一十二除之，所得億約爲寸，得無射。

無射長五寸六分一釐二毫三絲一忽〇二纖。

新法置無射之率五億六千一百二十三萬一千〇二十四爲實，十億乘之，九億四千三百八十七萬四千三百一十二除之，所得億約爲寸，得南吕。

南吕長五寸九分四釐六毫〇三忽五微五纖。

新法置南吕之率五億九千四百六十萬〇三千五百五十七爲實，十億乘之，九億四千三百八十七萬四千三百一十二除之，所得億約爲寸，得夷則。

夷則長六寸二分九釐九毫六絲〇五微二纖。

新法置夷則之率六億二千九百九十六萬〇五百二十四爲實，十億乘之，九億四千三百八十七萬四千三百一十二除之，所得億約爲寸，得林鍾。

林鍾長六寸六分七釐四毫一絲九忽九微二纖。

新法置林鍾之率六億六千七百四十一萬九千九百二十七爲實，十億乘之，九億四千三百八十七萬四千三百一十二除之，所得億約爲寸，得蕤賓。

蕤賓長七寸〇七釐一毫〇六忽七微八纖。

新法置蕤賓之率七億〇七百一十萬〇六千七百八十一爲實，十億乘之，九億四千三百八十七萬四千三百一十二除之，所得億約爲寸，得仲吕。

仲吕長七寸四分九釐一毫五絲三忽五微三纖。

新法置仲吕之率七億四千九百一十五萬三千五百三十八爲實，十億乘之，九億四千三百八十七萬四千三百一十二除之，所得億約爲寸，得姑洗。

姑洗長七寸九分三釐七毫〇〇五微二纖。

新法置姑洗之率七億九千三百七十萬〇〇五百二十五爲實，十億乘之，九億四千三百八十七萬四千三百一十二除之，所得億約爲寸，得夾鍾。

夾鍾長八寸四分〇八毫九絲六忽四微一纖。

新法置夾鍾之率八億四千〇八十九萬六千四百一十五爲實，十億乘之，九億四千三百八十七萬四千三百一十二除之，所得億約爲寸，得太蔟。

太蔟長八寸九分〇八毫九絲八忽七微一纖。

新法置太蔟之率八億九千〇八十九萬八千七百一十八爲實，十億乘之，九億四千三百八十七萬四千三百一十二除之，所得億約爲寸，得大吕。

大吕長九寸四分三釐八毫七絲四忽三微一纖。

新法置大吕之率九億四千三百八十七萬四千三百一十二爲實，十億乘之，九億四千三百八十七萬四千三百一十二除之，所得億約爲寸，得黄鍾。

黄鍾長十寸。還元。

已上横黍百分之律，依新密率四法算竟。

斜黍九十分律，依新法算。

黄鍾長九寸。每寸十分，餘律倣此。

新法置黄鍾之率十億折半爲實，九億乘之，七億四千九百一十五萬三千五百三十八除之，所得億約爲寸，得林鍾。

林鍾長六寸〇〇六毫七絲七忽九微三纖。

新法置林鍾之率六億六千七百四十一萬九千九百二十七爲實，九億乘之，七億四千九百一十五萬三千五百三十八除之，所得億約爲寸，得太蔟。

太蔟長八寸〇一釐八毫〇八忽八微四纖。

新法置太蔟之率八億九千〇八十九萬八千七百一十八折半爲實，九億乘之，七億四千九百一十五萬三千五百三十八除之，所得億約爲寸，得南吕。

南吕長五寸三分五釐一毫四絲三忽二微〇。

新法置南吕之率五億九千四百六十萬〇三千五百五十七爲實，九億乘之，七億四千九百一十五萬三千五百三十八除之，所得億約爲寸，得姑洗。

姑洗長七寸一分四釐三毫三絲〇四微七纖。

新法置姑洗之率七億九千三百七十萬〇〇五百二十五折半爲實，九億乘之，七億四千九百一十五萬三千五百三十八除之，所得億約爲寸，得應鍾。

應鍾長四寸七分六釐七毫五絲八忽三微九纖。

新法置應鍾之率五億二千九百七十三萬一千五百四十七爲實，九億乘之，七億四千九百一十五萬三千五百三十八除之，所得億約爲寸，得蕤賓。

蕤賓長六寸三分六釐三毫九絲六忽一微〇。

新法置蕤賓之率七億○七百一十萬○六千七百八十一爲實，九億乘之，七億四千九百一十五萬三千五百三十八除之，所得億約爲寸，得大呂。

大呂長八寸四分九釐四毫八絲六忽八微八纖。

新法置大呂之率九億四千三百八十七萬四千三百一十二折半爲實，九億乘之，七億四千九百一十五萬三千五百三十八除之，所得億約爲寸，得夷則。

夷則長五寸六分六釐九毫六絲四忽四微七纖。

新法置夷則之率六億二千九百九十六萬○五百二十四爲實，九億乘之，七億四千九百一十五萬三千五百三十八除之，所得億約爲寸，得夾鍾。

夾鍾長七寸五分六釐八毫○六忽七微七纖。

新法置夾鍾之率八億四千○八十九萬六千四百一十五折半爲實，九億乘之，七億四千九百一十五萬三千五百三十八除之，所得億約爲寸，得無射。

無射長五寸○五釐一毫○七忽九微二纖。

新法置無射之率五億六千一百二十三萬一千○二十四爲實，九億乘之，七億四千九百一十五萬三千五百三十八除之，所得億約爲寸，得仲呂。

仲呂長六寸七分四釐二毫三絲八忽一微八纖。

新法置仲呂之率七億四千九百一十五萬三千五百三十八爲實，九億乘之，七億四千九百一十五萬三千五百三十八除之，所得億約爲寸，得黄鍾。

黄鍾長九寸。還元。

縱黍八十一分律，依新法算。

黄鍾長八寸一分。

新法置黄鍾之率十億，以八十一億乘之，折半退位爲實，七億四千九百一十五萬三千五百三十八除之，所得億約爲寸，得林鍾。

林鍾長五寸四分○六毫一絲○一微四纖。

新法置林鍾之率六億六千七百四十一萬九千九百二十七，以八十一億乘之，退位爲實，七億四千九百一十五萬三千五百三十八除之，所得億約爲寸，得太蔟。

太蔟長七寸二分一釐六毫二絲七忽九微六纖。

新法置太蔟之率八億九千○八十九萬八千七百一十八，以八十一億乘之，折半退位爲實，七億四千九百一十五萬三千五百三十八除之，所得億約爲寸，得南呂。

南呂長四寸八分一釐六毫二絲八忽八微八纖。

新法置南呂之率五億九千四百六十萬○三千五百五十七，以八十一億乘之，退位爲實，七億四千九百一十五萬三千五百三十八除之，所得億約爲寸，得姑洗。

姑洗長六寸四分二釐八毫九絲七忽四微二纖。

新法置姑洗之率七億九千三百七十萬○○五百二十五，以八十一億乘之，折半退位爲實，七億四千九百一十五萬三千五百三十八除之，所得億約爲寸，得應鍾。

應鍾長四寸二分九釐○八絲二忽五微五纖。

新法置應鍾之率五億二千九百七十三萬一千五百四十七，以八十一億乘之，退位爲實，七億四千九百一十五萬三千五百三十八除之，所得億約爲寸，得蕤賓。

蕤賓長五寸七分二釐七毫五絲六忽四微九纖。

新法置蕤賓之率七億○七百一十萬○六千七百八十一，以八十一億乘之，退位爲實，七億四千九百一十五萬三千五百三十八除之，所得億約爲寸，得大呂。

大呂長七寸六分四釐五毫三絲八忽一微九纖。

新法置大呂之率九億四千三百八十七萬四千三百一十二，以八十一億乘之，折半退位爲實，七億四千九百一十五萬三千五百三十八除之，所得億約爲寸，得夷則。

夷則長五寸一分○二毫六絲八忽○二纖。

新法置夷則之率六億二千九百九十六萬○五百二十四，以八十一億乘之，退位爲實，七億四千九百一十五萬三千五百三十八除之，所得億約爲寸，得夾鍾。

夾鍾長六寸八分一釐一毫二絲六忽○九纖。

新法置夾鍾之率八億四千○八十九萬六千四百一十五，以八十一億乘之，折半退位爲實，七億四千九百一十五萬三千五百三十八除之，所得億約爲寸，得無射。

無射長四寸五分四釐五毫九絲七忽一微二纖。

新法置無射之率五億六千一百二十三萬一千○二十四，以八十一億乘之，退位爲實，七億四千九百一十五萬三千五百三十八除之，所得億約爲寸，得仲呂。

仲呂長六寸○六釐八毫一絲四忽三微六纖。

新法置仲呂之率七億四千九百一十五萬三千五百三十八，以八十一億乘之，退位爲實，七億四千九百一十五萬三千五百三十八除之，所得億約爲寸，得黄鍾。

黄鍾長八寸一分。還元。

已上斜黍九十分律及縱黍八十一分律，各具四法。今載其一，餘三法皆倣此，故不悉載。

縱黍八十一分作九寸律，依新法算。

例曰：此法每寸九分，每分九釐，每釐九毫，每毫九絲，每絲九忽，每忽九微，每微九纖。皆以九爲法，故與十不同。

算盤首位爲寸位，第二位爲分位，第三位爲釐位，第四位爲毫位，第五位爲絲位，第六位爲忽位，第七位爲微位，第八位爲纖位。

初九因至寸位住，又九因至分位住，又九因至釐位住，又九因至毫位住，又九因至絲位住，又九因至忽位住，又九因至微位住，又九因至纖位住。

云至分位者，不許至寸位。云至釐位者，不許至分位。餘倣此。

黄鍾長九寸。

新法置黄鍾之率十億爲實，九因至寸位住，得九寸，爲黄鍾。

大吕長八寸四分四釐○六絲七忽四微五纖。

新法置大吕之率九億四千三百八十七萬四千三百一十二爲實，初九因至寸位住，得八寸；又九因至分位住，得四分；又九因至釐位住，得四釐；又九因至毫位住，得○毫；又九因至絲位住，得六絲；又九因至忽位住，得七忽；又九因至微位住，得四微；又九因至纖位住，得五纖。凡九因八遍，共得八寸四分四釐○毫六絲七忽四微五纖，爲大吕。

太蔟長八寸○一釐四毫一絲六忽○八纖。

新法得太蔟之率八億九千○八十九萬八千七百一十八爲實，初九因至寸位住，得八寸；又九因至分位住，得○分；又九因至釐位住，得一釐；又九因至毫位住，得四毫；又九因至絲位住，得一絲；又九因至忽位住，得六忽；又九因至微位住，得○微；又九因至纖位住，得八纖。凡九因八遍，共得八寸○分一釐四毫一絲六忽○微八纖，爲太蔟。

夾鍾長七寸五分一釐○一絲○七微四纖。

新法置夾鍾之率八億四千○八十九萬六千四百一十五爲實，初九因至寸位住，得七寸；又九因至分位住，得五分；又九因至釐位住，得一釐；又九因至毫位住，得○毫；又九因至絲位住，得一絲；又九因至忽位住，得○忽；又九因至微位住，得七微；又九因至纖位住，得四纖。凡九因八遍，共得七寸五分一釐○毫一絲○忽七微四纖，爲夾鍾。

姑洗長七寸一分二釐五毫四絲二忽○○。

新法置姑洗之率七億九千三百七十萬○○五百二十五爲實，初九因至寸位住，得七寸；又九因至分位住，得一分；又九因至釐位住，得二釐；又九因至毫位住，得五毫；又九因至絲位住，得四絲；又九因至忽位住，得二忽；又九因至微位住，得○微；又九因至纖位住，得○纖。凡九因八遍，共得七寸一分二釐五毫四絲二忽○微○纖，爲姑洗。

仲吕長六寸六分六釐一毫一絲六忽八微一纖。

新法置仲吕之率七億四千九百一十五萬三千五百三十八爲實，初九因至寸位住，得六寸；又九因至分位住，得六分；又九因至釐位住，得六釐；又九因至毫位住，得一毫；又九因至絲位住，得一絲；又九因至忽位住，得六忽；又九因至微位住，得八微；又九因至纖位住，得一纖。凡九因八遍，共得六寸六分六釐一毫一絲六忽八微一纖，爲仲吕。

蕤賓長六寸三分二釐四毫二絲八忽四微七纖。

新法置蕤賓之率七億○七百一十萬○六千七百八十一爲實，初九因至寸位住，得六寸；又九因至分位住，得三分；又九因至釐位住，得二釐；又九因至毫位住，得四毫；又九因至絲位住，得二絲；又九因至忽位住，得八忽；又九因至微位住，得四微；又九因至纖位住，得七纖。凡九因八遍，共得六寸三分二釐四毫二絲八忽四微七纖，爲蕤賓。

林鍾長六寸○○四毫八絲四忽二微七纖。

新法置林鍾之率六億六千七百四十一萬九千九百二十七爲實，初九因至寸位住，得(五)[六]寸；又九因至分位住，得○分；又九因至釐位住，得○釐；又九因至毫位住，得四毫；又九因至絲位住，得八絲；又九因至忽位住，得四忽；又九因至微位住，得二微；又九因至纖位住，得七纖。凡九因八遍，共得六寸○分○釐四毫八絲四忽二微七纖，爲林鍾。

夷則長五寸六分○二毫一絲四忽七微五纖。

新法置夷則之率六億二千九百九十六萬○五百二十四爲實，初九因至寸位住，得五寸；又九因至分位住，得六分；又九因至釐位住，得○釐；又九因至毫位住，得二毫；又九因至絲位住，得一絲；又九因至忽位住，得四忽；又九因至微位住，得七微；又九因至纖位住，得五纖。凡九因八遍，共得五寸六分○釐二毫一絲四忽七微五纖，爲夷則。

南吕長五寸三分一釐四毫一絲六忽六微三纖。

新法置南吕之率五億九千四百六十萬〇三千五百五十七爲實，初九因至寸位住，得五寸；又九因至分位住，得三分；又九因至釐位住，得一釐；又九因至毫位住，得四毫；又九因至絲位住，得一絲；又九因至忽位住，得六忽；又九因至微位住，得六微；又九因至纖位住，得三纖。凡九因八遍，共得五寸三分一釐四毫一絲六忽六微三纖，爲南吕。

無射長五寸〇四釐一毫二絲一忽一微五纖。

新法置無射之率五億六千一百二十三萬一千〇二十四爲實，初九因至寸位住，得五寸；又九因至分位住，得〇分；又九因至釐位住，得四釐；又九因至毫位住，得一毫；又九因至絲位住，得二絲；又九因至忽位住，得一忽；又九因至微位住，得一微；又九因至纖位住，得五纖。凡九因八遍，共得五寸〇分四釐一毫二絲一忽一微五纖，爲無射。

應鍾長四寸六分八釐一毫五絲一忽〇五纖。

新法置應鍾之率五億二千九百七十三萬一千五百四十七爲實，初九因至寸位住，得四寸；又九因至分位住，得六分；又九因至釐位住，得八釐；又九因至毫位住，得一毫；又九因至絲位住，得五絲；又九因至忽位住，得一忽；又九因至微位住，得〇微；又九因至纖位住，得五纖。凡九因八遍，共得四寸六分八釐一毫五絲一忽〇微五纖，爲應鍾。

黄鍾半律長四寸四分四釐四毫四絲四忽四微四纖。

新法置黄鍾半率五億爲實，八因九歸，億約爲寸，得四寸四分四釐四毫四絲四忽四微四纖，爲黄鍾半律。

謹按：約十爲九主意，蓋爲三分損益而設，使歸除無不盡數耳。夫律吕之理，循環無端，而秒忽之數，歸除不盡，此自然之理也。因其天生自然，不須人力穿鑿，以此算律，何善如之？歷代算律，祇欲秒忽除之有盡，遂致律吕往而不返，此乃顛倒之見，非自然之理也。是以新法不用三分損益，不拘隔八相生，然而相生有序，循環無端，十二律吕，一以貫之。此蓋二千餘年之所未有，自我聖朝始也。學者宜盡心焉。

又 内篇卷二 不取圍徑皆同第五之上

舊律圍徑皆同，而新律各不同。《禮記註疏》曰「凡律空圍九分」，《月令章句》曰「圍數無增減」，及《隋志》安豐王等說，皆不足取也，故著此論。論曰：琴瑟不獨徽柱之有遠近，而弦亦有巨細焉。笙竽不獨管孔之有高低，而簧亦有厚薄焉。弦之巨細若一，但以徽柱遠近別之，不可也。簧之厚薄若一，但以管孔高低別之，不可也。譬諸律管，雖有修短之不齊，亦有廣狹之不等。先儒以爲，長短雖異，圍徑皆同，此未達之論也。今若不信，以竹或筆管製黄鍾之律一樣二枚，截其一枚分作兩段，全律、半律，各令一人吹之，聲必不相合矣，此昭然可驗也。又製大吕之律一樣二枚，周徑與黄鍾同，截其一枚分作兩段，全律半律，各令一人吹之，則亦不相合。而大吕半律，乃與黄鍾全律相合，略差不遠。是知所謂半律者，皆下全律一律矣。大抵管長則氣隘，隘則雖長而反清；管短則氣寬，寬則雖短而反濁。此自然之理，先儒未達也。要之，長短廣狹皆有一定之理，一定之數在焉。置黄鍾倍律九而一，以爲外周，用弦求句股術得其内周。又置倍律四十而一，以爲内徑，用句股求弦術得其外徑。蓋律管兩端形如環田，有内外周、徑焉。外周内容之方，即内徑也；内周外射之斜，即外徑也。方圓相容，天地之象，理數之妙者也。黄鍾通長八十一分者，内周九分，是爲八十一中之九，即約分法九分中之一也。若約黄鍾八十一分作爲九寸，則其内周當云一寸。舊以九十分爲黄鍾，而云空圍九分者，誤也。況又穿鑿，指爲面冪九方分，則誤益甚矣。方圓相容，有圖如左。

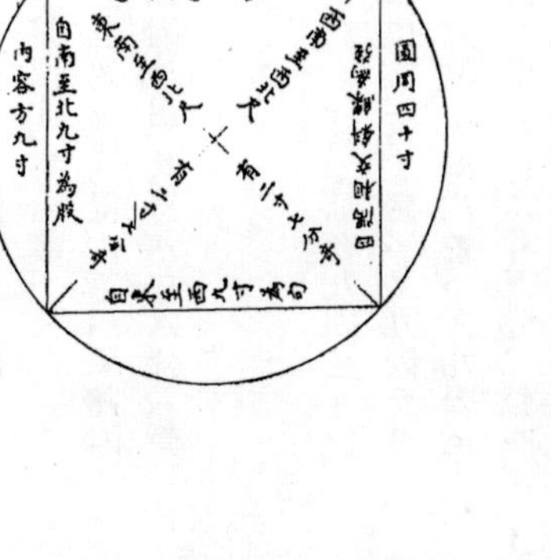

密率源流

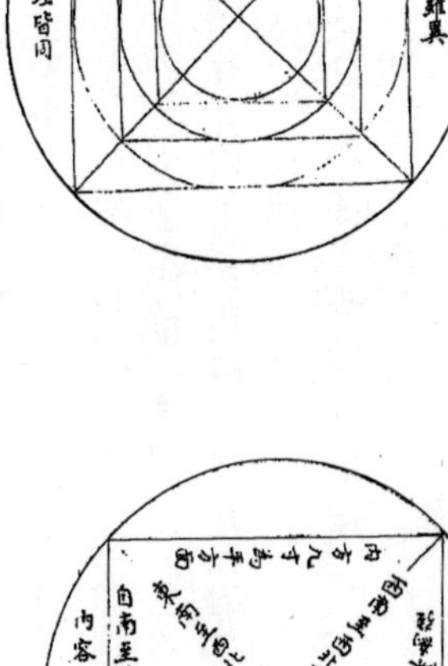

密率周徑

第一層倍律外周也，第二層倍律内周，即正律外周也，三層、四層皆倣此推之。

法曰：圓周四十容方九，句股求弦數可知。遂以此爲求徑率，求周、求積亦如之。

新法密率算術周徑冪積相求

周求徑者，置周全數，九因，四十除之，所得自乘，倍之爲實，開平方法除之，得徑。徑求周者，置徑全數自乘，半之爲實，開平方法除之，所得四十乘之，九歸得周。周求積者，置周全數，九因，四十除之，所得自乘，倍之爲實。徑求積者，置徑全數，自乘爲實。二項各又自乘，以一百乘之，一百六十二除之，所得爲實，開平方法除之，得積。積求周徑者，置積全數，自乘，所得以一百六十二乘之，一百除之爲實，開平方法除之，所得副置之：其一折半爲實，開平方法除之，所得四十乘之，九歸，得周；其一不須折半，但以開平方法除之，得徑。所謂積者，面冪平圓積也。以其通長乘之，各得其實積也。

舊法平圓周徑積互相求，但係圍三徑一術者，皆疎舛不可用。惟周徑相乘，四歸得積，及半周半徑相乘得積，二者可用。

先求三十六律通長真數。

黄鍾倍律通長二尺，容黍二合，稱重二兩，律度量衡無非倍者。此自然全數也，故算法皆從倍律起。若夫正律於度雖足，於量於衡則皆不足，祇容半合，祇重半兩，比諸倍律似非自然全數，故算法不從正律起，亦不從半律[起]。倍律、正律、半律，各有十二，共爲三十六律。

置黄鍾倍律通長二尺爲實，以十億乘之，以十億〇五千九百四十六萬三千〇九十四除之，得一尺八寸八分七釐七毫四絲八忽六微二纖，爲大吕。

置大吕倍律通長一尺八寸八分七釐七毫四絲八忽六微二纖爲實，以十億乘之，以十億〇五千九百四十六萬三千〇九十四除之，得一尺七寸八分一釐七毫九絲七忽四微三纖，爲太蔟。

置太蔟倍律通長一尺七寸八分一釐七毫九絲七忽四微三纖爲實，以十億乘之，以十億〇五千九百四十六萬三千〇九十四除之，得一尺六寸八分一釐七毫九絲二忽八微三纖，爲夾鍾。

置夾鍾倍律通長一尺六寸八分一釐七毫九絲二忽八微三纖爲實，以十億乘之，以十億〇五千九百四十六萬三千〇九十四除之，得一尺五寸八分七釐四毫〇一忽〇五纖，爲姑洗。

置姑洗倍律通長一尺五寸八分七釐四毫〇一忽〇五纖爲實，以十億乘之，以十億〇五千九百四十六萬三千〇九十四除之，得一尺四寸九分八釐三毫〇七忽〇七纖，爲仲吕。

置仲吕倍律通長一尺四寸九分八釐三毫〇七忽〇七纖爲實，以十億乘之，以十億〇五千九百四十六萬三千〇九十四除之，得一尺四寸一分四釐二毫一絲三忽五微六纖，爲蕤賓。

置蕤賓倍律通長一尺四寸一分四釐二毫一絲三忽五微六纖爲實，以十億乘之，以十億〇五千九百四十六萬三千〇九十四除之，得一尺三寸三分四釐八毫三絲九忽八微五纖，爲林鍾。

置林鍾倍律通長一尺三寸三分四釐八毫三絲九忽八微五纖爲實，以十億乘之，以十億〇五千九百四十六萬三千〇九十四除之，得一尺二寸五分九釐九毫二絲一忽〇四纖，爲夷則。

置夷則倍律通長一尺二寸五分九釐九毫二絲一忽〇四纖爲實，以十億乘之，以十億〇五千九百四十六萬三千〇九十四除之，得一尺一寸八分九釐二毫〇七忽一微一纖，爲南吕。

置南吕倍律通長一尺一寸八分九釐二毫〇七忽一微一纖爲實，以十億乘之，以十億〇五千九百四十六萬三千〇九十四除之，得一尺一寸二分二釐四毫六絲二忽〇四纖，爲無射。

置無射倍律通長一尺一寸二分二釐四毫六絲二忽〇四纖爲實，以十億乘之，以十億〇五千九百四十六萬三千〇九十四除之，得一尺〇五分九釐四毫六絲三忽〇九纖，爲應鍾。

置應鍾倍律通長一尺〇五分九釐四毫六絲三忽〇九纖爲實，以十億乘之，以十億〇五千九百四十六萬三千〇九十四除之，得一尺，爲黄鍾。

置黄鍾正律通長一尺爲實，以十億乘之，以十億〇五千九百四十六萬三千〇九十四除之，得九寸四分三釐八毫七絲四忽三微一纖，爲大吕。

置大吕正律通長九寸四分三釐八毫七絲四忽三微一纖爲實，以十億乘之，以十億〇五千九百四十六萬三千〇九十四除之，得八寸九分〇八毫九絲八忽七微一纖，爲太蔟。

置太蔟正律通長八寸九分〇八毫九絲八忽七微一纖爲實，以十億乘之，以十億〇五千九百四十六萬三千〇九十四除之，得八寸四分〇八毫九釐六忽四微一纖，爲夾鍾。

置夾鍾正律通長八寸四分〇八毫九絲六忽四微一纖爲實，以十億乘之，以十億〇五千九百四十六萬三千〇九十四除之，得七寸九分三釐七毫〇〇五微二纖，爲姑洗。

置姑洗正律通長七寸九分三釐七毫〇〇五微二纖爲實，以十億乘之，以十億〇五千九百四十六萬三千〇九十四除之，得七寸四分九釐一毫五絲三忽五微三纖，爲仲呂。

置仲呂正律通長七寸四分九釐一毫五絲三忽五微三纖爲實，以十億乘之，以十億〇五千九百四十六萬三千〇九十四除之，得七寸〇七釐一毫〇六忽七微八纖，爲蕤賓。

置蕤賓正律通長七寸〇七釐一毫〇六忽七微八纖爲實，以十億乘之，以十億〇五千九百四十六萬三千〇九十四除之，得六寸六分七釐四毫一絲九忽九微二纖，爲林鍾。

置林鍾正律通長六寸六分七釐四毫一絲九忽九微二纖爲實，以十億乘之，以十億〇五千九百四十六萬三千〇九十四除之，得六寸二分九釐九毫六絲〇五微二纖，爲夷則。

置夷則正律通長六寸二分九釐九毫六絲〇五微二纖爲實，以十億乘之，以十億〇五千九百四十六萬三千〇九十四除之，得五寸九分四釐六毫〇三忽五微五纖，爲南呂。

置南呂正律通長五寸九分四釐六毫〇三忽五微五纖爲實，以十億乘之，以十億〇五千九百四十六萬三千〇九十四除之，得五寸六分一釐二毫三絲一忽〇二纖，爲無射。

置無射正律通長五寸六分一釐二毫三絲一忽〇二纖爲實，以十億乘之，以十億〇五千九百四十六萬三千〇九十四除之，得五寸二分九釐七毫三絲一忽五微四纖，爲應鍾。

置應鍾正律通長五寸二分九釐七毫三絲一忽五微四纖爲實，以十億乘之，以十億〇五千九百四十六萬三千〇九十四除之，得五寸，爲黃鍾。

置黃鍾半律通長五寸爲實，以十億乘之，以十億〇五千九百四十六萬三千〇九十四除之，得四寸七分一釐九毫三絲七忽一微五纖，爲大呂。

置大呂半律通長四寸七分一釐九毫三絲七忽一微五纖爲實，以十億乘之，以十億〇五千九百四十六萬三千〇九十四除之，得四寸四分五釐四毫四絲九忽三微五纖，爲太蔟。

置太蔟半律通長四寸四分五釐四毫四絲九忽三微五纖爲實，以十億乘之，以十億〇五千九百四十六萬三千〇九十四除之，得四寸二分〇四毫四絲八忽二微〇，爲夾鍾。

置夾鍾半律通長四寸二分〇四毫四絲八忽二微〇爲實，以十億乘之，以十億〇五千九百四十六萬三千〇九十四除之，得三寸九分六釐八毫五絲〇二微六纖，爲姑洗。

置姑洗半律通長三寸九分六釐八毫五絲〇二微六纖爲實，以十億乘之，以十億〇五千九百四十六萬三千〇九十四除之，得三寸七分四釐五毫七絲六忽七微六纖，爲仲呂。

置仲呂半律通長三寸七分四釐五毫七絲六忽七微六纖爲實，以十億乘之，以十億〇五千九百四十六萬三千〇九十四除之，得三寸五分三釐五毫五絲三忽三微九纖，爲蕤賓。

置蕤賓半律通長三寸五分三釐五毫五絲三忽三微九纖爲實，以十億乘之，以十億〇五千九百四十六萬三千〇九十四除之，得三寸三分三釐七毫〇九忽九微六纖，爲林鍾。

置林鍾半律通長三寸三分三釐七毫〇九忽九微六纖爲實，以十億乘之，以十億〇五千九百四十六萬三千〇九十四除之，得三寸一分四釐九毫八絲〇二微六纖，爲夷則。

置夷則半律通長三寸一分四釐九毫八絲〇二微六纖爲實，以十億乘之，以十億〇五千九百四十六萬三千〇九十四除之，得二寸九分七釐三毫〇一忽七微七纖，爲南呂。

置南呂半律通長二寸九分七釐三毫〇一忽七微七纖爲實，以十億乘之，以十億〇五千九百四十六萬三千〇九十四除之，得二寸八分〇六毫一絲五忽五微一纖，爲無射。

置無射半律通長二寸八分〇六毫一釐五忽五微一纖爲實，以十億乘之，以十億〇五千九百四十六萬三千〇九十四除之，得二寸六分四釐八毫六絲五忽七微七纖，爲應鍾。

次求三十六律外周真數。

先置黃鍾倍律通長二尺爲實，九歸得二寸二分二釐二毫二絲二忽二微二纖，爲其外周。　就置所得爲實，依後項乘除之。

置黃鍾倍律外周二寸二分二釐二毫二絲二忽二微二纖爲實，以十億乘之，以十億〇二千九百三十萬〇二千二百三十六除之，得二寸一分五釐八毫九絲五忽九微八纖，爲大呂。

置大呂倍律外周二寸一分五釐八毫九絲五忽九微八纖爲實，以十億乘之，以十億〇二千九百三十萬〇二千二百三十六除之，得二寸〇九釐七毫四絲九忽八微四纖，爲太蔟。

置太蔟倍律外周二寸〇九釐七毫四絲九忽八微四纖爲實，以十億乘之，以十億〇二千九百三十萬〇二千二百三十六除之，得二寸〇三釐七毫七絲八忽六微七纖，爲夾鍾。

置夾鍾倍律外周二寸〇三釐七毫七絲八忽六微七纖爲實，以十億乘之，以十億〇二千九百三十萬〇二千二百三十六除之，得一寸九分七釐七毫七絲七忽四微九纖，爲姑洗。

置姑洗倍律外周一寸九分七釐九毫七絲七忽四微九纖爲實，以十億乘之，以十億〇二千九百三十萬〇二千二百三十六除之，得一寸九分二釐三毫四絲一忽四微五纖，爲仲呂。

置仲呂倍律外周一寸九分二釐三毫四絲一忽四微五纖爲實，以十億乘之，以十億〇二千九百三十萬〇二千二百三十六除之，得一寸八分六釐八毫六絲五忽八微七纖，爲蕤賓。

置蕤賓倍律外周一寸八分六釐八毫六絲五忽八微七纖爲實，以十億乘之，以十億〇二千九百三十萬〇二千二百三十六除之，得一寸八分一釐五毫四絲六忽一微六纖，爲林鍾。

置林鍾倍律外周一寸八分一釐五毫四絲六忽一微六纖爲實，以十億乘之，以十億〇二千九百三十萬〇二千二百三十六除之，得一寸七分六釐三毫七絲七忽八微九纖，爲夷則。

置夷則倍律外周一寸七分六釐三毫七絲七忽八微九纖爲實，以十億乘之，以十億〇二千九百三十萬〇二千二百三十六除之，得一寸七分一釐三毫五絲六忽七微五纖，爲南呂。

置南呂倍律外周一寸七分一釐三毫五絲六忽七微五纖爲實，以十億乘之，以十億〇二千九百三十萬〇二千二百三十六除之，得一寸六分六釐四毫七絲八忽五微六纖，爲無射。

置無射倍律外周一寸六分六釐四毫七絲八忽五微六纖爲實，以十億乘之，以十億〇二千九百三十萬〇二千二百三十六除之，得一寸六分一釐七毫三絲九忽二微四纖，爲應鍾。

置應鍾倍律外周一寸六分一釐七毫三絲九忽二微四纖爲實，以十億乘之，以十億〇二千九百三十萬〇二千二百三十六除之，得一寸五分七釐一毫三絲四忽八微四纖，爲黃鍾。

置黃鍾正律外周一寸五分七釐一毫三絲四忽八微四纖爲實，以十億乘之，以十億〇二千九百三十萬〇二千二百三十六除之，得一寸五分二釐六毫六絲一忽五微一纖，爲大呂。

置大呂正律外周一寸五分二釐六毫六絲一忽五微一纖爲實，以十億乘之，以十億〇二千九百三十萬〇二千二百三十六除之，得一寸四分八釐三毫一絲五忽五微三纖，爲太蔟。

置太蔟正律外周一寸四分八釐三毫一絲五忽五微三纖爲實，以十億乘之，以十億〇二千九百三十萬〇二千二百三十六除之，得一寸四分四釐〇九絲三忽二微八纖，爲夾鍾。

置夾鍾正律外周一寸四分四釐〇九絲三忽二微八纖爲實，以十億乘之，以十億〇二千九百三十萬〇二千二百三十六除之，得一寸三分九釐九毫九絲一忽二微二纖，爲姑洗。

置姑洗正律外周一寸三分九釐九毫九絲一忽二微二纖爲實，以十億乘之，以十億〇二千九百三十萬〇二千二百三十六除之，得一寸三分六釐〇〇五忽九微四纖，爲仲呂。

置仲呂正律外周一寸三分六釐〇〇五忽九微四纖爲實，以十億乘之，以十億〇二千九百三十萬〇二千二百三十六除之，得一寸三分二釐一毫三絲四忽一微二纖，爲蕤賓。

置蕤賓正律外周一寸三分二釐一毫三絲四忽一微二纖爲實，以十億乘之，以十億〇二千九百三十萬〇二千二百三十六除之，得一寸二分八釐三毫七絲二忽五微二纖，爲林鍾。

置林鍾正律外周一寸二分八釐三毫七絲二忽五微二纖爲實，以十億乘之，以十億〇二千九百三十萬〇二千二百三十六除之，得一寸二分四釐七毫一絲八忽〇〇，爲夷則。

置夷則正律外周一寸二分四釐七毫一絲八忽〇〇爲實，以十億乘之，以十億〇二千九百三十萬〇二千二百三十六除之，得一寸二分一釐一毫六絲七忽五微二纖，爲南呂。

置南呂正律外周一寸二分一釐一毫六絲七忽五微二纖爲實，以十億乘之，以十億〇二千九百三十萬〇二千二百三十六除之，得一寸一分七釐七毫一絲八忽一微二纖，爲無射。

置無射正律外周一寸一分七釐七毫一絲八忽一微二纖爲實，以十億乘之，以十億〇二千九百三十萬〇二千二百三十六除之，得一寸一分四釐三毫六絲六忽九微一纖，爲應鍾。

置應鍾正律外周一寸一分四釐三毫六絲六忽九微一纖爲實，以十億乘之，以十億〇二千九百三十萬〇二千二百三十六除之，得一寸一分一釐一毫一絲一忽一微一纖，爲黄鍾。

置黄鍾半律外周一寸一分一釐一毫一絲一忽一微一纖爲實，以十億乘之，以十億〇二千九百三十萬〇二千二百三十六除之，得一寸〇七釐九毫四絲七忽九微九纖，爲大呂。

置大呂半律外周一寸〇七釐九毫四絲七忽九微九纖爲實，以十億乘之，以十億〇二千九百三十萬〇二千二百三十六除之，得一寸〇四釐八毫七絲四忽九微二纖，爲太蔟。

置太蔟半律外周一寸〇四釐八毫七絲四忽九微二纖爲實，以十億乘之，以十億〇二千九百三十萬〇二千二百三十六除之，得一寸〇一釐八毫八絲九忽三微三纖，爲夾鍾。

置夾鍾半律外周一寸〇一釐八毫八絲九忽三微三纖爲實，以十億乘之，以十億〇二千九百三十萬〇二千二百三十六除之，得九分八釐九毫八絲八忽七微四纖，爲姑洗。

置姑洗半律外周九分八釐九毫八絲八忽七微四纖爲實，以十億乘之，以十億〇二千九百三十萬〇二千二百三十六除之，得九分六釐一毫七絲〇七微二纖，爲仲呂。

置仲呂半律外周九分六釐一毫七絲〇七微二纖爲實，以十億乘之，以十億〇二千九百三十萬〇二千二百三十六除之，得九分三釐四毫三絲二忽九微三纖，爲蕤賓。

置蕤賓半律外周九分三釐四毫三絲二忽九微三纖爲實，以十億乘之，以十億〇二千九百三十萬〇二千二百三十六除之，得九分〇七毫七絲三忽〇八纖，爲林鍾。

置林鍾半律外周九分〇七毫七絲三忽〇八纖爲實，以十億乘之，以十億〇二千九百三十萬〇二千二百三十六除之，得八分八釐一毫八絲八忽九微四纖，爲夷則。

置夷則半律外周八分分釐一毫八絲八忽九微四纖爲實，以十億乘之，以十億〇二千九百三十萬〇二千二百三十六除之，得八分五釐六毫七絲八忽三微七纖，爲南呂。

置南呂半律外周八分五釐六毫七絲八忽三微七纖爲實，以十億乘之，以十億〇二千九百三十萬〇二千二百三十六除之，得八分三釐二毫三絲九忽二微八纖，爲無射。

置無射半律外周八分三釐二毫三絲九忽二微八纖爲實，以十億乘之，以十億〇二千九百三十萬〇二千二百三十六除之，得八分〇八毫六絲九忽六微二纖，爲應鍾。

次求三十六律外徑真數。

周求徑術：置黄鍾倍律外周二寸二分二釐二毫二絲二忽二微二纖，九因得二尺，以四十除之，得五分，自乘得二十五分，加倍得五十分爲實，開平方法除之，得七分〇七毫一絲〇六微七纖，是爲外徑。就置所得爲實，依後項乘除之。

徑求周術：置黄鍾倍律外徑七分〇七毫一絲〇六微七纖，自乘得五十分，折半得二十五分爲實，開平方法除之，得五分，以四十乘之，得二尺，九歸，得二寸二分二釐二毫二絲二忽二微二纖，是爲外周。周、徑互相求，即還原法也。

置黄鍾倍律外徑七分〇七毫一絲〇六微七纖爲實，以十億乘之，以十億〇二千九百三十萬〇二千二百三十六除之，得六分八釐六毫九絲七忽六微八纖，爲大呂。

置大呂倍律外徑六分八釐六毫九絲七忽六微八纖爲實，以十億乘之，以十億〇二千九百三十萬〇二千二百三十六除之，得六分六釐七毫四絲一忽九微九纖，爲太蔟。

置太蔟倍律外徑六分六釐七毫四絲一忽九微九纖爲實，以十億乘之，以十億〇二千九百三十萬〇二千二百三十六除之，得六分四釐八毫四絲一忽九微七纖，爲夾鍾。

置夾鍾倍律外徑六分四釐八毫四絲一忽九微七纖爲實，以十億乘之，以十億〇二千九百三十萬〇二千二百三十六除之，得六分二釐九毫九絲六忽〇五纖，爲姑洗。

置姑洗倍律外徑六分二釐九毫九絲六忽〇五纖爲實，以十億乘之，以十億〇二千九百三十萬〇二千二百三十六除之，得六分一釐二毫〇二忽六微七纖，爲仲呂。

置仲呂倍律外徑六分一釐二毫〇二忽六微七纖爲實，以十億乘之，以十億〇二千九百三十萬〇二千二百三十六除之，得五分九釐四毫六絲〇三微五纖，爲蕤賓。

置蕤賓倍律外徑五分九釐四毫六絲〇三微五纖爲實，以十億乘之，以十億〇二千九百三十萬〇二千二百三十六除之，得五分七釐七毫六絲七忽六微三纖，爲林鍾。

置林鍾倍律外徑五分七釐七毫六絲七忽六微三纖爲實，以十億乘之，以十億〇二千九百三十萬〇二千二百三十六除之，得五分六釐一毫二絲三忽一微〇，爲夷則。

置夷則倍律外徑五分六釐一毫二絲三忽一微〇爲實，以十億乘之，以十億〇二千九百三十萬〇二千二百三十六除之，得五分四釐五毫二絲五忽三微八纖，爲南呂。

置南呂倍律外徑五分四釐五毫二絲五忽三微八纖爲實，以十億乘之，以十億〇二千九百三十萬〇二千二百三十六除之，得五分二釐九毫七絲三忽一微五纖，爲無射。

置無射倍律外徑五分二釐九毫七絲三忽一微五纖爲實，以十億乘之，以十億〇二千九百三十萬〇二千二百三十六除之，得五分一釐四毫六絲五忽一微一纖，爲應鍾。

置應鍾倍律外徑五分一釐四毫六絲五忽一微一纖爲實，以十億乘之，以十億〇二千九百三十萬〇二千二百三十六除之，得五分，爲黄鍾。

置黄鍾正律外徑五分爲實，以十億乘之，以十億〇二千九百三十萬〇二千二百三十六除之，得四分八釐五毫七絲六忽五微九纖，爲大呂。

置大呂正律外徑四分八釐五毫七絲六忽五微九纖爲實，以十億乘之，以十億〇二千九百三十萬〇二千二百三十六除之，得四分七釐一毫九絲三忽七微一纖，爲太蔟。

置太蔟正律外徑四分七釐一毫九絲三忽七微一纖爲實，以十億乘之，以十億〇二千九百三十萬〇二千二百三十六除之，得四分五釐八毫五絲〇二微〇，爲夾鍾。

置夾鍾正律外徑四分五釐八毫五絲〇二微〇爲實，以十億乘之，以十億〇二千九百三十萬〇二千二百三十六除之，得四分四釐五毫四絲四忽九微三纖，爲姑洗。

置姑洗正律外徑四分四釐五毫四絲四忽九微三纖爲實，以十億乘之，以十億〇二千九百三十萬〇二千二百三十六除之，得四分三釐二毫七絲六忽八微二纖，爲仲呂。

置仲呂正律外徑四分三釐二毫七絲六忽八微二纖爲實，以十億乘之，以十億〇二千九百三十萬〇二千二百三十六除之，得四分二釐〇四絲四忽八微二纖，爲蕤賓。

置蕤賓正律外徑四分二釐〇四絲四忽八微二纖爲實，以十億乘之，以十億〇二千九百三十萬〇二千二百三十六除之，得四分〇八毫四絲七忽八微八纖，爲林鍾。

置林鍾正律外徑四分〇八毫四絲七忽八微八纖爲實，以十億乘之，以十億〇二千九百三十萬〇二千二百三十六除之，得三分九釐六毫八絲五忽〇二纖，爲夷則。

置夷則正律外徑三分九釐六毫八絲五忽〇二纖爲實，以十億乘之，以十億〇二千九百三十萬〇二千二百三十六除之，得三分八釐五毫五絲五忽二微七纖，爲南呂。

置南呂正律外徑三分八釐五毫五絲五忽二微七纖爲實，以十億乘之，以十億〇二千九百三十萬〇二千二百三十六除之，得三分七釐四毫五絲七忽六微七纖，爲無射。

置無射正律外徑三分七釐四毫五絲七忽六微七纖爲實，以十億乘之，以十億〇二千九百三十萬〇二千二百三十六除之，得三分六釐三毫九絲一忽三微二纖，爲應鍾。

置應鍾正律外徑三分六釐三毫九絲一忽三微二纖爲實，以十億乘之，以十億〇二千九百三十萬〇二千二百三十六除之，得三分五釐三毫五絲五忽三微三纖，爲黄鍾。

置黄鍾半律外徑三分五釐三毫五絲五忽三微三纖爲實，以十億乘之，以十億〇二千九百三十萬〇二千二百三十六除之，得三分四釐三毫四絲八忽八微四纖，爲大吕。

置大吕半律外徑三分四釐三毫四絲八忽八微四纖爲實，以十億乘之，以十億〇二千九百三十萬〇二千二百三十六除之，得三分三釐三毫七絲〇九微九纖，爲太簇。

置太簇半律外徑三分三釐三毫七絲〇九微九纖爲實，以十億乘之，以十億〇二千九百三十萬〇二千二百三十六除之，得三分二釐四毫二絲〇九微八纖，爲夾鍾。

置夾鍾半律外徑三分二釐四毫二絲〇九微八纖爲實，以十億乘之，以十億〇二千九百三十萬〇二千二百三十六除之，得三分一釐四毫九絲八忽〇二纖，爲姑洗。

置姑洗半律外徑三分一釐四毫九絲八忽〇二纖爲實，以十億乘之，以十億〇二千九百三十萬〇二千二百三十六除之，得三分〇六毫〇一忽三微三纖，爲仲吕。

置仲吕半律外徑三分〇六毫〇一忽三微三纖爲實，以十億乘之，以十億〇二千九百三十萬〇二千二百三十六除之，得二分九釐七毫三絲〇一微七纖，爲蕤賓。

置蕤賓半律外徑二分九釐七毫三絲〇一微七纖爲實，以十億乘之，以十億〇二千九百三十萬〇二千二百三十六除之，得二分八釐八毫八絲三忽八微一纖，爲林鍾。

置林鍾半律外徑二分八釐八毫八絲三忽八微一纖爲實，以十億乘之，以十億〇二千九百三十萬〇二千二百三十六除之，得二分八釐〇六絲一忽五微五纖，爲夷則。

置夷則半律外徑二分八釐〇六絲一忽五微五纖爲實，以十億乘之，以十億〇二千九百三十萬〇二千二百三十六除之，得二分七釐二毫六絲二忽六微九纖，爲南吕。

置南吕半律外徑二分七釐二毫六絲二忽六微九纖爲實，以十億乘之，以十億〇二千九百三十萬〇二千二百三十六除之，得二分六釐四毫八絲六忽五微七纖，爲無射。

置無射半律外徑二分六釐四毫八絲六忽五微七纖爲實，以十億乘之，以十億〇二千九百三十萬〇二千二百三十六除之，得二分五釐七毫三絲二忽五微五纖，爲應鍾。

次求三十六律内徑真數。

先置黄鍾倍律通長二尺爲實，四十除之，得五分，是爲内徑。就置所得爲實，依後項乘除之。

置黄鍾倍律内徑五分爲實，以十億乘之，以十億〇二千九百三十萬〇二千二百三十六除之，得四分八釐五毫七絲六忽五微九纖，爲大吕。

置大吕倍律内徑四分八釐五毫七絲六忽五微九纖爲實，以十億乘之，以十億〇二千九百三十萬〇二千二百三十六除之，得四分七釐一毫九絲三忽七微一纖，爲太簇。

置太簇倍律内徑四分七釐一毫九絲三忽七微一纖爲實，以十億乘之，以十億〇二千九百三十萬〇二千二百三十六除之，得四分五釐八毫五絲〇二微〇，爲夾鍾。

置夾鍾倍律内徑四分五釐八毫五絲〇二微〇爲實，以十億乘之，以十億〇二千九百三十萬〇二千二百三十六除之，得四分四釐五毫四絲四忽九微三纖，爲姑洗。

置姑洗倍律内徑四分四釐五毫四絲四忽九微三纖爲實，以十億乘之，以十億〇二千九百三十萬〇二千二百三十六除之，得四分三釐二毫七絲六忽八微二纖，爲仲吕。

置仲吕倍律内徑四分三釐二毫七絲六忽八微二纖爲實，以十億乘之，以十億〇二千九百三十萬〇二千二百三十六除之，得四分二釐〇四絲四忽八微二纖，爲蕤賓。

置蕤賓倍律内徑四分二釐〇四絲四忽八微二纖爲實，以十億乘之，以十億〇二千九百三十萬〇二千二百三十六除之，得四分〇八毫四絲七忽八微八纖，爲林鍾。

置林鍾倍律内徑四分〇八毫四絲七忽八微八纖爲實，以十億乘之，以十億〇二千九百三十萬〇二千二百三十六除之，得三分九釐六毫八絲五忽〇二纖，爲夷則。

置夷則倍律内徑三分九釐六毫八絲五忽〇二纖爲實，以十億乘之，以十億〇二千九百三十萬〇二千二百三十六除之，得三分八釐五毫五絲五忽二微七纖，爲南吕。

置南吕倍律内徑三分八釐五毫五絲五忽二微七纖爲實，以十億乘之，以十億〇二千九百三十萬〇二千二百三十六除之，得三分七釐四毫五絲七忽六微七纖，爲無射。

置無射倍律内徑三分七釐四毫五絲七忽六微七纖爲實，以十億乘之，以十億〇二千九百三十萬〇二千二百三十六除之，得三分六釐三毫九絲一忽三微二纖，爲應鍾。

置應鍾倍律内徑三分六釐三毫九絲一忽三微二纖爲實，以十億乘之，以十億〇二千九百三十萬〇二千二百三十六除之，得三分五釐三毫五絲五忽三微三纖，爲黄鍾。

置黄鍾正律内徑三分五釐三毫五絲五忽三微三纖爲實，以十億乘之，以十億〇二千九百三十萬〇二千二百三十六除之，得三分四釐三毫四絲八忽八微四纖，爲大吕。

置大吕正律内徑三分四釐三毫四絲八忽八微四纖爲實，以十億乘之，以十億〇二千九百三十萬〇二千二百三十六除之，得三分三釐三毫七絲〇九微九纖，爲太蔟。

置太蔟正律内徑三分三釐三毫七絲〇九微九纖爲實，以十億乘之，以十億〇二千九百三十萬〇二千二百三十六除之，得三分二釐四毫二絲〇九微八纖，爲夾鍾。

置夾鍾正律内徑三分二釐四毫二絲〇九微八纖爲實，以十億乘之，以十億〇二千九百三十萬〇二千二百三十六除之，得三分一釐四毫九絲八忽〇二纖，爲姑洗。

置姑洗正律内徑三分一釐四毫九絲八忽〇二纖爲實，以十億乘之，以十億〇二千九百三十萬〇二千二百三十六除之，得三分〇六毫〇一忽三微三纖，爲仲吕。

置仲吕正律内徑三分〇六毫〇一忽三微三纖爲實，以十億乘之，以十億〇二千九百三十萬〇二千二百三十六除之，得二分九釐七毫三絲〇一微七纖，爲蕤賓。

置蕤賓正律内徑二分九釐七毫三絲〇一微七纖爲實，以十億乘之，以十億〇二千九百三十萬〇二千二百三十六除之，得二分八釐八毫八絲三忽八微一纖，爲林鍾。

置林鍾正律内徑二分八釐八毫八絲三忽八微一纖爲實，以十億乘之，以十億〇二千九百三十萬〇二千二百三十六除之，得二分八釐〇六絲一忽五微五纖，爲夷則。

置夷則正律内徑二分八釐〇六絲一忽五微五纖爲實，以十億乘之，以十億〇二千九百三十萬〇二千二百三十六除之，得二分七釐二毫六絲二忽六微九纖，爲南吕。

置南吕正律内徑二分七釐二毫六絲二忽六微九纖爲實，以十億乘之，以十億〇二千九百三十萬〇二千二百三十六除之，得二分六釐四毫八絲六忽五微七纖，爲無射。

置無射正律内徑二分六釐四毫八絲六忽五微七纖爲實，以十億乘之，以十億〇二千九百三十萬〇二千二百三十六除之，得二分五釐七毫三絲二忽五微五纖，爲應鍾。

置應鍾正律内徑二分五釐七毫三絲二忽五微五纖爲實，以十億乘之，以十億〇二千九百三十萬〇二千二百三十六除之，得二分五釐，爲黄鍾。

置黄鍾半律内徑二分五釐爲實，以十億乘之，以十億〇二千九百三十萬〇二千二百三十六除之，得二分四釐二毫八絲八忽二微九纖，爲大吕。

置大吕半律内徑二分四釐二毫八絲八忽二微九纖爲實，以十億乘之，以十億〇二千九百三十萬〇二千二百三十六除之，得二分三釐五毫九絲六忽八微五纖，爲太蔟。

置太蔟半律内徑二分三釐五毫九絲六忽八微五纖爲實，以十億乘之，以十億〇二千九百三十萬〇二千二百三十六除之，得二分二釐九毫二絲五忽一微〇，爲夾鍾。

置夾鍾半律内徑二分二釐九毫二絲五忽一微〇爲實，以十億乘之，以十億〇二千九百三十萬〇二千二百三十六除之，得二分二釐二毫七絲二忽四微六纖，爲姑洗。

置姑洗半律内徑二分二釐二毫七絲二忽四微六纖爲實，以十億乘之，以十億〇二千九百三十萬〇二千二百三十六除之，得二分一釐六毫三絲八忽四微一纖，爲仲吕。

置仲吕半律内徑二分一釐六毫三絲八忽四微一纖爲實，以十億乘之，以十億〇二千九百三十萬〇二千二百三十六除之，得二分一釐〇二絲二忽四微一纖，爲蕤賓。

置蕤賓半律内徑二分一釐〇二絲二忽四微一纖爲實，以十億乘之，以十億〇二千九百三十萬〇二千二百三十六除之，得二分〇四毫二絲三忽九微四纖，爲林鍾。

置林鍾半律内徑二分〇四毫二絲三忽九微四纖爲實，以十億乘之，以十億〇二千九百三十萬〇二千二百三十六除之，得一分九釐八毫四絲二忽五微一纖，爲夷則。

置夷則半律内徑一分九釐八毫四絲二忽五微一纖爲實，以十億乘之，以十億〇二千九百三十萬〇二千二百三十六除之，得一分九釐二毫七絲七忽六微三纖，爲南吕。

置南吕半律内徑一分九釐二毫七絲七忽六微三纖爲實，以十億乘之，以十億〇二千九百三十萬〇二千二百三十六除之，得一分八釐七毫二絲八忽八微三纖，爲無射。

置無射半律内徑一分八釐七毫二絲八忽八微三纖爲實，以十億乘之，以十億〇二千九百三十萬〇二千二百三十六除之，得一分八釐一毫九絲五忽六微六纖，爲應鍾。

次求三十六律内周真數。

徑求周術：置黄鍾倍律内徑五分，自乘得二十五分，折半得(一)一十二分半爲實，開平方法除之，得三分五釐三毫五絲五忽三微三纖九塵，以四十乘之，得一尺四寸一分四釐二毫一絲三忽五微六纖，九歸得一寸五分七釐一毫三絲四忽八微四纖，是爲内周。就置所得爲實，依後項乘除之。

周求徑術：置黄鍾倍律内周一寸五分七釐一毫三絲四忽八微四纖，九因得一尺四寸一分四釐二毫一絲三忽五微六纖，以四十除之，得三分五釐三毫五絲五忽三微三纖九塵，自乘得一十二分半，加倍得二十五分爲實，開平方法除之，得五分，是爲内徑。周徑互相求，即還原法也。

置黄鍾倍律内周一寸五分七釐一毫三絲四忽八微四纖爲實，以十億乘之，以十億〇二千九百三十萬〇二千二百三十六除之，得一寸五分二釐六毫七絲一忽五微一纖，爲大吕。

置大吕倍律内周一寸五分二釐六毫六絲一忽五微一纖爲實，以十億乘之，以十億〇二千九百三十萬〇二千二百三十六除之，得一寸四分八釐三毫一絲五忽五微三纖，爲太蔟。

置太蔟倍律内周一寸四分八釐三毫一絲五忽五微三纖爲實，以十億乘之，以十億〇二千九百三十萬〇二千二百三十六除之，得一寸四分四釐〇九絲三忽二微八纖，爲夾鍾。

置夾鍾倍律内周一寸四分四釐〇九絲三忽二微八纖爲實，以十億乘之，以十億〇二千九百三十萬〇二千二百三十六除之，得一寸三分九釐九毫九絲一忽二微二纖，爲姑洗。

置姑洗倍律内周一寸三分九釐九毫九絲一忽二微二纖爲實，以十億乘之，以十億〇二千九百三十萬〇二千二百三十六除之，得一寸三分六釐〇〇五忽九微四纖，爲仲吕。

置仲吕倍律内周一寸三分六釐〇〇五忽九微四纖爲實，以十億乘之，以十億〇二千九百三十萬〇二千二百三十六除之，得一寸三分二釐一毫三絲四忽一微二纖，爲蕤賓。

置蕤賓倍律内周一寸三分二釐一毫三絲四忽一微二纖爲實，以十億乘之，以十億〇二千九百三十萬〇二千二百三十六除之，得一寸二分八釐三毫七絲二忽五微二纖，爲林鍾。

置林鍾倍律内周一寸二分八釐三毫七絲二忽五微二纖爲實，以十億乘之，以十億〇二千九百三十萬〇二千二百三十六除之，得一寸二分四釐七毫一絲八忽〇〇，爲夷則。

置夷則倍律内周一寸二分四釐七毫一絲八忽〇〇爲實，以十億乘之，以十億〇二千九百三十萬〇二千二百三十六除之，得一寸二分一釐一毫六絲七忽五微二纖，爲南吕。

置南吕倍律内周一寸二分一釐一毫六絲七忽五微二纖爲實，以十億乘之，以十億〇二千九百三十萬〇二千二百三十六除之，得一寸一分七釐七毫一絲八忽一微二纖，爲無射。

置無射倍律内周一寸一分七釐七毫一絲八忽一微二纖爲實，以十億乘之，以十億〇二千九百三十萬〇二千二百三十六除之，得一寸一分四釐三毫六絲六忽九微一纖，爲應鍾。

置應鍾倍律内周一寸一分四釐三毫六絲六忽九微一纖爲實，以十億乘之，以十億〇二千九百三十萬〇二千二百三十六除之，得一寸一分釐一絲一忽一微一纖，爲黄鍾。

置黄鍾正律内周一寸一分一釐一毫一絲一忽一微一纖爲實，以十億乘之，以十億〇二千九百三十萬〇二千二百三十六除之，得一寸七釐九毫四絲七忽九微九纖，爲大吕。

置大吕正律内周一寸〇七釐九毫四絲七忽九微九纖爲實，以十億乘之，以十億〇二千九百三十萬〇二千二百三十六除之，得一寸〇四釐八毫七絲四忽九微二纖，爲太蔟。

置太蔟正律内周一寸〇四釐八毫七絲四忽九微二纖爲實，以十億乘之，以十億〇二千九百三十萬〇二千二百三十六除之，得一寸〇一釐八毫八絲九忽三微三纖，爲夾鍾。

置夾鍾正律内周一寸〇一釐八毫八絲九忽三微三纖爲實，以十億乘之，以十億〇二千九百三十萬〇二千二百三十六除之，得九分八釐九毫八絲八忽七微四纖，爲姑洗。

置姑洗正律内周九分八釐九毫八絲八忽七微四纖爲實，以十億乘之，以十億〇二千九百三十萬〇二千二百三十六除之，得九分六釐一毫七絲〇七微二纖，爲仲吕。

置仲吕正律内周九分六釐六毫七絲〇七微二纖爲實，以十億乘之，以十億〇二千九百三十萬〇二千二百三十六除之，得九分三釐四毫三絲二忽九微三纖，爲蕤賓。

置蕤賓正律内周九分三釐四毫三絲二忽九微三纖爲實，以十億乘之，以十億〇二千九百三十萬〇二千二百三十六除之，得九分〇七毫七絲三忽〇八纖，爲林鍾。

置林鍾正律内周九分〇七毫七絲三忽〇八纖爲實，以十億乘之，以十億〇二千九百三十萬〇二千二百三十六除之，得八分八釐一毫八絲八忽九微四纖，爲夷則。

置夷則正律内周八分八釐一毫八絲八忽九微四纖爲實，以十億乘之，以十億〇二千九百三十萬〇二千二百三十六除之，得八分五釐六毫七絲八忽三微七纖，爲南吕。

置南吕正律内周八分五釐六毫七絲八忽三微七纖爲實，以十億乘之，以十億〇二千九百三十萬〇二千二百三十六除之，得八分三釐二毫三絲九忽二微八纖，爲無射。

置無射正律内周八分三釐二毫三絲九忽二微八纖爲實，以十億乘之，以十億〇二千九百三十萬〇二千二百三十六除之，得八分〇八毫六絲九忽六微二纖，爲應鍾。

置應鍾正律内周八分〇八毫六絲九忽六微二纖爲實，以十億乘之，以十億〇二千九百三十萬〇二千二百三十六除之，得七分八釐五毫六絲七忽四微二纖，爲黄鍾。

置黄鍾半律内周七分八釐五毫六絲七忽四微二纖爲實，以十億乘之，以十億〇二千九百三十萬〇二千二百三十六除之，得七分六釐三毫三絲〇七微五纖，爲大吕。

置大吕半律内周七分六釐三毫三絲〇七微五纖爲實，以十億乘之，以十億〇二千九百三十萬〇二千二百三十六除之，得七分四釐一毫五絲七忽七微六纖，爲太蔟。

置太蔟半律内周七分四釐一毫五絲七忽七微六纖爲實，以十億乘之，以十億二二千九百三十萬〇二千二百三十六除之，得七分二釐四四絲六忽六微四纖，爲夾鍾。

置夾鍾半律内周七分二釐〇四絲六忽六微四纖爲實，以十億乘之，以十億〇二千九百三十萬〇二千二百三十六除之，得六分九釐九毫九絲五忽六微一纖，爲姑洗。

置姑洗半律内周六分九釐九毫九絲五忽六微一纖爲實，以十億乘之，以十億〇二千九百三十萬〇二千二百三十六除之，得六分八釐〇〇二忽九微七纖，爲仲吕。

置仲吕半律内周六分八釐〇〇二忽九微七纖爲實，以十億乘之，以十億〇二千九百三十萬〇二千二百三十六除之，得六分六釐〇六絲七忽〇六纖，爲蕤賓。

置蕤賓半律内周六分六釐〇六絲七忽〇六纖爲實，以十億[乘]之，以十億〇二千九百三十萬〇二千二百三十六除之，得六分四釐一毫八絲六忽二微六纖，爲林鍾。

置林鍾半律內周六分四釐一毫八絲六忽二微六纖爲實，以十億乘之，以十億〇二千九百三十萬〇二千二百三十六除之，得六分二釐三毫五絲九忽〇〇，爲夷則。

置夷則半律內周六分二釐三毫五絲九忽〇〇爲實，以十億乘之，以十億〇二千九百三十萬〇二千二百三十六除之，得六分〇五毫八絲三忽七微六纖，爲南呂。

置南呂半律內周六分〇五毫八絲三忽七微六纖爲實，以十億乘之，以十億〇二千九百三十萬〇二千二百三十六除之，得五分八釐八毫五絲九忽〇六纖，爲無射。

置無射半律內周五分八釐八毫五絲九忽〇六纖爲實，以十億乘之，以十億〇二千九百三十萬〇二千二百三十六除之，得五分七釐一毫八絲三忽四微五纖，爲應鍾。

又 **內篇卷三** 不取圍徑皆同第五之下

次求三十六律面冪真數。

周求冪術：置黃鍾倍律內周一寸五分七釐一毫三絲四忽八微四纖，九因得一尺四寸一分四釐二毫一絲三忽五微六纖。以四十除之，得三分五釐三毫五絲五忽三微三纖九塵。自乘，得一十二分半。加倍，得二十五分。自乘，得六百二十五分。以一百乘之，得六萬二千五百分。以一百六十二除之，得三百八十五分八十釐〇二十四毫六十九絲一十三忽爲實，開平方法除之，得一十九分六十四釐一十八毫五十五絲〇三忽，是爲面冪。就置所得爲實，依後項乘除之。

冪求周術：置黃鍾倍律面冪一十九分六十四釐一十八毫五十五絲〇三忽，自乘，得三百八十五分八十釐〇二十四毫六十九絲〇一忽。以百六十二乘之，得六萬二千五百分。以一百除之，得六百二十五分爲實。開平方法除之，得二十五分，折半得一十二分半爲實。開平方法除之，得三分五釐三毫五絲五忽三微三纖九塵。以四十乘之，得一尺四寸一分四釐二毫一絲三忽五微六纖，九歸得一寸五分七釐一毫三絲四忽八微四纖，是爲內周，即還原法。

徑求冪術：置黃鍾倍律內徑五分，自乘得二十五分，又自乘得六百二十五分，以一百乘之，得六萬二千五百分，以一百六十二除之，得三百八十五分八十釐〇二十四毫六十九絲一十三忽爲實，開平方法除之，得一十九分六十四釐一十八毫五十五絲〇三忽，是爲面冪。

冪求徑術：置黃鍾倍律面冪一十九分六十四釐一十八毫五十五絲〇三忽，自乘得三百八十五分八十釐〇二十四毫六十九絲〇一忽，以一百六十二乘之，得六萬二千五百分，以一百除之，得六百二十五分爲實，開平方法除之，得二十五分爲實。開平方法除之，得五分，是爲內徑，即還原法。已上新法。

周徑相乘，四歸得冪術：置黃鍾倍律內周一寸五分七釐一毫三絲四忽八微四纖爲實，以黃鍾倍律內徑五分乘之，得七十八分五十六釐七十四毫二十絲，四歸得一十九分六十四釐一十八毫五十五絲，是爲面冪。

半周半徑相乘得冪術：置黃鍾倍律內周一寸五分七釐一毫三絲四忽八微四纖，折半得七分八釐五毫六絲七忽四微二纖爲實，以黃鍾倍律內徑五分折半，得二分半乘之，得一十九分六十四釐一十八毫五十五絲，是爲面冪。已上舊法。

大呂倍律已下三十五律，周、徑、面冪相求法皆倣此。

置黃鍾倍律面冪一十九分六十四釐一十八毫五十五絲〇三忽爲實，以十億乘之，以十億〇五千九百四十六萬三千〇九十四除之，得一十八分五十三釐九十四毫四十二絲四十一忽，爲大呂。

置大呂倍律面冪一十八分五十三釐九十四毫四十二絲四十一忽爲實，以十億乘之，以十億〇五千九百四十六萬三千〇九十四除之，得一十七分四十九釐八十九毫〇三絲四十七忽，爲太蔟。

置太蔟倍律面冪一十七分四十九釐八十九毫〇三絲四十七忽爲實，以十億乘之，以十億〇五千九百四十六萬三千〇九十四除之，得一十六分五十一釐六十七毫六十五絲四十八忽，爲夾鍾。

置夾鍾倍律面冪一十六分五十一釐六十七毫六十五絲四十八忽爲實，以十億乘之，以十億〇五千九百四十六萬三千〇九十四除之，得一十五分五十八釐九十七毫五十絲〇六十七忽，爲姑洗。

置姑洗倍律面冪一十五分五十八釐九十七毫五十絲〇六十七忽爲實，以十億乘之，以十億〇五千九百四十六萬三千〇九十四除之，得一十四分七十一釐四十七毫六十五絲一十九忽，爲仲呂。

置仲呂倍律面冪一十四分七十一釐四十七毫六十五絲一十九忽爲實，以十億乘之，以十億〇五千九百四十六萬三千〇九十四除之，得一十三分八十八釐八十八毫八十八絲八十八忽，爲蕤賓。

置蕤賓倍律面冪一十三分八十八釐八十八毫八十八絲八十八忽爲實，以十億乘之，以十億〇五千九百四十六萬三千〇九十四除之，得一十三分一十三〇九十三毫六十五絲四十五忽，爲林鍾。

置林鍾倍律面冪一十三分一十釐〇九十三毫六十五絲四十五忽爲實，以十億乘之，以十億〇五千九百四十六萬三千〇九十四除之，得一十二分三十七釐三十五毫九十三絲三十忽〇，爲夷則。

置夷則倍律面冪一十二分三十七釐三十五毫九十三絲三十忽〇爲實，以十億乘之，以十億〇五千九百四十六萬三千〇九十四除之，得一十一分六十七釐九十一毫一十六絲八十七忽，爲南吕。

置南吕倍律面冪一十一分六十七釐九十一毫一十六絲八十七忽爲實，以十億乘之，以十億〇五千九百四十六萬三千〇九十四除之，得一十一分〇二釐三十六毫一十八絲四十一忽，爲無射。

置無射倍律面冪一十一分〇二釐三十六毫一十八絲四十一忽爲實，以十億乘之，以十億〇五千九百四十六萬三千〇九十四除之，得一十分〇四十釐〇四十九毫一十絲〇二十五忽，爲應鍾。

置應鍾倍律面冪一十分〇四十釐〇四十九毫一十絲〇二十五忽爲實，以十億乘之，以十億〇五千九百四十六萬三千〇九十四除之，得九分八十二釐〇九毫二十七絲五十一絲，爲黄鍾。

置黄鍾正律面冪九分八十二釐〇九毫二十七絲五十一忽爲實，以十億乘之，以十億〇五千九百四十六萬三千〇九十四除之，得九分二十六釐九十七毫二十一絲二十忽〇，爲大吕。

置大吕正律面冪九分二十六釐九十七毫二十一絲二十忽爲實，以十億乘之，以十億〇五千九百四十六萬三千〇九十四除之，得八分七十四釐九十四毫五十一絲七十三忽，爲太蔟。

置太蔟正律面冪八分七十四釐九十四毫五十一絲七十三忽爲實，以十億乘之，以十億〇五千九百四十六萬三千〇九十四除之，得八分二十五釐八十三毫八十二絲七十四忽，爲夾鍾。

置夾鍾正律面冪八分二十五釐八十三毫八十二絲七十四忽爲實，以十億乘之，以十億〇五千九百四十六萬三千〇九十四除之，得七分七十九釐四十八毫七十五絲三十三忽，爲姑洗。

置姑洗正律面冪七分七十九釐四十八毫七十五絲三十三忽爲實，以十億乘之，以十億〇五千九百四十六萬三千〇九十四除之，得七分三十五釐七十三毫八十二絲五十九忽，爲仲吕。

置仲吕正律面冪七分三十五釐七十三毫八十二絲五十九忽爲實，以十億乘之，以十億〇五千九百四十六萬三千〇九十四除之，得六分九十四釐四十四毫四十四絲四十四忽，爲蕤賓。

置蕤賓正律面冪六分九十四釐四十四毫四十四絲四十四忽爲實，以十億乘之，以十億〇五千九百四十六萬三千〇九十四除之，得六分五十五釐四十六毫八十二絲七十二忽，爲林鍾。

置林鍾正律面冪六分五十五釐四十六毫八十二絲七十二忽爲實，以十億乘之，以十億〇五千九百四十六萬三千〇九十四除之，得六分一十八釐六十七毫九十六絲六十五忽，爲夷則。

置夷則正律面冪六分一十八釐六十七毫九十六絲六十五忽爲實，以十億乘之，以十億〇五千九百四十六萬三千〇九十四除之，得五分八十三釐九十五毫五十八絲四十三忽，爲南吕。

置南吕正律面冪五分八十三釐九十五毫五十八絲四十三忽爲實，以十億乘之，以十億〇五千九百四十六萬三千〇九十四除之，得五分五十一釐一十八毫〇九絲二十忽〇，爲無射。

置無射正律面冪五分五十一釐一十八毫〇九絲二十忽〇爲實，以十億乘之，以十億〇五千九百四十六萬三千〇九十四除之，得五分二十釐〇二十四毫五十五絲一十二忽，爲應鍾。

置應鍾正律面冪五分二十釐〇二十四毫五十五絲一十二忽爲實，以十億乘之，以十億〇五千九百四十六萬三千〇九十四除之，得四分九十一釐〇四毫六十三絲七十五忽，爲黄鍾。

置黄鍾半律面冪四分九十一釐〇四毫六十三絲七十五忽爲實，以十億乘之，以十億〇五千九百四十六萬三千〇九十四除之，得四分六十三釐四十八毫六十絲〇六十忽〇，爲大吕。

置大吕半律面冪四分六十三釐四十八毫六十絲〇六十忽〇爲實，以十億乘之，以十億〇五千九百四十六萬三千〇九十四除之，得四分三十七釐四十七毫二十五絲八十六忽，爲太蔟。
置太蔟半律面冪四分三十七釐四十七毫二十五絲八十六忽爲實，以十億乘之，以十億〇五千九百四十六萬三千〇九十四除之，得四分一十二釐九十一毫九十一絲三十七忽，爲夾鍾。
置夾鍾半律面冪四分一十二釐九十一毫九十一毫三十七忽爲實，以十億乘之，以十億〇五千九百四十六萬三千〇九十四除之，得三分八十九釐七十四毫三十七絲六十六忽，爲姑洗。
置姑洗半律面冪三分八十九釐七十四毫三十七絲六十六忽爲實，以十億乘之，以十億〇五千九百四十六萬三千〇九十四除之，得三分六十七釐八十六毫九十一絲二十九忽，爲仲呂。
置仲呂半律面冪三分六十七釐八十六毫九十一絲二十九忽爲實，以十億乘之，以十億〇五千九百四十六萬三千〇九十四除之，得三分四十七釐二十二毫二十二絲二十二忽，爲蕤賓。
置蕤賓半律面冪三分四十七釐二十二毫二十二絲二十二忽爲實，以十億乘之，以十億〇五千九百四十六萬三千〇九十四除之，得三分二十七釐七十三毫四十一絲三十六忽，爲林鍾。
置林鍾半律面冪三分二十七釐七十三毫四十一絲三十六忽爲實，以十億乘之，以十億〇五千九百四十六萬三千〇九十四除之，得三分〇九釐三十三毫九十八絲三十二忽，爲夷則。
置夷則半律面冪三分〇九釐三十三毫九十八絲三十二忽爲實，以十億乘之，以十億〇五千九百四十六萬三千〇九十四除之，得二分九十一釐九十七毫七十九絲二十一忽，爲南呂。
置南呂半律面冪二分九十一釐九十七毫七十九絲二十一忽爲實，以十億乘之，以十億〇五千九百四十六萬三千〇九十四除之，得二分七十五釐五十九毫〇四絲六十忽〇，爲無射。
置無射半律面冪二分七十五釐五十九毫〇四絲六十忽〇爲實，以十億乘之，以十億〇五千九百四十六萬三千〇九十四除之，得二分六十釐〇一十二毫二十七絲五十六忽，爲應鍾。
次求三十六律實積真數。
先置黃鍾倍律面冪全數一十九分六四一八五五〇三三九五九六五爲實，以黃鍾倍律通長二尺乘之，得三千九百二十八分三百七十一釐〇〇六毫五百九十一絲九百三十忽〇，是爲實積。就置所得爲實，依後項乘除之。
置黃鍾倍律實積三千九百二十八分三百七十一釐〇〇六毫五百九十一絲九百三十忽〇爲實，以十兆乘之，以十一兆二千二百四十六萬二千〇四十八億三千〇九十三萬七千二百九十八除之，得三千四百九十九分七百八十釐〇六百九十四毫一百五十二絲四百二十五忽，爲大呂。
置大呂倍律實積三千四百九十九分七百八十釐〇六百九十四毫一百五十二絲四百二十五忽爲實，以十兆乘之，以十一兆二千二百四十六萬二千〇四十八億三千〇九十三萬七千二百九十八除之，得三千一百一十七分九百五十釐〇一百三十四毫一百九十二絲七百〇二忽，爲太蔟。
置太蔟倍律實積三千一百一十七分九百五十釐〇一百三十四毫一百九十二絲七百〇二忽爲實，以十兆乘之，以十一兆二千二百四十六萬二千〇四十八億三千〇九十三萬七千二百九十(二)〔八〕除之，得二千七百七十七分七百七十七釐七十七毫七百七十七絲七百七十忽，爲夾鍾。
置夾鍾倍律實積二千七百七十七分七百七十七釐七百七十七毫七百七十七絲七百七十七忽爲實，以十兆乘之，十一兆二千二百四十六萬二千〇四十八億三千〇九十三萬七千二百九十八除之，得二千四百七十四分七百一十八釐六百六十一毫五百絲〇〇九百四十二忽，爲姑洗。
置姑洗倍律實積二千四百七十四分七百一十八釐六百六十一毫五百絲〇〇九百四十二忽爲實，以十兆乘之，以十一兆二千二百四十六萬二千〇四十八億三千〇九十三萬七千二百九十八除之，得二千二百〇四分七百二十三釐六百八十三毫二百八十九絲一百六十五忽，爲仲呂。
置仲呂倍律實積二千二百〇四分七百二十三釐六百八十三毫二百八十九絲一百六十五忽爲實，以十兆乘之，以十一兆二千二百四十六萬二千〇四十八億三千〇九十三萬七千二百九十八除之，得一千九百六十四分一百八十五釐五百〇三毫二百九十五絲九百六十五忽，爲蕤賓。
置蕤賓倍律實積一千九百六十四分一百八十五分五百〇三千三百九十五絲九百六十五忽爲實，以十兆乘之，以十一兆二千二百四十六萬二千〇四十八億三千〇九十三萬七千二百九十八除之，得一千七百四十九分八百九十釐〇三百四十七毫〇七十六絲二百一十二忽，爲林鍾。

置林鍾倍律實積一千七百四十九分八百九十釐〇三百四十七毫〇七十六絲二百一十二忽爲實，以十兆乘之，以十一兆二千二百四十六萬二千〇四十八億三千〇九十三萬七千二百九十八除之，得一千五百五十八分九百七十五釐〇六十七毫〇九十六絲三百五十一忽，爲夷則。

置夷則倍律實積一千五百五十八分九百七十五釐〇六十七毫〇九十六絲三百五十一忽爲實，以十兆乘之，以十一兆二千二百四十六萬二千〇四十八億三千〇九十三萬七千二百九十八除之，得一千三百八十八分八百八十八釐八百八十八毫八百八十八絲八百八十八忽，爲南吕。

置南吕倍律實積一千三百八十八分八百八十八釐八百八十八毫八百八十八絲八百八十八忽爲實，以十兆乘之，以十一兆二千二百四十六萬二千〇四十八億三千九九十三萬七千二百九十八除之，得一千二百三十七分三百五十九釐三百三十毫〇七百五十絲〇四百七十一忽，爲無射。

置無射倍律實積一千二百三十七分三百五十九釐三十三毫〇七百五十絲〇四百七十一忽爲實，以十兆乘之，以十一兆二千二百四十六萬二千〇四十八億三千〇九十三萬七千二百九十八除之，得一千一百〇二分三百六十一釐八百四十一毫六百四十四絲五百八十二忽，爲應鍾。

置應鍾倍律實積一千一百〇二分三百六十一釐八百四十一毫六百四十四絲五百八十二忽爲實，以十兆乘之，以十一兆二千二百四十六萬二千〇四十八億三千〇九十三萬七千二百九十八除之，得九百八十二分〇九十二釐七百五十一毫六百四十七絲九百八十二忽，爲黄鍾。

置黄鍾正律實積九百八十二分〇九十二釐七百五十一毫六百四十七絲九百八十二忽爲實，以十兆乘之，以十一兆二千二百四十六萬二千〇四十八億三千〇九十三萬七千二百九十八除之，得八百七十四分九百四十五釐一百七十三毫五百三十八絲一百〇六忽，爲大吕。

置大吕正律實積八百七十四分九百四十五釐一百七十三毫五百三十八絲一百〇六忽爲實，以十兆乘之，以十一兆二千二百四十六萬二千〇四十八億三千〇九十三萬七千二百九十八除之，得七百七十九分四百八十七釐五百三十三毫五百四十八絲一百七十五忽，爲太簇。

置太簇正律實積七百七十九分四百八十七釐五百三十三毫五百四十八絲一百七十五忽爲實，以十兆乘之，以十一兆二千二百四十六萬二千〇四十八億三千〇九十三萬七千二百九十八除之，得六百九十四分四百四十四釐四百四十四毫四百四十四絲四百四十四忽，爲夾鍾。

置夾鍾正律實積六百九十四分四百四十四釐四百四十四毫四百四十四絲四百四十四忽爲實，以十兆乘之，以十一兆二千二百四十六萬二千〇四十八億三千〇九十三萬七千二百九十八百[除]之，得六百一十八分六百七十九釐六百六十五毫三百七十五絲二百三十五忽，爲姑洗。

置姑洗正律實積六百一十八分六百七十九釐六百六十五毫三百七十五絲二百三十五忽爲(十)[實]，以十兆乘之，以十一兆二千二百四十六萬二千〇四十八億三千〇九十三萬七千二百九十八除之，得五百五十一分一百八十釐〇九百二十毫〇八百三十二絲二百九十一忽，爲仲吕。

置仲吕正律實積五百五十一分一百八十釐〇九百二十毫〇八百三十二絲二百九十一忽爲實，以十兆乘之，以十一兆二千二百四十六萬二千〇四十八億三千〇九十三萬七千二百九十八除之，得四百九十一分〇四十六釐三百七十五毫八百二十三絲九百九十一忽，爲蕤賓。

置蕤賓正律實積四百九十一分〇四十六釐三百七十五毫八百二十三絲九百九十一忽爲實，以十兆乘之，以十一兆二千二百四十六萬二千〇四十八億三千〇九十三萬七千二百九十八除之，得四百三十七分四百七十二釐五百八十六毫七百六十九絲〇五十三忽，爲林鍾。

置林鍾正律實積四百三十七分四百七十二釐五百八十六毫七百六十九絲〇五十三忽爲實，以十兆乘之，以十一兆二千二百四十六萬二千〇四十八億三千〇九十三萬七千二百九十八除之，得三百八十九分七百四十三釐七百六十六毫七百七十四絲〇八十七忽，爲夷則。

置夷則正律實積三百八十九分七百四十三釐七百六十六毫七百七十四絲〇八十七忽爲實，以十兆乘之，以十一兆二千二百四十六萬二千〇四十八億三千〇九十三萬七千二百九十八除之，得三百四十七分二百二十二釐二百二十二毫二百二十二絲二百二十二忽，爲南吕。

置南吕正律實積三百四十七分二百二十二釐二百二十二毫二百二十二絲二百二十二忽爲實，以十兆乘之，以十一兆二千二百四十六萬二千〇四十八億三千〇九十三萬七千二百九十八除之，得三百〇九分三百三十九釐八百三十二毫六百八十七絲六百一十七忽，爲無射。

置無射正律實積三百〇九分三百三十九釐八百三十二毫六百八十七絲六百一十七忽爲實，以十兆乘之，以十一兆二千二百四十六萬二千〇四十八億三千〇九十三萬七千二百九十八除之，得二百七十五分五百九十釐〇四百六十毫〇四百一十一絲一百四十五忽，爲應鍾。

置應鍾正律實積二百七十五分五百九十釐〇四百六十毫〇四百一十一絲一百四十五忽爲實，以十兆乘之，以十一兆二千二百四十六萬二千〇四十八億三千〇九十三萬七千二百九十八除之，得二百四十五分五百二十三釐一百八十七毫九百一十一絲九百九十五忽，爲黄鍾。

置黄鍾半律實積二百四十五分五百二十三釐一百八十七毫九百一十一絲九百九十五忽爲實，以十兆乘之，以十一兆二千二百四十六萬二千〇四十八億三千〇九十三萬七千二百九十八除之，得二百一十八分七百三十六釐二百九十三毫三百八十四絲五百二十六忽，爲大吕。

置大吕半律實積二百一十八分七百三十六釐二百九十三毫三百八十四絲五百二十六忽爲實，以十兆乘之，以十一兆二千二百四十六萬二千〇四十八億三千〇九十三萬七千二百九十八除之，得一百九十四分八百七十一釐八百八十三毫三百八十七絲〇四十三忽，爲太蔟。

置太蔟半律實積一百九十四分八百七十一釐八百八十三毫三百八十七絲〇四十三忽爲實，以十兆乘之，以十一兆二千二百四十六萬二千〇四十八億三千九十三萬七千二百九十八除之，得一百七十三分六百一十一釐一百一十一毫一百一十一絲一百一十一忽，爲夾鍾。

置夾鍾半律實積一百七十三分六百一十一釐一百一十一毫一百一十一絲一百一十一忽爲實，以十兆乘之，以十一兆二千二百四十六萬二千〇四十八億三千〇九十三萬七千二百九十八除之，得一百五十四分六百六十九釐九百一十六毫三百四十三絲八百〇八忽，爲姑洗。

置姑洗半律實積一百五十四分六百六十九釐九百一十六毫三百四十三絲八百〇八忽爲實，以十兆乘之，以十一兆二千二百四十六萬二千〇四十八億〇九十三萬七千二百九十八除之，得一百三十七分七百九十五釐二百三十毫〇二百〇五絲五百七十二忽，爲仲吕。

置仲吕半律實積一百三十七分七百九十五釐二百三十毫〇二百〇五絲五百七十二忽爲實，以十兆乘之，以十一兆二千二百四十六萬二千〇四十八億三千〇九十三萬七千二百九十八除之，得一百二十二分七百六十一釐五百九十三毫九百五十五絲九百九十七忽，爲蕤賓。

置蕤賓半律實積一百二十二分七百六十一釐五百九十三毫九百五十五絲九百九十七忽爲實，以十兆乘之，以十一兆二千二百四十六萬二千〇四十八億三千〇九十三萬七千二百九十八除之，得一百〇九分三百六十八釐一百四十六毫六百九十二絲二百六十三忽，爲林鍾。

置林鍾半律實積一百〇九分三百六十八釐一百四十六毫六百九十二絲二百六十三忽爲實，以十兆乘之，以十一兆二千二百四十六萬二千〇四十八億三千〇九十三萬七千二百九十八除之，得九十七分四百三十五釐九百四十一毫六百九十三絲五百二十一忽，爲夷則。

置夷則半律實積九十七分四百三十五釐九百四十一毫六百九十三絲五百二十一忽爲實，以十兆乘之，以十一兆二千二百四十六萬二千〇四十八億三千〇九十三萬七千二百九十八除之，得八十六分八百〇五釐五百五十五毫五百五十五絲五百五十五忽，爲南吕。

置南吕半律實積八十六分八百〇五釐五百五十五毫五百五十五絲五百五十五忽爲實，以十兆乘之，以十一兆二千二百四十六萬二千〇四十八億三千〇九十三萬七千二百九十八除之，得七十七分三百三十四釐九百五十八毫一百七十一絲九百〇四忽，爲無射。

置無射半律實積七十七分三百三十四釐九百五十八毫一百七十一絲九百〇四忽爲實，以十兆乘之，以十一兆二千二百四十六萬二千〇九十六萬七千二百九十八除之，得六十八分八百九十七釐六百一十五毫一百〇二絲七百八十六忽，爲應鍾。

新法倍正半律通長周徑冪積筭率立成

倍律通長：

尺寸分

黄鍾二〇〇〇〇〇〇〇〇〇〇〇〇〇〇〇〇

尺寸分

大吕一八八七七四八六二五三六三三八六九九

尺寸分

太蔟一七八一七九七四三六二八〇六七八六〇

尺寸分
夾鍾一六八一七九二八三〇五〇七四二九〇八
尺寸分
姑洗一五八七四〇一〇五一九六八一九九四七
尺寸分
仲呂一四九八三〇七〇七六八七六六八一四九
尺寸分
蕤賓一四一四二一三五六二三七三〇九五五四
尺寸分
林鍾一三三四八三九八五四一七〇〇三四三六
尺寸分
夷則一二五九九二一〇四九八九四八七三一六
尺寸分
南呂一一八九二〇七一一五〇〇二七二一〇六
尺寸分
無射一一二二四六二〇四八三〇九三七二九八
尺寸分
應鍾一〇五九四六三〇九四三五九二九五二六

正律通長：

尺寸分
黃鍾一〇〇〇〇〇〇〇〇〇〇〇〇〇〇〇〇〇
尺寸分
大呂〇九四三八七四三一二六八一六九三四九
尺寸分
太簇〇八九〇八九八七一八一四〇三三九三〇
尺寸分
夾鍾〇八四〇八九六四一五二五三七一四五四
尺寸分
姑洗〇七九三七〇〇五二五九八四〇九九七三
尺寸分
仲呂〇七四九一五三五三八四三八三四〇七四
尺寸分
蕤賓〇七〇七一〇六七八一二八六五四七五二
尺寸分
林鍾〇六六七四一九九二七〇八五〇一七一八
尺寸分
夷則〇六二九九六〇五二四九四七四三六五八
尺寸分
南呂〇五九四六〇三五五七五〇一三六〇五三
尺寸分
無射〇五六一二三一〇二四一五四六八六四九
尺寸分
應鍾〇五二九七三一五四七一七九六四七六三

半律通長：

寸分
黃鍾〇五〇〇〇〇〇〇〇〇〇〇〇〇〇〇〇〇
寸分
大呂〇四七一九三七一五六三四〇八四六七四
寸分
太簇〇四四五四四九三五九〇七〇一六九六五
寸分
夾鍾〇四二〇四四八二〇七六二六八五七二七
寸分
姑洗〇三九六八五〇二六二九二〇四九八六
寸分
仲呂〇三七四五七六七六九二一九一七〇三七
寸分
蕤賓〇三五三五五三三九〇五九三二七三七六
寸分
林鍾〇三三三七〇九九六三五四二五〇八五九

寸分

夷則〇三一四九八〇二六二四七三七一八二九

寸分

南呂〇二九七三一七七八七五五〇六八〇二六

寸分

無射〇二八〇六一五五一二〇七七三四三二四

寸分

應鍾〇二六四八六五七七三五八九八二三八一

倍律外周：

寸分

黃鍾〇二二二二二二二二二二二二二二二二二

寸分

大呂〇二一五八九五九八六九二三〇二三五二

寸分

太蔟〇二〇九七四九八四七二六二五九八五五

寸分

夾鍾〇二〇三七七八六七六二六七七〇四七一

寸分

姑洗〇一九七九七七四九二九二〇〇七五四〇

寸分

仲呂〇一九二三四一四五八〇〇一三六五一一

寸分

蕤賓〇一八六八六五八七〇〇五六三八一〇〇

寸分

林鍾〇一八一五四六一六一四七一二三三三一

寸分

夷則〇一七六三七七八九四六六三一三三二七

寸分

南呂〇一七一三五六七五八三七八六六〇〇九

寸分

無射〇一六六四七八五六四〇九七四〇九〇五

寸分

應鍾〇一六一七三九二四二五三八〇二〇八一

倍律內周：

寸分

黃鍾〇一五七一三四八四〇二六三六七七二二與正律外周同。

寸分

大呂〇一五一六六一五一六三八四二三三二一二

寸分

太蔟〇一四八三一五五三九三五二二二二六〇四

寸分

夾鍾〇一四四〇九三二八三八五〇一一二一八

寸分

姑洗〇一三九九一二二七七六六〇九七〇一

寸分

仲呂〇一三六〇五九四九二五六〇七二八八〇

寸分

蕤賓〇一三二一三四一三三八八九一九一二三

寸分

林鍾〇一二八三七二五二一八七四六九七〇〇

寸分

夷則〇一二四七一八〇〇五三六七七〇八一〇

寸分

南呂〇一二一一六七五二五八五一六九五二九

寸分

無射〇一一七七一八一二五五九五四七七二五

寸分

應鍾〇一一四三六六九一五一八二六一〇二三

正律內周：

寸分

黃鍾○一一一一一一一一一一一一一一與半律外周同。

寸分

大呂○一○七九四七九九三四六一五一一七六

寸分

太蔟○一○四八七四九二三六三一二九九二七

寸分

夾鍾○一○一八八九三三八一三三八五二三五

寸分

姑洗○九八九八八七四六四六○○三七七○

寸分

仲呂○○九六一七○七二九○○○六八二五五

寸分

蕤賓○○九三四三二九三五○二八一九○五○

寸分

林鍾○○九○七七三○八○七三五六一六六五

寸分

夷則○○八八一八八九四三七三一五六六六三

寸分

南呂○○八五六七八三七九一八九三三○○四

寸分

無射○○八三二三九二八二○四八七○四五二

寸分

應鍾○○八○八六九六二二二六九○一○四○

半律內周：

分

黃鍾○○七八五六七四二○一三一八三八六一

分

大呂○○七六三三○七五八一九二一一六○六

分

太蔟○○七四一五七七六九六七六一一三○二

分

夾鍾○○七二○四六六四一九二五○五六○九

分

姑洗○○六九九九五六一三八八三○四八五○

分

仲呂○○六八○二九七四六二八○三六四四○

分

蕤賓○○六六○六七○六一九四四五九五六一

分

林鍾○○六四一八六二六○九三七四六二八○

分

夷則○○六二三五九○○二六八三八五四○五

分

南呂○○六○五八三七六二九二五八四七六四

分

無射○○五八八五九○六○七九七七三八六二

分

應鍾○○五七一八三四五七五九一三○五一一

倍律外徑：

分

黃鍾○○七○七一○六七八一一八六五四七五

分

大呂○○六八六九七六八二三七二九○四四五

分

太蔟○○六六七四一九九二七○八五○一七一

分

夾鍾○○六四八四一九七七七三二五五○四八

分

姑洗○○六二九九六○五二四九四七四三六五

分

仲呂〇〇六一二〇二六七七一六五二三二七六分

蕤賓〇〇五九四六〇三五五七五〇一三六〇五分

林鍾〇五七七六七六三四八四三六一三六五分

夷則〇〇五六一三三一〇二四一五四六八六四分

南呂〇〇五四五二五三八六六三三二六二八八分

無射〇〇五二九七三一五四七一七九六四七六分

應鍾〇〇五一四六五一一一八三二一七四六〇分

倍律内徑：

黃鍾〇〇五〇〇〇〇〇〇〇〇〇〇〇〇〇與正律外徑同。分

大呂〇〇四八五七六五九七〇五七六八〇二九分

太蔟〇〇四七一九三七一五六三四〇八四六七分

夾鍾〇〇四五八五〇二〇二一六〇二三三五六分

姑洗〇〇四四五四四九三五九〇七〇一六九六分

仲呂〇〇四三二七六八二八〇五〇三〇七一八分

蕤賓〇〇四二〇四四八二〇七六二六八五七二分

林鍾〇〇四〇八四七八八六三三一〇二七四九分

夷則〇〇三九六八五〇二六二九九二〇四九八分

南呂〇〇三八五五二七〇六三五一九八五二分

無射〇〇三七四五七六七六九二一九一七〇三分

應鍾〇〇三六三九一三二九五七一〇五四六八分

正律内徑：

黃鍾〇〇三五三五三三九〇五九三二七三七與半律外徑同。分

大呂〇〇三四三四八四一一八六四五二二二分

太蔟〇〇三三三七〇九九六三五四二五〇八五分

夾鍾〇〇三二四二〇九八八六六二七五二四分

姑洗〇〇三一四九八〇六二二四七三七一八二分

仲呂〇〇三〇六〇一三三八五八二六一六三八分

蕤賓〇〇二九七三〇一七七八七五〇六八〇二分

林鍾〇〇二八八八三八一七四二一八〇六八二分

夷則〇〇二八〇六一五五一二〇七七三四三二分

南呂〇〇二七二六二六九三三一六六三一四四分

無射〇〇二六四八六五七七三五八九八二三八分

應鍾〇〇二五七三二五五五九一六〇八七三〇分

半律內徑：

黃鍾〇〇二五〇〇〇〇〇〇〇〇〇〇〇分

大呂〇〇二四二八八二九八五二八八四〇一四分

太蔟〇〇二三五九六八五七八一七〇四二三三分

夾鍾〇〇二二九二五一〇一〇八〇一一六七八分

姑洗〇〇二二二七二四六七九五三五〇八四八分

仲呂〇〇二一六三八四一四〇二五一五三五七分

蕤賓〇〇二一〇二二四一〇八三一三四二八六分

林鍾〇〇二〇四二三九四三一六五五一三七四分

夷則〇〇一九八四二五一三一四九六〇二四九分

南呂〇〇一九二七七六三五三一七五九九二六分

無射〇〇一八七二八八三八四六〇九五八五一分

應鍾〇〇一八一九五六六四七八五五二七三四

倍律面冪：

十分

黃鍾〇一一九六四一八五五〇三二九五九六三十分

大呂〇一八五三九四四二四一九〇二八二五五十分

太蔟〇一七四九八九〇三四七〇七六二一一二七十分

夾鍾〇一六五一六七六五四八六一四八九〇三十分

姑洗〇一五五八九七五〇六七〇九六三五一三十分

仲呂〇一四七一四七六五一九九四三四六五六十分

蕤賓〇一三八八八八八八八八八八八八八八十分

林鍾〇一三一〇九三六五四五三九一二四〇九十分

夷則〇一二三七三五九三三〇七五〇四七一二十分

南呂〇一一六七九一一六八七八五二三八一三十分

無射〇一一〇二三六一八四一六四四五八二九十分

應鍾〇一〇四〇四九一〇二五六〇八八〇六五

正律面冪：

分

黃鍾〇〇九八二〇九二七五一六四七九八二六分

大呂〇〇九二六九七二一二〇九五一四一二七分

太簇〇〇八七四九四五一七三五三八一〇六三

分

夾鍾〇〇八二五八三八二七四三〇七四四五一
分

姑洗〇〇七七九四八七五三三五四八一七五六
分

仲呂〇〇七三五七三八二五九九七一七三二八
分

蕤賓〇〇六九四四四四四四四四四四四四四四
分

林鍾〇〇六五五四六八二七二六九五六二〇四
分

夷則〇〇六一八六七九六六五三七五二三五六
分

南呂〇〇五八三九五五八四三九二六一九〇六
分

無射〇〇五五一一八〇九二〇八二二二九一四
分

應鍾〇〇五二〇二四五五一二八〇四四〇三二
分

半律面冪：

黃鍾〇〇四九一〇四六三四八六〇六九九一三
分

大呂〇〇四六三四八六〇六〇四七五七〇六三
分

太簇〇〇四三七四七二五八六七六九〇五三一
分

夾鍾〇〇四一二九一九一三七一五三七二二五
分

姑洗〇〇三八九七四三七六六七四〇八七八八
分

仲呂〇〇三六七八六九一二九九八五八六六四
分

蕤賓〇〇三四七二二二二二二二二二二二二二
分

林鍾〇〇三二七七三四一三六三四七八一〇二
分

夷則〇〇三〇九三三九八三二六八七六一七八
分

南呂〇〇二九一九七七九二一九六三〇九五三
分

無射〇〇二七五五九〇四六〇四一一一四五七
分

應鍾〇〇二六〇一二二七五六四〇二二〇一六
分

倍律實積：

千百十分

黃鍾三九二八三七一〇〇六五九一九三〇六九
千百十分

大呂三四九九七八〇六九四一五二四二五四五
千百十分

太簇三一一七九五〇一三四一九二七〇二七二
千百十分

夾鍾二七七七七七七七七七七七七七七七七七
千百十分

姑洗二四七四七一八六六一五〇〇九四二五一
千百十分

仲呂二二〇四七二三六八三二八九一六五九三
千百十分

蕤賓一九六四一八五五〇三二九五九六五三四
千百十分

林鍾一七四九八九〇三四七〇七六二一一二七二

千百十分

夷則一五五八九七五〇六七〇九六三五一三六

千百十分

南吕一三八八八八八八八八八八八八八八八八

千百十分

無射一二三七三五九三三〇七五〇四七一二五

千百十分

應鍾一一〇二三六一八四一六四四五八二九六

正律實積：

百十分

黄鍾〇九八二〇九三七五一六四七九八二六七

百十分

大吕〇八七四九四五一七三五三八一〇六三六

百十分

太簇〇七七九四八七五三三五四八一七五六八

百十分

夾鍾〇六九四四四四四四四四四四四四四四四

百十分

姑洗〇六一八六七九六六五三七五二三五六二

百十分

仲吕〇五五一一八〇九二〇八二二二九一四八

百十分

蕤賓〇四九一〇四六三七五八二三九九一三三

百十分

林鍾〇四三七四七二五八六七六九〇五三一八

百十分

夷則〇三八九七四三七六六七七四〇八七八四

百十分

南吕〇三四七二二二二二二二二二二二二二二

百十分

無射〇三〇九三三九八三二六八七六一七八一

百十分

應鍾〇二七五五九〇四六〇四一一一四五七四

半律實積：

百十分

黄鍾〇二四五五二三一八七九一一九九五六六

百十分

大吕〇二一八七三六二九三三八四五二六五九

百十分

太簇〇一九四八七一八八三三八七〇四三九二

百十分

夾鍾〇一七三六一一一一一一一一一一一一一

百十分

姑洗〇一五四六六九九一六三四三八〇八九〇

百十分

仲吕〇一三七七九五二三〇二〇五五七二八七

百十分

蕤賓〇一二二七六一五九三九五五九九七八三

百十分

林鍾〇一〇九三六八一四六六九二二六三二九

百十分

夷則〇〇九七四三五九四一六九三五二一九六

百十分

南吕〇〇八六八〇五五五五五五五五五五五五

百十分

無射〇〇七七三三四九五八一七一九〇四四五

百十分

應鍾〇〇六八八九七六一五一〇二七八六四三

立成圖，校正筭(筭)術所用，而非造律之所用也。學筭之士，留心於此可也。若造律，則不必留心於此。但依《樂器圖樣篇》中所載通長及内外徑之數足矣。

又　**内篇卷四**　新舊法參校第六

古人筭律有四種法：其一以黄鍾爲十寸，每寸十分，共計百分；其二以黄鍾爲九寸，每寸十分，共計九十分；其三以黄鍾爲八寸一分，不作九寸；其四以黄鍾爲九寸，每寸九分，共計八十一分。

其一，出太史公《律書·生鍾分》。

謹按：生鍾分者，三分損益之舊法也。一切算術，皆取法於河圖、雒書。河圖十位，天地之體數也。雒書九位，天地之用數也。是故算律之術，或有約十而爲九者，著其用也；或有約九而爲十者，存其體也。下文約十爲九，此章約九爲十。先儒蓋未達，誤以九解之，恐非古人立法初意。若以十解之，尤簡易妙絶。

子一分。分字去聲。每條大經分字皆同。

子即黄鍾也。一分者，總爲一段也，即是夏尺之一尺也。命黄鍾爲一尺，故曰一分。《前漢書叙傳》曰：「元元本本，數始於一。産氣黄鍾，造計秒忽。」《律曆志》曰：「太極元氣，函三爲一，行於十二辰，始動於子。」又曰：「算法用竹，徑一分，象黄鍾之一。」此皆古人命黄鍾爲一尺之明證也。

丑三分二。

丑指林鍾，其長乃一尺中三分之二。算法：置一尺爲實，以二乘之，以三除之，得林鍾正律長六寸六分六釐六毫六絲六忽六微六纖。

寅九分八。

寅即太蔟，其長乃一尺中九分之八。算法：置一尺爲實，以八乘之，以九除之，得太蔟正律長八寸八分八釐八毫八絲八忽八微八纖。下文放此，故不細解。

卯二十七分一十六。

卯指南吕，依法乘除，得南吕正律，長五寸九分二釐五毫九絲二忽五微九纖。

辰八十一分六十四。

辰即姑洗，依法乘除，得姑洗正律，長七寸九分〇一毫二絲三忽四微五纖。

巳二百四十三分一百二十八。

巳指應鍾，依法乘除，得應鍾正律，長五寸二分六釐七毫四絲八忽九微七纖。

午七百二十九分五百一十二。

午即蕤賓，依法乘除，得蕤賓正律，長七寸〇二釐三毫三絲一忽九微六纖。

未二千一百八十七分一千〇二十四。

未指大吕，依法乘除，得大吕半律，長四寸六分八釐二毫二絲一忽三微〇。求正律則倍之。

申六千五百六十一分四千〇九十六。

申即夷則，依法乘除，得夷則正律，長六寸二分四釐二毫九絲五忽〇七纖。

酉一萬九千六百八十三分八千一百九十二。

酉指夾鍾，依法乘除，得夾鍾半律，長四寸一分六釐一毫九絲六忽七微一纖。求正律則倍之。

戌五萬九千〇四十九分三萬二千七百六十八。

戌即無射，依法乘除，得無射正律，長五寸五分四釐九毫二絲八忽九微五纖。

亥一十七萬七千一百四十七分六萬五千五百三十六。

亥指仲吕，依法乘除，得仲吕半律，長三寸六分九釐九毫五絲二忽六微三纖。求正律則倍之。

陽律即本位，故曰即某；陰吕指其衡，故曰指某。未、酉、亥三位，所得加一倍。是皆舊説，而學者須知也。

臣按：此法，歷代律家蓋多錯解，先臣何瑭始發明之。古人四法中，宜以此爲首，元元本本，數始於一故也。

其一，上文已見，兹不復載。但載乘除所得之數，謂之舊法，與新法並載之，參校同異云耳。

舊法黄鍾長十寸整一百分。	新法十寸整一百分。
林鍾長六寸六分六釐六毫有奇	六寸六分七釐四毫有奇
太蔟長八寸八分八釐八毫有奇	八寸九分〇八毫有奇
南吕長五寸九分二釐五毫有奇	五寸九分四釐六毫有奇
姑洗長七寸九分〇一毫有奇	七寸九分三釐七毫有奇
應鍾長五寸二分六釐七毫有奇	五寸二分九釐七毫有奇

續表

蕤賓長七寸〇二釐三毫有奇	七寸〇七釐一毫有奇
大呂長九寸三分六釐四毫有奇	九寸四分三釐八毫有奇
夷則長六寸二分四釐二毫有奇	六寸二分九釐九毫有奇
夾鍾長八寸三分二釐三毫有奇	八寸四分〇八毫有奇
無射長五寸五分四釐九毫有奇	五寸六分一釐二毫有奇
仲呂長七寸三分九釐九毫有奇	七寸四分九釐一毫有奇

其二，出京房律準及《後漢志》。

舊法黄鍾長九寸每寸十分，餘律放此。	新法九寸每寸十分，整九十分。
林鍾長六寸	六寸〇六毫有奇
太蔟長八寸	八寸〇一釐八毫有奇
南呂長五寸三分小分三强	五寸三分五釐一毫有奇
姑洗長七寸一分小分一微强	七寸一分四釐三毫有奇
應鍾長四寸七分小分四微强	四寸七分六釐七毫有奇
蕤賓長六寸三分小分二微强	六寸三分六釐三毫有奇
大呂長八寸四分小分三弱	八寸四分九釐四毫有奇
夷則長五寸六分小分二弱	五寸六分六釐九毫有奇
夾鍾長七寸四分小分九微弱	七寸五寸六釐八毫有奇
無射長四寸九分小分九强	五寸〇五釐一毫有奇
仲呂長六寸六分小分六弱	六寸七分四釐二毫有奇

其三，出《淮南子》及《晉書》《宋書》。

舊法黄鍾之數八十一或云八寸十分一。	新法八寸一分整八十一分。
林鍾之數五十四或云五寸十分四。	五寸四分〇六毫有奇
太蔟之數七十二或云七寸十分二。	七寸二分一釐六毫有奇

續表

南呂之數四十八或云四寸十分八。	四寸八分一釐六毫有奇
姑洗之數六十四或云六寸十分四。	六寸四分二釐八毫有奇
應鍾之數四十三《晉書》作二誤，《宋書》作三是。	四寸二分九釐〇有奇
蕤賓之數五十七《晉宋》皆作七，蔡氏作六誤。	五寸七分二釐七毫有奇
大呂之數七十六	七寸六分四釐五毫有奇
夷則之數五十一《晉書》有一字，《宋書》脱一字。	五寸一分〇二毫有奇
夾鍾之數六十八《晉書》作八是，《宋書》作七誤。	六寸八分一釐一毫有奇
無射之數四十五	四寸五分四釐五毫有奇
仲呂之數六十	六寸〇六釐八毫有奇

上層十二律，皆古人舊率，所謂三分損益者也。下層十二律，則新造密率，不用三分損益者也。凡算法歸除有不盡之數，然人目力所察至毫而止，絲忽雖有數，非目所及也。是故此條得毫而止，毫下細數但曰有奇，其詳則載諸第一卷中矣。

論曰：累黍造尺，不過三法，皆自古有之矣。曰横黍者，一黍之廣爲一分也。曰縱黍者，一黍之長爲一分也。曰斜黍者，非縱非横而首尾相銜也。黄鍾之律，其長以横黍言之，則爲一百分，太史公所謂子一分去聲。是也。以縱黍言之，則爲八十一分，平聲。《淮南子》所謂其數八十一是也。以斜黍言之，則爲九十分，前後《漢志》所謂九寸是也。今人宗九寸，不宗餘法者，惑於《漢志》之偏見也。苟能變通而不惑於一偏，則縱横斜黍皆合黄鍾矣。

三黍四律古今同異考

古法下生者，三分減一。三分減一，則爲二也，故用二因三歸。上生者，三分添一。三分添一，則爲四也，故用四因三歸。

別法下生者，五十乘之，七十五除之；上生者，一百乘之，七十五除之。所得與古同，而算術不同。

横黍百分律依舊法算

黄鍾長十寸。

舊法置黃鍾爲實，下生者二因三歸，得林鍾。
別法以五十乘之，七十五除之，亦得林鍾。
林鍾長六寸六分六釐六毫六絲六忽六微六纖有奇。
舊法置林鍾爲實，上生者四因三歸，得太蔟。
別法以一百乘之，七十五除之，亦得太蔟。
太蔟長八寸八分八釐八毫八絲八忽八微八纖有奇。
舊法置太蔟爲實，下生者二因三歸，得南吕。
別法以五十乘之，七十五除之，亦得南吕。
南吕長五寸九分二釐五毫九絲二忽五微九纖有奇。
舊法置南吕爲實，上生者四因三歸，得姑洗。
別法以一百乘之，七十五除之，亦得姑洗。
姑洗長七寸九分〇一毫二絲三忽四微五纖有奇。
舊法置姑洗爲實，下生者二因三歸，得應鍾。
別法以五十乘之，七十五除之，亦得應鍾。
應鍾長五寸二分六釐七毫四絲八忽九微七纖有奇。
舊法置應鍾爲實，上生者四因三歸，得蕤賓。
別法以一百乘之，七十五除之，亦得蕤賓。
蕤賓長七寸〇二釐三毫三絲一忽九微六纖有奇。
舊法置蕤賓爲實，上生者四因三歸，得大吕。
別法以一百乘之，七十五除之，亦得大吕。
大吕長九寸三分六釐四毫四絲二忽六微一纖有奇。
舊法置大吕爲實，下生者二因三歸，得夷則。
別法以五十乘之，七十五除之，亦得夷則。
夷則長六寸二分四釐二毫九絲五忽〇七纖有奇。
舊法置夷則爲實，上生者四因三歸，得夾鍾。
別法以一百乘之，七十五除之，亦得夾鍾。
夾鍾長八寸三分二釐三毫九絲三忽四微三纖有奇。
舊法置夾鍾爲實，下生者二因三歸，得無射。
別法以五十乘之，七十五除之，亦得無射。
無射長五寸五分四釐九毫二絲八忽九微五纖有奇。
舊法置無射爲實，上生者四因三歸，得仲吕。
別法以一百乘之，七十五除之，亦得仲吕。
仲吕長七寸三分九釐九毫〇五忽二微七纖有奇。
舊法置仲吕爲實，上生者四因三歸，得黃鍾。
別法以一百乘之，七十五除之，亦得黃鍾。
黃鍾長九寸八分六釐五毫四絲〇三微六纖有奇。
比黃鍾正律少一分三釐四毫五絲九忽六微三纖有奇。

斜黍九十分律依舊法算

黃鍾長九寸。
舊法置黃鍾爲實，下生者二因三歸，得林鍾。
別法以五十乘之，七十五除之，亦得林鍾。
林鍾長六寸。
舊法置林鍾爲實，上生者四因三歸，得太蔟。
別法以一百乘之，七十五除之，亦得太蔟。
太蔟長八寸。
舊法置太蔟爲實，下生者二因三歸，得南吕。
別法以五十乘之，七十五除之，亦得南吕。
南吕長五寸三分三釐三毫三絲三忽三微三纖有奇。
舊法置南吕爲實，上生者四因三歸，得姑洗。
別法以一百乘之，七十五除之，亦得姑洗。
姑洗長七寸一分一釐一毫一絲一忽一微一纖有奇。
舊法置姑洗爲實，下生者二因三歸，得應鍾。
別法以五十乘之，七十五除之，亦得應鍾。
應鍾長四寸七分四釐〇七絲四忽〇七纖有奇。
舊法置應鍾爲實，上生者四因三歸，得蕤賓。
別法以一百乘之，七十五除之，亦得蕤賓。
蕤賓長六寸三分二釐〇九絲八忽七微六纖有奇。
舊法置蕤賓爲實，上生者四因三歸，得大吕。
別法以一百乘之，七十五除之，亦得大吕。
大吕長八寸四分二釐七毫九絲八忽三微五纖有奇。

舊法置大呂爲實，下生者二因三歸，得夷則。
別法以五十乘之，七十五除之，亦得夷則。
夷則長五寸六分一釐八毫六絲五忽五微六纖有奇。
舊法置夷則爲實，上生者四因三歸，得夾鍾。
別法以一百乘之，七十五除之，亦得夾鍾。
夾鍾長七寸四分九釐一毫五絲四忽〇九纖有奇。
舊法置夾鍾爲實，下生者二因三歸，得無射。
別法以五十乘之，七十五除之，亦得無射。
無射長四寸九分九釐四毫三絲六忽〇六纖有奇。
舊法置無射爲實，上生者四因三歸，得仲呂。
別法以一百乘之，七十五除之，亦得仲呂。
仲呂長六寸六分五釐九毫一絲四忽七微四纖有奇。
舊法置仲呂爲實，上生者四因三歸，得黃鍾。
別法以一百乘之，七十五除之，亦得黃鍾。
黃鍾長八寸八分七釐八毫八絲六忽三微三纖有奇。
比黃鍾正律少一分二釐一毫一絲三忽六微六纖有奇。
縱黍八十一分律依舊法算不作九十。
此法有二：出《史記・律書》者，是三分損益法；出《淮南子》書者，非三分損益法，故律數頗不同，今並載之。
其一，出《史記・律書》。
原文誤字，朱熹、蔡元定皆辨之已詳。茲不復載。但載乘除所得之數。
黃鍾長八寸一分。
舊法置黃鍾爲實，下生者二因三歸，得林鍾。
別法以五十乘之，七十五除之，亦得林鍾。
林鍾長五寸四分。
舊法置林鍾爲實，上生者四因三歸，得太蔟。
別法以一百乘之，七十五除之，亦得太蔟。
太蔟長七寸二分。
舊法置太蔟爲實，下生者二因三歸，得南呂。
別法以五十乘之，七十五除之，亦得南呂。
南呂長四寸八分。
舊法置南呂爲實，上生者四因三歸，得姑洗。
別法以一百乘之，七十五除之，亦得姑洗。
姑洗長六寸四分。
舊法置姑洗爲實，下生者二因三歸，得應鍾。
別法以五十乘之，七十五除之，亦得應鍾。
應鍾長四寸二分六釐六毫六絲六忽六微六纖有奇。
舊法置應鍾爲實，上生者四因三歸，得蕤賓。
別法以一百乘之，七十五除之，亦得蕤賓。
蕤賓長五寸六分八釐八毫八絲八忽八微八纖有奇。
舊法置蕤賓爲實，上生者四因三歸，得大呂。
別法以一百乘之，七十五除之，亦得大呂。
大呂長七寸五分八釐五毫一絲八忽五微一纖有奇。
舊法置大呂爲實，下生者二因三歸，得夷則。
別法以五十乘之，七十五除之，亦得夷則。
夷則長五寸〇五釐六毫七絲九忽〇一纖有奇。
舊法置夷則爲實，上生者四因三歸，得夾鍾。
別法以一百乘之，七十五除之，亦得夾鍾。
夾鍾長六寸七分四釐二毫三絲八忽六微八纖有奇。
舊法置夾鍾爲實，下生者二因三歸，得無射。
別法以五十乘之，七十五除之，亦得無射。
無射長四寸四分九釐四毫九絲二忽四微五纖有奇。
舊法置無射爲實，上生者四因三歸，得仲呂。
別法以一百乘之，七十五除之，亦得仲呂。
仲呂長五寸九分九釐三毫二絲三忽二微七纖有奇。
舊法置仲呂爲實，上生者四因三歸，得黃鍾。
別法以一百乘之，七十五除之，亦得黃鍾。
黃鍾長七寸九分九釐〇九絲七忽六微九纖有奇。
比黃鍾正律少一分〇九毫〇二忽三微〇有奇。
其二，出《淮南子》書。

晉宋二志及蔡元定所引，互有誤字，上文已辨之，茲不載。

黄鍾位子，其數八十一，主十一月，下生林鍾。

舊法置八十一分爲實，下生者以五百乘之，得四萬〇五百分，以七百四十九爲法除之，得五十四分，爲林鍾。餘數在半分已下，棄之不用。

林鍾之數五十四，主六月，上生太蔟。

舊法置五十四分爲實，上生者以一千乘之，得五萬四千分，以七百四十九爲法除之，得七十二分，爲太蔟。餘數在半分以下，棄之不用。

太蔟之數七十二，主正月，下生南吕。

舊法置七十二分爲實，下生者以五百乘之，得三萬六千分，以七百四十九爲法除之，得四十八分，爲南吕。餘數在半分已下，棄之不用。

南吕之數四十八，主八月，上生姑洗。

舊法置四十八分爲實，上生者以一千乘之，得四萬八千分，以七百四十九爲法除之，得六十四分，爲姑洗。餘數在半分已下，棄之不用。

姑洗之數六十四，主三月，下生應鍾。

舊法置六十四分爲實，下生者以五百乘之，得三萬二千分，以七百四十九爲法除之，得四十二分，餘數在半分已上，收之作四十三分，爲應鍾。

應鍾之數四十三，主十月，上生蕤賓。

舊法置四十三分爲實，上生者以一千乘之，得四萬三千分，以七百四十九爲法除之，得五十七分，爲蕤賓。餘數在半分已下，棄之不用。

蕤賓之數五十七，主五月，上生大吕。

舊法置五十七分爲實，上生者以一千乘之，得五萬七千分，以七百四十九爲法除之，得七十六分，爲大吕。餘數在半分已下，棄之不用。

大吕之數七十六，主十二月，下生夷則。

舊法置七十六分爲實，下生者以五百乘之，得三萬八千分，以七百四十九爲法除之，得五十分，餘數在半分已上，收之作五十一分，爲夷則。

夷則之數五十一，主七月，上生夾鍾。

舊法置五十一分爲實，上生者以一千乘之，得五萬一千分，以七百四十九爲法除之，得六十八分，爲夾鍾。餘數在半分已下，棄之不用。

夾鍾之數六十八，主二月，下生無射。

舊法置六十八分爲實，下生者以五百乘之，得三萬四千分，以七百四十九爲法除之，得四十五分，爲無射。餘數在半分已下，棄之不用。

無射之數四十五，主九月，上生仲吕。

舊法置四十五分爲實，上生者以一千乘之，得四萬五千分以七百四十九爲法除之，得六十分，爲仲吕。餘數在半分已下，棄之不用。

仲吕之數六十，主四月，極不生。

舊法以爲極不生者，言不復上生黄鍾也。

論曰：三分損益，往而不返，其弊蓋由七五爲法，法太過而實不及也。《史記》《漢書》所載律，皆三分損益。惟《淮南子》及晉、宋書所載此法，獨非三分損益，蓋與新法頗同。其所不同者，仲吕不復生黄鍾耳。是知新法非自古所未有，疑古有之，失其傳也。若夫半已上收之，半已下棄之，此理律曆家所共曉，故不論焉。

其四，出《後漢志註》引《禮運》古註。

《後漢志註》引《禮運》古註曰：「宫數八十一，黄鍾長九寸，九九八十一也。三分宫去一生徵，徵數五十四，林鍾長六寸，六九五十四也。三分徵益一生商，商數七十二，太蔟長八寸，八九七十二也。三分商去一生羽，羽數四十八，南吕長五寸三分寸之一，五九四十五又三分寸之一，爲四十八也。三分羽益一生角，角數六十四，姑洗長七寸九分寸之一，七九六十三又九分寸之一，爲六十四也。三分角去一生變宫，三分變宫益一生變徵。自此已後則隨月而變，所謂還相爲宫。」

臣按：右一節乃九分爲寸之舊法也，語簡義精，爲律學之切要。然今本十三經《禮記註疏》中無此文，不可考也。朱熹、蔡元定皆宗九分爲寸之法，而不引此爲證，蓋未之詳考耳。

縱黍八十一分律依舊法算命作九寸。

此法有二：出《周禮註疏》者，係漢鄭氏算法；出《性理大全》者，係宋蔡氏算法。二家律實同，而算法不同。

其一，出《周禮註疏》。

鄭康成宗劉歆、班固之説，以六陽律配乾六爻，以六陰吕配坤六爻。故謂黄鍾爲初九，林鍾爲初六，太蔟爲九二，南吕爲六二之類。同位象夫妻，指初九之與初六也。異位象母子，指初六之與九二也。此係穿鑿，今皆不取，祇取其算法云。

黄鍾長九寸。每寸九分，餘律放此。

舊法置黄鍾長九寸爲實，下生者二因，得十八寸，三歸得六寸，爲林鍾。

林鍾長六寸。

舊法置林鍾長六寸爲實，上生者四因，得二十四寸，三歸得八寸，爲太蔟。

太蔟長八寸。

舊法置太蔟長八寸爲實，下生者二因，得十六寸，三歸得五寸而餘一，命作三分寸之一，爲南吕。

南吕長五寸三分寸之一。

舊法置南吕長五寸，以分母三通之，得十五寸，納分子之一共得十六寸，上生者四因，得六十四寸爲實，三因分母三得九爲法，除之得七寸而餘一，命作九分寸之一，爲姑洗。

姑洗長七寸九分寸之一。

舊法置姑洗長七寸，以分母九通之，得六十三寸，納分子之一，共得六十四寸，下生者二因，得一百二十八寸爲實，三因分母九得二十七爲法，除之得四寸而餘二十，命作二十七分寸之二十，爲應鍾。

應鍾長四寸二十七分寸之二十。

舊法置應鍾長四寸，以分母二十七通之，得一百〇八寸，納分子之二十共得一百二十八寸，上生者四因，得五百一十二寸爲實，三因分母二十七，得八十一爲法，除之得六寸，而餘二十六命作八十一分寸之二十六，爲蕤賓。

蕤賓長六寸八十一分寸之二十六。

舊法置蕤賓長六寸，以分母八十一通之，得四百八十六寸，納分子之二十六，共得五百一十二寸，上生者四因，得二千〇四十八寸爲實，三因分母八十一，得二百四十三爲法，除之得八寸而餘一百〇四，命作二百四十三分寸之一百〇四，爲大吕。

大吕長八寸二百四十三分寸之一百〇四。

舊法置大吕長八寸，以分母二百四十三通之，得一千九百四十四寸，納分子之一百〇四，共得二千〇四十八寸，下生者二因，得四千〇九十六寸爲實，三因分母二百四十三，得七百二十九爲法，除之得五寸而餘四百五十一，命作七百二十九分寸之四百五十一，爲夷則。

夷則長五寸七百二十九分寸之四百五十一。

舊法置夷則長五寸，以分母七百二十九通之，得三千六百四十五寸，納分子之四百五十一，共得四千〇九十六寸，上生者四因，得一萬六千三百八十四寸爲實，三因分母七百二十九，得二千一百八十七爲法，除之得七寸而餘一千〇七十五，命作二千一百八十七分寸之一千〇七十五，爲夾鍾。

夾鍾長七寸二千一百八十七分寸之一千〇七十五。

舊法置夾鍾長七寸，以分母二千一百八十七通之，得一萬五千三百〇九寸，納分子之一千〇七十五，共得一萬六千三百八十四寸，下生者二因，得三萬二千七百六十八寸爲實，三因分母二千一百八十七，得六千五百六十一爲法，除之得四寸而餘六千五百二十四，命作六千五百六十一分寸之六千五百二十四，爲無射。

無射長四寸六千五百六十一分寸之六千五百二十四。

舊法置無射長四寸，以分母六千五百六十一通之，得二萬六千二百四十四寸，納分子之六千五百二十四，共得三萬二千七百六十八寸，上生者四因，得十三萬一千〇七十二寸爲實，三因分母六千五百六十一，得一萬九千六百八十三爲法，除之得六寸而餘一萬二千九百七十四，命作一萬九千六百八十三分寸之一萬二千九百七十四，爲仲吕。

仲吕長六寸一萬九千六百八十三分寸之一萬二千。

舊法置仲吕長六寸，以分母一萬九千六百八十三通之，得十一萬八千〇九十八寸，納分子之一萬二千九百七十四，共得十三萬一千〇七十二寸，上生者四因，得五十二萬四千二百八十八寸爲實，三因分母一萬九千六百八十三，得五萬九千〇四十九寸爲法，除之得八寸而餘五萬一千八百九十六，命作五萬九千〇四十九分寸之五萬一千八百九十六，爲黄鍾。

黄鍾長八寸五萬九千〇四十九分寸之五萬一千八百九十六，比黄鍾正律少五萬九千〇四十九分寸之七千一百五十三。

已上諸律出於《周禮註疏》，漢鄭康成之算術也。

其二，出《性理大全》。

古法與蔡元定算法不同，是故名爲别法。法雖不同，而算出之數則同焉。今並列之，以便參考。

黄鍾長九寸。

舊法置黄鍾之率十七萬七千一百四十七爲實，以寸法一萬九千六百八十三除之，得九寸。

別法置黄鍾長一尺爲實，九因一遍退位，命作九寸。

林鍾長六寸。

舊法置林鍾之率十一萬八千〇九十八爲實，以寸法一萬九千六百八十三除之，得六寸。

別法置林鍾長六寸六分六釐六毫六絲六忽六微六纖爲實，九因一遍，命作六寸。

大蔟長八寸。

舊法置太蔟之率十五萬七千四百六十四爲實，以寸法一萬九千六百八十三除之，得八寸。

別法置太蔟長八寸八分八釐八毫八絲八忽八微八纖爲實，九因一遍，命作八寸。

南吕長五寸三分。

舊法置南吕之率十萬〇四千九百七十六爲實，以寸法一萬九千六百八十三除之，得五寸；餘六千五百六十一爲實，以分法二千一百八十七除之，得三分。共得五寸三分。

別法置南吕長五寸九分二釐五毫九絲二忽五微九纖爲實，九因一遍至寸位住，得五寸；又九因一遍至分位住，得三分。共得五寸三分。

姑洗長七寸一分。

舊法置姑洗之率十三萬九千九百六十八爲實，以寸法一萬九千六百八十三除之，得七寸；餘二千一百八十七爲實，以分法二千一百八十七除之，得一分。共得七寸一分。

別法置姑洗長七寸九分〇一毫二絲三忽四微五纖爲實，九因一遍至寸位住，得七寸；又九因一遍至分位住，得一分。共得七寸一分。

應鍾長四寸六分六釐。

舊法置應鍾之率九萬三千三百一十二爲實，以寸法一萬九千六百八十三除之，得四寸；餘一萬四千五百八十爲實，以分法二千一百八十七除之，得六分；餘一千四百五十八爲實，以釐法二百四十三除之，得六釐。共得四寸六分六釐。

別法置應鍾長五寸二分六釐七毫四絲八忽九微七纖爲實，九因一遍至寸位住，得四寸；又九因一遍至分位住，得六分；又九因一遍至釐位住，得六釐。共得四寸六分六釐。

蕤賓長六寸二分八釐。

舊法置蕤賓之率十二萬四千四百一十六爲實，以寸法一萬九千六百八十三除之，得六寸；餘六千三百一十八爲實，以分法二千一百八十七除之，得二分；餘一千九百四十四爲實，以釐法二百四十三除之，得八釐。共得六寸二分八釐。

別法置蕤賓長七寸〇二釐三毫三絲一忽九微六纖爲實，九因一遍至寸位住，得六寸；又九因一遍至分位住，得二分；又九因一遍至釐位住，得八釐。共得六寸二分八釐。

大吕長八寸三分七釐六毫。

舊法置大吕之率十六萬五千八百八十八爲實，以寸法一萬九千六百八十三除之，得八寸；餘八千四百二十四爲實，以分法二千一百八十七除之，得三分；餘一千八百六十三爲實，以釐法二百四十三除之，得七釐；餘一百六十二爲實，以毫法二十七除之，得六毫。共得八寸三分七釐六毫。

別法置大吕長九寸三分六釐四毫四絲二忽六微一纖爲實，九因一遍至寸位住，得八寸；又九因一遍至分位住，得三分；又九因一遍至釐位住，得七釐；又九因一遍至毫位住，得六毫。共得八寸三分七釐六毫。

夷則長五寸五分五釐一毫。

舊法置夷則之率十一萬〇五百九十二爲實，以寸法一萬九千六百八十三除之，得五寸；餘一萬二千一百七十七爲實，以分法二千一百八十七除之，得五分；餘一千二百四十二爲實，以釐法二百四十三除之，得五釐；餘二十七爲實，以毫法二十七除之，得一毫。共得五寸五分五釐一毫。

別法置夷則長六寸二分四釐二毫九絲五忽〇七纖爲實，九因一遍至寸位住，得五寸；又九因一遍至分位住，得五分；又九因一遍至釐位住，得五釐；又九因一遍至毫位住，得一毫。共得五寸五分五釐一毫。

夾鍾長七寸四分三釐七毫三絲。

舊法置夾鍾之率十四萬七千四百五十六爲(貴)[實]，以寸法一萬九千六百八十三除之，得七寸；餘九千六百七十五爲實，以分法二千一百八十七除之，得四分；餘九百二十七爲實，以釐法二百四十三除之，得三釐；餘一百九十八爲實，以毫法二十七除之，得七毫；餘九爲實，以絲法三除之，得三絲。共得七寸四分三釐七毫三絲。

別法置夾鍾長八寸三分二釐三毫九絲三忽四微爲實，九因一遍至寸位住，得七寸；又九因一遍至分位住，得四分；又九因一遍至釐位住，得三釐；又九因一遍至毫位住，得七毫；又九因一遍至絲位住，得三絲。共得七寸四分三釐七毫三絲。

無射長四寸八分八釐四毫八絲。

舊法置無射之率九萬八千三百〇四爲實，以寸法一萬九千六百八十三除之，得四寸；餘一萬九千五百七十二爲實，以分法二千一百八十七除之，得八分；餘二千〇七十六爲實，以釐法二百四十三除之，得八釐；餘一百三十二爲實，以毫法二十七除之，得四毫；餘二十四爲實，以絲法三除之，得八絲。共得四寸八分八釐四毫八絲。

別法置無射長五寸五分四釐九毫二絲八忽九微五纖爲實，九因一遍至寸位住，得四寸；又九因一遍至分位住，得八分；又九因一遍至釐位住，得八釐；又九因一遍至毫位住，得四毫；又九因一遍至絲位住，得八絲。共得四寸八分八釐四毫八絲。

仲吕長六寸五分八釐三毫四絲六忽。

舊法置仲吕之率十三萬一千〇七十二爲實，以寸法一萬九千六百八十三除之，得六寸；餘一萬二千九百七十四爲實，以分法二千一百八十七除之，得五分；餘二千〇三十九爲實，以釐法二百四十三除之，得八釐；餘九十五爲實，以毫法二十七除之，得三毫；餘十四爲實，以絲法三除之，得四絲，餘二不盡。共得六寸五分八釐三毫四絲，餘二不盡。

別法置仲吕長七寸三分九釐九毫〇五忽二微七纖爲實，九因一遍至寸位住，得六寸；又九因一遍至分位住，得五分；又九因一遍至釐位住，得八釐；又九因一遍至毫位住，得三毫；又九因一遍至絲位住，得四絲；又九因一遍至忽位住，得六忽。共得六寸五分八釐三毫四絲六忽。

已上諸律出於《性理大全》，宋蔡元定之算法也。

論曰：古人算律之妙，二種而已。一以縱黍之長爲分，九分爲寸，九寸爲黄鍾，凡八十一分，取象雒書之九自相乘之數焉，此《淮南子》之所載也。一以横黍之廣爲分，十分爲寸，十寸爲黄鍾，凡一百分，取象河圖之十自相乘之數焉，此太史公之所記也。二術雖異，其律則同，蓋縱黍之八十一分適當横黍之一百分耳，本無九十分爲黄鍾者也。至於劉歆、班固乃以九十分爲黄鍾，推原其誤，蓋自京房始也。房時去古未遠，明知古法九分爲寸，以其布算頗煩，初學難曉，乃變九而爲十；恐人不曉其意，故云「不盈寸者十之，所得爲分」。此創始之辭也。至歆則又以九分乘九十分，得八百一十分，命爲黄鍾積實，欲牽合於黄鍾一龠之數。夫古曆法以二十九日，九百四十分之四百九十九爲朔餘算法，除之得五十三刻有奇。洛下閎以八十一分之四十三爲朔餘算法，除之亦得五十三刻有奇。若以八百一十爲法除之，止得五刻有奇，不滿朔餘之數。是閎歷以八十一分爲法，取象黄鍾一龠之長，非謂積實也。則黄鍾決無長九十分、積八百一十分之理矣。淮南子、太史公、洛下閎此三人，前漢律曆之學無出其右者，皆謂黄鍾九寸即是八十一分，世儒不信何也？朱熹、蔡元定始能表章九分爲寸之法，有功律學亦多，但未勘破王莽、劉歆、班固之謬，是猶有遺憾焉。

又 朱載堉 《律吕正論》卷一 律管説上第五

律管，自先秦管仲、吕不韋已來，至漢劉安、落下閎、司馬遷、京房、劉歆，各家不同，學者疑之，未知適從。推其本原，無不同也。蓋同者，律管也。不同者，筭術尺度也。總而言之，不過縱黍、斜黍、横黍三者耳。《管子》謂九九以是生黄鍾。九九者，八十一。《淮南》謂黄鍾其數八十一。太史公謂黄鍾八寸十分一。落下閎謂日法象黄鍾八十一。此四人者最先言律，雖云黄鍾九寸，蓋指縱黍九分之寸。至京房、劉歆，漸漸支離，故有九十分及八百一十分之説。落下閎朔策，二十九日八十一分日之四十三。筭術八十一者，母也，法也。四十三者，子也，實也。以法除實，得五十三刻有奇，與今朔策二九五三同也。京房謂律不盈寸者十之，始以黄鍾爲九十分。劉歆因京房之説，遂以空圍九分，與九十分相乘，得八百一十分。此非閎本法矣。以八百一十分爲法，除閎之四十三，止得五刻有奇。不獨與閎異，亦與歆曆異。按《前漢志》三統曆法，朔策二千三百九十二，則不用八百一十，是知黄鍾長九十分，積八百一十分，非也。噫！世間最不知律者，蔡元定其人也。所著律書首條即謬，故余嘗辨之曰：黄鍾長九寸，則是矣；横黍九十分，則非也。縱長八十一分，則是矣；積八百一十分，則非也。空圍周九分，則是矣；面羃九方分，則非也。由夫横黍九十分之誤，故有八百一十分之説。由夫八百一十分之誤，故有面羃九方分之説。壞律吕之學者，元定是也。世儒多不留心於律，惟元定著《律吕新書》，而編入《性理大全》。至今儒者，稍知所尚，元定爲有功。然不宗先秦而取法前漢，此又大罪，故余嘗評之曰：謬哉元定，開來繼往，祖述劉歆，憲章王莽，功之首，罪之魁也。今不暇與之細辨，惟載乘除捷徑之法，著於此篇，以示具眼者。

第一筭縱黍八十一分律

黄鍾縱黍律長九寸。

每寸九分，大吕已下十一律，每寸皆作十分筭。

以九分乘九寸，此謂九分之寸。

得八寸十分一。此謂十分之寸。

載堉曰：八寸十分一，猶言八十一分也。以九分乘九寸，而得八寸一分，此與尋常定位不同。文義高古，不獨儒者難曉，雖善筭者定位亦難，故劉歆以爲八百一十分，而褚先生改作八寸七分一也。沈括、蔡元定辨七當作十，其論最是。

新法，置八寸一分，以五寸乘之，得四十寸〇五分爲實，以五寸二分九釐七毫爲法除之，得大吕。

大吕縱黍律長七寸六分四釐五毫。

《淮南》以爲大吕之數七十六。少四釐五毫。

《史記》以爲大吕七寸五分三分一。蔡本五作四誤。

元定以爲大吕七寸五分三分二。

《淮南》親，《史記》、元定皆疎遠。

新法，置大吕長七寸六分四釐五毫在位，五寸乘之爲實，五寸二分九釐七毫爲法除之，得太蔟。

太蔟縱黍律長七寸二分一釐六毫。

《淮南》以爲太蔟之數七十二。少一釐六毫。

《史記》以爲太蔟長七寸七分二。七當作十。

元定以爲太蔟長七寸十分二。

三家皆親。

新法，置太蔟長七寸二分一釐六毫在位，五寸乘之爲實，五寸二分九釐七毫爲法除之，得夾鍾。

夾鍾縱黍律長六寸八分一釐一毫。

《淮南》以爲夾鍾之數六十八。少一釐一毫。

《史記》以爲夾鍾長六寸一分三分一。

元定以爲夾鍾長六寸七分三分一。

《淮南》親，元定疎，《史記》疎遠。

新法，置夾鍾長六寸八分一釐一毫在位，五寸乘之爲實，五寸二分九釐七毫爲法除之，得姑洗。

姑洗縱黍律長六寸四分二釐九毫。

《淮南》以爲姑洗之數六十四。少二釐九毫。

《史記》以爲姑洗長六寸七分四。七當作十。

元定以爲姑洗長六寸十分四。

三家皆親。

新法，置姑洗長六寸四分二釐九毫在位，五寸乘之爲實，五寸二分九釐七毫爲法除之，得仲吕。

仲吕縱黍律長六寸〇分六釐八毫。

《淮南》以爲仲吕之數六十。少六釐八毫。

《史記》以爲仲吕長五寸九分三分二。

元定以爲仲吕長五寸九分三分二。

《淮南》次親，《史記》、元定皆疎遠。

新法，置仲吕長六寸〇分六釐八毫在位，五寸乘之爲實，五寸二分九釐七毫爲法除之，得蕤賓。

蕤賓縱黍律長五寸七分二釐七毫。

《淮南》以爲蕤賓之數五十七。少二釐七毫，蔡本作六誤。

《史記》以爲蕤賓長五寸六分三分一。

元定以爲蕤賓長五寸六分三分二。

《淮南》親，元定疎，《史記》疎遠。

新法，置蕤賓長五寸七分二釐七毫在位，五寸乘之爲實，五寸二分九釐七毫爲法除之，得林鍾。

林鍾縱黍律長五寸四分〇釐六毫。

《淮南》以爲林鍾之數五十四。少六毫。

《史記》以爲林鍾長五寸七分四。七當作十。

元定以爲林鍾長五寸十分四。

三家皆親。

新法，置林鍾長五寸四分〇釐六毫在位，五寸乘之爲實，五寸二分九釐七毫爲法除之，得夷則。

夷則縱黍律長五寸一分〇釐三毫。

《淮南》以爲夷則之數五十一。少三毫。

《史記》以爲夷則長五寸四分三分二。多三分奇。

元定以爲夷則長五寸〇分三分二。

《淮南》親，元定次親，《史記》太疎遠。

新法，置夷則長五寸一分〇釐三毫在位，五寸乘之爲實，五寸二分九釐七毫爲法除之，得南呂。

南呂縱黍律長四寸八分一釐六毫。

《淮南》以爲南呂之數四十八。少一釐六毫。

《史記》以爲南呂長四寸七分八。七當作十。

元定以爲南呂長四寸十分八。

三家皆親。

新法，置南呂長四寸八分一釐六毫在位，五寸乘之爲實，五寸二分九釐七毫爲法除之，得無射。

無射縱黍律長四寸五分四釐六毫。

《淮南》以爲無射之數四十五。少四釐六毫。

《史記》以爲無射長四寸四分三分二。

元定以爲無射長四寸四分三分二。

《淮南》次親，《史記》、元定皆疎。

新法，置無射長四寸五分四釐六毫在位，五寸乘之爲實，五寸二分九釐七毫爲法除之，得應鍾。

應鍾縱黍律長四寸二分九釐一毫。

《淮南》以爲應鍾之數四十三。多九毫，蔡氏本三作二誤。

《史記》以爲應鍾長四寸二分三分二。

元定以爲應鍾長四寸二分三分二。

三家皆親。

第二筭斜黍九十分律斜黍黍首尾相銜也。

黃鍾斜黍律長九寸。每寸十分。以十分乘九寸，得九十分。

新法，置九寸在位，五寸乘之，得四十五寸爲實，五寸二分九釐七毫爲法除之，得大呂。

大呂斜黍律長八寸四分九釐五毫。

《後漢志》大呂律八寸四分小分三。少六釐五毫。

新法，置大呂長八寸四分九釐五毫在位，五寸乘之爲實，五寸二分九釐七毫爲法除之，得太蔟。

太蔟斜黍律長八寸〇分一釐八毫。

《後漢志》太蔟律八寸。少一釐八毫。

新法，置太蔟長八寸〇分一釐八毫在位，五寸乘之爲實，五寸二分九釐七毫爲法除之，得夾鍾。

夾鍾斜黍律長七寸五分六釐八毫。

《後漢志》夾鍾律七寸四分小分九。少七釐八毫。

新法，置夾鍾長七寸五分六釐八毫在位，五寸乘之爲實，五寸二分九釐七毫爲法除之，得姑洗。

姑洗斜黍律長七寸一分四釐三毫。

《後漢志》姑洗律七寸一分小分一。少三釐三毫。

新法，置姑洗長七寸一分四釐三毫在位，五寸乘之爲實，五寸二分九釐七毫爲法除之，得仲呂。

仲呂斜黍律長六寸七分四釐二毫。

《後漢志》仲呂律六寸六分小分六。少八釐二毫。

新法，置仲呂長六寸七分四釐二毫在位，五寸乘之爲實，五寸二分九釐七毫爲法除之，得蕤賓。

蕤賓斜黍律長六寸三分六釐四毫。

《後漢志》蕤賓律六寸三分小分二。少四釐四毫。

新法，置蕤賓長六寸三分六釐四毫在位，五寸乘之爲實，五寸二分九釐七毫爲法除之，得林鍾。

林鍾斜黍律長六寸〇分〇釐七毫。

《後漢志》林鍾律六寸。少七毫。

新法，置林鍾長六寸〇分〇釐七毫在位，五寸乘之爲實，五寸二分九釐七毫為法除之，得夷則。

夷則斜黍律長五寸六分七釐〇毫。

《後漢志》夷則律五寸六分小分二。少五釐。

新法，置夷則長五寸六分七釐〇毫在位，五寸乘之為實，五寸二分九釐七毫為法除之，得南呂。

南呂斜黍律長五寸三分五釐二毫。

《後漢志》南呂律五寸三分小分三。少二釐二毫。

新法，置南呂長五寸三分五釐二毫在位，五寸乘之為實，五寸二分九釐七毫為法除之，得無射。

無射斜黍律長五寸〇分五釐一毫。

《後漢志》無射律四寸九分小分九。少六釐一毫。

新法，置無射長五寸〇分五釐一毫在位，五寸乘之為實，五寸二分九釐七毫為法除之，得應鍾。

應鍾斜黍律長四寸七分六釐七毫。

《後漢志》應鍾律四寸七分小分四。少二釐七毫。

第三筭橫黍一百分律

黃鍾橫黍律長十寸。

每寸十分。以十分乘十寸，得一百分。

載堉曰：前二法，世儒多知之，惟此法少有知者，故詳解之。按《史記·生鍾分》曰：「子一分。」分字，去聲。每條大經分字皆同，讀作去聲。子，即黃鍾也。一分者，總為一段也，即橫黍尺之一尺也。命黃鍾為一尺，故謂之一分。《前漢書敘傳》曰：「元元本本，數始於一，產氣黃鍾，造計秒忽。」《律曆志》曰：「太極元氣，函三為一，行於十二辰，始動於子。」又曰：「筭法用竹，徑一分，象黃鍾之一。」皆古人命黃鍾為一尺之明證也。古黃鍾管，長尺，圍寸。長尺即是十寸，圍寸即是十分。《史記》曰：「黃鍾子，一分。」去聲。

置一尺為實，以一為法除之，仍得一尺，故黃鍾長十寸。

新法，置十寸在位，五寸乘之，得五十寸為實，五寸二分九釐七毫為法除之，得大呂。

大呂橫黍律長九寸四分三釐九毫。

《史記》曰：「大呂未，二千一百八十七分一千〇二十四。」

置一尺在位，以分子一千〇二十四乘之為實，以分母二千一百八十七為法除之，得大呂半律，倍之得正律九寸三分六釐四毫。比新法少七釐五毫。

新法，置大呂長九寸四分三釐九毫在位，五寸乘之為實，五寸二分九釐七毫為法除之，得太蔟。

太蔟橫黍律長八寸九分〇釐九毫。

《史記》曰：「太蔟寅，九分八。」

置一尺在位，以分子八乘之為實，以分母九為法除之，得太蔟正律八寸八分八釐八毫。比新法少二釐一毫。

新法，置太蔟長八寸九分〇釐九毫在位，五寸乘之為實，五寸二分九釐七毫為法除之，得夾鍾。

夾鍾橫黍律長八寸四分〇釐九毫。

《史記》曰：「夾鍾酉，一萬九千六百八十三分八千一百九十二。」

置一尺在位，以分子八千一百九十二乘之為實，以分母一萬九千六百八十三為法除之，得夾鍾半律，倍之得正律八寸三分二釐三毫。比新法少八釐六毫。

新法，置夾鍾長八寸四分〇釐九毫在位，五寸乘之為實，五寸二分九釐七毫為法除之，得姑洗。

姑洗橫黍律長七寸九分三釐七毫。

《史記》曰：「姑洗辰，八十一分六十四。」

置一尺在位，以分子六十四乘之為實，以分母八十一為法除之，得姑洗正律七寸九分〇釐一毫。比新法少三釐六毫。

新法，置姑洗長七寸九分三釐七毫在位，五寸乘之為實，五寸二分九釐七毫為法除之，得仲呂。

仲呂橫黍律長七寸四分九釐一毫。

《史記》曰：「仲呂亥，一十七萬七千一百四十七分六萬五千五百三十六。」

置一尺在位，以分子六萬五千五百三十六乘之為實，以分母一十七萬七千一百四十七為法除之，得仲呂半律，倍之得正律七寸三分九釐九毫。比新法少九釐二毫。

新法，置仲呂長七寸四分九釐一毫在位，五寸乘之為實，五寸二分九釐七毫為法除之，得蕤賓。

蕤賓橫黍律長七寸〇分七釐一毫。

《史記》曰：「蕤賓午，七百二十九分五百一十二。」

置一尺在位，以分子五百一十二乘之爲實，以分母七百二十九爲法除之，得蕤賓正律七寸〇分二釐三毫。比新法少四釐八毫。

新法，置蕤賓長七寸〇分七釐一毫在位，五寸乘之爲實，五寸二分九釐七毫爲法除之，得林鍾。

林鍾橫黍律長六寸六分七釐四毫。

《史記》曰：「林鍾丑，三分二。」

置一尺在位，以分子二乘之爲實，以分母三爲法除之，得林鍾正律六寸六分六釐六毫。比新法少八毫。

新法，置林鍾長六寸六分七釐四毫在位，五寸乘之爲實，五寸二分九釐七毫爲法除之，得夷則。

夷則橫黍律長六寸二分九釐九毫。

《史記》曰：「夷則申，六千五百六十一分四千〇九十六。」

置一尺在位，以分子四千〇九十六乘之爲實，以分母六千五百六十一爲法除之，得夷則正律六寸二分四釐二毫。少五釐七毫。

新法，置夷則長六寸二分九釐九毫在位，五寸乘之爲實，五寸二分九釐七毫爲法除之，得南吕。

南吕橫黍律長五寸九分四釐六毫。

《史記》曰：「南吕卯，二十七分一十六。」

置一尺在位，以分子一十六乘之爲實，以分母二十七爲法除之，得南吕正律五寸九分二釐五毫。比新法少二釐一毫。

新法，置南吕長五寸九分四釐六毫在位，五寸乘之爲實，五寸二分九釐七毫爲法除之，得無射。

無射橫黍律長五寸六分一釐二毫。

《史記》曰：「無射戌，五萬九千〇四十九分三萬二千七百六十八。」

置一尺在位，以分子三萬二千七百六十八乘之爲實，以分母五萬九千〇四十九爲法除之，得無射正律五寸五分四釐九毫。比新法少六釐三毫。

新法，置無射長五寸六分一釐二毫在位，五寸乘之爲實，五寸二分九釐七毫爲法除之，得應鍾。

應鍾橫黍律長五寸二分九釐七毫。

《史記》曰：「應鍾巳，二百四十三分一百二十八。」

置一尺在位，以分子一百二十八乘之爲實，以分母二百四十三爲法除之，得應鍾正律五寸二分六釐七毫。比新法少三釐。

諸家律法，大同小異。余嘗著辯，今附於此。夫律吕之説尚矣，其略見於經者則《虞書》曰「同律度量衡」，曰「律和聲」，曰「予欲聞六律五聲」之數言耳。其名其義，不可得而聞也。至《周禮·大司樂》，左氏《國語》之流，雖備載其名義，而不言其度數。疑當具於《冬官》之篇，如《考工記》鳧氏爲鍾、磬氏爲磬之類，乃其略節也。然《冬官》一篇既亡，則世無以考其度數之詳。而解經者，反援《漢志》以爲據。蓋濫觴於《管子》、《吕氏春秋》，流衍於淮南、太史公之書，而波助於京君明、劉子駿之學。前漢《律志》，盡劉氏所出也。後漢《律志》，盡京氏所出也。後世協律者，類皆執守以爲定法。歷代合樂不爲無人，而終不足以得天地陰陽之和聲。所以不能追還於隆古之盛者，大抵由三分損益之説拘之也。夫律固不能舍損益之説以求之。由其有損有益，而後有下生上生之異。至其專用三分以爲損益之法，則未免乎聲與數之不相合，有非天成自然之理。故邵子曰：「世人所見者，特漢之律曆耳。」然則三分損益之法爲未善，似亦有所覺歟。竊意律吕之度數，既不見於經，而散見於子史者，恐或得之目擊，而不及識其全。或得之口授，而未暇究其誤。或求諸耳決，而不能得其真。因是遂著爲定論焉。噫！人皆以爲法之盡善矣，豈知三分損益所生之律，乃僅得其聲之近似，而未真耶。蓋非師曠之聰，則耳不能齊其聲。而聲之近似者，足以惑人之聽，是以不復察其法之未盡善者。此蔡氏所以云「不如耳決之明」，亦不能盡信其法也。後世之制樂者，不知律法之固有未善，而每患其聲音高下之不協，以至取古昔遺亡之器而求之，蓋亦不知本矣。聲以數而傳，數以聲而定，二者皆有自然之理。不得其自然之理，則數不可得而考；不得其自然之數，則聲不可得而言。是故律吕之學，其要有三：一曰明理，二曰善筭，三曰知音。三者備而後可與言矣。然而全才難得，苟有一得之長，聚而與之謀焉，亦可以兼濟也。譬如朝中欲爲此事，則翰林、國學明理之儒，靈臺、欽天善筭之官，太常、教坊知音之工，此三種人中，擇其尤者，使之協議，假若林下欲講此理，則儒生、筭手、樂藝之人，亦可訪詢。先民有言，詢于芻蕘，此之謂也。蓋此書中，論音調處，常人精於吹彈者自能知。論筭術處，常人精於乘除者自能曉。論文理處，常人精於學問者自能達。未嘗以爲曠遠絶傳之學，而非常人之所能也。夫何難之有哉！是故獨究此編，初似難省，不恥下問，獲益則多。孔子之聖，尚訪樂於萇弘。周公之才，猶問數於商高。況其次者耶。不然，徒抱聰慧之資，亦恐讀之不易。往往未及終篇而欠伸思睡，擲卷以覆甕，十常八九矣。豈不有孤作書者之意乎！按程子之説曰：先王之樂，必須律以考其聲。今律既不可求，人耳又不可全信，正惟此爲難。求中聲須得律，律不得，則中聲無由見。律者，自然之數。至如今之度量權衡，亦非正也。今之法且以爲準則可，非如古法也。此等物雖出於自然，亦須人爲之。但古人爲之得其自然。至於規矩則極盡天下之方圓。程子之説，乃律家正論也。譬如今世豈無鍾鼎，然不如古鍾鼎。豈無琴，然不如古琴。豈無畫，然不如古畫。琴畫有何靈異，不過重製造之精耳。豈爲候氣而重之耶？爲候氣而重律，此之謂不知律。

又 卷二 律管説下第六

古云，黄鍾九寸，空圍九分。原無積八百一十分之説。八百一十分，乃劉歆謬説，不足信也。律管之形，當依筭家環田之術求之，故有内周、外周、内徑、外徑。空圍九分者，内周也。不言内徑者，徑在其中矣。不言外周、外徑者，急所先務也，非畢竟不求也。故余先求内周，次求内徑，而後方求外周、外徑。既有内外周徑，則亦當求面冪積實。雖有面冪平圓積，而無立圓積。積實者，與立方雖異，而其理無不同。以爲積八百一十分者，非也。以爲積七百二十九分者，亦非也。面冪九方分，自宋胡瑗始。瑗之謬妄，丁度駁之，當矣。蔡元定誤以爲是，彭應龍復廣其説。辨論益詳，而真理益壞矣。江陵府學教授，廬陵彭應龍著《鍾律辨疑》。律學絶傳，此數人之罪也。嗚呼！平圓、周徑、面冪，律家最緊要者，此法一錯，則件件皆錯矣。昔崔、高二氏，辨五星聚井。高謂崔曰：此不可以空言争也，宜更審之。今譏古人而自不覺其謬，恐後之譏今，猶今之譏昔。及更考，乃信服。忠告而善道之，高之謂歟！崔亦可謂改過不吝之賢者矣。曆與天較頗難，律與物較最易。圍三徑一，最極疎舛，固不足道。而世稱密率者，凡有數種。徑七，周二十二。《隋志》謂之約率，是也。徑一百一十三，周三百五十五，祖沖之所造也。徑七寸〇分七釐一毫〇絲六忽七微八纖，周二尺二寸二分二釐二毫二絲二忽二微二纖，此乃周公所造，而史志未載也。周取圓法十三，徑取圓法三一二六，此邢公新造圓率也。公所據者，必有明證，非余所知。今述余所知者，請教於公，不亦可乎。按公書所載，求黄鍾面冪，凡有四條。其第一條，黄鍾周一十〇分三釐九毫二絲，徑三分四釐六毫四絲。依古筭經，周徑相乘，得三十六分，數大收之。四歸得九分。余於此條，無所疑矣。其第二條，黄鍾周一十〇分六釐三毫二絲，徑三分三釐八毫六絲。依古筭經，周徑相乘四歸，亦得九分。其第三條，黄鍾周一十〇分六釐三毫六絲，徑三分三釐八毫四絲。周徑相乘四歸，得九。

已上三條，皆無疑矣。惟第四條，黄鍾周一十〇分八釐一毫六絲六忽，徑三分四釐六毫〇二忽。周徑相乘，得三十七分四十二釐七十六毫，四歸得九分三十五釐六十九毫。比之前三條，無乃最舛乎。料公必無此誤，抑傳寫差，校對未清耶。此余所疑者也。余所據者，著於此篇。按《周禮·考工記》㮚氏爲量，「内方一尺，而圓其外」。筭家所謂圓内容方，方外求圓，即勾股求弦術是也。方尺者，勾股皆十寸。勾自之，得百寸，名爲勾冪。股自之，得百寸，名爲股冪。相併得二百寸，名爲弦冪。乃置弦冪爲實，開平方法除之，得弦一尺四寸一分四釐二毫一絲三忽五微六纖，即鬴之内徑也。又置内方十寸，四十乘之，得四百爲實，九歸得四尺四寸四分四釐四毫四絲四忽四微四纖，即鬴之内周也。凡内方是九，則外圓是十。今内方四面，共四十寸，故知外圓該四尺四寸四分四釐四毫四絲四忽四微四纖，折半，得二尺二寸二分二釐二毫二絲二忽二微二纖，即古之周率也。復置所得徑一尺四寸一分四釐二毫一絲三忽五微六纖，亦折半，得七寸〇分七釐一毫〇絲六忽七微八纖，即古之徑率也。後世筭家嫌其太繁，斬斷自分已下，惟取自寸已上，名爲約率，故曰「圓徑七，周二十二也」。夫約率比密率，則密者誠密，而約者誠約。《隋書·律志》謂徑七，周二十二者，爲約率，則是也。謂祖沖之所造者爲密率，則非也。諸家筭書，又誤指徑七、周二十二者，爲沖之所造，亦非也。余嘗取此三率較之，則徑七、周二十二者，謂之約率誠然，然猶近密。惟徑一百一十三、周三百五十五者，爲最疎，而猶勝彼圍三徑一，極疎舛之率也。趙友欽謂沖之所造者爲密率，誤矣。余著《樂律全書》，專用密率。此篇各律周徑，亦大約耳。雖與全書廣略相反，而互相發明也。

依周公密率筭三種律管

黄鍾縱黍律，長八寸一分，不用九分爲寸之説。内周九分，周徑等項皆十分作一寸。内徑二分八釐六毫，外周一寸二分七釐二毫，外徑四分〇釐五毫，面冪六分四十四釐，積實五百二十二分。

黄鍾斜黍律，長九寸，即是九十分。内周十分，内徑三分一釐八毫，外周一寸四分一釐四毫，外徑四分五釐，面冪七分九十五釐，積實七百一十六分。

黄鍾横黍律，長十寸，即是一百分。內周一寸一分一釐一毫，內徑三分五釐三毫，外周一寸五分七釐一毫，外徑五分，面冪九分八十二釐，積實九百八十二分。

三種筭術，求得黄鍾容黍皆一千二百粒，可見律管無異，只是筭術異耳。其詳如左。

大吕縱黍律，長七寸六分四釐五毫，內周八分七釐四毫，內徑二分七釐八毫，外周一寸二分三釐六毫，外徑三分九釐三毫，面冪六分〇八釐，積實四百六十五分。

大吕斜黍律，長八寸四分九釐五毫，內周九分七釐一毫，內徑三分〇釐九毫，外周一寸三分七釐四毫，外徑四分三釐七毫，面冪七分五十〇釐，積實六百三十八分。

大吕横黍律，長九寸四分三釐九毫，內周一寸〇分七釐九毫，內徑三分四釐三毫，外周一寸五分二釐六毫，外徑四分八釐六毫，面冪九分二十六釐，積實八百七十五分。

太蔟縱黍律，長七寸二分一釐六毫，內周八分四釐九毫，內徑二分七釐〇毫，外周一寸二分〇釐一毫，外徑三分八釐二毫，面冪五分七十四釐，積實四百一十四分。

太蔟斜黍律，長八寸〇分一釐八毫，內周九分四釐四毫，內徑三分〇釐〇毫，外周一寸三分三釐五毫，外徑四分二釐四毫，面冪七分〇八釐，積實五百六十八分。

太蔟横黍律，長八寸九分〇釐九毫，內周一寸〇分四釐八毫，內徑三分三釐三毫，外周一寸四分八釐三毫，外徑四分七釐二毫，面冪八分七十四釐，積實七百七十九分。

夾鍾縱黍律，長六寸八分一釐一毫，內周八分二釐五毫，內徑二分六釐二毫，外周一寸一分六釐七毫，外徑三分七釐一毫，面冪五分四十一釐，積實三百六十九分。

夾鍾斜黍律，長七寸五分六釐八毫，內周九分一釐七毫，內徑二分九釐一毫，外周一寸二分九釐七毫，外徑四分一釐二毫，面冪六分六十八釐，積實五百〇六分。

夾鍾横黍律，長八寸四分〇釐九毫，內周一寸〇分一釐八毫，內徑三分二釐四毫，外周一寸四分四釐〇毫，外徑四分五釐八毫，面冪八分二十五釐，積實六百九十四分。

姑洗縱黍律，長六寸四分二釐九毫，內周八分〇釐一毫，內徑二分五釐五毫，外周一寸一分三釐三毫，外徑三分六釐〇毫，面冪五分一十一釐，積實三百二十九分。

姑洗斜黍律，長七寸一分四釐三毫，內周八分九釐一毫，內徑二分八釐三毫，外周一寸二分六釐〇毫，外徑四分〇釐〇毫，面冪六分三十一釐，積實四百五十一分。

姑洗横黍律，長七寸九分三釐七毫，內周九分八釐九毫，內徑三分一釐五毫，外周一寸三分九釐九毫，外徑四分四釐五毫，面冪七分七十九釐，積實六百一十八分。

仲吕縱黍律，長六寸〇分六釐八毫，內周七分七釐八毫，內徑二分四釐七毫，外周一寸一分〇釐一毫，外徑三分五釐〇毫，面冪四分八十二釐，積實二百九十三分。

仲吕斜黍律，長六寸七分四釐二毫，內周八分六釐五毫，內徑二分七釐五毫，外周一寸二分二釐四毫，外徑三分八釐九毫，面冪五分九十五釐，積實四百〇二分。

仲吕横黍律，長七寸四分九釐一毫，內周九分六釐一毫，內徑三分〇釐六毫，外周一寸三分六釐〇毫，外徑四分三釐二毫，面冪七分三十五釐，積實五百五十一分。

蕤賓縱黍律，長五寸七分二釐七毫，內周七分五釐六毫，內徑二分四釐〇毫，外周一寸〇分七釐〇毫，外徑三分四釐〇毫，面冪四分五十五釐，積實二百六十一分。

蕤賓斜黍律，長六寸三分六釐四毫，內周八分四釐〇毫，內徑二分六釐七毫，外周一寸一分八釐九毫，外徑三分七釐八毫，面冪五分六十二釐，積實三百五十八分。

蕤賓横黍律，長七寸〇分七釐一毫，內周九分三釐四毫，內徑二分九釐七毫，外周一寸三分二釐一毫，外徑四分二釐〇毫，面冪六分九十四釐，積實四百九十一分。

林鍾縱黍律，長五寸四分〇釐六毫，內周七分三釐五毫，內徑二分三釐三毫，外周一寸〇分三釐九毫，外徑三分三釐〇毫，面冪四分二十九釐，積實二百三十三分。

林鍾斜黍律，長六寸〇分〇釐七毫，內周八分一釐六毫，內徑二分五釐九毫，外周一寸一分五釐五毫，外徑三分六釐七毫，面冪五分三十〇釐，積實三百一十九分。

林鍾橫黍律，長六寸六分七釐四毫，內周九分〇釐七毫，內徑二分八釐八毫，外周一寸二分八釐三毫，外徑四分〇釐八毫，面冪六分五十五釐，積實四百三十七分。

夷則縱黍律，長五寸一分〇釐二毫，內周七分一釐四毫，內徑二分二釐七毫，外周一寸〇分一釐〇毫，外徑三分二釐一毫，面冪四分〇五釐，積實二百〇八分。

夷則斜黍律，長五寸六分七釐〇毫，內周七分九釐三毫，內徑二分五釐二毫，外周一寸一分二釐二毫，外徑三分五釐七毫，面冪五分〇一釐，積實二百八十四分。

夷則橫黍律，長六寸二分九釐九毫，內周八分八釐一毫，內徑二分八釐〇毫，外周一寸二分四釐七毫，外徑三分九釐六毫，面冪六分一十八釐，積實三百八十九分。

南吕縱黍律，長四寸八分一釐六毫，內周六分九釐四毫，內徑二分二釐〇毫，外周九分八釐一毫，外徑三分一釐二毫，面冪三分八十三釐，積實一百八十五分。

南吕斜黍律，長五寸三分五釐二毫，內周七分七釐一毫，內徑二分四釐五毫，外周一寸〇分九釐〇毫，外徑三分四釐七毫，面冪四分七十二釐，積實二百五十三分。

南吕橫黍律，長五寸九分四釐六毫，內周八分五釐六毫，內徑二分七釐二毫，外周一寸二分一釐一毫，外徑三分八釐五毫，面冪五分八十三釐，積實三百四十七分。

無射縱黍律，長四寸五分四釐五毫，內周六分七釐四毫，內徑二分一釐四毫，外周九分五釐三毫，外徑三分〇釐三毫，面冪三分六十一釐，積實一百六十四分。

無射斜黍律，長五寸〇分五釐一毫，內周七分四釐九毫，內徑二分三釐八毫，外周一寸〇分五釐九毫，外徑三分三釐七毫，面冪四分四十六釐，積實二百二十五分。

無射橫黍律，長五寸六分一釐二毫，內周八分三釐二毫，內徑二分六釐四毫，外周一寸一分七釐七毫，外徑三分七釐四毫，面冪五分五十一釐，積實三百〇九分。

應鍾縱黍律，長四寸二分九釐一毫，內周六分五釐五毫，內徑二分〇釐八毫，外周九分二釐六毫，外徑二分九釐四毫，面冪三分四十一釐，積實一百四十六分。

應鍾斜黍律，長四寸七分六釐七毫，內周七分二釐七毫，內徑二分三釐一毫，外周一寸〇分二釐九毫，外徑三分二釐七毫，面冪四分二十一釐，積實二百〇〇分。

應鍾橫黍律，長五寸二分九釐七毫，內周八分〇釐八毫，內徑二分五釐七毫，外周一寸一分四釐三毫，外徑三分六釐三毫，面冪五分二十〇釐，積實二百七十五分。

縱橫斜黍雖異，而筭法同，故律管無異也。先置黄鍾律長在位，五寸乘之爲實，五寸二分九釐七毫爲法除之，各得所求次律。革去三分損益、隔八相生之法，而用新法循序相生，與古三種大槩皆同。所以異者，惟毫釐之間耳。上卷辨之詳矣，此卷但載周徑冪積相求之術。置黄鍾周徑數在位，五寸乘之爲實，五寸一分四釐六毫爲法除之，即得次律周徑。若置黄鍾面冪在位，五寸乘之爲實，五寸二分九釐七毫爲法除之，即得次律面冪。或置黄鍾積實在位，五寸乘之爲實，五寸六分一釐二毫爲法除之，各得次律積實。雖然，須依《精義》內篇筭之，庶幾自毫已下數得全備。但凡截斷毫已下數，只名大約而已。蓋法有煩簡，而文有廣略。廣説略説，究竟一也。是故此篇尚簡，不與精義內篇同也。

先儒舊説，凡律長短雖異，圍徑皆同。其説起於鄭氏《月令註》云「凡律空圍九分」，蔡氏《月令章句》亦云「圍數無增減」，《隋志》所載魏安豐王一段尤詳，蔡元定深信之以譏胡瑗。以余論之，瑗雖不知律理，而比元定則頗知音。元定不獨不知音，亦不知律理，遂致律學絶傳，蓋由圍徑皆同之説所惑也，故不可以不辨。辨見《律吕精義》。

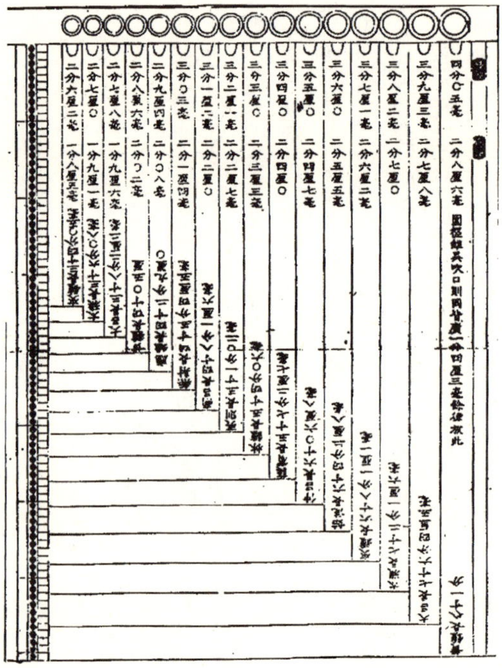

依縱黍尺黃鍾長八寸一分排簫樣

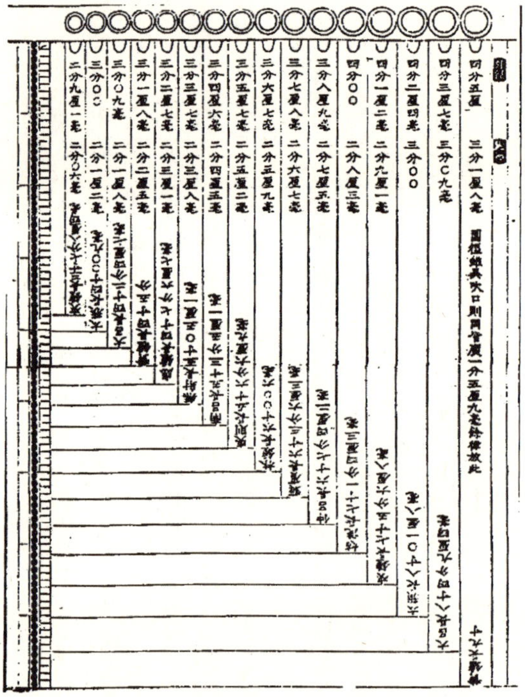

依斜黍尺黃鍾長九寸排簫樣

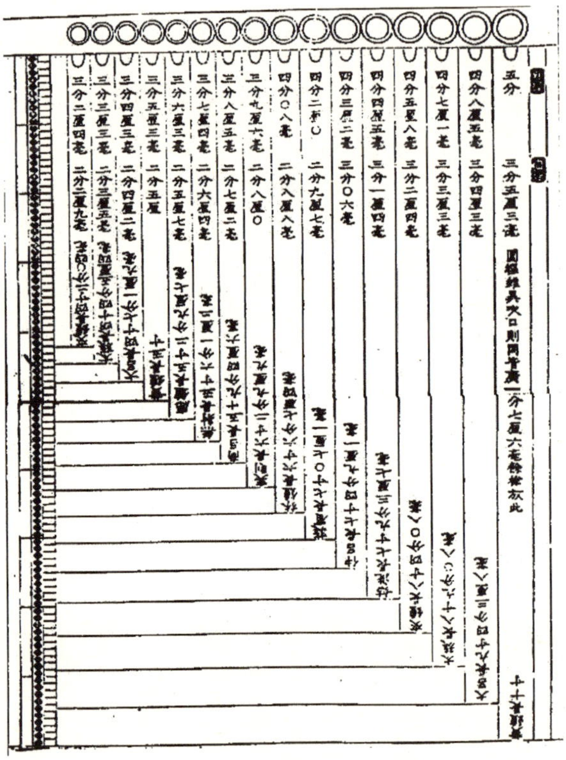

依横黍尺黃鍾長十寸排簫樣

又朱載堉《律呂質疑辨惑》

辨空圍非九分積非八百一十分上

嘉量積分：

量腹容二十豆，是爲一鬴，積實一百五十七萬一千三百四十八分有奇。其臀容四升，是爲一豆，積實七萬八千五百六十七分有奇。其耳容二十龠，是爲一升，積實一萬九千六百四十一分有奇。律龠容黍千二百粒，是爲半合，積實九百八十二分有奇。合龠爲一合，積實一千九百六十四分有奇。

量腹之内方一尺，而圓其外者，此乃筭家所謂圓内容方，以其方面求圓徑及圓周之術也。術雖云方，而器内非方。先儒謂積千寸，誤矣。方求斜，用勾股求弦術。勾十寸自乘得一百寸，股十寸自乘得一百寸，相併共得二百寸，開方除之，得弦一尺四寸一分四釐二毫一絲三忽五微六纖，即鬴之内徑也。凡圓内容方者，假如方面九寸，則圓周四十寸，故以九與四十爲乘除率。今鬴容方一尺，四十乘之，得四十尺，九歸則得四尺四寸四分四釐四毫四絲四忽四微四纖，即鬴之圓周也。半周半徑相乘，得平圓積，爲鬴之面冪。以深一尺乘之，得一百五十七萬一千三百四十八分有奇，爲鬴之積實也。

豎之內徑一尺，斜求方術。一尺自乘，得一百寸，折半得五十寸爲實，開方除之，得七寸〇分七釐一毫〇絲六忽七微八纖，即豎之內所容方也。四十乘之，得二丈八尺二寸八分四釐二毫七絲一忽二微，九歸得三尺一寸四分二釐六毫九絲六忽八微，即豎之內周也。半周、半徑相乘，得平圓積，爲豎之面冪，以深一寸乘之，得七萬八千五百六十七分有奇，爲豎之積實也。以豎之積實爲法，以鬴之積實爲實，實如法而一，得二十，是知一鬴乃二十豆矣。先儒以爲十六豆者，非是。

耳之內徑二寸五分，斜求方術。二寸五分自乘，得六寸二分五釐，折半得三寸一分二釐五毫爲實，開方除之，得一寸七分六釐七毫七絲六忽六微九纖半，即耳之內所容方也。四十乘之，得七尺〇寸七分一釐〇毫六絲七忽八微，九歸得七寸八分五釐六毫七絲四忽二微，即耳之內周也。半周、半徑相乘，得平圓積，爲耳之面冪。以深四釐（舊作三誤。）寸乘之，得一萬九千六百四十一分有奇，爲耳之積實也。以耳之積實爲法，以豎之積實爲實，實如法而一，得四，是知一豆乃四升矣。

一鬴乃二十豆，以二十豆爲法，置鬴之積一百五十七萬一千三百四十八分爲實，實如法而一，得七萬八千五百六十七分有奇，爲其豎一豆之實也。一豆乃四升，以四升爲法，置豎之積七萬八千五百六十七分爲實，實如法而一，得一萬九千六百四十一分有奇，爲其耳一升之實也。一升乃二十龠，以二十龠爲法，置耳之積一萬九千六百四十一分爲實，實如法而一，得九百八十二分有奇，爲黄鍾一龠之實也。蔡元定《律書》首章：「黄鍾長九寸，空圍九分，積八百一十分，命爲律原。」殊不知古黄鍾實無積八百一十分之理。祖沖之曰：「漢世斛銘，劉歆詭謬其數，此則筭氏之劇疵也。」元定之徒，惓惓師法漢斛，反改周鬴，以爲八寸、十寸兩等之尺，以遷就之，何哉？

又　辨空圍非九分積非八百一十分下

舊説，黄鍾長九寸，空圍九分，積八百一十分。新説，黄鍾內周九分，長九寸，即縱黍八十一分。所謂横黍九寸，及面冪九方分，皆非。

古云黄鍾長九寸者，最是。云横黍九十分，則非也。古云空圍九分者，最是。云面冪九方分，則非也。二者之非，皆由「積八百一十分」此一言誤之耳。蓋此一言出於班固，固實本諸劉歆，歆蓋本諸京房，始作俑者其惟房乎？按：房同時，則有劉向；前此則有劉安及司馬遷、落下閎等；前此復有吕不韋、管夷吾。諸家談律，非歆所及，顧學者未之詳考耳。《傳》曰：「信信，信也。疑疑，亦信也。」古之學者，成于善疑。今之學者，畫于不疑。若乃守蔡説而不敢辨，信班志而無復疑，是輩安可與談律哉！京房筭律，以萬九千六百八十三爲寸法，不滿法者十之，所得爲分。是九十分而爲九寸，自房始也。劉歆因之而爲説云：以子穀秬黍之廣，九十分黄鍾之長，一爲一分。是用横黍之廣爲分，自歆始也。夫既以九十分爲一龠之數矣，則與日法八十一者不合，乃創爲説，置九十分而九因之，得八百一十分。此蓋歆法，非閎本法。殊不知，閎所謂二十九日八十一分日之四十三者，即古所謂二十九日九百四十分日之四百九十九也。置九百四十爲法，四百九十九爲實，以法除實，得五十三刻。置八十一分爲法，四十三分爲實，以法除實，亦得五十三刻。是閎本法與古曆無異也。若置八百一十分爲法，而置四十三分爲實，以法除實，止得五刻有奇，與古曆不合矣。是知八百一十分者，閎無此説，歆創此説也。王莽斛銘，亦歆所造，篡賊僞制，又奚足取法哉。黄鍾之長，當從落下閎，不當從劉歆。積八百一十分尤不可信，故愚見疑古云空圍九分者，筭家所謂內周，是也；儒家指爲面冪，非也。長九寸者，寸皆九分，即秬黍之縱長八十一分，是也。指爲横黍九十分者，非也。歷代造律，畢竟無成，泥於九寸乃九十分。横累則管短，容黍而有餘。縱累則管長，容黍而不足。皆職此之由，不可不辨也。又按十二律，圍徑各不同，而舊説以爲同。余嘗辨論甚詳，今附於此。

論曰：琴瑟不獨徽柱之有遠近，而弦亦有巨細焉。笙竽不獨管孔之有高低，而簧亦有厚薄焉。弦之巨細若一，祇以徽柱遠近别之不可也。簧之厚薄若一，祇以管孔高低别之不可也。譬諸律管，雖有脩短之不齊，亦有廣狹之不等。先儒以爲長短雖異，圍徑皆同，此未達之論也。今若不信，則以銅或竹製黄鍾之管，一樣二枚，截其一枚分作兩段，全律、半律，各令一人吹之，聲必不相合矣。此昭然可驗也。又製大吕之管，一樣二枚，周徑與黄鍾同，截其一枚，分作兩段，全律、半律，各令一人吹之，則亦不與大吕相合，而其半律反與黄鍾全律相合，微差不遠。是知所謂半律者，皆下全律一律矣。大抵管長則氣隘，隘則雖長而反清；管短則氣寬，寬則雖短而反濁。此自然之理，先儒未達也。要之，長短廣狹，皆有一定之理，一定之數在焉。新法九分黄鍾之長以爲內周，用句股求弦之術得其外周。二十分黃鍾之長以爲外徑，用弦求句股之術得其內徑。蓋律管之兩端，形如環田，有內外周徑焉。外周內容方面，即其內徑也。內周外施方斜，即其外徑也。方圓相容，天地之象，理數之妙者也。蓋黃鍾長縱黍八十一分，而其內周九分。八十一中之九，即約分法九分中之一也。今約黃鍾九寸作爲一尺，九歸得一寸一分一釐一毫有奇，爲其內周，自乘倍之爲實，開平方法除之，得一寸五分七釐一毫有奇，爲其外周。此句股求弦也。又置黃鍾一尺，二十除之，得五分爲其外徑。自乘，半之爲實，開平方法除之，得三分五釐三毫有奇，爲其內徑。此弦求句股也。餘律放此。《律呂精義》內篇備載各律內外周徑、面冪、積實，乘除筭術已詳矣。今恐文煩，故不細解，只將倍、正、半三十六律內外徑數，開列如左。雖不言周及面冪積實，而周及冪積在其中矣。

黃鍾倍律，長二尺，內徑五分，外徑七分○釐七毫。

大呂倍律，長一尺八寸八分七釐七毫，內徑四分八釐五毫，外徑六分八釐六毫。

太蔟倍律，長一尺七寸八分一釐七毫，內徑四分七釐一毫，外徑六分六釐七毫。

夾鍾倍律，長一尺六寸八分一釐七毫，內徑四分五釐八毫，外徑六分四釐八毫。

姑洗倍律，長一尺五寸八分七釐四毫，內徑四分四釐五毫，外徑六分二釐九毫。

仲呂倍律，長一尺四寸九分八釐三毫，內徑四分三釐二毫，外徑六分一釐二毫。

蕤賓倍律，長一尺四寸一分四釐二毫，內徑四分二釐○毫，外徑五分九釐四毫。

林鍾倍律，長一尺三寸三分四釐八毫，內徑四分○釐八毫，外徑五分七釐七毫。

夷則倍律，長一尺二寸五分九釐九毫，內徑三分九釐六毫，外徑五分六釐一毫。

南呂倍律，長一尺一寸八分九釐二毫，內徑三分八釐五毫，外徑五分四釐五毫。

無射倍律，長一尺一寸二分二釐四毫，內徑三分七釐四毫，外徑五分二釐九毫。

應鍾倍律，長一尺○寸五分九釐四毫，內徑三分六釐三毫，外徑五分一釐四毫。

黃鍾正律，長一尺，內徑三分五釐三毫，外徑五分。

大呂正律，長九寸四分三釐八毫，內徑三分四釐三毫，外徑四分八釐五毫。

太蔟正律，長八寸九分○釐八毫，內徑三分三釐三毫，外徑四分七釐一毫。

夾鍾正律，長八寸四分○釐八毫，內徑三分二釐四毫，外徑四分五釐八毫。

姑洗正律，長七寸九分三釐七毫，內徑三分一釐四毫，外徑四分四釐五毫。

仲呂正律，長七寸四分九釐一毫，內徑三分○釐六毫，外徑四分三釐二毫。

蕤賓正律，長七寸○分七釐一毫，內徑二分九釐七毫，外徑四分二釐○毫。

林鍾正律，長六寸六分七釐四毫，內徑二分八釐八毫，外徑四分○釐八毫。

夷則正律，長六寸二分九釐九毫，內徑二分八釐○毫，外徑三分九釐六毫。

南呂正律，長五寸九分四釐六毫，內徑二分七釐二毫，外徑三分八釐五毫。

無射正律，長五寸六分一釐二毫，內徑二分六釐四毫，外徑三分七釐四毫。

應鍾正律，長五寸二分九釐七毫，內徑二分五釐七毫，外徑三分六釐三毫。

黃鍾半律，長五寸，內徑二分五釐，外徑三分五釐三毫。

大呂半律，長四寸七分一釐九毫，內徑二分四釐二毫，外徑三分四釐三毫。

太蔟半律，長四寸四分五釐四毫，內徑二分三釐五毫，外徑三分三釐三毫。

夾鍾半律，長四寸二分○釐四毫，內徑二分二釐九毫，外徑三分二釐四毫。

姑洗半律，長三寸九分六釐八毫，內徑二分二釐二毫，外徑三分一釐四毫。

仲呂半律，長三寸七分四釐五毫，內徑二分一釐六毫，外徑三分○釐六毫。

蕤賓半律，長三寸五分三釐五毫，內徑二分一釐○毫，外徑二分九釐七毫。

林鍾半律，長三寸三分三釐七毫，內徑二分○釐四毫，外徑二分八釐八毫。

夷則半律，長三寸一分四釐九毫，內徑一分九釐八毫，外徑二分八釐○毫。

南呂半律，長二寸九分七釐三毫，內徑一分九釐二毫，外徑二分七釐二毫。

無射半律，長二寸八分○釐六毫，內徑一分八釐七毫，外徑二分六釐四毫。

應鍾半律，長二寸六分四釐八毫，內徑一分八釐一毫，外徑二分五釐七毫。

按《晉志》曰：「音聲之體，務在和韻，益則加倍，損則減半，其於本音恒爲無爽。」故放《晉志》製十二律，具正倍半三等。凡造律用夏尺，即橫黍度尺也。有圖，見別卷矣。

江永《律呂闡微》卷二《律率》 從來言律者皆云黃鍾九寸，既得九寸，用三分損一、益一以生十一律。其法似巧妙，一若天地生成。有此法與數者，洎生至仲呂，不能復得黃鍾。説者曰律呂之數，往而不返。夫律呂，傚法天地者也。天地之氣，今歲節氣既終，來歲節氣即續，無絲毫之間斷。獨律呂往而不返，天地豈留其有憾乎？有謂仲呂極不生者，《淮南子》劉安之説也。有謂仲呂後猶生六十律，强立之名自執始至南事者，京房之説也。有謂仲呂所生爲變律，且有變律子聲者，杜佑之説也。三家之説皆非是，獨朱載堉因「㮚氏爲量」，有「内方尺而圓其外」之文，悟出天地以方圓相函，而自然之數出其中，皆以句股乘除開方之法求之。由倍律而正律，由正律而半律，皆有真率、真數。疏密以漸而差，每一律與三分損益所得者微强而不甚相遠。其相生也，可隔八，可相連，可左旋而順，亦可右旋而逆。仲呂與黃鍾如母子之相隨，應鍾與黃鍾、黃鍾與大吕如兄弟之相比，夫婦之相偶，皆一氣相聯，無絲毫之間斷。因律管長短，推出管體厚薄與空圍大小，外周、内周、外徑、内徑，平冪、積實，皆方圓相函，自然之真數。此數千年未洩之秘，載堉始發之。雖起伶倫、州鳩、師曠之徒見之，亦當歎其妙絶。今載其説，更推本於圖書，發明理數之所以然。使此理昭晰無疑，千萬世言律學者更無可鑿智翻案之理。惟其算周、徑、冪積，所用之密率猶有未真確者，俟《律體篇》詳之。

載堉之推律，亦因其舅祖何氏辨劉歆、班固九寸外加一寸爲尺之謬，又以十分之法解《史記・生鍾分》，始知律原從十起，先有體而後有用。遂因方内圓外之文，悟方圓相函之理。倍律二尺，正律一尺，半律五寸，皆以十爲率也。倘一矢口即曰黃鍾九寸，雖有微妙理數隱於方圓相函之中，亦無由生其悟矣。

律數精微，載堉深通算學，故能啓悟。乘除開方，不憚煩勞，推至二十餘位，皆從艱苦得之。宋儒言格物窮理，此一項工夫欠缺者多矣。

推十二倍律正律之真率

朱載堉曰：「律家三分損其(二)[一]，三分益其一；歷家四分度之一，四分日之一。與夫方則直五、斜七，圓則周三、徑一等率，皆舉大畧而言之耳，非精義也。新法算律與方圓皆用句股術，其法本諸《周禮》「㮚氏爲量，内方尺而圓其外」。夫内方尺而圓其外，則圓徑與方斜同。知方之斜，即知圓之徑矣。度本起於黃鍾之長，則黃鍾之長，即度法一尺。命平方一尺爲黃鍾之率。按：㮚氏之方尺，自是周家之尺耳，非即黃鍾之尺也。因一尺之數同，故命之以爲黃鍾之率。東西十寸爲句，自乘得百寸爲句冪；按：冪方眼也，音覓，俗或作冪音莫。南北十寸爲股，自乘得百寸爲股冪。相併，共得二百寸爲弦冪。按句股求弦術，句股各自乘，併之爲弦冪，開方得斜弦。乃置弦冪爲實，開平方法除之，按開平方法，初商爲大平方，次商以後迭加兩廉一隅，以除實。復弦一尺四寸一分四釐二毫一絲三忽五微六纖二三七三○九五○四八八○一六八八九，爲方之斜，即圓之徑，亦即蕤賓倍律之率。按：圓内方尺，其冪百寸；圓外方二尺，其冪四百寸。方斜圓徑之冪二百，得内方之倍，外方之半。蕤賓爲午律，猶一歲夏至，在前後冬至之間。所以應蕤賓者，其冪得黃鍾倍律之半故也。既得蕤賓，遂可求南吕。得南吕，遂可求應鍾。以應鍾爲法，遂可求諸律。其機關要妙，在先得蕤賓。自然之理數，千古其誰知之。以句十寸乘之，按：内方十寸當爲根數也。得平方積一百四十一寸四十二分一十三釐五十六毫二十三絲七十三忽○九五○四八八○一六八八九爲實，開平方法除之，得一尺一寸八分九釐二毫○七忽一微一纖五○○二七二一○六六七一七五，即南吕倍律之率。仍以句十寸乘之，一尺進爲百寸。又以股十寸乘之，百寸進爲千寸。得立方積一千一百八十九寸二百○七分一百一十五釐○○二毫七百二十一絲○六十六忽七一七五爲實，開立方法除之，按開立方法，初商自乘，再乘爲大立方，次商以後與前商乘爲平廉，又乘爲長廉，迭加三平廉、三長廉、一隅以除實。得一尺○五分九釐四毫六絲三忽○九纖四三五九二九五二六四五六一八二五，立方之方根也。即應鍾倍律之率。按：南吕至應鍾，隔無射一律，以立方積求立方根得之，理數甚奇。蓋十二律黃鍾爲始，應鍾爲終，終而復始，循環無端。此自然真理，猶貞後元生，坤盡復來也。是故各律皆以黃鍾正數十寸乘之爲實，皆以應鍾倍數十寸○五分九釐四毫六絲三忽○九纖四三五九二九五二六四五六一八二五爲法除之，即得其次律也。安有往而不返之理哉！舊法往而不返者，蓋由三分損益算術不精之所致也。是故新法不用三分損益，别造密率，其詳如左。」

按：載堉謂舊法往而不返，由三分損益算術不精之所致。愚謂古人亦非算術不精也。九九八十一之數始於三：《管子》有「起五音，凡首，先主一而三之，四開以合九九」之説；伶州鳩有「紀之以三，平之以六，成於十二」之説；老子有「道生一，一生二，二生三，三生萬物」之説；漢人有「太極元氣，函三爲一」之説。一始動於子，參之於丑，以至參之於亥爲應鍾，得十七萬七千一百四十七之數。一若以此爲萬物終始自然之數矣。下生者倍其實，三其法；上生者四其實，三其法。黃鍾九寸，林鍾六寸，太蔟八寸，三律得寸之全，無零分。漢人遂有黃鍾爲天統，林鍾爲地統，太蔟爲人統之説矣。其推説愈近理，則其信三分損益也愈固，惡知此外仍有算律之法哉？又以舊法較今法，林鍾得黄鍾三分之二。以倍律言之，當爲一三三三三不盡，而新率爲一三三四八有奇。太蔟得黄鍾九分之八，倍律當爲一七七七七不盡，而新率爲一七八一七有奇。其數與三分損益所得者，切近而稍贏。安得不以三分損益爲自然之數哉！至仲吕不能反生黄鍾，則無知之何矣。獨《淮南子》所載諸律之數，何承天、劉焯算之，似欲破三分損益之説，載之《晉書》《宋書》。然而奇零小數，半分以下棄之，半分已上收之，終無確數。其黄鍾生林鍾之法，置黄鍾八十一分爲實，以五百乘之，得四萬〇五百分，以七百四十九爲法除之，得五十四分，爲林鍾。除實未盡，則棄之矣。七百四十九者，與仲吕正律之長相近，以此爲法似矣，然九之下仍有小數。新法黄鍾生林鍾，置黄鍾之率十億爲實，五億乘之，七億四千九百一十五萬三千五百三十八除之，得林鍾。則以七四九爲法，除實求林鍾者，尚未確。是以仲吕終不能反生黄鍾，皆由方圓相函，勾股乘除、開方一竅未啓。故載堉云新法蓋二千餘年所未有，自我朝始。誠然也。

又曰：「造率始於黄鍾，必先求蕤賓者，猶冬夏二至也；次求夾鍾及南吕者，猶春秋二分也。太極生兩儀，兩儀生四象，此之謂也。始於黄鍾者，履端於始也。中於蕤賓者，舉正於中也。終於應鍾者，歸餘於終也。律與歷一道也。黄鍾爲宫，蕤賓爲中，應鍾爲和，此三律者，律吕之綱紀也。」

按：載堉言次求夾鍾及南吕，本書未言求夾鍾之法，今補之。

法曰：求得蕤賓倍律之率，以句十寸折半爲五寸乘之，得平方積七十寸〇七十一分〇六釐七十八毫一十一絲八十六忽五四七五二四四〇〇八四四五爲實，開平方法除之，得八寸四分〇八毫九絲六忽四一五二五三七一四五四三〇三一一二五，即夾鍾正律之率。倍之一六八一七九二八三〇五〇七四二九〇八六〇六二二五一，爲夾鍾倍律之率。又或以南吕之平方積倍之，二八二一八四二七二二四七四六一九〇〇九七六〇三三七八開平方法除之，即夾鍾倍律之率。原闕。

積算旁通圖有奇零者無時盡，列算多位，見開方之妙。

二，本是二尺，進作二百寸爲實，以上文所載應鍾倍律之數十寸五分有奇爲法除之，餘律放此。

右乃黄鍾倍律積算。

置黄鍾倍律積算進一位爲實，以應鍾倍律積算爲法除之，得大吕。

一八八七七四八六二五三六三三八六九九三一八三六二六。

右乃大吕倍律積算。

置大吕倍律積算進一位爲實，以應鍾倍律積算爲法除之，得太蔟。

一七八一七九七四三六二八〇六七八六〇九四八〇四五二。

右乃太蔟倍律積算。

置太蔟倍律積算進一位爲實，以應鍾倍律積算爲法除之，得夾鍾。

一六八一七九二八三〇五〇七四二九〇八六〇六二二五一。

右乃夾鍾倍律積算。

置夾鍾倍律積算進一位爲實，以應鍾倍律積算爲法除之，得姑洗。

一五八七四〇一〇五一九六八一九九四七四七五一七六。

右乃姑洗倍律積算。

置姑洗倍律積算進一位爲實，以應鍾倍律積算爲法除之，得仲吕。

一四九八三〇七〇七六八七六六八一四九八七九九二八一。

右乃仲吕倍律積算。

置仲吕倍律積算進一位爲實，以應鍾倍律積算爲法除之，得蕤賓。

一四一四二一三五六二三七三〇九五〇四八八〇一六八九。

右乃蕤賓倍律積算。

置蕤賓倍律積算進一位爲實，以應鍾倍律積算爲法除之，得林鍾。

一三三四八三九八五四一七〇〇三四三六四八三〇八三二。

右乃林鍾倍律積算。

置林鍾倍律積算進一位爲實，以應鍾倍律積算爲法除之，得夷則。

一二五九九二一〇四九八九四八七三一六四七六七二一。

右乃夷則倍律積算。

置夷則倍律積算進一位爲實，以應鍾倍律積算爲法除之，得南吕。

一一八九二〇七一一五〇二七二一〇六六七一七五。

右乃南吕倍律積算。

置南吕倍律積算進一位爲實，以應鍾倍律積算爲法除之，得無射。

一一二二四六二〇四八三〇九三七二九八一四三三五三三。

右乃無射倍律積算。

置無射倍律積算進一位爲實，以應鍾倍律積算爲法除之，得應鍾。

一〇五九四六三〇九四三五九二九五二六四五六一八二五。

右乃應鍾倍律積算。

置應鍾倍律積算進一位爲實，以應鍾倍律積算爲法除之，得黃鍾。

新造密率二種倍律命寸爲兆，正律命寸爲億，欲初學者知命法之變通云爾。

黃鍾之率二十兆，本是二十寸，命作二十兆。

大呂之率十八兆八千七百七十四萬八千六百二十五億三千六百三十三萬八千六百九十九。

太蔟之率十七兆八千一百七十九萬七千四百三十六億二千八百〇六萬七千八百六十。

夾鍾之率十六兆八千一百七十九萬二千八百三十億〇五千〇七十四萬二千九百〇八。

姑洗之率十五兆八千七百四十萬〇一千〇五十一億九千六百八十一萬九千九百四十七。

仲呂之率十四兆九千八百三十萬〇七千〇七十六億八千七百七十六萬八千一百四十九。

蕤賓之率十四兆一千四百二十一萬三千五百六十二億三千七百三十萬〇九千五百〇四。

林鍾之率十三兆三千四百八十三萬九千八百五十四億一千七百萬〇〇三千四百三十六。

夷則之率十二兆五千九百九十二萬一千〇四十九億八千九百四十八萬七千三百一十六。

南呂之率十一兆八千九百二十萬〇七千一百一十五億〇〇二十七萬二千一百〇六。

無射之率十一兆二千二百四十六萬二千〇四十八億三千〇九十三萬七千二百九十八。

應鍾之率十兆〇五千九百四十六萬三千〇九十四億三千五百九十二萬九千五百二十六。

黃鍾之率十億，本是十寸，命作十億。

大呂之率九億四千三百八十七萬四千三百一十二。

太蔟之率八億九千〇八十九萬八千七百一十八。

夾鍾之率八億四千〇八十九萬六千四百一十五。

姑洗之率七億九千三百七十萬〇〇五百二十五。

仲呂之率七億四千九百一十五萬三千五百三十八。

蕤賓之率七億〇七百一十萬〇六千七百八十一。

林鍾之率六億六千七百四十一萬九千九百二十七。

夷則之率六億二千九百九十六萬〇五百二十四。

南呂之率五億九千四百六十萬〇三千五百五十七。

無射之率五億六千一百二十三萬一千〇二十四。

應鍾之率五億二千九百七十三萬一千五百四十七。

補半律之率

本書未推，今推之。

黃鍾之率五億，本是五寸，命作五億。

大呂之率四億七千一百九十三萬七千一百五十六。

太蔟之率四億四千五百四十四萬九千三百五十九。

夾鍾之率四億二千〇四十四萬八千二百〇七。

姑洗之率三億九千六百八十五萬〇二百六十二。

仲呂之率三億七千四百五十七萬六千七百六十九。

蕤賓之率三億五千三百五十五萬三千三百九十。

林鍾之率三億三千三百七十萬〇九千九百六十三。

夷則之率三億一千四百九十八萬〇二百六十二。

南呂之率二億九千七百三十萬〇一千七百七十八。

無射之率二億八千〇六十一萬五千五百一十二。

應鍾之率二億六千四百八十六萬五千七百七十三。

按：諸律之率，固皆以應鍾之率爲法求得之，而各律自乘有平冪，其倍半有自然相應者，開列於後。此律自乘之積非空圍之面冪。

黃鍾倍律之冪折半爲蕤賓倍律之冪；蕤賓倍律之冪折半爲黃鍾正律之冪；黃鍾正律之冪折半爲蕤賓正律之冪；蕤賓正律之冪折半爲黃鍾半律之冪；黃鍾半律之冪折半爲蕤賓半律之冪。

右子午對衝之例也。

大呂倍律之冪折半爲林鍾倍律之冪；林鍾倍律之冪折半爲大呂正律之冪；大呂正律之冪折半爲林鍾正律之冪；林鍾正律之冪折半爲大呂半律之

冪；大吕半律之冪折半爲林鍾半律之冪。

右丑未對衝之例也。

太蔟倍律之冪折半爲夷則倍律之冪；夷則倍律之冪折半爲太蔟正律之冪；太蔟正律之冪折半爲夷則正律之冪；夷則正律之冪折半爲太蔟半律之冪；太蔟半律之冪折半爲夷則半律之冪。

右寅申對衝之例也。

夾鍾倍律之冪折半爲南吕倍律之冪；南吕倍律之冪折半爲夾鍾正律之冪；夾鍾正律之冪折半爲南吕正律之冪；南吕正律之冪折半爲夾鍾半律之冪；夾鍾半律之冪折半爲南吕半律之冪。

右卯酉對衝之例也。

姑洗倍律之冪折半爲無射倍律之冪；無射倍律之冪折半爲姑洗正律之冪；姑洗正律之冪折半爲無射正律之冪；無射正律之冪折半爲姑洗半律之冪；姑洗半律之冪折半爲無射半律之冪。

右辰戌對衝之例也。

仲吕倍律之冪折半爲應鍾倍律之冪；應鍾倍律之冪折半爲仲吕正律之冪；仲吕正律之冪折半爲應鍾正律之冪；應鍾正律之冪折半爲仲吕半律之冪；仲吕半律之冪折半爲應鍾半律之冪。

右巳亥對衝之例也。

已上六例，載堉書所未言。今推得之。此方圓相函，(内)[方]内倍半，自然相應之道也。律之空圍、面冪、積實，其例亦如此。方與方，圓與圓，其理同也。

方圓相函列律圖

自有律書以來，未有此圖。天地之秘密洩於此圖。觀者毋易視也。

按：載堉之説，非圖不顯。作此圖以明之。方函圓，圓又函方，皆自然之理，即有一定之數。列線爲律：外十二線爲倍律，中十二線爲正律。其半律亦有十二，在内線愈密，不能圖，只圖其一。律之疎密自有差次，無忽密忽疎之病。律之長短，皆兩斜線界定，非由三分損益。觀此則新舊二法，真僞判然矣。

方圓相函外內周徑冪積圖

《考工記》㮚氏爲量，内方尺而圓其外。此圖外圓之第二層，方之第三層也。今各增其内外之方圓，迭相函容。徑與徑，冪與冪，各以倍半相應，此律吕長短所由生，外内周徑面冪實積所由出。此天地自然之理數，不假人力安排者也。

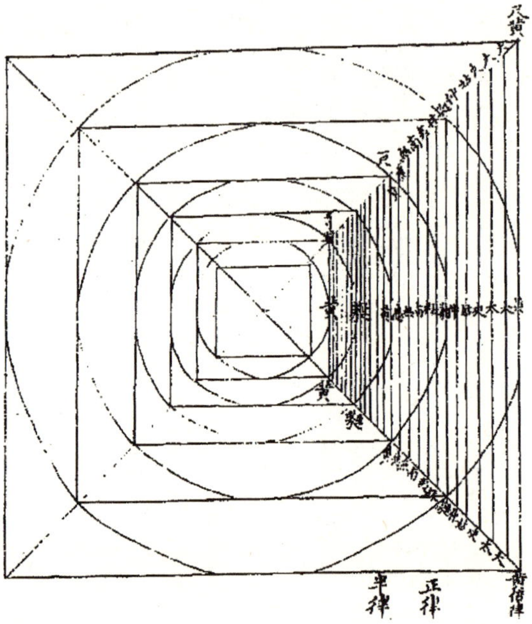

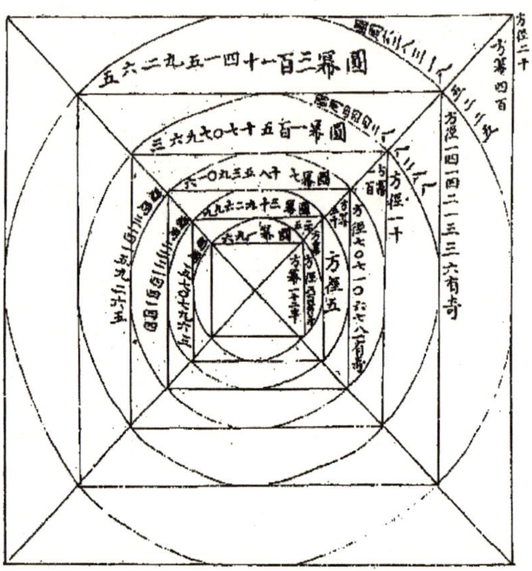

李文貞公光地曰：「律之以損益相生何也？曰：凡象數皆起於陰陽。象者，陰陽相變者也。數者，奇偶相生者也。故方之内圓，必得外圓之半；其外圓，必得内圓之倍。圓之内方，亦必得外方之半；其外方，亦必得内方之倍。律之上生，爲下生之倍，下生爲上生之半，其理一也。蓋方圓函蓋，奇偶乘負，陰陽變化，天地生生之道也。苟其象之所生同，數之所起同，則上下無不應也，外内無不合也，倍半無不和也。故司馬遷《律書》謂之同數，今西人算學謂之比例。《易》曰：『同聲相應，同氣相求。』此之謂也。夫金石之鏗訇，與絲竹之繁細，物性迥然殊矣。而各以其性爲聲律，則無不相應者，豈非同類比例之謂乎？」

按：文貞公深明象數之學，以方圓、倍半之理，推原聲律相生，倍半相應，直抉造化之微。此朱載堉所以因臬氏之文，能别推出密率新法者也。然文貞公設問，猶言損益相生，不云律生於方圓相容之形。豈未見載堉之書，暗與之相符與？今作此圖明之。方六層，圓五層。方圓有方圓之倍半，平冪有平冪之倍半。律之長短，圍徑之大小，冪積之多寡，其理皆具此圖之中。要其所以然者，河圖已以象數示人矣。俟象數篇詳之。

律數相較圖

正律數	一較	再較	三較
黃鐘十			
大呂九四三八七四三一二	五六一二五六八八	三一五〇〇九四	
太簇八九〇八九八七一八	五二九七五五九四	二九七三二九一	一七六八三
夾鐘八四〇八九六四一五	五〇〇〇二三〇三	二八〇六四一二	一六六八七
姑洗七九三七〇〇五二五	四七一九五八九〇	二六四八九〇三	一五七五一
仲吕七四九一五三五五八	四四五四六九八七	二五〇〇二三〇	一四八六七
蕤賓七〇七一〇六七八一	四二〇四六七五七	二三五九九〇三	一四〇三二
林鐘六六七四一九九二七	三九六八六八五四	二二二七四五一	一三二四五
夷則六二九九六〇五二四	三七四五九四〇三	二一〇二四二六	一二五〇二
南吕五九四六〇三五五七	三五三五六九六七	一九八四四三四	一一七八九
無射五六一二三一〇二四	三三三七二五三三	一八七三〇五六	一一一三七
應鐘五二九七三一五四七	三一四九九四七七	一七六七九三〇	一〇五一二
半黃鐘五	二九七三一五四七		

凡數前後相較，必以漸而差，如八線表，度分勻，而諸線各有差率，是爲真數。律之漸而短也亦然。其以應鐘之率爲法而除實也，則同。以其前後相差之數，一較、再較、三較，皆以漸可見。新法爲真數，舊法三分損益得之者忽多忽失，不以其漸矣。自黃鐘至仲吕，律分多，吕分少；自蕤賓至應鐘，律分少，吕分多。

諸律相生

朱載堉曰：「新法不拘隔八相生，而相生有四法，或左旋，或右旋，皆循環無端也，以證三分損益往而不返之誤。

其一，黃鐘生林鐘，林鐘生太蔟，太蔟生南吕，南吕生姑洗，姑洗生應鐘，應鐘生蕤賓，蕤賓生大吕，大吕生夷則，夷則生夾鐘，夾鐘生無射，無射生仲吕，仲吕生黃鐘。長生短，五億乘之；短生長，十億乘之。皆以七億四千九百一十五萬三千五百三十八除之。」

按：此隔八左旋相生也。七億四千九百一十五萬三千五百三十八者，仲吕之率也，仲吕復生黃鐘者也。用其率以除實，自然循環矣。舊法三分損一、益一，亦是以五、以十乘本律，而以七十五爲法除之。七十五者，七億五千萬也。實少法强，是以不能復生黃鐘。又如晉《宋書》算《淮南子》之法，以七百四十九爲除法。七百四十九者，七億四千九百萬也。法又稍弱，是以亦不能循環。此新法之所以妙也。仲吕之率，亦不必以應鐘迭求而後得也。應鐘之率，自乘而倍之，平方開之，即仲吕之率矣。

用横黍百分律者，黃鐘長十寸。如法乘除，所得億約爲寸。

用斜黍九十分律者，黃鐘長九寸。長生短者，本律之率折半爲實，九億乘之。短生長者，本律之率爲實，九億乘之。如法除之，所得億約爲寸。

用縱黍八十一分律者，黃鐘長八寸一分。長生短者，八十一億乘本律之率，折半退位爲實；短生長者，不折半，但退位爲實。如法除之，所得億約爲寸。

「其二，黃鐘生仲吕，仲吕生無射，無射生夾鐘，夾鐘生夷則，夷則生大吕，大吕生蕤賓，蕤賓生應鐘，應鐘生姑洗，姑洗生南吕，南吕生太蔟，太蔟生林鐘，林鐘生黃鐘。長生短，五億乘之；短生長，十億乘之：皆以六億六千七百四十一萬九千九百二十七除之。」

按：此隔八右旋相生也。六億六千七百四十一萬九千九百二十七者，林鐘之率也。末位林鐘生黃鐘，故用林鐘之率。

「其三，黃鐘生大吕，大吕生太蔟，太蔟生夾鐘，夾鐘生姑洗，姑洗生仲吕，仲吕生蕤賓，蕤賓生林鐘，林鐘生夷則，夷則生南吕，南吕生無射，無射生應鐘，應鍾生黄鍾半律。此係長生短，皆以五億乘之，皆以五億二千九百七十三萬一千五百四十七除之。」

按：此相連左旋相生也。五億二千九百七十三萬一千五百四十七者，應鍾之率也。末位應鍾生黄鍾半律，故用應鍾之率。」

「其四，黄鍾半律生應鍾，應鍾生無射，無射生南吕，南吕生夷則，夷則生林鍾，林鍾生蕤賓，蕤賓生仲吕，仲吕生姑洗，姑洗生夾鍾，夾鍾生太簇，太簇生大吕，大吕生黄鍾。此係短生長，皆以十億乘之，皆以九億四千三百八十七萬四千三百一十二除之。」

按：此相連右旋相生也。九億四千三百八十七萬四千三百一十二者，大吕之率也。末位大吕生黄鍾，故用其率。

已上四法，反覆循環相生，可見十二律有一氣連貫之妙。四法以第一法爲要，此五聲宫、徵、商、羽、角之相通，旋宫之法所由出也。諸律比例相生，其理已具雜書。第六卷詳之。

又按：隔八相生，諸家之説不同。有以陽律下生，陰吕上生，大吕、夾鍾、仲吕用倍數者，《前漢志》之法也，蔡氏從之；有以黄鍾至仲吕爲陽，皆下生，蕤賓至應鍾爲陰，皆上生者，《淮南子》、鄭康成之法也，朱子從之；吕不韋之法，則黄鍾、大吕、太簇、夾鍾、姑洗、仲吕、蕤賓七律皆用半而上生，林鍾、夷則、南吕、無射、應鍾五律皆用全而下生，其説與諸家大異。蓋諸家謂黄鍾下生林鍾者用全律，吕氏謂黄鍾上生林鍾者用半律，吕氏之説即《管子》宫主生徵百有八之理也。論聲律之體，固如諸家之説；聲律之用，當主管吕之説。祇論長短，不論陰陽，載堉亦嘗稱引《管子》之言矣。亦謂長律用半，短律用全矣。載堉又引朱子語，有大陰陽、小陰陽之説。謂此論精妙，非蔡氏所及。究之上下相生，別有妙理。徒以陰陽言者，尚未盡其妙也。今不録。

又 卷三《律度》 既得各律之率，即可得各律之長。律有倍、有正、有半，凡三十六律。用横黍尺百分者，紀其尺、寸、分、釐、毫、絲、忽、微、纖，以爲後算周、徑、冪、積張本，纖以下略之。

倍律通長

黄鍾二尺。

大吕一尺八寸八分七釐七毫四絲八忽六微二纖。

太簇一尺七寸八分一釐七毫九絲七忽四微三纖。

夾鍾一尺六寸八分一釐七毫九絲二忽八微三纖。

姑洗一尺五寸八分七釐四毫〇一忽〇五纖。

仲吕一尺四寸九分八釐三毫〇七忽〇七纖。

蕤賓一尺四寸一分四釐二毫一絲三忽五微六纖。

林鍾一尺三寸三分四釐八毫三絲九忽八微五纖。

夷則一尺二寸五分九釐九毫二絲一忽〇四纖。

南吕一尺一寸八分九釐二毫〇七忽一微一纖。

無射一尺一寸二分二釐四毫六絲二忽〇四纖。

應鍾一尺〇五分九釐四毫六絲三忽〇九纖。

已上諸倍律，如欲以次求之，則以本律通長爲實，以十億乘之，以十億〇五千九百四十六萬三千〇九十四除之，得次律。

正律通長

黄鍾一尺。

大吕九寸四分三釐八毫七絲四忽三微一纖。

太簇八寸九分〇八毫九絲八忽七微一纖。

夾鍾八寸四分〇八毫九絲六忽四微一纖。

姑洗七寸九分三釐七毫〇〇五微二纖。

仲吕七寸四分九釐一毫五絲三忽五微三纖。

蕤賓七寸〇七釐一毫〇六忽七微八纖。

林鍾六寸六分七釐四毫一絲九忽九微二纖。

夷則六寸二分九釐九毫六絲〇五微二纖。

南吕五寸九分四釐六毫〇三忽五微五纖。

無射五寸六分一釐二毫三絲一忽〇二纖。

應鍾五寸二分九釐七毫三絲一忽五微四纖。

已上諸正律，如欲以次求之，則以本律通長爲實，以十億乘之，以十億〇五千九百四十六萬三千〇九十四除之，得次律。

半律通長

黄鍾五寸。

大吕四寸七分一釐九毫三絲七忽一微五纖。

太簇四寸四分五釐四毫四絲九忽三微五纖。

夾鍾四寸二分〇四毫四絲八忽二微〇。

姑洗三寸九分六釐八毫五絲二微六纖。

仲呂三寸七分四釐五毫七絲六忽七微六纖。

蕤賓三寸五分三釐五毫五絲三忽三微九纖。

林鍾三寸三分三釐七毫〇九忽九微六纖。

夷則三寸一分四釐九毫八絲〇二微六纖。

南呂二寸九分七釐三毫〇一忽七微七纖。

無射二寸八分〇六毫一絲五忽五微一纖。

應鍾二寸六分四釐八毫六絲五忽七微七纖。

已上諸半律，如欲以次求之，則以本律通長爲實，以十億乘之，以十億〇五千九百四十六萬三千〇九十四除之，得次律。應鍾半律以後，再如法乘除，得二寸五分，爲黄鍾半律之半。

斜黍尺九寸，每寸十分，紀其尺、寸、分、釐、毫、絲、忽、微、纖，共二十四律。載堉書止載十二正律，今詳倍律，蕤賓以後半律，仲呂以前，旋宫皆用之，故共二十四律。

倍律長

蕤賓一尺二寸七分二釐七毫九絲二忽二微。

林鍾一尺二寸〇一釐三毫五絲五忽八微六纖。

夷則一尺一寸三分三釐九毫二絲八忽九微四纖。

南呂一尺〇七分〇二毫八絲六忽四微。

無射一尺〇一分〇二毫一絲五忽八微四纖。

應鍾九寸五分三釐五毫一絲六忽七微八纖。

已上諸倍律，如欲以次求之，則以本律爲實，以五億乘之，以五億二千九百七十三萬一千五百四十七除之，得次律。

正律長附舊律備考。

黄鍾九寸。舊同。

大呂八寸四分九釐四毫八絲六忽八微八纖。舊八寸四分二釐八毫弱。

太蔟八寸〇一釐八毫〇八忽八微四纖。舊八寸。

夾鍾七寸五分六釐八毫〇六忽七微七纖。舊七寸四分九釐二毫弱。

姑洗七寸一分四釐三毫三絲〇四微七纖。舊七寸一分一釐一毫强。

仲呂六寸七分四釐二毫三絲八忽一微八纖。舊六寸六分五釐九毫强。

蕤賓六寸三分六釐三毫九絲六忽一微〇。舊六寸三分二釐〇毫有奇。

林鍾六寸〇〇六毫七絲七忽九微三纖。舊六寸。

夷則五寸六分六釐九毫六絲四忽四微七纖。舊五寸六分一釐八毫强。

南呂五寸三分五釐一毫四絲三忽二微〇。舊五寸三分三釐三毫强。

無射五寸〇五釐一毫〇七忽九微二纖。舊四寸九分九釐四毫强。

應鍾四寸七分六釐七毫五絲八忽三微九纖。舊四寸七分四釐〇毫强。

已上諸正律，如欲以次求之，則以本律爲實，以五億乘之，以五億二千九百七十三萬一千五百四十七除之，得次律。

半律長附舊律備考。

黄鍾四寸五分。舊同。

大呂四寸二分四釐七毫四絲三忽四微四纖。舊四寸二分一釐四毫强。

太蔟四寸〇〇九毫〇四忽四微二纖。舊四寸。

夾鍾三寸七分八釐四毫〇三忽三微八纖。舊三寸七分四釐六毫弱。

姑洗三寸五分七釐一毫六絲五忽二微三纖。舊三寸五分五釐五毫强。

仲呂三寸三分七釐一毫一絲九忽〇九纖。舊三寸三分二釐九毫强。

已上諸半律，如欲以次求之，則以本律爲實，以五億乘之，以五億二千九百七十三萬一千五百四十七除之，得次律。諸倍律約十爲九，正律折半，半律又折半，得之甚易。本不須乘除，仍載乘除法者，欲見句股乘除開方求出應鍾之率，實爲真率。諸律相求，皆以此爲根。用全用半，無往不通也。

縱黍八十一分律依新法算惟算正律。

黄鍾八寸一分。

大呂七寸六分四釐五毫三絲八忽一微九纖。

太蔟七寸二分一釐六毫二絲七忽九微六纖。

夾鍾六寸八分一釐一毫二絲六忽〇九纖。

姑洗六寸四分二釐八毫九絲七忽四微二纖。

仲呂六寸〇六釐八毫一絲四忽三微六纖。

蕤賓五寸七分二釐七毫五絲六忽四微九纖。

林鍾五寸四分〇六毫一絲〇一微四纖。

夷則五寸一分〇二毫六絲八忽〇二纖。

南呂四寸八分一釐六毫二絲八忽八微八纖。

無射四寸五分四釐五毫九絲七忽一微二纖。

應鍾四寸二分九釐〇八絲二忽五微五纖。

諸律如欲以次求之，置本律之率，以八十一億乘之，折半退位爲實，以五億二千九百七十三萬一千五百四十七除之，得次律。

縱黍八十一分作九寸律依新法算

例曰：此法每寸九分，每分九釐，每釐九毫，每毫九絲，每絲九忽，每忽九微，每微九纖，皆以九爲法，故與十不同。

黄鍾九寸。

大呂八寸四分四釐〇六絲七忽四微五纖。

太蔟八寸〇一釐四毫一絲六忽〇八纖。

夾鍾七寸五分一釐〇一絲〇七微四纖。

姑洗七寸一分二釐五毫四絲二忽。

仲呂六寸六分六釐一毫一絲六忽八微一纖。

蕤賓六寸三分二釐四毫二絲八忽四微七纖。

林鍾六寸〇〇四毫八絲四忽二微七纖。

夷則五寸六分〇二毫一絲四忽七微五纖。

南呂五寸三分一釐四毫一絲六忽六微三纖。

無射五寸〇四釐一毫二絲一忽一微五纖。

應鍾四寸六分八釐一毫五絲一忽〇五纖。

黄鍾半律四寸四分四釐四毫四絲四忽四微四纖。

朱載堉曰：「約十爲九，主意蓋爲三分損益而設，使歸除無不盡數耳。夫律呂之理，循環無端。而杪忽之數歸除不盡，此自然之理也。因其天生自然，不須人力穿鑿，以此算律，何善如之。歷代算律，祇欲杪忽除之有盡，遂致律呂往而不返。此乃顛倒之見，非自然之理也。是以新法不用三分損益，不拘隔八相生，然而相生有序，循環無端，十二律呂一以貫之。此蓋二千餘年之所未有，自我聖朝始也。非學者所宜盡心焉者乎。」

按：古人算律，亦非因杪忽欲除盡，遂致律呂往而不返也。其根源自宫聲八十一，徵聲五十四，商聲七十二，羽聲四十八，角聲六十四，俱是三分損益之數。意其數爲天生自然，遂以此定律呂之長短，不知其數仍有毫釐之差也。天地之真數潛隱既久，有時而洩，故載堉能思得之耳。

又《律體上》 蔡氏《律呂新書》曰：「十二律圍徑，自先漢以前，傳記竝無明文。惟班志云黄鍾八百一十分，繇此之義起十二律之周徑。然其説乃是以律之長自乘，而因之以十，蓋配合爲説耳，未可以爲據也。惟《審度章》云，一黍之廣，度之九十分黄鍾之長，一爲一分。《嘉量章》則以千二百黍實其龠，《謹衡權章》則以千二百黍爲十二銖。則是累九十黍以爲長，積千二百黍以爲廣，可見也。夫長九十黍，容千二百黍，則空圍當有九方分，乃是圍十分三釐八毫，徑三分四釐六毫也。每一分容十三黍又三分黍之一，以九十因之，則一千二百也。蓋十其廣之分以爲長，十一其長之分以爲廣，自然之數也。」又曰：「夫律以空圍之同，故其長短之異，可以定聲之高下。孟康不察，乃謂凡律圍徑不同，各以圍乘長而得此數者，蓋未之考也。」孟康曰：林鍾長六寸，圍六分，以圍乘長，得積三百六十分。太蔟長八寸，圍八分，爲積六百四十分。

朱載堉曰：「舊律圍徑皆同，而新律各不同。《禮記註疏》曰：凡律，空圍九分。《月令章句》曰：圍數無增減。及《隋志》安豐王等説皆不足取也，故著此論。論曰：琴瑟不獨徽柱之有遠近，而弦亦有巨細焉。笙竽不獨管孔之有高低，而簧亦有厚薄焉。弦之巨細若一，但以徽柱遠近別之，不可也。簧之厚薄若一，但以管孔高低別之，不可也。譬諸律管雖有修短之不齊，亦有廣狹之不等。先儒以爲長短雖異，圍徑皆同，此未達之論也。今若不信，以竹或筆管製黄鍾之律一樣二枚，截其一枚分作兩段，全律、半律，各令一人吹之，聲必不同合矣。此昭然可驗也。又製大呂之律一樣二枚，周徑與黄鍾同，截其一枚分作兩段，全律、半律，各令一人吹之，則亦不相合，而大呂半律乃與黄鍾全律相合，略差不遠。是知所謂半律者，皆下全律一律矣。大抵管長則氣隘，隘則雖長而反清；管短則氣寬，寬則雖短而反濁。此自然之理，先儒未達也。要之，長短、廣狹皆有一定之理，一定之數在焉。置黄鍾倍律九而一以爲外周，用弦求句股術得其内周。又置倍律四十而一以爲内徑，用句股求弦術得其外徑。蓋律管兩端形如環田，有内外周徑焉。外周内容之方，即内徑也。内周外射之斜，即外徑也。方圓相容，天地之象，理數之妙者也。若黄鍾通長八十一分者，内周九分，是爲八十一中之九，即約分法九分中之一也。若約黄鍾八十一分作爲九寸，則其内周當云一寸。舊以九十分爲黄鍾，而云空圍九分者，誤也。況又穿鑿指爲面冪九方分，則誤益甚矣。」

按：載堉此論，亦二千年來所未有者也。《漢志》之説，孟康之釋，推其誤有數端：黄鍾約十爲九，内周當云一寸，而云圍九分，其誤一；圍九分則徑不及三分，徑三分則圍不啻九分，而云徑三分、圍九分，乃徑一圍三之謬法，其誤二；諸律以長乘者，乃是乘黄鍾之面冪，退位以爲本律之面冪，非乘其圍分也，而云以圍乘長，其誤三；既乘得本律之面冪，再以本律之長乘之，乃得本律之積，而云以圍乘長即得積，其誤四；牽於九六八之數，附會天地人，其誤五。劉歆、班固、孟康雖有此數誤，然猶曰繇此之義起十二律之周徑，則十二律各有周徑，其説猶近是也。迨漢末諸儒鄭氏、蔡氏之説，出乃斷以爲凡律圍九分無增減，此説遂牢不可破矣。夫使圍徑皆同，但以長短別高下，則彈琴者惟按徽取聲，而七弦之粗細同散聲同，可乎？不可乎？凡圓中容積與方中容積同理，試使有方田百畝，其方折半，則中容必是二十五畝，斷非五十畝。故黄鍾半律必殺小其圍徑，截爲兩段，則與蕤賓同其容積，非半黄鍾矣。此理若不抉破，後之造律制樂者，雖使製得黄鍾真律，大吕以下皆非其律，況未必真得黄鍾乎。人知黄鍾中聲之難求，不知大吕以下諸律正未易製。黄鍾、大吕惟人所命。若舊説不破，何以得真黄鍾、真大吕哉？惟我聖祖仁皇帝誨諭臣工之學律者，特發線與線、體與體之比例不同一條，正所以破前人圍徑皆同之謬説也。其言加減八倍而後應者，借立方體積相去八倍言之，若律管容積加減四倍即應也。載堉云，長短廣狹皆有一定之理、一定之數，此語誠然。先儒算學不精，格物未至，是以前志之猶近是者，不能發明。後人之立謬説者，遂爲蔽惑耳。

載堉言置黄鍾倍律九而一以爲外周，用弦求句股術得其内周，此算術仍未精密，後詳考訂正之。算律須求真數，不可有毫釐之差也。

《新書》言空圍當有九方分，非也。昔人明言周言圍，不得以周圍爲方冪。如言方冪，則黄鍾不得有九方分。新法算黄鍾面冪九分八釐一毫七絲有奇者，横黍尺之分釐毫絲也。以斜黍九十分者約之，只得八分八釐三毫五絲有奇耳。其云圍十分三釐八毫，徑三分四釐六毫者，圍三徑一之謬法也。如圍十分三釐八毫，則徑只有三分三釐二毫。如徑三分四釐六毫，則圍有十一分零七毫有奇矣。又以徑有乘爲方積，四分取三爲圓積，以求合於九方分，此又圓田求積之粗率，不可用之以算律管也。夫徑三分四釐六毫者，安定胡瑗之律也。因律太短，不能容千二百黍，故擴其圍徑以就之。當時用上黨羊頭山黍，以三等篩篩之而取其中，則黍亦可遷就矣。要之黍非真黍，律非真律，而算亦非真算。蔡氏猶仍其誤，豈古人有密率載在史志者，竟未嘗深究耶。

周徑冪積密率

按：平圓周、徑、冪、積，可互相求。舊云周三徑一，又以方積四分之三爲圓積，皆疎舛之率，不可承用者也。欲算各律之外周、内周、外徑、内徑及空圍内之面冪、實積，須求最密之率方準。古之算家，祖沖之爲最。其割圓之法，用綴術漸次求之，得其周徑之率。攷之《隋書·律志》，祖氏原有三率：一云徑七、周二十二者，約率也；一云徑一百一十三、周三百五十五者，密率也；然約率則强，密率猶稍弱，仍有最密之率，則徑一、周三一四一五九二六五是也。蓋三一四一五九二七爲贏限，三一四一五九二六爲朒限，正數在贏朒二限之間。末位約之爲五，三一四一五九二六五，共得九位。亦可以爲算周徑之用矣。周徑相乘，得七八五三九八一六二五爲平冪。或以半徑乘半周，亦得平冪。此最密之率也。試借西人八線表驗之。

西人分周天爲三百六十度，一度又析爲六十分，是分大圓爲二萬一千六百邊也。八線各有相當，正弦與餘割相乘，與半徑全數自乘等積。查表一分之餘割線三四三七七四六八二，因此求得一分之正弦二九〇八八八二〇四五〇一。以二萬一千六百折半，爲一萬〇八百乘之，得三一四一五九二六〇八六一八。正弦是直線，圓周是曲線，幾與之等。而曲者必稍贏，是以比圓周稍朒焉。故徑一則周三一四一五九二六五爲最密之率，宜用之。

朱載堉密率法云：圓周四十容方九，句股求弦數可知，遂以此爲求徑率，求周求積亦如之。謂圓周四十寸者，内容方九寸。九寸各自乘，併得一百六十二寸，開方得斜弦爲圓徑也。今按此法猶未密，正法圓周三一四一五九二六五，内容方七〇七一〇六七八一。蓋圓周四十，則容方不啻九。若容方九，則圓周不及四十。載堉以此率求諸律周徑冪積，惟徑無差。若周、冪積，四位以後稍有贏餘，不得爲真數矣。數不真確，不可載之於書，故今依祖氏法推算。

先求三十六律通長真數。

載堉云：黄鍾倍律，通長二尺，容黍二合，稱重二兩。律度量衡無非倍者，此自然全數也。故算法皆從倍律起。若夫正律，於度雖足，於量於衡則皆不足。祇容半合，祇重半兩，比諸倍律似非自然全數。故算法不從正律起，亦不從半律起。倍律、正律、半律，各有十二，共爲三十六律。

按：諸律通長已見前篇，其以次迭求之法，已見第二卷，茲不再述。

次求三十六律外徑内徑。

按：載堉之法先求周，今易之先求徑，六陽律之外內徑，有與他律通長相應。退一位即得者，不必求。退一位者，十分之一也。開列如左。

蕤賓正律通長退一位，即黃鍾倍律外徑。

林鍾正律通長退一位，即太蔟倍律外徑。

夷則正律通長退一位，即姑洗倍律外徑。

南呂正律通長退一位，即蕤賓倍律外徑。

無射正律通長退一位，即夷則倍律外徑。

應鍾正律通長退一位，即無射倍律外徑。

黃鍾半律通長退一位，即黃鍾倍律內徑正律外徑。

大呂半律通長退一位，即太蔟倍律內徑正律外徑。

太蔟半律通長退一位，即姑洗倍律內徑正律外徑。

夾鍾半律通長退一位，即蕤賓倍律內徑正律外徑。

姑洗半律通長退一位，即夷則倍律內徑正律外徑。

仲呂半律通長退一位，即無射倍律內徑正律外徑。

蕤賓半律通長退一位，即黃鍾正律內徑半律外徑。

林鍾半律通長退一位，即太蔟正律內徑半律外徑。

夷則半律通長退一位，即姑洗正律內徑半律外徑。

南呂半律通長退一位，即蕤賓正律內徑半律外徑。

無射半律通長退一位，即夷則正律內徑半律外徑。

應鍾半律通長退一位，即無射正律內徑半律外徑。

凡倍律內徑折半，即半律內徑。

凡六陰呂，以陽律之徑分爲實，以十億乘之，以十億〇二千九百三十萬〇二千二百三十六除之，即得本呂之徑。陰呂求陽律亦倣此。十億〇二千九百三十萬有奇之數者，應鍾倍律外徑。五一四六五一一一八三二一七四六〇，進位倍數也。

次求三十六律外周內周。

以本律之徑乘三一四一五九二六五，以十除之，得周。

如迭求之，以本律之周爲實，以十億乘之，以十億〇二千九百三十萬〇二千二百三十六除之，得次律之周。

倍律外周折半，即正律內周、半律外周。

倍律內周、正律外周折半，即半律內周。

次求三十六律面冪。

以本律之周徑相乘爲實，以四歸之，或以半周半徑相乘，皆得面冪。

如迭求之，以本律之面冪爲實，以十億乘之，以十億〇五千九百四十六萬三千〇九十四除之，得次律之面冪。

倍律面冪折半，即正律之面冪。正律面冪折半，即半律之面冪。

置七八五三九八一六二五，以四除之，得倍律黃鍾面冪。各以正律通長乘之，得各倍律之面冪。

置七八五三九八一六二五，以八除之，得正律黃鍾面冪。各以倍律面冪折半，得各正律之面冪。

置七八五三九八一六二五，以一十六除之，得半律黃鍾面冪。各以正律面冪折半，得各半律之面冪。

次求三十六律實積。

各律以通長乘本律面冪，再以通長乘所得，即本律實積。

如欲以次求之，置本律實積爲實，以十兆乘之，以十一兆二千二百四十六萬二千〇四十八億三千〇九十三萬七千二百九十八除之，得次律實積。

倍律實積四歸之，得正律實積。正律實積四歸之，得半律實積。

黃鍾倍律面冪進一位，即蕤賓倍律之實積。倍之，即黃鍾倍律之實積。

太蔟倍律面冪進一位，即林鍾倍律之實積。倍之，即大呂倍律之實積。

姑洗倍律面冪進一位，即夷則倍律之實積。倍之，即太蔟倍律之實積。

蕤賓倍律面冪進一位，即南呂倍律之實積。倍之，即夾鍾倍律之實積。

夷則倍律面冪進一位，即無射倍律之實積。倍之，即姑洗倍律之實積。

無射倍律面冪進一位，即應鍾倍律之實積。倍之，即仲呂倍律之實積。

黃鍾正律面冪進一位，即黃鍾正律之實積。半之，即蕤賓正律之實積。

太蔟正律面冪進一位，即大呂正律之實積。半之，即林鍾正律之實積。

姑洗正律面冪進一位，即太蔟正律之實積。半之，即夷則正律之實積。

蕤賓正律面冪進一位，即夾鍾正律之實積。半之，即南呂正律之實積。

夷則正律面冪進一位，即姑洗正律之實積。半之，即無射正律之實積。

無射正律面冪進一位，即仲呂正律之實積。半之，即應鍾正律之實積。

已上諸律有相應處，可見一氣貫通之妙。載堉未言，今推之如此，學者宜深玩之。

律管長短、廣狹，自然之理數，河圖已顯其象。《象數篇》詳之。

安清翹《樂律心得》卷一

論連比例爲樂律之要

樂律之學，數學也。數學以連比例爲第一義。十二律之相生，即連比例之理也。明連比例之理，於樂律之要盡之矣。

先論加減連比例

自一生二，二生三，以至於無窮，皆相連而生，此天地自然之數，即連比例之術所由立也。蓋一之與二，如二之與三，爲加一之連比例。一加一爲二，二加一爲三。一之與三，如三之與五，爲加二之連比例。一加二爲三，三加二爲五。或二之與四，如四之與六，亦爲加二之連比例。二加二爲四，四加二爲六。推之加三、加四以至無窮，皆加法連比例也。反之則爲減法連比例。三之與二，如二之與一，爲減一之連比例。三減一爲二，二減一爲一。五之與三，如三之與一，爲減二之連比例。五減二爲三，三減二爲一。或六之與四，如四之與二，亦爲減二之連比例。六減二爲四，四減二爲二。推之減三、減四，以至無窮，皆減法連比例也。加者，律之由清而濁也。減者，律之由濁而清也。其漸清、漸濁，皆有一定之位次，即連比例之理也。

三率　一　二　三

有第一率，有第三率，求第二率法。以第一率與第三率相加，半之，而得第二率也。如第一率一，第三率三，求第二率，以第一率一與第三率三相加，得四，半之得二，而爲第二率也。

有第一率，有第二率，求第三率法。以第二率倍之，以第一率減之而得第三率也。如第一率一，第二率二，求第三率。以第二率二倍之得四，以第一率一減之得三，而爲第三率也。

有第二率，有第三率，求第一率法。以第二率倍之，以第三率減之，而得第一率也。如第二率二，第三率三，求第一率。以第二率二倍之得四，以第三率三減之得一，而爲第一率也。

論曰：連比例，只三率於理已足。三率者，初中末也。四率以後，則中率漸多。

四率　一　二　三　四

有第一率，有第四率，求第二率法。以第一率倍之，與第四率相加，取三分之一，而得第二率也。如第一率一，第四率四，求第二率。以第一率一倍之得二，與第四率四相加，得六，取三分之一得二，而爲第二率也。

有第一率，有第四率，求第三率法。以第四率倍之，與第一率相加，取三分之一，而得第三率也。如第一率一，第四率四，求第三率。以第四率四倍之得八，與第一率一相加，得九，取三分之一，得三，而爲第三率也。

論曰：黄鐘以聲定，非可以筭而定也。是故黄鐘即謂之一。既謂之一矣，則有倍、有半。倍黄鐘爲首率，則黄鐘爲末率。黄鐘爲首率，則半黄鐘爲末率。且首末之名，可以互易，循環無端。以黄鐘始者，以黄鐘終也。是故四率以後，常以首率、末率爲所知之兩率，而所求之一率皆居中之率也。其先有中率，而求初末之術不具列。

五率　一　二　三　四　五

有第一率，有第五率，求第二率法。以第一率三之，與第五率相加，取四分之一，而得第二率也。

有第一率，有第五率，求第三率法。以第一率與第五率相加，半之，而得第三率也。

有第一率，有第五率，求第四率法。以第五率三之，與第一率相加，取四分之一，而得第四率也。

論曰：此簡法也。蓋一三五即相連之三率，故與三率有第一率、有第三率，求第二率術同。本當以第一率倍之，又以第五率倍之，取四分之一，而爲第三率，乃連比例五率之本術，今用簡法所得數同。

六率　一　二　三　四　五　六

有第一率，有第六率，求第二率法。以第一率四之，與第六率相加，取五分之一，而得第二率也。

有第一率，有第六率，求第三率法。以第一率三之，又以第六率倍之，相加，取五分之一，而得第三率也。

有第一率，有第六率，求第四率法。以第一率倍之，又以第六率三之，相加，取五分之一，而得第四率也。

有第一率，有第六率，求第五率法。以第六率四之，與第一率相加，取五分之一，而得第五率也。

七率　一　二　三　四　五　六　七

有第一率，有第七率，求第二率法。以第一率五之，與第七率相加，取六分之一，而得第二率也。

有第一率，有第七率，求第三率法。以第一率倍之，與第七率相加，取三分之一，而得第三率也。此即連比例四率有第一率、第四率，求第二率法也。

有第一率，有第七率，求第四率法。以第一率三之，又以第七率三之，相加，取六分之一，而得第四率也。簡法，以第一率與第七率相加，折半，而得第四率。蓋一四七即連比例三率也。

有第一率，有第七率，求第五率法。以第七率四之，又以第一率倍之，相加，取六分之一，而得第五率也。簡法，以第七率倍之，與第一率相加，取三分之一，而得第五率。

有第一率，有第七率，求第六率法。以第七率五之，與第一率相加，取六分之一，而得第六率也。

八率　一　二　三　四　五　六　七　八

有第一率，有第八率，求第二率法。以第一率六之，與第八率相加，取七分之一，而得第二率也。

有第一率，有第八率，求第三率法。以第一率五之，又以第八率倍之，相加，取七分之一，而得第三率也。

有第一率，有第八率，求第四率法。以第一率四之，又以第八率三之，相加，取七分之一，而得第四率也。

有第一率，有第八率，求第五率法。以第一率三之，又以第八率四之，相加，取七分之一，而得第五率也。

有第一率，有第八率，求第六率法。以第一率倍之，又以第八率五之，相加，取七分之一，而得第六率也。

有第一率，有第八率，求第七率法。以第八率六之，與第一率相加，取七分之一，而得第七率也。

九率　一　二　三　四　五　六　七　八　九

有第一率，有第九率，求第二率法。以第一率七之，與第九率相加，取八分之一，而得第二率也。

有第一率，有第九率，求第三率法。以第一率六之，又以第九率倍之，相加，取八分之一，而得第三率也。簡法，則以一三五七九爲連比例五率，依五率術求之。

有第一率，有第九率，求第四率法。以第一率五之，又以第九率三之，相加，取八分之一，而得第四率也。

有第一率，有第九率，求第五率法。以第一率四之，又以第九率四之，相加，取八分之一，而得第五率也。簡法，則以一五九爲三率，依三率術求之。

有第一率，有第九率，求第六率法。以第一率三之，又以第九率五之，相加，取八分之一，而得第六率也。

有第一率，有第九率，求第七率法。以第一率倍之，又以第九率六之，相加，取八分之一，而得第七率也。簡法，用五率術求之。

有第一率，有第九率，求第八率法。以第八率七之，與第一率相加，取八分之一，而得第八率也。

十率　一　二　三　四　五　六　七　八　九　十

有第一率，有第十率，求第二率法。以第一率八之，與第十率相加，取九分之一，而得第二率也。

有第一率，有第十率，求第三率法。以第一率七之，又以第十率倍之，相加，取九分之一，而得第三率也。

有第一率，有第十率，求第四率法。以第一率六之，又以第十率三之，相加，取九分之一，而得第四率也。簡法，則以一四七十爲連比例四率，依四率術求之。

有第一率，有第十率，求第五率法。以第一率五之，又以第十率四之，相加，取九分之一，而得第五率也。

有第一率，有第十率，求第六率法。以第一率四之，又以第十率五之，相加，取九分之一，而得第六率也。

有第一率，有第十率，求第七率法。以第一率三之，又以第十率六之，相加，取九分之一，而得第七率也。簡法，依四率術求之。

有第一率，有第十率，求第八率法。以第一率倍之，又以第十率七之，相加，取九分之一，而得第八率也。

有第一率，有第十率，求第九率法。以第十率八之，與第一率相加，取九分之一，而得第九率也。

十一率　一　二　三　四　五　六　七　八　九　十　十一

有第一率，有第十一率，求第二率法。以第一率九之，與第十一率相加，取十分之一，而得第二率也。

有第一率，有第十一率，求第三率法。以第一率八之，又以第十一率倍之，相加，取十分之一，而得第三率也。簡法，用六率術求之。

有第一率，有第十一率，求第四率法。以第一率七之，又以第十一率三之，相加，取十分之一，而得第四率也。

有第一率，有第十一率，求第五率法。以第一率六之，又以第十一率四之，相加，取十分之一，而得第五率也。

有第一率，有第十一率，求第六率法。以第一率五之，又以第十一率五之，相加，取十分之一，而得第六率也。

有第一率，有第十一率，求第七率法。以第一率四之，又以第十一率六之，相加，取十分之一，而得第七率也。

有第一率，有第十一率，求第八率法。以第一率三之，又以第十一率七之，相加，取十分之一，而得第八率也。

有第一率，有第十一率，求第九率法。以第一率倍之，又以第十一率八之，相加，取十分之一，而得第九率也。

有第一率，有第十一率，求第十率法。以第十一率九之，與第一率相加，取十分之一，而得第十率也。

十二率　一　二　三　四　五　六　七　八　九　十　十一　十二

有第一率，有第十二率，求第二率法。以第一率十之，與第十二率相加，取十一分之一，而得第二率也。

有第一率，有第十二率，求第三率法。以第一率九之，又以第十二率倍之，相加，取十一分之一，而得第三率也。

有第一率，有第十二率，求第四率法。以第一率八之，又以第十二率三之，相加，取十一分之一，而得第四率也。

有第一率，有第十二率，求第五率法。以第一率七之，又以第十二率四之，相加，取十一分之一，而得第五率也。

有第一率，有第十二率，求第六率法。以第一率六之，又以第十二率五之，相加，取十一分之一，而得第六率也。

有第一率，有第十二率，求第七率法。以第一率五之，又以第十二率六之，相加，取十一分之一，而得第七率也。

有第一率，有第十二率，求第八率法。以第一率四之，又以第十二率七之，相加，取十一分之一，而得第八率也。

有第一率，有第十二率，求第九率法。以第一率三之，又以第十二率八之，相加，取十一分之一，而得第九率也。

有第一率，有第十二率，求第十率法。以第一率倍之，又以第十二率九之，相加，取十一分之一，而得第十率也。

有第一率，有第十二率，求第十一率法。以第十二率十之，與第一率相加，取十一分之一，而得第十一率也。

十三率　一　二　三　四　五　六　七　八　九　十　十一　十二　十三

有第一率，有第十三率，求第二率法。以第一率十一之，與第十三率相加，取十二分之一，而得第二率也。如第一率一，十一之得十一，與第十三率十三相加，得二十四，取十二分之一，得二而爲第二率也。

有第一率，有第十三率，求第三率法。以第一率十之，又以第十三率倍之，相加，取十二分之一，而得第三率也。如第一率一，十之得十，第十三率十三倍之，得二十六，相加，得三十六。取十二分之一，得三而爲第三率也。

有第一率，有第十三率，求第四率法。以第一率九之，又以第十三率三之，相加，取十二分之一，而得第四率也。如第一率一，九之得九，第十三率十三三之，得三十九，相加，得四十八，取十二分之一，得四而爲第四率也。

有第一率，有第十三率，求第五率法。以第一率八之，又以第十三率四之，相加，取十二分之一，而得第五率也。如第一率一，八之得八，第十三率十三四之得五十二，相加，得六十，取十二分之一，得五而爲第五率也。

有第一率，有第十三率，求第六率法。以第一率七之，又以第十三率五之，相加，取十二分之一，而得第六率也。如第一率一，七之得七，第十三率十三五之，得六十五，相加，得七十二，取十二分之一，得六而爲第六率也。

有第一率，有第十三率，求第七率法。以第一率六之，又以第十三率六之，相加，取十二分之一，而得第七率也。如第一率一，六之得六，第十三率十三六之，得七十八，相加，得八十四，取十二分之一，得七而爲第七率也。

有第一率，有第十三率，求第八率法。以第一率五之，又以第十三率七之，相加，取十二分之一，而得第八率也。如第一率一，五之得五，第十三率十三七之，得九十一，相加得九十六，取十二分之一，得八而爲第八率也。

有第一率，有第十三率，求第九率法。以第一率四之，又以第十三率八之，相加，取十二分之一，而得第九率也。如第一率一，四之得四，第十三率十三八之得一百零四，相加，得一百零八，取十二分之一，得九而爲第九率也。

有第一率，有第十三率，求第十率法。以第一率三之，又以第十三率九之，相加，取十二分之一，而得第十率也。如第一率一，三之得三，第十三率十三九之，得一百一十七，相加，得一百二十，取十二分之一，得十而爲第十率也。

有第一率，有第十三率，求第十一率法。以第一率倍之，又以第十三率十之，相加，取十二分之一，而得第十一率也。如第一率一，倍之得二，第十三率十三十之得一百三十，相加，得一百三十二，取十二分之一，得十一，而爲第十一率也。

有第一率，有第十三率，求第十二率法。以第十三率十一之，與第一率相加，取十二分之一，而得第十二率也。如第十三率十三，十一之得一百四十三，與第一率一相加，得一百四十四，取十二分之一，得十二而爲第十二率也。

簡法，以一、七、十三爲連比例三率，以一、五、九、十三爲連比例四率，以一、四、七、九、十三爲連比例五率，以一、三、五、七、九、十一、十三爲連比例七率。

又　次論乘除開方連比例

前論加減連比例之理既明，至於入算則用乘除開方等術。凡前言相加者，用乘也；相減者，用除也。凡言倍之者，自乘得平方也。三之者，再乘得立方也。四之者，三乘方也。五之者，四乘方也。六之者，五乘方也。七之者，六乘方也。八之者，七乘方也。九之者，八乘方也。十之者，九乘方也。十一之者，十乘方也。凡言半之者，開平方也。取三分之一者，開立方也。取四分之一者，開三乘方也。取五分之一者，開四乘方也。取六分之一者，開五乘方也。取七分之一者，開六乘方也。取八分之一者，開七乘方也。取九分之一者，開八乘方也。取十分之一者，開九乘方也。取十一分之一者，開十乘方也。取十二分之一者，開十一乘方也。

又　論十二律相生即算術連比例之理

前論連比例之理既明，始可言樂律矣。蓋六律者，即連比例七率，而第七率得第一率之半。十二律者，即連比例十三率，而第十三率得第一率之半也。自黄鐘起至半黄鐘止，或自半黄鐘起至黄鐘止，依連比例術求之，循環無端，相生不已，樂律於是無餘蘊矣。

表

一	二	三	四	五	六	七	八	九	十	十一	十二	十三
黄鐘	大吕	太簇	夾鐘	姑洗	仲吕	蕤賓	林鐘	夷則	南吕	無射	應鐘	半黄

按：表先用加減連比例以定位，次用乘除開方等術算之，自三率用開平方，至十三率用開十一乘方，以次列於後。

黄鐘生蕤賓，用三率連比例。以黄鐘爲第一率，半黄爲第三率，求得第二率爲蕤賓。視表黄鐘一，半黄十三，相加得十四，半之得七，爲蕤賓。法以黄鐘與半黄相乘爲實，開平方得蕤賓。

設黄鐘十寸，半黄鐘五寸，求蕤賓。以十寸與五寸相乘，得五十寸爲實，開平方得七寸〇分七釐一毫爲蕤賓。

黄鐘生姑洗，用四率連比例。以黄鐘爲第一率，半黄爲第四率，求得第二率爲姑洗。視表黄鐘一，倍之得二，與半黄十三相加，得十五，取三分之一，得五爲姑洗。法以黄鐘自乘，又以半黄乘之爲實，開立方得姑洗。

設黄鐘十寸，半黄五寸，求姑洗。以十寸自乘得一百寸，與五寸相乘得五百寸，開立方得七寸九分三釐七毫，爲姑洗。

黄鐘生夷則，用四率連比例。以黄鐘爲第一率，半黄爲第四率，求得第三率爲夷則。視表黄鐘一，半黄十三，倍之得二十六，相加得二十七，取三分之一，得九爲夷則。法以半黄自乘，又以黄鐘乘之爲實，開立方得夷則。

設黄鐘十寸，半黄五寸，求夷則。以五寸自乘得二十五寸，又以十寸乘之，得二百五十寸爲實，開立方得六寸二分九釐九毫，爲夷則。

黄鐘生夾鐘，用五率連比例。以黄鐘爲第一率，以半黄爲第五率，求得第二率爲夾鐘。視表黄鐘一，三之得三，與半黄十三相加，得十六，取四分之一，得四爲夾鐘。法以黄鐘再乘，以半黄乘之爲實，開三乘方，得夾鐘。

設黄鐘十寸，半黄五寸，求夾鐘。以十寸再乘，得一千寸。又以五寸乘之，得五千寸爲實，開三乘方，得八寸四分〇釐八毫，爲夾鐘。簡法開平方二次。

黄鐘生南吕，用五率連比例。以黄鐘爲第一率，半黄爲第五率，求得第四率爲南吕。視表黄鐘一，半黄十三，三之得三十九，相加得四十，取四分之一，得十爲南吕。法以半黄再乘，又以黄鐘乘之爲實，開三乘方，得南吕。

設黄鐘十寸，半黄五寸，求南吕以五寸再乘，得一百二十五寸。又以十寸乘之，得一千二百五十寸爲實，開三乘方，得五寸九分四釐六毫，爲南吕。

黄鐘生太簇，用七率連比例。以黄鐘爲第一率，半黄爲第七率，求得第二率爲太簇。視表黄鐘一，五之得五，與半黄十三相加得十八，取六分之一，得三爲太簇。法以黄鐘四乘，又以半黄乘之爲實，開五乘方，得太簇。

設黄鐘十寸，半黄五寸，求太簇。以十寸四乘，得十萬寸。又以五寸乘之得五十萬寸爲實，開五乘方，得八寸九分〇釐八毫，爲太簇。簡法，開平方一次，開立方一次。

黄鐘生無射，用七率連比例。以黄鐘爲第一率，半黄爲第七率，求得第六率爲無射。視表黄鐘一，半黄十三，五之，得六十五，相加得六十六，取六分之一，得十一爲無射。法以半黄四乘，又以黄鐘乘之爲實，開五乘方，得無射。

設黄鐘十寸，半黄五寸，求無射。以五寸四乘，得三千一百二十五寸，又以十寸乘之，得三萬一千二百五十寸爲實，開五乘方，得五寸六分一釐二毫，爲無射。

黄鐘生大吕，用十三率連比例。以黄鐘爲第一率，半黄爲第十三率，求得第二率爲大吕。視表黄鐘一，十一之得十一，與半黄十三相加，得二十四，取十二分之一，得二爲大吕。法以黄鐘十乘，又以半黄乘之爲實，開十一乘方，得大吕。

設黄鐘十寸，半黄五寸，求大吕。以十寸十乘得一千億寸，又以半黄乘之，得五千億寸爲實，開十一乘方，得九寸四分三釐八毫，爲大吕。簡法，開平方二次，開立方一次。

黄鐘生應鐘，用十三率連比例。以黄鐘爲第一率，半黄爲第十三率，求得第十二率爲應鐘。視表半黄十三，十一之得一百四十三，與黄鐘一相加，得一百四十四，取十二分之一，得十二爲應鐘。法以半黄十乘，又以黄鐘乘之爲實，開十一乘方，得應鐘。

設黄鐘十寸，半黄五寸，求應鐘。以五寸十乘，得四千八百八十二萬八千一百二十五寸，又以十寸乘之，得四億八千八百二十八萬一千二百五十寸爲實，開十一乘方，得五寸二分九釐七毫，爲應鐘。

黄鐘生仲吕，用十三率連比例。以黄鐘爲第一率，半黄爲第十三率，求得第六率爲仲吕。視表黄鐘一，七之得七，半黄十三，五之得六十五，相加得七十二，取十二分之一，得六爲仲吕。法以黄鐘六乘，又以半黄四乘，乃以兩得數相乘爲實，開十一乘方，得仲吕。

設黄鐘十寸，半黄五寸，求仲吕。以十寸六乘，得一千萬寸，以五寸四乘得三千一百二十五寸，乃以兩得數相乘，得三百一十二億五千萬寸爲實，開十一乘方，得七寸四分九釐一毫，爲仲吕。

黄鐘生林鐘，用十三率連比例。以黄鐘爲第一率，半黄爲第十三率，求得第八率爲林鐘。視表黄鐘一，五之得五，半黄十三，七之得九十一，相加得九十六，取十二分之一，得八爲林鐘。法以黄鐘四乘，又以半黄六乘，乃以兩得數相乘爲實，開十一乘方，得林鐘。

設黄鐘十寸，半黄五寸，求林鐘。以十寸四乘得十萬寸，以五寸六乘得七萬八千一百二十五寸，乃以兩得數相乘，得七十八億一千二百五十萬寸爲實，開十一乘方，得六寸六分七釐四毫，爲林鐘。

凡連比例，皆以所知之兩率求不知之一率。是故黄鐘生各律，皆以黄鐘與半黄爲所知之首末兩率也。若十二律彼此互相求，則任用兩律求一律，皆可以連比例求之。略舉大端於後，無煩具列。

有黄鐘，有應鐘，求中間十律，大吕至無射。用連比例十二率，開十乘方。

有黄鐘，有無射，求中間九律，大吕至南吕。用連比例十一率，開九乘方。

有黄鐘，有南吕，求中間八律，大吕至夷則。用連比例十率，開八乘方。

有黄鐘，有夷則，求中間七律，大吕至林鐘。用連比例九率，開七乘方。

有黄鐘，有林鐘，求中間六律，大吕至蕤賓。用連比例八率，開六乘方。

有黄鐘，有蕤賓，求中間五律，大吕至仲吕。用連比例七率，開五乘方。

有黄鐘，有仲吕，求中間四律，大吕至姑洗。用連比例六率，開四乘方。

有黄鐘，有姑洗，求中間三律，大吕至夾鐘。用連比例五率，開三乘方。

有黄鐘，有夾鐘，求中間二律，大吕大簇。用連比例四率，開立方。

有黄鐘，有太簇，求中間一律，大吕。用連比例三率，開平方。

以上皆以首末兩律求中間各律。若以中間求首末，不過一反覆間耳。其餘或以相連之兩律求間位之律，任間幾位。或以間位之兩律任間幾位求別位相間之律，任間幾位，皆依前術變通求之。如有黄鐘，有大吕，求夾鐘至應鐘九律；或有黄鐘，有太簇，求姑洗至應鐘八律；其餘變動不居，皆用前術求之。

陳澧《聲律通考》卷二 《隋書·律曆志》云：「何承天更設新率，則從中吕還得黄鐘。黄鐘長九寸，太簇長八寸二釐，林鐘長六寸一釐，應鐘長四寸七分九釐强。其中吕上生所益之分，還得十七萬七千一百四十七。」案《宋書·律志》新律度分即何承天所設也。又云：「劉焯校定黄鐘長九寸，太簇長八寸一分四釐，林鐘長六寸，應鐘長四寸二分八釐七分之四。」明鄭世子載堉《律吕精義》内篇云：「新法算律用勾股術，命平方一尺爲黄鐘之率，勾自乘，股自乘，相併，開平方得弦，即蕤賓倍律之率。以勾乘之，開平方即南吕倍律之率。仍以勾乘之，又以股乘之，開立方即應鐘倍律之率。」案：何承天、劉焯所增之數，史家不言其算法。載堉則云用勾股術。《四庫提要》以爲，即諸乘方連比例相求。法云勾股術者，飾詞也。澧謂連比例三率，有首率、末率，求中率之法。以首率末率相乘，開平方得中率。此當以黄鐘與黄鐘半律相乘，開平方得蕤賓。若以黄鐘倍律與黄鐘相乘，開平方則得蕤賓倍律。載堉以兩黃鐘各自乘相併者，即黃鐘倍律與黃鐘相乘之數也。由是以黃鐘、蕤賓求夾鐘，以蕤賓與黃鐘半律求南吕，皆以首率末率求中率。更以黃鐘、夾鐘求大吕、太簇，以夾鐘、蕤賓求姑洗、仲吕，以蕤賓、南吕求林鐘、夷則，以南吕與黃鐘半律求無射、應鐘，則連比例四率。有一率、四率，求二率、三率，其法以一率自乘，又以四率乘之，開立方得二率；以四率自乘，又以首率乘之，開立方得三率也。然此於算法則密矣，而非古人易簡之意。古法三分損益，人人皆解。若連比例算法，則必明算而後能知之。載堉著書，可以精研算法，如欲通行於天下，安能使工人學算而後製其器，伶人學算而後按其聲乎？且黃鐘九寸，三分損益之數與連比例之數所差者不多，固可以不必計也。古無連比例算法，然三分損益即連比例之意，故所差不多也。今各列其數於左。

三分損益十二律	連比例十二律
黃鐘九寸	黃鐘九寸
大吕八寸四分二釐七毫有奇	大吕八寸四分九釐四毫有奇
太蔟八寸	太蔟八寸〇一釐八毫有奇
夾鐘七寸四分九釐一毫有奇	夾鐘七寸五分六釐八毫有奇
姑洗七寸一分一釐一毫有奇	姑洗七寸一分四釐三毫有奇
仲吕六寸六分五釐九毫有奇	仲吕六寸七分四釐二毫有奇
蕤賓六寸三分二釐有奇	蕤賓六寸三分六釐三毫有奇
林鐘六寸	林鐘六寸〇〇六毫有奇
夷則五寸六分一釐八毫有奇	夷則五寸六分六釐九毫有奇
南吕五寸三分三釐三毫有奇	南吕五寸三分五釐一毫有奇
無射四寸九分九釐四毫有奇	無射五寸〇五釐一毫有奇
應鐘四寸七分四釐有奇	應鐘四寸七分六釐七毫有奇

黃鐘九寸，三分損益十一律之數與連比例十一律之數，其林鐘、太蔟二律所差甚微，南吕、姑洗二律所差猶甚微，其餘諸律所差乃稍多耳。以黃鐘爲宮，生林、太、南、姑四律爲徵、商、羽、角，五聲已備，而所差皆甚微，可以不計。故《管子》《史記》皆以宮聲爲八十一，以生徵、商、羽、角。蓋隨舉一律以爲宮，皆命爲八十一，《朱子語類》云：「且如大吕爲宮，則大吕用黃鐘八十一之數，而三分損一，下生夷則，其餘皆然。」則其所生徵、商、羽、角四律皆不覺其微差，故三分損益之法不爲疏也。且京房、朱載堉，推衍算法而不憚煩者，皆以爲合於數而後合於音也，而房與載堉所算之數則不同。房之音合，則載堉之音不合矣。載堉之音合則，房之音不合矣。然而房與載堉皆自以其音爲密合也。此尤可見數雖微差，而音則不覺有差也。古法誠不必改也。

三分損益之數較之連比例之數稍少，古人固已知之矣。《淮南子》黃鐘八十一，林鐘五十四，太簇七十二，南吕四十八，姑洗六十四，皆無奇零。自姑洗以下，以三分損益算之，應鐘當得四十二又三分一之二強，而《淮南》乃云應鐘之數四十三。蕤賓當得五十六又三分一之二強，乃云蕤賓之數五十七。大吕當得七十五又三分一之二強，乃云大吕之數七十六。夷則當得五十又三分一之二弱，乃云夷則之數五十一。夾鐘當得六十七又三分一之一強，乃云夾鐘之數六十八。無射當得四十四又三分一之二強，乃云無射之數四十五。仲吕當得五十九又三分一之二強，乃云仲吕之數六十。《淮南》於此七律之數皆稍增之者，非徒取其無奇零也。若欲無奇零，則何不減去其奇零乎？蓋其所以增者，以其數稍少故也。林鐘、太蔟、南吕、姑洗四律不增者，以其差甚微也。是固知三分損益之未密，而增之使幾於密也。奚待何承天、劉焯、朱載堉而後設新率哉。

京房言竹聲不可以度調，謂三分損益相生，倍半清濁相應，弦音則然，管音則否也。蓋定黃鐘之聲必以管，定大吕以下十一律必以弦。先吹黃鐘管以定黃鐘弦，其餘十一律以三分損益按弦而彈之，即盡得十一律聲矣。按弦之半而彈之，即得黃鐘半律之聲矣。若製大吕以下十一管，則下生者三分損一而稍短，上生者三分益一而稍長，其聲乃合也。然此亦非獨京房知之，而古人皆不知也。《吕氏春秋》以三寸九分爲黃鐘之宮，而《淮南子》言黃鐘九寸，則古人固知竹聲倍半不相應也。近代則鄭世子知之，其說竹管黃鐘半律與全律不相合，大吕半律乃與黃鐘略差不遠。《律吕正義》謂半太蔟合黃鐘，蓋由此而審定之也。

古書但言黃鐘管之長，《漢志》則兼言容黍之數，然猶未言圍徑之數。蓋其管長九十黍，容千二百黍，吹之即得黃鐘聲。不必言圍徑而圍徑在其中矣。鄭氏、蔡氏始言圍九分，徑三分，徑一圍三，古率最疏。蔡氏言圍九分，徑三分，本大略之數，不可據之以入算。後人乃以長九寸、圍九分、徑三分而算其中容之積，或以積而算其圍徑，然所算之積乃方分，而黍則圓而長。其在管中橫斜無定，尤無可算之理。且不獨管中容黍不可算，即排黍爲尺，而黍有大小，亦多不確。《漢書》言子穀秬黍中者，亦約略之語耳。《隋書·律曆志》云周宣帝時，達奚震牛宏等議曰：時有水旱之差，地有肥瘠之異，取黍大小未必皆得中。《宋史·律曆志》云：丁度等言，歲有豐儉，地有磽肥，就令一歲之中、一境之内取以校驗，亦復不齊。是蓋天物之生，理難均一。古之立法，存其大概爾。故前代制尺，非特累黍，必求古雅之器以雜校焉。蔡氏《律呂新書》亦譏王朴專恃累黍，皆通論也。凌次仲不取累黍之説，是其有識也。蔡《皇祐新樂圖記》云：黄鍾管每長一分，積九分，空徑三分四釐六毫。自注云：算法置九分，三分益一得十二分，以開方除之，得空徑之數。案此乃徑一、圍三、積七五之法，最爲疏闊。蔡氏《律呂新書》云：圍十分三釐八毫，徑三分四釐六毫，此亦徑一圍三之數。《苑洛志樂》乃云：多取竹管，必求徑三分四釐六毫，周十分三釐八毫者，而後用之，庶得聲氣之元。夫聲氣之元豈由於算法，況算法疏闊，如此而篤信之，未免失之愚矣。《新樂圖記》給十二律四清聲之管，各記其長數及空徑之數，然黄鍾至林鍾空徑皆三分四釐六毫，而自夷則以下空徑遞減。此當時吹律審音者，覺下生之管三分損一而聲未合，又覺四清聲之管用本律之半而聲亦未合，然不敢減其長數，故減其空徑以遷就之。此可見竹聲不可以度調，當時已稍知之。惜未從而深究之耳。《律呂新書》譏其圍徑不同以就黄鍾清聲，而未知其所以不同之故也。

實驗

朱載堉《律呂精義》内篇卷五

新舊律試驗第七

或問：新律舊律，其同異易知也；孰真孰僞，斯難知也。答曰：試驗則易知耳。試驗之法有二：其一，累黍造尺，依尺造律，吹之試驗；其二，吹笙定琴，用琴定瑟，彈之試驗。造尺見審度篇，定琴見旋宫篇。所謂依尺造律者，多採金門山竹，擇天生合式者爲律最佳。

金門山亦名律管山，今屬河南府永寧縣，地雖産竹，其大竹不堪用，惟用小竹長節者耳。節短而不圓，兩端不匀者，亦不堪也。甜竹最佳，而長節者尤爲難得。選得天生律管，内外周徑自然合式，可珍可貴。然須先有定式，而後知其合否。如無，則擇厚竹，内外修治，使合式亦可也。

苦竹，俗呼爲觀音竹，此竹節長而厚，内外皆可修治。假如黄鍾外徑五分，内徑三分五釐。竹之厚者外徑五分强，内徑三分五釐弱，則内外皆有餘，斯可以修治也。若外徑在五分已下，而内徑在三分五釐已上，則内外皆不足，斯不可修治也。餘律放此。新採濕竹，待極乾乃造，濕造則不佳。

治法：外用方錯，内用圓錯，各依後項開列内外徑而治之。竹匠、木匠雖有巧者，但器未利。欲就利器，則於骨牙匠旋匠輩選巧者，易教也。方錯，若馬齦錯之類是也，斯可治外。圓錯，彼或無之，則令創造：似箭杆而細小，稍頭微大，狀如蓮子，蓮子周圍即鋼錯也。旋轉入内，取圓而已。黄鍾倍律，錯頭圓徑五分；黄鍾半律，錯頭圓徑二分五釐。如是，錯有三十六等，先小後大，漸次更換。造成，以尺量之，令内外徑與分寸相合，名爲合式也。

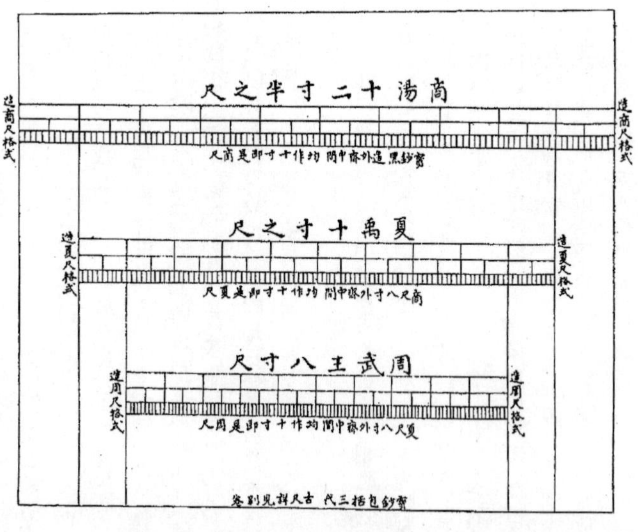

大明通行寶鈔格式

寶鈔黑邊外齊作爲一尺，名曰今尺，即《唐六典》所謂大尺是也。此係商湯古尺，當夏禹尺十二寸半，即今所謂工部營造尺也。

十寸曰尺、八寸曰咫，殷以夏尺爲咫，因而益也。周以殷咫爲尺，因而損也。殷尺太過，周尺不及，惟夏尺得其中，是故律家宗之。

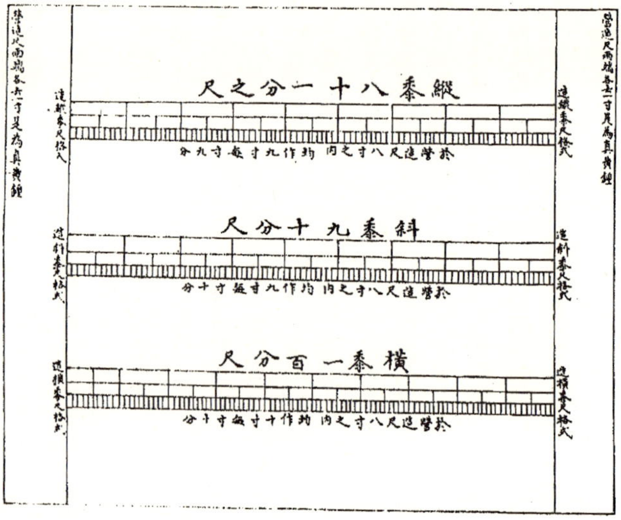

用縱黍尺依新法算

正律	外徑	內徑
黃鍾長八寸一分	四分〇五毫	二分八釐六毫
大呂長七寸六分四釐五毫	三分九釐三毫	二分七釐八毫
太蔟長七寸二分一釐六毫	三分八釐二毫	二分七釐〇
夾鍾長六寸八分一釐一毫	三分七釐一毫	二分六釐三毫
姑洗長六寸四分二釐八毫	三分六釐〇	二分五釐五毫
仲呂長六寸〇六釐八毫	三分五釐〇	二分四釐七毫
蕤賓長五寸七分二釐七毫	三分四釐〇	二分四釐〇
林鍾長五寸四分〇六毫	三分三釐〇	二分三釐三毫
夷則長五寸一分〇二毫	三分二釐一毫	二分二釐七毫
南呂長四寸八分一釐六毫	三分一釐二毫	二分二釐〇
無射長四寸五分四釐五毫	三分〇三毫	二分一釐四毫
應鍾長四寸二分九釐〇	二分九釐四毫	二分〇八毫

半律	外徑	內徑
黃鍾長四寸〇五釐	二分八釐六毫	二分〇二毫
大呂長三寸八分二釐二毫	二分七釐八毫	一分九釐六毫
太蔟長三寸六分〇八毫	二分七釐〇	一分九釐二毫
夾鍾長三寸四分〇五毫	二分六釐二毫	一分八釐五毫

用縱黍尺依新法算

正律	外徑	內徑
黃鍾長九寸	四分〇四毫	二分七釐六毫
大呂長八寸四分四釐	三分八釐三毫	二八七釐〇
太蔟長八寸〇一釐四毫	三分七釐三毫	二分六釐二毫
夾鍾長七寸五分一釐〇	三分六釐三毫	二分五釐五毫
姑洗長七寸一分二釐五毫	三分五釐四毫	二分四釐八毫
仲呂長六寸六分六釐一毫	三分四釐四毫	二分四釐二毫
蕤賓長六寸三分二釐四毫	三分三釐五毫	二分三釐六毫
林鍾長六寸〇〇四毫	三分二釐七毫	二分三釐〇
夷則長五寸六分〇二毫	三分一釐八毫	二分二釐四毫
南呂長五寸三分一釐四毫	三分一釐〇	二分一釐七毫
無射長五寸〇四釐一毫	三分〇二毫	二分一釐二毫
應鍾長四寸六分八釐一毫	二分八釐四毫	二分〇六毫

半律	外徑	內徑
黃鍾長四寸四分四釐四毫	二分七釐六毫	二分〇二毫
大呂長四寸二分二釐〇	二分七釐〇	一分八釐六毫
太蔟長四寸〇〇六毫	二分六釐二毫	一分八釐一毫
夾鍾長三寸七分〇四毫	二分五釐五毫	一分七釐六毫

用斜黍尺依新法算

正律	外徑	內徑
黃鍾長九寸	四分五釐	三分一釐八毫
大呂長八寸四分九釐四毫	四分三釐七毫	三分〇九毫
太蔟長八寸〇一釐八毫	四分二釐四毫	三分〇〇

律	外徑	內徑
大呂長四寸七分一釐九毫	三分四釐三毫	二分四釐二毫
太蔟長四寸四分五釐四毫	三分三釐三毫	二分三釐五毫
夾鍾長四寸二分〇四毫	三分二釐四毫	二分二釐九毫

用商尺造依新法算

正　律	外　徑	內　徑
黃鍾長八寸	四分	二分八釐二毫
大呂長七寸五分五釐〇	三分八釐八毫	二分七釐四毫
太蔟長七寸一分二釐七毫	三分七釐七毫	二分六釐六毫
夾鍾長六寸七分二釐七毫	三分六釐六毫	二分五釐九毫
姑洗長六寸三分四釐九毫	三分五釐六毫	二分五釐一毫
仲呂長五寸九分九釐三毫	三分四釐六毫	二分四釐四毫
蕤賓長五寸六分五釐六毫	三分三釐六毫	二分三釐七毫
林鍾長五寸三分三釐九毫	三分二釐六毫	二分三釐一毫
夷則長五寸〇三釐九毫	三分一釐七毫	二分二釐四毫
南呂長四寸七分五釐六毫	三分〇八毫	二分一釐八毫
無射長四寸四分八釐九毫	二分九釐九毫	二分一釐一毫
應鍾長四寸二分三釐七毫	二分九釐一毫	二分一釐一毫

半　律	外　徑	內　徑
黃鍾長四寸	二分八釐二毫	二分
大呂長三寸七分七釐五毫	二分七釐四毫	一分九釐四毫
太蔟長三寸五分六釐三毫	二分六釐六毫	一分八釐八毫
夾鍾長三寸三分六釐三毫	二分五釐九毫	一分八釐三毫

用周尺造依新法算

正　律	外　徑	內　徑
黃鍾長一尺二寸五分	六分二釐五毫	四分四釐一毫
大呂長一尺一寸七分九釐八毫	六分〇七毫	四分二釐九毫
太蔟長一尺一寸一分三釐六毫	五分八釐九毫	四分一釐七毫
夾鍾長一尺〇五分一釐一毫	五分七釐三毫	四分〇五毫
姑洗長九寸九分二釐一毫	五分五釐六毫	三分九釐三毫
仲呂長九寸三分六釐四毫	五分四釐〇	三分八釐二毫

律	外徑	內徑
夾鍾長七寸五分六釐八毫	四分一釐二毫	二分九釐一毫
姑洗長七寸一分四釐三毫	四分〇〇	二分八釐三毫
仲呂長六寸七分四釐二毫	三分八釐九毫	二分七釐五毫
蕤賓長六寸三分六釐三毫	三分七釐八毫	二分六釐七毫
林鍾長六寸〇〇六毫	三分六釐七毫	二分五釐九毫
夷則長五寸六分六釐九毫	三分五釐七毫	二分五釐二毫
南呂長五寸三分五釐一毫	三分四釐六毫	二分四釐五毫
無射長五寸〇五釐一毫	三分三釐七毫	二分三釐八毫
應鍾長四寸七分六釐七毫	三分二釐七毫	二分三釐一毫

半　律	外　徑	內　徑
黃鍾長四寸五分	三分一釐八毫	二分二釐五毫
大呂長四寸二分四釐七毫	三分〇九毫	二分一釐八毫
太蔟長四寸〇〇九毫	三分〇〇	二分一釐二毫
夾鍾長三寸七分八釐四毫	二分九釐一毫	二分〇六毫

用夏尺造依新法算

正　律	外　徑	內　徑
黃鍾長一尺	五分	三分五釐三毫
大呂長九寸四分三釐八毫	四分八釐五毫	三分四釐三毫
太蔟長八寸九分〇八毫	四分七釐一毫	三分三釐三毫
夾鍾長八寸四分〇八毫	四分五釐八毫	三分二釐四毫
姑洗長七寸九分三釐七毫	四分四釐五毫	三分一釐四毫
仲呂長七寸四分九釐一毫	四分三釐二毫	三分〇六毫
蕤賓長七寸〇七釐一毫	四分二釐〇	三分九釐七毫
林鍾長六寸六分七釐四毫	四分〇八毫	二分八釐八毫
夷則長六寸二分九釐四毫	三分九釐六毫	二分八釐〇
南呂長五寸九分四釐六毫	三分八釐五毫	二分七釐二毫
無射長五寸六分一釐二毫	三分七釐四毫	二分六釐四毫
應鍾長五寸二分九釐七毫	三分六釐三毫	二分五釐七毫

半　律	外　徑	內　徑
黃鍾長五寸	三分五釐三毫	二分五釐

蕤賓長八寸八分三釐八毫	五分二釐五毫	三分七釐一毫
林鍾長八寸三分四釐二毫	五分一釐〇	三分六釐二毫
夷則長七寸八分七釐四毫	四分九釐六毫	三分五釐〇
南吕長七寸四分三釐二毫	四分八釐一毫	三分四釐〇
無射長七寸〇一釐五毫	四分六釐八毫	三分三釐一毫
應鍾長六寸六分二釐一毫	四分五釐四毫	三分二釐一毫
半律	外徑	内徑
黄鍾長六寸二分五釐	四分四釐一毫	三分一釐二毫
大吕長五寸八分九釐九毫	四分二釐九毫	三分〇三毫
太蔟長五寸五分六釐八毫	四分一釐七毫	二分九釐四毫
夾鍾長五寸二分五釐五毫	四分〇五毫	二分八釐六毫

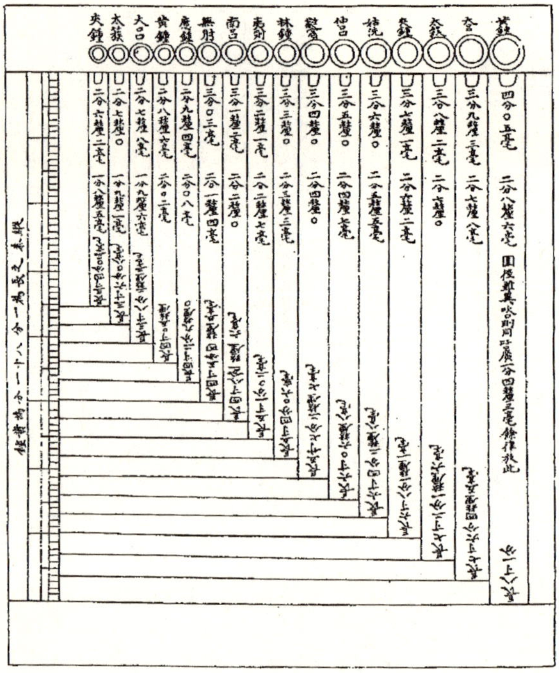

依縱黍尺造十二律並四清聲

舊用河南宜陽縣金門山竹，不如浙江餘杭縣南筆管竹最佳。竹雖天生，擇之在人。預定格式，多多竹中擇合式者則得之矣。

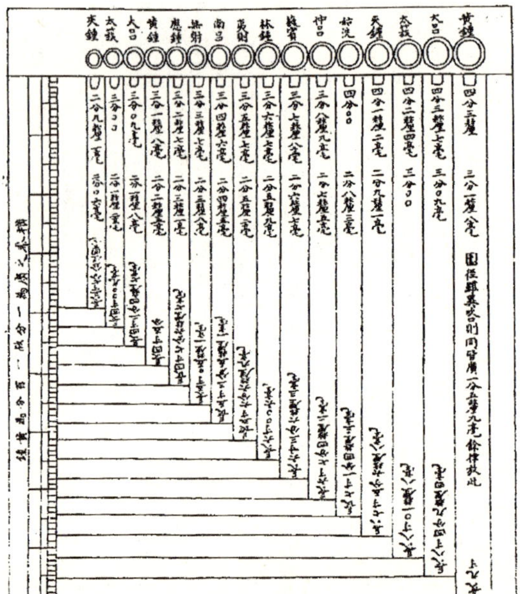

依斜黍尺造十二律並四清聲

黄鍾長九寸。或依《後漢志》京房所算，每寸皆十分。此係舊法三分損益。
林鍾長六寸。舊法每管内徑三分，或徑三分四釐六毫。係胡瑗法。
太蔟長八寸。
南吕長五寸三分小分三强。小分三者謂三釐也。下文放此。
姑洗長七寸一分小分一微强。
應鍾長四寸七分小分四微强。
蕤賓長六寸三分小分二微强。
大吕長八寸四分小分三弱。
夷則長五寸六分小分二弱。
夾鍾長七寸四分小分九微强。
無射長四寸九分小分九强。
仲吕長六寸六分小分六弱。已上見《後漢志》，即京氏所算也。
黄鍾長九寸。或依《性理》蔡元定所算，每寸皆九分。此係舊法九分爲寸。
林鍾長六寸。舊法每管内外周徑與黄鍾同。

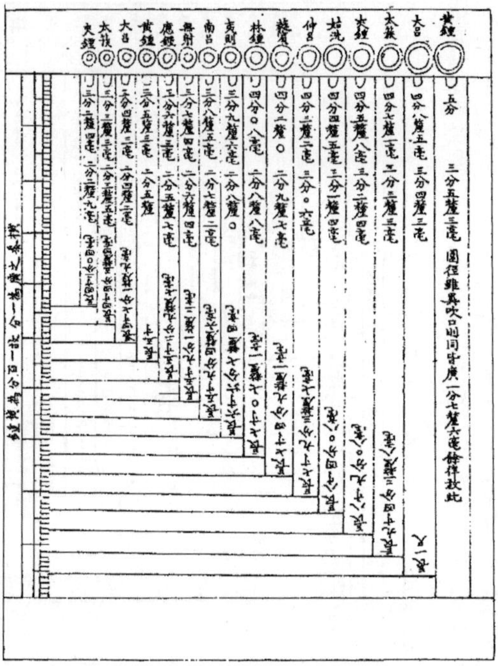

依夏尺造十二律並四清聲

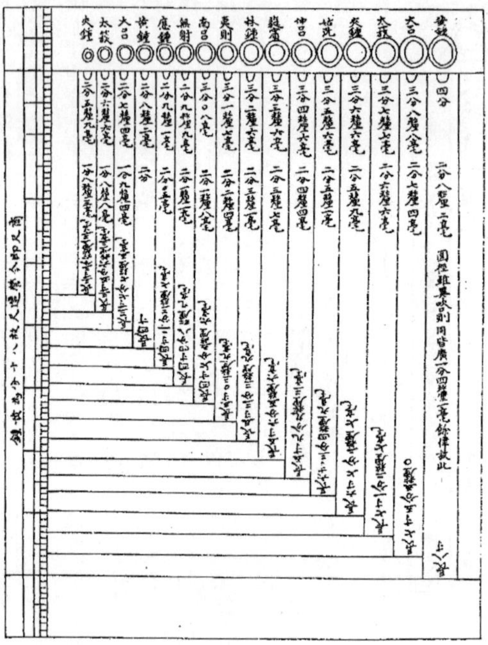

依商尺造十二律並四清聲

太蔟長八寸。

南吕長五寸三分。

姑洗長七寸一分。

應鍾長四寸六分六釐。

蕤賓長六寸二分八釐。

大吕長八寸三分七釐六毫。

夷則長五寸五分五釐一毫。

夾鍾長七寸四分三釐七毫三絲。

無射長四寸八分八釐四毫八絲。

仲吕長六寸五分八釐三毫四絲六忽。

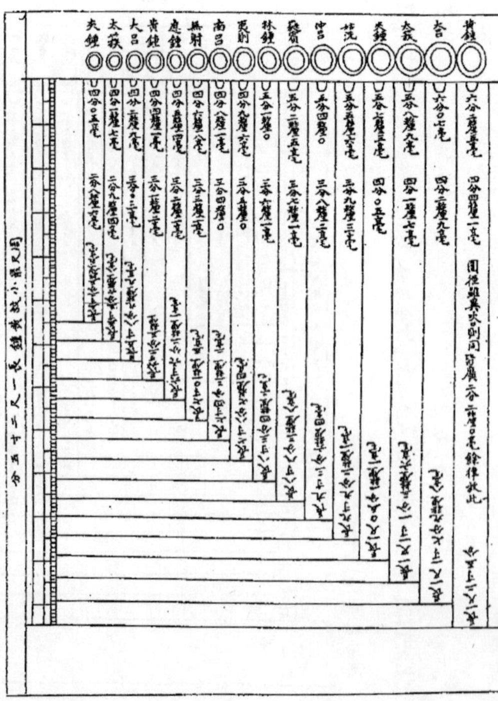

依周尺造十二律並四清聲

漢劉歆、晉荀勗所造律管，皆用貨泉尺。宋蔡元定著《律吕新書》，大率宗此尺，則其黄鍾與歆、勗之黄鍾大同小異。歆、勗之黄鍾空徑三分，元定則徑三分四釐六毫。依此尺法造律吹之，黄鍾聲中夾鍾。《宋志》謂王朴之黄鍾亦然。蓋四家比古律高三律。

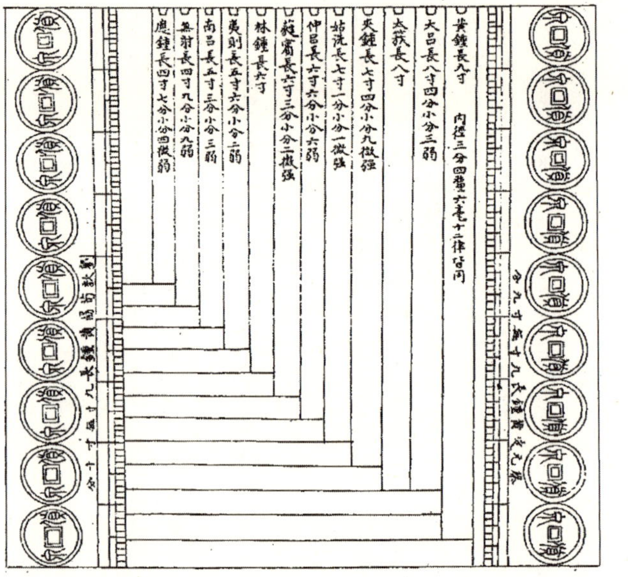

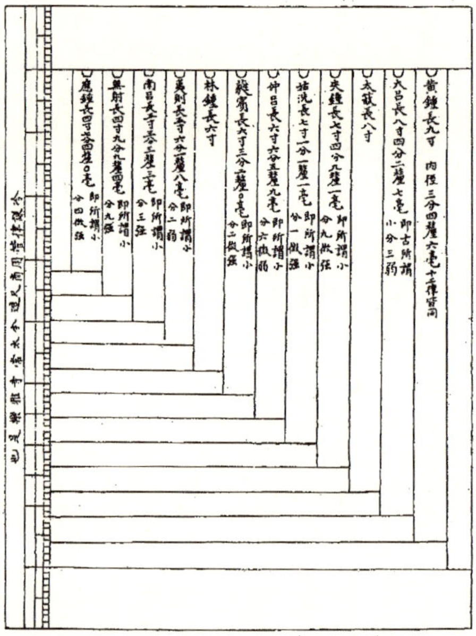

宋李照、范鎮、魏漢津所定律，大率依宋太府尺。黄鍾長九寸，空徑三分，積六百三十六分，聲比古黄鍾低二律，即無射倍律。國初，冷謙所定律，用今工部營造尺。黄鍾長九寸，空徑三分四釐六毫，積八百四十六分，比古黄鍾低三律，即南吕倍律微高。

謙及元定十二律管筭法皆同，惟尺不同。

冷謙律聲比蔡元定下五律餘，失之盈緩；元定比謙高五律餘，失之焦殺。新律聲在二者之間，其庶幾中聲乎。

每律上端各有豁口，長廣一分七釐六毫，倍律、正律、半律皆同，勿令過與不及。不及則濁，過則清矣。通長正數，連豁口算者是也；除豁口不算，非也。倍律、正律、半律，但係律名同者，新律皆相協，舊律則不協，如是試驗，真僞可辨矣。吹時不可性急，急乃焦聲，非自然聲也。古云：細若氣，微若聲，吹之可養性，有益於人也。

謹按：程頤嘗曰：「黄鍾之聲亦不難定，世自有知音者。」張載嘗曰：「今人求古樂太深，始以古樂爲不可知。」此語誠然也。蓋知音者隨處有之。點筀之人，其非知音而何？彼但不知律之名耳。宜選精於點筀之人，先擇聲與黄鍾相似之簧，令彼增減其蠟，務與黄鍾律聲全協。復擇聲與林鍾相似之簧，亦令增減其蠟，務與林鍾律聲全協。然後兩簧一口噙而吹之，則知黄鍾與林鍾全協者爲是，不協者爲非也。太蔟已下諸律倣此，開列如左。

黄鍾生林鍾，此二律相協。　林鍾生太蔟，此二律相協。
太蔟生南吕，此二律相協。　南吕生姑洗，此二律相協。
姑洗生應鍾，此二律相協。　應鍾生蕤賓，此二律相協。已上用筀一攢。
蕤賓生大吕，此二律相協。　大吕生夷則，此二律相協。
夷則生夾鍾，此二律相協。　夾鍾生無射，此二律相協。
無射生仲吕，此二律相協。　仲吕生黄鍾，此二律相協。已上用筀一攢。

吹律人勿用老弱者，氣與少壯不同，必不相協，然非律不協也。宜選一樣二律，令二人互换齊吹，察其氣同，乃與筀齊吹相協。照前法，增減各簧之蠟，一一點成，將律吕名寫於本簧之管。先取二攢，依新法所算之律點畢；别取二攢，却依舊法所算之律，亦照前法點成試驗。則新律與舊律，孰是孰非，皆可知矣。筀匠知音者，只吹律聽之，即知協否，不用筀亦可也。

候氣辨疑第八

序曰：不經之談，儒者不信，蓋常理也。不經之談，儒者信之，豈非一大怪異事乎？候氣之説有二：作樂致物，此其正説，非不經之談也；埋管飛灰，此其謬説，乃不經之談也。然自兩漢揚雄、蔡邕，已有是説。迄於宋元朱熹、許衡，中歷多儒，未嘗辨論以破其謬。是故學者惑之久矣。恭惟世廟中興，禮樂咸新，文化遠被，於是始有一二儒臣，稍稍辨論，以破其謬，若王廷相、劉濂、季本、何瑭之徒是已。此係本朝盛事，理合拾遺補闕，著成篇章，以備國史采用，或少裨於萬一云耳。

王廷相曰：「律吕何爲者？正樂之法器也。人有性情則有詩，有詩則歌詠生焉。有歌則被之音以爲樂，有樂必調之以律吕而後定。是律也者，本之人聲，而爲正樂之具也。《書》曰：『詩言志，歌永言，聲依永，律和聲。』此之謂也。然則何以爲用？曰：古之神聖本人聲清濁之形，故吹律以定其樂聲之中。恐後世或失其傳，故累黍以存其畫一之法，令爲律者吹之，求以正鐘磬之音爾。鐘磬既正，則琴瑟笙竽依類而定，由是合而奏之。黄鍾之宫作，而林鍾之徵應。大吕之宫作，而夷則之徵應。天然妙合，不假人爲，所謂同聲相應是也。今之作樂也，當何如？曰：因尺造律，以累黍爲法；求中聲以爲樂元，比之詩而吹之，使濁不至弇鬱而不暢，則黄鍾之元聲定矣。元聲定，則諸律正；諸律正，則八音克諧，如運之掌。夫樂者，中和之道也。音者，以漸而清之道也。極清不足以成調，極濁不足以爲元。律吕之始終，要諸此而已矣。王朴之樂，鐘磬遥長，掩遏羣音，固太高矣。而李照改定，輒下四律，遂使律度疎長，八音鬱抑，是豈知中和之道哉？」見《王氏家藏集》。

又曰：「律以候氣之説，然乎？曰：非也。鄒衍、京房謬幽之説爾。天地之氣，有升有降。天氣降，地氣升，則達而爲陽；天氣升，地氣降，則閉而爲陰。寒暑者，其氣也。日進退者，其機也。氣無微不入者也，達即不可禦矣，豈拘拘於九寸之間耶？豈膠固留滯於方寸之差，而月餘始達以應耶？若曰夏至以前陽氣律應，冬至以前陰氣律應，是一歲之中陰陽皆上升而不下降矣。若曰陽氣升自中吕而止，陰氣即乘之，不知陽氣升至半塗，當何所歸往？使日漸上升，不幾於動陰律之灰乎？若曰小雪方動應鍾之灰，是一歲之周地氣猶未出土，萬物安所藉之以發育乎？天下古今，安有是理？故曰謬幽之説也。」同上。

劉濂曰：「六經缺《樂經》，古今有是論矣。愚謂《樂經》不缺，《三百篇》者《樂經》也，世儒未之深考耳。夫詩者，聲音之道也。昔夫子删《詩》，取《風》《雅》《頌》一一弦歌之，得詩得聲者《三百篇》，餘皆放逸。可見《詩》在聖門，辭與音並存矣。仲尼殁而微言絶，談經者知有辭，不復知有音。如以辭焉，凡書皆可，何必詩也？滅學之後，此道益加淪謬，文義且不能曉解，況不可傳之聲音乎！無怪乎以《詩》爲詩，不以《詩》爲樂也。故曰：《三百篇》者，《樂經》也。或疑之曰：樂之用廣矣，大矣，乃以《三百篇》當之，何局而不弘也？愚曰：樂之道與他書不同，有以文義存者，器數存者，聲調譜奏存者。文義存者，詩章是也。器數存者，六律八音是也。聲調譜奏存者，工師以神意相授受是也。古聖人以明物之智，制爲黄鍾之宫，自十二律出，而律吕之能事畢矣。自鐘磬琴瑟笙簫塤篪出，而聲音之能事畢矣。則器數者，即《經》也。周太師制歌聲，自《關雎》《鹿鳴》《文王》《清廟》以往，皆有定調。《國風》《小雅》多商音，《大雅》多宫音，三《頌》盡爲宫音，則周庭之樂惟黄鍾、太蔟二調也。至春秋而魯庭師摯猶能傳其音。漢興，制氏以聲音之學肄業。晉杜夔尚能傳《文王》、《鹿鳴》、《伐檀》、《騶虞》四詩餘響。此以音調相授受也。《南陔》《白華》《華黍》《崇丘》《由庚》《由儀》六篇，其辭已不可考，而笙竽獨能存其音節，此以譜奏相授受也。則神意者，即《經》也。二者，其始皆出於聖人。既寄之器數，即求之器數。寄之神意，即求之神意。遺此而使聖人更復著經，將何著經？惟所謂詩者，以辭義寓乎聲音，以聲音附之辭義，讀之則爲言，歌之則爲曲，被之金石弦管則爲樂，《三百篇》非《樂經》而何哉！至於律吕之法，古聖人本人聲清濁之形，故吹律以定其樂聲之中，使鐘磬弦管諸音與人歌協和而不奪倫者，律吕之能也。以累黍容黍爲黄鍾，三分其一以損益之，十二變復歸黄鍾本數，其法亦甚簡矣。三代襲用，皆其遺法。漢魏以後，儒者智不稽聖，性寡神解，視律吕爲神異之物，鑿以元尺之淫説，附以候氣之詖術，其論愈夥，其法愈密，去古樂萬里矣。故愚論律吕，於黄鍾諸篇各著數語，餘幾萬言不過辨歷代諸儒穿鑿附會之謬，於律吕本意不敢有加也。夫自周至今，上下數千年，中間閲歷聖哲凡不知有幾，未聞擬《三百篇》爲宫商二調者，乃今輒擬之。其於古今諸儒之論，不無少涉於刺辨，揆之聖門之教，先王之律，則固不敢叛也。嗚呼！黄帝遠矣，夔倫邈矣，求之載籍，載籍不靈，求之世説，世説淆亂，反而求之心焉，有餘師矣。此吾之所以作《元義》也。」見《樂經元義》。

又曰：「《書》曰：『詩言志，歌永言，聲依永，律和聲，八音克諧，無相奪倫，神人以和。』此萬世詩樂之宗也。夫人性本静也，喜怒哀樂之心感，而呻吟謳嘆之事興。凡詩篇歌曲，莫不陳其情而敷其事，故曰詩言志也。歌生於言，永生於季本曰：「候氣法本《後漢志》，而律呂家以此著爲定法。至朱熹《鍾律解》乃取《隋志》埋管上與地平之説，而與内庳外高者不同。何邪？蓋陽之升始於子，午雖陰生，而陽之升於上者未已，至亥而後窮上反下。又地有四游，氣亦隨方而至。但得律之圍徑長短不差，則自然與天地之氣相應，故雖斜埋直置，皆能受之。二説蓋兩通矣。若夫黄鍾九寸，冬至氣應，大寒以下其律漸短，其氣漸升者，則以陽氣潛藏，從微至著，其初細弱，其勢未揚，其後憤盈，其勢漸達，蓋氣力强弱自然不同，非謂陽氣之升果以分毫而進也。沈括發明《隋志》，乃曰：冬至陽氣距地面九寸而止，故黄鍾應之；正月距八寸而止，故太蔟應之。則有不通者矣。夫陽之上升，本無停息，距地九寸八寸而止，則九寸八寸之上獨無陽乎？況地有高卑，氣無先後，將地之卑者氣先止，而高者乃後至耶？就如其説，則凡候氣者，苟律之長短適合，則不必度其圍徑，定其中聲，而氣無不應矣。安在其聲音之道與天地通哉！然小動大動，應各有由，則天地之氣必待人主致中和而後正。是候氣定律之説，或者亦難乎其盡恃爾。」見《彭山全集》。

又曰：「天地之氣，陽生於子，以漸而進，其勢憤盈，至於巳而極。陰生於午，以漸而退，其勢衰颯，至於亥而窮。此自然之運也。自蕤賓以下，氣宜降矣。而槩以升言，則天地之氣將有進而無退乎？意者陽氣常升，以强爲升；陰氣常降，以弱爲降。陽中之陰，即陰中之陽，而降亦可以言升歟？但謂氣以漸而自子升至於亥，律以漸而自黄鍾短至於應鍾，而其所升所短之數，多寡異數，各不均齊。至於應鍾與黄鍾之律，相隔四寸二分三釐，其交接之際又太懸絶矣。豈有天地循環無端之氣而可以往而不返言哉！蔡元定知其説之不通也，則曰『陽之升始於子，至亥而後窮上反下；陰之升始於午，至巳而後窮上反下。律於陰則不書，故終不復始。』亦近於遁辭矣。然則律豈難知哉！得聰聽者而審音亦甚易簡。何則？天下之大，豈無其人？而瞽之善聽，又質之近者也。使其學習之專，則天聰明自有不可得而蔽者；考其聲而聲和，自將候於氣而氣應矣。聖人特以聲之和者無所取衆，故假候氣以爲則耳。」同上。

何瑭曰：「古樂之不傳也久矣，然其始終本末則畧見於《虞書》之數言，而律呂聲音則猶存於俗樂之制作，顧觀者不加察耳。夔作典樂，舜命之曰：『詩言志，歌永言，聲依永，律和聲，八音克諧，無相奪倫，神人以和。』樂之始終本末畧見於此。自《明良之歌》以至《三百篇》之作，今尚可考，莫非各陳其情，是之謂詩言志。俗樂之詞曲各陳其情，乃其遺法也。詩既成矣，其吟咏之間必悠揚宛轉，歌，引長其音而使之悠颺回翔，累然而成節奏，故曰歌永言也。樂聲效歌，非人歌效樂，當歌之詩，必和之以鐘磬琴瑟之聲，故曰聲依永也。樂聲以清濁順序不相凌犯爲美，必定之以律管而後協焉，故曰律和聲也。律呂既定，由是度之金石弦管諸音，且如作黄鍾調，則衆音以次皆從黄鍾；作太蔟調，則衆音以次皆從太蔟。人聲樂聲，莫不安順和好，故曰八音克諧、無相奪倫也。此堂上之樂，即古先王所謂雅奏登歌平調者也。夫始於『詩言志』，終於『八音克諧』，古樂之全大畧可見矣。獨所謂『律和聲』者，譻然未定也。蓋律呂者，正樂之法器也。古聖人，本人聲清濁之形，吹律以定其樂聲之中。然吹律之法，又不可以徑致而襲取，必有所由起，而後可以施吾之智而運吾之巧，于是仰觀俯察於秬黍而有得焉。謂一黍可以爲分，蓋指縱黍之長。九分可以爲寸，九分均作十分。計九十分可以爲尺，九寸均作十寸。容一千二百黍可以爲中空之廣。使天下後世累黍爲尺，以較律之長；容黍爲量，以較律之廣。此一物也，而尺量生焉，所以爲聖人之神智也。或謂：年有凶豐，地有肥瘠，種有長短、圓妥、大小不同，如何？曰：雖有不同，要之不甚相遠也，神明存乎人耳。聖人何不用菽麥粟稻也？」同上。

又曰：「六律爲陽，老陽之數九，而陽始於子，故黄鍾象陽，以次而短，至無射而極。六呂爲陰，老陰之數六，而陰始於未，故林鍾象陰，以次而短，至仲呂而極。此十二律取象取義於十二月之微旨也，再無遺説矣。後世既不識月律肇造之原，又不察聖王造律簡易之心，遂以十二律爲神物，真可以通天地而合神明者。及考其法，皆極爲不通，然後知其非聖人之制也。一歲之氣，有升有降。天氣上升，地氣下降，閉塞而爲陰，秋冬之事也。升者上，降者下，埋管於地，將誰候乎？天氣下降，地氣上升，暢達而爲陽，春夏之事也。氤氲兩間，發育萬物，地下無氣，不可候矣。氣，無微而不入者也。十二管飛則皆飛，不飛則皆不飛。若爲有知，擇氣而施，天下古今有是理乎？其説始於張蒼定律，推五勝之法，京房、劉歆又傅會以五行幽謬之術，已叛於先王之教矣。至後齊信都芳，仰觀雲色，嘗與人對語，即指天曰孟春之氣至矣，人往驗管，而飛灰已應。又爲輪扇二十四，埋地中，以測二十四氣。每一氣感，則一扇自動，他扇自住。愚謂：氣在地中，無形可見，故用律管候之。若仰觀雲色，即知氣至，又何必用律驗灰也？且以輪扇代律管候之，扇可用，則律爲不可憑矣。此邪佞之人，敢爲妖誕之事以惑主誣民，可以誅矣。」同上。

有清濁高下之節，然後可聽，是之謂歌永言。今俗樂之唱詞曲，乃其遺法也。當歌之時，欲和之以樂器之聲，其樂聲之清濁高下必與歌聲之清濁高下相應，是之謂聲依永。俗樂唱詞曲之時，或吹竹彈絲與之相應，乃其遺法也。至此則樂已小成矣。若並奏衆音，清濁高下難得齊一，故須用律以齊之。如作黄鍾宫調，則衆音之聲皆用黄鍾爲節；作太蔟商調，則衆音之聲皆用太蔟爲節。然後清濁高下自齊一而不亂，是之謂律和聲。俗樂以工尺上一四合爲板眼，如作工字，則衆音皆以工爲節；作尺字，則衆音皆以尺爲節，然後不亂，乃其遺法也。八音克諧，無相奪倫，至此則樂乃大成矣。神人以和，則其用也。夫作樂之法，始於詩言志，終於律和聲，始乃言其本，終則言其末也。古樂之始終本末，亦畧可見矣。自蔡、沈書傳誤以聲依永之聲爲歌聲，致先王作樂之妙晦而不明，殊可嘆也。夫樂器之聲與歌聲相依，乃事體文理之自然也。若謂歌聲與歌聲相依，則非惟事體不通，且亦不成文理矣。况歌聲隨口而出，又安用以律而和之乎？律之所和止於歌聲，八音又何自而克諧乎？蔡傳之誤也，明矣。或問：古樂俗樂不可並論，尚矣；今所論古樂，動引俗樂爲證，何也？曰：古之度量權衡皆出於黄鍾之律，今之度量權衡非古也，然以量長短，以較多寡，以稱輕重，與古之度量權衡無異，蓋物有定形，初不以度量權衡出於黄鍾與否而變也。今之俗樂雖不出於黄鍾之律，亦豈至大異於古哉！蓋清濁高下，樂有定音，是亦不可變也。然則樂之本末始終，斷可知矣。論樂者不知樂之本末始終，乃謂不得黄鍾則不可復古樂以成至治，豈不悮哉！」見《樂律管見》。

又曰：「十二律候氣之法，相傳已誤。况律吕本爲正五音而設，候氣蓋其用之一端耳。或問：古有十二律管候氣之法，其理如何？曰：此相傳之誤也。候氣止用黄鍾之管，候子月冬至之氣，餘月則否。何以知之？蓋古法占候，恒在歲始，冬至蓋陽氣之始也，氣在地中且無形可見，故以黄鍾之管候之。冬至之日氣至灰飛，則氣節相應，是謂和平。若氣至灰飛在冬至之前，或在其後，則爲太過不及，於是乎有占，與冬至登臺望雲物以占吉凶，蓋同一意也。若謂餘月皆候，則丑月陽氣未出，地中候之猶可也。寅月以後陽已出地，又何候乎？况午月以後，陽氣皆自上降下，又安有飛灰之理？然則謂十二月皆以律管候氣者非也，其爲相傳之誤也無疑矣。」同上。

李文察曰：「候天地之氣，則可以驗十二律之妙；候吾心之氣，則可以定黄鍾一律之長短。候吾心之氣以定黄鍾，有本乎？曰：本於《記》。《記》曰：凡音之起，由人心生是也。《記》有本乎？曰：本於《書》。《書》曰：詩言志，歌永言，聲依永，律和聲是也。即《書》之言觀之，永其聲氣之元乎！蓋永乃人心之中聲也，誠亦有據，人自不察之耳。蓋志微焦殺，固不能永；而粗厲猛憤，亦不能永。必心平氣和，不疾不徐，不剛不柔，然後始有永聲。永聲乃人心純陽之氣，發而爲純陽之聲。然是永聲亦未易得，必養之深，錬之熟，識之精，然後有之。養不深則無永之氣，錬不熟則無永之力，識不精則無永之辨。三者備，始可以言永矣。故曰聲爲律，非永以爲黄鍾之謂乎？歌到有永處，則天地之氣已在我矣。故曰：直已而陳德焉，動已而天地應焉，星辰理焉，四時和焉，萬物育焉。或曰：舜之命夔，言樂之槩，而聲之元、作樂之本未必在是。曰：制禮作樂，道統之傳，其本皆出於堯舜之世；其言也，辭簡而理盡，不容添一字。如添一字以制禮，則其所制者必非五典之禮；添一字以爲道，則其所爲者必非執中之道；添一字以言樂，則其所作者必非德音之樂。是故三本皆備於堯舜之世。于禮于道，人固本而述之；獨于樂，以爲槩而疑其本之不在。是何堯舜之世人獨詳於禮於道，而畧於樂也耶？」見《律書補註》。

又曰：「作樂必以律吕者，蓋本於《書》律和聲之一言也。彼言律，此兼吕。吕迺陰律，陰亦律焉。律吕，樂之筌蹄。得魚者忘筌，得獸者忘蹄，得樂者亦可以忘律吕。非律吕無以正樂之聲，滯律吕無以得樂之意。得意，在律吕前；制律，在得意後。故自古一聖人作，必有一代之樂。律吕未必親傳，傳其理耳。異代制樂，萬代同理，非得其意能之乎！故曰：識禮樂之情者，能作興樂。君子未考律吕，先得律意，意得則律吕亦得。」同上。

右律吕本末并候氣辨疑。

新撰本末辨疑論曰：古聖人制律歷度量權衡者，所以齊遠近，立民信也。是故物有脩短則齊之以度，容有多寡則齊之以量，體有輕重則齊之以權衡，聲有高下則齊之以律，事有先後則齊之以歷。齊脩短者，不失毫釐。齊多寡者，不失圭撮。齊輕重者，不失銖絫。齊高下者，不失中和。齊先後者，不失時令。民信既立，爭端不起。自古有國家者，靡不由之。故《舜典》曰：「協時月正日，同律度量衡。」此其本也。故黄帝造律，與伏羲畫卦同功。聞成紀卦臺山，其上有伏羲廟。相傳雪後卦文自現，民俗神之，香火不絶。有好事者，每歲雪後察之，卒無效驗，香火遂絶。噫！八卦之功，豈以現與否而爲輕重哉！彼惑於舊說而信之者，固非其泥於新聞而疑之者，亦未必是。殆與候氣之說類矣。夫候氣之說，六經不載。《月令》雖有律中某某之文，蓋以按月奏樂言耳。宋儒張載曰：「聲音之道與天地同和，與政通。蠶吐絲而商弦絶，正與天地相應。方蠶吐絲，木之氣極盛之時，商金之氣衰。如言律中太蔟、律中林鍾，於此盛則彼必衰。方春木當盛，卻金氣不衰，便是不和，不與天地之氣相應。」疑古所謂候氣，不過如此云耳。蓋謂人吹此律以調天地之氣，非謂律自能吹灰也。鄒衍吹律生黍，京房吹律知姓，亦無吹灰之説。或謂始於蔡邕，然邕《月令章句》但云：「律，率也。率，聲之管也。」上古聖人，本陰陽，别風聲，審清濁，而不可以文載口傳也，於是始鑄金作鍾，以主十二月之聲，然後以倣升降之氣。鍾難分别，乃截竹爲管，謂之律。律者，清濁之率法也。聲之清濁，以律長短爲制，亦爲按月奏樂言也。《前漢志》言律甚詳，但云律吕唱和，以育生成化，歌奏用焉而已。初無吹灰之説，吹灰之説其始於後漢乎？光武以讖興，命解經從讖。漢儒遵時制，不得不然也。隋唐已後，疏家遞相祖述，而遂爲定論矣。按後漢、晉、隋志所載候氣之法各有異同，既云以木爲案，加律其上；又云埋之，上與地平；又云置於案上，而以土埋之，上平於地。此置律有淺深高下，其説不一也。既云以葭莩灰抑其内端，氣至者灰去；又云以竹莩灰實律中，以羅縠覆律口，氣至吹灰動縠，而有小動、大動、不動三説；又云灰飛衝素，散出於外，而氣應有早晚，灰飛有多少，其説又不一也。總似道聽途説，而未嘗試驗耳。蓋候氣之法不見於《經》，而見於《緯》，信都芳輪扇事尤爲虚誕。孟子曰：盡信書，則不如無書。儒家以格物窮理爲要務，乃被無稽之辭欺惑千載而未能覺，則格物致知之學安在哉！蔡元定曰：「今欲求聲氣之中而莫適爲準，則莫若且多截竹以擬黄鍾之管，或極其短，或極其長，更迭以吹，則中聲可得；淺深以列，則中氣可驗。苟聲和氣應，則黄鍾之爲黄鍾者信矣。百世之下，欲求百世之前之律者，其亦求之於聲氣之元，而毋必之於秬黍，則得之矣。」臣愚竊以爲大不然，何也？史志所載：「天子常以日冬夏至合八能之士，度晷景，候鍾律，權土灰。進退於先後五日之中，八能各以候狀聞，太史封上。效則和，否則占。」蓋緯書之文也。後漢著令，依法行之，故史志述焉。此乃以律驗氣，非以氣驗律也。何謂以律驗氣？吾既得黄鍾真數之管矣，以之候氣，而尚有不應者，蓋係其歲氣候和否何如耳。則是先得真律，吾恃夫律，用以驗氣也。假若吾之所謂黄鍾之律者，長短寬狹尚無一定，而即以之驗氣，萬一推步之術未善，氣候之感不常，安知所中之管非真數之黄鍾。其所不中者，雖乃真黄鍾，而誰可辨哉！候氣之法不足恃也，明矣。臣嘗考諸往代，凡造樂者，學士大夫之説卒不能勝工師之説。蓋學士大夫之明理者，苦於不知音；工師之知音者，又率皆不明理。然學士大夫之説，務必欲其器之中度；工師之説，不過欲其音之美聽。此二者，不可得兼也。欲議此事，須會二者之同乃可耳。元定既言累黍不足取矣，彼候氣之法又多無證驗，所謂聲氣之元者，有何狀貌而爲憑據耶？將使學士大夫聽而别之耶？抑使工師聽之耶？夫工師聽之雖言可用，而未必合於理。爲士大夫者，又豈能盡如師曠、鍾子期哉！即如師曠之聰，亦未嘗不以六律而能正五音，況於他人乎！是以古先聖人立成畫一之法爲制律之準，則所謂累黍是也。歐陽脩、司馬光之論得之矣。而元定乃反之，不亦謬乎。要之，律以和聲爲本，累黍爲要。若夫候氣，蓋其用之一端耳，非樂學之所急，或有或無，存而不論可也。

又朱載堉《律吕正論》卷一

黍竹二山説上第一

舊説凡造律，河内葭莩灰，上黨羊頭山黍，宜陽金門山竹，三者不可缺一。然此三者，皆易得之物也。所謂河内，即敝邑也，北距上黨，南距宜陽，皆約三四日路。萬曆八年，庚辰之歲，余嘗遣人採取三者單粒之秬，雙粒之秠，長節之竹，不止數萬。亦自種之，黍成頃，竹成林，至今田園所收黍竹，皆彼處之種也。然地土不宜，不如彼處所産也。又嘗依蔡元定之説，自長十寸，遞減毫釐至於五寸，共有三百八十四等。淺深排列，試驗吹灰，竟無吹灰之理，始覺凡信此者，皆愚人妄人也。竊自思惟古今賢者多矣，悉被所惑何哉？忽覩邢公所著律考之書，指斥欽天監僞造吹灰事，甚喜公爲知言。公所論皆精博，無復加，加則贅。惟論上黨秬黍條下有云：「今上黨黍，有最大者，有次大者，但須人聲察之審之。」此論本諸程子，誠至論也。然味程子之旨，似懸斷其理，未躬較其物，難以口舌争之。姑著此説，以俟後人。此程子及公之意也。余以爲律管係易造之器，非若金丹成點化，白晝生羽翰，原無實事，不可作也。律之不作，祗因候氣虚談，妄信爲實，是以窒礙，使人不敢作耳。公所著書，不信候氣，最爲千古正論。余忝友末，素沐教愛，欲伸微力，以補缺略。固亦余之素志，所謂蠅附驥尾云耳。

黍竹二山説下第二

夫吹灰事必無，則葭莩不必論，惟黍與竹宜詳論耳。羊頭山在澤州高平縣，金門山在河南永寧縣。羊頭山上有古刹清化寺，寺中有唐天授年間古碑，余嘗爲記，載諸《律學新説》中矣。金門山上有溪水龍王廟，廟中有元皇慶年間古碑，雖未載諸律書，而其山所出竹即余造笙竽常用之竹也。敝郡亦有黍竹，皆不堪用，然去本山不遠，復求之不難也。邢公之書，於曆最詳，律則頗略，恐致後人疑其絶傳，豈不惜哉。余因此有所感，復遣二人，各往本處買黍及長節竹，至則親手再較一遍，著書以荅邢公。大槩以爲，黍竹皆非難得之物，所難得者，特好事之人耳。世有好事者，如吾兩人，則何患曆不成，律不就哉。且如揀黍竹，亦如測景，躬自較量，分毫勿錯。雖云不難，其實要費工夫。工夫不到，則不精矣。故云其人難得，但較量别有法，詳載於後。

鈔尺説第三

尺則處處長短不等，惟鈔乃洪武初創造，已後更不重造。所謂工部營造尺者，俗呼鈔尺是也。國初定制最爲可據。余家有鈔數百萬貫，收藏得法，至今猶新。鈔尺凡三：儘上下紙邊齊，是爲一等；儘上下黑邊齊，是爲一等。今則只以黑邊爲説，余嘗考《大明會典》開載實鈔制度云：「洪武八年造鈔，其制方高一尺，闊六寸許。」所謂高一尺者，即工部營造尺舊樣製也。多取不曾著兩齊整好鈔，比對相同，將鈔分中折一道紋，儘黑邊外廉，就是整一尺。所以折中，何也？蓋鈔左右兩邊或大小不同，故折取中數。用薄竹篾闊半指許，與黑邊外面齊，用刀截成尺樣，均作十寸，每寸十分，即今曲尺。但黑道用針畫，不用刀刻爲異。

秬黍説第四

依鈔製成營造尺矣，將此尺兩端各截去一寸，止用中間八寸。所以用中間八寸者，何也？舊説歲有豐儉，地有肥瘠，取黍大小，未必得中，此語誠然。余嘗取羊頭山最大黑黍，八十一粒，用糊或膠塗於尺上，縱累成尺，恰好八寸。又一年，八十二三粒，不滿八寸。又一年，七十八九粒，已滿八寸。此大約也，緣有極大過八寸者，有極小不及八寸者，故據八寸爲中黍定式也。只羊頭山一處之黍，尚且如此不等，何況西漢都長安、西晉都雒陽，其黍必不如羊頭山黍矣。劉歆、荀勗，所造律度量衡不佳，無佳黍也。嗚呼！累黍之法，名爲最密，實爲最疎。苟無格式大小幾何，惟云中式，尤非定論。若欲揀擇中式之黍，須將格式預先議定。有格式法程，而後可選也。上黨秬黍佳者，縱累八十一枚，斜累九十枚，横累百枚，皆與營造尺八寸相合也。然此佳黍，亦自難得。求得此等佳黍，然後可用。若或不滿營造尺八寸者，慎勿悮用。歷代造律，而致樂聲焦急，其失坐在黍不佳也。古名上黨郡，謂其地極高，與天爲黨，《説苑》謂「高田宜黍」是也。所謂羊頭山，非指山巔也。山巔豈是種田之處，蓋指山麓云耳。本山旁礴數十村，圍遶三大縣。東北屬長治縣，西北屬長子縣，正南屬高平縣。此三縣所産黍，皆名羊頭山黍。以要言之，不拘距山遠近，只擇異樣大黍皆可。或若縱累八十一枚，横累百枚，不及營造尺八寸者，雖産本山，亦勿誤用。將黍帶穗買來，不經連耞石碾方可，故須帶穗。用手揉去稃，令明目少年揀取大號者，依法排尺上，若過八寸，名爲大黍；不滿八寸，名爲小黍；恰好八寸，名爲中黍。古所謂中黍者，此之謂也。余又創造錫方寸七，其斜弦縱九黍，或横十黍。黍處各爲一孔，長闊如黍形，而非圓孔也。取一一黑黍，皆置於孔中。孔不能容，名爲太過；舉起錫式，黍即脱落，名爲不及。舉式銜黍，日光透亮，無空隙者，名爲中式。如是選取縱黍八十一枚，横黍百枚，各累成尺，皆合八寸，則錫式之孔可用矣。如不合，乃頻頻改造，至數次方定也。務令錫式之孔與前説相合，則妙矣。如是一一從孔中向日光仔細揀選，千萬黍中豈無佳者，是故多多益善。選取中式黍，一千二百粒，天平稱之，重三錢者乃真正秬黍也。不合天平三錢重者，燥濕輕重，雖殊無妨。但係或大或小，輕重殊則不可。却又如前法，選千二百粒稱亦三錢，以紙包訖。如是選中三十二包，每包之黍皆重三錢，共重九兩六錢，是爲古秤一斤。然則古秤十斤，即今六斤也。三十斤爲均，即今十八斤也。四均爲石，即今七十二斤也。古權衡與今秤，名雖似異，而實同也。蔡元定《律呂新書》謂四均爲石，進位定作一萬九千二百兩。其謬如此，孰謂知律。本該一千九百二十兩。

縱黍尺黄鍾長八十一分

斜黍尺黄鍾長九十寸

横黍尺黄鍾長十寸

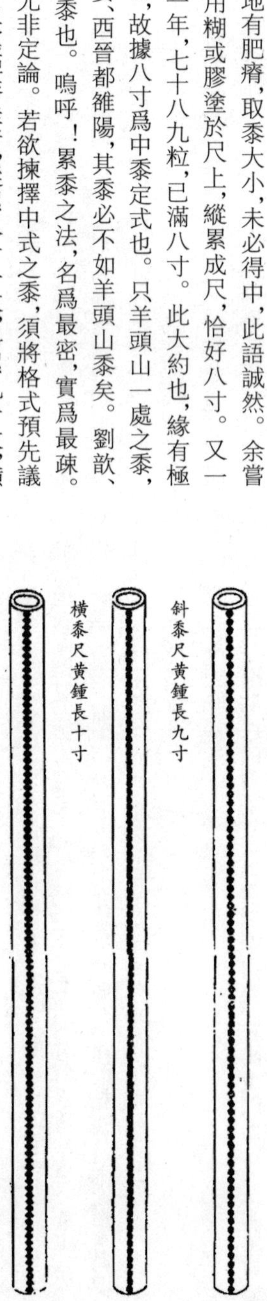

尺寸雖異律管皆同

江永《律呂闡微》卷四《試驗法》 朱載堉曰：「或問：新律舊律，其同異易知也。孰真、孰僞？斯難知也。答曰：試驗則易知耳。其一，累黍造尺，依尺造律，吹之試驗。其二，吹笙定琴，用琴定瑟，彈之試驗。造尺，見《律尺》及《審度》

篇。定琴，見《旋宫》篇。所謂依尺造律者，多採金門山竹，擇天生合式者爲律最佳。金門山，亦名律管山，今屬河南府永寧縣。地雖産竹，惟小而長節者可用。甜竹最佳，而長節者尤難得。天生律管固可貴，然須先有定式，而後知其合否。如無，則擇厚竹内外修治，使合式，亦可也。苦竹，俗呼爲觀音竹，此竹節長而厚，内外皆可修治。新採濕竹，待極乾乃可造。治法：外用方錯，内用圓錯，各依開列内外徑而治之。」方錯，若馬齦錯之類是也，斯可造外。圓錯令旋匠創造，似箭桿而細小，稍頭微大，狀如蓮子。蓮子周圍，即鋼錯也。旋轉入内，取圓而已。黄鍾倍律，錯頭圓徑五分。黄鍾半律，錯頭圓徑二分五釐。如是錯有三十六等，先小後大，漸次更換。造成以尺量之，令内外徑與分寸相合，名爲合式也。

又曰：「舊用河南宜陽縣金門山竹，不如浙江餘杭縣南筆管竹最佳。」

又曰：「倍律、正律、半律，但係律名同者，新律皆相協，舊律則不協，如是試驗，真僞可辨矣。吹時不可性急，急則焦聲，非自然聲也。古云細若氣，微若聲，吹之可養性，有益於人也。」

又曰：「謹按程頤嘗曰：黄鍾之聲亦不難定，世自有知音者。張載嘗曰：今人求古樂太深，始以古樂爲不可知。此誠然也。蓋知音者隨處有之，點笙之人，其非知音而何。彼但不知律之名耳。宜選精於點笙之人，先擇聲與黄鍾相似之簧，令彼增減其蠟，務與黄鍾律聲全協。復擇聲與林鍾相似之簧，亦令增減其蠟，務與林鍾律聲全協。然後兩簧一口噙而吹之，則知黄鍾與林鍾全協者爲是，不協者爲非也。太簇已下倣此，開列如左。

黄鍾生林鍾，此二律相協。　林鍾生太簇，此二律相協。
太簇生南吕，此二律相協。　南吕生姑洗，此二律相協。
姑洗生應鍾，此二律相協。　應鍾生蕤賓，此二律相協。以上用笙一攢。
蕤賓生大吕，此二律相協。　大吕生夷則，此二律相協。
夷則生夾鍾，此二律相協。　夾鍾生無射，此二律相協。
無射生仲吕，此二律相協。　仲吕生黄鍾，此二律相協。」以上用笙一攢。

又曰：「吹律人勿用老弱者，氣與少壯不同，必不相協，然非律不協也。宜選一樣二律，令二人互換齊吹。察其氣同，乃與笙齊吹相協。照前法增減各簧之蠟，一一點成，將律吕名寫於本簧之管。先取一攢依新法所算之律，點畢。別取二攢，却依舊法所算之律，亦照前法點成。試驗，則新律與舊律孰是孰非，皆可知矣。笙匠知音者，只吹律聽之，即知協否，不用笙亦可也。」

量律新法

按：載堉所言造律試驗，諸法皆善矣。但以尺度律之短長及空徑，至於毫釐之細，恐難得其真確。工人用圓錯鑽各律之空，亦未必皆合面、冪、實積之數也，須有法以量之。古法不過云以千二百黍實黄鍾之龠。夫以黍量律，實粗疎之法也。黍體漂圓，實之管中，必多罅隙之處。且撼動與自滿者不同，將聽其自滿乎？抑必須撼動乎？幸而黄鍾之管恰符一千二百之數矣。他律將何以量之？先儒算一分之平方，容十三黍又三分黍之一。如一分之數有贏朒者，又將何以算之？故量黍終非精義也。今別創一新法，用水銀量之，以補世子書所未及。

水銀體重亞於黄金，重於鉛。有定質，出入無滲溼消滅。實管中，無絲毫罅隙。可以量，可以權。權量兩用，而比例生，精算出矣。用法：先造一小斗，以銅葉厚一分，四片，廣二寸二分，長三寸。令銅工合成一方斗，加底亦厚一分。其分寸用横黍尺之分寸。量斗内正方二寸，深三寸，取參天兩地之義。面冪四百分，三寸乘之，一千二百立方分，取百倍十二律之義。用水銀實滿斗，槩平之。用西洋比平權之，小法馬有不足，用赤小豆或芥菜子加減之，務得其些小之數。猶恐平有參差，將水銀與法馬左右互换，以審定之。算法先將平上之分與律中之分俱化爲毫。平上一釐十毫，一分百毫，一錢千毫，一兩萬毫。律中一釐十毫，一分百毫，十分千毫，百分萬毫。先量黄鍾正律，查立成圖，黄鍾正律實積九萬八千一百七十四毫七七，用西人三率法算之。斗容一千二百爲一率，一斗水銀重若干毫爲二率，黄鍾九萬八千一百七十四七七爲三率。二率與三率相乘爲實，一率一千二百爲法除之，求得四率，爲黄鍾正律容水銀之重。以水銀實滿黄鍾，此時未有吹口。槩平之。出而權之，視其重與所算者適符，則黄鍾之真數得矣。如不符，稍修治之。正律黄鍾水銀加一倍，即倍律蕤賓之積也；加三倍，即倍律黄鍾之積也。正律黄鍾水銀減半，即正律蕤賓之積；減四之一，即半黄鍾之積也。他律皆倣此法算之、量之、權之，甚有裨於造律。試律，大約先令工人造律皆稍狹，以水銀試而增擴，以求合焉。如已過之，則不能修治矣。黄鍾容千二百黍，亦姑依古法試之可也。不必以此爲定法。

律管別説

載堉言隨處有美竹，然欲造倍律黄鍾，恐無此長節之竹。用烏木旋空，亦似可代竹。究竟倍律黄鍾，存其體耳。用之以配人聲最下者，不過蕤賓。惟製倍律蕤賓以下可也。

律應人聲新説

蔡邕曰：「古之爲鍾律者，能以耳齊其聲。後人不能，則假數以正其度。以度量者，可以文載口傳，與衆共知，然不如耳決之明也。」此言誠爲至要。古人或借物聲以狀五聲，《管子》云，凡聽宮，如牛鳴窌中。牛聲大，而鳴於窌中，則其聲含洪而不外揚，此善狀黄鍾宫聲者也。今以人聲驗黄鍾，亦當如此意。邢雲路曰：平其心，易其氣，徐聽人聲之高下。上下考之，以求其中聲。此襲用程子之言，究之仍無憑據。如射者須示以紅心之的，乃可求中。若但告之曰不上、不下、不左、不右，中間爲正鵠，安知正鵠所在乎？余觀古人編韻書頗有意，一東、二冬、三鍾、三韻皆宫聲也。欲驗黄鍾宫聲，宜於一東韻中居一等者選數字，曰公、曰空、曰東、曰通、曰聰、曰烘、曰翁，皆清聲字；曰同、曰蓬、曰蒙、曰叢、曰紅、曰礱，皆濁聲字。擇人聲之不粗厲，不靡細，音響洪亮，口齒清正者，先令其呼同、蓬等字，吹律者緩吹以應之。又令其呼公、空等字，吹律者急吹以應之。其皆協也，則宫聲的矣。蓋緩吹者，低聲也，工師所謂合字也；急吹者，高聲也，工師所謂六字也。合者六之倍，六者合之半，字之清濁，抑揚應之，陽一陰二之理也。清爲陽，濁爲陰。此説未經人道，知音者試參之。

造律

朱載堉《律學新説》卷一

造律第七

古人之律，凡有三品，上品以玉，中品以銅，下品以竹。王子年《拾遺記》曰：黄帝吹玉律，正璇衡。《晉志》曰：黄帝作律，以玉爲琯。舜時有玉律，曰昭華之琯。漢章帝時，泠道舜祠下得白玉琯。晉武帝時，汲郡魏襄王冢中得古玉律。荀勗依姑洗玉律、小吕玉律以造尺。《隋志》引梁武帝《鍾律緯》曰：「從上相承有古玉律八枚，惟夾鍾有昔題刻。」劉貺曰：「書傳言舜有白玉琯，漢時舜祠下實得之。晉汲冢亦獲玉律。則古用玉律明矣。」《周禮・大司樂》：「六律六同。」鄭氏註曰：「此十二者，以銅爲管。」又：「大師執銅律以聽軍聲。」「典同掌六律六同。」《註》曰：「故書同作銅。律述氣，同助陽，皆以銅爲之。」《大戴禮・保傅篇》：「太子生而泣，太師吹銅曰聲中某律。」《月令註》曰：「律，候氣之管，以銅爲之。」漢制亦用銅，故《律志》曰：「銅爲物之至精，不爲燥濕寒暑變其節，不爲風雨暴露改其形，介然有常，有似於士君子之行，是以用銅也。」王廷相曰：「上古斷竹爲管，後世易以銅、玉。自今論之，玉不可以多得，嶰谷之竹出自崑崙，亦非人力可以卒致。中國之竹，其空圍之度豈能恰好悉與律合？不如範銅易施其巧。」今按：上古穴居野處，後世聖人易之以宫室；上古草衣披髪，後世聖人易之以冠裳；上古結繩而治，後世聖人易之以書契；上古斷竹爲律，後世聖人易之以銅玉。此四者，皆後世聖人之功也。雖使上古之人復起，亦無以易之也。蕢桴土鼓之樂，不如鍾磬琴瑟；汙樽抔飲之禮，不如籩豆簠簋。象輅起於推丸，龍舟生於漂葉，其始未必可取，其後未必可棄也。是故伶倫之律以竹，此上古初制耳。至五帝時乃以玉爲琯，三代又以銅爲之，則玉與銅其用一也。務令管內通勻，兩端若一，故能合規應準，而中聲所自出焉。後學失傳，仍復用竹，過矣。竊疑古人用竹，亦必修治而後成器。凡竹，兩端勻者蓋鮮，周徑冪積豈能盡合？且律吕，絲忽所争，若非良工，剖削之際，安能適中？而近代俗儒乃舍銅玉，專尚於竹，又禁良工，不容修理，雖盡嶰谷之産，求一天然合乎規度者，必不可得。使伶倫復生亦無如之何矣！古樂一亡，不復作者，蓋以此乎！宜準古法製律，以銅精妙簡易，勝如用竹。今擬新法于後。

凡造律，必良工而後可也，俗工無與焉。督工監造者尤難。其人諺曰：拙匠巧主，此之謂歟！律理精微，工倕造化，周徑冪積，察諸毫釐，豈俗工所能哉！姑陳大槩，以爲筌蹄。若夫輪扁不傳之妙，則非筆舌所能盡也。選鑄鏡匠，令作沙模，廣五寸，長一尺五寸。以木作律管形，照鑄鏡法打成沙模，去管後用沙裹鐵條，焙令極乾，安於模中，鎔銅鑄之。《考工記》云：「六分其金，而錫居一。」金，即今之紅銅。錫，即俗呼白鑞。每紅銅六兩，內加白錫一兩。《考工記》又云：「凡鑄金之狀，金與錫，黑濁之氣竭，黄白次之；黄白之氣竭，青白次之；青白之氣竭，青氣次之。然後可鑄。」鑄成去鐵條，其木管及鐵條長短巨細，隨律樣制。大率荒材裏面須小，外面須大，但使有餘，勿令不足也。工欲善其事，必先利其器。律管筩中須用鋼鑽鑽之。其鑽樣制異於常鑽，鑽頭四楞，形如方錐。磨令快利，長短大小隨所造律，從小漸大，更換鑽頭，次第鑽之。先將銅律管安在旋牀上，手執鑽柄亦如旋匠常法，非如木匠所用之鑽也。律之爲用，其積數與聲氣在內不在外，故先治其內，而後治其外。內外皆使光瑩，合乎周徑之數，然後截齊，使合長短之數。未成，不可先截，恐鑽傷口面故也。截畢，仔細校量，毫釐無差，乃精妙矣。造成，鐫其律名二字爲識，內外皆以黃金鍍之。此造銅律之大槩也。玉律別有造(化)[法]，雖異乎此，若夫先攻其內，後治其外，厥理則同，亦可以此推之，在良工變通耳。能與人規矩，不能使人巧，誠哉是言！蓋良工有智者，不必專守此法，更有巧妙之處。苟非良工，雖守此法，亦不能精製也。

吹律第八

律與天地之氣相通而無窒礙，然後正音出焉。凡吹律者，慎勿掩其下端。掩其下端，則非本律聲矣。故《漢志》曰「斷兩節間而吹之」，此則不掩下端之明證也。嘗以新律使人試吹，能吹響者十無一二。往往因其不響，輒以指掩下端，識者哂之。雖然，善吹律者亦豈容易學哉！蓋須凝神調息，絕諸念慮，心安志定，與道潛符，而後啓脣少許，吐微氣以吹之，令氣悠悠入於管中，則其正音乃發。又要持管端直，不可軒昂；上端空圍不可以脣掩之，掩之過半則聲鬱抑；氣急而猛，則聲焦殺，皆非其正音矣。吹之得法，則出中和之音，甚幽雅可愛也。古人稱爲鳳律，良有以哉！世間惟點笙匠頗能知音，蓋笙簧之子母配合，若非知音則不能調。欲審新律協否，賴此輩以決。真知音者，固不賴此。今恐時人自畫，疑世間無知音，故指出此輩以決其疑耳。凡律相生則相應和，假若使一人吹黃鍾，仍令一人吹林鍾與之合；吹林鍾，則太蔟與之合；吹太蔟，則南吕與之合；吹南吕，則姑洗與之合；吹姑洗，則應鍾與之合；吹應鍾，則蕤賓與之合；吹蕤賓，則大吕與之合；吹大吕，則夷則與之合；吹夷則，則夾鍾與之合；吹夾鍾，則無射與之合；吹無射，則仲吕與之合；吹仲吕，則黃鍾與之合。吹周而復始，是爲旋宮。使點笙者一一聽之，若叩律吕名義，彼則未識。只問合與不合，彼亦能知，合則新律爲精，不合則不精也。然須善吹律者如法吹之，若或軒昂掩抑、氣猛聲焦，則非正音，此乃吹者之拙，而非律不精也。大抵吹律，氣欲極細，聲欲極微，方得其妙。先王用此物以正五音耳，非若餘樂器取其美聽也。須令笙匠照依律吕音調制造笙竽，律、笙二物無相奪倫，而後金石絲竹一切依之，則無不克諧矣。

先擇聲與黃鍾相似之簧，令彼增減其蠟，務與黃鍾律聲全協。復擇聲與林鍾相似之簧，亦令增減其蠟，務與林鍾律聲全協。然後兩簧一口噙而吹之，則知黃鍾與林鍾全協者爲是，不協者爲非也。太蔟已下諸律倣此。

黃鍾生林鍾，此二律相協。　林鍾生太蔟，此二律相協。
太蔟生南吕，此二律相協。　南吕生姑洗，此二律相協。
姑洗生應鍾，此二律相協。　應鍾生蕤賓，此二律相協。已上用笙一攢。
蕤賓生大吕，此二律相協。　大吕生夷則，此二律相協。
夷則生夾鍾，此二律相協。　夾鍾生無射，此二律相協。
無射生仲吕，此二律相協。　仲吕生黃鍾，此二律相協。已上用笙一攢。

吹律人勿用老弱者，氣與少壯不同，必不相協，非律不協也。吹時不可性急，急乃焦聲，非自然聲也。宜選一樣之律，二人互換齊吹，察其氣同，乃與笙齊吹相協，照前法增減各簧之蠟，一一點成，將律吕名寫於本簧之管。先取二攢，照依新法所筭之律點畢，別取二攢，却依舊法所筭之律，亦照前法點成試驗，則新律與舊律孰是孰非皆可知矣。

立均第九均去聲，讀作韻。

夫律之三分損益、上下相生、至仲吕而窮者，數使之然也。十二管旋相爲宮者，音使之然也。數乃死物，一定而不易；音乃活法，圓轉而無窮。音數二者，不可以一例論之也。周禮《禮運》所言，深知此理，但言其音，不及其數，是以通而無礙。自漢以來，術家以數求其法，是故礙而不通。京房之六十律，錢樂之三百六十律，衍之益多而無用，徒欲傅會於當期之日數云耳。殊不知古之聖人所以定律止於十二者，取諸自然之理而已。苟不因自然之理，而但以三分損益之法衍之，殆不止三百六十，雖至百千萬億，往而不返，終不能合還元之數，況於六十律哉！是皆惑於數而昧於聲者也。臣嘗觀仲吕黃鍾之交，知聲音有出於度數之外者。無射之商，夷則之角，仲吕之徵，夾鍾之羽，若彈絲吹竹，擊拊金石，聲音至此流轉自若也。然筭家以仲吕求黃鍾，殫其術而不能合乎十七萬七千一百四十七之筭。有以倍數四因之者，則三分之，不盡二筭，而虧數已多；有以(五)[正]數四因之者，則亦有一筭不行，而虧數且過半矣。三分不行之筭既未有以處之，紀其餘分，終有不盡之處，持未定之筭而謂之黃鍾變律，又推以爲林鍾、太蔟、南吕、姑洗、應鍾之變。甚者託名執始，不自信其爲黃鍾。縱使人得以窺筭術之涯涘，而黃鍾流行諸律本無間斷也。何承天、劉焯之徒，蓋嘗深譏京氏之失而矯正之，欲增林鍾、太蔟以下諸律之分，使至仲吕復生黃鍾，循環無端，止於十二，以合天之大數，似亦有見矣。但泥於十七萬七千一百四十七之筭，强使還元，故其所增之分，出於人爲傅會之私，而非天成自然之理，是以不能取信於人。蔡元定既不能取此四家，却從杜佑之説，十二律外衍出六律，謂之變律。何也？噫！聲音之道，果有是理，則黃帝、周公之聖，伶倫、州鳩之賢，何故不言正變有十八律，特言十二律者，豈其智慮所不及耶。《家語》謂：「五聲、六律、十二管，還相爲宮。」儒者不用孔子之説，反執著於數術小法，謂之明理可乎？蔡氏之謬，其與京、錢正彼所謂相去五十步、百步之間耳。新法所筭之律，一切本諸自然之理，而後以數求合於聲，非以聲遷就於數也。猶恐後世不能取信，是故斟酌古法，更製均準之器，刻畫分寸，考校聲音，則筭術之疏密、律吕之真僞，自可見矣。謹按：均準之器，蓋有二種：有長一丈，形如瑟者；有長六七尺，形如琴者。而皆十三弦也。然亦有十二弦者，大予樂官，予字上聲，後漢樂名。均鍾之木，均字去聲，均鍾木，樂器名。咸陽宮中璠璵之樂，亦樂器名。皆律準之類也。臣嘗考其同異而折衷之，以爲形如瑟者則未免有膠柱之誚，莫若形如琴者，貴其有一定之徽也。言準器者古有四人：周伶州鳩一也，前漢京房二也，後魏陳仲儒三也，後周王朴四也。各述其要略于此，使後世爲之者知所損益云。

周景王將鑄無射，問律於伶州鳩。對曰：律所以立均出度也。古之神瞽考中聲而量之以制，度律均鍾，百官軌儀，紀之以三，平之以六，成於十二，天之道也。律吕不易，無姦物也。大昭小鳴，龢之道也。龢平則久，久固則純，純明則終，終復則樂，所以成政也，故先王貴之。王曰：七律者何？對曰：凡神人以數合之，以聲昭之。數合聲龢，然後可同也。故以七同其數，而以律龢其聲，於是乎有七律。」吴韋氏註曰：「均者，均鍾木，長七尺，有弦繫之，以均鍾者，度鍾大小清濁也。漢大予樂官有之。神瞽，古之樂正，知天道者也；死而爲樂祖，祭於瞽宗，謂之神瞽。考，合也，謂合中和之聲而量度之，以制樂也。均，平也。軌，道也。儀，法也。度律吕之長短以平其鍾，和其聲以立百事之道法也。故曰律、度、量、衡於是乎生也。紀之以三，天地人也。《舜典》曰神人以和是也。平之以六，謂六律也。上章曰律以平聲是也。成於十二，十二律吕上下相生之數備也。天之大數不過十二，故曰天之道也。王問七音之律，意謂七律爲音器，用黄鍾爲宮，太蔟爲商，姑洗爲角，林鍾爲徵，南吕爲羽，應鍾爲變宮，蕤賓爲變徵。凡合神人之樂，以數合之，謂取其七也。以聲昭之，用律調音也。七同其數，律和其聲，律有陰、陽、正、變之聲也。」考正曰：均，本均鍾之器，因以爲名，其形蓋如琴耳。中聲，謂合乎度數也。大予二字本出《緯書》，漢以爲樂名者也。百事道法，喻律之數。紀之以三，若每季三月之類。平之以六，若晝夜六時之類。成於十二者，四季而成一歲，凡十有二月；晝夜而成一日，凡十有二時。天之大數止於十二，故律吕相生其數亦然也。舊註以三爲天地人，恐非。

漢元帝時，郎中京房，字君明，知五聲之音，六律之數。謂律相生之法，以上生下，皆三生二；以下生上，皆三生四。陽下生陰，陰上生陽，終於中吕，而十二律畢矣。中吕上生執始，執始下生去滅，上下相生，終於南事，六十律畢矣。宓犧作《易》，紀陽氣之初，以爲律法。建日冬至之聲，以黄鍾爲宮，太蔟爲商，姑洗爲角，林鍾爲徵，南吕爲羽，應鍾爲變宮，蕤賓爲變徵。此聲氣之元，五音之正也。竹聲不可以度調，故作準以定數。準之狀如琴，長丈而十三弦，隱間九尺，以應黄鍾之律九寸；中央一弦，下有畫分寸，爲律清濁之節。夫截管爲律，吹以考聲，道之本也。術家以其聲微而體難知，其分數不明，故作準以代之。準之聲，明暢易達，分寸又粗，然弦以緩急爲清濁，非管無以正也。均其中弦，令與黄鍾相得，按畫以求諸律，無不如數而應者矣。音聲精微，綜之者解焉。

後魏孝明帝時，有陳仲儒者自江南歸魏，頗閑樂事，請依京房立準以調八音。有司問仲儒，授自何師，出何典籍而云能曉。荅曰：「仲儒在江左之日，頗授琴，又嘗覽司馬彪所撰《續漢書》，見京房準術，成數昭然。仲儒不量庸昧，竊有意焉。遂竭愚思，鑽研甚久，雖未能測其機妙，至於聲韻頗有所得。夫立準者，本以代律，取其分數，調校樂器，則宮商易辨。若尺寸小長，則六十宮商相與微濁；若分數微短，則六十徵羽類皆小清。語其大本，居然微異，至於清濁相宣，諧會歌管，皆得應合。雖積黍驗氣，取聲之本，清濁諧會，亦須有方。若閑準意，則辨五聲清濁之韻；若善琴術，則知五調調音之體。參此二途以均樂器，則自然應和，不相奪倫。如不練此，必有乖謬。仲儒以爲調和樂器，文飾五聲，非準不妙。若依按見尺作準，調弦緩急清濁，可以意推耳。但音聲精微，史傳簡略，舊志唯云準形如瑟，十三弦，隱間九尺，以應黄鍾九寸。調中一弦，令與黄鍾相得。按畫以求其聲，遂不辨準須柱以爲本。柱有高下，弦有粗細，餘十二弦復應若爲？分數既微，器宜精妙，其準面平直須如停水，其中弦一柱高下，須與二頭臨岳一等。移柱上下之時，不得離弦，不得舉弦。又中弦粗細，須與琴宮相類。中弦須施軫如琴，以軫調聲，令與黄鍾一管相合。中弦下依數畫出六十律清濁之節，其餘十二弦須施柱如筝。又凡弦皆須預張，使臨時不動，即於中弦按畫一周之聲度，著十二弦上。然後依相生之法，以次運行，取十二律之商徵，商徵既定，又依琴五調調聲之法，以均樂器。其瑟調以宮爲主，清調以商爲主，平調以角爲主，五調各以一聲爲主。然後錯採衆聲以文飾之，方如錦繡。上來消息調準之方，竝史文所略，出仲儒所思。若事有乖，此聲則不和。」

周世宗時，樞密使王朴上疏曰：「臣聞樂作於人心，成聲於物，聲氣既和，反感於人心者也。所假之物，大小有數，九者成數也。是以黃帝吹九寸之管，得黃鍾之聲，爲樂之端也。半之，清聲也；倍之，緩聲也。三分其一以損益之，相生之聲也。十二變而復黃鍾，聲之總數也，乃命之曰十二律。旋迭爲均，均有七調，合八十四調。播之於八音，著之於歌頌。將以奉天地，事祖宗，和君臣，接賓旅，恢政教，厚風俗，以其功德之形容告於神明，俾百代之後知邦國之所由行者也。宗周而上，率由斯道。自秦而下，旋宮聲廢。洎東漢雖有大予丞鮑鄴興之，亦人亡而音息，無嗣續之者。漢至隋垂十代，凡數百年，所存者黃鍾之宮一調而已。十二律中唯用七聲，其餘五調謂之啞鍾，蓋不用故也。唐太宗有知人之明，善復古道，乃用祖孝孫、張文收考正雅樂，而旋宮八十四調復見於時，在懸之器，方無啞者。所以知太宗之道，與三五同功焉。逮乎僞梁後唐，歷晉與漢，皆享國不遠，未暇及於禮樂。至於十二鎛鍾，不問聲律宮商，但循環而擊之，編鍾編磬徒懸而已。絲竹匏土僅七聲，作黃鍾之宮一調亦不和備，其餘八十(四)[三]調於是乎泯滅，樂之缺壞，無甚於今。陛下以臣曾學律曆，宣示《古今樂録》，令臣討論。臣雖不敏，敢不奉詔。遂依周法，以秬黍校定尺度，長九寸，虛徑三分，爲黃鍾之管，與見在黃鍾之聲相應。以上下相生之法推之，得十二律管。以爲衆管至吹用聲不便，乃作律準，十三弦宣聲，長九尺張弦，各如黃鍾之聲。以第八弦六尺設柱爲林鍾，第三弦八尺設柱爲太蔟，第十弦五尺三寸四分設柱爲南吕，第五弦七尺一寸三分設柱爲姑洗，第十二弦四尺七寸五分設柱爲應鍾，第七弦六尺三寸三分設柱爲蕤賓，第二弦八尺四寸四分設柱爲大吕，第九弦五尺六寸三分設柱爲夷則，第四弦七尺五寸一分設柱爲夾鍾，第十一弦五尺一分設柱爲無射，第六弦六尺六寸八分設柱爲中吕，第十三弦四尺五寸設柱爲黃鍾之清聲。十二聲中旋用七聲爲均，惟均之主者爲宮，徵、商、羽、角、變宮、變徵次焉。發其均主之聲，歸乎本音之律。七聲迭應而不亂，乃成其調。均有七調，聲有十二，均合八十四調。歌奏之曲，由之出焉。」

今按：以上四家之說，雖有詳略之不同，亦有是非之當辨。伶州鳩乃先秦人物，三代遺制蓋嘗見之。故所論律吕，紀之以三，平之以六，成於十二，註謂天之大數不過十二，此則至理之言，不刊之論。是知京、陳二家之準衍至於六十律，豈不謬哉！王氏用旋宮八十四調，而不取六十律之說，所謂十二變而復黃鍾，聲之總數命之曰十二律，兹則近乎正矣。但其準形如瑟，未免有膠柱之病。詳味京氏舊制，蓋謂準狀如琴。後人修史不達其旨，見云隱間九尺而十三弦，遂妄改爲瑟字。然彼書云中一弦，下有畫，按畫以求諸律，正猶琴之有徽，按徽以取聲耳，實未嘗言如瑟之有柱也。葛稚川《西京雜記》云：「咸陽宮中有琴，長六尺，安十三弦，二十六徽皆用七寶飾之，銘曰璠璵之樂。」十三弦琴，自古有之，京氏制準，未必無據。是知《漢志》作狀如瑟者，蓋琴字之誤也。陳氏、王氏遂真以爲瑟矣。夫京氏謂竹聲不可以度調，以其聲微而體難知，分數不明。準聲明暢易達，分寸又粗，然弦以緩急爲清濁，非管無以定。陳氏謂弦須施軫，以軫調聲，令與黃鍾一管相合，凡弦須預張，使臨時不動，此其爲法精詳，亦皆不刊之論。但彼以中弦爲黃鍾，則太清失序，不如王氏以第一弦爲黃鍾，得聲律之元也。獨黃鍾一弦之下有刻劃，又莫若十三弦下普皆刻畫，以取旋宮之律一百四十四聲，尤爲甚便也。是故折衷四家之法，取其簡要者別著新法云。

新製準器，斲桐爲之，其狀似琴非琴，似瑟非瑟，而兼琴瑟二器之制。有岳有齦，有軫有足，則類琴；無項無肩，無腰無尾，却不類琴。首尾方直，底有二越則類(琴)[瑟]。尾不下垂，弦不用柱，又不類瑟。故名曰均準，而非琴瑟也。面底通以黑漆髹之，其尺則依横黍之度，通長五十五寸，象天地之數也。齦岳間五十寸，象大衍之數也。首尾皆廣八寸，象八風也。兩端厚寸半，通足高三寸，象紀之以三也。兩旁厚六分，象平之以六也。施十二弦，列十二徽，象成於十二也。齦高六釐，岳高六分，齦岳皆廣五分，長八寸，象六律、五聲、八音也。左右二越，圓徑三寸，左至尾五寸，右至首一尺，象三五與一也。底面之木各厚四分，象四時也。藏律管於底內，自首端達於越。定弦之時，吹黃鍾之聲，以爲準則也。額舌、軫足、護軫等制，大抵如琴，惟龍齦及焦尾頗與琴不同。其弦粗細與琴無異。以琴弦佳者兩副作一副，首弦、中弦單用，餘皆雙用焉。大弦外邊而有刻畫，自岳至齦均爲九寸，每寸九分，每分九釐，擬九寸之律也。小弦外邊亦有刻畫，自岳至齦均爲十寸，每寸十分，每分十釐，擬十寸之度也。各照新舊二率律度之數，横界相連凡二十四道。舊率之道以朱別之而無徽，新率之道以金別之而有徽。徽在脊之(中)[正]中，形如芥子，宜小不宜大，與常琴之徽異焉者，恐侵朱道故也。羣弦之下，金道之左凡百四十四處，各鐫律名。首字爲識，字畫皆飾以金，按畫取聲，與本律相同也。金道朱道之側，近邊細書新舊所筭之數，使覽者易曉焉。詳見下文有圖。

第一弦按第一徽，合黃鍾，其散聲爲黃鍾。此一律用琴之一弦。

第二弦按第二徽，合黃鍾，其散聲爲大吕。

第三弦按第三徽，合黄鍾，其散聲爲太蔟。此二律用琴之二弦。
第四弦按第四徽，合黄鍾，其散聲爲夾鍾。
第五弦按第五徽，合黄鍾，其散聲爲姑洗。此二律用琴之三弦。
第六弦按第六徽，合黄鍾，其散聲爲仲吕。此一律用琴之四弦。
第七弦按第七徽，合黄鍾，其散聲爲蕤賓。

新製律準

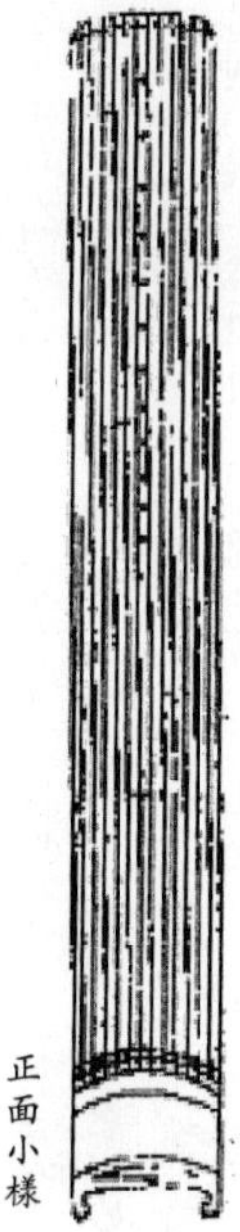

正面小樣

新製律準

背面小樣

第八弦按第八徽，合黄鍾，其散聲爲林鍾。此二律用琴之五弦。
第九弦按第九徽，合黄鍾，其散聲爲夷則。
第十弦按第十徽，合黄鍾，其散聲爲南吕。此二律用琴之六弦。
十一弦按十一徽，合黄鍾，其散聲爲無射。
十二弦按十二徽，合黄鍾，其散聲爲應鍾。此二律用琴之七弦。

第一弦黄鍾散聲與第八弦林鍾散聲和。下生隔八齊撮相合。
第八弦林鍾散聲與第三弦太蔟散聲和。上生隔六齊撮相合。
第三弦太蔟散聲與第十弦南吕散聲和。下生隔八齊撮相合。
第十弦南吕散聲與第五弦姑洗散聲和。上生隔六齊撮相合。
第五弦姑洗散聲與十二弦應鍾散聲和。下生隔八齊撮相合。
十二弦應鍾散聲與第七弦蕤賓散聲和。上生隔六齊撮相合。
第七弦蕤賓散聲與第二弦大吕散聲和。上生隔六齊撮相合。
第二弦大吕散聲與第九弦夷則散聲和。下生隔八齊撮相合。
第九弦夷則散聲與第四弦夾鍾散聲和。上生隔六齊撮相合。
第四弦夾鍾散聲與十一弦無射散聲和。下生隔八齊撮相合。
十一弦無射散聲與第六弦仲吕散聲和。上生隔六齊撮相合。
第六弦仲吕散聲與第一弦黄鍾散聲和。上生隔六齊撮相合。

第一徽按弦譜

按第一弦爲黄鍾，與本弦散聲應。按第二弦爲大吕，與本弦散聲應。
按第三弦爲太蔟，與本弦散聲應。按第四弦爲夾鍾，與本弦散聲應。
按第五弦爲姑洗，與本弦散聲應。按第六弦爲仲吕，與本弦散聲應。
按第七弦爲蕤賓，與本弦散聲應。按第八弦爲林鍾，與本弦散聲應。
按第九弦爲夷則，與本弦散聲應。按第十弦爲南吕，與本弦散聲應。
按十一弦爲無射，與本弦散聲應。按十二弦爲應鍾，與本弦散聲應。

第二徽按弦譜

按第一弦爲應鍾，與十二弦散聲應。按第二弦爲黄鍾，與第一弦散聲應。
按第三弦爲大吕，與第二弦散聲應。按第四弦爲太蔟，與第三弦散聲應。
按第五弦爲夾鍾，與第四弦散聲應。按第六弦爲姑洗，與第五弦散聲應。
按第七弦爲仲吕，與第六弦散聲應。按第八弦爲蕤賓，與第七弦散聲應。
按第九弦爲林鍾，與第八弦散聲應。按第十弦爲夷則，與第九弦散聲應。
按十一弦爲南吕，與第十弦散聲應。按十二弦爲無射，與十一弦散聲應。

第三徽按弦譜

按第一弦爲無射，與十一弦散聲應。按第二弦爲應鍾，與十二弦散聲應。
按第三弦爲黄鍾，與第一弦散聲應。按第四弦爲大吕，與第二弦散聲應。
按第五弦爲太蔟，與第三弦散聲應。按第六弦爲夾鍾，與第四弦散聲應。
按第七弦爲姑洗，與第五弦散聲應。按第八弦爲仲吕，與第六弦散聲應。
按第九弦爲蕤賓，與第七弦散聲應。按第十弦爲林鍾，與第八弦散聲應。
按十一弦爲夷則，與第九弦散聲應。按十二弦爲南吕，與第十弦散聲應。

第四徽按弦譜

按第一弦爲南吕，與第十弦散聲應。按第二弦爲無射，與十一弦散聲應。
按第三弦爲應鍾，與十二弦散聲應。按第四弦爲黄鍾，與第一弦散聲應。
按第五弦爲大吕，與第二弦散聲應。按第六弦爲太蔟，與第三弦散聲應。
按第七弦爲夾鍾，與第四弦散聲應。按第八弦爲姑洗，與第五弦散聲應。
按第九弦爲仲吕，與第六弦散聲應。按第十弦爲蕤賓，與第七弦散聲應。

按十一弦爲林鍾，與第八弦散聲應。　按十二弦爲夷則，與第九弦散聲應。

第五徽按弦譜

按第一弦爲夷則，與第九弦散聲應。　按第二弦爲南吕，與第十弦散聲應。
按第三弦爲無射，與十一弦散聲應。　按第四弦爲應鍾，與十二弦散聲應。
按第五弦爲黄鍾，與第一弦散聲應。　按第六弦爲大吕，與第二弦散聲應。
按第七弦爲太蔟，與第三弦散聲應。　按第八弦爲夾鍾，與第四弦散聲應。
按第九弦爲姑洗，與第五弦散聲應。　按第十弦爲仲吕，與第六弦散聲應。
按十一弦爲蕤賓，與第七弦散聲應。　按十二弦爲林鍾，與第八弦散聲應。

第六徽按弦譜

按第一弦爲林鍾，與第八弦散聲應。　按第二弦爲夷則，與第九弦散聲應。
按第三弦爲南吕，與第十弦散聲應。　按第四弦爲無射，與十一弦散聲應。
按第五弦爲應鍾，與十二弦散聲應。　按第六弦爲黄鍾，與第一弦散聲應。
按第七弦爲大吕，與第二弦散聲應。　按第八弦爲太蔟，與第三弦散聲應。
按第九弦爲夾鍾，與第四弦散聲應。　按第十弦爲姑洗，與第五弦散聲應。
按十一弦爲仲吕，與第六弦散聲應。　按十二弦爲蕤賓，與第七弦散聲應。

第七徽按弦譜

按第一弦爲蕤賓，與第七弦散聲應。　按第二弦爲林鍾，與第八弦散聲應。
按第三弦爲夷則，與第九弦散聲應。　按第四弦爲南吕，與第十弦散聲應。
按第五弦爲無射，與十一弦散聲應。　按第六弦爲應鍾，與十二弦散聲應。
按第七弦爲黄鍾，與第一弦散聲應。　按第八弦爲大吕，與第二弦散聲應。
按第九弦爲太蔟，與第三弦散聲應。　按第十弦爲夾鍾，與第四弦散聲應。
按十一弦爲姑洗，與第五弦散聲應。　按十二弦爲仲吕，與第六弦散聲應。

第八徽按弦譜

按第一弦爲仲吕，與第六弦散聲應。　按第二弦爲蕤賓，與第七弦散聲應。
按第三弦爲林鍾，與第八弦散聲應。　按第四弦爲夷則，與第九弦散聲應。
按第五弦爲南吕，與第十弦散聲應。　按第六弦爲無射，與十一弦散聲應。
按第七弦爲應鍾，與十二弦散聲應。　按第八弦爲黄鍾，與第一弦散聲應。
按第九弦爲大吕，與第二弦散聲應。　按第十弦爲太蔟，與第三弦散聲應。
按十一弦爲夾鍾，與第四弦散聲應。　按十二弦爲姑洗，與第五弦散聲應。

第九徽按弦譜

按第一弦爲姑洗，與第五弦散聲應。　按第二弦爲仲吕，與第六弦散聲應。
按第三弦爲蕤賓，與第七弦散聲應。　按第四弦爲林鍾，與第八弦散聲應。
按第五弦爲夷則，與第九弦散聲應。　按第六弦爲南吕，與第十弦散聲應。
按第七弦爲無射，與十一弦散聲應。　按第八弦爲應鍾，與十二弦散聲應。
按第九弦爲黄鍾，與第一弦散聲應。　按第十弦爲大吕，與第二弦散聲應。
按十一弦爲太蔟，與第三弦散聲應。　按十二弦爲夾鍾，與第四弦散聲應。

第十徽按弦譜

按第一弦爲夾鍾，與第四弦散聲應。　按第二弦爲姑洗，與第五弦散聲應。
按第三弦爲仲吕，與第六弦散聲應。　按第四弦爲蕤賓，與第七弦散聲應。
按第五弦爲林鍾，與第八弦散聲應。　按第六弦爲夷則，與第九弦散聲應。
按第七弦爲南吕，與第十弦散聲應。　按第八弦爲無射，與十一弦散聲應。
按第九弦爲應鍾，與十二弦散聲應。　按第十弦爲黄鍾，與第一弦散聲應。
按十一弦爲大吕，與第二弦散聲應。　按十二弦爲太蔟，與第三弦散聲應。

第十一徽按弦譜

按第一弦爲太蔟，與第三弦散聲應。　按第二弦爲夾鍾，與第四弦散聲應。
按第三弦爲姑洗，與第五弦散聲應。　按第四弦爲仲吕，與第六弦散聲應。
按第五弦爲蕤賓，與第七弦散聲應。　按第六弦爲林鍾，與第八弦散聲應。
按第七弦爲夷則，與第九弦散聲應。　按第八弦爲南吕，與第十弦散聲應。
按第九弦爲無射，與十一弦散聲應。　按第十弦爲應鍾，與十二弦散聲應。
按十一弦爲黄鍾，與第一弦散聲應。　按十二弦爲大吕，與第二弦散聲應。

第十二徽按弦譜

按第一弦爲大吕，與第二弦散聲應。　按第二弦爲太蔟，與第三弦散聲應。
按第三弦爲夾鍾，與第四弦散聲應。　按第四弦爲姑洗，與第五弦散聲應。
按第五弦爲仲吕，與第六弦散聲應。　按第六弦爲蕤賓，與第七弦散聲應。
按第七弦爲林鍾，與第八弦散聲應。　按第八弦爲夷則，與第九弦散聲應。
按第九弦爲南吕，與第十弦散聲應。　按第十弦爲無射，與十一弦散聲應。
按十一弦爲應鍾，與十二弦散聲應。　按十二弦爲黄鍾，與第一弦散聲應。

論準徽與琴徽不同第十

準以琴第七徽之位爲第一徽，自此之右無徽，自此之左十二律吕之位皆有徽矣。此二者大不同，然亦各有理存乎其中。蓋琴家自岳山至龍齦二者間，用紙一條，作爲四折，以定四徽、七徽、十徽。作爲五折，以定三徽、六徽、八徽、十一徽。作爲六折，以定二徽、五徽、七徽、九徽、十二徽。首末兩徽，乃四徽折半也。此法最爲簡易。若以筭法定之，則置琴長若干爲實，四歸得四徽，一倍即七徽，二倍即十徽也。五歸得三徽，一倍即六徽，二倍即八徽，三倍即十一徽也。八歸得六歸得二徽，一倍即五徽，二倍即七徽，三倍即九徽，四倍即十二徽也。八歸得一徽，七因之即十三徽也。準徽則異於是。

《風俗通》曰：「琴長四尺五寸，法四時五行也。」《後漢志》載京房所制律準，隱間九尺，以應黄鍾，此乃琴之類耳。四尺五寸，乃九尺折半之數。是故黄鍾九尺，在準則其隱間九尺，在琴須折半，故齦岳中間爲四尺五寸。太史公謂琴長八尺一寸，以九寸之尺約之，方是九尺，與京氏之説合。謹按先儒言琴尺度，惟有二家最當。其一説云：「律之九寸也，數之八十一也，琴之八尺一寸也，三者之相與固未嘗有異焉。今以琴之太長而不適於用也，故十其九而爲九尺，又折其半而爲四尺五寸，則四尺五寸之琴與夫九寸之律、八十一之數，亦未始有異也。」此朱熹之説，見於《經世大訓》。又一説云：「琴體分爲三準，自一徽至四徽謂之上準，上準四寸半，以象黄鍾之子律。自四徽至七徽謂之中準，中準九寸，以象黄鍾之正律。自七徽至龍齦謂之下準，下準一尺八寸，以象黄鍾之倍律。三準各具十二律，聲按弦附木而取。然須轉弦，合本律所用之字。若不轉弦，則誤觸散聲，落别律矣。每一弦各具三十六聲，皆自然也。」此姜夔之説，見於《文獻通考》。二家所説，琴制長短實同，而尺寸之數則有不同，乃所用之尺爲異耳。姜氏尺寸皆依曲尺，以曲尺是魯般所造，百世不易，爲真古尺。故琴書曰：伏羲作琴，長三尺六寸，法期之數，古之制也。朱子却依黍尺爲之，蓋黍尺之一尺，即曲尺之八寸，故彼曲尺三尺六寸與此黍尺四尺五寸正合。夫齦岳中間發聲之處，長五九四十五寸者，象雒書之積數。其長四九三十六寸者，象老陽之策數，除齦岳額尾在外也。其説卓矣。今從朱子之説，廣其未備者耳。

第一徽，古度尺五寸六分二釐半。今曲尺四寸五分。

第二徽，古度尺七寸五分。今曲尺六寸。

第三徽，古度尺九寸。今曲尺七寸二分。

第四徽，古度尺一尺一寸二分半。今曲尺九寸。

第五徽，古度尺一尺五寸。今曲尺一尺二寸。

第六徽，古度尺一尺八寸。今曲尺一尺四寸四分。

第七徽，古度尺二尺二寸五分。今曲尺一尺八寸。

第八徽，古度尺二尺七寸。今曲尺二尺一寸六分。

第九徽，古度尺三尺。今曲尺二尺四寸。

第十徽，古度尺三尺三寸七分半。今曲尺二尺七寸。

第十一徽，古度尺三尺六寸。今曲尺二尺八寸八分。

第十二徽，古度尺三尺七寸五分。今曲尺三尺。

第十三徽，古度尺三尺九寸三分七釐半。今曲尺三尺一寸五分。

龍齦距岳古度尺四尺五寸。今曲尺三尺六寸。

凡量琴徽，須自臨岳量至本徽中心爲止，方是正音之位，切勿量至徽邊而止也。量次徽亦然，從徽中心量起，勿從徽邊量也。

或問：凡琴定弦，專取九徽、十徽，不取餘徽何也？答曰：九徽、十徽，琴之綱領，調弦考律必先較之，乃天地自然之音，非人力所能爲也。於此兩徽考之，方知新舊二種筭術孰爲疎密。且見仲吕正位不與十徽對者，非也。問曰：律位既不對徽，移徽以就律位可乎？答曰：不可也。琴中有徽，譬猶天之赤道。徽間有律，譬猶日之黄道。聖人制作，各主一理，竝行而不相悖。《大雅》云「太姒嗣徽音」，徽之爲言美也。琴家取名，蓋本諸此。七徽分中，而左右各六，雖有遠近，而左右相對。當徽之處，泛音則鳴，否則不鳴，此所以爲美也。陳暘改爲光暉之暉，謬矣。今若移徽就律，雖則實音不差，而左右疎密不相對，豈得成徽也哉！先儒嘗有移徽就律之説，蓋亦未之思歟！今將新舊二法所筭尺寸俱載於此，以俟後世明理善數知音之士，將此説與琴音仔細校定，審而辨之，則真理自見矣。

律準舊法出《後漢志》。

黄鍾律九寸，準九尺。

折半四尺五寸。岳山至龍齦是也。

又折半二尺二寸五分。七徽是也。

舊在七徽右三分〇二毫奇。

新在正對七徽。

大吕律八寸四分小分三弱，準八尺四寸三分弱。

折半四尺二寸一分三釐九毫奇。

舊在十三徽左二寸七分六釐四毫奇。

新在十三徽左三寸〇九釐九毫奇。

太蔟律八寸，準八尺。
折半四尺。
舊在十三徽左六分二釐五毫整。
新在十三徽左七分一釐五毫奇。
夾鍾律七寸四分小分九徽强，準七尺四寸九分微强。
折半三尺七寸四分五釐七毫奇。
舊在十二徽右四釐二毫奇。
新在十二徽左三分四釐奇。
姑洗律七寸一分小分一微强，準七尺一寸一分微强。
折半三尺五寸五分五釐五毫奇。
舊在十一徽右四分四釐四毫奇。
新在十一徽右二分八釐三毫奇。
仲吕律六寸六分小分六弱，準六尺六寸六分弱。
折半三尺三寸二分九釐五毫奇。
舊在十徽右四分五釐四毫奇。
新在十徽右三釐八毫奇。
蕤賓律六寸三分小分二微强，準六尺三寸二分微强。
折半三尺一寸六分〇四毫奇。
舊在九徽左一寸六分〇四毫奇。
新在九徽左一寸八分一釐九毫奇。
林鍾律六寸，準六尺。
折半三尺。
舊在正對九徽。
新在九徽左三釐三毫奇。
夷則律五寸六分小分二弱，準五尺六寸二弱。
折半二尺八寸〇九釐三毫奇。
舊在八徽左一寸〇九釐三毫奇。
新在八徽左一寸三分四釐八毫奇。
南吕律五寸三分小分三强，準五尺三寸三分强。
折半二尺六寸六分六釐六毫奇。
舊在八徽右三分三釐三毫奇。
新在八徽右二分四釐二毫奇。
無射律四寸九分小分九强，準四尺九寸九分强。
折半二尺四寸九分七釐一毫奇。
舊在七徽左二寸四分七釐一毫奇。
新在七徽左二寸七分五釐五毫奇。
應鍾律四寸七分小分四微强，準四尺七寸四分微强。
折半二尺三寸七分〇三毫奇。
舊在七徽左一寸二分〇三毫奇。
新在七徽左一寸三分三釐七毫奇。

舊法黄鍾下生林鍾，林鍾上生太蔟，如是順行，至仲吕止。此術臣習之熟矣。然以琴中自然本音校彼律位，則不相協，蓋舊法似未盡夫精微之理也。臣於静夜之後，每深思之，務欲窮究其所以然。一旦忽有悟焉，更立新法，推定律位，與琴中本然音均自相脗合。蓋律吕之真數，固宜如此求之，不獨琴之一事而已。然先儒未嘗窮究至此極處，臣雖得之而人亦未肯信也。今列新舊二法所筭尺寸附録於此，以俟後世明理善數知音之士，將琴音仔細校定，審而辨之，則疎密自見矣。

已上辨三分損益及移徽就律之非。

又朱載堉《律吕精義》内篇卷八　樂器圖樣第十之上

管

臣謹按：八音之内，當以竹音爲首。竹音之内，當以律管爲首。律管之爲器，吹之以候氣，奏之以和聲。《舜典》所謂律和聲，《月令》所謂律中某之類，皆指律管而言。是知管即律，律即管，一物而二名也。「形而上者謂之道，形而下者謂之器。」律者，其道也。管者，其器也。《書》曰「下管鼗鼓」。《詩》曰「磬管將將」，「嘒嘒管聲」。《禮》曰「下管新宫」，「下而管象」。與夫孤竹、孫竹、陰竹之管，皆是物也。然則先王雅樂，何嘗不用管哉？近代雅樂廢之，何也？益由前儒不識管者謂管長尺圍寸，併兩而吹，此漢大予樂官之雙管，非古所謂管也。後儒不識管者，謂管除哨子外，長六寸餘，此係教坊俗樂之頭管，亦非所謂管也。所謂管者無孔，凡有孔者非也，惟管端開豁口，狀如簫口，形似洞門，俗名洞簫以此。

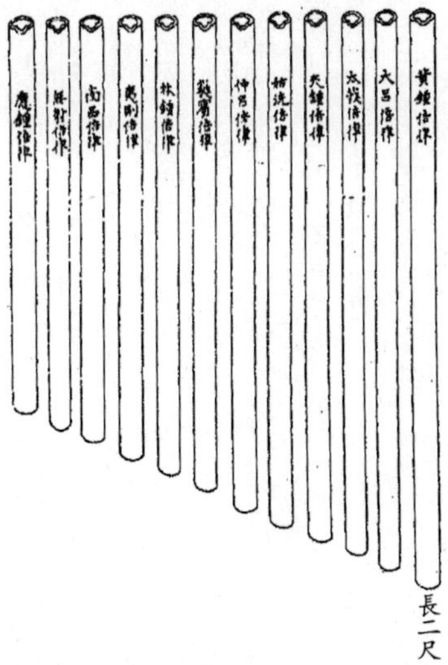

倍律大管小樣

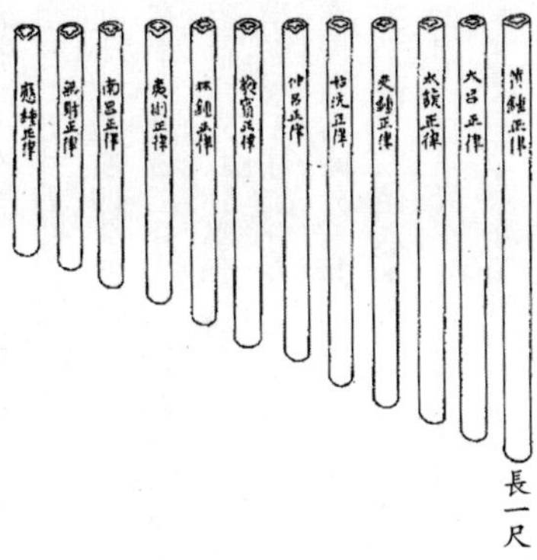

正律中管小樣

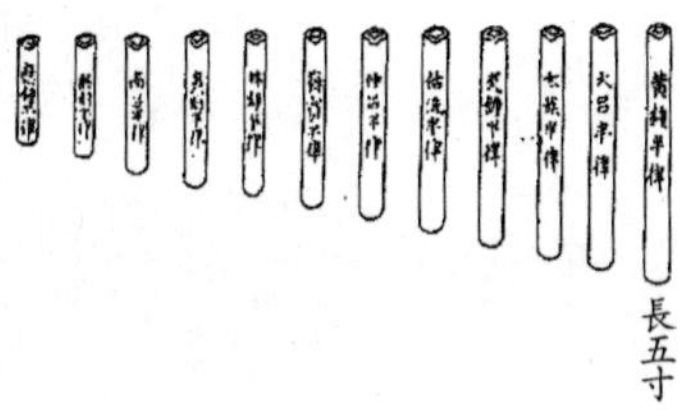

半律小管小樣

自黃鍾倍律至應鍾倍律，各照格式細書刻於管上。

自黃鍾正律至應鍾正律，照倍律書，但改倍字爲正。

自黃鍾半律至應鍾半律，照正律書，但改正字爲半。

倍律	外徑	內徑
黃鍾長二尺樂器皆用夏尺造，造尺法見第十卷。	七分〇七毫	五分
大呂長一尺八寸八分七釐七毫	六分八釐六毫	四分八釐五毫
太蔟長一尺七寸八分一釐七毫	六分六釐七毫	四分七釐一毫
夾鍾長一尺六寸八分一釐七毫	六分四釐八毫	四分五釐八毫
姑洗長一尺五寸八分七釐四毫	六分二釐九毫	四分四釐五毫
仲呂長一尺四寸九分八釐三毫	六分一釐二毫	四分三釐二毫
蕤賓長一尺四寸一分四釐二毫	五分九釐四毫	四分二釐〇
林鍾長一尺三寸三分四釐八毫	五分七釐七毫	四分〇八毫
夷則長一尺二寸五分九釐九毫	五分六釐一毫	三分九釐六毫
南呂長一尺一寸八分九釐二毫	五分四釐五毫	三分八釐五毫
無射長一尺一寸二分二釐四毫	五分二釐九毫	三分七釐四毫
應鍾長一尺〇五分九釐四毫	五分一釐四毫	三分六釐三毫

正律	外徑	內徑
黃鍾長一尺	五分	三分五釐三毫
大呂長九寸四分三釐八毫	四分八釐五毫	三分四釐三毫
太蔟長八寸九分〇八毫	四分七釐一毫	三分三釐三毫
夾鍾長八寸四分〇八毫	四分五釐八毫	三分二釐四毫
姑洗長七寸九分三釐七毫	四分四釐五毫	三分一釐四毫
仲呂長七寸四分九釐一毫	四分三釐二毫	三分〇六毫
蕤賓長七寸〇七釐一毫	四分二釐〇	二分九釐七毫
林鍾長六寸六分七釐四毫	四分〇八毫	二分八釐八毫
夷則長六寸二分九釐九毫	三分九釐六毫	二分八釐〇
南呂長五寸九分四釐六毫	三分八釐五毫	二分七釐二毫
無射長五寸六分一釐二毫	三分七釐四毫	二分六釐四毫
應鍾長五寸二分九釐七毫	三分六釐三毫	二分五釐七毫

半律	外徑	內徑
黃鍾長五寸	三分五釐三毫	二分五釐
大呂長四寸七分一釐九毫	三分四釐三毫	二分四釐二毫
太蔟長四寸四分五釐四毫	三分三釐三毫	二分三釐五毫
夾鍾長四寸二分〇四毫	三分二釐四毫	二分二釐九毫
姑洗長三寸九分六釐八毫	三分一釐四毫	二分二釐二毫
仲呂長三寸七分四釐五毫	三分〇六毫	二分一釐六毫
蕤賓長三寸五分三釐五毫	二分九釐七毫	二分一釐〇

林鍾長三寸三分三釐七毫　二分八釐八毫　二分〇四毫
夷則長三寸一分四釐九毫　二分八釐〇　一分九釐八毫
南呂長二寸九分七釐三毫　二分七釐二毫　一分九釐二毫
無射長二寸八分〇六毫　二分六釐四毫　一分八釐七毫
應鍾長二寸六分四釐八毫　二分五釐七毫　一分八釐一毫

右倍、正、半三十六律，吹口形類洞門，故名洞簫。洞門縱橫皆廣一分七釐六毫，乃黃鍾正律内徑之半也。律有長短廣狹，惟吹口則無異，俱依此數，勿過不及。不及則濁，過則清矣。造律既成，而後刻口，故口在正數内，乃自然之理也。李文察謂黃鍾吹口在九寸正數外，其説非是。

古管考證

《書》曰「下管」，《詩》曰「嘒嘒管聲」，《周禮》曰「大師掌六律六同，以合陰陽之聲。」如是之類，皆指律、管而言之也。蓋管與律大同小異，特吹者謂之律，編聯而吹者謂之管，猶磬之有特磬、編磬也。先王雅樂該吹何律，左手吹畢，置於右手，復取一律吹之，務期聲韻悠長，禁止節奏急促。近代俗樂節奏急促，是以無所用管，而管由是廢矣。苟知此理，則知管之所以爲貴。

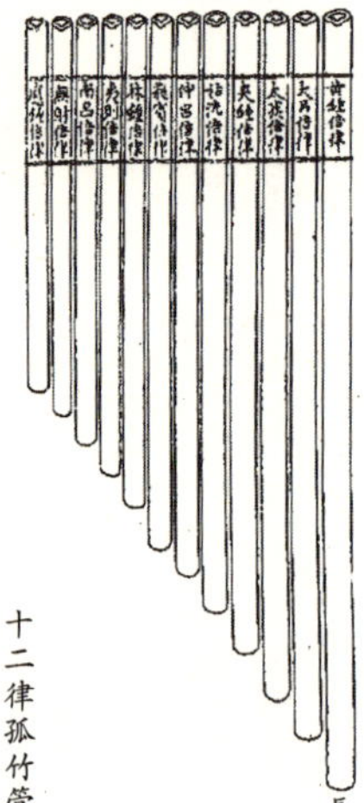
長二尺
十二律孤竹管小樣

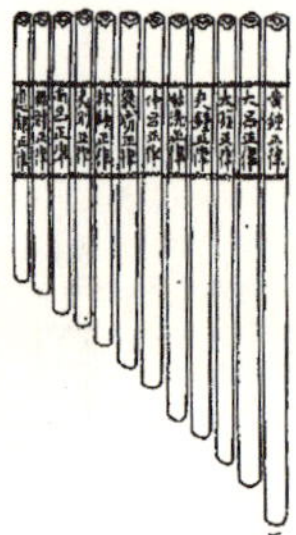
長一尺
十二律陰竹管小樣

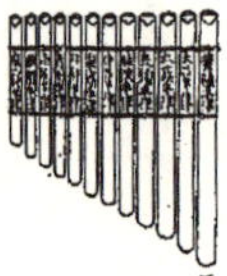
長五寸
十二律孫竹管小樣

自黃鍾倍律至應鍾倍律，照前格式造畢，細繩編之。
自黃鍾正律至應鍾正律，照前格式造畢，細繩編之。
自黃鍾半律至應鍾半律，照前格式造畢，細繩編之。

孤竹管

先儒舊解：孤者，特生之竹，謂若嶧陽孤桐之類。然孤亦尊稱，公侯稱孤，少師少傅少保爲三孤。或曰：孤竹國名。

陰竹管

先儒舊解：竹生山北者曰陰竹。按《前漢志》：黃帝使泠綸自大夏之西，昆侖之陰，取竹之解谷生，其竅厚均者，斷兩節間而吹之，以爲黃鍾之宮。是爲律本。竊疑孤竹之管，倍律是也。孫竹之管，半律是也。然則陰竹之管，其正律之謂歟？

孫竹管

《竹譜》謂：前歲之竹爲翁，今歲之竹爲孫。竊疑孤竹即隔竹也，孫竹即笋竹也。隔竹宜造倍律之管，故與圜鍾相宜。笋竹宜造半律之管，故與函鍾相宜。蓋圜鍾管大，函鍾管小也。

孤竹等管，古人所重，然非常用。常用者，惟此耳。

自黃鍾至應鍾，通長周徑之數，皆與倍律數同。

某律之管四字，各照前式刻之。

管即倍律，長短廣狹已見上文。

古有三等十二管

謹按：《爾雅》管有三等，大者謂之簥，中者謂之篞，小者謂之篎。《禮運》載孔子之言曰：五聲、六律、十二管，還相爲宮。據此明言，管有十二，而世儒止知雙管、頭管，何哉？

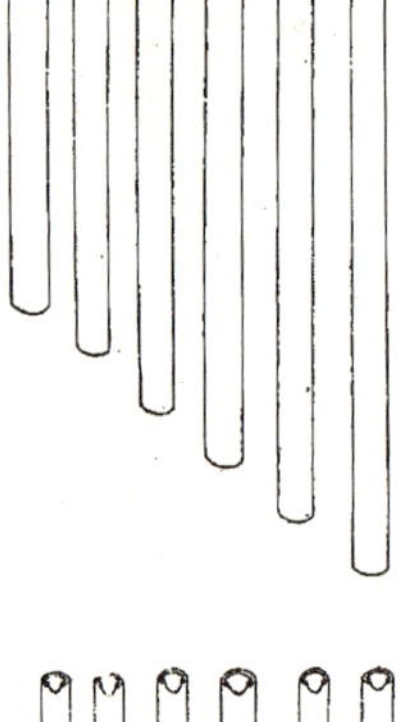
六律特管小樣

六同特管小樣

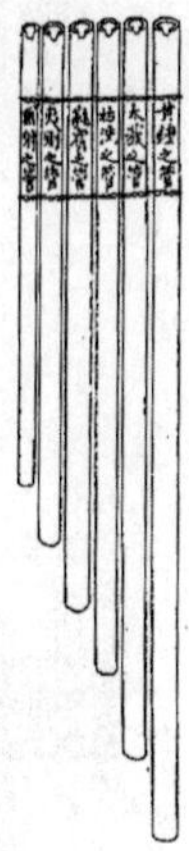
六律編管小樣

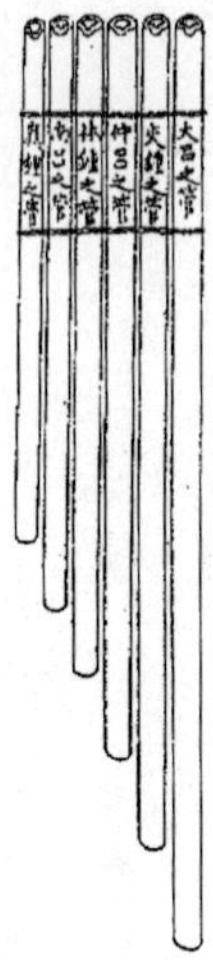
六同編管小樣

雙管非管

先儒舊説，謂管如篴而小，併兩而吹之，漢大予樂官有焉。疏引《廣雅》云：「管，長尺，圍寸，八孔，無底。」或云六孔。今按：八孔雙管聲如頭管，俚俗有之，不入雅樂。舊説非是。

頭管非管

正德間有張敔，嘉靖間有劉濂，二家言樂皆指管即今之頭管。夫頭管乃胡笳觱栗之類，胡部之俗樂也。而以爲雅樂，非誤歟？雙管頭管，其制皆陋，不可爲法。

江永《律呂闡微》卷五《律體下》 造律，自釐毫以下，非目力所能察，然周徑容積各有細數，不可不紀其實。載堉書有三十六律立成，惜其未考古人周徑密率，誤用圓周四十容方九之率，是以算律管及周冪，皆有微强之數，不得其真。如黄鍾正律，內周實是一一二〇七二〇七二有奇，而算一一一一一一一一不盡。冪積實是九八一七四七七〇三有奇，而算九八二〇九二五五一六四七九八二六七。諸律强數皆倣此，由其四十與九，根數未確也。今所列立成較精密，後有量律新法。各律容積中式與否，皆可試驗。尤可補載堉書所未逮云。

新法倍正半律通長周徑冪積算率立成內周冪積三項係今訂定。

倍律通長

尺寸分

黄鍾二〇〇〇〇〇〇〇〇〇。

尺寸分

大呂一八八七七四八六二五三。

尺寸分

太蔟一七八一七九七四三六二。

尺寸分

夾鍾一六八一七九二八三〇五。

尺寸分

姑洗一五八七四〇一〇五一九。

尺寸分

仲呂一四九八三〇七〇七六八。

尺寸分

蕤賓一四一四二一三五六二三。

尺寸分

林鍾一三三四八三九八五四一。

尺寸分

夷則一二五九九二一〇四九八。

尺寸分

南呂一一八九二〇七一一五〇。

尺寸分

無射一一二二四六二〇四八三。

尺寸分

應鍾一〇五九四六五〇九四三。

正律通長

尺寸分

黄鍾一〇〇〇〇〇〇〇〇〇〇。

尺寸分

大呂〇九四三八七四三一二六。

尺寸分

太蔟〇八九〇八九八七一八一。

尺寸分

夾鍾〇八四〇八九六四一五二。

尺寸分
姑洗〇七九三七〇〇五二五九。
尺寸分
仲吕〇七四九一五三五三八四。
尺寸分
蕤賓〇七〇七一〇六七八一一。
尺寸分
林鍾〇六六七四一九九二七〇。
尺寸分
夷則〇六二九九六〇五二四九。
尺寸分
南吕〇五九四六〇三五五七五。
尺寸分
無射〇五六一二三一〇二四一。
尺寸分
應鍾〇五二九七三一五四七一。

半律通長

寸分
黄鍾〇五〇〇〇〇〇〇〇〇〇。
寸分
大吕〇四七一九三七一五六三。
寸分
太蔟〇四四五四四九三五九〇。
寸分
夾鍾〇四二〇四四八二〇七六。
寸分
姑洗〇三九六八五〇二六二九。
寸分
仲吕〇三七四五七六七六九二。
寸分
蕤賓〇三五三五五三三九〇五。
寸分
林鍾〇三三三七〇九九六三五。
寸分
夷則〇三一四九八〇二六二四。
寸分
南吕〇二九七三〇一七七八七。
寸分
無射〇二八〇六一五五一二〇。
寸分
應鍾〇二六四八六五七七三五。

倍律外周

寸分
黄鍾〇二二三一四四一四四一。
寸分
大吕〇二一五八二〇一三二四。
寸分
太蔟〇二〇九六七三三二四六。
寸分
夾鍾〇二〇三七〇一四九一四。
寸分
姑洗〇一九七九〇七九三三三。
寸分
仲吕〇一九二二七三八七九二。
寸分
蕤賓〇一八六八〇〇二一六三。
寸分
林鍾〇一八一四七二三七八〇。
寸分
夷則〇一七六三一五九二五八。
寸分
南吕〇一七一二九六五五三八。
寸分
無射〇一六六四二〇〇七三五。
寸分
應鍾〇一六一六八六七五〇九。

倍律內周

寸分
黄鍾〇一五七〇七九六三二五。與正律外周同。
寸分
大吕〇一五二六〇七八八〇一。
寸分
太蔟〇一四八二六三四三〇一。
寸分
夾鍾〇一四四〇四一六五八一。
寸分
姑洗〇一三九九四二〇四三二。
寸分
仲吕〇一三五九五八一七二五。
寸分
蕤賓〇一三二〇八七六九九八。
寸分
林鍾〇一二八三二七〇二七五。
寸分
夷則〇一二四六七四一八六八。
寸分
南吕〇一二一一二四九五四七。
寸分
無射〇一一七六七六七六二四。

應鍾〇一一四三二六七三三五。
寸分

正律内周

黄鍾〇一一一〇七二〇七二〇。與半律外周同。
寸分

大呂〇一〇七九一〇〇六六二。
寸分

太蔟〇一〇四八三六六六二三。
寸分

夾鍾〇一〇一八五〇七四五九。
寸分

姑洗〇〇九八九五三九六六六。
寸分

仲呂〇〇九六一三六九三九六。
寸分

蕤賓〇〇九三四〇〇一〇八一。
寸分

林鍾〇〇九〇七三六一八九〇。
寸分

夷則〇〇八八一五七九六二九。
寸分

南呂〇〇八五六四八二七六九。
寸分

無射〇〇八三二一〇〇三六七。
寸分

應鍾〇〇八〇八四三三七五四。
寸分

半律内周

黄鍾〇〇七八五三九八一六二。
寸分

大呂〇〇七六三〇三九四〇〇。
寸分

太蔟〇〇七四一三一七一五〇。
寸分

夾鍾〇〇七二〇二〇八二九〇。
寸分

姑洗〇〇六九九七二〇二一六。
寸分

仲呂〇〇六七九七九〇八六二。
寸分

蕤賓〇〇六六〇四三八四九九。
寸分

林鍾〇〇六四一六三五一三七。
寸分

夷則〇〇六二三三七〇九三四。
寸分

南呂〇〇六〇五六二四七七三。
寸分

無射〇〇五八八三八三八一二。
寸分

應鍾〇〇五七一六三三六六七。
分

倍律外徑

黄鍾〇〇七〇七一〇六七八一。
分

大呂〇〇六八六九七六八二三。
分

太蔟〇〇六六七四一九九二七。
分

夾鍾〇〇六四八四一九七七七。
分

姑洗〇〇六二九九六〇五二四。
分

仲呂〇〇六一二〇二六七七一。
分

蕤賓〇〇五九四六〇三五五七。
分

林鍾〇〇五七七六七六三四八。
分

夷則〇〇五六一二三一〇二四。
分

南呂〇〇五四五二五三八六六。
分

無射〇〇五二九七三一五四七。
分

應鍾〇〇五一四六五一一一八。

倍律内徑

黄鍾〇〇五〇〇〇〇〇〇〇〇。與正律外徑同。
分

大呂〇〇四八五七六五九七〇。
分

太蔟〇〇四七一九三七一五六。
分

夾鍾〇〇四五八五〇二〇二一。
分

姑洗〇〇四四五四四九三五九。
分

仲呂〇〇四三二七六八二八〇。

蕤賓○○四二○四四八二○七。
林鍾○○四分○八四七八八六三。
夷則○○三分九六八五　二六二。
南呂○○三分八五五五二七　六。
無射○○三分七四五七六七六九。
應鍾○○三分六三九一三二九五。

正律内徑

黃鍾○○三分五三五五三三九○。與半律外徑同。
大呂○○三分四三四八八四一一。
太蔟○○三分三三七○九九六三。
夾鍾○○三分二四二○九八八八。
姑洗○○三分一四九八○二六二。
仲吕○○三分○六○一三三八五。
蕤賓○○二分九七三○一七七八。
林鍾○○二分八八八三八一七四。
夷則○○二分八○六一五五一二。

南呂○○二七二六二六九三三。
無射○○二分六四八六五七七三。
應鍾○○二分五七三二五五五九。

半律内徑

黃鍾○○二分五○○○○○○○。
大呂○○二分四二八八二九八五。
太蔟○○二分三五九六八五七八。
夾鍾○○二分二九二五一○一○。
姑洗○○二分二七二四六七九。
仲吕○○二分一六三八四一四○。
蕤賓○○二分一○二二四一○三。
林鍾○○二分○四二三九四三一。
夷則○○一分九八四二五一三一。
南呂○○一分九二七七六三五三。
無射○○一分八九二八八三八四。

應鍾○○一八一九五六六四七。

倍律面冪

黃鍾○一寸九分六三四九五四○六。
大呂○一寸八分五三二九九八七六。
太蔟○一寸七分四九二七五五四○。
夾鍾○一寸六分五一○九六二四八。
姑洗○一寸五分五八四二七三三六。
仲吕○一寸四分七一一五五五八八。
蕤賓○一寸三分八八四○○九○九。
林鍾○一寸三分一○四一○○五四。
夷則○一寸二分三六九二四五九五。
南呂○一寸一分六七五○一三四○。
無射○一寸一分○一九七四五三七。
應鍾○一寸四分○○一二五五○八。

正律面冪

黃鍾○○九分八一七四七七○三。

大呂〇〇九二六六四九三八。

分
太蔟〇〇八七四六三七七〇。

分
夾鍾〇〇八二五五四八一二四。

分
姑洗〇〇七七九二一三六六八。

分
仲呂〇〇七三五五七七九四〇。

分
蕤賓〇〇六九四二〇〇四五四。

分
林鍾〇〇六五五二〇五〇二七。

分
夷則〇〇六一八四六二二九七。

分
南呂〇〇五八三七五〇六七〇。

分
無射〇〇五五〇九八七二六七。

分
應鍾〇〇五二〇〇六二七五四。

半律面冪

分
黃鍾〇〇四九〇八七三八五二。

分
大呂〇〇四六三三二四九六九。

分
太蔟〇〇四三七三一八八八五。

分
夾鍾〇〇四一二七七四〇六二。

分
姑洗〇〇三八九六〇六八三四。

分
仲呂〇〇三六七一八八九七〇。

分
蕤賓〇〇三四七一〇〇二七四。

分
林鍾〇〇三二七六〇二五一三。

分
夷則〇〇三〇九二三一一四八。

分
南呂〇〇二九一八七五三三五。

分
無射〇〇二七五四九三六三四。

分
應鍾〇〇二六〇〇三一三七七。

倍律實積

千百十
黃鍾三九二六九九〇八一二五。

千百十
大呂三四九八五五一〇八〇八。

千百十
太蔟三一一六八五四六七二一。

千百十
夾鍾二七七六八〇一八一九九。

千百十
姑洗二四七三八四九一九一三。

千百十
仲呂二二〇三九四九〇七四〇。

千百十
蕤賓一九六三四九五四〇六二。

千百十
林鍾一七四九二七五五四〇四。

千百十
夷則一五五八四二七三三六〇。

千百十
南呂一三八八四〇〇九〇九九。

千百十
無射一二三六九二四五九五六。

千百十
應鍾一一〇一九七四五三七〇。

正律實積

百十分
黃鍾〇九八一七四七七〇三一。

百十分
大呂〇八七四六三七七〇二。

百十分
太蔟〇七七九二一三六六八〇。

百十分
夾鍾〇六九四二〇〇四五四九。

百十分
姑洗〇六一八四六二二九七八。

百十分
仲呂〇五五〇九八七二六八五。

百十分
蕤賓〇四九〇八七三八五一五。

百十分
林鍾〇四三七三一八八八五一。

百十分
夷則〇三八九六〇六八三四〇。

百十分
南吕〇三四七一〇〇二二七四。
百十分
無射〇三〇九二三一一四八九。
百十分
應鍾〇二七五四九三六三四二。

半律實積

百十分
黄鍾〇二四五四三六九二五七。
百十分
大吕〇二一八六五九四四二五。
百十分
太蔟〇一九四八〇三四一七〇。
百十分
夾鍾〇一七三五五〇一一三七。
百十分
姑洗〇一五四六一五五七四六。
百十分
仲吕〇一三七七四六八一七一。
百十分
蕤賓〇一二二七一八四六二八。
百十分
林鍾〇一〇九三二九七二一二。
百十分
夷則〇〇九七四〇一七〇八五。
百十分
南吕〇〇八六七七五〇五六八。
百十分
無射〇〇七七三〇七七八七二。
應鍾〇〇六八八七三四〇八五。

朱載堉云：「立成圖者，校正算術所用，而非造律之所用也。造律但載通長及内外徑之數足矣。」今按：造律者，但能察及釐毫，毫以下可略。倍律惟造蕤賓以半，半律惟造夾鍾以前可也。今載以備考。

倍律	外徑	内徑
蕤賓長一尺四寸一分四釐二毫	五分九釐四毫	四分二釐〇
林鍾長一尺三寸三分四釐八毫	五分七釐七毫	四分〇八釐
夷則長一尺二寸五分九釐九毫	五分一釐一毫	三分九釐六毫
南吕長一尺一寸八分九釐二毫	五分四釐五毫	三分八釐五毫
無射長一尺一寸二分二釐四毫	五分二釐九毫	三分七釐四毫
應鍾長一尺〇五分九釐四毫	五分一釐四毫	三分六釐三毫
正律	**外徑**	**内徑**
黄鍾長一尺用夏尺造依新法算。	五分	三分五釐三毫
大吕長九寸四分三釐八毫	四分八釐五毫	三分四釐三毫
太蔟長八寸九分〇八毫	四分七釐一毫	三分三釐三毫
夾鍾長八寸四分〇八毫	四分五釐八毫	三分二釐四毫
姑洗長七寸九分三釐七毫	四分四釐五毫	三分一釐四毫
仲吕長七寸四分九釐一毫	四分三釐二毫	三分〇六毫
蕤賓長七寸〇七釐一毫	四分二釐〇	二分九釐七毫
林鍾長六寸六分七釐四毫	四分〇八毫	二分八釐八毫
夷則長六寸二分九釐九毫	三分九釐六毫	二分八釐〇
南吕長五寸九分四釐六毫	三分八釐五毫	二分七釐二毫
無射長五寸六分一釐二毫	三分七釐四毫	二分六釐四毫
應鍾長五寸二分九釐七毫	三分六釐三毫	二分五釐七毫
半律	**外徑**	**内徑**
黄鍾長五寸	三分五釐三毫	二分五釐
大吕長四寸七分一釐九毫	三分四釐三毫	二分四釐二毫
太蔟長四寸四分五釐四毫	三分三釐三毫	二分三釐五毫
夾鍾長四寸二分〇四毫	三分二釐四毫	二分二釐九毫
正律	**外徑**	**内徑**

	外徑	內徑
黃鍾長九寸用斜黍尺依新法算。	四分五釐	三分一釐八毫
大呂長八寸四分九釐四毫	四分三釐七毫	三分〇九毫
太蔟長八寸〇一釐八毫	四分二釐四毫	三分〇〇
夾鍾長七寸五分六釐八毫	四分一釐二毫	二分九釐一毫
姑洗長七寸一分四釐三毫	四分〇〇	二分八釐二毫
仲呂長六寸七分四釐二毫	三分八釐九毫	二分七釐五毫
蕤賓長六寸三分六釐三毫	三分七釐八毫	二分六釐七毫
林鍾長六寸〇〇六毫	三分六釐七毫	二分五釐九毫
夷則長五寸六分六釐九毫	三分五釐七毫	二分五釐二毫
南呂長五寸三分五釐一毫	三分四釐六毫	二分四釐五毫
無射長五寸〇五釐一毫	三分三釐七毫	二分三釐八毫
應鍾長四寸七分六釐七毫	三分二釐七毫	二分三釐一毫

半律	外徑	內徑
黃鍾長四寸五分	三分一釐八毫	二分二釐五毫
大呂長四寸二分四釐七毫	三分〇九毫	二分一釐八毫
太蔟長四寸〇〇九毫	三分〇〇	二分一釐二毫
夾鍾長三寸七分八釐四毫	二分九釐一毫	二分〇六毫

正律	外徑	內徑
黃鍾長九寸用縱黍尺依新法算。	四分〇四毫	二分七釐六毫
大呂長八寸四分四釐〇	三分八釐三毫	二分七釐〇
太蔟長八寸〇一釐四毫	三分七釐三毫	二分六釐二毫
夾鍾長七寸五分一釐	三分六釐三毫	二分五釐五毫
姑洗長七寸一分二釐五毫	三分五釐四毫	二分四釐八毫
仲呂長六寸六分六釐一毫	三分四釐四毫	二分四釐二毫
蕤賓長六寸三分二釐四毫	三分三釐五毫	二分三釐六毫
林鍾長六寸〇〇四毫	三分二釐七毫	二分三釐〇
夷則長五寸六分〇二毫	三分一釐八毫	二分二釐四毫
南呂長五寸三分一釐四毫	三分一釐〇	二分一釐七毫
無射長五寸〇四釐一毫	三分〇二毫	二分一釐二毫
應鍾長四寸六分八釐一毫	二分八釐四毫	二分〇六毫

半律	外徑	內徑
黃鍾長四寸四分四釐四毫	二分七釐六毫	二分〇二毫
大呂長四寸二分二釐〇	二分七釐〇	一分八釐六毫
太蔟長四寸〇〇六毫	二分六釐二毫	一分八釐一毫
夾鍾長三寸七分〇四毫	二分五釐五毫	一分七釐六毫

載堉云：「每律上端各有豁口，長廣一分七釐六毫，橫黍尺之分釐毫。倍律、正律、半律皆同。勿令過與『不及』。不及，則濁；過，則清矣。通長正數連豁口算。」豁口者，吹口也。

綜述

張廷玉等《皇朝文獻通考》卷一五九　又《樂問·朱載堉新説》篇曰：問：明鄭世子載堉《律吕精義》不宗黃鍾九寸，不用三分損益，不拘隔八相生，不取圍徑皆同，何也？曰：此載堉之臆説也。《淮南子》曰：黃鍾之律九寸而宫音調，因而九之，九九八十一，故黃鍾之數立焉。所以必九，其九者，以宫數爲八十一，而後宫、商、角、徵、羽各得整分，無奇零也。載堉舍其九寸之説，而執宫數之八十一以爲縱黍之長。此其爲臆説者一也。《律書·生鐘分》曰：子一分，丑三分二。十二律子母之分甚明。載堉强以子一分爲一尺，又引《漢志》筭法，用竹徑一分，象黃鍾之一爲一尺之明證。夫《漢志》所云筭法用竹者，即後世之算籌也。徑一分、長六寸，其數也。象黃鍾之一者，即黃鍾之一分；象林鍾之長者，即林鍾之長數也。如以黃鍾子一分爲一尺，則林鍾丑三分二已非六寸，顧以徑一分象黃鍾之一者爲一尺，則長六寸象林鍾之長者，又何説耶？此其爲臆説者二也。《律書》又曰：置一而九，三之以爲法，實如法，得長一寸。凡得九寸，命曰黃鍾之宫。《漢志》曰：以成之數忖該之積如法爲一寸，則黃鍾之長。夫所謂成者，酉也，即置一而九三之之數也。所謂該者，亥也，即置一而十一三之之數也。其理其法，信而有徵，載堉乃概以劉歆、班固爲僞辭，而謬指史遷之一分爲横黍一尺之柄據。此其爲臆説者三也。三寸九分爲含少，載堉謂於一百二十之中減三十九，得八十一。夫一百二十，數既不合於圖書，而説又不見於經傳。此其爲臆説者四也。《管子》曰：凡將起五音，凡首，先主一而三之，四開以合九九，以是生黃鍾小素之首。三之而四開云者，乃三倍全分之數，四分之而取其一之謂，是指絃音宫分爲下徵四分之三而言，載堉乃以三之爲三寸，又四之爲十二寸，開以合九九，爲黃鍾之長八十一。夫四與開既不得拆爲二義，十二寸又不得指爲一百二十，是强爲之解，而其義益不可通也。此其爲臆説者五也。漢儒言律，實倚《易》數而起，載堉既舍先儒而不之信任，其私智創爲新法，乃曰蓋黃帝云然。此其爲臆説者六也。律吕之用三分損益也，取諸聲而後驗諸數，載堉亦謂律由聲制，非由度出，而乃自立差分之法，使第十三率爲第一率之一半，則是律由度出，而非由聲制矣。此其爲臆説者七也。律吕之隔八相生也，亦由十二律之既定，而推其損益之序，適符乎位次之自然，非人之所能爲也。載堉既以己意立爲差分之法，則連類而生也，可隔一，亦可隔二，亦可以至隔三、隔四、隔五、隔六、隔七，順生、逆生亦無不可，是則人之所爲矣。乃以此爲循環無端之妙用，其何堪識者之一噱耶？此其爲臆説者八也。律吕之圍徑同而長短異，故聲之清濁高下於是乎生，《漢志》所謂厚薄均者是也。如以意爲遞減，則正律之於倍律，半律之於正律，或命爲斜之方，或命爲周之徑，或命爲三角之中垂，自二之一，以至百之二，極形變態，無所不可，而究於律吕之清濁高下，無當也。此其爲臆説者九也。且律之爲數，合縱長面冪積實計之無往非九，而聲適中黃鍾之宫。三分損益終於十二，此聲音理數之所以妙合也。載堉以黃鍾爲一尺，外徑五分，而面冪積實無一合者，徒執差分周而復始之法，以自鳴其筭術之精，此術士之曲藝，而於聲音數理毫無所取也。此其爲臆説者十也。

曰：載堉所定十二律之率，皆以倍應鍾之率累除而得之，終而復始，可不謂精於筭乎？曰：所貴乎筭術者，皆出於數理之自然，故黃鍾爲律本而十一律皆由之而生，至順也。如以倍應鍾之率累除而得之，不已逆乎？曰：載堉之密律出於「㮚氏爲量，内方尺而圓其外」，句股求弦，豈絶無義理歟？曰：非有義理也，特假借句股之名以欺人耳。夫以黃鍾爲度法，東西爲句，南北爲股，倍蕤賓爲弦，其名已無當矣。至於句乘蕤賓，開平方而得南吕；以句股乘南吕，開立方而得應鍾；又將何以名之乎？且其自爲之説曰：造率始於黃鍾，必先求蕤賓者，猶冬夏二至；次求夾鍾南吕，猶春秋二分。然其率並無次求夾鍾之法，則是惟務文飾其詞，而並不顧其顯謬也。又寧可以義理求耶？曰：然則其率果何法乎？曰：差分法也，亦開諸乘方法也。其術先定黃鍾正律爲一尺，倍黃鍾爲二尺，其間十一律皆欲作爲連比例率，使累次乘除而得之，故以倍應鍾之率除倍應鍾，得黃鍾之一尺，即以倍應鍾之率除倍無射，得倍應鍾，是則倍應鍾之率爲方根，而倍無射之率即方根自乘之數也，倍南吕之率即方根再乘之數也。由是遞推，至於倍黃鍾之率即方根十一乘之數也。夫十一乘方之積，其爲自乘者二，再乘者一，故以倍黃鍾之率爲實，開平方得數，又開平方得數，又開立方即得倍應鍾之率也。其所以一開平方而得倍蕤賓，再開平方而得倍南吕者，凡數以某數乘幾次之數相乘，即與以某數乘幾次等。開諸乘方之法，固然與勾股弦、冬夏至、春秋分諸名義了無干涉，而乃飾其詞以自文，假其名以欺世，不亦惑之甚耶？曰：開方之法，方邊以十寸爲尺，平方以百寸爲尺，立方以千寸爲尺，故載堉以二百爲實，開平方得倍蕤賓；以十寸乘之，開平方得倍南吕；又以十寸再乘，開立方始得倍應鍾。今謂以倍黃鍾之率二尺爲實，或開平方，或開立方，則寸分以下位數之不齊，其將何以命之乎？曰：凡命位以單位爲主，彼其以黃鍾之率爲一尺，倍黃鍾之率爲二尺，其十一律之率皆在一尺二尺之間，雖累次乘除，其位不改，故第以尺爲單位，而寸分以下之奇零皆由尺次第命之，自不虞其紊也。此命位之精義，固非載堉所及知也。曰：三分損益止於一法，載堉不拘隔八，則相生乃有四法，可不謂善變者乎？曰：非善變也，止一比例術耳。且使十二律果可以比例相求，則又變之不勝變，豈止四法已哉。如載堉第一法，黃鍾生林鍾，林鍾生太蔟，下生五億乘，上生十億乘，皆以七億四千九百一十五萬有奇除之，是固近乎三分損益者矣。而其實有不然者，彼以黃鍾生林鍾，林鍾生太蔟，猶仲吕之再生黃鍾，故其所爲七億四千九百一十五萬有奇者，即其仲吕之率也。下生猶正生半，故以五億乘。上生猶半生正，故以十億乘。則猶是比例術也。第二法，黃鍾逆生仲吕，仲吕逆生無射，猶林鍾之逆生黃鍾，故其所爲六億六千七百四十一萬有奇者，即其林鍾之率也。上生下生同第一法，則亦猶是比例術也。第三法是以應鍾生半黃鍾爲比例也。第四法是以大吕生黃鍾爲比例也。夫十二律既皆爲連比例率，則順逆錯綜，無所不可，與其以仲吕再生黃鍾爲比例，何如以黃鍾下生林鍾爲比例？與其以林鍾逆生黃鍾爲比例，何如以黃鍾轉生倍仲吕爲比例？與其以應鍾順生半黃鍾、大吕逆生黃鍾爲比例，何如以黃鍾順生大吕、逆生倍應鍾爲比例？變除用乘，法良簡易，載堉何未之知耶？曰：載堉所定圍徑之數，十二律雖不同，然半黃鍾適爲倍黃鍾之一半，亦以定率累除而得之，是又用何術歟？曰：二十三乘連比例率也。彼求十二律之長，以正黄鍾爲倍黄鍾之半，中間十一律故爲十一乘連比例率。其求圜徑，則以半黄鍾爲倍黄鍾之一半，中間二十三律故爲二十三乘連比例率。夫二十三乘方之積，其爲自乘者三，再乘者一，較之十一乘方之積，又多一自乘，而倍半之比例等，故即以倍應鍾之率爲實，開平方即得求圜徑之比例率也。曰：其黄鍾之外徑適爲内徑方之斜，又與倍黄鍾之内徑等，此亦豈私意之所得爲歟？曰：此其比例之巧合者也。蓋以半黄鍾之率爲一分，則黄鍾之率爲第十二乘；若以黄鍾爲一分，則倍黄鍾之率亦爲第十二乘，故倍黄鍾之率與黄鍾自乘之數等。以倍黄鍾之率二尺爲實，開平方得一四一四二一三五爲黄鍾之率，而兩率相爲比，即同於斜與方之比，其數恰合，非有出於比例之外也。曰：載堉以比例率求圜徑，又以比例率求面冪積實，何以皆盡合乎？曰：此同一比例也。凡物以類相比，邊以線，面以自乘，體以再乘，線面體雖不同，而比例則一。載堉求面冪之率，即求長之率也，亦即徑率自乘之數也。求積實之率，即長率再乘冪率之數也。夫以其徑率自乘而求面冪，又以其長率再乘而求積實，初無彼此之别，又安得不盡合耶？曰：載堉引《淮南子》及《晉書》《宋書》所載十二律吕之數，謂亦不用三分損益，與其新法頗同，其説然歟？曰：不然，是載堉之臆斷也。按《淮南子》《晉書》蕤賓之數五十七，《宋書》作五十六；夷則之數五十一，《宋書》作五十，當以《淮南》《晉書》爲是，而《宋書》爲非。應鍾之數四十二，《宋書》作四十三；夾鍾之數六十八，《宋書》作六十七，當以《淮南》《晉書》爲非，而《宋書》爲是。蓋即三分損益之數，過半分者進一，數不足則棄之，猶筭家之所爲强弱也。載堉自執己見，以夾鍾之數爲六十八，則與其所謂上生一千乘，下生五百乘，總以七百四十九除者相合，遂以《淮南》《晉書》爲斷。夫所謂七百四十九者，即其仲吕之率而去其奇零耳，不可以爲據也。曰：其所謂别法，用一千乘、五百乘，而用七五除者，又何説耶？曰：即三分損益之法也。以七百五十爲三分，則二百五十爲一分，故一千爲四分，即三分益一也。五百爲二分，即三分損一也。載堉以三分損益爲舊法，而又必以一千乘、五百乘、七百五十除者爲别法，則其好爲新奇，可知矣。

又《樂問·往而不返》篇曰：問：律吕之數往而不返何也？曰：仲吕三分益一以上生，得七寸一分九釐一毫八絲七忽九微二纖有奇，比之黄鍾七寸二分九釐之數，不足九釐八毫一絲二忽零七纖有奇，所謂不返也。易有之窮則變，變則通。天下未有窮而不變者，即未有不窮而能變者。律至仲吕而窮，即以不返而變，變而後十二律之道通也。夫十二律猶十二時也，十二月也。歷十二時而成日，而亥盡交子之時，非即昨日之子。歷十二月而成歲，而正月朔旦，非即立春。積歲而爲章，積章而爲會，積會而爲統，即至十一月朔旦子時，冬至五星如運珠，日月如合璧，而其所會之度，必不同於太初之度，其義一也。今欲仲吕生黄鍾，是猶歲歲必以元日立春也，烏乎，可哉？然仲吕三分益一，雖不足黄鍾九寸之數，而較之大吕已爲有餘，寧得不謂之返於黄鍾耶？猶夫癸亥歲十二月既盡，甲子元日雖非立春，寧得不謂之返於甲子耶？朱載堉以筭術取巧，必欲其返，而十二律之本數皆舛，是猶回回以春分爲歲首，十二月爲一歲；天竺以黑月白月紀時，一歲二十四月。是二法者，皆可舍氣盈朔虚，而氣盈朔虚在其内，然此可以爲敬授人時之憲與歟？

又《樂問·中聲》篇曰：問：宫最濁，商次濁，角居中，徵次清，羽最清，然則角乃中聲，樂不以角爲君，而以宫爲君何也？曰：沈括曰：濁爲宫，稍清爲商，最清爲角，清濁不常爲徵羽。斯言最是。夫音大則濁，小則清。自宫以下，清至於羽而止。自羽以上，濁至於宫而止。羽之下不容復有聲，必轉而之乎宫之上乃可。然則宫乃中聲，正聲，君聲，而不可以紊歟！沈括斯言，正足以證律吕應倍不應半之義也。

又《樂問·四倍律》篇曰：問：古以十二正律不足於用，必加以四清聲而後成樂，今乃不用半黄鍾、半太簇、半大吕、半夾鍾，而用倍夷則、倍無射、倍南吕、倍應鍾。黄鍾爲元首之象，與其加倍律於上，何如加半律於下歟？曰：黄鍾者，應乎氣之始，而實應乎聲之中，中則必有始。今不始之求而於末續之，以中爲始，則中失其中，而黄鍾於是乎非黄鍾，而以太簇、夾鍾、姑洗之間當黄鍾矣。夫黄鍾之聲，中之中也。中之中，即正中也，故曰正聲。從此中正之聲以執其兩端，而數乃由以起，則此中正之聲乃元聲也。然而此聲必有上，必有下，上之固至於無射、應鍾矣；下之非加四倍律，則黄鍾不得爲中之中。四倍律者，乃自然而然，而毫非人力之所能爲也。然世以黄鍾爲始律，故第一聲必黄鍾，於是宫立於姑洗焉。又舛其度，於是或在太簇、夾鍾之間，或在夾鍾、姑洗之間，是以不用半聲不能成樂，此數千年之襲謬，至聖祖仁皇帝而重開者也。朱子亦曰：黄鍾爲中之中，猶夫子時初四刻屬前日，正四刻屬後日，兩日之間中之中也。正與今之用倍律，不用半律者同義，而特未嘗著爲定論，以黜用四清聲之非。假使朱子而在今日，得左右聖祖仁皇帝以成一代定樂之功，不且千又《樂問・律吕分均》篇曰：問：一均之内律吕互用，由來舊矣。今鐘磬排簫以六律加二倍律爲陽均，六吕加二倍吕爲陰均，陽純用律，陰純用吕，果可爲萬世法乎？曰：音之有七也，以第八音與首音同。然在絃則半分與全分應，自首音至第八音計得六分，五聲各得一分，二變各得半分。在管則半律不與全律應，而下律之半乃與本律應，自首音至第八音計得七分，五聲二變各得一分，故黄鍾爲宫，則徵聲不與林鍾應，而與夷則應；羽聲不與南吕應，而與無射應；變宫不與應鍾應，而與半黄鍾應。至半太蔟乃復爲清宫，而與黄鍾應。比則秦漢以下，樂書淪亡，後人疑之而不能知，知之而不能斷。自聖祖仁皇帝精其數，製其器，審其音，確然定之而無疑。而亦爲有耳所共曉，是直與黄帝造律先後同揆，而萬世莫能易者也。夫律管也，其不可與弦同日而語，理之自然者也。使律吕而可相雜，則《周禮》何不直云十二律，又何不渾言之曰律吕，而必條分縷晰，曰六律、六同、陽聲、陰聲云爾哉！且《周禮・大司樂》之用六樂也，倘律吕之可雜用，何不於所奏者而一參之於吕，或於所歌者而一錯之以律乎？是其奏與歌有相合而無相混也。《國語》於律吕也，既分别次第而數之，又各自連類而數之，未嘗曰：一黄鍾，二大吕，三太蔟，四夾鍾云云也。《管子》以絃音五聲之分而言，而數止於五，未嘗及十二律吕也。凡此雖未析言管絃之不同，而要各不相混。夫既不相混，則亦無庸析言之矣。至《淮南子》乃取《管子》五聲之分而衍之，以至於十二，然雖用十二律之名，而猶是絃音之度，未即以絃爲管也。《史記》律數九九八十一以爲宫，乃絃音之度，自爲一段。黄鍾八寸十分一以下，乃律管之度，别爲一段。是雖用十二管之分數，而亦未即以管爲絃也。逮《後漢志》則直曰京房受學焦延壽六十律相生之法，黄鍾爲宫，林鍾爲徵云云；又曰竹聲不可以度調，故作準以定數，始以律準絃，而後又以絃準律，於是管絃混淆，而度數遂不可辨矣。梁制四通，亦猶夫是。然房曰竹音不可以度調，則猶疑律與絃之不合。自房以後，則又皆祖房之失，而並所謂竹音之不可度調者亦不可考。《孟子》曰不以六律不能正五音，謂竹不可以度調，豈待智者而後知其謬哉！明鄭世子載堉謂八音當以竹爲首，竹以律爲首，黄鍾半律不與黄鍾應，而半大吕近之。是亦實有考據，而具卓識者。然未能密考算數，多截律管而得半太蔟之與黄鍾合，依然局於襲誤，而莫之能辨。此則所謂後人疑之而不能知，知之而不能斷者也。曰：今之所定，固爲有耳所共聞，而自東漢以來何以獨無一人聞而知之者耶？曰：朱子有言：十二律皆在，只起黄鍾之古之一快也哉！

又《樂問・變律》篇曰：問：京房六十律，蔡元定六變律，今皆不用何也？曰：聖人制律，必實有是音而後有是器。六吕之與六律，同一聲字而高半音，故謂之六同，又謂之六間。若執始而下，比之正律只差分釐，愈短則差愈少，不能自成一音，又安得自爲一器乎。《新書》用六變律，即執始、去滅、時息、結躬、變虞、遲内不用其名，而用其實，謂爲還宫用聲之綱領。今絃則取之，而管則不取。以仲吕之管爲宫，則其五聲二變之音已具八管之内，六正吕二倍吕。不須另製變律也。曰：《新書》有云樂之和在於三分損益，樂之辨在於上下相生，今以仲吕之管爲宫，其餘七管皆非仲吕上下損益之所生，宜其不和不辨，而謂五聲二變之音已具八管之内，又何也？曰：十一律皆由黄鍾上下損益而生，則是十二律之音固已和矣、辨矣，安得仲吕爲宫遂不和不辨乎？且由仲吕而再生六變律，不能與六正律另爲一音，安得與變律和而辨，與正律不和而不辨乎？無庸更求變律而七聲之用自足，故曰已具也。曰：《國語》曰大不踰宫，細不踰羽。所謂不相陵犯也。今管無半律，則商、角、徵、羽不嫌其大於宫乎？曰：《國語》所云者，乃五音之定分。宫數不及八十一，則爲君陵臣；商數大於七十二，則爲臣犯君。五音各得其分而不失之少，則不下陵矣。各得其分而不失之多，則不上犯矣。至於還宫之法，則或倍或半，各隨其用。《管子》徵羽之數大於宫是也，蓋調有高低，音有升降。高調自下而上，上極則轉而之低；低調自上而下，下極則轉而之高；中調則周旋於高低之間，乃聲音自然之理，又焉有大於宫之患哉？曰：黄鍾不爲他律役者，以有變黄鍾也。今無變律，則黄鍾爲他律役矣，其可乎？曰：黄鍾之不爲他律役，乃絃度之自然，後人因以至尊之義傳之耳。鍾律止於十六，若非黄鍾，將焉用之。且即以役而論，林鍾止爲黄鍾役，太蔟不爲姑洗、南吕役，南吕不爲姑洗役。臣爲君事役，而不爲民物役，猶可説也。事不爲臣役，物不爲民役，亦有説乎？故以聲氣之元而論，則十一律皆黄鍾，統體一太極也。而以還相爲宫而論，則黄鍾亦一律各具一太極也。使能大而不能小，能尊而不能卑，則黄鍾轉成無用之物，而於義爲亢矣。況律以和聲，倡和清濁，迭相爲經，所以成樂也。而拘文牽義，豈律吕之本哉！曰：明鄭世子載堉六變律可廢之説，與今同乎？曰：否。鄭世子謂仲吕復生黄鍾，而半律與全律應，故七音皆用正律。失還宫之實，而蹈商大於宫之弊，則又不如用變律之猶自有條理也。焉可與今之《精義》而利用者同日語哉！

宫，不得所以起。不得者，只是尺不定。又曰：自漢以來，未得黄鍾之正聲與黄鍾之真度，則所謂黄鍾者非黄鍾，而各律各吕皆非其律吕。唐宋以來之樂，大率比古高三律。

聖祖仁皇帝始得黄鍾聲氣之元，故五聲之分，際陰陽正半乃皦然明白。漢晉而後，人未嘗聞，今日之元聲則當日之失，宜其不能辨也。

又《樂問·黄鍾不爲商》篇曰：問：古法陰陽二均互用，故能五音十二律各得其序。今陽爲陽均，陰爲陰均，則其序俱舛，毋乃違于古而非所謂自然者歟？曰：黄鍾得其真，則清濁自不可以混。夫黄鍾爲商，謂之君居臣位，依古所忌，蓋君臣一體，而天地兩位必不可以混，故黄鍾必不可爲商。若民與事物皆君之所有事，所謂盡己之性以盡人之性，盡人之性以盡物之性，盡物之性以贊天地之化育者也。若臣也者，與君同斯事，而不得于其位，故黄鍾可爲角、徵、羽，於民、事、物無所嫌。今若陰陽迭用，則無射爲宫，黄鍾必爲商矣，毋乃不可乎。若陰陽分用，則六陽均内總無黄鍾爲商者。惟倍無射立宫，則黄鍾爲商。倍無射者，黄鍾均變宫，爲十二律還相爲宫之所不用。而黄鍾爲商，則立宫者又必黄鍾之變宫，理與數符如此，此則真所謂自然，而非人力所能爲者也。

秦蕙田《五禮通考》卷七二

辨不用三分損益

明鄭世子朱載堉著《律吕精義》，剏以爲新法不用三分損益，不拘隔八相生，專恃開方乘除。自黄鍾倍律轉生十二次，仍得黄鍾正律。正律生半律，或左旋，或右旋，或隔六，或逐位，往而復返，循環無端。

吴氏鼎曰：《新書》載宋胡瑗病仲吕反生不及黄鍾，乃遷就林鍾以下圍徑，以就黄鍾清聲。何承天、劉焯欲增林鍾以下十一律之分，使至仲吕反生黄鍾。蔡氏論之以爲，惟黄鍾一律成律，他十一律皆不成律。今載堉之法，損十一律之分，使反生黄鍾半數，亦猶何、劉增十一律之數，使反生黄鍾原數。正所謂惟黄鍾一律成律耳。至其所用開方乘除，皆有遺棄不盡之數。考京房六十律相生法，餘分皆棄不用。蔡氏論之曰：夫律學微妙，其生數之法正在毫釐秒忽之間。京房乃以不盡之算，不容損益，遂或棄之或增之，則其畸贏贅虧之積亦不得爲此律矣。今載堉之法，正京房或棄或增之病。蔡氏所訶不得爲律者，乃反以秒忽不盡爲自然之理，三分損益爲疏舛之法，不亦異乎。

又 辨朱載堉黄鍾一尺之説

朱載堉曰：一分者，總爲一段也。命黄鍾爲一尺，故曰子一分。丑三分二，乃一尺中三分之二。寅九分八，乃一尺中九分之八。

蕙田案：一尺之説，最爲無理，不足辨。皆由泥於度尺而然也。

江永《律吕闡微》卷首《皇言定聲》 聖祖仁皇帝論樂五條，見大學士安溪李文貞公光地奏劄，述舉人魏廷珍、王蘭生、梅瑴成奉旨學律。其受聖誨如此，臣江永稽首頓首謹釋。聖諭曰：「言樂者必以黄鍾爲本。黄鍾者，天地之中聲也。天地之聲寄於人，而人之喉自最低至最高不過十餘聲而止。古今謳吟歌曲之音不絶，而笙管琴笛之類即與之相應。所謂中聲者，自寓乎人聲、樂器之間，但人習而不察，則以爲微妙難知耳。」

臣謹按：天地之間，形氣相軋而有聲。大若雷霆，細至蟣蠓，無非聲也。而過大者已震，過小者已靡，皆不可以爲樂。其能爲樂者，皆天地之中聲。而黄鍾之宫又爲中之中，其爲商、角、徵、羽，皆黄鍾一音之流行。而正宫調，必以最中者爲黄鍾也。

聖訓以黄鍾爲天地之中聲。此一言者，已爲聲律提挈綱領矣。天地之聲寄於人。人者，天地之心也。人聲出於喉，掉於舌，觸擊於牙、齒、脣，以成種種之音。喉之居中，猶管之中空也。而喉通於肺，根於腎。肺氣出丹田，歷氣海，抗喉而歌，引氣而上，以成清濁高下之聲。太下者聲咽不出，太高者聲揭不起。最下至最高不過十餘聲；在律，則蕤賓、林鍾之倍至姑洗、仲吕之半；在樂家管色板眼字，則爲大尺至小五。而黄鍾之宫，則在清濁高下之間者也。人能爲謳吟歌曲之音，而笙管琴笛之類即與之相應，所謂同聲相應者也。人聲樂器皆有天地之中聲，能習熟而精審之，未始不可知。程子云：「黄鍾之聲，亦不難定。世自有知音者，將上下聲考之。」是也。豈真微妙難知哉？然黄鍾中聲雖若不難知，顧自漢晉至前明，歷代造律造樂者，或用尺過短則樂聲太高，以夾鍾爲黄鍾而不知；或用尺過長則樂聲太低，以無射倍律爲黄鍾而不知。豈果音之難知與抑各有所蔽與。大約自後周王朴樂已前，病其高，蔽於金石遺器也。自宋范鎮、魏漢津已後，樂又病其低，蔽於宫聲最大之説也。明人著書，有謂人聲最低者爲黄鍾。果若是，則黄鍾之聲倚於一偏，何得爲中聲乎？後之學律者，宜繹聖訓天地中聲之一言，而以程子將上下聲考之之語，爲求中聲之要，其庶幾乎。

聖諭又曰：「論樂莫要於審音，審音莫難於半音。蓋相去全音辨之易，相去半音辨之難。能辨半音，則全音不難知矣。」

臣謹按：論樂莫要於審音，此亦至言也。古之神瞽，考中聲而量之以制，度律均鍾，實能以耳齊其聲。後人不能，徒求之金石秬黍者，徇末而遺本。又或求之候氣飛灰，則尤渺茫而難憑。惟精於審音，乃爲能知樂耳。能辨半音，則全音不難知。此聖訓示人以審音之方也。伶倫造律，先爲半黃鍾以爲律本，此善審半音者也。今試以管絃求之，一孔而有低聲、高聲，高者半而低者全也。一絃而有散聲、中徵，中徵半而散聲全也。以此習熟於耳，亦無幾可辨。

聖諭又曰：「聲之應於絃者，以短長爲差，故倍半之聲得以相應。至於管音，既分長短，又分粗細，必用積實加減八倍之法，而後相應。蓋線與線，體與體之比例各異也。」

臣謹按：長短者，線也。粗細者，體也。琴瑟之絃亦有粗細，以爲聲之大小。就一絃中粗細既定，則惟以長短爲倍半之差。若管音既分長短，又分粗細，必用積實加減八倍之法而後相應者，何也？凡徑線加一倍，平方面冪加四倍，立方面冪加八倍。如徑十者自乘百，又以十乘之一千爲體積。若倍徑二十，則自乘四百，以二十乘之，體積八千。是加八倍，須減八之一爲一千，乃與徑十之體積相應。又徑十，半之爲五，自乘二十五，以五乘之，體積一百二十五。於一千體積僅得八之一，須加八倍，乃與徑十之體積相應也。立方之體積如此，則圓體之冪積與長短之加減，數不同而理一。故造律管者，既製定黃鍾自大吕而下，須如法漸殺其圍徑，使黃鍾積實減半爲蕤賓，蕤賓積實減半爲黃鍾半律，則黃鍾半律積實得全律四分之一，乃爲真半律，而蕤賓及諸律聲數亦得其真。倘律管圍徑皆同，惟以長短爲差，則乖其自然之數，非其本律之聲矣。聖祖萬幾之暇，精於三角、八線、勾股比例諸法，故能推闡及此。從來造律管者，皆昧此理，大吕以下空圍悉如黃鍾，毋亦格物窮理之未至乎？

聖諭又曰：「古人論樂，言高下必言疾徐。有高下，而無疾徐，非樂也。故西人有五線、六名以辨高下，有八形號、三遲速以別疾徐，其説深爲可取。」

臣謹按：儒家論樂，但能言其高下，而不知其疾徐。子語太師翕如、純如、皦如、繹如，其中必有疾徐焉。師乙論歌上如抗，下如墜，曲如折，止如槀木，倨中矩，句中鉤，纍纍乎端如貫珠，其中必有疾徐焉。《書》曰：「歌永言，聲依永。」歌不能永言，非歌也。一於永而無當疾、當徐之節，亦非歌也。教坊度曲，有點畫以記板眼。後人撰歌譜者，但能紀高下，不能別疾徐。聖訓所以深有取於西人之説，五線、六名等，臣未見其書，不敢妄釋。

聖諭又曰：「宫聲，君也，宜居中位。徵羽宜有濁聲，在宫聲之前，其清聲則在商角之後，與濁聲相應。」

臣謹按：五聲之序，宫、商、角、徵、羽，衆所共知。《管子·地員篇》先言聽徵、聽羽，而後聽宫、聽商、聽角，非故違其序也。聲律之理，論其體，則以律長而聲濁者爲宫；論其用，則宫前有低聲，宫後有高聲，而黃鍾則在清濁之間。《管子》又言黃鍾小素之首上生徵，徵下生商，商上生羽，羽下生角，故徵羽在前，商角在後，而宫居中，此真至之理。吕不韋述黃帝命伶倫造律，先斷竹爲黃鍾之宫，以爲律本。黃鍾之宫者，半律也。吕氏所謂清濁之衷，《月令》中央土之月中之。其言十二律相生，黃、大、太、夾、姑、仲、蕤七律上生，林、夷、南、無、應五律下生，猶《管子》之法，皆宫聲居中之理也。伶州鳩言「大不踰宫，細不過羽。夫宫音之主也，第以及羽。」此惟就其體言之耳。漢以後言律者，雖謂黃鍾下生林鍾，然司馬遷猶有「上九、商八、羽七、角六、宫五、徵九」之云，則宫固居五之中位矣。《淮南子》以十二律配詩，甲子爲仲吕之徵，丙子爲夾鍾之羽，戊子爲黃鍾之宫，庚子爲無射之商，壬子爲夷則之角，則徵、羽、宫、商、角正如《管子》之序矣。蔡邕十二笛，蕤賓最長，仲吕最短。每一笛正聲應本律，下徵應所生之律。所謂下徵者，徵下於宫，正徵聲居前之理也。其法傳至隋，樂工猶守其法，故當時樂府所奏林鍾之宫，以林鍾當黃鍾，南吕當太蔟，應鍾當姑洗，正得古人用律之法。有鄭譯者，不知而妄議，竟易其旋宫之法，於是誤以最大者爲黃鍾，而黃鍾之宫遂不得居中位矣。自是以來，學士大夫，或制律造樂，或著書立言，無不以宫聲爲最大者，是知體而不知用也，是徒知最長者之爲尊，不知居中者之尤爲尊也。自宋以來，乃有樂忌陵犯之説，古人無此議論。夫謂尊卑有序，不可相陵。其説豈不近理，殊不知樂律之理正不如此。幸而琴家命調，猶以三弦爲宫者，爲宫調，爲正調；笙家製簧，以最長之簧爲林尺之聲；民間之笛，猶有以開第三孔爲宫聲；應合字者，即詞曲家之四聲二十八調，借平上去入以爲四聲之序，亦不以平爲宫，而以去爲宫，則宫聲居中之理未嘗不存於聲器之間。顧樂工能知，而學士大夫反昧之，是未深究古籍之言，徒襲流俗相傳之説，欲尊君而未知所以尊也。

聖祖位居九五，不曰宫聲君也，宜居首，而曰宜居中；不曰徵、羽、商、角不可上陵，而曰徵羽宜有濁聲，在宫聲之前。此正得黃帝造律以黃鍾之宫爲律本之意，亦脗合管呂諸家之正論。而凡雅樂、俗樂聲律自然之理，皆包絡其中矣。今之琴，不知者曰宮、商、角、徵、羽、少宮、少商；其知者曰徵、羽、宮、商、角、少徵、少羽。所謂其清聲在商角之後，與濁聲相應者，六七弦少徵、少羽之謂也。

聖祖此條，千萬世論樂者皆當奉爲定論。自漢以後，凡言宮聲律最長，樂家忌陵犯，皆以此言斷其未確可也。聲律所以有體、有用，其理極微妙。本具河圖之中，後再發明之。

右聖祖論樂五條，理闕至極，臣庶未易得聞者。雍正庚戌，交河王公蘭生爲學政，視學徽郡。試竣後，召臣至署，縱言至於樂。謂臣曰：琴大小皆十三徽，笙簧或不合律，用蠟點之，聲已上則摩其旁，已下則摩其端，皆有至理，生豈知之乎？臣對曰：畧聞之。又曰：琴大弦是徵聲，生亦知之乎？臣聞之懵然，對曰：生向讀朱子琴律説大弦是宮聲，何故是徵聲？生敢請其説。王公曰：試思之。既退屬思，竟不可曉。後十年反復管呂之書，乃恍然悟宮聲居中，大弦是徵。後又讀文貞公奏劄，乃知王公論琴得之親侍燕閒，聖訓指授，非公創爲此説也。既自幸草莽，愚生獲聞至論，因以管蠡之見妄爲窺測，撰《律呂新義》數卷，謹以聖諭五條題爲《皇言定聲》，恭載書首。今易新義爲闡微，仍加詮釋，讀者當細繹焉。臣又考《大清會典》，聖祖御製有《律呂正義》五卷，當更有精微之論，發千古所未發者，尚俟訪求而伏讀之，以開愚蒙焉。

弘曆《樂律全書上諭》 乾隆五十一年十二月十七日奉上諭：朕披閱朱載堉《樂律全書》，所論音律算法，稱引繁賾，但其中較《律呂正義》一書疎漏岐誤之處，正復不少。蓋樂律算法，義本相通，必須講求貫串，以期畫一。即如樂律以黄鍾爲本，而尺度之長短視累黍爲準，但黍有縱横，亦有大小顆粒，若用縱黍則較長，若用横黍則較短，其大小顆粒亦如之，原難定以爲準也。是書所論横黍百粒當縱黍八十一粒之説，尚爲牽强；又書中所載樂譜内填注五六工尺上等字，並未兼注宫商角徵羽字樣，未免援古入俗。自應仿照《律呂正義》逐細添注，方爲賅備。蓋古樂皆主一字一音，如「關關雎鳩」、「文王在上」等詩，咏歌時自應以一字一音，庶合「聲依永，律和聲」之義。若如朱載堉所注歌詩章譜，每一字下輒用五六工等字，試以五音分注，未免一字下而有數音，是又援雅正而入于繁靡也。即以琴瑟而論，上古操縵亦係一字一音。後世古樂失傳，而製譜者多用鉤擘掃拂等法，以悦聽者之耳，遂使一字而有數音，幾與時曲俗劇相似，更失古人審音知樂，能使人人聲入心通之意。且如殿陛所奏，中和韶樂，從前未免沿明季陋習，多有一字而曼引至數音者，聽之殊與俗樂相近。經朕特加釐正，俾一字各還一音。目今朝會大典，鐘簴鏗鏘備極莊雅，業經載入《律呂正義》，彰彰可考，獨不可融洽貫通乎。著交管理樂部算法館之皇六子永瑢，及德保、鄒奕孝、喜常會同精核朱載堉所著此書，分門别類，務將《樂律全書》較《律呂正義》疎漏岐誤之處，分列各條，公同詳晰訂證，如書中凡例體裁，逐加考評，載於提要之後，以垂永久，而昭釐定。欽此。

永瑢等《〈樂律全書〉校正條例》 御製題朱載堉琴譜詩云：「宜引今合古，戒混古雜今。」誠足以正載堉之誤，爲萬世法守。謹仿凡例體裁，將書中岐誤不合者，以類相從，條列於後。雖不必依卷數先後，仍將卷數頁數行數注明各條之下，以便披閲云。

黄鍾之長九寸，見於《淮南子》《史記》《漢書》，蓋非虞夏商周之尺，乃黄帝造律，度十分之九也。以九乘之，得八十一。再以九乘之，得七寸二分九釐。《律呂正義》前編中所謂適合九九天數之全，非此則十一律呂無由而生。此書不宗黄鍾九寸，而拘於縱黍之長。夫縱黍、横黍之説，實由先定黄鍾而以黍驗之耳。如先以黍定黄鍾，是律由度生，豈通論乎。

皇上聖諭云：「若用縱黍則較長，若用横黍則較短，其大顆粒原難定以爲準。」足破此書固執縱黍之非矣。卷一第二頁後四行。

黄鍾古尺九寸，分之爲九十分，其積實爲八百一十分。由是下生，則爲五百四十分之林鍾。由是上生，則爲七百二十分之太蔟。此古法，歷代宗之，《律呂正義》亦主此説。載堉以黄鍾爲長一尺，反謂決無長九十分、積八百一十分之理，此真臆説也。卷四第三十三頁後七行。

黄鍾容千二百黍，我聖祖仁皇帝用三分損益法遍試之，十一管無不脗合，斯真古人所未及也。載堉不得黄鍾真度，乃欲多截管以擬黄鍾，求其合於千二百黍，豈非舍本而逐末乎。卷二十二第二十五頁前七行。

半黄鍾與倍無射相合，所以成旋宫之用。載堉謂半黄鍾不合於正黄鍾，其説是矣。乃以全律、半律不合之故，遂不取圍徑皆同，是以半黄鍾必減圍徑之半，以求合於正黄鍾。非特此也，各律之圍徑皆可意爲增減。夫圍徑既可增減，則長短亦可勿論矣。豈知律管長短之分，正因圍徑之同而後可定。此簡明不易之理，而反謂先儒未達，誤甚。卷二第一頁後五行。

三分損益之法，《前編》以爲千古不易，蓋即陰陽消息之機，故以律呂配十二月，理精而數備。今不用三分損益，而用密率法。夫密率，即《數理精蘊》內開諸乘方之法也，而飾爲勾股之名，故《樂問》指名之曰，密率即差分法，則勾股之不必用明矣。卷一第五頁後一行。

隔八相生，古人俱指律吕言。考之《管子》宫生徵，徵生商之説，蓋指絃度。七音相生之法，自宫一位起，清濁相間，數至徵適當第九位，故曰隔八。若律吕則自黄鍾一位起，數至林鍾適當第八位，是隔七也。此書亦以律吕爲隔八相生，已不免管絃相混。而又以爲自隔一、隔二至隔七，順逆俱可相生。此則顛倒錯亂，非位次之自然，故《樂問》闢之。卷一第四十一頁前三行。

載堉以一百二十爲律吕之全數，蓋以十爲法也。論其數既不合於圖書，論其法又不見於經傳，乃引《吕氏春秋》三寸九分之含少作除法，謂於一百二十之中減去含少之數三十九，恰得八十一。夫含少乃黄鍾之少宫也，引此牽合，益無義理。卷一第三頁後二行。

載堉多誤解古書以遷就己説，如《管子》云「凡將起五音，凡首，先主一而三之。」此蓋論絃法也。絃法起於下徵，正徵數五十四，下徵倍之爲一百八。所謂先主一者，以此一百八爲主也。三之者，以三因之則得三百二十四。又云「四開以合九九」者，乃即此三百二十四數四分之，而取其一，適得九九八十一，數爲宫聲之分，故曰「以是生黄鍾小素之首，以成宫」也。於是以此八十一數益一，得一百八爲下徵。由一百八數損一，得七十二爲商。由七十二數益一，得九十六爲下羽。由九十六數損一，得六十四爲角。夫徵羽之數大於宫者，用倍數也。其義甚明。載堉以三之爲三寸，又四之爲十二寸，分十二寸爲一百二十，又三分去一而得八十一，爲黄鍾之長。是非特誤解《管子》，并以絃分牽合管律矣。卷一第四頁前一行。

《史記》生鍾分之法，即母子乘除之法也。以分字以上之數爲分母，分字以下之數爲分子，如子一分即黄鍾九寸之全數。丑三分二，則以分子二與黄鍾九寸相乘，又以分母三除之，得林鍾之六寸。餘皆倣此。今以一分爲一尺，既無所據，又以算法用竹之徑一分證之，不知此乃算籌長徑之數，豈一分即一尺耶？若以子一分爲一尺，則丑三分二已非林鍾六寸矣。其誤不待辨而自明，乃反以昔人多錯解，妄矣。卷四第二頁前三行。

宋房庶嘗得古本《漢志》云：「一黍之起，積一千二百黍之廣，度之九十分黄鍾之長，一爲一分。」今本脱去「之起積一千二百黍」八字。載堉以房庶所增八字爲非，其説是矣。乃以爲《漢志》當作「一黍之廣爲一分」，應删去「度之九十分黄鍾之長一」十字，并引孔、賈、張三家所引《漢志》不同爲證。夫古人引書，不必全引，亦有節去數字者，豈可援此妄删《漢書》也。卷二十二第八十一頁前四行。

《周禮・大司樂》奏黄鍾、歌大吕一節，漢唐以來未得其解。我皇上以歌自爲歌，奏自爲奏，指明其義。千古之疑以釋，曠如發矇，真儒生考古者之大幸也。載堉乃改大吕爲小吕，其餘應鍾、南吕、函鍾、小吕、夾鍾俱改，易經文以就其臆説，何其妄哉。卷二十五第十三頁前六行至十五頁前四行。

律吕之數往而不返，蓋仲吕益一上生不及黄鍾之數，故朱子曰：自黄鍾至仲吕，相生之道窮矣。《樂問》言：仲吕三分益一，其數已多於大吕，是亦黄鍾之變。此變律所由起，《易》所謂窮則變，變則通，理固然也。載堉不知此説，乃云往而不返者由算術不精所致。豈知必欲其返十二律吕之本數，皆舛矣。卷一第七頁前三行。

變律於管音無所取，而絃音之數則有之。《樂問》中有圖甚明。《樂問》又云：鄭世子謂仲吕復生黄鍾，而半律與全律應，故絃之七音皆用正律。不知已蹈商大於宫之弊，此篤論也。卷七上第五頁後四行。載堉又斥先儒變律、半律之非，其誤總由於仲吕復生黄鍾耳。卷七上第二十三頁後五行。

載堉謂倍律、正律、半律，但係律同名，則新律皆相協，舊律皆不協者，此即前不取圍徑皆同之謬耳。豈知舊律之不協，實得律之正哉！卷五第二十三頁前六行。

樂依乎器，器本乎數。載堉算術，世多稱之。蓋未有《律吕正義》以前，宜其震而驚之也。載堉所矜者勾股法，屢作圖以明之。今查《數理精蘊》，勾股法本於《周髀》，理精法密。但算樂律祇用比例四率已足矣。惟太常舊塤六孔，無商音凡字。皇上特命加一孔，以備七音，乃用勾股三角法算而得之。餘俱不用勾股也。此書所言勾股，悉本元李治《測圓海鏡》一書。然用珠算，即今算盤。而非今之筆算，故覺繁簡懸殊。且所謂勾股絃者，不過自乘，再乘，相併以爲實耳。故《樂問》謂其「假借勾股之名以欺人」也。卷二十六第八頁後七行至二十二頁。

此書所謂新法，蓋即《數理精蘊》內差分周而復始之術也。且既以黄鍾爲通長一尺，今又加一倍爲二尺，於是周徑冪積無一不誤矣。卷二第四頁前一行。

此書所謂别法，用一百乘、五十乘，而用七十五數除之者，其實即三分損益法也。蓋三分七十五，每分爲二十五，益一分則爲一百，損一分則爲五十。載堉既以三分損益爲非，而又隱用其術，謂之別法，斯不足爲知者一哂矣。卷四第八頁至十五頁。

此書周徑冪積相求，總不如今法之簡捷。試舉一二以例其餘。如徑求周術，即用此書分寸，依《數理精蘊》以定率比例，徑一〇〇〇〇〇〇〇〇爲一率，周三一四一五九二六五爲二率，今周五分〇〇七一五七三爲三率，以二率三率相乘，以一率除之，得四率一寸五分七釐一毫三絲四忽八微四纖，即周數也。彼法則以徑五分自乘，得二十五分，折半得一十二分半爲實，開平方法除之，得三分五釐三毫五絲五忽三微三纖九塵，以四十乘之，得一尺四寸一分四釐二毫一絲三忽五微六纖，再用九歸，始得一寸五分七釐一毫三絲四忽八微四纖之周數。蓋今法用一乘一除，彼法則用二乘二除也。卷二第四十頁後八行。又如周求冪術，今法以周三一四一五九二六五爲一率，徑一〇〇〇〇〇〇〇〇爲二率，今周一寸五分七釐一毫三絲四忽八微四纖爲三率，推得四率五分有奇，即徑數。以徑數五分折半，得二分五釐，與半周七分八釐五毫六絲七忽四微二纖相乘，得一十九分六十四釐一十八毫五十五絲，即面冪也。彼法則先置周一寸五分七釐一毫三絲四忽八微四纖，九因之，得一尺四寸一分四釐二毫一絲三忽五微六纖，以四十除之，得三分五釐三毫五絲五忽三微三纖九塵，自乘得一十二分半，加倍得二十五分，又自乘得六百二十五分，又以一百乘之，得六萬二千五百分，以一百六十二除之，得三百八十五分八十釐〇二十四毫六十九絲一十三忽爲實，開平方法除之，始得一十九分六十四釐一十八毫五十五絲之面冪。蓋今法用二乘一除，彼法則用四乘三除也。繁簡不同如此，其餘算法可以類推矣。卷三第一頁前七行。

載堉算法有自相矛盾者，如二十六卷第十二問中言，不置通長，可求實積。及觀其法，則又不然。試舉一條明之。載堉言求夾鍾、南呂二律實積者，置黃鍾正率一尺云云，一尺者，即通長也，不過不用夾鍾、南呂之通長，而借黃鍾之通長以開方耳。非不置通長也，而乃以爲不置通長可求實積，真欺人之說也。卷二十六第六十四頁前三行。

此書有方九測圓、方十測圓二圖，即《數理精蘊》之圜内容四邊形之一邊也。蓋以方求圓之法耳。而每邊寫勾股比例，其實通部中並未用勾股法也。卷二十五第七十五頁七十六頁。

法以圓徑若干折半，自乘，又倍之，開方，即爲圓内之一邊。其半徑自乘，倍之，所得即爲面積。法甚簡捷，不須勾股。

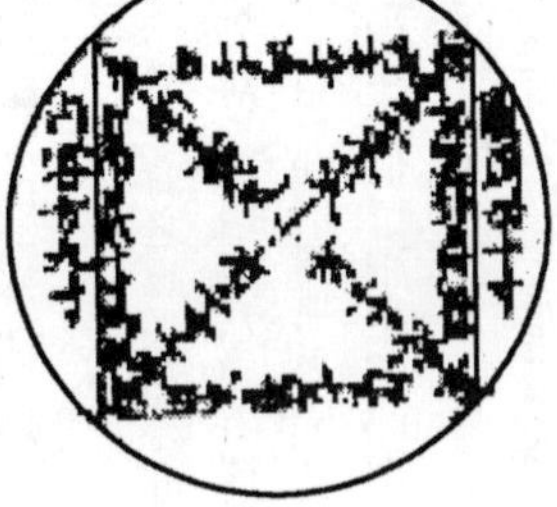
方九測圓

算術商法，亦舊法也，必用八十一行之大算盤。大者長八尺，小者亦不下四尺，其不適於用如此。卷二十六第二十三頁至三十二頁。

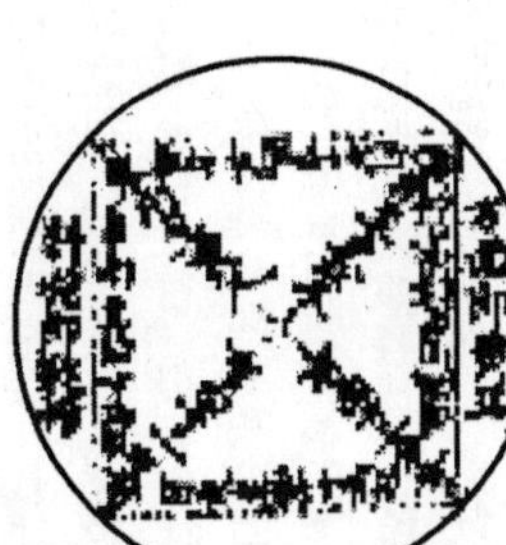
方十測圓

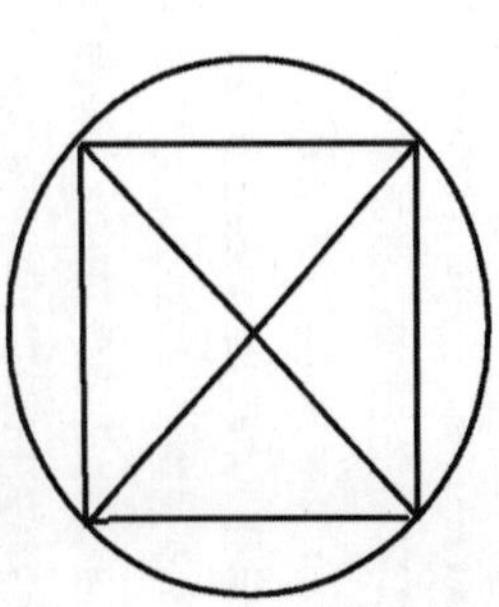
《數理精蘊》圓内容四邊形

造八音之法，總以黃鍾爲本，加減比例而得之。《律呂正義》有加減分形比例表，最精妙。此欲憑工匠之手，且欲求諸僧道，其術疎矣。卷二十一第三十二頁前三行。

《律呂正義》鑄鐘之法，外體皆同，視其厚薄及中空容積以爲聲之高下，斯無纖毫之失。且鐘之形體圓者，周圍擊之其聲皆同；形體扁者，擊其大面聲必下，擊其小面聲必高。圓之勝扁，明甚。此欲求之博古圖，反以圓爲鄙陋，弗深考耳。卷九第十七頁後二行第十八頁後一行。

排簫十六管，形如鳳翼，古有明文。《律呂正義》分爲清濁二均，一定之理也。此有全用十二半律者，至半應鍾祇長二寸六分有奇，其音噍急，必非雅聲。卷八第七頁前五行。又大簫圖用八倍律、四正律，則是以二尺長之黃鍾并十五管俱執於手，亦非雅器也。卷八第二十頁簫圖。

載堉所製瑟，長九尺，考之《爾雅》，大瑟長八尺一寸者，乃九倍黃鍾古尺之度。今尺之六尺五寸六分一釐也。《律呂正義前編》云：古之相工者，多用童子爲相，以左手荷瑟，右手相工。此九尺之瑟，非童子一手之力所能勝，斯論足破瑟長九尺之誤。二頁瑟圖。又古人席地而坐，則鼓瑟或不用架，非謂斷不可用架也。夫隨事制宜，必適於用。設或立鼓非架不可，且瑟之首尾不平，即安置地上，亦豈必無架乎。卷九第十五頁後八行。

瑟法失傳，今世俗鼓瑟法，二十五絃全用其指法，用鉤抹擘托，如此書所云，正世俗之法也。至中絃謂之黄絃，亦謂之君絃，或用或不用，亦各有説。其不用者，取無爲而治之義。其用者，以爲君不可以處虚位。二説各有取義，然總不如分清濁二均之爲當也。蓋清濁二均中，又各自具清濁以相應和，所以爲妙。何必二十五絃齊用哉？卷七上第二十九頁前三行。且載堉既以黄絃爲君，不可不彈，則定絃時必當用黄鍾正聲定君絃，方合於義，而反用黄鍾清聲，理不可通。卷十八第十六頁後五行。

五音琴十二圖，律吕雜用，蓋亦承《後漢志》之説，總不若《律吕正義》之十二琴表，律吕不相混之爲精當也。且琴表用旋宫法，即一琴已備十二均。此用琴十二張，蓋未得改絃簡捷之法也。卷六上第六頁至八頁。又七音琴十二圖，以變宫爲和，變徵爲中，七絃雖備七音，其實當二變之位者不用，則仍用五絃耳，不可爲法。卷七上第七頁至十頁。

《律吕正義》定琴瑟絃必用簫，蓋以今之簫宫商與古排簫合故也。若笙則比簫高四律，實與笛同。載堉以笙定琴絃，非也。又點笙法，用石緑和蠟點之，重點則聲濁，輕點則聲清，高下原無一定，豈若簫孔之聲一定而不可移乎。卷五第一頁前八行。

此書所列笛孔字色，即今之四字調，亦謂之正調。載堉以黄鍾爲長一尺，故以笛合字爲黄鍾宫聲。夫笛之合字，實變宫聲也。然則明代之樂下於今一律，而《律吕正義》云：明代誤以太蔟宫爲黄鍾宫者何也？蓋起調立宫之法，先以七音定位爲一定之準，然後以某字當定位之下。羽位者則曰某調以某字當定位之，宫位者則曰某宫。載堉以變宫合字爲第一位，則第三位必是太蔟一字，故《律吕正義》又云：明代之樂非特不知宫，且不知調也。卷十四第四頁後七行至第六頁前三行。

絃不可以律名，自京房作律準，寫律於絃。《後漢志》遂以律名絃，繼且以絃亂律。漢以後未有能辨析之者。我聖祖仁皇帝考定管律、絃度生聲取分之不同，作圖説以明之。我皇上又作七絃琴十四表，而律吕之不可相混，益爲精密。如黄鍾宫表以黄鍾爲宫，太蔟爲商，姑洗爲角，皆得正律正分。至徵、羽二音，則又不用陽律而用陰吕。是以徵音得林鍾之分，而實應夷則之律。羽音得南吕之分，而實應無射之律。三律二吕，蓋絃之分則，然若槩施之於金石竹匏土則不可也。此書各譜所注律吕，實承前人之誤，而又不知絃分之詳，宜其清濁不分，律吕雜用也。臣等遵旨，將各譜增注宫商，查各譜有專用律吕，注者若照今雅樂律吕配七音之法駢注，則一調中兼用二變，清濁七音並作，實不合法。如「關關雎鳩」句，原譜用姑、蕤、應、南四聲，試以絃分配，合之宫商歌之，則姑爲角，蕤爲變徵，應爲變宫，南爲羽，在笛字色曰上尺六凡尚可歌也。若以管律配合之宫商注之，則姑爲角，蕤爲變徵，應爲清羽，南爲清徵，在笛字色曰上尺凡工。一句中工字已出調矣，故凡譜中原用律吕注者，俱無庸再注宫商。至各譜之專用工尺注者，臣等欽遵聖訓一一增注，但查載堉以合字爲宫聲，今以四字爲宫聲，注之則又不合彼之譜調，故仍用彼七音配字色之法分注，則其岐誤不合，覽譜瞭然矣。歌章各譜。各譜每一字一聲，用八板爲節。夫一字八板，其聲必遲。使禮畢而樂未闋，豈禮樂相輔而行之謂哉。絲音每易爲竹音所掩，理固宜然，此各譜琴瑟指法，每一字必十六彈，用正應和十六聲，即所謂操縵法之定，當達理定也。甚且三十二彈。又爲之説云，歌聲未盡，絃聲不可先盡。此乃世俗三絃襯點夾彈法，所謂煩手淫聲，豈可施之琴瑟乎？

四聲雖出於沈約，然實自然之聲，非假造作也。載堉不取四聲，並不拘平仄，故歌字俱非本音，即以太廟樂譜而論，如「對越至親」句，字色爲合四一尺，對至二字最高，反用低唱。又「緜高逮元」句，字色爲六尺四上，逮字最高，亦用低唱。又「如聞其聲」句，如字用高尺字，不必知音者皆知其不合矣。卷二十二第六十六頁樂章。

祈穀樂譜俱用黄鍾宫，至第二章又用仲吕宫，蓋一譜二調也。卷十三第二十二頁至二十四頁。又太廟樂譜初獻、亞獻用上字起畢，終獻又用六字起畢，亦一譜二調也。卷二十二太廟樂。又鄉飲樂譜，《采蘋》、《騶虞》用角調，至《陔夏》則用宫調，亦二調並用也。豈非雜亂無章乎！卷三十五鄉射樂。

自古樂章唯不用徵調，蓋徵音起調，則宫居商位，故爲雅樂所忌。非不用商調，商聲之謂也。朱子云：古樂不是無商音。其説甚明。明邱濬《大學衍義補》亦云：《關雎》《鵲巢》等六詩用無射清商。載堉固執不用商調之説，以角調譜《國風》，徵調譜《小雅》，宫調譜《大雅》，羽調譜《周頌》《魯頌》已屬無義理，又執不用商聲之説，遂至《小雅》徵調並用六音，如「呦呦鹿鳴，食野之苹」二句，用林、蕤、姑、黄、應、林、南、林八字中有六音無論不合，今法即彼所列琴表、律吕表，亦與此不合也。細察其法，蓋林蕤皆徵音也，不敢連用二林字，故作林蕤，又應即清宫也。不欲用半黄字，故作應，其字色乃六六工上仩六五六也。然此律吕夾褋，實無所據，非古絃分之比也。

慶源發祥譜有宮、角、徵、羽四調，試用《律呂正義》七音定位法，以笛之羽調五音譜之，如宮調曲首句，慶源發祥爲宮、商、角、徵，至角調則爲角、徵、羽、宮，徵調則爲徵、羽、宮、商，羽調則爲羽、宮、商、角。其宮調曲末句，皇靈顯融爲角、商、羽、宮，至角調曲則爲羽、徵、商、角，徵調曲則爲宮、羽、角、徵，羽調曲則爲商、宮、徵、羽。蓋同一樂章而歌法各異。夫所謂旋宮者，七音可爲七調，調變而腔法不變，以是成旋宮之妙。若此一章四易調并四易腔，以是爲旋宮，何其謬哉！卷十三第十五頁至十七頁。

《南風》歌六十調，第一調「南風之薰兮」句，作羽、徵、角、商、宮，第二調作徵、角、商、宮、羽，第三調作角、商、宮、羽、徵，第四調作商、宮、羽、徵、角，第五調作宮、羽、徵、角、商。不論歌字合與不合，祇用此五聲挨次旋轉，其餘五十五調俱用此法。以爲旋宮之法如是，豈足聽乎？且「南風之薰兮」句，既用羽、徵、角、商、宮，以下「可以解吾民之愠兮」至末，總用羽、徵、角、商、宮，以次填注，不敢顛倒一字。「琴瑟專一，誰能聽之。」此之謂矣。卷六卷七南風譜，又卷十八内康衢擊壤二歌並同。

周之風化始於宮闈，故鄉飲亦用二南，然鄉射、大射各異其制，不皆全用十八詩，則隨事制宜之明證也。使必拘十八詩之譜，則燕勞之什、房中之樂，於異代何取乎？今鄉飲之樂祇歌御製補亡詩六篇，所以化成天下者，美矣，善矣。而又適合升歌間奏之法，此隨事制宜而適與古合者也。此書三十一卷至三十四卷所載鄉飲十八詩，已見前十七卷内，此爲重複，而其歌奏之序不合禮經。《鹿鳴》《四牡》等，每篇分爲三節，與笙詩錯雜爲之，不知其何所據也。

《樂經》之亡已久，古有以《大司樂章》當之者。載堉謂《詩》三百篇即《樂經》，鑿矣。卷二十五第一頁前五行。

《四庫全書·〈樂律全書〉提要》

《樂律全書》，四十二卷，浙江巡撫採進本。明朱載堉撰。載堉，鄭恭王厚烷世子也。是書萬曆間嘗進於朝。《明史·藝文志》作四十卷，今考此本所載凡書十一種，惟《律呂精義》内外篇各十卷，《律學新説》四卷，《鄉飲詩樂譜》六卷，皆有卷數。其《樂學新説》《算學新説》《操縵古樂譜》《六代小舞譜》《二佾綴兆圖》《靈星小舞譜》《旋宮合樂譜》七種，則皆不分卷，與藝文志所載不符，疑史誤也。載堉究心律數，積畢生之力以成是書，卷帙頗爲浩博，而大旨則盡於《律呂精義》一書。其説謂：度本起於黃鐘之長，就此黃鐘而均分爲十寸，寸十分，命曰一尺，當橫黍百粒，是爲度尺。若以此黃鐘分爲八寸一分，寸九分，凡八十一分，當縱黍八十一粒，是爲律尺。又橫黍百粒、縱黍八十一粒，當斜黍九十粒。是黃鐘之長，以橫黍尺度之，則爲一尺，寸十分，凡百分。以縱黍尺度之，則爲八寸一分，寸九分，凡八十一分。以斜黍尺度之，則爲九寸，寸十分，凡九十分也。其十二律長短之數，則據「㮚氏爲量，内方尺而圜其外」之文，謂圓徑即方斜，命黃鐘正律爲一尺，用句股求弦術得弦爲蕤賓倍律。蓋黃正爲句股，則蕤倍爲弦。蕤正爲句股，則黃正爲弦。黃蕤二律互爲句股也。其生南呂、應鐘諸律，非句股所能御，蓋本於諸乘方比例相求法。載堉云句股術者，飾詞也。律管長短，由於尺有大小。其云黃鐘九寸者，蓋算術設率如此，亦猶鄭康成注十二律分寸釐毫絲之數，破一寸以爲十分，乃審度之正法。太史公約十爲九，則欲其便於損益而爲假設之權制也。或者訶其以一尺爲黃鐘，與九寸之文相戾，可謂不達其意矣。仲呂反生黃鐘，自何承天、劉焯、胡瑗皆有是説。蔡氏論之以爲惟黃鐘一律成律，他十一律皆不成律。不知律生於聲，不生於數，吹之而應，應則成律矣。若遷就其聲以就數，則五音且不和矣，尚得謂之律耶？又或者以其開方乘除有不盡之數爲病，夫理之當用開方乘除，而數有畸零者，雖秒忽不盡，何害？假令句股求弦，而句方股方相併，以平方開之不盡，亦將謂之不成弦耶？此不知算術者也。是書所論橫黍百粒，當縱黍八十一粒之尺度，及半黃鐘不與黃鐘應，而半太蔟與黃鐘應之説，皆精微之論。

聖祖仁皇帝《律呂正義》一書備採其説，不可以其與蔡氏有異同而置之也。至其十二律相生之法，以黃鐘正律一尺爲第一率，倍黃鐘二尺爲第十三率，則蕤賓倍律爲第七率，故仲呂可以返生黃鐘。左旋右旋，皆可徑求次律，即諸乘方用連比例相求之法也。試列十三率明之，以真數一爲首率，即第一率方邊，二爲二率，平方四爲三率，立方八爲四率，三乘方十六爲五率，四乘方三十二爲六率，五乘方六十四爲七率，六乘方一百二十八爲八率，七乘方二百五十六爲九率，八乘方五百一十二爲十率，九乘方一千零二十四爲十一率，十乘方二千零四十八爲十二率，十一乘方四千零九十六爲末率，即十三率。以首率一乘末率四千零九十六，開平方而得七率六十四，即黃鐘。求蕤賓法，以七率六十四乘首率一，開平方得八爲四率，即蕤賓。求南呂法，也以首率一自之，又以四率八乘之，開立方，得二率方邊二，即南呂。求應鐘法，也若四率八自之，再以首率一乘之，開立方得三率四，即南呂。求無射法，也其比例，則首之於二，猶二之於三；二之於三，猶三之於四；依次至第十三率，比例皆同。或前隔一位，隔二三位，與後隔一位、隔二三位，比例亦同。即各律求各次律法也。書中未明言其立法之根，又黄鍾正律、倍律相乘開方，有類句股求弦與方求斜二術。自蕤賓求南吕法以下，非勾股法所能御，而亦以勾股言之，未免過於秘惜，以塗人耳目耳。江永著《律吕闡微》一書，專解載堉之法。永最深悉算術，而猶不能得其立法之意，餘可知矣。

又 《四庫全書·〈律吕正論〉提要》 《律吕正論》四卷，浙江巡撫採進本。明朱載堉撰。是書掃除古法，自生新意，謂《史記》稱黄鍾八寸十分一，乃約十分爲寸；《管子》稱九九以是生黄鍾，乃約九分爲寸。自京房、劉歆始以九寸爲九十分，以空圍相乘得八百一十分。宋蔡元定祖之，其説皆謬。因創爲縱黍、斜黍、横黍三等尺圖，謂元定誤以斜黍之積爲横黍之積，故諸律尺度皆謬。於是每律長短，皆列三等新法，以糾其失。又以密術推内外周徑面冪及積實，而終之以琴律圖譜。大抵皆掊擊前人之説也。以載堉所撰《律吕精義》與是書相考，是書大吕横黍長九寸四分三釐九毫，而《律吕精義》則載大吕横黍律長九寸四分三釐八毫七絲四忽三微一纖。是書太蔟横黍律長八寸九分一釐九毫，而《律吕精義》載太蔟横黍律長八寸九分一釐八毫九絲八忽七微一纖。是書夾鍾横黍律長八寸四分一釐九毫，而《律吕精義》夾鍾横黍律長八寸四分一釐八毫九絲六忽四微一纖。其餘絲毫以下，收零作整者甚多。蓋此書爲載堉草刱之本，而《律吕精義》後出。其算術與年俱進，故得數不同也。

又 《四庫全書·〈律吕闡微〉提要》 是書引聖祖仁皇帝論樂五條爲皇言定聲一卷，冠全書之首，而御製《律吕正義》五卷，永實未之見，故於西人五線、六名、八形號、三遲速多不能解。其作書大旨，則以明鄭世子載堉爲宗，惟方圓周徑用密率起算，則與之微異。載堉之書後人多未得其意，或妄加評騭。今考載堉命黄鍾爲一尺者，假一尺以起勾股開方之率，非於九寸之管有所益也。其言黄鍾之律長九寸，縱黍爲分之九寸也，寸皆九(寸)[分]，凡八十一分，是爲律本。黄鍾之數長十寸，横黍爲分之十寸也，寸皆十分，凡百分，是爲度母。縱黍之律，横黍之度，名數雖異，分劑實同。語最明晰，而昧者猶執九寸以辨之，不亦惑乎。《考工記》㮚氏爲量，内方尺而圓其外，則圓徑與方斜同數。方求斜術，與等邊勾股形求弦等。今命内方一尺爲黄鍾之長，則勾股皆爲一尺，各自乘併之，開方得弦，爲内方之斜，即外圓之徑，亦即蕤賓倍律之率。蓋方圓相函之理，方之内圓必得外圓之半，其外圓必得内圓之倍；圓之内方亦必得外方之半，其外方亦必得内方之倍。今圓内方邊一尺，其冪一百；外方邊二尺，其冪四百。若以内方邊一尺求斜，則必置一尺自乘而倍之以開方。是方斜之冪二百，得内方之倍、外方之半矣。蕤賓倍律之冪，得黄鍾正律之倍。倍律之半，是以圓内方爲黄鍾正律之率。外方爲黄鍾倍律之率，則方斜即蕤賓倍律之率也。於是以勾乘之，開平方得南吕倍律之率；以勾股再乘之，開立方得應鍾倍律之率。既得應鍾，則各律皆以黄鍾正數十寸乘之爲實，以應鍾倍數爲法除之，即得其次律矣。其以勾股乘除開方所得之律，較舊律僅差毫釐而稍贏，而左右相生，可以解往而不返之疑。且十二律周徑不同，而半黄鍾與正黄鍾相應，亦可以解同徑之黄鍾不與半黄鍾應，而與半太蔟應之疑。永終載堉之書疏通證明，具有條理，而以蕤賓倍律之生夾鍾一法又能補原書所未備。惟其於開平方得南吕之法，知以四率比例解之，而開立方得應鍾法，則未能得其立法之根而暢言之。蓋連比例四率之理，一率自乘，用四率再乘之，與二率自乘，再乘之數等。今以黄正爲首率，應倍爲二率，無倍爲三率，南倍爲四率，則黄正自乘，又以南倍乘之，開立方即得二率爲應鍾倍律之率也。其實載堉之意，欲使仲吕返生黄鍾，故以黄正爲首率，黄倍爲末率，依十二律長短之次列十三率，則應鍾爲二率，南吕爲四率，蕤賓爲七率也。其乘除開平方、立方等術，皆連比例相求之理，而特以方圓勾股之説隱其立法之根，故永有所不覺耳。乾隆四十六年十月，恭校上。

嵇璜等《欽定續文獻通考》卷一五八 朱載堉《樂律全書》無卷數，《律吕正論》四卷，《律吕質疑辨惑》無卷數。

載堉，鄭恭王厚烷之世子。臣等謹案：載堉爲何瑭外孫，承文定之緒論，所作《樂律全書》凡十一種，《律吕精義》内外篇各十卷，《律學新説》四卷，《鄉飲樂譜》六卷，其《樂學新説》《算學新説》《操縵古樂譜》《旋宫合樂譜》《六代小舞譜》《二佾綴兆圖》《靈星小舞譜》七種則皆不分卷。至《律吕正論》乃其草創之本，而《律吕質疑辨惑》則與《律吕精義》互相闡發者也。

載堉自序《律吕精義》略曰："六藝殘缺，聲調數術知之者鮮。班志文藻足以動人，失於辯而非實。繼作者或失之疎畧，或失之冗瑣，舍本存末，於樂何益。《唐書》獨志歷而遺律，《宋史》摭其末而遺其源，蔡元定律書每條所引古人舊説，乃經也，本也，其各條辨論乃傳也，末也。《宋志》悉删其本，讀者不知此論從何而發，雖密猶疎也。夫樂者，聲音之學也。律者，度數之學也。伶工樂官但能紀其鏗鏘鼓舞，而不能言其義。齊魯韓毛能言詩之義，而不知其音。太史公《律書》，其最要者末後生鍾分百三十五字耳。班固釋五音曰：宫，中也，居中央暢四方，唱始施生，爲四聲綱也。釋六律曰：黄鍾者，陽氣施種於黄泉，孳萌萬物，爲六氣元也。此書論聲調數術，不敢忽略，而不敢藻飾者，蓋恐蹈舍本存末之弊也。」

又自序《樂學新説》略曰：「漢時竇公獻古樂經，其文與《周官·大司樂》同，然則《樂經》未嘗亡也。樂官之屬凡二十，分爲三類。大司樂、樂師、大胥、小胥爲一類，蓋大夫士之明樂者，而爲國子師，若伶倫、后夔是也。《禮記》所謂大司成，疑即此官也。樂師，疑即樂正也。大胥，大學長也。小胥，小學長也。大師、小師、瞽矇、眡瞭四官爲一類，若師摯、師曠、師冕、師涓等是也。周制，一命爲下士，二命中士，三命上士，四命下大夫，五命中大夫。此大司樂爲中大夫，每官有正有副，其長若干，佐必倍之。若大司樂，中大夫二人，則樂師下大夫四人，乃其佐也。樂師又有佐焉。上士八人，下士十有六人，又其佐也。所撰《新説》凡四種，一曰《律學》，二曰《樂學》，三曰《算學》，四曰《音學》。前二者，律書之本原。後二者，律書之支派，所以羽翼是書者也。夫算學謂之新説，何也？如周徑積冪相求之類，舊則踈而新則密；平方不用商除，立方不顯廉法之類，舊則繁而新則簡。舊以勾股爲末，專明《九章》，新以勾股爲首，專明曆律，此其異也。」

又總論歌舞曰：「古人學歌以永之一字爲衆妙之門；學舞以轉之一字爲衆妙之門。所謂歌者，五聲六律千變萬化，舉要言之，不過一氣永長而已。所謂舞者，三迴九轉，四綱八目，舉要言之，不過一體旋轉而已。太祖命侍臣熊鼎曰：樂以人聲爲主，人聲和則八音諧。斯訓也，即舜命夔意也。李文察曰：永爲聲氣之元，乃人心之中聲也，第志微噍殺固不能永，而粗厲猛憤亦不能永，必心平氣和，不疾不徐，不剛不柔，然後有永聲。歌到有永處，而天地之氣已在我矣。按古者，天子用八佾，士用二佾，庶人無佾數，獨以一人舞。《周禮》樂師掌教國子小舞，所謂小舞，以其無佾數，獨一人舞，故名之小舞，非異于大舞也。朱子曰：唐人舞狀有四：曰招，曰摇，曰送，其一疑即是上轉。蓋招爲内轉，摇爲外轉，送爲下轉，總不外轉之一字。」

嵇璜等《欽定續通典》卷八五　樂

臣等謹案：杜佑作《樂典》，以爲古者因樂著教，將欲閑其邪，正其頽，非樂無由，故其叙樂也，上自皇初，下終天寶，舉夫因革之大凡，制作之得失，以及鏗鏘綴兆之節，殊方下里之音，本末燦然，聲容畢具，而類例所不能賅者，又爲諸議以補其缺，百世而下所謂聞其樂以知其德者，將於是乎在也。唐自肅代以後，國事倥偬，樂文墜缺，洎乎五代，雖有製造，鮮足觀者。宋興，太祖、太宗留心雅樂，至皇祐間始定大安之名。一代講求聲律家，如司馬光、周子、朱子、蔡元定諸人，類皆有夙悟神解，可垂不朽，顧當時不盡見用。而所謂播在樂府，薦之郊廟者，乃出自李照、魏漢津者流。蓋古樂之難復，久矣。遼金元大都，沿漢律之舊。至明李文利主三寸九分爲黄鍾，朱載堉爲開方乘除之説，則又私心自用，去古益遠。方之自檜，不亦宜乎。今去其繆者，存其要。始唐至德間，迄於明代，以續《通典》之後云。

沈光邦《易律通解》卷四　鄭世子《律呂精義》第十

明神宗時，恭王鄭世子載堉進《律呂精義》一書，其算律之法用方員勾股術，本諸《周禮》㮚氏爲量，内方尺而員其外。命平方一尺爲黄鍾之率，句自乘，股自乘，共得二百寸，平方開之，得弦一尺四寸一分四釐二毫一絲三忽五微六纖二三七三〇九五〇四八八〇一六八八九爲方之斜，即員之徑，亦即蕤賓倍律之率。以句十寸乘之，得平方積一百四十一寸四十二分一十三釐五十六毫二十三絲七十三忽〇九五〇四八八〇一六八八九爲實，平方開之，得一尺一寸八分九釐二毫〇七忽一微一纖五〇〇二七二二〇六六七一七五，即南吕倍律之率。仍以句十寸乘之，又以股十寸乘之，得立方積一千一百八十九寸二百〇七分一百一十五釐〇〇二毫七百二十一絲〇六十六忽七一七五爲實，立方開之，得一尺〇五分九釐四毫六絲三忽〇九纖四三五九二九五二六四五六一八二五，即應鍾倍律之率。蓋十二律黄鍾爲始，應鍾爲終，終而復始，循環無端。是故各律皆以黄鍾正數十寸乘之爲實，皆以應鍾倍律之率爲法除之，即得其次律，安有往而不返之理哉！倍律半之爲正律，其隔八相生也。長生短，五乘之；短生長，十乘之。皆以仲吕正律之率七四九一五三五三八四三八三四〇七四九三九九六四〇五爲法除之。其隔二相生也，皆以五乘之，皆以應鍾正律之率五二九七三一五四七一七九六四七六三二二八〇九一二五爲法除之，不用三分損益之法。今按：其律數自黄鍾外，餘律皆有釐毫多盈，然隔八用仲吕法，隔二用應鍾法，皆能復生黄鍾。此則其算術精妙處，非從前律家所及。

横黍百分，以十寸爲率：

黄鍾之率　十

大呂之率　九四三八七四三一二六八一六九三四九六六四一九一三

太蔟之率　八九〇八九八七一八一四〇三三九三〇四七四〇二二六

夾鍾之率　八四〇八九六四一五二五三七一四五四三〇三二二五五
姑洗之率　七九三七〇〇五二五九八四〇九九七三七三七五八五三
仲呂之率　七四九一五三五三八三四〇七四九三九九六四〇五
蕤賓之率　七〇七一〇六七八一一八六五四七五二四四〇〇八四四五
林鍾之率　六六七四一九九二七〇八五〇一七一八二四一五四一六
夷則之率　六二九九六〇五二四九四七四三六五八二三八三六〇五五
南呂之率　五九四六〇三五五七五〇一三六〇五三三三五八七五
無射之率　五六一二三一〇二四一五四六八六四九〇七一六七六六五
應鍾之率　五二九七三一五四七一七九六四七六三二八〇九一二五

右十二律率左旋隔八相生，下生折半，上生不折，皆以仲呂之率爲法除之。右旋隔八相生，下生折半，上生不折，皆以林鍾之率爲法除之。左旋隔二相生，皆折半，以應鍾之率爲法除之。右旋隔二相生，從黄鍾半律起皆不折，皆以大呂之率爲法除之。凡四法，斜黍九十分，以九寸爲率，每寸十分。

黄鍾　九寸
大呂　八四九八六八一四一三五二四一四六九七七七二一七
太蔟　八〇一八〇八八四六三二六三〇五三七四二六六二〇三四
夾鍾　七五六八〇六七七三七二八三四三〇八八七二八〇一二九五
姑洗　七一四三三〇四七三三八五六八九七六三六三八二六七七
仲呂　六七四二三八一八四五九四五〇六六七四四五九六七六四五
蕤賓　六三六三九六一〇三〇六七八九二七七一九六〇七六〇〇五
林鍾　六〇〇六七七九三四三七六五一五四六四一七三八七四四
夷則　五六六九六四四七二四五二六九二九二四一四五二四四九五
南呂　五三五一四三二〇一七五一二二四四八〇〇二二八七五
無射　五〇五一〇七九二七三九二一七八四一六四五〇八九八五
應鍾　四七六七五八三九二四六一六八二八六九〇五二八二一二五

右斜黍九寸律，隔八相生，下生折半，皆以横黍仲呂之率爲法除之。隔二相生，皆折半，皆以横黍應鍾之率爲法除之。

《精義》律數與蔡氏《新書》律數比較，《精義》律數多于《新書》律數。

黄鍾　九寸　適足
大呂　八寸四分四釐〇六絲七忽四微五纖　多五釐三毫六絲七忽四微五纖
太蔟　八寸〇一釐　四毫一絲六忽〇八纖　多一釐四毫一絲六忽〇八纖
夾鍾　七寸五分一釐〇一絲〇七微四纖　多六釐一毫七絲〇七微四纖
姑洗　七寸一分二釐五毛四絲二忽〇〇　多二釐五毛四絲二忽
仲呂　六寸六分六釐一毛一絲六忽八微一纖　多六釐六毛六絲四忽八微一纖
蕤賓　六寸三分二釐四毛二絲八忽四微七纖　多三釐四毛二絲八忽四微七纖
林鍾　六寸〇〇四毛八絲四忽二微七纖　多四毛八絲四忽二微七纖
夷則　五寸六分〇二毛一絲四忽七微五纖　多四釐一毛一絲四忽七微五纖
南呂　五寸三分一釐四毛一絲六忽六微三纖　多一釐四毛一絲六忽六微三纖
無射　五寸〇四釐一毛二絲一忽一微五纖　多五釐一毛二絲一忽一微五纖
應鍾　四寸六分八釐一毛五絲一忽〇五纖　多二釐一毛五絲一忽〇五纖

右十二律比較，寸分釐毫絲忽微纖皆以九爲法，上層《精義》律寸，下層乃較《新書》多盈者。然多亦釐毫而止，不及一分。猶愈于劉焯之律多寡，或至二三分有奇也。

載武《樂律擬答》卷二《擬答朱載堉新説》 問：黄鍾長九寸，空圍九分，三分損益生十一律，既間命矣。明鄭世子載堉《律呂精義》不宗黄鍾九寸，不用三分損益，不拘隔八相生，不取圍徑皆同，何也？曰：律呂之義即宫商之音，管絃鐘磬。今古是非，皆當以器寔考。明朱載堉《律呂精義》已載《圖書集成》，蓋因古法於器之音盡皆不合自然之理，故知古非。然彼用十三率連比例，間十一乘方法，而不用八率連比例開六乘方法，仍爲大誤。其不宗黄鍾九寸，乃欲造比例定率，若以黄鍾九寸爲第一率之率，即不便於用。必以黄鍾爲一之整數，用於四率比例，則可省除，爲益最多，然顧於此而失於彼。蓋載堉忘乎黄鍾之管原爲以定聲音之高下，古今尺度雖殊，仍必當先有定數以存記也。

其不用三分損益，乃因絃音與管音之理，原爲皆連比例之理，其宫度與商度比即若商度與角度比，亦若角度與變徵度比，是故向上遞推一位，或向下遞推一位，則仍皆不改其理。若以三分損益之法求得各音之度，若上下遞推一位，則皆紊亂而不合理。蓋因其度之短長不爲連比例所致，且聲音之理原當一八同音，七絃回環。今三分損益之法乃初次求數，尚無大差。若遞推至三次，數即有大誤，即不可引爲比例，而造各器是以不用也。

三分損益之率既不能以之造器，朱載堉之率亦不能以之造器。今載武依自然之理造得新比例，附録。

絃音比例：無論巨細，低與高比。

黃鐘　宫上　一〇〇〇〇〇
太簇　商尺　〇九〇五七一

絃音比例：無論巨細，高與低比。

黃鐘　宫音上　一〇〇〇〇〇
大吕　變宫乙　一一〇四〇八

管音比例：一管一音，低與高比。

黃鐘　宫上　一〇〇〇〇〇
太簇　商尺　〇八九〇六六

管音比例：一管一音，高與低比。

黃鐘　宫音上　一〇〇〇〇〇
大吕　變宫乙　一一二三二五

又管音新比例：

上　一〇〇〇〇〇
尺　〇八九〇八八

若以九寸爲一率，則二率當爲八〇一八。如下：

上　九〇〇
尺　八〇一八
上　一〇〇〇〇〇
乙　一一二二四七

其不拘隔八相生，乃因古律吕循環圓圖至蕤賓不能復生黃鐘宫音，而强生大吕變宫，故以後五律皆爲顛倒錯亂。以理揆之，寔爲誤中之誤。載堉新法四條雖欲證其損益往而不返之誤，而所定諸率仍不合理。惜其未知往而不返不在不能復生黃鐘，而在蕤賓。不云生黃鐘宫音上字，而云生大吕變宫乙字。若使循環無端，上下遞生，必須依自然真理。或設十四律，或設七律，或設二十一律，方足以資周轉。若上生由濁而清，必間隔三位。下生由清而濁，必間隔二位。斷無隔八之理。蓋上古見理未明，强作其圖耳。是以朱氏不拘隔八相生，然尚惜其罔費深思也。

圖謂左旋自黃本位數至第八位即得林，自林本位數至第八位即得太，自太必至南，自南必至姑。然推至蕤，當所回至黃，方與音理相合。此乃至大，即知其與理相悖，是即古之不明音理，大吕以後彼此相生之法皆與音理相悖。

圖中各綫爲十四音相生之指路，非此不能循環。自宫右旋，宫生徵，徵生商至變徵，仍還生宫，即蕤生黃。

古圖

變宫以亻字代之，變徵以亍字代之。外周七字出於《律吕正義》，即今西樂之「刀來米乏所拉西」之七字也。

此依絃音損益相生之真理，用三〇〇〇〇〇與二〇一八七三比例，三〇〇〇〇〇與四〇三七四六比例，三〇〇〇〇〇與八〇七四九二比例，音理數理始相會通，所得各數或倍之，或半之，皆中各律之音。

外層爲西國之七字定位。

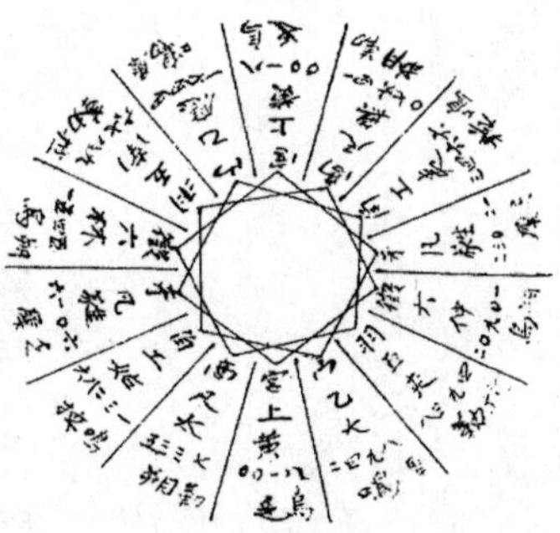

十四音循環相生準圖

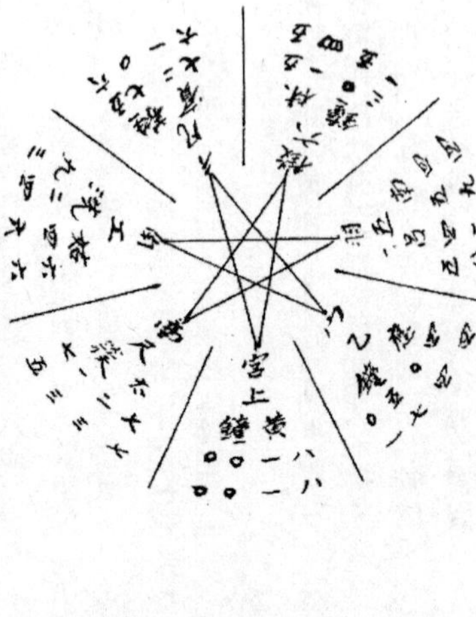

絃管七音相生準圖

《律吕精義》五正二變，有以變宫乙音用和字相代，變徵凡音用中字相代，列於算式時最爲便捷。

中各綫七音相生。第一層七音名目，第二層七音工尺，第三層七音律吕，第四層七音管度，第五層七音絃度。變宫以亻字代之，變徵以亍字代之。

第四層各數，乃依管音第七音之度爲第一音之度之半之理，用損益相生三甲〇〇〇與一八九〇[乙]比例，三〇〇〇〇[甲]與四二四三[丙]比例，各數可以回環相生，然還至黄鐘數若微大，因比例乃收零作整之故也。

第五層各數，乃依絃音第八音之度爲第一音之度之半之理，用損益相生三〇〇〇〇〇[甲]與二〇一八七三[乙]比例，三〇〇〇〇〇[甲]與四〇三七四六[丙]比例，各數可以回環相生，數理音理皆得會通，並可造器驗之。

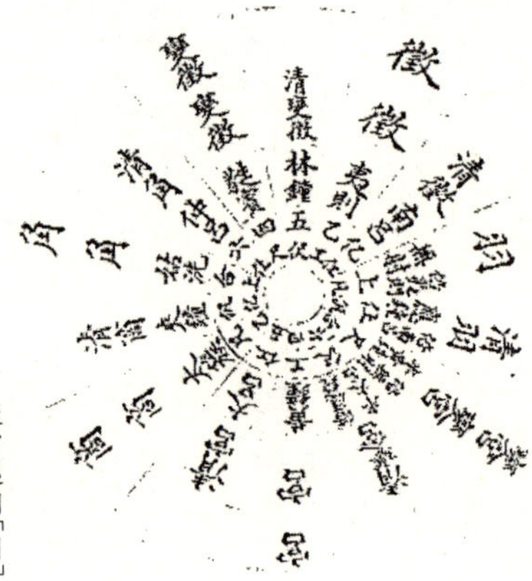

旋宫起調[圖]

第四層管音，將八一〇〇以乙數乘之，甲數除之，得五一〇三。將五一〇三以丙數乘之，甲數除之，得七二一七。將七二一七以乙數乘之，甲數除之，得四五四五。將四五四五以丙數乘之，甲數除之，得六四二九。將六四二九以乙數乘之，甲數除之，得四〇五〇。將四〇五〇以丙數乘之，甲數除之，得五七二七。將五七二七以丙數乘之，甲數除之，得八一〇〇，爲返原數。其第五層各數之法亦然。

右圖第一層七聲定位，静而不旋。第二層旋宫主調，依其宫次右旋，各分主調。第三層律吕管音，第四層洞簫聲字，第五層橫笛聲字，皆隨第二層右旋圖式爲第一表立宫主調。右旋一宫，如以清羽以下各層旋對羽聲。則圖式爲第二表立宫主調。再旋一宫，如以變宫以下各層旋對羽聲。則圖式爲第三表立宫主調。依次遞旋一周，共得表十四分，列如下。

此亦古圖，附以備考。圖内如工與仜之類，乃爲謂高半音，非謂高一調，須知。

三分損益隔三位上生横圖

宫	上	黄
商	尺	太
角	工	姑
亻	凡	蕤
徵	六	林
羽	五	南
宀	乙	應
宫	仩	黄
商	伬	太
角	仜	姑
亻	仉	蕤
徵	[亻六]	林
羽	伍	南
宀	亿	應
宫	[彳上]	黄
商	[彳尺]	太
角	[彳工]	姑
亻	[彳凡]	蕤
徵	[彳六]	林
羽	[彳五]	南
宀	[彳乙]	應
宫	[彳上]	黄
商	[彳尺]	太
角	[彳工]	姑
亻	[彳凡]	
徵	[彳六]	林
羽	[彳五]	南
宀	[彳乙]	應
宫	[彳上]	黄

宫生徵，徵生商，商生羽，羽生角，角生變宫，變宫生變徵，變徵還生宫。每隔必三位。

其工尺由低而高，以亻亻彳彳在左别之。

此至二十九音還原。

三分損益隔二位下生横圖

宮	上	黃
宀	乙	大
羽	五	夾
徵	六	仲
彳	凡	蕤
角	工	夷
商	尺	無
宮	上亻	黃
宀	乙亻	大
羽	五亻	夾
徵	六亻	仲
彳	凡亻	蕤
角	工亻	夷
商	尺亻	無
宮	上彳	黃
宀	乙彳	大
羽	五彳	夾
徵	六彳	仲
彳	凡彳	蕤
角	工彳	夷
商	尺彳	無
宮	上彡	黃

宮生徵，徵生商，商生羽，羽生角，角生變宮，變宮生變徵，變徵還生宮，每隔必二位。其工尺由高而低，以亻彳彡在右別之。

此至二十二音還原。

其不取圍徑皆同，乃管商音之理。若同徑之管，宮商在乎分各長。同長之管，宮商在乎分各徑。其徑與長原可兩相就合，以配其音。然同徑者可算其長，同長者難製其徑，是朱氏之論取音雖確，製器仍難。道在邇而求諸遠也。

由此而知絃音之理，半黃鐘宮音上字之度得音必爲清黃鍾官音仩字。管音之理，半黃鐘宮音上字之度，得音不爲清黃鐘宮音仩字，而爲清黃鐘變宮亿字。

紀事

孫奇逢《中州人物考》卷八　朱藩王端清載堉

鄭藩世子以父恭王原係四支，長支、次支無嗣，三支盟津王得罪庶母，父東垣王以四支襲。至恭王載堉上疏，仍讓三支，不允。七疏懇辭，乃允。其請以世子終謚端清，奉旨建坊，著有天文樂律諸書，考定雅樂，審音制器。生時以秘篋貽子孫云：「俟有急難啟視。」甲申，闖寇遣僞將軍劉方亮陷郡城，開篋有「借問將軍誰姓劉」之句，蓋前知云。

張廷玉等《明史》卷六一　神宗時，鄭世子載堉著《律呂精義》《律學新説》《樂舞全譜》共若干卷，具表進獻。崇禎六年，禮部尚書黃汝良進《昭代樂律志》。宣付史館，以備稽考，未及施行。

又　卷一一九　蔚王厚煒，仁宗十子。昭皇后生宣宗、越王瞻墉、襄王瞻墡。李賢妃生鄭王瞻埈、蘄王瞻垠、淮王瞻墺。張順妃生荆王瞻堈。郭貴妃生滕王瞻塏、梁王瞻垍、衛王瞻埏。

鄭靖王瞻埈，仁宗第二子。永樂二十二年九月封。仁宗崩，皇后命與襄王監國，以待宣宗。宣德元年，帝征樂安，仍命與襄王居守。四年就藩鳳翔。正統八年，詔遷懷慶，留京邸，明年之國。瞻埈暴厲，數斃人杖下。英宗以御史周瑛爲長史，稍戢。成化二年薨。子簡王祁鍈嗣。祁鍈之爲世子也，襄王朝京師，經新鄉，祁鍈不請命，遣長史往迎。英宗聞之不悦，賜書責讓。及嗣王，多不法，又待世子寡恩。長史江萬程諫，被責辱，萬程以聞。帝遣英國公張懋、太監王允中齎敕往諭，始上書謝罪。弘治八年薨。世子見滋母韓妃不爲祁鍈所禮，見滋悒悒先卒。子康王祐枔嗣，正德二年薨。無子，從弟懿王祐檡嗣，十六年薨。子恭王厚烷嗣。

世宗幸承天，厚烷迎謁於新鄉，加禄三百石。疏奏母閻太妃貞孝事蹟。詔付史館。其後帝修齋醮，諸王爭遣使進香，厚烷獨不遣。嘉靖二十七年七月上書，請帝修德講學，進《居敬》《窮理》《克己》《存誠》四箴，《演連珠》十章，以神仙、土木爲規諫。語切直。帝怒，下其使者於獄。詔曰：「前宗室有謗訕者置不治，兹復效尤。王，今之西伯也，欲爲爲之。」後二年而有祐橏之事，厚烷遂獲罪。

初，祁鉠有子十人，世子見滋，次孟津王見濍，次東垣王見湏。見濍母有寵於祁鉠，規奪嫡，不得，竊世子金册以去。祁鉠索之急，因怨不復朝，所爲益不法。祁鉠言之憲宗，革爲庶人。及康王薨，無子，見濍子祐橏應及，以前罪廢，乃立東垣王子祐㰘。至是祐橏求復郡王爵，怨厚烷不爲奏，乘帝怒，摭厚烷四十罪，以叛逆告。詔駙馬中官即訊。還報，反無驗，治宫室名號，擬乘輿，則有之。帝怒曰：「厚烷訕朕躬，在國驕傲無禮，大不道。」削爵，錮之鳳陽。隆慶元年，復王爵，增禄四百石。厚烷自少至老，布衣蔬食。世子載堉篤學有至性，痛父非罪見繫，築土室宫門外，席藁獨處者十九年。厚烷還邸，始入宫。萬曆十九年，厚烷薨。載堉曰：「鄭宗之序，盟津爲長。前王見濍，既錫謚復爵矣，爵宜歸盟津。」後累疏懇辭。禮臣言：「載堉雖深執讓節，然嗣鄭王已三世，無中更理，宜以載堉子翊錫嗣。」載堉執奏如初，乃以祐橏之孫載璽嗣，而令載堉及翊錫以世子、世孫禄終其身，子孫仍封東垣王。二十二年正月，載堉上疏，請宗室皆得儒服就試，毋論中外職，中式者視才品器使。詔允行。明年又上曆算歲差之法，及所著樂律書，考辨詳確，識者稱之。卒謚端清。崇禎中，載璽子翊鍾以罪賜死，國除。

王士俊等《河南通志》卷五八　朱載堉，鄭藩恭王長子。恭王先世曰東垣王，與盟津王俱簡王庶子，嫡系絶，以次當屬盟津。先是盟津以誣陷革爵，次及恭王尋盟津王曾孫載璽已直盟津冤，詔旌其墓。恭王薨，載堉以世及之，序讓載璽。疏凡七上，乃得報。載堉兒時即悟先天學，稍長無師授輒能累黍定黄鐘，演爲象法算經，審律制器，音叶節和，妙有神解。晚節益務著書，比薨，謚端清世子。詔建讓國高風坊。所著有《天文樂律全書》《象學新説》《律吕正論》《嘉量算經》《韻學新説》《切韻指南》《先天圖正誤》等書行世。生時以秘篋貽子孫云：「俟有急難啟視。」甲申闖寇遣僞制將軍劉方亮陷郡城，五世孫開篋，視有「借問將軍誰姓劉」之句，蓋前知云。

又　卷七五　鄭世子載堉勅：爾能非道不處，惟義是循，固遜王爵，至屢屢疏，敦復倫序，堯振綱常，朕心嘉悦。兹特賜敕旌奬，給禄建坊，以示優賢之義。仍令有司辦送綵幣羊酒以爲諸藩矜式。爾宜益懋素修，以永令譽，欽哉故勅。

弘曆《御批歷代通監輯覽》卷一〇九　廢鄭王厚烷懿王祐㰘子。爲庶人。帝修齋醮，諸王争遣使進香，厚烷獨上《居敬》《窮理》《克己》《存誠》四箴、《演連珠》十章，以神仙土木爲戒。帝怒，下其使者于獄。已而故盟津王見濍祐㰘之叔，子祐橏訐厚烷謀不軌。初見濍以罪革爲庶人，至是祐橏求復郡王爵，怨厚烷不爲奏，遂承帝怒摭厚烷四十罪，以叛逆告。遣官往訊，無左驗。帝下詔，數厚烷驕慢無禮，廢爲庶人，幽之鳳陽。厚烷世子載堉，篤學，有至性，痛父非罪見繫，築土宫室門外，席藁獨處者十九年。隆慶初，厚烷復爵，載堉始入宫。

徐乾學等《大清一統志》卷一六一　明朱載堉，鄭恭王厚烷長子也，篤學，有至性。恭王以非罪見繫，載堉築土室宫門外，席藁獨處者十九年。王還國，始入宫。王薨，載堉以國讓盟津王曾孫載璽，疏七上，乃得報。晚節益務著書，幅巾策杖，雜處農樵間。卒謚端清世子，詔建讓國高風坊。有曆書、樂書行於世。朱載𡐓，鄭簡王元孫，封廬江王，居懷慶。崇禎十七年，賊陷城，王整官服坐堂上，賊欲屈之，厲聲曰：「吾天朝藩王，肯降汝逆賊耶！」遂遇害。又執其長子翊欙擁之北上，於定興旅店作絶命詞，不食死。

嵇璜等《欽定續文獻通考》卷三五　三十三年十二月定宗室科舉入仕例。舊制，宗室無就試者。萬曆二十三年，鄭世子載堉始請宗室皆得儒服就試，視才器使。詔許。奉國中尉以下入試，輔國中尉以上爵尊不得與。繼而禮臣言，封爵、科舉，原自兩途，彼既願從科目入仕，應照士子出身，資格銓除，何拘原爵從之，惟不得除京朝官。然屢經定制，尚未果行。至是以誕育元孫頒詔天下，復及之。熹宗天啓四年二月，會試始開宗科，朱慎鍌成進士，從主考何宗彦。朱國祚請即授中書舍人。愍帝崇禎四年，朱統鉓成進士，初選庶吉士。吏部以宗室不宜官禁近，請改中書舍人。統鉓疏争，命仍授庶吉士。

又　卷一〇三　朱載堉《律吕精義》曰：「宋大成樂，方士魏漢津所造，取徽宗指寸爲律。朱子所謂崇宣之季，姦諛之會，黥涅之餘，不足以語天地之和。指漢津而言也。其樂器等，汴京破没，入金改名大和。金亡入元，改名大成。元亡樂歸於我國，初斟酌元樂用之，雖更製章造器，而未嘗累黍驗律。現今太常雅樂及天下學宫所謂大成樂者，蓋漢津之律也。夫漢津之杜撰，自不能服宋人之心，而金元以來反遵用之，無敢議其失者，理不可曉。」

又曰：「古之樂舞蓋有二義：一者以之治己；一者以之事人。以之治己者，《虞書》所謂直温，寬栗，無虐，無傲，言志，永言，依永，和聲，八音克諧，神人以和，是也。以之事人者，《虞書》所謂『戛擊鳴球，搏拊、琴瑟，以詠。祖考來格』是也。漢制，卑者之子不得舞宗廟之酎。取品官之適子，以爲舞人。隋制雖不古，若尚存古意於萬一焉。由唐而宋而元，則失之益遠。徽宗大觀之詔，尤不足取也。考其祀享樂舞，所用無非市井之人、屠沽之子，素不知歌舞者爲之，其何以格神明、移風俗乎？惟我聖朝詔頒大成樂於天下，學宮使儒者肄習之，治己事人二義兼備。惜乎當時臣工或者不能仰承德意，未免虛應故事而已。」

又　卷二〇八　厚烷。嘉靖六年襲，二十九年削爵。隆慶元年復，萬曆十九年薨。載堉。萬曆三十三年讓爵，載壐奏准其子孫仍封東垣王，以接見濆之統。　載壐。盟津王見濍曾孫，厚烷再從侄，以載堉讓爵，萬曆三十四年進襲，薨年闕。　翊鐘。萬曆三十五年襲，崇禎十三年以罪賜死，國除。

臣等謹按：祁鍈之世子見滋先卒，故以孫祐枔嗣。祐枔薨，無子，倫序宜以盟津王見濍之子祐檍襲，因見濍已前有罪，革爲庶人，其子不得襲爵，故以東垣王見濆之子祐櫸襲。祐櫸薨，子厚烷襲。而祐檍求復郡爵，怨厚烷不爲奏，遂乘世宗怒，時厚烷以土木神仙爲諫，故帝怒。摭拾其罪，以叛逆告。削爵，錮之鳳陽，及復爵而薨。以厚烷之子載堉固讓，乃以祐檍孫載壐襲爵。而今載堉與其子翊錫以世子、世孫禄終其身，子孫仍封東垣王。

于敏中《欽定天禄琳琅書目》卷七　《樂律全書》，六函三十六册。明朱載堉著。《律吕精義》内篇十卷，外篇十卷，《律學新説》四卷，《樂學新説》一卷，《算學新説》一卷，《聖壽萬年曆》二卷，《萬年曆備考》三卷，《律曆融通》四卷、附録一卷，《操縵古樂譜》一卷，《旋宫合樂譜》一卷，《鄉飲詩樂譜》六卷，《六代小舞譜》一卷，《小舞鄉樂譜》並《二佾綴兆圖》一卷，《靈星小舞譜》一卷，共四十七卷。首載堉書成進表，其餘各書進表、序文并勅諭題跋俱散見各卷。

萬曆三十四年，載堉進書表稱：「臣檢閲書笥，除曆書已進外，其律書内有數目字樣及樂舞圖，恐謄寫舛誤，就令畫圖刊板，是以延遲十載。今始成書，爲此具本，謹以所撰《律吕精義》一部計六册，《律學新説》一部計六册，《樂舞全譜》一部計八册，裝潢成帙，專差右長史李德齋捧進獻」云云，是載堉此書非由一時進御，故各自爲卷，可分可合也。考《明史》鄭恭王厚烷以言時政獲罪，降爲庶人，錮之鳳陽。子載堉篤學有至性，痛父見繫，築土宫室門外，席藁獨處者十九年。厚烷還邸始入宫，上曆算歲差法及所著樂律書，考辨詳確，識者稱之。卒，謚端清。朱彝尊《經義考》謂，河間獻王之後，言禮樂者莫有過焉。良不誣也。

藝文

弘曆《御製再題朱載堉樂律全書》　琴譜踳知古樂非，見前題載堉琴譜詩。全書更與辨淵微。欲求廣博失精覈，聖製由來總範圍。載堉所著《樂律全書》于定律審音之道不能會通原委，誤解古書，師心臆説，是以律吕雜用，清濁不分，其踳駁不可枚舉。茲命皇六子與館臣等欽遵皇祖御定《律吕正義》詳加校覈，逐一指駁訂證。益仰見聖製精微，理明數備，爲千古不易之準。而載堉之謬，亦一覽瞭然矣。

譜書工尺漏宫商，數典徒令意渺茫。衹備一家言或可，東之高閣正相當。載堉譜中有工尺而漏宫商，則是其混古雜今也。

小令由來格已卑，烝民那得强上聲。填詞。載堉譜中將康衢、擊壤二歌統標立我烝民章，周頌思文后稷篇後附大禹謨，水火金木土穀惟修一節統標思文后稷章，已屬牽强，又以豆葉黃金字經時曲小合分譜，是援莊雅而入於里俗矣。即此一端，其余部之錯雜舛謬已可概見。一端已足該全部，不可與言樂可知。

雜録

張玉書《張文貞集》卷七　侍直恭紀。上謂大學士等曰：「《性理大全》所言三分益一，徑一圍三之法，爾等以爲可行否？明時人有論樂律之書，前令熊賜履看閲，昨賜履閲畢進呈，其意仍以蔡元定之説爲主。朕問蔡元定之説果脗合乎？賜履曰：似亦相近。以朕觀之，徑一圍三之法，推算必不能相符，若用之治歷，必多違舛。今試以此法算日月交食，其錯繆可立見矣。又有爲密率乘除之説者，徑一則圍三有奇，徑七則圍當二十有二，遞推之皆用此法。然止可算少，不可算多。少則所差微渺，積至於多，而所差或什伯或千萬矣。即九方分之説，其法似乎少密，然亦未能悉合。明末有鄭世子載堉辨論樂律，極言三分損益、隔八相生之非，但其説亦不能無弊。揔之，算法明顯易見，不容毫釐有差，試之於事，皆可立驗。雖不諳文義之人，亦能辨其是非。欲以空言取勝，不可得也。王熙、張玉書奏曰：凡事必求實驗，況算法爭在銖黍，膠執成説，空言支飾，何補於用。歷代論歲差所重，亦只在算法。」

上又諭曰：「近日有江南人梅姓者，聞其通算學，曾遣人試之，所言測景全然未合。從來測景之法，某日某時太陽到某度，其辨甚微。此人立表至短，曾不踰寸。一寸中差一杪，至尺則差一分，至大即差一寸。彼因算法不密，故測景用短表，以欺人不見耳。今人所講算法，其始亦各有原本。止因不能窮究，故一切踈漏。如熊賜履言，算法皆踵襲宋人舊說，不自知其非是。且人縱知徑一圍三之誤，若以此語人，必羣起而非之。以爲宋人既主此論，不可不從。究竟試諸實用，一無所驗。爾等第依其法試之，當自了然也。」熙等奏曰：前人所言，豈能盡當。徑一圍三之法，推算不符，雖蔡元定之言，何可從也。皇上洞悉律數，究極精微，真足超越千古。臣等踈陋，得聞所未聞，不勝欣幸。

引用書目

書名	作者	年代	版本
尚書注疏	孔安國、陸德明、孔穎達	春秋、漢、唐	文淵閣四庫全書本
周易注疏	韓康伯、陸德明、孔穎達	春秋、晉、唐	文淵閣四庫全書本
周易	王弼(注)	春秋、三國魏	清嘉慶二十年南昌府學重刊宋本十三經注疏本
毛詩注疏	毛亨、鄭玄、陸德明、孔穎達	春秋、漢、唐	文淵閣四庫全書本
春秋左傳注疏	左丘明、杜預、陸德明、孔穎達	春秋、晉、唐	文淵閣四庫全書本
國語	左丘明	春秋	文淵閣四庫全書本
周禮注疏	鄭玄、陸德明、賈公彦	春秋、漢、唐	文淵閣四庫全書本
道德真經注	李耳、河上公	春秋、漢	文淵閣四庫全書本
老子道德經注	李耳、王弼	春秋、三國魏	文淵閣四庫全書本、古逸叢書影唐寫本
論語注疏	孔丘、何晏、陸德明、邢昺	春秋、三國魏、唐、宋	文淵閣四庫全書本
孫子	孫武	春秋	文淵閣四庫全書本
管子	管仲	春秋	文淵閣四庫全書本
關尹子	[原題]尹喜	春秋	文淵閣四庫全書本、四部叢刊三編影明本
子華子	[原題]程本	春秋	文淵閣四庫全書本
墨子	墨翟	春秋、戰國	文淵閣四庫全書本、華夏出版社二〇〇四年中華道藏本、中華書局一九九三年新編諸子集成點校本
子夏易傳	[原題]卜子夏	戰國	文淵閣四庫全書本
儀禮注疏	鄭玄、陸德明	戰國、漢、唐	文淵閣四庫全書本
山海經	郭璞(注)	戰國、晉	文淵閣四庫全書本、華夏出版社二〇〇四年中華道藏本
列子	列禦寇	戰國	文淵閣四庫全書本
尸子	尸佼	戰國	清平津館叢書本
商君書	公孫鞅	戰國	文淵閣四庫全書本
孟子注疏	孟軻、趙岐、孫奭	戰國、漢、宋	文淵閣四庫全書本
公孫龍子	公孫龍	戰國	華夏出版社二〇〇四年中華道藏本
南華真經注疏	莊周、郭象、成玄英	戰國、晉、唐	古逸叢書影宋本
莊子注	莊周、郭象	戰國、晉	文淵閣四庫全書本
文子	[原題]辛鈃	戰國	文淵閣四庫全書本
鬼谷子	[原題]鬼谷子	戰國	文淵閣四庫全書本、正統道藏涵芬樓影印本

慎子	慎到	戰國	四部叢刊影江陰繆氏蕅香簃寫本、文淵閣四庫全書本、清守山閣叢書本
荀子	荀況	戰國	文淵閣四庫全書本
韓非子	韓非	戰國	文淵閣四庫全書本
禮記注疏	鄭玄、陸德明、孔穎達	戰國、漢、唐	文淵閣四庫全書本
春秋公羊傳注疏	公羊高、何休、陸德明	戰國、漢、唐	文淵閣四庫全書本
爾雅注疏	郭璞、陸德明、邢昺	戰國、晉、唐、宋	文淵閣四庫全書本
吕氏春秋	吕不韋	戰國	文淵閣四庫全書本
黄帝内經素問	王冰(注)	戰國、唐	文淵閣四庫全書本
靈樞經	史崧(音釋)	戰國、宋	文淵閣四庫全書本
黄帝内經靈樞集注	不詳	戰國	華夏出版社二〇〇四年中華道藏本
六韜	[原題]吕望	戰國	清平津館叢書本
孔叢子	[原題]孔鮒	戰國	文淵閣四庫全書本
鶡冠子	鶡冠子	戰國	文淵閣四庫全書本
亢倉子	[原題]庚桑楚	戰國	明子彙本
新書	賈誼	漢	四部叢刊影明正德十年吉藩本、文淵閣四庫全書本
淮南子	劉安	漢	文淵閣四庫全書本
淮南萬畢術	劉安	漢	清十種古逸書本
算數書	不詳	漢	彭浩《張家山漢簡〈筭數書〉注釋》科學出版社二〇〇一年版
九章算術	劉徽(注)、李淳風(釋)	漢、三國魏、唐	文淵閣四庫全書本
韓詩外傳	韓嬰	漢	文淵閣四庫全書本
春秋繁露	董仲舒	漢	文淵閣四庫全書本
史記	司馬遷	漢	文淵閣四庫全書本
大戴禮記	戴德	漢	元至正刻本、四部叢刊影明袁氏嘉趣堂本、文淵閣四庫全書本
周髀算經	趙爽(注)、李淳風(釋)	漢	四部叢刊影明刊本、文淵閣四庫全書本
鹽鐵論	桓寬	漢	文淵閣四庫全書本
古列女傳	劉向	漢	文淵閣四庫全書本
説苑	劉向	漢	文淵閣四庫全書本
輶軒使者絶代語釋别國方言	揚雄	漢	文淵閣四庫全書本

書名	作者	時代	版本
太玄經	揚雄	漢	文淵閣四庫全書本
急就篇	史遊	漢	文淵閣四庫全書本
戰國策	不詳	漢	文淵閣四庫全書本
鐘律書	劉歆	漢	玉函山房輯佚書本
西京雜記	劉歆	漢	文淵閣四庫全書本
洞冥記	郭憲	漢	文淵閣四庫全書本
乾坤鑿度	鄭玄(注)	漢	文淵閣四庫全書本
新論	桓譚	漢	上海人民出版社一九七七年版
漢書	班固	漢	文淵閣四庫全書本、清乾隆武英殿刻本
白虎通德論	班固	漢	四部叢刊影元大德覆宋監本
白虎通義	班固	漢	文淵閣四庫全書本
吴越春秋	趙曄	漢	文淵閣四庫全書本
論衡	王充	漢	文淵閣四庫全書本、四部叢刊影通津草堂本
楚辭章句	王逸	漢	文淵閣四庫全書本
説文	許慎	漢	文淵閣四庫全書本
淮南鴻烈間詁	許慎	漢	清郎園先生全書本
潛夫論	王符	漢	文淵閣四庫全書本
箴膏肓	鄭玄	漢	文淵閣四庫全書本
太清金液神丹經	不詳	漢至晉	華夏出版社二〇〇四年中華道藏本
大丹記	魏伯陽	漢	華夏出版社二〇〇四年中華道藏本
易緯稽覽圖	鄭玄(注)	漢	文淵閣四庫全書本
月令章句	蔡邕	漢	龍溪精舍叢書刊蔡雲輯二卷本
風俗通義	應劭	漢	明萬曆兩京遺編本
中論	徐幹	漢	文淵閣四庫全書本
數術記遺	徐岳	漢	文淵閣四庫全書本
釋名	劉熙	漢	文淵閣四庫全書本
十一家注孫子	曹操、梁孟氏、李筌等	漢、唐、宋	中華書局一九九年本
三輔黄圖	不詳	三國魏	文淵閣四庫全書本
人物志	劉劭	三國魏	文淵閣四庫全書本

廣雅	張揖	三国魏	文淵閣四庫全書本
曹子建集	曹植	三國魏	文淵閣四庫全書本、四部叢刊影明活字本
諸葛武侯文集	諸葛亮	三国蜀	清正誼堂全書本
孔子家語	王肅	三國魏	文淵閣四庫全書本
嵇中散集	嵇康	三國魏	文淵閣四庫全書本
海島算經	劉徽	晉	文淵閣四庫全書本
物理論	楊泉	晉	清平津館叢書本
博物志	張華	晉	文淵閣四庫全書本、清指海本
傅子	傅玄	晉	文淵閣四庫全書本
三國志	陳壽	晉	文淵閣四庫全書本
古今注	崔豹	晉	文淵閣四庫全書本、四部叢刊三編影宋本
陸士衡文集	陸機	晉	清嘉慶宛委別藏本
鄴中記	陸翽	晉	文淵閣四庫全書本
搜神記	干寶	晉	文淵閣四庫全書本
抱朴子	葛洪	晉	文淵閣四庫全書本、華夏出版社二〇〇四年中華道藏本
肘後備急方	葛洪	晉	文淵閣四庫全書本
華陽國志	常璩	晉	文淵閣四庫全書本
拾遺記	王嘉	晉	文淵閣四庫全書本
後漢紀	袁宏	晉	四部叢刊影明嘉靖刻本
洞真太上紫度炎光神玄變經	不詳	晉	華夏出版社二〇〇四年中華道藏本
洞真上清青要紫書金根眾經	不詳	晉	華夏出版社二〇〇四年中華道藏本
搜神後記	陶潛	南朝宋	文淵閣四庫全書本
後漢書	范曄等	南朝宋	文淵閣四庫全書本
鮑明遠集	鮑照	南朝宋	文淵閣四庫全書本
張邱建算經	張邱建	北魏	文淵閣四庫全書本
宋書	沈約	南朝梁	文淵閣四庫全書本
道德真經注疏	[原題]顧歡	南朝宋	華夏出版社二〇〇四年中華道藏本
江文通集	江淹	南朝梁	文淵閣四庫全書本
述異記	任昉	南朝梁	文淵閣四庫全書本

書名	作者	朝代	版本
弘明集	釋僧祐	南朝梁	文淵閣四庫全書本
鐘律緯	蕭衍	南朝梁	玉函山房輯佚書本
樂社大義	蕭衍	南朝梁	玉函山房輯佚書本
南齊書	蕭子顯	南朝梁	文淵閣四庫全書本
真誥	陶弘景	南朝梁	華夏出版社二〇〇四年中華道藏本
水經注	酈道元	北魏	文淵閣四庫全書本
十六國春秋	崔鴻	北魏	文淵閣四庫全書本
文選	蕭統	南朝梁	文淵閣四庫全書本
六臣注文選	蕭統、李善等	南朝梁、唐	文淵閣四庫全書本
論語集解義疏	何晏、皇侃	三國魏、南朝梁	文淵閣四庫全書本、清知不足齋叢書本
齊民要術	賈思勰	北魏	文淵閣四庫全書本
鐘律議	沈重	南朝梁	玉函山房輯佚書本
五經算術	甄鸞	北周	文淵閣四庫全書本
金樓子	蕭繹	南朝梁	文淵閣四庫全書本
劉子	劉晝	北齊	文淵閣四庫全書本、華夏出版社二〇〇四年中華道藏本
魏書	魏收	北齊	文淵閣四庫全書本
靈臺秘苑	庾季才	北周	文淵閣四庫全書本
世説新語	劉義慶	南朝宋	文淵閣四庫全書本
玉臺新詠	徐陵	南朝陈	文淵閣四庫全書本、四部叢刊影明活字本
雷公炮炙論	雷敩	南朝宋	江蘇科學技術出版社一九八五年點校本
三十六水法	不詳	魏、晉、南北朝	華夏出版社二〇〇四年中華道藏本
上清太上帝君九真中經	不詳	東晉、南朝	華夏出版社二〇〇四年中華道藏本
太微靈書紫文琅玕華丹神真上經	不詳	東晉、南朝	華夏出版社二〇〇四年中華道藏本
異苑	劉敬叔	南北朝	文淵閣四庫全書本
鳩摩羅什	不詳	南北朝	上海古籍出版社一九九一年版
大智度論	迦葉摩騰	南北朝	大正新修大藏經本
太清經天師口訣	不詳	南北朝	華夏出版社二〇〇四年中華道藏本
上清紫徹帝君南極元君玉經寶訣	不詳	南北朝	華夏出版社二〇〇四年中華道藏本
太上老君虛無自然本起經	不詳	南北朝	華夏出版社二〇〇四年中華道藏本

書名	作者	時代	版本
太上洞玄靈寶宣戒首悔衆罪保護經	不詳	南北朝	華夏出版社二〇〇四年中華道藏本
洞玄靈寶道學科儀	不詳	南北朝	華夏出版社二〇〇四年中華道藏本
孫子算經	不詳	南北朝	文淵閣四庫全書本
太極真人九轉還丹經要訣	不詳	南北朝	華夏出版社二〇〇四年中華道藏本
種芝草法	不詳	南北朝或隋唐	正統道藏涵芬樓影印本
太上洞玄靈寶往生救苦妙經	不詳	南北朝或隋唐	華夏出版社二〇〇四年中華道藏本
上清長生寶鑑圖	不詳	南北朝或隋唐	華夏出版社二〇〇四年中華道藏本
上清明鑑要經	不詳	南北朝或隋唐	華夏出版社二〇〇四年中華道藏本
無上内祕真藏經	不詳	隋唐之際	華夏出版社二〇〇四年中華道藏本
編珠	杜公瞻、高士奇	隋、清	文淵閣四庫全書本
牛奇章集	牛弘、張溥	隋、明	漢魏六朝百三家集本
太清石壁記	蘇玄朗、楚澤先生	隋、唐	華夏出版社二〇〇四年中華道藏本
九轉流珠神仙九丹經	[原題]太清真人	隋	華夏出版社二〇〇四年中華道藏本
五行大義	蕭吉	隋	清佚存叢書本
洞玄靈寶左玄論	吴筠	隋	華夏出版社二〇〇四年中華道藏本
太清金液神氣經	不詳	隋唐	華夏出版社二〇〇四年中華道藏本
北堂書鈔	虞世南	唐	文淵閣四庫全書本
藝文類聚	歐陽詢	唐	文淵閣四庫全書本
太上一乘海空智藏經	不詳	唐	華夏出版社二〇〇四年中華道藏本、正統道藏涵芬樓影印本
隋書	魏徵等	唐	文淵閣四庫全書本
梁書	姚思廉	唐	文淵閣四庫全書本
周書	令狐德棻等	唐	文淵閣四庫全書本
北齊書	李百藥	唐	文淵閣四庫全書本
晉書	房玄齡等	唐	文淵閣四庫全書本
衛公兵法輯本	李靖	唐	清光緒漸西村舍本
乙巳占	李淳風	唐	清十萬卷樓叢書本
金鎖流珠引	不詳	唐	華夏出版社二〇〇四年中華道藏本
備急千金要方	孫思邈	唐	文淵閣四庫全書本、華夏出版社二〇〇四年中華道藏本

唐律疏義	長孫無忌等	唐	文淵閣四庫全書本
新修本草	蘇敬	唐	上海衛生出版社一九五七年點校本
南史	李延壽	唐	文淵閣四庫全書本
北史	李延壽	唐	文淵閣四庫全書本
金石簿五九數訣	不詳	唐	華夏出版社二〇〇四年中華道藏本
瑜伽師地論	玄奘	唐	大正新修大藏經本
法苑珠林	釋道世	唐	文淵閣四庫全書本
觀象玩占	李淳風	唐	明鈔本
成唯識論述記	釋窺基	唐	清光緒刻本
千金翼方	孫思邈	唐	清乾隆保元堂刻本
神仙養生祕術	刘景先	唐	華夏出版社二〇〇四年中華道藏本
大慈恩寺三藏法師傳	釋慧立	唐	大正新修大藏經本
樂書要録	武曌	唐	復旦大學圖書館藏日本寛政至文化間刻佚存叢書本
黄帝九鼎神丹經訣	不詳	唐	華夏出版社二〇〇四年中華道藏本
朝野僉載	張鷟	唐	文淵閣四庫全書本
初學記	徐堅	唐	文淵閣四庫全書本
玉洞大神丹砂真要訣	張果	唐	華夏出版社二〇〇四年中華道藏本
相雨書	黄子發	唐	清光緒漸西村舍本
開元占經	瞿曇悉達	唐	文淵閣四庫全書本
書斷	張懷瓘	唐	文淵閣四庫全書本
張燕公集	張説	唐	文淵閣四庫全書本
太上老君説報父母恩重經	不詳	唐	正統道藏涵芬樓影印本、華夏出版社二〇〇四年中華道藏本
修真精義雜論	司馬承禎	唐	華夏出版社二〇〇四年中華道藏本
上清含象鑑劍圖	司馬承禎	唐	華夏出版社二〇〇四年中華道藏本
史記索隱	司馬貞	唐	文淵閣四庫全書本
史記正義	張守節	唐	文淵閣四庫全書本
唐六典	張九齡	唐	文淵閣四庫全書本
太白陰經	李筌	唐	文淵閣四庫全書本、清初虞山毛氏汲古閣鈔本
歲華紀麗	韓鄂	唐	明萬曆秘册彙函本

書名	作者	朝代	版本
四時纂要	韓鄂	唐	農業出版社一九八一年版
曲江集	張九齡	唐	文淵閣四庫全書本
大洞鍊真寶經修伏靈砂妙訣	陳少微	唐	華夏出版社二〇〇四年中華道藏本
大洞鍊真寶經九還金丹妙訣	陳少微	唐	華夏出版社二〇〇四年中華道藏本
太古土兑經	不詳	唐	華夏出版社二〇〇四年中華道藏本
貞觀政要	吴兢	唐	文淵閣四庫全書本
隋唐嘉話	劉餗	唐	明顧氏文房小説本
龍虎還丹訣	金陵子	唐	華夏出版社二〇〇四年中華道藏本
唐玄宗御製道德真經疏(一)	李隆基	唐	華夏出版社二〇〇四年中華道藏本
唐玄宗御製道德真經疏(二)	李隆基	唐	華夏出版社二〇〇四年中華道藏本
太極真人雜丹藥方	不詳	唐	華夏出版社二〇〇四年中華道藏本
外臺秘要方	王燾	唐	文淵閣四庫全書本
列子注	盧重元	唐	清嘉慶八年秦恩復石研齋刻本
李太白文集	李白	唐	文淵閣四庫全書本
李太白集	李白	唐	宋刻本
建康實録	許嵩	唐	文淵閣四庫全書本
儲光羲詩集	儲光羲	唐	文淵閣四庫全書本
玄真子	張志和	唐	文淵閣四庫全書本
玄真子外篇	張志和	唐	華夏出版社二〇〇四年中華道藏本
周易集解	李鼎祚	唐	文淵閣四庫全書本
杜工部集	杜甫	唐	續古逸叢書影宋本配毛氏汲古閣本
杜詩詳註	杜甫、仇兆鰲	唐、明	文淵閣四庫全書本
二皇甫集	皇甫冉、皇甫曾	唐	文淵閣四庫全書本
黄帝内經素問補注釋文	王冰	唐	華夏出版社二〇〇四年中華道藏本
素問六氣玄珠密語	王冰	唐	華夏出版社二〇〇四年中華道藏本
劉隨州集	劉長卿	唐	文淵閣四庫全書本
華陽集	顧況	唐	文淵閣四庫全書本
夏侯陽算經	韓延	唐	文淵閣四庫全書本
通典	杜佑	唐	文淵閣四庫全書本

韋蘇州集	唐	韋應物	文淵閣四庫全書本
韋刺史詩集	唐	韋應物	四部叢刊影明嘉靖本
茶經	唐	陸羽	文淵閣四庫全書本
意林	唐	馬總	上海涵芬樓藏影印武英殿聚珍版本照宋刻本補、文淵閣四庫全書本
大方廣佛華嚴經疏	唐	釋澄觀	大正新修大藏經本
三輔黃圖	唐	不詳	文淵閣四庫全書本
歐陽行周文集	唐	歐陽詹	文淵閣四庫全書本
大唐郊祀録	唐	王涇	民國適園叢書刊舊鈔本
陰陽九轉成紫金點化還丹訣	唐	不詳	華夏出版社二〇〇四年中華道藏本
玉清內書	唐	不詳	華夏出版社二〇〇四年中華道藏本
華陽陶隱居內傳	唐	賈嵩	華夏出版社二〇〇四年中華道藏本
通幽訣	唐	不詳	華夏出版社二〇〇四年中華道藏本
靈寶眾真丹訣	唐	不詳	華夏出版社二〇〇四年中華道藏本
枕中記	唐	不詳	華夏出版社二〇〇四年中華道藏本
太上明鑑真經	唐	不詳	華夏出版社二〇〇四年中華道藏本
大方廣佛華嚴經隨疏演義鈔	唐	釋澄觀	大正新修大藏經本
道德真經集解	唐	張君相	清嘉慶宛委別藏本
[元和]郡縣志	唐	李吉甫	清武英殿聚珍版叢書本、文淵閣四庫全書本
鉛汞甲庚至寶集成	唐	不詳	華夏出版社二〇〇四年中華道藏本
一切經音義	唐	釋慧琳	日本元文三年至延亨三年獅穀蓮社刻本
周髀算經音義	唐	李籍	文淵閣四庫全書本
孟東野詩集	唐	孟郊	文淵閣四庫全書本
河東先生集	唐	柳宗元	宋刻本
柳河東集	唐	柳宗元	文淵閣四庫全書本
唐國史補	唐	李肇	明津逮秘書本、文淵閣四庫全書本
昌黎先生文集	唐	韓愈	宋蜀本
王司馬集	唐	王建	文淵閣四庫全書本
白孔六帖	唐、宋	白居易、孔傳	文淵閣四庫全書本

書名	作者	朝代	版本
西山群仙會真記	施肩吾、李竦	唐	華夏出版社二〇〇四年中華道藏本
元氏長慶集	元稹	唐	文淵閣四庫全書本
圓覺經略疏之鈔	釋宗密	唐	清宣統三年揚州藏經院刻本
劉賓客文集	劉禹錫	唐	文淵閣四庫全書本
吕子易説	吕岩	唐	清乾隆曾燠刻本
白氏長慶集	白居易	唐	文淵閣四庫全書本
羯鼓録	南卓	唐	文淵閣四庫全書本
樊川文集	杜牧	唐	文淵閣四庫全書本
酉陽雜俎	段成式	唐	文淵閣四庫全書本
劉賓客嘉話録	韋絢	唐	文淵閣四庫全書本
李義山詩集	李商隱	唐	文淵閣四庫全書本
玄英集	方干	唐	文淵閣四庫全書本
獨異志	李冗	唐	明萬曆稗海本
通玄秘術	沈知言	唐	華夏出版社二〇〇四年中華道藏本
鐘吕傳道集	[原題]鍾離權	唐	正統道藏涵芬樓影印本
蠻書	樊綽	唐	文淵閣四庫全書本
文標集	盧肇	唐	民国豫章叢書本
纂異記	李玫	唐	文淵閣四庫全書本
杜陽雜編	蘇鶚	唐	文淵閣四庫全書本
甫里集	陸龜蒙	唐	文淵閣四庫全書本
蒙求集注	李瀚	唐	文淵閣四庫全書本
嶺表録異	劉恂	唐	文淵閣四庫全書本
蘇氏演義	蘇鶚	唐	文淵閣四庫全書本
樂府雜録	段安節	唐	中華書局一九八五年本
成唯識論演秘	釋智周	唐	大正新修大藏經本
大佛頂如來密因修證了義諸菩薩萬行首楞嚴經	般利密帝	唐	大正新修大藏經本
管氏地理指蒙	[原題]管輅、王伋等	唐	古今圖書集成臺北故宮版
管氏指蒙	[原題]管輅、王伋	唐	明刻本

刊誤	李涪	唐	文淵閣四庫全書本
玄圃山靈匼秘籙	不詳	唐	華夏出版社二〇〇四年中華道藏本
真元妙道要略	鄭思遠	唐	華夏出版社二〇〇四年中華道藏本
道德真經廣聖義	杜光庭	唐	華夏出版社二〇〇四年中華道藏本
金籙齋啟壇儀	杜光庭	唐	華夏出版社二〇〇四年中華道藏本
録異記	杜光庭	唐	華夏出版社二〇〇四年中華道藏本
神仙鍊丹點鑄三元寶照法	歸耕子	唐	華夏出版社二〇〇四年中華道藏本
太上洞玄靈寶開演秘密藏經	不詳	唐	華夏出版社二〇〇四年中華道藏本
桂苑叢談	馮翊子	唐	文淵閣四庫全書本
釣磯文集	徐寅	唐	四部叢刊三編影清述古堂鈔本
禪月集	釋貫休	唐	文淵閣四庫全書本
素履子	張弧	唐	文淵閣四庫全書本
崔公入藥鏡註解	崔希範、王玠	唐、元	華夏出版社二〇〇四年中華道藏本
丹方鑑源	獨孤滔	唐	華夏出版社二〇〇四年中華道藏本
九轉靈砂大丹資聖玄經	不詳	唐	華夏出版社二〇〇四年中華道藏本
唐摭言	王定保	唐	文淵閣四庫全書本
九天玄女青囊海角經	不詳	五代	古今圖書集成臺北故宮版
化書	譚峭	五代	文淵閣四庫全書本、華夏出版社二〇〇四年中華道藏本
道德真經玄德纂疏	唐玄宗、李榮、成玄英、強思齊	唐、五代	華夏出版社二〇〇四年中華道藏本
中華古今注	馬縞	五代	文淵閣四庫全書本
秘傳正陽真人靈寶畢法	[原題]鍾離權、吕嵒	五代	華夏出版社二〇〇四年中華道藏本
固氣還神九轉瓊丹論	不詳	五代	華夏出版社二〇〇四年中華道藏本
開元天寶遺事	王仁裕	五代	文淵閣四庫全書本
舊唐書	劉昫等	五代	文淵閣四庫全書本
周易參同契通真義	彭曉	五代	文淵閣四庫全書本
急救仙方	不詳	五代	文淵閣四庫全書本
説文繫傳	徐鍇	南唐	文淵閣四庫全書本
宗鏡録	釋延壽	吳越	大正新修大藏經本
修真歷驗鈔圖	不詳	五代	華夏出版社二〇〇四年中華道藏本

書名	作者	朝代	版本
九轉青金靈砂丹	不詳	宋	華夏出版社二〇〇四年中華道藏本
清異録	陶穀	宋	文淵閣四庫全書本
三禮圖集注	聶崇義	宋	文淵閣四庫全書本
舊五代史	薛居正等	宋	文淵閣四庫全書本、百衲本影印吴興劉氏嘉業堂刻本
太平廣記	李昉等	宋	文淵閣四庫全書本
仙苑編珠	王松年	宋	華夏出版社二〇〇四年中華道藏本
五代會要	王溥	宋	文淵閣四庫全書本
太平寰宇記	樂史	宋	文淵閣四庫全書本
太平御覽	李昉等	宋	文淵閣四庫全書本
文苑英華	李昉等	宋	文淵閣四庫全書本
東坡先生物類相感志	贊寧	宋	明鈔本
事類賦	吴淑	宋	文淵閣四庫全書本
靈城精義	何溥	宋	文淵閣四庫全書本
太上感應篇	李昌齡	宋	華夏出版社二〇〇四年中華道藏本
紅鉛入黑鉛訣	不詳	唐宋間	華夏出版社二〇〇四年中華道藏本
虎鈐經	許洞	宋	文淵閣四庫全書本、明刻本
修真十書鍾吕傳道集	鍾離權、吕嵒、施肩吾	宋	華夏出版社二〇〇四年中華道藏本
九轉靈砂大丹	不詳	宋	華夏出版社二〇〇四年中華道藏本
册府元龜	王欽若等	宋	文淵閣四庫全書本
兩漢博聞	楊侃	宋	文淵閣四庫全書本
丹房奥論	程了一	宋	華夏出版社二〇〇四年中華道藏本
感氣十六轉金丹	不詳	宋	華夏出版社二〇〇四年中華道藏本
南部新書	錢易	宋	文淵閣四庫全書本
法藏碎金録	晁迥	宋	文淵閣四庫全書本
雲笈七籤	張君房	宋	華夏出版社二〇〇四年中華道藏本、正統道藏涵芬樓影印本
塋原總録	楊維德	宋	國家圖書館古籍元刻本殘本微縮卷、戴念祖《中國物理學史大系》電和磁的歷史卷
洪範口義	胡瑗	宋	文淵閣四庫全書本
皇祐新樂圖記	阮逸、胡瑗等	宋	文淵閣四庫全書本

書名	朝代	作者	版本
武經總要	宋	曾公亮等	文淵閣四庫全書本
文莊集	宋	夏竦	文淵閣四庫全書本
周易口義	宋	胡瑗	文淵閣四庫全書本
景文集	宋	宋祁	文淵閣四庫全書本
古靈集	宋	陳襄	文淵閣四庫全書本
范文正集	宋	范仲淹	文淵閣四庫全書本
茶録	宋	蔡襄	文淵閣四庫全書本
新五代史	宋	歐陽修	文淵閣四庫全書本
嘉祐雜誌	宋	江休復	文淵閣四庫全書本
廣陵集	宋	王令	文淵閣四庫全書本
盱江集	宋	李覯	文淵閣四庫全書本
太常因革禮	宋	歐陽修	清廣雅書局叢書本
新唐書	宋	歐陽修、宋祁等	文淵閣四庫全書本
宛陵集	宋	梅堯臣	文淵閣四庫全書本
二程粹言	宋	程頤、程顥、楊時(編)	文淵閣四庫全書本
皇極經世書	宋	邵雍	文淵閣四庫全書本
皇極經世	宋	邵雍	華夏出版社二〇〇四年中華道藏本
武溪集	宋	余靖	文淵閣四庫全書本
公是集	宋	劉敞	文淵閣四庫全書本
横渠易説	宋	張載	文淵閣四庫全書本
詩本義	宋	歐陽修	文淵閣四庫全書本
歸田録	宋	歐陽修	文淵閣四庫全書本
歐陽文忠公集	宋	歐陽修	四部叢刊影元刊本
春明退朝録	宋	宋敏求	文淵閣四庫全書本
臨川文集	宋	王安石	文淵閣四庫全書本
南華真經章句音義	宋	陳景元	華夏出版社二〇〇四年中華道藏本
傳家集	宋	司馬光	文淵閣四庫全書本
二程外書	宋	程頤、程顥、朱熹(編)	文淵閣四庫全書本
二程遺書	宋	程頤、程顥、朱熹(編)	文淵閣四庫全書本

書名	作者	朝代	版本
埤雅	陸佃	宋	文淵閣四庫全書本
長安志	宋敏求	宋	文淵閣四庫全書本
湘山野録	釋文瑩	宋	文淵閣四庫全書本
玉壺野史	釋文瑩	宋	文淵閣四庫全書本
資治通鑑外紀	劉恕	宋	文淵閣四庫全書本
雲巢編	沈遼	宋	文淵閣四庫全書本
蠶書	秦觀	宋	清知不足齋叢書本
張子全書	張載	宋	文淵閣四庫全書本
青山續集	郭祥正	宋	文淵閣四庫全書本
證類本草	唐慎微	宋	文淵閣四庫全書本
資治通鑒	司馬光	宋	文淵閣四庫全書本
考古圖	吕大臨	宋	文淵閣四庫全書本
續考古圖	吕大臨	宋	文淵閣四庫全書本
談苑	孔平仲	宋	文淵閣四庫全書本
華陽集	王珪	宋	文淵閣四庫全書本
王荆公詩注	王安石、李壁	宋	文淵閣四庫全書本
續墨客揮犀	彭乘	宋	清嘉慶宛委别藏本
物類相感志	蘇軾	宋	民國影明寶顔堂秘笈本
老子解	蘇轍	宋	文淵閣四庫全書本
論語全解	陳祥道	宋	文淵閣四庫全書本
禮書	陳祥道	宋	文淵閣四庫全書本
文昌雜録	龐元英	宋	文淵閣四庫全書本
清江三孔集	孔武仲	宋	文淵閣四庫全書本
後山談叢	陳師道	宋	文淵閣四庫全書本
樂府詩集	郭茂倩	宋	文淵閣四庫全書本
文忠集	歐陽修	宋	文淵閣四庫全書本
夢溪筆談	沈括	宋	文淵閣四庫全書本
補筆談	沈括	宋	文淵閣四庫全書本
墨譜法式	李孝美	宋	文淵閣四庫全書本

書名	作者	朝代	版本
雲溪居士集	華鎮	宋	文淵閣四庫全書本
澠水燕談録	王闢之	宋	文淵閣四庫全書本
新儀象法要	蘇頌	宋	文淵閣四庫全書本
德隅齋畫品	李廌	宋	文淵閣四庫全書本
楊公筆録	楊彦齡	宋	文淵閣四庫全書本
范太史集	范祖禹	宋	文淵閣四庫全書本
素問入式運氣論奥	劉温舒	宋	文淵閣四庫全書本
伊川易傳	程頤	宋	文淵閣四庫全書本
蘇沈良方	蘇軾、沈括	宋	文淵閣四庫全書本
東坡詩集註	蘇軾、王十朋	宋	文淵閣四庫全書本
東坡易傳	蘇軾	宋	文淵閣四庫全書本
東坡全集	蘇軾	宋	文淵閣四庫全書本
東坡志林	蘇軾	宋	文淵閣四庫全書本
蘇詩補註	蘇軾、查慎行	宋、清	文淵閣四庫全書本
施註蘇詩	蘇軾、施元之	宋	文淵閣四庫全書本
仇池筆記	蘇軾	宋	文淵閣四庫全書本
蘇文忠公全集	蘇軾	宋	明成化本
營造法式	李誡	宋	文淵閣四庫全書本
太上化道度世仙經	不詳	宋	華夏出版社二〇〇四年中華道藏本
毛詩名物解	蔡卞	宋	文淵閣四庫全書本
龜山集	楊時	宋	文淵閣四庫全書本
硯史	米芾	宋	文淵閣四庫全書本
道鄉集	鄒浩	宋	文淵閣四庫全書本
事物紀原	高承	宋	文淵閣四庫全書本
太平惠民和劑局方	陳師文等	宋	文淵閣四庫全書本
太平惠民和劑局方指南總論	陳師文等	宋	文淵閣四庫全書本
靈砂大丹秘訣	不詳	宋	華夏出版社二〇〇四年中華道藏本
無為集	楊傑	宋	文淵閣四庫全書本
樂書	陳暘	宋	文淵閣四庫全書本

書名	作者	朝代	版本
後山集	陳師道	宋	文淵閣四庫全書本
山谷集	黄庭堅	宋	文淵閣四庫全書本
錢塘集	韋驤	宋	文淵閣四庫全書本
詩集傳	蘇轍	宋	文淵閣四庫全書本
柯山集	張耒	宋	文淵閣四庫全書本
張耒集	張耒	宋	中華書局一九九〇年點校本
桂隱詩集	劉詵	宋	文淵閣四庫全書本
周易新講義	耿南仲	宋	文淵閣四庫全書本
論語拾遺	蘇轍	宋	文淵閣四庫全書本
唐語林	王讜	宋	文淵閣四庫全書本
晁氏客語	晁説之	宋	文淵閣四庫全書本
道德真經註	蘇轍	宋	華夏出版社二〇〇四年中華道藏本
北山酒經	朱翼中	宋	文淵閣四庫全書本
本草衍義	寇宗奭	宋	清十萬卷樓叢書本
圖經衍義本草	寇宗奭	宋	華夏出版社二〇〇四年中華道藏本
嬾真子	馬永卿	宋	文淵閣四庫全書本
春渚紀聞	何薳	宋	文淵閣四庫全書本
政和五禮新儀	郑居中	宋	文淵閣四庫全書本
香譜	洪芻	宋	文淵閣四庫全書本
重修宣和博古圖	王黼	宋	文淵閣四庫全書本
石門文字禪	釋覺範	宋	文淵閣四庫全書本
樂静集	李昭玘	宋	文淵閣四庫全書本
優古堂詩話	吴幵	宋	文淵閣四庫全書本
萍洲可談	朱彧	宋	文淵閣四庫全書本
周禮詳解	王昭禹	宋	文淵閣四庫全書本
雲溪集	郭印	宋	文淵閣四庫全書本
泊宅編	方勺	宋	文淵閣四庫全書本
諸家神品丹法	不詳	宋	華夏出版社二〇〇四年中華道藏本
紺珠集	朱勝非	宋	文淵閣四庫全書本

太倉稊米集	宋	周紫芝	文淵閣四庫全書本
靈寶淨明新修九老神印伏魔秘法	宋	何守澄	華夏出版社二〇〇四年中華道藏本
新雕皇朝類苑	宋	江少虞	日本元和七年活字印本
墨莊漫録	宋	張邦基	文淵閣四庫全書本
東園叢説	宋	李如篪	文淵閣四庫全書本
雲林石譜	宋	杜綰	文淵閣四庫全書本
雞肋編	宋	莊綽	文淵閣四庫全書本
漢上易傳	宋	朱震	文淵閣四庫全書本
侯鯖録	宋	趙令畤	清知不足齋叢書本
避暑録話	宋	葉夢得	文淵閣四庫全書本
海録碎事	宋	葉庭珪	文淵閣四庫全書本
道德真經疏義	宋	江澂	華夏出版社二〇〇四年中華道藏本
類説	宋	曾慥	文淵閣四庫全書本
玉髓真經	宋	張洞玄	明嘉靖刻本
北山集	宋	鄭剛中	文淵閣四庫全書本
簡齋集	宋	陳與義	文淵閣四庫全書本
梁谿集	宋	李綱	文淵閣四庫全書本
學林	宋	王觀國	文淵閣四庫全書本
曲洧舊聞	宋	朱弁	清知不足齋叢書本
宣和奉使高麗圖經	宋	徐兢	文淵閣四庫全書本
守城録	宋	陳規	清道光瓶花書屋校刊本
事實類苑	宋	江少虞	文淵閣四庫全書本
東京夢華録	宋	孟元老	文淵閣四庫全書本
歲時雜詠	宋	蒲積中	文淵閣四庫全書本
斐然集	宋	胡寅	文淵閣四庫全書本
紫微集	宋	張嵲	文淵閣四庫全書本
農書	宋	陳旉	文淵閣四庫全書本
尚書全解	宋	林之奇	文淵閣四庫全書本
拙齋文集	宋	林之奇	文淵閣四庫全書本

書名	著者	朝代	版本
春秋經筌	趙鵬飛	宋	文淵閣四庫全書本
金華玉液大丹	不詳	宋	華夏出版社二〇〇四年中華道藏本
墨經	晁季一	宋	文淵閣四庫全書本
祛疑説	储泳	宋	文淵閣四庫全書本
能改齋漫録	吴曾	宋	文淵閣四庫全書本
西溪叢語	姚寬	宋	文淵閣四庫全書本
小兒衛生總微論方	不詳	宋	文淵閣四庫全書本
皇極經世觀物外篇衍義	張行成	宋	文淵閣四庫全書本
六經圖	楊甲、毛邦翰	宋	文淵閣四庫全書本
苕溪集	劉一止	宋	文淵閣四庫全書本
通志	鄭樵	宋	文淵閣四庫全書本
梅溪後集	王十朋	宋	文淵閣四庫全書本
丹房須知	吴悮	宋	華夏出版社二〇〇四年中華道藏本
正蒙會稿	劉璣	宋	中華書局一九八五年本
周易義海撮要	李衡	宋	文淵閣四庫全書本
詩經集傳	朱熹	宋	文淵閣四庫全書本
于湖集	張孝祥	宋	文淵閣四庫全書本
宫教集	崔敦禮	宋	文淵閣四庫全書本
芻言	崔敦禮	宋	文淵閣四庫全書本
浪語集	薛季宣	宋	文淵閣四庫全書本
演繁露	程大昌	宋	文淵閣四庫全書本
山家清事	林洪	宋	明顧氏文房小説本
重陽全真集	王嚞	金	華夏出版社二〇〇四年中華道藏本
入蜀記	陸遊	宋	清不知足齋叢書本
梅溪集	王十朋	宋	文淵閣四庫全書本
爾雅翼	羅願	宋	文淵閣四庫全書本
吴船録	范成大	宋	文淵閣四庫全書本
揮麈録	王明清	宋	文淵閣四庫全書本
續資治通鑑長編	李燾	宋	文淵閣四庫全書本

嶺外代答	周去非	宋	文淵閣四庫全書本
道德真經四子古道集解	寇才質	金	華夏出版社二〇〇四年中華道藏本
路史	羅泌	宋	文淵閣四庫全書本
誠齋集	楊萬里	宋	文淵閣四庫全書本、四部叢刊影宋寫本
晦庵集	朱熹	宋	文淵閣四庫全書本
儀禮經傳通解	朱熹	宋	文淵閣四庫全書本
雜學辨	朱熹	宋	文淵閣四庫全書本
宋文鑑	吕祖謙	宋	文淵閣四庫全書本
竹洲集	吴儆	宋	文淵閣四庫全書本
洞玄金玉集	馬鈺	金	華夏出版社二〇〇四年中華道藏本
準齋心製几漏圖式	孫逢吉	宋	續修四庫全書本
職官分紀	孫逢吉	宋	文淵閣四庫全書本
古文龍虎經註疏	王道、周真一	宋	華夏出版社二〇〇四年中華道藏本
獨醒雜志	曾敏行	宋	文淵閣四庫全書本
律吕新書	蔡元定	宋	文淵閣四庫全書本
錦繡萬花谷	不詳	宋	文淵閣四庫全書本
樂軒集	陳藻	宋	文淵閣四庫全書本
洞天清録	趙希鵠	宋	文淵閣四庫全書本、四部叢刊續編影宋本
東塘集	袁説友	宋	文淵閣四庫全書本
雍録	程大昌	宋	文淵閣四庫全書本
誠齋易傳	楊萬里	宋	文淵閣四庫全書本
梁谿漫志	費衮	宋	文淵閣四庫全書本
石湖詩集	范成大	宋	文淵閣四庫全書本
容齋三筆	洪邁	宋	文淵閣四庫全書本
絜齋集	袁燮	宋	文淵閣四庫全書本
宋名臣奏議	趙汝愚	宋	文淵閣四庫全書本
家山圖書	不詳	宋	文淵閣四庫全書本
周易經傳集解	林栗	宋	文淵閣四庫全書本
劍南詩稾	陸游	宋	文淵閣四庫全書本

老學庵筆記	陸游	宋	文淵閣四庫全書本
盤洲文集	洪适	宋	文淵閣四庫全書本
夷堅志	洪邁	宋	文淵閣四庫全書本、清十萬卷樓叢書本
夷堅支志	洪邁	宋	清影宋鈔本
沖虚至德真經四解	高守元	宋	華夏出版社二〇〇四年中華道藏本、正統道藏涵芬樓影印本
周官總義	易祓	宋	文淵閣四庫全書本
針灸資生經	王執中	宋	文淵閣四庫全書本
禮經會元	葉時	宋	文淵閣四庫全書本
止堂集	彭龜年	宋	文淵閣四庫全書本
上清靈寶大法	甯全真、王契真	宋	華夏出版社二〇〇四年中華道藏本
上清經真丹秘訣	不詳	宋	華夏出版社二〇〇四年中華道藏本
朱子全書	朱熹	宋	文淵閣四庫全書本
五百家注昌黎文集	韓愈、魏仲舉	唐、宋	文淵閣四庫全書本
晦庵先生朱文公文集	朱熹	宋	四部叢刊影明嘉靖本
復齋易説	趙彦肅	宋	文淵閣四庫全書本
珞琭子賦註	釋曇瑩	宋	文淵閣四庫全書本
禮經會元	葉時	宋	文淵閣四庫全書本
麗澤論説集録	吕喬年	宋	文淵閣四庫全書本
蠡海集	王逵	宋	文淵閣四庫全書本
沖虚至德真經解	江遹	宋	文淵閣四庫全書本
水心集	葉適	宋	文淵閣四庫全書本
洞玄靈寶自然九天生神玉章經解	王希巢	宋	正統道藏涵芬樓影印本
象山集	陸九淵	宋	文淵閣四庫全書本
方壺存稿	汪莘	宋	文淵閣四庫全書本
慈湖詩傳	楊簡	宋	文淵閣四庫全書本
毛詩集解	李樗、黄櫄	宋	文淵閣四庫全書本
翠微先生北征録	華嶽	宋	清光緒刊本
愧郯録	岳珂	宋	四部叢刊續編影宋本
項氏家説	項安世	宋	文淵閣四庫全書本

澗泉集	韓淲	宋	文淵閣四庫全書本
潛山集	釋文珦	宋	文淵閣四庫全書本
羣書考索	章如愚	宋	文淵閣四庫全書本
陸放翁集	陸游	宋	商務印書館國學基本叢書一九三一年版
棠陰比事	桂萬榮、吴訥	宋、明	文淵閣四庫全書本
野客叢書	王楙	宋	文淵閣四庫全書本
北溪大全集	陳淳	宋	文淵閣四庫全書本
北磵集	釋居簡	宋	文淵閣四庫全書本
月令解	張虙	宋	文淵閣四庫全書本
雲光集	王處一	金	華夏出版社二〇〇四年中華道藏本
禹貢説斷	傅寅	宋	文淵閣四庫全書本
清苑齋詩集	趙師秀	宋	文淵閣四庫全書本
記纂淵海	潘自牧	宋	文淵閣四庫全書本
厚齋易學	馮椅	宋	文淵閣四庫全書本
洪範皇極内篇	蔡沈	宋	文淵閣四庫全書本
龍圖陳公文集	陳宓	宋	清鈔本
施氏七書講義	施子美	宋	日本文久刻本
無上黄籙大齋立成儀	蔣叔輿	宋	華夏出版社二〇〇四年中華道藏本
江湖小集	陳起	宋	文淵閣四庫全書本
醫説	張杲	宋	文淵閣四庫全書本
從容庵録	釋行秀	宋	大正新修大藏經本
禮記集説	衛湜	宋	文淵閣四庫全書本
金華冲碧丹經祕旨	孟煦	宋	華夏出版社二〇〇四年中華道藏本
賔退録	趙與旹	宋	文淵閣四庫全書本
諸蕃志	趙汝适	宋	文淵閣四庫全書本
密齋筆記	謝采伯	宋	文淵閣四庫全書本
游宦紀聞	張世南	宋	文淵閣四庫全書本
楊氏易傳	楊簡	宋	文淵閣四庫全書本
江湖後集	陳起	宋	文淵閣四庫全書本

西山讀書記	真德秀	宋	文淵閣四庫全書本
尚書要義	魏了翁	宋	文淵閣四庫全書本
会稽續志	張淏	宋	文淵閣四庫全書本
周易要義	魏了翁	宋	文淵閣四庫全書本
紫陽真人悟真篇講義	夏元鼎	宋	華夏出版社二〇〇四年中華道藏本
[寶慶]四明志	羅濬	宋	宋刻本
儒門事親	張從正	宋	文淵閣四庫全書本
毛詩集解	段昌武	宋	文淵閣四庫全書本
緯略	高似孫	宋	文淵閣四庫全書本
古文苑	章樵	宋	文淵閣四庫全書本
中州集	元好問	金	文淵閣四庫全書本
周易參同契解	陳顯微	宋	文淵閣四庫全書本
坦齋通編	邢凱	宋	文淵閣四庫全書本
洞淵集	長荃子	金	華夏出版社二〇〇四年中華道藏本
重訂大金國志	宇文懋昭	宋	文淵閣四庫全書本
都城紀勝	耐得翁	宋	四部叢刊續編影宋鈔本
平齋文集	洪諮夔	宋	宋淳祐十二年刻本
禮記要義	魏了翁	宋	文淵閣四庫全書本
春秋左傳要義	魏了翁	宋	宋淳祐十二年徽州刻本
毛詩譜序要義	魏了翁	宋	文淵閣四庫全書本
鶴山集	魏了翁	宋	文淵閣四庫全書本
赤城志	陳耆卿	宋	文淵閣四庫全書本
周禮訂義	王與之	宋	明萬曆二十七年汪廷訥環翠堂刻本
關尹子文始真經注	陳顯微	宋	清嘉慶宛委別藏本
關尹子言外經旨	陳顯微	宋	北京圖書館藏抄本
銅壺漏箭制度	颜颐仲	宋	文淵閣四庫全書本
準齋雜説	吴如愚	宋	文淵閣四庫全書本
六壬大占	祝泌	宋	清嘉慶宛委別藏本
莊子口義	林希逸	宋	文淵閣四庫全書本

書名	作者	朝代	版本
沖虚至德真經鬳齋口義	林希逸	宋	華夏出版社二〇〇四年中華道藏本
考工記解	林希逸	宋	文淵閣四庫全書本
金蓮正宗記	秦志安	宋	華夏出版社二〇〇四年中華道藏本
古今事文類聚	祝穆	宋	文淵閣四庫全書本
璧水群英待問會元	劉達可	宋	明麗澤堂活字印本
宋提刑洗冤集録	宋慈	宋	清嘉慶十七年宋元檢驗三録本
書集傳或問	陳大猷	宋	文淵閣四庫全書本
兩宋名賢小集	陳思、陳世隆	宋、元	文淵閣四庫全書本
[淳祐]臨安志	施諤	宋	清嘉慶宛委别藏本
五燈會元	釋普濟	宋	文淵閣四庫全書本
文始真經言外旨	陳顯微	宋	華夏出版社二〇〇四年中華道藏本
九朝編年備要	陳均	宋	文淵閣四庫全書本
雲穀雜記	張淏	宋	文淵閣四庫全書本
遺山集	元好問	金	文淵閣四庫全書本
道山先生新樂府	元好問	金	清鈔本
論語纂疏	趙順孫	宋	文淵閣四庫全書本
數書九章	秦九韶	宋	商務印書館一九三七年版
黄氏日抄	黄震	宋	文淵閣四庫全書本
千家詩選	劉克莊	宋	清嘉慶宛委别藏本
周易輯聞	趙汝楳	宋	文淵閣四庫全書本
百官箴	許月卿	宋	文淵閣四庫全書本
佛祖統紀	釋志磐	宋	大正新修大藏經本
夢粱録	吴自牧	宋	文淵閣四庫全書本
事林廣記	陳元靚	宋	中華書局一九九九年本
朱子語類	黎靖德	宋	文淵閣四庫全書本
周禮集説	不詳	宋	文淵閣四庫全書本
周易鄭康成注	王應麟	宋	文淵閣四庫全書本
南華真經義海纂微	褚伯秀	宋	文淵閣四庫全書本
葦航漫遊稿	胡仲弓	宋	文淵閣四庫全書本

仁齋傷寒類書	楊士瀛	宋	文淵閣四庫全書本
還丹秘訣養赤子神方	許明道	宋	正統道藏涵芬樓影印本
竹溪鬳齋十一藁續集	林希逸	宋	文淵閣四庫全書本
雨暘氣候親機	不詳	宋	華夏出版社二〇〇四年中華道藏本
李太白集分類補註	楊齊賢、蕭士贇	宋	文淵閣四庫全書本
漢制攷	王應麟	宋	文淵閣四庫全書本
玉海	王應麟	宋	文淵閣四庫全書本
六經天文編	王應麟	宋	清學津討原本、文淵閣四庫全書本
小學紺珠	王應麟	宋	文淵閣四庫全書本
漢藝文志考證	王應麟	宋	文淵閣四庫全書本
魯齋集	王柏	宋	文淵閣四庫全書本
楊輝算法	楊輝	宋	清宜稼堂叢書本
詳解九章算法	楊輝	宋	商務印書館一九三六年版
重刊訂正秋蟲譜	賈似道	宋	明嘉靖刻本
周禮句解	朱申	宋	文淵閣四庫全書本
文山集	文天祥	宋	四部叢刊影明刊本
春秋集傳詳説	家鉉翁	宋	文淵閣四庫全書本
六書故	戴侗	宋	文淵閣四庫全書本
武林舊事	周密	宋	文淵閣四庫全書本
齊東野語	周密	宋	文淵閣四庫全書本
志雅堂雜鈔	周密	宋	清粵雅堂叢書本
雲烟過眼録	周密	宋	文淵閣四庫全書本
癸辛雜識	周密	宋	文淵閣四庫全書本
天原發微	鮑雲龍	宋	文淵閣四庫全書本、華夏出版社二〇〇四年中華道藏本
南華真經循本	羅勉道	宋	華夏出版社二〇〇四年中華道藏本
元始無量度人上品妙經註	青元真	宋	華夏出版社二〇〇四年中華道藏本
周易參同契注	不詳	不詳	正統道藏涵芬樓影印本
太上三辟五解秘法	不詳	不詳	華夏出版社二〇〇四年中華道藏本
全真坐鉢捷法	不詳	金元之际	正統道藏涵芬樓影印本

高上月宮太陰元君孝道仙王靈寶淨明黄素書	不詳	宋元間	華夏出版社二〇〇四年中華道藏本
梓人遺制	薛景石	元	明永樂大典本
元始天尊説太古經註	長荃子	元	華夏出版社二〇〇四年中華道藏本
道德真經衍義手鈔	王守正	元	華夏出版社二〇〇四年中華道藏本、正統道藏涵芬樓影印本
秋澗集	王惲	元	文淵閣四庫全書本
陵川集	郝經	元	文淵閣四庫全書本
東南紀聞	不詳	元	文淵閣四庫全書本
桐江續集	方回	元	文淵閣四庫全書本
紫山大全集	胡祗遹	元	文淵閣四庫全書本
玉堂嘉話	王惲	元	文淵閣四庫全書本
韻府羣玉	陰勁弦、陰復春	元	文淵閣四庫全書本
道德真經集義	劉惟永	元	華夏出版社二〇〇四年中華道藏本
長生指要篇	林自然	元	正統道藏涵芬樓影印本
農桑輯要	司農司	元	文淵閣四庫全書本、清武英殿聚珍版叢書本
周易原旨	保巴	元	文淵閣四庫全書本
識遺	羅璧	元	文淵閣四庫全書本
文始真經註	牛道淳	元	華夏出版社二〇〇四年中華道藏本
歲時廣記	陳元靚	元	清十萬卷樓叢書本
庚道集	不詳	元	華夏出版社二〇〇四年中華道藏本
[咸淳]臨安志	潛説友	元	文淵閣四庫全書本
續古今攷	方回	元	文淵閣四庫全書本
心史	鄭思肖	元	西安交通大學錢學森圖書館藏本
歷世真仙體道通鑑續編	趙道一	元	華夏出版社二〇〇四年中華道藏本
道法心傳	王惟一	元	華夏出版社二〇〇四年中華道藏本
玄宗直指萬法同歸	牧常晁	元	華夏出版社二〇〇四年中華道藏本
蘭軒集	王旭	元	文淵閣四庫全書本
類編長安志	駱天驤	元	明鈔本
道德真經註	吳澄	元	文淵閣四庫全書本

天文精義賦	岳熙載	元	清光緒碧琳瑯館叢書本
算學啓蒙	朱世傑	元	羅士琳校勘揚州刻本
月屋漫稿	黃庚	元	文淵閣四庫全書本
榘庵集	同恕	元	文淵閣四庫全書本
修真十書金丹大成集	蕭廷芝	元	華夏出版社二〇〇四年中華道藏本
論語通	胡炳文	元	文淵閣四庫全書本
西巖集	張之翰	元	文淵閣四庫全書本
居家必用事類全集	不詳	元	明刻本
書齋夜話	俞琰	元	文淵閣四庫全書本
周易衍義	胡震	元	文淵閣四庫全書本
文獻通考	馬端臨	元	文淵閣四庫全書本
周官集傳	毛應龍	元	文淵閣四庫全書本
霽山文集	林景熙	元	文淵閣四庫全書本
席上腐談	俞琰	元	文淵閣四庫全書本
周易參同契發揮	俞琰	元	文淵閣四庫全書本
周易集説	俞琰	元	文淵閣四庫全書本
湛淵静語	白珽	元	文淵閣四庫全書本
玉清無極總真文昌大洞仙經註	衛琪	元	華夏出版社二〇〇四年中華道藏本
閒居録	吾衍	元	文淵閣四庫全書本
農書	王禎	元	文淵閣四庫全書本
文子纘義	杜道堅	元	文淵閣四庫全書本
武當紀勝集	羅霆震	元	華夏出版社二〇〇四年中华道藏本
谷神篇	林轅	元	華夏出版社二〇〇四年中華道藏本
中庵集	劉敏中	元	清鈔本
太極祭鍊内法	鄭思肖	元	華夏出版社二〇〇四年中華道藏本
雪樓集	程文海	元	文淵閣四庫全書本
隱居通議	劉壎	元	清海山仙館叢書本
陳氏香譜	陳敬	元	文淵閣四庫全書本
讀書叢説	許謙	元	文淵閣四庫全書本

書名	作者	朝代	版本
歸田類稿	張養浩	元	文淵閣四庫全書本
春秋本義	程端學	元	文淵閣四庫全書本
十一經問對	何異孫	元	文淵閣四庫全書本
河防通議	沙克什	元	文淵閣四庫全書本
書蔡氏傳旁通	陳師凱	元	文淵閣四庫全書本
松雪齋集	趙孟頫	元	文淵閣四庫全書本
詩傳旁通	梁益	元	文淵閣四庫全書本
此山詩集	周權	元	文淵閣四庫全書本
清容居士集	袁桷	元	文淵閣四庫全書本、四部叢刊影元刊本
太上洞玄靈寶无量度人上品妙經註	陳致虚	元	華夏出版社二〇〇四年中華道藏本
白雲集	許謙	元	文淵閣四庫全書本
農桑衣食撮要	魯明善	元	文淵閣四庫全書本
積齋集	程端學	元	文淵閣四庫全書本
禮記纂言	吴澄	元	文淵閣四庫全書本
吴文正集	吴澄	元	文淵閣四庫全書本
齊乘	于欽	元	文淵閣四庫全書本
定宇集	陳櫟	元	文淵閣四庫全書本
元文類	蘇天爵	元	文淵閣四庫全書本
革象新書	趙友欽	元	文淵閣四庫全書本
重修革象新書	趙友欽、王禕	元	文淵閣四庫全書本
燕石集	宋褧	元	文淵閣四庫全書本
熬波圖	陳椿	元	文淵閣四庫全書本
紫陽真人悟真直指詳説三乘秘要	戴順	元	華夏出版社二〇〇四年中華道藏本
午溪集	陳鎰	元	文淵閣四庫全書本
尚書通考	黄鎮成	元	文淵閣四庫全書本
讀書管見	王充耘	元	文淵閣四庫全書本
抱一子三峰老人丹訣	金月岩、黄公望	元	華夏出版社二〇〇四年中華道藏本
性情集	周巽	元	文淵閣四庫全書本

難經本義	滑壽	元	文淵閣四庫全書本
金史	脱脱等	元	文淵閣四庫全書本、百衲本影印元至正刊本
宋史	脱脱等	元	文淵閣四庫全書本
上陽子金丹大要	陳致虚	元	華夏出版社二〇〇四年中華道藏本
古樂府	左克明	元	文淵閣四庫全書本
律吕成書	劉瑾	元	文淵閣四庫全書本
鐵崖賦稿	楊維楨	元	清勞權家鈔本
墨史	陸友	元	文淵閣四庫全書本
伊濵集	王沂	元	文淵閣四庫全書本
宛陵羣英集	汪澤民、張師愚	元	文淵閣四庫全書本
荊南倡和詩集	周砥、馬治	元	文淵閣四庫全書本
管窺外篇	史伯璿	元	文淵閣四庫全書本
林登州集	林弼	元	文淵閣四庫全書本
山居新話	楊瑀	元	文淵閣四庫全書本
尚絅齋集	童冀	元	文淵閣四庫全書本
續軒渠集	洪希文	元	文淵閣四庫全書本
還真集	王玠	元	華夏出版社二〇〇四年中華道藏本
理學類編	張九韶	元	文淵閣四庫全書本
南村輟耕録	陶宗儀	元	文淵閣四庫全書本、上海涵芬樓影印吴縣潘氏滂憙齋藏元刊本
草閣詩集	李昱	元	文淵閣四庫全書本
静齋至正直記	孔齊	元	清毛氏鈔本
氏族大全	不詳	元	文淵閣四庫全書本
瑯嬛記	伊世珍	元	明萬曆刻本
田家五行	婁元禮	元	明張師説校訂本
梓潼帝君化书	不詳	元	華夏出版社二〇〇四年中華道藏本
周易程朱傳義折衷	趙采	元	文淵閣四庫全書本
玄真靈應寶籤	不詳	元至明初	華夏出版社二〇〇四年中華道藏本
元史	宋濂等	明	文淵閣四庫全書本
明集禮	徐一夔	明	文淵閣四庫全書本

書名	作者	朝代	版本
鐵崖古樂府補	楊維楨	明	文淵閣四庫全書本
高太史大全集	高啓	明	四部叢刊影明景泰刊本
眉菴集	楊基	明	文淵閣四庫全書本
飲食須知	賈銘	明	清學海類編本
槎翁詩集	劉嵩	明	文淵閣四庫全書本
平妖傳	羅貫中、馮夢龍	明	明墨憨齋本
可閒老人集	張昱	明	文淵閣四庫全書本
王忠文集	王禕	明	文淵閣四庫全書本
誠意伯文集	劉基	明	文淵閣四庫全書本
析津志輯佚	熊夢祥	明	北京古籍出版社一九八三年本
草木子	葉子奇	明	文淵閣四庫全書本
龜巢稿	謝應芳	明	文淵閣四庫全書本
文憲集	宋濂	明	文淵閣四庫全書本
斗南老人集	胡奎	明	文淵閣四庫全書本
滎陽外史集	鄭真	明	文淵閣四庫全書本
墨法集要	沈繼孫	明	文淵閣四庫全書本
西菴集	孫蕡	明	文淵閣四庫全書本
唐詩品彙	高棅	明	文淵閣四庫全書本
大明太祖高皇帝御注道德真經	朱元璋	明	華夏出版社二〇〇四年中華道藏本
道法會元	不詳	明	華夏出版社二〇〇四年中華道藏本
玉機微義	徐用誠、劉純	明	文淵閣四庫全書本
巽隱集	程本立	明	文淵閣四庫全書本
火龍經	劉基、焦玉	明	清咸豐河南南陽石室刻本
普濟方	朱橚	明	文淵閣四庫全書本
説郛	陶宗儀	明	文淵閣四庫全書本
峴泉集	張宇初	明	華夏出版社二〇〇四年中華道藏本
火龍神器陣法	焦玉	明	清鈔本
書經大全	胡廣等	明	文淵閣四庫全書本
禮記大全	胡廣等	明	文淵閣四庫全書本

書名	作者	朝代	版本
性理大全書	胡廣等	明	文淵閣四庫全書本
胡文穆公文集	胡廣	明	清乾隆十五年刻本
天皇至道太清玉册	朱權	明	華夏出版社二〇〇四年中華道藏本
滄螺集	孫作	明	文淵閣四庫全書本
歸田詩話	瞿佑	明	清知不足齋叢書本
四時氣候集解	李泰	明	明景泰胡廷璨刻本
天元玉曆祥異賦	不詳	明	舊鈔本
順風相送	向达(校注)	明	中外交通史籍叢刊
諸家算法及序記	不詳	明	中國科學院自然科學史研究所圖書館抄本
海涵萬象録	黄潤玉	明	四明張氏約園開雕本
格古要論	曹昭	明	文淵閣四庫全書本
新增格古要論	曹昭、王佐	明	清惜陰軒叢書本
岐海瑣談	姜准	明	上海社會科學出版社二〇〇二年本
忠肅集	于謙	明	文淵閣四庫全書本
增修埤雅廣要	陸佃、牛衷	宋、明	明萬曆三十八年孫弘範刻本
讀書録	薛瑄	明	文淵閣四庫全書本
草窗集	劉溥	明	明成化十六年劉氏刻本
水東日記	葉盛	明	清康熙刻本
讕言長語	曹安	明	文淵閣四庫全書本
西郊笑端集	董紀	明	文淵閣四庫全書本
菽園雜記	陸容	明	文淵閣四庫全書本
方洲集	張寧	明	文淵閣四庫全書本
大學衍義補	丘濬	明	文淵閣四庫全書本
青溪暇筆	姚福	明	明邢氏來禽館鈔本
彭惠安集	彭韶	明	文淵閣四庫全書本
明文衡	程敏政	明	文淵閣四庫全書本
新安文獻志	程敏政	明	文淵閣四庫全書本
定山集	莊昶	明	文淵閣四庫全書本
三余贅筆	都卬	明	叢書集成初編本

書名	作者	朝代	版本
易經蒙引	蔡清	明	文淵閣四庫全書本
四書蒙引	蔡清	明	文淵閣四庫全書本
椒邱文集	何喬新	明	文淵閣四庫全書本
家藏集	吴寬	明	文淵閣四庫全書本
竹嶼山房雜部	宋詡	明	文淵閣四庫全書本
苑洛志樂	韓邦奇	明	文淵閣四庫全書本
石田詩選	沈周	明	文淵閣四庫全書本
江西通志	陶成等	明	文淵閣四庫全書本
蓬窗類紀	黄暐	明	涵芬樓秘笈本
姑蘇志	王鏊	明	明正德元年刻本
瓊臺志	唐胄	明	明正德刻本
懷麓堂集	李東陽	明	文淵閣四庫全書本
古城集	張吉	明	文淵閣四庫全書本
空同集	李夢陽	明	文淵閣四庫全書本
西洋朝貢典録	黄省曾	明	清指海本
大復集	何景明	明	文淵閣四庫全書本
秦録	沈思孝	明	清學海類編本
讀書劄記	徐問	明	文淵閣四庫全書本
算學寶鑑	王文素	明	北京圖書館藏本
王氏家藏集	王廷相	明	中華書局一九八九年點校本
南園漫録	張志淳	明	文淵閣四庫全書本
鐘律通考	倪複	明	文淵閣四庫全書本
湛甘泉先生文集	湛若水	明	清康熙二十黄楷刻本
中庸衍義	夏良勝	明	文淵閣四庫全書本
慎言	王廷相	明	中華書局一九八九年本
改亭續稿	方鳳	明	明崇禎刻本
繪圖地理人子須知	徐善繼、徐善述、鄭同	明	故宫藏本術書叢刊本
愧痟集	林大輅	明	明嘉靖林敦履刻本
華泉集	邊貢	明	文淵閣四庫全書本

碧裡雜存	董穀	明	商務印書館民國二十六年本
東溪日談録	周琦	明	文淵閣四庫全書本
李氏樂書六種	李文察	明	福建省圖書館藏明嘉靖刻本
遲菴先生集	王臯	明	明刻本
雅樂發微	張敔	明	國家圖書館分館藏明嘉靖十七年孫沐刻本
大樂律呂元聲	李文利	明	浙江省圖書館藏明嘉靖十四年浙江布政司刻本
樂律纂要	季本	明	浙江省圖書館藏明嘉靖十八年宋楫刻本
兩山墨談	陳霆	明	明嘉靖十八年李檠刻本
邃懷堂全集	袁翼	明	清光緒十四年袁鎮嵩刻本
庸言	黄佐	明	明嘉靖刻本
海語	黄衷	明	文淵閣四庫全書本
茶譜	顧元慶	明	明刻本
尚書疑義	馬明衡	明	文淵閣四庫全書本
譚苑醍醐	楊慎	明	文淵閣四庫全書本
儼山集	陸深	明	文淵閣四庫全書本
蜀都雜鈔	陸深	明	明廣百川學海本
儼山外集	陸深	明	文淵閣四庫全書本
古今説海	陸楫	明	文淵閣四庫全書本
武編	唐順之	明	文淵閣四庫全書本、明天啟刻本
古樂經傳全書	湛若水、吕懷	明	北京圖書館藏明嘉靖三十四年祝廷滂刻本
問水集	劉天和	明	明刻本
稗編	唐順之	明	文淵閣四庫全書本
七修類稿	郎瑛	明	明刻本、文化藝術出版社一九九八年版
蘭陽縣志	李希程等	明	明嘉靖刻本
丹鉛總録	楊慎	明	文淵閣四庫全書本
丹鉛餘録	楊慎	明	文淵閣四庫全書本
丹鉛摘録	楊慎	明	文淵閣四庫全書本
異魚圖贊箋	楊慎、胡世安	明	文淵閣四庫全書本
夢澤集	王廷陳	明	文淵閣四庫全書本

書名	作者	朝代	版本
律吕古義	吕懷	明	上海圖書館藏明嘉靖刻本
樂經元義	劉濂	明	天津圖書館藏明嘉靖刻本
西湖遊覽志	田汝成	明	文淵閣四庫全書本
古樂義	邵儲	明	北京圖書館藏清鈔本
經典稽疑	陳耀文	明	文淵閣四庫全書本
升菴集	楊慎	明	文淵閣四庫全書本
鄭開陽雜著	鄭若曾	明	文淵閣四庫全書本
神道大編曆宗通議	周述學	明	明鈔本
律吕新書分注圖算	許珍	明	中國藝術研究院音樂所藏舊抄本
青州府志	馮惟訥等	明	明嘉靖刻本
論語類考	陳士元	明	文淵閣四庫全書本
蓬窗日録	陳全之	明	明嘉靖四十四年刻本
古詩紀	馮惟訥	明	文淵閣四庫全書本
念菴文集	羅洪先	明	文淵閣四庫全書本
留青日札	田藝蘅	明	明萬曆重刻本
籌海圖編	胡宗憲	明	文淵閣四庫全書本
嵩渚文集	李濂	明	明嘉靖刻本
江南經畧	鄭若曾	明	文淵閣四庫全書本
篷底浮談	張元諭	明	明隆慶四年董原道刻本
青烏緒言	李豫亨	明	叢書集成初編本
推篷寤語	李豫亨	明	明隆慶五年李氏思敬堂刻本
南華真經副墨	陸西星	明	明萬曆刻本
練兵雜紀	戚繼光	明	文淵閣四庫全書本
震川集	歸有光	明	文淵閣四庫全書本
尚書日記	王樵	明	文淵閣四庫全書本
甘露園短書	陳汝錡	明	明萬曆刻清康熙重修本
陣紀	何良臣	明	文淵閣四庫全書本、清惜陰軒叢書本
赤水元珠	孫一奎	明	文淵閣四庫全書本
煮泉小品	田藝蘅	明	明寶顔堂秘笈本

書名	作者	朝代	版本
涇林雜紀	周復俊	明	明刻本
治水筌蹄	萬恭	明	明萬曆張文奇重刊本
周禮全經釋原	柯尚遷	明	文淵閣四庫全書本
百越先賢志	歐大任	明	文淵閣四庫全書本
本語	高拱	明	文淵閣四庫全書本
三吴水考	張内藴、周大韶	明	文淵閣四庫全書本
事物考	王三聘	明	明嘉靖四十二年刻本
譚襄敏公遺集	譚綸	明	清嘉慶二十四年鄒庭芳活字本
類雋	鄭若庸	明	明萬曆六年汪珙刻本
本草綱目	李時珍	明	人民衛生出版社一九七五年版
殊域周咨録	嚴從簡	明	明萬曆刻本
安吉州志	江一麟	明	明嘉靖刻本
方麓集	王樵	明	文淵閣四庫全書本
名義考	周祈	明	文淵閣四庫全書本
聖壽萬年曆	朱載堉	明	文淵閣四庫全書本
律曆融通	朱載堉	明	文淵閣四庫全書本
律學新説	朱載堉	明	文淵閣四庫全書本
樂學新説	朱載堉	明	文淵閣四庫全書本
律吕質疑辨惑	朱載堉	明	北京師範大學圖書館藏明萬曆刻本
算學新説	朱載堉	明	文淵閣四庫全書本
新刻張太岳先生文集	張居正	明	明萬曆四十年唐國達刻本
律吕解注	鄧文憲	明	北京圖書館藏明嘉靖二年詹璥丘璦等刻本
衡廬精舍藏稿	胡直	明	文淵閣四庫全書本
紀效新書	戚繼光	明	文淵閣四庫全書本、清學津討原本
戒菴老人漫筆	李詡	明	明萬曆刻本
五經稽疑	朱睦㮮	明	文淵閣四庫全書本
喻林	徐元太	明	文淵閣四庫全書本
律吕正聲	王邦直	明	北京大學圖書館藏明萬曆三十六年黄作孚刻本
讀易述	潘士藻	明	文淵閣四庫全書本

書名	著者	朝代	版本
王奉常集	王世懋	明	明萬曆刻本
紹興府志	張元忭	明	明萬曆十五年刻本
天中記	陳耀文	明	文淵閣四庫全書本
考槃餘事	屠隆	明	叢書集成初編本、明陳眉公訂正秘笈本
三命通會	萬民英	明	文淵閣四庫全書本
范衍	錢一本	明	明萬曆刻本
潘司空奏疏	潘季馴	明	文淵閣四庫全書本
海國廣記	慎懋賞	明	齐鲁书社《郑和下西洋资料汇编》
弇州山人四部稿	王世貞	明	明萬曆刻本
算法統宗	程大位	明	康熙五十五年刻本
戎事類占	李克家	明	明萬曆二十五年厭原山館刻本
紫栢老人集	釋真可	明	明天啓七年釋三炬刻本
禪寄筆談	陳師	明	明萬曆二十一年自刻本
律吕精義	朱載堉	明	文淵閣四庫全書本、北京師範大學圖書館藏明萬曆刻本
藝彀	鄧伯羔	明	文淵閣四庫全書本
茶經	張謙德	明	民國美術叢書本
廣志繹	王士性	明	清康熙十五年刻本、中華書局一九八一年點校本
王太初先生五岳遊草	王士性	明	清康熙刻本
登壇必究	王鳴鶴	明	清刻本
皇明典禮志	郭正域	明	明萬曆四十一年劉汝康刻本
益部談資	何宇度	明	文淵閣四庫全書本
叔苴子内編	莊元臣	明	叢書集成初編本
胡維霖集	胡維霖	明	明崇禎刻本
詞林海錯	夏樹芳	明	明萬曆刻本
虔臺倭纂	謝傑、朱琦等	明	北京圖書館古籍珍本叢刊
新鐫徐氏家藏羅經頂門針	徐之鏌	明	明天啟金陵書林唐鯉耀刻本
梁文紀	梅鼎祚	明	文淵閣四庫全書本
後周文紀	梅鼎祚	明	文淵閣四庫全書本
隋文紀	梅鼎祚	明	文淵閣四庫全書本

宋文紀	梅鼎祚	明	文淵閣四庫全書本
東漢文紀	梅鼎祚	明	文淵閣四庫全書本
幔亭集	徐熥	明	文淵閣四庫全書本
重刻來瞿唐先生日録	來知德	明	明萬曆刻本
甲秀園集	費元禄	明	明萬曆刻本
使琉球録	夏子陽	明	臺灣文獻史料叢刊本
西樓全集	鄧原岳	明	明崇禎元年鄧慶宷刻本
剡溪漫筆	孫能傳	明	明萬曆四十一年孫能正刻本
乾坤體義	[意]利瑪竇	明	文淵閣四庫全書本
兵録	何汝賓	明	明崇禎刻本、明崇禎寫本
三才圖會	王圻等	明	明萬曆王思義校正本
救命書	吕坤	明	清道光瓶花書屋本
廣博物志	董斯張	明	文淵閣四庫全書本
萬曆野獲編	沈德符	明	清道光七年姚氏刻同治八年補修本
穀城山館文集	于慎行	明	明萬曆于緯刻本
周禮完解	郝敬	明	明九部經解本
圖書編	章潢	明	文淵閣四庫全書本
疑耀	張萱	明	文淵閣四庫全書本
鄭侯升集	鄭明選	明	明萬曆三十一年鄭文震刻本
賜閑堂集	申時行	明	明萬曆刻本
駢志	陳禹謨	明	文淵閣四庫全書本
樂律全書	朱載堉	明	文淵閣四庫全書本
律吕正論	朱載堉	明	北京師範大學圖書館藏明萬曆刻本
新鐫海内奇觀	楊爾曾	明	明萬曆夷白堂刻本
嘯餘譜	程明善	明	北京師範大學圖書館藏明萬曆刻本
弗告堂集	于若瀛	明	明萬曆刻本
六家詩名物疏	馮復京	明	文淵閣四庫全書本
説略	顧起元	明	文淵閣四庫全書本
越鐫	王在晋	明	明萬曆三十九年刻本

新法算書	徐光啟等	明	文淵閣四庫全書本
測量法義	徐光啟	明	文淵閣四庫全書本
測量異同	徐光啟	明	文淵閣四庫全書本
簡平儀説	[意]熊三拔	明	文淵閣四庫全書本
泰西水法	[意]熊三拔	明	文淵閣四庫全書本
少墟集	馮從吾	明	文淵閣四庫全書本
素園石譜	林有麟	明	明萬曆刻本
同文算指	李之藻	明	文淵閣四庫全書本
鹿裘石室集	梅鼎祚	明	明天啓三年玄白堂刻本
天問略	[葡]陽瑪諾	明	文淵閣四庫全書本
雪堂隨筆	顧起元	明	明天啓七年刻本
性理大中	應撝謙	明	清康熙刻本
蜀中廣記	曹學佺	明	文淵閣四庫全書本
客座贅語	顧起元	明	明萬曆四十六年自刻本
花史左編	王路	明	明萬曆刻本
東西洋考	張燮	明	文淵閣四庫全書本
神農本經會通	滕弘	明	明萬曆滕萬里刻本
太律	葛中選	明	明刻本
新刻羅經解	熊汝岳	明	中醫古籍出版社二〇一〇年本
呻吟語摘	吕坤	明	文淵閣四庫全書本
雷公炮製藥性解	李中梓	明	上海科學技術出版社一九五八年版
諸葛忠武書	楊時偉	明	文淵閣四庫全書本
山堂肆考	彭大翼	明	文淵閣四庫全書本
古微書	孫瑴	明	文淵閣四庫全書本
日月星晷式	不詳	明	明鈔本
焦氏説楛	焦周	明	明萬曆刻本
禮部志稿	俞汝楫	明	文淵閣四庫全書本
易義古象通	魏濬	明	文淵閣四庫全書本
六研齋筆記	李日華	明	文淵閣四庫全書本

武備志　茅元儀　明　明天啓刻本

隱秀軒集　鍾惺　明　明天啓二年沈春澤刻本

滇略　謝肇淛　明　文淵閣四庫全書本

補續全蜀藝文志　杜應芳　明　明萬曆刻本

五雜俎　謝肇淛　明　明萬曆四十四年潘膺祉如韋館刻本

古今律曆考　邢雲路　明　文淵閣四庫全書本

詩故　朱謀㙔　明　文淵閣四庫全書本

駢雅　朱謀㙔　明　文淵閣四庫全書本

小草齋集　謝肇淛　明　明萬曆刻本

周易像象述　吴桂森　明　文淵閣四庫全書本

神農本草經疏　繆希雍　明　文淵閣四庫全書本

山行雜記　宋彦　明　明寶顔堂秘笈本

寓林集　黄汝亨　明　明天啓四年刻本

奇器圖説　[德]鄧玉函、王徵　明　文淵閣四庫全書本

諸器圖説　王徵　明　文淵閣四庫全書本

高上玉皇本行經集註　周玄貞　明　華夏出版社二〇〇四年中華道藏本

明實録　温體仁　明　紅格抄本

遠鏡説　[德]湯若望　明　清藝海珠塵本

文章辨體彙選　賀復徵　明　文淵閣四庫全書本

玉芝堂談薈　徐應秋　明　文淵閣四庫全書本

巵林　周嬰　明　文淵閣四庫全書本

長物志　文震亨　明　文淵閣四庫全書本

湧幢小品　朱國禎　明　明天啓二年刻本

四書留書　章世純　明　文淵閣四庫全書本

農政全書　徐光啓　明　文淵閣四庫全書本

寰有詮　[葡]傅汎際、李之藻　明　明崇禎刻本

沈氏日旦　沈長卿　明　明崇禎刻本

痰火點雪　龔居中　明　明建易書林劉大易刻本

西法神機　孫元化　明　清康熙古香草堂本

書名	作者	朝代	版本
周易玩辭困學記	張次仲	明	文淵閣四庫全書本
博物典彙	黄道周	明	明崇禎刻本
雪廬焚餘稿	趙維寰	明	明崇禎刻本
澹寧居詩集	馬世奇	明	清乾隆二十一年刻本
仙佛合宗語録	伍守陽	明	清光緒重刊道藏輯要本
慎守要録	韓霖	明	清海山仙館叢書本
香乘	周嘉胄	明	文淵閣四庫全書本
帝京景物略	劉侗、于奕正	明	明崇禎刻本、北京古籍出版社一九八〇年版
軍器圖説	畢懋康	明	明崇禎張繼孟刻本
天工開物	宋應星	明	明崇禎初刻本
論氣	宋應星	明	上海人民出版社一九七六年點校本
射學指南	楊惟明	明	明崇禎刻本
射書	顧煜	明	明崇禎十年刻本
金湯借箸十二籌	李盤等	明	明崇禎刻本
金湯借箸	周鑒等	明	吴壽格鈔本
明經世文編	陳子龍	明	明崇禎平露堂刻本
格致草	熊明遇	明	函宇通本
黄石齋先生文集	黄道周	明	清康熙五十三年刻本
榕壇問業	黄道周	明	文淵閣四庫全書本
周禮註疏刪翼	王志長	明	文淵閣四庫全書本
景岳全書	張介賓	明	文淵閣四庫全書本
漢魏六朝百三家集	张溥	明	文淵閣四庫全書本
古儷府	王志慶	明	文淵閣四庫全書本
火攻挈要	[德]湯若望、焦勖	明	清海山仙館叢書本、中華書局一九八五年版
羅紋山全集	羅明祖	明	明末古處齋刻本
物理小識	方以智	明	文淵閣四庫全書本
通雅	方以智	明	文淵閣四庫全書本
石倉歷代詩選	曹學佺	明	文淵閣四庫全書本
寶顔堂訂正脉望	趙台鼎、陳繼儒、沈德	明	明陳眉公家藏秘笈續函本

增補武林舊事	周密、朱廷焕	宋、明	文淵閣四庫全書本
戰守全書	范景文	明	明崇禎刻本
兒易外儀	倪元璐	明	文淵閣四庫全書本
申忠愍詩集	申佳允	明	文淵閣四庫全書本
本草乘雅半偈	盧之頤	明	文淵閣四庫全書本
宛在堂文集	郭之奇	明	明崇禎刻本
夜航船	張岱	明	清鈔本
中州人物考	孫奇逢	清	文淵閣四庫全書本
棗林雜俎	談遷	清	清鈔本
可經堂集	徐石麒	清	清順治可經堂刻本
古今疏	朱虛	清	清順治萬卷樓刻本
海沂子	王文禄	清	明百陵學山本
新鐫京版工師凋斫正式魯班經匠家鏡	午榮	清	清乾隆刻本
樂書內編	張宣猷、鄭先慶	清	上海圖書館藏清康熙刻本
雅倫	費經虞	清	清康熙四十九年刻本
數度衍	方中通	清	文淵閣四庫全書本
倘湖樵書	來集之	清	清康熙倘湖小築刻本
天經或問前集	游藝	清	文淵閣四庫全書本、中國科學院自然科學史研究所藏清抄本
天經或問後集	遊藝	清	北京圖書館藏清書林熊氏大集堂刊本、北京師範大學圖書館藏本
水師輯要	陳良弼	清	上海古籍出版社一九九六年版
綏寇紀畧	吴偉業	清	文淵閣四庫全書本
十二樓	李漁	清	浙江古籍出版社二〇一二年版
光州志	莊泰弘	清	清順治十六年刊本
易酌	刁包	清	文淵閣四庫全書本
日知録	顧炎武	清	文淵閣四庫全書本
中州雜俎	汪价	清	民國十年安陽三怡堂排印本
顏山雜記	孫廷銓	清	文淵閣四庫全書本

書名	朝代	作者	版本
曆學會通致用	清	薛鳳祚	清康熙刻本
采菽堂古詩選	清	陳祚明	清刻本
正誼堂詩文集	清	董以寧	清康熙書林蘭蓀堂刻本
茶史	清	劉源長	清雍正墨韵堂刻本
矩齋雜記	清	施閏章	中央民族大學圖書館藏清康熙乾隆間刻施愚山先生全集本
偏行堂集	清	金堡	清乾隆五年刻本
溉堂集	清	孫枝蔚	清康熙刻本
宋稗類鈔	清	潘永因	文淵閣四庫全書本
周易象辭	清	黄宗炎	文淵閣四庫全書本
博物要覽	清	穀應泰	清函海本
梅村集	清	吴偉業	文淵閣四庫全書本
庾開府集箋註	清	庾信、吴兆宜	文淵閣四庫全書本
峨眉山志	清	蔣超	清康熙刻本
桴亭先生文集	清	陸世儀	清光緒二十五年唐受祺刻陸桴亭先生遺書本
律吕心法	清	李子金	清康熙刊本
因樹屋書影	清	周亮工	清康熙六年刻本
李介節先生全集	清	李天植	清嘉慶十九年錢椒刻本
正字通	清	張自烈、廖文英	清康熙二十四年清畏堂刻本
坤輿圖説	清	[比]南懷仁	文淵閣四庫全書本
梭山農譜	清	劉應棠	清同治刻半畝園叢書本
新製靈臺儀象志	清	[比]南懷仁	清康熙十三年刻本
璇璣遺述	清	揭暄	刻鵠齋本
渌水亭雜識	清	納蘭性德	上海進步書局本、昭代叢書本
曆學會通	清	薛鳳祚	清康熙益都薛氏遺書本
霽軒詩鈔	清	袁佑	清康熙五十六年陸師等刻本
硯山齋雜記	清	孫承澤	文淵閣四庫全書本
春明夢餘録	清	孫承澤	文淵閣四庫全書本
明儒學案	清	黄宗羲	文淵閣四庫全書本
乾初先生遺集	清	陳確	清餐霞軒鈔本

古樂書	清	應撝謙	文淵閣四庫全書本
鐘律陳數	清	顧陳垿	清道光十年長州劉氏刻賜硯堂叢書新編本
三魚堂日記	清	陸隴其	清同治九年浙江書局刻本
資治通鑑後編	清	徐乾學	文淵閣四庫全書本
竟山樂録	清	毛奇齡	文淵閣四庫全書本
九烟先生遺集	清	周星	清道光二十九年左仁周詒樸刻本
歷代詩話	清	吴景旭	文淵閣四庫全書本
翁山詩外	清	屈大均	清康熙刻凌鳳翔補修本
數學鑰	清	杜知耕	文淵閣四庫全書本
曉庵遺書	清	王錫闡	木犀軒叢書本
肇域志	清	顧炎武	清鈔本
廣東新語	清	屈大均	清康熙水天閣刻本
梅氏叢書輯要	清	梅文鼎	清光緒戊子龍文書局石印本
學餘堂集	清	施閏章	文淵閣四庫全書本
耳鳴集	清	王邦畿	清初古厚堂刻本
窮理學	清	[比]南懷仁	尹曉冬《16—17世紀明末清初西方火器技術向中國的轉移》山東教育出版社二〇一四年版
天香樓偶得	清	虞兆漋	清鈔本
指南正法	清	向达(校注)	中外交通史籍叢刊
臺灣府志	清	蔣毓英	清康熙刻本
張子正蒙注	清	王夫之	清船山遺書本、中華書局一九七五年點校本
思問録	清	王夫之	清船山遺書本
薑齋詩文集	清	王夫之	四部叢刊影船山遺書本
湄湖吟	清	杜漺	清康熙刻道光九年杜堮增修本
黔書	清	田雯	民國本
河防述言	清	陳潢	文淵閣四庫全書本
庸言	清	魏象樞	清康熙刻説鈴續集本
毛詩稽古編	清	陳啓源	文淵閣四庫全書本
明季北略	清	計六奇	清活字印本

廣東文選	清	屈大均	清康熙二十六年三閣書院刻本
律吕圖説	清	王建常	清華大學圖書館藏清乾隆三十九年朝阪集義堂刻本
宋元詩會	清	陳焯	文淵閣四庫全書本
孝經衍義	清	韓菼	文淵閣四庫全書本
易律通解	清	沈光邦	故宫博物院圖書館藏清鈔本
古今釋疑	清	方中履	清康熙十八年楊霖刻本
五代詩話	清	鄭方坤	文淵閣四庫全書本
宋元學案	清	黄宗羲	清道光刻本
學餘堂文集	清	施閏章	文淵閣四庫全書本
地理大成羅經指南撥霧集	清	葉泰	華齡出版社二〇〇六年版
經稗	清	鄭方坤	文淵閣四庫全書本
翁山文外	清	屈大均	清康熙刻本
聖諭樂本解説	清	毛奇齡	文淵閣四庫全書本
皇言定聲録	清	毛奇齡	文淵閣四庫全書本
文襄奏疏	清	靳輔	文淵閣四庫全書本
治河奏績書	清	靳輔	文淵閣四庫全書本
張文貞集	清	張玉書	文淵閣四庫全書本
拙齋集	清	朱奇齡	清康熙介堂刻本
明文海	清	黄宗羲	文淵閣四庫全書本
廣陽雜記	清	劉獻廷	清同治四年鈔本
類音	清	潘耒	北京圖書館藏清雍正遂初堂刻本
大成樂律全書	清	孔貞瑄	清康熙五十二年孔尚先刻本
文端集	清	張英	文淵閣四庫全書本
臺灣隨筆	清	徐懷祖	清學海類編本
注解正蒙	清	李光地	文淵閣四庫全書本
虞初新志	清	張潮	上海文明書局本
松鶴山房文集	清	陳夢雷	清康熙銅活字印本
周禮纂訓	清	李鍾倫	文淵閣四庫全書本
獨漉堂詩文集	清	陳恭尹	清道光五年陳量平刻本

秋水集	嚴繩孫	清	清康熙雨青草堂刻本
堅瓠集	褚人穫	清	上海文明書局石印本、清康熙刻本
全唐詩録	徐倬	清	文淵閣四庫全書本
粵閩巡視紀略	杜臻	清	清康熙三十八年刻本
邵子湘全集	邵長蘅	清	清康熙刻本
香祖筆記	王士禛	清	文淵閣四庫全書本
黄山志定本	閔麟嗣	清	清康熙自刻本
庚子山集	庾信	清	文淵閣四庫全書本
合訂删補大易集義粹言	納蘭性德	清	文淵閣四庫全書本
全唐詩	彭定求等	清	文淵閣四庫全書本
古今圖書集成	陳夢雷	清	臺北故宫版
歷代賦彙	陳元龍等	清	文淵閣四庫全書本
讀書紀數略	宫夢仁	清	文淵閣四庫全書本
佩文齋詠物詩選	張玉書、汪霜等	清	文淵閣四庫全書本
禮記述註	李光坡	清	文淵閣四庫全書本
佩文齋廣羣芳譜	汪灝等	清	文淵閣四庫全書本
古樂經傳	李光地	清	文淵閣四庫全書本
小學稽業	李塨	清	清畿輔叢書本
思辨録輯要	陸世儀	清	文淵閣四庫全書本、清同治正誼堂本
詩識名解	姚炳	清	文淵閣四庫全書本
淵鑑類函	張英、王士禛等	清	文淵閣四庫全書本
清真指南	馬注	清	清同治九年刊本
詩傳名物集覽	陳大章	清	文淵閣四庫全書本
池北偶談	王士禛	清	文淵閣四庫全書本、中華書局一九八二年本
書隱叢説	袁棟	清	清乾隆刻本
佩文韻府	張玉書、陳廷敬等	清	文淵閣四庫全書本
分甘餘話	王士禛	清	文淵閣四庫全書本
和漢三才圖會	[日]寺島良安	清	華東師範大學CADAL百萬册電子書數據庫
粵西叢載	汪森	清	文淵閣四庫全書本

數理精蘊	清	梅瑴成等	文淵閣四庫全書本
律呂正義	清	李光地等	文淵閣四庫全書本
在園雜志	清	劉廷璣	清康熙五十四年刻本
漁山詩草	清	邊汝元	清乾隆四十年刻本
毛詩寫官記	清	毛奇齡	文淵閣四庫全書本
西河集	清	毛奇齡	文淵閣四庫全書本
萬壽盛典初集	清	王原祁	文淵閣四庫全書本
益戒堂自訂詩集	清	揆叙	清雍正刻本
隙光亭雜識	清	揆叙	清康熙謙牧堂刻本
燕在閣知新録	清	王棠	清康熙刻本
弱水集	清	屈復	清乾隆七年賀克章刻本
月令輯要	清	李光地等	文淵閣四庫全書本
節序同風録	清	孔尚任	清鈔本
榕村語録	清	李光地	文淵閣四庫全書本
榕村語録續集	清	李光地	清光緒傳氏藏園刻本
貴州通志	清	鄂爾泰、靖到謨	文淵閣四庫全書本
榕村集	清	李光地	文淵閣四庫全書本
周官析疑	清	方苞	清康熙雍正乾隆遞修本
周官集注	清	方苞	文淵閣四庫全書本
陸稼書先生年譜定本	清	吴光酉	清雍正刻乾隆增修本
地理乾坤法竅	清	范宜賓	内蒙古人民出版社二〇一一年本
元明事類鈔	清	姚之駰	文淵閣四庫全書本
敬業堂詩集	清	查慎行	文淵閣四庫全書本、四部叢刊影清康熙本
周易函書別集	清	胡煦	文淵閣四庫全書本
詩疑辨證	清	黄中松	文淵閣四庫全書本
別雅	清	吴玉搢	文淵閣四庫全書本
樸學齋詩稿	清	林佶	清乾隆九年家刻本
曆算全書	清	梅文鼎	文淵閣四庫全書本
律呂新論	清	江永	文淵閣四庫全書本

禮書綱目	江永	清	文淵閣四庫全書本
中山傳信録	徐葆光	清	清康熙六十年刻本
元詩選二集	顧嗣立	清	文淵閣四庫全書本
蜀都碎事	陳祥裔	清	清康熙漱雪軒刻本
句股引蒙	陳訏	清	文淵閣四庫全書本
石溪詩鈔	陶煊	清	清康熙刻本
逃莽詩草	徐豫貞	清	清康熙楊崑思誠堂刻本
律吕新書注	周模	清	蘇州市圖書館藏清雍正刻本
曆象考成	允禄、何國宗等	清	文淵閣四庫全書本
行水金鑑	傅澤洪	清	文淵閣四庫全書本
禮説	惠士奇	清	文淵閣四庫全書本
莊氏算學	莊亨陽	清	文淵閣四庫全書本
得樹樓雜鈔	查慎行	清	民國適園叢書本
駢字類編	張廷玉等	清	文淵閣四庫全書本
律吕考	范爾梅	清	清刻本
管城碩記	徐文靖	清	文淵閣四庫全書本
周易函書約註	胡煦	清	文淵閣四庫全書本
畿輔通志	李衛等	清	文淵閣四庫全書本
南村隨筆	陸廷燦	清	清雍正十三年陸氏壽椿堂刻本
几暇格物編	愛新覺羅·玄燁	清	浙江古籍出版社二〇一三年版
聖祖仁皇帝聖訓	愛新覺羅·胤禛	清	文淵閣四庫全書本
四川通志	黄廷桂、张晋生等	清	文淵閣四庫全書本
河南通志	王士俊等	清	文淵閣四庫全書本
聖祖仁皇帝庭訓格言	愛新覺羅·胤禛	清	文淵閣四庫全書本
春和堂詩集	允禮	清	清雍正刻本
南窑筆記	不詳	清	民國美術叢書本
廣東通志	魯曾煜等	清	文淵閣四庫全書本
算迪	何夢瑶	清	粤雅堂丛书本
洴澼百金方	袁宫桂	清	清鈔本

山東鹽法志	清	莽鵠立	清雍正刻本
槐江詩鈔	清	程瑞祊	乾隆二年刻本
明史	清	张廷玉等	文淵閣四庫全書本
協紀辨方書	清	允禄、梅瑴成	文淵閣四庫全書本
樂律古義	清	童能靈	北京圖書館藏清乾隆刻本
豳風廣義	清	楊屾	清乾隆刻本
正蒙初義	清	王植	文淵閣四庫全書本
嚚嚚子樂原	清	嚚嚚子	北京圖書館藏清刻本
陳學士文集	清	陳儀	清乾隆五年蘭雪齋刻後印本
曆象考成後編	清	允禄等	文淵閣四庫全書本
授時通考	清	鄂爾泰、張廷玉等	文淵閣四庫全書本、清武英殿聚珍版叢書本
紫幢軒詩集	清	文昭	清雍正刻本
格致鏡原	清	陳元龍	文淵閣四庫全書本
續茶經	清	陸廷燦	文淵閣四庫全書本
甘肅通志	清	許容、李迪等	文淵閣四庫全書本
雲南通志	清	鄂爾泰、靖道謨等	文淵閣四庫全書本
醫貫砭	清	徐大椿	清乾隆半松齋刻本
修潔齋閑筆	清	劉堅	清乾隆六年刻增修本
九章録要	清	屠文漪	文淵閣四庫全書本
傳神秘要	清	蔣驥	文淵閣四庫全書本
樂經律呂通解	清	汪紱	清光緒九年婺源紫陽書院刻本
清一統志	清	徐幹學等	文淵閣四庫全書本
山西通志	清	儲大文等	文淵閣四庫全書本
黄鐘通韻	清	都四德	北京圖書館藏清乾隆刻本
大樂元音	清	潘士權	山東省圖書館藏清乾隆中和堂刻本
聖祖仁皇帝御製文第四集	清	允禄等	文淵閣四庫全書本
律呂正義後編	清	允禄等	文淵閣四庫全書本
番社采風圖考	清	六十七	臺灣文獻叢刊第九十種
律呂新書箋義	清	羅登選	清乾隆刻本

律吕新義	江永	清	華東師大圖書館藏清光緒崇文書局刻正覺樓叢刻本
續文獻通考	嵇璜等	清	文淵閣四庫全書本
御製詩集	蔣溥等	清	文淵閣四庫全書本
兩浙海塘通志	方觀承	清	清乾隆刻本
周官義疏	允祿等	清	文淵閣四庫全書本
禮記義疏	允祿等	清	文淵閣四庫全書本
望溪先生文集	方苞	清	清咸豐元年戴鈞衡刻本
日講禮記解義	張廷玉、鄂爾泰等	清	文淵閣四庫全書本
陝西通志	劉於義、沈青崖等	清	文淵閣四庫全書本
尚史	李鍇	清	文淵閣四庫全書本
半舫齋編年詩	夏之蓉	清	清乾隆夏味堂刻本
韓門綴學	汪師韓	清	清乾隆刻上湖遺集本
五禮通考	秦蕙田	清	文淵閣四庫全書本
皇極經世書解	王植	清	文淵閣四庫全書本
澳門紀略	印光任、张汝霖	清	清乾隆西阪草堂刻本
韭溪漁唱集	秦時昌	清	清乾隆十年刻本
通俗編	翟灝	清	清乾隆十六年翟氏無不宜齋刻本
惠氏春秋左傳補註	惠棟	清	文淵閣四庫全書本
宋詩紀事	厲鶚	清	文淵閣四庫全書本
毛詩類釋	顧棟高	清	文淵閣四庫全書本
樵香小記	何琇	清	文淵閣四庫全書本
竹書統箋	徐文靖	清	文淵閣四庫全書本
小琉球漫志	朱仕玠	清	臺灣文獻史料叢刊本
易守	葉佩蓀	清	清嘉慶慎餘齋刻本
貞一齋集	李重華	清	清乾隆刻本
西清古鑑	梁詩正、蔣溥等	清	文淵閣四庫全書本
火戲略	趙學敏	清	清昭代叢書本
石溪讀周官	官獻瑶	清	清道光二十五年刊本
周易述義	傅恒等	清	文淵閣四庫全書本

書名	作者	朝代	版本
宸垣識略	吴長元	清	清乾隆池北草堂刻本
西石梁農圃便覽	丁宜曾	清	清乾隆原刻本
律吕闡微	江永	清	文淵閣四庫全書本
簷曝雜記	趙翼	清	清乾隆刻本
樂善堂全集定本	愛新覺羅・弘曆等	清	文淵閣四庫全書本
帝京歲時紀勝	潘榮陛	清	清乾隆刻本
雙池文集	汪紱	清	清道光一經堂刻本
戊笈談兵	汪紱	清	清光緒刻本
河洛精藴	江永	清	清乾隆刻本
清朝禮器圖式	允禄、蔣溥等	清	文淵閣四庫全書本
删後詩存	陳梓	清	清嘉慶二十年胡氏敬義堂刻本
農桑易知録	鄭之僑	清	清乾隆鄭氏刻本
聖祖仁皇帝御製文集	允禄等	清	文淵閣四庫全書本
三農紀	張宗法	清	清刻本
富順縣志	熊葵向等	清	清乾隆二十五年刻本
琉球入學見聞録	潘相	清	清乾隆刻本
延長縣志	王崇禮等	清	清鈔本
賡和録	何夢瑶	清	北京大學圖書館藏清同治道光間刻嶺南遺書本
數學	江永	清	文淵閣四庫全書本、清守山閣叢書本
鄉黨圖考	江永	清	文淵閣四庫全書本
周禮疑義舉要	江永	清	文淵閣四庫全書本
潮州府志	周碩勳	清	清光緒十九年重刊本
紅樓夢	曹雪芹	清	清乾隆五十六年萃文書屋活字印本
印典	朱象賢	清	文淵閣四庫全書本
天禄琳琅書目	于敏中等	清	文淵閣四庫全書本
大清會典	允祹等	清	文淵閣四庫全書本
大清會典則例	張廷玉等	清	文淵閣四庫全書本
考工記圖	戴震	清	商務印書館民國二十四年本、北大圖書館藏清乾隆紀氏閲微草堂刻本

琉球國志略	周煌	清	清乾隆二十四年漱潤堂刻本
東華録	蔣良騏	清	清乾隆刻本
稽古齋全集	弘晝	清	清乾隆十一年内府刻本
本草綱目拾遺	趙學敏	清	清同治十年吉心堂刻本
續通典	嵇璜、劉墉等	清	文淵閣四庫全書本
江西考古録	王謨	清	清乾隆問松園刻本
通鑑輯覽	傅恒	清	文淵閣四庫全書本
維西見聞紀	余慶遠	清	商務印書館民國二十五年版
串雅	趙學敏	清	清鈔本
三家詩拾遺	范家相	清	文淵閣四庫全書本
南巡盛典	高晉等	清	文淵閣四庫全書本
茶餘客話	阮葵生	清	清光緒十四年本
小山畫譜	鄒一桂	清	清粵雅堂叢書本
西齋偶得	博明希哲	清	民國二十三年據嘉慶年刻本重印
律吕原音	永恩	清	清乾隆刻本
香樹齋詩文集	錢陳群	清	清乾隆刻本
事物異名録	厲荃	清	清乾隆刻本
磬折古義	程瑶田	清	清嘉慶刻本
聲律小記	程瑶田	清	清道光九年廣東學海堂刻本
樂器三事能言	程瑶田	清	上海師大圖書館藏清嘉慶刻通藝録本、清嘉慶刻本
海塘録	翟均廉	清	文淵閣四庫全書本
天真閣集	孫原湘	清	清嘉慶五年刻增修本
南游紀程	孫蟠	清	清嘉慶刻本
戴東原集	戴震	清	四部叢刊影經韵樓本、清乾隆五十七年刻本
文房肆攷圖説	唐秉鈞	清	清乾隆刻本
淮南天文訓補注	錢塘	清	清指海本
樂律表微	胡彦昇	清	文淵閣四庫全書本
釋名疏證	劉熙、畢沅	清	清經訓堂叢書本
海山存稿	周煌	清	清乾隆五十八年周氏葆素家塾刻後印本

海潮説　清　周春　叢書集成初編本
陶説　清　朱琰　清知不足齋叢書本
宋百家詩存　清　曹庭棟　文淵閣四庫全書本
皇清文穎　清　陳廷敬等　文淵閣四庫全書本
海潮輯説　清　俞思謙　清嘉慶藝海珠塵本
四庫全書樂律全書提要　清　永瑢等　文淵閣四庫全書本
尖陽叢筆　清　吴騫　清鈔本
續通志　清　嵇璜、劉墉等　文淵閣四庫全書本
日下舊聞考　清　于敏中、英廉等　文淵閣四庫全書本
切問齋集　清　陸燿　清乾隆五十七年暉吉堂刻本
老老恒言　清　曹庭棟　清文瑞樓石印本
札樸　清　桂馥　清嘉慶十八年李宏信小李山房刻本
樂律全書上諭　清　愛新覺羅・弘曆　文淵閣四庫全書本
御製再題樂律全書　清　愛新覺羅・弘曆　文淵閣四庫全書本
御批曆代通監輯覽　清　愛新覺羅・弘曆　文淵閣四庫全書本
御製再題朱載堉樂律全書　清　愛新覺羅・弘曆　文淵閣四庫全書本
樂律全書校正條例　清　永瑢等　文淵閣四庫全書本
篆刻針度　清　陳克恕　清乾隆刻本
清朝文獻通考　清　張廷玉等　文淵閣四庫全書本
四庫全書總目　清　永瑢、紀昀　清乾隆武英殿刻本
悦親樓詩集　清　祝德麟　清嘉慶二年姑蘇刻本
虚白齋存稿　清　吴壽昌　清乾隆五十五年刻本
過夏雜録　清　周廣業　清種松書塾鈔本
雲南騰越州志　清　屠述濂　清光緒二十三年重刊本
律吕考略　清　孔毓焞　清鈔本
律吕古誼　清　錢塘　浙江省圖書館藏清光緒十四年刻南菁書院叢書本
陔餘叢考　清　趙翼　清乾隆五十五年湛貽堂刻本
甌北集　清　趙翼　清嘉慶十七年湛貽堂刻本
海島逸志　清　王大海　清光緒小方壺齋輿地叢鈔本

傳經堂詩鈔	韋謙恒	清	清乾隆刻本
西清續鑒乙編	王傑	清	民國二十年北平文物陳列所石印寶蘊樓抄本
廣雅疏證	王念孫	清	清嘉慶元年刻本
劉文清公遺集	劉墉	清	清道光六年劉氏味經書屋刻本
清實録	不詳	清	中華書局一九八五年影印本
夜譚隨録	和邦額	清	民國刻筆記小説二十種本
南江詩文鈔	邵晋涵	清	清道光十二年胡敬刻本
日晷圖法	徐朝俊	清	清嘉慶刻本
星月測時	徐朝俊	清	清嘉慶刻本
繪事瑣言	迮朗	清	清嘉慶刻本
閲微草堂筆記	紀昀	清	清嘉慶五年望益書屋刻本
疇人傳	阮元	清	清文選樓叢書本
蜀水經	李元	清	清嘉慶傳經堂刻本
律吕臆説	徐養原	清	華東師大圖書館藏清光緒崇文書局刻正覺樓叢刻本
淮海英靈續集	王豫、阮亨	清	清道光刻本
潛研堂集	錢大昕	清	清嘉慶十一年刻本
兩孤存	俞畊	清	清康熙刻本
證俗文	郝懿行	清	清光緒東路廳署刻本
木棉譜	褚華	清	上海掌故叢書
宣西通	許桂林	清	清嘉慶刻本
通藝録	程瑶田	清	清嘉慶刻本
安瀾紀要	徐端	清	清道光刊本
滇海虞衡志	檀萃	清	雲南圖書館重校刻本
紀文達公遺集	紀昀	清	清嘉慶十七年紀樹馨刻本
説文解字義證	桂馥	清	清同治刻本
求一算術	張敦仁	清	清道光張氏刻本
説文解字注	段玉裁	清	清嘉慶二十年經韻樓刻本、清刻皇清經解本
自鳴鐘表圖説	徐朝俊	清	清嘉慶刻本
蠡勺編	凌揚藻	清	清嶺南遺書本

書名	著者	朝代	版本
铜仙传	徐元润	清	文字同盟社一九三〇年版
軍器則例	董誥	清	清嘉慶兵部刻本
律吕新書初解	張琛	清	清嘉慶二十三年松林堂刻本
拾雅	夏味堂	清	清嘉慶遂園刻本
雕菰集	焦循	清	清道光嶺南節署刻本
淮海英靈集	阮元	清	清嘉慶三年小琅嬛僊館刻本
考信録	崔述	清	清道光四年陳履和遞刻本
全唐文	董誥等	清	清嘉慶内府刻本
尚絅堂集	劉嗣綰	清	清道光大樹園刻本
鏡花緣	李汝珍	清	清道光十二年刻本
明齋小識	諸聯	清	上海進步書局版
景德鎮陶録	藍浦、鄭廷桂	清	清嘉慶刻同治補修本
守意龕詩集	百齡	清	清道光讀書樂室刻本
炳燭編	李賡芸	清	清滂喜齋叢書本
咫聞録	慵訥居士	清	清道光二十三年刻本
六必酒經	楊萬樹	清	清道光二年四知家塾刻本
澤農要録	吴邦慶	清	清道光刻本
邛州志	吴鞏	清	清刻本
比例匯通	羅士琳	清	清嘉慶戊寅刻本
復初齋集外詩	翁方綱	清	民國嘉叢堂叢書本
藤花亭鏡譜	梁廷枏	清	清道光刻本
樂律心得	安清翹	清	清嘉慶刻數學五書本
求古録禮説	金鶚	清	清光緒二年孫熹刻本
蠶桑輯要	高銓	清	清道光遵義王青蓮刻本
胡氏書畫考三種	胡敬	清	清嘉慶刻本
劇説	焦循	清	民國誦芬室讀曲叢刊本
崇雅堂詩鈔	胡敬	清	清道光二十六年刻本
浮梁縣志	喬溎等	清	清道光三年刻道光十二年補刻本
鄉園憶舊録	王培荀	清	清道光二十五年刻本

一斑録	鄭光祖	清	清道光舟車所至叢書本
臺灣志略	李元春	清	臺灣文獻史料叢刊本
太原縣志	員佩蘭等	清	清道光六年刊本
尺算日晷新義	劉衡	清	清六九軒算書五種本
清經世文三編	陳忠倚	清	清光緒石印本
皇清經解	嚴傑	清	學海堂本
意苕山館詩稿	陸嵩	清	清光緒十八年陸潤庠刻本
陶文毅公全集	陶澍	清	清道光刻本
翠微山房數學	張作楠	清	清光緒二十三年刻本
戴簡恪公遺集	戴敦元	清	清同治六年戴壽祺鈔本
讀書雜志	王念孫	清	清道光十二年刻本
调鼎集	童岳荐	清	中州古籍出版社一九八八年版
漢書疏證	沈欽韓	清	清光緒二十六年浙江官書局刻本
律吕指掌	孫廷芝	清	清道光刻本
河工器具圖説	麟慶	清	清道光南河節署刻本、姑蘇閶門外洞涇橋西吴學圃局刻本
律話	戴長庚	清	清道光十三年吾愛書屋刻本
律吕臆言	蔣文勛	清	清道光十四年梅華庵刻本
管蠡匯占	周人甲	清	清道光刻本
履園叢話	錢泳	清	清道光十八年述德堂刻本
律音彙考	邱之稑	清	清道光十八年鈱田家塾刻本
揅經室集	阮元	清	四部叢刊影清道光本
粵海關志	不詳	清	清道光廣東刻本
學禮管釋	夏炘	清	清咸豐影紫山房本
地理或問	陸應穀	清	清道光二十八年刻本
羅經透解	王道亨	清	中州古籍出版社一九九五年本
羅經解定	胡國楨	清	上海文明書局本
續疇人傳	羅士琳	清	中華書局一九九一年版叢書集成初編版
遵義府志	鄭珍	清	清道光刻本
國朝詩人徵略二編	張維屏	清	清道光二十二年刻本

書名	作者	朝代	版本
費隱與知録	鄭復光	清	清道光活字本
冷廬雜識	陸以湉	清	清咸豐六年刻本
石雲山人集	吴榮光	清	清道光二十一年吴氏筠清館刻本
頤道堂集	陳文述	清	清嘉慶十二年刻道光增修本
全上古三代秦漢三國六朝文	嚴可均	清	民國十九年影清光緒二十年黄岡王氏刻本
四書典故辨正	周炳中	清	清嘉慶刻本
滇南礦廠圖略	吴其濬	清	清鈔本
野語	程岱葊	清	清道光十二年、二十五年增修本
西吴蠶略	程岱葊	清	清刻本
抱冲齋詩集	斌良	清	清光緒五年崇福湖南刻本
西域考古録	俞浩	清	清道光海月堂雜著本
鏡鏡詅癡	鄭復光	清	清連筠簃叢書本
癸巳存稿	俞正燮	清	清連筠簃叢書本
清初海疆圖説	俞正燮	清	臺灣文獻叢刊本
律吕元音	畢華珍	清	上海辭書出版社圖書館藏清咸豐四年錢培名刻小萬卷樓叢書本
博物新編	[英]合信	清	上海墨海書館刊本
鄉言解頤	李光庭	清	清道光刻本
天學闡微	王家弼	清	清慈蔭堂鈔本
青州府志	毛永柏等	清	清咸豐九年刻本
交翠軒筆記	沈濤	清	清道光刻本
修防瑣志	李世禄	清	清鈔本
天遊閣集	顧春	清	清宣統二年風雨樓本
海國圖志	魏源	清	清光緒二年魏光燾平慶涇固道署刻本
古今聲律定宫	葛銘	清	遼寧省圖書館藏清抄本
見聞隨筆	齊學裘	清	清同治十年天空海濶之居刻本
音分古義	戴煦	清	清光緒十二年新陽趙氏刻本
衡齋遺書	汪萊	清	汪衡斋先生遗书重刊本闻梅斋旧书藏版
槐軒雜著	劉沅	清	致福樓刊版
澄懷書屋詩鈔	穆彰阿	清	清道光刻本

書名	朝代	作者	版本
松風閣詩鈔	清	彭蘊章	清同治刻彭文敬公全集本
浣月山房詩集	清	龍啓瑞	清光緒四年龍繼棟京師刻本
文選箋證	清	胡紹煐	清光緒聚軒叢書第五集本
聲律通考	清	陳澧	清咸豐十年殷保康廣州刻本
談天	清	李善蘭	清咸豐刻同治增修本
橋西雜記	清	葉名澧	清同治十年滂喜齋刻本
習苦齋畫絮	清	戴熙	清光緒十九年刻本
光論	清	張福僖	清光緒靈鶼閣叢書本
南潯鎮志	清	汪曰楨	上海古籍出版社藏清同治二年刻本
湖蠶述	清	汪曰楨	清光緒汪氏刻本
海錯百一録	清	郭柏蒼	清光緒丙戌刻本
庚癸原音	清	繆闐	清同治蕪湖繆氏刻本
天外歸帆草	清	斌椿	清同治刻本
清詩鐸	清	張應昌	中華書局一九六〇年本
湖樓筆談	清	俞樾	清光緒二十五年刻春在堂全書本
鄒徵君遺書	清	鄒伯奇	清同治十三年活字綫裝本
鄒徵君存稿	清	鄒伯奇	清鄒徵君遺書本
摹印傳燈	清	葉爾寬	清光緒翠琅玕館叢書本
格物中法	清	劉嶽雲	清同治劉氏家刻本
蠶桑輯要	清	沈秉成	清同治常鎮通海道署刻本
春在堂隨筆	清	俞樾	清光緒刻春在堂全書本
自流井風物名實説	清	吴鼎立	清同治福順縣誌本
河曲縣志	清	金福增等	清同治十一年刻本
廣蠶桑説輯補	清	沈練、仲學輅	清光緒漸西村舍本
于湖小集	清	袁昶	清光緒袁氏水明樓刻本
再述奇	清	張德彝	稿本
群書札記	清	朱亦棟	清光緒四年武林竹簡齋刻本
風水袪惑	清	丁芮樸	清光緒刻月河精舍叢鈔本
桑蠶提要	清	方大湜	清光緒瑞州府署刻本

廣州府志	清	史澄	清光緒五年刊本
鎮海縣志	清	于萬川等	清光緒五年刻本
茶香室叢鈔	清	俞樾	清光緒二十五年刻春在堂全書本
雲氣占候	清	汪宗沂	清光緒漸西村舍彙刊本
出使美日秘國日記	清	崔國因	清光緒二十年本
粟香二筆	清	金武祥	上海辭書藏清光緒刻本
東平州志	清	左宜似等	清光緒七年刻本
江西通志	清	曾國藩等	清光緒七年刻本
繁峙縣志	清	何才价等	清光緒七年刻本
古律吕考	清	吕調陽	清光緒十四年觀象廬叢書本
霞外攟屑	清	平步青	上海古籍出版社一九八二年點校本
蠶桑簡明輯説	清	黄世本	清光緒十四年刻本
永嘉縣志	清	王棻	清光緒八年刻本
樂律明真明算	清	載武	清抄本
樂律明真立表	清	載武	清抄本
續廣博物志	清	徐壽基	續修四庫本
前塵夢影録	清	徐康	清光緒二十三年江標刻本
南學製墨札記	清	謝崧岱	清光緒研經榭刻本
都市叢載	清	李虹若	清光緒刊本
可園詩存	清	陳作霖	清宣統元年刻增修本
蕉廊脞録	清	吴慶坻	民國求恕齋叢書本
蠶桑萃編	清	衛傑	清光緒浙江書局刻本
樂律擬答	清	載武	清抄本
格致古微	清	王仁俊	清光緒王氏家刻本
兵學新書	清	徐建寅	清光緒刻本
周禮正義	清	孫詒讓	民國二十年湖北篴湖精舍遞刻本
墨子間詁	清	孫詒讓	清光緒三十三年刻本
純常子枝語	清	文廷式	民國三十二年刻本
律吕新書淺釋	清	文藻翔	清光緒二十三年自刻本

書名	作者	時代	版本
裨農最要	陳開沚	清	清光緒潼川文明堂刻本
西被攷略	金永森	清	清光緒二十九年武昌刻本
時務通考	杞廬主人	清	清光緒二十三年點石齋石印本
蠶桑輯要	鄭文同	清	清光緒刻本
清經世文續編	葛士濬	清	清光緒石印本
大清會典圖	劉啓端	清	清光緒石印本
道咸同光四朝詩史	孫雄	清	清宣統二年刻本
鋤經書舍零墨	黃協塤	清	上海進步書局本
礦學心要新編	宋賡平	清	清光緒二十八年蜀西廣石山房刻本
農學纂要	陳恢吾	清	清光緒二十八年刻本
六典通考	閻鎮珩	清	清光緒刻本
野蠶録	王元綎	清	清光緒進呈寫本
燕京歲時記	富察敦崇	清	北京古籍出版社一九八一年版
中外農學合編	楊鞏	清	清光緒三十四年刻本
鹽法通志	周慶雲	民國	一九一八年鉛印本
清稗類鈔	徐珂	民國	中華書局一九八六年本
古今游記叢鈔	勞亦安	民國	中華書局一九二四年本
論衡校釋	黃暉	民國	中華書局一九九〇年本
敦煌曲子詞集	王重民	民國	商務印書館一九五六年本
中國科技史資料選編—農業機械	清華大學圖書館科技史研究組	当代	清華大學出版社一九八二年版
中國農具发展史	周昕	当代	山东科学技术出版社二〇〇五年版